時制	主語	pensar	contar	pedir	sentir	dormir
接続法現在	yo	piens-e	cuent-e	pid-a	sient-a	duerm-a
	tú	piens-e-s	cuent-e-s	pid-a-s	sient-a-s	duerm-a-s
	él	piens-e	cuent-e	pid-a	sient-a	duerm-a
	nosotros	pens-e-mos	cont-e-mos	pid-a-mos	sint-a-mos	durm-a-mos
	vosotros	pens-é-is	cont-é-is	pid-á-is	sint-á-is	durm-á-is
	ellos	piens-e-n	cuent-e-n	pid-a-n	sient-a-n	duerm-a-n
接続法過去	yo	pens-ara	cont-ara	pid-iera	sint-iera	durm-iera
	tú	pens-ara-s	cont-ara-s	pid-iera-s	sint-iera-s	durm-iera-s
	él	pens-ara	cont-ara	pid-iera	sint-iera	durm-iera
	nosotros	pens-ára-mos	cont-ára-mos	pid-iéra-mos	sint-iéra-mos	durm-iéra-mos
	vosotros	pens-ara-is	cont-ara-is	pid-iera-is	sint-iera-is	durm-iera-is
	ellos	pens-ara-n	cont-ara-n	pid-iera-n	sint-iera-n	durm-iera-n
現在分詞		pens-a-ndo	cont-a-ndo	pid-i-endo	sint-i-endo	durm-ie-ndo

3. 直説法現在・接続法現在

時制	主語	conocer	hacer	poner	caer	traer
直説法現在	yo	conozc-o	hag-o	pong-o	caig-o	traig-o
	tú	conoc-e-s	hac-e-s	pon-e-s	ca-e-s	tra-e-s
	él	conoc-e	hac-e	pon-e	ca-e	tra-e
	nosotros	conoc-e-mos	hac-e-mos	pon-e-mos	ca-e-mos	tra-e-mos
	vosotros	conoc-é-is	hac-é-is	pon-é-is	ca-é-is	tra-é-is
	ellos	conoc-e-n	hac-e-n	pon-e-n	ca-e-n	tra-e-n
接続法現在	yo	conozc-a	hag-a	pong-a	caig-a	traig-a
	tú	conozc-a-s	hag-a-s	pong-a-s	caig-a-s	traig-a-s
	él	conozc-a	hag-a	pong-a	caig-a	traig-a
	nosotros	conozc-a-mos	hag-a-mos	pong-a-mos	caig-a-mos	traig-a-mos
	vosotros	conozc-á-is	hag-á-is	pong-á-is	caig-á-is	traig-á-is
	ellos	conozc-a-n	hag-a-n	pong-a-n	caig-a-n	traig-a-n

時制	主語	salir	oír	tener	venir	decir
直説法現在	yo	salg-o	oig-o	teng-o	veng-o	dig-o
	tú	sal-e-s	oy-e-s	tien-e-s	vien-e-s	dic-e-s
	él	sal-e	oy-e	tien-e	vien-e	dic-e
	nosotros	sal-i-mos	o-í-mos	ten-e-mos	ven-i-mos	dec-i-mos
	vosotros	sal-ís	o-ís	ten-é-is	ven-ís	dec-ís
	ellos	sal-e-n	oy-e-n	tien-e-n	vien-e-n	dic-e-n
接続法現在	yo	salg-a	oig-a	teng-a	veng-a	dig-a
	tú	salg-a-s	oig-a-s	teng-a-s	veng-a-s	dig-a-s
	él	salg-a	oig-a	teng-a	veng-a	dig-a
	nosotros	salg-a-mos	oig-a-mos	teng-a-mos	veng-a-mos	dig-a-mos
	vosotros	salg-á-is	oig-á-is	teng-á-is	veng-á-is	dig-á-is
	ellos	salg-a-n	oig-a-n	teng-a-n	veng-a-n	dig-a-n

時制	主語	ir	dar	saber	ver	huir
直説法現在	yo	voy	doy	sé	ve-o	huy-o
	tú	va-s	da-s	sab-e-s	v-e-s	huy-e-s
	él	va	da	sab-e	v-e	huy-e
	nosotros	va-mos	da-mos	sab-e-mos	v-e-mos	hu-i-mos
	vosotros	va-is	da-is	sab-é-is	v-e-is	hu-ís
	ellos	va-n	da-n	sab-e-n	v-e-n	huy-e-n
接続法現在	yo	vay-a	d-é	sep-a	ve-a	huy-a
	tú	vay-a-s	d-e-s	sep-a-s	ve-a-s	huy-a-s
	él	vay-a	d-é	sep-a	ve-a	huy-a
	nosotros	vay-a-mos	d-e-mos	sep-a-mos	ve-a-mos	huy-a-mos
	vosotros	vay-á-is	d-e-is	sep-á-is	ve-á-is	huy-á-is
	ellos	vay-a-n	d-e-n	sep-a-n	ve-a-n	huy-a-n

クラウン和西辞典

CROWN
DICCIONARIO JAPONÉS-ESPAÑOL

Carlos Rubio／上田博人
Antonio Ruiz Tinoco
崎山 昭…[編]

© Sanseido Co., Ltd. 2004
Printed in Japan

編　者	Carlos RUBIO Antonio RUIZ TINOCO	上田　博人 崎山　昭
執筆協力	青砥 清一　　上田 早苗　　佐々木要子	
現地協力者	Teresa de CUADRA Damaso LÓPEZ	Esther BORREGO Guillermo SUAZO
編集協力	今村啓子　　村岡直子　　村野共恵	
データ処理およびシステム設計	伊藤伸一　　上西俊雄	
装丁	三省堂デザイン室	

＊本辞典の出版にあたってはスペイン教育科学省のグラシアン基金より2003年度の助成をいただきました．

La realización de este diccionario ha sido subvencionada en 2003 por el Programa "Baltasar Gracián" del Ministerio de Educación y Ciencia de España.

序

　スペイン語はヨーロッパ,南北アメリカ大陸をはじめ,アジア,アフリカまで含めた広大な地域で話され,使用人口では中国語,英語に続く世界第三位を占めます.そしてスペイン語圏以外の地域で多くの人に学ばれ,日本でも人気のある外国語の1つとして親しまれています.

　これまでに多くのすぐれた辞書や参考書が世に出ていますが,ここに新たに1冊の和西辞典(日本語→スペイン語辞典)を出版する運びとなりました.これは,私たち編者が日頃から共有してきた「表現・発信のための新しいスペイン語辞典」が必要だという強い思いを実現させたものです.

　近年の社会の国際化と情報技術の進歩は驚くばかりです.スペイン語およびスペイン語圏世界もその波に飲み込まれ,大きな変容を遂げています.その変化をも本辞典に反映させるために,スペインと日本に在住する編者たちが多くの先行文献を参照しつつ現地調査を繰り返し,常にメールで連絡をとりながら日本語・スペイン語圏内外の最新の情報を収集しました.

　本辞典には次の特徴があります.

- すべてネイティブによる訳語・用例を収録しました.
- スペイン語表現辞典をめざした発信型の和西辞典です.
- 細かな文法情報,異なるスピーチレベル,そして,広域スペイン語の各地のバリエーションを示しました.
- 一つの日本語表現に対するさまざまなスペイン語表現を盛り込みました.
- 豊富な参照による多角的な検索が可能です.
- 専門語・特殊用語にも最新の豊富な情報を載せました.とくに情報技術 (IT) と生命科学の分野を重視しました.

　本辞典は,豊富な用例で学習和英辞典として定評のある『ニューセンチュリー和英辞典』(小西友七編,三省堂: 1991,現『グランドセンチュリー和英辞典』2000)の見出し語・例句・例文に基づき作成しました.データの使用を快諾された小西友七先生にこの場を借りてお礼を申し上げます.この和英辞典と本書を同時に参照することにより,日本語→英語・スペイン語という方向で2つの国際語によるコミュニケーションが可能になります.

　「積極的に話す・書く」という「発信型」のスペイン語をめざす方々に,この辞典がお役に立つことができれば幸いです.

2004年7月

編　者

この辞書の説明

(1) 見出し語
- 収録語数は、見出し語: 約3万語. 句例: 約4万, 文例: 約3万, 会話例: 約1400です.
- 見出し語にはすべて色を付けて検索を容易にしました. また, 最重要語500語は2行取り大字で示し, アステリスク(*)を2つ付け, 重要語2400語にもアステリスクを1つ付けて目立つように示しました.

    **あい 愛 *m.* amor, *m.* cariño 《a, hacia, por》;(情愛)*m.* afecto 《a, por》;(愛着)*m.* apego, *f.* querencia

    *あいさつ 挨拶 ❶【言葉・敬礼による】*m.* saludo,《文語》*f.* salutación. ♦その学生たちは毎朝親しくあいさつを交わす Los estu-

- 見出し語はあいうえお順(五十音順)に配列しました. ただし, カタカナ見出しの中で長音符(「コーヒー」の横棒)を含む語は, 長音符を直前の文字に含まれる母音に置きかえて文字にした位置にあります. たとえば, 「コーヒー」は「コオヒイ」の位置にあります.

    ああいう
    アーカイブ

    いいはる 言い張る
    イービジネス

(2) 訳 語
- 一般に, 古語や卑語は除き, 標準的で平易な言葉を選びました.
- 品詞記号は, 次の通りです.

m./mpl. 男性(複数)名詞(句)	*f./fpl.* 女性(複数)名詞(句)	*pron.* 代名詞(句)
adj. 形容詞(句)	*adv.* 副詞(句)	*v.* 動詞(句)
prep. 前置詞(句)	*interrog.* 疑問詞(句)	*interj.* 感嘆詞(句)
		conj. 接続詞(句)
		num. 数詞

- 名詞(句)に冠詞があるときは, 品詞の記号を付けてありません.
- 形容詞, 名詞の男女による語尾変化はイタリック体で示しました. ただし, 形容詞は女性形・複数形は示さず, 男性形語尾のみをイタリック体で示しました(7の記号も参照).

    あいこう 愛好 ▸ 音楽の愛好者「*mf.* amante de [*mf.* aficionado/da a] la música (☆ amante の方が aficionado よりも意味が強い)

    *いい ❶【好ましい, 優れている】*adj.* bueno, agradable,(強調して)estupendo. → 良[善]い. ▸ いい(=さわやかな)空

- 品詞記号は文中での機能を示します. たとえば, 名詞句が副詞句や間投詞句のように使われているときはそれぞれ, *adv.* や *interj.* で示しました.

(3) 地域差
- スペインと中南米地域の方言区画の代表地域を〖 〗で示しました.

    〖全般的に〗　〖スペイン〗　〖ラ米〗　〖キューバ〗
    〖メキシコ〗　〖コロンビア〗　〖ペルー〗　〖アルゼンチン〗

- また, 地域差 としてより詳しいコラムを掲載しました.

    いんげん 隠元(サヤインゲン)*f.* judía verde, *m.* fréjol;(インゲンマメ)*f.* judía.

    > 地域差 隠元豆
    > 〔ラテンアメリカ〕*mpl.* porotos
    > 〔スペイン〕*fpl.* alubias
    > 〔キューバ・メキシコ・コロンビア〕*mpl.* frijoles

(4) 文体差
- 《口語》は話し言葉で使う表現,《文語》は書き言葉で使う表現,《教養語》は教養のある人が使う表現,《フォーマル》は改まった場面で使う格式張った表現,《俗語》は改まった場所では使えない相当くだけた表現,《専門語》は専門的な表現を示します. また,《ことわざ》は生活の知恵や教訓を含む表現,《言い回し》はよく使われる表現を示します.

(5) 外国語
- 他の言語の言葉がそのままスペイン語で使われる場合は,《英語》《仏語》などで示し "..." で囲みました. あまり一般に普及していない語も含まれるので使い方に注意が必要です.

(6) 用　例

- 句例（▶），文例（♦），会話例（会話）を掲載しました．句例には品詞を示しました．なお，スペイン語の訳文は直訳ではなく，自然な表現を載せました．

　＊あく　**空[開]く**
　　▶空いている家（＝空き家）*f.* casa desocupada．♦席が二つ空いた Se han quedado libres dos asientos．会話 この席は空いていますか
　　—いいえふさがっています ¿Está libre este asiento? – No, creo que no.

(7) 記　号

- ❶❷❸，(1) (2) (3) で語義の区分を示しました．
- (　) で，見出し語の類義語や語義の補足を示しました．

　＊いか　以下　❶【…より下】*adj.* inferior 《a》,
　　adv. menos 《de, que》; (…より少ない) ❷【次に述べるもの】

- 語義区分とは別に，**1 2 3** で語構成や語順による区分のもとに用例を配列しました．

　1《～家》
　2《家が[は]》
　3《家の》

- 動詞，名詞，形容詞と前置詞との結びつきは，訳語の後の《　》で示しました．たとえば，cariño《a, hacia》．
- 用例中の (　) は省略できることを示します．
- 用例中の [　] は直前の語を交換できることを示します．直前の語が 2 語以上のときは，「 で交換できる語句の始まりを示しました．たとえば，señalar con「el cuerpo [un gesto] は，el cuerpo が un gesto と交換できることを示します．
- 日本語とスペイン語の対応を数字で示しました．たとえば，足を¹速める [²遅くする] ¹apresurar [²aflojar] el paso は，「足を速める」が apresurar el paso に対応し，「足を遅くする」が aflojar el paso に対応します．
- 訳語，句例中の *v.* の表示のある項目では，不規則変化動詞の不定形の右肩に *(アステリスク) を付けました．巻末の動詞活用表を参照してください．
- 訳語，句例，文例中のイタリック体は形容詞の性・数の変化を示します．たとえば，「疲れている estar cans*ado*」は do の部分が da, dos, das のように変化します．名詞の男女形は変化する部分を / で分けて示しました．たとえば，「市長 *mf.* alcal*de/desa*」は男性形が alcalde，女性形が alcaldesa であることを示します．句例，文例中で名詞の性に一致して変化する形容詞は，「よい生徒 *un/una* alum*no/na* bue*no/na*」のように男女形を載せました．
- 中国の地名等には慣用的な綴りの他に，現在では使用を奨励されているピンイン表記を示しました（ただし，声調は表記していません）．
- 訳語や用例の百科事典的説明あるいは語法的説明は，(☆…) で示しました．

　アイディーカード　*m.* carné de identidad, *f.*
　　tarjeta de identificación (☆スペインの身分
　　証明書は *m.* DNI, *m.* documento nacional
　　de identidad).

- 外来語・外国語等でとくに発音に注意が必要な言葉には，簡単な発音表記を示しました．

　ジョギング　《仏語》 *m.* "footing" (☆発音は
　　[fútin]), 《英語》 *m.* "jogging" (☆発音は
　　[yógin]); (1回の) *f.* vuelta.

- 日本語起源の言葉は "…" で示し，スペイン語での説明的表現を《説明的に》として示したものもあります．

　すもう　相撲　"sumo", 《説明的に》 *f.* lucha libre
　　tradicional japonesa．▶大相撲 *m.* campeonato de "sumo" profesional．▶相撲取り *m.*

- ▶ は句例の始まり，♦ は文例，会話 は会話例を示します (6 の用例も参照)．
- → は空見出しの送り先と関連の他の見出し語への参照を示します．
- ☞ は，見出し語と類義語関係にある他の項への参照を示します．見出し語をキーワードとした日本語類語情報として利用できます．

主要参考文献一覧

Clave Diccionario de Uso del Español Actual. Ediciones SM, 2002/*Diccionario Anaya de la Lengua*. Anaya, 1991/*Diccionario de Uso del Español*. María Moliner, Gredos, 2000/*Diccionario de la Lengua Española*. Real Academia Española, Espasa, 2001/*Diccionario de Regionalismos*. P. Grosschmid y C. Echegoyen, Juventud, Barcelona, 1998/*Diccionario de Uso del Español de América y España*. Vox, McGraw-Hill, 2004/*Diccionario del Español Actual*. Manuel Seco, Olimpia Andrés, Gabino Ramos, Aguilar, 2000/*Diccionario para la Enseñanza de la Lengua Española*. Universidad de Alcalá, Vox, 1995/*Diccionario Salamanca de la Lengua Española*. Santillana, Universidad de Salamanca, 1996/*Diferencias Léxicas entre España y América*. Moreno de Alba, José G. Madrid, Mapfre, 1992/*Encuestas Léxicas del Habla Culta de Madrid*. J. C. de Torres Martínez, 1981/*Léxico del Habla Culta de Buenos Aires*. Academia Argentina de Letras, 1998/*Léxico del Habla Culta de Lima*. Rocío Caravedo, Universidad Católica del Perú, 2000/*Léxico del Habla Culta de México*. Juan M. Lope Blanch, UNAM, 1978/*Léxico del Habla Culta de Santafé de Bogotá*. H.Otálora de Fernández, Instituto Caro y Cuervo, 1997/*Multicultural Spanish Dictionary*. Martínez, Agustín. Rockvill, Schreiber Publishing, 1967/*Nuevo Diccionario de Colombianismos*. G. Haensch y R.Werner, Instituto Caro y Cuervo, 1993/*Ortografía de la Lengua Española*. R. A. E., Espasa, Madrid, 1999

American Heritage Spanish Dictionary. Houghton Mifflin, 2001/*Collins Spanish-English, English-Spanish Dictionary*. Harper Collins, 2003/*Diccionario Inglés-Español, Español-Inglés*. Simon and Schuster, Nueva York, 1990/*Diccionario Inglés-Español, Español-Inglés*. Oxford University Press, Oxford, 1992/*Diccionario Español-Inglés, Inglés-Español*. Larousse, 2002

Diccionario Bilingüe de Computación, Inglés-Español, Español-Inglés. Alan Freedman, McGraw-Hill, 1998/*Diccionario de Arquitectura, Construcción y Obras Públicas*. Putnam y Carlson, Paraninfo, 1988/*Diccionario de Medio Ambiente y Materias Afines*. F. Román Ortega, Fundación Confemetal, Madrid, 1999/*Diccionario de Términos Científicos y Técnicos*. McGraw-Hill Boixareu, 1981/*Diccionario de Términos Médicos, Inglés-Español, Español-Inglés*. Torres, 1989/*Diccionario Jurídico-empresarial*. Veronique Bodouthian, Fundación Confemetal, Madrid, 2000/*Diccionario de Biología*. McGraw-Hill, 1991/*Diccionario de Ingeniería Eléctrica y Electrónica*. McGraw-Hill, 1991/*Diccionario de Ingeniería Mecánica y Diseño*. McGraw-Hill, 1991/*Diccionario Mosby Inglés-Español, Español-Inglés de Medicina*. Madrid, Elsevier, 2003/*Diccionario Tecnológico, Inglés-Español*. Alhambra, 1989/*Diccionario Terminológico de Economía, Comercio y Derecho*. Muñoz Castro, Fontenebro, 1990/*Engineer's Dictionary, Spanish-English and English-Spanish*. Robb, Wiley, 1961/*Variación Léxica del Español en el Mundo* (Equipo de Investigación Varilex, http://gamp.c.u-tokyo.ac.jp/~ueda/varilex/), 2004(使用許可済)/*Glosario Provisional de Términos y Telecomunicaciones*. UIT, 1979/*Libro de Estilo*. EL PAIS, Madrid, 2002/*Libro de Estilo Vocento*. José Martínez de Sousa. Gijón, Ediciones Trea

『グランドセンチュリー和英辞典』小西友七編, 三省堂, 2001/『ニューセンチュリー和英辞典』小西友七編, 三省堂, 1996/『リーダーズ英和辞典』(第二版), 松田徳一郎編, 研究社, 1999/『英和科学用語辞典』崎川範行監修, 講談社, 1979/『外国人相談ハンドブック』東京都外国人相談研究会, ぎょうせい, 1998/『学術用語集』地学他多数, 文部省他編/『機械用語辞典』工業教育研究会, 日刊工業新聞社, 1964/『共立建築新辞典』建築新辞典編集委員会, 共立出版, 1983/『現代スペイン語辞典』(改訂版), 宮城昇・山田義郎編, 白水社, 1999/『建築実務用語集』猪野勇一他編, 井上書院, 1991/『国際環境科学用語集』環境庁地球環境部監修, 日刊工業新聞社, 1995/『最新医学大辞典』編者代表 後藤稠, 医歯薬出版, 1987/『諸外国の学校教育(中南米編)』文部省, 1996/『新化学用語辞典』橋本吉郎, 三共出版, 1969/『新経営英和辞典』野田信夫, ダイヤモンド社, 1985/『新スペイン語辞典』カルロス=ルビオ・上田博人編, 研究社, 1992/『図解土木用語辞典』土木用語辞典編集委員会, 日刊工業新聞社, 1986/『西和中辞典』桑名一博他編, 小学館, 1990/『船舶用語辞典』七編, 成山堂, 1995/『船舶用語辞典』編集委員会, 成山堂, 1962/『総合水産辞典』金田禎之編, 成山堂, 1986/『電気工学用語辞典』電気工学用語辞典編集委員会, 技報堂, 1970/『土木技術者のためのスペイン語辞典』相沢正雄, 山海堂, 1983/『日・英・西技術用語辞典』小谷卓也, 群亜都彦, 研究社, 1990/『農林水産用語対訳辞典』農林水産用語研究会, ぎょうせい, 1992/『プロフェッショナル英和経済スペッドイオス』三谷博也編, 講談, 2004/『マグローヒル科学技術用語大辞典』(第2版), 日刊工業新聞社, 1985/『ライフサイエンス辞書プロジェクト』 京都大学学術情報メディアセンター (http://lsd.pharm.kyoto-u.ac.jp/ja/), 2004(使用許可済)/『和西辞典』(改訂版), 有本紀明他, 白水社, 2000

あ

ああ (あのように) *adv.* así de + 形容詞, de ese modo; (あれほど) *adv.* tan, tanto. → あんなに. ♦ 彼はああ強情だとは思わなかった Nunca creí que fuera tan [así de] terco. ♦ 人前でああいうみっともないことはするな No hagas una cosa tan fea「delante de la gente [en público]. ♦ 彼はああやればよかったのに Tenía que haberlo hecho así. ♦ 彼はああするより仕方がなかったのだ No tuvo más remedio que hacerlo así [de ese modo].

ああ ❶【感嘆】*interj.* oh, ah, ay, eh, uf, uy. ♦ ああ驚いた ¡Oh, qué sorpresa! ♦ ああかわいそうに ¡Ay, pobrec*ill*o! ♦ ああフランスへ行きたい ¡Ah, ojalá pudiera ir a Francia! → 何と. ♦ ああおなかがすいた ¡Uy, qué hambre! / ¡Ay, qué hambre tengo! 会話 すぐに七面鳥を焼き始めるわね―ああ待ち遠しいわ Ahora mismo me pondré a asar el pavo. - ¡Ay, a ver si puedo esperar!
❷【反応, 応答】*interj.* ah, oh, anda, vaya. 会話 このボタンを押せばいいのですよ―ああ, なるほど Se aprieta este botón de aquí. - ¡Ah, claro! 会話 ロペスさんを知っていますか―ああそうですか Conozco al Sr. López. - ¿Ah, sí? → 何. ♦ ああ今夜帰省されるのですね ¡Oh! [¡Anda!] ¿Vuelves a casa esta noche? ♦ ああそうそう思い出した ¡Ah, sí, ya recuerdo! ♦ ああ来た来た ¡Ah, aquí vienen!
❸【安心, あきらめ】♦ ああやっと着いた ¡Bueno, por fin「hemos llegado [estamos aquí]! ♦ ああ仕方がない ¡Bueno, pues no hay más remedio! / ¡Bueno! ¿Y qué se le va a hacer? ♦ あーあバスに乗りおくれた ¡Vaya! ¡He perdido el autobús! ♦ あーあ, また雨だ ¡Vamos! ¡Otra vez lloviendo!
❹【肯定, 否定】会話 疲れたかい―ああ ¿Estás cansado? - ¡Pues sí! [¡A ver! / ¡Tú verás!] 会話 かまわないだろ―ああちっとも No te importa, ¿verdad? - ¡Claro que no!
❺【呼びかけ】¡eh!, ¡oiga!, 《口語》¡oye! ♦ ああボーイさん, お勘定お願いします ¡Eh, camarero! ¡La cuenta, por favor!

ああいう *adv.* así, tal + 名詞, como ése. → そんな. ♦ ああいう本 *m.* tal libro. ♦ ああいう男とは縁を切れ ¡Rompe de una vez con un hombre así [como ése]! → 縁. ♦ 彼にああいう口の聞き方をするな No le hables así [de ese modo].

アーカイブ《専門語》*m.* archivo. ▶アーカイブ・サイト《専門語》*m.* sitio de archivo. ▶アーカイブ・ファイル《専門語》*m.* documento archivado, 《専門語》*m.* documento comprimido.

アーキテクチャ《専門語》*f.* arquitectura.

アーケード *m.* soportal, *f.* arcada.

アース *m.* cable de tierra. ▶テレビにアースを付ける *v.* poner* a una televisión el cable de tierra.

アーチ *m.* arco; (アーチ道) *m.* pasadizo abovedado, *f.* entrada bajo arco.

アーチェリー *m.* tiro al arco, *f.* arquería. ▶ アーチェリーをする *v.* practicar* el tiro al arco.

アーティスト *mf.* artista.

アーヘン Aquisgrán (☆ドイツの都市).

アーメン *m.* amén.

アーモンド (実) *f.* almendra; (木) *m.* almendro.

アール (面積の単位) *f.* área.

アールジービー RGB《専門語》*m.* rojo-verde-azul. ▶RGB 信号《専門語》*f.* señal de rojo-verde-azul.

＊**あい** 愛 *m.* amor, *m.* cariño《a, hacia, por》; (情愛) *m.* afecto《a, por》; (愛着) *m.* apego, *f.* querencia《a, por》.
 1《〜(の)愛》▶¹父 [²母] 性愛 *m.* amor ¹paterno [²materno]. ▶¹盲目的な [²深い; ³真実の] 愛 *m.* amor ¹ciego [²profundo; ³verdadero]. ▶強い祖国愛 *m.* gran amor por la patria. ▶子供を思う母の愛 *m.* amor de una madre a [por] sus hijos.
 2《愛が》▶太郎と花子の間に愛が芽ばえた Nació el amor entre Taro y Hanako.
 3《愛の》▶愛の対象 *m.* objeto [*m.* destino] del amor. ▶愛のきずな *mpl.* lazos [*mpl.* vínculos] del amor. ▶愛のしるし *f.* prenda de amor. ▶愛のない家庭 *m.* hogar sin afecto [amor]. ▶愛の手を差しのべる *v.* tender* una mano afectuosa《a + 人》.
 4《愛に》▶彼女の愛に報いる *v.*「corresponder a [devolver*] su amor. ♦ 子供たちは母親の愛に包まれている Los niños están amparados por su madre.
 5《愛を》▶彼女に愛を告白する *v.* declarárselo a ella. ▶彼女の愛を勝ち得る *v.* conquistar su amor [cariño]. ▶愛をこめて彼女の手を握る *v.* tomar amorosamente su mano. ♦ 彼は永遠の愛を誓った Juró amor eterno.

あい 藍 (色) *m.* azul añil [oscuro], *m.* índigo; (染料) *m.* índigo. ▶あい色の *adj.* de color añil [azul oscuro].

あいあいがさ 相合い傘 ▶相合い傘で行く *v.* caminar juntos bajo el mismo paraguas; (傘をいっしょにさす) *v.* compartir un paraguas.

あいいれない 相容れない (一致しない) *v.* ser* incompatible《con》, *v.* no concordar*《con》, (共存できない) *v.* ser* excluyentes, excluirse* entre sí; (衝突する) *v.*「estar* en conflicto [chocar*]《con》, oponerse*《a》. ♦ 資本主義と共産主義は互いに相容れないものである El capitalismo y el comunismo son incompatibles. ♦ 彼らの利害関係は相容れな

かった Sus intereses chocaban. / Tenían un conflicto de intereses.

あいえんか 愛煙家 *mf.* gran fumador/dora;《常習的な喫煙家》*mf.* fumador/dora habitual [empedernido/da].

アイ/オーエラー I/Oエラー 《専門語》*m.* error de I/O [entrada-salida].

アイオーシー IOC *m.* COI (el Comité Olímpico Internacional).

あいかぎ 合い鍵 *f.* llave duplicada. *m.* duplicado de la llave. *f.* copia de la llave.

あいかわらず 相変わらず《これまでと同様》*adv.* como siempre;《以前のように》*adv.* igual que antes;《いつものように》*adv.* como de costumbre, como es habitual;《依然として》*adv.* todavía, aún;《いつも》*adv.* siempre. ♦彼女は相変わらず若々しい Está joven como siempre. / Sigue igual de joven que siempre. 会話 達夫はどんな様子だった—まったく相変わらずだったよ ¿Qué aspecto tenía Tatsuo? – Como siempre. 会話 多少遅れると思う—相変わらずだね Creo que llegaré algo tarde. – Como de costumbre. ♦彼は相変わらずだ (= 全然変わっていない) Sigue igual. / No ha cambiado nada.

あいがん 哀願 *f.* súplica,《教養語》*f.* imploración.;《訴え》*f.* ruego,《文語》*f.* deprecación. ♦哀願するような目で見る *v.* dirigir* una mirada suplicante《a + 人》.

あいがん 愛玩 ♦愛玩する *v.* mimar, acariciar;《大事にする》*v.* tener* cariño [afecto]《a, por》. ♦愛玩動物 *m.* animal doméstico, *f.* mascota. ♦愛玩用の犬 *m.* perro faldero [de compañía].

あいきょう 愛嬌 *f.* simpatía, *m.* encanto, *m.* atractivo. → 愛想. ♦愛嬌をふりまく *v.* ponerse* simpático, mostrarse* amable.

—— 愛嬌のある《魅力的な》*adj.* simpático, atractivo, encantador;《気立てのよい》*adj.* amable. ♦愛嬌のある女の子 *f.* muchacha encantadora. ♦愛嬌のある目をしている *v.* tener* unos ojos encantadores.

あいくるしい 愛くるしい →愛らしい.

あいけん 愛犬 *m.* perro favorito. ♦愛犬家 *mf.* amante de los perros. ♦愛犬を品評会に出す *v.* inscribir* al perro en una exposición canina.

あいこ 相子 ♦あいこになる《仕返しなどして同等である》*v.* estar* [quedar] empatado, empatar;《貸し借りがない》*v.* quedar igual [《口語》en paz]. ♦さあこれであいこだ Bueno, con eso quedamos iguales [estamos en paz].

あいご 愛護《保護》*f.* protección. ♦動物を愛護する《優しくする》*v.* ser* amable con los animales;《害から守る》*v.* proteger* de todo daño a los animales.

あいこう 愛好 ♦音楽の愛好者「*mf.* amante de [*mf.* aficionado/da a] la música (☆ amante の方が aficionado よりも意味が強い), *mf.* melómano/na. ♦スポーツ愛好者 「*mf.* amante de [*mf.* aficionado/da a] los deportes. ♦平和愛好国民 *m.* pueblo amante de la paz. ♦愛好する *v.* amar, gustar, ser* aficionado《a + 物・事》. →好き.

あいこうしん 愛校心 *m.* amor a la escuela. ♦愛校心をかき立てる *v.* despertar* el amor a la escuela.

あいこく 愛国 *m.* amor a la patria, *m.* patriotismo. ♦愛国者 *mf.* patriota. ♦愛国心 *m.* patriotismo. ♦愛国心の強い青年 *m.* joven patriota. ♦彼は愛国の情に燃えている (= 熱烈に国を愛している) Ama ardientemente [profundamente] a su país. / Es un gran patriota.

あいことば 合い言葉《合図の言葉》*f.* contraseña. *m.* santo y seña;《標語》*m.* eslogan.

アイコン《専門語》*m.* icono. ♦アイコンをクリックする *v.* hacer* clic en [sobre] un icono.

あいさい 愛妻 *f.* amada esposa. ♦愛妻家 (= 献身的な夫) *m.* marido cariñoso.

あいさつ 挨拶 ❶《言葉・敬礼による》*m.* saludo, 《文語》*f.* salutación. ♦その学生たちは毎朝親しくあいさつを交わす Los estudiantes se saludan amistosamente todas las mañanas. ♦「こんにちは」と言ったが、あいさつを返さなかった "Hola", dije; pero ella no me contestó. ♦何百人もの人が彼に別れのあいさつをした Cientos de personas「le decían adiós [se despedían de él].

❷《演説》《口語》*m.* discurso, *mpl.* palabras,《教養語》*f.* alocución. ♦彼は今日の会合で開会のあいさつを述べるつもりだ Va a pronunciar el discurso inaugural [de apertura] en la asamblea de hoy. ♦彼女は卒業生にお別れのあいさつをした Dijo unas palabras de despedida [Pronunció un discurso de despedida] a los graduados. ♦主催者を代表して一言歓迎のごあいさつを申し上げます Permítanme decir unas palabras de bienvenida en nombre del patrocinador.

❸《儀礼的な書状やその文句》*mpl.* saludos. ♦新年のあいさつ *m.* saludo de año nuevo. ♦あいさつ状 *f.* tarjeta de saludo. ♦彼は友達みんなにクリスマスのあいさつ状を送った Envió tarjetas de Navidad a todos sus amigos.

—— **あいさつする** *v.* saludar;《互いに》*v.* saludarse (uno a otro). ♦彼はにこやかに客にあいさつした Saludó a los invitados con una sonrisa. ♦彼らは互いに帽子を上げてあいさつし合った Se saludaron con el sombrero [descubriéndose]. ♦彼女はだれにあいさつもせず (= さようならを言わないで)部屋を出た Salió del cuarto sin「despedirse de nadie [decir adiós a nadie]. ♦彼とは親しいわけではありません。ただあいさつする程度です No le conozco bien. Sólo nos saludamos.

あいじ 愛児 *m.* amado [querido] hijo, *f.* amada [querida] hija.

アイシャドー *f.* sombra de ojos. ♦アイシャドーをつける *v.* sombrearse [ponerse* sombra en] los ojos.

あいしゅう 哀愁《文語》*f.* melancolía. ♦哀愁を感じる *v.* sentirse* triste [sentir* tristeza]. ♦哀愁をそそるドラの音 *m.* gong que nos pone tristes. ♦哀愁に満ちた (= 悲しげな)顔 *f.* cara triste [melancólica].

あいしょう 愛称 (あだ名) *m.* apodo, *m.* sobrenombre, *m.* remoquete, *m.* mote, 《文語》 *m.* cognomento; (通例物の) *m.* diminutivo (cariño), 《文語》 *m.* nombre hipocorístico. ♦「ペピート」は「ホセ」の愛称です "Pepito" es el diminutivo cariñoso de "José".

あいしょう 相性 ♦私は彼女とは相性がよくなかった No congeniaba con ella. /《口語》No íbamos bien. /No nos llevábamos bien.

*__あいじょう__ 愛情 (親子・自然・異性などに対する愛) *m.* afecto (a, por, hacia), *m.* cariño (a, por); (温和で長く続く愛) *m.* amor (a, por); (愛着) *f.* ternura, *m.* apego (a), *f.* querencia (a, por). → 愛. ♦父親としての愛情 *m.* amor [*m.* afecto] de un padre. ♦温かい愛情 *m.* cálido afecto, *m.* amor tierno. ♦愛情の深い人 *f.* persona muy afectuosa. ♦愛情豊かな母 *f.* madre amorosa [afectuosa]. ♦愛情のこもった手紙 *f.* carta cariñosa [afectuosa]. ♦愛情のない結婚 *m.* matrimonio sin amor. ♦愛情からではなく金のために結婚する *v.* no casarse por amor, sino por el dinero. ♦愛情に飢えた子供の世話をする *v.* cuidar a niños necesitados de afecto. ♦愛情を込めて抱きしめる *v.* abrazar* 「con afecto [afectuosamente]. ♦妻に愛情を注ぐ *v.* dirigir* el afecto a la esposa. ♦息子に愛情を示す *v.* mostrar* cariño al hijo. ♦日本人は自然に対し深い愛情を持っている Los japoneses tienen un profundo afecto hacia la naturaleza. ♦彼は恋人に熱烈な愛情を抱いていた Sentía un amor ardiente por su novia. / Amaba a su novia apasionadamente [con pasión, intensamente]. ♦ほとんどの母親は自分の子供に愛情を感じるものだ La mayor parte de las madres sienten afecto por sus hijos. ♦彼は愛情をこめて死んだスズメを埋めた Enterró con cariño [ternura] al gorrión muerto. ♦彼が父親に特に愛情を持っているわけではなかった No le tenía ningún afecto especial a su padre. ☞愛着, 思い, 好意, 慈愛, 情

あいしょうか 愛唱歌 *f.* canción favorita (preferida)

アイス (氷) *m.* hielo; (アイスクリーム) *m.* helado. → アイスクリーム.

あいず 合図 (手・腕・頭などによる) *f.* seña; (身ぶり・音・信号などによる) *f.* señal; (動かすこと) *m.* movimiento. ♦旗は合図に使われる Las banderas se usan como señales. ♦ピストルの音が競走のスタートの合図です El pistoletazo es la señal del comienzo de la carrera.

――**合図する** *v.* señalar, hacer* 「una seña [una señal, señas]; (身ぶりで) *v.* señalar con「el cuerpo [un gesto]; (手招きで) *v.* señalar con la mano; (手を振って) *v.* hacer* señales con la mano. ♦彼は始めるよう合図した Nos hizo una seña para que empezáramos. ♦彼は準備ができたと私に合図した Con una seña me indicó que estaba preparado. ♦給仕にコーヒーをもう１杯持ってくるように合図した Le señaló [indicó] al camarero que quería otra taza de café. ♦彼らは私にすぐについて来るように合図した Me hicieron una seña para ir enseguida. ♦手を振ってあっちへ行けと彼に合図した Le hice una señal con la mano para que se fuera. ☞ サイン, 信号

アイスキャンデー *m.* polo [*f.* paleta] (de helado).

アイスクリーム *m.* helado, (コーンつきの) *m.* cono [*m.* cucurucho] (de helado). 会話 アイスクリームを(コーンに)二盛りください――何になさいますか――一つはバニラ、もう一つはチョコレートをお願いします ¿Me da un cono doble, por favor? – ¿De qué sabores lo quiere? – De vainilla y chocolate, por favor.

地域差 **アイスクリーム店**
〔全般的に〕 *f.* heladería
〔メキシコ〕 *f.* nevería

アイスコーヒー *m.* café helado.

アイススケート *m.* patinaje sobre [en] hielo. ♦アイススケートをする *v.* patinar sobre [en] hielo. ♦アイススケート靴 *m.* par de patines.

アイスホッケー *m.* hockey sobre [de] hielo.

アイスランド Islandia; (公式名) *f.* República de Islandia (☆大西洋北方の島国, 首都レイキャビク Reykiavik). ♦アイスランド(人・語)の *adj.* island*és*. ♦アイスランド人 *mf.* islandés/desa. ♦アイスランド語 *m.* islandés.

アイスリンク *f.* pista de patinaje sobre hielo. → スケート.

***あいする** 愛する *v.* querer*, amar; (親愛の情をもつ) *v.* tener* [sentir*] afecto [《口語》 cariño] 《por, a, hacia》. ♦好き. ♦私の愛する(＝かわいい)子供たち *mpl.* mis queridos [amados] hijos. ♦愛すべき男 *m.* hombre querido. ♦愛していると言う *v.* declararse [declarar] el amor. ♦彼は彼女を心から愛している La quiere con todo su corazón. ♦彼女は母親をとても愛している Siente un gran amor por su madre.

あいせき 相席 ♦相席する(テーブルを共同で使う) *v.* compartir la mesa 《con》. ♦相席させていただけますか ¿Puedo compartir la mesa con usted?

あいそ(う) 愛想 **❶**〔人当たり〕 ♦愛想のよい(親しみのある) *adj.* amable, amistoso; (気立てのよい) *adj.* afable; (感じのよい) *adj.* agradable; (つき合いのよい) *adj.* sociable, simpático. ♦愛想のよい店員 *mf.* dependiente amable. ♦愛想よく話しかける *v.* hablar con amabilidad 《a ＋ 人》. ♦愛想のない(＝そっけない)返事をする *v.* dar* una respuesta cortante [desagradable]《a ＋ 人》. ♦愛想笑いする *v.* sonreír* por cortesía. ♦彼に愛想を言う(＝お世辞を言う) *v.* halagarle*. ♦彼はだれにも愛想がいい Es amable con todo el mundo. / (愛想よくする) Se

アイスクリーム Helados → **アイスクリーム**

4　あいぞう

muestra amistoso con todos. ♦彼女は愛想よく客を迎えた Recibió amablemente a sus invitados. /《フォーマル》Dispensó una cálida [amistosa] acogida a sus huéspedes. ❷【好意】♦彼には本当に愛想が尽きた(=うんざりした) Estoy verdaderamente harto de él.

あいぞう　愛憎 *m.* amor y *m.* odio. ♦愛憎の入りまじった感情 *f.* mezcla de amor y odio.

アイソトープ *m.* isótopo.

＊＊あいだ　間 ❶【期間】(…の間) *prep.* durante; (…している間) *conj.* mientras; (…の中) *prep.* en, dentro de; (二つの時点の間) *prep.* entre … y … ▶3 年の間 *adv.* tres años; durante [por, en, a lo largo de] tres años. ♦私はそこに三日の間滞在した Me quedé allá tres días. ♦彼女に 20 年もの間会っていない No la he visto en 20 años. ♦留守の間にペレスさんという方がお見えになりました Un tal Sr. Pérez vino「mientras estaba usted fuera [durante su ausencia]. ♦彼は夏の間その店で働いた Trabajó todo el verano en la tienda. / Trabajó「durante el [a lo largo del] verano en la tienda. / Trabajó en la tienda el verano (☆口語ではこのように前置詞を使わないで「夏に」の意味になる．このとき, durante el verano のように「夏の間ずっと」という意味にはならない). ♦夏の間に 3 回北海道へ行った En [Durante] el verano he ido a Hokkaido tres veces. ♦三日の間にその仕事を終えなさい Acaba el trabajo en [dentro de, en el plazo de] tres días. ♦その事故は 4 時から 5 時の間に起きた El accidente ocurrió entre las cuatro y las cinco. ♦食事と食事の間にお菓子を食べすぎてはいけない No comas demasiado dulce entre horas [comidas]. ♦図書館は 8 月 1 日から 10 日までの間休館です。La biblioteca está cerrada del 1 al 10 de agosto. ♦私が生きている間は(=限り), あなたのご親切をけっして忘れません Mientras viva, nunca olvidaré su amabilidad. ♦彼はその間中ずっと寝ているふりをしてそこに座っていた Todo ese tiempo se quedó ahí sentado, fingiendo que dormía. ♦私が話をしている間ずっと彼はガムをかんでいた Mientras yo hablaba no dejaba de mascar chicle.
❷【間隔】(時間・空間的) *m.* intervalo, *f.* pausa, *m.* rato; (空間的) *m.* espacio, *f.* distancia, *m.* intervalo; (距離) (…にわたって) *prep.* durante, en; 【位置, 空間】(2 者の間で) *prep.* entre; (集合体の中で) *prep.* (por) entre, por medio de. ♦数百キロメートルもの間 *adv.* durante cientos de kilómetros. ♦1 メートルずつ間をおいて立つ *v.* estar* situado a intervalos de un metro. ♦間に庭のある 2 軒の家 *fpl.* dos casas con un patio entre ellos. ♦木々の間を駆け回る *v.* correr (por) entre los árboles. ♦前方の車との間隔を十分に取っておきなさい Guarda la distancia con el coche de delante. ♦太陽が雲の間から現れた El sol apareció entre las nubes.
❸【途中, 中間】*adv.* en camino; (中途に) *adv.* a medio camino. ♦家から駅までの間(=途中) *adv.* en camino de casa a la estación. ♦東京までの間ずっと立ち通しでした Hasta Tokio estuve [fui] todo el tiempo de pie. ♦そのホテルは駅と銀行の間にある El hotel está a medio camino entre la estación y el banco.
❹【関係, 間柄】(2 者の間に) *prep.* entre. ▶お金を 1 兄弟の [2 兄と弟と私の] 間で分ける *v.* repartir el dinero entre 1los hermanos [2mi hermano mayor, mi hermano menor y yo]. ♦両者の間を調停するv. mediar entre las dos partes. ♦彼は学生の間でとても人気がある Es muy popular entre sus estudiantes. ♦議長は委員の間から選ばれる El presidente es elegido de entre los miembros. ♦彼ら二人の間が(=お互いに)うまくいっていない No se llevan bien (entre sí [ellos]).

あいたいする　相対する (向かい合う) *v.* enfrentarse; (向かい合って立つ) *v.* estar* 「frente a frente [cara a cara]. ♦相対する(=対立する) 二つの意見 *fpl.* dos opiniones enfrentadas [opuestas].

あいだがら　間柄 (血族などの) *m.* parentesco, *f.* consanguineidad; (交際上の) *fpl.* relaciones. → 関係. 〈会話〉彼とはどういう間柄ですか―兄弟です ¿Qué relación tiene con él? – Somos hermanos. ♦私は彼とは親しい間柄だ Tengo relación de amistad con él. / Mantenemos relaciones amistosas. ♦彼らは師弟の間柄だ Mantienen una relación de maestro-alumno.

あいちゃく　愛着 *f.* afición (a, por); 【愛情】 (人への) *m.* afecto; (物への) *m.* apego (a, por). ♦海への愛着 *f.* afición al mar. ♦彼はこの町に強い愛着を持っている Tiene un gran apego a esta ciudad. /《教養語》Está muy vinculado afectivamente a su ciudad. ⇨愛情, 情

あいちょう　哀調 ▶哀調を帯びた歌 *f.* canción triste [melancólica, 《文語》elegíaca]. ♦哀調を帯びた声で話す *v.* hablar con voz triste.

あいちょう　愛鳥 ▶愛鳥家 *mf.* aficionado/da a 「las aves [《口語》los pájaros]. ♦愛鳥週間 Semana de Protección a las Aves.

あいつ (あの男) *pron.* ése, *m.* ese hombre, 《口語》*m.* individuo, 《口語》*m.* tipo, 《スペイン》《俗語》*m.* tío; (あの女) *pron.* ésa, *f.* esa mujer, 《口語》*f.* individua, 《口語》*f.* tipa, 『スペイン』《俗語》*f.* tía. ♦うちの(彼ら) *pron.* ésos, 《口語》*mpl.* esos tipos. → 彼ら. ♦ぼくはあいつと関係がない No tengo nada que ver con ése.

あいついで　相次いで (次々と) *adv.* uno tras otro; (続けて) *adv.* en sucesión, sucesivamente. → 次々に. ♦彼らは相次いでやって来た Vinieron uno tras otro.

あいつぐ　相次ぐ ▶相次ぐ 3 件の事故 *mpl.* tres accidentes seguidos [consecutivos]. → 相次いで.

あいづち　相づち ▶相づちを打つ (うなずく) *v.* asentir*, 《口語》decir* que sí; (同意する) *v.* dejarse oír*. ♦「なるほど」と私は相づちを打った "Ya lo veo", asentí.

***あいて　相手** ❶【いっしょに物事をする人】 *f.* compañía, *mf.* acompañante. ♦彼はいっしょ

にいるにはおもしろい相手だ Es buena compañía. 会話 一杯やるとき相手がほしいな―じゃ私がお相手をしましょう Cuando bebo [tomo], deseo compañía. – Bien, entonces te haré compañía.
❷【行為の対象となる人】 ▶いい話し[勉強]相手 mf. buen/buena compañero/ra [¹para hablar [²de estudio]. ▶遊び相手 ▶遊び. ◆彼の結婚相手のアナ Ana, con la que va a casarse. ◆二人は互いに相手を憎んでいる Los dos se odian. ◆彼はスペイン人旅行者を相手に自分のスペイン語の練習をしてみたかった Deseaba practicar su español con los turistas españoles.
❸【競争相手】mf. rival, mf. contrincante, mf. oponente, mf. competidor/dora, mf. adversario/ria, mf. contrario/ria. → 競争, 敵. ◆彼の試合相手が mf. su rival en el partido. ◆その情報は彼の競争相手にとって大変な値打ちがあった Esa información fue de gran valor para sus rivales. ◆水泳ではあいつはぼくの相手にならない No es rival para mí en natación. ◆相手は5人だった Eran cinco contra mí.
❹【競技などでペアを組んだ相手】mf. socio/cia, mf. colaborador/dora. ▶ダンスの相手 f. pareja, mf. compañero/ra de baile. ◆その少年は踊りの相手がいなかった El chico no tenía [pareja para bailar [con quién bailar].
❺【当事者双方のうち当方に対する相手方】f. otra persona, f. otra parte, m. otro lado. ◆お互いが相手の求めるものを持っていた Cada parte tenía lo que quería la otra. ◆(電話の)相手はしばらく何も言わなかった Hubo [Se hizo] un breve silencio al otro lado de la línea.

アイディア (思いつき) f. idea. → 考え. ▶アイディアマン m. hombre de ideas. ▶アイディアを出す v. aportar [sacar*] ideas. ◆彼はよくいいアイディアを出してくれる Aporta con frecuencia buenas ideas.

アイティー IT f. tecnología de la información.

アイディーカード m. carné de identidad, f. tarjeta de identificación (☆スペインの身分証明書は m. DNI, m. documento nacional de identidad).

あいてどる 相手どる ▶彼を相手どって損害賠償の訴えを起こす v. demandarle [ponerle* pleito] por daños y perjuicios.

アイデンティティー (個性・主体性) f. identidad.

あいとう 哀悼 (悔やみ) f. aflicción, m. dolor. ▶哀悼の手紙 f. carta de pésame. ▶彼の亡き妻に哀悼の意を捧げる v. llorar la muerte de su esposa. ◆哀悼の意を表して黒の腕章をつける v. llevar una brazalete negro como [en] señal de luto. ◆お父様のご逝去に対し心から哀悼の意を表します《フォーマル》Por favor, acepte mis más sinceras condolencias por el fallecimiento de su padre. ◆《口語》Quiero darle el pésame por la muerte de su padre. ☞ お悔やみ, 追悼

あいどく 愛読 f. lectura, m. libro predilecto [favorito]. ▶愛読者(雑誌などの予約購読者) mf. suscriptor/tora ⟪a, de⟫. ▶ガルシア・ロルカの愛読者 mf. lector/tora de García Lorca.
── 愛読する v. leer* con gusto, disfrutar la lectura; (雑誌・新聞を) v. leer* regularmente; (予約購読する) v. estar* suscrito ⟪a + 物・事⟫. ◆私は「戦争と平和」を愛読している Me gusta leer «Guerra y Paz». ◆彼の小説は若者に愛読されている(=人気がある) Sus novelas son muy leídas entre los jóvenes. → 人気.

アイドル m. ídolo. ◆彼女は若者たちのアイドルだ Ella es el ídolo de los jóvenes.

あいにく (不運にも) adv. por desgracia, desgraciadamente, lamentablemente, desafortunadamente. ◆あいにくお金の持ち合わせがなかった Por desgracia no llevaba dinero. / ¡Qué pena [lástima] que no llevaba dinero! / Daba la casualidad de que no llevaba dinero. ◆あいにくな状況だ Es una situación desgraciada [desafortunada]. ◆あいにく社長は留守です Por desgracia, el jefe no está. ◆あいにく天気は悪かった Desgraciadamente, el tiempo era malo. ◆それはあいにくですね ¡Qué lástima! / Es una pena. / ¡Qué mala suerte! 会話 ごいっしょしませんか―そうしたいんですけど、あいにくだめなんです ¿Viene con nosotros? – Me encantaría, pero por desgracia no puedo. ◆あいにくの大雨ですが(=大雨をものともせず)、お出かけになりますか ¿Vas a salir con este inoportuno aguacero?

アイヌ mf. ainu, aino. ▶アイヌ(語)の adj. ainu, aino. ▶アイヌ語 m. ainu, aino.

あいのり 相乗り ▶自転車に相乗りする(=いっしょに乗る) v. montar juntos en bicicleta. ◆私たちは駅までタクシーに相乗りした Compartimos un taxi hasta la estación.

アイバンク m. banco de ojos. ▶アイバンクに登録する v. inscribirse* (para donar) en un banco de ojos.

あいはんする 相反する (一致しない) v. no estar* de acuerdo, estar* en desacuerdo ⟪en, sobre⟫; (矛盾する) v. contradecirse* ⟪con⟫, ser* incoherente ⟪con⟫; (背く) v. oponerse* ⟪a⟫. ▶相反する感情 (反対の) fpl. emociones en conflicto. ◆君の報告は彼の言っていることと相反する Tus informes contradicen lo que dice él. ◆彼の利害は私の利害と相反する Sus intereses se oponen a los míos. ◆その証拠は相反していた Las pruebas eran contradictorias.

アイピーアドレス IP アドレス 《専門語》f. dirección IP.

あいぶ 愛撫 f. caricia. ▶愛撫する v. acariciar.

あいべや 相部屋 ◆彼と相部屋はいやだ(=部屋を共用したくない) No quiero compartir el cuarto con él.

あいぼう 相棒 (仕事などの) m. socio/cia, mf. asociado/da, mf. colaborador/dora; (仲間) mf. compañero/ra.

アイボリー (象牙) m. marfil. ▶アイボリー色の adj. marfileño, marfil, de color marfil.

あいま 合間 (間隔) m. intervalo, f. pausa; (休止) m. rato [m. tiempo] libre, m. recreo; (教養語) m. receso. ◆仕事の合間に(=

6 あいまい

暇な時に) adv. en los ratos libres de trabajo; (休憩時間に) adv. en un recreo [descanso] del trabajo. ▶話の合間 (=小休止)に adv. en una pausa de la conversación. ▶合間合間に (=ひまひまに) adv. en ratos libres. ▶ショーの合間に彼女はうたた寝をした Daba cabezadas en los intervalos del espectáculo.

* **あいまい** 曖昧 f. ambigüedad, f. indecisión; f. vaguedad, f. imprecisión. ▶この論文にはあいまいな点が多い En esta tesis hay「mucha ambigüedad [muchos puntos ambiguos]」.

── あいまいな (二つ以上の意味にとれる) adj. ambiguo; (はっきりしない) adj. impreciso; (意味が不明瞭な) adj. oscuro; (意味が漠然とした) adj. vago; (言質を与えない) adj. que no compromete nada, evasivo; (回避的な) adj. evasivo; (不確実な) adj. incierto. ▶あいまいな (=どっちともとれる)返事をする v. dar* una respuesta ambigua [vaga, oscura, indefinida, evasiva]. ▶あいまいな態度をとる v. adoptar una actitud incierta [ambigua]. ▶彼の説明はあいまいだった Su explicación fue ambigua. ▶彼は非常にあいまいな欠席理由を述べた Justificó su ausencia con un pretexto muy oscuro.

☞いい加減な, 玉虫色, 頼りない, 掴み所, 適当な, どっちつかずの

あいまって 相俟って ▶彼の雄弁と仕事の技術が相まって (=いっしょになって)その計画は成功した Su elocuencia y su capacidad para los negocios se combinaron para que el proyecto fuera un éxito.

あいよう 愛用 愛用する(常用する) v. usar regularmente [habitualmente]. ▶彼愛用のパイプ f. su pipa favorita.

あいよく 愛欲 (欲情) m. apetito [m. deseo] sexual; f. pasión amorosa; (激しい肉欲) f. lujuria, 《教養語》f. concupiscencia. ▶愛欲にかられて adv. para satisfacer el apetito sexual, por pasión (sexual).

あいらしい 愛らしい (愛くるしい) adj. encantador, amable; (かわいくて美しい) adj. bonito, precioso, lindo; (小さくて、幼くて) adj. gracioso; (すてきな) adj. encantador, 《文語》 cautivador. → 可愛い. ▶愛らしい目をしている v. tener* unos ojos bonitos. ▶彼女は愛らしい子だ Es una muchacha encantadora.

アイルランド Irlanda (☆公式名も同じ. アイルランド島南部を占める国, 首都ダブリン Dublín). ▶アイルランド(人・語)の adj. irlandés. ▶アイルランド人 mf. irlandés/desa. ▶アイルランド語 m. irlandés.

アイロン f. plancha. ▶スチームアイロン f. plancha de vapor. ▶アイロン台 f. tabla para planchar. ▶アイロン不要のシャツ f. camisa que no necesita plancha. ▶アイロンをかけていないシャツ f. camisa no planchada. ▶シャツにアイロンをかける v. planchar una camisa. ▶アイロンをかけてワイシャツのしわをとる v. quitar las arrugas (de una camisa) con la plancha. ▶私のズボンにアイロンのかかりがよい Mis pantalones se planchan fácilmente [bien]. ▶彼のスーツはきれいにアイロンがかかっていた Su traje estaba muy bien planchado.

* **あう** 合う ❶【ぴったり合う】v. quedar [sentar*] bien; (釣り合う) v. combinar, casar 《con》; (調和する) v. armonizar* [ir* bien] 《con》; (特定の人・目的などにふさわしい) v. ser* apropiado [adecuado] 《para》. ▶もうこの服は合わない. 太ってきたから Este vestido ya no me queda bien. He engordado. 《会話》 あなた、そのズボン合う?ーぴったりだ ¿Qué tal te quedan los pantalones, querido? – 《口語》Como un guante. ▶マスターキーは建物の全部のドアにしっくり合う La llave maestra vale para todas las puertas del edificio. ▶この帽子はあなたの服と合わない Este sombrero no va bien con tu vestido. → 似合う. ▶この日本酒はお口に合う (=好みに合う)とよいのですが Espero que este sake「le vaya a su paladar [sea de su agrado]」. ▶そちらの気候はあなたの体に合いますか ¿Le sienta bien el clima de ahí? ▶赤ワインは肉と合う El tinto va con la carne. ▶彼女のドレスはその場には合わなかった (=ふさわしくなかった) Su vestido「no iba bien con [era inadecuado para] la ocasión. ▶彼の思想は今の世の中には合わない Sus ideas no「se conforman [van] con el mundo moderno. ▶君はもうすぐこのシャツが合うようになるだろう Esta camisa pronto te va a quedar bien.

❷【一致する】de acuerdo [conforme] 《con》 v. estar* ─ 一致する; (呼応する) v. corresponder 《a + 人》, concordar* 《con》. ▶その点で彼は彼女と意見が合った En ese punto él estaba de acuerdo con la opinión de ella. ▶君の話は彼の話と合わない Tu historia no concuerda con la de él. ▶その男は人相書きに合っている El hombre corresponde [responde] a la descripción. ▶彼の言ったことは事実と合っている Lo que dijo se corresponde a los hechos. ▶チーム全員の息がぴったり合っている Todo el equipo juega en perfecta armonía.

❸【正しい】(正確な) adj. correcto, exacto. ▶合っている答えを出す v. dar* una respuesta correcta; responder bien. ▶道が合っていたかどうか自信がなかった No estaba seguro de haber tomado el camino correcto. ▶君の時計は合っているか ¿Es exacto tu reloj? / ¿Tiene la hora exacta? ▶私の時計は合っていない Mi reloj no está en hora. ▶君の計算は合っている Tu cálculo es correcto [bueno]. 《会話》(答えが)だれか合っていますかーみんな合いました ¿Alguien lo ha hecho bien? – Todos lo hemos hecho bien.

* **あう** 会(遭)う ❶【初対面で知り合う】v. conocer*. ▶お会いできうれしく思います(紹介の後で) Encantado de conocerle. / Es un placer conocerle. 《会話》 お会いできてうれしいですこちらこそ. またぜひお会いしたいものです(別れ際に) Ha sido un placer conocerlo[le]. – El placer ha sido mío. Tendré mucho gusto en volverle a ver. ▶失礼ですが以前お会いしていませんか Perdone, pero ¿no nos hemos visto antes?

❷【出会う, 面会する】*v*. ver* [encontrar*]《a ＋ 人》; encontrarse* [tropezarse*, tener* una entrevista, entrevistarse, reunirse*]《意図して会う》*v*. ver* 《a》;《偶然に会う》*v*. encontrar* 《a》, tropezarse 《con》. ♦バスで彼に会った Me encontré con él en un autobús. ♦どうぞまた会いに来てください Por favor, ¨ven otra vez a verme [vuelve a visitarme]. ♦あす友達と会う予定だ Mañana voy a ver a un amigo. /《口語》He quedado con un amigo mañana. ♦私は彼女に長い間会っていない Hace mucho (tiempo) que no la veo. ♦きのう偶然昔の友達に会った Ayer me encontré [tropecé] con *un/una viejo/ja amigo/ga* en la calle. 会話 美津子さん, こんにちは—健二君, ここであなたに会うなんて思いがけないわ ¡Hola, Mitsuko! -¡Kenji! Jamás hubiera pensado encontrarte aquí. ♦彼女があなたに会いたいと言っている（＝面会を求めている）Dice que quiere verte. ♦彼女は1年前から彼と会っている（＝交際している）Hace un año que sale con él. ♦元気かい. 会いたいなあ ¿Cómo estás? Te extraño mucho. ¿Sabes?

❸【会合する】*v*. reunirse*, verse*, juntarse. ♦どこで会いましょうか ¿Dónde nos vemos? [podemos vernos?] ♦クラブのメンバーは毎月1度会います Los socios del club se reúnen una vez al mes.

❹【経験する】*v*. tener*, pasar 《por》, experimentar;（困難・反対・障害などに）*v*. ser* recibid*o* 《por》, ser* sorprendid*o* 《por》. ♦乗っ取られた飛行機で恐ろしい目にあう *v*. tener* una terrible experiencia a bordo de un avión secuestrado. ♦その提案は強硬な反対にあった La propuesta fue recibida con una fuerte oposición. ♦彼はきのう交通事故にあった Ayer tuvo un accidente de tráfico. ♦私は交通渋滞にあった Me encontré con un embotellamiento. ♦駅の近くでにわか雨にあった Me sorprendió un chaparrón cerca de la estación. ⇨ 合わせる, 併せる, 接する

アウエウエテ *m*. ahuehuete（☆メキシコ産の針葉樹）.

アウェー（サッカー, 野球などで）*m*. partido que se juega fuera de casa.

アウグスティヌス［アグスティン］（聖 ～）San Agustín（☆354-430, 初期キリスト教会の教父・哲学者. 祝日は8月28日）

アウグストゥス（カエサル・オクタビアヌス ～）César Octavio Augusto（☆前63-後14, ローマ初代の皇帝）.

アウグスブルグ Augsburgo（☆ドイツの都市）.

アウト（野球）*m*. eliminado,《英語》*m*. "out". ♦アウトにする *v*. eliminar al contrario [bateador]. ♦打者は犠牲フライでアウトになった El bateador fue sacado fuera en un globo [fly] de sacrificio.

アウトサイダー（部外者）*mf*. no afiliad*o/da*, *mf*. extrañ*o/ña*, *mf*. forasterr*o/ra*.

アウトソーシング（専門語）*mpl*. recursos externos.

アウトドア（戸外の）*adj*. al aire libre, exterior, de fuera. ♦アウトドアスポーツ *m*. deporte al 「aire libre [exterior].

アウトバーン（ドイツ・オーストリア・スイスの高速道路）*f*. autopista.

アウトプット（英語）*m*. "output", *f*. salida. ♦アウトプットする *v*. producir* una salida.

アウトライン（概略）*m*. resumen, *m*. compendio. → 概略.

アウトライン・フォント（専門語）*f*. fuente de contorno.

アウトロー（無法者）*mf*. forajid*o/da*, *mf*. bandid*o/da*.

あえぐ 喘ぐ（運動で息を切らす）*v*. jadear;（息をのむ, はあはあ息をする）*v*. respirar entrecortadamente, jadear;（苦しそうに息をする）*v*. respirar con dificultad. ♦恐怖にあえぐ *v*. quedarse sin aliento por el horror. ♦急いでバスに飛び乗ったとき彼はあえいでいた Jadeaba cuando se montó al autobús a toda prisa. ♦お願い, と彼女はあえぎながらスペイン語で言った "Por favor", dijo entrecortadamente en español. ♦彼はあえぎながら出会ったクマについて何か言った Jadeando dijo algo sobre un oso con el que se había encontrado.

あえて 敢えて…する（思い切って…する）*v*. atreverse [arriesgarse, aventurarse]《a ＋ 不定詞》;（労を取って…する）*v*. tomarse la molestia 《de ＋ 不定詞》, *f*. declaración fiscal en papel azul. ♦青物(野菜) *f*. verdura(s). ♦信号は赤から青に変わった El semáforo cambió del rojo al verde.

— 青い（青色の）*adj*. azul,《文語》zarco;（緑の）*adj*. verde;（顔色が青白い）*adj*. pálido. → 青ざめる. ♦青い目をした子供 *m*. niño「de ojos azules [ojizarco]. ♦ドアを青く塗る *v*. pintar la puerta (de) azul. ♦そのリンゴはまだ青い La manzana todavía no está verde. / La manzana no está bien madura. ♦顔が青いよ Estás pálido.

あおあお 青々 ♦青々とした（＝青葉の茂った）丘 *f*. colina verde. ♦青々とした海原 *m*. océano azul.

あおいきといき 青息吐息 ♦青息吐息である *v*.

あおぐ 仰ぐ ❶【上方を見る】v. alzar* la vista, mirar arriba. ◆彼は空を仰いだ Alzó la vista al cielo.
❷【尊敬する】v. respetar;（仰ぎ見る）v. admirar. ◆彼らは彼を指導者と仰いでいる Le respetan como dirigente [líder].
❸【求める】v. pedir*,《フォーマル》solicitar. ◆彼の指示を仰ぐ v. pedirle* instrucciones. ◆私は彼に援助を仰いだ Le pedí que me ayudara. / Pedí su ayuda. ◆日本は中東に石油の供給を仰いでいる（＝依存している）Japón depende del Medio Oriente para su suministro de petróleo.

あおぐ 扇ぐ v. abanicar*, soplar. ◆火をあおいで燃え立たせる v. soplar el fuego para hacer* llama. ◆彼女はせわしなく新聞紙で自分をあおいだ Se abanicaba vigorosamente con un periódico.

あおくさい 青臭い（未熟な）adj. inexperto, inmaduro,《口語》verde;（考えすぎ的）adj. inmaduro. ◆ココヤシの果汁は少し青臭いにおいがする La leche de coco huele a hierba verde.

あおくなる 青くなる v. perder* el color. → 青ざめる.

あおざめる 青ざめる（怒り・恐怖などで）v. ponerse* pálido [blanco],《教養語》palidecer*, empalidecer*;（嫉妬（と）・羨（せ）望で）v. ponerse* verde [amarillo] (por la envidia);（吐き気・恐怖で）v. ponerse* blanco [pálido, lívido] (por las náuseas), perder* el color (por el mareo). ◆彼女は¹ショックで［²その知らせを聞いて］青ざめた Se puso pálida ¹por el choque [²al enterarse de las noticias]. ◆彼は青ざめた顔をしている Está pálido. / Tiene la cara pálida. → 血色.

あおじゃしん 青写真 m. cianotipo; m. plano, m. proyecto. ◆家の青写真を作る v. hacer* un plano de la casa. ◆平和のための青写真を作る v. hacer* un proyecto para la paz.

あおじろい 青白い　青白い顔色をしている v. tener* el color de la cara pálido. ◆彼女の顔は青白かった Tenía la cara descolorida.

あおしんごう 青信号 m. semáforo (con la luz) verde. → 信号. ◆その計画に青信号を出す（許可を与える）v. dar* luz verde al proyecto.

あおぞら 青空 m. cielo azul. → 空（そら）. ◆青空市場 m. mercado al aire libre, m. mercadillo. ◆青空のもとで adv. bajo el cielo azul.

あおにさい 青二才 mf. joven inmaduro/ra [inexperto/ta]. ◆彼はまったくの青二才だ《口語》Está muy verde. / No es más que un joven inmaduro.

あおば 青葉 fpl. hojas nuevas, m. renuevo, m. verdor. ◆青葉のころ f. estación「del renuevo [de las hojas nuevas]. ◆青葉が出る v. echar hojas. ◆庭の木はすっかり青葉になった Los árboles del jardín han echado todas sus hojas.

あおむく 仰向く（上の方を見る）v. mirar arriba, alzar* la vista;（顔を上の方に向ける）v. alzar* la cabeza;（仰向けになる）v. ponerse* boca arriba. ◆彼女は仰向いて彼にキスを求めた Alzó la cabeza para que (él) la besara.

あおむけ 仰向け ◆仰向けに寝る v. tenderse* 「boca arriba [de espaldas]. ◆仰向けに倒れる v. caer* de espaldas, caerse* boca arriba.

あおむける 仰向ける（上の方を見る）v. mirar arriba;（顔を上げる）v. alzar* la cara;（物を仰向けにする）v. poner* 「hacia arriba [de espaldas].

あおむし 青虫 f. oruga (verde).

あおりどめ あおり止め（戸止め）m. tope de puerta.

あおる 煽る v. ondear, agitar;（扇動する）v. incitar, instigar*;（燃え立たせる）v. avivar, soplar, encender*;（激情をかきたてる）v. inflamar. ◆けんかをあおる v. avivar una pelea. ◆愛国心をあおる v. inflamar el patriotismo. ◆反日感情をあおる v. avivar un sentimiento antijaponés. ◆強風にあおられて炎は森をなめつくした Empujadas por los fuertes vientos, las llamas lamían el bosque. ◆あの最後のひと言で彼は私の怒りをあおった Eso que dijo al final despertó mi ira.

＊＊あか 赤（色）m. rojo, m. bermejo;（深紅色）m. carmesí;（緋（ひ）色）mf. escarlata;（共産主義者）mf. comunista,《口語》mf. rojo/ja. ◆赤の広場 f. Plaza Roja. ◆赤くなる → 赤くなる. ◆彼女の帽子は濃い赤だった Su sombrero era rojo oscuro. ◆彼女は泣いて目が赤くなっていた Sus ojos estaban rojos de llorar. ◆木の葉が日を浴びて燃えるように赤く輝いていた El sol teñía de color rojo las hojas de los árboles. ◆彼女は紅をつけてほほを少し赤くした Sus mejillas se encendieron un poco con colorete. / Se puso algo colorada.

──赤 adj. rojo, colorado,《口語》colorado, carmesí, escarlata, encarnado. ◆赤っぽい adj. rojizo. → 赤味. ◆赤いバラ f. rosa roja. ◆赤い服を着た少女 f. chica 「de rojo [con un vestido rojo]. ◆寒さで君のほおはまだ赤いよ Tus mejillas siguen coloradas por el frío.

あか 垢（汚れ）f. suciedad;（しみついた汚れ）f. mugre;（耳のあか）f. cerilla, m. cerumen;（湯あか）m. sarro. ◆あかで汚れた adj. sucio, mugriento. ◆あかを落とす v. quitar la suciedad. ◆彼は体中あかだらけだった Estaba lleno de mugre.

あかあか 赤々　赤々と燃える火 m. fuego fulgurante. ◆ストーブが赤々と燃えていた La estufa ardía con un fuego fulgurante. → ストーブ.

アカウント《専門語》f. cuenta. ◆アカウント・セットアップ《専門語》f. configuración de cuenta.

あかぎれ　f. grieta. ◆手にあかぎれができている Tengo las manos agrietadas. ◆私は冬にはあかぎれができやすい Mi piel se agrieta fácilmente en invierno.

あかくなる 赤くなる v. ponerse* rojo [colorado], enrojecerse*,《口語》ponerse* colorado como un tomate;（恥ずかしさや当惑などで）v. sonrojarse;（興奮・当惑・怒り・熱な

どでぱっと)v. enrojecerse*, encenderse*, ponerse* colorado. → 真っ赤, 赤らめる. ♦ワイン1杯で顔が赤くなった Con un vaso de vino en la cara se me ha puesto colorada. ♦彼女は恥ずかしくて顔が赤くなった La vergüenza la hizo sonrojar. / Se puso colorada por la vergüenza. ♦彼の顔は熱で赤くなっていた Su cara estaba enrojecida por la fiebre.

あかげ 赤毛 m. pelo rojo; (人) mf. pelirrojo/ja, ♦赤毛のアン(書名)«Ana la pelirroja».

あかし 証 ♦友情のあかし (=証拠) を求める v. exigir* una prueba de amistad 《a》. ♦身のあかしを立てる [=無罪を証明する] v. demostrar* la inocencia, justificarse*.

あかじ 赤字 m. déficit, (損失) f. pérdida. ♦貿易収支の赤字 m. déficit comercial. ♦赤字予算を組む v. hacer* [elaborar] un presupuesto deficitario. ♦赤字路線を廃止する v. poner* fin a las líneas [rutas] deficitarias. ♦赤字国債を発行する v. emitir bonos del Estado para financiar un déficit. ♦百万ドルの赤字を¹出す [²埋める] v. ¹arrojar [²cubrir] un déficit de un millón de dólares. ♦我が家の家計は赤字だ Nuestro presupuesto familiar 「está en números rojos [arroja déficit]. ♦その施設は赤字を出し続けていたが彼はそれを維持していた Hizo que la institución siguiera funcionando a pesar de que seguía perdiendo dinero.

アカシア f. acacia.

あかしお 赤潮 f. marea roja.

あかしんごう 赤信号 m. semáforo 「con luz roja [(en) rojo]. → 信号.

あかす 明かす ❶【夜を過ごす】v. pasar una noche → 過ごす; (寝ずに) v. pasar la noche 「en vela [sin dormir*]. ♦一晩泣き明かす v. pasar la noche llorando. ♦その夜われわれは語り明かした Pasamos la noche hablando. / Nos quedamos hablando toda la noche. ❷【打ち明ける】(話す) v. decir* 《a + 人》→打ち明ける; (暴露する) v. revelar, descubrir* 《a + 人》. ♦種を明かす v. revelar el truco 《a + 人》.

あかずきんちゃん 赤頭巾ちゃん (書名) f. «Caperucita Roja».

・**あかちゃん** 赤ちゃん mf. bebé. → 赤ん坊. ♦ライオンの赤ちゃん m. cachorro de león. ♦彼女は来月赤ちゃんが生まれる Espera un bebé el mes que viene.

[地域差] 赤ちゃん
〔全般的に〕mf. bebé
〔スペイン〕mf. crío/a, f. criatura, mf. nene/na
〔キューバ〕f. criatura, m. nené, mf. nene/na
〔メキシコ〕mf. nene/na
〔コロンビア〕m. nené
〔アルゼンチン〕m. bebe/ba, f. criatura, f. guagua, mf. nene/na

あかつき 暁 m. amanecer, 《文語》 f. aurora, 《文語》 f. alba, 《文語》 f. alborada. ♦暁の曙(光)光 f pl. primeras señales del amanecer. ♦暁の空 m. cielo del alba. ♦暁に adv. al amanecer.

あがったり 上がったり ♦冷夏で商売は上がったりだ El verano fresco [frío] nos ha arruinado el negocio.

あかつち 赤土 f. tierra colorada [roja]; (赤い粘土) f. arcilla roja.

アカデミー f. academia.

アカデミック adj. académico.

あかてん 赤点 (落第点) m. suspenso. ♦赤点をとる v. poner* un suspenso. ♦彼は歴史は赤点だった (=落第した) Suspendió en Historia.

あかぬけ 垢抜け (洗練) m. refinamiento. ♦垢抜けた adj. refinado, (しゃれた) adj. elegante; (経験・知識が豊富な) adj. elaborado, sofisticado, 《口語》 adj. urbano. ♦垢抜けした若者 m. joven refinado.

あかのたにん 赤の他人 mf. perfecto/ta [completo/ta] desconocido/da 「extraño/ña」.

あかふだ 赤札 (見切り品の札) f. etiqueta de rebaja; (「売約済み」の札) f. etiqueta de "vendido".

アカプルコ Acapulco (☆メキシコの観光都市).

あかぼう 赤帽 (駅などの) m. maletero, m. mozo (de estación), m. mozo de cuerda.

あかみ 赤身 (肉の) f. carne magra; (魚の) f. carne roja. → 切り身.

あかみ 赤味 ♦赤味がかった adj. rojizo; (顔・ほおが) adj. colorado. ♦夕日で空に赤味がさした El cielo se hizo rojizo con la puesta de sol. ♦彼女のほおに赤味がさしてきた Sus mejillas se están poniendo coloradas.

あがめる 崇める (尊敬する) v. respetar; (神父などを) v. reverenciar; (聖人などを) v. venerar; (崇拝する) v. adorar. ♦彼は皆から神のようにあがめられている Todo el mundo le adora como si fuera un dios.

あからがお 赤ら顔 ♦赤ら顔の少女 f. muchacha rubicunda.

あからさま(な[に]) (明白な) adj. claro; (明白に) adv. claramente, 《口語》 a las claras; (率直な) adj. franco; (率直に) adv. francamente, 《口語》 sin rodeos; (あけっぴろげの) adj. abierto; (あけっぴろげに) adv. abiertamente; (単刀直入な) adj. directo; (単刀直入に) adv. directamente. ♦あからさまな敵対心 f. clara hostilidad. ♦それをあからさまに否定する v. negarlo* abiertamente. ♦あからさまに言うと adv. hablando francamente [sin rodeos].

あからめる 赤らめる v. enrojecer*, salirle* 《a + 人》 los colores. → 赤くなる.

・**あかり** 明かり ❶【灯火】f. luz; (電気スタンドなど移動可能な) f. lámpara. → ランプ.

 1《明かりが》 ♦遠くに町の明かりが見える A lo lejos se ven las luces de una ciudad. ♦部屋には明かりが¹ついていた [²消えていた] La luz del cuarto estaba ¹encendida [²apagada]. / ¹Había [²No había] luz en la habitación. ♦彼の部屋は明かりが¹こうこうとついていた [²暗かった] Su cuarto estaba ¹bien [²débilmente] iluminado.

 2《明かりを》 ♦明かりをつける (スイッチで) v. encender* la luz; (火をつける) v. encender* una luz. ♦明かりを消す (スイッチで) v. apagar*

10　あがり

la luz; (消火して) v. apagar* (una vela). ◆明かりをつけっぱなしにしておく v. dejar la luz encendida.

❷【光】f. luz, m. resplandor, m. fulgor, m. destello. ◆¹たき火 [²暖炉] の明かり m. resplandor de la ¹hoguera [²chimenea]. ◆¹月 [²ランプ] の明かりで仕事をする v. trabajar a la luz de ¹la luna [² una lámpara]. ◆明かり取り (天窓の) m. tragaluz, f. claraboya. ◆窓から明かりを取る v. dejar que entre la luz por la ventana. ◆窓から薄明かりがもれていた La ventana dejaba pasar una luz tenue.

あがり 上がり ❶【収入, 利益】(収入) mpl. ingresos; (売上高) m. importe de ventas; (利潤) fpl. ganancias, m. beneficio. ◆バザーの上がり mpl. ingresos del bazar. ◆投資で多くの上がりを得る v. obtener* buenos ingresos por la inversión.

❷【仕上げ】◆その写真の仕上がりはよい La foto ha salido bien.

《その他の表現》　▶上がり口に（入り口）adv. a [en] la entrada; (玄関口) adv. a [en] la puerta. ◆一丁上がり ¡Listos! / ¡Ya está!

-あがり -上がり ▶湯上がりに adv. después del baño. ▶軍人上がりの政治家 m. político ex militar.

あがりおり 上がり降り f. subida y f. bajada. ▶階段を上がり降りする v. subir y bajar las escaleras. ▶東京タワーをエレベーターで上がり降りする v. subir y bajar la Torre de Tokio en ascensor.

あがりこむ 上がり込む (入って行く) v. entrar, meterse 《en》. →行く. ◆彼は帽子をかぶったままずかずかと部屋に上がり込んできた Entró en el cuarto con el sombrero puesto. ◆太郎は花子のところにでも上がり込んで (=立ち寄って) いるんだろう Creo que Taro probablemente habrá entrado a la casa de Hanako.

あがりさがり 上がり下がり ▶物価の上がり下がり mpl. altibajos [fpl. fluctuaciones; m. alza y f. baja] de los precios. ▶円相場の上がり下がり (=変動) fpl. fluctuaciones de la cotización del yen. ▶エレベーターが上がり下がりしている El ascensor está subiendo y bajando.

**あがる 上[揚, 挙]がる ❶【昇る, 登る】(上へ行く) v. subir, elevarse, alzarse*, ascender*; (登る) v. trepar; (物を地面に接触しないで上がる) v. elevarse, alzarse*; (よじ登る) v. trepar. ◆屋根の上に上がる v. subir(se) al tejado. ◆演壇に上がる v. subir "al estrado [a la tribuna]. ◆エレベーターで塔に上がった Subí a la torre en ascensor. / Tomé un ascensor para subir a la torre. ◆彼は重い足どりで階段を上がった Subió las escaleras como si le pesaran los pies. ◆太陽は東から上がる El sol sale por el Este. ◆飛行機は上がって雲の中に入った El avión ascendió hasta meterse en las nubes. ◆幕が上がった El telón se alzó.

❷【中へ入る】v. entrar 《en》, pasar dentro, ingresar 《en》, penetrar 《en》, introducirse* 《en》; 【訪問する】v. venir*, visitar. ◆どうぞ上がりください Entre, por favor. / Pase usted dentro, por favor. ◆彼女はちょっとお上がりになってお茶でもと言った Nos pidió que pasáramos para tomar una taza de té. ◆彼女は今年小学校に上がる Este año ingresa en la escuela primaria. ◆いつお宅に上がったらいいでしょうか ¿Cuándo podré visitarlo[le] en su casa? ◆あすそれをいただきに上がります Mañana vengo a por ello.

❸【出てくる】▶プールから上がる v. salir* de la piscina. ◆彼はふろから上がってつめを切った Después de salir del baño se cortó las uñas.

❹【上昇する】（物価などが）v. subir, aumentar; (急騰する) v. saltar, (口語) disparase; (とくに価格が) 《口語》 v. ponerse* por las nubes; (体温などが) v. subir. ◆米が10キロについて3 円 上がった El precio del arroz ha subido 300 yenes los diez kilos. ◆新しい税の (導入の) 結果, 物価が急に上がった Como resultado del nuevo impuesto, los precios han aumentado [subido] repentinamente. ◆家賃は来月から上がるだろう El mes que viene subirá el alquiler de la casa. ◆彼女の体温は今朝から上がった Su temperatura ha subido desde esta mañana.

❺【昇進・昇給する】→昇進, 昇給. ▶どんどん地位が上がる v. conseguir* una rápida promoción. ◆彼は販売部長に上がった「Fue ascendido [Le ascendieron] al puesto de gerente [director] de ventas. ◆給料が5% 上がった Me aumentaron el salario un 5%. / He tenido una subida de sueldo del 5%.

❻【向上・進歩する】(向上する) v. mejorar, ir* para arriba; (進歩する) v. progresar, hacer* progresos, ir* mejor. ◆彼の学校の成績が上がってきた Sus notas 「están mejorando [van para arriba]. ◆彼はスペイン語の力が上がった Su español ha progresado. ◆今度の試験で20番上がった En el último examen subí 20 puestos.

❼【終わる】v. terminarse, acabarse; (やむ) v. cesar, parar. ◆やっと梅雨が上がった Por fin se ha terminado la temporada de lluvias. ◆雨が上がった La lluvia ha cesado [parado]. / Se ha despejado. ◆この仕事は年内に上がります Este trabajo estará terminado antes de que acabe este año. ◆一丁上がり (=それが終わったよ) Ya está. / Se acabó. / He terminado.

❽【利益などが得られる】(もうける) v. ganar, tener* un beneficio. ◆その事業で1千万円ほどの利益が上がった Con ese negocio ganaron 10 millones de yenes. ◆アルバイトで週百ドル上がります (=収入がある) Con un trabajo temporal gano 100 dólares a la semana.

❾【神仏に供えられる】(供える) v. hacer* una ofrenda, ofrecer*.

❿【犯人・証拠などが】(逮捕される) v. ser* detenido; (確保される) v. conseguirse*; (失った物が取り戻される) v. recuperarse. ◆ついに犯人の男が挙がった Por fin el delincuente ha sido detenido. ◆十分な証拠が挙がった Se han conseguido pruebas suficientes. ◆湖から水死体はまだ挙がっていない Todavía no se ha recupe-

rado del lago el cadáver ahogado.
❶❶【揚げ物ができる】v. freírse*; (フライ・天ぷらが) v. freírse* con mucho aceite. ♦このエビはからっと揚がっておいしい Estas gambas fritas quedan crujientes.
❶❷【声などが】♦どっと笑い声が上がった Estallaron las risas. ♦火の手は台所から上がった El fuego estalló en la cocina.
❶❸【落ち着かなくなる】v. ponerse* nervioso, 【舞台負けする】v. tener* [padecer*, sufrir] miedo escénico. ♦私はすっかり上がってしまって自分が何を言っているのかも分からなかった Estaba tan nervioso que no sabía lo que estaba diciendo. ♦彼女と面と向かうといつも上がってしまう Siempre me siento cohibido cuando estoy frente a ella.
《その他の表現》♦旗が揚がっている La bandera está izada. ♦どうぞ果物を何かお上がりください Vamos, sírvase usted algo de fruta, por favor. ♦バッテリーが上がった La batería se ha descargado. ♦罰を与えても彼にはほとんど何の効果も上がらなかった Castigarlo[le] casi no sirvió de nada con él.

あかるい 明るい ❶【明暗】adj. claro; luminoso, brillante, radiante. ♦この部屋は明るい Ese cuarto 「es claro [tiene luz]. ♦彼は明るいうちに帰宅した Volvió a casa antes de oscurecer [que oscureciera]. ♦この電灯は明るい Esta lámpara 「da mucha luz [ilumina bien]. ♦太陽が明るく輝いている El sol brilla.
❷【朗朗, 清潔】(陽気な) adj. alegre, jovial; (朗らかな) adj. radiante, feliz; (清潔な) adj. limpio; (公正な) adj. justo. ♦明るい雰囲気 f. atmósfera alegre. ♦明るい笑顔で adv. con una sonrisa radiante. ♦明るい(=幸せな)家庭 m. hogar [f. familia] feliz. ♦明るい政治 f. política limpia. ♦明るい気持ちになる v. sentirse* feliz. ♦彼は明るい性格だ Tiene un carácter jovial. ♦教室は雰囲気が明るく感じがよかった La clase era animada y agradable.
❸【将来が】(有望な) adj. risueño, halagüeño, prometedor; (バラ色の) adj. de color de rosa. ♦明るい見通し fpl. perspectivas halagüeñas [prometedoras]. ♦物事の明るい面を見る(=楽観する) v. ver* el lado bueno de las cosas. ♦今は見通しはあまり明るくない La situación actual no parece demasiado risueña en este momento. ♦君の将来は明るい Tienes ante ti un futuro 「de color de rosa [risueño].
❹【精通している】(よく知っている) v. conocer* bien, saber* mucho (de); (親しんでよく知っている) v. ser* un entendido (en), ser* conocedor (de); (熟練・熟達している) v. saber* perfectamente, 《口語》saber* al dedillo. ♦彼は法律に明るい Conoce muy bien el Derecho. / Sabe mucho de Derecho. / Es un entendido en Derecho. / Tiene un buen [gran] conocimiento de Derecho. / 《口語》 Se sabe el Derecho al dedillo.
❺【色彩】(淡い) adj. claro; (鮮やかな) adj. vivo, alegre. ♦明るい色(薄い色) mpl. colores claros; (鮮やかな色) mpl. colores vivos [alegres]. ♦明るい色の服を着ている v. 「llevar ropa de [ir* vestido con] colores alegres. ♦このコートは冬用には明るすぎる Este abrigo es demasiado claro para llevar en invierno. ♦宵(よい)の明星は一番明るい星です La estrella vespertina es el astro más brillante del cielo.

明るくする[なる] ❶(光などが) v. aclarar, alumbrar, iluminar; (状況などを) v. despejar (se), aclarar(se), mejorar; (人・顔・状況・空模様を) v. alegrar(se), poner(se)* risueña; (顔などを) v. alegrar(se), iluminar (se). ♦部屋を明るくする v. (自然の光で) dar* más luz a [(人工の明かりで) iluminar] un cuarto. ♦我が家に明るい光がさして来た(=明るくなった) Ha dado luz a nuestro hogar. ♦空が明るくなってきた(=晴れてきた) Se está despejando. / Está aclarando. / Está clareando. ♦見通しは明るくなってきた Las perspectivas 「están mejorando [son más risueñas]. ♦その知らせを聞いて彼女の顔は明るくなった Su cara se iluminó con las noticias. / Se puso radiante al oír las noticias. ▱鮮やかな, 冴えた

あかるさ 明るさ ❶【輝き】(太陽などの) m. brillo, m. resplandor, m. fulgor; (目に映る明るさ) f. claridad, f. luz. ♦月の明るさ m. claro de luna. ♦この部屋の明るさはあの部屋の明るさの数倍ある Este cuarto tiene varias veces más luz que ese otro.
❷【快活】f. alegría. ♦明るさのない陰気な家 f. casa triste y sin alegría. ♦その後彼女はだんだん明るさを増した Después de aquello se fue alegrando cada vez más.

あかるみ 明るみ (秘密などが)明るみに出る v. salir* a la luz, hacerse* público, revelarse. ♦その汚職事件はついに明るみに出た El escándalo salió por fin a la luz. / Por fin se 「hizo público [reveló] el escándalo.

あかんべ ♦あかんべをする v. hacer* muecas ((a)), negarse* en redondo. 会話 ちょっとお金を貸してよ — あかんべさ！Préstame algo de dinero. – ¡No me hagas reír! [¡Qué gracioso! /《口語》¡Narices!]

あかんぼう 赤ん坊 mf. bebé, f. criatura, m. niño pequeño, f. niña pequeña, 《口語》mf. nene/na, 《口語》mf. crío/a.
❶《～赤ん坊》♦生まれたての赤ん坊 mf. recién nacido/da. ♦赤ん坊 mf. bebé. ♦生後1年半の赤ん坊 mf. niño/ña de año y medio.
❷《赤ん坊の》♦赤ん坊のような顔 f. cara de niño. ♦赤ん坊の守りをする v. cuidar niños, 『スペイン』《口語》hacer* de canguro. ♦彼はいつも私を赤ん坊扱いする Me trata siempre como a un bebé. ♦彼は赤ん坊の時によく病気をした De niño enfermaba con frecuencia.
❸《赤ん坊が》♦彼女に来月赤ん坊が生まれる予定です Va a tener un niño el mes que viene. / Espera un bebé para el mes que viene. ♦彼女に先週赤ん坊が生まれた La semana pasada tuvo un niño. / Dio a luz un niño la semana pasada. / Le nació un bebé la semana pasada.

12 あき

4 《赤ん坊を》♦私は赤ん坊を¹母乳［²ミルク］で育てた Crié a mi hijo con leche ¹materna [²de biberón].

あき 秋 *m.* otoño; (秋の気配) *f.* otoñada.
♦春。♦秋は読書に最適の季節だ El otoño es la mejor estación para leer. ♦秋には木々の葉は紅葉する Las hojas de los árboles se vuelven rojas en el otoño. ♦秋も深まった El otoño ya está avanzado [bien entrado]. 【〜秋, 秋(の)＋名詞】♦秋の *adj.* otoñal, de otoño. ♦実りの秋 (＝収穫の季節) *f.* estación [*m.* tiempo] de la cosecha. ♦秋口になって *adv.* hacia el otoño. ♦秋の草花 *fpl.* flores de otoño. ♦秋の流行 *f.* moda de otoño. ♦秋晴れの日に *adv.* en un despejado día de otoño. ♦秋の夜長に読書を楽しむ *v.* disfrutar de la lectura en las largas noches de otoño. ♦秋の気配が感じられた Se barruntaba el otoño en el aire. / Había un barrunto de otoño en el aire. → 秋風, 秋雨, 秋空.

あき 空き (すきま) *m.* espacio, *f.* abertura, (教養語) *m.* intersticio, (空き部屋、空いた所、欠員) *f.* habitación libre, *m.* sitio libre, *f.* vacante; (勤め口) *m.* puesto, *f.* vacante. ♦空きを埋める *v.* llenar un espacio. ♦この高級マンションは3階に空きが2,3ある Este lujoso edificio de apartamentos tiene algunas vacantes en el segundo piso. ♦その仕事に空きがあったがすぐふさがれた Había una vacante en la empresa pero fue cubierta inmediatamente.

あきあき 飽き飽き ♦飽き飽きする (うんざりする) *v.* estar* harto [cansado], hartarse, (教養語) hastiarse* 《de》; (退屈する) *v.* "estar* aburrido [aburrirse] 《de》; (もうたくさんである) *v.* no aguantar más, (口語) estar* hasta「la coronilla [el gorro, (女性が) el moño, (男性が) (俗語) los cojones]. → 飽きる. ♦同じ単調な仕事で飽き飽きしている Estoy cansado de hacer siempre el mismo monótono trabajo. ♦彼の長話には飽き飽きした Me he aburrido con [de] su interminable charla. / Estoy aburridísimo [muerto de aburrimiento] con su interminable charla. ♦君のばかげた話には飽き飽きした Ya no aguanto más tus tonterías.

あきかぜ 秋風 *m.* viento「del otoño [otoñal]. ♦秋風が立った [吹いた] Ha empezado a levantarse un viento de otoño.

あきかん 空き缶 *m.* bote vacío, *f.* lata vacía. ♦空き缶を窓から捨てるな No tires botes vacíos por la ventana.

あきさめ 秋雨 *fpl.* lluvias「de otoño [otoñales]. ♦秋雨前線 *m.* frente de lluvias otoñales.

あきす 空き巣 ♦留守中に空き巣にやられた Nos robaron (en) la casa durante nuestra ausencia. / Nuestra casa fue robada [desvalijada] mientras estábamos fuera.

あきぞら 秋空 ♦秋空の下 *adv.* bajo el cielo (azul, limpio) del otoño.

あきたりない 飽き足りない (満足できない) *v.* no estar* satisfecho 《con, de》; (事が) *v.* no resultar 《a ＋ 人》 satisfactorio. ♦彼の仕事ぶりは私には飽き足りない No estoy satisfecho con su trabajo. / No me resulta [parece] satisfactorio su trabajo.

あきち 空き地 (1区画の) *m.* solar (desocupado), *m.* descampado; (何もない土地) *m.* terreno desocupado.

アキテーヌ Aquitania (☆フランスの地方).

あきない 商い (商売) *m.* negocio; (貿易) *m.* comercio; (証券の取引高) *m.* volumen, *m.* movimiento.

あきなう 商う (取り引きする) *v.* dedicarse* al comercio [negocio] 《de》.

あきばれ 秋晴れ *m.* buen tiempo otoñal, *f.* buena otoñada. ♦その日は秋晴れの上天気だった Era un muy hermoso día de otoño.

あきびん 空き瓶 *f.* botella vacía.

あきや 空き家 (住人のいない) *f.* casa deshabitada [desocupada]; (空っぽの) *f.* casa vacía; (廃屋) *f.* casa abandonada. ♦その家は3か月前から空き家になっている Esa casa lleva deshabitada tres meses. → 住む.

アキュムレータ (専門語) *m.* acumulador.

あきらか(な) 明らか(な) *adj.* claro, cierto, definitivo. ♦明らかな証拠 *f.* prueba clara [evidente]. ♦明らかな事実 *m.* hecho claro [evidente, patente, manifiesto], *adj.* obvio, (文語) palmario]. ♦彼が窓ガラスを割ったことは明らかだ「Está claro [Es evidente] que él rompió la ventana. / Evidentemente [Claramente], él rompió la ventana. ♦彼の意図はだれの目にも明らかだ Su intención es clara [evidente] a todo el mundo. ♦彼がそこへ行くのは明らかだ Es seguro [evidente] que va a ir allí.

—— 明らかになる *v.* salir* a la luz, (知られる) *v.* conocerse*, darse* a conocer, hacerse* público; (...と分かる) *v.* resultar ser*. ♦新たな事実が明らかになった「Han salido a la luz [Se han descubierto] nuevos hechos. ♦その人の名前は明らかになっていない No se ha dado a conocer su nombre. ♦この絵にはにせ物であることが明らかになった Este cuadro ha resultado ser「una copia [falso].

—— 明らかにする *v.* aclarar, poner* en claro, (公にする) *v.* publicar, hacer* público; (立証する) *v.* demostrar*; (明示する) *v.* definir. ♦事情を明らかにする *v.* aclarar las cosas. ♦彼の有罪を明らかにする *v.* demostrar* su culpabilidad. ♦立場を明らかにする *v.* definir la postura. ♦彼は自分の見解を明らかにすべきだ Debería hacer públicas sus opiniones.

—— 明らかに *adv.* claramente, evidentemente, (教養語) obviamente, ciertamente, seguramente, (口語) a todas luces. ♦君は明らかに間違っている Evidentemente estás equivocado. / (口語) Estás en un error a todas luces.

【その他の表現】♦それは火を見るより明らかだ Está más claro que el día [agua]. ♦その結果を見れば明らかだ Los resultados (口語) cantan [hablan por sí solos].

☞ 表沙汰, 証明する

あきらめ 諦め f. resignación; (断念) m. abandono, f. renuncia.

＊あきらめる 諦める （途中で断念する）v. abandonar, dejar; desistir 《de》, renunciar 《a ＋ 物・事》; (運命などを甘受する) v. resignarse 《a ＋ 物・事》, conformarse 《a ＋ 物・事》; estar* resign*ado* 《a ＋ 物・事》; (絶望する) v. desesperarse. ♦あきらめるのはまだ早い Es demasiado pronto para renunciar [desistir]. ♦私は新車を買うのをあきらめた He renunciado a la idea de comprar un coche nuevo. / Desistí de comprar un coche nuevo. ♦私は小説を書くことはあきらめた He [desistido [renunciado a] escribir una novela. ♦われわれは資金不足のため研究をあきらめた Abandonamos nuestra investigación por falta de fondos. ♦彼のことは死んだものとあきらめよ Hay que [resignarse a perderlo[le] [darlo[le] por muerto]. ♦彼女のことがあきらめきれない (≒忘れられない) No puedo [renunciar a ella [olvidarla]. ☞お手上げ, 思い切る, 思いとどまる, 覚悟する

＊あきる 飽[厭]きる （興味を失う) v. perder* interés 《en》, (興味・気力をなくする) v. hartarse 《de》, estar* hart*o* [《教養語》hasti*ado*] 《de》, (単調でおもしろみのないことに退屈する) v. aburrirse 《de》, estar* aburr*ido* 《de》; (もうたくさんである) v. no aguantar más. → 飽き飽き. ♦切手の収集に飽きる v. perder* interés en coleccionar sellos. ♦読書にあきた外 Me he cansado de leer. ♦彼はあきっぽい Todo le cansa pronto. / No hay nada que le entretenga mucho. ♦君の愚痴には聞きあきたよ Estoy hart*o* [cans*ado*] de tus quejas. / Me tienes aburr*ido* con tus quejas. / Tus quejas me tienen hart*o*. = Estoy hasta「el gorro [《口語》el moño, 《俗語》las pelotas] de tus quejas [gruñidos]. ♦これなら一日中やってもあきないよ Así podría hacerlo todo el día sin cansarme.

アキレスけん アキレス腱 《専門語》m. tendón de Aquiles. ♦アキレス腱を切る v. tener* [sufrir] un desgarro en el tendón de Aquiles.

あきれる 呆れる ❶【驚く】 (驚くべき) v. asombrarse [admirarse] 《de》, quedarse atónit*o* [perplej*o*, boquiabiert*o*, 《口語》de piedra, 《口語》de una pieza]. → 驚く. ♦あきれるほど¹要領のよい [²抜け目のない] 男 m. hombre asombrosamente ¹inteligente ²astut*o*. ♦彼女の厚かましさにはあきれた Su insolencia era asombrosa. / Me quedé boquiabiert*o* ante su desfachatez. ♦あきれて物も言えない Me quedo m*udo* de asombro.
❷【愛想がつきる】v. estar* hart*o* [cans*ado*] 《con, de》. ♦あいつの行動にはあきれる Estoy hart*o* con su conducta. / Su comportamiento me tiene hart*o*. / No sé qué hacer con su conducta.

――あきれた (驚くべき) adj. asombroso, sorprendente, admirable, 《口語》increíble, 《口語》alucinante; (愛想がつきる) adj. repugnante, asqueroso; (ばかげた) adj. ridículo; (途方もない) adj. extraordinario. → 呆れる. ♦あきれた意気地なし mf. cobarde asombroso/

sa [increíble]. ♦君が泳がないとはあきれたものだ Es asombroso que no sepas nadar. ♦あいつはあきれた奴だ iQué tipo tan asqueroso! 《会話》彼はそれに１万円も払ったんだよ―あきれかえった値段だね Pagó diez mil yenes. – Fue un precio ridículo, ¿verdad? 彼私を告訴するって言ってるわ―あきれたもんだ Dice que va a demandarme [denunciarme]. – iEs increíble [《口語》el colmo]!

＊あく 空[開]く ❶【空になる】(中身が) v. vaciarse*, quedarse vacío; (場所などが) v. quedarse [estar*] libre [desocup*ado*], quedar [estar*] vacante. ♦空いている家 (＝空き家) f. casa desocupada. ♦角に空いたテーブルが１つあった Hubo una mesa libre en un rincón. ♦箱が空いた La caja se ha quedado vacía. ♦席が二つ空いた Se han quedado libres dos asientos. ♦彼の辞職によって重要な地位が空いた Su dimisión dejó libre un importante puesto. ♦スペイン語教員のポストが一つ空いている (＝就職口がある) Hay una vacante para un profesor de español. ♦少なくともその仕事はまだあいているでしょう Por lo menos quedaría libre ese trabajo. 《会話》この席は空いていますか―いいえあきっています ¿Está libre este asiento? – No, creo que no.
❷【使わなくなる】(終える) v. terminar 《con》, acabar 《con》, (使用されていない) v. estar* libre, no ser* us*ado*. ♦その雑誌が空いたら貸してほしい Cuando termines con la revista, me gustaría pedirla prestada. ♦次の日曜は車が空いています El próximo domingo estará libre el coche.
❸【暇である】v. estar* libre. ♦今週は手が空かない Esta semana no estoy libre. /《口語》Ando muy ocup*ado* esta semana. ♦来週の空いている日を教えてくれますか ¿Me puedes decir qué días estarás libre la semana que viene?
❹【開(ひら)く】(戸・店などが) v. abrir*, abrirse*; (開く) v. alzarse, levantarse. ♦開いている窓 f. ventana abierta. ♦風で戸が開いた La puerta se abrió con el viento. ♦戸はどうしても開かない La puerta no se abre de ninguna manera. ♦金庫はこの鍵(かぎ)で開きます La caja fuerte se abre con esta llave. 《会話》郵便局は何時に開きますか―９時に開きます ¿A qué hora se abre Correos? – Abren [Se abre] a las nueve. ♦木曜日には９時まで開いている店もあります Los jueves algunas tiendas se quedan abiertas hasta las nueve. ♦幕がやっと開いた Por fin se alzó el telón. ♦劇の第１幕が開いた Ha empezado el primer acto de la obra.

《その他の表現》♦車と車の間は十分空いていた (＝間隔があった) Entre los coches había espacio suficiente [bastante espacio]. → 車間距離. ♦開いた口がふさがらなかった (＝びっくり仰天して口がきけなかった) Me quedé m*udo* [boquiabiert*o*, 《口語》de una pieza] de asombro.

あく 悪 (邪悪) m. mal; (不正) f. maldad, f.

14 あく

mala acción, f. injusticia, 《強調して》f. perversidad, 《文語》f. malignidad, 《教養語》f. perfidia; 《悪徳》m. vicio. ▶¹社会 [²必要]悪 m. mal ¹social [²necesario], f. lacra social. ▶悪の温床《比喩的》m. caldo de cultivo para el mal. ▶悪の道に誘う v. tentar*, incitar al mal. ▶善をもって悪に報いる v. devolver* bien por mal. ♦彼は悪に染まってしまった Se ha torcido. / Ha tomado malas costumbres. / Se ha metido por el camino del mal.

あく 灰汁 (木灰を水に溶かして作ったアルカリ液) f. lejía; (野菜などの渋み) m. amargor, f. astringencia; (自己主張) f. seguridad [f. confianza] en sí mismo. ♦あくの強い Tiene demasiada confianza en sí mismo. / (強い個性を持っている) Tiene una personalidad vigorosa [muy fuerte].

アグアスカリエンテス Aguascalientes (☆メキシコ中部の州, 州都).

アクアラング f. escafandra autónoma.

あくい 悪意(悪感情) f. mala voluntad, 《教養語》f. malevolencia, 《俗語》f. mala leche, 《口語》f. mala uva; (積極的な) f. malicia (contra, hacia). ▶悪意のあるうわさ話 f. murmuración, f. habladuría malintencionada. ▶悪意のないうそ f. mentira piadosa. ▶あることで彼に悪意を抱く v. abrigar [tener*] mala intención contra [hacia] él por algo. ▶悪意でそれをする v. hacerlo* con mala voluntad [intención]. ▶彼の言葉を悪意に (=悪く) 解釈する v. tomar a mal sus palabras. ♦間違ったからといって彼をどなりつけるな。悪意はないのだから No lo[le] grites por equivocarse. No lo hace con「mala fe [malicia, mala intención].

あくうん 悪運 ▶悪運が強い v. tener* la suerte del diablo.

あくえいきょう 悪影響 ▶悪影響を及ぼす v. tener* [ejercer*] una「mala influencia [《教養語》influencia perniciosa] (en, sobre). →影響.

あくじ 悪事(悪い行為) f. mala acción, f. injusticia, f. fechoría, 《俗語》f. putada; (犯罪) m. delito. ▶悪事を働く v. cometer [hacer*] una mala acción.

あくしつ 悪質(悪い質) f. mala calidad. ▶悪質な (=不正な)業者 mf. comerciante tramposo/sa. →悪い. ▶悪質な (=悪意のある)いたずら電話 f. llamada maliciosa. ▶悪質な (=凶悪な)犯罪者 m. delito atroz.

あくしゅ 握手 m. apretón de manos, m. saludo dando la mano. ♦彼らは固い握手を交わして別れた Se despidieron con un firme apretón de manos.

—— 握手する v. darse* [estrecharse, 《口語》chocarse*] la mano, saludarse con un apretón de manos. ♦私は彼女と握手した La saludé con un apretón de manos. / Le di la mano. ♦彼らは問題の解決のあかしとして心から握手を交わした Se dieron [estrecharon] cordialmente la mano para mostrar que habían puesto fin a la disputa.

あくしゅう 悪臭 m. mal olor, m. olor desagradable [ofensivo, 《教養語》fétido, 《教養語》hediondo, 《文語》pestilente], 《フォーマル》m. hedor. →におい, 臭気. ▶ヘドロの鼻をつく悪臭 m. penetrante mal olor del fango. ♦その腐った魚は悪臭を放ち始めていた El pescado pasado empezaba a「oler mal [apestar].

あくしゅう 悪習 f. mala costumbre, m. mal hábito, m. vicio. ▶悪習¹を直す [²が身につく] v. ¹quitarse [²adquirir*] una mala costumbre.

あくしゅみ 悪趣味 m. mal gusto. ♦その写真は悪趣味だ Esa foto es de mal gusto.

あくじゅんかん 悪循環 m. círculo vicioso. ▶悪循環を断ち切る v.「salir* de [romper*] un círculo vicioso.

アクション f. acción; (演技) f. actuación, f. interpretación. ▶アクション映画 f. película de acción.

アクション・ゲーム 《専門語》m. juego de acción.

あくせい 悪性 ▶悪性の風邪 m. fuerte resfriado. ▶悪性腫瘍(しゅよう) m. tumor maligno. ▶悪性の病気 f. enfermedad maligna [perniciosa].

あくせく (忙しく) adv. afanosamente.; (熱心に) adv. mucho, con ahínco. ▶あくせく働く v. trabajar mucho [con ahínco, sin descanso]. ▶あくせくする (=忙しい) v. estar* muy ocupado [atareado].

アクセサリ(ー) (集合的に宝石などの装身具) fpl. joyas, mpl. adornos, fpl. alhajas; 《専門語》m. accesorio. ▶アクセサリーを着ける v. llevar [ponerse*] adornos.

アクセス m. acceso. ♦そのホテルは駅からのアクセスがよい Ese hotel tiene un fácil acceso desde la estación. ▶アクセス権 《専門語》m. derecho de acceso. ▶アクセス時間 《専門語》m. tiempo de acceso. ▶アクセス番号 《専門語》m. número de acceso. ▶アクセス・ポイント《専門語》m. punto de acceso.

—— アクセスする 《専門語》v. acceder (a), conseguir* acceso (a).

アクセル m. acelerador. ▶アクセルを¹踏む [²離す] v. ¹pisar ²[aflojar, ²soltar*] el acelerador.

あくせんくとう 悪戦苦闘 f. lucha [f. pelea, 《教養語》f. pugna] desesperada (contra). ▶悪戦苦闘する v. luchar [pelear, 《教養語》pugnar] desesperadamente (contra, con). ▶難問に悪戦苦闘する v. luchar con [contra] un difícil problema. ♦彼女は老母の看護に悪戦苦闘している Está luchando mucho para cuidar a su anciana madre enferma.

アクセント ❶【高さ・強さの】m. acento; (アクセント記号) m. acento (gráfico). ▶第１音節にアクセントをおく v.「colocar* el acento en [acentuar*] la primera sílaba. ♦ colina のアクセントは第２音節にある En la palabra "colina" el acento (tónico) cae en la segunda sílaba.
❷【強調点】▶えり元にアクセントをつける v. resal-

あくたい 悪態 ▶悪態をつく(畜生など) v. maldecir*, decir* [《口語》echar] maldiciones; 《口語》echar pestes; (ばかなど軽蔑(ﾎ)した呼び名で) v. insultar, cubrir* [llenar] de insultos [《教養語》denuestos, 《教養語》improperios], 《口語》decir* palabrotas, 《口語》soltar* tacos. ◆ののしる.

アクティブ ▶アクティブ・サーバー・ページ《専門語》f. página de servidor activo. ▶アクティブにする《専門語》v. activar.

あくどい (ひどい) adj. vicioso, malo, cruel; (不正な) adj. sucio, tramposo/sa injusto; (けばけばしい) adj. llamativo, 《口語》chillón. ▶あくどい仕打ち m. trato cruel, m. maltrato. ▶あくどい商売 m. negocio sucio. ▶あくどい化粧 m. maquillaje sucio.

あくとう 悪党 (悪者) mf. maleante, mf. canalla. ◆この悪党め Eres un canalla [《俗語》hijo de puta, 《俗語》cabrón].

あくとく 悪徳 m. vicio. ▶悪徳(=不正直な)業者 mf. comerciante tramposo/sa. ▶悪徳商法 mpl. negocios sucios. ▶悪徳(=不正を働いた)市長 mf. alcalde/desa corrupto/ta.

あくにん 悪人 mf. malo/la, f. persona malvada [perversa]. → 悪い.

あくび 欠伸 m. bostezo. ▶大あくびをする v. dar* un gran [sonoro] bostezo, bostezar* 「abriendo bien la boca [ruidosamente]. ▶あくびをかみ殺す v. ahogar* [contener*] un bostezo. ▶手であくびを隠す v. taparse un bostezo con la mano, disimular un bostezo. ▶お休みとあくびをしながら言う v. decir* "buenas noches" con un bostezo. ◆あくびはうつる Bostezar es contagioso.

あくひつ 悪筆 ◆彼は悪筆だ Tiene mala letra. / Escribe mal.

あくひょう 悪評 ▶悪評のある人 f. persona de mala fama. ▶悪評を買う v. crearse mala fama.

あくびょうどう 悪平等 f. igualdad abusiva [injusta].

あくぶん 悪文 (文体) m. mal estilo; (文章) f. mala frase [oración]. ◆彼は悪文を書く Tiene mal estilo. / Escribe mal.

あくへき 悪癖 f. mala costumbre, m. mal hábito. ▶悪癖に陥る v. caer* en una mala costumbre. ▶つめをかむ悪癖をやめる v. quitarse (de) la mala costumbre de morderse* las uñas.

あくま 悪魔 (キリスト教での) m. demonio, m. diablo, Satanás, Satán, 《教養語》Lucifer, 《文語》Belcebú; (人にとりついた) m. monstruo, m. demonio, m. diablo. ◆黒猫は悪魔を連想させる Los gatos negros se asocian al demonio. ◆彼の心は悪魔のようだ Tiene una mente diabólica.

あくまで(も) 飽くまで(も) (最後まで) adv. hasta el final [fin]; (しつこく) adv. sin parar, persistentemente, insistentemente; (頑固に) adv. tercamente, con tenacidad. ▶飽くまで戦う v. luchar hasta el final. ▶飽くまでも自説を通す v. aferrarse tercamente a su opinión, (固執する) v. 《口語》mantenerse* en sus trece. ▶それに飽くまで抵抗する v. resistir insistentemente [tercamente].

あくむ 悪夢 f. pesadilla, m. mal sueño. ▶悪夢のような体験 f. pesadilla, f. experiencia horrorosa. ▶悪夢を[1]見る [2]にうなされる] v. [1]tener* [2]ser* asaltado por] una pesadilla. ▶悪夢から覚める v. despertar* de una pesadilla. ◆それは悪夢のような出来事だった El suceso resultó ser una pesadilla.

あくめい 悪名 f. mala fama [reputación]. → 有名. ▶その会社は天下に(=国中に)悪名をとどろかせた La mala fama de la empresa se extendió por todo el país. ◆彼は[1]悪行で [2]ギャングとして]悪名高い Es famoso [1]por sus fechorías [2]como gángster].

あくやく 悪役 悪役(=悪人の役割)をする v. hacer* de malo, tener* [desempeñar, jugar*] el papel de malo.

あくゆう 悪友 mf. mal/mala amigo/ga [compañero/ra]. ▶悪友ができる v. caer* con malas compañías. ▶悪友とつきあう v. tener* malas compañías. ◆仲間.

あくよう 悪用 ▶[1]知識 [2]彼の名刺]を悪用する(=不正な目的に使う) v. 「hacer* mal uso [abusar*] [1]del saber* [2]de su tarjeta de visita].

あくらつ 悪辣 ▶悪辣な adj. malvado, 《文語》pérfido; (下劣な) adj. malo, malicioso; (ずるくて悪い) adj. astuto, 《教養語》taimado; sucio, tramposo. ▶悪らつな手段で adv. por medios sucios.

あくりょう 悪霊 ▶悪霊に取りつかれる v. estar* poseído por un mal espíritu, estar* endemoniado. ◆鬼, 祟り

あくりょく 握力 f. fuerza de puño [m. apretón de la mano]. ▶握力計 m. dinamómetro de mano. ▶握力が[1]強い [2]弱い] v. tener* [1]mucha [2]poca] fuerza de puño.

アクリル ▶アクリル繊維 f. fibra acrílica.

あくる- 明くる- (次の) adj. siguiente. ▶明くる日に adv. al día siguiente. → 翌日.

あくろ 悪路 f. mala carretera.

アクロバット f. acrobacia. → 曲芸.

-あけ -明け ▶休会明けの(=後の)国会 f. sesión reanudada del parlamento después de receso [la suspensión de actividades]. ◆今年の梅雨明けはまだです(=梅雨はまだ終わっていない) La estación de lluvias sigue sin terminar este año.

あげあし 揚げ足 ▶揚げ足取り f. acusación de pequeñeces. ▶揚げ足を取る v. acusar 《a + 物・事》de pequeñas cosas, encontrar* 《a + 物・事》todo tipo de defectos.

あけがた 明け方 m. amanecer, 《文語》f. alba, 《文語》f. aurora. → 夜明け. ▶明け方(=早朝)に adv. al amanecer, al romper el alba. ▶明け方まで話し込む v. quedarse hablando hasta el amanecer*. ▶明け方のニワトリの鳴き声で目が覚めた Me desperté el cacareo al amanecer.

あげく 挙げ句 ◆彼は何度も事業に失敗した挙げ句(=後)破産した Después de numerosos fra-

あけくれる

casos, su negocio acabó en bancarrota. ♦私は疲れて腹ぺこだった．挙げ句の果てに雨まで降り出した Estaba cansado y hambriento y encima 《口語》para colmo》 se puso a llover.

あけくれる　明け暮れる ▶悲しみに明け暮れる (=日々を過ごす) v. pasar todos los días afligido. ▶研究に明け暮れる v. dedicar*「todo el tiempo [día y noche] al estudio, no hacer* otra cosa que estudiar.

あげしお　上げ潮 m. flujo, f. marea creciente [alta], f. pleamar. → 潮. ▶上げ潮に乗って入港する v. entrar en el puerto con la pleamar. ▶上げ潮に乗る (=時流に乗る) v. seguir* la corriente de la época.

あけすけ　明け透け (率直) f. franqueza. → 率直. ▶あけすけな adj. franco; (隠さない) adj. abierto. ▶あけすけに adv. francamente, abiertamente, sin reservas.

あげぞこ　上げ底 (盛り上げられた底) m. fondo alzado; (にせの底) m. falso fondo.

あけっぱなし　開けっ放し ▶ドアを開けっ放しにしておく v. dejar la puerta abierta. ▶開けっ放しの (=開けっ広げな) 性格の人 f. persona franca [abierta].

あげて　挙げて ▶全力を挙げて adv. esforzándose al máximo, 《口語》dejándose la piel. ▶国を挙げて (=国全体が) 彼の無事生還を祝った Todo el país celebró su regreso sano y salvo.

あけのみょうじょう　明けの明星　m. lucero del alba, f. estrella matutina.

あげは(ちょう)　揚羽(蝶)　m. macaón, f. mariposa de cola ahorquillada.

あけはなす　開け放す ▶窓を開け放す v. abrir* una ventana de par en par; (広く開ける) v. abrir* una ventana completamente; (全部の窓を開ける) v. abrir* todas las ventanas; (開けておく) v. dejar una ventana abierta. → 開(ﾊ)ける.

あけまして　明けまして ▶明けましておめでとう ¡Feliz Año Nuevo!.

あげもの　揚げ物　mpl. fritos. ▶野菜の揚げ物をする v. freír* verduras en abundante aceite.

＊＊あける　空[開]ける ❶【空にする】(中身を出す) v. vaciar*; (注ぐ) v. echar, verter*; (家・場所などを退去する) v. desocupar, desalojar, dejar libre; (飲み干す) v. bebérselo todo. ▶バケツの水を空ける v. vaciar* un cubo de agua. ▶ミルクをなべに空ける v. echar la leche en「un cazo [una cazuela]. ♦ホテルのお客様は午前10時までに部屋を空けてください Se ruega a los huéspedes del hotel que desalojen sus cuartos antes de las diez de la mañana. ♦二人でワインを1本空けた「Se bebieron [Se acabaron, Dejaron vacía] entre los dos una botella de vino.

❷【場所・余白を空ける】(あいた場所を作る) v. hacer* sitio 《para》; (道をあける) v. dar* paso 《a》, hacer* lugar 《para》; (空白にしておく) v. espaciar, dejar un espacio libre. ▶広い [²狭い] 余白を空ける (=余白を¹大きく [²小さく] 取る) v. dejar un margen ¹ancho [²estrecho]. ▶アパートを空ける (=出て行く) v. dejar el apartamento. ♦だれも老人に座る場所を空けようとする者はいなかった Nadie hacía sitio para que se sentara「el anciano [la anciana]. ♦そこにいた人たちは消防車のために道を空けた La gente dejaba paso a la bomba de incendios. ♦そこは2ページ空けておきなさい Deja dos páginas en blanco. ♦1行ずつ空けて (=1行おきに) 書きなさい Escribe dejando siempre un renglón en blanco. → 間隔.

❸【留守にする】v. estar* fuera, estar* ausente; (ちょっと外出している) v. no estar* en casa. ♦彼は1週間家を空けます Estará fuera una semana. ♦彼らは休暇で家を空けた (=出かけた) Se fueron de vacaciones. ♦彼は酔っ払って一晩家を空けた Se emborrachó y pasó toda la noche fuera.

❹【取っておく】(部屋などを) v. reservar, guardar; (時間などを) v. dejar libre. ♦その座席は老人用に空けておいてください Por favor, reserven esos asientos para los ancianos. ♦私は土曜の午前中は学生たちのために空けてあります Dejo libre la mañana del sábado para mis estudiantes.

❺【開(ﾋﾗ)く】v. abrir*; (開けておく) v. dejar abierto; (錠をはずす) v. quitar la cerradura, abrir* el candado; (包み・荷物などを) v. desatar, deshacer*; (日よけなどを上げる) v. alzar*, subir, (カーテンなどを横に) v. descorrer. ▶窓を開ける v. abrir* una ventana. ▶スーツケースを開ける v. abrir* una maleta. ▶包みを開ける v. abrir* un paquete. ▶日よけを開ける v. subir la persiana, descorrer una cortina. ▶箱のふたを開ける v. alzar* [abrir*] la tapadera de una caja, destapar una caja. ▶引き出しを(引いて)開ける v. abrir* [sacar*] un cajón. ▶手紙を(封を破って)開ける v. abrir* una carta. ♦孝雄，そこのワインを開けてちょうだい，と彼女は言った "Takao, abre la botella de vino", dijo ella. ▶本の15ページを開ける Abran sus libros por la página 15. ♦窓を開けてください Haga el favor de abrir la ventana. / (開けておく) Deje la ventana abierta, por favor. ♦彼はドアを乱暴に破って開けた Forzó [Rompió] la puerta para abrirla. ♦口を大きく開けて「あー」と言ってごらん Abre bien la boca y di "ah". ♦この鍵(ﾀﾞ)でドアを開けてください Por favor, abre la puerta con esta llave. ♦彼は電話帳をめくって「コ」の部を開けた Abrió la guía telefónica por la letra "KO".

❻(穴を) v. hacer*; (ドリルで) v. taladrar; (きりなどで) v. perforar; (パンチで) v. picar*; (堀って) v. excavar; (焼いて) v. quemar; (破って) v. rasgar*; (虫などが) v. devorar. → 穴. ▶ドリルで金属に穴を一つ空ける v. abrir* un agujero con un taladro en una chapa de metal.

・あける　明ける ❶【夜が】(日が出る) v. amanecer*. ♦夜が明けた Ha amanecido. / Ya es de día.

❷【年が】♦私は年が明けたらすぐにその仕事に取りかかる Empezaré a trabajar después de Año Nuevo.

❸【終わる】♦梅雨が明けた Ha acabado la estación de lluvias.

《その他の表現》◆彼は明けても暮れてもテレビばかり見ている No hace más que ver la televisión. / Está viendo la televisión a todas horas.

あげる 上げる

❶ (1)【高い所へ移す】v. levantar, alzar*, subir, elevar, poner* en alto; (大きなものなどを立ち上げる)v. erigir*, erguir*. ▶いかりを上げる v. levar anclas. ◆船から荷を降ろす v. desembarcar* el cargamento del barco, descargar* el barco; (桟橋に)v. descargar* en el embarcadero. ◆ブラインドを上げる v. subir la persiana. ◆大きな魚を上げる(=釣り上げる) v. sacar* un gran pez. ◆数名の学生が質問をしようと手を上げた Algunos estudiantes levantaron la mano para hacer preguntas. ◆犯人は両手を上げて家から出てきた El delincuente salió de la casa con「sus brazos en alto [las manos levantadas]. ◆みんなにその本が見えるように高く上げなさい Levanta el libro para que todos lo vean. ◆この箱を189階に2階上げてくれませんか ¿No me puede subir la caja al ¹estante [²piso de arriba]? ◆それを上げるにはジャッキを使わなければならなかった Tuvimos que usar un gato para subirlo. ◆その子はずってきたズボンを上げた Ese muchacho se subió los pantalones medio caídos. ◆手を上げろ(強盗などが) ¡Manos arriba! ¡Arriba las manos!

(2)【敷いてある物を】v. levantar, quitar. ▶じゅうたんをあげる v. levantar [quitar] una alfombra.

(3)【空中に】 ▶たこを揚げる v. hacer* volar una cometa. ▶気球を揚げる v. lanzar* un globo. ▶旗を揚げる v. izar* [enarbolar] una bandera. ▶花火を揚げる v. lanzar* [tirar] fuegos artificiales. ◆機械が火花をあげていたので止めた Saltaban chispas de la máquina y la paré.

❷【与える】v. dar*; (許可して与える)v. permitir; (与えようと申し出る)v. ofrecer*.

1《…をあげる》 ◆これをあげます Te doy esto. /《口語》Toma. / Esto es para ti. /《口語》Para ti.《口語》Ten, aquí tienes. / (取っておいてください)Quédate con esto. / Quédatelo.

2《AにBをあげる》v. dar* B a A, dar* a A B. 会話 あの辞書はだれにあげたのですか—まゆ子にです ¿A quién le has dado ese diccionario? - Se lo he dado a Mayuko. [Le he dado a Mayuko ese diccionario. / Le he dado ese diccionario a Mayuko]. ◆私はそれを彼女にあげた Se lo di a ella. 会話 秀雄には誕生日に何をあげましたか—おもちゃの電車です ¿Qué le has dado a Hideo de regalo de cumpleaños? - Le he dado un tren de juguete. ◆あなたにもう一度チャンスをあげよう Te daré otra oportunidad. ◆それをやるなら君に10万円あげよう Si lo haces, te doy 100.000 yenes. ◆それがいらなくなったので人にあげた He dado ese libro porque no lo necesitaba.

❸【…してあげる】 ◆彼は弟に本を読んであげた Le leyó el libro a su hermano. ◆彼に話してあげましょうか ¿Quieres que hable con él? 会話 そのスーツケース持ってあげるよ—ありがとう、でも重いわよ Déjame llevarte la maleta. - Gracias, pero pesa mucho. ◆悪いけど君の手伝ってあげられないんだ Lo siento, pero no puedo ayudarle con lo tuyo. ◆それいつでも貸してあげますよ Puedes usarlo cuando quieras. / Te lo dejo cuando quieras. ◆彼に手伝ってあげるっていっちゃだめだよ。一人でやるって言い張っているんだから De nada vale que te ofrezcas a ayudarlo[le]. Insiste en hacerlo él solo.

❹【向上させる,生み出す,得る】(改善する)v. mejorar; (産出する)v. producir*; (得る)v. conseguir*, lograr*; (得点などを)v. marcar*, puntuar*; (勝ち取る・努力して得る)v. ganar. ▶すばらしい成果をあげる v. conseguir* [obtener*, lograr*] buenos resultados. ▶その取り引きで5万円の利益を上げる v. ganar [hacer* una ganancia de] 50.000 yenes con esa transacción. ◆スペイン語の成績をあげるのにはどうしたらよいのか分からない No sé qué hacer para mejorar las notas [calificaciones] de español. ◆彼は最近テニスの腕をあげた Últimamente ha mejorado mucho su tenis. ◆彼は仕事の能率をあげるためにパソコンを買った Ha comprado un ordenador (personal) para mejorar su eficacia profesional. ◆その農場はかなりの収穫をあげた Esa granja produjo [dio] una buena cosecha. ◆カープは最終回に6点あげた En la entrada final, las Carpas marcaron seis carreras. ◆わがチームは初めての勝利をあげた Nuestro equipo「consiguió la primera victoria [ganó un partido por primera vez]. ◆彼は今度の受賞で男をあげた (=高い信望を得た) Logró [Conquistó] mucha fama por haber ganado el premio.

❺【価格・量などを】(価格などを)v. subir; (数量を)v. aumentar; (音量・熱量など)v. subir [aumentar] el volumen,《口語》poner* más alto. ◆もし値段をあげれば必ず大騒ぎになるだろう Si subimos los precios, la gente armará un escándalo. ◆先月給料を10パーセント上げてもらった El mes pasado me「dieron un aumento del sueldo en un [aumentaron el salario en] 10%. ◆テレビのボリュームをあげてくれませんか Por favor, ¿puedes subir el volumen de la televisión? ◆彼らが接近して来ていたので、われわれはスピードをあげなければならなかった Tuvimos que acelerar porque se nos estaban acercando.

❻【選び出して・並べ立てて示す】(示して見せる)v. enseñar, mostrar*; (与える)v. dar*, suministrar; (引用する)v. citar; (列挙する)v. enumerar, hacer* una lista; (名前などを)v. mencionar, nombrar,《口語》mentar*. ▶証拠をあげる v. dar* [presentar, mostrar*,《教養語》aducir*] pruebas. ▶例をあげる v. dar* [ofrecer*, poner*] un ejemplo. ◆彼はそこへ行った理由をいくつかあげた Dio [Citó] algunas razones para ir allí. ◆彼は行ったことのある地名をあげた Enumeró los lugares donde había estado. ◆日本の主な産業をあげられますか ¿Puedes mencionar las principales industrias de Japón?

❼【大きな声などを】 ▶金切り声をあげる v. gritar, chillar. ▶痛くて大声をあげる v. dar* [《教養語》

18 あけわたす

proferir*〕un grito de dolor. ♦彼女は彼が急に現われたのできっと声を上げた Al presentarse él de repente, ella dio un grito.

❽【食べた物を吐く】v. vomitar,《口語》devolver*. ♦その子は夕食で食べたものをあげた El niño ha devuelto la cena. ♦彼女はその映画を見てあげそうになった Cuando vio la película, tuvo ganas de vomitar.

❾【てんぷら・フライなどを】(たっぷりの油で) v. freír*. → 炒める. ▶夕食に魚を揚げる v. freír* pescado para la cena. ♦彼女はてんぷらを揚げるのがうまい Se le da muy bien freír "tempura". / Es muy buena friendo "tempura".

❿【ある費用で済ます】♦もっと安くあげたい Me gustaría comprarlo más barato. ▶コンパを一人3千円であげたい (=3千円以下で開きたい) Nos gustaría celebrar una fiesta de clase con (menos de) 3.000 yenes por persona.

⓫【家・部屋などに入れる】v. dejar entrar en casa [la habitación]. ♦私に黙って友達を家にあげてはいけません No debes dejar entrar a tus amigos en casa sin mi permiso.

⓬【終わりにする】v. acabar, terminar. ♦この仕事を月末までにあげなければならない Tengo que acabar este trabajo antes de fin de mes. ♦彼は2週間で卒論を書き上げた (=書き終えた) En dos semanas terminó de escribir su tesis [tesina].

⓭【入学させる】♦彼はこの春娘さんを東京の大学にあげた Esta primavera mandó a su hija a una universidad de Tokio.

《その他の表現》▶彼は読んでいる本から顔を上げた Levantó la vista [Alzó los ojos] del libro que leía. ▶彼らはこの秋結婚式を挙げることになっている Este otoño「celebrarán la boda [(結婚する) van a casarse]. ♦強盗はまだ捕れて (=逮捕されて) いない Todavía no han detenido al atracador. ▶町をあげて (=市中が) その一行を歓迎した Toda la ciudad dio la bienvenida al grupo.

あけわたす 明け渡す (敵などに引き渡す) v. entregar*, rendir*; (家・場所などを立ち退く) v. desalojar; (軍隊などを撤退させる) v. evacuar*. ▶敵にとりでを明け渡す v. entregar* la fortaleza al enemigo. ▶その家を明け渡す v. desalojar la casa.

*** あご 顎** f. mandíbula; (動物の) f. quijada. ▶¹上 [²下] あご f. mandíbula ¹superior [²inferior]. ▶二重あご f. barbilla partida. ▶あごを突き出す v. sacar* la barbilla. ▶あごをはずす v. dislocarse* la mandíbula. ▶あごをなでる v. acariciarse la barbilla. ▶あごをなぐる v. golpear《a + 人》en la mandíbula. ♦彼はドアの方へあごをしゃくった Señaló a la puerta con la barbilla.

《その他の表現》▶あごでこき使う v. mandonear, mangonear. ▶木をのこぎりであげて (=へとへとになった) Estaba exhausto [《口語》muerto de cansancio] de serrar madera.

地域差	(人の) 頬
[全般的に]	f. mandíbula
[メキシコ]	f. barba
[ペルー]	f. quijada
[コロンビア]	f. quijada, m. mentón
[アルゼンチン]	m. mentón, f. pera

アコーディオン f. acordeón. ▶アコーディオン奏者 mf. acordeonista. ▶アコーディオンドア f. puerta plegable. ▶アコーディオンプリーツ m. plisado.

あこがれ 憧れ m. anhelo, f. ansia, m. deseo; (賞賛) f. admiración [m. ensueño]《por》. ▶憧れのパリ París anhelado. ▶田舎の生活に憧れを感じるv. sentir* el anhelo de llevar una vida rural. ♦その歌手は少女たちの憧れの的だ Ese/sa cantante es「la admiración [el ensueño] de las chicas.

あこがれる 憧れる v. anhelar, suspirar《por》; (賛美する) v. admirar. ▶名声にあこがれる v. anhelar la fama; (心を引きつけられる) v. estar* atraído por la fama. ♦彼女は女優にあこがれている Anhela ser actriz. / Su anhelo es ser actriz. ♦彼は私があこがれている作家です Es un escritor que admiro.

あごひげ f. barba. ▶(手入れの行き届いた) あごひげをはやした人 m. hombre con una barba muy cuidada,《口語》m. barbudo. ▶あごひげを¹はやす [²はやしている] v. ¹dejarse [²tener*, ²llevar] barba.

アコンカグア el Aconcagua (☆アルゼンチン北西部にあるアンデス山脈の最高峰).

*** あさ 朝** f. mañana → 午前; (夜明け前) f. madrugada. ♦朝だ. さあ起きる時間だ Es de día. Es hora de levantarse. ♦すがすがしい朝の風だこと ¡Qué fresca brisa de mañana! ▶もう朝の4時だ. 寝なさい Son las cuatro de la madrugada. A dormir. ♦彼女は朝(は)いつもピアノを弾く Todas las mañanas toca el piano. ♦彼らはパリに¹8月1日 [²2日(日曜日)] の朝到着した Llegaron a París la mañana del ¹1 de agosto [²domingo]. ♦¹とても寒い朝 [²朝早く] 彼は猟に出かけた Salió de caza ¹una mañana muy fría [²por la mañana temprano]. ▶あすの朝一番にそれをやります Será lo primero que haga mañana por la mañana. ♦私たちは次の日の朝泳ぎに出かけた Fuimos a nadar a「la mañana siguiente [siguiente mañana]. ▶朝は (=朝食には) トースト1枚ですませます「Por la mañana [De desayuno] me tomo una tostada de pan.

あさ 麻 (植物, 繊維) m. cáñamo; (布) m. lino; (糸) m. bramante (de cáñamo).

あざ 痣 (生まれつきの) f. mancha [f. marca] de nacimiento,《口語》m. antojo; (打撲などによる) f. magulladura, m. cardenal. ♦彼はなぐられて体中にあざができた Le golpearon「hasta llenarle el cuerpo de cardenales [y salieron cardenales por todo el cuerpo].

地域差	痣 (打撲による)
[全般的に]	m. cardenal
[スペイン]	m. moratón
[キューバ]	m. morado
[メキシコ]	m. moretón
[コロンビア]	m. morado
[アルゼンチン]	m. moretón

*** あさい 浅い** ❶【深さが】adj. poco profundo. ▶浅い皿 m. plato llano. ▶

浅い¹穴 [²浮き彫り] ¹ m. hoyo [² m. relieve] bajo. ◆その川は浅かったのでボートが底につかえた Las aguas del río eran tan poco profundas que el barco tocó fondo. ◆この川はあさこで浅くなっている El río se hace bajo en esa zona.
❷【程度・状態が】(傷などが) adj. leve; (眠りが) adj. ligero; (色が) adj. pálido; (考えなどが) adj. superficial. ◆顔に浅い傷を負う v. sufrir [recibir] una herida leve en la cara. ◆浅い緑 m. verde pálido [claro]. ◆考えの浅い人 mf. pensador/dora superficial. ◆彼との交際は浅い Hace poco que lo[le] conozco. ◆私の父はいつも眠りが大変浅い Mi padre tiene el sueño ligero. ◆彼はまだ先生の経験が浅い (=あまり経験がない) No tiene mucha experiencia como profesor. /《口語》Está verde como profesor. ◆私はローマ史については浅い(=うわべだけの)知識しかない Mis conocimientos de la historia de Roma no son más que ligeros [superficiales]. / Sé poco de la historia de Roma.
❸【時間が】(短い) adj. breve, corto. ◆この大学は創立以来まだ日が浅い Hace poco que se fundó esta universidad. / Esta universidad es de creación reciente. ◆春はまだ浅い La primavera apenas ha comenzado. / Acaba de entrar [empezar] la primavera.
あさがお 朝顔 m. dondiego (de día).
あさがた 朝型 ◆あの人は朝型だ Es una persona de mañana.
あさがた 朝方 adv. por [『ラ米』en, a] la mañana temprano. ◆彼は朝方寝入った Se durmió por la mañana temprano.
あさぐろい 浅黒い adj. moreno, oscuro, prieto. ◆浅黒い肌をしている v. tener* una piel [tez] morena.
あざける 嘲る v. ridiculizar*, poner* en ridículo, 《教養語》mofarse 《de》; (やじったり冷やかしたり) v. hacer* objeto de las risas, 《文語》escarnecer*; (人の弱点などをまねてからかう) v. hacer* burla 《de》, burlarse 《de》. ◆彼らは彼の臆*病さを嘲った Ridiculizaron su cobardía.
あさごはん 朝御飯 m. desayuno. → 朝食.
あさせ 浅瀬 m. bajío, m. banco de arena; (歩いて渡れる) m. vado, m. paso. ◆(船が)浅瀬に乗り上げる v. varar, encallar. ◆浅瀬で遊ぶ v. jugar* en un bajío.
あさって 明後日 adv. pasado mañana, 《口語》pasado. ◆あさっての朝 adv. pasado mañana por la mañana. ◆あさっで来られますか ¿Puedes venir pasado mañana? ◆あすかあさって伺います Iré a verle mañana o pasado.
あさつゆ 朝露 m. rocío (matinal).
アサニャ (マヌエル ～) Manuel Azaña (☆1880-1940, スペインの政治家・首相, 在任 1931-1933, 1936-1939).
あさね 朝寝 ◆朝寝する v. dormir* hasta tarde por la mañana, dormir* la mañana; (遅く起きる) v. levantarse tarde; (うっかり寝過ごす) v. quedarse dormido, 《口語》pegársele 《a》las sábanas. ◆朝寝夜ふかしをする v. levantarse tarde por la mañana y acostarse* tarde por la noche. ◆朝寝をして学校に遅れた「Me quedé dormido [Se me pegaron las sábanas] y llegué tarde a la escuela. ◆翌日は休みだったので朝寝した El día siguiente, como era día de vacaciones, me levanté tarde.
あさねぼう 朝寝坊 (人) mf. dormilón/lona. ◆朝寝坊する v. levantarse tarde. → 朝寝する.
あさはか 浅はか (愚かな) adj. tonto, frívolo → 愚か; (無思慮な) adj. irreflexivo, imprudente; (浅薄な) adj. superficial. ◆浅はかな考え f. idea irreflexiva. ◆彼を信じるなんて我ながら浅はかだった ¡Qué tonto he sido por confiar en él!
あさばん 朝晩 adv. mañana y tarde. ◆彼は朝晩犬を散歩させる Saca el perro de paseo「mañanas y tardes [por la mañana y por la tarde].
あさひ 朝日 m. sol「de la mañana [naciente]. → 夕日. ◆朝日がぐんぐん昇っていく El sol sale rápidamente.
あさましい 浅ましい ❶【卑しい】 (卑劣な) adj. vil, bajo; (軽蔑(ゔ)すべき) adj. despreciable; (行為などが) adj. vergonzoso. ◆浅ましい行為 f. conducta deplorable [vergonzosa]. ◆彼は何と浅ましいやつだ ¡Qué tipo tan vil!
❷【みすぼらしい】(姿などが) adj. miserable.
あざみ 薊 f. cardo.
あざむく 欺く v. engañar. → だます.
あさめし 朝飯 m. desayuno. → 朝食.
あさめしまえ 朝飯前 ◆そんなこと朝飯前だ Eso es facilísimo. /《口語》Eso es coser y cantar. / Eso se hace hasta con los ojos cerrados. / Es un juego de niños. / Es pan comido. /《俗語》Está chupado.
あさもや 朝もや (薄い霧) f. neblina [f. bruma] matinal. ◆朝もやに包まれる v. estar* envuelto en la neblina. → 霧.
あざやか 鮮やか ❶【色・形・思い出などが】(鮮明な) adj. vivo; (はっきり見える) adj. claro, nítido; (明るい) adj. brillante; (新鮮な) adj. fresco. ◆鮮やかな赤 m. rojo vivo [brillante]. ◆鮮やかな輪郭 m. contorno nítido [claro]. ◆鮮やかな木の葉の緑 m. verdor brillante de las hojas. ◆おんどりの尾は鮮やかな色をしていた La cola del gallo coloreaban brillantemente.
❷【技術・演技などが】(熟練した) adj. hábil, diestro; (華々しい) adj. brillante, llamativo; (優れた) adj. excelente; (すばらしい) adj. estupendo, magnífico. ◆鮮やかな演技をする v. dar* [ofrecer*] una interpretación excelente [brillante, estupenda].
  鮮やかに (はっきりと) adv. vívidamente, claramente; (巧みに) adv. hábilmente; (見事に) adv. brillantemente. ◆彼女の結婚式の日のことを今でも鮮やかに覚えている Todavía recuerdo vívidamente el día de su boda. / Todavía hoy tengo un vivo recuerdo del día de su boda.
あさやけ 朝焼け m. arrebol de la「salida de sol [aurora].

20 あさゆう

あさゆう 朝夕 *adv.* mañana y tarde. → 朝晩.

あざらし 海豹 *f.* foca. ▶アザラシの毛皮 *f.* piel de foca.

あさり 浅蜊 *f.* almeja. ▶アサリを掘る *v.* buscar* [excavar en busca de] almejas.

あさる 漁る (捜す) *v.* andar* buscando, estar* a la caza ⟨de⟩, correr ⟨en busca de⟩; (ごみの中から) *v.* buscar* [revolver* la basura] ⟨en busca de⟩. ▶食べ物はないかとごみ入れをあさる *v.* buscar* comida en el basurero. ▶古本屋で希こうほんをあさる *v.* andar* a la caza de「libros raros [《教養語》rarezas bibliográficas] en librerías de viejo [lance].

あざわらう 嘲笑う ◆他人の失敗を嘲笑うな No hay que reírse del fracaso de los demás. → 嘲る, 嘲笑.

＊＊あし 足, 脚 ❶《人間・動物などの脚部》 *f.* pierna,; 《動物・椅子の》 *f.* pata; 《タコ・イカなどの》 *m.* brazo, 《専門語》 *m.* tentáculo.

1《～(の)足》▶¹きれいな [²太い; ³ほっそりした] 足 *fpl.* piernas ¹bonitas [²gordas; ³esbeltas]. ▶昆虫の足 *fpl.* patas del insecto. ▶テーブルの脚 *fpl.* patas de la mesa. ▶グラスの足 *m.* pie de una copa.

2《足が》▶片方の足が不自由だ *v.* estar* cojo de una pierna. ▶右足が不自由だ *v.* estar* cojo de la pierna derecha. /▶彼は足が長い Tiene las piernas largas. /《口語》Es patilargo. ◆彼は足が達者だ Tiene buenas piernas. ◆足が痛い Me duelen las piernas. ◆足が宙に浮くように感じた Sentí como si no tuviera piernas. ◆タコは足が8本ある El pulpo tiene ocho brazos [tentáculos].

3《足の》▶足の4本の机 *f.* mesa de cuatro patas. ▶足の長い少女 *f.* chica de piernas largas. ◆その部屋は足の踏み場もないほど散らかっていた El cuarto estaba tan desordenado que no había lugar ni para estar de pie.

4《足を》▶足を組む *v.* cruzar* las piernas. ▶足を踏みはずして階段からころげ落ちる *v.* dar* un paso en falso y caerse* por las escaleras. ◆彼は右足を¹けがした [²折った] Se ¹lesionó en [²rompió] la pierna derecha. ◆彼は座って足を前へ伸ばした Se sentó y estiró las piernas.

5《足で》▶片足で立つ *v.* apoyarse en una sola pierna.

❷《足首から先》 *m.* pie; (哺(は)乳動物のつめのある) *f.* garra, *f.* zarpa; (牛馬などのひづめのある) *f.* pezuña.

1《足が》▶くぎを踏んで足が痛い Pisé un clavo y me duele el pie. ◆彼女は足が大きい Tiene los pies grandes. ◆私の足が¹むくんで [²しびれて]いる Tengo los pies ¹hinchados [²dormidos].

2《足の》▶足の甲 *m.* empeine. ▶足の裏 *f.* planta (del pie). ▶足の指 *m.* dedo (del pie). ◆彼は私の頭のてっぺんから足の先までしげしげとながめた Me miró de pies a cabeza.

3《足を》▶はしごに片足をかける *v.* poner* un pie en la escalera. ▶足 (=くるぶし) をくじく *v.* hacerse* un esguince en el tobillo. ▶疲れた足を引きずる *v.* arrastrar los pies cansados. ▶足を引っ込める *v.* recoger* [encoger*] los pies. ◆気をつけろ．ぼくの足を踏んづけたんだよ Ten cuidado. Me has pisado. ◆彼はロープに足をとられて倒れた Se le enredó el pie entre las cuerdas y se cayó. ◆探検隊はついに北極圏に足を踏み入れた Por fin la expedición puso sus pies en el círculo polar ártico.

4《足で》▶足でける *v.* dar* una patada. ◆犬は足で地面を掘る習性がある Los perros tienen la costumbre de cavar la tierra con sus patas.

❸《歩行》 (歩くこと) *m.* paso, *f.* andadura.

1《足が》▶足が重い (=歩みがのろい) *v.* tener* los pies pesados. ▶足が軽い *v.* tener* un paso ligero. ▶足が速い *v.* andar* rápido [ligero].

2《足に》▶足にまかせて (=目的なく) 野原を歩く *v.* caminar sin rumbo por los campos; (足が向くままに) *v.* andar* a la ventura por los campos.

3《足を》▶足を¹速める [²遅くする] *v.* ¹apresurar [²aflojar] el paso. ◆彼と足をそろえて (=歩調を合わせて) 歩いない No puedo seguirle [llevar su paso]. ◆彼は足を止めた Detuvo el paso. ◆彼は公園の方へ足を向けた「Se dirigió [Enderezó sus pasos] al parque.

4《足で》▶急ぎ足で歩く *v.* andar* a paso rápido. ◆そこへは君の足で20分で行ける Puedes llegar allí en 20 minutos a tu paso.

❹《交通手段》▶この村は足の便が¹よい [²悪い] Este pueblo tiene un ¹fácil [²difícil] acceso. ◆JRの事故で1万人以上の人が足を奪われた El accidente de JR dejó sin medios de transporte a más de 10.000 personas.

《会話》足の便は?—ええ，おやじの車を借りました ¿Tienes cómo ir? – Sí, mi viejo me ha dejado su coche.

❺《訪問》▶私は彼のところにたびたび足を運んだ Solía visitarlo[le] con mucha frecuencia. / Frecuentaba su casa. ◆ブエノスアイレスを訪れた際イグアスの滝まで足を伸ばした (=行った) Cuando visité Buenos Aires,「me acerqué [hice una visita] a las Cataratas del Iguazú.

《その他の表現》◆今月は3万円が足が出た (=予算をオーバーした) Este mes nos hemos pasado de nuestro presupuesto en 30.000 yenes. / (赤字が総額3万円だった) El déficit del presupuesto de este mes ha ascendido a 30.000 yenes. ◆3万円の旅費で足が出る (=まかなえない) だろう Treinta mil yenes no bastarán para cubrir los gastos de viaje. ◆友人も彼から足が遠のき (=近うかなくなり) 始めた Sus amigos empezaron a distanciarse [apartarse] de él. ◆男は泥棒稼業から足を洗った (=やめた) El hombre「apartó sus pasos de [abandonó] la vida de ladrón. ◆彼は私の足を引っ張った (=じゃまをした) Se puso en mi camino. / Estorbó mis pasos.

あし 芦 *f.* caña, *f.* carrizo. ▶アシ笛 *m.* caramillo de caña.

あじ 味 ❶【食べ物の】*m*. sabor,《口語》*m*. saborcillo;《風味》*m*. gusto.

1《味が[は]》▶味がする *v*. tener* el sabor [gusto]《de》.♦これはいい[2変な;3甘い;4すっぱい]味がする「Esto sabe [Tiene un sabor] ¹bueno [²raro;³dulce;⁴ácido]. ♦その食べ物はかすかににんにくの味がした La comida「sabía ligeramente [《口語》tenía un saborcillo] a ajo. 会話 そのスープはどんな味がしますかーシチューのような味がします ¿Qué tal sabe la sopa? – Sabe a estofado. 会話 お味はいかがですかー最高よ．今回は最高のできねーそれはどうも ¿Qué tal de sabor? – Delicioso. Esta vez te ha salido verdaderamente delicioso. – ¡Muchas gracias! ♦コショウを少し加えるとその味がよくなるだろう Si se añade un poco de pimienta, sabrá mejor. / Con un poco de pimienta estará más sabroso. ♦このシチューはほとんど味がない Este estofado「casi no tiene sabor [es casi insípido,《口語》está soso]. ♦ワインの味が落ちた El vino ha perdido boca [sabor]. / El vino se ha「vuelto insípido [pasado].

2《味の》▶味のよい *adj*. sabroso, rico, apetitoso, delicioso,《教養語》exquisito,《文語》suculento,《甘くて辛くて》*adj*. sabrosamente picante. → おいしい. ▶味の薄い (= 刺激性の少ない)スープ *f*. sopa ligera. 会話 どんな味のポテトチップがいいですかーチーズ味をください ¿De qué sabor quieres las patatas fritas? – De queso, por favor.

3《味を》▶味をみる *v*. probar*;(とくにワインの)*v*. catar, degustar, paladear, saborear. ▶味をつける(香辛料で)*v*. condimentar, sazonar;(調味料で)*v*. dar* sabor《a》.♦彼女は塩加減を確かめるためにスープの味をみた Probó la sopa para ver si hacía falta más sal. ♦塩を少し入れてスープの味を整えなさい Condimenta la sopa con un poquito de sal.

❷【魅力】*m*. encanto;《趣き》*m*. gusto. ▶味のある(魅力のある)*adj*. atractivo;(おもしろい)*adj*. interesante. ♦この陶器には素朴な味がある Esta cerámica tiene un encanto sencillo. ♦その翻訳で原文の味はすっかり損われた La traducción「destruyó el encanto [hizo perder el sabor] del original. ♦年を取るほど人生は味が出てくる Con los años la vida「tiene más sabor [se vuelve más interesante]. ♦この絵は見れば見るほど味が出てくる(= 心を引きつける) Cuanto más miro este cuadro más gusto le saco.

❸【経験】*f*. experiencia.♦彼は貧乏の味を知らない No sabe lo que es ser pobre. / Nunca ha probado la pobreza. ♦うまくいったことに味をしめて，彼は多額のお金を株に投資した Después de haberle ido bien, invirtió mucho dinero en acciones [la bolsa].

〖その他の表現〗▶味な(= 気のきいた)ことを言うか. hablar con ingenio. ♦彼は味もそっけもない返事をした Contestó secamente. ♦彼は若い頃¹たばこ [²酒]の味を覚えた(= が好きになった) Le tomó gusto al ¹tabaco [²vino] cuando era joven.

あじ 鯵 *m*. chicharro, *m*. jurel.

アジソンびょう **21**

*****アジア** Asia;(東洋)Oriente. ▶アジアの *adj*. asiático;(東洋の)*adj*. oriental. ▶アジア競技大会 los Juegos Asiáticos. ▶アジア人 *m*. pueblo asiático, los asiáticos. ▶小アジア Asia Menor. ▶アジア大陸 *m*. continente asiático.

あしあと 足跡 *f*. pisada, *f*. huella;(動物の)*m*. rastro. ▶足跡を残す *v*. dejar huellas. ♦雪の上に真新しい足跡が残っていた Había pisadas recientes en la nieve. ♦彼はクマの足跡をたどった Siguió「las huellas [el rastro] del oso.

アジェンデ(サルバドル ~) Salvador Allende (☆1908-73, チリの大統領, 在任 1970-73).

あしおと 足音 *mpl*. pasos, *m*. ruido de pasos, *f*. pisada;(踏むこと)*f*. pisada. ▶¹うるさい[²静かな;³軽快な;⁴重い]足音 *mpl*. pasos ¹ruidosos [²suaves;³ligeros;⁴pesados]. ▶足音をしのばせて歩く *v*. caminar con pasos furtivos. ♦だれかがやって来る足音がした Oí pasos que se acercaban. ♦行進する足音が聞こえた Oí pasos de marcha. ♦どたどたと足音を立てるな No hagas tanto ruido al andar.

〖その他の表現〗♦春の足音が聞こえる Ya se siente a la primavera.

あしか 海驢 *m*. león marino.

あしがかり 足掛かり(足場)*m*. punto de apoyo, *m*. asidero. ▶険しい崖(鷺)の足掛かり *m*. punto de apoyo en el escarpado acantilado. ▶テレビ界に足掛かりを得る *v*. hacerse* un espacio [《口語》hueco] en el mundo de la televisión.

あしかけ 足掛け ▶ここに来てもう足掛け 5 年になる Este es mi quinto año aquí.

あしかせ 足枷 *mpl*. grillos, *mpl*. grilletes, *fpl*. cadenas;(重荷)*f*. carga. → 足手まとい. ▶足かせをかけられている囚人 *mf*. prisionero/ra encadenado/da. ♦私は子供の足かせ (= 足手まとい)にはなりたくない No quiero ser una carga para mis hijos.

あしからず 悪しからず ♦そのパーティーに出席できませんが悪しからず Siento no poder asistir a la fiesta.

あしくび 足首 *m*. tobillo. ▶足首をくじく *v*.「torcerse* el [hacerse* un esguince en] tobillo.

あしげ 足蹴 ▶ドアを足蹴にする(= ける)*v*. dar* una patada a la puerta.

あじけない 味気ない(おもしろ味のない)*adj*. insípido, anodino;(退屈な)*adj*. aburrido;(不幸な)*adj*. infeliz;(寂しい)*adj*. solitario. ▶味気ない人生を送る *v*. llevar una vida insípida [anodina, aburrida].

あしこし 足腰(体)*m*. cuerpo;(脚)*fpl*. piernas. ▶足腰を鍛えるため運動する *v*. hacer* ejercicios para fortalecer* el cuerpo. ♦足腰が立たない(= 立ち上がれない)*v*. no poder* levantarse.

あじさい 紫陽花 *f*. hortensia.

アジスアベバ →アディスアベバ

アシスタント *mf*. asistente, *mf*. ayudante. ▶助手. ♦ペレス氏のアシスタントを務める *v*. trabajar de asistente con el Sr. Pérez.

アジソンびょう アジソン病《専門語》*f*. enfermedad de Addison.

あした 明日 *adv.* mañana. → 明日(きょう).

あじつけ 味付け *f.* condimentación, *m.* sazonamiento. ♦そのスープを塩で味付けする *v.* condimentar la sopa con algo de sal. ♦シチューの味付けを見る *v.* probar* el guiso [estofado] para ver* como está de condimento. ♦彼女は味付けにレモンを使った Ha usado limón como condimento. ♦この料理は味付けが濃すぎる Esta comida「tiene demasiados condimentos [está demasiado condimentada].

あしでまとい 足手まとい ♦赤ん坊は未亡人の足手まとい(=重荷)になるだろう El bebé va a ser una carga para la viuda.

アジト《犯人などの隠れ家》*m.* escondite, *f.* guarida.

アシドーシス《専門語》*f.* acidosis. ♦代謝性アシドーシス《専門語》*f.* acidosis metabólica.

あしどめ 足止め ♦私たちは地震のため静岡駅で6時間足止めを食った Un terremoto nos detuvo seis horas en la estación de Shizuoka.

あしどり 足取り ❶【歩き方】*m.* paso, *f.* marcha. ♦[1]重い [2]軽い; [3]速い]足取りで歩く *v.* caminar con paso [1]pesado [2]ligero; [3]rápido].

❷【犯人などの】*f.* pista. ♦殺人犯人の足取りを[1]つかむ [2]たどる] *v.* [1]encontrar* [2]seguir*] la pista del asesino.

あしなみ 足並み(歩調) *m.* paso. ♦足並みをそろえて歩く *v.* andar* al paso 《de》, llevar el paso 《de》. ♦足並みを合わせる *v.* mantener* [guardar, seguir*] el paso 《de》. ♦足並みを乱す *v.* romper* el paso 《de》. ♦足並みをそろえて行動する(=協調して行動する) *v.* actuar* en concierto 《con》.

あしば 足場(建築現場などの) *m.* andamio, *m.* andamiaje;(足を掛ける所) *m.* lugar de apoyo(para el pie), *m.* punto de apoyo. ♦建物の周りに足場を掛ける *v.* instalar andamios alrededor del edificio. ♦政界でしっかりとした足場を得る *v.* conseguir* una firme base en el mundo de la política. ♦その病院は郊外にあって足場が悪い El hospital tiene una incómoda situación en las afueras (de la ciudad).

あしばや 足早に ♦足早に歩く *v.* andar* con paso rápido. ♦足早に通り過ぎる *v.* pasar [rebasar] con paso rápido. ♦人が部屋から部屋へと足早に出入りしていた La gente iba rápidamente de un cuarto a otro.

あしぶみ 足踏み ♦足踏みする(どんどん) *v.* pisotear, dar* pisotones,《口語》patear. ♦(足を暖めようと思って)寒空の下で足踏みする *v.* pisotear el suelo para calentar* los pies.♦(行進で)音楽に合わせて足踏みする *v.* marcar* el ritmo (de la música) con el pie. ♦足踏み状態[1]である [2]になる] *v.* [1]estar* estanca*do* [2]estancarse*] temporalmente.

あしみ 味見 ♦味見する *v.* probar*, degustar, catar.

あしもと 足下(足のそばに) *adv.* a los pies;(歩み) *m.* paso. ♦彼の足もとに身を投げて彼女はさめざめと泣いた Se arrojó a sus pies y lloró amargamente. ♦足もとにご用心 Tenga cuidado dónde pisa. ♦足もとがかちかちに凍っていた El suelo estaba sólidamente helado. ♦酔っ払いは足もとがふらついていた El borracho caminaba con paso vacilante [inseguro]. / Al borracho le tambaleaban las piernas.

《その他の表現》♦明日もとの明るい(=暗くならない)うちに家に帰りなさい Vuelve a casa antes de que anochezca. ♦スペイン語では彼女の足もとへも寄りつけない(=彼女にはかなわない)《口語》No le llego a la suela de los zapatos en español. / No me puedo comparar con ella en español. ♦彼に足もとを見られた(=弱みにつけ込まれた) Se aprovechó de mi debilidad.

あしらう ❶【扱う】*v.* tratar. ♦彼を冷たくあしらう *v.* tratarlo[le] fríamente [con frialdad]. ♦その提案を鼻であしらう(=ばかにしてあしらける) *v.* despreciar la propuesta. ♦彼は人のあしらい方がうまい Sabe cómo tratar a la gente.

❷【取り合わせる】*v.* disponer*;(料理に添える) *v.* aderezar*. ♦肉にパセリをあしらう *v.* aderezar* la carne con perejil. ♦彼女の服は青地に白の水玉をあしらったものです En su vestido hay puntos blancos sobre un fondo azul.

アジる ♦改革を叫んでアジる(=扇動する) *v.* hacer* campaña en favor de reformas. ♦労働者をアジって(=そそのかして)ストライキをやらせる *v.* incitar [instigar*] a los trabajadores a la huelga.

あじわい 味わい *m.* sabor; *m.* encanto → 味;(風味, 趣) *m.* gusto. ♦味わいのある言葉 *fpl.* palabras sugestivas [con mucho sentido]. ♦原文の味わいを伝える *v.* trasladar el sabor [encanto] del original ☞趣, 滋味

あじわう 味わう(賞味する) *v.* paladear, degustar, gustar, saborear;(楽しむ) *v.* disfrutar, gozar*;(鑑賞する) *v.* apreciar;(経験する) *v.* experimentar. ♦ワインを味わう *v.* paladear [degustar] el vino. ♦自由を味わう *v.* disfrutar de la libertad. ♦深い悲しみを味わう *v.* experimentar una profunda aflicción. ♦私たちは味わいながらステーキを食べた Comimos el filete saboreándolo. ♦この詩を味わうには繊細な心が必要だ Se necesita una mente sensible para apreciar esta poesía.

あす 明日 *adv.* mañana. → 明日(きょう). → 今日(きょう). ♦あすの新聞 *mpl.* los periódicos de mañana. ♦あすの今ごろは *adv.* mañana hacia [por] esta hora. ♦あすの日本の明日 del mañana [futuro]. ♦あすから仕事を始める *v.* empezar* mañana el trabajo. ♦出発をあすまで延期する *v.* aplazar* [hasta] mañana la salida. ♦あすは日曜日です Mañana es domingo. ♦彼はあすの[1]朝 [2]夜]パリに出発する Mañana por la [1]mañana [2]noche] sale a París. ♦彼は「あす彼女に会います」と言った Dijo que la「vería [iba a ver] el día siguiente. / Dijo: "la veré mañana". ♦あす一番にそれをするつもりです Será lo primero que haga mañana. ♦あすはわが身だ Eso le pasa a cualquiera. / Mañana eso me puede pasar a mí.

あずかり 預かり ♦手荷物預かり所(ホテルなどの) *f.* consigna, *m.* depósito.

あずかる 預かる ❶【保管する】*v.* guardar,

cuidar. ♦しばらくこの金を預かっていただけますか ¿Sería tan amable de guardarme este dinero un momento? ♦旅行中子供たちは私が預かってあげます Yo te cuido a los niños mientras estés de viaje. → 預ける. ♦コートをお預かりいたしましょうか ¿Le guardo su abrigo? / ¿Quiere que le guarde su abrigo?
❷【責任下におく】v. encargarse* [estar* a cargo] 《de》. ♦山田先生がそのクラスを預かっている El Sr. Yamada está encargado de la clase. → 世話.
《その他の表現》♦家計を預かる v. llevar [administrar] la casa.

あずかる 与かる ❶【参加する】v. tomar parte 《en》, participar 《en》. ♦利益に与かる v. tomar parte [participar] en las ganancias. ♦その事について相談に与かる v. ser* consultado al respecto. → 相談. ♦彼はその計画に与かった Tomó parte en el proyecto. ♦それは私の与かり知るところではない(=無関係だ) No tengo nada que ver con eso. / No me concierne [toca nada].
❷【目上から受ける】♦結婚式のご招待に与かりありがとうございます Muchas gracias por invitarme a la boda. /《教養語》Es un honor el haber sido invitado a la boda.

あずき 小豆 "azuki", 《説明的に》《スペイン》fpl. alubias [《ラ米》m. frijoles] de color rojo oscuro. ♦ゆであずき fpl. alubias (de color rojo oscuro) cocidas. ♦あずき色 m. rojo oscuro.

アスキー ASCII 《専門語》m. Estándar Americano de Codificación para el Intercambio de Información.

__あずける 預ける__ v. confiar, encargar*; 《物を一時的に》v. dejar, depositar. → 託す.
1《...を預ける》♦入り口でコートを預けてください Deposite el abrigo en la entrada, por favor.
2《...に...を預ける》♦バッグを駅に預ける v. dejar el bolso en la estación. ♦彼のような男にそんな大金を預けない方がよい No deberías confiar a un hombre como él una suma tan grande de dinero. ♦彼は銀行に百万円預けた Depositó en el banco un millón de yenes.

アスタリスク 《専門語》m. asterisco.
アストゥリアス Asturias (☆スペインの地方).
アストゥリアス(ミゲル・アンヘル 〜) Miguel Ángel Asturias (☆1899–1974, グアテマラの作家, 1967年ノーベル文学賞受賞).
アスパラガス m. espárrago.
アスピリン f. aspirina. ♦アスピリンを2錠飲む v. tomarse dos aspirinas.
アスファルト m. asfalto. ♦アスファルト道路[舗装道路] f. carretera asfaltada, m. pavimento asfaltado. ♦アスファルトで道を舗装する v. asfaltar una carretera.
アスベスト m. asbesto.
アスペルギルスしょう アスペルギルス症 《専門語》f. aspergilosis.
あずまや 東屋 (木陰の休息所) m. emparrado, m. cenador; (木や枝やつるなどからませた) f. pérgola, f. glorieta.
アスマラ Asmara (☆エリトリアの首都).

アスレチック mpl. deportes. ♦アスレチッククラブ m. club de deportes.
アスンシオン Asunción (☆南アメリカ, パラグアイの首都).

*__あせ 汗__** (人・動物の) m. sudor, 《文語》f. tra(n)spiración.
1《汗～》♦汗まみれの体 m. cuerpo sudoroso [《強調して》bañado en sudor]. ♦私は汗っかきだ(=すぐ汗をかく) Yo sudo fácilmente.
2《汗が》♦彼の額に玉のような汗が出ていた En su frente había gotas de sudor. / Por su frente resbalaban gotas de sudor. ♦汗が彼の背中をだらだらと流れていた El sudor le corría por la espalda. / Su espalda chorreaba de sudor. ♦その部屋に入ると汗がふき出した Al entrar en la habitación me puse a sudar.
3《汗を》♦汗をかく(人・馬などが) v. sudar, 《文語》tra(n)spirar. ♦恐怖の汗をかく v. sudar de miedo. ♦額の汗をふく v. secarse* [enjugarse*] el sudor de la frente. ♦汗をかくことは体にいい Sudar es bueno para la salud. / Es sano sudar. ♦彼はテニスをしてびっしょり汗をかいていた「Sudaba por todo el cuerpo [Estaba bañado de sudor] después de jugar al tenis. / (汗がしたたっていた) Después de jugar al tenis, el sudor le chorreaba por todas partes.
《その他の表現》♦汗水たらして働く v. sudar sangre [《口語》tinta china], 《口語》pasar sudores. ♦手に汗を握るような(=息をのむような) 試合 m. partido muy「reñido [emocionante]. ♦汗をかいている(=水滴がついている)壁 f. pared que rezuma. ♦冷えて汗をかいているビール缶 m. bote de cerveza bien fría y cubierto de rocío. ♦彼は額に汗して生計を立てた Se ganaba la vida con el sudor de su frente. ♦この本は彼の汗と涙の結晶だ Este libro es el fruto de muchos sudores.

アセスメント f. evaluación; 《専門語》m. asesoramiento, 《専門語》f. valoración. ♦環境アセスメント 《専門語》f. evaluación ambiental.

あせばむ 汗ばむ → 汗. ♦2,3歩歩くと少し汗ばんできた Andar dos o tres minutos me hizo sudar un poco.

あせみどろ 汗みどろ ♦汗みどろになる(=汗がしたたる) v. estar* empapado [bañado, 《強調して》chorreando] de sudor. ♦汗みどろになって(=汗でずぶぬれになって)働く v. trabajar con muchos sudores.

あせも 汗疹 m. salpudillo, m. sarpullido, 《専門語》f. eczema sudamen. ♦(首に)あせもができている v. tener* salpudillo (en el cuello).

あせる 褪せる (色がさめる) v. perder* (el) color, palidecer*; (変色する) v. descolorarse. ♦色あせた服 m. vestido descolorido. ♦この生地は色あせない Este material no pierde color. ♦晩秋にはこの美しい色もあせて茶色になる A fines de otoño estos hermosos colores también pierden color y se vuelven castaños. ♦日に当たってカーテンの色があせた La luz solar ha descolorido las cortinas. / Con la luz del

24 あせる

sol las cortinas han perdido el color.

あせる 焦る (急ぐ)v. apresurarse, (待ち切れない)v. impacientarse, estar* impaciente, perder* la paciencia. ▶焦らない v. no tener* prisa; (冷静を保つ)v. mantenerse* tranquilo. ▶成功を焦る (=熱望する)v. estar* impaciente por el éxito. ◆焦らずゆっくりやりなさい No tengas prisa. /《口語》Tómatelo con calma. /《口語》Tranquilo. ◆彼は試験が近いので焦っていた(=いらいらしていた) Estaba nervioso por la proximidad de los exámenes.

アゼルバイジャン Azerbaiyán (☆アジアの国, 首都バクー Bakú).

アセロラ f. acerola (☆甘酸っぱい味をもつ).

あぜん 唖然 ◆そのことを告げると彼はあぜんとしていた Se quedó boquiabierto [mudo de asombro] cuando se lo dijimos.

アセンブラ《専門語》m. ensamblador.

アセンブリげんご アセンブリ言語《専門語》m. lenguaje ensamblador.

アセンブルする《専門語》v. ensamblar.

あそこ (その向こう)adv. (por) allí, allá; (そこ)adv. allí, 《ラ米》allá; (あの場所)m. aquel lugar. → あちら, それ. ◆バスはあそこの角で止まります El autobús para en 「la esquina de allí [aquella esquina]. ◆田中さんはどこですかーあそこにいます ¿Dónde está el Sr. Tanaka? – Está allí. 会話 私のノートがないわーほら, あそこにあるじゃない No está mi cuaderno. – Mira, está allí. 会話 あそこにお住いでいらっしゃるのはあなたのご兄弟ですかーええ El que vive allá es su hermano, ¿verdad? – Eso es. ◆あそこから見た景色はすばらしかった La vista desde 「aquel lugar [allí] era fantástica. 会話 じゃああの店はどうだいーあそこはあまりに高すぎるものの Bueno, ¿y la tienda de allí? – Allí venden demasiado caro.

***あそび** 遊び ❶ 【遊戯】m. juego. → 遊ぶ.

1《～遊び》◆ままごと [泥んこ] 遊びをする v. jugar* ¹a las casitas [²con barro]. ◆火遊びをする v. jugar* con fuego. ◆子供の遊び m. juego infantil. ◆小さい子供は活発な遊びが好きだ A los niños pequeños les gustan los juegos activos.

2《遊び+名詞》◆遊び着 (子供の) f. ropa de juego. ◆遊び時間 (学校の) m. recreo, m. tiempo para jugar, f. hora de jugar. ◆遊び道具 (おもちゃ) m. juguete; (ゲーム用品) m. juego. ◆遊び友達 [相手] (特に子供の) mf. compañero/ra de jugar. ◆遊び部屋 m. cuarto de juegos. ◆遊びざかりの(=活発な)子供が二人いる Tenemos dos niños traviesos y llenos de vida. ◆彼は遊び半分で仕事をしている Trabaja sin [con poco] entusiasmo.

3《遊びが[は]》◆子供は生来遊びが好きです Los niños son juguetones por naturaleza. ◆遊びは勉強同様重要です Jugar es tan importante como estudiar.

4《遊びに》◆ママちゃん, 外へ遊びに行ってもいい? Mamá, ¿puedo salir a jugar? ◆そうむきになるな. 遊びにすぎないのだから No te pongas tan serio. No es más que un juego.

❷【娯楽】(楽しみ) f. diversión, m. placer, m. entretenimiento; (気晴らし) m. pasatiempo. ◆神戸には仕事ではなく遊びで行った Fui a Kobe por placer, no por negocio. 会話 こちらにはお仕事でいらしたのですかーいいえ, 遊びです ¿Está aquí por el trabajo? – No, estoy de vacaciones. ◆長崎は遊びに行くにはいいところですよ Nagasaki es un buen lugar para 「pasarlo bien [divertirse].

❸【訪問】◆近いうちに遊びに来ませんか ¿Por qué no vienes a 「verme un día de estos [pasar un rato conmigo]?

❹【機械部品などの】m. juego. ◆この車のハンドルには遊びが多すぎる Este volante tiene mucha holgura.

あそびほうける 遊びほうける (子供が遊びに夢中だ)v. estar* absorto en el juego; (快楽にふける)v. entregarse*「al placer [a una vida disipada, al libertinaje].

***あそぶ** 遊ぶ ❶【遊戯する】v. jugar* (a); (楽しむ)v. 《口語》pasarlo bien, divertirse*, entretenerse*. ▶人形 [2積木] で遊ぶ v. jugar* a ¹las muñecas [²los bloques (de construcción), ²cubos (de madera)]. ▶テレビゲームで遊ぶ v. jugar* con un videojuego. ▶友達と遊ぶ v. jugar* con 「un amigo [una amiga]. ▶遊び回る v. andar* jugando. ◆子供たちは裏庭で遊んでいた Los niños jugaban en el patio. ◆よく学び, よく遊べ Juega mucho y estudia mucho. ◆昨夜仕事が終わってから新宿で遊んだ Anoche después del trabajo 「estuve divirtiéndome [lo pasé bien] en Shinjuku. ◆彼らはトランプをして遊んだ Se entretuvieron jugando a las cartas. ◆ここのところ仕事が忙しくて遊ぶひまがないんだ Estoy tan ocupado estos días con el trabajo que no tengo tiempo para divertirme.

❷【何もしない】v. no hacer* nada, pasar el rato, matar el tiempo; (仕事がなくて遊んでいる)v. estar* desocupado [inactivo], perder* el tiempo; (のらくら暮らす)v. holgazanear, hacer* el vago. ◆遊んでばかりもいられないので仕事を見つけたい Quiero encontrar un trabajo porque no puedo estar todo el tiempo sin hacer nada. ◆彼は一生遊んで暮らした Malgastó su vida. / No hizo nada en la vida. ◆その工場には遊んでいる機械が多い En esa fábrica hay muchas máquinas inactivas.

❸【道楽する】◆彼は独身のときは相当遊んだ「De soltero [Cuando era soltero]「llevó una vida disipada [se entregó a los placeres].

アソリン Azorín (☆1873–1967, 本名 José Martínez Ruiz, スペインの作家).

アゾレスしょとう アゾレス諸島 Islas Azores (☆ポルトガル領).

あだ 仇 ◆父の仇を打つ v. vengar* al padre, vengar* la muerte del padre. → 復讐. ▶恩を仇で返す v. devolver* mal por bien. ◆彼の善意が彼女には仇となった Sus buenas intenciones se volvieron en su contra. ◆彼女は美しさが仇となった Su belleza 「fue su desgra-

cia [resultó funesta].
あだ 徒 ▶徒やおろそかに扱うわけにはいかない v. tener* que tratar 《＋物・事》con el debido respeto.
あたい 値 (価値) m. valor. → 価値. ◆彼の勇気ある行為は賞賛に値する Hay que elogiar sus actos de valor. / Su proeza 「es digna de [merece] elogio [alabanza]. ◆彼の提案は一考に値する Su sugerencia merece ser considerada. ◆この一次方程式の x の値を求めよ Calcula el valor de x en esta ecuación lineal.

＊あたえる 与える (一般的に) v. dar*; (贈呈する) v. regalar, obsequiar; (賞などを) v. otorgar*, conceder; (称号などを) v.《教養語》conferir*; (提供する) v. ofrecer*; (金品・権利などを) v.《教養語》donar; (供給する) v. suministrar, proporcionar.
1《を与える》 ◆彼は感謝のしるしにチップを与えた Le dio una propina「en señal de gratitud [como agradecimiento]. ◆その罪人は恩赦を与えられた Al [A la] delincuente le concedieron la amnistía. ◆被災者は食糧を与えられた Proporcionaron alimentos a las víctimas del desastre.
2《AにBを与える》 v. dar*「B a A [a A B]. ◆彼女は子供にリンゴを1個ずつ与えた Le dio una manzana a cada niño. / Le dio [entregó, regaló] a cada niño una manzana. 会話 彼に何を与えましたか―何も与えませんでした ¿Qué le has dado? – No le he dado nada. ◆彼にそれを与えるつもりだ Se lo daré a él. / Le daré eso (a él). → 上げる. ◆大学は彼に奨学金を与えた La universidad le concedió una beca. / Le fue concedida [otorgada] una beca por la universidad. ◆学校当局は彼に復学の機会を与えた Las autoridades académicas le ofrecieron [dieron] la oportunidad de volver a la escuela. ◆校長は彼に早退の許可を与えた「El director [La directora] de la escuela le 「dio permiso para [permitió] irse a casa antes. ◆彼女の話し方は皆にいい印象を与えた Su modo de hablar impresionó a todos favorablemente. / Su manera de hablar causó en todos una buena impresión. ◆大学は彼に名誉学位を与えた La universidad le confirió un título honorífico. ◆彼の演説は聴衆に多大な影響を与えた Su discurso tuvo [causó] una gran influencia en el público. ◆台風は農作物に多大な被害を与えた El tifón provocó [causó] grandes daños en las cosechas. ◆与えられた(＝利用できる)時間を有効に使いなさい Debes aprovechar bien el tiempo que se te ha dado.
☞ 上げる, あてがう, 贈る, 加える, 授ける, 支給する, 進呈, 出す, 提供する

アタカマさばく アタカマ砂漠 Desierto de Atacama.
あたかも 恰も conj. como si; precisamente como. ▶あた

＊あたたかい 温[暖]かい ❶【温度が】adj. cálido, templado, tibio; (気候が温和な) adj. suave, apacible, agradable. ▶暖かい春の日 m. agradable día de primavera. ▶暖かい冬 m. invierno suave. ▶

暖かい手袋 mpl. guantes cálidos [《口語》calentitos, 《口語》calientitos. ▶今日はばかぽか暖かい Hoy hace bueno. / El día es templado. ▶日増しに暖かくなってきた Los días son cada vez más templados. ▶私は厚着しているので大変暖かい Como llevo ropa pesada, estoy muy abrigado [《口語》calentito]. ▶温かいうちに食べなさい Come antes de que se enfríe.
❷【心が】 (温情のある) adj. cálido, (強調して) caluroso; (親切な) adj. amable; (心からの) adj. cordial; (思いやりのある) adj. cariñoso. ▶彼らから温かい歓迎を受ける v. recibir de ellos una cálida [cordial] bienvenida. ▶温かく迎える v. dar*《a ＋人》una cálida bienvenida, acoger*《a ＋人》cordialmente, recibir [saludar] calurosamente [cariñosamente]《a ＋人》. ▶彼は心の温かい人です Es una persona afectuosa [cariñosa]. /《口語》Tiene un corazón de oro.
☞ 温暖, 細やか, 手厚い

あたたかさ 暖[温]かさ f. tibieza, f. calidez. ▶ ¹部屋 [²日差し] の暖かさ f. tibieza del ¹cuarto [²sol].
あたたかみ 暖[温]かみ m. calor, f. calidez;《教養語》f. afectuosidad; (温情) m. corazón afectuoso. ▶彼女は温かみのある人だ Es una mujer afectuosa [cariñosa]. ▶彼と握手したとき手の暖かみを感じた Al estrechar su mano, sentí su afectuosidad.

あたたまる 温[暖]まる (自然に暖まる) v. calentar*, caldear; (火にあたって) v. calentarse* (al fuego). ▶ストーブをつけるとすぐ部屋は暖まった Puse la estufa y la habitación no tardó en calentarse. ▶彼は暖炉の火にあたって暖まった「Se calentó [Entró en calor] al fuego. ▶そのことを考えるだけで心温まる思いである Sólo de [con] pensarlo, se me alegra el corazón.

＊あたためる 温[暖]める (適温にする) v. calentar*, caldear; (直接火にかけて) v. calentar*, poner* al fuego. ▶シチューを温める v. calentar* el estofado [guiso]. ▶彼は火で手を暖めた「Se calentó las manos [Calentó sus manos] 「a la lumbre [al fuego]. ▶私たちはストーブで部屋を暖めた Calentamos nuestro cuarto con la estufa.
《その他の表現》 ▶旧交を温める v. renovar* la [una] vieja amistad. ▶考えを温める v. darle vueltas en la cabeza, madurar una idea.

アタック (攻撃) m. ataque; (挑戦) m. reto. → 攻撃, 挑戦.
アタッシュケース m. maletín, f. valija.
アタッチメント m. accesorio. ▶ミシンのアタッチメント (＝付属品) mpl. accesorios de una máquina de coser.

あだな あだ名 m. apodo, m. mote. ▶彼をあだ名で呼んだ Lo [Le] llamé por su apodo. ▶先生に「カエル」というあだ名をつけた Le pusimos al profesor el apodo de "El rana".
アダプター m. adaptador.
あたふた(と) (急いで) adv. de prisa, apresuradamente; (忙しく) adv. afanosamente. ▶あた

あたま

ふたする v. darse* prisa, apresurarse. ♦彼女はあたふたと家へ戻って来た Volvió a casa apresuradamente. ♦彼は客の対応で一日中あたふたしていた Estuvo muy ocupado todo el día recibiendo a los invitados.

あたま 頭 →頭打ち, 頭数, 頭金. ❶【首から上】f. cabeza,《口語》f. testa, f. chola, m. coco.

[地域差] 頭（口語で）

〔全般的に〕 m. coco

〔スペイン〕 f. azotea, f. chola, f. cocorota, m. melón, f. mollera, f. olla, f. sesera, m. tarro, f. testa

〔キューバ〕 f. azotea, f. chola, m. güiro, f. mollera, f. shola

〔メキシコ〕 f. azotea, f. chola, f. choya, f. maceta, f. tatema

〔ペルー〕 f. mitra

〔コロンビア〕 f. cocorota, f. testa, f. tusta

〔アルゼンチン〕 f. azotea, m. marote, m. mate, m. melón, f. pelada, f. sabiola, f. sesera, f. testa

1《頭が》 ▶頭がひどく[²少し]痛い Tengo un ¹fuerte [²ligero] dolor de cabeza. / Me duele ¹mucho [²un poco] la cabeza. ♦頭が重い Siento la cabeza pesada.

2《頭の[から]》 ▶頭のてっぺんから足の先まで adv. de los pies a la cabeza. ▶頭から（=まっさかさまに）池に落ちる v. caerse* al estanque de cabeza. ♦彼は私より頭の分だけ背が高い Me saca la cabeza.

3《頭を》 ▶頭を下げる（頭をぶつけないように）v. bajar la cabeza;（おじぎする）v. inclinarse (para saludar);（歌手などが拍手に対して）v. hacer* una inclinación [reverencia]. ♦彼は恥じて頭を垂れた Bajó la cabeza avergonzado. ♦彼は頭を垂れ肩をすぼめて歩いていた Andaba con la cabeza baja [gacha] y los hombros caídos [gachos]. ♦彼は頭をかきながら名前を思い出そうとした Se arrascó la cabeza intentando recordar el nombre. ♦彼はどうしていいのか分からず頭を抱えた No sabía qué hacer y se agarró la cabeza con las manos. ♦彼はげんこつで私の頭をなぐった Me dio un puñetazo en la cabeza. / Me golpeó en la cabeza con el puño.

❷《頭髪》 m. pelo, m. cabello. ▶床屋で頭を刈ってもらう v. cortarse el pelo. ♦父の頭が白くなった Mi padre ha encanecido. / El pelo de mi padre se ha vuelto gris [blanco].

❸《頭脳》（頭の働き） f. cabeza,《口語》f. mollera, m. caletre;（頭脳）m. cerebro, inteligencia,《口語》mpl. sesos;（知性）f. mente, m. juicio.

1《頭が》 ♦彼は頭がいい Es inteligente [《口語》listo, brillante]. / Tiene un buen cerebro. /《口語》Le funciona bien la cabeza. /《強調して》Tiene una mente privilegiada [brillante]. 会話 明日の試験あまり勉強してないんだ—あなたは頭がいいから大丈夫 No he estudiado mucho para el examen de mañana. – Eres lo bastante inteligente para aprobarlo. ♦彼は頭が悪い Tiene la cabeza hueca [vacía]. /《口語》Le faltan sesos. / Es poco inteligente. ♦奴は頭が変だ（=狂っている）Ese tipo está loco. /《口語》A ese tipo le falta un tornillo. /《口語》Está tocado de la cabeza. ♦父は頭が固い（頑固だ）Mi padre 「tiene la cabeza dura [es testarudo, es un cabezón]. /（融通がきかない）Mi padre es inflexible. /（考えが古い）Mi padre tiene ideas anticuadas. /（いつも同じ考え方をする）Mi padre sólo ve un lado de las cosas. ♦その問題を解決するには頭がいる Hace falta cerebro [inteligencia] para resolver ese problema. ♦頭が混乱してしっかり考えることができなかった Tenía un caos en la cabeza y no podía pensar claramente.

2《頭の》 ▶頭の回転の早い人 f. persona despierta [con rapidez mental, con la cabeza bien despejada]. ▶頭の中で計算する v. hacer* un cálculo mental. ♦彼はその光景を頭の中に描いた Visualizó mentalmente la escena.

3《頭を》 ▶頭を使う仕事 m. trabajo intelectual [mental]. ▶頭を使う[働かせる] v. usar la cabeza. ▶¹答えを出そうと[²彼の名前を思い出そうと]頭をしぼる v. devanarse los sesos ¹en busca de una respuesta [²intentando recordar* su nombre]. ♦その問題に頭を悩ます v. preocuparse con ese problema.

❹《人員》 f. cabeza,《口語》f. barba. ♦その音楽会にひとり頭200ユーロずつ出した Pagaron 200 euros por cabeza [《口語》barba].

【その他の表現】

1《頭＋名詞》 ▶頭でっかちの adj. inestable, más pesado arriba que abajo. ▶頭でっかちの（=机上の）空論家 mf. teórico/ca de salón. ▶頭ごなしに（=釈明する機会を与えずに）しかる v. reñir* (a ＋ 人) ásperamente y sin darle* oportunidad de explicarse*.

2《頭が》 ▶数学にかけては彼に頭が上がらない（=かなわない）No puedo competir con él en matemáticas. ♦彼は妻には頭が上がらない（=恐妻家である）Es un marido dominado por su mujer. /《スペイン》《口語》Es un calzonazos. ♦今いろんなことで頭がいっぱいだ Tengo ahora tantas cosas en la cabeza. ♦母親たちは子供たちに最善の教育を受けさせることで頭がいっぱいだ（=夢中になっている）Las madres 「están preocupadas con [《口語》tienen la cabeza comida por」 la idea de dar la mejor educación a sus hijos. ♦彼の勇気に頭が下がる（=脱帽する）Hay que descubrirse [inclinarse] ante su valor.

3《頭に》 ♦彼は金のことしか頭にない No piensa más que en el dinero. ♦彼の傲(⁵)慢さには頭に

頭がおかしい
¡A ti te falta un tornillo! →頭

きた Su arrogancia [orgullo] me hizo enfadar [『ラ米』enojar]. / 『口語』Me sacó de quicio con su arrogancia.

4 《頭を》 ▶頭を冷やす v. serenarse, calmarse; (気を落ち着ける) v. tranquilizarse*. ▶彼は息子のことで頭を痛めている Lo está pasando muy mal con su hijo. ♦(息子は頭痛の種だ) Su hijo le está resultando un verdadero dolor de cabeza. ♦その問題には頭を抱えている (=困り果てている) Ese problema「es un 『口語』quebradero de cabeza [me está secando los sesos]. ♦いくら頭を下げられても (=頼んで) 私は出て行く No me quedaría ni aunque me lo pidieran de rodillas.

5 《頭から》 ▶彼は私の要求を頭から (=きっぱりと) はねつけた Rechazó rotundamente mi petición.

あたまうち 頭打ち ▶株式市場は頭打ちだ (=行きつくところまで行った)「El mercado de valores [La bolsa] ha「tocado techo [『口語』llegado a tope; alcanzado el máximo].

あたまかず 頭数 ▶頭数 (=人の数) を数える v. contar* a la gente. ▶頭数 (=数) を増す v. aumentar el número.

あたまきん 頭金 f. entrada, m. pago inicial. ▶頭金として1万円払うう v. pagar* diez mil yenes de entrada. ▶車の頭金を払った Hice un pago inicial por el coche.

|地域差| 頭金
[スペイン] f. entrada
[ラテンアメリカ] f. cuota inicial
[キューバ] f. entrada
[メキシコ] m. enganche
[アルゼンチン] f. entrada, f. entrega inicial

アダム Adán.

＊＊あたらしい 新しい adj. nuevo; (真新しい) adj. 『口語』flamante; (果物などが新鮮な) adj. fresco; (設備などが最新の) adj. moderno, actual, actualizado; (一番最近の) adj. último; (ニュースなどが最新の) adj. de última hora; (新奇な) adj. novedoso. ▶車の新しいモデル m. último modelo de un automóvil. ▶新しい機械 f. máquina nueva [《口語》flamante]. ▶新しい卵 m. huevo fresco. ▶新しい医療設備 fpl. instalaciones médicas modernas. ▶私には目新しい概念 f. idea nueva para mí. ▶新しい (=次の) 章を勉強する v. estudiar un nuevo capítulo. ♦間もなく新しい年がやって来る El Año Nuevo está a la vuelta de la esquina. ▶彼は何でも新しい (=目新しい) ものが好きだ Le gusta「lo nuevo [cualquier cosa nueva]. ♦私はその事故に関する一番新しい (=最新の) ニュースを聞いた He escuchado las últimas noticias sobre el accidente. 会話 スペインのオレンジはどこで手に入るかな、あのスーパーマーケットには新しい品おいてあるわよ ¿Dónde puedo conseguir naranjas españolas? – Esto..., ese supermercado las tiene recién importadas.

── 新しく ▶新しく開発された地域 f. región recientemente desarrollada. ▶コーヒーを新しく入れ直す v. hacer* café fresco. ▶新しくやり直す (=再出発する) v. empezar* de nuevo, rehacer* desde el principio. ♦この部屋はカーペットを新しくしました (=敷き替えた) Hemos renovado [cambiado] las alfombras de este cuarto. ☞今度の, 斬新, 新興, 新鮮な

あたらない 当たらない (...するには及ばない) v. no necesitar; (値しない) v. no merecer*; (適当でない) v. estar* fuera de lugar, no ser* justo [merecido, apropiado]. ♦彼は英雄と称するに当たらない No merece el nombre de héroe. / No es digno de ser llamado héroe. ♦驚くには当たらない No hay nada de qué sorprenderse. / La sorpresa está fuera de lugar. ♦彼の非難は当たらない (=場違いの) Sus críticas no son justas.

あたり 当たり ❶【命中, (興業の) 大当たり】m. acierto; (成功) m. éxito ⇒大当たり. ▶当たり役 m. papel [m. rol] acertado. ▶当たり年 (人の) m. año de suerte; (物の) m. gran año (de vinos).
❷【野球で】(ヒット) m. golpe, m. sencillo.
❸【人・物に対する感じ】▶当たりのよい (愛想のよい) adj. simpático, afable; (親しげな) adj. amistoso, cordial; (気持ちのよい) adj. agradable. ▶人当たりのよい人 f. persona simpática. ▶当たりの柔らかな物腰をしている v. tener* modales afables. ▶口当たりのよいワイン m. vino suave [agradable al paladar].

＊あたり 辺り ❶【...辺】m. barrio, f. vecindad → 付近, 近所; (周囲) mpl. alrededores, fpl. cercanías. → 周囲. ▶このあたりに adv. en este barrio, en estos alrededores. ♦われわれの住んでいるあたりは大変騒々しい Vivimos en un barrio「con mucho ruido [muy ruidoso]. ♦この前彼に会ったのはちょうどこのあたりでした La última vez que le vi fue precisamente por aquí. ♦彼は立ち止まりあたりを見回した Se detuvo y miró a su alrededor. ♦あたり一面岩だらけった Había rocas por todos lados alrededor. ♦あたりが静かになるとオオカミは戸口に忍び寄ってきた Cuando estaba todo en calma, el lobo se acercó sigilosamente a la puerta. 会話 彼女はこのあたりに住んでるの – 大阪駅の近くです ¿Por dónde vive ella? – Cerca de la estación de Osaka.
❷【およそ】prep. hacia, alrededor de. ▶来月の中ごろあたりに adv. hacia mediados del mes que viene. ♦彼は来週あたり (=来週のいつか) やって来るだろう Vendrá alrededor de la semana que viene. ♦このあたりで議論を打ち切ってはどうかと思う Creo que ya es hora de poner fin a esta discusión.

-あたり ❶【...につき】prep. por, a + 定冠詞. ♦会費は一人あたり5千円です La cuota de socio es de 5.000 yenes por persona.
❷【体に害になること】▶食あたり m. envenenamiento alimenticio, f. intoxicación alimenticia [alimentaria]. ▶暑気あたり f. insolación.

あたりさわり 当たり障り ▶当たり障りのない (=言質を与えない) 返事をする v. dar* una respuesta evasiva, responder rehuyendo el compromiso. ▶当たり障りのない (=中立の) 態度をとる v. tomar [adoptar] una postura neu-

あたりちらす

tral. ◆当たり障りのない（=害のない）話題に変える v. cambiar a un tema (de conversación) seguro [neutro].

あたりちらす 当たり散らす v.「desahogar* su ira [desahogarse*]《con》. ◆彼は試合に負けたので私に当たり散らした Perdió el juego y se desahogó conmigo.

あたりどし 当たり年 m. año de suerte. ◆今年はぼくの当たり年だった Ha sido「mi año [un año de suerte para mí]. ◆昨年はブドウの当たり年（=ブドウが豊作）だった El año pasado tuvimos「una cosecha abundante [《口語》un cosechón] de uvas.

あたりまえの 当たり前の ❶【普通の】adj. normal;（ありふれた）adj. común;（通例の）adj. ordinario. → 普通. ◆ごく当たり前の考え方 f. manera de pensar muy normal.

❷【当然の】adj. natural, lógico. → 当然. 会話 また英語を落としたよ―当たり前だ Me han suspendido otra vez en inglés. -「No me extraña. [Es natural.]◆Jリーグの試合見に行く？―当たり前だよ ¿Vas a ver el partido de la Liga J (jota)? – ¡Naturalmente! [《口語》¡No faltaba más!]◆そのくらいの遅れは目下の状況では当たり前のことだ（=当然の成り行きだ）En estas circunstancias, tales retrasos「son normales [《口語》están a la orden del día]. 会話 助かりました―あら、当たり前のことをしたまでです Gracias por la ayuda. – Bueno, es lo menos que podía hacer.

あたる 当たる ❶【ぶつかる】v. golpear [dar*]《en, contra》, pegar*《en》;（触れる）v. tocar*;（雨・波・風などが激しく）v. chocar*, tropezar*,《教養語》colisionar《contra》, azotar, sacudir. ◆彼の手がテーブルに当たった Se dio con la mesa en la mano. ◆ボールが彼の頭に当たった La pelota le dio [pegó, golpeó] en la cabeza. 会話 どうしたんだい―気をつけろよ。もうちょっとでそれが当たるところだったぞ ¿Qué pasa? – Ten cuidado, hombre. Casi me das con eso. ◆ひじが当たらないようにもう少し離れて座りなさい Siéntense un poco más separados para que no se toquen con los codos. ◆雨が窓ガラスに激しく当たっていた La lluvia azotaba el cristal de la ventana. ◆波が激しく岩に当たって砕けた Las olas se rompían contra las rocas.

❷【命中する】（矢・弾などが）v. acertar*［atinar, dar*］en el blanco, hacer* diana. ◆弾丸が彼の肩に当たった La bala le dio [acertó] en el hombro. ◆矢が的に1当たった［2当たらなかった］La flecha ¹dio en [²erró] el blanco.

❸【的中する】（事実である）v. resultar cierto, ser* verdad;（実現する）v. cumplirse;（正しいことが分かる）v. resultar verdad;（言い当てる）v. acertar*. → 当てる. ◆その予言は当たるとは思わない No creo que se cumpla su predicción. ◆天気予報が当たった El pronóstico del tiempo resultó cierto. ◆君のが当たったね Has acertado.

❹【賞品などを勝ち取る】v. ganar;（くじで引き当てる）v. tocar*;【芝居などが大当たりする】v. ser* [tener*] un (gran) éxito. ◆グアム島旅行が当たる v. ganar un viaje a Guam. ◆賞品を(引き)当てる v. ganar un premio. ◆彼は宝くじで5千万円当たった Le tocaron cincuenta millones de yenes en la lotería nacional. ◆この芝居の映画化は当たった（=成功した）La versión cinematográfica de esta obra de teatro「fue un éxito [salió muy bien].

❺【相当する】（等しい）v. equivaler* [ser* igual]《a + 人》;（一致・符合する）v. corresponder《a + 人》;（ある日に）v. caer*《en》. ◆1マイルは約1.6キロメートルに当たる Una milla equivale a alrededor de 1,6 kilómetros.（☆1,6 は uno coma [con] seis と読む）. ◆スペインの議会は我が国の国会に当たる Las Cortes de España corresponden a nuestra Dieta. ◆私の誕生日は今年は日曜に当たる Este año mi cumpleaños cae en domingo. ◆「桜」に当たるスペイン語は何ですか ¿Cuál es el equivalente español de "sakura"? / ¿Cómo se dice "sakura" en español?

❻【きびしく扱う】（きつく当たる）v. ser* riguroso [duro]《con》;（ひどい扱いをする）v. tratar《a + 人》「con rigor [mal, ásperamente];（不機嫌になる）v. volverse*《contra》,《口語》tomarla [meterse]《con》. ◆その少年にあまりつらく当たるな No seas demasiado riguroso con el muchacho. ◆彼女はしゅうとめにつらく当たった Trató mal a su suegra. ◆彼は酒を飲むと妻に当たる Se vuelve contra su mujer cuando se emborracha.

❼【困難などに立ち向かう】v. dar* [mirar]《con + 事》;（対処する）v. enfrentarse《a + 人》. ◆難局に当たる v.「enfrentarse con [hacer* frente a] una situación difícil.

❽【仕事などを引き受ける】v. asumir, aceptar;（担当する）v. encargarse《de》. ◆私がそのやっかいな仕事に当たろう Me encargaré de ese incómodo trabajo.

❾【割り当てられる】v. tocar*, corresponder《a》. ◆私たちは図書館の掃除が当たった Nos tocó limpiar la biblioteca.

❿【日光・風雨にさらされる】v. estar* expuesto《a + 物》;（日が照る）v. brillar. ◆日の当たる場所にいる v. estar* al sol. ◆その写真は日が当たらないようにしなくてはならない Esa foto no debe quedar expuesta al sol. ◆日が海面に当たっていた El sol brillaba en el mar. ◆この部屋は日がよく当たる（=日当たりがよい）Este cuarto es soleado. / A este cuarto le da el sol. /（日光を多量に受ける）Este cuarto recibe「mucha luz del [mucho] sol. ◆彼女は火に当たって体を暖めた Se calentó「poniéndose a [al amor de] la lumbre. ◆水は日に当たっていたので暖かくなっていた Como el agua estaba al sol se había templado. ◆日に当たる（=日光浴をする）のは健康によい「Tomar el [Estar al] sol es bueno para la salud.

⓫【中毒になる・やられる】（人が）v. envenenarse [intoxicarse]《con》;（食物などが体に合わない）v. sentar* [caer*] mal;（影響を受ける）v. estar* afectado《por, con》. ◆フグに当たる v. envenenarse con el pez globo. ◆暑さに当たる v. estar* afectado por el calor. ◆私は刺

身を食べるとよく当たる El pescado crudo me suele sentar mal. ⓬【試す】v. probar*;（尋ねる）v. preguntar;（意見などを打診する）v. sondear, tantear;（確かめる）v. consultar.（会話）申し訳ございませんが、すっかり売り切れてしまいました―じゃあ、どこかほかを当たってみなくちゃならないねえ Lo siento pero no lo hemos vendido todo. – Entonces, supongo que debo probar en otra parte. ♦ その件については彼にじかに当たってみよう Yo hablaré con él personalmente sobre ese tema. ♦ その件は本人に当たってみないと私には何とも言えません No puedo dar una respuesta hasta que no consulte al respecto con la persona. ⓭【照合して調べる】v. comprobar*, verificar*; chequear. ♦ 原典に当たる v. comprobar* el (texto) original. ♦ その単語は辞書に当たってみなさい Busca esa palabra en el diccionario.

アタワルパ Atahualpa (☆1500?–1533, インカ帝国の最後の皇帝).

アチーブメントテスト f. prueba [m. "test"] de conocimientos escolares.

***あちこち** adv. por aquí y por allí, 『ラ米』por acá y por allá, por [en] todos los rincones,《文語》por doquier;（あちこちに）adv. aquí y allí;（行ったり来たり）adv. de un lado para otro;（至る所）adv. por todas partes, en todos sitios. ♦ あちこちそれを探す v. mirar por「todas partes [todos lados]. ♦ 日本のあちこち（=日本中）からの手紙 fpl. cartas de todo [《強調して》todos los rincones de] Japón. ♦ あちこち（=ある所からある所へ）旅行する v. viajar de「acá para allá [un lado a otro]. ♦ あちこちを見る v. mirar por aquí y por allá. ♦ 彼は公園をあちこち歩き回った Anduvo de acá para allá por el parque. ♦ 町中のあちこちにその広告が出ている El anuncio puede verse「en cualquier parte de [por toda] la ciudad. ♦ 彼は大阪のあちこちに10店構えている Es el propietario de diez tiendas en diferentes partes de Osaka. ⇨ あちらこちら, 随所, 所々；点々と, 飛び飛び

*** あちら** ❶【あそこ】adv. allí, 『ラ米』allá, por allí [allá];（そこ）adv. ahí;（あの方向）adv. por allí, allí, en aquella dirección. ♦ あそこ. ♦ あちらへ着いたらお手紙を差し上げます Escribiré cuando llegue allí. ♦ 川はあちらです El río está por allí. ♦ その本屋は通りのあちらにあります La librería está「al otro [en aquel] de la calle. / La librería está cruzando [atravesando] la calle. ❷【あれ, あの(人)】pron. aquél, aquélla, aquello. ♦ あちらのを頂きます（=買います）Me quedaré con aquél. ♦ あちらの(男性)は友人の山田君です Aquél [Aquel señor] es mi amigo Yamada.

あちらこちら（あちこち）adv.（por）aquí y（por）allí, en todas partes, en todo lugar. ⇨ あちこち. ♦ あちらこちらからやって来る v. venir de「acá y de allá [todas partes].

あっ（注意喚起）interj. oye [oiga], un momento...;（驚きなど）interj. oh, ah, eh, hombre, Dios mío, vaya, caramba → あぁ;（痛み）interj. ay. ♦ あっ, 列車が入って来たよ iMira, aquí está el tren! / iMíralo; ya está aquí el tren! ♦ あっ, ここにあった iAh, aquí está! ♦ あっ, 切符がない iEh [Dios mío], no encuentro el billete! ♦ あっ, 痛い iAy, cómo duele!

あつあつ 熱々 ♦ ¹ものを[²冷めないうちに]お召し上がりください Tómelo usted ¹mientras está caliente [²antes de que se enfríe]. → 熱い.

***あつい 熱[暑]い** ❶【温度が】adj. caliente;（加熱した）adj. calentado. ♦ 熱い湯（=熱湯）f. agua caliente. ♦ 熱い食事 f. comida caliente. ♦ コーヒーは熱いのが好きです Me gusta el café caliente. ♦ 私は熱い風呂（ふろ）に入った Me tomé un baño caliente. ❷【気温が】adj. caluroso;（やや暑い）adj. templado;（蒸し暑い）adj. sofocante, bochornoso. ♦ 今日は焼けつくように暑い Hoy hace un calor espantoso [achicharrante]. /《口語》Hoy es un día para asarse de calor. / Hoy hace un día terriblemente caluroso. ♦ すごい暑い日になりそうだ Hoy va a hacer un calor agobiante [abrasador]. / Parece que hoy tendremos un día terriblemente caluroso. ♦ 今年の夏はとても暑い Este verano es verdaderamente caluroso. ♦ 運動をした後なのでとても暑い Después de hacer ejercicio「tengo mucho calor [me siento muy acalorado]. ♦ 窓を開けてくれませんか, ここは暑すぎますよ Abre la ventana, por favor. Hace demasiado calor aquí dentro.《その他の表現》♦ 彼女の熱いまなざし f. su mirada ardiente [fogosa]. ♦ 二人はとても熱い仲だ（=熱々だ）Están locamente enamorados.

***あつい 厚い** ❶【物が】（厚く重い）adj. grueso. ♦ 厚い本 m. libro grueso [《口語》gordo]. ♦ 厚い雲 fpl. nubes densas. ♦ パンを厚く切る v. cortar el pan en rebanadas gruesas. ♦ このレモンの皮は大変厚い Este limón tiene una cáscara muy gruesa. ♦ 屋根は雪に厚くおおわれていた El tejado tenía una espesa [gruesa] capa de nieve. ♦ 地面には落ち葉が厚く重なっていた En el suelo había una gruesa capa de hojas. ❷【心情が】（親切な）adj. amable;（温情ある）adj. cálido;（心からの）adj. cordial;（手厚い）adj. hospitalario, acogedor. ♦ 彼は友情に厚い人だ Es cordial con sus amigos. ♦ 厚いもてなしを受けた Me dieron un cálido [acogedor] recibimiento. ♦ ご援助厚くお礼申し上げます Le estoy muy agradecido por su ayuda. / Muchísimas gracias por su ayuda. / Gracias de todo corazón por su ayuda.

あっか 悪化 m. empeoramiento, m. deterioro.

—— **悪化する** v. empeorar, deteriorarse;（深刻化する）v. agravarse, ponerse* grave. ♦ 病人は症状が悪化した El enfermo empeoró [se puso grave]. ♦ 事態が悪化しないように私たちはすぐに行動を起こした Tomamos medidas inmediatas para que「la situación no se deteriorara [《口語》las cosas no empeora-

あっか

ran]. ♦最近情勢はさらに悪化している Últimamente la situación va de mal en peor.

あっか 悪貨 f. moneda mala [de mala calidad], m. dinero malo. ♦悪貨は良貨を駆逐する La moneda mala desplaza a la buena.

あつかい 扱い ❶【操作】(使用法) m. uso, f. utilización; (機械などの) f. operación, m. funcionamiento; (手による) m. manejo, f. manipulación. ♦この機械は扱いがとても簡単だ Esta máquina 「es muy fácil de usar [tiene un uso muy fácil].

❷【処理】♦こういった問題は扱いが難しい「Cuesta bastante [Es difícil] tratar un problema así. / (扱いには十分注意が必要だ) Un problema así hay que tratarlo con mucho cuidado.

❸【待遇】♦子供扱いする v. tratar ⟨a + 人⟩ como un niño. ♦人の扱いがうまい v. dar* ⟨a + 人⟩ bien el trato social. ♦その店ではひどい扱いを受けた Me 「trataron muy mal [han dado un trato horrible] en esa tienda.

*__あつかう__ 扱う ❶【待遇する】v. tratar; (人を相手にする) v. manejar; (うまく扱う) v.《口語》llevar. ♦客を丁重に扱う v. tratar a un huésped con cortesía. ♦扱い¹やすい [²にくい]客 m. huésped ¹fácil [²difícil]. ♦彼は私を大人として扱ってくれる Me trata como a un adulto. ♦彼は扱いにくい Tiene un trato difícil. / (気難しい) Es difícil de complacer. ♦彼女は子供の扱い方がうまい《口語》Lleva bien a los niños. / Sabe cómo tratar a los niños. / Se le dan bien los niños.

❷【問題を処理する】(取り扱う) v. tratar. ♦扱いにくい問題 m. asunto difícil de tratar; (微妙な問題) m. asunto delicado. ♦この難問をどう扱ったらよいか分からない No sé 「qué hacer con [cómo llevar] este difícil problema.

❸【操作する】v. manejar, operar; (動かす) v. hacer* funcionar; (扱う) v. manipular. ♦その機械を注意深く扱う v. manejar [hacer* funcionar, manipular] la máquina con cuidado. ♦汚い手で本を扱うな No toques los libros con las manos sucias. ♦この機械は手荒に扱うとこわれる Esta máquina no se puede manejar sin cuidado. 会話 それちょっと持ってもいい?ーそうねえ, じゃ大事に扱ってよ ¿Puedo cogerlo un momento? – Bueno, pero manéjalo con mucho cuidado.

❹【売買する】(商品を扱う) v. comerciar ⟨con, en⟩, dedicarse* ⟨a⟩, vender. ♦この店は食料品を扱っている Esta tienda 「comercia con comestibles [se dedica a la alimentación]. / En esta tienda se venden comestibles.

《その他の表現》♦新聞はその事件を大きく扱った El periódico dio la máxima cobertura al asunto. ♦ここでは電報を扱って(=受け付けて)いません Aquí no se aceptan telegramas. ♦この本は1890年から現在までの出来事を扱っている Ese libro cubre [trata de] los sucesos ocurridos desde 1890 hasta nuestros días.

☞あしらう, 収拾する, 手掛ける, 取り扱う, 取り扱う

あつかましい 厚かましい adj. insolente, descarado; (恥知らずな) adj. desvergonzado, sinvergüenza. → 図々しい. ♦彼は厚かましいやつだ ¡Qué sinvergüenza! /《口語》¡Será fresco! /《スペイン》《口語》¡Qué cara (dura)! ♦彼は厚かましくも私に仕事の世話をたのんできた Tuvo 「la insolencia [《口語》《スペイン》desfachatez] de pedirme que le buscara trabajo. ♦厚かましい(=無理な)お願いでしょうか ¿No será pedir demasiado? ♦相当厚かましくないとそうはできない Hay que 「tener descaro [《口語》echarle cara] para hacer una cosa así. ☞横着, 図々しい, 図太い

あつがみ 厚紙 (厚い紙) m. papel grueso; (ボール紙) m. cartón.

あつがり 暑がり ♦彼はとても暑がりだ Le afecta mucho el calor. / Es muy sensible al calor.

あっかん 圧巻 (最высの部分) lo mejor; (目玉) lo más importante; (クライマックス) m. clímax, m. punto culminante.

あっかん 悪漢 m. pícaro, m. pillo, m. golfo. ▶悪漢小説 f. (novela) picaresca.

あつぎ 厚着 f. mucha ropa. ▶厚着する(動作) v. ponerse* mucha ropa, abrigarse* bien; (状態) v. llevar 「mucha ropa [muchos vestidos].

あつぎり 厚切り f. rebanada (gruesa). ▶厚切りのパン f. buena rebanada de pan.

あつくるしい 暑苦しい ▶暑苦しい日 m. día bochornoso [agobiante, sofocante]. ▶暑苦しい(=暑くて息苦しい)部屋 m. cuarto con un calor asfixiante. ♦昨夜は暑苦しくて(=暑さのため)よく眠れなかった Anoche no dormí bien porque hacía mucho bochorno.

あっけ 呆気にとられる v. quedarse atónito [perplejo, asombrado,《教養語》estupefacto,《口語》de piedra]. → びっくり, 驚き. ♦彼女の厚かましさにあっけにとられて物も言えなかった Su frescura [descaro] me 「dejó estupefacto [asombró]. → 唖(あ)然.

あつげしょう 厚化粧 ♦厚化粧する v. llevar demasiado maquillaje, maquillarse en exceso,《口語》pasarse con el maquillaje.

あっけない (期待はずれの) adj. decepcionante, inesperado; (予想外に) adv. con decepción; (あまりに) adv. inesperadamente; (あまりに) adv. demasiado. ▶あっけない幕切れ m. final inesperado. ♦あっけなく1勝つ [²負ける] v. ¹ganar [²perder*] demasiado fácilmente. ♦試合はあっけないくらいすぐ終わった El juego acabó demasiado pronto.

あっこう 悪口 f. injuria, f. maldición. → 悪口(わるぐち).

あつさ 厚さ m. grosor, m. espesor, f. anchura. ▶壁の厚さ m. grosor de una pared. ▶10センチの厚さの板 f. tabla de diez centímetros de espesor [grosor]. 会話 その氷の厚さはどのくらいですか - 5センチです ¿Qué grosor tiene el hielo? – Unos cinco centímetros.

__あつさ__ 暑さ m. calor,《口語》f. calorina. ▶7月の暑さ m. calor de julio. ▶暑さを逃れる v. huir del calor. ♦この暑さには参った《口語》Este calor me mata. ♦寒さは平気だが暑さには

耐えられない El frío no me importa, pero el calor no lo aguanto. ♦この暑さでは外出する気がしない No me apetece salir con este calor. ♦きょうは今年いちばんの暑さです Hoy es el día más caluroso del año. ♦5年ぶりの暑さだ Es el「calor mayor [tiempo más caluroso] que hemos tenido en cinco años. ♦今日はひどい暑さだった Hoy ha hecho un calor horroroso.

あっさく 圧搾 *f.* compresión. ▶圧搾機 *m.* compresor. ▶圧搾空気 *m.* aire comprimido. ▶圧搾する *v.* comprimir; prensar.

あっさり ❶【作りや様子が簡素に】*adv.* con sencillez, sencillamente, simplemente, llanamente. ♦部屋の飾りつけはあっさりしていた La sala estaba decorada con sencillez. ♦その車のデザインはあっさりしていた El diseño del automóvil era sencillo.

❷【面倒な事をなしに】*adv.* fácilmente, con facilidad, sin dificultad. ♦私たちのチームはあっさり優勝した Nuestro equipo ganó el campeonato fácilmente. /《口語》El partido fue un paseo para nuestro equipo.

❸【すぐさま】*adv.* enseguida, pronto, sin tardar, inmediatamente. ♦彼はあっさり自分の間違いを認めた Admitió su error enseguida.

—— あっさりした *adj.* sencil*lo*, simple; fácil, llan*o*. ♦何かあっさりした食事 *m.* plato sencillo. ♦何かあっさりした食事 *m.* algo ligero (para comer), *f.* comida ligera.

アッシジ Asís (☆イタリアの都市).

あっしゅく 圧縮 (空気・文章などの) *f.* compresión; 《専門語》*f.* compresión. ▶圧縮する *v.* comprimir;《専門語》*v.* comprimir. ▶圧縮ガス *m.* gas comprimido. ▶圧縮したファイル《専門語》*m.* archivo comprimido.

あっしょう 圧勝 *f.* victoria aplastante [abrumadora]. ♦彼はその試合で圧勝した Ganó el partido「de modo aplastante [abrumadoramente]. /(相手をこてんぱんに負かした)《口語》Machacó [Destrozó] al rival. /《スペイン》《口語》Le dio un baño al rival. ♦D党が圧勝した El Partido D obtuvo una victoria abrumadora.

あっせい 圧政 (暴政) *f.* tiranía; (専制) *m.* despotismo. ▶圧政に苦しむ *v.* sufrir [gemir*] bajo la tiranía.

あっせん 斡旋 *f.* mediación, *mpl.* buenos oficios. ▶彼に就職の斡旋を頼む *v.* pedirle* que le encuentre un trabajo. ♦彼は田中氏の斡旋で職を得た Consiguió un empleo gracias a「la mediación [los buenos oficios] del Sr. Tanaka.

—— 斡旋する ♦彼が就職を斡旋してくれた Me ayudó a encontrar un trabajo. → 世話する.

あっち *adv.* (por) allá [allí]. → あちら.

あつで 厚手の *adj.* grueso, espeso. ▶厚手の布 *f.* tela gruesa. ▶厚手のコート *m.* abrigo de tela gruesa.

あっと ♦あっと驚かす *v.* asombrar, sorprender, dejar atón*ito* [perple*jo*]; (口がきけないほど) *v.* dejar《a + 人》mu*do* de asombro; (はっとさせる)《口語》*v.* quitar《a + 人》la respiración. ▶あっという間に (一瞬にして) *adv.* en un abrir y cerrar de ojos, en un segundo; (たちまち) *adv.* en un instante [《口語》santiamén]; (いつの間にか) *adv.* antes de que uno se dé cuenta. ♦世間をあっと言わせる *v.* asombrar al mundo; (大評判となる) *v.* causar sensación.

あっというまに あっという間に → あっと ♦分かりません, あっという間の出来事でしたから No sé. Ocurrió tan de repente. ♦桜はあっという間に散ってしまった Los cerezos han perdido la flor en un abrir y cerrar de ojos. ♦彼はあっという間にその問題を解いた Solucionó el problema en un instante [《口語》santiamén].

あっとう 圧倒的な *adj.* abruma*dor*; (強烈な) *adj.* aplastante. ▶圧倒的(な)多数で勝つ *v.* ganar por abrumadora mayoría. ♦A党は選挙で圧倒的な勝利をおさめた El Partido A obtuvo una victoria aplastante en las elecciones. ♦チャンピオンの圧倒的(な)強さには敬服するばかりだ Admiro simplemente la fortaleza aplastante del campeón.

—— 圧倒的に *adv.* abrumadoramente, de forma abrumadora [aplastante]. ♦彼は圧倒的に強い Es abrumadoramente poderoso. ♦出席者は圧倒的に若い女性が多かった (=大部分若い女性だった) La inmensa mayoría de los asistentes eran mujeres jóvenes.

—— 圧倒する (断然優位な力[数]で) *v.* abrumar; (より強い力で) *v.* aplastar, oprimir. ♦われわれは数において敵を圧倒した Nuestro número era abrumadoramente superior al del enemigo. /(敵より断然優位に立った) Numéricamente teníamos una ventaja abrumadora sobre el enemigo.

アットホーム ▶アットホームな雰囲気 *m.* ambiente acogedor [hogareño].

アットマーク @ 《専門語》*f.* arroba.

アッパーカット 《専門語》*m.* gancho. ▶アッパーカットを食らわせる *v.* asestar [dar*, meter]《a + 人》un gancho. ♦アッパーカットを食らう *v.* recibir un gancho. ♦アッパーカットが彼のあごに当たった El gancho le dio en la barbilla.

あっぱく 圧迫 (圧力) *f.* presión; (重圧) *f.* opresión; (抑圧) *f.* supresión. ♦彼女は胸に圧迫を感じた (だれかに押されたりして) Sintió una presión en el pecho.

—— 圧迫する (しいたげる) *v.* oprimir, ejercer* presión, (口語) apretar*; (抑圧する) *v.* suprimir. ♦暴君は人民を圧迫した El tirano oprimió al pueblo. ♦政府は言論の自由を圧迫した El gobierno suprimió la libertad de expresión [palabra].

《その他の表現》♦インフレで家計が圧迫された La inflación ha dañado el presupuesto familiar.

あっぱれ ▶あっぱれな *adj.* admirable, di*g*no de elogio. → 見事, 立派. ▶あっぱれなふるまい *f.* conducta admirable.

アッピアかいどう アッピア街道 Vía Apia (☆古代ローマの街道).

アップ

アップ ❶【上がること】▶賃金アップ *m.* aumento salarial. ▶ガソリンの価格が5パーセントアップした Los precios de la gasolina [『アルゼンチン』nafta] han subido un 5%.
❷【髪型】▶髪をアップにしている *v.* llevar el pelo recogido.
❸【写真】▶人の手の写真をアップで撮る *v.* tomar un primer plano de una mano, sacar* (la foto de) una mano en primer plano.

アップグレード ▶アップグレードする《専門語》*v.* actualizar*, subir de grado, hacer* un "upgrade".

アップデート ▶アップデートする《専門語》*v.* actualizar*, poner* al día.

アップリケ *m.* adorno, *m.* aplique, *fpl.* aplicaciones. ▶スカートにチューリップをアップリケする *v.* poner* en una falda adornos de tulipanes.

アップルパイ *f.* tarta [*m.* pastel] de manzana.

アップレット (英語)《専門語》*m.* "applet",《専門語》*f.* pequeña aplicación,《専門語》*f.* aplicacioncita.

アップロード ▶アップロードする《専門語》*v.* cargar*, subir.

あつまり 集まり (集会) *f.* reunión → 会; (集団) *m.* grupo. ▶宗教的な集まり *f.* asamblea religiosa, *m.* encuentro religioso. ▶有志の集まり *m.* grupo de voluntarios. ◆私たちはきのうちょっとした集まりを持った Ayer tuvimos una pequeña reunión. ◆会議の集まりが悪かった Había poca gente en la reunión. / La reunión contó con escaso público. ☞会, 会合

**あつまる 集まる ❶【寄り集まる】(散らばっていた人・物が1か所に集まる) *v.* agruparse; (会合・パーティー・飲酒など社交を目的として集まる) *v.* reunirse*, encontrarse*; (会合する) *v.* reunirse*; (目的を持って公式に集まる) *v.* juntarse; (大勢の人が集まって話し合う) *v.* aglomerarse, congregarse*; (動物・鳥・人などが群れをなして集まる) *v.* concentrarse, juntarse. → 群がる。◆人が大勢通りに集まった Una multitud de personas se aglomeró en la calle. / La gente se congregó en gran número en la calle. / Había mucho gentío congregado en la calle. ▶子供たちは話を聞こうと先生の周りに集まった Los niños se agruparon alrededor del profesor para escuchar el cuento. ◆集まれ! ¡Agrúpense! / (整列せよ) ¡Formen fila! ◆あすの晩まってこのことについて話し合おう Vamos a reunirnos [quedar mañana] y hablar sobre eso. ◆委員会は毎週土曜日に集まる El comité se reúne todos los sábados. → 委員会. ◆その事故の現場に人々が集まった La gente se aglomeró en el lugar del accidente.
❷【集中する】(注意・関心などが) *v.* centrarse, concentrarse; (目的を持って集められる) *v.* recogerse*, recaudarse, juntarse. ◆集まった金 *f.* colecta, *m.* dinero recogido; (献金) *fpl.* contribuciones. ◆今までにおよそ百万円集まった Hasta ahora se ha recaudado aproximadamente un millón de yenes. → 集める. ◆注意がその「神父 [²牧師] に集まった La atención se centraba en el ¹sacerdote [²pastor]. / (注目の的だった) El ¹sacerdote [²pastor] era el centro de la atención. ☞結集, 溜[貯]まる

あつみ 厚み (厚さ) *m.* grosor, *m.* espesor; (内容の深み) *f.* profundidad, *f.* hondura. → 厚さ. ◆厚みのある人 *m.* hombre profundo, *m.* hombre de [con] mucha personalidad.

**あつめる 集める ❶【寄せ集める】(散在している物・人を1か所に集める) *v.* reunir*, acumular; (計画的に選択して集める) *v.* coleccionar; (ある目的で人・物を集めるする) *v.* juntar; (いっしょにする) *v.* agrupar; (資金を集める) *v.* recaudar. ▶落ち葉を集める *v.* reunir* [hacer* un montón de] las hojas caídas; (掃き集める) *v.* barrer las hojas caídas. ▶情報を集める *v.* reunir* información. ▶請願署名を集める *v.* recoger* firmas de solicitantes. ▶被災者のために募金を集める *v.* recaudar dinero para ⌈los damnificados [las víctimas de un desastre]. ▶その事業の資金を集める *v.* recaudar fondos para el proyecto. ◆校長はすべての学生を講堂に集めた El director de la escuela agrupó [reunió] a todos los estudiantes en el salón de actos. ◆毎週月曜日にごみを集めに来る Todos los lunes recogen la basura. ◆紙をみんな拾い集めて燃やしなさい Junta todos los papeles y quémalos. (会話) 君何か集めてますか—外国のコインをたくさん集めています ¿Coleccionas algo? — Tengo una gran colección de monedas extranjeras.
❷【引きつける】(注意・客などを引き寄せる) *v.* atraer(se)*. ▶その計画は世間の注目を集めた El proyecto atrajo la atención pública. ▶孤児たちの境遇は世間の同情を集めた Las circunstancias de los huérfanos atrajeron la simpatía de el mundo. ▶その歌手は最近若者の人気を集めている Ese cantante goza actualmente de popularidad entre la juventud. ☞回収する, 採取, 貯[溜]める, 調達, 取[捕, 採, 執]る

あつらえ 誂え ▶誂えの服 *m.* traje ⌈de encargo [hecho a la medida]. ◆このコートは誂えだ Este abrigo es de encargo.

あつらえむき ▶誂え向きな[の]（ぴったりの）*adj.* apropia*do*,《教養語》idóneo, (理想的な) *adj.* ideal; (申し分のない) *adj.* perfecto. ▶ハイキングにはおあつらえ向きの日だ Es un día ideal para ir de excursión. ◆これはおあつらえ向きの品だ Esto es justo lo que yo encargó.

あつらえる 誂える *v.* encargar* (a la medida). → 誂え. ◆彼はスーツを1着あつらえた Encargó un traje a la medida.

あつりょく 圧力 *f.* presión. ▶圧力がま *f.* olla de [a] presión,《口語》*f.* olla exprés. ▶圧力計 *m.* manómetro. ▶圧力団体 *m.* grupo de presión. ▶政治的圧力 *f.* presión política. ▶ガスの圧力を測る *v.* medir* la presión del gas. ▶政府の圧力に屈する *v.* ceder a la presión del gobierno. ♦圧力を加えると気体の温度が上がる La presión puede elevar la temperatura de los gases. ♦彼らは私に調査を中止するよう圧力をかけた Me presionaron [sometieron a presiones] para que abandonara la investigación. /（私は調査を中止するよう圧）力をかけられていた）Estaba bajo presión para que abandonara la investigación. ⇨ 圧迫，突き上げ

あつれき 軋轢（摩擦）*m.* roce, *f.* fricción;（不和）*f.* desavenencia, *f.* discordia;（争い）*m.* conflicto. ▶（人とあつれきを生じる *v.* tener* un roce《con》. ▶二国間の軋轢 *mpl.* roces entre los dos países.

あて 当て ❶【目的，目標】*m.* objeto, *m.* fin, *m.* propósito. → 目的，目標。▶当てのない *adj.* sin objeto. ♦当てもなくさまよう *v.* vagar* sin rumbo. ♦彼はどこへ行くという当てがあったわけではなかった No iba a ningún sitio en particular. ♦どこに行く当てもなかった No tenía adónde ir. ♦それについてはあまり当てにならないで De eso nunca puede uno fiarse mucho.

❷【期待，信頼】*f.* esperanza, *f.* confianza. → 期待，頼り。

— 当てにする（頼る）*v.* depender《de》, contar*《con》;（期待する）*v.* esperar. ♦私は彼の援助を当てにした Confié en su ayuda. / Contaba con que me ayudara. ♦彼は当てにできない No se puede「contar con [confiar en] él. / No es una persona fiable [de fiar]. ♦それは私が当てにしていたほどの金額ではない No es tanto dinero como yo esperaba. 会話 今晩返すよ—当てにできるの？ — ¿Puedo contar con ello? [口語 ¿Seguro?]

-あて 宛（ ）佐藤さんあての手紙 *f.* carta dirigida al Sr. Sato. ♦息子あてに手紙を書く *v.* escribir*（una carta）al hijo. ♦この手紙はだれあてですか ¿Para quién es [A quién va dirigida] esta carta? 会話 日本あての手紙は何日くらいかかるのかしら—少なくとも 1 週間はみておくべきだよ ¿Cuánto tardan las cartas a Japón? – Cuenta con una semana como mínimo.

アディスアベバ Addis Abeba（☆エチオピアの首都）.

あてがう ❶【与える】*v.* dar*;（時間・金などをある目的のために）*v.* conceder;（支給する）*v.* proporcionar, suministrar. ▶彼に月 5 万円の小遣いをあてがう *v.* darle* 50.000 yenes al mes como「dinero de bolsillo [asignación mensual].

❷【割り当てる】（仕事などを）*v.* asignar;（仕事・時間・金などを）*v.* distribuir*. ▶その仕事を彼にあてがう *v.* asignarle la tarea.

❸【付ける，当てる】（ぴったり当てる）*v.* poner(se);（適用する）*v.* aplicar(se). → 当てる。▶受話器を耳にあてがう *v.* ponerse* el auricular al oído.

あてこすり 当て擦り →当てつける。▶その問題について当てこすりを言う *v.* hacer* una observación maliciosa [insidiosa] sobre el tema. ▶彼に（対して）当てこすりを言う *v.* lanzarle [口語 soltarle] una indirecta.

あてこする 当て擦る（不快なことをそれとなく言う）*v.* decir* una indirecta, insinuar*, aludir veladamente. →当てつける. ▶彼の軽率さをそれとなく当てこする *v.* aludir veladamente a su irreflexión.

あてさき 宛て先 *f.* dirección, *m.* destino. → 宛て先。

あてずいりょう 当て推量（だいたいの見当）*f.* suposición;（推測）*f.* conjetura. ▶当て推量で *adv.* por una suposición. ▶当て推量をする *v.* hacer* una conjetura.

あてずっぽう 当てずっぽう→推測。♦彼の年齢を当てずっぽうで言う *v.* suponer* su edad, hacer* una conjetura sobre su edad. ♦当てずっぽうで言えば彼は 40 歳ぐらいだろう 口語 Yo diría, aunque es un mero suponer, que ronda los cuarenta.

あてつけ 当てつけ（言葉）*f.* insinuación, *f.* indirecta. ▶当てつけを言う →当てつける。♦あの冗談は私への当てつけだ Esa broma es realmente una indirecta contra mí. / 口語 Esa broma va por mí.

あてつける 当てつける（当てこする）*v.* lanzar [decir*]（a ＋ 人）una indirecta [alusión velada]. ▶彼に不注意だと当てつけて言う *v.* insinuar* [aludir] maliciosamente [insidiosamente] su negligencia. → 当て擦（ ）り。♦彼女は誠実な女ではないことを彼は私に当てつけて言った Me insinuó [dio a entender] que ella no era honrada. ♦その冗談は私に当てつけて言われた La broma「era por [se refería a] mí.

アテトーシス（専門語）*f.* atetosis.

あてな 宛名（相手の氏名）*mf.* destinatario/ria;（住所）*f.* dirección, 口語 *fpl.* señas. ▶あて名の不明な（＝判読できない）手紙 *f.* carta cuya dirección es ilegible. ▶年賀状のあて名を書く *v.* escribir* la dirección en una tarjeta de felicitación de Año Nuevo. ♦封筒のあて名ははっきり書いてください Escriba, por favor, la dirección claramente en el sobre. ♦この手紙のあて名は君になっている Esta carta「está dirigida a [es para] ti. ♦この手紙のあて名は間違っている La dirección de esta carta está equivocada. / 口語 Esta carta tiene la dirección mal puesta.

アテネ Atenas（☆ギリシャの首都）. ▶アテネの（人） *adj.*（*mf.*）ateniense.

アデノイド（専門語）*f.* adenoide.

あてはずれ 当て外れ（期待外れ）*m.* desengaño, *f.* desilusión, *f.* decepción → 期待，（誤算）*m.* cálculo fallido.

あてはまる 当てはまる（適用される）*v.* aplicarse* [ser* aplicable]《a》;（有効である）*v.*「ser* válido [valer*]《para》;（いえる）*v.* ser* verdad《de》;（満たす）*v.* cumplirse. ♦この規則はその場合に当てはまらない Esta regla no「es aplicable a [vale para] este caso. ♦同じことが他の何ぴとにも当てはまる Eso mismo「se aplica a [vale para] todo el mundo.

あてはめる 当てはめる（適用する）*v.* aplicar*《a》. ♦その方法をすべての場合に当てはめることはできない No podemos aplicar ese método a todos los casos.

34 あでやか

あでやか 艶やか *adj.* encantad*or*, elegante, fascinante. ♦身のこなしが艶やかだ *v.* tener* 「modales elegantes [una gracia fascinante].

あてられる 当てられる ♦暑さに当てられる *v.* sufrir con el calor. → 当てる.

あてる 当[充]てる ❶【ぶつける】*v.* golpear, pegar*,《口語》dar*. ♦彼はその棒に石を当てた Golpeó el palo con una piedra. ♦彼女は足を石にぶち当てた Se dio [golpeó] en el pie con una piedra. ♦彼女は頭にボールを当てられた Fue alcanzada en la cabeza por una pelota. / Una pelota la golpeó en la cabeza.
❷【(くじで)引き当てる】*v.* tocar*（a＋人）;（賞金[品]を当てる）*v.* ganar;（事業・興業などで山を当てる）*v.* tener* un gran éxito, acertar*,《口語》dar* en el clavo, dar* en el blanco. ♦くじで3等賞を引き当てる *v.* tocar*（a＋人）el tercer premio de la lotería. ♦彼はその仕事で一山当てた Tuvo un gran éxito en ese negocio. ♦彼女はくじで1千万円当てた Le tocaron 10 millones de yenes en la lotería.
❸【推測する】*v.* acertar*, adivinar. ♦彼はずばり言い当てた Acertó. / Adivinó correctamente. ♦私の年齢を正確に当てましたね Adivinó mi edad exacta. 会話 彼女の新しいスーツは何色だか当ててごらん—赤かしら Adivina de qué color es su vestido nuevo.–¿Es rojo?
❹【(日光・風雨に)さらす】*v.* exponer*;（空気に）*v.* orear. ♦その花を雨に当てないようにする（＝雨から守る）*v.* proteger* las flores de la lluvia. ♦この品物を日に当てなさい Pon este artículo al sol. / Saca este artículo al sol. ♦衣類を時々風に当てて虫干ししなさい De vez en cuando tienes que「darle el aire a [orear] la ropa.
❺【あてがう】（ある場所に置く）*v.* poner*《en》, aplicar*《a, en》, llevar（a＋人）;（手に持って）*v.* sostener*, llevar. ♦額に手を当てる *v.* poner(se)* la mano en la frente. ♦受話器を耳に当てる *v.* ponerse* el auricular en la oreja. ♦顔に化粧パフを当てる *v.* aplicarse* [ponerse*] polvos en la cara con la borla. ♦両手を腰に当てて立っている *v.* estar* de pie 「en jarras [llevándose las manos a las caderas]. ♦彼は耳を壁に当てて聞いた Puso su oído contra la pared. /（押し当てて）Pegó la oreja a la pared. ♦彼女は目にハンカチを当てて Se llevó el pañuelo a los ojos.
❻【割り当てる】（仕事・部屋などを）*v.* asignar;（時間・お金などを）*v.* destinar, dedicar*. ♦読書に2時間充てる *v.* dedicar* dos horas 「para leer [a la lectura]. ♦その部屋はわたしたちに充てられた Se nos ha destinado [asignado] ese cuarto. ♦その金を中国旅行に充てたい（＝取っておきたい）Quiero guardar [destinar] ese dinero para viajar a China. ♦彼は趣味に充てる時間はほとんどない Apenas tiene tiempo que dedicarle a sus aficiones.
❼【指名する】（求める）*v.* pedir*《que＋接続法》. ♦私は当てられて教科書を読んだ Me pidieron que leyera el libro de texto y lo leí.

アテローム《専門語》*m.* ateroma. ♦アテローム性血栓症《専門語》*f.* aterotrombosis. ♦アテローム性動脈硬化症《専門語》*f.* aterosclerosis.

アデン Adén（☆旧南イエメンの首都）.

あと 後 ❶【場所】（後部，背面）*m.* dorso, *f.* espalda, *m.* revés;（乗り物などの後部）*f.* parte posterior [trasera]. → 後ろ.
1《後に[へ]》;（後方へ）*adv.* atrás, hacia atrás;（後ろの位置に）*adv.* detrás 《de》;（…の後に続いて）*adv.* después 《de》. ♦後にさがる *v.* retroceder,《口語》echarse atrás. ♦後に残る *v.* quedar atrás. ♦3歩後へさがる *v.* dar* tres pasos atrás. ♦犬は彼のすぐ後について歩いていた El perro iba justo detrás de él. ♦彼はひとり後に残された Le dejaron atrás solo.
2《後を[から]》♦パレードの一番後を行く *v.* ser* 「el último [la última] del desfile;（しんがりをつとめる）*v.* caminar en la zaga del desfile. ♦犬の後を追うり,「perseguir* a [ir* detrás de] un perro. ♦彼の後から中へ入って来る *v.* entrar detrás de él. ♦どうして私の後をつけ回すの ¿Por qué「me vienes siguiendo [vienes detrás de mí]? ♦探偵はその男の後をつけた El detective「siguió al [iba siempre detrás del] hombre.
❷【時間】（その後）*adv.* después, más tarde, luego, a continuación,《教養語》posteriormente. ♦じゃ，また後で Te veo [veré] después [más tarde]. ♦後で電話します Te llamaré más tarde. 会話 今払わなくてはいけませんか—後でけっこうです ¿Tengo que pagarle ahora?–Págueme después si quiere. [Me puede pagar luego.] ♦ずいぶん後になって彼は本当のことを話してくれた Me dijo la verdad「mucho después [mucho más tarde, muy posteriormente]. ♦彼はそれから1週間後にやって来た Vino una semana después. / Una semana más tarde vino él. ♦彼女は彼が出発した後10分して到着した Ella llegó 10 minutos después de「irse él [que él se hubiera ido]. ♦後どのくらいで彼は帰ってきますか ¿Cuándo vuelve? / ¿Dentro de cuánto va a volver? ♦後10分ほどすれば彼は帰ってくる Volverá「dentro de [en] unos 10 minutos. / Antes de unos 10 minutos estará de vuelta. ♦期末試験まで後（＝もう）2週間しかない「No tenemos más que [Sólo faltan] dos semanas para [hasta] el examen final. / El examen final está sólo a dos semanas. 会話 （出かける用意に）後どれくらいかかるんだい—後2,3分よ ¿Cuánto más tiempo te queda?–Dos o tres minutos.
❸【順序】（…の後に）*prep.* después de; *adj.* posterior a;（2者のうち後の方）*pron.* éste, ésta, esto;（もっと後の）*adj.* posterior;（最後の）*adj.* último;（次の）*adj.* siguiente. ♦後の章で *adv.* en un capítulo posterior. ♦あなたの後から参ります Vendré después de usted. ♦冬の後には春が来る La primavera viene después del invierno. / La primavera sucede al invierno. ♦ふろは食事の前それとも後にしますか ¿Va a tomar el baño antes o después de cenar? ♦1年の後の半分を京都で過ごした La se-

gunda mitad del año la pasé en Kioto. ♦ 彼はいちばん後から入って来た Fue la última persona en entrar. ♦後の汽車にどうにか間に合った Logré tomar el siguiente tren. ♦今度はうまくやれよ．もう後 (=次の機会) がないんだから Te tiene que salir bien esta vez porque no habrá ninguna siguiente vez.

❹【残り】 *m.* resto, lo restante, lo demás. 神戸まで電車で行き後は船で行った Hasta Kobe fui en tren y 「el resto [después] en barco. ♦後は (=その他のことは) 私はあなたにまったく賛成です En cuanto a lo demás, estoy totalmente de acuerdo con usted. 《会話》頂上まで後もうどのくらいあるの—後 3 キロほどだ ¿Cuánto queda [hay todavía] hasta la cima? – 「Todavía faltan [Aún quedan] tres kilómetros.

❺【将来，結果】 (将来) *m.* futuro, *m.* porvenir; (結果) *f.* consecuencia, *m.* resultado. 後々のために備える *v.* prepararse para el futuro. ♦後は運を天に任せよう 《言い回し》Dios proveerá. / El futuro está en manos de Dios. ♦後は私が引き受けます Yo respondo de 「lo demás [lo que pase, las consecuencias]. / Déjame a mí lo demás.

❻【後継】 ▶後を継ぐ (人の) *v.* ocupar el lugar 《de》, suceder 《a》; (職務・地位を) *v.* tomar el puesto [cargo] 《de》. →継ぐ. ♦だれが田中氏の後に座るのでしょうか ¿Quién 「va a ocupar el lugar [lo sucederá] Sr. Tanaka?

❼【亡き後】 ▶後に残った家族はどうしてよいか途方にくれた La desconsolada familia no sabía qué hacer. ♦彼は妻と二人の娘を後に残して死んだ Dejó (detrás) esposa y dos hijas. ♦後は野となれ山となれ 《ことわざ》 Tras mí, el diluvio. / El que venga después, que arree.

《その他の表現》 ♦後にも先にもない (=古今を通じての)大学者 el mayor erudito de todos los tiempos. ♦あと (=もう) 三つ卵をください Déme tres huevos más, por favor. 《会話》もっと要るだろうな—あとどのくらい Necesito más. – ¿Cuánto más? ♦彼はそのことについて後は (=それ以上に) 何も言わなかった No dijo nada más de eso. ♦彼は東京を後にしてパリに向かった Dejando atrás Tokio, se dirigió a París. ♦留守中後を頼む (=いろいろなことをやってください) Encárgate de todo durante mi ausencia. ♦一歩も後へはひかない No cederé ni un paso [milímetro]. / De aquí no me muevo ni un paso. ♦彼女以先にも愛した人は他にはなかった Después no he vuelto a amar tanto a nadie. ♦後のたたりが恐ろしいぞ (=ただではすまないよ) No te saldrás con la tuya. /《口語》 Ya las pagarás.

*あと 跡 ❶【形跡】 *m.* rastro, *m.* vestigio; (車の跡) *f.* rodada, (人・動物の跡) *f.* huella; (しるし) *f.* señal, (傷・しみなどの跡) *f.* marca; (足などの跡) *f.* pisada, 《フォーマル》 *f.* impresión; (傷跡) *f.* cicatriz. ▶古代文明の跡 *mpl.* vestigios [*mpl.* restos] de una antigua civilización. ▶種痘の跡 *f.* marca [*f.* señal] de una vacuna. ▶手術の跡 *f.* cicatriz quirúrgica. ♦地面に残った跡を追う *v.* seguir* el rastro en el suelo. ♦スペイン語に進歩の跡が見られる *v.* mostrar* señales de progresar en español. ♦地面にタイヤの跡が残っていた En la tierra había rodadas de neumáticos. ♦建物の跡は何も残っていなかった No quedaban vestigios [huellas] de construcciones. ♦彼の論文は苦心の跡が見られる En su tesis hay señales de que se ha esforzado.

❷【行なわれた場所】 *m.* lugar, *m.* sitio, 《教養語》 *m.* emplazamiento. ▶古戦場の跡 *m.* lugar de una antigua batalla.

❸【家督】 ▶父の跡を継ぐ *v.* 「suceder al [ocupar el lugar del] padre. →継ぐ.

《その他の表現》 ♦この種の事件が跡を絶たない (=終わりがない) Estos casos no tienen fin. / Casos como estos 「no terminan nunca [《口語》 son el cuento de nunca acabar].
☞ 面影, 痕跡

あとあし 後足 (後ろ脚) *fpl.* patas traseras. ♦犬は後足で立って歩いた El perro caminaba sobre sus patas traseras. ♦馬が後足で立った El caballo se puso de manos.

あとあじ 後味 *m.* dejo, *m.* regusto, 《口語》 *m.* saborcillo, 《口語》 *m.* gustillo. ♦後味の悪い (=気持ちのよくない) 出来事 *m.* suceso con dejo amargo [desagradable]. ♦このケーキは後味がよい Este pastel deja un regusto agradable. ♦そのことで私は後味の悪い思いをした Ese asunto me dejó con un mal sabor de boca.

あとあと 後々 (将来) *m.* futuro. ♦後々の事を考える *v.* pensar* en el futuro.

あとおし 後押し ❶【後ろから押すこと】 ▶荷車を後押しする *v.* empujar un carrito (por detrás).

❷【後援】 *m.* apoyo, *m.* respaldo; (後援者) *mf.* patrocina*dor* / *dora*, *mf.* partida*rio* / *ria*. ▶彼の後押しをする *v.* apoyarle, darle* apoyo.

アトーレ *m.* atole (☆トウモロコシ粉と牛乳で作る飲物).

あとがき 後書き (手紙の) *f.* posdata, 〘略〙 PD; (本の) *m.* epílogo.

あとかた 跡形 *m.* rastro, *f.* huella, *m.* vestigio. ♦その船は跡形もなく消えた El barco desapareció sin dejar rastro. ♦津波の後その建物は跡形もなかった Después del tsunami no quedaron vestigios del edificio.

あとかたづけ 後片付け ▶後片付けをする (きちんと整とんする) *v.* ordenar, poner* en orden; (きれいに片付けて掃除をする) *v.* limpiar [hacer* la limpieza de] la habitación; (食卓を片づける) *v.* quitar la mesa; (皿を洗う) *v.* lavar los platos. →洗う. ♦夕食の後片付けをする *v.* lavar la vajilla después de cenar, recoger* la mesa después de la cena.

あとがま 後釜 (後任) *mf.* suce*sor* / *sora*. ▶後釜にすわる (=後任となる) *v.* suceder 《a + 人》 en el cargo.

あとくされ 後腐れ (将来さらに起こるかもしれぬ面倒) *fpl.* complicaciones posteriores, *mpl.* problemas futuros. ▶後腐れがないように *adv.* para evitar complicaciones posteriores.

あどけない (無邪気な) *adj.* inocente, in-

36 あどけなさ

genuo, cándido; (外見上子供のような, 子供らしい) adj. infantil, de niño; (子供じみた)infantil, 《教養語》pueril. ▶あどけない考え f. idea ingenua [infantil]. ▶子供のあどけない寝顔 m. rostro inocente de un niño dormido. ♦彼女はまだあどけない顔をしている Todavía parece [tiene la cara] inocente. / Sigue teniendo un aire de inocencia.

あどけなさ f. inocencia. ▶その子のあどけなさ f. inocencia del niño [de la niña].

あとしまつ 後始末をする ❶【解決する】v. arreglar, solucionar, 《文語》dirimir, saldar, liquidar; (完済する) v. saldar (una deuda). ▶¹けんか [²問題]の後始末をする v. arreglar ¹una disputa [²un asunto]. ▶倒産した会社の後始末をする(=業務整理をする) v. liquidar los asuntos de una empresa en bancarrota. ❷【整とんする】v. poner* (un lugar) en orden, ordenar (un lugar). → 片付ける. ▶食事の後始末をする v. levantar [quitar] la mesa.

あとずさり 後ずさり ▶後ずさりする v. retroceder, dar* un paso atrás; (しり込みする)《口語》echarse (para) atrás. ▶へびを見て後ずさりする v. 「retroceder al ver」[echarse atrás ante] una serpiente. ▶彼は驚いて後ずさりした Dio un paso para atrás sorprendido.

あとち 跡地 (崩壊したビルの) m. lugar (de un edificio derrumbado).

あとぢえ 後知恵 《教養語》f. percepción retrospectiva, 《教養語》f. comprensión a posteriori.

あとつぎ 跡継ぎ(後継者) mf. sucesor/sora. → 相続.

あととり 跡取り →相続(人). ▶跡取り息子 m. hijo heredero.

アトニー 《専門語》f. atonía.

あとのまつり 後の祭り ▶もう後の祭りだ(損害が出てしまった)(ことわざ) A buenas horas mangas verdes. / El daño ya está hecho. / (遅すぎる) Ya es demasiado tarde.

アドバイス m. consejo. → 忠告, 助言. ▶アドバイスをする v. dar* (a + 人) un consejo.

あとばらい 後払い (延期される支払い) m. pago diferido [aplazado]; (着払い) m. pago a la entrega. ▶車を後払い(=クレジット)で買う v. comprar un coche a crédito.

アドバルーン m. globo anunciador [de publicidad]. ▶アドバルーンを上げる v. lanzar* un globo anunciador.

アトピー f. alergia, 《専門語》f. atopia. ▶アトピー性皮膚炎にかかっている v. padecer* una dermatitis atópica.

あとまわし 後回し ▶難しい問題は後回しにしなさい Deja lo difícil [los problemas difíciles] para después. / (やさしいから始めなさい) Empieza con lo más fácil. ▶その仕事は後回しでいい Puedes dejar el trabajo para después. / El trabajo puede esperar. / Que espere el trabajo.

アドミニストレータ 《専門語》m. administrador.

あとめ 跡目 ▶父の跡目を継いで[後を継いで]社長になる v. 「suceder al [ocupar el puesto del] padre como presidente.

あともどり 後戻り ▶後戻りする (元に戻る) v. regresar, volver*; (ぐるりと向きを変えて) v. dar* la vuelta, dar* marcha atrás; (後ろへ移動する) v. retroceder; (病状・景気などが) v. desandar*, ir* para atrás.

アトラクション (人を引きつける物) f. atracción; (実演) m. espectáculo.

アドリアかい アドリア海 Mar Adriático (☆イタリア半島とバルカン半島の間の海域).

アトリエ m. taller.

アドリブ ▶アドリブで adv. improvisadamente. ▶芝居でアドリブを言う v. improvisar en una obra de teatro. ▶アドリブで(=即興で)ピアノを演奏する v. tocar* el piano improvisando.

アドレス 《専門語》f. dirección. ▶アドレス帳 《専門語》m. libro de direcciones. ▶イーメールアドレス f. dirección electrónica [de correo electrónico].

アドレナリンけっしょう アドレナリン血症 《専門語》f. adrenalinemia.

・あな 穴 ❶【くぼみ】m. agujero, m. orificio; m. hueco, m. hoyo, f. fosa; f. cavidad; m. roto, f. abertura, f. grieta, m. butrón; (とくに小さな穴) m. orificio; (硬貨の投入口のように小さくて長細い穴) f. ranura; (樹木などの浅い穴) m. hueco, (地面の小さな穴) m. hoyo; (地面の大きな穴) f. hoya; (舗装面の穴) m. bache, m. socavón; (墓穴) f. fosa; (岩などの穴) f. cavidad; (衣服などの穴) m. roto; (ボタン穴) m. ojal; (壁などのひび割れた穴) f. grieta; (壁などのひび割れた短い穴) f. brecha; (通り抜けができる穴) f. abertura; (針の穴) m. ojo. ▶塀の穴 m. agujero en la valla. ▶木の幹の穴 m. hueco en el árbol. ▶針の穴 m. ojo de una aguja. ▶鼻の穴 m. orificio nasal. ▶穴をあける v. hacer* un agujero《en》, agujerear; (切って) v. abrir* un agujero; (きりなどで) v. taladrar. ▶穴をふさぐ v. llenar [tapar] un agujero [hueco]. ▶穴をつくろう v. coser un roto. ▶人員の穴(=空席)を埋める v. cubrir* [llenar] una vacante. ♦フロン(ガス)はオゾン層に穴をあける El fluorocarbono abre un agujero en la capa de ozono. ♦彼は誤って穴に落ちた Se cayó accidentalmente al hoyo. ♦歯に穴があいている Tengo una caries en la muela. ❷【損失】f. pérdida; (赤字) m. déficit, 《口語》m. agujero, m. descubierto. ▶穴を埋める v. cubrir* las pérdidas [el déficit], 《口語》tapar el agujero. ♦彼は会社の帳簿に大穴をあけたのせいで会社は大損をした La empresa perdió mucho por su culpa. / Causó grandes pérdidas a la compañía. / (会社の金を横領した) Desfalcó [Malversó] una gran suma de dinero a la empresa. ❸【欠陥】(完全さを損なうもの) f. tacha, m. fallo; (深刻な欠陥) m. defecto; (欠点, 誤り) f. falta; (弱点) m. punto débil [flaco]. → 欠点, 弱点.

《その他の表現》▶彼の顔を穴のあくほど見つめる v. mirarlo[le] 「de hito en hito [fijamente a la cara]. ▶きまりが悪くて穴があったら入りたかった Me dio tanta vergüenza que ojalá me hubiera tragado en ese momento la tierra.

あなうめ 穴埋め ▶穴埋めする (欠損を) v. cubrir*, tapar; compensar; (空所を) v. llenar. ♦赤字の穴埋めをする v. cubrir* el déficit.

アナウンサー mf. locutor/tora. ▶ラジオ [²テレビ] のアナウンサー mf. locutor/tora de ¹radio [²televisión]. ▶スポーツアナウンサー mf. locutor/tora deportivo/va.

アナウンス m. anuncio. ▶アナウンスする v. anunciar. ♦245便の出発のアナウンスがあった「Han anunciado [Ha sido anunciada] la salida del vuelo 245.

あながち (あながち…ない) adv. no necesariamente; (まったく…というわけではない) adv. no del todo, no completamente; (完全には…ではない) adv. no ♦必ずしも. ♦安い料理があながち味がよくないとは言えない La comida barata no tiene porqué saber mal. ♦君のいうことはあながち間違っていない No estás del todo equivocado.

アナキスト mf. anarquista.

あなご 穴子 m. congrio.

アナコンダ f. anaconda (☆南米産の大蛇).

**あなた pron. tú, usted; (あなたの) adj. tu, su, tuyo, suyo, de usted; (あなたのもの) el tuyo, el suyo, el de usted; (あなた自身) pron. tú mismo, usted mismo. → 私.

── あなた【呼びかけ】《口語》m. cariño, mf. querido/da, m. cielo, m. amor mío; interj. oye. ♦「あなた手伝ってよ」と彼女は夫に言った 'Ayúdame, querido", dijo ella a su marido.

あなづり 穴釣り ▶穴釣りをする v. pescar* por [a través de] un agujero.

あなどる 侮る (軽視する) v. menospreciar, desdeñar, 《口語》mirar por encima del hombro. ▶あなどりがたい＝手ごわいチーム m. equipo nada desdeñable. ♦彼は自分の仕事をあなどって失敗した No le dio importancia a su trabajo y lo hizo mal. ♦彼の実力をあなどって低く見てはいけない No lo [le] subestimes. / No subestimes su capacidad. ♦彼らは私を車を持っていないとあなどった Me menospreciaban [miraban con menosprecio] por no tener un coche. → 軽蔑.

あなば 穴場 m. buen sitio [lugar] 《para》. ▶どこかフランス料理の穴場を教えていただけませんか ¿No podría recomendarme un buen restaurante francés que sea bueno pero no muy conocido?

アナフィラキシー《専門語》f. anafilaxia. ▶局所性アナフィラキシー《専門語》f. anafilaxia local. ▶受動性アナフィラキシー《専門語》f. anafilaxia pasiva.

アナフィラクトイドしはんびょう アナフィラクトイド紫斑病《専門語》f. púrpura anafilactoide.

アナログ ▶アナログ・コンピュータ《専門語》m. ordenador analógico. ▶アナログ・データ《専門語》mpl. datos analógicos. ▶アナログ時計 m. reloj analógico.

**あに m. hermano mayor (☆兄と弟を区別しないで普通は hermano という. el hermano mayor というのが「長男」の意味になる). → 弟. ♦私の兄は先週結婚した Mi hermano mayor se casó la semana pasada.

アニス ▶アニス酒 m. anís.

アニメ(ーション)(動画)mpl. dibujos animados, m. animé. ▶アニメ映画 f. película de dibujos animados. ▶アニメキャラクター m. personaje de los dibujos animados.

あによめ 兄嫁 f. cuñada.

**あね 姉 f. hermana mayor (☆普通は姉と妹を区別しないで hermana という).

あねったい 亜熱帯 f. zona subtropical, m. subtrópico. → 熱帯. ▶亜熱帯の adj. subtropical.

アネモネ f. anémona.

**あの (指示的に) adj. aquel, aquella. → その, この. ♦あの本を見せてください Muéstrame aquel libro, por favor. ♦あの音は何だろう ¿Qué sonido es ése? (☆直接耳で聞いているので、このような場合 aquel は使わない) 〈会話〉青いスーツを着たあの男の人はだれですか─私のおじですよ ¿Quién es aquel hombre de [del traje] azul? - Es mi tío. ♦私のあの服はとても高かった Aquel vestido mío era muy caro. ♦彼を見たとたんあの男だと分かった Nada más verlo [le], supe que era él. ♦あの人たちはカナダの出身です Aquellos son de Canadá.

あの(う) (思案) interj. esto, pues, a ver, bueno, bien ▶ええっと ; interj. bueno, pues; (口ごもって) interj. digo, eh, esto, este. ▶あの失礼ですが esto…, perdone.. ♦あのう実はBueno, la verdad es que… ♦あの, どうしたんですか A ver, ¿qué le pasa? ♦あのう先生, 分かりません Pues, no entiendo, profesor. ♦彼はあの金を賭け事で, つまりあの競馬で遣っていたんだ Se gastaba ese dinero en… esto… el juego, digo…, en apuestas a las carreras de caballos.

あのね interj. bien, bueno, (vamos) a ver, (注意を促して) interj. oye, oiga; (怒って) interj. 《口語》sabes, 《口語》sabe usted. ♦あのね, 私たち, 今年春結婚するの ¿Sabes? Nos casamos esta primavera. ♦あのね, 君の言ってることは見当違いだよ Bueno, lo que estás diciendo se sale del tema. ♦あのね, マリア, ぼくは大学をやめなきゃならないんだ Oye, María, tengo que dejar la universidad. ♦あのね, パブロが結婚するんです ¡Oye! [¿A que no lo sabes?] Pablo se casa. ♦あのね, こうしてはどうだろう Bueno, ¿qué os parece esto?

あのよ あの世 m. más allá, m. otro mundo, f. otra vida, f. vida de ultratumba. ▶あの世へ行く v. irse* al 「más allá [《口語》otro mundo]. / (死ぬ) v. morir*, 《フォーマル》fallecer*, 《俗語》estirar la pata. → 死ぬ.

あのような adv. así, como aquél. → あんな(に).

アノラック m. anorak, f. parka.

アパート (1世帯分の部屋) m. piso, m. apartamento, 【ラ米】 m. departamento, 【コロンビア】 m. condominio; (建物全体を) m. bloque de pisos, de apartamentos. ♦アパートを捜しています Estoy buscando

38 あばく

piso (para alquilar). ◆彼は学校の近くのアパートの2階に住んでいます Vive en el primer piso de un bloque cerca de la escuela.

あばく 暴く ❶【悪事・秘密を】v. revelar, descubrir*. → 暴露する. ▶陰謀をあばく v. revelar [hacer*] pública la conspiración. ◆彼の正体はついにあばかれた Por fin fue desenmascarado.
❷【墓を】v. abrir*; (悪意から) v. profanar, violar.

アパステペケ Apastepeque (☆エルサルバドルの観光都市).

あばた f. cicatriz de viruela, f. cacaraña. ▶あばた面 f. cara cacarañada [con cicatrices de viruela]. ▶月のあばた mpl. cráteres en la luna. ◆あばたもえくぼ (=恋は盲目) [ことわざ] El amor es ciego.

アバター 《専門語》 m. avatar, 《専門語》 m. personaje digital.

アパラチア ▶アパラチア山脈 Los Apalaches, los Montes Apalaches (☆北アメリカ大陸の山脈).

あばら(ぼね) 肋(骨) (1本) f. costilla; (全体) fpl. costillas, (とくに動物の) m. costillar. ▶転んであばら骨を折る v. romperse* [fracturarse] una costilla al caer*.

あばらや あばら屋 (荒れはてた) f. casa「en ruinas [ruinosa], (粗末な) f. casucha; (粗末な小屋) f. choza, f. cabaña; (我が家) f. morada [f. casa] humilde, f. casa miserable.

アパルトヘイト 《アフリカーンス語》 m. apartheid.

あばれもの 暴れ者 (乱暴な男) m. matón.

あばれる 暴れる (乱暴な行動をする) v. actuar violentamente [salvajemente]; (もがく) v. forcejear, 《教養語》 pugnar; (はしゃぎ回る) v. alborotar, 《口語》 armar jaleo; (走り回る) v. desenfrenarse; (馬が) v. desbocarse*; ((台風などが)荒れ狂う) v. embestir* [azotar] con violencia; (暴動を起こす) v. amotinarse, alborotarse. ◆彼は怒って暴れた Se enfadó y se comportó con violencia. ◆泥棒は彼らの手の中から逃げようとして暴れた El ladrón forcejeaba tratando de liberarse de sus manos. ◆家の中で暴れるな No alborotes dentro de casa. ◆馬が急に暴れ出した De repente el caballo se desbocó. ◆暴走族が市内を暴れ回った La banda de motoristas iba alborotando por la ciudad. ◆台風は西日本を暴れ回った El tifón embistió [azotó] con furia contra el oeste de Japón. ◆学生たちが暴れて警官隊と衝突した Los estudiantes se alborotaron y chocaron contra la policía.

アピール m. llamamiento. ❶【懇願, 訴え】 ▶審判に対してアピールする v. protestar al árbitro. ◆彼はその計画の長所をアピールした (=強調した)「Puso de relieve [Hizo hincapié en] las ventajas del plan.
❷【魅力】 ◆その音楽は若者に全然アピールしない Esa música no tiene ningún atractivo para la juventud.

あびせる 浴びせる ❶【質問などを】v. echar, lanzar*. ◆彼らは彼に質問を浴びせた Le acosaron [bombardearon] con preguntas. / Las preguntas le llovían.
❷【水などを】v. tirar [verter*, arrojar] 《sobre》. ▶彼に水を浴びせる v. tirarle agua, verter* agua sobre él.

アビラ Ávila (☆スペインの県・県都).

あひる 家鴨 m. pato; (雌) f. pata; 《文語》 mf. ánade; (子) m. patito. ◆アヒルはがーがー鳴く Los patos parpan [graznan].

あびる 浴びる ❶【水などを】 ◆夕食前にひとふろ浴びた Me bañé antes de cenar.
❷【非難などを】 ◆勇気ある行動によって賞賛を浴びる v. cubrirlo[le]* de elogios por su valor, 《口語》 poner* su valor por las nubes. ◆彼は激しい非難を浴びた (=にさらされた) Fue objeto de fuertes críticas.
❸【光を】 ◆彼女は日の光を浴びて (=日光浴をして)座っていた Estaba sentada tomando el sol. ◆作業員たちは放射能を浴びた (=にさらされた) Los trabajadores estaban expuestos a la radioactividad.
《その他の表現》 ◆兵士たちは砲火を浴びた Los soldados fueron batidos por el fuego enemigo. ◆その作家はにわかに脚光を浴びた De repente「el escritor [la escritora]se convirtió en el centro [foco] de atención. ◆彼は浴びるように (=もてもたくさん)酒を飲んだ Bebió sake como una esponja [cuba].

あぶ 虻 m. tábano. ◆彼は決断力がない. あぶ蜂(⑮)取らずになるだろう Es tan indeciso que es capaz de caerse al no saber decidir entre una silla y otra.

アフガニスタン Afganistán; (公式名) m. Estado Islámico del Afganistán (☆アジアの国, 首都カブール Kabul). ▶アフガニスタン(人)の adj. afgano.

あぶく f. burbuja. ▶あぶく銭 m. dinero fácilmente ganado, 『スペイン』 《口語》 m. pelotazo. ▶息を吹き込んであぶくを立てる v. hacer* pompas.

アブストラクト (抜粋) m. resumen, 《教養語》 f. sinopsis. ▶論文のアブストラクトを作る v. escribir* el resumen de un artículo.

アフタ 《専門語》 f. afta. ▶アフタ症 《専門語》 f. aftosis.

アフターケア (術後・病気回復期の) f. atención [f. vigilancia] pos(t)operatoria.

アフターサービス m. servicio posventa. ◆その店はアフターサービスが行き届いている El servicio posventa de esa tienda es excelente [muy bueno].

アブデラマン ▶アブデラマン[アブド・アッラフマーン]3世 Abderramán III [Tercero] (☆912-961, スペイン・ウマイヤ朝の第8代君主, 初めてカリフ califa の称号を用いた). ▶アブデラマン[アブド・アッラフマーン]1世 Abderramán I [Primero] (☆?-790, スペイン・ウマイヤ朝 Omeya の創立者).

*あぶない 危ない ❶【危険な】(危険・危害を及ぼすおそれのある) adj. peligroso; (差し迫ったより大きな) adj. arriesgado, 『ラ米』 riesgoso. → 危険(な). ▶危ない仕事 m. lugar peligroso. ▶危ない (=冒険的な)商売 m. negocio arriesgado. ◆(あなたが)夜遅く外出するのは危ない Es peligroso salir [que salgas] tarde por la noche. ◆彼女の命が危ない(＝危険な状態にある) Su vida corre [está en] peligro. ◆患者の容態が危ない(＝危篤である) El estado del paciente es grave [crítico].

❷【疑わしい】*adj.* dudos*o*; (不確実な) *adj.* incierto; (不安定な) *adj.* inestable, inseguro; (信用できない) *adj.* no fidedig*no*. ◆危ない足場 *m.* andamio inestable [inseguro]. ◆彼の合格はあぶないものだ「Hay dudas de [Es dudoso, Dudo] que apruebe el examen.

❸【間一髪の】(かろうじての) *adv.*《口語》por los pelos. ◆危ないところを助かる *v.* escapar [librarse] 「《口語》por los pelos [《口語》de milagro]. ◆ああ危なかった。もう少しで車にひかれるところだった Oh, casi me atropella el coche. / ¡Dios mío, qué peligro! Casi me mata ese coche.

【その他の表現】◆危ないことをする(＝危険を冒す) *v.* correr un riesgo. ◆危ない橋を渡る *v.* caminar [andar*] por la cuerda floja; (薄氷を踏む) *v.* andar* sobre un témpano delgado. ◆危ない(＝気をつけろ)車が来るよ ¡Cuidado! ¡Ten cuidado! /《口語》¡Ojo! / ¡Atención!] ¡Que viene un coche!

・**あぶなく** 危なく ◆*adv.* casi, por poco,《口語》por los pelos. → 危うく.

あぶなげ 危なげ ◆危なげのない(＝確かな)演技 *f.* actuación segura. ◆危なげのない(＝信頼できる)人物 *f.* persona 「de fiar [segura, fidedigna]. ◆危なげな(＝不安定な)足取りで歩く *v.* caminar [andar*] con paso vacilante. ◆危なげなく歩く *v.* caminar [andar*] con 「paso firme [seguridad]. ◆危なげな手付きで(＝無器用に)つめを切る *v.* cortarse mal las uñas.

あぶなっかしい 危なっかしい *adj.* arriesg*ado*, peligr*oso*. → 危ない. ◆そいつはちょっと危なっかしい Es algo [un poco] peligroso.

・**あぶら** 油[脂] ◆(オイル) *m.* aceite; (グリース) *f.* grasa; (食用で液体) *m.* aceite; (絵画用) *m.* óleo; (動物の脂肪) *f.* grasa; (肉の脂身) *f.* grasa, *m.* gordo; (豚の脂) *m.* tocino; (頭髪用) *f.* laca; (外用薬) *f.* pomada, (機械の潤滑油) *m.* lubricante; (石油) *m.* petróleo.

1《～油》◆サラダ油 *m.* aceite para ensalada. ◆動物油 *f.* grasa animal. ◆調理用の油 *m.* aceite (de cocina).

2《油・脂(の)＋名詞》◆油揚げ *f.* pasta de soja frita. ◆油かす *f.* torta de borujo. ◆油紙 *m.* papel aceitado. ◆油気の¹ある [²ない]髪 *m.* cabello ¹graso [²seco]. ◆油差しび *f.* aceitera. ◆油のしみ *f.* mancha de aceite. ◆脂っこい食べ物 *f.* comida con 「mucho aceite [mucha grasa]. ◆この牛肉は脂身が多い Esta carne de ternera 「es muy grasienta [tiene mucha grasa].

3《油に》◆このバイクは油が切れている(＝注油が必要だ) Esta moto necesita ser engrasada. / Esta moto debe lubricarse.

4《油を》◆髪に油をつける *v.* echarse brillantina en el pelo. ◆機械に油をさした He engrasado [lubricado] la máquina.

5《油[脂]で》◆油でよごれた指 *mpl.* dedos grasientos [《口語》pringosos]. ◆ソーセージを油でいためる *v.* freír* salchichas (en aceite). ◆魚を油で揚げる *v.* freír* pescado. ◆お皿が脂でべとべとだ Los platos 「tienen grasa [《口語》están pringosos].

【その他の表現】◆脂が乗っている(働き盛りだ) Está en 「la flor de la vida [la mejor edad]. ◆彼は途中で油を売っている(＝ぶらついている) Está perdiendo [malgastando] el tiempo en el camino. ◆宿題を忘れて先生にさんざん油を絞られた(＝ひどくしかられた) Mi profesor me 「echó una buena reprimenda [reprendió severamente] porque no hice 「los deberes [la tarea]. ◆そんなことをすればかえって火に油を注ぐことになる Eso empeoraría la situación. /《口語》Eso no haría más que echar leña al fuego. ◆彼らは水と油だ Son totalmente incompatibles. /《口語》Son como el perro y el gato.

あぶらえ 油絵 ◆*f.* pintura al óleo, *m.* óleo. ◆油絵画家 *mf.* pint*or*/*tora* al óleo. ◆油絵の具 *m.* color al óleo, *m.* óleo. ◆油絵の展覧会 *f.* exposición de cuadros al óleo. ◆油絵をかく *v.* pintar al óleo.

あぶらぎる 脂ぎる (脂っこくなる) *v.* ponerse* grasient*o*. ◆脂ぎった 40 男 *m.* cuarentón gordito [《軽蔑的》] grasiento).

あぶらむし 油虫 (アリマキ) *m.* pulgón,《専門語》*m.* áfido; (ゴキブリ) *f.* cucaracha.

・**アフリカ** África. ◆アフリカ(人)の *adj.* africano. ◆アフリカ人 *mf.* african*o*/*na*. ◆アフリカ大陸 *m.* continente africano.

アプリケ →アップリケ

アプリケーション (《専門語》*f.* aplicación. ◆アプリケーション・パッケージ《専門語》*m.* paquete [(《英語》《専門語》*m.* "software"] de aplicaciones.

あぶる (肉などを直火で) *v.* asar a la parrilla; (暖める) *v.* calentar*; (乾燥させる) *v.* secar*. ◆魚の干物を火であぶる *v.* asar un pescado seco a la parrilla. ◆手をたき火であぶる *v.* calentarse* las manos al fuego.

あふれる 溢れる ❶【こぼれ出る】(流れ出る) *v.* desbordarse; (水があふれるように) *v.* rebosar(se), salirse* por los bordes. ◆グラスからあふれそうなワイン *m.* vaso rebosante de vino. ◆川があふれた El río se desbordó. / Ha habido un desbordamiento del río. ◆ふろの水があふれているよ El agua del baño está rebosado [a rebosar]. ◆ビールがグラスからあふれた La cerveza se rebosó del vaso. ◆人々は通りにあふれ出ていた La calle rebosaba de gente. ◆通りは買い物客であふれていた La calle rebosaba [estaba rebosante] de gente que iba de compra.

❷【満ちている】(満たされる) *v.* llenarse 《de》; (いっぱいである) *v.* estar* lleno [henchido] 《de》. ◆彼の目には涙があふれていた Sus ojos estaban llenos de lágrimas. / Las lágrimas se le derramaban de los ojos. ◆この町は活気にあふれている Esta ciudad está llena [inundada,《教養語》pletórica] de vida. ◆彼の心は

40　あぶれる

喜びにあふれていた Su corazón rebosaba [estaba henchido] de felicidad.

あぶれる ♦仕事にあぶれて2週間になる He estado sin trabajo dos semanas.

アプローチ (接近すること) *f.* aproximación 《a》; (ゴルフで) *m.* golpe de aproximación. ▶科学的アプローチ *f.* aproximación científica.

あべこべ lo opuesto, lo contrario, lo equivocado. → 反対.

—— あべこべの (正反対の) *adj.* contrario [opuesto] 《a》; (内容が相対立する) *adj.* al revés 《de》; *adj.* inverso 《a》; (間違った) *adj.* equivocado, erróneo. ♦彼とあなたの話はまったくあべこべだ Lo que dice ocurre justo al revés.

—— あべこべに ▶反対に. ♦その子は靴をあべこべにはいていた El muchacho llevaba los zapatos al revés.

アベック (男女一組) *f.* pareja. ▶アベックで *adv.* con su pareja.

アベマリア Ave María.

アペリチフ *m.* aperitivo.

アベレージ *m.* promedio, *f.* media. ▶バッティングアベレージ (＝打率) *m.* promedio de bateo.

アベロエス [アベロイス] Averroes (☆1126-98, スペイン生まれのモーロ人の哲学者・医者).

あへん 阿片 ♦ *m.* opio. ▶阿片吸飲者 *mf.* fumador/dora de opio. ♦アヘン戦争 *f.* Guerra del Opio. ♦阿片を吸う *v.* fumar opio.

アベンド (専門語) *m.* fin anormal.

アペンド ▶アペンドする (専門語) *v.* añadir, adjuntar.

アポイント(メント) *f.* cita, *m.* compromiso. → 約束. ♦アポイントメントがある *v.* tener* una cita 《con》.

あほうどり あほう鳥 *m.* albatros.

アボカド *m.* aguacate.

[地域差] アボカド
〔全般的に〕 *m.* aguacate
〔ペルー〕〔アルゼンチン〕 *f.* palta

アポロ Apolo.

あま 尼 (尼僧) *f.* monja; (カトリックの) *f.* hermana, *f.* sor. ▶尼寺 *m.* convento. ♦尼になる *v.* hacerse* [meterse a] monja, 《フォーマル》 ingresar en un convento.

あま 海女 *f.* buceadora.

あまあし 雨足 [脚] (降り去るさま) *f.* lluvia transitoria, *m.* chubasco. ♦夏の夕立は雨足がはやい Los chubascos de verano van y vienen rápidamente. ♦雨足がひどくなった (＝雨が激しく降りだした) Se ha puesto a llover con fuerza.

あま[あめ]もよう 雨模様 ▶雨模様の空 *m.* cielo 「que amenaza lluvia [con aspecto de llover].

＊＊あまい 甘い ❶【味・におい・音などが】 *adj.* dulce; azucarado, meloso. ▶甘いリンゴ *f.* manzana dulce. ▶甘いメロディー *f.* melodía dulce. ▶バラの甘い香り *f.* dulce fragancia de las rosas. ▶甘い声 (＝美声)をしている *v.* tener* una voz dulce. ♦このケーキは私には甘すぎる Este pastel me sabe demasiado dulce. → 味. ♦彼女は甘いものには目がない Le encanta 「todo lo dulce [cualquier cosa dulce]. ♦私の父は甘いものが好きです A mi padre le gustan los dulces. ♦私はいつもミルクを甘くして飲む Yo siempre endulzo [le pongo azúcar a] la leche para beberla. ♦甘い言葉にだまされるな Que no te engañen las palabras dulces [melosas].

❷【考え・判断などが】 (楽観的な) *adj.* optimista; (浅薄な) *adj.* frívolo, superficial; (安易な) *adj.* ligero, fácil. ▶甘い考え方 *f.* forma [*f.* manera] de pensar caprichosa. ▶甘い見方をする人 *mf.* observador/dora frívolo/la. ♦彼が助けてくれると考えるのは少し甘いよ Creer que va a ayudarte es una idea bastante optimista. ♦彼は物事を甘く見すぎる Se toma las cosas demasiado a la ligera. ♦世の中は君が考えているほど甘くない Las cosas no son tan 「de color rosa [fáciles] como te imaginas. ♦彼らを甘く見るな (＝過小評価するな). いいチームだ No los subestimes; son un buen equipo.

❸【態度・評価などが】 (気前のよい) *adj.* generoso; (寛容すぎる) *adj.* blando; (情け深い) *adj.* tolerante; (甘やかす) *adj.* indulgente. ♦甘い親 *mpl.* padres indulgentes. ♦岸先生は点が甘い El profesor Kishi es generoso en dar buenas notas [calificaciones]. / El profesor Kishi pone siempre buenas notas. ♦彼は子供に甘すぎる Es demasiado tolerante [blando, dulce] con los niños.

❹【結び目などが】 *adj.* flojo, suelto. ♦このねじは甘い Este tornillo está flojo.

《その他の表現》 ♦彼だけが甘い汁を吸っている Solamente a él le toca todo lo mejor. / Siempre se lleva él la mejor parte.

☞ 甘口, 快い

あまえ 甘え *f.* dependencia. ♦今の子供は甘えがちだ Los niños de ahora tienden a mostrarse dependientes.

あまえる 甘える ❶【甘ったれる】 (甘えん坊のようにふるまう) *v.* comportarse [actuar*] como un niño mimado [consentido]; (取り入ろうとする) *v.* coquetear, halagar*; (犬や猫が) *v.* mostrarse* zalamero, hacer* zalamerías, hacer* arrumacos. ♦母に甘える *v.* buscar* los mimos de la madre. ♦甘えるんじゃない Déjate de mimos. / No seas un niño mimado.

❷【つけ込む】 (人の好意に甘える) *v.* aprovecharse de (su) amabilidad; (頼る) *v.* depender de (su) amabilidad. ♦先生に甘えすぎてはいけません No deberías depender tanto de la amabilidad de tu profesor/sora. ♦お言葉に甘えてそうさせていただきます Me permito abusar de su amable [generosa] oferta.

あまえんぼう 甘えん坊 (甘えてねだる子) *mf.* niño/ña mimado/da; (お母さん子) 《口語》 *mf.* niño/ña de su mamá.

あまがえる 雨蛙 *f.* rubeta.

あまがさ 雨傘 *m.* paraguas.

あまぐ 雨具 *f.* ropa de lluvia (☆ただし実際には *m.* impermeable (レインコート)とか *m.* paraguas (傘)など具体的にいうのが普通).

あまくだり 天下り ▶近ごろ天下りが多い Recientemente muchos altos funcionarios han ocupado cargos en empresas privadas.

あまくち 甘口 (甘い) *adj.* dulce. ▶甘口のワイン *m.* vino dulce [embocado].

あまぐつ 雨靴 *mpl.* chanclos; (ゴム長靴) *fpl.* botas de goma [agua, lluvia], (半長オーバーシューズ) *fpl.* galochas. → 長靴.

あまぐも 雨雲 *m.* nubarrón, *fpl.* nubes de lluvia.

あまごい 雨乞い ▶雨乞いをする *v.* hacer* rogativas para que llueva.

あまざけ 甘酒 *f.* bebida dulce hecha de arroz fermentado.

あまざらし 雨ざらし ▶雨ざらしの古いボート *m.* viejo bote「expuesto a los elementos [dejado a la intemperie]. ▶材木が雨ざらしになっていた (＝雨にさらされていた) La madera estaba expuesta a la lluvia.

あます 余す ▶公判まで余すところ三日だ No faltan más que tres días para el juicio. ▶その記事は台風の惨禍を余すところなく伝えている En ese artículo hay una descripción completa de los desastres causados por el tifón.

あまずっぱい 甘酸っぱい *adj.* agridulce.

アマゾン ▶アマゾン川 el (Río) Amazonas (☆南アメリカ大陸の大河).

あます 余す ▶公判まで余すところ三日だ

アマチュア *mf.* aficion*ado/da.* ▶アマチュアゴルファー *mf.* jugad*or/dora* de golf aficionado, *mf.* golfista aficion*ado/da.* ▶アマチュア精神を尊ぶ *v.* respetar el espíritu de aficionado.

あまったるい 甘ったるい → 甘い. ▶甘ったるい映画 *m.* película melosa [dulzona]. ▶そのケーキは甘ったるかった Ese pastel estaba「demasiado dulce [muy dulzón].

あまったれ 甘ったれ → 甘えん坊.

あまど 雨戸 *f.* puerta corrediza exterior, *f.* contraventana.

あまとう 甘党 ▶彼は甘党だ Es goloso. / Le gusta lo dulce. → 甘い.

あまねく (広く) *adv.* en [por] todas partes, 《口語》por todo lo ancho; (一般に) *adv.* generalmente, (普遍的に) *adv.* universalmente. ▶国内あまねく (＝国中) *adv.* por todo el país.

あまのがわ 天の川 La Vía Láctea, El Camino de Santiago.

あまのじゃく (性質) *f.* perversidad; (ゆがんだ性格) *f.* personalidad torcida [deformada]; (人) *f.* persona retorcida [con espíritu de contradicción].

あまみ 甘み *m.* dulzor, *f.* dulzura. ▶このブドウは甘味が足りない Estas uvas no están lo bastante dulces. / A estas uvas les falta dulzor.

あまみず 雨水 *f.* agua de lluvia.

あまもり 雨漏り *f.* gotera. ▶雨漏りする Hay una gotera en el tejado.

あまやかす 甘やかす ▶(赤ん坊のように扱う) *v.* tratar como a un bebé; (甘やかしてだめにする) *v.* mimar, consentir*, maleducar. ▶甘やかされた若者 *m.* joven consentido [mimado,『メキシコ』chiqueado,『ペルー』engreído]. ▶子供を甘やかして育てる *v.* educar* a un niño con mimos. ▶彼を甘やかすな No le mimes. / No le consientas demasiado. / No le trates como a un bebé.

あまやどり 雨宿り ▶雨宿りする *v.* protegerse* [guarecerse*] de la lluvia; (雨がやむのを待つ) *v.* esperar a que pase la lluvia.

**あまり 余り ❶ [残余] *m.* resto, lo demás, lo que queda, *m.* sobrante, *m.* excedente → 残り; (割り算の) *m.* resto; (食事の) *fpl.* sobras, *mpl.* restos. ▶10割る3は3余り1です Diez (dividido) entre tres son [da]「res [sobra] uno.
❷ [以上] más de, ... y pico, ...y tantos, ...y algo más; (端数の) *adj.* de más. → 以上. ▶私はここに60年余り住んでいる He vivido aquí「más de 60 años [60 años y pico, 60 y tantos años].
❸ [過度] ▶あまりの (＝あまりにも無理な) 要求 *f.* petición irrazonable [excesiva]. → あまりにも. ▶急いだあまり *adv.* con las prisas, con el apresuramiento. ▶うれしさのあまり跳び上がる *v.* dar* saltos de alegría, brincar* [saltar] de gozo. ▶彼はショックのあまり口も聞けなかった Tenía tal impresión que no podía hablar. / Estaba bajo los efectos del choque y no podía hablar.

あまりある 余りある ▶彼の悲しみは察するに余りある Es fácil imaginar su pena. ▶彼の死は惜しんでもなお余りある Jamás podremos lamentar demasiado su muerte.

あまり(にも) 余り(にも) *adv.* demasiado,《教養語》en [con] demasía, excesivamente, en exceso. → 過ぎる. ▶あまりにも熱心に勉強しすぎる *v.* estudiar demasiado. ▶あまりたばこを吸いすぎると体に悪い Fumar demasiado perjudica la salud. / Si fumas en exceso te harás daño. ▶今日はあまりにも暑い Hoy hace un calor excesivo. ▶あまり話がうますぎる Demasiado bueno para ser verdad. ▶彼の動作は余りにも見苦しい Sus movimientos son demasiado torpes.

1《あまりにも…なので》▶このいすはあまりにも重いので動かせない Esta silla es tan pesada que no la puedo mover. → 非常に.

2《あまり…でない》▶彼女はあまり裕福ではなかった No era muy rica. / No tenía mucho dinero. 会話 彼女は歌はうまいですか―あまり ¿Canta bien? ―「No tanto [Apenas]. ▶あまりそばに寄らないで，風邪がうつりますよ No te acerques mucho a mí si no quieres que te contagie mi resfriado. ▶私にはあまり友人はいない Apenas tengo amigos. / No tengo casi ningún amigo. / Tengo muy pocos amigos. ▶当地はあまり雪は降らない Aquí apenas nieva. / No nieva casi nunca en esta región. ▶彼には最近あまり会わない Apenas lo [le] he visto últimamente. ▶彼女はあまり淑女とはいえない No es realmente una dama [señora]. ▶私はあまり映画には行かない Apenas voy al cine. / Casi nunca voy al cine. ▶君

42 あまる

の意見にはあまり賛成じゃない「La verdad es que [Realmente] no puedo estar de acuerdo contigo.

あまる 余る ❶【残る】v. quedar, restar, sobrar. ♦余った金 m. dinero que queda; (余分な)金 m. excedente, m. dinero sobrante. ♦7から5を引くと2余る Si de siete se resta cinco, queda dos. ♦8を3で割ると2余る Si se divide ocho entre tres, resta dos. ♦買い物をした後、金はほとんど余っていなかった Después de hacer la compra, nos quedó [sobró] poco dinero. 会話 ノートは150円だよ。まだ50円余ってるよ―じゃあ鉛筆も買おう El cuaderno cuesta 150 yenes. Sobran 50 yenes. − Entonces, compraré también un lápiz.
❷【有り余る】v. tener* de sobra, tener* demasiado. ♦日本は米が余っている A Japón le sobra arroz. / Japón tiene arroz de sobra. / Japón tiene más arroz del que necesita [consume]. ♦あの会社は人が余っている Esa empresa tiene exceso de personal. / En esa compañía le「sobra gente [sobran empleados]. ♦その老婦人にはあり余るほどの機知と個性があった La anciana rebosaba ingenio y personalidad.
❸【能力を超える】v. exceder [superar] (la capacidad). ♦その仕事は私の手に余る Ese trabajo「está por encima de [supera] mi capacidad. ♦この子は手に余る Este niño está fuera de mi control. / No puedo controlar a este niño. / El control de este niño se me escapa.

あまんじる 甘んじる (不十分ながら満足する) v. estar* contento [conforme] (con), contentarse [conformarse] (con), (あきらめて甘受する) v. resignarse 《a, con》, estar* resignado 《a, con》, aceptar con resignación [conformidad], acomodarse 《a》. ♦現状に甘んじる v. estar* contento con la situación actual. ♦不当な扱いに甘んじる (堪える) v. 「aceptar con resignación [someterse a] un trato injusto. ♦その競走で彼は2位に甘んじた (=残念ながら2位だった) Es una lástima que se haya conformado con el segundo puesto en esa carrera.

あみ 網 f. red; (投網(とあみ)) m. esparavel; (地引き網) f. jábega; (トロール網) f. red barredera [de arrastre]; (漁網) f. red de pesca; (金網) →金網. ♦網にかかる v. quedar atrapado en una red. ♦投網を打つ v. echar [arrojar] la red. ♦小鳥を捕まえる網を張る v. tender una red para cazar* pájaros. ♦網を引く v. tirar de la red. ♦目が5センチの網 f. red con「una malla [un entramado] de cinco centímetros. ♦彼は網でたくさんの魚を捕った Pescó muchos peces con la red.
《その他の表現》 捜査の網を張る v. tender* una red de investigación. ♦法の網をくぐる v. librarse de las garras [redes] de la justicia.

あみあげ 編み上げ ♦編み上げ(靴) mpl. zapatos acordonados.

あみき 編み機 f. tricotadora.

あみだな 網棚 (列車・バスなどの) f. rejilla, m. portaequipajes. ♦ブリーフケースを網棚に置く v. poner* un maletín en la rejilla.

あみど 網戸 (戸口の) f. puerta corredera de tela metálica; (窓の) f. ventana corrediza de tela metálica. ♦日よけに窓に網戸を付ける v. adaptar a las ventanas un marco de tela metálica contra los insectos.

アミノさん アミノ酸 m. aminoácido. ♦アミノ酸血症《専門語》f. aminoacidemia.

あみのめ 網の目 f. malla (de una red). ♦網の目のような鉄道の網は国内に広がっている La red ferroviaria se extiende por todo el país.

あみぼう 編み棒 (編み針) f. aguja de tejer [hacer punto].

あみめ 編目 (網の一つの目) f. malla. ♦網目が10センチの網 f. red con mallas de 10 centímetros.

あみもの 編み物 (編むこと) f. labor de punto; (かぎ針編み) m. croché, m. ganchito. ♦編み物をする v. hacer* punto [ganchillo].

アミューズメント ♦アミューズメントパーク m. parque de atracciones [diversiones].

アミロイドしょう アミロイド症《専門語》f. amiloidosis.

あむ 編む ❶【衣類などを】(機械で) v. tricotar; (手で) v. hacer* punto [ganchillo]; (かぎ針で) v. hacer* ganchillo; (かご・布・ひもなどを) v. tejer;【髪の毛などをより合わせてひも状に】v. trenzar*, hacer* un trenzado. ♦編み針 f. aguja de punto. ♦毛糸でチョッキを編む v. hacer* con lana un chaleco de punto. ♦彼にセーターを編んであげる v. hacerle* un suéter de punto. ♦髪をお下げに編んでいる v. tener* [llevar] trenzas.
❷【編集する】♦辞書を編む v. compilar un diccionario.

アムステルダム Amsterdam (☆オランダの首都).

**あめ 雨 f. lluvia; (降水量)《フォーマル》fpl. precipitaciones; (にわか雨、夕立) m. chaparrón, m. aguacero. ♦この春は激しい雨が降った La pasada primavera「ha llovido mucho [hemos tenido abundantes lluvias]. ♦雨は午後になって激しくなってきた La lluvia arreció después de mediodía. ♦東京は曇り、時々雨(天気予報) Tokio: nuboso con chubascos dispersos.

1《〜の(雨)》 こぬか雨 f. llovizna. ♦土砂降りの雨 f. tromba de agua, m. aguacero. ♦にわか雨 m. chaparrón. ♦質問の雨 f. lluvia [m. aluvión] de preguntas.

2《雨が》 ♦今しとしと雨が降っています Ahora está lloviznando. ♦あすは雨が降るだろう Mañana va a llover. ♦雨が降り出した Se puso a llover. / Ha empezado a llover. ♦雨が降りやんだ Ha dejado de llover. / Ya no llueve. 会話 前よりひどく降ってるよー天気予報によれば今ごろろ雨は上がっているはずなのにね Está lloviendo más que antes. − Según el pronóstico del tiempo, ya tenía que haber dejado de llover. ♦雨はやみそうになかった La lluvia no daba señales de parar. ♦雨が降りそうだ

(=雨模様だ) Parece que va a llover. / Amenaza lluvia. / Creo que va a llover. ◆今年はあまり雨が降らなかった Este año no ha llovido mucho (=hemos tenido muchas lluvias;《フォーマル》ha habido muchas precipitaciones). ◆今朝から雨が降ったりやんだりしている Desde esta mañana ha estado lloviendo de forma intermitente. ◆運転気をつけてね。今晩は雨がひどいから Conduce con cuidado. Está lloviendo mucho esta noche.

3《雨に》 ▶雨にぬれる v. mojarse. ▶雨にぬれた朝 f. mañana mojada. ▶雨に洗われた石だたみ m. empedrado mojado por la lluvia. ▶家に帰る途中雨にあった Me sorprendió un chaparrón de regreso a casa.

4《雨の中を》 ▶彼は雨の中をジョギングしていた Hacía footing [Estaba corriendo] bajo la lluvia. ▶雨の中を傘もささずに出かけると風邪をひくよ No salgas lloviendo [bajo la lluvia] sin paraguas, o cogerás un resfriado.

5《雨で[のために]》 ▶試合は雨で延期になった El partido fue aplazado debido a la lluvia. ▶こう毎日雨ばかりではいやになる《口語》Todos los días lloviendo... ¡qué asco! / Me pone enfermo esta lluvia todos los días. ◆大雨のために外出できません No pudimos salir porque llovía mucho [《口語》a cántaros]. ▶雨で試合が4回で流れた El partido fue suspendido por la lluvia en la cuarta entrada. ◆暖かい春の雨だ Es una lluvia tibia de primavera.

── adj. lluvioso. ▶雨の日に adv. un día lluvioso. ▶雨の多い地方 f. región lluviosa. ▶雨のしずく f. gota de lluvia. → 雨垂れ. ▶今日の雨の確率 f. probabilidad de lluvia para hoy. ▶雨の降らない夏 m. verano seco.

あめ 飴 m. caramelo, m. dulce. ▶飴の詰め合わせ1箱 una caja de caramelos surtidos. ▶飴をしゃぶる v. chupar un caramelo. ▶飴と鞭の政策をとる v. emplear la táctica del caramelo y el palo《hacia》. ▶飴はのどが痛いときにいいのよ、一つついかが Los caramelos son buenos para en dolor de la garganta. ¿Quieres uno?

あめあがり 雨上がり ▶雨上がりの好天気 m. tiempo bueno después de la lluvia.

アメーバ f. amiba, f. ameba. ▶アメーバ赤痢 f. disentería amebiana. ▶アメーバ症《専門語》f. amebiasis.

アメジスト f. amatista.

アメダス m. AMEDAS, m. Sistema automatizado de adquisición de datos meteorológicos.

アメニティ fpl. comodidades, mpl. servicios. ▶アメニティ空間 m. lugar con servicios públicos.

＊＊アメリカ ❶【アメリカ合衆国】Estados Unidos, Norteamérica (☆北米の国, 首都ワシントン Washington,D.C.);（公式名）Estados Unidos de América (☆Norteamérica はカナダ、アメリカ合衆国、メキシコを含む北米を指す。日本で言うアメリカ (América) はスペイン語では一般にアメリカ大陸を指す). ▶アメリカ(人)の adj. estadounidense, americano, norteamericano. ▶アメリカ英語 m. inglés de Estados Unidos; (語法) m. anglicismo de Estados Unidos. ▶アメリカ人 mf. estadounidense, mf. norteamericano/na, mf. americano/na, el pueblo estadounidense [americano]. ▶アメリカ海軍 f. Marina de Estados Unidos. ▶アメリカインディアン mf. indio/dia estadounidense, mf. nativo/va [mf. indígena] de Estados Unidos. ◆彼はアメリカ人だ Es de Estados Unidos. ◆私はアメリカへ行ったことがない No he estado nunca en Estados Unidos.

❷【アメリカ大陸】América, m. continente americano. ▶南アメリカ América del Sur, Sudamérica. ◆カナダは北アメリカにある Canadá está en América del Norte.

アメリカンフットボール m. fútbol americano.

アモンティリャード ▶アモンティリャード酒 m. amontillado (☆シェリー酒の一種).

あやうく 危うく ❶【もう少しで】adv. casi. ◆危うくトラックにひかれるところだった Casi me atropelló un camión. / Estuve a punto de ser atropellado por un camión.

❷【かろうじて】adv. por muy poco,《ラ米》apenas, con gran dificultad. ◆私は危うく死を免れた Me libré de la muerte [por muy poco [por los pelos,《ラ米》apenas].

あやかる ▶祖父にあやかって(=にちなんで)息子に一郎と名をつける v. poner* al hijo el nombre de [nombrar al hijo] Ichiro como el abuelo. ◆私も君の幸運にあやかりたい《口語》Ojalá me pegaras algo de tu suerte. / (君のくらい幸運になりたい) Espero tener tanta suerte como tú.

アヤクチョ Ayacucho (☆ペルーの県・県都).

***あやしい 怪しい** ❶【疑わしい】adj. dudoso;（漠然と疑わしいと思う）adj. sospechoso;（疑問のある）adj. cuestionable;（信頼できない）adj. inseguro, poco fiable; (いかがわしい) adj. sospechoso,《口語》que huele mal. → 疑わしい. ▶怪しい人物 m. personaje sospechoso. ▶怪しい情報源 f. fuente poco fiable. ▶怪しい取引きに関係している v. estar* implicado en transacciones turbias. ◆彼が時間どおりにやって来るかどうか怪しいものだ Dudo que llegue a tiempo [sea puntual]. ◆(嫌疑をかけて)彼が怪しいと思う Me resulta sospechoso. / Tengo dudas sobre él. / Dudo de él. ◆彼がいつもなく親切だったので怪しいと(=不審に)思った Estaba más amistoso que de costumbre y eso me hizo sospechar.《会話》あなたがポストに入れてくれたなんて怪しいわ — 確かに入れたってば Dudo que la echaras a correo. - Claro que la eché.《会話》でも太郎が手伝ってくれるのでしょー — それがどうも怪しいんだよ (=ありそうもない) Pero bueno, Taro te va a ayudar, ¿no? - Lo dudo.

❷【不思議な】(変な) adj. extraño, raro;（神秘的な）adj. misterioso. ◆階段を上ってくる怪しい足音がした Oí pasos extraños que subían

44　あやしげ

por la escalera.
❸【おぼつかない】(無器用な) adj. torpe; (へたな) adj. poco hábil, poco dies*tro*; (不確かな) adj. incierto. ▶怪しい手つきでリンゴをむく v. pelar una manzana con manos poco diestras. ▶箸(はし)の扱い方が怪しい v. ser* torpe con los palillos. ▶怪しい(=ふらふらした)足取りで歩く v. caminar con pasos torpes. ▶彼のフランス語は相当怪しい Su francés no es de fiar. / (当てにならない) Se le da mal el francés.

《その他の表現》▶空模様が怪しい El cielo amenaza lluvia. / Parece que va a llover. ▶あの二人(の仲)は怪しい Hay algo entre los dos. / (愛し合っているようだ) Quizás estén enamorados. / (不倫な関係があるようだ) Puede que tengan「un affaire [relaciones ilícitas]. ☞ 疑わしい, おかしい[な]

あやしげ 怪しげ →怪しい. ▶怪しげな男 m. hombre de aspecto sospechoso. ▶怪しげな話 f. historia dudosa [sospechosa]. ▶怪しげな包み m. paquete sospechoso.

あやしむ 怪しむ →疑う, 怪しい; (疑う) v. sospechar 《de》.

あやす ▶彼女は赤ん坊を子守歌を歌ってあやして寝かせた Arrulló [Meció] al bebé hasta dormirlo.

あやつりにんぎょう 操り人形 m. títere, f. marioneta. →人形.

あやつる 操る (動かす, 運転する) v. hacer* funcionar; (うまく処理する) v. controlar; (扱う) v. manejar; (操作する) v. operar, guiar*, conducir*; (巧みに操縦する) v. manipular; (巧みに操る) v. maniobrar; (言語を自由に駆使する) v. dominar. ▶人形を(ひもで)操る v. manejar un títere (con cuerdas). ▶馬を操る v. controlar un caballo. ▶船をうまく操ってドックに入れる v. guiar* un barco hasta el dique. ▶スペイン語を自由に操る v. dominar bien el español; (流ちょうに話す) v. hablar el español con soltura [facilidad, fluidez]. ▶政界を陰で操る v. manejar「los hilos [las cuerdas] de la escena política. ♦彼女は彼を思いのままに操る Lo [Le] maneja como quiere. / Lo [Le] manipula a su antojo.

あやとり 綾取り f.pl. cunitas. ▶綾取りをする v.「jugar* a hacer*] cunitas.

あやぶむ 危ぶむ (心配する) v. temer 《por》; (疑う) v. dudar. ♦彼の健康を危ぶむ Me preocupo por su salud. ♦彼の成功を危ぶむ声もある A algunos les preocupa que pueda fracasar. / Hay personas inquietas por su posible fracaso.

あやふや ▶あやふやな (不確実な) adj. incierto, inseguro; (明確でない) adj. indefinido, impreciso; (信頼できない) adj. poco fiable, no confiable; (曖昧な) adj. vago. ▶あやふやな態度をとる v. adoptar una actitud incierta. ▶あやふやな証言をする v. prestar [ofrecer*] un testimonio poco fiable. ▶あやふやな答えをする v. dar* una respuesta vaga [imprecisa].

*•**あやまち 過ち** m. error; (過失) f. falta. →過失. ▶若気の過ち m. error de juventud, 《文語》 m. extravío juvenil. ▶過ちを犯す v. equivocarse*; hacer* [cometer]「una falta [un error], 《教養語》 incurrir en un error. ♦それは君の過ちではない No es culpa tuya. / No es tu culpa.

あやまって 誤って (別のものと間違えて) adv. por equivocación, equivocadamente, erróneamente; (うっかり) adv. por descuido; (偶然) adv. accidentalmente. →間違える. ▶誤って違うバスに乗る v. equivocarse* de autobús. ♦彼は誤って川に落ちた Se cayó al río por accidente.

*•**あやまり 誤り** m. error. →間違い. ▶判断の誤り m. error de juicio. ♦誤りがあれば正せ Corrige los posibles errores. ♦「casa」は「caza」の誤り Es "caza"「en lugar de [y no] "casa". / Donde dice "casa" debe decir "caza". ♦彼は自分の誤りを認めた Admitió su equivocación. / Confesó su error. ♦ Admitió que se había equivocado. →間違う, 間違い. ♦その報告は誤りであることが判明した Resultó que el informe estaba equivocado. ☞ 穴, 落ち度, 失敗, 手落ち, 手抜かり

*•**あやまる 誤る** v. equivocarse* 《de, en》, confundirse 《de》. →間違う, 間違い. ▶判断を誤る v. cometer un error de juicio. ▶タイミングを誤る v. calcular mal el tiempo. ▶人選を誤る v. confundirse de persona. ▶道(=職業選択)を誤る v. equivocarse* de vocación [carrera, rumbo].

— **誤った** adj. equivoc*ado*, confund*ido*, erróneo; falso. ▶誤った推測 f. suposición equivocada. ♦彼は宗教について誤った観念を抱いていた Tenía una idea equivocada [falsa] de la religión.

*•**あやまる 謝る** v. pedir* perdón 《a + 人》, 《教養語》 presentar [ofrecer*] disculpas [excusas], disculparse [excusarse] 《ante》. ♦彼は私に迷惑をかけたことを謝った Me pidió perdón por haber causado molestias. ♦彼は昨夜のことを謝ったが, 心から(謝ったの)ではなかった Se disculpó por lo de anoche, pero no fue sincero.

あやめ 菖蒲 m. lirio.

あゆ 鮎 m. "ayu", 《説明的に》 una especie de trucha.

あゆみ 歩み (歩く速さ) m. paso; (歩くこと) f. caminata; (進行) f. marcha, m. trayecto. ▶歴史の歩み f. marcha [m. paso] de la historia. ▶歩みを¹速める [²ゆるめる]　v. ¹apresurar [²aflojar] el paso. ▶歩みが¹速い [²のろい]　v. caminar con paso ¹rápido [²lento]. ▶歩みを止める v. detener* la marcha. ▶近代化の歩みは遅かった La marcha de la modernización era lenta. / La modernización avanzaba despacio.

あゆみより 歩み寄り (妥協) m. compromiso. ♦この論争は歩み寄りの余地がないようだ Parece que en este conflicto no hay lugar para un compromiso.

あゆみよる 歩み寄る　❶【近寄る】v. acercarse* 《a》, (aproximarse, 《口語》 llegarse*] 《a》; (つかつかと) v. venir* más cerca 《de》, dar* un paso 《hacia》. ♦その子は寝ている犬に歩み

寄った El niño se acercó al perro que dormía.
❷【妥協する】v.「llegar* a un compromiso [comprometerse]《con》; (譲歩する) v. hacer* concesiones《a＋人》. ▶歩み寄って訴訟を解決する v. arreglar [solucionar,《教養語》dirimir] un pleito haciendo concesiones mutuas. ◆双方が歩み寄った Las dos partes llegaron a un compromiso. / (折り合った) Ambas partes「se hicieron concesiones mutuas [aproximaron sus puntos de vista].

あゆむ 歩む →歩く.
あら 粗 (欠点) f. falta; (不備) f. imperfección; (不都合な点) m. inconveniente; (欠陥) m. defecto. ▶彼女の理論には粗が目立つ Su teoría tiene muchos defectos [《スペイン》fallos].

アラーム (警報装置) f. alarma, m. sistema de alarma; (目覚し時計) m. (reloj) despertador.

あらあらしい 荒々しい →荒い. ▶荒々しい気性の人 f. persona brusca [áspera, de mal carácter]. ▶荒々しい語調で話す v. hablar ásperamente [con aspereza, bruscamente]. ▶荒々しく戸を閉める v. cerrar* las ventanas violentamente [de golpe, de forma impetuosa].

あらい 荒い ❶【乱暴な】adj. áspero, brutal; (荒っぽい) adj. salvaje; (激しい) adj. violento; (粗野な) adj. rudo, rústico, tosco. ▶言葉遣いが荒い v. emplear palabras groseras; (習慣的に) v. ser rudo al hablar. ▶語気が荒い v. hablar en un tono áspero. ▶金遣いが荒い人 f. persona que gasta dinero《口語》a lo loco, f. persona《口語》manirrota.
❷【気性などが激しい】adj. violento. ▶息遣いが荒い v. respirar con dificultad, jadear. →あえぐ.
❸【海・波が】adj. agitado, embravecido. ▶気が荒い v. tener* un carácter violento. ◆今日は海が荒い El mar está hoy agitado [embravecido].

あらい 粗い (きめの粗い) adj. rugoso; (表面がざらざらした) adj. áspero. ▶目の粗い布地 f. tela basta. ▶粒の粗い砂 f. arena gorda [gruesa]. ▶きめの粗い皮膚 f. piel áspera. ▶目の粗い網 f. red de malla muy calada.

あらいざらい 洗いざらい ▶そのことを洗いざらいしゃべる v. decir* [confesar*] todo sobre eso. ▶秘密を洗いざらいしゃべる v. revelar todo el secreto; (告白して) v. confesar* el secreto.

あらいざらし 洗いざらし ▶洗いざらしの (=洗って色があせた)上着 f. chaqueta desteñida (al lavarla).

あらいながす 洗い流す ▶その泥をすぐ洗い流して Quita el barro lavando ahora mismo, por favor.

あらいもの 洗い物 (衣料の) f. ropa para lavar; f. colada; (食器の) mpl. platos [f. vajilla] (para lavar). ▶(食後の)洗い物をする v. lavar 「la vajilla [los platos].

あらう 洗う →洗濯する. ▶体を洗う v. lavarse el cuerpo. ▶食事の前に手を洗う v. lavarse las manos antes de comer. ▶車をよく洗う v. darle un buen lavado al coche. ▶(食後に)皿[食器]を洗う v. lavar [fregar*] los platos. ▶洗いたてのシャツ f. camisa recién lavada. ▶手の汚れを洗い落とす v. lavarse bien la suciedad de las manos. ◆彼女は冷たい水で顔を洗った Se lavó la cara con agua fría. ◆彼女は毎日髪の毛を洗う Se lava la cabeza todos los días. ◆しみは洗っても落ちなかった La mancha no se quitó con el lavado.
《その他の表現》▶波が岩を洗っていた Las olas bañaban las rocas. ▶木々の葉は雨に洗われて生き生きしていた La lluvia había refrescado y animado a las hojas de los árboles.

アラウ (クラウディオ 〜) Claudio Arrau (☆1903-1991, チリのピアニスト).

あらうみ 荒海 m. mar tempestuoso [embravecido].

あらかじめ adv. por adelantado [anticipado], de antemano, con antelación. → 前もって.

あらかせぎ 荒稼ぎ ▶株で荒稼ぎする (=大金を作る) v.「hacer* mucho dinero [《スペイン》《口語》forrarse]「en la bolsa [con las acciones]. ▶彼は土地を売って荒稼ぎした (=大もうけした) Ganó mucho dinero con la venta del terreno.

あらかた (ほとんど) adv. casi. ▶その仕事はあらかたすんだ El trabajo está casi terminado.

アラカルト ▶アラカルトの[で] adj. adv. a la carta.

あらけずり 荒削り ▶荒削りの (木などの) adj. cepillado ásperamente; (粗野の) adj. tosco, rudo; (粗雑な) adj. basto. ▶荒削りの板 f. tabla mal [ásperamente] cepillada. ▶荒削りなふるまい f. conducta ruda [nada elegante, poco refinada].

アラゴン Aragón (☆スペインの地方).

あらさがし 粗捜し f. búsqueda de defectos, f. crítica. ▶粗捜しをする《口語》andarse* en pequeñeces,《口語》meterse《con》. ◆彼女はいつも彼女の粗捜しをしている Siempre está criticándola [《口語》metiéndose con ella].

*あらし 嵐 f. tormenta, f. tempestad, m. temporal; (暴風) m. huracán, m. ciclón; (暴風雨) f. borrasca.

1《～嵐, 嵐(の)＋名詞》▶激しい嵐 f. tempestad, f. fuerte tormenta. ▶嵐の夜 f. noche de tormenta. ▶嵐のような拍手 f. ovación atronadora.

2《嵐が[に]》▶海上で嵐にあう v. ser* sorprendido por un temporal en el mar. ▶一晩中嵐が吹き荒れた La tempestad estuvo azotando toda la noche. ▶嵐が来そうだ Va a haber tormenta. / Amenaza tormenta. ◆嵐は[収まりきすさんでいる [²静まった] La tempestad ¹está muy fuerte [²se ha calmado]. ◆これは嵐の前の静けさにすぎない Esto es sólo la calma que precede a la tormenta.

アラジン ▶アラジンと魔法のランプ(書名)《Aladino y la Lámpara Maravillosa》.

あらす 荒らす ❶【めちゃめちゃにする】v. destrozar*;【破壊する】v. destruir*;（手荒な手段で）v. estropear;【害する】v. dañar, hacer* daño;【国土などを荒廃させる】v. asolar*, devastar, arrasar. ♦農作物はあらしのため荒らされた Las cosechas fueron destruidas [devastadas] por la tormenta. / La tormenta devastó las cosechas. ♦長い戦争で国土が荒らされた Los campos quedaron asolados tras la larga guerra. ♦公衆電話ボックスが暴徒に荒らされた La cabina de teléfono fue arrasada [destruida] por la multitud. ♦強盗が部屋をすっかり荒らしていた Los ladrones dejaron el cuarto todo revuelto.
❷【侵入して害を与える】（侵入する）v. invadir;（建物に押し入って盗む）v. desvalijar, robar. ♦縄張りを荒らす v. invadir un territorio. ♦事務所の金庫を荒らす v. desvalijar la caja fuerte de la oficina.

アラスカ Alaska（☆アメリカ合衆国、北アメリカ大陸の州）

あらすじ 粗筋 （概略）m. resumen;（要約）m. sumario;（小説などの筋書き）m. argumento, f. trama. ♦ある事件のあらすじを述べる v. dar*《a＋人》un resumen del suceso. ♦劇のあらすじを立てる v. trazar* el argumento de una obra de teatro.

*あらそい 争い ❶【競争】f. competencia, f. rivalidad. ♦し烈な優勝争い f. reñida competencia por el campeonato.
❷【闘争】（腕力・武力による）f. pelea;（苦闘）f. lucha;（衝突）m. conflicto;（反目による争い）f. contienda;（論争）（感情的・長期的な）f. disputa;（論争）f. controversia, f. polémica;（議論）f. discusión;（口げんか）f. riña;（不和）f. discordia,《教養語》f. disensión. ♦土地の境界線をめぐる隣人との争い f. disputa con los vecinos por los límites de la tierra. ♦派閥争いに巻き込まれる v.「ser* arrastrado [verse* implicado] en un conflicto entre las facciones.」♦2国間の争いを平和的に解決する v. solucionar [《文語》dirimir] pacíficamente la disputa entre las dos naciones ☞ 軋轢, 競争, 戦[闘]い

あらそう 争う ❶【競争する】v. competir [《口語》luchar]《con [contra, entre]＋人 por＋事》; disputar《con》, disputarse. ♦席を争う v. competir* por un escaño (en la Dieta). ♦女の子たちは争って流行を追うものだ Las jóvenes suelen competir entre sí por estar más a la moda. ♦山田と田中は百メートル競走で1位を争った Yamada y Tanaka compitieron en los 100 metros lisos por el primer puesto. / Yamada y Tanaka se disputaron el primer premio en los 100 metros lisos.
❷【けんかする】（闘う）v. luchar [combatir, pelear]《con》;（口げんかする）v. reñir*, pelear(se);（口論する）v. discutir [《教養語》disputar]《con, por》. → 争い, 喧嘩(ﾟｯﾞ). ♦路上で警官が覆面をした男と争っていた Había un policía en la calle luchando contra un enmas-carado. ♦兄弟が遺産をめぐって争った Los hermanos discutieron [se pelearon] por la herencia.
【その他の表現】♦争われぬ事実 m. hecho innegable [indiscutible]. ♦先を争って入り口に押しかける v. precipitarse [correr] por ser* el primero en ir* a la puerta. ♦年は争えない Se le notan los años. ♦彼女の手術は一刻を争う Hay que operarla de inmediato. / No hay que perder tiempo en operarla.

あらた 新た adj. nuevo; reciente. ♦物事の認識を新たにする v. ver* las cosas bajo otro aspecto. ♦感動を新たにする v. estar* nuevamente impresionado. ♦新たにオープンした店（＝新しい店）f. tienda recién abierta. ♦気分も新たに（＝さわやかな気分で）彼は田舎から帰って来た Volvió del campo con nuevas fuerzas. / Regresó renovado del campo.

あらだてる 荒立てる v. complicar* [empeorar]「las cosas [la situación].」♦そんなことをすればことを荒立てることになる Me temo que eso va a complicar las cosas.

あらたまる 改まる ❶【変わる】v. cambiar (se). ♦年号が平成に改まった El nombre de la nueva era es Heisei. ♦年が改まった Ha empezado el año nuevo.
❷【よくなる】（改善される）v. mejorarse;（改正される）v. reformarse;（矯正される）v. corregirse*. ♦規則が改まった Se ha reformado el reglamento. ♦彼の生活態度が改まった Se ha corregido. / Ha reformado su comportamiento [modo de vida].
❸【儀式ばる】v. hacerse* formal. ♦改まった席で adv. en una ocasión de etiqueta [formalidad]. ♦改まった顔をする v. parecer* serio [formal]. ♦改まった物の言い方をする v. usar un lenguaje formal. ♦そんなに改まるな Déjate de ceremonias [formalidades].

あらためて 改めて ❶【別の折りに】adv. en otra ocasión;（もう一度）adv. de nuevo, otra vez, nuevamente. ♦日を改めてまたまいります Vendré en otra ocasión. / Volveré en otro momento.
❷【特に】♦改めて言うことは何もありません No tengo nada que decir en particular [especial].
❸【新たに】♦改めて問題を提起します Quisiera plantear un nuevo problema.

あらためる 改める ❶【変更する】（全体を）v. cambiar, modificar, alterar;【改正する】v. reformar. ♦計画を改める v. cambiar un plan. ♦考え方を改める v. cambiar de forma de pensar*. ♦規則を改める v. reformar las reglas. ♦私は名前をホセと改めた Me 「he cambiado [cambié] el nombre a José.
❷【改善する】v. mejorar. ♦勉強法を改める v. mejorar la forma de estudiar.
❸【矯正する】v. enmendar*, reformar. ♦欠点を改める v. enmendar* las faltas. ♦行ないを改める v. enmendar* la conducta. ♦心を改める v. enmendarse*.
❹【訂正する】v. corregir*, rectificar*. ♦誤りがあれば改めなさい Corrige las posibles faltas.

/ Si hubiera equivocaciones, corrígelas. ❺【調べる】*v.* revisar, comprobar*, examinar; (公式に)*v.* inspeccionar, verificar*; 【数える】*v.* contar*. ▶切符を改める *v.* revisar los billetes. ▶おつりを改める *v.* comprobar「el cambio [la vuelta]. ▶人数を改める *v.* contar」el número de personas. ▶死体を改める *v.* examinar un cadáver. ❻【整える】▶服装を改める *v.* ir* bien vest*ido*, vestirse* bien,（口語）ir* arreglad*o*. ▶言葉を改める（＝改まった言葉を遣う）*v.* usar un lenguaje formal, cuidar el lenguaje.

あら(っ) (驚き)*interj.* vaya, caramba, hombre, Dios mío, uy;（間違いに気づいて）*interj.* ay;（注意喚起）*interj.* eh, anda. → まあ. ▶あら，雨ですか ¡Caramba! Está lloviendo. ▶あら，パトカーのサイレンが聞こえるわ ¡Uy! ¡La sirena de la policía! ▶あら，違うバスに乗ってしまった ¡Vaya! Me he equivocado de autobús. ▶あら，あれは何ですか ¡Eh! ¿Qué es eso!

あらっぽい 荒っぽい *adj.* áspero, brusco;（激しい）*adj.* violento, brutal;（粗野な）*adj.* rudo, tosco. → 荒い. ▶荒っぽい態度 *mpl.* modales bruscos. ▶荒っぽい言葉を使う *v.* usar un lenguaje rudo. ▶荒っぽいことをする（＝暴力を振るう）*v.*「recurrir a [emplear, usar] la violencia. ▶荒っぽく扱う *v.* tratar ásperamente. ▶荒っぽい運転をする *v.* conducir* un coche「sin cuidado [（口語）a lo loco].

あらなみ 荒波 *fpl.* olas embravecidas [encrespadas, enfurecidas]. → 波. ▶岩に砕ける荒波 *fpl.* olas embravecidas que azotan las rocas. ▶荒波に激しく揺れる *v.* estar* a merced de un mar embravecido. ▶荒波が立っていた Las embravecidas olas se encrespaban.

アラビア Arabia. ▶アラビアの *adj.* árabe. ▶アラビア海 *m.* Mar Arábigo（☆インド洋の海）. ▶アラビア語 *m.* árabe, *f.* lengua árabe. ▶アラビア人 *mpl.* árabes. ▶アラビア数字 *fpl.* cifras árabes. ▶アラビア半島 *f.* Península de Arabia（☆西アジアの半島）.

アラビアンナイト ▶千夜一夜(書名)《Las mil y una noches》.

アラブ (アラビア人)*mf.* árabe. ▶アラブ. ▶アラブ諸国連邦 *mpl.* países árabes. ▶アラブ首長国連邦 → アラブ首長国連邦. ▶アラブ石油輸出国機構 *f.* Organización de los Países Árabes Exportadores de Petróleo,【略】OPAEP.

アラブしゅちょうこくれんぽう アラブ首長国連邦 *mpl.* Emiratos Árabes Unidos,【略】EAU (☆西アジアの国，首都アブダビ Abu Dhabi).

あら(まあ) → まあ ▶あら(まあ)，お母さん ¡Uy, mamá! / ¡Eh, mi madre! ▶あらまあ ¡Dios mío! /（とくに女性が用いる）¡Virgen Santa! ▶あら，あの人あそこにいるわ ¡Dios mío! ¡Está ahí!

あらまし ▶あらまし(＝概要)を述べる *v.* dar* un resumen [sumario, esbozo], presentar en líneas generales. ▶手紙はあらまし(＝ほとんど)書き終わった He terminado el esbozo de la carta. / La carta está prácticamente acabada.

アラモード *adj.* de [a la] moda. ▶パイアラモード *m.* pastel de moda.

あらわす 47

*あらゆる (すべての)*adj.* todo, todos;（どの一つも）*adj.* cada. → すべて，全部. ▶あらゆる点で *adv.* en todos los puntos [aspectos]. ▶あらゆる手段を尽くす *v.* intentar「todos los medios [（強調して）todos y cada uno de los medios]. ▶あらゆる人がその事実を知っている Todo el mundo conoce los hechos. ▶デパートではあらゆる種類の品物が買える En los grandes almacenes es posible comprar de todo.

あらりょうじ 荒療治 ▶荒療治を行なう *v.* tomar [adoptar] medidas radicales [drásticas]《para ＋ 不定詞，contra ＋ 名詞》.

アラルコン ▶アラルコン（フアン・ルイス・デ ～）Juan Ruiz de Alarcón（☆1581?–1639, メキシコの劇作家）. ▶アラルコン(ペドロ・アントニオ・デ ～) Pedro Antonio de Alarcón（☆1833–91, スペインの小説家）.

あられ 霰 ❶【天候】*m.* granizo;（一粒のあられ）una piedra, un granizo. ▶雨あられのように飛んでくる弾丸 *f.* lluvia de balas. ▶昨夜あられがたくさん降った Anoche granizó mucho. ❷【細かく切ったもの】▶チーズをあられに切る *v.* cortar el queso en cubitos [cuadrados].

****あらわす** 表[現]わす ❶【表現する】*v.* expresar, manifestar*, representar;（言葉で描写する）*v.* describir*;（感情などを）*v.* mostrar*, descubrir* → 示す;（意見などを動作で）*v.* manifestar*,《教養語》evidenciar;（絵などが）*v.* representar;【象徴する】*v.* simbolizar*. ▶言葉に表わせない満足感 *f.* indescriptible sensación de satisfacción. ▶驚きを顔に表わす *v.* revelar la sorpresa en el rostro. ▶気持ちを外に表わさない *v.* guardarse [no expresar] los sentimientos. ▶彼はほほえんで賛成の意を表わした Expresó [Mostró; Dio] su aprobación con una sonrisa. ▶私の感謝の気持ちは言葉では表わせません No encuentro palabras para expresar [（フォーマル）manifestar] mi agradecimiento. ▶この絵は戦闘の場面を表わしている Este dibujo representa la escena de una batalla. / En esta pintura se representa la escena de una batalla. ▶これは太陽を表わしている Eso simboliza el Sol.

❷【意味する】*v.* representar;（略記号などが）*v.* significar*;【証明する】*v.* mostrar*. ▶地図でこの四角が私の家を表わしています Este cuadrado en el mapa representa mi casa. ▶etc. は何を表わしているのですか ¿Qué quiere decir "etc."? ▶この出来事は彼の愚かさを表わしている Este incidente muestra「lo estúpido que es [su estupidez].

❸【姿を現わす】*v.* aparecer*. → 現[表]れる. ▶ひょっこり姿を現わす *v.* aparecer* [presentarse]「de repente [inesperadamente].

《その他の表現》▶馬脚をあらわす *v.* descubrir* lo oculto, delatarse. ▶本性をあらわす *v.* mostrar*「la verdadera naturaleza [cómo se es]. ▶音楽家として頭角をあらわし始める *v.* em-

48　あらわす

pezar* a sobresalir* como músico. ▶名をあらわす v. distinguirse*, destacarse*,《教養語》descollar*.

あらわす　著わす（書く）v. escribir*;（出版する）v. publicar*. ▶書物を著わす v. escribir* un libro.

あらわれ　表われ（表明）f. expresión;（顕示）f. manifestación;（成果）m. fruto［m. resultado］(de un esfuerzo);（反映）m. reflejo;（兆候）f. señal;（感情・性質などの）m. signo, f. marca. ◆平静な返答ぶりは彼の忍耐強さの表われだ Su respuesta tranquila es un reflejo de [que expresa] su paciencia.

※あらわれる　現[表]われる ❶【出現する】v. aparecer*, salir*; surgir*;（到来する）v. llegar*;（生じる）v. empezar* a existir, nacer*;【見えてくる】v. aparecer*, manifestarse*;（人の場に現われる）v. aparecer* en la escena. ◆ピアニストがステージに現われた El pianista apareció en el escenario. ◆彼はパーティーに遅れて現われた Se presentó tarde en la fiesta. ◆太陽が水平線のかなたから現われた El Sol salió「por el [del] horizonte. ◆霧の中から突然船が現われた De repente apareció un barco de entre la niebla. ◆議会は11世紀に初めて現われた El parlamento nació en el siglo XI. ❷【表に出る】（感情などが）v. verse*, mostrarse*, aflorar;（隠れていたものが明らかになる）v. salir*［《教養語》emerger*］《de》;【反映される】v. reflejarse. ◆平家物語に現われた（＝見られる）仏教思想 fpl. ideas budistas que「se revelan [aparecen] en el «Cantar de Heike». ◆流行歌に表われた世相 m. aspecto de la sociedad reflejado en las canciones populares. ◆怒りが彼の顔に表われていた En su cara se veía la ira. / Su rostro reflejaba la cólera. / Se notaba [observaba] la ira en su rostro. / La cólera visible en su rostro le delataba. ◆彼のうっ積した不満は暴力となって現われた Su creciente insatisfacción se「dejaba ver [manifestaba] en acciones violentas. ◆真相は必ず現われるものだ La verdad siempre aparece [sale a la luz]. ◆調査の結果新しい事実が現われた Se ha descubierto un nuevo hecho de la investigación. ◆霧が晴れてすばらしい景色が現われた La niebla se había disipado para revelar una espléndida vista. ◆薬の効果が現われ始めた La medicina está empezando a surtir [hacer] efecto.
☞浮かび上がる, 浮かぶ, 出る, 出る, 登場する

アランフエス Aranjuez（☆スペイン中部, マドリードの南東にある町）.

アランブラ la Alhambra（☆スペイン, グラナダ市の丘上にあるムーア時代の遺跡）. ▶アランブラ宮殿 f. Alhambra.

****あり　蟻** f. hormiga. ▶女王アリ f. hormiga reina. ▶働きアリ f. hormiga obrera. ▶白アリ f. termita, f. hormiga blanca. ▶アリのように（勤勉に）働く v. trabajar como una hormiga. ◆台所にアリがいっぱいいる Hay muchas hormigas en la cocina. / La cocina está llena de hormigas.
【その他の表現】◆その会場の警備はアリのはい出るすき間もないほどだった El salón estaba tan controlado que no hubiera podido pasar ni una hormiga.

アリア f. aria.

ありあまる　有り余る v. sobrar, tener*「de sobra [en exceso]. ◆精力が有り余っている v. sobrar《a ＋人》energía, tener* energía de sobra. ◆彼には有り余るほどの金がある Le sobra el dinero.

ありあり　ありありと（生き生きと）adv. vivamente,（強調して）vívidamente;（はっきりと）adv. claramente, distintamente. ◆ありありと描写する v. describir* vivamente, dar*「una descripción vívida《de》. ◆私は彼の顔をありありと覚えている Recuerdo claramente su cara.

ありあわせ　有り合わせ ▶有り合わせで昼食の支度をした Preparé la comida con lo que tenía a mano. / Hice la comida con lo que pude encontrar. ▶有り合わせの金をすべて彼にやった Le di todo el dinero que「tenía a mano [llevaba encima].

アリーナ f. arena; f. pista. ▶アイススケートアリーナ f. pista de patinaje sobre hielo.

ありうる　有り得る adj. posible. ▶彼女が間違っている事もありうる「Es posible [Puede] que esté equivocada. / Quizás [Tal vez] esté equivocada [en un error]. ◆彼の負けもありうる Su derrota 「es posible [puede ocurrir]. ◆ベテランの運転手でも事故を起こすことがありうる Hasta los buenos conductores pueden provocar accidentes. ◆ありえないことは ありえない Es imposible. /（真実であるはずがない）Eso no puede ser.

アリオリソース m. alioli（☆ニンニクとオリーブ油のソース）.

ありか　在りか ▶その宝の在りか（＝どこにあるか）は分からない No sabemos dónde「está guardado [se guarda] el tesoro.

ありかた　在り方 ▶大学のあり方が問われる時期に来ている Es el momento de「plantear la que deberían ser las universidades /《教養語》replantearse la función del ente universitario.

****ありがたい　有り難い** ❶【感謝する】v. estar* agradecido ［《文語》reconocido], agradecer*, sentir* agradecimiento ［《教養語》gratitud］. ▶ありがたく招待を受ける v. aceptar agradecido [con agradecimiento] la invitación. ◆ご推薦いただき心からありがたく存じます Le estoy muy agradecido por su (amable) recomendación. / Le agradezco「de verdad [sinceramente] su recomendación. ◆ぼくは幸運をありがたく思っている Estoy agradecido por mi buena suerte. ◆ありがたいことに息子は助かりました Afortunadamente [Gracias a Dios] se salvó mi hijo. ◆同封した書類にサインしていただければ大変ありがたく存じます Le estaríamos muy agradecidos si firmara usted el documento que se adjunta. ◆やれありがたや Gracias a Dios. ◆そう言ってくれるのはとてもありがたい Es muy de agradecer que diga eso. ◆そんな音を立てないでくれるとありがたい

のだが Te agradecería que dejaras de hacer ruido.
❷【歓迎すべき】*adj.* valios*o*, apreciable, oportun*o*, de agradecer. ▶ありがたいお言葉 *fpl.* palabras amables. ▶ありがたくない客 *m.* huésped inoportuno. ▶あなたの協力は実にありがたい Tu ayuda será verdaderamente valiosa. ▶ありがたいことに (＝幸運なことに)朝になって雨がやんだ「Por fortuna [Afortunadamente] dejó de llover por la mañana.

ありがたみ 有り難味 ▶健康の有り難味 (＝価値) を知る *v.* apreciar「el valor [la bendición] de la salud.

ありがためいわく 有り難迷惑 (不必要な好意) *m.* favor molesto [inoportuno]. ▶彼のすることは有り難迷惑だ (＝利益よりむしろ害を与える) Lo que hace no es de agradecer.

ありがち 有りがち(の) *adj.* común; (よく起こる) *adj.* frecuente. ▶子供に有りがちな病気 *fpl.* enfermedades「infantiles comunes [comunes en los niños]. ▶彼には有りがちなことだ Es algo que a él le pasa con frecuencia. ▶冬には火事が有りがちだ Los incendios son frecuentes en invierno. / En invierno suelen ocurrir incendios.

＊＊ありがとう *interj.* gracias, 《強調して》muchas gracias, 《強調して》muchísimas gracias, 《口語》un millón de gracias. ▶ありがとうございます《教養語》Estoy muy agradec*ido*. /《口語》(Es usted) muy amable. 〈会話〉ありがとう―どういたしまして Gracias. – De nada. [Por nada. / No hay de qué.] 〈会話〉(プレゼントを渡すときに)これはあなたに―いわあ, すごい. どうもありがとう. これ欲しかったんですよ Esto es para ti. – ¡Oh! 「Muchas gracias. [Muchísimas gracias. / Un millón de gracias.] Es lo que quería. 〈会話〉手伝いましょうか―ちょうど終わったところです. どうもありがとう ¿Puedo echarte una mano? – Ya he acabado. Gracias de todos modos. ▶きれいなはがきを送ってくださってありがとう Muchas gracias por la bonita postal que me envió. ▶ご招待ありがとうございます Muchas gracias por「la (amable) invitación [haberme invitado]. / Ha sido usted muy amable al invitarme. ▶先日はご協力どうもありがとうございました「Muy agradec*ido* [Muchas gracias] por su colaboración del otro día. / (手紙などでは) Le escribo para darle las gracias (por...) / Quisiéramos「darle las gracias [《教養語》expresarle nuestro agradecimiento] (por...).

アリカンテ Alicante (☆スペイン南東部地中海に面した県・県都).

ありきたりの 在り来たりの (ありふれた) *adj.* común; (普通の) *adj.* ordinari*o*; (陳腐な) *adj.* común y corriente,《口語》del montón,《口語》corriente y moliente; (型にはまった) *adj.* normal, convencional. ▶ありきたりの出来事 *m.* suceso ordinario.

ありさま 有り様 (状態) *m.* estado, *f.* situación, *f.* condición; (光景) *f.* escena, *m.* aspecto. ▶その村は悲惨な有り様だ El pueblo está en un estado terrible. / La situación del pueblo es calamitosa. ▶この有り様は何だ ¡Dios mío! ¡Qué es esto? / (人の苦境などに驚いて) ¡Pero qué aspecto tienes! / (乱雑さに驚いて) ¡Vaya jaleo [lío]!

アリストテレス Aristóteles (☆前 384–322, ギリシャの哲学者).

ありそう(な) 有りそう(な) (十中八九ありそうな) *adj.* probable, verosímil. ▶事故の最もありそうな原因 *f.* causa más probable del accidente. ▶ありそうな話 *f.* historia verosímil. ▶土地の値上がりがまたありそうに思われる Una subida en el precio de la tierra「vuelve a ser [es otra vez] probable. / Nuevamente hay probabilidades de una subida del precio de la tierra. ▶それはありそうなことだ Es una probabilidad.

ありつく 有り付く (見つける) *v.* encontrar*; (手に入れる) *v.* conseguir*. ▶長いこと探してやっと仕事にありついた Después de buscar mucho, por fin encontré trabajo. ▶ようやく10時に朝食にありついた A las diez conseguí desayunar por fin.

ありったけ 有りったけ ▶有りったけの力を出す *v.* esforzarse* al máximo, *v.* emplear todas las fuerzas. ▶有りったけの声で叫ぶ *v.* gritar「con todas las fuerzas [《口語》a voz en cuello, lo más posible].

ありとあらゆる 有りとあらゆる ▶有りとあらゆる(種類の)人間 *fpl.* personas de toda condición, *fpl.* gentes de todo tipo. ▶有りとあらゆる (＝可能な限りすべての)方法を用いる *v.* usar todos los métodos posibles.

＊**ありのまま** ▶ありのままの(実体どおりの) *adj.* tal cual [como]; (飾らない) *adj.* claro, simple, puro. ▶日本のありのままの姿 Japón tal como es; la verdadera imagen de Japón. ▶彼にありのままの事実を述べる *v.* decirle* la pura verdad, contarle* los hechos tal cual.

—— ありのままに *adv.* tal cual; (率直に) *adv.* francamente, simplemente; (正直に) *adv.* sinceramente. ▶物事をありのままに見る *v.* ver* las cosas tal cual. ▶ありのままに言えば *adv.* a decir verdad, hablando francamente, la verdad es que. ▶その事件をありのままに報告する *v.* informar [contar*] el accidente tal como ocurrió.

アリバイ *f.* coartada. ▶アリバイを作る *v.* inventarse [buscarse*] una coartada. ▶彼にはその夜のアリバイがない No tiene coartada para esa noche.

ありふれた (普通に見かける) *adj.* común, normal; (日常の) *adj.* ordinari*o*, cotidiano; (ありきたりの) *adj.* corriente, poco original. ▶日常ありふれた出来事 *mpl.* sucesos ordinarios. ▶ありふれた映画の筋 *m.* argumento corriente de una película. ▶これは日本ではごくありふれた花です Es una flor muy común en Japón.
☞ 在り来たりの, さらに, 陳腐, 通常, 月並み

ありもしない 有りもしない ▶有りもしない (＝でたらめの)話をする *v.* contar* una historia inverosímil [falsa, infundada]. / (話をでっちあげる) *v.* inventarse una historia.

ありゅうさん 亜硫酸 *m.* ácido sulfuroso.
ありゅうさんガス 亜硫酸ガス *m.* dióxido de azufre.
アリューシャンれっとう アリューシャン列島 Islas Aleutianas.

**ある 在・有る ❶【存在する】 (…がある) *v.* hay; haber*; (捜せば見つかる) *v.* encontrarse*, darse*; (現存する) *v.* existir. ◆テーブルの上にリンゴがある En la mesa hay unas manzanas. / Hay manzanas en la mesa. 会話 木の下に何がありますか―大きなベンチがあります ¿Qué hay debajo del árbol? – Hay un banco grande. ◆1年は12か月ある Hay doce meses en un año. / Un año tiene doce meses. ◆何か飲み物がありますか ¿Hay algo para beber? ◆そのことについていくぶん疑いがあるようだ Parece haber algunas dudas sobre eso [(教養語) al respecto]. ◆そんな習慣が世の中にあるとは思えない No creo que haya [exista, se dé] tal costumbre en el mundo. 会話 このリンゴはどれも甘いの?―すっぱいのもあるよ ¿Están dulces todas estas manzanas? – Hay también algunas ácidas.
❷【場所にある】 *v.* estar*, encontrarse*. ◆(その)鍵(ぎ)はテーブルの上にあった La llave estaba en la mesa. / Encontré [Vi] la llave en la mesa. ◆私たちの学校は丘の上にある Nuestra escuela está (situada) en la colina. ◆昔あの丘の上に城があった En esa colina había situado un castillo. ◆その都市は信濃川の西方にある La ciudad se localiza [encuentra] al oeste del río Shinano.
❸【持っている】 *v.* tener*, poseer*. → 持つ. ◆金はあればあるほど欲しくなる Cuanto más dinero se tiene, más se quiere. ◆君に話したいことが山ほどある Tengo mucho [un montón de cosas] que decirte. ◆はがきと切手はありますか ¿Tiene usted postales y sellos? ◆彼にはたぐいまれな才能がある Tiene [Posee] un talento incomparable. / (授かっている) Está dotado de inigualables talentos.
❹【数量がある】 (重さが) *v.* pesar, tener* (de peso); (高さ・幅が) *v.* medir*; (長さ・大きさが) *v.* medir*; (数が) *v.* sumar, 《フォーマル》 ascender* (a), contar* (con); (面積が) *v.* cubrir*. ◆あなたの体重はどれくらいありますか ¿Cuánto pesas? ◆彼は身長がどれくらいあるのですか―185センチあります ¿Cuánto mide? – Mide 1,85 (uno, ochenta y cinco) metros (de alto). ◆その橋は幅が11メートル長さが50メートルあります El puente mide 11 metros de ancho y 50 de largo. ◆スペイン語のテストで君の間違いは全部で10あった In tu examen de español había en total 10 faltas. / Tus faltas en el examen de español sumaban 10 en total. ◆その部屋は5平方メートルある El cuarto cubre una superficie de cinco metros cuadrados.
❺【起こる, 生じる】 *v.* pasar, ocurrir, 《文語》 acaecer*, acontecer*; 【行事などが行なわれる】 *v.* tener* lugar → 起こる; (開催される) *v.* celebrarse; (会合・授業などが) *v.* reunirse; (理論的にありうる) *v.* poder* ser*. → 有り得る. ◆昨夜近所で火事があった Anoche estalló [hubo, tuvo lugar, se declaró] un incendio en mi barrio. ◆同じことが過去にもあった En el pasado ocurrió [pasó] lo mismo. ◆よくあることさ Eso le pasa a cualquiera. / Son cosas que pasan [ocurren] todos los días. ◆正直が割に合わないことがよくあります A menudo ocurre que「la honradez [ser honrado] no compensa. ◆例の音楽会はあしたある Mañana tendremos el concierto. / El concierto「se celebrará [será] mañana. ◆きのう重役会議があって, 彼が副社長に選ばれた La junta directiva se reunió ayer y lo [le] eligieron de vicepresidente. ◆そんなことがあるだろうか ¿Cómo puede ser eso? / ¡Es imposible! ◆当地では4月でもとても寒いことがある Aquí en el mes de abril puede llegar a hacer mucho frío. ◆今日は4時間授業がある Hoy tengo cuatro horas de clases.
❻【手に入る】 *v.* conseguirse*, obtener(se)*; (捜した結果見つけ出される) *v.* encontrarse*. ◆その本は朝日書店にある Ese libro se consigue [puede obtener] en la librería Asahi. 会話 カフスどこにあるかな―ドレッサーの上にあるよ―うん, あったあった。ありがとう ¿Dónde están mis gemelos? – Están en el tocador. – ¡Ah, sí! Ya los tengo. Gracias. 会話 ここにはよく来るの?―機会がある度にね ¿Vienes aquí mucho? – Siempre que「tengo ocasión [puedo].
❼【経験がある】 ◆私は彼女に会ったことがある La he visto una vez. 会話 今までにヨーロッパへ行ったことがありますか―はい, 一度あります ¿Has「estado alguna vez en [ido alguna vez a] Europa? – Sí, una vez.
❽【含む, 付属する】 (中に含む) *v.* contener*; (部分として含む) *v.* incluir*; (設備がある) *v.* estar* provisto [equipado] (de, con). ◆レモンにはビタミンCがたくさんある Los limones contienen mucha vitamina C. ◆受験科目の中にスペイン語がある Entre las materias del examen se incluye el español. ◆彼の車にはラジオがある Su coche está equipado de [con] radio.
❾【…に存する】 (本質的に) *v.* (教養語) estribar [residir] 《en》. ◆人の価値は財産よりも人物にある El valor de un hombre no consiste [《口語》está] tanto en lo que tiene sino en lo que es. ◆非はあなたにある A ti es a quién hay que echar la culpa. / La culpa la tienes tú.

【その他の表現】 ◆勝つこともあれば負けることもある A veces se gana y a veces se pierde. ◆よくあるミスだ Es un error común.

•**ある** 或 *adj.* algún, alguna, algunos, algunas; (一つの, 一人の) *adj.* un, una. ◆私はそれをいつもある所にしまっている Eso lo guardo siempre en cierto lugar. ◆留守の間にある男の子が君に会いに来た Mientras estabas fuera, ha venido a verte un muchacho. ◆5月のある[1]日[2]夜; [3]日曜日; [4]朝早く彼は旅行に出かけた Salió de viaje [1]un día [[2]una tarde; [3]un domingo; [4]a la primera hora de una mañana] de mayo.

***あるいは** ❶ 【または】 conj. o ... (☆次の単語がoまたはhoで始まるときは、uとなる:siete u ocho; アラビア数字をつなぐときはóとする:12 ó 13), o (bien) ... o (bien) ...; (...かどうか) conj. si ... o ..., (ya) sea ... o ... → または. ♦彼がそう言ったのかあるいは私の聞き違いかだDijo eso 「o he oído [u oí] yo mal. ♦彼は私に賛成なのかあるいは反対なのか分からない No sé si está de acuerdo conmigo o no.
❷ 【一部は...また一部は...】 conj. unos [algunos] ... y otros.... ♦人々は九州からあるいは北海道から来ていた Unos eran de Kyushu y otros de Hokkaido.
── あるいは (もしかすると) adv. tal vez, quizá, quizás; (ひょっとすると) adv. posiblemente o もしかすると; (たぶん) adv. probablemente. ♦あるいは今日その店は休みかもしれない「Tal vez [Posiblemente, Probablemente] la tienda esté cerrada hoy.

あるかぎり ある限り ある限りの adj. todo. ♦ある限りの力を尽くす v. hacer* todo lo posible; (あらゆる手段を尽くす) v. probar* todos los medios. ♦ある限りの声を上げて歌う v. cantar 「lo más alto posible [《口語》con la voz en cuello, con toda la fuerza]. ♦力のある限りに v. esforzarse* al máximo, hacer* todo lo que está en (su) mano. ♦命のある限り adv. mientras viva.

あるかなし 有るか無し adv. apenas; adj. pocos o ningun*o*, poco o nada. ♦有るか無しかの頭髪 m. pelo muy ralo. ♦間違いは有るか無しだ Apenas hay faltas [errores]. / Hay muy pocas faltas si es que hay alguna.

アルカプトンにょうしょう アルカプトン尿症 《専門語》 f. alcaptonuria.

アルカラ・サモラ (ニセト 〜) Niceto Alcalá Zamora (☆1877-1945, スペインの大統領, 在任 1931-1936).

アルカリ m. álcali. ♦アルカリ性 f. alcalinidad. ♦アルカリ性の adj. alcalino. ♦アルカリ乾電池 f. pila alcalina. ♦アルカリ蓄電池 m. acumulador alcalino, f. batería alcalina.

アルカローシス 《専門語》 f. alcalosis. ♦代謝性アルカローシス 《専門語》 f. alcalosis metabólica.

あるきまわる 歩き回る v. ir* de un lado para otro, caminar de acá para allá. ♦部屋の中を歩き回る (=行ったり来たりする) v. caminar de un lado para otro en el cuarto. ♦世界中を歩き回る (=旅する) v. recorrer todo el mundo. ♦一, 二週間もあればベッドをはなれて歩き回れるようになりますよ En una semana o dos podrás levantarte de la cama y caminar.

アルキメデス Arquímedes (☆前 287?-212, ギリシャの数学者・物理学者).

*****あるく** 歩く v. caminar, andar*; (乗り物に乗らずに徒歩で) v. ir* 「a pie [andando]. ♦彼は重い旅行かばんを持ち歩いていた Iba caminando con una pesada maleta.
1 《副詞＋歩く》 ♦軽い足取りで歩く v. andar* con paso ligero. ♦3キロ歩く v. caminar tres kilómetros. ♦はって歩く v. gatear. ♦もう歩けない No puedo seguir. / No puedo andar

más.
《関連》 ♦大またで歩く v. caminar a grandes pasos, dar* grandes zancadas. ♦足をひきずって歩く v. andar* arrastrando los pies. ♦どしんどしん歩く v. caminar pesadamente. ♦とぼとぼ歩く v. caminar lenta y pesadamente, andar* con dificultad. ♦よたよた歩く v. andar* tambaleándose. ♦よちよち歩く v. hacer* pinitos. ♦小走りに歩く v. caminar con pasos pequeños. ♦ふんぞり返って歩く v. caminar 「dándose aires [《口語》pavoneándose].
2 《...を[に]歩く》 ♦通りを歩く v. andar* por la calle. ♦川沿いに歩く v. caminar a lo largo de un río. ♦泥んこ道を歩く v. andar* por un camino con barro. ♦彼は息子を捜して町中を歩き回った Anduvo por las calles buscando a su hijo. / Anduvo por la ciudad en busca de su hijo. ♦公園をぶらぶら歩こうよ Vamos a dar una vuelta por el parque.
3 《歩いて》 ♦学校へ歩いて行く v. ir* a la escuela 「a pie [andando, caminando]. ♦通りを歩いて渡る v. cruzar* [atravesar*, pasar] la calle. ♦大学に歩いて行ける範囲内でアパートをさがす v. buscar* un apartamento desde el que se pueda ir* a pie a la universidad. ♦私の家から公園までは歩いて5分です Se tarda cinco minutos 「a pie [en caminar] de mi casa al parque. 《会話》駅はここから遠いですか──いいえ, 歩いて行けます ¿Está la estación lejos de aquí? – No, se puede ir a pie.
── 歩かせる v. llevar [sacar*] de paseo. ♦犬を歩かせる (=散歩させる) v. sacar* un perro a pasear.

アルコール m. alcohol. → 酒. ♦¹エチル [²メチル]アルコール m. alcohol ¹etílico [²metílico]. ♦アルコール依存症 《専門語》 m. alcoholismo. ♦アルコール飲料 fpl. bebidas alcohólicas. ♦アルコールを含まない飲料 fpl. bebidas no alcohólicas. ♦アルコール含有量 m. contenido alcohólico. ♦アルコール度 f. graduación alcohólica. ♦アルコール度数の低いビール f. cerveza de baja graduación alcohólica. ♦アルコールランプ f. lámpara de alcohol. ♦アルコール中毒(症) m. alcoholismo, 《専門語》 f. intoxicación alcohólica. ♦急性アルコール中毒 《専門語》 f. intoxicación alcohólica aguda. ♦アルコール中毒者である v. ser* un/una alcohólico/ca. ♦彼はアルコール類は一切口にしない No toma alcohol. / No prueba [toca] el alcohol. ♦この軟膏にはアルコールは含まれていない Este ungüento no contiene alcohol.

左側を歩いて下さい / 右側を歩かないで下さい
Camine sobre su izquierda. / No camine sobre su derecha.
→歩く

52 アルゴリズム

アルゴリズム 《専門語》*m.* algorismo.
アルザス Alsacia (☆フランスのドイツに接する地方).
アルジェ Argel (☆アルジェリアの首都).
アルジェリア Argelia; (公式名) *f.* República Democrática y Popular de Argelia (☆アフリカの国, 首都アルジェ Argel). ▶アルジェリアの *adj.* argelino. ▶アルジェリア人 *mf.* argelino/na.
あるしゅの ある種の ▶ある種の道具 *f.* alguna clase [*m.* algún tipo] de herramienta. → 種類.
アルゼンチン Argentina; (公式名) *f.* República Argentina (☆南米の国, 首都ブエノスアイレス Buenos Aires). ▶アルゼンチンの *adj.* argentino. ▶アルゼンチン人 *mf.* argentino/na. ▶アルゼンチンタンゴ *m.* tango argentino.
アルセンブス (フアン・エウへニオ～) Juan Eugenio Hartzenbusch (☆1806-1880, スペインの劇作家).
アルタミラ Altamira (☆スペインの遺跡).
アルツハイマーびょう アルツハイマー病 《専門語》 *f.* enfermedad de Alzheimer.
アルト *m.* contralto. ▶アルトで歌う *v.* cantar en contralto. ▶アルト歌手 *mf.* contralto.
アルドステロンしょう アルドステロン症 《専門語》 *m.* aldosteronismo.
アルバイト (時間制の) *m.* trabajo por horas; (副業) *m.* empleo subsidiario [provisional]. ▶アルバイトの秘書 *f.* secretaria por horas. ▶アルバイト学生 *mf.* estudiante trabajador/dora (que trabaja en sus horas libres]. ♦彼はこの夏休みの間ウェーターのアルバイトをした En las vacaciones de verano trabajó de camarero por horas.
アルパカ *f.* alpaca (☆南米ペルー産の家畜).
アルバニア Albania (☆バルカン半島の国, 首都ティラナ Tirana).
アルパネット ARPANET 《専門語》 *f.* Agencia de Proyectos de Investigación Avanzada.
アルバム *m.* álbum. ▶写真アルバム *m.* álbum de fotos. ♦この写真をアルバムに入れておいて Pon estas fotos en el álbum.
アルハンブラ →アランブラ
アルビーリョ *m.* albillo (☆白ブドウ酒).
アルピニスト *mf.* alpinista, *mf.* montañero/ra.
アルファ ❶《ギリシャ文字》 *f.* alfa.
❷【少しの上乗せ】 ▶3万円プラスアルファの昇給を要求する *v.* solicitar [pedir*] un aumento salarial de 30.000 yenes más algún extra.
アルファニューメリック 《専門語》 *m.* alfanumérico, *m.* carácter alfanumérico.
アルファベット *m.* alfabeto, *m.* abecedario. ▶アルファベット順に *adv.* alfabéticamente, por orden alfabético.
アルフォンソ ▶アルフォンソ 10 世(賢王) Alfonso (Décimo) X [décimo (el Sabio)] (☆1252-1284, カスティーリャ・レオン王, 在位 1252-84). ▶アルフォンソ 13 世 Alfonso XIII [trece] (☆1886-1941, スペイン王, 在位 1886-1931). ▶アルフォンソ 6 世(勇敢王) Alfonso VI [sexto] (☆カスティーリャ・レオン王, 在位 1072-1109).
アルプス Alpes. ▶アルプスの *adj.* alpino. ▶アルプス山脈 los Alpes (☆ヨーロッパの大山脈). ▶日本アルプス Alpes Japoneses. ♦アルプス山脈にはヨーロッパで最も高い山々があります En los Alpes están las montañas más altas de Europa.
アルプハラス Alpujarras (☆スペインの地方).
アルブミンかじょう アルブミン過剰 《専門語》 *f.* hiperalbuminemia.
アルヘシラス Algeciras (☆スペインの港湾都市).
アルベニス (イサーク～) Isaac Albéniz (☆1860-1909, スペインの作曲家・ピアニスト).
アルペン *adj.* alpino. ▶アルペン種目 *fpl.* pruebas de esquí alpino (☆滑降 *m.* descanso, (大)回転 *m.* slalom (gigante)などで構成される). ▶アルペンスキー *m.* esquí alpino. ▶アルペンホルン *f.* trompa alpina [de los Alpes].
アルマ・アタ Alma Atá (☆カザフスタン旧首都).
アルマジロ *m.* quirquincho, *m.* armadillo (☆南米産).
アルミ(ニウム) *m.* aluminio. ▶アルミ合金 *f.* aleación de aluminio. ▶アルミサッシ *m.* marco de aluminio. ▶アルミ箔(?) *m.* papel *f.* lámina] (de) aluminio [plata].

地域差	アルミホイル
[スペイン]	*m.* papel 〖商標〗 Albal, *m.* papel de plata
[キューバ・メキシコ・アルゼンチン]	*m.* papel plateado
[ペルー]	*m.* papel platina
[コロンビア]	*m.* papel 〖商標〗 Reinolds

アルメニア Armenia (☆首都エレバン Ereván).
アルル Arles (☆フランスの観光都市). ▶アルルの女 (曲名) «La Joven de Arles».
**あれ (あの物, あの人, あの事) *pron.* aquél; (あの時) *adv.* entonces. → これ. ♦これとあれとどちらが好きですか ¿Prefieres éste o aquél? 会話 あれは彼の本ですか—そうです ¿Aquél su libro? - Sí. / (複数) ¿Son aquéllos sus libros? - Sí. 会話 あれはだれ—健だよ ¿Quién es aquél? - Es Ken. ♦あれは 2 年前のことでした Aquello pasó hace dos años. ♦あれから (=あの時以来)ずっとここに住んでいます He vivido aquí desde entonces.
あれ (注意喚起) *interj.* qué, anda, 《俗語》 coño, hostias. → あっ, おや, まあ. ♦あれ (=ほら), 彼がいるよ ¡Mira! [¡Fíjate! / ¡Anda!] ¡Es él! ♦あれ, まあ, 切符がみつからないわ ¡Vaya! [¡Dios mío! / ¡Ay!] ¡Ahora no encuentro el billete! ♦あれ鐘が鳴っている ¡Oye! ¡Está sonando la campana! ♦あれ, あれ, 箱がからっぽになっている ¡Qué! [¡Anda!] ¡La caja está vacía!
あれあれ →あら(っ), ほら.
アレイサンドレ (ビセンテ～) Vicente Aleixandre (☆1898-1984, スペインの詩人, 1977 年ノーベル文学賞).
アレキサンドロス (アレキサンダー大王[アレクサンドロス]) Alejandro III [Tercero] (el Magno) (☆前 356-323, ギリシャ・小アジア・エジプト・イ

ンドを征服し空前の世界帝国を建設した).

アレキサンドリア Alejandría (☆エジプトの港湾都市).

アレキパ Arequipa (☆ペルーの県・県都).

あれきり *adv.* desde entonces. → 以来. ◆あれきり彼女から便りがない No sé nada de ella desde entonces. / Esa fue la última vez que supe de ella.

あれくるう 荒れ狂う (人が) *v.* enfurecerse* → 荒れる; (風・波が) *v.* rugir*, (《文語》) bramar; (海が) *v.* embravecerse*, encresparse. → 荒れる. ◆風の荒れ狂う音 *m.* rugido del viento. ◆海は何日も荒れ狂った El mar estuvo embravecido varios días. ◆今晩は風が荒れ狂っている Esta noche hace mucho viento.

あれこれ *pron.* esto y aquello [lo otro], (《口語》) esto y lo de más allá. ◆あれこれ考える *v.* darle* vueltas en la cabeza (a una idea), revolver* una idea en la cabeza (una idea). ◆私たちは夜遅くまであれこれと話をした Estuvimos hablando de esto y de lo otro hasta altas horas de la noche.

あれしょう 荒れ性 ◆荒れ性の肌 *m.* cutis seco [propenso a secarse, que se seca fácilmente].

あれた 荒れた ◆荒れた海 *m.* mar agitado. ◆荒れた(=手入れをしていない)庭 *m.* jardín descuidado. ◆荒れた(=手に負えない)子供たちのグループ *m.* grupo de niños revoltosos.

あれち 荒れ地 *f.* tierra yerma, *m.* erial; (不毛の地) *f.* tierra baldía [estéril]. ◆荒れ地になっている *v.* quedar sin cultivar.

あれの 荒れ野 *m.* yermo, *m.* páramo, *fpl.* tierras incultas. → 荒野(ɘ́ や).

あれほど, あれだけ *adv.* tanto, tan. ◆ほど. ◆あれほど勉強したのに入試に失敗した A pesar de trabajar tanto [tan duramente], suspendió el examen de ingreso. ◆あれほどの人物はいない No he visto un hombre tan grande. / Es el hombre más grande que he visto. / (強調して) En mi vida había visto un hombre más grande. ◆あれだけ金があっても (=あんなに金持ちにもかかわらず) 彼は満足していない 「Aunque es muy rico [A pesar de ser tan rico], no se contenta. ◆あれほど忠告したのに彼は私の言うことを聞かなかった Pese a todos mis consejos, no me hizo caso.

アレマン (マテオ 〜) Mateo Alemán (☆1547–1614頃, スペインの小説家).

あれもよう 荒れ模様 *m.* tiempo agitado [revuelto], (《教養語》) tempestuoso). ◆空は荒れ模様だ El cielo amenaza tormenta. ◆その会合はかなり荒れ模様だった La junta estuvo bastante agitada. / (《口語》) Hubo tormenta en la reunión.

あれやこれや (さまざまのこと) *adv.* con [entre] unas cosas y otras. ◆あれやこれやで昼食を食べるひまがなかった Con unas cosas y otras no tuve tiempo de comer. → あれこれ.

あれる 荒れる ❶【天候が】 *v.* estar* revuelto [borrascoso, tempestuoso]; (海が) *v.* estar* agitado [picado]. → 荒れ狂う. ◆今日は天気がたいそう荒れている Hoy está el tiempo muy revuelto. ◆海が荒れている El mar está agitado.

あわ 53

❷【荒廃する】 (土地が) *v.* estar* baldío, quedar sin cultivar; (建物などが) *v.* asolarse*, estar* asolado, arruinarse, estar* devastado [arruinado]. ◆その空き地は荒れている Esos terrenos [solares] están baldíos. ◆彼は畑を荒れるに任せた Dejó que los campos 「se asolaran [quedaran arruinados]. ◆庭が激しい風で荒れてしまった A causa del fuerte viento se ha arruinado el jardín. / El viento de la tormenta ha arruinado el jardín. ◆その¹建物 [²町] はすっかり荒れていた ¹El edificio [²La ciudad] estaba en ruinas.

❸【皮膚が】 (ざらざらになる) *v.* ponerse* áspero. ◆家事をするので彼女の手は荒れてしまった Sus manos se han puesto ásperas por 「las faenas domésticas [el trabajo de la casa].

《その他の表現》 ◆上司は今日は荒れている (=機嫌が悪い) El jefe hoy está de 「mal humor [《口語》malas]. ◆彼は飲めば飲むほど荒れた (=乱暴になった) Cuanto más tomaba [bebía], más violento se iba poniendo. ◆きのうの組合の会合はかなり荒れた La asamblea sindical de ayer estuvo bastante revuelta.

アレルギー 《専門語》 *f.* alergia. ◆その薬にアレルギー反応を起こす *v.* tener* alergia [una reacción alérgica] a la medicina. ◆私は花粉アレルギー(の体質)です 「Tengo alergia [Soy alérgico] al polen. ◆彼は数学アレルギーだ Tiene alergia a las matemáticas. ◆アレルギー性接触皮膚炎 《専門語》 *f.* dermatitis de contacto alérgica. ◆遺伝性アレルギー 《専門語》 *f.* alergia hereditaria. ◆光アレルギー 《専門語》 *f.* fotoalergia. ◆自己アレルギー 《専門語》 *f.* autoalergia. ◆食事性アレルギー 《専門語》 *f.* alergia alimentaria. ◆鼻アレルギー 《専門語》 *f.* alergia nasal.

アレンジ *f.* adaptación, *m.* arreglo. ◆交響曲をピアノ用にアレンジする *v.* 「hacer* la adaptación de [adaptar] una sinfonía al piano. ◆バッハのアリアを¹ジャズ [²ポピュラー] 風にアレンジする *v.* hacer* una adaptación para ¹jazz [²popular] de un aria de Bach.

アローペ *m.* arrope (☆発酵前のぶどう液を煮詰めたもの).

アロハシャツ *f.* camisa hawaiana.

アロンソ (ダマソ 〜) Dámaso Alonso (☆1898–1990, スペインの詩人・批評家).

あわ 泡 *f.* espuma; (ビールなどの) *f.* espuma; (石けんの泡) *f.* espuma, *m.* bálago; (気泡) *f.* burbuja. ◆海面の泡 *f.* espuma del mar. ◆ビールの泡 *f.* espuma de la cerveza. ◆泡立て器 (回転式で泡だてるなどの) *m.* batidor (de huevos). ◆川面には泡が一面に浮かんでいた La superficie del río estaba cubierta de espuma. ◆泡のよく立ったビールがほしい Me gustaría una jarra espumosa de cerveza. ◆このシャンプーはよく泡が立つ Este champú hace mucha espuma. ◆シャンペンをグラスに注ぐと泡が立った El champán hacía burbujas a medida que la copa se iba llenando.

《その他の表現》 ◆われわれの努力はすべて水の泡と

なった Todos nuestros esfuerzos「se redujeron a nada [quedaron en nada; fracasaron].

あわ 粟 *m*. mijo. ♦ぬれ手であわをつかむ *v*. ganar dinero fácilmente.

あわい 淡い (色が薄い) *adj*. pálido, suave, claro; (かすかな) *adj*. ligero, débil, tenue. ♦淡い期待 *f*. débil esperanza. ♦淡い恋心 *f*. ligera sensación de amor.《教養語》*m*. amor tenue. ♦淡い月光を浴びて木は銀色に見えた El árbol parecía de plata a la pálida luz de la luna.

あわせて 合わせて (全部で) *adv*. en total, en conjunto. → 合わせる.

***あわせる** 合わせる, 併せる ❶【合する】(重ね合わせる) *v*. juntar; sobreponer*; (結合させる) *v*. unir, reunir*, combinar; (融合する) *v*. fusionar; (手を合わせる) *v*. juntar las manos; (指を組み合わせて) *v*. entrelazar* los dedos de las manos; (力を合わせる) *v*. unir las fuerzas; (努力を結集する) *v*. unir los esfuerzos. ♦ 彼は両党を併せて新党を結成した Reunió [Fusionó] en uno nuevo los dos partidos. ♦日本の人口はスペインとフランスをあわせたより多い La población de Japón es mayor que la de España y Francia juntas.
❷【合計する】(加える) *v*. añadir, agregar*; (総計する) *v*. sumar,《教養語》adicionar; (総計すると...になる) *v*. ascender* (a),《フォーマル》totalizar*. ♦売上高を合わせる *v*. sumar las ganancias. ♦4と5を合わせると9になる Cuatro y cinco suman nueve. ♦私の借金を全部合わせると百万円になる Mis deudas「ascienden a [suman] un millón de yenes. ♦全部合わせていくらですか (総額) ¿Cuánto es [suma] todo? / ¿A cuánto asciende todo? / (総数) ¿Cuántos son [suman] en total? / (重さ) ¿Cuánto pesa en total? / ¿Cuál es el peso total? ♦みんなの金を合わせても5千円しかない Juntando [Sumando] todo tenemos solo 5.000 yenes.
❸【適合させる】(大きさなどを合わせる) *v*. ajustar, acoplar; (釣り合わせる) *v*. balancear, equilibrar; (調整して合わせる) *v*. poner*, ajustar; (器具などを調節する) *v*. ajustar; (焦点を合わせる) *v*. enfocar*; (テレビ・ラジオなどを局・番組に合わせる) *v*. sintonizar* 《con》. ♦ 支出を収入に合わせる *v*. ajustar los gastos a los ingresos. ♦目覚まし(時計)を7時に合わせる *v*. poner* el despertador a las siete. ♦時計をラジオの時報に合わせる *v*. ajustar el reloj a la señal horaria de la radio. ♦眼鏡を目に合わせる *v*. adaptar unos lentes a la vista. ♦カメラのピントを合わせる *v*. enfocar*《a + 人》con la cámara. ♦ラジオをお気に入りの局に合わせる *v*. sintonizar* la emisora favorita de radio. ♦話を聞き手に合わせる *v*. acomodar [adaptar] el discurso a los oyentes. ♦このふたをあの箱に合わせようとしたがあわなかった He intentado acoplar esta tapadera en la caja, pero no se ajustó.
❹【照合する】(正しいか調べる) *v*. cotejar, confrontar; (比較する) *v*. comparar. ♦訳文と原文を合わせる *v*. cotejar [comparar] una traducción con el original. ♦君の答えを先生の答えと合わせなさい Coteja tus respuestas con las del profesor.
❺【そろえる】♦音楽に合わせて足で軽く調子をとる *v*. mover* el pie al son de la música, seguir* el compás de la música con el pie. ♦ 音楽に合わせて踊ろう Vamos a bailar al son de la música. / Bailemos siguiendo [al ritmo de] la música.
《その他の表現》♦声を合わせて助けてと叫ぶ *v*. pedir* ayuda a una sola voz, gritar juntos pidiendo ayuda. ♦声を合わせて歌う *v*. cantar a [en] coro. ♦心を合わせて(=結束して)働く *v*. trabajar en colaboración, colaborar en armonía. ♦足に合わせて靴を作る *v*. hacer* zapatos a la medida. ♦話を(=口裏を)合わせる *v*. colaborar en una historia. ♦初めて顔を合わせる(=会う) *v*. verse* por primera vez. ♦ 彼らを(引き)合わせる *v*. juntarlos, reunirlos; (ぜん立てする) *v*. hacer* que se junten [reúnan]. ♦部長とは調子を合わせておいた方がいい Es mejor「sintonizar con el [ir bien con el,《口語》llevarle la corriente al] director. ♦ 君にあわせる顔がない Me da mucha vergüenza presentarme ante ti.

あわせる 会わせる ♦ どうか息子に会わせてください Por favor, déjame ver a mi hijo.

あわただしい 慌しい (せきたてられた) *adj*. apresurado; (急いだ) *adj*. precipitado; (すばやい) *adj*. rápido; (忙しい) *adj*. ocupado. → 急ぐ. ♦あわただしい食事 *f*. comida apresurada. ♦あわただしい1日 *m*. un día muy ocupado. ♦あわただしい(=ぎっしり詰まった)日程 *m*. calendario apretado.
── あわただしく *adv*. apresuradamente, precipitadamente. ♦あわただしく1車 [2列車]に乗り込む *v*. subir apresuradamente al ¹coche [²tren]. ♦彼はあわただしく出発した Se fue con mucha prisa.
── あわただしさ ♦都会生活のあわただしさの中で *adv*. con el ajetreo de la ciudad [vida urbana].

あわだつ 泡立つ (ぶくぶくと) *v*. espumar, espumear; (石けんなどが) *v*. hacer* espuma. → 泡.

あわだてき 泡立て器 *m*. batidor.

あわだてる 泡立てる ♦玉子の白身を固くなるまで泡立てる *v*. batir las claras hasta que estén firmes.

あわてふためく 慌てふためく → 慌てる. ♦慌てふためいて(=ろうばいして)逃げる *v*. huir* presa del pánico.

あわてもの 慌て者 (そそっかしい人) *f*. persona precipitada,《口語》*mf*. fuguillas; (不注意で軽率な人) *f*. persona atolondrada.

***あわてる** 慌てる ❶【ろうばいする】*v*. desconcertarse,《教養語》atolondrarse, quedarse desconcertado [aturdido], no saber* qué hacer*; (心の平静を失う)《口語》*v*. perder* la cabeza [serenidad, tranquilidad]; (突然の恐怖や不安で) *v*. dejarse llevar por el pánico, ser* presa del pánico. → 当惑する, まごつ

く. ◆彼はその知らせにあわてた Se quedó aturdido al 「oír la noticia [enterarse]. / Se desconcertó cuando lo supo. / La noticia le dejó aturdido. ◆鍵(ᵏᵃᵍⁱ)が見つからずひどくあわてた「Me aturdí [《口語》Perdí la cabeza] al no encontrar la llave. ◆どんな事が起ころうと彼はけっしてあわてない Suceda lo que suceda, jamás pierde la serenidad [cabeza]. ◆あわてるな. 机の下に潜りなさい No te dejes llevar por el pánico. Ponte debajo de la mesa.
❷【急ぐ】v. precipitarse, ir* alocadamente; apresurarse. ▶あわてて帰宅する v. precipitarse a casa. ▶あわてて結論を出す v. precipitarse a una conclusión. ▶あわてるな ¡Sin correr! / ¡Tranqui*lo*, tranqui*lo*! / ¡Calma! ◆電話がかかってきて彼はあわてて出かけた Al sonar el teléfono, salió precipitadamente [corriendo]. ◆あわてていたのでバスを乗り違えた Con las prisas me metí en el autobús que no era.
《その他の表現》◆あわてないでください(冷静に)《口語》¡Tranquilo, hombre! / No tengas prisa, por favor. / (のんびり) ¡Tomárselo con calma! / (ゆっくり) No tenga usted prisa.
あわび 鮑 *m*. abulón, *f*. oreja de mar, 『チリ』*m*. loco.
あわや ▶あわやというところで(=ぎりぎり間に合って) *adv*. en el último momento, 《口語》por los pelos. ▶あわやと思う間もなく(=一瞬のうちに)《口語》en un abrir y cerrar de ojos, en un instante [segundo]. ◆あわや(=すんでのところで)おぼれて死ぬところだった No me he ahogado 《口語》por los pelos. / Casi me ahogo. / He estado a punto de ahogarme. ◆あわや殴り合いになるところに彼が割って入った Estaban a punto de pegarse cuando él se puso en medio.
あわよくば (うまくいけば) *adv*. si las cosas salen bien, si la ocasión resulta favorable. ▶あわよくば優勝できるかもしれない Si 「las cosas salen bien [tengo suerte], puedo ganar el campeonato.
あわれ 哀れ *f*. tristeza, *f*. melancolía; (みじめさ) *f*. miseria. → 同情.
1《哀れに》▶すすり泣く子を見てとても哀れに思った「Me dio mucha pena [Sentí compasión por] el niño que sollozaba. → 哀れむ. ◆哀れにも彼の息子は事故死した 「Lastimosamente su hijo [Su pobre hijo] 「se mató [murió] en un accidente.
2《哀れを》◆その悲しい話はみんなの哀れを誘った La triste historia 「movió a todos a compasión [despertó la compasión de todos].
3《哀れな》; (人・状態などが) *adj*. penoso, lastimoso, dig*no* de compasión; (物destroy・光景などが) *adj*. triste; 《教養語》patético; (悲しい) *adj*. triste, doloroso; (みじめな) *adj*. miserable. ▶哀れな身の上話 *f*. historia que da lástima oírla. ▶哀れな死に方をする *v*. morir* miserablemente. ◆わなにかかったウサギはこの上なく哀れな光景だった El conejo atrapado en el cepo ofrecía una visión 「sumamente lastimosa [de lo más lastimosa].
あわれみ 哀れみ *f*. lástima; (心からの) *f*. compasión; (慈悲) *f*. piedad; (宗教的な) *f*. misericordia. ▶こじきに哀れみをかける *v*. tener* lástima de un mendigo; (哀れに思う) *v*. compadecerse* de un mendigo. ▶哀れみを請う *v*. pedir* [implorar] la compasión 《de》. ▶哀れみを誘う泣き声 *m*. llanto que da lástima. ▶哀れみ深い婦人 *f*. mujer compasiva.
あわれむ 哀れむ (かわいそうに思う) *v*. tener* lástima [pena] 《de》; (同情する) *v*. simpatizar* 《con》. → 同情. ▶哀れむ気持ちから *adv*. por compasión [lástima, pena]; (教養語》[lástima] de pena. ◆あの人を哀れむのはもうやめた方がいいよ Ya no deberías tenerle más lástima. / No debes seguir compadeciéndo[la, le]. ◆裁判官はその罪を犯した人を哀れんだ El juez tuvo 「compasión del [《教養語》clemencia con el] culpable.
あん 案 ❶【提案】*f*. propuesta, 《教養語》*f*. proposición; (示唆) *f*. sugerencia. → 提案. ▶案を¹出す [²撤回する] *v*. ¹hacer* [²retirar] una propuesta. ◆だれかもっといい案はありませんか ¿Hay alguien con una propuesta [idea] mejor?
❷【計画】*m*. plan, *m*. proyecto; (考え) *f*. idea. → 計画, 考え. ▶案を立てる *v*. hacer* un plan. ▶案を練る *v*. elaborar un plan.
《その他の表現》◆案に相違して彼は大成功した 「En contra de lo esperado [Contra todas las previsiones], tuvo un gran éxito.
あんい 安易な *adj*. fácil, cómodo. ▶安易な生活を送る *v*. llevar una vida fácil [《教養語》regalada]. ▶安易に考える *v*. tomar(lo) a la ligera; (熟考しない) *v*. pensar(lo)* superficialmente.
アンカー ❶【錨(いかり)】*f*. ancla.
❷【リレーの最終走 [泳] 者】*mf*. últim*o/ma* 「corred*or/dora* [natad*or/dora*] (del eqipo).
❸【TV】*mf*. presentad*or/dora*
あんがい 案外 (思いがけなく) *adv*. inesperadamente; (予想に反して) *adv*. contra toda previsión; (驚くほどに) *adv*. sorprendentemente. → 意外. ◆私たちは案外早くそこへ着いた Llegamos allí antes de lo que creíamos [esperábamos]. / En contra de nuestras previsiones nos presentamos allí a buena hora. ◆彼女は案外若いのかもしれない Quizá sea más joven de lo que pensamos.
アンカラ Ankara (☆トルコの首都).
アンカレジ Anchorage (☆アメリカ合衆国, アラスカ州の港湾都市).
あんき 暗記 ▶暗記力 *f*. memoria, *f*. retentiva. ▶暗記する (記憶する) *v*. memorizar*; (そらで覚える) *v*. aprender de memoria. ◆その歌詞を暗記している *v*. conocer* de memoria la letra de la canción. ◆それは暗記物の科目だ Es una asignatura de memoria. ◆彼はその詩を来週までに暗記しないといけない Se tiene que aprender la poesía de memoria para la semana que viene. ☞ 覚える, 記憶する
あんきょ 暗渠 *f*. alcantarilla.
アングラ *adj*. clandestin*o*; *f*. subcultura.

56 アングロサクソン

アングロサクソン (人) *mf.* anglosajón/jona; (民族) *m.* pueblo anglosajón. ▶アングロサクソン(人・語)の *adj.* anglosajón.

アンケート *f.* encuesta; (用紙) *m.* cuestionario (sobre). ▶アンケートを送る *v.* enviar* un cuestionario. ▶アンケートに記入する *v.* completar [rellenar] un cuestionario. ♦アンケートをお願いします[街頭で] ¿Puedo hacerle algunas preguntas?

あんけん 案件 (事項) *m.* punto, *m.* asunto; (個々の訴訟事件) *m.* caso. ▶今回の議事日程の最初の案件 *m.* primer punto en「este orden del día [esta agenda]」.

あんごう 暗号 *m.* código, *f.* cifra, *f.* criptografía, *m.* criptograma. ▶暗号化 (専門語) *f.* encriptación, (専門語) *m.* cifrado. ▶暗号文 *m.* mensaje codificado [cifrado]. ▶暗号を解読する *v.* descifrar (un mensaje).

アンコール *f.* repetición, *m.* bis; (「もう一度」と叫ぶ場合) *interj.* ¡otra!, ¡otra vez! ▶アンコールの叫び *f.* petición de bis. ▶アンコールを求める *v.* pedir* una repetición. ♦歌手は3度アンコールに応じた El cantante ofreció [cantó] tres bis.

アンコールワット Angkor Wat.

あんこく 暗黒 (暗闇(やみ)) *f.* oscuridad, *fpl.* tinieblas, (の) *adj.* oscuro, (教養語) *adj.* tenebroso. ▶暗黒時代(中世ヨーロッパの) *f.* Edad de las tinieblas. ▶暗黒大陸《かつてのアフリカの俗称》 *m.* Continente Negro. ▶人生の暗黒面 *m.* lado sombrío de la vida. ▶暗黒街のボス *m.* jefe del hampa.

アンゴラ ❶ Angola, (公式名) *f.* República de Angola (☆アフリカの国, 首都ルアンダ Luanda). ▶アンゴラの *adj.* angoleño.
❷【動物・布】 *f.* angora. ▶アンゴラ¹ウサギ [²ネコ]¹ *m.* conejo [² *m.* gato] de angora.

あんさつ 暗殺 *m.* asesinato. ▶暗殺者 *mf.* asesino/na. ▶王の暗殺を企てる *v.* conspirar para asesinar al rey, tramar el asesinato del rey. ♦大統領はテロリストに暗殺された El [La] presidente/ta fue asesinado por unos terroristas.

あんざん 暗算 *m.* cálculo mental. ▶暗算する *v.* calcular mentalmente. ▶暗算で答えを出す *v.* dar* una respuesta calculando mentalmente, responder haciendo un cálculo mental.

あんざん 安産 *m.* parto fácil. ▶安産する *v.* dar* a luz con facilidad, tener* un buen parto. → お産.

あんざんがん 安山岩 *f.* andesita.

アンサンブル *m.* conjunto (musical).

*****あんじ** 暗示 (示唆) *f.* sugestión, (ヒント) *f.* insinuación, *f.* alusión; (手がかり) *f.* pista. ▶自己暗示 *f.* autosugestión. ▶暗示にかかりやすい *v.* dejarse sugestionar fácilmente, ceder fácilmente a la sugestión. ♦彼の言葉に暗示を得て問題を解いた Sus palabras me dieron la pista para solucionar el problema.

── **暗示する** (気づかせる) *v.* dar* a entender*, sugerir*; (ほのめかす) *v.* insinuar*, aludir《a + 物・事》; (暗に意味する) *v.* apuntar《a + 物・事》, implicar*. ▶あらしを暗示する旋律 *f.* melodía evocadora [sugestiva] de una tormenta.

あんしつ 暗室 *m.* cuarto oscuro, *f.* cámara oscura.

あんじゅう 安住 ▶安住する *v.* vivir en paz. ▶安住の地を求める *v.* buscar* un lugar para vivir pacíficamente. ▶現状に安住する *v.* estar* satisfecho con「la situación [el estado] actual.

あんしょう 暗礁 ❶【海の】 *m.* arrecife, *m.* escollo, *f.* roca. ▶船が暗礁に乗り上げた El barco「quedó encallado [varó] en un arrecife.
❷【行き詰まり】 *m.* punto muerto, *m.* estancamiento. ♦交渉は暗礁に乗り上げた Las negociaciones「llegaron a un punto muerto [se quedaron estancadas].

あんしょう 暗唱 *f.* recitación. ▶詩を暗唱する *v.* recitar un poema.

あんしょうばんごう 暗証番号 ▶暗証番号を押す *v.* dar* [meter]* un「documento codificado [código].

あんしょきょうふ 暗所恐怖 (専門語) *f.* nictofobia.

あんじる 案じる *v.* preocuparse《por》. → 案ずる.

*****あんしん** 安心 (安堵(ど)) *m.* alivio; (心の平和) *f.* paz de espíritu; (不安のないこと) *f.* tranquilidad, (安全) *f.* seguridad; (安楽) *f.* comodidad; (信頼) *f.* confianza. ♦彼といっしょだと安心感がある Con él me siento seguro [en paz].

── **安心する** (ほっとする) *v.* sentirse* aliviado, aliviarse; (気が楽になる) *v.* tranquilizarse*, sentirse* tranquilo [en paz]; (落ち着いている) *v.* estar* tranquilo. ▶安心させる *v.* sosegar*, poner*《a + 人》en paz; (だいじょうぶだと納得させる) *v.* asegurar, dar* confianza; (不安を取り除く) *v.* quitar la intranquilidad. ♦あなたが無事に家に着いたと聞いて大変安心しました Sentí un gran alivio al saber que llegaste a casa sano y salvo. / Fue un gran alivio oír que habías llegado bien a casa. 会話 母は快方に向かっています―とっても安心しました Mi madre está mejor. – ¡Qué alivio! ♦そのことは安心しなさい Tranquilízate. / (心配するな) No te preocupes. ♦できる限りのことはしますから安心してください Puede usted estar seguro [tranquilo] que yo haré todo lo que pueda. / Quédese tranquilo [Pierda usted cuidado], que yo haré todo lo que esté en mi mano. ♦その件が解決するまでは安心できない No puedo estar tranquilo hasta que ese asunto se resuelva. ♦船長は危険はないと言って乗客を安心させた El capitán aseguró a los pasajeros que no había peligro. ♦彼女の顔を見るまでは安心して寝られなかった No pude acostarme tranquilo [en paz] hasta que no vi su cara.

【その他の表現】 ♦ここをみんなが安心して (=安全に) 住める町にしよう Vamos a hacer de esta

ciudad un lugar en donde todos podamos vivir en paz. ♦彼なら安心して車を貸せる Si es él, me quedo tranquilo dejándole el coche. / No me preocupa dejarle el coche.

あんず 杏 (実) *m*. albaricoque; (木) *m*. albaricoquero.

[地域差] 杏
〔スペイン〕*m*. albaricoque, *m*. damasco
〔キューバ〕*m*. damasco
〔メキシコ〕*m*. albaricoque, *m*. chabacano
〔ペルー〕*m*. albaricoque
〔コロンビア〕*m*. albaricoque
〔アルゼンチン〕*m*. albaricoque, *m*. chabacano

あんずる 案ずる (心配する) *v*. preocuparse [inquietarse]《por》; (危ぶむ) *v*. temer.

あんせい 安静 *m*. reposo, *m*. descanso. ▶安静療法 *f*. cura de reposo. ▶食後1時間安静にする (休む) *v*. tener* una hora de descanso después de la comida. (静かに横になる) *v*. reposar una hora tras la comida. ♦医者は私に絶対安静を命じた El médico me mandó reposo absoluto.

***あんぜん 安全** *f*. seguridad; (危険に対する恐れや心配がないこと) *f*. seguridad.

1《〜(の)安全》▶交通安全 *f*. seguridad vial. ▶国家の安全 *f*. seguridad nacional. ▶公衆の安全 *f*. seguridad pública. ♦運転手は乗客の安全に責任がある El conductor es responsable de la seguridad de los pasajeros.

2《安全＋名詞》▶安全運転 *f*. conducción segura. ▶安全かみそり *f*. maquinilla de afeitar [seguridad]. ▶安全ピン *m*. imperdible. ▶安全対策をとる *v*. tomar medidas de seguridad. ▶交通安全週間 *f*. Semana de Seguridad Vial [de Tráfico, en la Carretera]. ▶安全操業 *f*. operación de seguridad. ▶安全装置 *m*. dispositivo de seguridad; (銃の) *m*. seguro. ▶安全圏(など)で安全圏に入る *v*. llevar una buena ventaja; ▶(車道にある歩行者用の)安全地帯 *m*. refugio, *f*. isleta. ▶(飛行機・自動車などの)安全ベルトをしめる *v*. ponerse* el cinturón de seguridad. ▶安全保障 *f*. seguridad. ▶安全保障条約 *m*. tratado [*m*. pacto] de seguridad. ▶(国連の)安全保障理事会 *m*. Consejo de Seguridad. ♦安全第一【標語】Ante todo (la) seguridad. / Primero (es) la seguridad.

[地域差] **安全かみそり**
〔全般的に〕*f*. rasuradora
〔スペイン〕*f*. cuchilla de afeitar, *f*. maquinilla, *f*. maquinilla
〔ラテンアメリカ〕*f*. máquina
〔キューバ〕*f*. cuchilla de afeitar
〔メキシコ〕*m*. rastrillo
〔ペルー〕*m*. rastrillo
〔コロンビア〕*f*. maquinilla
〔アルゼンチン〕*f*. "gillette"

3《安全を》▶身の安全を¹保障する [²脅かす] *v*. ¹garantizar* [²amenazar*] la seguridad. ♦彼は常に安全を求め、一か八かやるようなことはしない Siempre quiere estar seguro y jamás corre ningún riesgo.

— **安全な** (危険のない) *adj*. seguro (de, contra); (危険から守られている) *adj*. sin riesgo [peligro]. ▶安全な場所 *m*. lugar seguro [sin ningún peligro]. ▶安全な要塞(ようさい) *f*. fortaleza segura. ♦今では飛行機の旅は以前よりずっと安全である Viajar en avión es ahora mucho más seguro que antes. ♦ここなら敵の攻撃に対し安全だ Aquí estamos seguros [a salvo] de ataques enemigos. ♦この湖でスケートをしても安全だ En este lago se puede patinar sin peligro. / No hay ningún riesgo [peligro] de patinar en este lago. ♦この塗料はベビーベッドに使っても安全ですか ¿Esta pintura es segura para una cuna? ♦彼の運転は安全だ Es un conductor seguro.

— **安全に** *adv*. con seguridad, sin riesgo [peligro]. ▶きっちり安全に荷造りする *v*. empaquetar de modo apretado y seguro. ♦人間が宇宙でどのくらい安全に生きられるのかだれも分からない Nadie sabe cuánto tiempo puede vivir el ser humano con seguridad en el espacio. ♦その宝石類は金庫に安全に保管されている Las joyas están seguras [guardadas sin peligro] en la caja fuerte.

☞安心, 治安

あんそくび 安息日 〔ヘブライ語〕*m*. "sabbat", 《説明的に》*m*. sábado [*m*. día de descanso] de los judíos. ▶安息日を守る *v*. observar [guardar] día de reposo.

あんだ 安打 〔英語〕*m*. "hit", *m*. batazo bueno. ▶内野安打 *m*. hit en el cuadrado [diamante]. ▶(ジャイアンツを)3 安打に抑える *v*. aguantar (a los Gigantes) a solo tres batazos buenos.

アンダーウエア (下着類) *f*. ropa interior. → 下着.

アンダーシャツ *f*. camiseta. → シャツ.

アンダーライン *m*. subrayado. ▶その句にアンダーラインを引く *v*. subrayar la frase. ▶アンダーラインを引いた箇所 *f*. parte subrayada.

あんたい 安泰 ▶わが国の安泰 (＝平和と安全) *f*. paz y seguridad de nuestro país. ♦彼は会社での自分の地位は安泰だ (＝安心していられる)と感じている Se siente seguro en su puesto en la empresa.

アンダルシア Andalucía (☆スペインの地方).

あんたん 暗澹 ▶暗たんたる前途 *m*. futuro negro [sombrío].

アンチ− anti-. ▶アンチ巨人の野球ファン *mf*. aficionado/da anti-Gigantes. ▶アンチウイルス 《専門語》*m*. antivirus.

アンチック → アンティーク.

あんちゅうもさく 暗中模索 ▶よりよい方法はないか

安全ベルトを必ず着用のこと Obligatorio cinturón de seguridad.
→安全

アンチョビー

と暗中模索する v. buscar* a tientas en la oscuridad un camino mejor.
アンチョビー f. anchoa.
アンツーカー f. pista para todo tiempo, f. tierra roja especial para pistas deportivas.
あんてい 安定 f. estabilidad;(安定させること)f. estabilización;(足場・地位などの)f. firmeza, f. constancia;(均衡)m. equilibrio.

1《～(の)安定》▶経済 [2社会] の安定 f. estabilidad [1]económica [2]social).▶物価の安定 f. estabilidad [en] los precios. ▶ユーロの安定 f. estabilidad del euro.

2《安定+名詞》▶安定感 m. sentido del equilibrio. ▶安定成長 m. crecimiento estable. ▶安定多数 f. amplia mayoría, f. mayoría estable [cómoda]. ▶安定賃金 mpl. sueldos estables. ▶安定通貨 f. moneda estable [firme].

3《安定を》▶片足で立って安定を保つ v. sostenerse* [mantener* la estabilidad] en una pierna. ▶政治の安定を維持する v. mantener* la estabilidad política. ▶情緒の安定を欠く v. 「no tener* [carecer* de] estabilidad emocional.

4《安定した》adj. estable, constante, firme. ▶安定した[1]仕事 [2]収入] 1 m. empleo [2 m. ingreso] estable. ▶安定したはしご f. escalera estable [firme]. ▶安定した(=釣り合いの取れた) f. mente equilibrada.

—— **安定させる** v. estabilizar*, dar* estabilidad《a》, equilibrar. ▶物価を安定させる v. estabilizar* los precios. ▶テーブルの脚を安定させる v. estabilizar* la pata de una mesa.

—— **安定する** ▶その国の経済は安定している La economía del país es estable. / Hay estabilidad económica en el país. / El país tiene una economía estable. ▶この2年間物価は安定している En los dos últimos años los precios se han mantenido estables. ▶そのうち天候も安定するでしょう No tardará en estabilizarse 「《口語》asentarse] el tiempo.

アンティーク (骨董(どう)品) fpl. antigüedades, m. objeto antiguo. ▶アンティークないす f. silla antigua.

アンティグア・バーブーダ Antigua y Barbuda (☆西インド諸島の国, 首都セントジョーンズ Saint John's).

アンティクーチョ m. anticucho (☆牛の心臓の串焼き).

アンデス ▶アンデス山脈 Los Andes (☆南アメリカの山脈).

アンテナ f. antena. ▶テレビアンテナ f. antena de televisión. ▶アンテナを[1]立てる [2]張る] v. [1]instalar [2]alargar*] una antena.

アンデリーする 《専門語》rehacer*.

あんてん 暗転 ▶交渉が暗転した(=悪化した)Las negociaciones se complicaron [pusieron peor].

あんど 安堵 m. alivio. ▶その知らせを聞いて安堵する v. sentir* alivio con la noticia. ▶安堵の胸をなでおろす v. respirar aliviado, dar* un suspiro de alivio. → 安心する.

アントファガスタ Antofagasta (☆チリの州・州都).

アンドラ Andorra (☆フランスとスペインの国境にある国, 首都アンドラ・ラ・ベッラ Andorra la Vella).

アンドロイド 《専門語》m. androide.

アントワープ Amberes (☆ベルギーの海港).

あんな → あんな(に)

*****あんない 案内** ❶《連れて行ったり見せて歩くこと》f. guía;(人) mf. guía;(本) f. guía. ▶旅行[1]映画, 3]買い物]案内 f. guía de [1]viajes [2]cine, [3]compras).▶案内所 f. oficina de información;(人) mf. guía;(劇場などの) mf. acomodador/dora. ▶旅行案内所 f. agencia de viajes. ▶京都の案内書 f. guía de Kioto. ▶案内図 m. mapa;(道案内板) m. tablero guía. ♦彼がわれわれの案内役を務めた Hizo de guía para nosotros. / Nos sirvió de guía. ♦われわれは秘書の案内でその工場を見て回った La secretaria nos guió por la fábrica. / Visitamos la fábrica guiados por la secretaria.

❷《知らせ》(情報) f. información, mpl. informes;(通知(状)) m. aviso, f. notificación. ▶入学案内 f. guía 「para solicitantes [del candidato]. ▶案内広告(新聞などで求人・貸家などの) m. anuncio clasificado. ♦百貨店からバーゲンセールの案内があった Había información sobre las rebajas de los grandes almacenes. ♦次回会合のご案内を申し上げます Tenemos el gusto de informarles sobre la próxima reunión. ♦ご案内申し上げます Atención, por favor. / Se ruega atención. / Atención, atención.

❸《招待》f. invitación. → 招待. ♦我が社の創立25周年記念を祝うレセプションにご案内申し上げます《フォーマル》Solicitamos el honor de su presencia para la recepción con motivo del vigésimo quinto aniversario de la fundación de nuestra compañía. / Tenemos el gusto de invitarlo[le] a la recepción con motivo del 25 aniversario de nuestra compañía.

❹《取り次ぎ》▶私は受付で社長に案内を請うた Le pedí a la recepcionista que advirtiera al presidente de mi presencia. ♦彼は案内もなく(=受付に断わりもなしに)社長の部屋に入った Entró en la oficina del presidente sin el permiso de la recepcionista.

—— **案内する** v. conducir*, llevar, acompañar;(道を案内する) v. enseñar《a + 人》el camino. ♦彼が町を案内してくれた Me enseñó [guió por] la ciudad. ♦彼は私を彼の部屋に案内した Me acompañó a su cuarto. 《会話》大きな工場ですねーご案内しましょう ¡Qué fábrica tan grande! – Vamos a visitarla. [Se la mostraré.]

☞ 先導, 連れる, 通[透]す

*****あんな(に)** ▶あんな風に言ってはいけない No hables así [de ese modo, de esa manera]. ♦あんな(=そのような)質問には答えられない No puedo contestar 「tal pregunta [una pregunta así]. → そんな. ♦あんな亭主のどこがいいの ¿Qué es lo que te gusta de un marido así? ♦彼があんなに頑固だとは思わなかった No creí que「tuviera esa forma de ser tan obstinada [fuera tan terco]. ♦彼があんなに強いとは驚きだ Es increíble lo fuerte que es. / Es sorprendente que sea tan fuerte. ♦彼を見てごらん. あんな所まで登ったよ Fíjate a qué lugar se ha subido. / Mira dónde se ha subido. ♦あんな大きな足の男ははじめてだ (=今まで見た中で一番大きな足をしている) No había visto unos pies tan grandes. /《教養語》Jamás había visto tamaños pies.

アンネ ▶アンネの日記(書名) «El Diario de Ana Frank».

あんのじょう 案の定 *adv.* efectivamente, naturalmente. → はたして. ♦雨が降ると思ったが案の定降った Pensamos que iba a llover como efectivamente ocurrió. / Llovió como era de esperar.

あんば 鞍馬 *m.* caballo con arcos.

あんばい 塩梅 ♦いいあんばいにそこにはだれもいなかった Afortunadamente, no había nadie allí.

アンパイア *mf.* árbitro/tra. ▶アンパイアをする *v.* arbitrar (un partido).

アンパック 《専門語》*v.* desempaquetar.

アンバランス *m.* desequilibrio. ▶輸入と輸出のアンバランス *m.* desequilibrio de importaciones y exportaciones.

あんぴ 安否 ▶彼の安否を気づかう *v.* preocuparse por su seguridad. ♦彼が君の安否を尋ねていたよ Me preguntó cómo estabas [《口語》te iba].

あんぷ 暗譜 ▶暗譜で (=そらで) ソナタを弾く *v.* tocar* una sonata de memoria.

アンプ (増幅器) *m.* amplificador.

アンペア *m.* amperio. ▶10アンペアの電流 *f.* corriente de 10 amperios.

アンヘル ▶アンヘル滝 Salto del Ángel (☆ベネズエラの大滝).

あんぽじょうやく 安保条約 (安全保障条約) *m.* tratado [*m.* pacto] de seguridad. ♦日米安全保障条約 Tratado de Seguridad entre el Japón y los Estados Unidos de América.

あんま 按摩 (術) *m.* masaje; (人) *mf.* masajista. ▶あんまをする *v.* dar* 《a + 人》un masaje. ▶あんまをしてもらう *v.* recibir un masaje.

あんまく 暗幕 *m.* telón para quitar la luz.

あんまり ♦あんまり (=あまり) 働くな No trabajes tanto. ♦これはあんまりだ, もう我慢できない Esto es demasiado y no voy a soportarlo. ♦彼の要求はあんまりだ (=不当だ) Su petición es absurda. / Lo que pide es un disparate. ♦そんなことをするとはあんまりだ (=無情だ) Es cruel hacer eso. / Sería una crueldad hacer tal cosa.

あんみん 安眠 *m.* sueño profundo, *m.* buen sueño. ▶安眠を妨害する *v.* perturbar [molestar] el sueño. ▶安眠する *v.* dormir* bien [profundamente, 《口語》a pierna suelta].

あんもく 暗黙 ▶暗黙の了解 *f.* comprensión tácita; (無言の同意) *m.* consentimiento tácito. ▶暗黙のうちに彼の意見に同意する *v.* estar* tácitamente de acuerdo con su opinión.

アンモナイト *f.* amonita.

アンモニア *m.* amoniaco.

アンモニウム *m.* amonio.

あんやく 暗躍 ▶暗躍 (=秘密工作) する *v.* intrigar* en secreto, tramar intrigas ocultas; (舞台裏で行動する) *v.* actuar* 「a la sombra [entre bastidores]; (陰で糸を引く) *v.* mover* los hilos secretamente.

あんらく 安楽 *f.* comodidad; (気楽) *m.* bienestar. ▶安楽いす *m.* sillón, *f.* silla cómoda. ▶安楽死 *f.* eutanasia. ▶安楽な生活をする *v.* vivir「a gusto [cómodamente].

い

*い 胃 *m.* estómago. ▶胃の *adj.* estomacal, gástrico.

1《胃＋名詞》▶胃液 *m.* jugo gástrico. ▶胃潰瘍(かいよう)になる *v.* contraer* una úlcera gástrica [estomacal]. → 胃炎, 胃下垂, 胃ной. ◆彼はひどい胃けいれんを起こした Tuvo graves calambres de estómago.

2《胃が》▶胃が¹じょうぶだ [²弱い] *v.* tener* un ¹buen estómago [²estómago débil], ser* ¹fuerte [²débil] de estómago. ◆彼は胃が悪い(＝胃病だ) Tiene「trastornos estomacales [problemas de estómago]. ◆胃が痛い Tengo dolor de estómago. / Me duele el estómago.

3《胃の[に, を]》▶胃の調子が悪い *v.* tener* el estómago revuelto. ▶胃をこわす[落ち着かせる] *v.* ¹revolverse* [²asentarse*]《a ＋ 人》el estómago. ◆ステーキが胃にもたれる Siento el estómago pesado por el filete.

《胃関連の病気と組織》▶胃アトニー《専門語》*f.* atonía gástrica. ▶胃液分泌欠乏症《専門語》*f.* aquilia gástrica. ▶胃潰瘍(かいよう)《専門語》*f.* úlcera gástrica. ▶胃拡張《専門語》*f.* gastrectasia. ▶胃癌(がん)《専門語》*m.* cáncer gástrico. ▶胃酸過多症《専門語》*f.* hiperacidez gástrica. ▶胃疾患《専門語》*f.* gastropatía. ▶胃周囲炎《専門語》*f.* perigastritis. ▶胃十二指腸炎《専門語》*f.* gastroduodenitis. ▶胃出血《専門語》*f.* hemorragia gástrica. ▶胃障害《専門語》*m.* trastorno gástrico. ▶胃食道炎《専門語》*f.* gastroesofagitis. ▶胃穿孔(せんこう)《専門語》*f.* perforación gástrica. ▶胃腸炎《専門語》*f.* enterogastritis. ▶胃底部《専門語》*m.* fondo gástrico. ▶胃粘膜《専門語》*f.* mucosa gástrica. ▶胃不全麻痺《専門語》*f.* gastroparesis. ▶胃壁《専門語》*f.* pared gástrica. ▶胃壁裂《専門語》*f.* gastrosquisis. ▶胃瘻(ろう)《専門語》*f.* fístula gástrica.

い 意 ▶意のままに(＝好きなように)する *v.* hacer* lo que「uno quiere [a uno le place]. ◆彼は意に反してその仕事を引き受ける羽目になった Tuvo que aceptar el trabajo a pesar suyo. ◆私は人がどう思おうと意に介さない No me importa lo que los demás piensen de mí. ◆この絵なら彼の意にかなう(＝彼は満足する)だろう Este cuadro va a satisfacerl[e]. ◆仕事を辞めようと意を決した He decidido [resuelto] dejar mi trabajo.

いあつ 威圧 (脅し・権力などによる抑圧)*f.* coacción. ▶威圧する *v.* coaccionar;（恐れさせる）*v.* intimidar. ▶威圧して服従させる *v.*「obligar* a someterse [someter]《a ＋ 人》bajo coacción. 威圧的な *adj.* coactivo;（高圧的な）*adj.* despótico. ▶威圧的な態度を取る *v.*「comportarse despóticamente [actuar* con coacción]《hacia》.

いあわせる 居合わせる *v.*「dar* la casualidad de estar* [encontrarse* por casualidad]《en》. ◆そこに居合わせる *v.* estar* en el lugar por casualidad. ◆居合わせた人は絶叫した「Los presentes [Los que se hallaron allí] gritaron.

いあん 慰安 (娯楽) *m.* recreo, *f.* diversión, *m.* esparcimiento. ▶慰安旅行に行く *v.* ir(se)* de viaje de recreo.

**いい ❶【好ましい, 優れている】 *adj.* bueno, agradable, 《強調して》estupendo. → 良[善]い. ◆いい(＝さわやかな)空気 *m.* aire fresco. ◆あれは実にいい映画だ Verdaderamente es una película buena [estupenda, excelente]. ◆彼女のだんなさんはとてもいい人だ Su marido es una persona muy buena [agradable, simpática]. ◆意志が強いのが彼のいいところだ Lo bueno de él es su fuerza de voluntad. ◆いい天気ですね Hace「buen tiempo [un tiempo estupendo], ¿verdad? / ¡Qué día tan bueno!, ¿no? ◆その店で何でも買えるのはいいことだ Está bien que se pueda comprar de todo en esa tienda. ◆この本はあの本よりいい Este libro es mejor que ése. ◆それにはどうしたらいちばんいいですか ¿Cuál es la mejor manera de hacerlo? 会話 食事の前に一杯どう？ーいいね ¿Qué tal beber [《ラ米》tomar] algo [una bebida] antes de comer? – ¡Buena idea! 会話 彼の作品のどう思うーなかなかいい(＝悪くはないよ) ¿Qué opinión le merece su obra? – No está nada mal. ◆笑うのはいいけれど, それをどうするつもりだい Sí, puedes reírte..., pero ¿qué vas a hacer? ◆彼は学校の成績がとてもいい Está sacando muy buenas notas [calificaciones] en la escuela. ◆ここは気候がいい(＝穏やかだ) El clima aquí es bueno [suave].

❷【ためになる】 *adj.* eficaz, bueno. ◆早寝早起きは健康にいい Levantarse y acostarse temprano es bueno para la salud. ◆この草は切り傷にいい Esta hierba es buena contra「las cortaduras [los cortes]. ◆適度の運動は疲労回復にいい(＝役立つ) El ejercicio físico moderado es bueno para recuperarse de la fatiga.

❸【適した】 *adj.* conveniente, bueno, útil, adecuado. ◆この本は初歩の人にいい Este libro es adecuado para los principiantes. ◆京都駅へ行くのはこの道でいいですか ¿Es éste el camino (correcto) para ir a la estación de Kioto? ◆ちょうどいいときに彼がやって来た Ha llegado justo en el momento. / Se ha presentado en el momento justo. ◆このセーターは私にはちょうどいい(＝寸法が合う) Este suéter me queda perfecto [muy bien]. ◆もう彼が

帰ってきてもいいころだ Ya es hora de que hubiera vuelto [regresado]. ♦あなたの都合のいいときを教えてください Dígame, por favor, cuándo le viene bien. ♦アルバイトの帳簿係を探していますが、だれかいい(＝働いてくれそうな)人ないでしょうか Estamos buscando a un contable de tiempo parcial... ¿No conocerá usted a alguien adecuado?
❹【正しい】adj. bueno, correcto, adecuado. ♦私はいいと思うことをやったまでだ Sólo hice lo que me pareció correcto. ♦その子はまだいいことと悪いことの区別がつかない El niño todavía no「sabe distinguir [distingue] entre lo bueno y lo malo [entre el bien y el mal]. → 善し悪し.
❺【十分な】adj. suficiente, bastante; (申し分ない)v. estar* bien; (間に合う)v. servir*, valer*; (...で我慢しておく)v. resignarse《a》, conformarse《con》. → 十分. ♦もういい, 黙りなさい ¡Ya está bien! / ¡A callar! / ¡Cállate! [¡Cállese!] ♦これはもういい Ya está bien. / Ya estoy harto. ♦それくらいは理解できてもいい年だ Ya eres lo bastante mayor para entender esto. ♦睡眠は一日8時間でいい Es suficiente con dormir ocho horas al día. / Basta dormir ocho horas diarias. ♦本当は大きい辞書が欲しいのですが、今はその小さいやつでいいです La verdad es que lo que yo deseo es un diccionario grande, pero por ahora me conformaré con el pequeño. 会話 これでいい?—とってもきれいに見えるよ ¿Estoy bien así? – Estás guapísima, querida. 会話 もう支度はいいですか—まだです ¿Estás ya listo? – No, aún no. ♦コーヒーをもう少しいかがですか—もういいです ¿Quiere usted un poco más de café? – No, gracias.
❻【親しい】adj. bueno. ♦彼らはいい友達だ Son buenos [íntimos] amigos. ♦私は彼女と仲がいい Soy amigo/ga de ella. / Tengo amistad con ella.
❼【好む】v. gustar; (より好む)v. preferir*《a》. ♦彼女のどこがいいんだ ¿Qué te gusta de ella? ♦彼のいいように(＝好きなように)させておけ Que haga lo que quiera [le plazca]. 会話 ステーキはどんな焼き具合のがいいですか—ミディアムがいいです ¿Cómo quiere usted la carne? – La quiero media hecha. ♦車で行くより歩いて行く方がいい Me gusta más caminar que「ir en un vehículo [me lleven]. / Prefiero andar a que me lleven. → 好き.
❽【健康な】adv. bien. ♦顔色がいいですね Oye, tienes buen aspecto, ¿eh? ♦(以前と比べて)今日はずっと気分がいい Hoy me siento mucho mejor. ♦もうすっかりいい Ya estoy perfectamente bien.
❾【幸運な】(さい先のよい)adj. afortunado, de [con] suerte. ♦運のいい男 m. hombre con suerte. ♦いい日を選ぶ v. escoger* un día afortunado [de suerte]. ♦これは縁起のいい番号だ Es un número que da suerte. ♦いい具合に雨が上がった Afortunadamente ha dejado de llover.
❿【価値のある】adj. bueno; (有益で価値のある)adj. valioso; (量・程度などが水準以上の)adj.

いい 61

alto. → 高い. ♦いい資料 m. material bueno [valioso]. ♦彼は試験でいい点を取った Consiguió una nota alta en el examen. ♦野菜がいい値で売れている Las verduras se están vendiendo a un precio alto. ♦この仕事はいい金になる(＝もうかる)だろう Este trabajo va a ser rentable [lucrativo].
⓫【不必要】(必要の)v. no hacer* falta, no necesitar; (...なしで済ます)v. prescindir《de》. ♦今日はいいです(ご用聞などに) Hoy no hace falta nada. ♦今日は学校に行かなくていい Hoy no hace falta que vayas a la escuela. / Hoy no tienes que ir a la escuela. / No es necesario que vayas hoy a la escuela. ♦別に急がなくてもいいよ No hay por qué darse prisa.
⓬【希望, 願望】v. esperar; (...であればいいのだが)interj. ojalá《que ＋ 接続法》. ♦早く仕事が見つかるといいですね Espero que encuentre pronto un trabajo. ♦お手伝いいただけるといいのですけど Espero que me ayudes [ayudéis]. ♦ここに彼がいたらいいのになあ Ojalá que estuviera aquí. / ¡Si estuviera aquí! → 良[善]い. ♦彼がいなくて残念だ Lamento que no esté aquí.
⓭【かまわない】♦君といっしょなら雨にぬれってもいい No me importa mojarme bajo la lluvia si estoy contigo. 会話 だれかクロスワードパズルやりたくない—やってみてもいいよ ¿Alguien quiere hacer el crucigrama? – Bueno, no me importa intentarlo. 会話 紅茶とコーヒーのどちらがいいですか—どちらでもいいです ¿Té o café? – No importa; cualquiera de los dos. ♦彼らが何と言ってもいい No me importa lo que digan. ♦そんなことはどうだっていいよ No tiene ninguna importancia. ♦私は今年の夏は休み無しでいい No me importa quedarme este año sin vacaciones. ♦お疲れでしたら私が代わりにそれをしてあげてもいいですよ Podría hacerlo por ti si estás cansado.
⓮【許可・同意する】v. poder*. → 良[善]い. ♦ボールペンは青を使ってもいい Puedes usar un bolígrafo azul. ♦先生が帰ってもいいとおっしゃったんです El profesor me dijo que me podía volver a casa. ♦ここに座ってもいいですか ¿Me puedo sentar [Puedo sentarme] aquí? / ¿Le importa [《フォーマル》importaría] que me siente [sentara] aquí? / ¿Le importa si me siento aquí?
⓯【助言する】♦どうすればいいのか分からなかった No sabía [supe] qué hacer. ♦待ち合わせはどこがいいですか ¿Dónde vamos a vernos [reunirnos]? ♦熱があるんだから, 学校は休んだ方がいい「Sería mejor que no fueras [Mejor que no vayas, No deberías ir, Es aconsejable que no vayas] a clase porque tienes fiebre. ♦彼に尋ねるのが一番いい Mejor pregúntale a él. / Harías mejor en preguntarle a él. 会話 行きましょうか—しばらく待つ方がいい(＝賢明だ)と思わない? ¿Nos crees que sería mejor esperar un rato? ♦天気が悪いので家にいた方がいい El tiempo es tan malo que

62 いいあい

es mejor quedarse en casa. ♦どの燃料がいいと思いますか ¿Qué combustible crees que es mejor? ♦どれが一番いいと思いますか ¿Cuál crees que es el mejor? 会話 学校に遅れちゃうよ―早く起きればいいのに(=起きるべきだったのに) No podré llegar a tiempo a la escuela. – Debías levantarte más temprano. 会話 京都の人口を知りたいのですが―この本で調べるといいですよ Quiero saber la población que tiene Kioto. –「Convendría que examinara [Debería echar un vistazo a] este libro. ♦「ありがとう」くらい言えばいいのに Por lo menos podrías decir "gracias". ♦彼女の好きなようにやらせたらいいでしょう ¿Por qué no la dejas que haga lo que quiera?
⓰【同意・満足する】(同意する) v. estar* de acuerdo, decir* que sí, 《フォーマル》 acceder. ♦彼はそれではいいと言うまい No va a 「estar de acuerdo con eso [decir que sí, acceder a eso]. 会話 映画に行きましょうか―いいとも ¿Vamos al cine? – De acuerdo, vamos. ♦あしたの朝9時に来ていただけませんか―ええ、いいですよ ¿No me harías el favor de venir mañana a las nueve de la mañana? – De acuerdo. [Claro que sí. / Naturalmente. / Por supuesto que vendré.] 会話 生ごみを出してくださる?―いいですとも(=喜んで) ¿Haces el favor de sacarme la basura? – Claro que sí. [《口語》No faltaba más. / Con mucho gusto.] 会話 7時でいいですか―いいですよ ¿Está bien a las siete? – Sí, está bien. ♦次にこのボタンを押します。いいですね A continuación se aprieta este botón, ¿entendido [de acuerdo]? ♦じろじろ見ないでくれ、いいね Deja de mirar fijamente... 「de acuerdo [eh]? ♦いいかい(=気をつけて)、私の手を離すんじゃない ¡Ten cuidado y no sueltes mi mano! ♦ぼくがただそれをしたのは、いいかい、やらされたからだよ Lo hice solamente, ya sabes, porque me obligaron.
【その他の表現】♦いい年をして(=もう分別のある年なのだから)そんなことをするんじゃない 《口語》Ya eres grandecito para saber bien que eso no se debe hacer. ♦彼は詐欺師と言ってもいいくらいだ(=同然だ) No es más que un estafador. ♦トラベラーズチェックでいいですか(=を受け取っていただけますか) ¿Acepta usted cheques de viajero? ♦彼は彼女がお人よしなのをいいことにして(=利用して)金をだまし取った Se aprovechó de su inocencia y la dejó sin dinero. 会話 ありがとうございます―いいんですよ Muchas gracias. – De nada. [《ラ米》Por nada. / No hay de qué.] 会話 本当にすみません―いいんですよ Lo siento muchísimo. – No importa [te preocupes; le des importancia]. ♦ちょっといいですか。お話があるんです ¿Tiene usted un momento? [¿Me concede un minuto?] ♦Hay algo que quiero decirle. ♦人生いいことばかりではない La vida no sólo es diversión. ♦今にいいこともあるさ El futuro también traerá cosas buenas. /《言い回し》La esperanza es lo último que se pierde. ♦まあ、いいや(=あきらめ

るよ) Bueno,「ahí se queda [lo dejo así, abandono]. ♦百メートル競走で彼はいいとこ2位だ Como mucho podrá entrar el segundo en la carrrera de (los) 100 metros planos [《スペイン》lisos]. ♦いいぞ ¡Bravo! / ¡Bien hecho!

いいあい 言い合い m. altercado, f. disputa. → 口論. ▶言い合いをする(=言い合う) v. tener* un altercado, disputar, discutir. → 言い争う

いいあやまる 言い誤る(話の途中で間違う) v. equivocarse* hablando, 《スペイン》cometer un lapsus.

いいあらそう 言い争そう v. reñir*, disputar, discutir, altercar*; (婉曲的) v. tener* 「un altercado [una disputa, una discusión]. → 口論. ♦彼は子供の教育のことで妻と言い争った Riñó [Disputó] con su esposa sobre la educación de sus hijos. ♦そんなささいなことで言い争うべきでない No deberías discutir por esas pequeñeces.

いいあらわす 言い表わす(表現する) v. expresar, describir*. → 表現する. ♦喜びを言葉で言い表わす v. expresar la alegría con palabras. ▶自分の考えを言い表わす v. expresarse, expresar su opinión. ♦ご親切に対する感謝の気持ちは言葉では言い表わせません Me faltan palabras para expresarle mi agradecimiento por su amabilidad. / No puedo expresar mi gratitud por su amabilidad. → 筆舌. ♦彼の目は言い表せないほどの喜びで輝いた Sus ojos se iluminaron con una alegría inexpresable.

＊いいえ ❶【質問に対して】adv. no. → は いい. 会話 彼女はあなたのお母さんですか―いいえ、違います。おばなんです。¿Es tu [su] madre? – No, no (lo) es. Es mi tía. ¿Estás ocupado? – No, en absoluto. 会話 お酒は飲まれますか―いいえ、飲むというほどではありません ¿Bebes? – No, no mucho. ❷【感謝・わびに対して】→どういたしまして。 会話 お世話になりました―いいえ、どういたしまして Gracias por su solicitud. – De nada, de nada. 会話 お待たせしてすみません―いいえ。どういたしまして Perdón por haberlo[le] hecho esperar. – Nada, no tiene importancia. ❸【否定の質問に対して】♦泳げないんですか―いいえ、泳げます。 ¿No sabes nadar? – Sí, sí sé (nadar).

いいかえす 言い返す(鋭くまたは憤慨して) v. replicar*, responder. → 口答えする. ♦「ぼくは聞いていなかった」と彼は言い返した Replicó que no le habían informado. / "No me han informado", replicó.

いいかえる 言い替える v. expresarse con otras palabras, decir* algo de otro modo. ▶言い替えれば adv. en otras palabras. ▶その句をやさしいスペイン語で言い替える v. decir* esa frase en español simple.

いいがかり 言いがかり (間違った非難) f. acusación falsa. ▶私に言いがかりをつける(=非難しようとする) v. hacer* una acusación falsa contra mí.

いいかげん いい加減 ♦いい加減(=かなり)くたびれた Estoy bastante cansado. ▶いい加減に(=

無作為に)選ぶ v. elegir* al azar, escoger* a ciegas. ◆物事をいい加減に(＝中途半端に)するな No dejes las cosas a medio hacer. ◆冗談もいい加減にしろ(＝もうたくさんだ) Ya estamos cansados de bromas. / Basta ya de bromas. / Ya está bien de bromear. ◆彼は生まじめな人だからどんなにいい加減に(＝遊び半分に)しない Es una persona seria y jamás se burla de nada.

—— いい加減 ❶【適度の】adj. adecuado, justo, apropiado, oportuno. ◆ふろはちょうどいい加減だ El baño está a la temperatura justa.
❷【でたらめな，不徹底の】adj. irresponsable; (でたらめな) adj. disparatado; (疑わしい) adj. dudoso, inexacto, poco fidedigno; (根拠のない) adj. infundado; (あいまいな) adj. vago, evasivo; (中途半端な) adj. a medias. ◆いい加減な事を言う v. hablar「a la ligera [《口語》a tontas y a locas]. ◆いい加減な情報 f. información poco fidedigna. ◆いい加減なうわさ m. rumor infundado. ◆いい加減な返事をする v. dar* una respuesta evasiva. ◆いい加減な手段を講ずる v. tomar medidas ligeras [irresponsables]. ◆私はいい加減な仕事はしたくない No quiero hacer un trabajo a la ligera.

いいかた 言い方 f. forma de hablar, f. manera de decir. ◆慣用的な言い方 f. expresión idiomática. ◆彼女は正しいものの言い方を知らない No sabe cómo decir bien las cosas. / No conoce la forma correcta de hablar. ◆私は彼のものの言い方が気にくわない No me gusta su forma de hablar. ◆彼のものを言う調子が気に入らない No me gusta cómo dice las cosas. ◆そんな言い方ってないだろう ¿Cómo te atreves a hablar así?

いいき いい気 ❶【のん気な】adj. despreocupado; (楽観的な) adj. optimista. ◆あいつはいい気なものだ Es un tipo muy despreocupado.
❷【得意気な】adj. engreído, vanidoso, orgulloso. ◆成功していい気になっている(＝うぬぼれている) v. enorgullecerse* [jactarse, 《文語》vanagloriarse*] del propio éxito.

いいきかせる 言い聞かせる → 説得する，諭す. ◆自分に言い聞かせる v. decirse* a sí mismo. ◆彼はそれは自分の間違いだったと言い聞かせようとした Intentaba decirse a sí mismo que era su culpa.

いいきる 言い切る v. afirmar. → 断言する.

いいぐさ 言い草 (言ったこと) lo que dijo, fpl. sus palabras, f. su expresión. ◆彼の言い草がしゃくにさわった Me irritó lo que dijo.

いいくるめる 言いくるめる ◆彼を言いくるめて計画をやめさせる v. persuadir de lo contrario, convencer* 《a + 人》para que no realice un plan. → 丸め込む.

いいこ 好い子 m. buen niño, f. buena niña, m. buen chico, f. buena chica. ◆いい子だからもう寝なさい Como un buen niño, ve a acostarte.

イージーオーダー ◆イージーオーダーのスーツ m. traje encargado a media medida. ◆オーダーメード. ◆イージーオーダーでこの上着を作りました Encargué que me hicieran「esta chaqueta [《ラ米》este saco] a media medida.

いいしぶる 言い渋る ◆遅刻の理由を言い渋る(＝言うのをためらう) v. resistirse a decir* por qué se ha llegado tarde.

いいしれぬ 言い知れぬ悲しみ f. pena inefable [indecible, inexpresable].

いいすぎ 言い過ぎ ◆…と言っても言い過ぎでない No es exagerado decir que …. ◆冗談を言い過ぎるな(＝度を越すな) No te pases con tus bromas.

イースター 復活祭 f. Pascua.
イースターとう イースター島 f. Isla de Pascua (☆チリ領の島).
イースト ◆イースト菌 f. levadura.

いいそこなう 言い損なう (失言する) v. equivocarse* al decir* algo, 《スペイン》cometer un lapsus; (言い忘れる) v. olvidarse de decir* algo.

いいそびれる 言いそびれる v. perder* la ocasión de decir* (algo); (言う機会を逸する) v. perder* la oportunidad de decir*.

いいだす 言い出す (言い始める) v. ir* a decir* [hablar]; (提案する) v. sugerir*, proponer*. ◆彼は何か言い出そうとしたが電話のベルにさえぎられた Iba a decir algo pero fue interrumpido por el teléfono. ◆彼は魚釣りに行こうと言い出した Sugirió que fuéramos de pesca. ◆だれがそれを言い出したのか ¿Quién ha sacado a conversación este tema?

いいちがい ◆言い違いをする v. equivocarse* hablando.

いいつけ 言い付け (命令) m. mandato, f. orden. → 命令. ◆彼の言い付けにそむく v. ir* contra su orden. ◆親の言い付けを守る(＝親に従う) v. obedecer* a los padres.

いいつける 言い付ける (命じる) v. mandar, ordenar; (告げ口する) v. informar, decir*. → 命令する, 告げ口. ◆彼女のことを先生に言いつける v. informar de ella al profesor. ◆そんなことしたらお母さんに言いつけるからね ¡Hazlo y se lo digo a tu madre!

いいつたえ 言い伝え (伝承) f. tradición (oral); (伝説) f. leyenda. → 伝説. ◆言い伝えによるとこのあたりに寺があったそうだ Según una antigua tradición, por aquí había un templo.
☞ 謂れ, 故事, 伝承, 伝説

いいつたえる 言い伝える (伝説などを) v. transmitir. ◆この悲話は昔から言い伝えられてきたのだ Esta triste historia se nos ha transmitido del pasado.

いいなおす 言い直す (言い改める) v. corregirse*; (別の表現をする) v. expresar [decir*]「de otra manera [en otras palabras].

いいなずけ 許婚 m. prometido, f. prometida.

いいならわし 言い習わし (決まった言い方) m. modismo, f. frase hecha ☞ 格言, 諺

いいなり 言い成り ◆彼は彼女の言いなりになっている Él está completamente a merced de ella. / 《口語》Ella lo [le] tiene cogido por las narices. / Ella lo [le] domina a su antojo.

いいにくい 言い難い ◆言いにくいことだが, … Me fastidia tener que decírtelo pero… / Me

いいね 言い値 *m*. precio de oferta.
いいのがれ 言い逃れ (あいまいな返事) *f*. respuesta evasiva; (言い訳) *f*. excusa. → 言い訳. ▶言い逃れる(あいまいな返事をする) *v*. dar* 「una evasiva [excusas]. ▶それは単なる言い逃れだ ¡Eso no es más que una excusa! ▶彼は言い逃ればかりしている Siempre sale con excusas.
いいのこす 言い残す (残る人に言っておく) *v*. dejar dicho; (遺言する) *v*. dejar dicho [encargado] en su testamento 《que》; (言わないでおく) *v*. dejar sin decir*.
いいはる 言い張る *v*. insistir 《en》, sostener*. ⌧押し通す, 固執
イービジネス E- ビジネス 《専門語》 *m*. negocio electrónico.
いいふくめる 言い含める (入念な指示を与える) *v*. dar* instrucciones precisas; (前もって入念に説明する) *v*. explicar* detalladamente para adelantado. ♦娘は親に結婚するように言い含められた (=説得された) La hija fue convencida por sus padres para que se casara.
いいふらす 言いふらす (みんなに言う) *v*. propagar* [difundir] una noticia; (うわさを広める) *v*. hacer* correr un rumor. ♦彼はももこが春に結婚すると言いふらした Andaba por ahí diciendo que Momoko iba a casarse en la primavera.
いいぶん 言い分 (意見) *f*. opinión; (不平) *f*. queja. ▶自分の言い分を通す *v*. imponer* su opinión, salirse* con la suya. ▶両方の言い分を聞く *v*. oír* ambas partes. ♦今度は彼に言い分を述べさせてやれ Que manifieste ahora su opinión. ♦彼の言い分を聞こう Oigamos lo que tenga que decir. ♦その件に関して言い分がある Tengo algo que decir al respecto. ♦何か言い分がありますか ¿Tiene usted alguna queja? 《会話》彼が先に殴ったんです一彼の言い分も聞いてみよう Él me golpeó primero.- Voy a escuchar su opinión.
いいまかす 言い負かす ▶人を言い負かす *v*. vencer* 《a + 人》 con un argumento.
いいまわし 言い回し (表現) *f*. expresión; (慣用表現) *m*. modismo. ▶うまい言い回し *f*. expresión acertada. ▶まずい言い回し *f*. expresión torpe [desacertada].
イーメール E メール *m*. correo electrónico, 《英語》 *m*. "e-mail".
イーユー EU *f*. Unión Europea.
いいよう 言い様 *f*. forma de hablar, *f*. manera de decir. → 言い方. ▶言い様もないほど美しい *v*. ser* indescriptiblemente bello. ▶何とも言い様のないほどひどい振る舞い *m*. comportamiento indescriptiblemente torpe.
いいよる 言い寄る (誘いかける) *v*. cortejar, galantear. ♦彼は会う女性みんなに言い寄った Cortejaba a todas las mujeres que conocía.
いいわけ 言い訳 *f*. disculpa, *m*. pretexto. → 弁解, 口実. ▶¹うまい [²へたな] 言い訳 *m*. ¹buen [²flojo] pretexto. ▶もっともらしい言い訳 *f*. disculpa plausible. ♦経験不足は彼の無作法の言い訳にはならない Su inexperiencia no es disculpa de su mala conducta. ♦頭痛を言い訳にして彼は早く帰った Se sirvió de un dolor de cabeza como disculpa para marcharse antes. ♦君の行動は言い訳のしようがないものだった Tu comportamiento no tenía disculpa.
── 言い訳(を)する *v*. poner* una excusa, excusarse 《de》. ♦彼はこの仕事は初めてだったと言って失敗の言い訳にした Puso como excusa de su fracaso el que era nuevo en el trabajo. ♦彼は自分のふるまいに対してどんな言い訳をしたのか ¿Qué pretexto puso para explicar su conducta? ♦何か言い訳することがありますか ¿Tienes alguna excusa que poner? ▶言い訳するな ¡No pongas excusas! / ¡No hay pretexto que valga! ⌧言い逃れ, 釈明
いいわたす 言い渡す (宣告する) *v*. sentenciar, condenar, pronunciar. ▶死刑を言い渡す *v*. sentenciar [condenar] a muerte.
いいん 医院 *m*. consultorio médico, *f*. clínica. → クリニック.
いいん 委員 *mf*. miembro de 「un comité [una comisión]; 【集合的】 *m*. comité, *f*. comisión. ▶¹常任 [²運営; ³実行] 委員 *mf*. miembro de comité ¹permanente [²directivo; ³ejecutivo]. → 委員会, 委員長. ♦彼は私たちの委員会の委員だ Es miembro de nuestro comité. ♦委員たちの間で意見が分かれた Se dividió la opinión de los miembros del comité.
いいんかい 委員会 (一般の) *m*. comité, *f*. junta, *f*. comisión; (会合) *f*. junta, *f*. reunión de comité. ▶¹運営 [²常任; ³予算] 委員会 *m*. comité ¹directivo [²permanente; ³presupuestario]. ▶教育委員会 *f*. junta de educación. ▶委員会の決定に従う *v*. atenerse* a la decisión de la junta. ▶委員会の一員である *v*. ser* miembro de la junta [del comité]. → 委員. ▶特別委員会を設ける *v*. convocar* un comité especial [ad hoc]. ♦今日委員会が開かれる La junta se reúne hoy. ♦その法案は現在委員会で審議中です El proyecto de ley lo trata hoy la junta. / El proyecto de ley está en plena deliberación de la junta.
いいんちょう 委員長 *mf*. presidente/ta; (呼びかけ) Señor presidente, Señora presidenta. ▶EU 委員長 Presidente de la Unión Europea.
いう 言う ❶ (口で言う) (話す) *v*. hablar; (言う) *v*. decir*, contar*. → 話す. ♦まったく君の言うとおりだ Lo que dices es muy cierto. ♦大きな声で言ってくれ, 聞こえないぞ Habla más alto, que no se oye. 《会話》あいつは嫌いだ―彼になぜそう言わないのか? Lo [Le] odio. -¿Por qué no se lo dices? → そう. 《会話》もっと早く来てほしかったなあ―そう言ってくれればよかったのに Esperaba que hubieras llegado antes. – Deberías habérmelo dicho. ♦何か私にご用があれば遠慮なく言ってください Si desea que haga algo, no tiene más que decírmelo. ♦もう一度言っていただけますか 「¿Puede repetir [Cómo ha dicho usted, Otra vez], por favor? ♦よく言うよ (=よくそんなことが言えるね)

¿Cómo te atreves a decir una cosa así? ♦ その時どんなにうれしかったか口では言えません Me faltan palabras para decirte lo feliz que estaba en ese momento.

1《...を言う》本当のことを言うと *adv.* a decir verdad. → 本当. ▶わけのわからないことを言う *v.* decir* [hablar] tonterías. ▶お祈りを言う *v.* rezar*, decir* una oración, orar. ▶うそを言う *v.* decir*「una mentira [mentiras]. ▶驚きのあまり何も言えない *v.* quedarse atónito [m*u*do de asombro]. ♦その赤ん坊はまだものを言うことができない(=ものが言えない) El bebé todavía no sabe hablar. ♦私もそれを言おうと思っていたところだ Justamente eso es lo que también yo iba a decir. ♦彼は言いたいことを言った(=言いたい放題を言った) Dijo todo lo que quería decir. / Contó todo lo que le dio la gana. / Se explayó.

2《AにBを言う》*v.* decir* B a A. ♦彼は私にさよならを言った Me dijo adiós. / Se despidió de mí. ♦彼女は彼に自分の名前を言った Ella le dijo su nombre. / Ella le dijo cómo se llamaba. ♦君に言いたいこと(=話)がある Tengo algo que decirte. / Tengo que decirte algo. ♦私は母親にこう言われたことがある Esto me lo ha dicho mi madre. ♦昨晩あったことを[何があったのかを](私に)言いなさい Dime [Cuéntame] lo que ocurrió anoche.

3《(Aに)Bについて[のことを]言う》*v.* decir* a A sobre [acerca de] B, hablar con A de [sobre, acerca (de), en torno a] B. ♦そのことをだれにも言わないでくれ No se lo digas [cuentes] a nadie. / Mantenlo en secreto. ♦彼はその問題について一言も言わなかった No dijo "ni una palabra [nada] sobre el asunto. / Se mantuvo perfectamente callado sobre el tema. /《口語》Se calló como un muerto. ♦君は何について言っているのですか ¿De qué estás hablando? / ¿De qué hablas? ♦秀雄は「今日太郎と泳ぎに行った」と言った Hideo dijo que hoy fue [ha ido] a nadar con Taro. / Hideo dijo [ha dicho]: "Taro y yo hemos ido hoy a nadar". ♦マリアは私に「ゆうべここであなたのお母さんに会ったの」と言った María me dijo que anoche había estado aquí con mi madre. ♦「この辺では駐車するな」と彼に言われた Me dijo [ordenó, advirtió] que no aparcara por aquí. / Me dijo: "No aparques por aquí." ♦「たばこはやめるべきだ」と医者は彼に言った El médico le dijo [aconsejó, recomendó] que dejara de fumar. / El médico le dijo: "Deje de fumar." ♦彼女は客に「お座りください」と言った Ella pidió [dijo] a los invitados que se sentaran. / Ella dijo a los invitados: "Siéntense, por favor." ♦すぐにそれをするように言われた Me dijeron que lo hiciera「de inmediato [enseguida]. ♦彼は私に「トランプをしよう」と言った Él me dijo [sugirió] que jugáramos a las cartas. ♦彼は彼に「音楽は好きですか」と言った Ella le preguntó a él si le gustaba la música. / Ella le preguntó: "¿Le gusta la música?" ♦彼は「そこへは行きたくない」と言った Dijo que no quería ir allí [allá]. / Se negó a ir allí. ♦彼は我が国が生んだ最大の科学者だと言っていいだろう Puede decirse bien [sin riesgo a equivocarse] que es el mayor científico que nuestro país ha producido. ♦私は父親似だとよく人に言われます「Me dicen a menudo [La gente suele decir] que me parezco a mi padre. ♦彼はこの町一番の金持だと言われている Dicen [La gente dice] que es el hombre más rico de esta ciudad. / Se dice de él que es el más rico de la ciudad.

❷【表現する】*v.* expresar; (描写する)*v.* describir*. ▶ひと言で言えば *adv.* en dos palabras, en pocas palabras, brevemente. ♦スペイン語で思うことが言えますか ¿Puede usted decir lo que piensa en español? ♦言うに言われぬ苦労があった No puedo expresar todo lo que he sufrido. / No hay palabras para decir todo lo que he sufrido. → 言い知れぬ. ♦それを日本語でどう言うのかわかりません No sé cómo decirlo en japonés. ♦無くしたカメラの特徴を詳しく言ってください Díganos las características detalladas de la cámara que perdió. 会話 スペイン語で「おはよう」はどう言うのですか—「ブエノス・ディアス」と言います ¿Cómo se dice "ohayo" en español? - Se dice "buenos días".

❸【呼ぶ】*v.* llamar. →—と言う. ♦この花をスペイン語で何と言うのですか ¿Cómo se llama esta flor en español? 会話 例の新しいミュージカル見てきたわ—何ていうの? Acabo de ver ese nuevo musical – ¿Cómo se llama? ♦私がうそつきだと言うのかい ¿Estás llamándome mentiroso?

❹【意見を述べる】*v.* expresar [manifestar*] la opinión, (簡単な感想を述べる)*v.* hacer* una observación, observar; (論評する)*v.* hacer* un comentario, comentar. ♦その件について彼は何と言っていますか ¿Qué "ha dicho [opina] él sobre ese asunto? ♦何も言えない (報道陣の質問などに対して) Sin comentario (s). / No puedo decir nada.

❺【主張する】*v.* insistir; (事実であると主張する)*v.* afirmar; (公式に言明する)*v.* declarar; (力説する)*v.*《教養語》urgir*; (保証する)*v.* asegurar; (公言する)*v.* declarar públicamente. → 主張する. ♦彼は私といっしょに行くと言ってきかなかった Insistió en acompañarme. ♦それについて全部知っているとは言えない Yo no afirmo saber todo acerca de eso. ♦彼はわれわれを援助できないときっぱり言った Declaró rotundamente que no podía ayudarnos. ♦彼らはきっと時間どおりに来ると言った Me aseguraron que llegarían a tiempo.

❻【意味する】*v.* querer* decir*; (暗に言う)*v.* implicar*. ♦私の言うことがわかりますか ¿Entiendes lo que quiero decir? ♦君は何を言いたいのですか ¿Qué quieres decir? ♦私は冗談のつもりで言ったのですが Solo lo dije en broma. ♦私は彼がうそつきだと言っているのだ Pues yo digo que él es un mentiroso. 会話 あのかわいい子見たかい—どの子のことを言ってるの ¿Has visto esa chica tan guapa?– ¿Pero a qué chica te refieres?

いうなれば

❼【言及する】 v. mencionar, referirse* 《a》. ♦彼は手紙の中で君のことを言っていた En su carta「se refería a ti [te mencionaba].♦これがきのう言っていた辞書です Éste es el diccionario que te mencioné ayer. ♦君のことを言っているのですよ Me estoy refiriendo a ti.

❽【命令する】 v. ordenar, mandar, decir*; (忠告する) v. aconsejar, recomendar*. ♦私の言うとおりにしなさい Haz como te mando. ♦言われたとおりにしなさい Hazlo como te han dicho. ♦彼にいくら言っても（＝忠告しても）むだです De nada vale darle consejos. ♦私は何にも言えないよ，君自身の責任だからね. No puedo decirte nada. Es tu responsabilidad. ♦だれかその道の人の言うことを聞いてさえいたらねえ Si te hubieras dejado aconsejar por un experto...

❾【依頼する】 v. pedir*, solicitar. 会話 今夜コンサートに行かない?—もっと早く言ってくれればよかったのに ¿No vienes a un concierto esta noche? – Si me lo hubieras dicho antes! ♦彼は私に援助してほしいと言った Me pidió que le ayudara. / Solicitó mi ayuda.

❿【提案する】 v. sugerir*. ♦彼は私にもう一度考え直した方がよいのではないかと言った Me sugirió que「volviera a pensarlo [lo pensara mejor].

⓫【認める】（しぶしぶ自分であると認める） v. admitir; (許可する) v. permitir. ♦彼は自分が間違っていたと言った Admitió haberse equivocado. ♦父は家の中で絶対にたばこを吸ってはいけないと言います Mi padre no nos permite en absoluto fumar「dentro de [en] casa.

⓬【否認する】 v. negar*. ♦彼女はその男に会った覚えはないと言った Negó haber visto alguna vez a ese hombre.

⓭【文句を言う】 v. quejarse. ♦彼は隣家のピアノがうるさくて困ると言っている Se queja de la molestia del piano de su vecino.

《その他の表現》そう言われてみると→そう言えば. ♦言うは易く, 行なうは難し (ことわざ) Es más fácil decirlo que hacerlo. / Una cosa es decirlo y otra cosa es hacerlo. / (ことわざ) Una cosa es predicar y otra dar trigo. ♦彼にも同じことが言える De él se puede decir lo mismo. ♦言っていること悪いことがある Hay cosas que no se deben decir. ♦言わぬが花 (＝言わないでおいた方がよい) Mejor no decir nada. / Más vale callar. ♦だから言わないことじゃない ¿No te lo dije yo? ♦花と言えば, 私は白ユリが一番好きだ Hablando de flores, a mí las que más me gustan son las azucenas. ♦彼女はその秘密を知っているかと言わんばかりの口ぶりだった Hablaba como si supiera el secreto. →まるで. ♦私には取りたてて言うほどの[これと言った]趣味はない Yo no tengo una afición que valga la pena mencionar. ♦ちょっと待って, 最後まで言わせてください ¡Espera un momento! Déjame「que termine [hablar hasta el final]. 会話 いつ引っ越してくるの一すぐく, 何日とは言えないけど ¿Cuándo te cambias? – Pronto, aunque no puedo decir [precisar] qué día. ♦言わせてもらえばそれは有害無益だね Si se me permite decirlo, eso sólo vale para「hacer daño [empeorar las cosas]. ♦よく言うでしょ (＝ことわざにあるように),「たで食う虫も好きずき」って. Como dice [《文語》reza] el refrán: "Sobre gustos no hay nada escrito."

いうなれば　言うなれば　♦あの人は, 言うなれば (＝言わば)陸に上がった魚のようなものだ Está, por así decir, como un pez fuera del agua.

いうまでもない　言うまでもない　♦彼がすぐれた芸術家であることは言うまでもない Ni que decir tiene que es un artista excelente.

—— は言うまでもなく prep. por no decir nada de, por no hablar de, sin hablar de. ♦彼は英語は言うまでもなくドイツ語やフランス語も話せる Sabe hablar alemán y francés, por no decir nada del inglés. ♦その子は走ることは言うまでもなく, 歩くことさえできない No se puede decir que el niño camine, ni mucho menos podrá correr.

＊＊いえ　家　❶【住居】 f. casa; m. hogar; (《フォーマル》) m. domicilio. → 住居.

1〈～家〉▶広い[狭い]家 f. casa「grande [pequeña]. ▶住みよい家 f. casa acogedora. ▶1石[2れんが]造りの家 f. casa de 1piedra [2ladrillo]. ▶木造2階建ての家 f. casa de dos pisos de madera. ▶赤い屋根に白い壁の家 f. casa con el tejado rojo y las paredes blancas. ▶小田さんの家でパーティーを開いた La fiesta fue en casa de los Oda. / La fiesta se celebró en el domicilio「de los Oda [del Sr. Oda].

2〈家が[は]〉♦彼の家は川のそばに建っている Su casa está [se levanta] al lado de un río. ♦彼には住む家がない No tiene sitio dónde vivir. / No tiene techo. / No tiene casa. ♦家は神戸です Mi casa está en Kobe. / (神戸に住んでいる)Vivo en Kobe.

3〈家の〉▶家の外で遊ぶ v. jugar* fuera de casa. → 中, 外. ▶家の中を案内しましょう Voy a enseñarte la casa.

4〈家に[へ]〉▶家に帰る v. volver* [regresar, llegar*] a casa. → 帰宅する. ▶家にいる v. estar* en casa. ▶家にこもる v. quedarse en casa. ▶(学校から)家へ帰る途中 adv. de [en] camino a casa de la escuela. ♦彼女は家にいて家事をするのが好きだ Le gusta quedarse en casa y hacer las faenas domésticas. ♦彼が家に帰るまで待っています Voy a esperar hasta que vuelva a casa. ♦ぼくはおばの家にやっかいになっている (＝同居) Vivo con mi tía. / Vivo en casa de mi tía. → 泊まる. ♦あしたあなたの家へ行ってもいいかしら ¿Puedo ir a tu casa mañana? → 行く.

5〈家を〉▶家を持つ v. tener* casa propia; (所帯を持つ) v. casarse. ▶家を借りる v. alquilar una casa. ▶家を貸す v. arrendar* [alquilar] una casa. ▶家を出る v. dejar [abandonar] la casa, irse* de casa. → 家出. ▶京都に家を構える v.「poner* casa [《フォーマル》domiciliarse, afincarse*] en Kioto. → 一家. ♦彼らはなんてすばらしい家を買ったんでしょう ¡Qué casa tan preciosa han comprado! ♦ぼ

くは家を建てた Me hice mi casa. → 建てる. ♦彼は酔っ払って一晩家をあけた（＝外泊した）Se emborrachó y pasó la noche fuera de casa. ❷[家庭, 家族, 家系] f. casa, f. familia. ♦家の資産 f. propiedad familiar. → 家業. ♦家を継ぐ v. heredar una casa. ♦家中でだれが一番早起きですか ¿Quién es el primero que se levanta en tu casa? ♦家のことは妻にまかせている Dejo que mi mujer lleve la casa. ♦彼は貧乏な家に生まれた Nació en el seno de una familia humilde. ⇨家屋, 住まい, 所

いえい 遺影 f. fotografía de un/una difunto/ta.

いえがら 家柄 (家の格) f. posición social de una familia, m. nacimiento, f. cuna, m. linaje. ♦彼は家柄がよい Viene de buena familia. / Tiene buen linaje. ♦家柄は問題はない Los orígenes familiares no importan. / La cuna no tiene importancia.

いえき 胃液 f. jugo gástrico. →胃.

いえじ 家路 ♦家路を急ぐ v. dirigirse* a casa de prisa. ♦家路に向かうサラリーマンたち mpl. oficinistas [mpl. empleados] en camino de vuelta a casa.

イエス(キリスト) Jesucristo, Jesús (☆前4?－後30?, 救世主).

いえで 家出する v. escaparse [irse*] de casa. ♦家出少年 m. joven huido de su casa.

いえども (...であるけれども) conj. aunque, a pesar de que. ♦彼は若いといえども思慮分別がある Aunque es joven, tiene prudencia. ♦子供といえどもその事態の容易ならぬことがわかる Aunque sea un niño puede darse cuenta de la gravedad de la situación.

いえなみ 家並み f. fila [f. hilera] de casas.

イエメン Yemen; (公式名) República del Yemen (☆アジアの国, 首都サヌア Sanaa). ♦イエメン人 mf. yemení, mf. yemenita.

いえもと 家元 "iemoto", (説明的に) mf. director/tora de una escuela de arte tradicional japonés.

イエローカード f. tarjeta amarilla.

いえん 胃炎 (専門語) f. gastritis; (胃の病気) m. trastorno estomacal.

いおう 硫黄 m. azufre. ♦硫黄の adj. sulfúrico, sulfuroso. ♦二酸化硫黄 m. dióxido de azufre. ♦三酸化硫黄 m. trióxido de azufre.

イオニアかい イオニア海 m. Mar Jónico (☆地中海の海域).

イオン m. ion. ♦イオン結合 m. enlace iónico. ♦イオン結晶 m. cristal iónico.

いか 烏賊 (甲イカ) f. sepia, f. jibia; (甲のない) m. calamar. → 魚. ♦イカの足 mpl. brazos del calamar.

＊**いか** 以下 ❶ [...より下] adj. inferior 《a》, adv. menos 《de, que》; (...より少ない) prep. por debajo de, menos de, menor de. → 以上. ♦ぼくの成績は平均点以下だった Mis resultados fueron inferiores a la media. ♦彼の月収は20万円以下です Su salario mensual es menos de 200.000 yenes. ♦5歳以下の子供は入場無料です La entrada es gratuita para niños de cinco años o menos. ♦おまえは見習い以下だ Eres menos que un aprendiz. ❷ [次に述べるもの] lo siguiente; (その他のもの) lo demás. ♦以下次号 Continuará. ♦15ページ以下参照 Véase la p. 15 (página quince) y siguientes. ♦以下が彼の話[言葉]です Sus palabras fueron éstas. ♦以下省略 Lo demás se omite. ♦彼の住所は以下のとおりです Sus direcciones son éstas:

いが (クリなどの) m. erizo.

＊**いがい** 意外な (予期しない) adj. inesperado, imprevisto; (驚くべき) adj. sorprendente; (偶然の) adj. casual. ♦意外な成功 m. éxito inesperado [sorprendente]. ♦意外な出会い m. encuentro casual. ♦彼が試験に落ちたのは意外だ Fue sorprendente que suspendiera el examen. ♦彼の成功は意外だった Su éxito fue sorprendente. ♦彼にあそこで会うとはまったく意外なことだった (＝会うことを予期しなかった) Jamás creí que me lo volvería a encontrar allí. / (最も会いそうもないと思った人が) Era la última persona con la que esperaba encontrarme allí. 会話 田中が負けたよ―意外だね Tanaka perdió. – Sorprendente, ¿verdad?

―― **意外に** (思いがけなく) adv. inesperadamente, de improviso; (驚いたことに) adv. sorprendentemente. ♦それは意外にうまくいった Inesperadamente salió bien. ♦意外にも計画は失敗した El plan fracasó sorprendentemente. ♦試験は意外に（＝思ったより）易しかった El examen fue más fácil de lo que se creía. 会話 人がけがすることはないの―もちろんあるさ. でも意外に少ないんだ ¿Y no resulta herido nadie? – ¡Claro que sí! Pero pocos, por sorprendente que parezca.

＊**いがい** 以外 ❶ (...を除いて) prep. excepto, a excepción de, menos, salvo. → 除く. ♦私以外はみな疲れていた Todo el mundo excepto yo estaba cansado. / Menos yo todos estaban cansados. / A excepción mía [de mí], todos estaban cansados. ♦来客のため[とき]以外はその部屋は使いません Excepto [Aparte de] cuando hay invitados, esa sala no se usa. ♦緊急の場合以外はこの区域に入ってはいけない Salvo en el caso de una emergencia, no se debe entrar en esta zona. ♦ただ待つ以外にどうしようもない Lo único que se puede hacer es esperar. / Salvo esperar no hay nada que hacer. ♦彼はSF小説以外のものは書かない Ese/sa escritor/tora no escribe「nada aparte de [más que] ciencia ficción. ♦この小説以外の（＝小説と異なった）本を読みたい Quiero leer otro libro que no sea una novela. ♦「ごめんなさい」って言ったのよ. 以外言いようがないじゃないの He dicho ya "perdón". ¿Qué otra cosa puedo decir? ♦君は東京以外（＝の外）のどこかに住んだ方がよい Deberías vivir en algún lugar que no fuera Tokio.

❷ [に加えて] prep. aparte de, además de. ♦数学以外にもたくさん勉強することがある Aparte

いがい 遺骸 m. cadáver, mpl. restos mortales.

いかが 如何 ❶【尋ねて】→どう。♦ちかごろごきげんいかがですか ¿Cómo estás últimamente? / ¿Qué tal andas de humor estos días?

❷【勧めて】→どう。♦〈酒を〉もう一杯いかが? ¿Qué tal otra copa [bebida]? 会話 でも飛行機には酔うんだよ―それなら列車で行けばいかが? Pero me mareo en el avión. – En ese caso, ¿por qué no viajar en tren? ♦もう一度やってみてはいかがですか ¿Qué tal si [Por qué no] lo intenta otra vez?

❸【不賛成】♦未成年者にたばこを勧めるのはいかがなものでしょう(= 良いとは思わない) No me parece que esté bien ofrecer tabaco a un/una menor.

いかがわしい ♦いかがわしい(= 怪しげな)人物 f. persona sospechosa [dudosa]. ♦いかがわしい(= 問題となる)行動 m. comportamiento sospechoso [turbio]. ♦いかがわしい(= みだらな)本 m. libro indecente [deshonesto, sucio]. ♦うわさではいかがわしい過去がある Dicen que tiene un pasado sospechoso [turbio].

いかく 威嚇 f. amenaza, f. intimidación. → 脅し, 脅迫。♦威嚇射撃 mpl. disparos de advertencia. ♦威嚇する v. amenazar*, intimidar. → 脅す。♦猫が犬に威嚇の姿勢をとった El gato adoptó ante el perro una postura amenazante.

いかく 医学 f. Medicina, f. ciencia médica. ♦医学の adj. médico, relativo a la Medicina. ♦予防医学 f. medicina preventiva. ♦医学界 mpl. círculos médicos. ♦医学博士 mf. doctor/tora en Medicina. ♦医学部 f. facultad de Medicina. ♦医学はめざましく進歩している La Medicina está realizando grandes progresos. ♦君は医学的にはまったく健康です Desde el punto de vista médico tu salud es buena. ♦彼は医学を勉強している Está estudiando Medicina.

いかさま にせ物 f. falsificación, f. imitación. ♦いかさまをやる v. falsificar*, falsear. ♦いかさま師 mf. impostor/tora, mf. farsante, mf. falsificador/dora, mf. tramposo/sa.

いかす 生かす ❶【生きたままにしておく】v. conservar con vida, dejar vivir. ♦しばらくの間この魚を生かしておいてください Por favor, déjale [déjame] vivir un poco más al pez. ♦あの殺し屋は生かしておけない No se puede dejar vivir [vivo, con vida] a ese asesino. ♦政治家を生かすも殺すもマスコミ次第 La prensa puede ser la vida o la muerte para un político.

❷【活用する】(使用する)v. usar, utilizar*, servirse* 《de》, emplear. ♦経験を仕事に生かす v. usar al máximo la propia experiencia, hacer* buen uso de la propia experiencia. ♦核エネルギーを平和目的に生かして使う v. utilizar* la energía nuclear para [con] fines pacíficos. ♦スペイン語を生かせる仕事を探しています Estoy buscando un trabajo en el que pueda usar mi español. ♦君はこの機会をうまく生かしなさい Será mejor que aproveches [utilices] esta oportunidad.

いかすい 胃下垂 《専門語》f. gastroptosis,《専門語》f. ptosis gástrica.

いかだ 筏 f. balsa, f. almadía. ♦いかだ乗り mf. balsero/ra. ♦いかだを組む v. hacer* una balsa. ♦いかだで川を下る v. ir* río abajo en balsa, descender* por un río en balsa.

いかた 鋳型 m. molde. ♦鋳型に注ぎ込む v. moldear, fundir (metal). ♦(人などを)鋳型にはめる v. amoldar 《a + 人》.

いかだいがく 医科大学 f. escuela universitaria de medicina.

いかつい いかつい顔(= 厳しい表情) m. semblante duro [severo]. ♦いかつい(= 角張った)肩の人 f. persona con hombros cuadrados.

いかなる 如何なる adj. cualquier. → どんな。♦いかなる(種類の)体罰にも反対である v. estar* en contra de cualquier tipo de castigo corporal.

いかに ❶【どの程度】lo + 形容詞, interrog. cómo, hasta qué punto, en qué grado. ♦この写真では彼がいかに背が高いかがわかる En esta foto se ve lo alto que es. / En esa foto se ve cómo es de alto.

❷【どんなに…しても】por [no importa lo] + 形容詞・副詞 que. ♦彼がいかに力持ちでもその岩は動かせない Por [No importa lo] fuerte que sea, no puede mover esta roca.

いかにも ❶【まさに】adj. muy propio de, típicamente + 所有詞・形容詞. ♦いかにも満足そうに adv. con mucho gusto, con evidente placer. ♦それはいかにも彼の言いそうなことだ Decir eso es muy propio de él. / Es típicamente suyo el decir eso. ♦彼のお世辞はいかにも見え見えだったね Sus cumplidos parecían algo falsos, ¿verdad? ♦彼の考え方はいかにも(= 典型的に)日本的だ Su manera de pensar es típicamente japonesa.

❷【なるほど】adv. verdaderamente, en verdad que, realmente. ♦いかにも彼はいい人だが退屈な人だ En verdad que es un buen hombre, aunque es aburrido.

❸【あたかも】conj. como si. → まるで。

いかばかり ♦彼の悲しみはいかばかりであろうか Me puedo imaginar bien su tristeza.

いがみあう いがみ合う(口論する)v. estar* en discordia,《口語》andar* a la greña, llevarse mal. ♦(通例夫婦が)いがみ合って暮らす《口語》v. llevarse como el perro y el gato. ♦その兄弟はつまらない事でいつもいがみ合っている Esos hermanos siempre [andan a la greña [están como el perro y el gato] por tonterías.

いかめしい(重苦しい)adj. grave;(厳しい)adj. severo;(威厳のある)adj. imponente, majestuoso;(仰々しい)adj. solemne. ♦いかめしい顔つき m. semblante severo. ♦いかめしい制服を着て adv. con un uniforme imponente. ♦いかめしい感じの建物 m. edificio de majestuoso porte. ♦いかめしい肩書き m. título solemne.

いがらっぽい adj. con carraspera, irritado. ♦のどがいがらっぽいときはよくうがいをするといい

Cuando se tiene carraspera en la garganta, es bueno hacer gárgaras.

いかり 怒り ▶ f. ira, f. cólera, 『スペイン』m. enfado, 『ラ米』m. enojo; (抑えられないほどの) f. rabia, m. coraje; (気も狂わんばかりの) m. furor, f. indignación. → 憤慨.

1《怒りが[は]》▶彼の怒りが爆発した Su ira estalló. / Montó en cólera. ▶彼が我が国の国旗を燃やしているのを見て彼に対する怒りが胸にこみ上げてきた Al ver como él quemaba la bandera de nuestro país, tuve un arranque de cólera contra él. ▶このような侮辱に対する彼の怒りはすさまじかった Con [Ante] esos insultos se puso furioso de indignación.

2《怒りの》▶怒りのあまり口もきけなかった Estaba tan enfadado [colérico] que no podía ni hablar.

3《怒りに》▶怒りに燃える v. arder de cólera. ▶怒りに触れる → 怒りを買う. ▶彼は怒りにまかせて (=かっとなって)私に花瓶を投げた En un ataque de cólera, me tiró el florero.

4《怒りを[で]》▶怒りを買う[招く] v. provocar* [excitar] la ira, irritar. ▶怒りを抑える v. contener* la ira, reprimir la cólera. ▶彼に怒りをぶちまける v. descargar* la cólera en él. ▶怒りを覚える v. indignarse con [contra] él. ▶彼の声は怒りで震えていた Su voz temblaba de cólera.

いかり 錨 ▶ f. ancla. ▶錨を¹上げる [²下ろす] v. ¹levar [²echar] anclas. ▶錨を下ろして (=停泊している) v. estar* anclado.

いかれた → いかれる

いかれる ▶いかれた (=使い古した)靴 mpl. zapatos muy gastados. ▶どうもこの車はいかれた (=だめになった)ようだ Me temo que este 『スペイン』coche [auto, 『ラ米』carro] ya no tiene arreglo. ▶その温度計はいかれている (=狂っている) Ese termómetro anda mal. ▶あの男はいかれてる (=頭が変だ) Ha perdido el juicio. / Se ha vuelto loco. ▶あいつは彼女にいかれちゃってる (=夢中になっている) Está loco por ella.

いかん 遺憾 ▶ f. lástima, f. pena. → 残念. ▶遺憾な事 m. asunto deplorable. ▶...を誠に遺憾に思う Siento mucho que + 接続法. ▶彼は会議に出席できないことに遺憾の意を表した Expresó su pesar por no poder asistir a la reunión. ▶君が多くの人に迷惑をかけたのは遺憾だ Es lamentable que hayas molestado a tanta gente. ▶遺憾ながらご招待はお受けできません Lamento no poder aceptar la invitación. / Es una lástima [pena] que no pueda aceptar la invitación.

いかん ▶その結果いかんによる v. depender del resultado. ▶...よる、次第. ▶年齢のいかんを問わず adv. sin importar la edad, independientemente de los años que tenga. ▶いかんせん (=あいにく) adv. por desgracia, desafortunadamente. ▶それはいかんともしがたい No hay remedio. / No hay nada que se pueda hacer.

いかん 移管する v. transferir*, ceder.

いかんなく 遺憾なく ▶ (最大限に) adv. a más no pedir, óptimamente. ▶遺憾なく実力を発揮する v. mostrar* al máximo la propia capacidad.

いき 行き ▶東京行きの列車 m. tren con destino a Tokio. ▶行きは電車で帰りはタクシーで v. ir* en tren y volver* en taxi. ▶行きも帰りも歩く v. ir* y volver* a pie. ▶あのバスはどこ行きですか ¿A dónde va ese autobús? / ¿Con destino a dónde es ese autobús? / ¿Qué destino tiene ese autobús?

いき 息【呼吸する空気】m. aliento; (呼吸) f. respiración. ▶息もつかずにしゃべる v. hablar sin tomar aliento. ▶窓ガラスは子供たちの息で曇っていた Los cristales de la ventana estaban empañados por el vaho de la respiración de los niños. ▶彼は息もつかぬ速さで駅の方へ走って行った Echó a correr hacia la estación sin aliento.

1《息が[は]》▶彼はまだ息がある Todavía respira. ▶早く走ったので息が切れた Corrí tan rápido que me quedé sin aliento. ▶彼は息が臭い Le huele mal el aliento. ▶彼は食物がつかえて息が詰まった Se le atragantó la comida. ▶満員電車は息が詰まりそうだった (=窒息しそうだった) Era asfixiante estar dentro del tren lleno de gente.

2《息の》▶息のあるうちに adv. mientras hay vida. ▶(人の)息の根を止める (=殺す) v. matar. ▶息の続く限り(最後のあえぎまで) adv. hasta el último momento; (生きている限り) adv. mientras viva.

3《息を》▶激しく息をする v. jadear, resollar*. ▶息を吸い込む v. inhalar, inspirar. ▶息を吐き出す v. exhalar, expirar. ▶息を切らして (=あえぎながら)走る v. correr jadeando [sin aliento]. ▶彼はほっと息をついた Respiró aliviado [con alivio]. ▶彼は大きく息を吸って水にもぐった Respiró profundamente y se tiró al agua. ▶力を抜いて、息を吸って、はいて吐いて(医者が患者に対して) Relajado. Tomamos aire y lo sacamos. ▶彼らが通り過ぎる間私は息を詰めていた Contuve [Aguanté] la respiración mientras ellos pasaban. ▶日の出の美しさに私は思わず息をのんだ La belleza de la salida del sol me dejó sin habla.

《その他の表現》▶息の長い (=長期にわたる)計画 m. plan a largo plazo. ▶息の長い仕事をする v. hacer* [realizar*] un trabajo duradero. ▶忙しくて息をつく (=一休みする)暇がない Estoy demasiado ocupado para descansar siquiera un rato. ▶彼はきのう息を引き取った (=死んだ) Ayer dio su último aliento. / Murió [Falleció] ayer. ▶人工呼吸をすると、その溺○死していた子は息を吹き返した El niño que estaba medio ahogado volvió en sí después de que le hicieran la respiración artificial. ▶事故のあと彼は息も絶えだえ (=半死の状態)だった Después del accidente estaba「medio muerto [más muerto que vivo].

いき 粋 ▶《仏語》 adj. "chic", elegante. ▶ (女・女の服が)いきな 《仏語》 adj. "chic"; (流行の) adj. de moda, elegante. ▶いきなレストラン m. res-

70 いき

taurante "chic". ▶いきな男 m. hombre elegante. ▶いきなせりふ f. observación ingeniosa.

いき 意気 ❶【元気】m. ánimo, m. aliento; （士気）f. moral. ▶意気盛んである v. estar* animado, tener* moral. ▶その知らせで意気を喪失する v. desanimarse [desmoralizarse*, desalentarse*] con la noticia. ▶意気消沈している →意気消沈. ▶その意気だ!おれがついているぞ ¡Ánimo! ¡Estoy a tu lado!

❷【決意】f. decisión. ▶彼の意気に打たれる v. estar* conmovido por su firme voluntad. ▶→意気投合, 意気揚々.

いき 域 （程度）m. nivel, m. grado. ▶名人の域に達する v. alcanzar* un nivel magistral [de maestro]. ▶素人の域を出ない（=まだ素人の程度である） v. estar* aún a un nivel de aficionado. ▶それは私の憶測の域を出ない（=単なる憶測である）Es sólo una suposición mía.

いき 生きがよい ▶この魚はとっても生きがよい Es un pescado fresquísimo [muy fresco].

いぎ 意義 ❶【意味】m. significado, m. sentido. →意味.

❷【重要性】f. importancia, m. significado. ▶歴史的意義のある事件 m. acontecimiento [m. suceso] de importancia histórica. ▶意義深い実験 m. experimento importante. ♦彼らの参加でその大会は一層意義深いものとなった Su participación dio a la convención un significado más profundo.

いぎ 異議 m. reparo, f. objeción [f. protesta]《contra》. →反対, 抗議. ▶異議を唱える v. poner* reparos《a》, objetar《en contra de》, protestar《contra》, oponerse*《a》. ▶彼らはその案を(実行すること)に異議を唱えた Pusieron reparos a la realización del proyecto. ▶異議はありません No tengo nada que objetar. / No hay objeciones.

いぎ 威儀 （威厳）f. dignidad. ▶威儀を正して（=威厳のあるふうに） adv. de manera digna [grave, solemne].

いきあう 行き会う →行(ゆ)き会う.

いきあたりばったり 行き当たりばったり adv. al azar, a la buena de Dios. ▶行き当たりばったりにやる v. hacer*（algo）「al azar [de suerte, sin un plan fijo].

いきあたる 行き当たる ♦私たちは川に行き当たるまでやぶの中を進んで行った Continuamos [Seguimos] por los matorrales hasta que dimos con el río.

いきいき 生き生き adj. animado, vivaz. ♦彼女は生き生きとした表情をしている Tiene un aspecto animado. / Su expresión parece estar llena de vida. ♦雨でアジサイの葉が生き生きしている Las hojas de la hortensia están animadas con la lluvia. ♦その本の人物描写は生き生きとしていて真に迫っている Los personajes del libro son vivos y fieles a la realidad. ♦彼は子供にお話をしてやっているとき実に生き生きとしている（=彼の最高の状態にある）Cuando está contando cuentos a los niños se encuentra「en su ambiente [《魚が水を得たように》《口語》como pez en el agua]. ♦この町が生き生きしてくる（=活気づく）のは暗くなってからです Esta ciudad cobra vida cuando se hace de noche.

いきうつし 生き写しの（だれかにそっくりの）♦彼は父親に生き写しだ Es el vivo retrato de su padre. / 《口語》Es igualito que su padre.

いきうめ 生き埋めにする v. enterrar* vivo. ♦雪崩(なだれ)で 3 人のスキーヤーが生き埋めになった Un alud enterró vivos a tres esquiadores.

いきおい 勢い ❶【力, 活気, 勢い】f. fuerza, f. energía, m. vigor, m. poder.

1《勢いが》♦風の勢いが少しずつ衰えてきた El viento ha ido perdiendo poco a poco su fuerza. ♦彼の球は勢いがある Su lanzamiento es potente. ♦彼は勢い(が)余ってドアに頭をぶつけた Gastó demasiada energía y se golpeó la cabeza contra la puerta. ♦山火事はまた勢いが強くなった（=燃え上がった）Volvió a ponerse furioso el incendio forestal.

2《勢いのある》 adj. enérgico, vigoroso, fuerte, poderoso, influyente. ♦勢いのある文体 m. estilo vigoroso.

3《勢いを[に]》♦我が軍は敵の勢いに圧倒された Nuestro ejército fue superado por las fuerzas del enemigo. ♦あらしは勢いを増してきた La tormenta ha arreciado.

4《勢いで》♦風がものすごい勢いで窓に吹き付けていた El viento azotaba las ventanas con「gran fuerza [violencia]. ♦人口が非常な勢いで（=急速に）増加している La población está aumentando con rapidez. ♦彼は酔った勢いで暴力を振るった Bajo la influencia del alcohol recurrió a la violencia. / Se puso violento debido al alcohol. ♦そのチームは破竹の勢いで勝ち進んだ El equipo avanzaba como un huracán. ♦怒った群衆はすさまじい勢いで鉄の柵を破った La multitud enfurecida forzó la verja con violencia arrolladora.

5《勢いで》adv. con fuerza; enérgicamente, vigorosamente. ♦植物が勢いよく（=元気よく）成長している Las plantas crecen con vigor. ♦水が壊れたパイプから勢いよく流れ出ている El agua está saliendo「a chorros [violentamente] de la tubería rota. ♦彼は勢いよく部屋に飛び込んで来た Entró violentamente en la habitación.

❷【はずみ】m. ímpetu, m. impulso; f. velocidad. ♦彼の車は坂を下るにつれて勢いがついていった Su auto「ganó velocidad [cogió más y más velocidad] cuesta abajo.

❸【成り行き】♦時の勢いに逆らう v. ir* contra「la corriente [el tiempo]. ♦むだ遣いをすれば勢い金が足りなくなる Si malgastas el dinero, naturalmente que te va a faltar.

いきおいこむ 勢い込んで（=元気よく）adv. con vigor, vigorosamente;（熱中して）adv. entusiásticamente.

いきかえり 行き帰り →往復. ▶行き帰り歩く v. caminar en ambas [las dos] direcciones. ▶学校の行き帰りに adv. en el camino de ida y de vuelta a la escuela. ▶1 日ではそこへは行き帰りできない No podemos ir allí y volver en el mismo día.

いきかえる 生き返る *v.* revivir, resucitar, volver* a la vida. ▶生き返らせる *v.* hacer* que vuelva a la vida, resucitar. ◆水につけた花が生き返った Con el agua la flor revivió. ◆ふろに入ると生き返ったような気分になる Me siento revivido con el baño.

いきがかり 行き掛かり ▶行き掛かり上, 彼の申し出を断れなかった Debido a las circunstancias sentí que no podía rechazar su ofrecimiento. / Las circunstancias me obligaron a aceptar su oferta.

いきき 行き来 (往来) *f.* ida y *f.* venida. → 往来. ▶行き来する *v.* ir* y volver*; (交際して) asociarse, *fpl.* relaciones. ◆彼は近ごろ人との行き来を(＝会うのを)避けているようだ Estos días parece que evita ver a la gente.

―― 行き来する *v.* ir* y venir*, ir* de acá para allá; (交際する) *v.* verse* 《con》, asociarse 《a》. ◆東京大阪間を行き来する *v.* 「ir* y venir* [ir* de acá para allá]」entre Tokio y Osaka. ◆彼らはお互い行き来する(＝訪問する) 間柄だ Se llevan bien. / Están en buenas relaciones.

いきぎれ 息切れする *v.* quedarse sin aliento, faltar 《a + 人》la respiración. → 息.

いきぐるしい 息苦しい (息をつきにくい) *adj.* asfixiante, sofocante. ◆その部屋は風通しが悪くて息苦しかった El aire de la habitación estaba muy cargado y era asfixiante estar allí. ◆このセーターの首は息苦しい El cuello de este suéter me ahoga.

いきごみ 意気込み (熱意) *m.* entusiasmo, *m.* afán, *m.* ardor. ◆大変な意気込みで勉強する *v.* estudiar con gran entusiasmo. ▶意気込みをくじく *v.* hacer* perder (su) entusiasmo. ◆その試合に勝とうとする彼らの意気込みは大変なものだった Estaban muy entusiasmados con ganar el partido.

いきごむ 意気込む *v.* entusiasmarse 《con》, poner* entusiasmo 《en》. ▶自分の研究に意気込んでいる *v.* poner* ilusión en su estudio. ▶大いに意気込んで事業を始める *v.* emprender un negocio con「gran ardor [mucho entusiasmo]」. ◆彼は博士号を取ると意気込んでいる Ha puesto todo su afán en conseguir el doctorado. / Está muy ilusionado en obtener el título de doctor.

いきさき 行き先 *m.* destino.

いきさつ 経緯 (込み入った事情) *fpl.* circunstancias, *mpl.* detalles, *fpl.* incidencias. ▶事件のいきさつ *mpl.* detalles del asunto. ◆この間のいきさつをお話ししましょう Voy a contarle las circunstancias ocurridas en este tiempo.

いきじびき 生き字引 (言葉をよく知っている人) *m.* diccionario ambulante; (博学な人) *f.* enciclopedia ambulante.

いきしょうちん 意気消沈する *v.* deprimirse, desmoralizarse*. ▶意気消沈している *v.* estar* deprimido [desanimado], andar* con la moral baja ☞落ち込む, 沈む

いきすぎる 行き過ぎる ▶郵便局を行き過ぎる(＝通り過ぎる) *v.* pasar de largo Correos. ◆駅を二つ行き過ぎてしまった Me pasé en dos estaciones. / Fui dos estaciones más allá. ◆何事においても行き過ぎる(＝度を越え)するな No te pases en nada. / No te excedas en ninguna cosa.

いきた 生きた (生きている) *adj.* vivo, con vida, viviente. ▶生きたネズミで実験する *v.* hacer* experimentos con ratones vivos. ▶生きた手本 *m.* modelo viviente [vivo]. ◆彼は生きたまま埋められた Fue enterrado vivo. ◆生きた心地がしなかった Estaba muerto de miedo.

いきちがい 行き違い →行(ゅ)き違い.

いきづかい 息遣い ▶息遣いが荒い[早い] *v.* respirar entrecortadamente, jadear.

いきつく 行き着く (着く) *v.* llegar* 《a》, alcanzar*.

いきづく 息づく (生きている) *v.* vivir. ◆四月, 鎌倉は春らんまんで自然が息づいていた En abril la naturaleza hacía palpitar a Kamakura con vida primaveral.

いきつけ 行きつけの店 *f.* tienda favorita. → 行(ゅ)きつけ.

いきづまる 行き詰まる → 行(ゅ)き詰まる.

いきづまる 息詰まる ▶息詰まるような(＝手に汗を握る)自動車レース *f.* carrera de coches excitante. ▶息詰まるような(＝重苦しい)沈黙 *m.* silencio opresivo.

いきとうごう 意気投合 ▶二人は意気投合している(＝気の合った同士だ) Los dos son almas gemelas.

いきどおり 憤り → 憤慨. ◆その誘拐犯人に強い憤りを感じた Sentí una fuerte indignación contra el/la secuestrador/dora.

いきどおる 憤る *v.* enfadarse, enojarse. → 怒(ぃ)る, 憤慨する.

いきとどく 行き届く → 行(ゅ)き届く.

いきどまり 行き止まり *m.* callejón sin salida. → 行き止まり.

いきながらえる 生き長らえる (長く生きる) *v.* vivir mucho tiempo; (生き続ける) *v.* seguir* viviendo; (生き残る) *v.* sobrevivir.

いきなり (突然に) *adv.* de repente, repentinamente → 突然; (唐突に) *adv.* súbitamente; (予告なしに) *adv.* sin previo aviso. ▶いきなり解雇される *v.* 「quedarse sin trabajo [ser* despedido]」「sin previo aviso [de repente]」. ◆彼はいきなり走り出した Echó a correr de repente. ◆ドライアイスは固体からいきなり(＝間に他を介せずに)気体になる El hielo seco pasa directamente del estado sólido al gaseoso.

いきぬき 息抜き (一休み) *m.* descanso, *m.* respiro. ▶ちょっと息抜きをする *v.* tomarse un breve descanso. ◆私は時々息抜きに絵をかく A veces me pongo a pintar para descansar. ◆絵をかくのはたいへん息抜きになる Pintar es muy relajante. ◆息抜きに(＝気分転換に)映画を見に行こう Vamos al cine para distraernos.

いきぬく 生き抜く (生き延びる) *v.* sobrevivir. ▶二つの戦争を生き抜く *v.* sobrevivir dos guerras.

いきのこり 生き残り *mf.* superviviente.

いきのこる 生き残る *v.* sobrevivir. ◆彼は事故

72 いきのびる

にあったが生き残った Sobrevivió al accidente.
☞ 生き長らえる, 生き延びる, 生存する, 助かる

いきのびる 生き延びる (生き残る) v. sobrevivir.
▶激しい戦いを生き延びる v. sobrevivir una feroz batalla.

いきまく 息巻く (ひどく怒っている) v. estar* furio*so* [indign*ado*]; (脅かす) v. amenazar*.

いきもの 生き物 m. ser vivo [viviente, animado], f. criatura. ▶密林の生き物を殺す v. destruir* la vida de la selva. ♦その生き物は奇妙な姿をしていた Esa criatura tenía un aspecto extraño.

いきょう 異郷 m. (país) extranjero.

いきょう 異教 f. otra religión; (正当宗教に対して) f. herejía. ▶異教徒 (正統宗教から見て) mf. hereje; mf. pagano/na, mf. gentil.

いぎょう 偉業 f. hazaña, f. proeza. ♦それは科学上の偉業だ Es una proeza científica.

いきようよう 意気揚々 ▶意気揚々としている v. estar* muy animad*o*, tener* la moral muy alta. ▶成功して意気揚々としている v. tener* la moral muy alta por el éxito. ▶意気揚々と家路につく v. volver* triunfante a casa.

***イギリス** (連合王国の略) Reino Unido, Inglaterra; (公式名) El Reino Unido de Gran Bretaña e Irlanda del Norte (☆ヨーロッパの国, 首都ロンドン Londres). ▶イギリスの adj. inglés, británico. ▶イギリス英語 m. inglés de Inglaterra. ▶イギリス政府 m. gobierno británico. ▶イギリス海峡 m. Canal de la Mancha (☆イングランド南岸とフランス北岸の間の海峡). ▶イギリス人 mf. inglés/glesa; 《集合的》 mpl. británicos, el pueblo británico, mpl. ingleses. ▶イギリス連邦 f. Mancomunidad Británica de Naciones.

いきりたつ 息り立つ (たいへん怒る) v. ponerse* furioso, enfadarse mucho. → 怒る.

****いきる** 生きる ❶ (生物が生存する) v. vivir; (困難な状況で) v. existir, estar* viv*o*. ▶生きている魚 m. pez vivo. ▶生きた手本 m. ejemplo vivo [viviente]. ▶生きて帰る v. volver* viv*o*. ♦人はみな生きる権利がある Todo el mundo tiene derecho a vivir. ♦食物なしに生きるのはむずかしい Es difícil vivir sin comida. ♦トラは肉を食べて生きている (=常食している) Los tigres viven de comer carne. ♦彼は百歳まで生きた Vivió hasta los cien años. ♦父はまだ生きています (=健在です) Mi padre vive todavía. ♦「彼はもうあまり長くは生きられないでしょう」と医者は言った El médico ha dicho que no va a vivir mucho. ♦彼が生きている間にそれを見られなかったのが残念だ Es una pena que no viviera para verlo. ♦生きている間にグラナダを見たい Quiero ver Granada 「antes de morir [en vida]. ♦私が生きているかなたに不自由はさせません Mientras yo viva, no te faltará nada. ♦そのクマは生きているのか死んでいるのか ¿Está el oso vivo o muerto? ♦水は生きていく上で欠かせないものだ El agua es esencial para la vida.

❷ (生活する, 暮らす) v. vivir, ganarse la vida. → 生活する, 暮らす. ♦この人たちは正直に生きている Esta gente lleva una vida honrada. ♦彼はペン一本で生きている Vive de 「la pluma [lo que escribe]. ♦彼は仕事一筋に生きた Vivió para trabajar [el trabajo]. / (仕事に一生を捧げた) Dedicó [Consagró] su vida al trabajo.

❸ 【物事が存続 [現存] する】 v. vivir, mantener* viv*o*; (契約などが効力をもつ) v. tener* validez, estar* en vigor. ▶生きている (=現在も続いている) 伝統 f. tradición viva. ♦私は生きた (=現在使われている) スペイン語を学びたい Quiero aprender el español vivo de cada día. ♦先生のその言葉は今なお私たちの心の中に生きている (=鮮やかに残っている) Las palabras del / de la profesor/sora todavía siguen vivas en nuestros corazones. ♦この法律はまだ生きている Esta ley todavía está en vigor. ❹ 【生き生きする】 v. dar* vida 《a》. ♦たったこの1語で文が生きてきた Esta sola palabra ha dado vida a la oración. ♦この写真はまるで生きているようだ Esta fotografía es perfectamente real.

いきわかれ 生き別れ (終生の別れ) f. separación 「para siempre [de por vida]. ♦彼は息子と生き別れになった Se separó de su hijo de por vida.

いきわたる 行き渡る → 行(ﾟ)き渡る.

****いく** 行く ❶ (おもむく) v. ir* [dirigirse*] 《a》; (相手の所へ行く) v. venir* 《a》; (着く) v. llegar* 《a》; (出発する) v. irse*, marcharse, salir* 《de》; (出席する) v. asistir 《a》; (訪問する) v. visitar. ▶あすそちらに行きます Mañana vendré [estaré] ahí. ♦もう行かないといけません Debo irme ya. ♦今行きます (呼ばれたときの返事) Ya voy. / ¡Voy! ♦どこへ行きたいですか ¿Dónde quiere ir? ♦どの国へ行きたいですか ¿A qué país quiere ir? ♦この列車はバルセロナまで行きますか ¿Va este tren a Barcelona? ♦この通りを行くと駅に出ます Si va usted por esta calle, sale a la estación. ♦彼は1車で [2歩いて] 学校へ行った Fue a la escuela 1en coche [2a pie]. ♦私は東京へ飛行機で行きました Fui a Tokio en avión. ♦彼はニューヨークに行くつもりだ Va a ir a Nueva York. / Piensa ir a Nueva York. ♦いつアメリカへ行くの (=出発するの) ¿Cuándo sales [te vas] a [para] Estados Unidos? ♦この前のクラス会へは行きましたか (=出席しましたか) ¿「Asististe a [Fuiste a, Estuviste en] la última reunión de clase? ♦次の日曜日君のところへ行くよ Iré a visitarte el próximo domingo. ♦メキシコへ行ったことがありますか ¿Ha estado usted alguna vez en México? 会話 コーヒーを飲みに来ない?—うん, す

もう行きます Ya me voy. → 行く

ぐ行くよ ¿Te gustaría pasar a tomar café? – Bueno. Vendré ahora mismo. ♦すぐ彼のところへ行きなさい Vete a verlo[le] ahora mismo. 会話 メアリーを迎えに行くところなの一私も行っていいかしら—あなたが行ってくださればうれしいわ Ahora mismo salgo a recibir a María. – ¿Puedo ir yo también? – Bueno, ime encantaría que vinieras! ♦駅へ行く道（=行き方）を教えてくれませんか ¿Puede indicarme cómo llegar a la estación? ♦昨日デパートへ買い物に行きました Ayer fui de compras a los grandes almacenes. (☆蔵王へスキーに行く v. ir* a esquiar a Zao. 川へ魚釣りに行く v. ir* al río a pescar*. 海岸に泳ぎに行く v. ir* a la playa a nadar. 湖にスケートに行く v. ir* al lago a patinar). ♦彼は今ロンドンに行っています Ahora está en Londres. 会話 どこへ行っていたの？—友達を見送りに成田空港に行っていた ¿Dónde has ido? – He ido al aeropuerto de Narita a despedir a mi amigo. ♦私は九州には行ったことがあるが、四国へは行ったことがない He ido a Kyushu, pero a Shikoku nunca he ido. ♦どちらの道を行きましょうか ¿Por qué carretera vamos?
❷【進行する】v. ir*, funcionar, marchar, salir*. ♦何もかもうまく行った Todo salió [fue] bien. ♦物事はそう思うようにはうまくいかないものだ Las cosas no siempre marchan tan bien como se espera. ♦彼は入学試験はうまくいったようだ Parece que le ha ido bien en el examen de ingreso. ♦仕事はうまくいっていますか ¿Te está yendo bien en el trabajo?
【その他の表現】♦病院へ行く途中で花を買った Compré unas flores en el camino al hospital. ♦その距離を3時間で行くのは大変だった Me resultó difícil recorrer esa distancia en tres horas. ♦彼は妹に店にたばこを買いに行かせた Mandó a su hermana a la tienda por tabaco. ♦パトカーが道を行ったり来たりしている Hay un coche de la policía patrullando calle arriba y calle abajo. ♦ぼくの時計はどこへ行ったのか（=どうなったのか）¿Qué ha pasado con mi reloj? 会話 彼らはみんなそれを間違ったんだよ—でも太郎はもう少しのところまでいったんだよ Todos se han equivocado. – Bueno, Taro se acercó bastante. ♦彼のすることすべてが思いどおりいかなかった Nada de lo que hacía era como él esperaba.
⇒いらっしゃる, 赴く

いく -幾- →何(に).
イグアナ f. iguana (☆熱帯アメリカ産の大トカゲ).
いくえ 幾重 ▶テントを幾重にも折りたたむ v. hacer* varios pliegues [dobles] en una tienda de campaña. ▶幾重にも（=くり返して）頼む v. pedir* "una y otra vez [encarecidamente].
いくえいかい 育英会 f. sociedad de becas.
いくじ 意気地なし mf. cobarde. ♦彼は意気地がない (=気骨がない) Es cobarde. / No tiene 《口語》 agallas [《俗語》 cojones].
いくじ 育児 m. cuidado de los niños; (育児学) f. puericultura. ▶育児休暇 m. permiso para el cuidado del bebé. ▶育児書 m. libro de puericultura. ▶育児に追われる [²専念する; ³悩む] v. estar* ¹ocupado con el [²dedicado al; ³preocupado por el] cuidado del bebé.
いくせい 育成（訓練）f. formación, f. educación. ▶育成する(人を) v. formar, educar*. → 育てる.

いくつ 幾つ ❶【何個】interrog. cuántos. ♦いくつクッキーを食べたの ¿Cuántas galletas te has comido? ♦いすはあといくついりますか ¿Cuántas sillas más necesitas? ♦彼はいくつ情報を得ましたか ¿Cuánta información ha conseguido? 会話 2ダースもらったよ—いくつだって？ Me han dado un par de docenas. – ¿Cuántas te han dado?
❷【何歳】¿cuántos años? ♦田中さんはおいくつですか ¿Cuántos años tiene Tanaka? ♦鈴木さんはあなたよりいくつ年上ですか ¿Cuántos años más tiene Suzuki que usted?
いくつか 幾つか pron. algunos, varios, unos pocos. ♦いくつか質問があります Tengo algunas preguntas. ♦それらをいくつかお借りしていいですか ¿Me puede prestar algunos? ♦彼のスペイン語の手紙にはいくつかのスペルの間違いがあった Había algunas faltas de ortografía en su carta en español. ♦彼らは冷蔵庫にあったいくつかのリンゴを分け合った Se repartieron varias manzanas que había en「la nevera [el refrigerador].
いくつ(で)も 幾つ(で)も (多数の) adj. muchos. → 多く. ♦彼女はいくつも指輪を持っている Tiene muchas sortijas. ♦彼はいくつも助言をくれた Me dio muchos consejos. ♦ジャガイモはもういくつも（=少ししか）残っていない Sólo quedan unas pocas patatas [『ラ米』 papas]. ♦いくつでも好きなだけ(リンゴを)食べてよろしい Puedes comer「tantas manzanas como [todas las manzanas que] quieras.
いくど 幾度 interrog. cuántas veces, con qué frecuencia. → 何度.
いくどうおん 異口同音 (声をそろえて) adv. a una (sola) voz, al unísono, a coro. ♦彼らは異口同音に「あいつが悪い」と言った Dijeron a una sola voz: "¡La culpa es de él!"
いくぶん 幾分 →幾らか.

いくら 幾ら ❶【金額】interrog. cuánto. ♦この本はいくらですか ¿Cuánto cuesta [vale] este libro? ♦この机はいくらでしたか ¿Cuánto costó 「este escritorio [esta mesa]? ♦おいくらですか ¿Cuánto es [cuesta, vale]? ♦東京までの運賃はいくらですか ¿Cuánto es el viaje a Tokio? ♦あなたの収入はいくらですか ¿Cuánto gana usted?
❷【数量】interrog. cuánto; (距離) ¿A qué distancia? / 【寸法】(高さ) ¿Cuánto mide de alto? / ¿Qué altura tiene? (幅) ¿Cuánto mide de ancho? / ¿Qué anchura tiene? (深さ) ¿Qué profundidad tiene? ♦体重はいくらありますか ¿Cuánto pesa? ♦この箱にリンゴがいくつありますか ¿Cuántas manzanas hay en esta caja? ♦お金いくら持ってる ¿Cuánto dinero tie-

イクラ

nes? ♦ここから君の学校までの距離はいくらありますか ¿A qué distancia está la escuela de aquí? / ¿Cuántos kilómetros hay de aquí a la escuela?

❸【譲歩】(どんなに…しても) *conj.* aunque, pese a 《＋不定詞, que ＋接続法》, a pesar de 《＋不定詞, que ＋接続法》, por mucho que 《＋直説法[接続法]》. ♦彼女はいくら食べてもけっして太らない Aunque coma mucho, no engorda nunca. / Por mucho que coma, jamás engorda. ♦(たくさん食べるが) Aunque come mucho, no engorda nunca. ♦私の休暇はいくら長くても十日だ Mis vacaciones duran diez días como mucho [máximo]. ♦いくら遅くても 9 時までにはそこへ着いているでしょう Antes de las nueve "a más tardar [como mucho] habremos llegado. ♦いくらなんでも (=控えめに言っても)彼はあんまりだ Se ha pasado, por no decir más. ♦君はいくら勉強してもしすぎることはない Por mucho que estudies nunca será suficiente. / Nunca será bastante lo que estudies. ♦いくら犠牲を払おうとその計画はなされなければならない El proyecto debe llevarse a cabo "a toda costa [cueste lo que cueste].

イクラ *f pl.* huevas de salmón.

•**いくらか** 幾らか ❶(少し)*adv.* un poco, (口語) un poquito; (ある程度)*adv.* hasta cierto punto, en cierto sentido, algo, ligeramente, en parte. ♦少し. ♦今日はいくらかよいようだ Hoy me siento algo mejor. ♦天気がいくらかよくなったら彼を訪ねよう Si el tiempo mejora algo, lo[le] visitaré. ♦私はそのニュースにいくらか当惑した Me quedé algo perplejo por la noticia. ♦彼らはその問題についていくらか異なった見方をした El punto de vista de ellos era en cierto sentido diferente. ♦最近物価はいくらか下がったようだ Hasta cierto punto parece que los precios han bajado recientemente. ♦その事故は私にもいくらか(=部分的に)責任があった El accidente fue en parte por mi culpa.

——幾らか(の) *adv.* algo; *adj.* un poco de, algunos, varios, unos pocos. → 幾つか. ♦貯金はいくらかできましたか ¿Ha ahorrado algo de dinero? ♦バスには乗客がいくらか乗っていた Había algunos pasajeros en el autobús.

いくらでも 幾らでも ❶【好きなだけ】*pron.* todos los que quiera, tantos como quiera. ♦彼はいくらでも本が買える Él puede comprar tantos libros como quiera. ♦君に金をいくらでもやろう Te daré (todo) el dinero que quieras.

❷【制限なく多く】 ♦労働力はいくらでもある La mano de obra es ilimitada. ♦彼は本ならいくらでも(=非常にたくさん)持っている Tiene "todos los libros que quiera y más [muchísimos libros].

❸【わずかでも】 ♦(金額は)いくらでも結構です(寄付を頼むとき) Cualquier cantidad de dinero es aceptable. / Se acepta cualquier suma. / (お気持ちの結構です) La voluntad.

いくらも 幾らも ❶【否定】*adj.* no mucho. ♦いくらも時間がない No queda mucho tiempo. ♦彼が死んでからいくらもたたない No ha pasado mucho desde que murió. / No hace mucho que se murió. ♦ここから公園までいくらもない De aquí al parque no hay mucho [mucha distancia].

❷【肯定】 ♦そのような学生はいくらもいる Hay muchos estudiantes así.

•**いけ** 池 *m.* estanque, *f.* alberca, *f.* charca. ♦池で泳ぐ *v.* nadar en el estanque.

いけい 畏敬(深い尊敬) *f.* reverencia, *f.* veneración; *m.* respeto. ♦敬している *v.* tener* (un) gran respeto《a＋人》. ♦畏敬の念を起こさせる眺め *m.* paisaje que infunde respeto.

いけがき 生け垣 ♦生け垣を1作る [2刈り込む] *v.* ¹hacer* [²desramar; ²podar] un seto. ♦庭を生け垣で囲う *v.* cercar* un jardín con un seto ☞ 植え込み, 垣根

いけどり 生け捕り → 生け捕る

いけどる 生け捕る (動物などを)*v.* coger* [capturar] vivo. ♦つかまえる.

いけない ❶【悪い】*adj.* malo, malvado; (わんぱくな)*adj.* travieso; (罪のある)*adj.* culpable. ♦彼の感情を害するのはいけないことだ Es malo herir sus sentimientos. ♦ねえ、何かいけないことした ¿Qué he hecho mal ahora? ♦いけない子だね、つばを吐くのはやめなさい ¡Qué niño tan travieso! ¡Deja de escupir! ♦この事故については君がいけないのだ(=責任を負うべきである) El culpable del accidente eres tú. ♦あっ、いけない! 彼女にあの本を渡すのを忘れた ¡Oh no! ¡Me he olvidado de darle a ella el libro! 会話 歯が痛いんです—それはいけませんね Pues yo tengo dolor de muelas. – ¡Vaya, cuánto lo siento!

❷【禁止】*v.* no debes [debe] ＋不定詞, no tienes [tiene] que ＋不定詞, no hay que ＋不定詞, no se puede ＋不定詞. ♦怠けていけない No debes [hay que] holgazanear. 会話 このカメラを使ってもよろしいですか—いいえ、いけません ¿Puedo usar esta cámara? – No, no se puede. ♦時間をむだに使ってはいけない No tienes que perder [malgastar] el tiempo. ♦曲がり角に駐車してはいけない No 「se puede [debe] aparcar coche en la esquina. ♦廊下を走ってはいけないことになっています No se debe correr por el pasillo. ♦もう少し早くそちらの事務所におうかがいしてはいけませんでしょうか ¿No le importa si llego a su oficina un poco antes?

❸【必要,当然】*v.* tiene(s) que ＋不定詞, debe(s) ＋不定詞, hay que ＋不定詞. → ならない, べき. ♦あすの朝いつもより早く起きなければい

いけません Ni hablar.
→いけない

けない Mañana por la mañana debo madrugar más que de costumbre. ♦なぜ彼に謝らなければいけないのですか ¿Por qué debo disculparme ante él? ♦風邪が悪化すれば医者にみてもらわなければいけない Debes [Deberías] ir al médico si tu catarro empeora. ♦彼女は3時までに仕事を終えていなければいけない Antes de las tres tiene que terminar el trabajo. ♦今朝仕事で彼のところに行かなければいけなかった(のに忘れていた) Esta mañana tenía que haberle ido a ver para hablarle de negocios [cosas del trabajo].

❹《用心》(...しないように) *adv.* para que no + 接続法, para no + 不定詞, a fin de que no + 接続法, a fin de no + 不定詞. ♦彼女は太るといけないから毎朝運動をしていた Todas las mañanas hacía gimnasia para no engordar. / A fin de no engordar todas las mañanas hacía gimnasia. ♦気分が悪くなるといけないのでこの薬を彼に飲ませなさい Dale esta medicina para que no se sienta mal.

いけにえ 生け贄 *m.* sacrificio; (犠牲者) *f.* víctima; (人間の) *m.* sacrificio humano; (動物の) *m.* sacrificio de animales. → 犠牲. ♦いけにえとしてささげる *v.* ofrecer* como [en] sacrificio.

いけばな 生け花 (華道) "ikebana", 《説明的に》 *m.* arte del arreglo floral. ▶生け花を習う *v.* aprender "ikebana". ▶日本人は生け花が好きだ A los japoneses les gusta el arte del arreglo floral.

いける 生ける ▶花びんにバラを生ける *v.* disponer* [colocar*, arreglar] artísticamente las rosas en un florero.

いける 行ける (味などがよい) *v.* ser* bueno; (飲み物が) *v.* beberse [tomarse] bien; (酒がたくさん飲める) *v.* poder* beber mucho; (行くことができる) *v.* poder* ir* [marchar]. → 行く. ♦このスープはなかなかいける Esta sopa "está realmente buena [se toma muy bien]". ♦このウイスキーはなかなかいける Este whisky pasa [se bebe] muy bien. 《会話》トラベラーズチェックしか持ってないわ—あっそれはいける No tengo más que cheques de viajero. – 「Está bien [Eso vale].

いけん 違憲 *f.* violación constitucional. ▶違憲である *adj.* inconstitucional.

***いけん 意見** ❶《考え》 *f.* opinión, *m.* parecer, *m.* punto de vista, *f.* idea 《sobre, acerca de, de》.

 1《〜意見》▶¹少数 [²多数]意見 *f.* opinión ¹minoritaria [²mayoritaria]. ▶賛成意見 *f.* opinión favorable [positiva]. ▶反対意見 *f.* opinión desfavorable [negativa, contraria]. ▶¹率直な [²строгое、³個人的な]意見 *f.* opinión ¹sincera [²firme; ³personal]. ♦そこに行くべきではないというのが一致した意見だ La opinión general es que no debemos ir allí.

 2《意見が・では》 ♦その問題についてわれわれの意見が分かれた Sobre ese tema [asunto] nuestras opiniones "estaban divididas [diferían]. ♦われわれはその点に関しては意見が一致した「Estábamos de acuerdo [Teníamos la misma opinión] sobre ese punto. ♦この計画については賛否両論の意見がある Sobre este plan hay opiniones a favor y en contra. ♦この企画に関するあなたの意見はどうですか ¿Qué opina sobre este proyecto? / ¿Cuál es su punto de vista sobre este proyecto? ♦このレポートについて何かご意見はありませんか ¿No tiene ninguna opinión sobre este informe? ♦他にご意見がありますか. ¿Hay alguna otra opinión más? / ¿Alguien tiene algo más que decir? ♦私の意見では、彼が間違っている En mi opinión, él no tiene razón. / A mi parecer, está equivocado. / Yo diría que no tiene razón. / Creo que se equivoca.

 3《意見の》 意見の衝突 *m.* conflicto de opiniones. ♦われわれはそのことで意見の相違があった Teníamos opiniones diferentes sobre eso. / 《フォーマル》 Nuestras opiniones diferían al respecto.

 4《意見を》 ▶¹過激な [²穏健な; ³強硬な]意見を持っている *v.* tener* [sostener*] opiniones ¹extremas [²moderadas; ³firmes]. ▶他人に意見を押しつける *v.* imponer* a los demás su propia opinión. ▶意見を交換する *v.* intercambiar puntos de vista. ♦彼はそれが自分の過ちであったと意見を述べた Admitió que se había equivocado. / Dijo que el error era suyo. ♦彼はその番組については何も意見を言わなかった No opinó nada sobre el programa. / No hizo ningún comentario acerca del programa. ♦これに目を通して君の意見を聞かせてくれ Échale un vistazo y dime tu parecer. ♦議長、この件で意見を言っていいですか Señor presidente, ¿「puedo expresar mi opinión [se me permite decir algo]」 sobre este asunto?

❷《忠告》 *m.* consejo, *f.* advertencia. ▶両親の意見に従う *v.* seguir* [obedecer*] el consejo de los padres. ♦どうしたらよいのかご意見を聞かせてくださいませんか ¿No podría usted aconsejarme qué hacer?

── **意見する** (忠告する) *v.* aconsejar, advertir*. ▶息子に意見する *v.* aconsejar a un hijo, dar* consejos a un hijo. ♦先生は彼にもっと勉強するように意見した El profesor le aconsejó que estudiara más. ⇨言い分, 意向, 考え, 観測, 見解, 声, 主張, 所見, 所信, 説

いげん 威厳 *f.* dignidad. ▶威厳のない *adj.* sin dignidad, indecoroso. ▶威厳をもって *adv.* con dignidad, dignamente. ▶威厳のある人 *f.* persona「con dignidad [digna]. ▶威厳を保つ *v.* mantener* [conservar*] la dignidad ⇨威儀, 威信, 威光, 重み, 貫祿

***いご 以後** ❶《以降》 *adv.* desde ahora, en adelante, a partir de ahora. → 以来. ▶それ以後の事件 *mpl.* sucesos que siguieron, lo que pasó después, los sucesos a partir de entonces. ▶それ以後今日まで *adv.* desde entonces hasta hoy. ▶今日以後酒をやめる *v.* dejar de beber [《ラ米》 tomar] desde hoy. ♦2時以後においでください Por favor, venga a partir de las dos. ♦彼は5月3日以後消息が

ない Desde el 3 de mayo no hay noticias suyas [de él]. ❷【今後】*adv.* de ahora en adelante, a partir de ahora. → 今後. ▶以後もっと注意します Tendré más cuidado a partir de ahora. ▶以後（＝再び）そんなことをしてはならない No vuelvas a hacer una cosa así. ▶以後10年間の彼の生涯はほとんど明らかでない Sobre los siguientes diez años de su vida apenas hay noticias.

いこい 憩い *m.* descanso, *m.* reposo. ▶ 休憩, 休息. ▶憩いのひととき *m.* tiempo de recreo, *mpl.* momentos de descanso. ▶憩いの場 *m.* lugar de descanso [recreo].

いこう 威光 (影響力) *f.* influencia; (権威) *f.* autoridad; (権力) *m.* poder. ▶おやじの威光で *adv.* "por influencia [gracias a la autoridad] de su padre.

いこう 以降 ▶7月3日以降 *adv.* desde el 3 de julio, del 3 de julio en adelante. → 以後.

いこう 意向 (意思) *f.* intención, *f.* voluntad, *m.* propósito; (意見) *f.* opinión, *m.* punto de vista. → 意思. ▶彼の意向を打診する *v.* sondear su opinión [sobre, de, acerca de]. ▶父の意向に¹従う [²逆らう] *v.* ¹obedecer* [²desobedecer*] la voluntad paterna. ▶辞任の意向を明らかにする *v.* anunciar [manifestar*] la intención de dimitir. ▶この計画に対するあなたのご意向をお聞かせください ¿Cuál es su opinión sobre este plan? / ¿Qué piensa usted de este plan? ☞ 意思, 志

いこう 移行 (転換) *f.* transición, *m.* cambio. ▶農業から工業への移行 *f.* transición de la agricultura a la industria. ▶移行措置 *fpl.* medidas de transición. ▶移行する *v.* cambiar 《a》.

いこう 遺稿 (未発表の故人の原稿) *mpl.* manuscritos póstumos.

イコール *adv.* igual 《a》. ▶5 プラス 4 イコール 9 Cinco y cuatro igual a nueve. ▶7－4＝3 Siete menos cuatro igual a tres. ▶3×4＝12 Tres por cuatro igual a doce. ▶12÷3＝4 Doce entre tres igual a cuatro.

いこく 異国 (外国) *m.* país extranjero. ▶この町には異国情緒がある Esta ciudad tiene un aire extranjero [exótico].

いごこち 居心地がよい *adj.* cómodo, acogedor, agradable. ▶この部屋は居心地がすごくいい Esta sala es muy acogedora.

いじ 意固地な (かたくなな) *adj.* terco, testarudo, (口語) cabezón, (親しい仲で) cabezota, obstinado. → 頑固, 意地.

いこつ 遺骨 *fpl.* cenizas. ▶遺骨を骨つぼに納める *v.* meter [recoger*] las cenizas en una urna.

いこん 遺恨 (恨み) *m.* rencor; (敵意) *f.* enemistad. ▶恨み. ▶遺恨を抱く *v.* guardar rencor 《a ＋ 人》. ▶遺恨を晴らす *v.* vengarse* 《de》.

いざ *interj.* bueno, bien. ▶いざという時に（＝最悪の場合に）備える *v.* "tomar precauciones [prepararse] ante lo inesperado [impre-visto]. ▶いざ行かん ¡En marcha! / ¡A empezar ya! ▶いざという時（＝非常時にはあの人たちは助けてくれるでしょう En el caso de una emergencia nos ayudarán. ▶いざとなれば（＝せっつまれば）辞職する覚悟だ Si se 「presenta el caso [complica la cosa] estaré dispuesto a dejar mi puesto. ▶いざ彼女と話すだんになるとあがってしまう A la hora de hablar con ella me pongo nervioso. ▶いざとなれば私が引き受けます Lo tomaré si llega el caso. ▶彼女は彼女にプロポーズしようと思っていたが, いざとなると勇気が出なかった Iba a proponerle matrimonio, pero a la hora de la verdad le entró miedo y se echó atrás.

《その他の表現》▶その事はいざ知らず *adv.* aparte de eso. ▶人はいざ知らず私は... Yo no sé los demás, pero「en cuanto a mí [por lo que a mí respecta]...

いさい 委細 (詳細) *mpl.* detalles, *mpl.* pormenores; (事情のすべて) todas las circunstancias. → 詳細. ▶委細を話す *v.* decir* [contar*] todos los detalles, contar* con pelos y señales. ▶委細構わず（＝結果を気にせず）実行に移す *v.* realizar* [llevar a cabo] sin atenerse* a las consecuencias. ▶委細面談『広告文』Los detalles serán atendidos caso por caso.

いさい 異彩 ▶彼女は若手女性ピアニストの中で異彩を放っている（＝目立つ）Destaca entre las otras jóvenes pianistas.

いさかい 口論 *f.* disputa, *f.* discusión. ▶いさかいをする *v.* disputar, discutir.

いざかや 居酒屋 *m.* bar, *f.* taberna. → バー.

地域差	居酒屋
〔スペイン〕	*f.* taberna, *f.* tasca
〔ラテンアメリカ〕	*f.* cantina
〔キューバ〕	*f.* barra

いさぎよい 潔い (男らしい) *adj.* viril, varonil. ▶潔く(あっさりと) *adv.* con valor, valientemente. ▶潔い態度 *f.* actitud viril [de hombre, valerosa]. ▶彼は自分のあやまちを潔く認めた Admitió su culpa valientemente. ▶自分の罪を潔く（＝すっぱり）認めなさい Confiesa 「como un hombre [virilmente]」 tu delito. ▶彼は困ったときでも援助を求めるのを潔しとしない「Le avergüenza [Es demasiado orgulloso para] pedir ayuda incluso cuando pasa apuros.

いさく 遺作 *f.* obra póstuma.

いざこざ (もめごと) *f.* desavenencia, *f.* riña. ▶彼はいつもいざこざを起こしている Siempre anda con desavenencias.

いささか → 少し, 少しも. ▶その結果にいささか（＝少し失望した Me quedé algo [un poquito, un poco] decepcionado con el resultado. ▶彼はその知らせにいささかも動揺しなかった El saberlo no le afectó lo más mínimo.

イザベル ▶イザベル1世 Isabel I [Primera la Católica] (☆女王, 在位1474-1504, 通称カトリック女王). ▶イザベル2世 Isabel II [Segunda] (☆1830-1904).

・**いさましい** 勇ましい (勇敢な) *adj.* valiente, valeroso, bravo. ▶彼の勇ましい行為をほめた Elogiamos su valiente acción.

—— 勇ましく ◆彼らは敵と勇ましく戦った Combatieron valientemente contra el enemigo.

いさめる 諫める v. amonestar. ◆彼女は上司の無謀な企てをいさめた Amonestó a su jefe para que se dejase de proyectos temerarios.

いさん 遺産 (相続財産) f. herencia, m. legado; (先祖伝来の) m. patrimonio. ◆文化遺産 m. patrimonio [m. legado] cultural. ◆遺産争い f. pelea por la herencia. ◆遺産を相続する v. heredar, aceptar una herencia. ◆彼は息子にばく大な遺産を残した Dejó a su hijo una enorme herencia. ◆彼の財産は遺産相続によるものだった Su fortuna le vino de herencia. ◆この古い建物は国民的遺産である Este antiguo edificio es un patrimonio nacional.

いし 医師 mf. médico. ▶医師会 m. colegio de médicos, f. asociación médica. ▶医師国家試験 m. Examen [f. Oposición] Nacional para Médicos.

*いし 石 ❶【石ころ】f. piedra, m. canto; (小さな) m. guijarro, f. china; (大きな) f. roca. ▶石の(=石造りの)建物 m. edificio de piedra. ▶石だらけの道 m. camino pedregoso. → 石畳, 石垣, 石段, 石橋. ▶石のように冷たい心 m. corazón de piedra. ◆石を投げるな No tires piedras. ◆この家は石でできている Sus casas son de piedra. ◆この土地は石が多くて農業に向かない Estos campos son demasiado pedregosos para el cultivo.

❷【宝石】f. joya. → 宝石.

❸【碁石】f. pieza de "go". → 碁, 碁石.

❹【結石】m. cálculo. → 胆石, 腎臓結石.

《その他の表現》◆石けり遊びをする v. jugar* 「al tejo [al castro, 〖メキシコ〗a la rayuela]. ◆彼は石頭だ Tiene la cabeza muy dura. / Es muy 「親しい仲で〗cabezota [(口語)cabezón]. ◆それでは焼石に水だ Es como un grano de arena en el desierto. ◆石にかじりついてでもやる Lo haré a toda costa [cueste lo que cueste]. ◆石の上にも3年 La paciencia vence todo.

いし 意志 f. voluntad, m. albedrío. ▶意志薄弱のため失敗する v. fracasar por falta de voluntad. ▶意志の力で勝つ v. vencer* con fuerza de voluntad. ▶生きる意志を失う v. perder* 「el deseo [la voluntad] de vivir. ▶意志を曲げる v. ceder, cejar. ▶意志を押し通す v. mantenerse* firme. ◆うちの社長は意志の強い人だ Nuestro presidente tiene 「una voluntad de hierro [mucha fuerza de voluntad]. ◆彼は自分の(自由)意志でそれをやった Lo hizo 「por propia voluntad [porque quiso]. ◆彼は意志に反してそこへ行かなければならなかった Tuvo que ir allí en contra de su voluntad. ◻意欲, 心, 精神

いし 意思 (意向)f. voluntad, f. intención; (希望)m. deseo.

1《意思(の)+名詞》▶意思決定 f. toma de decisiones. ▶意思決定をする v. tomar la decisión 《de》. ▶意思表示をする v. expresar la voluntad 《de》, manifestar* el deseo 《de》. ◆彼らはお互いの意思疎通を欠いている No se comunican entre sí. / No hay comunicación entre ellos. / (理解し合っていない)No se entienden. / No hay entendimiento entre ellos.

2《意思は》◆彼にはそれをする意思はない No tiene la intención [voluntad] de hacerlo. → つもり.

3《意思に[を]》▶意思を変える v. cambiar de opinión [parecer*]. ▶意思を達成する v. cumplir la voluntad. ◆彼は父親の意思1に反して[2どおりに]結婚した Se casó con ella 1en contra de [2cumpliendo] la voluntad de su padre. ◆彼は留学の意思を表明した Expresó su voluntad de estudiar en el extranjero. ◆彼らは彼女のそこへ行くという意思1を尊重した[2無視した] 1Respetaron [2Ignoraron] la voluntad de ella de ir allí. ◆スペイン語で意思を伝えることができなかった No pude decir lo que quería en español. / No pude expresar mi voluntad en español.

いし 遺志 ▶父の遺志(=最後の願い)により adv. según la última voluntad del padre.

いじ 意地 ❶【強情】f. obstinación, f. terquedad, f. porfía. → 我(が). ▶意地を貫く v. salirse* con la suya, hacer* lo que uno quiere. ▶日本人の意地を見せる v. mostrarse* japonés a porfía, revelarse castizamente japonés. ▶意地を通す(=自説を一歩も譲らない) v. mantener* firme [(口語)en sus trece]. ◆あんなつまらないことで意地を張るんじゃなかったよ No debería haber porfiado tanto sobre tonterías como ésas. → 意地っ張り. ◆彼は意地になって(=かたくなに)申し出を拒んだ Rechazó obstinadamente la oferta.

❷【面目】f. honra; (自尊心)m. amor propio. ◆その横綱は彼を破って意地を示した(=面目を保った) El "yokozuna" (gran campeón) reparó su honra venciéndolo[le].

《その他の表現》◆彼にあんな質問をするなんて君も意地が悪いね Ha estado mal por tu parte el hacerle una pregunta como ésa. / Has sido malicioso preguntándole una cosa así. → 意地悪.

いじ 維持 m. mantenimiento, f. conservación. ▶治安の維持 m. mantenimiento del orden público. ▶この車の維持費は高くつく El mantenimiento de este coche [〖ラ米〗auto] es caro [alto, elevado]. / Cuesta mucho mantener este coche. ◆この家の維持費はどのくらいだろう Me pregunto cuánto costará mantener esta casa. ◆政府は現状維持に努めているだけ El gobierno sólo intenta mantener la situación tal como está.

—— 維持する (一定の状態に)v. mantener*, conservar, guardar, preservar, sostener*. → 保つ. ▶健康を維持する v. mantener* la salud, conservarse bien. ▶友好関係を維持する v. sostener* relaciones amistosas 《con》. ▶大きな家を維持する v. mantener* una casa grande. ◆ランナーはその速いペースを維持できなかった El corredor no pudo mantener 「la zancada tan rápida [el paso tan rápido].

いじ 遺児 mf. (niño/ña) huérfano/na. ▶小田

氏の遺児たち mpl. hijos [niños] del difunto Sr. Oda. → 遺児。▶交通遺児 mpl. huérfanos de las víctimas mortales de los accidentes de tráfico.

いしがき 石垣 f. pared de piedra.

*いしき 意識 f. conciencia, m. conocimiento, m. sentido.

1《〜(の)意識》▶1階級 [²政治; ³社会]意識 f. conciencia ¹de clase [²política; ³social]. ▶被害者意識 m. temor a [de] ser víctima. ▶強い共同体意識 m. fuerte sentido de comunidad. ♦彼には罪の意識がない No tiene conciencia del pecado. / No sabe lo que es el pecado.

2《意識が》▶その患者は最後まで意識があった El paciente estuvo consciente hasta el final.

3《意識を》▶意識を失う v. perder* el conocimiento [sentido], quedarse inconsciente. ▶意識を回復する v. volver* en sí, recobrar el sentido [conocimiento]. ▶意識を高める v. avivar [despertar*] la conciencia. ▶彼女は数分間意識を失って横になっていた Estuvo acostada sin sentido varios minutos.

—— 意識する 《自分の短所を意識する》 v. "ser" consciente [tener* conocimiento] de los propios defectos. ♦彼女は男にうっとり見つめられていることを意識していた Era consciente de estar siendo contemplada con admiración por el hombre. ♦順調にいっているときは自分ではそれを意識しない人もいる También hay gente que no es consciente de cuando les va bien.

—— 意識的に adv. a propósito, deliberadamente, conscientemente. ▶意識的にその犬を殺そうとする v. intentar matar al perro a propósito, hacer* una tentativa consciente de matar al perro. ▶彼は意識的に私を避けていると思う Creo que me evita deliberadamente.

いじきたない 意地汚い 《食(じ)欲な》adj. avaro, codicioso; 《食いしんぼうの》adj. glotón, 《口語》tragón; 《しみったれの》adj. tacaño. ♦彼は金に意地汚い Es un avaro de dinero.

いじくる 《時計の鎖をいじくる (＝もてあそぶ)》 v. jugar* con la leontina [cadena del reloj]. ▶電気回路をいじくる (＝いじり回す) v. andar* tocando circuitos eléctricos.

いじける 《しりごみする》v. atemorizarse*, 《口語》achicarse, encogerse*, 《俗語》acojonarse, quedarse* tímido. ▶いじけて自分の殻に引きこもる v. meterse dentro de sí, esconderse dentro de uno mismo. ▶いじけた少年 m. niño achicado [retorcido].

いしころ 石ころ f. piedra.

いしだたみ 石畳 m. pavimento de piedra.

いしだん 石段 mpl. escalones [mpl. peldaños] de piedra, f. escalinata (de piedra).

いしつ 異質 《教養語》f. heterogeneidad. ▶異質の[な] adj. 《教養語》heterogéneo, de calidad diferente. ▶異質な文化に触れる v. experimentar una cultura diferente.

いしづき 石突き 《雨傘やステッキの》f. contera, m. regatón; 《キノコの》m. pedicelo.

いじっぱり 意地っ張り 《強情な》adj. terco, obstinado, 《親しい仲で》cabezota. → 頑固。

いしつぶつ 遺失物 m. objeto perdido. ▶遺失物取扱所 f. oficina [f. sección] de objetos perdidos.

いしばし 石橋 m. puente de piedra. → 橋。▶石橋をたたいて渡る v. andar* con pies de plomo.

いじめ 苛め f. intimidación. → いじめる。▶いじめに遭う v. ser* intimidado [molestado].

いじめっこ 苛めっ子 mf. niño/ña que intimida a los demás, m/f. niño/ña "gallito/ta".

いじめる 《虐待して》v. maltratar, 《つらく当たって》v. meterse 《con》, intimidar, hostigar*. ▶いじめられっ子 m/f. niño/ña intimidado/da [maltratado/da, hostigado/da]. ♦小さい動物をいじめるな No maltrates a los animalitos. / No hostigues a los animales pequeños. ♦妹をいじめるのはよせ ¡Deja de meterte con tu hermana! ♦なぜ上司が私をいじめるのか分からない No entiendo por qué mi jefe se mete conmigo.

いしゃ 医者 mf. médico, mf. doctor/tora; 《専門医》m. médico de medicina general. ▶かかりつけの医者 mf. médico de cabecera [familia]. ▶医者になる v. hacerse médico. ▶医者に見てもらう v. ir* (a ver) al médico, consultar al doctor [médico]. ▶医者として働く v. ejercer* [practicar*] la medicina. ▶医者を呼ぶ v. llamar a un médico, traer* a un médico. ▶医者を呼びにやる v. ir* por el médico, hacer* que venga el médico. ♦先月から医者にかかっています Desde el mes pasado estoy yendo al médico. / Estoy bajo tratamiento médico desde el pasado mes. ♦彼女はしょっちゅうあちこちの医者を渡り歩いている Está continuamente consultando a los médicos. / 《口語》Siempre anda de médicos. 《会話》ときどきめまいがするんだ — まあ，だったら医者に行ったほうがいいんじゃない A veces me dan mareos. – ¡Uy! Entonces deberías ir al médico, ¿no?

いしゃりょう 慰謝料 《補償金》f. indemnización, f. compensación económica. ▶慰謝料を支払う v. pagar* (a ＋ 人) una indemnización, indemnizar*. ♦労働者は傷害に対して慰謝料を請求した Los obreros exigieron que se les indemnizara por sus heridas.

いしゅう 異臭 ▶異臭を放つ v. heder*, oler* mal.

いじゅう 移住 《他国への》f. emigración; 《入国する》f. inmigración; 《国内の》f. migración. ▶移住者 mf. emigrante, mf. inmigrante.

—— 移住する 《転居する》《他国へ》v. emigrar; 《他国から》inmigrar; 《国内で》migrar; 【移住して定住する】v. afincarse* [asentarse*, establecerse*, radicarse*] 《en》. ▶日本からブラジルへ移住する v. emigrar de Japón a Brasil. ▶日本に移住してくる v. inmigrar a Japón. ♦彼は職を求めて転々と移住した Iba de un sitio a otro en busca de trabajo.

いしゅく 萎縮 《萎縮症》f. atrofia. ▶萎縮する v.

atrofiarse, paralizarse*, marchitarse. ▶じろりと見て萎縮させる v. paralizar* con una mirada.

いしゅく 畏縮 ▶恐怖で畏縮する（＝縮み上がる）v. encogerse* [acobardarse] por el horror.

いしゅくしょう 萎縮症《専門語》f. atrofia.

いしょ 遺書（遺書）m. testamento, f. nota dejada antes de morir; (自殺者の) f. nota del [de la] suicida. → 書き置き. ▶遺書を書く v. escribir* un testamento, dejar una nota final.

いしょう 衣装 m. vestido, m. traje; f. indumentaria, f. ropa. → 服. ▶メキシコの民族衣装 m. traje nacional de México. ▶花嫁衣装 m. vestido [m. traje] de boda. ▶衣装だんす m. guardarropa, m. armario ropero. ▶彼女は衣装持ちだ Tiene muchos vestidos.

いしょう 意匠 m. diseño. ▶意匠家 mf. diseñador/dora. ▶すぐれた意匠（＝デザイン）m. diseño excelente.

いじょう 委譲 f. transferencia. ▶委譲する v. transferir*.

いじょう 異状（ふだんと違うこと）f. novedad, f. anomalía. ▶巡回中異状はなかった Sin novedad en la patrulla. / No ocurrió nada anormal en la patrulla. ▶機械に異状がある Algo raro pasa con la máquina. / La máquina no funciona bien. ▶彼は体の異状を訴えた Se quejaba de que le pasaba algo.

いじょう 異常 f. anormalidad. ▶異常気象 m. tiempo anormal.

—— 異常な adj. anormal, raro, extraño, extraordinario, singular, anómalo. ▶異常な物音 m. ruido extraño. ▶彼女の行動は確かに異常だった Su comportamiento fue ciertamente extraordinario. ▶彼は精神異常である Está trastornado mentalmente. / Su mente está trastornada.

—— 異常に adv. extraordinariamente, anormalmente. ▶この時期にしては異常に暑い Para esta época del año hace un calor anormal.

＊＊いじょう 以上 ▶以上です（一連の伝達を終える時に）Eso es todo. /《フォーマル》He dicho. ▶以上で今日の討論は終わります Eso es todo sobre el tema de hoy.

1《以上の》(上にあげた). ▶以上の例 lo anterior, lo dicho [mencionado]. ▶以上の言葉 fpl. palabras anteriores [precedentes].

2《…する以上》conj. una vez que, puesto que, ya que, teniendo en cuenta que, considerando que. ▶始めた以上、目的を達成しなくてはならない Una vez que has empezado, debes alcanzar el objetivo. ▶援助すると口に出した以上、後へは退けぬ Puesto que he dicho que te ayudaría, no voy a echarme para atrás. ▶戦う以上、あくまで戦え Si te pones a luchar, lucha hasta el final.

3《…以上》adv. más de, o más, en adelante. ▶10歳以上の子供 mpl. niños con「más de diez años [diez años o más], mpl. niños de diez años en adelante. ▶25歳以上30歳までの人 fpl. personas「entre 25 y 30 [de 25 a 30] años. ▶平均以上[1]で[2]の[1] adv. por encima de la media [2 adj. superior al promedio]. ▶収入以上の暮らしをする v. vivir por encima de「los ingresos [las posibilidades económicas]. ▶私は彼を2時間以上待った Le esperé más de dos horas. ▶このトンネルは10キロ以上の長さがあります Este túnel tiene más de 10 kilómetros de largo. / Este túnel supera los 10 kilómetros de longitud. ▶その絵は10億円はするかな。ひょっとするとそれ以上かもしれない Este cuadro bien puede valer mil millones de yenes. O tal vez incluso más.《会話》でもまだ今井君の協力が必要なんだよ—今まで以上にね Aún así, seguimos necesitando la ayuda de Imai. – Y ahora más que antes, ¿verdad? ▶その飛行機墜落事故は私の想像以上のものだった El accidente aéreo fue más terrible de lo que yo había imaginado. ▶必要以上の金はいりません No quiero más dinero del que necesito.

《その他の表現》▶これ以上申し上げることはありません No tengo más que decir. / Eso es todo (lo que tenía que decir). ▶これ以上待てない No puedo esperar más. ▶船は定員以上乗せて El barco estaba sobrecargado [cargado en exceso]. ▶これ以上私にはできません No puedo hacerlo mejor.

いしょく 異色 ▶異色作（＝珍しい）f. obra única [excepcional] en su género. ▶異色の（＝特別な）顔合わせ f. combinación especial. ▶彼は文壇では異色の存在だ（＝独特な個性の持ち主だ）Es un personaje excepcional [único] en el mundo literario.

いしょく 移植 m. transplante, m. injerto. ▶腎(じん)臓移植手術を受ける v. recibir un transplante de riñón. ▶心臓移植手術 f. operación de transplante de corazón. ▶心臓移植はうまくいった [2拒絶反応が出た] El transplante de corazón ha sido [1]aceptado [2]rechazado].

—— 移植する（植物・器官などを）v. transplantar; (皮膚・骨などを) v. injertar. ▶花を庭に移植する v. transplantar al jardín las flores. ▶心臓を移植する v. hacer* un transplante de corazón, transplantar un corazón. ▶やけどした手に新しい皮膚を移植する v. hacer* un injerto de piel [injertar piel nueva] en una mano quemada.

いしょく 委嘱 f. comisión, m. encargo. ▶彼にその仕事を委嘱する v. encargarle* [comisionarle] el trabajo.

いしょくじゅう 衣食住 m. vestido, f. comida y f. cama; f. ropa, m. alimento y m. techo. ▶人に衣食住を与える v. dar* a la gente comida, vestido y cama; proporcionar alimento, ropa y alojamiento.

いしょくしょう 異色症《専門語》f. heterocromia.

いじらしい（感動させる）adj. conmovedor, enternecedor. ▶助けてという彼女のいじらしい嘆願に耳を傾ける v. escuchar su conmovedora petición de socorro ☞いたいけない、しおらしい

80 いじる

いじる 指で v. tocar*, palpar, manosear. ▶人形をいじる v. tocar* [jugar* con] la muñeca. ◆彼女は落ち着きなくハンカチをいじり回した Manoseaba nerviosamente su pañuelo. ◆机の上の書類をいじるな No toques los papeles que hay sobre la mesa. ◆スケッチには不満な点もあったが、それ以上はいじらない (=現状のままにしておく) ことにした Aunque no estaba del todo satisfe*cho* con el esbozo [bosquejo], decidí「no tocarlo más [dejarlo tal como estaba].

いしわた 石綿 (アスベスト) m. asbesto, m. amianto.

いじわる 意地悪な[い] (人を困らせてやろうとする) adj. mal*o*, maliciso*o*, malév*o*lo, (教義譲的) avies*o*, con mala intención. ▶意地悪から adv. con [por] despecho, con malicia. ▶意地悪い言葉 f. observación maliciosa. ▶意地悪ばあさん f. vieja maliciosa [maligna]. ◆あの生徒はよく意地悪な質問をする Ese estudiante suele hacer preguntas algo maliciosas [comprometedoras]. ◆そんなに彼女に意地悪をするな No seas tan malo con ella. / ¡Deja de zaherirla tanto! / ¡No te metas tanto con ella. 会話 今日の体育の授業は代返してくれる?―冗談でしょう―いじわる ¿Contestas por mí cuando pasen hoy lista en la clase de gimnasia? – ¿Estás de broma? – ¡Cómo eres!

いしん 維新 ▶明治維新 f. Restauración de Meiji.

いしん 威信 (声望) m. prestigio; (威厳) f. dignidad. ▶国の威信の失墜 f. pérdida de prestigio nacional. ▶威信を¹保つ [²保つ; ³高める] v. ¹mermar [²mantener*; ³aumentar] el prestigio. ◆この学校の威信がかかっている Está en juego el prestigio de esta escuela. ◆そんなことをしたらこの学校の威信にかかわる Tal cosa iría en detrimento [menoscabo] del prestigio de esta escuela. → 体面.

いじん 偉人 m. personaje, m. gran hombre.
いしんでんしん 以心伝心 ▶以心伝心で (=テレパシー) でお互いの気持ちが分る v. entenderse* por telepatía, leerse* la mente.

* **いす** 椅子 ❶ 【腰掛け】 f. silla.
1 《～椅子》 ▶安楽いす f. poltrona, f. sillón. ▶回転いす f. silla giratoria. ▶車いす (病人用の) f. silla de ruedas. ▶座り心地のよい [²悪い] いす f. silla ¹cómoda [²incómoda].
2 《椅子に》 ▶いすに座る v. sentarse* en una silla, tomar asiento en una silla. ▶長いすに横になる v. tumbarse en un banco. ◆どうぞいすにおかけください Siéntese, por favor. / Tome asiento, por favor. ◆彼はその箱をいす (代わり) に使った Usó la caja de asiento.
3 《椅子を》 ▶いすを前に引き寄せる v. arrimar [acercar*] una silla. ▶(テーブルの)いすを引き出す v. sacar* una silla.
❷ 【地位】 m. puesto, m. cargo, f. posición. ▶いすをねらう v. tenerle* el ojo echado a un puesto [cargo]. ▶いすを失う (=免職される) v. perder* el puesto, ser* derriba*do* de la silla. ◆彼は20年間ローマ大学で教授のいすを占めている Ha sido catedrático de la Universidad de Roma durante 20 años. / Ha ocupado una cátedra en la Universidad de Roma por espacio de 20 años. ◆議長のいすが空いた Ha quedado vacante [libre] el puesto [cargo] de presidente. ◆首相のいすに座るのはだれだろう ¿Quién ocupará el puesto [cargo] de Primer Ministro?

イスタンブール Estambul (☆トルコの都市).
イスパノアメリカ (スペイン語圏アメリカ) Hispanoamérica.
いずみ 泉 f. fuente, m. manantial.
イスラエル Israel; (公式名) m. Estado de Israel (☆アジアの国, 首都エルサレム Jerusalén). ▶イスラエル (人) の adj. israelí, israelita. ▶イスラエル人 mpl. israelíes, los israelitas, m. pueblo israelí [israelita].

イスラムきょう イスラム教 m. Islam, m. islamismo. ▶イスラム教寺院 f. mezquita. ▶イスラム教徒 mf. musulm*án*/*ana*, mf. mahometan*o*/*na*.

* **いずれ** 何れ ❶ 【そのうち】 (間もなく) adv. pronto; (近いうちに) adv. un día de estos; (いつか) adv. algún día; (適当な時期に) adv. a su debido tiempo; (遅かれ早かれ) adv. tarde o temprano; (結局) adv. al final. ◆いずれ彼は来るだろう Vendrá pronto [próximamente, a no tardar mucho]. ◆いずれ彼とそのことを相談いたします Un día de estos voy a hablar con él sobre eso. ◆彼はいずれ逮捕されるでしょう Tarde o temprano va a ser detenido. ◆仕事に精を出せばいずれ報われる時がくるよ Al final te compensará el trabajar mucho.
❷ 【とにかく】 (いずれにせよ) adv. de cualquier modo [manera, forma], sea como fuere, de un modo u otro, de todos modos. ◆いずれにせよもう一度電話します De cualquier manera volveré a llamarte. ◆いずれにせよパーティーにまいります Iré a la fiesta de todos modos.

—— 【どちら(の)も】 interrog. cuál, qué; 【2者について】 (いずれか) pron. cualquiera, cualquiera de los dos, (いずれも…ない) adj. ninguno; (いずれも) pron. los dos, ambos. ▶ どちら, どの, どれ, すべて. ◆いずれの道を選ぶべきか教えてください Dígame qué [『米』cuál] camino debo escoger. ◆そのどのいずれでも結構です Cualquiera de los dos vale. ◆君たちのいずれかがそれをしなくてはならないだろう Uno [Cualquiera] de vosotros tiene que hacerlo. ◆二人はいずれも学生だ [Los dos [Ambos] son estudiantes. ◆二人はいずれも劣らぬ (=等しく) 美人だ Las dos son 「igual de [igualmente] bellas. / Una y otra son bellas por igual.

いすわる 居座る (居続ける) v. quedarse; (なかなか去らない) v. persistir; (公的な地位に) v. aferrarse 《a》. ◆冬が居座っている Persiste el invierno.

いせい 威勢 ▶威勢のいい (人が勇ましい) adj. animado, animoso, lleno de brío. → 元気. ▶威勢よく adv. con brío, con ardor, vigorosamente. ▶威勢のいい若者 m. joven vigoroso [lleno de fuerza]. ♦威勢のいいかけ声が聞こえた Oí una llamada vigorosa.

いせい 異性 *m.* otro sexo, *m.* sexo opuesto. ♦彼は異性に興味を持ち始めている Está empezando a interesarse por el otro sexo. ♦彼女は異性(＝男性)を意識しすぎる Ella es demasiado consciente del sexo opuesto.

-いせい -以西 》以西の[に] *adj. adv.* al oeste 《de》. → -以北.

いせいしゃ 為政者 (統治者) *m.* gobernante; (行政官) *mf.* administra*dor/dora*; (政治家) *mf.* estadista.

いせえび 伊勢海老 *f.* langosta.

いせき 遺跡 *fpl.* ruinas, *mpl.* restos, *mpl.* vestigios. 》ローマの遺跡 *fpl.* ruinas de Roma.

いせき 移籍 》移籍する(登録を移す) *v.* trasladar la matrícula [inscripción] 《a ＋ 人》.

いせつ 異説 その問題について異説は (＝異なった意見)を述べる *v.* dar* 《(教養部) emitir 》 una opinión diferente sobre el tema. ♦その学説には異説がある (＝意見が分れている) Las opiniones están divididas sobre esa teoría.

***いぜん** 以前 (現在・過去のある時より前に) *adv.* antes, en otro tiempo, hace tiempo, hace mucho, antiguamente. → 昔. ♦彼女にはそれ以前に数回会っていた Con anterioridad la había visto varias veces. ♦以前にそのことを聞いたことがない Nunca he oído antes una cosa así. ♦そのことはずっと以前に起こった Eso ocurrió ya hace mucho. ♦彼は以前この町に住んでいた Antes [En otro tiempo] vivió en esta ciudad. ♦彼は以前よりよく勉強する Estudia más que antes. ♦彼は以前ほど暮らしが楽でない No vive tan bien como「hace tiempo [antes]. / Las cosas no le van tan bien como antes. ♦以前はよく山登りをしたものだ Antes solía ir a escalar montañas. / Antes hacía montañismo. ♦以前ここには病院はなかった Antes no había ningún hospital aquí. / Aquí nunca hubo antiguamente ningún hospital. ♦彼の名前は以前ずっと以前から知っている Hace mucho que lo[le] conozco de nombre. ♦私は彼女が以前にもまして好きになった La amo más que nunca.
── 以前の (昔の) *adj.* anterior, de antes, pr*evio*, *viejo*. 》以前の日本 el Japón de antes. ♦彼の以前の住所 *f.* su dirección anterior [vieja]. 》以前の状態に戻る *v.* volver* al estado anterior. ♦ずっと以前の知り合い *m.* viejo conocido. ♦彼は以前の彼ではない No es el que solía. / No es él de antes. / No es él mismo de antes. ⌐かつて, 先, 既に

いぜん 依然 (今も) *adv.* todavía, como antes, como siempre; (依然として…だ) *v.* seguir* ＋現在分詞・形容詞・副詞. →まだ. ♦彼は依然として怠け者だ Es tan holgazán como siempre. ♦彼は依然として行方不明だ Sigue desaparecido.

いそ 磯 *f.* costa (rocosa). → 海岸.

いそいそ ❶【急いで】*adv.* apresuradamente, con prisa(s). ♦若い夫は毎夕いそいそと帰ってきた El joven marido regresaba apresuradamente a casa todas las tardes.

❷【はずんだ心で】*adv.* alegremente, animadamente, de muy buena gana. ♦子供たちはいそいそとピクニックに行った Los niños se fueron alegremente de picnic.

いそいで 急いで *adv.* de prisa, deprisa. → 急ぐ(→急いで). ⌐あたふたと, いそいそ, さっと, 早々

いそうろう 居候 (人の世話になって暮らす人) *mf.* gorrón/rrona, *mf.* parásito/ta, *f.* persona que vive de otro. ♦彼は兄のところに居候している Vive de gorra de su hermano. / Es un parásito de su hermano.

****いそがしい** 忙しい *v.* estar* ocupa*do* [atarea*do*], tener* mucho trabajo, tener* muchos compromisos. → 多忙. 》忙しそうに[忙しく]働く *v.* trabajar atareadamente [duramente], trabajar mucho. ♦今忙しくて手が離せません En este momento estoy ocupa*do* y no puedo dejar lo que estoy haciendo. ♦私は忙しすぎて新聞を読む暇もない Estoy demasiado ocupa*do* para leer las noticias del periódico. ♦もしお忙しくなければ明日の午後遊びに来てください Si no está ocupa*do*, haga el favor de visitarme mañana por la tarde.

1《忙しい＋名詞》》忙しい男 *m.* hombre ocupado. 》忙しい (＝差し迫った)仕事 *m.* trabajo urgente [apremiante]. 》忙しい日程 *m.* calendario apretado [ocupado]. 》忙しい生活をする *v.* llevar una vida ocupada [muy activa]. ♦お忙しいところおじゃまして申し訳ありません Perdone que le moleste estando usted tan ocupado.

2《…で[に]忙しい》♦彼は仕事でとても忙しい Está sumamente [muy] ocupado con su trabajo. ♦彼は旅行の準備に忙しかった Estaba ocupado con los preparativos del viaje. ♦この仕事で君もまた当分忙しくなるぞ Pues a ti este trabajo va a mantenerte ocupado bastante tiempo.
《その他の表現》♦彼は忙しそうに (＝急いで)出て行った Salió apresuradamente.
⌐あくせく, 慌しい, 駆け回る, ごたごたしている, せかせか, 取り込む

いそがせる 急がせる *v.* apresurar, meter prisa. → せき立てる. ⌐急かす, せき立てる

いそぎ 急ぎの (あわただしい) *adj.* urgente, apremiante, que corre prisa, rápido, acuciante. 》急ぎの注文 *m.* pedido urgente, *f.* orden apremiante. 》大急ぎで *adv.* con mucha [muchísima] prisa, con la máxima urgencia, a todo correr. → 急ぐ(→急いで).

いそぎんちゃく *f.* actinia, *f.* anémona marina.

*-**いそぐ** 急ぐ *v.* darse* prisa, apresurarse, correr. 》道を急ぐ (＝道中を急ぐ) *v.* andar* más rápido, apresurar el paso. 》結論を急ぐ (＝結論に飛びつく) *v.* llegar* a una conclusión [decisión] rápida, precipitarse en「llegar* a una conclusión [tomar una decisión]. ♦彼は病院へと急いだ Se fue corriendo [con prisa] al hospital. ♦急げ ¡Date prisa! / ¡Vamos, rápido! / ¡Corriendo! /

82 いぞく

¡Venga, deprisa! / ¡Rápido! ♦急ぐことはない No tengas prisa. / No hace falta correr. / No hay [corre] prisa. ♦本の返却は急ぐことはありません No hay que darse prisa en devolver el libro. ♦なぜそんなに急ぐのですか ¿Por qué tanta prisa? / ¿A qué tanto correr? ♦彼はそのバスに乗ろうと急いでいた Iba con prisa para tomar el autobús. 《会話》それをお返ししてみません―ちっともかまいませんよ。特に急いでいるわけではないのですから Perdón por no haberlo devuelto. – No importa nada. No corre prisa. ♦急がば回れ《ことわざ》Vísteme despacio, que tengo prisa. /《ことわざ》Quien mucho corre pronto para.

―― 急いで（あわてて）adv. deprisa, a prisa, apresuradamente, rápidamente, rápido, corriendo. ▶仕事を急いでする v. hacer* el trabajo deprisa [corriendo], acelerar el trabajo. ▶急いで病院へ行かせる v. llevar 《a＋人》corriendo [rápidamente] al hospital. ▶急いで結論を出させる v. meterle prisa 《a＋人》para que se decida, apremiarle para que se decida. ♦われわれは急いで昼食をとった Almorzamos [《スペイン》Comimos] rápidamente [deprisa]. / La comida fue rápida. / Comimos corriendo [《口語》a la carrera]. ♦急ぎの。急いで準備をしなさい Date prisa en prepararte. / Prepárate rápido. ♦急いで行かなくちゃ。約束の時間に遅れているの Tengo que darme prisa. Si no, llego tarde a la cita.

☞ 焦る, 慌てる, 急く

いぞく 遺族 f. familia del difunto. ▶戦死者の遺族 mpl. familiares de los caídos de guerra. ▶遺族年金 f. pensión de sobrevivencia.

イソップ Esopo (☆アイソポス: 前 620 頃-560 頃, ギリシャの寓話作家). ▶イソップ物語(書名)《Fábulas de Esopo》.

いぞん 依存 f. dependencia. ▶依存する(頼る) v. depender 《de》. ▶外国に石油を依存する v. depender del extranjero para el suministro de petróleo ☞ 依頼, 従属, 頼み

いぞん 異存 f. objeción 《a》, m. reparo 《a, en》. ♦私は彼女を雇うことに異存はない No tengo ninguna objeción a contratarla. / No pongo ningún reparo a que se la contrate.

いた 板 (木の) f. tabla, m. tablero, m. tablón; (金属の) f. plancha, f. lámina f. chapa; (石の) f. laja, f. lancha. ♦厚さ2センチの板 f. tabla de dos centímetros de grosor.

急いで急いで
De prisa, de prisa.
→急ぐ

1《板＋名詞》▶板べい f. valla de tablas. ▶板金 f. plancha, f. lámina. ▶板ガラス m. vidrio plano. ▶板石 f. laja, f. lancha. ▶板張りの床 m. (suelo) entarimado. ▶板チョコ, f. 板の間.

2《板を》▶板を切る v. cortar una tabla. ▶床に板を張る v. revestir* el suelo de tablas, entarimar. ▶窓に板を打ちつける v. cerrar* una ventana con tablas, entablar una ventana.

《その他の表現》♦彼の警察官ぶりも板についている De policía está como pez en el agua. ♦制服が板についてきた（＝よく似合う） El uniforme ahora ya le sienta muy bien. ♦彼はまだ先生という仕事が板についていない（＝未熟である）《口語》Todavía está verde de profesor.

イタ ▶イタの主席司祭(フアン・ルイス) Arcipreste de Hita, Juan Ruiz (☆1283?–1351?, 詩人).

＊いたい 痛い ❶【痛みのある】 adj. doloroso, que duele;【痛む】(人が痛がる) v. doler*, tener* [sentir*] dolor 《de》. → 痛む. ▶痛い傷 f. herida dolorosa. ▶ほこりでのどが痛い v. tener* dolor de garganta por el polvo. ▶痛くて泣く v. llorar de dolor. ♦私は足が痛くて歩けなかった Me dolían mucho los pies y no podía caminar. 《会話》痛そう―だいじょうぶ, いたくありません Me va a doler... – No, hombre, no va a dolerle. ♦目が痛くて開けていられません Me duelen tanto los ojos que no puedo mantenerlos abiertos. ♦頭ががんがん[ずきずき]痛い Tengo un dolor terrible de cabeza. / La cabeza parece que me va a estallar de dolor. ♦体中が痛い Me duele todo el cuerpo. / Tengo dolores por todos lados. ♦痛いですか ¿Le duele? ♦「痛い, そこだ」と彼は叫んだ Gritó: Ahí es donde me duele. 《会話》足が痛くてたまらないよ―ちょっと休んでいこう No aguanto el dolor de pies [piernas]. – Vamos a descansar un rato.

❷【つらい】 adj. doloroso, penoso, duro. ▶痛い損失 f. pérdida dolorosa. ♦彼女は彼の痛い所を突いた Le tocó en un punto que le dolía. / Le puso el dedo en la llaga. ♦1億円の損失は会社にはひどく痛かった（＝大打撃だった） La pérdida de cien millones de yenes fue un golpe duro para la compañía. ♦その知らせを聞いて胸が痛い Me duele mucho (saber) esa noticia. / Esa noticia ha sido un duro golpe.

《その他の表現》▶耳の痛いことを言うね Dices verdades que duelen. ♦そんなことをしても痛くもかゆくもない Ni me va ni me viene. / No me importa en absoluto. ♦彼はなんてごうまんなやつだ。今に痛い目にあうぞ ¡Qué insolente es! Algún día va a escarmentar. → 痛い目.

いたい 遺体 m. cadáver, mpl. restos mortales. → 死体. ♦彼の遺体は火葬された Sus restos fueron quemados.

＊いだい 偉大 f. grandeza. ▶アレキサンダー大王の偉大さ f. grandeza de Alejandro Magno.

―― 偉大な adj. grande. ▶偉大な政治家 mf. gran estadista. ♦彼は科学の分野で偉大な業績をあげた Consiguió grandes logros en el campo de la ciencia.

いだい 医大 f. Universidad de Medicina. ▶医大生 mf. estudiante de Medicina.

いたいけ(ない) (幼い) adj. joven; (かわいい) adj. tierno; (無邪気な) adj. inocente; (いじらしい) adj. conmovedor.

いたいたしい 痛々しい (苦痛を与える) adj. penoso, lastimoso, (教義語) patético, 《強調して》trágico. ▶痛々しいほどやせている adj. lastimosamente delgado, tan delgado que da lástima. ◆その飢えた子供は見るも痛々しかった Daba lástima ver al niño hambriento.

いたいめ 痛い目 ▶痛い目にあう(=ひどい経験をする) v. tener* una experiencia terrible [muy amarga]. ▶痛い目にあわせる v. escarmentarlo[le]*, darlo[le]* una lección. ◆彼は横柄なため痛い目にあった(=罰を受けた) Sufrió un grave escarmiento por su insolencia. → 痛い.

いたく 委託 m. encargo, f. consignación. ▶委託金 m. depósito [de custodia [fiduciario]. ▶委託学生(=奨学生) mf. estudiante becado/da. ▶委託販売 f. venta en comisión. ▶委託販売する v. vender productos a [en] comisión.

—— **委託する** (物・事を) v. confiar*, encargar*, consignar. → 託す. ▶彼に その任務を委託する v. darle* el encargo (de), confiarle* el deber《de》. ▶その件を役員会に委託する v. encargar* el asunto a la junta directiva.

いだく 抱く (心の中に持つ) v. guardar, tener*, abrigar*. ▶彼に悪意を抱く v. guardarle rencor, tener* una rencilla contra él. ▶密かな望みを抱く v. abrigar* [tener*] una esperanza secreta. ◆あなたは将来に何か不安を抱いていますか ¿Le inquieta el futuro?

いたしかゆし 痛し痒し (=微妙な)立場 f. situación delicada. ▶痛し痒しである v. estar en una situación delicada, encontrarse* en un dilema.

いたずら 悪戯 (子供のちょっとした悪さ) f. travesura, 《強調して》 f. diablura, f. picardía, f. malicia, f. broma, f. guasa. ◆彼女はいたずらっぽい目で彼を見た Ella le miró con picardía.

1《いたずら+名詞》 ▶いたずら書き(考え事・話をしながらの) m. garabato. ▶いたずら電話, f. llamada telefónica de broma. ◆彼はそれをほんのいたずら半分でやった Lo hizo sólo para divertirse. / Para él no era más que una broma.

2《いたずらが》 ◆男の子はいたずらが好きだ A los niños les gustan las travesuras. ◆あなたはいたずらがすぎるよ Eres bastante travieso, ¿eh? / Eres malo, ¿eh?

3《いたずらを》 ▶いたずらをたくらんでいる v. andar* metido en travesuras. ◆子供たちにいたずらをさせないでおくのは難しい Es difícil impedir que los niños「sean traviesos [hagan travesuras].

—— **悪戯な** (腕白な) adj. travieso, malo, pícaro, 《口語》 diablillo. ▶いたずらな男の子 m. niño travieso [malo, pícaro].

—— **悪戯(を)する** v. gastar [dar*] una broma《a》. ▶カメラをいたずらする(=いじくる) v. andar* jugando con la cámara. ◆彼は私にひどいいたずらをした Me gastó una broma pesada. ◆あの子はいつもいたずらをしている Ese niño siempre está haciendo travesuras. ◆私がいない間にいたずらをしてはいけないよ No hagas ninguna travesura mientras estoy fuera.

いたずらに 徒らに (無益に) adv. en vano, inútilmente, para nada. ▶いたずらに金を遣う v. gastar el dinero en vano, malgastar el dinero. ◆彼はいたずらに努力を重ねた Siguió esforzándose en vano. / Continuó haciendo esfuerzos inútiles.

いただき 頂 (山の) f. cima, f. cumbre, f. cúspide; lo más alto; (とがった) m. pico. → 頂上.

いただく 頂く ❶【もらう】 v. recibir, aceptar, tomar, cobrar. ◆母から誕生日のプレゼントをもらった Mi madre me dio [hizo] un regalo de cumpleaños. / Recibí un regalo de cumpleaños de mi madre. 《会話》この本を頂いてもよろしいですか――いいですよ ¿Me puedo quedar con este libro? - ¡Claro que sí! / ¡Naturalmente!] 《会話》 どっちを頂いたらいいですか――両方持っていっていいよ ¿Cuál de los dos me llevo? - Puedes llevarte los dos. ◆すみませんがもう少しお茶を頂けませんか Perdone, ¿Me puede dar [poner] un poco más de té? / Disculpe, ¿podría pedirle un poco más de té? 《会話》紅茶とコーヒーとどちらがよろしいですか――コーヒーを頂きたいわ ¿Qué prefiere, té o café? - Café, por favor. ◆鉛筆1本につき100円頂きます(=請求する) Por cada lápiz son 100 yenes, por favor. / Cobramos 100 yenes por cada lápiz. 《会話》 クッキーはいかがですか――ええ, 頂きます ¿Quiere galletas [alguna galleta]? - Sí, por favor. Muchas gracias. ◆本の代金はまだ頂いておりません(=支払われていません) El importe del libro todavía no ha sido abonado.

❷【飲食する】 v. comer, beber, tomar. ◆もう少しステーキはいかがですか――ありがとう. もう十分頂きました ¿Quiere un filete más? - Gracias, pero ya he comido bastante. ◆ビールでもいっしょに頂き(=飲み)ましょう Vamos a tomar cerveza juntos.

❸【依頼表現として】 ◆窓を閉めていただけませんか ¿No le importaría cerrar la ventana, por favor? / 《フォーマル》 ¿Sería usted tan amable de cerrar la ventana? / ¿Hace el favor de cerrar la ventana? ◆妻にお会いいただければと思います Si no le importa mucho me gustaría que conociera a mi esposa. / Tendría mucho gusto en que usted conociera a mi esposa.

《その他の表現》 ▶雪をいただいた山 f. montaña coronada de nieve. ◆君のヘアスタイルはまったくいただけない Tu corte de pelo es totalmente inaceptable. / No acepto de ninguna manera ese corte tuyo de pelo. ◆パーティーでの君のふるまいはいただけないね No puedo aceptar tu comportamiento en la fiesta. / Tu conducta en la fiesta no me gusta nada.

いたたまれない 居たたまれない ◆彼の態度が恥ずか

84　いたち

しくて居たたまれなかった Me dio tanta vergüenza su actitud que no pude quedarme allí más tiempo.

いたち f. comadreja. ▶いたちごっこ(悪循環) m. círculo vicioso, m. pez que se muerde la cola;（きりのない競争）f. carrera interminable.

いたチョコ 板チョコ f. chocolatina, f. tableta de chocolate.

いたって 至って ▶至って健康だ v. gozar* de excelente salud. ♦私は至って目が悪い Mi vista es malísima [terrible]. → ひどく.

いたで 痛手（大きな損失）f. gran pérdida, m. duro golpe, m. fuerte revés. ♦我が社は不況で大きな痛手を受けた Nuestra empresa tuvo un fuerte revés debido a la recesión. ♦母の急死は彼には大きな痛手だった La muerte repentina de su madre fue un duro golpe para él.

いたのま 板の間（床）f. sala con el suelo entarimado [de madera].

いたばさみ 板挟み（ジレンマ）m. dilema, m. apuro. ▶そのことで板挟みになっている（=選択に悩んでいる）v. estar* en un dilema sobre eso;（窮地に立っている）v. estar* entre la espada y la pared. ▶義理と人情の板挟みになる v. estar* pillado entre el deber y el sentimiento.

いたまえ 板前 "itamae", 《説明的に》m. cocinero que trabaja en un restaurante japonés.

いたましい 痛ましい（人を悲しませる）adj. lamentable, triste, lastimoso, 《教養語》patético, miserable, 《強調して》trágico. ▶痛ましい事故で死ぬ v. morir* [matarse] en un trágico accidente. ▶痛ましい光景 m. aspecto lamentable. ▶痛ましい死 f. muerte miserable [trágica].

*いたみ 痛[傷]み ❶【苦痛】m. dolor, f. pena; f. agonía; f. angustia; m. remordimiento. ▶激しい痛み m. dolor agudo [violento]. ▶痛み止め（=鎮痛剤）m. analgésico. ▶痛みを¹止める [²軽くする] v. ¹quitar [¹eliminar; ²aliviar] el dolor. ▶痛みでゆがんだ顔 f. cara desfigurada por el dolor. ♦痛みが¹増した [²ひどくなった; ³ましになった; ⁴少なくなった; ⁵治まった] El dolor ¹aumentó [²empeoró; ³se alivió; ⁴disminuyó; ⁵cesó]. ♦その薬で痛みはいくらか楽になった La medicina me ha aliviado algo. ♦背中に痛みを感じた Sentí [Tuve] dolor en la espalda. / Tuve dolor de espalda. / Me dolía la espalda. ♦傷のずきずきした痛みで彼女は眠れなかった Los zumbidos del dolor de la herida no la dejaron dormir. ♦痛みはいくらかとれてきていますか ¿Va cediendo ya algo el dolor?

❷【損傷】m. daño, m. deterioro; (破損) f. rotura, (果実などの傷み) f. maca. ♦地震で壁のいたみがひどい Las paredes (de la habitación) se han dañado mucho con el terremoto. ♦桃はいたみが早い Los melocotones se macan [pasan] rápidamente.

いたむ 痛[傷]む ❶【体が】v. doler, sentir* [tener*] dolor, hacer* daño, herir*, lastimar, afligir*;（ちくちくと）v. picar*; pinchar;（ずきずきと）v. doler* con zumbidos, sentir* un dolor punzante. → 痛い, 痛み. ♦頭が痛む Me duele la cabeza. ♦耳がひどく痛んだ Me dolieron mucho los oídos. / Tuve un fuerte dolor de oídos. 会話 どこが痛みますか――ここです ¿Dónde le duele? – Aquí. ♦少し痛むかもしれません（医者が患者に）Me temo que quizá le duela un poco. / Le va a doler un poquito. ♦塩水で彼の目はひりひり痛んだ Sus ojos le dolían por el agua salada. ♦そのことを考えただけでも胸が痛む Sólo de pensarlo me duele el estómago.

❷【心が】v. afligirse*, sentir* [tener*] aflicción, sentir* pena [dolor]; tener* [sentir*] remordimientos. ♦そのニュースを聞いて私は心が痛んだ Sentí aflicción al oír la noticia. / Me dio mucha pena cuando oí la noticia. ♦良心が痛む Tengo remordimientos. / La conciencia me remuerde.

❸【品物などが】v. dañarse, deteriorarse; romperse*; estropearse, echarse a perder*, macarse*. ♦日光に当たると商品が傷みますよ Los productos van a estropearse si se quedan expuestos al sol. ♦卵は夏傷みやすい Los huevos se echan a perder fácilmente en el verano. ♦ナシは傷まないように注意して扱いなさい Trata con cuidado las peras para que no se maquen.

いたむ 悼む（死などを）v. sentir*, afligirse* 《por》, lamentar, dolerse* 《por》. ▶彼の死を悼む v. hacer* duelo [guardar luto] por él; sentir* [lamentar] su muerte. ▶悼むべき事故 m. lamentable accidente.

いためつける 痛めつける（懲らしめる）v. castigar*; hacer* sufrir, atormentar. ♦彼を痛めつけて本当のことをしゃべらそう Lo[Le] castigaré y haré que diga la verdad.

いためる 炒める v. rehogar*, sofreír*, dorar, saltear. → 料理. ▶野菜を油で炒める v. rehogar* las verduras en aceite.

いためる 痛める（害する）v. hacerse* daño, lastimarse;（くじく）v. torcerse*, sufrir un estirón;（心配している）v. afligirse* 《por》. ▶足を痛める v. hacerse* daño en el pie. ▶本の読み過ぎで目を痛める v. forzar* [dañar] la vista por leer* demasiado. ♦この石けんならお肌を痛めません Este jabón no irrita la piel. ♦テニスをしていて手首を痛めた Me torcí la muñeca jugando al tenis. ♦風邪でのどを痛めている（=のどが痛い）Tengo la garganta irritada por un catarro. ♦彼は息子のことでたいへん心を痛めている Está muy afligido por su hijo.

いたらない（不注意な）adj. negligente, descuidado, 《親しい仲で》chapucero;（未熟な）adj. inexperto. ♦まったく私が至らないばかりにあなたにご迷惑をかけてすみません Perdón por haberlo[le, la] molestado a causa de mi descuido absoluto. /（私の過失でした）La culpa ha sido enteramente mía. ♦至らない者ですがよろしく Aunque no tengo experiencia, haga el favor de darme esta oportunidad.

イタリア Italia; (公式名) f. República Italiana (☆ヨーロッパの国, 首都ローマ Roma). ▶イタリア(人・語)の adj. italiano. ▶イタリア語 m. italiano. ▶イタリア人 mf. italiano/na, los italianos, m. pueblo italiano.

イタリカ Itálica (☆セビリア市郊外のローマ遺跡).

イタリック f. itálica, f. cursiva. ▶イタリック体のテキスト m. texto en cursiva [itálica]. ▶イタリック体で印刷する v. imprimir* en cursiva [itálica]. ▶イタリック体にする v. poner* en cursiva.

いたる 至る ❶【通じる】v. llevar 《a》, ir* 《a》, conducir* 《a》. ▶山頂に至る道 m. camino que lleva a lo alto de la montaña. ♦この道は大津を経て京都に至る Este camino conduce a Kioto por Otsu.
❷【ある結果になる】v. resultar [acabar, concluir*] 《en》; causar, provocar*; conducir* [llevar] 《a》. ♦その実験でがんの治療法を発見するに至った El experimento resultó en el descubrimiento de un remedio contra el cáncer. ♦その国境紛争は戦争には至らなかった El conflicto fronterizo no acabó en guerra. ♦どうして君はそんなばかなことをするに至ったのか ¿Qué te llevó a hacer tal tontería? / ¿Qué fue lo que te hizo cometer semejante estupidez? ♦その問題はまだ解決に至っていない El problema aún no ha sido solucionado. ♦決定には至らなかった No se alcanzó una decisión.
❸【及ぶ】▶社長から用務員に至るまで adv. del presidente「al portero [hasta el último empleado]」. ▶今に至るまで adv. hasta el día de la fecha, hasta hoy. ▶ここに至って adv. hasta este punto.

イダルゴ(イ・コスティジャ)(ミゲル〜) Miguel Hidalgo y Costilla (☆1753–1811, メキシコ独立運動の指導者).

いたるところ 至る所 adv. en todas partes, en todos sitios, por doquier. ▶世界の至る所から adv. de todos los rincones [lugares] del mundo. ♦至る所でそれを聞いた Lo he oído en todos sitios. ♦至る所で(=どこへ行っても)彼は好意を持って迎えられた Era calurosamente recibido por todos los sitios por donde iba. →あちこち, 随所.

いたれりつくせり 至れり尽くせり ♦あのホテルのサービスは至れり尽くせりだった(=完璧(ペキ)だった) El servicio del hotel fue perfecto en todos los sentidos.

いたわる 労わる (親切にする) v. tratar con amabilidad, mostrarse* atento (con, hacia); (大事にする) v. colmar de atenciones; (思いやる) v. tratar con consideración [solicitud]. ▶病人を労わる v. cuidar muy bien a un/una enfermo/ma. ♦老人をいたわるべきだ Deberías ser más atento con las personas mayores.

いたん 異端 f. herejía. ▶異端の adj. herético, hereje. ▶異端視する v. considerar como herejía. ▶異端者 mf. hereje.

*__いち__ 位置 (他との相対的な) f. posición, f. situación, m. emplazamiento, f. ubicación. ♦この地図でわれわれの学校の位置が分かりますか ¿Sabe cuál es la posición de nuestra escuela en este mapa? ♦その本を元の位置にもどしなさい Coloca el libro en su lugar. / Pon el libro donde estaba. ♦そこは県の南西に位置している Está situado en el suroeste de la prefectura. ♦位置について(競走で) ¡Listos para salir! / ¡Corredores, a la línea de salida!

いち 一 ❶【数】uno; (第1番の) adj. primero; (トランプの1) m. as. ▶「一二, 一二」と掛け声を掛ける v. gritar ¡un-dos, un-dos! ♦1+1は2である Uno y uno son [hacen] dos. ♦一に健康が大切だ Lo primero es la salud. / La salud es primero.
❷【最initial, 首位】♦私はこの会社を一から(=無一文)作り上げた Levanté esta empresa de la nada. ♦彼はクラスで1番だ Es el primero de la clase. →一番.
《その他の表現》♦彼はそれについては一から十まで知っていた Se lo sabía「de cabo a rabo [《口語》de pe a pa]」. ♦彼は一も二もなく(=すぐに)その計画に賛成した Enseguida aceptó el plan. ♦彼は一も二もなく(=きっぱりと)われわれの申し出を断わった Rechazó nuestra oferta en redondo. / Rechazó rotundamente nuestra oferta. ♦彼は一を聞いて十を知る(=理解が早い) Comprende las cosas rápidamente. / Entiende a la primera. / 《口語》Las coge al vuelo.

いち 市 (定期的な) m. mercado; (博覧会) f. feria. ▶青物市 m. mercado de verduras. ▶青空市 m. mercadillo, m. mercado al aire libre. ▶国際見本市 f. feria internacional de comercio. ♦毎月曜日に市が立つ Todos los lunes hay mercado.

いちい 一位 m. primer lugar [puesto]. →一等. ♦彼は競走で1位になった Se puso el primero en la carrera. / Ocupó el primer lugar de la carrera.

いちいち 一々 (一つ一つ) adv. uno por uno, de uno en uno; (詳しく) adv. detalladamente, con todo detalle. ▶製品をいちいち点検する v. comprobar* los productos uno por uno. ♦いちいち(=何もかも)私に相談する必要はない No hace falta que me consultes todo. ♦彼の要望にいちいち屈するな No cedas a todos sus caprichos.

いちいん 一因 f. causa, m. motivo. ▶家庭不和の一因 f. una de las causas de la discordia familiar.

いちいん 一員 m. miembro, mf. socio/cia. →メンバー, 会員. ▶私たちの¹チーム[²家族]の一員 m. miembro de ¹nuestro equipo [²nuestra familia].

いちいんせい 一院制 m. sistema unicameral.

いちえん 一円 ▶関西一円に adv. por [en] toda la región de Kansai. ▶一円玉 f. moneda de un yen.

いちおう 一応 (ともかく) adv. de todos modos, en todo caso, en cualquier caso, de cualquier manera; (念のために) adv. por si acaso, 《口語》por si las moscas; (さしあたり) adv.

いちがいに 一概に（必ずしも）adv. necesariamente（☆この意味では否定語を伴う）;（無差別に）adv. indiscriminadamente. ♦彼が正しいとは一概にいえない No tiene necesariamente siempre razón. / No siempre tiene que tener razón.

いちがつ 一月 m. enero. ▶2004年1月に adv. en enero de 2004. ▶2004年1月10日に adv. el 10 de enero de 2004, el día 10 de enero de 2004,10 de enero de 2004（☆10／I／2004のように月をローマ数字で書くことが多い）.

いちかばちか 一か八か ♦一か八かやってみよう Hay que arriesgarse.

いちがん 一丸 ♦われわれが一丸となってこれに当たらないと成功しない Si no lo hacemos「en equipo [en grupo, conjuntamente], no saldrá bien.

いちがんレフ 一眼レフ ▶一眼レフのカメラ f. cámara reflex con [de] un solo objetivo.

いちぎてきな 一義的な adj. inequívoc*o*, clar*o*. ▶一義的でない adj. equívoc*o*, ambigu*o*. ▶一義的な（＝最も重要な）機能 f. función primaria.

いちぐう 一隅 ▶広間の一隅に adv. en un rincón del salón. ▶広場の一隅に adv. en una esquina de la plaza.

いちぐん 一群 →群れ。▶一群の星 m. grupo de estrellas.

いちげい 一芸 ▶一芸の士 m. maestr*o/tra* (de un arte). ▶一芸をきわめる v. dominar un arte, hacerse「maestr*o/tra* en un arte.

いちげき 一撃（こぶしなどによる）m. golpe, m. toque. ▶頭に強烈な一撃をくらわす v. darle* un fuerte golpe en la cabeza.

いちご 苺 f. fresa, 『アルゼンチン』f. frutilla. ▶イチゴ畑 m. fresal. ▶イチゴジャム f. mermelada de fresa.

いちごん 一言 f. una sola palabra. ▶一言のもとに（＝きっぱりと）断わる v. negarse* en redondo, rechazar* categóricamente. ♦一言もありません No tengo ninguna excusa. ♦私の一言一句もおろそかにするな Reflexiona sobre cada una de mis palabras. / Sopesa lo que te he dicho.

いちざ 一座 ▶一座の人々（＝そこに居た人々）mpl. todos los presentes. ▶俳優の一座 f. compañía de actores.

いちじ 一次（最初の）adj. primero, primario;（予備の）adj. preliminar;（数学）adj. lineal. ▶一次試験 mpl. exámenes preliminares, primeros exámenes. ▶一次「方程式［2関数］¹ f. ecuación [² f. función] lineal.

***いちじ 一時 ❶【ひところ】** adv. antes, en un [otro] tiempo, antiguamente,《文語》otrora. →昔, かつて. ▶一時有名だった歌手 mf. cantante en otro tiempo famoso/sa. ♦私は一時京都に住んでいたことがある He vivido antes en Kioto. / En un tiempo viví en Kioto. ♦大阪の空気は一時ほど汚れていない En Osaka el aire no está tan sucio como antes. / El aire de Osaka no es tan sucio como lo era en otro tiempo.

❷【しばらく】 adv. temporalmente, (por) cierto tiempo, (durante) algún tiempo, (por) un rato. ♦彼は一時たばこをやめた Dejó de fumar cierto tiempo. ♦政府は一時（的に）その政策を変更した El gobierno cambió de política temporalmente.

1《一時＋名詞》 ▶一時預かり証 m. comprobante, m. resguardo. ▶一時預かり所（ホテル・劇場などの）f. guardarropa;（駅などの手荷物の）(f. sala de) f. consigna (de equipajes). ▶一時解雇 m. despido laboral temporal, m. paro obrero temporal. ▶からの箱を一時しのぎにテーブルの代わりに使う v. utilizar* provisionalmente una caja vacía como mesa, improvisar una mesa con una caja vacía. ▶一時逃れの言い訳をする v. buscar* un pretexto para salir* del paso;（言い訳をして時間を稼ぐ）v. ganar tiempo con excusas. ▶交差点で一時停止する v. pararse [detenerse*] ante un cruce. ♦一時停止『掲示』Alto. / Stop.

2《一時＋の》 adj. temporal →一時的;（一瞬の）adj. momentáneo;（すぐ移り変わる）adj. transitorio, pasajero. ▶一時の感情 f. emoción pasajera. ▶一時の気まぐれ m. capricho momentáneo [fugaz]. ▶一時の出来心（＝衝動）で adv. por [con] el impulso del momento.

❸【一回】 ▶一時金 f. asignación única,（一括払い金額）f. suma total [global];（ボーナス）f. gratificación, f. bonificación, m. sobresueldo. ▶一時払い m. pago total [a tanto alzado]. ▶いくつかの問題点が一時に（＝一度に）明らかになった Algunos puntos se han aclarado「de una vez [a un tiempo].

いちじがばんじ 一事が万事 ♦彼は一事が万事あの調子だ Todo lo hace「de esa manera [así].

いちじく 無花果（実）m. higo;（木）f. higuera.

いちじつ 一日 →一日(いちにち). ▶車の運転では彼は私より一日の長がある Tiene algo más de experiencia que yo como conductor.

いちじてき 一時的（一時に合わせの）adj. temporal, provisional. ▶一時的快楽 mpl. placeres transitorios [pasajeros, fugaces, efímeros]. ▶一時的に adv. temporalmente. →一時(いちじ). ♦不況は一時的なもので経済は間もなく回復した La recesión fue temporal y la economía se recuperó. ⇨応急, 束の間

いちじゅん 一巡 ▶九州を一巡(＝周遊)する v. hacer* una gira por Kyushu. ▶公園を一巡する(＝一回りする) v. dar* una vuelta [un paseo] por el parque.

いちじるしい 著しい (注目に値する) *adj.* notable, considerable; manifies*to*, evidente; sorprendente, *(教養語)* conspic*uo*. ▶著しい類似点 *fpl.* semejanzas sorprendentes. ♦これとそれとでは著しい相違がある Hay una diferencia notable entre esto y eso. ♦その視覚効果は著しかった El efecto visual era evidente.

━━ 著しく *adv.* notablemente, considerablemente, mucho; evidentemente. ♦テニスが著しく進歩する v. hacer* un progreso notable en el tenis ▶ぱたんと, ぐんぐん

いちず 一途 (人が)*adj.* que tiene un solo objetivo, resuel*to*.

━━ 一途に *adv.* en [con] cuerpo y alma, al cien por cien, ciegamente. ♦私はあの人を一途に愛した Yo lo [le, la] amaba en cuerpo y alma.

いちぞく 一族 *f.* parentela, *mf.* parientes, *f.* familia → 一家; (氏族)*m.* clan. ▶平家一族 *m.* clan de los Heike. ♦その一族は自分たちの宗教を厳格に守った El clan familiar observaba estrictamente su religión.

いちぞん 一存 ▶私の一存(＝決定・判断だけ)ではどうにもできません No puedo tomar yo s*o*lo la decisión. / No puedo hacer nada por mi propia iniciativa.

いちだい 一代 (1世代) una generación, una vida, la [una] vida entera. → 代, 世代, 一生. ▶一代前に *adv.* hace una generación. ♦彼は一代で大きな財産を築いた Durante su vida hizo [amasó] una gran fortuna.

いちだいじ 一大事 ♦お家の一大事 *m.* asunto de mucha gravedad para la familia. ♦そりゃ一大事だ ¡Dios mío! ¡Eso es grave!

いちだん 一団 *m.* grupo, *m.* conjunto, *f.* banda, *m.* tropel. → 集団. ▶旅行者の一団 *m.* grupo [*m.* tropel] de turistas. ▶一団となって *adv.* en grupo.

いちだん(と) 一段(と) (なお一層) *adv.* aún más, todavía más, mucho más; (今までにないほど一層) *adv.* más que nunca. → 一層. ♦彼女は今日は一段と美しく見える Hoy está todavía más guapa. ♦彼は一段とスペイン語が進歩した Ha progresado aún más en español. ♦経済は一段と悪化してきている La economía ha ido de mal en peor. / La economía ha empeorado aún más.

いちだんらく 一段落 ♦仕事が一段落した Se ha llegado al fin de la primera fase del trabajo. / El trabajo ha llegado al fin de su primera etapa.

・いちど 一度 *adv.* una vez. ▶一度ならず(＝再三) *adv.* más de una vez. ♦一度や二度やってみる価値があるかもしれない Quizás valga la pena intentarlo una o dos veces. ♦一生に一度でいいからパリへ行ってみたい Quiero ir a París aunque sólo sea una vez en mi vida. 会話 よく美容院へ行くの――¹ひと月[²3か月]に一度よ ¿Vas a menudo al salón de belleza? – Una vez ¹al mes [²cada tres meses]. ♦一度(＝かつて)犬を飼ったことがある Tuvimos un perro una vez. ♦一度(＝いずれ)お立ち寄りください Visítame algún día, por favor. / *(口語)* Déjate caer algún día. 会話 そこへ何回行ったことがあるの――一度だけだよ ¿Cuántas veces has estado allí? – Sólo una.

1《もう一度》▶もう一度 *adv.* una vez más, otra vez. ♦もう一度言ってください ¿Cómo ha dicho, por favor? / Perdone, ¿puede repetir? / ¿Perdón? / Otra vez, por favor. / ¿Cómo, por favor? / ¿Cómo? / ¿Qué dice? ♦さあもう一度泳ごう ¡Venga! Vamos a nadar otra vez.

2《一度の》▶年に一度の祭り *m.* festival anual.

3《一度に》▶*adv.* al mismo tiempo, a la vez, a un tiempo, simultáneamente; (いっしょに) *adv.* todos juntos; (一回に) *adv.* todos a la vez, todos a una. ♦みんな一度に話すな No habléis todos a la vez. ♦みんな一度にやって来た Vinieron todos juntos. / Vinieron en grupo. ♦一度に二つのことをするな No hagas dos cosas ¹a un tiempo [²al mismo tiempo].

4《一度も(…ない)》♦一度も彼とテニスをしたことがない Nunca he jugado (antes) con él al tenis. ♦その老人は一度も(＝一度たりとも)不平を言ったことはない El anciano [viejo] no se quejó ni una sola vez. 会話 田舎にいたころよく釣りに行きましたか――いいえ, 一度も ¿Iba a menudo「de pesca [a pescar]」cuando estaba en el campo? – Ni una vez. [Nunca.]

いちどう 一同 ▶出席者一同 *mpl.* todos los presentes. ♦われわれ一同はその知らせに喜んだ Todos nos alegramos al saber la noticia. ♦家族一同, お二人をお招きしたいと願っております 〖招待状〗 Mi familia y yo estaríamos encantados en [de] recibirles.

いちどきに 一時に ▶二つのことをする v. hacer* dos cosas a ¹un tiempo [la vez]. → 一度.

・いちにち 一日 ❶【24時間】un día. ▶1日半 un día y medio. ▶1日おきに *adv.* un día sí y otro no, cada dos días. ▶1日休みをとる v. tomarse un día libre, librar un día. ▶一日一善を行なう v. hacer* una buena acción cada día. ♦日本人は普通1日に8時間働く Generalmente los japoneses trabajan ocho horas diarias [al día]. ♦一日や二日でそんなことはできないよ No lo podrás hacer ni en un día ni en dos. ♦彼は一日中一生懸命働いている Ha estado trabajando duramente「todo el día [el día entero]」. ♦私は朝刊を読まないと一日のリズムが狂う Si no me leo el periódico por la mañana, no cojo el ritmo en todo el día. ♦朝食は1日のエネルギーの源だ El desayuno es la fuente de energía para todo el día. ♦彼は一日たりとも彼女のことを思わない日はなかった No pasaba un día que él no pensara en ella.

❷【ある日】♦秋の一日, 私たちは京都を訪ねた Un

día de otoño visitamos Kioto.
《その他の表現》◆日一日と涼しくなってゆく Cada día hace más fresco. / Día tras día el tiempo va refrescando. ◆私は一日も早く（＝できるだけ早く）彼女に会いたかった La quería ver lo antes posible. ◆一日千秋の思いでその日が来るのを待った Esperé con impaciencia la llegada del día.

いちにん 一任 →任せる。▶彼にその仕事を一任する v. confiarle* [encargarle*] el trabajo. ◆これは君に一任しよう（＝任せよう）Esto, te lo encargo a ti. / Pego esto en tus manos.

いちにんまえ 一人前 ❶【一人分の食事】ご飯一人前 una ración de arroz, m. arroz para una persona. ▶一人前千円 mpl. mil yenes por persona [cabeza, 《ユーモアで》barba]. ◆フライドポテトの大盛り一人前お願いします（レストランで）Por favor, una ración grande de patatas [《ラ米》papas] fritas.
❷【成人】mf. adulto/ta, mf. mayor. ▶一人前の（りっぱな）adj.《口語》hecho y derecho. ▶一人前の大工 m. carpintero hecho y derecho. ▶一人前になる （成人する）v. hacerse* adulto [mayor]; （独立する）v. hacerse* independiente. ◆彼は年だけは一人前だがすることは子供だ Tiene el cuerpo de un hombre pero la mente de un niño. / En los años es un adulto, pero en las acciones es un niño. ◆君を一人前の男にしてやる ¡Voy a hacer de ti un hombre!

・**いちねん** 一年 ❶【年数】un año. ▶1年おきに adv. un año sí y otro no, cada dos años. ▶1年半 (un) año y medio. ◆1年は365日ある Un año tiene 365 días. ◆当地では一年中泳げる Aquí se puede nadar (a lo largo de) todo el año. ◆だれでも一年一年歳をとる Todos「vamos envejeciendo [nos hacemos viejos] año tras año.
❷【学年】→一年生.

いちねんせい 一年生 ❶【学年】▶大学1年生 mf. estudiante [mf. alumno/na] de primero de la universidad. →年生, 学年.
❷【植物】▶一年生の adj. anual. ▶一年生植物 f. planta anual.

いちば 市場 m. mercado, f. plaza. ▶魚市場 m. mercado del pescado, f. lonja (del pescado). ▶卸売市場 m. mercado al por mayor. ▶市場に行く v. ir* al mercado.

いちはやく 逸早く ▶逸早く（＝すばやく）現場に駆けつける v. ir* rápidamente [prontamente, enseguida, inmediatamente] a la escena.

・**いちばん** 一番 ❶【番号】m. número uno, m. primer lugar, el/la primero/ra. ◆君が一番だ Eres el número uno.
❷【順位】▶一番の adj. primero; （一番の位置）m. primer lugar, f. primera posición. ▶一番（摘みの）茶 m. té de la primera recogida. ▶一番鶏 m. primer gallo en cantar por la mañana. ▶一番星 f. primera estrella que sale. ▶一番列車 m. primer tren. ▶一番の歌詞 m. primer verso de una canción. ◆彼はクラスで一番だ Es el primero de la clase. ◆彼女は百メートル競走で一番だった Acabó la primera en la carrera de los 100 metros. / Ganó los 100 metros. ◆彼は現場に一番乗りをした Fue el primero en llegar al lugar. / Se presentó el primero. ◆彼女はこの前の試験で一番になった Fue la número uno en el último examen. / Sacó la mejor nota [calificación] en el último examen. ◆彼は毎朝一番にラジオのニュースを聞く Lo primero que hace por [en] la mañana es escuchar las noticias por la radio.
❸【最も】→もっと. ▶いちばん右の家 la primera casa a tu derecha. ▶いちばん北の港 el puerto más al norte. ▶洞穴のいちばん奥の adv. en lo más profundo [recóndito] de la cueva. ◆健康がいちばん（大切）だ Lo primero es la salud. / La salud es lo más importante. ◆彼はクラスでいちばんよく勉強する Es el estudiante más trabajador de la clase. / Es el número uno de la clase en el trabajo. / Es el que más trabaja de la clase. ◆彼は彼女がそれまでに出会ったいちばん厳しい先生だった Era el profesor más estricto que ella había conocido. ◆春がいちばん好きだ La primavera es la estación que más me gusta. / La primavera es mi estación favorita. ◆京都はあきがいちばん美しい Cuando más bello está Kioto es en (el) otoño. / Kioto está más bello que nunca en (el) otoño. ◆この辞書がすべての中でいちばん安かった Este diccionario es el más barato de todos. ◆こういう問題は専門家に任せるのがいちばん Los problemas de「este tipo [este género, esta clase] es mejor dejárselos a los especialistas [expertos]. ◆彼は医者にみてもらうのがいちばんだ Lo mejor que debería hacer es ir a ver a un médico. / Lo mejor para él es ir a un médico.
❹【一勝負】▶碁を一番打つ v. jugar* una partida de "go". ▶相撲を一番取る v. echar [librar] un combate de "sumo".

いちぶ 一部 ❶【一部分】f. parte, f. porción, m. fragmento, m. trozo; pron. algo. ▶（本の）第一部 f. Primera Parte. ▶彼の財産の一部 f. parte de su propiedad. ◆彼はその仕事のほんの一部しかしなかった Hizo sólo una parte del trabajo. / No hizo más que una parte del trabajo. ◆一部のお客様はお帰りになりました Algunos [Parte de los] invitados se han ido a casa. ◆一部には彼のことをよく思っていない人もいる Hay algunas personas que no tienen buena opinión de él.
❷【一冊】m. ejemplar, f. copia. ◆その本を一部ください Déme un ejemplar del libro, por favor.

── 一部(は) (部分的に) adv. en parte, parcialmente. → 部分. ◆この法案は一部修正しなければならない Este proyecto de ley debe ser en parte enmendado. ◆この事故の責任の一部は彼にある Él tiene parte de culpa「en el [del] accidente. / Es en parte culpable del accidente.

いちぶしじゅう 一部始終 ◆その一部始終を知っている v. saberlo* completamente [todo]. ◆そのことを一部始終聞かせてくれ Dímelo todo. /

Cuéntamelo todo.

いちぶぶん 一部分 una parte. → 部分.

いちべつ 一瞥 f. ojeada, m. vistazo, f. mirada. ▶一瞥して adv. de un vistazo, con una mirada. ♦彼は私の新しい帽子に一瞥もくれなかった Ni siquiera me miró el sombrero.

いちぼう 一望 ▶一望のもとに収める(人が主語) v. tener* una vista panorámica, ver* a vista de pájaro, dominar [abarcar*] con la vista. ♦バルコニーから海岸線が一望できた Desde el balcón teníamos una vista panorámica de la costa. / Desde el balcón se podía dominar con la vista toda la costa.

****いちまい 一枚** (紙・板・ガラスなど) f. hoja, f. lámina; (薄い) f. hoja; (厚い) f. plancha, f. chapa; (パン) f. rebanada; (ハム・チーズ) f. loncha; (キュウリ、ソーセージなど丸い切り口の) f. rodajas; (ソーセージ) f. raja; (ノートなどの) f. hoja. ▶一枚の紙 una hoja de papel. ▶皿1枚 m. plato. ▶(板)チョコレート1枚 f. tableta de chocolate, f. chocolatina. ▶ガム1枚 m. chicle, f. barra de chicle. ♦紙を一枚いただいてよろしいですか ¿Puedo coger una hoja de papel? ♦彼はノートを一枚ちぎった Arrancó una hoja del cuaderno.

【その他の表現】 ♦君の計画に私も一枚加えてくれ Cuenta conmigo para tu proyecto. ♦その計画には彼が一枚かんでいる Está implicado en el asunto. /《口語》Está en el ajo. ♦新しい社長は前の社長より一枚上手だ El nuevo presidente es una marca mejor que el anterior.

いちまいいわ 一枚岩 (団結・結束) f. solidaridad.

いちまつ 一抹 ▶その結果に一抹の(=少し)不安がある v. sentirse* algo [《口語》un poquito] preocup*ado* por el resultado. ▶一抹の(=少し)寂しさ「una sombra [un toque, un punto, un poco] de soledad.

いちみ 一味 ▶悪者の一団 f. banda [f. pandilla] de malhechores. ▶スパイの一味 f. banda de espías.

いちみゃく 一脈 ▶一脈相通ずる(=何か共通するものがある) v. tener* algo en común《con》.

いちめい 一名 ❶【一人】 una persona, un individuo. → 一人. ▶1名につき5百円 500 yenes por persona.
❷【別名】 adv. alias; m. otro nombre. → 別名. ▶ルイス・ディアス、一名チキート Luis Díaz, alias Chiquito.

いちめい 一命 f. vida. ▶危うく一命を取り留める v. salvar la vida por los pelos, salvarse de milagro. ▶彼の一命に関わる v. serle* [resultarle] fatal, costarle* la vida.

****いちめん 一面** ❶【一方の面】 un lado, un aspecto, una cara. ▶一面的な議論 m. razonamiento parcial [unilateral]. ▶君は物事の一面しか見ていない Tu punto de vista es parcial [《教養語》unilateral]. ♦私は彼の性格の新しい一面を発見した He descubierto un nuevo aspecto de su carácter.
❷【そのあたり全体】 ▶あたり一面を見渡す v. mirar todo alrededor [en torno]. ▶空一面星空であった = 星が空一面に輝いていた) Las estrellas brillaban por todo el cielo. ♦湖は一面氷でおおわれていた El lago estaba totalmente cubierto de hielo. ▶一面緑のじゅうたんであった Había una extensa alfombra de verde hierba.
❸【新聞の第一面】 f. primera página. ♦その殺人事件は新聞の第一面で報じられた El caso del asesinato apareció en primera página.

いちもうだじん 一網打尽 ▶ギャングどもを一網打尽に(=いっせいに)逮捕する v. arrestar a una banda de gánsters en una redada.

いちもく 一目 ♦彼には一目置いている(=脱帽する) Me inclino ante él. / (彼の優越を認める) Admito su superioridad.

いちもくさん 一目散 ▶一目散に逃げる (必死に) v. escapar desesperadamente; (全速力で) v. escapar [huir*] a todo correr,《口語》 salir* por las piernas.

いちもくりょうぜん 一目瞭然 ▶それは一目瞭然だ (=まったく明白だ) Es [Está] más claro que el agua. / (一目でわかる) Se puede ver claramente [a simple vista].

いちもん 一門 (一家・一族) f. familia, f. casa; (一門) m. clan; (流派) f. escuela; (宗教上の分派) f. secta. ▶平家一門 m. clan de los Heike.

いちもんなし 一文無し adj. / adv. sin un céntimo; adj.《口語》pelado,《ラ米》《口語》roto. → 無し.

いちや 一夜 f. noche. ▶一夜の宿をとる v.「hacer* noche [pernoctar]「en un hotel [bajo techo, a cubierto]. ▶一夜にして adv. de la noche a la mañana, en una noche. ▶不安な一夜を過ごす v. pasar una mala noche. ▶一夜を明かす v. pasar la noche en vela. ♦彼は一夜にして(=突然)作家として有名になった Se convirtió en un escritor famoso de la noche a la mañana.

いちやく 一躍 ▶小説家として一躍有名になる v. saltar a la fama como novelista, hacerse* un/una novelista famoso/sa de la noche a la mañana, hacerse* de repente un/una famoso/sa novelista. ♦その映画で彼は一躍大スターになった Con esa película se convirtió de repente en una gran estrella.

いちゃつく v. coquetear《con》; (抱きついてキスする) v. darse* besitos, hacerse* carantoñas. ▶二人がソファーの上でいちゃついていたのを見た Vi a los dos haciéndose carantoñas en el sofá.

いちやづけ 一夜漬け ▶一夜漬けで3科目の試験勉強をする v. empollarse [《メキシコ》tragarse*] apresuradamente tres asignaturas para el examen.

いちゅう 意中 ▶意中の人(心に留めている人) la persona de《+所有形容詞》pensamientos, alguien en mente; (将来花嫁にするつもりの人) f. novia que uno tiene en mente. ▶意中を明かす (=心を打ち明ける) v. abrir*《a + 人》el corazón. ▶後継者的に意中の人物にはだれだろう ¿En quién pensará para sucederle? ▶だれか意中の(=恋している)人でもいるのかい ¿Hay

いちよう 一様 ▶一様の adj. igual, mismo, uniforme. ♦箱の大きさは一様ではない El tamaño de las cajas no es igual. ♦彼らはみな一様に黒い服を着ていた Iban todos vestidos 「con el [del] mismo color negro. ♦彼らは一様に(=全員が)賛成した Todos aprobaron [asintieron]. / El acuerdo fue unánime.

いちょう 銀杏 gingko. ▶銀杏の葉 f. hoja de gingko.

いちょう 胃腸 m. estómago e mpl. intestinos,《口語》fpl. tripas. ▶胃腸薬(消化剤) m. digestivo,《専門語》m. medicamento gastrointestinal. ▶胃腸障害を起こす v. tener* [padecer*, sufrir] trastornos digestivos. ▶胃腸が¹弱い[²強い] v. tener* una ¹buena [²mala] digestión.

いちらん 一覧 ▶報告書を一覧する v. mirar el informe por encima, hojear el informe.

いちらんせい 一卵性 ▶一卵性双生児 mpl. mellizos [mpl. gemelos] idénticos,《専門語》mpl. gemelos monozigóticos.

いちらんひょう 一覧表 (名詞・項目などの配列) f. lista, f. tabla, m. cuadro. ▶動詞型一覧表を作る v. hacer* una lista de las formas verbales. ♦購入したい物の一覧表を作った Hicimos una lista de compras.

いちり 一理 ♦君の言うことに一理あるかもしれない Tal vez haya algo de verdad en lo que dices.

いちりつ 市立 →市立(しりつ).

いちりつ 一律 ((賃金などが全面的な)) adj. general, equitativo, para todos igual; (均一の) adj. uniforme, igual. ▶一律配分 f. distribución igual. ▶一律に5%昇給した Tuvimos [Hubo] un aumento general del salario del 5%. ♦それは一律には論じられない(=同じように扱われない) No pueden ser tratados igual. / (同じ範疇(はんちゅう)には入れられない)No se les puede poner en la misma categoría.

いちりゅう 一流の ❶【第一級の】adj. de primera (clase), de nivel (clase, orden) superior, sobresaliente, líder, eminente, superior, fuera de serie. ▶一流のホテル m. hotel de 「primera clase [『スペイン』cinco estrellas]. ▶一流会社 f. compañía [f. empresa] líder [destacada]. ▶一流のゴルファー mf. golfista 「de primera [fuera de serie]. ♦彼は現代の一流の音楽家だ Es uno de los mejores músicos actuales. / Es un músico eminente en la actualidad.
❷【独特の】adj. característico, peculiar. ♦これは彼一流の文体だ Éste es el estilo característico suyo [de él].

いちりょうじつ 一両日中に adv. en uno o dos días, en un día o dos.

いちりん 一輪 (花) una [sola] flor; (車) una (sola) rueda. ▶一輪車 (荷物運搬用) f. carretilla; (公園などで乗る) m. monociclo; (曲技用の) m. monociclo, f. monocicleta.

いちるい 一塁 f. primera base. →ファースト.

いちれん 一連 ▶一連の会談 una serie de conferencias. ▶一連の出来事 mpl. acontecimientos encadenados, una cadena de sucesos.

いちろ 一路 ▶一路(=まっすぐ)パリに向かう v. dirigirse* directamente a París.

＊＊いつ interrog. cuándo; (何時に) interrog. a qué hora ♦ブエノスアイレスにいつ行きましたか ¿Cuándo ha estado en Buenos Aires?
〖会話〗 あなたの誕生日はいつですか―9月9日です ¿Cuándo es su cumpleaños? – El 9 de septiembre. ♦いつどこで彼女に会いましたか ¿Cuándo y dónde la vio usted? ♦試合はいつ始まりますか Cuándo [¿A qué hora] empieza el partido? ♦彼がいつ姿を現わすかだれも知らない Nadie sabe cuándo 「se presentará [aparecerá]. ♦時計の修理はいつできますか ¿Cuánto tiempo tardará usted en reparar el reloj?

1《いつから》adv. ¿desde cuándo?, ¿cuánto hace《que》? 〖会話〗 いつからこの会社ではたらいているのですか―6か月前からです ¿Desde cuándo trabaja usted en la empresa? – Desde hace seis meses / ¿Cuánto tiempo lleva usted trabajando en la empresa? – Seis meses. / ¿Cuánto hace que trabaja usted en la empresa? – Hace seis meses. 〖会話〗 新学期はいつからですか―4月8日からです ¿Cuándo [¿Qué día] empieza [comienza] el nuevo curso? – El 8 de abril.

2《いつでも》adv. (常に) siempre, cuando sea, en cualquier momento, a cualquier hora, cualquier día. ♦いつでも家にいます Yo estoy en casa a cualquier hora. / Yo siempre estoy en casa. ♦身分証明書はいつも身につけていなさい Lleva siempre 「la tarjeta [el carnet, la cédula] de identidad. ♦いつでもお好きなときにお電話ください Puede llamarme cuando quiera. ♦いつでも(よろしい) Cuando sea. / No importa cuándo. ♦いつでも出発できます(=準備ができている) Estoy preparado para salir ya [cuando sea].

3《いつなんどき》adv. en cualquier momento. ♦いつなんどき交通事故にあうかしれない En cualquier momento podemos tener un accidente de tráfico. ♦いつなんどきだれが起こるか分からなかった Los aludes podrían tener lugar en cualquier instante. / Nadie sabía cuándo iba a haber un alud.

4《いつまで》adv. ¿hasta cuándo? ♦いつまで休暇をとるのですか ¿Hasta cuándo estará de vacaciones? ♦ところでいつまでここにいるの A propósito, ¿cuánto tiempo [¿hasta cuándo] vas a quedarte aquí? ♦いつまで待っても(=長い間待ったが)彼は来なかった Aunque esperé mucho, no vino. ♦いつまでにそこに行かなくてはいけないの ¿A qué hora hay que ir allí? 〖会話〗 その店はいつまで開いていますか―10時半までです ¿Hasta 「qué hora [cuándo] está abierta la tienda? – Hasta las diez y media.

いつう 胃痛 m. dolor de estómago,《専門語》f. gastralgia. →胃.

いつか 五日 ▶五日間 adv. (durante) cinco días. ▶5月5日に adv. el (día) 5 de mayo.

***いつか ❶**【未来】adv. algún [un] día, un día de estos, tarde o temprano, un día u otro, en un futuro próximo; (いつかそのうちに) adv. algún [un] día, alguno de estos días. ▶このままでいたらいつか失敗するぞ Si sigues así, algún día vas a fracasar. ◆いつか遊びに来てください Venga a visitarme un día de estos, por favor. ◆来月のいつかパーティーをしましょう ¿Hacemos una fiesta algún día del mes que viene? ◆いつかきっと彼らに勝つぞ Tarde o temprano les venceremos. ◆彼女はいつか結婚したいと思った Esperaba casarse algún día. ◆いつかは (=いずれは) そうなるだろう Tarde o temprano va a ocurrir. **❷**【過去】(以前に) adv. antes, una vez. ▶いつかお目にかかりましたね Me parece que ya nos habíamos encontrado una vez. / Ya había tenido el gusto de conocerle「una vez [antes]. ◆いつかの夜に駅の近くで彼女を見かけた La vi una noche cerca de la estación. **❸**【いつのまにか】adv. antes de darse uno cuenta, cuanto antes lo esperes. → いつの間にか. ▷ 今に, 遅かれ早かれ, そのうち, 他日

いっか 一家（家族）f. familia, f. casa, m. hogar. → 家族.
 1《～一家》→ 家族. ▶鈴木さん一家 f. familia (de los) Suzuki, los Suzuki.
 2《一家(の)～》▶一家団らんの楽しみ m. placer de un hogar feliz. ▶一家の主人 m. cabeza de familia. ▶一家の切り盛りをする v. llevar [administrar] la casa. ◆一家総出で客を出迎えた Toda la familia recibió a los huéspedes [invitados].
 3《一家は》▶上の階に住む一家はとても騒々しい La familia de arriba hace mucho ruido.
 4《一家を》▶一家を支える v. mantener* a la familia. ▶京都に一家を構える (住む) v. poner* casa [asentarse*, establecerse*] en Kioto.

いっかい 一回 una vez, una ocasión → 一度; (野球の) f. primera entrada. ▶1回生 (大学の) mf. estudiante de primer curso; (最初の卒業生) mf. primer/mera graduado/da de una universidad. ▶1回戦 m. primer partido [asalto, juego]. ▶1回で (=最初の試みで) 成功する v. hacerlo* bien「en el [al] primer intento. ▶週に1回ゴルフをする v. jugar* al golf una vez por semana. ◆錠剤を1回に3錠ずつ飲んでください Tómese tres pastillas cada vez. ▶そのゲームは1回につきいくらですか ¿Cuánto cuesta un juego? ◆もう1回やってみてもいい? ¿Puedo intentar otra vez? / ¿Me dejas probar una vez más? ◆彼とは1回も (=決して) 口をきいたことがない No he hablado con él ni una sola vez.

いっかい 一階 m. piso bajo, f. planta baja, m. bajo. → 階.

いっかくせんきん 一攫千金 ▶彼は一攫千金の夢を見ている Sueña con hacerse rico de golpe [la noche a la mañana].

いつかしら 何時かしら → いつの間にか.

いっかつ 一括 ▶一括契約 m. contrato global, m. acuerdo「en bloque [conjunto]. ▶一括購入 f. compra en bloque [conjunto]. ▶一括払いの小切手 m. cheque [m. talón] único. ▶2か月分の給料を一括してもらう v. recibir la paga de dos meses de una vez. ▶物事を一括して (=全体として) 考える v. considerar los asuntos en conjunto. ▶この項目をすべて一つの題目のもとに一括する v. englobar todos estos temas bajo un mismo título. ◆関税は一括して (=全面的に) 引き下げられた Hubo una reducción general de las tarifas.

いっかん 一貫 ▶一貫した adj. consistente, coherente. ▶一貫した政策 f. política coherente. ▶君の意見には一貫性がない (=一貫していない) Tu razonamiento「no es consistente [es inconsistente]. / (一貫性を欠く) A tu argumento le falta consistencia. ◆彼の行動は終始一貫していた Era coherente en sus acciones. ◆彼は一貫して政府に反対した Su oposición al gobierno era consistente. ◆会談の雰囲気は一貫して (=終始) なごやかだった El ambiente de las conversaciones fue amistoso todo el tiempo.

いっかん 一巻 (巻き物) m. rollo; (本の) m. libro, m. volumen, m. tomo. ◆第1巻 Libro I, Volumen I. ◆彼が今帰って来たら一巻の終わりだ Si vuelve ahora, es el final de todo. / 《口語》¡Dios mío, si se presenta ahora! / 《親しい仲で》Como venga ahora, sanseacabó.

いっかん 一環 ▶われわれの社会事業の一環 (=一部) として adv. como parte de nuestras actividades sociales.

いっきいちゆう 一喜一憂 ▶彼女はニュースを聞いて一喜一憂した Al oír la noticia, ella fue presa de un sentimiento entre la alegría y la inquietud.

いっきうち 一騎打ち m. combate singular [entre dos]. ▶一騎打ちをする v. librar un combate [enfrentamiento] singular [entre dos].

いっきに 一気に (休まずに) adv. de un tirón, sin parar; (一飲みに) adv. de un trago. ▶一気に2時間働く v. trabajar dos horas「sin parar [seguidas]. ▶一気にビールを飲む v. beberse la cerveza de un trago. ▶一気に (=途中とまらないで) ロンドンまで飛ぶ v. tomar un vuelo「sin escala [directo] a Londres. ◆彼は原稿全部を一気に (=座って中断せずに) 書き上げた Se acabó [《口語》echó] todo el manuscrito en una sentada.

いっきゅう 一級 ❶【第一位の等級】f. primera clase, f. clase superior. → 一流, 最高. ▶一級品 mpl. artículos de primera clase. ◆このサービスは第一級だ El servicio aquí es de primera (clase). ◆彼は第一級の機械工だ Es un mecánico de primera.

❷【一つの(階)級】f. clase, f. categoría, m. nivel.

いっきょ 一挙に (一回の決定的行動で) adv. de golpe, de una vez; (すぐ) adv. de inmediato; (突然) adv. de repente. ▶一挙に事件を解

いっきょいちどう

いっきょいちどう 一挙一動 f. acción, m. paso, m. movimiento. → 行動. ♦彼の一挙一動を見守る v. observar [seguir*] cada movimiento que él hace. ♦彼の一挙一動に気をつけている Está atento a cada acción que hace.

いっきょりょうとく 一挙両得《口語》Así se matarían dos pájaros de un tiro.

いつく 居着く ▶この町に居着く v. asentarse* en esta ciudad. ♦野良猫が近くに居着いてしまった（＝居続けた）Un gato vagabundo se ha venido a vivir cerca de mi casa.

いつくしむ 慈しむ ▶子供を慈しむ v. tratar con cariño [afecto, amor] a un niño.

いっけん 一見 ❶【1度見ること】f. ojeada, m. vistazo. ▶一見に値する映画 f. película que vale la pena ver. ♦一見して模造品だと分かった A primera vista supe que era una imitación.
❷【外見】▶一見したところ adv. aparentemente, en apariencia, al parecer, por lo que se ve. ▶一見おとなしそうな犬 m. perro aparentemente inofensivo. ♦彼は一見誠実そうだが実はそうではない Es aparentemente honrado, pero en realidad no lo es. ♦その問題は一見簡単そうに思えたがそれほどでもない El problema no es tan sencillo como parece a primera vista.

いっけんや 一軒家 una casa aislada [solitaria].

***いっこ 一個** pron. uno, una; una pieza, una unidad. ▶1個百円のオレンジ f. naranja a cien yenes la unidad. ▶（オレンジを）1個単位で売る v. vender (las naranjas) a tanto por unidad. ▶リンゴを1個ずつ数える v. contar* las manzanas una a una.

いっこう 一行（行動をともにする）m. grupo; (客などの) f. partida, (随行員) m. séquito, m. acompañamiento, f. comitiva. ▶観光客の一行 m. grupo de turistas. ♦大統領とその一行は温かい歓迎を受けた Al presidente y a su séquito se les dispensó una cordial acogida.

いっこう 一向（に） adv. en absoluto, absolutamente nada, de ninguna manera, de ningún modo, nunca. → ちっとも. ♦そんなことは私には一向構わない（＝問題ではない）No me importa en absoluto. / No importa absolutamente nada. / De ninguna manera tiene eso importancia para mí. /《口語》Me importa un bledo. ♦私はそのことは一向(に)存じません No tengo ni idea. / No sé nada de eso. / Ni la más mínima idea. / Ni idea.

いっこく 一刻（瞬間）un momento, un instante, un minuto, un segundo. ▶刻一刻と adv. en cada momento, a cada instante. ♦一刻の猶予もできない No hay un momento que perder. ♦一刻も早く医者に診てもらうべきだ Deberías ir al médico「sin perder un minuto [al instante, de inmediato, lo antes posible]. ♦彼の手術は一刻を争う No debe perder un minuto en ser operado. / Ha de ser operado al instante. ♦一刻千金（ことわざ） El tiempo es oro.

いっこだて 一戸建て f. casa independiente [individual, aislada], m. chalet (chalé), f. casa unifamiliar. ♦この辺の家は皆一戸建てす En este barrio las casas son independientes. / En este vecindario no hay más que chalets.

いっさい 一切（全部）adv. todo, totalmente. → 全部.
── **一切の**（すべての）adj. todo, total. → 全部. ♦一切の費用は私がもちます Pagaré todos los gastos.
── **一切 ❶**【まったく】（完全に）adv. completamente, por entero; (絶対に) adv. absolutamente. ♦全く. ♦彼の目的は一切われには分からなかった Su objetivo era completamente desconocido para nosotros. ♦このことは一切口外しません Jamás se lo contaré a nadie.
❷【少しも…でない】adv. en absoluto, absolutamente, nada. ♦私はあの人と一切関係がありません No tengo absolutamente nada que ver con él.

いつざい 逸材 f. persona de [con] talento, f. persona dotada, f. persona capaz [competente].

いっさくじつ 一昨日 → 一昨日(おととい).
いっさくねん 一昨年 → 一昨年(おととし).
いっさくばん 一昨晩 adv. anteanoche, antes de anoche.

いっさんかたんそ 一酸化炭素 m. monóxido de carbono. ♦一酸化炭素中毒にかかる v. ser* envenenado por monóxido de carbono.

いつしか ▶いつしか（＝知らないうちに）夏休みも終わった Las vacaciones de verano se acabaron sin darme cuenta.

いっしき 一式 m. juego, m. conjunto, m. equipo, f. serie. ▶茶器一式 m. juego de té. ▶花嫁衣装一式 m. conjunto de novia. ▶家具一式 m. conjunto de muebles.

いっしゅ 一種（種類）f. clase, m. tipo, f. variedad, m. género, f. especie. ▶一種のおもちゃ f. una clase de juguete. ♦それはチョウの一種だ Es una especie de mariposa. ♦このお盆は一種のプラスチックでできている Esta bandeja está hecha de un tipo de plástico. ♦この花は一種独特のかおりがある Esta flor tiene una especie de olor particular.

いっしゅう 一周 f. vuelta, m. circuito, m. recorrido. ▶一周4百メートルのトラック f. pista con un circuito de 400 metros. ▶ゴルフのコースを一周する v. jugar* una vuelta de golf.
── **一周する** v. dar* una vuelta, hacer* una gira. ▶グランドを一周する v. dar* una vuelta por el terreno de juego. ▶世界一周旅行をする v. dar* la vuelta al mundo, hacer* una gira por todo el mundo. ▶地球は1年で太陽を一周する Cada año la Tierra da una vuelta alrededor del Sol.

いっしゅう 一蹴 ▶一蹴する（軽く負かす） v. vencer* con facilidad. ▶プロポーズを一蹴する(＝はねつける) v. rechazar* una propuesta (de matrimonio).

いっしゅうかん 一週間 f. semana. → 週. ▶今から1週間して[2以内に] adv. ¹dentro [en el plazo] de una semana, de hoy en siete días. ▶この1週間[1週間に] adv.(en) esta semana. ♦1週間のうちで私が最も忙しいのは土曜日だ De todos los días de la semana, el sábado es cuando estoy más ocupado.

いっしゅうき 一周忌 m. primer aniversario de su muerte [《フォーマル》fallecimiento].

いっしゅうねん 一周年 ▶結婚一周年記念日 m. primer aniversario de boda.

いっしゅん 一瞬 m. instante, m. momento, m. minuto, m. segundo. → 瞬間. ▶一瞬のためらいVA instante de duda. ▶一瞬しんとした Hubo un momento de silencio. ♦彼は一瞬口をきけなかった Se quedó un instante sin habla. ♦《ユーモアで》Se le fue al santo al cielo un momento. ♦それは一瞬の出来事だった Ocurrió en un abrir y cerrar de ojos. ♦一瞬あなたを他の人かと思いました En un momento pensé que eras otra persona.

*****いっしょ 一緒** (同じ) adj. igual, mismo. ▶私のと一緒の手袋 los mismos guantes que los míos. ♦この帽子は私のと一緒だ Este sombrero es igual que el mío. / Este sombrero y el mío son iguales. ♦彼は子供と一緒だ(＝同然だ) Es igual que [como] un niño. → 同じ, 同様, 同.

— **一緒に** (ともに) adv. juntos, con ＋ 名詞・代名詞, conjuntamente; (一斉に) adv. todos juntos; (声をそろえて) adv. a coro. ▶さあ, みんな一緒に歌いましょう Vamos a cantar「todos juntos [a coro]. ♦先生は生徒と一緒にあす来ることになっている Se ha decidido que mañana vengan juntos el profesor y sus alumnos. / Mañana vendrá el profesor junto con sus estudiantes. ♦一緒にコーヒーを飲みませんか ¿No toma usted un café con nosotros? ♦私と¹ピザと一緒に食べ[²部屋を一緒に使わ]ない? ¿No le importa compartir la ¹pizza [²habitación] conmigo? ♦若い人と一緒だと楽しい Disfruto cuando estoy con la gente joven. / Me encanta pasar el rato con los jóvenes.

— **一緒にする** (ひとまとめにする) v. juntar, agrupar, reunir*; (混ぜる) v. mezclar; (混同する) v. confundir; (同一視する) v. identificar*. ♦その2本のひもを一緒にする v. juntar las dos puntas de la cuerda. ♦個人主義を利己主義と一緒にする v. identificar* [confundir] individualismo con egoísmo. ♦水と油は一緒にできない El agua y el aceite no se pueden mezclar. ♦彼の家はあなたと私の家を一緒にしたくらいの大きさだ「La casa de él [Su casa] es tan grande como la tuya y la mía juntas.

— **一緒になる** (一つにまとまる) v. juntarse 《con》, unirse 《a》; (結婚する) v. casarse 《con》. ♦二つの村から一緒になって新しい町が生まれた Los dos pueblos se unieron para formar un nuevo poblado. ♦彼らは一緒になった (＝結婚した) Se casaron. / Juntaron sus vidas.

いっしょう 一生 (生涯) f. vida, toda la vida, f. vida entera. ♦彼は一生独身で通した Permaneció soltero toda la vida. ♦その辞書を作るには一生かかるだろう Llevaría toda la vida hacer ese diccionario. ♦君たちそんなことをしたら一生(＝残りの生涯)悔やむことになるよ Si lo haces, vas a lamentarlo「el resto de tu vida [toda tu vida].

1《**一生は**》 ♦彼の一生は不幸の連続だった Su vida entera fue una serie de desgracias.

2《**一生の**》 ▶一生の友人 mf. amigo/ga de toda la vida. ▶一生の仕事 f. profesión [m. trabajo] de toda la vida. ▶(一生をかけた大仕事) el trabajo al que se ha dedicado la vida entera.

3《**一生に**》 ♦そんなことは一生に一度しか起こらない Cosas como ésa ocurren una vez en la vida. / Es la ocasión de toda la vida.

4《**一生を**》 ▶幸せな一生を送る v. llevar una vida feliz. ♦その町で一生を過ごす v. pasarse la vida en esa ciudad. → 生涯. ▶教育に一生を捧げる v. dedicar* la vida entera a la educación. ♦ばかな事で一生を棒に振った El juego arruinó su vida.

《**その他の表現**》▶九死に一生を得る v. salvar「la vida [la piel, 《親しい仲で》el pellejo] por los pelos.

いっしょう 一笑 ▶一笑に付す(笑い飛ばす) v. tomarse a risa, reírse* con desdén, carcajearse 《de》.

いっしょうがい 一生涯 f. vida entera. → 一生, 生涯.

*****いっしょうけんめい 一生懸命** adv. con toda el alma, en cuerpo y alma, con sincero entusiasmo, con el máximo esfuerzo, con gran afán [fervor, ahinco], con todas las fuerzas. → 必死. ▶一生懸命働く v. trabajar「con toda el alma [incansablemente]. ♦彼の話に一生懸命に耳を傾ける v. escuchar「con gran afán [muy atentamente] lo que él dice, ser* todo oídos a lo que él dice. ▶一生懸命戦う v. combatir con gran ardor. ▶一生懸命努力する v. esforzarse* al máximo. ♦すべてのことに一生懸命やりなさい(＝最善をつくせ) Esfuérzate al máximo en todo. ♦何事も一生懸命になれば(＝専念すれば)なしとげられないものはない Si te aplicas en cuerpo y alma a todo, no habrá nada que no puedas hacer. 《会話》残念ながら彼は落第したよ―当たり前でしょ。一生懸命勉強しなかったもの Por desgracia ha suspendido. – No me extraña. No se ha esforzado lo suficiente.

いっしょく 一色 ▶白一色に塗る(＝一面白に塗る) v. pintar todo de blanco. ♦スタンドは白一色でうまっている Los graderíos están llenos de aficionados blancos. ♦町は金メダリスト歓迎の一色に包まれていた La ciudad estaba inundada de un ambiente festivo para recibir al medallista de oro.

いっしょくそくはつ 一触即発 ▶一触即発の(＝

爆発寸前の)状態だ Es una situación explosiva [muy crítica]. / (火薬だるの上にいる)《比喩的に》Están sentados en un barril de pólvora.

いっしん 一心 ▶一心同体 f. unión, 《口語》《比喩的に》f. uña y f. carne. ▶一心に (=心から) adv. con fervor [ardor, entusiasmo, afán], sinceramente, entusiásticamente. ▶一心に祈りをささげる v. rezar* con fervor. ▶彼に会いたい一心で por el ardiente deseo de verle. ◆われわれは一心同体だ Somos uña y carne. ◆私はその仕事に一心に取り組んだ (=専念した) Me concentré en cuerpo y alma en el trabajo.

いっしん 一新 ▶生活を一新する v. empezar una nueva (página de la) vida, renovarse*. ▶気分が一新する (=まったくさわやかになる) v. sentirse*「un hombre nuevo [una mujer nueva].

いっしん 一身 ▶仕事に一身を捧げる v. consagrarse [dedicarse*] entusiásticamente al trabajo. ▶責任を一身に引き受ける v. asumir la responsabilidad sobre uno mismo. ▶一身を賭(と)して子供を助ける v. rescatar al niño a riesgo de la propia vida.

いっしん 一審 m. primer juicio. ◆彼は一審で無罪を宣告された Se le declaró inocente en el primer juicio.

いっしんいったい 一進一退 ▶一進一退の試合 m. partido [m. juego] reñido. ◆彼の病状は一進一退だ (=不安定な状態にある) Su enfermedad tiene altibajos.

いっしんきょう 一神教 m. monoteísmo. ▶一神教信者 mf. monoteísta.

いっすい 一睡 ▶一睡もしないで夜を明かす v. pasar la noche insomne [《口語》en blanco]. ▶昨夜は一睡もしなかった Me pasé la noche sin dormir. / No pude pegar el ojo en toda la noche. / Me pasé la noche en blanco.

いっする 逸する →逃す. ▶機会を逸する v. perder* [dejar escapar] una oportunidad. ▶入賞を逸する v. perderse* un premio. ◆彼の行動はまったく常軌を逸している (=異常だ) Su conducta es muy excéntrica [rara].

いっすん 一寸 ▶一寸法師 m. enano, 《口語》m. pigmeo, (親しい仲で) m. pulgarcito. ◆一寸先も見えなかった No podíamos ver más allá de nuestras narices. ◆一寸先は闇(やみ)(=明日はどうなるかはだれにも分からない) ¿Quién sabe lo que trae el mañana? ◆一寸の光陰軽んずべからず (ことわざ) No hay nada más valioso que el tiempo. / El tiempo es oro.

いっせい 一世 ▶ペルーの日系一世 《説明的に》mf. peruano/na de origen japonés de primera generación. ▶フアン・カルロス I 世 Juan Carlos I (primero).

いっせいいちだい 一世一代 ▶一世一代の大ばくちをする v. aprovechar la ocasión de la vida.

いっせいに 一斉に (そろって) adv. todos juntos, conjuntamente; (声をそろえて) adv. a coro; (同時に) adv. al mismo tiempo, a la vez. ▶一斉検挙 m. arresto colectivo, f. detención general [en masa]. ▶一斉射撃をする v. lanzar* una descarga (cerrada). ◆一斉にしゃべるな No habléis al mismo tiempo. ◆いっせいに拍手が起こった Hubo un aplauso unánime.

いっせき 一石 ▶一石を投じる (問題を提起する) v. suscitar un problema; (論議を引き起こす) v. provocar* [causar] una polémica. ◆それは一石二鳥だ Así se matan dos pájaros de un tiro.

いっせん 一線 ▶善悪の間に一線を画する v. marcar* [trazar*] una divisoria entre lo bueno y lo malo.

いっせん 一戦 (戦い) m. combate, f. pelea, f. batalla; (勝負) m. partido, m. asalto. ▶一戦を交える v. entablar [librar] combate, enfrentarse en un partido [asalto].

いっそ →むしろ. ▶降参するぐらいならいっそ死んだ方がましだ Antes morir que rendirme.

いっそう ▶一掃する (根絶する) v. extirpar, 《養語》erradicar*; (破壊する, 殺す) v. barrer; (取り除いてきれいにする) v. quitar, limpiar, suprimir; (売りつくす) v. agotar las existencias (de). ▶社会の弊害を一掃する v. limpiar la sociedad, 《言い回し》erradicar* los males de la sociedad. ▶敵を一掃する v. barrer al enemigo.

いっそう 一層 (なお一層) adv. más, todavía [aún] más, más que nunca. ▶もっと. ▶一層熱心に働く v. trabajar todavía más (que nunca). ◆彼女は美しいが姉の方が一層美しい Es guapa, pero su hermana lo es todavía más. ◆彼女は息子の体が弱かったので一層彼を甘やかした Mimó a su hijo tanto más a causa de la debilidad física de él.

いっそくとびに 一足飛びに adv. de un salto.

いつぞや adv. el otro día, antes. →いつか.

いったい 一体 ❶【いったいぜんたい】(疑問文で) ¿acaso...?, pero, ¿alguna vez...?, pero bueno ¿...?, o ¿es que...?, 《口語》¿qué demonios [diablos]? ◆いったいその人を知っているのかい ¿Acaso conoces a ese hombre? 会話 いったい彼は手伝うことがあるのかい 一時にはね Pero, ¿alguna vez te echa una mano? – A veces. ◆いったいどこでそのドレスを買ったの 《口語》¿Dónde demonios compraste ese vestido? 会話 行かれないだろうね – いったいどうして No podré ir. – Pero bueno, ¿por qué? ◆いったいそれはどういう意味なのか Pero bueno, ¿qué quiere decir eso? / 《口語》¿Qué diablos significa eso? ◆いったいそれは本当なのか Pero, ¿será posible?

❷【同体】un cuerpo, un bloque, una unidad. ▶一体感 m. sentido de unidad [ser un cuerpo]. ▶一体となって adv. como una piña, en un cuerpo, como un solo hombre. ◆われわれは自然と一体となっている Sentimos a la naturaleza muy dentro. / Tenemos un sentido de identificación con la naturaleza.

いったい 一帯 ▶このあたり一帯で adv. en todo el vecindario [barrio]. → 付近, 全体. ▶近畿地方一帯に adv. en [por] toda la región de Kinki. ◆一万年前はこの地域一帯は海の底だった Hace diez mil años toda esta región estaba bajo el agua.

いったいか 一体化 f. unificación; (和合) f. unidad; (統合) f. integración. ▶一体化する v. unificar*, unir; integrar.

いつだつ 逸脱 f. desviación, m. extravío. ▶諸規則から逸脱する v. desviarse* [apartarse] de las reglas.

いったん 一旦 (一度) conj. una vez que. →一度; (一時は) adv. por un tiempo, temporalmente. ▶いったんこつを覚えたら、その仕事はけっして難しくありません Una vez que le coges el tranquillo [truco, ［メキシコ］chiste] al trabajo, no resulta tan difícil. ▶いったんたばこをやめた Dejé de fumar por un tiempo. ♦彼女と会う前にいったん家に帰った Antes de verla, yo había vuelto a casa.

*****いっち 一致** (合致, 同意) m. acuerdo; (意見の一致) m. consenso; (満場一致) f. unanimidad; (符号) f. concordia, f. coincidencia; (対応) f. correspondencia, f. concordancia. ▶意見の一致をみる v. llegar* a un acuerdo, alcanzar* un consenso. ▶一致団結して努力する v. hacer* un esfuerzo concertado, aunar* [unificar*] los criterios. ▶一致点 (=共通点) を見いだす v. encontrar* intereses comunes. ▶偶然の一致だね ¡Qué coincidencia! ▶私たちは彼らと一致協力してその計画を遂行した Nos unimos a ellos para llevar a cabo el plan. / Realizamos el plan en cooperación con ellos.

── **一致する** v.「estar* de acuerdo [coincidir, corresponder, estar* en armonía]《con》.▶(意見が)一致している v. estar* conforme [compartir la misma opinión, concordar*]《con》.♦あなたの話は彼の話と一致していない Su versión no corresponde con lo que dice él. ♦ただちに開始することで意見が一致した Estuvimos de acuerdo en empezar「de inmediato [enseguida].▶われわれの利害は一致する Nuestros intereses coinciden. ♦君は考えを現実と一致させた方がいい Más valiera que tus ideas se correspondieran con la realidad. ♦彼とあらゆる点で意見が一致している Estoy de acuerdo con él en todos los puntos. ♦私たちは一致した(=同意された)政策に従って行動しないといけない Debemos actuar según la política acordada.

☞ 当たる, 団結

いっちゃく 一着 ❶（競走などで）el primero, el primer lugar. →一等, 一位. ▶一着になる v. entrar (el) primero; coger* [conseguir*] el primer lugar.
❷【衣類の】un traje, un conjunto (de vestir), un terno (de tres piezas).

いっちゅうや 一昼夜 adv. día y noche, las veinticuatro horas. ▶まる一昼夜眠る v. dormir* todo el día y toda la noche, dormir* veinticuatro horas.

いっちょういっせき 一朝一夕 ♦一朝一夕に(=短期間で)外国語を習得することはできない Es imposible aprender una lengua extranjera de la noche a la mañana.

いっちょういったん 一長一短 ♦その方法には一長一短(=長所と短所)がある Este método tiene 「sus pros y sus contras [ventajas y desventajas].

いっちょくせん 一直線 →直線. ▶ゴールへ向かって一直線に走る v. correr en línea recta hacia la meta.

いつつ 五つ cinco. →三つ. ▶五つ子 mf. quintillizos/zas. ▶五つ子の一人 mf. quintillizo/za, mf. quintuplete. ▶五つ目の角 la quinta esquina.

いっつい 一対 (同一のものの) m. par, f. pareja. ▶一対のオール un par de remos. ▶一対の花びん un par de floreros.

いって 一手 ❶【自分だけですること】▶その責任を一手に (=全部)引き受ける v. asumir toda la responsabilidad de eso, encargarse* de toda la responsabilidad. ▶一手販売人 mf. agente exclusivo/va. ▶一手販売権を得る v. conseguir* los derechos exclusivos de venta.
❷【何かをする方法】f. manera, f. medida. ▶(チェスなどの)うまい一手 f. buena jugada. ♦彼女の心をつかむにはその一手しかない Esa es la única manera de ganar su corazón.

いってい 一定 一定の(固定した) adj. fijo; (規則的な) adj. regular; (明確な) adj. definido; (不変の) adj. determinado, constante, invariable. ▶一定の日に adv. un día fijo [determinado]. ▶一定の間隔で adv. a intervalos regulares. ▶一定の収入 mpl. ingresos fijos. ▶一定の人生の目的 m. propósito determinado [definido] en la vida. ▶一定のスピードで車を走らせる v. conducir* a una velocidad constante. ▶温度を一定に保つ v. mantener* una temperatura invariable.
☞ 決まった, 決まりきった, 地道

いってき 一滴 una gota. ♦彼は酒を一滴も(=けっして)飲まない No bebe ni una gota. / No toca el alcohol.

いってきます 行ってきます Ya me voy. / Hasta luego. / Adiós.

いってつ 一徹 ▶一徹な(=生来頑固な)老人 m. anciano [《口語》m. viejo] terco [testarudo, 《口語》cabezón].

*****いつでも** (どんな時でも) adv. cuando sea, en cualquier momento, a cualquier hora, no importa cuándo. →常.

いってらっしゃい 行ってらっしゃい Adiós, hasta luego [la vista].

いってん 一転 ▶一転する(向きをぐるりと変える) v. darse* la vuelta, ponerse* al revés. ♦その時以来形勢が一転した (=逆転した) Desde entonces la situación ha dado la vuelta.

いっと 一途 ▶破滅の一途 (=どんどん破滅に向かっている) v. ir* de mal en peor, precipitarse al abismo.

*****いっとう 一等** (競技などの一等賞) m. primer premio; (順位が一位) m. primer lugar; (乗り物などが一等) f. primera clase. ▶一等で旅行する v. viajar en primera clase. ♦彼はそのレースで1等になった Ganó el primer premio de la carrera.

── **一等(の)** (第一の) f. primera clase [categoría]. ♦一等機関士 m. primer ingeniero. ♦一等1乗客 [2車; 3寝台] [1 m. pasajero [2 m. vagón; 3 f. litera] de primera. ♦一等星 f. estrella de primera magnitud. ♦一等地(場所) m. lugar [m. terreno] de primera.

いつと(は)なく adv. sin darse cuenta. → いつの間にか.

いつにない ♦今日はこの時期としてはいつにないよい天気だ Hace un tiempo anormalmente agradable para esta época del año. ♦彼女は今日はいつになく(＝特に)魅力的だ Hoy está especialmente guapa. ♦いつになく(＝今までになく)気分がよい Me siento mejor que nunca.

いつのまにか いつの間にか (あっという間に) adv. antes de que uno se dé cuenta. ♦いつの間にかパーティーは終わっていた La fiesta se acabó antes de que nos diéramos cuenta. ♦いつの間にか(＝気づかないうちに)夜もふけた La noche se pasó sin darnos cuenta. ♦いつの間にか(＝ふと気づくと)われわれは敵にかこまれていた De repente nos vimos cercados [rodeados] por el enemigo.

いっぱ 一派 (党派) m. partido; (流派) f. escuela; (宗派) f. secta, f. confesión.

•**いっぱい 一杯** ❶ (1)【分量】♦una taza [una copa, un vaso] 《de》. ♦コップ1杯の水 un vaso de agua. ♦ボウル1杯 un cuenco 《de》. ♦さじ一杯 una cucharada 《de》. ♦ご飯1杯 un cuenco de arroz. ♦かご1杯の1果物 [2リンゴ] 1 cesto de 1fruta [2manzanas]. ♦熱いコーヒー1杯 una taza de café caliente.
会話 ビールをもう1杯いただけますか―承知いたしました ¿Me puede dar otra「jarra de cerveza [[スペイン]caña (de cerveza)]? – ¡Cómo no, caballero [señora, señorita]!
(2)【酒類などのひと飲み】♦ぶどう酒を1杯飲む v. tomar [beber]「una copa [un vaso] de vino. ♦今晩一杯やろう Vamos esta noche a tomar「una copa [[口語]un trago]. ♦われわれは一杯やりながら政治の話をした Hablamos de política mientras tomábamos algo. / Hablamos de política con la copa en la mano.

❷【充満】
1《～いっぱい》♦新鮮な空気を胸いっぱいに吸い込む v. tomar una bocanada de aire fresco. ♦食物を口いっぱい入れたままでしゃべるな No hables con la boca llena. ♦腹いっぱい食べた Comí hasta hartarme. ♦リンゴの木には実がいっぱいなっている Los manzanos están cargados de fruto.
2《いっぱいの》いっぱいの adj. lleno, completo. ♦いっぱい(＝満杯)のびん f. botella llena. ♦買い物客でいっぱいの店 f. tienda llena de clientes.
3《いっぱい(に)する》v. llenar 《con, de》. ♦そのびんに水をいっぱい入れる v. llenar la botella con [de] agua. ♦牛乳がいっぱい入ったコップ m. vaso de leche. ♦衣類をかばんにいっぱい詰め込む v. llenar la bolsa de ropa.
4《いっぱいである》v. estar* lleno 《de, con》. ♦この本は誤植がいっぱいだ Este libro está lleno de erratas. ♦駅は観光客でいっぱいだった La estación estaba llena [a rebosar] de turistas. / En la estación había「un tropel [una multitud] de turistas. ♦この件は感謝の気持ちでいっぱいです Estoy lleno de gratitud por ello. ♦私は胸がいっぱいで彼にうまくお礼が言えなかった No pude expresarle bien mi agradecimiento.

❸【たくさん】→たくさん. ♦宿題がいっぱいある Tengo un montón de tareas [deberes] que hacer. ♦話したいことがいっぱいあるの Tengo muchas cosas que decirte [contarte].

❹【全部】adj. todo. ♦力いっぱい押す v. empujar con toda la fuerza. ♦音量をいっぱいに(＝最大に)する v. poner* el volumen al máximo. ♦野原いっぱいに花が咲いている Todo el campo está florecido [florido, en flor].

《その他の表現》♦私はその男に一杯食わされて(＝だまされて)金を取られた El hombre me estafó. / Ese hombre me timó.

-いっぱい (…の末まで) adv. hasta el final 《de》; (すべて) adv. todo. ♦今週いっぱい忙しい Estaré ocupado toda la semana. / (今週の終わりまで) Estaré ocupado hasta el final de la semana.

いっぱく 一泊 ♦今晩一泊しなさいよ ¿Por qué no te quedas esta noche? / ¿Por qué no pasas aquí la noche?

いっぱし 一端 (有能な) adj. competente; (一人前の) adj. hecho y derecho, 《口語》 de pies a cabeza. ♦一端の(＝腕のいい)大工 m. carpintero competente. ♦一端の(＝一人前の)俳優 m. actor hecho y derecho. ♦あの女の子は子供のくせに一端の大人になったような口をきく Esa niña habla como si fuera una persona adulta cuando en realidad no es más que una niña.

いっぱつ 一発 ♦鳥をめがけて一発撃つ v. disparar (apuntando) a un pájaro. ♦一発で仕留める v. derribar (al animal) de un solo disparo [tiro]. ♦彼のあごに一発お見舞いする v. darle* un puñetazo en la barbilla. ♦ (試合で)一発勝負する v. jugar* un único partido, celebrar un combate único.

•**いっぱん 一般** ♦この庭は一般(＝一般の人)に公開されて1いる [2いない] Este jardín está 1abierto [2cerrado] al público en general. ♦この雑誌は一般(＝一般読者)向きだ Esta revista se destina al「lector medio [público en general].

—— 一般(の), 一般的な (世間一般の, 特殊でなく一般的な) adj. general; (普遍的な) adj. universal; (普通の) adj. ordinario; (平均的な) adj. medio; (普通によく見られる) adj. corriente, (口語) del montón. ♦一般 [2特殊]教育 f. educación 1general [2especial]. ♦一般教養 f. cultura general; (大学の授業) f. educación liberal. ♦一般大衆 m. público en general, f. gente común y corriente. ♦一般的真理 f. verdad universal. ♦一般の学生 mf. estudiantes corrientes. ♦一般投票 m. voto popular. ♦一般化 f. generalización. ♦一般保護違反(専門語) m. fallo de protección general. ♦一般論 fpl. generalidades. ♦

この習慣はこの地方では一般的だ Esta costumbre es común en esta región.

— **一般(的)に** adv. en general, generalmente, normalmente. ♦一般的に言うと adv. en términos generales. ♦その計画は広く一般に受け入れられた El plan tuvo una aceptación general. / El plan fue ampliamente aceptado. ♦当時, 地球は平らだと一般に信じられていた Según la opinión general de aquella época la Tierra era plana. ♦この地方は雪が多い En general hay mucha nieve en esta región. ☞ あまねく, 凡そ, 概して, 総じて, 総体, 俗に, 大概, だいたい, 大抵, 通常, 通例

いっぴき 一匹 ▶犬1匹 un perro.

いっぴきおおかみ 一匹狼(おおかみ) m. lobo solitario.

いっぴん 逸品 (珍品) f. rareza, m. objeto raro; (すぐれた品) m. artículo [m. producto] excelente; (珠玉) f. gema; (傑作) f. obra maestra.

いっぴんりょうり 一品料理 (お好み料理) m. plato a la carta.

いっぷいっぷせい 一夫一婦制 f. monogamia. ▶一夫一婦主義者 mf. monógamo/ma.

いっぷう 一風 ▶一風変わった adj. raro, extraño, singular, peculiar. ▶一風変わった味 m. gusto [m. sabor] raro. ▶彼には一風変わったところがある Es una persona extraña. / Tiene un aire algo singular [especial].

いっぷく 一服 ❶ 【休憩】 m. descanso, f. pausa. → 休憩. ▶仕事を一服する v. tomarse un descanso en el trabajo.
❷ 【たばこの】 f. bocanada. ▶一服吸う v. fumar, 《口語》echarse un cigarrillo. ▶一服しに外へ出る v. salir* fuera para fumar.
❸ 【薬の】 f. dosis; f. taza. ▶薬を一服のむ v. tomar una dosis de medicina.

いっぺん 一変する ▶この道路ができて私たちの生活が一変した Desde que hicieron esta carretera nuestra vida ha cambiado totalmente. / Nuestra vida ha experimentado cambios drásticos desde que hicieron esta carretera. / Esta carretera ha revolucionado nuestras vidas.

いっぺんとう 一辺倒 ♦彼はアメリカ一辺倒だ (=徹底的な支持者だ) Es un partidario acérrimo de Estados Unidos. / Es un pronorteamericano por los cuatro costados. ♦彼は日本酒一辺倒だ (=もっぱら日本酒だけを飲む) No bebe [toma] más que "sake".

いっぽ 一歩 m. paso. ▶一歩ごとに adv. a cada paso. ▶一歩前に出る [2後ろにさがる] v. dar* un paso ¹adelante [²atrás]. ▶研究を更に一歩進める v. avanzar* un paso más en el estudio. ♦疲れすぎて一歩も歩けない De lo cansado que estoy, no puedo「dar ni un paso más [avanzar más]. ♦一歩一歩知識を身につけることが必要だ Es necesario aumentar el conocimiento paso a paso. ♦これは平和への第一歩だ Éste es el primer paso hacia la paz.

《その他の表現》 ▶この会社は倒産一歩手前だ (=今にも倒産しそうだ) Esta compañía está「a un paso [al borde] de la quiebra. ♦彼はその点については一歩も譲らなかった En ese punto no cedió ni un ápice. / En ese terreno no se movió ni un paso.

いっぽう 一報 ▶彼が死んだという第一報 f. la primera noticia de su muerte. ♦ご到着の時刻を電話でご一報ください Por favor, infórmeme por teléfono a qué hora va usted a llegar.

いっぽう 一方 ❶【片方】 pron. uno, el otro, uno [cualquiera] de los dos. ▶通りのもう一方側に adv. 「en el [al] otro lado de la calle. ▶一方 [もう一方] の言い分を聞く v. oír la opinión del otro, dejar que diga su opinión el otro. ♦ここに2冊の本がある。一方は辞書でもう一方は小説である Aquí hay dos libros. Uno es un diccionario y el otro una novela. ♦二つの道のどちらか一方が駅に通じている Uno de los dos caminos lleva a la estación.

1 《一方では..., もう一方では...》 adv. por un lado..., por el otro... ♦彼は一方では私にへつらい, もう一方では陰口を言っている Por un lado me adula y por el otro「habla a mi espalda [me critica]. ♦飢えている人がいる一方で, 食物をむだにしている人もいる Unas personas se mueren de hambre, pero por otro lado otras derrochan la comida. / Mientras hay quien se muere de hambre, otras personas derrochan comida.

2 《...である一方で》 ♦彼はスペイン語を教える一方で研究している Enseña español y por otro lado lo está investigando.

❷ 【...の傾向が著しい】 ♦人口は増える一方だ (=着実に増えている) La población aumenta sin cesar. ♦天気は悪くなる一方だ El tiempo se está poniendo cada vez peor.

いっぽうつうこう 一方通行 f. vía [m. camino, f. pista] de una sola dirección. ▶一方通行 【標識】 Dirección única. / Sentido único.

地域差	一方通行路
〔ラテンアメリカ〕	f. calle de una vía
〔スペイン〕	f. calle de dirección única
〔メキシコ〕	f. calle de un sentido, f. calle de un solo sentido, f. calle de una sola dirección
〔コロンビア〕	f. calle de un solo sentido
〔ペルー〕	f. calle de un solo sentido
〔アルゼンチン〕	f. calle de una mano

いっぽうてき 一方的 ▶一方的な試合 m. juego [m. partido] parcial [unilateral]. ▶一方的な決定 f. decisión parcial [unilateral]. ▶一方的に勝つ v. ganar abrumadoramente. ▶一方的な話を聞かされる聴衆 m. público que no tiene más remedio que escuchar.

*いっぽん 一本 (長い物1個) un, uno, una. ▶鉛筆1本 un lápiz. ▶たばこ1本 un cigarrillo. ▶チョーク1本 una tiza. ▶カラーフィルム1本 un carrete [rollo] de película en color. ▶牛乳を1本飲む v. beber una botella de leche.

《その他の表現》 ▶一本気な人 f. persona de ideas fijas. ▶一本立ちする v. independizarse*. ▶一本調子の話し方 f. forma [f. manera] monótona de hablar. ♦彼女はいつもあんな

いっぽんか

風に一本調子で歌うのかい ¿Canta siempre con esa monotonía?

いっぽんか 一本化 (統一) f. unificación; (集中化) f. centralización. ▶一本化する v. unificar*, centralizar*.

いつまでも 何時までも (永久に) adv. por [para] siempre, eternamente. ▶いつまでも続く説教 m. sermón interminable. ▶いつまでもあなたを愛しています Te amaré para siempre. /Siempre te amaré. ♦こんなことがいつまでも続くはずはない Esto no puede durar「para siempre [eternamente]. ♦ご親切はいつまでも (＝けっして) 忘れません Jamás en mi vida podré olvidar su amabilidad. / Nunca voy a poder olvidar su amabilidad. ♦いつまでも [＝好きなだけ] この辞書をお持ちください Puede quedarse con el diccionario todo el tiempo que quiera.

＊＊いつも (常に) adv. siempre, todo el tiempo, en todo momento, a todas horas; (通常) adv. normalmente, por regla general; (習慣的に) adv. habitualmente, como de costumbre. ▶いつもより早く起きる v. levantarse antes de lo habitual [acostumbrado]. ♦彼はいつもわれわれを支持してくれた Siempre nos ha apoyado. ♦彼はいつも何かの不平ばかり言っている Siempre está quejándose de algo. / Está quejándose de algo a todas horas. ♦われわれは健康にいつも注意を払わねばならない Debemos siempre tener cuidado con la salud. ♦父は大体いつも7時に帰ってくる Generalmente [Casi siempre] mi padre vuelve a casa a las siete. 会話 でも日曜日はいつも暇がないんじゃないの…―いつもはそうなんだけど今週は暇なんだよ Pero normalmente no estás libre los domingos... – Normalmente no, pero esta semana sí que lo estoy. ♦いつもながら彼は30分遅れてやって来た Como de costumbre, llegó media hora más tarde. / Llegó con el habitual retraso de media hora. ♦彼はいつも時間どおりに来ない Nunca llega a tiempo. / Siempre llega tarde.

—— いつもの adj. habitual, acostumbrado, usual, de siempre, regular. ♦彼はいつもの通り遅れてきた Llegó tarde como siempre. / Llegó con el retraso habitual. ♦じゃ、いつもの所でね Bueno, en el lugar「de siempre [habitual], ¿de acuerdo?. ♦彼はいつもの席についた Ocupó su asiento acostumbrado. / Se sentó en el lugar de siempre.

《その他の表現》♦彼は来るときはいつも何かみやげ物を持ってきてくれる「Siempre que [Cada vez que] viene me trae algún regalo. / Nunca viene sin traerme algún regalo

☐相変わらず, 常々; 在来, 従来, 常套, 通常

いつわ 逸話 (著名な人・事件の) f. anécdota, m. cuento, f. historia.

いつわり 偽り (うそ) f. mentira, m. embuste, f. falsedad; (作り事) f. ficción. → 嘘.

いつわる 偽る (うそを言う) v. mentir*, decir* una mentira; (だます) v. engañar*; (装う) v. fingir*. ▶名前を偽る v. usar un nombre falso. ▶事実を偽って伝える v. falsear un hecho. ▶病気と偽る v. fingir* enfermedad [estar* enfermo].

イディオム m. modismo,《専門語》m. idiotismo, f. expresión idiomática. ▶よく使われるイディオム m. modismo popular.

イデオロギー f. ideología. ▶イデオロギーの相違 f. diferencia ideológica. ▶イデオロギーの対立 m. conflicto ideológico [de ideas].

いてざ 射手座 (占星・天文) m. Sagitario. ▶射手座(生まれ)の人 mf. sagitario/ria. → 乙女座.

いてつく 凍て付く v. congelar. → 凍る. ♦凍てつくように寒い Hace un frío terrible [《口語》que pela].

いてもたっても 居ても立っても ♦彼女が病院へ運ばれたと聞いて居ても立ってもいられなかった No podía quedarme tranquilamente con los brazos cruzados después de enterarme de que「la habían llevado [había sido llevada] al hospital.

いてん 移転 (引っ越し) f. mudanza, m. traslado. → 引っ越し. ▶移転先 (＝新しい住所) f. nueva dirección. ▶移転通知 m. aviso de cambio de dirección (domicilio). ▶移転費用 mpl. gastos de mudanza [cambio de casa].

—— 移転する v. cambiarse (de casa), mudarse, trasladarse. ♦本社が大阪から東京に移転した La oficina principal ha sido cambiada de Osaka a Tokio.

いでん 遺伝 f. herencia. ▶遺伝学 f. genética. ▶遺伝子 m. gen, m. gene. ▶遺伝病 [性疾患] f. enfermedad hereditaria. ▶遺伝の法則 fpl. leyes de la herencia. ▶彼の縮れ毛は遺伝です Su pelo rizado「le viene de herencia [es hereditario].

—— 遺伝する v. heredar. ♦頑健な体質は父から遺伝した La constitución fuerte es herencia de su padre.

いでんし 遺伝子 → 遺伝.

＊いと 糸 m. hilo, f. hebra, f. hilaza; (弦) f. cuerda, m. cordel; (釣り糸) m. sedal. → 釣.

1《～糸, 糸＋名詞》▶一巻きの糸 m. hilo en bobina. ▶細い [2太い] 糸 m. hilo「1fino [2gordo]. ▶「1木綿 [2刺しゅう]糸 m. hilo「de algodón [2para bordar]. ▶糸巻き f. bobina, m. carrete.

2《糸で》▶ビーズを糸でつなぐ v. ensartar cuentas [abalorios]. ▶糸で縫う v. coser con hilo.

3《糸を》▶糸を紡ぐ v. hilar. ▶針に糸を通す v. enhebrar una aguja. ▶(手術の)糸を抜く v. quitar los puntos. ▶もつれた糸を解く v. desenredar una maraña. ▶針と糸を持っているか ¿Tienes aguja e hilo?.

《その他の表現》♦彼が陰で糸を引いていた Los hilos los manejaba él. / Él manejaba los hilos.

いと 意図 f. intención, m. propósito, f. finalidad. ▶つもり. ▶意図的に adv. a propósito, con intención, adrede, queriendo; (故意に) adv. deliberadamente. ▶彼の真の意

図 *m.* su verdadero propósito. ◆彼はここに来る意図がない No tiene intención de venir aquí. ☞意味, 考え, 志, つもり

いど 井戸　*m.* pozo. ◆「深い [2浅い]井戸　*m.* pozo ¹profundo [²poco profundo]. ◆井戸水 *f.* agua de pozo. ◆井戸の水をくむ *v.* sacar* agua de un pozo. ◆井戸を掘る *v.* hacer* un pozo. ◆この井戸は涸れてしまった. 新しいのを掘らなくては El pozo se ha secado. Hay que hacer [abrir, perforar] uno nuevo. ◆この井戸水は飲めない El agua de este pozo no es potable.

いど 緯度　*f.* latitud. → 北緯. ◆マドリードの緯度は何度ですか ¿Cuál es la latitud de Madrid?

-いとう -以東 ◆以東の[に] *adv.* al [en el] este 《de》. → -以北.

いどう 移動　*m.* movimiento, *m.* traslado, *f.* transferencia. ◆難民の移動 *m.* movimiento de refugiados. ◆移動電話 *m.* (teléfono) móvil [「ラ米」celular].

── 移動する (自分が) *v.* mudarse, moverse*, trasladarse, cambiar de lugar, desplazarse*; (物を) *v.* mover*, trasladar, transferir*, desplazar*; (旅行する) *v.* viajar. ◆物質を安全な場所へ移動する *v.* trasladar materiales nucleares a un lugar seguro. ◆車を移動させてください ¿Puede mover su coche? ◆彼らは京都市内をあちこち移動した (=旅行した) Anduvieron cambiando de lugar en Kioto. / Estuvieron moviéndose de sitio en sitio dentro de Kioto. ☞動く, 変わる

いどう 異動　*m.* cambio. ◆人事異動 *mpl.* cambios de personal. ◆教員の異動を行なう *v.* introducir* cambios en el personal docente. ◆彼は大阪支店へ異動 (=転動) となった Lo [Le] trasladaron a la sucursal de Osaka.

イトゥルビデ (アグスティン・デ ~) Agustín de Iturbide (☆1783-1824, メキシコの軍人・皇帝, 在位 1822-1823).

いとぐち 糸口 ❶【発端】 *m.* comienzo, *m.* inicio, *m.* principio. ◆それが成功の糸口になった Eso fue el comienzo del éxito.

❷【手がかり】 *m.* indicio, *f.* pista. ◆その事件の解決への糸口がない No hay pistas para solucionar el caso. / No tenemos indicios para llegar a una solución del caso.

いとこ　*mf.* primo/*ma*. ◆またいとこ (=はとこ) *mf.* primo/*ma* segundo/*da*. ◆いとこの太郎 *m.* mi primo Taro. ◆ぼくと彼とはいとこ同士だ Él y yo somos primos.

いどころ 居所 (行方不明者などの所在) *m.* paradero; (住所) *f.* dirección, *fpl.* señas. ◆行方不明の男の居所を突きとめる *v.* descubrir* el paradero de un hombre perdido. ◆君の居所がいつでも分かるようにしておいてほしい Quiero saber siempre dónde estás.

いとしい 愛しい ◆愛しい妹　*f.* mi querida [amada] hermana. ◆いとしく思う *v.* recordar* con cariño, pensar* con cariño 《en》. ◆彼女は生徒達をいとしく思っている Sus alumnos le son muy queridos.

いとなみ 営み (仕事) *m.* trabajo, (営業) *m.* negocio, (活動) *f.* actividad, (準備) *f.* preparación.

いとなむ 営む ❶【生活などを行なう】 ◆多忙な生活を営む *v.* llevar una vida activa [ocupada].

❷【経営する】 ◆事業を営む *v.* llevar [dirigir*] un negocio. ◆理髪店を営む *v.* llevar una barbería. ◆¹弁護士業 [²医業] を営む *v.* ejercer* [practicar*] la ¹abogacía [²medicina], trabajar de ¹abogad*o/da* [²médic*o*].

いとのこ 糸鋸　*f.* sierra de marquetería [calar], *f.* sierra caladora; (電動の) *f.* sierra de vaivén [puñal].

いどばたかいぎ 井戸端会議　*f.* sesión de habladurías de comadres, *m.* mentidero, (口語) *f.* reunión de piloneros.

いとま 暇 (辞去) *f.* despedida; (閑暇) *fpl.* vacaciones; (休暇) *m.* permiso; (時間) *m.* tiempo libre. ◆暇(いとま)がいとまがない *v.* ser* demasiados para contarlos. ◆もうおいとましなければなりません Creo que me debo ir ya. ◆彼は私にいとまごいをした (=別れを告げた) Se despidió de mí. / Me dijo adiós.

いどむ 挑む (挑戦する) *v.* desafiar*, retar; (試みる) *v.* intentar. ◆決闘を挑む *v.* desafiar* 《a + 人》 a un duelo. ◆世界新記録に挑む *v.* intentar establecer* un nuevo récord mundial. ◆彼にけんかを挑む *v.* buscar* pelea con él. ◆彼にテニスの試合を挑んだ Le reté a un partido de tenis.

いとめ 糸目 ◆(...するためには)金に糸目をつけない *v.* no reparar en [escatimar] gastos (para hacer*...).

いとめる 射止める ❶【射殺する】 *v.* matar de [con] un disparo [tiro].

❷【獲得する】 *v.* ganar, conquistar. ◆少女の心を射止める *v.* conquistar el corazón de una joven.

いと(も) いとも (=非常に)簡単にその問題を解く *v.* solucionar el problema「con mucha facilidad [muy fácilmente].

いな 否　*adv.* no. ◆否と言う *v.* decir* que no, negar*. ◆否と答える *v.* contestar negativamente.

•**いない** 以内　*prep.* antes de + 時間; en [a, con] menos de. ◆収入以内の生活をする *v.* vivir dentro de los propios medios. ◆レポートを2千語以内で書いてください Escriba el informe en [con] menos de dos mil palabras. → 以下. ◆学校は駅から歩いて30分以内のところにあります La escuela está a menos de media hora a pie desde la estación. ◆10分以内に戻ってきます Estaré de vuelta antes de diez minutos. 会話 あの女性はいつ退院するの—医者は十日以内にはって考えてるよ ¿Cuándo la dan de alta? – El médico cree que en menos de diez días. ☞-で, -で

いなおる 居直る (開き直る) *v.* adoptar una actitud amenazante [desafiante].

•**いなか** 田舎 ❶【都会に対して】(農村部) *m.* campo, *f.* zona rural, *f.* campiña, *f.* provincia; 《ユーモアで》 *m.* quinto pino. ◆イギリスの田舎　*f.* campiña inglesa. ◆大阪の田舎　*f.*

いながらに

いなか 田舎 ❶【地方】 m. campo, f. zona [m. distrito] rural de Osaka. ▶田舎に行く v. ir* al campo. ◆彼は都会より田舎が好きだ Prefiere el campo a la ciudad. ◆田舎は春がきれいだ En la primavera el campo es hermoso [bonito, bello]. ◆彼が住んでいるところは田舎だ Vive en「el campo [provincia].
《田舎(の)+名詞》 ▶田舎の adj. rural, rústico, campestre, (純朴な, 粗野で下品な) adj. rústico, provinciano, pueblerino. ▶田舎道 m. camino rural [vecinal]. ▶田舎者 mf. paleto/ta, 《口語》 mf. cateto/ta. ▶田舎者の adj. de pueblo. ▶田舎の人 m. hombre [f. mujer] de campo, f. gente de campo, f. población rural. ▶田舎の生活 f. vida rural [del campo, del pueblo]. ▶田舎じみた風習 fpl. costumbres rústicas. ◆田舎の環境は健康的だ El ambiente del campo es sano. ◆彼は田舎なまりで話した Hablaba con acento rural [de provincia].
❷【故郷】 m. pueblo (natal), f. casa, m. lugar natal [de nacimiento]. ◆夏は田舎に帰りたい En verano me gustaría volver a mi pueblo. ◆今日田舎から手紙がきた He recibido una carta「del pueblo [de casa]. ◆あなたの田舎はどこですか—博多です ¿De dónde es usted? / ¿Cuál es su pueblo? – Soy de Hakata. → 出身.

いながらに 居ながらに ◆新聞のおかげで居ながらにして(=国内にいて)国際情勢がわかる Gracias a los periódicos conocemos la situación internacional en casa. ◆居ながらにして部屋から富士山が眺められる Desde mi habitación puedo disfrutar de la vista del Monte Fuji.

いなご 蝗 m. saltamontes, f. langosta, 【メキシコ】 m. chapulín.

いなさく 稲作 m. cultivo de arroz. → 米作.

いなずま 稲妻 m. relámpago, m. rayo. ▶稲妻を打たれる v. ser* golpeado por un rayo. ◆稲妻が走った El cielo relampagueó.

いななく (馬・ロバが) v. relinchar; rebuznar.

いなびかり 稲光 m. rayo, m. relámpago. → 稲妻.

いなめない 否めない adj. innegable. ▶否めない証拠 f. prueba innegable. ◆その責任が君にあることは否めない No puedes negar tu responsabilidad [culpa].

・いなや −や ▶…するや否や conj. tan pronto como, en cuanto. → すぐ, 間もなく. ◆彼が家を出るや否や雨が降りだした「Tan pronto como salió de casa [Apenas había salido de casa cuando, Cuando salía de casa], empezó a llover.

−いなん −以南 -以南の[に] adv. al sur 《de》. ▶以北.

イニシアチブ (主導権) f. iniciativa. ▶イニシアチブを取る v. tomar la iniciativa.

イニシャライズする 《専門語》 v. inicializar*, iniciar.

イニシャル fpl. iniciales, fpl. primeras letras. ▶イニシャル入りのハンカチ m. pañuelo con iniciales.

いにょうしょう 遺尿症 《専門語》 f. enuresis.

いにん 委任 f. comisión, f. delegación. ▶委任状 《専門語》 m. poder. ▶白紙委任状 f. carta blanca. ◆総理大臣は彼に条約交渉の全権を委任した El Primer Ministro delegó en él plenos poderes para negociar el tratado.

イニング (野球の) f. entrada, m. episodio, f. vuelta.

・いぬ 犬 ❶【動物】 m. perro. ▶野良犬 m. perro vagabundo. ▶愛玩用の犬 m. perro faldero. ▶犬かきで泳ぐ v. chapotear, nadar como un perro. ▶犬小屋 f. perrera. ▶犬を飼う v. tener* un perro. ▶犬を散歩させる v. llevar de paseo al perro, pasear al perro. ◆犬が見知らぬ人にほえていた El perro ladraba al desconocido.
❷【スパイ】 mf. espía, 《軽蔑的に》 m. perrito.
《その他の表現》 ▶負け犬 (=敗北者) mf. perdedor/dora. ▶犬死にをする v. morir*「en vano [inútilmente].

イヌイット mf. inuit. ▶イヌイット語 m. inuit.

いぬばしり 犬走り f. berma.

いね 稲 f. planta de arroz. ▶稲刈り f. recolección [f. recogida] del arroz. ▶稲を刈る v. segar* el arroz, recolectar [recoger*] la cosecha del arroz. ◆稲がみのり始めた Las plantas de arroz han empezado a espigar.

いねむり 居眠り f. cabezada, m. sueño ligero. ▶居眠りする v. dormitar, dar* [echar] una cabezada, descabezar* un sueño. ▶会議中に(うっかり)居眠りする v. echar una cabezada durante [en] la reunión. ◆彼は疲れていたので運転中居眠りをしてしまった Estaba cansado y dio una cabezada mientras conducía.

いのこる 居残る v. quedarse detrás, rezagarse*; (残業する) v. trabajar [《口語》echar] horas extras.

いのしし 猪 m. jabalí.

・いのち 命 f. vida. → 生命.
1《命～》 ▶命ごいをする v. suplicar* por la propia vida. ▶命知らず (=無鉄砲な人) f. persona temeraria [intrépida]. ▶命知らずのドライバー mf. conductor/tora temerario/ria. ▶命取りの (=致命的な)病気 f. enfermedad fatal [mortal]. ◆飛行機事故では彼らは危うく命拾いをした(=死をまぬかれた)「Escaparon [Salieron] con vida por los pelos del accidente aéreo. ◆その汚職事件が内閣の命取りになった El caso de corrupción resultó ser fatal para el gabinete.
2《命が[は]》 ▶あの子の命が危ない La vida「del

犬の放し飼い禁止. フンは飼い主が持ち帰ること.
Prohibido perros sueltos, obligado recoger excrementos. →犬

niño [de la niña] está en peligro. ♦ 私は命が縮まる思いをした Sentí como si mi vida hubiera sido acortada. ♦ 命が惜しかったら(=殺されたくなかったら)金を出せ ¡La bolsa o la vida! / Si no quieres morir, dame el dinero. 会話 彼の命はあとどのくらいもつと思いますか—3か月もたないでしょうね ¿Cuánto tiempo crees que ˹le queda de vida [va a durar]˼? – No llegará a los tres meses.

3《命の》▶ 命の糧 m. sustento de la vida. ♦ 命の有る限りご親切は忘れません Mientras viva, jamás olvidaré su amabilidad. ♦ 彼は命の恩人だ(=命あるのは彼のおかげだ) Le debo la vida. / Me salvó la vida.

4《命に》命にかけて誓う v. jurar por la vida. ♦ 彼はまるでそれが命(=生死)にかかわることであるかのように話した Habló como si fuera un asunto de vida o muerte.

5《命を》命を犠牲にして adv. a costa de la vida, exponiendo la vida. ♦ 命を大切にする v. valorar la vida. ▶ 命を救う v. salvar la vida. ♦ 自分の命を絶つ v. suicidarse, quitarse la vida. ♦ 自動車事故で5人が命を落とした Cinco personas perdieron la vida en un accidente de tráfico. ♦ そんなことに命をかけるなんてばかばかしい Es una tontería ˹arriesgar la vida [poner la vida en peligro]˼ por una cosa así. ♦ 彼らはパンと水で命をつないだ Se mantuvieron a base de pan y agua.

6《命だ》♦ 音楽は彼女の命(=生きがい)です La música es ˹su vida [todo para ella]˼.

いのちがけ 命がけ ▶ 命がけで闘う v. combatir [luchar] por la vida. ♦ 命がけの(=必死の)努力をする v. hacer* [realizar*] esfuerzos desesperados. → 必死. ♦ 彼は命がけで(=自分の命を危険にさらして)彼女の生命を救った Salvó la vida de ella exponiendo la suya.

いのちからがら 命からがら ▶ 命からがら逃げる v. salir* vivo por los pelos, escapar del peligro de muerte, 《口語》salvar el pellejo.

いのちづな 命綱 f. cuerda de salvamento; m. único medio de vida.

いのなかのかわず 井の中の蛙 ♦ 井の中の蛙大海を知らず La rana de charco nada sabe del océano.

いのり 祈り f. oración, m. rezo, 《教養語》f. plegaria; (食前・食後の感謝の祈り) f. bendición de la mesa. ♦ 朝の祈り fpl. oraciones de la mañana. ♦ お祈りの(言葉)を唱える v. decir* las oraciones. ♦ 彼は平和の祈りをささげた Rezó [Dijo una oración] por la paz.

* **いのる** 祈る v. rezar*, orar, decir* las oraciones; (食前に) v. bendecir* la mesa; (食後に) v. dar* las gracias al final de la comida. ♦ 神に助けてくださいと祈った Recé a Dios para que me ayudara. / Pedí la ayuda de Dios. ♦ 彼は妻が回復するように祈った Rezó para que su esposa se recuperara. / Pidió a Dios en sus oraciones por la salud de su mujer. ♦ ご健康を祈ります Ojalá siga usted bien de salud. / 《フォーマル》Hago votos por su salud. / Ruego a Dios por su salud. ♦ ご家族のご多幸を祈ります Quiera Dios que usted y su familia sean felices. / Ruego a Dios por la felicidad de usted y de los suyos. ♦ 飛行機が緊急着陸するとき私はうまくいくようにと祈り続けた Mientras el avión hacía [realizaba] el aterrizaje de emergencia, yo no dejaba de rezar. ♦ 私は祈るように空を見上げた Miré al cielo con una oración en los labios.

いばしょ 居場所 m. paradero, f. dirección. → 所在.

いばら 茨 (とげ) f. espina; fpl. zarzas. ♦ 彼の思想家としての過去はいばらの(=困難な)道であった Su historia como pensador ha sido un camino tortuoso. / Como pensador se ha metido por un camino espinoso.

いばる 威張る (横柄にふるまう) v. fanfarronear; (偉ぶる) darse aires [importancia]; (何かと命令する) v. ser* mandón/dona, (自慢する) v. estar* orgulloso ⟨de⟩; (豪語する) v. jactarse ⟨de⟩. ♦ 彼は奥さんの前ではいつもいばる Siempre se da importancia delante de su mujer. ♦ 彼は会社ではいつもいばり散らしている En la compañía [empresa] va siempre muy orgulloso. ♦ 彼はいばって(=もったいぶって)座っていた Estaba sentado con aires de importancia.
—— 威張った (傍若無人で) adj. engreído, arrogante, orgulloso, presuntuoso, creído, prepotente. ♦ 威張った人 f. persona arrogante, mf. fanfarrón/rrona.

* **いはん** 違反 (法律・規則などの) f. infracción, f. violación, 《教養語》f. contravención, (命令などにそむくこと) f. desobediencia. ▶ 違反者 mf. infractor/tora. ♦ 交通違反をする v. infringir* [cometer una infracción contra] las leyes de tráfico. ♦ 契約違反で訴える v. demandar ⟨a + 人⟩ por infringir* un contrato. ♦ サッカーでは手でボールに触れるのはルール違反だ En el fútbol es antirreglamentario [una falta] tocar el balón con la mano.
—— 違反する v. infringir*, violar, 《教養語》contravenir*; desobedecer*. ♦ 法律に違反する v. infringir* [violar, ir* en contra de, quebrantar] ˹la ley [el derecho]˼. ♦ 彼の命令に違反する v. desobedecer* sus órdenes.

いびき 鼾 m. ronquido. ♦ 大きないびきをかく v. roncar* ruidosamente. ♦ 彼のいびきで私は眠れなかった Sus ronquidos no me dejaron dormir.

イビサ Ibiza (☆スペイン、バレアレス諸島の島).

いびつ f. deformación. ▶ いびつな adj. deformado.

いひょう 意表 ♦ 彼はよく人の意表をつくようなことをする(=われわれを驚かせる) Le gusta sorprender a la gente. / Suele hacer lo que nadie espera.

いびる (つらくあたる) v. maltratar; (苦しめる) v. atormentar.

いひん 遺品 ▶ 父の遺品 m. objeto legado por mi padre (difunto).

いふ 畏怖 ♦ 神を畏怖する v. estar* sobrecogido ante Dios. ♦ 畏怖の念に打たれる v. sentirse* intimidado [sobrecogido].

イブ ❶ 【旧約聖書の中の】f. Eva.

いふう

❷【聖夜】 f. Nochebuena, f. víspera de Navidad. ◆クリスマスイブに adv. en Nochebuena.

いふう 威風 f. majestad, m. aspecto imponente. ◆軍隊は威風堂々と行進して市内に入った El ejército entró majestuosamente [triunfalmente] en la ciudad. / La entrada del ejército en la ciudad fue majestuosa [triunfal, imponente].

いぶかる 訝る ◆…かどうかいぶかる(=かしらと思う) Me extraña que + 接続法 / Dudo que + 接続法 / Sospecho que + 直説法.

いぶき 息吹(微かなしるし)**【教養語】** m. efluvio, m. aliento. ◆春の息吹が感じられる Se sienten los efluvios de la primavera.

いふく 衣服 m. vestido, f. prenda de vestir; f. ropa; f. indumentaria; m. traje. → 服.

いぶす 燻す v. ahumar*, echar humo, fumigar*. ◆台所から蚊をいぶし出す v. ahumar* la cocina para ahuyentar a los mosquitos. ◆衣類すべてをいぶして消毒する v. fumigar* toda la ropa.

いぶつ 遺物 f. reliquia, mpl. restos. ◆過去の遺物 f. reliquia del pasado.

イブニングドレス(女性用夜会服) m. traje de noche.

いぶる 燻る v. echar humo, salir* humo 《de》, humear. ◆たき木がひどくいぶっている Sale mucho humo de la leña.

いぶんか 異文化 ◆異文化教育 f. educación intercultural.

いぶんし 異分子 m. cuerpo [m. elemento] extraño.

イベリアはんとう イベリア半島 f. Península Ibérica.

イベロアメリカ Iberoamérica (☆ラテンアメリカのスペイン語圏諸国とブラジル).

いへん 異変 ◆暖冬異変 m. invierno anormalmente templado [cálido]. ◆天候異変 m. cambio anormal en el tiempo. ◆彼の身辺に異変(=変わった事)が起こった Algo raro le ha ocurrido.

イベント m. evento, m. acto;《専門語》m. suceso. ◆大きなイベントを催す v. celebrar un gran evento.

いぼ 疣 f. verruga. ◆足にいぼができた Me ha salido una verruga en el pie.

いぼ 異母 ◆異母兄弟[姉妹] mf. hermanastro/tra (☆直接的な表現なので避けられる。代わりにhermano/na de padre という),《口語》mf. medio/dia hermano/na.

いほう 違法 f. ilegalidad;(違法行為) m. acto ilegal. ◆違法の adj. ilegal, prohibido, ilícito. ◆違法行為を犯す v. cometer un acto ilegal, ir* en contra de la ley. → 違反する. ◆ここでの駐車は違法だ Es ilegal aparcar aquí. / Está prohibido aparcar aquí.

いほうし 異方視【専門語】 f. heterotropia.

いほうじん 異邦人 m. extranjero/ra, mf. forastero/ra. → 外人.

-いほく -以北 adv. al [en el] norte 《de》. ◆新潟以北は大雪だ Al norte de Niigata está nevando mucho.

＊いま 今 ❶【現在】adv. ahora, en este momento, actualmente, en la actualidad.

1《今(が[は])》◆彼は今パリに滞在中です Ahora está en París. ◆彼は「今暇ですか」と言った Me dijo: "¿Estás libre ahora?" / Me preguntó si en ese momento estaba libre. ◆私は今とても忙しい En este momento estoy muy ocupado.【会話】 ところであとどれくらいしたら要るの—今すぐ Bueno, ¿y para cuándo lo vas a querer? – Ahora mismo. ◆この型が今(=最近)流行だ Actualmente este modelo está de moda. ◆今がそれをするまたとない好機だ Ahora es el mejor momento para hacerlo. ◆今はグローバル化の時代だ Estamos en la era de la globalización.

2《今の》◆今の校長 mf. director/tora actual [de ahora, del momento, de hoy, presente, existente]. ◆今の政府 m. gobierno actual. ◆今の気温 f. temperatura en este momento. ◆今の(はやり)のファッションを追う v. seguir* la moda actual [de hoy día]. ◆今の学生はあまり本を読まない Los estudiantes de hoy en día no leen mucho. ◆¹今のうちに[²手遅れにならないうちに] 医者に診てもらいなさい Deberías ir al médico ¹pronto [²antes de que sea demasiado tarde].

3《今から》◆今から始めると今日中に宿題は終わるよ Si empiezas ahora, acabarás tus deberes [tareas] hoy. ◆彼は今から4年後に大学を卒業します Se graduará de la universidad「dentro de cuatro años [a los cuatro años a partir de ahora]. ◆今から(=今後)酒とたばこをやめよう Dejaré de fumar y beber desde este (mismo) momento. ◆今から6時までの間はだれが来ても会いません「Entre ahora y [A partir de ahora hasta] las seis no veré a nadie. ◆今から5年前に彼女は結婚した Se casó hace cinco años.

4《今まで》adv. hasta ahora [la fecha], el día de la fecha, alguna vez, en su vida. 【会話】 今までに京都を訪れたことがありますか—いいえ, ありません ¿Ha estado ya [alguna vez] en Kioto? – No, no he estado. ◆そこには今までに2度行ったことがある Hasta ahora he estado allí dos veces. ◆今までその人には一度も会ったことがない Todavía no lo[la] conozco. ◆今まで何をしていたんですか ¿Qué has estado haciendo「hasta ahora [todo este tiempo]? ◆松江は今まで見た中で最も美しい町だ Matsue es la ciudad más hermosa que he visto en mi vida. ◆私は今までよりも熱心に勉強します Voy a estudiar más que nunca. ◆今までのところ何も困ったことはない Hasta ahora no he tenido ningún problema. ◆今までのところ何も起こっていない Hasta el momento no ha ocurrido [pasado] nada. ◆彼は今まで(=少し前に)ここにいました Estaba aquí hasta hace un momento.

5《今に》【会話】 やらないってあなた言ったでしょー—だけど今になったらやりたいんだよ Pero dijiste que no querías hacerlo... – Bueno, pero ahora sí que quiero. → 今に.

❷【たった今, 少し前】 *adv.* ahora mismo. ♦彼は今ここに来たばかりだ Acaba de llegar [venir]. / Ha venido ahora mismo.

❸【今すぐに】 *adv.* enseguida, de inmediato, inmediatamente, ya, ahora mismo, 【メキシコ】ahorita, 【メキシコ】luego luego; (今すぐ…する) *v.* estar* a punto de + 不定詞. ♦私は今すぐパリに出発します Salgo para París de inmediato. / Estoy a punto de salir para París. ♦今すぐ行きます Voy enseguida. / Ya voy. ♦音楽会は今始まるところだ El concierto empieza enseguida. ♦【今すぐカタログをご請求ください【広告文】Pídanos inmediatamente [ahora mismo] el catálogo.

❹【さらに】 ♦その問題の解決には今少しの時間が必要だ Necesitamos un poco más de tiempo para solucionar el problema. ♦今しばらくお待ちください Por favor, espere un poco más. ♦今一度やってみよう Vamos a intentarlo [una vez más [de nuevo, otra vez].

《その他の表現》 ♦私は今でも (=依然として) その真相がわからない Todavía (hoy) no sé la verdad. ♦もう今となっては手遅れだ Ahora ya es demasiado tarde. ♦今思うと語学の勉強はそれほどむずかしくない Ahora que lo pienso, estudiar un idioma no es tan difícil. ♦彼の遅刻は今に始まったことではない (=何も目新しいことではない) No es nada nuevo que llegue tarde. ♦彼は今をときめく (=今や最大の) 政界の大物だ Actualmente es el político más influyente. ♦母は息子の今か今かと [待っていた La madre esperaba a su hijo 「de un momento a otro [con impaciencia].

☞ 今頃, 現時点, 現に, 今度

いま 居間 *m.* cuarto [*f.* sala] de estar.

いまいち 今いち →もう一つ.

いまいましい 忌ま忌ましい (いらいらさせる) *adj.* irritante, molesto; (腹立たしい) *adj.* exasperante; (胸が悪くなるような) *adj.* aborrecible, maldito, repugnante. ▶いまいましい騒音 *m.* ruido irritante [molesto]. ▶いまいましい天気 *m.* tiempo aborrecible [horroroso, maldito]. ▶いまいましい事には *interj.* qué horror, qué fastidio, maldita sea. ▶いまいましそうに *adv.* con horror [repugnancia]. ♦こんな雨の日に出かけなくてはならないとはいまいましい (=ひどく嫌だ) Me fastidia tener que salir un día de tanta lluvia. / ¡Qué horror tener que salir un día tan lluvioso!

*·**いまごろ 今頃** (今) *adv.* ahora, por ahora, en estos momentos, a estas horas. ♦京都を訪れるには今ごろがいちばんいい時だ Ahora es la mejor época para visitar Kioto. ♦去年の今ごろ大雪が降った Por estas fechas hace un año nevó mucho. ♦今ごろ彼はその手紙を受け取っているだろう En estos momentos debe de haber recibido la carta. ♦今ごろまで (=こんな時刻まで) 何をしていたの ¿Qué has estado haciendo hasta ahora?

いまさら 今更 【今になって】 *adv.* ya, ahora, a estas alturas. ♦いまさら発言を取り消してもむだだ Ya es demasiado tarde para desdecirse. / Ya no vale retirar lo que has dicho.

❷【今あらためて】 *adv.* otra vez, una vez más. ♦いまさら言うまでもありませんが, 遅れないでください No haría falta que se lo dijera, pero por favor no llegue tarde. ♦いまさらながら (=それだけいっそう) 彼の努力に感心した Ahora más que antes me he quedado impresionado por sus esfuerzos.

いましがた 今しがた (今しがた…する) *v.* acabar de + 不定詞; *adv.* hace un momento. → 今.

イマジネーション *f.* imaginación. → 想像力.

いまじぶん 今時分 *adv.* por ahora; (一日の) *adv.* a estas horas; (一年の) *adv.* por estas fechas. → 今頃(ౙ).

いましめ 戒め (教訓) *f.* lección; (警告) *f.* advertencia, *m.* aviso; (叱責) 【フォーマル】 *f.* amonestación, (教養語) *f.* reprensión; *m.* escarmiento; (禁止) *f.* prohibición. ♦それは私たちに戒めとなった Aquello nos sirvió de escarmiento.

いましめる 戒める (諭す) *v.* 《フォーマル》 amonestar, reprender; (懲らしめる) *v.* castigar*; (禁じる) *v.* prohibir*; (警告・注意を与える) *v.* advertir*, avisar. ♦彼の無礼を戒める *v.* amonestarlo [le] por su rudeza [mala educación]. ♦二度と遅れないよう戒める *v.* avisar (a + 人) para que no vuelva a llegar* tarde. ♦彼は自らの行動を厳しく戒めていた Intentaba estrictamente controlar sus actos.

いまだ(に) 未だ(に) *adv.* todavía, aún; (いまだに…する・である) *v.* seguir* + 現在分詞・形容詞・副詞. →まだ. ♦その家にはいまだに空き家だ La casa sigue libre. / La casa está todavía libre. ♦いまだに彼女のお父さんに会ったことがない Todavía no conozco a su padre. / Sigo sin conocer a su padre. ♦いまだかつてこんな美しい光景を見たことがない No he contemplado antes nunca una vista tan bonita como ésta. ♦その迷信はいまだに (=今日まで) 残っている La superstición pervive todavía.

いまどき 今時 *adv.* hoy (en) día, estos días, actualmente. ≒ この頃(ご), 今頃(ご). ♦今時の若者 *mpl.* jóvenes de hoy día, la juventud actual [de hoy]. ♦今時そんな事を言う者はだれもいない Hoy día no dice nadie esas cosas.

いまに 今に (間もなく) *adv.* pronto, a no tardar mucho, en breve, dentro de poco; (いつか) *adv.* algún día; (そのうち) *adv.* un día de estos. ♦今に真実が分かるでしょう Pronto se sabrá la verdad. ♦彼は今に有名になるだろう Algún día será famoso. 《会話》 博多行きの列車いつ着きますか—もう今に (=今すぐにも) 到着しますよ ¿Cuándo llega el tren que va a Hakata? – Dentro de poco estará aquí.

《その他の表現》 ♦今に見ていろ, いつか大物になってみせる Verás que pronto seré una persona importante. ♦今にして思えば彼女は彼を愛していたのだ Ahora que lo pienso (ella) lo [le] amaba [quería].

いまにも 今にも (いつなんどき) *v.* estar* a punto de + 不定詞; *adv.* dentro de muy poco, de un momento a otro. ♦彼は今にも泣き出しそうな顔をしている Parece que está a punto de llorar. ♦今にも雨が降りそうだ De un momento a otro va a llover. ♦彼はどんな様子だった―今にも死に (=(疲れて)くたばり)そうだったよ ¿Qué aspecto tenía? – Estaba a punto de「caerse de cansancio [《比喩的に》morir de fatiga].

いまのところ 今のところ (当分の間) *adv.* de [por el] momento; por ahora. → 今まで. ♦今のところこの辞書で間に合います De momento este diccionario vale. ♦今のところ暇です Por ahora estoy libre.
☞現在は, 現時点, とりあえず

いまひとつ 今ひとつ →もう1つ.

いままで 今まで →今まで.

いまや 今や ♦今や遅しと (=うずうずして)待つ *v.* esperar「con impaciencia [impacientemente]. ♦今やそれをする絶好の時だ Ahora es el mejor momento para hacerlo. ♦彼は今や日本の総理大臣である Ahora es el Primer Ministro de Japón. ♦君は今や大学生なんだから何でも自分でしなくちゃだめだ Ahora que eres universitario, tienes que hacer todo por ti mismo.

いまわしい 忌わしい ♦忌わしい (=胸が悪くなるような)ふるまい *f.* conducta detestable [odiosa, abominable].

***いみ** 意味 ❶【意義, わけ】(言葉の) *m.* significado, *m.* sentido; (言外の) *f.* connotación, *f.* implicación.

1《〜意味》♦ [1]表面的な [[2]隠れた; [3]比喩的な] *m.* sentido [1]aparente [[2]oculto; [3]figurado].

2《意味が》♦この語句は意味がはっきりしない El significado de esta expresión no está claro. ♦あなたのおっしゃる意味が分かりません No entiendo lo que quiere decir. /《スペイン》No cojo el sentido. / No lo [le] sigo.

3《意味を》♦この単語はいくつかの意味を持っている Esta palabra tiene varios sentidos. ♦その表現は意味をなさない Esa expresión no「tiene sentido [significa nada].

4《意味で》♦彼の言ったことはある意味では正しい Sus palabras son verdad en cierto [un] sentido. / Tiene razón en un sentido. ♦彼女はあらゆる意味ですばらしい女性だ Es una mujer formidable en todos los sentidos.

5《意味だ》♦この単語はどういう意味ですか ¿Qué「quiere decir [significa] esta palabra? 《会話》ああうるさいなあ―うるさいですって. ちょっと, それどういう意味よ ¡Qué pesada eres! – ¿Pesada? ¿Qué quieres decir con eso?

❷【目的, 意図】(目的) *m.* propósito; (意図) *f.* intención; (重要性) *f.* importancia; (重要な点) *m.* punto fundamental. ♦意味深長な目つき *f.* mirada intencionada [significativa]. ♦彼は意味もなくそんな事をするはずがない No puede hacer una cosa así sin「un propósito especial [una razón especial]. ♦彼は私に意味あり気に微笑した Me sonrió significativamente [intencionadamente]. ♦模倣は言語発達上重要な意味を持つ La imitación tiene una gran importancia en el desarrollo del lenguaje. ♦また同じ手を使ってもあまり意味がない No tiene mucho sentido hacer la misma treta.

―― **意味する** *v.* querer* decir*, significar*; (暗に) *v.* implicar*. ♦日本語の「花」は flor を意味する La palabra japonesa "hana" quiere decir "flor". ♦彼の言葉は私たちといっしょに来たいということを意味していた Sus palabras implicaban que le gustaría acompañarnos.
☞意義, 趣旨

イミテーション *f.* imitación. ♦イミテーションの真珠 *f.* perla de imitación.

いみん 移民【移住】(遠い外国への) *f.* emigración; (遠い外国からの) *f.* inmigración; 【人】(遠い外国への) *mf.* emigrante; (遠い外国からの) *mf.* inmigrante. ♦アルゼンチンの日本からの移民 *mf.* inmigrantes「japoneses en Argentina [a Argentina procedentes de Japón]. ♦移民局 *f.* Oficina de Inmigración. ♦その船は日本からブラジルへの移民を大勢運んだ El barco llevaba a Brasil a muchos emigrantes japoneses.

いむしつ 医務室 (学校・工場などの診察室) *f.* enfermería.

イメージ *f.* imagen. → 印象. ♦田園のイメージが浮かんだ La imagen del campo vino a mi mente. ♦その製品は我が社のイメージ・[1]アップ [[2]ダウン]になるだろう Ese producto va a [1]mejorar [[2]dañar] la imagen de nuestra compañía. ♦彼女は最近髪を切ってイメージ・チェンジをした Con el corte de pelo「se ha dado una nueva imagen [ha cambiado de imagen].

いも 芋 (ジャガイモ) *f.* patata, 〖米〗 *f.* papa; (サツマイモ) *f.* batata, *m.* boniato, 〖米〗 *m.* camote. ♦芋を洗うような (=かん詰めのイワシのようにぎっしり詰まった)人ごみだった 「Íbamos apretados [La gente iba apretada] como en una lata de sardinas.

***いもうと** 妹 *f.* hermana menor [pequeña]. (☆ふつうは姉, 妹を区別しないで単に hermana と言う). →兄, 弟.

いもづる 芋づる ♦盗賊の一味をいもづる式に (=次々に)逮捕する *v.* detener* uno tras otro a los miembros de una banda de ladrones.

いもの 鋳物 *m.* producto fundido [vaciado, moldeado]. ♦鋳物工場 *f.* fundería, *f.* (taller de) fundición.

いもむし 芋虫 *f.* oruga verde.

いもり 井守 *m.* tritón.

いもん 慰問 (慰め) *m.* consuelo, *f.* consolación. ♦慰問品 *m.* artículo [*m.* objeto] de consuelo. ♦慰問する *v.* consolar*, confortar; (見舞いに行く) *v.* visitar.

***いや** ❶【否定の返事】(否定疑問文に対する返事や否定文に対する反論という意味) *adv.* no, nada de eso, ni hablar. → いいえ. ♦いやとは言わせないぞ No quiero que me digas que no. / No acepto una negativa.

❷【驚き・嘆息など】¡Vaya! / ¡Dios mío! ♦いや, 驚いた ¡Vaya, qué sorpresa! / ¡Dios mío,

qué sorpresa! いや, 確かではない Bueno, (No sé,) no estoy seguro.
❸【言い直し】bueno; no; más bien, mejor dicho. ♦彼は88歳で死んだんだ, いやたぶん90だった Murió a la edad de 88 años; bueno, tal vez a los 90. ♦それは百円, いや10円の値打ちもない No vale cien yenes; no, ni siquiera diez. ♦彼は日本, いや世界一流の作家だ Es uno de los mejores escritores de Japón o más bien del mundo. ♦彼に同意した, いやむしろ反対したというわけではなかった Estaba de acuerdo o,「más bien [mejor dicho], no se opuso.

いや 嫌な adj. desagradable, repugnante, asqueroso, detestable; (不快な) adj. molesto, fastidioso, odioso, abominable, antipático. ♦嫌な天気 m. tiempo desagradable [malo, odioso, horrible]. ♦嫌なにおい m. hedor [m. olor] repugnante [repulsivo, nauseabundo]. ♦ぞっとするほど嫌な光景 f. visión horrible. ♦嫌なお客 m. huésped inoportuno [molesto]. ♦何て嫌な寒い日だ ¡Qué horror de día tan frío! ♦彼は彼女の無作法に嫌な顔をした Puso cara de disgusto ante los modales maleducados de ella. ♦彼は嫌な顔 (＝迷惑という表情)ひとつせずに私を助けてくれた Me ayudó sin el más mínimo gesto de fastidio.

—— 嫌だ[である, になる] (嫌う) No me gusta … / Me apetece … / Me fastidia … / Me molesta … / Odio … / Detesto … ♦彼はその日勉強するのが嫌だった Ese día no le apetecía estudiar. ♦毎日同じことばかりするのは嫌だ Me fastidia hacer lo mismo todos los días. / ¡Qué rollo, hacer lo mismo todos los días! (会話) 自分の仕事は気に入っていますか—時々嫌になりますよ ¿Le gusta su trabajo? – A veces lo odio. ♦彼に口出しされるのは嫌だ Me fastidia que se meta en esto. ♦私は生きるのが嫌になったEstoy harto [cansado] de la vida. ♦その件について話すのは嫌です No 「tengo ganas [estoy dispuesto] a hablar de ese tema [asunto]. ♦嫌なら話してくれなくてもいい No hace falta que me lo digas si no quieres. ♦何もかも嫌になった (＝うんざりだ) Estoy asqueado de todo esto. (会話) 給料日まで10 000円貸してくれ—ごめんだね ¿Me prestas 10.000 yenes hasta el día de la paga? – Ni hablar. ♦ああ嫌だ, また故障だ! ¡Maldita sea! Otra vez se ha roto.

いやいや 嫌々 (気の進まぬまま) adv. de mala gana, a regañadientes, con disgusto. → しぶしぶ. ♦いやいやその決定に同意する v. aceptar la decisión de mala gana.

いやおうなしに 否応なしに adv. por la fuerza; adj. obligado. ♦無理やり, 強いて. ♦物不足のため物価はいや応なしに上がった La carestía hizo que los precios subieran.

いやがうえにも 弥が上にも (なおさら) adv. todavía más, más aún; tanto más.

いやがおうでも 否が応でも (好きでも嫌いでも) adv. por las buenas o por las malas. ♦いやがおうでも親の言うことには従わねばならなかった No me quedó más remedio que obedecer a mis padres.

いやがらせ 嫌がらせ m. acoso, f. ofensa,《教養語》f. vejación. ♦職場での女性に対する性的嫌がらせ m. acoso sexual de las mujeres en el trabajo. → セクハラ. ♦嫌がらせ電話 f. llamada telefónica ofensiva [vejatoria]. ♦嫌がらせの手紙 f. carta vejatoria [ofensiva]. ♦彼らは私の靴や傘を隠して嫌がらせをした Me molestaban con acciones vejatorias como esconderme los zapatos o el paraguas.

いやがる 嫌がる (気が進まない) v. no tener* ganas de ＋不定詞, no querer* ＋不定詞, hacer* en contra de la voluntad, detestar, odiar. ♦彼は嫌がりはしない (＝気にしない)と思うよ No creo que no quiera. ♦今行ったら嫌がられるかもしれない Quizá no seas bien recibido si vas ahora.

いやく 意訳 f. traducción libre. ♦意訳する v. traducir* libremente.

いやくひん 医薬品 m. medicamento,《専門語》m. producto farmacéutico.

いやけ 嫌気 ♦自分に嫌気がさす (＝嫌になる) v. estar* asqueado de sí mismo. ♦生きるのに嫌気がさしてきた (＝うんざりしてきた) La vida ha llegado a asquearme.

いやしい 卑しい ❶【どん欲な】adj. codicioso, avaro; glotón. ♦彼は食べ物に大変卑しい Es muy glotón.
❷【下品な】adj. vulgar,《文語》abyecto, ruin, vil. ♦卑しい言葉遣い m. lenguaje vulgar [grosero].
❸【みすぼらしい】♦卑しい身なりの老人 m. viejo ruin.
❹【身分の低い】adj. humilde, bajo.

いやしくも (条件節で) adv. de verdad, del todo, completamente, hecho y derecho. ♦いやしくも戦うからには最後まで戦え Si de verdad luchas, lucha hasta el final. / Si te pones a luchar, hazlo a tope. ♦いやしくも (＝その名にふさわしい)教育者ならそんな態度は取るべきではない Un educador「que merezca tal nombre [hecho y derecho], no debe adoptar tal actitud. ♦それはいやしくも良識ある人のできる事でない Nadie en su sano juicio haría tal cosa.

いやしむ 卑しむ v. despreciar, desdeñar. → 軽蔑(⑤). ♦卑しむべき行動 f. conducta despreciable.

いやす 癒す (病気・傷などを) v. curar, aplacar*; (空腹などを) v. satisfacer*, apagar*. ♦空腹をいやす v. satisfacer* el apetito. ♦のどの渇きをいやす v. apagar* la sed. ♦傷ついた彼の心をいやす v. curar [sanar, aplacar*] sus sentimientos heridos.

いやでもおうでも 否でも応でも → 否が応でも.

いやに (ひどく) adv. terriblemente, espantosamente, demasiado. ♦いやに暑いですね Hace un calor terrible, ¿verdad? ♦今月はいやに (＝非常に)忙しかった Este mes he andado terriblemente ocupado. ♦いやに頭が痛い Tengo un dolor de cabeza espantoso. ♦この地下室はいやに (＝不快なほど)じめじめしている Este sótano es terriblemente húmedo.

いやはや いやはや驚いた ¡Oh, qué sorpresa! ♦

イヤホ(ー)ン

いやはや彼には困ったものだわ ¡Pero bueno! ¿Y qué voy a hacer con él?

イヤホ(ー)ン m. auricular. ◆イヤホ(ー)ンで聞く v. oír「escuchar」por el auricular.

いやみ 嫌味 ▶嫌味な (皮肉な) adj. sarcástico, irónico, ofensivo, desagradable. ▶嫌味な(事)を言う v. hablar con sarcasmo, hacer* observaciones ofensivas [sarcásticas], decir* cosas desagradables. ▶嫌味な人 f. persona sarcástica. ▶嫌味のない態度で adv. con una actitud natural [sencilla, agradable]. ◆彼はやんわり嫌味をこめて話をした Habló con un sarcasmo tranquilo.

いやらしい 嫌らしい (不愉快な) adj. desagradable; (けがらわしい) adj. sucio; (まったく嫌な) adj. repugnante; (みだらな) adj. indecente, obsceno, lascivo. ▶いやらしい奴 m. sujeto [m. tipo] desagradable. ▶いやらしい言葉を遣う v. usar un lenguaje obsceno [indecente, sucio]. ▶(性的な)いやらしいことを言う v. hacer* una sugerencia indecente, decir* algo de mal gusto. ▶いやらしい老人 m. viejo indecente [《口語》verde]. ▶彼女にいやらしいふるまいをする v. comportarse con indecencia hacia ella.

イヤリング mpl. pendientes, 『メキシコ』mpl. aretes.

地域差 イヤリング
〔全般的に〕mpl. aretes
〔スペイン〕mpl. pendientes, mpl. aros
〔キューバ〕mpl. aretes, mpl. aros
〔コロンビア〕mpl. zares, mpl. aritos
〔アルゼンチン〕mpl. aritos, mpl. aros

＊いよいよ ❶【ますます】adv. más y más, cada vez más, de modo [manera, forma] creciente. ◆その問題を解決するのがいよいよ難しくなった Hemos visto que cada vez es más difícil solucionar el problema. ◆雨がいよいよ激しくなった Llovía más y más. / Cada vez llovía más. ◆彼は控えめなのでいよいよ好きだ Como es modesto me gusta todavía más. / Me gusta tanto más cuanto que es una persona modesta. ◆彼女に会えば会うほどいよいよ嫌いになる Cuanto más la veo, menos me gusta [agrada].

❷【確かに】adv. ciertamente, de verdad. ◆彼が言っていることはいよいよ間違いない Lo que dice es ciertamente verdad.

❸【ついに】adv. por [al] fin; (ついに...する) ya es hora que ＋接続法過去. →遂に. ◆いよいよ休みがやってきた Por fin han llegado las vacaciones. / Ya es hora que llegaran las vacaciones. ◆いよいよぼくの番だ Al fin me toca a mí. ◆いよいよあしたから大学生だ Por fin desde mañana soy universitario. ◆いよいよレースが始まるぞ Finalmente va a comenzar la carrera. / Ya era hora que empezara la carrera. →まさに.

【その他の表現】◆彼はいよいよというときで(＝いちばん大事なときに)病気になった Se puso enfermo en el「momento crucial [último momento]. ◆彼はいよいよというときまで(＝時間にせき立て られるまで) 何もしない Siempre hace las cosas「en el último momento [a última hora]. ◆いよいよとなれば (＝その時がくれば)彼も一生懸命やるだろう A la hora de la verdad vas a ver cómo trabaja. 会話 用意はいいかい—さあいよいよ(出発)だ, 行こう ¿Estás listo? - Bueno... ¡Venga, vámonos!

いよう 異様な [に] adj. raro, extraño, curioso, singular. →変な. ◆異様なドレス m. vestido raro. ◆彼の態度は異様に感じられた Sus modales me parecieron raros. / Sus modales me chocaron.

いよく 意欲 (意志) f. voluntad; (熱意) m. afán, m. ahínco, m. entusiasmo; (欲望) f. ambición; (動機) m. motivo. ▶意欲的な学生 mf. estudiante「con mucha voluntad [entusiasta, muy motivado/da]. ▶意欲的な (＝野心的な)作品 m. trabajo ambicioso. ▶彼に意欲を起こさせる v. despertar* su entusiasmo para hacer*. ▶意欲をそぐ v. matar el entusiasmo, echar un jarro de agua fría. ◆彼は働く意欲がない No pone voluntad en el trabajo. ◆彼は意欲満々だ Tiene「mucha energía [mucho entusiasmo]. ◆この本を読めば勉強する意欲がわくよ La lectura de este libro va a motivarte para estudiar. ◆彼は意欲的に仕事に取り組んだ Se puso a trabajar con ahínco.

いらい 依頼 (要請) f. petición, m. encargo; f. solicitud → 頼み; (依存) f. dependencia. ▶依頼状 f. carta de petición. ▶依頼人(弁護士などの) mf. cliente. ▶彼の友人の依頼で adv. 「por encargo [a petición] de su amigo. ◆彼女は依頼心が強い Depende demasiado de los demás. / Carece por completo de independencia.

—— **依頼する** ❶【要請する】v. pedir*, rogar*, solicitar. ▶(彼に)援助を依頼する v. pedirle* ayuda. ◆田中教授に講演を依頼した Le pedí al Prof. Tanaka que diera [《教養語》impartiera, dictara] una conferencia [charla]. →頼む.

❷【委託する】v. encargar*, poner* en manos 《de》, confiar*. ◆弁護士にその件を依頼した Le encargué el asunto al abogado. / Puse el asunto en manos del abogado.
⇨ 言う, 注文する

＊＊いらい 以来 【過去のある時から】(今までずっと) prep. desde, a partir de. ◆それ以来20世紀の初頭まで adv. desde entonces hasta comienzos del siglo XX (veinte). ◆彼は火曜日以来ずっと病気で寝ている Desde el martes guarda cama. ◆彼は1990年に日本に来てそれ以来ずっと日本に住んでいます Vino a Japón en 1990 y desde entonces ha vivido aquí「sin interrupción [ininterrumpidamente]. ◆それ以来彼らは愛し合うようになった Llevan enamorados desde entonces. ◆彼の死以来5年がたった Hace cinco años que falleció [murió]. / Han pasado cinco años desde que murió. / Lleva muerto cinco años. ◆20年以来の大雪だ Es la mayor nevada en veinte años. / Desde hace veinte años no había nevado tanto.

いらいら *f.* irritación, *m.* fastidio, *f.* molestia.
── **いらいらする** *v.* irritarse, molestarse, ponerse* nervioso, impacientarse. ♦何をそんなにいらいらしているの ¿Qué es lo que te「molesta tanto [pone tan nervioso]? ♦隣のうるさい犬にはいらいらする Me molesta mucho el ruido que hacen los perros del vecino. ♦そのウエーターのいらいらするほどのろい反応を客はじっと見ていた Los clientes observaban la irritante parsimonia del camarero. ♦彼はいらいらしてバスを待っていた Esperaba el autobús con impaciencia.

イラク Iraq, Irak;（公式名）*f.* República de Iraq（☆アジアの国, 首都バグダッド Bagdad）. ♦イラク(人)の *adj.* iraquí. ♦イラク人 *mf.* iraquí.

イラスト *f.* ilustración, *m.* dibujo. → 挿し絵. ♦イラストマップ *m.* mapa gráfico.

イラストレーター *mf.* ilustrador/dora, *mf.* dibujante.

いらだたしい 苛立たしい *adj.* irritante; molesto, fastidioso. → いらだつ.

いらだち 苛立ち *f.* irritación. ♦いらだちを隠す *v.* ocultar la irritación.

いらだつ 苛立つ（立腹する）*v.* irritarse; impacientarse, ponerse* nervioso. ♦いらだたせる *v.* irritar; poner* nervioso. → いらいら.

* **いらっしゃい** ¡Bienvenido!, ¡Adelante! ♦いつか遊びにいらっしゃい Vengan un día a visitarnos. ♦いらっしゃいませ(店員が客に) ¿Puedo ayudarlo[le, la] en algo, señor [señora, señorita]? / ¿En qué puedo servirle? ♦さあ, いらっしゃい(客寄せの言葉) ¡Adelante, pasen ustedes! ♦いらっしゃい、どうぞご覧ください(女性の客に) ¡Acérquense y vean, señoras! / ¡Pasen, señoras! ¡Pasen y vean!

いらっしゃる ❶[行く]*v.* ir*. → 行く. ♦京都へは奥様といらっしゃったのですか ¿Ha「ido usted a [visitado usted] Kioto con su señora?
❷[来る]*v.* venir* → 来る. ♦あす何時にここへいらっしゃる予定ですか ¿A qué hora vendrá usted aquí mañana?
❸[居る]*v.* estar*. → 居る. ♦松江にいらっしゃる間にそこへ行かれるといいですよ Durante su estancia en Matsue podría usted ir también allí.
❹[...している]*v.* estar* + 現在分詞. →している. ♦先生は宿題を直していらっしゃいました El profesor estaba corrigiendo las tareas.

いられない 居られない →居る.

イラン Irán;（公式名）*f.* República Islámica de Irán（☆アジアの国, 首都テヘラン Teherán）. ♦イラン(人)の *adj.* iraní. ♦イラン人 *mf.* iraní, *mf.* iranio/nia.

いり 入り ❶[入ること]*f.* entrada;（入場者数）*f.* asistencia. ♦日の入り（=日没）までに *adv.* antes de que se ponga el sol, antes de la puesta. ♦その公演は入りがよかった Hubo mucho público en la representación. / La asistencia a la representación fue buena [alta]. ♦芝居は8分の入りだった La actuación se realizó ante un ochenta por ciento de asistencia.
❷[含まれていること] ♦フッソ化合物入りの歯みがき *f.* pasta de diente con flúor. ♦絵入りの本 *m.* libro ilustrado.

いりうみ 入り海 *m.* brazo de mar, *f.* cala. → 湾.

いりえ 入り江 *f.* ensenada, *f.* cala. → 湾.

* **いりぐち** 入り口 *f.* entrada, *m.* acceso, *f.* puerta de entrada, *f.* boca. → 玄関, 戸口. ♦ホテルの入り口 *f.* entrada al [del] hotel. ♦銀座の地下鉄の入り口 *f.* boca [*f.* entrada] al metro de Ginza. ♦正面の入り口から家に入る *v.* entrar en la casa por la puerta principal. ♦公園の入り口に電話ボックスがあります Hay una cabina de teléfono a la entrada del parque. ♦入り口がわからない No sé dónde está la entrada. ♦1957年に人類は宇宙時代の入り口に立った En 1957 la humanidad se puso a las puertas de la era espacial.

いりくむ 入り組む（複雑になる）*v.* complicarse*, enredarse, enmarañarse. ♦入り組んだ問題 *m.* problema complicado [complejo].

いりたまご 炒り玉子 *mpl.* huevos revueltos.

いりびたる 入り浸る ♦碁会所に入りびたる（=絶えず行っている）*v.* frecuentar el club de "go". ♦彼は彼女のアパートに入りびたっている（=いつもそこにいて時間を過ごす）Se pasa todo el tiempo en su piso [apartamento].

いりまじる 入り交じる *v.* mezclarse, entremezclarse. → 混[交]じる. ♦彼女は喜びと悲しみの入り交じった複雑な気持ちだった Los sentimientos de alegría y tristeza se mezclaban en ella.

いりみだれる 入り乱れる ♦入り乱れて *adv.* con desorden, confusamente. ♦入り乱れて戦う *v.* luchar desordenadamente [en una melé].

いりゅう 慰留 ♦部長を慰留する（=職に留まるように説得する）*v.* persuadir [convencer*] al gerente para que no dimita.

いりゅうひん 遺留品（あとに残された物）*mpl.* objetos olvidados. ♦多くの遺留品が犯行現場に残されていた Había muchos objetos olvidados [que se habían dejado] en「el lugar [la escena] del delito.

いりよう 入り用 *f.* necesidad. → 必要.

いりょう 医療（治療）*m.* tratamiento médico, *mpl.* cuidados médicos, *f.* atención [*f.* asistencia] médica. ♦医療の *adj.* médico. ♦医療機関 *m.* centro médico. ♦医療器具 *mpl.* utensilios médicos [sanitarios]. ♦医療保険 *m.* seguro médico. ♦医療品 *mpl.* sumi-

入り口と出口 Entrada S (salida). →入り口

いりょう 108

nistros médicos [sanitarios]. ▶医療費(治療費) *mpl.* gastos médicos. ▶日本の医療は向上した La atención médica ha mejorado en Japón.

いりょう 衣料 *f.* ropa, *m.* vestido, *fpl.* prendas de vestir. ▶婦人用衣料品 *f.* ropa [*mpl.* vestidos] de señora. ▶衣料費 *mpl.* gastos de ropa [vestir]. ▶衣料品店 *f.* tienda de ropa.▶衣料品2点 *fpl.* dos prendas de vestir. ▶冬物衣料を買う *v.* comprar ropa de invierno.

いりょく 威力 *m.* poder; (権力) *f.* autoridad; (勢力) *f.* influencia. ▶威力のある *adj.* poderoso, potente, influyente. ▶威力を振るう *v.* ejercer* [el poder* [la influencia] (sobre). ♦彼のパンチには威力がなかった Su puñetazo no「fue potente [tuvo fuerza].

いる 射る (矢・動物を) *v.* tirar, disparar; (標的を) *v.* dar* [en]. ♦矢で鳥を射る *v.* tirar una flecha a un pájaro. ♦弓の的を射た La flecha dio en el blanco.

いる 炒る *v.* tostar*.

**いる 居る ❶【存在する】*v.* haber*, ser*, existir, estar*. → 在る. ♦その部屋には¹30人の人 [²私たち10人] がいた En la sala ¹había treinta personas [²éramos diez]. 会話 だれかこの仕事に適任者はいるかい—そうだね, 田中さんとか鈴木さんがいるじゃないか ¿Hay alguien que valga para este trabajo? – Vamos a ver... Bueno, están el Sr. Tanaka y el Sr. Suzuki, ¿no? ♦それを好きな人はあまりいない No hay mucha gente a「la que [quien] le guste eso. ♦幽霊がいると思いますか ¿Cree que haya fantasmas? / ¿Cree en los fantasmas? ♦今どき親と同居している若い夫婦はあまりいない Ahora no hay muchas parejas jóvenes que vivan con sus padres. ♦彼には子供が一人もいない (=彼は子供を持っていない) No tiene hijos [ningún hijo].

❷【場所にいる】*v.* estar*, encontrarse*, quedarse, permanecer*. ♦彼は日曜日はたいてい家にいる Generalmente los domingos está en casa. → 家. ♦(これから)どのくらい日本にいるのですか ¿Cuánto tiempo vas a quedarte en Japón? ♦ああ, あなたがここにいてくれたらなあ Ojalá estuvieras aquí. / (いなくてとてもさびしい) ¡Cómo te echo de menos! 会話 ねえ, あそこに令子がいるわ. ちょっとあいさつしに行きましょう—そうだね ¡Mira! Allí está Reiko. Vamos a saludarla. – Sí, vamos. 会話 もう少しいてもいいかい—もちろんよ, いていただけるなら ¿Me puedo quedar un poco más? – ¡Pues, claro! Todo el tiempo que quieras. ♦彼は他の者が出て行った後も部屋にいた Permaneció en la sala después de que se hubieran ido los demás. ♦彼らは2階にいました「Se encontraban [Estaban] arriba. ♦彼は私がいることに気づかなかったようだ No pareció advertir mi presencia. ♦そのことは彼女のいる所 (=面前)では話さないでください No hable, por favor, de eso「en su presencia [delante de ella].

❸【居住する】*v.* vivir, habitar, residir; (滞在する) *v.* alojarse [quedarse] 《en》. ♦私はおばのところにいる Vivo「con mi tía [en casa de mi tía, donde mi tía]. ♦その規則はこの地域にいる外国人には適用されない Esta regla no puede aplicarse a los extranjeros que residan en esta zona. ♦この魚は海にいる Estos peces habitan en el mar.

❹【...している】→ -(して)いる, -(して)いた.

❺【抑制している】(...せずにはいられない) *v.* no queda más remedio que, no poder* evitar + 不定詞. ♦その光景を見て笑わずにはいられなかった Al verlo no pude evitar reírme [la risa].

《その他の表現》♦1週間たばこなしでいる (=なしですます) ことができますか ¿Puede pasarse sin tabaco una semana? ♦若死にする人もいれば, 長生きする人もいる Algunos mueren jóvenes y otros viven mucho.

・いる 要る ❶【必要とする】*v.* necesitar, hacer* falta, exigir*, requerir*, tener* necesidad 《de》; (必要がある) *v.* ser* necesario [preciso, indispensable]. → 必要. ▶要らない物(不必要なもの) *fpl.* cosas innecesarias [superfluas], lo que no se necesita. ♦この本は要りますか ¿Necesita este libro? / ¿Es necesario este libro? ♦スペイン語の学習にはずいぶん根気が要る Aprender español necesita [exige, requiere] mucha paciencia.

❷【時間・金・労力などが】*v.* necesitarse, llevarse, hacer* falta, costar*. ♦コート1着作るのにどのくらい布が要りますか ¿Cuánta tela se「necesita para [lleva el] hacer un abrigo? ♦この家を建てるのにたくさんの時間と金が要った Costó mucho tiempo y dinero construir esta casa. / Construir esta casa llevó mucho tiempo y dinero. ➡ 掛かる.

《その他の表現》♦彼にはもう医者は要らない (=医者なしですませる) Ya no necesita al médico. / Ya no le hace falta un médico. ♦おつりは要りません Quédese con el cambio. ♦要らぬ世話をやくな Ocúpate de tus asuntos.

いるい 衣類 (集合的) *f.* ropa, *mpl.* vestidos, *fpl.* prendas de vestir. → 服. ♦冬の衣類を虫干ししてください Haga el favor de airear la ropa de invierno.

いるか 海豚 *m.* delfín.

いるす 居留守を使う *v.* fingir* estar* ausente, fingirse* ausente.

イルミネーション 照明 *f.* iluminación. ▶橋にイルミネーションを施す *v.* iluminar un puente.

いれい 異例の (例外的な) *adj.* excepcional; (前例のない) *adj.* sin precedente. ▶異例の記者会見 *f.* conferencia de prensa sin precedente. ♦彼の欠勤は異例のことだ (=普通でない) Es rarísimo en él que no haya acudido al trabajo.

いれい 慰霊祭 *m.* funeral, 《フォーマル》 *fpl.* honras fúnebres. ▶慰霊碑 *m.* monumento funerario, (教義語) *m.* cenotafio.

イレウス 麻痺性イレウス 《専門語》 *m.* íleo paralítico.

いれかえる 入れ替える (AとBを取り替える) *v.* sustituir* [cambiar, reemplazar*] A por B. ▶部屋の空気を入れ換える *v.* cambiar el aire de una habitación, ventilar una habitación. ◆心を入れ替える（＝改心する） v. reformarse, enmendarse*, corregirse*. ◆敷き物を入れ替える（＝新しいものにする） v. renovar* las alfombras. ◆彼は切れた電池を新しいものと入れ替えた Sustituyó [Cambió] la pila vieja por una nueva. ◆お茶を入れ替えましょうか¿Hago más té? ⇨交替する, 取って代わる

いれかわり 入れ替わり立ち替わり（＝次から次へと）来客がある v. tener* una visita tras otra.
いれかわる 入れ替わる（場所などを） v. intercambiar los sitios [lugares] → 交換する, 代[替, 換]わる; (前任者などと) v. ocupar su lugar.
イレギュラー adj. irregular. ◆ボールはイレギュラーバウンドした La pelota dio un rebote irregular.
いれずみ 入れ墨 m. tatuaje. ◆背中に竜の入れ墨をしている v. tener* 「un dragón tatuado [el tatuaje de un dragón]」en la espalda.
いれぢえ 入れ知恵 ◆入れ知恵をする v. meter una idea en la cabeza 《de》, insinuar*. ◆だれが彼にそんな入れ知恵をしたんだ ¿Quién le ha metido eso en la cabeza? / ¿Quién se lo ha insinuado?
いれちがい 入れ違い ◆彼と入れ違いに彼女がやってきた Vino justo cuando él salía. / Llegó cuando él acababa de salir. ◆どうも私の手紙は彼女と入れ違いになったようだ Me parece que nuestras cartas se cruzaron.
いれば 入れ歯 f. dentadura postiza; m. diente postizo, f. muela postiza. ◆入れ歯を1本入れてもらう v. tener* [ponerse*] un diente postizo. ◆入れ歯を1はめる [2はずす] v. ¹ponerse* [²quitarse] la dentadura postiza. ◆彼は総入れ歯をしている Tiene toda la dentadura postiza.
いれもの 入れ物 m. recipiente, m. envase, m. estuche, f. funda, f. vasija.

いれる 入[容]れる ❶【器に入れる】v. meter, poner*; servir*; (そそぎ込む) v. echar, verter*, (教養書) escanciar. ◆水を手おけに入れる v. echar agua en el cubo. ◆カメラに新しいフィルムを入れる v. meter un carrete nuevo en la cámara, cargar* la cámara con un nuevo carrete. ◆車を車庫に入れてMete el coche [［ラ米］auto] en 「el garaje [la cochera]」, ¿eh? ◆彼は私にコーヒーを1杯いれてくれた Me puso [echó, sirvió] una taza de café. ◆動物をたいていおりに入れておかれるのをいやがる A la mayor parte de los animales no les gusta estar en jaula. ◆ポケットに両手を入れたまま歩いてはいけない No camines con las manos metidas en los bolsillos.
❷【物に加える】v. meter, introducir*, insertar, poner*. ◆その二つの文の間にコロンを入れる v. insertar dos puntos entre las dos frases. ◆硬貨を駐車メーターに入れる v. introducir* monedas en el parquímetro. ◆コンピューターにデータを入れる v. meter información en 「el ordenador [［ラ米］la computadora]」. 会話 このココアあんまり甘くないよ―砂糖をもう一つ入れなさい Esta bebida de chocolate no sabe muy dulce. - Pues ponte otro terrón de azúcar. 会話 紅茶はどのようにして召し上がりますか―砂糖とミルクを入れてください ¿Cómo quieres el té? - Con azúcar y leche, por favor. 会話 クリームをどうぞ―私はコーヒーにクリームを入れないんだよ Aquí tienes crema [nata líquida]. - Yo no le pongo crema al café. ◆卵と小麦粉とどっちを先に入れるの ¿Qué se pone primero, los huevos o la harina?
❸【入らせる】v. hacer* pasar [entrar]; (許可を与えて) v. admitir; (送り込む) v. enviar*. ◆彼を私の傘の中に入れてやる v. acompañarlo [［スペイン］acompañarle] dentro bajo mi paraguas. ◆息子を大学に入れる v. enviar* al hijo a la universidad. ◆彼女を中に入れてやりなさい Hágala entrar en la casa. ◆新鮮な空気を入れなさい Que entre algo de aire fresco. / Ventila un poco la habitación. ◆猫を家に入れな Que no entre el gato. ◆彼はその学校に入れてもらった（＝入学を許可された）Le admitieron en la escuela.
❹【収容する】(施設などが) v. acomodar, dar* asiento, caber*, admitir. ◆この会館は千人入れることができる Esta sala puede acomodar [admitir] a mil personas. / En esta sala caben mil personas. / La capacidad de esta sala es de mil personas. ◆医者は彼女を病院に入れた El médico la metió en el hospital. ◆あのピアノは大きくてこの部屋には入れられない El piano es demasiado grande para caber en esta habitación.
❺【仲間に加える】v. recibir, acoger*, aceptar; (雇う) v. dar* empleo, contratar. ◆彼女を私たちのクラブに入れることはできない No podemos aceptarla como miembro de nuestro club. ◆その会社は彼女を受付として入れた La compañía 「la contrató [le dio empleo] como recepcionista. ◆この会社は日給で多くのパートタイマーを入れている Esta empresa contrata a mucha gente por día.
❻【要求・提案などを】（容認する）v. aceptar, hacer* caso 《de》; (応じる) v. conceder, atender* 《a ＋ 不》. ◆彼の忠告をいれる v. seguir* [obedecer*] su consejo. ◆彼女の要請をいれる v. conceder [atender] a su petición. ◆彼はなかなか他人の説をいれようとしない No acepta opiniones ajenas. / No hace caso a las opiniones de los demás.
❼【含める】v. incluir*. 会話 あなたは人数に入れなかったか―どうしての者にしたの No 「he contado contigo [te he incluido]. - ¿Por qué me has dejado fuera? 会話 消費税を入れて10ドル Diez dólares incluido [incluyendo] el IVA (impuesto sobre el valor añadido). ◆あなたを入れて7人の少年が招待された Se invitó a siete chicos contigo [incluido tú]. ◆それを計算（＝考慮）に入れました ¿Ha tenido [tomado] eso en cuenta [consideración]?
❽【納入する】(物を) v. proporcionar, dar*; (お金を) v. pagar*. ◆図書館に新刊本を10冊入れる v. proporcionar a la biblioteca diez

いろ

nuevos libros. ♦彼は家賃をふた月も入れていない No ha pagado el alquiler de dos meses.
❾【スイッチなどを】冷房を入れる v. poner* [encender*] el acondicionador de aire. ♦アイロンのスイッチを入れる v. poner* [encender*] la plancha.
❿【精力を注ぐ】♦仕事に身を入れる v. poner* el alma en el trabajo, concentrarse intensamente en la tarea. ♦この辞書は特に文法と語法に力を入れている(=重点を置いている) En este diccionario se hace hincapié [pone énfasis] en la gramática y en el uso.
【その他の表現】♦ちょっとお耳に入れておきたいことがあります Tengo una cosa que decirte. ♦だれに入れましたか(=投票しましたか) ¿A [Por] quién votó? ▷ 収める、織り込む

いろ 色 ❶【色彩】m. color; m. colorido; (色合い) m. tono, f. tonalidad, m. matiz. ♦色とりどりの旗 fpl. banderas multicolores. ♦色あせた写真 f. foto descolorida.

1《〜色》♦感じのよい色 m. color agradable [espléndido]. ♦¹濃い[²薄い]色 m. color ¹oscuro [²claro]. ♦¹はでな[²落ち着いた]色 m. color ¹vivo [²apagado]. ♦虹(にじ)のあらゆる色 todos los tonos del arco iris. ♦もっと薄い[明るい]緑色 m. verde más ¹claro [²vivo].
〈会話〉君の車は何色?―赤だ ¿De qué color es tu coche [auto]? – Rojo. [Es rojo.] ♦赤は彼女の好きな色です El rojo es su color favorito. ♦秋の色が深くなった Los colores otoñales se han vuelto más intensos.

2《色+名詞》♦色もののワイシャツ f. camisa de color. ♦色刷り f. impresión en color. ♦色分解《専門語》f. separación de color. ♦色補正《専門語》f. corrección de color. ♦やわらかな色合い m. color [m. tono] suave. → 色調、色鉛筆、色紙、色眼鏡.

3《色は[が]》♦その色はあせやすい Ese color se ⌈destiñe fácilmente [va con facilidad]. ♦それは色が桃の花に似ている Se parece al color de la flor del melocotón [《ラ米》durazno].

4《色を》♦犬は色を識別できない Los perros no pueden percibir los colores. ♦その動物は居る場所に合わせて色を変える Ese animal cambia de color según su entorno. ♦その子は絵に色を塗っていた El niño coloreaba [estaba metiendo color a] un dibujo.

❷【顔色】f. tez, f. fisonomía, m. aspecto, m. color de cara. ♦怒りで赤くなる v. ponerse* rojo de ira. ♦彼は色が¹白い[²黒い] Tiene una fisonomía ¹clara [²morena]. / Su tez es ¹clara [²morena]. ♦彼はその知らせを聞いて色を失った Al enterarse perdió el color. / Se puso pálido al saberlo. ♦失望の色が彼の顔に現われた La decepción ensombreció su rostro.

❸【恋愛、情事】♦色っぽい v. ser* "sexy" [atractivo sexualmente]. ♦色事(=恋愛事件) m. romance, m. amorío. ♦色(=官能的快楽)におぼれる v. andar* de amoríos, 《文語》entregarse* a los placeres de la carne. ♦色目を使う → 色目.

【その他の表現】♦色よい(=好ましい)返事 f. respuesta favorable. ♦話に色をつける(=潤色する) v. adornar una historia. ♦色とりどりの(=種々さまざまな)花 m. gran surtido de flores. ♦十人十色〈ことわざ〉Tantas cabezas, tantos pareceres. ▷ カラー、色彩

いろあい 色合い → 色調.
いろあせる 色褪せる v. desteñir*, descolorar. → 褪(あ)せる.

いろいろ 色々 adj. varios, diferentes, diversos, distintos. → 雑多. ♦いろいろな種類の木 fpl. varias clases de árboles, mpl. árboles de varias clases. ♦その問題をいろいろな角度から調べる v. investigar* el asunto desde diferentes ángulos [puntos de vista]. ♦彼はいろいろな本を読んでいる Lee bastantes [muchos] libros. ♦そのネクタイはいろいろな柄がそろっています Esa corbata viene en una gran variedad [diversidad] de diseños.
【その他の表現】♦いろいろ(=ずいぶん)考えたあげく Después de pensarlo mucho… / Al cabo de muchas vueltas en la cabeza… ♦いろいろ(=ずいぶん)ご面倒をかけてすみません Perdone usted por haberle molestado tanto. ♦いろいろお世話になりました Muchísimas gracias por sus atenciones hacia mí. ♦辞書にもいろいろある Hay diccionarios y diccionarios. ▷ 種々、多彩

いろう 慰労会 f. fiesta de agradecimiento por la dedicación al trabajo. ♦彼を慰労する v. reconocer* [expresar agradecimiento por] sus servicios.

いろえんぴつ 色鉛筆 m. lápiz de colores.
いろがみ 色紙 m. papel de color.
いろけ 色気 ❶【性的魅力】f. atracción sexual [erótica]. ♦色気のある adj.《英語》"sexy", atractivo sexualmente, erótico. ♦色気がつく v. hacerse* "sexy", hacerse* sexualmente atractivo.
❷【愛想】♦色気のない(=そっけない)返事をする v. dar* una respuesta seca [cortante]《a》.
❸【興味】m. interés. ♦政治に色気を示す v. mostrar* interés en la política.

いろじろ 色白の (皮膚が) adj. de tez clara [blanca], con el cutis blanco [《文語》alabastrino]. ♦色白の美人 f. belleza [f. mujer bella] de cutis blanco. ♦彼女は色白の顔をしている Tiene una tez blanca.

いろづく 色付く (赤く・黄色くなる) v. colorearse, tomar color, enrojecer*, amarillear*. ♦木の葉が色付き始めた Las hojas de los árboles han empezado a tomar color.

いろどり 彩り (彩色) m. colorido; f. coloración. ♦この部屋の彩りに感心する v. admirar el colorido de esta sala.

いろどる 彩る (彩色する) v. colorear, teñir*, dar* color. ♦雲は太陽で金色に彩られていた El sol doraba las nubes. / Las nubes se coloreaban de oro por el sol.

いろは ❶【文字】♦いろは順に並べる v. ordenar alfabéticamente a la japonesa.
❷【初歩】lo primero que hay que saber, mpl. rudimentos. → 初歩.

いろめ 色目 ♦色目を使う v. mirar amorosamente, poner* ojos de enamorado.

いろめがね 色眼鏡 《サングラス》fpl. gafas de color [sol]; 《mpl.》cristales ahumados. ♦物事を色眼鏡で見る v. ver* las cosas con prejuicios.

いろり 囲炉裏 (暖炉) m. fogón japonés, "irori", 《説明的に》especie de chimenea sin tiro y hundida en el suelo. → 暖炉. ♦囲炉裏を囲んで歌う v. cantar alrededor del fogón.

いろん 異論 (異なった意見) f. opinión divergente; (反対意見) f. objeción. → 異議.

いわ 岩 f. roca, f. peña, m. peñasco; 《岩山》m. peñón. ♦岩の多い adj. rocoso. → 岩棚, 岩登り, 岩場, 岩肌.

***いわい 祝い** (祝賀) f. celebración, f. fiesta; m. festival, f. conmemoración festiva; f. felicitación, 《スペイン》f. enhorabuena. ♦結婚祝 m. regalo de boda. ♦新年のお祝いをする v. celebrar el Año Nuevo. ♦ご成功に心からお祝いを申し上げます Permítame darle mi más cordial enhorabuena por su éxito. ♦父は私の卒業祝いにカメラを買ってくれた Mi padre me ha comprado una cámara como regalo de graduación. ♦私は誕生日のお祝いに時計をもらった Me han dado un reloj como regalo de cumpleaños.

***いわう 祝う** (式などを挙げて) v. celebrar (un suceso); (言葉で) v. felicitar 《a + 人》《por + 事》; (記念日などを公式行事として) v. conmemorar. ♦彼の60歳の誕生日を祝ってパーティーを開く v. dar* [celebrar] una fiesta "con motivo de [en honor a] su 60 cumpleaños". ♦多くの家庭ではクリスマスを祝う Muchas familias celebran la Navidad. ♦彼らは私の昇進を祝ってくれた Me felicitaron [dieron la enhorabuena] por mi promoción. ♦彼らは成功を祝って乾杯した Brindaron por su éxito.

いわかん 違和感 ♦右¹ひじ [²肩] に違和感がある v. sentirse* del ¹codo [²hombro] derecho. ♦彼らといっしょにいるとどうも違和感を感じる No sé pero no me siento a gusto con ellos.

いわくつき 曰く付き ♦いわく付きの (=過去のある) 女 f. mujer con pasado. ♦いわく付きの刀 f. espada con una historia detrás.

いわし 鰯 f. sardina. ♦イワシの缶詰 f. lata de sardinas. ♦イワシの群れ m. banco de sardinas. ♦いわし雲 f. nube aborregada.

いわずもがな 言わずもがな ♦言うまでもない. ♦そんなことは言わずもがなだ (=言わない方がよい) Mejor mantener la boca cerrada. / Conviene que no digas nada.

いわだな 岩棚 ♦岩棚のある絶壁 m. saliente (de una roca).

いわのぼり 岩登り f. escalada de una roca.

いわば 岩場 m. terreno rocoso.

いわば 言わば (例えて言えば) adv. por decir(-lo) así, como si dijéramos, digamos. ♦彼女は言わばお姫様だ Ella es, "como si dijéramos [por decirlo así]", una princesa. ♦言わば (=事実上) 彼がその本の著者です Es el autor, por decir así, del libro.

いわはだ 岩肌 f. superficie rocosa, f. roca desnuda.

いんかん 111

いわゆる adj. llamado, que se llama(n), denominado. ♦いわゆる知識人 m. llamado intelectual. ♦彼らはいわゆる過激派学生です Son lo que se llama [dice] "estudiantes radicales."

いわれ 謂れ ❶【理由】f. razón, m. motivo, f. causa. → 理由. ♦何のいわれもなく解雇される v. ser* despedido sin razón. ♦いわれのない怒り f. ira infundada. ♦いわれのない (=根拠のないうわさ f. rumor infundado. ♦彼が辞職しなければならないいわれはない No hay razón por la que deba dimitir. ♦いくら君から軽蔑(ﾍﾞ)されるわれはない No merezco tu desprecio.

❷【由来】(歴史) f. historia; (起源) m. origen; (言い伝え) f. tradición. ♦この習慣のいわれ m. origen de esta costumbre. ♦あの古い家には面白いいわれがある Aquella vieja casa tiene una historia interesante.

いわんや (まして...でない) adv. menos aún; por no decir nada de, y mucho menos, por no mencionar. → まして.

いん 印 (印章) m. sello; (証印) m. timbre. ♦ゴム印 m. sello de goma. ♦書類に印をおす v. 「poner* un sello en [sellar] un documento.

いん 韻 f. rima. ♦韻を踏んで adv. en [con] rima. ♦韻を踏んだ詩 f. poesía rimada [con rima]. ♦"canción" と "corazón" とは韻を踏む "Canción" y "corazón" riman. / "Canción" rima con "corazón".

いんうつ 陰うつ f. melancolía, f. tristeza. ♦陰うつな天気 m. tiempo triste [lúgubre]. → 陰気, 憂うつ.

いんえい 陰影 f. penumbra, f. sombra. ♦画家は絵に陰影をつけた El pintor sombreó el cuadro [dibujo].

いんか 引火 f. inflamación, f. ignición, m. encendido. ♦引火点 m. punto de inflamación [ignición]. ♦引火する v. inflamarse, encenderse*.

いんが 因果 m. destino, f. suerte, 《教養語》m. sino, 《文語》m. hado. ♦因果 (=運命) とあきらめる v. estar* resignado al destino. ♦因果な (=不幸な・いやな) 商売 m. negocio desafortunado [desastroso, desagradable]. ♦二度とそこへ行かないよう因果を含める (=説得する) v. convencer* 《a + 人》para que no vaya ahí otra vez. ♦何の因果でこんなことをしくてはならないのか ¿Qué ironía del destino me lleva a hacer tal cosa?

いんがおうほう 因果応報 (当然の報い) f. retribución. ♦因果応報だ (=罰せられて当然だ) 《ことわざ》 Quien siembra vientos, recoge tempestades.

いんがかんけい 因果関係 f. relación 「entre causa y efecto [causal].

いんかく 陰核 f. clítoris.

いんがし 印画紙 m. papel de fotografía.

インカ(の) adj. inca. ♦インカ¹帝国 [²文明] ¹ m. imperio [² f. civilización] inca.

いんかん 印鑑 (印章) m. sello. ♦印鑑証明 m. certificado [f. autorización] de sello. ♦印

112 いんき

鑑届 m. registro de sello. → 実印.

いんき 陰気な (憂うような) *adj.* melancólico, sombrío, 《教養語》lúgubre. ◆陰気な性格をしている *v.* tener* el humor [estado de ánimo] melancólico. ◆彼女はいつも陰気な顔をしている Siempre tiene una expresión sombría. / Parece siempre muy triste. ◆ぼくは陰気な雰囲気はきらいだ No me gusta un ambiente sombrío.
☞鬱陶しい, 重苦しい, 湿っぽい

インキ → インク

いんきょくせんかん 陰極線管 《専門語》 *m.* tubo de rayos catódicos.

いんぎん 慇懃 ◆慇懃に(ていねいに) *adv.* cortésmente, con educación. ◆慇懃無礼(上辺だけのていねいさ) *f.* falsa cortesía.

＊インク *f.* tinta. ◆インク消し *m.* (líquido) borrador de tinta. ◆インクスタンド *m.* tintero. ◆インクびん *m.* tintero. ◆インクのしみ *f.* mancha de tinta. ◆インクがきれる *v.* acabarse la tinta. ◆赤インクを入れた万年筆 *f.* pluma con [de] tinta roja. ◆万年筆にインクを入れる *v.* cargar* de tinta la pluma. ◆インクをこぼす *v.* verter* tinta. ◆ペンにインクをつける *v.* mojar la pluma con tinta. ◆インクで書きなさい Debes escribir con [a] tinta.

インク・カートリッジ 《専門語》 *m.* cartucho de tinta.

インクジェット 《専門語》 *m.* chorro de tinta.

インクジェット・プリンター 《専門語》 *f.* impresora de chorro de tinta.

イングランド Inglaterra (☆グレート・ブリテン島の南半分を占める地方; → イギリス).

インクリメント 《専門語》 *m.* incremento.

いんけい 陰茎 《専門語》 *m.* pene, *m.* miembro viril.

いんけん 陰険 *f.* malicia, *f.* picardía. ◆陰険な(悪賢い) *adj.* malicioso, insidioso. ◆陰険なやつ *m.* tipo insidioso. ◆陰険な目つき *f.* mirada insidiosa [malévola]. ◆それをぼくに話してくれないとは彼は陰険なやつだ Ha sido insidioso por su parte el no habérmelo dicho.

いんげん 隠元 (サイゲンゲン) *f.* judía verde, *m.* fréjol; (インゲンマメ) *f.* judía.

[地域差] 隠元豆
〔ラテンアメリカ〕 *m.* porotos
〔スペイン〕 *m.* alubias
〔キューバ・メキシコ・コロンビア〕 *m.* frijoles

いんこ *m.* periquito, *m.* papagayo, *f.* cotorra.

いんご 隠語 (犯罪者などが使う) *f.* jerga, *m.* argot, *f.* jerigonza. ◆泥棒仲間の隠語 *f.* jerga de los ladrones.

＊いんさつ 印刷 (印刷すること) *f.* impresión, *f.* imprenta, *f.* estampación. ◆カラー印刷 *f.* impresión en color. ◆印刷機 *f.* impresora, *f.* prensa. ◆印刷屋 *m.* impresor. ◆印刷物(郵便物としての) *m.* impreso. ◆印刷術の発明 *f.* invención de la imprenta. ◆印刷業を営む *v.* dedicarse* a los negocios de imprenta. ◆印刷用紙 *m.* papel「de imprenta [para imprimir]. ◆原稿を印刷に回す *v.* mandar un manuscrito a la imprenta. ◆この辞書の初版の印刷部数は1万冊であった Este diccionario tuvo una primera impresión de 10.000 copias [ejemplares]. ◆校正刷りは印刷に回った Las pruebas (de imprenta) han ido a impresión [imprenta].

―― 印刷する *v.* imprimir*, dar* a la imprenta, poner* en letra impresa; 《専門語》 *v.* imprimir*. ◆台本を印刷する *v.* imprimir* un guión. ◆そのページに大きな活字で表を印刷する *v.* imprimir* un cuadro en tipo [letra] grande en la página. ◆パンフレットを百部印刷する *v.* imprimir* 100 copias del panfleto. ◆このちらしはうまく印刷されていない Este prospecto no ha sido [quedado] bien impreso. ◆その本は今日印刷されている El libro está ahora en prensa. / Están imprimiendo ahora el libro. ◆そのニュースは急いで印刷された La noticia fue urgentemente llevada a la imprenta.

いんさん 陰惨 ◆陰惨なニュース *f.* noticia horrible [cruel].

いんし 印紙 *m.* timbre, *f.* póliza, *m.* sello. ◆収入印紙 *f.* póliza, *m.* timbre fiscal. ◆印紙税 *f.* impuesto en póliza, *mpl.* derechos de timbre.

いんしゅ 飲酒 *f.* ingestión de alcohol. ◆飲酒運転 *f.* conducción en estado de embriaguez. ◆飲酒癖 *m.* hábito de la bebida.

いんしゅう 因習 (古い習慣) *f.* vieja costumbre. ◆因習を打ち破る *v.* romper* con las viejas costumbres. ◆因習にとらわれる *v.* ser* esclavo de las viejas costumbres.

インシュリン *f.* insulina. ◆インシュリンの注射を受ける *v.* recibir una inyección de insulina.

いんしょう 印象 *f.* impresión. ◆先生に悪い印象を与える *v.* dar* [causar]「al profesor [a la profesora] una「mala impresión [impresión desfavorable], impresionar desfavorablemente「al profesor [a la profesora]. ◆第一印象で人を判断する *v.* juzgar* a la gente por la primera impresión. ◆彼の印象はどうでしたか ¿Qué impresión le ha causado [dado]? / ¿Qué le ha parecido? ◆彼女はとても上品だという印象を受けた Me dio la impresión de que era una mujer muy elegante. / Me impresionó por su mucha elegancia. ◆彼の最後の言葉が強烈に印象に残っている Sus últimas palabras me causaron una fuerte impresión.

―― 印象的な *adj.* impresionante. ◆卒業式はとても印象的だった La ceremonia de graduación fue muy impresionante.

【その他の表現】 ◆印象派 *m.* impresionismo. ◆印象派の画家 *m.* pintor impresionista.

いんしょく 飲食 *v.* comer y beber. ◆飲食店 *m.* restaurante. ◆飲食物 *mpl.* alimentos y *fpl.* bebidas. ◆飲食する *v.* comer y beber.

インスタンス 《専門語》 *f.* instancia.

インスタント ◆インスタントコーヒー *m.* café instantáneo. ◆インスタントラーメン *mpl.* fideos chinos instantáneos. ◆インスタント食品 *f.* comida instantánea. → 食品.

インストールする《専門語》v. instalar.
インストラクター mf. instructor/tora. ▶タンゴのインストラクター mf. instructor/tora de baile de tango.
インスピレーション f. inspiración. → 霊感.
インスリン →インシュリン
いんせい 陰性の (気質の) adj. sombrío, 《教養語》lúgubre → 陰気; (反応が) adj. negativo.
いんぜい 印税 mpl. derechos de autor. ▶彼は小説の印税を百万円受け取った Ha recibido un millón de yenes como derechos de autor por su novela.
いんせき 姻戚 ▶姻戚関係にある v. estar* emparentado por matrimonio.
いんせき 隕石 m. meteorito.
いんぜんたる 隠然たる ▶隠然たる(=隠れた)勢力を保つ v. tener* [ejercer*] una influencia oculta [latente] (sobre, en).
いんそつ 引率 ▶引率者 mf. guía, mf. líder; (観光団などの) mf. guía turístico/ca [de turismo]. ▶学生たちを引率して博物館に行った Llevé por el museo a un grupo de estudiantes. / En el museo fui el/la guía de un grupo de estudiantes.
インターセプト (サッカーなど) m. corte,《教養語》f. interceptión. ▶(パス・ボールを)インターセプトする v. cortar (un pase, un balón).
インターチェンジ m. empalme de carreteras.
インターナショナル adj. internacional.
インターネット《専門語》《英語》mf. "internet". ▶インターネット・サービス・プロバイダー《専門語》m. proveedor de servicios "internet". ▶インターネットで交信する v. comunicarse* (con + 人) por "internet".
インターバル m. descanso, m. intervalo,《口語》m. respiro, f. pausa. ▶彼はインターバルを取った Tomó un descanso.
インターフェア『スポーツ』f. interferencia. ▶インターフェアをする v. interferir*.
インターフェース《専門語》mf. interfaz,《英語》mf. "interface".
インターフェロン m. interferón.
インタープリター《専門語》m. intérprete.
インタ(ー)ホン m. interfono, m. interfón, m. (portero) automático. ▶インターホンで話す v. hablar por el interfono.
インターレース《専門語》adj. entrelazado.
インターン (人) m. médico interno, m. médico practicante. ▶神戸の病院でインターンをする v. trabajar de (médico) interno en un hospital de Kobe.
いんたい 引退 f. jubilación, m. retiro. ▶65歳で引退する v. jubilarse [retirarse] a la edad de 65 años. ▶引退を発表する v. anunciar la jubilación. ▶病気のため彼は舞台を引退せざるをえなかった La enfermedad le obligó a abandonar「las tablas [la escena].
インダスがわ インダス川 El río Indo, el Indo (☆南アジア最大の川).
インタビュー f. entrevista. → 面会, 面接. ▶(新聞の独占)インタビューに応じる v. acceder a una entrevista exclusiva a un periódico. ▶インタビューをする人 mf. entrevistador/dora.

▶テレビでのインタビューで言う v. decir* [manifestar*] en una entrevista televisiva [por televisión]. ▶空港で歌手にインタビューをする v. entrevistar al cantante en el aeropuerto. ▶その問題に責任のあるイギリスの大臣がインタビューを受けていた Fue entrevistado el ministro británico responsable de estos asuntos.
インチ f. pulgada. ▶5フィート4インチ mpl. cinco pies y [con] cuatro pulgadas.《会話》1インチは何センチですか ― 2.54センチです¿Cuántos centímetros tiene una pulgada? - Son 2,54 (dos con cincuenta y cuatro) centímetros.
いんちき (ごまかすこと) m. engaño, f. trampa; (詐欺) m. fraude, f. estafa; (にせもの) f. falsificación. ▶いんちきをする v. engañar; (偽造する) v. falsificar*. ▶トランプでいんちきをしてはいけない No hagas trampas con「las cartas [los naipes]. ▶彼の話はいんちきくさい Lo que dice huele a mentira [engaño].
―― いんちきな (にせの) adj. engañoso, fraudulento, falso. ▶いんちき署名 f. firma falsa. ▶いんちき(な)医者 mf. médico falso/sa. ▶いんちき(な)療法 m. falso curanderismo, charlatanería médica.
いんちょう 院長 (病院の) mf. director/tora de un hospital.
インチョワン 銀川《ピンイン》Yinchuan (☆中国の都市).
インディアン mf. indio/dia, mf. indígena americano/na, mf. amerindio/dia.
インデックス《専門語》m. índice.
インテリ mf. intelectual. ▶インテリ階級 mpl. intelectuales, f. intelectualidad. ▶インテリ向けの雑誌 f. revista intelectual [para intelectuales].
インテリア ▶インテリアデザイン f. decoración de interiores. ▶インテリアデザイナー mf. decorador/dora [mf. diseñador/dora] de interiores.
インテリジェント・ターミナル《専門語》m. terminal inteligente.
インテリジェントビル m. edificio inteligente [informatizado].
インデント《専門語》m. sangrado,《専門語》f. sangría.
インド India; (公式名) República de India (☆アジアの国, 首都ニューデリー Nueva Delhi). ▶インド(人)の adj. indio. ▶インド人 mf. indio/dia. ▶インド洋 m. Océano Índico.
いんとう 咽頭《専門語》f. faringe. ▶咽頭炎《専門語》f. faringitis. ▶咽頭癌(%)《専門語》m. cáncer faríngeo. ▶上咽頭癌(%)《専門語》m. cáncer nasofaríngeo.
いんどう 引導 ▶引導を渡す (死者のためにミサを唱える) v. rezar* [decir*] un responso por los difuntos; (最終的な言い渡しをする) v. dirigir* un ultimátum.
インドシナ Indochina. (☆アジアの半島). ▶インドシナ(人)の adj. indochino. ▶インドシナ半島 f. Península Indochina.
イントネーション f. entonación. ▶1上昇 [2下

降]調のイントネーションで発音する v. pronunciar una frase con entonación ¹ascendente [²descendente].

インドネシア Indonesia (☆アジアの国, 首都ジャカルタ Yakarta); (公式名) f. República de Indonesia. ▶インドネシア(人・語)の adj. indone*sio*. ▶インドネシア語 m. indonesio. ▶インドネシア人 mf. indone*sio/sia*.

インドヨーロッパご(ぞく) インドヨーロッパ語(族) f. familia indoeuropea; (言語) fpl. lenguas indoeuropeas.

イントロダクション (序文・曲の前奏部) f. introducción (a).

いんないかんせん 院内感染 f. infección hospitalaria.

いんねん 因縁 ❶【運命】m. destino, f. predestinación. ◆前世(から)の因縁とあきらめた Me resigné a mi destino. ◆われわれがここで会ったのも何かの因縁だろう(=たぶんここで会うよう運命うけられていた) Tal vez estábamos predestinados a vernos aquí. / Nuestro destino quizás fuera el encontrarnos aquí.
❷【言いがかり】▶因縁をつける(=けんかを吹っかける) v. buscar* camorra.

いんのう 陰嚢 《専門語》 m. escroto.

インパクト m. impacto. ◆彼の言ったことは彼女に大きなインパクトを与えた Lo que le dijo le causó (a ella) un gran impacto. / Sus palabras la impactaron fuertemente.

いんぶ 陰部 fpl. partes pudendas [íntimas], (口語)las partes. ☞局部, 恥部

インフィールド (野球) m. diamante, m. cuadro. ▶インフィールドフライ m. infield fly.

インフォーマルな adj. informal. ▶インフォーマルな集まり f. reunión informal.

インフォームドコンセント 《専門語》 m. consentimiento con total conocimiento de causa.

インフォメーション (情報) f. información. → 情報. ▶インフォメーションセンター m. centro [m. servicio] de información.

インプット 《専門語》 f. entrada. ▶コンピューターにデータをインプットする v. meter [dar* entrada a] datos en un ordenador.

インフラ f. infraestructura.

インフルエンザ 《専門語》 f. gripe, f. influenza. ▶インフルエンザにかかる v. coger* [pillar, agarrar] una gripe. ▶インフルエンザで寝込む v. estar* en la cama con gripe. ◆インフルエンザがはやっている Hay una epidemia de gripe.

インフレ(ーション) f. inflación. ▶インフレ対策を取る v. tomar [adoptar] medidas antiinflacionistas. ▶インフレを¹起こす [²抑える] v. ¹causar [²reducir*] la inflación. ▶インフレ傾向 f. tendencia inflacionista. ▶インフレの時代に adv. en tiempos de inflación. ▶インフレ政策 f. política inflacionista. ◆物価は多少下がったがまだインフレだ Los precios han bajado algo, pero sigue la inflación.

いんぶん 韻文 m. verso, f. poesía; m. poema, f. obra lírica. ▶韻文で書かれた詩 m. poema escrito en verso.

インヘリタンス 《専門語》 f. herencia.

いんぼう 陰謀 f. conspiración, m. complot, f. intriga, f. trama, f. conjura. ▶陰謀を企む v. conspirar [formar un complot, tramar una intriga] contra el rey. → 企. ◆彼は政府転覆の陰謀に加担していた Fue uno de los conspiradores en contra del gobierno. / Formó parte de la conspiración contra para derrocar al gobierno.
☞計略, 策動, 術策, 企み

インポートする 《専門語》 v. importar.

インポテンツ f. impotencia.

いんもう 陰毛 m. vello púbico.

いんゆ 隠喩 f. metáfora.

いんよう 引用 f. cita, f. citación. ▶引用句 [文] f. cita, f. citación. ▶聖書からの引用 f. cita bíblica [de la Biblia]. ▶引用符 fpl. comillas. ▶引用書 f. bibliografía, fpl. obras [mpl. libros] de referencia. ◆この本は他の作品からの引用が多い En este libro abundan las citas de otras obras.
—— 引用する v. citar (a + 人), citar las palabras (de). ▶セルバンテスを引用する v. citar a Cervantes. ▶ロルカから一節を引用する v. citar un verso de Lorca. ◆大統領はシモン・ボリバルの言葉を引用して演説を締めくくった El presidente terminó su discurso citando a Simón Bolívar.

いんりつ 韻律 (詩の) m. metro, f. medida; (リズム) m. ritmo.

いんりょう 飲料 (飲み物) f. bebida. ▶¹アルコール [²ノンアルコール]飲料 f. bebidas ¹alcohólicas [²no alcohólicas]. ▶清涼飲料 m. refresco. ▶¹かん [²びん]詰飲料 f. bebida ¹en bote [²envasada]. ▶飲料水 f. agua potable. ◆この水は飲料に適する Esta agua ⌈es potable [se puede beber].

いんりょく 引力 f. gravedad, f. gravitación. ▶引力圏 m. campo [f. esfera] de gravitación. ▶(万有)引力の法則 f. ley de la gravitación universal.

いんれき 陰暦 m. calendario lunar.

う

う 鵜 *m.* cormorán. ▶鵜飼い *f.* pesca del cormorán. ▶鵜の目鷹(なか)の目で捜す *v.* mirar aguzando「la vista [los ojos].
ウィークエンド *m.* fin de semana. → 週末.
ウィークデー *m.* día「de semana [laboral, entre semana]. ▶ウィークデーに *adv.* en días laborales, entre semana. ♦彼女と会うのはウィークデーだけですか ¿Sólo la ves「en días laborales [entre semana]?
ウイークポイント *f.* punto flaco, *m.* tendón de Aquiles. ♦彼の最大のウイークポイントは[1]目だ [[2]経験のないことだ] Su tendón de Aquiles es [1]la vista [[2]su inexperiencia].
ウィーン Viena (☆オーストリアの首都).
ういういしい 初々しい *adj.* sencillo, cándido.
ウィザード〖専門語〗*m.* mago.
ウィジウィグ WYSIWYG〖専門語〗(〘説明的に〙) Lo que ves es lo que tienes, "WYSIWYG".
ウイスキー *m.* whisky, *m.* whiskey, *m.* güisqui. ♦[1]水 [[2]ソーダ] 割りウイスキー2杯 *mpl.* dos whiskys con [1]agua [[2]soda]. ♦ウイスキーをストレートで飲む *v.* beberse [tomarse] el whisky solo.
ウイット 機知 *m.* ingenio, *f.* agudeza. → 機知.
ういてんぺん 有為転変(人生の浮き沈み) *mpl.* altibajos de la vida, *fpl.* vicisitudes de la vida; (この世の変わりやすさ) *f.* mutabilidad de este mundo.
ウイピル〖メキシコ〗*m.* huipil (☆女性のブラウス).
ウィリアム 1世 Guillermo I [Primero] (☆ 1027–1087, イギリス王, 在位1066–87, ノルマン王朝を開いた).
ウイルス *m.* virus. ▶ウイルス性肝炎〖専門語〗*f.* hepatitis viral.
ウインカー(自動車の方向指示器) *m.* intermitente, 〘ラ米〙*f.* direccional. ▶ウインカーを出す *v.* dar* [poner*] el intermitente.

〖地域差〗**ウインカー**(自動車の)
〔スペイン〕*m.* indicador de giro, *m.* intermitente
〔キューバ〕*m.* cuarto, *m.* direccional, *m.* intermitente, *f.* luz de cambio, *f.* luz intermitente
〔メキシコ〕*m.* cuarto, *m.* direccional, *m.* intermitente
〔ペルー〕*m.* direccional, *m.* intermitente, *f.* luz intermitente, *f.* luz para voltear
〔コロンビア〕*m.* direccional, *f.* luz para doblar
〔アルゼンチン〕*m.* guiñe, *m.* guiño, *f.* luz de giro, *f.* luz de guiñe, *f.* luz de guiño

ウインク *m.* guiño. ▶ウインクする *v.* hacer* [hacerle*] un guiño, guiñar.

ウインドー 窓 *f.* ventana; (〘専門語〙) *f.* ventana; (陳列窓) →ショーウィンドー.
ウインドーショッピング *v.* mirar escaparates. ♦五番街をウインドーショッピングして歩いた Nos fuimos a mirar escaparates a la Quinta Avenida.
ウインドサーフィン 〘英語〙*m.* "surfing" [*m.* "surf"] de [a] vela.
ウインドブレーカー〖商標〗*f.* cazadora.
ウインナソーセージ *f.* salchicha vienesa.
ウーサイ(ベルナルド ～) Bernardo Houssay (☆1887–1971, アルゼンチンの生理学者, 1947年ノーベル医学・生理学賞受賞).
ウ(一)スターソース *f.* salsa "Worcester".
ウーハン 武漢 Wujan, 〘ピンイン〙Wuhan (☆中国の都市).
ウーマンリブ *m.* movimiento de liberación femenina.
ウール *f.* lana. ▶ウールのコート *m.* abrigo de lana.
ウーロンちゃ ウーロン茶 *m.* té "oolong".

** *うえ 上 ❶【上部】***f.* parte「de arriba [superior]; (表面) *f.* superficie; (テーブルなどの) *f.* arriba; (上の階) *m.* piso de arriba; *adv.* arriba.

1 《上は[の]》*adj.* superior, *adv.* más alto; (上方への) *adv.* arriba, hacia arriba. ♦机の右上の引き出し *m.* cajón superior [más alto] derecho de la mesa. ♦上の寝室へ行く *v.* subir al dormitorio, ir* al dormitorio de arriba. ♦山の上の方は雪でおおわれている La parte superior [más alta] de la montaña está cubierta de nieve. ♦その家の上の階はまだ完成していない El piso de arriba de la casa aún no se ha terminado. ♦彼の体は腰から上は刺青だらけであった De la cintura para arriba de su cuerpo estaba lleno de tatuajes.

2《...(の)上の[に, を, へ, で]》; (場所, 位置) *prep.* en, sobre, encima de; (...より高い位置に) *prep.* por encima de; (...から離れて真上の上をおおって) *prep.* sobre, encima 《de》; 【移動】(...の上に[へ]) *prep.* en, sobre, encima de. ♦壁にかかっている地図 *m.* mapa en la pared. ♦天井に留まっているハエ *f.* mosca en el techo. ♦川の上にかかる橋 *m.* puente sobre el río. ♦牛の群れは山の上へ移動し始めた Las manadas de reses empezaron a subir monte arriba. ♦上から見ると人々がアリのように小さく見えた Mirando desde arriba, las personas parecían pequeñas como hormigas. ♦私の寝室はすぐ上にある Mi dormitorio está justo encima. ♦彼は私の部屋の3階上に住んでいる Vive tres pisos arriba (de mi habitación). ♦われわれの事務所は上の(階)にある Nuestra oficina está (en el piso de) arriba. ♦このエレベー

うえ

ターは上へまいります Este ascensor sube [va arriba]. ♦もっと上へ登ろう Vamos a subir más (arriba).

❷【最上部】 m. alto, f. cima. ▶ページの一番上に adv. en la parte superior [de arriba] de la página. ▶上から5行目に adv. en la quinta línea desde arriba. ▶机の左の一番上の引き出し m. cajón superior izquierdo de la mesa. ♦山の上はとても寒い En lo alto de la montaña hace mucho frío. ♦彼は私を上から下まで見た Me miró de「arriba abajo [los pies a la cabeza].

❸【年長】 (…より年上の) adj. mayor que, más viejo que. ♦6歳より上の(=以上の)子供たち mf. niños/ñas「con seis y más años [de seis años en adelante]. ♦彼は私より10歳年が上だ Tiene diez años más que yo. / Me saca diez años. / Es diez años mayor que yo. ♦私の二人の息子のうち上は8歳です El mayor de mis dos hijos tiene ocho años. ♦これは1番上の姉です Es mi hermana mayor. ♦これは上から2番目の姉です Es la segunda de mis hermanas.

❹【上位】(能力などがよりすぐれた) adj. superior 《a》, mejor 《que》, por encima 《de》; (上級の) adj. avanzado. ▶上(=上司)からの命令 f. orden del superior [jefe]. ♦彼は能力では私よりはるかに上だ Su capacidad es muy superior a la mía. ♦ピアニストとしては彼女の方が私よりはるかに上だ Como pianista es「muy superior a mí [mucho mejor que yo]. / Está muy por encima de mí como pianista. ♦彼の学校の成績は平均より少し上だ Su rendimiento escolar「es algo superior al promedio [está ligeramente por encima de lo normal]. ♦スペイン語の会話力ではクラスで君が一番上だ Eres el que mejor habla español en la clase. ♦経験ではあなたの方が上だ Tienes más experiencia que yo. / Tu experiencia es superior a la mía. ♦彼女は私より1学年上だ Me saca un año en「la escuela [el colegio]. ♦人の上に立つのは非常に難しい Es muy difícil aventajar a los demás. ♦上には上がある(=優秀さには限界がない) La perfección [excelencia] no tiene límites. / (自分たちよりよい仕事をする者は常にいるものだ) Siempre habrá alguien que lo pueda hacer mejor que nosotros.

❺【追加】(…のほかに) prep. además de, aparte de. その上, 又. ♦彼は政治家である上に音楽家でもある Además de estadista, es músico. ♦彼は歌を歌う上に (=歌を歌うだけでなく), ピアノも弾いた Aparte de cantar, tocaba el piano.

❻【前述, 前記】 adv. más arriba, anteriormente, antes. ▶上に述べたように adv. como se afirmó [mencionó] más arriba. ▶上の絵を見よ Véase el dibujo anterior [de más arriba].

❼【…の後・結果】 →後(&). ▶よく考えた上で adv. después de pensarlo detenidamente, 「después de [tras] reflexionar mejor. ▶面談の上採用する v. emplear una persona después de una entrevista.

うえ 飢え (飢餓) f. hambre. → 空腹. ▶飢えに苦しむ v. pasar hambre. ▶木の実を食べて飢えをしのぐ(=満たす) v. matar [satisfacer*] el hambre con los frutos de los árboles. ▶飢えで死ぬ(=飢え死にする) v. morir(se)* de hambre.

ウエーター m. camarero.
地域差 ウエーター
〔全般的に〕m. camarero
〔キューバ・メキシコ・コロンビア・ペルー〕m. mesero
〔アルゼンチン〕m. mozo

ウエート m. peso. ▶内容より形式にウエートを置く v. dar* más importancia a la forma que a la sustancia. → 重点.

ウエートリフティング m. levantamiento de pesas, f. halterofilia.

ウエートレス f. camarera, 【ラ米】f. mesera.

ウエーブ (頭髪の) f. onda. → パーマ. ▶生まれつきのウエーブ f. onda natural. ▶ウエーブした髪 m. pelo ondulado.

ウェールズ (el país de) Gales (☆英国の南西部の地域).

うえき 植木 (庭木) f. planta [m. arbusto, m. árbol] de jardín; (鉢植えの) f. planta en maceta [tiesto]. ▶植木ばさみ fpl. tijeras de podar, fpl. podaderas. ▶植木鉢 f. maceta, m. tiesto. ▶植木屋 mf. jardinero/ra. ▶植木に水をやる v. regar* una planta.

うえこみ 植え込み (生け垣) m. seto; (灌(²)木の) m. macizo (de arbustos), fpl. matas.

うえじに 飢え死に (餓死) f. muerte de hambre [〘文語〙 f. inanición]. ▶飢え死にする v. morir(se)* de hambre. ▶飢え死にさせる v. matarle de hambre.

ウエスタン (映画の西部劇) f. película del Oeste, (英語) m. "western"; (西部の音楽) f. música del Oeste.

ウエスト f. cintura, m. talle; (ウエストの寸法) f. medida「de la cintura [del talle]. ▶ウエストが「細い [太い] v. tener* una cintura ¹delgada [²gruesa]. ▶ドレスのウエストを詰める v. meter la cintura de un vestido. ♦彼女のウエストは65センチだ Tiene un talle de 65 centímetros. / Su cintura mide 65 centímetros.

うえつける 植え付ける v. plantar → 植える; (思想などを) v. inculcar*, implantar. ▶若い人たち(の心)に相互信頼の気持ちを植え付ける v. inculcar* la confianza mutua en el corazón de los jóvenes.

ウェット ▶ウェットな adj. sentimental.

ウェディング f. boda. → 結婚. ▶ウェディング¹ケーキ [²ドレス] ¹m. pastel [²m. vestido] de boda. ▶ウェディングマーチ f. marcha nupcial.

ウェブ (専門語) f. malla, 《専門語》f. telaraña, 《英語》《専門語》m. "web". ▶ウェブ・サーバー 《専門語》m. servidor 《英語》"web". ▶ウェブ・サイト 《専門語》mpl. sitios "web". ▶ウェブ・ページ 《専門語》m. página "web". ▶ウェブ・マスター 《専門語》m. administrador de "web",

《英語》《専門語》*m.* "webmaster".

うえる 植える《木・草花などを》*v.* plantar. ▶庭にチューリップを植える *v.* plantar tulipanes en el jardín, plantar el jardín de [con] tulipanes. ♦中庭に花が植えられた En el patio se plantaron flores. ♦来年はトウモロコシを植えます El año que viene vamos a plantar [cultivar] maíz.

うえる 飢える *v.* pasar [tener*] hambre. → 飢い. ♦飢えて死ぬ *v.* morir(se) de hambre. ♦愛情に飢える *v.* 「tener* hambre [estar* hambriento, estar* falto] de afecto. ▶知識に飢える *v.* tener* sed [hambre] de conocimiento [sabiduría].

ウエルタ《ビクトリアノ ～》 Victoriano Huerta (☆1854-1936, メキシコの軍人・政治家).

ウエルターきゅう ウエルター級 *f.* clase de peso "welter" [semi-medio]. ▶ウエルター級の選手《英語》*m.* "welter", *m.* peso semi-medio.

ウエルダン *adj.* bien cocido, 《スペイン》muy hecho. → ステーキ.

ウェルニッケしつごしょう ウェルニッケ失語症《専門語》*f.* afasia de Wernicke.

うおうさおう 右往左往 ▶右往左往する *v.* correr confusamente de un lado a otro, andar* alborotado.

ウォークマン《商標》《英語》*m.* "walkman". ▶ウォークマンでテープを聞く *v.* escuchar una cinta en el walkman.

ウォーターシュート *f.* rampa acuática.

ウォーターフロント *f.* zona portuaria, *m.* terreno costero.

ウォーミングアップ *m.* (ejercicio de) precalentamiento. ▶ウォーミングアップする *v.* hacer* ejercicios de precalentamiento.

ウォーム・ブート《専門語》*m.* arranque en caliente.

うおがし 魚河岸 *f.* lonja [*m.* mercado] del pescado.

うおざ 魚座《占星・天文》Piscis. → 乙女座. ▶魚座(生まれ)の人 *mf.* piscis.

ウオッカ *mf.* vodca.

うおのめ 魚の目(足の) *m.* callo.

うかい 迂回 *m.* desvío, *m.* rodeo. → 遠回り. ▶迂回する *v.* dar* un rodeo, desviarse*. ♦私たちは工事現場を迂回して行った Dimos un rodeo para evitar la zona de obras.

うがい *m.* gargarismo, *fpl.* gárgaras. ▶うがい薬 *m.* colutorio. ♦塩水でうがいをする *v.* enjuagarse* la boca con agua salada, hacer* un gargarismo con agua salada.

うかうか ❶《不注意に》*adv.* sin cuidado;《ぼんやりして》*adv.* distraídamente, con negligencia. → うっかり. ♦うかうかしていると(=気をつけないと) Si no vas con cuidado,「serás atropellado por [te va a atropellar] un coche.

❷《何もせずに》*adv.* ociosamente,《口語》a lo loco. ♦彼はうかうかと人生を送り, 気がついたら50歳になっていた Vivió a lo loco sólo para darse cuenta de ello cuando tenía 50 años.

うかがい 伺い《訪問》*f.* llamada, *f.* visita;《意見を求めること》*f.* consulta, *f.* pregunta. ▶お伺いを立てる(=指示を求める)*v.* pedir* instrucciones, hacer* una consulta. ♦あすお伺いします Mañana vendré a visitarle usted.

うかがう 伺う ❶《訪れる》*v.* visitar, hacer* una visita. → 訪ねる. ♦あとであなたの事務所に伺います Le haré una visita más tarde en su oficina.

❷《尋ねる》*v.* preguntar. → 尋ねる.

❸《聞く》*v.* oír*, ser* informado. → 聞く. ♦犬を欲しがっていらっしゃると伺いました He oído que quiere usted un perro. ♦ご用件を伺って(店員などが)¿Lo [Le, La] están a usted atendiendo? ¿Lo [Le, La] atienden?

•**うかがう** 窺う ❶《のぞく》*v.* espiar*,《教養語》escudriñar, acechar. → のぞく. ▶鍵穴から中をうかがう *v.* espiar* por el ojo de la cerradura.

❷《観察する》→ 観察する. ▶顔色をうかがう *v.* examinar [escudriñar] su cara. ▶形勢をじっとうかがう *v.* ver* qué pasa.

❸《待つ》機会をうかがう *v.* esperar la ocasión.

❹《察知する》→推測する. ♦彼が無罪であることはその証拠からうかがえる Las pruebas demuestran que es inocente. ♦彼女の顔付きから本心がうかがわれた(=暴露した) La expresión de su cara reveló sus verdaderos sentimientos.

うかつ うかつな《不注意》*adj.* descuidado, irreflexivo, imprudente, tonto. ▶うかつなるまい *f.* conducta irreflexiva. ♦うかつにもそれを彼に話してしまった Fui tonto al decírselo.

うがった 穿った《洞察力のある)見方》*f.* perspicacia, *f.* agudeza. ▶穿った(=鋭敏な)推測をする *v.* hacer* una deducción perspicaz [aguda].

うかびあがる 浮かび上がる《水面に出る》*v.* subir [salir*] a la superficie;《水中などから現われる, 事実などが判明する》*v.* emerger*, salir* a flote;《ぼんやり現われる》*v.* surgir*, aparecer*. → 浮かぶ. ♦徹底的な調査の結果新事実が浮かび上がった La exhaustiva investigación「hizo salir a la superficie [reveló] un nuevo hecho.

•**うかぶ** 浮かぶ ❶《水・空に》*v.* flotar;《浮遊する》*v.* nadar, estar* a flote, sostenerse* en el agua. ♦あお向けで水に浮かぶ *v.* flotar boca arriba, hacer*「la plancha [el muerto]. ♦水は氷に浮かぶ El hielo flota en el agua. ♦綿のような雲が空に浮かんでいる Nubes algodonosas flotaban por el cielo. ♦それは南太平洋に浮かぶ(=位置する)小島である Es una pequeña isla situada en el Pacífico Sur.

❷《心に》*v.* venirse* a la mente [cabeza] 《a》, ocurrirse《a》, asaltar el pensamiento [mente];《人がふと思いつく》*v.* dar*《en》, meterse en la cabeza. ♦ふと名案が浮かんだ Se me ha ocurrido una buena idea. ♦自分が間違っているかもしれないという考えが私の心に浮かんだ Me asaltó el pensamiento de que pudiera estar equivocado. ♦その名前がなかなか浮かばない No se me viene a la cabeza ni nombre. / No puedo acordarme ahora mismo de cómo se llama. ♦その時何も言葉が浮かばなかった(=思いつかなかった) En ese momento no se

me ocurrió nada qué decir. ◆今でもその光景が目に浮かんだ Todavía ahora se me viene a la mente la escena.
❸【現われる】v. aparecer*, surgir*, manifestarse*. ◆不快の色が彼の顔に浮かんだ En su cara apareció una expresión de desagrado. ◆霧の中から船の姿が大きく浮かんで来た De la niebla surgió la gran figura de un barco. ◆彼女の口元に微笑が浮かんだ En sus labios 「se dibujó [apareció] una sonrisa. ◆彼女の目には涙が浮かんだ Brotaron lágrimas de sus ojos. / De sus ojos surgieron lágrimas. ◆この証拠から何人かの男が容疑者として浮かんできた De esta prueba han surgido varios hombres como posibles sospechosos.

うかべる 浮かべる ❶【水に】v. flotar; (船などを走らせる) v. manejar, gobernar*. ◆ヨットを浮かべる v. manejar [gobernar*] un yate. ◆子供たちは池におもちゃの船を浮かべた Los niños hacían flotar los barquitos en el estanque.
❷【表面に表わす】v. parecer*, expresar, revelar, mostrar*. ▶¹笑み [²目に涙] を浮かべて話す v. hablar con ¹una sonrisa [²lágrimas en los ojos]. ◆彼は不満の色を顔に浮かべた Su rostro revelaba insatisfacción. / Parecía insatisfecho. / Una expresión de insatisfacción apareció en su cara. ◆彼女はいつもほほえみを浮かべている Ella siempre anda sonriendo. / Va siempre con una sonrisa. ◆彼は目に涙をいっぱい浮かべていた De sus ojos brotaron lágrimas.
❸【心に】v. recordar*, acordarse* 《de》; imaginar. → 思い出す, 思い浮かべる. ▶亡き母の面影を心に浮かべる v. recordar* la cara de la madre muerta. ◆20年後のあなたをちょっと心に思い浮かべてごらん Intenta imaginarte un momento a ti mismo/ma dentro de veinte años.

うかる 受かる v. aprobar*. ◆運転免許試験に受かる v. aprobar* el examen de conducir*.

うかれる 浮かれる（上機嫌だ）v. estar* animado;（浮かれ騒ぐ）v. irse* de juerga, salir* a pasarlo bien. ◆酒を飲んで浮かれる v. ir* [salir*] de juerga 《《口語》parranda,《スペイン》marcha》.

ウガンダ Uganda;（公式名）f. República de Uganda（☆アフリカの国, 首都カンパラ Kampala）. ▶ウガンダ(人)(の) mf.（adj.）ugandés/desa.

うき 雨季 f. época] de lluvias. ◆雨季に入った Ha comenzado la estación de lluvias. → 梅雨(っ).

うき 浮き（釣りの）m. flotador.

うきあがる 浮き上がる ❶【浮上する】v. salir* [subir] a la superficie. ◆鯨は再び水面に浮き上がった La ballena volvió a salir a la superficie.
❷【遠ざける】v. distanciar,《教養語》alienar. ◆彼は横柄な態度のため友人から浮き上がった Su arrogancia le ha distanciado de sus amigos. /（支持を失った）Ha perdido el apoyo de sus amigos a causa de su conducta arrogante.

うきあしだつ 浮き足立つ（動揺する）v. titubear; andar* inquieto [con zozobra], estar* [andar*] en [sobre] ascuas → 動揺する;（逃げ腰になる）v. estar* dispuesto a huir*.

うきうき 浮き浮き ▶浮き浮きとして adv. alegremente, jubilosamente, con gozo [alborozo, alegría]. ◆うきうきする v. sentirse* [estar*] feliz, alegrarse. ◆彼はうきうきと彼女からのプレゼントを開けた Abrió su regalo alegremente. ◆彼女は一日中うきうきしていた Todo el día se sentía feliz.

うきぐも 浮き雲 f. nube errante.

うきしずみ 浮き沈み ▶人生の浮き沈み mpl. altibajos [fpl. vicisitudes] de la vida;（賭け事などの成績で）v. tener* ganancias y pérdidas, pasar [tener*] altibajos.

うきたつ 浮き立つ ◆そのニュースを聞いて浮き立つ（＝元気づく）v. alegrarse al oír* las noticias.

うきでる 浮き出る（水面などに）v. salir* [asomar] a la superficie, sobresalir*. → 浮き上がる. ◆静脈の浮き出た手 f. mano con las venas salientes.

うきぶくろ 浮き袋（水泳用の）m. flotador;（救命用の）m. salvavidas;（魚の）f. vejiga natatoria. ◆浮き袋をして泳ぐ v. nadar con un flotador.

うきぼり 浮き彫り m. relieve. ◆山は青空を背景にくっきりと浮き彫りになっていた La silueta de la montaña se erguía nítidamente sobre el cielo azul. ◆これで疑獄の深刻さが浮き彫りにされた Con esto se puso de relieve la gravedad del escándalo.

うきめ 憂き目 ▶憂き目にあう（＝苦難を見る）v. pasar [sufrir] desgracias [infortunios], tener* [sufrir] una amarga experiencia.

うきよ 浮き世（この世）m. este mundo, el mundo, f. vida terrena. ▶浮き世の（＝現世の）adj. mundano, mundanal, terreno,《宗教》del siglo,《宗教》secular. ◆それが浮き世の習いだ Así es la [esta] vida. ◆彼はそこで浮き世離れした生活をしている Está llevando allí una vida nada mundana.

うきよえ 浮世絵 "ukiyoe",《(説明的に)》f. xilografía japonesa consistente en bloques de madera con estampaciones ilustrativas de la vida del pueblo llano en el Japón de los siglos del XVII (diecisiete) al XIX (diecinueve).

うきわ 浮き輪 m. flotador;（救命浮き輪）m. salvavidas.

うく 浮く ❶【水に】v. flotar, nadar en la superficie. ▶スープに浮いている油 m. aceite que aparece en la superficie de la sopa. ◆木は水に浮くが石は沈む La madera flota en el agua, pero la piedra se hunde. ◆一瞬体が宙に浮いた（＝空中に放り上げられた）ように感じた Sentí como si estuviera en el aire.
❷【余る】v. ahorrar. ◆それで1万円浮く Así se pueden ahorrar 10.000 yenes.
《《その他の表現》》◆彼は浮かぬ（＝憂うつな）顔をしている Parece deprimido. ◆その音楽を聞くと心が浮き立った Al escuchar la música, el cora-

zón se me alegró. ◆その計画は宙に浮いたままだ Ese proyecto sigue pendiente.

うぐいす 鶯 *m.* ruiseñor (japonés). ◆うぐいす色 *m.* color castaño [pardo] verdoso.

ウクライナ Ucrania; (公式名) Ucrania (☆ヨーロッパの国, 首都キエフ Kiev). ◆ウクライナ（人）(の) *mf.* (*adj.*) ucraniano/na.

ウクレレ *m.* ukelele.

うけあう 請け合う (保証する) *v.* garantizar*, asegurar. → 保証する. ◆その映画はきっとおもしろいと請け合うよ Te garantizo que la película te "va a gustar [parecerá interesante]".

うけいれる 受け入れる (承諾する) *v.* aceptar, admitir; (同意する) *v.* estar* de acuerdo 《con》. ◆グループの一員として受け入れる *v.* aceptar (a + 人) como miembro del grupo. ◆彼の要求を受け入れる *v.* aceptar su petición. ◆彼の案を受け入れる *v.* "estar* de acuerdo con [admitir] su plan. ◆私の提案は受け入れられなかった Mi propuesta "no fue aceptada [fue rechazada]. ◆その学校は帰国子女を受け入れている La escuela admite [acepta] alumnos repatriados.
☞受ける, 応じる, 取り上げる, 取り入れる

うけうり 受け売り ◆彼は山田教授の受け売りをしているだけだ No hace más que repetir lo que dijo el profesor Yamada. / Repite como un papagayo lo que dijo el profesor Yamada.

うけおい 請負 *m.* contrato, *f.* contrata. ◆請負価格 *m.* precio del contrato. ◆請負人 *mf.* contratista. ◆請負制度 *m.* sistema de contratos. ◆請負で橋をかける *v.* construir* un puente por contrato [contrata].

うけおう 請け負う (契約する) *v.* contratar, dar* una contrata. ◆その会社にその仕事を請け負わせる *v.* contratar a la empresa para el trabajo. ◆その会社は新しい仕事を請け負った A la empresa se la contrató para un nuevo negocio.

うけこたえ 受け答え *f.* respuesta, *f.* contestación. → 答え, 返事.

うけざら 受け皿 *m.* platillo. ◆受け皿つきのカップ *f.* taza con un platillo. ◆彼には部長退任後にかっこうな受け皿が用意されている Ocupará un buen puesto después (de) que se jubile como gerente.

うけつぐ 受け継ぐ (地位・職務・財産などを) *v.* suceder 《en》, heredar. ◆事業を受け継ぐ *v.* suceder 《a + 人》 en el negocio.

うけつけ 受付 (受け入れ) *f.* recepción; (受付所) *f.* recepción; (受付係) *mf.* recepcionista. ◆受付で尋ねる *v.* preguntar en (la) recepción, pedir* información. ◆(申込みの)受付期間 *m.* período [*m.* plazo] de solicitud.

|地域差| 受付(ホテルの)
〔全般的に〕*f.* recepción
〔キューバ〕*f.* carpeta

うけつける 受け付ける (受諾する) *v.* aceptar; (受け取る) *v.* recibir. ◆提案を受け付ける *v.* aceptar una propuesta. ◆電話による注文を受け付ける *v.* aceptar encargos por teléfono. ◆要求を受け付けない (＝拒否する) *v.* rechazar* [denegar*] su petición. ◆願書は11月5日まで受け付けます Se aceptan solicitudes hasta el 5 de noviembre. ◆彼は他人の忠告を受け付け (＝聞き入れ) ない Nunca escucha el consejo de los demás. / Siempre hace oídos sordos a lo que le dicen. ◆その患者は食事をまったく受け付けない El paciente no admite [puede ingerir] ningún alimento. ◆私は体質的に卵を受け付けない (＝合わない) "Tengo alergia [Soy alérgico] a los huevos.

うけとめる 受け止める (意見などを) *v.* tomar, coger*; (反応する) *v.* reaccionar, (ボールなど) *v.* agarrar, coger*. → 捕まえる. ◆批判をまじめに受け止める *v.* tomar las críticas en serio. ◆その悲報を冷静に受け止める *v.* tomar las tristes noticias con calma. ◆彼の提案をどう受け止めましたか ¿Cómo reaccionó a su sugerencia? ☞取[捕, 採, 執]る

うけとり 受け取り ❶【受け取ること】*m.* recibo, *f.* recepción. ◆受取人 *mf.* recept*or*/*tora*. ◆¹お金 [²商品] の受け取り *f.* recepción de ¹dinero [²productos]. ◆その受け取りを書く [²をもらう, ³にサインする] *v.* ¹extender* [²conseguir*; ³firmar] el recibo.
❷【受領証】*m.* recibo. ◆彼は自分の友人を受け取り人として小切手を振り出した Extendió un cheque [talón] en favor de su amigo.

＊うけとる 受け取る ❶【受領する】*v.* recibir, conseguir*; cobrar; 《教養語》percibir; (贈り物などを) *v.* aceptar, (取る) *v.* coger*. ◆あなたからのお手紙を受け取りました He recibido una carta tuya. ◆彼はその贈り物を受け取る気はなかった No quería aceptar el regalo. ◆彼は中古の自転車の代金として5千円受け取った Cobró cinco mil yenes por la bicicleta de segunda mano.
❷【解釈する】*v.* tomar(se), entender*, comprender, interpretar. ◆彼の申し出をそう深刻に受け取ってはいけない No debes tomarte en serio su oferta. ◆彼女は私の言葉を軽蔑(ヶヮ)されたと受け取った Entendió [Interpretó] mis palabras como un insulto. ◆彼は私が黙っているのを拒否していると受け取った Tomó mi silencio por una negativa. / Entendió mi silencio como un rechazo. ☞納める, 思う, 解釈する, 考える, 接する, 取[捕, 採, 執]る

うけながす 受け流す ◆攻撃を受け流す *v.* esquivar [eludir, zafarse de] un ataque. ◆質問を受け流す *v.* eludir una pregunta.

うけみ 受け身 ❶【文法】*f.* voz pasiva. ◆受け身の *adj.* pasivo.
❷【消極的な態度】*f.* actitud pasiva. ◆受け身に回る *v.* adoptar una actitud pasiva.

うけもち 受け持ち (担当) *m.* cargo. ◆このクラスの受け持ちの先生 *mf.* profes*or*/*sora* "que está a cargo [encarg*ado*/*da*] de esta clase. → 受け持つ. ◆受け持ちの仕事 *f.* su obligación, *f.* su tarea.

うけもつ 受け持つ *v.* encargarse* 《de》, hacerse* cargo 《de》. ◆¹数学 [²会計] の受け持つ *v.* encargarse* de la ¹clase [²contabilidad]. ◆私は英語を受け持っている El inglés está a mi cargo. / Del inglés me encargo yo.

うける 受ける

❶【得る】v. conseguir*, recibir, lograr, obtener*; ser* informado; ser* influenciado. ♦よい教育を受ける v. recibir una buena educación. ♦賞を受ける v. conseguir* [obtener*, ganar] un premio. ♦ここに駐車するには許可を受けなければいけない Hay que obtener un permiso para aparcar aquí. ♦彼は町の人々から暖かい歓迎を受けた Recibió una calurosa bienvenida por parte de los ciudadanos. / Fue recibido calurosamente por la gente de la ciudad. ♦われわれは洪水が来そうだという警告を受けた Recibimos un aviso sobre la llegada de las inundaciones. / Se nos avisó sobre la llegada de las inundaciones. ♦私は彼の死に衝撃を受けた Recibí un gran golpe con la noticia de su muerte. / Su muerte me produjo una fuerte impresión.

❷【受け止める】v. coger*, atrapar, parar. ♦ボールを受ける v. atrapar la pelota.

❸【受け入れる】v. aceptar, tomar. ♦結婚の申し込みを受ける v. aceptar una propuesta de matrimonio. ♦予期に反して彼は その地位を受けなかった En contra de lo que se esperaba, no aceptó el puesto. ♦われわれは彼らの雪辱戦の申し込みを受けて立った Aceptamos su reto de jugar un partido de vuelta. ♦10名様ですか。大勢様はお受けしかねるのですが(レストランの予約) ¿Diez personas? Generalmente no aceptamos grupos grandes [numerosos].

❹【試験などを】v. tomar, presentarse 《a》, hacer*. ♦大学の入学試験を受ける v. 「presentarse al [tomar el] examen de admisión a la universidad. ♦フランス語の講習を受けている Estoy tomando un curso de francés.

❺【検査などを】v. ser* sometido 《a + 事》, pasar 《por》, experimentar. ♦胃がんの手術を受ける v. ser* sometido a una operación de cáncer de estómago. ♦私たちは年1回の健康診断を受けるほうがよい Conviene que nos hagamos un chequeo [reconocimiento] anual. ♦彼が受けた取り調べは厳しいものでした La investigación a que fue sometido fue rigurosa.

❻【損害などを被る】v. sufrir. ♦会社はその取り引きで多大な損害を受けた La empresa sufrió cuantiosas pérdidas en ese negocio. ♦あらしで農作物が大きな被害を受けた Las cosechas sufrieron grandes daños por la tormenta. / La tormenta perjudicó gravemente las cosechas.

❼【罰などを】v. recibir, tener*; (償う) v. pagar*. ♦報いを受ける v. recibir el castigo. ♦金を盗んだら罰を受けるだろう Si robas dinero, 「tendrás tu castigo [serás castigado; recibirás un castigo].

❽【言葉などを】v. tomar(se), aceptar. ♦彼の言ったことを真(*)に受けるな (=本気にとるな) No te tomes muy en serio lo que ha dicho.

❾【電話などを】v. contestar. ♦たいてい私が電話を受ける Normalmente soy yo el que contesta el teléfono.

❿【人気を得る】v. ganar popularidad, resultar atractivo, 《口語》tener* éxito. ♦その劇はお客に大いに受けた La obra causó impacto. ♦その広告は女性客に受けた La publicidad resultó atractiva para la clientela femenina. ♦彼女の演奏は大いに受けた Su interpretación fue un gran éxito. ♦彼の冗談は受けなかった Su broma 「cayó en vacío [no resultó].

【その他の表現】♦生を受ける v. nacer*. ♦彼は彼女のあとを受けて(=後で)演説した Él habló después de que ella terminara su discurso. ♦彼らは生活保護を受けて暮らしている Están viviendo de la seguridad social.

うけわたし 受け渡し
(配達) f. entrega. ♦商品の受け渡し f. entrega 「del producto [de la mercancía]. ♦受け渡し条件 fpl. condiciones de entrega. ♦受け渡しする v. entregar*.

うげん 右舷
《海事》m. estribor. ♦右舷に adv. a estribor. → 左舷.

うごうのしゅう 烏合の衆
(暴徒) f. turba, m. tropel, f. pandilla; (無秩序な群衆) f. multitud alborotada.

うごかす 動かす

❶【物を移動させる】v. mover*, trasladar, cambiar de sitio, desplazar*. ♦軍隊を前線に動かす v. mover* [trasladar] el ejército al frente. ♦そのテーブルをもう少し右に動かしてください Haga el favor de mover la mesa un poco a la derecha. ♦その岩は大きくどれも動かすことができなかった La roca era tan grande que nadie podía moverla. ♦このピアノは動かせますか ¿Se puede mover este piano? ♦手足を動かす v. mover* brazos y piernas. ♦腕をぶらぶら動かす v. mover* los brazos, bracear. ♦左右に腰を振り動かす v. mover* las caderas. ♦耳をぴくぴく動かす v. mover* las orejas. ♦まぶた一つ動かさないで(=平然としている) adv. sin pestañear. ♦このレバーでクレーンを前後に動かすことができる Esta palanca mueve la grúa atrás y adelante. ♦そよ風が木の葉を動かした Una brisa movió [hizo moverse] las hojas. ♦爆発が民家を揺り動かした La explosión sacudió las casas. ♦もっと体を動かさないと太りますよ Si no te mueves más, vas a engordar.

❷【運転する】v. mover*; (操作する) v. accionar, hacer* funcionar; (継続的に動かす) v. poner* en marcha [funcionamiento], 《口語》echar a andar*. ♦その機械を動かす v. accionar la máquina, poner* la máquina en marcha. ♦車を動かす v. poner* un coche en marcha, hacer* funcionar un coche.
会話 それが動かせないんだ—やらせてみて No puedo ponerlo en marcha.— Déjame intentarlo. ♦水が水車を動かす El agua mueve [acciona] la noria.

❸【心を動かす】v. emocionar, conmover*; tocar*, afectar. → 感動する. ♦彼の心を動かす v. tocarle* el corazón. ♦私は彼女の言葉に大変心を動かされた Sus palabras me afectaron [emocionaron] mucho. / Fui profundamente conmovido por sus palabras.

❹【人・組織などを動かす】v. controlar, dirigir*, 《口語》llevar. ♦株式市場を陰で動かす v.

「mover* los hilos [tirar de las cuerdas] en la Bolsa. ◆彼は息子らを意のままに動かした Controló a sus hijos a su antojo. / Hizo que sus hijos hicieran lo que él quería.
❺【変更する】v. cambiar, hacer* cambiar, modificar*, alterar. → 変える。 ▶予定を動かす v. cambiar el horario [programa]. ◆彼の決心を動かす v. hacerle* cambiar de opinión [idea]. ◆彼の演説は世論を動かした Su discurso 「hizo cambiar [cambió] la opinión pública. ▷扱う, 操る

うごき 動き ❶【運動】m. movimiento, f. acción, f. actividad. ▶動きの速いスポーツ mpl. deportes de acción. ▶ゆっくりした動きで adv. con movimientos lentos. ▶彼の動きをいちいち（=一挙一動を）見る v. observar todos sus movimientos. ▶警察の動き（=行動）を見守る v. observar los movimientos de la policía. ▶子供の心の動き（=動き）f. actividad de una mente infantil. ▶バレエダンサーは体の動きやしぐさで感情を表現する Los bailarines de ballet expresan las emociones mediante el movimiento corporal. ◆それはアメーバによく似た動きをする Sus movimientos se parecen mucho a los de una ameba. ◆私の車は交通渋滞で動きがとれなかった Mi coche se quedó parado [inmovilizado] en un atasco. ◆この時計の動きはどうですか ¿Cómo anda [se mueve] este reloj? ◆彼は仕事で動きがとれない Se encuentra atado con tantas obligaciones.
❷【動向】（時代などの）m. movimiento; (風潮) f. tendencia; (変化) m. cambio. ▶世論の動き m. cambio de la opinión pública. ▶物価の動き mpl. movimientos de los precios.

****うごく 動く** ❶【移動する】v. moverse*, desplazarse*, trasladarse, mudarse. ▶動く標的に命中させる v. dar* en un blanco móvil. ▶交通渋滞で動けない（=立ち往生する）v. quedarse atascado por el tráfico. ◆電車がゆっくり動き始めた El tren se puso lentamente en movimiento. / El tren empezó a moverse lentamente. ◆くたくたに疲れてもう一歩も動けない Estoy tan cansado que no puedo dar un paso más. ◆その市には地下鉄がないのであちこち動き回るのがちょっと大変だ Como en esa ciudad no hay metro, es bastante difícil desplazarse. ◆京都・大阪間は洪水のため列車が動かいない No hay movimiento de trenes entre Kioto y Osaka debido a las inundaciones. → 運転する。 ◆彼はドアを開けようとしたが, どうしても動かなかった Intentó abrir la puerta, pero ésta no se movía. ◆積み荷が左の方に動いた La carga se corría [movía] a la izquierda. ◆私が戻るまでここを動いてはいけません（=ここにずっといなさい）No te muevas hasta que yo vuelva.
❷【固定・静止している人・物が動く】v. moverse*; (揺れ動く) v. temblar*, oscilar, mover*, sacudir, agitar. ◆動いたら撃つぞ Si te mueves, te disparo. / "No te muevas [Alto] o disparo." ◆葉ひとつ動かなかった No se movía ni una hoja. ◆トラックが通り過ぎるたびに,この家は揺れ動く Cada vez que pasa un camión, esta casa tiembla. ◆木々の枝が風で動いていた Las ramas de los árboles temblaban con [por] el viento. ◆この人形の足は動く（=動かせる）Esta muñeca tiene piernas móviles.
❸【機械が作動する】v. funcionar, andar*, marchar, estar* en funcionamiento; ponerse* en marcha. → 動かす。◆そのモーターは電気で動く El motor funciona eléctricamente [por electricidad]. ◆この古い時計動くの ¿Anda este viejo reloj? ◆この印刷機は一晩中動いている Esta imprenta está en funcionamiento toda la noche.
❹【心が動く】（感動する）v. ser* afectado → 感動する; (影響される) v. dejarse influenciar 《por》, convencerse* 《con, por》. ◆彼は簡単に金で動く Se deja influenciar fácilmente por el dinero. / Con dinero se le convence fácilmente. ◆条件がよかったので思わず心が動いた（=受け入れたいと思った）Las condiciones eran tan favorables que me vi inclinado a aceptarlas.
❺【変化する】v. cambiar, estar* en movimiento, variar*. ◆世界は絶えず動いている El mundo está en continuo movimiento [cambio]. / El mundo cambia constantemente. ◆穀物の値段は天候によって動く El precio de los cereales varía según la meteorología. ◆世論は改革を良しとする方向に動き始めた La opinión pública ha empezado a cambiar en favor de las reformas.
❻【行動する】v. actuar*, tomar medidas. ▶彼の命令で動く v. actuar* por orden suya. ◆騒ぎを阻止するため直ちに動き出すべきだ Debes tomar medidas inmediatas para evitar problemas.
《その他の表現》▶動かぬ決意 f. resolución inconmovible [invariable, firme]. ▶動かぬ証拠をつかむ v. conseguir* pruebas definitivas [concluyentes, irrefutables]. ◆これは動かぬ事実だ Se trata de un hecho cierto [inconmovible, innegable, reconocido]. ◆彼の優勝はまず動くまい（=確実だ）Es casi seguro que ganará el campeonato. / Ganará el campeonato casi con toda seguridad. ◆彼は今はよくなって元気に動き回っている Ahora ya se encuentra muy recuperado.

うさぎ 兎 (飼育用の) m. conejo; (野生の) f. liebre. ▶ウサギ小屋 f. conejera. ◆ウサギが人参をかじった El conejo mordisqueaba [roía] la zanahoria.

うさばらし 憂さ晴らし (気晴らし) m. entretenimiento, f. diversión. ◆うさ晴らしに酒を飲んだ Bebía "sake" para olvidar mis problemas. ◆彼は暴力や破壊的行動に走ることでうさ晴らしをした Se desahogaba con la violencia y la destrucción.

うさんくさい 胡散臭い ▶うさん臭い人物 m. individuo sospechoso, f. persona sospechosa. ◆彼の話はどうもうさん臭い Hay algo sospechoso [raro] en su historia. / Hay algo que huele mal en lo que dice. /《口語》Hay gato encerrado en lo que dice.

うし

うし 牛 (雄) *m.* toro; (雌) *f.* vaca; (子牛) *mf.* choto/ta, *mf.* becerro/rra, ternero/ra; (去勢された牛) *m.* buey. (☆res を牛の意味で使うことが多い).◆50頭の牛 *fpl.* 50 cabezas de ganado, *mpl.* cincuenta reses.◆食用牛 *fpl.* reses para carne.◆乳牛 *f.* vaca lechera.◆牛小屋 *f.* vaquería.◆牛の歩みのごとく *adv.* a paso de tortuga.◆この牛は今年2頭の子牛を産んだ Este año esta vaca ha parido dos becerros.

うじ 蛆 *m.* gusano.◆この魚にはウジがわいている Este pescado está lleno de gusanos. / El pescado está agusanado.

うじうじ◆父親は息子のうじうじする(＝決断力がない)のが大嫌いだった El padre odiaba el carácter irresoluto de su hijo.◆うじうじ(＝ちゅうちょ)しないですぐやりなさい No vaciles y hazlo ahora mismo.

ウシかいめんじょうのうしょう ウシ海綿状脳症 (BSE)《専門語》*f.* encefalopatía espongiforme bovina.

＊＊うしなう 失う *v.* perder*.◆[1]財産 [2]人気; [3]名声; [4]記憶]を失う *v.* perder* la [1]fortuna [2]popularidad; [3]fama; [4]memoria].◆職を失う *v.* perder* el trabajo. → 解雇.◆すっかり希望を失う *v.* perder* toda la esperanza.◆息子を失う *v.* perder* a un hijo. → 亡くす.◆誇りを失わない(＝保つ) *v.* conservar el orgullo.◆彼は大衆の支持を失った Perdió el apoyo del público.◆今回の事件で私が失ったものは大きい He perdido mucho con este incidente.◆失われた青春は二度と帰らない La juventud perdida jamás regresa [vuelve].◆全国民が彼を失ったことを嘆き悲しんでいる Todo el país llora su pérdida.◆多くの人々が洪水で家を失った Numerosas personas perdieron sus hogares [casas] por las inundaciones.◆彼はこの事故で親友を失った(＝奪われた) Perdió a su mejor amigo en el accidente.

うじゃうじゃ◆葉っぱには毛虫がうじゃうじゃいた Sobre las hojas había una multitud de orugas. / Las hojas estaban llenas de orugas.

ウシュマル Uxmal (☆メキシコの古代都市遺跡).

＊＊うしろ 後ろ *f.* parte posterior [trasera].

1《後ろ(の)〜》*adj.* de detrás, de atrás, trasero, posterior.◆ズボンの後ろポケット *m.* bolsillo trasero en los pantalones.◆後ろ足 *fpl.* patas traseras [de atrás].◆後ろ手に縛る *v.* atar《a＋人》con las manos detrás.◆後ろの車のスピードを上げてきた El coche de detrás [atrás] está acelerando.◆私は車の後ろの座席に座った Tomé asiento trasero del coche.

2《後ろを》*adv.* atrás, (hacia) atrás, detrás; (順序) *adv.* atrás, hacia atrás, detrás, por detrás.◆彼らの後ろについて行こう Iré detrás de ellos. / Voy a seguirlos[les].◆私たちは車の後ろに回って押した No pusimos detrás del coche y empujamos.◆学校の後ろに小山がある Detrás de la escuela hay「una colina [un cerro].◆老人は首の後ろにしわが寄っていた El anciano [《口語》viejo] tenía arrugas en la parte de atrás del cuello.◆「危ない」と彼は私の後ろから叫んだ "¡Cuidado!", gritó detrás de mí.

3《後ろを[へ, から, で]》*adv.* atrás, para atrás, por detrás.◆後ろを振り向く *v.* mirar por「encima del hombro [detrás].◆バスの中を後ろへ移動する *v.* ir* hacia (la parte de) atrás del autobús.◆後ろから押すな No me empujes por detrás.◆このブラウスは後ろで留めるようになっている Esta blusa se cierra [abrocha] por detrás.

うしろすがた 後ろ姿 *f.* figura de espaldas.◆後ろ姿を見送る *v.* verlo[la, le] irse*, mirarlo[la, le] de espaldas.

うしろだて 後ろ盾 (支持) *m.* apoyo; (後援) *m.* respaldo; (支持者) *mf.* partidario/ria; (芸術家などの) *mf.* patrón/trona.◆多くの政治家がこの政策の後ろ盾となっている Hay muchos políticos que apoyan [respaldan, son partidarios de] estas medidas.

うしろまえ 後ろ前◆シャツを後ろ前に着る *v.* ponerse* la camisa al revés.

うしろむき 後ろ向き◆後ろ向きに *adv.* hacia atrás.◆後ろ向きに歩く *v.* andar* hacia atrás, caminar al revés.◆後ろ向きの[1]政策 [2]考え方][1] *f.* política [2] *f.* manera de pensar] retrógrada.

うしろめたい 後ろめたい◆後ろめたそうな顔つき *m.* aspecto culpable.◆後ろめたい思いをする *v.* sentirse* culpable, remorder* la conciencia, sentir* culpabilidad.

うしろゆび 後ろ指◆人に後ろ指をさされる(＝人の話のタネになる)ようなことはするな No hagas nada que cause que la gente hable a tu espalda.

うす 臼 (つき臼) *m.* mortero; (ひき臼) *f.* piedra de moler.◆米を臼でつく *v.* machacar* arroz cocido en un mortero.

うず 渦 *m.* remolino, *m.* torbellino, *f.* vorágine.◆渦潮 *f.* corriente con remolinos.◆煙の渦 *m.* remolino de humo.◆興奮の渦を巻き起こす *v.* levantar [provocar*] un torbellino de emoción.◆紛争の渦に巻き込まれる *v.* ser* arrastrado a「una vorágine [un torbellino] de disputas.

うすあかり 薄明かり (微光) *f.* media luz, *f.* penumbra; (日没後・時に日の出前の) *m.* crepúsculo.◆たそがれの薄明かりの中で *adv.* a la luz tenue del crepúsculo.

うすあじ 薄味◆わが家の料理は薄味だ En casa sólo tomamos comida「poco condimentada [de sabores ligeros].

＊＊うすい 薄い ❶【厚さが】*adj.* fino, delgado. → 厚い.◆薄い紙 *m.* papel fino.◆生地の薄いドレス *m.* vestido ligero.◆パンにジャムを薄く塗る *v.* untar ligeramente el pan de mermelada.◆私はハムを薄く切った Corté el jamón en lonchas finas.◆ここは表土が薄い(＝浅い) Esta capa de tierra es poco profunda.

❷【色・髪などが】(色が淡い) *adj.* pálido, tenue, claro; (髪が) *adj.* ralo, espaciado.◆薄

い青 m. azul claro [pálido]. ◆彼は髪の毛が薄い Tiene el pelo ralo. ◆髪が薄くなってきた Mi pelo [cabello] es cada vez más ralo. / Estoy perdiendo el pelo.
❸[濃度・密度などが] adj. ligero, flojo, débil. ◆薄いスープ f. sopa ligera [clara]. ◆薄い霧 f. bruma ligera. ◆コーヒーは薄いのが好きです Me gusta el café flojo [ligero].
❹[可能性が] ◆彼の成功の望みは薄い (=ほとんどない) Hay sólo una ligera esperanza de que triunfe. ◆彼と衝突するな。勝ち目は薄い No te enfrentes a él. Seguro que「vas a perder [no llevas las de ganar].

うすうす 薄々 adv. vagamente, ligeramente, apenas. ◆彼女は彼の事をうすうす聞いていた Ha oído vagamente hablar de él. ◆父親は息子の問題にうすうす気がついていた El padre tenía una ligera conciencia de los problemas de su hijo.

うずうず うずうずする (=何かしたくてたまらない) v. estar* inquieto [impaciente] por + 不定詞, estar* loco por + 名詞・不定詞, arder en deseos de + 不定詞. ◆彼は海へ行きたくてうずうずしている Está impaciente por bajar al mar. / Arde en deseos de bajar al mar. ◆うずうずしちゃうなぁ (=興奮を押えられない) A duras penas puedo aguantar la emoción. ◆彼はけんかをしたくてうずうずしていた Estaba buscando pelea.

うすぎ 薄着 f. ropa ligera. ▶薄着している v. llevar ropa ligera, ir* ligero de ropa.

うすぎたない 薄汚い ▶薄汚い (=汚れた)シャツ f. camisa sucia [mugrienta]. ▶薄汚い (=不潔な)豚小屋 f. pocilga hedionda. ▶薄汚い (=くすんだ)壁紙 m. papel de pared deslucido. ▶薄汚い身なりの男 m. hombre desaliñado.

うすきみわるい 薄気味悪い adj. misterioso, siniestro, 口不気味な.

うすぎり 薄切り (パンの) f. rebanada; (ハム・チーズの) f. loncha; (ソーセージ・ニンジンなど円形の食品の) f. rodaja. ▶肉を薄切りにする v. cortar la carne en lonchas.

うずく 疼く (鈍く痛む) v. doler* sordamente, sentir* un dolor sordo. → 痛む.

うずくまる 蹲る (前かがみになる) v. ponerse* en cuclillas; (しゃがむ) v. agacharse, acurrucarse*. ▶うずくまって adv. en cuclillas. ◆犬はクマにぶりかかろうと身構えてうずくまった El perro se agachó listo para saltar sobre el oso.

うすぐもり 薄曇り m. tiempo ligeramente nublado. ◆今日は薄曇りで少し寒い Hoy está ligeramente nublado y hace un poco de frío.

うすぐらい 薄暗い adj. débilmente iluminado, sombrío, a media luz. → 暗い. ▶朝の薄暗いうちに出発する v. partir [salir*] a las primeras luces del alba. ◆薄暗いところで本を読むな No leas「con mala luz [en un lugar débilmente iluminado].

うすげしょう 薄化粧 m. maquillaje ligero [discreto]. ◆彼女は薄化粧していた Se había maquillado ligeramente. ◆富士山頂は初雪で薄化粧している La cumbre del Monte Fuji está ligeramente cubierta con las primeras nieves del año.

うすごおり 薄氷 f. ligera [fina] capa de hielo, m. témpano fino. ◆池に薄氷が張っている El estanque está cubierto de una fina capa de hielo. → 薄氷(はく).

うすっぺら 薄っぺらな (薄い) adj. ligero, superficial, delgado. ◆私の英文法の知識なんてほんの薄っぺらなものです Tengo un conocimiento sólo superficial de la gramática inglesa.

うすで 薄手の adj. ligero, delgado, fino. ▶薄手の生地 f. tela ligera. ▶薄手のコート m. abrigo ligero.

うすのろ 薄のろ adj. tonto, bobo, lerdo, estúpido.

うすび 薄日 mpl. suaves rayos de sol, f. débil luz solar. ◆雲の間から薄日が差していた De entre las nubes salían unos suaves rayos solares.

ウズベキスタン Uzbekistán; (公式名) f. República de Uzbekistán (☆中央アジアの国, 首都タシケント Tashkent). ▶ウズベキスタン(人)(の) adj. uzbeko.

うずまき 渦巻 f. espiral; (水流の) m. remolino, m. torbellino, f. vorágine. → 渦. ▶渦巻き状雲 f. nebulosa espiral. ▶渦巻き模様 f. voluta, f. forma espiral.

うずまく 渦巻く (水・空気などが) v. arremolinarse, formar remolinos.

うずまる 埋まる v. enterrarse*. → 埋(う)まる.

うすめる 薄める ▶ウイスキーを水で薄める v. diluir* [aguar*, rebajar, 口語 bautizar*] el wisky. ◆水を加えてスープを薄める v. añadir agua para aclarar la sopa, rebajar la sopa. ▶薄めたスープ f. sopa aguada.

うずめる 埋める (う)める. ▶母親のひざに顔をうずめる v. hundir la cara en el regazo de la madre. ▶スタンドをうずめる v. atiborrar [llenar] las gradas.

うずら 鶉 f. codorniz.

うすらぐ 薄らぐ (光・記憶などが) v. reducirse*, atenuarse*, debilitarse; (不安・苦痛などが) v. mitigarse*, bajar, aliviarse; (情などが) v. enfriarse*; (熱意・やる気などが) v. debilitarse. ▶痛みが少し薄らいだ El dolor se alivió un poco.

うすらさむい 薄ら寒い adj. ligeramente frío, fresco.

うすれる 薄れる (色・記憶などが) v. enfriarse*, debilitarse. ◆やがて一般の人の関心は薄れるだろう El interés del público no tardará en enfriarse.

うすわらい 薄笑い ▶薄笑いをする v. sonreír* "con sarcasmo [irónicamente]; (にやにやする) v. sonreír* afectadamente.

うせつ 右折 m. giro a la derecha. ▶右折する v. girar [hacer* un giro] a la derecha. ▶右折禁止 【標識】 Prohibido girar a la derecha.

うそ

うそ 嘘 f. mentira, m. embuste;《親しい仲で》f. bola. ▶真っ赤なうそ 「(口語)」f. mentira como una casa. ▶(相手を傷つけないための)罪[悪意]のないうそ f. mentira piadosa.

1《うそ+名詞》▶うそ発見器にかける v. someter《a + 人》a un detector de mentiras. ▶うそ八百を並べる v. inventarse un sinfín de mentiras.

2《うその》adj. falso, mentiroso. ▶うそのような(=信じられない)話 f. historia inverosímil. ▶うその(=偽りの)証言をする v. prestar [dar*] un falso testimonio.

3《うそを》▶うそを見抜く v. ver* a través de una mentira, calar la mentira. ♦彼女はそのことで私にうそをついた Me mintió [contó una mentira] sobre ese asunto.

4《うそだ》♦彼の言うことはうそだ Lo que dice es mentira. ♦うそでしょう(=冗談で言ってるんじゃないでしょうね) ¿No hablarás en serio? / ¡No me digas! / ¡No, hombre! / ¡No puede ser verdad! / ¡Imposible! ➡ まさか.

【その他の表現】▶うそも方便 《ことわざ》Verdad dorada, verdad doblada. / (目的は手段を正当化する)El fin justifica los medios.

うそつき 嘘吐き mf. mentiroso/sa, mf. embustero/ra. → うそ. ♦ぼくがうそつきとでも言うのかい ¿Me estás llamando mentiroso?

うそぶく 嘯く (偉そうな口をきく) v. fanfarronear, jactarse.

うた 歌 f. canción;(歌うこと)m. canto;(詩) m. poema, f. poesía. → 歌う. ▶メキシコの歌 f. canción mexicana. ▶歌の先生 mf. profesor/sora de canto. ▶歌の本 m. libro de canciones. ▶歌声が悪い[よい] v. tener* una ¹buena [²mala] voz para cantar. ▶歌を習う v. tomar lecciones de canto. ▶歌を歌う v. cantar una canción. ▶歌を演奏する v. tocar* una canción. ♦それは私の好きな歌です Ésa es mi canción favorita. ♦私の趣味は歌を詠む(=作る)ことです Soy aficionado a escribir [componer] poemas.

うたいて 歌い手 mf. cantante. → 歌手.

うたいもんく 謳い文句 m. latiguillo.

うたう 歌う v. cantar, entonar;(鼻歌を) v. tararear, canturrear;(詩などを暗唱する) v. recitar, declamar. → 歌. ▶大きな声で歌う v. cantar en voz alta. ▶¹正しい旋律で[²調子はずれに]歌う v. cantar ¹con [²fuera de] tono. ▶ピアノに合わせて歌う v. cantar al piano. ▶歌を歌って赤ん坊を寝かす v. dormir* al bebé cantándole (una nana). ▶料理をしながら鼻歌を歌う v. canturrear cocinando. ♦彼は私にその歌を歌ってくれた Me cantó la canción. / Me dedicó la canción. ♦彼は歌を歌うのがうまい Canta muy bien. / Es un buen cantante.

うたう 謳う (はっきりと示す) v. expresar claramente;(大いにほめる) v. elogiar encarecidamente, ensalzar*,《教養語》encomiar.

うたがい 疑い ❶【疑念】f. duda. ▶疑いのない事実 m. hecho incuestionable [indudable, innegable]. ▶疑いの念を抱く v. tener* dudas, estar* dudoso, dudar. → 疑う. ♦彼の説明を聞いて私の疑いはすべて晴れた Su explicación disipó todas mis dudas. ♦君の成功は疑いない No「tengo duda [me cabe duda] de tu éxito. / Estoy seguro de tu éxito. → 確か. ♦彼が当選することには疑いの余地はない No cabe duda que será elegido. ♦疑いないだろ彼がその選挙に勝つのは → 疑問. 《会話》彼がそれを盗んだって確かなの一まったく疑いの余地ないさ ¿Estás seguro que los robó él? – No tengo [hay] duda.

❷【嫌疑】f. sospecha, f. desconfianza, m. recelo. ▶疑いをかける v. poner*《a + 人》bajo sospecha;(疑う) v. sospechar《de + 人》. ▶疑いの目でじっと私を見る v. mirarme con recelo [desconfianza]. ♦彼の行動は彼女に疑いの念を起こさせた Su comportamiento despertó sus sospechas. / Su conducta la puso recelosa. ♦彼に濃い疑いがかかっている Hay fundadas sospechas sobre él. ♦彼に窃盗の疑いがかかった Cayó bajo sospecha de robo. / Fue puesto bajo sospecha de robo. ♦彼にその証言をした疑いがある Tengo sospechas de que prestó falso testimonio. / Sospecho que prestó falso testimonio. → 疑う. ♦彼は盗みの疑いをかけられている Está bajo sospecha de robo [hurto]. ♦彼は殺人の疑いで逮捕された Se le detuvo bajo sospecha de asesinato. / Fue detenido acusado de asesinato.

—— 疑いなく adv. indudablemente, sin ningún género de duda, sin duda. ♦それは疑いなく最善の解決法だ Indudablemente es la mejor solución. / No hay duda de que se trata de la mejor solución.

☞ 懐疑, 疑惑;確実に, 確かに, てっきり

うたがいぶかい 疑い深い (人・性質などが) adj. receloso, suspicaz, desconfiado. ♦彼は疑い深い Es un hombre receloso. / (疑い性質だ) Tiene un carácter suspicaz. ♦彼は私を疑い深い目でちらりと見た Me miró con recelo. ♦彼は私に疑いのまなざしを向けた Me lanzó una mirada suspicaz. ♦彼は政治家に対し疑い深い Desconfía de los políticos.

うたがう 疑う ❶【怪しいと思う】v. dudar《de》, dudar《que + 接続法》, sospechar《que + 接続法》. ♦彼はその話が本当かどうか疑っている Duda de (la veracidad de) esas palabras. / Duda de que esas palabras sean ciertas. → 疑わい. ♦彼の成功を信じて疑わない No dudo de su éxito. / No tengo dudas de que tendrá éxito. / Estoy seguro que tendrá éxito. ♦彼は私の能力を疑っている Tiene dudas [reservas] sobre mi capacidad. ♦警察は老人を疑っている La policía sospecha del anciano. ♦それについては疑う余地ない No cabe ninguna duda de ello. / No hay lugar a ninguna duda. → 疑問. ♦彼は新しいものは一応疑ってみる癖がある Tiende a mostrarse suspicaz hacia todo lo nuevo. ♦私は自分の目を疑った No podía dar crédito a mis propios ojos. ♦彼は息子がうそをついているのではないかと疑った Sospechaba que su hijo había mentido [dicho una

mentira). ♦私は彼は胃がんなのではないかと内心疑っていた Yo tenía la sospecha de que él quizás tuviera cáncer de estómago.
❷【信用しない】v. desconfiar* 《de》, tener* [sentir*] recelos 《de que + 直説法》. ♦彼女は夫の言葉を疑っていた Desconfiaba [Tenía desconfianza; Sentía recelo] de las palabras de su marido. ☞疑しむ, 危ぶむ, 思う

*うたがわしい 疑わしい （確信が持てない）adj. dudoso, incierto; (疑問のある) adj. discutible, cuestionable; (怪しい) adj. sospechoso, (疑い深い) adj. desconfiado. → 疑う. ♦疑わしい陳述 f. declaración discutible. ♦疑わしい挙動 f. conducta sospechosa. ♦その報告が本当かどうか疑わしい Dudo de la verdad [veracidad] del informe. / Tengo dudas sobre la verdad del informe. / La veracidad del informe es dudosa. / La verdad del informe es discutible. ♦彼に助ける能力があるかどうか疑わしい Tengo mis dudas sobre su capacidad de ayuda. ☞危ない, 怪しい, いい加減な, 臭い

うたぐりぶかい 疑り深い adj. sospechoso. → 疑い深い.

うたたね うたた寝 f. cabezada, m. sueñecito. ♦うたた寝をする v. echar 「una cabezada [un sueñecito], dormitar.

うだつがあがらない ♦彼はうだつのあがらない（＝出世しない）男だ Es un hombre que「jamás destaca [nunca sobresale]」. / (まったく成功しないとかいう) No ha salido nunca de su mediocridad.

うだる うだるような暑さ m. calor sofocante. ♦今日はうだるように暑かった Hoy ha hecho un calor sofocante [agobiante].

うたれる 打たれる ❶【感動する】v. conmoverse*; (感銘を受ける) v. impresionarse. ♦感動する; (突然, 恐怖・美しさなどに) v. ser* [verse*] afectado. ♦その光景を見て恐怖の念に打たれる v. ser* afectado por el horror de la visión.
❷【たたかれる】頭を打たれる v. ser* golpeado en la cabeza.

うち 家 ❶【自分の家】f. casa, m. hogar. → 家(ｲｴ). ♦うちにいる v. quedarse en casa, estar (en casa). ♦うちにいない（＝うちから離れている）v. estar* fuera, no estar* en casa. ♦うちを出る v. salir* de casa. ♦うちへ帰る v. irse* [volver*] a casa. → 帰る. ♦彼は最近あまりうちにいない Últimamente no ha estado mucho en casa. ♦長女は結婚したが, 下の二人はまだ家にいる Mi hija mayor está casada, pero las dos más pequeñas viven en casa. ♦いつうちに泊りに来るの ¿Cuándo vienes a quedarte en casa? ♦うちは神戸です（＝神戸に住んでいる） Vivo en Kobe. / Mi casa está en Kobe.
❷【自分の家族】♦うちの者 f. mi familia → 家族; (妻) f. mi esposa; (私たち) pron. nosotros. ♦うちの子供たち mpl. nuestros hijos. ♦うちは４人家族です En casa somos cuatro. → 家族. ♦彼のうち（＝親）は金持ちだったので, 彼にたっぷり仕送りをしてくれた Su familia era rica y le enviaba una bonita suma.

**うち 内 ❶【内部】adv. dentro; m. interior, f. parte interior. → 内側. ♦内ポケット m. bolsillo interior. ♦内（＝屋内）に閉じこもる v. quedarse 「en casa [dentro]. ♦ドアは内から鍵(ｶｷﾞ)がかかっていた La puerta estaba cerrada desde dentro. ♦外は寒いけど, 内は暖かい Fuera hace frío, pero dentro hace bueno. 《会話》 お母さんはどこにいるの―内にいるよ ¿Dónde está tu madre? – Dentro [Está dentro]. ♦寒いから内に入りましょう Vamos dentro, que hace frío.
❷【時間内】prep. en menos de, antes de. ♦１時間もたたないうちに帰って来ます Volveré dentro de una hora. / Estaré de vuelta en menos de una hora. ♦報告書はその日のうちに送られた El informe se envió en el mismo día. ♦暗くならないうちに洗濯物を取り込みなさい Recoge la ropa antes de que se haga de noche. ♦若いうちに一生懸命勉強しなさい Estudia [Trabaja] duramente mientras eres joven.
❸【範囲内】prep. de, entre, de entre. ♦われわれのうち二人が彼を待つようにと言われた Nos dijeron a dos de nosotros que esperáramos. ♦彼がみんなのうちで一番年上である Es el mayor de (entre) todos. ♦二人のうちどちらが背が高いですか ¿Cuál de los dos es más alto? ♦あなたのクラスのうちで走るのはだれが一番速いですか ¿Quién es el corredor más rápido de tu clase? / ¿Quién corre más rápido de tu clase? ♦10人のうち（＝10人に）一人が与党を支持すると言った Uno「entre diez [de cada diez]」dijo que apoyaría al partido del poder. ♦５冊の本のうちから１冊だけ選びなさい Escoge sólo uno de entre los cinco libros. ♦私は彼らを友達のうちに入れていません No los cuento [incluyo] entre mis amigos. / No los considero amigos míos.
❹【内心】m. corazón, f. conciencia, m. interior. ♦内なる声に耳を傾ける v. escuchar la voz de la conciencia, ponerse* la mano en el corazón. ♦彼女は胸の内を明かしてくれなかった Nunca me dijo lo que había en su corazón. / Nunca expresó sus sentimientos profundos. ♦彼は激しい情熱を内に秘めていた En su interior había una fuerte pasión.
❺【自分の】adj. nuestro, de nosotros. ♦うちの社長 m. presidente de nuestra compañía, m. nuestro jefe. ♦うちではその商品を扱っていません Nosotros no tenemos ese producto. ♦うちの課には女性がいない En nuestra sección no hay mujeres.

《その他の表現》 ♦手の内を見せる v. mostrar* el juego, enseñar las cartas, 《言い回し》poner* las cartas sobre la mesa. ♦これは私が今まで読んだうちで最もおもしろい本です Es el libro más interesante de (todos) los que he leído.

うちあけばなし 打ち明け話 f. charla confidencial, f. confidencia; (率直な話) f. charla franca [abierta].

うちあける 打ち明ける (信用して話す) v. confiarse* 《a ＋ 人》; (語る) v. decir* en confianza [confidencia]; (白状する) v. confesar*. ♦私

うちあげる

は彼に秘密を打ち明けた Le confié [revelé] el secreto. ♦私は彼に高価な花びんを壊したことを打ち明けた Le confié [dije, confesé] que yo había roto el valioso jarrón. ♦彼に心配事を打ち明け心が軽くなった Me desahogué confiándole mis preocupaciones [ansiedades]. / Le abrí mi pecho.

うちあげる 打ち上げる ❶【空に】v. lanzar*, mandar, enviar*; (花火を) v. lanzar*. ♦人工衛星を打ち上げる v. lanzar* un satélite artificial. ▶花火を打ち上げる v. lanzar* fuegos artificiales.
❷【波が岸に運ぶ】♦彼女の死体は二日後に浜に打ち上げられた Su cuerpo fue traído por la corriente a la orilla dos días después.
❸【興行などを】v. acabar, terminar. ▶長期興行を打ち上げる v. acabar una larga temporada [permanencia en cartel].

うちあわせ 打ち合わせ (取り決め) mpl. preparativos, m. arreglo; (会議) f. reunión. ▶打ち合わせどおりに adv. como se dispuso anteriormente, de acuerdo con los preparativos previos. ♦確か打ち合わせは２時でしたね La reunión será a las dos, ¿verdad? – Eso es. / Sí.

うちあわせる 打ち合わせる v. disponer*, organizar*. ♦彼と詳細を打ち合わせた Entre él y yo hemos dispuesto [organizado] los detalles.

うちうち 内々 ▶内々の (私的の) adj. personal, privado. ▶その問題は内々で (=自分たちの間で) 解決しよう Vamos a arreglar el asunto entre nosotros (solos). ♦結婚式は内々でやりましょう (=近親者だけを招待することにする) A la boda (sólo) invitaremos a los miembros más allegados de nuestras familias.

うちおとす 撃[打]ち落とす (銃などで) v. derribar a tiros, abatir.

うちかつ 打ち勝つ (克服する) v. vencer*, derrotar; (破る) v. superar, doblegar*. ♦彼女はあらゆる困難に打ち勝った Ha vencido [superado] todas las dificultades. ⇨勝つ, 克服

うちがわ 内側 m. interior, f. parte de dentro, f. parte interior [interna]. → 内. ▶内側のポケット m. bolsillo interior. → 内ポケット. ▶通りの内側を歩く v. caminar por dentro. ♦箱の内側は赤色に，外側は白色に塗ってある El interior de la caja está pintado de rojo y el exterior de blanco. ♦彼女のコートの内側は毛皮になっている El interior de su abrigo está forrado de piel. ♦トラックの内側のコースを走りなさい Corre por el calle interior de la pista. ♦このドアは内側に開くようになっています Esta puerta se abre hacia dentro. ♦忘れないようにドアには内側から鍵(ˆ)をかけておきなさい No te olvides de cerrar la puerta desde dentro.

うちき 内気 f. timidez, m. retraimiento.
—— **内気な** (引っ込み思案の) adj. tímido, retraído, vergonzoso. ♦彼女は大変内気な子だ Es una chica (muchacha) muy tímida [vergonzosa]. ♦彼は内気すぎて女の子にデートも申し込めない Es demasiado tímido para pedir una cita a una chica.

うちきる 打ち切る (交渉などを) v. suspender, cesar, poner* fin 《a》, cancelar. ♦彼の捜索は打ち切られた Su búsqueda ha sido suspendida. ♦私の奨学金は打ち切られた Han cancelado mi beca.

うちきん 内金 (内金払い) m. pago「a cuenta [parcial]; (頭金) f. entrada, m. pago inicial; (手付金) m. depósito. ▶車に5000ユーロの内金を払う v. hacer* [realizar] un pago inicial de 5.000 euros por el coche.

うちけし 打ち消し f. negación, f. negativa. → 否定. ▶打ち消しの adj. negativo.

うちけす 打ち消す v. negar*. → 否定する.

うちゲバ 内ゲバ f. lucha interna [intestina] (de grupos violentos).

うちこむ 打ち込む ❶【くぎなどを】v. clavar; (金づちで) v. clavar con un martillo. ▶金づちで板にくぎを打ち込む v. clavar un clavo en una tabla con un martillo.
❷【ボールなどを】v. golpear, pegar*.
❸【データを】v. entrar, dar* entrada. ▶コンピューターにデータを打ち込む v. entrar datos en un ordenador.
❹【一生懸命になる】▶研究に打ち込む v. entregarse* al estudio en cuerpo y alma, dedicarse* con entusiasmo a la investigación ⇨打[討]つ, 熱中

うちころす 打ち[撃ち]殺す (打ち殺す) v. matar a golpes, asestar golpes de muerte; (射殺する) v. matar「de un tiro [a tiros].

うちだす 打ち出す (模様などを) v. repujar (cuero y metal), grabar en relieve; (力強く出す) v. elaborar [idear] (un plan positivo).

うちつける 打ち付ける ❶【くぎで固定させる】▶板をドアに打ち付ける v. clavar un tablero en una puerta.
❷【強くぶつける】▶壁に頭を打ち付ける v. golpearse [darse* un golpe en, darse* en] la cabeza contra [con] una pared. ♦雨が窓に打ち付けている La lluvia está golpeando contra las ventanas. / La lluvia está azotando las ventanas.

うちでし 内弟子 mf. estudiante [mf. pupilo /la] que vive con su maestro; (徒弟) mf. aprendiz/diza.

うちとける 打ち解ける (親しい) v. intimar 《con》; (気持ちが和らぐ) v. sentirse* cómodo; (気楽に話す) v. abrirse* 《a》, hablar con franqueza. ♦彼は同僚となかなか打ち解けない Es algo reservado con sus compañeros de trabajo. ♦どうして打ち解けて話してくれないのか ¿Por qué no me「hablas con franqueza [abres tu corazón]? ♦彼は私にかなり打ち解けた様子だった Me pareció que se explayaba conmigo. ♦ここではどうも打ち解けて話ができない Aquí no podemos hablar con franqueza. ♦パーティーで彼はひょうきんなことを言って座を打ち解けさせた En la fiesta rompió el hielo diciendo cosas graciosas.

うちどころ 打ち所 ▶打ち所が悪くて (=急所を打たれて) 死ぬ v. morir* por un golpe en una parte vital del cuerpo.

うちぬく 撃ち抜く v. atravesar* de un disparo. ♦彼は胸板を撃ち抜かれていた Le atravesaron el pecho de un disparo.

うちのめす 打ちのめす (人をなぐり倒す) v. tirar al suelo, abatir, derribar; (徹底的にやっつける) v. pegar*, golpear; (精神的にめいらせる) v. abatir, deprimir; (感情で圧倒する) v. vencer*, superar. ♦彼を一撃で打ちのめす v. tirar(al suelo) [derribar] al hombre de un golpe. ♦それが完全に失敗して彼はすっかり打ちのめされた Estaba totalmente abatido [deprimido] por el completo fracaso.

うちひしがれる 打ちひしがれる ▶ 打ちひしぐ v. abrumar, vencer*. ♦葬式で未亡人は悲しみに打ちひしがれていた La viuda estaba abrumada de aflicción en el funeral.

うちべんけい 内弁慶 ▶内弁慶である(=家で偉そうにする) v. ser* mandón [dominante] en casa.

うちポケット 内ポケット ▶上着の内ポケット m. bolsillo interior de una chaqueta.

うちまく 内幕 f. información secreta [confidencial], mpl. conocimientos [m. hechos] secretos [confidenciales]. ▶内幕に通じている v. tener* información secreta, conocer* el fondo de la cuestión. ▶内幕(=舞台裏)をのぞく v. ver* lo que pasa entre bastidores. ▶内幕(=秘密)を暴露する v. revelar un secreto.

うちまた 内股 f. parte interior del muslo. ▶内股で歩く v. caminar [andar*] con las puntas de los pies hacia dentro. ♦彼女は少し内股で歩く Camina un poco con los pies torcidos hacia dentro.

うちみ 打ち身 f. contusión, f. magulladura, m. moratón, m. cardenal. ♦彼女は転んでひじに打ち身をつくった Se cayó haciéndose una contusión en el codo.

うちやぶる 打ち破る (たたきこわす) v. derribar, echar abajo; (粉々に割る) v. romper*, destrozar*; (打ち負かす) v. vencer*, derrotar. ▶壁を打ち破る v. derribar una pared. ▶窓を打ち破る v. romper* una ventana. ▶選挙で対立候補を打ち破る v. derrotar al rival en unas elecciones. ▶敵の防御を打ち破る v. penetrar en [por] las defensas enemigas ☞従える, 打開

*****うちゅう** 宇宙 m. universo; (宇宙空間) m. espacio, m. cosmos.

1《宇宙＋名詞》▶宇宙衛星 m. satélite espacial. ▶宇宙連絡船 m. transbordador espacial. ▶宇宙ロケット m. cohete espacial. ▶宇宙開発 m. desarrollo espacial. ▶宇宙科学 f. ciencia del espacio. ▶宇宙科学者 mf. científico/ca del espacio. ▶宇宙工学 f. ingeniería espacial. ▶宇宙時代 f. era espacial. ▶宇宙塵 m. polvo cósmico. ▶宇宙線 mpl. rayos cósmicos. ▶宇宙人(地球人に対しての) mf. alienígena, (空想科学の中の) mf. extraterrestre. ▶宇宙ステーション f. estación espacial. ▶宇宙船 f. nave espacial, f. astronave. ▶宇宙飛行 m. vuelo espacial. ▶宇宙旅行 m. viaje espacial [por el espacio]. ▶宇宙飛行士(アメリカの) mf. astronauta, (ロシアの) mf. cosmonauta. ▶宇宙服 m. traje espacial. ▶宇宙食 mpl. alimentos espaciales. ▶宇宙兵器 f. arma espacial. ▶宇宙旅行 m. paseo por el espacio. ▶宇宙遊泳をする v. dar* un paseo espacial [por el espacio].

2《宇宙の》adj. cósmico, espacial. ♦われわれの世界は宇宙の小さな一部分にすぎない Nuestro mundo no es más que una pequeña parte del universo.

3《宇宙に[を, へ]》▶宇宙にロケットを発射する v. lanzar* un cohete al espacio. ♦彼らは月まで宇宙(空間)を旅行した Viajaron a la luna a través del espacio. ♦ソ連は最初に人間を宇宙へ送った La Unión Soviética fue el primer país en enviar un hombre al espacio.

うちゅう 雨中 adv. bajo la lluvia. → 雨.

うちょうてん 有頂天 m. éxtasis. ▶有頂天になって(=狂喜して) adj. extasiado, embelesado. ▶成功に有頂天になっている v. estar* en éxtasis [embelesado] con el éxito. ♦彼女は新しいシルクの服に有頂天になった Estaba extasiada con su nuevo vestido de seda.

うちよせる 打ち寄せる (波が激しく) v. azotar, lanzar*, arrojar 《contra》; (さざ波がひたひたと) v. lamer, bañar. ♦波が断崖(がけ)に打ち寄せた Las olas azotaban los acantilados. ♦大きな波が岸に打ち寄せていた Enormes olas lamían la playa.

うちわ 内輪 ❶【家族内の人たち】m. seno de la familia, m. círculo familiar.

1《内輪＋名詞》▶内輪もめ f. disputa de familia, f. discordia interna. ♦もし私たちの内輪もめたらうまく行かないよ Si nos peleamos entre nosotros, no vamos a conseguir nada.

2《内輪の》adj. familiar, (私的な, 内密の) adj. privado, íntimo. ▶内輪の結婚式 f. boda 「en familia [familiar, íntima]. ▶内輪の事柄 m. asunto familiar [de familia]; mpl. asuntos privados [personales]. ♦これは内輪の話だよ Que esto quede entre nosotros. / Que no salga esto de aquí [entre nosotros].

❷【控えめ】adj. moderado/da, prudente. ▶内輪に見積る v. hacer* un cálculo moderado. ♦建築費は内輪に見積もって5千万円になるだろう Un cálculo moderado del coste de construcción ascendería a cincuenta millones de yenes.

うちわ 団扇 "uchiwa", 《説明的に》 m. abanico japonés. ▶うちわを使う[であおぐ] v. abanicarse*.

うちわけ 内訳 m. desglose; (明細) mpl. detalles. ▶旅行費用の内訳 m. desglose de los gastos de viaje.

ウチワサボテン f. chumbera (☆サボテンの一種).

******うつ** 打[討]つ ❶【打撃を与える】v. golpear, dar* un golpe 《a》; dar*, pegar*; 《口語》sacudir, aporrear, atizar*, zumbar, tundir, 《口語》《ユーモアで》medir* las costillas. ▶金づちでくぎを打つ v. dar* al clavo con un martillo, golpear con el martillo para clavar un clavo. ▶壁にくぎを

うつ

打つ（＝打ち込む）v. clavar [meter] un clavo en la pared. ♦太鼓を打つ v. tocar* [golpear, 《文語》percutir] un tambor. ♦私は背中を棒でひどく打たれた Me pegaron fuerte en la espalda con un palo. / Me apalearon fuerte en la espalda. ♦打ったボールは塀を越えて飛んでいった Le di [pegué] a la pelota por encima de la valla. ♦転んで壁で頭を打った Me caí golpeándome la cabeza contra la pared. / Me caí y me di en la cabeza contra la pared. ♦彼らは箱をこなごなに打ちこわした Hicieron añicos la caja. / Destrozaron la caja. ♦彼女はホセの顔をぴしゃりと打った Ella le dio una bofetada a José. / Abofeteó a José. ➡ 叩(たた)く.

❷【野球で】v. batear.
❸【時計が時を打つ】v. dar*. ♦時計はちょうど，2時をうった El reloj acaba de dar las dos.
❹【心を打つ】（感動させる）v. conmover*, impresionar, afectar. → 感動する.
❺【討つ】v. vengarse* (de, por); (打ち負かす) v. derrotar. ♦敵を討つ v. derrotar al enemigo. ♦彼は死んだ父のかたきを討った Vengó a su difunto padre. / Tomó venganza por la muerte de su padre.

《その他の表現》♦網を打つ v. tirar una red. ♦彼に電報を打つ v. mandarle [ponerle*] un telegrama. ♦医者は痛み止めの注射を打ってくれた El médico me puso una inyección para quitar el dolor. ♦涼を求めて庭に水を打った Regué el jardín para disfrutar de la frescura del aire. ♦何か他に打つ手があるかもしれない Puede haber otras medidas que tomar [podamos tomar]. ♦打つべき手はみな打ってある He hecho todo lo que se podía hacer. ♦打てば響くような答えがその学生から返ってきた El estudiante me dio una respuesta rápida. / El estudiante respondió prestamente.

うつ 撃つ ♦ピストルを撃つ v. disparar [tirar, pegar*, tirar] la pistola. ♦10発撃つ v. disparar diez veces, dar* diez tiros. ♦小鳥をねらって撃つ v. tirar [disparar] a un pájaro. ♦敵機を撃ち落とす v. derribar un avión enemigo. ♦撃て![『号令』] ¡Disparen! / ¡Fuego! ♦彼は足を3発撃たれた Recibió tres disparos [tiros] en la pierna. ♦その象は撃ち殺された Mataron al elefante a tiros. ♦撃てるものなら撃ってみろ（＝引き金を引いてみろ）¿A que no te atreves a apretar el gatillo?

うつうつ 鬱々 ♦自分の将来のことを考えるとうつうつとした（＝意気消沈した）気持ちになる Cuando pienso en mi futuro me deprimo.

うっかり (不注意に) adv. sin la debida atención; (誤って) adv. por descuido; (軽率に) adv. a la ligera, irreflexivamente; (ぼんやりして) adv. distraídamente. ♦私はうっかり違う電車に乗ってしまった Me equivoqué de tren por descuido. ♦うっかりコーヒーをこぼしてしまった Distraídamente vertí el café. ♦彼女の誕生日を忘れるなんて私もうっかりしていた Fue un descuido por mi parte el olvidarme de su cumpleaños. ♦彼女はうっかり屋で事故ばかり起こしている Como es distraída le 「ocurren accidentes [《口語》pasan cosas].

うつくしい 美しい adj. hermoso, bello; precioso; (外見が) adj. guapo, bien parecido; (絵のように美しい) adj. pintoresco, magnífico; (魅力のある) adj. encantador; (声が) adj. dulce, bonito; (清い) adj. puro; (高潔な) adj. noble, elegante. ♦美しい声で話す v. hablar con una voz dulce [bonita, encantadora]. ♦心の美しい（＝優しい）少女 f. joven con el corazón hermoso, f. muchacha de alma pura [noble]. ♦姉は美しい女性だった Mi hermana (mayor) era una chica [muchacha, joven] guapa [hermosa, bonita]. ♦私はその美しい景色に魅せられてしまった Me quedé maravillado por la belleza del paisaje. / Ese bello [pintoresco, hermoso] paisaje me encantó. 《会話》みごとなバラだわね―絵のように美しいじゃないの ¡Qué rosas tan preciosas! – Parecen de un cuadro, ¿verdad?

地域差	美しい
[全般的に]	adj. bonito
[キューバ]	adj. bello, lindo, hermoso
[メキシコ]	adj. lindo
[コロンビア]	adj. bello, hermoso, lindo
[アルゼンチン]	adj. lindo

—— 美しく ♦美しく着飾っている v. ir* vestido con elegancia. ♦美しく（＝上品に）老いる v. envejecer* con gracia ➡ 綺麗な, 妙なる

うつくしさ 美しさ f. belleza, f. hermosura. ♦自然の美しさに打たれる v. ser* impresionado por la belleza de la naturaleza. ♦彼女の心の美しさ（＝清らかさ）に深い感銘を受ける v. quedar profundamente impresionado por la pureza de su corazón.

うつし 写し f. copia, m. duplicado, f. reproducción, f. fotocopia. ♦報告書の写しを取る v. sacar* [hacer*] una copia [fotocopia] del informe.

うつす 写[映]す ❶【文書・絵などを写しとる】v. copiar, hacer* [sacar*] una copia (de), duplicar*, reproducir*. ♦文書を写す v. sacar* [hacer*] una copia de un documento, copiar un documento. ♦美術品を写す v. reproducir* una obra de arte.
❷【写真をとる】v. sacar* [hacer*] una foto, fotografiar*. ♦写真を写してもらう v. sacarse* [hacerse*] una foto, fotografiarse*. ♦ここで私たち5人の写真を写しましょう Vamos a hacernos una foto aquí los cinco.
❸【描写する】v. describir*; (表現する) v. expresar. ♦その小説には絶望感が生々しく写し出されている En la novela se describe vívidamente el sentimiento de desesperación.
❹【反射する】v. reflejar(se). ♦桜の木が静かな水面に影を映していた Los cerezos se reflejaban en las tranquilas aguas. ♦彼女は鏡に自分の姿を映して見た Se contempló en el espejo.
❺【投影する】v. proyectar. ♦光が彼の影を壁に映した La luz proyectaba su sombra en la pared. ♦映画がスクリーンに映し出された La película fue proyectada en la pantalla.

うつす 移す ❶【移動させる】v. mudar, cambiar, trasladar, transferir*. ▶事務所を東京に移す v. trasladar la oficina a Tokio. ▶体重を右足から左足へ移す v. cambiar [trasladar] el peso del pie derecho al izquierdo. ♦山田さんは大阪の支店に移された Cambiaron [Trasladaron] al Sr. Yamada a la sucursal de Osaka. ♦私はその金を金庫から書類かばんに移した Saqué el dinero de la caja fuerte y lo puse en el maletín. / Trasladé el dinero de la caja fuerte al maletín.
❷【病気を感染させる】v. transmitir una enfermedad 《a》, contagiar, infectar, 《口語》pasar, 《口語》pegar*. ♦その種類の蚊が彼にマラリアをうつした Esa clase de mosquitos le transmitieron 「la malaria [el paludismo]. ▶君が私に風邪をうつした Me 「contagiaste tu [gripe [catarro, resfriado].
【その他の表現】▶時を移さず(=ぐずぐずせずに)別の方法を試みる v. probar* otro sistema 「sin perder* tiempo [inmediatamente, enseguida]. ▶計画を実行に移す v. poner* en práctica un plan. ♦その前奏曲は詩を純粋な叙情的な音に移したものだ En el preludio se traduce el poema en 「sonidos puramente líricos [una versificación puramente lírica].

うっすら (わずかに)adv. ligeramente, débilmente, vagamente. ♦富士山には雲がうっすらかかっていた El Monte Fuji estaba ligeramente cubierto de nubes. → 薄化粧. ♦彼の頭にはうっすらとしか毛がなかった No tenía mucho pelo en la cabeza. ♦そのことはうっすらとしか覚えていない Lo recuerdo solo vagamente.

うっせきした 鬱積した ▶鬱積した怒り f. ira reprimida.

うっそう (茂った)adj. denso, frondoso, poblado. ▶うっそうとした森林 f. selva frondosa [densa, cerrada]. ▶谷間には木がうっそうと生い茂っていた En el valle los árboles crecían frondosamente. → 茂る.

うったえ 訴え ❶【訴訟】f. pleito, m. demanda, m. litigio, m. proceso → 訴訟；(民事訴訟の告訴)f. queja, f. querella. ▶彼に対して損害賠償の訴えを起こす v. demandarle [ponerle*] pleito por daños y perjuicios. ▶訴えを取り下げる v. retirar 「una demanda [un pleito].
❷【不平不満など】f. queja《por, de》, f. acusación《de》; (懇願) f. apelación《en contra de》. ▶彼らの訴えを聞いてやる v. escuchar su queja [acusación]. 哀願、アピール

うったえる 訴える ❶【告訴する】v. acusar [denunciar]《a + 人》《de》, presentar una denuncia, 「poner* pleito [demandar] 《a + 人》《por》, querellarse《contra》. → 告訴する. ▶その会社を「損害賠償を求めて[²契約違反]で訴える v. demandar a la compañía por ¹daños y perjuicios [²incumplimiento de contrato]. ▶彼を無謀運転のかどで警察に訴える v. denunciarlo[le] a la policía por conducción imprudente. ♦彼は窃盗罪で訴えられた Fue acusado de robo [hurto].
❷【不平や痛みを】▶¹頭痛 [²どの痛みも]を訴える v. quejarse de ¹un dolor de cabeza [²tener * la garganta irritada].
❸【心・感覚に】v. apelar. ▶¹理性 [²世論; ³視覚]に訴える v. apelar a la ¹razón [²opinión pública; ³vista]. ♦彼の絵は私に強く訴えるものがあった Su pintura me atrajo fuertemente.
❹【手段などに】v. recurrir《a》. ▶¹暴力 [²戦争]に訴える v. recurrir a la ¹violencia [²guerra].
❺【懇願する】v. suplicar*, implorar; (感情的なやり方で)v. hacer* un llamamiento《a + 人》《por》. ▶私は彼らに援助を訴えた Les supliqué que me ayudaran. ♦彼女は訴えるような目で私を見た Me miró con ojos suplicantes. ♦彼女は誘拐犯人に息子を殺さないでと泣いて訴えた Lloró implorándole al secuestrador que no matara a su hijo. ♦(法廷で)彼は無実を訴えた(=申し立てた) Negó la acusación [culpabilidad]. ☞ 懇願、提訴する

うつつ 現 ▶この幸せは夢かうつつ(=現実)か ¿Es esta felicidad realidad o sueño? ▶マージャンにうつつを抜かしている「Está perdido por el [Es un adicto al] mahjong.

うってかわる 打って変わる ♦彼女は私にまったく打って変わったような態度を取り始めた Ella empezó a adoptar una actitud totalmente diferente hacia mí. ♦彼は打って変わってよい人間となった Se volvió un hombre totalmente bueno.

うってつけ 打ってつけ ▶打ってつけの(最適の)adj. adecuado, conveniente; (最も好ましい)adj. ideal, óptimo, (最も必要条件を満たした)adj. el/la más adecuado/da. → 誂(あつら)え向き. ▶うってつけの(=理想的な)場所 m. lugar ideal. ▶彼はその仕事にうってつけだ Es la persona más adecuada para el trabajo.

うっとうしい 鬱陶しい (陰気な)adj. pesado, molesto, (気がめいるような)adv. deprimente. → 重苦しい. ▶うっとうしい天気 m. tiempo triste [deprimente]. ▶うっとうしい(=うるさい)ハエ f. mosca molesta.

うっとり ▶うっとりする(魅せられる)v. estar* encantado [extasiado, cautivado], embelesarse. ♦観客はみなその美しいメロディーにうっとりした Todo el público estaba cautivado por la bella melodía. ♦彼女はうっとりと婚約指輪を見つめた Contempló con embeleso el anillo de compromiso. ♦彼はそのぶどう酒にうっとりした気持ちになった Se quedó extasiado con el vino.

うつびょう 鬱病 (専門語)f. depresión, f. melancolía. ▶鬱(うつ)うつ病患者 mf. maniaco/ca depresivo/va.

うつぶせ 俯せ ▶うつぶせに倒れる v. caerse* de bruces. ▶つぼをうつぶせる(=上下さかさまにする) v. ponerse* el tarro boca abajo. ♦彼を発見したとき,彼はうつぶせになっていた Cuando le encontré, estaba boca abajo.

うっぷん 鬱憤 (うっ積した怒り)f. ira contenida; (欲求不満)f. frustración. ▶うっぷんを晴らす v. desahogarse*.

うつむく 俯く (下を見る)v. mirar hacia abajo;

うつむける (頭をたれる) v. ir* cabizbajo [con la cabeza entre los hombros]. ▶うつむいて歩く v. andar* cabizbajo, caminar con la cabeza baja.

うつむける 俯ける ▶顔をうつむける (=頭をたれる) v. doblar [agachar, inclinar] la cabeza.

うつらうつら ▶うつらうつらする v. adormilarse, quedarse medio dorm*ido*. → うとうと.

うつり 映[写]り ▶彼は写真うつりがいい [2悪い] Siempre sale [1]bien [[2]mal] en las fotos. / [1]Es muy fotogénico [[2]No es nada fotogénico]. ◆この写真はうつりがよかった Esta foto salió [quedó] bien. ◆このテレビはうつりがいい Esta televisión tiene una imagen muy clara [nítida]. ◆こちらのブラウスの方があなたにはずっとうつりがいい Esta blusa te queda mucho mejor a ti.

うつりかわり 移り変わり (変化) m. cambio; (推移) f. transición. ▶季節の移り変わり m. cambio「de (las cuatro) estaciones [estacional]. ▶ある政体から他の政体への移り変わり f. transición de un régimen de gobierno a otro. ▶運命の移り変わり (=浮き沈み) mpl. altibajos de la fortuna.

うつりかわる 移り変わる (変化する) v. cambiar. ▶時代とともに移り変わる v. cambiar con los tiempos.

うつりぎ 移り気 ▶移り気な (浮気な) adj. caprichos*o*, antojadiz*o*, 《文語》veleidos*o*. ▶移り気な女 f. mujer caprichosa
☞ 浮気な, 気まぐれな

* **うつる 移る** ❶【移動・移転する】(引っ越す) v. mudarse, cambiarse → 引っ越す; (仕事場が) v. trasladarse. ▶大阪から東京に移る v. mudarse [cambiarse] de Osaka a Tokio. ▶新居へ移る v. mudarse a una casa nueva. ▶家を移る v. desalojar la casa. ◆彼は他校へ移った Le trasladaron [cambiaron] a otra escuela.

❷【変化する】v. cambiar(se)*, modificar(se)*. → 変化する. ◆時代が移るにつれ人の考え方も変わる La forma de pensar cambia con el paso del tiempo.

❸【話題などが】v. pasar [cambiar, trasladarse]《a》. ◆話が政治に移った La conversación pasó a la política. ◆次の項目に移ろう Vamos a pasar [cambiar] al siguiente punto.

❹【病気が】v. contagiarse, transmitirse, pasarse (una enfermedad). ▶君の流感がうつった Me has contagiado tu gripe. → 気をつけてね. 私の風邪がうつるから Ten cuidado que no se te contagie mi resfriado.

❺【燃え移る】v. extenderse*《a》. ◆火が私の家に移った El fuego se extendió a mi casa.

うつる 写[映]る ❶【写真などに】v. salir*, verse*. ▶この写真に写っている少年 m. muchacho] de esta foto. ◆あなたはよく写っていますね Sales bien en la foto. → 写り, 写真. ◆この写真には彼が走っているところが写っている En esta foto sale corriendo. ◆この写真では彼女は実物以上に写っている En esta foto sale mejor [más guapa]. ◆テレビに映ると彼は若く見える En la televisión parece joven.

❷【調和する】v. 「ir* bien [combinar, quedar bien]《con》. ▶この帽子はあなたのドレスによく映らない Este sombrero no va bien con tu vestido. ◆その色は彼によく映る Ese color le va bien. ◆似合う.

❸【反射・投影される】(反射する) v. reflejar; (投影する) v. proyectar. → 写[映]す. ◆窓のガラスに彼の顔が映っていた Su cara se reflejaba en el vidrio de la ventana. ◆美しい絵がスクリーンに映った En la pantalla se proyectaba un precioso cuadro.

うつろ 虚ろ m. hueco, m. hoyo. ▶虚ろな (心・笑いなどが) adj. hueco, vacío. ▶うつろな目をしている v. tener* la mirada vacía [perdida]. ▶うつろな声で話す v. hablar con la voz hueca. ▶うつろな表情で私を見る v. mirarme con la expresión extraviada [vacía].

うつわ 器 ❶【容器】m. recipiente, m. envase; (盛り皿) f. fuente, m. plato; (はち) m. cuenco, f. vasija.

❷【才能】m. calibre, f. capacidad. ▶器が[1]大きい [[2]小さい] v. ser* un hombre de [1]gran [[2]poco] calibre. ◆彼は偉大な指導者となる器だ Posee capacidad para ser un gran líder (dirigente).

うで 腕 ❶【身体の】m. brazo. ▶彼は[1]長い [[2]太い; [3]ほっそりした; [4]がっしりした; [5]筋骨たくましい]腕をしている Tiene brazos [1]largos [[2]gruesos; [3]delgados; [4]robustos; [5]musculosos].

1《腕+名詞》▶腕いっぱいの花 f. brazada de flores. ▶腕時計 m. reloj de pulsera. ▶腕輪 m. brazalete, f. pulsera. ▶腕ずもうする v. echar un pulso《con》. ▶腕立て伏せをする v. hacer* flexiones de brazos y pecho, 『ラ米』hacer* lagartijas. ▶腕まくりして adv. con los brazos remangados. ▶彼は腕組みをした Se cruzó de brazos. ◆彼は腕っぷしが強い Tiene brazos fuertes.

2《腕が》▶腕が痛い Me duele el brazo. ◆その投手は腕が長い El pítcher [lanzador] tiene los brazos largos.

3《腕に》▶彼の腕にすがって歩く v. caminar de su brazo. ▶赤ん坊を腕に抱く v. sostener* a un bebé en los brazos. ◆少女は腕に買い物かごをさげていた La chica [muchacha] llevaba del brazo el cesto de la compra. ◆彼女は本を腕に抱えた Metió el libro bajo el brazo.

4《腕を》▶婦人に(つかまりなさいと)腕を差し出す v. ofrecer* [dar*] el brazo a una mujer. ▶彼の腕をつかむ v. cogerle* [agarrarle] del brazo. ▶彼の腕を振りほどく v. soltarle* el brazo. ▶腕 (=そで) をまくる v. remangarse*, arremangarse*. ◆彼らは腕を組んで通りを歩いていた Caminaban por la calle (cogidos) del brazo. ◆彼は私の肩に腕を回して私を抱き寄せた Me echó el brazo por los hombros y me abrazó.

❷【手腕】(習得した知的または技術的能力) f. capacidad《para》; (特に生まれつきの芸術的才能) m. talento; (技量, 腕前) f. habilidad《para》.

1 《〜(の)腕》▶プロ級の腕 f. habilidad profesional, f. destreza de un profesional. ◆彼は私たちにピアノの腕(=腕前)を見せてくれた Nos mostró su habilidad [al piano [tocando el piano].

2 《腕+名詞》▶腕一本でたたき上げた人 m. hombre "que ha triunfado por su propio esfuerzo [hecho por sí mismo]. ▶腕ききの大工 m. buen carpintero, m. carpintero diestro. ◆それは彼の腕次第だ Depende de su destreza [habilidad].

3 《腕が[は]》▶腕が鈍らないようにしておく v. mantener* la habilidad. ◆水泳の腕が上がった He hecho progresos en natación. / Mi natación ha mejorado. ◆テニスの腕が落ちてきましたね(=さびついてきた) Tu tenis ha empeorado, ¿no? ◆あの弁護士は腕が立つ(=有能だ) Es un abogado capaz [competente]. ◆ぼくはゴルフの腕はあまり大したことはない No se me da muy bien [el golf [jugar al golf]. / No sé jugar bien al golf. / No soy muy bueno jugando al golf.

4 《腕の》▶腕のいいコック mf. buen/buena [excelente] cocinero/ra. ▶非常に腕のある外科医 mf. ciruja*no/na "muy bue*no/na [sumamente hábil]. ◆ここが君の腕の見せどころだ Ahora tienes ocasión de demostrar lo que sabes. / Llegó la hora de mostrarnos tu habilidad.

5 《腕に》▶腕に覚えがある v. tener* confianza en la propia habilidad [capacidad].

6 《腕を》スペイン語の腕を上げる v. mejorar el español. ▶芸能界で腕をふるう v. mostrar* el talento en el mundo del espectáculo.

《その他の表現》▶腕ずくで彼の金を取る v. llevarse su dinero [a la fuerza [con violencia]. ▶腕試しする(やってみる) v. probar* la habilidad. ▶音楽コンクールで腕を試す v. poner* a prueba el talento en un certamen musical.

うでしんけいそうまひ 腕神経叢麻痺 《専門語》f. parálisis del plexo braquial.

うでまえ 腕前 → 腕, 技術, 能力. ◆彼の料理の腕前は大したものだ Es muy bueno cocinando. / Se le da muy bien la cocina.

うでる 茹でる v. hervir*, cocer*. → 茹(ゆ)でる.

うてん 雨天 m. tiempo lluvioso, m. día lluvioso. → 晴れ. ▶遠足は雨天順延になった A causa de la lluvia la excursión fue pospuesta. ◆その試合は雨天で流れた Cancelaron el partido por la lluvia. / El partido fue cancelado debido a la lluvia. ▶遠足は雨天決行です Llueva o haga sol no tendrá lugar la excursión.

うど ◆あいつはうどの大木(=役に立たない大男)だ Es un hombrón inútil [que no vale para nada].

うとい 疎い (知識のない)adj. no bien informa*do* 《de》; (なじみの薄い)adj. no muy al corriente 《de》; (無知の)adj. ignorante 《de》. ◆彼は時事問題に疎い No está muy al corriente de los temas actuales. ◆彼はこの町の地理に疎い No sabe orientarse bien en esta ciudad. / No conoce bien la ciudad.

うとうと ▶うとうとする v. dormitar, 《口語》 echar [dar*] una cabezada. ▶日なたでうとうとしていた Estuve dormitando al sol. ◆疲れていたので, 私は何回か授業中にうとうとした Como estaba tan cansa*do* di unas cuantas cabezadas en la clase.

うどん "udon", 《説明的に》 mpl. fideos de pasta de trigo. → そば. ▶うどん粉 f. harina de trigo. ▶うどん屋 f. tienda de fideos.

うとんじる 疎んじる ▶彼を疎んじる(避ける)v. evitarlo[le]; (軽視する)v. no hacerle* caso; (よそよそしい態度をみせる)v. hacerle* el vacío.

うながす 促す (催促する)v. apremiar, urgir*; (刺激する)v. fomentar, estimular. ▶彼に返事を促す v. apremiarlo[le] a que conteste [responda]. ▶そのことに彼の注意を促す(=喚起する) v. llamar su atención a eso. ◆その経験は彼のスペイン語の興味を促した Esa experiencia estimuló su interés por el español.

うなぎ 鰻 f. anguila. ▶ウナギのかば焼き f. anguila a la parrilla. ▶ウナギの稚魚 f. angula (☆食用). ▶ウナ丼 "unadon", 《説明的に》 m. cuenco de arroz con anguilas a la parrilla. ◆物価はうなぎ上りだ Los precios se están disparando [poniendo por las nubes].

うなされる (悪夢を見る)v. tener* una pesadilla; ser* acosa*do* [asalta*do*] por una pesadilla. ▶熱でうなされている v. delirar por la fiebre.

うなじ 項 f. nuca, 《口語》 m. cogote.

うなずく v. mover* la cabeza afirmativamente, asentir* con la cabeza. ▶うなずいて同意する v. dar* "el consentimiento [la aprobación] con la cabeza. ▶うなずいてお休みと言う v. dar* las buenas noches inclinando la cabeza. ▶彼はゆっくりうなずいて了解の意を示した Asintió lentamente con la cabeza indicando que comprendía. ◆彼女はうなずいて私をいすに招いた[2部屋に入れた] Con una señal de su cabeza me invitó a ¹sentarme [²entrar en la habitación]. ◆彼が心配するのもうなずける(=理解できる) Es comprensible que esté preocupado.

うなだれる v. bajar la cabeza, estar* cabizbajo. ◆彼は恥ずかしくてうなだれた Bajó la cabeza avergonzado. ◆彼はうなだれて立っていた Permanecía de pie cabizbaja.

ウナムノ(ミゲル・デ 〜) Miguel de Unamuno (☆1864-1936, スペインの思想家・詩人・小説家)

うなり 唸り (人の苦痛などの)m. gemido, m. quejido; (猛獣などの)m. rugido, m. gruñido, m. aullido; (ハチなどのぶんぶんという)m. zumbido. ▶うなり声を上げる v. gemir*, quejarse. ▶風のうなり m. rugido [m. gemido] del viento.

うなる ❶【動物が】v. gruñir*, aullar*, rugir*. ▶犬が彼に向かってうなった Le gruñó un perro. ▶木立が風にうなっていた El viento rugía [《文語》bramaba] en los árboles.

❷【うめく】v. gemir*, quejarse. ▶痛くてうなる

うに

v. gemir* de dolor. ▶「救急車をたのむ」と彼はうなるように言った "Llámeme una ambulancia, por favor, " "dijo gimiendo [pidió quejumbrosamente].

《その他の表現》うなるほど金を持っている *v.* nadar en dinero, 《口語》estar* forrad*o*.

うに 雲丹 "uni",《説明的に》*fpl.* huevas condimentadas de erizo de mar.

うぬぼれ 自惚れ *f.* presunción; (虚栄心) *f.* vanidad; (誇り) *m.* orgullo. ◆彼はうぬぼれが強い Es muy presuntuoso [presumido]. /《口語》Se cree alguien. / Es un engreído.
☞ 気位, 自負

うぬぼれる 自惚れる *v.* ser* vanidos*o* [engreíd*o*], dárselas* 《de》, presumir 《de》. ▶うぬぼれるな No seas engreíd*o*. ◆彼は成功してうぬぼれている Está engreído por su éxito. ◆彼女は演説が上手だとうぬぼれている Presume de oradora. / Se las da de oradora. ◆彼は1位になってからうぬぼれている Se ha vuelto muy engreído desde que ganó el primer puesto.
☞ 思い上がる, 付け上がる, 得意がる

うね 畝 (畑の) *m.* caballón, *m.* lomo; (織物・編み物の) *m.* cordoncillo.

うねうねする (道・川などが曲がりくねる) *v.* serpentear, hacer* meandros; (ジグザグになっている) *v.* ir* en "zig-zag". ▶うねうねと山腹を上がっていく小道 *m.* sendero que serpentea monte arriba. ◆その川は関東平野をうねうねと流れている El río corre haciendo meandros por la Planicie de Kanto.

うねり (波の) *m.* oleaje, *f.* oleada;《文語》*f.* ondulación. ▶海のうねり *m.* oleaje del mar.

うねる (道・川が左右に) *v.* serpentear, formar meandros; (波が) *v.* ondular, formarse olas. ◆波がうねっていた Iban formándose olas.

うのみ 鵜飲み ▶鵜飲みにする *v.* tragarse*. ◆彼女の言うことを鵜飲みにするな《口語》No te tragues lo que ha dicho. → 丸飲み.

うは 右派 (人) *mf.* uno/na de derechas; (集合的) *f.* derecha, *m.* ala derecha. ▶右派の *adj.* de derechas. ◆彼はその政党の右派に属している Pertenece al ala derecha del partido.

うば 乳母 *f.* nodriza; (むかし授乳をした) *f.* ama de cría.

うばいあう 奪い合う *v.* disputar 《por》. ▶その空いている席を奪い合う *v.* disputar por el asiento libre.

*****うばう** 奪う ❶【盗み取る】*v.* robar, quitar, hurtar. → 強奪. ◆彼は暗い通りで金を奪われた Le robaron el dinero en una calle oscura. ◆私はバッグを奪われた (=ひったくられた) Me quitaron el bolso.

❷【取り上げる】*v.* quitar [desposeer*, privar, despojar]《a》. ▶その少年からナイフを奪う *v.* quitarle el cuchillo al niño. ▶視力を奪われる *v.* ser* privad*o* de la vista. ▶彼の生命を奪うv. quitarle la vida, matarle. ◆ファックスのおかげで彼らは仕事を奪われてしまった Las máquinas de fax les han quitado su negocio. ◆彼は会員資格を奪われた Fue desposeído de su afiliación. ◆そのストライキで何百万人もの通勤客が足を奪われた (=不便な目にあった) A millones de personas que viajan diariamente al trabajo se les perjudicó con la huelga.

❸【心などを魅了する】*v.* fascinar, encantar, 《口語》《比喩的に》quitar el aliento, estar* absorbid*o*. ◆彼女の演技に心を奪われた Su actuación me fascinó. ◆私はパーティーの計画に心を奪われていた Estuve absorbid*o* con la preparación de la fiesta. ◆彼女のはでなドレスは人目を奪った (=目をくらませた) Su llamativo vestido nos deslumbró a todos. / (お株を奪った) Eclipsó a todas las otras chicas con su llamativo vestido.
☞ 取[捕, 採, 取り上げる, 執]る

うばぐるま 乳母車 *m.* cochecito de [para] bebés [niños].

地域差	乳母車
[スペイン]	*m.* carrito, *m.* coche de niño, *f.* silla, *f.* sillita
[キューバ]	*m.* coche de niño, *m.* coche-cuna
[メキシコ]	*f.* carriola
[ペルー]	*m.* coche de niño
[コロンビア]	*m.* coche de niño
[アルゼンチン]	*m.* carrito

ウビコ・カスタニェダ (ホルヘ ~) Jorge Ubico Castañeda (☆1878-1946, グアテマラの独裁者).

うぶ 初 ▶初な(純真な) *adj.* ingenu*o*, cándid*o*; (無邪気な) *adj.* inocente; (経験がない) *adj.* inexpert*o*,《口語》verde. ◆あいつはまったくうぶだ Es igual de ingenuo que un recién nacido. / Es tan cándido como un bebé.
☞ 純真, 天真爛漫

うぶげ 産毛 *m.* vello fino, *f.* pelusilla. ▶産毛の生えた額 *f.* frente con pelusilla.

うぶごえ 産声 *m.* primer llanto de un recién nacido. ▶産声を上げる *v.* dar* el primer llanto al nacer*; (生まれる) *v.* nacer*.

*****うま** 馬 ▶ (雄馬) *m.* caballo; (雌馬) *f.* yegua; (子馬) *mf.* potro/tra, *mf.* potranc*o*/*ca*; (種馬) *m.* (caballo) semental; (去勢馬) *m.* caballo castrado; (小形の馬) *m.* pony. ◆ (子供を大人が背中に乗せて) 馬になってやる *v.* llevar a caballo [caballito] (a los niños). ▶馬を飼う *v.* criar* [tener*] un caballo. ▶馬を疾走させる *v.* ir* a galope. ▶馬を馴らす *v.* domar un caballo. ▶馬をつなぐ *v.* atar el caballo a un poste. ▶ (手綱を引いて) 馬を止める *v.* sujetar a un caballo por las riendas [bridas]. ▶馬から落ちる *v.* caerse* de un caballo, ser* derribad*o* de un caballo. ▶馬から降りる *v.* bajarse [desmontar de] un caballo. ◆馬はいなないなく Los caballos relinchan ◆馬がぱかぱかと音を立てて歩いている Los caballos trotan.

《その他の表現》▶私は彼と馬があう Hago muy buenas migas con él. / Estamos a partir un piñón. ◆われわれの警告も彼らには馬の耳に念仏だった Hicieron oídos sordos a nuestra advertencia. / Se lo dijimos pero fue como hablar con la pared.

うまい

①【上手な】 adj. bueno; hábil, diestro; correcto, acertado; inteligente, brillante; adv. muy bien, bueno + 現在分詞. ▶うまく...する v. dárse*le* bien + 不定詞・名詞. ▶うまい答 f. acertada respuesta, f. buena contestación. ▶うまいことを言う v. decir* cosas inteligentes [brillantes, acertadas]. ▶トランプがうまい v. ser* bueno jugando a las cartas. ◆彼はスペイン語がうまい Habla español muy bien. / Se le da muy bien hablar español. / Es muy bueno hablando español. 会話 君が田中と試合するんだって―彼はけっこうくらいうまいの Por lo visto juegas con Tanaka. – ¿Qué tal juega él? / ¿Es bueno? ◆彼はかんなの使い方がとてもうまい Usa muy bien el cepillo (de carpintero). / Es muy bueno usando [con] el cepillo (de carpintero). / Se le da muy bien el cepillo (de carpintero). ◆彼女は子供の扱いがうまい Se le dan muy bien los niños. / Sabe cómo tratar a los niños.

②【おいしい】 adj. bueno, rico, 〖ラ米〗sabroso, delicioso, apetitoso, exquisito. ▶うまいシチュー m. buen guiso [estofado], m. guiso delicioso [sabroso, rico]. ▶うまそうな料理 f. comida apetitosa [que parece muy buena]. ◆季節ごとのうまいもの(＝珍味)を食べる v. comer「los manjares [las exquisiteces] de la estación del año. ◆これはなかなかうまい Esto está buenísimo. / Está muy rico [sabroso]. / Sabe muy bien. / Me gusta de verdad mucho. /〖口語〗Esto está de rechupete. ◆これはうまそうないいかおりする ¡Qué bien huele! / ¡Qué aroma! ◆彼はその料理をうまそうに食べた Comió con buen apetito. / Tomó la comida con verdadero placer. ◆ここは空気がうまい Da gusto respirar aquí. ◆¡Qué aire tan limpio [puro, sano] hay aquí!

③【好都合の】 adj. buen [buena] 《＋名詞》. ▶うまい仕事 m. trabajo interesante [estupendo]. ◆それは話がうますぎる Es demasiado bueno para「ser verdad [creerlo]. ◆それはうまい考えだ ¡Es una idea estupenda! / ¡Es una gran idea! ◆うまいぞ！＝おみごと！ ¡Bravo! / ¡Bien hecho [dicho]! / ¡Estupendo! ◆うまいことに彼はその場に居合わせた Afortunadamente estaba allí. / ¡Gracias a Dios que estaba allí. /〖ラ米〗¡Qué bueno que estaba allá! → うまく.

うまく　旨く

①【上手に】 adv. bien, correctamente, con habilidad. → うまい. ▶うまくだまされる v. ser* engañado hábilmente. ◆私は自分の考えをスペイン語でうまく言えない No puedo decir bien en español lo que pienso. / No puedo expresarme bien en español. 会話 あの絵はあんまりうまくないー君はもっとうまくかけるのかい Aquel cuadro no está muy bien. – ¿Podrías tú pintarlo mejor? ◆練習するうちにスキーはうまくなる(＝上達する) Si practicas te saldrá mejor el esquí. / Con la práctica mejorarás el esquí.

②【好都合に】 v. salir* [ir*, marchar] bien, hacer*lo bien, 《口語》arreglárselas《＋ para + 不定詞》. → うまい. ◆私たちの計画はうまくいった Nuestro plan salió bien. ◆彼はうまく新しい仕事を見つけることができた Se las arregló para encontrar un nuevo trabajo. / Le fue bien en un nuevo empleo. → できる. ◆うまくいけば彼とまた会えるかもしれない Con suerte podrás volver a verlo. / Si todo va bien, podrás verlo otra vez. ◆その手術はうまくいかなかった La operación no fue bien. ◆彼は社長とどうやらうまくやっている Se lleva bien con su jefe. ◆勉強はうまくいっていますか―順調です．ただし化学はあまりうまくないんですよ ¿Marchan bien tus estudios? – Bien, sólo con la Química las cosas no van bien. ◆ボールは転がってうまく(＝正確に)ホールに入った La pelota entró limpiamente en el agujero.

うまとび　馬跳び m. salto del potro. ▶馬跳びをする v. saltar al potro, 〖メキシコ〗brincar* al burro, 〖スペイン〗jugar* a la pídola.

うまのり　馬乗り ▶馬乗りになる v. sentarse* [montar] a caballo [horcajadas] sobre el padre.

うまみ　旨味 f. maestría, m. arte; m. sabor, m. encanto. ◆彼の文章には独得のうまみ(＝魅力)がある Su forma de escribir tiene un arte particular. ◆この仕事にはうまみ(＝利点)がある Este trabajo tiene「sus ventajas [su lado sustancioso].

うまや　馬屋 f. caballeriza, f. cuadra. → 小屋.

うまる　埋まる **①【埋もれる】** v. quedar enterrado, enterrarse*, hundirse. ◆家々は山崩れで埋まってしまった Las casas quedaron enterradas bajo el alud.
②【いっぱいになる】 v. estar* lleno [abarrotado] 《de》. ◆若人で埋まった広場 f. plaza llena [abarrotada] de jóvenes. ◆席はもうみんな埋まっていた Todos los asientos ya habían sido ocupados.

・**うまれ　生まれ** m. nacimiento; f. familia, 《比喩的に》f. cuna. ▶ペルー生まれの日本人 mf. japonés/nesa nacido/da en Perú. ◆彼の生まれは日本だ Es japonés de nacimiento. ◆彼女はいいところの生まれだ Es de buena familia. / Es una mujer de buena cuna. 会話 生まれ(＝出身)はどちらですか―青森です ¿Dónde nació usted? – En Aomori. / ¿De dónde es usted? – Soy de Aomori.

うまれかわる　生まれ変わる (再び生まれる) v. renacer*; (別人になる) v. ser* un hombre 「completamente nuevo [transformado],

うまく行った Perfecto. →うまく

134　うまれこきょう

experimentar un cambio diametral; (生活を一新する) v. empezar* de cero en la vida. ♦生まれ変わったら科学者になりたい Si「volviera a nacer [naciera otra vez], me gustaría ser un/una científico/ca.

うまれこきょう　生まれ故郷 (出生地) f. tierra natal, m. lugar de nacimiento, 《口語》 m. terruño. →故郷. ♦生まれ故郷の岐阜に帰る v. volver* al Gifu natal.

うまれそだつ　生まれ育つ ♦彼女は京都で生まれ育った Nació y se crió en Kioto.

うまれつき　生まれつき adv. de nacimiento, por naturaleza. →生まれながら. ♦怒りっぽいのは生まれつきだ Soy impaciente de nacimiento. / Soy naturalmente impaciente. ♦彼は生まれつき目が見えない Es ciego de nacimiento. ♦彼は生まれつき音楽の才能があった Tenía un talento innato para la música. / Poseía una predisposición natural hacia la música.

うまれながら　生まれながら(の) adv. de nacimiento, naturalmente, por naturaleza; adj. innato. →生まれつき. ♦彼は生まれながらの詩人だ Es un poeta de nacimiento. / Es un poeta innato.

＊＊うまれる　生[産]まれる ❶【人・動物などが】v. nacer*, venir* al mundo, ver* la luz (del mundo). ♦金持ちの(家)に生まれる v. nacer* [ser*] de familia rica. ♦産まれたばかりの赤ちゃん mf. niño/ña recién nacido/da. ♦私は1987年7月9日鎌倉で生まれた Nací en Kamakura el 9 de julio de 1987. ♦ロペス夫妻に男の子が産まれた Los Señores López han tenido un niño. / A los señores López les ha nacido un hijo varón. ♦5月に彼女に子供が産まれます Dará a luz en mayo. / Espera un hijo en [para] mayo. ♦彼はイタリア人ピアニストの女性を母として生まれた Su madre era una pianista italiana. / Nació de una pianista italiana. ♦彼は詩人になるように生まれついていた Nació (para ser) poeta. / Es un poeta「de nacimiento [nato]. ♦彼は生まれたときから病弱だ Desde su nacimiento ha estado delicado. ♦その赤ん坊は産まれたときは死んでいた El/La bebé nació muerto/ta. ♦生まれて初めて東京タワーにのぼった He subido a la Torre de Tokio por primera vez「en mi vida [desde que nací]. ♦私は生まれたときからずっとここに住んでいる He vivido aquí toda mi vida.

❷【物事が】(生じる) v. surgir*, originarse; (形成される) v. formarse, hacerse*; (設立される) v. establecerse*; (生み出される) v. producirse*. →生じる. ♦戦後新しい国家が数多く生まれた En la postguerra surgieron [nacieron] numerosas naciones. ♦彼らの間に親交が生まれた Se formó [estableció] una íntima amistad entre ellos. ♦努力したが何の成果も生まれなかった Mis esfuerzos no produjeron resultados. ♦事故は不注意から生まれることがある Hay accidentes que「se originan [se producen] de la imprudencia. ☞成立する, 出来る

＊＊うみ　海 ❶【地理上の】m. mar. 1 海の家 f. casa en la costa. ♦海の男 (=船員) m. marinero, m. marino. ♦海の景色 m. paisaje marino, f. vista del mar. marina. ♦海の幸 mpl. productos [mpl. alimentos] del mar; (魚を含まない) mpl. mariscos. ♦海鳥 f. ave marina. ♦海ガメ f. tortuga de mar. ♦海の水 f. agua marina [del mar]. ♦彼は海のそばで育った Se crió junto al mar. ♦静かな海の上をヨットがすべって行くのが見えた Vi los yates deslizarse en el mar sereno.

2《海は[が]》 ♦私は沖縄のあたりの暖かい海が好きだ Me gustan las aguas cálidas que rodean Okinawa. ♦飛行機から太平洋の青い海が見えた Desde el avión se veía el mar azul del Pacífico. ♦海は荒れていた [²穏やかだった] El mar estaba ¹revuelto [²sereno, tranquilo, en calma].

3《海を[に, へ, で]》 ♦海を渡る v. atravesar* [cruzar*] el mar. ♦海に泳ぎに行く v. ir* a nadar al mar. ♦(海水浴・避暑・保養などで)海(=海辺)に行く v. ir*「a la playa [al mar, a la costa]. ♦彼は子供たちを海へ連れて行った Se llevó a los niños a la costa. ♦地球の大部分は海におおわれている La mayor parte del planeta [de la Tierra] está cubierta por el mar. ♦サケは淡水で産みつけられるが海で生息する El salmón desova en aguas dulces, pero vive en el mar. ♦このあたりの海では魚がたくさんとれる En estas aguas「se pueden coger muchos peces [se puede pescar mucho, hay pesca abundante].

❷【一面に広がったもの】m. mar de. ♦血の海 m. mar de sangre. ♦彼は赤ん坊を救うために火の海の中へ入って行った Se metió en un mar de llamas para salvar al bebé.

《その他の表現》 ♦彼はまだ海のものとも山のものともわからない Todavía no sabemos nada de él.

うみ　膿 m. pus. ♦うみを出す v. supurar, sacar* pus. ♦歯ぐきからうみが出ていた Sus encías supuraban pus. / Empezó a salir pus de sus encías.

ウミータ f. humita (☆トウモロコシをすりつぶして蒸した食べ物).

うみせんやません　海千山千 ♦海千山千の人(皮肉で) mf. viejo/ja zorro/rra, mf. perro/rra viejo/ja. ♦海千山千のしたたか者 mf. viejo/ja zorro/rra muy astuto/ta [listo/ta, taimado/da].

うみだす　生み出す ♦これが好結果を生み出した Esto produjo buenos resultados. / Esto surtió efecto. →起こす, 生じる, 出す, 作り出す

うみなり　海鳴り m. rugido [m. bramido] del mar. ♦海鳴りがしている El mar ruge.

うみのおや　生みの親 m. padre natural [biológico]; f. madre natural [biológica]; (創始者) m. padre, mf. fundador/dora.

うみのくるしみ　産みの苦しみ mpl. dolores del parto.

うみべ　海辺 (波打ち際) f. playa; (海のすぐ近くの砂地) f. orilla (del mar); (海岸) f. costa. →海岸, 浜辺. ♦海辺で遊ぶ v. jugar* en la playa. ▶海辺を歩く v. pasear por la costa.

うむ 生[産]む ❶【出産する】(人・動物が) v. dar a luz, dar* nacimiento, 《文語》alumbrar, 《文語》echar al mundo → 生[産]れる; (動物が) v. parir (animales); (魚が卵を) v. desovar, aovar; (鳥が卵を) v. poner* huevos. ▶産みたての卵 m. huevo recién puesto. ♦彼女は先月女の子を産んだ El mes pasado dio a luz a una niña. ♦私が洋子を産んだとき (=洋子が産まれたとき)、主人は仕事でニューヨークにいました Cuando「nació Yoko [yo di a luz a Yoko], mi marido estaba en Nueva York de viaje de negocios. ♦あなたの犬は何匹子を産みましたか ¿Cuántos cachorros ha parido [tenido] tu perra? ♦ウサギはたくさん子供を産む Las conejas paren muchas crías. / Las conejas crían mucho. ♦うちのめんどりは毎日卵を産む Nuestras gallinas ponen todos los días.

❷【生ずる】(産出する) v. producir*, generar, hacer* surgir*; (引き起こす) v. causar; (主に悪いことを) v. dar* lugar 《a》. ▶4%の利子を生む v. producir* [rendir*] un interés del 4%. ♦彼は日本が生んだ最大の科学者である Es el mayor científico que ha tenido [producido] Japón. ♦不衛生は病気を生む [La falta de higiene causa [Las condiciones antihigiénicas causan] enfermedades. ♦こういう行動は疑惑を生む Una conducta así da lugar a la sospecha.

【その他の表現】♦金が金を生む 《ことわざ》Dinero llama dinero. ♦案ずるより生むが易し《ことわざ》Quien tiene miedo no cruza el mar.

うむ 膿む v. estar* purulento, tener* pus, enconarse. ♦脚の傷がうんだ La herida de mi pierna tiene [echa] pus. / La herida de mi pierna está purulenta.

うむ 有無 ❶【存在】▶ご出席の有無を知らせてください Avíseme, por favor, si va a asistir [estar presente] o no.
❷【諾否】▶有無を言わせず(=力ずくで)彼を連れ出す v. sacarle* por [a] la fuerza. ▶有無を言わせず彼女にそれをやらせる v. forzarla* a hacerlo*. ♦彼の口調には有無を言わせぬところがあった El tono de su voz era tajante. / Por el tono de su voz su decisión parecía irrevocable.

うめ 梅 (木) m. ciruelo; (果実) f. ciruela.

うめあわせ 埋め合わせ ▶損金の埋め合わせに adv. en [como] compensación por las pérdidas. ▶埋め合わせとして支払う v. indemnizar* 《por》, pagar* como [en] compensación 《por》. →埋め合わせる.

うめあわせる 埋め合わせる v. compensar《a + 人》《por》, indemnizar*, subsanar. ♦補う、償う。 ▶失った時間を埋め合わせる v. recuperar el tiempo perdido.

うめきごえ うめき声 ▶うめき声を出す v. dar* gemidos. → うなる.

うめく v. gemir*. → うなる. ▶苦痛でうめく v. gemir* de dolor.

うめくさ 埋め草 (新聞・雑誌の) m. (artículo de) relleno.

うめこみ 埋め込み《専門語》f. incrustación.

うよく 135

うめたて 埋め立て f. desecación (de tierras), m. rescate (de terrenos). ▶埋め立て工事 fpl. obras de desecación (de tierras). ▶埋め立て地 f. tierra desecada [ganada, de relleno].

うめたてる 埋め立てる v. ganar tierra, desecar* una tierra terraplenándola. ▶空港建設のため湖の一部を埋め立てる v. desecar* una parte del lago para construir* un aeropuerto.

うめぼし 梅干し "umeboshi",《説明的に》fpl. ciruelas encurtidas.

うめる 埋める ❶【土の中に】v. enterrar, soterrar*, meter [poner*] bajo tierra. ▶死んだ小鳥を庭に埋める v. enterrar* un pájaro muerto en el jardín. ▶地面にパイプを埋める (=敷設する) v. soterrar* una tubería.
❷【空間・穴などを満たす】v. rellenar, cubrir*. ▶通りを埋める v. llenar [atestar*] una calle. ▶穴をアスファルトで埋める v. rellenar un agujero con [de] asfalto. ♦空所を(適語で)埋めなさい Completa [Rellena] los espacios con las palabras correctas.
❸【補う】v. compensar. ▶1欠員 [2ギャップ]を埋める v. cubrir* una ¹plaza [²brecha]. ▶赤字を埋める v. cubrir* un déficit.

うめる ▶ふろが熱いのでうめた Como el baño estaba demasiado caliente, añadí agua fría.

うもう 羽毛 f. pluma, m. plumaje. ▶羽毛布団 f. edredón.

うもれる 埋もれる ❶【埋まる】v. enterrarse*, estar* sepultado, quedarse oculto. ♦手紙は書類の下に埋もれていた La carta estaba enterrada [sepultada, oculta] bajo los papeles.
❷【知られないでいる】▶埋もれた才能を発見する v. descubrir* un talento oculto, enterrar* un talento. ♦彼の作品は長年世に埋もれていた Sus obras habían permanecido ocultas al público.

うやうやしい 恭しい (礼儀正しい) adj. cortés, respetuoso. → 丁寧な.

うやまう 敬う (尊敬する) v. honrar, respetar, reverenciar. ▶神を敬う v. reverenciar a Dios. ♦年上の人を敬いなさい Debes honrar [respetar] a tus mayores.

うやむや ▶その問題をうやむや(=未解決)にしておく v. dejar el asunto sin resolver*. ▶うやむやな (=気乗りしない)返事をする v. dar* una respuesta evasiva [ambigua]. ▶スキャンダルをうやむやに葬り去る (=もみ消す) v. acallar el escándalo, echar tierra al escándalo.

うよきょくせつ 紆余曲折 ♦その小説の筋はあまりにも紆余曲折が多すぎる El argumento de la novela「da muchas vueltas [tiene muchas peripecias].

うよく 右翼 ❶【政治上の】f. derecha, f. ala derecha; (人) mf. uno/una de derechas, mf. derechista. ▶右翼団体 f. organización derechista [de derechas]. → 右派. ▶右翼分子 mpl. elementos derechistas [de derechas].

❷【野球の】*m.* campo de la derecha. → ライト.

うら 裏 **❶**【裏側】*m.* reverso, *m.* otro lado, *m.* lado de atrás; *m.* revés; *m.* dorso (de la mano); *m.* envés (de una hoja). → 裏返し. ♦レコードの裏をかける *v.* poner* el otro lado de un disco. ♦私の上着は毛皮の裏がついている Mi abrigo「tiene un forro de piel [está forrado de piel].
❷【後ろ】*f.* parte trasera [de atrás]. ♦裏に *adv.* atrás, detrás. ♦裏の小川 *m.* arroyo de atrás. ♦劇場の裏に駐車場がある Hay un aparcamiento por detrás del teatro.
《その他の表現》♦彼の言葉の裏を読み取る *v.* leer*「entre líneas [el sentido oculto] de sus palabras; (心を読み取る)*v.* leer* su mente. ♦この事件には裏があるに違いない Tiene que haber algo oculto en este asunto. / 《口語》En este asunto hay gato encerrado. ♦物事には裏と表がある Todas las cosas tienen su secreto. / En todo hay dos verdades. ♦彼は裏で何が行なわれているのか知らない No sabe lo que pasa entre bastidores. ♦強盗は警察の裏をかいて逃げた El ladrón burló a la policía y escapó. ♦彼は慎重だと言われるが裏を返せば(＝実は)臆病なのだ Dicen que es prudente, pero la verdad es que es un cobarde.

うらうち 裏打ち (衣服の) *m.* forro. ♦レースの襟を薄手の綿布で裏打ちする *v.* forrar un cuello de encaje con algodón fino.

うらおもて 裏表 (両側) *f.* una y otra cara, *m.* uno y otro lado, los dos lados, *m.* anverso y *m.* reverso, *f.* cara y *f.* cruz. ♦肉の裏表を中火で焼く *v.* asar la carne「por uno y otro lado [por los dos lados] a medio fuego. ♦(人が)裏表がある *v.* tener* dos caras. ♦裏表のない(＝正直な)人 *f.* persona sincera [honrada]. ♦裏表のある人 *f.* persona「de dos caras [falsa].

うらがえし 裏返し ♦シャツが裏返しだよ Llevas la camisa al [del] revés.

うらがえす 裏返す (上面を下へ) *v.* poner* al [del] revés, dar* la vuelta 《a》, volver* (del revés). ♦ワイシャツを裏返す *v.* volver* una camisa, poner* al revés una camisa. ♦原版をガラス板の上に裏返して置く *v.*「poner* el original boca abajo [dar* la vuelta al original, poner* el original del revés] sobre el cristal.

うらかた 裏方 (劇場の舞台係) *mf.* tramoyista.

うらがね 裏金 (わいろ) *m.* soborno, 《フォーマル》*m.* cohecho, 《メキシコ》《口語》*f.* mordida. ♦政治家に裏金を出す *v.* sobornar al político.

うらがわ 裏側 *m.* lado del revés, *m.* revés, *m.* anverso.

うらぎり 裏切り *f.* traición, 《フォーマル》《文語》*f.* alevosía. ♦裏切り者(＝密告者) *mf.* traidor/dora. ♦ぼくは彼の裏切り行為がまったく信じられない No「puedo creer [me cabe en la cabeza] que haya cometido un acto de traición. ⇨心変わり, 造反

うらぎる 裏切る **❶**【人などを】*v.* traicionar, cometer una traición; engañar. ♦彼の信頼を裏切る *v.* defraudarlo[le]. ♦友達を裏切るような人間は信頼できない No podemos confiar en un hombre que traiciona a sus amigos.
❷【予想・期待を】*v.* defraudar, 《口語》fallar. → 期待. ♦惨敗の予想を裏切って(＝にもかかわらず), 彼はゆうゆう当選を果たした A pesar de unas predicciones pesimistas, ganó fácilmente las elecciones. ⇨心変わり, 背く

うらぐち 裏口 *f.* puerta de atrás, *f.* puerta trasera. ♦裏口へ回る *v.* dar* la vuelta por la puerta de atrás. ♦裏口から入る *v.* entrar por la puerta de atrás. ♦学生の中には裏口入学する者もいた 《口語》Algunos estudiantes han entrado en la universidad por la puerta de atrás. / Hay estudiantes que han comprado su ingreso a la universidad.

うらこうさく 裏工作 ♦裏工作をする(裏で策略をめぐらす) *v.* actuar* entre bastidores, mover* las cuerdas.

うらごえ 裏声 *m.* falsete. ♦裏声で歌う *v.* cantar en falsete.

うらさみしい うら寂しい *adj.* solitario, solo. → 寂しい.

うらじ 裏地 *m.* forro. → 裏.

うらづけ 裏付け *m.* razonamiento basado [apoyado] en hechos, *f.* prueba. → 裏. ♦私にはその申し立ての裏付けとなる(＝を証明する)十分な証拠がある Tengo suficientes pruebas para demostrar esa afirmación.

うらづける 裏付ける (支持する) *v.* fundamentar, acreditar, demostrar*. ♦彼の理論を裏付ける資料 *mpl.* datos que fundamentan su teoría.

うらて 裏手 ♦学校の裏手にある丘 *f.* colina (por) detrás de nuestra escuela. → 裏.

うらどおり 裏通り *f.* calleja, *f.* calle secundaria; *f.* callejuela. → 道.

うらない 占い (行為) *f.* adivinación, (手相占い) *f.* quiromancia, (トランプ占い) *f.* cartomancia, (夢による) *f.* oniromancia, (占い師) *mf.* adivino/na; (手相占い師) *mf.* quiromántico/ca; (トランプ占い師) *mf.* cartomántico/ca; (夢占い師) *mf.* oniromántico/ca; (手相見) *mf.* quiromántico/ca. ♦トランプ占いをする *v.* practicar* la cartomancia. ♦占いに見てもらう *v.* consultar a un adivino.

うらなう 占う (運勢を) *v.* adivinar, augurar, echar las cartas, echar la buenaventura. ♦易者に結婚を占ってもらう *v.* consultar a un adivino acerca del matrimonio.

ウラニウム *m.* uranio. → ウラン.

うらにわ 裏庭 *m.* jardín de detrás (de una casa), *m.* patio trasero. ♦裏庭で遊ぶ *v.* jugar* en el「jardín de atrás [patio trasero].

うらばなし 裏話 (内幕) *f.* información desde dentro, *f.* verdad auténtica; *f.* historia no pública, 《口語》*f.* chisme.

うらはら 裏腹 ♦彼女は言う事とする事が裏腹(＝一致しない) Sus acciones no「son coherentes con [reflejan] sus palabras. / No hay coherencia entre lo que hace y lo que dice. → 言行.

うらばんぐみ 裏番組 *m.* programa a la misma hora en diferente canal.

うらぶれた *adj.* miserable, pobre; （外見が）*adj.* desastrado, 『スペイン』《口語》cutre. ▶うらぶれた人生を送る *v.* llevar una vida miserable.

うらみ 恨み *m.* resentimiento, *m.* rencor, *f.* mala voluntad, *m.* encono, *f.* enemistad. ◆彼に恨みを抱く *v.* guardarle rencor, estar* resentido contra él, tenerle* mala voluntad. ▶父の恨みを晴らす (＝仇(き)を討つ) *v.* vengar* al padre. ▶恨み言を言う (＝不平を言う) *v.* quejarse 《de》. ▶恨み重なる (＝不倶戴天(たいてん)の) 敵 *m.* enemigo mortal. ◆彼の不注意な発言が彼女の恨みを買った Sus descuidadas [imprudentes, irreflexivas] observaciones incurrieron en el resentimiento de ella. ⇨ 遺恨, 思い

うらむ 恨む(恨みを持つ) *v.* guardar [tener*, sentir*] rencor. ▶なぜか分からないが彼は私を恨んでいる Me guarda rencor, pero no sé por qué. ▶人を恨むな No tengas mala voluntad a nadie.

うらめ 裏目 ▶彼の計画が裏目に出た Su plan le ha acarreado resultados no deseados. /《口語》Le ha salido el tiro por la culata.

うらめしい 恨めしい ▶恨めしそうな (＝非難するような) 目つきで私を見る *v.* mirarme con reproche, echarme [lanzarme*] una mirada llena de reproches. ▶恨めしそうな (＝残念そうな) 表情 *f.* expresión pesarosa. ◆若いころ一生懸命勉強しなかったことが恨めしい Lamento [Me pesa] no haber estudiado duramente cuando era joven.

*__うらやましい__ 羨ましい （うらやましがる）*adj.* envidiable, que causa envidia, de envidia, digno de envidia; （人をうらやましがらせるような）*adj.* envidiable. ▶うらやましいほど美しい女性 *f.* mujer envidiosamente bella. ▶うらやましそうな顔をする *v.* poner* cara de envidia, parecer* envidioso. ▶うらやましがらせる *v.* dar* envidia. ▶君がうらやましい ¡Qué envidia me das! ◆うらやましそうに彼女を見るな No la mires con envidia. ◆君の幸運がうらやましい Envidio tu buena suerte. / Tengo envidia de tu (buena) suerte. / Tu (buena) suerte que me da [causa] envidia.

うらやむ *v.* envidiar, sentir* [tener*] envidia. ▶人をうらやむような (＝人をうらやましがらせるような) 女性 *f.* mujer envidiable. ◆彼は私の成功をうらやんだ Envidiaba mi éxito. / Tenía envidia de mi éxito. / Estaba envidioso por mi éxito.

うららか ▶うららかな春の日 *m.* suave [precioso] día de primavera.

ウラン *m.* uranio. ▶1天然 [2濃縮]ウラン *m.* uranio 1natural [2enriquecido]. ▶ウラン鉱 *m.* mineral de uranio.

ウランバートル Ulan Bator (☆モンゴル国の首都).

うり 瓜(マクワウリ) *m.* melón. ◆あの兄弟は瓜二つだ Esos hermanos son como dos gotas de agua. ◆彼は兄に瓜二つだ Es igualito que su hermano. / Es la viva imagen de su hermano.

うり 売り ▶売りに出す *v.* poner* (la casa) en venta. ◆彼らの家は売りに出ている Su casa está en [a la] venta.

うりあげ 売り上げ (売上高) *f.* venta(s); lo recaudado (por venta). ▶売り上げ1伝票 [2台帳] 1 *f.* ficha [2 *m.* libro] de venta. ▶総売上高 *m.* importe bruto de ventas. ▶売り上げを伸ばす *v.* aumentar [impulsar] las ventas. ◆今月はテレビの売り上げが3％伸びた [2落ちた] Este mes las ventas de televisores han 1aumentado [2disminuido] un 3%. ◆彼らはバザーの売り上げ(金)を慈善事業に寄付した Donaron a obras de beneficencia lo recaudado en la venta benéfica.

うりあるく 売り歩く(行商する) *v.* vender de puerta en puerta, ir* vendiendo por las calles.

うりきれる 売り切れる *v.* agotarse, no estar* en existencias. ◆そのサイズの靴は売り切れました Los zapatos de esa talla se han agotado. / Ya no tenemos los zapatos de esa talla. ▶本日は売り切れました『掲示』Vendido hoy. ◆座席は売り切れました (＝全部予約されました) Todos los asientos están reservados.

うりこ 売り子(店の) *mf.* dependiente/ta, *mf.* empleado/da de una tienda, *mf.* tendero/ra, *mf.* vendedor/dora.

うりことば 売り言葉 ▶売り言葉に買い言葉 (＝しっぺ返し) *adv.* ojo por ojo, en represalia, con la misma moneda. ▶彼に売り言葉に買い言葉で応酬する *v.* devolverle* ojo por ojo, replicar* con la misma moneda. ◆売り言葉に買い言葉で彼らはつかみ合いのけんかになった Uno dijo algo y otro contestó con la misma moneda hasta que llegaron a las manos.

うりこみ 売り込み ▶新しいCDの売り込みをする *v.* 「lanzar* la campaña comercial [hacer* la promoción] de un nuevo CD. ▶売り込み合戦 *f.* batalla comercial. → 売り込む.

うりこむ 売り込む ❶【広く販売する】*v.* promover* la venta 《de》, realizar* [lanzar*] la campaña comercial 《de, para》, abrir* un nuevo mercado 《para》. ▶新車を売り込む *v.* promocionar la venta de un nuevo coche. ▶ビールをテレビで宣伝して売り込む *v.* promocionar la cerveza en [por] televisión. ◆彼は製品を売り込むのがてうようまい Es muy bueno en la promoción de productos. ◆ようやくこの新製品を中国に売り込んだ Hemos conseguido introducir en China estos nuevos productos.

❷【名前や信用を広める】*v.* darse* a conocer*, darse* publicidad, hacerse* popular [conocido]. ◆彼は自分を売り込もうと努力した Intentó darse「a conocer [publicidad a sí mismo].

❸【アイデアなどを納得させる】*v.* vender. ◆彼は上司に自分の新しいアイデアを売り込んだ Le ven-

うりだし

dió su nueva idea al jefe.

うりだし 売り出し （大安売り）m. lanzamiento de una venta; f. venta de saldo [liquidación], fpl. rebajas. → 特売. ▶歳末大売り出し f. venta de fin de año. ▶大売り出しをする v. lanzar* una venta, poner* en marcha las rebajas.

うりだす 売り出す ❶【品物を】v. sacar* [lanzar*] a la venta, poner* en el mercado. ▶冬物を売り出す v. sacar* a la venta [poner* en el mercado] los artículos de invierno. ♦切符は本日売り出されます Las entradas「se ponen [salen] hoy a la venta.
❷【名を】（世の中に広く知らせる）v. ganar fama, hacerse* popular, conseguir* publicidad. ♦彼女は今歌手として売り出している Está ganando fama como cantante. ♦その小説で彼は売り出した Consiguió publicidad con la novela. ╱ La novela le dio fama.

うりつける 売り付ける v. hacer* comprar. ▶客にせダイヤを売り付ける（＝買わせる）v. hacer* que un cliente compre un diamante falso, timar a un cliente con un diamante falso.

うりて 売り手 mf. vendedor/dora. ▶売り手市場 m. mercado「de vendedores [favorable al vendedor].

うりね 売り値 m. precio de venta; （小売り値）m. precio de venta「al público [al por menor].

うりば 売り場 （カウンター）m. mostrador; （百貨店などの）f. tienda, f. sección, m. departamento. ▶おもちゃ売り場 f. sección de juguetes. ▶スーパーの野菜売り場（＝部門）f. sección de verduras en un supermercado. ▶売り場の店員 mf. dependiente/ta. ▶化粧品売り場で働く v. trabajar en la sección de cosméticos.

うりはらう 売り払う ▶古い家を売り払う（＝処分する）v. vender [deshacerse* de] la casa.

うりもの 売り物 m. artículo, m. producto (comercial), f. mercancía. ▶売り物の車 m. coche en venta. ▶売り物に出す v.「poner* en [sacar* a la] venta. ♦あの店はスープが売り物（＝自慢料理）だ El atractivo [fuerte] comercial de ese restaurante es la sopa.

うりや 売り家 f. casa en venta. ▶売り家に出す v. poner* una casa en venta.

うりょう 雨量 （降雨量）fpl. precipitaciones, m. volumen de agua caída. ▶雨量計 m. pluviómetro. ▶年間880ミリの雨量 fpl. precipitaciones anuales de 880 milímetros. ▶この地方は雨量が多い En esta región llueve mucho. ♦昨夜の雨量は20ミリだった Anoche el agua caída llegó a los veinte milímetros.

うりわたす 売り渡す ▶自分の家を彼に5千万円で売り渡す v. venderle la casa por cincuenta millones de yenes.

＊＊うる 売る （品物などを）v. vender, 《教養語》expender. ♦あの古い型はまだ売っていますか ¿Se vende el modelo antiguo? ╱ ¿Está a la venta el modelo antiguo? ♦当店では卵

を売っています En esta tienda「vendemos huevos [se venden huevos].
1《AにBを売る》v. vender B a A. ♦彼はルイスにその中古車を売った Vendió su coche usado a Luis. ╱ Le vendió a Luis su coche (usado). 会話 彼はだれに自分の自転車を売りましたか－正夫に売りました ¿A quién le vendió la bicicleta [《口語》bici]? – Se la vendió a Masao. → 与える.
2《で売る》(1)【場所】♦米はスーパーで売っている El arroz se vende en el supermercado. ♦あのコンサートのチケットはどこで売っています（＝手に入る）か ¿Dónde se venden entradas para el concierto? ╱ ¿Dónde puedo comprar entradas para el concierto?
(2)【販売価格】♦彼らはジャガイモを1高い [2安い]値段で売った Vendieron las patatas ¹caras [²baratas]. ♦小麦は1キロいくらで売れています El trigo se vende por kilos [kilogramos].
【その他の表現】 ♦自分を安く売るな ¡Tienes que hacerte valer! ♦よし、売った、3万円でいいよ ¡De acuerdo! Es tuyo a 30.000 yenes. ♦彼は私にけんかを売った Buscaba pelea [camorra] conmigo. ♦彼は祖国を売った（＝裏切った）Traicionó [Vendió] a su país. ♦その小説で名を売った（＝名声を得た）Se hizo famoso con la novela. ▷置く，さばく，手放す

うるうどし 閏年 m. año bisiesto. ▶閏年は4年ごとにある Cada cuatro años hay uno bisiesto.

うるおい 潤い （適度な湿り気）f. humedad. ▶潤いのある肌 f. piel húmeda. ▶潤いのある声 f. voz encantadora [dulce, suave]. ▶生活に潤いを与える v. enriquecer* la vida.

うるおう 潤う ❶【湿る】（適度に）v. humedecerse*; （ぬれる）v. mojarse.
❷【恵みや利益を受ける】v. beneficiarse [sacar* provecho]《de》. ♦町は新しい工場によって潤うだろう La ciudad se beneficiará de la nueva fábrica. ╱ La nueva fábrica traerá prosperidad a la zona.

うるおす 潤す ❶【湿らせる】（適度に軽く）v. humedecer*; （湿らせる）v. mojar. ▶のどを潤す v. apagar* la sed《con》.
❷【恵みや利益を与える】v. beneficiar, hacer* próspero. → 潤う.

ウルグアイ Uruguay; （公式名）f. República Oriental del Uruguay（☆南アメリカの国家、首都モンテビデオ Montevideo). ▶ウルグアイの adj. uruguayo. ▶ウルグアイ人 mf. uruguayo/ya. ▶ウルグアイ川 el Uruguay（☆アルゼンチンとブラジル、ウルグアイの国境を流れる川). ▶ウルグアイラウンド f. Ronda de Uruguay.

＊うるさい （騒々しい）adj. ruidoso; （迷惑な）adj. molesto; （面倒な）adj. difícil, pesado; （しつこい）adj. insistente. → やかましい, 悩ます. ▶うるさい騒音 m. ruido molesto. ▶うるさいコオロギの鳴き声 m. ruidoso chirriar de los grillos. ▶うるさいセールスマン m. vendedor impertinente. ▶うるさい（＝執拗(しつよう)な）要求 f. petición insistente. ▶うるさい（＝迷惑な）人 f. persona pesada. ♦あの子はうるさいやつだ Es un niño muy molesto. ♦もう、うるさいわね ¡Déjame en paz! ╱

¡Deja de importunarme! /《口語》¡No me fastidies! /《口語》¡Deja ya de darme la lata! /《怒れ》¡Cállate ya! / ¡A callar! ♦ハエはうるさい Las moscas me molestan.

── うるさく（騒々しく）*adv.* ruidosamente;（しつこく）*adv.* insistentemente. ▶チョコレートをくれと母親にうるさくせがむ *v.* pedir* insistentemente chocolate a la madre, 「《口語》dar* la lata [《教養語》importunar] a la madre pidiéndole chocolate. ♦あんなにうるさくては何事にも没頭できない Con todo ese ruido no puedo concentrarme en nada. ♦彼は私にいっさいとうるさく言ってきかなかった (＝強く要求した) Se puso muy pesado en que le acompañara. / Insistió《口語》machaconamente en que fuera con él.

【その他の表現】♦彼女は着る物にうるさい Es muy especial [exigente, quisquillosa] con la ropa. ♦彼は子供にとてもうるさい (＝厳格である) Es muy exigente [riguroso, severo] con sus hijos. → やかましい. ♦世間の口がるさい Habrá habladurías. /《ことわざ》Por la boca muere el pez.

うるさがる ▶くだらない質問をしてうるさがらせる *v.* molestar con preguntas tontas. ♦あの先生は生徒の質問をうるさがる A ese profesor le molestan las preguntas de sus estudiantes. ♦彼女は車内で大声で話してうるさがられた (＝やっかいものと見なされた) Molestaba a la gente hablando ruidosamente en el tren.

うるし 漆 "urushi",（説明的に）*f.* laca [*m.* barniz] del Japón. ▶うるしの木 *m.* zumaque, *m.* árbol de la laca. ▶うるしの器 *m.* cacharro de laca. うるしでかぶれる *v.* ser* envenenado con laca. ▶うるしを塗る *v.* lacar*, barnizar* con laca.

ウルトラ *mf. adj.* ultra.

うるむ 潤む *v.* empañarse, humedecerse*. ♦彼女の目は涙で潤んでいる Sus ojos están empañados por las lágrimas.

ウルムチ 烏魯木斉 Urumchi,《ピンイン》Urumqi (☆中国の都市).

うれい 憂い[愁い]（懸念）*f.* preocupación;（恐れ）*m.* temor;（心配）*f.* inquietud;（悲しみ）*f.* tristeza;（深い）*f.* pena. ▶...の憂いがある hay temor de (＋名詞，que＋接続法).

うれえる 憂える（心配する） *v.* preocuparse [inquietarse]《por》. ♦憂えるべき (＝嘆かわしい) 行為 *f.* conducta deplorable.

うれくち 売れ口 *m.* mercado. ♦売れ口がない No hay mercado [quien compre].

**うれしい 嬉しい *adj.*（estar）alegre, contento;（ser）feliz,《文語》dichoso. → 喜ぶ. ♦そのお知らせを聞いてうれしかった Me alegraron las noticias. / Las noticias me hicieron feliz. ♦次郎，何だかすごくうれしそうね Pareces muy contento por algo, Jiro. / Se te ve muy contento, Jiro. ♦あなたにまたお会いできてとてもうれしい Estoy encantado de volver a verle. / Me alegra mucho verle de nuevo. / Estoy muy contento de verle otra vez. ♦パーティーに出席くださいましてうれしく思います Me alegro de que haya venido a nuestra fiesta. / Es un placer que haya venido a nuestra fiesta. / ¡Qué bien que haya venido a nuestra fiesta! ♦今日は生涯で一番うれしい日だ Es el día más feliz de mi vida. ♦今日はうれしい知らせを聞いた Hoy me he enterado de una noticia estupenda. / Hoy hay buenas noticias. ♦食事をごいっしょしていただければと思っているのですが─まあ，うれしい．喜んで．¿No le importaría aceptar comer conmigo? - ¡Al contrario! Estaría encantada. [¡Claro que no!] Sería un gran placer. ♦こんなうれしいことはありません Nada me haría más feliz que esto. ♦大変うれしいことに母の病気が治った Para gran gozo mío, mi madre se ha recuperado. ♦彼女はうれしそうにほほえんだ Sonrió con (cara de) felicidad. / Sonrió contenta. ♦彼が気を変えてくれてうれしかったよ (＝ありがたかった) Felizmente cambió de idea. ♦花はいつでもうれしいものだ Las flores siempre causan placer. / Siempre da gusto recibir flores. ♦それはうれしい息抜きだ ¡Qué gran alivio! / ¡Qué gusto de alivio!

うれしさ 嬉しさ *f.* alegría, *m.* gozo, *f.* felicidad, *f.* dicha. ♦彼女にうれしさで胸がいっぱいになった Su corazón ¡se desbordaba de gozo [estaba inundado de felicidad].

うれしなき 嬉し泣き ▶嬉し泣きする *v.* llorar de alegría.

うれしなみだ 嬉し涙 ▶嬉し涙を流す *v.* llorar de alegría. ♦彼の目にはうれし涙が浮かんでいた Había lágrimas de alegría.

ウレタン *m.* uretano. ▶ウレタンフォーム *f.* espuma de uretano.

うれっこ 売れっ子（人気のある人） *f.* persona「de moda [en candelero], *m.* hombre [*f.* mujer] popular. ▶売れっ子の俳優 *m.* actor [*f.* actriz] de moda.

うれのこり 売れ残り（売れ残った品物） *mpl.* artículos no vendidos. ♦リンゴが5箱売れ残った Quedaron cinco cajas de manzanas sin ser vendidas.

うれゆき 売れ行き *f.* venta;（需要）*f.* demanda. ▶クーラーの売れ行き (＝売上高) が¹伸びた [²落ちた] La venta de acondicionadores de aire ha ¹subido [²bajado]. ♦その雑誌は売れ行きが悪い La revista no se vende bien. / La revista no tiene mucha demanda. ♦あの店は売れ行きがよい Esa tienda está vendiendo bien. / Las ventas marchan bien en esa tienda.

うれる 売れる ❶【商品が】*v.* venderse. ▶高く売れる *v.* venderse a「buen precio [precio alto]. ♦その本はすぐに売れた El libro se vendió rápidamente. / El libro no tardó en venderse. ♦そのネクタイはよく売れている La corbata se está vendiendo bien. / Las ventas de esa corbata marchan bien. / La corbata se está vendiendo como《口語》rosquillas. ♦遅すぎたわ，もう売れちゃってたの Llegué muy tarde y ya estaba vendido.
❷【広く知られる】▶名の売れた人 *f.* persona de moda. ▶売れている (＝人気のある) 作家 *mf.* es-

140　うれる

critor/tora「de moda [popular]. ♦その女優は近ごろよく売れている Esa actriz está muy de moda estos días.

うれる 熟れる(熟する) v. madurar(se). ▶うれた果実 m. fruto maduro, f. fruta madura. → 熟す.

うろうろ ▶うろうろする(=当てもなくさまよう) v. andar* de un lado para otro, vagar*, rondar. ♦銀行のあたりをうろうろしていると、あやしまれるよ Si te pones a andar de un lado para otro cerca de un banco, la gente te mirará con suspicacia.

うろこ 鱗 f. escama. ▶うろこのある魚 m. pez「con escamas [escamoso]. ▶魚のうろこを取る v. quitar las escamas de un pez, escamar un pez.

うろたえる (気が動転する)v. alterarse, perder* la calma. → 慌てる, まごつく. ▶時間がなかったのでうろたえてしまった Como no tenía tiempo,「me alteré [perdí la calma].

うろちょろ ▶君にこの辺をうろちょろしてもらいたくない No quiero que andes dando vueltas por aquí.

うろつく ▶スーパーのあたりをうろつく(=ぶらぶら歩く)v. vagar* por el supermercado. ▶通りをうろつく v. callejear, vagar* por las calles.

うわがき 上書き ▶上書きする《専門語》v. sobreescribir*.

うわき 浮気 m. amorío extraconyugal, f. infidelidad,《口語》m. lío con otro [otra]. ▶浮気の相手 mf. amante, el otro, la otra. ♦その封筒からあの女と彼の浮気がばれた Por ese sobre se descubrió su amorío con esa mujer.

―― 浮気する (婚姻外関係をもつ)v. tener* amoríos (extraconyugales), engañar con otro [otra], cometer una infidelidad,《口語》poner* los cuernos. ♦絶対に浮気しないでね No se te ocurra engañarme con otra, ¿eh?

―― 浮気な (移り気な)adj. infiel. ▶浮気な女 f. mujer casquivana [liviana, ligera].

うわぎ 上着 (そでつきの短い)f. chaqueta, f. americana,《ラ米》m. saco. ▶上着を1着[2脱ぐ] v. 1ponerse* [2quitarse] la chaqueta. ▶上着を着て adv. con la chaqueta puesta, con chaqueta　⇨ ジャケット, ジャンパー

うわぐすり 釉薬 (陶器の)m. vidriado; (ほうろうの)m. esmalte. ▶うわ薬をかけた陶器 f. cerámica vidriada.

うわくちびる 上唇 m. labio superior.

うわごと 譫言 ▶うわ言を言う; (たわ言を言う)v.《口語》decir* tonterías; (口から出まかせにしゃべる)v. hablar sin pensar*, hablar a lo loco.

・**うわさ** 噂 m. rumor, f. habladuría,《口語》m. chisme, el qué dirán,『スペイン』《口語》m. cotilleo.

❶《うわさが[は]》 ♦彼が昇進するといううわさが広まった Corrió el rumor de que le iban a promocionar. ♦彼が死んだという世間のうわさは間違いだった El rumor de que había muerto resultó ser falso. ♦彼女はうわさ話が好きだ Le gustan「los chismes [las habladurías]. ♦おうわさはかねがね伺っております He oído hablar mucho y bueno sobre usted. / Me han contado muchas cosas buenas de usted.

❷《うわさの》▶うわさの人物 f. persona「de la que se habla mucho [sobre la que corren muchos rumores].

❸《うわさに》♦彼の奇妙な行動は近所のうわさ(の種)になった Su extraño comportamiento provocó las habladurías del vecindario. / Su rara conducta fue una fuente de rumores entre los vecinos. ♦いっしょのところを見られない方がいい、うわさになるから Mejor que no nos vean juntos para que la gente no hable. ♦その件はうわさに聞いている Estoy enterado de ese rumor. / Lo sé de oídas. ♦それはうわさにすぎない No es más que un rumor. ♦うわさによればゴメス一家は引っ越すそうだ「Por lo visto [He oído que, Se dice que] los Señores Gómez van a cambiarse de casa.

❹《うわさを》▶うわさを立てる v.「hacer* correr [circular] un rumor. ▶近所の人と彼のうわさをする v. contar* chismes sobre él con「el vecino [la vecina],《口語》chismorrear con「el vecino [la vecina]. ♦彼が学校をやめるといううわさを聞いた「He oído que [Me han contado que] va a dejar la escuela.

❺《うわさだ》♦彼が辞職したといううわさだ Corre [Circula] el rumor de que ha dimitido. / Se rumorea que ha dimitido. / He oído decir que ha dimitido.　会話 あの人たち別居中なんでしょーそういううわさだわ Viven separados, ¿verdad? – Eso dicen. ♦それは根も葉もないうわさです No es más que un rumor infundado.

〖その他の表現〗♦うわさをすれば影だ. ほら, 彼が来た《言い回し》Hablando del rey de Roma, por la puerta asoma. ♦人のうわさも75日《言い回し》La noticia de hoy, mañana envuelve el pescado. ♦会社中で彼のうわさで持ち切りだ No se hablan más que de él en la compañía.　⇨ おしゃべり, 下馬評, 世評, 取り沙汰

うわずる 上擦る (うつろに聞こえる)v. sonar* a hueco; (興奮する)v. excitarse, entusiasmarse. ▶うわずった声で話す v. hablar con la voz chillona [excitada, nerviosa].

うわつきもじ 上付き文字《専門語》m. superíndice.

うわつく 浮つく ▶浮ついた(=落ち着きのない)生活 f. vida frívola (disipada, inquieta). ▶浮ついた(=気まぐれな)男 m. hombre frívolo. ▶浮ついた(=軽々しい)返事をする v. dar* una respuesta frívola [poco seria]. ▶浮ついた気持ちでいてはいけません No seas tan frívolo.

うわっつら 上っ面 (外観)f. apariencia; (表面)f. superficie, m. exterior. → 上辺(うわべ).

うわっぱり 上っ張り (女性・画家の)m. blusón, m. guardapolvo; f. bata; (子供の)m. babi.

うわて 上手 ▶上手投げ(野球の)m. lanzamiento por encima de la cabeza. ▶料理となると彼女は私より一枚上手だ En cocinar me gana. / Es mejor cocinera que yo. / Me gana

うわぬり 上塗り ▶ペンキ [ニス] の上塗りをする v. dar* una última capa de ¹pintura [²barniz]. ◆そんなことをしたら恥の上塗りだ Eso sería el colmo de la desvergüenza.

うわのせ 上乗せする v. añadir ⟨a⟩.

うわのそら 上の空 (ぼんやりした) adj. distraído, despistado. ▶上の空で返事をする v. responder distraídamente, dar* una respuesta distraída. ◆彼は私の話を上の空で聞いていた (=ほとんど聞いていなかった) Apenas me escuchaba. / No me puso casi nada de atención. / (心ここにあらずで) Mientras yo hablaba su mente estaba en otro sitio. / Mientras yo hablaba, (口語) él estaba en la Luna.

うわばき 上履き fpl. zapatillas, 〖ラ米〗 fpl. pantuflas, 〖コロンビア〗 fpl. chanclas. → スリッパ.

うわべ 上辺 (表面) f. superficie, f. fachada, f. apariencia. ▶うわべだけの親切 f. amabilidad superficial [/ (口語) de fachada]. ◆彼はうわべは親切だが内心は冷淡だ Es amable en apariencia, pero frío en el fondo. ◆彼女は正直そうに見えるがうわべだけだ Parece honrada, pero no es más que fachada. / Aparentemente es honrada, pero sólo es por fuera.

うわまえ 上前 (ぴんはね) m. soborno, 〖ラ米〗 (口語) f. mordida. ▶ リベート. ▶儲(ﾓｳ)けの上前をはねる (=手数料を取る) v. embolsarse un porcentaje de sus ingresos.

うわまわる 上回る v. superar, exceder, sobrepasar. → 超過する. ▶百人を上回る adv. por encima de las cien personas. ◆彼は過去の記録を2秒上回る世界新記録を打ち立てた Estableció un nuevo récord mundial superando en dos segundos el anterior. ◆そのコンサートは予想をはるかに上回る観客を集めた El concierto atrajo a más público del que se esperaba. / El público que asistió al concierto excedió al que se esperaba.

☞ 追い越す, 越[超]過する

うわむき 上向き ▶相場は上向きだ La Bolsa está en alza. / Hay una tendencia alcista en el mercado de valores.

うわむく 上向く ▶景気が上向いている (=よくなっている) El negocio va para arriba. / El negocio está subiendo [en alza, cogiendo fuerza, mejorando]. ◆物価が上向いている (=上がっている) Los precios están subiendo [en alza].

うわめづかい 上目遣い ▶上目遣いに彼を見る v. alzar* la vista para mirarle.

うわやく 上役 mf. jefe/fa, mf. superior/riora. ▶上役に腰が低い v. tratar al jefe con deferencia.

*__うん__ 運 (その場限りの) f. suerte; (人生を左右するような) f. fortuna, m. destino; (偶然) f. casualidad. → 幸運, 不運. ◆勝負は時の運だ Ganar o perder depende de la suerte.

1《運が》運が¹よい [²悪い] v. tener* ¹buena [²mala] suerte, estar* ¹con [²sin] suerte. ◆運が悪かったね ¡Mala suerte! / ¡Qué pena! ◆運が向いてきた Estoy teniendo suerte. / La suerte se está poniendo de mi parte. ◆ここで会えるなんて運がいいのだろう ¡Qué suerte encontrarte aquí! ◆死ななくて彼は運がよかった Tuvo suerte que no se mató. ◆彼女は亭主運が悪い No ha tenido suerte a la hora de elegir marido.

2《運の》運の悪い出来事 m. incidente desafortunado [desgraciado]. ◆偽札を使ったのが運のつきだった Su suerte terminó al utilizar billetes falsos.

3《運に》何事も運に任せるな No dejes nada a la suerte. ◆運に恵まれて私たちは勝った La suerte nos sonrió y ganamos. / Ganamos por suerte.

4《運を》運をためす v. probar* fortuna (en el juego). ▶運を天に任せる (=一か八かの冒険をする) v. arriesgarse*, tentar* la suerte.

5《運よく》adv. afortunadamente, por fortuna, felizmente. ◆運よく彼は1等が当たった Afortunadamente ganó el primer premio.

6《運悪く》adv. por desgracia, desgraciadamente. ◆運悪く彼は外出していた Por desgracia había salido [no lo encontré].

うん (返答) Sí, Bueno, De acuerdo, 〖スペイン〗 (口語) Vale, 〖スペイン〗 (口語) Venga, 〖ラ米〗 (口語) Okei, ▶うん、いいよ、よろしい、▶うんと言う (=肯定する) v. decir* que sí, contestar afirmativamente, estar* de acuerdo. ▶うんとうなずく v. asentir*, mover* la cabeza afirmativamente. ▶うんともすんとも言わない v. no decir* ni que sí ni que no, no dar* ninguna respuesta, quedarse callado. 会話 行こうかーうん行こう Vamos. – Sí [De acuerdo, Bueno], vámonos. ◆うん、そうかもしれないね Bueno, tal vez sea cierto. ◆両親がうんと言ったら来られるんだね Si tus padres dicen que sí, puedes venir. ◆うん、これはうまい ¡Oye, esto es [está] estupendo!

うんえい 運営(管理) f. dirección, f. administración, f. gerencia. ▶運営委員会 m. comité directivo [de dirección]. ▶運営費 m. coste de administración. ▶運営する v. dirigir*, administrar.

うんが 運河 m. canal. ▶スエズ運河 El Canal de Suez. ▶¹水平 [²水門] 運河 m. canal de ¹nivel [²esclusas]. ▶運河地帯 f. zona del canal. ▶運河通過料 m. peaje [mpl. derechos] del canal. ▶運河を造る v. construir* [abrir*, excavar] un canal.

うんきゅう 運休 ▶バスの運休 (=運行一時中止) f. suspensión del servicio de autobuses. ▶運休する (=一時中止する) v. suspender, cancelar. ◆事故のため7時20分発の電車が運休した El tren de las 7.20 fue cancelado「debido al [a causa del] accidente.

うんこう 運行[航] ❶《乗り物》m. servicio (de transporte); (飛行機の便) m. vuelo. ▶運航中の船 m. barco en servicio. ▶列車は10分ごとに運行している Hay servicio de trenes cada diez minutos. / Cada diez minutos hay servicio ferroviario. ◆台風のためすべての

142　うんざり

飛行機の運航は中止された Todos los vuelos [transportes aéreos] fueron cancelados a causa del tifón.
❷【天体の】m. movimiento. → 回る, 回転する.

うんざり ▶うんざりする v. estar* harto [cansado, aburrido]《de》,《口語》estar* hasta la coronilla《de》.♦ 私は彼女の愚痴にはうんざりしている Estoy harto de sus quejas. ♦ 私は田舎の生活にうんざりした Estaba aburrido de la vida del campo. ♦ お前のばか話にはうんざりだ Ya me he hartado de tus tonterías. ♦ 彼は居眠り運転で(=運転中に居眠りして)事故を起こした Se quedó adormilado al volante y provocó un accidente. ☞ 嫌だ[である, になる]

うんせい 運勢 (将来の運) f. ventura, m. destino; (星回り) f. estrella; (星占い) m. horóscopo. → 運, 幸運, 占う. ▶運勢欄 f. sección del horóscopo. ▶運勢を占う v. decir* la buenaventura, predecir* el destino. ▶易者に運勢を見てもらう v. oír* la buenaventura dicha por un adivino, ir* a un adivino a que le diga la buenaventura. ♦ 今月のあなたの運勢はいい Según el horóscopo este mes vas a tener suerte. / El horóscopo dice que este mes tendrás buena estrella.

うんそう 運送 (輸送) m. transporte, f. transportación. → 運送日. ▶運送会社 f. compañía de transportes. ▶運送業者 mf. agente de transportes, mf. transportista. ▶運送料 mpl. gastos de transporte. ▶運送業をしている v. estar* en el negocio de los transportes. ▶家具をトラックで運送する v. transportar [llevar] los muebles en un camión. → 輸送.

うんち 《俗語》f. mierda,《親しい仲で》f. caca.

うんちく 蘊蓄 (知識・学問の貯え) f. erudición, f. riqueza de conocimientos [saber]. ▶うんちくを傾ける(=深い知識を存分に活用する)《教養語》v. desplegar* 「la erudición《en》[un vasto conocimiento《de》].

うんちん 運賃 (旅客の) m. precio de viaje, f. tarifa; (貨物の) m. precio de transporte; (船の) m. flete. ▶割り増し運賃をとる v. cobrar una tarifa extra. ♦ バスの運賃がまた上がった Las tarifas de los autobuses han vuelto a subir. / El precio del viaje en autobús ha subido otra vez. ♦ 京都から東京までの往復運賃はいくらですか ¿Cuánto cuesta el viaje [《スペイン》billete,『ラ米』boleto] de ida y vuelta de Kioto a Tokio? ♦ 学生時代は割引運賃で旅行できた Cuando yo era estudiante, 「me hacían descuentos en los viajes [podía

うんざり Estoy harta.
→うんざり

viajar con tarifas reducidas].

うんでいのさ 雲泥の差 ▶二人は雲泥の差だ Hay una diferencia sustancial [considerable] entre los dos. ♦ 彼らの技量は雲泥の差がある Tienen habilidades completamente [totalmente] distintas [diferentes].

うんてん 運転 (自動車などの) f. conducción,【メキシコ】m. manejo; (機械の操作) f. operación; (機械の作動) m. funcionamiento.

1《～(の)運転》酔っ払い運転 f. conducción en estado de embriaguez. ▶「無謀 [²安全, ³無免許]運転 f. conducción ¹imprudente [²segura, ³sin licencia]. ▶機械の運転 m. funcionamiento de una máquina. ▶彼は居眠り運転で(=運転中に居眠りして)事故を起こした Se quedó adormilado al volante y provocó un accidente.

2《運転(の)＋名詞》▶運転中の機械 f. máquina en funcionamiento. ▶運転資金 m. capital circulante [de trabajo]. ▶運転の教習を受ける v. tomar clases de conducir*. ♦ このエレベーターは運転休止になっている Este ascensor no funciona.

3《運転を》▶(機械が)運転を開始する v. ponerse* en marcha [funcionamiento]. ▶運転の開始 f. puesta en marcha de una máquina. → 動かす. ♦ 私の運転を信用してください Por favor, confíe usted en mi forma de conducir. ♦ 彼は車の運転を誤って溝に落ちた Perdió control del vehículo [coche, auto] y acabó en la cuneta. ♦ あのころは君はひどい運転をしていたね Entonces eras 「un conductor [una conductora] fatal. / Entonces conducías como 「un loco [una loca].

地域差 運転免許証
〔全般的に〕f. licencia de conducir
〔スペイン〕m. carnet (de conducir)
〔ラテンアメリカ〕f. licencia
〔キューバ〕f. licencia de manejar
〔ペルー〕m. brevete
〔コロンビア〕m. pase (para conducir)
〔アルゼンチン〕m. carnet [m. permiso] de conductor, f. libreta, m. registro

—— 運転する (車などを) v. conducir*,『ラ米』manejar; (機械などを) v. poner* en marcha, hacer* funcionar; funcionar. ▶機械を運転する v. hacer* funcionar una máquina. ♦ 気をつけてもっとゆっくり運転しなさい Ten cuidado y conduce más despacio. ♦ 彼は車を運転するのがうまい Conduce muy bien. / Es un buen conductor. ♦ 彼らは車を運転して坂を下って行った Bajaron en coche por la colina. / Conducían el coche colina abajo. ♦ 9時20分の電車は今日は運転されていません Ha sido cancelado el tren de las 9.20 (nueve y veinte). ♦ ラッシュアワーには臨時列車が運転される En las horas punta hay un servicio especial de trenes. / En las horas punta entran en funcionamiento otros trenes.
☞ 操る, 動かす

地域差 運転する(自動車を)
〔全般的に〕v. conducir*
〔ラテンアメリカ〕v. manejar

うんてんしゅ 運転手 (自動車の) mf. conductor

/tora, mf. chófer, 〖ラ米〗mf. chofer. ◆そのトラックの運転手は事故で死亡した El camionero [conductor del camión] falleció en el accidente.

うんと ◆うんと働く v. trabajar mucho [duramente]. ◆うんと(=思う存分)食べる v. comer hasta la saciedad [hartarse], comer tanto como uno quiera. ◆うんと(=ひどく)しかられる v. ser* reprendido severamente.

＊＊うんどう 運動 ❶【身体の】m. ejercicio (físico), f. gimnasia, m. deporte. → 体操, スポーツ. ◆軽い[²激しい]運動 m. ejercicio ¹ligero [²violento]. ◆屈伸運動 fpl. flexiones, mpl. ejercicios de flexión. ◆毎日1時間の運動 f. una hora diaria de ejercicios.

1《運動＋名詞》 ◆運動競技 mpl. deportes atléticos, m. atletismo. ◆運動選手 mf. atleta, mf. gimnasta, mf. deportista. ◆運動靴 fpl. zapatillas (de deporte), (スニーカー) fpl. playeras, mpl. tenis, 〖ウルグアイ〗mpl. championes. ◆運動場 m. campo de deportes → 運動場; (テニス・バスケットボール) f. cancha; (陸上競技) m. terreno de atletismo, (トラック) f. pista de atletismo. ◆運動好き mf. aficionado/da al deporte. ◆運動部 m. club deportivo, f. asociación deportiva. ◆運動服 f. ropa de deporte. ◆運動亢進症《専門語》f. hipercinesia. ◆運動障害《専門語》f. discinesia. ◆運動神経《専門語》m. nervio motor. ◆運動麻痺《専門語》f. parálisis motora. ◆運動神経《反射神経》が発達している v. tener* buenos reflejos. ◆運動不足であまり食欲がない Tiene poco apetito por falta de ejercicio.

地域差 運動着
[スペイン] m. chándal, f. sudadera
[キューバ] m. conjunto deportivo, m. mono, m. traje deportivo
[メキシコ] m. (英語) "hot-pants"; m. conjunto deportivo, m. "pants", f. sudadera, m. traje deportivo
[ペルー] m. buzo
[コロンビア] f. sudadera
[アルゼンチン]《英語》m. "jogging" (☆発音は[yógin]); m. buzo, m. conjunto de gimnasia, m. conjunto deportivo, m. equipo de gimnasia

2《運動は[が]》 ◆適度な運動は健康によい El ejercicio moderado es saludable [bueno para la salud]. / Te hará bien el ejercicio moderado. ◆彼は運動が得意だ Se le dan bien los deportes. / (なかなかのスポーツマンである)Es un buen deportista. ◆私はもっと運動が必要だ．太ってきた Necesito más ejercicio. Estoy engordando.

3《運動の》 ◆彼はいつも運動のために学校へ歩いて行く Para hacer ejercicio siempre va caminando a la escuela.

4《運動を》 ◆1日に少なくとも2時間は運動に当てるべきだ Hay que pasar un mínimo de dos horas diarias haciendo ejercicio. ◆水泳は体重を減らすのによい運動になる La natación es un buen ejercicio para adelgazar.

5《運動を》 ◆食後すぐ激しい運動をしないようにしなさい Trata de no hacer ejercicios fuertes poco después de comer. ◆運動をした後の温かいシャワーほどよいものはない No hay nada como una buena ducha caliente después de hacer ejercicio.

❷【社会的・政治的な】f. campaña, m. movimiento, f. promoción, f. cruzada. → 活動. ◆禁煙運動 f. campaña contra el tabaco. ◆交通安全運動 f. campaña de [por la] seguridad vial. ◆政治運動 m. movimiento político. ◆選挙運動 f. campaña electoral. ◆公害追放の市民運動 m. movimiento ciudadano contra la contaminación ambiental. ◆世界平和運動 f. campaña por la paz mundial. ◆その会社は新たな販売促進運動を始めた La empresa ha lanzado su nueva promoción de ventas. ◆ごみを捨てない運動は十分成果を上げつつある Las campañas por la limpieza en las calles están dando buenos resultados.

1《運動は[が]》 ◆大統領選挙運動は1週間前に始まった Hace una semana se inició la campaña presidencial. ◆麻薬の販売をやめさせるために運動が始められた Ha empezado una campaña para detener la venta de estupefacientes [drogas].

2《運動の》 ◆運動の組織者 mf. organizador/dora de una campaña. ◆運動の発起人たち mpl. iniciadores del movimiento.

3《運動を》 ◆彼はその運動を支持して喜んで金を出した Dio voluntariamente dinero para apoyar el movimiento. ◆彼はその資金集めの運動をした Realizó [Emprendió] una campaña para recaudar fondos. ◆私たちは市議会を浄化する運動を起こした Hemos iniciado 「una campaña [un movimiento] para limpiar el ayuntamiento.

❸【物理的な】m. movimiento, f. movilidad. ◆運動の¹原理[²法則] ¹ m. principio [² fpl. leyes] del movimiento.

── 運動する ❶【身体を動かす】v. hacer* ejercicio; hacer* [practicar*] deporte. ◆もっと運動しなさい Haz más ejercicio.

❷【社会的・政治的に】v. hacer* una campaña《por, contra》. →活動.

❸【物体が】v. moverse*. ☞動く, 体操

うんどうかい 運動会 f. reunión [f. competición] deportiva, f. reunión atlética. ◆私たちの学校では毎年秋に運動会がある Cada año en otoño hay una reunión deportiva en nuestra escuela.

うんどうじょう 運動場 (学校の) m. campo de

スクールゾーン 運転注意
Maneje con precaución zona de escuela
→運転

deportes, *m.* terreno de juego, *m.* patio escolar, *f.* pista de atletismo; (室内の) *m.* gimnasio. ▶運動場でサッカーをする *v.* jugar* al fútbol en un terreno de juego.

うんなん 雲南 →ユンナン

うんぬん 云々 etcétera, y todo eso, y tal y tal y tal. → など. ▶うんぬんする（＝批判する） *v.* hacer* un comentario, comentar; criticar*.

うんぱん 運搬 (運ぶこと) *m.* transporte, *m.* porte. ▶運搬する *v.* llevar, transportar. →運ぶ. ▶運搬人 *mf.* transportista. ▶(引っ越し用の)運搬車 *m.* camión [*f.* camioneta] de mudanzas [muebles]. ▶商品の運搬 *m.* transporte de las mercancías. ▶品物をトラックで運搬するのに丸1日かかった El camión tardó todo el día en transportar「las mercancías [los artículos, los productos].

***うんめい** 運命 *m.* destino, *f.* fortuna,《教養語》*m.* sino, *f.* suerte,《文語》*m.* hado. ◆どんな運命が待ち構えているかはだれにも分からない Nadie conoce su destino. / ¿Quién puede escrutar el destino? / Nadie sabe lo que el destino le tiene reservado. ◆兵士の運命は苛(ˣ)酷だ El destino de un soldado es severo [cruel].

1《運命の》▶運命の時 *m.* momento fatídico. ▶運命の¹皮肉 [²いたずら]によって *adv.* por ¹una ironía [²un capricho]「del destino [de la fortuna]. ▶運命の巡り合わせで *adv.* por un golpe de suerte. ◆医者になりたかったが運命の定めによりそうならなかった Quería ser médico pero el destino tenía dispuesto otra cosa. ◆運命の女神が彼にほほえんだ（＝味方した）La fortuna [diosa Fortuna] le sonrió.

2《運命に》▶運命に反抗する *v.* rebelarse contra su destino. ◆われわれはみな同じ運命（＝困難な状況）にあるのだ Estamos en la misma situación. ◆彼は若死にする運命にあった Estaba destinado [predestinado] a morir joven. / Su destino [sino] era una muerte temprana.

3《運命を》▶運命を切り開く *v.* labrarse [hacerse*] su propio destino. ▶運命を受け入れる *v.* aceptar su destino, resignarse a su suerte, conformarse. ▶運命を左右する *v.* afectar al destino. ▶運命を決する *v.* sellar [decidir] su destino. ▶運命をともにする *v.* compartir su destino, correr「la misma suerte [el mismo destino] que él.

4《運命と》▶運命と戦う *v.* luchar contra el destino.

5《運命から》▶私たちは自分の運命から逃れられない No podemos eludir [escapar a] nuestro destino [sino]. ☞ 因縁, 運, 定め, 天命

うんゆ 運輸 *m.* transporte(s), *f.* transportación. ▶運輸会社 *f.* compañía de transportes. ▶運輸機関 *mpl.* medios de transporte, *m.* sistema de transporte. ▶運輸省 *m.* Ministerio de Transportes. ▶運輸大臣[相] *m.* Ministro de Transportes; (国土交通省) *m.* Ministerio de Tierra, Infraestructura y Transporte.

うんよう 運用 ▶資金の正しい運用（＝使い方）*m.* uso adecuado de los fondos. ◆スペイン語の運用能力（＝役に立つ知識）を高めたい Deseo mejorar mi「conocimiento práctico [dominio] del español.

え

え 絵 *m.* cuadro; (絵の具による) *f.* pintura; (鉛筆・ペンなどによる線画) *m.* dibujo; (素描, 下絵) *m.* esbozo, *m.* bosquejo, *m.* apunte; (挿し絵) *f.* ilustración; (絵をかくこと) *f.* pintura. ▶私の母の（＝をかいた）絵 *m.* cuadro de mi madre. ▶モネの（＝をかいた）絵 *f.* pintura de Monet, un Monet. ▶パリで絵の勉強をする *v.* estudiar pintura en París. ▶絵が上手に描ける Pinta bien. / Se le da bien pintar. / Es un buen pintor. ▶壁に美しい絵が1枚かかっていた De la pared colgaba un hermoso cuadro. ▶挿し絵の多い本 *m.* libro「profusamente ilustrado [con muchas ilustraciones]. ◆この景色は絵になる Este paisaje será un buen tema para un cuadro.

1《絵が[を]》▶花の絵をかく *v.* pintar un cuadro con flores; (油絵の具で) *v.* pintar un cuadro con flores al óleo; (水彩絵の具で) *v.* pintar una acuarela con flores. ♦彼は絵をかくのがあうまい Pinta bien. / Se le da bien pintar. / Es un buen pintor. ♦壁に美しい絵が1枚かかっていた De la pared colgaba un hermoso cuadro.

2《絵のように, 絵にかいたような》▶絵のように美しい光景 *f.* vista pintoresca [muy hermosa]. ♦彼は¹健康 [²不運] を絵にかいたような人間だ Es la viva imagen de la ¹salud [²mala suerte].

え 柄 (道具の) *f.* asa, *m.* mango, *f.* empuñadura; (ひきだしなどの) *m.* tirador; (植物の) *m.* rabillo. ▶金属製の柄のラケット *f.* raqueta con el mango de metal. ♦フォークの柄を持ちなさい Coge el tenedor por el mango.

エアコン (冷房機・装置) *m.* acondicionador de aire, *m.* climatizador.

エアターミナル *f.* terminal de aeropuerto.

エアバス *m.* aerobús.

エアバッグ 《英語》 *m.* "airbag", *f.* bolsa de aire.

エアポケット *m.* bache de aire.

エアメール *m.* correo aéreo [por avión]. → 航空便.

エアロビクス 《英語》 *m.* "aerobics", *m.* aeróbic, *m.* aerobismo. ▶エアロビクスをする *v.* practicar* [hacer*] "aerobics" [aerobismo].

えい ▶えいと叫ぶ *v.* pegar* [dar*] un grito. ♦えいくそっ 《俗語》¡Maldita sea!, 《口語》¡Vaya! → くそ. ♦えいとばかりに彼はそれを投げた Lo tiró con un grito.

エイ (魚の) *f.* raya.

えいい 鋭意 ▶鋭意努力する *v.* poner* 「toda el alma [todo el empeño], dedicarse* en cuerpo y alma.

えいえい 営々 ▶営々と働く *v.* trabajar con diligencia.

えいえん 永遠 *f.* eternidad, *f.* inmortalidad, *f.* perpetuidad.

── 永遠の (始めも終わりもなく続く) *adj.* eterno, inmortal, perpe*tuo*, permanente. → 永久. ▶永遠の未来 *m.* futuro eterno. ▶永遠の平和 *f.* paz permanente. ▶私は彼女に永遠の愛を誓った Le juré a ella amor eterno. / Le juré amarla eternamente [para siempre].

── 永遠に *adv.* para siempre, eternamente, por siempre jamás. ▶永遠に解決のつかない問題 *m.* problema eterno. ▶永遠に別れを告げる *v.* decirle* adiós para siempre, darle* el último adiós.

えいが 映画 *f.* película, *m.* "film", 《口語》*f.* cinta; *m.* cine, *f.* cinematografía.

1《〜映画》▶¹ギャング [²恐怖; ³戦争] 映画 *f.* película de ¹bandidos [²miedo; ³guerra]. ▶記録映画 *m.* documental. ▶二本立て映画 *m.* programa de sesión doble. ▶長編映画 *f.* película larga [de larga duración]. ▶ニュース映画 *m.* noticiario. ▶モンロー主演の映画 *f.* película protagonizada por Monroe. ▶テレビ用映画 *m.* telefilm.

2《映画＋名詞》▶映画館 *m.* cine, *f.* sala de cine. ▶映画界 *m.* mundo「del cine [de las películas], el cine. ▶映画産業 *f.* industria cinematográfica [del cine]. ▶映画制作 *m.* rodaje de una película, *f.* filmación. ▶映画監督 *mf.* director/tora de cine, 《映画制作者》*mf.* cineasta. ▶映画撮影所 *m.* estudio de cine. ▶映画スター *mf.* estrella de cine. ▶映画¹俳優 [²女優] ¹*m.* actor [²*f.* actriz] de cine [la pantalla], *mf.* artista de cine. ▶映画評論家 *mf.* crítico/ca de cine. ▶映画ファン *mf.* aficiona*do/da* al cine, *m.* cinéfilo/la. ▶その小説の映画化したもの *f.* versión cinematográfica de la novela.

3《映画が[は]》▶私は映画が好きです Me gusta el cine. / Soy aficiona*do/da* al cine. ▶この映画は最近封切られた Esta película ha salido hace poco. → 封切り. ▶その映画おもしろかった？ ¿Te gustó la película? ▶テレビが発達して映画は衰退した El cine estuvo en baja cuando empezó la televisión.

4《映画に》▶彼はタクシーの運転手としてその映画に出ている En la película sale de taxista. ♦彼はその小説を映画に（＝映画化した） Adaptó la novela al cine.

5《映画を》▶映画を見る *v.* ver* una película. ▶映画を上映する *v.* poner* [pasar, proyectar, 《口語》echar] una película. ▶映画を撮る *v.* rodar* una película. ▶映画を製作する *v.* producir* [hacer*] una película. ♦今夜映画を見に行こう ¡Vamos esta noche「al cine [a ver una película]! ♦この映画館では今どんな映画をやっていますか―新作の西部劇です ¿Qué ponen en el cine? – Una nueva del

Oeste.

えいかいわ 英会話 f. conversación en inglés. ▶英会話学校 f. escuela de conversación inglesa ▶英会話の練習をする v. practicar* conversación inglesa [la conversación en inglés]. ♦彼女は英会話が上手だ Habla inglés bien [con soltura].

えいかく 鋭角 m. ángulo agudo. ▶鋭角3角形 m. triángulo acutángulo [de ángulos agudos]. ▶…と鋭角をなす v. hacer* [formar] un ángulo agudo 《con》.

えいかん 栄冠 f. corona de victoria [gloria], mpl. laureles. ▶勝利の栄冠を戴く v. conseguir* la victoria [los laureles], ser* coronado con la victoria. ▶ミスユニバースの栄冠に輝く v. ser* coronada Miss Universo.

えいきゅう 永久 f. permanencia, f. eternidad.

—— 永久の（同じ状態で変化なく続く）adj. permanente, perpetuo, eterno. ▶永久¹歯［²磁石］¹m. diente [²m. imán] permanente. ▶永久不変の真理 fpl. verdades eternas.

—— 永久に adv. para siempre, permanentemente, eternamente, por siempre jamás. ▶永久に変わらない v. permanecer* inmutable「para siempre [eternamente]. ♦君のことは永久に忘れない Jamás te olvidaré. / Te recordaré eternamente. 《会話》たばこやめたんだ—永久に? He dejado el tabaco.—¿Para siempre?

えいきゅうし 永久歯 《専門語》m. diente permanente.

*えいきょう 影響** f. influencia;（効果）m. efecto;（衝撃）m. impacto《en, sobre》.

1《影響＋名詞》♦彼は文学界に大きな影響力を持っている Tiene [Ejerce] una gran influencia en el mundo de la literatura. /（影響力の大きい作家だ）Es un escritor muy influyente. / Es un escritor de gran influencia.

2《影響が》♦円高で日本経済に対する影響が深刻になってきている「La influencia [El impacto] de la apreciación [fortaleza] del yen en la economía japonesa se ha vuelto muy grave.

3《影響を》♦テレビ番組には子供たちに悪い影響を与えるものもある Algunos programas de televisión「ejercen una influencia nociva [tienen un efecto perjudicial] en los niños. ♦家庭環境は人の性格にどのような影響を及ぼすのでしょうか ¿Qué influencia tiene el ambiente del hogar en la personalidad? / ¿Cómo influye [afecta] el ambiente de la casa en la personalidad del individuo? ♦彼は先生から大きな影響を受けた Fue muy influido por su profesor. ♦喫煙は健康に悪い影響をおよぼす El tabaco tiene malas consecuencias en [sobre] la salud. ♦コンピューターはビジネスのすべての分野に大きな影響を与えている Los ordenadores están ejerciendo una gran influencia en todos los sectores empresariales.

4《影響で》♦彼は先生の影響でスペイン語に興味を持つようになった Por influencia de su profesor se ha interesado por el español. ♦台風の影響で（＝のために）列車が大幅に遅れた El tren llegó muy tarde a causa del tifón.

—— 影響する v. tener* [ejercer*] influencia, influenciar, tener* efecto;（衝撃的に, 強く）v. causar un impacto, impactar
☞係わる, 左右する

えいぎょう 営業（営利を目的とした業務）mpl. negocios, m. comercio;（販売）fpl. ventas. ▶営業時間 m. horario [fpl. horas] de comercio, fpl. horas de oficina. ▶営業所（会社などの）f. oficina;（支店, 支社）f. sucursal. ▶営業部 m. departamento de ventas. ▶営業成績がよい（会社や人が）v. vender bien, hacer* buenos negocios. ♦彼は我が社の営業部員だ Está en la sección de ventas de nuestra empresa. / Trabaja en ventas. ▶営業中【掲示】"Abierto"

—— 営業する（開店している）v. estar* abierto;（開店する）v. abrir*;（業務を行なう）v. hacer* negocio;（店を営む）v. llevar (una tienda de bebidas). ♦私どもは月曜日は営業していません（＝店の場合）Los lunes cerramos. / No abrimos los lunes. /（会社・事務所などの場合）Los lunes no hay comercio. 《会話》（店で）土曜は何時まで営業していますか—10時まで営業しています ¿Hasta qué hora abren los sábados?–"Estamos abiertos [Abrimos] hasta las diez.

えいきょうりょく 影響力 f. influencia. → 影響. ☞威光, 権力, 勢力, 手びき

＊えいご 英語 m. inglés, la lengua inglesa, el idioma inglés;（アメリカの）m. inglés de Estados Unidos;（イギリスの）m. inglés británico. ▶標準英語 m. inglés estándar. ▶¹時事［²商業; ³実用］英語 m. inglés ¹actual [²de los negocios; ³práctico]. ▶生きた英語 m. inglés vivo.

えいこう 栄光 f. gloria. ♦彼は栄光の道をたどった Siguió el camino de la gloria. ♦勝利の栄光は我がチームに輝いた Nuestro equipo obtuvo una victoria gloriosa.

*えいこく 英国** Inglaterra, Gran Bretaña;（公式名）El Reino Unido de Gran Bretaña e Irlanda del Norte (☆ヨーロッパの国, 首都ロンドン Londres). →イギリス.

—— 英国の adj. inglés, británico.

えいこせいすい 栄枯盛衰 ▶文明の栄枯盛衰 el ascenso y el ocaso de la civilización. ♦栄枯盛衰は世の習い（＝人生には浮き沈みがある）En todas las vidas hay altibajos.

えいさいきょういく 英才教育 f. educación para talentos, f. formación para niños especialmente dotados.

えいさく(ぶん) 英作(文) f. composición [f. redacción] en inglés;（和文英訳）f. traducción [f. versión] inglesa del japonés.

えいじ 英字 f. letra latina [romana], m. carácter latino [romano]. ▶英字新聞 m. periódico [m. diario] en inglés.

えいしゃ 映写 f. proyección ▶映写機 m. proyector de cine. ▶映写室 m. cuarto [f. sala] de proyección. ▶スライドをスクリーンに映写する v. proyectar diapositivas en la pantalla.

えいじゅう 永住 m. domicilio [f. residencia] permanente. ▶永住者 m. residente habitual [permanente]. ▶パリに永住する v. vivir siempre en París.

エイズ 《専門語》m. SIDA (☆後天性免疫不全症候群 Síndrome de Inmunodeficiencia Adquirida の略). ▶エイズ患者 mf. paciente con SIDA, mf. seropositivo/va, f. víctima del SIDA; (エイズ感染者) m. portador/dora de sida. ▶HIV 感染者 mf. portador/dora del VIH (Virus de Inmunodeficiencia Humano), f. persona「infectada con el [positiva de] VIH. ▶エイズに感染する v. contraer* [coger*,《口語》pillar] el sida.

えいせい 衛生 f. sanidad, f. higiene, f. salubridad. ▶衛生的な adj. sanitario, higiénico, salubre. ▶衛生上 adv. higiénicamente. ▶公衆衛生 f. sanidad pública. ▶環境衛生 f. sanidad ambiental. ▶衛生技術 f. ingeniería sanitaria. ▶歯科衛生士 mf. higienista dental. ▶病院の衛生状態 fpl. condiciones de higiene de un hospital. ▶衛生に気をつける v. ser* cuidadoso con la higiene. ♦その調理場はあまり衛生的でない Esa cocina no es muy higiénica.

えいせい 衛星 m. satélite. ▶人工衛星 m. satélite artificial. ▶¹気象 [²通信; ³放送]衛星 m. satélite ¹meteorológico [²de telecomunicación; ³de radiodifusión]. ▶衛星国 m. país [m. estado] satélite. ▶衛星中継 [²放送] ¹f. retransmisión [² f. radiodifusión] por satélite. ▶衛星テレビ f. televisión「por satélite [[ラ米] satelital]. ▶衛星デジタル放送 f. transmisión digital por satélite. ♦この番組はマドリードから衛星生中継されている Este programa se está transmitiendo en vivo desde Madrid vía satélite.

えいせいとし 衛星都市 f. ciudad satélite.

えいぞう 映像 (テレビ・映画の) f. imagen. ♦このテレビの映像は鮮明だ La imagen en la pantalla de este televisor es nítida.

えいぞく 永続的な ▶永続的な(長続きする) adj. duradero, permanente. ▶永続する v. durar mucho. → 長続きする. ♦私たちは永続的な平和を望んでいる Tenemos esperanza en una paz duradera [permanente].

えいだん 英断 ▶英断を下す(決定的な処置をとる) v. tomar medidas decisivas [drásticas]; (賢明な決断を下す) v. tomar una decisión sabia [sagaz], emitir un juicio sabio.

えいち 英知 f. sabiduría. ▶皆の英知を集める v. buscar* la sabiduría de muchas personas.

エイチアイブイ HIV m. VIH, m. virus de inmunodeficiencia humana. → エイズ.

えいてん 栄転 ▶栄転する v. ser* promovido y transferido. ♦彼は大阪支店長に栄転した Fue promovido a director de la sucursal de Osaka.

えいびん 鋭敏 ▶鋭敏な(感覚・才知が) adj. agudo, fino, penetrante, perspicaz. → 鋭い. ▶鋭敏な観察者 mf. observador/dora

えいようしっちょう 147

agudo/da. ▶耳が鋭敏だ v. tener* un oído fino [agudo]. ▶犬の嗅(ᵏ)覚は鋭敏だ Los perros tienen「un olfato fino [una buena nariz].

えいぶん 英文 (英語) m. inglés; (学科) f. literatura inglesa; (英語の文章) m. texto [f. frase, f. oración] en inglés. ▶英文の標識 m. letrero en inglés. ▶英文に直す v. traducir* [《口語》poner*, escribir*] en inglés. ▶英文和訳 f. traducción japonesa del inglés. ▶英文科 (=学部) m. Departamento de Inglés; (科目) m. curso de literatura inglesa.

えいぶんがく 英文学 f. literatura inglesa. ▶英文学者 mf. estudioso/sa de la literatura inglesa. ▶英文学を研究する v. estudiar literatura inglesa.

えいへい 衛兵 m. centinela, m. guardián. ▶衛兵所 f. garita, f. caseta del centinela. ▶衛兵に立つ(=見張る) v. hacer* guardia, montar guardia.

えいべい 英米 Gran Bretaña y Estados Unidos. ▶英米人 m. pueblo británico y estadounidense. ♦彼は最近の英米の事情に通じている Sabe mucho de los últimos asuntos de Gran Bretaña y Estados Unidos.

えいやく 英訳 f. traducción [f. versión] inglesa. ▶英訳者 mf. traductor/tora (de libros) al inglés. ▶その小説を英訳(本)で読む v. leer* la novela en la traducción inglesa. ▶その詩を英訳する v. traducir* el poema al inglés, hacer* [realizar*] una versión inglesa del poema.

えいゆう 英雄 (男性の) m. héroe; (女性の) f. heroína. ▶国民的英雄 m. héroe nacional. ▶英雄的行為 fpl. hazañas, mpl. hechos heroicos.

えいよ 栄誉 f. gloria, m. honor. → 名誉, 栄光.

__えいよう__ 栄養 f. alimentación, f. nutrición; m. nutrimento. ▶栄養のある adj. alimenticio, nutritivo, nutricio. ▶栄養過多 f. sobrealimentación. ▶栄養不良[障害] f. desnutrición. ▶栄養学 f. nutrición, 《専門語》f. nutriología. ▶栄養剤 m. nutrimento. ▶栄養状態 fpl. condiciones nutritivas. ▶栄養(=カロリー)摂取量 m. consumo de calorías. ▶栄養が十分な赤ん坊 mf. bebé bien alimentado/da. ▶栄養の片寄らない食事をとる v. tener una dieta equilibrada. ▶栄養のあるものをとる v. tomar alimentos nutritivos, ingerir* productos alimenticios. ♦この果実は栄養満点だ Este fruto es muy nutritivo [alimenticio]. / Este fruto tiene un alto valor nutritivo [alimenticio]. ♦コーヒーに栄養はない El café no「alimenta nada [tiene ningún valor nutritivo]. ♦十分な栄養をとることは健康の基本だ La base de la salud es una buena alimentación.

えいようし 栄養士 mf. nutricionista, mf. dietético/ca.

えいようしっちょう 栄養失調 f. desnutrición.

▶栄養失調である v. estar* desnutrido, sufrir [padecer*] desnutrición.

えいり 営利〈利益〉m. beneficio, f. ganancia, m. lucro. ▶営利主義 m. comercialismo. ▶営利事業 f. actividad lucrativa. ▶営利を目的としない(=非営利)団体 f. organización no lucrativa. ◆あのやり方はあまりにも営利的だと思いませんか ¿No crees que eso es demasiado comercial?

えいり ▶鋭利な adj. afilado, cortante. → 鋭い. ▶鋭利な刃物 m. cuchillo afilado, f. hoja afilada.

えいれんぽう 英連邦 f. Mancomunidad Británica de Naciones, 《英語》la "Commonwealth".

えいわ ▶英和辞典 m. diccionario inglés-japonés.

えいん 会陰〈専門語〉m. periné.

ええ ❶【質問に対して】*interj.* sí, bueno, de acuerdo, bien. → はい. ◆ええ, そうですとも Sí, así es.
❷【承諾して】*adv.* sí, claro (que sí), naturalmente; de acuerdo, 〖スペイン〗《口語》vale. 〖会話〗じゃ, 体に気をつけてね―ええ, pues cuídate, ¿eh? – Sí. 〖会話〗これを戻して来てくれる―ええ, いいわ ¿Vas a devolverlo? – Claro.
❸【ためらい】A ver, déjame ver...

エーエム ❶【午前】*adv.* a.m. (☆ラテン語 ante meridiem = antes de mediodía の略. 用法は→午前).
❷【電波の】AM (a eme), f. modulación de amplitud (☆英語の略). ▶エーエム放送 f. transmisión en modulación de amplitud. →エフエム (FM).

エーカー m. acre.

エーゲかい エーゲ海 m. Mar Egeo (☆地中海の東部, ギリシアとトルコの間の多島海).

エージェンシー 代理店 f. agencia.

エージェント 代理人 mf. agente.

エース ❶【トランプなどの】
❷【第一人者】m. as.
❸【テニスなどの】▶サービスエース《英語》m. "ace".

ええっと esto..., vamos a ver..., bueno..., ◆ええっと, 説明するのは難しいですね Esto... Es difícil de explicar. ◆ええっと, 鍵(ぎ)をどこに置いたかな Vamos a ver... ¿Dónde puse yo la llave? ◆それは...ええっと...10 か月ほど前でした Fue hace..., vamos a ver..., unos 10 meses.

エーディー *adv.* A.D. (☆ラテン語 Anno Domini = en el año del Señor の略. A.D. 1878 のように数字の前に置くのが正しいが, B.C. の類推で desde el año 300 A.C. hasta 1300 A.D. のように後に置くことも多い).

エーディーへんかん A/D 変換《専門語》f. conversión del analógico al digital.

エーデルワイス m. edelweiss.

エープリルフール m. Día de los Inocentes, el 1 de abril. (☆スペイン語圏では 12 月 28 日 el Día de los Santos Inocentes).

エール m. grito. ▶エールを交換する v. intercambiar gritos.

えがお 笑顔 f. cara sonriente, f. expresión risueña. ▶笑顔で迎える v. recibir 《a + 人》con una sonrisa. ◆彼女は明るい笑顔で私に挨拶した Ella me saludó con una sonrisa radiante. ◆赤ちゃんの笑顔がかわいい El bebé sonríe con dulzura.

えかき 絵描き mf. pintor/tora. → 画家.

•**えがく** 描く ❶【絵などをかく】(鉛筆などを使って線で) v. dibujar; (絵の具・ペンキで) v. pintar. ◆彼はペンで紙に円を描いた Con la pluma dibujó un círculo en el papel. ◆彼女は母親を油絵の具で描いた Pintó al óleo a su madre. ◆彼は地面に地図を描いた Dibujó un mapa en el suelo.
❷【描写する】(人が) v. describir*; (絵などが) v. representar. ◆彼は随筆の中で戦争体験を描いている En su ensayo describe sus experiencias en la guerra. ◆この絵は当時の校舎を描いている En este cuadro se representa el edificio de la escuela en aquel tiempo.
❸【思い描く】v. imaginar, representarse, evocar*. ◆彼女は都会の生活を心に描いた Se imaginó la vida de la ciudad.
❹【形づくる】▶弧を描いて飛ぶ v. volar* en (forma de) un arco.

えがたい 得難い〈手に入れにくい〉adj. difícil de conseguir [tener, lograr]; 〈まれな〉adj. valioso, precioso, inapreciable. ▶得がたい機会 f. ocasión de oro. ◆当地では塩は得難い品だ Aquí la sal es「muy difícil de conseguir [algo muy valioso].

•**えき** 駅 f. estación, f. parada. ▶始発駅 f. estación de salida. ▶六甲駅から電車に乗る v. tomar [coger*] el tren en la estación de Rokkou. ◆彼は次の駅で降りた Se bajó en la siguiente estación. 〖会話〗新大阪はここからいくつ目の駅ですか―五つ目です ¿Cuántas estaciones hay desde aquí hasta Shin-Osaka? – Hay cinco. →目.

えき 液〈液体〉m. líquido. ▶液状の adj. líquido, fluido.

えき 益〈効用〉f. utilidad, m. provecho, m. servicio, m. beneficio. ◆そんなことをして何の益があるのか ¿Qué utilidad tiene [De qué sirve] hacer una cosa así? → 得. ◆それは益どころか害になる(=有害無益だ) Hace más daño que beneficio. ◆寝る時間を過ぎてまで勉強しても何の益もない De nada sirve estudiar después de la hora de acostarse.
—— 益する v. aprovechar, beneficiar, servir*. ◆この本は生徒を益するところ大である El libro aprovecha mucho a los estudiantes. / Los estudiantes se benefician mucho del libro. / El libro es de gran utilidad [servicio] a los estudiantes.

えきいん 駅員 mf. empleado/da [mf. oficial] de estación.

えきか 液化〈化学〉f. licuefacción, f. licuación. ▶液化ガス m. gas licuado. ▶液化石油ガス m. gas licuado de(l) petróleo. ▶液化天然ガス m. gas natural licuado. ▶液化する v. licuar*.

エキサイト m. entusiasmo, f. excitación. ▶

エキサイトする v. entusiasmarse, excitarse. → 興奮. ▶エキサイトゲーム m. juego excitante.
エキジビション m. partido de exhibición.
えきしゃ 易者 mf. adivino/na.
えきしょう 液晶 m. cristal líquido. ▶液晶ディスプレイ《専門語》f. pantalla de cristal líquido.
えきじょうか 液状化 f. licuefacción. ▶土壌の液状化 f. licuefacción del suelo. ▶液状化現象 m. fenómeno de licuefacción.
エキス m. extracto, f. esencia. ▶牛肉エキス m. concentrado [m. extracto] de ternera.
エキストラ mf. extra, mf. comparsa. ▶エキストラをやる v. actuar* de extra.
エキストラタイム『スポーツ』f. prórroga, m. tiempo suplementario.
エキスパート 専門家 mf. especialista, mf. experto/ta. ▶彼は機械修理のエキスパートだ Es un especialista en reparar [arreglar] máquinas.
エキスパンダー m. extensor.
エキスポ f. EXPO.
エキゾチック (異国風の) adj. exótico. ▶この町のエキゾチックな雰囲気が好きだ Me gusta el ambiente exótico de esta ciudad.
えきたい 液体 m. líquido. ▶液体¹燃料 [²洗剤] ¹m. combustible [²m. detergente] líquido ▱液, 汁
えきちゅう 益虫 m. insecto beneficioso.
えきちょう 駅長 m. jefe de estación. ▶駅長室 f. oficina del jefe de estación.
えきでん 駅伝(駅伝競走) f. carrera de relevos de larga distancia.
エキノコックスしょう エキノコックス症 《専門語》f. equinocosis.
えきばしゃ 駅馬車 f. diligencia (de caballos).
えきびょう 疫病 f. peste; (伝染病) f. epidemia. ▶疫病にかかる v. contagiarse de una peste.
えきべん 駅弁 "ekiben", 《説明的に》f. caja con comida que se vende en las estaciones de ferrocarril.
えきまえ 駅前 ▶駅前広場 f. plaza de la estación. ▶駅前旅館 m. hostal delante de la estación.
えきり 疫痢 f. disentería infantil.
エクアドル Ecuador; (公式名) República del Ecuador (☆南アメリカの国, 首都キト Quito). ▶エクアドル(人)の adj. ecuatoriano.
エクスタシー m. éxtasis.
エグゼクティブ mf. ejecutivo/va.
えくぼ m. hoyuelo. ▶彼女は笑うとほおにえくぼができる Cuando sonríe le salen hoyuelos en las mejillas.
えぐる 抉る ❶【地面・木などを】(くり抜く) v. vaciar*, ahuecar*; (丸のみなどでくり抜く) v. arrancar*, sacar*. ▶目玉をえぐり出す v. sacarle* los ojos. ▶川岸は流水でえぐられた El agua había socavado las orillas del río. ❷【心・問題などを】(心をえぐるような悲しみ) f. pena desgarradora [lacerante]. ▶問題の核心をえぐる(＝鋭く突く) v. ir* hasta「la médula [el corazón] del problema. ▶彼は愛犬の死に胸をえぐられる思いだった Sintió una pena desgarradora por la muerte de su perro.

エクレア m. pastel de crema, m. pastelillo relleno de crema, 『スペイン』m. palo de nata.

エゴ (利己主義) m. egoísmo; (自己中心) m. egotismo.

エゴイスト mf. egoísta. ▶彼はエゴのかたまりだ Es el egoísmo personificado. / Él es la encarnación del egoísmo.

エゴイズム m. egoísmo. → エゴ.

エコー m. eco. → こだま.

エコシステム m. ecosistema.

エコノミー ▶エコノミー(クラス)で行く v. ir* [viajar] en clase turista.

エコノミークラスしょうこうぐん エコノミークラス症候群《専門語》m. síndrome de la clase turista [económica].

エコノミスト mf. economista.

えこひいき 依怙贔屓 (偏愛) m. favoritismo; (不公平) f. parcialidad. ▶えこひいきの adj. parcial, injusto. ▶どの生徒もえこひいきしない (＝公平に扱う) v. tratar a todos los alumnos「sin favoritismos [con imparcialidad]. ▶私たちの先生は山田君をえこひいきしている Nuestro/tra profesor/sora「favorece a [es parcial con] Yamada. /『スペイン』《口語》Yamada está enchufado con nuestro/tra profesor/sora.

エコロジー 生態学 f. ecología.

えさ 餌 (飼料) m. cebo, m. pienso, f. comida; (まぐさ) m. forraje; (魚釣りの) m. cebo; (狩りの) f. carnaza. ▶家畜にえさをやる v. dar* comida [forraje] al ganado. ▶小鳥のえさ fpl. semillas para pájaros. ▶(魚が)えさをつつく[食う] v. morder* el cebo. ▶釣り針にえさのミミズをつける v. poner* gusanos de cebo en el anzuelo. ▶小エビをえさに使う v. usar quisquillas de cebo. ▶カラス麦をえさに馬を飼う v. alimentar a los caballos con avena. ▶えさで釣る v. atraer* (a) con un cebo, cebar. ▶犬に1日に2回えさをやります Al perro le echo de comer dos veces al día.

えじき 餌食 f. presa; (犠牲) f. víctima. ▶ネズミは猫のえじきになる Los ratones son presa de los gatos. ▶彼らは暴力団のえじきとなった Acabaron siendo presa [víctimas] de la banda.

エジプト Egipto; (公式名) La República Árabe de Egipto (☆アフリカの国, 首都カイロ El Cairo). ▶エジプト(人)の adj. egipcio.

えしゃく 会釈 (軽いおじぎ) f. ligera inclinación. ▶会釈を交わす v. intercambiar inclinaciones (para saludarse). ▶先生に軽く会釈する v. saludar al profesor con una ligera inclinación. ▶私たちは彼らとは会えばちょっと会釈をする程度の知り合いです Los [Les] conocemos sólo de saludarnos con la cabeza.

エジンバラ Edimburgo (☆英国, スコットランドの都市).

エス ▶エスサイズの靴 mpl. zapatos de talla pe-

エスエフ (空想科学小説) f. ciencia ficción; (個々の) f. novela de ciencia ficción.

エスエル (蒸気機関車) f. locomotora de vapor.

エスオーエス ▶エスオーエスを¹送信 [²受信]する v. ¹enviar* [²recibir] un SOS.

エスカレーター f. escalera automática [mecánica, móvil], 【キューバ】 f. escalera rodante. ▶エスカレーターに乗る v. montarse [subir] a la escalera automática → エレベーター; (利用する) v. tomar la escalera automática. ♦エスカレーターで 3 階に上った Me monté en la escalera automática para subir al segundo piso. ／Subí al segundo piso por la escalera automática.

エスカレート エスカレートする v. escalar, agravarse. ♦小さな衝突が核戦争にエスカレートするかもしれない Un conflicto secundario puede escalar en una guerra nuclear.

エスキモー mf. esquimal, mf. inuit.

エスケープ ▶授業をエスケープする v. hacer* pellas [【スペイン】novillos], 【スペイン】(口語) fumarse una clase, 【ラ米】hacer* la rabona. → サボる.

エスコート (付き添いの男) m. acompañante. ♦彼がパーティーで彼女のエスコートをした La acompañó a la fiesta. ／Fue su acompañante en la fiesta.

エスジーエムエル SGML (専門語) m. lenguaje estandarizado y generalizado de marcado, SGML.

エスじけっちょうえん S 字結腸炎 (専門語) f. sigmoiditis.

エステティックサロン m. salón de belleza.

エストニア Estonia (☆北ヨーロッパの国, 首都タリン Tallinn).

エストレマドゥーラ Extremadura (☆スペインの地方, 自治州).

エスニック ▶エスニック料理 f. comida étnica.

エスパルテロ (ホアキン・バルドメロ・フェルナンデス ～) Joaquín Baldomero Fernández Espartero (☆1793-1879, スペインの軍人・政治家).

エスプリ (機知, 才気) m. espíritu, m. ingenio, m. humor.

エスプロンセダ (ホセ・デ ～) José de Espronceda (☆1808-1842, スペインの詩人).

エスペラント m. esperanto. ▶エスペラント学者 [使用者] mf. esperantista.

えそ 壊疽 (専門語) f. gangrena.

*えだ 枝** f. rama; (小枝) f. ramilla; (切った) m. ramo, m. ramaje, f. ramulla; (若枝) m. retoño, m. vástago. ▶枝の多い木 m. árbol de [con] muchas ramas, m. árbol ramoso. ▶枝ぶりのよい松 m. pino con un ramaje gracioso. ▶枝に分かれる v. ramificarse*. ▶枝を切る v. cortar las ramas, podar.

えたい ▶得体の知れない男 m. hombre misterioso [extraño, raro].

エチェガライ (ホセ ～) José Echegaray (☆ 1832-1916, スペインの劇作家).

エチオピア Etiopía; (公式名) La República Federal Democrática de Etiopía (☆アフリカの国, 首都アジスアベバ Addis Abeba). ▶エチオピア(人)の adj. etíope. ▶エチオピア人 mf. etíope.

エチケット f. urbanidad, fpl. buenas formas [maneras], mpl. buenos modales. → 礼儀, 礼. ▶エチケットを守る v. guardar「la urbanidad [las formas].

エチュード(練習曲) m. estudio.

エチルアルコール m. alcohol etílico.

えっ(驚嘆・賞賛・当惑して) interj. oh; ah; no, hombre; no me digas; pero qué me dices. → ああ. ♦えっ, 本当ですか ¿Ah, sí [de verdad]? → ああ. ♦えっ, 屋根がまた雨もりしている－えっ! Hay otra gotera. - ¡No, hombre! / ¡No me digas! ♦えっ, 何だって ¿cómo?, ¿qué?, ¿eh?, ¿qué dices?

えっきょう 越境 ▶越境する(国境を越える) v. cruzar* [pasar] la frontera. ▶越境して(＝国境を越えて)逃げる v. huir* por la frontera. ▶有名校に越境入学する v. ir* a una escuela famosa fuera del propio distrito escolar.

エックスエムエル XML (専門語) m. lenguaje extensible de marcado.

エックスせん X 線 mpl. rayos X (equis). → レントゲン.

えっけん 越権 ♦そんなことを言うなんて越権行為だよ Estás abusando de tu autoridad al decir eso. ／(君にはその権利がない)No tienes derecho de decir esto.

えっけん 謁見 ▶謁見を許す v. conceder《a ＋ 人》audiencia.

エッセー m. ensayo. → 随筆.

エッセンス ❶【物事の本質】f. esencia. ❷【エキス, 香料】f. esencia.

エッチ ▶エッチな話「m. chiste verde [obsceno]. ▶(異性に)エッチなことをする v. propasarse 《con》. ♦あの人はエッチだ《口語》Es un viejo verde.

エッチング m. aguafuerte.

えっとう 越冬 ▶南極で越冬する(＝冬を過ごす) v. pasar el invierno en el continente de la Antártida. ▶越冬隊 f. expedición invernal.

エッフェルとう エッフェル塔 f. Torre Eiffel.

えっぺい 閲兵 ▶閲兵する v. pasar revista a las tropas.

えつらん 閲覧 f. lectura atenta. ▶閲覧室 f. sala de lectura. ▶閲覧する(＝読む) v. leer* atentamente; (調べる) v. consultar, investigar*. ▶それらの珍本を一般の閲覧に供する(＝読めるよう提供する) v. poner* a disposición del público esos raros libros.

エディタ (専門語) m. editor.

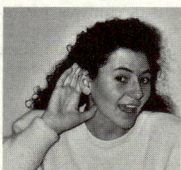

よく聞こえない ¿Qué?
→えっ

えてして 得てして (とかく...しがちだ) v. tender* [ser* propenso] 《a》. → とかく. ♦うぬぼれるとえてして失敗するものだ Cuando uno se enorgullece, tiende a fracasar.

エデン ▶エデンの園 El Edén.

えと 干支 (十二支) "eto", 《説明的に》mpl. doce signos del zodíaco chino; (十干十二支) m. ciclo sexagenario. ♦今年の干支はたつ Según el zodíaco chino este año es el del dragón.

えとく 会得する(習得する) v. aprender; (完全に) v. dominar; (理解する) v. comprender. ▶こつを会得している v. tener* dominio de ello, controlarlo, saberlo*. ▶言語学習の4技能を習得する v. dominar las cuatro destrezas del aprendizaje de una lengua.

えどっこ 江戸っ子 mf. nativo/va de Tokio, mf. tokiota.

エナメル (塗料) m. esmalte; (エナメル皮) m. cuero esmaltado [charolado]. ▶エナメルの靴 mpl. zapatos de charol.

エヌジーオー NGO f. ONG, f. organización no gubernamental.

エネルギー f. energía. → 精力. ▶省エネ(ルギー)の adj. (tecnología) para「el ahorro [la conservación] de energía.

　1《エネルギー＋名詞》▶エネルギー源 f. fuente「de energía [energética]. ▶エネルギー資源 mpl. recursos energéticos. ▶エネルギー危機 f. crisis energética.

　2《エネルギーを》▶エネルギーを節約する v. ahorrar [conservar] energía.

エネルギッシュ ▶エネルギッシュな (＝精力的)実業家 m. enérgico hombre de negocios. ♦彼はエネルギッシュだ Está lleno de energía. → 精力.

えのぐ 絵の具 mpl. colores, fpl. pinturas. ▶油絵の具 mpl. óleos, fpl. pinturas de óleo. ▶水彩絵の具 fpl. acuarelas, mpl. colores de acuarela. ▶絵の具箱 f. caja de pinturas. ▶絵の具チューブ m. tubo de pintura [color]. ▶絵の具で絵を描く v. pintar, colorear, meter color. ▶油絵の具で描く v. pintar al óleo.

えはがき 絵葉書 f. (tarjeta) postal (con cuadro). → 葉書.

えび 海老 (伊勢エビ) f. langosta; (ウミザリガニ) m. bogavante. (☆ヨーロッパ、大西洋に分布するロブスター); (車エビ) m. langostino; (小エビ)「スペイン」f. gamba, 「ラ米」m. camarón; (ジャコエビ) f. quisquilla. ▶エビフライ m. langostino frito. ♦えびでたいを釣る《ことわざ》v. echar el anzuelo y pescar* una ballena.

エピソード (逸話) f. anécdota, m. incidente. ▶その政治家にまつわる数々のエピソード fpl. numerosas anécdotas sobre ese político.

えびちゃ えび茶 m. granate, m. castaño rojizo. ▶えび茶の背広 m. traje granate.

エピローグ m. epílogo.

エフエム FM (efe eme), f. frecuencia modulada. ▶エフエム放送 f. emisión en FM.

えふで 絵筆 f. pincelada, m. brochazo.

エフティーピー FTP《専門語》m. protocolo de transferencia de ficheros [archivos].

エフビーアイ m. FBI. (☆英語の略).

エブロがわ エブロ川 el río Ebro (☆スペインの川).

エプロン m. delantal, m. mandil. ▶エプロンを 1かける 2かけている v. 1ponerse* [2llevar] el delantal.

エポック f. época. ▶彼の理論は科学にエポックを築いた Su teoría「hizo época [marcó un hito] en la ciencia.

エポックメイキングな adj. histórico, que hace época. → 画期的.

エホバ Jehovah.

えほん 絵本 (子供用の) m. libro ilustrado [con ilustraciones].

えま 絵馬 "ema",《説明的に》f. tabla votiva con un caballo pintado.

えみ 笑み f. sonrisa. ♦彼女は満面笑みをたたえて私たちを迎えてくれた Nos recibió con una amplia sonrisa. → 笑い.

エミュレータ《専門語》m. emulador.

エム ▶エムサイズの服 f. ropa de talla media [intermedia].

エムアールアイ MRI (磁気共鳴映像法) f. IRM, f. imagen [representación óptica] por resonancia magnética.

エムエー m. master en letras, M.A.

エムオーディスク MOディスク《専門語》m. disco magnético-óptico.

エムブイピー MVP mf. jugador/dora más valioso/sa, el/la JMV. ♦彼は試合のMVPに選ばれた Fue elegido el jugador más valioso del partido.

エメラルド (宝石) f. esmeralda; (色) m. (color) esmeralda. ▶エメラルドグリーン m. verde esmeralda.

えもいわれぬ 得も言われぬ ▶得も言われぬ苦しさ fpl. penalidades indescriptibles [indecibles, inenarrables]. ▶得も言われぬ美しさ f. belleza inefable.

えもの 獲物 (狩猟などの) f. caza, f. presa; (漁の) f. pesca. ▶獲物が多い v. haber* cazado [pescado] mucho. ▶10頭の獲物を仕留める v. abatir [matar] diez presas. ♦彼はいい獲物だ Es una presa fácil.

えら 鰓 fpl. agallas, fpl. branquias.

エラー m. error → 間違い; (野球) m. error. ▶エラーする v. equivocarse*, cometer un error. ▶エラー分析 m. análisis de errores.

＊＊えらい 偉い (地位の高い) adj. gran《＋名詞》, distinguido, ilustre,《教養語》insigne,《文語》eximio,《文語》egregio,《フォーマル》honorable. ♦その子は将来偉い人物になるだろう Ese niño algún día será「un gran personaje [alguien]. ♦彼は大変偉い科学者になった Llegó a ser un distinguido científico. ♦彼は日本で最も偉い政治家の一人だ Es uno de「los más ilustres [los mayores, los más grandes] estadistas de Japón. ♦彼は会社でだいぶ偉くなっている (＝高い地位についている) Ha subido a un puesto muy alto en la compañía. ♦彼は自分をすごく偉いと思っている Se cree muy importante.

えらい 152

《その他の表現》 会話 たばこやめたんだーえらい! He dejado el tabaco. - Estupendo [Enhorabuena]. ♦ 彼は職場の人々に偉そうにする Trata a los demás de la oficina con prepotencia.

えらい (つらい) adj. terrible, horrible, tremendo, 《口語》fatal, enorme, 《口語》grandísimo. ♦ きのうえらい目にあった Ayer tuve una experiencia terrible. / Ayer lo pasé fatal. ♦ えらい損をしてしまった He sufrido una enorme pérdida. ♦ これはえらい事になった Estamos en un lío horrible.

エラスムス (デシデリウス ～) Desiderio Erasmo (☆1467-1536, オランダの人文学者).

＊＊えらぶ 選ぶ v. escoger＊, elegir＊, seleccionar, preferir＊ A 《a B》, tomar, coger＊. ♦ 上手に自分で選ぶ v. escoger bien「uno mismo [una misma]. ♦ 好きで[自分で]選んだ職業 f. carrera elegida. ♦ 言葉を慎重に選ぶ v. escoger＊ cuidadosamente las palabras.

1 《を選ぶ》♦ 人柄で夫を選ぶ v. elegir＊ un marido por su personalidad. ♦ 教育を生涯の仕事に選ぶ v. escoger＊ la educación como dedicación [trabajo] de una vida. ♦ 彼にネクタイを選んでやる v. escogerle＊ [elegirle＊] una corbata. → 買う. ♦ 好きなのを選びなさい Escoge [Toma] el que te guste. 会話 どちらのラケットにしましょうかーどっちを選んでもいいよ ¿Qué raqueta escojo? - Puedes escoger la que quieras.

2 《を…から選ぶ》♦ この本の中から 2 冊選びなさい Elige dos libros de todos éstos. ♦ その二つの学校のうちからどちらかを選びなさい Elige una de esas dos escuelas. / De las dos escuelas escoge una. / ¿Cuál prefieres, la escuela A o la B?

3 《を(役職)に選ぶ》♦ 彼らはフアンを自分たちの代表に選んだ Eligieron a Juan como delegado. ♦ 国民はケネディを大統領に選んだ El pueblo eligió a Kennedy como [de, para] presidente. ♦ あなたと暮らすよりも一人で暮らす方を選びます Preferiría vivir solo a [antes que] vivir contigo. / Si tuviera que elegir, viviría solo y no contigo.

《その他の表現》 ♦ 勝つためには手段を選ばない v. recurrir a cualquier medio para ganar. 会話 どういう行き方が選べるのー午前の列車で行くか, 午後のバスに乗るかだよ ¿Cuáles son las alternativas para ir? - Pues la ir en tren por la mañana o tomar el autobús que sale por la tarde. ☞取[捕, 採, 執]る

えり 襟 m. cuello; (上着の襟の折り返し) f. solapa; (和服の) m. cuello redondo [cuadrado]. ♦ 開いた襟の(＝開襟)シャツ f. camisa de cuello abierto. ♦ 襟ぐり m. escote. ♦ コートの襟を立てる v. subirse el cuello del abrigo.

《その他の表現》 ♦ 襟を正す v. entrar en vereda. ♦ われわれは先生の言葉を襟を正して聞いた Escuchamos con atención lo que decía nuestro profesor.

えりあし 襟足 (かみの毛の生えぎわ) f. línea del nacimiento del pelo de la nuca; (襟首) f. nuca.

エリート f. élite, lo selecto, f. flor y nata. ♦ エリート意識[主義] m. elitismo. ♦ エリート社員 mf. empleado/da de la élite. ♦ 彼はエリート(＝選ばれた少数の一人)だ Es uno de la élite. / Es uno de los selectos.

えりごのみ 選り好み ♦ 選り好みする v. ser＊ exigente [quisquilloso, puntilloso]. → 好み. ♦ 選り好みする客 mf. cliente exigente [quisquilloso/sa].

エリザベス Elizabeth, Isabel. ♦ エリザベス女王 f. reina Isabel II (segunda).

えりすぐる 選りすぐる v. seleccionar, elegir＊.

エリテマトーデス 《専門語》m. lupus eritematoso.

エリトリア Eritrea (☆アフリカの国, 首都アスマラ Asmara).

えりぬき 選り抜き →選(ょ)り抜き. ♦ 選り抜きのぶどう酒 m. vino bien elegido. ♦ 選り抜きの品 mpl. productos selectos [seleccionados]. ♦ クラスの選り抜きの選手 los mejores jugadores de la clase.

えりまき 襟巻 f. bufanda.

えりわける 選り分ける ♦ (もみがらから)小麦を選り分ける v. separar el trigo (de la cáscara). ♦ 靴を大きさで選り分ける (＝分類する) v. clasificar＊ los zapatos por la talla.

＊＊える 得る ❶【手に入れる】v. conseguir＊; (努力・計画して) v. obtener＊; (苦労して) v. lograr, (時間かけ手を尽くしてやっと) v. adquirir＊, (価値のあるものを) v. ganar; (学ぶ) v. aprender; (当然の代償として) v. ganar. ♦ その大学から修士号を得る(＝取得する) v. conseguir＊ un máster en la universidad. ♦ 書物から知識を得る v. adquirir＊ conocimientos por los libros. ♦ 賞を得る v. ganar un premio. ♦ 教訓を得る v. aprender una lección. ♦ その本を読んで多くのことを得た He aprendido mucho leyendo ese libro. ♦ 彼は働いてでなく, ギャンブルでその金を得た El dinero no lo consiguió trabajando, sino en el juego. ♦ 勉強して得るところがありましたか ¿Te han aprovechado tus estudios?

❷【受ける】♦ v. recibir; (得る) v. obtener＊; (名声などを博する) v. ganar. ♦ 支持を得る v. recibir [conseguir＊, ganar] apoyo 《de》. ♦ 彼はその小説で悪評を得た Con esa novela consiguió una mala fama. ♦ 彼女は彼の全幅の信頼を得た Se ha ganado toda su confianza. / (得ている) Goza de su plena confianza.

❸【…できる】♦ v. poder＊. → できる.

《その他の表現》 ♦ 水を得た魚のように[で] 《言い回し》adv. como pez en el agua ☞上げる, 受ける, 収める, 獲得する, 取[捕, 採, 執]る

エル ♦ エルサイズのドレス m. vestido de talla grande.

エルエスアイ LSI, m. circuito integrado a gran escala.

エルエル (超大型の) f. extra grande →エル; (語学実習室) m. laboratorio de idiomas.

エルカノ (フアン・セバスティアン ～) Juan Sebastián Elcano (☆?-1526, スペインの航海者, マゼランの死後世界周航を達成した).

エルゴノミクス 《専門語》 f. ergonomía.
エルサルバドル (República de) El Salvador (☆中央アメリカの国, 首都サンサルバドル San Salvador). ▶エルサルバドル(人)の adj. salvadoreño.
エルサレム Jerusalén (☆イスラエルの首都).
エル・シド El Cid (☆1043頃-1099, 中世スペインの英雄的騎士, 叙事詩『わがシードの歌』 Cantar de Mío Cid の主人公).
エルディーケー ▶**3LDKのマンション** ★《説明的に》 m. piso de tres dormitorios con un espacio para comedor, cocina y sala de estar. → ティーケー.
エルナンデス (ホセ〜) José Hernández (☆1834-1886, アルゼンチンの詩人).
エルニーニョ ▶エルニーニョ現象 m. (fenómeno) El Niño.
エルバとう エルバ島 Isla de Elba (☆イタリア領).
エレガント adj. elegante. ▶エレガントな服装の淑女 f. dama vestida con elegancia, f. señora elegantemente vestida.
エレキギター f. guitarra eléctrica.
エレクトーン ▶(電子オルガン)〖商標〗 m. órgano electrónico.
エレクトロニクス (電子工学) f. electrónica.
エレバン Ereván (☆アルメニアの首都).
エレベーター 〖スペイン〗 m. ascensor, 〖ラ米〗 m. elevador.
1《エレベーター+名詞》▶エレベーター係 〖スペイン〗 mf. ascensorista, 〖ラ米〗 elevadorista. ▶エレベーター付きの建物 m. edificio con ascensor [elevador]. ▶エレベーターのない建物 m. edificio sin ascensor [elevador]. ▶¹上り[²下り]のエレベーター m. ascensor [m. elevador] de ¹subida [²bajada].
2《エレベーターを[に, から, で]》▶エレベーターを運転する v. manejar [llevar] un ascensor. ▶3階でエレベーターから降りる [²に乗る] v. ¹salir* del [²subir al] ascensor [elevador] en el segundo piso. ▶エレベーターで3階まで¹上がって[²下りて]行く v. ¹subir [²bajar] en ascensor hasta el segundo piso.
エレラ ▶エレラ(フアン・デ〜) Juan de Herrera (☆1530-97, スペインの建築家). ▶エレラ(フェルナンド・デ〜) Fernando de Herrera (☆1534-1597, スペインの詩人).
エロス Eros.
エロチック adj. erótico; (官能的な) adj. sensual, 《英語》 "sexy".
えん 縁 (関係) f. relación, m. contacto, f. conexión → 関係, 運命; (宿縁) f. fatalidad, m. destino, 《教養語》 m. sino; (きずな) m. lazo, m. vínculo; (結婚) m. matrimonio. ▶縁を結ぶ v. establecer* una relación 《con》. ▶(結婚する) v. casarse 《con》. ▶縁を切る (=関係を絶つ) v. romper* (las relaciones) 《con》. (離婚する) v. divorciarse 《de》. (勘当する) v. renegar* (de su hijo). ▶縁があって二人は夫婦になった El destino los hizo marido y mujer. ♦私は彼とは縁もゆかりもない No tengo「absolutamente nada que ver [ningún tipo de relación] con él. ♦私はああいう生活とは縁を切った He terminado con ese género de vida. ♦彼と縁が切れてせいせいしている Me alegro de deshacerme de él.
【その他の表現】▶不思議な縁で adv. por una extraña casualidad. ♦私はお金に縁がない El dinero y yo estamos divorciados. ♦私は本には縁のない男だ Nunca he sido amigo de libros. ♦縁があったらまたお会いしましょう Espero que nos volvamos a ver. ♦本を貸したのが彼らの縁となった El préstamo de un libro fue el inicio de su relación.

*°**えん** 円 ❶【円形】m. círculo, m. redondel. ▶円の¹中心 [²半径; ³直径] ¹ m. centro [² m. radio; ³ m. diámetro] de un círculo. ▶円運動 m. movimiento circular. ▶円を描く v. trazar* [describir*] un círculo; (鳥・機体などが) v. formar [hacer*] un círculo.
❷【貨幣の単位】m. yen; (円価) m. valor del yen (contra el dólar). ▶千円札2枚 mpl. dos billetes de 1.000 yenes.
えん 宴 ▶安藤氏のために宴(=祝宴)を催す v. dar* [ofrecer*] un banquete en honor del Sr. Ando. ♦宴もたけなわだった El banquete estaba muy animado.
えんいん 遠因 (間接的な原因) f. causa indirecta; (遠い原因) f. causa remota; (底流にある原因) f. causa subyacente.
えんえい 遠泳 f. natación de larga distancia. ▶遠泳する v. practicar* la natación de larga distancia.
えんえき 演繹 f. deducción. ▶演繹的推論 f. conclusión [f. inferencia] deductiva. ▶演繹法 m. método deductivo. ▶演繹する v. deducir*.
えんえん 延々 ▶延々と続く (=終わりのない)議論 fpl. discusiones interminables. ♦私は延々3時間も彼女を待った La estuve esperando nada menos que tres largas [interminables] horas. ♦演説は延々と何時間も続いた Los discursos se sucedían interminablemente.
えんかい 宴会 f. fiesta, m. banquete. ▶宴会場 f. sala de banquetes. ▶宴会を催す v. dar* una fiesta, ofrecer* un banquete.
えんかい 沿海 (海に沿った陸) f. costa. ▶沿海の adj. costero. ▶沿海漁業 f. pesca「de bajura [costera].
えんかつ 円滑 ▶円滑な adj. suave, armonioso. ♦万事円滑に運んだ Todo marchó bien [《口語》 como la seda]. ♦二人の仲は円滑にいっている (=仲よくやっている) Se relacionan en [con] perfecta armonía. / Se llevan muy bien [divinamente].

火事と地震の際はエレベーター使用禁止。
No usar el elevador en caso de incendio o temblor. →エレベーター

えんがわ 縁側 "engawa", 《説明的に》 m. corredor exterior de una casa típica japonesa.

えんがん 沿岸 (大洋の) f. costa; (海・湖・大河の) m. litoral. ▸沿岸漁業 f. pesca「de bajura [costera]. ▸沿岸警備隊 m. guardacostas. ▸沿岸航路 m. servicio costero, f. línea costera. ▸琵琶湖沿岸の都市 fpl. ciudades ribereñas al lago Biwa. ▸その町は太平洋沿岸にある Esa ciudad está en la costa del Pacífico. ♦台風は沿岸の村落に大きな被害を与えた El tifón causó [provocó] importantes daños en los pueblos costeros. ♦アフリカの沿岸にはさんご礁がたくさんある El mar de la costa africana está lleno de arrecifes de coral.

・えんき 延期 f. prórroga, m. aplazamiento.
—— 延期する v. prorrogar*, aplazar*, posponer*. ▸出発を月曜日まで延期する v. aplazar* [retrasar] la salida hasta el lunes. ▸勘定の支払いを延期する v. prorrogar* el pago de las facturas. ▸雨天の場合は延期[掲示] Será aplazado en caso de lluvia. ♦試合は雨のため延期された El partido fue pospuesto debido a la lluvia. / La lluvia provocó el aplazamiento del partido.
☞繰り下げる, 繰り延べる

えんぎ 縁起 (運) m. suerte; (前兆) m. augurio, m. presagio, m. agüero. ▸縁起物 m. amuleto, f. mascota de buena suerte. ▸縁起をかつぐ v. ser* supersticioso, creer* en los augurios. ▸縁起の悪いことを言う v. decir* algo de mal augurio. ♦それは縁起が「よい [2悪い] Es de ¹buen [²mal] augurio. / Es un ¹buen [²mal] presagio. ♦多くの国でははしごの下をくぐるのは縁起が悪いとされている En muchos países se considera de「mal augurio [mala suerte] el pasar debajo de una escalera.

えんぎ 演技 (劇や体操競技などの) f. actuación, f. interpretación. ▸演技派 (=性格)俳優 mf. actor/triz de carácter. ♦彼女の演技はすばらしかった Su actuación fue soberbia [maravillosa, conmovedora]. / (感銘を受けた)Me impresionó mucho su actuación. ♦彼女は演技がうまい Es una buena actriz. ♦その劇は演技はよかったが, 背景がもう一つだった El drama estuvo bien interpretado pero el decorado no fue muy bueno. ♦それはただの演技(=見せかけ)だった Era「puro teatro [pura comedia]. / Estaba fingiendo. ☞アクション, 演芸, 仕種

えんきょく 婉曲 ▸婉曲的に adv. eufemísticamente, de manera eufemística; (遠回しに) adv. con rodeo [circunloquios]. → 遠回し. ▸婉曲語法[表現] m. eufemismo. ♦「亡くなる」は「死ぬ」の婉曲語です "Pasar a mejor vida" es un eufemismo de "morir".

えんきょり 遠距離 f. distancia larga. → 長距離. ▸遠距離通学をする v. recorrer una larga distancia hasta la escuela. ▸遠距離から撃たれる v. ser* disparado desde lejos.

えんきん 遠近 ▸遠近両用の眼鏡 mpl. lentes multifocales [progresivos, bifocales]. ▸遠近を問わず(=至る所から)やって来る v. venir* de lejos y cerca. ▸遠近(画)法で絵をかく v. dibujar [pintar] con perspectiva. ♦彼女は遠近両用の眼鏡をかけるようになった Ahora lleva [usa] unas gafas multifocales.

えんぐみ 縁組み (結婚) m. matrimonio; (婚約) m. compromiso; (養子の) f. adopción. ♦パブロとマルタの縁組みが整った(=婚約した) Pablo y Marta se han comprometido. ♦その孤児と養子縁組みした Hemos adoptado a un/una huérfano/na.

えんグラフ 円グラフ m. gráfico circular [de sectores].

えんぐん 援軍 mpl. refuerzos.

えんけい 円形 m. círculo, m. redondel, f. forma redonda. ▸円形の adj. circular, redondo. ▸円形劇場 m. anfiteatro. ▸円形に座る v. sentarse* en corro [círculo].

えんげい 園芸 (庭造り) f. jardinería; (園芸学) f. horticultura. ▸園芸家 mf. jardinero/ra; mf. horticultor/tora. ▸園芸植物 f. planta de jardín. ▸園芸用具 fpl. herramientas de jardinería. ▸彼は園芸の才がある Tiene「mano para las plantas [habilidad para la jardinería].

えんげい 演芸 (総称) m. espectáculo; (演技) f. actuación. ▸演芸会 f. función recreativa; (寄席演芸) f. función [m. espectáculo] de variedades. ▸演芸場 m. teatro, f. sala de vodevil.

エンゲージリング m. anillo de compromiso.

えんげき 演劇 m. drama, m. teatro; (芝居) f. obra (de teatro). ▸スペイン黄金世紀の演劇 m. drama español del Siglo de Oro. ▸演劇学校 f. escuela dramática [de teatro, de dramaturgia]. ▸演劇欄(新聞などの) f. página de espectáculos, f. cartelera. ♦彼は演劇部です Pertenece a un club de teatro. ♦彼は大学で演劇を研究した Estudió teatro en la universidad.

えんげこんなん 嚥下困難 《専門語》 f. afagia. ▸嚥下障害 《専門語》 f. disfagia.

エンゲル Engel. ▸エンゲル係数 m. coeficiente de Engel. ▸エンゲルの法則 f. ley de Engel.

えんこ 縁故 (有力な知人) fpl. relaciones, mpl. contactos, fpl. conexiones. → コネ. ▸縁故の多い人 m. hombre con muchos contactos. ▸友人の縁故でその職につく v. conseguir* el trabajo「por los contactos de un amigo [con la ayuda de un amigo] ☞手づる, 伝

えんこ ▸えんこする(=故障で動かなくなる) v. averiarse*, quedarse parado, 《口語》 quedarse tirado.

えんご 援護 (援助) m. apoyo, f. ayuda. ▸援護の手を差しのべる v. echar una mano. ▸援護する v. apoyar, ayudar. ▸援護射撃をする v. poner* una cortina de humo, encubrir*.

エンコーダ 《専門語》 m. codificador.

エンコード 《専門語》 f. codificación. ▸エンコードする 《専門語》 v. codificar*.

えんざい 冤罪 f. difamación, f. acusación falsa. ▸冤罪をこうむる v. ser* acusado falsamente, ser* difamado [calumniado]. ▸冤

罪を晴らす v. demostrar* [probar*] la inocencia.

エンサイマーダ f. ensaimada (☆らせん形のパイ菓子).

えんさん 塩酸 m. ácido clorhídrico.

えんざんし 演算子《専門語》m. operador.

えんし 遠視《専門語》f. hipermetropía. ▶ 遠視性乱視《専門語》m. astigmatismo hipermetrópico.

えんじ 臙脂 m. granate, m. rojo marrón. ▶ えんじの帽子 m. sombrero granate.

エンシエロ (牛追い) m. encierro (☆闘牛の前に町に牛を放ち闘牛場まで追い込む).

エンシナ (フアン・デル ～) Juan del Encina (☆1468 頃-1529 頃, 劇作家・詩人・音楽家).

エンジニア mf. ingenier o/a. → 技師.

えんしゅう 演習 (ゼミナール) m. seminario; (練習(問題)) m. ejercicio, f. práctica → 練習; (訓練) m. entrenamiento, f. formación; (軍隊の大演習) fpl. maniobras. ▶ ガルシア・マルケスの演習をとる v. tomar [participar] en un seminario sobre García Márquez. ▶ 文法の演習をする v. hacer* [realizar*] ejercicios gramaticales. ▶ 軍事演習を行なう v. llevar a cabo [efectuar*] maniobras militares.

えんしゅう 円周 f. circunferencia. → 周囲. ▶ 円周率 f. proporción de una circunferencia con su diámetro.

えんじゅく 円熟 f. madurez, f. sazón. ▶ 円熟する[させる] v. madurar, llegar* a la sazón. ▶ 円熟した adj. maduro, en sazón, 《口語》(estar) a punto. ▶ 円熟したピアニスト mf. pianista maduro/a. ◆彼は年とともに円熟味が出てきた Ha madurado con los años. / La madurez le ha venido con la edad.

えんしゅつ 演出 f. dirección. ▶ 演出家 mf. director/tora. ▶ 演出効果 mpl. efectos escenográficos, f. escenografía. ▶ その劇を演出している v. dirigir* la obra. ▶ うまく演出されている v. estar* bien dirigido.

えんしょ 炎暑 f. canícula, m. calor intenso. → 猛暑.

えんじょ 援助 f. ayuda; (公的な) m. auxilio, m. socorro; (補助) f. asistencia; (支援) m. apoyo, m. respaldo. → 助け. ▶ 海外援助 f. ayuda al exterior. ▶ 精神的援助 m. apoyo moral. ▶ アフリカ諸国に経済援助を与える v. dar* [prestar] ayuda económica a las naciones africanas. ▶ 地震被災者へ援助を申し出る v. ofrecer* ayuda a las víctimas del terremoto. ▶ 彼に援助を求める v. pedirle ayuda [apoyo, asistencia].

—— 援助する v. ayudar, auxiliar, apoyar. → 助ける. ▶ 発展途上国を援助する v. ayudar [prestar asistencia] a los países en (vías de) desarrollo

☞ 援助, 手伝う; 援護, 力添え

えんしょう 延焼 f. propagación del incendio [fuego]. → 類焼. ▶ 延焼を食い止める v. controlar la propagación del fuego, impedir* que el fuego se propague. ▶ 延焼する (火が) v. extenderse* 《a》; (建物が) v. prenderse, incendiarse.

えんしょう 炎症 f. inflamación. ▶ 炎症を起こした傷 f. herida inflamada. ◆傷口にばい菌が入って炎症を起こした Al infectarse, la herida se inflamó.

えんじょう 炎上 ◆建物全体が炎上していた Todo el edificio estaba envuelto en llamas.

えんじる 演じる (役・人などを) v. interpretar, hacer* el papel (de); (観衆の前で役・人・劇などを) v. representar, actuar*. ▶ ハムレットの役を演じる v. hacer* el papel de Hamlet, interpretar Hamlet. ▶ 意志決定に重要な役割を演じる v. jugar* [desempeñar] un importante papel en la toma de decisiones. ▶ 失態を演じる v. equivocarse*, cometer un error, 《口語》meter la pata. ◆彼の演じるハムレットなんか見られたもんじゃないと思うよ Hará un papel de Hamlet horrible. / 《口語》Quedará fatal en el papel de Hamlet.

☞ こなす, 上演する

えんじん 円陣 m. círculo. ▶ 円陣を作る[組む] v. hacer* [formar] un corro [círculo].

エンジン m. motor. ▶ エンジンキー f. llave de contacto [encendido]. ▶ エンジンブレーキ m. freno de motor. ▶ エンジンをかける v. poner* en marcha [arrancar*] un motor. ▶ エンジンを止める[切る] v. parar un motor. ▶ エンジンを掛けっぱなしにする v. dejar el motor en marcha. ◆エンジンがかかった El motor está en marcha [ha arrancado].

えんしんぶんりき 遠心分離器 f. máquina centrífuga.

えんしんりょく 遠心力《物理で》f. fuerza centrífuga.

えんすい 円錐 (形) m. cono. ▶ 円錐形の adj. cónico.

エンスト m. fallo del motor [mecánico]. ◆踏切でエンストを起こした En el paso nivel se paró [caló] el motor (del coche). / El motor se paró en el mismo paso a nivel.

えんせい 遠征 f. expedición. ▶ 遠征隊 (軍の) m. cuerpo [m. ejército] expedicionario, f. expedición militar; (スポーツの) m. equipo visitante; (その一人) mf. visitante. ▶ 遠征試合 m. partido [m. juego] fuera de casa. ▶ 遠征する v. ir* de [hacer* una] expedición.

えんせい 厭世 ▶ 厭世主義 m. pesimismo.

えんぜつ 演説 m. discurso, 《教養語》f. alocución 《sobre》; (軍事的な) f. arenga. ▶ 就任演説 m. discurso [f. alocución] inaugural. ▶ 演説者 mf. conferenciante. ▶ 演説会 f. reunión oratoria. ▶ 演説する v. pronunciar [dar*] un discurso, hablar en público. ▶ その問題について会合で聴衆に演説する v. hablar sobre el tema ante un público. ◆彼は演説がうまい [²へた] Es un ¹buen [²mal] orador. / Habla ¹bien [²mal] en público. ◆大統領はテレビを通じて国民に演説した El presidente pronunció un discurso al país por televisión. / El presidente se dirigió al país por televisión.

エンゼルだき エンゼル滝 → アンヘル滝.

えんせん 沿線 ▶北陸線沿線の住民 f. gente que vive al lado de la línea Hokuriku.

えんそ 塩素 m. cloro.

えんそう 演奏 f. interpretación musical, f. ejecución musical. ▶演奏曲目 (=演奏などのプログラム) m. programa musical. ▶演奏者 mf. intérprete (musical), mf. músico. ▶演奏旅行 f. gira musical [de conciertos]. ▶彼のギター演奏を聴く v. oírle* tocar* la guitarra. ♦彼のソナタの演奏はすばらしかった Hizo una excelente interpretación [ejecución] de la sonata. / Tocó la sonata maravillosamente [《口語》como los ángeles].

—— **演奏する** (楽器を) v. tocar*; (曲を) v. interpretar, actuar*, ejecutar. → 弾く. ♦彼らはベートーベンの第九を演奏した Interpretaron [Ejecutaron] la Novena Sinfonía de Beethoven. ♦オーケストラが序曲を演奏し始めた La orquesta empezó 「a tocar [con] la obertura.

えんそうかい 演奏会 ▶演奏会を開く v. dar* un concierto [recital]. ▶オーケストラの演奏会 m. concierto de orquesta.

*****えんそく 遠足** f. excursión, f. salida; (ピクニック) m. picnic. ▶学校の遠足で奈良に行った En la escuela fuimos de excursión a Nara.

エンターテイナー mf. animador/dora, m. artista del espectáculo. ♦彼は世界的に有名なエンターテイナーになった Llegó a ser un animador de fama mundial.

えんだい 演題 m. tema de 「un discurso [una conferencia]. ▶「戦争と平和」という演題で話す v. hablar [disertar] sobre el tema de *Guerra y Paz*.

えんだい 遠大 ▶遠大な計画 (=広範囲に及ぶ) m. proyecto de 「largo alcance [gran escala, grandes proporciones].

えんだか 円高 f. subida del yen, f. apreciación de la moneda japonesa. ▶円高差益を還元する v. beneficiarse de un yen fuerte. ▶円高ドル安に歯止めをかける v. poner* un freno a la fortaleza del yen contra el dólar. ▶円高で海外旅行に安く行ける Con un yen fuerte se ha puesto barato viajar al extranjero.

えんだん 縁談 (結婚の申し込み) f. oferta de matrimonio, f. proposición, f. propuesta] de matrimonio. ▶たくさん縁談がある v. tener* numerosas proposiciones. ▶縁談をまとめる v. disponer* [arreglar, mediar] un matrimonio. ▶見合い結婚 m. matrimonio arreglado [《口語》apañado]. ♦その縁談はこわれた Se ha roto el compromiso matrimonial.

えんだん 演壇 m. estrado, f. tribuna《de un orador》. ▶演壇に立つ (=登る) v. subir al estrado.

えんちゃく 延着 ♦汽車は 2 時間延着した El tren ha llegado con dos horas de retraso. / El tren ha tardado dos horas en llegar.

えんちゅう 円柱 f. columna; (数学で) m. cilindro.

えんちょう 延長 f. extensión, f. prolongación, f. prórroga. ▶鉄道の隣町への延長 f. extensión del ferrocarril hasta la ciudad siguiente. ▶休みを三日間の休暇の延長を認める v. ampliarle las vacaciones en tres días. ▶延長コード f. extensión (eléctrica). ▶延長戦 f. prórroga, m. partido con prórroga; (フットボールなどの延長時間) m. tiempo extra. ▶試合を延長戦に持ち込む v. entrar [meterse] en la prórroga. ♦サッカーは延長戦に入った El partido de fútbol entró en la prórroga.

—— **延長する** (長さ・幅・期間を) v. extender*, prolongar*; (特に時間を) v. prorrogar*, alargar*, dilatar. → 延ばす. ▶道路をその村まで延長する v. alargar* la carretera hasta el pueblo. ♦国会の会期が 15 日間延長された Las sesiones parlamentarias fueron ampliadas [prolongadas] 15 días más.

えんちょう 園長 ▶[1]幼稚園 [2]動物園の園長 mf. director/tora de [1]una guardería [un jardín de infancia; [2]un parque zoológico].

エンチラーダ f. enchilada (☆トルティーヤに挽き肉を入れて巻き, チリソースで味付けしたもの).

えんつづき 縁続き ▶私は彼と縁続きです (=親類です) Yo soy un pariente suyo. / (親戚(ﾎﾝ)関係にある)Estoy emparentado con él.

えんてん 炎天 ▶炎天下で働く v. trabajar bajo un sol abrasador.

えんとう 円筒 m. cilindro. ▶円筒(形)の adj. cilíndrico.

えんどう 沿道 ▶沿道の並木 mpl. árboles a ambos lados del camino. → 道.

えんどう f. arveja, 《スペイン》m. guisante, 《メキシコ》chícharo. ▶[1]青 [2]サヤ エンドウ [1] f. arveja [[2] m. guisante] verde.

えんとつ 煙突 ▶工場の煙突 f. chimenea de una fábrica. ♦その煙突から煙がもうもうと出ていた De la chimenea salía mucho humo.

エントリー (競技などへの参加登録) f. inscripción. ▶エントリーする v. inscribirse* (en).

えんにち 縁日 (社寺の祭り) f. fiesta religiosa; (祝祭) f. festividad. ▶八幡神社の縁日 m. festival del Santuario de Hachiman.

えんのした 縁の下 ▶空間 debajo del balcón. ♦縁の下の力持ちである (=陰で一生懸命働く) v. trabajar 「a la sombra [entre bastidores]; (表立って報われない仕事をする) v. hacer* [realizar*] un trabajo desagradecido, ser* 「un héroe [una heroína] sin historiador.

エンパナーダ f. empanada (☆肉・野菜などを入れたパイ).

エンパナディージャ f. empanadilla (☆肉・野菜などを入れた小型のパイ).

えんばん 円盤 f. disco. ▶円盤投げ m. lanzamiento de disco. ▶空飛ぶ円盤 m. platillo volante.

*****えんぴつ 鉛筆** m. lápiz, m. lapicero.

1《〜鉛筆》▶消しゴム付きの鉛筆 m. lápiz con borrador en la punta. ▶先が[1]丸くなった [[2]とがった]鉛筆 m. lápiz [1]sin punta [[2]afilado]. ▶芯(ん)の堅い鉛筆 m. lápiz de mina dura. ▶短くなった鉛筆 m. cabo de un lápiz.

2《鉛筆(の)+名詞》▶鉛筆入れ m. estuche de lápices. ▶鉛筆立て m. portalápices. ▶鉛筆画 m. dibujo a lápiz. ▶鉛筆削り m. sacapuntas, m. afilalápices. ▶鉛筆の書き込み mpl. apuntes a lápiz. ▶鉛筆の芯(ん) f. mina de un lápiz. ◆鉛筆の先はとがっていた El lápiz estaba bien afilado.

[地域差] 鉛筆削り
〔全般的に〕m. sacapunta(s)
〔キューバ〕m. afilador
〔ペルー〕m. tajador
〔コロンビア〕m. tajalápiz

3《鉛筆を使う》▶鉛筆を削る v. afilar el lápiz. ▶鉛筆をなめる v. chupar el lápiz. ▶鉛筆で書く v. escribir* a [con] lápiz. → 書く. ◆鉛筆(の先)が折れた Se me ha roto la punta del lápiz.

えんびふく 燕尾服 (上着) m. frac.
えんぶきょく 円舞曲 m. vals. = ワルツ.
エンブレム m. emblema. ▶学校のエンブレムがポケットについているブレザー f. chaqueta [『ラ米』m. saco] que lleva el emblema de su escuela en el bolsillo.

えんぶん 塩分 f. sal. ▶塩分のある adj. salado; (水・土地が) adj. salobre. ▶塩分を控えたみそ汁 f. sopa de "miso"「poco salada [con poca sal, bajo en sal].

えんぽう 遠方 f. distancia, f. lejanía; (遠い地) m. lugar lejano [distante, remoto].
1《遠方に》adv. a lo lejos, a distancia. ▶遠方に住む (=遠方の)親戚(慧) mf. pariente/ta「que vive lejos [alejado/da]. ◆はるか遠方に湖が見えた「A lo lejos [En la lejanía] se veía un lago. ◆その町はここからずっと遠方にある La ciudad está「muy lejos [muy alejada, a una gran distancia] de aquí. → 遠.
2《遠方から》adv. de [desde] muy lejos.

えんま 閻魔 f. divinidad de los infiernos, m. dios del Infierno.
えんまく 煙幕 f. cortina de humo. ▶煙幕を張る v. formar una cortina de humo. ◆密航者にとって霧は煙幕の役割を果たした La niebla actuaba como una cortina de humo para los polizones.

えんまちょう 閻魔帳 m. libro de notas (del profesor); (ブラックリスト) f. lista negra.
えんまん 円満 ▶円満な adj. feliz, (調和した) adj. armonioso, (平和的な) adj. pacífico, plácido, (友好的な) adj. amistoso. ▶円満な家庭 m. hogar feliz. ▶円満解決 m. acuerdo amistoso [satisfactorio]. ▶円満な夫婦 f. pareja bien avenida. ▶円満な性格 m. carácter pacífico. ▶紛争を円満に解決する v. dar* una solución amistosa a un conflicto. ◆二人の間は円満に行かなかった No se llevaban bien. / No había armonía entre ellos.

えんむ 煙霧 (濃霧) f. niebla espesa [densa]; (スモッグ) m. smog.
えんめい 延命 ▶延命する v. prolongar* la vida; (生命を維持する) v. sostener* la vida. ▶延命治療 m. tratamiento para prolongar la vida.

えんやす 円安 m. yen más débil, f. depreciación de la moneda japonesa, f. baja cotización del yen, f. caída del yen. → 円高. ◆ここ数週間円安ドル高が続いている En las últimas semanas el yen se ha mostrado débil contra el dólar.

えんゆうかい 園遊会 f. fiesta al aire libre.
えんよう 遠洋航海 f. navegación de altura [alta mar]. ▶遠洋漁業 f. pesca de altura.
*•**えんりょ** 遠慮 (控えめ) f. reserva; (謙虚) f. modestia, m. recato; (自制) m. autocontrol.
1《遠慮が[は]》 ◆遠慮があってそんなこと言えなかった No pude decirlo por timidez. ◆彼は酔うと遠慮がなくなる Cuando se emborracha pierde la vergüenza. ◆ここでは遠慮はいりません (=気楽になさい) Por favor, póngase a gusto.
2《遠慮がちに》 ◆彼は遠慮がちに (=ちゅうちょして)私のところに近づいてきた Se me acercó con cierta reserva. ◆彼は遠慮がちに話す人だ Es reservado cuando habla. / Habla con reserva.
3《遠慮のない》 ▶遠慮のない態度 f. actitud franca [desinhibida]. ▶遠慮のない (=率直な)意見を述べる v. hablar sin reservas, dar* una opinión sincera [franca], opinar sinceramente. ◆彼らとは遠慮のない (=親しい)間柄です Mantengo una relación franca con él.
4《遠慮なく》 ▶遠慮なくくすくす笑う v. soltar* una risilla vergonzosa. ▶その計画について遠慮なく話す v. hablar sin reservas del proyecto. ▶子供たちは母親がいないと家中を遠慮なく暴れまわった Cuando su madre se fue, los niños se pusieron a alborotar libremente por la casa. ◆遠慮なく言わせてもらえば (=率直に言えば)彼の判断は間違っている Si se me permite hablar francamente, él está equivocado en el juicio. ◆彼は遠慮会釈なく (=容赦なく)同僚を攻撃した Atacó a sus colegas「sin ningún tipo de recato [despiadadamente]. [会話] 友達を連れてきてもかまいませんか—えぇ、ご遠慮なく ¿No le importa si traigo a un amigo? – No, no importa. No ande con miramientos.

—— 遠慮する (差し控える) v. contenerse* 《de》; (欲望を一時的に抑える) v. abstenerse* 《de》; (ちゅうちょする) v. vacilar, dudar. ◆婦人に年齢を尋ねるのは遠慮すべきだ Debes abstenerse de preguntar a una dama su edad. ◆この部屋ではお酒はご遠慮ください Absténgase, por favor, de beber en esta sala. / Haga el favor de no tomar [beber] en esta habitación. ◆欲しいものがあったら遠慮しないで言いなさい No dude en pedir lo que necesite. ◆彼の招待は遠慮したい (=断わりたい) Quiero rehusar su invitación. ◆彼に遠慮して (=敬意を表して)最初に話してもらった Por deferencia hacia él, dejé que hablara en primer lugar. ◆遠慮するおばあさんに座を譲った Insistí en cederle mi asiento a una señora mayor. ⇨ 躊躇, 慎み

えんろ 遠路 ◆遠路ははるばるおいでいただきありがとうございました Muchas gracias por venir de tan lejos.

お

お 尾 f. cola → 尻尾(しっぽ); (キツネ・リスなどの房々した) m. rabo; (クジャクなどの長い) f. cola. ▶尾の長い猿 m. mono rabilargo. ▶尾を垂れる v. bajar el rabo. ▶尾をぴんと立てる v. levantar el rabo. ▶犬の尾を引っ張る v. tirar a un perro del rabo. ◆犬は尾を振った El perro meneaba el rabo. ◆その事件は尾を引いた(=つめ跡を残した) Ese asunto ha dejado cola. / (影響を残した)El asunto ha「tenido un efecto duradero [traído cola].

お- 御- ◆タクシーをお呼びください Haga el favor de llamarme un taxi. / ¿Sería tan amable de llamar un taxi? どうぞお座りください Siéntese usted, por favor. お荷物お持ちします Déjeme [Permítame] llevar su equipaje. ◆お父さんはいつお帰りになりますか ¿Cuándo regresa su padre?

オアシス m. oasis.

おあずけ お預け ◆おあずけ(犬に) ¡Espera! / ¡Cuando yo te diga! ◆結婚は当分おあずけしよう(=延期しよう) Vamos a aplazar un tiempo nuestra boda. ◆父さん、今は感傷にひたっている場合じゃない。ここから逃げ出すまでおあずけだ(=とっておけ) No te pongas ahora sentimental, papá. Espera que salgamos de aquí.

オアハカ Oaxaca (☆メキシコの州・州都).

おい 甥 m. sobrino. ◆彼はその医師の甥です Es el sobrino del médico.

おい 老い (老齢) f. vejez; (老人) 《フォーマル》 mf. anciano/na, 《口語》 mf. viejo/ja. ◆老いてはます盛んである v. seguir* fuerte pese a los años.

おい (呼びかけて) interj. eh, oye; (説得・挑戦などを表わして) interj. vamos, venga; (怒り・いらだちの気持ちで) interj. un momento, mira. ◆おい君 《口語》¡Eh, tú! ◆おい、一杯飲まないか ¡Oye! ¿Qué te parece si vamos a tomar algo? ◆おい、やめろ ¡Vamos, déjalo ya! ◆おい、どうして言われたとおりにできないのだ ¡Oye! ¿Por qué no lo haces nunca como te dicen?

おいあげる 追い上げる ◆2番の走者が先頭の走者を追い上げている El/La corredor/dora que va segundo/da se está acercando「al primero [a la primera]. → 追い付く. ◆選挙の終盤に他の候補も激しく追い上げてきた(=最後のがんばりをした) En los últimos días de la campaña electoral, el otro candidato「dio un fuerte empujón [《口語》pegó un tirón].

おいうち 追い打ち ◆敵に追い打ちをかける v. atacar* al enemigo en la [su] huida.

おいおい ❶ 【そのうちに】adv. pronto, en breve, a no tardar mucho; (しかるべきうちに) adv. en su momento, a su debido tiempo. ◆おいおい返事があるでしょう Tendrás la respuesta en su momento.
❷ 【泣くさま】▶おいおい泣く v. llorar amargamente. ◆少女はおいおい泣いてやがて眠った La niña「lloró amargamente hasta quedar dormida [se durmió llorando amargamente].

おいおとし 追い落とし ◆社長の追い落としを計る v. intentar desplazar* al presidente.

おいかえす 追い返す v. rechazar*, despedir*, 《口語》mandar a paseo; (追い払う) v. alejar, ahuyentar. ◆入り口で追い返される v. ser* rechazado en la entrada.

おいかける 追い掛ける (追跡する) v. perseguir*, ir* a la caza (de); (あとを追う) v. correr (tras). →追う, 追い回す. ◆強盗を追いかける v. 「perseguir* al [ir* a la caza del, correr tras el] ladrón.

おいかぜ 追い風 m. viento favorable [propicio, de popa]. ▶追い風を受けて帆走する v. navegar* con el viento 「a favor [en popa].

おいこし 追い越し ▶追い越し車線 m. carril「para adelantar [de adelantamiento]. ◆追い越し禁止 [標識] Prohibido adelantar.

おいこす 追い越す ❶ 【通り越す】 (追いつき追い抜く) v. adelantar, 『米』rebasar; (通り過ぎる) v. pasar; (より先に出る) v. ir* [ponerse*] por delante (de); (競走で) v. dejar atrás; (走って) v. correr más rápido 《que》. ◆カーブで追い越してはいけない No se debe adelantar en las curvas. ◆私の乗ったタクシーがバスを追い越した El taxi en que yo iba adelantó al autobús.

地域差 追い越す(自動車が)
[スペイン] v. adelantar(se)
[ラテンアメリカ] v. pasar
[キューバ] v. adelantar(se)
[メキシコ] v. rebasar
[コロンビア] v. adelantar(se), v. rebasar
[アルゼンチン] v. adelantar(se)

❷ 【上回る】(追い抜く) v. aventajar, adelantar; (まさる) v. superar, sobrepujar; (先んじる) v. adelantarse. ▶工業生産において他のあらゆる国を追い越す v. adelantar [superar] a todos los otros países en producción industrial. ◆彼は数学で兄を追い越した Aventajó a su hermano en matemáticas.

おいこみ 追い込み ◆彼は競走の終盤で追い込みをかけた Al final de la carrera「dio un tirón [《口語》pegó un tirón]. ◆選挙戦は追い込み(=最後の段階)に入っている La campaña electoral ha entrado en su fase final.

おいこむ 追い込む (追いやる) v. meter, hacer* entrar; (一か所に詰める. →羊を囲いに追い込む v. meter las ovejas en el redil.) ▶窮地に追い込む v. arrinconar, acorralar. ◆その問題で彼は

辞職に追い込まれた Fue obligado a dimitir por ese asunto. / Ese asunto le obligó a dimitir.

おいさき 老い先 ▶老い先が短い v. no tener* muchos años de vida.

***おいしい** (味のよい) adj. sabroso,《口語》《スペイン》(estar) bueno; (大変おいしい) adj. delicioso,《強調して》exquisito, (外見が) adj. apetitoso. ▶おいしそうな料理 m. plato apetitoso [de muy buen aspecto, de aspecto sabroso]. ♦このパイはとてもおいしい Este pastel sabe muy bien [sabroso, rico, bueno].《口語》Este pastel sabe a gloria. (レストランで)料理はどう？ーええ、とってもおいしいわ。あなたのは？¿Qué tal la comida? – Umm,「muy sabrosa [está riquísima]. ¿Y la tuya? ♦あのホテルの料理はとてもおいしい La comida de ese hotel es [está] muy buena. (☆ser はホテルの料理が常においしいときに使う) ♦その食べ物はとてもおいしそうな (= 食欲をそそる)においがする Esa comida「tiene un buen aroma [parece muy apetitosa por el olor]. 会話 何てひどいコーヒーだろうー私はおいしいと思うけど ¡Qué café tan malo! – Pues a mí me parece bueno.

おいしげる 生い茂る →茂る。♦バラが生い茂っていた (= 密集して育っていた) Los rosales「estaban crecidos mucho [crecían frondosos]. ♦小道には雑草が生い茂っていた (= 一面に生えていた) El sendero estaba cubierto de maleza [hierba].

おいすがる 追いすがる v. perseguir* (a + 人) muy de cerca; (すぐあとについて行く) v.《口語》pisar (a + 人) los talones; (しつこく追う) v. perseguir* insistentemente.

オイスター f. ostra. ▶オイスターソース f. salsa de ostras.

おいそれと(は) (たやすく) adv. fácilmente, sin ningún problema; (直ちに) adv. enseguida, de inmediato; (即席に) adv. de improviso, de repente; (考えなく) adv. sin pensar. ▶おいそれとはその仕事を引き受けられない v. no poder* aceptar ese trabajo fácilmente. ▶おいそれと承知しない v. no acceder [consentir*] fácilmente. ▶おいそれと返事できない v. no poder* responder de inmediato. ♦おいそれと人に金を貸すな No prestes fácilmente tu dinero a los demás.

おいだす 追い出す v. echar [《口語》sacar*]《de》; (追放する) v. expulsar [arrojar]《de》; (地位などから) v.《フォーマル》despedir* [《口語》sacar*]《de》,《口語》poner* de patitas en la calle,《口語》plantar en la calle. ▶ハエを部屋から追い出す v. echar una mosca del cuarto. ▶国から敵軍を追い出す (= 追放する) v. expulsar al enemigo del país; (追っ払う) v. sacar* [arrojar] al enemigo del país. ♦けんかをしておやじに追い出された Tuvimos una pelea y mi viejo [padre] me echó (de casa).

おいたち 生い立ち (背景) mpl. antecedentes; (経歴) f. historia personal; (子供時代) f. infancia, f. niñez. ♦彼は不幸な生い立ちだった (= 恵まれない境遇で育った)「Creció en circunstancias desafortunadas.

おいたてる 追い立てる ▶子供を学校へと追い立てる (= せきたてる) v. mandar a un niño a la escuela. ▶家賃滞納の借家人を追い立てる (= 立ち退かせる) v. desalojar [echar] a「un inquilino [una inquilina] que no paga la renta.

おいつく 追い付く v. alcanzar*,《スペイン》《口語》coger*; (追いつき追い越す) v. dar* alcance, dar* caza. ♦先に行ってくれ、後で追いつくから Ve delante, que te alcanzo luego. ♦私は彼らに追いつこうと一生懸命走った Corrí como un loco para alcanzarlos. ♦ついに私たちは彼の車に追いついた Por fin alcanzamos su coche. ♦彼は一生懸命勉強してクラスのみんなに追いついた Trabajó mucho y se puso a la altura del resto de la clase. ♦1 回ぐらい授業を休んでも後で追いつけるよ (= 埋め合わせができる) Por una clase que te pierdas, podrás recuperarla después.

おいつめる 追い詰める (窮地に) v. acorralar, arrinconar, acosar. ▶その犬を袋小路に追い詰める v. acorralar al perro en un callejón sin salida. ▶犯人を追い詰めて捕える v. acosar al delincuente. ♦彼は窮地に追い詰められている Se ve acorralado.

おいて 於て ❶【場所】prep. en. →で、-に. ❷【時、場合】prep. en. →で、-に.

おいで お出で ▶よくお出で (= 来て) くださいました「《フォーマル》Me alegro [《フォーマル》Celebro] que hayas venido. / ¡Qué bien que has venido! ♦その会議にお出でになりますか (= 行かれますか) ¿Va a ir a la conferencia? ♦お父さんはおいでですか (= ご在宅ですか) ¿Está su padre en casa?

おいてきぼり 置いてきぼり ▶子供を置いてきぼりにする v. dejar「al niño [a la niña] atrás. ♦彼はクラスメートに置いてきぼりを食った Sus compañeros de clase le dejaron atrás.

おいぬく 追い抜く (追いつき追い越す) v. adelantar; (通り過ぎる) v. pasar.

おいはぎ 追い剥ぎ m. salteador, m. bandido; (強盗) m. ladrón.

おいはらう 追い払う v. alejar. ▶いやなものを取り除く (動物を) v. ahuyentar, espantar; (人を) v. hacer* huir*, dispersar; (地位などから) v. ahuyentar. → 追い出す. ▶犬を(門から)追い払う v. ahuyentar un perro (de la puerta). ▶心配事を追い払う v. alejar [deshacerse* de] las preocupaciones. ▶しっしっと言って鳥を追い払う v. espantar un pájaro. ▶彼の悪霊を追い払う (= 追い出す) v. ahuyentar [hacer* huir* a] los malos espíritus. ♦警察は群衆を追い払った La policía dispersó la multitud.

おいまわす 追い回す (あちこち追いかける) v. perseguir* insistentemente por todas partes; (つきまとう) v.《口語》ir* siempre detrás《de》. ▶女のしりを追い回す v.《口語》ir* siempre detrás de las chicas. ♦仕事に追い回されて (= 仕事でとても忙しくて) 本を読む余裕なんかないよ Por todas partes me persigue el trabajo y no「tengo nada de tiempo para leer [me queda tiempo para la lectura].

おいめ 負い目 (恩義、借金) f. deuda. ♦私は彼に負い目がある Estoy en deuda con él. / (恩を

160 おいもとめる

受けている) Estoy endeudado con él.

おいもとめる 追い求める v. perseguir*. → 追求, 追う.

おいやる 追い遣る →追い払う. ▶彼を自殺に追いやる v. empujarle al suicidio ☞ 追い込む, 追う

おいる 老いる v. hacerse* viejo, envejecer*. ▶年老いた父 m. mi anciano padre. ▶彼は老いてますます盛んだ Está sano y activo「pese a los años [aunque es viejo].

オイル (油) m. aceite; (石油) m. petróleo; (潤滑油) m. (aceite) lubricante; (日焼け用の) f. loción bronceadora. ▶サラダオイル m. aceite de ensalada. ▶オイルダラー m. petrodólares. ▶オイルショック f. crisis del petróleo.

*おう 王 m. rey; (君主)《文語》m. monarca,《文語》m. soberano; (実業界の) m. magnate. ▶スペイン国王フアン・カルロス1世 Juan Carlos I (primero), rey de España. ▶石油王 m. magnate del petróleo. ▶ライオンは百獣の王だ El león es el rey de los animales. ▶彼は今季のホームラン王になった Esta temporada se ha convertido en el rey del jonrón.

おう 追う ❶【追いかける】(つかまえようとするスピードを出して) v. perseguir, buscar*; (つかまえたり殺したりするために執ように) v. pretender, andar* a la caza《de》; (痕〔こん〕跡をたどって) v. seguir* la pista《de》; (あとを追う) v. seguir*. ▶野獣の跡を追う v. seguir* la pista de un animal salvaje. ▶目で追う v. seguir* con la mirada. ▶警察は犯人の跡を追っている La policía「persigue al [《口語》anda detrás del] delincuente. ▶その子は母親のあとを追った El niño corrió detrás de su madre.
❷【追い求める】v. buscar*. ▶¹快楽 [²理想] を追う v. buscar* ¹el placer [²un ideal]. ▶最新のモードを追う v. seguir* la última moda; (遅れないでついてゆく) v. estar* a la última moda.
❸【順番に従う】▶出来事の順を追う v. seguir* el orden de los acontecimientos. ▶順を追ってそれを説明する v. explicarlo* en orden. ▶日を追って暖かくなってきた Un día tras otro ha venido subiendo la temperatura.
❹【追いやる】v. llevar, mover*. ▶ハエを追う(=追い払う) v. espantar las moscas. ▶家畜を野原へ追う(=追って行く) v. llevar [sacar*] el ganado al campo.
❺【追放する】(国・団体などから) v. expulsar, exiliar, desterrar*; (職場から) v. despedir*; (地位から) v. cesar, 《口語》echar. → 追放する. ▶学校を追われる v. ser* echado de la escuela. ▶地位を追われる v. ser* cesado del cargo. ▶国を追われる v. ser* exiliado del país.
❻【せかされる】▶時間に追われている v. estar* apremiado de tiempo. ▶彼は仕事に追われている Le apremia (mucho) el trabajo.
《その他の表現》▶それは追いつ追われつの接戦だった Fue un partido muy reñido [disputado].

おう 負う ❶【引き受ける】(責任などを) v. aceptar, hacerse cargo《de》,《口語》tomar, 《教養語》asumir; (...する義務がある) v. tener* que + 不定詞. ▶これについては私がすべて責任を負います Acepto [Tomo, Asumo]「toda la [la total] responsabilidad de esto. ▶私たちは納税の義務を負っている「Tenemos que [Es nuestra responsabilidad] pagar impuestos.
❷【こうむる】▶そのバス事故では多くの人が重傷を負った Numerosas personas resultaron gravemente heridas en el accidente de autobús.
❸【恩恵を受ける】▶今の私の成功はあなたに負うところが大きい Gran parte de mi éxito actual se lo debo a usted.
❹【背負う】v. llevar [cargar*] a la espalda.

おう 翁 m. anciano. ▶大隈翁 el anciano Sr. Ookuma.

おうい 王位 m. trono, f. corona. ▶王位を継承する v. suceder en el trono, heredar la corona. ▶王子は10歳のとき王位についた A la edad de diez años el príncipe subió al trono.

おうえん 応援 (声援) f. animación, m. aliento; (支持) m. apoyo; (助力) f. ayuda. → 助け. ▶応援団 m. grupo de hinchas; (サッカーの) mpl. hinchas. ▶応援団席 f. sección de hinchas. ▶応援を求める v. pedir* apoyo. ▶彼の応援演説をする v. hablar por él, apoyarlo [le].
—— 応援する (声援する) v. animar, alentar*, estimular, jalear, vitorear, 《ベルー》hacerle* barra《a》,『アルゼンチン』cinchar《por》; (支持する) v. apoyar [dar* apoyo]《a + 人》; (昇進・就職などで) v. estar* [《口語》ir*] 《con》; (助力する) v. ayudar, asistir. ▶応援する. ▶のどをからして応援する v. animar《a + 人》hasta enronquecer*. ▶候補者を応援する v. apoyar a un candidato. ▶観客はそのチームを応援した Los espectadores animaban [jaleaban] al equipo. 会話 どのサッカーチームを応援しているのぼくはガンバだ ¿De qué equipo eres? - Soy (un hincha) del Gamba.

おうおう 往々 ▶度々, 時々. ▶われわれは往々にして(=しばしば)人の助けを当てにする Frecuentemente contamos con la ayuda de los demás. ▶若者には往々あることだ Eso pasa a menudo con la juventud. ▶そういうことは往々にしてある(=珍しくない) Eso pasa muchas veces. / Cosas así [como ésas] no son infrecuentes.

おうか 謳歌 ▶謳歌する (楽しむ) v. disfrutar《de》; (喜びを歌う) v. ensalzar*, cantar. ▶青春を謳歌する v. cantar la alegría de la juventud.

おうかくまく 横隔膜《専門語》m. diafragma.

おうかん 王冠 f. corona; (法王・皇帝の) f. tiara; (頭の corona を覆う) f. diadema; (びんの) m. tapón. ▶王冠をかぶる v. llevar corona; (王位につく) v. coronarse, ser* coronado (rey, reina). → 王位.

おうぎ 扇 m. abanico. ▶扇を使う v. abanicarse*.

おうきゅう 応急 ▶応急の (緊急の) adj. urgente, de urgencia, de emergencia;(一時的な) *adj.* temporal; (間に合わせの) *adj.* provisional. ▶応急処置をする *v.* tomar [adoptar] medidas de urgencia. ▶応急修理をする *v.* hacer* una reparación provisional. ▶応急手当をする *v.* prestar primeros auxilios.

おうけ 王家 ▶王家の出だ *v.* pertenecer* a una familia [casa] real.

おうけん 王権 *f.* autoridad real, *m.* poder monárquico.

おうこう 横行 ▶横行する (はびこる) *v.* dominar, reinar, 《教養語》imperar. ♦その町は犯罪が横行している Reina la delincuencia en la ciudad.

おうこうきぞく 王侯貴族 *f.* realeza y *f.* nobleza; (王子と貴族たち) *mpl.* príncipes y *mpl.* nobles.

おうこく 王国 *m.* reino; (君主国) *f.* monarquía.

おうごん 黄金 *m.* oro. → 金(ﾈ). ▶黄金の *adj.* de oro, dorado. ▶黄金時代 (芸術・文学などの) *f.* edad「de oro [《文語》áurea]; (全盛期) *m.* cenit, *m.* auge, *m.* momento culminante.

おうざ 王座 (王の位) *m.* trono. → 王位, 首位. ▶大学対抗戦の王座につく [²を保つ; ³を譲る] *v.* ¹ganar [²conservar; ³perder*] el campeonato interuniversitario.

おうさま 王様 *m.* rey. → 王.

おうし 牡牛 (食用・労役用の去勢した) *m.* buey, *m.* cabestro; (去勢しない) *m.* toro.

おうじ 王子 (王位継承者) *m.* príncipe (heredero); (王位継承者でない) *m.* infante; (皇子) *m.* príncipe imperial; (ブルボン王朝のフェリペ王子) *m.* Príncipe Felipe de Borbón.

おうしざ 牡牛座 Taurus, Tauro, 《口語》Toro. → 乙女座. ▶牡牛座(生まれ)の人 *m.* taurus, *m.* tauro, 《口語》*m.* toro.

おうしつ 王室 *f.* casa [*f.* familia] real.

おうじゃ 王者 (王) *m.* rey → 王;(優勝者) *mf.* campe*ón/ona.* ▶王者の風格[王らしい威厳]がある *v.* tener* dignidad [prestancia] real.

おうしゅう 欧州 Europa. ▶欧州の *adj.* europeo. ▶欧州連合 La Unión Europea,【略】UE.

おうしゅう 応酬 (反しく) *f.* réplica, *f.* represalia; (やりとり) *m.* intercambio. ▶¹野次 [²強打; ³反論] の応酬 *m.* intercambio de ¹insultos [²golpes, ³refutaciones]. ▶応酬する *v.* replicar*, tomar represalias. → 言い返す.

おうしゅう 押収 *f.* apropiación; (没収) *f.* confiscación, 《専門語》*f.* incautación. ▶押収する *v.* apoderarse [apropiarse]《de》, confiscar*,《専門語》incautarse《de》. ▶調査員はその会社の帳簿を押収した Los investigadores confiscaron los libros de la empresa.

おうじょ 王女 (王) *f.* princesa, (王の娘) *f.* princesa real; (皇太子の妻) *f.* princesa consorte; (王位継承者) *f.* infanta; (皇女) *f.* princesa imperial. ▶クリスティーナ王女 *f.* Infanta Cristina.

おうじょう 往生 ❶【死ぬこと】*f.* muerte, 《フォーマル》*m.* fallecimiento. ▶往生する *v.* fa-

おうしん 161

llecer*. ▶大往生を遂げる(=安らかに死ぬ) *v.* tener* una muerte tranquila, morir* en paz.

❷【困ること】▶往生する *v.* estar* en apuros. ♦金策のめどがつかなくて往生した Estaba en apuros por falta de dinero. ♦あいつは往生際が思い切り)が悪い Es un mal perdedor. / No sabe perder.

おうしょくじんしゅ 黄色人種 *f.* raza amarilla.

おうじる 応じる ❶【答える】*v.* contestar [responder, replicar*]《a》;(行動・動作で) *v.* responder [reaccionar]《a》. ♦先生は質問に簡単に応じた El profesor contestó a la pregunta brevemente. ♦彼は聴衆の拍手に会釈で応じた Respondió al aplauso de los espectadores con una inclinación.

❷【承諾する】*v.* acceder [asentir*, consentir*]《a》, estar* de acuerdo 《en》《con》; (受け入れる) *v.* aceptar; (依頼などに従う) *v.* 《教養語》observar,《フォーマル》acatar. ▶¹招待 [²挑戦] に応じる *v.* aceptar ¹una invitación [²un desafío]. ♦彼女の要求 [²希望] に応じる *v.* acceder a su ¹petición [²deseo]. ♦奨学資金に応じる(=申し込む) *v.* solicitar una beca. ♦彼はその提案に快く応じてくれた Estaba dispuesto a asentir a la propuesta. ♦経営者側は賃金の引き上げに応じた La administración estuvo de acuerdo en subir los salarios. ♦彼は頑として説得に応じなかった「No consintió en [Se negó a] dejarse convencer. / No se dejó convencer. / No hubo manera de convencerlo.

❸【見合うようにする】(要求などを満たす) *v.* satisfacer*, cumplir《con》, atender*;(希望・必要などを十分に満足させる) *v.* satisfacer*. ▶その場の要求に応じる *v.* satisfacer* los requisitos de la situación. ♦収入に応じた生活をする (=収入の範囲内で暮らす) *v.* vivir「conforme a [de acuerdo con] los ingresos [medios]. ♦業績に応じて給料が支払われる *v.* pagar*「de acuerdo con [conforme a] lo hecho. ♦注文はたまる一方でそれに応じきれない Se están acumulando los pedidos y nos vemos incapaces de atenderlos [satisfacerlos]. ♦物価が上がっているのにもかかわらず, 給料はそれに応じて引き上げられない Los precios suben pero no nos aumentan el salario. / Los salarios no suben conforme lo hacen los precios. ♦成功は努力に応じて決まる(=に依存する) El éxito depende del esfuerzo que hagas. / El éxito obtenido está en proporción al esfuerzo realizado. ♦あの先生は必要に応じてわれわれを助けてくれるでしょう El profesor nos ayudará si「surge la necesidad [se presenta el caso]. ☞入[容]れる, 応える

おうしん 往診 *f.* visita a casa (del médico). ▶往診料 *mpl.* honorarios de visita (del médico). ▶往診する *v.* visitar una casa, hacer* una visita. ♦医者に往診をしてもらった Tuve la visita del médico. / Ha venido a verme el médico.

おうせい

おうせい 旺盛 ▶食欲が旺盛だ v. tener* un buen [excelente] apetito, comer con muchas ganas, comer mucho. ▶知識欲が旺盛だ v. tener* un gran deseo de aprender; (熱烈だ) v. estar* ávido de conocimientos. ▶元気旺盛な v. estar* lleno de energía, rebosar de fuerza.

王政 (皇帝の支配) m. gobierno imperial; (君主政治) f. monarquía. ▶王政復古 f. Restauración.

おうせい 王制 (王室の政治) m. gobierno monárquico, f. monarquía. ▶王制を廃止する v. abolir [acabar con] la monarquía.

おうせつ 応接 →応対. ▶応接間[室] (家庭の) m. cuarto de estar, f. sala, m. salón; (本式の) f. sala de visitas; (大邸宅の) m. recibidor. ▶千客万来で応接にいとまがない Las visitas se suceden y estoy muy ocupado recibiéndolas una tras otra.

おうせん 王族 f. realeza; (王室) f. casa [f. familia] real; (王家) f. sangre real [《口語》 azul].

おうせん 応戦 ▶敵と応戦する v. devolver* el ataque del enemigo; (挑戦を受ける) v. aceptar el reto del enemigo; (砲火で) v. responder a los disparos del enemigo.

おうぞく 王族 f. realeza; (王室) f. casa [f. familia] real; (王家) f. sangre real [《口語》 azul].

おうたい 応対 →接待. ▶応対する (面会する) v. ver*; (迎える) v. recibir; (取り扱う) v. manejar; (店員が) v. atender*, servir*. ▶就職希望者の応対をする v. recibir a los solicitantes de empleo; (面談する) v. dar* una entrevista de empleo. ▶客の応対をする v. recibir a las visitas; (店で) v. atender* a los clientes. ▶応対に出る v. contestar la puerta. ▶彼女は応対が上手だ Ella atiende bien a la gente. ☞接待, 対する

おうたい 横隊 f. fila, f. línea. → 縦隊. ▶2列横隊の兵隊 fpl. dos filas de soldados.

おうたい 黄体 《専門語》 m. cuerpo amarillo luteínico.

おうだん 横断 m. cruce, f. travesía. ▶横断面 m. corte transversal, f. sección. ▶横断歩道 m. paso de peatones. → 横断歩道. ▶大陸横断鉄道 m. ferrocarril transcontinental. ▶道路に横断幕を張る v. desplegar* 「una pancarta [un estandarte] a lo ancho de la calle.

―― 横断する v. cruzar*, atravesar*. → 横切る, 渡る. ▶太平洋を飛行機で横断する v. cruzar* el Pacífico en avión, hacer* un vuelo transpacífico. ▶道路を横断する前に左右を見なさい Mira a un lado y a otro antes de cruzar la calle.

おうだん 黄疸 《専門語》 f. ictericia. ▶新生児黄疸 《専門語》 f. ictericia neonatal. ▶新生児重症黄疸 《専門語》 f. ictericia grave del recién nacido. ♦黄疸が出る Aparece la ictericia.

おうだんほどう 横断歩道 m. paso de peatones [cebra]; (信号付きの) m. cruce de semáforos. ▶横断歩道橋 m. puente 「de peatones [peatonal].

地域差 横断歩道
〔全般的に〕 m. paso de peatones
〔キューバ〕 f. acera
〔コロンビア〕 m. cruce peatonal

おうちゃく 横着 ▶横着な (怠惰な) adj. vago, perezoso, flojo; (厚かましい) adj. insolente, descarado. ♦彼はすっかり横着になって自分のふとんも敷かない Se ha vuelto muy vago y ni siquiera hace su cama.

おうちょう 王朝 f. dinastía. ▶ブルボン王朝 f. dinastía borbónica.

おうて 王手 m. jaque. ▶王手をかける v. dar* jaque al rey. ▶王手! ¡Jaque! ▶王手がかかっている [2いない] El rey está [1en [2fuera de] jaque.

おうてん 横転 m. vuelco. ▶横転する v. volcar*, caer* de lado [costado]. ▶その車は橋のそばで横転しているのが発見された Encontraron el coche volcado junto al puente.

おうと 嘔吐 m. vómito. ▶嘔吐する v. vomitar, 《口語》 devolver*. → 吐く. ▶嘔吐を催す v. tener* [sentir*] ganas de vomitar, sentir* vómitos.

おうとう 応答 f. respuesta, f. contestación. ▶応答時間 《専門語》 m. tiempo de respuesta. ▶応答する v. responder [contestar] (a). →答え, 答える, 返事.

おうどう 王道 ♦学問に王道なし 《ことわざ》 La letra con sangre entra.

おうとつ 凹凸 f. irregularidad, f. aspereza, mpl. baches. → でこぼこ. ♦路面の凹凸が激しい La carretera tiene muchos baches.

おうねつびょう 黄熱病 《専門語》 f. fiebre amarilla.

おうねん 往年 ▶往年の名画監督 m. famoso director de cine 「en su tiempo [antes, antiguamente].

おうひ 王妃 f. reina; (皇后) f. emperatriz.

***おうふく** 往復 ▶往復切符 m. billete [[ラ米] m. boleto] de ida y vuelta. ▶往復運賃 f. tarifa [m. precio] de ida y vuelta. ▶往復のバス代 m. billete de autobús de ida y vuelta. ♦大阪までの往復切符 2 枚ください Dos billetes de ida y vuelta para Osaka, por favor. ♦ブエノスアイレスまでの往復運賃はいくらですか ¿Cuánto cuesta [es] ida y vuelta a Buenos Aires? ♦通学に往復どのくらいの時間がかかりますか ¿Cuánto se tarda en ir a tu escuela y volver? ♦往復ともタクシーに乗りなさい Toma un taxi para ir y volver.

―― 往復する v. ir* y venir* [volver*], hacer* el viaje [recorrido, trayecto] de ida y vuelta, cubrir* la ida y la vuelta. ♦そこへ列車で往復するには 4 時間近くかかった Se tardaba casi cuatro horas en hacer el viaje de

横断歩道注意
Precaución. Paso de peatones. →横断歩道

ida y vuelta en tren. ♦私は毎日東京大阪間を往復している Todos los días「voy de Tokio a Osaka y vuelvo [hago el recorrido de ida y vuelta entre Tokio y Osaka]. ♦このバスは空港とホテルの間を定期的に往復している (＝折り返し運転している) Este autobús「va y viene [hace el recorrido] entre el aeropuerto y el hotel.

おうぶん 応分 ▶応分の (＝資力[能力]に応じて) 寄付[貢献]をする v. contribuir* según [conforme a] los medios de cada uno.

おうへい 横柄 m. orgullo, f. arrogancia; (髙くとまって下の者を見下すこと) f. altivez; (傲慢) f. insolencia. ▶横柄な adj. orgulloso, arrogante, altivo; insolente. ▶横柄な態度で adv. con aires de arrogancia, de manera orgullosa [《口語》estirada]. ♦彼の横柄さには我慢できない No aguanto su arrogancia. ♦彼は自分より貧しい者に対して非常に横柄だ Es muy orgulloso con los que son más pobres que él.

おうべい 欧米 m. Occidente. ▶欧米の adj. occidental, europeo y norteamericano. ▶欧米人 mpl. occidentales, mpl. europeos y norteamericanos.

おうぼ 応募 (申し込み) f. solicitud. ▶応募者 mf. solicitante; (競技などへの) f. participación, f. inscripción. ▶応募用紙 m. impreso de solicitud [participación]. ▶絵画コンクールに多くの応募があった Se presentaron muchas solicitudes para el concurso de pintura.

── 応募する v. solicitar; (競技などに) v. inscribirse* [apuntarse]《para》. ▶就職口に応募する v. solicitar trabajo en una empresa. ▶懸賞論文に応募する v. inscribirse* [apuntarse] para un concurso de ensayo.

おうぼう 横暴 ▶横暴な (暴君的な) adj. tiránico, 《教養語》despótico; (圧制的な) adj. opresor; (不当な) adj. arbitrario. ♦何て横暴な人だろう ¡Qué tirano es!

おうむ m. loro, m. papagayo. ▶おうむ返しに言う v. hablar [repetir*] como un loro [papagayo].

地域差 オウム
〔全般的に〕m. loro, m. papagayo
〔コロンビア〕f. cotorra, m. papagayo

オウムびょう オウム病《専門用》f. psitacosis; (オウム熱) f. fiebre del loro.

おうよう 応用 f. aplicación, (実用) f. utilización práctica. ▶応用物理学 f. física aplicada. ▶応用問題 mpl. ejercicios [m. problema] de aplicación. ▶科学知識の産業への応用 f. aplicación del conocimiento científico a industria. ▶この定理は応用範囲が広い Este teorema「tiene amplias aplicaciones [se puede aplicar en muchos casos].

── 応用する v. aplicar*; (実用的に使う) v. poner* en práctica [uso]. ▶その現象を説明するのに彼の理論を応用する v. aplicar* su teoría para explicar* ese fenómeno. ▶技術を実地に応用する v. aplicar* a la práctica la propia técnica.

おうよう 鷹揚 ▶鷹揚な (大まかで寛大な) adj. generoso, 《文語》magnánimo; (度量の広い) adj. franco, 《教養語》liberal.

おうらい 往来 (人・車の通行) m. tráfico, f. circulación, m. tránsito; (通り) f. calle, f. carretera. ▶往来を止める v. bloquear el tráfico. ▶往来をふさぐ v. retener* el tráfico. ▶往来するv. ir* y venir*. ♦この道路は車の往来が激しい En esta carretera hay「mucho tráfico [《教養語》una densa circulación]. ♦このあたりは往来が少ない Por aquí hay poco [escaso] tráfico. ♦暗くなるとこの通りは往来がとだえる (＝人けがなくなる) Después de anochecer「el tráfico desaparece en esta calle [esta calle se queda desierta].

おうりょう 横領 f. apropiación indebida. ▶横領する v. apropiarse indebidamente. ▶公金横領で告訴される v. ser* acusado de malversar fondos públicos.

おうレンズ 凹レンズ f. lente cóncava.

オウンゴール 《サッカー》 m. autogol.

おえつ 嗚咽 (すすり泣き) m. llanto ahogado; (すすり泣く声) m. sollozo. ▶嗚咽する v. sollozar*.

おえらがた お偉方 m. personaje, 《フォーマル》m. dignatario, 《口語》mf. mandamás; (要人) f. gente importante; (権威者) f. autoridad. ▶政界のお偉方《口語》mpl. peces gordos de la política.

***おえる** 終える ❶【終了する】v. terminar, poner* fin 《a》; (演説などを) v. concluir*, cerrar*; (仕上げる) v. acabar, finalizar*; (完璧に) v. completar. ▶手続きを全部終える v. terminar todos los trámites. ♦彼は感謝の言葉を述べて終えた Finalizó su discurso「dando las gracias [con unas palabras de agradecimiento]. ♦今日中にその仕事を全部終えなければいけない Hoy tengo que terminar todo el trabajo. ♦私はやっとこの長い手紙を書き終えた Por fin「he terminado de escribir [he acabado con] esta larga carta.
❷【修了する】(課程を) v. finalizar*, completar; (卒業する) v. graduarse* 《de, en》. ▶大学でスペイン文学の課程を終える v. finalizar* un curso de literatura española en la universidad ➪ 空[開]く, 済ます, 上[揚, 納]める, 折る, 完結, 挙[が]る, けりをつける

おお‐ 大‐ (大きさ・数量・程度などが大きい) adj. grande [gran ＋ 名詞], enorme, vasto, grandioso, 《教養語》cuantioso, 《フォーマル》ingente. → 大きい. ▶大広間 f. gran sala. ▶大人数 m. gran número de personas, 《口語》f. muchísima gente. ▶大火事 [²地震] m. gran ¹incendio [²terremoto]. ▶大急ぎで adv. con mucha prisa. ▶大おじ m. tío abuelo. ♦それはご親切にどうも, 大助かりですよ Muy amable por su parte. Su ayuda será muy valiosa.

おおあじ 大味 ▶大味な (＝おいしくない) トマト m. tomate「sin sabor [insípido].

おおあたり 大当たり (芝居などの的中) m. gran [enorme] éxito, m. triunfo, 《口語》m. exitazo; (大成功) m. éxito grandioso. ♦彼女の

リサイタルは大当たりだった Su recital resultó un gran éxito.

おおあめ 大雨 *fpl.* lluvias torrenciales; (土砂降り) *m.* fuerte chaparrón [aguacero]. ◆今朝九州各地は大雨に見舞われた Esta mañana lluvias torrenciales han azotado numerosas regiones de Kyushu. → 降る.

おおあらし 大嵐 *f.* fuerte tempestad.

おおあれ 大荒れ ❶【ひどい暴風雨】(暴風雨) *f.* fuerte tormenta; (荒海) *m.* mar agitado. ▶大荒れの *adj.* muy agit*ado*, muy tempestu*oso*. ◆一晩中海は大荒れだった El mar estuvo toda la noche muy agitado.
❷【紛糾】*f.* confusión. ▶大荒れになる *v.* ser* presa「de la confusión [del desorden,《教養語》del desconcierto].

おおい 覆い *f.* funda, *f.* cubierta. ▶覆いをする *v.* cubrir*, tapar. → カバー, シート, 覆う.

おおい *interj.* eh, oye [oiga]. ◆おおい、君 ¡Eh, aquí!

**おおい 多い ❶【数が】*adj.* much*os*,《フォーマル》numeros*os*, gran cantidad de, gran número de,《口語》montón de. ▶たくさん. ◆そう思っている人は多い Hay「muchos que piensan [mucha gente que piensa] así. / Son muchos los que piensan así. / Mucha gente así lo cree. /《口語》Hay un montón de gente que piensa así. ◆ここは人が多すぎる Aquí hay demasiada gente. ◆彼は家族が多い En su familia son muchos. / Su familia es numerosa. ◆このクラスは女子の方が男子より多い En esta clase hay más chicas que chicos. / El número de chicas es superior al de chicos en esta clase. ◆この池には魚が多い En este estanque hay muchos peces. / (豊富だ) En este estanque abundan los peces. / En este estanque hay「todos los peces que quieras [《口語》peces a mares]. 国定 ぼくのクラスには20人も眼鏡をかけている人がいるんだ－多いね. 何人のクラスなの En mi clase hay veinte personas con gafas. –「Eso es mucho [Son muchos]. ¿Cuántos hay en la tuya?
❷【量が】*adj.* mucho, gran cantidad de; (たくさんある) *v.* abundar. → たくさん. ◆6月は雨が多い En junio llueve mucho. / En junio「tenemos muchas lluvias [abundan las lluvias]. ◆彼の収入は私より多い Sus ingresos son mayores que los míos. / Gana más que yo. ◆先月はビールの消費量が多かった El pasado mes se consumió mucha [una gran cantidad de] cerveza. ◆10ドルは多すぎる Diez dólares es demasiado.
❸【頻度が】*adj.* frecuente. ◆日本は地震が多い Los terremotos en Japón son frecuentes. / En Japón hay terremotos「con frecuencia [a menudo]. ◆私は日曜日は家にいることが多い（＝たいていは家にいる）Generalmente los domingos estoy en casa. / Los domingos suelo estar en casa.

おおいかくす 覆い隠す ▶両手で顔を覆い隠す *v.* taparse la cara con las manos. ▶その秘密を覆い隠す *v.* tapar [ocultar, cubrir*] el secreto.

おおいそぎ 大急ぎ ▶大急ぎの用事で（＝急ぎで）*adv.* por un asunto urgente. ▶大急ぎでその仕事をする *v.* hacer* el trabajo「a toda prisa [lo más rápido posible]. ▶大急ぎで駅に行く *v.* ir* a la estación a toda prisa,《口語》salir* corriendo a la estación.

おおいに 大いに *adv.* mucho,《口語》(強調して) muchísimo,《フォーマル》en gran medida,《フォーマル》sumamente,《スペイン》(親しい仲で) de lo lindo; (非常に) *adv.* muy, mucho; (相当に) *adv.* considerablemente. ▶大いに違う *v.* ser*「del todo [completamente, absolutamente] diferente. ▶大いに尊敬されている *v.* ser*「tenido en mucho respeto [sumamente respet*ado*]. ◆私はパーティーで大いに楽しんだ Me he divertido muchísimo en la fiesta. ◆彼は大いに勉強する Estudia muchísimo. ◆そのことを大いに（＝深く）後悔しています《口語》Lo lamento mucho. / Lo siento muchísimo. ◆彼を大いに信用しています Confío en él「por completo [cien por cien].
☞ 大層, 大変

おおいり 大入り (劇場) *f.* gran audiencia. ▶大入り満員である *v.* no caber* más, tener* un lleno total,《口語》estar* a tope,「tener* un lleno [estar* lleno] hasta la bandera.

*おおう 覆う ❶【被せる】*v.* cubrir*《con, de》; recubrir*; (上に置く) *v.* poner* encima. ◆彼はテーブルを白い布で覆った Cubrió la mesa con un paño blanco. / Puso encima de la mesa un paño blanco. ◆大地は一面雪で覆われていた Todo el suelo estaba cubierto de nieve.
❷【隠す】*v.* tapar; (ベールで) *v.* ocultar《con un velo》. ▶ベールで顔を覆う *v.* taparse la cara con un velo. ◆彼女は両手で顔を覆ってすすり泣き始めた Se tapó [ocultó] la cara con las manos y se puso a sollozar. ◆私はオーバーで耳まですっぽり覆っていた El abrigo me tapaba hasta las orejas.
❸【包む】*v.* rodear, recubrir*. → 包む.
☞ 掛[架]ける, 被せる

おおうつし 大写し *m.* primer plano. ▶大写しの顔 *f.* cara en primer plano, *m.* primer plano de un rostro. ▶花を大写しにする *v.* sacar* un primer plano de una flor.

おおうりだし 大売り出し *fpl.* rebajas, *fpl.* ventas de saldo; (特売) *fpl.* ventas especiales, *fpl.* ofertas; (在庫一掃セール) *f.* liquidación. ▶冬物大売り出し *fpl.* rebajas de invierno. ◆あのデパートで大売り出しをやっている En esos grandes almacenes tienen [hay] rebajas.

オーエイチピー OHP *m.* retroproyector.

オーエー OA *f.* ofimática. ▶OA機器 *m.* equipo de ofimática.

オーエル OL (女子事務員) *f.* oficinista. → 会社員.

おおおとこ 大男 *m.* hombre fornido,《口語》*m.* grandón,《口語》*m.* grandote, *m.* hombre de complexión robusta; (巨人) *m.* gigante.

おおがかり 大掛かり ▶大掛かりな(＝大規模の)公共事業 fpl. obras públicas de gran escala [envergadura].

おおかぜ 大風 m. viento fuerte [violento], m. vendaval. → 強風.

おおかた 大方 ❶【ほとんど】adv. casi; en su mayor parte, mayormente. → ほとんど. ▶大方の adj. la mayoría de. ♦図書館は大方完成した La biblioteca está casi terminada. ♦卵は大方腐ってしまった「Casi todos [La mayoría de] los huevos se han estropeado [podrido].

❷【世間一般に】adv. en general, generalmente. ▶大方の読者 mpl. lectores en general. ▶大方に受け入れられている v. ser* generalmente aceptado.

❸【おそらく】（十中八九）adv. probablemente; (ひょっとしたら) adv. tal vez, quizá(s), puede ser. → 多分.

おおがた 大型[形] ▶大型[形]の adj. grande, de gran tamaño, de grandes proporciones, de tipo grande. ▶大型タンカー m. petrolero grande, 「m. buque cisterna [m. tanque] de tipo grande, m. superpetrolero. ▶大型の台風 m. tifón de grandes proporciones [dimensiones]. ♦最近冷蔵庫は大型化している Hoy día 「las neveras [los frigoríficos] son de mayor tamaño.

おおかみ 狼 mf. lobo/ba. ▶オオカミの群れ f. manada [(とくに獰猛な) f. jauría] de lobos. ▶一匹狼 m. lobo solitario.

おおがら 大柄の adj. grande; (がっしりした) adj. 《口語》grandón, fornido, 《親しい仲で》grandullón; (たくましい) adj. corpulento, robusto. ▶大柄な女性 f. mujer fornida [de complexión robusta, 《口語》grandona]. ▶大柄な模様のドレス m. vestido de dibujos grandes. ♦彼女は大柄だが，均斉がとれている Ella tiene el cuerpo grande pero bien proporcionado.

おおかれすくなかれ 多かれ少なかれ ♦老人は多かれ少なかれ保守的だ En general las personas mayores son conservadoras. / La gente mayor suele ser conservadora.

＊＊おおきい 大きい ❶【形・規模・程度などが】adj. grande, gran ＋ 名詞単数形, enorme, 《教養語》vasto, 《教養語》cuantioso, 《フォーマル》《強調して》ingente; voluminoso, abultado; gigantesco; 《口語》adj. extenso, amplio. ▶大きい川 m. gran río. ▶大きい都市 f. ciudad grande [populosa]. ▶大きい誤りをする v. cometer un gran [grave] error. ▶大きい(＝かさばった)包み m. paquete grande [voluminoso]. ♦彼女は母親よりも(ずっと)大きい Es mucho más grande que su madre. ♦台風は作物に大きい損害を与えた El tifón causó [provocó] 「un gran daño [grandes daños, 《強調して》cuantiosos daños] en la cosecha. ♦この形と色で大きいのがありますか ¿Tiene usted otro de este mismo estilo y color, pero de una talla mayor [más grande]? ♦大きな荷物を持っているので歩いて帰れない 「Tengo mucho equipaje [Mi equipaje pesa mucho] y no puedo volver a pie hasta casa.

❷【声・数・年令】▶大きい数 m. número grande. ▶声を大きくする v. subir la voz. ♦そんな大きな声で話すな No hables 「tan alto [con la voz tan alta] / No levantes la voz.

【その他の表現】▶大きなことを言う(＝ほらをふく) v. alardear, 《ラ米》fantochear, 《スペイン》fanfarronear, decir* fanfarronadas. ▶大きな(＝偉そうな)顔をする v. darse* importancia [aires], 《口語》pavonearse. ♦彼は息子の成功に大きな望みをかけていた Tenía grandes esperanzas en el éxito de su hijo. ♦彼は態度が大きい(＝ごう慢な)奴だ Es un hombre orgulloso. / 《口語》Le gusta darse aires. ♦大きなお世話だ Ocúpate de tus asuntos. ☞大幅，大

*＊**おおきく 大きく** adj. grande; (幅広く) adj. extenso, amplio; (広範囲に) adv. extensamente. ▶大きく字を書く v. escribir* con letras grandes. ▶大きく商売をする v. tener* grandes negocios; (大きく手広く) m. hacer* negocios de 「gran escala [gran envergadura, 《口語》mucha monta]. ▶目を大きく開ける v. abrir* bien los ojos. ♦その新聞はこの事件を大きく取り上げた Ese periódico dio amplia cobertura a este suceso.

1《大きくする》（大きさを）v. hacer* más grande, agrandar; (幅を) v. ampliar; (勢力などを伸ばす) v. extender*. ▶勢力を大きくする v. ampliar el poder*. ▶ラジオの音を大きくする v. subir el volumen de la radio, 《口語》poner* la radio más alta. ♦この望遠鏡は物体を20倍大きくして見せる(＝拡大する) Este telescopio aumenta [amplía] 20 veces el tamaño de los objetos.

2《大きくなる》（大きさが）v. hacerse* más grande, hacerse* mayor, agrandarse, ampliarse; (成長する) v. crecer*; (広がる) v. extenderse*, ensancharse. ♦この町はこの数年で急速に大きくなった Esta ciudad ha crecido rápidamente en los últimos años. ♦正夫は大きくなったじゃないの ¡Cómo ha crecido Masao! ♦子供たちは大きくなって服が着られなくなった Como los niños han crecido, no les caben los vestidos. ♦火事はあっという間に大きくなった El fuego se extendió en un instante.

おおきさ 大きさ m. tamaño; (服の) f. talla. → サイズ，寸法. ▶大阪くらいの大きさの町 f. ciudad del tamaño de Osaka. ♦私はガスタンクの大きさに驚いた Me sorprendió el tamaño del depósito de gas. ♦その建物の大きさはどのくらいですか ¿Cómo es el edificio de grande? / ¿Qué dimensiones [proporciones] tiene el edificio? ♦家々はどれも皆同じ大きさです Esas casas son iguales de tamaño. ♦この土地はあの土地の半分の大きさだ Este terreno 「es la mitad de [tiene la mitad de superficie que] ése. ♦この家は私の家族に十分の大きさだ Esta casa es 「bastante grande [suficiente] para mi familia. ☞型[形]，規模

オーきゃく O脚 《専門語》f. piernas en arco,

f. piernas arqueadas. → がに股.

＊おおく 多く (たくさん)*adv.* mucho; (多数)*adj.* muchos; (多量)*adj.* mucho, *f.* gran cantidad 《de》. →たくさん, ほとんど. ◆多くの学生がその案に反対だ Muchos estudiantes se oponen al plan. / Son muchos los estudiantes opuestos al plan. ◆私の友人の多くは教師だ Muchos [La mayoría] de mis amigos son profesores. / Tengo muchos amigos profesores. / Muchos amigos míos son profesores. ◆その学生が読んだ本は多くはなかった Ese estudiante no se leyó muchos libros. / No fueron muchos los libros que leyó ese estudiante. ◆そこにいたのは多くて20人ほどだった Ahí no había más de 20 personas. / 「A lo sumo [Como mucho]」había 20 personas ahí. / Ahí sólo había 20 personas. ◆この工場では20種類の製品を生産しているが, そのうちの多くはラテンアメリカに輸出される En esta fábrica se producen 20 clases de artículos, muchos de los cuales son exportados a América Latina. ◆それについて多くは知らない No sé mucho de eso.

オーク *m.* roble. ▶オーク製のテーブル *f.* mesa de roble.

おおぐい 大食い *f.* gula, *f.* glotonería; (人) *mf.* glotón/tona. → 大食.

オークション *f.* subasta, 『ラ米』 *m.* remate. ▶絵をオークションに出す *v.* subastar un cuadro, 「poner* un cuadro en [sacar* un cuadro a]」 subasta. ▶オークションで花びんを1買う [2売る] *v.* ¹comprar [²vender] un jarrón en una subasta.

おおぐち 大口 ▶大口を開けて笑う *v.* reírse* con la boca del todo abierta. ▶コーヒーの大口注文がある *v.* recibir un pedido grande de café. ▶赤十字に大口の寄付をする *v.* hacer* un donativo cuantioso a la Cruz Roja. ◆彼はしばしば大口をたたく(＝はらを吹く) Se jacta a menudo 《de》. /『スペイン』『口語』Le gusta chulearse 《de》.

おおくまざ 大熊座 La Osa Mayor.

おおくらしょう 大蔵省 *m.* ministerio de Hacienda. (☆財務省 *m.* ministerio de Finanzas の旧名).

おおくらだいじん 大蔵大臣 *m.* ministro de Hacienda. (☆財務大臣 *m.* ministro de Finanzas の旧名). ◆鈴木大蔵大臣 El ministro de Hacienda, Suzuki.

オーケー *adv.* de acuerdo, bien, bueno, 『ラ米』O.K. [okei], 『スペイン』vale. ◆オーケー, 君の勝ちだ De acuerdo, tú has ganado. ◆万事オーケーだ Todo va bien.

―― **オーケー** *m.* visto bueno, 《口語》 *m.* okei, 《口語》『スペイン』*f.* luz verde. ◆この件について彼のオーケーを得た Nos ha dado el visto bueno en este asunto.

―― **オーケーする** *v.* dar* el visto bueno, aprobar*. ◆彼はその案にオーケーした Le dio el visto bueno al plan.

おおげさ 大袈裟 *f.* exageración, *m.* exceso. ▶大げさな(＝誇張された)身ぶり *m.* gesto exagerado [dramático]. ▶つまらないことを大げさに (＝過度に)騒ぎ立てる *v.* dar* excesiva importancia a pequeñeces, dramatizar*, 《口語》 ahogarse* en un vaso de agua. ▶式を大げさに(＝大々的に)する *v.* llevar a cabo una ceremonia a lo grande. ◆彼女はいつも大げさに言う[考える]人だ Ella siempre exagera.

オーケストラ (管弦楽団) *f.* orquesta. ▶オーケストラボックス *m.* foso orquestal [de la orquesta]. ◆オーケストラの楽団員はみんなとても良い演奏をした Todos los de la orquesta han tocado muy bien.

おおごえ 大声 *f.* voz alta [《教養語》estentórea]. ▶大声を出す(話す) *v.* hablar「con la [en] voz alta; (声を限りに叫ぶ) *v.* hablar a gritos [voces, voz en grito, 《口語》grito pelado, 《口語》voz en cuello]. ▶廊下で大声を出すな No hables tan alto en el pasillo. ◆彼女は大声で助けを求めた Gritó socorro [para que la ayudaran].

おおごしょ 大御所 *f.* personalidad, *f.* figura muy destacada, (比喩的に) *m.* patriarca. ▶文壇の大御所 *m.* patriarca del mundo literario.

おおざけのみ 大酒飲み *mf.* gran beb*edor/dora*, *mf.* beb*edor/dora* empederni*do/da*, (飲んだくれ) *mf.* borrac*ho/cha*.

おおさじ 大匙 *f.* cuchara sopera. ▶大匙2杯分の砂糖 *f.* dos cucharadas soperas de azúcar.

おおざっぱ 大雑把 ▶大ざっぱな(＝おおよその)見積もりをする *v.* hacer* un cálculo aproximado, 《口語》calcular a ojo de buen cubero. ▶大ざっぱに言って *adv.* en términos generales, según un cálculo aproximado. ▶大ざっぱな(＝概略の)意見を述べる *v.* expresar una opinión general. ▶仕事が大ざっぱだ(＝不注意だ) *v.* ser* descuid*ado* en el trabajo; (十分に注意していない) *v.* no ser* lo bastante cuidad*oso* en el trabajo. ◆彼はかなり大ざっぱに話した Habló「sin pensar mucho [en términos muy generales, 《口語》al buen tuntún]」. ☞粗雑, 大体の

オーサリング・ツール 《専門語》*fpl.* herramientas de autoría.

おおさわぎ 大騒ぎ (ささいなことでの騒ぎ) *m.* alboroto, 《口語》 *m.* lío; (喧(汎)騒) *m.* revuelo, *f.* confusión. ▶そんなつまらないことで大騒ぎするな 《口語》No hagas ese alboroto por algo tan pequeño. / No hagas una montaña de un grano de arena. ◆彼の発言で議場は大騒ぎになった Sus palabras「causaron mucho revuelto [provocaron una gran confusión]」en la junta. ◆彼女の結婚で社内では大騒ぎになった(＝大評判を引き起こした) Su matrimonio causó alboroto en la oficina. ☞騒ぎ, 騒然

おおしい 雄々しい (勇敢な) *adj.* valiente; (男らしい) *adj.* viril. ▶雄々しく *adv.* valientemente, virilmente.

おおすじ 大筋 (概略) *m.* resumen 《de》. ◆大筋において(＝だいたい)賛成です En general [líneas generales] estamos de acuerdo. / (大部分)Estamos de acuerdo en casi todo. ☞筋, 大綱

オーストラリア Australia; （公式名）Commonwealth de Australia (☆オーストラリア大陸と付近の島々から成る国, 首都キャンベラ Canberra). ▶オーストラリア(人)の *adj.* australi*ano*. ▶オーストラリア人 *mf.* australi*ano/na*.

オーストリア Austria; （公式名）*f.* República de Austria (☆ヨーロッパの国, 首都ウィーン Viena). ▶オーストリア(人)の *adj.* austri*aco* (austrí*aco*). ▶オーストリア人 *mf.* austri*aco/ca*.

おおずもう 大相撲 *m.* gran torneo de "sumo".

おおぜい 大勢 (群れを成した人々) *f.* multitud (de personas), *m.* gentío, *f.* masa (de gente), *m.* tropel; (多数の人々) *m.* gran [《フォーマル》elevado] número (de). →群れ. ▶大勢の家族 *f.* familia numerosa. ▶大勢の聴衆 *m.* numeroso público. ▶聴衆. ▶大勢で(=群がって)やって来る *v.* acudir en masa [grandes números]. ♦公園には大勢の学生がいた En el parque había numerosos [muchísimos, una multitud de] estudiantes. 会話 ハイキングには私も行っていい?―ええ、大勢なほど楽しいわ ¿Puedo ir de excursión yo también? – Claro. Cuantos más, mejor. ♦大勢のファンが彼を見送りに来た Una multitud de aficionados acudió a despedirle.

おおぜき 大関 "Ozeki",《説明的に》*m.* luchador de "sumo" de la segunda categoría más alta.

おおそうじ ▶(家の)大掃除をする *v.* hacer* una limpieza general (de la casa). →掃除.

オーソドックス *f.* ortodoxia. ▶オーソドックスな考え *fpl.* ideas ortodoxas.

おおぞら 大空 *m.* cielo,《教養語》*m.* firmamento. →空.

オーソリティー *f.* autoridad. ▶スペイン文学のオーソリティー *f.* autoridad en literatura española.

おおぞん 大損 ▶大損をする *v.* sufrir grandes [graves] pérdidas.

オーダー (注文) *m.* pedido, *m.* encargo; (野球の打順) *m.* orden de bateo. ♦ラストオーダーは11時30分です Los últimos pedidos se reciben a las 11.30 (once y media).

オーダーメード ▶オーダーメードの服 *m.* traje「de encargo [hecho a la medida]. ♦私の背広はすべてオーダーメードだ Todos mis trajes son de encargo.

おおだい 大台 (到達の水準) *m.* nivel, *f.* marca. ▶百万ドルの大台に達する *v.* tocar* el nivel del millón de dólares. ♦世界の人口は50億の大台を越えた La población mundial ha superado la marca de los 5.000 millones.

おおちがい 大違い *f.* gran diferencia; (大きな間違い) *m.* gran error. ♦見ると聞くでは大違いだった Había una gran diferencia entre lo que vi y lo que me dijeron. ♦結婚に関して東洋人とヨーロッパ人の考えは大違いだ Hay una gran diferencia sobre el matrimonio entre las ideas de los orientales y de los europeos.

おおっぴら 大っぴら ▶大っぴらに (公然と) *adv.* abiertamente, en público, públicamente; (自由に) *adv.* libremente. ♦それは大っぴらにはできない(=公表できない) Eso no se puede hacer「en público [abiertamente].

おおづめ 大詰め ❶【終わり】*m.* fin, *m.* final. ▶大詰めに近づく *v.* acercarse* al final. ▶大詰めに入る *v.* entrar en la recta final.
❷【劇の】*m.* desenlace, *f.* apoteosis; (特に悲劇の) *f.* catástrofe.

おおて 大手 (主要な会社) *f.* empresa [*f.* compañía] importante; (大企業) *f.* gran empresa. ▶観光産業の最大手 la mayor empresa de la industria turística.

オーディーエー ODA (政府開発援助) Asistencia Oficial para el Desarrollo, AOD.

オーディオ 《専門語》*m.* audio; (装置) *m.* sistema de audio. ▶オーディオマニア *mf.* aficion*ado/da* al audio, *mf.* audiófil*o/la*.

オーディション *f.* audición. ▶オーディションを行なう *v.* dar* una audición. ▶オーディションを受ける *v.* presentarse a una audición 《de》.

オーデコロン *f.* (agua de) colonia. ▶オーデコロンをつける *v.* ponerse* colonia.

オート (自動装置の) *adj.* automático. →自動の. ▶オートロックのドア *f.* puerta de cierre automático.

おおどうぐ 大道具 *m.* montaje escénico, *m.* decorado. ▶大道具方 *m.* montador, *m.* decorador, *m.* tramoyista.

おおどおり 大通り *f.* calle [*f.* avenida] principal, *f.* calle mayor.

オートクチュール *f.* alta costura.

オートクレーブ 《専門語》*f.* autoclave.

オートバイ *f.* moto, *f.* motocicleta. →バイク.

オートフォーカス *m.* autofoco. ▶オートフォーカスのカメラ *f.* cámara con autofoco.

オードブル *m.* entremés.

オートマチック *adj.* automático. →自動の.

オートミール (粉) *f.* harina de avena; (かゆ) *fpl.* gachas de avena.

オートメ(ーション) *f.* automatización. ▶オートメ(ーション)化する *v.* automatizar*, hacer* automático. ▶オートメ(ーション)工場 *f.* fábrica automatizada.

オートレース (自動車の) *f.* carrera「de coches [《フォーマル》automovilística]; (オートバイの) *f.* carrera de motos.

オーナー *mf.* dueñ*o/ña*,《フォーマル》*mf.* propiet*ario/ria*. ▶この店のオーナー *mf.* dueñ*o/ña* de esta tienda. ♦オーナードライバーだ Tiene coche. / Es propiet*ario/ria* de un automóvil.

おおなた 大なた *m.* hacha grande. ▶来年度の予算に大なたをふるう(=思い切って削減する) *v.*

オートバイ進入禁止
Prohibida la entrada de motos. →オートバイ

168 オーバー

「reducir* drásticamente el [《口語》dar* un hachazo a] presupuesto del próximo año fiscal.

オーバー ❶【外套(ﾄ)】 m. abrigo, m. gabán; (そでのない) f. capa, m. manto. ▶厚い [薄い] オーバー m. abrigo ¹pesado [²ligero]. ▶オーバーを¹着る [²脱ぐ] v. ¹ponerse* [²quitarse] el abrigo. ▶オーバー掛け m. perchero. ▶彼にオーバーを¹着せて [²脱がせて] やる v. ayudarle a ¹ponerse* [²quitarse] el abrigo.
❷ [誇張した] ▶オーバーだなあ ¡Qué exagerado/da! / ¡Vamos, no exageres!
❸ [超えて] ▶制限速度をオーバーする v. superar [《口語》pasar, 《教養語》exceder] el límite de velocidad.

オーバーオール 〖スペイン〗 m. mono (de trabajo), 〖ラ米〗 m. overol.

オーバーコート m. abrigo. → オーバー.

オーバースロー f. tirada por lo alto. ▶オーバースローで投げる v. lanzar* [arrojar] por lo alto.

オーバードクター mf. doctor/tora「sin trabajo [desempleado/da]」.

オーバーヒート m. recalentamiento. ◆この車のエンジンはよくオーバーヒートする El motor de este coche se recalienta a menudo.

オーバーフロー 〖専門語〗 m. desbordamiento.

オーバーヘッドプロジェクター → オーエイチピー.

オーバーホール f. revisión general.

オーバーラップする v. solaparse, coincidir, repetirse*. ◆今日の授業は昨日の授業とオーバーラップしているところがあった En la clase de hoy se repitió parte de la de ayer.

オーバーラン m. exceso, 《フォーマル》 f. extralimitación. ◆飛行機が滑走路をオーバーランした El avión se salió algo de la pista.

オーバーワーク m. exceso de trabajo. ◆オーバーワークにならないように気をつけなさい Cuidado con trabajar「en exceso [demasiado]. / 〖ラ米〗《口語》No te pases en el trabajo.

オオハシ m. tucán (☆巨大なくちばしをもった羽の美しい鳥; 南米熱帯産).

おおはば 大幅 ▶大幅の[な] (大きい) adj. grande, gran + 名詞, fuerte; (急激な) adj. agudo, repentino; (抜本的な) adj. drástico, radical; (程度などの大した) adj. considerable, 《教養語》sustancial. ▶大幅な賃上げ f. gran [fuerte] subida de los sueldos. ▶物価の大幅な上昇 f. fuerte subida de los precios. ▶計画に大幅な変更をする v. introducir* grandes cambios en el plan; (大幅に変える) v. cambiar el plan radicalmente. ◆会社はわれわれの要求に対して大幅な譲歩をした La empresa ha realizado considerables concesiones a nuestra petición.

おおばんぶるまい 大盤振る舞い ▶大盤振る舞いをする (=豪華な宴を開いてもてなす) v. ofrecer* un gran festín [banquete]. ▶ボーナスを大盤振る舞いをする v. dar* una generosa [cuantiosa] gratificación.

オービー (卒業生) mf. graduado/da, mf. antiguo/gua alumno/na, mf. ex-alumno/na. ◆彼は京大のオービーだ Es un antiguo alumno de la Universidad de Kioto. ◆彼はこのクラブのオービーだ Es un antiguo miembro [socio] de este club.

オープニング ▶オープニングセレモニー f. ceremonia inaugural.

おおぶろしき 大風呂敷 ▶大風呂敷を広げる (=大言壮語する) v. decir* fanfarronadas, jactarse [alardear] 《por》.

オーブン m. horno. ▶オーブントースター m. horno tostador.

オープン ▶オープンカー m. coche descapotable [convertible]. ▶オープンサンド(イッチ) m. bocadillo. ▶オープンに (=率直に) 話す v. hablar abiertamente. ▶オープンする v. abrir*. → 開店, 開業.

オーボエ m. oboe. ▶オーボエ奏者 mf. oboísta, mf. oboe.

おおぼら 大ぼら ▶大ぼらを吹く v. decir* fanfarronadas [bravuconadas], fanfarronear 《de》.

おおまか 大まか ▶大まかな adj. aproximado, general. → 大雑把.

おおまた 大股 f. zancada. ▶大股で歩く v. andar* [caminar] a grandes pasos, dar* zancadas. ▶大股で通りを横切る v. cruzar* la calle「a grandes pasos [《口語》en dos o tres zancadas]」.

おおみず 大水 f. inundación. → 洪水.

おおみそか 大晦日 ▶大晦日の夜 f. Nochevieja; (最後の日) m. último día del año. ◆大晦日にたいていの人は除夜の鐘を聞く Casi toda la gente escucha las campanadas de los templos en Nochevieja. → 除夜の鐘.

オーム m. ohmio, m. ohm. ▶オームの法則 f. ley de Ohm.

おおむかし 大昔 (古い昔) f. antigüedad, m. tiempo remoto [《教養語》inmemorial]; (原始時代) f. época primitiva; (先史時代) mpl. tiempos prehistóricos. ▶大昔の人々 f. gente de la antigüedad, mpl. habitantes de épocas prehistóricas. ▶大昔から adv. desde「tiempos remotos [la antigüedad remota], 《口語》《ユーモアで》desde el tiempo「de Maricastaña [del rey que rabió]」. ◆大昔人間は洞窟(ｳ)に住んでいた En la época primitiva los hombres vivían en cavernas.

おおむぎ 大麦 f. cebada.

おおむね → 大筋, ほとんど. ◆彼の成績はおおむね (=全般的に見て) 良好だ En general, tiene buenas notas.

おおめ 大目 ▶大目に見る (見逃す) v. pasar por alto, 《口語》hacer* la vista gorda; (規則を曲げる) v. hacer* una excepción 《con》; (我慢する) v. tolerar; (許す) v. perdonar, tolerar. ◆今回は大目に見てやろう Esta vez te perdonaremos.

おおめ 多目 ▶おおめに買う v. comprar algo más de lo necesario.

おおめだま 大目玉 (ひどくしかること) f. buena reprimenda [《口語》regañina], f. bronca, 《口語》 m. rapapolvo. ▶大目玉をくらう v. ser* reprendido severamente, recibir una buena bronca. ▶息子に大目玉をくわせる v. 《口語》

reprender severamente al hijo; echar al hijo una buena bronca.

おおもじ 大文字 f. mayúscula. ▶大文字小文字を区別する《専門語》adj. sensible a las mayúsculas. ▶表題を大文字で書く v. escribir el título en [con] (letras) mayúsculas.

おおもと 大本 (土台) f. fundación, f. base; (根底) f. raíz. → 根本, 根源.

おおもの 大物 (重要人物) f. personalidad. ▶《集合的で》f. gente de primera. ▶大物を釣り上げる v. 《口語》 pescar* algo gordo. ◆あんなことをするとは大物だ Para hacer una cosa así tiene que ser alguien importante [《口語》 gordo].

おおや 大家 (所有者) mf. casero/ra, mf. propietario/ria de casas de alquiler.

おおやけ 公
1 《公の》: (公衆の) adj. público; (公式の) adj. oficial; (公開の) adj. abierto. ▶公の事 m. asunto oficial. ▶公の声明 f. declaración oficial. ▶公の席で (=人前の)演説をする v. hacer* público un discurso. ▶この図書館は公のものだ (=一般に公開されている) Esta biblioteca 「está abierta al público [es pública]. ◆彼は公の場ではいつも愛想がよいが家では気難しい Tan agradable siempre en público y tan desagradable en casa. / En público es siempre agradable pero en casa es todo lo contrario.
2 《公に》adv. en público, públicamente; (公式に) adv. oficialmente. ▶公にする v. publicar* (una noticia). → 公表する. ▶公になる v. hacerse* público. ◆二人は公には結婚していない Oficialmente no están casados.

おおゆき 大雪 f. gran nevada. ◆これは20年来の大雪です Ha sido la mayor nevada en 20 años.

おおよそ → およそ

オーライ interj. de acuerdo, bien, bueno, 『スペイン』 vale.

おおらか 大らか ▶大らかな (心の広い) adj. abierto, comprensivo; (寛大な) adj. generoso.

オーラルメソッド (口頭教授法) m. método oral.

オール ❶ 【ボートの】 m. remo. → 櫂(かい), 漕(そ)ぐ.
❷ 【全部】 adj. todo. ▶オール5をとる v. conseguir* todos sobresalientes.

オールウェザー ▶オールウェザー (=全天候用の)テニスコート f. cancha de tenis para todo tiempo.

オールドミス f. solterona.

オールナイト ▶オールナイトの adj. abierto toda la noche.

オールバック ▶髪をオールバックにしている v. llevar el pelo para atrás.

オールマイティー ❶ 【全能の】 adj. todopoderoso, 《教養語》omnipotente.
❷ 【トランプの】 f. carta invencible, m. comodín; (スペインの) f. espadilla.

オールラウンド adj. versátil, 《口語》comodín. ▶オールラウンドプレーヤー mf. jugador/dora versátil; (野球の) mf. jugador/dora

comodín.

オーロラ (極光) f. aurora polar. ▶ [北 [²南]極光 f. aurora ¹boreal [²austral].

おおわらい 大笑い f. carcajada, 《軽蔑的に》 f. risotada. ▶大笑いする v. saltar una carcajada. → 笑う.

おおわらわ 大童 ▶おおわらわになって働く v. trabajar 「con gran dedicación [con mucho empeño, en cuerpo y alma], entregarse* al trabajo. ▶クリスマスの準備でおおわらわである v. estar* entregado a preparar la Navidad. ◆今日は会社で一日中大わらわだった He tenido un día terriblemente ocupado en la oficina.

おか 丘 (小山) m. montículo, m. cerro, f. colina, f. loma, m. collado; (高台) m. alto, m. alcor, m. otero. ▶丘の多い地域 fpl. regiones 「de colinas [montuosas]. ◆その城は丘の上に立っている El castillo se yergue en lo alto de la colina.

• **おかあさん お母さん** f. madre, 《口語》 f. mamá. ◆お母さん、おはよう Buenos días, mamá. ◆あちらがお母さんですか ¿Es aquella tu madre?

おかえし お返し (返礼) f. devolución; (返礼の贈り物) m. regalo; (釣り銭) m. cambio, f. vuelta, 《ラ米》 m. vuelto; (しっぺ返し) 《口語》 esto por lo otro. ▶彼のもてなしへのお返しに何か贈り物をする v. enviarle* un regalo en correspondencia [reconocimiento] a su hospitalidad. ◆30円のお返しです Aquí tiene usted 30 yenes de cambio.

• **おかえりなさい お帰りなさい** ¡Bienvenido a casa! / ¿Ya de vuelta? 会話 お母さん、ただいま—あら、お帰りなさい Mamá, ya estoy aquí. – ¡Ah! ¿Ya estás aquí?

• **おかげ お陰** ▶おかげで (…のために) prep. gracias a; (…の原因で) prep. a causa de, debido a. ◆その機械のおかげで予定どおりに全部の仕事を終えることができました Gracias a la máquina, acabé el trabajo a tiempo. ◆私が成功したのはひとえにあなたのご指導のおかげです El éxito que he logrado 「se debe [lo debo] enteramente a la enseñanza que usted me ha dado. / Gracias enteramente a su enseñanza he tenido éxito. ◆危険から抜け出られたのは彼のおかげです Gracias a él pude superar las dificultades. ◆ジェット機のおかげで10時間かからずに太平洋を横断できる (=ジェット機が横断を可能にする) 「Los aviones a reacción nos permiten [Gracias a los aviones a reacción podemos] cruzar el Pacífico en menos de diez horas. ◆彼のおかげでとても安心した Me hacía sentir muy bien. / Me sentía tan tranquilo gracias a él. ◆君の不注意のおかげで仕事はやり直しだ A causa de tu descuido, hay que repetir el trabajo. 会話 ご家族の皆様はお元気ですか—はい、おかげさまで皆元気にやっています ¿Cómo está su familia? – "Está bien, gracias a Dios [Se encuentra bien. Gracias]». ◆おかげさまで (=幸いなことに)病気は全快しました Afortunadamente [Gracias a Dios] me he recuperado completamente. 会話 パーティーうまくいった?―おかげさまで大成功だったわ ¿Estuvo bien la fiesta? – Afortunadamente [Por fortuna], salió todo muy bien. 会話 あなたスペイン語が上手ね―小さいときからメキシコで育ったの、そのおかげよ(=それが役立っている) Hablas bien español, ¿eh? – Es que he vivido en México desde niño. Por eso.

***おかしい[な]** ❶【おもしろい】 *adj.* gracioso, cómico, chistoso; (人を楽しませて思わず笑いを誘う) *adj.* divertido; (興味を起こさせる) *adj.* interesante; (笑いや陽気な気分を起こさせる) *adj.* gracioso; (軽蔑・あざけりを引き起こす) *adj.* cómico, chistoso; (嘲笑を誘う) *adj.* ridículo. ♦おかしい話 *f.* historia divertida. ♦おかしな奴 *m.* individuo [*m.* tipo] divertido. ♦おかしな間違いをする *v.* cometer un error gracioso. ♦おかしな顔をする *v.* poner* una cara graciosa. ♦その冗談はおかしくない Esa broma no tiene gracia. / ¿Dónde está la gracia? ♦何がそんなにおかしいの No le veo la gracia. ♦君のそのだぶだぶのズボンをはいた格好はおかしい Pareces [Te ves] muy gracioso con tus pantalones bombachos. ♦彼の誤りがおかしかった(=笑いたくなった) Me hizo gracia su error.

❷【奇妙な】 (不思議な) *adj.* raro, extraño; (わけの分からない) *adj.* curioso; (変わった) *adj.* singular, misterioso, 《文語》 peregrino; (風変わりな) *adj.* extraordinario, infrecuente. → 変な. ♦彼のおかしなふるまいは私たちをひどくいらいらさせた Su extraña conducta nos inquietó muchísimo. / Estábamos terriblemente inquietos con su raro comportamiento. ♦彼が欠席するなんておかしい Es raro [extraño] que falte a la escuela. ♦おかしなことに私たちの先生を笑っているのを聞いていない Por raro que parezca, el profesor no lo oyó. ♦彼女は少し頭がおかしい《口語》No anda bien de la cabeza. / Le falta un tornillo. ♦この機械はどこかおかしい A esta máquina le pasa algo raro. / (故障している)Esta máquina está averiada.

❸【不適切な】 *adj.* inapropiado, inadecuado. ♦君が口答えするのはおかしい Está mal que repliques. / Es impropio que repliques.

❹【怪しい】 *adj.* dudoso, sospechoso. ♦彼の行動はおかしい Su conducta es dudosa.

おかす 犯す 罪を犯す *v.* cometer un delito. ♦法律を犯す(=破る) *v.* violar [infringir*] la ley. ♦女性を犯す(=強姦)する *v.* violar [deshonrar] a una mujer.

おかす 侵す (他国などを)(権利などを) *v.* 《フォーマル》 transgredir, 《フォーマル》 infringir*. ♦国境を侵す *v.* invadir las fronteras de un país. ♦所有権を侵す *v.* violar el derecho de propiedad.

おかす 冒す ❶【危険などを】 *v.* correr un riesgo, desafiar*[《教養語》arrostrar un peligro. ♦彼らは自らの生命の危険を冒してダム建設工事を続けた Siguieron con la construcción de la presa a riesgo de sus vidas.

❷【病気などが】 *v.* estar* afectado《por》; (急に) *v.* ser* atacado 《por》. ♦彼の胃はがんに冒されていた Su estómago estaba afectado por un cáncer. / Padecía cáncer de estómago.

おかず (料理) *f.* comida; (主料理に添える料理) *mpl.* platos que acompañan al plato fuerte. → 料理. ♦朝食はあまりおかずがなかった No había mucha comida de desayuno. ♦今晩のおかずはなんですか(=何を食べますか) ¿Qué hay de cena esta noche [tarde]?

おかっぱ お河童 (ショートカットにした髪) *m.* pelo a lo paje. ♦おかっぱの女の子 *f.* chica con el pelo a lo paje. ♦おかっぱにしている *v.* llevar [tener*] el pelo a lo paje.

おかどちがい お門違いである (間違っている) *v.* equivocarse [estar* equivocado]《en》; (違う人を非難している) 《比喩的に》 *v.* errar* el tiro. ♦彼を恨むのはお門違いだ Te equivocas al estar resentido contra él.

おがむ 拝む (神仏を) *v.* rezar*, 《教養語》 orar; (見る) *v.* ver*; (あがめる) *v.* adorar, venerar. ♦ [1]合掌して [2低頭して; 3ひざまずいて] 神を拝む *v.* rezar* a Dios [1]con las manos juntas [2]con el cuerpo inclinado; [3]de rodillas]. ♦ご来光を拝むv. ver* el amanecer*. ♦彼は拝むようにして援助を求めた Me suplicó [rogó, imploró] que le ayudara.

おかめはちもく 岡目八目 《言い回し》 Se ven mejor los toros desde la barrera.

オカリナ *f.* ocarina.

おがわ 小川 *m.* arroyo, *m.* riachuelo. ♦小川のせせらぎ *m.* murmullo [*m.* susurro] de un arroyo.

おかわり お代わり *f.* segunda ración. ♦コーヒーのお代わり(=もう一杯)いかがですか ¿Quiere usted otra taza de café? / ¿Desea más café? ♦スープのお代わりをください Me gustaría repetir sopa, por favor. / ¿Puedo tomar más sopa, por favor? ♦彼はカレーライスを２度お代わりした 「Repitió dos veces [Tomó tres raciones de] arroz con curry.

おかん 悪寒 《専門語》 *m.* escalofrío. → 寒気.

おき 沖 ♦沖の油井 *m.* pozo de petróleo en alta mar. ♦神戸沖に[で] *adv.* cerca de la costa de Kobe, en el mar que baña Kobe. ♦沖に出る *v.* salir* a alta mar. ♦船は１マイル沖に停泊した El barco ancló a una milla mar adentro [de la costa].

-おき -置き (ごとに) *adv.* cada; (間隔) *m.* espacio, *m.* intervalo. ♦5、6分おきに *adv.* cada cinco o seis minutos. ♦4メートルおきに木を植える *v.* plantar árboles cada [a intervalos de] cuatro metros. ♦１日おきにジョギングする *v.* correr "un día sí y otro no [cada dos días]. ♦バスは１時間おきに出ている Los autobuses salen cada hora.

おきあい 沖合 →沖. ♦沖合漁業 *f.* pesca de altura [alta mar].

おきあがる 起き上がる (座席・地面などから) *v.* levantarse, 《フォーマル》 incorporarse; (寝ていて上半身を起こす) *v.* incorporarse. → 起きる.

おきかえる 置き換える (配置し直す) *v.* cambiar

de lugar [sitio], reordenar, redistribuir; (移動させる) v. trasladar; (取り替える) v. sustituir*, cambiar 《A por B》. →代える. ▶部屋の家具を置き換える v. cambiar de lugar los muebles de la sala, reordenar el mobiliario de la habitación. ▶テレビと本箱を(相互に)置き換える v. poner* la televisión donde estaba el estante y viceversa.

おきざり 置き去り ▶置き去りにする v. abandonar, dejar atrás. ▶彼らは皆傷ついた友を置き去りにして逃げ去った Se fueron todos corriendo, dejando abandonado a su amigo herido.

オキシダント m. oxidante.

おきっぱなし 置きっぱなし ▶花見客が大量のごみをそこらじゅうに置きっぱなしにして帰った La gente que vino a ver los cerezos en flor volvió a sus casas, dejando tirada la basura por todos lados.

おきて 掟 (ご法度, 法律) f. ley; (約束事, 決まり) f. regla, f. norma, m. reglamento; (成文化された) m. estatuto. →法律, 規則.

おきてがみ 置き手紙 (メモ) f. nota; (ことづけ) m. mensaje. ▶置き手紙をする v. dejar 《a + 人》「una nota [un mensaje]」.

おきどけい 置き時計 m. reloj (de mesa). →時計.

おぎなう 補う (金・時間などの不足分を) v. suplir; (損失・欠点などを) v. compensar; (欠員などを) v. llenar, cubrir*; (補足する) v. complementar. →償う. ▶欠員を補う v. cubrir* 「un puesto [una vacante]」. ▶アルバイトをして給料の不足分を補う v. complementar el sueldo con un trabajo suplementario. ▶経験不足を勤勉で補う v. suplir la falta de experiencia con diligencia. ▶その損失を補わなければならない Hay que compensar las pérdidas. / Esas pérdidas deben ser cubiertas. ▶彼のやさしさは彼の小さな欠点を補って余りある Su amabilidad suple [cubre] con creces sus pequeños defectos.

おきにいり お気に入り adj. favorito, predilecto, preferido. ▶彼女のお気に入りの(=大好きな)帽子 m. su sombrero favorito. ▶吉田は先生のお気に入りだ Yoshida es el favorito del profesor.

おきぬけ 起き抜け ▶私は起き抜けに(=起きたらすぐ)軽い運動をする Tan pronto como me levanto hago algunos ejercicios ligeros. ▶起き抜けに(=朝まず第一に)それをしよう Será lo primero que haga cuando me levante por la mañana.

おきば 置き場 (置き場所) m. lugar 《para》. ▶自転車置き場 m. aparcamiento para las bicicletas; (屋根つきの) m. cobertizo para 《口語》las bicis. ▶私の部屋は狭くてベッドの置き場がない En mi pequeño cuarto no hay espacio para una cama. ▶身の置き場がない No sé que hacer. ▶どこに置きも meterme.

おきまりの お決まりの ▶お決まりの(=いつもの)料理 f. comida de siempre [rutina], m. plato habitual [rutinario]. ▶お決まりの(=習慣の)就寝時間 f. hora de dormir habitual [acostumbrada]. ▶お決まりの(=型にはまった)

おく 171

返事 f. respuesta estereotipada.

おきみやげ 置き土産 (別れの際の贈り物) m. regalo de despedida; (死後に残すもの) m. recuerdo (de un difunto). ♦校長はパソコンを置き土産として Nuestro/tra director/tora de escuela dejó un ordenador como recuerdo.

おきもの 置き物 (飾り物) m. adorno. ▶床の間の置き物 m. adorno en el "tokonoma".

おきる 起きる ❶【起床する】v. levantarse. ♦彼は毎朝早く起きる Siempre se levanta temprano. / Madruga todas las mañanas. ♦6時に目が覚めたが起きたのは8時過ぎだった Me desperté a las seis, pero no me levanté hasta después de las ocho.
❷【目覚める】v. despertar(se)*, dejar de dormir*; (起こされる) v. estar* despierto. ♦もと子,起きなさい. 7時ですよ. 今起きないと学校に遅れますよ Despierta [Despiértate], Motoko. Son las siete. Si no te levantas, llegarás tarde a la escuela. ♦静かにしないと赤ん坊が起きるよ No hagas ruido o despertarás al niño. ♦変な物音で私は起きた Me desperté un ruido extraño.
❸【寝ずに起きている】【床を離れている】v. estar* levantado; (目を覚ましている) v. quedarse despierto; (夜遅くまで) v. quedarse levantado (hasta tarde). ♦まだ起きていますか ¿Ya estás despierto? ♦子どもは起きていますか, 寝ていますか ¿Está el niño dormido o despierto? ♦私は読書して夜遅くまで起きていた Me quedé levantado leyendo hasta tarde. ♦起きて待っていなくてもいいよ No me esperes despierto [sin dormir].
❹【起き上がる】(立ち上がる) v. levantarse, ponerse* de pie; (上半身を起こして座る) v. levantarse. ♦患者はベッドの上に起きた El paciente se incorporó en la cama.
❺【発生する】v. ocurrir, 《口語》pasar, suceder, 《文語》acaecer*. →起こる.

《その他の表現》♦1週間で起きて歩けるようになれるでしょう En una semana o así podrás levantarte y andar por ahí. ♦どうしても英語を勉強する気が起きない No me 「dan ganas de [motiva] estudiar inglés.

おきわすれる 置き忘れる (置いてくる) v. dejar olvidado. →忘れる. ♦彼はバスの中に傘を置き忘れたにちがいない Tiene que haber olvidado el paraguas en el autobús.

おく 奥 (内部) m. interior; (奥深い所) m. fondo; (深く隠れた内部)《教養語》lo más recóndito; (中心部) m. corazón; (背後, 裏) f. parte posterior [trasera]. ▶森の奥へ入る v. 「meterse en el interior de [adentrarse en] la selva. ▶洞窟(ら)の奥には何もなかった No había nada en el fondo de la cueva. ♦奥へ行ってカウンターのところで聞いてください Ve por detrás y pregunta a alguien en el mostrador. ♦わが家の寝室は家の奥にある Nuestro dormitorio está en la parte posterior de la casa. ♦彼女は私の後ろの部屋へ連れ込んだ Le mostró el cuarto del fondo. ♦彼は私の心の奥をすぐに見抜いた Me adivinó pronto el fondo. / No tardó en

172 おく

《口語》calarme [percibir lo que yo pensaba]. ▶底の奥が少しはれていますね Tienes un poco hinchada la parte posterior de la garganta. ◆彼の住まいは市街地からだいぶ奥です (=離れている) Vive muy lejos de la ciudad.

おく 億 cien millones. ▶10億 *num.* mil millones.

おく 置く ❶【すえて置く】*v.* poner*; (順序良く)*v.* colocar*. ▶テーブルに本を置く *v.* poner* un libro en la mesa. ▶荷物を(下に)置く *v.* soltar* el equipaje. ▶頭をまくらに置く *v.* poner* la cabeza en la almohada. ▶受話器を置く *v.* colgar* el auricular; (電話を切る)*v.* colgar* el teléfono. ◆彼女はナプキンを広げてひざに置いた Abrió [Desdobló] la servilleta y se la puso sobre las piernas. ◆彼はペンを置いて私を見た Soltó la pluma y me miró. ◆彼は微妙な立場に置かれている Está (situado) en una posición delicada.
❷【置いていく】(放置する)*v.* dejar; (置き忘れる)*v.* dejar olvidado, dejar atrás; (ある状態にしておく)*v.* guardar, conservar. ▶ドアを開けておく *v.* dejar la puerta abierta. ▶それを言わないでおく *v.* mantenerse* callado [en silencio]. ◆彼は郷里に家族を置いて上京した Se fue a Tokio dejando en casa a la familia. ◆急がないと置いて行くよ Como no te des prisa, voy a dejarte atrás. ◆留守中この金を金庫に置いて(=保管して)おいてください Haz el favor de guardarme este dinero en la caja fuerte mientras estoy fuera.
❸【設置する】*v.* instalar, establecer*, fundar; (雇う)*v.* emplear, tener*. ▶図書館を置く *v.* instalar una biblioteca. ▶召し使いを置いている *v.* emplear a un criado. ▶下宿人を置いている *v.* tener* *un/una* inquilin*o/na*. ◆その会社は京都に支店を置いている(=持っている) La compañía tiene una sucursal en Kioto.
❹【店に置く】*v.* llevar; (売る)*v.* vender; (在庫として置く)*v.* tener*. ◆あの本屋には洋書は置いていない Esa librería no tiene [vende] libros extranjeros. ◆その店は冷凍野菜を置いていた La tienda tenía verduras congeladas.
《会話》ブラジルコーヒーはどこで手に入るかなえ、あのスーパーマーケットには輸入したばかりの品が置いてあるわよ ¿Dónde puedo conseguir café de Brasil? – Bueno, en ese supermercado tienen un suministro recién importado.
❺【隔てる】▶等距離の間隔を置いて立つ *v.* estar* de pie a [con] espacios iguales. ▶一日置いて次の日 un día después del día siguiente. ◆山田さんなら一軒おいて隣です El Sr. Yamada vive dos casas más allá.
☞掛[架]ける, 据える

おくがい 屋外 *m.* exterior, *m.* aire libre. ▶屋外プール *f.* piscina descubierta [exterior]. ▶屋外で働く *v.* trabajar al aire libre. → 外.

おくさま[さん] 奥様[さん] ❶【妻】*f.* Sra. (señora) + 姓. → 夫人. ▶奥様はおいでですか ¿Está la Sra. Tanaka? ◆奥様はお元気ですか ¿Cómo está su señora?
❷【一家の女主人】*f.* señora. ◆かしこまりました、奥様(店員・召し使いなどが) Sí, señora.

おくじょう 屋上 (傾斜のある屋根) *m.* tejado; (特にビルなどの平らい屋根) *f.* azotea, *f.* terraza. ▶屋上庭園 *m.* jardín terraza. ▶屋上レストラン *m.* restaurante terraza.

おくする 臆する (しり込みする)*v.* intimidarse, 《口語》encogerse*; (ためらう)*v.* vacilar. ▶(なんら)臆することなく *adv.* sin ninguna [la mínima] vacilación, 《強調して》intrépidamente.

おくそく 憶測 《教養語》*f.* conjetura. ▶憶測するv. 《教養語》conjeturar. → 推測.

おくそこ 奥底 (一番深い所) lo más profundo, las profundidades; (底) *m.* fondo. → 底.

オクターブ (8度音程) *f.* octava. ▶1オクターブ下げて歌う *v.* cantar una octava más bajo.

オクタビオ・パス Octavio Paz (☆1914-98, メキシコの詩人・批評家, 1990年ノーベル文学賞受賞).

おくち 奥地 (海岸から遠く離れた) *m.* interior; (海・大河川の背後にある) *f.* tierra adentro.

おくない 屋内 ▶屋内スポーツ *mpl.* deportes de interior. ▶屋内プール *f.* piscina cubierta. ▶屋内競技場 *m.* gimnasio. ▶屋内の [で]¹ *adj.* de interior [² *adv.* bajo techo]. → 室内.

おくに お国 (相手の国) *m.* su país natal; (故郷) *f.* tierra [*m.* pueblo] natal. ▶お国自慢をする *v.* alabar el país propio. ▶お国なまりで話す *v.* hablar con acento regional. ◆お国はどちらですか ¿De dónde es usted? / ¿Cuál es su país? → 出身.

おくにぶり お国振り *mpl.* usos de un país.

おくので 奥の手を出す[使う] *v.* 《口語》jugar* la última carta, emplear el último recurso.

おくば 奥歯 *f.* muela. ◆彼は奥歯に物がはさまったような言い方をする (=率直に言わない) Habla con reserva. / No es franco.

おくびょう 臆病 *f.* cobardía, *f.* timidez, 《教養語》*f.* pusilanimidad. ▶臆病な *adj.* cobarde, tím*ido*, 《教養語》pusilánime. ▶臆病者 *mf.* cobarde, 《教養語》*mf.* pusilánime, 《口語》*mf.* gallina. ◆シカは臆病な動物だ Los ciervos son animales tímidos. ◆彼は臆病にもあるまじをした Un comportamiento así es de cobardes. / Actuó con cobardía.

おくふかい 奥深い *adj.* profundo, hondo. ▶奥深い森 *m.* bosque espeso [tupido]. ▶奥深い意味 *m.* significado profundo.

おくまる 奥まる (奥にある)*v.* estar* en [el fondo [lo más profundo]; (奥へ伸びている)*v.* extenderse* muy lejos.

おくまん 億万 ▶何億万年も昔 *adv.* hace millones de años. ▶億万長者 *mf.* multimillon*ario/ria*.

おくやみ お悔やみ (哀悼) *f.* simpatía, 《フォーマル》*f.* condolencia. → 悔やみ.

おくゆかしい 奥床しい (洗練された) *adj.* refin*ado*; (上品で優雅な)*adj.* elegante, 《教養語》grácil; (遠慮がちな)*adj.* reserv*ado*, (慎み深い)*adj.* modesto.

おくゆき 奥行き ▶奥行き10メートルの舞台 *m.* escenario de 10 metros de fondo. → 幅. ▶この棚はけっこう奥行きがある Estos estantes tie-

nen bastante fondo. ◆彼の学問は奥行きがない Sus estudios no son profundos.
おくらせる 遅[後]らせる ▶時計を10分遅らせる v. retrasar [atrasar] 10 minutos el reloj. ▶約束の時間を少し遅らせてもらえませんか ¿Sería posible tener la cita un poco más tarde? ◆その戦争の発展を20年遅らせた Esa guerra ha retrasado en 20 años el desarrollo del país. → 延期する, 遅[後]れる. ⇨妨げる, 渋る
おくりかえす 送り返す ▶航空便で小包を送り主に送り返す v. devolver* un paquete al remitente por avión ⇨送還, 突き返す
おくりこむ 送り込む ▶佐藤氏を系列会社に送り込む v. enviar* al Sr. Sato a una (compañía) filial.
おくりさき 送り先 (受け取り人) mf. destinatario/ria; (運送先) m. destino. ▶送り先の住所 f. dirección del destinatario.
おくりじょう 送り状 f. factura.
おくりだす 送り出す (手紙・小荷物など) v. enviar* [expedir*] 《a》; (人を) v. enviar* [mandar, despachar] 《a》. →送る. ▶子供たちを学校に送り出す v. enviar* los niños a la escuela. ▶この港から世界中に商品を送り出して (=出荷して) います Desde este puerto enviamos artículos a todo el mundo. → 送る.
*****おくりもの** 贈り物 m. regalo, 《フォーマル》 m. obsequio, 《文語》 m. presente. ▶結婚の贈り物を¹する [²もらう] v. ¹dar* [²recibir] un regalo de boda. ◆彼女の誕生日の贈り物にルビーの指輪を買ってあげた Le compré a ella una sortija de rubí como regalo de cumpleaños. ◆これはあなたへの贈り物です Aquí hay un regalo para ti. ◆すばらしいクリスマスの贈り物ありがとうございました Muchas gracias por el bonito [estupendo] regalo de Navidad. ⇨志, 進物, 付け届け
*****おくる** 送る ❶【発送する】 v. enviar*, 《口語》 mandar, 《フォーマル》 expedir*, 《フォーマル》 despachar; (郵送する) v. mandar, remitir; (支払い金を郵送する) v. remitir; (信号を) v. enviar una señal, mandar señales. ▶手紙を航空便で送る v. enviar* una carta por avión [correo aéreo]. ▶その国へ使節を送る (=派遣する) v. enviar* [despachar] un/una enviado/da al país. ▶遭難信号を送る v. mandar una señal de SOS. ◆彼女はその1人 [²島] に食糧を送った Envió comida ¹al hombre [²a la isla]. ◆その工場は製品を¹列車 [²飛行機] で送る Esa fábrica ¹despacha [²envía] sus productos por ¹ferrocarril [²avión]. ◆この通知を受領しだい残金をお送りください Haga el favor de remitirme el saldo al recibir esta notificación. ❷【送り届ける】 v. llevar; (付き添って) v. acompañar; (見送る) v. despedir*. → 見送る. ▶客を玄関まで送る v. acompañar al huésped hasta la puerta, despedir* al invitado en la puerta. ◆私は彼女を家まで送った La llevé [acompañé] a casa. ◆車で駅まで送ってくれない? ¿Me puedes ¹llevar a [²dejar en] la estación? ◆私は成田空港に妹を送りに行った Fui al aeropuerto de Narita a despedir a mi hermana. ❸【過ごす】 v. pasar; (生活をする) v. vivir. ▶故郷で余生を送る v. pasar el resto de la vida en el lugar natal. ◆青春時代をむだに送る v. malgastar la juventud. ◆彼は幸福な人生を送った Pasó una vida feliz. / Vivió feliz. ⇨出す, 伝える, 届ける
*****おくる** 贈る (与える) v. hacer* un regalo, regalar; (公式に贈呈する) v. ofrecer*, 《強調して》 obsequiar; (授与する) v. conceder, 《教養語》 otorgar*, 《フォーマル》 galardonar. → 与える. ◆彼の誕生日に何を贈ろうか ¿Qué le regalo para su cumpleaños? ◆彼は勝者に金時計を贈った 「Al ganador [A la ganadora] le concedió un reloj de oro. ◆文化勲章がその画家に贈られた El/La artista fue galardonado/da con la Orden de la Cultura. ◆ Otorgaron al artista la Orden de la Cultura.
おくれ 遅[後]れ m. retraso, f. tardanza, 《教養語》 f. demora. ▶配達の遅れ m. retraso en la entrega. ▶¹仕事 [²勉強] の後れを取り戻す v. recuperar el atraso en el ¹trabajo [²estudio]. ▶仕事で (人に) 後れをとっている v. quedarse atrasado [atrás] en el trabajo, rezagarse* en el trabajo. ▶遅れないで来る v. venir* sin tardanza. ◆バスは5分遅れで来た El autobús llegó 「cinco minutos tarde [con un retraso de cinco minutos]. → 遅れる. ◆脱線事故で2時間の遅れが出た El descarrilamiento provocó una tardanza [demora] de dos horas. ◆列車は遅れを取り戻すことができなかった El tren no pudo recuperar el tiempo perdido.
おくればせながら 遅ればせながら aunque ya es algo tarde. ◆遅ればせながらご返事申し上げます Siento mucho el retraso en contestar tu [su] carta.
*****おくれる** 遅[後]れる ❶【定刻・期限に】 v. llegar* tarde [con retraso], hacerse* (a + 人) tarde; (遅れている) v. estar* [quedarse] atrasado, tener* retraso [atraso]. ▶電車に遅れる v. perder* el tren. → 乗り遅れる. ▶私は約束に遅れた Llegué tarde [con retraso] a la cita. ◆今日は昼食をとるのが遅れた Hoy se me hizo tarde para la comida. / Hoy me puse a comer tarde. ◆霧のため飛行機の出発が遅れた La niebla retrasó la salida del avión. / El avión 「salió con retraso [se retrasó] por la niebla. ◆どのくらい遅れるんでしょうか ¿Cuánto durará el retraso? ◆事故のため列車は10分遅れた El tren llegó diez minutos tarde 「por culpa [a causa] del accidente. / El accidente retrasó la llegada del tren diez minutos. ◆家賃の支払いが1か月遅れていますよ 「Tienes un mes de atraso [Estás atrasado un mes] en el pago de la renta. / Debes un mes de alquiler. → 滞る. ❷【後れを取る】 (仕事などが) v. retrasarse, atrasarse, 《教養語》 demorarse; (他のものより) v. quedarse atrás [retrasado, atrasado], rezagarse*. ▶他の走者に後れないようにする v. no quedarse atrás de los otros corredo-

174 おけ

res. ♦彼はかなり勉強が後れている「Está muy retrasado [Lleva mucho atraso] en sus estudios. ♦この地域は10年くらい時勢に後れている Esta región lleva un atraso de unos diez años en la marcha del tiempo. ♦彼は他の走者からだんだん後れていった Poco a poco se fue quedando atrás de los otros corredores. ♦2位の走者は1位の走者よりずっと後れて入ってきた「El segundo corredor [La segunda corredora] llegó mucho después que「el primero [la primera].

❸【時計が】v. retrasarse, atrasarse; (後れている) v. ir* atrasa*do*. ♦以前は時計は1日に10秒後れるぐらいは普通だった Antes era corriente que un reloj se retrasara diez segundos「por día [al día]. ♦君の時計は1分後れている Tu reloj va un minuto atrasado.

おけ 桶 (たらい) f. tina, f. cuba; (手おけ) m. cubo, 【メキシコ】f. cubeta, 【ベネズエラ】m. tobo. ▶桶1杯の水 m. cubo de agua.

おける (位置、観点) *prep.* de, en. ♦外交における重大問題 m. grave problema de la diplomacia. ▶教育における基本問題 *mpl.* problemas fundamentales de la educación ☞ 対して、対する

おこがましい (でしゃばりな) *adj.* atrevi*do*, presuntuo*so*; (生意気な) *adj.* descara*do*, (《口語》) fresco, desvergonza*do*. ♦自分で言うのもおこがましいが私は歌がうまい Perdona la presunción, pero yo soy *un/una buen/buena* cantante.

__おこす__ 起こす ❶【目を覚まさせる】v. despertar → 起きる; (起床させる) v. levantar, incorporar. → たたき起こす、揺り起こす. ♦毎朝6時に彼を起こします Le despierto todas las mañanas a las seis. ♦眠っている赤ちゃんを起こさないで No despiertes al niño dormido. ♦電話の音で起こされた Me despertó el teléfono. ♦子供を遅くまで起こしておかないように No acuestes tarde a tus hijos.

❷【倒れたものを】v. incorporar, poner* en pie. ♦体を起こして座った姿勢になる v. incorporarse para quedar senta*do*. ♦彼は転んだ子を助け起こした Ayudó al niño que se había caído al ponerse en pie. / Ayudó a incorporar al niño que se había caído.

❸【発生させる】(引き起こす) v. causar, provocar*, (《教養語》) suscitar; (...に通じる) v. ocasionar, llevar (a); (もたらす) v. acarrear; (生み出す) v. crear, (熱・電気などを発生させる) v. generar, producir*. ▶電気を起こす v. generar electricidad. ▶火を起こす v. hacer* fuego. ♦飲酒運転は事故を起こすもとだ Conducir en estado de embriaguez causa [provoca] accidentes. ♦いつその事故を起こしたのですか ¿Cuándo has ocasionado ese accidente? ♦面倒を起こさないでくれ No nos causes problemas. ♦彼は食べすぎて腹痛を起こした El exceso de comida le produjo dolor de estómago.

❹【始める】v. empezar*, comenzar*, iniciar; (活動などを) v. emprender; (設立する) v. establecer*, (《教養語》) constituir*, fundar, (《教養語》) instaurar. ▶事業を起こす v. iniciar una empresa. ▶新しい会社を起こす v. establecer* [constituir*] una nueva empresa.

❺【感情を生じる】v. provocar*, despertar*. ▶やる気を起こす v. provocar* el deseo (de). ▶短気を起こす v. perder* los nervios. ♦私は好奇心を起こして店内をのぞいた Miré al interior de la tienda por curiosidad. / La curiosidad me hizo mirar al interior de la tienda.

❻【耕す】▶土を起こす v. labrar, arar.

おこす 興す ▶産業を興す v. promover* [fomentar] la industria.

おごそか 厳か ▶厳かな *adj.* solemne, majestuo*so*.

おこたる 怠る (怠ける) v. desatender*, descuidar → 怠ける; (任務などを) v. ser* negligente. ▶職務を怠る v.「faltar a [desatender*] las obligaciones. ♦注意を怠る v. ser* descuida*do*. ♦手紙の返事を怠る v. desatender* la respuesta de una carta; (放っておく) v. dejar una carta sin contestar.

*__おこない 行ない__ f. conducta, m. comportamiento. ♦彼は勇気ある行ないをした Su acción fue valerosa. / Hizo un acto valiente. ♦身障者に手を貸してあげるのは親切な行ないです Ayudar a un minusválido es una buena acción [obra]. ♦彼の日ごろの行ないはとても悪い Su conducta diaria es muy mala. ♦行ないを改めなさい Mejora tu conducta. / Corrígete.

__おこなう 行なう__ (行為を行なう) v. hacer, obrar, realizar*; (役を務める) v. hacer* (de), actuar (como); (会などを開く) v. tener* lugar, celebrar(se) → 為(*)る; (実行する) v. llevar a cabo, ejecutar. → 為(*)る. ▶実験を行なう v. realizar* [llevar a cabo] un experimento. ♦入学式は10時から行なわれます(=行なわれます) La ceremonia de ingreso「tendrá lugar [se celebrará] a las diez. ♦調査は内密に行なわれた La investigación se llevó a cabo en secreto. ♦言うは易く行なうは難し (ことわざ) Del dicho al hecho hay「un gran [mucho] trecho. ☞ 行動する、為る

おこなわれる 行なわれる v. hacerse*, realizarse*; llevarse a cabo. → 行なう. ♦その仕事は彼によって行なわれた(=なされた) Ese trabajo「lo hizo [fue realizado por] él. ♦ストが行なわれている(=続行している) Hay huelga.

おこり 起こり (原因) f. causa, m. origen; (起源) m. origen, m. comienzo. → 起こる. ♦ささいな事があの戦争の起こりだった Un asunto trivial fue la causa de la guerra. / La guerra fue originada por un asunto trivial. ♦事の起こりは何でしたか ¿Cuál fue la causa? / ¿Cómo empezó eso?

おごり 奢り ❶【ぜいたく】m. lujo, (《教養語》) f. suntuosidad. ▶奢りをきわめる v. vivir con todo lujo.

❷【人にごちそうすること】v. invitar, convidar. → 奢(*)る. ♦これは私のおごりです Invito yo. / Es mi invitación.

おこりっぽい 怒りっぽい (気が短い) *adj.* enfadadi*zo*, coléri*co* → 怒る; (疲労・動揺などから) *adj.* irritable, (《教養語》) irascible; (《口語》) de mal genio; (気分を害しやすい) *adj.* quisquilloso. ♦今晩の彼はなぜか怒りっぽい Esta noche se enfada por cualquier cosa [está de mal genio, 《親しい仲で》tiene malas pulgas].

おこりんぼう 怒りん坊 *f.* persona irritable [de mal genio], 《口語》*mf.* polvorilla. → 癇癪(かんしゃく)持ち.

*****おこる 起こる** ❶【発生する】*v.* ocurrir, suceder, tener* lugar, 《口語》pasar, 《教養語》acontecer*, 《フォーマル》acaecer*, 《教養語》sobrevenir*. ♦何が起ころうと *adv.* pase lo que pase, suceda lo que suceda. ♦もし何かが起こったら *adv.* si ocurre [《非現実的なことが》ocurriera] algo. ♦自宅の前で交通事故が起こった Enfrente de mi casa ocurrió [tuvo lugar] un accidente de tráfico. ♦おもしろい出来事が起こった Ha ocurrido un divertido incidente. ♦火事は台所から起こった El incendio estalló [comenzó] en la cocina. ♦昨夜東海地方で地震が起こった Anoche tuvo lugar [ocurrió] un terremoto en la región de Tokai. / Un terremoto sacudió anoche la región de Tokai. ♦日米間で戦争が起こった Entre Japón y Estados Unidos estalló [hubo] una guerra. ♦彼の身に何が起こったのか私には分かる I no le ocurre [《口語》pasa]? ♦ここで何が起こっているのだろう ¿Qué está pasando aquí? ♦その問題は 2, 3 年ごとに起こっている Ese asunto se presenta [tiene lugar] cada pocos años. ❷【起因する】(生じる)*v.* surgir*, derivarse 《de》; (結果として生じる)*v.* resultar, 《教養語》proceder 《de》; (引き起こされる)*v.* estar* causado 《por》; (源を発する)*v.* originarse 《en, de》. ♦そのけんかは口論が原因で起こった La pelea surgió de una disputa. ♦その習慣は中国から起こった Esa costumbre tiene su origen [se originó] en China.

*****おこる 怒る** (腹を立てる)*v.* enfadarse 《con, contra, por》, 【ラ米】enojarse 《con, contra, por》, 《教養語》irritarse, 《教養語》encolerizarse*, 【キューバ】empingarse, 《口語》calentarse*, descomponerse*, 《教養語》exasperarse, 《文語》montar en cólera, 【スペイン】《俗語》cabrearse; (感情を害する)*v.* ofenderse, molestarse; (心の平静を失う)*v.* indignarse, perder* la paciencia; (しかる)*v.* reñir*, 《口語》echar la bronca. → 叱(しか)る. ♦彼はすぐ怒る Se enfada [enoja] con facilidad. / 《気が短い》Pierde fácilmente la paciencia. / Es impaciente. ♦何をそんなに怒っているのですか ¿Por qué estás tan enfadado? ♦彼女は彼が彼女の誕生日を忘れていたことを怒っていた Se enfadó con él porque se olvidó de su cumpleaños. ♦彼はまだ娘に怒っている Todavía sigue enfadado con su hija. ♦彼女は彼の言ったことに怒った Sus observaciones la ofendieron. / Lo que dijo la ofendió. ♦彼はそれを知れば かんかんになって怒るだろう Se pondrá furioso cuando lo sepa.

── 怒った *adj.* enfadado, enojado, 《強調して》colérico; (激怒して) *adj.* furioso, en un arrebato de cólera. ♦怒ってわめく *v.* gritar coléricamente. ♦怒った顔をする *adj.* 《口語》poner cara de pocos amigos.

おさえる 175

おこる 興る *v.* surgir*, aparecer*; (栄える) *v.* florecer*. ♦新しい産業が興った Ha surgido una nueva industria.

おごる 奢る ❶【ごちそうする】*v.* invitar, convidar. ♦君にステーキをおごろう Te invito a un filete. ♦おごってやろう Yo te invito. 《会話》夕食はぼくがおごるよ—私にも払わせてくれない—とんでもない. ぼくがおごるんだと言ったら—ごちそうさま. 次は私が払うわね Yo te invito a cenar. – Deja que pague yo también. – No. Esta vez invito yo. Por favor. – Está bien, gracias. La próxima vez me toca a mí. ❷【ぜいたくする】*v.* vivir con lujos. ♦おごった生活をする *v.* llevar una vida lujosa [de lujos].

おごる 驕る (高ぶる)*v.* estar* orgulloso 《de》; (ごう慢な)*v.* ser* arrogante [altivo]; (思い上がる)*v.* ser* vanidoso [《口語》estirado], → 自慢(じまん)れる. ♦おごってはいけない No seas vanidoso.

おさえつける 押さえ付ける ♦はしごを壁に押さえ付ける *v.* apretar* una escalera contra la pared. ♦暴徒を押さえ付ける (=鎮圧する) *v.* reprimir [aplastar] una revuelta.

*****おさえる 押さえる** ❶【動かないように押さえる】*v.* sujetar*, (固定した状態に保つ) *v.* mantener* firme, sostener*; (ピンなどで) *v.* prender; (おおう) *v.* tapar, cubrir*. ♦内からドアを押さえる *v.* sujetar la puerta desde dentro. ♦はしごを両手でしっかり押さえる *v.* sujetar [mantener* firme] una escalera con las manos. ♦耳を押さえる *v.* taparse los oídos. ♦傷口をハンカチで押さえる *v.* sostener* un pañuelo en la herida. ♦ドアが閉まらないように押さえておく *v.* sujetar la puerta para que no se cierre. ♦彼らは強盗が動けないように押さえていた Sujetaron al ladrón para que no pudiera moverse. ❷【捕らえる】*v.* atrapar, coger*; (逮捕する)*v.* arrestar, detener*; (つかむ)*v.* agarrar; (手に入れる)*v.* conseguir*; (差し押さえる)*v.* embargar*. ♦警察に取り押さえられる *v.* ser* atrapado por un policía. ♦物的証拠を押さえる *v.* conseguir* [《口語》hacerse* con, 《教養語》obtener*] pruebas materiales. ♦要点を押さえる *v.* 《口語》caer* en la cuenta. ♦彼らは彼が金を盗む現場を押さえた Le cogieron [【ラ米】agarraron; 【スペイン】《口語》pillaron] robando el dinero. ♦彼の財産は債権者に(差し)押さえられた Su propiedad fue embargada por sus acreedores.

*****おさえる 抑える** ❶【反乱などを】(鎮圧する) *v.* reprimir, sofocar*; (取り締まる) *v.* controlar, frenar. ♦暴動を抑える *v.* reprimir [sofocar*] una revuelta. ♦敵の進撃を抑える (=妨げる) *v.* impedir* [frenar] el avance del enemigo. ❷【数量・程度を】 *v.* contener*; (抑制する) *v.* controlar; (制限する) *v.* limitar, refrenar; (減らす) *v.* reducir*. ♦生活費を抑える *v.* contener* los gastos de vida. ♦輸出を抑える *v.* limitar las exportaciones. ♦政府は物価を抑えるのにあらゆる努力を払っている El gobierno

está haciendo todo lo posible por contener los precios.
❸【感情をこらえる】(抑制する) v. aguantar, contener*;(控える) v. refrenar, sujetar;(抑圧する) v. reprimir. ▶怒りを抑える v. aguantar [reprimir, contener*, refrenar] la ira. ▶涙を抑える v. aguantar [《口語》tragarse*] las lágrimas. ▶あくびを抑える v. contener [ahogar*] un bostezo. ▶自分の気持ちを抑える v. contenerse*, reprimirse, controlarse. 【その他の表現】◆彼は奥さんに抑えられて(=言いなりになって)いる Su mujer le tiene dominada. /《口語》Es un calzonazos [bragazas]. ☞噛み殺す, 殺す, 制する, 止[留]める,

おさがり お下がり (兄・姉などのお下がりの服) *f.* prenda heredada [usada]; (着なくなったもの) *f.* ropa usada. ▶兄のお下がりを着る *v.* llevar ropa heredada del hermano mayor. ▶母のお下がりのセーター *m.* suéter「usado por [heredado de] la madre.

おさき お先 ❶【順番】◆お先に失礼します(前を行く) Perdón por adelantarme. / (帰宅する) Perdone que me vuelva ya. ◆どうぞお先に Usted primero, por favor.
❷【見通し】◆お先真っ暗だ El futuro es negro. / No hay ningún rayo de luz [esperanza].

おさげ お下げ *f.* trenza. ◆彼女は髪をお下げにしている Lleva [Tiene] trenzas.

おさつ お札 *m.* billete (de banco). → 紙幣, 札(さつ).

おさない 幼い (年が少ない) *adj.* pequeño, tierno; (幼稚な) *adj.* infantil,《教養語》pueril; (未熟な) *adj.* inmaduro. ▶幼い男の子 *m.* niño pequeño,《口語》*f.* criatura. ▶幼いころよく彼女と遊んだものだ「De pequeño [Cuando era pequeño] jugaba con ella. / En mi infancia solía jugar con ella. ◆彼の考え方はとても幼い Su forma de pensar es muy infantil. ◆そんなことを言うなんて彼は本当に幼い Es muy infantil por su parte decir algo así.

おさなごころ 幼心 *f.* alma [*m.* corazón] infantil. ◆祖母の死は幼心にとても悲しかった La muerte de mi abuela fue muy triste para mi alma infantil.

おさななじみ 幼なじみ *mf.* amigo/ga de la infancia. ◆私たちは幼なじみだ Somos amigos desde「que éramos niños [la infancia].

おざなり ▶おざなりの *adj.* superficial, mecánico. ▶おざなりに *adv.* superficialmente, mecánicamente. ▶おざなりに視察する *v.* realizar* una inspección superficial [de trámite]. ▶おざなりを言う *v.* decir* algo convencional [de trámite]. (その場にふさわしいことを言う) *v.* decir* algo sólo para cumplir.

*おさまる 治まる ❶【安定した状態になる】(解決する) *v.* quedar resuelto, (終わる) *v.* terminar, cesar; (制御される) *v.* ser* controlado. ◆口論はまるく治まった La discusión「quedó resuelta [terminó] pacíficamente. ◆火事はやっと治まった El incendio fue por fin controlado.
❷【静まる】(風・気持ちなどが) *v.* calmarse, cesar; (痛みが和らぐ) *v.* apaciguar(se)*, aliviar(se). ◆風は夜になって治まった El viento se calmó al anochecer. ◆彼に対する怒りは治まらなかった Mi ira contra él no se apaciguó. ◆この薬を飲むと痛みが治まった El dolor se alivió después「que tomé [de tomar] esta medicina. / Esta medicina me alivió [me apaciguó] el dolor. ◆にわか雨でほこりがおさまった El chubasco ha asentado el polvo.

*おさまる 収まる ❶【きちんと中に入る】*v.* caber* (en). ◆その服は全部この箱に収まるでしょう En esta caja cabrá toda esa ropa. ◆この記事は20行では収まらない En 20 líneas no me cabe este artículo.
❷【解決がつく】*v.* arreglarse, solucionarse. ◆ストはまだ収まっていない La huelga sigue sin arreglarse.

*おさまる 納まる ❶【地位などに】▶重役に納まり返っている *v.* estar* satisfecho con el cargo de director/tora.
❷【納得する】(得心がいく) *v.* estar* satisfecho (con, de); (承知する) *v.* conformarse (con). ◆その回答では彼らは納まらないだろう No se conformarán con esa respuesta. ◆四方丸く納まるというわけにもいかないだろう Sería imposible satisfacer a todo el mundo. / Siempre hay alguien que no está conforme.

*おさめる 治める ❶【統治する】*v.* reinar. ▶国を治める *v.* gobernar* un país.
❷【鎮静する】(力ずくで) *v.* reprimir, sofocar*, dominar; (話し合いなどで) *v.* poner* paz, apaciguar*, resolver*. ▶暴動を治める *v.* reprimir una revuelta. ▶紛争を治める *v.* resolver* un conflicto. ◆彼女はけんかを丸く治めた Puso paz en la disputa.

*おさめる 収める ❶【得る】▶権力を手中に収める (合法的に) *v.* llegar* al poder*; (非合法的に) *v.* tomar el poder*. ▶勝利を収める *v.* triunfar (sobre). ▶学校で優秀な成績を収める *v.* obtener* [conseguir*] resultados brillantes en la escuela. ▶ばく大な利益を収める *v.* sacar* grandes beneficios《de》. ▶実験は大成功を収めた El experimento ha sido un gran éxito.
❷【しまう】(入れる) *v.* meter; (戻す) *v.* colocar* [poner*] donde estaba; (片付ける) *v.* guardar; (保管する) *v.* mantener*. ▶リンゴを全部箱に収める *v.* meter todas las manzanas en cajas. ▶道具箱を元の場所に収める *v.* colocar* una caja de herramientas en su sitio. ▶絵を額ぶちに収める *v.* enmarcar* un cuadro. ◆宝石類は金庫の中に厳重に収められていた Las joyas se guardaban en la caja fuerte.
❸【収録する】(一部として含む) *v.* incluir*; (全体として含む) *v.* contener*; (発表する) *v.* publicar*. ◆彼の論文がその雑誌に収められている En la revista viene [se incluye] su tratado.
❹【範囲を越えさせない】◆彼女は毎月の出費を15万円以内に収めるようにしている Intenta mantener los gastos mensuales por debajo de los 150.000 yenes.

*おさめる 納める ❶【納入する】(支払う) *v.* pagar*,《フォーマル》abonar; (配達する) *v.* entregar*, repartir; (供給する) v. proveer* 《de》, suministrar. ♦¹税金 [²授業料] を納める v. pagar* ¹los impuestos [²las tasas escolares]. ♦小売店に商品を納める v. proveer* a las tiendas pequeñas de artículos.

❷【受け取る】v. aceptar. ♦これは感謝の印です，どうぞお納めください Esto no es más que una prueba de mi agradecimiento. Tendría mucho gusto en que lo aceptara.

❸【終える】v. acabar, terminar. ♦彼らは歌いおさめに大ヒット曲を歌った Acabaron cantando su mayor éxito.

❹【しまう】(元の場所へ戻す) v. poner* en su sitio; (片付ける) v. recoger*, ordenar.

おさめる 修める (課程などを修了する) v. completar, cursar; (技能・知識を習得する) v. adquirir*, dominar. ♦2年間の修士課程を修める v. completar una maestría de dos años. → 履修する.

おさらい (復習) m. repaso; (劇・音楽などの下げいこ) m. ensayo. ♦前の授業のおさらいをする v. repasar [dar* un repaso a] la última lección.

おさん お産 (出産) m. parto, 《文語》m. alumbramiento. ♦お産する v. dar* a luz, tener* un niño. ♦お産で死ぬ v. morir* de [en el] parto. ♦お産が楽である v. tener* un parto fácil. ♦花子の時はお産が楽だった Tuve un parto fácil con Hanako. ♦彼女は息子のお産で死んだ Murió a raíz [al poco] del parto de su hijo [nada más dar a luz a su hijo].

おし 押し ❶【押すこと】m. empujón, m. empellón, m. peso. ♦押し切ってドアを開ける v. abrir* la puerta de un empujón. ♦机をひと押しする v. 「dar* un empujón a [empujar] la mesa.

❷【強引なこと】f. agresividad, 《口語》m. empuje. ♦押しの強いセールスマン m. vendedor 「con empuje [agresivo].

おじ 伯(叔)父 m. tío. ♦大おじ m. tío abuelo. ♦おじ夫婦が今日訪ねてくる Hoy vienen de visita 「mis tíos [mi tío y mi tía]. ♦太郎おじさんはどこ ¿Dónde está tío Taro?

おしあいへしあい 押し合いへし合い mpl. empujones y codazos. ♦バスの中は押し合いへし合いだった En el autobús había empujones y codazos.

おしあげる 押し上げる ♦ハッチを押し上げる v. abrir* la escotilla de un empujón. ♦彼を押し上げて塀を越えさせる v. empujarlo[le] para que salte la tapia.

おしあてる 押し当てる ♦窓ガラスに顔を押し当てる v. pegar* la cara contra el cristal. ♦手を顔に押し当てて泣く v. sollozar* con las manos pegadas a la cara.

•**おしい 惜しい** ❶【残念な】adj. lamentable. ♦惜しい! ¡Qué pena [lástima]! ♦1点差で試合に負けたのは惜しい Es una lástima que perdiéramos el partido por un punto. / ¡Qué pena haber perdido el partido por un punto!

❷【もったいない】v. dar* pena [lástima]. ♦このバッグは捨てるには惜しい Da pena tirar a la basura este bolso. ♦この部屋を子供の遊び場にしておくのは惜しい Da lástima que los niños usen este cuarto para jugar. ♦お金だけをやるのは惜しい ¡Lástima de dinero (que te doy)!

❸【貴重な】adj. valioso, precioso. ♦だれでも命は惜しい La vida es valiosa para todo el mundo. ♦まったく惜しい人を亡くした (＝彼の死はわれわれにとって大きな損失だ) Su muerte ha sido una gran pérdida para nosotros. ♦時間が惜しいので急ごう Más nos vale darnos prisa.

《その他の表現》♦(試合中に)惜しいところで雨になった Se puso a llover justo en lo más disputado del partido. / ¡Lástima de lluvia!

—— 惜しそうに (物惜しみして) adv. a regañadientes; (いやいや) adv. de mala gana.

おじいさん ❶【祖父】m. abuelo, 《親しい仲で》m. abuelito.

❷【老人】《口語》m. viejo, m. anciano. → おばあさん.

おしいる 押し入る (むりに入る) v. forzar* la entrada 《en》; (強盗などが) v. irrumpir 《en》. ♦留守中に泥棒が押し入った En nuestra ausencia un ladrón forzó la entrada (de casa).

おしいれ 押し入れ "oshiire", 《説明的に》m. armario empotrado de puertas correderas.

おしうり 押し売り (行為) f. venta agresiva [forzada, apremiante]; (人) mf. vendedor/dora agresivo/va. ♦金(ホ)を押し売りする v. apremiar [presionar] para comprar oro.

おしえ 教え f. enseñanza, f. instrucción, f. doctrina. ♦キリストの教えに従う v. seguir* la doctrina de Cristo. ♦私はその教授からラテン語の教えを受けた Ese profesor me enseñó latín. / Recibí la enseñanza de latín de ese profesor.

おしえご 教え子 (学生) mf. alumno/na; (生徒) mf. discípulo/la.

おしえこむ 教え込む (訓練する) v. adiestrar, entrenar; (動物を) v. amaestrar; (習慣・思想などをたたき込む) v. 《教養語》inculcar*. ♦犬に芸を教え込む v. enseñar algunos trucos al perro; amaestrar al perro. ♦子供たちに行儀作法を教え込む v. inculcar* buenos modales en los niños. ♦子供に健全な道徳を教え込む (＝植えつける) v. implantar sólidas virtudes en un hijo.

****おしえる 教える** ❶【教授する】v. enseñar; (特定分野を体系的に) v. instruir* 《a ＋ 人》《en》, dar* lecciones [clase] 《a ＋ 人》《de》, 《教養語》aleccionar 《a ＋ 人》《en》; (能力を引き出す) v. educar*; (指導する) v. entrenar.

1 《…を教える》♦子供たちを教える v. enseñar a los niños. ♦ピアノを教える v. dar* lecciones de piano. ♦第1学年を教える v. enseñar en el primer curso. ♦彼はスペイン語を教えている (＝スペイン語の先生だ) Enseña español. / Es profesor de español. ♦話術を教えることはできない El arte de la conversación no se puede enseñar.

2《...に...を[だと]教える》▶彼らにスペイン語を教える v. enseñarles español, darles* clase de español. ▶あるクラスに物理学を教える v. enseñar física a una clase. ▶彼に車の運転を教える v. enseñarle a conducir*; darle* clases de conducir*. ▶彼は生徒たちにうそをついてはならないと教えた Enseñó a sus alumnos a no mentir. / Educó a sus alumnos para que no dijeran mentiras.

3《...で教える》(1)【場所】▶高校で教える v. enseñar en una escuela secundaria.

(2)【道具】▶視聴覚教材でスペイン語を教える v. enseñar español con materiales audiovisuales.

❷【指示する】(口頭で) v. decir*; (実際に示して) v. mostrar*, enseñar; (知らせる) v. hacer* saber*, 《フォーマル》informar. → 通知する. ▶彼にその機械の使い方を教える v. enseñarle [mostrarle*] el uso de la máquina, decirle* cómo se usa la máquina. ◆名前を教えていただけませんか ¿Me puede decir cómo se llama, por favor? ◆時間が切れたら教えてね Dime cuándo es la hora. ◆ホテルへ行く道を教えてあげましょう Te diré [enseñaré] cómo llegar al hotel. 《会話》あした試験なんだし―どんな出来だか教えてね Mañana tengo examen. – Dime cómo te ha ido. ◆彼の電話番号を教えてくださいませんか ¿No me podrías dar su número de teléfono? ◆スペインの大学への入学について教えていただきたいのですが Me gustaría que me informara [diera información] sobre cómo ingresar en una universidad española. 《会話》ちょっと教えていただきたい(＝不思議なので知りたい)のですが、どうしたらそんなにお元気でいられるのですか―そうね、ただ規則正しい生活をしているだけですよ Sólo por curiosidad… ¿Qué le hace para mantenerse en tan buena forma? – Bueno, simplemente observo un horario muy regular.

おしかける 押し掛ける ❶【訪れる】(招待もされないのに) v. invitarse 「uno mismo [una misma], presentarse sin ser* invitado. ▶押しかけ客 《スペイン》《口語》mf. colado/da, 《ラ米》《口語》mf. paracaidista. ◆彼は彼女の誕生パーティーに押しかけた 《口語》Vino a su fiesta de cumpleaños sin ser invitado. / Se coló en la fiesta de cumpleaños.
❷【押し寄せる】(群がる) v. acudir en masa [tropel], 《フォーマル》aglomerarse. → 押し寄せる. ▶彼の話を聞こうと押しかける v. acudir en masa para oírle* hablar.

おじぎ お辞儀 f. inclinación, f. reverencia.
――お辞儀をする v. inclinarse (para saludar). ◆私たちはばかていねいに別れのおじぎをした Nos despedimos con una inclinación. ◆彼は私たちに[1]ていねいに[2]軽くおじぎをした Nos saludó inclinándose [1]cortésmente [2]ligeramente. ◆彼女はおじぎをして感謝の気持ちを表わした Hizo una inclinación en señal de agradecimiento.

おしきせ お仕着せ (制服) mpl. uniformes proporcionados por la empresa [escuela]. ◆この行事はお仕着せ(＝上から強制されたもの)だと彼らは言った Dijeron que habían sido obligados a hacer eso.

おしきる 押し切る ❶数で押し切る v. insistir con ventaja numérica. ◆彼女は親の反対を押し切って(＝反対にもかかわらず)結婚した Se casó 「a pesar de [《フォーマル》no obstante] la oposición de sus padres.

おしくも 惜しくも (残念ながら) adv. por desgracia, lamentablemente → 惜しい; (失望したとに) adv. a mi [su, nuestro] pesar; (小差で) adv. por muy poco, 《口語》por los pelos. ◆彼は惜しくも入選を逃がした Por desgracia no pudo ganar el premio. ◆彼は惜しくも落選した Fue derrotado en las elecciones por muy poco.

おじけづく 怖じ気付く (怖くなる) v. echarse para atrás; (度胸を失う) v. acobardarse; (おどおどする) v. estar* atemorizado, 《教養語》intimidarse. → 怖がる.

おしげなく 惜しげなく adv. generosamente. ▶惜しげなく慈善事業に寄付する v. hacer* una generosa donación benéfica. ◆彼はいつも惜しげなくお金を貧しい人々に与える Siempre es generoso en 「sus donativos [dar dinero] a los pobres.

おしこむ 押し込む ▶(ビデオに)カセットを押し込む v. meter apretando un cassette (en un video). ▶(ズボンの中に)ワイシャツのすそを押し込む v. meterse la camisa en el pantalón. ▶かばんに本を押し込む v. meter apretando los libros en el bolso; forzar* los libros en el interior del bolso. → 詰め込む.

おしこめる 押し込める ❶【押し込む】◆彼らは私たち全員を1台のバスの中に押し込めた Nos metieron [《口語》empaquetaron] a todos en un solo autobús. → 押し込む.
❷【閉じ込める】 v. encerrar* [《教養語》confinar] (en). → 閉じ込める.

おじさん 小父さん (大人の男) m. hombre; (呼びかけ) m. señor. → おじ. ▶よそのおじさん m. desconocido, m. extraño. ◆おじさんの仕事は何ですか ¿Qué profesión tiene usted, señor?

おしすすめる 推し進める ▶その計画を推し進める v. 「seguir* adelante con [llevar adelante] el proyecto; (助長する) v. promover* el progreso del proyecto.

おしたおす 押し倒す ▶後ろから押し倒す v. derribar 《a + 人》de un empujón por detrás.

おしだし 押し出し ▶押し出しのりっぱな男 m. caballero de excelente presencia [compostura].

おしだす 押し出す v. sacar* fuera de un empujón, empujar afuera. ▶リングの外に相手を押し出す v. sacar* al rival del ring de un empujón. ▶練り歯みがきをチューブから押し出す v. estrujar el tubo dentífrico para que salga la pasta.

おしだまる 押し黙る (無言をつらぬく) v. guardar silencio, quedarse callado.

おしつける 押し付ける v. empujar, apretar*, oprimir (contra); (受け入れるよう強制לする) v. imponer* 《a, en》, forzar*, 《教養語》compeler*. ▶壁に押しつける v. empujar 《a + 人》

contra la pared. ▶自分の意見を他人に押しつける v. imponer* las propias opiniones a los demás. ▶誤りの責任を彼女に押しつける (=彼女のせいにする) v. echarle a ella la culpa por el error; culparla a ella del error. ▶やっかいな仕事を押しつけられる v. cargar* con un trabajo difícil. ♦しつこいセールスの女性に高い化粧品を押しつけられた Una vendedora agresiva me empujó a comprar cosméticos caros.

おしっこ m. pis, 《親しい仲で》m. pipí. ▶おしっこをする v. hacer* pis [pipí]. ▶おしっこに行く v. ir* a hacer* pis. ♦おしっこ! Quiero hacer pis. ▶夜中におしっこに起きるの? ¿Te levantas por la noche a hacer pis?

おしつぶす 押し潰す v. aplastar, estrujar. ▶帽子をしりで (=しりに敷いて)押し潰す v. aplastar un sombrero sentándose encima. ▶トラックは彼の自転車を下敷きにしてぺちゃんこに押し潰した El camión pasó por encima de su bicicleta aplastándola [apisonándola]. ▶その家は雪の重みで押し潰された La casa quedó aplastada por el peso de la nieve.

おしつまる 押し詰まる ▶押し詰まってきた (=切迫している)情勢 f. emergencia. ♦今年もいよいよ押し詰まってきた (=ほとんど年の暮れだ) Ya casi estamos a finales de año. / Falta poco para que acabe el año. / El fin del año está a la vuelta de la esquina. → 殆(ほとん)ど.

おしとおす 押し通す (むりに通す) v. imponer*, forzar*; (言い張る) v. insistir 《en》; (固執する) v. persistir 《en》. ▶わがままを押し通す v. imponer* un punto de vista, 《口語》salirse* con la suya. ▶自分の計画を押し通す (=遂行する) v. llevar adelante un plan「pese a todo [《口語》contra viento y marea]. ▶彼は自分の正当性を押し通した Insistió en que no estaba equivocado. ♦田舎へ引っ越した後も彼は都会の暮らしぶりを押し通そうとした Se aferraba a [Persistía en] su estilo de vida urbana incluso después de irse a vivir al campo.

おしどり 鴛鴦 m. pato mandarín. ▶おしどり夫婦 m. matrimonio feliz, f. pareja bien avenida.

おしながす 押し流す ▶洪水で橋は押し流された La inundación arrastró [《口語》se llevó, arrasó] el puente. ▶船は川を押し流された El barco fue arrastrado río abajo (por la corriente).

おしのける 押し退ける v. empujar a un lado, dar* empujones; (ひじで) v. dar* codazos; (肩で) v. dar* empujones.

おしのび お忍び ▶お忍びの女王 f. reina de incógnito. ▶お忍びで旅行する v. viajar de incógnito.

おしはかる 推し量る (推測する) v. suponer*, adivinar, 《教養語》conjeturar.

おしばな 押し花 f. flor prensada. ▶本にはさんで押し花をつくる v. prensar una flor entre las páginas de un libro.

おしべ 雄蕊 m. estambre.

おしボタン 押しボタン m. botón, m. pulsador.

おしぼり お絞り f. toallita enrollada húmeda.

おしむ 惜しむ ❶【出し惜しむ】(労力・費用など

を) v. escatimar, ahorrar, economizar; (物を惜しがる) v. no ser* generoso; (倹約する) v. ser* frugal; (けちをする) v. ser* mezquino [tacaño]. ▶骨身を惜しまず働く v. trabajar sin escatimar esfuerzos. ▶金を惜しむ v. gastar poco dinero; (気前がよくない) v. no ser* generoso con el dinero. ▶着る物に金を惜しまず使う v. no reparar en gastos para la ropa, vestirse* sin escatimar dinero. ♦彼はわれわれを援助するのに努力を惜しまなかった No escatimó esfuerzos para ayudarnos. ♦彼は自分の犬に食べさせる物すら惜しんだ Era poco generoso hasta para la comida de su perro. ▶君のためならどんな協力も惜しまない (=いつでも喜んで協力する) No escatimaré esfuerzos para ayudarte.

❷【残念に思う】v. sentir*, lamentar; (嘆く) v. 《教養語》deplorar; (気が進まない) v. estar* poco dispuesto 《a》. ▶その青年の死を惜しむ v. sentir* la muerte del joven. ▶友との別れを惜しむ v. estar* poco dispuesto a separarse「del amigo [de la amiga]. ♦彼女は彼が好機を何回も逸したことを惜しんだ Lamentó que él perdiera las buenas ocasiones muchas veces. ♦これは彼の非常に惜しむべき失態です Ha sido una equivocación lamentable [《教養語》deplorable] por su parte. ♦惜しむらくは, 彼は才教ながら, 若死にした Es「una pena [lamentable] que haya fallecido tan joven, aunque era talentoso.

❸【尊重する】v. valorar, apreciar. ♦命より名を惜しむ Yo valoro la honra más que la vida. ♦彼は寸暇を惜しんで (=あらゆるひまな時間を利用して)スペイン文学を研究した Aprovechaba cualquier rato libre para estudiar literatura española. / (暇な時間をすべて使った)Se pasaba todo el tiempo que tenía libre estudiando literatura española.

おしめ m. pañal. → おむつ.

おしもおされもしない 押しも押されもしない ▶押しも押されもしない (=揺るぎのない)大スター f. superestrella [f. gran estrella] indiscutible. ▶押しも押されもしない (=名声が定まった)偉大な学者 mf. erudito/ta de primera categoría.

おしもんどう 押し問答 (口論) f. riña, 《教養語》m. altercado. ▶押し問答する v. reñir* 《con》, tener* un altercado 《con》.

おしゃぶり (口さみしい赤ん坊に与えるもの) m. chupete; (歯の生えかけた赤ん坊にかませる輪形のもの) m. chupador.

おしゃべり f. conversación; (打ち解けた) f. charla; (くだらない) m. parloteo, 《口語》f. cháchara, 《スペイン》m. palique; (うわさ, 世間話) f. habladuría, m. chisme. ▶おしゃべり (=話し好き)な人 mf. parlanchín/china; (うわさ話をする人) mf. chismoso/sa. ▶彼とおしゃべりする v. hablar con él; tener* una charla con él. ▶おしゃべりである v. hablar demasiado, 《口語》irse* de la boca, 《口語》ser* un bocazas. ▶彼女たちはベンチにすわって長い間おしゃべりをした「Hablaron mucho [Tuvieron una larga conversación] sentados

en el banco. ♦「おしゃべりはやめなさい」と先生は言った "Dejen de charlar", dijo el profesor.
[地域差] おしゃべり
〔全般的に〕f. charla
〔スペイン〕《軽蔑的に》《口語》f. parrafada
〔キューバ〕f. plática
〔メキシコ〕f. plática, f. platicada, m. rollo
〔コロンビア〕f. plática
〔アルゼンチン〕f. plática

おじゃま お邪魔 ▶あすお邪魔したいと思っています Me gustaría visitarte mañana. ♦長々とお邪魔しました(＝多く時間を取ってすみません) Siento haberle quitado tanto tiempo. / Estoy muy agradecido por el tiempo que me ha dedicado. / (時間をかけて話をしてくださって本当にありがとうございました)Gracias por su tiempo. ♦お邪魔してすみませんが緊急の伝言があります Siento molestarle, pero hay un mensaje urgente. 会話 ようこそおいでくださいました─こちらこそ, お邪魔します Gracias por haber venido. ─ Al contrario; gracias a usted por recibirnos.

おしゃれ ▶おしゃれをする(正装する) v. vestirse* bien [con gusto, con elegancia], v.《口語》ponerse* de punta en blanco, engalanarse, 《口語》emperifollarse. ▶おしゃれな(＝流行の先端をゆく)街 f. calle de moda. ♦彼女はおしゃれだ Va siempre muy bien vestida. / Viste muy bien. / Cuida mucho el vestido.

おしょう 和尚 (僧) m. monje budista; (住職) m. superior de un templo budista.

おじょうさん お嬢さん (他人の娘) f. su hija, f. señorita → 坊ちゃん; (呼びかけ) f. señorita. ▶ちょっとお嬢さん, そこどいて Por favor, señorita, deje paso. ♦ちょっとお嬢さん, コーヒー二つ Señorita, dos cafés, por favor. 会話 (ポーターが客に)お嬢さん, 荷物をお持ちしましょうか─ええ, おねがいします ¿Puedo ayudarle con su equipaje, señorita? – Oh, sí, gracias. ♦お嬢さんが９月に結婚されるそうですね He oído que su hija se va a casar en septiembre.

おしょく 汚職 f. corrupción, m. soborno,《口語》m. chanchullo, 《文語》f. venalidad. ▶汚職事件 m. caso de corrupción. ▶汚職役人 mf. funcionario/ria corrupto/ta [《教養語》venal]. ▶汚職をする v. practicar* la corrupción; (わいろを受け取る)v. aceptar un soborno, dejarse sobornar.

おしよせる 押し寄せる (群がる)v. aglomerarse; (押し合って)v. acudir en masa [tropel]; (大挙して)v. congregarse*; (うようよと)v. apiñarse, pulular. ▶週末に田舎へ押し寄せる(＝群れをなして行く)v.「acudir en masa al [invadir el] campo para pasar el fin de semana. ▶歌手の周りにサインを求めて押し寄せる(＝群がる)v. apiñarse alrededor del cantante en busca de un autógrafo. ♦少女が大勢劇場へ押し寄せた Las chicas acudieron en masa al teatro. ♦洪水が村に押し寄せた(＝波のように迫った) Las inundaciones invadieron el poblado. ⇨押し掛ける

おしろい 白粉 mpl. polvos para la cara. ▶おしろいをつけている v. empolvarse [ponerse* polvos en] la cara. ▶おしろいを¹こてこてに [²薄く]塗る v. empolvarse ¹mucho [²ligeramente] la cara. ♦このおしろいはつきが悪い Estos polvos no se me pegan.

おしわける 押し分ける ▶群衆を押し分けて進む v. abrirse* camino a la fuerza; (乱暴に)v. abrirse* paso a codazos (entre la multitud). ▶ひじで押し分けて劇場に入る v. entrar en el teatro a codazos. ♦彼らは人を押し分けて最前列に出た Avanzaron a codazos hasta la primera fila.

**おす 押す ❶【力を加える】v. empujar, apretar*, impulsar, 《教養語》impeler. ▶ボタンを押す v. apretar* el botón. ▶テーブルをすみへ押しやる v. empujar una mesa hasta un rincón. ▶窓を押して[開ける [²閉める] v. ¹abrir* [²cerrar*] una ventana de un empujón. ♦そんなに強く押さないでください Por favor, no me empujes tan fuerte. ♦彼は肩でドアを押した Empujó la puerta con el hombro. / Dio un empujón a la puerta con el hombro.

❷【印判を押す】v. estampar; (公式に)v. sellar. ▶封筒に住所を印で押す v. estampar la dirección en un sobre.

【その他の表現】♦彼は今や押しも押されもしない(＝定評のある)作家だ Ahora es un escritor con un「sólido prestigio [reconocimiento establecido]. ♦彼は病を押して(＝病気にかかわらず)出勤した Pese a estar enfermo, fue a trabajar. ♦駅は電車を押すような混雑だった La estación estaba atestada [llena, repleta] de gente. ♦我が社はライバル会社に押されている Estamos perdiendo terreno ante la compañía rival.

おす 雄 m. macho. ▶雄猫 m. gato (macho). ▶雄のへび f. serpiente macho.

おす 推す ❶【推薦する】v. recomendar*, proponer*. → 推薦する.
❷【推察する】→察する. ♦結果は推して知るべし(＝結果を容易に想像できる) Puedes imaginar fácilmente el resultado.

おすい 汚水 (汚れた水) f. agua sucia; (汚染された水) fpl. aguas contaminadas; (廃水) fpl. aguas residuales; (下水道の水) fpl. aguas de alcantarilla. ▶汚水処理 m. tratamiento de aguas residuales.

おずおず (びくびくして) adv. tímidamente; (ためらって) adv. con vacilación; (内気で) adv. con miedo. ♦彼女は恥ずかしそうにおずおずと彼に近寄って来た Se acercó a él tímidamente y con vacilación.

オスカー ▶オスカー賞 Los Premios Oscar (de la Academia de Estados Unidos de Ciencias y Artes Cinematográficas).

おすそわけ お裾分け ▶卵をたくさんもらったので近所の人にお裾分けした Me dieron demasiados huevos; así que los compartí con vecinos.

おすみつき お墨付き (正式な許可) m. visto bueno oficial, 《口語》f. luz verde oficial; (正式な保証) f. garantía oficial. ♦お墨付きがな

ければこの計画は実行できない No podemos llevar a cabo este proyecto sin un visto bueno oficial.

オスロ Oslo (☆ノルウェーの首都).

オセアニア Oceanía.

おせいぼ お歳暮 *m.* regalo de fin de año. → 歳暮

おせじ お世辞 (大げさな，心にもない) *m.* halago, 《教養語》*f.* lisonja, *f.* adulación; (社交上の) *m.* cumplido, *m.* piropo, *f.* galantería. ♦心にもないお世辞を言う *v.* decir* falsos cumplidos. ♦私にお世辞を言ってもむだよ Conmigo de nada sirven los halagos. ♦彼はお世辞がうまい Es muy lisonjero. / Dice muchos cumplidos. / Es un adulador. 会話 まあ，お世辞のうまいこと——いいえ，本当にそう思うわ 《Oh, vamos! Me halaga usted. ‒ No es un cumplido. Es la pura verdad. 会話 すばらしい出来の作品だ——それ本心？それともお世辞を言っているだけなの Es una obra excelente. – ¿Lo cree usted de verdad o se trata de un cumplido? ♦彼は彼女の歌が上手だとお世辞を言った La halagó diciéndole que cantaba bien. / Le dijo el cumplido de que era una buena cantante. ♦彼女はお世辞にも歌が上手だとはいえない (=上手な歌にはほど遠い) No canta nada bien. / Dista mucho de ser una buena cantante. ☞ 愛想，ちやほや

おせち ▶御節料理 *f.* comida especial de Año Nuevo.

おせっかい お節介 ▶お節介な *adj.* entrometido, 《メキシコ》《口語》metiche, 《ペルー》《口語》metete, 《アルゼンチン》《口語》meterete, 《スペイン》《口語》metomentodo. ♦よけいなお節介だ (=お前の知ったことではない) ¡A ti no te importa! / 《メキシコ》《口語》¡No seas metiche! / ¿Quién te ha dado vela en este entierro? ♦彼はお節介な男だ Es un entrometido. / Se mete「donde no le llaman [en lo que no le importa].

—— お節介をする[やく] (干渉する) *v.* entrometerse [meterse]《en》; (鼻を突っ込む)《口語》meter las narices《en》. ♦彼のことにお節介をやくのはよしなさい No debes entrometerte [《ラ米》meter cuchara] en sus asuntos. / Deja de meter las narices en sus cosas.

地域差 おせっかいをする
〔全般的に〕*v.* meter la nariz
〔スペイン〕*v.* meter baza
〔メキシコ〕*v.* meter cuchara
〔コロンビア〕*v.* meter cucharada
〔アルゼンチン〕*v.* meter cuchara

オセロット *m.* ocelote (☆中南米産のオオヤマネコ).

おせん 汚染 *f.* contaminación, *f.* polución.

 1《〜汚染》▶環境汚染 *f.* contaminación ambiental [medioambiental]. ▶大気[水質]汚染 *f.* contaminación del ¹aire [²agua]. ▶食品の放射能汚染 *f.* contaminación radiactiva de los alimentos.

 2《汚染+名詞》▶汚染源 *f.* fuente [*f.* causa] de contaminación. ▶汚染物質 *m.* (agente) contaminante. ▶汚染防止 *m.* control de contaminación.

 3《汚染を》▶海岸の汚染を防ぐ *v.* controlar la contaminación de las playas.

—— 汚染する *v.* contaminar. ♦この川はその工場廃液で汚染された Este río estaba contaminado por los residuos de la fábrica.

おぜんだて お膳立て ▶朝食のお膳立てをする *v.* poner* la mesa para el desayuno; preparar el desayuno. ▶パーティーのお膳立てをする (=準備する) *v.* hacer* los preparativos para la fiesta. ♦彼が平和条約のお膳立てをした (=舞台を設けた) Preparó la escena para el tratado de paz. ☞ 合わせる，併せる

**おそい 遅い ❶【時間】*adj.* tardío. ▶もっと遅い列車に乗る *v.* tomar un tren más tarde. ▶遅い朝食をとる *v.* desayunar tarde, tomar tarde el desayuno. ♦花子は遅いなあ，どうしたのだろう Hanako se ha retrasado. ¿Qué le habrá pasado? ♦彼は毎晩会社の帰りが遅い Todas las noches vuelve tarde de la oficina. ♦この地方は春が(来るのが)遅い En esta región la primavera「es tardía [llega tarde, viene con retraso]. ♦彼は着くのがほんの数分遅かった Llegó allí sólo unos minutos después. ♦今から行ってももう遅い Ya es tarde para ir ahora. ♦やってしまったことを後悔してももう遅い《ことわざ》A lo hecho, pecho.

❷【速さ】(動きののろい) *adj.* lento; (…するのに時間がかかる) *v.* tardar (en ＋ 不定詞). ▶遅い列車 *m.* tren lento. ▶仕事が遅い *v.* tardar [ser* lento] en hacer* el trabajo. ♦彼は理解が遅い Tarda en comprender. / Es lento de entendimiento. ♦彼は歩くのが遅い Anda [Camina] despacio. / Es lento andando.

—— 遅く ❶【時間が】*adv.* tarde, a última hora, a una hora avanzada 《de》. ▶夜遅く寝る *v.* acostarse* tarde, irse* a la cama a una hora avanzada de la noche. ▶夜遅くまで働く *v.* trabajar hasta「horas avanzadas de la noche [muy entrada la noche]. ♦遅くなってすみません Siento haber llegado tarde. / Perdón por haberlo[le] hecho esperar. → 遅れる. ♦だいぶ遅くなってきましたので，そろそろおいとまします Se está haciendo bastante tarde. Debo irme. ♦帰りは遅くなるので起きていなくていいよ No me esperes despierto. Llegaré tarde. ♦列車が10分遅く着いた El tren llegó「diez minutos tarde [con un retraso de diez minutos]. ♦彼はいつもより遅く家を出た Salió de casa más tarde de lo normal. ♦私は家で一番早く起きます Soy el último en levantarme de mi casa. / Soy el que más tarde se levanta de mi familia. ♦どうして今日は遅くなったの ¿Por qué has llegado hoy tarde? ♦遅くならないでね (=長くかからないでね) No tardes. ♦君のために出発が遅くなった Has retrasado la salida. / Por tu culpa hemos salido tarde.

❷【速度が】*adv.* despacio, lentamente. → ゆっくり. ♦遅くてもよいから着実に勉強しなさい Hay que trabajar「despacio pero sin parar [sin prisa pero sin pausa].

《その他の表現》♦遅くとも10時までに帰宅しなさ

い No quiero que vuelvas a casa después de las 10. ▶遅くともやらないよりはまし《ことわざ》Más vale tarde que nunca.

おそう 襲う ❶【人・動物が】v. atacar*,《口語》caer*《sobre》;（突然激しく）v. asaltar, embestir*;（強奪のために）v. robar, atracar*;（場所を突然に）v. hacer* un ataque《a》. ▶銀行を襲う v. atacar* un banco;（侵入する）v. entrar en un banco por la fuerza. ▶町を襲って占領する v. tomar una ciudad por [al] asalto. ◆敵は1夜明けに [2夜陰に乗じて] 襲ってくるだろう El enemigo nos atacará ¹al amanecer [²protegido por la noche]. ◆彼女は暗い路地で襲われた La asaltaron en una calleja oscura. ◆彼らはこん棒で彼に襲いかかった Cayeron contra él con porras.
❷【災難・不安などが】v. azotar;（災害・疫病が）v. golpear;《フォーマル》asolar*;（病気が）v. atacar*;（感情・発作などが）v. venir*《sobre》. ◆その島は台風に襲われた Un tifón azotó la isla. ◆私は突然激しい恐怖に襲われた De repente me invadió el terror. / Me asaltó un terror repentino.

おそうまれ 遅生まれ ▶遅生まれの（=4月2日から12月31日の間に生まれた）子供 mf. niño/ña nacido/da entre el 2 de abril y el 31 de diciembre.

おそかれはやかれ 遅かれ早かれ （早晩）adv. tarde o temprano;（いつか）adv. algún día, un día u otro;（最後には）adv. al final;（長い目で見れば）adv. a largo plazo,《口語》a la larga. ◆遅かれ早かれ彼の事業は失敗するでしょう Tarde o temprano su negocio se vendrá abajo. ␎何れ, そのうち

おそく 遅く →遅い（→ 遅く）.

おそざき 遅咲き ▶遅咲きの桜 m. cerezo de flor tardía. ▶遅咲きの花 fpl. flores tardías. ◆このボタンは遅咲きだ Esta peonía es tardía [florece tarde].

おそなえ お供え（神への供物）f. ofrenda;（かがみもち）f. ofrenda de la tarta de arroz.

おそまきながら 遅まきながら ▶遅まきながら警察がその殺人事件を調査しだした La policía ha empezado a investigar el asesinato aunque parece ya un poco tarde. → 遅ればせながら.

おそまつ お粗末 ▶お粗末な（=粗野な）理論 f. simple teoría. ▶お粗末な（=まずい）言い訳をする v. presentar un pretexto fácil. → 粗末な. ◆この町の交通機関はお粗末だ（=ひどい）Los transportes de esta ciudad son terribles.《会話》ごちそうさまでした―お粗末さまでした Muchas gracias (por la comida). – ¡Que le [te] haya aprovechado!

おそらく(は) 恐らく(は) adv. probablemente. → 多分.

おそるおそる 恐る恐る （こわがりながら）adv. con miedo, con temor, temerosamente;（用心して）adv. prudentemente, con cuidado;（おずおずと）adv. tímidamente, con timidez;（びくびくして）adv. nerviosamente. ▶恐る恐るトラを見る v. mirar al tigre con miedo. ▶恐る恐る運転する v. conducir* un automóvil cautelosamente. ▶恐る恐る彼に助言を求める v. pedirle* consejo tímidamente.

おそるべき 恐るべき v. aterrador;（恐ろしい）adj. terrible. → 恐ろしい, 驚くべき. ▶恐るべき戦争の実態 fpl.「realidades aterradoras [terribles realidades] de la guerra.

おそれ 恐れ ❶【恐怖】m. miedo,《強調して》m. terror, m. pánico,《文語》m. pavor,《口語》f. miedítis;（ぎょっとさせる）m. susto;（身をすくませる）m. sobresalto. → 恐怖. ▶恐れを知らない兵士 m. soldado temerario [《教養語》intrépido]. ▶恐れをなして逃げる v. huir* aterrorizado. ▶恐れを感じる[抱く] v. tener* miedo. → 恐れる. ◆彼はその大きな犬に恐れをなした Le daba miedo ese perro tan grande.
❷【心配】m. temor, m. recelo,《教養語》f. aprensión;（危険性）m. peligro,（危険の可能性）m. riesgo. ◆禁煙しないと君は肺がんにかかる恐れがある Corres peligro [el riesgo] de adquirir un cáncer de pulmón si sigues fumando. ◆その事件は戦争につながる恐れがある Temen [Hay el temor de] que el incidente resulte en una guerra. ◆精一杯勉強すれば落第する恐れはない Si estudias esforzándote al máximo, no「hay temor [debes temer] que te suspendan en el examen.

おそれいる 恐れ入る ❶【すまなく思う】◆恐れ入りますが, 銀行へ行く道を教えていただけますか Perdón por la molestia, pero, ¿no podría decirme cómo se va al banco? → すみません.
❷【閉口する】（驚く）v. estar* sorprendido (asombrado)《de, por》. → 閉口する. ◆彼の質問には恐れ入った（=当惑した）Su pregunta me desconcertó. ◆彼の数学の上達の速さには恐れ入った（=仰天した）Me asombró su rápido progreso en matemáticas.

おそれおおい 恐れ多い adj. digno,《強調して》《教養語》augusto. ◆恐れ多いことながら, ...と申し上げたい Con「el debido respeto [todos los respetos], quisiera decir que...

おそれる 恐[畏]れる v. tener* miedo《de [a] + 名詞・不定詞; de que + 接続法》, temer《+ 名詞・不定詞; que + 接続法》; asustarse《de》. →怖がる. ▶死をも恐れぬ（=死をものともしない）兵士たち m. soldados sin miedo a morir. ▶神を畏れる v. temer a Dios. ◆彼は死を[死ぬのを]恐れている Tiene miedo「de la muerte [a morir]. / Teme morirse. ◆質問をするのを恐れては（=ちゅうちょしては）いけません No tengas miedo de hacer preguntas. / Pregunta sin temor. ◆彼は風邪をひくのを恐れて（=風邪をひくといけないので）泳ぎに行こうとしなかった No fue a nadar por miedo a atrapar un resfriado. ◆われわれは毎日敵の襲撃を恐れながら暮らしていた Vivíamos「con el miedo diario de [temiendo todos los días] un ataque enemigo. ◆被告は証人が真実を語るのを恐れていた El acusado temía que los testigos dijeran la verdad.

おそろい お揃い ▶お揃いで（=いっしょに）行く v. ir*《juntos》. ◆彼女は青いサテン地の服を着て, それとお揃いのハンドバッグを持っていた Iba vestida de raso azul haciendo juego con un bolso

azul de la misma tela. → 揃い.
- **おそろしい** 恐ろしい ❶《怖い》adj. temible, que da miedo; 《極度に》adj. terrible; 《身震いするほど》adj. horrible, 《教養語》pavoroso; 《突然ぎょっとするような》adj. espantoso, horrendo, 《口語》tremendo, 《強調して》espeluznante; 《残虐さにぞっとするような》adj. horroroso, 《強調して》horrendo; 《怖がらせる》adj. aterrador, horripilante. ♦あのときは本当に恐ろしかった「En ese momento [Entonces]「tenía un miedo horrible [estaba aterrorizado].

1《恐ろしい+名詞》♦恐ろしい運命 m. horrible destino. ▸恐ろしい映画 f. película de miedo [terror]. ▸恐ろしい殺人事件 m. asesinato horrible [horroroso]. ▸恐ろしい目にあう v. tener* una experiencia terrible. ♦恐ろしい列車事故がその夜発生した Esa noche ocurrió un accidente ferroviario horroroso.

2《…は[が]恐ろしい》→恐れる. ♦私は昆虫が恐ろしい Los insectos me dan miedo. ♦戦争は恐ろしい Las guerras son horribles. ♦私は飛行機に乗るのが恐ろしい Los aviones me dan miedo. / Me va miedo volar. / Tengo miedo a los aviones.

3《……ではないかと[なので]恐ろしい》♦私は彼女が怒るのではないかと恐ろしかった「Tenía miedo de [Me daba miedo] que se enfadara. ♦最近地震が多いので恐ろしい Me da miedo pensar en los frecuentes temblores que estamos teniendo estos días.

4《恐ろしくて》adv.con miedo [《強調して》terror]. → 恐怖. ▸恐ろしくて逃げる v. huir* aterrorizado [con pánico]. ♦恐ろしくて動けなかった Tenía demasiado miedo para moverme. / Tenía tanto miedo que no podría (ni) moverme.

5《恐ろしくなる》v. tener* miedo, estar* atemorizado, 《強調して》aterrorizarse*.
❷【程度がはなはだしい】adj. terrorífico. → すごい. ▸恐ろしいスピードで adv. a una velocidad terrorífica. ♦彼は恐ろしく(=非常に)頭がいい Es terriblemente inteligente. ☞恐るべき, 険悪, 凄まじい, 凄惨

- **おそわる** 教わる v. ser* enseñado; 《外国語・技術などを》v. aprender… 《de + 人》. ♦私は阿部先生にドイツ語を教わった Aprendí el alemán del profesor Abe. / El profesor Abe me enseñó alemán. ♦やり方を教われば彼はできる Si se le enseña, puede.
- **オゾン** m. ozono. ▸オゾンで処理する v. ozonizar*. ▸オゾン層 f. capa de ozono.
- **おたおた** ▸おたおたする(取り乱す)v. perder* la calma.
- **おたがい** お互い ▸お互い(に) adv. mutuamente, recíprocamente, uno a otro. → 互い.
- **おたがいさま** お互い様 →互い. ♦そうする時間も金もないというなら、お互い様です(=また自分もそうです) Si tú no tienes ni tiempo ni dinero para ello, 「yo tampoco [estamos igual los dos]. 会話 このごろ物忘れがひどいの—お互い様よ(=こっちも同じことよ) Estos días se me olvida todo. – "A mí también [Me pasa lo mismo]. 会話 手伝ってくれてありがとう—いいえ、

お互い様ですよ(=どういたしまして) Muchas gracias por tu ayuda. – De nada, de nada. / De nada, hombre.
- **おたく** お宅 《相手の家》f. su casa; 《相手》pron. usted. ▸お宅のご主人 m. su esposo.
- **おたずねもの** お尋ね者 m. sujeto [m. individuo] buscado. ♦あいつは強盗容疑で手配されているお尋ね者だ Es buscado bajo sospecha de atraco (a mano armada).
- **おだて** m. halago. ♦彼はおだてに乗りやすい「Le gustan [Es sensible a] los halagos. ♦あの子はおだてがきかない Ese muchacho está por encima de halagos. / A ese chico no le afectan los halagos.
- —— **おだてる**(ほめそやす)v. halagar*, adular, 《教養語》decir* lisonjas; (説得して…させる)v. persuadir con halagos, 《口語》engatusar. ▸彼女をおだてて使いに行かせる v. engatusarla para que haga un recado. ♦お世辞を言っておだてないでくれ No me digas más halagos. / Déjate ya de halagos. / Voy a cerrar los oídos a tus halagos.
- **おたふくかぜ** お多福風邪 《専門語》fpl. paperas, 《専門語》f. parotiditis. ♦お多福風邪をひいている[ひく] v. tener* paperas.
- **おだぶつ** お陀仏 ▸お陀仏になる(死ぬ)v. 《俗語》estirar la pata, 《口語》irse* al otro mundo, doblar la servilleta; (人が再起不能になる)v. estar* acabado.
- **おたま** お玉 m. cucharón. ▸スープをお玉でお椀に入れる v. echar la sopa en un cuenco con un cucharón.
- **おたまじゃくし** (カエルの子) m. renacuajo; (音符) f. nota (musical); (しゃくし) m. cucharón.
- **おだやか** 穏やか(さ)(平穏) f. calma, m. sosiego; (静けさ) f. tranquilidad, f. serenidad, 《教養語》f. quietud; (適度) f. moderación.
- —— **穏やかな** ❶【平穏な】(静かな)adj. tranquilo; (音・動きが)adj. suave, inmóvil; (温暖な)adj. templado; (優しい)adj. amable; (平和的な)adj. pacífico; (友好的な)adj. amistoso. ▸穏やかな風 f. brisa suave. ▸穏やかな人 f. persona tranquila. ♦海はとても穏やかだった El mar estaba muy sereno. ♦穏やかな(=静かな)一日だった Ha sido un día tranquilo. ♦彼は穏やかな口調で話した Hablaba en un tono suave. 会話 今日は穏やかな日だったね!—いや、京都はひどく寒かったよ Ha sido un día apacible el de hoy ¿verdad? – No; en Kioto ha hecho un frío terrible. ♦その紛争は大変穏やかな方法で解決された El conflicto fue arreglado de manera amistosa.
❷【適度な】adj. moderado; (穏当な)adj. razonable. ▸穏やかな要求 fpl. peticiones razonables. ♦彼は穏やかな処置をとった Emprendió medidas moderadas.
- —— **穏やかに**(静かに)adv. tranquilamente; (控えめに)adv. con moderación; (平和的に)adv. pacíficamente. ▸争いを穏やかに解決する v. solucionar un conflicto pacíficamente. ♦穏やかに議論しよう Vamos a discutirlo「en

184 オタワ

calma [pacíficamente]. / Tengamos una discusión tranquila. ☞ 温厚な, 温暖, 温和な, 淑やか, 素直な

オタワ Ottawa (☆カナダの首都).

おち 落ち ❶【抜かすこと】*f.* omisión; (しくじり) *f.* equivocación. ▶署名の落ち *f.* omisión de una firma. ▶書式に落ちなく書き込む *v.* rellenar un impreso de solicitud sin omitir nada.
❷【冗談・漫画などの】♦その冗談の落ちが分からない No le veo la gracia. / No comprendo el sentido.
❸【結末】♦彼の計画は失敗するのが落ちだ (=きっと失敗に終わる) Su proyecto acabará [resultará] en fracaso. / (運命づけられている)Su plan está condenado a fracasar.

おちあう 落ち合う *v.* reunirse*. ♦彼といつものホテルのロビーで6時に落ち合うことになっている Me voy a reunir con él a las seis en el vestíbulo [lobby] del hotel.

おちいる 陥る *v.* caer* en una situación crítica. ♦その会社は倒産に陥った La empresa está [ha caído, ha quedado] en bancarrota.

おちおち ♦状況が厳しいので, おちおちできない La situación es muy difícil y no me puedo calmar. ♦昨晩は雷がひどくておちおち眠れなかった Anoche tronó tan fuerte que no pude dormir bien.

おちこぼれ 落ちこぼれ (途中で学校や会社をやめた人)*mf.* marginado/da, *mf.* estudiante que abandona sus estudios, (他より遅れた生徒) *mf.* estudiante que se queda rezagado, *mf.* rezagado/da.

おちこむ 落ち込む ❶【くぼむ】(沈下する) *v.* hundirse; (陥没する)*v.* caerse*, derrumbarse. ▶屋根がそっくり落ち込んだ Se hundió [derrumbó] todo el tejado. ♦彼のほおは長い病気のため落ち込んでいた Después de la larga enfermedad tenía las mejillas hundidas.
❷【落ちはまる】みぞに落ち込む *v.* caer* en un foso.
❸【下がる】*v.* caer*, descender*. ♦今月は売り上げが5%落ち込んだ Este mes las ventas han caído un 5%.
❹【意気消沈する】*v.* estar* deprimido, deprimirse. ♦彼はすごく落ち込んだ気分になった Estaba muy deprimido. ♦彼は成績のことで落ち込んでいる Se deprime con sus notas [calificaciones]. ♦そんなことで落ち込むな Que no te deprima eso. / No dejes que eso te deprima.

落ち着いて Tranquilo.
➡落ち着く

おちつき 落ち着き ❶【人・態度などの平静さ】 *f.* calma, *f.* serenidad, *f.* tranquilidad, 《教養語》 *m.* sosiego; (危急に際しての)*f.* presencia de ánimo, *m.* dominio de sí. ▶落ち着きのある *adj.* 《教養語》reposado. ▶落ち着きのない (じっとしていない)*adj.* inquieto; (神経質な)*adj.* nervioso. ▶落ち着きを¹失う [²取り戻す; ³保つ] *v.* ¹perder* [²recuperar; ³mantener*] la calma [presencia de ánimo]. ♦彼女は若い娘さんにしては落ち着きがある Para ser tan joven es tranquila. ♦彼は危機に直面しても落ち着きを失わなかった Mantuvo la calma ante el peligro. ♦彼女は年をとるにつれて落ち着きを増した ⌈Se ha calmado [Ha tenido más serenidad] al crecer.
❷【物の安定】*f.* firmeza. ▶落ち着きの悪い (=ぐらぐらする)いす *f.* silla inestable [《口語》 coja].

おちつきはらう 落ち着き払う (まったく冷静にしている)*v.* estar* absolutamente tranquilo. ♦落ち着き払って彼に話しかける *v.* hablarle con gran serenidad.

＊おちつく 落ち着く ❶【気持ちなどが静まる】(平静になる)*v.* calmar, tranquilizar*; (心を落ち着かせる)*v.* sosegarse*, serenarse; (くつろぐ) *v.* relajarse; (安心する)*v.* sentirse* sosegado [cómodo]. ▶落ち着いた態度で *adv.* de manera sosegada, con calma. ♦落ち着け Cálmate. / Estáte tranquilo. / Sosiégate. / (びくびくするな)No te pongas nervioso. / (興奮するな)No te alteres [excites]. ♦彼はその男に水を与えて落ち着かせた Tranquilizó al hombre dándole agua. ♦彼女は非常の時も落ち着いて (=冷静に)行動した Incluso en una emergencia ⌈se comportó con calma [estuvo tranquila]. ♦彼女は一日中心が落ち着かなかった Anduvo [Estuvo] todo el día sintiéndose intranquila. ♦今日は忙しくて落ち着いて (=くつろいで)本を読む暇もなかった Estoy tan ocupado hoy que ni siquiera tengo tiempo de descansar ni de leer un libro. ♦ホテルでは落ち着かない (=くつろいだ気分になれない) En el hotel no me ⌈siento tranquilo [relajo]. ♦私は人の中にいると落ち着かない No me siento cómodo con [entre] la gente. ♦小川のせせらぎの音を聞くと気分が落ち着く (=神経が静まる) El murmullo del arroyo me sosiega. ♦彼は落ち着かない (=神経質そうな)様子でひげをいじくった Jugueteaba nerviosamente con su barba.
❷【新しい生活・職などに】*v.* asentarse*, 《口語》sentar* cabeza, instalarse, fijar residencia. ▶新しい仕事に落ち着く *v.* asentarse* en un nuevo trabajo. 会話 新居にはそろそろ落ち着かれましたか—ええだいぶ落ち着きました ¿Poco a poco te vas asentando en tu nueva casa? – Pues sí, ya casi estamos instalados. ♦彼もそろそろ結婚して落ち着いてもいいころだ Ya va siendo hora de que se case y se asiente. ♦ (生活が)落ち着きしだいお電話します Llamaré tan pronto como esté instalado.
❸【安定する】*v.* estabilizarse*, asentarse*. ♦物価が落ち着いた Los precios se han estabilizado. ♦痛みはだいぶ落ち着いた El dolor ⌈se ha calmado casi del todo [casi ha desapa-

recido].
❹【結論などに達する】v. llegar* 《a》. ◆遠足は延期することに落ち着いた Acordamos [Se llegó al acuerdo de] posponer la excursión.
《その他の表現》◆落ち着いた(=地味な)色 m. color sobrio [discreto]　☞おっとり, 地味な, 重厚, 泰然

おちど 落ち度《過失》f. falta, f. culpa;《誤り》f. equivocación. → 過失. ◆それは私の落ち度だ La culpa es mía. / Yo tengo la culpa.

おちば 落ち葉《落ちている葉》fpl. hojas caídas, f. hojarasca.

おちぶれる 落ちぶれる v.《口語》irse* al diablo. ◆彼は落ちぶれてしまった Quedó reducido a la miseria. ◆彼は破産して落ちぶれた Fue a la bancarrota y acabó en la ruina.

おちぼ 落ち穂拾い f. rebusca.

おちめ 落ち目 ▶落ち目である(=つきに見放されている) v. tener* "mala suerte [la suerte de espaldas]. ◆あの歌手の人気も落ち目だ Ese cantante cada vez es menos popular. / La popularidad de ese cantante está decayendo.

おちゃ お茶 ❶【茶】m. té. → 茶. ▶お茶くみをする v. servir* té. ▶お茶を入れる v. hacer* [preparar] té. ▶ごいっしょにお茶でもいかが ¿Quieres tomar un té conmigo? ◆お茶でも飲んでいっていただきたいところなんだけど, これから出かけるところので Te invitaría a un té, pero "me tengo que ir [tengo que salir].
❷【休憩】▶お茶にする v. tener* un descanso para té, descansar para tomar un té.《会話》お茶にしない？—いいね ¿Qué te parece un té [café]? – Estupendo.
❸【茶道】→茶道. ▶お茶を習う v. tomar clases de la ceremonia del té.
《その他の表現》◆彼は私の質問に対していつもお茶を濁す Siempre me responde con evasivas. ◆そんなことはお茶の子さいさいだ Eso es "muy fácil [《口語》facilísimo]. /《口語》Eso es coser y cantar.

おちゅうげん お中元《ochugen",《説明的に》m. regalo de (mitad de) verano. → お歳暮. ▶お中元大売り出し《説明的に》fpl. rebajas de (mitad de) verano.

おちょうしもの お調子者 ▶お調子者である(=すぐにおだてに乗る) v. ser* sensible a los halagos.

おちょこ ◆傘が強風でおちょこになった(=裏返しになった) El paraguas se volteó con el vendaval.

おちょぼぐち おちょぼ口 f. boquita preciosa. ▶おちょぼ口をする v.《口語》hacer* un morrito.

＊おちる 落ちる ❶【落下する, 崩れる】《落下する》v. caerse*;《急に落ちる》v. caer*, venirse* abajo;《水などがぽたぽたたれる》v. gotear,《日・月が沈む》v. ponerse*;《墜落する》v. estrellarse《contra》;《重みなどで崩れる》v. derrumbarse, precipitarse;《陥没する》v. hundirse, caerse*. ▶窓から落ちる v. caerse* por una ventana. ▶階段から落ちる v. caerse* por las escaleras. ▶(階段を)ころがり落ちる v. caerse* rodando (por las escaleras). ▶川に落ちる v. caer(se)* al río. ▶深い眠りに落ちる v. caer* en un profundo sueño,

quedarse profundamente dormid*o*. ◆皿は床に落ちてこなごなになった El plato (se) cayó al suelo haciéndose añicos. ◆涙が彼女の目からしたたり落ちた De sus ojos caían lágrimas. ◆飛行機が山腹に落ちた Un avión se estrelló contra la colina. ◆橋が雪の重みで落ちた El puente se derrumbó bajo el peso de la nieve. ◆火が燃え盛って屋根が崩れ落ちた El tejado se desplomó con el incendio. ◆雷がその塔に落ちた El relámpago "sacudió a [cayó en] la torre.
❷【成績・人気などが下がる】《程度が下がる》v. bajar [《教養語》descender*]《a》;《急に下がる》v. caer*《a》;《数量が減じる》v. reducirse*, disminuir*;《衰える》v. menguar*, perder*. ▶5番に落ちる v. bajar [descender*] al quinto puesto. ▶5番落ちる v. descender* cinco puestos. ◆彼は成績が落ちた Sus notas han bajado. /《前より悪い成績を取った》Ha obtenido peores notas. ◆スピードが落ちた La velocidad descendió [se redujo]. ◆夏は売り上げが落ちる Las ventas bajan en verano. ◆彼の人気が落ちた Ha disminuido su popularidad. ◆彼は食欲が落ちた Su apetito disminuyó. / Perdió las ganas de comer.
❸【しみ・汚れなどが取れる】《しみなどが》v. quitarse, eliminarse, borrarse;《暇り除かれる》v. salir*, desaparecer*;《色があせる》v. descolarse, perder* el color, empalidecer*. ◆そのしみはなかなか落ちない Esa mancha no "se quita [sale; se va] fácilmente. ◆この生地は洗うと色が落ちる Este tejido se descolora al lavarse. ◆あの洗剤よりもこの方が汚れがよく落ちる(=よりきれいになる) Este detergente "limpia mejor [quita mejor la suciedad] que ese otro.
❹【失敗する】v. suspender,《ラ米》ser* repro*ba*d*o*. ◆彼は運転免許試験に5回落ちた Suspendió cinco veces el examen de conducir.
❺【人の所有となる】◆その都市は敵の手に落ちた La ciudad cayó en manos del enemigo. ◆入札は我が社に落ちた(=受け入れられた) Aceptaron nuestra oferta.
《その他の表現》◆百円玉が床に落ちていた Hubo una moneda de 100 yenes (caída) en el suelo. ◆この本は数ページ落ちている(=欠けている) En este libro faltan varias páginas. ◆話が落ちてきた(=下品になった) La conversación "ha caído [se ha hecho vulgar].　☞下がる, 散る, 突っ込む

おつかい 御使い m. recado,《ラ米》m. mandado. ☞ 使い.

おっくう ▶外出するのをおっくうがる v. "ser* reacio [estar* poco dispuest*o*] a salir*. ◆おっくうがらずに辞書を引きなさい No seas reacio a consultar el diccionario. ◆書き直すのはおっくうだ(=やっかいだ) Es "una molestia [un fastidio,《スペイン》《口語》f. lata] volver a escribirlo.

おっしゃる → 言う. ▶おっしゃるとおりです《口語》Tiene usted razón. / Dice usted bien. /

186 おっちょこちょい

Eso es. / Exacto. / Así es. ♦おっしゃることはよく分かります Entiendo bien lo que dice usted. ♦ご都合のいい場所をおっしゃってくださいませんか ¿Puede sugerir un lugar conveniente para usted? ♦何とおっしゃいましたか ¿Cómo ha dicho usted? / ¿Puede repetir, por favor? / ¿Perdón? ♦よくそんなことおっしゃいますねえ ¿Cómo puede usted decir una cosa así?

おっちょこちょい (不注意な人) *mf.* despist*ado*/*da*, (口語) (ユーモアで) *m.* chorlito, (口語) *mf.* cabecita loca. 会話 あら、しまった―拾うのを手伝ってあげましょう―私って本当におっちょこちょいなんだから。ご親切にどうも ¡Vaya! ¡Ya no tiene remedio! ‒ Bueno, déjeme que le ayude a recogerlo. ‒ ¡Qué despistado soy! Es usted muy amable.

おって 追って (後ほど) *adv.* después, luego, más tarde. ♦それは追って説明します Te lo explicaré después. ♦追って連絡があるまで君は停学です Estás suspendido hasta un próximo aviso.

おって 追っ手 (追跡者) *mf.* persegui*dor*/*dora*; (追跡する一団) *m.* grupo perseguidor.

*おっと 夫 *m.* marido, (フォーマル) *m.* esposo. → 妻. ♦夫に死なれる[を亡くす] *v.* perder* al marido; (未亡人になる) *v.* enviudar, quedar viuda. ♦彼は私にとって理想の夫です Para mí es un marido ideal.

おっと (呼びかけ) *interj.* oh, ah; (失敗して) *interj.* ay, vaya, eh, anda. ♦おっと(危ない) ¡Ojo!, ¡Atención! ♦おっと待った ¡Un momento! (呼びとめて) ¡Eh, espera! ♦おっと、指をすりむくとこだった ¡Ay! Casi me raspo el dedo. ♦「おっと失礼」と少女に突き当たった男が言った "¡Oh, perdón!" Exclamó el hombre al tropezar con la chica.

オットー ♦オットー1世 Otón I [Primero] (☆912‒973, 神聖ローマ帝国の創始者, 在位 962‒973).

おっとせい *m.* oso marino, *m.* otario.

おっとり ♦おっとりした (=穏やかな)人 *f.* persona tranquila; (落ち着いた) *f.* persona apacible. ♦彼はおっとりした性格だ Tiene un carácter tranquilo [una disposición sosegada].

おっぱい (乳房) *mpl.* pechos, (俗語) *fpl.* tetas. ▶おっぱいを飲む *v.* mamar, tomar el pecho. ▶おっぱいを飲ませる *v.* dar* el pecho [de mamar] (a un bebé). ▶おっぱいで育てる *v.* amamantar.

おつり お釣り *f.* vuelta, *m.* cambio. → 釣り銭.

おてあげ お手上げ ▶お手上げである *v.* alzar* las manos; (あきらめる) *v.* rendirse*, entregarse*.

おてあらい お手洗い *m.* lavabo, *m.* (cuarto de) baño. →

おでかけ お出かけ ♦お出かけですか ¿Va a salir? ♦いつかこちらへお出かけ(=ぶらりと来て)ください Venga algún día a vernos [visitarnos], por favor.

おでき 御出来 (吹出物) *f.* erupción. → 出来物. ▶おできを切開する *v.* sajar [abrir*] con lanceta una erupción.

おでこ (額) *f.* frente.

オデッサ Odessa (☆ウクライナの都市).

おてつだい お手伝い (女中) *f.* asistenta (doméstica), 《しばしば軽蔑的》 *f.* criada, 《しばしば軽蔑的》 *f.* sirvienta, 『スペイン』 *f.* empleada de hogar, *f.* muchacha, 『アルゼンチン』 *f.* mucama; (家政婦) *m.* ama de llaves.

おてもり お手盛り (自分でよしとした[決めた]) *f.* autosubida (de salario). ♦役員たちはお手盛りの昇給を決めた Los directores acordaron subirse su salario.

おてやわらか お手柔らか ♦お手柔らかに(=厳しくしないように)願います No sea (demasiado) riguroso conmigo.

おてん 汚点 (不名誉) *f.* mancha, *f.* tacha, *m.* borrón, 《文語》 *f.* mácula. → 染(し)み. ♦彼の名声の汚点 *m.* borrón en su prestigio. ♦その収賄事件は我が国の政治史上に大きな汚点を残した El caso de soborno constituyó un gran borrón en la historia de la política del país.

おてんきや お天気屋 *f.* persona caprichosa [de humor cambiante]. ♦お隣さんはすごくお天気屋で付き合いきれない Nuestr*o*/*tra* vecin*o*/*na* es tan capricho*so*/*sa* que resulta difícil relacionarse con él [ella].

おてんば お転婆 *f.* muchacha revoltosa, 『スペイン』 *f.* machona, 『メキシコ』 *f.* machetona, 『アルゼンチン』 *f.* varonera.

*おと 音 *m.* sonido, *m.* ruido.

1《~の音》 ▶大きな音 *m.* ruido. ▶小さな音 *m.* ruido. ▶弱い音 [m. sonido] débil. ▶¹高い [²低い] 音 *m.* sonido ¹alto [²bajo]. ♦何の音だ ¿Qué es ese ruido?

2《音[が]》 ♦その家からピアノの音がした Desde la casa se oía el sonido del piano. ♦音は毎秒約 340 メートルの速さで空気中を伝わる El sonido viaja a unos 340 metros por segundo. ♦外で変な音がした Oí un ruido extraño fuera. ♦君の新しく買ったステレオは音がいいかい ¿Suena bien tu nuevo estéreo?

3《音を》 ▶音を出す[立てる] *v.* producir* un sonido; (騒音を) *v.* hacer* ruido. ▶音を立てて *adv.* con ruido; haciendo ruido. ▶音を立てないで *adv.* sin (hacer) ruido; (静かに) *adv.* en calma; (黙って) *adv.* silenciosamente. ♦そんなうるさい音を立てないでください No hagas tanto ruido. ♦エンジンが変な音を立てた El motor hizo un ruido raro. ♦彼はテレビの音を大きくしっぱなしにしている Tiene la televisión puesta muy alta. ♦ラジオの音(=音量)を小さくしてくれませんか―はいはい、分かりました ¿Le importa bajar el volumen de su radio? ‒ Sí, sí, naturalmente.

【関連】 ▶¹ベル [²電話]の音 *m.* sonido del ¹timbre [²teléfono]. ▶ピストルの音 *m.* sonido de pistola, *m.* pistoletazo, *m.* traquido de un disparo. ▶小川のせせらぎの音 *m.* murmullo de una corriente. ▶ペンの走る音 *m.* rayado [*m.* raspado] de una pluma. ▶時計のかちかちいう音 *m.* tictac de un reloj. ▶雨戸のがたがたという音 *m.* tableteo de una puerta corredera. ▶¹ドアのぎいぎい [²靴のきゅっきゅっ

と]きしむ音 m. chirrido de ¹una puerta [²unos zapatos]. ▶タイヤのキイッときしむ音 m. chirrido de unos neumáticos. ◆ばたんという音がして戸が閉まった La puerta se cerró de un rataplán [portazo]. ◆車がキイッと音を立てて止まった El coche chirrió hasta pararse.

おとうさん お父さん《親しい仲で》 m. papá [papa, papi, papaíto]. ◆お父さん, お母さんはどこ Papá, ¿dónde está mamá? ◆太郎, お父さんの言うことをよく聞きなさい《母親が子供に》Taro, escucha [obedece] a tu padre. ◆お父さんはお元気ですか ¿Cómo se encuentra su padre? ◆あの人は私にとってお父さんのようなものだ Es como un padre para mí.

おとうと 弟 m. hermano menor [pequeño]. → 兄. ◆私は彼を弟のように思っている Le considero como mi hermano menor.

おどおど adv. tímidamente; (ためらって) adv. con vacilación. ▶おどおどしている(ように見える) v. parecer* intimidado [con miedo]. ▶おどおどした目つきをして adv. con la mirada temerosa. ◆少年がおどおどしながら犬に近づいた El niño se acercó tímidamente al perro. ◆面接のとき彼がおどおどしているのはた目にもよく分かった Durante la entrevista parecía claramente nervioso. ☞怖じ気付く, どぎまぎ

おどかす 脅かす ❶【ぎょっとさせる】v. dar* un susto, asustar, 《スペイン》meter miedo, atemorizar*. ◆部屋から急に飛び出して彼を脅かした Le di un susto cuando salí disparado de la habitación.
❷【脅迫する】v. amenazar*. → 脅す.

おとぎのくに おとぎの国 m. país de las hadas.
おとぎばなし おとぎ話 m. cuento de hadas; (子供向きの話) m. cuento infantil.
おどけもの おどけ者 (冗談を言う人) mf. bromista; (道化師) m. bufón, m. payaso.
おどける (ひょうきんぶる) v. hacer* el payaso; (ばかまねをする) v. hacer* el tonto. ▶おどけて adv. de [en] broma. ▶おどけた演技 f. actuación bufonesca [graciosa]. → ふざける.

おとこ 男 ❶【男性】m. hombre, 《フォーマル》m. varón, 《口語》m. tipo, m. caballero; (愛人) mf. amante. → 男性, 男らしい.

1《男+名詞》 ▶男親 m. padre. ▶男友達 m. novio. ▶男物(品物) mpl. artículos de caballero; (衣類) fpl. prendas masculinas. ▶男だけの会合 f. fiesta sólo para hombres. ▶男と女 m.(mpl.) hombre(s) y f.(fpl.) mujer(es). ▶男と女の関係 f. relación hombre-mujer. ▶男同士の約束 f. promesa entre hombre y hombre. ▶男勝りの女性(活動的な) f. mujer agresiva; (気丈ある) f. mujer valiente. → 男社会, 男やもめ ◆お互い引かれるものはありますよ, だけど男と女の間のものではありません Hay una especie de atracción, sin llegar a la típica entre un hombre y una mujer. ◆彼は45歳の男盛りだ Tiene 45 años y está en lo mejor de la vida.

2《男は》 ◆男は女よりも強いですか ¿Son los hombres más fuertes que las mujeres?
3《男の》 adj. de hombre, varonil; (男らしい) adj. masculino, viril. → 男らしい. ▶男の中の男《口語》m. hombre "de pies a cabeza [donde los hay; con pelo en pecho; como Dios manda]. ◆彼女は男のような声で話す Ella habla con voz masculina. → 男らしい.

4《男に》 ◆彼はりっぱな男になった Se ha hecho todo un hombre. ◆その苦しい経験のおかげで彼は一人前の男になった Esas duras experiencias le han convertido en un hombre.
❷【やつ】m. tipo, m. sujeto, m. individuo, 《スペイン》《口語》m. tío, 「《メキシコ》《口語》m. chavo. ◆彼はなかなかおもしろい男だ Es un tipo bastante interesante.

《その他の表現》 ▶男(＝評判)を上げる v. aumentar la fama.

おとこしゃかい 男社会 (男性優位の社会) f. sociedad machista.
おとこのこ 男の子 m. chico, m. muchacho; (赤ん坊) m. niño.

[地域差] 男の子
〔全般的に〕m. niño, m. chiquillo
〔スペイン〕m. chaval, m. chico, m. crío
〔キューバ〕m. chamaco, m. chico, m. chiquito
〔メキシコ〕m. chamaco, m. chavo, m. escuincle
〔コロンビア〕m. chino, m. chiquito
〔アルゼンチン〕m. changuito, m. chico, m. pibe

おとこまえ 男前 m. hombre guapo [atractivo].
おとこやもめ 男やもめ m. viudo.
おとこらしい 男らしい adj. masculino, varonil, viril. ▶男らしい行動 m. acto viril. ▶男らしさに欠ける v. carecer* de virilidad [hombría]. ◆彼は強くて男らしい Es fuerte y viril. ◆ボクシングは男らしいスポーツだ El boxeo es un deporte masculino. ◆男らしくしろ ¡Sé un hombre! ☞潔い, 雄々しい, 剛健

おとさた 音沙汰 (消息) f. noticia. ◆この3年というもの彼らから何の音沙汰もない Hace tres años que no tengo noticias de él. → 便り.
おどし 脅し f. amenaza. ◆彼に脅し文句を吐く v. decir* 「《教養語》proferir*」 amenazas contra él. ◆彼らは飛行機を爆破すると脅しをかけてきた Amenazaron con hacer estallar el avión.
おとしあな 落とし穴 (動物などを捕える) m. foso; (人が陥る) m. pozo; (謀略) f. trampa; (誘惑) m. tentación. ▶わな. ◆落とし穴にかかる v. caer* en una trampa, ser* atrapado.
おとしいれる 陥れる (わなにかける) v. tender* una trampa. ▶彼を困難な状況に陥れる v. tenderle* una trampa para que tenga problemas. ◆彼は窃盗の罪に陥れられた Le han tendido una trampa para que parezca el culpable de un robo.
おとしご 落とし子 mf. niño/ña nacido/da fuera del matrimonio.
おとしだま お年玉 "otoshidama", 《説明的に》m. aguinaldo de Año Nuevo. ▶お年玉付き年賀はがき《説明的に》f. tarjeta de Año Nue-

188 おとしぬし

vo con un número de lotería. ◆おじがお年玉に5千円くれた Mi tío me dio 5.000 yenes de aguinaldo.

おとしぬし 落とし主 ◆1週間待ってもその本の落とし主は取りに来なかった El que perdió el libro no ha vuelto a por él después de una semana.

おとしもの 落とし物 *mpl.* artículos perdidos; (遺失物) *m.* objeto perdido. → 落とす.

＊＊おとす 落とす ❶【物を落下させる】*v.* hacer* caer*; (影などを投げかける) *v.* tirar, arrojar. ◆都市に爆弾を落とす *v.* lanzar * [tirar] bombas sobre una ciudad; bombardear una ciudad. ◆その皿を床に落としたら粉々に壊れるでしょう Si dejas caer el plato al suelo, se romperá en añicos. ◆財布をどこかこの辺に落とした He perdido por aquí mi cartera.
❷【程度を下げる】(量・価値などを) *v.* reducir*; (品質・声などを) *v.* bajar, disminuir*; (信用・人気などを失う) *v.* perder*; (音・速度を) *v.* bajar, perder*; (速力を) *v.* reducir*, disminuir*; (品位などを) *v.* rebajar. ◆体重を5キロ落とす *v.* adelgazar* cinco kilos. ◆曲がり角で速度を落とす *v.* reducir* la velocidad en la curva. ◆品質を落とす *v.* rebajar la calidad. ◆ステレオの音量を落とす *v.* bajar el volumen del estéreo. ◆声を落としてささやく *v.* susurrar bajando la voz. ◆医師としての信用を落とす *v.* perder* el prestigio como médico. ◆車の速度を落とす *v.* reducir* la velocidad un coche. ◆金のために品位を落とすようなことをするな No te rebajes por el dinero. ◆不正なことをしたため評判を落とした Su falta de honradez le desacreditó [hizo bajar su prestigio].
❸【除去する】(しみなどを抜き取る) *v.* quitar, eliminar; (洗って落とす) *v.* quitar; (そり落とす) *v.* afeitarse, quitarse. ◆ワイシャツのインクのしみを落とす *v.* eliminar las manchas de tinta de la camisa. ◆口ひげを落とす *v.* afeitarse el bigote. ◆彼はズボンの¹泥 [²しみ] を洗って落とした Quitó ¹el barro [²la mancha] de sus pantalones.
❹【落第する・させる】*v.* suspender, fracasar; (負ける) *v.* perder*. ◆第1戦を2点差で落とす *v.* perder* el primer partido por dos puntos. ◆英語を落とした Suspendió en inglés. ◆試験官は口答試問で志願者の3分の1を落とした Los examinadores suspendieron a una tercera parte de los candidatos presentados en el examen oral.
❺【抜かす】*v.* omitir, 《口語》 saltarse, dejar sin poner*, no incluir*. ◆その名簿から私の名前を落とさないでください No omitas mi nombre de la lista. ◆私は1行を読み落としていた Me he saltado una línea al leer. ◆君の番号を¹書き [²言い] 落とさないでください (＝忘れないでください) No te olvides de ¹escribir [²decir] tu número.

《その他の表現》◆城を落とす (＝攻め取る) *v.* tomar* [capturar] el castillo. ◆その費用を必要経費として落とす (＝控除する) *v.* deducir* los gastos como un gasto necesario. ◆視線を落とす *v.* bajar la vista. ◆気を落とすなよ (＝元気を出せ) ¡Anímate, hombre [mujer]! ◆観光客はたくさんのお金をその温泉地に落とす (＝使う) Los turistas se gastan mucho dinero en el balneario. ◆彼はその家具を競売で落とした (＝買った) Adquirió el mueble en una subasta. ◆彼女は調子を (＝体調を) 落としている No está en su mejor momento [forma].

＊おどす 脅す (脅迫する) *v.* amenazar*, 《教養語》 conminar; (怖がらせる) *v.* intimidar, asustar, 《口語》 meter miedo. → 怖がる (→怖がらせる). ◆彼をナイフで脅す *v.* amenazarle* con un cuchillo. ◆彼は私を逮捕するといって脅かった Me amenazó con el arresto. ◆彼を脅(かし)して同意させた Hice que consintiera amenazándolo [le].

おとずれ 訪れ ❶【訪問】*f.* visita. → 訪問.
❷【到来】*f.* venida, *f.* llegada. → 到来. ◆今年は春の訪れが遅かった Este año la primavera ha ʼllegado tarde [sido tardía]. ◆春の訪れとともにつぼみは一斉に花開く Las yemas de los árboles se abren a las primeras señales de primavera.

＊おとずれる 訪れる (訪問する) *v.* visitar, hacer* una visita ◇伺う, 押し掛ける, 見学する

おととい 一昨日 *adv.* anteayer, antes de ayer, 《俗語》 antier. ◆おとといの¹朝 [²夜] に *adv.* anteayer por la ¹mañana [²noche], por [en] la ¹mañana [²noche] de anteayer. ◆おととい彼を訪ねた Lo [Le] visité anteayer. ◆おととい来い (＝二度と来るな) Hasta nunca.

おととし 一昨年 *adv.* hace dos años. ◆一昨年の¹春 [²5月] に *adv.* en ¹la primavera [²mayo] de hace dos años.

＊おとな 大人 *mf.* adulto/ta, *mf.* 《口語》 mayor, *f.* persona mayor. → 成人. ◆大人らしいふるまい *m.* comportamiento de adulto. ◆もう大人なんだから大人らしく行動しなくては Ya eres adult*o* y debes comportarte como tal. ◆彼女は大人になったら女優になりたいと思っている Cuando sea mayor, quiere ser actriz. ◆彼の娘たちはもう大人である Sus hijas ya ¹son mayores [son unas mujeres; se han hecho adultas]. ◆彼は大人のような口のきき方をする Habla como un adulto. ◆大人2枚, 子供1枚ください Dos billetes [《ラ米》 boletos] de adulto y uno infantil, por favor. ◆大人げないことを騒ぎだなんて大人気ないよ (＝子供っぽい) Preocuparse por una tontería así no es de adultos. ◆彼女は年よりも大人びいている Está madura para su edad. ◆フアン, もうあなたは大人でしょ! ¡Ya eres mayorcito, Juan!

＊おとなしい (【従順な】(素直で) *adj.* obediente; (気が弱くて) *adj.* dócil, manso; (温和な) *adj.* apacible; (物静かな) *adj.* tranquilo; (動物が狂暴でない) *adj.* suave; (なれた) *adj.* sumiso. ◆おとなしい犬 *m.* perro dócil [sumiso]. ◆彼はおとなしい子 Es un niño obediente. ◆彼女はおとなしそうに見えるが強情だ Parece obediente pero es terca. ◆彼女は先生の前ではおとなしい Cuando está cerca el profesor, está muy tranquila.

❷【地味な】adj. sobrio, discreto. ▶おとなしい柄 m. dibujo sobrio.
── おとなしく adv. dócilmente, mansamente, tranquilamente. ◆彼はおとなしく先生の忠告に従った Siguió dócilmente el consejo de su profesor. ◆おとなしく(=静かに)しなさい ¡Estáte quieto! / (行儀よくしなさい)¡Pórtate bien! / ¡Tranquilo! ◆おとなしくできないのなら出て行ってもらいます Si no se está quieto, tendrá que irse. ◆彼はおとなしいふりをしているだけです Su actitud mansa es sólo una máscara. / (口語) Es un mosquita muerta.
☞ しおらしい, 神妙, 素直な

おとめ 乙女 f. joven, 《口語》f. chica; (処女) f. virgen.

おとめざ 乙女座 (星座宮) Virgo. ▶乙女座(生まれ)の mf. virgo. ◆彼女は典型的な乙女座だ Es una virgo típica. 会話 あなたは何年生まれですか—乙女座(生まれ)です ¿De qué signo (del zodiaco) eres? – Soy virgo.

おとも 御供 (重要人物の) m. séquito, f. comitiva; (同伴者) mf. acompañante. ▶王とその御供 el rey y su séquito. ▶女王の御供をする(=随行して世話をする)女性たち fpl. damas que sirven a la reina. ▶駅まで御供する v. ir* a la estación 《con + 人》, acompañar 《a + 人》 a la estación.

おとり (おびき寄せる人, おとり用の鳥) m. reclamo, m. señuelo. ▶おとりに使う v. usar (un pájaro) como reclamo. ▶おとり捜査 f. operación de infiltración, 《口語》m. golpe.

おどり 踊り m. baile, f. danza. ▶踊りがうまい v. ser* bueno bailando, bailar bien. ▶踊りの師匠 mf. maestro/tra de baile. ▶踊りを習う v. tomar clases de baile.

おどりあがる 踊り上がる v. saltar, 《口語》pegar* saltos, brincar*. ▶踊り上がって喜ぶ v. saltar de alegría.

おどりこ 踊り子 f. bailadora, 《教養語》f. danzante; (フラメンコの) f. bailaora; (バレエの) f. bailarina.

おどりでる 躍り出る ▶首位に躍り出る(先頭に立つ)の v. ir* 「el primero [la primera], aventajar, llevar la delantera; (首位になる) v. ser* 「el primero [la primera] (en el examen); (1位になる) v. ocupar el primer lugar.

おどりば 踊り場 (階段の) m. rellano, m. descanso.

おとる 劣る v. ser* inferior 《a》, no superar 《a》; (下位である) v. estar* por debajo 《de》; (より悪い) v. ser* peor 《que》. → 優る. ◆彼は知能の点で彼女よりはるかに劣る Es muy inferior a ella en inteligencia. ◆その殺人犯は犬畜生にも劣るやつだ Ese asesino es peor que una bestia. ◆正夫は身長では君に劣る Masao es menos alto que tú. → ほど. ◆彼は父に劣らず足が速い Corre tan rápido como su padre. ◆これは 2 世紀に劣らず今でも真実だ Esto no es menos cierto hoy día que hace dos siglos.

*****おどる** 踊る v. bailar, 《教養語》danzar*. ▶踊りを踊る v. bailar 《con》, tener* un baile 《con》. ▶サンバを踊る v. bailar la samba. ▶¹音楽 [²ピアノ]に合わせて優雅に踊る v. bailar bien al son ¹de la música [²del piano]. ◆ぼくは彼女に一曲踊ってほしいと頼んだ Le pedí 「un baile [que bailara conmigo].
【その他の表現】◆彼女は彼にうまく踊らされている(=意のままに操られている) La maneja como quiere.

おどる 躍る v. saltar, pegar* un salto, brincar*. ▶胸を躍らせて adv. dándole saltos el corazón. ◆喜びに胸が踊った Mi corazón saltó de alegría. ◆彼に話しかけられるたびに私は胸が躍る気がした Cada vez que hablaba conmigo, parecía que el corazón me saltaba. ◆パリを思っただけでも心が躍った(=わくわくした) El corazón me daba saltos sólo de pensar en París.

おとろえ 衰え ▶¹記憶力 [²視力]の衰え(=減退) m. debilitamiento de la ¹memoria [²vista]. ▶健康の衰え m. debilitamiento de la salud ☞ 減退, 退勢, 退潮, 凋落, 低下

おとろえる 衰える (弱くなる) v. debilitarse; (あらし・風などが) v. perder* fuerza. → 弱る. ◆彼は体力が衰えている Se ha debilitado (físicamente). ◆その歌手の人気は衰えてきている La popularidad de ese/sa cantante está disminuyendo [cayendo, 《口語》en baja]. / Ese/sa cantante está perdiendo popularidad. ◆台風は次第に衰えた El tifón fue poco a poco amainando [perdiendo fuerza, debilitándose, 《教養語》aquietándose]. ☞ 落ちる, 疲れる, 低下する

おどろかす 驚かす → 驚く(→ 驚く).

おどろき 驚き ❶(びっくり) m. asombro, f. sorpresa, (驚異, 驚嘆) f. admiración, f. maravilla, m. espanto, m. susto, 《教養語》m. estupor, 《教養語》m. pasmo. → 驚く. ◆彼は驚きを顔に表わした Su cara expresaba asombro. / En su rostro se dibujaba la sorpresa. ◆だれもが驚きの目をみはった Todo el mundo miró asombrado. ◆彼女の驚きはだれの目にも明らかだった Su asombro fue evidente para todos. ◆彼がスペイン語を話せることに驚きはしない No me sorprende que sepa hablar español. / (不思議ではない)No 「es de extrañar [me extraña] que sea capaz de hablar español.

❷【驚くべきこと】f. sorpresa, f. maravilla. ◆そこに彼女がいたのは大きな驚きだった Fue una gran sorpresa encontrarla allí. ◆彼があんなにもしんぼう強いとは驚きだ Es sorprendente [asombrosa] su paciencia.

*****おどろく** 驚く ❶【びっくりする】v. sorprenderse 《de》, asombrarse 《de, por》, admirarse 《de》, maravillarse 《de, ante, de》.

1《...(に)は驚く》会話 敏雄には驚いたよ—あんなことをすべきじゃなかったよね Toshio me ha sorprendido. – No debería haber hecho una cosa así, ¿verdad? ◆先生は彼のそつの無い返答に驚いた El profesor 「se admiró de [quedó admirado de, se admiró al oír] su inteligente respuesta. ◆そこで彼女に会ったのには驚いた Me asombré de encontrarla [encontrarme con ella] allí. ◆私は彼の無作法なふる

190 おないどし

まいに少し驚いた Su mala educación me chocó algo. ◆彼がその事故で死んだのには驚いた Me quedé asombrado [《口語》helado] al enterarme de que había muerto en el accidente.

2《驚くほど》*adv.* sorprendentemente, 《強調して》asombrosamente, 《口語》increíblemente. ◆試験は驚くほど簡単だった El examen fue sorprendentemente fácil. ◆こんな時に君は驚くほど冷静だ En una situación así te comportas con increíble calma.

3《驚いたことに》◆とても驚いたことに彼は突然辞表を出した Para mi sorpresa, de repente presentó su dimisión. ◆だれもが驚いたことに彼女が誘拐犯であった Para sorpresa de todo el mundo, ella fue la secuestradora.

❷【おびえる】*v.* asustarse [《強調して》espantarse] (de, de que + 接続法); (飛び上がるほど) *v.* quedarse atónito [《教養語》perplejo, 《口語》helado]《ante, al + 不定詞》. ◆突然の物音にひどく驚いた Me asusté mucho de ese ruido repentino. / Ese ruido de repente me espantó [asustó mucho].

── 《その他の表現》──
◆驚いて物も言えなかった Me quedé tan sorprendido que no podía ni「abrir la boca [《口語》pronunciar palabra」. / Me quedé mudo de asombro. / Me quedé boquiabierto. 《会話》 あのう, もしかして山田先生では―やあ田中君!驚いたなあ ¡Anda! ¡Si es el Sr. Yamada! – ¡Hombre, Tanaka, qué agradable sorpresa! ◆ぼくたち結婚するんです―こりゃ驚いた. ともかくおめでとう Nos vamos a casar. – ¡Qué sorpresa! Bueno, pues... ¡enhorabuena! ◆太郎が試験に受かったよ―へえ驚いた Taro ha aprobado. – ¡Vaya una sorpresa! / (信じられないわ)¡No lo puedo creer! / (まったく予想もしなかった)¿Quién lo hubiera creído? / ¡Parece mentira!

──── 驚かす (びっくりさせる) *v.* sorprender, extrañar, 《強調して》asombrar, maravillar; (こわがらせる) *v.* asustar, 《強調して》espantar; (不安にさせる) *v.* alarmar. ◆彼の成功は世界を驚かせた Su éxito asombró al mundo. ◆大地震のうわさは町中を驚かせた El rumor de un gran terremoto alarmó a toda la ciudad.

──── 驚くべき *adj.* sorprendente, 《強調して》asombroso; (驚嘆すべき) *adj.* maravilloso, admirable, 《口語》increíble, 《教養語》《強調して》portentoso. ◆それはまったく驚くべき事実だ Es un hecho absolutamente asombroso. ◆読み書きできない人がたくさんいるのは驚くべきことだ Es sorprendente que haya tanta gente que no sabe leer ni escribir. ◆彼は驚くべきおじいちゃんだな. まだ現役で働いているんだから Es un anciano admirable. Sigue「en activo [haciendo una jornada laboral completa」.

──── 驚いた *adj.* sorprendido; (おびえた) *adj.* asustado. ◆驚いた表情 *f.* expresión sorprendida.

おないどし 同い年 ◆彼と同い年の少女 *f.* chica de「su misma edad [la misma edad que él」. ◆私は彼と同い年です Soy de su edad [《口語》tiempo]. / Tengo la misma edad que él.

おなか お腹 (腹部) *m.* estómago, *m.* abdomen, *m.* vientre, 《親しい仲で》*f.* tripa. → 腹.

＊＊おなじ 同じ **❶**【同一・同種の】*adj.* mismo. 《会話》 お茶を一杯持ってきてください―私も同じものをお願いします Una taza de té, por favor. – Lo mismo para mí. / Para mí igual, por favor. /《口語》Yo, igual. ◆君が行こうと行くまいと同じことだ (=どうでもよい) Es igual [lo mismo] que vayas o no. 《会話》 どっちの月の方がいい―6月だろうが7月だろうがぼくにとっては どっちも同じことだよ ¿Qué mes prefieres? – Junio o julio; ¿me da igual [lo mismo] cualquiera de los dos. ◆でも同じことじゃない? ¿Pero no es lo mismo? / ¿Pero qué diferencia hay? 《会話》 かわいそうな小犬, 悲しそうだわ. 連れて帰ったらいけないかなあ―私も同じことを考えていたところさ (=それはまさに私が考えていたことだ) ¡Pobre perrito! Parece triste. ¿Por qué no nos lo llevamos a casa? – Yo también estaba pensando lo mismo.

【...と同じ】*adj.* mismo ... que, igual (de) ... que [a]. ◆彼は昨年の夏着ていたのと同じ上着を着ている Lleva la misma chaqueta「el año pasado [del año pasado」. ◆彼のペンは私がきのう買ったのと同じだ Su pluma es exactamente igual a [que] la que compré yo ayer. / Su pluma es「exactamente como [idéntica a」 la mía. ◆彼の意見は私とだいたい同じだ Su opinión es「casi igual [más o menos igual」que la mía. / Piensa como yo más o menos. / Estamos prácticamente de acuerdo. ◆彼が事故死したまったく同じ地点で車の衝突事故があった Chocaron dos coches en「el mismo lugar exactamente [《口語》el mismísimo lugar」donde él se había matado en accidente. ◆その脱獄囚とテロリストは実は同じ人物だった En realidad *el/la* prisionero/ra fugado/da y *el/la* terrorista eran la misma persona. ◆私は君と同じような経験をした Yo tuve una experiencia semejante [parecida, similar] a la tuya.

❷【等しい】(数量・程度・大きさなどが) *adj.* igual (a, que); (価値などが) *adj.* equivalente (a). ◆彼の収入は私とほぼ同じです Sus ingresos son más o menos iguales a los míos. ◆この場合沈黙は承諾と同じだ En estas condiciones el silencio「equivale a [es lo mismo que」un consentimiento. ◆我が子を愛する気持ちは親ならだれも同じだ (=共通だ) El amor a los propios hijos es igual a todos los padres. ◆私は6か月間それと同じ数だけのレポートを書いた Escribí seis informes en otros tantos meses.

1《...と同じくらい...》tanto + 名詞 como, tan + 形容詞・副詞 como. ◆彼女は私と同じくらい速く泳げる Ella puede nadar tan rápido como yo. / Nada más o menos「igual de rápido [con la misma rapidez」que yo. 《会話》 この前のコンサートよりよかったかい―同じくらいかな (=ちょうど同じだけよかった) ¿Estuvo mejor que el último concierto? – Más o me-

nos igual. ◆花子は私と同じくらい多くの本を持っている Hanako tiene tantos libros como yo. ◆仙台にはここと同じくらい多くの友人がいる Hay tantos amigos míos en Sendai como aquí. **2**《...と同じように》◆彼は君と同じようにそこへ行った Fue allí como tú. / Fue allí「tal como [al igual que] tú. ◆私も彼と同じように彼も納得していない Yo, como tampoco él, no estoy convencido. / Igual que él, yo tampoco estoy convencido. → と同じ. ◆私も君と同じようにその知らせを聞いて悲しかった Yo estuve igualmente triste con la noticia.
── おなじ ── (どうせ)同じ行く行くのなら君と行きたい Si voy, me gustaría ir contigo. → どうせ.

おなじく 同じく《同じやり方で》adv. del mismo [igual] modo, de la misma manera, al igual;《...と同様に》conj. tal como. → 同じ. 彼は彼女を無視した. すると彼女も同じく彼を無視した Él la ignoró y ella lo [le] ignoró「del mismo modo [igualmente]. ◆彼女はお母さんと同じく(=お母さんのように)料理が上手だ Al igual que su madre, ella cocina bien. ◆もし私があなたと同じようにふるまったら, 皆に笑われるだろう Si yo me comportara「tal como [de la misma manera que] tú, todo el mundo se reiría de mí. ◆彼女と同じく彼も信仰心がなかった「Del mismo modo que [Al igual que, Tal como] ella, él no tenía sentimientos religiosos.

おなじみ お馴染み ❶【客】mf. cliente regular [fijo/ja].
❷【親しんでいること】◆おなじみの(周知の) adj. conocido;（見・聞き慣れた）adj. familiar;（好きな）adj. favorito,《教養語》predilecto. ◆西部劇でおなじみの光景 f. escena familiar en las películas del Oeste.

オナニー f. masturbación,《専門語》m. onanismo. ◆オナニーをする v. masturbarse.

おなら《腹の中のガス》f. ventosidad, mpl. gases,《フォーマル》f. flatulencia,《口語》m. pedo,《メキシコ》《口語》f. pluma. ◆おならをする v. soltar* gases, tener* ventosidades,《口語》tirarse un pedo,《俗語》peerse. ◆サツマイモを食べるとおならが出る Los camotes「hacen soltar gases [son flatulentos].

おに 鬼《悪霊》m. demonio,《悪魔》m. diablo,（鬼ごっこの鬼）mf. perseguidor/dora, el [la] que pilla [agarra]. → 鬼ごっこ. ◆人食い鬼 m. ogro. ◆鬼婆 f. bruja. ◆彼は仕事の鬼だ《口語》Es un monstruo trabajando. / Trabaja como una fiera. ◆そんなことをするなんて彼は鬼だ Hay que ser un demonio para hacer algo así. ◆彼が探検隊に加われば, 鬼に金棒だ Si él se une a la expedición, seremos más fuertes que nadie. ◆もし勝ったら鬼の首でも取ったような気分になるでしょう Si ganas, tendrás el mundo a tus pies.

おにぎり お握り "onigiri",（説明的に）f. bola de arroz frío.

おにごっこ 鬼ごっこ 会話 鬼ごっこしよう−だれが鬼だ−彼が鬼だ Vamos a jugar al "corre que te pillo". − ¿Quién hace de perseguidor? − Que sea él.

おび **191**

おね 尾根 f. cresta. ◆尾根づたいに山頂に登る v. subir por la cresta hasta la cumbre.

おねがい お願い m. deseo, f. petición. → 願い, 頼み.

おねしょ《専門語》f. enuresis nocturna. ◆おねしょする v. orinarse en la cama. ◆おねしょする子（=小便たれ）mf. niño/ña que se orina [《親しい仲で》hace pis] en la cama. ◆太郎はまたおねしょをしたわ Taro se ha vuelto a hacer pis en la cama.

おの 斧 f. hacha;（手斧）f. hachuela. ◆おので丸太を割る v. rajar un tronco con un hacha.

＊おのおの 各々 adj. cada. → それぞれ. ◆人はおのおの考えが異なる（=独自の考え方を持っている）Cada persona [uno/na] piensa de un modo diferente. ◆私たちはおのおの千円ずつ払った Cada uno/na de nosotros/tras pagó 1.000 yenes. / Pagamos 1.000 yenes cada uno/una. → お互い.

おのずから 自ら（自然と）adv. naturalmente;（思わず知らず）adv. espontáneamente;（ひとりでに）adv. libremente, por su propia iniciativa. ◆おのずから明らかな事実 m. hecho evidente por sí mismo.

おのぼりさん お上りさん mpl. provincianos. ◆パリの夏はおのぼりさんだらけだ París está llena de provincianos en verano.

オノマトペ（擬声語・擬態語）f. onomatopeya.

おのれ 己 m. uno mismo, f. una misma. → 自分. ◆おのれに勝つ v. controlarse.

おば 伯[叔]母 f. tía,《親しい仲で》f. tita. ◆大おば f. tía abuela. ◆花子おばさん[ちゃん] f. tía Hanako.

おばあさん ❶【祖母】f. abuela,《親しい仲で》f. abuelita. ◆お父さん f. bisabuela,《口語》f. bisa. ◆栄子おばあさん f. abuela Eiko. ◆おばあさんから贈り物をもらう v. recibir un regalo de la abuela.
❷【老人】f. anciana,《フォーマル》f. señora mayor,《軽蔑的に》《口語》f. vieja.

オパール m. ópalo.

おばけ お化け《幽霊》m. fantasma, m. espíritu. → 化物.

おはこ 十八番（専門）f. especialidad;（気に入りのもの）m. favorito;（得意）m. fuerte. ◆おばはこの話をする[始める] v. ponerse* a hablar del tema favorito. ◆この歌は彼のおはこだ Esa canción es su favorita [la que más le gusta].

おばさん 小母さん → 小父さん;（よその人）f. señora.

おはじき fpl. bolitas, m. "ohajiki". ◆おはじきをする v. jugar* a las bolitas [al "ohajiki"].

おばな 雄花《専門語》f. flor estaminífera.

＊おはよう Buenos días. 会話 おはよう−おはようございます−おはよう, 健 ¡Buenos días, señor [señora, señorita]! − ¡Buenos días, Ken! ◆彼は私におはようと言った Me dio los buenos días.

おはらいばこ お払い箱 ◆お払い箱になる（解雇される）v. ser* despedido [《口語》echado].

おび 帯（ベルト）m. cinturón, m. cinto;（和服

の) *m.* "obi", 《説明的に》faja para kimono; 《装飾用》*f.* faja, *m.* fajín. ▶帯留め *m.* broche de "obi". ▶帯を¹解く[²締める] *v.* ¹quitarse [²ponerse*, ²atarse, ²sujetarse] el "obi". ▶帯をきつく¹する[²緩める] *v.* ¹apretarse* [²aflojarse] el "obi". ▶うすい帯状の雲 *f.* banda fina de nubes. ◆帯に短したすきに長し Demasiado de lo uno y demasiado poco de lo otro. / Ni una cosa ni otra.

おびえる 脅える *v.* espantarse, horrorizarse*, estar* aterrorizado 《de, por》, tener* mucho miedo 《a, de》. ▶怯える. ▶おびえた犬 *m.* perro asustado. ▶恐怖におびえる(=震える) *v.* temblar* de miedo.

おびきよせる おびき寄せる *v.* engañar con un señuelo [cebo], atraer* con engaños. / (=誘い込む) *v.* engatusar. ▶そのクマをはちみつでわなにおびき寄せる *v.* atraer* al oso a la trampa con miel.

おびただしい ▶おびただしい量の水 *f.* gran [enorme] cantidad de agua. ◆その通りにはおびただしい数の観光客がいた Había «una multitud [un enorme gentío] de turistas en la calle. ◆彼は頼りないことおびただしい No se puede confiar en él para nada. / Es absolutamente informal. / No es nada fidedigno. → 全く.

おひつじざ 牡羊座 Aries. → 乙女座. ▶牡羊座(生まれ)の人 *m.* aries, 《口語》 *m.* carnero.

おひとよし お人好し《気の良い人》*mf.* bonachón/chona, 《口語》 *mf.* buenazo/za, *mf.* bendito / ta; (だまされやすい人) *f.* persona crédula; (単純な人) *m.* infeliz, *m.* simple. ◆お人好しにも程がある No seas tan simple.

おひなさま お雛様 *f.* muñeca. → 雛(ﾋﾞ)人形.

おひめさま お姫様 *f.* princesa. → 姫.

おびやかす 脅かす(脅迫する) *v.*《教養語》conminar; (怖がらせる) *v.* atemorizar, 《口語》meter miedo.

おひらき お開き ▶会をお開きにする *v.* terminar la reunión, 《フォーマル》 levantar la sesión. ◆宴会はお開きになったところです La fiesta «acaba de terminar [ha acabado en este momento]».

おびる 帯びる ❶【含む】(…の気味を添える) *v.* tener* un tinte [matiz] 《de》. ▶赤味を帯びた空 *m.* cielo rojizo. ◆彼女の口調は憂いを帯びていた Había un tono de tristeza en su voz. / En el tono de su voz había un matiz de tristeza.

❷【見える,思える】*v.* parecer*. ◆その歌は哀調を帯びている Esa canción parece sentimen-tal.

❸【委任される】*v.* encargar*《de》, encomendar*. ◆彼は極秘の使命を帯びていた Le encomendaron [encargaron] una misión secreta. ◆彼は特別な任務を帯びてアメリカにたった Se fue a Estados Unidos en una misión especial.

《その他の表現》◆彼は酒気を帯びていた Estaba bajo la influencia del alcohol. ◆私たちの勝利が現実味を帯びてきた Nuestra victoria se está haciendo realidad. ☞ 差す, 呈する

おひれ 尾ひれ ▶話に尾ひれをつける(=誇張する) *v.* exagerar [《口語》adornar] una historia.

オフィス *f.* oficina;（比較的小さな）*m.* despacho. ▶オフィスコンピュータ《スペイン》 *m.* ordenador [《ラ米》*f.* computadora] de oficina. → コンピュータ(-). ▶オフィスレディー *f.* oficinista. ▶オフィスオートメーション *f.* ofimática, *f.* automatización administrativa.

オフコン → オフィスコンピュータ(-)

オブザーバー *mf.* observador/dora.

オフサイド *f.* posición de fuera de juego. ▶オフサイドの反則をする *v.* estar* en fuera de juego.

オブジェ *m.* objeto「de arte [artístico].

オブジェクト *m.* objeto. ▶オブジェクト・クラス 《専門語》*f.* clase de objeto.

オプション *f.* opción. ▶オプション・ボタン《専門語》 *m.* botón de opción. ▶オプションする(=選択する) *v.* tomar* una opción, decidirse 《por》.

おふせ お布施 *m.* donativo (a un monje).

オフセット印刷 ▶オフセット印刷 (*f.* impresión en) *m.* offset.

オプティマイズする《専門語》*v.* optimizar.

オプティミスト *m.* optimista.

オフライン(で)《専門語》*adv.* fuera de línea.

おふる お古 ▶彼女のお古を着る *v.* llevar su prenda「de segunda mano [usada]. → お下がり.

オフレコ ▶オフレコの(=非公式の)発言 *f.* observación extraoficial. ▶オフレコで自分の誤りを認める *v.* admitir un error extraoficialmente.

おべっか *m.* servilismo, *f.* adulación,《口語》 *m.* peloteo. ▶上司におべっかを使う *v.*《口語》《俗語》lamerle el culo al jefe. ▶おべっか使い *mf.* adulador/dora,《スペイン》 *mf.* pelota,《メキシコ》 *mf.* lambiscón/cona,《アルゼンチン》 *mf.* chupamedias,《コロンビア》 *mf.* lambón/bona; (ごますり) el [la] que dice a todo amén.

[地域差] おべっかを言う

〔スペイン〕*v.* bailar 《a + 人》 el agua, dar* 《a + 人》 jabón, hacer* 《a + 人》 la pelota, hacer* 《a + 人》 la rosca, reír* 《a + 人》 la gracia

〔キューバ〕*v.* reír* 《a + 人》 la gracia

〔メキシコ〕*v.* hacer* 《a + 人》 la corte, sobar 《a + 人》 el lomo

〔アルゼンチン〕*v.* chupar 《a + 人》 las medias, sobar 《a + 人》 el lomo

オペラ *f.* ópera. → 歌劇. ▶オペラ歌手 *mf.* cantante de ópera, *mf.* operista. ▶オペラグラス *mpl.* anteojos [*mpl.* gemelos] de teatro. ◆

おべっかを言っている
No seas pelota.
→おべっか

彼はごますりだ
Está pasando la franela.
→おべっか

オペラハウス *f.* sala de ópera.
オベリスク *m.* obelisco.
オペレーター *mf.* operador/*dora*.
オペレーティング・システム 《専門語》*m.* sistema operativo.
オペレッタ (喜歌劇) *f.* opereta.

おぼえ 覚え (記憶) *f.* memoria, 《フォーマル》 *f.* capacidad retentiva, (学習) *f.* memoria; (経験) *f.* experiencia. → 物覚え, 見覚え. ▶うろ覚え. ♦ mala memoria. ♦彼は人の顔にかけては覚えが大変よい「早い」 Recuerda 「muy bien [²rápido] las caras. / Es un buen fisonomista. ▶彼女は覚えが遅い Le cuesta aprender. / Aprende despacio. / Se le quedan mal las cosas. ♦あなたにそんな約束をした覚えはない No me ⌈acuerdo de [viene a la memoria el] haberte hecho tal promesa. → 覚え. 会話 これはだれの写真だと思う—どうも覚えがないなあ ¿Quién crees que es éste? – No se me viene a la memoria. / Me parece que no lo recuerdo. ♦その名前には聞き覚えがある (=よく耳にする) 《口語》 Ese nombre me suena. ♦(以前聞いたことがある)Creo que me have oído ese nombre antes. ♦私も同じ目にあった覚えがある Yo también ⌈he tenido una experiencia [tengo un recuerdo] similar.
【その他の表現】♦それは身に覚えないことだ →身. ♦料理には腕に覚えがある (=自信がある) Tengo confianza en mi capacidad de cocinar. / Confío en mí como cocine*ro/ra*.

おぼえがき 覚え書き *f.* nota → メモ;【外交文書】(正式の) *f.* nota; (略式の) *m.* memorándum.

＊＊おぼえる 覚える ❶【記憶する】(暗記する) *v.* memorizar*, aprender de memoria, (覚えている) *v.* acordarse 《de》; tener* presente, tener* ⌈retener*] en la memoria, (教養語) rememorar. ♦彼は1日にスペイン語の単語を10語覚えた Todos los días ⌈aprendía de memoria [se aprendía] diez palabras españolas. ♦次郎のことはよく覚えている Recuerdo muy bien a Jiro. / Me acuerdo mucho de Jiro. ♦私の誕生日を覚えていてくれてありがとう Gracias por recordar [acordarte de] mi cumpleaños. ♦花に水をやるのを覚えておいてください Por favor, acuérdate de regar las plantas. / Por favor, no te olvides de regar las plantas. ♦彼が私たちにその話をしてくれたのを覚えてますか ¿Recuerda usted que a nosotros nos dijo eso? /《口語》¿No te acuerdas que a nosotros nos contó eso? ♦ぼくが君をとても愛していることを覚えておいてくれ Por favor, ten siempre presente que te quiero. / Recuerda que te quiero. ♦彼女の電話番号は¹覚えやすい [²覚えにくい] Su número de teléfono es ¹fácil [²difícil] de memorizar [aprender*se]. ♦私の覚えている限りでは彼は1970年に亡くなった Si no recuerdo mal, falleció en 1970. ♦あのあと, どのようにして家に帰りついたのか, 何も覚えていない No me acuerdo de cómo regresé a casa después de eso.
❷【習得する】*v.* aprender, aprenderse; (聞き[見]覚える) *v.* 《口語》quedarse 《con》. ♦九九の表を覚える *v.* aprenderse la tabla de multiplicar* [multiplicación]. ♦あなたは機械の操作をいつ覚えたのですか ¿Cuándo aprendió usted a manejar la máquina? ♦ローマにいたときにイタリア語を覚えた Aprendí [Me quedé con el] italiano cuando estuve en Roma. ♦彼は見ているだけでそのゲームを覚えた Aprendió [Se quedó con] el juego sólo mirando.
❸【感じる】*v.* sentir*. ♦腹部に激痛を覚える *v.* sentir* un intenso dolor en el estómago. ♦私たちは彼女の話に深い感動を覚えた Lo que nos dijo nos conmovió profundamente.

オホーツクかい オホーツク海 El mar de Ojotsk.

おぼつかない ❶【見込みがない】*v.* no estar* seguro 《de + 不定詞, de que + 接続法》; dudar《de que + 接続法》. ♦われわれの勝利はおぼつかない Nuestra victoria es dudosa. / No estamos segu*ros* de ganar.
❷【頼りない】 *adj.* inseguro, (不安定な) *adj.* poco firme, inestable; (揺れる) *adj.* vacilante. ▶おぼつかない足どりで歩く *v.* caminar con el paso inseguro [vacilante]. ♦おぼつかないスペイン語で話す *v.* hablar ⌈un español vacilante [español con inseguridad].

* **おぼれる** 溺れる (溺(˘ᵉ˘)死する) *v.* ahogarse*, morir* ♦助けて!彼がおぼれている ¡Socorro! ¡Se está ahogando! ♦彼は川でおぼれて死んだ Se ahogó en el río. ♦彼は子供がおぼれそうになるのを助けた Salvó a⌈l niño [la niña] de morir ahoga*do/da*. ♦おぼれる者はわらをもつかむ (言い回し) A un clavo ardiendo se agarra el que se está hundiendo.
【その他の表現】♦彼は酒におぼれている Es un esclavo de la bebida. / Le ha dado por beber [〘米〙tomar].

おぼろ おぼろ月夜 *f.* noche de luna opaca. ♦そのことはおぼろに (=かすかに) しか分からない *v.* no tener* más que una ligera idea de eso.

おぼろげ ♦彼の死をおぼろげながら (=漠然と) 覚えている *v.* tener* un recuerdo vago de su muerte, recordar* débilmente su muerte. ♦遠くにタワーの輪郭がおぼろげに見えた A lo lejos se veía el vago [borroso] perfil de la torre.

おぼん お盆 *m.* Festival de Obon. → 盆.

オマーン Omán; (公式名) el Sultanato de Omán (☆西アジアの国, 首都マスカット Mascate).

おまいり お参り *f.* visita. → 参拝.

おまえ お前 *pron.* tú, 〘中米〙〘ラプラタ〙(親しい仲で) vos. → あなた, 私.

おまけ お負け (景品) *m.* regalo, *m.* extra, *m.* premio. ▶おまけする *v.* hacer* un regalo, dar* un premio. → 負ける. ♦これはおまけです Esto es un regalo. ♦私が机を買ったときこの本立てをおまけにつけてくれた Me regalaron el estante al comprar la mesa.

おまけに *adv.* además, aparte (de eso), 《教養語》asimismo; (さらに悪いことには) *adv.* y por si fuera poco, y para colmo. ♦おまけに (=その上)彼は留守だった Y para colmo, no

おまちどおさま

おまちどおさま お待ち遠さま (おわびの気持ちで) Siento haberle hecho esperar. / (お礼の気持ちで); Gracias por haber esperado. / (物を渡すとき) Aquí tiene usted.

おまつり お祭り *m.* festival, *f.* fiesta, *f.* feria. → 祭り. ▶お祭り気分である[になる] *v.* tener* el ánimo de fiesta. ♦町はお祭り騒ぎだった(何かを祝って) La ciudad estaba de fiesta. / (大いに楽しみ浮かれて) En la ciudad había ambiente festivo.

おまもり お守り (通例身につける) *m.* amuleto; (魔除け) *m.* talismán. ▶魔除けのお守り *m.* talismán para ahuyentar [《口語》echar] a los malos espíritus.

おまる (幼児用の) *m.* orinal; (病人用の) *m.* bacín, *f.* bacinica. → おしめ. ▶おまるに座る *v.* sentarse* en un orinal.

おまわりさん お巡りさん *mf.* policía. → 警官.

おみくじ 御神籤 《口語》 *m.* papelito de la suerte, *m.* oráculo escrito. ▶おみくじを引く *v.* sacar* un papelito de la suerte. ♦平安神宮でおみくじを引いたら吉と出た En el santuario Heian, el papelito me decía que iba a tener suerte.

おみそれ お見それ ▶あれまあ、松井君じゃない. すっかりお見それしちゃったわ ¡Oh, Dios mío, Matsui! ¡Pero ni siquiera te había reconocido! ♦このランあなたが育てたの. お見それしました. 大した腕わ ¿Esta orquídea la has cultivado tú? No sabía que tuvieras tan buena mano para las plantas.

おむすび お結び "omusubi" 《説明的に》 *f.* bola de arroz.

おむつ *m.* pañal. ▶使い捨ておむつ *m.* pañal desechable. ▶おむつを¹する [²替える] *v.* ¹poner* [²cambiar] un pañal, ¹《メキシコ》 empañalar. ♦この子はもうおむつはいらない Este niño ya no necesita pañal. ♦おむつがぐっしょり濡(ぬ)れている El pañal está muy mojado.

オムレツ *f.* tortilla.

おめい 汚名 (悪い評判) *f.* mala fama [reputación]; (不名誉) *f.* deshonra, 《教養語》 *m.* desprestigio. ▶汚名をそそぐ *v.* quitarse la mala fama. ♦そのことで彼は汚名を着せられた Le han deshonrado [《教養語》infamado] por eso. ♦彼は反逆者の汚名を着せられた(=レッテルをはられた) Fue calificado [《教養語》estigmatizado, tildado] de traidor.

おめおめと ▶あんなことがあったのでおめおめと(=恥ずかしく思わずに)故郷に帰れない Después de todo lo ocurrido, ¹no puedo volver a casa sin sentir vergüenza [《口語》se me caería la cara de vergüenza si volviera a casa].

おめかし ▶おめかしする (化粧) *v.* maquillarse, arreglarse; (服装) *v.* vestirse* bien, acicalarse.

おめだま お目玉 ▶父からお目玉をくう(=ひどくしかられる) *v.* ser* regañado [《口語》reñido] severamente por el padre, 《口語》 recibir una buena bronca del padre. ♦そんなことをするとひどくお目玉をくうよ《口語》 Te echarán una buena bronca si haces eso.

おめでたい ❶【祝うべき】*adj.* feliz, 《教養語》 dichoso. ▶おめでたいこと *m.* suceso [*m.* acontecimiento] feliz, *m.* suceso que merece ser celebrado. → めでたい.

❷【お人よしの】*adj.* tonto, estúpido. ♦彼を信じるなんて君はおめでたいわ ¡Qué tonto eres por creerlo[le]!

おめでとう ❶【個人的な喜び事に対して】¡Felicidades!, ¡Enhorabuena! ♦¹成功 [²合格]おめでとう 「Te felicito [Enhorabuena] por ¹el éxito [²haber aprobado el examen]. 《会話》 娘に赤ん坊が生まれたのよ―おめでとう―ありがとう Mi hija acaba de dar a luz. – ¡Enhorabuena! – Gracias.

❷【祝祭日や特別の日に】♦新年おめでとう ¡Feliz Año Nuevo! / ¡Felicidades por el Año Nuevo! / Le deseo un Feliz Año Nuevo. → 新年. 《会話》 お誕生日おめでとう―覚えていてくださってありがとう Feliz Cumpleaños (y que cumplas muchos más). – Muchas gracias por acordarte. 《会話》 クリスマスおめでとう―おめでとう ¡Feliz Navidad! – ¡Igualmente!

おみみえ お目見え ▶お目見え(=初出演)する *v.* debutar, hacer* el debut; (発行[出版]される) *v.* publicarse*, aparecer*.

おもい 重い ❶【物が】*adj.* pesado, 《文語》oneroso. ▶重い小包 *m.* paquete pesado. ♦この机は重すぎて持ち上げられない Esta mesa 「es demasiado pesada [pesa demasiado] para levantar. ♦あなたの荷物は5キロ重すぎる Tu maleta 「es cinco kilos más pesada [pesa cinco kilos más].

❷【心・気分が】(ふさぎこんでいる) *adj.* deprimido, 《教養語》abatido; (ゆううつな) *adj.* triste, 《教養語》melancólico. → 憂うつ. ▶今日は気が重い Hoy me siento triste. ♦頭が重い Siento 「la cabeza pesada [pesadez en la cabeza].

❸【動きが】*adj.* lento, pausado → 鈍い; (口が遅い) *v.* hablar lento; (無口な) *adj.* reservado, callado. ▶重い足どりで歩く *v.* andar* con paso lento. ♦彼は重い腰を上げて(=いやいや仕事に取りかかって) Se puso lentamente a hacer el trabajo.

❹【責任が】*adj.* importante, serio; (任務が) *adj.* responsable; (罪が) *adj.* grave. ▶重い責任を負う *v.* asumir una importante responsabilidad. ▶重い地位にある *v.* estar* en una posición importante. ▶重い罪を犯す *v.* cometer un delito grave.

❺【病気などが】*adj.* grave. ♦彼は重い病気にかかっている(一般に) Está gravemente [muy] enfermo. / (特に病気に重点を置いて)Su enfermedad es grave [《口語》muy seria].

—— **重く** (ずっしりと) *adv.* pesadamente; (重大に) *adv.* en serio, gravemente. ♦心配事が彼に重くのしかかった Las preocupaciones le pesaban mucho. ♦彼はその問題を重く見た Se tomó el problema muy en serio. → 重視する.

おもい 思い ❶【考えること】*m.* pensamiento, *f.* reflexión. ▶思いにふける *v.* estar* ensimismado [sumido en los pensamientos, absorto pensando]. ▶自分の思いを人に言わない (=心にしまっておく) v. guardarse los pensamientos. ◆彼は故郷に思いをはせた (=故郷のことを考えた) Pensaba en su casa [lugar de nacimiento].

❷【気持ち】m. sentimiento. ◆そんなことをして恥ずかしい思いをしている Me siento avergonzado de haber hecho eso. ◆心臓が止まるような思いがした Sentí como si mi corazón hubiera dejado de latir. ◆私と同じ思いの人も何人かいる Hay personas que sienten como yo.

❸【経験】f. experiencia. ▶つらい思いをする v. tener* una amarga experiencia, pasarlo mal. ◆旅行中楽しい思いをした 「Lo pasé muy bien [Me divertí] en el viaje.

❹【願望, 期待】(願望) m. deseo; (夢) f. ilusión, m. sueño; (期待) f. esperanza. ▶思いもよらない出来事 m. suceso inesperado. ◆やっと思いがかなった Por fin se realizó mi deseo. ◆こんなことが起ころうとは思いもよらなかった No me imaginaba que esto se hiciera realidad.

❺【愛情】m. amor; (情的な心) m. corazón. ▶私は彼女に思いを打ち明けた Le declaré mi amor. / Le confesé que estaba enamorado de ella. ◆彼は彼女に思いを寄せた Le entregó a ella su corazón. ◆彼は年寄り思いだ (=思いやりがある) Es atento con las personas mayores.

❻【心配】▶思いに沈む (=ある事を心配している) v. estar* preocupado por algo.

❼【恨み】◆彼に思いを晴らす v. vengarse* en [de] él.

おもいあがる 思い上がる v. envanecerse*, engreírse*, ser* orgulloso, enorgullecerse*; (うぬぼれる) v. volverse* 《教養語》presumido, 《口語》ser*「un creído [una creída]. ▶思い上がっている人 f. persona engreída [presumida, 《口語》estirada]. ◆私たちは思い上がって人間として大切なものを忘れてしまった Éramos tan engreídos que nos olvidamos de los valores humanos. ⇨驕る, 増長

おもいあたる 思い当る ◆その事件について少しも思い当たることはない (=全然知らない) No tengo la mínima [más ligera] idea de ese incidente. ◆そう言われると思い当たる節がある (=何かを思い出させる) Eso me recuerda algo.

おもいうかぶ 思い浮かぶ ◆彼の名が思い浮かばない No me viene a la memoria su nombre. / (思い出せない) No puedo acordarme de su nombre.

おもいうかべる 思い浮かべる ◆彼女の顔を思い浮かべる (=思い出す) v. recordar* su cara. ▶故郷を思い浮かべる (=心に描く) v. imaginarse [visualizar*]「la casa [el lugar natal].

おもいおこす 思い起こす (思い出す) v. recordar*, acordarse* 《de》. →思い出す.

おもいおもい 思い思い (好きなように) adv. como uno quiera, 《口語》como a uno le da la gana; (めいめいが自分自身のやり方で) adv. a su manera [modo], 《口語》a su aire.

おもいかえす 思い返す (思い返る) v. pensar* de nuevo, volver* a pensar*, 《教養語》reconsiderar*; (考え直す) v. pensar* mejor, replantearse. ◆私は昨年学校であったことを思い返した Reflexioné sobre lo sucedido en la escuela el año pasado.

おもいがけず 思いがけず ▶思いがけず母が訪ねてきた Mi madre me visitó de improviso. / (予期しないときに) Mi madre vino a verme cuando menos la esperaba.

おもいがけない 思いがけない (予期しない) adj. inesperado; (偶然の) adj. casual, accidental; (突然の) adj. repentino. →意外. ▶思いがけない訪問客 mf. visitante inesperado/da. ◆思いがけない出会い m. encuentro casual. ◆それはまったく思いがけないことだった Fue totalmente inesperado. / Fue una absoluta sorpresa. 《会話》君に花を持ってきたよ―わあ, うれしい. 思いがけなかったわ Te he traído unas flores. – iOh! ¡Qué agradable sorpresa! ⇨案外, 意外に, 急, こつぜん, 出し抜け

おもいきった 思い切った (大胆な) adj. audaz, atrevido, 《教養語》osado; (抜本的な) adj. drástico; (改革・治療などが徹底的な) adj. radical. ▶思い切った事をする v. actuar* con audacia. ▶思い切った処置をする v. tomar medidas drásticas. ◆患者に思い切った外科治療をする v. realizar* una intervención quirúrgica drástica a un paciente, intervenir* a vida o muerte a un paciente.

おもいきって 思い切って (大胆に) adv. audazmente, atrevidamente; (断固として) adv. con resolución. ▶思い切って...する v. atreverse 《a + 不定詞》, 《教養語》osar 《+ 不定詞》. ▶思い切って彼の提案に反対する v. atreverse a presentar una objeción a su propuesta; (はっきりと反対意見を述べる) v. hablar [《教養語》manifestarse*] atrevidamente en contra de su propuesta. ◆彼らは思い切って話す勇気がなかった No se atrevieron a hablar. / No tuvieron audacia [valor, 《フォーマル》osadía, 《俗語》huevos] de hablar. ◆(失敗など覚悟で)思い切ってやってみるつもりだ Pienso correr el riesgo. / Creo que voy a atreverme.

おもいきり 思い切り ▶思い切り (=思う存分)楽しむ v. disfrutar「al máximo [lo más posible, 《口語》a más no poder」, a tope, en cuerpo y alma]. ▶思い切りなぐる v. golpear con「todas las fuerzas [toda la fuerza posible]. ▶思い切り安く売る v. vender al precio más bajo posible. ◆彼は思い切りが悪い Le falta decisión. / Es indeciso [《教養語》irresoluto].

おもいきる 思い切る (あきらめる) v. resignarse 《a》. ◆彼女のことが思い切れない (=忘れられない) No「me resigno a [puedo] olvidarla.

おもいこみ 思い込み f. opinión parcial; (先入観) m. prejuicio. ◆勝手な思い込みで物を言わないでください Creo que estás expresando una opinión parcial. ◆彼女は思い込みが激しいから何を言ってもむだだ La ciegan los prejuicios; por eso, no vale la pena decirle nada.

おもいこむ 思い込む ◆彼は自分が成功するものと思い込んでいた (=信じ切っていた) Estaba conven-

196 おもいしる

cido de「su éxito[que lo lograría]. → 確信する. / (当然のことと思った)Estaba seguro que él iba a conseguir. ♦なぜか彼は妻が自分を殺そうとしていると思い込んでしまった「Se le metió en la cabeza[Dio en imaginarse]que su mujer intentaba matarle. ♦一度思い込んだら(=心を決めたら), 彼はけっしてあきらめない Si se le mete algo en la cabeza, no cede jamás.

おもいしる 思い知る (十分わかる)v. darse* plena cuenta《de》,《口語》caer* en la cuenta《de》; (懲りる)v. escarmentar*. ▶思い知らせる(懲らしめる) v. castigar*《a ＋ 人》;《口語》dar*《a ＋ 人》una lección.

おもいすごし 思い過ごし ▶思い過ごしである v. pensar* demasiado;《口語》imaginarse cosas; (心配し過ぎる)v. preocuparse demasiado,《口語》ahogarse* en un vaso de agua. ♦それは君の思い過ごしだよ(=想像にすぎない) ¡No son más que imaginaciones tuyas!

***おもいだす 思い出す** v. recordar*, acordarse*《de》, venir* a la mente; (思い出させる)v. recordar*. ♦ああ思い出したぞ ¡Ya「me acuerdo[recuerdo]! ♦よく楽しかった学生時代のことを思い出す Me acuerdo a menudo de mis días felices en la escuela. ♦彼女の生年月日をどうしても思い出せない No「me puedo acordar de[puedo recordar]la fecha de su nacimiento. / No me viene a la memoria[cabeza]la fecha de su nacimiento. ♦彼はだれかその場にいたかを思い出そうとした Intentó「hacer memoria de[recordar]quién estaba allí. ♦彼女は突然ドアに鍵(%)をかけていないことを思い出した De repente se acordó de que no había echado la llave a la puerta. ♦これらの写真を見るとスペインで過ごした日々を思い出す Estas fotos me recuerdan los días pasados en España. / Estas fotos me traen recuerdos de los días en España. ♦彼の手紙を読んで本を返さなくてはならないことを思い出した「Al leer su carta, me acordé de[Su carta me recordó]que tengo que devolverle el libro. ♦時には私のことを思い出してくれよ Acuérdate de mí de vez en cuando, ¿sí? ♦それを思い出す今でも胸が痛む Sigue siendo un recuerdo doloroso.

《その他の表現》 ♦彼は時々思い出したように仕事をした Hizo su trabajo a tropezones[empujones].

☞ 思い浮かべる, 思い起こす, 記憶する, 偲ぶ

おもいちがい 思い違い (誤解)f. equivocación. ♦何か思い違いがあるようです Parece que hay una equivocación. ♦私の思い違いでなければ, 確かに彼はそこに居合わせたと思う Si no me equivoco, yo diría que él estaba ahí. ♦いつでも私が力になってくれるとでも思っているのならとんだ思い違だぞ Si crees que voy a ayudarte siempre,「te equivocas[《口語》(皮肉で)puedes esperar sentado,《口語》(皮肉で)estás listo].

—— 思い違いをする v. equivocarse*, cometer una equivocación, confundirse; (誤ってAをBと考える)v. confundir A con B. ♦君はぼくの(言った)ことを思い違いをしている No me entiendes. / No entiendes lo que digo. ♦私は彼のことで思い違いをしていた Me equivoqué con él. → 誤解. ♦私はその青年を中国人と思い違いをした Confundí al joven con un chino.

おもいつき 思い付き f. idea, f. ocurrencia;(考え)m. pensamiento. → 考え. ▶いい思いつき f. buena idea, f. idea feliz. ▶思いつきで(=準備なしに)話す v. hablar「sin reflexionar[《口語》a tontas y a locas]. ♦それは単なる(=何気ない)思いつきだ Es una idea improvisada[que se me ha ocurrido ahora]. ☞ アイディア, 考え

おもいつく 思い付く (ある考えがふと浮かぶ) v. ocurrírse《a》; (考えつく)v. dar* en la idea de, venirse* a la cabeza. ♦すばらしい考えをふと思い付いた Se me ocurrió una idea brillante. / Me vino a la cabeza una idea estupenda. ♦どうしてそんなこと思い付かなかったのかしら(私ってばかね) ¿Por qué no se me ocurrió eso? ♦彼は思い付いたままをしゃべった Decía todo lo que se le iba ocurriendo. / Hablaba improvisando. ♦(ふと思いつくことを思いつくままに)Decía todo lo que le iba pasando por la cabeza.

おもいつめる 思い詰める (くよくよする)v. concentrarse, ensimismarse《en》; (心配する)v. obsesionarse《con》. ♦そう思い詰めるな No te obsesiones tanto. / (深刻に考えるな)No te lo tomes tan en serio. ♦彼は彼女の言った事を思い詰めてじっと座っていた Estaba sentado concentrado[absorto]en lo que ella había dicho. ♦彼女は死のうと思い詰めている(=自殺の考えに取りつかれている) Está obsesionada con la idea de suicidarse.

***おもいで 思い出** m. recuerdo; (追想)f. memoria; (回想)《教養語》f. reminiscencia. ▶思い出にふける v. estar* perdido en los recuerdos. ♦彼女は[子供時代の[[2]昔の]思い出話をしてくれた Nos contó[habló de][1]sus recuerdos de la infancia[[2]aquellos días pasados]. ♦私には学生時代の[1]楽しい[[2]苦い]思い出がたくさんある Tengo muchos recuerdos [1]felices[[2]amargos]de mi escuela. ♦この旅行はいい思い出になるでしょう Este viaje será un buen recuerdo. ♦彼女は青春時代の思い出として彼からのラブレターを取っておいた Guardaba las cartas de amor de él como un recuerdo de su juventud. ♦彼女は亡夫の思い出を胸に秘めている Guarda en su corazón「la memoria[el recuerdo]de su difunto marido.

おもいどおり 思い通り ▶思い通りにする v. hacer * las cosas a su gusto,《口語》salirse* con

えーと A ver ... ➡思い出す

la suya, 《口語》hacer* lo que a uno le da la gana. ▶思い通りに (=満足するように)事件を解決する v. hallar una solución satisfactoria; solucionar el asunto satisfactoriamente. ♦すべてが思い通り (=思うように)うまくいった Todo salió bien [como esperaba, 《口語》a pedir de boca]. ♦いつも思い通りにいくとは限らないよ No siempre puedes salirte con la tuya.

おもいとどまる 思いとどまる (…しないように説得される) v. ser* persuadido 《para no + 不定詞, para que no + 接続法》, disuadir 《de + 不定詞, para que no + 接続法》; (考えを変える) v. abandonar la idea, cambiar de idea; (あきらめる) v. renunciar 《a + 不定詞》. →止(º)める. ♦私たちは彼女に彼との結婚を思いとどまらせることはできなかった Intentamos 「persuadirla para que no se casara [disuadirla de casarse] con él, pero no lo conseguimos. ♦彼は留学を思いとどまった Abandonó la idea de [Renunció a] estudiar en el extranjero. ♦私は泣くところだったが思いとどまった (=自分を抑えた) Quise llorar, pero me contuve.

おもいなおす 思い直す (考えを変える) v. cambiar de idea; (再考してやめる) v. pensar* mejor, pensarlo* de nuevo; (考え直す) v. replantearse, 《教養語》reconsiderar. ♦辞職を思い直してくださいませんか ¿No podría reconsiderar su idea de dimitir? ♦彼はその男の顔を殴ってやりたかったが思い直してやめた Estuvo tentado de darle a ese hombre un puñetazo en la cara, pero 「cambió de idea [lo pensó mejor y se contuvo]. ♦思い直して彼は再度挑戦した Después de pensarlo de nuevo, 「volvió a intentarlo [lo intentó de nuevo].

おもいのこす 思い残す ♦好きなように生きてきた。思い残す (=後悔する)ことはない He vivido a mi manera y no lamento nada.

おもいのほか 思いの外 ♦私たちは思いの外 (=予想していたより)早く目的地に着いた Llegamos al destino antes de lo que esperábamos.

おもいもよらない 思いも寄らない ♦思いも寄らない (=予期しない)不幸 f. desgracia inesperada [imprevista]. →意外. ♦その申し出は私たちの思いも寄らないものだった (=予想外であった) La oferta superó nuestras expectativas. / (話がうますぎるように思えた) La oferta parecía demasiado buena para ser verdadera. ♦君がコーヒー嫌いとは思いも寄らなかった (=考えつかなかった) Jamás pensé que no te gustara el café. ♦釣りがこんなにおもしろいとは思いも寄らなかった Nunca imaginé lo divertido que era pescar.

おもいやられる 思いやられる ♦先のことが思いやられる No puedo evitar el preocuparme sobre el futuro.

おもいやり 思いやり f. consideración, f. delicadeza, m. miramiento; (同情) f. simpatía; (深い) f. compasión. →情け. ♦思いやりをもって人を遇する v. tratar 《a + 人》con consideración. ♦不幸な人たちに思いやりを持つ v. tener* [sentir*] compasión [simpatía] por la gente infeliz. ♦思いやりのある人 f. persona considerada [atenta, 《フォーマル》mirada]. ♦思いやりは礼儀正しさの基本的な要素である La consideración es un factor básico para la cortesía. ♦君はもっと他人の気持ちに思いやりを持つべきだ Debes ser más considerado hacia los sentimientos de los demás. / Hay que tener más delicadeza con los sentimientos del prójimo. ♦そんなことを言うなんて彼女には思いやりがない Es una falta de consideración suya decir algo así. / iQué poca consideración por parte de ella decir una cosa así! ⇨温情, 心遣い, 心尽くし, 察し

おもいわずらう 思い煩う v. preocuparse 《por》. →悩む.

おもう 思う ❶ 【思う, 考える】 v. pensar*; (熟慮する) v. 《教養語》considerar; (信じる) v. creer*; (判断する) v. juzgar*; (想像する) v. imaginar(se), figurar(se); (推測する) v. suponer(se)*; (感じる) v. sentir*; (予期する) v. esperar.

(1) 【考える】 v. pensar*;; (熟慮する) v. considerar. → 考える. ♦彼のことをよく [²悪く]思う v. tenerlo* en ¹buena [²mala] opinión. ♦この計画をどう思いますか ¿Qué piensa usted de este plan? / ¿Qué 「le parece [opina de] este plan? ♦彼のスペイン語はとても上手だと思います Creo que su español es muy bueno. ♦三郎と吉彦はどちらが年上だと思いますか ¿Quién 「crees que es mayor, Saburo o Yoshihiko? ♦雨にはならないと思います No creo que llueva. 《会話》彼は利口だと思いますか—はい, ¹そう思います [²いいえ, そうは思いません] ¿Crees que es inteligente? – ¹Sí, creo que sí. [²No, creo que no. / ²No, no lo creo.] ♦私は彼女を天才だと思う Creo [Pienso] que ella es un genio. / La tengo por un genio. / La considero un genio. ♦それをやってみる価値あると思うかい 《口語》¿Te parece que vale la pena intentarlo? / ¿Crees [Piensas] que vale la pena intentarlo?

(2) 【信じる】 v. creer*. → 信じる. ♦君の言うことは本当だと思う 「Considero cierto [《フォーマル》Tengo en cierto] lo que dices. ♦彼は正直だと思われている Se cree que es honrado. / 「Se le tiene por [Es considerado] honrado. ♦幽霊はいると思いますか ¿Crees en fantasmas? 《会話》彼は子供が何人いるの—確か 6 人だと思います ¿Cuántos hijos tiene? – Seis, creo.

(3) 【判断する】 v. calcular, 《口語》echar. → 判断する. ♦彼は 40 歳ぐらいだと思います 「Calculo lo que tiene [Le calculo, 《口語》Le echo] unos 40 años.

(4) 【想像する】 v. imaginar, creerse*, 《口語》figurarse. → 想像する. ♦彼は戻ってこないと思います No creo que vuelva. ♦私は君が来ているものと思っていました Imaginé que estarías aquí. 《会話》彼女はどの列車で来るの—10 時半のだと思います ¿En qué tren llega? – En el de las 10.30 (diez y media), me parece. ♦何事にも成功できるなどと思うな No te imagines que todo va a salirte bien. ♦彼女は自分を美人だと思っている (=うぬぼれている) Se cree [imagina]

198 おもうぞんぶん

que es guapa. ♦私の小説がその賞をもらうとは夢にも思わなかった Nunca「(me) imaginé [《口語》me figuré]」que mi novela「fuera a ganar [ganaría]」el premio.

(5)【推測する】 *v.* suponer*, creer*, 《口語》parecer*. → 推測する. ♦彼はその答えは正しいと思った Supuso que la respuesta era correcta. / Le pareció correcta la respuesta. 会話 今日タクシーの運転手に何て聞かれたと思う？—何て聞かれたの Adivina [《口語》No te puedes imaginar] lo que me ha preguntado hoy un taxista. – ¿Qué te ha preguntado?

(6)【感じる】 *v.* parecer*, sentir*, tener* la impresión 《de que》. →感じる. ♦彼は病気だと思います「Me parece [Siento, Tengo la impresión]」que está enfermo. ♦もう一度彼と話し合う必要があると思います Me parece que es necesario「volver a hablar [hablar otra vez]」con él. ♦まるで違う世界にいるように思った Sentí「como si estuviera [que estaba]」en un mundo distinto. ♦まるで. ♦彼女のことをどう思いますか ¿Qué「te parece [opinas de] ella? / ¿Qué Opinión te merece ella?

(7)【予期する】 *v.* esperar, 《教養語》anticipar, creer*, pensar*. → 予期する. ♦会場は思ったほど混雑していなかった El salón no estaba tan lleno como había「esperado [anticipado, creído]」. ♦給料はどのくらいもらえると思うの ¿Qué sueldo esperas que te den? ♦そんなに大勢の人がパーティーに来るなんて思っていなかった No「habíamos esperado [esperábamos]」que viniera tanta gente a la fiesta. ♦そこで彼に出くわすとは思ってもみなかった Nunca esperé encontrarme con él allí.

(8)【どうやら…だと思う】 *v.* temer(se) 《que》. ♦あなたのおっしゃっていることは間違いだと思いますが Me temo que está usted equivocado.

(9)【…かしらと思う】 *v.* preguntarse si… ♦彼は果たして時間どおりに来るのだろうかと思う Me pregunto si「vendrá a tiempo [será puntual]」. ♦彼は何を考えているのだろうか、と彼女は思った Se preguntó qué estaría él pensando.

❷【願望する】 *v.* querer* [《強調して》desear, 《口語》tener* ganas de, 《口語》apetecer*, esperar] 《+ 不定詞, que + 接続法》; me gustaría 《+ 不定詞, que + 接続法》; ojalá 《+ 接続法》. ♦私は将来医者になりたいと思う Quiero [Deseo] ser médico en el futuro. / En el futuro quiero ser médico. ♦近いうちにぜひ留学したいと思っています Estoy deseando de verdad ir a estudiar al extranjero pronto. ♦あなたにいっしょにいてもらいたいと思います Me gustaría que estuvieras conmigo. ♦今日はそれをしたいと思わない Hoy no「tengo ganas de [me apetece]」hacerlo. ♦そのうちお目にかかりたいと思います「Me gustaría [Espero]」verte pronto. ♦もう10年若かったらなあと思う Ojalá tuviera 10 años menos. ♦彼らの到着が遅れなければいいと思います Espero que no lleguen tarde. 会話 恵子について何か聞いている—彼女あす帰ってくると思うわ ¿Alguna noticia de Keiko? – Mañana estará en casa, espero. 会話 彼は元気になるでしょうか—¹そう思います [²そうは思いません] ¿Se pondrá bien? – ¹Espero que sí. [²Me temo que no.]

❸【意図する】 (…するつもりである) *v.* pensar* + 不定詞, ir* a + 不定詞, tener*「la intención [el plan]」de + 不定詞. ♦今年はスペインへ行こうと思っている Este año pienso ir a España. / Voy a ir a España este año. / (計画を立てて)Tengo el plan [proyecto] de ir a España este año. ♦この会社をやめようと思う Tengo la intención de dejar esta empresa.

❹【見なす】 (A を B と見なす) *v.* considerar A como B; (受け取る) *v.* pensar* que A es B. ♦彼はスペイン人だが私はラテンアメリカの人と思った Era español pero lo tomé por latinoamericano.

❺【気にする】 *v.* importar, preocupar; (心配する) *v.* inquietarse [preocuparse] 《por》; (何とも思わない) *v.* no dar* importancia 《a》. ♦騒音なんか別に何とも思わない No me importa el ruido. ♦彼はカンニングをするのを何とも思っていない No「da ninguna importancia a [se siente nada culpable de]」copiar en un examen.

❻【疑う】 (…でないと思う) *v.* dudar 《que + 接続法》; (…であると思う) *v.* sospechar. → 疑う. ♦彼がここに来るとは思わない Dudo que venga aquí. ♦彼はその秘密を知っているのではないかと思う Sospecho que sabe el secreto.

《その他の表現》 ♦君のやり方でいいと思う（＝に賛成する）Me parece bien tu manera de hacer las cosas. ♦それを思っただけでも身震いした Temblaba sólo de pensar en ello. ♦今思えば彼は何となく様子が変だった Ahora recuerdo que parecía algo raro. 会話 何てひどいコーヒーだこと！—私にはまあまあの味に思えるけど ¡Qué café tan horrible! – Pues a mí no me parece mal. ♦それは実際的な企画だと思うかい ¿Crees que se trata de un plan práctico [viable]? 会話 いいえ, 私が欲しいのはそれではありません—ほう, ではあなたが思っていたのはこれですか No, ése no es el que yo quiero. – Bueno, ¿es éste el que estabas pensando? 会話 察するに彼は 90 を越えてるよ—えっ, ほんとにあの人がそんなに年をとっているとは思わなかった Parece que tiene más de noventa. – ¿De veras? No tenía idea de que fuera tan mayor.

☞ 考える, 存じる

おもうぞんぶん 思う存分 *adv.* todo lo que se quiera, tanto como se quiera. ♦思う存分（＝好きな[欲しい]だけ）食べる *v.* comer「tanto como se quiera [hasta hartarse]」. ♦思う存分泣く *v.* llorar a más no poder*; (胸が張り裂けるほど泣く) *v.* 《口語》llorar hasta quedar seco.

おもうつぼ 思う壷 ♦敵軍は彼の思う壷にはまった（＝思いにかかった） El enemigo cayó justo en la trampa.

おもうに 思うに ♦思うに彼は善人だ Lo [Le] tengo por una buena persona. / (私の考えでは) En mi opinión es una buena persona. / Yo creo que se trata de una buena persona. 《会話》じゃあ、だれのせいだー ぼくが思うには山田だな Bien, ¿a quién hay que echar la culpa? – Creo que a Yamada.

おもおもしい 重々しい (深刻で厳粛な) adj. grave; (荘厳な) adj. solemne; (威厳のある) adj. majestuoso; (重苦しい) adj. imponente, opresivo. ◆重々しい雰囲気 m. ambiente imponente. ◆重々しい口調で adv. en un tono grave [solemne]. ◆重々しい態度をとる v. tomar [《教養語》asumir] un aire solemne [imponente] ☞ずしずし、ずっしり、どっしり

おもかげ 面影 (顔) f. cara, m. rostro; (生き写し) f. imagen, f. efigie; (跡) f. señal, 《教養語》m. vestigio. ◆亡き母の面影をしのぶ v. recordar* la cara de la madre fallecida. ◆彼女には母親の面影がある Es la (viva) imagen de su madre. ◆ (思い出にさせる)Me recuerda a su madre. ◆この町には昔の面影はない En esta ciudad no quedan señales de días pasados. / (非常に変わった)Esta ciudad ha cambiado totalmente.

おもき 重き ◆重きを置く v. poner* de relieve, "poner* énfasis [hacer* hincapié] 《en》", acentuar, subrayar. ◆うちの学校では語学に特に重きを置いている En nuestra escuela "se pone de relieve el [se da especial importancia al] estudio de la lengua. ◆うちの課ではいつも彼の意見が(大変)重きを成している Su opinión es tenida muy en cuenta en nuestra sección. ◆ (尊重されて影響力がある)Su opinión tiene peso [influencia] en nuestra sección.

おもく 重く →重い.

おもくるしい 重苦しい (空・気分が) adj. pesado; (陰気な) adj. triste, 《教養語》lúgubre, (重くのしかかる) adj. cargado, opresivo. ◆重苦しい空 m. cielo triste. ◆重苦しい雰囲気 m. ambiente cargado. ◆重苦しい(=悲しい)気分で adv. con el peso en el corazón. ◆胃が重苦しい v. sentir* [tener*] pesadez de estómago ☞いかめしい、重々しい

おもさ 重さ m. peso; f. pesadez; (重大性) f. gravedad. → 重量, 目方. ◆箱の重さは5キロです La caja pesa cinco kilos [kilogramos]. ◆その重さはどれくらいですか ¿Cuánto pesa? / ¿Qué peso tiene?

おもし 重し m. peso. ◆風で書類が飛ばないように重しを置いた Puse un peso sobre los papeles para que no se volaran.

**おもしろい 面白い adj. interesante, entretenido, ameno, 《教養語》recreativo, divertido, gracioso. ◆大変おもしろい劇 f. obra de teatro "muy interesante [de mucho interés, muy entretenida]. ◆おもしろい冗談 f. broma graciosa. ◆実におもしろい接戦 m. juego [m. reñido] verdaderamente entretenido. ◆おもしろくない(=退屈な)本 m. libro nada interesante. ◆英語がおもしろくなくなる(=興味を失う) v. perder* interés en el inglés. ◆その話は私にはとてもおもしろかった La historia me pareció muy interesante. / Me divertí mucho con esa historia. → 面白がる. ◆その本は読んでみると[¹おもしろかった [²おもしろくなかった] El libro me pareció ¹interesante [²aburrido]. 《会話》来週の土曜日バレエを見に行かないかい―まあ、おもしろそうね ¿Te gustaría ir al ballet el sábado que viene? – ¡Oh! Parece interesante. ◆その話を大変おもしろく読んだ Leí la historia con mucho [gran] interés. ◆あの男はとてもおもしろいやつだ Es un tipo muy divertido [gracioso]. / Se pasa muy bien con él. ◆鬼ごっこはとてもおもしろい Jugar al "corre que te pillo" es muy divertido. ◆パーティーはとてもおもしろかった La fiesta fue muy divertida. / Lo pasamos muy bien en la fiesta. → 楽しい. ◆あのレスリングの試合は実におもしろかった El combate de lucha libre me pareció verdaderamente interesante. ◆バルセロナはとてもおもしろいところだ Barcelona es un lugar verdaderamente interesante.

《その他の表現》◆あれはおもしろいですか(=心に訴えますか)¿Te interesa eso? 《会話》太郎はあいかわらずゴルフに夢中になってるよーあんなものどこがおもしろいのか分からないよ Taro sigue muy aficionado al golf. – No comprendo qué interés ve en ese deporte. ◆彼の態度がおもしろくない(=気にさわる)Me fastidia su actitud. 《会話》なんとかしていらしてください。あなたがいないとあまりおもしろいパーティーにならないからーそう言ってくれてありがとう。精々行くようにするよ Por favor, intenta venir. La fiesta no será interesante sin ti. – Gracias por decir eso. Haré todo lo posible por ir. ☞味、おかしい[な]

おもしろがる 面白がる v. divertirse* 《+現在分詞, con + 名詞》, entretenerse*, distraerse*, 《教養語》recrearse. ◆おもしろがって(=ふざけて)彼の弁当を隠す v. esconderle la caja de la comida para divertirse*. ◆生徒たちはその冗談を大変おもしろがった Los alumnos "se divirtieron [estaban muy divertidos] escuchando el chiste. ◆その子は漫画を読んでおもしろがった El niño se distraía leyendo el tebeo. ◆彼は手品をよして子供たちをおもしろがらせた Divirtió a los niños haciendo magia.

おもしろさ 面白さ f. diversión, m. entretenimiento, m. interés. → 面白味.

おもしろはんぶん 面白半分 ◆おもしろ半分にそう言った Lo dijo sólo "en broma [para divertirse]".

おもしろみ 面白味 (楽しみ)f. diversión, f. broma, f. gracia, (ユーモア)m. humor. ◆彼はおもしろ味のない人だ No tiene sentido del humor. ◆ (退屈な人だ)Es una persona aburrida.

おもたい 重たい → 重い.

おもだった 主立った adj. principal, destacado, dominante; importante. → 主な.

*おもちゃ m. juguete. ◆おもちゃ箱 f. caja de juguete. ◆おもちゃ屋(店) f. juguetería. ◆ (人) mf. juguetero/ra. ◆おもちゃのピアノ m. piano de juguete. ◆鉛筆をおもちゃにする v. juguetear con un lápiz. ◆その子はおもちゃで遊んでいた El niño jugaba con sus juguetes. ◆彼女は彼に「私はあなたのおもちゃじゃない」と言った "No soy ningún juguete tuyo", le dijo ella.

おもて 表 ❶【表面】f. cara,《文語》f. faz;（紙の）《教養語》m. anverso;（前面）f. delantera, m. frente, f. fachada;（正しい向き）m. lado bueno. ♦コインの表 f. cara de una moneda. ♦その建物の表 f. fachada del edificio. ♦トランプの表を出して置く v. poner* las cartas boca arriba. ♦封筒の表に住所と名前を書く v. escribir* el nombre y la dirección en《教養語》el anverso] de un sobre. ♦布地の表 m. lado bueno de una tela. ♦警官隊が建物の表と裏から突入した La policía irrumpió en el edificio por la fachada y por detrás. ♦その建物は表側が通りに面している La fachada del edificio da a la calle. ♦表か裏か? ¿Cara o cruz?
❷【うわべ】f. apariencia, m. exterior. ♦表をつくろう (=世間体をよくする) v. guardar las apariencias. ♦感情を表に出す v. mostrar*[《教養語》exteriorizar*] los sentimientos. ♦彼が欠席した表向きの理由は病気だった Puso「la excusa [el pretexto] de la enfermedad para no venir. / Se ausentó con el pretexto de la enfermedad. ♦彼は表向きは (=公的には)休暇中だが，実際は入院中だ Oficialmente está de vacaciones, pero en realidad está en el hospital.
❸【戸外】表で遊ぶ v. jugar* fuera [al aire libre];（通りで）v. jugar* en la calle. ♦表に出てはいけません。ひどく雨が降っているよ No salgas fuera. Está lloviendo mucho.
❹【野球で】7回表 adv. en la primera mitad de la séptima entrada.

おもてざた 表沙汰 ♦表沙汰にする（明らかにする）v. hacer* público, publicar*;（人々に知らせる）v. dar* a conocer* a la gente;（裁判に持ち込む）v. llevar a juicio, someter a la justicia.

おもてむき 表向き (公式の) adj. oficial;（公の）adj. público. ♦彼の名を表向きにしたくない No quiero que se haga público su nombre.♦表向きは結婚しているが，実際は別居している Oficialmente están casados, pero en realidad viven separados.

おもな 主な (最も重要な) adj. principal;（中心的な）adj. fundamental, capital;（主導的な）adj. destacado, dominante;（重要な）adj. importante. ♦主な産業 f. principal industria. ♦日本の主な新聞 los más destacados periódicos de Japón. ♦小麦はこの地域の主な作物です En esta comarca el cultivo principal es el trigo. ♦この計画の主な目的は何ですか ¿Qué objetivo principal tiene este plan? ♦このプロジェクトの主な部分はほぼ完成した La parte fundamental del proyecto ya está casi concluida. ♦カメラはその国の主な輸出品の一つだ Las cámaras constituyen uno de los artículos de exportación dominantes del país.

おもなが 面長 ♦面長の女 f. mujer「de rostro ovalado [《軽蔑的に》carilarga].

おもに 主に adv. principalmente;（たいてい）adv. mayormente;（大方は）adv. en gran parte;（典型的に）adv. típicamente. ♦その事故は主に君の不注意のために起こった Ese accidente ocurrió principalmente por un descuido tuyo. / Fue sobre todo debido a tu descuido (por lo) que tuvo lugar el accidente. ♦父は主に運動のためにテニスをする Mi padre juega al tenis mayormente por hacer ejercicio. ♦乗船客は主に日本人だった Los pasajeros a bordo eran principalmente japoneses. / Casi todos los pasajeros a bordo eran japoneses.

おもに 重荷 (負担) m. peso, f. carga pesada,《フォーマル》f. responsabilidad onerosa. → 荷, 荷物. ♦借金の重荷 m. peso de una deuda. ♦心の重荷をおろす v. quitarse un peso de encima. ♦任務を重荷に感じる v. sentirse* abrumado por tantas responsabilidades. ♦その店の経営が彼の (=彼には)重荷になってきた Llevar la tienda se está convirtiendo en una pesada carga para él.

おもねる 阿る v. adular, tratar de ganarse el favor 《de》. →お世辞, へつらう.

おもはゆい 面映ゆい v. sentirse* incómodo, tener* vergüenza. →きまり(が)悪い.

おもみ 重み (重量) m. peso;（威厳）f. dignidad;（重要性）f. trascendencia. ♦重みに耐える v. aguantar el peso 《de》. ♦雪の重みでつぶれる v. quedar aplastado bajo el peso de la nieve. ♦重みのある人 f. persona con dignidad. ♦非常に重みのある事実 m. hecho「muy trascendente [de gran trascendencia].

おもむき 趣 (魅力, 風情) m. encanto, f. gracia;（味わい）m. gusto, m. sabor;（雰囲気）m. ambiente, f. atmósfera;（(色などの)感じ）m. efecto, m. toque. ♦趣のある装飾 f. decoración con gusto. ♦趣がある v. tener* un encanto propio. ♦その古い町は大変趣があった La vieja ciudad「tenía un ambiente muy peculiar [rebosaba encanto]. ♦その小説は東洋的な趣がある La novela tiene un sabor [gusto] oriental. ♦淡い青色が絵に美しい趣を添えている El azul claro「produce un efecto bello en el [le da un toque muy bonito al] cuadro.

おもむく 赴く (行く) v. acudir [ir*, dirigirse*]《a》;（出発する）v. salir* 《a, hacia》;（訪問する）v. visitar. ♦彼の救助に赴く v. acudir a su rescate. ♦新しい任地に赴く v. salir* al nuevo puesto. ♦感情の赴くにまかせる v. dar* rienda suelta a los sentimientos.

おもむろに adv. despacio. ♦おもむろに腰を上げる v. levantarse lentamente. ♦彼はおもむろに話し始めた Se puso a hablar despacio y pausadamente.

おもや 母屋 m. edificio principal.

おもらし お漏らし ♦お漏らしをする v. orinarse [《親しい仲で》hacerse* pis,《俗語》mearse] en los pantalones. →小便.

おもり 重り (はかりの) m. contrapeso, m. pilón;（釣り糸の）m. plomo. ♦釣り糸に重りをつける v. poner* el plomo en el sedal.

おもり お守り ♦赤ん坊のお守り(をする人) f. niñera,『スペイン』《口語》mf. canguro. ♦赤ん坊のお守りをする (=世話をする) v. cuidar a un niño,

[スペイン]《口語》hacer* de niñera [canguro]. → 世話.

おもわく 思惑 (予期) f. expectativa, f. esperanza; (計算) m. cálculo; (投機) f. especulación. ▶思惑1買い [2売り] １ f. compra [2 f. venta] especulativa. ▶思惑1買い [2売り]をする v. 1comprar [2vender] especulativamente. ◆事業は思惑どおりには行かなかった El negocio no marchó tan bien como esperábamos. / Nuestras expectativas sobre el negocio no se cumplieron. ◆世間の思惑など気にするな No te preocupes de lo que los demás piensen de ti.

おもわしい 思わしい (満足のゆく) adj. satisfactorio; (よい) adj. bueno. ◆彼の学校の成績は思わしくない《フォーマル》Sus calificaciones académicas no son satisfactorias. / Sus notas no son buenas.

おもわず 思わず (心ならずも) adv. sin querer; (思わず知らず) adv. involuntariamente; (無意識に) adv. inconscientemente. ▶思わず目を閉じる v. cerrar* los ojos sin querer*. ◆彼は思わず叫び声をあげた Gritó involuntariamente [a su pesar, sin darse cuenta]. ☞心ならずも、つい

おもわせぶり ▶思わせ振りな (意味ありげな) adj. significativo; (挑発的な) adj. insinuante, sugerente. ▶思わせ振りに adv. de forma sugerente [insinuante], significativamente. ▶思わせ振りな態度をとる(主に動作で) v. hacer* un gesto significativo, insinuar* con un gesto, (発言で) v. decir* algo significativo.

おもわぬ 思わぬ adj. inesperado. ▶思わぬ客 mf. visitante inesperado/da. ▶思わぬ事故にあう v. tropezarse* con un accidente. → 思いがけない.

おもんじる 重んじる (尊敬する) v. respetar; (重要視する) v. tener* en mucho; (尊重する)《フォーマル》v. tener* en alta consideración [estima]. ▶健康を何よりも重んじる v. valorar la salud por encima de todo. ◆彼は学会で重んじられている Es muy respetado en los círculos eruditos.

おや (驚きなど) interj. ah, ay. → まあ. ◆おや、そこにいたのか、哲也 ¡Ah, estás ahí, Tetsuya! ◆おやおや ¡Ay, Dios mío! / ¡Caramba, caramba! ◆彼の風采(ふう)におやと思った (=驚いた) Su aparición me sorprendió. ◆エンジンをかけたとたんにおやと思った (=何か妙な感じがした) En el momento en que puse el motor en marcha, sentí algo raro.

*__おや__ 親 ❶【人の】(両親) mpl. padres; (父(親)) m. padre, (母(親)) f. madre. → 父, 母, 両親.

1《〜親》片親の家庭 f. familia「con sólo el padre o la madre [monoparental], (強調して) m. hogar roto. ▶1育て [2生み]の親 mpl. padres 1adoptivos [2biológicos].

2《親+名詞》親ばか (=甘い親) mpl. padres blandos [permisivos, tolerantes]. ▶親譲りの1財産 [2性格] １ f. propiedad heredada [2 m. carácter heredado]. ◆彼はとても親思いだ Es muy amable [《教養語》solícito] con sus padres.

3《親の》 親の子への愛 m. amor de los padres a los hijos. ▶親のない子 mf. niño/ña sin padres; (孤児) mf. huérfano/na; (片親の場合) mf. niño/ña sin madre [padre]. ▶親の許しを1請う [2得る] v. 1pedir* [2conseguir*] el permiso de los padres. ▶親の言うとおりにする (=従う) v. obedecer* a los padres; (従順である) v. ser* obediente a los padres. ▶親のすねをかじる v. depender [《口語》vivir,《俗語》seguir* chupando] de los padres. ◆子供をしつけるのは親の責任だ La responsabilidad de los padres es disciplinar a sus hijos.

4《親に》 親になる v. hacerse* padres. ◆彼は 1父 [2母]親にそっくりだ Se parece mucho a su 1padre [2madre]. → 生き写し.

5《親を》 親を敬う v. respetar a los padres. ▶親をみる(経済的に) v. mantener* a los padres; (世話する) v. cuidar a los padres. ▶親を親とも思わない v. desafiar* a los padres. ◆彼は幼いときに親をなくした Perdió a sus padres de [siendo] niño.

❷【動植物の】 ▶親犬 m. perro padre, f. perra madre.

❸【中心的なもの】 ▶親会社 f. empresa matriz.

❹【トランプの】 m. (jugador) mano. ◆ぼくが親だよ Soy mano.

おやかた 親方 m. maestro, m. capataz. ▶大工の親方 m. maestro carpintero. ◆親方日の丸(説明的に) El Estado「los cuida [protege a sus hijos].

おやこ 親子 mpl. padres e hijos. → 親, 子. ▶親子関係 f. relación padres-hijos. ▶親子心中 m. suicidio conjunto de padres e hijos. ▶親子の縁を切る v. desheredar a「un hijo [una hija]. ◆彼は親子ほど年の違う女性と再婚した「Volvió a casarse [Se casó en segundas nupcias] con una joven que por la edad podría ser su hija.

おやこうこう 親孝行 f. piedad filial. ◆親孝行しなさいよ Sé piadoso [cariñoso, atento] con tus padres. ◆彼はとても親孝行なので、親は彼を誇りに思っている Es un hijo tan bueno que sus padres están orgullosos de él.

おやじ 親父 m. padre,《口語》m. viejo.

おやしらず 親知らず (智恵歯) f. muela del juicio. ◆何日か前に親知らずが生え始めました Hace unos días me estaba saliendo la muela del juicio.

__おやすみ__ お休み interj. Buenas noches. ▶お休みのキスをする v. dar un beso de buenas noches. ◆お休みなさい ¡Buenas noches! / ¡Hasta mañana! / ¡Qué descanse(s)! ◆お父さんにお休みなさいを言いなさい Da las buenas noches a papá. ◆ゆうべはよくお休みになれましたか ¿Dormiste bien anoche? / ¿Has dormido bien? / ¿Has amanecido? [《ラ米》¿Amaneciste] bien?

おやつ f. merienda,《文語》f. refacción. ▶おやつにドーナツを食べる v. comer donuts de merienda. ◆太郎、おやつの時間ですよ ¡Taro! ¡La merienda!

おやばか 親馬鹿（むやみにかわいがる親）*m.* padre [*f.* madre] que adora a su hijo. ▶親馬鹿ぶりを発揮する *v.* "adorar al [《口語》estar* loco por el] hijo.

おやふこう 親不孝 *f.* ingratitud hacia los padres. ▶親不孝な息子 *m.* hijo ingrato, *m.* mal hijo.

おやぶん 親分（指導者）*m.* dirigente, *m.* líder;（上役）*m.* jefe;（暴力団の）*m.* cabecilla, *m.* patrón, *m.* cacique. ▶親分風を吹かす *v.* ser* autorita*rio*;（こき使う）*v.* mandonear. ♦彼には親分肌の（＝太っ腹な）ところがある Hay algo magnánimo en su personalidad. /（面倒見がいい）Cuida bien a los demás. /（頼りがいがある）Es digno de confianza.

おやま 女形 "oyama",《説明的に》*m.* personaje femenino del "kabuki" (interpretado por un hombre).

おやまあ *interj.* oh, ah. → おや.

おやもと 親元 ♦彼は親元（＝親）から借金してその家を建てた Sus padres le prestaron dinero para hacerse la casa. ♦親元（＝家）を離れて10年になる Han pasado diez años desde que「salí de casa [me independicé de mis padres].

おやゆび 親指（手の）*m.* pulgar (de la mano);（足の）「*m.* dedo gordo [*m.* pulgar] (del pie). ▶親指を立てる *v.* alzar* el pulgar. → 指.

およぎ 泳ぎ *f.* natación, *m.* baño. ▶ひと泳ぎする *v.* nadar, bañarse. ▶泳ぎ方を教える *v.* enseñar a nadar. ▶海へ泳ぎに行こう Vamos al mar a nadar. ♦彼は泳ぎが上手だ Nada bien. / Es un buen nadador.

**およぐ 泳ぐ（水泳する）*v.* nadar, practicar* la natación, bañarse,《口語》darse* un baño. ▶泳いで川を渡る *v.* cruzar* el río「a nado [nadando]. ♦プールよりは海で泳ぐ方がいい Me gusta más bañarme [nadar] en la playa que en la piscina. ♦彼は毎日川へ泳ぎに行く Todos los días va al río a nadar [bañarse]. ♦これらの魚は群れをなして泳ぐ Estos peces nadan en bancos. ♦監視員は泳いでいる人から目を離さなかった El socorrista vigilaba a los nadadores.

《その他の表現》♦彼は政界を巧みに泳ぎ渡った《口語》Ha sabido nadar y guardar la ropa en el mundo de la política. / Se ha desenvuelto bien en el mundo de la política.

*およそ 凡そ ❶【約】*adv.* aproximadamente, alrededor de,《口語》más o menos, unos [unas]《+数詞》. →約. ▶およそ20冊の本 *m.* aproximadamente [unos] 20 libros.

❷【だいたいのところ】（ほとんど）*adv.* casi, prácticamente;（一般に）*adv.* en general, generalmente;（一般的に言って）*adv.* en términos [líneas] generales, hablando en general. ♦仕事はおよそ終わった El trabajo está casi acabado. ♦およそ，男の子の方が女の子より活発だ En general, los chicos son más activos que las chicas.

❸【まったく】▶否定文 *adj.* ningún [ninguna]《+名詞》; *adv.* del todo;（完全に）*adv.* completamente, totalmente. → 全く. ♦そんなことをしてもおよそ意味がない No tiene ningún sentido hacerlo. / Es del todo absurdo hacerlo.

── およその ▶およその（＝概算の）距離 *f.* distancia aproximada. ▶およその（＝大ざっぱな）考えを述べる *v.* dar* más o menos una idea (de ello). ♦それについてのおよその（＝大ざっぱな）察しはついている Puedo hacer un cálculo aproximado「de eso [《フォーマル》al respecto].
☞ 辺り, かれこれ, 位, 見当, 近い, 程度

およばずながら 及ばずながら ♦及ばずながら力になりましょう Haré todo lo que pueda [《口語》esté en mi mano] para ayudarte. /《フォーマル》Te ayudaré en la medida de mis posibilidades.

およばない 及ばない → 及ぶ.

およばれ お呼ばれ ♦あしたの晩はスペイン語の先生のお宅にお呼ばれです Mañana por la noche me han invitado a cenar en casa de mi profesor de español.

および 及び ♦この映画は東京及び大阪で公開されている Esta película「está siendo estrenada [la ponen de estreno]「en Tokio y en Osaka [tanto en Tokio como en Osaka, en Tokio y también en Osaka]. → 並びに, 又, 両方, そして.

およびごし ♦及び腰の（＝自信がなく決断できない）*v.* estar* indeciso.

およぶ 及ぶ ❶【達する】*v.* alcanzar*《a》;（広範囲・長期間にわたって広がる）*v.* extenderse*《por, a》;（時間・距離・範囲などが伸びる）*v.* llegar*《a》; prolongarse*《a, hasta》;（範囲がわたる）*v.* cubrir*,（教養語）abarcar*;（含む）*v.* cubrir*;（続く）*v.* durar. → 亘(tr)る. ♦その国の勢力は世界中に及んでいる El poder del país「se extiende por [llega a] todo el mundo. ♦水害は隣村に及んだ Los daños por las inundaciones alcanzaron al pueblo de al lado. ♦彼の牧場は盆地全体に及ぶ Su granja se extiende por todo el valle. ♦話は広範囲に及んだ《教養語》La conversación cubrió [abarcó] una gran variedad de temas. ♦会議は深夜に及んだ La conferencia se prolongó hasta muy tarde por la noche. ♦実際の支出は毎週数千ドルに及んだ Los gastos reales totalizaron [llegaron a] varios miles de dólares a la semana.

❷【匹敵する】（力が及ぶ）*v.* estar* dentro de la capacidad, poder*,《口語》ser*《para + 不定詞》;（匹敵する）*v.* igualar;（等しい）*v.* estar* a la altura《de》. →匹敵する. ♦その仕事は私の力の及ぶところではない Ese trabajo no está dentro de mi capacidad. / No puedo hacer esa tarea. ♦彼の記録にはとうてい及ばない Es imposible que iguale su marca. / Me resulta imposible igualar su marca. ♦テニスでは君にはとても及ばない No「puedo igualarte [estoy a tu altura] en tenis. ♦その映画は原作(の本)に及ばない La película no está a la altura del libro. ♦力の及ぶ限り助力しましょう Haré todo lo que pueda [esté en mi mano] para ayudarte. / Te ayudaré en la medida de「mis posibilidades [《教養語》mi capacidad].

❸【及ばない】(...する必要がない) v. no hacer* falta (+不定詞, que + 接続法), no ser* necesario (+不定詞, que + 接続法). ◆急ぐには及ばない No tienes por qué「darse prisa [que te des prisa]. ◆全部書き直すには及びません (=わざわざ書き直す必要がない) No es necesario「que vuelva a escribirlo todo [escribirlo todo otra vez].

《その他の表現》◆彼のタイムは世界記録に2秒及ばなかった Su tiempo ha estado a dos segundos de la marca mundial. / Por dos segundos no ha igualado el récord mundial. ☞至る, 達する

およぼす 及ぼす ◆私たちに(大きな)影響を及ぼす v. tener* [《教養語》ejercer*] una gran influencia en [sobre] nosotros. ◆作物に害を及ぼす v. dañar las cosechas.

オランウータン m. orangután.

オランダ Holanda, los Países Bajos; (公式名) Reino de los Países Bajos (☆ヨーロッパの国, 首都アムステルダム Amsterdam). ◆オランダ(人[語])の adj. holandés. ◆オランダ語 m. holandés. ◆オランダ人 mf. holandés/desa.

おり 折 ❶【機会】f. oportunidad, (場合) f. ocasión. ◆折よく adv. afortunadamente, por fortuna. ◆こちらへおいでの折はぜひお立ち寄りください Por favor, pasa a visitarnos cuando estés por aquí. / Si tienes ocasión de pasar por aquí, ven a visitarnos, por favor. ◆彼に折をみて (=都合のいいときに)話そう Hablaré con él「en un momento oportuno para él [cuando él tenga una ocasión favorable]. ◆彼には折にふれて (=時々)飲み過ぎないよう注意してきた En más de una ocasión le he advertido que no se exceda con la bebida.
❷【折り箱】f. cajita de madera [cartón]. ◆折り詰め弁当 f. caja para la comida.

おり 織り m. tejido. ◆「あや [²平]織り m. tejido de ¹sarga [²tafetán]. ◆手織りのじゅうたん f. alfombra tejida a mano.

おり 檻 (獣の) f. jaula; (ウサギの) f. conejera; (家畜を入れる囲い) m. redil; (馬・牛用) m. corral; (監房) f. celda; (独房) f. celda de aislamiento. ◆動物をおりに入れる v. meter un animal en una jaula, enjaular un animal.

おりあい 折り合い (合意) m. acuerdo, (口語) m. arreglo, (非公式の) m. entendimiento; (妥協) m. compromiso. ◆折り合いをつける v.「ponerse* de [llegar* a] un acuerdo, (口語) arreglarse, (妥協する) v. 《フォーマル》llegar* a un compromiso [entendimiento]《con + 人》《en [sobre] + 事》, 《口語》entenderse*, 《教養語》avenirse*. ◆彼女はしゅうとめとの折り合いが悪いようだ Parece que no se entiende con su suegra. ◆彼は職場の同僚と折り合いが悪い No se entiende con sus compañeros de oficina.

おりあう 折り合う (仲よくやっていく) v.「llevarse bien [《口語》entenderse*]《con》, (意見が一致する) v. ponerse de acuerdo《con》,《口語》arreglarse《con + 人, en [sobre] + 事》; (妥協する) v. llegar* a un compromiso, comprometerse《con》. ◆これらの条件で彼と折り合う v. llegar* a un compromiso con él en estas condiciones. ◆私は彼と値段が折り合った Estuve de acuerdo con él en el precio. / 《口語》Me arreglé con él en el precio. ◆彼は彼女とはうまく折り合わないだろう Me temo que no va a llevarse bien con ella.

おりあしく 折悪しく (あいにく) adv. por desgracia, desgraciadamente, desafortunadamente. ☞あいにく

おりいって 折り入って ◆折り入ってお願いしたいことがあります「Me gustaría [Quisiera] pedirle un favor especial.

オリーブ (実) f. aceituna, f. oliva; (木) m. olivo. ◆オリーブ色 m. verde oliva. ◆オリーブ畑 m. olivar. ◆オリーブ油 m. aceite de oliva.

オリエンタル adj. oriental. ◆オリエンタル芸術 m. arte oriental.

オリエンテーション f. información, f. orientación. ◆新入生のためのオリエンテーション f. información a los nuevos estudiantes. ◆オリエンテーションをする v. dar*《a + 人》información.

オリエント m. Oriente. ◆オリエント学者 mf. orientalista.

おりおり 折々 ❶【その時々】◆ここでは四季折々の料理が楽しめる Aquí se pueden disfrutar platos de las cuatro estaciones del año.
❷【時々】adv. de vez en cuando. → 時々.

オリオン ◆オリオン座 Orión. ◆オリオン座の三つ星 El Cinturón de Orión.

おりかえし 折り返し (上着のえりの) f. solapa; (ズボンのすその) f. vuelta; (封筒の) f. solapa; (詩歌の) m. estribillo; (水泳の) f. vuelta. ◆(マラソンの折り返し地点で adv. al punto medio. ◆折り返し返事をする v. contestar a vuelta de correo. ◆折り返し電話をします Te llamaré de vuelta. / Te devolveré la llamada.

[地域差] 折り返し(ズボンの)
| [スペイン] m. bajo, m. dobladillo, f. vuelta
| [ラテンアメリカ] m. ruedo
| [キューバ] m. bajo, m. dobladillo
| [メキシコ] m. dobladillo, f. valenciana
| [ペルー] f. basta, f. bota, m. botapié, f. dobladillo, m. doblez
| [コロンビア] f. bota, m. dobladillo, m. doblez
| [アルゼンチン] f. bota, f. botamanga, m. dobladillo

おりかえす 折り返す (紙などを) v. doblar, arremangarse*; (ズボンのすそなどを) v. arremangarse* (los pantalones); (引き返す) v. volver(se)*, desandar* el camino; (向きを変える) v. cambiar la dirección《de》. ◆ページの隅を折り返す v. doblar la esquina de una página. ◆えりを折り返す v. volver* el cuello de una prenda de vestir. ◆彼は駅に急いで行ったが突然折り返して家に帰った Iba con prisas a la estación, pero de repente se volvió.

おりかさなる 折り重なる ◆彼らは床に折り重なるように倒れていた Los encontraron amontonados [unos sobre otros] en el suelo.

おりがみ 折り紙 "origami"; (技)《説明的に》la artesanía japonesa de doblar papeles de colores; (紙) *mpl.* papeles de colores para doblar. → 千代紙. ◆折り紙を教えてちょうだい Por favor, enséñame cómo hacer "origami". ◆彼女は折り紙で鶴を折った Dobló un papel de colores hasta conseguir la forma de una grulla.

《その他の表現》◆そのホテルはこのあたりでは最高だとの折り紙つきです (=みんなに知られている) Ese hotel tiene la fama de ser el mejor de esta zona. / (認められている)Ese hotel es reconocido como el mejor de esta zona.

おりから 折から (ちょうどその時) *adv.* en ese momento [instante]. ◆折からの雨でずぶぬれになった Como se puso a llover en ese momento, me calé hasta los huesos. ◆気候不順の折らご自愛ください Cuídese de este tiempo tan inestable.

おりこみ 折り込み (新聞に入った広告) *m.* encarte; (雑誌のページ) *f.* página desplegable.

おりこむ 折り込む ◆新聞にビラを折り込む (=挿入する) *v.* insertar avisos [anuncios] en el periódico. ◆ブラウスのすそを折り込む (=中へ押し込む) *v.* meterse la blusa por dentro.

おりこむ 織り込む ◆その報告書に自分自身の考えを織り込む (=入れる) *v.* meter tus ideas propias en el informe. ◆君の提案を計画に織り込む (=組み入れる) *v.* incorporar tus sugerencias al proyecto.

オリジナリティー *f.* originalidad. ◆彼の芸術にはオリジナリティーが表わされている Muestra originalidad en su arte.

オリジナル (原物, 原作, 原文) *m.* original; (音楽の原曲) *f.* obra original; (演劇などの創作脚本) *m.* escenario original.

おりたたみ 折り畳み ◆折り畳み式の1いす [2自転車] *1 f.* silla [*2 f.* bicicleta] plegable. ◆折り畳み傘 *m.* paraguas plegable.

おりたたむ 折り畳む *v.* plegar*, doblar. → 畳む. ◆このベッドは折り畳める Esta cama se pliega [dobla]. / (折り畳み式ベッドだ)Esta cama es plegable.

オリノコがわ オリノコ川 el Río Orinoco (☆ベネズエラを流れる川).

おりまげる 折り曲げる (まっすぐな・平らな物を) *v.* doblar; (布などを折りたたむ) *v.* plegar*; (紙などを折り返す) *v.* doblar; (かがむ) *v.* inclinar(se), agacharse, encorvar(se), torcer(se)*. ◆1腕 [2針金]を折り曲げる *v.* doblar ¹el brazo [²un alambre]. ◆紙を1二つに [2四つに]折り曲げる *v.* doblar el papel ¹por la mitad [²en cuartos]. ◆ページの隅を折り曲げないでください Por favor, no dobles las esquinas de las páginas. ◆彼は体を折り曲げるようにしてそれを拾った Se inclinó y lo recogió.

おりめ 折り目 *m.* pliegue, *f.* raya, *m.* doblez. ◆きちんと折り目のついたズボン *mpl.* pantalones「con la raya bien hecha [bien planchados]. ◆折り目に沿って封筒を切り開く *v.* cortar el sobre por el doblez. ◆ズボンに折り目をつける *v.* hacer* la raya a los pantalones. ◆折り目正しい紳士 *m.* caballero「muy cumplido [con muy buenos modales, muy cortés].

おりもの 織物 *m.* tejido, *f.* tela. ◆絹織物 *mpl.* tejidos de seda. ◆織物工場 *f.* fábrica textil. ◆織物業 *f.* industria textil.

おりもの 下り物 *m.* flujo vaginal, 《専門語》*f.* leucorrea.

＊＊おりる 下[降]りる ❶【高い所から下りる】 *v.* bajar(se) (de), descender* 《de》; (伝って下りる) *v.* bajar 《de》. ◆山を下りる *v.* descender* de la montaña. ◆階段を下りる *v.* bajar las escaleras. ◆はしごを下りる *v.* bajar por la escalera. ◆演壇を下りる *v.* bajar del estrado. ◆木から下りなさい Baja [Bájate] del árbol. ◆幕が下りた Ha bajado el telón. ◆ブラインドが下りているから彼は寝ているのだろう Las persianas están cerradas [bajadas]. Debe (de) estar dormido.

❷【乗り物から降りる】 (バス・列車などから) *v.* bajar(se) [descender*, 《フォーマル》apearse] 《de》. ◆¹飛行機 [²列車]から降りる *v.* bajar de un ¹avión [²tren]. ◆人のいないプラットホームに降りる *v.* bajar del tren al andén vacío. ◆¹車 [²エレベーター]から降りる *v.* bajar(se) de un ¹coche [²ascensor]. ◆馬を降りる *v.* desmontar del caballo. ◆彼は次の駅で降りた Se bajó en la siguiente estación. 《会話》三千院へ行くにはどこで降りればよろしいですか—終点です Por favor, ¿dónde me bajo para ir al Templo Sanzenin? – En la última parada. ◆彼は自転車から飛び降りた Bajó de la bici de un salto.

❸【着陸する】*v.* aterrizar*. ◆ヘリコプターがここに降りた El helicóptero aterrizó aquí.

❹【ゲームなど】◆ゲームを降りる *v.* abandonar [retirarse de] una partida.

❺【辞職する】*v.* dimitir, retirarse. ◆市長は収賄汚職のため降りざるを得なかった El alcalde fue obligado a dimitir por un escándalo de corrupción. ◆首相は在職7年を終えて今その座を降りる腹を固めた Finalmente el primer ministro decidió retirarse [《口語》irse] después de siete años en el cargo.

《その他の表現》◆年金が下りる *v.* recibir una pensión. ◆あの丘を降りたところに *adv.* en el pie de la colina. ◆先生からその部屋を使ってもいいという許可が下りた El profesor nos dio permiso para utilizar la sala. ◆そういう条件でぼくは降りる (=加わらない)よ En tales condiciones, yo no sigo adelante.

オリンピック Los Juegos Olímpicos, La Olimpiada. ◆冬季オリンピック Los Juegos Olímpicos de Invierno. ◆プレオリンピック Los Preolímpicos. ◆国際オリンピック委員会 *m.* Comité Olímpico Internacional, el COI. ◆オリンピック競技場 *m.* estadio olímpico. ◆オリンピック記録聖火 *f.* antorcha olímpica. ◆オリンピック記録を出す *v.* establecer*「una marca olímpica [un récord olímpico]. ◆オリンピックに出場する *v.* participar en la Olimpiada. ◆

オリンピックで金メダルを獲得する v. ganar una medalla de oro en los Juegos Olímpicos. ♦ オリンピックは4年ごとに開かれる Los Juegos Olímpicos se celebran cada cuatro años.

おる 折る ❶【強く曲げて切りはなす】v. romper(se)*, quebrar(se)*, 《教養語》fracturar(se). ▶枝を折る v. romper* una rama. ♦枝を折るな No rompas las ramas. ♦彼はサッカーの練習中に右腕を折った（＝自分の不注意で）Se rompió [《教養語》fracturó] el brazo derecho jugando al fútbol. / (不可抗力で)Se le rompió el brazo derecho cuando jugaba al fútbol.
❷【曲げて重ねる】v. doblar, plegar*;（曲げる）v. doblar,《口語》volver*. ▶紙を二つに折る v. doblar el papel「por la mitad [en dos]. ▶鶴(ǯ)を折る v. hacer* una grulla doblando un papel. ▶ひざを折る(床にひざをつく) v. ponerse* de rodillas, arrodillarse;（座ったり、または寝て）v. doblar las rodillas. ▶指を折って数える v. contar* con los dedos. ♦その紙ナプキンは折ってあった Las servilletas de papel estaban dobladas.
❸【中断する】v. interrumpir;（終える）v. acabar. ▶筆を折る v. acabar la carrera literaria. ▶話の腰を折る v. interrumpir《a ＋ 人》mientras habla.

おる 織る v. tejer. ▶織機で布を織る v. tejer una tela en un telar. ▶亜麻糸を織って敷物を作る v. tejer una alfombra de (hilo de) lino.

オルガズム m. orgasmo. ▶オルガズムに達する v. alcanzar* el orgasmo, tener* un orgasmo.

オルガン m. órgano;（足踏み式）m. órgano de pedal. ▶オルガン奏者 mf. organista. → ピアノ.

オルゴール f. caja de música.

オルチャタ f. horchata (☆カヤツリグサの根などからつくる飲物).

オルテガ・イ・ガセー（ホセ～）José Ortega y Gasset (☆1883-1955, スペインの哲学者・文芸評論家).

*__おれい お礼__ m. agradecimiento,《教養語》f. gratitud. → 礼.

__おれる 折れる__ ❶【曲がって離れる】v. romperse, quebrarse*,《教養語》fracturarse. ♦鉛筆が折れちゃった Se me ha roto el lápiz. / Mi lápiz está roto. ♦彼は右腕が折れた Se le ha roto [fracturado] el brazo derecho. → 折る.
❷【曲がる】v. doblar. ♦その角(ȟ)を右に折れて左側の3軒目です Doble a la derecha en la esquina y encontrará la tercera casa de la izquierda.
❸【妥協する】v. ceder,《教養語》transigir*. ♦われわれの熱心な説得でようやう彼も折れた Por fin, cedió a nuestra capacidad de persuasión.

オレンジ（実）f. naranja;（木）m. naranjo;（畑）m. naranjal;（色）m. (color) naranja, m. anaranjado. ▶オレンジジュース m. zumo [ラ米] m. jugo] de naranja.

おろおろ（どうしていいか分からなくて）adv. confusamente, sin saber qué hacer;（不安で）adv. con miedo, azoradamente;（小心で）adv. tímidamente. ♦人々は空襲をうけておろお

おろす 205

ろ逃げ回った La gente corría confusamente de un sitio para otro ante el ataque aéreo. ♦彼はおろおろとへたな弁解をした Presentó confusamente una torpe excusa.

おろか（…は言うまでもなく）adv. para no mencionar,《口語》por no decir. ♦彼女はスペイン語はおろか英語も話せない No puede hablar (ni siquiera el) inglés, por no decir el español.

おろか 愚かな adj. tonto, estúpido,《口語》bobo,《フォーマル》necio. ♦彼は愚かにもまたそこへ行った Ha sido un tonto por ir otra vez allí. / ¡Qué tonto [estúpido] (por su parte) volver allí! / Ha cometido la tontería [estupidez] de volver allí. / Se comportó como un tonto por volver allí. □ 浅はかな, つまらない, とろい

おろし 卸（卸し売り）f. venta al「por mayor [[ラ米] mayoreo]. ▶卸業 m. negocio「al por mayor [[ラ米] de mayoreo]. ▶卸業者 mf. mayorista, mf. comerciante al por mayor. ▶卸値 m. precio al por mayor. ▶卸で¹売る[²買う] v. ¹vender [²comprar] al「por mayor [mayoreo].

__おろす 下[降]ろす__ ❶【上から下へ移す】v. bajar;（下に置く）v. poner en el suelo;（落とす）v. dejar caer*;（高さ・位置を低くする）v. descender*;（引き下ろす）v. derribar;（積み荷を）v. descargar*. ▶幕を下ろす v. bajar el telón. ▶バケツを井戸へ下ろす v. bajar [echar] un cubo al pozo. ▶車の窓ガラスを下ろす v. bajar la ventanilla de un automóvil. ▶トラックから商品を下ろす v. descargar* los productos de un camión. ▶火から下ろす v. retirar [quitar] una olla del fuego. ♦その箱を本棚から下ろしてください Haz [Haga] el favor de bajar la caja de la estantería. ♦彼は荷物を降ろして木陰で休んだ「Se quitó la carga [Puso la carga en el suelo] y descansó a la sombra de un árbol. ♦彼女はブラインドを引き下ろした Bajó [[スペイン]《口語》Echó] las persianas. 会話 スーツケースをここに降ろすよーそっとね Bajaré [Voy a soltar] aquí las maletas. - Despacio, por favor.
❷【乗り物から人を】v. bajar,《口語》soltar*. ▶バスから乗客を降ろす v. bajar [《口語》soltar*] los pasajeros de un autobús. ▶おばあさんに手を貸してバスから降ろしてあげる v. ayudar a bajar [《フォーマル》descender*] del autobús a la anciana. ♦次の角のところで降ろしてください Por favor, bájeme [《口語》déjeme] en la siguiente esquina.
❸【新品を使う】▶バスタオルを下ろす v. estrenar una toalla de baño. ▶靴を下ろす (＝はく) v. estrenar calzado. 会話 このいすカバー新しいの?－ええ、おろしたてよ ¿Son nuevas estas fundas de las sillas? - Sí, las hemos estrenado.
❹【預金を】v. retirar,《口語》sacar*,《フォーマル》hacer* un reintegro. ▶銀行から¹預金[²25万円]を下ろす v. sacar* del banco ¹dinero depositado [²250.000 yenes].

【その他の表現】▶大根を下ろす (＝おろし金ですりつ

206 おろす

おろす) v. rallar un nabo. ▶木の枝を下ろす (=切り取る) v. cortar las ramas de un árbol; (木を刈り込む) v. podar un árbol. ▶子を下ろす (=中絶する) v. provocar* un aborto, abortar. ▶ボートを下ろす (=下ろして水に浮かべる) v. echar [lanzar*] un bote al agua. ▶表札を下ろす (=取り外す) v. retirar [quitar] «una placa [un rótulo]». ▶役職から降ろされる (=職を解かれる) v. ser* cesado de un cargo. ▶彼を首相の座から降ろす v. cesarlo[le] del cargo de primer ministro. ♦その木はしっかり根を下ろした El árbol ha enraizado bien. ♦やっと重荷を下ろした Por fin me he quitado un peso de encima.

おろす 卸す (卸売りする) v. vender al por mayor. → 卸(ｵﾛｼ).

オロスコ (ホセ・クレメンテ〜) José Clemente Orozco (☆1883-1949, メキシコの画家).

おろそか ▶おろそかな (怠慢な) adj. descuidado, 《教養語》negligente. ▶おろそかにする (怠る) v. descuidar, desatender*, 《教養語》ser* negligente; (軽んじる) v. no hacer* caso «de». ▶勉強をおろそかにする v. descuidar los estudios.

おわび お詫び f. disculpa, f. excusa, 《文語》f. apología. → 詫(ｳ)び.

おわらい お笑い (ユーモラスな話) f. historia graciosa; (冗談) m. chiste. ♦とんだお笑い草だ ¡Qué [Tiene] gracia! / ¡Qué divertido!

***おわり** 終わり (物事の最後) m. fin, m. final; (会などの) m. cierre, 《教養語》f. finalización; (結末) f. conclusión; (物語などの) m. fin.

1《〜の終わり》▶話の終わり m. fin [m. final] de una historia. ▶今世紀の終わり v. al final de este siglo. ▶その会の終わりに adv. en el cierre de la reunión. ▶演説の終わりに adv. «al término [en la conclusión] del discurso».

2《終わりが》♦何事にも必ず終わりがある Todo «se termina [tiene un final]». ♦主婦の仕事には終わりがない El trabajo de una ama de casa no «tiene fin [se acaba nunca]».

3《終わりの》; (一番最後の) adj. último; (決定的な) adj. final, 《文語》postrero, 《締めくくりの》adj. final. ▶プログラムの終わりの種目 m. número final del programa. ▶(式などでの)終わりの言葉 fpl. observaciones finales.

4《終わりに》▶(演説などで)終わりに臨んで adv. al final, por último. → 最後. ▶終わりに[が]近づく v. llegar* al final. ♦今日はこれで終わりにしよう(仕事などを) Con esto hemos terminado [《ﾌｫｰﾏﾙ》concluido]. / «Se ha acabado [Eso es todo]» por hoy. ♦最後にブランデーを1杯飲んで終わりにした (=切り上げた) Al final terminamos con una copa de coñac.

5《終わりを》▶そのスキャンダルで彼の長い政治生活は終わりを告げた (=終止符を打った) El escándalo «puso fin [《ﾌｫｰﾏﾙ》supuso el final]» a su larga carrera política.

6《終わりだ》▶パンにレタスにリンゴと卵—分かった. それで終わりだねーだと思うよ Pan, lechuga, manzanas y huevos. − Muy bien. ¿Es eso todo? − Creo que sí. ♦彼も一巻の終わりだ (=だめだ) Ha sido su fin. / Se acabó. / Ya no tiene nada que hacer.

7《終わりまで》adv. hasta el final. → 最後. ♦その小説を終わりまで読んだ He leído la novela hasta el final. ♦彼は夕食の始めから終わりまで (=食事の間中) それにしゃべっていた Hablaba de principio a fin de la cena.

☞ 大詰め, 区切り, 決着, 結末, 仕舞い, 締めくくり, 末

****おわる** 終わる **❶**【終了する】v. acabar «de + 不定詞», 《教養語》finalizar*, 《強調して》poner* fin; (仕事などが) v. terminar «de + 不定詞», 《教養語》concluir* «de»; (会などが) v. cerrar*. ♦学校が終わると太郎はバスで家に帰ります Cuando acaba la escuela, Taro vuelve a casa en autobús. ♦会議は午後4時に終わった «La reunión terminó [《ﾌｫｰﾏﾙ》La sesión se levantó]» a las cuatro de la tarde. 会話 その芝居は何時に終わるの—10時15分だよ ¿A qué hora acaba la función? − A las 10.15 (diez y cuarto). ♦仕事がまだ終わっていない Todavía no hemos acabado [completado] el trabajo. / El trabajo aún no está completo. ♦今朝その本を読み終わった Esta mañana he terminado de leer el libro. ♦宿題は終わったかい ¿Has acabado [terminado] tus deberes [tareas]? ♦夏も終わろうとしていた El verano «estaba casi llegando a su fin [ya casi acababa]». ♦式典は彼の演説で終わった Su discurso clausuró la ceremonia. / La ceremonia fue clausurada con su discurso. ♦これで今日の放送は終わります Esto pone fin al programa de hoy. / Con esto finalizamos el programa de hoy. ♦映画が終わったときはみんな泣いていた Al acabar la película todo el mundo estaba llorando.

❷【結果...になる】v. resultar [acabar] «en». ♦その税制改革案は失敗に終わった El plan de reforma fiscal terminó en fracaso. ☞ 明ける, 上[揚, 挙]がる, 治まる, 完結, 極[窮]まる, 済む, 剥れる, 過ぎる, 尽きる

おん 恩 (恩義) f. obligación, f. deuda de gratitud; (親切) f. amabilidad, 《教養語》f. benevolencia. ▶恩に着せる v. esperar algo a cambio. ▶恩を仇(ｱﾀ)で返す v. devolver* mal por bien, pagar*(ｶ) el bien con el mal; ser* ingrato. ♦ご援助恩に着ます Le estoy muy agradecido [《ﾌｫｰﾏﾙ》reconocido] por su ayuda. / Tengo una deuda de gratitud con usted. ♦私の頼みを断わるとは彼は恩を知らないやつ (=恩知らず) だ Ha sido ingrato por rechazar mi petición. 会話 彼が戻りしだいそのことを話してみようーどうも, 恩に着るよ (=感謝するよ) Hablaré con él tan pronto como vuelva. − Muy agradecido [《ﾌｫｰﾏﾙ》reconocido]. / Muchísimas gracias.

おん 音 m. sonido. → 音(ｵﾄ).

オンエア adv. en «el aire [antena]». ♦その番組は現在オンエア中です El programa está ahora en «el aire [antena]».

おんかい 音階 f. escala musical. ▶音階の練習をする v. practicar* la escala.

おんがえし 恩返し ♦彼に恩返しをする v. devolverle* [pagarle*] el favor, 《フォーマル》corresponder a su amabilidad. → 報いる. ♦ いったいどうご恩返しすればよいのか分かりません No sé cómo corresponder a su amabilidad. ♦ 彼女は彼への恩返しにと子供の世話をしている Se siente moralmente en deuda con él y le cuida sus hijos. / Corresponde a la amabilidad de él cuidándole sus hijos.

*おんがく 音楽 f. música.

1《～音楽》▶映画音楽 f. música de cine. ▶クラシック音楽 f. música clásica. ▶ラテン音楽 f. música latinoamericana. ▶バロック音楽 f. música barroca.

2《音楽＋名詞》▶音楽学校 m. conservatorio, f. escuela [f. academia] de música. ▶音楽評論家 mf. crítico/ca de música. ▶音楽映画 f. película musical. ▶音楽一家 f. familia de músicos [aficionados a la música]. → 音楽家, 音楽会.

3《音楽が》♦ 私はピアノ音楽が大好きです 「Me gusta mucho [Estoy muy interesado en, Tengo mucha afición a] la música de piano. ♦ 彼は音楽が分からない No entiende [sabe] de música. / (音楽を聞き分ける力がない)No tiene oído musical [para la música].

4《音楽の》♦ 彼女は音楽の先生です Es profesora de música. / Enseña música. ♦ 彼は音楽の才能がある Tiene talento musical [para la música].

5《音楽に[を]》▶音楽を聴く v. escuchar [disfrutar, gozar* de] la música. ▶音楽を演奏する v. tocar* [《フォーマル》interpretar] una pieza musical. ▶彼らは音楽に合わせて踊った Bailaron al son de la música. ♦ 仕事中は音楽をかけているのが好きです Me gusta tener la música puesta cuando trabajo. / Me gusta trabajar con música.

おんがくか 音楽家 mf. músico/ca.

おんがくかい 音楽会 ▶音楽会を開く v. dar* un concierto; (主に独奏会) v. dar* un recital.

おんぎ 恩義 f. obligación. ♦ 彼女に親切にしてもらった恩義を感じる v. sentir* obligación por su amabilidad, sentirse* obligado a corresponder. ▶彼に恩義を施す v. ponerlo[le]* en una obligación. → 負い目, 恩, 義理

おんきせがましい 恩着せがましい ♦ 彼は恩着せがましい態度でお金を貸してくれた Me prestó dinero, pero su actitud mostraba que esperaría algo a cambio. / Me prestó dinero de forma interesada.

おんきゅう 恩給 f. pensión, m. retiro. → 年金. ▶軍人恩給 f. pensión militar.

おんきょう 音響 (音) m. sonido; (騒音) m. ruido. → 音(ﾎﾞ). ▶大音響とともに爆発する v. explotar con un gran ruido. ▶音響効果(放送・劇などの) mpl. efectos sonoros; (講堂などの) f. acústica. ♦ このホールの音響効果はすばらしい La acústica de esta sala es excelente. / Esta sala tiene una acústica muy buena.

おんけい 恩恵 m. favor, m. beneficio. ♦ 私たちは自然から多くの恩恵を受けている Recibimos muchos [una infinidad de] favores de la naturaleza. / La naturaleza nos colma de beneficios. ☞ 光栄, 得

おんけん 穏健 ♦ 穏健な adj. moderado, 《教養語》mesurado. ♦ 彼は(思想的に)穏健な人だ Tiene ideas moderadas. ☞ 穏当, 中道

おんこう 温厚な (優しい) adj. afable, gentil; (穏やかな) adj. apacible, suave. ♦ 温厚な人柄 f. personalidad afable. ▶温厚な老紳士 m. apacible y anciano caballero.

オンザロック ▶ウイスキーのオンザロック m. whisky con hielo. ▶スコッチをオンザロックで飲む v. beber un escocés con hielo.

おんし 恩師 mf. antiguo/gua maestro/tra [profesor/sora].

おんしつ 温室 m. invernadero. ▶温室で栽培する v. cultivar (plantas) en invernadero. ▶温室植物 f. planta de invernadero. ▶温室効果 m. efecto (de) invernadero. ▶彼の息子は温室育ちだ (=安楽な境遇で育てられた) Su hijo ha crecido「《口語》entre algodones [con muchos mimos].

おんしゃ 恩赦 m. indulto, f. amnistía. ▶恩赦で釈放される v. ser* indultado, recibir una amnistía. ▶政治犯に対する恩赦を実施する v. decretar una amnistía para los prisioneros políticos.

おんしょう 温床 ▶温床で苗を育てる v. cultivar plantones [plantas de semillero] en invernadero. ▶悪の温床「f. caldo de cultivo [m. semillero, m. vivero] del vicio.

おんじょう 温情 (思いやり) f. consideración, f. simpatía. ♦ 温情のこもった (=心の温かい)言葉 fpl. palabras afectuosas [cálidas].

おんしらず 恩知らず (事) f. ingratitud; (人) mf. ingrato/ta.

おんしん 音信 (消息) f. noticia(s), f. comunicación. ♦ 彼とは昨年来音信不通です Desde el pasado año no tengo noticias de él. → 便り.

おんじん 恩人 (特に財政面での) mf. bienhechor/chora, 《教養語》 mf. benefactor/tora, 《口語》m. padrino. ♦ 彼は私の恩人だ Ha sido un bienhechor para mí. / Le debo mucho [《口語》《強調して》muchísimo]. / 《フォーマル》Tengo una gran deuda de gratitud con él. ♦ その医者は私の命の恩人だ Ese médico me ha salvado la vida. / Le debo la vida a ese médico. → お陰.

オンス f. onza.

おんせい 音声 (声) f. voz; (音) m. sonido. ▶音声学 f. fonética. ▶音声学者 mf. fonetista. ▶音声恐怖 《専門語》f. fonofobia. ▶音声合成 《専門語》f. síntesis de voz. ▶音声多重放送 f. emisión múltiplex. ▶音声認識 《専門語》m. reconocimiento de voz. ▶テレビの音声を¹大きく [²小さく]する v. ¹subir [²bajar] el volumen de la televisión, poner* la televisión más ¹alta [²baja].

おんせつ 音節 f. sílaba. ▶2音節の語 m. bisílabo, f. palabra bisílaba.

おんせん 温泉 fpl. aguas [mpl. baños] termales, fpl. termas, fpl. caldas; (湯治用の) m. balneario. ▶温泉町 f. ciudad con aguas termales. ▶温泉に行く v. ir* a unas termas.

▶温泉宿に泊まる v. quedarse en un balneario.

おんそく 音速 f. velocidad del sonido. ▶超音速機 m. avión supersónico. ▶音速の壁を破る v. romper* la barrera del sonido.

おんぞん 温存 ▶温存する(保つ) v. guardar, retener*; (保持する) v. preservar. ▶その古い制度を温存する v. preservar el viejo sistema. ▶切り札のピッチャーを温存する v. guardar [reservar] al/a la lanzador/dora ["pitcher"] mejor.

おんたい 温帯 f. zona templada. ▶温帯[植物[²動物]] ¹f. flora [²f. fauna] de la zona templada.

おんだん 温暖 ▶温暖な adj. templado; (穏やかな) adj. suave; (温かい) adj. tibio, cálido. → 温[暖]か. ▶温暖前線 m. frente cálido. ▶地球(規模)の温暖化 m. calentamiento global. ▶日本の気候は温暖だ El clima de Japón es templado [suave]. ◆気候が温暖化して(=だんだん暖かくなって)いる El clima se está volviendo más templado.

おんち 音痴 ▶音痴である v. no tener* oído (para la música). ▶方向音痴である v. no tener* sentido de la orientación.

おんちゅう 御中 Sres. (señores). ▶田中貿易株式会社御中 Sres. Tanaka y Cía (compañía).

おんちょう 恩寵 ▶神の恩寵により adv. por la gracia de Dios.

おんてい 音程 m. intervalo (musical). ▶音程が合っている v. estar* afinado. ▶彼の歌声は音程がはずれている Canta desafinado [fuera de tono].

おんど 音頭(先導) ▶本田氏の音頭のもと adv. bajo la dirección del Sr. Honda. ▶音頭をとる v. tomar "la dirección [el mando]". ▶乾杯の音頭をとる v. proponer* 《a + 人》un brindis.

*__**おんど**__ 温度 f. temperatura. ▶温度計 m. termómetro. ▶[室内 [²屋外]の温度 f. temperatura ¹interior [²exterior]. ▶温度を計る v. medir* la temperatura. → 体温. ▶温度を¹上げる [²下げる] v. ¹subir [²bajar] la temperatura. ◆この部屋の温度は摂氏18度です Este cuarto tiene 18℃ de temperatura [una temperatura de 18℃]. ◆温度が¹20度に¹[²下]がった La temperatura ¹subió [²bajó] a 20 grados. ◆温度計が氷点下5度をさした El termómetro marcaba [《フォーマル》registraba] 5 grados bajo cero.

おんとう 穏当 ▶穏当な(適切な) adj. apropiado, propio, adecuado; (理にかなった) adj. razonable, conveniente; (穏健な) adj. moderado. → 妥当な.

おんどく 音読 ▶音読する v. leer* en voz alta.
おんどり 雄鳥 (雄の鳥) m. gallo.

*__**おんな**__ 女 f. mujer; (愛人) f. amante, f. querida. → 女性, 女らしい.

1《~女》▶魅力的な女 f. mujer atractiva; (感じのいい女) f. mujer encantadora.

2《女+名詞》▶女親 f. madre. ▶女友達 f. amiga; (男性にとっての恋人) f. novia. → 友達. ▶女物の服 f. ropa "de señora [femenina]". ▶女らしい人 f. mujer muy femenina, 《口語》f. mujer muy mujer. → 女らしい. ◆彼女は35歳の女盛りだ Tiene 35 años y está en la plenitud de la feminidad [femineidad]. ◆女心と秋の空 《ことわざ》Mujer, viento y ventura, pronto se mudan. ◆あの男は女たらしだ Es un Don Juan. / Es un mujeriego.

3《女は》▶女は男よりも長生きだ Las mujeres viven más que los hombres. ◆女(=女は)三人寄ればかしましい Donde hay tres mujeres, hay ruido.

4《女の》▶女の医者 f. médica, f. doctora. ▶女の権利 mpl. derechos de la mujer. ◆女の声は一般に男の声よりも高い La voz femenina suele ser más alta que la masculina.

5《女に》▶彼女も一人前の女になった Ya está hecha una mujer.

おんなで 女手 ▶女手一つで子供を育てる v. criar* ella misma [sola] a sus hijos.

おんなのこ 女の子 f. chica, f. muchacha, f. moza, f. joven, f. niña.

|地域差| 女の子
|---|
|〔全般的に〕f. niña|
|〔メキシコ〕f. chamaca|
|〔アルゼンチン〕f. chica, f. mina|

おんならしい 女らしい adj. femenino. ▶女らしく見える v. parecer* femenino. ▶女らしさ f. feminidad, f. femineidad. ▶彼女には女らしいところが少しもない No hay nada femenino en ella. / No tiene ninguna feminidad [femineidad]. ◆彼女の顔に女らしい表情を読み取った En su cara se percibía una expresión femenina. ◆彼女は背は低いが、きわめて女らしい体つきをしていた Era de baja estatura pero tenía una silueta muy femenina.

おんぱ 音波 f. onda sonora.
おんびん 穏便に (平和的に) adv. pacíficamente. ▶事件を穏便に解決する v. solucionar el caso amistosamente [sin abogados]; (友好的に) v. tratar el caso "con indulgencia [sin rigor, 《文語》con lenidad].

おんぶ ▶赤ん坊をおんぶする v. llevar un bebé "a la espalda [a cuestas]".

おんぷ 音符 f. nota (musical). ▶¹全[²2分; ³4分; ⁴8分; ⁵16分; ⁶32分; ⁷64分]音符 f. (nota) ¹redonda [²blanca; ³negra; ⁴corchea; ⁵semicorchea; ⁶fusa; ⁷semifusa].

おんぷう 温風 f. corriente cálida de aire.
オンブズマン (行政監察委員) m. defensor del pueblo, 《スウェーデン語》m. "hombudsman".

オンライン ▶オンライン(で) adv. en línea, conectado. ▶オンライン・ヘルプ f. ayuda en línea, f. asistencia incorporada. ▶オンラインシステム m. sistema "en línea [conectado]. ▶オンライン処理設備のある会社 f. empresa con equipo en línea. ▶オンラインで結ぶ v. conectarse en línea.

おんりょう 音量 m. volumen. → ボリューム.
おんわ 温和な ❶【気候が】(穏やかな) adj. suave; (温暖な) adj. templado. ▶温和な気候 m. clima suave.

❷【性質が】adj. apacible, dulce. → 優しい.

か

か 科 (大学・病院などの) *m.* departamento, *f.* sección; (課程) *m.* curso; (動・植物などの) *f.* familia. ▶普通科 *m.* curso de materias generales. ▶ネコ科の動物 *mpl.* animales de la familia felina.

か 蚊 *m.* mosquito, 『ラ米』 *m.* zancudo. ▶蚊取り線香を焚く v. quemar un repelente de mosquitos. ▶蚊に食われる v. ser* picado por un mosquito. ▶蚊のなくような小さな声 *f.* voz muy débil.

か 課 ❶【教科書の】 *f.* lección. ▶第3課 *f.* Lección 3 (tercera).
❷【会社・官庁などの】 *f.* sección. → 部. ▶会計課 *f.* sección de contabilidad.

か 可 ❶【成績】 *m.* aprobado, *m.* suficiente. → 優.
❷【よいこと】 ♦どちらでも可 Cualquiera de los dos vale [está bien]. ♦それは可もなく不可もなしというところだ Está regular. / No está ni bien ni mal.

-か ❶【疑問, 質問】 ♦この本は彼女のですか ¿Es suyo este libro? / ¿Es este libro de ella? 会話 失礼ですが山田さんではありませんか—ええそうですよ Perdone. ¿Es usted [el Sr. [la Sra., la Srta.] Yamada? ♦彼女は毎朝早く起きますか ¿Se levanta ella temprano [¿Madruga ella] todas las mañanas? ♦君はその理由を知っていますか ¿Sabes [el porqué [la razón]? 会話 君が窓ガラスを割ったのか—いいえ違います ¿Has roto la ventana? – No, no la he roto. ♦君は自動車を運転することができますか ¿Sabes conducir? ♦彼女はあす家にいるでしょうか ¿Va a estar (ella) en casa mañana? ♦あの少年はだれですか ¿Quién es ese muchacho? ♦君はだれを待っているのですか ¿A quién estás esperando? ♦昨夜彼に何が起こったのですか ¿Qué le pasó anoche? ♦君はどんな果物がいちばん好きですか ¿Cuál es la fruta que más te gusta?
❷【反語】 ♦そんな難しいことができるものか (=だれもできない) ¿Quién puede hacer algo tan difícil? ♦そんなことも知らない人がいるものか (=だれでも知っている) ¿Hay alguien que no lo sepa? ♦君にそんな仕事は無理だと言ったじゃないか ¿No [¿Es que no; ¿No sabes que] te dije que iba a ser demasiado para ti?
❸【念を押す】 ¿Entiendes? / 《口語》 ¿Eh? ♦いい, いいな, 宿題を絶対忘れちゃだめだよ No te olvides de hacer tus deberes, ¿eh? ♦いいか, 夜の女性の一人歩きは危険だ Es peligroso para las mujeres salir solas por la noche, ¿entiendes?
❹【依頼, 勧誘, 許可】(…してくれませんか) ¿Puede de [¿Podría; ¿No haría usted el favor de (+ 不定詞)? (…しませんか)《口語》 ¿Por qué no (+ 不定詞)?, 《口語》 ¿Qué tal si (+ 直説法)?, ¿Vamos a + 不定詞?, ¿Quiere(s)《+ 不定詞, que + 接続法》? ♦このはがきをポストへ入れてくれませんか《口語》 ¿Me puedes echar esta postal? /《口語》 ¿Podrías echarme esta postal? /《フォーマル》 ¿Sería tan amable de echar esta postal en el buzón? /《フォーマル》 ¿No le importaría echar esta postal en el buzón? ♦夕食後公園へ散歩に出かけませんか ¿Damos un paseo por el parque después de cenar? / ¿Quiere(s) "que demos [dar] un paseo por el parque después de la cena? 会話 ここでたばこを吸ってよろしいですか—ええいいですよ ¿Puedo fumar aquí? / ¿Me permite usted fumar aquí? – Sí, claro [naturalmente]. → いい.
❺【感動, 驚き, 命令など】 ♦ああ, これが月の岩石か ¡Oh, ésta es la roca lunar! ♦ついにやったか ¡Ah, por fin está ya! ♦静かにしないか ¿Vas a estarte callado?

—か 【選択】 *conj.* o ♦彼は1週間か2週間で戻って来るでしょう Volverá en una o dos semanas. ♦彼が生きているのか死んでいるのかわからない No sé si está vivo o muerto. ♦彼女は東京か横浜のどちらかにいる Está (o) en Tokio o en Yokohama. (☆o en Tokio o のように o を繰り返すほうが格式ばった言い方になる).

が 我 (自己主張) *f.* seguridad en sí mismo, *f.* voluntad; (わがまま) *m.* egoísmo; (自我) *m.* ego. ▶我の強い人 *f.* persona segura de sí misma; (頑固な) *f.* persona terca [obstinada]. ▶我を通す v. no ceder, 《口語》 salirse* con la suya. ▶我を殺す (= 自制する) v. controlarse. 会話 言ってもきく耳はもたないからねー，あくまで我を張るか ¿Te advierto que no te voy a hacer caso? – ¿Pero por qué tienes que ser (tan) terco?

が 蛾 *f.* mariposa nocturna; *f.* polilla.

-が ❶【しかし】 *conj.* pero; (しかしながら) *conj.* sin embargo, no obstante; (…にもかかわらず) *prep.* a pesar de; (…だけれども) *conj.* aunque; (ところが一方) *conj.* mientras que. ▶頭はよいが身勝手な少年 *m.* joven inteligente pero egoísta. ▶両親は貧しかったが, 私たちを大学へ行かせてくれた "Nuestros padres eran pobres pero [Aunque nuestros padres; A pesar de que eran pobres; Nuestros padres eran pobres, sin embargo] nos enviaron a la universidad. /《フォーマル》 No obstante ser pobres, nuestros padres nos enviaron a la universidad. ♦太郎はゴルフが好きだが花子はスキーが好きだ A Taro le gusta el golf, pero a Hanako le gusta el esquí. /《教養語》 A Taro le gusta el golf mientras que a Hanako le gusta el esquí. ♦申し訳ございませんが, 山田は今日は休

暇をとっております Lo siento, pero hoy el Sr. Yamada no está. ◆どういうわけかはまだ解明されていないが左脳は右半身の営みをつかさどる Por alguna razón que todavía no está clara, la parte izquierda del cerebro controla la parte derecha del cuerpo.
❷【そして】*conj*. y. ◆昨夜そのパーティーに出席したが大変楽しかった Anoche fui a la fiesta y me lo pasé muy bien. ◆乗客はほとんどいなかったが，たいしたけがもなく避難した Había pocos pasajeros y se escaparon sin que sufrieran heridas graves. ◆テニスのラケットを買いたいのですが，スポーツ用品売り場はどこですか(百貨店などで) Me gustaría comprar una raqueta. ¿Dónde está la sección de artículos deportivos?
❸【譲歩】(…であろうとなかろうと) 接続法＋ o no; (たとえ…としても) aunque ＋接続法. ◆雨が降ろうが降るまいが，あす決行するさ Llueva o no (llueva), mañana lo hacemos. / Mañana lo haremos aunque llueva. ◆彼が来ようが来まいが私にはどうでもよい No me importa que venga o no. / Si viene o no, me da igual. ◆たとえ親に反対されようが，僕はやるよ「Aunque mis padres se opongan [Se opongan o no mis padres], lo haré.

—— 終助詞 ❶【語尾の断定調をやわらげて】◆ジーンズを見たいのですが Quisiera ver unos pantalones vaqueros. 会話 7時ならいかが―それで結構ですが ¿Qué tal a las siete? – "No está mal [Bueno, de acuerdo]. ◆京都の名所をご案内しようかと思っていたのですが Estaba pensando en enseñarte Kioto. 会話 無愛想な口のきき方をする人ですね―ええ，でも根はいい人だと思いますが Nos habla con rudeza. – Sí, pero en el fondo es bueno [buena persona], creo [me parece a mí]. ◆明日の朝一番でやらなければならないと考えています Creo que es lo primero que debo hacer mañana por la mañana.

❷【実現を願う気持ちを表わして】◆あなたのお力になれるといいのですが Ojalá pudiera ayudarte. / Si pudiera ayudarte… ◆宿題を早く済ませておけばよかったのですが Tenía que haber terminado antes mis deberes. →のに.

—— 格助詞 ❶【動作・状態の主体】◆車の下から猫が一匹飛び出した Debajo del coche salió un gato corriendo. ◆どれがあなたの車ですか ¿Cuál es tu coche? ◆学校の向かいに郵便局がある Hay una oficina de correos enfrente de la escuela. ◆きのうの午後，その人が急に私の事務所にやって来た Ayer por la tarde ese hombre se presentó de repente en mi oficina. ◆この本が父が誕生日に買ってくれたんです Este libro me lo compró mi padre para mi cumpleaños. ◆あす雨が降ったら，試合は延期だ Si llueve mañana, el partido será aplazado.
❷【能力・知識・感情の対象】◆まゆ子は水泳が得意だ Mayuko es una buena nadadora. / Mayuko sabe nadar bien. / 《口語》 A Mayuko se le da bien nadar. ◆太郎には会いたいが，住所がわからない Quiero ver a Taro, pero no sé [tengo] su dirección. ◆タクシーよりも電車の方が早く着きます Se llega antes en tren que en taxi. ◆東京へは数回行ったことがあります He estado varias veces en Tokio. ◆このばか者めが！¡Qué tonto eres!

かーかー ▶(カラスなどがかん高い声で)かーかー鳴く *v*. graznar, crascitar. ▶かーかーという鳴き声 *m*. graznido. ▶カラスがかーかー鳴いておりてきた Los cuervos bajaron graznando.

がーがー (いびきを)がーがーかく *v*. roncar*. ▶(ラジオなどが雑音を)がーがー出す *v*. hacer* ruido. ▶(アヒルなどが)がーがー鳴く *v*. parpar. ▶(うるさい小言などを)がーがー言う *v*. rezongar*. ◆彼がかーがーいびきをかいたので私は眠れなかった Daba tales ronquidos que yo no podía dormir.

かあさん 母さん *f*. madre. → お母さん.

ガーゼ *f*. gasa.

カーソル 《専門語》 *m*. puntero, 《専門語》 *m*. cursor.

かあちゃん 母ちゃん 《口語》《親しい仲で》 *f*. mamá. → お母さん.

カーディガン (女性用)*f*. rebeca, (男性用)*m*. jersey abierto.

ガーデニング *f*. jardinería. ◆彼女はガーデニングが好きだ Le gusta la jardinería.

***カーテン** *f*. cortina; (薄手の) *m*. visillo. ▶カーテンレール *m*. riel, 《スペイン》 *f*. barra de cortina. ▶カーテンをかける *v*. correr 《スペイン》《口語》 echar] la cortina. ▶カーテンを開ける *v*. abrir* las cortinas. ▶窓のカーテンを閉める *v*. correr [echar] la cortina de la ventana. ▶カーテンで仕切る *v*. separar [dividir] con una cortina. ◆窓にはカーテンもかかっていなかった La ventana no tenía cortinas.

カーテンコール *f*. llamada a escena. ◆5回もカーテンコールにこたえる *v*. salir* cinco veces (al escenario) a saludar.

カート *m*. carro, 《口語》 *m*. carrito.

***カード** ❶【固い厚紙の】(大きめの)*f*. tarjeta, (書き込み用)*f*. ficha; (細長い紙片)*f*. papeleta; (トランプの)*f*. carta, *m*. naipe. ▶会員カード *m*. carné de socio. ▶¹バースデー[²クリスマス]カード *f*. tarjeta de ¹felicitación de cumpleaños [²Navidad]. ▶カード式目録 *m*. fichero, *m*. tarjetero. ▶カードケース *m*. caja de tarjetas. ▶スペイン語の単語をカードにとる *v*. anotar palabras españolas en fichas. ▶(トランプの)カードを¹配る[²切る] *v*. ¹dar* [²barajar] las cartas. ◆スペインの友達が毎年クリスマスカードを送ってくれる Mi amigo español me envía todos los años una tarjeta de Navidad.
❷【クレジットカードなど】 *f*. tarjeta (de crédito). ▶プリペイドカード *f*. tarjeta de franqueo pagado. 会話 お支払いは現金でなさいますか，それともカードでけっこのカードでお支払いできるでしょうか(店で) ¿Va a pagar en metálico o con tarjeta? – ¿Puedo pagar con esta tarjeta [¿Aceptan ustedes tarjeta]?
❸【スポーツの組み合わせ】 *m*. encuentro.
❸【IT関連】 *f*. tarjeta. ▶カード型データベース *f*. base de datos tipo tarjeta. ▶カード読み取り装置 *m*. lector de tarjetas.

ガード ❶【鉄橋】*m*. viaducto, *m*. puente

ferroviario. ▶ガード下の商店街 f. galería comercial bajo un viaducto. ▶ガード下の通路 m. paso de viaducto.
❷【護衛】(行為) f. guarda; (人) mf. guardia, mf. guardián/diana. ▶ガードする v. proteger*. ▶銀行のガードマン m. guardia bancario, m. guachimán.
❸【スポーツの】(行為, 姿勢) f. defensa; (人) m. defensa. ▶ガードの堅いチーム m. equipo fuerte en defensa.

カートリッジ m. cartucho.
ガードル f. faja.
ガードレール f. barrera de seguridad (protección). ♦猛スピードで走ってきた車がガードレールを突き破った Un automóvil a toda velocidad se estrelló contra la barrera de protección rompiéndola.
ガーナ Ghana; (公式名) f. República de Ghana (☆アフリカの国, 首都アクラ Accra). ▶ガーナの adj. ghanés. ▶ガーナ人 mf. ghanés/nesa.
カーナビ(ゲーションシステム) m. sistema de navegación (automovilística).
カーニバル m. carnaval.
カーネーション m. clavel.
カーブ f. curva; (道・川などの) f. curva, m. recodo; (野球の) f. curva. ▶ヘアピンカーブ f. curva muy cerrada. ▶道の急カーブの所で adv. en el punto más cerrado de la curva. ▶カーブの多い道 f. carretera con muchas curvas. ▶カーブを曲がる v. tomar una curva, girar en una curva. ♦道路はその建物のところで左にカーブしている La carretera hace una curva a la izquierda de ese edificio. → 曲がる.
カーフェリー 《英語》m. "ferry", m. transbordador para coches.
ガーベッジ・コレクション 《専門語》f. recogida de basura.
カーペット f. alfombra; (小さな) f. estera. → じゅうたん.
カーポート f. cochera, m. garaje abierto.
ガーリック m. ajo; (一片) m. diente de ajo.
カーリング 《英語》f. "curling". ▶カーリングをする v. hacer* un "curling".
カール m. rizo; (長い髪の) m. bucle. ▶髪をカールする v. rizarse* el pelo; (してもらう) v. tener* el pelo rizado. ♦彼女の髪はカールしている Tiene el pelo [《教養語》cabello] rizado.
ガールスカウト f. niña exploradora, 《英語》 f. "girl scout".
ガールフレンド f. amiga.

__かい 回__ ❶【回数】f. vez. ▶1 回 f. una vez, f. una ocasión. → 一回, 今回, 次回. ▶2 回 fpl. dos veces. ▶1, 2 回 f. una o dos veces. ▶2, 3 回 fpl. algunas [pocas] veces. ▶1 回で試験にパスする v. aprobar el examen「a la primera [al primer intento]. ♦彼は何回か彼女を訪問した La visitó「varias veces [en varias ocasiones]. ♦年に何回上京しますか ¿Cuántas veces [Con qué frecuencia] al año vas a Tokio? ♦その会は 3 年に 1 回開かれます La reunión tiene lugar (una vez) cada tres años. ♦もう一回やらせてみてください Déjame probar「otra vez [una vez más].

かい 211

❷【競技】(野球の) f. entrada. ▶3 回勝負 m. partido de tres juegos. ♦回を重ねるごとにおもしろくなった El partido de béisbol se hacía más interesante「en cada entrada [(終わりに近づくにつれて) al acercarse al final].

*__かい 階__ (住宅の) m. piso; (デパートなどの) f. planta. ▶1 階 《スペイン》《一部のラ米》f. planta baja, 《ラ米》m. primer piso (☆スペインの primer piso は 2 階に相当する). ▶最上階 el piso más alto. ▶地下 1 階 m. primer piso del sótano. ♦30 階建てのビル m. edificio de 30 pisos. ♦彼は 2 階に住んでいます Vive en el segundo (piso). ♦そのビルは何階建てですか ¿Cuántos pisos tiene [hay en] ese edificio? ♦このデパートは 10 階建てです Esos grandes almacenes tienen diez plantas. 《会話》家具売り場は何階ですか-7 階です ¿En qué planta está la sección de muebles? – En el séptimo. ♦それはもう 1 階上です Es un piso más arriba.

__かい 会__ ❶【集まり】f. reunión; (非公式の) m. encuentro; (公式の) f. asamblea; (軍事的な・企業の) f. junta; (政治的な・党派の) m. mitin; (親ぼくのための非公式の) f. fiesta; (おしゃべりの) f. tertulia; (夜の) f. velada; (酒席の) m. guateque; (特定の目的の) m. encuentro, m. certamen, m. concurso. →集会, 会議. ▶会を開く [²催す] v. ¹tener [² (教養語) celebrar] una reunión, reunirse*. 《会話》一度会を開かなくてはならないです, いつにするか Tenemos que reunirnos. – ¿Y cuándo será?
❷【団体組織】f. sociedad, f. asociación; (スポーツや楽しみのための同好の会) m. club, m. círculo; (社会的・教育的事業のための) f. institución; (労働者・学生などの団結した会) m. sindicato. ▶会¹に入る [²をやめる] v. ¹afiliarse a [²abandonar] una sociedad. ♦会を発足させる v. establecer* [fundar] una sociedad.

かい 貝 (二枚貝) f. almeja, 《専門語》m. molusco bivalvo; (甲殻類) mpl. mariscos de concha, 《専門語》mpl. crustáceos, (貝殻) f. concha. ▶貝のように(急に)口を閉ざす v. cerrarse* como una ostra.

かい 甲斐 ▶甲斐のある(…の価値がある) adj. que vale; (時間・労力をかける価値のある) adj. que vale la pena. →甲斐(がい), 価値. ♦それは苦労のかいが十分あった Valió [Mereció] la pena. ♦その仕事はやってみるかいがある Vale [Merece] la pena hacer ese trabajo. ♦努力のかいがあって(=おかげで)彼は成功した Triunfó gracias a sus esfuerzos. / (成功が彼の努力に報いた)Sus esfuerzos se vieron compensados por el éxito. / Sus esfuerzos no resultaron infructuosos. ♦手厚い看病のかいもなく(=にもかかわらず)弟は死んだ Mi hermano murió「a pesar de los buenos cuidados [pese a la buena atención médica].

かい 下位 ▶下位にある v. estar* en una posición「más baja [inferior]; (次位である) v. estar* subordinado 《a》.

212 かい

かい 櫂 (オール) m. remo; (カヌー用) f. pala, m. zagual. ▶かいをこぐ v. remar. → 漕ぐ.

-かい -界 (一般に) m. mundo; (集団) mpl. círculos, fpl. esferas; (特に動植物などの) m. reino. ▶政界 mundo de la política, mpl. círculos políticos. ▶芸能界 mundo del espectáculo. → 芸能界. ▶動物界 m. mundo [《専門語》 reino] animal.

-かい -海 m. mar de. ◆日本海 m. Mar de Japón. ◆北海 m. Mar del Norte.

かい 害 (損害) m. daño, 《フォーマル》 m. perjuicio, m. mal; (物への害) mpl. efectos perjudiciales [《口語》 malos, 《教養語》 nocivos, 《教養語》 perniciosos, dañinos, dañosos]. → 被害. ▶喫煙の害 mpl. efectos perjudiciales del tabaco. ▶害のない adj. inofensivo, 《教養語》 adj. inocuo. ▶害を被る v.「ser* perjudicado [recibir daño]《de》. ▶健康に害がある v. ser* malo [nocivo] para la salud, perjudicar* la salud, 《口語》 hacer* daño a la salud. → 有害. ◆子供の折檻(%)は益より害が多いのだ Pegar a un niño le perjudica más que le beneficia. ◆少しぐらい日光浴をしても害にはなりません Tomar un poco el sol no te hará daño. ◆台風は稲作に大きな害を与えた El tifón causó grandes [muchos, 《教養語》 cuantiosos] daños a las cosechas.

-がい -外 ▶時間外に働く (=残業する) v. trabajar horas extra. ▶区域外に adv. fuera「de la zona [del lugar]」. ▶国境外に adv. fuera de la frontera. ◆それはまったく問題外 [=不可能] だ Es totalmente imposible. / Está fuera de cuestión.

-がい -街 (通り) f. calle; (行政区) m. barrio; (都市の特殊な) m. distrito; (中心部) m. centro; (地域) f. zona. ▶商店街 f. calle comercial; (歩行者専用の) f. galería [m. centro] comercial. ▶住宅街 f. zona [m. barrio] residencial. ▶サンフランシスコの中国人街 m. barrio chino de San Francisco. ◆《話》 この近くに銀行がありますか―ありますよ、5番目に Perdone, ¿hay un banco por aquí cerca? – Sí, en la Calle Quinta. → 通り.

|地域差| 街区
〔全般的に〕 f. manzana
〔ラテンアメリカ〕 f. cuadra

-がい -甲斐 (価値のある) adj. que vale [merece] la pena. → 甲斐(%). ◆それは努力のしがいがありますか ¿Vale la pena el esfuerzo?

かいあく 改悪 ▶憲法を改悪する v. cambiar la constitución para mal.

がいあく 害悪 m. mal, m. daño. → 害, 害毒. ▶社会の害悪 mpl. males de la sociedad.

かいあげる 買い上げる v. comprar, 《フォーマル》 adquirir*. → 買う.

かいあさる 買い漁る ▶米を買い漁る (=探し求める) v. ir* a la caza de arroz (por todas partes).

ガイアナ Guyana (☆南アメリカの国, 首都ジョージタウン Georgetown).

かいいき 海域 f. zona marítima; (特定の) fpl. aguas.

かいいぬ 飼い犬 m. perro doméstico.

かいいれる 買い入れる v. comprar, hacer* una compra《de》, adquirir*; (仕入れる) v.「hacer* una compra [surtirse]《de》.

かいいん 会員 mf. socio/cia, m. miembro, mf. afiliado/da. ▶会員の地位・資格 f. calidad de miembro, 《ラ米》 f. membresía. ▶会員数 f. número de miembros. ▶会員証 m. carné de socio. ▶その会の正会員になる v. hacerse* miembro regular de la sociedad. ▶会員の資格を失う v. dejar de ser* socio. ◆クラブの会員数はどれくらいですか ¿Cuántos socios tiene el club? ◆そのクラブは500人の会員を有している「El club tiene [En el club hay] 500 socios. ◆会員資格は21歳以上の男女にあります Hombres o mujeres con más de 21 años pueden hacerse socios. ◆このホテルは会員制です Este hotel está reservado a los socios. ◆彼らは新会員を募集中である Están reclutando nuevos socios.

かいうん 海運 m. transporte marítimo.

かいえん 開演 ◆午後5時開演です La apertura [inauguración] es a las cinco.

かいおうせい 海王星 Neptuno.

かいおき 買い置き (蓄え) f. provisión; (しばしば複数形で) fpl. provisiones, f. reserva. ▶買い置きする v. proveerse* [aprovisionarse]《de》. ◆パーティー用に食料をたくさん買い置きしてある Tenemos una buena [abundante] provisión de comida para la fiesta.

かいか 階下 ▶階下で adv. abajo. ▶階下の浴室 m. (cuarto de) baño de abajo. ▶朝食に階下へ降りる v. bajar para desayunar.

かいか 開架 ▶開架式の adj. de libre acceso, abierto. ▶開架式図書館 f. biblioteca de libre acceso a las estanterías.

かいが 絵画 m. cuadro, (絵の具による) f. pintura. → 絵.

がいか 外貨 f. divisa; (貨幣) f. moneda extranjera. ▶外貨獲得 f. adquisición de divisas. ▶外貨準備 fpl. reservas en divisas. ◆外貨をかせぐため政府は輸出を奨励している El gobierno fomenta las exportaciones para obtener divisas.

かいかい 開会 f. apertura de una asamblea. ▶開会式 f. ceremonia de apertura. ▶開会日 m. día inaugural. ▶開会中 v. haber* comenzado; (国会が) v. estar* en sesión. ▶¹開会 [²閉会]の辞を述べる v. pronunciar un discurso ¹inaugural [²de clausura].

—— 開会する v. abrir* (una asamblea). ◆国会はあす開会する La Dieta se abre [inaugura] mañana. ◆ただ今よりこの会を開会します Señoras y caballeros, declaro abierta esta asamblea.

かいがい 海外 m. extranjero, mpl. países de 《口語》 fuera [《教養語》 ultramar].

1《海外+名詞》 ▶海外旅行 m. viaje al extranjero. ▶海外旅行する v. viajar al extranjero, 《口語》 salir* fuera. ▶海外支店 mpl. sucursales「en el extranjero [fuera]. ▶海外向け放送(番組) f. transmisión internacional (al exterior). ▶金(%)の海外流出 m. flujo de oro al exterior. ◆彼は海外事情に

詳しい「Sabe mucho [Está bien informado] del extranjero.
2《海外へ[に, で, から]》▶海外へ行く v. ir* al extranjero, 《口語》salir* fuera. ▶軍隊を海外に派遣する v. enviar* [despachar] el ejército al extranjero. ▶海外で暮らす v. vivir en el extranjero. ▶海外からの留学生 mpl. estudiantes extranjeros [del extranjero]. ◆父は海外旅行中です Mi padre está viajando [de viaje] en el extranjero. ☞外国, 対外

がいかい 外界 m. mundo exterior, m. exterior; (自分の回りの世界) m. mundo circundante. ▶外界との接触を避ける v. evitar contacto con el mundo exterior.

がいかい 外海 f. alta mar; (公海) fpl. aguas internacionales.

かいがいしい 甲斐甲斐しい (勤勉な) adj. trabajador, 《教養語》diligente; (活発な) adj. activo; (忠実な) adj. fiel; (献身的な) adj. dedicado. ▶かいがいしく adv. con diligencia [dedicación], activamente. ▶かいがいしく働く v. trabajar「con diligencia [《口語》como una hormiga].

かいかく 改革 f. reforma, f. reorganización. ▶¹経済 [²社会; ³税制] 改革案 m. proyecto de reforma ¹económica [²social; ³fiscal]. ▶宗教改革 (一般の) f. reforma religiosa; (歴史上の) f. Reforma. ▶改革者 mf. reformador / dora. ▶教育改革を進める v. avanzar* [seguir* adelante con] una reforma educativa. ▶抜本的な行政改革を断行する v. llevar a cabo drásticas reformas administrativas.
── 改革する v. reformar, hacer*「una reforma [reformas]. ▶教育制度を改革する v. reformar [hacer* reformas en] el sistema educativo ☞改良, 刷新

がいかくだんたい 外郭団体 (付属の団体) f. organización afiliada; (政府組織外の団体) f. organización no gubernamental.

かいかつ 快活 (陽気) f. alegría, 《教養語》f. jovialidad; (活発) f. vivacidad, f. animación. ▶快活な少女 f. chica jovial [alegre]. ▶快活にふるまう v. comportarse jovialmente [alegremente].

がいかつ 概括 (概要) m. resumen. ▶概括する v. resumir, hacer* un resumen 《de》; (要約する) v. 《教養語》compendiar, 《教養語》recapitular. ▶概括的に言えば adv. para resumir, resumiendo. → 一般(的)に, つまり.

かいかぶる 買い被る (過大評価する) v. sobreestimar, supravalorar, apreciar en exceso. ◆買いかぶらないで No me sobreestimes. ◆君は僕のことを買いかぶっている Me estás valorando en exceso.

かいがら 貝殻 f. concha. ▶(特に海の) f. concha marina. ▶貝殻細工 f. artesanía de conchas. ▶浜で貝殻を拾う v. recoger* conchas en la playa.

かいかん 開館 ▶開館時間 f. hora de apertura. ◆午前9時開館『掲示』Se abre a las 9.00 de la mañana.

かいかん 会館 m. salón, f. sala, f. casa, m. club. ▶学生会館 m. club de estudiantes.

かいぎ 213

かいかん 快感 f. sensación placentera [agradable], m. placer. ▶快感を覚える v. sentir* gusto [placer], sentirse* bien.

かいがん 海岸 f. costa, f. orilla (del mar). ▶砂浜 f. playa, f. ribera, 《専門語》m. litoral. ▶海岸線 f. línea costera. ▶海岸通りのレストラン m. restaurante en la costa. ▶海岸地方 f. región costera. ▶海岸沿いのホテル m. hotel costero. ▶銚子の海岸沖で adv. frente a la costa de Choshi. ▶海岸を散歩する v. pasear por la playa [orilla]. ▶海岸沿いを航行する v. costear, navegar siguiendo la costa. ▶休暇で海岸 (=海水浴) に行く v. pasar las vacaciones en la playa. ◆手紙の入ったびんが海岸に打ち上げられた La corriente llevó a a la playa una botella con un mensaje dentro. ◆子供たちは海岸で遊んでいた Los niños jugaban en la playa. ◆海岸沿いにはごくわずかの漁村しかなかった En la costa sólo había unos cuantos poblados de pescadores.

がいかん 外観 m. aspecto, f. vista, m. exterior, 《口語》f. pinta. → 外見. ▶奇妙な外観を呈する v. presentar un aspecto extraño. ◆建物の外観からすると, それは教会のようだった Por su aspecto, el edificio parecía una iglesia. / El edificio tenía el aspecto de una iglesia. ◆その町は大会のために外観を一新した La ciudad cambió de aspecto para la convención. ☞上っ面, 外装

がいかん 概観 f. visión general, m. panorama. ▶20世紀のフランス文学を概観する v. presentar un panorama de la literatura francesa del siglo XX. ◆本書は北アイルランド紛争の背景を概観したものである En este libro se ofrece una visión general de los orígenes del conflicto de Irlanda del Norte.

かいき 会期 (国会の会期) f. sesión. ▶国会の会期 f. sesión de la Dieta. ▶国会は今会期中だ La Dieta está (ahora) en sesión.

かいき 怪奇 ▶怪奇な (=異様な) 姿 m. aspecto misterioso [grotesco]. ▶怪奇物語 f. historia de miedo [misterio].

*かいぎ 会議 f. reunión, f. junta, f. asamblea, m. encuentro, f. conferencia, m. congreso, f. convención; (議会などの会期中の) f. sesión; (行政・企業・軍事に関する会議や格式語として用いる) 《フォーマル》(《フォーマル》) m. consejo; (政治的な会議・議会) f. asamblea; (学術的な会議) m. congreso; (歴史的な特別な会談) f. conferencia; (インフォーマルな集まり) m. encuentro; (数日間続く会議) f. convención; (議会などに用いる) f. sesión.
1《~(の)会議》▶軍縮に関する会議 f. conferencia sobre desarme. ▶編集会議 f. reunión editorial, m. consejo de editoriales. ▶国際会議 f. conferencia internacional. ▶実業家の会議 f. convención empresarial. ▶本会議(国会などの) f. sesión plenaria. ▶首脳会議 →会談.
2《会議+名詞》▶会議室 f. sala de juntas [reuniones]. ◆上司は今会議室にいます El jefe está en la sala de juntas.

214　かいぎ

3《会議が》 ▶きのう会議があった Ayer hubo [《教養語》se celebró] una reunión.
4《会議に[で]》 ▶会議に出席する v. asistir a una reunión [junta]. ▶会議にかける v. presentar (una propuesta) en la junta. ▶会議で公害問題を取り上げる v. tratar en la conferencia del problema de la contaminación (ambiental). ◆彼は会議で議長を務めた Él presidió la junta. /(会議を取り仕切った)Dirigió la reunión.
5《会議を》 ▶会議を^{1}召集する [^{2}開く] v. ^{1}convocar* [^{2}《教養語》celebrar, ^{2}tener*] una reunión.

かいぎ　懐疑 (疑い) f. duda; (懐疑的な考え方) m. escepticismo. ▶懐疑論 m. escepticismo. ▶懐疑論者 mf. escéptico/ca. ▶懐疑的な adj. escéptico; (容易に信じない) adj. incrédulo. ◆彼はそのニュースに懐疑的だった "Dudó de [Se mostró escéptico ante] la noticia.

がいき　外気 (外の空気) m. aire (libre). ▶外気に触れる v. exponerse* al aire libre, orearse.

かいきしょく　皆既食 ▶皆既^{1}日 [^{2}月] 食 m. eclipse ^{1}solar [^{2}lunar] total.

かいきせん　回帰線 ▶^{1}南 [^{2}北] 回帰線 m. trópico de ^{1}Capricornio [^{2}Cáncer].

かいきゅう　階級 f. clase; (地位) f. categoría, m. rango; (等級) m. grado.
1《～階級》 ▶^{1}上流 [^{2}中流;^{3}下層]階級 f. clase ^{1}superior [^{2}media; ^{3}inferior]. ▶労働者階級 f. clase obrera [trabajadora]; (政治的な意味で) f. clase proletaria. ▶支配階級 f. clase dirigente. ▶無産階級 m. proletariado. ▶知識階級 f. clase intelectual. ◆彼は特権階級に属している "Pertenece a [Es un miembro de] la clase privilegiada. ◆軍队には多くの階級がある En el ejército hay muchos rangos [grados].
2《階級＋名詞》 ▶階級制度 m. sistema de clases. ▶階級闘争 f. lucha de clases. ▶階級社会 f. sociedad "de clases [clasista]. ▶階級意識 f. conciencia de clase. ▶(行政官の)階級組織 f. jerarquía ⇒格，級，位

かいきょ　快挙 (すばらしい業績) f. hazaña, f. proeza. ▶金メダル獲得の快挙を成し遂げる v. lograr una hazaña al ganar una medalla de oro.

かいきょう　海峡 m. estrecho, m. canal. ▶津軽海峡 m. Estrecho de Tsugaru. ▶ジブラルタル海峡 m. Estrecho de Gibraltar.

かいきょう　回教 →イスラム教.

かいきょう　開胸 ▶開胸手術を受ける v. ser* sometido a「cirugía torácica [《専門語》toracotomía].

かいぎょう　開業 f. apertura, f. inauguración. ▶店の開業 f. apertura de una tienda. ▶開業(＝開店・始業)時間 f. hora de apertura. ▶開業中(＝開業している)(店などが) v. estar* abierto.
―― **開業する** (店などを) v. abrir*, inaugurar; (医者などが) v. ejercer*. ▶本屋を開業する v. abrir* una librería. ▶弁護士 [^{2}医者]を開業している v. practicar* la ^{1}abogacía [^{2}medicina].

かいぎょう　改行《専門語》m. avance de línea.

がいきょう　概況 m. estado [f. situación] general. ▶天気概況 m. estado del tiempo en general.

かいきん　皆勤 f. asistencia regular. ▶皆勤する v. asistir regularmente (a clase). ▶皆勤賞 m. premio por regularidad en la asistencia.

かいきん　解禁 m. levantamiento [f. suspensión] de un embargo; (猟などの) m. levantamiento de la veda. ▶金(の輸出入)を解禁する v. levantar el embargo del oro. ◆アユ漁は6月に解禁となる La temporada [veda] del *ayu* se abre en junio.

かいぐん　海軍 fpl. fuerzas navales. →軍隊. ▶米国海軍 f. Marina de los Estados Unidos. ▶海軍軍人 m. marino; (水兵) m. marinero. ▶海軍士官 m. oficial de marina. ▶海軍力 f. potencia naval. ▶海軍兵学校 f. Academia Naval [de la Marina].

*__かいけい　会計__ ❶【金銭の取り引き・計算】fpl. cuentas; (会計学，計算) f. contabilidad.
1《～会計》 ▶^{1}一般 [^{2}特別]会計 fpl. cuentas ^{1}generales [^{2}especiales]. ▶一般会計予算 m. presupuesto de cuentas generales.
2《会計＋名詞》 ▶会計課 m. departamento [f. sección] de contabilidad, f. contaduría. ▶会計係 m. contador/dora, 《スペイン》mf. contable; (会社・団体などの) mf. cajero/ra. ▶会計監査 f. auditoría. ▶会計検査院 m. Tribunal de Cuentas. ▶会計検査官 mf. auditor/tora, mf. interventor/tora de cuentas. ▶会計士 m. contador/dora, 《スペイン》mf. contable. ▶会計年度 m. año [m. ejercicio] fiscal. ▶会計簿をつける v. llevar「la contabilidad [《口語》las cuentas]. ▶会計報告をする v. dar* [ofrecer*] un informe de contabilidad.
3《会計を》 ▶会計を調べる v. examinar la contabilidad.
❷【勘定】(飲食店での勘定書) f. cuenta, f. factura. →勘定. ◆会計をお願いします(レストランなどで) La cuenta, por favor. 《会話》ストロベリーアイスクリームをください—承知しました。90センティモです。会計はレジでお願いします Un helado de fresa, por favor. – Muy bien. Son 90 céntimos. Pague en caja, por favor.

__かいけつ　解決__ (問題などの) f. solución, f. resolución; (紛争などの) f. solución, m. arreglo, m. convenio. ▶その問題の二つの解決策 fpl. dos soluciones del problema. ▶労使紛争に円満な解決をつける v.「llegar a [alcanzar*] una solución amistosa del conflicto laboral. ◆エネルギー問題の早急な解決が望まれる Se espera que el problema de la energía tenga una solución rápida. ◆その紛争の解決には相当時間がかかるだろう La solución del problema tardará mucho tiempo. / Ese problema tardará mucho en resolverse. ◆それは短絡的な解決法だ Esa es una solución precipitada.
―― **解決する** (解く) v. solucionar, 《口語》arreglar, 《教養語》resolver*, componer*. ◆何も

しないで心配していても問題は解決しませんよ El problema no se puede solucionar quedándose de brazos cruzados y preocupándose. ◆警察は指紋を見つけてその事件を解決した La policía halló las huellas dactilares y descubrió la solución al caso. ◆けんかでは何事も解決しない Pelearse no soluciona nada. / No se resuelve nada peleándose. ▶彼らは(その件を)双方話し合って5百万円で解決した Resolvieron [《口語》Arreglaron] el asunto entre ellos (sin ir a juicio) con 5 millones de yenes. ◆両国間の紛争は¹武力によって[²平和的に]解決された El conflicto entre los dos países se solucionó ¹por la fuerza [²pacíficamente]. 《会話》割った窓ガラスは弁償するつもりだ—でもそれで事は解決する(=済む)の Yo pagaré la ventana rota. – ¿Y va a ser eso el final del asunto? ☞解明, 決まり, 決着, 決定, 始末, 妥結; 後始末をする, 治まる, 片付ける, 片をつける, けりをつける, 捌く, 始末をする, 収拾する, 処置する, 処理する, 解く

かいけつびょう 壊血病 《専門語》 *m.* escorbuto.

かいけん 会見 *f.* entrevista. ▶記者会見 *f.* conferencia de prensa. → インタビュー, 面会. ▶テレビ会見 *f.* entrevista televisada [por televisión]. ▶会見を求める *v.* pedir* una entrevista 《a, con》. ▶記者会見を行なう *v.* tener* una entrevista con la prensa. ◆総理は昨夜大統領と会見した Anoche el primer ministro「se entrevistó [tuvo una entrevista] con el presidente.

がいけん 外見 ▶外見は (= 見かけは) *adv.* por lo visto, al parecer. → 見掛け. ◆外見からすると彼は貧しそうだ Por su aspecto parece pobre. / Tiene aspecto de pobre. / Parece pobre. → 見える. ◆人を外見で判断してはいけない No juzgues a la gente por su aspecto [apariencia]. ◆彼の傷は外見ほどひどくない La herida no es tan grave como parece. ☞一見, 格好, 姿, 外側, たたずまい, 体裁

かいげんれい 戒厳令 *f.* ley marcial. ▶戒厳令を敷く *v.* decretar la ley marcial. ▶戒厳下にある *v.* ser* sometido a la ley marcial.

かいこ 解雇 *m.* despido. ▶一時的な解雇 *m.* despido temporal. ▶解雇通知 *m.* aviso de despido. ◆5人の従業員の不当解雇がもとでストライキが起こった El injusto despido de cinco trabajadores causó una huelga.
—— 解雇する *v.* despedir*. ▶一時的に解雇する *v.* despedir* temporalmente. ◆従業員の一人が飲酒運転で解雇された Uno de los trabajadores fue despedido por conducir en estado de embriaguez. ◆私は3か月間一時解雇された Me dejaron sin trabajo durante tres meses. ☞お払い箱, 職

かいこ 蚕 *m.* gusano de seda. ▶蚕を飼う *v.* criar* gusanos de seda, 《フォーマル》dedicarse* a la sericultura.

かいこ 回顧 ▶回顧録 *fpl.* memorias. ▶回顧展 *f.* exposición retrospectiva. ▶学校時代を回顧する *v.* recordar* los días de la escuela.

かいこ 懐古 *m.* recuerdo, 《教養語》*f.* retrospección; (懐古の情) *f.* nostalgia, *f.* añoranza. ▶懐古する *v.* añorar el pasado, volver* la vista al pasado con nostalgia.

かいご 介護 *m.* cuidado. ▶介護保険 → 保険. ▶老人介護 *m.* cuidado [*f.* atención] de los ancianos. ▶介護する *v.* cuidar, atender*.

かいご 悔悟 *m.* arrepentimiento; (後悔)《強調して》*m.* remordimiento. ▶悔悟の情著しい *v.* estar* lleno de remordimientos 《por》, remorder* 《a + 人》la conciencia 《por》.

かいこう 開校 ▶開校する *v.* inaugurar una escuela. ▶開校5周年記念 *m.* quinto aniversario de la fundación de una escuela. ▶開校式 *f.* ceremonia inaugural de una escuela. ▶4月開校《揭示》Empieza en abril. ▶あの学校はいつ開校しますか ¿Cuándo se inaugura la escuela?

かいこう 海港 *m.* puerto「de mar [marítimo].

かいこう ▶開港する *v.* inaugurar un puerto [空港 aeropuerto].

かいこう 開口 ◆太郎が開口一番言ったのは, その男とは何の関係もないということだった Lo primero que dijo Taro fue que no tenía (nada) que ver con ese hombre.

かいこう 海口 Haikou (☆中国の地名).

かいごう 会合 (集まり) *f.* reunión; (非公式) *f.* encuentro; (公式) *f.* asamblea. → 会, 集会, 会議. ▶会合場所 *m.* lugar de reunión. ▶会合する *v.* reunirse*, juntarse. ◆われわれのクラブは毎週月曜日に会合を持つ「Nuestro club se reúne [En el club nos reunimos]」todos los lunes. ☞委員会, 顔合わせ, 同窓会

* **がいこう** 外交 *f.* diplomacia. ▶外交の *adj.* diplomático, extranjero, exterior. ▶外交政策 *f.* política exterior. ▶外交官 *mf.* diplomático/ca. ▶外交[交渉 [²筋]¹ *fpl.* negociaciones [²*fpl.* fuentes] diplomáticas. ▶外交団 *m.* cuerpo diplomático. ▶外交文書 *mpl.* documentos diplomáticos. ▶外交関係を絶つ *v.* romper* las relaciones diplomáticas 《con》. ◆彼女はその問題の解決に外交手腕をふるった Manejó el asunto diplomáticamente [con diplomacia].

【その他の表現】 ◆彼はなかなかの外交家だからだれとでも仲よくやっていけるよ Es tan diplomático que puede llevarse bien con todo el mundo. / Su diplomacia le permite llevarse bien con cualquiera. ◆彼がそう言ったのは外交辞令だよ Lo dijo por diplomacia. / Estaba siendo diplomático cuando dijo eso. ◆彼は保険の外交をしている Es un vendedor [agente] de seguros. / Vende seguros. / (保険の外交で生計を立てている) Se gana la vida vendiendo seguros.

がいこうせん 外航船 *m.* transatlántico.

がいこうてき 外向的 《◆》 *adj.* extrovertido. ◆彼は外向的だ (= 外向的な人だ) Es una persona extrovertida.

かいこく 戒告 *f.* advertencia, *m.* aviso; (公式の) *f.* amonestación, *f.* reprimenda.

かいこく 開国 (国交開始) *f.* apertura de un

がいこく 外国 país al exterior; (建国) f. fundación de un país. ▶開国する v. abrir* las puertas del país al mundo (exterior).

がいこく 外国 m. extranjero, m. exterior, m. país extranjero; (自国と比較して) m. resto del mundo. ▶外国の adj. extranjero; (海外の) adj. (del) exterior, de fuera, 《フォーマル》 adj. foráneo. ▶外国人 mf. extranjer*o/a*. → 外人. ▶在留外国人 mf. residente extranjer*o/a*. ▶外国語 f. lengua extranjera, m. idioma extranjero. → 外国語. ▶外国人登録 m. registro de extranjeros. ▶外国旅行(に行く) (hacer) un viaje al extranjero. ▶外国航路の船 m. buque de líneas al extranjero, m. transatlántico. ▶外国為替 m. cambio extranjero. ▶外国貿易 m. comercio exterior. ▶外国生まれの adj. nac*ido* 「en el extranjero [《口語》 fuera]」. ▶外国産の果物 f. fruta de cultivo extranjero. ▶外国製の時計 m. reloj de producción extranjera. ▶外国に行く v. ir* al extranjero, 《口語》 salir* fuera. ▶外国へ電話する v. hacer* una llamada internacional. ▶外国を旅行する v. viajar al extranjero, hacer* un viaje internacional. ▶外国から帰る v. volver* del extranjero. ▶外国からの留学生 mf. estudiante extranjer*o/a*. ▶外国で暮らす v. vivir en el extranjero ☞異国, 他国

がいこくご 外国語 f. lengua extranjera, m. idioma extranjero. ▶外国語学部 f. Facultad de Estudios Extranjeros. ▶外国語学校 f. academia [f. escuela, m. centro] de idiomas. ▶外国語大学 f. Universidad de Estudios Extranjeros.

がいこつ 骸骨 m. esqueleto. ▶骸骨のようにやせる(=骨と皮ばかりになる) v. ponerse* muy delgado, 《口語》 quedarse 「en los huesos [hecho un esqueleto]」. ◆彼は骸骨みたいだ Parece un esqueleto.

かいこむ 買い込む v. abastecerse* [proveerse*] 《de》; (買いだめする) v. proveerse* de existencias. ▶正月のために食料を買い込む v. abastecerse* de comida para las vacaciones de Año Nuevo.

かいこん 悔恨 m. pesar, m. remordimiento, 《フォーマル》 m. arrepentimiento. → 後悔.

かいさい 開催 f. apertura, m. país anfitrión. ◆オリンピックの開催地を知っていますか ¿Sabes dónde se va a celebrar la Olimpiada? / ¿Sabes cuál será la sede de los Juegos Olímpicos?
—— 開催する (催す) v. celebrar, tener* lugar, inaugurarse. ▶会を開催する v. celebrar una reunión. ◆見本市は来週の日曜日から開催される La Feria de muestras se inaugura [celebra] el domingo que viene.

かいさく 改作 f. adaptación 《de》. ▶改作する v. adaptar. ▶小説を舞台用に改作する v. adaptar una novela al escenario.

かいさつ 改札 f. revisión f. revisor/sora. ▶改札口 m. portillo, f. garita del revisor. ▶自動改札機 m. revisor automático; (一人ずつ通す回転式の) m. torno automático. ▶改札する(切符を調べる) v. revisar los 【スペイン】billetes [【ラ米】boletos]; (切符にはさみを入れる) v. perforar los 【スペイン】billetes [【ラ米】boletos].

かいさん 解散 (議会・会社などの組織の) f. disolución; (会議・群衆などの) f. dispersión. ▶解散する v. disolverse*. ▶衆議院を解散する v. disolver* la Cámara de Diputados. ▶会社を解散する v. disolver* [《口語》 liquidar] una compañía. ▶群衆を解散させる v. dispersar una multitud ☞解体する, 散会, 散

がいさん 概算 m. cálculo aproximado. ▶概算で adv. calculando aproximadamente, 《口語》 a ojo de buen cubero. ▶概算する v. hacer* un cálculo aproximado 《de》. ▶建築費を概算する v. calcular el coste aproximado de la construcción. ◆日本の人口は概算 1 億 2 千万に達する La población de Japón está aproximadamente en unos 120 millones de habitantes.

かいさんぶつ 海産物 mpl. productos marinos [del mar]; (海産食品) mpl. pescados y mariscos. ▶海産物商 mf. comerciante de productos marinos.

かいし 開始 m. principio, m. comienzo. ▶試合開始 m. principio del juego.
—— 開始する v. empezar*, comenzar*, 《教養語》 iniciar, 《教養語》 principiar, abrir*. → 始める. ▶仕事を開始する v. empezar* a trabajar. ▶銀行と取り引きを開始する(=口座を開く) v. abrir* una cuenta en un banco.

かいじ 開示 ▶拘置理由を開示する v. aclarar fundamentos de la detención provisional.

がいし 外資 ▶外資を投下する v. invertir* capital extranjero. ▶外資導入 f. importación [f. introducción] de capital extranjero. ▶外資系の会社 f. empresa de afiliación extranjera.

がいし 碍子 m. aislante.

がいじ 外耳 《専門語》 m. oído externo. ▶外耳炎 《専門語》 f. otitis externa. ▶外耳道 《専門語》 m. orificio auditivo externo.

がいして 概して (一般に) adv. en general, generalmente; (一般的に言うと) adv. en términos generales, hablando en general; (全体から見て) adv. en conjunto. ◆概して彼はよくやった En general lo hizo bien. ◆概して若者は世間にうとい En términos generales, los jóvenes no saben mucho del mundo. ☞全体, 通常, 通例

かいしめ 買い占め m. acaparamiento.

かいしめる 買い占める ▶土地を買い占める v. acaparar la tierra.

かいしゃ 会社 f. compañía, f. empresa, f. firma, f. sociedad, f. corporación.

1《〜会社, 会社＋名詞》▶株式会社 f. sociedad anónima, 【略】S.A. ▶有限会社 f. sociedad de responsabilidad limitada, 【略】S. L., S.R.L. ▶出版会社 f. editorial, f. editora. ▶保険会社 f. aseguradora, f. compañía [f. empresa] de seguros. ▶民間会社 f. empresa privada. ▶親会社 f. empresa matriz.

▶子会社 f. filial. ▶関連会社 f. empresa afiliada [asociada]. ▶会社法 m. derecho「de sociedades mercantiles [empresarial]. ▶会社人間 f. persona que vive para su compañía. → 会社員.
　2《会社を》▶その会社は何を作っているのですか ¿Qué fabrica esa compañía?
　3《会社の》▶会社の車 m. coche de la empresa.
　4《会社に[で]》▶会社に行く(一般に) v. ir*「a trabajar [al trabajo]; (事務所へ) v. ir* a la oficina. ▶会社に入る(＝入社する) v. ingresar [《口語》entrar] en una empresa. ▶会社で昼食をとる v. comer en el comedor de la empresa. 会話 どこの会社にお勤めですか—新泉社です ¿En qué empresa trabaja usted? – Trabajo en (la empresa) Shinsen. ▶父はまだ会社にいます Mi padre todavía está en la oficina.
　5《会社を》▶会社を首になる v. ser* despedido [《口語》echado] de la empresa. ▶会社を経営する v. llevar [dirigir*] una empresa. ▶会社を設立する v. establecer* [fundar] una empresa. ▶会社をやめる v. dejar el trabajo; (定年で) v. jubilarse, retirarse por edad.

がいしゃ 外車 m. automóvil de importación, m. coche [『ラ米』m. carro] importado.

かいしゃいん 会社員 mf. empleado/da (de una empresa); (事務系の) mf. oficinista.

かいしゃく 解釈 f. interpretación; (説明) f. explicación. ◆ ¹誤った [²片寄った] 解釈を下す v. dar* una interpretación ¹equivocada [²parcial]. ♦それは彼の解釈にすぎない Eso es sólo su interpretación.
　——— 解釈する v. interpretar, traducir*; (受け取る)《口語》v. tomar; (説明する) v. explicar*. ▶沈黙を否認と解釈する v. interpretar [《口語》tomar] una negativa. ▶ぼくの発言をそんな風に解釈しないでくれ No interpretes mis palabras en ese sentido. ♦この文は二通りに解釈できる Esta oración [frase] se puede interpretar de dos modos [maneras]. / A esta frase se le pueden dar dos interpretaciones. ♦彼のばかげた行為をどう解釈したらよいだろうか ¿Cómo podemos interpretar su absurdo comportamiento?
　☞受け取る, 取[捕, 採, 執]る

がいしゃし 外斜視 f. exotropía.

かいしゅう 回収 (廃品・配布物の) f. recogida; (商品・通貨の) f. retirada; (損失・宇宙船の) f. recuperación. ▶廃品回収 f. recogida de artículos de desecho. ♦ごみの回収は週2回だ Hay dos recogidas de basura a la semana.
　——— 回収する (集める) v. recoger*; (取り戻す) v. retirar, recuperar. ▶欠陥車を回収する v. retirar los automóviles defectuosos.

かいしゅう 改修 f. reparación. ▶改修工事 fpl. obras de reparación. ▶河川改修工事 fpl. obras de「acondicionamiento del curso fluvial en el [mejoramiento del] río. ▶¹道路 [²橋]の改修をする v. reparar ¹una carretera [²un puente].

かいしょう 217

かいしゅう 改宗 f. conversión. ▶(キリスト教への)改宗者 mf. converso/sa (al cristianismo). ▶仏教徒のキリスト教への改宗 f. conversión de budistas al cristianismo. ▶仏教に改宗する v. convertirse* al budismo; (仏教徒になる) v. volverse* budista.

かいしゅう 会衆 m. público, f. audiencia; (教会の) f. congregación.

かいじゅう 怪獣 m. monstruo, m. animal monstruoso. ▶怪獣映画 f. película de monstruos.

*がいしゅつ 外出 ▶外出着 f. ropa de calle [salir]. ▶外出中に adv. estando ausente, en [durante] (su) ausencia. ♦妹は今外出中です Mi hermana ahora「no está [está ausente, no se encuentra]. ♦しばらく外出はやめて(＝家に居て)ちょっと勉強しなくちゃ Debo quedarme un rato en casa y estudiar un poco. 会話 どうしたらよろしいでしょうか、先生—当分外出を控えて(＝屋内にこもっていて)ください ¿Qué aconseja usted, doctor? – De momento, que no salga. ▶夜間外出禁止令が全市にしかれた Se impuso el toque de queda en toda la ciudad.
　——— 外出する v. salir*. ♦彼はたった今外出したところです Me parece que acaba de salir. 会話 夜はどのようにお過ごしですか—そうですね、よく外出します—芝居、映画、それに時には会食をしにね ¿Qué hacen por la tarde? – Bueno, pues salimos mucho al teatro, al cine, y a veces a cenar. ☞歩く, 出掛ける

かいしゅん 改悛 (後悔) m. arrepentimiento. ♦彼は自分の愚行を改悛している Se arrepiente de su locura. ♦(改悛の情を示している)Muestra señales de arrepentimiento.

かいじょ 解除 (取り消し) f. cancelación; (武装) m. desarme.
　——— 解除する (取り消し) v. cancelar, anular; (武装) v. desarmar; (禁令などを) v. levantar, suprimir; (免除する) v. liberar,《教養語》exonerar. ▶契約を解除する v. cancelar un contrato. ▶その本の発禁を解除する v. levantar la prohibición de venta sobre ese libro. ▶反乱者を武装解除する v. desarmar a los rebeldes. ▶彼の責任を解除する v. librarlo [le] de sus responsabilidades; (解放する) v. descargarle* de sus responsabilidades. ▶ストを解除する v. desconvocar* [suspender] una huelga.

かいしょう 快勝 ▶快勝する v. conseguir* una brillante victoria, ganar con brillantez.

かいしょう 解消 f. cancelación, f. anulación. ▶解消する(契約などを取り消す) v. cancelar, anular; (関係などを急に絶つ) v. romper*, disolver*. ▶契約を解消する v. cancelar un contrato. ▶婚約を解消する(＝破棄) v. romper* un compromiso. ▶提携を解消する v. disolver* la asociación. ▶ストレス解消にスポーツをする v. gozar* del deporte para librarse del estrés. ▶疑いがすっかり解消した Todas mis dudas se han disipado.

かいしょう 改称 ▶改称する v. cambiarse de

かいしょう
nombre.
かいしょう 甲斐性 ▶甲斐性のない人 *mf.* inútil, *mf.* incompetente. ▶甲斐性のある人 *f.* persona capaz.
かいじょう 会場 (会合場所) *m.* lugar de reunión; (集会場) *f.* sala de reuniones; (博覧会などの場所) *mpl.* locales. ▶万博会場 *mpl.* locales [*m.* recinto] de la Expo. ♦党大会の会場はどこですか ¿Dónde va a celebrarse la convención del partido. → 催す.
かいじょう 開場 ▶開場する *v.* abrirse* (las puertas). ▶開場中である *v.* estar* abierto. ♦その劇場は午前9時に開場する El teatro se abre a las 9.00 de la mañana.
かいじょう 海上 ▶海上の *adj.* marino; (海事の) *adj.* marítimo. ▶海上で *adv.* en el mar. ▶海上生活 *f.* vida del mar. ▶海上保険 *m.* seguro marítimo. ▶海上輸送 *m.* transporte marítimo. ▶海上(交通)輸送路 *f.* línea de transporte marítimo. ▶海上保安庁 *f.* Agencia de Seguridad Marítima. ▶海上勤務についている *v.* estar* de servicio marítimo. ♦(船が)海上を行く *v.* navegar* por el mar.
かいじょう 階上 ▶階上の部屋 *m.* cuarto「de arriba [del piso de arriba]. ▶階上へ上がる *v.* subir [ir*] (al piso de) arriba.
がいしょう 外相 *mf.* ministro/tra de Asuntos Exteriores. → 外務.
がいしょう 外傷 *f.* herida externa, *f.* lesión visible, *m.* trauma.
かいしょく 会食 ▶友人たちと会食する *v.* cenar con los amigos.
かいしょく 解職 ▶解職される *v.* ser* despedi*do* 《de》. → 免職.
がいしょく 外食 ▶外食する *v.* comer fuera. → 食べる.
かいしん 会心 (満足) *f.* satisfacción, *m.* gusto. ▶会心の笑み *f.* sonrisa de satisfacción. ▶会心の作 *m.* trabajo muy satisfactorio.
かいしん 改新 *f.* reforma. ▶大化の改新 *f.* Reforma de Taika.
かいしん 改心 *m.* arrepentimiento, 《教養語》*f.* enmienda. ▶改心する *v.* arrepentirse*, 《教養語》 enmendarse*; (素行を改める) *v.* corregirse*, 《教養語》 enmendarse*. ▶改心させる *v.* reformar. ♦彼は改心の見込みがない No hay forma de que se corrija. /《強調して》 No tiene remedio. ☞ 入れ替える, 更正, 心機一転, 正す
かいしん 回診 (巡回往診) *f.* visita del médico. ▶回診する *v.* visitar a los pacientes. ♦先生は回診中です El médico está visitando a los pacientes.
がいしん 外信 *fpl.* noticias del exterior. ▶外信部 *m.* departamento de noticias del exterior.
がいじん 外人 → 外国人.
かいず 海図 *f.* carta de navegación. ▶海図に載っている島々 *fpl.* islas registradas en la carta.
かいすい 海水 *f.* agua de mar; (塩水) *f.* agua salada. ▶海水魚 *m.* pez de agua salada. ▶海水着(通例女性の) *m.* bañador, *m.* traje de baño. ▶海水パンツ *m.* bañador. ▶海水帽 *m.* gorro de baño.
かいすいよく 海水浴 *m.* baño en el mar. ▶海水浴客 *mf.* bañista. ▶海水浴場 *f.* playa. ▶海水浴をする *v.* bañarse en el mar, 《口語》 darse* un baño en el mar. ▶須磨へ海水浴に行く *v.* ir* a Suma a bañarse.
かいすう 回数 *m.* número de veces; (頻度) *f.* frecuencia. → 回. ▶訪問回数を増やす *v.* aumentar la frecuencia de visitas ☞ 回, 度数
がいすう 概数 (およその数) *m.* número aproximado; (端数のない数) *f.* cifra redonda. ▶概数で5百です Son 500 en cifra redonda.
かいすうけん 回数券 (1枚) *m.* cupón; (一つづり) *m.* taco de cupones [billetes].
かいする 介する ▶通訳を介して (=通して)話す *v.* hablar「por medio de [mediante] *un/una* intérprete. ▶人を介して (=尽力によって)職を得る *v.* conseguir* un trabajo「por influencia [a través] de *un/una* amigo/ga. ♦彼がなんと言おうと意に介しない (=気にしない) No me importa lo que dice.
がいする 害する → 害, 損なう. ▶健康を害する *v.* hacerse* daño, dañarse la salud. ▶彼女の感情を害する *v.* herir* sus sentimientos, (怒らせる) *v.* ofenderla ☞ 荒らす, 痛める
かいせい 快晴 *m.* buen tiempo, *m.* tiempo despejado. → 晴れ. ♦今日は全国的に快晴に恵まれている Hoy hace bueno [buen tiempo] en todo el país.
かいせい 改正 (改訂) *f.* revisión; (法律などの語句の) *f.* enmienda 《a》. ▶条約改正 *f.* revisión de un tratado. ▶法律の改正 *f.* enmienda de una ley. ▶憲法改正を唱える *v.* abogar* [《口語》 estar* por] una revisión constitucional. ▶民法の全面改正を行なう *v.* realizar* una revisión completa del derecho civil. ▶電話の改正料金 *fpl.* tarifas telefónicas revisadas.
—— 改正する *v.* revisar, corregir*; (一部) *v.* enmendar*. ▶規約を改正する *v.* enmendar el reglamento. ▶憲法を改正する *v.* enmendar* la constitución ☞ 改める, 変える
かいせい 改姓 ♦彼女は斉藤から石田に改姓した (=姓を変えた) Se cambió el apellido de Saito a Ishida.
かいせつ 解説 (説明) *f.* explicación, *f.* exposición → 説明; (注釈(書)) *m.* comentario 《de, sobre》; (スポーツ・時事問題などの(実況)解説) *m.* comentario 《de, sobre》. ▶(テレビの) ニュース解説 *m.* comentario televisivo de una noticia. ▶野球の実況解説 *m.* comentario continuo del partido de béisbol. ▶スポーツ [ニュース] 解説者 *mf.* comentarista ¹deportivo/va [²de noticia]; (ニュースの) *m.* comentarista de noticias. ▶解説書 *m.* libro de explicaciones. → 解説書
—— 解説する (説明する) *v.* explicar*; (論評する) *v.* comentar, hacer* un comentario 《de》. ▶選挙の結果について解説する *v.* comentar los resultados electorales.
かいせつ 開設 ▶幼稚園の開設 *f.* creación [*f.*

apertura] de un jardín de infancia. ▶研究所を開設する v. establecer* [crear, abrir*] un laboratorio. ▶新たに事務所を神戸に開設する(＝新しく設ける) v. abrir* una nueva oficina en Kobe.

がいせつ 概説 (概要) m. resumen; (要約) m. sumario. ▶概説する v. dar* (a ＋ 人) un resumen (de). ▶ヨーロッパ全史を概説(＝概観)する v. resumir toda la historia de Europa.

かいせん 海戦 f. batalla naval.

かいせん 開戦 m. estallido de una guerra, m. rompimiento de hostilidades. ▶開戦する v. ir* a la guerra (contra); (宣戦を布告する) v. declarar la guerra (a).

かいせん 改選 (再選) f. reelección. ▶参議院議員の半数を改選する v. reelegir* la mitad de los miembros de la Cámara de Senadores.

かいせん 会戦 (局地的戦争) f. batalla [m. combate] (contra). ▶ワーテルローの会戦 f. batalla de Waterloo. ▶会戦する v. combatir, (口語) luchar, 《フォーマル》librar una batalla.

かいせん 回線 (電気回路) m. circuito (eléctrico). ◆回線がショート(短絡)して停電になった Un cortacircuito hizo que se fuera la luz. / 《教養語》Un cortacircuito provocó un corte en el fluido eléctrico.

かいせん 疥癬 《専門語》 f. sarna.

かいぜん 改善 f. mejora (de, en), m. mejoramiento, m. progreso. ▶労働条件の改善 f. mejora de las condiciones laborales. ▶サービスの改善 f. mejora del servicio. ▶彼の仕事には大いに改善の余地がある Hay mucho que mejorar en su trabajo. ◆彼は体質の改善を図った Intentó mejorar su constitución (física).

—— 改善する v. mejorar → 改良する; (洗練する) v. refinar. ▶日中の外交関係を改善する v. mejorar las relaciones diplomáticas entre Japón y China. ◆その技術はさらに改善される必要がある Esa técnica tiene que ser mejorada más. ◆新版は旧版よりも著しく改善されている La nueva edición es [《教養語》constituye] una notable mejora sobre [《教養語》con respecto a] la anterior.

☞回復, 向上, 整備, 増進

がいせん 外線 f. extensión. ▶外線をおかけになるには1を回してください Marque, por favor, el 1 (uno) para que le den línea exterior. ◆この電話で外線がかけられますか ¿Puedo llamar fuera desde este teléfono?

がいせん 凱旋 ▶凱旋門 m. arco de triunfo. ▶凱旋将軍 m. general victorioso [triunfante]. ▶凱旋する v. hacer* un regreso triunfante.

かいそ 開祖 (宗派などの) mf. fundador/dora; (芸道などの) m. originador/dora.

かいそう 会葬 (葬式に参列すること) f. asistencia a un funeral. ▶会葬者 mpl. asistentes a un funeral. ▶会葬する v. asistir a un funeral.

かいそう 階層 (社会の) f. clase (social), f. capa social. ▶階層社会 f. sociedad estratificada. ▶階層型ファイルシステム 《専門語》 m. sistema de archivos jerárquico. ▶階層メニュー 《専門語》 m. menú jerárquico. ▶あらゆる階層の人 f. gente de toda clase y condición.

かいそう 改装 f. reforma; f. transformación. ▶店を改装する v. reformar [redecorar] una tienda. ▶古い大邸宅を改装してホテルにする v. transformar una vieja mansión en un hotel.

かいそう 回想 m. recuerdo. ▶回想録 mpl. recuerdos (de), fpl. memorias (de).

—— 回想する (遠い過去を追想する) v. recordar*, 《口語》acordarse*; (過去を振り返る) v. 《教養語》volver* la vista (a). ▶子供時代を回想する v. recordar* [《口語》acordarse* de] la infancia ☞思い出, 述懐

かいそう 回送 《専門語》 m. reenvío. ▶回送のランプがついているバス m. autobús con la luz de fuera de servicio. ▶手紙をこの住所に回送(＝転送)してください Por favor, remita la carta a esta dirección.

かいそう 海藻[草] fpl. algas, fpl. plantas marinas.

かいそう 改造 (内閣の) f. reorganización; (建物などの) f. reestructuración. ▶内閣改造 f. reorganización ministerial [del gabinete].

—— 改造する v. transformar (en); (作り直す) v. reorganizar*, rehacer*; (台所を改造する v. reformar una cocina. ▶倉庫を工場に改造する v. transformar un almacén en una fábrica. ◆総理は内閣を改造した El primer ministro ha reorganizado su gabinete.

がいそう 外装 (建物の外側) f. fachada, m. exterior (de un edificio); (外観) m. aspecto. ◆家の外装はしっくいだった La fachada de la casa fue enyesada [revocada de yeso].

かいぞうど 解像度 《専門語》 f. resolución. ▶高解像度 《専門語》 f. alta definición [resolución].

かいそく 快速 f. alta velocidad. → 高速. ▶快速電車 m. tren rápido [de alta velocidad].

かいそく 会則 mpl. estatutos [m. reglamento] de una asociación; (組織などの規約) mpl. estatutos de un club. ▶当会の会則を改正する v. enmendar* los estatutos de nuestra asociación.

かいぞく 海賊 (一人の) m. pirata, m. corsario. ▶海賊行為 f. piratería. ▶海賊船 m. barco pirata. ▶海賊版(本) f. edición pirata; (レコード) m. disco pirata.

かいたい 解体 (建物の) f. demolición; (工場・設備などの) m. desmantelamiento. ▶解体業者 mf. demoledor/dora de casas.

—— 解体する (ばらばらにする) v. desguazar*; (建物などを) v. derribar, demoler*; (足場などを取り壊す) v. desarmar, desmontar; (装備・設備を取り除いて) v. desmantelar. ▶建物を解体する v. demoler* un edificio. ▶工場を解体する v. desmantelar una fábrica. ▶車を解体する (＝くず鉄にする) v. desguazar* un automóvil. ▶会社を解体(=解散)する v. disolver* [liquidar] la empresa.

かいたく 開拓 f. explotación; (耕作) m. cultivo. ▶開拓者(先駆者) mf. pionero/ra; (植民者) mf. colonizador/dora; (移民) m. colono. ▶開拓地 f. tierra explotada.
── 開拓する v. explotar, cultivar. ▶原野を開拓する v. explotar [roturar] tierras vírgenes. ▶輸出市場を開拓する v. abrir* [explotar, descubrir*] un nuevo mercado de exportación. ◆いつの日か人間は砂漠を開拓して農業に利用するだろう Algún día el hombre explotará el desierto con fines agrícolas.

かいだく 快諾 m. consentimiento fácil. ◆その結婚に両親は快諾を与えた Sus padres dieron un rápido consentimiento al matrimonio. → 許す

かいだし 買い出し ▶買い出しスーパーへ買い出しに行く v. ir* al supermercado a hacer* la compra.

かいだす 掻い出す v. achicar* (el agua de una barca).

かいたたく 買い叩く v. conseguir* a mejor precio, conseguir* muy rebajado. ▶野菜を買い叩く(=最低の値段で買う) v. comprar las verduras al mejor precio posible. ◆彼はそのおもちゃを買い叩いて千円にした Consiguió comprar [que le rebajaran] el juguete a 1.000 yenes.

かいだめ 買いだめ ◆まさかの時のために食料を大量に買いだめしてある Hemos hecho provisión para tiempos difíciles.

かいため 外為 m. cambio extranjero. ▶外為市場 m. mercado de divisas.

* **かいだん** 階段 f. escalera; mpl. peldaños, mpl. escalones. ▶非常階段 f. escalera de incendios. ▶らせん階段 f. escalera de caracol. ▶急な階段 fpl. escaleras empinadas. ▶階段教室 m. anfiteatro. ▶階段の¹上 [²下] で adv. ¹arriba [²abajo] de las escaleras. ▶階段を¹上る[²降りる] v. ¹subir [²bajar] (por) la escalera. ▶階段から落ちる v. caerse* por la escalera. ▶階段は急だ La escalera está muy empinada. ◆彼は階段を駆け上がって教室へ行った Subieron los escalones de dos en dos a la clase.

* **かいだん** 会談 (政治上などの正式な) fpl. conversaciones. → 会議. ▶首脳会談 f. (conferencia) cumbre. ▶会談する v. tener* [《フォーマル》sostener*] conversaciones 《con》; (話し合う) v. hablar 《con》; (会見する) v. reunirse* 《con》. ◆和平会談は来週始まる La sema-

na que viene se inician las conversaciones de paz.

かいだん 怪談 f. historia de miedo.

ガイダンス (指導) f. guía; (入学時などの) f. orientación.

かいちく 改築 f. reconstrucción. ▶改築する v. reconstruir*. ▶校舎を改築する v. reconstruir* el edificio de la escuela. ▶改築中である v. estar* en reconstrucción.

かいちゅう 回虫 f. lombriz intestinal, 《口語》 m. gusano. ▶回虫症《専門語》f. ascariasis. ▶回虫がわく v. tener* lombrices.

かいちゅう 海中 ▶海中に落ちる v. caerse* al mar; (船から) v. caerse* por la borda. ▶海中に潜る v. sumergirse* en el mar.

がいちゅう 害虫 mpl. insectos dañinos, 《口語》 mpl. bichos. ▶害虫に荒らされる v. estar* 「infectado de insectos [《口語》lleno de bichos]. ▶害虫を駆除する v. exterminar [《口語》 acabar con] los insectos (dañinos).

かいちゅうでんとう 懐中電灯 f. linterna (eléctrica). ▶懐中電灯をつける v. encender* una linterna.

かいちょう 快調 ▶快調である v. estar* en buenas [excelentes, 《フォーマル》óptimas] condiciones. → 調子. ▶快調なスタートを切る v. hacer* [tener*] un buen comienzo. ◆エンジンは快調に動いている El motor funciona bien [《強調して》estupendamente, 《口語》a las mil maravillas].

かいちょう 会長 (協会・クラブなどの) mf. presidente/ta; (会社などの) mf. presidente/ta (de una compañía). ▶取締役会長 mf. presidente/ta de la (junta) directiva. ▶彼をゴルフクラブの会長に選ぶ v. elegirlo[le]* (como) presidente del club de golf.

かいちょう 海鳥 f. ave marina.

かいちょう 回腸 《専門語》 m. íleon. ▶回腸炎《専門語》f. ileítis.

かいつう 開通 f. inauguración, f. apertura. ▶新しい橋の開通 f. inauguración de un puente nuevo. ▶開通式 f. ceremonia de inauguración. ◆高速道路は一部開通した La autopista ha quedado parcialmente abierta al tráfico. ◆来月地下鉄が開通する El mes que viene inauguran el metro.

かいづか 貝塚 m. cúmulo (prehistórico) de conchas.

かいつけ 買い付け f. adquisición, f. compra → 買う; (購入) v. adquirir*, comprar. ▶買い付けの(=ひいきの)店 f. tienda favorita.

かいつける 買い付ける v. comprar, 《フォーマル》 adquirir*. ▶缶詰を大量に買いつける(=買い込む) v. comprar productos enlatados en gran cantidad.

かいつまむ (要約する) v. resumir, hacer* un resumen; (概説する) v. decir* en líneas generales, explicar* resumiendo. ▶かいつまんで言うと《口語》 en pocas palabras, 《口語》 para acabar pronto. ◆かいつまんで君の計画を話してくれ Dime cuáles son tus planes en resumen.

かいて 買い手 (買う人) mf. comprador/dora, 《教養語》 mf. adquisidor/dora; (お客) mf.

階段に注意
Cuidado escalón.
→ 階段

かいてい 海底 *m.* lecho marino; (海底の表面) *m.* fondo del océano. ▶海底1火山 [2ケーブル; 3トンネル; 4油田] 1 *m.* volcán [3 *m.* cable; 3 *m.* túnel; 4 *m.* yacimiento petrolífero] submarino. ◆海底の岩を掘り起こす *v.* excavar rocas en el fondo del mar. ◆船は海底に沈んでいた El barco estaba en el fondo del mar. → 底.

かいてい 改訂 *f.* revisión. ▶改訂(増補)版 *f.* edición revisada (y aumentada). ▶教科書を改訂する *v.* revisar un libro de texto.

かいてい 改定 *f.* revisión. ▶運賃改定 *f.* revisión de tarifas. ▶改定する *v.* revisar.

かいてい 開廷 ▶開廷する (= 法廷を開く) *v.* abrir* un tribunal. ◆現在開廷中です El tribunal está en sesión. ◆法廷は午前 10 時に開廷した El tribunal abrió a las diez de la mañana.

かいてき 快適 ▶生活を快適にするもの *fpl.* comodidades de la vida. ▶快適に暮らす *v.* vivir con comodidades.

— **快適な** (体をくつろがせる) *adj.* cómodo, confortable; (人を満足させる) *adj.* agradable; (暖かく居心地のよい) *adj.* acogedor. ▶快適な部屋 *m.* cuarto acogedor, *f.* sala acogedora. ◆この車は快適な乗り心地だ En este coche se viaja cómodamente. / Es un coche cómodo para viajar. ◆このいすは快適だ (= 座り心地/居心地がよい) Me siento cómodo en esta silla.

がいてき 外敵 *m.* enemigo exterior [extranjero]. ▶外敵の侵入 *f.* invasión [*m.* ataque] exterior.

かいてん 開店 *f.* inauguración [*f.* apertura] de una tienda. ◆ 本日開店『掲示』 Abierto Hoy. ◆開店中『掲示』 Abierto. ◆その店は開店休業だ La tienda está abierta, pero apenas hace negocio. ◆銀行は 9 時に開店します Los bancos abren a las nueve.

かいてん 回転 (回る・回すこと) *f.* vuelta, *m.* giro; (軸による) *f.* rotación; (軸または他のもののまわりを回る) 《教養語》《専門語》 *f.* revolución. → 回る, 回す.

1 《〜(の)回転》 ▶ 太陽を回る地球の回転 (= 公転) *f.* revolución de la Tierra alrededor del Sol; (地球の自転) *f.* rotación de la Tierra. ▶(スキーの)大回転競技 *m.* eslalon gigante.

2 《回転＋名詞》 ▶回転ドア *f.* puerta giratoria. ▶回転運動 *m.* movimiento giratorio [《教養語》 rotatorio]. ▶回転資金 *mpl.* fondos rotatorios.

【その他の表現】 ▶ 彼は頭の回転が早い Es agudo. / Tiene una inteligencia aguda [despierta]. / 《口語》 Es muy vivo. ◆あの店は回転がいい Por esa tienda pasan (clientes) continuamente.

— **回転する** *v.* dar* vueltas, girar, 《教養語》 rotar. ◆その モーターは毎秒 20 回転していた El motor «giraba a [hacía] 20 revoluciones por segundo». ◆落水がタービンを回転させる「El agua que cae [La cascada]」hace girar la turbina [pone la turbina en rotación].

がいでん 外電 (海外からの電報) *m.* telegrama del extranjero; (海外ニュース) *f.* noticia del exterior [extranjero].

がいてんきん 外転筋 《専門語》 *m.* abductor.

かいてんもくば 回転木馬 *m.* carrusel, *m.* tiovivo.

ガイド (案内人) *mf.* guía. ▶ガイドブック *f.* guía 《de》. ▶観光ガイド *mf.* guía turístico/ca. ▶団体旅行のガイドをする *v.* guiar* un grupo turístico.

*かいとう 解答 *f.* respuesta, *f.* solución. → 答え. ▶解答用紙 *f.* hoja de respuestas. ▶練習問題の解答集 *f.* solución a los ejercicios. ▶解答する *v.* solucionar (un problema). ◆その問題の解答を教えてください Por favor, enséñeme la solución (correcta). ⇨ 答え, 答案

かいとう 解凍 *f.* descongelación. ▶冷凍肉をゆっくり解凍する *v.* dar* tiempo para que se descongele la carne (congelada).

かいとう 回答 *f.* respuesta, *f.* contestación. → 答え. ▶回答者 el [la] que contesta, *m.* respondiente; (クイズ番組の) *m.* miembro del panel, *mf.* concursante; (アンケートの) *mf.* encuestado/da.

かいとう 開頭 ▶開頭する *v.* hacer* una craneotomía. ▶開頭手術を受ける *v.* 《専門語》 ser* sometido a una craneotomía.

かいどう 街道 *f.* carretera. ▶アンダルシア街道 *f.* Carretera de Andalucía.

がいとう 街頭 *f.* calle, *f.* vía pública. ▶街頭演説 *m.* discurso callejero. ▶街頭デモ *f.* manifestación en la vía pública. ▶街頭募金 *f.* colecta en la calle. ▶街頭インタビュー *f.* entrevista al hombre de la calle. ▶街頭でビラをまく *v.* repartir (商業的) propaganda [(非商業的) octavillas] en la calle.

がいとう 外套 *m.* abrigo, 《まれ》 *m.* gabán. → オーバー.

がいとう 街灯 (脚のある) *f.* farola; (建物に付けた) *m.* farol. ◆街灯がまだついていた Las farolas estaban todavía encendidas.

地域差	街灯
〔全般的に〕	*m.* farol
〔スペイン〕	*f.* farola
〔ラテンアメリカ〕	*m.* poste de luz
〔キューバ〕	*f.* farola, *f.* luminaria, *m.* poste eléctrico
〔メキシコ〕	*f.* lámpara
〔コロンビア〕	*f.* lámpara
〔アルゼンチン〕	*f.* farola

がいとう 該当 ▶該当する(項目に入る) *v.* caer* 《bajo》; (適用される) *v.* aplicarse*, referirse* 《a》; (相当する) *v.* corresponder [tocar*] 《a》; (満たす) *v.* reunir*, cumplir, satisfacer*. ◆それは刑法第 5 条に該当する Corresponde al artículo 5 del Código Penal. / El artículo 5 del Código Penal se refiere a esto. ◆これらの条件に該当する人はだれもいない No hay nadie que reúna [cumpla] estas condiciones.

かいどく 解読 ▶解読する(筆跡・暗号などを) *v.* descifrar; (暗号などを) *v.* descodificar*. ▶そ

の暗号化された通信を解読する v. descifrar el mensaje codificado.

かいどく 買い得 f. ganga, m. artículo muy barato. ♦このコートは買い得だ Este abrigo es una ganga.

がいどく 害毒 (害悪) m. mal; (加害) m. daño, 《教養語》m. perjuicio. ▶害毒を流す v. corromper; tener* un efecto nocivo [perjudicial] (sobre), hacer* daño (a).

ガイドライン fpl. directrices, fpl. líneas directivas. ▶政策のガイドライン f. directrices de la política.

かいとる 買い取る (買う) v. comprar, 《フォーマル》adquirir*.

かいならす 飼い慣らす v. domar, domesticar*.

かいなん 海難 (難破) m. naufragio; (海上の災難) f. catástrofe marítima, m. desastre en el mar. ▶海難に遭う v. sufrir un desastre en el mar; (難破する) v. naufragar*. ▶海難救助 m. salvamento en el mar. ▶海難救助する v. rescatar [salvar] en el mar.

かいなん 海南 →ハイナン

かいにゅう 介入 f. intervención; f. intromisión, f. injerencia. ▶軍事介入 f. intervención armada. ▶我国の内政に対する大国の介入 f. intromisión [f. injerencia] de una potencia extranjera en asuntos nacionales. ▶内戦に介入する v. intervenir* en una guerra civil. ♦他人のことに介入するな（＝お節介をやくな）No「te metas [entrometas] en asuntos ajenos. ♦ゼネストを中止させるために政府が介入した El gobierno intervino para prevenir una huelga general.

かいにん 解任 m. despido, f. destitución, m. cese. ▶解任する v. despedir*, destituir*; (やわらかい表現で) v. cesar 《a + 人》del cargo.

かいぬし 飼い主 mf. dueño/ña, mf. amo/ma. ▶飼い主のない猫 m. gato vagabundo. ♦その犬は飼い主にかみついた El perro mordió a su dueño.

がいねん 概念 (考え) m. concepto, f. idea, f. noción. → 考え, 観念. ▶「民主主義」の概念をつかむ v. comprender el concepto general de "democracia".

かいば 海馬 《専門語》m. hipocampo.

がいはく 外泊 ▶外泊する v. pasar la noche fuera. ▶二日間外泊する v. pasar dos noches fuera.

かいはくずいえん 灰白髄炎 《専門語》f. poliomielitis.

かいばしら 貝柱 (ホタテガイの) f. venera.

かいはつ 開発 m. desarrollo, (資源などの利用) f. explotación. ▶開発環境 《専門語》m. entorno de desarrollo de software. ▶開発言語 《専門語》m. lenguaje de programación para desarrollo de software. ▶¹宇宙 [²経済]開発 m. desarrollo ¹espacial [²económico]. ▶新製品の開発 m. desarrollo de un nuevo producto. ▶土地開発業者 m. promotor inmobiliario [de urbanización]. ▶開発 (＝発展)途上国 m. país en (vías de) desarrollo. ▶後発開発途上国 mpl. países menos desarrollados. ▶シベリアの天然資源の開発に協力する v. cooperar [colaborar] en el desarrollo de los recursos naturales de Siberia.

── **開発する** v. explotar. ▶荒地を(宅地・工場用地として)開発する v. desarrollar tierras baldías. ▶独特の絵画の手法を開発する v. desarrollar una técnica única de pintura.

かいばつ 海抜 ▶海抜2千メートルである v. estar* a 2.000 metros sobre el nivel del mar. → 標高.

がいはんそく 外反足 《専門語》m. talipes valgus.

がいはんぼし 外反母趾 《専門語》m. hallux valgo.

かいひ 回避 ▶回避する(避ける) v. evitar, eludir; (怠けて) v. esquivar; (策略などを用いて) v. evadir; (ストなどを中止する) v. desconvocar*. ▶その危機を回避する v. evitar la crisis. ▶責任を回避する v. eludir una responsabilidad.

かいひ 会費 f. cuota (de socio). ▶毎月会費を払う v. pagar* la cuota todos los meses. ♦当クラブの年会費は5千円です La cuota anual de este club es de 5.000 yenes.

かいひかえ 買い控え (控えめの購入) f. limitación de compras, 《フォーマル》f. restricción adquisitiva. ▶買い控えする v. abstenerse* de comprar.

かいひょう 開票 m. escrutinio, m. recuento de votos. ▶開票率 m. porcentaje de escrutinio. ▶開票の結果を公表する v. publicar* los resultados del escrutinio. ▶開票する v. hacer* el escrutinio, contar* los votos.

がいひょう 概評 m. comentario general 《de, sobre》.

かいひん 海浜 f. playa, f. orilla del mar. → 海岸, 浜辺.

がいぶ 外部 (外側) m. exterior, lo de fuera; (組織の外側) f. parte externa. ▶建物の外部 m. exterior de un edificio. ▶外部からの影響 fpl. influencias externas. ▶外部の者 f. gente que está fuera. ▶外部の意見を聞く v. obtener* una opinión externa [de fuera]. ♦この情報が外部に漏れないように十分注意してくれ Cuidado con divulgar esta información. / Que no pase fuera esta información.

かいふう 開封 ▶開封する v. abrir* (una carta); (封を切る) v. desprecintar, romper* el precinto 《de》.

かいふく 回復 ❶【病気などの】f. recuperación 《de》; (もとの状態への) m. restablecimiento; (改善) f. mejoría.

1《～回復》 ▶疲労の回復 f. recuperación del cansancio. ▶健康の回復 f. recuperación de la salud. ▶天候の回復 f. mejoría del tiempo.

2《回復が》 ♦その患者は回復が¹早い [²遅い] El paciente se está recuperando ¹rápidamente [²despacio].

3《回復の》 ▶回復の見込みのない病気 f. enfermedad incurable [sin esperanza de recuperación]. ♦彼は回復の見込みがない No hay esperanza de que se recupere. / No tiene

cura. ♦患者の病状に回復のきざしがみえる El paciente muestra señales de recuperación. 4《回復を》♦早いご回復をお祈りしています Espero que se recupere pronto.
❷【平和・関係などの復活】m. restablecimiento; (失ったものを取り戻すこと) f. recuperación, m. recobro. ♦外交(の)回復 m. restablecimiento de relaciones diplomáticas. ▶失地の回復 f. recuperación de territorios perdidos.

—— 回復する ❶【病気・天候・景気などが】v. mejorar, 《口語》ponerse* mejor. ♦彼は回復してきている Está recuperando la salud. / Se está recuperando. / Está mejorando. ♦彼は健康を回復した Ha recuperado la salud. / 《フォーマル》Se ha restablecido. ♦彼女は数日すれば回復するでしょう En unos días「estará mejor [se recuperará, recuperará la salud]. ♦天気が回復した El tiempo 「ha mejorado [《口語》está mejor]. ♦不況は一時的なもので経済はまもなく回復した La recesión ha resultado ser temporal y la economía no tardó en recuperarse.
❷【失ったものを取り戻す】v. recobrar, recuperar; (復活させる) v. restaurar. ▶ ¹視力 [²聴力] を回復する v. recobrar [recuperar] ¹la vista [²el oído]. ▶意識を回復する v. volver* en sí, recobrar el sentido. ▶ ¹平和 [²法と秩序] を回復する v. restaurar ¹la paz [²la ley y el orden].

かいふく 開腹 ♦開腹する v.《専門語》practicar* una laparotomía. ♦開腹手術を受ける v. ser* sometido a una cirugía abdominal.

かいぶつ 怪物 m. monstruo. ♦怪物映画 f. película de monstruos.

がいぶん 外聞 (世評) f. reputación; m. rumor; (体裁) f. apariencia. ▶外聞にかかわる (=を傷つける) v. dañar [perjudicar*] ¹la buena fama [el buen nombre]. ▶恥も外聞もない v. no preocuparse de lo que piensen los demás, 《口語》no importarle 《a + 人》el qué dirán. ♦外聞が悪い(不評の) adj. deshonroso; (恥ずべき) adj. vergonzoso; (不面目な) adj. escandaloso. ♦外聞を重んじる v. dar* mucha importancia a la buena fama, pensar* mucho en el qué dirán.

がいぶんぴつせん 外分泌腺 《専門語》f. glándula exocrina.

かいへいたい 海兵隊 《英語》 mpl. "marines".

かいほう 開放する v. abrir*. ♦開放的な(広々した) adj. abierto; (人が率直な) adj. franco, directo. ▶庭園を一般に開放する v. abrir* el jardín al público. → 公開. ♦開放厳禁【ドアの掲示】 No dejes [dejar] la puerta abierta. / Cierra la puerta.

*かいほう 解放 (束縛・義務などからの) f. liberación 《de》, f. descarga 《de》; (自由にすること) f. liberación; (奴隷などの) f. emancipación, f. liberación. ▶ ¹仕事 [²苦痛] からの解放 f. liberación de ¹un deber [²sufrimiento]. ▶女性解放 f. liberación [f. emancipación] femenina. ♦彼女は解放感をいっぱい味わった Saboreó plenamente la libertad. ♦グライダー飛行は私にはすごく解放感を与えてくれる El vuelo sin motor me produce una extraordinaria sensación de libertad.

—— 解放する v. liberar, libertar, poner* en libertad, 《フォーマル》emancipar, 《教養語》manumitir. ▶人質を解放する v. liberar a los rehenes. ▶彼をその¹責任 [²仕事] から解放する v. librarle [descargarle*] ¹de la responsabilidad [²del trabajo]. ▶奴隷を解放する v.「poner* en [dar* la] libertad a los esclavos. ♦オートメーションで人間は重労働から解放された La automatización ha liberado al hombre de trabajos laboriosos. 《会話》四六時中仕事をしてるんでしょう―平日はね。でも日曜日は仕事から解放されるの Trabajas todo el tiempo, ¿verdad? – Entre semana, pero los domingos estoy libre. ☞解放する, 自由にする

かいほう 介抱 →世話. ▶酔っ払いを介抱する v. cuidar a un「hombre ebrio [《口語》borracho].

かいほう 快方 ♦患者が快方に向かっている El paciente「está mejorando [se está recuperando]. ♦(病状が好転している) El estado del paciente mejora.

かいほう 会報 (学会の報告) m. boletín; (報告) m. informe.

かいほう 解法 m. modo de solucionar, f. solución; (説明) f. explicación; (答え) f. respuesta. ♦その問題の解法を教えてください Por favor, enséñame el modo de solucionar ese problema.

かいぼう 解剖 (人体・動植物の) f. disección; (人の死体の) f. autopsia. ♦(人体)解剖学 f. anatomía (humana). ♦解剖学者 mf. anatomista. ▶解剖図 m. mapa anatómico. ▶ネズミの解剖 f. disección de un ratón. ▶殺された男の解剖をする v. hacer* la autopsia a un hombre asesinado. ▶カエルの解剖をする v. disecar* una rana. ♦解剖の結果彼は毒殺されたことがわかった La autopsia reveló que había sido envenenado.

かいまく 開幕 (開始) m. comienzo. → 開演. ▶開幕する v. abrir*, empezar*. ▶開幕時間 f. hora de comienzo. ▶開幕戦 m. juego inaugural. ♦午後6時開幕 El telón se levanta a las 6.00 de la tarde.

かいまみる 垣間見る (ちらりと見る) v. entrever*, divisar; (のぞき見る) v. vislumbrar, 《口語》echar una ojeada. ▶ (...を)カーテンの間から垣間見る v. entrever* por las cortinas. ▶疾走していく車の姿を垣間見ただけだった Apenas vislumbré el coche que iba a toda velocidad.

かいみょう 戒名 m. nombre póstumo budista.

かいむ 皆無 (何もないこと) f. nada. ♦それについて私たちができることは皆無だ No podemos hacer nada. / Apenas se puede hacer nada.

がいむ 外務 mpl. asuntos exteriores [extranjeros]. ♦外務 ¹大臣 [²省] ¹ mf. Ministro/tra [² m. Ministerio] de Asuntos [Relaciones] Exteriores.

かいめい 解明 (解決) f. solución 《a, de》. ▶問

かいめい

題を解明する(解決する) v. solucionar un problema; (調査する) v. investigar* un problema. ♦マヤ人の初期の歴史は依然として解明されていない(=不明なままである) La historia antigua de los mayas sigue oscura. / El misterio de la antigua historia de los mayas sigue sin resolverse.

かいめい 改名 ▶改名届を出す(=登記する) v. registrar el cambio de nombre. ▶改名する v. tener* [《教養語》asumir] un nombre nuevo.

かいめつ 壊滅 (完全なる破壊) f. destrucción total; (全滅) f. aniquilación. ▶核戦争による世界の壊滅 f. aniquilación del mundo por una guerra nuclear. ▶壊滅的な打撃を受ける [²与える] v. ¹recibir [²dar*, ²asestar] un golpe aplastante. ▶壊滅させる v. aniquilar. ♦その村全体が台風により壊滅した Todo el poblado quedó completamente destruido por el tifón. ♦壊滅的な地震が兵庫県南部を襲った Un devastador terremoto asoló la parte sur de la prefectura de Hyogo.

かいめん 海面 m. nivel del mar (☆海抜などを測る場合); f. superficie del mar. ▶海面下千メートル mpl. mil metros bajo el nivel del mar.

かいめん 海綿 f. esponja. ▶海綿体《専門語》m. cuerpo cavernoso.

がいめん 外面 ▶人を外面で判断する v. juzgar* a una persona por su aspecto [apariencia].

かいもどす 買い戻す v. rescatar, comprar lo vendido. ♦彼に売ったバイクは買い戻そう Voy a rescatar la moto que le vendí.

*かいもの 買い物 ❶【行為】f. (fpl.)compra(s). ▶買い物客 mf. comprador/dora; (売り手にとっての) mf. cliente/ta. ▶買い物上手な人 mf. buen/buena comprador/dora. ▶買い物袋 f. bolsa de la compra. ♦私は今日たくさん買い物がある Hoy tengo muchas compras que hacer. ♦彼らは¹大阪 [²デパート]へ買い物に行った Fueron a ¹Osaka [²unos grandes almacenes] de compras. ♦彼女はその店で買い物をした 「Hizo sus compras [Compró] en esa tienda. ♦買い物に(=店に)行くのならパンを買って来てくださる? Si vas 「de compras [a la tienda] ¿me puedes traer pan, por favor? ♦買い物はみんな済ませた He comprado todo lo que quería.

❷【購入した物】f. compra; (高級品の)《フォーマル》f. adquisición; (安い買い物)《フォーマル》f. ganga, m. producto barato,《口語》f. buena compra. ♦買い物をするとき、高価な買い物をしないように注意する必要がある Cuando vamos de compra, hay que tener cuidado a la hora de comprar productos caros. ♦買い物をしてきた? ¿Has hecho la(s) compra(s)? ♦これはよい買い物だ Ha sido una buena compra.

がいや 外野《英語》m. "outfield", m. jardín. ▶外野席 fpl. gradas del jardín. ▶外野手 mf. exterior, mf. jardinero/ra, mf. jugador/dora de campo exterior.

かいやく 解約 f. cancelación, f. anulación. ▶契約を解約する v. cancelar [rescindir, anular] un contrato.

がいゆう 外遊 m. viaje al extranjero. ▶外遊中 v. estar* en el extranjero,《口語》estar* fuera. ▶外遊する v. ir* al extranjero,《口語》viajar fuera.

かいよう 潰瘍《専門語》f. úlcera. ▶¹胃 [²十二指腸]潰瘍 (tener) una úlcera de ¹estómago [²duodeno]. ▶良性潰瘍《専門語》f. úlcera benigna.

かいよう 海洋 m. mar, m. océano. → 海. ▶海洋学 f. oceanografía. ▶海洋学者 mf. oceanógrafo/fa. ▶海洋気象台 m. observatorio metereológico marino.

がいよう 概要 m. resumen (de). → 概略, 要約. ☞ 概括, 概説, 大意, 大体

かいらい 傀儡 (操り人形) m. títere. ▶傀儡政権 m. gobierno títere.

がいらい 外来(外国の) adj. extranjero; (輸入された) adj. importado. ▶外来患者 mf. paciente extern*o/na*. ▶外来語 (=借用語)《専門語》m. préstamo, (説明的に) f. palabra tomada de otro idioma; (外来表現も含めて)《専門語》m. extranjerismo. ▶外来の思想 f. idea 「de origen extranjero [importada].

かいらく 快楽 (満足からくる) m. placer; (楽しむこと) m. goce, m. disfrute. ▶快楽主義者 mf. epicúreo/a. ▶快楽を求める v. buscar* [《フォーマル》perseguir*] el placer.

かいらん 回覧 f. circulación. ▶回覧板 f. circular, m. aviso. ▶手紙を回覧する v. pasar 《a + 人》 la carta.

かいり 海里 f. milla marina.

かいりき 怪力 f. fuerza sobrehumana [《フォーマル》hercúlea].

かいりつ 戒律 (宗教的な教え) mpl. mandamientos [《フォーマル》mpl. preceptos] religiosos. ▶戒律を¹守る [²破る] v. ¹observar [²faltar a, ²violar] los mandamientos.

がいりゃく 概略 m. resumen [m. compendio] (de); (要約) f. síntesis (de). ▶概略を述べる v. presentar 《a + 人》un resumen. ▶論文の概略を書く v. escribir* un resumen de la tesis. ♦彼は私たちに販売計画の概略を述べた Nos resumió la campaña de ventas. ♦この小説は概略悲恋物語だ La novela, resumiendo, es la historia de un amor trágico. ☞ アウトライン, 粗筋, 大筋, 筋書き, 大要, 大略

かいりゅう 海流 f. corriente marina. ▶千島海流 f. corriente de Chishima.

*かいりょう 改良 f. mejora, m. mejoramiento; (改革) f. reforma. ▶輸送網の改良 f. mejora del sistema de transporte. ▶(家畜の)改良種 f. raza mejorada. ♦その新しい車は古い型の改良型だ El nuevo automóvil es una versión mejorada del viejo. ♦その計画には改良の余地がある El plan admite mejoras. ♦彼は機械にいくらかの改良を加えた Introdujo varias mejoras en la máquina.

—— **改良する** v. mejorar. ▶機械を改良する v. mejorar una máquina. ▶従来のやり方を改良する v. mejorar el método tradicional

☞進歩, 整備, 手直し

かいろ 回路 *m.* circuito. ▶集積回路 *m.* circuito integrado.

かいろ 海路 ▶海路別府へ行く *v.* ir* a Beppu「por mar [por vía marítima, en barco]. ▶海路ハワイに向かう *v.* navegar* rumbo a Hawaii.

カイロ El Cairo (☆エジプトの首都).

がいろ 街路 *f.* calle, *f.* avenida. → 道. ▶街路樹 *m.* árbol de una calle. ▶街路樹のある通り *f.* calle flanqueada [bordeada] de árboles ☞道路, 通り

かいろう 回廊 (廊下) *m.* corredor, *m.* pasillo; (建物の外側の屋根のついた歩廊) *f.* galería.

がいろん 概論 (概観) *m.* panorama ⟨de⟩; (概説) *m.* resumen ⟨de⟩; (入門) *f.* introducción ⟨a⟩. ▶スペイン文学概論 *f.* panorama de [*f.* introducción a] la literatura española.

***かいわ** 会話 *f.* conversación, *f.* charla. → 話. ▶会話体 *m.* estilo conversacional. ▶会話する *v.* hablar [[メキシコ] platicar*, conversar, dialogar*] ⟨con⟩, tener* [[フォーマル] sostener*] una conversación [charla, [メキシコ] plática] ⟨con⟩. →話す. ▶スペイン語会話を学ぶ *v.* aprender el español conversacional. ♦私は会話を通してそのことばを覚えた He aprendido la lengua conversando.

かいわい 界隈 (近所) *m.* barrio, *m.* vecindario. ▶この界隈では *adv.* en este barrio; por aquí. ▶道頓堀界隈を案内する *v.* enseñar ⟨a + 人⟩ el barrio de Doutonbori.

かいん 下院 *f.* Cámara Baja; (米国の) *f.* Cámara de Representantes; (スペインの) *m.* Congreso de los Diputados. ▶下院議員 *m.* miembro de la Cámara Baja, *mf.* congresista.

****かう** 買う ❶【購入する】*v.* comprar, hacer* una compra; (高級品を) *v.* ⟨⟨フォーマル⟩⟩ adquirir*. ▶父が買った時計 *m.* reloj「comprado por [que compró] mi padre.

1⟪…を買う⟫ ▶たばこ屋にたばこを買いに行かせる *v.* enviar* ⟨a + 人⟩ a la tienda a por [comprar] tabaco. 会話 彼は新車を買ったばかりなんだよ―どこのメーカーのを買ったの Se acaba de comprar un coche nuevo. – ¿De qué marca es? ♦私はあまり高いものは(=を)買えない No puedo (darme el lujo de) comprar cosas muy caras.

2⟪AにBを買う⟫*v.* comprar「B a A [a A B]. 会話 息子さんに何を買ってあげましたか―時計を買ってやりました ¿Qué le compraste [has comprado] a tu hijo? – Le compré [he comprado] un reloj. ♦美津子はお母さんに新しいスーツを買ってもらった A Mitsuko su madre le ha comprado un vestido nuevo. ♦私は自分に帽子を買った Me he comprado un sombrero. 会話 だれにこの靴を買ってあげたのですか―ルイスに買ってやりました ¿Para quién has comprado estos zapatos? – Se los he comprado a Luis. ♦父は次郎に新しい辞書を買ってやった A Jiro su padre le ha comprado un diccionario nuevo. / El padre de Jiro le ha comprado a su hijo un diccionario nuevo. ♦この部屋に新しいカーテンを買わなくてはならない Hay que comprar una cortina nueva para「esta sala [este cuarto].

3⟪…で[から]買う⟫ ▶自動販売機でコーヒーを買う *v.* comprar café de una máquina. ♦彼女は食料品店でお米を買った Compró arroz en la tienda de comestibles. 会話 彼女のかぶる帽子ときたら何てひどいんでしょうね―彼女どこで買うの iQué horrorosos sombreros lleva! – ¿Dónde los comprará? ♦その店で何か買ってくるものある? ¿Necesitas [¿Te traigo] algo de la tienda?

4⟪…で買う⟫ ▶彼はトマトを安い値段で買った Compró los tomates baratos. / Consiguió los tomates a buen precio. ♦彼は鉛筆を1ダース1ドルで買った Compró lápices a un dólar la docena. ♦彼はこの機械を200ユーロで買った Compré esta máquina por 200 euros. ♦それいくらで買ったの ¿Cuánto pagaste por eso? ♦彼はその指輪を百万円で買うと言った Ofreció un millón de yenes por el anillo. ♦金で何でも買える Puedes comprarte lo que quieras con dinero. / Con dinero es posible comprar lo que se quiera. ♦50ユーロで(=出せば)あのブラウスが買えるでしょう Con 50 euros es posible comprar esa blusa.

❷【評価する】▶私は君の友情をとても高く買っている(=評価している)「Valoro mucho [⟨⟨口語⟩⟩ Tengo en mucho] tu amistad. ♦私は彼を高く買っている Le aprecio [estimo] mucho. / ⟨⟨口語⟩⟩ Le tengo en mucho. / Le tengo en mucha estima. ☞買い取る, 仕込む, 整[調]える, 取[捕, 採], 取[捕, 採, 執]る, 執]る

***かう** 飼う (趣味で) *v.* tener*; (職業で) *v.* criar*. ▶豚を飼う *v.* criar* cerdos. ♦彼は犬を飼っている Tiene un perro. ♦彼女はかごの中でカナリアを2羽飼っている Tiene dos canarios en una jaula.

ガウディ ⟨アントニ~⟩ Antoni Gaudí (☆1852–1926, カタルーニャの建築家).

カウボーイ *m.* vaquero.

ガウン *f.* bata, *m.* batín; (女性用) *m.* salto de cama.

カウンセラー *mf.* asesor/sora, *mf.* consejero/ra.

カウンセリング *m.* asesoramiento.

カウンタ (専門語) *m.* contador.

カウンター *m.* mostrador; (ボクシングの) *m.* contragolpe. ▶カウンターで支払う *v.* pagar* en el mostrador.

カウンターテナー *m.* contratenor.

カウント ❶【勘定】*m.* recuento, *f.* cuenta, ⟨⟨フォーマル⟩⟩ *m.* cómputo, [コロンビア] *m.* conteo.

❷【野球】*f.* cuenta. ▶フルカウント tres y dos.

❸【拳⟨ケン⟩闘】 ▶カウントアウトする *v.* contarle* para que se levante.

カウントダウン *f.* cuenta atrás [[ラ米] regresiva]. ▶あと10分でロケット打ち上げのカウントダウンが始まる En diez minutos empieza la cuenta atrás para el lanzamiento del cohete.

かえ 替え (取り替え, 着替え) m. repuesto, m. recambio; (代わりをする物・人) mf. sustituto/ta. ♦替えズボン(予備) mpl. pantalones extra [de repuesto]. ♦替え芯(½)(ボールペンなどの) m. recambio. ♦肌着の替えを持って行く v. llevarse una muda (de ropa).

かえうた 替え歌 (もじった歌) f. parodia. ♦その歌の替え歌を作る v. 「hacer* una parodia de [parodiar] la canción.

カエサル (ガイウス・ユリウス ～) (Gaius = シーザー) (☆前102頃-44, ローマの政治家, 前49年終身独裁官) Cayo Julio César.

＊＊かえす 返す ❶【返却する】v. devolver*, (フォーマル) restituir*; (金銭を) v. devolver*, (フォーマル) reembolsar. ♦その本を図書館に返す v. devolver* el libro a la biblioteca. ♦拾い物を持ち主に返す v. devolvérselo encontrado a su dueño. ♦鍵(⅔)を返してくれ Devuélveme la llave. ♦彼は銀行に借金を返した Devolvió el préstamo al banco. / Pagó al banco lo [el préstamo] que debía. ♦そのお金はあすお返しします Mañana te devuelvo el dinero. / El dinero te lo doy de vuelta mañana. 会話 パソコンをいつ返していただけますか—あと2, 3日したらお返しします ¿Cuándo me va a devolver mi ordenador? – En dos o tres días se lo devolveré. ♦コップを棚に返しなさい Pon el vaso en el estante que estaba. / Vuelve a colocar el vaso en el estante. ♦借金を全部返す(＝完済する)のに10年かかった Tardé diez años en pagar [saldar] todas mis deudas.
❷【報いる】v. devolver*, corresponder 《con》. ♦恩をあだで返す v. devolver* bien por mal; corresponder al bien con el mal. ♦私はあなたにお返しできないほどのご恩を受けています Le debo a usted más de lo que puedo pagar. ♦私は彼に世話になった借りを返した Correspondí a su amabilidad. → 礼.
【その他の表現】 ♦なぐり返す v. devolver* el golpe. ♦彼の言うことには返す言葉もない No sé qué responder a sus palabras.

かえす 帰す v. traer* [llevar] de vuelta. ♦その子供たちを家に帰す(送り届ける) v. hacer* que los niños vuelvan a casa; hacer* volver* a casa a los niños. ♦6時までに帰してくれますか ¿Nos puede traer de vuelta antes de las seis?

かえす 孵す v. incubar, empollar. ♦ひな[²卵]をかえす v. ¹empollar un pollito [²incubar un huevo].

かえすがえす 返す返す ♦彼が死体で見つかったことは返す返すも残念だった Lamenté [Sentí] muchísimo que fuera encontrado muerto.

かえだま 替え玉 (代わりをする人) mf. sustituto/ta. ♦替え玉になる v. hacer* [actuar*] de sustituto/ta 《de》, ocupar el lugar 《de》. ♦彼の替え玉として受験する v. hacer* el examen 「por él [en su lugar].

かえって ❶【反対に】(それどころか) adv. al [por el] contrario, más bien, antes bien; (...しないで) adv. lejos de. → 反対. 会話 ジョギングは健康にいいんじゃないんですか—とんでもない. かえって疲れるだけですよ ¿No es correr bueno para la salud? – Al contrario. Sólo sirve para cansarte. ♦雨はやむどころかかえって強くなった En lugar de cesar de llover, arreció. 会話 この包装は開けさせていただいてよろしいでしょうか—ええ, かえってありがたいです ¿No le importa que no le envuelva esto? –「Al contrario [(口語)Nada de eso]. Se lo agradecería. → それどころか. ♦私が彼を助けようと思ってしたことがかえって(＝皮肉にも)彼を窮地に立たせるはめになった Lejos de ayudarlo[le], mi intento no hizo más que ponerlo[le] en una situación difícil.
❷【むしろ】adv. más que, antes que → むしろ; (なおさら) adv. tanto más... (cuanto que...). ♦私の方こそかえっておわびしなければなりません Más que usted soy yo el que debe disculparse. ♦転地がかえって彼には悪かった El cambio de aires le sentó más mal que bien. ♦彼女には欠点があるのでかえって気に入っている Me gusta tanto más por sus defectos.

かえで 楓(木) m. arce.

＊かえり 帰り f. vuelta, m. regreso. → 帰る. ♦帰りの切符(スペイン) m. billete [(ラ米) m. boleto] de vuelta. → 往復. ♦夫の帰りを待つ v. esperar 「la vuelta [el regreso] del marido. ♦帰りを急ぐ v. darse* prisa en volver. ♦学校からの帰りに彼をちょっと尋ねた De vuelta a casa de la escuela, le hice una visita. ♦父は昨夜帰りが遅かった Mi padre volvió tarde anoche. ♦今日は帰りが早いのね Hoy has vuelto pronto. ♦帰りはバスにしよう Volveré en autobús.

かえりざく 返り咲く v. reaparecer*, volver*; (取り戻す) v. recuperar. ♦前ヘビー級チャンピオンはみごとに返り咲いた El anterior campeón del peso pesado tuvo una triunfante reaparición. ♦彼は大関に返り咲いた Recuperó la categoría de "ozeki".

かえりみる 顧[省]みる (振り返る) v. tener* en cuenta, considerar → 振り返る; (反省する) v. reflexionar; (気にかける) v. (口語) hacer* caso 《de》. ♦身の危険を顧みずに adv. sin tener en cuenta el peligro. ♦家族を顧みないv. descuidar a la familia. ♦彼らは私の忠告を顧みなかった No hicieron caso de mi consejo. / (無視された)Se ignoró mi consejo. ♦彼は人の気持ちを顧みない No「tiene en cuenta [considera] los sentimientos de los demás.

＊＊かえる 帰る (もとの場所へ) v. volver*, regresar; (口語) ir* de vuelta; (帰宅する) v. volver* [regresar] a casa; (去る) v. irse*, marcharse. → 行く. ♦走って家に帰る v. volver* corriendo a casa. ♦家へ帰る途中で adv. (en el camino) de vuelta a casa. 会話 いつ京都から帰ってくるの—あすの朝こちらを立つから夕方の6時ごろまでには着くと思うよ、あなたが帰ってくる(＝帰ってきてくれる)のを楽しみにしてるわ ¿Cuándo vuelves de Kioto? – Saldré de aquí mañana por la mañana, de modo que estaré de vuelta hacia las seis de la tarde.– Muy bien. Ya estoy deseandodo que vuelvas. ◆10時までに帰って来なさい Debes estar de vuelta antes de las diez. / 《強調して》¡De vuelta a las diez! ◆彼は夜中の2時まで帰らなかった No volvió hasta las dos de la madrugada. ◆彼女は昨夜スペインから帰って来た Anoche regresó de España. ◆夏休みには広島の田舎に帰ります En las vacaciones de verano siempre regreso a mi pueblo [ciudad] natal en Hiroshima. 《会話》あの人はどこ一帰ならいますか ¿Dónde está? – Se ha ido [vuelto]. ◆彼女は私を見て、もう帰りますと言った Me miró y dijo: "Ya me voy". ◆そろそろ帰らなくてはなりません Bueno, es hora de volver [irse]. ◆君はもう帰ってよい Puedes irte [volver] a casa. ◆彼は二日間家に帰っていない Hace dos días que falta de casa. ◆さっさと帰れ ¡Vete (a casa)! ◆タクシーに乗って帰ろうよ Vamos a tomar un taxi para volver. / Volvamos en taxi. 《会話》散歩に行ってくるよ―早くお帰りなさいね Voy a dar un paseo. – No tardes. / Vuelve pronto. ◆陽子、帰ったわよ ¡Yoko, ya he vuelto! ¿Estás en casa?

・**かえる** 変える (変化させる) *v.* cambiar, mudar; (部分的に) *v.* alterar; (物の構造などを少し) *v.* modificar*; (別の物に) *v.* transformar [convertir*] (en); (改正する) *v.* reformar, corregir*. ◆計画を変える *v.* cambiar [modificar*] un plan. ◆名前を太郎と変える *v.* mudarse el nombre a Taro. ◆水を蒸気に変える *v.* transformar el agua en vapor. → 変わる. ◆教育制度を変える *v.* cambiar el sistema educativo. ◆彼女は服を変えに部屋へ入った Fue a su cuarto a cambiarse de ropa. ◆彼は考えを変えた Cambió de opinión [parecer]. ◆彼は表情を変えなかった Su rostro no se alteró. / 《教養語》No se le demudó el rostro. ◆飛行機は南に向きを変えた El avión varió su rumbo al sur. ◆信念を変えるな (=貫き通せ) Sé fiel a tus principios.　☞ 切り替える, 転じる

・**かえる** 代[換・替]える ❶【交換する】*v.* cambiar 《A por B》, intercambiar, 《フォーマル》 trocar*; (古い物などを取り替える) *v.* sustituir*, cambiar. → 交換する, 取り替える. ◆指輪を金に換える *v.* cambiar un anillo por dinero. ◆千円札を百円硬貨10枚に替える *v.* cambiar un billete de 1.000 yenes por 10 monedas de 100 yenes. ◆かみそりの刃を替える *v.* cambiar una hoja de afeitar. ◆彼はよく職業を換える Cambia mucho de trabajo. ◆このソファーはベッドにも替えられる Es un sofá-cama.
❷【代用する】*v.* sustituir*, reemplazar*; (代わりをする) *v.* tomar [ocupar] el lugar 《de》. ◆バターをマーガリンに代える *v.* sustituir* la mantequilla por margarina. ◆どんな大金も人命には換えられない La vida de un hombre no se puede cambiar por dinero.

・**かえる** 返る (もとに戻る) *v.* ser* devuel*to* (a). ◆我に返る *v.* volver* en sí, recuperar el conocimiento. ◆盗まれた自転車は持ち主に返った La bicicleta perdida fue devuelta a su dueño. ◆失くした財布はまず返ってこない (=取り戻せない)でしょう Será muy difícil que puedas recuperar la cartera que has perdido.

かえる 蛙 *f.* rana. ▶食用ガエル *f.* rana comestible. ▶ヒキガエル *m.* sapo. ◆春になるとカエルが鳴きだす Al llegar la primavera las ranas empiezan a croar.

かえる 孵る *v.* nacer* de un huevo, salir* de un cascarón. ◆今日ひよこが3羽かえった Hoy han nacido tres pollitos.

かえんほうしゃき 火炎放射器 *m.* lanzallamas.

*＊**かお** 顔 ❶【顔面】*f.* cara, 《フォーマル》 *m.* rostro, 《文語》 *f.* faz; (色配) *f.* tez; (首から上部全体) *f.* cabeza. → 頭.

1《～の》 ◆うりざね顔 *m.* rostro ovalado. ▶¹美しい [²みにくい] 顔 *f.* cara ¹bonita [²fea]. ▶やつれた顔 *f.* mala cara. ▶¹角ばった [²丸い; ³ふっくらした; ⁴骨ばった; ⁵やせた; ⁶血色の悪い] 顔 *f.* cara ¹cuadrada [²redonda; ³《口語》gordita; ⁴huesuda; ⁵delgada; ⁶cetrina]. ◆彼女は¹色白の [²色の黒い] 顔をしている Tiene la tez ¹clara [²oscura].

2《顔が/は》 ◆恥ずかしくて顔が赤くなった Me「puse colorado [《《フォーマル》》ruboricé, 《フォーマル》sonrojé]　de vergüenza. ◆怒りで顔が真っ赤になった Se puso colorado de ira. / 《フォーマル》La ira le encendió el rostro. ◆彼の顔は知っている (=顔見知りである) Le conozco de vista.

3《顔を》 ◆顔を上げる *v.* alzar* [levantar] la vista [cabeza]. ◆顔を (=あごを) しゃんと上げて! (元気なくうつむいている人に) ¡Levanten la cabeza! / ¡Alcen la barbilla! ◆彼は窓から顔を出した Se asomó por la ventana. ◆彼らは顔を合わせた Se miraron (a la cara). ◆目が合うと彼女は顔をそむけた Al encontrarse nuestros ojos, ella apartó su cara. ◆彼女が私の方に顔を向けたときに私は彼女に手を振った Cuando se volvió hacia mí, me despedí de ella con la mano. ◆恥ずかしくて彼にまともに顔を向けられない Me da tanta vergüenza que no puedo mirarlo [le] a la cara. ◆今も彼の顔を覚えている Todavía me acuerdo de su cara. / 《口語》Su cara todavía me suena. ◆私は彼の顔を見るのもいやだ No aguanto verlo [verle]. / 《口語》Sólo verlo me pone enfer*mo*.

❷【顔つき】*f.* cara; (表情) *f.* expresión, *m.* gesto; (感情の表われた顔つき)《フォーマル》 *m.* semblante.

1《～の》 ◆楽しそうな顔 *f.* cara [*f.* expresión] feliz. ▶笑い顔 *fpl.* caras sonrientes. ▶失望した顔で私を見る *v.* mirarme con la expresión decepcionante. ◆彼女はもっともらしい顔 (=真顔) をしてよく冗談を言います Con frecuencia cuenta chistes con la cara seria.

2《顔が》 ◆その知らせを聞くと彼女の顔が急に明るくなった Al oír las noticias, 「su rostro se iluminó [su expresión se volvió radiante] de repente.

3《顔に/で》 ◆怒りを顔に出してはいけない No muestres tu enfado [enojo]. ◆誠実な人であることが彼の顔に表われていた En su cara se no-

かおあわせ

taba [expresaba] la sinceridad. / La sinceridad se leía [expresaba] en su rostro. ♦日本人と中国人を顔だけで見分けるのは難しい Es difícil distinguir a un japonés de un chino sólo por su cara.

4《顔を》顔をしかめる v. hacer* una mueca. ♦彼はいつものまじめくさった顔をした Puso su habitual cara seria. ♦彼はおもしろくなさそうな顔をしている No parece contento. /《フォーマル》No tiene una expresión de satisfacción. ♦どうしてそんなに情けない顔をしているの ¿Por qué pareces tan triste? /《口語》¿Por qué pones esa cara tan triste? ♦彼はそのことは何も知らないような顔をしている Parece como si no supiera nada. / Tiene la expresión de no saber nada. ♦けげんな顔をした Puso cara de extrañeza. ♦うちの娘は手伝いを頼むといつもいやな顔をする（＝顔をしかめる）Mi hija siempre (me) pone mala cara cada vez que le pido ayuda.

《その他の表現》大きな顔をする v. darse* importancia [《口語》aires]. ▶顔を売る v. darse* a conocer* al público, ganar publicidad. ▶顔をつぶす[顔に泥を塗る]（＝面目を失わせる）v. causar vergüenza a los padres, hacer* que los padres se avergüencen. ▶我が物顔にふるまう v. actuar* como si fuera el dueño,《口語》andar* como Pedro por su casa. ♦彼は財界では顔が売れている Le conocen bien en los círculos financieros. /（知り合いが多い）Es muy conocido en el mundo de las finanzas. ♦彼は政治家に顔がきく（＝交際が広い）Tiene「mucha influencia entre [muchos contactos en] los políticos. ♦こんなことをして彼に会わす顔がない ¿Cómo voy a poder mirarlo[le] a la cara después de esto? ♦私たちは時々でよく顔を合わせる（＝出会う）De vez en cuando nos vemos en la calle. ♦顔を貸して（＝ちょっと話をさせて）くれませんか ¿Me puedes atender un momento? ♦彼はその事務所にはよく顔を出す（＝姿を現わす）Se deja ver con frecuencia por la oficina. / A menudo se asoma por la oficina. ♦彼の顔を立ててその仕事を引き受けた Acepté el trabajo「por él [para salvar su honor]. ☞面影, 顔色

かおあわせ 顔合わせ（会合）f. reunión;（相撲の取組）f. combate;（試合）m. combate. ▶初顔合わせ m. primer combate;（会合）f. primera reunión.

かおいろ 顔色（顔の皮膚の色）f. tez;（表情）f. expresión;（顔）f. cara;（血色）m. color. ▶顔色を変える v. cambiar de color,《文語》demudar la color. ▶青く[2赤く]なる v. ponerse* ^{1}pálido [^{2}colorado]. ♦彼の顔色をうかがう v. examinar su expresión;（彼の気分に敏感だ）v. tener* en cuenta su estado de ánimo. ♦彼女は顔色がよい Tiene un buen color de cara. /（健康そうに見える）Parece sana. / Tiene buena cara. ♦彼は顔色ひとつ変えなかった La expresión de su cara permaneció inalterable. / Su expresión no cambió nada. /（まったく平然としていた）Se mantuvo completamente inalterable. /《口語》Ni siquiera pestañeó. ☞色, 顔

かおく 家屋（家）f. casa;（建築物）m. edificio;（家屋敷）m. recinto. → 家

かおだち 顔立ち mpl. rasgos,《フォーマル》fpl. facciones. → 顔, 表情. ♦彼女は母親似の顔立ちだ Tiene los mismos rasgos que su madre. / Se parece mucho a su madre.

かおつき 顔つき（表情）m. aspecto, f. expresión, f. cara;（容貌(㌖)）mpl. rasgos,《フォーマル》fpl. facciones. ▶顔つきで人を判断する v. juzgar* a una pesona por su aspecto. ♦彼女は悲しそうな顔つきをしていた Tenía una expresión triste. / Parecía triste. ♦彼は怒った顔つきをした Me miró con la expresión malhumorada. / Me echó una mirada furiosa. → 顔, 素振り

かおなじみ 顔馴染み mf. conocido/da. → 顔見知り, 知り合い. ♦彼とは顔なじみです Lo [Le] conozco muy bien.

かおぶれ 顔ぶれ（人員）mpl. miembros [mpl. integrantes]《de》;（陣容）f. alineación. ▶新内閣の顔ぶれ mpl. miembros del nuevo gabinete. ♦同じ顔ぶれ f. misma alineación.

かおまけ 顔負け ♦数学では大学生もあの子供には顔負けだ（＝あの子供は大学生でさえ恥じ入らせる）En matemáticas ese niño es capaz de「sacar los colores [avergonzar] incluso a los universitarios. /（打ち負かす）Ese niño aventaja en matemáticas incluso a los universitarios.

かおみしり 顔見知り（知人）mf. conocido/da. ♦私は彼とはただの顔見知りだ Lo [Le] conozco (sólo) de vista. / No es amigo, sino sólo un conocido. ♦パーティーで彼女と顔見知りになった La conocí en una fiesta.

かおみせ 顔見せ（役者の）m. debut.

かおむけ 顔向け ♦家族に顔向けができない No tengo valor de mirar「a la cara [cara a cara] a mi familia. → 見る.

かおもじ 顔文字 →スマイリー

かおやく 顔役（大物）f. persona importante,《口語》m. pez gordo;（影響力の強い人）m. hombre influyente;（ギャングなどの）m. jefe,《口語》m. jefazo. ♦彼はその土地の顔役だ Allí el jefe es él. / En ese territorio él es el que manda.

•**かおり 香[薫]り**（花などの）m. aroma, m. perfume,《フォーマル》f. fragancia;（かすかな）m. olor;（におい）m. olor. → におい. ▶バラの香り f. fragancia de las rosas. ▶コーヒーの香り m. aroma del café. ▶香りのよい花 f. flor olorosa [fragante]. ▶バラの香りのする石けん m. jabón con perfume de rosas. ♦花の香りがミツバチを引きつけたのだ El perfume de las flores atrajo las abejas. ♦この茶は香りがよい Este té「tiene mucho aroma [huele muy bien].

かおる 香[薫]る（いいにおいがする）v. oler* bien,《フォーマル》ser* fragante. → におい. ▶庭にはライラックが薫っていた El olor de las lilas perfumaba el jardín.

がか 画家 mf. artista;（主に油絵の）mf. pintor/tora.

かがい 課外（正課以外の）adj. extracurricu-

かがいしゃ 加害者 (暴行などの) mf. autor/tora, mf. agresor/sora; (殺人」者) mf. criminal, mf. asesino/na. ◆彼が 事故の加害者だ Él fue el autor del [causó el] accidente.

かかえこむ 抱え込む (持つ) v. tener*; (引き受ける) v. encargarse* (de), 《フォーマル》 asumir. ◆彼は多くの仕事を抱え込んでいる Tiene mucho trabajo que hacer. / Se ha encargado de mucho trabajo.

かかえる 抱える ❶【持つ】(両腕で) v. llevar en los brazos; (小わきに) v. llevar debajo del brazo. ◆ひざを抱えて座っている v. sentarse* abrazando las rodillas. ◆彼女は大きな箱を両腕で抱えていた Llevaba una caja grande en los brazos. ◆彼は本をわきにかかえてやって来た Vino con unos libros debajo del brazo. ❷【引き受ける】 v. tener*. ◆大家族を抱える v. tener* una familia numerosa (que mantener*). ◆難問を抱える v. tener* un problema「difícil de resolver* [de difícil solución]. ◆たくさん仕事を抱える v. tener* mucho trabajo (que hacer).

*__かかく__ 価格 (値段) m. precio; (値打ち) m. valor. → 値段. ▶市場価格 m. precio de mercado. ▶消費者価格 m. precio al público [consumidor]. ▶生産者価格 m. precio「al productor [en fábrica]. ▶額面価格 m. valor facial. ▶価格協定 m. acuerdo de [sobre] precios. ▶価格統制 m. control de precios. ▶価格[1表 [2票] [1] f. lista [2] f. etiqueta] de precios. ▶価格破壊 f. revolución en los precios. ▶[1]適正 [2]法外な価格で売る v. vender [1]al precio justo [2]a un precio exorbitante]. ◆土地の価格は毎年上昇している Los precios de terrenos suben todos los años. ◆オペックは原油価格を引き下げるつもりでいる La OPEP reducirá los precios del (petróleo) crudo. ◆この古銭の本当の価格はどれ位でしょうか ¿Cuál es el valor real de estas viejas monedas?

*__かがく__ 科学 f. ciencia.
1《～科学》▶[1]自然 [2]社会; [3]応用] 科学 fpl. ciencias [1]naturales [2]sociales; [3]aplicadas]. ▶人文科学 fpl. humanidades.
2《科学＋名詞》▶科学技術 f. tecnología. ▶科学技術庁(長官) (mf. Director/tora General de) la Agencia de Ciencias y Tecnologías. ▶科学者 mf. científico/ca. ▶科学小説 f. ciencia ficción. ▶科学博物館 m. museo de ciencias. ◆コンピューターは科学技術の発達に新しい展望を開いてきた La informática ha abierto nuevos campos de desarrollo tecnológico.
3《科学の》▶科学の発展は必ずしも人間を幸福にしない El progreso de la ciencia no siempre significa la felicidad del hombre.
4《科学的な》 adj. científico. ▶科学的なやり方で adv. de manera científica; (科学的に) adv. científicamente.

*__かがく__ 化学 f. química. ▶化学(上)の, 化学的な adj. químico. ▶化学的に adv. químicamente.

1《～化学》▶[1]有機 [2]無機; [3]応用; [4]物理]化学 f. química [1]orgánica [2]inorgánica; [3]aplicada; [4]física].
2《化学＋名詞》▶化学[1]記号 [2式] [1] m. símbolo químico [2] f. fórmula química]. ▶化学工業 f. industria química. ▶化学[1]実験 [2]実験室] [1] m. experimento [2] m. laboratorio] químico. ▶化学者 mf. químico/ca. ▶化学製品 mpl. productos químicos. ▶化学繊維 f. fibra química. ▶化学調味料 m. condimento químico. ▶化学反応 f. reacción química. ▶化学変化 f. transformación química. ▶化学肥料 m. fertilizante [m. abono] químico. ▶化学物質 f. sustancia química. ▶化学兵器 f. arma química. ▶化学戦 f. guerra química. ▶化学療法 f. quimioterapia.

かがく 画角 (専門語) m. ángulo de vista.

かかげる 掲げる (高く上げる) v. levantar, poner*; (旗を) v. izar*; (主義・主張などを) v. mostrar*, colocar* (en lugar visible); (掲載する) v. llevar; (印刷する) v. imprimir*. ▶旗を掲げる v. izar* una bandera. ▶壁に掲示を掲げる v. colocar* un aviso en la pared. ▶第一面に掲げられた記事 m. artículo impreso en la primera página.

かかし 案山子 m. espantapájaros.

かかす 欠かす ▶欠かせないもの(必需品) m. artículo de primera necesidad, algo necesario. ◆彼はその会合には欠かさず出席する Asiste a las reuniones sin faltar nunca. ◆電話はわたしの仕事には欠かせない El teléfono es un artículo de primera necesidad en nuestro trabajo. /(口語) No podemos pasar sin él nunca.

かかと 踵 (足の) m. talón; (靴の) m. tacón. ▶かかとの[1]高い [2]低い]靴 mpl. zapatos de tacón [1]alto [2]bajo].

__かがみ__ 鏡 m. espejo; (姿見) f. luna, m. espejo; (手鏡) m. espejo de mano. ▶鏡(の中の自分)の姿を見る v. mirarse al espejo. ▶鏡に向かってネクタイを結ぶ v. hacerse el nudo de la corbata ante el espejo. ◆犯罪は時代の鏡だ Los crímenes son un espejo de los tiempos. ◆海は鏡のように静かだった El mar estaba como una balsa de aceite.

かがみ 鑑 m. ejemplo, m. modelo, 《文語》 m. parangón.

かがむ 屈む (前に曲げる) v. inclinarse, 《フォーマル》 encorvarse*; (頭と肩のあたりを) v. doblar la cabeza; (うずくまる) v. acurrucarse*; (しゃがむ) v. agacharse. ▶かがんで靴をはく v. inclinarse para calzarse*, agacharse y ponerse* los zapatos.

かがめる 屈める (前に曲げる) v. doblar; (傾ける) v. inclinar; (腰を) v. arquear; (頭と肩のあたりを) v. agachar; (ちぢこまる) v. acurrucar*, 《口語》 hacer* un ovillo. ◆身をかがめて少女にキスをする v. inclinarse para besar a la niña. ▶身をかがめて門をくぐる v. inclinarse para pasar por la puerta. ◆体をかがめて寝る v. acurrucarse* en la cama. ◆彼は腰をかがめて消しゴムを拾った Se inclinó y recogió la goma de

かがやかしい 輝かしい （有望な）adj. brillante, 《強調して》resplandeciente; （光栄ある）adj. glorioso; （傑出した）adj. espléndido. ▶¹輝かしい [²暗い] 未来 m. futuro ¹brillante [²oscuro]. ▶輝かしい勝利 f. victoria brillante [《強調して》gloriosa]. ▶輝かしい業績 m. logro brillante [espléndido, magnífico].

かがやかす 輝かす v. brillar, iluminar. ▶目を輝かせて見る v. mirar con ojos radiantes.

かがやき 輝き m. brillo, f. brillantez; （きらめき）m. centelleo, 《教養語》m. fulgor; （明るさ）m. resplandor, m. lustre. ▶¹目 [²ダイヤモンド]の輝き m. brillo de ¹los ojos [²un diamante]. ▶彼女が喜んでいるときの目の輝きが好きだ Me gusta el brillo de felicidad de sus ojos. / Me gusta cómo brillan sus ojos cuando es feliz.

__かがやく 輝く__ （光り輝く）v. brillar, relucir; （闇(ﾔﾐ)の中でぴかぴか光る）v. centellear, 《文語》titilar, 《詩句》rutilar; （反射してきらきら光る）v. reflejar con brillo, espejear, radiar; （ぬれたように光る）v. relumbrar, 《教養語》fulgurar; （はっと光る）v. destellar, emitir ráfagas de luz; （きらめく）v. resplandecer*, 《文語》refulgir*; （ぎらぎら光る）v. relumbrar, brillar. → 光る. ♦夜空に星がきらきら輝いていた Las estrellas centelleaban [《文語》titilaban] en el cielo. ♦海が日の光で輝いていた El mar brillaba「al sol [a los rayos del sol]. ♦彼女の顔さわやかで輝いた Su rostro「se iluminó [se puso radiante, brilló] de felicidad. ♦健康な赤ん坊は目が輝いている A un bebé sano le brillan los ojos. ♦彼女は健康美で輝いた Su piel brilla de salud. / Está resplandeciente de buena salud. ♦彼は目を輝かせてその話をした Hablaba sobre ello con los ojos radiantes. / Los ojos le brillaban cuando hablaba de eso. ⌐差す, 照る

かかり 係 （担当）m. servicio, m. cargo; （担当者）mf. encargado/da, mf. responsable; （部署）m. departamento, f. sección; （公共施設などの案内係）mf. asistente. ♦受付係 mf. recepcionista. ♦係長（広い意味で）m. gerente; （役職名）m. gerente de subsección. ▶遺失物のところへ行く v. dirigirse* a la Sección de Objetos Perdidos. ♦彼は料理をする係だ Es el encargado de la cocina.

-がかり （時間がかかる）v. tardar; （人手がかかる）v. necesitarse. ♦親がかりである（＝親に依存している）v. depender de los padres. ♦彼は二日がかりで部屋の掃除をした Tardó dos días en limpiar la habitación. ♦5人がかりでピアノを持ち上げた Se necesitaron cinco personas para levantar el piano.

かかりあう 掛かり合う （関係がある）v. tener* que*《con》; （取り引きなどの）v. tener* relación《con》; （巻き込まれる）v. verse* implicado [comprometido, involucrado,《口語》liado]《con》.

かかりいん 係員 （担当の人）mf. encargado/da. → 係.

かかりきり 掛かり切り ♦彼は歴史の研究に掛かり切りだった（＝専念していた）Estaba entregado [totalmente dedicado] al estudio de la Historia. → 専念.

かかりつけ 掛かり付け ♦掛かり付けの医者に行く v. ir* [acudir] al médico de cabecera [familia].

かがりび かがり火 （祝賀などの）f. hoguera, f. fogata. ▶かがり火をたく v. encender* una hoguera.

**かかる 掛[架]かる ❶【垂れ下がる】v. colgar*; （おおいかぶさる）v. estar* suspendido, pender. ♦絵が壁に掛かっている De la pared cuelga [pende] un cuadro. ♦雲は山に低くかかっていた Las nubes estaban suspendidas de las montañas.

❷【ふりかかる】（はねる）v. salpicar*; （落ちる）v. caer*. ♦水が私の上着にかかった El agua salpicó mi abrigo.

❸【わななどに】（動物が）v. ser* [quedar] atrapado (en una trampa); （人が）v. caer* (en una trampa). ▶わなにかかったキツネ m. zorro atrapado. ♦彼が木の間に仕掛けておいた網に鳥が数羽かかった Varios pájaros quedaron atrapados en las redes que él había puesto en los árboles. ♦彼はわれわれの計略にかかった Cayó en nuestra trampa.

❹【しっかり留まる】（鍵(ｶｷﾞ)が）v. cerrar(se)*; （ボタンが）v. abotonar. ♦このドアは自動的に鍵がかかる Esta puerta se cierra automáticamente. ♦このワイシャツは第1ボタンがうまくかからない El botón de arriba de esta camisa no se abrocha fácilmente.

❺【渡される】（橋が）v. cruzar*, tender*《sobre》; （虹が）v. aparecer* (en el cielo). ♦この川に2本の橋がかかっている Hay dos puentes que cruzan este río. / En este río hay dos puentes. ♦この川にこの橋がかかった（＝建設された）のは5年前です Hace cinco años que tendieron [construyeron] este puente sobre este río. ♦はしごが屋根にかかっていた Había una escalera apoyada contra el tejado. ♦こんろになべがかかっている Hay una sartén sobre el fuego de la cocina. ♦箱にひもがかかっていた（＝縛られていた）La caja estaba atada con una cuerda.

❻【作動する】v. funcionar; （動き出す）v. ponerse* en marcha, arrancar*. ♦ブレーキがかからない El freno no funciona. ♦大きな音をたててエンジンがかかった El motor arrancó haciendo mucho ruido. ♦エンジンがかかっている El motor está en marcha.

❼【負う, 被る】♦すべての品に税金がかかる Todos los productos「tienen impuesto [《フォーマル》son imponibles]. ♦彼らにわいろを使った疑いがかかった Eran sospechosos de soborno. / Sobre ellos pesaba una sospecha de soborno.

❽【電話などが】♦君に電話がかかっているよ Te llaman por teléfono. / Hay una llamada para ti. ♦彼から電話がかかってきた Recibí una llamada suya. ♦Me llamó por teléfono. ♦どこから電話がかかってきたの ¿Quién llama?

❾【費やされる】（時間・労力などの）v. tardar

《+時間》; llevar, necesitar(se), 《フォーマル》requerir*; (費用が) v. costar*, valer*. ◆その実験には時間と金がかかる El experimento necesita [requiere] tiempo y dinero. 会話 ここから駅までどのくらいかかりますか—1歩いて[2バスで]10分です ¿Cuánto se tarda de aquí a la estación?–Diez minutos a pie [en autobús]. ◆その仕事をするには大変手数がかかる 《口語》Ese trabajo lleva muchísimo trabajo. / 《フォーマル》Es un trabajo que requiere una gran cantidad de trabajo. 会話 この本を航空便で送るといくらかかりますか—千円かかります(郵便局で) ¿Cuánto cuesta mandar este libro por avión?–Cuesta 1.000 yenes. ◆彼が全快するまでに2週間はかかるだろう Pasarán dos semanas antes de que se ponga bien. / Tardará un par de semanas en ponerse bien. 会話 あとどのくらいかかるんだい—今行くよ ¿Cuánto más vas a tardar?–Ya voy. ◆10分とかからずに彼はその問題を解いた Tardó menos de diez minutos en solucionar el problema.

❿【始める, 従事する】(始める) v. empezar*, comenzar*, 《フォーマル》iniciar; (着手する) v. ponerse* (a ＋ 不定詞); (従事する) v. estar* ocupado (en, con). ◆本気で仕事に取り掛かる v. empezar* [ponerse*] a trabajar en serio. ◆世間話はやめて仕事にかかろう Dejemos 「los chismes [las tonterías] y vamos a ponernos a trabajar. ◆彼は今辞典の編集に取り掛かっている Ahora está ocupado en compilar un diccionario. ◆彼は新しい著作にかかっている Trabaja en un libro nuevo. / Le tiene ocupado un nuevo libro. ◆彼女は子供の世話にかかりっきりだ(=非常に多忙だ) Está muy ocupada cuidando a sus hijos. / (時間をすべてとられている) Todo su tiempo lo ocupa el cuidado de sus hijos.

⓫【依存する】v. depender (de); (責任・決定などが) v. estar* [《教養語》estribar] (en); (賭(かけ)られている) v. estar* en juego. ◆私たちが成功するかはみなさんの努力にかかっている Nuestro éxito depende 「de que todos trabajemos duramente [del esfuerzo de cada uno]. ◆その国の存亡は大統領にかかっていた El destino de la nación 「estaba en el [dependía del] presidente. ◆これは軽々しく決められる問題ではない。何百万人もの運命がかかっている No es un asunto que haya que decidir a la ligera. 「Está en juego [De él depende] el destino de millones de personas.

⓬【医者に】◆医者にかかる v. 「ir* a ver* [consultar] a un médico. ◆彼は風邪で医者にかかった Ha ido a ver al médico por un resfriado.

《その他の表現》◆静かな音楽がかかっていた Sonaba [Había puesta] una música suave. ◆さあ, かかってこい ¡Vamos! / ¡Venga! ◆気にかかることが2,3ある Hay algunas cosas que me están dando vueltas (en la cabeza). ◆君にはかかったらだめだ(=君にはとてもかなわない) No soy un rival para ti.

かかる 罹る (病気に) v. caer (enfermo); (感染する) v. tener*, 【スペイン】coger*, 【ラ米】agarrar; (冒される) v. estar* afectado 《por》; (経験する) v. tener*; (苦しむ) v. padecer* (de). ◆がんにかかった人々 mpl. enfermos de cáncer. ◆病気にかかりやすい v. ser* propenso a "caer* enfermo [enfermar], enfermar fácilmente. ◆彼は病気にかかって1週間学校を休んだ Cayó enfermo y faltó una semana a clase. ◆彼ははしかにかかった Ha cogido el sarampión. ◆彼女は腸チフスにかかっている「Está enferma de [Padece] (fiebre) tifoidea.

-かかる →かける

かがる (繕う) v. arreglar, remendar*; (縫い合わせる) v. coser; (編んだ衣類・穴などを繕う) v. zurcir*. ◆スカートの穴をかがる v. zurcir* un agujero en la falda.

*かかわらず ❶【…だけれども】conj. aunque, 《教養語》no obstante; (…にもかかわらず) prep. a pesar de que, pese a que; a pesar de, pese a. ◆彼女は病気にもかかわらず入学試験を受けた Aunque estaba enferma, hizo el examen de ingreso. / 「A pesar de que estaba enferma [A pesar de su enfermedad, 《教養語》No obstante estar enferma], se presentó al examen de ingreso. / 《口語》Enferma y todo, hizo el examen de ingreso. / Estaba enferma pero hizo el examen de ingreso. ◆あれほど苦労があるにもかかわらず彼はいつも陽気だ Pese a tantos problemas como tiene, siempre está alegre. / Aunque tiene muchos problemas, todo el tiempo está alegre. → けれども.

❷【関係なく】(…に 構わずに) prep. independientemente, sin distinción de. ◆年齢性別にかかわらず adv. sin distinción de edad ni sexo. ◆結果のいかんにかかわらず最善を尽くせ Haz lo mejor que puedas sin importarte las consecuencias. ◆晴雨にかかわらずラグビーの試合は行なわれます Llueva o no llueva, tendrá lugar el partido de rugby.

かかわり 係わり ◆それとは何の係わりもないよ Yo no tengo nada que ver con [en] eso. / (知ったことでない) No es asunto mío. / 《フォーマル》No me concierne en absoluto.

かかわりあう 係わり合う ◆そんな事件に係わり合ってはいけない No te metas [impliques] en ese asunto. → 係わる.

かかわる 係わる ❶【関与する】v. relacionarse [mezclarse, 《口語》meterse] 《con》, (巻き込まれる) v. estar* implicado [《口語》liado] 《en》, verse* afectado 《en》; (関係がある) v. tener* que ver* (en, con); (干渉する) v. interferir* (en). ◆あんな連中とかかわるな No 「te mezcles [tengas (nada) que ver] con gente así. / (離れておけ) Aléjate de esa gente. ◆彼はその犯罪にかかわった Estaba implicado en el delito.

❷【影響する】v. afectar; (関係する) v. tocar*. ◆名誉にかかわる v. afectar [tocar*] el honor. ◆その問題はわれわれ全員にかかわる Ese asunto nos afecta a todos.

❸【こだわる】◆つまらないことにかかわっている暇はな

い No tengo tiempo de preocuparme con tonterías.
　『その他の表現』▶命にかかわる v. poner* la vida en peligro. ▶命にかかわる病気 f. enfermedad fatal.
かかん 果敢 ▶果敢な(恐れを知らぬ) adj. valiente, 《教養語》intrépido; (大胆な) adj. atrevido, audaz; (断固とした) adj. decidido, resuelto. ▶果敢な勇気 f. valentía intrépida. ▶果敢に立ち向かう v. luchar valientemente (contra).
かき 夏期[季] m. verano. → 夏. ▶夏期休暇 → 夏休み. ▶夏期講座 m. curso de verano.
かき 下記 ▶下記の lo siguiente, los siguientes; adv. como sigue; adj. mencionados más abajo. ▶下記の項目 mpl. siguientes puntos. ▶彼らの名前は下記のとおりです Sus nombres son los siguientes: ...
かき 牡蠣 f. ostra. ▶生カキ f. ostra cruda. ▶カキのフライ fpl. ostras rebozadas. ▶カキ養殖業者 mf. ostricultor/tora.
かき 柿 m. caqui, 《日本語》m. kaki.
かき 火気 ▶火気厳禁 『掲示』 Prohibido encender fuego. / (注意:可燃物)Peligro: Inflamable.
かき 花卉 ▶花卉栽培 v. floricultura.
かぎ 鍵 ❶ f. llave, (錠) f. cerradura, m. cerrojo, m. candado. ▶鍵のかかったドア f. puerta cerrada con [bajo] llave.
　1《～鍵, 鍵＋名詞》▶ドアの鍵 f. llave de una puerta. ▶鍵束 m. manojo de llaves. ▶鍵穴 m. ojo de la cerradura.
　2《鍵が》▶かちっと鍵で鍵がかかった La cerradura「hizo un ruido y quedó echada [quedó echada con un ruido]. ▶この戸はどうしても鍵がかからない Esta puerta no se cierra con llave. ▶スーツケースは鍵がかかっている La maleta está cerrada con llave.
　3《鍵を》▶鍵を錠前に差し込む v. meter la llave en el ojo de la cerradura. ▶鍵をかける(＝錠を下ろす) v. echar la llave, cerrar* (una puerta) con llave. ▶鍵(＝錠)を開ける(＝はずす) v. abrir* (una puerta) con llave. ▶鍵(＝錠)をかけて(ダイヤを)しまっておく v. guardar (un diamante) bajo llave. ▶鍵(＝錠)をこじ開ける v. forzar* una cerradura. ▶家を出るときしっかりと鍵(＝錠)をかけて戸締まりをする v. echar la llave antes de salir* de casa. ▶引出しの鍵をかけ忘れた Se me olvidó echar la llave al cajón. / (鍵を開けたままにしていた)Dejé el cajón sin「cerrar con [echar la] llave. ▶彼女は鍵を中に閉じ込めてしまったために車に乗ることができなかった Dejó el coche cerrado con las llaves dentro y no podía entrar.
　❷【問題解決の】 f. clave, f. pista. ▶なぞを解く鍵を握っている v. tener* la clave del misterio.
かきあげる 書き上げる ▶手紙を書き上げる v. acabar de escribir* una carta. ▶彼は1か月でその小説を書き上げた Acabó la novela en un mes.
かきあつめる 掻き集める ▶落ち葉をかき集める(寄せ集める) v. recoger* las hojas caídas; (くま手で) v. rastrillar las hojas caídas. ▶金をかき集める v. reunir* dinero.
かきあらためる 書き改める ▶その物語をやさしいスペイン語に書き改める(＝書き直す) v. reescribir* [volver* a escribir*] la historia en español sencillo.
かきあらわす 書き表わす (表現する) v. expresar [《口語》poner*] por escrito; (描写する) v. describir*.
かきいれどき 書き入れ時 ▶冬はスキー場の書き入れ時だ(＝最高の季節だ) El invierno es el período de mayor actividad de las estaciones de esquí.
かきいれる 書き入れる (名前・金額などを日記・帳簿などに) v. rellenar, completar, anotar. ▶空欄に住所氏名を書き入れる v. rellenar los espacios con el nombre y la dirección; escribir* el nombre y la dirección en los espacios en blanco. ▶支出を出納簿に書き入れる v. anotar los gastos en un libro de contabilidad. ▶この用紙に必要事項を書き入れてください Rellene [Complete] este formulario, por favor.
かきうつす 書き写す v. copiar, transcribir*. ▶彼の言ったことを手帳に書き写す v. copiar [anotar, apuntar] lo que dijo en el cuaderno. ▶その本の1節をノートに書き写した Copié en mi cuaderno un pasaje del libro.
かきおき 書き置き (置き手紙) m. mensaje; (自殺者の) f. nota de suicidio; (遺言書) m. testamento. ▶書き置きを残す v. dejar「una nota [una carta, un mensaje, un testamento]. ▶テーブルの上に「田中医院に行きます。花子」という書き置きがあった Encontré en la mesa una nota que decía: "He ido a la Clínica Tanaka. Hanako.".
かきおろし 書き下ろし ▶書き下ろしの adj. recién escrito.
かきかえる 書き換える (書き改める) v. reescribir*; (やさしく言い換える) v. 《口語》poner* (en palabras sencillas), 《教養語》parafrasear; (物語などをやさしく) v. adaptar, (契約・手紙などを更新する) v. renovar*; (財産などの譲渡を) v. traspasar, transferir*. ▶子供用に書き換えられた物語 f. historia adaptada a los niños. ▶その伝記を子供向けに書き換える v. adaptar la biografía a los niños. ▶免許証を書き換える v. renovar* la licencia. ▶土地を息子名義に書き換える v. traspasar una finca al hijo. ▶次の文章をもっと易しい語で書き換えよ Pon [《教養語》Parafrasea] en palabras [《教養語》términos] más sencillos el siguiente pasaje.
かきかた 書き方 ▶手紙の書き方 m. modo [f. forma, f. manera] de escribir una carta. ▶この用紙は書き方(＝記入の仕方)が間違っている Este formulario [impreso] está mal escrito [rellenado, 《フォーマル》cumplimentado].
かきけす 掻き消す (とくに音が) v. ahogarse*, desaparecer*. ▶(声などが)騒音にかき消される v. quedar ahogado por el ruido. ▶彼の声は作業場の騒音にかき消されほとんど聞こえなかった Su voz ahogada por el ruido de la fábrica

apenas era audible.

かきごおり かき氷　m. hielo raspado con almíbar encima.

かきことば 書き言葉　f. lengua escrita.

かきこみ 書き込み　(注釈) m. apunte, f. nota, f. anotación; (記入) f. entrada. → 書き入れる. ▶欄外の書き込み (=傍注) mpl. apuntes al margen. ◆彼の教科書にはほとんど書き込みがない En su libro de texto aparecen muy pocas notas. / Encontramos muy pocas notas en su libro de texto.

かきこむ 書き込む　(書く) v. escribir*; anotar, apuntar; (書類・空白などに) v. rellenar, cumplimentar, completar; (帳簿などに) v. asentar*, anotar. → 記載する. ▶本に注を書き込む v. escribir* notas en un libro. ▶申込書に必要事項を書き込む v. rellenar una solicitud. ▶名簿に名前を書き込む v. apuntarse [anotar el nombre] en una lista.

かきこむ ▶かきこむように食べる v. engullir*, tragar*, zamparse, comer a toda prisa, comerse. ▶朝食をかきこむ (=急いで食べる) v. desayunarse rápidamente, engullir* el desayuno.

かきざき 鉤裂き　m. roto, m. rasgón, 『スペイン』《口語》 m. siete. ▶上着の大きなかぎ裂き (=裂け目) m. gran roto en el abrigo. ▶くぎにスカートを引っ掛けてかぎ裂きを作る v. hacerse* un rasgón en la falda con un clavo.

かきしるす 書き記す　(書き留める) v. anotar, apuntar, tomar notas, escribir*. ▶観察結果をノートに書き記す v. anotar observaciones en un cuaderno.

かきぞめ 書き初め　▶書き初めをする　v. escribir* la primera caligrafía del año.

がきだいしょう 餓鬼大将　m. gallito del corral, 《口語》 m. jefecillo.

かきだし 書き出し　▶小説の書き出し (=始まりの文) f. frase inicial de una novela. ◆その物語は大金持ちの事故死の書き出しで始まっている La historia empieza con la muerte accidental de un millonario.

かきだす 書き出す　▶小説を書き出す (=書き始め) v. empezar* a escribir* una novela. ▶本からある一節を書き出す (=抜粋する) v. sacar* [《フォーマル》extraer*] un pasaje de un libro. ▶候補者を書き出す (=一覧表を作る)　v. hacer* una lista de los candidatos.

かぎだす 嗅ぎ出す　▶荷物の中の麻薬を嗅ぎ出す v. oler* [《口語》olisquear*] las drogas que hay dentro de un equipaje. ▶秘密を嗅ぎ出す (=探り当てる) v. 《フォーマル》detectar (su) secreto. → 嗅ぎ付ける.

かきたてる 書き立てる　(論評を書く) v. escribir* con tono sensacionalista. ◆彼は新聞にその新作の劇のことを書き立てた Escribió la nueva obra de teatro en el periódico. ◆その醜聞は第一面に大いに書き立てられた El escándalo apareció sensacionalista en la primera página. ◆彼は私の欠点を手紙の中で書き立てた (=列挙した) En su carta hacía「una lista [《フォーマル》una enumeración, 《教養語》un elenco] de mis defectos.

かきたてる 掻き立てる　(感情などを) v. estimu-

かきなおす　233

lar, avivar, excitar, 《教養語》despertar*. ▶想像力をかき立てる v. estimular la imaginación. ◆その事件は彼の歴史に対する興味をかき立てた El suceso despertó [provocó] su interés por la historia.

かぎつける 嗅ぎ付ける　v. oler*, olfatear, 《口語》olerse*. ▶彼は危険を嗅ぎつけた 《口語》Se olió el peligro. ▶その記者にはニュースを嗅ぎ付ける力がある Ese periodista tiene (un buen) olfato para la noticia.

かぎっこ 鍵っ子　《説明的に》mf. niño/ña con la llave de su casa.

かぎって 限って　▶今日に限って　adv. precisamente [justo] hoy. ◆その日に限って私は授業を欠席していた Ese día concreto「falté a clase [no fui a clase]. ◆あの人に限って (=彼は決して)そんなことはしない Él jamás hará una cosa así. / (最もそんなことをしそうもない人だ)Sería la última persona en hacer algo así. / No es la persona que haría eso. 会話　ひょっとしてあの子ホームシックになっているんじゃないかしら―花子に限ってそんなことはない、すぐ友達のできるタイプなんだから Posiblemente echa de menos su casa. – No es el caso de Hanako. Ella hace amigos rápidamente. ◆急いでいるときに限ってバスが遅れる Nuestro autobús se retrasa especialmente cuando tenemos prisa. / Basta que tengamos prisa para que el autobús llegue tarde. ◆その日に限って家に財布を忘れてきた Ese día precisamente me dejé la cartera en casa.

かきつばた 杜若　m. lirio.

かきとめ 書留　m. correo certificado. ▶書留にする v. certificar*. ▶書留の1手紙 [2小包] 1 f. carta certificada [2 m. paquete certificado]. ▶書留速達　f. entrega certificada urgente. ▶書留で送る v. enviar* por correo certificado. ◆この手紙を書留にしてもらいたい Quiero enviar esta carta por correo certificado.

かきとめる 書き留める　v. anotar, apuntar, tomar apuntes. ▶彼の住所を書き留める v. apuntar [anotar] su dirección. → 書き取る ☞書き取る, 記す, 付[点]ける, 取[捕, 採, 執]る.

かきとり 書き取り　m. dictado. ▶書き取り1テスト [2練習] 1 m. examen [2 m. ejercicio] de dictado. ▶英語の時間に書き取りがある v. tener* un dictado en la clase de inglés. ◆先生はわれわれにスペイン語の書き取りをさせた Nuestro profesor nos puso un dictado de español.

かきとる 書き取る　(書き留める) v. apuntar, anotar; (その場で即座に) v. apuntar rápidamente; (メモする) v. tomar apuntes, hacer* una anotación. ▶警官は私の一言一句を手帳に書き取った El policía apuntó en su cuaderno todo lo que yo dije. ▶彼は教授の講義を書き取った Tomó apuntes de la conferencia del profesor. ◆先生はスペイン詩をクラスに書き取らせた El profesor dictó a la clase un poema en español.

かきなおす 書き直す　(内容を改める) v. reescribir*; (再び書く) v. volver* a escribir*, escri-

かきなぐる 書きなぐる v. 《口語》escribir* de prisa y corriendo, 《口語》garrapatear, hacer* garrapatos.

かきならす 掻き鳴らす v. rasguear. ▶ ギターをかき鳴らす v. rasguear la guitarra. ▶ ギターで曲をかき鳴らす v. rasguearle una melodía a la guitarra.

かきね 垣根 (生け垣) m. seto; (さく) f. valla, f. cerca. ▶ 高い垣根 m. seto alto. ▶ その家のまわりは垣根がめぐらされている La casa está vallada. / Un seto rodea la casa.

かきのこす 書き残す v. dejar por escrito; (書かないままにしておく) v. dejar sin escribir*; (書いて残す) v. dejar una nota.

かきまぜる 掻き混ぜる (飲み物などをスプーンなどで) v. revolver*; (玉子・クリームなどを泡立て器などで) v. batir, remover*. ▶ スープに塩を少々入れてかき混ぜる v. echar sal a la sopa y revolver*.

かきまわす かき回す (かきまぜる) v. remover*; (秩序・平静を乱す) v. molestar, 《強調して》alborotar, 《フォーマル》alterar. ▶ スプーンでコーヒーをかき回す v. remover* el café con una cuchara. ▶ 会議をかき回す (=混乱させる) v. alborotar la conferencia.

かきみだす 掻き乱す v. turbar, perturbar, alterar. → 乱す. ▶ 心の平穏をかき乱す (=動揺させる) v. turbar la paz de espíritu. ▶ 彼の言葉が彼女の心をひどくかき乱した Sus palabras la alteraron mucho.

かきむしる 掻きむしる (つめで) v. arañar; 掻(か)く; (髪を) v. rasgar*, desgarrar. ▶ 絶望のあまり髪の毛をかきむしる (=引き抜く) v. tirarse de los pelos de desesperación.

かきもの 書き物 m. escrito. → 書類, 文書. ▶ 書き物机 m. escritorio. ▶ 書き物をする v. escribir*.

かきゅう 下級 ▶ 下級の adj. inferior, más bajo; (後進の) adj. junior; (階級が) adj. inferior. ▶ 下級生 mf. alumno/na de curso inferior. ▶ 下級裁判所 m. juzgado [m. tribunal, 『ラ米』f. corte] inferior. ▶ 下級将校 m. oficial subalterno. → 上級.

かぎゅう 蝸牛 ▶ かたつむり, 《専門語》f. cóclea. ▶ 蝸牛管《専門語》m. conducto coclear. ▶ 蝸牛神経《専門語》m. nervio coclear.

かきょう 佳境 ▶ 話は佳境に入った (=最も面白い部分に達した) Hemos llegado a lo más interesante de la historia. / (よい所に達した) Estamos en lo mejor de la historia. / (最高潮に達した) La historia ha llegado a su clímax.

かきょう 華僑《説明的に》mf. comerciante (residente) chino/na en el extranjero.

かぎょう 家業 m. negocio familiar. ▶ 家業を継ぐ v. suceder en el negocio familiar. ▶ うちの家業は代々呉服商です Durante generaciones el negocio de nuestra familia ha sido prendas de confección.

かぎょう 稼業 m. trabajo, f. profesión, f. ocupación. → 商売.

かきょく 歌曲 f. canción, f. melodía.

かぎらない 限らない (必ずしも...とは) adv. no siempre..., no necesariamente..; (すべてが...とは) adv. no todos... ▶ 政治家が賢明だとは限らない No todos los políticos tienen que ser inteligentes. / Los políticos no son necesariamente inteligentes. ▶ 君が勝つとは限らない No vas a ganar siempre. / No siempre se gana.

かぎられた 限られた ▶ 限られた (=狭い) 場所 m. espacio limitado. ▶ 限られた理解力 f. inteligencia limitada.

*__かぎり__ 限り ❶【限界】(限度) m. límite; (終わり) m. fin. ▶ 限りない (=永遠に続く) 喜び f. alegría eterna [perdurable]. ♦ 人間の力には限りがある El poder del hombre es limitado. / Hay un límite en el poder humano. ♦ 宇宙に限りはない El universo no tiene límites. / El universo es infinito. ♦ 討論は限りなく続いた La discusión no tenía límite(s). / La discusión ʻno tuvo fin [fue eterna]ʼ.

❷【範囲・限度いっぱい】▶ 声を限りに叫ぶ《口語》v. gritar con la voz en cuello; (できる限り大声で) v. gritar lo más posible. ▶ 私に関する限りは adv. en cuanto a mí, por mi parte. ▶ 彼は母親のためにできる限りのことをしたが母親はよくならなかった Hizo todo lo que pudo por su madre, pero ésta no mejoró. ♦ 見渡す限り雪景色だった Hasta donde se podía ver, todo estaba cubierto de nieve. ♦ 生きている限りご親切は忘れません Mientras yo viva, nunca olvidaré su amabilidad. ♦ 私の知っている限りでは彼はまだ健在だ ʻQue yo sepa [Por lo que yo sé]ʼ, está ʻvivo y sano [《口語》vivito y coleando]ʼ. 《会話》この町に映画館はありますか—私の知っている限りではありません ¿Hay algún cine en esta ciudad? – No, ʻque yo sepa [por lo que yo sé]ʼ. ♦ もっと勉強しないと落第しますよ Suspenderás a menos que trabajes más.

❸【制限, 期限】▶ 今回に限り彼を許す v. perdonarle sólo por esta vez. ♦ 学生に限り入場可 Admisión reservada a estudiantes. / Sólo se admiten estudiantes. ♦ 申し込みは今月10日までに限り受け付けます Sólo se aceptan solicitudes hasta el día 11 de este mes. / (11日以後は受け取れません) No se aceptan solicitudes después del día 11 de este mes. ♦ 今日限り (=以降は) たばこをやめる A partir de hoy no fumaré más.

__かぎる__ 限る ❶【制限する】(限界を設ける) v. limitar, poner [fijar] un límite; (制限・条件をつける) v. restringir*, 《文語》circunscribir*. → 制限する. ▶ 1日の仕事を8時間に限る v. limitar la jornada laboral a ocho horas. ♦ 会員は大人に限る La afiliación está limitada a adultos. / Sólo se admiten adultos como socios. ♦ 彼の権限は狭い範囲に限られる Su poder está restringido dentro de estrechos límites. / Su poder está (muy) limitado. ♦ 日本では天然資源が非常に限られる Los recursos naturales de Japón son [están] muy limitados. / En Japón hay

un (número) limitado de recursos naturales. ♦お支払いは現金に限ります Sólo se acepta dinero en metálico [efectivo]. ♦おいでになる方はどなたに限らず歓迎します Quien [El que] venga será bienvenido.
❷【一番よい】♦その手に限る Ése es el mejor modo. ♦ハイキングは秋に限る El otoño es la mejor época para ir de excursión. ♦暑い日は冷たいビールに限る No hay nada como una cerveza fresca en un día caluroso.

かきわける 掻き分ける v. abrirse* paso. ▶人込みをかき分けて進む v. abrirse* paso a codazos entre la multitud.

かぎわける 嗅ぎ分ける v. oler*; (嗅いで発見する) v. olfatear. ♦この犬は麻薬を嗅ぎ分けることができる Este perro puede olfatear drogas [descubrir drogas por el olor]. ♦この二つの石鹸を嗅ぎ分けるのは難しい Es difícil distinguir estos dos jabones por el olor.

かきん 家禽 fpl. aves de corral.

***かく** 書[描]く ❶【文などを】v. escribir*; (詩歌・楽曲などを) v. redactar; (つづる) v. escribir*, deletrear.

1《を書く》▶字を上手に [²はっきり] 書く v. escribir* ¹bien [²claramente]. ▶自伝を書く v. escribir* una autobiografía. ♦アルゼンチンについて本を書く v. escribir* un libro sobre Argentina. ♦国際情勢について論文を書く v. escribir* una tesis sobre la situación internacional. ♦彼は脚本を書いている(職業として) Escribe para el teatro. / Es un dramaturgo. 会話 それでは皆さん答えを書きなさい(=書き留めなさい)―鉛筆でいいですか Ahora escriban sus respuestas. ― ¿Se puede con lápiz? 会話 パスさん、お名前(=姓)はどう書くのですか―P, A, Z です ¿Cómo se escribe su apellido, Sr. Paz? ― Se escribe P(pe), A(a), Z(zeta).

2《に...を書く》▶¹雑誌 [²新聞] に原稿を書く(=寄稿する) v. escribir* para ¹una revista [²un periódico]. ♦彼は長い手紙を書いた Le escribí una larga carta.

3《で書く》▶ペンで書く v. escribir* a [con] pluma. ▶手で [²左手で; ³大文字で] 書く v. escribir* ¹a mano [²con la izquierda; ³con mayúsculas].

4《(と)書いてある》v. decir*, 《口語》poner*. ♦新聞に関西で大地震があったと書いてある 《Dice el periódico》[《Según el periódico》; 《フォーマル》 El periódico informa; 《口語》 El periódico pone] que ha habido un fuerte terremoto en la región de Kansai. ♦彼は日曜日に来ると書いてよこした Me dijo (en su carta) que vendría el domingo. ♦標識には「一方通行」と書いてある En el letrero dice "Sentido Único". 会話 ガイドブックには宿泊施設のことについて何か書いてありますか―一番安いのは35ドルほどだと書いてあります ¿Dice la guía algo sobre alojamiento? ― Dice que lo más barato cuesta alrededor de 35 dólares.

❷【絵などを】v. dibujar, trazar*; (彩色して) v. pintar. ▶¹地図 [²下絵; ³円] をかく v. dibujar un ¹mapa [²esbozo; ³círculo]. ♦油絵をかく v. pintar al óleo. ♦花びんにバラの絵をかく v. pintar rosas en un jarrón. ♦彼は私に絵をかいてくれた Me pintó un cuadro. / Pintó un cuadro para mí. ☞ 著わす, 書き込む, 付[点]ける

***かく** 欠く ❶【一部をこわす】v. romper* el borde, mellar, hacer* una muesca. ▶刀の刃を欠く v. mellar la hoja de una espada. ♦だれかがぼくの湯飲みを欠いた Alguien me ha roto el borde de mi taza.

❷【足りない】v. carecer*《de》, faltar. → 欠ける. ▶¹統一 [²集中力] を欠く v. carecer* de ¹unidad [²concentración]. ▶義理を欠く v. descuidar [faltar a] los deberes. ♦幸福な生活には経済的安定を欠くことができない La seguridad económica es esencial para una vida feliz. ♦君は行動に慎重さを欠いていた Has sido imprudente. / Tu acción ha sido imprudente.

かく 核 (原子・細胞などの) m. núcleo; (物事の核心) m. quid.

❶《~(の)核》▶原子核 m. núcleo atómico. ♦細胞の核が傷つけられた El núcleo de la célula fue dañado.

❷《核+名詞》▶核拡散防止条約 m. Tratado de No Proliferación Nuclear [de Armas Nucleares], 【略】TNP. ▶核家族 f. familia nuclear. ▶核戦争 f. guerra nuclear. ▶核¹燃料 [²分裂; ³融合] ¹m. combustible [²f. fisión; ³f. fusión] nuclear. ▶核¹爆弾 [²弾頭] ¹f. bomba [²f. cabeza] nuclear. ▶核爆発 f. explosión nuclear. ▶核¹武装 [²軍縮] ¹m. armamento [²m. desarme] nuclear. ▶核保有国 f. potencia nuclear. ▶非核三原則 mpl. tres principios no nucleares. ▶核武装する v. adquirir* armas nucleares. ▶その国に核攻撃を加える v. lanzar* un ataque nuclear a un país. ▶核実験を行なう v. realizar* una prueba nuclear. ▶核兵器 f. arma nuclear. → 核兵器.

❸《(核の)》adj. nuclear. ▶核の傘 m. paraguas nuclear. ▶核の冬 m. invierno nuclear. ▶日本への核(=核兵器)の持ち込みを禁ずる v. prohibir* la introducción de armas nucleares en Japón.

かく 格 ❶【格式】(地位) m. estado, f. posición; (階級) m. rango, f. categoría. ♦彼の方が社会的には格が上だ Tiene un rango social superior al mío. / Es superior a mí en posición social. ♦わが社と採光社では格が違う(=比べられない、採光社より劣っている) Nuestra empresa no es comparable a [con] Saiko.
❷【文法】m. caso. ▶主格 m. caso nominativo.

かく 掻く v. arrascar(se)*, rascar*; (器具で) v. raspar. ▶頭をかく v. arrascarse* la cabeza. ▶蚊にくわれたところをかく v. arrascarse* las picaduras de mosquito. ♦体をかいてはいけません No te arrasques.

かく 角 m. ángulo → 角度; (四角) m. cuadrángulo; (将棋の) m. alfil. ▶¹鈍 [²鋭] 角 m. ángulo ¹obtuso [²agudo]. ♦角ばったあごの男 m. hombre de mandíbula cuadrada.

かく　各　(すべての) *adj.* cada; (それぞれの) *pron.* cada uno. → それぞれ. ◆各部屋 *m.* cada cuarto, *f.* cada habitación. ◆各階層の人々 *fpl.* gentes de toda clase y condición. ◆各位 → 各位.

かぐ　嗅ぐ　*v.* oler*,《口語》olerse*; (鼻を鳴らして) *v.* olfatear, olisquear. ◆香水のにおいを嗅ぐ *v.* oler* el perfume. ◆犬は地面をくんくん嗅いでいた El perro olfateaba el suelo. ◆彼らの秘密を嗅ぎつけた Me olí su secreto.

***かぐ　家具**　*mpl.* muebles,《フォーマル》mobiliario. ◆家具屋(店) *f.* tienda de muebles. ◆家具一式 *m.* conjunto de muebles. ◆家具付きの貸家 *f.* casa amueblada. ◆部屋に家具を入れる *v.* amueblar「una habitación [un cuarto]. ◆その部屋には多くの家具があった En la habitación había muchos muebles. ◆家具類は高価ではないが, 趣味の悪いものだった Los muebles eran caros, pero sin [de mal] gusto.

がく　額　❶【金額】*f.* suma; (量) *f.* cantidad, *m.* volumen. → 幾ら. ◆生産額 *m.* volumen de producción. ◆それをするにはかなりの額の金が必要だ Para hacer eso se necesita「una gran suma de [《口語》muchísimo] dinero. ◆損失額は全部で4百万円に達している El total de pérdidas asciende a 4 millones de yenes.
❷【額縁】*m.* marco. ◆絵を額に入れる *v.* enmarcar* un cuadro, poner* un cuadro en un marco; (人に頼んで) *v.* hacer* enmarcar* un cuadro. ◆壁に額を掛ける *v.* colgar* un cuadro enmarcado en la pared.

がく　学　(学職) *m.* saber, *f.* erudición; (教育) *f.* educación, *mpl.* estudios; (知識) *mpl.* conocimientos. ◆学をつける(=学問を授ける) *v.* dar*「a + 人」una buena educación [formación]. ◆彼は非常に学がある Es un hombre muy instruido. /《口語》Sabe mucho.

がく　萼　*m.* cáliz.

かくあげ　格上げ　(階級が上がること) *m.* ascenso; (昇進) *f.* promoción. ◆格上げする(昇進させる) *v.* ascender*「a + 人」a un rango superior. ◆彼は大尉に格上げになった Le ascendieron a capitán.

かくい　各位　Señores, A todos. ◆関係各位 A quien corresponda (☆公式文書・手紙の冒頭で不特定の人に対する書き出し文句).

がくい　学位　*m.* título (académico). ◆彼はマドリード大学で法学博士の学位を取った Sacó el título de doctorado en Derecho por [en] la Universidad de Madrid. ◆彼女は博士の学位を持っている Tiene el título de doctorado. ◆彼はセルバンテスについての学位論文(=博士論文)を書いた Escribió una tesis doctoral sobre Cervantes. → 論文.

かくいつ　画一　(一様であること) *f.* uniformidad; (規格化) *f.* estandarización. ◆画一化 *f.* uniformación. ◆自動車の部品を画一化する *v.* uniformar las partes [piezas] de un automóvil. ◆いろいろな問題を画一的に扱うわけにはゆきません No podemos tratar cada diferente problema「de forma uniforme [《フォーマル》uniformemente].

がくいん　学院　*f.* academia, *m.* instituto, *m.* centro escolar [académico].

かくう　架空　◆架空の(想像上の) *adj.* imaginario; (創作上の) *adj.* fantástico; (事実と違う) *adj.* ficticio, irreal. ◆架空の動物 *m.* animal fantástico. ◆架空の人物 *m.* personaje ficticio [imaginario]. ◆架空名義で *adv.* bajo un nombre ficticio [falso].

かくえきていしゃ　各駅停車　(列車) *m.* tren local (que se para en cada estación). ◆この列車は三宮から先は各駅停車になる Desde Sannomiya este tren se para en todas las estaciones.

がくえん　学園　(学校) *f.* escuela, *m.* centro docente; (大学構内) *m.* campus. ◆学園祭 *m.* festival escolar. ◆学園生活 *f.* vida universitaria. ◆学園都市 *f.* ciudad universitaria. ◆学園紛争 *mpl.* disturbios「en la universidad [estudiantiles].

かくかい　◆各界の名士 *fpl.* personalidades destacadas de diferentes círculos [campos].

かくかく　tal y tal [cual]. → これこれ.

がくがく　(体が震えて) *v.* temblar*, tiritar; (歯が震えて) *v.* castañear. ◆がくがくする膝(⅔) *fpl.* rodillas temblorosas. ◆彼は恐怖でがくがくした Tembló de miedo. ◆とても寒くて少女の歯はがくがく鳴っていた Hacía tanto frío que a la niña le castañeaban los dientes.

かくかしょう　角化症　《専門語》*f.* queratosis. ◆光線性角化症《専門語》*f.* queratosis actínica.

がくかんせつ　顎関節　《専門語》*f.* articulación de la mandíbula. ◆顎関節症《専門語》*f.* artrosis temporomandibular.

かくぎ　閣議　*f.* junta de gabinete,『スペイン』*m.* consejo de ministros. ◆¹定例 [²臨時]閣議 *f.* junta de gabinete ¹ordinaria [²extraordinaria].

がくぎょう　学業　*mpl.* estudios. ◆学業成績(口語) *fpl.* notas,《フォーマル》*m.* expediente académico. → 成績. ◆学業にはげむ *v.* estudiar「con ahinco [《口語》en cuerpo y alma]. ◆学業を終える *v.* acabar los estudios.

がくげいいん　学芸員　*mf.* conservador/dora, *mf.* curador/dora.

がくげいかい　学芸会　*m.* teatro de la escuela.

かくげつ　隔月　◆隔月刊行の雑誌 *f.* revista bimestral. ◆この雑誌は隔月に出版される Esta revista「es bimensual [se publica cada dos meses].

かくげん　格言　*m.* proverbio,《教養語》*m.* adagio; (言いならわし) *m.* refrán, *m.* dicho; (処世訓) *f.* máxima,《教養語》*f.* sentencia. → 諺.

***かくご　覚悟**　(用意, 心構え) *f.* preparación, *f.* disposición; (決心) *f.* resolución, *f.* decisión, *f.* determinación. ◆私は地位を捨てる覚悟をしている Estoy preparado [dispuesto] a [para] dejar mi puesto. ◆万一(=最悪)の覚悟をしておけ Prepárate [Disponte] para lo

peor. ◆私は最後まで戦う覚悟を決めた Estoy decid*ido* a luchar hasta el final. /《フォーマル》He tomado la resolución de combatir hasta el final. ◆危険は覚悟（＝十分承知）の上でやってみます Estoy plenamente consciente del peligro pero lo intentaré. ◆こうなると（＝こういう知らせがあると）覚悟はしていたもののやはりショックでした Estaba preparado para la noticia, pero no ha dejado de impresionarme.
―― 覚悟する *v.* prepararse, estar* dispue*sto* [prepar*ado*,《口語》list*o*]《a》;（決心する）*v.* decidirse《a》;（堅く決心している）*v.* estar* decid*ido* firmemente《a》;（あきらめる）*v.* resignarse [estar* resign*ado*]《a》.

かくさ 格差（隔たり）*f.* diferencia;（違い）《教養語》*f.* disparidad. ▶賃金格差 *f.* diferencia salarial [de sueldo].

がくさいてき 学際的 ▶学際的協力 *f.* cooperación interdisciplinaria.

かくさく 画策（計画）*f.* trama, *f.* intriga,《教養語》*f.* maquinación;（策略）*f.* maniobra. ▶その教授を大学から追い出そうと画策する *v.* tramar la expulsión de [hacer* una trama para expulsar a] ese profesor de la universidad. ▶陰で画策する *v.*《口語》tirar de los hilos.

かくさげ 格下げ（地位・階級を下げること）《フォーマル》*f.* degradación. ◆支配人は職務怠慢のため格下げされた El gerente fue descendido a una posición inferior por negligencia en el deber.

かくさとう 角砂糖 *m.* azúcar en terrones, *m.* terrón de azúcar. → 砂糖.

地域差 角砂糖
〔全般的に〕*m.* terrón de azúcar
〔スペイン〕*mpl.* azucarillos
〔ラテンアメリカ〕*mpl.* cubitos de azúcar
〔キューバ〕*mpl.* cuadritos de azúcar
〔メキシコ〕*m.* azúcar en terrón, *mpl.* cuadritos de azúcar, *mpl.* cubos de azúcar
〔コロンビア〕*mpl.* cubos de azúcar
〔アルゼンチン〕*m.* azúcar de pan, *m.* azúcar en panes, *m.* azúcar en terrón

かくさん 拡散（広がること）*f.* propagación, *f.* diseminación;（液体・気体の）*f.* difusión;（増殖）*f.* proliferación. ▶核兵器の拡散をふせぐ *v.* prevenir* la proliferación nuclear. ▶ガスを拡散する *v.* difundir un gas. ▶有毒ガスがたちまち空気中に拡散した El gas tóxico se propagó [difundió] rápidamente por el aire.

かくさん 核酸 *m.* ácido nucleico. ▶リボ核酸 *m.* ácido ribonucleico.

かくし 隠し ▶隠し属性《専門語》*m.* atributo oculto. ▶隠しファイル《専門語》*m.* archivo oculto.

かくじ 各自 *pron.* cada uno,《口語》todo el mundo, cada cual. → それぞれ. ▶だれもが各自の意見を持っている Cada uno tiene su opinión. ◆各自，自分の席についた "Se sentaron en [Todo el mundo tomó] su respectivo asiento.

がくし 学資 *mpl.* gastos 「de estudios [escolares]. → 学費.

がくし 学士 *mf.* licenci*ado/da*;（大卒者）*mf.* licenci*ado* / *da* universitari*o* / *ria*. ▶〔文[2理〕学士 *mf.* licenci*ado/da* en ¹Letras [²Ciencias]. ▶日本学士院 *f.* Academia de Japón. ▶千葉大学で学士を取る *v.* obtener* una licenciatura en la Universidad (de) Chiba.

かくしき 格式（格式ばること）*f.* formalidad;（儀礼）*f.* ceremonia;（社会的なしきたり）*f.* convención social;（社会的階層）*f.* posición social. ▶格式ばった手紙 *f.* carta formal. ▶格式ばらずに *adv.* sin formalidades [《口語》ceremonias]. ▶格式にこだわる *v.* dar* importancia a las formalidades, ser* ceremoni*oso*. ▶格式が高い *v.* tener* una posición social alta. ▶格式を重んじる *v.* ser* fiel a las convenciones sociales. ◆彼の家とうでは格式がまるで違う Su familia es muy diferente a la mía en posición social.

がくしき 学識（学問）*m.* saber, *mpl.* conocimientos;（研究などによって得た深い知識）*f.* erudición. ▶学識経験者 *f.* persona culta y experimentada. ▶深い学識 *f.* erudición profunda, *mpl.* profundos conocimientos. ▶学識のある *f.* persona docta;（学者）*mf.* erudit*o/ta*, *mf.* estudios*o/sa*.

かくしげい 隠し芸 *m.* talento secreto [escondido]. ◆彼は忘年会で物まねの隠し芸を披露した En la fiesta de fin de año reveló su talento para imitar.

かくしごと 隠し事 *m.* secreto. ▶私に何か隠しをしている *v.* mantener* algo en secreto para mí. ◆隠し事がとうとう明るみに出た Por fin el secreto salió a la luz.

かくしだて 隠し立て ▶隠し立てをする *v.* tener* [《口語》andar*] con] secretos《sobre》. ◆そんなことなら何も隠し立てすることもなかったのに Si es eso, no tenías que haber andado con secretos.

かくしつ 確執 *f.* discordia.

*かくじつ 確実（確かなこと）*f.* certeza, *f.* seguridad;（信頼性）*f.* fiabilidad.
―― 確実な *adj.* cierto, seguro. → 確か. ▶確実な証拠 *f.* prueba segura [indudable]. ▶確実な方法 *m.* método seguro. ▶確実な情報 *f.* información fiable. ▶確実な投資 *f.* inversión segura. ▶〔理論などが〕確実な根拠に基づいている *v.* estar* basado en una razón sólida. ◆彼が落第するのは確実だ Su fracaso es seguro. / Es seguro que va a fracasar. 〈会話〉確かかい――確実さ ¿Estás seguro? ‒ Seguro. ◆彼が再選されるのは確実だろう Su reelección parece segura [cierta]. ◆この馬は絶対確実だ．負けっこない Seguro que va a ganar este caballo. No puede perder. ◆われわれの勝利は確実だ Nuestra victoria es segura.
―― 確実に *adv.* ciertamente, con toda certeza, seguramente, con seguridad;（疑いなく）*adv.* sin duda, indudablemente → 確かに;（必ず）*adv.* sin falta. ▶確実に（＝必ず）今夜彼に電話しなさいよ Llámale esta noche sin falta. ▷確定，確か，手堅い，確かに，ちゃんと

かくじつ 隔日 ▶隔日に医院へ通う *v.* ir* al

médico「cada dos días [un día sí y otro no].

かくしつぞうしょく 角質増殖 〘専門語〙 f. hiperqueratosis.

かくしどり 隠し撮り ▶隠し撮りをする v. sacar*「una foto [un vídeo] a escondidas.

__がくしゃ 学者__ (人文系の) mf. estudioso/sa, mf. erudito/ta, mf. sabio/bia, 〘フォーマル〙f. persona docta; (理科系の) mf. científico/ca. ▶学者的な adj. erudito, docto; académico. ▶学者ぶる v. ser un pedante,〖スペイン〗dárselas de entendido. ◆彼には学者肌のところがある Hay en él algo de erudito. ◆彼は古代史の著名な学者だ Es un distinguido erudito de historia antigua. ☞学識, 学究

かくしゃく 矍鑠 ▶かくしゃくとしている (=元気はつらつとしている) v.〘口語〙estar*「como un roble [con salud de hierro].

かくしゅ 各種 ▶各種の(あらゆる/多くの種類の) adj. todo tipo de, muchas clases de; (さまざまな種類の) adj. gran variedad de. ◆当店には各種の楽器が取り揃えてあります Tenemos「todo tipo [muchas clases] de instrumentos musicales. /〘フォーマル〙Disponemos de una gran variedad de instrumentos musicales. → 種類.

かくしゅう 隔週 f. bisemanal, quincenal. ▶隔週発行の雑誌 f. revista bisemanal [quincenal]. ▶隔週にそこへ行く v. ir* allí「cada dos semanas [una vez cada dos semanas, una semana sí y otra no]. ▶隔週火曜日に発行する v. publicar(se)* cada dos martes. →一週間で, ごとに(に).

かくじゅう 拡充 f. expansión, f. ampliación. ▶拡充する v. expandir(se), ampliar, agrandar → 拡張する.

がくしゅう 学習 (学科の) m. estudio; (技能などの) m. aprendizaje. → 勉強. ▶学習辞典 m. diccionario de aprendizaje. ◆スペイン語の学習にスペインのトレドに行きたい Deseo ir a Toledo, en España, a estudiar español. ☞覚え, 手習い

かくしゅがっこう 各種学校 (職業訓練学校) f. escuela「de formación profesional [〖ラ米〗vocacional].

がくじゅつ 学術 (科学) f. ciencia; (学問) mpl. estudios. ▶学術雑誌 f. revista científica. ▶学術調査団 f. misión de investigación científica. ▶日本学術会議 El Consejo de Ciencias de Japón. ▶学術論文を書く v. escribir* un tratado científico (sobre).

かくしょう 確証 (決定的な証拠) fpl. pruebas concluyentes [decisivas], f. evidencia suficiente; (明確な証拠) f. prueba positiva. → 証拠. ▶彼の無実の確証を得る v. conseguir* pruebas concluyentes de su inocencia. ▶共謀の確証 (=信頼するに足る証拠)はあがっていない No se han hallado pruebas suficientes para una acusación de conspiración.

がくしょう 楽章 m. movimiento. ▶第3楽章 m. tercer movimiento.

がくしょく 学殖 ▶学殖の深い人 mf. sabio/bia, f. persona「muy docta [de profundos conocimientos]. → 学識.

かくしん 確信 (信念) f. convicción, f. creencia; (自信) f. seguridad. ▶確信をもって言う v. afirmar [〘口語〙decir*] con seguridad [firmeza]. ▶確信犯(人) mf. criminal de convicción. ▶彼女の証言で彼が犯人だという確信を持った Su testimonio confirmó mi convicción de que era culpable. /〘フォーマル〙Su testimonio me ratificó en su culpabilidad. ◆それが本当かどうか確信が持てない No estoy convencido de que (eso) sea cierto.
── **確信する** v.「estar* convencido [convencerse*] (de + 名詞, (de) que); (堅く信じる) v. creer* firmemente; (自信を持つ) v. estar* seguro (de, (de) que). ◆私は彼の成功を確信している Estoy seguro [convencido] de su éxito. / Estoy seguro [convencido] (de) que tendrá éxito. / Tengo la firme convicción de que triunfará. → きっと. ◆私は彼の潔白を確信している Estoy convencido de su inocencia. / Estoy seguro [convencido] que es inocente. / Creo firmemente que es inocente.

かくしん 革新 (技術の) f. innovación; (制度などの) f. reforma, f. renovación. → 改革. ▶技術革新 fpl. innovaciones tecnológicas. ▶革新1政党 [2政権] 1 m. partido [2 m. gobierno] reformista [reformador]. ▶革新的な考え fpl. ideas progresistas; (革命的な) fpl. ideas revolucionarias. ▶革新する v. reformar, renovar ❶ ☞刷新, 新機軸

かくしん 核心 m. núcleo, f. médula; (要点) m. tema (principal), m. punto (esencial), 〘口語〙m. grano. ◆その問題の核心に触れる v. ir*「a la raíz del problema [〘口語〙al grano, 〘口語〙al asunto]. ◆彼の話は核心に触れている (=要を得ている) Sus palabras van al grano. ☞生命, 中核, 中心

かくじん 各人 pron. cada uno, f. cada persona. → 各自, それぞれ.

__かくす 隠す__ ❶【姿・物を】v. esconder, ocultar, 〘フォーマル〙tapar, 〘フォーマル〙encubrir. ▶1押し入れに [2カーテンの後ろに; 3警察から]身を隠す v. esconderse 1en el armario [2detrás de la cortina; 3de la policía]. ▶両手で顔を隠す v.「ocultar la cara en (con) [〘口語〙taparse la cara con] las manos. ◆彼はピストルをベッドの下に隠した Escondió la pistola debajo de la cama. ◆背の高い草が彼の姿を隠していた La alta hierba lo ocultaba de la vista. ◆先生がやって来ると彼は漫画本をそっと隠した Al acercarse el profesor, escondió el tebeo.
❷【悪事・感情などを】v. 〘フォーマル〙encubrir*; (覆い隠す) v. disimular, disfrazar*; (秘密にしておく) v. guardar en secreto, mantener* oculto [en secreto]. → 秘密. ▶その事実を隠す v. ocultar [〘フォーマル〙encubrir*] el hecho. ▶隠さずに adv. sin disimulo; (率直に) adv. francamente, abiertamente. ▶何を隠そう (=率直に言えば) adv. hablando francamente. ▶自分の失敗を隠す v. ocultar su falta. ◆彼は内心の当惑をにっこり笑って隠そうとした Intentó disimular [disfrazar] su confu-

sión con una sonrisa. /《フォーマル》Trató de encubrir su turbación sonriendo. ◆私はあなたに何も隠したりしていません No te estoy ocultando nada. /（何でも隠さず話している）No tengo secretos [ningún secreto] para ti. / No te guardo ningún secreto.

《その他の表現》◆この事は長い間人に隠して（＝人に話さないで）おいた He mantenido esto oculto [en secreto] mucho tiempo. ◆名前は隠しておいてください Quiero [Deseo]「permanecer anónimo [mantener el anonimato].
→ 匿名. ☞ 覆う, 忍ばせる

かくせい 隔世 ▶隔世遺伝《教養語》*m*. atavismo. ◆当時のことを思うと隔世の感がある Cuando recuerdo aquellos días, me parece como si viviera en otra época.

*・**がくせい** 学生 *mf.* estudiante, *mf.* alumn*o/na*;（大学生）《フォーマル》*mf.* universit*ario/ria*.

1《～学生》◆熱心な学生 *mf.* estudiante aplicad*o/da* [diligente, estudios*o/sa*]. ◆彼は[医学 [²歴史学]の（専攻の）学生だ Es estudiante de ¹medicina [²historia]. /私は京都大学の学生です Soy estudiante en la Universidad de Kioto.

2《学生＋名詞》▶学生自治会 *f.* junta [*f.* asamblea] de alumnos. ▶学生運動 *m.* movimiento estudiantil. ▶学生生活 *f.* vida estudiantil [universitaria, escolar]. ▶学生寮 *f.* residencia universitaria,【スペイン】*m.* colegio mayor. ▶学生時代に *adv.* estando en la universidad, en los años de estudiante. ▶高校・大学の１年生 *mf.* estudiante de primer año. ▶高校・大学の２年生 *mf.* estudiante de segundo año. ▶高校・大学の３年生 *mf.* estudiante de tercer año. ▶大学学部学生 *mf.* estudiante de licenciatura
☞ 教え子, 弟子

かくせいき 拡声器 *m.* altavoz,【ラ米】*m.* alto parlante;（携帯用の）*m.* megáfono.

かくせいざい 覚醒剤 *m.* estimulante, *f.* droga estimulante,《専門語》*f.* anfetamina.

かくぜつ 隔絶 (孤立) *f.* aislamiento.（離れること）*f.* separación. ▶社会から隔絶して暮らす *v.* vivir aisl*ado* [apart*ado*, en aislamiento, separ*ado*] del mundo. ◆その村は文明社会から隔絶している Esa aldea está aislada [apartada] de la civilización.

がくせつ 学説 *f.* teoría, *f.* doctrina. → 説.

がくぜん ▶がくぜんとした *v.* quedarse atóni*to* [asombra*do*,《教養語》estupefac*to*,《口語》pasma*do*], asombrarse, estar* asombra*do* [《フォーマル》perple*jo*]. ▶ 驚く. ◆がくぜんとして *adv.* con asombro; *adj.*《口語》boquiabier*to*.

がくそく 学則 *m.* reglamento escolar,《フォーマル》*f.* normativa académica. ▶新しい学則を設ける *v.* establecer* [《フォーマル》dictar] un nuevo reglamento escolar.

*・**かくだい** 拡大（範囲・勢力などの）*f.* expansión, *f.* ampliación, *m.* agrandamiento, *m.* ensanchamiento.

—— 拡大する（広げる）*v.* ampliar;（ある点まで、またはそれを越えて）*v.* extender*;（大きくする）*v.* agrandar,《口語》hacer* más grande, ensanchar → 拡張する;（戦争などを段階的に）*v.* intensificarse*, propagarse*. ◆生産性を拡大する *v.* ampliar la productividad. ◆市場をアジアに拡大する *v.* ampliar el mercado a Asia. ◆3倍に拡大する *v.* ampliar「tres veces [el triple]. ◆彼らの事業は拡大している Su negocio está aumentando. ◆戦火は広がった La guerra se propagó. ◆彼はその法律を可能な限り拡大解釈した Amplió la interpretación de la ley al máximo.

がくたい 楽隊 *f.* banda, *m.* conjunto musical;（吹奏楽の）*f.* banda de música;（管弦楽の）*f.* orquesta.

かくだん 格段 ▶格段に（＝断然）よい *adj.* mejor con mucho. ▶スペイン語が格段に（＝著しく）進歩する *v.* realizar* [hacer*] un progreso notable en español. ▶両者の間には格段の（＝顕著な）相違がある Entre los dos hay una marcada [llamativa] diferencia.

がくだん 楽団 *f.* orquesta;（吹奏楽・ジャズ・ロックなどの）*f.* banda, *m.* conjunto (musical). ▶楽団員（オーケストラの）*m.* miembro de la orquesta;（ジャズなどの）*m.* miembro de la banda, *m.* músico.

かくち 各地 *m.* cada lugar, *f.* cada región;（いろいろな場所）*mpl.* diferentes lugares [*fpl.* regiones,《口語》*mpl.* rincones]. ▶各地の今日の温度 *f.* temperatura de hoy en cada región. ▶世界各地から来る *v.* venir* de「todo el mundo [《口語》todos los rincones del mundo].

かくちょう 拡張 *f.* ampliación, *f.* extensión.
→ 拡大する. ▶領土拡張 *f.* expansión del territorio. ▶軍備拡張 *f.* expansión armamentista [militar]. ▶拡張子《専門語》*f.* extensión. ▶拡張スロット《専門語》*f.* ranura de expansión. ▶拡張メモリー《専門語》*f.* memoria expandida.

—— 拡張する（容積・範囲などを）*v.* ampliar;（長さ・勢力などを）*v.* extender*,《教養語》expandir;（規模・面積などを）*v.* agrandar;（幅をに）ensanchar. ▶事業を拡張する *v.* ampliar [agrandar, extender*] el negocio. ▶道路を駅まで拡張する *v.* prolongar* la carretera a la estación. ▶空港を拡張する *v.* ampliar [ensanchar] un aeropuerto. ◆彼らは校舎の拡張を計画している Tienen el plan de ampliar el edificio de la escuela.

かくちょう 格調 ▶格調高い（＝高尚な）文体で書く *v.* escribir* en un estilo elegante [elevado, grandilocuente, altisonante].

がくちょう 学長（大学の）*mf.* rector*/tora*. ▶彼を東都大学の学長に任命する *v.* nombrarlo[le] rector de la Universidad Toto.

かくづけ 格付け ▶年間優秀映画の格付け（＝評価）*f.* clasificación de las películas del año. ▶生徒を学力によって格付けする *v.* clasificar* [calificar*] a los alumnos según su capacidad académica. ◆彼は最高級の職人と格付けされている Está calificado como el mejor artesano.

かくてい 確定 (決定) f. decisión. ▶確定的な(最終的な) adj. final; (明確な) adj. definitivo; adj. decidido; (確実な) adj. seguro. ▶確定する(決定される) v. estar* decidido; (日取りなどが) v. estar* fijado. ▶確定申告 f. declaración del impuesto sobre la renta. ▶確定判決 m. juicio final. ▶会合の日を確定する v. fijar [establecer*] la fecha de la reunión. → 決定する. ▶彼が昇進することはほぼ確定的だ Es casi definitivo su ascenso. / Es casi seguro que será ascendido. ▶新しい校舎を建てることが確定した Se ha decidido la construcción de un nuevo edificio escolar. ▶彼の死刑がついに確定した Quedó decidida su pena de muerte.

カクテル m. cóctel. ▶カクテルグラス f. copa de cóctel. ▶カクテルドレス m. traje de noche. ▶カクテルパーティー m. cóctel, f. fiesta.

かくど 角度 m. ángulo. ▶角度を測る v. medir* el ángulo. ▶はしごを壁に対して30度の角度でたてかける v. colocar* la escalera en la pared en [a, con] un ángulo de 30 grados. ▶別の[²いろいろな]角度から眺める v. mirar(lo) desde ¹otro ángulo [²diferentes ángulos]. ▶あらゆる角度(=面)から論じる v. discutir(lo) desde todos los ángulos [aspectos].

かくとう 格闘 (打ち合いの) m. combate, f. pelea; (取っ組み合いの) f. lucha [f. pelea] cuerpo a cuerpo; (奪い合いの)《口語》f. pelea. ▶格闘する v. luchar [pelearse] (con, contra) ➪戦[闘]う, 取り組む

かくとう 確答 ▶確答を避ける(=責任逃れの答えをする) v. dar* una respuesta evasiva, 「evitar dar* [no comprometerse a] una respuesta definitiva. ▶確答する v. dar* una respuesta definitiva.

かくとく 獲得 f. adquisición. ▶版権の獲得 f. adquisición de los derechos de un texto.
—— 獲得する (得る) v. conseguir*, obtener*, lograr, 《フォーマル》adquirir*; (確保する) v. asegurar; (競って) v. ganar. → 得る. ▶日本国籍を獲得する v. obtener* la nacionalidad japonesa. ▶金メダルを獲得する v. ganar una medalla de oro. ▶新党は4百議席中30議席を獲得した El nuevo partido político ganó 30 de los 400 escaños. ➪射止める, 取[捕, 採, 執]る

がくない 学内 (学校の構内) m. campus (universitario). ▶学内で adv. en el campus. ▶学内新聞 m. periódico universitario.

かくにん 確認 (間違いないことの) f. confirmación; (真実・正確であることの) f. verificación; (同一であることの) f. identificación. → 確かめる. ▶確認する v. confirmar, verificar*; identificar*. ▶電話でホテルの予約を確認する v. confirmar la reserva de hotel por teléfono. ▶指紋によって死体の身元を確認する v. identificar* un cuerpo (muerto) por las huellas dactilares. ▶確認をとるため私はそれを警察へ持って行った Lo llevé a la policía para que lo identificaran.

かくねん 隔年 ▶隔年の行事 f. bienal, m. acontecimiento [m. evento] bienal. → 隔週.

・がくねん 学年 (小学校・中学校の) m. curso (escolar); (大学の) m. curso (académico); (小学校・中学校の学校年度) m. año escolar; (大学の学校年度) m. año académico. ▶学年末試験 m. examen final, mpl. finales. ▶第2学年の生徒 mf. alumno/na de segundo curso. ◆日本では1学年は3学期に分かれている El año escolar de Japón se divide en tres trimestres.

かくのうこ 格納庫 《仏語》m. "hangar". ▶飛行機を格納庫に入れる v. meter un avión en un hangar.

かくのごとく 斯くの如し adv. así, de este modo, de esta manera. ▶彼はかくのごとく語った Habló así [de esta manera].

がくは 学派 f. escuela. ▶エピクロス学派 f. escuela de Epicuro.

がくばつ 学閥 (出身校による) m. clan académico [universitario]. ▶学閥の弊害 mpl. males de un clan académico. ▶学閥を打破する v. romper* los clanes académicos.

かくはん 攪拌 ▶攪拌する v. batir, remover*. → 掻(か)き混ぜる. ▶攪拌器 f. batidora, m. batidor.

がくひ 学費 mpl. gastos de estudios [《フォーマル》escolaridad]; (授業料) fpl. tasas académicas. ▶アルバイトをして学費をかせぐ v. costearse los estudios trabajando por horas. ◆おじが私の大学の学費を出してくれた Mi tío me costeó los estudios.

がくふ 楽譜 f. partitura; (1枚の) f. hoja de música. ▶ピアノの楽譜 f. partitura de piano. ▶楽譜を読む v. leer* una partitura. ▶楽譜なしで演奏する v. tocar* sin partitura.

がくぶ 学部 (一般教養を終えてから入る専門学部) f. facultad. ▶法学部 f. Facultad de Derecho. ▶東邦大学医学部 f. Facultad de Medicina de la Universidad Toto. ▶学部学生 mf. estudiante de licenciatura. ▶学部長 mf. decano/na.

がくふう 学風 (学問の伝統) f. escuela, f. tradición académica; (研究の方法) m. método de estudio. ▶あの二人の学者は学風が違う Esos dos estudiosos pertenecen a diferentes escuelas.

がくぶち 額縁 m. marco (de un cuadro). → 額.

かくへいき 核兵器 (個々の) f. arma nuclear; (全体) m. armamento nuclear. → 核. ◆核兵器反対! ¡Fuera nucleares!

かくべつ 格別 adj. particular; (特別の) adj. especial; (例外的な) adj. excepcional; (著しい) adj. notable; (普通でない) adj. extraordinario/ria. ▶格別の(=心からの)お引き立てありがとうございます Muchas gracias por su amable patrocinio.
—— 格別(に) adv. especialmente, particularmente; (例外的に) adv. excepcionalmente. → 特に. ◆その映画を格別見たいわけではない No tengo interés especial en ver esa película. ◆今日は格別寒い Hoy especialmente hace frío. / Hoy hace un frío anormal. /

(今日の寒さは格別だ)El frío de hoy es extraordinario. ♦ 神戸の夜景は格別だ(=格別に美しい)La vista nocturna de Kobe es particularmente hermosa. ♦ 格別これといったことはなかった No ocurrió nada extraordinario. ⇨ 殊に, 特別に, とりわけ

かくほ 確保 ▶席(女)のために席を確保する v. asegurarle [garantizarle*] un asiento. ▶必要な人員を確保する v. asegurarse el número exigido de personas. ▶得る. ▶私は席を確保しておくために新聞をいすにおいた Puse un periódico en mi silla para asegurarme [reservarme] el asiento. ⇨ 獲得する, 取って置く

かくまう (保護する)v. dar* refugio [protección, asilo] 《a + 人》; (隠れ場所を提供する)v. cobijar, albergar*. ▶逃亡者をかくまう v. dar* refugio a un/una fugitivo/va.

かくまく 角膜 《専門語》f. córnea. ♦ 角膜の adj. corneal. ▶角膜移植をする v. transplantar una córnea. ▶角膜炎《専門語》f. queratitis. ▶角膜潰瘍《専門語》f. úlcera corneal. ▶角膜症《専門語》f. queratopatía. ▶角膜剥離《専門語》f. abrasión corneal.

かくめい 革命 f. revolución. ♦ 革命的な adj. revolucionario.

1《〜革命》 ▶ [1]武力 [2]無血]革命 f. revolución [1]armada [2]《教養語》incruenta]. ▶反革命 f. contrarrevolución. ▶ [1]フランス [2]産業] 革命 f. Revolución [1]Francesa [2]Industrial].

2《革命 + 名詞》 ▶革命運動 m. movimiento revolucionario. ▶革命家 mf. revolucionario/ria. ▶革命 [1]軍 [2]政府] [1] m. ejército [2] m. gobierno] revolucionario. ▶革命思想 f. idea revolucionaria [radical]. ♦ それは革命的な(=画期的な)考えだ Es una idea revolucionaria.

3《革命が[を]》 ▶母国で革命が起こった En mi patria ha estallado una revolución. ♦ 軍隊が革命を起こした El ejército [puso en marcha [inició] la revolución. ♦ 車は社会生活に革命を起こした Los automóviles han revolucionado [provocado una revolución en] la vida social.

がくめい 学名 m. nombre científico.

がくめん 額面 m. valor nominal [a la par]. ▶彼のことばを額面どおりに受け取る v. tomar sus palabras literalmente [《口語》al pie de la letra].

* **がくもん 学問** (読書・研究による知識(習得)) mpl. estudios, f. ciencia, f. formación académica; (教育) f. educación, f. instrucción.

1《学問が》 ▶彼はとても学問がある人だ Es una persona [muy instruida [con muchos estudios]. ▶彼には学問がない(=教育を受けていない)No tiene estudios. / 《ことわざ》Carece de formación académica. → 教育.

2《学問の》 ▶学問の世界 m. mundo académico. ▶学問の自由 f. libertad científica [académica]. ▶学問の一分野 una rama de la ciencia. ♦ 学問の進歩によって多くのことが明らかになった El avance de la ciencia ha aclara-

がくりょく **241**

do muchas cosas.

3《学問に[を]》 ▶学問を修める v. seguir* los estudios. → 勉強する. ♦ 彼は学問に励んだ(=熱心に研究した) Estudió duramente. / Fue muy aplicado en sus estudios. ▶学問に王道なし《ことわざ》No hay ciencia sin trabajo. /《ことわざ》La letra con sangre entra.

4《学問だ》 ▶哲学は高尚な学問だ La filosofía es una ciencia ilustre.

5《学問的》 ▶学問的方法を使う v. emplear un método científico. ▶学問的に扱う v. tratar(lo) [《フォーマル》abordar(lo)] científicamente [de modo científico] ⇨ 学識, 学術

がくや 楽屋 (劇場などの) m. camerino, m. camarín. ▶楽屋裏へ行く v. pasar a los bastidores.

かくやく 確約 f. promesa formal. ▶確約する v. hacer* 《a + 人》 una promesa formal, 《口語》 dar* 《a + 人》 la palabra, prometer formalmente. ▶約束.

かくやす 格安 ▶それを格安の値段で買った Lo compré [a muy buen precio [muy barato, 《口語》baratísimo, 《口語》a precio de ganga]. ♦ このラジオは本当に格安(=格安の品)だ Esta radio es verdaderamente una [buena compra [《口語》ganga].

がくゆう 学友 mf. condiscípulo / la, mf. compañero/ra de escuela [universidad, clase].

がくようひん 学用品 m. material escolar.

かくり 隔離 m. aislamiento → 孤立; (伝染病予防のための) f. cuarentena. ▶隔離病棟 m. pabellón aislado (para enfermos contagiosos). ▶その患者を隔離しておく v. mantener* al paciente aislado. ▶隔離する v. aislar*; poner* en cuarentena.

かくりつ 確率 (見込み) f. probabilidad. ▶確率論的方法 m. método estocástico. ♦ 彼の成功の確率はほとんどない Hay pocas probabilidades de que tenga éxito. / La probabilidad de que tenga éxito es mínima.

かくりつ 確立 m. establecimiento. ▶方針の確立 f. establecimiento de una política. ▶婦人の地位を確立する v. establecer* la posición social de la mujer. ♦ その作品で彼の画家としての名声が確立した Ese trabajo estableció su prestigio como artista.

かくりょう 閣僚 mf. miembro del gabinete. ▶閣僚級の会談 f. conferencia ministerial [de ministros]. ▶閣僚の一人である v. ocupar un asiento en el gabinete. ♦ 全閣僚が抗議のため辞職すると言っている [Todo el ministerio [El ministerio en bloque] ha amenazado con dimitir en protesta.

がくりょう 学寮 →学生(→学生寮).

がくりょく 学力 (生徒の) m. nivel escolar; (大学生の) m. nivel académico; (学識) mpl. conocimientos académicos. ▶学力試験 m. examen de nivel escolar [académico]. ▶彼は大卒以上の学力がある Su nivel académico es superior al de un licenciado universitario. ♦ 彼女のスペイン語の学力(=知識)は[1]大

したものだ [²低い] Sus conocimientos de español son ¹excelentes [²escasos].

がくれい 学齢 *f*. edad escolar. ▶学齢に達する *v*.「llegar* a [alcanzar*] edad escolar. ▶学齢に達していない子 *mf*. niño/ña en edad preescolar;（未就学児童）*mf*. niño / ña preescolar.

かくれが 隠れ家（場）*m*. escondite;（犯罪者などの）*m*. escondrijo. ▶隠れ家を捜す *v*. buscar* (su) escondite.

がくれき 学歴 ❶*mpl*. antecedentes académicos, *m*. historial académico;（学校教育）*f*. enseñanza escolar. ♦日本は学歴社会だ En Japón cuenta la titulación académica. ♦彼はほとんど学歴がない Apenas tiene antecedentes académicos. / No tiene titulación académica.

かくれみの 隠れ蓑（衣服）*m*. manto invisible;（手段）*f*. tapadera《de》.

*‧**かくれる** 隠れる ❶【身を隠す】*v*. esconderse, ocultarse;（避難する）*v*. refugiarse《en》;（待ち伏せる）*v*. acechar. ♦彼が出てゆくまで1奥の部屋 [²ベッドの下; ³カーテンの後ろ]に隠れています Me esconderé ¹en el cuarto trasero [²debajo de la cama; ³detrás de la cortina]. ♦私の家族はみな教会に隠れた Toda la familia se refugió en la iglesia. ♦その強盗はドアの後ろにピストルを構えて隠れていた El atracador acechaba [estaba escondido] detrás de la puerta con la pistola preparada.
❷【見えなくなる】*v*. ocultarse, desaparecer*, quedar cubier*to* [escondi*do*, ocul*to*, tapa*do*]. ♦慈善の美名に隠れて *adv*. con el velo de la caridad. ♦飛行機は雲に隠れて見えなくなった El avión desapareció entre las nubes. / El avión quedó oculto por las nubes. ♦雲が出て来て月が隠れた Aparecieron nubes ocultando la Luna. ♦潮が満ちて岩が隠れた La marea subió ocultando las rocas.
❸【潜在する】*v*. estar* ocul*to*, acechar. → 潜む。▶隠れた意味 *m*. significado oculto. ▶隠れた才能を引き出す *v*. descubrir* un talento oculto,《教養語》desvelar un talento latente.
❹【人に知られないようにする】▶（俗世間から）隠れて暮らす *v*. vivir apartad*o* [aislad*o*, de incógnito], llevar una vida retirada. ▶親に隠れてアルバイトする *v*. trabajar por horas「a escondidas de los padres [sin que los padres lo sepan]. ♦内緒. ♦彼女は私に隠れて（=私の背後で）それをした Lo hizo「a escondidas mías [a mis espaldas, sin que yo lo supiera]. ◁くらます，忍ぶ，隠す

かくれんぼう 隠れん坊 ▶隠れん坊をする *v*. jugar* al escondite.

かくろん 各論（詳細な討論）*f*. discusión pormenorizada [con detalle];（詳細）*m*. detalle. ▶各論に入る *v*. entrar en detalles [pormenores]. ▶総論から各論へ進む *v*. pasar「de lo general a lo particular [de una discusión general a otra pormenorizada].

がくわり 学割 *m*. descuento para estudiantes. ▶学割料金 *m*. precio para estudiantes.
♦あの店は学割がきく En esa tienda se ofrecen precios especiales para estudiantes.

がくんと（ぐいと）*adv*. con una sacudida, bruscamente;（急に）*adv*. de repente. ♦バスががくんと止まった El autobús se detuvo「dando una sacudida [de repente, bruscamente]. ♦彼は成績ががくんと下がった Sus calificaciones bajaron bruscamente. ♦バスはがくんがくんと揺れながら田舎道を進んで行った El autobús「iba dando tumbos [traqueteaba] por el camino rural. ♦その老人はひざをがくんとついた El anciano cayó de rodillas.

かけ 掛け *m*. crédito. → 付け。♦掛け売りお断り【掲示】No se fía. / No se vende a crédito. / No se acepta crédito.

かけ 賭け（賭け事）*f*. apuesta《por》;（ゲームなどの）*m*. juego → 賭(⁽ ⁾)ける。（危険）*m*. riesgo. ▶賭け金 *f*. apuesta, *m*. dinero apostado. ♦大きな賭けをする *v*. apostar* mucho,《口語》jugar* a lo grande;（大きな危険を冒す）*v*. hacer* una gran apuesta, correr* muchos riesgos. ▶賭けに¹勝つ [²負ける] *v*.¹ganar [²perder*] una apuesta. ▶賭けトランプをする *v*. jugar* a las cartas con dinero. → 賭(⁽ ⁾)ける。♦彼は賭け事が好きだ Le gusta jugar con dinero. ♦その事で彼と賭けをした Le hice una apuesta por eso. ♦人生は賭け（=運まかせの勝負）だ La vida es una apuesta.

*‧**かげ** 陰 ❶【日陰】*f*. sombra,《文語》*f*. umbría. ▶陰干しする *v*. secar* a la sombra. ♦とても暑かったので陰に入って休んだ Hacía tanto calor que me puse a la sombra y descansé. ♦大きな木が公園のあちこちに陰を作っていた Los árboles grandes daban [《フォーマル》proyectaban] sombra en muchas partes del parque. ♦彼の家はいつもあの建物の陰になっている Su casa está siempre a la sombra de ese edificio. ♦そこにてくれませんか。陰になるんですよ Perdone ¿puede moverse un poco?「Me está usted dando sombra [Es que me está quitando el sol].
❷【背後】♦彼はカーテンの陰に隠れた Se escondió detrás de la cortina. ♦彼がドアの陰から中をのぞいていた Estaba mirando desde detrás de la puerta. ♦陰で人の悪口を言ってはいけません No hay que hablar mal de los demás「por detrás [cuando están ausentes]. → 悪口。
♦彼が陰で糸を引いているのだ Actuaba「entre bastidores [a la sombra]. ♦彼らは陰でよからぬことをたくらんでいる Están tramando algo entre bastidores.

*‧**かげ** 影（影法師）*f*. sombra;（人などの姿）*f*. silueta, *f*. figura humana;（物などの姿）*f*. forma, *f*. silueta;（人・物の輪郭）*m*. reflejo, *f*. imagen.

1《影が》 ♦夕方になると影が長くなる El sol de la tarde alarga las sombras. / Las sombras se alargan al caer la tarde. ♦ビルの影が地面に映っていた En el suelo se veía la sombra de un edificio. /（ビルが地面に影を落としていた）El edificio proyectaba una sombra en el suelo. ♦暗がりの中でゆっくりと動く人の影が見えた Pude ver una sombra moviéndose lenta-

mente en la oscuridad. ◆山々の影が水に映っていた Las montañas se reflejaban en el agua. / El reflejo de las montañas se veía en el agua.
2《影を》 ◆彼は水に映った自分の影を見た Vio su reflejo en el agua. / Se miró reflejado en el agua. ◆ Vio su figura reflejada en el agua. ◆父親の死がわれわれに暗い影を落とした La muerte de nuestro padre nos「puso muy tristes [《教養語》ensombreció].
【その他の表現】 ◆彼が偉すぎて兄の影が薄い(=目立たなくさせる)Es tan grande que deja a la sombra a su hermano. ◆かつての大スターであった彼女も今では見る影もなかった(=昔の面影はなかった)Ahora no es ni la sombra de la gran estrella que fue en un tiempo. ◆島は影も形もなく(=跡形もなく)消えた No queda ni sombra de la isla. / La isla ha desaparecido sin dejar rastro. ◆その娘の影も形もなった。湖に突き落されたのかもしれない No había ni sombra de la muchacha. Quizás la empujaron al lago. ◆最近ではそのような犯罪も影をひそめている(=ない)Últimamente no han ocurrido delitos así. ◆うわさをすれば影 《ことわざ》Hablando del rey de Roma, por la puerta asoma.

がけ 崖 (海岸の)m. acantilado; (一般に)m. precipicio; (しばしば比喩的に)m. abismo; (険しい)m. risco. ◆崖前れ m. derrumbamiento, m. derrumbe. ◆切り立った崖をよじ登る v. subir por un escarpado acantilado. ◆崖から海に落ちる v. caerse* al mar por un acantilado. ◆日本経済は崖っぷちに立っていた La economía japonesa estaba al borde del abismo [precipicio].

かけあがる 駆け上がる v. subir corriendo [《口語》a la carrera]; (急いで) v. subir con prisa. ◆階段を駆け上がる v. subir corriendo las escaleras.

かけあし 駆け足 f. carrera; (馬の) m. galope. ◆二日間の駆け足旅行 m. recorrido [f. visita] relámpago de dos días. ◆駆け足で来る v. venir* corriendo [《口語》a la carrera, a paso redoblado]; (馬が) v. galopar.

かけあわせる 掛け合わせる ▶3と4を掛け合わせる(乗じる)v. multiplicar* 3 por 4. ◆雌馬と雄のロバを掛け合わせる(=交配する)v. cruzar* una yegua con un burro.

かけい 家計 《家庭の予算》 m. presupuesto familiar [《フォーマル》doméstico], fpl. cuentas del hogar; (家庭の財政状態) f. economía familiar, 《フォーマル》fpl. finanzas domésticas; (家計費) mpl. gastos domésticos; (生活費) mpl. gastos de vida. ◆家計簿をつける v. llevar las cuentas [la casa [del hogar]]. ◆家計を切り詰める v. reducir* los gastos domésticos. ◆我が家の家計は赤字だ Nuestro presupuesto familiar está en números rojos. ◆彼女は家計を助けるためにアルバイトをしている Trabaja por horas para ayudar al presupuesto familiar.

かけい 家系 f. genealogía, m. linaje. → 家柄. ◆家系図 m. árbol genealógico. → 系図.

かげえ 影絵 f. silueta.

かけだし **243**

かけおち 駆け落ち f. fuga. ◆愛人と駆け落ちする v. fugarse* con el/la amante. ◆二人は駆け落ちした Los dos se fugaron juntos.

かけおりる 駆け下りる v. bajar corriendo [《口語》a la carrera]; (急いで) v. bajar con prisa. ◆坂を駆け下りる v. bajar la cuesta corriendo.

かけがえのない 掛けがえのない (取り替えられない) adj. irreemplazable; (貴重な) adj. valioso, precioso. ◆かけがえのない命 f. vida inestimable. ◆かけがえのない子 mf. queridísimo/ma hijo/ja. ◆彼女は彼にとってかけがえのない人だ Ella es todo para él.

かけがね 掛け金 (ドア・窓などの) m. pasador, m. pestillo, m. picaporte, f. aldabilla; (ネックレス・ベルトなどの) f. hebilla, m. cierre. ◆戸に掛け金をかける[2はずす] v. ¹echar [²quitar] el pestillo a la puerta.

かげき 過激 ◆過激な(過度な) adj. excesivo, exagerado; (極端な) adj. extremo; (急進的な) adj. radical; (暴力的な) adj. violento. ◆過激な運動 m. ejercicio excesivo [《教養語》extenuante]. ◆過激な思想 fpl. ideas extremistas [radicales]. ◆過激派 mf. extremistas, mpl. radicales. ◆過激派の学生 mf. estudiante radical. ◆若者は過激に走りやすい Los jóvenes tienden a los extremos.

かげき 歌劇 f. ópera. ◆歌劇団 f. compañía de ópera. ◆歌劇場 m. teatro de la ópera. ◆喜歌劇 f. ópera cómica, f. opereta. ◆歌劇を見に行く v. ir* a la ópera.

がけくずれ 崖崩れ m. derrumbamiento, m. derrumbe, m. deslizamiento (de tierras). ◆崖崩れで3名が生き埋めになった Tres personas quedaron sepultadas en un derrumbamiento. ◆大雨で崖崩れが起きた Las fuertes lluvias provocaron el derrumbamiento.

かげぐち 陰口 f. murmuración, 《口語》m. chisme, 《フォーマル》f. difamación. ◆彼の陰口をきく v. murmurar「a su espalda [por detrás de él].

かけごえ 掛け声 (叫び声) m. grito; (呼び声) f. llamada, m. llamamiento; (かっさい) f. ovación. ◆私たちは「よいしょ」とかけ声をかけてピアノを持ち上げた Levantamos el piano al grito de "¡ala!". ◆改革案はかけ声だけに終わった(=先細りになった)El plan de reforma se quedó en nada.

かけごと 賭け事 m. juego (con dinero). → 賭(か)け. ◆賭け事で財産を失う v. perder* la fortuna en el juego.

かけこむ 駆け込む ◆家の中に駆け込む v.「entrar corriendo a [《口語》meterse corriendo en] una casa. ◆彼は大使館に駆け込んだ(=保護を求めた)「Se refugió [Buscó asilo] en la embajada.

かけざん 掛け算 f. multiplicación. ◆掛け算をする v. multiplicar*, hacer* una multiplicación. → 掛ける.

かけだし 駆け出し (新米) mf. novato/ta, 《教養語》mf. novicio/cia; (初心者) mf. principiante/ta. ▶駆け出しの新聞記者 m. periodista novato.

かけだす 駆け出す ❶【走り出る】v. salir* corriendo. ▶¹庭へ [²部屋から]駆け出す v. salir* corriendo ¹al jardín [²del cuarto].
❷【走り出す】▶急に駆け出す v. echarse a correr de repente; (馬が)v. echar a galopar.

かけちがえる 掛け違える (行き違える)v. cruzarse*; (電話を)v. equivocarse* de número.
▶かけ違いです(電話で) Se ha equivocado.

かけつ 可決 (承認)f. aprobación; (採択)f. adopción. ▶可決する(承認する) v. aprobar*; (法案を通す)v. aprobar*; (採択する)v. adoptar; (投票で)v. votar. ♦その法案は圧倒的多数で可決された El proyecto de ley fue aprobado por una mayoría abrumadora.

かけつける 駆けつける (走って行く)v. correr 《a》, ir* corriendo 《a, en》; (突進して行く)v. acudir apresuradamente, apresurarse 《a》; (急いで行く)v. ir* aprisa 《a》. ♦彼の救助に駆けつける v. correr「en su ayuda [a ayudarle]. ▶犯行現場に急いで駆けつける v. acudir apresuradamente a la escena del crimen.

かけっこ 駆けっこ f. carrera. ▶かけっこをする v. echar una carrera.

かけて ❶【わたって】▶月曜から木曜にかけて adv. de [desde el] lunes a [hasta el] jueves. ▶～まで. ▶週末にかけて adv.「a lo largo del [en el] fin de semana. → 亘(ﾜﾀ)る. ▶首から腰にかけて痛い Me duele desde el cuello hasta la espalda [cadera].
❷【関して】♦テニスにかけては彼はだれにも負けない「En cuanto al [《フォーマル》Por lo que respecta al, 《口語》En] tenis, no hay quien le gane.

かけどけい 掛け時計 m. reloj de pared.

かけなおす 掛け直す (軸などを)v. volver* a colgar*; (目方を)v. pesar otra vez; (電話を)v. llamar 《a + 人》otra vez; (折り返し)v. devolver* 《a + 人》la llamada.

かげながら 陰ながら ▶陰ながら成功をお祈りします「Espero y rezo por [《フォーマル》Hago votos por, Es mi deseo ferviente] que「tenga(s) éxito [《口語》salga(s) bien].

かけぬける 駆け抜ける v. atravesar* (un campo), propagarse 《por》. ♦そのニュースは私たちの1時間もしないうちに全世界を駆け抜けた(=伝わった) Las noticias se propagaron por todo el mundo en menos de una hora.

かけね 掛け値 (つり上げられた値段) m. precio exagerado [disparatado]; (不当な値段) m. cobro de más; (誇張) f. exageración. ▶掛け値なしの値段 m. precio neto. ▶30 パーセント掛け値をかける v. cobrar 《a + 人》un 30%「de más [en exceso].

かけのぼる 駆け登[上]る(階段を) v. subir corriendo (unas escaleras).

かけはし 架け橋 ❶【仮りの橋】m. puente provisional. ▶にじのかけ橋 m. arco iris que cruza el cielo como un puente.
❷【仲介者】mf. mediador/dora, mf. intermediario/ria. ▶両国間のかけ橋となる v. hacer* [actuar*] de mediador entre los dos países.

かけはなれる 掛け離れる (距離が) v. estar* [《フォーマル》encontrarse*] muy lejos [《フォーマル》alejado] 《de》, 《フォーマル》distar mucho 《de》; (まったく異なる) v. ser* completamente diferente [distinto] 《de》. ♦その結果は私たちが期待したこととまったくかけ離れている El resultado es completamente distinto del esperado. ♦君の考えは現実とかけ離れている Tus ideas「están muy lejos [《フォーマル》distan mucho] de ser realistas. / Hay mucha diferencia entre tus ideas y la verdad. ♦その報告は真相からはかけ離れている El informe está muy lejos de la verdad. / 《フォーマル》El informe dista mucho de la realidad.

かけひき 駆け引き (策略) f. táctica, f. estrategia; (取り引き) m. regateo. ♦彼とその値段のことで駆け引きする v. regatear con él sobre el precio. ▶彼は駆け引きがうまい Regatea bien. / (人の扱いがうまい)Es un buen negociador. / (巧みな策略家である)Es un astuto (外交で) negociador [軍事で estratega].

かげひなた 陰日向 ▶陰日向のある(=表裏二心のある)人 f. persona con [de] dos caras, f. persona falsa. ▶陰日向のない(=正直な)人 f. persona honrada [concienzuda]. ▶陰日向なく働く v. trabajar「a conciencia [concienzudamente].

かけぶとん 掛け布団 m. edredón, m. cobertor. → 布団.

かげぼうし 影法師 f. sombra.

かけまわる 駆け回る ❶【走り回る】v. correr de acá para allá, corretear. ♦子供たちは庭を駆け回って(遊んで)いる Los niños están correteando por el jardín.
❷【奔走する】(忙しい) v. estar* ocupado, 《口語》andar* ajetreado; (忙しく動き回っている)《口語》v. andar* a la carrera. ♦彼は資金集めに駆け回っている Está ocupado [atareado] recaudando fondos. ♦うちのお父さんはいつも忙しく駆け回っている Mi padre siempre anda ajetreado.

かけめぐる 駆け巡る (走り回る) v. dar* vueltas corriendo, corretear de acá para allá; (仕事で駆け回る)《口語》v. andar* a la carrera. → 駆け回る, 駆け抜ける.

かけもち 掛け持ち ♦彼女は三つの高校をかけ持ちで(=異なった学校で)教えている Enseña en tres escuelas secundarias distintas.

かけもの 掛け物 m. rollo colgante de caligrafía o pintura.

かけよる 駆け寄る v. acercarse* corriendo [《口語》a la carrera].

かけら (破片) m. trozo, m. pedazo, 《フォーマル》m. fragmento, 《口語》m. cacho; (木・ガラスなどのとがった) f. astilla. ♦建設現場からたくさんの土器のかけらが出て来た En el lugar de la construcción se desenterraron numerosos fragmentos de cerámica. ♦彼はかけらをつまみ上げてくっつけようとした Recogió los pedazos e intentó juntarlos.
《その他の表現》♦あいつには良心のかけらもない No tiene ni pizca [un gramo] de conciencia.

♦それはまったくの作り話だ．真実のかけらもない No hay ni pizca de verdad en lo que dice. 《口語》Lo que dice es puro cuento.

かける 掛[架]ける

❶【つり下げる】 v. colgar*. ♦壁に絵を掛ける v. colgar* un cuadro en la pared. ♦上着をあのハンガーに掛けなさい Cuelga tu abrigo en esa percha. ♦私たちは居間に新しいカーテンをかけた Colgamos [《口語》Pusimos] las nuevas cortinas en el cuarto de estar. ♦彼女はカーディガンを肩から掛けた Se echó la rebeca sobre los hombros. ♦ハンドバッグをそんなふうに肩から掛けていてはいけません No deberías llevar colgado así tu bolso del hombro.

❷【上に置く】 (置く) v. poner*, colocar*, 《フォーマル》posar; (横たえる) v. colocar*, 《フォーマル》extender*. → 置く; (覆う) v. cubrir*, 《口語》tapar. ♦こんろにやかんをかける v. poner* la tetera en la cocina. ♦彼の肩に手をかけた v. poner* la mano en su hombro. ♦彼女に毛布を掛けてやった La cubrí [《口語》tapé] con una manta [《メキシコ》cobija]. ♦とても寒いからふとんをちゃんと掛けて寝なさい Al acostarse debes abrigarte [cubrirte, taparte] bien porque hace mucho frío.

❸【立てる】 (立てる, 掲げる) v. poner*, colocar*, apoyar. ♦看板を壁に立てかける v. poner* un letrero en la pared. ♦彼は屋根にはしごをかけた Apoyó una escalera en el tejado.

❹【ふりかける】 (水をかける) v. echar, 《文語》escanciar; (植物に) v. regar*; (注ぐ) v. 《口語》echar, 《文語》escanciar; (まき散らす) v. 《口語》echar, rociar; (吹きかける) v. 《フォーマル》pulverizar*, rociar*; (はね散らす) v. salpicar*. ♦庭の花に水をかける v. regar* las flores del jardín. ♦ホットケーキにシロップをかける v. echar jarabe sobre el crepe. ♦ハンバーガーにマヨネーズをかける v. poner* mahonesa en la hamburguesa. ♦料理に塩を振りかける v. echar sal en el plato. ♦ハンカチに香水をかける v. pulverizar* un pañuelo con perfume; 《口語》echar perfume en el pañuelo. ♦その車は私の上着にどろをはねかけた El coche me salpicó el abrigo de barro.

❺【だます】 (ぺてんにかけて金を巻き上げる) v. timar (a + 人). ♦キツネをわなにかける v. atrapar [cazar*] un zorro con una trampa. ♦魚を網にかける v. pescar* con red, atrapar un pez con red.

❻【しっかり留める】 ♦ドアに鍵(鑢)をかける v. cerrar* una puerta con llave. ♦シャツのボタンをかける v. abotonar una camisa. ♦彼は宝石を金庫にしまって鍵をかけた Guardó sus joyas bajo llave en la caja fuerte.

❼【渡す】 v. salvar 《con》, cruzar*, tender* 《sobre》; (ひもなどを) v. atar, amarrar, 《教養語》ceñir*. → 縛る. ♦村人たちは川に橋をかけた Los aldeanos salvaron [cruzaron] el río con un puente. / Los aldeanos tendieron un puente sobre el río. / (建設した)Los aldeanos construyeron un puente sobre el río. ♦この荷物にはひもを十分かけてください Por favor, ate bien con una cuerda este paquete. ♦彼はまきになわをかけた Ató los palos

con una cuerda. ♦私はスーツケースに革ひもをかけた Até la maleta con una correa.

❽【作動させる】 (エンジンなどを) v. poner* en marcha, arrancar*; (スイッチを) v. poner*, 《フォーマル》conectar; (レコードなどを) v. poner*. ▶エンジンをかける v. 「poner* en marcha [arrancar*] un motor. ♦ラジオをかける v. poner* la radio. ♦6時に目覚まし時計をかける(=合わせる) v. poner* el despertador a las seis. ♦この¹テープ[²レコード]をかけよう Vamos a poner ¹esta cinta [²este disco]. ♦ラジオをかけっぱなしにしておくな No dejes la radio puesta.

❾【身につける】 (状態) v. llevar puesto; (動作) v. tener* puesto. ♦白いマスクをかけている医者 mf. médico que lleva (puesta) una mascarilla blanca. ♦彼は眼鏡をかけている Lleva [Usa] gafas. ♦先生は眼鏡をかけたがすぐはずした El profesor se puso las gafas, pero se las quitó enseguida.

❿【腰かける】 v. sentarse*, 《フォーマル》tomar asiento. → 座る. ♦おかけになりませんか ¿No se sienta usted? ♦かけたまえ ¡Siéntate, hombre!

⓫【負担・苦労などを】 (負担をかける) v. ser una carga, agobiar, 《フォーマル》representar una carga (para). ♦大変ご面倒をおかけしてすみませんでした Siento haber sido una carga para usted. / Perdone por tantas molestias que le he causado. ♦彼は他人に迷惑をかけて(=他人を犠牲にして)自己の利益を守ろうとる Atiende a sus intereses a costa de los demás.

⓬【電話・声などを】 ▶電話をかける v. llamar [《フォーマル》telefonear, 《口語》darle* un telefonazo] 《a + 人》. ♦922番に電話をかける v. marcar* el 922 (nueve, dos, dos). ♦声もかけずに通り過ぎる v. pasar 《a + 物・事》sin ni siquiera saludar. ♦どこから電話をかけているの ¿Desde dónde llamas? ♦交換手さん，その番号にもう一度かけてくれませんか Señorita, ¿no puede intentarlo otra vez y marcar ese número, por favor?

⓭【費やす】 v. gastar(se); (要する) v. pasar, tardar. ♦本に多くの金をかける v. gastarse mucho dinero en libros. ♦教育に金をかける v. gastar dinero en (su) educación. ♦彼は車を洗うのに2時間かけた Tardó [Empleó] dos horas en lavar su coche. / 《口語》Le llevó un par de horas lavar su coche. → 時間. ♦彼はいつも十分時間をかけて決める Siempre tarda en tomar una decisión. ♦つまらないことに時間をかける(=浪費する)な No gastes tu tiempo en tonterías.

⓮【掛け算をする】 v. multiplicar*. ♦5掛ける4は20 Cinco por cuatro es veinte. / Cinco veces cuatro hacen veinte. ♦3にいくつを掛けると21になるか ¿Por qué (número) tienes que multiplicar 3 para que te dé 21?

《その他の表現》♦3月から5月にかけて咲く花 fpl. plantas que florecen de marzo a mayo. ♦彼はほんの子供だということを心にかけておいて(=心に留めていて)ください No olvides que

246 かける

no es más que un niño. / Ten en cuenta que sólo es un niño. ♦ 私たちは彼に期待をかけている Tenemos depositadas nuestras esperanzas en él. / En él están nuestras esperanzas. ♦ この案を会議にかけよう (=提案しよう) Vamos a presentar [《フォーマル》someter] el plan en la reunión. ♦ 彼は相撲にかけては大変な物知りだ Cuando se trata de sumo, sabe mucho. ♦ 彼はいつも私たちの案に水をかける Siempre 「pone trabas a [echa un jarro de agua fría sobre] nuestros planes.

かける 欠ける ❶【一部がこわれる】(陶器などの縁や表面が欠ける) v. partirse, desportillarse, cascarse; (折れて取れる) v. romperse*. ♦ コップの縁が欠けた La taza se ha desportillado [partido] por el borde. ♦ このお皿は縁欠けている Este plato está desportillado. ♦ 前歯が半分欠けてしまった Se te ha desportillado la mitad del 「diente de delante [《フォーマル》incisivo].

❷【不足する】v. faltar; (必要なものを欠いている) v. 《フォーマル》carecer* 《de》. → 欠く. ♦ 彼には知性が欠けている Carece de inteligencia. ♦ われわれの生活には何かが欠けている Hay algo que falta en nuestras vidas. / En nuestras vidas hay cierta carencia. ♦ この本は数ページ欠けている En este libro faltan algunas páginas. ♦ メンバーが一人欠けている Nos falta un miembro. ♦ 私は自分の人生に何かが欠けているように思った Sentí que me faltaba algo en la vida. ♦ 彼の説明は説得力に欠ける Hay algo que faltaba en su explicación.

❸【月が】v. menguar*. ♦ 月が欠けた La Luna ha menguado.

かける 賭ける (金を馬・チームなどに) v. apostar* (dinero) 《en, por》; (金・財産などを事業・賭け事などに) v. arriesgar* 《en》; (賭け事をする) v. jugar(se)* dinero 《en》, jugarse* 《a》; (命・財産などを) v. arriesgarse* 《en》, poner* en peligro [juego] 《por》. ♦ 競馬に金を賭ける v. apostar* a los caballos. ♦ 金を賭けてトランプをする (=賭けトランプをする) v. jugarse* el dinero a las cartas. ♦ 命を賭けて この仕事をする v. arriesgar* la vida en el trabajo; arriesgarse* la vida por [para] hacer* el trabajo. ♦ 会談の結果に政治生命を賭ける v. 「poner* en juego el futuro político por el [jugarse* el futuro político al] resultado de las conversaciones. ▶ アメリカでの新生活に賭ける v. apostar* por una nueva vida en Estados Unidos. ▶ パブロが1勝つ [2負ける]方に10ユーロ賭けよう Te apuesto 10 euros a que [1]gana [[2]pierde] Pablo. / Apuesto 10 euros por la [1]victoria [[2]derrota] de Pablo.

《会話》 ぼくの作文は今回はノー・ミスだよーじゃ、賭けてみるかい No hay ni una falta en mi redacción esta vez. – ¿Te apuestas algo? ♦ 彼は全財産を新しい事業に賭けた Arriesgó toda su fortuna en el nuevo proyecto empresarial.

かける 駆ける v. correr, 《口語》trotar. → 走る, 駆け足.

かける 書ける v. escribir*. ♦ このペンは1よく書ける [2もう書けない] Esta pluma [1]escribe bien [[2]ya no escribe]. ♦ その小説はよく書けている Esa novela está bien escrita.

-かける (し始める) v. empezar*, comenzar*; (まもなく...する) v. ir* 《a + 不定詞》; (...しようとしている) v. estar* a punto 《de + 不定詞》, 《口語》 estar* 《para + 不定詞》. ▶ 泣きかけている v. estar* a punto de llorar. ♦ 彼は何か言いかけたが何も言わなかった Hizo ademán de empezar a hablar, pero no llegó a decir nada [ni una palabra]. ♦ ちょうど出かけようとしていたときに電話が鳴った Iba a salir cuando sonó el teléfono. / Estaba a punto de salir, cuando sonó el teléfono. ♦ 彼は死にかけていた Estuvo a punto de morir. / Estuvo 「a un paso [al borde] de la muerte.

かげる 陰る ♦ さっと日が陰った (=太陽が雲の背後に隠れた) De repente el sol se ocultó tras las nubes. ♦ 日が陰る (=太陽が沈む)と風が強くなった Cuando se puso el sol, el viento cobró fuerza. ♦ 景気が陰り始めた La situación económica empezó a empeorar [《フォーマル》deteriorarse].

かげろう 陽炎 f. calima, f. calina. ♦ かげろうが立っている Hay calima.

かげん 加減 ❶【程度】m. grado, m. nivel, m. punto; (具合) m. estado. → 具合. ♦ 暑さ加減 m. grado de calor. ♦ 体の加減が悪い v. estar* en mal estado, sentirse* mal [enfermo]. ▶ スープの味加減を見る v. probar* la sopa. ▶ 湯加減を見る v. ver* cómo está el baño. ▶ うつむき加減で v. inclinar ligeramente la cabeza. ♦ 田中さん、今朝はお加減いかがですか ¿Cómo se siente usted esta mañana [¿Cómo ha amanecido; 【ラ米】¿Cómo amaneció, Sr. Tanaka? ♦ いい加減にしろ (=もうたくさんだ) ¡Ya basta! / ¡Ya está bien!

《会話》 ふろの湯加減はどうですかーかなり熱いです ¿Qué tal el baño? – Bastante caliente.

❷【調節，斟酌(しんしゃく)】▶ 加減する (調節する) v. ajustar, regular; (適度にする) v. moderar; (斟酌する) v. tener* en cuenta, ser* indulgente 《con》; (味つけをする) v. sazonar. ▶ 冷房を加減する v. ajustar el aire acondicionado. ▶ 声の大きさを加減する v. regular la voz. ▶ 塩加減をする v. sazonar (con sal). ♦ 砂糖はそれしかないの．だから加減して使ってね No queda más azúcar; así que controla la cantidad que uses ¿eh?

❸【影響】♦ 陽気の加減で病気が重くなった Mi estado empeoró a causa del tiempo.

❹【足し算と引き算】f. suma y f. resta. ▶ 加減乗除 f. suma, f. resta, f. multiplicación y f. división; (算術の四則) fpl. cuatro reglas aritméticas.

かげん 下限 (下の方の限界) m. mínimo, el límite 「más inferior [mínimo].

*かこ 過去 m. pasado. ▶ 過去の adj. pasado. ▶ 過去時制《文法》m. pasado, m. pretérito. ▶ 過去の出来事 m. suceso pasado. ♦ 過去の遺物 pron. m. algo (del) pasado; (時代遅れの人 [もの]) [1]f. persona [[2]m. objeto] del pasado, 《軽蔑的に》f. antigualla. ♦ 過去5年間彼から

何の便りもない No sé nada de él desde hace cinco años. / En los últimos 5 años no he oído nada de él. ♦日本には長い過去と古い歴史がある Japón posee un largo pasado y una antigua historia. ♦彼女は(いかがわしい)過去がある Es una mujer con pasado. ♦過去は水に流せ《言い回し》Lo pasado está pasado. ♦《ことわざ》Agua pasada no mueve molino. ▶過去を振り返る v. mirar [volver* la vista] al pasado. ♦彼の過去を問題にする v. echarle en cara su pasado. ♦私は過去に一度そこを訪れたことがある He estado allí una vez antes [en el pasado]. ♦過去をもとに戻すことはできない《ことわざ》A lo hecho, pecho.

かご 籠 (編みかご) m. cesto, f. cesta; (大き目の) m. canasto, f. canasta, f. banasta; (鳥かご) f. jaula. ▶買い物かご m. cesto de la compra. ▶くずかご f. papelera. ▶かご一杯の果物 f. cesta de frutas. ▶かごの鳥 m. pájaro en una jaula, m. pájaro enjaulado. ▶かごを編む v. hacer* un cesto.

かこい 囲い m. cercado, f. cerca; (さく) f. valla; (家畜などを入れる) m. corral, m. redil. ▶土地に囲いをする v. cercar* un terreno.

かこう 下降 m. descenso; (徐々の) f. baja; (落下) f. caída. ▶下降する v. descender*, bajar. ▶飛行機の下降 m. descenso del avión. ♦景気の下降 f. baja en los negocios. ♦景気は下降線をたどっている Hubo una tendencia bajista en la actividad empresarial. ♦飛行機は大きく旋回して下降した El avión descendió describiendo una amplia curva. ♦出生率が下降している El índice de natalidad está descendiendo [a la baja]. → 下がる.

かこう 囲う →囲む. ▶庭をさくで囲った Cercaron el jardín.

かこう 加工 (食品・農産物の) m. procesamiento, f. elaboración. ▶加工食品 mpl. alimentos procesados [elaborados]. ♦ミルクは加工されてバターやチーズになる De la leche se elabora la mantequilla y el queso.

かこう 河口 f. desembocadura; (潮のさす大河の) m. estuario. ▶ナイル河口にある町 f. ciudad en el estuario del río Nilo. ♦東京は隅田川の河口にある Tokio está en la desembocadura del río Sumida.

かこう 火口 m. cráter.

かごう 化合 f. combinación (química). → 混合. ▶化合物 m. compuesto (químico). ♦酸素は水素と化合して水になる El oxígeno se combina con el hidrógeno para formar el agua.

かこうがん 花崗岩 m. granito.

かこく 苛酷 ▶苛酷な運命 m. cruel destino, 《文語》m. sino aciago. → 残酷な.

かこく 過酷 ▶過酷な労働条件 fpl. rigurosas condiciones laborales. → 厳しい.

かこつける 託つける (口実とする) v. 「poner* un pretexto [buscarse* una excusa]《de + 事 para + 不定詞》. ▶何とかかこつけて adv. con un pretexto u otro. ♦彼は病気にかこつけて学校を休んだ Faltó a clase「con el pretexto [bajo la excusa] de que estaba enfermo. / Puso el pretexto de su enfermedad para faltar a clase.

かざい(どうぐ) 247

かこむ 囲む ❶【取り囲む】(四方を) v. rodear,《文語》circundar; (囲う物で) v. cercar; (さくで) v. encerrar*, vallar; (丸で) v. hacer* un círculo. ▶高い塀で囲まれた大きな家 f. casa grande rodeada de una pared [tapia] alta. ♦学校は高い生け垣で囲まれている La escuela está rodeada de una seto alto. ♦記者たちが彼女を取り囲んだ Los periodistas la rodearon. ♦日本は四方が海に囲まれている Japón está rodeado de agua por todos lados. ♦正解の番号を丸で囲みなさい Haga un círculo alrededor del número de la respuesta correcta. ♦彼らはテーブルを囲んで(=の周りに)座った Se sentaron alrededor de la mesa. ♦彼は友達に囲まれてくつろいでいた Estaba tranquilo rodeado de sus amigos.
❷【包囲する】v. cercar*, sitiar; (包囲攻撃する) v. poner* sitio [cerco]《a》. →包囲.

かこん 禍根 (災いの元) f. raíz [f. fuente] del problema, (悪の生ずるところ) f. raíz del mal. ▶禍根を絶つ v. arrancar* el mal de raíz. ▶将来に禍根を残す v. dejar la raíz del problema en el futuro.

かごん 過言 ♦彼は天才だと言っても過言(=言い過ぎ)ではない No es exagerado afirmar que es un genio.

かさ 傘 (雨傘) m. paraguas; (日傘) f. sombrilla, m. parasol. ▶折りたたみ傘 m. paraguas plegable. ▶傘立て m. paragüero. ▶傘の柄 m. mango del paraguas. ▶傘をさす v. abrir el paraguas. ▶傘をたたむ v. cerrar* el paraguas. ▶核の傘 m. paraguas nuclear. ♦傘を持って行きなさい Llévate el paraguas. ♦雨の中を傘をささずに歩いた Caminé bajo la lluvia sin paraguas. ♦傘に入れていただけますか《フォーマル》¿Me permite ponerme debajo de su paraguas? / (入れてくれる?)《口語》¿No me dejas ponerme debajo de tu paraguas?

かさ 嵩 (大きいこと) m. bulto, (容積) m. volumen; (量) f. cantidad. ▶生ごみのかさ f. cantidad de basura. ▶かさはあるが軽い箱 f. caja voluminosa pero ligera. ♦それはかさではなく目方でお売りしています Vendemos por peso, no por volumen.

かさ 笠 (頭にかぶる) m. sombrero de bambú [juncia]; (電灯の) f. pantalla (de una lámpara); (キノコの) m. sombrero, m. sombrerete, m. sombrerillo.

かさい 火災 m. incendio, m. fuego. → 火事. ▶火災警報 f. alarma [f. sirena] de incendio. ▶火災報知器 f. alarma contra incendios. ▶火災避難訓練 f. maniobra [m. simulacro] de incendio. ▶火災保険に入る v. hacerse* [adquirir*] un seguro de incendios. ▶火災訓練をする v. realizar* un simulacro de incendio. ♦その船は火災を起こしていた Había un incendio en el barco. ♦そのビルで火災が発生した Estalló [Se declaró] un incendio en el edificio.

かざい(どうぐ) 家財(道具) mpl. enseres del hogar, mpl. efectos domésticos; (家具類)

mpl. muebles. → 家具.

かさかさ ▶こすれ合って音を出す (葉が) *v.* susurrar; (紙が) *v.* crujir; (絹などの布切れ) *v.* hacer* frufrú; (肌などが乾いた) *v.* estar* reseco. ♦風でささはやしていた La brisa hacía susurrar las hojas. / Las hojas susurraban con el viento. / (かさかさ鳴る音を聞いた)Oí el susurrar de las hojas. ♦一日中洗濯をしたので手がかさかさしている Mis manos están resecas y ásperas de haber lavado todo el día.

がさがさ (物がこすれ合って音を立てる) *v.* susurrar; (手・壁などがざらざらした) *v.* estar* áspero. → かさかさ. ♦新聞をがさがさいわせるな No hagas crujir papeles. ♦木の葉が風でがさがさ音をたてた Las hojas del árbol susurraban con el viento. ♦私は冬になると肌ががさがさする La piel se me pone áspera en invierno.

かざかみ 風上 *m.* barlovento. ▶風上へ航行する *v.* navegar* a barlovento, ir* a barlovento en barco; (風に向かって) *v.* navegar* contra el viento. ♦火の風上の側に座る *v.* sentarse* en el lado de donde sopla el fuego.

かさく 佳作 *m.* buen trabajo, *f.* buena obra.

かざぐるま 風車 (おもちゃの) *m.* molinillo de viento.

かざごえ 風邪声 (鼻声) *f.* voz nasal.

かざしも 風下 *m.* sotavento. → 風上. ♦風下になるときには, 高速道路を走る車の騒音が聞こえる Cuando estamos a sotavento de la autopista, podemos oír el ruido ensordecedor de los coches que pasan.

がさつ がさつな(粗野で無作法な) *adj.* mal educado, 《強調して》 grosero.

かさなる 重なる ❶【物が上に乗る】(積み重なる) *v.* amontonarse, apilarse, estar* uno encima del otro, 《フォーマル》 superponerse*. → 重ねる. ▶折り重なって倒れる *v.* caer* uno encima del otro. ▶重なり合って寝ている子犬 *mpl.* perritos durmiendo uno encima del otro [amontonados]. ♦机の上に10冊の本が重なって置いてある Sobre la mesa hay diez libros amontonados. ♦遠くに山々が重なって見えた En el horizonte se superponían las montañas.

❷【かち合う】(ある日に当たる) *v.* caer* 《en》; (重複する) *v.* coincidir, solaparse. ♦今年は文化の日が日曜日に重なる Este año el Día de la Cultura cae en domingo. ♦彼と私の休暇が重なった Sus vacaciones y las mías coinciden.

❸【さらに加わる】♦不幸は重なるものだ(＝次々とやって来る)《ことわざ》Las desgracias nunca vienen solas.

かさねがさね 重ね重ね ▶重ね重ねの失敗のあげく *adv.* después de「uno y otro error [*num.* numerosas equivocaciones]」. ▶重ね重ねの不幸 *f.* sucesión [*f.* serie, 《比喩的に》 *m.* rosario] de desgracias. ▶重ね重ねのご親切 *fpl.* tantísimas atenciones. ♦重ね重ねお礼申し上げます Muchas gracias por tantas atenciones.

かさねる 重ねる ❶【積む】(積み上げる) *v.* amontonar, apilar → 積む (上に重ねて置く) *v.* superponer*, sobreponer*, colocar* uno encima de otro. ▶れんがを重ねる *v.* colocar* ladrillos (1枚ずつ) *v.* poner* un ladrillo sobre otro. ▶シャツを3枚重ねて着る *v.* llevar tres camisetas puestas.

❷【くり返す】*v.* repetir*, 《フォーマル》 reiterar. ▶同じ間違いを重ねる *v.* repetir*「las mismas faltas [los mismos errores], equivocarse* repetidamente. ▶苦労を重ねる *v.* pasar muchas penalidades, (次から次へと体験する) *v.* sufrir una desgracia tras otra. ▶悪事を重ねる *v.* cometer una serie de delitos, 《フォーマル》 delinquir* repetidamente. ♦重ねて言いますが彼は頼りになりません Le repito [digo una vez más] que no se puede contar con él. ♦私たちは協議を重ねた上決定を下した Tuvimos [《フォーマル》Celebramos] consultas y luego tomamos una decisión.

かさばる 嵩張る *v.* abultar. ▶かさばった包み *m.* paquete voluminoso. ♦これはかさばって郵便で送れない「Esto abulta demasiado [Es demasiado voluminoso] para enviarlo por correo.

カザフスタン Kazajstán; (公式名) *f.* República de Kazajstán (☆アジアの国, 首都アスタナ Astana). ▶カザフスタンの(人) *adj.* (*mf.*) kazajo/ja.

かさぶた *f.* costra, *f.* postilla. ♦傷口にかさぶたができた Se ha formado una costra en [sobre] la herida.

カサブランカ Casablanca (☆モロッコの都市).

かざみ 風見 *f.* veleta, (移り気な人) *mf.* veleta. ♦彼は風見鶏だ, いつも勝つ方についている Es un veleta; siempre está del lado de los que ganan.

かさむ 嵩む (増える) *v.* aumentar, incrementar(se), 《フォーマル》 ascender* 《a》; (山のようにたまる) *v.* amontonarse, acumularse. ♦彼は借金がかさんだ Sus deudas aumentaron. ♦事故で予想以上に出費がかさんだ El accidente incrementó nuestros gastos más de lo que esperábamos. ♦近ごろは出費がかさむ Estos días los gastos se acumulan.

かざむき 風向き ❶【風の方向】*f.* dirección del viento. ▶風向きを調べる *v.* ver*「la dirección del viento [en qué dirección sopla el viento]」. ♦風向きが南に変わった El viento ha cambiado al sur. ♦(風向きが変わって今は南から吹いている)Ha cambiado el viento y ahora sopla del sur. ♦風向きがよかったので帆走に出かけた Como el viento era favorable, fuimos a navegar a vela.

❷【形勢】*f.* situación. ♦風向きが悪くなってきた La situación se nos ha vuelto adversa [desfavorable]. / Las cosas marchan en nuestra contra.

❸【機嫌】♦彼は今風向きが悪い Ahora está de mal humor. / (《口語》)En este momento está de malas pulgas.

かざり 飾り (飾る物) *v.* adorno, 《教養語》 *m.* ornamento, 《集合的に》 *f.* decoración. → 装飾. ▶新年 [2クリスマス]の飾り物 *mpl.* adornos ¹de Año Nuevo [²navideños]. ▶床の間の飾

り m. adorno en la hornacina. ▶飾り窓 m. escaparate. ▶飾り棚 f. vitrina;（ガラス戸つきの) m. aparador. ▶飾りボタン m. botón "de adorno [decorativo]". ▶飾りのない (＝質素な) 服 f. ropa sencilla [sin adornos]. ▶クリスマスツリーに飾りをつるす v. colgar* adornos de [en] un árbol「de Navidad [navideño]. ▶通りにはすべて飾りつけがしてあった La calle estaba llena de adornos. ♦部屋の飾りは質素だった La habitación estaba decorada con sencillez.
かざりけ 飾り気 ▶飾り気のない (＝率直な) 人 f. persona sincera [franca]. ▶飾り気のない (＝気取らない) 態度を取る v. adoptar una actitud natural [no afectada].
かざりつけ 飾り付け ▶クリスマスの飾り付け mpl. adornos navideños. ▶クリスマスツリーに飾り付けをする v. adornar [decorar] un árbol de Navidad.
かざりつける 飾り付ける v. adornar, decorar. → 飾る.
*かざる 飾る ❶【美しくする】v. adornar,《教養語》ornamentar;（場所・物に装飾をほどこす）v. decorar;（人・服装を飾って一層美しくする）v. engalanar. ▶宝石で身を飾る v. enjoyarse, engalanarse con joyas. ▶劇場の入り口は花で飾ってあった La entrada del teatro estaba adornada de flores. ♦彼女の帽子はバラで飾られていた Su sombrero estaba adornado con [de] rosas.
❷【陳列する】v. exponer*, exhibir;（展示する) v. exponer*. ▶彼の絵をギャラリーに飾る v. exponer* sus cuadros en la galería. ▶新刊本がショーウインドーに飾られている El escaparate está decorado con los libros nuevos.
❸【気取る】▶うわべを飾る人 f. persona ostentosa [afectada]. ▶飾った文体で書く v. escribir* en un estilo florido.
カザルス (パウ〜) Pau Casals (☆1876-1973, スペインの作曲家、チェロ奏者).
かざん 火山 m. volcán. ▶海底火山 m. volcán submarino. ▶活火山、休火山、死火山. ▶火山岩 f. roca volcánica. ▶火山帯 f. región volcánica. ▶火山活動 f. actividad volcánica. ▶火山爆発 f. erupción volcánica. ♦その火山は現在活動しているのでいつ何どき噴火するかしれない Como el volcán está en la actualidad activo, puede entrar en erupción en cualquier momento.
*かし 貸し（貸し付けられた物・金）m. préstamo;（売掛金）fpl. sumas [fpl. cuentas] por cobrar;（賃借り）m. alquiler. → 貸す. ▶貸しを取り立てる v. cobrar el préstamo. ♦彼には5万円の貸しがある Me debe [《フォーマル》adeuda] 50.000 yenes.
【貸し＋名詞】▶貸し¹ボート [2本; ³衣装] ¹ f. barca [² m. libro; ³ f. ropa] de alquiler. ▶貸しビル m. edificio con oficinas de alquiler. → 貸し借り, 貸し切り, 貸し金庫, 貸し室, 貸し出し, 貸し賃, 貸し付け, 貸し本屋. ♦これは売り家ではなく貸し家だ Esta casa no está en venta; sólo se alquila [renta].
かし 歌詞 f. letra (de una canción).
かし 華氏 Fahrenheit,【略】F. ♦気温は華氏

かじ 249

32度だ La temperatura es de 32°F (grados Fahrenheit). → 摂氏.
かし 樫 m. roble, f. encina. ▶樫の実 f. bellota.
***かし 菓子**【ケーキ類】m. pastel → ケーキ;（大きな）《スペイン》f. tarta;【キャンデー・チョコレート類】m. dulce, m. caramelo, f. golosina;【パイ・タルト類】f. pastelería;【クッキー類】f. galleta. ▶菓子屋 f. pastelería, f. repostería. ♦お菓子を召し上がりませんか ¿No quiere un caramelo?
かし 河岸（魚市場）m. mercado de pescado;（川岸）f. orilla de un río.
かし 仮死 ▶仮死状態にある v.《専門語》estar* en estado de animación suspendida,《口語》estar* medio muerto.
***かじ 火事** m. incendio, m. fuego. ▶大火事 m. gran incendio. ▶山火事 m. incendio forestal. ▶火事場 m. lugar del incendio. ▶火事場泥棒 m. ladrón que se aprovecha de un incendio. ▶隣の家が火事だ (＝燃えている) La casa de al lado「está en llamas [se está incendiando]. / Hay un incendio [fuego] en la casa de al lado. ♦火事だ!火事だ! ¡Fuego! ¡Fuego!

1《火事は [が]》♦彼の家の近くのスーパーマーケットで火事があった En el supermercado「cerca de [cercano a] su casa「ha habido [ha estallado],《フォーマル》se ha declarado] un incendio. ♦去年このあたりでは¹火事が多かった [26件あった] El año pasado hubo [《フォーマル》se declararon] en este barrio ¹muchos [²seis] incendios. ♦空気が乾燥していると火事はすぐ広がる Cuando el aire está [es] seco, el fuego se propaga rápidamente. ♦火事はおさまった Apagaron el fuego. / (消し止められた)《フォーマル》El fuego [incendio] fue extinguido.

2《火事の》♦火事の増加の主な原因は天候異変だ La causa principal del aumento de incendios es la anormalidad climática.

3《火事に》▶火事にあう v. sufrir [padecer*] un incendio. ♦もしあなたの家が万一火事になったらどうしますか ¿Qué harías si「hubiera fuego en tu casa [tu casa se incendiara]?

4《火事で》♦多くの人がその火事で焼け出された Muchas [《フォーマル》Numerosas] personas perdieron sus casas por el incendio.
かじ 家事 fpl. faenas domésticas, m. trabajo「de la casa [del hogar];（家庭の雑用）mpl. deberes domésticos;（家庭の切り盛り）m. cuidado de la casa. ▶家事の都合により adv. por motivos familiares. ▶家事をする v. hacer*「las faenas domésticas [el trabajo de la casa]. ▶家事を分担する v. compartir《con》las faenas domésticas. ▶母親について家事見習いをする v. aprender de la madre「el cuidado de la casa [las faenas domésticas]. ♦彼女は家事の切り盛りがうまい [へただ] Es una ¹buena [²mala] ama de casa.
かじ 舵（船のかじ板、飛行機の方向舵(ﾀﾞ)) m. timón;（舵柄）f. caña [f. barra] del timón;

(舵輪) m. timón. ▶かじ取り(行為) f. dirección; (舵手) m. timonel. ▶かじを取る v.「estar* al [empuñar el] timón, gobernar* una nave; (あやつる) v. llevar「la dirección [el mando]. ▶船は北に舵をとった El barco puso rumbo al norte. ◆¹取りかじ [²おもかじ] Timón a ¹babor [²estribor].

がし 餓死 f. muerte de hambre [《教養語》inanición]. ▶餓死する v. morir* [《フォーマル》perecer*] de hambre.

カシオペアざ カシオペア座 f. constelación de Casiopea.

かじかむ ▶寒さで手がかじかんだ Tenía las manos entumecidas por el frío. / Mis manos estaban entumecidas a causa del frío.

かしかり 貸し借り ▶彼は金の貸し借りはしない Ni presta ni pide prestado. ▶これで貸し借りはなくなった(＝対等になった) 《口語》Estamos en paz. / No nos debemos nada.

かしきり 貸し切り ▶貸し切りバス m. autobús alquilado. ▶このホールは団体のために貸し切りになっている La sala está reservada para un grupo.

かしきんこ 貸し金庫 f. caja「de seguridad [fuerte] de alquiler.

かしげる ▶小首をかしげる v. ladear [《フォーマル》inclinar, 《口語》echar a un lado] la cabeza. ▶小首をかしげて聞く v. escuchar con la cabeza ligeramente ladeada.

***かしこい** 賢い adj. inteligente, 《口語》listo, brillante, despierto, 《口語》espabilado, 「メキシコ》abusado, 《教養語》sagaz, 《フォーマル》perspicaz, agudo; discreto, prudente. ▶その子は年の割には賢い Ese niño es inteligente para su edad. ◆君がそれを断わったのは賢かった Fue prudente por tu parte el rechazarlo. / Actuaste [Obraste] con prudencia al rechazarlo. ◆彼はクラスの中で最も賢い少年だった Es el más inteligente de la clase. ◆人間は一般的に動物よりも賢い Los seres humanos en general son más inteligentes que los animales. ◆彼はこの前会ったときよりも多少賢くなった(＝知恵がついた) Se ha vuelto más inteligente desde la última vez que le vi. ☞ 聡明, ちゃっかり, 得策

かしこまる 畏まる (正座する) v. estar* sentado derecho [recto, 《フォーマル》con el cuerpo erecto]. ◆彼は教授の前でかしこまっていた Estaba sentado derecho ante el/la profesor/sora. ◆そうかしこまらないでください(＝気楽にしてください) Ponte cómodo [como en tu casa]. / Sin cumplidos. / 《口語》Como en tu casa. / (堅苦しくしないでください)Déjate de formalidades [《口語》ceremonias]. 《会話》そこのコップ見せてください―かしこまりました ¿Me puede mostrar esas gafas, por favor? – Con mucho gusto, señor [señora, señorita].

かししつ 貸し室 f. habitación [m. cuarto] de alquiler.

かしずく (王に) v. servir* (al rey).

かしだし 貸し出し ❶【金銭の】m. préstamo; (前貸し) m. anticipo. ▶貸し出しをする (金を取らないで) v. prestar; (金をとって) v. alquilar. → 貸す.
❷【本などの】▶本の貸し出しをする v. prestar libros. ◆そのビデオは貸し出し中です Esa cinta de vídeo está alquilada [prestada].

かしだす 貸し出す (無料で) v. prestar. → 貸す.
かしちん 貸し賃 (土地・家屋などの) m. alquiler; (乗り物などの) f. renta.

かしつ 過失 (不完全な結果をもたらす落度) f. falta; (誤った判断や規則の無視による誤り) f. equivocación; (意図せず正しい行動からはずれること) m. error; (不慮の事故) m. accidente; (必要な注意を怠ること) m. descuido, 《フォーマル》f. negligencia. → 間違い. ▶重大な過失を犯す v. cometer un grave error, equivocarse* gravemente. ▶過失傷害(罪) 《専門語》f. lesión culposa. ▶過失致死(罪) 《専門語》m. homicidio culposo. ◆彼女は過失が自分にあることを認めた Admitió su falta. / Admitió que había sido su error. ◆彼はそれを過失でなく故意にやった No lo hizo accidentalmente, sino a propósito. ◆彼は業務上過失致死(罪)で起訴された Le acusaron de homicidio por negligencia profesional. ☞ 過失, 落ち度, 怪我, 手落ち

かじつ 過日 (先日) adv. el otro día. → 先日.
かじつ 果実 m. fruto; f. fruta. → 果物. ▶果実酒 m. licor de frutas.

かしつけ 貸し付け m. crédito; (貸付金) m. préstamo, m. crédito, 《フォーマル》m. empréstito; (前貸し金) m. anticipo, m. adelanto. ▶銀行貸し付け m. crédito [m. préstamo] bancario. ▶貸し付け係 f. sección de préstamos. ▶貸付信託 m. fondo de inversiones de crédito.

かしつける 貸し付ける v. prestar, dar* un préstamo, 《フォーマル》conceder [otorgar*] un préstamo, 《口語》fiar*; (前貸しする) v. adelantar, dar* un anticipo. → 貸す.

かじとり 舵取り → 舵.
カジノ m. casino.
かしパン 菓子パン m. bollo (de pan dulce).
かしほんや 貸し本屋 f. librería de préstamo.
かしま 貸し間 f. habitación de alquiler. ◆貸し間あり『掲示』Se alquilan habitaciones [cuartos].

カシミール Cachemira, Casimiro (☆インド北西部とパキスタンの地方).

カシミヤ m. cachemir, m. casimir, f. cachemira. ▶カシミヤのセーター m. suéter de cachemir.

かしや 貸し家 f. casa de alquiler. → 貸し.
かしゃ 貨車 m. vagón (de carga); (有蓋(ゆうがい)の) m. vagón cubierto, m. furgón; (無蓋の)《スペイン》m. vagón (abierto), f. batea.

かじや 鍛冶屋 (人) mf. herrero/ra; (店) f. herrería.

かしゃく 呵責 ▶良心の呵責を感じる v. tener* [sentir*] remordimientos de conciencia 《por》; (良心の痛みを感じる) v. sentirse* atormentado por la conciencia 《por》, estar* roído por los remordimientos 《a causa de》. →良心. ▶田中氏はその計画に賛成することに良心の呵責は感じなかった El Sr. Tanaka no se sentía culpable de haber estado de acuerdo con ese proyecto.

かしゅ 歌手 (ポピュラー音楽・民謡・オペラなどの) *mf.* cantante; (宗教音楽・古典音楽の) *mf.* cantor/tora; (フラメンコの) *mf.* cantaor/ora; (バンド演奏で歌う) *mf.* vocalista. ▶流行歌手 *mf.* cantante de música popular. ▶オペラ歌手 *mf.* cantante de ópera.

かじゅ 果樹 *m.* (árbol) frutal. ▶果樹園 *m.* huerto [*f.* huerta] de frutales. ▶果樹栽培 *f.* fruticultura.

カジュアル(ウェア) *f.* ropa de sport.

かしゅう 歌集 (歌集) *m.* cancionero. → 詩集.

かじゅう 過重 *m.* sobrepeso, *m.* exceso de peso. ▶過重労働 *m.* exceso de trabajo. ▶過重積載 *f.* sobrecarga, *m.* exceso de carga. ▶過重な負担を負う *v.* estar* sobrecarg*ado* (de).

かじゅう 果汁 〘スペイン〙 *m.* zumo 〘〘ラ米〙〙 *m.* jugo de fruta.

がしゅう 画集 *m.* libro de pinturas; (特定の画家などの) *f.* colección de pinturas.

かしょ 箇所 (場所・物の表面の特定の部分, 書物などの箇所) *m.* lugar, *m.* sitio; (一点) *m.* punto; (文章の一部) *m.* pasaje; (部分) *f.* parte. ▶脚の痛む箇所 *m.* lugar [*m.* punto] dolorido de la pierna. ▶読みかけていた箇所を見失う [2近いわからないにしておく] *v.* ¹perder* [²mantener*] el lugar que estaba leyendo. ▶同じ箇所で事故があった Ocurrió un accidente en el mismo sitio [lugar]. ▶市内数箇所で道路が不通になった Las carreteras estaban bloqueadas en varios puntos de la ciudad. ♦先生は聖書から数箇所引用した El/La profesor/sora citó varios pasajes de la Biblia.

かしょう 過少 ▶過少の *adj.* demasi*ado* poco.

かじょう 過剰 *f.* superabundancia; (余剰) *m.* excedente, *m.* sobrante. ▶過剰の *adj.* demasi*ado*, excesivo, 《口語》 de sobra. ▶生産過剰 *m.* exceso de producción, *f.* superproducción. ▶人口過剰 *m.* exceso de población, *f.* superpoblación. ▶過剰防衛 *m.* exceso en la defensa, *f.* defensa propia excesiva. ▶彼女は自意識過剰だ Tiene demasiada conciencia de su propia identidad. / 《口語》 Es demasiado suya. ♦過剰包装ではありませんか ¿No hay demasiados envoltorios?

かじょう 箇条 (項目) *m.* punto; (条項) *m.* artículo, *f.* cláusula, 《教養語》 *m.* epígrafe. ▶10 箇条より成る *v.* constar de diez artículos. ▶箇条書き *mpl.* puntos, *mpl.* artículos. ▶箇条書きスタイル 《専門語》 *m.* estilo de viñeta. ▶箇条書きにする *v.* detallar, desglosar.

がしょう 賀正 ¡Feliz Año Nuevo!

がしょう 画商 *mf.* marchante, *mf.* comerciante en cuadros.

がじょう 賀状 (年賀状) *f.* tarjeta de Año Nuevo.

かしょうひょうか 過小評価 *f.* subestimación, 《教養語》 *f.* infravaloración. ▶過小評価する *v.* subestimar, infravalorar.

かしょく 過食 *f.* sobrealimentación, *m.* exceso en la comida. ▶過食症 《専門語》 *f.* bulimia. ▶過食する *v.* comer en exceso.

かしら 頭 ❶【あたま】*f.* cabeza. ♦かしら¹右 [²左]¡Vista a la ¹derecha [²izquierda]!
❷【長】*m.* caudillo, *m.* jefe, *mf.* líder; (ゲリラなどの) *mf.* cabecilla. ▶インディアンの頭 (＝酋(しゅう)長) *m.* cacique, *m.* jefe de una tribu india ☞首領, 長

かしら ❶【自問】Me pregunto si 《＋直説法》. ♦あしたは雨かしら ¿Lloverá mañana? / Me pregunto si lloverá mañana. 《会話》彼仙台にいたことがあるって言ってたよ—いつのことかしら Me dijo que había estado en Sendai. - ¿Cuándo habrá sido eso? ♦千円で足りるのかしら Me pregunto si「con mil yenes será bastante [mil yenes serán suficientes]. / 《口語》¿Bastará con mil yenes?
❷【依頼】♦少しお金を貸していただけないかしら ¿No「me puedes [podrías] prestar dinero?
❸【願望】♦早く夏休みが来ないかしら Espero que las vacaciones de verano vengan pronto.
【その他の表現】《会話》彼は何歳かしら—30 歳くらいじゃないかしら ¿Cuántos años crees que tiene? - Unos treinta años, ¿no? ♦「Tendrá unos [《口語》Andará por los] treinta.

かしらもじ 頭文字 *f.* inicial; (文頭の大文字) *f.* mayúscula. ▶私の名前の頭文字 *fpl.* mis iniciales, *fpl.* iniciales de mi nombre.

かじりつく (ばくつく) *v.* morder*; (すがりつく, 執着する) *v.* aferrarse 《a》; (物に) *v.* pegarse* 《a》. ▶ナシにかじりつく *v.* morder* una pera. ▶旧習にかじりつく *v.* aferrarse a una vieja costumbre. ▶仕事にかじりつく *v.* aferrarse al trabajo. ▶テレビにかじりついている *v.* estar* peg*ado* a la televisión. ♦その子は母親にかじりついていた El niño se pegaba a su madre. ♦石にかじりついても (＝どんな犠牲を払っても) その計画は達成してみせる El plan se llevará a cabo「cueste lo que cueste [a toda costa].

かじる ❶【かむ】*v.* morder*, dar* un mordisco 《a》; (少しずつ) *v.* mordisquear; (固い物をくり返し) *v.* roer*. ▶リンゴをかじる *v.* morder* [dar* un mordisco a] una manzana. ▶ビスケットを一口かじる *v.* probar* una galleta. ▶骨をかじる *v.* roer* un hueso. ▶チーズをかじる *v.* mordisquear un trozo de queso. ♦ネズミが壁をかじって穴をあけた Los ratones royeron la pared y abrieron un agujero.
❷【少し知る】*v.* saber* algo 《de》, tener* algún [un ligero] conocimiento 《de》. ▶ドイツ語を少しかじっている「Sabe algo [Tiene algunos conocimientos] de alemán.

かしん 過信 自己の能力を過信する (＝自信過剰である) *v.* tener*「demasiada confianza [un exceso de confianza] en sí mis*mo*, sobreestimarse.

かしん 家臣 *mf.* vasallo/lla, *mf.* súbdito/ta.

かじん 歌人 *mf.* poeta/tisa. → 詩人.

かす 貸す ❶【金品などを】*v.* prestar; (金を取って) *v.* alquilar, arrendar*.

1《...を貸す》▶100ユーロを貸してくれという v. pedir* prestados 100 euros. ◆金融会社は高い利子で金を貸す Las (compañías) financieras prestan dinero a altos intereses. ◆余分な水泳パンツがあるから貸してあげられる Tengo un bañador de más, así que te lo puedo prestar.

2《AにBを貸す》v. prestar「B a A [a A B]. ◆太郎は私にこの辞書を貸してくれた Taro me prestó (a mí) este diccionario. / Este diccionario me lo prestó Taro. → 与える, 借りる. ◆彼女は妹にはよく金を貸してやる Frecuentemente le presta dinero a su hermana. / Le deja dinero prestado a su hermana muchas veces. 会話 (私に)お金を少し貸していただけませんか—いいですよ, いかほどですか ¿No puede [podría] prestarme usted un poco de dinero? / 《フォーマル》¿Sería usted tan amable de prestarme algo de dinero? – Claro que sí. ¿Cuánto quiere?

❷【賃貸しする】v. alquilar, dejar en alquiler, arrendar*, ceder en arriendo. ◆私は夏休みの間, 部屋を学生に貸した Durante las vacaciones de verano alquilé mi habitación a un estudiante. ◆彼は時間制でボートを貸し出している Alquila botes [barcas] por hora. ◆この家は月10万円で貸している Esta casa se alquila por 100.000 yenes al mes.

《その他の表現》▶手を貸してやる v. ayudar [《口語》echar una mano]《a + 人》. ◆助ける, 手伝う. ▶その計画に名前を貸す v. prestar el nombre al proyecto. ▶知恵を貸す v. dar* consejo [aconsejar]《a + 人》. ▶耳を貸す. そっと言いたい「大きな声で言えない」ことがある Acerca el oído. Quiero decirte algo en voz baja. 会話 火を貸していただけませんか—いいですとも. はいどうぞ ¿Me puede dar fuego, por favor? – Naturalmente. Tome. ▶電話を貸してください (=使用してもよろしいか) ¿Puedo usar su teléfono? → 借りる.

かす 課す v. imponer*. → 課する.
かす 化す v. cambiar (en). →化する.
かす 滓 (液体の底に沈んだ) m. (mpl.) residuo(s), m. sedimento,《教養語》fpl. heces; (コーヒーなどの) mpl. posos; (浮きかす) f. espuma.

__かず 数__ m. número. ▶多い, 少ない. ▶大きな [²小さな]数 (=数字) m. número ¹alto [²bajo]. ▶数の中に入れる v. contar, incluir*. ▶数にものを言わせて勝つ v. ganar [gracias al número [por superioridad numérica]. ▶数の上で優勢である v. ser* numéricamente superior《a》. ▶本の数をそえる v. contar* el número de libros. ▶数を¹増す [²減らす] v. ¹aumentar [²disminuir*, ²reducir*] el número《de》. ▶数を(かぞえ)まちがえる v. calcular mal. ▶(敵に)数ではまさっている v. superar「en número [《フォーマル》numéricamente] (al enemigo). ▶数でこなす (=大量に売って利益を得る) v. hacer* ganancias vendiendo grandes cantidades. ◆観客の数はおよそ5百人だった Había unos [aproximadamente] 500 espectadores. / El número aproximado de espectadores era de 500. ◆この会社は女性の数の方が男性より多い En esta empresa「el número de empleadas supera al de empleados [hay más mujeres que hombres]. ◆この学校の生徒の数はどのぐらいですか ¿Cuántos alumnos hay en esta escuela? / ¿Cuál es el número de alumnos de esta escuela? ◆最近海外旅行者の数が増えてきている Recientemente está aumentando el número de gente que viaja al extranjero. / Hoy día cada vez son más los que viajan al extranjero. ◆1クラスの生徒の数の多いのに (=何と多数の生徒がいることかと)驚いた Me sorprendí del alto [《フォーマル》elevado] número de estudiantes que había en clase.

《その他の表現》▶数ある彼の小説の中でこれこそ彼の最高作だ De sus numerosas novelas, ésta es la mejor. ◆私の作品など物の数ではない (=大したことはない) Mi trabajo no cuenta [tiene importancia].

*__ガス__ **❶**【気体】m. gas. ▶ガス(状の) adj. gaseoso.

1《～ガス》▶天然ガス m. gas natural. ▶石炭ガス m. gas de carbón [hulla]. ▶毒ガス m. gas tóxico. ▶催涙ガス m. gas lacrimógeno. ▶都市ガス m. gas ciudad. ▶ブタンガス m. gas butano. (☆スペインで家庭用によく使われる). ▶プロパンガス m. gas propano.

2《ガス+名詞》▶ガス¹オーブン [²レンジ] ¹ m. horno [² f. cocina] de gas. ▶ガス会社 f. compañía de gas. ▶ガス管 m. tubo de gas; (本管) m. conducto principal de gas. ▶ガスこんろ f. cocina [《ラ米》f. estufa] de gas. ▶ガスストーブ f. estufa [m. calentador] de gas. ▶ガス代 f. tarifa de gas. ▶ガスタンク m. depósito [m. tanque] de gas. ▶ガス計量器 m. gasómetro. ▶ガス中毒 f. intoxicación por gas. ▶ガス爆発 f. explosión de gas. ▶(ブタン)ガスボンベ f. bombona de gas. ▶ガスマスク f. máscara antigás. ▶ガス漏れ f. fuga de gas. ▶ガス湯わかし器 m. calentador (de agua) de gas. ▶ガスライター m. encendedor de gas. ▶ガス自殺をする v. matarse con gas.

地域差 ガスボンベ
[スペイン] f. bombona
[ラテンアメリカ] m. cilindro
[キューバ] m. balón de gas, m. botellón
[メキシコ] m. tanque de gas
[ペルー] m. balón de gas
[コロンビア] m. pipa de gas, m. tanque de gas
[アルゼンチン] m. balón de gas, f. garrafa

地域差 ガスレンジ
[全般的に] f. cocina
[スペイン] f. cocinilla, f. hornilla, f. placa
[キューバ] m. fogón, f. hornilla
[メキシコ] f. estufa, f. hornilla, f. parrilla
[コロンビア] m. fogón
[ペルー] f. cocina
[アルゼンチン] m. anafe, f. cocinilla, f. hornallas

3《ガスが》◆彼の家にはガスが引いてある Su casa tiene instalación de gas. ◆ガスが¹ついている [²消えている] El gas está ¹abierto

[²cerrado]. ◆ガスがこんろから漏れている Hay una fuga de gas en la cocina.

3《ガスの[を, に]》▶ガスの火を¹強く[²弱く]する v. ¹subir [²bajar] el gas. ▶ガスの元栓をしめる v. cerrar* la válvula de gas. ▶(栓をひねって)ガスを¹つける[²消す] v. ¹abrir* [²cerrar*] el gas. ▶(鍋を)ガスにかける v. poner* en el gas (una cacerola).

❷【濃霧】f. niebla densa [espesa]. ◆ガスが発生する v. formarse niebla.

❸【ガソリン】f. gasolina, 《ラ米》f. nafta. ▶ガス欠になる v. quedarse sin gasolina.

❹《胃・腸内の》mpl. gases. ▶腹にガスがたまる v. tener* gases.

かすいたい 下垂体 《専門語》 f. hipófisis. ▶下垂体機能亢(こ)進《専門語》m. hiperpituitarismo. ▶下垂体機能障害《専門語》m. pituitarismo. ▶下垂体機能不全《専門語》m. dispituitarismo. ▶下垂体性巨人症《専門語》m. gigantismo pituitario. ▶下垂体性小人症《専門語》m. enanismo pituitario.

かすか 微か ▶かすかな(光・音・希望などが弱い)adj. débil; (光・形・記憶などがぼんやりした)adj. tenue; (はっきりしない)adj. vago; (わずかな)adj. ligero. ▶タマネギのかすかなにおい m. ligero olor a cebolla. ▶回復のかすかな望み f. débil esperanza de recuperación. ▶ろうそくのかすかな明かりで読書する v. leer* a la débil luz de una vela.

—— **かすかに** adv. débilmente, ligeramente; vagamente; (強調して)imperceptiblemente. ◆その音は壁を通してかすかに私の耳に届いた El sonido se percibía débilmente a través de la pared. ◆私は死んだ父をかすかに覚えている Recuerdo vagamente a mi difunto padre. ◆葉が風にかすかに揺れていた El viento hacía estremecerse suavemente las hojas. / Las hojas temblaban débilmente con el viento.

かずかず 数々 adj. muchos, 《フォーマル》numerosos. → たくさん, いろいろ.

カスケード 《専門語》f. cascada.

ガスコーニュ Gascuña (☆フランスの地方).

カスタード fpl. natillas (☆牛乳・卵に砂糖・香料を加えて弱火で煮詰めた菓子). ▶カスタードパイ m. pastel de natillas.

カスタネット fpl. castañuelas.

カスタマイズする 《専門語》v. personalizar.

カスティリャ Castilla (☆スペインの地方).

カスティリャ・イ・レオン Castilla y León (☆スペインの自治州).

カスティリャ・ラ・マンチャ Castilla-La Mancha (☆スペインの自治州).

カステラ m. bizcocho, m. bollo.

かずのこ 数の子 fpl. huevas de arenque.

ガスパーチョ m. gazpacho (☆トマトをベースにたまねぎ・きゅうりなど生野菜とオリーブ油・にんにく・香料・パンなどで作る冷たい濃厚なスープ).

カスピかい カスピ海 Mar Caspio (☆ロシア連邦, イランなどの間に広がる湖).

かすみ 霞 f. bruma, f. neblina; f. niebla. → 霧. ▶霞を食べて生きる v. vivir del aire. ◆森には薄く霞がかかっていた Sobre el bosque flotaba una suave neblina.

かぜ 253

かすむ 霞む **❶**【かすみがかかる】v. estar* con niebla, estar* brumoso [nebuloso]. → 霞(かすみ). ▶かすんだ¹空 [²景色] ¹m. cielo brumoso [² f. vista brumosa]. ◆山の頂上が遠く(の方に)かすんで見える La cima de la montaña se puede ver vagamente a lo lejos.

❷【はっきり見えなくなる】(目がかすむ)v. estar* borroso, enturbiar(se). ◆彼女は涙で目がかすんだ Las lágrimas enturbiaron sus ojos.

かすめる 掠める **❶**【盗む】v. robar, 《フォーマル》hurtar; (ごまかす)v. engañar; (金を)v. timar; (着服する)v. 《口語》ratear. ▶彼らから金をかすめる v. robarle el dinero. ▶売上金をかすめる v. 「quedarse con [robar] las ganancias. ▶人の目をかすめて(=こっそりと)たばこを吸う v. fumar a hurtadillas [escondidas].

❷【かすって通る】v. rozar*, pasar rozando → 掠(かす)る; (鳥などがかすって飛ぶ)v. rozar*, rasar, pasar [volar*] rasando. ◆弾丸が彼女をかすめた La bala le rozó. ◆ツバメが川面をかすめた Una golondrina voló rasando el río. ◆ナイフが彼の右の耳元をかすめた El cuchillo rozó su oreja derecha. ◆不安が心をかすめた Me pasó por la cabeza un temor.

かすりきず 掠り傷 (かすった傷)m. arañazo, m. rasguño; (すりむいた傷)f. rozadura, 《専門語》f. excoriación; (軽いけが)f. pequeña herida. ▶ほんのかすり傷だ No es más que un arañazo. ◆転んでひざに少しかすり傷ができた Me caí haciéndome unos pequeños rasguños en la rodilla.

かする 課する (税・義務などを)v. imponer*; (問題・仕事などを)v. asignar. ▶たばこに税を課する v. gravar el tabaco (con un impuesto), imponer* una tasa en el tabaco. ▶多くの宿題を課する v. asignarles 「muchos deberes [mucha tarea].

かする 科する v. imponer; 《フォーマル》infligir*. ▶刑を科する v. 《フォーマル》infligir* 《a + 人》un castigo.

かする 化する (変化する)v. convertirse*, transformarse 《en》; (感化する)v. influenciar. ◆戦場は血の海と化した El campo de batalla se convirtió en un río de sangre. ◆競技場は興奮のるつぼと化した Todo el estadio fue presa de una intensa emoción. ◆その町は焦土と化した La ciudad fue reducida a cenizas.

かする 掠る v. rozar*, raspar, arañar. ◆車で門を出るとき門柱をかすってしまった Raspé el coche con el poste de la entrada. ◆弾丸が彼の頭をかすった La bala le rozó la cabeza.

かすれる 掠れる (声が)v. ponerse* ronco → 嗄(か)れる; (字が)かすれる v. ponerse* borroso. ▶かすれた字 f. letra borrosa.

かぜ 風邪 m. resfriado, m. catarro, m. constipado; (インフルエンザ) f. gripe, 《教養語》《専門語》f. influenza.

1《～風邪》; (咳の出る風邪)m. resfriado en el pecho. ▶鼻風邪 m. resfriado en la cabeza. ▶夏風邪 m. resfriado de verano. ▶¹ひどい [²軽い; ³しつこい]風邪 m. ¹fuerte [²ligero; ³persistente] resfriado.

かぜ

2《風邪＋名詞》▶風邪薬を飲む v. tomar una medicina para el catarro. ▶風邪気味である v. tener* un amago de resfriado.

3《風邪が[は]》▶風邪が学校ではやっている La gripe ha invadido la escuela. / Hay una epidemia de gripe en la escuela. ◆彼の風邪がうつった Me ha contagiado [《口語》pegado] su catarro. ◆少しも風邪が抜けない No「me puedo librar del [puedo acabar con el] catarro. ◆風邪はだいぶよくなりましたか ¿Estás ya mejor de tu resfriado?

4《風邪を》▶風邪を引いている v. tener* un resfriado. ▶風邪を引きかけている v. estar* cogiendo un catarro. ▶風邪を引きやすい v. coger* [《口語》pescar*, 〖ラ米〗agarrar] catarros fácilmente, 《フォーマル》ser* propenso a los resfriados. ▶風邪を引いて熱がある v. tener* resfriado con fiebre. ▶風邪をこじらせる v. ponerse* peor con el resfriado. ▶風邪を引かないように気をつけなさい Ten cuidado y no cojas un resfriado. / Ten cuidado en no resfriarte. ◆ちょっと風邪を引いちゃった Tengo algo de resfriado. ◆彼は今日は風邪を引いて寝ている Hoy está en cama con catarro.

＊＊かぜ 風 m. viento, m. aire; (そよ風) f. brisa; (強風) m. vendaval, m. ventarrón; (突風) f. ráfaga de viento, f. ventolera.

1《～風，風＋名詞》▶¹身を切る [²肌を刺す] ような風 m. viento ¹cortante [²penetrante]. ▶¹さわやかな [²心地よい] 風 f. brisa ¹refrescante [²agradable]. ▶北からの冷たい風 mpl. vientos fríos del norte, mpl. nortes fríos. ▶風のある日 m. día「con viento [《口語》de mucho aire].

2《風が》▶今日は風が強い Hoy hace mucho viento (aire). / El viento sopla con fuerza hoy. ◆今日はほとんど風がない Hoy no hace casi nada de aire. ◆西風が吹くと雨になる El viento del oeste trae lluvia. ◆風が出てきた Se ha levantado el aire. ◆強い風が北から吹いている Hace mucho viento del norte. / El norte está soplando con fuerza del norte. ◆風が強いときは外へ出たくない No quiero salir cuando hace mucho viento.

3《風を[に, で]》▶部屋に風を通す v. ventilar una habitación. ▶風に逆らって走る v. correr contra el viento. ▶木の枝が風で揺れている Las ramas se estremecen con el viento. / El viento mueve las ramas. ▶私は帽子を風に吹き飛ばされた El viento me ha arrebatado el sombrero. / Se me ha volado el sombrero por el aire. ▶ドアが風でばっと開いた El viento abrió la puerta bruscamente. ◆どこからともなく美しい調べが風に乗って流れてきた Una bella melodía vino flotando con el viento de no sé donde.

《その他の表現》《会話》それで太郎がアイスクリームの代金を払ったのさ－太郎が払ったって!どういう風の吹き回しだい Y Taro pagó los helados. – ¿Que pagó Taro? ¿Pero qué le ha pasado? ◆風の便りに彼が結婚したことを聞いた《口語》Me ha dicho un pajarito que se ha casado. 《会話》だれから聞いたの一風の便りさ ¿Quién te ha dicho eso? – El viento [《口語》Un pajarito]. ◆彼は先生のおしかりにどこ吹く風という顔をしていた Parecía indiferente a la reprimenda「del profesor [de la profesora]. ◆あしたはあしたの風が吹く Mañana será otro día.

かぜあたり 風当たり ▶風当たりが強い山腹 f. ladera de la montaña azotada por el viento. ◆警察に対する世間の風当たりが強い (＝警察は世間から厳しく批判されている) La policía está siendo expuesta a las críticas más duras「del público [de la opinión pública].

かせい 仮性 ▶仮性近視《専門語》f. seudomiopía, f. miopía falsa.

かせい 火星 m. Marte. ▶火星人 mf. marciano /na.

かせい 加勢 (助けること) f. ayuda, 《フォーマル》f. asistencia; (支持) m. apoyo, m. respaldo; (援軍) mpl. refuerzos. ▶加勢に来る v. venir* [acudir] en ayuda《de》.

かせい 課税 f. imposición, f. fijación de impuestos, f. tributación; mpl. impuestos. ▶累進課税 f. imposición [f. fijación] progresiva. ▶課税対象 mpl. artículos imponibles, mpl. sujetos a impuestos. ▶(酒類に) 課税する v. gravar con impuestos (las bebidas alcohólicas). ▶その国では教会の土地は課税対象になっている Las tierras de la Iglesia son imponibles en ese país.

かせいか 家政科 m. curso de economía doméstica; (家政学科) m. departamento de economía doméstica.

かせいソーダ 苛性ソーダ f. sosa cáustica, 《専門語》m. hidróxido sódico.

かせいふ 家政婦 ama de llaves.

地域差	家政婦
〔全般的に〕	f. muchacha, f. sirvienta
〔スペイン〕	f. asistenta, f. doncella
〔キューバ〕	f. empleada, f. mucama
〔ペルー〕	f. empleada
〔アルゼンチン〕	f. empleada, f. mucama

かせき 化石 m. fósil. ▶生きた化石 m. fósil viviente. ▶動物の化石 m. animal fósil. ▶化石化する v. fosilizarse*.

かせぎ 稼ぎ (所得) fpl. ganancias; (収入) mpl. ingresos. → 稼ぐ. ▶稼ぎ手 (＝家族を養う人) el /la que mantiene la casa; (大黒柱) m. sostén de la familia, 《口語》el/la que gana el pan. ▶稼ぎが¹多い [²少ない] v. tener* unos ingresos ¹altos [²bajos]. ▶小遣い稼ぎに随筆を書く v. escribir* ensayos para tener* dinero de bolsillo. ◆うちの亭主は稼ぎが悪い Mi marido no gana mucho. ◆近ごろはプログラマーは稼ぎがいい (＝金をよくもうける) Hoy día un programador de informática puede「ganar bastante [tener buenos ingresos].

かせぐ 稼ぐ v. ganar, 《フォーマル》percibir. → 稼ぎ. ▶生活費を稼ぐ v. ganarse la vida. ▶パートタイムをして1日に6千円稼ぐ v. ganar [《フォーマル》percibir] 6.000 yenes al día trabajando por horas. → 儲(ホɹ)ける. ◆妻の方が私よりよく稼ぎます Mi esposa gana más que yo.

【その他の表現】 ◆彼は聞こえないふりをして時間を稼ごうとした Intentó ganar tiempo fingiendo que no lo había oído.

かせつ 仮説 f. hipótesis. ◆仮説を立てる v. hacer* [《フォーマル》establecer*] una hipótesis. ▶(...という)仮説に基づいて adv. en la hipótesis de que《＋接続法》.

かせつ 架設 （電話の）f. instalación; （橋の）f. construcción. ◆架設する v. instalar; construir*.

かせつ 仮設 ◆仮設の adj. provisional, temporal. ▶仮設住宅 f. vivienda provisional [temporal].

カセット f.(m.) casete, 《仏語》f.(m.) "cassette". ▶カセットテープ f. cinta de casete. ▶カセットテープレコーダー 《仏語》m. "cassette", f. grabadora. ▶カセットにとる v. grabar en una casete. ▶カセットをデッキに入れる v. meter [《フォーマル》insertar] una casete. ▶このテキストにはカセットテープ2巻がついている Este libro de texto viene con dos casetes.

かぜとおし 風通し f. ventilación, f. aireación. → 換気. ▶風通しが¹いい [²悪い] 部屋 f. habitación ¹bien [²mal] ventilada. ◆この部屋は風通しが¹よい [²悪い] Esta habitación tiene ¹buena [²mala] ventilación.

かせん 化繊 （合成繊維）f. fibra sintética [química]. ▶化繊製品 m. producto de fibra sintética [química].

かせん 河川 m. río. ▶河川改修工事 f. obra de regulación de ríos. ▶河川敷 m. cauce [m. lecho] de río.

がぜん 俄然 adv. de repente, repentinamente, 《教養語》súbitamente. ◆彼はがぜん張り切り出した De repente se「volvió entusiasta [animó].

かせんぶ 下線部 m. subrayado, f. parte subrayada.

かそ 過疎 f. despoblación. ▶過疎地域 f. región despoblada. ▶過疎になる v. despoblarse*.

がそ 画素 m. pixel (de imagen digital).

かそう 下層 （地層の）f. capa inferior; （階級の）fpl. clases「más bajas [inferiores]. ▶下層社会 fpl. capas más bajas de la sociedad. ▶下層土 m. subsuelo.

かそう 仮装 m. disfraz. ▶仮装行列 m. desfile de disfraces, f. mascarada. ▶仮装舞踏会（＝いろいろな人・物に扮した）m. baile de disfraces; (仮面をつけた) m. baile de máscaras. ▶仮装する v. disfrazarse*, enmascararse 《de》. → 変装する.

かそう 仮想 （想像）f. imaginación; （仮定）f. suposición, 《教養語》f. conjetura. ▶仮想する v. imaginar, suponer*. ▶仮想上の adj. imaginario. ▶仮想敵国 m. enemigo imaginario [potencial]. ▶仮想の《専門語》adj. virtual. ▶仮想現実《専門語》f. realidad virtual. ▶仮想メモリ《専門語》f. memoria virtual.

かそう 火葬 f. incineración, f. cremación. ▶火葬にする v. incinerar, cremar. ▶火葬場 m. crematorio.

がぞう 画像 f. imagen. ◆テレビの画像がぼやけているLa imagen de la televisión está desenfocada [borrosa]. / Sale borrosa la imagen de la televisión.

かぞえあげる 数え上げる （列挙する）v. enumerar. ◆数え上げたらきりがない v. ser* demasiados para enumerarlos.

かぞえうた 数え歌 f. canción「numérica [con un número en cada estrofa].

＊かぞえる 数える v. contar*, calcular, 《フォーマル》hacer* el recuento 《de》, 《フォーマル》cifrarse. ▶票数を数える v. contar* [《フォーマル》hacer* el recuento] de los votos. ◆指で1から10まで数えてごらん Cuenta de uno a diez con los dedos. 会話 お宅の坊やはいくつまで数えられますかーまだ10まで数えられません ¿Hasta qué número sabe contar su hijo? – Todavía no sabe contar hasta diez. ◆鳥が多くて数え切れなかった Había más pájaros de los que se podían contar. / Había tantos pájaros que no pueden contarse. ◆行方不明者は50を数えた El número de desaparecidos se ha cifrado en 50. / Los desaparecidos se cifraron en 50.

【その他の表現】 ◆彼は日本で最もすぐれた詩人の一人に数えられている（＝とみなされている）Se le cuenta entre los mejores poetas de Japón. ◆私はあなたに会えるのを指おり数えて待っています（＝今も楽しみにしています）Estoy contando los días que faltan para verte.

かそく 加速 f. aceleración, 《フォーマル》m. aceleramiento. ▶加速のよい車 m. coche con buena aceleración. ▶加速度運動 m. movimiento acelerado. ▶加速度がつく v. acelerar, ganar velocidad [impulso, aceleración]. ◆車は加速した El coche aceleró [tomó velocidad].

＊＊かぞく 家族 f. familia, 《親しい仲で》f. mi (tu, su) gente.

1《～家族》◆大家族 f. gran familia, f. familia numerosa. ▶核家族 f. familia nuclear. ▶うちは¹大 [²小] 家族です Mi familia es ¹grande [²pequeña]. / En mi familia somos ¹muchos [²pocos]. ◆初めは、2,3家族だけここに住んでいた Al principio aquí sólo vivían「dos o tres [unas cuantas] familias.

2《家族＋名詞》▶家族構成 f. composición de una familia. ▶家族数 m. tamaño de una familia. ▶家族計画 f. planificación familiar. ▶家族旅行 m. viaje en familia. ▶家族連れで出かける v. ir* (a un lugar) con la familia.

3《家族は》◆ご家族は何人ですか ¿Cuántos son en su familia? / 《フォーマル》¿Cuántas personas componen su familia?. ◆私の家族は5人です En mi familia somos cinco. / 《口語》En casa somos cinco. / 《フォーマル》Mi familia consta de cinco personas. ◆ご家族はいかがですかー皆元気です ¿Cómo está su familia? – Está bien, gracias.

4《家族の》▶家族の一員 m. miembro de la familia. ◆うちの犬は家族の一員だ Nuestro perro es un miembro (más) de la familia. ◆ご家族の皆さんによろしく「Salude de mi parte

256 カソリック

[《フォーマル》Presente mis respetos] a su familia. → よろしく.

5《家族を》▶彼は家族(=妻子)を日本に置いてパリに赴任した Se fue a París a ocupar su nuevo destino en la empresa dejando a su familia en Japón.

—— **家族的な** adj. familiar, hogareño. ▶家族的な雰囲気 m. ambiente familiar ☞ 家, 一家, 経歴, 妻子, 族

カソリック (信者)mf. católico/ca. → カトリック.

ガソリン f. gasolina, 『ラ米』f. nafta. ▶ガソリンスタンド f. gasolinera, f. estación de servicio. ◆ガソリンが切れそうだ Se nos está acabando la gasolina. ◆この車はガソリンを食いすぎる Este coche consume [《口語》gasta, 《俗語》se traga] mucha gasolina.

地域差	ガソリンスタンド
〔全般的に〕	f. gasolinera
〔スペイン〕	f. estación de servicio
〔キューバ〕	f. bomba
〔コロンビア〕	f. bomba
〔ペルー〕	m. grifo
〔アルゼンチン〕	f. bomba, f. estación de servicio

***かた 肩** ❶【人体の】m. hombro. ▶肩越しに見る v. mirar 《a + 物・事》por encima del hombro.

1《～肩》▶がっしりした(=広い)肩 mpl. hombros anchos. ◆五十肩になる v. sufrir de hombros congelados. ◆彼は1なで[²いかり]肩をしている Tiene los hombros ¹caídos [²rectos].

2《肩が》◆肩がこっている v. tener* dolor de espalda.

3《肩の》▶肩の骨をはずす v. dislocarse* el hombro. ▶肩の力を抜く(=肩の筋肉をゆるめる) v. relajar los hombros.

4《肩に》▶荷物を肩にかつぐ v. llevar al hombro un paquete.

5《肩を》▶肩をいからす v. erguir* [sacar*] los hombros. ▶肩を落とす[すぼめる] v. tener* los hombros caídos. ▶肩を並べて歩く v. caminar hombro con hombro (con). ▶肩をもんでやる[あげる] v. 「dar* 《a + 人》un masaje en [masajear(le)] los hombros. ◆息子のことを尋ねられると彼女は肩をすくめるだけだった Simplemente se encogió de hombros cuando le preguntaron por su hijo. ◆彼は肩のこりをほぐすため母の肩をたたいてあげた Le daba golpecitos a su madre en los hombros para quitarle la rigidez.

6《肩で》《人を》肩で押しのける v. hacer* 《a + 人》a un lado, apartar 《a + 人》a empujones. ◆走者はゴールに着くとひざをついて肩で息をした(=息を切らしてあえいだ) Al llegar a la meta, el/la corredor/dora cayó de rodillas y jadeó cansado/da.

❷【衣服などの】m. hombro. ▶上着の肩の部分 mpl. hombros de un abrigo. ▶スーツの肩をつめてもらう v. hacer* que le metan los hombros de un vestido.

《その他の表現》▶肩ならしをする v. precalentarse* (para el partido). ▶肩のこる(=堅い)書物 f. lectura difícil. ▶肩のこらない読み物 f. lectura fácil. ▶肩を貸す(=手伝う) v. echar 《a + 人》una mano 《en》. ▶肩を持つ(=味方する) v. ponerse* de (su) lado, estar* de parte 《de》; (支持する) v. apoyar, 《フォーマル》secundar. ▶肩で風を切って歩く(=いばって歩く) v. andar* moviendo los hombros, contonearse al caminar. ▶肩をたたく(=退職勧告)を受けた Le insinuaron [《口語》dieron un toque] para que se retirara [dimitiera, jubilara]. ◆おじさんと話すといつも肩がこる(=落ち着かない) Cuando hablo con mi tío, 「no me siento a gusto [me siento incómodo]. ◆息子が入試に合格して肩の荷がおりた「Respiramos aliviados [Se nos quitó un peso de encima] cuando nuestro hijo aprobó el examen de ingreso. ◆家族を飢えさせないようにすることがあなたの肩にかかっている(=責任である) Depende de ti el impedir que tu familia pase hambre. ◆彼は学識では先生と肩を並べている(=同等だ) Iguala a su maestro/tra en erudición. ◆雄弁では彼と肩を並べる者はいない No 「hay quien le gane [tiene rival] en elocuencia.

かた 型[形] ❶【原型】(ひな型) m. modelo; (鋳型) m. molde; (型紙) m. patrón; (歯型) f. impresión. ▶鉛を型に流し込む v. verter plomo en un molde. ▶洋服の型を取る v. cortar un patrón para un vestido. ◆石膏(ぅ)で胸像の型を作った Hice un modelo de escayola para un busto.

❷《スポーツにおける動作の形式》f. forma, f. figura. ▶レスリングの型を覚える v. aprender formas de lucha.

❸【様式】(タイプ) m. tipo, f. clase; (スタイル) m. estilo; (パタン) f. figura, m. patrón; (自動車などの年式, 型) m. modelo. ▶1997年型の車 m. modelo de 1997. ◆その時計は新しい型だ Ese reloj es un nuevo tipo. ◆帽子の最新の型はどんなものですか ¿Cuáles son los nuevos estilos de sombreros? ◆彼女の考え方には一定の型がある Su manera de pensar sigue un patrón.

❹《慣例》f. convención, f. norma establecida; (定型) m. estereotipo, m. cliché. ▶型を破る(=慣例を無視する) v. no hacer* caso de las convenciones. ▶型にはまった言い方 f. expresión estereotipada [hecha]. → 型通り, 型破り.

❺【形状】▶V字型の指輪 m. anillo con figura de V (uve). ▶卵形の顔 m. rostro ovalado. ▶形がくずれる v. perder* la forma.

❻《大きさ》m. tamaño, m. formato. ◆大きな型の冷蔵庫が欲しい Deseo comprar una nevera del tamaño grande. ☞ 種類, スタイル, タイプ

かた 過多 m. exceso, f. demasía. ◆供給過多 f. oferta excesiva [superabundante]. ◆愛情過多 m. afecto excesivo.

かた 潟 f. laguna; (干潟) f. tierra con régimen de marea.

-かた -方 ❶【仕方】f. manera, f. modo, f. forma, 《フォーマル》m. método; (...する方法)

cómo《＋不定詞》．▶彼の歌い方 f. su manera de cantar, el modo en que canta. ▶彼にその問題の解き方を教える v. mostrarle* cómo「la manera de]solucionar el problema. ▶私と同じやり方でそれをしなさい Hazlo「como yo [del mismo modo que yo]. 会話 彼の家にはどうやって行ったらいいの一歩いて行くのがいちばん簡単な行き方だよ ¿Cómo se va a su casa? – Lo más fácil es a pie. [La mejor manera es andando.] ▶彼はいつもそんなしゃべり方をする Siempre habla así [de ese modo, de esa forma]. 会話 ぼくのやり方どう思う―ろいよ ¿Qué te parece cómo lo hago? – Lento.

❷【血縁】f. parte, m. lado. ▶母方のおじ m. tío materno [por parte de madre].

❸【気付】prep. a cargo [al cuidado] (de), a/c. ▶山田様方田中様 El Sr. Tanaka a/c (a cargo del) Sr. Yamada.

❹【人を呼ぶときの敬意表現】▶この方（男性）este señor; (女性) esta señora; (未婚の女性) esta señorita.

がた がたのきた (ぐらぐらした) adj. destartalado; (老朽のため) adj. decrépito. ▶がたのきたテーブル f. mesa destartalada. ▶体にがたのきた老人 mf. viejo/ja decrépito/ta.

かたあし 片足 una pierna; (動物の) una pata. ▶片足で立つ v. sostenerse* [estar*] sobre una pierna.

カタール Qatar; (公式名) m. Estado de Qatar (☆アジアの国，首都ドーハ Doha).

＊＊かたい 固[硬，堅]い ❶【物などが】(硬いベッド) f. cama dura; (硬い石) f. piedra dura; (硬い肉) f. carne correosa; (硬い筋肉) m. músculo firme; (固い土台) m. cimiento sólido. ♦この辺の地盤は固い El terreno por aquí es firme. ♦彼女は髪が硬い Tiene el pelo hirsuto.

❷【まじめな】(正直な) adj. honrado, honesto; (生まじめな) adj. serio, formal; (信頼できる) adj. fiable, seguro, digno de confianza; (頑固な) adj. terco, 《フォーマル》obstinado, 《口語》cabeza cuadrada [dura]; (気難しい) adj. riguroso; (融通がきかない) adj. inflexible, rígido. ▶硬い表情 f. expresión seria [dura]. ▶堅い(内容の)本 m. libro serio. ▶口の固い男 m. hombre discreto [hermético, 《口語》como una tumba]. ▶堅い人（良心的な）f. persona honrada [íntegra]; (誠実で信頼できる) f. persona「digna de confianza [segura, sincera]. ▶堅い文体(形式ばった) m. estilo serio; (ぎこちない) 《口語》m. estilo estirado; (文語調の) m. estilo pedante. ▶堅い（＝実な）商売 m. negocio seguro. ♦そう堅いことは言わないで No deberías ser tan estricto. ♦彼は昔は実に堅い人だったが，今はずいぶん柔らかくなった Entonces era riguroso; ahora es mucho más blando.

❸【確固とした】▶固い意志[信念] f. creencia firme [《強調して》inquebrantable, sólida]. ▶堅い約束を結ぶ v. hacer* una promesa formal.

❹【きつい】adj. apretado, fuerte. ▶固い結び目 m. nudo apretado.

《その他の表現》▶固い握手をする v. dar* un firme apretón de manos. ▶堅い守備 f. sólida [firme] defensa. ♦彼の成功は固い(＝確かだ) Estoy seguro de su éxito. / Es seguro que triunfa. / Estoy seguro [convencido] que va a tener éxito.

―― 固[硬，堅]く ❶【物体が】adj. duro; (こわばって) adj. tieso, entumecido; (すき間のないようにぴっちりと) adj. apretado, fuerte; (固く，しっかりと) adj. firme, adv. firmemente. ▶玉子を固くゆでる v. cocer* un huevo para ponerlo* duro. ▶固い肉 f. carne dura [correosa]. ▶堅くのりのきいたシーツ f. sábana muy almidonada. ▶目を固く閉じる v. cerrar* firmemente los ojos. ♦このベッドは固くて寝られない En esta cama no se puede dormir de lo dura que está. ♦このふたは堅くて取れない Esta tapadera está tan apretada que no puedo abrirla. ♦窓は固く閉められていた Las ventanas estaban firmemente cerradas. ♦粘土が固くなるまでさわらないでください No toques「el barro [la arcilla]」hasta que esté (bastante [suficientemente]) duro [dura].

❷【考えなど】(しっかりと) adv. con firmeza, firmemente; (きっぱりと) adv. en redondo, rotundamente; (厳重に) adv. rigurosamente, con rigor; (強く) adv. fuerte, con fuerza; (きまじめに) adv. seriamente. ▶堅く約束する v. hacerle* una promesa「en firme [solemne]. ▶堅く考える v. tomárselo en serio. ♦彼は辞職しようと堅く決心していた Estaba firmemente decidido a dimitir. ♦彼女は固くそれを断わった Se negó en redondo. / Rehusó rotundamente. ♦この部屋での喫煙は固く禁じられている En esta sala fumar está rigurosamente [estrictamente] prohibido. ♦人間は年を取ると頭がだんだん固くなるものだ La gente se vuelve más obstinada [inflexible] con los años.

❸【緊張して】adj. tenso, en tensión. ♦まあそう硬くならないで No estés [te pongas] tan tenso. / (気楽にしてください) 《口語》¡Tranquilo! / (くつろいでください) Ponte cómodo [como en casa]. →畏(だ．)まる.

かたい 下腿【専門語】m. crus.

かたい 課題 ❶【解決を要する問題】m. problema; (論争の) f. cuestión; (差し迫った) m. asunto; (練習用の) m. ejercicio; (宿題) f. tarea, mpl. deberes. →問題. ▶当面の課題 m. asunto [m. problema] urgente. ▶学習課題 m. tema de estudio. ▶今後に課題を残す v. dejar un problema pendiente [por solucionar].

❷【主題】f. materia; (作文などの) m. tema. ▶論文の課題 m. tema de una tesis.

かだい 過大 ▶過大な要求をする v. hacer* [《フォーマル》presentar] peticiones excesivas [irrazonables]. ▶過大評価 f. sobreestimación, f. supervaloración. ▶彼の能力を過大評価する v. sobreestimar su capacidad.

-がたい -難い ▶...し難い adj. difícil 《de ＋不定詞》. →...するのは難しい. ▶得難い adj. difícil de conseguir; (まれな) adj. raro. ♦結果がどうな

258 かたいじ

るか断言し難い Es difícil predecir [decir cuál será] el resultado.

かたいじ 片意地 ▶片意地な (強情な) adj. obstinado → 頑固; (偏屈な) adj. perverso.

かたいっぽう 片一方 ▶片一方の手袋は1日で編み終えたけれど、もう一方は3日かかった Tardé un día en tejer uno de los guantes, pero el otro me llevó tres días.

かたいなか 片田舎 m. pueblo remoto [perdido].

かたいれ 肩入れ ▶候補者の肩入れをする (=応援をする) v. apoyar a un/una candidato/ta.

かたうで 片腕 ▶片腕の男 m. hombre manco [de un brazo]. ♦彼は私の片腕だ Es mi brazo derecho.

がたおち がた落ち ▶がた落ちする(生産などが) v. caer* [bajar] bruscamente [《口語》en picado]; (品質などが) v. descender* bruscamente.

かたおもい 片思い m. amor no correspondido. ♦彼の片思いだった Se enamoró de ella, pero 「no ella de él [el amor no fue recíproco]. /(恋が報われない)Su amor no fue correspondido.

かたおや 片親 ▶(両親のうちの一人) uno de los dos padres. ▶片親の家庭 (父のいない) f. familia sin padre, (母のいない) f. familia sin madre.

かたがき 肩書き m. título, f. titulación; (役職) m. cargo de dirección, f. gerencia. ▶貴族の肩書き m. título de nobleza. ▶博士の肩書き m. título de doctor, m. doctorado. ▶これといった肩書きのある人 f. persona con título. ▶日本ではまだ肩書きが物をいう En Japón tiene aún importancia llevar un título. ☞ 敬称, 称号, タイトル

かたかけ 肩掛け m. chal; (長い) f. estola. ▶肩掛けをする [2している] v. 1ponerse* [2llevar] un chal.

かたかた →がたがた ▶かたかた音がする v. hacer* ruido, traquetear, golpetear. ♦台所で母が食事の用意をしているかたかたという音が聞こえた Oí a mi madre traqueteando en la cocina para preparar la comida. ♦古い家の窓が風でかたかた鳴った Las ventanas de la vieja casa golpeteaban con el viento.

がたがた ❶▶がたがた音がする[を立てる] (短い, 強い, 速い音) v. traquetear; (長い, 持続的な, 響く音) v. golpetear, hacer* ruido. ♦窓が強風でがたがたいっていた El vendaval hacía golpetear las ventanas. ♦馬車ががたがた通り過ぎていった Un coche (de caballos) pasó traqueteando. ♦子供はいたずらっ子がいすをがたがたいわせた El niño travieso hacía ruido con su silla. ♦台所で食器類のがたがたする音が聞こえた Oí traquetear de platos en la cocina.
❷[揺れる] v. temblar*, tiritar, vibrar, estremecer(se)*; (寒さ・恐怖に震える) v. tiritar, estremecer(se)*; (物が揺れる) v. temblar*, vibrar. ♦非常に寒かったので子供たちはがたがた震えていた Hacía tanto frío que todos los niños estaban tiritando de frío. ♦地震はとても強く町中の建物をがたがた震わせた El terremoto fue tan fuerte que todos los edificios de la ciudad temblaron.
❸[文句をうるさく言う] v. quejarse ruidosamente. ♦彼はその決定にがたがた言っていた Se quejaba ruidosamente de la decisión. ♦がたがた (=泣き言を)言うな! ¡Deja de quejarte!

—— **がたがたの** (組み立てがひどくゆるんだ) adj. destartalado, desvencijado; (ぐらぐらの) adj. poco sólido, vacilante. ▶がたがたの机 f. mesa desvencijada [tambaleante].

かたかな 片仮名 m. "katakana". → 仮名.

かたがわ 片側 ▶片側3車線の高速道路 f. autopista con tres carriles para el tráfico a cada lado.

かたがわり 肩代わり ▶肩代わりする (=引き継ぐ) v. hacer* cargo (de). ♦彼の借金の肩代わりをする v. hacerse* cargo de sus deudas; (=代わりに払う) v. pagarle [saldarle] sus deudas.

かたかんせつ 肩関節 《専門語》f. articulación humeral. ▶肩関節炎《専門語》f. omartritis.

かたき 敵 ▶f. enemigo/ga, mf. adversario/ria; (対抗者) mf. rival. ▶¹恋 [²商売]敵 mf. rival en ¹el amor [²los negocios]. ▶友人の敵を討つ v. vengar* a un amigo.

かたぎ 気質 ▶学生気質 (=学生のものの考え方) f. mentalidad de estudiantes, m. espíritu estudiantil. ▶職人気質 f. artesanía. ♦彼は芸術家気質だ Tiene un temperamento artístico. / Es una persona de espíritu artístico.

かたくずれ 型くずれ ▶型くずれしない素材 m. material no deformable.

かたくそうさく 家宅捜索 m. registro domiciliario. ♦彼は家宅捜索を受けた Registraron su casa.

カタクチイワシ 片口鰯 m. boquerón.

かたくな (強情な) adj. terco, obstinado. → 頑固.

かたくるしい 堅苦しい (形式的な) adj. formal; (ぎこちない) adj. ceremonioso, 《口語》estirado; (きちょうめんな) adj. escrupuloso, 《フォーマル》puntilloso. ▶堅苦しい表現 f. expresión formal. ♦堅苦しい (=気楽でない)雰囲気 f. atmósfera incómoda. ♦ロペス博士なんて堅苦しすぎるよ。パブロと呼んでくれ Eso de Dr. López me suena muy formal. Llámame Pablo. ♦彼の文体にはかなり堅苦しいところがあった Su estilo era bastante estirado [duro]. ♦堅苦しいのは抜きにして腹を割って話そう Dejemos las formalidades y hablemos francamente. ♦堅苦しく考えすぎるな (=そんなにまじめにとるな) No te lo tomes tan en serio. ☞ぎこちない, 窮屈な, 鹿爪らしい

かたぐるま 肩車 ▶息子を肩車する (=肩に乗せる) v. llevar al hijo 「a la espalda [a cuestas]. ▶肩車をしてもらっている v. estar* sentado en la espalda 《de ＋ 人》.

かたごし 肩ごし ▶肩ごしに彼女を見る v. mirarla por encima del hombro.

かたこと 片言 ▶片言のスペイン語を話す v. chapurrear [farfullar] español. ♦娘はまだ片言しか話せない Mi hija todavía balbucea.

かたこり 肩凝り ▶ v. tener* los hombros rígidos [endurecidos]. → 肩.

かたさ 堅[固, 硬]さ (物体の) f. dureza; (信念などの) f. firmeza, f. solidez; (態度などの) f. rigidez, 《教養語》 f. inflexibilidad; (頑固さ) f. terquedad, f. obstinación. ▶ 1信念 [2決意] の固さ f. firmeza de ¹sus creencias [²su decisión]. ♦ 彼の頭の固さに驚く v. sorprenderse de su terquedad.

かたず 固唾 ▶ かたずを飲む v. aguantar [retener*] la respiración [el aliento]. ▶ かたずを飲むような (=はらはらさせる) 自動車レース f. emocionante carrera de coches, f. carrera de coches que quita el aliento. ♦ かたずを飲んで事態の推移を見守る v. ver* lo que va a pasar reteniendo el aliento.

かたすかし 肩透かし ▶ 肩透かしを食う (=当てが外れる) v. estar* decepcionado; (むだになる) v. ser* desperdiciado.

かたすみ 片隅 →隅. ▶ 部屋の片隅に少年を立たせる v. poner* a un niño en el rincón del cuarto.

* **かたち** 形 ❶【外形】f. forma, f. figura. ▶ リンゴのような形をした物 m. objeto「con forma de [en figura de, 《口語》como una] manzana. ♦ このクッキーは魚の形をしている Estas galletas「tienen forma de pez [《教養語》son pisciformes]. ♦ この松の木は形がよい Este pino「está bien formado [tiene una buena forma]. ♦ それらは形は似ているが大きさが違う Ellos tienen la forma semejante, pero el tamaño diferente. ♦ ボールは形が丸い La forma de la pelota es redonda. ♦ しわがよらないように上着をハンガーに掛けなさい Cuelga la chaqueta de la percha「para que no se deforme [o se deformará]. 《会話》そのお皿はどんな形ですか—木の葉のような形です ¿Qué forma tiene el plato? – Tiene forma de hoja. ♦ いろいろな形をした石を集めた Juntamos piedras de formas「diferentes.

❷【形式】f. forma, f. formalidad. ▶ 形だけのあいさつ m. saludo formal. ♦ いかなる形にせよいろを受け取ってはいけない No hay que aceptar el soborno en ninguna de sus formas. ♦ 彼は形だけの (=名ばかりの) 社長だ Es un presidente nominal. / Es el presidente sólo de nombre. ♦ 形ばかりの (=単なる) お礼のしるしにこの品をお受け取りください Por favor acepte este regalo como simple prenda de mi agradecimiento. ♦ 彼は形ばかりの (=形式上の) 抗議をした Como simple formalidad, presentó algunas quejas.

❸【まとまった形】f. forma, f. configuración. ♦ 彼の考えはようやく形をなしてきた Sus ideas por fin empiezan a「tomar forma [《教養語》configurarse].

《その他の表現》 ♦ さまざまなカップルがあり, そしてさまざまな愛の形がある Hay diferentes tipos de parejas y diferentes formas de amor.

かたちづくる 形作る (形成する) v. formar; (作る) v. hacer*, elaborar. → 作る.

かたづく 片付く ❶【(部屋などが) 整理される】v. ponerse* en orden, colocarse*; (取り除かれる) v. estar* arreglado [despejado, ordenado]. ♦ 彼女の部屋はいつもきちんと片付いている Su habitación siempre está limpia y ordenada.

❷【終了する】v. acabar(se), terminar(se). ♦ 宿題がやっと片付いた Por fin he terminado「los deberes [la tarea].

❸【解決される】v. arreglarse, solucionarse. ♦ 例の件はうまく片付いた El asunto「se arregló [salió] bien.

❹【結婚する】v. casarse. ♦ 娘が今年やっと医者のところに片付きました Mi hija se ha casado este año con un médico.

がたつく v. vacilar, tambalearse. → ぐらつく.

* **かたづける** 片付ける ❶【整理・整とんする】v. limpiar, arreglar; (取り去る) v. recoger*, quitar; (しまう) v. colocar* [ordenar] (en su sitio); (元に戻す) v. poner* en su lugar. ▶ 食卓を片付ける v. recoger* la mesa. ♦ 彼女は自分の部屋を片付けた Ordenó [Arregló] su cuarto. / Puso su habitación en orden. / Limpió su cuarto. ♦ 父は食器を片付けてテーブルをきれいにふいた Mi padre quitó [recogió] los platos y limpió la mesa. ▶ 机の上の書類を片付けなさい Ordena los documentos de la mesa. ▶ 寝る前におもちゃを片付けなさい Recoge los juguetes antes de dormir. ▶ 彼は本を棚に片付けた Ordenó los libros en la estantería.

❷【解決する】v. arreglar; (解く) v. solucionar; (うまく処理する) v. liquidar, eliminar. ♦ まず最初にこの件から片付けます Primero arreglaré este asunto. ♦ やっと難問を片付けた Por fin solucioné el difícil problema.

❸【終了させる】v. acabar, terminar. → 終える. ♦ さっさと雑用を片付けよう Vamos a terminar rápido las tareas. ♦ 今週の仕事は今日全部片付けた Hoy he acabado con el trabajo de la semana. ☞ 納める, 下げる, 仕舞う, 終う

かたっぱし 片っ端 ♦ 彼は図書館の辞書を片っ端から調べた Consultó uno por uno todos los diccionarios de la biblioteca.

かたつむり 蝸牛 m. caracol.

かたて 片手 f. mano. ▶ 片手でボールをつかむ v. atrapar [《スペイン》coger*] la pelota con una sola mano. ♦ 彼は片手に本, もう一方の手には傘を持っていた En una mano sostenía un libro y en la otra un paraguas.

かたてま 片手間 ▶ 片手間の (=臨時の) 仕事 m. trabajo accesorio. ▶ 片手間に (=暇な時に仕事をする) v. hacer* un trabajo accesorio en el tiempo libre.

かたどおり 型通りの (因習的な) adj. convencional; (類型的な) adj. estereotipado. ▶ 型通りの生活 f. vida convencional. ▶ 型通りの表現 f. expresión estereotipada; (陳腐な決まり文句) m. cliché.

かたとき 片時 (ちょっとの間) m. instante, m. momento. ♦ 私は母の言葉を片時も忘れることができなかった No podía olvidar las palabras de mi madre ni un instante.

かたどる 象る ▶ 城をかたどった (=城の形をした) ケーキを作る v. hacer* un pastel con [en] forma

かたな

de castillo.

かたな 刀 f. espada; (軍刀) m. sable. ▶刀のさや f. funda, f. vaina. ▶刀の刃 m. filo de una espada. ▶刀傷 m. tajo [m. corte] de espada. ▶刀を腰に差す v. llevar 「[《フォーマル》ceñir*] espada. ▶刀を抜く v. sacar* [desenvainar] una espada. ▶刀をさやに納める v. envainar [guardar] una espada.

かたなし 形無し (面目を潰す) v. quedar mal.

かたはば 肩幅 ▶肩幅が広い v. ser* ancho de hombros.

かたぶつ 堅物 f. persona 「muy seria [《口語》más seria que un coche negro].

かたほう 片方 (2者的の) uno, el otro; un lado, una parte. ▶片方の目が見えない v. estar* tuerto, no ver* de un ojo. ♦この手袋の片方が見当たらない No puedo encontrar el 「compañero de este [otro] guante.

かたぼう 片棒 ▶片棒を担ぐ(共犯者である) v. colaborar 《con》, formar parte 《de》; (加担する) v. participar, tomar parte 《en》.

かたまり 塊 (固まった物) m. bulto; (大きな) f. masa, f. mole; (土の) m. terrón; (平らな面をもつ木・石の) m. bloque; (肉・チーズなどの) m. trozo, 《口語》m. cacho; (血などの) m. coágulo; (人・物の集まり) m. grupo 《de》; (多数の) m. montón. → 一団; (密な) f. piña. ▶粘土の塊 f. pella. ▶うその塊 m. hatajo de mentiras. ♦彼は欲の塊だ Está lleno de codicia. / Lo [Le] devora la codicia. / (心底欲が深い)Es la codicia personificada. ♦空に巨大な黒雲の塊がある Hay una gran masa de nubarrones en el cielo. ♦子犬たちが塊になって眠っていた Los perritos dormían amontonados.

かたまる 固まる ❶【物が固くなる】v. endurecerse, 《口語》ponerse* duro, 《フォーマル》solidificarse*; (ゼリー・ヨーグルトが) v. cuajarse; (血が) v. coagularse; (セメントが) v. fraguar*. ♦雪が固まって氷になった La nieve se solidificó en hielo. ♦ゼリーは冷えると固まる La gelatina se cuaja al enfriarse.
❷【ひとまとまりに集まる】v. agruparse; (多数の人が) v. aglomerarse, 《フォーマル》congregarse*. ♦子供たちは部屋の隅に固まっていた Los niños se agruparon en el rincón de la sala. ♦3,4人ずつ固まって帰ってきなさい Vuelvan [Volved] a casa en grupos de tres o cuatro.
❸【しっかり定まる】♦彼の頭の中でその考えが固まった La idea se fue fraguando en su mente.

かたみ 肩身 ▶肩身が広い v. sentirse* orgulloso, 《フォーマル》enorgullecerse*. ♦私は息子の行儀悪さに肩身の狭い思いをした La falta de educación de mi hijo me avergonzó. / (恥ずかしく思った)Sentí vergüenza por la falta de educación de mi hijo.

かたみ 形見 (思い出の品) m. recuerdo. ▶母の形見の指輪 m. anillo como recuerdo de mi madre.

かたみち 片道 ▶片道をタクシーで行く v. ir* en taxi sólo para la ida. ♦東京から神戸までの片道乗車券をください Un 「billete de ida [《ラ米》boleto sencillo] de Tokio a Kobe, por favor.

かたむき 傾き f. inclinación, 《口語》m. ladeo. ▶塔の奇妙な傾き f. peculiar inclinación de una torre. ♦この屋根の傾きは急だ La inclinación de este tejado es pronunciada. / Este tejado está muy inclinado.

*かたむく 傾く ❶【傾斜する】(ある方向に) v. inclinarse, 《口語》ladearse 《a》. ▶¹左側 [²家の方]へ傾く v. inclinarse [ladearse] ¹a la izquierda [²hacia la casa]. ♦その塔は3度傾いていた La torre se inclinaba en un ángulo de tres grados. ♦この床は少し傾いている Este suelo está ligeramente inclinado. ♦左の翼が上方へ上がると, 機体は激しく傾いた El ala izquierda se ladeó arriba y el avión se inclinó bruscamente. ♦ヨットは風で傾いた El viento hizo que el velero se ladeara [escorara].
❷【傾向を帯びる】(人の心が) v. inclinarse 《a》; (傾向がある) v. tender* 《a, hacia》; (...する傾向がある, 《フォーマル》) v. estar* inclinado 《a》, 《フォーマル》ser* propenso 《a》. ♦彼の意見に傾く v. inclinarse a su opinión. ♦彼は共産主義に傾いている Tiende al comunismo. ♦私はそれに同意する方に傾いている Me inclino a 「un acuerdo [estar de acuerdo] sobre eso.
❸【日・月が沈む】v. ponerse*. ▶傾く月 f. luna que se pone. ♦日がゆっくりと西に傾いていった El sol se está poniendo lentamente por el oeste.
❹【衰える】v. declinar, fallar. ♦彼の運勢も傾いてきた Su fortuna está declinando. ♦彼が死ぬと事業は傾き始めた Con su muerte, el negocio empezó a fallar.

かたむける 傾ける ❶【物を】(ある方向に) v. inclinar; (左右などに) v. ladear; (一方を持ち上げて) v. 《口語》echar a un lado. → 傾く. ▶頭を前に傾ける v. inclinar [《口語》echar] la cabeza hacia delante. ▶テーブルを傾ける v. ladear la mesa.
❷【心を】(専念する) v. dedicar* [《フォーマル》consagrar] todas las fuerzas [energías] 《a》, poner* toda el alma 《en》; (注意を集中する) v. concentrar (toda la atención) 《en》. ▶耳を傾ける v. escuchar atentamente (lo que dice); (耳を向ける) v. prestar 《a + 人》el oído. ♦彼はその仕事に全力を傾けた Dedicó todas sus fuerzas al trabajo. / Puso toda su alma en el trabajo.

**かためる 固める ❶【固くする】(乳製品などを) v. cuajar; (建築材料などを) v. cimentar. → 固まる. ▶熱で粘土を固める v. endurecer* el barro con el calor. ♦家を建てる前に彼らは地面を固めた Cimentaron el suelo antes de construir la casa. ♦ゼリーを氷で冷やして固めなさい Cuaja la gelatina enfriándola con hielo.
❷【強固にする】v. fortalecer*, robustecer*; (意見・信念などを) v. ratificar* 《en》; (地位などを) v. consolidar. ▶組織を固める v. fortalecer la organización. ▶信念を固める v. fortalecer* una creencia. ▶地位を固める v. consolidar una posición. ♦国境の守りを固めねば

ならない Debemos fortalecer「nuestras defensas en la [la defensa de nuestra] frontera. ♦彼の手紙を読んで留学の決意を固めた Su carta me ratificó en mi decisión de estudiar en el extranjero.

❸【身を固める】*v*. casarse; asentarse*. ♦彼はどうして結婚して身を固めないのか ¿Por qué no se casa y se asienta?

かたやぶり 型破りの (枠にはまらない) *adj*. original; (並はずれた) *adj*. infrecuente; (とっぴな) *adj*. poco común. ▶型破りな衣装 *m*. vestido original [poco común, infrecuente].

かたよる 片寄る[偏る] (公平でない) *v*. ser* parcial, 《フォーマル》ser* tendencioso (a); *v*. mostrarse favorable (a); (一面的な) *v*. ser* unilateral; (記事などがゆがめられている) *v*. estar* inclinado(a). ▶片寄らない意見 *f*. opinión imparcial [justa, objetiva]. ▶彼の判断は片寄っている Su juicio es parcial [tendencioso]. ♦食事が片寄らない(＝バランスのとれた食事をする)ようにしなさい Intenta adoptar una dieta equilibrada.

かたり 語り *f*. narración. ▶語り手 *mf*. narrador/dora. ▶その物語の語りの部分 *f*. parte narrativa de la historia.

かたりあう 語り合う (話す) *v*. hablar, 【メキシコ】platicar*, 《口語》charlar. ♦私たちは昨夜趣味について語り合った Anoche「hablamos [《口語》charlamos] sobre nuestras aficiones.

かたりつたえる 語り伝える *v*. pasar, 《フォーマル》transmitir. ▶親から子へ語り伝えられてきた戦争体験 *fpl*. experiencias de la guerra pasadas de padres a hijos.

かたる 語る (物語などを) *v*. contar*; (物語る) *v*. relatar, narrar; (話す) *v*. hablar, decir*; (吟唱する) *v*. entonar. → 話す. ▶真実を語る *v*. decir* la verdad. ▶子供たちに民話を語って聞かせる *v*. contar* cuentos populares a los niños. ▶彼らの結婚について語る *v*. hablar sobre su matrimonio. ▶聴衆に語りかける *v*. hablar con el público. ▶その伝説は何百年にもわたって語りつがれている La leyenda ha sido relatada [transmitida] a lo largo de muchos siglos.

カタル 《専門語》 *m*. catarro. ▶腸カタル 《専門語》 *m*. catarro intestinal. ▶鼻カタル 《専門語》 *m*. catarro nasal.

カタルーニャ Cataluña (☆スペインの地方名, 自治州).

カタルシス 《専門語》 *f*. catarsis.

カタレプシー 《専門語》 *f*. catalepsia.

カタログ *m*. catálogo; (パンフレット) *m*. folleto. → 目録. ▶カタログを見て買う *v*. comprar por catálogo.

かたわら *m*. lado. ▶彼のかたわらに立つ *v*. quedarse [estar*] a su lado. → 横, 側(*). ▶彼らが通れるようかたわらに寄る *v*. ponerse* [《口語》echarse] a un lado para dejarlos pasar.

《その他の表現》 ♦鴎外は医者として働くかたわら小説を書いていた「Además de trabajar [Aparte de su trabajo] como médico, Ogai escribía sus novelas.

かたわれ 片割れ ▶強盗の片割れを追う (＝仲間の

かち 261

うちの一人) *v*. perseguir*「al cómplice del ladrón [a uno de los ladrones].

かたをつける 片をつける (解決する) *v*. arreglar; (話し合いで) *v*. 《口語》dejar las cosas claras.

かだん 歌壇 *m*. mundo de los poetas (de "tanka").

かだん 花壇 *m*. arriate, *m*. macizo (de flores).

がだん 画壇 *m*. mundo de la pintura.

がたん(と) ❶【音】▶がたんと音がする(＝すさまじい) *m*. estrépito; (大きな) *m*. golpetazo, *m*. estruendo; (重いにぶい) *m*. ruido sordo; (激しく揺れて) *f*. sacudida. ▶がたんと音を立てて *adv*. con estrépito. ♦自動車はがたんと大きな音を立ててガードレールに衝突した El coche「dio un golpetazo [golpeó estruendosamente] contra la barrera de protección. ♦列車はがたんと止まった El tren se detuvo con una sacudida.

❷【急激に】*adv*. de repente, repentinamente; (著しく) *adv*. bruscamente. ♦生産量ががたんと落ちた La producción descendió bruscamente.

***かち** 価値 *m*. valor, *m*. mérito.

1《～(の)価値》▶利用価値 *m*. valor funcional [de utilidad]. ♦人間の価値はその人格にある El valor de un hombre está en「lo que es [la persona]. ♦その時まで私は音楽の価値を理解していなかった Hasta entonces no comprendía el valor de la música.

2《価値＋名詞》▶価値判断 *m*. juicio de valor. ♦人それぞれ価値観が違う Todo el mundo tiene su escala de valores.

3《価値が[は]》♦グラナダは行ってみる価値がありますか ¿Vale la pena visitar Granada? ♦この仕事はやるだけの価値が十分ある Vale [Merece] la pena hacer este trabajo. / Este trabajo merece la pena. /《フォーマル》Este trabajo es digno de hacerse. ♦そのルビーはどのくらいの価値がありますか ¿Qué valor tiene ese rubí? / ¿Cuánto vale ese rubí? ♦これは百万円の価値がある Vale un millón de yenes. /「Está valorado en [Su precio es de] un millón de yenes. ♦これは高いがそれだけの価値はある Es caro, pero vale la pena.《会話》それ彼に話しましょうか―話すだけの価値があると思う？ ¿Se lo digo? - ¿Crees que vale [merece] la pena? ♦彼の持っている古書はほとんど価値がない Los libros viejos que tiene apenas tienen valor. / No tienen casi ningún valor sus libros viejos. ♦その本は独特の価値がある El libro tiene un valor especial. ♦彼はその賞をもらうだけの価値がある(＝にふさわしい) Merece el premio [《フォーマル》galardón].

4《価値の》▶大変価値のある絵 *f*. pintura de gran valor; (高価な) *f*. pintura valiosa. ♦それは価値のある(＝時間・注意を払う値打ちのある)発言だ Es una observación valiosa [que vale la pena]. ♦金もうけは私にとって何の価値もないことです Ganar dinero no tiene ningún valor para mí. ☞ 値, 長所

かち 勝ち (勝利) *f*. victoria. → 勝つ. ♦3対2で

うちのチームの勝ちだった Nuestro equipo (les) ganó 3-2 (tres a dos). / La victoria fue de nuestro equipo por 3 a 2. ◆君の勝ちだ Has ganado. / La victoria es tuya. ◆大切なのは勝ち負けではない No es importante que ganes o pierdas. / Lo importante no es ganar o perder. ◆早い者勝ち Antes llegado, antes servido. / El que llega primero, gana.

-がち ―勝ち (傾向がある) v. tender* (a); (好ましくないことを) v. 《フォーマル》「ser* propenso [tener* propensión]《a》 [a +傾向]; (しばしば) adv. a menudo, muchas veces; v. soler*《+不定詞》. ◆彼は最近怠けがちだ Estos días se está haciendo perezoso. /《口語》Últimamente anda perezoso. /《フォーマル》Estos días tiende [tiene propensión] a la pereza. ◆学生は理想に走りがちだ Los estudiantes suelen ser idealistas.

かちあう 勝ち合う (運悪くぶつかる) v. coincidir《con》; (利害などがぶつかる) v. chocar*《con》. ◆今年は成人の日と日曜日がかち合う (=同じ日になる) El Día de la Mayoría de Edad cae este año en domingo. ◆二つの会合がかち合う Coinciden las dos reuniones.

かちかち ❶【音】▶(時計や機械などが)かちかち音を立てる v. hacer* tic-tac. ◆静かな部屋で時計のかちかちという音が聞こえた Se podía escuchar el tic-tac del reloj en medio del silencio de la sala. / En la quietud del cuarto se oía el tic-tac del reloj.
❷【固い】adj. duro; (こわばった) adj. tieso, rígido; (石のように固い) adj.《口語》duro como una piedra; (かちかちに凍った) adj. muy helado. ◆道路はかちかちに凍っていた Las carreteras estaban duras por el hielo.

かちき 勝ち気 (競争心の強い、屈しない、断固とした) adj. resoluto. ◆勝ち気な女 f. mujer resuelta.

かちく 家畜 m. animal doméstico, 『集合的』 m. ganado. → 牛. ◆家畜を飼う v. criar* ganado.

かちこす 勝ち越す (勝った回数が負けた回数より多くなる) v. conseguir* más victorias que derrotas. ◆北の山は 9 日目で勝ち越した Kitanoyama consiguió [obtuvo] su octava victoria ("kachikoshi") en la novena jornada.

かちすすむ 勝ち進む ▶決勝に勝ち進む v. pasar a la(s) final(es).

かちとる 勝ち取る (勝利・賞品などを) v. ganar,《強調して》triunfar; (大きな努力をして得る) v. conseguir* la victoria.

かちぬき 勝ち抜き ▶勝ち抜き戦 m. torneo.

かちぬく 勝ち抜く ▶予選を勝ち抜く v. pasar la eliminatoria [por la ronda [fase] clasificatoria]; (決勝に勝ち進む) v. pasar a las finales.

かちほこる 勝ち誇る v. triunfar《sobre》. ◆勝ち誇って adv. triunfalmente.

かちぼし 勝ち星 f. victoria, m. triunfo. ◆勝ち星をあげる v. ganar, conseguir* la victoria,《強調して》triunfar.

かちまけ 勝ち負け f. victoria o f. derrota; (結果) m. resultado (de un juego). ◆勝ち負けはたいした問題ではない La victoria o la derrota「tienen poca importancia [no importan mucho].

かちめ 勝ち目 (勝つ可能性) f. posibilidad de ganar; (勝算) fpl. probabilidades de victoria. ◆彼には勝ち目がない No tiene posibilidades de ganar. / Las probabilidades de una victoria suya son nulas. ◆勝ち目は 5 分 5 分だ Las probabilidades de ganar son del 50%.

かちゃかちゃ ▶かちゃかちゃ音がする v. tabletear, hacer* un ruido metálico; tintinear, cascabelear. ◆彼は錠前の鍵を何度もかちゃかちゃ回し戸を開けようとした Intentó abrir la puerta girando la llave dentro de la cerradura y produciendo un ruido metálico.

がちゃがちゃ ▶がちゃがちゃ音がする v. hacer* ruido, traquetear, taconear. ◆彼女は銀のカトラリ(ナイフ・フォーク・スプーンなど)をがちゃがちゃさせずに注意深く洗った Lavó la cubertería de plata con cuidado y sin hacer ruido.

がちゃん ❶【ガラス・金属の衝撃音】▶がちゃんと音を立てる(金属などが当たって響いて) v. hacer* ruido, traquetear; (物が落ちたり、衝突して) v. dar(se)* un golpe (golpetazo). ◆大きいぶ物が床に落ちてがちゃんといった La olla grande cayó al suelo con estrépito. ◆テーブルが揺れて金属製のコップががちゃんとぶつかり合った Los vasos traquetearon al moverse la mesa. ◆トースターからパンががちゃんと大きな音を立てて飛び出した La tostada saltó de la máquina haciendo ruido.
❷【物を乱暴におたり、戸を激しく閉める様子】▶がちゃんと音を立てる v. dar(se)* un golpe [golpetazo], causar [producir*] (高い音) estrépito [(低い大きな音) estruendo]. ◆彼は受話器をがちゃんとおいた Colgó el teléfono de un golpe.

かちゅう 火中 ▶本を火中に投じる v. tirar [arrojar] un libro「al fuego [a las llamas]. ▶(救助や自殺などで)火中に身を投じる v. arrojarse「al fuego [a las llamas].

かちゅう 渦中 ▶事件の渦中に巻き込まれる v. quedar implicado [atrapado,《口語》pringado] en el escándalo.

かちょう 課長 mf. jefe [mf. gerente] de sección. ▶課長補佐 mf. subgerente [mf. jefe asistente] de sección. ▶課長代理 mf. diputado/da del jefe de sección, mf. jefe de sección en funciones.

がちょう 鵞鳥 m. ganso, f. oca.

がちょう 画帳 m. cuaderno de bocetos.

かちり ◆彼はピストルの撃鉄をかちりと上げた Amartilló la pistola. / Hizo clic con el percusor de la pistola. ◆彼女はスーツケースをかちりといわせて鍵(鏈)をかけた Cerró la maleta con un clic.

かちん ❶【金属やガラスなどが軽く当たって】▶かちんと音を立てる v. hacer* tintinear. ▶かちんといって adv. con un tintineo. ◆彼らはグラスを

ちんと合わせて、将来のために盃をほした Chocaron [Hicieron tintineo] sus vasos y bebieron por su futuro.
❷【人の言葉などを不快に思う】v. indignarse, sentirse* indignado. ♦彼女は彼の言葉にかちんときた Se sintió indignada con sus palabras. / Sus palabras la indignaron.

かつ 勝つ ❶【勝利する】(試合・戦いなどに勝つ) v. ganar, vencer, derrotar, (強調して) triunfar (sobre). ▶1戦い [2試合; 3賭(*)け; 4選挙]に勝つ v. ganar ¹una batalla [²un juego; ³una apuesta; ⁴unas elecciones]. ▶テニスに勝つ v. ganar en el tenis. ♦どちらのチームが勝っていますか ¿Qué equipo va ganando? ♦敵に勝ったぞ ¡Hemos derrotado al enemigo! / (勝利を勝ち取った)¡Hemos conseguido la victoria! / ¡Hemos ganado! / ¡Victoria! ♦阪神は巨人に2対1で勝った Los Tigres vencieron [ganaron, derrotaron] a los Gigantes 2-1 (dos (a) uno). ♦私は妻とテニスしで勝った Gané a mi mujer al tenis. 会話 レースはどうだった一例の馬が鼻の差で勝ったよ ¿Qué tal la carrera? – Ese caballo ganó por una nariz. ♦彼らのチームに3点差で勝っている Vamos ganando a su equipo por tres puntos.
❷【打ち勝つ】♦彼はその誘惑に勝った Venció [Resistió] la tentación.
《その他の表現》 ▶パチンコで2万円勝った(=得た)Gané 20.000 yenes en el pachinko. ♦おまえには勝てないよ No hay manera de ganarte.

かつ 且つ ▶画家でかつ弁護士 mf. artista y (también [a la vez, al mismo tiempo]) abogado. ♦この魚はおいしいし、かつ(=その上)栄養もある Este pescado es delicioso y (además [al mismo tiempo]) nutritivo. → 上、又. ♦われわれは驚き、かつ(=同時に)喜んだ Estábamos sorprendidos y「a la vez [y también] encantados.

かつ 活 ♦彼に活を入れてやらねばならぬ Tengo que「animarlo[le] [levantarle la moral].
カツ (カツレツ)
-がつ -月 m. mes. ▶5月 mayo. 会話 今何月だろう－9月さ ¿En qué mes estamos? – En septiembre.
かつあい 割愛 ♦割愛する v. omitir. → 省略する.
かつお 鰹 m. bonito. → 魚.
かつおぶし 鰹節 m. bonito seco; (削った) fpl. raspaduras de bonito seco. ▶鰹節を削る v. raspar bonito seco.
かっか 閣下 (大臣・大使・総督・知事などへの敬称) f. Su Excelencia; (判事・市長などへの敬称) f. Su Señoría. ▶フランス大使閣下 Su Excelencia el Embajador de Francia. ▶大統領閣下 Sr. Presidente. ♦閣下にはげ機嫌いかがでいらっしゃいますか ¿Cómo se encuentra Su Excelencia?
かっか かっかする ❶【興奮する】v. excitarse, alterarse; (怒る) v.《スペイン》enfadarse,《ラ米》enojarse,《強調して》enfurecerse*,《強調して》indignarse. ▶あまり興奮そうな(=興奮するな)No te excites [《フォーマル》alteres] tanto. / (かんしゃくを起こすな)No te pongas furioso. / (落ち着け)Cálmate. / Tranqui-

かっき 263

lízate. ♦走者たちはレースの直前にはいつもかっかしている Los corredores están muy excitados antes de empezar la carrera. ♦あんな男にかっかするな。無視すればいいのだ No te enfades [enojes] con ese hombre; simplemente ignóralo[le]. ♦父親は息子が期待どおりではなかったので(怒って)かっかした El padre se indignó porque su hijo le falló.
❷【ほてる】v. ponerse* colorado,《教養語》sonrojarse,《強調して》encenderse*. ♦恥ずかしくて顔がかっかした（=ぽっと赤くなった）Me puse colorado de vergüenza. / Mi rostro se encendió por la vergüenza. ♦私の額は熱でかっかしていた Sentí que la frente me ardía por la fiebre.
❸【熱・光などが激しい様子】adv. con ardor, ardientemente, intensamente; (色や興奮がたかまって) adj. resplandeciente. ♦かっかと照る真夏の太陽 m. sol ardiente de la mitad del verano. ♦熱帯の島では金属類はかっかと熱くなる En una isla tropical las piezas de metal「parecen arder [se ponen ardiendo] por el calor.

かっか 学科 (科目) f. asignatura, f. materia; (科) m. departamento. ▶スペイン語学科 m. Departamento de Español. ♦あなたの好きな学科は何ですか ¿Cuál es tu asignatura favorita? ♦君は何学科ですか ¿En qué departamento estás?
がっかい 学界 m. mundo académico, m. círculo académico.
がっかい 学会 f. sociedad académica; (学会の会合) f. reunión académica. ▶日本医学会に出席する v. asistir「a la reunión [al congreso] de la Sociedad Médica de Japón.
かつかざん 活火山 m. volcán activo [en actividad].
がつがつ adv. vorazmente, con voracidad, con ansia,《口語》a dos carrillos, glotonamente. ▶がつがつ食べる v. devorar, comer con voracidad. ▶がつがつ勉強する v. estudiar con voracidad. ♦あの少年たちは昼食をいつもがつがつ食べる Esos muchachos siempre「toman la comida como si estuvieran devorándola [comen con ansia; comen con voracidad]. ♦犬は肉をがつがつ食べた El perro se comió vorazmente la carne.
がっかり ▶がっかりする(=失望する) v. desanimarse, desalentarse*. → 失望する, 落胆する. ▶がっかりさせる v. desanimar,《フォーマル》abatir. ♦彼はその知らせを聞いてがっかりした Se desanimó al oír las noticias. ♦あなたがパーティーに来てくれなかったのでがっかりしました Nos「llevó una desilusión [《フォーマル》decepcionó] que no vinieras a la fiesta. 会話 また試験に落ちたんだ－ほんとにがっかりだね He vuelto a suspender. – ¡Qué desilusión [pena]!
かっき 活気 (活力) m. vigor; (精力) f. energía; (活発さ) f. animación; (生気) f. vida, f. vivacidad. ♦彼は将来のことを語るとき活気に満ちあふれていた Estaba「muy animado [lleno de vida] cuando hablaba de su futuro. ♦

東京は活気あふれる都会だ Tokio es una ciudad rebosante de animación [vida].

——活気ある (元気のある) adj. animado, vigoroso, vivaz; (活動的な) adj. activo, enérgico. ♦活気のある若者 mf. joven lleno/na de vigor [energía, vida, animación]. ▶活気のある討論 m. debate animado [vivo]. ▶活気のある市場 m. mercado animado. ▶活気のない生活 f. vida aburrida. ☞勢い、生彩

——活気づける v. animar, dar* [《教養語》infundir] ánimo, avivar. ▶パーティーを活気づける v. animar la fiesta. ♦夜明けとともに町は活気づいてきた La ciudad「empezaba a animarse [se avivaba] al amanecer.

*__がっき__ **学期** (3学期制の) m. trimestre; (2学期制の) m. semestre. ▶学期中 [≒末] に adv. 1en el [2al final del] trimestre. ▶1学期に m. primer trimestre. ▶学期(末)試験 (大学の最終試験) m. examen final, mpl. finales. ♦4月から新学期が始まる En abril empieza el nuevo semestre.

がっき **楽器** m. instrumento (musical). ▶楽器店 f. tienda de instrumentos musicales. ▶楽器を演奏する v. tocar* [interpretar] un instrumento.

かつぎこむ **担ぎ込む** ♦彼女は交通事故にあって病院に担ぎ込まれた Tuvo un accidente de tráfico y la llevaron a un hospital.

かつぎだす **担ぎ出す** ♦彼は燃えている家の中から女の子を担ぎ出した Rescató a una niña sacándola de una casa en llamas. ♦われわれは田辺氏を新会社の社長に担ぎ出した Convencimos [《教養語》Persuadimos] al Sr. Tanabe para que fuera [aceptara ser] el presidente de la nueva compañía.

かっきてき **画期的** ▶画期的な adj. que hace época, que marca un hito. ♦画期的な発明 m. invento que hace época. ♦その発明は語学教育の分野で画期的なものだ Ese invento ha marcado un hito en la enseñanza de idiomas.

がっきゅう **学究** (学者) mf. erudito/ta, mf. estudioso/sa. ▶学者. ▶学究生活 f. vida académica [de estudio]. ▶学究的な人 mf. erudito/ta; (学究肌の人) f. persona con aspecto académico [de erudito].

がっきゅう **学級** f. clase. ☞級、組み、クラス

かっきょう **活況** (商況などの) f. actividad. ♦株式市場は活況を呈してきた La Bolsa de valores está cobrando actividad.

かっきり adv. exactamente, justo, justamente, precisamente. ▶かっきり9時に adv.

彼らはカッコつきの「商売」をしている
Se dedica a un "negocio" entre comillas.
→かっこ

justo a las nueve, a las nueve exactamente. ♦その袋はかっきり5キロある La bolsa pesa exactamente cinco kilos. ♦彼は朝かっきり8時の時報で家を出る Sale de casa exactamente cuando dan las ocho de la mañana.

かつぐ **担ぐ** ❶【肩で】v. cargar* [《口語》echarse] a cuestas [los hombros]; (かついで運ぶ) v. llevar a cuestas [los hombros]. ▶荷をかつぐ v. llevar un paquete a cuestas. ♦彼は子供を肩にかついでいた Llevaba a su hijo a cuestas.

❷【だます】v. engañar, 《口語》tomar el pelo; (いたずらをする) v. gastar una broma (a). ♦彼は彼女の話にまんまとかつがれた Era engañado fácilmente con sus historias. ♦彼は彼女をかついで警官だと思い込ませた La engañó haciéndola creer que era un policía. ♦かつぐなよ《口語》No me tomes el pelo. / No me engañes.

がっく **学区** m. distrito escolar.

かっくう **滑空** ▶滑空する v. planear.

がっくり ❶【落胆するさま】▶がっくりする v. estar* 「muy desanimado [abatido, 《教養語》anonadado]. ♦彼は試験の結果にがっくりきた Estaba muy desanimado con el resultado del examen.

❷【下向きの動き】♦「ぼくがやりました」と少年はがっくりと頭を下げて言った "Lo he hecho yo", dijo el niño bajando abatido la cabeza.

かっけ **脚気** 《専門語》m. beriberi. ▶脚気にかかる v. contraer* el beriberi.

かっこ **括弧** (丸かっこ:( )) m. paréntesis; (角かっこ:[ ]) m. corchete; (大かっこ:{ }) f. llave, m. corchete redondo. ▶かっこ内の語 f. palabra entre paréntesis. ▶句をかっこに入れる v. poner* una frase entre paréntesis.

かっこ **確固** ▶確固たる adj. firme, resuelto; (固定した) adj. fijo, determinado. ▶確固として adv. firmemente, con firmeza. ▶確固たる信念 f. creencia firme. ▶確固たる(=決然とした)態度で adv. con el ademán resuelto. ♦彼は人生に確固たる目的を持っていた Tenía un propósito firme en la vida.

かっこいい **格好いい** ▶かっこいい車 m. coche con estilo [clase]. ♦彼かっこいいでしょ ¿A que tiene clase?

かっこう **滑降** m. descenso. ▶斜滑降 f. travesía. ▶滑降競技 f. carrera [f. prueba] de descenso. ▶ゲレンデを滑降する v. deslizarse* (en esquí) por una pendiente.

かっこう **格好** ❶【外形】f. figura, f. forma, f. hechura. →形. ♦そのつぼは格好がよい Ese jarro 「tiene una buena figura [está bien hecho; tiene una buena hechura]. ♦彼は背が高くて格好(=スタイル)がよい Tiene buen talle y una silueta atractiva. ♦あなたのドレスは格好(=仕立て)がよい Su vestido tiene un buen corte. / (ファッション性がある)Su vestido 「está de moda [tiene mucho estilo].

❷【姿勢】f. postura; (一時的な) f. posición; (意識的な) f. pose, f. actitud. →姿勢. ♦これが字を書くのに一番よい格好です Ésta es la mejor postura para escribir. ♦彼は堅苦しい格好で座っていた Estaba sentado en una postura

rígida. ♦彼は踊り子たちのいろいろな格好をスケッチした Hizo esbozos de las diferentes poses de los bailarines.
❸【外見】*m.* aspecto, *f.* apariencia; (服装) *m.* vestido, *f.* vestimenta. ♦人を格好で判断する人たちもいる Hay personas que juzgan a los demás por su aspecto. ♦新しい家具を入れたら部屋らしい格好がついた El aspecto de la sala ha mejorado con el nuevo mobiliario. ♦ひどい格好をしているから写真を撮られるのは嫌だな Con「este horrible aspecto [《口語》estas fachas] no quiero que me saquen una foto.
《その他の表現》♦彼は競走でビリになって格好が悪かった (=少し恥ずかしかった) Estaba algo avergonzado porque llegó el último de la carrera. ♦彼は会議に遅れて格好がつかなかった (=面目を失った) Se presentó tarde a la reunión y quedó mal. ♦彼はパーティーにガールフレンドが来ているから格好をした (=気取ってカッコよくふるまった) Decidió adoptar un buen papel porque su amiga estaba en la fiesta.

—— 格好の (ちょうどよい) *adj.* adecua*do*, apropia*do*, bueno; (ほどよい) *adj.* razonable. ♦ここは本を読むのに格好の場所だ「Este lugar es adecuado [Éste es un buen lugar] para leer. ♦彼は格好の値段でその車を買った Compró el coche a un precio razonable.

かっこう 郭公 *m.* cuclillo, *m.* cuco, *m.* cucú.

がっこう 学校 *f.* escuela; (小・中学校) *m.* colegio, *m.* instituto; (私立の専門学校) *f.* academia; (軍事・音楽などの特殊科目の) *f.* academia.
1《〜学校, 学校＋名詞》♦私立学校 *f.* escuela privada. (☆スペインではふつう私立学校を colegio, 公立学校を escuela または instituto と呼ぶ). ♦公立学校 *f.* escuela pública. ♦学校給食 *f.* comida en la escuela. ♦学校新聞 *m.* periódico escolar. ♦学校生活 *f.* vida escolar. ♦学校行事 *m.* acto escolar. ♦学校案内書 *m.* catálogo de estudios. ♦私の学校時代の友達 *m.* viejo compañero de la escuela. ♦学校時代にヨーロッパへ行った Cuando iba「《スペイン》al colegio [《ラ米》a la escuela] estuve en Europa. ♦彼はほとんど学校教育を受けていない Tuvo una escasa educación escolar.
2《学校が[は]》♦学校が終わってから公園で遊ぼう Vamos al parque a jugar cuando acabe la escuela. ♦学校は４月８日から始まります La escuela empieza el 8 de abril. ♦あさっては学校はありません Pasado mañana no hay clase [escuela]. ♦学校は駅の隣です La escuela está al lado de la estación.
3《学校の[に]》♦学校に入る (=入学する) *v.* entrar [《フォーマル》ingresar] en una escuela; (出席して勉強を始める) *v.* empezar* la escuela. ♦学校に遅れる *v.* llegar* tarde a la escuela. ♦彼は学校の先生です Es un maestro de escuela. / Enseña en una escuela.
【会話】あなたはどこの学校に通っているの―三崎中学です ¿A qué escuela vas? – Voy a la Escuela Secundaria de Misaki. ♦子供を学校にやらなければならない Los padres deben enviar a la escuela a sus hijos. ♦弟はまだ学校に通って (=在学して)います Mi hermano todavía「está en [va a] la escuela.
4《学校を[から]》♦学校を卒業する *v.* acabar la escuela; (大学を) *v.* acabar la universidad, graduarse*. ♦学校をやめる *v.* dejar [abandonar] la escuela [universidad]. ♦働きながら学校 (=大学)を出る *v.* terminar una carrera trabajando. ♦学校をさぼる *v.* hacer* pellas [novillos], 《ラプラタ》hacerse* la rata, 《メキシコ》irse* de pinta, 《チリ》capar clase. ♦彼は今日学校を休んだ Hoy「faltó a clase [no fue a la escuela]. ♦学校から帰る途中おじに会った Cuando volvía de la escuela me encontré con mi tío.
《関連》各種学校 ♦スペイン語学校 *f.* academia de español. ♦外国語学校 *f.* academia de idiomas. ♦看護学校 *f.* escuela de enfermería. ♦自動車学校 *f.* auto-escuela. ♦専修学校 *f.* escuela de enseñanza especial. ♦¹専門 [²職業] 学校 *f.* escuela ¹profesional [²vocacional]. ♦¹盲 [²ろう]学校 *f.* escuela para ¹invidentes [²sordos]. ♦¹洋裁 [²デザイナー; ³料理]学校 *f.* academia de ¹corte y confección [²diseño; ³cocina].

かっこく 各国 (各々の国) *m.* cada país; (諸国) *mpl.* diferentes países; (万国) *f.* totalidad de países, *mpl.* todos los países. → 国

かっさい 喝采 (声による) *f.* ovación, *f.* aclamación; (拍手による) *m.* aplauso. ♦かっさいを博す *v.* ser* muy ovaciona*do* [aplaudi*do*]. ♦かっさいに答える *v.* responder a「las aclamaciones [las ovaciones, los vivas] de la multitud. ♦拍手かっさいで迎えられる *v.* ser* saluda*do* con (una salva de) aplausos. ♦聴衆はそのピアニストにかっさいを送った El público aplaudió al [a la] pianista. ♦割れるようなかっさいの中を指揮者は退場した El/La director/tora de orquesta dejó el escenario「entre una estruendosa ovación [en medio de fuertes aplausos].

がっさく 合作 *f.* colaboración, *m.* trabajo en común. ♦合作する *v.* colaborar 《en》《con》, trabajar 《junto con》《en》.

かっさらう (さらう) *v.* llevarse; (人を) *v.* raptar, secuestrar.

かつじ 活字 (1個の) *m.* tipo de imprenta, 《口語》 *f.* letra de molde; (活字の字体) *f.* impresión. ♦活字を組む *v.* componer*, colocar* los tipos (de imprenta). ♦活字を拾う *v.* coger* los tipos (de imprenta). ♦活字にする *v.* imprimir* (un artículo). ♦活字体で書く *v.* escribir*「con letras de molde [en tipos de imprenta]. ♦¹大きい [²小さい]活字の本 *m.* libro con impresión ¹grande [²pequeña]. ♦その本は大きな活字で印刷されている Ese libro está impreso con letras de imprenta grandes. ♦彼女の本はまだ活字になって (=印刷[出版]されて)いない Su libro todavía no ha sido impreso. ♦このごろ, 若い人の活字離れがはなはだしいのは遺憾なことだ Da pena que los jóvenes de hoy no lean mucho.

かっしゃ 滑車 *f.* polea, *f.* garrucha.

がっしゅうこく (アメリカ)合衆国 (los) Estados Unidos (de América), Norteamérica. → アメリカ.

がっしゅく 合宿 ▶(スポーツの)合宿所 *m*. campamento (de entrenamiento). ▶合宿する *v*. alojarse「en común [juntos]」(練習所で) *v*. estar* en un campamento (de prácticas).

がっしょう 合唱 ▶合唱団員 *m*. coro. ▶合唱団員 *m*. miembro del coro; *mf*. corista. ▶混声合唱 *m*. coro mixto. ▶二部合唱 *m*. coro de dos partes. ▶1男声 [2女声]合唱曲 *m*. coro de voces [1]masculinas [[2]femeninas]. ♦最後に大合唱が行なわれた Al final hubo un gran coro. ♦彼らはその歌を合唱した Cantaron a [en] coro.

がっしょう 合掌 ▶合掌する(＝両方の手のひらを合わせて拝む) *v*. rezar* con las manos juntas.

かっしょく 褐色 *m*. marrón, *m*. castaño, *m*. pardo, 【メキシコ】【中米】*m*. café. → 茶色.

がっしり ❶【体つきなどがしっかりしている】*v*. ser* de complexión robusta; (じょうぶな) *adj*. fuerte, macizo. ▶がっしりしたいす *f*. silla fuerte. ♦彼はがっしりした体格をしていた Era de complexión robusta.

❷【しっかりと】*adv*. firmemente; *adj*. apretado. ♦父親は赤子をがっしり両腕に抱いた El padre sostenía firmemente en sus brazos al bebé. ☞ 大柄の, しっかりした

かっすい 渇水 *f*. escasez de agua; (かんばつ) *f*. sequía. ▶渇水期(＝乾期) *f*. estación seca.

かっせいか 活性化 *f*. activación; (再活性化) *f*. revitalización. ▶活性化する *v*. activar, revitalizar*. ▶経済の再活性化 *f*. reactivación económica.

かっせん 合戦 (戦い) *f*. pelea, *f*. lucha; (大規模な) *f*. batalla, *m*. combate; (競演) *m*. concurso, *m*. certamen.

かっそう 滑走 ▶滑走する *v*. deslizarse*, resbalar; (飛行機が) *v*. correr [rodar*] por la pista. ☞ 離陸前, 着陸後にゆっくりと移動するのは carretear). ▶滑走路 *f*. pista; (仮設の) *f*. pista de aterrizaje.

がっそう 合奏 *m*. conjunto (musical). ♦彼らは合奏した Tocaron「en conjunto [juntos]」.

カッター ▶カッター(ナイフ) *m*. cúter, 《英語》*m*. "cutter". ▶カッターシャツ *f*. camisa de manga larga, *f*. camiseta.

がっち 合致 ▶合致する(＝符号する) *v*. coincidir 《con》; (一致する) *v*. estar* de acuerdo 《con》. → 一致.

がっちり ❶【造りなどが】▶がっちりしている *v*. estar* sólidamente construido; (じょうぶな) *adj*. robusto, macizo. → がっしり. ♦この建物はがっちりできている Este edificio está sólidamente construido.

❷【しっかりと】*adv*. firmemente; *adj*. apretado. ♦彼は彼女をがっちり抱いた La sostenía firmemente. / La apretó fuertemente contra sí.

❸【計算だかい】 (けちな) *adj*. tacaño, 《口語》agarrado, 《フォーマル》roñoso, 【メキシコ】【中米】codo, 《フォーマル》avaro; (打算的な) *adj*. calculador, interesado. ▶財布のひもをがっちり握っている *v*. mantener* el bolsillo cerrado, tener* el puño apretado. ♦彼はお金の事になるとがっちりしている En asuntos de dinero es「muy apretado [《口語》como un puño」.

ガッツ (根性) *fpl*. agallas, *f*. valentía, 《俗語》*mpl*. huevos. ▶ガッツのある男 *m*. hombre con agallas [《俗語》los huevos bien puestos]. ♦彼はガッツがない Le faltan agallas. / Le falta valor. / 《俗語》No tiene huevos. ♦勝った選手はガッツポーズを取りながらグランドを一周した El ganador daba vueltas por el terreno de juego con las manos sobre su cabeza en un gesto de triunfo.

*•**かつて** (過去のある時に) *adv*. en un tiempo, una vez; (以前) *adv*. en otro(s) tiempo(s), antiguamente; (現在・過去のある時より前に) *adv*. antes, anteriormente; (過去のいつか) *adv*. alguna vez. → 昔. ♦私たちはかつて京都に住んでいたことがある《フォーマル》Hubo una época en que vivíamos [vivimos] en Kioto. ♦かつては彼は6人雇っていたんだ. 今では一人で仕事してるんだ Antes tenía seis empleados. Ahora trabaja solo. 《会話》かつてパリへ行ったことがありますか—いいえ, ありません ¿Has estado (alguna vez) en París? – No, (no he estado) nunca. ♦かつて(＝ひところ)は毎冬蔵王へスキーに行ったものです Antes solía esquiar todos los inviernos en Zao. / Hubo una época en que esquiaba todos los inviernos en Zao.

1《かつての》 *adj*. anterior, ex + 名詞. ▶かつての歌手 *mf*. ex-cantante antiguo/gua [de antes], *mf*. ex-cantante. ♦彼はかつての夫です Es mi「anterior marido [ex-marido, 《口語》ex]」. ▶彼はかつてのように裕福ではない 《口語》No anda [marcha] tan bien económicamente como antes. / 《フォーマル》Su situación económica no es tan buena como solía. → 昔.

2《かつて(...)ない》 *adv*. nunca, 《強調して》jamás, no... nunca. ▶こんな美しい景色を今だかって見たことがない Nunca [《強調して》Jamás] he visto un paisaje tan hermoso (como éste). / No he visto nunca un paisaje tan bello como éste. / (これはこれまでに見た最も美しい景色だ)Es el paisaje más hermoso que he visto (en mi vida). ♦彼女はかつてないほど泣いた Lloró como「jamás había llorado [nunca había llorado antes]」.

*•**かって** 勝手 ❶【台所】*f*. cocina. → 台所. ▶勝手口 *f*. puerta de la cocina; (裏口) *f*. puerta trasera [de atrás, de servicio].

❷【様子】▶勝手を知っている(物事の) *v*. 《口語》saber* de qué va. ▶勝手の分からない国 *m*. país extraño [desconocido]. ♦私はこの辺の勝手を知っている Conozco bien este barrio.

—— **勝手な** (利己的な) *adj*. egoísta. ♦彼は勝手なやつだ Es un egoísta. /「自分の事〔便宜〕しか考えない)Sólo piensa en「sí mismo [lo que le interesa]」. ♦そんな勝手なことを言うな No seas tan egoísta. ♦No va a ser como tú digas. ♦行くもとどまるも君の勝手だ(＝自由だ) Puedes irte o quedarte. /

Eres libre para irte o para quedarte. / (君次第だ)O te vas o te quedas. Depende de ti. ◆私が何をしようと勝手でしょう(＝あなたの知ったことではない) A ti no te importa nada lo que yo haga. / Eso es asunto mío. /(口語)¿A ti qué te importa?.

—— 勝手に (自由に)adv. como uno quiere [desea], según el capricho de cada uno, 《口語》como a uno le dé la gana; (無断で)adv. sin permiso [《フォーマル》autorización]; (独断で)adv. a voluntad, a discreción (de cada uno). ◆勝手にしなさい Haz lo que quieras. / Como quieras [gustes]. /(怒りを込めて)¡Haz lo que te 「《口語》dé la gana [《口語》salga de las narices, 《俗語》salga de los cojones]! ◆彼に勝手にやらせておきなさい Déjale que haga lo que quiera. ◆勝手にこの機械を動かしてはいけない No debe poner en marcha esta máquina sin permiso.

かっと ❶《急に怒る》◆かっとなる v. ponerse* rabioso, agarrar [《スペイン》coger*] una rabieta. ◆かっとなって adv. en un acceso [arranque] de ira [cólera]. ◆彼はそのことばにかっと怒った Se puso rabioso con esas palabras. ◆彼はかっとなって彼女を殴った En un acceso de ira le golpeó.
❷《強さが激しく》adv. furiosamente, con furia, con ardor, intensamente. ◆夏の太陽がかっと照りつけた El sol del verano calentaba con ardor.

カット ❶《切断, 削減》m. corte; (ヘアカット) m. corte de pelo; (フィルムなどの編集)m. corte. ◆カットする (専門語) v. cortar. ◆髪を短くカットしてもらう v. cortarse mucho el pelo. ◆論文を10ページにカットする(＝縮小する)v. cortar [reducir*] el ensayo a 10 páginas. ◆その文をカットする(＝線を引いて削除する)v. tachar la oración [frase]. ◆残酷なシーンをカットする v. cortar las escenas brutales. ◆給料が5%カットされた Mi salario ha sido cortado un 5%.
❷《さし絵》m. grabado, f. ilustración.

ガット ◆堅く張ったガット m. cordaje apretado. ◆テニスラケットにガットを張る v. encordar* una raqueta de tenis.

カット・アンド・ペーストする (専門語)v. cortar y pegar*.

かっとう 葛藤 m. conflicto. ◆心のかっとうに苦しむ v. atravesar* [pasar por] un conflicto psicológico.

かつどう 活動 f. actividad; (人の行動)f. acción; (作業)f. operación.
  1《～活動》◆火山活動 f. actividad volcánica. ◆課外活動 f. actividad extracurricular. ◆1学級[2クラブ]活動を行なう(＝参加する)v. 「participar [tomar parte] en las actividades de ¹clase [²un club]. ◆救援活動を行なう v. llevar a cabo una operación de rescate. ◆彼は昔政治活動をしていた En una época 「estuvo implicado en actividades políticas [fue militante].
  2《活動＋名詞》◆活動範囲 m. margen de actividad [acción]. ◆活動家 m. hombre de acción; (政治的信条を持つ運動家)mf. activista, mf. militante. ◆活動方針 f. política [m. plan] de acción.
  3《活動する》◆火山が再び活動を始めた El volcán 「ha recuperado su actividad [está otra vez activo].
  4《活動的な》(積極的な) adj. activo; (精力的な) adj. enérgico. ◆活動的な男 m. hombre activo [de energía]. ◆私の先生は非常に活動的だ Mi profesor/sora 「es muy enérgico/ca [está lleno/na de energía]. ☞活気のある, 活発, 現役, ダイナミック

—— 活動する (活躍している)v. estar* activo; (積極的な役割をはたす)v. 「tomar parte [participar] activamente 《en》, 《フォーマル》desplegar* una actividad 《en》. →活躍. ◆その組織はもう何年も活動していない La organización lleva muchos años inactiva [sin estar activa]. ☞営み, 行動

カットグラス m. cristal tallado. ◆カットグラスの鉢 m. cuenco de cristal tallado.

かっとばす かっ飛ばす ◆彼はホームランをかっ飛ばした Golpeó fuertemente un jonrón.

かっぱ 河童 "kappa", (説明的に) m. duendecillo de agua. ◆陸に上がったかっぱのように adv. como pez fuera del agua.

かっぱつ 活発 ◆活発な(活動的な) adj. activo, dinámico; (元気のよい) adj. vivo, vivaz; (生気のある) adj. animado, despierto; (きびきびした) adj. ágil; (精力的な) adj. enérgico, vigoroso. ◆活発に adv. activamente, animadamente, 《口語》con vida. ◆活発な議論をする v. tener* [《フォーマル》sostener*] una discusión animada. ◆活発な市況 m. mercado activo. ◆動作が活発だ v. tener* los movimientos ágiles, moverse* activamente. ◆彼は活発な少年だ Es un muchacho activo [enérgico]. ◆彼は活発に仕事をしていた Estaba trabajando activamente [《フォーマル》con dinamismo]. ☞甲斐甲斐しい, 盛ん; がんがん, ずんずん, てきぱき

かっぱらい (行為)m. hurto, 《口語》f. ratería; (人)m/f. ratero/ra, m/f. ladronzuelo/la, 《スペイン》《口語》mf. chorizo/za.

かっぱらう (引ったくる) v. hurtar; (盗む) v. robar, (強調して) v. asaltar. ◆ハンドバッグをかっぱらう v. robar (a ＋ 人) el bolso.

かっぱん 活版 ◆活版印刷 f. tipografía. ◆活版で印刷する v. emplear una prensa tipográfica, imprimir* con tipografía.

がっぴ 月日 f. fecha.

カップ (茶わん)f. taza; (大きな)m. tazón; (計量カップ1杯の量)f. taza, (賞杯)f. copa; (優勝杯)m. trofeo. ◆コーヒーカップ f. taza de café. ◆ティーカップ f. taza de té. ◆カップと受け皿(の一組)f. taza y m. platillo. ◆計量カップ f. taza de medir. ◆砂糖2カップ fpl. dos tazas de azúcar. ◆優勝カップを獲得する v. ganar la copa.

かっぷく 恰幅 ◆恰幅のいい(＝でっぷりした体格の)男 m. hombre robusto [fornido, de complexión robusta].

カップル f. pareja. ◆なんてすてきなカップルでしょう ¡Qué buena pareja! / ¡Hacen tan buena

がっぺい 合併 (会社などの) f. unión,《フォーマル》f. fusión;（吸収による）f. absorción. ▶3社の合併 f. fusión de tres empresas.
—— **合併する** v. unir(se),《フォーマル》fusionar(se);（吸収する）v. absorber, incorporar(se). ◆その2社は合併した Las dos empresas se fusionaron. ◆二つの銀行は合併して大きくなった Los dos bancos se fusionaron en uno mayor. ◆近接の村々が市に合併された Los pueblos vecinos quedaron incorporados a la ciudad. ☞合わせる, 併せる

かつぼう 渇望 f. ansia [m. anhelo,《教養語》f. avidez]《de》. →熱望. ▶名声を渇望する v. estar* ansioso [《教養語》ávido] de fama, suspirar por ser* famoso.

がっぽり ▶株でがっぽりもうける v. ganar「mucho dinero con las acciones [《口語》un montón en la Bolsa].

かつまくえん 滑膜炎《専門語》f. sinovitis.

かつやく 活躍 ▶実業界で活躍する v. estar* activo en los círculos empresariales. ◆その試合で大活躍をする v. hacer* un buen trabajo en el partido. ◆彼がその法案の通過を促進するのに活躍した「Se mostró activo en ayudar a [《口語》Se movió para] que se aprobara ese proyecto de ley.

かつやくきん 括約筋《専門語》m. esfínter.

かつよう 活用 ❶【利用】m. aprovechamiento, f. utilización;（応用）f. aplicación. ▶活用する v. aprovechar;（うまく）v. sacar* ventaja [provecho, rendimiento]《a》;（実用的に）v. utilizar* de forma práctica. ▶機会を十分に活用する v. aprovechar al máximo la ocasión. ▶能力を最大限に活用する v. aprovechar lo mejor posible el talento. ▶資料を活用する v.「aprovechar bien [sacar* buen uso de] los datos. ◆彼女はこれからは時間をもっとうまく活用しようと決心した Decidió aprovechar mejor su tiempo a partir de ahora.
❷【動詞の語形変化】f. conjugación. ▶[1]規則[2]不規則活用 f. conjugación [1]regular [[2]irregular]. ▶活用する v. conjugar* ☞生かす, 参考

かつら 鬘 f. peluca;（髪を濃く見せる）m. peluquín;（はげの部分が覆うように）m. tupé, m. bisoñé. ◆かつらをつけている v. llevar peluca.

かつりょく 活力 f. energía, f. vitalidad,《フォーマル》m. vigor. ▶経済に活力を与える v. revitalizar* la economía. ◆その少年は活力にあふれていた El muchacho estaba lleno [《強調して》rebosante] de energía [vitalidad]. ☞活気, 血気, 精, 生活, 生命

カツ(レツ) f. chuleta. ▶ポークカツ fpl. chuletas de cerdo rebozadas. ▶チキンカツ m. pollo rebozado.

かつろ 活路 (方法) f. manera, m. modo;（手段）m. medio. ▶活路を見いだす v. hallar la forma de「salir* adelante en una dificultad [escapar de un problema].

かて 糧 (食物) m. alimento, f. comida;（生計）m. pan. ▶心の糧 m. alimento mental [del espíritu]. ▶日々の糧を得る v. ganarse el「sustento diario [《口語》pan de cada día].

・かてい 家庭 f. familia;（所帯）f. casa,《フォーマル》f. unidad doméstica.
1《〜家庭》▶楽しい家庭 m. hogar feliz, m. dulce hogar. ▶裕福な家庭 f. familia acomodada [rica]. ▶崩壊家庭 f. familia rota, m. hogar roto. ▶[1]母 [[2]父]子家庭 m. hogar de [1]madre [[2]padre] e hijo, f. casa sin [1]padre [[2]madre]. ▶[1]上流 [[2]中流]家庭 f. familia de clase [1]alta [[2]media].
2《家庭(の)＋名詞》▶家庭生活 f. vida familiar [《フォーマル》doméstica]. ▶家庭環境 m. ambiente familiar [hogareño]. ▶家庭争議 f. disputa familiar, mpl. problemas familiares. ▶家庭内暴力 f. violencia doméstica. ▶家庭科 fpl. ciencias domésticas. ▶家庭用品(主として台所用品) mpl. utensilios [mpl. enseres] del hogar;（備品）mpl. aparatos domésticos. ▶家庭(の)事情 mpl. asuntos domésticos, fpl. circunstancias familiares. ▶家庭の事情で adv. por motivos familiares. ▶家庭の[1]幸福 [[2]不和] [1] f. felicidad [[2] f. discordia] familiar.
3《家庭に入る》▶家庭に入る（＝結婚する[している]）v. casarse, fundar un hogar. →所帯を持つ. ▶家庭を破壊する v. romper* la familia. ◆どうか幸せなご家庭を築いてください Que tengan un hogar feliz.
4《家庭で》adv. en casa, en familia. ▶家庭で礼儀作法を教える v. educar* bien en casa. ▶[1]貧しい [[2]厳格な]家庭で育つ v. ser* criado en una familia [1]pobre [[2]estricta].
—— **家庭的な** adj. hogareño;（我が家のような）adj. casero;（家庭を愛する）adj. familiar, familiar. ▶家庭的な雰囲気 m. ambiente hogareño. ▶家庭的な[1]男性 [[2]女性] [1] m. hombre [[2] f. mujer] hogareño/ña [《口語》de su casa]. ◆あの旅館は家庭的だ Ese hotel posee「un ambiente familiar [una atmósfera hogareña].

かてい 過程 m. proceso. ▶成長の過程 m. proceso de crecimiento.

かてい 仮定 f. suposición, m. supuesto,《フォーマル》m. postulado. ▶仮定法《専門語》m.(modo) subjuntivo. ▶…という仮定のもとに adv. suponiendo que《＋接続法》, en el supuesto de que《＋接続法》. ▶仮定する v. suponer* que《＋直説法: 実現可能性のあること》《＋接続法: 実現可能性がないこと》, dar* por supuesto que《＋直説法》. ◆彼が職を失うと仮定しよう「Vamos a suponer [Supongamos] que pierde [pierda, perdiera] su empleo. ◆その仕事を勧められたと仮定して, あなたは引き受けますか Suponiendo [En el supuesto de] que te ofrecieran el trabajo, ¿lo aceptarías?

かてい 課程 m. curso, m. programa, m. currículo;（教科課程）m. programa de estudio. ▶教育課程 m. plan de estudios. ▶高校の課程を終了する v. terminar un curso en la escuela secundaria. ◆君はその課程を終了しなかったので卒業はむりだ Como no has terminado el curso, no puedes graduarte. ☞講習, コース

かていきょうし 家庭教師 *mf.* tutor/tora, *mf.* profesor/sora particular, *f.* institutriz, *mf.* preceptor/tora. ◆家庭教師を雇う *v.* tomar [contratar] a「un profesor [una profesora] particular. ◆スペイン語の家庭教師がついている *v.* tomar clases particulares de español. ◆英語の家庭教師をする *v.* enseñar (a un niño) inglés en su casa. ◆家庭教師をして学費を払う *v.* pagarse「los estudios dando clases particulares.

かていさいばんしょ 家庭裁判所 *m.* tribunal de familia, 〘メキシコ〙 *m.* juzgado del familiar.

カディス Cádiz (☆スペインの県・県都).

カテゴリー *f.* categoría.

–がてら ◆散歩がてら(=の途中で)本屋に寄った Me paré en una librería mientras pasaba. ◆仕事がてら(=仕事で)京都に行ったとき金閣寺に行ってきた De viaje de negocios en Kioto, visité el Templo de Kinkakuji.

がてん 合点 ◆合点がいかない *v.* no comprender, 《口語》 no caer*. → 納得, 理解.

がでんいんすい 我田引水 (…を自分の都合のいいようにする) *v.* favorecerse*, obrar en interés propio, 《口語》 arrimar el ascua a su sardina.

かでんせいひん 家電製品 *mpl.* (aparatos) electrodomésticos.

* **かど** 角 ❶【物の】 *f.* esquina, *m.* rincón; (出っ張った) *m.* ángulo; (端) *m.* borde. ◆木片の角を取る *v.* redondear las esquinas de un trozo de madera. ◆角のある [ない] 石 *f.* piedra ¹angulosa [²redondeada]. ◆彼はピアノの角に頭をぶつけた Se golpeó la cabeza contra「la esquina [el borde] del piano.
❷【道の曲がり角】(街路) *f.* esquina, *m.* recodo; (道の曲がり) *f.* vuelta. ◆銀行の角を曲がって3軒目の家 *f.* tercera casa volviendo [después de] la esquina del banco. ◆角の店 *f.* tienda en la esquina. ◆最初の角を左へ曲がりなさい Gira [Dobla, Da la vuelta, Tuerce] a la izquierda en la primera esquina. /《口語》La primera esquina a la izquierda.
❸【人柄・言動の】◆角がとれる *v.* suavizarse*, ablandarse. ◆そんなことを言うと角が立つよ Si dices eso, puedes ofender.

かど 過度 ◆過度の飲酒 *m.* exceso en la bebida. ◆過度の(=法外な)要求 *f.* petición irrazonable [exagerada, excesiva]. ◆過度に働く *v.* trabajar「en exceso [excesivamente, exageradamente, demasiado], 〘スペイン〙《口語》pasarse trabajando.

かど 廉 ◆殺人のかどで手配中だ *v.* ser* buscado por asesinato. ◆警察は彼を殺人のかど(=罪)で逮捕した La policía le detuvo bajo acusación de asesinato.

かとう 下等 ◆下等な (低級な) *adj.* bajo; (より劣った) *adj.* inferior; (卑劣な) *adj.* despreciable, 《教養語》 vil. ◆下等動物 *mpl.* animales inferiores. ◆下等な人間 *f.* persona mala [vil].

かなう 269

かどう 華道 *m.* arte del arreglo floral. → 生け花. ◆華道部 *m.* club de arreglo floral.

かどう 稼働 (操業) *m.* funcionamiento, *f.* operación. ◆稼働率 *m.* régimen de operación. ◆その工場の稼働時間 *fpl.* horas de funcionamiento de la fábrica. ◆稼働する(機械などが) *v.* funcionar, estar* en marcha.

かとうきょうそう 過当競争 ◆過当競争を始める *v.* entrar en una competencia exagerada [excesiva]《con》.

かとき 過渡期 *m.* período de transición [paso], *f.* transición. ◆子供から大人になる過渡期 *f.* transición de la infancia a la madurez, *f.* adolescencia. ◆過渡期にある *v.* estar* en período transitorio.

かどで 門出 (出発) *m.* comienzo, *m.* inicio, *m.* principio. ◆彼の新しい人生の門出を祝う *v.* celebrar el comienzo de su nueva vida.

かとてき 過渡的 ◆過渡的な *adj.* transitor*io*.

かどまつ 門松 "kadomatsu", 《説明的に》 *fpl.* decoraciones de Año Nuevo a base de ramas de pino, bambú y ciruelo colocadas a ambos lados del umbral de las casas.

カトマンズ Katmandú (☆ネパールの首都).

カドミウム *m.* cadmio.

カトリック (信者) *mf.* católico/ca; (宗教) *m.* catolicismo. ◆(ローマ)カトリック教会 *f.* Iglesia Católica (Apostólica Romana).

カトレア *m.* tipo de orquídea, 《専門語》 *f.* cattleya.

かな 仮名 《日本語》 "kana", 《説明的に》 *m.* sistema de caligrafía silábica japonesa; (仮名表) *m.* silabario japonés. ◆歴史的仮名づかい *m.* uso histórico [antiguo] del kana. ◆仮名で書く *v.* escribir* con [en] kana.

かなあみ 金網 *f.* alambrera; (囲い) *f.* alambrada. ◆金網を張る(でおう) *v.* cubrir* [rodear] con una alambrera.

かない 家内 (自分の妻) *f.* mi mujer. → 妻, 家族. ◆家内工業 *f.* industria familiar [《フォーマル》 doméstica]. ◆家内労働 *m.* trabajo familiar. ◆家内安全を祈る *v.* rezar* por el bienestar de la familia.

かなう 叶う (願望などが実現する) *v.* cumplirse, realizarse*; (夢などが本当になる) *v.* hacerse* realidad. ◆かなわぬ ¹夢 [²恋] *m.* ¹sueño [²amor] imposible [《フォーマル》 irrealizable]. ◆かなう(=できる)ことなら *adv.* si es posible. ◆ぼくの望みがかなった Mi deseo se ha realizado [cumplido]. /《フォーマル》 Se ha convertido en realidad mi deseo. ◆私の長年の夢がかなった Mi deseo largamente acariciado se ha cumplido.

かなう 適う (適する) *v.* convenir* [responder]《a》; (役立つ) *v.* servir* 《para, a》; (要求などを満たす) *v.* satisfacer*, 《フォーマル》 adecuarse [conformarse]《a》. ◆彼の要求にかなう(=必要を満たす) *v.* satisfacer* [responder a, convenir* a] sus necesidades. ◆建築規準にかなう(=従う) *v.*「responder a [estar* conforme con] las normas de construc-

270　かなう

かなう　→ 理にかなった判断 f. decisión razonable. ♦ その車は君の目的にぴったりかなうだろう Ese coche te servirá perfectamente. ♦ 彼は私の理想にかなった男性だ「Cumple con [Representa] mi ideal.

かなう　敵う　♦ ゴルフでは彼にかなう(=匹敵する)者はいない No hay quien le gane [supere] en golf. / No tiene rival en golf. → 叶う.

かなえる　叶える　(実現させる)v. cumplir, satisfacer*; (聞き入れる)v. 《フォーマル》conceder, otorgar*. → 叶う. ♦ 神さま, どうか私の願いをかなえてください Dios mío, "escucha mi oración [《フォーマル》accede a mi ruego].

かなきりごえ　金切り声　m. chillido. → 叫び声, 叫ぶ. ▶ 恐怖で金切り声を出す v. chillar de horror.

かなぐ　金具　(金属製付属物)mpl. herrajes, mpl. accesorios metálicos.

かなぐりすてる　かなぐり捨てる　v. tirar por los suelos. ♦ 私は恥も外聞も(=いっさいの体面を)かなぐり捨てて一家を養うためにあらゆる職についていた「Perdí toda mi dignidad [Me rebajé hasta el suelo] haciendo toda clase de trabajos para mantener a mi familia.

**かなしい　悲しい　adj. (estar) apenado, (教養語)melancólico; (不幸な)adj. infeliz, 《文語》desdichado; (死なを嘆き悲しむ)adj. lamentable, desconsolador; (哀れを誘う)adj. 《文語》patético. ▶ 悲しい話 f. historia triste. ▶ 悲しい顔つきをする v. parecer* triste [apenado, afligido]. ▶ 悲しい気持ちになる, 悲しい思いをする v. sentirse* triste [apenado, infeliz]. → 悲しむ. ▶ 何度も悲しい目にあう v. tener* muchas penas. ▶ 悲しいことには(=残念ながら)adv. lamentablemente, por desgracia; da pena decirlo. ♦ なぜそんなに悲しい の ¿Por qué estás tan triste? / ¿Qué te apena [aflige]? ♦ 彼がいなくなると思うと悲しい Me 「da pena [apena, 《フォーマル》entristece] pensar que ya no estará más aquí. ♦ 彼のもとを去るのが悲しかった Fue triste dejarle.
☞ 哀れ, 悲しそう, 悲しむ, 沈痛

かなしげ → 悲しそう.

かなしそう　悲しそう　▶ 悲しそうな(悲しげな)adj. penoso, doloroso, lamentable; (悲しい)adj. triste. ▶ 悲しそうな顔をする v. parecer* triste. ▶ 悲しそうに adv. con tristeza, con pena, lastimosamente, desconsoladamente. ▶ 悲しそうに泣く v. llorar desconsoladamente. ♦ 彼は悲しそうに私を見た Me miró con tristeza [pena].

かなしみ　悲しみ　(悲しい気持ち)f. tristeza; (死・不幸などに対する)f. pena, m. dolor, m. pesar; (強烈で短期間の)(教養語)f. aflicción, (教養語)f. congoja, 《文語》f. pesadumbre. ▶ 息子を失った悲しみ f. pena [m. dolor] por la pérdida de un hijo. ▶ 悲しみに打ちひしがれた人 f. persona desconsolada [acongojada, 《文語》consternada]. ▶ 悲しみに沈んでいる v. estar sumido en 「la tristeza [el dolor]. ♦ 彼の死はわれわれにとって大きな悲しみだ た Su pérdida nos 「llenó de tristeza [《フォーマル》sumió en el dolor]. ♦ 彼は悲しみで気も狂わんばかりであった Estuvo a punto de enloquecer de dolor. / Casi se volvió loco de tristeza. ♦ 彼は彼女の訃報を聞いて悲しみに打ちひしがれた 「Cuando oyó la noticia [Al enterarse] de su muerte, quedó profundamente desconsolado. / (悲しみでいっぱいにした)La noticia de su muerte le 「llenó de [《フォーマル》sumió en el] dolor. → 悲しむ.

かなしむ　悲しむ　v. sentir dolor, estar* triste, 《フォーマル》entristecerse*; (深く悲しむ)v. lamentar; 《フォーマル》afligirse* 《por》. ▶ 人の死を悲しむ v. 「sentir* dolor por [sentir*, lamentar, entristecerse* por] la muerte de alguien. ▶ 悲しむべき(=悲しい)adj. triste, lamentable; (嘆かわしい)adj. lamentable. ♦ 彼らはその知らせを聞いて深く悲しんだ Lo sintieron mucho [profundamente] cuando se enteraron. / Sintieron un profundo dolor al oír la noticia. ♦ 《フォーマル》La noticia les afligió profundamente.

かなた　彼方　▶ 海上はるかかなたに adv. en alta mar. ▶ 海のかなた(=向こう)から adv. de el otro lado del mar, 《文語》de allende el mar, 《文語》allende los mares. ▶ はるかかなたに(=遠くに)視界から消える v. ver* [divisar] una luz 「a lo lejos [en la distancia]. ♦ 太陽は水平線のかなたに沈んだ El sol se puso en el horizonte.

カナダ　Canadá (☆北アメリカの国, 首都オタワ Ottawa). ▶ カナダ(人)の adj. canadiense.

かなづち　金槌　m. martillo. ▶ 金づちでくぎを打つ v. golpear un clavo con el martillo. ♦ 私は金づちだ No sé nadar. / 《口語》《ユーモアで》Nado como un pez de plomo.

カナッペ　m. canapé.

かなでる　奏でる　(演奏する)v. tocar*, interpretar, tañer*.

かなめ　要　(扇の)m. eje, m. pivote; (大切な点)m. eje, m. punto principal, m. tema. ♦ そこが論議の要だ Ahí está el tema de la discusión.

かなもの　金物　mpl. objetos [mpl. utensilios] de metal; (金具)mpl. accesorios metálicos; mpl. herrajes. ▶ 金物屋(店) f. ferretería; (人)mf. ferretero/ra. ▶ 金物店でくぎを買う v. comprar clavos en una ferretería.

かならず　必ず　❶【きっと】adv. con seguridad, ciertamente; (きっと...する)v. estar seguro (de); (間違いなく)adv. sin falta; (間違いなく...する)adv. sin dejar de 《+不定詞》; v. no dejar de 《+不定詞》; (何としても)adv. a toda costa, cueste lo que cueste. ♦ 彼は必ず来るでしょう Estoy seguro de que viene [vendrá]. / Es cierto [un hecho seguro] que viene. / Vendrá sin falta. / No dejará de venir. ♦ 必ずこの手紙を出してください《口語》No te olvides de echarme esta carta. ♦ 必ずその本を手に入れる必要がある Tengo que conseguir ese libro 「a toda costa [cueste lo que cueste]. → ぜひ.

❷【常に】adv. siempre, sin falta; (必然的に)adv. necesariamente, inevitablemente. ♦ 彼は必ず遅刻してくる Nunca deja de venir tarde. / Llega tarde de todas todas. / 《口

語》No falla, siempre llega tarde. → いつも. ♦軍拡競争は必ず戦争を引き起こす Una carrera armamentista conduce inevitablemente a la guerra.

1《必ず...することにしている》v. tener* por norma《＋不定詞》. ♦私は必ず早く寝ることにしている Siempre procuro acostarme temprano. /「Acostumbro (a)［Tengo por norma］acostarme pronto.

2《必ずしも...とは限らない》;（頻度的に）adv. no siempre;（論理的に）adv. no necesariamente; v. no tener* por qué;（数量的に）adv. no todo(s);（厳密に）adv. no precisamente [exactamente]. ♦がんは必ずしも不治の病ではない El cáncer no「siempre es［tiene por qué ser］una enfermedad mortal. ♦すべての人が必ずしも幸せとは限らない No「todo el mundo［toda la gente］es feliz. / La gente no siempre es feliz. 会話 あの講演どう思った—必ずしもよかったとはいえないわ ¿Qué te pareció la conferencia? – No fue precisamente buena.

3《...すれば必ず...する》v. no poder* evitar [remediar]（el）《＋不定詞》, no dejar de《＋不定詞》; adv. no sin《＋不定詞》, siempre. ♦このセーターを見ると必ず姉のことを思い出します Este suéter me recuerda siempre a mi hermana. ☞確実に、ぜひ

***かなり** adv. bastante,《教養語》considerablemente,《フォーマル》notablemente. ♦今朝はかなり暑いですね Esta mañana hace bastante calor, ¿verdad? ♦彼女は水泳はかなりうまい Nada bastante bien. ♦彼はかなり努力した Hizo［《フォーマル》Realizó］un esfuerzo considerable. ♦その患者はかなりよくなった El paciente está bastante［《フォーマル》considerablemente］mejor. / El paciente ha mejorado bastante［《フォーマル》notablemente］. ♦彼は 60 をかなり越しているに違いない Debe tener bastante más de sesenta años.

—— かなりの （数量・大きさ・程度などが）adj. considerable,《フォーマル》notable. ♦かなりの（＝かなり多くの）人《フォーマル》un buen número［《フォーマル》un número considerable］de personas, fpl. bastantes personas, fpl. no pocas personas. ♦彼はかなりの（＝かなり優れた）学者だ《口語》Es un erudito con todas las de la ley. /《フォーマル》Es un erudito notable. ☞けっこう, 随分, 多少は, ちょっと, とっくに

カナリア m. canario.

カナリアしょとう カナリア諸島 Canarias, fpl. islas Canarias（☆スペイン領、アフリカ大陸北西方に位置する）.

カナリアス Canarias（☆スペインの自治州）.

かなわない 敵わない （匹敵しない）v. no tener* rival, no ser* comparable《＋人》,（堪えられない）v.《口語》ser* demasiado《para＋人》. ♦料理ではお母さんにはかなわない No puedo compararme con mi madre en cocinar. ♦こう暑くてはかなわない Este tiempo tan caluroso no lo aguanto. /《口語》No puedo con este calor. /《口語》Este calor es demasiado para mí. ♦将棋ではクラスだれも彼にはかなわない En el ajedrez japonés no「hay quién le iguale［tiene rival］en la clase. / Es el mejor jugador de ajedrez japonés de la clase. ♦また小遣いかい。かなわないな ¡Otra vez［¡Más］dinero! ¡No hay quien pueda contigo!［¡Eres imposible!］

かなん 河南 →ホーナン 河南省 f. provincia de Henan.

かに 蟹《スペイン》m. cangrejo,《ラ米》f. jaiba. ▶カニのはさみ（un par de）fpl. pinzas. ▶カニ缶 f. lata de cangrejo, m. cangrejo enlatado. ▶カニの甲 m. caparazón. ▶カニにはさまれる v. ser* mordido por un cangrejo. ▶カニは横に歩く Los cangrejos andan［se mueven］de lado.

かにざ 蟹座 m. Cáncer. → 乙女座. ▶蟹座(生まれ)の人 mf. cáncer.

がにまた がに股 fpl. piernas arqueadas. ♦彼はがに股だ Tiene las piernas arqueadas.

かにゅう 加入 （仲間に加わること）f. adhesión, f. afiliación;（承認されて入ること）f. admisión, m. ingreso;（電話などの）f. subscripción, f. inscripción. ▶電話加入者 mf. abonado/da［mf. subscriptor/tora］al servicio telefónico. ▶日本の国連加入 f. admisión de Japón a las Naciones Unidas.

—— 加入する v. abonarse［subscribirse*, afiliarse］《a》;（会員になる）v. hacerse* socio［miembro］《de》. ☞加盟する. ▶そのクラブに加入する v.「afiliarse al［hacerse* socio del］club. ▶ 生命保険に加入する v. abonarse[subscribirse*] a un seguro de vida. ☞加盟、出場

カヌー f. canoa, f. piragua. ▶カヌーをこぐ v. remar una canoa;（スポーツ）m. piragüismo. ▶カヌーで行く v. ir* en canoa.

***かね** 金 m. dinero,《ラプラタ》f. plata,《スペイン》《口語》f. pasta［mpl. cuartos］,《メキシコ》《口語》f. lana,《ラプラタ》《口語》f. guita. → 金銭.

1《～金》▶偽金 m. dinero falsificado［falso］. ▶不正な金 m. dinero negro［sucio,《フォーマル》mal adquirido］.

2《金＋名詞》▶金貸し mf. prestamista;（高利貸し）mf. usurero/ra. → 金繰り, 金遣い, 金詰まり, 金回り, 金儲け, 金持ち.

3《金が》 会話 ねえ、パパ、新しいアンプが欲しいんだ—それは無理だ。そんなの買うだけの金はない［そんな金がどこにある］Eh, papá, quiero un amplificador nuevo. – Imposible. No tengo bastante［tanto］dinero para comprártelo. ♦私の自由にできる金が 10 万円あった Tenía 100.000 yenes「a mi disposición［para

すっからかん Estoy sin blanca. →金

かね

mí]．♦飛行機でハワイまで行くのにどれくらいお金がかかりますか ¿Cuánto nos cuesta volar a Hawai? ♦このアパートは一人で住むには金がかかりすぎる Ese apartamento「es demasiado caro [cuesta demasiado dinero] para una persona.

4《金の》▶金の亡者 mf. loco/ca por el dinero. ▶金のために働く v. trabajar por dinero. ♦今お金の持ち合わせがない No「tengo dinero [《口語》llevo dinero encima]．♦けっして金の貸し借りをしないのが私の主義だ Tengo el principio de nunca prestar ni pedir prestado dinero. ♦万事金の世の中だと思う人がある Hay gente que piensa que el dinero lo es todo en la vida. ♦それは金の問題だ Es un problema「de dinero.［《フォーマル》financiero］．

5《金に》▶金になる（＝もうかる）取り引き m. trato ventajoso. ▶金に糸目をつけない v. ser* generoso [liberal] con el dinero. ♦彼は金にならないことはけっしてやろうとしない Nunca hace un trabajo「por el que no se le pague [《口語》sin dinero de por medio].

6《金を》▶銀行から金を引き出す v. sacar* [retirar] dinero del banco. ▶銀行に金を預ける「《口語》v. meter dinero [《フォーマル》v. hacer un depósito] en un banco. ♦お金を少し貸してくれる? No puedes prestarme dinero? / ¿Me prestas algo de dinero? ♦車を買うために金をためている Estoy ahorrando dinero para (comprarme) un coche. ♦彼女は推理小説を書いて金をもうけている Gana dinero escribiendo novelas policíacas. ♦そのかわいそうな子供たちのためにお金を集めた Recaudamos dinero para los pobres niños. ♦本にたくさん金を使う Se gasta mucho (dinero) en libros. ♦借りていた金を返した Le devolví el dinero que me había prestado. ♦無けなしの金をはたいて彼にプレゼントを買った Me gasté el poco dinero que tenía en comprarle un regalo. 《会話》新しい服が欲しいわ―だれがその金を払うんだい Me gustaría comprarme un vestido nuevo. –¿Con el dinero de quién? / ¿Y quién te lo va a pagar?

7《金で》♦私はその本を自分の金で買った Compré el libro con mi propio dinero. ♦それはアメリカの金で百ドルする Cuesta 100 dólares en moneda de Estados Unidos. ♦彼は金で動かされるような人ではない No es un hombre al que se gana con dinero.

【その他の表現】▶時は金なり《言い回し》El tiempo es oro. ▶地獄のさたも金しだい《ことわざ》Sobre dinero no hay amistad. /《ことわざ》Por dinero baila el perro. /《ことわざ》El dinero mueve las piedras. ♦金が物を言う《ことわざ》Poderoso caballero es Don Dinero.

かね 鐘 f. campana, f. campanilla;（どら）m. gong;（鐘の音）f. campanada;（主として長い）m. carillón, m. repique de campanas. ▶鐘を鳴らす v. repicar* [tocar*, tañer*] una campana, las campanas doblan;（突いて）v. dar* una campanada,（たたいて）v. golpear un gong. ♦教会の鐘ががらんがらんと鳴っている Las campanas de la iglesia están doblando. ♦寺の鐘がごーん，ごーんと鳴り響いた Se oyeron las campanadas de un templo. ♦時計台の鐘が3時を告げた Las campanas del reloj de la torre「han dado [dieron] las tres.

かねあい 兼ね合い m. equilibrio. ♦[1]両者 [2輸出額と輸入額]の兼ね合いが難しい Es difícil encontrar el equilibrio entre [1]los dos [2]exportaciones e importaciones]. ♦予算の兼ね合いで（＝予算のことを考慮して）その計画を中止した「Teniendo en cuenta el presupuesto [Por razones presupuestarias] cancelamos el proyecto.

かねがね（長い間）adv. mucho (tiempo); (すでに) adv. ya;（何度も）f. varias veces. → かねて. ♦おうわさはかねがね伺っております Hace mucho tiempo que he oído hablar de usted.

かねぐり 金繰り ♦金繰りがつかない v. no poder* reunir* (bastante) dinero.

かねつ 加熱 m. calentamiento. ▶加熱する v. calentar*. ▶加熱器 m. calentador.

かねつ 過熱 m. recalentamiento, m. calentamiento excesivo, m. sobrecalentamiento, m. supercalentamiento. ▶過熱器 m. sobrecalentador. ▶過熱気味の論議 f. discusión acalorada [demasiado caliente]. ♦モーターが過熱した El motor se recalentó.

かねづかい 金遣い ♦彼は金遣いが荒い（＝惜しげもなく遣う）Gasta「demasiado dinero [《口語》dinero a manos llenas]. /（浪費する）《フォーマル》Es pródigo con el dinero. /（乱費する）Es un manirroto [gastador]. / Derrocha [Malgasta] el dinero.

かねづまり 金詰まり ♦金詰まり（＝金の不足）のため adv. por falta de dinero. ♦そのころ金詰まりだった（＝金融がひっぱくしていた）El dinero escaseaba entonces. /（不足していた）En ese tiempo había [teníamos] poco dinero. / Nuestra situación financiera era mala por entonces.

かねて（以前に）adv. antes, anteriormente,《フォーマル》previamente;（前もって）adv. por adelantado,（口語）con tiempo, de antemano, anticipadamente;（すでに）adv. ya. ♦かねてお知らせしたとおり，4月1日に会議を行ないます La reunión tendrá lugar el 1 de abril, como ya [antes,《フォーマル》previamente] le habíamos informado. ♦われわれはかねてから（＝長い間）懸案となっている問題について議論した Tratamos del problema que había estado sin resolver mucho tiempo. ♦おうわさはかねてからうかがっております He oído mucho de usted. / Me han contado muchas cosas de usted. /（何回も）He oído hablar de usted muchas veces.

-かねない -兼ねない v. ser* probable que《＋接続法》;（できる）v. poder* 《＋不定詞》, ser* capaz de《＋不定詞》. ♦彼ならそれくらいのことはやりかねない（＝するだろう[かもしれない]）「Es probable [Hay probabilidad de] que lo haga. /（する可能性がある）Es capaz de hacerlo. /（するのをためらわないだろう）No vacilaría [dudaría] en hacerlo. /（やったのも不思議ではない）No es de extrañar que lo hubiera hecho él mismo. / Lo podría haber hecho él mismo「muy bien [perfectamente]. / (しないとは思わない)No creo que él no fuera capaz de hacerlo. / Un hombre como él es capaz de hacer eso.

かねまわり 金回り ▶金回りがいい v. tener* mucho dinero, 《口語》《強調して》nadar en la abundancia, 《口語》tener* la bolsa llena. ▶金回りが悪い v. tener* poco dinero, tener*「la bolsa vacía [《口語》los bolsillos vacíos], 《口語》andar* mal de dinero.

かねめ 金目 m. valor monetario. ▶金目の物 m. artículo de valor; (金・宝石などの貴重品) mpl. objetos「de valor [valiosos].

かねもうけ 金儲け el hacer [ganar] dinero. ▶金儲けにランを栽培する v. cultivar orquídeas「por dinero [como negocio]. ♦彼は金儲けのためなら何でもする Por dinero hace「de todo [cualquier cosa]. ♦彼は金儲け(をするの)がうまい Se le da bien hacer dinero. / Gana dinero con facilidad.

・かねもち 金持ち mf. rico/ca, f. persona rica [adinerada, 《教養語》acaudalada], (《口語》) mf. ricachón/chona. ▶金持ちの人々 mpl. ricos, f. gente rica [《口語》con dinero]. ▶金持ちになる v. hacerse* rico [《口語》ricachón], 《フォーマル》enriquecerse*. ▶金持ちの家に生まれる v. nacer* con un pan debajo del brazo. ♦あの男は金持ちだ《フォーマル》Tiene muchos recursos económicos. ♦金持ちも貧乏人も政府を支持している Tanto los ricos como los pobres apoyan al gobierno.

かねる 兼ねる (A と B の役目を兼ねる) v. servir* (de) A y de B, valer* para A y para B; (兼務する, 兼用される) v. hacer* de A y de B; (A と B を結合する) v. combinar A y B. ▶この部屋は書斎と居間を兼ねている Este cuarto sirve de estudio y también de cuarto de estar. → 兼. ♦物理の先生は水泳のコーチも兼ねていた El profesor de física también hacía de entrenador de natación. ♦この映画は教育と娯楽を兼ねている Se trata de una película que「educa y también divierte [combina la formación y la amenidad]. ♦大は小をも兼ねる El mayor también sirve al menor. / Más vale que sobre y no que falte. ♦彼は商用と趣味を兼ねてアメリカに行った Se fue a Estados Unidos de negocios y de placer.

-かねる -兼ねる (できない) v. ser* incapaz de《+不定詞》; (ためらう) v. dudar, vacilar; (立場にない) v. no estar* en posición de《+不定詞》. ▶君の案には承諾しかねる「No puedo estar [Es imposible igual que esté] de acuerdo con tu proyecto. ♦それは私には何とも申し上げかねます《フォーマル》Lo siento pero no estoy en posición de decir nada al respecto. ♦どうもその話はしかねます (=そういう気になれない) No me siento capaz de contarle la historia (a ella). 《会話》あのう, 伺いたいのはどっちでしょうか—ちょっと分かりかねますが Perdone. ¿Por dónde se va a Correos? – Lo siento, pero no estoy seguro.

かねんせい 可燃性 f. combustibilidad. ▶可燃性の adj. inflamable, combustible.

かばう 273

・かのう 可能 ▶可能性 f. posibilidad. → 有り得る. ♦彼が成功する可能性はない No hay (《強調して》ninguna) posibilidad de que「le salga bien [tenga éxito]. ♦今夜は雪になる可能性が高い「Hay bastantes posibilidades de [Es muy posible] que esta noche nieve. → たぶん. 《会話》彼が仕事につける可能性はどれぐらいですか—かなり高いと思うよ ¿Qué posibilidades tiene de conseguir un trabajo? – Creo que bastantes [muchas].

—— 可能な adj. posible; (実行可能な) adj. realizable, viable, 《教養語》factible. ▶可能な仕事 f. tarea posible. ▶実行可能な計画 m. proyecto realizable. ♦その質問に答えるのは可能だ Es posible contestar esa pregunta. → 不可能. ♦彼がその川を泳いで渡るのは可能だ Él puede cruzar el río「a nado [nadando].

—— 可能にする v. hacer* posible que《+接続法》, posibilitar. ♦文字の発明が人類に後世に記録を残すことを可能にした La invención de la escritura「hizo posible que el hombre transmitiera historias [le posibilitó al hombre la transmisión de los sucesos].

かのう 化膿 f. supuración, 《教養語》f. purulencia. ▶化膿する v. supurar, 《口語》echar pus. → 膿(²)む. ♦かすり傷が化膿した El rasguño ha supurado.

**かのじょ 彼女 (彼女は[が]) pron. ella; (彼女の) adj. su, de ella, suyo [suya]; (彼女に[を]) pron. la, a ella; (彼女のもの) el suyo, la suya.

—— 恋人 f. novia. ♦こちらはぼくの彼女で田中恵美さんだ Es mi novia, Emi Tanaka.

かば 河馬 m. hipopótamo.

カバ m. cava (☆カタルーニャ産のスパークリングワイン).

カパ m. capa (☆闘牛士のケープ).

カバー ▶ (覆い(特に上に被せて保護するもの) f. cubierta, f. tapa; (本の) f. guarda, f. camisa, f. sobrecubierta; (家具の) f. funda; (小さな物を保護する) m. forro; (ベッドの) f. colcha, m. cobertor; (まくらの) f. funda (de almohada). ▶いすにカバー(=覆い)をかける v. tapar [cubrir*] una silla, poner* una funda en la silla. ▶カバーを取る v. destapar, quitar la cubierta《de》. ♦カバーをつけないとぬれてしまうよ Tápalo o se mojará.

—— カバーする ❶【埋め合わせる】v. cubrir*, tapar. ▶彼女がいない分をカバーする v. cubrir* el trabajo de ella (en su ausencia). ▶損失をカバーする v. compensar las pérdidas.

❷【守備を助ける】▶2塁をカバーする v. cubrir* la segunda base.

かばう 庇う (保護する) v. proteger*, 《教養語》amparar; (気をつける) v. cuidar; (弁護する) v. defender*, apoyar; estar* 《con》, 《口語》dar* la cara 《por》. ▶傷ついた腕をかばう v. cuidarse el brazo herido. ♦弱い者をかばってやりなさい Debes proteger al débil. ♦彼は彼女をかばうようなことをついている Miente para protegerla. ♦母はいつも私をかばってくれる Mi madre siempre「me apoya [está conmigo].

がはく 画伯 *mf.* gran pin*tor/tora*, *mf.* maes*tro/tra*. ▶渡辺画伯と対談する *v.* charlar con el maestro Watanabe.

がばっと ▶がばっと(=大量に)本を買い込む *v.* comprar muchísimos libros. ▶がばっと起き直す *v.* incorporarse de un salto. ▶彼はがばっと起きた Saltó de la cama.

カハマルカ Cajamarca (☆ペルーの都市).

かばやき 蒲焼き ▶ウナギのかば焼き *f.* anguila asada con salsa de soja [『ラ米』soya].

かはん 河畔 *f.* orilla, *f.* ribera. ▶河畔で *adv.* en la orilla. ▶河畔の宿 *m.* hotel en la ribera. ▶利根川河畔に *adv.* en la orilla del río Tone.

•**かばん 鞄** (一般に) *f.* bolsa; (通学かばん) *f.* cartera; (書類用) *f.* cartera, *m.* maletín; (小型で折りたたみ式の) *f.* carpeta, *m.* portafolios, (角型の) *f.* maleta; (旅行用) *m.* baúl; (小型の) *m.* maletín. ▶かばんを¹開ける[²閉める] *v.* ¹abrir*[²cerrar*] una bolsa. ▶子供たちは肩からかばんを下げて学校から帰ってきた Los niños volvieron de la escuela con sus carteras a cuestas.

かはんしん 下半身 *f.* parte[*f.* mitad] inferior del cuerpo. ◆彼は下半身が麻痺(°)している Tiene paralizada la mitad[parte] inferior de su cuerpo.

かはんすう 過半数 *f.* mayoría. ▶過半数を獲得する[占める] *v.* tener*[《教養語》detentar la] mayoría. ▶過半数を占めている *v.* estar* en la mayoría. ▶過半数の得票で選ばれる *v.* ser* ele*gido* por mayoría de votos.

かひ 可否 *fpl.* ventajas y desventajas, 《口語》*mpl.* pros y contras. ▶その計画の実行の可否について話し合った Antes de llevarlo a cabo, discutimos los pros y los contras del proyecto. /(実行できるかどうか)Discutimos si se podría llevar a cabo el proyecto. /《フォーマル》Se discutió la factibilidad[viabilidad] del proyecto.

かび 黴 *m.* moho; (白っぽいかび) *m.* mildeu, *m.* mildiu. ▶青かび *m.* moho azul. ▶かびが生える *v.* enmohecerse*, ponerse* mohoso. ▶かびのはえたチーズ *m.* queso con moho. ▶かび臭い物置部屋 *m.* almacén con olor a moho.

かび 華美 (はで) *f.* vistosidad, 《教養語》*f.* fastuosidad. ▶華美な *adj.* vistoso, llamativo, 《教養語》fastuoso.

がびょう 画鋲[スペイン]*f.* chincheta, [メキシコ][中米][ラプラタ]*f.* chinche, *f.* tachuela. ▶壁に画鋲でとめる *v.* sujetar (un aviso) con chinchetas.

かびる 黴びる *v.* cubrirse* de moho, enmohecerse*. → 黴(ś).

•**かびん 花瓶** *m.* florero, *m.* jarrón; (花の入った) *m.* jarrón con flores. ▶花びんに花をさす[生ける] *v.* colocar* flores en un florero.

かびん 過敏 ▶過敏な *adj.* muy sensible [hipersensible](a); (過敏症の) *adj.* hipersensible. ▶過敏な肌 *m.* cutis hipersensible. ▶彼は寒さに過敏だ Es hipersensible al frío. ◆彼女はそのことで神経過敏になっている「Ese tema [Eso] la pone muy nerviosa.

かびんせいだいちょうしょうこうぐん 過敏性大腸症候群 《専門語》*m.* síndrome del colon irritable.

かぶ 株 (会社が発行する株全体) *f.* bolsa (de valores); (個々の株) *f.* acción. → 株式. ▶株価 *fpl.* cotizaciones[*mpl.* precios]de「la bolsa[las acciones]. ▶株主 *mf.* accionista. ▶成長株 *fpl.* acciones en demanda[alza]. ▶優良株 *fpl.* acciones de primera[riesgo mínimo]. ▶上場株 *f.* acción cotizada en bolsa. ▶株でもうける *v.* ganar dinero en las acciones. ▶株に手を出す *v.* jugar* en la bolsa. ◆彼はこの会社の株を 5 千株所有している《フォーマル》Posee[Tiene] 5.000 acciones de la empresa. ◆最近石油株が上がり続けている Últimamente las acciones de las petroleras han estado en alza. ◆東京株式市場で株が¹下がった[²暴落した] Las acciones han ¹caído[²caído a pique]en la bolsa de Tokio. / Ha ¹caído[²caído a pique]la bolsa de Tokio.

かぶ 下部 *f.* parte inferior. → 上部. ▶(橋脚などの)下部構造 *f.* infraestructura. ▶下部組織(=従属組織) *f.* organización filial[subordinada], *f.* filial.

かぶ 蕪 *m.* nabo.

かふう 家風 *f.* tradición familiar. ▶家風に合わない *v.* no encajar en las costumbres familiares.

カブール Kabul (☆アフガニスタンの首都).

カフェ *f.* cafetería, *m.* café.

カフェイン *f.* cafeína. ▶カフェイン抜きのコーヒー *m.* descafeinado, *m.* café sin cafeína.

カフェインちゅうどく カフェイン中毒 《専門語》*m.* cafeinismo.

カフェオレ *m.* café con leche.

カフカス ▶カフカス山脈 el Cáucaso (☆黒海とカスピ海の間の山脈). ▶カフカス地方 Caucasia (☆ロシアの地域).

がぶがぶ ▶がぶがぶ飲む *v.* beber a grandes tragos, 《口語》《ユーモアで》empinar el codo, 《口語》chupar. ◆彼は夜通し酒をがぶがぶ飲んでいた Estuvo 《口語》chupando sake toda la noche.

かぶき 歌舞伎 *m.* (teatro) "kabuki", 《説明的に》*m.* teatro tradicional japonés, que se representa de manera muy estilizada. ▶歌舞伎役者 *m.* actor de kabuki.

かぶさる 被さる (重なる) *v.* sobreponerse*, extenderse* (sobre); (負担がかかる) 《口語》《比喩的に》*v.* tener* un peso encima.

かぶしき 株式 *f.* acción. → 株. ▶株式会社 *f.* sociedad anónima, S.A. ▶株式市場 *m.* mercado bursátil, *f.* bolsa (de valores).

カフスボタン *mpl.* gemelos.

地域差 カフスボタン
〔全般的に〕*mpl.* gemelos
〔キューバ〕*mpl.* yugos
〔メキシコ〕*fpl.* mancuernas, *fpl.* mancuernillas
〔コロンビア〕*fpl.* mancornas

かぶせる (覆う) *v.* cubrir*, tapar (con); (上に置く) *v.* extender* (sobre). ▶責任を被せる *v.* culpar 《a + 人》, 《口語》echar 《a＋人》la culpa;（転娠する）v. pasar《a＋人》la culpa. ♦燃えさしに土を被せた Cubrí las ascuas con tierra. ♦お母さんは髪にネットをかぶせている Mi madre「cubre su pelo [lleva el pelo recogido] con una redecilla.

カプセル f. cápsula.

かぶそく 過不足 ▶過不足なしである（＝ちょうど足りている）v. estar* justo [exacto,《口語》ni más ni menos, en su punto exacto]. ♦お金を過不足なく（＝等分に）分配する v. repartir el dinero justamente [《教養語》equitativamente].

かぶと 兜 m. yelmo, m. casco. ▶かぶとを脱ぐ（＝降参する）v. rendirse*（al enemigo),《口語》quitarse el sombrero;（お手上げである）v. alzar* las manos, rendirse*. ▶勝ってかぶとの緒を締めよ《ことわざ》No cantes victoria antes de tiempo. /《ことわざ》No hay que dormirse en los laureles.

かぶとむし 甲虫 m. cascarabajo（☆甲虫類の虫の意で, 正確にカブトムシの意ではない）.

かぶぬし 株主 →株.

がぶり ▶ビールをがぶりと飲む v. beber cerveza a grandes tragos.

かぶりつく v. dar* un mordisco. ♦彼女はパイにかぶりついた Dio [《口語》Pegó] un mordisco al pastel.

__かぶる__ 被る ❶【身に付ける】v. ponerse, llevar [tener*] (puesto), cubrirse*《con》. ▶学校に行くときは帽子を被ります Cuando voy a la escuela, me pongo un gorro. / Llevo un gorro cuando voy a la escuela. ♦彼女はかわいい帽子を被っていた Tenía (puesto) un bonito sombrero. ♦帽子を被るのは好きじゃない No me gusta llevar sombrero. ♦その女の子は帽子を被ったまま部屋に入ってきた La muchacha entró en la sala con el sombrero puesto. ♦この帽子を被ってみてもいいですか ¿Puedo probarme [ponerme] este sombrero?
❷【頭から覆う】v. cubrirse*, taparse. ♦彼はふとんを頭から被って寝ていた Dormía tapado con el edredón.
❸【覆われる】v. estar* recubierto《de, con》. ♦本はほこりを被っていた Los libros estaban recubiertos [llenos] de polvo. → 覆う.
❹【浴びる】v. echarse,（船が波を）v. hacer* agua. ♦彼は水をバケツに2杯被った（＝浴びた）Se echó dos cubos de agua. ♦船は波を被って傾いた El barco hizo agua y escoró.
❺【引き受ける】v. aceptar,《フォーマル》asumir. ♦そのことの責め[責任]は私が被ります Acepto [《フォーマル》Asumo] la culpa [responsabilidad] de eso.

かぶれる ❶【うるしなどに】（発疹(ミェ)ができる）v. tener* [《フォーマル》contraer*] erupciones [salpullido,《口語》ronchas], irritarse la piel. ♦私はうるしにかぶれた「Me salieron [Tuve] erupciones por la laca. /（皮膚が炎症を起こした）Se me irritó la piel con la laca.
❷【感化される】▶スペインかぶれの教授 mf. profesor/sora españolizado/da. ♦彼女はスペイン風の生活にかぶれている（＝影響を受けている）Está「muy influida [《教養語》imbuida]」por「las costumbres [la forma de vida] de España. ♦彼は共産主義にかぶれている（＝染まっている）Está imbuido de comunismo.

かふん 花粉 m. polen. ▶花粉症 f. fiebre del heno,《専門語》f. polinosis.

__かべ__ 壁 f. pared,（屋外の大きな）m. muro;（空き地の）f. tapia,（障害）f. barrera. ▶壁の adj. mural. ▶高い壁 f. pared alta. ▶壁紙 m. papel de pared. ▶壁新聞 m. periódico mural. ▶壁のひび割れ f. grieta en la pared. ▶壁のコンセント f. toma de corriente en la pared. ▶壁にはしごを立てかける v. apoyar la escalera en la pared. ▶壁ぎわにいすを並べる v. colocar las sillas junto a la pared. ▶部屋の壁を[1]塗料[2]しっくいで塗る v. [1]pintar [2]enyesar] las paredes de la habitación. ▶居間を壁で仕切る v. separar con una pared el cuarto de estar*. ▶音速の壁を破る v. romper* la barrera del sonido. ♦彼の[1]絵[2]写真]が壁に掛かっている Su [1]cuadro [2]foto] cuelga de la pared. ♦彼は修士論文を書こうとして壁にぶつかった Encontró obstáculos al intentar escribir su tesis de licenciatura. ♦言語の壁が多くの誤解を生む La barrera del idioma causa numerosos malentendidos. ♦壁に耳あり《ことわざ》Las paredes oyen. ♦私は自分の部屋には明るいグリーンの壁紙を張ってほしかった Quería empapelar mi cuarto de verde claro.

かへい 貨幣（金(ホネ)）m. dinero;（紙幣）m. billete (de banco);（通貨）f. moneda;（硬貨）f. moneda. ▶補助貨幣 f. moneda subsidiaria. ▶貨幣価値 m. valor monetario. ▶貨幣（＝通貨）制度 m. sistema monetario. ▶貨幣単位 f. unidad monetaria.

かほう 下方 ▶下方を見る v. mirar hacia abajo. ♦はるか下方に谷が見える Se puede ver el valle allá abajo.

かほう 家宝（伝来の）m. tesoro [《口語》f. reliquia] familiar. ♦この刀は我が家の家宝だ Esta espada es nuestro tesoro familiar.

かほう 果報（幸運）f. buena suerte,《文語》f. dicha. ▶果報は寝て待て《ことわざ》Con paciencia se gana el cielo.

カポーテ m. capote（☆闘牛士の[牛をけしかける]ケープ）.

かほく 河北 →ホーペイ.

かご 過保護 f. protección excesiva,《口語》m. mimo. ▶過保護の子供 mf. niño/ña superprotegido/da [《口語》mimado/da,《メキシコ》《口語》consentido/da]. ♦彼女は息子に過保護である Protege en exceso a su hijo.

かぼそい か細い（細い）adj. delgado, flaco,《口語》delgaducho;（ほっそりした）adj. esbelto;（弱々しい）adj. débil, frágil. → 細い. ▶か細い腕 mpl. brazos delgados. ▶か細い声で adv. con voz débil.

かぼちゃ 南瓜 f. calabaza.

カボベルデ Cabo Verde（☆アフリカ大陸西岸沖の国, 首都プライア Praia）.

ガボン Gabón（☆アフリカの国, 首都リーブルビル Libreville）.

かま 鎌 ❶【農具】(片手用) f. hoz;（両手用大型）f. guadaña. ▶稲を鎌で刈る v. segar* el

かま

arroz con una hoz.
❷《略》f. trampa. ▶鎌を掛ける v. sonsacar* la verdad.

かま 釜 f. olla. ▶蒸気釜 f. olla de vapor. ▶同じ釜の飯を食う v. vivir bajo el mismo techo.

かま 窯 m. horno (alfarero).

ガマ（バスコ・ダ〜） Vasco de Gama (☆1469頃-1524, ポルトガルの航海者, インド航路の発見者).

***かまう 構う** ❶《気にかける》v. preocuparse 《por》, (わざわざ...する) v. molestarse [inquietarse] 《por》; (配慮する) v. mostrar* consideración 《por》; (注意する) v. tener* en cuenta, importar. ♦世間が何と言おうとかまわない No me preocupo de lo que diga la gente. / No me importa [preocupa] lo que la gente diga. 《会話》またお使いに行ってもらってすまないね―かまわないよ. 何でもないもの Perdón por hacerlo[le] ir otra vez de compras. – No se preocupe. No es ninguna molestia. 《会話》友達をつれてきてもかまいませんか―ええ, どうぞ, ご遠慮なく ¿Le importa que traiga a un amigo? – En absoluto. / Claro que no. ♦彼は身なりのことはかまわない No se preocupa de su aspecto. /《口語》No le importa cómo va. / Su aspecto le resulta indiferente. 《会話》もうコーヒーをお入れしましょうか―いいえ, おかまいなく ¿Le pongo más café? – No, gracias, no se moleste. ♦彼は他人の気持ちなどおかまいなし《フォーマル》No muestra consideración ninguna por sus sentimientos ajenos.
❷《干渉する》v.「《口語》meterse [entrometerse],《フォーマル》interferir》《en》. ♦私にかまわないでくれ No te metas en mis asuntos. /《フォーマル》No te entrometas. /（放っておいて）Déjame solo. ♦（君の知ったことではない）A ti no te importa. /（大きなお世話だ）《口語》Métete en tus asuntos. ♦あの男にかまわない方がよい（＝遠ざかっておく）Mejor es que no te acerques a él. ♦（何の関係ももたない）No tengas nada que ver con él.
❸《世話する》v. cuidar, atender*; (からかう) v.《口語》meterse 《con》,「gastar bromas [《口語》tomar el pelo]《a＋人》. ♦だれもその男の子をかまってやらなかった Nadie cuidaba al niño. /（無視した）Nadie hacía caso al niño. / El niño estaba desatendido por todos. ♦彼女は弟をかまっておもしろがっている《口語》Se mete con su hermano en broma. /《口語》Le gusta tomar el pelo a su hermano.

【その他の表現】♦おもしろければどんな本でもかまいません Cualquier libro vale siempre que sea divertido. 《会話》本をお返ししなくてすみません―ちっともかまいませんよ. 特に急いでいる訳ではないですから Perdón por no haber devuelto el libro. – No importa [tiene importancia]. No tengo ninguna prisa en especial. 《会話》彼は断わってきたわ―かまうもんか「Se negó [No quiso]. – ¿Y eso qué importa? [《口語》¿Qué más da?] ♦ホテルの廊下を水着で歩いてもかまわないんですか ¿No importa que vaya en bañador por el pasillo del hotel? ♦彼らは経費のことなどかまわずに（＝熟慮せずに）計画を立てた Hicieron un plan sin pensar [tener en cuenta, 《フォーマル》considerar] los gastos. ♦何のおかまいもできませんで（食後などに）Lo siento, pero no tengo nada mejor que ofrecerle.

かまえ 構え《作り》f. estructura; 《姿勢》f. postura; 《態度》f. actitud; 《用意》mpl. preparativos 《para》.

かまえる 構える ♦さあこいと構える v. tomar [《フォーマル》adoptar] una「posición de combate [postura desafiante]. ▶銃を構えて立つ v. estar* de pie con el fusil preparado. ▶店を構える《口語》v. llevar una tienda. ▶一家を構える v. poner* casa. ♦どの写真も自然な感じではなく構えた感じだ Todas las fotos parecen poco naturales y bastante de pose.

がまがえる 蟇蛙 m. sapo.

かまきり 蟷螂 f. mantis (religiosa),『アルゼンチン』f. mamboretá, m. campanero, f. santateresa.

がまぐち がま口 m. monedero.

-がましい ▶押しつけがましい v. ser* prepotente [agresivo]. ♦差し出がましいことを言うようですが No quiero parecer prepotente, pero... ＝差し出がましい.

かまぼこ 蒲鉾《説明的に》f. pasta de pescado al vapor. ▶かまぼこ形の体育館の屋根 m. tejado semicilíndrico de un gimnasio.

かまわない 構わない No importa. / No tiene importancia. ➡構う.

***がまん 我慢**《忍耐》f. paciencia 《con, ante》,《口語》m. aguante; (長期間の苦難に対する) f. resistencia 《a》,《フォーマル》f. entereza 《ante》. ➡忍耐, 辛抱. ♦ここが我慢のしどころだ Aquí es donde hay que poner a prueba la paciencia.

── **我慢する** ❶《耐える》(苦痛・悲しみなど重みに) v. aguantar, sufrir; (ひるまず) v. soportar, resistir, tener* [mostrar*] paciencia; (長い間忍耐強く) v. aguantar; (差し控える) v. contener(se)*, dominar(se). ➡控える, 慎む. ♦もう我慢できない Se me está acabando [agotando] la paciencia. / Estoy empezando a perder la paciencia. /（誘惑などに抗しきれない）Ya no aguanto más. / Ya no puedo contenerme. ♦彼女は他人がその部屋に入るのが我慢できない Le resulta inaguantable [insoportable, insufrible, intolerable] que entren otras personas en la habitación. ♦彼のふるまいは我慢するより仕方がない No hay más remedio que aguantar su comportamiento. / Tenemos que sufrir su conducta. ♦その痛みは我慢できないほどだった El dolor era casi insoportable [inaguantable]. ♦彼が何を言おうと我慢しなさい Aguanta todo lo que diga. / Dómínate ante cualquier cosa que diga. ♦彼女はアル中の夫に我慢できなくなった「Se le acabó la paciencia con [No pudo aguantar más a] su marido alcohólico. ♦彼が話し終わるまで我慢して聞いていなさい Ten paciencia hasta que termine de hablar. ♦彼は電車の中でたばこを吸いたいのを

我慢できない No puede resistir el deseo de fumar en el tren. ◆笑いたいのを我慢しようとしたがだめだった Intenté contener [reprimir, dominar] la risa, pero no pude. ◆夜行で行ったらどう―列車の中で寝るなんてとても我慢できないんだよ ¿Y si viajáramos de noche? – Yo no aguanto dormir en un tren.
❷《間に合わせる》v. contentarse [conformarse, 《口語》arreglárselas]《con》. →済ます. ◆あとでもっといいものを送るよ. 当分はこれで我慢してね Ya te mandaré uno mejor; de momento, arréglatelas con éste. ◆すごく外国に行きたいのだけど, 九州旅行で我慢しておこう Me gustaría de verdad viajar al extranjero, pero me contentaré por ahora con un viaje a Kyushu.

—— 我慢強い v. ser* paciente《con》; (頑張り通す) adj.《教養語》perseverante. → 根気. ◆我慢強い母親 f. madre paciente.

—— 我慢強く adv. con paciencia, pacientemente. ◆私は彼女が来るのを我慢強く待った Esperé pacientemente su llegada [a que llegara]. 《こらえる, 忍ぶ, 耐[堪]える

かみ 加味 ▶加味する (=味をつける) v. dar*《a + 物》el sabor《de》, sazonar《con》; (少し付け加える) v. añadir; (含める) v. incluir*. ◆出席状況を加味した (=含めた) 成績評価 f. calificación [[スペイン]] f. nota) que incluye la asistencia a clase de los alumnos.

*かみ 髪 m. pelo,《フォーマル》m. cabello.
1《～髪》◆硬い髪 m. pelo duro [[教養語] hirsuto]. ◆1赤い [2長い] 髪の男 m. hombre 1pelirrojo [2《口語》melenudo]. ◆[メキシコ]《口語》chino]. ◆波打っている (=ウェーブのある) 髪 m. pelo ondulado. ◆くせのない髪 m. pelo liso. ◆もつれた髪 m. pelo alborotado [despeinado]. ◆一房の髪 m. mechón.
2《髪＋名詞》◆髪結い mf. peluquero/ra. ◆髪油 (液体の) f. brillantina, f. loción capilar; (クリーム状の) f. crema capilar [para el pelo]; (固形の) f. pomada capilar. ◆髪油を塗る v. ponerse* brillantina; (べったりとなでつける) v. ponerse* pomada en el pelo.
3《髪の[は]》◆彼は髪が多い [2少ない] Tiene 1mucho pelo [2el pelo ralo]. ◆髪が薄くなってきた「Estoy perdiendo [Se me está cayendo] el pelo. / Me estoy quedando calvo. ◆彼女の黒髪が白くなった Su pelo negro ha encanecido. ◆あなたの髪は何色ですか―茶色です ¿De qué color tiene el pelo? – Castaño [Marrón, [メキシコ] Café].
4《髪を》◆髪を1長く [2短く]している v. llevar el pelo 1largo [2corto]. ◆髪を三つ編みにしている v. tener* [llevar] trenzas. ◆髪を長く伸ばす v. dejarse el pelo largo, dejarse crecer* el pelo. ◆髪を編む v. hacerse* trenzas. ◆髪をとかす v. peinarse. ◆髪を真ん中で分ける v. hacerse* la raya en el medio. ◆髪を後ろで結ぶ v. recogerse* el pelo por atrás; (丸く結って) hacerse* un moño. 《会話》彼女はどんな髪(の毛)をしているの―1長くてまっすぐだ [2短くてカールしている; 3中くらいの長さでウェーブがかかっている]よ ¿Cómo lleva el pelo? – Lo lleva 1largo y liso [2corto y rizado]; 3medio largo y ondulado.

*かみ 神 (キリスト教など一神教の) m. Dios, m. Señor, m. Creador; (多神教の) m. dios; (女神) f. diosa. ◆神を1たたえる [2崇拝する] v. 1alabar [2adorar] a Dios. ◆彼は神を信じていますか ¿Cree él en Dios? / ¿Es creyente? ◆それは神の恩寵(おんちょう)だった Fue por la gracia de Dios. ◆彼女は彼の無事を神に祈った Rezó (a Dios) por su seguridad. ◆ポセイドンは古代ギリシャの神です Poseidón era un antiguo dios de los griegos. ◆苦しいときの神頼み (ことわざ) Sólo se acuerda de Santa Bárbara cuando truena. (☆Santa Bárbara は嵐から身を守る守護聖人) /(ことわざ) Peligro pasado y Dios olvidado.

かみ 紙 m. papel (→紙切れ, メモ); (ノートなどの) f. hoja de papel; (便箋) m. papel de escribir [cartas]; (包装紙) m. papel de envolver, m. 紙 (ティッシュー) m. pañuelo de papel, [商標]; Kleenex (☆発音は [klínes]); (トイレ用) m. (un rollo de) papel higiénico. ◆折り紙 "origami", f. papiroflexia. ◆紙細工 f. artesanía de papel. ◆紙包み m. paquete de papel. ◆紙袋 f. bolsa de papel. ◆紙をすく v. hacer papel. ◆紙を丸めてぽいっと捨てる v. hacer* una bola de papel y tirarla. ◆プレゼントを紙に包む v. envolver* el regalo en algún papel. → 紙入れ, 紙切れ, 紙屑, 紙挟み, 紙一重, 紙吹雪.

【関連】◆紙は中国人によって発明された El papel fue inventado por los chinos. ◆和紙 (=日本紙) m. papel artesanal japonés. ◆(西)洋紙 m. papel industrial [occidental]. ◆半紙 m. papel japonés para caligrafía.

かみ 上 (上の方) lo de arriba, f. parte superior; (上流) m. río superior, f. parte alta de un río; (最初の方) f. primera parte.

かみあう 噛み合う (歯車などが) v. engranar. ◆意見がお互いにかみ合わない Nuestras opiniones no concuerdan.

かみいれ 紙入れ f. cartera, [ラ米] f. billetera.

かみがかる 神憑る ▶神がかりになる (=何かに取り付かれる) v. "llegar* a ser* [quedar] poseído, llegar* a estar* endemoniado. ◆神がかっている mf. poseso/sa, m. poseído/da; (狂信的な人) f. persona fanática.

かみがた 髪形 m. peinado; (特に男性の) m. corte de pelo; (特に女性の) m. peinado.

がみがみ ▶がみがみ言う v. fastidiar (con reproches), 《口語》dar* la lata, 《フォーマル》 rezongar*. ◆彼女はそのことで一晩中私にがみがみ言った Me estuvo fastidiando sobre eso toda la noche.

かみきりむし ▶かみきり虫 m. algavaro, m. longicornio, m. longicorne.

かみきる 噛み切る v. morder*, cortar con los dientes. ◆舌をかむ v. morderse* la lengua. ◆ビフテキは堅かったが, 歯が丈夫だからなんとかかみ切れた El bistec estaba duro, pero mis dientes eran fuertes y pude masticarlo.

かみきれ 紙切れ *m.* trozo de papel; (細長い切れ) *f.* tira de papel.

かみくず 紙屑 *m.* papel usado [para tirar]. ▶紙くず入れ *f.* papelera. ▶紙くずを拾う *v.* recoger* papeles. ▶紙くず同然だ *v.* no servir* para nada. ▶紙くずを捨てるべからず【掲示】No arrojar papeles.

かみくだく 噛み砕く (ばりばりとかむ) *v.* mascar*, triturar. ▶かみ砕いて (=やさしく) 説明する *v.* explicar* 「con claridad [llanamente, 《口語》bien mascado].

かみころす 噛み殺す (かんで殺す) *v.* matar a mordiscos; (抑える) *v.* 《口語》sofocar*. ▶あくびをかみ殺す *v.* ahogar* [sofocar*] un bostezo. ♦家の猫がネズミをかみ殺した Nuestro gato mató a mordiscos a un ratón.

かみざ 上座 *f.* cabecera, *m.* asiento de honor.

かみさま 神様 ♦ああ、神様 ¡Dios mío! / ¡Santo Cielo! / 《口語》¡Jesús bendito! → 神.

かみしばい 紙芝居 *m.* teatro de historietas pintadas en cartulinas. ▶紙芝居屋 *m.* comediante *m.* narrador de historietas pintadas.

かみしめる *v.* morder*, masticar* (→かむ); (味わう) *v.* disfrutar; gozar* 《de》(熟考する) *v.* contemplar. ▶唇をかみしめる *v.* morderse* el labio. ▶自由の喜びをかみしめる *v.* 「gozar* de [disfrutar] la libertad.

かみそり 剃刀 *f.* navaja [*f.* cuchilla] de afeitar. ▶安全かみそり *f.* maquinilla de afeitar. ▶電気かみそり *f.* máquina de afeitar (eléctrica). ▶かみそりの刃 *f.* hoja de afeitar. ▶かみそり負けをする *v.* tener* la piel con erupciones por el afeitado con cuchilla. ▶かみそりをとぐ *v.* afilar [aguzar*] una cuchilla. ▶かみそりでひげをそる *v.* afeitarse con cuchilla.

かみだな 神棚 *"kamidana"*, 《説明的に》*m.* altar doméstico sintoísta.

かみつ 過密 ▶人口過密 *f.* superpoblación. ▶過密 (=ぎっしり詰まった) スケジュール *m.* calendario apretado [lleno]. ▶過密地帯 *f.* zona superpoblada [congestionada, densamente poblada]. ▶過密都市 *f.* ciudad superpoblada. ▶過密ダイヤ *m.* apretado horario de tren.

かみつく *v.* morder*, dar* [《口語》pegar*] un mordisco, 《口語》pegar*]. ▶上司にかみつく (=激しく意見を言う) *v.* replicarle* al jefe. ♦犬が私の足にかみついた Me mordió un perro en la pierna. ▶「さわらないでよ」と彼女は (私に) かみつくように言った "No me toques", me dijo en un tono agrio.

かみつぶす (かみこなす) *v.* masticar*, mascar*. ▶苦虫をかみつぶしたような顔をする *v.* poner* mala cara.

かみて 上手 (観客側から見て舞台の右の方) *f.* izquierda (del escenario).

*かみなり** 雷 (雷鳴) *m.* trueno; (稲光) *m.* relámpago, *m.* rayo; (落雷) *m.* caída de rayo. ▶雷の音におびえる *v.* asustarse [tener* miedo] del ruido estruendoso del trueno. ▶雷雲 *f.* nube de tormenta, *m.* nubarrón. ▶雷を伴う雨 *f.* lluvia con truenos y relámpagos; (雷雨) *f.* tormenta. ♦雷が鳴っている Está tronando. / Truena. ♦彼の家に雷が落ちた Cayó un rayo en su casa. / Su casa fue azotada por un rayo. ♦彼は雷に打たれて死んだ Le mató un rayo. / 《フォーマル》Un rayo le fulminó. ♦宿題をしていなかったので先生の雷が落ちた (=先生は私をしかり飛ばした) El profesor me gritó por no haber hecho mi tarea.

かみのけ 髪の毛 *m.* pelo, *m.* cabello. → 髪.

かみばさみ 紙挟み (書類入れ) *f.* carpeta, *m.* portafolios; (クリップなど) *m.* sujetapapeles, *m.* clipe.

地域差 紙挟み(書類入れ)
〔全般的に〕*f.* carpeta de archivo
〔スペイン〕*f.* carpeta, *f.* archivadora
〔メキシコ〕《英語》*m.* "folder" (☆発音は [fólder])

かみはんき 上半期 *f.* primera mitad del año, *m.* primer semestre.

かみひとえ 紙一重 ♦ばかと天才は紙一重だ (=ほんのわずかの差だ) El genio raya con la locura. ♦君がしたことは詐欺と紙一重だ Lo que has hecho raya en engaño.

かみふぶき 紙吹雪 *m.* confeti.

かみわざ 神業 (奇跡) *m.* milagro, 《教養語》*m.* portento; (超人的な行ない) *m.* acto sobrehumano.

かみん 仮眠 *m.* sueño, 《口語》*m.* sueñecito; (特に昼間の) *f.* siesta, 《口語》*f.* cabezada. ▶仮眠する *v.* dormirse* un rato, 《口語》echar 「un sueñecito [una cabezada], 《フォーマル》dormitar.

かみんしょう 過眠症 《専門語》*f.* hipersomnia.

*かむ** 噛む *v.* morder*, 《口語》dar* un mordisco, mordisquear; (虫が) *v.* picar*; (口の中でかみ砕く) *v.* masticar*, mascar*. ▶唇をかむ *v.* morderse* el labio. ▶つめをかむ *v.* morderse* las uñas. ▶トラが飼育係をかんだ El tigre mordió a su cuidador. ▶寝ている間に蚊にかまれた Me picó un mosquito mientras dormía. ♦小さな女の子が犬に手をかまれた A la niña le mordió un perro en la mano. ♦食べ物をよくかみなさい Debes masticar bien la comida. ♦口を開けて物をかむのは行儀が悪い No es educa*do* masticar con la boca abierta.

かむ ▶鼻紙で強く鼻をかむ *v.* sonarse* fuerte la nariz con un pañuelo de papel.

ガム *m.* chicle, *f.* goma de mascar. ▶ガムをかむ *v.* mascar* [masticar*] chicle. ▶ペパーミントガム *m.* chicle de menta.

がむしゃら ▶がむしゃらに (無謀に) *adv.* sin pensar, irreflexivamente; (必死に) *adv.* a la desesperada, desesperadamente; (狂ったように) *adv.* rabiosamente, 《口語》a lo loco. ▶がむしゃらにその計画を実行する *v.* llevar a cabo el plan 「sin pensar* [《フォーマル》irreflexivamente]. ▶がむしゃらに働く *v.* 《口語》trabajar como un loco, 《口語》matarse trabajando. ♦彼のやったことはがむしゃらで思慮がなかった Lo que hizo fue imprudente y descuidado.

カムバック f. reaparición, m. regreso, f. vuelta. ▶奇跡のカムバックをする v. tener* una reaparición milagrosa.

カムフラージュ m. camuflaje. ▶木の枝でカムフラージュする v. camuflar(se) con ramas.

かめ 亀 f. tortuga, m. galápago. ▶カメの甲 f. caparazón. ◆亀の甲より年の功 (ことわざ) La experiencia es madre de la ciencia. / (ことわざ) La experiencia viene con los años.

かめ 瓶 (陶器の) f. jarra, m. pote.

かめい 加盟 (加入) m. ingreso (en), 《教養語》 f. adhesión 《a》; (連合) f. afiliación 《a》. ▶加盟国 f. nación, m. país miembro 《de》. ▶加盟店 f. tienda afiliada 《a》.

―― 加盟する (加入する) v. ingresar [《口語》 entrar] 《en》, 《教養語》 adherirse* 《a ＋ 人》; (承認されて) v. ser* admitido 《a ＋ 人》; (会員になる) v. hacerse* miembro [socio/cia] 《de》. ▶団体などがより大きな組織へ v. afiliarse 《a》. ▶国連に加盟する v. hacerse* miembro de [adherirse* a] las Naciones Unidas.

かめい 仮名 m. seudónimo; (でっち上げた) m. nombre ficticio.

カメオ m. camafeo.

がめつい ▶がめつい (＝貪(どん)欲な) 商人 m. comerciante avaro [codicioso].

*   **カメラ** f. cámara (fotográfica); (映画用の) f. cámara de cine.

    1 《～カメラ, カメラ＋名詞》 ▶一眼 [二眼] レフカメラ f. cámara reflex de [1]un lente [[2]dos lentes]. ▶ビデオカメラ f. cámara de video. ▶デジタルカメラ f. cámara digital. ▶インスタントカメラ f. cámara instantánea. ▶テレビカメラ f. cámara de televisión. ▶自動焦点35ミリカメラ f. cámara con foco automático de 35 milímetros. ▶カメラマン (＝写真家) mf. fotógrafo/fa; (映画・テレビの) mf. cámara, mf. camarógrafo/fa.

    2 《カメラに[を]》 ▶カメラに収める v. fotografiar*. ▶カメラにフィルムを入れる v. cargar* una cámara de película [film]. ▶カメラを向ける v. enfocar* 《a》 con la cámara.

カメルーン Camerún, (公式名) f. República de Camerún (☆アフリカの国, 首都ヤウンデ Yaoundé)

カメレオン m. camaleón.

かめん 仮面 f. máscara, m. disfraz, f. careta. ▶仮面舞踏会 m. baile de disfraces, f. mascarada. ▶仮面をかぶる v. llevar máscara, ir* disfrazado [enmascarado], (偽善の) v. actuar* como un hipócrita. ▶友人という仮面をかぶって adv. con la máscara [《教養語》 guisa] de la amistad. ▶仮面を取る v. quitarse la máscara. ▶仮面をはぐ v. desenmascarar, quitar [arrancar*] la máscara. ▶仮面を脱ぐ (＝正体を現わす) v. tirar la máscara.

がめん 画面 (テレビ・映画の映像) f. imagen (→ 画像); (映像が映る面) f. pantalla. ▶画面分割《専門語》 f. separación de pantalla. ▶29インチのテレビの画面で野球の試合を見る v. ver* un partido de béisbol en una pantalla de televisión de 29 pulgadas.

かも 鴨 m. pato. ▶かもにする v. engañar(le). ▶いいかもになる v. dejarse engañar fácilmente,

---

かもつ 279

ser* fácil presa [víctima].

-かも → **かもしれない** ▶あの人はその秘密をもう知っているかもね「Tal vez [Quizá] ya sabe el secreto. 《会話》だれが優勝すると思う―朝青龍かもね ¿Quién crees que va a ganar? – Quizás Asashoryu.

かもい 鴨居 m. dintel.

*   **かもく 科目, 課目** f. materia, f. asignatura. ▶試験科目 f. asignatura de examen. ▶[1]必修 [[2]選択] 科目 f. materia [1]obligatoria [[2]optativa]. ◆物理は私の好きな [2]得意な] 科目だ La física es mi [1]asignatura favorita [[2]《口語》 fuerte]. ◆どの科目を取っていますか ¿Qué asignaturas [materias] tomas?

かもしか 羚羊 (レイヨウ) m. antílope. (日本カモシカ) m. antílope japonés.

かもしだす 醸し出す ▶くつろいだ雰囲気を醸し出す v. crear un ambiente relajado.

*   **かもしれない** 【現在または未来についての推量】 v. poder*. (☆「可能性」は poder* を使って表される。poder* ＋ 不定詞, poder* que ＋ 接続法, pudiera ＋ 不定詞の順で実現可能性が低くなる。Mañana「puede llover* [puede que llueva; pudiera llover*]. Es posible 《＋ 不定詞・que 接続法》, hay posibilidad de 《＋ 不定詞, que 接続法》, puede ser* que ＋ 接続法, 『ラ米』《口語》 capaz que ＋ 接続法 も使われる。「可能性」を示す副詞には, quizás, tal vez, posiblemente などがあり, 直説法または接続法が使われる。接続法の方が実現可能性が低い) ◆彼は家にいるかもしれない Puede estar [que esté] en casa. / Tal vez está [esté] en casa. / (家にいると推測する) Posiblemente está [esté] en casa. ◆彼はそれいらないのよね―ええ, いらないのよ。でも彼の弟がほしがるかもしれないわ No lo quiere, ¿verdad? – No, él no; pero su hermano tal vez sí. ◆彼はクラブに入るかもしれないし入らないかもしれない Es posible que se haga socio o que no se haga socio del club. ◆彼に電話すべきだと思う？―一待つほうがいいかもしれない ¿Crees que debo llamarlo [le]? – Quizás [Puede que] sea mejor esperar. ◆きのうの彼は彼女に会ったかもしれない Puede haberla visto ayer. / Puede que la haya visto ayer. / 《口語》 Quién sabe si la vio ayer. ◆もっと熱心に勉強していたら試験に通ったかもしれない Si hubiera estudiado más, posiblemente [tal vez, 《口語》 a lo mejor] habría aprobado el examen. 《会話》玄関にだれか来たんだろう―郵便屋さんかもしれないわ ¿Quién está a la puerta? – Quizá sea [es] el cartero.

かもつ 貨物 f. carga, m. cargamento, m. flete. → 荷. ▶鉄道貨物 f. carga por tren. ▶航空貨物 f. carga aérea, m. flete aéreo. ▶貨物自動車 m. camión. ▶貨物船 m. barco de mercancía(s), m. buque mercante [de carga]. ▶貨物列車 m. tren de mercancía(s). ▶貨物集積所 f. terminal [f. estación] de carga. ◆貨物はトラックから船へ積み換えられた La mercancía fue embarcada [trasladada] de los camiones a los barcos.

カモフラージュ m. camuflaje. → カムフラージュ.
かもめ 鴎 f. gaviota.
かや 蚊帳 m. mosquitero, f. mosquitera. ▶蚊帳を1つる [2はずす] v. 1poner* [2quitar] un mosquitero.
がやがや ▶がやがやと adv. ruidosamente, con alboroto [clamor, 《口語》bulla]. ♦子供たち一団がやがやと階段を登って行った Un tropel de niños subió ruidosamente las escaleras. ♦隣の部屋でがやがや言うのが聞こえた Oí un alboroto de voces en el cuarto de al lado. ♦人々は税金に反対してがやがや言っている (＝騒ぎ立てている) La gente está gritando contra el impuesto.
かやく 火薬 f. pólvora. ▶火薬庫 m. polvorín. ▶大砲に火薬をつめる v. cargar* un arma con pólvora.
かやぶき 茅葺き m. tejado de juncos [《ラ米》quincha], 《ラ米》m. quinchado.
かゆ fpl. gachas de arroz. ▶七草がゆ fpl. gachas de arroz con siete hierbas (de primavera). ▶かゆをすする v. comer [sorber] gachas de arroz.
かゆい 痒い v. picar*, sentir* picor; adj. que pica, 《フォーマル》que causa irritación. ▶かゆい所をかく v. rascarse* una parte que pica. ♦背中がかゆい Me pica la espalda. / Siento picores en la espalda. ♦彼は蚊にかまれた所がかゆかった Sentía picor donde le había picado el mosquito. ♦そのホテルはかゆい所に手が届くほどサービスが行き届いていた Ese hotel tiene un servicio excelente [exquisito, que no deja nada que desear].
かゆみしょう かゆみ症《専門語》m. prurito.
かよい 通い ▶通いのお手伝いさん f. asistenta (doméstica que se desplaza diariamente al trabajo).
*__**かよう 通う**__ ❶【往復する】v. frecuentar, ir* regularmente《a＋物・事》; (電車・バスなどが) v. hacer* 「el servicio [la ruta] (de) [(...と...の間を)entre... y...]. ▶新潟・佐渡間を通う汽船 m. vapor que hace la ruta entre Niigata y Sado. ♦その村へは1日1日しかバスが通っていない El autobús 「va al [hace el servicio del] pueblo sólo una vez al día.
❷【通学・通勤する】(通学する) v. ir* (a la escuela); (出勤する) v. ir* (y venir*) 「al trabajo [a la oficina]. ▶歩いて学校に通う v. ir* a la escuela 「a pie [caminando, andando]. ▶息子を大学に通わせる v. mandar [enviar*] al hijo a la universidad. ♦どちらの学校に通っていますか ¿A qué escuela vas? ♦彼はバスで会社に通っている Va y viene a la oficina [compañía] en autobús. Para ir 「a la oficina [a la compañía, al trabajo] toma el autobús.
❸【たびたび行く】v. ir* 「con frecuencia [regularmente, 《フォーマル》asiduamente], frecuentar. ▶図書館に通う《フォーマル》v. ir* asiduamente a la biblioteca. ♦医師は彼に週に2回病院に通うように言った El médico le dijo que fuera al hospital dos veces por [a la] semana.
❹【心が通う】(気持ちを理解する) v. entenderse*, comprenderse, congeniar《con》; (意思を通じ合う) v. comunicarse*《con》. ♦彼らは身振りで意思を通わせることができる Se entienden con [por] gestos.
❺【血液・電流などが通う】♦血が体内に通う (＝流れる) La sangre circula por el cuerpo. ♦この線には電流が通っている (＝帯びている) Por este cable circula [pasa] la corriente (eléctrica). / Este cable tiene [está cargado de] corriente. / Hay electricidad en este cable. ♦彼には(フランス人の)血が通っている (＝流れている) Por sus venas corre sangre francesa.
かようきょく 歌謡曲 f. canción popular.
がようし 画用紙 m. papel de dibujo. ▶画用紙帳 m. cuaderno de dibujo.
*__**かよう(び) 火曜(日)**__ m. martes. → 日曜(日).
かよわい か弱い adj. débil, delicado, frágil. → 弱い.
から 殻 (貝の) f. concha; (二枚貝の片方の) f. valva; (卵・果実などの) f. cáscara; (卵の) m. cascarón; (牡蠣の) f. desbulla; (穀類の) f. cascarilla; (抜けがら) f. muda; (蛇の) f. camisa. ▶クルミの殻 f. cáscara de una nuez. ▶麦の殻を取る v. quitar la cascarilla del trigo, descascarillar el trigo. ▶自分の殻から出る (＝打ちとける) v. salir* del cascarón. ▶自分の殻に閉じこもる (＝打ちとけない) v. (比喩的に) meterse en su caparazón [concha].
から 空 lo vacío, f. vaciedad, 《教養語》f. vacuidad; (空の) adj. vacío, sin nada. ▶空約束 f. falsa promesa, f. promesa vana. ▶バケツ(の水)を空にする v. vaciar* (el agua de) un cubo. ♦彼女の部屋は空だった Encontré su cuarto vacío. / En su habitación no había nadie.
*__**-から**__ ❶【場所の起点】prep. de, desde,《フォーマル》procedente de. →より. ♦彼は成田からパリへ向けて出発した Salió de Narita con destino a París. 《会話》そのホテルから駅までどのくらい距離がありますか―4キロあります ¿Cuánto [¿Qué distancia] hay del hotel a la estación? – Hay cuatro kilómetros. ♦その事務所は駅から1車で[2歩いて]20分以内のところにある La oficina está a menos de 20 minutos 1en coche [2a pie [desde] la estación. ♦犬が1テーブルの下 [2戸の後ろ]から現われた De 1debajo de la mesa [2detrás de la puerta] apareció un perro. ♦彼女は店から出てきた Salió de la tienda. ♦私は芝生からタンポポを引き抜いた Arranqué los dientes de león del césped. ♦本が2冊机から落ちた Se cayeron dos libros de la mesa. ♦正面玄関からその家に入った Entré en casa por la puerta delantera. ♦85ページから始めましょう Vamos a empezar por [desde, a partir de] la página 85. ♦何から始めようか ¿Por dónde empezamos? 《会話》どこから汽車に乗りましたか―静岡からです ¿Dónde ha tomado el tren? – En Shizuoka. ♦窓から光がさし込む La luz entra por la ventana. ♦太陽は東から昇って西に沈む El sol sale 「por el este [de oriente] y se

pone por「el oeste [occidente].
❷【時間の起点】*prep.* de, desde, 《強調して》a partir de, en adelante. ♦農民は朝から晩まで熱心に働く Los campesinos trabajan afanosamente desde la mañana hasta la noche. ♦朝からずっとテレビを見ています He estado viendo la televisión desde la mañana. ♦初めて会ったときからあなたのことが好きだった Te amo desde que te vi la primera vez. ♦3時から会合に出席します Iré a la reunión「después de las tres [de las tres en adelante]. ♦彼に電話をしてから出かけた Salí después de llamarlo[le]. / Una vez que lo [le] llamé, salí. 会話 学校はいつから始まりますか―4月からです ¿Cuándo empiezan las clases? – En abril. ♦私は8月12日から20日まで旅行していた. Estuve de viaje del 12 al 20 de agosto. ♦食事の時間は12時から13時までです. La hora de la comida es de 12.00 a 13.00.
❸【原因，理由】*prep.* por (＋名詞・不定詞), a causa de (＋名詞, que 節); *conj.* porque. →―で. ♦彼は飲みすぎから病気になった Se puso enfermo por「beber demasiado [《フォーマル》exceso de alcohol]. ♦つらい経験からそのことを知った Me di cuenta de ello por [a causa de] una amarga experiencia. ♦その事故は運転手の不注意から起こった 《フォーマル》El accidente fue provocado por negligencia del conductor. / Un descuido del conductor provocó [causó] el accidente. ♦彼は好奇心からたばこを吸い始めた Empezó a fumar por curiosidad. ♦彼は一番年上だったから, みなの面倒をみなければならなかった Como era el mayor, tenía que cuidar a los demás. 会話 本当に召し上がりませんか―そうですね. そんなにおっしゃってくださるからにはいただくわ ¿De verdad que no lo quiere probar usted? – Bueno, ya que insiste, aceptaré. 会話 どうして行ってはいけないの―まだ小さいからだ ¿Por qué no puedo ir? – Porque eres demasiado joven. 会話 どうしてそれを選んだの―単にそうしたかったからよ ¿Qué hizo aceptarlo? – Simplemente porque quería [《口語》tenía ganas]. ♦彼女が来なかったのはただお父さんが許さなかったからだ La única [sola] razón por que no vino, fue que su padre no「la dejó [《フォーマル》se lo permitió]. ♦忙しいからクラブをやめるのではない No voy a dejar el club「por estar [porque esté] ocupado. ♦彼女を呼んで来ますから, 少しお待ちください 《口語》Espera un minuto, por favor, que voy a llamarla. / 《フォーマル》Haz el favor de esperar un momento que voy a llamarla. ♦寒いからドアを閉めて Cierra la puerta que tengo frío. ♦疲れていたから座ったの Como estaba cansada me senté. 会話 なぜ新車を買わないの―お金がないから ¿Por qué no te compras un coche nuevo? – Es que no tengo dinero.
❹【原料，材料】*prep.* de, con, 《フォーマル》a partir de. →―で. ♦チーズは牛乳から作る El queso se hace de [《フォーマル》a partir de] la leche. ♦ワインはブドウから作る El vino se hace de la uva. / Con las uvas se hace el vino. ♦私たちは紙から多くの有用なものを作る Muchos objetos útiles se hacen del papel. / Con el papel hacemos muchas cosas útiles. / 《フォーマル》Numerosos objetos de utilidad se elaboran a partir del papel. ♦人間は精神と肉体から成っている El hombre consta [está hecho] de alma y cuerpo.
❺【根拠，観点】*prep.* por, a juzgar por, 《フォーマル》a partir de, de resultas de. ♦彼の言うことからするとそれはありうることだ Por lo que dice, es posible. ♦いろいろの資料から火山の噴火はないと判断した 《フォーマル》A partir de diferentes informaciones, se concluyó que no se producirían erupciones volcánicas. ♦彼らの暮らしぶりから見ると相当に裕福らしい Por「su modo de vida [la manera en que viven], parecen estar en buena situación económica.
❻【動作の起こるもとになる人】*prep.* de, por. ♦これは友人からの贈り物です Es un regalo de *un* /*una* amigo/ga. ♦先生から不注意だとしかられた El profesor me regañó [《フォーマル》reprendió] por ser descuidado.
❼【数量の初め】(…ほど多くもの) *prep.* al menos, por lo menos, como mínimo; (…を超える) *adv.* más de; *prep.* por encima de. ♦この本は5千円からする Este libro cuesta por lo menos 5.000 yenes. ♦そのマラソンには3万人からの人が参加した Más de 30.000 personas participaron en el maratón.
《その他の表現》♦親から独立する *v.* independizarse* de los padres. ♦寝ても覚めても彼のことは彼女の心から去らなかった Dormida o despierta, él nunca se「apartaba de sus pensamientos [《口語》le iba de la cabeza]. / No dejaba de pensar en él ni un solo instante. ♦どんなことがあってもやめないから No importa lo que pase, no voy a ceder [dejarlo].

がら 柄 ❶【権利】(立場) *f.* posición; (資質) *f.* cualidad. ♦君はそんなことを言える柄ではない No「tienes derecho a [estás en posición de] decir eso. ♦彼は教師という柄ではない No tiene las cualidades de un profesor. ♦彼は柄にもないことをした No ha sido propio de él hacer eso. / Hacer eso ha sido atípico de él.
❷【態度, 品】♦柄の悪い(＝下品な) *adj.* bajo; (粗野な) *adj.* mal educado, tosco, vulgar. ♦柄の悪い態度 *f.* conducta vulgar [baja]. ♦柄の悪い連中とつき合う *v.* tener* malas compañías.
❸【体格】*f.* talla. ♦¹大柄な[²小柄な]男 *m.* hombre de ¹gran [²poca] talla; (背の¹高い[²低い])人 *m.* hombre ¹alto [²bajo].
❹【模様】*m.* dibujo, *m.* diseño. → 模様. ♦はでな柄 *m.* diseño llamativo.

カラー ❶【色】*m.* color. → 色. ♦スクールカラー (＝校色) *m.* espíritu de una escuela; (特色) *m.* carácter; (雰囲気) *m.* ambiente [*f.* atmósfera] de una escuela. ♦カラー写真 *f.* foto en color. ♦カラーテレビ(放送) *f.* televisión en color. ♦カラー・パレット 《専門語》 *f.* paleta de color. ♦カラー・プリンター 《専門語》 *f.*

impresora en color. ▶ワインカラーのジャケット f. chaqueta de color burdeos. ◆その映画はカラーです La película es en color.

❷【えり】m. cuello. ◆ぼくの新しいワイシャツにはボタン留めのカラーがついている Mi camisa nueva tiene un cuello con botones en las puntas.

がらあき ▶がら空きの adj. casi vacío. ◆バスはがら空きだった El autobús estaba casi vacío. / No había casi nadie en el autobús.

からあげ ▶空揚げする v. freír* (en abundante aceite). ▶¹魚［²若鶏］の空揚げ ¹ m. pescado ［² m. pollo］ frito.

・**からい 辛い** （味が）adj. picante; （塩辛い）adj. salado; （ぴりっと）adj. fuerte, muy condimentado; （酒が）adj. seco; （点数などに）adj. riguroso （en）《口語》. → 甘い. ▶辛いカレー m. curry picante. ▶辛いソース f. salsa fuerte. ▶辛い点をつける v. calificar* con rigor.

からいばり 空威張り f. bravata, f. bravuconería, f. fanfarronada. ▶空威張りする v. soltar* bravatas [fanfarronadas], fanfarronear, 《口語》 dárselas de valiente.

カラオケ 《日本語》 m. "karaoke". ◆日本人はカラオケで歌うのが大好きだ A los japoneses les gusta mucho cantar con karaoke.

からかう （冗談を言う）v. bromear 《con》; （だまして）v.《口語》 tomar el pelo; （いたずらをして）v. gastar una broma 《a + 人》; （軽くいじめて）v.《口語》 meterse 《con》; （ばかにして）v. burlarse 《de》, hacer* burla 《a + 人》,《教養語》 mofarse 《de》. ◆気にするなよ. 彼はちょっとからかっているだけだよ No te preocupes. Sólo es una broma. / Sólo está bromeando contigo. ◆彼らは私をからかった Se burlaban de mí. ☞ 構う, 茶化す

カラカス Caracas （☆ベネズエラの首都）. ▶カラカスの（人）adj. mf. caraqueño/ña.

からから ❶【のどが渇いている】adj. sediento. ◆私はのどがからからだ Tengo mucha sed. /《強調して》 Tengo la garganta seca.

❷【物に水気がまったくない】adj. seco, reseco,《教養語》 agostado. ◆からから天気 m. tiempo seco. ◆干ばつで川がからからになった El río se secó debido a la sequía.

❸【音】▶からから音を出す v. hacer* ruido, vibrar, sonar*. ◆空き缶が道路をからから転がって行った Una lata vacía sonaba en la carretera.

がらがら ❶【がらがら音を出す】v. traquetear. ◆荷馬車ががらがら通り過ぎた Un carro nos pasó traqueteando.

❷【(物が)がらがら崩れる】v. hacer* ruido, sonar*. ◆山腹の小石ががらがら落ちてきた Los guijarros hacían ruido en la ladera de la montaña.

❸【内にほとんど何もない様子】adj. vacío. ◆駐車場はがらがらだった El estacionamiento estaba casi vacío.

がらがらへび がらがら蛇 f. serpiente (de) cascabel.

からきし （少しも…でない）adv. en absoluto, nada;（まったく）adv. completamente, totalmente. → まるっきり, 全く, まるで.

からくじ 空くじ m. billete [m. cupón] no premiado [《フォーマル》agraciado]. ▶宝くじで空くじを引く v. sacar* un billete no premiado, no conseguir* nada en la lotería.

がらくた mpl. objetos sin valor, fpl. bagatelas; （寄せ集めの）mpl. trastos viejos, mpl. cachivaches;（くず）f. basura.

地域差	がらくた
［スペイン］	mpl. cachivaches, mpl. trastos
［キューバ］	fpl. tareas, mpl. tarecos, mpl. trastos
［メキシコ］	mpl. cachivaches, mpl. triques, fpl. chivas
［コロンビア］	mpl. chécheres
［アルゼンチン］	mpl. cachivaches, fpl. chucherías

からくち 辛口 ▶辛口の酒 m. "sake" [《説明的に》 m. vino de arroz] seco.

からくり （仕掛け）m. mecanismo;（計略）m. truco. ▶からくり人形 f. muñeca mecánica.

からげんき 空元気 （空威張り）m. falso valor;（酒）f. valentía pasajera.

からさわぎ 空騒ぎ v. hacer* mucho ruido por un asunto de poca importancia,《口語》 meter mucha bulla por nada;（ことわざ）《口語》 Mucho ruido y pocas nueces.

からし 辛子 f. mostaza. ▶辛子入れ m. tarro de mostaza, m. mostacero. ▶辛子漬け mpl. encurtidos en mostaza. ▶ホットドックに辛子をぬる v. poner* mostaza en un perrito caliente. ◆このサラダは辛子が効きすぎた Esta ensalada tiene demasiada mostaza.

からす 烏 m. cuervo. ▶からすの行水《口語》《ユーモアで》 v. lavarse como los gatos. ◆カラスが鳴いている Un cuervo está graznando.

からす 嗄らす ▶声をからして adv. con la voz ronca. ◆私は声をからしてしまった Se me ha puesto la voz ronca. / He enronquecido.

からす 枯らす v. secar*, dejar morir*;（霜や虫害で）v. arruinar, infestar;（しおれさせる）v. secar*, marchitar, agostar;（木材を寝かせておく）v. curar, secar*. → 枯れる. ▶よく枯らした木材 m. madera bien curada. ◆夏の炎暑で花を枯らしてしまった El calor del verano secó las flores.

・**ガラス** m. cristal, m. vidrio.

1（～ガラス）▶網入りガラス m. vidrio armado. ▶色ガラス m. vidrio「de colores [《フォーマル》policromado]. ▶すりガラス m. vidrio esmerilado. ▶¹透明 [²半透明] ガラス m. vidrio ¹transparente [²translúcido]. ▶クリスタルガラス m. cristal. ▶強化安全ガラス m. cristal de

ガラスの回収ありがとうございます Vidrio sí gracias.
→ ガラス

seguridad, *m.* vidrio inastillable.
> [地域差]《窓の》ガラス
> 〔スペイン〕*m.* cristal, *f.* luna
> 〔キューバ〕*m.* cristal
> 〔メキシコ〕*m.* vidrio, *m.* cristal
> 〔ペルー〕*f.* luna

2《ガラス(の)＋名詞》▶ガラス器(製品) *f.* cristalería. ▶ガラス切り *m.* diamante (para cortar vidrio), *m.* cortavidrios. ▶ガラス工場 *f.* fábrica de vidrio. ▶ガラス細工 *m.* trabajo de vidrio, 《教養語》《専門語》*f.* hialotecnia. ▶ガラス職人 *mf.* vidriero/ra; (ガラス製品を細längsく管で吹いて作る) *mf.* soplador/dora de vidrio. ▶ガラス窓 *f.* ventana acristalada. ▶ガラス屋(店) *f.* cristalería, *f.* tienda de vidrio; (人) *mf.* vidriero/ra, *mf.* cristalero/ra. ▶ガラスの破片 *f.* astilla de vidrio. ▶ガラス張りの陳列室 *f.* sala de exposiciones acristalada. ▶ガラス戸付きの本棚 *f.* librería con vitrinas. ▶それはガラス製だ Está hecho de vidrio. ▶市政はガラス張りであるべきだ La administración municipal debe ser como una vitrina.

3《ガラスは》▶ガラスはこわれやすい El cristal [vidrio]「es frágil [se rompe fácilmente].

4《ガラスを》▶窓にガラスをはめる *v.* acristalar una ventana.

＊＊からだ 体 ❶【身体】(肉体) *m.* cuerpo. ▶体の *adj.* corporal, físico. ▶心も体も健全な人 *m.* hombre [*f.* mujer] 「con salud corporal y mental [*sano/na* de cuerpo y mente]. ▶体の欠陥 *m.* defecto físico. ▶1体 [2心] の発達 *m.* desarrollo [¹físico [²mental]. ▶体を洗う *v.* lavarse (el cuerpo). ♦彼は強く健康な体をしている Tiene un cuerpo fuerte y sano. ♦若いうちに体を鍛えなさい Forma tu cuerpo [físico] de joven. ♦精神は体を左右する El espíritu controla el cuerpo. ♦運動の後は体中が痛い Después de la gimnasia me duele todo el cuerpo. ♦彼は芝生の上に寝て思い切り体を伸ばした Se estiró tumbado en la hierba. ♦彼は体の自由がきかなくなった No podía mover ni un músculo.

❷【体格】(造り) *m.* cuerpo, (主に男性の) *m.* físico; (主に女性の体型) *f.* figura, (体型, 骨格) *f.* complexión; (体格, 体質) *f.* constitución. ▶体のがっしりした男 *m.* hombre de 「complexión robusta [constitución fuerte]. ♦彼は頑丈な体をしている Tiene una constitución fuerte. / Es un hombre de complexión robusta. ♦彼の体格はサッカーをするには小さすぎる Su físico es demasiado pequeño para jugar al fútbol. ♦あの婦人ははっそりとした(体の線)をしている Esa señora tiene una figura esbelta. ♦彼女のきゃしゃな体はその重労働には向いていなかった Su cuerpo delicado no estaba hecho para ese trabajo pesado. ♦彼は相撲の力士のような体つきをしている Tiene la complexión de un luchador de sumo. ♦このドレスは彼女の体に合わない Ese vestido no se adapta a su figura.

❸【健康】*f.* salud; (体の調子) (*m.* estado de) *f.* forma. ▶体の¹じょうぶな [²弱い] 子供 *m.* niño ¹sano [²enfermizo]. ♦体の具合がよい (＝健康な) Me encuentro bien de salud. /

カラフル 283

Tengo buena salud. / Estoy sano. ♦私は忙しい時が体の調子が最もよい Mi salud es inmejorable cuando estoy ocupado. ♦適度の運動をすることは体によい「Algo de ejercicio [El ejercicio moderado] es bueno para la salud. ♦彼は過労で体をこわした Ha estropeado [《フォーマル》quebrantado] su salud trabajando tanto. / (病気にした)El exceso de trabajo destruyó su salud. ♦マラソンに備えて体の調子をよくしておきたい Quiero ponerme en buena forma para la carrera del maratón. ♦彼は生まれつき体が弱い(＝病弱だ) Tiene problemas de salud desde su nacimiento. / Es enfermizo de nacimiento. ♦事故以来彼はずっと体の具合が悪い Desde el accidente su salud no es muy buena. ♦一日も早く体をよくしたい(＝回復したい) Quiero recuperar la salud lo antes posible. ♦お体を大切に Haga el favor de cuidarse [cuidar su salud]. / Cuídese, por favor. ⇨足腰, 図体.

カラチ Karachi.

からっと ❶【全体に及んで】▶風を通すために窓をからっと(＝大きく)開けておく *v.* dejar la ventana abierta para que entre el (aire) fresco. ♦天気がからっと晴れた Se ha despejado. / (空が晴れ渡った)El cielo está despejado [limpio].

❷【性格がさっぱりしている】▶からっとした(＝率直な) *adj.* sincero; (心が開いた) *adj.* abierto. ♦彼はからっとしているので間違いをすぐ認めます Es tan abierto que acepta rápidamente sus faltas.

❸【べとべとしないで】▶(揚げ物が)からっとあがっている *v. estar** bien frito y crujiente. ♦空気がからっとしている El aire es seco y agradable.

カラット *m.* quilate.

がらっと →がらりと ▶がらっと戸を開ける *v.* abrir* con ruido una puerta corredera. ▶窓をがらっと開ける *v.* abrir* la ventana de par en par. ♦彼女はがらっと変わった Ha vuelto una persona completamente diferente.

からっぽ 空っぽ *adj.* vacío. ♦スーツケースの中は空っぽだった Su maleta estaba vacía. /あいつの頭はからっぽさ Tiene la cabeza vacía. /《口語》Es *un/una* cabeza hueca. /《口語》Tiene la cabeza llena de serrín. ♦財布がすっかり空っぽになってしまった Tengo los bolsillos vacíos.

からて 空手《日本語》*m.* "karate", "kárate".

からとう 辛党 ♦彼は辛党だ(＝酒好きだ) Es un bebedor. / (辛いものが好きだ)Le gusta lo salado. →辛(から)い.

ガラパゴスしょとう ガラパゴス諸島 *m.* Archipiélago de Colón, *fpl.* Islas Galápagos (☆エクアドル領, 東太平洋赤道直下に位置する).

からふと 樺太《サハリン》Sajalín. ▶樺太犬 *m.* perro Sajalín.

からぶり ▶空振りする(野球で) *v.* tratar de golpear la pelota y fallar, golpear en vacío. ♦その選手は空振り三振した El jugador golpeó en vacío y se ponchó.

カラフル ▶カラフルな *adj.* de colores (muy) vivos.

からませる 絡ませる (巻きつける) v. entrelazar* [ceñir*] 《alrededor de eso, etc.》. ◆彼女の腰に両腕をからませる v. ceñirla* por [el talle [la cintura].

からまつ 唐松 m. alerce.

からまる 絡まる (もつれる) v. enredarse, enmarañarse; (動けない) v. estar* [quedar] enreda*do*; (巻きつく) v. enroscarse* [abrazarse*] 《alrededor de》. ◆ツタがからまっている壁 m. muro cubierto de hiedra. ◆細い糸はからまりやすい Las delgadas hebras se enredan fácilmente. ◆私の足につるがからまった Se me enredaron los pies en los zarcillos. ◆ツタが木にからまった La hiedra se ha abrazado al árbol. ◆複雑な事情がその汚職事件にからまっている(＝関係している) En ese caso de corrupción hay circunstancias complejas muy enredadas.

からまわり 空回り ◆空回りする(高速で) v. acelerarse en vacío; (低速で) v. moverse* en vacío. ◆モーターは空回りした El motor funcionaba en vacío. ◆議論は空回りした La discusión no iba a ninguna parte. / Se discutía para nada.

からみ 辛味 (辛い味) m. sabor picante, lo picante, m. picor; (塩味) m. sabor salado, lo salado.

からみあう 絡み合う v. enredarse, enmarañarse, embrollarse. ◆糸が絡み合っていた El hilo 「estaba enredado [《口語》estaba hecho una maraña, se había embrollado]. ◆この事件は複雑な事情が絡み合って(＝関係し合って)いる En este caso, hay situaciones complicadas enredadas unas con otras.

からみつく 絡み付く v. enredarse [estar* enredado, enroscarse*, 《フォーマル》entrelazarse*] 《en, alrededor de》. ◆ひもがプロペラに絡み付いている Se ha enredado un trozo de cuerda en la hélice.

からむ 絡む ❶【言いがかりをつけて困らせる】◆彼は酔うといつも人に絡む Siempre que se emborracha, busca pelea [《口語》camorra] con alguien.

❷【関係する】◆この件には金が絡んでいる Hay dinero metido en este asunto. /《口語》Aquí anda enredado el dinero.

❸【巻き付く】◆ツタが木の幹に絡まっていた La hiedra se enroscaba alrededor del árbol. ◆彼が投げるたびに釣り糸がからんだ(＝もつれた) El sedal se enredaba cada vez que lo arrojaba.

❹【引っ掛かる】◆たんのどに絡んだ La flema se me ha quedado atragantada [《メキシコ》atorada]. ◆きれがファスナに絡んで動かない Un trozo de tela se ha quedado pillada [atrapada] en la cremallera y no se mueve.

がらもの 柄もの f. tela estampada [con dibujos].

からりと →からっと ◆最近からりと晴れた日がない Últimamente no hemos tenido ningún día realmente bueno.

がらりと ❶【音】◆彼はノックもせずにがらりと戸を開けた Abrió la puerta bruscamente sin llamar.

❷【まったく変わってしまう様子】◆その後彼の態度はがらりと変わった Después de eso, su actitud 「cambió completamente [《口語》dio un giro de 180 grados].

カランサ (ベヌスティアーノ 〜) Venustiano Carranza (☆1859-1920, メキシコ大統領, 在任 1917-1920).

がらんと ❶【音】◆がらんという音をたてる(やや大きめの響く音) v. hacer* ruido, repicar*; (響きは低いが大きめの衝撃音) v. hacer* un ruido estruendoso, 《フォーマル》causar estrépito; (低音から高音までの幅広い鐘などの連続音) v. hacer* talán-talán. ◆少年がバケツをけったので, バケツがらんがらん転がっていった El muchacho dio una patada al cubo y lo hizo rodar con ruido.

❷【広々として何もない様子】◆(建物の内部などが)がらんとしている adj. vacío; adj. desierto. ◆がらんとしているホール m. salón desierto. ◆町は人々が休暇でいなくなりがらんとしていた La ciudad estaba desierta porque la gente se había ido de vacaciones.

かり 借り (借金) f. deuda, 《フォーマル》m. débito; (請求書) f. factura, f. cuenta; (人からの恩義) f. deuda de gratitud. ◆あなたにいくら借りがありますか ¿Cuánto le debo? ◆私は彼に 1 万円の借りがある Le debo 10.000 yenes. / Tengo con él una deuda de 10.000 yenes. → 借りる. ◆あなたにはご好意にあずかった借りがある Tengo con usted una deuda de gratitud. / Le debo un gran favor. ◆いつか借りを返すよ Algún día te lo devolveré.

かり 仮の (臨時の) adj. temporal; (暫定的な) adj. provisional, 《ラ米》provis*orio*; (間に合わせの) adj. moment*áneo*; (一時の) adj. transit*orio*; (試験的な) adj. tentat*ivo*; (偽りの) adj. falso. → 仮. ◆仮の住まい f. vivienda temporal. ◆仮免許 m. permiso de conducir provisional. ◆仮条約 m. tratado provisional. ◆仮契約 m. acuerdo transitorio [provisional]. ◆彼は仮採用になった Le contrataron con carácter provisional [interino].

かり 雁 m. ganso silvestre.

かり 狩り (狩猟) f. caza, f. cacería. → 狩猟. ◆キツネ狩り f. caza del zorro. ◆イチゴ狩り f. recogida de fresas. ◆カモ狩り f. caza de patos. ◆シカ狩りに森へ行く v. ir* al monte a cazar* venados.

ガリア Galia (☆フランスの古称).

かりあげる 刈り上げる (髪を) v. cortarse el pelo 「al cepillo [muy corto].

かりあつめる 駆り集める v. reunir* apresuradamente.

かりいれ 刈り入れ (収穫) f. cosecha, f. recolección. ◆刈り入れ時 m. tiempo [f. época] de la cosecha. ◆早い刈り入れ f. cosecha temprana. ◆小麦の刈り入れをする v. cosechar [recolectar] el trigo. ◆稲はもう刈り入れできる Ya es el tiempo de la cosecha del arroz.

かりいれる 刈り入れる v. recolectar una cosecha, cosechar. → 刈る.

カリウム m. potasio.
かりかた 借方 m. debe, m. débito.
かりかり ❶【怒っているさま・神経質な様子】◆彼は相手の理不尽な要求にかりかりしている Está furioso por su irrazonable exigencia. ◆そんなささいなことでかりかりするな No te canses [fatigues] por una tontería así.
❷【硬質のものが砕ける音・歯ごたえのよい様子】◆ベーコンをかりかりに焼く v. freír* beicon hasta ponerlo* crujiente. ◆ネズミが何かをかりかりかじっている Hay un ratón royendo algo.
がりがり ❶【がりがりひっかく】v. rascar*, arrascar*, arañar*; (へらなどで) v. raspar. ◆なんにがりがりかいているんだろうだめ No arrasques tan fuerte. ◆彼は古い壁紙をがりがりかき落とした Quitó el papel viejo de la pared raspándolo.
❷【大変やせている】◆その子はがりがりだった El niño estaba「sumamente delgado [《口語》como un esqueleto].
カリキュラム m. currículo (1科目の) m. plan de estudios.
かりきる 借り切る v. alquilar; (バスなどを) v. fletar.
かりこみ 刈り込み f. poda, m. esquileo, m. recorte. → 刈り込む.
かりこむ 刈り込む v. cortar; (羊・羊の毛を) v. esquilar; (刈ってそろえる) v. recortar; (木・余分な枝を) v. podar; (芝を) v. cortar, segar*. → 刈る. ◆街路樹を刈り込む v. podar las ramas de los árboles de la calle.
ガリシア Galicia (☆スペインの地方).
カリスマ m. carisma. ◆カリスマ的な adj. carismático.
かりだす 借り出す v. pedir* prestado, (特に本を) v. sacar*. ◆図書館から本を借り出す v. sacar* [llevarse prestado] un libro de la biblioteca. ◆書籍を1か月以上借り出すことは認められない Los libros deben ser devueltos antes de un mes.
かりたてる 駆り立てる (馬・人などを追い立てる) v. empujar [incitar, impulsar]《a + 人》, 《強調して》 espolear 《a + 人》. ◆馬を駆り立てる v. espolear un caballo. ◆国民を戦争に駆り立てる v. empujar a una nación a la guerra. ◆貧しさが彼をその犯罪に駆り立てた La pobreza le llevó [impulsó] al crimen.
かりちん 借り賃 f. renta, m. alquiler, m. dinero de alquiler. ◆この車の借り賃はいくらですか ¿Cuánto cuesta alquilar este coche?
かりて 借り手 (一般の物の) mf. prestatario/ria; (家屋などの) mf. inquilino/na; (土地などの) mf. arrendatario/ria.
かりとる 刈り取る (草を) v. cortar, segar*; (作物を) v. cosechar, recolectar. ◆小麦をかまで刈り取る v. segar* el trigo con una hoz. → 刈る.
*****かりに** 仮に ❶【もし...だとしたら】conj. si. → もし, 万一.
❷【たとえ...だとしても】conj. aunque 《+接続法》. → たとえ. □ 試験, 当座
かりぬい 仮縫い f. prueba. ◆仮縫いに洋服店へ行く v. ir* a la sastrería a probarse* (una prenda). ◆上着を仮縫いする v. hilvanar un abrigo.

かりぬし 借り主 mf. prestatario/ria; (債務者) mf. deudor/dora; (家屋などの) mf. inquilino/na; (土地などの) mf. arrendatario/ria.
ガリバー Gulliver. ◆ガリバー旅行記(書名) «Los Viajes de Gulliver».
カリフォルニア California (☆アメリカ合衆国の州). ◆カリフォルニアの adj. californiano. ◆カリフォルニア湾 Golfo de California (☆メキシコの湾).
カリブかい カリブ海 (Mar) Caribe (☆西インド諸島, 中央アメリカ, 南アメリカに囲まれた海).
カリフラワー f. coliflor.
ガリべん ガリ勉 [スペイン] mf. empollón/llona. ◆ガリ勉する v. [スペイン] empollar, [アルゼンチン] tragar*. → 勉強.

地域差 ガリ勉(人)
[スペイン] mf. empollón/llona
[キューバ] mf. mechado/da, f. polilla
[メキシコ] mf. matado/da
[ペルー] mf. chancón/cona
[コロンビア] mf. nerdo/da, mf. tragalibros
[アルゼンチン] mf. traga

かりめん 仮免 (仮免許(証)) f. licencia [m. permiso] 《de conducir》 provisional.
かりもの 借り物 m. objeto prestado [en préstamo, alquilado, en alquiler]. ◆借り物の adj. prestado, alquilado.
かりゅう 下流 m. curso bajo de un río. → 上流. ◆下流へ行く v. ir* río abajo, descender* por un río. ◆橋から4キロ下流にダムがある Desde el puente hay una presa cuatro kilómetros río abajo.
かり(ゅ)うど 狩人 mf. cazador/dora. → 猟師.
かりょく 火力 (ガスなどの) f. energía calorífica [térmica]. ◆火力発電所 f. estación [f. planta] de energía térmica, f. central térmica. ◆火力が強い 《フォーマル》 desarrollar [《口語》 tener*] una alta potencia térmica. (ガスコンロなどの) v. tener* una llama fuerte.
*****かりる** 借りる ❶【無料で借りる】v. pedir* [tomar] prestado. → 使用する.
1《を借りる》◆家を担保に金をいくらか借りる v. pedir* dinero prestado bajo garantía de (hipotecar*) una casa. ◆ちょっと鉛筆をお借りしてもいいですか ¿Me puedes dejar el lápiz un momento? / ¿Puedo tomar tu lápiz un momento? → 貸す. ◆ちょっとトイレを借りてもいいですか ¿Puedo usar el cuarto de baño? / ¿Me 《フォーマル》 permite [《口語》 deja] usar el servicio? 会話 どのくらいお借りして(=持って)いていいですか―ご随意に, いつまでもどうぞ ¿Cuánto tiempo me lo puedes prestar? – Tenlo todo el tiempo que quieras. 会話 この雑誌借りられますか―残念ですがだめです 雑誌は図書館から持ち出さないことになっていますので ¿Puedo sacar (prestada) esta revista? – Lo siento, pero las revistas tienen que estar en la biblioteca.
2《を[から]借りる》◆きのう彼に金を借りたがまだ返していない Ayer me prestó dinero, pero todavía no se lo he devuelto.

ガリレオ

❷【金を出して借りる】*v.* tomar en alquiler, alquilar, rentar, arrendar*; (バス・飛行機を) *v.* fletar. ♦九州へ行ったとき車を借りた Cuando visité Kyushu, alquilé un coche. ♦月6万円で佐藤さんからその部屋を借りた El Sr. Sato me alquiló la habitación por 60.000 yenes mensuales. ♦ホールを時間ぎめで借りられますよ El salón se alquila por horas. → 貸す. ♦バスを1台借りйо京都へ行った Fletamos un autobús para ir a Kioto.

❸【借金を負うている】*v.* deber, 《フォーマル》adeudar. ♦私は彼に5千円借りている Le debo 5.000 yenes.

❹【助けなどを】♦彼に知恵を借りなさい Pídele consejo. ♦ぼくは君の力を借りたくない No quiero depender de tu ayuda. ♦身元保証人としてお名前をお借りしたいのですが ¿Puedo usar su nombre como referencia?

ガリレオ Galileo Galilei.

カリン (マルメロ) *m.* membrillo.

*かる 刈る ❶【切りはらう】*v.* cortar; (草・芝を) *v.* segar*, guadañar; (はさみで) *v.* recortar; (芝・植木などを手入れする) *v.* podar; (作物を刈り入れる) *v.* cosechar, recolectar. ♦芝を刈る *v.* cortar el césped. ♦稲を刈る *v.* recolectar el arroz. ♦生け垣を刈る *v.* recortar el seto. ♦羊の毛を刈る *v.* esquilar una oveja.

❷【髪の毛などを】*v.* cortar; (そろえる) *v.* recortar. ♦ペットの犬の毛を刈ってもらう *v.* llevar el perro a que le corten el pelo. ♦頭を短くしてもらった Me he cortado el pelo. ♦彼は髪を短く刈っている Se ha cortado el pelo muy corto. / (短い角刈り) Tiene el pelo a cepillo.

かる 狩る → 狩り.

-がる (感じる) *v.* sentir*; (...したい) *v.* desear; (強く) *v.* estar* ansioso 《de》; (好む) *v.* gustarle a uno 《+ 不定詞》; (ふりをする) *v.* fingir 《+ 不定詞》. ♦さみしがる *v.* sentirse* *solo*. ♦足を痛がる *v.* 「doler* 《a + 人》[quejarse de dolor en] la pierna. ♦彼に会いたがる *v.* estar* ansioso *de verle**. ♦強がる *v.* fingir* ser* fuerte.

かるい 軽い ❶【物が】*adj.* ligero, 《教養語》liviano. ♦軽いスーツケース *f.* maleta ligera. ♦このかばんは軽いので私でも持てる Esta bolsa es ligera y puedo llevarla.

❷【負担・罰・食事・気持ちなどが】*adj.* ligero, leve, suave; (宗教的意味で) *adj.* venial. ♦軽い負担 *fpl.* cargas ligeras. ♦軽い税 *mpl.* impuestos suaves. ♦軽い読み物 *f.* lectura ligera. ♦軽い仕事 *m.* trabajo leve. ♦軽い刑罰 *m.* castigo leve. ♦軽い食事を取る *v.* comer algo ligero. ♦軽い気持ちで(何気なく) *adv.* de modo informal; (うきうきと) *adv.* prestamente, fácilmente; (よく考えずに) *adv.* sin pensar, a la ligera. ♦軽い運動をする *v.* hacer* una gimnasia suave. ♦軽いたばこを吸う *v.* fumar cigarrillos suaves.

❸【病気などが】*adj.* leve, sin importancia, ligero. ♦軽いけがをする *v.* tener* heridas leves, estar* levemente herido. ♦軽い心臓発作を起こす *v.* sufrir un ataque 「leve del corazón [cardíaco sin importancia]. ♦軽い頭痛がする Tengo un leve [ligero] dolor de cabeza. / 《口語》Me duele un poco la cabeza.

❹【動きが】*adj.* ligero. → 軽快, 軽やか. ♦彼は足が軽かった Caminaba con ligereza.

—— **軽く** *adv.* ligeramente, (静かに) *adv.* suavemente, con suavidad; (やさしく) *adv.* despacio, suavemente; (やすやすと) *adv.* fácilmente. ♦軽く見る(= 軽視する) tomar(se) a la ligera, tomar con ligereza; (いい加減にあしらう) *v.* dar* poca importancia 《a + 物・事》. ♦ドアを軽くノックする *v.* golpear suavemente la puerta. ♦彼女の肩に軽く触れる La toqué despacio en el hombro. / Toqué su hombro suavemente. ♦彼は著書の中でその問題をかなり軽く扱っている En su libro trata el tema 「bastante ligeramente [con bastante ligereza]. ♦それを聞いて心が軽くなった Se me ha quitado un peso de encima oyendo eso. / ¡Qué alivio oír eso! ♦ぼくの車だと140キロは軽くでる Mi coche alcanza fácilmente los 140 kilómetros por hora.

かるいし 軽石 *f.* piedra pómez. ♦軽石2個 *fpl.* dos piedras pómez.

カルカッタ Calcuta (☆インドの都市. 現在の名称はコルカタ Kolkata).

かるがる 軽々 ♦軽々と(たやすく) *adv.* fácilmente; (軽やかに) *adv.* ligeramente. ♦軽々しく(軽率に) *adv.* a la ligera; (思慮なく) *adv.* sin pensar, irreflexivamente. → 軽率. ♦軽々と持ち上げる *v.* levantar(lo) fácilmente [con facilidad].

かるがるしい 軽々しい → 軽い(→軽く); (不注意な) *adj.* descuidado, 《フォーマル》negligente; (思慮に欠ける) *adj.* irreflexivo, imprudente; (分別のない) *adj.* imprudente. → 軽率. ♦そう軽々しく(=なれなれしく)話しかけないでくれ No hables conmigo con esa intimidad. / No somos tan amigos para hablar así, ¿no?

かるく 軽く →軽い(→軽く).

ガルシア・ロルカ (フェデリコ 〜) Federico García Lorca (☆1898–1936, スペインの詩人・劇作家).

カルシウム *m.* calcio, 《略》Ca. ♦カルシウム欠乏症 《専門語》*f.* calcipenia.

ガルシラソ・デ・ラ・ベガ Garcilaso de la Vega (☆1501–1536, スペインの詩人).

ガルシラソ・デ・ラ・ベガ (インカ 〜) El Inca Garcilaso de la Vega (☆1539–1616, ペルーの年代記作家).

カルタ (日本の) *fpl.* cartas japonesas, *mpl.* naipes japoneses. ♦カルタ会 *f.* reunión para jugar a las cartas. ♦カルタ一組 una baraja de cartas. ♦カルタをする *v.* jugar* a las cartas. ♦カルタを配る *v.* repartir las cartas. ♦カルタを切る *v.* barajar, barajear.

カルタヘナ Cartagena (☆スペインの港湾都市; コスタリカの都市; コロンビアの港湾都市; チリ中央の温泉都市).

カルチャー *f.* cultura. ♦カルチャーショック *m.* choque cultural. ♦カルチャーセンター *m.* centro cultural.

カルテ *f.* hoja clínica, *f.* historia médica, *m.* historial de un paciente.
カルテット *m.* cuarteto.
カルデナス (ラサロ ～) Lázaro Cárdenas (☆1895-1970, メキシコの大統領, 在任 1934-1940).
カルデラ *f.* caldera. ▶カルデラ湖 *m.* lago de caldera.
カルテル *m.* cártel. ▶生産者カルテル *m.* cártel de productores. ▶メデジンカルテル *m.* cártel de Medellín.
ガルデル (カルロス ～) Carlos Gardel (☆1890-1935, アルゼンチンうまれの歌手, 作曲家).
カルデロン・デ・ラ・バルカ (ペドロ ～) Pedro Calderón de la Barca (☆1600-1681, スペインの劇作家・詩人).
カルト (少数派新興宗教) *m.* culto.
かるはずみ 軽はずみ ▶軽はずみな (思慮のない) *adj.* indiscreto, irreflexivo; (不注意な) *adj.* descuidado; (フォーマル) *adj.* negligente; (性急な) *adj.* apresurado, ligero; (無分別な) *adj.* imprudente. ▶軽はずみなふるまい *f.* conducta imprudente [irreflexiva]. ▶軽はずみな結論を下す *v.* formar una conclusión apresurada. ♦軽はずみなことを言うな No digas nada indiscreto. / 彼女に何の指示もしなかったことは私の軽はずみだった Fue una ligereza de mi parte no haberle dado ninguna instrucción. / 彼女にその秘密をしゃべるなんて彼女も軽はずみだ Ha sido una indiscreción por parte de ella decirle el secreto.
カルバン (ジャン～) Juan Calvino (☆1509-64, フランス生まれのスイスの宗教改革者).
カルペンティエル (アレホ～) Alejo Carpentier (☆1904-80, キューバの小説家).
カルメン (人名・オペラ)《Carmen》.
カルロス ▶カルロス5世 Carlos V [quinto] (☆1500-58, 神聖ローマ皇帝在位 1519-1556, スペインではカルロス1世国王在位 1516-1556).
かるわざ 軽業 *f.* acrobacia. ▶軽業師 *mf.* acróbata. ▶軽業をする *v.* hacer* ejercicios acrobáticos, practicar* la acrobacia.
かれ 彼 ▶彼は[が] *pron.* él. ▶彼の *adj.* su, de él, suyo. ▶彼に[を] *pron.* lo, le, a él. ▶彼のもの, 彼のもの, 彼の, 彼のもの, 彼のもの, 彼のもの, 彼のもの *pron.* él mismo, él en persona.
—— **恋人** *m.* novio, *m.* amigo; (愛人) *m.* amante. ♦私の彼は大学生です Mi novio es universitario.
かれい 鰈 *m.* rodaballo, *f.* platija.
かれい 華麗 ▶華麗な *adj.* espléndido, esplendoroso. ▶華麗な演技 *f.* actuación [*f.* interpretación] espléndida.
カレー 《英語》 *m.* "curry"; (カレーライス) *m.* arroz con "curry", *m.* "curry" con arroz. ▶エビカレー *m.* plato de "curry" de gambas [『ラ米』 camarones]. ▶ドライカレー *m.* pilaf con "curry". ▶カレー粉 *m.* polvo de "curry". ▶カレー料理 《英語》 *m.* "curry", *f.* comida de "curry". ▶お昼にカレーを食べる *v.* tomar "curry" para comer.
ガレージ *m.* garaje, *f.* cochera. → 車庫. ▶2台用のガレージ *m.* garaje doble.
かれえだ 枯れ枝 *f.* rama seca.
かれき 枯れ木 *m.* árbol seco; (葉の落ちた) *m.* árbol desnudo [sin hojas]. ▶枯れ木も山のに

かろうじて 287

ぎわい 《ことわざ》 Más vale poco que nada.
がれき 瓦礫 (破壊された物の破片) *mpl.* escombros, *mpl.* cascotes; (瓦・れんがなどの破片) *mpl.* desechos. ▶瓦礫の山 *m.* montón de escombros.
かれくさ 枯れ草 *f.* hierba seca.
かれくさねつ 枯草熱 《専門語》 *f.* fiebre del heno.
かれこれ ❶【およそ】(約) *adv.* aproximadamente, 《口語》 como, 《口語》 más o menos, unos; (ほとんど) *adv.* casi, cerca de. ▶かれこれ10年間 *mpl.* unos diez años. ♦かれこれ10時だ Son casi las diez.
❷【あれやこれや】 esto y lo otro (y lo de más allá), 《口語》 unas cosas y otras. ▶かれこれ話す *v.* hablar de esto y lo otro. ♦かれこれしているうちに戦争が起こった Entre unas cosas y otras, estalló la guerra.
カレッジ (単科大学) *f.* escuela universitaria. → 大学.
かれは 枯れ葉 *f.* hoja seca. ▶集合的に *f.* hojarasca. ▶枯れ葉剤 *m.* defoliante.
＊かれら 彼ら ▶彼らは[が] *pron.* ellos. ▶彼らの *adj.* de ellos, su, suyo. ▶彼らに[を] *pron.* les, los. ▶彼らのもの *pron.* el suyo. ▶彼ら自身 *pron.* ellos mismos [en persona].
かれる 涸れる (川などが) *v.* secarse*. ▶かれた井戸 *m.* pozo seco. ♦ぼくはアイデアがかれてしまった Se me han acabado las ideas.
かれる 嗄れる (声が) *v.* ponerse* ronco, enronquecer(se)*. ▶彼は風邪で声がかれている Está ronco [Tiene la voz ronca] por el resfriado. ♦学生たちは声がかれるまで叫んだ Los estudiantes gritaron hasta「ponerse roncos [enronquecer]].
かれる 枯れる (死ぬ) *v.* secarse*, morirse*; (しおれる) *v.* marchitarse. ▶庭の花が霜で枯れた Las flores del jardín se han helado [secado por la helada]. ♦リンゴの木が枯れてきた Los manzanos se están secando.
かれん 可憐 ▶可憐な *adj.* bonito, 『ラ米』 lindo. → 可愛い.
カレンダー *m.* calendario. → 暦.
かろう 過労 (働きすぎ) *m.* exceso de trabajo; (極度の疲労) *m.* agotamiento, *f.* fatiga extrema. ▶過労死 *f.* muerte por exceso de trabajo. ▶過労死する *v.* morir* por exceso de trabajo. ♦彼は過労で倒れた Cayó al suelo agotado. / Se cayó por agotamiento. ♦彼は過労のため病気になった El「exceso de trabajo [agotamiento por el trabajo]」le puso enfermo.
がろう 画廊 *f.* galería de arte.
かろうじて 辛うじて (やっと) *adv.* a duras penas, apenas; (危ういところで) 《口語》 *adv.* por los pelos; (苦労して) *adv.* con dificultad. ▶辛うじて試験にパスする *v.* aprobar* el examen a duras penas. ♦その法案は辛うじて過半数を得て通過した El proyecto de ley fue aprobado por una mayoría muy justa. ♦辛うじて汽車に間に合った Cogí el tren 《口語》 por los pelos. / (もう少しで乗り遅れるところだった)Estuve

a punto de perder el tren. 《会話》最終電車に間に合ったの?―乗れてね ¿Cogiste [《ラ米》Agarraste] el último tren? – Por los pelos. ♦辛うじておぼれずにすんだ No se ahogó por「muy poco [《口語》los pelos]. / Le faltó poco para ahogarse. ⇨危うく,すれすれ,どうにか

カロチン m. caroteno, f. carotina.
かろやか ♦軽やかな adj. airoso, ligero. → 軽快. ♦軽やかに舞う v. bailar airosamente [con ligereza,《教養語》grácilmente].
カロリー f. caloría. ♦カロリー計算 m. cálculo de calorías. ♦低カロリーの食事 f. dieta baja en [de] calorías. ♦1日2,500カロリーを取る v. tomar [comer,《フォーマル》ingerir*] 2.500 calorías diarias. ♦この料理はカロリーが高い Este plato「tiene muchas calorías [《口語》ユーモアで) se pega al riñón]. ♦このビフテキは何カロリーくらいだと思いますか ¿Cuántas calorías crees que tiene este filete?
カロリンしょとう カロリン諸島 Islas Carolinas (☆西太平洋, ミクロネシアの諸島).
ガロン m. galón.
かろんじる 軽んじる (軽く扱う) v. tomar a la ligera, menospreciar; (あまり評価しない) v. dar* poca [escasa] importancia, tener* en poco; (無視する) v. descuidar. ♦彼の警告を軽んじてはいけない No tomes su advertencia a la ligera. ♦君は自分の義務を軽んじがちだ Tiendes a descuidar tus obligaciones.

__かわ__ 皮 ❶【動物の】f. piel → 革; (特に大きな動物からはいだ堅い皮) m. cuero. ♦集合的に m. curtido; (羊など毛を生やした動物からはいだ毛皮) f. piel, (獣の) f. piel de castor. ♦ウサギの皮をはぐ v. desollar un conejo. ♦牛の皮は厚い El cuero de la vaca es grueso. ♦彼は日焼けで皮 (= 皮膚) がむけた Se le ha pelado la piel por el sol. ♦わかした牛乳の上に皮ができた Al ser hervida, se formó nata en la superficie de la leche.
❷【果物・野菜などの】f. piel; (むいた後の) f. monda; (とくにブドウの) m. hollejo; (メロン・レモン・オレンジ・栗などの厚い皮) f. cáscara; (果物のむいた皮,(穀物の)f. piel; (パンの) f. corteza; (パンの) f. cascarilla, ♦オレンジの皮 f. cáscara de una naranja. ♦リンゴの皮 f. piel de una manzana. ♦バナナの皮 f. cáscara [f. piel] de un plátano. ♦トマトの皮 f. piel de un tomate. ♦オレンジの皮をむく v. pelar [mondar] una naranja. ♦皮ごと食べる v. comerse (una manzana) con la cáscara. ♦リンゴを食べる前に皮をむきなさい「Quita la piel de [Pela] la manzana antes de comértela.
❸【樹皮】f. corteza. ♦木の皮をはぐ v. descortezar* [quitar la corteza de] un árbol.
《その他の表現》♦化けの皮をはぐ v. revelarse (su) verdadero carácter,《口語》ユーモアで) vérse(le) el plumero. ♦彼は面の皮が厚い (= 厚かましい) Es un descarado [fresco]. / 《スペイン》《口語》Tiene「mucha cara [《スペイン》《口語》mucho morro]. / (面の皮に焦点を置いて)《スペイン》《口語》Es un cara. / 《スペイン》《俗語》Es

un jeta. ♦彼も一皮むけばただの高校生だ Ráspalo[le] un poco y verás que no es más que un colegial ordinario.
かわ 革 m. cuero; (なめし革) f. piel curtida. ♦革の1ジャケット《зи》1 f. chaqueta [2 f. silla] de cuero. ♦革製品 mpl. artículos de cuero. ♦この手袋は革製です Estos guantes son de cuero [piel].

*__かわ__ 川[河] m. río; (小川) m. arroyo, m. arroyuelo, m. riachuelo.
1《~(の)川》♦流れの1早い[2ゆるやかな]川 m. río de corriente 1rápida [2lenta]. ♦幅が百メートルの川 m. río de 100 metros de ancho. ♦隅田川 m. río Sumida.
2《川＋名詞》♦川床, 川底 m. lecho de un río. ♦川開き f. apertura de un río para fines recreativos. ♦川べりを歩く v. pasear por (la orilla de) un río. ♦川岸 f. orilla.
3《川は》♦大部分の川は海に流れ込む La mayoría de los ríos「desembocan en el océano [《口語》van al mar].
4《川に[を]》♦川に臨んだ都市 f. ciudad ribereña. ♦川を1上る [2下る] v. ir* río 1arriba [2abajo]. → 上る, 下る.
5《川へ》♦私たちは川へ魚釣りに行った Fuimos a pescar al río.

がわ 側 m. lado; (論争・交渉などの一方) f. parte. ♦紙の1表 [2裏] 側 1 m. anverso [2 m. reverso] de un papel. ♦cara de un papel. → 表, 裏. ♦川の1こちら [2向こう] 側 adv. 1a este [2al otro] lado del río. ♦家の東側の窓 f. ventana en la fachada「de levante [del este] de la casa. ♦1反対側 [2右側] のページの写真 f. fotografía en la página 1opuesta [2de la derecha]. ♦電話の相手側 f. persona al otro lado de la línea. ♦彼は議論で山田の側についた En la discusión se puso del lado de Yamada. ♦責任は会社側にある La responsabilidad es por parte de la empresa. ♦日本はドイツの側について参戦した Japón entró en la guerra del [al] lado de Alemania.

*__かわいい__ 可愛い ❶【愛らしい】(美しくかわいい) adj. bonito, 《ラ米》lindo, 《口語》rico; (小さくて, 幼くて) adj. bonito, precioso; (感じのよい) adj. encantador. ♦かわいい花 f. flor bonita [hermosa]. ♦かわいい赤ちゃん mf. bebé precioso/sa [《スペイン》《口語》mono/na]. ♦かわいい声で話す v. hablar con la voz dulce. ♦あの子はかわいい Es bonita [《フォーマル》encantadora]. ♦彼女はその服を着るとかわいく見える Con ese vestido「está bonita [《ラ米》se ve linda]. ♦彼女の弟はとてもかわいい (= 美男子だ) Su hermano es muy guapo. 《会話》こちらは私の妹です―まあかわいい Ésta es mi hermana pequeña. ― ¡Qué preciosa [bonita, linda, 《スペイン》《口語》rica]!

地域差 かわいい
《スペイン》adj. majo, mono
《キューバ》adj. guapo, lindo
《メキシコ》adj. chulo, lindo
《ペルー》adj. chulo, lindo
《コロンビア》adj. primoroso
《アルゼンチン》adj. divino

❷【いとしい】adj. querido. ▶私のかわいい坊やmi querido hijo. ▶孫娘は彼の目に入れても痛くないほどかわいい Su pequeña nieta es la niña de sus ojos.
❸【小さい】adj. pequeño,《口語》chico;（ごく小さい）adj. pequeñito,《口語》chiquito（☆口語ではたとえば Rosa を Rosita, Carlos を Carlitos のように縮小辞を使って表現する）. ▶息子のかわいいいたずら「mpl. pequeños trucos［《口語》mpl. truquitos］de mi hijo. ▶かわいい時計《口語》m. relojito.

かわいがる 可愛がる （愛する）v. querer*, sentir* cariño《por》;（腕に抱きしめて）v. abrazar* con cariño,【メキシコ】apapachar;（手で触れたりキスしたりして）v. acariciar,（愛玩(がん)）v. mimar. ♦私は彼を弟のように可愛がっている Le tengo el mismo cariño que a un hermano. / Le quiero como a un hermano. ♦彼は孫をかわいがっていた Mimaba a su nieto. ♦彼は長男をいちばん可愛がった（＝長男が最も気に入りだった）A quien más quería era a su hijo mayor. / Su hijo mayor era su predilecto.

かわいげ ▶可愛気のない（＝従順でない）adj. desobediente,《教養語》díscolo;（ませた）adj. precoz. ▶あの子供はまったくかわいげがない Ese niño no tiene nada que inspire cariño.

＊**かわいそう** 可哀相 ▶可哀相な adj. pobre（☆名詞の前におく）;（哀れな）adj. que da lástima［compasión, pena］,《口語》que da pena;（悲しい）adj. triste;（みじめな）adj. miserable, desgraciado;（残酷な）adj. cruel. ▶かわいそうな罪人たち mpl. pobres［《フォーマル》miserables］pecadores. ▶かわいそうな物語 f. historia que「da lástima［da pena, conmueve］, f. historia conmovedora［conmovedora］f. historia「que conmueve［conmovedora］. ▶その孤児をかわいそうに思う v. sentir* lástima［compasión,《フォーマル》piedad］por el huérfano. ▶かわいそうに思って（＝同情心から）彼を助けてやる v. ayudarlo［le］por compasión［lástima］. ▶かわいそうに太郎はまたしかられた Al pobre Taro lo［le］han vuelto a regañar［reñir］. ♦子猫にそんなかわいそうなことをしてはいけません No seas tan cruel con el gatito. ♦まあ、かわいそうに ¡Qué lástima［pena］!

かわいらしい 可愛らしい adj. bonito,【ラ米】lindo. → 可愛い.

かわうそ 川獺 f. nutria.

かわかす 乾かす v. secar*. → 乾く. ▶体を乾かす v. secarse*. ♦彼はぬれた靴を日なたで乾かした Secó al sol sus zapatos mojados.

かわかみ 川上 f. cuenca superior［alta］(de un río). → 上流.

かわき 渇き 渇く(→渇き).

かわぎし 川岸 f. orilla, f. ribera. ▶川岸を散歩する v. pasear por la orilla (de un río).

かわく 渇く （のどが）v. tener* sed. ♦のどがからからに渇いている Tengo "mucha sed [una sed terrible]. /《強調して》《口語》Me muero de sed. ♦歌を歌うといつものどが渇く Siempre se me seca la garganta cuando canto. / El cantar siempre me da sed.
—— 渇き f. sed. ▶1杯の水で渇きをいやす v. apa-

gar*［《フォーマル》saciar］la sed con un vaso de agua.

かわく 乾く v. secarse*. ♦洗濯物はもう(すっかり)乾いていると思う Espero que la ropa ya se haya secado. ♦気をつけて、ペンキはまだ乾いていない Ten cuidado. La pintura todavía no está seca.

かわさきびょう 川崎病《専門語》f. enfermedad de Kawasaki.

かわざんよう 皮算用 ▶捕らぬたぬきの皮算用(をするな)《ことわざ》No vendas la piel del oso antes de cazarlo. /《言い回し》(No hagas) Las cuentas de la lechera.

かわしも 川下 f. cuenca inferior［baja］(de un río). → 下流.

かわす 交わす ▶彼とあいさつ［2一言、二言言葉］を交わす v. intercambiar ¹saludos［²algunas palabras］con él. ▶彼と言葉を交わしたことがない No he hablado nunca con él. / Nunca he cruzado una palabra con él.

かわす 躱す ▶殴られまいと身をかわす v. esquivar［evitar, zafarse de］un golpe. ▶微妙な質問をかわす v. eludir［evitar］una pregunta delicada.

＊**かわせ** 為替 （外国通貨の交換）m. cambio (de divisas). ▶郵便為替 m. giro postal. ▶銀行為替 f. transferencia bancaria. ▶外国為替市場 m. mercado de divisas. ▶外国為替管理法 f. Ley de Control de Cambio Extranjero. ▶(ドルの)為替相場［レート］m. (tipo de) cambio (del dólar), f. cotización［f. tasa］(del dólar). ▶為替手形 f. letra de cambio. ♦私は彼に郵便為替で1万円送った Le envié 10.000 yenes por giro postal. / Le envié［mandé,《口語》puse］un giro postal de 10.000 yenes.

かわった 変わった adj. extraño, raro, curioso,《教養語》singular. → 変わる(→変わった). ☞ おかしい[な], 奇妙な

かわべり 川べり f. orilla (de un río);（川の土手）f. orilla, f. ribera. ▶川べりに adv.「en el［al lado del, junto al］río. ▶川べりのホテル m. hotel「en el［al lado del］río, m. hotel a la orilla.

かわむこう 川向こう ▶川向こうに adv.「al otro lado［a la otra orilla］del río, en la orilla de enfrente.

かわら 瓦 f. teja. ▶屋根瓦 f. teja. ▶瓦ぶきの家 f. casa「con tejado［cubierta de tejas］. ▶瓦屋（工場）m. tejar;（焼く人）m. tejero/ra;（ふく人）mf. techador/ora. ▶瓦で屋根をふく v. tejar［poner* tejas en］(una casa). ♦その家は赤い瓦根です Esa casa tiene un tejado rojo.

かわら 河原 m. cauce［m. lecho］seco de un río.

かわらない 変わらない adj. constante, regular. → 変わる(→変わらない).

＊**かわり** 代わり （代用品）m. sustitutivo,《教養語》m. sucedáneo;（代用人）m. suplente, mf. sustituto/ta;（物）m. repuesto → お代わり;（代理人）mf. repre-

かわり

sentante, *mf.* apoderad*o/da*, *mf.* procurad*or/dora*. ◆彼の代わりはいない No hay quien le sustituya. / No tiene sustituto. ◆いかなるコンピューターも脳の代わりにはならないだろう Ningún ordenador puede sustituir [suplir] al cerebro. / La computadora nunca será un sustituto del cerebro.

—— **代わりに** ❶【代理・代用として】*prep.* en lugar [vez, sustitución] de; (…を代表して, のために) *prep.* por, en nombre [《フォーマル》representación] de, como. ◆彼の代わりに私が行きます Yo iré por él. / En 「su lugar [lugar de él] iré yo. ◆人工甘味料が砂糖の代わりに使われる Se usan edulcorantes en sustitución del azúcar. ◆彼に手紙を書く代わりに, 彼の事務所にちょっと顔を出したらどうだい En vez [lugar] de escribirle, ¿por qué no te acercas a verlo[le] en su oficina? ◆この箱をいすの代わりに (=として) 使いなさい Utiliza esta caja como silla. 《会話》あなたの代わりに私が彼に頼んであげよう—私が自分で頼むわ Se lo pediré yo por ti. – Se lo pediré yo misma. ◆社長の代わりに電話しています Llamo en nombre del presidente. ◆紅茶がなかったので, その代わりにコーヒーを飲んだ Como no teníamos té, tomamos café. / En vez de té, que no teníamos, tomamos café. ☞その代わり.

❷【代償として】(交換に) *prep.* a cambio de; (お返しに) *v.* corresponder 《+現在分詞》. ◆彼が本をくれた代わりにペンをあげた Él me dio un libro y yo 「a cambio le di [correspondí dándole] una pluma.

—— **代わりをする** (代用・代理になる) *v.* sustituir*, suplir; (彼の代わりに) *v.* ocupar el lugar 《de》; (代理を務める) *v.* actuar*, hacer*. → 代わる. ◆彼女は休暇をとって休んでいるタイピストの代わりをした Sustituyó a la mecanógrafa que estaba de vacaciones. ☞代[換・替]える, 代[替, 換]わる, 取って代わる.

かわり 変わり ❶【変化】*m.* cambio, *f.* variación, 《フォーマル》*f.* modificación. ◆計画に変わりはない No hay cambios [modificaciones] en el plan. / 《フォーマル》El plan no sufre modificaciones. ◆すべては以前と変わりなかった Todo era como antes. / Nada ha cambiado [variado].

❷【相違】*f.* diferencia. ◆その二つの物は品質においてほとんど変わりがない Entre uno y otro, apenas hay diferencia en la calidad. / 《教養語》Cualitativamente, los dos son prácticamente iguales. ◆お前が出かけようと家にいようとたいして変わりはないよ No varía [importa] mucho que te vayas o que te quedes.

❸【異常】◆変わりなく (=元気に) 暮らす *v.* ir* [marchar] bien. ◆お変わりありませんか ¿Todo va [marcha] bien? / ¿Algo nuevo? / ¿Alguna novedad? / 《口語》¿Qué hay de nuevo?

かわりばえ 代わり映え ◆彼のスペイン語はずいぶん進歩したが, 英語は一向に代わり映えしない (=あまり改善されていない) Su español ha mejorado mucho, pero su inglés sigue casi igual.

かわりばんこ ◆代わりばんこに *adv.* por turno, a turnos; (順番に) *adv.* por orden; (次々に) *adv.* uno después de otro, uno tras otro; (2者が) *adv.* alternadamente. ◆彼らは代わりばんこにそのコンピューターを使った Usaron el ordenador 「por turno [uno después de otro]. / Se turnaban para usar el ordenador.

かわりめ 変わり目 ◆季節の変わり目 *m.* cambio 「de las estaciones [《教養語》estacional]. ◆我が国の歴史の変わり目 (=転換点) *f.* encrucijada en la historia nacional. ◆世紀の変わり目に *adv.* al acabar el siglo. ◆[1]学年 [[2]学期] の変わり目に (=終わりに) *adv.* al final del [1]año [[2]semestre] académico.

かわりもの 変わり者 *mf.* excéntric*o/ca*, *f.* persona singular [extravagante].

***かわる 代[替, 換]わる** ❶【代わりをする】*v.* tomar [ocupar] su lugar, reemplazar*; (代用になる) *v.* sustituir*, suplir; (順番を) *v.* tomar el turno, dejar probar*. → 代わり. ◆彼は負傷した選手と代わった 「Tomó el lugar del [Sustituyó al] jugador lesionado. ◆芝刈り機をかける仕事を代わってあげよう Déjame trabajar con el cortacésped.

❷【替わる, 換わる】*v.* reemplazar*; (席などを) *v.* intercambiar, 《教養語》*v.* trocar*. ◆取って代わる. ◆席を換わる *v.* intercambiar el asiento 《con》. → 交換する. ◆彼に替わるチームの後任監督はだれですか ¿Quién podrá reemplazarlo[le] como entrenador del equipo? ◆彼と替わります (電話で) Lo [Le] voy a llamar por teléfono. ◆市長が替わった Nuestro alcalde ha cambiado. ◆あの建物はこの1年に数回持ち主が替わった Ese edificio ha cambiado de manos varias veces en el último año. ◆年が替わった Hemos cambiado de año. / Ya estamos en otro año.

***かわる 変わる** ❶【変化する】*v.* cambiar; (変動する) *v.* variar*; (形や性質が変化する) *v.* convertirse* [mudarse] 《en》, volverse* 《en》. ◆気が変わる *v.* cambiar de opinión [parecer*]. ◆事態はいい [悪い] 方向に変わった La situación ha [1]mejorado [[2]empeorado]. ◆君はこの前会ったときとはずいぶん変わったね [[2]ちっとも変わらないね] [1]Has cambiado mucho [[2]No has cambiado nada] desde que te vi la última vez. ◆この町はあまり変わっていない 《フォーマル》Esta ciudad no ha sufrido grandes modificaciones. / (以前とほぼ同じだ) Esta ciudad sigue casi igual que antes. 《会話》今年はどこに行こうか—信州のどこかなんて気分が変わっていいでしょう ¿Dónde iremos este año? – Ir a algún lugar de Shinshu sería un cambio agradable. ◆雪がみぞれに変わった La nieve se convirtió en aguanieve. ◆信号が赤に変わった El semáforo ha cambiado a rojo. ◆愛が憎しみに変わることがある El amor puede volverse [convertirse en] odio. / Del amor se puede pasar al odio. ◆価格は需要によって変わる El precio varía con [según] la demanda. ◆風は西から南に変わった El viento ha cambiado del oeste al sur. ◆このごろ天気が変わりやすい El tiempo 「está cambiante [es inestable] estos días.

❷【移動する】v. cambiarse [mudarse]《a》. ▶住所が変わる v. mudarse de casa. ◆彼は大阪支店に変わった (=転任になった) Le han cambiado [mudado] a la sucursal de Osaka. ❸【異なる】v. ser* distinto [diferente]《a》. ◆事態は以前と少しも変わっていない La situación no es diferente de lo que era antes. ◆彼は権力を握ったら口のきき方まで変わってきた Ahora que tiene poder habla de forma diferente. / Ha cambiado su modo de hablar desde que tiene poder. ◆彼は言うことがころころ変わる Dice una cosa y después otra. ◆彼はすっかり人が変わって (=別人となって) 帰国した Volvió a su país pero un hombre diferente. / Cuando volvió a casa ya no era el mismo. ◆所変われば品変わる (=国の数だけ慣習の数がある)《ことわざ》En cada tierra, su uso; y en cada casa, su costumbre.

—— 変わった (奇妙な) adj. extraño, raro,《口語》curioso; (風変わりな) adj. excéntrico, extravagante; (一種独特な) adj. singular, (教養語) peculiar; (異常な) adj. poco corriente [común], extraordinario; (違った) adj. distinto, diferente; (珍しい) adj.《文語》peregrino; (目新しい) adj. novedoso. ▶変わった名前 m. nombre extraño [poco corriente,《口語》curioso]. ▶一風変わった老人 mf. anciano/na excéntrico/ca [raro/ra]. ▶何か変わったことがあれば si ocurre [ocurriera] algo extraordinario. ▶変わった宣伝のやり方 f. forma《口語》curiosa [《教養語》peculiar] de anunciar. ▶変わった事件 m. suceso extraordinario [《教養語》singular]. ▶彼にはいろいろ変わったところがある Es una persona extraña en muchos aspectos.〈会話〉あなたのお兄さんに会ったようなの。あの人でしょ He conocido a tu hermano. – ¿Ah sí? Un tipo raro, ¿verdad? ◆最後に建物を見回ったときは何も変わったことはなかった La última vez que di una vuelta por el edificio no pude encontrar nada raro. ◆最近はあの人にはあまり会わないけど、別に変わったことはないようです Últimamente no lo [la] veo mucho, pero parece seguir como siempre. ◆この店ではいろいろ変わった品物が売られている En esta tienda se venden artículos novedosos [curiosos].〈会話〉やあ、太郎、何か変わったことない？—たいしてないよ ¡Hola, Taro! ¿Qué hay de nuevo? – Pues, no mucho. ▶ ¿Qué hay, Taro? ¿Alguna novedad? – Pues, nada en especial.

—— 変わらない (一定の) adj. firme, invariable; (不変の) adj. constante, (永遠の) adj. eterno,《教養語》inmutable. ▶いつも変わらない愛 m. amor constante. ▶永遠に変わらない真理 fpl. verdades eternas.〈会話〉体重の方はどうですか—一ずっと変わっていません ¿Cómo andas de peso? – Se mantiene. / No varía. ◆長年付き合っているが、彼は少しも(人柄が)変わらない He sido amigo de él mucho tiempo y sé que su carácter es firme. ◆この靴は新品と変わらない (=同然だ) Estos zapatos están como nuevos [el día que los compré]. ☞改まる, 増減

かわるがわる 代わる代わる adv. por turno, a turnos; (次々に) adv. uno「después de [tras] otro, alternadamente. ▶3人は代わる代わる車を運転した Los tres hombres conducían por turno. ◆私は2台の車を毎日代わる代わる使っている Utilizo dos coches「alternándolos cada día [un día uno y otro día el otro].

かん 勘 (直観) f. intuición, m. presentimiento,《口語》m. sexto sentido; (本能) m. instinto(s); (芸術・スポーツなどの) m. sentido, f. sensación; (かぎつける能力) m. olfato. ▶勘を働かす v. usar la intuición,《口語》v. guiarse* por el presentimiento,《口語》emplear* el sexto sentido. ▶勘にたよる v. confiar* en「la intuición [el instinto]. ▶ [1言語 [2ゲーム]に対する勘がいい v. tener* un buen sentido [1de la lengua [2del juego]. ▶ニュースをかぎつける勘がある v. tener* olfato para las noticias. ◆勘がいい (=理解が早い) Tiene mucha intuición. /《口語》Las coge al vuelo. ◆私は勘で彼女が来ないことが分かった Mi intuición me decía que no vendría. / Presentía que no iba a venir. ◆勘で行ったが道に迷わなかった《口語》Me hice caso de mi olfato y no me perdí. ◆彼女は来なかった。ぼくの勘があたった No ha venido. Lo presentía. ◆彼女はとても勘の鋭い (=敏感な)人で、心の中を見すかされているような気がすることもある Es una mujer muy sensible. A veces me parece que lee mis pensamientos.

かん 癇 ◆彼のやることすべてが癇にさわる Todo lo que hace me「altera los nervios [pone nervioso,《口語》saca de quicio,《教養語》exaspera].

かん 感 (主観的な感情) m. sentimiento; (感覚) m. sentido; (肉体的感覚) f. sensación; (喜怒哀楽の感情) f. emoción. ▶疲労感 f. sensación de cansancio [fatiga]. ▶ [1快 [2不快; [3満腹; [4満足]感 m. sentimiento de [1placer [2incomodidad; [3hambre; [4satisfacción]. ▶ [1優越 [2劣等]感 m. sentido [2 m. complejo] de [1superioridad [2inferioridad]. ▶危機感 f. sensación [f. conciencia] de crisis. ▶恐怖感を持つ v. tener* una sensación de miedo. ▶感極まる v.「conmoverse* profundamente [sentir* una honda emoción]《ante, por》. ▶感極まって涙を流す v. llorar de emoción,《フォーマル》estar* conmovido hasta las lágrimas. ▶今昔の感に堪えない v. estar* afectado por el cambio de los tiempos.

***かん** 間 ❶【期間】 (特定の期間の間) prep. durante; (...の期間内で) prep. en. → 間(ほど). ▶三日間 adv. tres días, en [durante] tres días. ▶この三日間 adv. en [durante] estos tres días. ▶過去10年間 adv. en los últimos diez años. ▶2週間でその本を読み終える v. leerse* el libro en dos semanas. ❷【場所・人の間】 (2者の) prep. entre. ▶3国間の条約 m. tratado entre las tres naciones. ▶山間の村 m. pueblo entre las montañas. ▶マドリード・バルセロナ間の空便 m. servicio aéreo entre Madrid y Barcelona.

かん 寒 (真冬) *m.* pleno [*f.* mitad del] invierno; (最も寒い季節)《口語》el frío, la parte más fría del año. ▶寒の入り [2明け] ¹ *m.* comienzo [² *m.* final] del frío.

かん 巻 (書物の) *m.* tomo, *m.* volumen; (映画の) *m.* rollo, *m.* carrete, *f.* cinta. ▶20巻からなる百科事典 *f.* enciclopedia en [de] 20 volúmenes. ▶オクタビオ・パス全集の第1巻 *m.* tomo [*m.* volumen] primero de las obras completas de Octavio Paz. ▶6巻ものの映画 *f.* película en seis rollos. ◆その辞書は(上下)2巻ものです Ese diccionario viene en dos tomos.

かん 缶 (筒型の) *m.* bote; (直方体の) *f.* lata. ▶缶切り *m.* abrelatas.

かん 刊 ◆この本は1980年刊である Este libro se publicó en 1980.

かん 管 *m.* tubo; (集合的に) *f.* tubería, (比較的太い) *m.* caño; (集合的に) *f.* cañería. ▶真空管 *m.* tubo de vacío, *f.* válvula electrónica. ▶水道管 *f.* cañería de agua. ▶ゴム管 *m.* tubo de goma. ▶ブラウン管 *m.* tubo de imagen (rayos catódicos).

かん 棺 *m.* ataúd, 《フォーマル》*m.* féretro, 《口語》*f.* caja. ▶棺に納める *v.* depositar un cadáver en el ataúd.

-かん -観 *f.* impresión, *f.* opinión, *f.* filosofía. ▶人生観 *f.* filosofía de la vida.

かん- 肝- ▶肝硬変《専門語》*f.* cirrosis hepática. ▶肝腫大《専門語》*f.* hepatomegalia. ▶肝腫瘍《専門語》*m.* tumor hepático. ▶肝障害《専門語》*f.* hepatopatía. ▶肝小葉《専門語》*m.* lóbulo hepático. ▶肝静脈《専門語》*f.* vena hepática. ▶肝脾腫大《専門語》*f.* hepatosplenomegalia. ▶肝不全《専門語》*f.* insuficiencia hepática. ▶肝臓死《専門語》*f.* necrosis de hígado. ▶肝結石症《専門語》*f.* hepatolitiasis.

がん 雁 *m.* ganso salvaje.

がん 癌 ❶ [病気] *m.* cáncer; (婉曲的に) *m.* tumor, *m.* tumor maligno; (新生物)《専門語》*m.* neoplasma, (腫瘍(しゅ))《専門語》*m.* carcinoma. ▶¹胃 [²肺]がん *m.* cáncer de ¹estómago [²pulmón]. ▶進行癌《専門語》*m.* cáncer avanzado. ▶浸潤癌《専門語》*m.* cáncer invasivo. ▶末期がん *m.* cáncer terminal. ▶末期がん患者 *mf.* paciente con cáncer terminal. ▶がん細胞 *f.* célula cancerosa. ▶のどにがんができる *v.* tener* un cáncer en la garganta. ◆彼女は乳がんだ Tiene cáncer de mama. ◆がんが彼の体中に広がった [²肝臓に転移した] El cáncer se le extendió ¹por el cuerpo [²al hígado].
❷ [障害] (社会などの) *m.* cáncer, *f.* plaga. ▶社会のがん *m.* cáncer de la sociedad.

ガン (銃, 鉄砲) *m.* fusil, *f.* escopeta. → 銃.

かんい 簡易 ▶簡易な (=簡単な) *adj.* simple, simplificado; (容易な) *adj.* fácil; (分かりやすい) *adj.* sencillo. ▶簡易つづり *f.* ortografía simplificada. ▶簡易裁判所 *m.* Tribunal Sumario, 『スペイン』*mpl.* juicios rápidos. ▶簡易保険 *m.* seguro de vida de correos.

かんいっぱつ 間一髪 → かろうじて ▶間一髪のところで (=かろうじて)死を免れる *v.* no morir* por poco,《口語》escapar de la muerte por los pelos,《俗語》salvar el pellejo por los pelos. ▶間一髪終電に間に合う *v.*《スペイン》coger* [tomar] el último tren por los pelos.

かんえつしき 観閲式 *f.* revista militar.

かんえん 肝炎《専門語》*f.* hepatitis. ▶A型肝炎《専門語》*f.* hepatitis (del tipo) A. ▶B型肝炎《専門語》*f.* hepatitis B. ▶C型肝炎《専門語》*f.* hepatitis C. ▶D型肝炎《専門語》*f.* hepatitis D. ▶ウイルス性肝炎《専門語》*f.* hepatitis vírica. ▶E型肝炎《専門語》*f.* hepatitis E. ▶急性肝炎《専門語》*f.* hepatitis aguda. ▶慢性肝炎《専門語》*f.* hepatitis crónica. ▶慢性活動性肝炎 (CAH)《専門語》*f.* hepatitis activa crónica. ▶劇症肝炎《専門語》*f.* hepatitis fulminante.

がんえん 眼炎《専門語》*f.* oftalmía.

かんおけ 棺桶 *m.* ataúd,《フォーマル》*m.* féretro,《口語》*f.* caja. ▶棺桶に片足を突っ込んでいる *v.* estar* muriendo [a punto de morir]*.

かんか 感化 *f.* influencia, *m.* influjo. ▶(…の)感化を受けて *adv.* bajo el influjo (de). ▶この本は少年たちによい感化を与えた Ese libro tuvo [《フォーマル》ejerció] una buena influencia en los jóvenes.
—— 感化する *v.* tener* [《フォーマル》ejercer*] influencia [influjo]《en, sobre》, influir*《en, sobre》, influenciar. ▶環境に感化されやすい *v.* "ser* fácil de influir* [dejarse influir* con facilidad] por el ambiente.

がんか 眼下 ▶眼下に港が見える Dominamos el puerto con la vista. / Ante nuestros ojos se extiende el puerto.

がんか 眼科 (眼科学) *f.* oftalmología; (病院の) *m.* departamento de oftalmología. ▶眼科医 *mf.* oculista,《教養語》*mf.* oftalmólogo/ga.

かんがい 灌漑 *m.* riego,《フォーマル》*f.* irrigación, *m.* regadío. ▶灌漑用水 *f.* agua 'de regadío [para regar]. ▶灌漑する *v.* regar*
⇨ 水利, 水路

かんがい 感慨 → 感動. ▶感慨無量だ Estoy muy emocionado. /《フォーマル》Me embarga una profunda emoción. / (言葉に表わせないほどの気持ち)《口語》La emoción me impide expresar las palabras. ◆その本を感慨深く読んだ Leí el libro con honda emoción.

***かんがえ** 考え ❶ [思考] *m.* concepto, *f.* noción, *m.* juicio, *f.* razón. ▶考えにふける *v.* estar* sumido en los pensamientos. ▶その件について考えをまとめる *v.* "poner* en orden [dar* forma a] las ideas sobre ese asunto. ▶急進的な考え (=思想)の持ち主 *f.* persona de ideas radicales. ▶他人に自分の考えを押しつける *v.* imponer* las propias ideas en los demás. ◆彼の演説は注目すべき考えがたくさんあった Sus palabras estaban llenas de ideas. ◆女性は結婚したら仕事をやめるべきだという彼の考えは時代遅れだ Su idea de que las mujeres deben dejar su trabajo cuando se casan está pasada de moda. ◆人はそれぞれ幸せに対して違った考えを持っている Todo el mundo tiene su propia noción de la felicidad. ◆それはいかにもアメリカ的な考えだ(=考え方)だ Esa forma de pensar es típica de los norteamericanos. ◆私には君の考え(ていること)が分からない No comprendo lo que estás pensando. ❷[思いつき] f. idea, f. noción; (考え) m. pensamiento. ◆そいつはいい考えだ Es una buena idea. / ¡Qué buena idea! ◆私にいい考えがある Tengo una buena idea. ◆新しい考えが浮かんだ Se me ha ocurrido una nueva idea. ◆彼の考えはかなり空想的で実行不可能だ Sus ideas son bastante etéreas e imposibles de llevar a cabo. ◆突然彼女に花を贈ろうという考えが浮かんだ De repente se me ocurrió la idea de regalarle flores. ◆彼は考えをノートに書き留めた Anotó sus ideas en el cuaderno. ❸[意見] f. opinión, 《口語》 m. parecer; (見解) m. punto de vista; (判断) m. idea; 《フォーマル》 m. juicio, 《フォーマル》 f. estimación. → 意見. ▶考えを述べる v. expresar la opinión, 《口語》 decir* el parecer*. ▶考えを変える v. cambiar de opinión [parecer*] 《de, sobre, acerca de》. ◆その政治情勢についてあなたの考えはどうですか ¿Cuál es su opinión [¿Qué opina usted] de la situación política? ◆その問題について君の考えを聞かせてもらいたい Quiero「oír tus opiniones [saber lo que piensas] sobre ese asunto. ◆私の考えでは、彼は無実だ 《フォーマル》 Soy de la opinión (de) que es inocente. ❹[意図] f. idea, (目的) m. propósito, m. objeto, m. objetivo. ◆積もり ◆彼はまだ結婚する考えは全然ない 《口語》 No piensa casarse. /《フォーマル》 No pretende casarse. ◆彼は音楽を勉強しようという考えでイタリアへ行った Fue a Italia a estudiar música. → ため. ◆父は私を教師にする考えです Mi padre quiere [《フォーマル》 pretende] que yo sea profesor. ❺[思慮] (用心深さ) f. prudencia; (思慮分別) f. discreción; (考慮) f. consideración, f. cuenta. ▶そのことを考えに入れる v. tener* en cuenta [《フォーマル》 consideración]. → 考慮. ◆彼はまだ若いから考えが足りない Le falta prudencia porque es joven. ◆そんなばかなことをするとは考えのない人だ Es imprudente hacer [《フォーマル》 cometer] una tontería así. / ¡Qué imprudencia hacer una tontería así! ❻[期待] f. expectación, f. expectativa; (希望) f. esperanza, (願望) m. deseo. ◆その結果は私の考えとはまるっきり違っていた El resultado fue totalmente contrario [opuesto] a 「lo que yo esperaba [mis previsiones]. ◆物事は必ずしも考えどおりにはいかないものだ Las cosas no siempre salen como uno ha previsto. ❼[想像] f. imaginación; (見当) f. idea. ◆考えもつかない adj. inimaginable, inconcebible. ◆きみがどんなに偉いか君には考えもつかないでしょう No「te puedes imaginar [tienes idea de] lo difícil que es.　☞ 案, 意見, 思いつき, 概念, 考え, 発想, 趣向, 思慮

かんがえあわせる 考え合わせる (考慮に入れる) v. tener* en cuenta [《フォーマル》 considera-

かんがえぬく　293

ción]. → 考慮する.
かんがえかた 考え方 f. forma [m. modo, f. manera] de pensar, f. mentalidad; (見地) m. punto de vista. ◆それが日本人の考え方だ Es la forma de pensar de los japoneses. ◆君の考え方が気にくわない No me gusta tu modo de pensar. ◆君の考え方は正しい Tu manera de pensar es buena [correcta]. ◆母と私は考え方が違う Mi madre y yo tenemos「dos formas de pensar diferentes [distintos puntos de vista].
かんがえかんがえ 考え考え ▶考え考えしゃべる v. hablar「《フォーマル》 seleccionando cuidadosamente [《口語》 escogiendo bien] las palabras.
かんがえごと 考え事 (考える事柄) pron. algo en lo que pensar; (心配事) fpl. preocupaciones, 《文語》 mpl. cuidados. ◆考え事をする v. meditar. ▶考え事にふける v. estar* sumido [absorto] en los pensamientos, 《強調して》 hundirse en meditaciones.
かんがえこむ 考え込む (じっくり考える) v. meditar [reflexionar] 《sobre, acerca de》; (沈思する) v. estar* absorto [《口語》 sumido] en los pensamientos, ensimismarse. ▶自分の不幸についてじっと考え込む v. reflexionar [meditar] sobre las propias desgracias. ▶考え込むようにじっと星を見つめる v. contemplar ensimismado [absorto, 《教養語》 meditativamente] las estrellas. ◆彼がそう言ったので私は考え込んだ Sus palabras [《フォーマル》 observaciones] me han hecho reflexionar.
かんがえだす 考え出す v. idear; (考案する) v. inventar, 《口語》 dar* (con), ocurrírsele 《a + 人》. ▶その独創的な計画を考え出す v. idear ese plan ingenioso　☞ 考案, 算段, 作り出す
かんがえちがい 考え違い → 思い違い. ◆ぼくのことを考え違いしないでくれ No me「entiendas mal [malinterpretes].
かんがえつく 考え付く ▶よい案を考え付く v. ocurrírsele [《口語》 dar* con] una buena idea. ◆あのときそのことは考え付かなかった Entonces no se me ocurrió [había ocurrido] eso.
かんがえなおす 考え直す v. (再考する) 《口語》 pensárselo* otra vez; (熟考する) v. 《フォーマル》 recapacitar. ▶計画全体を考え直す v. reconsiderar todo el plan. ▶決定する前にもう一度考え直してごらん Piénsatelo otra vez antes de「que te decidas [decidirte]. / Antes de que tomes una decisión, piénsalo dos veces. ◆辞表を提出しようと思ったが考え直してやめた Iba a dimitir, pero lo [《口語》 me lo] pensé mejor y cambié de parecer. / Pensaba presentar mi dimisión, pero 《フォーマル》 recapacité y me abstuve.　☞ 思い返す, 思い直す, 辞意
かんがえぬく 考え抜く v. pensar* bien; (頭をしぼる) v. 《口語》 darle* vuelta (a), 《口語》 devanarse los sesos. ▶よく考え抜いた計画 m. plan bien pensado. ▶問題点をよく考え抜く「darle* vueltas a [pensar* una y otra vez sobre] los problemas. ◆そのことをとことん考え

抜いたか ¿Lo has pensado bien?
かんがえぶかい 考え深い *adj.* reflex*ivo*, prudente.

＊＊かんがえる 考える ❶【思考する】*v.* pensar* 《en, sobre, 《フォーマル》 acerca de》; (熟慮する)*v.* reflexionar 《sobre》, 《フォーマル》 considerar, sopesar. → 思う. ▶スペイン語で考える *v.* pensar* en español. ▶考える人(彫刻) «El Pensador». ♦返事をする前によく考えなさい Piénsalo bien antes de contestar. ♦いろいろと長い間考えた末、パリで勉強することにした Después de 「pensarlo mucho [muchas reflexiones], decidí estudiar en París. ♦よく考えてみると, 私が悪かった 「Cuando lo pensé bien [Al reflexionar], me di cuenta que estaba equivoc*ado*.

  1《…(のこと)を[について]考える》▶その問題を考える *v.* pensar* sobre el asunto. ▶その問題についてずいぶん考える *v.* 「pensar* mucho sobre [《フォーマル》dedicar* muchas reflexiones a] ese asunto. ▶人生の意義についてじっくり考える *v.* reflexionar [meditar] sobre el significado de la vida. ▶それについて一晩寝て考える（＝決定を翌日まで延ばす）*v.* consultar la almohada (para reflexionar) sobre eso. ♦それについてどうお考えですか ¿Qué piensa [opina] usted 「sobre eso [《フォーマル》al respecto]? ♦何を考えているの? 《口語》¿Qué 「tienes en la [pasa por tu] cabeza? ♦今すぐ返事をしなくてもいいよ. 考えておいて No hace falta que me respondas ahora mismo. Piénsalo. ♦彼は自分のことしか考えていない 「No piensa más que [Sólo piensa] en sí mismo. ♦この問題をもっと注意深く考えなければならない Hay que 「reflexionar más cuidadosamente sobre [《フォーマル》prestarle una consideración más atenta a] este problema. ♦試験のことを考えるといやになる Odio pensar en los exámenes. ♦何てばかなことを考えているのかしら ¡Qué idea tan tonta! ♦彼はあまり深くものを考えない No piensa mucho. ♦(皮肉で)《口語》No le duele la cabeza de pensar,

  2《AをBと考える》*v.* pensar* [creer*, 《フォーマル》considerar] que A es B, tener* a A como B. ♦ピカソは20世紀最大の芸術家だと考えられている Picasso es [está] considerado el mayor artista del siglo XX. / (見なされている)A Picasso se le considera [tiene como] el mayor artista del siglo XX. ♦私はいかなる場合でもうそをつくのはよくないと考える Yo pienso [creo] que está mal mentir en cualquier situación.

  3《…であると考える》♦私はこんな制度は廃止すべきだと考える《フォーマル》Soy de la opinión de que deberían abolir tal sistema.

  4《…であるか考える》♦彼はその時何をすべきか考えられなかった En ese momento no sabía [podía pensar en] qué hacer. ♦われわれは行くべきかどうかよく考えなければならない Tenemos que pensar si debemos ir o no.

❷【考慮する】*v.* tener* en cuenta, tener* presente, pensar* 《en》; (しんしゃくする)*v.* considerar, 《フォーマル》tomar en consideración. → 考慮する. ♦彼の年齢を考えてやらなければならない Hay que tener en cuenta su edad. ♦若いということを考えれば, 彼はよくやった Si se 「tiene presente [piensa en] su juventud, lo ha hecho bien. ▶すべての状況を考えてみると私が責任を取らざるを得ない Considerando [《フォーマル》Habida cuenta de] todas las circunstancias, he de asumir la responsabilidad. ♦金のことか, 考えておこう. 大した金は出せないが ¿Cuestión de dinero? Bueno, lo pensaré, pero no va a ser mucho.

❸【反省する】*v.* pensar* 《en》, 《フォーマル》reflexionar 《sobre》; (追想する)*v.* recordar*. ▶昔のことを考える *v.* recordar* el pasado. ♦自分のしたことをよく考えなさい 「Piensa en [《フォーマル》Reflexiona sobre] lo que has hecho.

❹【想像する】(…のことを考えつく)*v.* pensar* 《en》; (心の中に描く)*v.* imaginar(se); (空想する)*v.* suponer*; (夢想する)*v.* soñar* 《en, con》. → 想像する. ♦考えてみろ. 国中で一番の金持ちになるんだぞ Imagínate. Serás el hombre más rico del país. ♦そのことを考えるだけでわくわくする Me emociono sólo de pensarlo. ♦そこは君が考えているほど遠くはないよ No está tan lejos como 「te imaginas [supones]. ♦彼のいない生活なんて考えられない No puedo 「pensar en [imaginarme] vivir sin él. / 「Me resulta inconcebible [No puedo concebir] una vida sin él. ♦彼女が帰ってくるなんて考えもしなかった Jamás 「se me ocurrió que volviera [soñé con que volvería]. ♦彼らがその秘密を知っているとは考えられない No puedo imaginar [concebir, suponer] cómo se han enterado del secreto. ♦彼にそれをしてくれと頼むなんて考えられないことだ Sería inconcebible pedirle que hiciera tal cosa. / No cabe en la cabeza pedirle que haga una cosa así. ♦彼は考えられないほど正直だった Fue la persona más honrada que 「uno se puede imaginar [《口語》cabe en la cabeza, en la que se puede pensar]. ♦他の惑星に生命が存在することは考えうることです 「Es concebible [Se puede pensar] que haya vida en otros planetas.

❺【予期する】(思う)*v.* pensar*; (予期する)*v.* esperar, tener* previsto; (懸念する)*v.* temer(se). → 予期する. ♦その数学の試験は考えていたよりも難しかった El examen de matemáticas resultó más difícil de lo que yo había esperado. ♦彼の病気は私が考えていたほど重くない Su enfermedad no es tan grave como 「me temía [pensaba]. ♦考えられないことが彼女に起こった Le ha ocurrido algo imprevisto.

❻【意図する】(…しようかと考える)*v.* pensar* 《＋不定詞》; (…するつもりである)*v.* ir* 《a ＋ 不定詞》, tener* 「la intención [la idea, el propósito] 《de ＋ 不定詞》. → つもり. ♦私たちは来年家を買おうと考えている Estamos pensando (en) comprar una casa el año que viene. / Pensamos [Vamos a] comprar una casa el año próximo.

❼【見なす】*v.* tomar [《フォーマル》considerar] (A como B); (受け取る)*v.* tomar, 《フォーマル》

adoptar (→思う); (見る) v. ver*. ♦物事を[1]まじめに [2]軽く] 考えすぎる v. tomarse las cosas demasiado [1]en serio [2]a la ligera]. ♦その問題をあらゆる角度から考える v. ver* el problema desde todos los ángulos [puntos de vista]. ♦事態を悲観的に考える v. tomar [《フォーマル》adoptar] una actitud pesimista ante la situación.

* **かんかく** 感覚 (外的な刺激による) m. sentimiento, f. sensación; (内的に備わったもの) m. sentido; (芸術・道徳的感性) f. sensibilidad. ▶感覚器官 m. órgano sensorial [sensorio, de los sentidos]. ▶感覚不全《専門語》f. disestesia. ▶[1]ユーモアの [2]方向; [3]距離]感覚がある v. tener* un buen sentido [1]del humor [2]de la orientación; [3]de la distancia]. ♦彼の足はすっかり感覚を失ってしまった Perdió la sensibilidad en sus piernas. / (感覚がない)No sentía nada en sus piernas. / (しびれてしまった)《口語》Sus piernas estaban dormidas. ♦彼は音楽に対してすぐれた感覚をもっている Tiene un buen《口語》oído [sentido] de [para] la música. ☞感, 感じ, センス, 知覚

かんかく 間隔 (時間・場所の) m. intervalo, m. espacio; (何もない空間) f. distancia, m. hueco. ▶一定の間隔をおいて adv. a espacios [intervalos] regulares. ▶10メートルの間隔をあける v. dejar「un espacio [una distancia] de 10 metros. ▶8メートル間隔に木が植えてある Los árboles están「plantados a intervalos de [distanciados unos de otros] ocho metros.《会話》どのくらいの間隔でバスは出ていますか —30分間隔です ¿Con qué frecuencia [¿Cada cuánto] salen los autobuses? – Cada 30 minutos. ☞間, 合間, 置き

かんかつ 管轄 (法的権限による管理(権)) f. jurisdicción, f. competencia; (管理, 支配) m. control. ▶管轄区域 m. distrito de jurisdicción. ▶管轄する v. tener* [《フォーマル》ejercer*] jurisdicción《en, sobre》. ♦この件は文部科学省の管轄下にある Este asunto「cae bajo la jurisdicción [es de la competencia] del Ministerio de Educación, Cultura, Deportes, Ciencia y Tecnología.

かんがっき 管楽器 m. instrumento (musical) de viento.

カンガルー m. canguro.

かんかん ❶【とても怒っている様子】adj. furioso, 《口語》hecho una furia. ♦彼はその言葉にかんかんになった《口語》Esas palabras lo [le] pusieron hecho una furia.

❷【日光や熱などが強い様子】♦外はかんかん照りだ Fuera hace un calor abrasador. / (焼けつくように暑い)El calor fuera es abrasador [horroroso, implacable].

❸【かんかんと鳴る】v. repicar*, repiquetear, sonar*, hacer* ruido. ♦火事の警鐘がかんかん鳴っている La campana de los bomberos está sonando.

がんがん ❶【がんがん音を立てる】(金属がぶつかり合う) v. hacer* [《フォーマル》producir*] un ruido metálico; (強く音を立てて打つ) v. hacer* un ruido estruendoso [estrepitoso].

かんきょう 295

♦彼はハンマーでがんがん車をたたいた Golpeó el coche con un martillo.

❷【強い調子で】 (活発に) adv. vigorosamente, con vigor, con energía; (激しく, 懸命に) adv. duramente, duro. ♦彼はがんがん仕事をする Trabaja duramente [con energía]. /《強調》Se mata trabajando.

❸【ひどい頭痛】♦頭ががんがんする v. tener* un fuerte dolor de cabeza.

かんき 換気 ▶換気をする v. ventilar, airear. ▶換気扇 m. ventilador. ▶換気装置 m. sistema de ventilación. ♦この部屋は換気が[1]よい [2]悪い] Esta habitación está [1]bien [2]mal] ventilada.

かんき 歓喜 f. alegría, m. gozo,《フォーマル》m. júbilo,《教養語》m. regocijo,《文語》f. exultación. ▶青春の歓喜 f. alegría de la juventud. ▶歓喜のあまり跳び上がる v. saltar de alegría [gozo].

かんき 喚起 ▶彼の注意を喚起する v. llamar su atención《sobre》. ▶世論を喚起する v.「despertar* a [llamar la atención de] la opinión pública.

かんき 乾季 f. estación seca.

かんき 寒気 m. frío. ▶寒気団 f. masa de aire frío.

かんきつるい 柑橘類 mpl. cítricos.

* **かんきゃく** 観客 (スポーツ・催し物などの) mf. espectador/dora; (劇場などの) m. público, f. audiencia, » 聴衆. ▶観衆 m. asiento; (スポーツの) fpl. gradas, mpl. graderíos. ♦観客はみなその美しいメロディーにうっとりした Todo el público estaba encantado [《フォーマル》cautivado] por la dulce melodía. ♦その試合に5,000人の観客が集まった El partido atrajo a 5.000 espectadores. ♦その公演の観客は大勢だった A la actuación asistió numeroso público.

がんきゅう 眼球 m. globo ocular. ▶眼球乾燥症《専門語》f. xeroftalmía. ▶眼球乾燥症候群《専門語》m. síndrome de ojo seco. ▶眼球突出《専門語》f. proptosis.

* **かんきょう** 環境 m. medio, m. medio ambiente. ▶生活環境 m. hábitat. ▶社会環境 m. ambiente social. ▶環境[1]省 [2]庁] [1] m. Ministerio [2] f. Agencia] del Medio Ambiente. ▶環境[1]汚染 [2]破壊] [1] f. contaminación [2] f. destrucción]「del medio ambiente [ambiental, medioambiental]. ▶環境設定《専門語》f. configuración de contorno. ▶環境ホルモン f. hormona ambiental; (内分泌攪乱物質) f. disruptora endocrina. ▶環境を汚染する v. contaminar el medio ambiente. ▶自然環境を保護する v. proteger* [preservar] el ambiente natural. ▶[1]悪い [2]幸福な; [3]恵まれた]家庭環境で育つ v. criarse* en un ambiente familiar [1]adverso [2]feliz; [3]favorable]. ▶環境の変化に適応する v. adaptarse a los cambios del medio. ♦その青年の人格は彼が置かれた環境によって形成された El carácter del joven quedó formado por su ambiente. ♦子供は環境から学ぶものである Un

niño aprende del medio 《en que vive》. ♦ 彼の家は理想的な環境にある Su casa ⌈está rodeada de un ambiente ideal [tiene unos alrededores ideales].

がんきょう 頑強 ▶頑強な *adj.* robusto, fuerte
☞ 強靭、たくましい

かんきり 缶切り *m.* abrelatas, *m.* abridor.

かんきん 監禁 *f.* reclusión, *m.* encierro. ♦ 彼はその部屋に1週間監禁された Fue recluido una semana en el cuarto.

がんきん 元金 *m.* principal, *m.* capital. ▶元金に利息をつけて返す *v.* devolver* el principal y los intereses.

がんぐ 玩具 *m.* juguete.

かんぐる 勘ぐる →疑う. ♦ 彼女は彼がうそをついているのではないかと勘ぐった Sospechó que mentía. ♦ あまり勘ぐりすぎないで。何も無駄と言っていないわ No pienses mal. No he dicho que no quería.

**かんけい 関係 (関連) *f.* relación; (つながり) *m.* contacto, *f.* conexión; (利害関係) *m.* interés.

1《〜(の)関係》▶国際関係 *fpl.* relaciones internacionales. ▶家族関係 *fpl.* relaciones familiares. ▶男女関係 *f.* relación de los sexos. ▶親子の関係 *f.* relación padres-hijos [entre padres e hijos, de los padres con sus hijos]. ▶喫煙と肺がんとの間の因果関係 *f.* relación de causa-efecto entre el tabaco y el cáncer de pulmón. ♦ 当社はその会社と取り引き関係はない Nuestra compañía no tiene relaciones comerciales con esa compañía. ♦ 健と私の関係は何でもないのよ No tengo ninguna relación con Ken. /《口語》No hay nada entre Ken y yo.

2《関係＋名詞》▶関係当事者 *fpl.* partes implicadas [《フォーマル》concernientes]; (利害関係者) *f.* parte [*f.* persona] interesada. ▶関係当局 *fpl.* autoridades pertinentes [correspondientes]. ▶関係法規 *m.* reglamento y *fpl.* leyes correspondientes.

3《関係が[の]》▶テレビ関係の人々 *f.* gente de la televisión,《口語》los de la tele. ▶関係がある *v.* estar* relacionado 《con》, tener* [guardar] relación 《con》, relacionarse 《con》,《口語》tener* algo que ver* 《con》. ♦ その二つの事件には互いに密接な関係がある Los dos incidentes están íntimamente relacionados [interrelacionados]. /《フォーマル》Ambos incidentes guardan una estrecha relación. ♦ 君の答えはその問題と何の関係もない Tu respuesta no ⌈tiene ninguna relación [guarda relación alguna, se relaciona nada] con ese asunto. ♦ 私はその会社と関係がある Tengo ⌈algunos contactos [algunas relaciones] con esa empresa. ♦ 彼はあの娘と関係がある Tiene [Mantiene] relaciones (sexuales) con esa chica. ♦ 学校を出たら音楽に関係のあることをしたい Cuando deje la escuela, me gustaría hacer algo en relación con la música.

4《関係に》▶その国はアメリカ合衆国と[1友好[2敵対]関係にある Ese país tiene relaciones [1]amistosas [[2]hostiles] con Estados Unidos. ♦ 彼女とどういう関係にあるのか(親族関係)¿Qué relación tienes con ella? / ¿Cuál es tu relación con ella? / (交友関係)¿Cuáles son los términos de tu relación con ella? / ¿En qué modo estás relacionado con ella? / (どういう知り合いか)¿Cómo la conoces?

5《関係を》▶外交関係を絶つ *v.* romper* [cortar] las relaciones diplomáticas 《con》. ▶日中間の通商関係を[1]促進する [[2]保つ; [3]改善する] *v.* [1]fomentar [[2]mantener *; [3]estrechar] las relaciones comerciales entre Japón y China. ▶外国と友好関係を結ぶ *v.* establecer* [entablar] relaciones amistosas con los países extranjeros.

《その他の表現》♦ それは私には関係のないことです No tengo ninguna relación con eso. / No tengo nada que ver en eso. /《フォーマル》No es de mi incumbencia. ♦ 読書の精神に対する関係は食物の身体に対する関係のようなものである La lectura es para la mente lo que la comida para el cuerpo. ♦ 私は結果に関係なくそれはやるつもりだ Lo haré sin que me importen los resultados. ♦ どういった関係のお仕事ですか ¿Qué tipo de trabajo tiene usted?

—— **関係する** ❶→関係(→関係がある).

❷【関与する】(参加する) *v.* tomar [tener*] parte 《en》, participar 《en》,《フォーマル》ser* partícipe 《en》, (巻き込まれる) *v.* implicarse* [estar* implicado] 《en》, verse* afectado 《por》; (かかわりがある) *v.* tener* intereses 《en》,《口語》tener* que ver* 《con》. ♦ その事業に関係した人たちはひと財産を作った Los que tomaron parte en la empresa hicieron una fortuna. ♦ 全世界が戦争に関係した Todo el mundo ⌈estaba implicado [tenía intereses] en la guerra. ♦ 彼はその[1]犯罪 [[2]その件]に関係していない No tiene relación con el [1]delito [[2]asunto].

❸【影響する】*v.* tener* influencia [influjo] 《en, sobre》, influir* [《教養語》influenciar] 《en, sobre》, afectar. ♦ 潮流は日本の気候に大いに関係する Las corrientes tienen [《フォーマル》ejercen] una gran influencia en el clima de Japón.

—— **関係づける** *v.* relacionar, conectar, poner* en relación. ▶この結果を考えられる原因と関係づける *v.* relacionar este resultado con las posibles causas, poner* en relación este resultado y las posibles causas (del mismo) ☞ 間、縁、交渉、つながり; 掛かり合う、係わる、知る、タッチ、繋がる

*かんげい 歓迎 *f.* bienvenida, *f.* buena acogida, *m.* cálido recibimiento. ▶あたたかい歓

作業関係者以外立ち入り禁止
Prohibido el paso a toda persona ajena a la obra.
→関係

迎を受ける v. recibir una cálida bienvenida, encontrarse* con un cálido recibimiento. ▶彼の歓迎会を開く v.「dar*《a＋人》[《強調して》ofrecer* en su honor]una fiesta de bienvenida; (正式で盛大に) v. celebrar una recepción para「darle* la bienvenida [recibirlo[le]]. ▶歓迎の言葉を述べる v. decir*《a＋人》unas palabras de bienvenida; dar*《a＋人》la bienvenida con unas palabras;《フォーマル》pronunciar「una alocución [un discurso] de bienvenida, acoger*《a＋人》con una palabras de recibimiento. ◆歓迎スペイン国立バレー団 【掲示】Nuestra bienvenida al Ballet Nacional de España. ◆投稿歓迎 Se aceptan colaboraciones.
── 歓迎する v. dar* la bienvenida, hacer un buen recibimiento, ofrecer* [dar*,《フォーマル》dispensar] una buena acogida, acoger* favorablemente. ▶新入生を歓迎する v. dar* la bienvenida a los「recién ingresados [nuevos alumnos]. ▶ [1]忠言 [[2]提案]を歓迎する v. recibir bien [1]la sugerencia [[2]la sugerencia]. ◆ 私たちは彼らを心から歓迎した Los acogimos con los brazos abiertos. / Les dimos [《フォーマル》dispensamos]「una cordial bienvenida [un cariñoso recibimiento]. ◆彼はどこへ行っても歓迎された Le acogían buen donde iba.

かんげき 観劇 f. asistencia al teatro. ▶観劇に出かける v. ir* al teatro.

かんげき 感激 (感動) f. emoción; (感銘) f. (profunda) impresión. → 感動. ▶人を感激させる演説 m. discurso conmovedor [emocionante]. ▶感激して涙を流す v. llorar de emoción,《強調して》conmoverse* hasta saltársele a uno las lágrimas. ◆彼の誠実さにひどく感激した Su sinceridad me「impresionó profundamente [conmovió mucho, dejó profundamente conmovido,《フォーマル》produjo una honda impresión].

かんけつ 簡潔 f. terminación; (結び) f. conclusión. ▶完結する (終える) v. completar, concluir*; (終わる) v. quedar completado [concluido]. ◆ (連載物などの)本号完結 Fin. ◆次号完結 Concluirá.

かんけつ 簡潔 f. → 簡単. ▶簡潔な adj. conciso,《教養語》sucinto; (手短な) adj. breve; (文・文章などが簡潔で要を得ている) adj.《口語》breve y al grano. ▶簡潔に adv. concisamente,《手短に》adv. brevemente. ▶簡潔な報告 m. informe breve. ◆この報告書はくどい，もっと簡潔にできませんか En este informe sobran palabras. / No se puede hacer más conciso? ◆ 君の計画を簡潔に言ってください Dime tu plan concisamente.

かんけつ 完結 (完了) f. terminación; (結び) f. conclusión. ▶完結する (終える) v. completar, concluir*; (終わる) v. quedar completado [concluido]. ◆ (連載物などの)本号完結 Fin. ◆次号完結 Concluirá.

かんけつせん 間欠泉 m. géiser.

かんげん 換言 ▶換言すれば adv. en otras palabras, o sea, es decir. → 言い替える，すなわち.

かんげん 還元 f. reducción. ▶還元する v. reducir*; (比喩)的に v. restituir*, reintegrar. ▶利益を社会に還元する v. restituir* los beneficios a la sociedad.

がんけん 頑健 ▶頑健な(強い) adj. fuerte; (たくま

かんこく 297

しい) adj. robusto; (体格が頑丈な) adj. fornido.

かんげんがく 管弦楽 f. música de orquesta. ▶管弦楽団 f. orquesta. ▶管弦楽器 mpl. instrumentos de viento y de cuerda.

かんこ 歓呼 f. ovación, f. aclamación. → 歓声.

かんご 看護 f. enfermería. → 看病. ▶看護学生 mf. estudiante de enfermería. → 看護師. ▶看護人 mf. auxiliar de enfermería. ▶看護する v. cuidar [atender*,《フォーマル》administrar cuidados de enfermería]《a》. ◆彼は手厚い看護を受けた Estaba bien atendido.

・**がんこ** 頑固 f. terquedad, f. obstinación.
── 頑固な adj. terco, obstinado,《口語》cabezota,《口語》cabeza dura,《教養語》pertinaz,《教養語》tenaz. ▶頑固おやじ m. padre obstinado [terco]. ▶頑固な(＝治りにくい)皮膚病《専門語》f. enfermedad dérmica pertinaz. ◆彼はとても頑固 Es muy terco. /《口語》Es terco como una mula. /《口語》Es un cabezota. /【メキシコ】《口語》Tiene la cabeza dura.
── 頑固に adv. obstinadamente, con terquedad. ◆彼は頑固にその受け取りを拒否した Se obstinó en rechazarlo. ◆彼は自分の意見を頑固に主張した(＝固執した) Mantuvo su opinión obstinadamente. / Se obstinó en su opinión. / No hubo quien le sacara de su idea. ㋿固[硬, 堅]い，しつこい

かんこう 刊行 f. publicación, f. edición. ▶定期刊行物 f. publicación periódica. ▶刊行する v. publicar*, editar. → 出版.

・**かんこう** 観光 (観光事業) m. turismo. ▶観光バス m. autocar de turismo. ▶観光シーズン f. temporada turística. ▶観光団 f. grupo de turistas. ▶観光客相手の店 f. tienda de recuerdos (para turistas). ▶観光地 m. lugar turístico; (保養地) m. lugar de recreo; (名所) m. lugar célebre. ▶観光ルート f. ruta turística. ▶観光ホテル m. hotel para turistas. ◆観光(業)はスペインの大きな産業です El turismo es una gran industria en España. ◆日光は日本の観光地の一つです Nikko es uno de los lugares turísticos de Japón. ◆北海道の夏はたいてい観光客でいっぱいです Generalmente Hokkaido está lleno de turistas en verano. ◆彼は観光でハワイに行った Fue a Hawai「de turista [a hacer turismo]. / Se fue a Hawai de viaje de placer. / Hizo un viaje turístico [de placer] a Hawai.

かんこう 慣行 (社会的な) f. costumbre, f. tradición; (商売・法律上の) f. práctica, m. hábito. → 習慣. ▶社会の慣行に従う v. seguir* las costumbres sociales.

かんこうちょう 官公庁 fpl. oficinas gubernamentales y municipales.

かんこうへん 肝硬変《専門語》f. cirrosis. ▶原発性胆汁性肝硬変《専門語》f. cirrosis biliar primaria.

かんこく 韓国 Corea del Sur; (公式名は大韓

民国), f. República de Corea (☆アジアの国, 首都ソウル Seúl). ▶韓国の adj. surcoreano. ▶韓国語 m. coreano. ▶韓国人 mf. coreano/na.

かんこく 勧告 m. consejo, 《フォーマル》 f. exhortación ▶助言, 忠告; (勧め) f. recomendación; (提言) f. sugerencia. ▶医者の勧告で静養する v. tomarse un descanso por consejo del médico. ▶辞職を勧告する v. recomendar* (a + 人) la dimisión. ♦会社はわれわれの, 週休二日制にせよという勧告を受け入れた La empresa aceptó nuestra sugerencia de implantar la semana laboral de cinco días.

かんごく 監獄 f. cárcel, f. prisión. → 刑務所.

***かんごし** 看護師 mf. enfermero/ra, m. ATS (a-te-ese, ayudante técnico sanitario). ▶外科の看護師 mf. enfermero/ra de cirugía. ▶看護師養成所 f. Escuela de Enfermería. ♦彼女は病院で看護師として働いている Trabaja de enfermera en un hospital.

かんこどり 閑古鳥 m. cuco, m. cuclillo. ♦あの新しくできた店は閑古鳥が鳴いている Esa tienda recientemente abierta「es muy poco frecuentada [no tiene casi ningún cliente]. → 閑散, さびれる.

かんこんそうさい 冠婚葬祭 mpl. ritos para ocasiones como mayoría de edad, bodas o funerales.

かんさ 監査 (検査) f. inspección; (会社や会計などの) f. auditoría, f. intervención. ▶監査役[員] mf. inspector/tora, mf. auditor/tora, mf. interventor/tora. → 会社. ▶鉱山を監査する v. inspeccionar una mina. ▶会計を監査する v. auditar cuentas [una contabilidad].

かんさい 関西 f. región de Kansai. ▶関西弁(方言) m. dialecto [m. acento, m. gracejo] de Kansai. ▶関西(国際)空港 m. Aeropuerto Internacional de Kansai.

***かんさつ** 観察 f. observación.

1《〜観察》 ▶野鳥観察 f. observación de las aves. ♦自然の観察 (=観察すること) は科学において大切なことだ La observación de la naturaleza es importante en la ciencia.

2《観察＋名詞》 ▶観察記録をとる v. guardar un registro [archivo] de (sus) observaciones (sobre). ♦彼は観察力が鋭い Es muy observador [《教養語》 perspicaz]. / Tiene una gran capacidad de observación.

—— 観察する (科学的に) v. observar, examinar; fijarse 《en》; (動きに注目して) v. mirar, contemplar. ♦星を熱心に観察する v. observar las estrellas. ♦彼はその犬(の行動)を注意深く観察していた Observaba con atención al perro. / Se fijaba atentamente en el perro. ♦その花をよく観察して(=見て)ごらん Observa bien esa flor. /《口語》 Fíjate bien en esa flor. ☞ 観測, 見聞, 窺う, 参観

かんさつ 鑑札 f. licencia. ▶犬の鑑札 f. licencia para tener perros. ▶無鑑札の犬 m. perro sin licencia. ▶鑑札を受ける v. sacar* [obtener*] una licencia.

かんさつ 監察 f. inspección. ▶監察官 mf. inspector/tora. ▶行政監察 f. inspección administrativa.

かんさん 閑散 ▶閑散とした (静かな) adj. tranquilo; (人がいない) adj. desierto; (あいている) adj. vacío; (出席者などがまばらな) adv. con "poca asistencia [poco público]". ▶閑散時(乗り物や店などの) f. hora tranquila. ▶閑散期 f. fuera de temporada, f. temporada floja. ♦シーズンオフでその観光地は閑散としていた Era fuera de temporada y el centro turístico estaba desierto. ♦私は彼にホテルは8月にはいつもそんなに閑散としているのかと尋ねた Le pregunté si el hotel siempre estaba tan vacío en agosto. ♦劇場は閑散としていた En el teatro había poco público. ♦あの店は近ごろ閑散としている(=不景気だ) Estos días el negocio está flojo [poco animado] en esa tienda.

かんさん (A から B への)換算 f. conversión [m. cambio] (de A a B). ▶換算表 f. tabla de conversiones [cambios]. ▶換算率 f. tipo de cambio. ▶ドルを円に換算する v. cambiar dólares en yenes. ▶円に換算して adv. en yenes.

かんし 監視 (行為) f. vigilancia, f. guardia; (人) mf. guardia, mf. vigilante; (海水浴場などの) mf. socorrista. → 見張り. ▶監視所 m. puesto de vigilancia. ▶監視する v. vigilar, guardar bajo vigilancia, 《フォーマル》 custodiar. → 見張る. ▶容疑者を監視する v. mantener* [al sospechoso [a la sospechosa] bajo vigilancia. ♦休戦は国連の監視の下で実現した「El armisticio [La Tregua] tuvo lugar bajo la vigilancia [custodia] de las Naciones Unidas.

かんし 冠詞 m. artículo. ▶定冠詞 m. artículo determinado [definido]. ▶不定冠詞 m. artículo indeterminado [indefinido].

かんし 漢詩 f. poesía en chino. ▶漢詩を¹読む[²作る] v. ¹leer* [²escribir*] poemas en chino.

かんし 鉗子 mpl. fórceps. ▶鉗子分娩(ベ)を行う v. tener* un parto con fórceps.

かんじ 幹事 mf. secretario/ria; (会合などの) mf. organizador/dora. ▶幹事長 mf. secretario/ria general [jefe].

かんじ 漢字 m. carácter chino, m. "kanji". → 字. ▶常用漢字(日本の) mpl. caracteres chinos de uso cotidiano. ▶漢字コード (専門語) m. código de kanji. ▶漢字で書く v. escribir* en 「caracteres chinos [kanji]. ♦漢字には通例二つの違った読みがある Cada "kanji" suele tener dos lecturas diferentes.

***かんじ** 感じ ❶《感覚》 f. sensación, f. sensibilidad; (感触) m. tacto; (手触り) m. toque. → 感じる. ▶痛みの感じ f. sensación de dolor. ▶セリフの感じをつかむ v. capturar el sentimiento de la frase (del guión). ♦その絵はその場所の感じをよくとらえていた El dibujo capturaba la sensibilidad del lugar. ♦寒くて手の感じがまるでない Mis manos están tan entumecidas por el frío que no las siento. /《口語》 No siento las manos. / No

tengo sensación en las manos. ◆まるで左足が折れているような感じがする Siento la pierna izquierda como si estuviera rota. ◆だれかが後ろにいるような感じがした Tuve la sensación de que había alguien detrás de mí. ◆彼の声にはユーモアの感じがあった En su voz había un matiz [toque] de humor.
❷【印象】*f.* impresión (→印象); (予感, 心持ち) *f.* sensación. ▶感じの¹よい [²悪い] 人 *f.* persona ¹agradable [²desagradable], *f.* persona ¹simpática [²antipática]. ▶感じやすい年ごろの少女 *f.* muchacha en una edad impresionable. ◆彼がすぐに戻ってくるような感じがする Tengo la impresión de que volverá pronto. / Mi impresión es que no tardará en volver. ◆初めて彼女に会ってどんな感じを受けましたか ¿Qué impresión [sensación] te causó al conocerla? ◆彼女は優しい感じの人です Tengo la impresión de que era una persona amable. ◆ (のように見える) Parece una persona amable. ◆君はいつも仕事仕事って感じだね Siempre pareces estar trabajando.

ガンジー Gandhi (☆通称マハトマ Mahatma: 1869-1948, インドの独立運動の指導者).

がんじがらめ ▶規則でがんじがらめになっている (=束縛される) *v.* estar* ata*do* a la regla. ▶借金でがんじがらめになっている (=手も足も縛られている) *v.* estar* ata*do* de pies y manos a las deudas.

かんしき 鑑識 (鑑定) *m.* juicio; (犯罪確認) *f.* identificación criminal. ▶鑑識課 *f.* sección de identificación criminal.

ガンジスがわ ガンジス川 *m.* Río Ganges (☆インドの川).

カンジダしょう カンジダ症《専門語》*f.* candidiasis.

がんじつ 元日 *m.* (día de) Año Nuevo. → 旦(㊟).

***かんして** 関して ▶…に関して *prep.* sobre, de, acerca de; (関する限り) *prep.* en cuanto a, por lo que respecta a, concerniente a. ▶…にかけて, 対して, 加えて, ついて, では, …としては

***かんしゃ** 感謝 *m.* agradecimiento, 《口語》*fpl.* gracias, 《フォーマル》*f.* gratitud, 《文語》*m.* reconocimiento. ▶感謝状 *f.* carta de agradecimiento. ▶感謝祭(米国の) *m.* Día de Acción de Gracias. ▶神に感謝を捧げる *v.* dar* gracias a Dios. ◆これは私たちのほんの感謝のしるしです No es más que una prueba de nuestro agradecimiento. ◆彼らは彼に時計を贈って感謝の意を表した Mostraron su agradecimiento regalándole un reloj. ◆あなたには感謝しなければならないことがたくさんあります Tengo mucho que agradecerle a usted. ◆ご援助に対し感謝の言葉もありません Me faltan palabras para「expresarle mi agradecimiento [《口語》darle las gracias, 《フォーマル》expresarle mi profunda gratitud] por su ayuda. / (どのように感謝したらよいか分からない)No sé cómo agradecerle su ayuda. / (いくら感謝しても足りない)Nunca le agradeceré su ayuda lo suficiente.

—— 感謝する *v.* mostrar*「《フォーマル》el reconocimiento [la gratitud]. ◆ご親切により感

かんじゅせい 299

謝します Le agradezco su amabilidad. / Le doy las gracias por su amabilidad. / Estoy agradec*ido* por su amabilidad. /《フォーマル》Quiero expresarle mi gratitud por su gentileza. ◆彼は私たちの贈り物に感謝してにっこり笑った Sonrió agradecido por nuestro regalo.

かんしゃ 官舎 *f.* vivienda para funcionarios.

かんじゃ 患者 *mf.* paciente; (特定の病気の) *m.* caso. ▶重症患者 *mf.* paciente gravemente enfer*mo/ma*, *m.* caso grave. ▶入院患者 *mf.* paciente interna*do/da* [hospitaliza*do/da*]. ▶通院 [外来] 患者 *mf.* paciente exter*no/na*. ▶初期のがん患者 *mf.* paciente con cáncer en sus primeras fases. ◆医者は患者に禁煙するように勧めた El médico le aconsejó al paciente que dejara de fumar.

かんしゃく 癇癪 *m.* arranque [*m.* arrebato, 《フォーマル》*m.* acceso] de ira. ▶かんしゃく持ち *f.* persona colérica [explosiva]. ▶かんしゃくを起こす *v.* 《口語》estallar, 《口語》explotar.

かんじやすい 感じ易い (敏感な) *adj.* sensible (a); (感受性の強い) *adj.* impresionable. ▶十代は最も感じやすい年頃です La adolescencia es la edad más impresionable de la vida.
☞ 細かい, 多感

かんしゅ 看守 *mf.* carcelero/ra, *mf.* vigilante, *mf.* guardia.

かんじゅ 甘受 ▶どんな運命も甘受する (=服従する) *v.* resignarse [someterse] (a). ▶侮辱を甘受する (=我慢する) *v.* aguantar [soportar, 《口語》tragarse*] un insulto; (屈服する) *v.* resignarse [someterse] a un insulto.

かんしゅう 慣習 *f.* costumbre, *m.* uso, *f.* usanza; (しきたり)《フォーマル》*f.* convención, *f.* tradición. ▶慣習により *adv.* por costumbre. ▶慣習を守る *v.* seguir*「[《フォーマル》observar] una costumbre. ▶その土地の慣習を破る *v.* romper* "los usos [las tradiciones] del lugar. ▶社会の慣習に従う *v.* seguir* los usos sociales.

かんしゅう 観衆 (スポーツ・催し物などの) *mpl.* espectadores; (劇場などの) *m.* público; (闘牛の) *m.* respetable. → 聴衆. ▶大観衆 *f.* multitud de espectadores. ◆競技場は3万人の観衆で埋まった El estadio lo llenaban 30.000 espectadores. ◆このスタジアムは5万人の観衆を収容できる「Este estadio tiene una capacidad de [En este estadio caben] 50.000 espectadores.

かんしゅう 監修 *f.* supervisión (editorial). ▶監修者 *mf.* supervisor/sora (editorial). ◆この辞書は中村教授が監修した Este diccionario fue compilado bajo la supervisión del Prof. Nakamura.

がんしゅしょう 癌(㊟)腫症《専門語》*f.* carcinomatosis.

かんじゅせい 感受性 *f.* sensibilidad, *f.* delicadeza emocional. ▶詩人の感受性 *f.* sensibilidad de *un/una* poe*ta/tisa*. ▶感受性のすぐれた人 *m.* hombre [*f.* mujer] de sensibilidad refinada. ♦ 彼は色に対する感受性が鋭い Tiene mucha sensibilidad hacia los colores.

がんしょ 願書 f. solicitud, m. impreso de solicitud. ▶ 大学へ入学願書を提出する v. presentar a una universidad una solicitud de ingreso.

かんしょう 観賞 ▶ 観賞植物 fpl. plantas ornamentales. ▶ 朝顔を観賞する (＝楽しむ) v. disfrutar viendo los dondiegos de día.

かんしょう 鑑賞 f. apreciación, m. aprecio, m. entendimiento. ▶ 美術の鑑賞力がある v. saber* apreciar el arte, entender* de arte. ♦ 趣味は ¹絵画 [²音楽] 鑑賞です Mi afición es ¹ver cuadros [²oír música].

―― **鑑賞する** (価値を認めて味わう) v. apreciar; (楽しむ) v. disfrutar, gozar*. ▶ ラテンアメリカ小説を鑑賞する v. apreciar la novela latinoamericana.

かんしょう 感傷 m. sentimentalismo, 《軽蔑的に》f. sensiblería. ▶ 感傷的な adj. sentimental, 《軽蔑的に》 sensibler*o*. ♦ 感傷的になる v. ponerse* sentimental 《con》 ☞ センチメンタル, 多感

かんしょう 完勝 f. victoria total, m. triunfo absoluto. ▶ 敵に完勝する v. 「triunfar rotundamente [conseguir*] una victoria total」 sobre el enemigo.

かんしょう 干渉 f. intromisión 《en》, 《フォーマル》f. interferencia 《en》, 《専門語》m. entrometimiento 《en》; (積極的な・軍事的な) f. intervención 《en》; (消極的な) f. injerencia 《en》. ▶ 政治に対する干渉 f. intromisión en la política. ▶ 武力干渉 f. intervención armada.

―― **干渉する** v. entrometerse [《口語》meterse] 《en》. ▶ 他人の事に干渉する v. entrometerse [《口語》meter las narices] en asuntos ajenos. ▶ 他国の内政に干渉する v. entrometerse [《フォーマル》meter las narices] en asuntos domésticos de otro país. ♦ 私の事に干渉するな (＝ほうっておいてくれ) Déjame en paz. / (君の知ったことではない) 《口語》Déjame en tus asuntos. → 世話. ▶ お節介をする 《やく》, 係わる, 構う, でしゃばる, 手出し

かんしょう 環礁 m. atolón.

かんじょう 勘定 ❶ 《計算》 f. cuenta, m. cálculo; (数えた数) f. cuenta, m. recuento, 《教養語》《専門語》 m. cómputo. ▶ 勘定する v. calcular; (一つずつ数えて) v. contar*. ▶ 勘定を間違う v. calcular mal, equivocarse* calculando. ▶ 勘定高い人 f. persona calculadora. ♦ 財布の中のお金を勘定する v. contar* el dinero de la cartera. ♦ 私を勘定に入れて 10 人いた Había 10 personas 「contando yo [yo incluido, 《口語》conmigo]」.

❷《支払い》(請求書) f. cuenta, f. factura; (レストランなどの) f. cuenta; (清算(書)) f. cuenta. ▶ 5 千円の勘定を払う v. pagar* una cuenta [factura] de 5.000 yenes. ▶ 勘定をためる v. acumular facturas, deber mucho. ♦ 勘定をお願いします (レストランなどで) (Déme) La cuenta, por favor. ♦ 勘定は別々にしてください Las cuentas separadas, por favor. ♦ 勘定は別々に払いましょう Cada uno paga lo suyo. ♦ 勘定はいくらになりますか ¿Cuánto es mi cuenta? ♦ 食事の勘定は私が持ちます Yo invito. / Déjame invitarte a comer. → 奢(おご)る. ♦ この靴を私の勘定につけておいてください 「Haga el favor de incluir [Ponga, por favor,] estos zapatos en mi cuenta. → 付け

❸《考慮》f. confianza. → 考慮. ♦ 彼の援助を勘定にいれる (＝当てにする) v. 「contar* con [tener* confianza en]」 su ayuda ☞ 会計, カウント

* **かんじょう 感情** m. sentimiento, f. emoción. ▶ 感情的な adj. emocional.

1 《～感情》 ▶ 国民感情 m. sentimiento de la opinión pública. ▶ 宗教的感情 m. sentimiento religioso. ▶ 強い反日感情 m. fuerte sentimiento antijaponés.

2 《感情が》 ▶ 感情が高ぶる (＝興奮する) v. emocionarse. ▶ 感情が薄らぐ v. superar [controlar] la emoción.

3 《感情の》 ▶ 感情の問題 m. asunto sentimental. ▶ 感情の激しい人 f. persona muy emocional. ♦ 人間は感情の (＝感情的な) 動物だ El ser humano es un animal emocional.

4 《感情に》 ▶ 感情に負ける (＝流される) v. abandonarse a los sentimientos. ▶ 一時の感情に駆られてそれをする v. hacerlo* 「impuls*ado* por el [a impulsos del]」 sentimiento del momento. ▶ 理性よりもむしろ感情に訴える v. apelar al sentimiento y no a la razón. ▶ 裁判官は感情に動かされるべきではない Un/Una juez/jueza no debe ser guiado/da por el sentimiento.

5 《感情を》 ▶ 感情を抑える v. controlar [reprimir] las emociones. ▶ 感情を隠す v. ocultar 「los sentimientos [las emociones]」. ▶ 感情を顔に表わす v. reflejar [descubrir*] los sentimientos en el rostro. ▶ 人の感情を汲み取る v. entrar en las emociones de otro. ▶ 彼に対して ¹特別な感情 [²悪感情] を持つ v. tener* 「albergar*, 《フォーマル》abrigar*」 ¹sentimientos especiales [²malos sentimientos] hacia él. ▶ 感情を込めて歌う v. cantar con mucho sentimiento. ♦ 人の感情を害さないように注意しなさい Ten cuidado en no herir los sentimientos de los demás.

―― **感情的に** ▶ 感情的に不安定だ v. ser* emocionalmente inestable, tener* desequilibrio emocional. ♦ あまり感情的にならないでくれ No te pongas tan sentimental. ☞ 心, 情

かんじょう 環状 ▶ 環状の adj. circular. ▶ 環状線 (鉄道) f. línea circular; (道路) f. carretera de circunvalación, m. cinturón viario. ▶ 大阪外回り環状線 f. Línea de Circunvalación Exterior de Osaka.

がんじょうな 頑丈な ▶ 頑丈な (強い) adj. fuerte; (体がたくましい, 物が頑丈な) adj. robusto, fornido; (堅固にできた) adj. de complexión robusta. ▶ 頑丈な体 m. cuerpo robusto [fuerte]. ▶ 頑丈な土台 mpl. cimientos sólidos [firmes]. ▶ この家は頑丈にできている Esta casa está sólidamente construida. / Es una casa de sóli-

かんじょういにゅう 感情移入 f. compenetración, 《教育語》f. empatía. ♦感情移入する v. compenetrarse [identificarse*]《con》.
がんしょうがい 眼障害《専門語》f. oftalmopatía.
かんじょうみゃく 冠静脈《専門語》f. vena coronaria.
かんしょく 間食 m. refrigerio,《口語》m. tentempié,《午後のおやつ》f. merienda. ♦間食するな No comas entre horas.
かんしょく 感触 ❶【触感】m. tacto, f. sensación. ♦柔らかい毛布「blandas al tacto [suaves de tocar]. ♦私はウールが肌に当たる感触が嫌いだ No me gusta la sensación de la lana en mi piel. → 手触り, 感じ.
❷【相手の話や様子から受ける感じ】m. parecer, f. sensación. ♦彼はわれわれの提案に好意的だとの感触を得た Nos pareció que él estaba a favor de nuestra propuesta.
かんしょく 閑職 m. puesto de trabajo [escasas obligaciones], m. trabajo poco importante; f. sinecura. ♦閑職に移される v. ser* cambia*do* a un puesto de escasas obligaciones.

**かんじる 感じる v. sentir*;《感づく》v. tener* la sensación《de》;《印象を受ける》v. tener* la impresión《de que》, parecerle《que》;《実感する》v. saber*,《教育語》percibir,《教育語》percatarse《de》;《気づいている》v. darse* cuenta《de》;《自覚している》v. ser* consciente《de》;《よさをしみじみ味わう》v. apreciar;《感動する》v. estar* conmovi*do*《por》. ♦¹腹立たしく [²わくわくするのを]感じる v. sentir* ¹ira [¹intereses emocionantes, sentirse* ¹irrita*do* [²vivamente interesa*do*].
♦危険を感じる v. sentir* el peligro. ♦背中に痛みを感じる Siento dolor en la espalda. /《背中が痛い》Me duele la espalda. ♦私は何かが私の足に触れるのを感じた Sentí que algo me tocaba el pie. ♦私はこの平和はあまり長くないと感じていた「Me pareció [Tuve la impresión de] que esta paz no duraría mucho más. 全訳 彼の講演を聞いてどのような感じか─説得力があると感じました ¿Qué impresión te causó su discurso? – Me pareció convincente. /《フォーマル》Me produjo la impresión de convincente. ♦印象. ♦1時間が百年のように感じられた Una hora que pareció un siglo. ♦部屋に足を踏み入れたとたん何か妙なのを感じた En el momento que entré en la habitación, sentí [supe] que había pasado algo. ♦私は自分の無知を痛いほど感じています「Me doy perfecta cuenta [Tengo perfecta conciencia] de lo ignorante que soy. ♦私は尾行されているのを感じていた Supe que me seguían. / Tenía conciencia de que era seguido. ♦何か月も一生懸命働いた後なので, 私たちは休暇のよさをしみじみ感じた Apreciamos las vacaciones después de meses de duro trabajo. ♦彼の深い友情を身にしみて感じた Su profunda amistad me conmovió hasta el alma. / Sentí que su profunda amistad me traspasaba.
【その他の表現】♦猫の目は光を感じやすい Los ojos de los gatos son sensibles a la luz. ♦君の親切には恩義を感じています Tengo una deuda de gratitud contigo por tu amabilidad. ☞覚える, 思う

かんしん 関心《興味》m. interés《en》;《気がかり》m. asunto de interés. ♦関心を呼ぶ[引く] v. atraer*《教育語》suscitar] el interés. ♦音楽に関心を¹示す [²持つ] v. ¹mostrar* [²tener*, ²sentir*] interés por [hacia, en] la música. ♦私は大いに政治に関心がある「Tengo mucho interés [Estoy muy interesa*do*] en la política. ♦私の関心事ではない Ese asunto no「me interesa [es de mi interés;《フォーマル》es de mi incumbencia]. ♦彼の最大の関心は金と名声である Su mayor interés「está en [es] el dinero y la fama. ♦彼らは環境問題に関心がない（＝無関心だ）「No tienen ningún interés en [Son indiferentes a] los temas del medio ambiente.

*かんしん 感心 f. admiración. ♦感心して彼を見る v. mirarlo [le]「con admiración [admirativamente].

— **感心な**《りっぱな》adj. bueno;《感嘆すべき》adj. admirable;《賞賛に値する》adj.《フォーマル》digno de admiración. ♦感心な行ない f. acción [《強調して》f. hazaña] admirable. ♦何て感心な子なのだろう ¡Qué niño tan bueno [admirable]!

— **感心する**《気に入る》v. gustar, agradar;《感嘆する》v. admirar [estar*, quedar] admira*do*《con, por》;《印象づけられる》v. estar* impresiona*do*《con, por》. ♦そのような考えはあまり感心しない Una idea así no「me gusta mucho [es mucho de mi agrado]. ♦それはあまり感心できない Eso no está bien. / No es nada admirable. ♦彼の勤勉ぶりに私はすっかり感心した Su diligencia me impresionó mucho.

かんしん 歓心《愛顧》m. favor. ♦彼女の歓心を買う v. ganar su favor;《機嫌をとる》v. buscarse* su favor.

かんじん 肝心 ♦肝心な《重要な》adj. muy importante, vital;《必要な》adj. esencial;《決定的な》adj. crucial. → 大切. ♦約束の時間に遅れないようにすることが肝心だ Es muy importante no llegar tarde a la cita. ♦そこが肝心だ Ahí está lo esencial. / Eso es lo esencial. ♦君は君の意見の肝心なところが分からない No alcanza a comprender lo importante de tu idea. ♦肝心なのは彼にその気があるかどうかだ Lo importante es si le gusta o no.

がんしん 眼振《専門語》m. nistagmo.
がんしんけい 眼神経《専門語》m. nervio oftálmico.
かんすい 完遂 m. logro, f. realización. → 遂行.
かんすい 冠水 冠水地帯 f. zona inundada. ♦冠水する v. inundarse, anegarse*;《完全に水中に没した》v. quedar「cubierto de agua [su-

かんすう 関数 f. función. ▶一次［二次］関数 f. función ¹lineal [²de segundo grado, cuadrática]. ▶関数ライブラリ《専門語》f. biblioteca de funciones.

カンスー 甘粛《ピンイン》Gansu (☆中国の省).

かんする 関する v. tener* relación 《con》, referirse* 《a》. →関して. ▶動物に関する本 m. libro de [sobre,《教養語》《フォーマル》relativo a,《教養語》《フォーマル》concerniente a, que trata de] animales. ◆あなたの娘さんに関する事でやって来ました He venido a verte「en relación con [por el asunto de] tu hija.

《その他の表現》◆彼女はわれ関せずという態度で私の前を通り過ぎた Pasó por delante de mí con un aire de indiferencia. ◆私に関する限りその計画には反対しない Por lo que a mí respecta, no tengo ningún inconveniente al proyecto.

*かんせい 完成 m. acabamiento, m. cumplimiento, m. perfeccionamiento. ▶完成品 mpl. productos acabados. ◆劇場はもうすぐ完成だ El teatro ya está casi acabado.

—— 完成する（完全に仕上げる）v. completar, llevar a su fin [realización], cumplir;（終える）v. acabar, terminar. ▶技法を完成する v. perfeccionar una técnica. ▶完成された美しさ f. belleza perfecta. ▶完成の域に達したバイオリン奏者 mf. violinista consumado/da. ◆彼は二日で仕事を完成した Completó [Acabó] el trabajo en dos días. ◆橋はまだ完成していない El puente aún no ha sido terminado. /（建設中である）El puente todavía sigue en obras. ⇨ 仕上がる, 出来上がる

かんせい 歓声（かっさい）f. ovación, f. aclamación, mpl. vítores;（喜びの叫び声）m. grito de alegría [júbilo]. ▶歓声をあげる v. vitorear, ovacionar, gritar de alegría [júbilo]. ◆選手たちが到着すると群衆から大歓声があがった Cuando los jugadores llegaron, hubo una gran ovación de la multitud. / La multitud estalló en aclamaciones [vítores] al llegar los jugadores. ◆勝利の知らせは大歓声で迎えられた La noticia de la victoria fue recibida en medio de ruidosas aclamaciones.

かんせい 管制 m. control;（検閲）f. censura. ▶管制する v. controlar; censurar. ▶灯火管制 m. control de alumbrado. ▶航空管制官 mf. controlador/dora aéreo/a. ▶管制塔 f. torre de control.

かんせい 閑静 ▶閑静な adj. tranquilo. ▶閑静な住宅街 f. tranquila zona residencial.

かんせい 感性（感受性）f. sensibilidad;（感じやすさ）f. susceptibilidad. ▶豊かな感性の人 f. persona con mucha sensibilidad. ▶芸術的感性がない v. carecer* de sensibilidad artística.

かんぜい 関税 mpl. derechos aduaneros [arancelarios], mpl. impuestos「de aduana [arancelarios, aduaneros]. ▶関税障壁 f. barrera arancelaria [aduanera]. ▶関税率 f. tarifa arancelaria, m. arancel. ▶関税のかからない（=免税の）ワイン mpl. vinos libres de aranceles. ◆百ドルのスイス時計に5ドルの関税がかかった（=を払った）Pagué 5 dólares en la aduana por un reloj suizo de 100 dólares. ◆輸入宝石の関税は非常に高い Las joyas de importación tienen aranceles muy altos. ◆国内生産を刺激するために関税が引き上げられた Se subieron los aranceles para estimular la producción nacional.

がんせいひろう 眼精疲労 《専門語》f. astenopía.

がんせき 岩石 f. peña, f. roca. ▶岩石の多い山 f. montaña rocosa, m. peñón.

かんせつ 間接 ▶間接の adj. indirecto. ▶間接の原因 f. causa indirecta. ▶間接税 m. impuesto indirecto. ▶間接選挙 f. elección indirecta. ▶間接的影響 f. influencia indirecta (en, sobre).

—— 間接的に adv. indirectamente;（遠まわしに）adv. de forma mediata;（また聞きで）adv. de segunda mano. ◆彼は私の質問に間接的に答えた Me respondió indirectamente. / Me dio una respuesta indirecta. ◆彼から間接的にそれを聞いた Lo sé indirectamente por él.

かんせつ 関節 f. articulación, f. coyuntura. ▶はずれた腕の関節を直す v. corregir* la dislocación del brazo. ▶¹肩［²ひざ］の関節をはずす v. dislocarse* ¹el hombro [²la rodilla]. ▶指を第一関節から切断する v. cortarse el dedo por el primer nudillo.

《関節の病気》▶関節炎《専門語》f. artritis. ▶多発性関節炎《専門語》f. poliartritis. ▶関節拘縮症《専門語》f. artrogriposis. ▶関節症《専門語》f. artropatía. ▶関節リューマチ《専門語》f. artritis reumatoide, m. reumatismo articular. ▶外傷性関節炎《専門語》f. artritis traumática. ▶慢性関節リューマチ《専門語》f. artritis reumatoide crónica.

かんせん 幹線 f. línea principal [troncal]. →新幹線. ▶幹線道路 f. carretera principal [troncal].

かんせん 観戦 ▶（野球の試合を）観戦する v. ver* (un partido de béisbol). →見る. ▶観戦記 f. crónica del partido.

かんせん 汗腺《専門語》f. glándula sudorípara.

かんせん 感染 f. infección, m. contagio. ▶コレラの二次感染 f. infección secundaria del cólera. ▶感染¹経路［²源］¹f. vía [²f. fuente] de infección. ▶感染する（病気が人に）v. contagiar, infectar;（人が病気に）v. contagiarse, infectarse. ◆彼は赤痢に感染した Se ha contagiado de disentería. / Tiene disentería. ◆この病気は感染しません（伝染します）Esta enfermedad no es contagiosa [infecciosa]. ◆エイズはキスをしても感染しない Besando no se transmite el SIDA. /（蔓延（まんえん）しない）El SIDA no se propaga por el beso.

かんせん 乾癬《専門語》f. psoriasis.

かんぜん 敢然 ▶敢然と（=勇敢に）adv. valientemente;（断固として）adv. resueltamente.

*かんぜん 完全 m. acabamiento, m. cumplimiento;（完璧（かんぺき））f. perfección. ▶完全雇用

m. pleno empleo. ▶完全主義 *m.* perfeccionismo. ▶完全犯罪 *m.* crimen perfecto. ▶完全燃焼 *f.* combustión total [completa]. ◆完全を目ざす *v.* aspirar a la perfección. ◆彼は完全試合をした Jugó un partido perfecto (de lanzador). ◆彼の作品は完全にはほど遠い Su trabajo「dista de ser perfecto [está lejos de la perfección]. ◆彼は完全主義者だ Es un perfeccionista. / Intenta ser perfecto en todo.

── 完全な (欠けるところがない) *adj.* completo, cabal; (全部そろっている) *adj.* entero, íntegro; (完璧(ぺき)な) *adj.* perfecto, impecable; (十分な) *adj.* lleno, pleno; (損なわれていない) *adj.* intacto. ▶完全な勝利 *f.* victoria completa [impecable]. ▶切手の完全な収集 *f.* colección completa de sellos, 《フォーマル》*f.* colección filatélica completa. ▶完全な円 *m.* círculo perfecto. ◆彼は完全なスペイン語を話す Habla español perfectamente. / Su español es impecable. ◆地球は完全な球体ではない La Tierra no es perfectamente redonda. ◆その化石は完全な姿で発見された El fósil estaba「en perfectas condiciones [intacto] cuando lo encontraron.

── 完全に *adv.* completamente, por completo, del todo, totalmente, plenamente, enteramente, perfectamente, 《口語》al cien por cien. →まったく. ▶完全に満足している *v.* estar* plenamente [completamente, del todo enteramente] satisfe*cho*. ◆そのことを完全に忘れていた Me había olvidado completamente [totalmente, del todo]. ◆その仕事はまだ完全には出来上がっていない Ese trabajo todavía no está totalmente [completamente] acabado. ◆今言ったの完全には理解できなかった No lo he comprendido del todo. 《会話》確かかい－確かかだって?完全に (＝絶対に) 確信を持っているよ ¿Estás seguro? - ¿Seguro? Segurí*simo*.

── 完全にする *v.* perfeccionar, hacer* perfec*to*

▶充実した, 全面, 徹底した, 徹底的な

かんせんせいショック 感染性ショック 《専門語》*m.* shock séptico.

かんそ 簡素 *f.* sencillez, *f.* simplicidad. ▶その手続きを簡素化する *v.* simplificar* el procedimiento [trámite].

── 簡素な *adj.* sencillo, simple. ▶簡素な食事 *f.* comida sencilla. ▶簡素 (＝質素) に生活する *v.* llevar una vida simple; vivir con sencillez. ◆彼女は簡素な衣服を着ている Va vestida「con sencillez [de manera sencilla].

☞ 質素な, 渋い

がんそ 元祖 (製作物の) *mf.* inventor/tora; (事業の) *mf.* fundad*or/dora*.

かんそう 乾燥 (状態) *f.* sequedad. ▶作用(洗濯物などの) *m.* secado; (農産物などの) *m.* desecado. ▶乾燥機(工業用の) *f.* (máquina) secadora; (洗濯機などの) *f.* secadora. ▶乾燥剤 *m.* desecante. ▶乾燥した *adj.* seco; (からからに) *adj.* reseco. ▶ぬれた衣類を乾燥させる (＝乾かす) *v.* secar* la ropa húmeda. ◆空気が大変乾燥している El aire está muy seco.

かんそう 感想 (印象) *f.* impresión; (意見) *f.* opinión, *m.* parecer; (批評) *m.* comentario, 《教養語》*f.* glosa. ▶感想文 *f.* descripción de impresiones. ▶その小説について感想を述べる *v.* dar* [《フォーマル》ofrecer*] la impresión de la novela, comentar [hacer* un comentario] la novela. ◆この件についてあなたのご感想 (＝意見)は? ¿Qué impresión [opinión] tiene usted de este asunto? / 《フォーマル》¿Qué opinión le merece a usted este tema? / 《口語》¿Qué piensa usted de esto? 《会話》自転車で日本列島を縦断したご感想は－そうですね, すばらしいこともあったし, 本当に苦しかったり, 恐いこともありました Cuéntame algunas impresiones de tu viaje en bicicleta por todo Japón. - Bueno, pues a veces era estupendo, otras veces era verdaderamente duro y otras veces también daba miedo.

かんぞう 肝臓 《専門語》*m.* hígado. ▶肝臓癌 《専門語》*m.* cáncer de hígado. ▶肝臓病 *m.* malestar [*m.* trastorno, *m.* problema] hepático [del hígado], 《フォーマル》*f.* afección hepática, 《口語》*m.* mal del hígado.

かんそうかい 歓送会 *f.* fiesta de despedida. ▶彼の歓送会を行なう *v.* darle* [ofrecerle*] una fiesta de despedida.

かんそく 観測 ❶【観察】*f.* observación. ▶観測者 *mf.* observa*dor/dora.* ▶観測所 *m.* observatorio. ▶天体観測 *f.* observación astronómica.

❷【考え, 意見】*f.* idea, *f.* opinión. ▶希望的観測 *fpl.* vanas ilusiones, *f.* pura ilusión. ◆私の観測では彼は正しい En mi opinión, ha hecho bien. / Yo pienso que tiene razón.

── 観測する *v.* observar; (見つける) *v.* divisar. ▶毎夜星を観測する *v.* observar las estrellas todas las noches. ◆その彗(すい)星はカナリア諸島の上空で観測された El cometa fue divisado sobre las Islas Canarias.

かんたい 寒帯 *f.* zona glacial. ▶寒帯地方(極地方) *fpl.* regiones polares. ▶寒帯植物 *fpl.* plantas polares [glaciales].

かんたい 歓待 (温かい・心からの歓迎) *m.* festejo cordial, *f.* buena acogida. ▶招待客を歓待する *v.* dar* la bienvenida a los invitados.

かんたい 艦隊 *f.* flota. ▶大艦隊 *f.* armada. ▶小艦隊 *f.* escuadra, *f.* flotilla. ▶連合艦隊 *f.* flota combinada.

かんだい 寛大 (度量が広いこと) *f.* generosidad; (心が広いこと) 《教養語》*f.* magnanimidad; (慈悲深くて処罰などが厳しくないこと) *f.* indulgencia; (他人の言動などに寛容なこと) *f.* tolerancia. ▶裁判官の寛大さに感銘を受ける *v.* impresionarse por la indulgencia [《教養語》magnanimidad] del juez.

── 寛大な *adj.* tolerante, generoso, indulgente, 《教養語》magnánimo, 《口語》de gran corazón. ▶寛大な言葉 *fpl.* palabras generosas. ▶寛大な判決 *f.* sentencia indulgente. ▶寛大な人間 *f.* persona tolerante [indulgente, 《口語》de gran corazón]. ◆彼はその違反者に寛大だった Fue generoso con el

/la ofensor/sora [infractor/tora]. ♦彼は他人の意見に寛大だ Es tolerante con las opiniones ajenas [de los demás]. ♦彼女は子供に寛大だった Era tolerante con sus hijos.
▱ 鷹揚, 大らか, さっぱりしている

がんたい 眼帯 f. venda (en los ojos). ▶眼帯をする v. ponerse* una venda de los ojos, vendarse los ojos. ▶眼帯をとる v. quitarse una venda de los ojos. ♦彼女は左目に眼帯をしていた Llevaba una venda en el ojo izquierdo.

かんだかい 甲高い (声の高い)adj. alto, agud*o*; (金切り声の)adj. chillón, estridente. ▶甲高い声 f. voz chillona [aguda]. ▶甲高い悲鳴をあげる v. chillar, dar* un chillido.

かんたく 干拓 f. recuperación de terrenos por drenaje. ▶干拓工事 fpl. obras de desecación. ▶干拓地 fpl. tierras desecadas. ♦この土地は海を干拓したものだ Esta tierra fue ganada al mar por desecación.

カンタブリア カンタブリア地方 Cantabria (☆スペインの地方).

***かんたん 簡単** (単純) f. sencillez, f. simplicidad, f. llaneza.

—— **簡単な** (易い)adj. sencillo; (明解な)adj. llan*o*, sencill*o*; (骨の折れない) adj. fácil, 《フォーマル》 elemental; (短い)adj. breve; (簡潔な)adj. conciso. ▶簡単な手紙 f. carta breve. ▶簡単な(=軽い)食事をする v. tomar una comida ligera. ▶簡単なスペイン語で書く v. escribir* en español llano [sencillo]. ▶それの方が簡単な問題だ Esa pregunta es más fácil. / (解答するのに易しい)Esa pregunta es más fácil de contestar. ▶スペイン語を身につけるのは簡単ではない No es fácil dominar el español. / El español no es fácil de dominar. →易し い. ▶口で言うのはするよりも簡単だ Es más fácil decirlo que hacerlo. ▱ 簡便, 手軽な, 手っ取り早い

—— **簡単に** adv. sencillamente, con llaneza; fácilmente, en breve, brevemente, concisamente. ▶簡単に(=分かりやすく)言えば adv. en una palabra, en pocas palabras; (要約して)adv. en resumen, en esencia. ▶簡単に試験に通る v. aprobar* el examen 「con facilidad [sin problemas]. ▶その事件を簡単に説明する v. explicar* el caso 「con brevedad [de forma concisa, llanamente]. ♦彼はその問題をいとも簡単に解いた Solucionó el problema fácilmente [con facilidad]. ♦(何も苦労せずに)No tuvo ninguna dificultad en resolver el problema. ♦事は簡単に(=順調に)運ばれた Todo salió bien. / Las cosas fueron bien. ♦彼は簡単に(=すぐに)謝った Se disculpó enseguida [rápidamente, prestamente].
▱ 自在, たわいない

かんたん 感嘆 (賛美)f. admiración; (驚嘆)f. maravilla, m. asombro. →感じ. ▶感嘆すべき(賞賛すべき)adj. admirable; (驚嘆すべき) adj. maravilloso; (すばらしい) adj. asombroso. ▶感嘆して絵を見る v. contemplar un cuadro 「con admiración [admirativamente]. ▶感嘆詞 f. interjección. ▶感嘆符 m. signo 「de exclamación [exclamativo]. ▶感嘆文 f. oración exclamativa [admirativa].

—— **感嘆する** (賞賛する)v. admirar, admirarse 《de》; (驚嘆する)v. maravillarse 《asombrarse》《de, ante》. ▶そのすばらしい光景に感嘆する v. maravillarse de un paisaje fantástico.

かんだん 歓談 ♦われわれは大統領と2時間にわたって歓談した Sostuvimos una agradable conversación con el presidente durante dos horas.

がんたん 元旦 m. primer día del año, m. Año Nuevo. ▶元旦に adv. en Año Nuevo. ♦一年の計は元旦にあり El día de Año Nuevo es la llave de todo el año.

かんだんけい 寒暖計 m. termómetro. ♦寒暖計は摂氏30度を示している El termómetro marca 30℃ (grados centígrados).

かんち 感知 ▶感知する v. sentir*; (気づく)v. tener* conciencia 《de》; (悟る)v. darse* cuenta 《de》. ▶危険を感知する v. tener* conciencia del peligro. ▶感知器 m. sensor.

かんち 関知 ♦その事件はわれわれの関知するところではない No tenemos 「nada que ver [ninguna relación] con ese caso.

かんちがい 勘違い f. equivocación, m. error. →間違う. ♦君は何か勘違いしているのだ Estás equivocad*o*. / Estás en un error.

がんちく 含蓄 f. insinuación, f. sugerencia. ♦彼の演説は含蓄に富んでいた Su discurso estaba lleno de insinuaciones [sugerencias].

がんちゅう 眼中 ▶眼中にない(=無視する) v. ignorar, no hacer* caso 《de》; (注目しない)v. no tener* en cuenta, no prestar atención 《a》; (まったく意に介さない)v. no importar nada, 《口語》importar un higo [bledo, pimiento, comino]. ♦彼は金のことしか眼中にない(=関心があるのは金だけだ) Lo único que le preocupa es el dinero. ♦/(金だけに関心を抱いている)No le interesa más que el dinero. /《口語》Todo lo que no sea dinero le importa un higo.

かんちょう 官庁 f. oficina 「del gobierno [gubernamental]. ▶官庁街 f. zona de 「oficinas del gobierno [ministerios].

かんちょう 館長 (管理者) mf. director/tora; (博物館・美術館の) mf. conservador/dora; (図書館の)mf. bibliotecario/ria jefe.

かんちょう 干潮 f. marea baja, f. bajamar, m. reflujo. →満潮. ▶干潮時に adv. en marea baja.

かんちょう 浣腸 m. enema, 《口語》f. lavativa. ▶浣腸をする v. 《フォーマル》administrar《a＋人》un enema, 《口語》poner* 《a＋人》una lavativa.

かんちょう 艦長 mf. capitán/tana.

かんつう 貫通 ▶貫通する v. penetrar; (通り抜ける)v. atravesar, pasar《por》. →貫く. ♦その銃弾が私の腕を貫通した La bala me penetró el brazo. ♦トンネルが貫通した El túnel quedó perforado.

かんづく 感づく (気づく)v. tener* la impresión, presentir*, parecer*; (臭いと感じる)v. 《口語》olerse*. ♦私は彼がそこへ行きたくないのだと

感づいた「Tuve la impresión [Me pareció] que no quería ir allí. ◆彼女はわれわれの陰謀に感づいているようだ Parece que se ha olido nuestra trama. ☞気付け, 察知, 悟る

かんづめ 缶詰 (缶詰食品) *fpl*. conservas, *mpl*. alimentos enlatados, *f*. comida enlatada [en conserva]; (四角の) *f*. lata; (丸い) *m*. bote. ▶缶詰にする *v*. enlatar. ▶缶詰業者 *f*. fabricante de conservas. ▶缶詰工場 *f*. fábrica de conservas. ◆彼女はイワシの缶詰をあけた Abrió una lata de sardinas.

かんてい 鑑定 (判定) *m*. juicio, *f*. opinión; (評価) *f*. valoración, *m*. peritaje. ▶鑑定家 (美術品などの) *mf*. experto/ta, *mf*. perito/ta; (筆跡の) *mf*. experto/ta en caligrafía. ▶鑑定家に絵の鑑定を依頼する *v*. pedir* a「un experto [una experta]「un juicio [una valoración] del cuadro. ▶それが本物かどうか鑑定する *v*. juzgar* [determinar] si es genuino o no. ▶筆跡を彼のものと鑑定する (=認定する) *v*. juzgar* la escritura como perteneciente a él, identificar* la escritura como suya.

かんてい 官邸 ▶大統領官邸 *f*. residencia oficial del presidente.

がんてい 眼底 《専門語》 *m*. fondo ocular.

かんてつ 貫徹 ▶初志を貫徹する *v*. 「llevar a cabo [realizar] la intención original, lograr. ▶賃上げ要求を貫徹する *v*. lograr que aceptaran la petición de un aumento salarial.

カンテホンド *m*. cante jondo (☆フラメンコの歌).

かんてん 観点 (見地) *m*. punto de vista; (立場) *m*. ángulo, *m*. planteamiento. ▶別の観点からその問題を眺める *v*. considerar el problema desde el otro punto de vista. ◆経済的な観点から見るとその計画には長所がある Desde el punto de vista de la economía el plan tiene ventajas. ◆その問題を社会学的観点から考えてごらん Piensa en el asunto en términos sociológicos. ☞おける, 立場, 着眼, 点

かんでん 感電 *f*. descarga [*f*. sacudida] eléctrica, 《口語》 *m*. calambre. ▶感電する *v*. recibir una descarga [sacudida] eléctrica. ▶感電死する *v*. morir* electrocutado, electrocutarse.

かんでんち 乾電池 *f*. pila (seca). → 電池.

カント Kant (Emmanuel). ▶カント(哲学)の *adj*. kantiano. ▶カント哲学 *m*. kantismo.

かんど 感度 (フィルム・け器などの) *f*. sensibilidad; (ラジオなどの) *f*. recepción. ▶高感度の地震計 *m*. sismógrafo sensible. ◆このラジオは感度が「いい [²悪い] Esta radio tiene una ¹buena [²mala] recepción. / Esta radio se oye ¹bien [²mal].

かんとう 敢闘 (=勇敢に) *v*. combatir「luchar, pelear] valientemente《contra》; 《口語》 plantar valerosamente la cara 《a》. ▶敢闘賞 *m*. premio「a la combatividad [al espíritu combativo].

かんとう 完投 ▶完投する *v*. lanzar* en todo el partido.

かんとう 巻頭 *m*. comienzo (de un libro). ▶巻頭言 *m*. prólogo, *f*. introducción. ▶巻頭論文 *m*. artículo introductorio.

かんとう 関東 *f*. región de Kanto. ▶関東平野 *f*. llanura [*f*. planicie] de Kanto.

・かんどう 感動 (感激) *f*. emoción; (感銘) *f*. impresión, *m*. sobrecogimiento. ▶感動をもって音楽を聴く *v*. escuchar la música sobrecogido [con emoción]. ◆彼の演説は聴衆に深い[大きな]感動を与えた Su discurso「produjo una honda impresión en el [impresionó profundamente al] público.

—— 感動する *v*. conmoverse* 《por, con, ante》; (感傷的に) *v*. emocionarse 《con, por, ante》; (感銘を受ける) *v*. sobrecogerse* [impresionarse] 《por, con》. ◆(私は)彼の話に感動して涙を流した Estaba tan conmovido por su historia que se me saltaron las lágrimas. / Lo que contó me emocionó [sobrecogió] tanto que me hizo llorar. ◆彼の言葉にとても[深く]感動した Sus palabras me conmovieron mucho [profundamente]. / Me conmoví mucho [profundamente] con sus palabras.

—— 感動的な *adj*. conmovedor; (涙をそそる) *adj*. emocionante; (感銘を与える) *adj*. sobrecogedor, impresionante; (感情に訴える) *adj*. emotivo, emocionante. ▶感動的な光景 *m*. paisaje sobrecogedor [impresionante]. ▶その芝居の感動的な場面 *f*. escena emotiva de la obra. ◆彼の感動的な話に集まった人たちはみな涙にくれた Su conmovedor discurso hizo llorar a todos los allí reunidos. ◆彼らは感動的な再会をした Su reunión「estaba llena de emoción [fue muy emotiva]. ☞いじらしい, 打[討]つ, じいんと, 動く, 打たれる

かんとう 勘当 ▶勘当する *v*. desheredar. ◆おまえは勘当だ ¡Te deshéredo!

かんどうみゃく 冠動脈 《専門語》 *f*. arteria coronaria.

かんとく 監督 《事》 *f*. supervisión; (指揮) *f*. dirección; (管理) *m*. control; 【人】 *mf*. supervisor/sora; (仕事・労働者の) *mf*. capataz, *mf*. supervisor/sora; (映画などの) *mf*. director/tora; (職場の) *mf*. gerente; (野球の) 《英語》 *mf*. "manager" (☆発音は [ményer]), *mf*. administrador/dora, *mf*. director/tora; (サッカーなどの) *mf*. entrenador/dora.

1《~監督》 ▶映画 [²音楽] 監督 *mf*. director/tora de ¹cine [²orquesta]. ▶現場監督 *mf*. supervisor/sora. ▶試験監督 *mf*. vigilante. ▶舞台監督 *mf*. director/tora de escena. ▶野球の監督 *mf*. entrenador/dora de béisbol. ▶黒沢監督の映画 *f*. película dirigida por Kurosawa.

2《監督(の) + 名詞》 ▶山本氏の監督のもとで *adv*. bajo「la supervisión [la dirección, el control] del Sr. Yamamoto. ◆彼女がそんなことをしたのは君の監督不行き届きだ Lo hizo porque tú no la vigilaste bien.

—— 監督をする (人・事・場所などの) *v*. supervisar, vigilar; (指導する) *v*. dirigir*; (世話をする) *v*. cuidar, encargarse* 《de》; (チームなどの) *v*. 《口語》 llevar. ▶試験の監督をする *v*. vigilar en un examen. ◆君は仕事をしなくてよい, 従

業員の監督だけをしてくれ No hace falta que trabajes. Sólo que vigiles a los trabajadores. ☞ 統轄, 取り締まり

がんとして 頑として (頑固に) *adv.* obstinadamente; (断固として) *adv.* firmemente, con tenacidad. ▶頑として自説を主張する *v.* obstinarse en una opinión; (固執する) *v.* aferrarse a una idea. ▶私の頼みを頑として聞き入れない (どうしても聞こうとしない) *v.* insistir [obstinarse] en no hacer* caso a mi petición; (断固断わる) *v.* rechazar* obstinadamente mi petición; (耳を貸さない) *v.* 《口語》 hacer* oídos sordos a lo que he pedido.

カントリークラブ *m.* club de campo.

カントン ▶広東省 *f.* Provincia de Guandong.

かんな 鉋 *m.* cepillo; (大きな) *f.* garlopa. ▶鉋くず *fpl.* virutas, *fpl.* raspaduras de madera. ▶板に鉋をかける *v.* cepillar una tabla.

カンナ *m.* cañacoro.

がんないえん 眼内炎 《専門語》 *f.* endoftalmitis.

かんにん 堪忍 (忍耐) *f.* paciencia; (勘弁) *f.* misericordia. ▶堪忍する(我慢する) *v.* aguantar, soportar; (許す) *v.* perdonar. ♦堪忍袋の緒がついに切れた Se me ha acabado la paciencia. / Ya no aguanto más. / 《強調して》 He llegado al límite [borde] de mi paciencia.

カンニング *m.* engaño, *f.* trampa. ▶カンニングペーパー 『スペイン』《口語》 *f.* chuleta. ♦彼は歴史の試験でカンニングをしているところを見つかった Le pillaron [《フォーマル》 sorprendieron] copiando en el examen de Historia.

地域差 **カンニングする**
〔全般的に〕*v.* copiar
〔キューバ〕*v.* fijarse
〔ペルー〕*v.* plagiar
〔コロンビア〕*v.* pastelear
〔アルゼンチン〕*v.* fijarse

地域差 **カンニングペーパー**
〔スペイン〕*f.* chuleta
〔キューバ〕*m.* acordeón, *m.* chivo, *f.* copia, *m.* forro, *m.* fraude, *m.* papelito
〔メキシコ〕*m.* acordeón
〔ペルー〕*m.* plagio
〔コロンビア〕*f.* copia, *m.* machete, *m.* pastel
〔アルゼンチン〕*m.* acordeón, *f.* ayuda-memoria, *m.* machete

カンヌ Cannes (☆フランスの観光都市). ♦カンヌ国際映画祭 *m.* Festival Internacional de Cine de Cannes.

かんぬき *m.* cerrojo, *f.* tranca. ▶(戸の)かんぬきを1かける [2はずす] *v.* 1atrancar* [2desatrancar*] (la puerta).

かんぬし 神主 *m.* sacerdote sintoísta.

かんねつしき 感熱式 ▶感熱式プリンタ 《専門語》 *f.* impresora térmica.

かんねん 観念 (意識) *m.* concepto; (意識) *m.* sentido. → 考え, 概念. ▶観念的な (=現実的ない) *adj.* ideal; (非現実的な) *adj.* irrealista, 《教養語》《強調して》 utópico. ▶観念論 *m.* idealismo. ▶固定観念 *f.* idea fija, *m.* estereotipo (de). ▶時間の観念がない *v.* no tener* noción de la puntualidad. ♦彼は結婚について誤った観念を抱いている Tiene 「un concepto equivocado [una idea equivocada] del matrimonio. ♦あなたにはプライバシーの観念がない No tienes sentido de la privacidad [intimidad].

── **観念する** (運命に身を任す) *v.* resignarse 《a》, aceptar con resignación; (あきらめる) *v.* dejar, abandonar, rendirse*; (覚悟する) *v.* conformarse resignadamente 《a》, someterse 《a》. → 覚悟する, 諦(${}^{あきら}_{}$)める. ♦彼はもはやこれまでと観念した Se resignó a su destino pensando que todo había acabado. ♦もう一度やってみてもむだだよ. 観念しよう De nada vale intentarlo otra vez. Déjalo.

がんねん 元年 ▶(平成)元年 *m.* primer año (de la era) Heisei.

かんのう 官能 ▶官能主義 *m.* sensualismo. ▶官能的快楽 *m.* placer sensual.

かんのう 間脳 《専門語》 *m.* diencéfalo.

がんのうじんしょうこうぐん 眼脳腎症候群 《専門語》 *m.* síndrome oculocerebrorrenal.

かんぱ 寒波 ▶ola de frío; (厳寒) *f.* helada. ▶寒波に見舞われる *v.* ser* azotado por una ola de frío.

カンパ *f.* campaña de recaudación. ▶千円カンパする *v.* contribuir* con 1.000 yenes 《a》.

かんばい 完売 ▶チケット完売 Se han vendido 「todos los billetes [todas las entradas].

かんぱい 完敗 (完全な) *f.* derrota total (absoluta, aplastante). ▶完敗する *v.* sufrir una derrota total; (完全に負かされる) *v.* ser* derrotado [vencido] completamente.

かんぱい 乾杯 *m.* brindis. ▶乾杯する *v.* brindar [hacer* un brindis, beber] 《por》. ♦私は親切な主催者の方々のために乾杯したいと思います. 乾杯! Me gustaría proponer un brindis por nuestros amables anfitriones. ¡Salud! ♦彼の健康を祝して乾杯しよう ¡A su salud!

かんばしい 芳しい (いいにおいの) *adj.* oloroso; (花などが) *adj.* fragante → 香り, におい; (よい) *adj.* bueno. ♦バラの芳しいにおい *f.* fragancia de las rosas. ♦彼の評判はあまり芳しくない No tiene muy buena fama. ♦その結果は芳しくなかった Los resultados no fueron buenos.

カンバス *m.* lienzo. → キャンバス.

かんばつ 干ばつ *f.* sequía. → 日照り.

がんばり 頑張り *m.* trabajo duro; (努力) *m.* esfuerzo; (やる気) *f.* energía; (闘志) 《口語》 *fpl.* agallas. ♦彼は頑張り屋だ Es muy trabajador. / Tiene mucha energía.

* **がんばる 頑張る** ❶ 【精を出す】 *v.* trabajar duramente [mucho]; (全力を尽くす) *v.* hacer* todo lo posible 《por ＋ 不定詞, porque ＋ 接続法》; (懸命にやってみる) *v.* intentar 「en cuerpo y alma [con todas las fuerzas]; (努力する) *v.* esforzarse* [hacer* esfuerzos] 《para ＋ 不定詞, para que ＋ 接続法》. ♦彼は宿題を9時までに終えようと頑張っている Se está esforzando para acabar su tarea antes de las nueve.

❷【頑張り通す】v. perseverar 《en》, ser* constante 《en, con》; (もちこたえる) v. aguantar. → 辛抱, 根気. ♦君は頑張ればきっと成功すると思うよ Si perseveras, lo conseguirás. ♦彼は長い不況の年月を頑張って切り抜けた Aguantó hasta que pasaron los años de la depresión.
❸【言い張る】v. insistir [empeñarse] 《en》. →主張. ♦彼はもう1割まけてと頑張った Insistió en otro descuento del 10%.
《その他の表現》♦頑張れ!(＝元気を出せ) ¡Vamos! / ¡Ánimo! / (固執せよ)¡Mantente firme! / (俗語)¡Échale cojones! / (耐え抜け)¡Resiste! ¡Aguanta! / (その調子だ)¡Adelante! ¡Persevera! / (幸運を祈る)¡Suerte! / ¡Que te salga bien! / (全力を尽くせ)¡Hazlo lo mejor que puedas! 会話 いつか舞台に立ちたいと思ってるのよ—そうなるといいね, 頑張って—ええ, 頑張るわ Algún día quiero trabajar en los escenarios. – Eso sería maravilloso, ¿eh? ¡Suerte y ánimo! – Sí, me harán falta las dos cosas.

かんばん 看板 m. letrero, m. rótulo, m. indicador, m. anuncio. ♦看板屋 mf. rotulista, mf. pintor/tora de letreros. ♦本屋の看板を出す v. poner* [colgar*] el letrero de una librería. ♦そのレストランには看板が出ていない Ese restaurante no tiene [está anunciado por ningún] letrero. ♦その科学博は看板倒れだ La exposición sobre ciencias no es tan buena como parece. ♦彼女はあの店の看板娘だ Ella es「la atracción [《口語》el gancho]en esa tienda.

かんぱん 甲板 f. cubierta. ♦1正 [2上; 3下]甲板 f. cubierta 1principal [2superior; 3inferior]. ♦甲板に出る v. salir* a cubierta. ♦甲板にはだれもいない No hay nadie en cubierta.

かんび 完備 ♦設備の完備した体育館 m. gimnasio bien equipado. ♦家具の完備した部屋 m. cuarto completamente amueblado. ♦このホテルは冷暖房完備です Este hotel está totalmente climatizado.

かんび 甘美 ♦甘美なメロディー f. melodía exquisita.

ガンビア Gambia (☆アフリカの国, 首都バンジュール Banjul).

かんぴしょう 乾皮症 (専門語) m. xeroderma.

かんびょう 看病 f. asistencia; (介護) m. cuidado; (付き添い) f. atención 《a》.
—— 看病する v. cuidar, prestar cuidado(s); (付き添う) (やや古) v. asistir, atender*; (手厚く) v. cuidar solícitamente. ♦病人を手厚く看病する v. cuidar solícitamente a「un enfermo [una enferma], prestar cuidados atentos a un/una paciente.

かんぶ 患部 ♦患部を1冷やす [2暖める] v. 1enfriar* [2calentar*] la parte afectada [enferma].

かんぶ 幹部 (団体の) mf. directivo/va, mf. dirigente; (指導的なメンバー) mf. directivo/va; (会社の) f. directiva, m. consejo de administración, f. dirección.

かんぷう 完封 (試合) m. partido ganado sin que marque el rival (un solo tanto). ♦完封する v. ganar sin que marque el rival.

かんぷく 感服 f. admiración. ♦感服する v. admirar [sentir* admiración] 《por, hacia》.

かんぶつ 乾物 mpl. comestibles, [メキシコ] [中米] mpl. abarrotes. ♦乾物屋 f. tienda de comestibles [[メキシコ] [中米] abarrotes].

かんぶまさつ 乾布摩擦 ♦乾布摩擦する v. darse* masajes [《フォーマル》friccciones] con una toalla seca.

かんぶん 漢文 (f. escritura en) m. chino clásico; (科目名) mpl. clásicos chinos.

かんぺき 完璧 f. perfección. → 完全. ♦彼のスペイン語は完璧だ Su español es perfecto [impecable]. / (自由にあやつる)Tiene un perfecto dominio del español. / Domina el español「a la perfección [perfectamente].
▶徹底した, 徹底的な

がんぺき 岸壁 m. muelle; (波止場) m. embarcadero (→波止場); (海岸のがけ) m. acantilado.

かんべん 簡便 ♦簡便な(簡単な) adj. fácil; (持ち運びの) adj. portátil; (取り扱いが) adj. práctico; (便利な) adj. cómodo.

かんべん 勘弁 ♦勘弁する(許す) v. perdonar, disculpar, 《フォーマル》dispensar, 《教養語》excusar. → 許す; (我慢する) v. tolerar, soportar. ♦どうかご勘弁ください Le ruego que me perdone [disculpe]. ♦今日のけいこは勘弁してくれますか ¿Me puede dispensar de la clase de hoy? ♦彼の乱暴にはもう勘弁ならない Ya no soporto [《口語》aguanto] más su violencia.

かんぼう 官報 m. boletín oficial, [スペイン] m. B.O.E. (Boletín Oficial del Estado).

かんぽう 漢方 ♦漢方薬 f. medicina [《教養語》f. farmacopea] china; (薬草剤) f. medicina de hierbas. ♦漢方医 mf. médico de hierbas.

がんぼう 願望 m. deseo, 《教養語》m. anhelo. → 望み, 願い. ▶思い, 考え

かんぼうちょうかん 官房長官 mf. Secretario/ria en Jefe del Gabinete.

かんぼく 灌木 m. arbusto, f. mata. ♦かん木の茂み m. matorral, mpl. arbustos.

カンボジア Camboya; (公式名) m. Reino de Camboya (☆東南アジアの国, 首都プノンペン Phnom Penh).

かんぼつ 陥没 (土地の) f. depresión, m. hundimiento. ♦陥没する v. deprimirse, hundirse. →落ち込む, 落ちる

かんまつ 巻末 ♦巻末に adv. al final del libro.

かんまん 緩慢 ♦緩慢な流れ f. corriente lenta.

完璧 Perfecto →完璧

かんまん 干満 *m.* flujo y *m.* reflujo. → 潮.

ガンマン *m.* pistolero.

かんみりょう 甘味料 *m.* edulcorante. ▶人工甘味料 *m.* edulcorante artificial.

かんむり 冠 (王冠) *f.* corona, *f.* diadema; (教皇の) *f.* tiara. ▶冠を¹かぶる [²かぶっている] *v.* ¹ponerse* [²llevar] la corona. ▶お冠である (=ムッとする) *v.* ofenderse, 《口語》picarse*; (不機嫌である) *v.* estar* 「de mal humor [malhumor*ado*], 《口語》cabrearse, 《口語》estar* de morros.

かんめい 簡明 ▶簡明な (=簡単明瞭な) *adj.* claro y sencillo; (簡潔な) *adj.* conciso. ▶簡明に言えば *adv.* hablando claro.

かんめい 感銘 *f.* impresión, 《強調して》 *m.* impacto. → 感動. ▶彼の勇気は私たちに深い感銘を与えた Su valor nos 「hizo una honda impresión [《フォーマル》impresionó profundamente]. / Su valentía nos causó un fuerte impacto.

がんめん 顔面 *f.* cara. ▶顔面紅潮 (専門語) *m.* rubor facial. ▶顔面神経 (専門語) *m.* nervio facial. ▶顔面神経痛 (専門語) *f.* neuralgia facial. ▶顔面神経麻痺 (専門語) *f.* parálisis facial. ▶半側顔面痙攣 (専門語) *m.* espasmo facial hemifacial. ▶顔面蒼白になる *v.* ponerse* pálido, 《フォーマル》empalidecer.

かんもん 喚問 (専門語) *f.* citación. ▶喚問する *v.* (専門語) citar. ▶証人として法廷に喚問される *v.* ser* cit*ado* a comparecer* como testigo en un juicio.

かんもん 関門 *f.* barrera, *m.* obstáculo. ▶関門を突破する *v.* superar la barrera (de).

がんやく 丸薬 *f.* píldora.

かんゆう 勧誘 (誘い) *f.* invitación. → 誘い. ▶保険の勧誘員 *mf.* vended*or/dora* de seguros. ▶寄付を求める (=求める) *v.* pedir* [《フォーマル》solicitar] (su) contribución. ▶われわれもその運動に加わるよう勧誘を受けた 「Nos pidieron [《フォーマル》Solicitaron] que nos uniéramos al movimiento.

がんゆう 含有 (量) *m.* contenido. ▶含有する *v.* contener*. ◆焼酎はアルコールの含有率が高い El aguardiente contiene un alto porcentaje de alcohol.

かんよ 関与 (参加) *f.* participación. ▶関与する *v.* participar (en); (関係する) *v.* estar* implic*ado* [《フォーマル》involucr*ado*] (en). ▶国政に関与する *v.* participar en 「el gobierno (nacional) [la administración del país]. ▶その強盗事件に関与する *v.* estar* involucr*ado* en el robo. ◆私はその問題に一切関与していない No tengo nada que ver en ese asunto. / 《フォーマル》No estoy involucr*ado* en absoluto en ese caso.

かんよう 慣用 *m.* modismo, *f.* frase hecha, 《フォーマル》 *f.* locución. ▶慣用表現 *f.* expresión idiomática. ▶現代スペイン語の慣用語法 *m.* uso del español moderno ☞ 熟語, 成句

かんよう 寛容 *f.* tolerancia; (寛大) *f.* generosidad. → 寛大. ▶寛容な *adj.* tolerante; generoso.

かんよう 肝要 *f.* importancia. ▶肝要な *adj.* importante; (不可欠な) *adj.* esencial, fundamental. → 重要な.

かんようしょくぶつ 観葉植物 *f.* planta foliada decorativa [de adorno].

がんらい 元来 *adv.* originalmente, en (su) origen, primitivamente; (生まれつき) *adv.* por naturaleza, de nacimiento; (本質的に) *adv.* esencialmente, en esencia. → 本来. ◆新潟は元来港町だった Niigata era originalmente una ciudad portuaria. ◆彼は元来楽天家だ Es optimista por naturaleza.

かんらく 陥落 (陣地などの) *f.* caída, 《フォーマル》 *f.* capitulación; (降伏) *f.* rendición. ▶トロイの陥落 *f.* caída de Troya. ◆敵の要塞(ﾖｳｻｲ)がついに陥落した Por fin se rindió la fortaleza del enemigo. / (敵が明け渡した)El enemigo entregó finalmente la fortaleza.

かんらく 歓楽 (喜び) *m.* placer. ▶歓楽街 *f.* zona de diversiones. ▶赤線(地帯) *f.* zona de tolerancia, 《スペイン》 *m.* barrio chino, 《ラ米》 *f.* zona roja. ▶歓楽におぼれる *v.* entregarse* a los placeres. ▶歓楽を求める *v.* buscar* [《フォーマル》perseguir*] el placer.

かんらん 観覧 ▶野球の試合を観覧する *v.* ver* [presenciar], asistir a un partido de béisbol. ▶観覧券 *f.* entrada, *m.* billete de admisión, *f.* localidad. ▶観覧者 (=観客, 見物人) *mf.* espectad*or/dora*; (参観者) *mf.* visitante, *f.* visita. ▶観覧席(劇場・球場などの) *m.* asiento, 《フォーマル》 *f.* localidad; (競技場などの) *fpl.* gradas, *mpl.* graderíos. → スタンド.

地域差 **観覧車**
[スペイン] *f.* noria
[キューバ] *f.* estrella
[メキシコ] *f.* rueda de la fortuna
[ペルー] *f.* estrella, *f.* rueda de Chicago, *f.* rueda de la fortuna
[コロンビア] *f.* rueda, *f.* rueda de Chicago, *f.* rueda giratoria
[アルゼンチン] *f.* rueda, *f.* rueda de la fortuna, *m.* rueda gigante, *f.* vuelta al mundo

かんり 管理 (運営, 経営) *f.* gerencia; (国や行政などによる) *f.* administración; (支配) *m.* control; (指導, 指図) *f.* dirección; (監督) *f.* supervisión; (管理責任) *f.* responsabilidad; (一時的保管) *f.* custodia.
1《～(の)管理》▶工場の管理 *f.* administración [*m.* control, *f.* supervisión] de una fábrica. ▶生産管理 *m.* control de producción. ▶労務管理 *f.* gestión de personal. ▶品質管理 *m.* control de calidad. ▶お金の管理 *m.* control de gastos. ▶国の管理下にある *v.* estar* bajo la administración estatal [del estado]. ▶中間管理職 *f.* gerencia media, *mpl.* mandos [*mpl.* cuadros] intermedios. ◆その国は国連平和維持軍の管理下に置かれている El país está bajo el control de la Fuerza de las Naciones Unidas para el Manteni-

miento de la Paz.
2《管理＋名詞》▶管理社会 f. sociedad controlada. ▶管理人 (=ビルやアパートなどの) mf. cuid*ador/dora*; (財産の) mf. encarg*ado/da*, mf. gerente, mf. administr*ador/dora*; (遺産の) mf. albacea. ▶管理事務所 f. oficina del administración. ▶管理職についている Tiene [Ocupa] un cargo administrativo.
3《管理が[を]》▶その古い建物は管理が行き届いている Ese viejo edificio está siendo bien administrado. ▶戻ってくるまで事務所の管理をお願いします Quiero que te encargues de la oficina hasta que yo vuelva.

—— 管理する (事業などを運営する) v. gestionar, encargarse* [de]; (治める) v. administrar, 《口語》llevar; (統制する) v. controlar; (監督する) v. supervisar. ♦ 彼が会社のお金を管理している Administra [《口語》Lleva, Gestiona] ⌈el dinero [los fondos] de la empresa. ♦ 彼の財産はおじが管理している Su propiedad la administra su tío. / Su tío está a cargo de su propiedad. ♦ 私はこの仕事の管理をするよう頼まれた Me pidieron que supervisara este trabajo. ♦ その財宝は大英博物館で管理されている Los tesoros ⌈están bajo la custodia del [son administrados por] el Museo Británico. ☞ 運営, 管轄, 経営, 統轄, 取り締まり; 切り回す, 仕切る, 取り締まる

かんり 官吏 m. funcion*ario/ria* (del Estado). → 公務員, 役人.

かんりゃく 簡略 ▶簡略な (簡素・単純な) adj. sencillo, fácil; (簡潔な) adj. conciso; (短い) adj. breve. → 簡潔. ▶簡略化する (=単純化する) v. simplificar*, hacer* sencillo [simple], abreviar; (合理化する) v. mejorar la eficacia, 《フォーマル》racionalizar*. ♦ 運転免許証の更新手続を簡略化する必要がある Hay que simplificar el procedimiento de renovación de la licencia de conducir.

かんりゅう 寒流 f. corriente fría.

かんりゅう 貫流 ▶貫流する v. pasar 《por》, atravesar*. ♦ 淀川は大阪を貫流している El río Yodo pasa por Osaka.

かんりょう 完了 f. conclusión, f. terminación. ▶現在 [過去]完了形《文法》 [1] m. presente [2 m. pasado] perfecto. ▶その仕事の完了 f. conclusión [f. terminación] del trabajo. ▶在外(=海外での)研究を完了する v. completar los estudios en el extranjero. ♦ 首脳会談の準備は完了した Han terminado los preparativos para la cumbre. ♦ 出発の準備は完了しました (=用意はできました) ¿Está listo para partir [salir]? / 《口語》¿Preparado?

かんりょう 官僚 mf. burócrata. ▶官僚主義 m. burocratismo. ▶官僚的 adj. burocrático; f. burocracia. ♦ 彼にはどこか官僚的なところがある Tiene cierto aire de burócrata.

かんるい 感涙 ▶感涙にむせぶ (=感謝の涙を流す) v. 《フォーマル》derramar lágrimas de gratitud; (感動して涙を流す) v. conmoverse* hasta llorar.

かんれい 慣例 (社会的習慣) f. costumbre, m. uso, f. usanza, f. práctica; (因習)《教養語》

f. convención; (先例) m. precedente. ▶慣例の adj. acostumbrado; (因習的な) adj. convencional; (いつもの) adj. habitual. ▶慣例を [1]守る [2]破る v. [1]mantener* [2]romper*] una costumbre. ▶社会の慣例に従う v. seguir* [《フォーマル》observar] las convenciones [costumbres sociales]. ♦ そうするのがわれわれの慣例だ Tenemos la costumbre de hacerlo así. / Es nuestra costumbre (hacer eso).

かんれいぜんせん 寒冷前線 m. frente frío. ♦ 寒冷前線が日本海を通過した Un frente frío ha atravesado el Mar de Japón.

かんれき 還暦 ▶還暦を祝う v. celebrar ⌈los sesenta años [《フォーマル》el sexagésimo aniversario]. ▶還暦を迎える (=60歳に達する) v. llegar* a los 60 años; 《ユーモアで》convertirse* en sesent*ón/tona*.

かんれん 関連 (関係) f. relación, 《フォーマル》f. relevancia, f. referencia. → 関係. ▶関連付け《専門語》f. asociación. ▶この点に関連して adv. con relación [respecto, referencia] a esto, en relación con esto. ♦ 喫煙と肺がんの間には密接な関連がある Hay una íntima relación entre el tabaco y el cáncer de pulmón. ♦ その証拠はその事件に関連がある Las pruebas ⌈tienen relación con el [《フォーマル》son relevantes al] caso.

—— 関連する v. relacionarse [estar* relacionado] 《con》. ▶関連した事実 mpl. hechos relacionados. ▶その事件に関連した問題 mpl. asuntos relativos al [relacionados con el] incidente. ♦ 彼はその問題に関連していくつか質問した Me hizo algunas preguntas relativas [referentes, 《フォーマル》relevantes] a ese asunto. / 《口語》Me preguntó algunas cosas en relación con eso. → 関して.

かんろく 貫禄 (りっぱな風采(^{ふう})) f. buena presencia; (威厳) f. dignidad; (自信) f. confianza, m. aplomo, f. seguridad en sí mismo. ▶貫禄がつく v. ganar (un aire de) presencia. ♦ 彼は貫禄がない No tiene mucha presencia. / Le falta seguridad [aplomo]. ♦ 彼は最上級生としての貫禄を示した Puso de manifiesto la seguridad que debe tener una persona de más edad.

かんわ 緩和 m. relajamiento, f. distensión, 《教養語》f. desinhibición. ▶規制緩和 f. liberalización, f. desregulación. ▶国際間の緊張緩和 m. relajamiento de la tensión internacional. ▶緩和する (苦痛・緊張などを和らげる) v. calmar, aligerar, mitigar*; (苦痛などを軽減する) v. aliviar, suavizar*; (緊張・規則などをゆるめる) v. relajar, distensionar, 《教養語》desinhibir. ▶輸入制限を緩和する v. relajar [aligerar] las restricciones a las importaciones. ♦ 交通渋滞を緩和する v. descongestionar un embotellamiento; hacer* más fluida una congestión de tráfico.

かんわ 漢和 ▶漢和辞典 (説明的に) m. diccionario de caracteres chinos con explicación en japonés.

き

き 気 ❶【心の働き, 傾向】*f.* mente, *m.* corazón, *f.* energía, *m.* espíritu; *m.* humor; (気持ち, 感じ) *f.* sensación, *m.* sentimiento (→心); (気づいていること) *f.* conciencia.

1 《気が[は]》 ♦ 気がふさぐ[めいる] *v.* deprimirse, estar* deprim*ido*, 《口語》andar* bajo de moral. ♦ 塞(ふさ)ぎ込む. ♦ 気が済む (=満足している) *v.* estar* content*o* [satisf*echo*]. ♦ そのよい知らせを聞いて気が楽になった (=ほっとした) Me sentí alivi*ado* al oír las buenas noticias. /《口語》Respiré al oír las buenas noticias. / (気が晴れた) Las buenas noticias me han animado. → 晴れる. ♦ 彼は突然気が変わった De repente cambió de parecer [opinión]. ♦ 彼はまだ気が若い Se siente joven. / Aún tiene el corazón joven. ♦ 彼女の歌を聞くと気がめいるわ Su canción me pone triste [melancólica]. ♦ たび重なる失敗に彼は気がくじけてしまった Se desanimó por un fracaso tras otro. / La serie de fracasos le habían desanimado. ♦ Había fracasado tantas veces que 「《口語》tenía la moral por los suelos [《フォーマル》carecía en absoluto de confianza en sí mismo]. ♦ 先生が試験を延期したので気が抜けてしまった El profesor me hundió [《フォーマル》quitó la moral] al posponer el examen. ♦ この仕事には気が乗らo[向か]ない No tengo ganas de hacer este trabajo. / 今朝は食事をする気がしない Esta mañana no tengo ganas de comer. / No me apetece comer esta mañana. ♦ 彼女との結婚に気が進まなかった No 「tenía ganas de [estaba inclinado a] casarse con ella. ♦ 彼それを貸してくれる気があるかしら ¿Querrá prestármelo? ♦ 彼女に気がある (=好意をもっている) らしい Parece que (ella) le interesa. /《口語》Parece que le hace tilín. ♦ 彼は暑さで気が遠くなった Se desmayó [desvaneció] por el calor. / El calor le hizo perder la conciencia. ♦ 3分後に彼女に気がついた《フォーマル》Recuperó la conciencia a los tres minutos. / Volvió en sí a los tres minutos. ♦ あの人, 気は確かなのか ¿Crees que esa persona está en su sano juicio? /《口語》¿Piensas que está en sus cabales? ♦ 彼はその知らせを聞いて気が狂いそうになった La noticia casi lo [le] volvió loco. / Casi perdió la razón con la noticia. ♦ 彼は来ないような気がする No creo que venga. /「Me parece [Tengo la impresión de]」que no va a venir. ♦ 食ったら何て食欲なんでしょう!—私だったらあんなに食べる気がひけちゃうわ ¡Qué apetito tiene! — A mí me daría vergüenza comer tanto. ♦ 彼のことを先生に告げ口したことで気がとがめる (Me) Siento culpable por haberlo[le] acusado [《フォーマル》delatado] al [ante el] profesor. ♦ 彼らはみなその知らせで気が立っていた La noticia los [les] alteró [alborotó] a todos. / Todos se pusieron en tensión con la noticia. ♦ 試験の前の夜は非常に気がはって (=緊張して) よく眠れなかった La noche antes del examen estaba tan nervi*oso* que no pude dormir bien.

2 《気の》 ♦ 気の変わりやすい女 *f.* mujer antojadiza (caprichosa,《フォーマル》voluble). ♦ 気の多い人《口語》*f.* persona「con muchos intereses [desparramada]. ♦ 気の済むまで (=心ゆくまで) 歌って飲みましょうよ! ¡Cantemos y bebamos para alegrar el corazón! ♦ 彼があなたを疑っているなんてあなたの気のせいよ No es más que la imaginación tuya la que cree que sospecha de ti. / Claro que no sospecha de ti. Son imaginaciones tuyas. ♦ 私は気の向くままに (=目的もなく) 森の中を歩いた Caminé por el bosque「sin rumbo [《口語》a la buena de Dios]. ♦ それは気の持ちようだ Depende de cómo lo mires. ♦ 彼は気の置けない友だ Es un amigo con el que「estoy a gusto [me siento bien; congenio muy bien].

3 《気に》 ♦ 何かお気にさわりましたか ¿Hay algo que te moleste [ofenda]? ♦ 私が吉田さんを招待したの気にさわった ¿No te ha gustado que haya invitado al Sr. Yoshida? ♦ 先生の話を聞いて勉強する気になった Me dieron ganas de estudiar después de oír lo que dijo *el/la* profes*or/sora*. ♦ 私はどうしてもその動物を殺す気になれなかった No tenía valor para matar al animal.

4 《気を》 ♦ 気を静める *v.* tranquilizarse*, calmarse. ♦ 気を悪くする *v.* ofenderse,《口語》picarse*. ♦ 気を落とす *v.* desilusionarse,《フォーマル》decepcionarse. → 失望する. ♦ 彼女はオール優の成績をもらって気をよくしてるんだ Ha tenido todos sobresalientes y se siente muy bien. ♦ 彼女は気を取り直しまた話し始めた「Recobró la compostura [Se calmó] y empezó otra vez a hablar. ♦ 彼はショックに備えて気を引き締めた Se preparó para el choque. ♦ 彼女は映画に行って気を紛らせた Se fue al cine para divertirse [《口語》variar].

❷【性質】*m.* carácter, *f.* naturaleza; (性癖)《フォーマル》*f.* disposición; (気質) *m.* genio. ♦ 気の弱い男 *m.* hombre「débil de carácter [《教養語》pusilánime]. ♦ 気が強い男 *m.* hombre fuerte [osado, audaz]. ♦ 気の荒い船員 *m.* marino irascible [fogoso]. ♦ 彼は気が大きい Tiene una naturaleza generosa. ♦ 彼は気がやさしい《フォーマル》Es de buen corazón. / Tiene una disposición bondadosa. ♦ 彼は

気が短い Tiene「mal genio [《口語》malas pulgas]. / Es de genio《口語》vivo [impaciente]. ♦彼は気が長い (＝忍耐強い) Es paciente. / No se altera por nada. ♦Aguanta mucho. ♦私たちは気が合う Nos llevamos bien. / Congeniamos. /《口語》Vamos bien los [las] dos.
❸【意向, 意図】(意思) f. intención; (意向) f. opinión; (意志) f. voluntad. → つもり. ▶やる気のある学生 mf. estudiante motivado/a. ▶気のない返事 f. respuesta「poco entusiasta [desganada]. ▶生きようという気 (＝気力)を失う v. perder*「las ganas [la voluntad] de vivir. ♦私はパーティーに出席する気はない No「tengo la intención de [pienso] ir a la fiesta. ♦これからどうする気だ ¿Qué vas a hacer en el futuro? / ¿Qué intenciones tienes para el futuro? ♦それを我慢する気はありません Eso no lo aguanto. / No tolero eso. / No puedo soportarlo [aguantarlo, tolerarlo]. ♦彼女は(本気で)行く気でいたが, 気が変わって行かないことにした Tenía intención de ir, pero cambió de opinión. ♦彼は私たちを助ける気はないようだ Parece que no tiene ganas de ayudarnos. ♦彼女がどういう気なのか全然分からない No comprendo nada qué es lo que quiere decir. / No la entiendo「《口語》[ラ米] en absoluto [para nada].
❹【注意, 配慮, 心配】(注意) m. cuidado, f. atención; (配慮) f. consideración; (心配) f. preocupación, f. inquietud,《文語》f. cuita.

1《気が》▶気が利く v. darse* cuenta de las cosas, estar* en todo, ser* listo,《口語》estar* despierto; (いつでも手助けしてくれる) v. estar* siempre dispuesto a ayudar. ♦騒音のために気が散って読書ができなかった No podía leer a causa del ruido. / El ruido「me distraía [apartaba mi atención] de la lectura. ♦私は息子のことで気が気でない Estoy「muy preocupado [inquieto,《口語》en ascuas] por mi hijo. ♦気がつくと暗い森の中に(横になって)いた Cuando me di cuenta estaba (echado) en un bosque tenebroso [oscuro]. ♦いつ時計がないのに気がつきましたか ¿Cuándo echaste en falta tu reloj? / ¿Cuándo te diste cuenta que habías perdido el reloj? → 気づく. 《会話》日曜日にはバスはないわ—どうしてもっと早く気がつかなかったの El domingo no hay autobuses. - ¿Cómo es que no te diste cuenta antes? ♦11時半だわ. もうこんなに遅い時間だなんて気がつかなかったわ Son las once y media. No me había dado cuenta de la tarde que era.《会話》彼女に花束か何か要るようーうん. それはいいことに気がついたね Vamos a necesitar un ramo de flores o algo para ella. - Sí, has tenido una buena idea.

2《気の》▶気の利かぬ男 m. hombre que no「se da cuenta de [está en] nada. ▶気の利いた贈り物 m. regalo bien pensado. ♦彼は時々気の利いたことを言う《口語》A veces「da en el clavo [dice lo justo]. ♦彼は気のつく人だ (＝注意深い) Es atento. / (思いやりがある)Es considerado con [hacia] los demás.

-き 311

3《気に》→気にする. ♦何が気にかかっているのですか ¿Qué es lo que te preocupa? / ¿Qué te inquieta?

4《気を》▶本にすっかり気をとられていて (＝夢中になっていて)あなたの呼ぶ声が聞こえなかった Estaba absorto en la lectura y no oí que llamabas. ♦マリアは気を利かせて (＝思慮分別をきかせて)部屋から出て行った María tuvo la delicadeza de salir de la habitación. / (それと気付いて)Se dio cuenta y salió del cuarto. ♦ありがとう. でも気に気を遣わないでね. うちにある(用意して)あるから. ただ来てくださればいいの(人を招待して) Es muy amable, pero de verdad no hace falta que se moleste. Tenemos todo aquí. Nos honrarán con su presencia.

5《気を》▶気を引く v. llamar [atraer*] (su) atención. ▶気をゆるめる v. distraerse*.
❻【香り, 味】m. sabor. ♦気が抜ける(炭酸性飲料など) v. echarse a perder*. ▶気の抜けたビール f. cerveza pasada. ♦その¹ビール [²サイダー]は気が抜けている La ¹cerveza [²soda, ²gaseosa] se ha pasado.

き 木【樹木】m. árbol; (低木) m. arbusto, m. matorral; (木材) f. madera; (板) f. tabla; (薄い) m. tablero, (厚い) m. tablón.

1《〜(の)木》▶リンゴの木 m. manzano. ▶バラの木 m. rosal. ▶枯れ木 m. árbol seco. ▶葉の落ちた木 m. árbol desnudo [sin hojas].

2《木が[の]》▶木の机 f. mesa de madera. ▶木の茂った山 m. monte「cubierto de árboles [arbolado]. ▶木の葉が紅葉した Las hojas de los árboles se volvieron rojas y amarillas.

3《木に》▶木に登る v. subirse [trepar] a un árbol. ▶木にとまっている鳥 m. pájaro en el árbol. ▶木に名前を刻む v. inscribir* el nombre en (la corteza de) un árbol. ♦ほとんどの果実は木になる Casi todas las frutas crecen hasta convertirse en árboles.

4《木を》▶木を切り倒す v. cortar [talar] un árbol. ▶木を植える v. plantar un árbol.

き 黄 m. amarillo. → 黄色.

き 奇 (奇異) f. rareza, f. extrañeza; (風変わり) f. excentricidad; (新奇) f. novedad. ♦事実は小説より奇なり La realidad es más extraña que la irrealidad. ▶彼は奇をてらってあんなことをしたのだ Sólo lo hizo para「ser distinto [《口語》dárselas de original, diferenciarse].

き 機 (機会) f. ocasión; (時期) m. momento. ▶機を失する v. perder* una ocasión. ▶反乱の機が熟した Ha madurado「el momento para la rebelión [la ocasión para rebelarse].

-き -期 (時代) f. época, f. era, f. edad; (期間) m. período; (期限つきの) m. plazo,《教養語》m. término; (会期) f. sesión; (段階) f. etapa, f. fase. ▶氷河期 f. época [f. era] glaciar. ▶市長を3期勤める v. cumplir tres períodos de alcalde. ▶3期勤めた国会議員 mf. diputado/da por tres legislaturas. ♦彼は公職を2期勤めた Ocupó el cargo público dos períodos. ♦今期議会はあすから始まる Mañana empieza la sesión actual de la Dieta.

ギア (歯車) f. rueda dentada; (自動車などの) f. caja de cambios [velocidades]. ▶ギヤ. ▶ギヤチェンジする v. cambiar la marcha [velocidad].

きあい 気合い (叫び) m. grito de guerra [batalla], m. alarido; (やる気) m. ánimo, f. moral; (闘志) f. combatividad. ▶気合いもろとも敵へ突撃する v. atacar* al enemigo con un grito de guerra. ▶気合いの入った議論 f. discusión animada. ▶彼に気合い負けする (=威圧される) v. sentirse* intimidado [moralmente abrumado] por él. ♦仕事にもっと気合いを入れろ Pon más ánimo en tu trabajo. / 《口語》Échale más ganas al trabajo.

きあつ 気圧 (気象) f. presión atmosférica; (物理) f. atmósfera. ▶気圧の谷 f. zona de bajas presiones. ▶気圧配置 f. distribución de la presión atmosférica. ▶気圧計 m. barómetro. ♦高い山の上では気圧は低くなる La presión atmosférica disminuye en (la) alta montaña. ♦中心気圧は950ヘクトパスカルである La lectura barométrica central marca 950 hectopascales.

ギアナこうち ギアナ高地 f. meseta de Guyana.

ぎあん 議案 m. proyecto de ley. ▶議案を国会に提出する v. presentar un proyecto de ley 「a la Dieta [al parlamento]. ▶議案を[1]採択 [[2]否決]する v. [1]adoptar [[2]rechazar*] un proyecto de ley.

きい 奇異 ▶奇異な風習 fpl. costumbres extrañas. ▶奇異に映る v. parecer* raro. → 異様, 奇妙, 変な.

キー (鍵) f. llave; (ピアノ・コンピューターなどの) f. tecla. ▶キーホルダー m. llavero. ▶キーパンチャー mf. perforador/dora (de tarjetas). ▶キーポイント m. punto clave. ▶ピアノのキーをがんがんたたく v. aporrear las teclas de un piano.

キーウィー(フルーツ) m. kiwi.

きいきい ▶きいきい音を立てる v. chirriar*. ♦彼はきいきい声で話す Habla con una voz chillona. ♦このドアは開ける時きいきいいう La puerta chirría al abrirse.

ぎいぎい ▶ぎいぎい音を立てる (=きしむ音など) v. crujir, chirriar*; (金属片などでする音) v. raspar, hacer* un ruido áspero. ♦階段がぎいぎいきしんだ Los escalones crujían.

きいてまわる 聞いて回る v. ir* 《口語》andar* preguntando.

きいと 生糸 f. seda cruda.

キーパー 《スポーツ》mf. portero/ra, mf. guardameta.

キーボード (コンピューター・ピアノなどの) m. teclado. ♦彼女はキーボードを打つのが速い Teclea con rapidez. / Es rápida tecleando. ♦彼はキーボード奏者である Es teclista.

きいろ 黄色 m. amarillo. ▶黄色がかった緑 m. verde amarillento. ♦木の葉が黄色に変わりつつある Las hojas 「se están volviendo amarillas [van amarilleando].

—— 黄色い[の] adj. amarillo, 《文語》gualdo. ▶黄色い帽子 m. sombrero amarillo. ▶黄色のペンキ f. pintura amarilla. ▶黄色い(=かん高い)声で adv. con voz chillona.

キーワード f. palabra clave.

*ぎいん **議員** ❶【国会の】mf. diputado/da, mf. miembro de la Dieta; mf. parlamentario/ria, mf. miembro del Congreso de Diputados, mf. congresista, mf. representante.

❷【地方議会の】mf. miembro de una asamblea, mf. asambleísta. ▶[1]都 [[2]道府県, [3]市町村]議会議員 mf. miembro [1]de la Asamblea Metropolitana [[2]de la Asamblea Provincial; [3]del Concejo Municipal]. ♦彼は市会議員です Es miembro del concejo municipal. / Es concejal.

ぎいん 議院 f. Cámara, m. Parlamento. → 国会. ▶衆議院 f. Cámara de Diputados [Representantes]. → 衆議院. ▶参議院 f. Cámara de Senadores [Consejeros]. → 参議院. ▶議院制度 m. sistema parlamentario.

きえ 帰依 ▶仏教に帰依する (=信者になる) v. hacerse* budista; (受け入れる)《フォーマル》v. abrazar* el budismo.

きえい 気鋭 ▶新進気鋭の若い学者 mf. joven erudito/ta con mucho empuje.

キエフ Kiev (☆ウクライナの首都).

*きえる **消える** ❶【見えなくなる, 存在しなくなる】v. desaparecer*; (突然に, 不思議にも) v. esfumarse, desvanecerse*, deshacerse*; (徐々に) v. disiparse, borrarse, desdibujarse; (見えなくなる) v. perderse* de vista; (消え去る) v. irse*, 《口語》esfumarse. → 無くなる. ♦その宝石はどこへ消えたのか ¿Cómo han desaparecido las joyas? ♦その山の雪がすっかり消えた Toda la nieve de la montaña se ha 「deshecho [derretido]. ♦すりは人込みの中に消えた El ratero 「desapareció en medio de la multitud [se perdió de vista en la multitud]. ♦見知らぬ男はふっと[こっそり]町から消えた El forastero desapareció [se fue, se esfumó] de la ciudad. ♦船は霧の中に消えていった El barco se desvaneció en la bruma. ♦ジェット機はあっという間に視界から消えた El avión de reacción salió disparado perdiéndose de vista.

❷【感覚・感情などが】(痛み・においなどが消え去る) v. desaparecer*; (色が) v. perderse*; (過ぎ去る) v. irse*, perderse*; (感情・思い出などが消滅する) v. pasar(se), desvanecerse*; (音・興奮などがしだいになくなる) v. apagarse*, perderse*. ♦痛みがなかなか消えない El dolor no desaparece [se va, cesa]. ♦その知らせを聞いて私の怒りは消えた Mi ira se desvaneció [pasó] con la noticia. ♦足音が遠のいて消えていった Los pasos dejaron de oírse en la distancia. / La distancia fue apagando el ruido de las pisadas.

❸【火が】v. apagarse*, 《フォーマル》extinguirse*; (電灯・ガスなどが) v. apagarse*. ♦火が消えた El fuego se apagó. ♦ろうそくが消えかけている La vela se está apagando. ♦明かりが消えている La luz está apagada. ♦その火事はまもなく消えた (=消し止められた) El fuego no tardó en ser apagado [《フォーマル》] extinguido].

❹【跡・しみなどが取れる】(こすって) v. quitarse, irse*; (すり減って) v. gastarse, desaparecer*. ▶このペンキはなかなか消えない Esta pintura no 「se quita [se va, desaparece, se borra]」 fácilmente. ◆印刷の文字が消えてしまった La impresión 「está gastada [ha desaparecido]」.

《その他の表現》◆この部屋代に収入の大半が消える El alquiler de esta habitación 「ha absorbido [《口語》se ha chupado]」 casi todo mi dinero. ◆パーティーの後の部屋は火が消えたようだった Después de la fiesta, todo parecía muerto en la sala. ◆希望の灯は突然消えた De repente todas las esperanzas 「se desvanecieron [quedaran disipadas]」.

ぎえんきん 義捐[援]金 ▶阪神大震災の被災者のために義援金を集め始めた Iniciamos un fondo de ayuda a los damnificados del Gran Terremoto de Hanshin.

きおう 気負う ▶気負っている v. estar* muy entusiasta. → 張り切る.

きおうしょう 既往症 mpl. antecedentes clínicos; f. enfermedad anterior; (病歴) f. historia clínica, m. historial médico.

*きおく 記憶 (覚えておくこと[力]) f. memoria; (覚えている状態) m. recuerdo. ▶記憶すべき出来事 m. suceso memorable.

1《～記憶》▶かすかな記憶 f. memoria floja [débil].

2《記憶＋名詞》▶記憶錯誤《専門語》f. paramnesia. ▶記憶障害《専門語》f. dismnesia. ▶記憶喪失《専門語》f. amnesia. ▶記憶機構《専門語》m. dispositivo de almacenamiento. ▶記憶容量《専門語》f. capacidad de almacenamiento. ◆母は数字の記憶力が[¹いい [²悪い] Mi madre tiene ¹buena [²mala] memoria para los números. ◆君すごい記憶力(の持ち主)だね ¡Qué buena memoria tienes! / Tienes una memoria asombrosa [increíble]. ◆私は記憶力がだんだん衰えている Estoy perdiendo la memoria. / Me está fallando la memoria. / (悪くなっている)Mi memoria cada vez está peor. (ますます忘れっぽくなってきた)《口語》Cada vez 「olvido más cosas [estoy olvidadizo]」. ◆すみません。私の記憶違いでした Lo siento. 「Me ha fallado la memoria [He tenido un fallo de memoria]」.

3《記憶が[は]》▶私の記憶が正しければその事件は 2000 年の秋に起こった Si 「la memoria no me falla [recuerdo bien]」, el incidente tuvo lugar en el otoño de 2000. ◆さまざまな記憶が心によみがえってきた Me venían a la memoria todo tipo de recuerdos. ◆(悪くなっている)私はどこかで会った記憶がある Recuerdo haberlo[le] visto en alguna parte. → 覚える. ◆その事件の記憶は ¹まったく [²ぼんやりとしか]ない ¹No recuerdo nada [²Sólo tengo un débil recuerdo] de ese incidente.

4《記憶に》▶記憶に新しい v. estar* fresco en

きか 313

la memoria. ◆その光景は私の記憶に今だに ¹生々しく残っている [²深く刻まれている] La escena ¹sigue viva [²está profundamente grabada] en mi memoria. ◆君の言葉は記憶に留めておこう《口語》Grabaré en la memoria tus palabras. / Me acordaré de lo que has dicho. ◆これほど笑ったことってちょっと記憶にないなぁ No recuerdo [me acuerdo de] haberme reído tanto. ◆それは記憶にございません。No lo recuerdo. / No me acuerdo. / No tengo memoria de eso.

5《記憶を》▶記憶を ¹新たにする [²失う; ³取り戻す] v. ¹refrescar* [²perder*; ³recuperar] la memoria. ▶記憶をたよりに話す v. hablar de memoria.

6《記憶では》◆私の記憶では彼は 60 歳で死んでいる Si mal no 「me acuerdo [recuerdo]」, murió a la edad de 60 años.

―― 記憶する (暗記する) v. aprender de memoria, 《フォーマル》memorizar*; (心に留める) v. tener* 「en cuenta [presente]」; (覚えている, 思い出す) v. recordar*, 《口語》acordarse* 《de》. → 覚える. ◆私の記憶している限りではその男の人は黒い口ひげをたくわえて(=はやしていた Si mal no recuerdo, el hombre tenía bigote negro. ◆私は彼が大変頭のいい生徒だったと記憶している Lo [Le] recuerdo [tengo en la memoria] como un estudiante muy brillante. ⇨ 暗記, 覚える

きおくれ 気後れ ▶気後れがする(度胸を失う) v. perder* el valor, intimidarse, 《教養語》cohibirse*, 【メキシコ】【中米】《口語》aplatanarse; (ためらう) v. vacilar, titubear; (自信をなくす) v. sentir* retraimiento; (舞台などで上がる) v. tener* miedo a salir* a escena.

キオスク m. quiosco, m. puesto.

きおち 気落ち ▶気落ちする(落胆する) v. desanimarse, desalentarse*, deprimirse; (意気消沈している) v. estar* deprimido [abatido]; (落ち込む) v. sentirse* 「con la moral baja [《口語》por los suelos]」. → 失望. ▶すっかり気落ちして adv. totalmente desanimado. ◆そんなに気落ちするな No estés tan desanimado.

*きおん 気温 f. temperatura. → 温度. ▶最高気温 f. temperatura máxima [más alta]. ▶最低気温 f. temperatura mínima [más baja]. ▶(年)平均気温 f. temperatura media anual. ▶気温の急激な変化 m. cambio brusco de [en] la temperatura. 《会話》今気温は何度ですか―25 度です ¿Qué temperatura tenemos ahora? / ¿Cuántos grados tenemos? - 25ºC (grados centígrados). ◆あすはさらに暑くなって最高気温は 34 度になるでしょう(天気予報) Mañana hará más calor con máximas de 34ºC.

きか 幾何 f. geometría. ▶幾何学的(な) adj. geométrico. ▶幾何学的に adv. geométricamente. ▶幾何学的模様の壁紙 m. papel de pared con diseño geométrico.

きか 帰化 f. naturalización, f. nacionalización. ▶帰化日本人 mf. nacionalizado/da [mf. naturaliza*do/da*] japon*és/nesa*. ♦ 彼は日本に帰化した Se nacionalizó japonés. / (帰化して日本人になった)Se hizo japonés por nacionalización.

きか 気化 f. vaporización; (ガス化) f. gasificación; (揮発) f. volatilización; (蒸発) f. evaporación. ▶炭化(内燃機関などの気化) f. carburación. ▶気化器(キャブレター) m. carburador. ▶気化熱 m. calor de la vaporización. ▶(液体を)気化する v. vaporizar* (un líquido).

きが 飢餓 f. hambre, f. hambruna. ▶飢餓に瀕している人々 mpl. pueblos hambrientos, f. gente con hambre.

ギガ (専門語) f. giga.

きかい 機会 f. ocasión, f. oportunidad 《de, para》.

1《～機会》▶絶好の機会 f. ocasión [f. oportunidad] excelente. ▶ 1教育 [2就職]の機会 f. oportunidad de ¹educación [²trabajo]. ♦ 海外旅行は視野を広げるよい機会だ Los viajes al extranjero son buenas ocasiones para ensanchar los horizontes. ♦ 今こそ絶好の機会だ Ahora es la ocasión.

2《機会＋名詞》▶女性に対する機会均等 f. igualdad de oportunidades para las mujeres. ▶機会均等計画 m. programa con igualdad de oportunidades.

3《機会が[は]》▶機会がある v. tener* la ocasión. ▶彼に会う機会がない v. no tener* ocasión [oportunidad] de verlo[le]*. ▶機会があり次第 adv. en la siguiente [próxima] ocasión. ▶機会があればこの博物館に行ってごらんなさい Si「tienes ocasión [se te presenta la oportunidad], debes visitar el museo. ♦ 花子に会う機会があったらよろしく言ってください Saluda a Hanako de mi parte si tienes ocasión de verla. 《会話》ここにはよく来るの？―機会があるたびにね ¿Vienes aquí a menudo? – En todas las ocasiones que tengo. / Siempre que puedo. ♦ よい音楽を聞く機会がほとんどなかった He tenido pocas ocasiones de oír buena música. / No he tenido muchas ocasiones de oír buena música. / (めったに)《フォーマル》Apenas he gozado de oportunidades de oír buena música. ♦ 彼は機会《が》あるごとにスペイン語を話した Nunca perdía la ocasión de hablar español. / Aprovechaba cualquier ocasión para hablar español.

4《機会に》▶この機会に adv. en esta ocasión. ▶できるだけ早い機会に adv. en la primera ocasión que se presente. ▶次の機会に回そう v. dejarlo a la siguiente ocasión. ▶費用の安いパック旅行の機会に飛びつく v. saltar a la ocasión de un viaje en grupo barato. ▶またの機会にしましょう Dejémoslo para otra ocasión.

5《機会を》▶機会をとらえる v. aprovechar una ocasión. ▶機会を待つ v. esperar la ocasión. ▶機会をねらう v. estar* atento a la ocasión. ▶機会を逃す[見送る] v. desaprovechar [perder*, dejar pasar] una ocasión. ♦ 彼は慎重に成功の機会を計算してみた Intentaba calcular cuidadosamente sus probabilidades de éxito. ♦ 政府は彼に留学の機会を与えた El gobierno le dio la oportunidad de estudiar en el extranjero. ♦ この機会をお借りして皆さんにお礼を申し上げたいと思います《フォーマル》Me gustaría aprovechar esta oportunidad para「darles a todos las gracias [《フォーマル》expresarles a todos ustedes mi agradecimiento」.

▶折, 契機, 時節, 隙, 時

きかい 機械 f. máquina; (総称) f. maquinaria; (時計などの) m. mecanismo (de un reloj).

1《～機械》▶工作機械 f. máquina herramienta.

2《機械＋名詞》▶機械油(潤滑油) m. aceite lubricante. ▶機械科(学校の) m. curso de (ingeniería) mecánica. ▶機械技術 f. tecnología mecánica. ▶機械工 mf. mecánico/ca. ▶機械工学 f. ingeniería mecánica. ▶機械工業 f. industria mecánica. ▶時計の機械装置 m. mecanismo de un reloj. ▶機械文明 f. civilización mecanizada [de máquinas]. ▶機械翻訳 f. traducción mecánica. ▶機械力 f. energía [f. potencia] mecánica. ▶機械化 f. mecanización. ♦ その工場は来年までに完全に機械化される Antes del año que viene la fábrica estará totalmente mecanizada. ♦ 機械製品は手製のものより安い Los productos fabricados a máquina son más baratos que los hechos a mano.

3《機械は》▶この機械は調子よく動く Esta máquina funciona [marcha,《口語》va,《口語》anda] bien. ♦ 機械は多大の労力を省いてくれる Las máquinas nos「ahorran mucho trabajo [《フォーマル》eximen de una gran cantidad de trabajo].

4《機械の[に]》▶機械の運転時間 fpl. horas de funcionamiento de las máquinas. ▶機械のように正確に機能する v. funcionar como un reloj. ♦ 機械に手を触れるな『掲示』No toquen la maquinaria. / No se acerquen a las máquinas.

5《機械を》▶工場に機械を据え付ける v. instalar una máquina en una fábrica. ▶機械を組み立てる v. montar una máquina. ▶この機械を操作するのは難しい Esta máquina es difícil de operar [manejar].

—— 機械的な adj. mecánico; (習慣的な) adj. automático. ▶機械的な返事 f. respuesta mecánica. ♦ それは機械的な仕事なので精神的な満足は得られない Ese es un trabajo muy mecánico y poco gratificante mentalmente.

—— 機械的に adv. mecánicamente, automáticamente. ▶何事も機械的にやる v. hacer* todo mecánicamente [de manera mecánica]. ▶機械的に(＝そらで)文の１節を覚える v. aprender un pasaje de memoria.

きかい 器械 (器具) m. instrumento; (器具一式) m. equipo, m. instrumental. ▶医療器械 mpl. instrumentos [mpl. aparatos] médicos. ▶器械体操 f. gimnasia con aparatos. → 体操.

きかい 奇怪 ▶奇怪な(＝不可解な)事件 m. incidente misterioso. ▶怪奇な (=奇妙な) 行動 m. comportamiento extraño.

きがい 危害 ▶危害を加える v. hacer* daño, herir*, dañar (físicamente). → 怪我(゙゙). ▶危害のない (=無害な) adj. inofensivo, 《教養語》 inocuo. ♦静かにしろ, そうしたら危害は加えない Estáte quieto y no te「pasará nada [haré daño].

きがい 気概 (気骨) m. valor, m. ánimo, m. brío, (勇気) f. valentía, m. coraje, 《口語》 fpl. agallas, 《俗語》 mpl. cojones, 《俗語》 mpl. huevos. ▶気概のある人 m. hombre con valor [coraje]. ▶気概のある兵士 m. soldado con「mucho coraje [《口語》muchas agallas, 《俗語》un par de huevos]. ♦彼には困難に打ち勝つ気概がない No tiene coraje [《口語》 agallas] para superar las dificultades.

*きがい 議会 f. asamblea; (国会) f. Dieta; (米国・メキシコの) m. Congreso; (英国・カナダの) m. Parlamento; (スペインの) fpl. Cortes. → 国会. ▶県議会 f. asamblea provincial. ▶市町村議会 m. concejo municipal. ▶議会主義 m. parlamentarismo. ▶議会政治 m. gobierno parlamentario. ▶議会制度 m. sistema parlamentario. ▶議会制民主主義 f. democracia parlamentaria. ▶日本の国会は英国議会にならって作られた La Dieta de Japón fue modelada según el Parlamento británico.

きがえ 着替え (着替えること, 着替えの服) m. cambio de ropa; (余分の衣服) f. ropa para cambiarse. ▶着替え2着 mpl. dos cambios de ropa. ▶着替え室 m. vestuario.

きがえる 着替える v. cambiarse (de ropa), mudarse; (...に着替える) v. cambiarse (a una prenda de vestir*). ▶セーターを脱いでブラウスに着替える v. cambiarse el suéter por una blusa, quitarse el suéter y ponerse* una blusa. ♦夕食のために着替えた Me cambié (de ropa) para cenar. ♦シャツを着替えなさい Cámbiate de camisa.

きかがく 幾何学 f. geometría. → 幾何.

きがかり 気掛かり f. preocupación, f. inquietud, 《教養語》 f. zozobra, m. cuidado. → 心配. ♦私のただ一つの気がかりは息子の体のことだ Lo único que me preocupa es la salud de mi hijo.

きかく 企画 (計画) m. plan; (大がかりな) m. proyecto, (計画すること) f. planificación. → 計画, 手はず. ▶旅行を企画する v. hacer* el plan de un viaje, planear un viaje.

きかく 規格 f. norma, m. estándar, m. tipo. ▶規格化 f. estandarización, f. tipificación. ▶規格商品 mpl. artículos estandarizados [tipificados]. ▶自動車の部品を規格化する v. estandarizar* las piezas de automóviles. ♦この品は規格に合っている Este producto「cumple con [se ajusta a] las normas.

きかざる 着飾る v. vestirse* bien [de gala, de etiqueta], ponerse* elegante, engalanarse, 《口語》 endomingarse*, 《口語》《強調して》 emperifollarse. ♦彼女たちはみんな結婚式のために着飾っていた Todas「estaban bien vestidas [se habían puesto elegantes, se habían puesto sus mejores vestidos] para la boda.

きかす 聞かす → 聞かせる.
きかす 利かす → 利かせる.

きかせる 聞かせる ▶子供に本を読んで聞かせる v. leerle* un libro a un/una niño/ña. ♦さあきっと私たちに歌を1歌って[2演奏して]聞かせてください Ven y ¹cántanos [²tócanos] algo. ♦どうしてそれが嫌いなのか私に聞かせて (=言って) ください Cuéntame por qué no te gusta.

きかせる 利かせる ▶スープに塩を利かせる (=味付けする) v. condimentar la sopa con sal, poner* sal en la sopa, salar la sopa. ▶すごみを利かせて (=おどして) 小切手に署名させる v. intimidar para que firme el cheque. ▶機転を利かせる v. mostrar* tacto.

きがね 気兼ね ♦彼女の前では少し気兼ねした (=窮屈に感じた) Me sentía muy incómodo [《フォーマル》inhibido] en su presencia. ♦気兼ねせずに (=自由に) ご質問ください Pregunten lo que quieran libremente [sin temor, sin reserva]. / No tengan reparo en hacer cualquier pregunta. ♦欲しいものがあれば気兼ねなく (=ちゅうちょせずに) 言ってくれ No dudes en decirme si necesitas algo. / (遠慮をしないで) Por favor, no vaciles [tengas reparo] en avisarme en el caso de que necesites algo.

きがまえ 気構え (心構え) f. preparación 《a, para》; (決心) f. determinación 《a》.

きがる 気軽 → 気さく, 気楽. ▶気軽に (喜んで) adv. fácilmente, a la ligera; (遠慮せずに) adv. libremente, (親しく) adv. de manera amistosa. ▶仕事を気軽に引き受ける v. aceptar a la ligera el trabajo. ▶気軽に読める本を推せんする v. recomendar* un libro「como lectura ligera [de lectura fácil]. ▶何なりと気軽におたずねください Pregúnteme lo que desee sin reparo [temor].

*きかん 期間 m. período, f. duración, m. tiempo; (契約・任期などの) m. plazo. ▶契約期間 m. período de un contrato. ▶休暇期間中に adv. durante las vacaciones. ▶短期間でスペイン語をマスターする v. dominar el español en poco tiempo. ▶そこでの私たちの滞在期間は1週間です La duración de nuestra estancia allí será de una semana. / Estaremos allí una semana. ▶彼は長期間入院していた 《フォーマル》 Estuvo hospitalizado「mucho tiempo [un largo período de tiempo]. ▶この時計の保証期間は1年です El período de garantía de este reloj es de un año. / Este reloj tiene un año de garantía.

きかん 機関 ❶【エンジン】m. motor. ▶蒸気機関 f. máquina de vapor. ▶ディーゼル機関 m. motor diesel. ▶機関士 (=船の) mf. maquinista (naval); (列車の) mf. maquinista. ▶機関室 f. sala de máquinas, (船の) f. cámara de máquinas. ▶機関長 m. jefe de máquinas.

❷【機構, 手段】(政府などの) m. organismo, m. órgano; (社会・教育・福祉施設の) f. institución, f. organización, f. sociedad; (便宜

きかん をはかるための)*fpl.* instalaciones, *mpl.* servicios; (手段)*mpl.* medios. ▶政府機関 *m.* organismo gubernamental. ▶¹教育 [²公共]機関 *f.* institución ¹educativa [²pública]. ▶金融機関 *f.* institución financiera. ▶交通機関 *mpl.* medios de transporte. ▶報道機関 *mpl.* medios de comunicación. ▶機関誌 [紙](会報など) *m.* boletín; (政党などの) *m.* órgano.

きかん 季刊 ▶季刊の *adj.* trimestral. ▶季刊誌 *f.* revista trimestral.

きかん 基幹 (土台) *f.* base, *m.* fundamento. → 元. ▶基幹産業 *f.* industria clave [base].

きかん 気管 《専門語》 *f.* tráquea. ▶気管の *adj.* traqueal. ▶気管炎 《専門語》 *f.* traqueítis. ▶気管支 《専門語》 *m.* bronquio, *mpl.* conductos bronquiales. ▶気管支拡張症 《専門語》 *f.* bronquiectasia. ▶気管支狭窄 《専門語》 *f.* broncostenosis. ▶気管支痙攣 《専門語》 *m.* broncospasmo. ▶気管支喘息 《専門語》 *f.* asma bronquial. ▶気管支肺炎 《専門語》 *f.* bronconeumonía.

きかん 器官 *m.* órgano. ▶生殖器官 *mpl.* órganos genitales [reproductores]. ▶発声器官 *mpl.* órganos vocales [fonatorios].

きがん 祈願 *f.* oración, 《フォーマル》 *f.* plegaria, 《教養語》 *fpl.* preces. → 祈る. ▶祈願する *v.* rezar*, 《フォーマル》 orar, decir* una plegaria.

きかんしえん 気管支炎 《専門語》 *f.* bronquitis.

きかんしゃ 機関車 *f.* locomotora (de un tren). ▶¹蒸気 [²ディーゼル; ³電気]機関車 *f.* locomotora ¹de vapor [²diesel; ³eléctrica].

きかんじゅう 機関銃 *f.* ametralladora.

きき 危機 (重大な時点, 岐路) *f.* crisis, *m.* momento [*m.* período crítico; (緊急事態) *f.* emergencia.

1《〜(の)危機》▶¹食糧 [²エネルギー]危機 *f.* crisis ¹alimentaria [²energética]. ▶¹政府 [²財政]の危機 *f.* crisis ¹del gobierno [²financiera]. ▶¹差し迫った [²深刻な]危機 *f.* crisis ¹inminente [²grave]. ▶それは彼女の人生の危機であった Fue una crisis en su vida.

2《危機＋名詞》▶危機管理(経営上の) *f.* gestión de crisis. ▶危機一髪で助かる *v.* escapar [librarse] por poco [《口語》los pelos] (de la muerte). ▶彼らの間に危機感があった Tenían una sensación de crisis.

3《危機に》▶危機に直面する *v.* enfrentarse a una crisis; estar* en un momento crítico. ▶危機に臨んで *adv.* en época de crisis, en una crisis. ▶当時わが社は危機にあった[（陥った)] Entonces nuestra empresa ¹atravesaba [²había caído en] una crisis.

4《危機を》▶¹患者 [²会社]は危機を脱した[(乗り切った)] ¹El paciente [²La empresa] ha superado la crisis. ☞ 大事, 峠

きき 機器 (機械) *f.* maquinaria; (精密器具) *m.* instrumento; (家庭用器具) *m.* aparato. ▶医療機器 *m.* instrumento médico. ▶事務機器 *fpl.* máquinas y *mpl.* equipos de oficina.

-きき -利き ▶右利きの *adj.* derecho.

ききあきる 聞き飽きる *v.* estar* cansado [harto] de oír*. ▶飽きる. ♦もう聞き飽きた(=十二分に聞いた) Ya he oído bastante.

ききいる 聞き入る *v.* escuchar atentamente [con atención]. ▶ラジオに聞き入る *v.* escuchar la radio atentamente ▶彼女は熱心に聞き入った《口語》Era todo oídos.

ききいれる 聞き入れる (要求などを) *v.* acceder 《a》, consentir* 《en》, conceder, 《教養語》 otorgar*; (忠告を) *v.* aceptar. ▶彼の願いを¹聞き入れる [²聞き入れない] *v.* ¹acceder a [²rechazar*] su petición. ▶彼の忠告を聞き入れない *v.* negarse* a seguir* su consejo.

ききうで 利き腕 *f.* mano dominante. ♦ぼくは左が利き腕だ Soy izquierdo [zurdo].

ききおとす 聞き落とす → 聞き漏らす. ▶１語たりとも聞き落とさないように注意しなさい Ten cuidado y no te pierdas ni una palabra.

ききおぼえ 聞き覚え ▶聞き覚えのある(=聞き慣れた)声 *f.* voz conocida. ▶聞き覚えで演奏する *v.* tocar* de oído. ♦彼の名前は聞き覚えがあるが顔が思い出せない「Su nombre me suena [He oído su nombre]，pero no puedo recordar su cara.

ききかえす 聞き返す ▶値段を聞き返す(=もう一度尋ねる) *v.* preguntar otra vez el precio. ▶テープを何回も聞き返す(=何回も聞く) *v.* escuchar la cinta "muchas veces [repetidamente]. ♦警官はその男に何度も何度も聞き返していた(=質問し続けた) El policía "no cesaba de interrogar al hombre [le hacía una y otra pregunta].

ききかじる 聞きかじる (浅薄な知識を身につける) *v.* tener* un conocimiento superficial [muy por encima] 《de》.

ききごたえ 聞き応え ▶聞き応えのある演説 *m.* discurso [*f.* conferencia] que vale la pena (escuchar).

ききこみ 聞き込み *f.* entrevista. ▶聞き込み(捜査)をする *v.* entrevistar (a testigos), recoger* información 《de》.

ききだす 聞き出す ▶ラジオでスペイン語を聞き出す(=聞き始める) *v.* ponerse* [empezar*] a escuchar español en la radio. ▶警察は事件について彼から情報を聞き出した(=得た) La policía le ha sonsacado información sobre el caso.

ききちがい 聞き違い ▶聞き違いをする(=聞き違える) *v.* oír* mal.

ききちがえる 聞き違える *v.* oír* mal, equivocarse* al oír*.

ききつける 聞き付ける (耳にする) *v.* oír*. ▶彼について妙なうわさを聞き付ける *v.* oír* rumores extraños sobre él. ▶聞き付けた(=聞き慣れた)声で *adv.* con una voz conocida. ♦昨夜彼の重病を聞き付けた(=偶然聞いた) Anoche oí [me enteré de] que estaba muy enfermo.

ききて 聞き手 (会話などの) *mf.* oyente; (ラジオ聴取者) *mf.* radioyente; (会見などの) *mf.* entrevistador/*dora*; (聴衆) *f.* audiencia. → 聴衆.

ききどころ 聞き所 (最もよい[重要な]箇所) lo mejor, lo más importante.

ききとどける 聞き届ける (同意する) *v.* acceder

《a》, estar* de acuerdo 《con》; (受け入れる) v. aceptar; (聞き入れる) v. 《フォーマル》otorgar*.
ききとり 聞き取り f. audición. ▶聞き取りテスト m. dictado, f. prueba [m. test] de audición [comprensión oral].
ききとる 聞き取る v. oír*, bien, 《スペイン》《口語》coger*, 《口語》agarrar, 《口語》pillar. ♦彼の言うことがまったく聞き取れなかった No oí [《口語》cogí] nada de lo que dijo. ♦彼女の言葉ははとんど聞き取れなかった Apenas pude oír lo que dijo. /《フォーマル》Sus palabras apenas fueron audibles.
ききなおす 聞き直す (もう一度尋ねる) v. preguntar otra vez, volver* a preguntar; (もう一度聞く) v. escuchar otra vez, volver* a escuchar.
ききながす 聞き流す v. no hacer* caso, no prestar atención, 《口語》《ユーモアで》dejar que las palabras entren por un oído y salgan por otro.
ききなれる 聞き慣れる ▶聞き慣れた (=よく知っている)電話の声 f. voz conocida por [en el] teléfono. ♦彼の講義は聞き慣れないうちは分かりにくい Sus conferencias son difíciles de entender hasta que uno se acostumbra.
ききにくい 聞きにくい (聞きづらい) v. ser* difícil de oír*; (尋ねにくい) v. no atreverse a preguntar. ♦女性に年のことは聞きにくい No me atrevo a preguntar a las mujeres por su edad.
ききほれる 聞き惚れる (うっとりする) v. estar* encantado [《教養語》cautivado, 《強調して》embelesado] 《con, por》.
ききみみ 聞き耳 ▶聞き耳を立てる (=耳を澄ませて聞く) v. escuchar "muy atentamente [《口語》con los cinco sentidos]" (耳をそばだてる)《口語》v. estirar las orejas.
ききめ 効き目 (効果) m. efecto 《en, sobre》; (有効性) f. eficacia, 《フォーマル》f. virtud. → 効果.
ききもらす 聞き漏らす v. no oír* bien. ▶聞き漏らすまいと聞く v. escuchar atentamente, 《口語》ser* todo oídos. ♦彼の名前を聞き漏らした No oí su nombre. / Se me escapó su nombre.
ききゃく 棄却 (却下) m. rechazo, 《フォーマル》m. rechazamiento. ▶棄却する v. rechazar*, rehusar*. ▶控訴を棄却する v. rechazar* la apelación.
ききゅう 気球 m. globo (aerostático), m. aeróstato, m. balón. ▶熱気球 m. globo de aire caliente. ▶気象観測用気球 m. globo meteorológico. ▶気球を上げる v. lanzar* un globo. ▶気球に乗る v. ir* en globo.
ききょう 帰郷 f. vuelta [m. regreso] a casa [al pueblo]. ▶帰郷する v. volver* [regresar] "a casa [al pueblo]. → 行く.
ききょう 桔梗 m. farolillo chino.
ききょう 企業 m. negocio; (会社) f. empresa, f. compañía (→会社); (大企業) f. corporación.
  1《～企業》▶ [1]大 [2]零細] 企業 f. [1]gran [2]pequeña] empresa. ▶多国籍企業 f. em-

きく 317

presa [f. corporación] multinacional. ▶ [1]民間 [2]公営]企業 f. empresa [1]privada [2]pública].
  2《企業＋名詞》▶企業家 mf. empresario/ria. ♦企業秘密 m. secreto empresarial [industrial].
ききょうしょう 気胸症 《専門語》m. neumotórax.
ぎきょく 戯曲 m. drama, f. obra de teatro. ▶小説を戯曲化する v. dramatizar* una novela, (口語) llevar una novela a las tablas.
ききわける 聞き分ける ❶【聞いて区別する】▶人の声を聞き分ける v. distinguir* una voz de otra, conocer* por la voz; (聞いてそれと分かる) v. reconocer* (su) voz. ♦小鳥の声を聞き分けることができますか ¿Puedes distinguir los pájaros por el canto?
❷【納得する】v. comprender; (道理が分かる) v. atender* a razones [la razón]. ♦あいつは聞き分けがなくて困る No atiende a razones ese tipo. / Es un tipo irrazonable.
ききん 基金 m. fondo, f. fundación. ▶国際交流基金 f. Fundación Japón. ▶国連児童基金 m. Fondo de las Naciones Unidas para la Infancia, 『略』UNICEF (☆発音は [úniθef]). ▶救済基金を募る〔設ける〕v. recaudar un fondo de auxilio [ayuda]. → 資金.
ききん 飢饉 f. hambruna, f. hambre. ▶水飢饉 (=水不足) f. escasez de agua; (干ばつ) f. sequía. ▶飢饉で苦しむ国 m. país que sufre de hambre. ▶飢饉[1]で [2]の間に] 死ぬ v. morir* [《フォーマル》perecer*] [1]de hambre [2]durante una hambruna].
ききんぞく 貴金属 mpl. metales preciosos. ▶貴金属商 (=人) mf. joyero/ra, (店) f. joyería.
* **きく** 聞[聴]く ❶【聞こえる】v. oír*; (注意して聞く) v. escuchar; (聞き知る) v. oír*, enterarse 《de》, saber*, tener* noticia 《de》, 《フォーマル》informarse 《de》. ▶彼の知らせを聞く v. oír* la noticia de él, enterarse de la noticia por él. ♦彼が泣いているのを聞いた Lo [Le] oí llorar. 会話 田中さんのこと聞いた―いいえ、聞いてないわ。何かあったの ¿Te has enterado de [¿Has oído] lo que ha pasado con el Sr. Tanaka? ‒ No. ¿Qué ha pasado? ♦彼は病気だと聞いた〔ところによれば彼は病気だそうだ〕「Me he enterado de [He oído, Sé, Me han dicho] que está enfermo. ♦彼らが到着したことを聞いた「He oído [Me han dicho] que han llegado. / "Me he enterado [Tengo noticia] de su llegada. ❷【耳を傾ける】v. escuchar; (講演・コンサートなどを) v. escuchar, oír*, 《口語》sentir*, 《口語》atender* 《a》; (注意して聞く) v. atender* 《a》, prestar atención 《a》. ▶ [1]音楽 [2]説教] を聴く v. oír* [escuchar] [1]música [2]un sermón]. ♦彼の話を注意して聞いた「Escuché atentamente [Presté mucha atención a] lo que dijo. ♦さあ彼女がバッハを弾くのを聞きましょう Ahora, vamos a escucharla [oírla] interpretando a Bach. / (電話で) 聞いているの

きく

¿Me oyes? / ¿Estás oyéndome? / ¿Sigues [¿Estás] ahí? → 聞こえる.

❸【従う】*v*. hacer* caso 《a, de》, obedecer*; (耳を貸す)*v*. escuchar; (願いをかなえる)*v*. acceder 《a》, 《教養語》conceder. ♦親の言うことを聞く *v*. 「hacer* caso de [obedecer* a] lo que dicen los padres. ▶言うことを聞かない子供 *mf*. niño/ña muy desobediente. ♦医者の言うことを聞いて、おとなしく寝ていなさい Haz caso de lo que ha dicho el médico y estáte tranquil*o* en la cama. ♦私は彼の願いを聞いてやった Hice tu que me pidió. 《フォーマル》「Le concedí [Accedí a] su deseo. ♦彼に何度も頼んだが聞いてもらえなかった Se lo pedí una y otra vez, pero no 「me hizo caso [quiso escucharme]. ♦私は子供たちにおばさんの言うことをよく聞くように言った Les dije a mis hijos que「obedecieran a [hicieran caso a lo que les dijera] su tía.

❹【尋ねる】*v*. preguntar 《por》, hacer* una pregunta, 《フォーマル》informarse 《de》. ▶尋ねる. ▶駅へ行く道を聞く *v*. 「preguntar por el [informarse del] camino a la estación. ▶案内所で聞く *v*. preguntar en información. ▶その問題について彼に聞く *v*. preguntarle sobre ese asunto. ♦私は彼がどこに住んでいるのか聞いた Le pregunté dónde vivía. ♦一つ二つ聞きたいのですが Me gustaría hacerle una o dos preguntas. ♦彼に住所を聞いておいてください Pregúntale 《por》su dirección. → 尋ねる. ♦聞くんじゃなかった No tenía que haber preguntado.

《その他の表現》♦最後まで聞いてください Escúcheme hasta el final, por favor. ♦この騒音では私の話を十分に聞いてもらうことができないと思った Pensé que no me oirían bien con todo este tumulto. ♦そんなことを聞く耳は持たない Esas cosas no me interesan nada. ♦私の父はその知らせを聞いて喜びました Mi padre estaba encantado「con la noticia [al enterarse de la noticia]. 《電話》この値段はいくらか電話で聞いてみたら ¿Cuánto cuesta? - ¿Por qué no llamas y「lo preguntas [te enteras]?♦奥様、何か苦情がおありと聞いて〔=了解して〕おりますが Me he enterado de que tiene usted una queja, señora. ♦彼は私といっしょに行くと言って聞かなかった Insiste en acompañarme. ♦今の話は聞かなかったことにしてください Olvídese, por favor, de lo que he dicho.
⌧伺う, 接する

***きく 効[利]く** ❶【効き目がある】(作用する)*v*. actuar*; (効果がでる)*v*. tener* [surtir, producir*, hacer*] efecto; (効果がある)*v*. ser* [resultar] eficaz 《contra, para》; (...に効く)*v*.「ir* bien [ser* bue*no*] 《para》. ♦この薬は私には効かない Esta medicina no me produce ningún efecto. 《会話》この薬はどのぐらいで効いてきますか—あと 2,3 時間ですね ¿Cuándo empezará a actuar [tener efecto] esta medicina? - En dos o tres horas. ♦この風呂はリューマチに効く Este baño caliente es bueno para el reumatismo. ♦この薬は君の「風邪 [²頭痛]に効く(=を楽にする)だろう Esta medicina te「irá bien contra [aliviará] tu ¹resfriado [²dolor de cabeza].

❷【機能する】♦ブレーキがきかなかった Los frenos no funcionaron bien. ♦彼は左手がきかなくなった(=左手を使用する力を失った) Ha perdido el uso de la mano izquierda. ♦犬は鼻が(よく)きく(=鋭い嗅(ホッ)覚を持っている) Los perros tienen un olfato muy agudo. ♦この部屋は冷房がきいていない(=弱すぎる) El aire acondicionado「no basta [es demasiado débil; es ineficaz] para esta sala. ♦このスープはコショウがききすぎている(=多すぎる) Esta sopa tiene demasiada pimienta.

❸【可能である】♦修理がきかない *v*. ser* irreparable, no poder* arreglarse, no tener* arreglo. ♦この服は洗濯がきく Este vestido es lavable.

きく 菊 *m*. crisantemo.

きく 器具 (家庭用電気・ガス器具など)*m*. aparato; (精密な)*m*. instrumento; (調理・掃除用)*m*. utensilio; (構造の単純な)*f*. herramienta, *m*. útil. ▶電気器具 *mpl*. aparatos eléctricos. ▶外科手術用器具 *m*. instrumental quirúrgico. ▶調理器具 *mpl*. útiles de cocina.

きぐ 機具 *m*. instrumento, *f*. herramienta. → 器具. ▶農機具 *mpl*. aperos de labranza, *fpl*. herramientas agrícolas.

きぐ 危惧 (不安, 心配)*m*. recelo, *f*. inquietud, 《教養語》*f*. zozobra. ▶危惧の念を抱く *v*. sentir* recelo, estar* inqui*eto* 《por》.

きぐう 奇遇 ♦ここで君に会うなんて奇遇だ ¡Qué casualidad encontrarte aquí! / ¡Vaya coincidencia verte aquí!

ぎくしゃく ♦ロボットのぎくしゃくした(=ぎこちない)動き *mpl*. movimientos mecánicos de un robot. ▶日米間のぎくしゃくした(=荒れた)関係 *fpl*. relaciones empañadas [difíciles] entre Japón y Estados Unidos.

ぎくっと →ぎくりと

きばり 気配り (配慮)*f*. atención; (注意)*m*. cuidado. ♦老人に気配りする *v*.「ser* atento con [preocuparse por] los ancianos. ♦仕事には十分気配りをしなさい Tienes que tener más cuidado con tu trabajo.

きぐらい 気位 (自尊心)*m*. orgullo; (うぬぼれ)*f*. presunción. ▶気位が高い *adj*. orgulloso, presuntu*oso*.

ぎくりと ▶ぎくりとする(=大変驚く)*v*. asustarse; (不意を打たれて驚く)*v*. sobresaltarse, tener* un sobresalto; (体が)驚く *v*. crujir. ♦名前を呼ばれて彼はぎくりとした Se sobresaltó al oír pronunciar su nombre. / Pareció asustado cuando lo [le] llamaron. ♦肩がぎくりと鳴った Me ha crujido el hueso del hombro.

きぐろう 気苦労 (悩み)*f*. preocupación, (気がかり)*f*. inquietud. → 心配. ▶気苦労が多い *v*. tener* muchas preocupaciones. ▶気苦労のない生活 *f*. vida despreocupada [libre de inquietudes].

きけい 奇形 *f*. deformidad, *f*. deformación, 《専門語》*f*. malformación. ▶奇形の *adj*. deforme. ▶先天性奇形 《専門語》*f*. malformación congénita.

ぎけい 義兄 *m.* cuñado. → 義理の兄弟.

きげき 喜劇 *f.* comedia. ▶短い風俗劇 *m.* sainete. ▶喜劇的な *adj.* cómico. ▶喜劇俳優 *mf.* comedian*te* / *ta.* ▶喜劇映画 *f.* película cómica. ▶喜劇作家 *mf.* comediógrafo/*fa.*

きけつ 帰結 (成り行き) *f.* consecuencia, (結果) *m.* resultado, (結末) *f.* conclusión. → 結果. ▶当然の帰結 *f.* consecuencia natural 《de》.

きけつ 既決 ▶既決の *adj.* decidido, determinado, (罪が) *adj.* convicto. ▶既決囚 *mf.* reo convicto.

ぎけつ 議決 (決議) *f.* decisión, *f.* resolución, (票決) *f.* votación. ▶議決権(株での) *m.* derecho de voto, 《フォーマル》 *m.* derecho decisorio. ▶議決権を持っている *v.* tener* voto 「《フォーマル》capacidad decisoria」 (en una reunión). ▶議決する *v.* decidir, resolver*.

キケロ (マルクス・トゥリウス〜) Marco Tulio Cicerón (☆前 106-43, ローマの政治家・雄弁家).

•**きけん 危険** *m.* riesgo; *f.* alarma; (危険の可能性があること) *m.* riesgo; (急を告げていること) *f.* alarma. ◆危険!〔掲示〕 ¡Peligro! 会話 たいした危険じゃないさ—なるほど. しかし, いくらでも危険を冒すのは賢明かね No hay que correr muchos riesgos. – Ya, pero ¿es prudente correr alguno?

1《危険(な)+名詞》 ▶危険(な)区域 *f.* zona「de peligro [peligrosa]. ▶危険(な)思想 *fpl.* ideas peligrosas. ▶危険信号 *f.* señal de peligro. ◆彼は(病気で)危険な状態にあった Estaba peligrosamente enfermo. / Su vida corría peligro.

2《危険は[が]》 ▶噴火の危険1がある [2はない] 1Hay [2No hay] peligro de una erupción (volcánica). ◆彼が山で遭難する危険(性)は大いにあった Corría mucho riesgo de perderse en la montaña. ◆この手術には少しも危険はありません No hay ningún riesgo en esta operación. ◆この都市は攻撃を受ける危険はない Esta ciudad está a salvo de ataques.

3《危険に》 ▶危険に直面する *v.* enfrentarse al peligro. ▶危険に陥る *v.* caer* [ponerse*] en peligro. ▶危険にさらす[陥れる] *v.* poner* en peligro. ▶多くの危険にさらされている *v.* estar* expue*sto* a muchos peligros. ◆彼は生命の危険にさらされていた Estaba en peligro de perder la vida. / Su vida estaba en peligro. / Su vida peligraba. ◆その船は火に包まれ乗客は死の危険にさらされた El barco en llamas puso a los pasajeros en peligro de muerte.

4《危険を》 ▶危険を冒す *v.* correr un riesgo, aventurarse. ▶危険を脱する *v.* salir* del peligro. ▶どんな危険を冒しても(=ぜひとも) *adv.* a cualquier [todo] riesgo. ◆私は身の危険を感じた Sentí el peligro. / Me alarmé. ◆患者はもう危険(な状態)を脱している El paciente ya está fuera de peligro. ◆彼は大きな危険を冒して彼女を救った Corrió un gran riesgo para salvarla. ◆私は全財産を失うという危険は冒したくない No deseo poner en peligro toda mi fortuna. ◆彼は生命の危険を冒してその子を助け

きげん 319

た Arriesgó su vida para rescatar al niño. / Rescató al niño 「a riesgo [con peligro] de su vida. ◆危険を冒さないで引き返しましょうか ¿No será prudente huir del peligro y volver?

── **危険な** *adj.* arriesgado, peligroso, aventurado, 《教養語》azaroso; (安全でない) *adj.* inseguro, peligroso, 《フォーマル》expuesto. → 危ない. ▶危険な(=危険性の高い)手術 *f.* operación arriesgada. ▶危険な(=危険を伴う)旅 *m.* viaje arriesgado [aventurado, azaroso]. ▶危険なスポーツ *m.* deporte peligroso [de riesgo]. ◆クマはキャンプをする人にとって危険だ Los osos son peligrosos para los campistas. ◆彼は危険な人物だ Es una persona peligrosa. ◆子供がこの川で泳ぐのは危険だ「Hay peligro en [Es peligroso] que los niños naden en este río. Este río es peligroso para que los niños naden en él. / 《フォーマル》Este río no es seguro para la natación infantil.

きけん 棄権 (投票での) *f.* abstención (de voto); (権利などの放棄) *m.* abandono; (正式の) *f.* renuncia; (競技への不出場) *f.* retirada. ◆棄権が 2 票[棄権者が 2 名]あった Hubo dos abstenciones.

── **棄権する** *v.* abstenerse* (de votar); (権利を) *v.* abandonar, renunciar 《a》; (競技を) *v.* retirarse 《de》. ▶権利を棄権する *v.* abandonar [renunciar a] un derecho. ▶競技を棄権する(=競技への出場を取り消す) *v.* abstenerse* de (participar en) una carrera. ▶競技の途中で棄権する(=落伍(する) *v.*「abandonar en [retirarse de] una carrera. ◆有権者の半数以上が棄権した Más de la mitad de los votantes se abstuvieron.

•**きげん 期限** (指定期間) *m.* plazo, *m.* límite; (契約期間) *m.* término, (期間) *m.* período (periodo); (締め切りの時) *f.* fecha límite [tope].

1《〜期限》 ◆この切符の有効期限は二日だ Este billete vale [sirve] para dos días. / 《フォーマル》La validez de este billete expira en dos días. ◆納税期限まであと十日しかない Sólo tenemos diez días para pagar los impuestos.

2《期限が[は]》 ◆契約の期限が切れた Ha terminado [《フォーマル》expirado] el plazo del contrato. 会話 その請求書の支払い期限はいつですか—5月10日ですよ ¿Cuándo acaba [《フォーマル》expira] el plazo para pagar esa cuenta [factura]? – El 10 de mayo.

3《期限に[を]》 ▶期限に間に合う[2合わない] *v.* 1cumplir [2incumplir] el plazo. ▶期限を延ばす *v.* prorrogar*「un plazo [una fecha]」límite. ◆図書館から借りた本は返却期限を三日間過ぎている Los libros que tengo de la biblioteca vencieron hace tres días. / El plazo de préstamo de los libros que saqué de la biblioteca hace tres días.

きげん 機嫌 ❶ [気分] *m.* humor, *m.* estado de ánimo, *m.* talante; *mpl.* sentimientos.

▶機嫌がよい v. estar* de buen humor; estar* de buen talante. ▶機嫌が悪い v. estar* de「mal humor [mal genio, 《口語》malas pulgas]. ▶ご機嫌をとる(…の気に入るようにする) v.《フォーマル》congraciarse《con》,《口語》hacer* la pelota《a》; (女をくどく) v. cortejar. ▶機嫌をそこねる(=怒らせる) v. ofender, herir*; (感情を害する) v. herir* sus sentimientos. ▶うちの父は機嫌がとりにくい[2やすい] Mi padre es ¹difícil [²fácil] de contentar. ◆母は私が遅れて来たので機嫌が悪い Mi madre「está de mal humor [se ha disgustado] porque me he llegado tarde. ◆彼はじきに機嫌が直るだろう Volverá a estar pronto de buen humor. / No tardará en recuperar su buen humor. ◆彼は私を機嫌よく(=暖かく)迎えてくれた Me recibió「de buen humor [cariñosamente]. ❷[安否] ◆ご機嫌いかがですか ¿Cómo está usted? / (病人に)¿Cómo se encuentra? 会話 ご機嫌伺いにちょっと立ち寄ってみようと思いまして—それはご親切に Se me ocurrió venir para ver cómo se encontraba usted. – Es usted muy amable. ◆ではご機嫌よう ¡Adiós! / ¡Cuídese usted! / ¡Que le vaya bien!

きげん 起源 m. origen; (初期) m. comienzo, m. principio. ▶生命の起源 m. origen de la vida. ▶その建築様式は中国が起源だ Ese estilo arquitectónico「tuvo su origen [se originó] en China.
☞ 謂れ, 起こり, 源泉, 源流, 故事

きげん 紀元 (時代) f. era, f. época. → 時代. ▶紀元前 264 年 m. año 264 a. C. (antes de Cristo). ▶紀元後 375 年 m. año 375 d. C. (después de Cristo). → 西暦.

きげんとり 機嫌取り → 機嫌.

・**きこう** 気候 (ある地方・国の長期間にわたる総合的な天候) m. clima. → 天気, 天候. ▶熱帯性気候 m. clima tropical; (特定の時・場所における天候や天気) m. tiempo. ▶変わりやすい秋の気候 m. tiempo cambiable del otoño. ▶ここはとても温暖な気候ですか Aquí el clima es templado. ▶日本の気候はスペインより一般に温和である En general el clima de Japón es más suave que el de España. ◆最近気候が不順だ Últimamente el tiempo ha「sido inestable [estado revuelto]. ▶アフリカの乾燥した気候は彼女には合わなかった El clima seco de África no iba con ella. ◆その木は気候条件次第でいろいろな高さになる Esos árboles pueden alcanzar varias alturas dependiendo de las condiciones climáticas.

きこう 季候 f. estación.

よく聞こえない
No te oigo.
➡聞こえる

きこう 寄稿 f. colaboración. ▶寄稿家 mf. colaborador/dora. ▶短編小説を雑誌に寄稿する v. colaborar en una revista con un cuento.

きこう 紀行 ▶紀行(文) m. relato de viaje.

きこう 機構 (全体の仕組み) m. mecanismo; (骨組み) m. marco; (組織) f. organización. ▶近代政治機構 m. mecanismo de los gobiernos modernos. ▶石油輸出国機構(OPEC) f. Organización de Países Exportadores de Petróleo, 【略】OPEP.

きこう 寄港 ▶寄港する v. hacer* escala (en un puerto). ▶寄港地 m. puerto de escala. ▶この船は神戸に寄港する Este barco hace escala en Kobe.

きごう 記号 m. signo; (化学・発音などの) m. símbolo; (印) f. señal. ▶印. ▶¹プラス[²マイナス]記号 m. signo de ¹más [²menos]. ▶フラットの記号 m. signo de bemol. ▶ト音記号(𝄞) f. clave de sol. ▶記号化 f. simbolización. ▶記号化する v. simbolizar*. ▶H 記号は水素を表わす La H es el símbolo del hidrógeno.

きこう 技巧 (熟練による) f. arte, f. habilidad; (専門的技術による) f. técnica, (職人の) f. artesanía. → 技術. ▶技巧派(文章の) m. estilista; (音楽・絵画などの) m. técnico. ▶(作品などの技巧的な[を凝らした] adj. refinado; (手の込んだ) adj. elaborado. ▶技巧を凝らす v. utilizar* al máximo la técnica. ▶ボクサーとしての彼の強みは筋力よりも技巧だ Su fortaleza como boxeador está en la técnica más que en los músculos.

きこうし 貴公子 m. joven aristócrata.

きこうしき 起工式 f. ceremonia de colocación de la primera piedra (de un edificio), f. ceremonia de inauguración.

きこえ 聞こえ (聴力) f. audición; (ラジオ・テレビの感度) f. recepción; (評判) f. fama; (悪評) f. mala fama [reputación]. ▶ラジオの聞こえがとても悪い La recepción de la radio es muy mala [《フォーマル》deficiente].

きこえよがし 聞こえよがしに (=わざと聞こえるところで)私の悪口を言うな No hables mal de mí estando yo presente. / No me critiques en mi presencia.

・**きこえる** 聞こえる ❶[耳にはいる] v. oír(se)*; 《フォーマル》ser* audible; llegar* a oídos 《de》. →聞く. ▶足音が聞こえた Se oían pisadas. ▶耳をすましたが何も聞こえなかった Escuché, pero no「se oía nada [pude oír nada]. ◆彼は耳がよく聞こえない No oye bien. / Es duro de oído. 会話 (電話などで)聞こえますか―はい, よく聞こえていますよ ¿Se me oye? – Sí, se te oye bien. → 聞く. ▶彼女の声は聞こえなかった Su voz「no se oía [《フォーマル》era inaudible]. ◆遠くの鐘の音が私の耳に聞こえてきた A mis oídos llegó el sonido lejano de una campana.
❷[響く] v. sonar*, parecer*. ▶奇妙に聞こえる v. sonar* extraño. ◆それは冗談に聞こえるかもしれないが本当の話です Puede parecer un chiste, pero es una historia de verdad. ◆君の声はまるで風邪でもひいたように聞こえる Te suena la voz como si tuvieras un resfriado.

❸【有名である】v. ser* famoso. ♦彼は文学者として世に聞こえている「Es famoso [Se le conoce; Su nombre suena] como literato.
《その他の表現》♦呼べば聞こえる所にいてくれ Quédate cerca por si te llaman. ♦その車の音はしだいに聞こえなくなった El ruido del coche dejó de oírse.

きこく 帰国 f. vuelta [m. regreso] 「al país [a la patria]. → 行く. ♦帰国の途につく v. 「dirigirse* a [tomar el camino de] su país. ♦帰国する v. volver* [regresar] 「al país [a la patria]. ♦帰国子女 mf. alumno/na que ha vuelto del extranjero. ♦彼はあす帰国する Mañana vuelve al país.

ぎごく 疑獄 m. soborno, f. corrupción. ♦疑獄事件に発展する v. convertirse* en un caso de soborno.

きごこち 着心地 ♦このドレスは着心地が¹よい [²悪い] Este vestido es ¹cómodo [²incómodo] (de llevar).

きごころ 気心 ♦気心の知れた (＝信頼のおける) 友 mf. amigo/ga de confianza. ♦私たちはお互いに気心の知れた仲だ Nos compenetramos muy bien. / Los dos congeniamos. / (親しい間柄だ)《フォーマル》Tenemos mucha familiaridad.

ぎこちない adj. torpe; (堅苦しい) adj. rígido, duro. ♦ぎこちない表現 f. expresión torpe [dura]. ♦ぎこちない態度で adv. de manera torpe, torpemente. ♦彼の動きはぎこちなかった Sus movimientos eran torpes [rígidos]. ♦彼女の話し方はかなりぎこちなかった Habló con cierta torpeza.

きこつ 気骨 ♦彼は気骨がある Es un hombre 「con fibra [de gran firmeza, inflexible]. 🖙 気概, 根性

きこなす 着こなす v. vestir(se)* bien. ♦黒を上手に着こなす v. 「vestir* muy bien [saber* llevar] el color negro.

きこむ 着込む (セーターを上着の下に) v. llevar (un suéter debajo de un abrigo); (重ねて) v. tener* una prenda sobre otra; (コートなどに身をくるむ) v. envolverse*, abrigarse*.

きこり 木こり mf. talador/dora, mf. leñador/dora.

きこん 既婚 ♦既婚者 mf. casado/da; mpl. casados, f. gente casada.

きざ 気障 (気取り) f. afectación, 《フォーマル》 m. amaneramiento, 《口語》 f. cursilería. ♦きざな (気取った) adj. afectado, 《フォーマル》 amanerado, 《口語》 cursi; (うぬぼれの強い) adj. petulante; (もったいぶった) adj. pedante. ♦きざな男 m. hombre afectado, 《口語》 m. cursi. ♦彼のあごひげはきざだ Su barba es afectación.

きさい 記載 (言及) f. mención; (日記・帳簿などの記入) f. entrada. ♦記載事項 mpl. artículos mencionados. ♦記載漏れ f. omisión. ♦会計簿に記載する v. registrar (un artículo) en un libro de contabilidad. ♦この問題について何の記載もない Este asunto no se menciona. / No hay mención de este tema.

きざい 器材 (器具と材料) fpl. herramientas y mpl. materiales.

きじ 321

ぎざぎざ ♦ぎざぎざした (＝のこぎり歯状の) adj. serrado, dentado; (不ぞろいな) adj. recortado, con picos. ♦ぎざぎざを付ける v. hacer* muescas. ♦百円玉の側面にはぎざぎざがついている Las monedas de 100 yenes tienen el canto serrado. ♦その棒にはぎざぎざがついている La barra tiene muescas. ♦海岸線はぎざぎざがついたように入り組んでいる El litoral es accidentado.

きさく 気さく ♦気さくな (友好的な) adj. cordial, amistoso; (率直な) adj. sencillo, franco. ♦彼はとても気さくな人だ Es muy cordial [sencillo]. / (気取らない) No es arrogante. / (付き合いやすい) Tiene un trato fácil. ♦彼女は良家のお嬢様にしては気さくな人だ (＝お高くとまっていない) Es muy sencilla para ser una señorita de buena familia.

きざし 兆し (兆候) f. señal, m. indicio; (悪い) m. presagio; (前兆)《教養語》m. augurio, m. agüero. → 前兆, 兆候. ♦春のきざし f. señal de (la llegada de la) primavera. ♦来たるべき変革のきざし m. síntoma de los próximos cambios. ♦インフレが収まるきざしはまったくない La inflación sigue sin dar señales de remitir.

きざみつける 刻みつける v. grabar. → 刻む.

きざむ 刻む (細かく切る) v. picar*, cortar (en trocitos, en trozos pequeños); (特に肉をミンチにする) v. picar*; (ずたずたに) v. cortar destructivamente; (彫る) v. esculpir, tallar, 《フォーマル》cincelar; (光景・言葉を心に) v. grabar. → 彫る. ♦タマネギを刻む v. picar* una cebolla. ♦鳥肉を細かく刻む v. desmenuzar* la carne de pollo. ♦自分のイニシャルを木に刻む v. grabar las iniciales en un árbol. ♦彼の命日を墓石に刻む v. esculpir la fecha de su muerte en una lápida (sepulcral). ♦彼女の言葉は彼の心に刻みつけられた Sus palabras se le quedaron grabadas [marcadas] en el corazón.

きし 岸 (海・湖・大河の) f. orilla; (大洋に面した) f. costa, m. litoral; (川岸) f. ribera; (浜) f. playa; (池などの) m. borde, m. margen, m. contorno. → 海岸. ♦われわれの船は岸に着いた Nuestro barco llegó a la costa. ♦岸からずっと遠く離れた所から船が見えた Se veía un barco「en alta mar [muy lejos de la costa]. ♦その劇場は淀川の岸にある Ese teatro está en la orilla del río Yodo. ♦その死体は岸に打ち上げられた El cuerpo fue arrastrado por la corriente hasta la orilla.

きし 騎士 (中世ヨーロッパの) m. caballero. ♦騎士道 f. caballería.

***きじ 記事** m. artículo; (ニュース) f. noticia; (解説的な) m. artículo, m. comentario; (詳細な説明・報告) m. relato; (報告) m. reportaje, f. crónica; (一項目の) f. noticia breve, f. cuña. ♦特集記事 m. artículo de portada. ♦囲み記事 f. noticia breve en recuadro. ♦記事を書く v. escribir* un artículo. ♦新聞のその記事によると adv. según la noticia del periódico. ♦どの新聞もその殺人事件の記事を載せている Todos los periódicos informan [tratan, escriben] del caso del asesinato. ♦今

日の新聞で児童書についてのよい記事を読んだ En el periódico de hoy he leído un buen artículo sobre literatura infantil.

きじ 生地 ❶【服などの】(布地) f. tela, m. paño (→服地); (織り地) f. textura. ▶コートの生地 f. tela de abrigo. ◆背広3着分の生地がありますか ¿Hay tela suficiente para tres trajes? ◆この布は生地が粗い La textura de esta tela es áspera.
❷【本質】f. verdadera naturaleza. ▶生地のままの adv. tal como es, al natural. ◆生地のままふるまいなさい Sé tú mismo/ma.

きじ 雉 m. faisán.

ぎし 技師 mf. ingeniero/ra. ▶［土木［²機械］技師 mf. ingeniero/ra ¹civil [²mecánico/ca].

ぎし 義姉 f. cuñada,《フォーマル》f. hermana política. → 義理の兄弟.

ぎし 義歯 m. diente postizo; (総入れ歯) f. dentadura postiza. → 入れ歯.

ぎじ 議事 m. debate, f. deliberación; f. sesión. ▶議事進行 m. orden del debate. ▶議事録 fpl. actas. ▶議事日程 m. orden del día. ▶議事を急ぐ [²妨害する] v. ¹agilizar* [²obstruir*] el curso del debate. ▶市議会は議事¹に入った [²を閉じた] La junta municipal ¹abrió [²cerró] la sesión. ▶前回の議事録を読まれたとおり承諾してよろしいですか ¿Se aceptan las actas de la última asamblea tal como fueron leídas? ▶これにて本日の議事日程を終了します(閉会宣言) Con esto se cierra la sesión de hoy. Muchas gracias. ◆議事進行! ¡Continúese el debate!

きしかいせい 起死回生 ◆彼は起死回生のホームランを打った Pegó un jonrón que dio la vuelta al partido.

ぎしき 儀式 f. ceremonia; (宗教的な) m. ritual, m. rito, f. liturgia. ▶儀式を行なう v. celebrar una ceremonia. ▶儀式に参列する v. asistir a una ceremonia. ▶儀式ばる v. guardar la formalidad. ▶儀式ばったあいさつを交わす v. saludarse ceremoniosamente.

ぎしぎし ◆馬車が積み上げた荷をぎしぎしいわせて進んだ El carruaje, lleno hasta arriba de carga, iba traqueteando por el camino. ◆箱にはリンゴがぎしぎしに詰まっている La caja está atestada《口語》llena a más no poder de manzanas. ◆床が歩くとぎしぎし鳴る El suelo cruje con las pisadas.

きしつ 気質 m. temperamento, f. naturaleza,《教養語》f. disposición. → 気性, 性分.

きじつ 期日 (定められた日) f. fecha; (約束の日) m. día fijado [determinado, señalado]; (締切日) f. fecha límite. → 期限. ▶期日を定める v. fijar una fecha 《para》. ▶期日に間に合わす v. estar* dentro de la fecha límite 《para》. ▶約束の期日までに仕上げる v. acabar el trabajo antes del día señalado.

ぎじどう 議事堂 f. sala de juntas [asambleas]; (国会の) m. Palacio de la Dieta; (英国) m. Capitolio; (英国) m. Parlamento,《スペイン》fpl. Cortes.

きしべ 岸辺 (海・湖・大河の) f. orilla; (大洋に面した) f. costa, m. litoral; (川・湖・水路などの) f. ribera; (浜) f. playa. → 海岸, 岸.

きしむ 軋む (油切れで、重さで引きずりきしむ) v. chirriar*; (こすれて) v. rozar* rechinando; (短く高い音で) v. rechinar; (ブレーキなどが高く鋭い音で) v. chirriar*, chillar. ▶ドアのちょうつがいがきしむ La puerta chirría en los goznes. ◆彼は玄関の外で車をきしませて止まった Su coche chirrió dando un frenazo delante de la puerta.

きしゃ 汽車 m. tren. → 列車, バス.

きしゃ 記者 (報道記者) mf. reportero/ra, mf. cronista; (ジャーナリスト) mf. periodista; (特派員) mf. corresponsal, mf. enviado/da.

1《～(の)記者》▶新聞記者 mf. periodista. ▶雑誌記者 mf. periodista de una revista. ▶スポーツ記者 mf. periodista deportivo/va. ◆彼はエルパイスの記者です Trabaja de periodista en EL PAÍS.

2《記者＋名詞》▶記者会見を行なう v. celebrar una rueda [conferencia] de prensa. ▶記者クラブ m. club de prensa. ▶記者席(スポーツの) f. cabina de prensa; (議会の) f. tribuna de la prensa. ▶記者団 f. asociación de prensa, m. grupo de periodistas.

きしゅ 気腫 (専門語) f. neumatosis.

きしゅ 騎手 (馬に乗る人) mf. jinete/ta; (熟練した) m. caballero; (競馬の) mf. yóquey.

きしゅ 機首 m. morro,『アルゼンチン』f. trompa. ▶機首を¹上げる [²下げる] v. ¹alzar* [²bajar] el morro.

きしゅう 奇襲 m. ataque (por) sorpresa. ▶奇襲する v. hacer* [《フォーマル》realizar*] un ataque sorpresa 《a》, atacar* por sorpresa《a》.

きしゅう 貴州 →コイチョウ

きじゅうき 起重機 f. grúa. → クレーン. ▶起重機船 f. grúa flotante.

きしゅくしゃ 寄宿舎 f. residencia (estudiantil). → 寮.

きじゅつ 記述 f. descripción. ▶記述する v. describir*, hacer* [dar*] una descripción. ▶記述的 adj. descriptivo.

きじゅつ 奇術 f. magia. → 手品.

***ぎじゅつ 技術** (芸術・文筆・競技・科学などの専門的技術) f. técnica; (訓練などによって得られた特殊技能) m. conocimiento técnico; (手先を使う職業などの技術) f. técnica artesana; (科学技術) f. tecnología. ▶技術的な[上の](専門的技術の) adj. técnico; (科学技術の) adj. tecnológico. ▶技術革新 f. innovación técnica. ▶技術協力 f. cooperación técnica. ▶技術提携 m. acuerdo técnico. ▶技術者 mf. técnico/ca; (技師) mf. ingeniero/ra. ▶心臓移植の技術 f. técnica del transplante de corazón. ▶会話の技術 m. arte de la conversación. ▶技術畑の人間である v. ser* de ciencias. ◆私は彫像を彫る技術を学んだ He aprendido la técnica (necesaria) para esculpir una estatua. ◆その先生は教授法にすぐれた技術（＝技量）を持っている Ese profesor tiene mucha「técnica pedagógica [pedagogía]. ◆傷口に包帯をまくのには技術がいる Vendar heridas requiere técnica. ◆日本の科学技術はすばらしい進歩をとげた Japón ha realizado un notable progreso en tecnología. ◆それは技術的に不可能だ Eso es técnicamente imposible. ☞技能, 術, 職

きじゅん 基準 f. norma, m. modelo, m. estándar; (判断の) m. criterio, m. baremo; (根拠) f. base. ▶ 基準試験《専門語》f. prueba comparativa. ▶判断の基準 m. criterio de juicio. ▶あらゆる基準に照らして adv. bajo cualquier criterio. ▶安全基準に合う v. cumplir con las normas de seguridad. ▶大学への入学の基準を定める v. establecer* las normas de admisión a la universidad. ◆この計画は必要な基準を満たしていない Este plan no cumple con las normas requeridas. ◆人気は成功した基準ではない La popularidad no es el baremo del éxito.

きしょう 気象《フォーマル》f. meteorología, m. tiempo, m. estado del tiempo, 《フォーマル》f. situación meteorológica. ▶異常気象 m. tiempo anormal [raro]. ▶気象衛星 m. satélite meteorológico. ▶気象観測 f. observación meteorológica. ▶気象台 f. estación meteorológica. ▶気象庁 f. Agencia Meteorológica. ▶気象の変化 m. cambio meteorológico. ▶天気図で気象を調べる v. comprobar* el estado del tiempo consultando el mapa meteorológico.

きしょう 気性 (生来の性質) m. carácter, f. naturaleza; (固定した性質) f. disposición; (行動・考えを左右する気質) m. temperamento; (感情面からみた気質) m. genio. → 性質. ▶気性の激しい人 f. persona de genio [temperamento] fuerte. ◆彼の気性は私がいちばんよく知っている Soy quien mejor conoce「cómo es [su carácter]. ◆彼は1穏やかな [2怒りっぽい] 気性だ Tiene un carácter 1estable [2irascible].

きしょう 起床 ▶起床時間 f. hora de levantarse. ▶起床する v. levantarse. → 起きる.

きしょう 記章 f. insignia.

きしょう 希少 ▶希少価値がある v. tener* el valor de la escasez [rareza].

きじょう 机上 ▶机上版の辞書 m. diccionario de escritorio. ▶机上の空論 f. teoría inútil [impracticable].

きじょう 気丈 ▶気丈な(気の強い) adj. de carácter fuerte.

ぎしょう 偽証 (罪)《フォーマル》《専門語》m. perjurio. ▶偽証する v. jurar en falso, 《フォーマル》《専門語》cometer perjurio.

ぎじょう 議場 f. sala de conferencias [juntas]; (議会の議員席) m. hemiciclo, f. sala. ▶議場を混乱させる v. causar alboroto en la sala.

ぎじょうへい 儀仗兵 m. guardia de honor.

きじん 奇人 f. persona excéntrica, 《口語》mf. raro/a.

ぎしんあんき 疑心暗鬼 (疑い) f. sospecha. ▶疑心暗鬼になる v. sospechar de todo. ▶疑心暗鬼を生ず《ことわざ》La sospecha cría monstruos.

ぎじんか 擬人化 f. personificación. ▶擬人化する v. personificar*.

きす 期す ❶【期待する】v. esperar. ▶期せずして(意外にも) adv. inesperadamente, de improviso; (偶然に) adv. por casualidad, accidentalmente. ◆われわれは期せずして(＝偶然に)再会した Volvimos a vernos por casualidad.

❷【約束する】v. prometer. ◆再会を期して彼らは別れた Se separaron con la promesa de volver a verse.

❸【決意する】v. decidir, 《フォーマル》determinar, 《フォーマル》resolver*; (覚悟している) v. estar* decidido [determinado, resuelto] 《a + 物・事》, tener* la determinación 《de + 不定詞》. ◆われわれは必勝を期している Estamos decididos a ganar. / Tenemos la determinación de ganar.

❹【時期を定める】▶来月1日を期して大会を開催することになった Fijaron la conferencia para el día primero [uno] del mes que viene.

きす 帰す (…になる) v. quedar 《en》, 《口語》venir* a parar 《en》; (…に終わる) v. resultar 《en》. →所為(ｾｲ). ▶水泡に帰す v. quedar [venir* a parar] en nada.

キス m. beso. ▶キスする v. besar, dar* un beso. ▶投げキスをする v. mandar un beso. ▶彼女の額にちゅっとキスをする v. darle* un sonoro beso en la frente. ▶おやすみのキスをする v. dar* el beso [《口語》besito] de buenas noches. ◆彼女は息子のほおにキスした Besó [Le dio un beso] a su hijo en la mejilla.

＊**きず 傷** ❶【負傷】(事故などによるば) f. herida. ▶刺し[突き]傷 f. puñalada, f. cuchillada. ▶切り傷(短い) m. corte, f. cortadura; (長い) m. tajo, 《口語》f. raja; (深くて長い) m. corte profundo. ▶引っかき[かすり]傷 m. rasguño, m. arañazo. ▶すり傷《専門語》f. escoriación. ▶打撲傷 f. contusión.

1《～傷》◆心の傷はなかなか治らない Las heridas emocionales tardan en curar [cicatrizar].

2《傷＋名詞》▶傷薬(＝軟膏(ｺｳ)) f. pomada, m. ungüento. ▶傷跡 →傷跡. ▶傷口を縫う v. coser [dar* puntos a] una herida. ◆傷口が完全にふさがった La herida ha cicatrizado por completo. ◆傷口をアルコールで消毒した方がよい Conviene desinfectar la herida con alcohol. ◆彼は傷だらけだった Estaba cubierto de heridas. / Tenía heridas por todo el cuerpo.

3《傷が》▶傷がまたうずき始めた La herida me ha vuelto a escocer. ◆交通事故での傷が時々痛む A veces me duele la herida del accidente de tráfico.

4《傷を》◆母が足の傷を手当てしてくれた Mi madre me curó la herida de la pierna. ◆彼は弾に当たって頭に深い傷を負った Tuvo una profunda herida de bala en la cabeza. / Recibió un profundo balazo en la cabeza.

❷【品物の傷】(損傷) m. daño, 《フォーマル》m. perjuicio; (欠陥, 傷) m. defecto, f. imperfección; (ひび) f. raja, f. grieta; (引っかき傷)

きずあと

m. rayado, f. raya; (こすり傷) m. rasguño, m. arañazo; (果物のいたみ) f. magulladura, 【メキシコ】 m. machucón, f. maca. ◆皿の傷 m. defecto en el plato. 《会話》車に傷がついた?—どこにもかすり傷ひとつないよ ¿Ha quedado dañado el coche? – Ni un rasguño en ningún sitio. ◆テーブルには傷が少しある Hay algunos rasguños en la mesa.

❸【欠点】 f. tacha, m. defecto. ◆会社の名前に傷をつける v. dañar la fama de la empresa. ◆短気なのが玉にきずだ Su impaciencia es su único defecto.

《その他の表現》彼の経歴には一点の傷もなかった Su historial era intachable.

きずあと 傷跡 (皮膚・心・災害などの) f. cicatriz. ◆ほおの傷跡 f. cicatriz en la mejilla. ◆戦争の傷跡のある市 f. ciudad con las cicatrices de la guerra. ◆彼の場合、おそらく額に傷跡が残るだろう Probablemente la cicatriz se le quedará en la frente. ◆その経験は彼の心に傷跡を残した Esa experiencia「se le quedó grabada [le dejó una profunda huella] en el corazón.

きすい 汽水 f. agua salobre.
きすう 基数 m. número cardinal.
きすう 奇数 m. número impar [non].
きずく 築く (建物などを) v. construir*, edificar*. ◆堤防を築く v. construir* un banco. ◆財産を築く v. hacer* una fortuna.
きずぐち 傷口 (傷) f. herida. → 傷.
きずつく 傷つく (事故などで) v. hacerse* daño, herirse*, lastimarse; (刃物・弾丸などで) v. hacerse* una herida. → 傷. ◆傷ついた心 mpl. sentimientos [heridos] lastimados. ◆私は信頼を裏切られてひどく傷ついた Me sentí muy herido/da cuando traicionaron mi confianza. / Que se traicionara mi confianza me hizo muchísimo daño. ◆そのうわさで彼女はひどく傷ついた Ese rumor「le hizo mucho daño [la hirió profundamente]. ◆彼女は傷つきやすい Se le hace daño con facilidad. / (非常に繊細だ) Ella es muy sensible.

きずつける 傷つける (けがをさせる) v. hacer* daño, herir*, hacer* una herida, lastimar (→傷); (損害を与える) v. dañar, 《フォーマル》 perjudicar*, ofender; (表面をこすって) v. arañar; rayar; (ひびを入れる) v. hacer* una raja, agrietar. ◆彼の頭を傷つける v.「hacerle* daño [herirle*, herirlo*] en la cabeza. ◆商品を傷つける v. dañar los productos. ◆彼の名誉を傷つける v. dañar [herir*, ofender] su buena fama. ◆彼女はそのひと言で彼女の心を深く傷つけた Esa observación suya「hizo mucho daño a sus sentimientos [la hirió profundamente en sus sentimientos]. ◆テーブルを傷つけないように気をつけなさい Ten cuidado de no rayar la mesa.

きずな 絆 mpl. lazos, fpl. relaciones; (強い) 《フォーマル》《教養語》 m. vínculo. ◆家族のきずな mpl. lazos familiares. ◆父子のきずな 【《フォーマル》】 m. vínculo] entre padre e hijo. ◆友情のきずな mpl. lazos [《フォーマル》 mpl. vín-

culos] de la amistad. ◆私たちは強い友情のきずなで結ばれている Estamos unidos por una gran amistad.

きずもの 傷物 m. artículo defectuoso. ◆(娘が)傷物にされる v. estropearse, echarse a perder*.

きする 期する → 期す.
きする 帰する → 帰す.
きせい 帰省 f. vuelta [m. regreso] a casa. ◆帰省する v. volver* [regresar] a casa. → 行く. ◆休暇で帰省している v. estar* de vuelta en casa para las vacaciones. → 休暇.

きせい 規制 (規則による取り締まり) f. reglamentación; (管理，抑制) m. control; (制限) f. restricción. ◆規制する v. reglamentar, controlar. ◆交通規制 m. control [f. regulación] del tráfico. ◆大気汚染を規制する v. reglamentar [controlar] la contaminación atmosférica. ◆輸出を規制する v. controlar [poner* restricciones a] las exportaciones. 🖙 拘束, 取り締まり

きせい 既製 ◆既製の (=できあいの) adj. hecho, preparado, de confección. ◆既製品 mpl. artículos [mpl. productos] preparados. ◆既製服 f. ropa hecha [de confección].

きせい 既成 ◆既成の (確立した) adj. establecido, realizado, consumado; (現存の) adj. existente. ◆既成の事実 m. hecho consumado [realizado]. ◆既成概念 f. idea fija [preconcebida]. ◆既成政党 mpl. partidos políticos existentes

きせい 寄生 m. parasitismo. ◆寄生虫 m. parásito. → 寄生虫. ◆寄生する v. parasitar.

ぎせい 犠牲 m. sacrificio; (宗教)《教語》 f. inmolación, m. holocausto; (被害者) f. víctima.

1《犠牲+名詞》◆犠牲者 →犠牲者. ◆犠牲的精神 m. espíritu abnegado [de autosacrificio].

2《犠牲に》◆スポーツのために勉学を犠牲にする v. sacrificar* los estudios por el deporte. ◆健康を犠牲にして仕事を成し遂げる v. terminar [cumplir con] el trabajo sacrificando la salud. ◆彼女は子供のために自分を犠牲にした Se sacrificó por sus hijos. ◆多くの人が阪神大震災の犠牲になった Mucha gente entregó [sacrificó] sus vidas en el Gran Terremoto de Hanshin. ◆彼はその病気の犠牲になった Cayó víctima de la enfermedad.

3《犠牲を》◆多大の犠牲を払って得た勝利 f. victoria con muchos sacrificios. ◆親は子供の教育のためには多くの犠牲を払うものだ Los padres「se sacrifican mucho [realizan muchos sacrificios] para educar a sus hijos. ◆われわれはどんな犠牲を払っても行方不明の少女を捜さねばならない Debemos encontrar a la niña desaparecida「a toda costa [cueste lo que cueste]. ◆彼は多大の犠牲を払ってやっと成功した Finalmente consiguió el éxito a base de muchos sacrificios. 🖙 餌食, 食い物

ぎせいご 擬声語 f. onomatopeya, f. palabra onomatopéyica.

ぎせいしゃ 犠牲者 (被害者) f. víctima; (事故などの死傷者) fpl. desgracias personales. ◆戦

争犠牲者 f. víctima de la guerra. ♦交通事故の犠牲者が増えている Está aumentando el número de víctima de los accidentes de tráfico. ♦その事故では多くの犠牲者が出た El accidente provocó numerosas víctimas.

きせいちゅう 寄生虫 〔専門語〕m. parásito. ▶社会の寄生虫 m. parásito de la sociedad. ▶寄生虫症〔専門語〕f. parasitemia. ▶寄生虫病〔専門語〕f. parasitosis.

きせかえる 着せ替える v. cambiar de ropa (a).

きせき 奇跡 m. milagro, 《強調して》f. maravilla. ▶奇跡的に adv. milagrosamente. ▶奇跡的に助かる v. ser* salvado milagrosamente [por un milagro]. ▶奇跡を起こす v. hacer* [obrar, 《フォーマル》realizar*] un milagro. ♦奇跡が起こった Ha ocurrido un milagro. ♦彼らは奇跡的に洪水を逃れた Escaparon milagrosamente de la inundación. / Fue un milagro que escaparan de la inundación. ♦その患者は奇跡的な回復をみせた El paciente ha mostrado una mejoría milagrosa.

きせき 軌跡 〔専門語〕m. lugar geométrico; (跡) m. rastro.

ぎせき 議席 m. escaño, m. asiento. ▶議席を失う v. perder* el escaño. ▶選挙で10議席を得る v. ganar diez escaños en las elecciones.

*****きせつ** 季節 f. estación; (時期) f. temporada, f. época, m. tiempo, f. sazón. ▶季節の adj. estacional, del tiempo. ▶季節風 m. viento estacional; (インド洋・南アジアのモンスーン) m. monzón. ▶季節労働者 mf. trabajador/dora estacional, mf. temporero/ra. ▶季節感がうすれる v. perder* el sentido de las estaciones. ▶季節の変わり目に adv. con el cambio de la estación. ▶この季節には adv. en esta época del año. ▶季節の野菜を食べる v. comer verduras「del tiempo [de la estación]. ♦秋はスポーツに最良の季節だ El otoño es la mejor estación para los deportes. ♦スキーの季節となった Ha llegado la temporada「del esquí [para esquiar]. ♦景色の中に季節の移り変わりを感じとった Observamos los cambios estacionales que había en el paisaje. ♦ブドウは今季節はずれでとても高い Las uvas están ahora fuera de temporada y son muy caras. ♦季節はずれの大雪に見舞われた Hemos tenido una gran nevada「impropia de la estación [《教養語》intempestiva]. ☞時期, 時候

きぜつ 気絶 m. desmayo, m. desvanecimiento, 《教養語》m. desfallecimiento. ▶気絶して倒れる v. caer* desmayado [desvanecido]; (意識を失う) v. caer* sin conocimiento. ▶気絶する v. desmayarse, perder* el conocimiento [sentido], desvanecerse*, 《教養語》desfallecer*. → 失神.

きせる 着せる ❶【衣類を】v. vestir*, poner* la ropa. ▶赤ちゃんに服を着せる v. vestir* a un bebé. ▶彼女にコートを(手伝って)着せる v. ayudarla a ponerse* el abrigo, ayudarla con el abrigo.
❷【かぶせる】→かぶせる.

ぎそう 325

❸【負わせる】▶彼に罪 (＝責任)を着せる v.《口語》echarle la culpa a él, culparlo[le]. ♦彼は私に恩を着せたがっているようだった Esperaba que me sintiera obligado a él. / Quería echármelo en cara.

キセル f. pipa (de fumar). ▶キセル(乗車)をする v. engañar con el billete del tren.

きぜわしい 気ぜわしい (せきたてられるようで) v. sentirse* impaciente [precipitado], 《口語》estar* a la carrera; (落ち着かない) v. sentirse* desasosegado [inquieto].

きせん 汽船 (主に小型で川・湖・内海用の) m. (barco de) vapor. → 船.

きせん 機先 ▶相手の機先を制する 《口語》v. ir* por delante del rival.

きぜん 毅然 ▶毅然とした (＝断固とした)態度を取る v. tener* [〔フォーマル〕adoptar] una actitud firme [resuelta, decidida] (hacia, con). ♦彼は非難されても毅然としていた Se mantuvo firme en medio de las críticas.

ぎぜん 偽善 f. hipocresía, f. doblez, f. falsedad. ▶偽善者 mf. hipócrita, 《口語》mf. lobo/ba con piel de cordero. ▶偽善的な adj. hipócrita, falso.

*****きそ** 基礎 (土台) m. cimiento, (基部) m. fundamento, f. base; (基本) m. trabajo [básico, de base]; (基本事項) lo básico [fundamental]. ▶基礎工事 fpl. obras de cimentación. ▶基礎語彙(^) m. vocabulario básico. ▶スペイン語の基礎的な知識 m. conocimiento fundamental [básico] del español. ♦その建物は基礎がしっかりしている El edificio tiene unos sólidos cimientos. ♦彼はまだスペイン語の基礎が出来ていない Todavía no domina la base del español. ♦彼は現代言語学の基礎を築いた Sentó las bases de la lingüística moderna. ♦彼はフランス語の基礎知識が十分ある Tiene una buena base de francés. ♦君は数学を基礎から(＝最初から)やり直した方がいい Te conviene estudiar matemáticas desde「la base [el principio]. ☞基本, 根拠, 根底, 根本, 下地, 地盤, 素地

きそ 起訴 (告訴)〔専門語〕m. procesamiento; (陪審制での) f. acusación. ♦彼は殺人罪で起訴された Fue「acusado de [procesado por] asesinato.

きそう 競う (競争相手を倒すために争う) v. rivalizar*, competir*; (相手と力で競い合う)〔教養語〕v. contender*; (勝利や賞をめざして争う) v. participar en un concurso [certamen]. ♦私たちは賞をめざして互いに競い合った Competimos por el premio. ☞出場する, 対抗する

きそう 起草 ▶起草委員会 m. comité de redacción. ▶起草する v. preparar [〔フォーマル〕redactar] un borrador.

きぞう 寄贈 f. donación. ▶寄贈する v. donar, hacer* una donación; (贈る) v. regalar; (与える) v. dar*. ♦彼は蔵書を母校に寄贈した Ha donado su biblioteca a su escuela. → 贈る.

ぎそう 偽装 (カムフラージュ) m. camuflaje, (変装) m. disfraz. ▶偽装する v. camuflar, disfrazar*. → カムフラージュ, 変装.

ぎぞう 偽造 f. falsificación (→偽); (にせ物) f. imitación. ▶偽造パスポート m. pasaporte falso [falsificado]. ▶偽造紙幣 m. billete (de banco) falso [falsificado]. ▶偽造する v. falsificar*, falsear. ▶小切手を偽造する v. falsificar* un cheque.

きそうてんがい 奇想天外 ▶奇想天外な (=現実離れした) adj. fantástico; (まったく予期しない) adj. totalmente inesperado.

＊きそく 規則 (個々の成員に視点をおく決まり) f. regla; (権威者によって与えられた公の規定) m. reglamento, f. reglamentación. → 法律. ▶規則正しく adv. conforme a la regla. ▶交通規則 (=公の交通法規) m. reglamento de tráfico; (一般常識) fpl. reglas de tráfico. ▶規則を守る v. obedecer* [observar, respetar] las reglas. ▶規則を破る v. violar [《フォーマル》infringir*, 《口語》no hacer* caso de] las reglas. ▶規則を曲げる (=拡大解釈する) v. flexibilizar* las reglas. ▶厳しい規則を設ける v. establecer* reglas estrictas 《sobre》. ▶規則にがんじがらめに縛られる v. quedar atrapado en reglas y órdenes. ▶ひとりでそこへ行くことは規則違反だ Va en contra del reglamento ir solo allí. ▶学校は男子は丸刈りにするという規則を設けていた La regla de la escuela era que los alumnos llevaran el pelo rapado. ◆私は規則どおりにそれをやった Lo hice「conforme a las reglas [《口語》como decía el reglamento]. ◆例外のない規則はない No hay regla sin excepción. / Toda regla tiene su excepción. ◆規則的に便通がありますか 《フォーマル》¿Sus deposiciones son regulares?
☞ 規定《程》, 決まり, 規約, 心得, 定め

きぞく 貴族 mf. noble, 《フォーマル》mf. aristócrata; 《集合的に》f. nobleza, 《フォーマル》f. aristocracia. ▶貴族的な adj. aristocrático. ◆彼は貴族の生まれだ Es「noble de nacimiento [de familia noble].

きぞく 帰属 f. pertenencia, f. posesión. ▶帰属意識 m. sentido de pertenencia. ▶帰属する v. pertenecer* 《a》, ser* propiedad 《de》.

ぎそく 義足 f. pierna ortopédica [artificial, postiza]; (木製の) f. pierna de madera. ▶義足をしている v. llevar una pierna ortopédica.

きそくただしい 規則正しい adj. regular, constante. ▶規則正しい食事 fpl. comidas regulares. ◆彼は規則正しい生活をしている Lleva una vida regular. ◆彼はかなり規則正しく (=規則的に) ここにやって来る Viene aquí con bastante

[cierta] regularidad.

きそん 既存の adj. existente. ▶既存の施設 fpl. instituciones existentes.

＊きた 北 m. norte.

1《北(の)+名詞》adj. del norte, norte, norteño. ◆北風が吹いている El viento《口語》sopla [viene] del norte. / Hay norte. / Hay viento del norte.

2《北》; (北方に) adv. al norte; (北部に) adv. en el norte.

3《北へ(向かって)》adv. al [en dirección] norte, rumbo al norte.

ぎだ 犠打 (野球の) m. toque de sacrificio.

ギター f. guitarra. ▶ギター奏者 mf. guitarrista. ▶ギターを弾く v. tocar* la guitarra. ▶ギターをかき鳴らす《口語》《軽蔑的に》v. rasgar* la guitarra. ▶ピアノ.

きたアメリカ 北アメリカ Norteamérica, América del Norte.

＊きたい 期待 f. expectativa, f. expectación, (希望) f. esperanza; f. ilusión; (見込み) f. previsión; (予期) f. anticipación.

1《期待～》◆この映画は期待はずれだった La película「me decepcionó [no respondió a mis expectativas]. ◆彼は親の期待どおりには勉強しなかった No estudió tanto como sus padres esperaban. / Defraudó las esperanzas que sus padres habían puesto en él como estudiante.

2《期待が[は]》▶彼の生存はあまり期待が持てない (=期待薄だ) No hay muchas esperanzas de que sobreviva. / Las probabilidades de su supervivencia son escasas. ◆私の期待ははずれた Mis ilusiones quedaron truncadas. / Mis esperanzas se desvanecieron.

3《期待に》◆彼はわれわれの期待にこたえてくれた Respondió a nuestras esperanzas [expectativas]. ◆私の期待に反して彼は失敗した En contra de mi expectación, falló. ◆私たちは期待にわくわくした[胸を躍らせた] Estábamos emocionados por la ilusión. /《口語》Estábamos ilusionadísimos. ◆太郎は母の期待に恥じないように行動しようと努めた Taro intentó responder a las expectativas de su madre. / Taro trató de no defraudar a su madre.

4《期待を》◆親は私に期待をかけすぎる Mis padres「esperan demasiado de [ponen demasiadas esperanzas en] mí. ◆信じてくれ, 今度は君の期待を裏切る (=がっかりさせる) ようなことはしない Confía en mí. Esta vez no「voy a defraudarte [te desilusionaré]. ◆《会話》例のパーティーね, スーパーマンの扮装をするつもりよ. あなたはどうするの ― そうご期待 Me voy a disfrazar de Superman para la fiesta. ¿Y tú? – Espera y verás.

──期待する v. esperar [confiar* en, tener* esperanza de]《que + 接続法》; (当てにする) v. contar*《con, que + 接続法》. ◆あなたが手伝ってくれると期待しています Cuento con「tu ayuda [que me ayudes]. ◆彼が勝つものと期待された Se esperaba que ganaría. Se confiaba en su victoria. ◆その本は期待していたよりずっといい Ese libro es mucho mejor de lo

そうなりますように
¡Ojalá!
→期待

que yo esperaba. ♦彼は昇給を期待して新車を買った Esperando [Con la esperanza de] una subida salarial, se compró un coche nuevo. ♦その歌手はアンコールを3回受けることを期待していた El cantante 「contaba con [esperaba que le pidieran] tres bises. ♦あなたからの便りを期待しています《口語》Espero tener noticias suyas. / Espero saber de ti.
☞ 当て, 思い, 思い, 考え

きたい 気体 *m*. gas; (蒸気) *m*. vapor. ♦気体の *adj*. gaseoso.

きたい 機体 *m*. fuselaje, *m*. armazón (de un avión).

ぎだい 議題 *m*. tema (de discusión); (議事日程) *m*. orden del día. → 話題. ♦議題にする *v*. someter a discusión, tomar como tema. ♦次の議題に移ろう Vamos a pasar al siguiente tema. / Tratemos el siguiente tema.

きたえる 鍛える (訓練する) *v*. entrenar; (増強する) *v*. fortalecer*, robustecer*; (しつける) *v*. disciplinar, (鉄などを) *v*. forjar. ♦体を鍛える *v*. fortalecer* [robustecer*] el cuerpo. ♦腕の筋肉を鍛える (=つける) *v*. desarrollar los músculos del brazo. ♦精神を鍛える *v*. disciplinar la mente. ♦マラソンに備え体を鍛える *v*. entrenarse para el maratón. ♦鉄を鍛えて鋼鉄にする *v*. forjar el hierro en acero.

きたかぜ 北風 *m*. (viento del) norte, *m*. cierzo. → 北.

きたく 帰宅 ♦帰宅の途中で *adv*. de regreso a casa, en camino de vuelta (a casa). ♦帰宅が遅い *v*. volver* [regresar, llegar*] tarde a casa.

—— 帰宅する *v*. volver* [regresar, llegar*] a casa. → 行く. ♦母はまもなく帰宅すると思います Creo que mi madre 「volverá pronto a casa [no tardará en regresar].

きたぐに 北国 (国) *m*. país nórdico [del norte]; (地方) *f*. región 「del norte [norteña, nórdica]. → 山国.

きだて 気立て ♦気立てのやさしい少女 *f*. muchacha dulce [bondadosa], *f*. joven 「de buen corazón [con un natural bondadoso]. ♦彼は気立てがいい Es de un natural bondadoso. / Tiene buen corazón.

きたない 汚い ❶ [よごれた] *adj*. sucio, deseseado, 《教養語》desaliñado; 《口語》cochino, guarro; (胸が悪くなるほど) *adj*. mugriento, 《口語》asqueroso; (悪臭を放つほど) *adj*. hediondo; 《教養語》nauseabundo, fétido; repugnante, viciado, inmundo; (乱雑な) *adj*. desaseado, sin arreglar. ♦汚い手 *f*. mano sucia. ♦汚い台所 *f*. cocina sucia. ♦汚い (=散らかった) 部屋 *m*. cuarto desordenado. ♦その沼の水は汚い El agua「del pantano [de la charca]「es hedionda [está sucia]. ♦彼の作業服は汗と油で汚くなっていた Su ropa de trabajo estaba sucia por el sudor y la grasa. ♦白い靴はすぐ汚くなる Los zapatos blancos se ensucian fácilmente.
❷ [卑劣な] *adj*. malo, 《教養語》vil; (不正な) *adj*. rastrero, sucio; (けちな) *adj*. ruin, tacaño. → 卑劣. ♦きたない金 *m*. dinero sucio. ♦彼は権力の地位を得るため汚い手段を使った「Em-

ぎちょう 327

pleó medios sucios [《口語》Jugó sucio] para obtener su posición de poder. ♦彼を汚い手でだますのはよくない No está bien 「jugar sucio con él [hacerle trampas]. ♦彼は金には大変厳しい Es muy ruin con el dinero.
❸ [下品な] (上品でない) *adj*. indecente, 《フォーマル》escabroso; (みだらな) *adj*. sucio; (低俗な) *adj*. vulgar; obsceno. ♦そんな汚い言葉を遣ってはいけません No hay que decir esas 「palabras tan sucias [《口語》palabrotas]. / Esas palabras tan vulgares no se dicen.

きたる (べき) 来たる (べき) (次の) *adj*. que viene, este, próximo. ♦来たる日曜日 (に) *m*. siguiente domingo. ♦来たる選挙 *fpl*. próximas elecciones.

きたん 忌憚 → 遠慮. ♦忌憚のない (=率直な) 意見 *f*. opinión sincera [franca]. ♦忌憚のない (=歯に衣着せぬ) 批評 *f*. crítica franca [abierta]. ♦忌憚なく (=腹蔵なく) 話す *v*. hablar 「sin reservas [francamente, sin rodeos, 《口語》a pecho descubierto].

きち 基地 *f*. base. ♦1軍事 [2海軍; 3空軍; 4燃料補給] 基地 *f*. base [1]militar [[2]naval; [3]aérea; [4]de aprovisionamiento de combustible].

きち 機知 ♦機知に富む言葉 *fpl*. palabras ingeniosas [agudas]. ♦彼は機知に富んだ人だ Es un hombre de ingenio. / Tiene ingenio. / Es agudo.

きちじつ 吉日 *m*. día propicio [de buen augurio].

きちゅう 忌中 *adv*. (de) luto. → 喪(も).

きちょう 貴重 ♦貴重な (価値があり失いたくない) *adj*. precioso; (価値があり有益な) *adj*. valioso, de valor; (非常に貴重な) *adj*. inestimable. ♦貴重品 *mpl*. objetos valiosos [de valor]. ♦平和ほど貴重なものはない No hay nada「más precioso [de más valor] que la paz. ♦彼の忠告は私たちの研究にきわめて貴重なものであった Su consejo fue inestimable [valiosísimo] para nuestra investigación.
☞ 惜しい, 掛けがえのない, 折角, 大事な, 大切な, 貴 [尊] い, 取って置きの

きちょう 基調 (基本的な傾向) *f*. nota dominante, *f*. idea fundamental. ♦基調演説 *m*. discurso inaugural [de apertura]. ♦基調をなす *v*. formar el fundamento (de).

きちょう 記帳 (帳簿などへ記載) *f*. entrada; (名前・出来事などの記録 (表)) *m*. registro; (署名) *f*. firma. ♦支出を会計簿に記帳する *v*. registrar [contabilizar*] las salidas en el libro de cuentas [contabilidad]. ♦宿帳に記帳する *v*. inscribirse* [《口語》apuntarse] en el hotel.

きちょう 機長 *mf*. capitán/tana, *mf*. comandante (del avión).

ぎちょう 議長 *mf*. presidente/ta (☆呼びかけは Sr. (señor) Presidente, *f*. Sra. (señora) Presidenta). ♦議長を務める *v*. presidir una reunión; actuar* como presidente/ta, ocupar (el sillón de) la presidencia. ♦議長に選ぶ *v*. elegir* (a + 人) de [como] presidente. ♦議長のお許しを得て, 意見を述べさせてい

ただきたい Con el permiso del Sr. Presidente, quisiera mencionar algo.

きちょうめん ▶きちょうめんな(整然とした) adj. metódico; (細かいことに気を配る) adj. meticuloso, escrupuloso; (強調して) puntilloso; (しゃく定規の) adj. formalista; (綿密な) adj. exacto; (時間厳守の) adj. puntual. ◆きちょうめんな人 f. persona metódica.

きちんと ❶《物事が整然として》(小ぎれいに) adv. aseadamente, con limpieza, 《教養語》pulcramente, (整然と) adv. en orden, ordenadamente; (正しく) adv. correctamente, como debe ser, 《口語》como Dios manda. ▶きちんとした服装をしている v. estar* vestido aseadamente con limpieza, 《教養語》pulcramente]. ▶きちんと(=背筋を伸ばして)座る v. sentarse* firme [derecho, erguido]. ◆彼らは本を棚にきちんと並べた Colocaron ordenadamente los libros en los estantes. ◆彼女は机をきちんとしておくのが好きだった Le gustaba mantener su mesa "en orden [ordenada, limpia, 《口語》curiosa]. ◆彼女は部屋を元のとおりにきちんと整理した Ordenó la habitación dejándola tal como estaba. ◆彼は仕事をきちんとやるように言われた Le pidieron que hiciera el trabajo bien [correctamente].

❷《定まって》adv. regularmente, (変わる事なく) adv. invariablemente; (必ず) adv. sin falta. → 必ず. ▶猫はきちんと夕方にえさをもらいに来る El gato viene regularmente por la tarde a comer. ▶彼はきちんと朝8時に家を出る Sale invariablemente [siempre] de casa a las ocho de la mañana.

❸《正確に》adv. exactamente, con precisión, con exactitud. ◆彼は何日かはきちんと言わなかった No dijo exactamente qué día era. ◆彼はいつも言葉をきちんと遣う Siempre usa sus palabras con precisión.

《その他の表現》あの人は非常にきちんとした人だ Es una persona muy organizada.

☞ 然るべく、しっかり, ちゃんと; こざっぱり, 整った, 整頓する, 整[調]える

*きつい (強烈な) adj. fuerte; intenso, pesado; (厳しい) adj. riguroso, estricto; (厳格な) adj. severo, duro; (窮屈な) adj. apretado, estrecho; (鋭い) adj. agudo.

1《きつい+名詞》▶きつい酒 m. licor fuerte. ▶きついスケジュール m. horario apretado [intenso]. ▶(気の)きつい女 f. mujer "con temperamento [de carácter] riguroso. ◆きつい顔をする v. mirar con severidad. ◆きついことを言う v. hablar con aspereza 《de, sobre》. ◆きつい仕事はいやだ No me gusta el trabajo duro [pesado].

2《…が[は]きつい》▶目つきがきつい v. tener* una vista aguda. ◆この靴はきつい Estos zapatos me "están apretados [aprietan]. ◆このワイシャツはのどのあたりが少々きつい Esta camisa me aprieta un poco en [por] el cuello. ◆今日は日差しがきつい Hoy el sol calienta mucho. ◆何ときつい言葉だ ¡Qué palabra tan dura! ☞ 固[硬, 堅]い

———— きつく (激しく) adv. duro; severamente; (しっかりと) adv. apretado, fuerte, fuertemente; (厳しく) adv. rigurosamente, con rigor. ▶きつく叱る v. reprender 《a + 人》"con rigor [severamente, con dureza]. ▶きつく握る v. agarrar fuerte. ◆そんなきつく当たるなよ No seas tan duro conmigo.

☞ ぎっしり, しっかり

きつえん 喫煙 m. acto de fumar, el fumar. ▶間接喫煙 《フォーマル》 m. tabaquismo pasivo. ▶喫煙1室[2車] 1 m. cuarto [2 m. vagón] para fumadores. ▶喫煙する v. fumar.

きづかい 気遣い→心配. ▶無用の気遣い f. preocupación [f. inquietud] innecesaria. ◆気遣いをする v. preocuparse (por su salud). ◆私のことは気遣い無用です No "hay por qué [hace falta] preocuparse de mí. / No tienes que preocuparte por mí.

きづかう 気遣う v. preocuparse 《por》. → 心配する.

きっかけ (手始め) m. principio, m. inicio; (誘因) m. motivo, m. incentivo; (好機) f. ocasión, f. casualidad; (手掛かり) f. pista. ▶ふとしたきっかけで(=まったく偶然に) adv. por pura casualidad. ▶本当のことを言うきっかけを失う v. perder* una ocasión de decir* la verdad. ▶問題解決のきっかけをつかむ v. hallar una pista "al problema [para solucionar el problema]. ◆それがきっかけで彼らは親友になった Eso fue el principio de una firme amistad entre ellos. ◆その事故が大規模なデモのきっかけとなった(=誘発した) Ese incidente provocó [fue la causa de] una gran manifestación.

きっかり (正確に) adv. exactamente, en punto. ◆彼はきっかり6時に帰ってくる Vuelve a casa exactamente a las seis. / A las seis en punto llega a casa.

きづかれ 気疲れ f. fatiga mental. ▶気疲れする v. estar* mentalmente cansado, tener* fatiga mental.

キック 《サッカー》 m. saque, m. tiro, f. patada. ▶キックオフ m. saque inicial, f. patada de inicio, m. comienzo de un partido de fútbol.

きづく 気付く (見て, 感じて) v. notar, fijarse [reparar] 《en》, 《フォーマル》 advertir, enterarse 《de》; (じっくり観察して) v. observar, (自覚する) v. ser* consciente 《de》; (知る) v. encontrar*; (発見する) v. descubrir*; (察知する) v. darse* cuenta 《de》; (感づく) v. sentir*; (思いつく) v. pensar* 《en》. ◆彼は交通標識にうかなかった No reparó [se fijó] en las señales de tráfico. ◆私は彼ににっこりする[している]のに気づいた Noté [Observé] que sonreía. ◆彼は自分の誤りに十分気づいています Se ha dado plena cuenta de su error. / Es totalmente consciente de que se ha equivocado. ◆警察はそのグループの襲撃計画に気づいてアジトを手入れした La policía se enteró del ataque del grupo "y dio una batida [e hizo una redada] en sus escondites. ◆私は隣の部屋にだれかいるのに気づいていた "Estaba consciente de [Era consciente de, Sabía, Me di cuenta de] que había alguien en el cuarto de al

lado. ♦ 私は財布がなくなっているのに気づいた Noté que me faltaba la cartera. /《フォーマル》Advertí la falta de mi cartera. ♦ 彼らは危険に気づき逃げた Sintieron el peligro y se escaparon. ♦ だれも気づかぬうちに彼女は立ち去った Se fue sin que nadie「se diera cuenta [lo notara]．
☞ 感知, 感づく, 心得る, 悟る, 着目

ぎっくりごし ぎっくり腰 *m.* lumbago. ♦ 彼はまたぎっくり腰をやった Otra vez tiene [está con] lumbago.

きつけ 着付け *m.* acto de vestirse. ♦ 着付け教室《説明的に》*f.* escuela para enseñar cómo ponerse el kimono.

きづけ 気付 *prep.* a cargo de, al cuidado de,《略》a/c. → 一方. ♦ それを会社気付で彼に送る *v.* enviárselo* al cuidado de la empresa.

きっさてん 喫茶店 *m.* salón de té, *m.* café, *f.* cafetería.

ぎっしり ♦ ぎっしりと(密集して) *adv.* densamente; (きつく) *adv.* apretadamente; (密な) *adj.* junto, tupido. ♦ 文字をぎっしり書く *v.* escribir* con letra (口語) apretada [muy junta]. ♦ 都市には人がぎっしり住んでいる La ciudad está「densamente poblada [superpoblada]. ♦ 今週は予定がぎっしりだ Esta semana tengo un horario muy apretado. ♦ 箱にはリンゴがぎっしり入っていた La caja estaba llena hasta rebosar de manzanas. ♦ 彼女のかばんは本がぎっしり入っている Su bolso estaba atestado de libros. ♦ ホールにぎっしり人がいた La sala「estaba llena de gente [rebosaba de público].

きっすい 生っ粋 → 純粋. ♦ 生っ粋の江戸っ子 *mf.* tokiota auténtico/ca, *mf.* puro/ra tokiano/na, ♦ 《口語》 *mf.* tokiano/na「《口語》de pura cepa [por los cuatro costados].

きっする 喫する *v.* sufrir. ♦ 惨敗を喫する *v.* sufrir una derrota aplastante.

きっちり (しっかりと) *adv.* apretadamente; (正確に) *adv.* exactamente, en punto, con precisión (matemática); (正しく) *adv.* correctamente, bien. → きちんと, きっかり. ♦ 何もかもきっちり(＝しっかり)荷造りされた Todo estaba empaquetado muy apretado. ♦ 彼は仕事をきっちり(＝正しく)しないと満足しない Nunca queda contento con su trabajo si no está bien hecho. ♦ 私の父はきっちり7時に帰ってきます Mi padre llega a casa「a las siete en punto [exactamente a las siete]. ♦ 彼はきっちり時間を守る Es sumamente puntual. ♦ この箱にはきっちり靴が3足はいる En esta caja caben justo tres pares de zapatos.

キッチン → 台所.

きつつき 啄木鳥 *m.* pájaro carpintero.

・**きって** 切手 *m.* sello (postal),《ラ米》*f.* estampilla. ♦ 記念切手 *m.* sello conmemorativo. ♦ 切手収集 *f.* filatelia. ♦ 切手収集家 *mf.* coleccionista de sellos,《フォーマル》 *mf.* filatelista. ♦ 切手シート *m.* pliego de sellos. ♦ 切手帳 *m.* álbum de sellos. ♦ 切手をはった封筒 *m.* sobre con franqueo. ♦ 切手収集が私の唯一の趣味です Mi única afición es coleccionar sellos. ♦ 手紙に切手をはり忘れてはいけない No olvides poner el sello en la carta. ♦ 80円切手を10枚ください Diez sellos de 80 yenes, por favor. ♦ この手紙は切手不足です A esta carta le faltan sellos. /《フォーマル》Esta carta no tiene el franqueo suficiente. ♦ 日本への(手紙の)切手代はいくらですか ¿Qué sello hace falta para Japón?

地域差 切手
[スペイン] *m.* sello
[キューバ] *m.* sello
[メキシコ] *m.* timbre
[コロンビア・ペルー・アルゼンチン] *f.* estampilla

・**きっと** (確かに) *adv.* seguramente, con certeza, con seguridad; (きっと...する) *v.* estar* seguro de hacer*...; (間違いなく) *adv.* sin falta. → 必ず, 多分. ♦ あしたはきっと晴れだろう Seguramente [Seguro] que mañana hará mejor (tiempo). / Seguramente el tiempo será mejor mañana. / Estoy seguro que mañana hará mejor. ♦ きっと彼も知っているに違いない「Sin duda que [Seguramente] lo sabe. / Tiene que saberlo. 会話 彼は申し訳ないという気持ちでいっぱいなのでさーきっとそうでしょうね No hace más que disculparse. -「Estoy seguro de ello. [《口語》¡Hombre, claro! / Tiene que haberlo.] 会話 彼はきっとやるよ -「《口語》¡A ver qué remedio!」 会話 友子は眠そうな顔をしてるね -きっと疲れているのよ Tomoko parece que tiene sueño. - Sin duda está cansada. 会話 出かけるときにはガスを止めてねーうん, 分かった-本当に?当てにしていいのねーもちろんさ, きっと止めておくったら ¿Vas a apagar el gas cuando salgas? - Entendido. - ¿De verdad? ¿Puedo confiar en ti? - Claro que sí. Con toda seguridad.

きっと (鋭く) *adv.* intensamente, con penetración; (きびしく) *adv.* severamente, con rigor. ♦ 彼をきっとにらむ *v.* mirarlo[le] con la expresión severa [《教養形》adusta], echarle una mirada dura, mirarlo[le] severamente. ♦ 彼の言葉に彼女はきっとなった(＝表情が硬くなった) El rostro de ella se endureció al oír sus palabras.

きつね 狐 *mf.* zorro/rra. ♦ きつね色 *m.* castaño [*m.* pardo] claro,【メキシコ】*m.* color café claro. ♦ キツネの(毛皮の)襟巻き *f.* bufanda de piel de zorro. ♦ 彼女はきつねにつままれたような(＝困った)顔をしていた Tenía la expresión desconcertada.

きっぱり *adv.* categóricamente, rotundamente,《口語》en redondo; (明確に) *adv.* definitivamente; (決定的に) *adv.* decididamente; (断固として) *adv.* resueltamente; (最終的に) *adv.* de una vez por todas. ♦ 彼女は彼の申し込みをきっぱり断った Rechazó categóricamente [rotundamente] su propuesta. ♦ 彼はきっぱりとだめだと言った Dio un no rotundo. / Se negó en redondo. ♦ 彼女はきっぱりと彼と別れることを決めた Decidió de una vez por todas separarse de él.
☞ 固[硬, 堅]く, 断固, 断然

きっぷ 切符 *m.* billete, 【ラ米】*m.* boleto; (飛行機の) *m.* pasaje; (切り取り式の) *m.* cupón, *m.* bono.

1《〜(の)切符》▶1片道 [2往復] 切符 【スペイン】 *m.* billete, 【ラ米】*m.* boleto] de ¹ida y vuelta, ²viaje completo). ▶¹音楽会 [²試合] の切符 *f.* entrada [*f.* localidad] para un ¹concierto [²partido].

2《切符＋名詞》▶切符売り場 (駅の) *f.* taquilla, 【ラ米】*f.* boletería, *f.* ventanilla. ▶切符販売機 *f.* máquina de tiques [【スペイン】billetes, 【ラ米】boletos].

地域差 (鉄道の)切符売り場
〔スペイン・キューバ・メキシコ〕*f.* taquilla, *f.* ventanilla
〔コロンビア〕*f.* taquilla
〔ペルー〕*f.* boletería
〔アルゼンチン〕*f.* boletería, *f.* ventanilla

3《切符を》▶切符を切る *v.* perforar un billete. ▶東京までの切符を買う *v.* comprar un billete para Tokio. ▶6時30分のショーの切符を2枚ください Dos entradas para el espectáculo de las 6.30, por favor. ◆切符を拝見します ¿Me permite su 【スペイン】 billete [【ラ米】boleto], por favor?

きっぽう 吉報 ▶吉報をもたらす *v.* traer* buenas noticias.

きつもん 詰問 *m.* interrogatorio estricto. ▶詰問する *v.* interrogar* severamente. ▶詰問調で言う *v.* decir* con tono inquisitivo.

きづよい 気強い (安心な) *adj.* fuerte, con entereza; (意志の強い) *adj.* de carácter fuerte.

きつりんしょう 吉林省 *f.* provincia de Jilin.

きてい 規定 [程] *f.* regla; (規則) *m.* reglamento (→規則); (条項) 《フォーマル》 *f.* cláusula; (契約などの) *f.* estipulación. ▶規定料金 *f.* tarifa reglamentaria [estipulada]. ▶規定種目 *mpl.* ejercicios reglamentarios [obligatorios]. ▶そのクラブの会員規定 *m.* reglamento de afiliación del club. ▶第9条の規定に触れる政策 *f.* política en conflicto con 「las provisiones del [lo estipulado en el] Artículo 9. ◆それを禁止する政府の規定がある Hay una norma [regla] del gobierno que lo prohíbe.

── 規定する *v.* determinar, reglamentar; (契約などで)《フォーマル》*v.* prescribir*. ▶規約には会長がそれをしなければならないと規定されている En la regla se determina [estipula] que el presidente debe hacerlo.

ぎてい 義弟 *m.* cuñado, 《フォーマル》*m.* hermano político. → 義理の兄弟.

切符売り場 Venta de pasajes. →切符

きてい 既定の *adj.* determinado, establecido. ▶既定の方針 *f.* política determinada.

きてき 汽笛 *m.* pito; (その音) *m.* pitido; (船の) *f.* sirena. ▶汽車の汽笛 *m.* pitido de una locomotora. ▶汽笛を鳴らす *v.* dar* un pitido, tocar* el pito. ◆汽笛が鳴った Sonó 「la sirena [el pito].

きてん 機転 *m.* ingenio, *f.* sagacidad; (人の気をそらさない如才なさ) *m.* tacto. ▶機転がきく *v.* ser* ingenioso; tener* tacto. ▶機転のきいた返事をする *v.* dar* una respuesta ingeniosa; responder con tacto. ▶機転をきかせてその問題を切り抜ける *v.* 《口語》「echar mano al ingenio [tener* buena mano izquierda] para sortear el problema.

きてん 起点 *m.* punto de partida [comienzo].

きと 帰途 ▶帰途につく *v.* ponerse* en camino para volver* (a casa).

キト Quito (☆エクアドルの首都).

きどあいらく 喜怒哀楽 (理性に対して) *mpl.* sentimientos; (愛憎・悲喜などの強い感情) *f.* emoción. ▶喜怒哀楽を表に現わす *v.* mostrar* los sentimientos. ◆彼女は喜怒哀楽がとても激しい Es una mujer muy emocional.

きとう 亀頭 *m.* glande.

きとう 祈祷 *f.* oración, *f.* plegaria; *fpl.* devociones, (教養語) *fpl.* preces; (食前食後の) *f.* bendición de la mesa. → 祈り. ▶祈祷する *v.* rezar*, orar, decir* una oración [plegaria]. ▶祈祷書 *m.* libro de preces, *m.* devocionario. ▶祈祷師 *m.* chamán, *m.* hechicero.

きどう 気道 《専門語》*f.* vía respiratoria.

きどう 起動 ▶起動ディスク 《専門語》*m.* disco de inicio.

きどう 軌道 ❶ [線路] *m.* riel, *m.* raíl, *f.* vía (férrea). → 線路. ▶軌道を敷く *v.* tender* la vía.

❷ [天体・人工衛星の] *f.* órbita. ▶月の軌道 *f.* órbita de la luna. ▶軌道修正をする *v.* hacer* [realizar*] una corrección en la órbita. ▶気象衛星を地球を回る軌道に乗せる *v.* lanzar* [poner*] un satélite meteorológico en órbita por la Tierra.

❸ [事柄の経路] ▶計画を軌道に乗せる *v.* poner* un plan en marcha [camino]. ◆私たちの計画は軌道に乗っている Nuestros planes van 「por buen camino [con buena marcha]. / Ya tenemos en marcha nuestros planes.

きどうたい 機動隊 *f.* unidad antidisturbios (de policía).

きとく 危篤 ▶危篤に陥る *v.* ponerse* 「muy grave [en estado crítico]. ◆彼は危篤だ Su estado es grave [crítico]. / Está gravemente enfermo. ◆今日彼は少しよくなったがまだ危篤状態を脱していない Hoy está ligeramente mejor, pero 「todavía dentro de la gravedad [sigue en estado crítico].

きとく 奇特 ▶奇特な(賞賛に値する) *adj.* digno de elogio. ◆なかなか奇特なことをする人だ Lo que ha hecho él es digno de elogio.

きとくけん 既得権 *m.* derecho adquirido. ▶既得権を¹守る [²侵す] *v.* ¹proteger* [²vio-

きどぐち 木戸口 f. entrada. → 入り口.
きどしんごう 輝度信号 《専門語》f. luminancia.
きどる 気取る v. ser* afecta*do*; (もったいぶる) darse* aires, 《口語》dárselas* 《de》; (見せかけてふるまう) v. actuar* 《como》. ▶気取った態度 adv. con afectación, de modo afectado [amanerado, poco natural]. ♦そんなに気取るな No seas tan afecta*do*. / Sé más natural. ♦彼は気取った言い方をする Habla「con afectación [de modo amanerado]. → 気障(きざ). ♦彼は学者気取りでいる Se「da aires [《口語》las da] de erudito. ♦まあ、気取り屋の作家気取りね ¡Vaya, de repente te da por actuar de escritor experto! /《口語》¡Hombre, ahora resulta que te las das de escritor consumado! ☞ 飾る, 気取う

きない 機内 ▶機内に adv. a bordo (del avión), en el avión. ▶機内食 f. comida「a bordo [en vuelo]. ♦申し訳ありませんが、そのかばんは機内へお持ち込みができません Lo siento, pero no se permite llevar esa maleta「a bordo [dentro del avión].

きなが 気長 ▶気長に adv.《ユーモアで》con más paciencia que el Santo Job; (急がずに) adv. sin prisa; (のんびりか) adv. tranquilamente, con calma; (ゆっくり) adv. despacio. ▶気長に待つ v. esperar con paciencia.

きなくさい きな臭い ♦きな臭いにおいがする Huele a quemado. /《比喩的に》Parece que va a pasar algo. /《口語》Huele a chamusquina.

ギニア Guinea (☆アフリカの国, 首都コナクリ Conakry).

ギニアビサウ Guinea-Bissau (☆アフリカの国, 首都ビサウ Bissau).

キニーネちゅうどく キニーネ中毒《専門語》m. cinconismo.

きにいる 気に入る (好きである) v. gustar; (満足する) v. agradar,《フォーマル》satisfacer*, estar* contento [satisfe*cho*]《con》; (非常に満足する) v. estar* encanta*do* 《con》, encontrar* a su gusto.《会話》うーん、このケーキは最高−気に入っていただいてよかった ¡Uy! ¡Qué pastel tan sabroso! − ¡Qué bien que te guste! ♦ぼくがそう言うと気に入らないようだが... Sé que no te gusta que lo diga, pero....《会話》新しい仕事が気に入っていますか−大いに気に入っています ¿Le gusta a usted su nuevo trabajo? − Mucho. / ¿Está contento con su nuevo trabajo? − Muy contento.

きにする 気にする (気にかける) v. importar; (心配する) v. preocupar, preocuparse 《de》. ♦彼は世間が何を言ってもちっとも気にしない No le importa lo que digan los demás. / No le preocupa la opinión ajena. ♦彼女は身なりを気にする Le importa su aspecto. / Se preocupa de su apariencia.《会話》お皿を割ってしまって本当にごめんなさい−いいのよ。気にしないで Lo siento, se me ha roto un plato. − Está bien.「No importa. / No te preocupes.」

きにゅう 記入 (帳簿などへの) f. entrada, f. anotación. → 記載. ▶ペンで申し込み用紙に記入する v. rellenar [《フォーマル》cumplimentar*] una solicitud con pluma. ▶空欄に名前を記入する v. llenar [anotar] el espacio (en blanco) con el nombre. → 書き込む. ♦記入済み《標示》Registrado.

きぬ 絹 f. seda; (絹地) f. tela de seda. ▶絹糸 m. hilo de seda. ▶絹織物 mpl. géneros [mpl. tejidos] de seda. ▶絹のドレス m. vestido de seda. ▶絹のような髪 m. cabello sedoso. ▶絹の服を着ている v. ir* vestido con seda, vestirse* con sedas.

きぬけ 気抜け ▶気抜けする v. sentirse* desanimado.

きぬたこつ きぬた骨《専門語》m. yunque.

ギネスブック《書名》《El Libro Guinness de los Récords》.

•きねん 記念 m. recuerdo,《フォーマル》f. conmemoración; (覚えておくこと) m. recuerdo, f. memoria, f. conmemoración 《de》. ▶記念の adj. conmemorativo, recordat*orio*; (記念すべき) adj. memorable. ▶記念切手 m. sello conmemorativo. ▶記念祭 f. fiesta conmemorativa. ▶記念写真 m. foto de recuerdo. ▶記念碑 m. monumento (conmemorativo). ▶記念日 m. día「de recuerdo [《フォーマル》conmemorativo]; (例年の) m. aniversario. ▶結婚記念日 m. aniversario de boda. ▶記念品 (旅などの) m. recuerdo (→土産), (記念のしるし) m. regalo, m. recuerdo; (友や出来事などの思い出となるちょっとしたもの) m. recuerdo,《フォーマル》m. testimonio. ▶記念の航空券をとっておこう Guardaré este pasaje de avión como recuerdo de mi viaje. ♦永年勤続の記念として彼は金時計を授与された Le concedieron un reloj de oro como recuerdo de sus muchos años de servicio.

── 記念する v. conmemorar; (式などを祝う) v. celebrar. ♦オリンピックを記念して新しい硬貨が発行された Acuñaron nuevas monedas en conmemoración de los Juegos Olímpicos.

ぎねん 疑念 f. duda. ▶疑念をいだく v. tener* [estar* con] dudas 《de》,《フォーマル》abrigar* dudas 《sobre》. → 疑う, 疑問

*きのう 昨日 adv. ayer,《フォーマル》el día de ayer. ▶昨日の晩 adv. anoche, ayer por la noche. ♦昨日は日曜だった Ayer fue domingo. ♦昨日の新聞でそれを読んだ Lo leí en el periódico de ayer. ♦昨日まで暇だった Estaba libre hasta ayer. ♦昨日の今ごろは何をしていましたか ¿Qué estabas haciendo ayer a estas horas? ♦よくいっしょにテニスをしたのがまるで昨日のようだ Parece que fue ayer cuando jugábamos al tenis.

きのう 機能 f. función. ▶機能的な adj. funcional. ▶機能障害 m. desorden funcional. ▶肝(臓)の機能 f. función del hígado. ▶機能亢進症《専門語》f. hiperfunción. ▶機能低下症《専門語》f. hipofunción. ▶機能的に設備された台所 f. cocina funcionalmente equipada. ♦形容詞の中には名詞の機能を果たすものもある Algunos adjetivos pueden funcionar

きのう 帰納 ▶帰納法 f. inducción. ▶帰納的推論 m. razonamiento inductivo. ▶帰納的に adv. inductivamente, por inducción. ▶帰納的に導き出す《教養語》v. inducir*.

ぎのう 技能 (技術) f. técnica; (能力) f. habilidad, f. destreza, f. técnica, m. talento. ▶技術，能力，技．▶技能賞 m. premio a la técnica.

きのこ 茸 f. seta, m. hongo. ▶毒きのこ m. hongo venenoso [《フォーマル》tóxico]. ▶森へキノコ狩りに行く v. ir* "de setas [a por setas]".

キノコちゅうどく キノコ中毒《専門語》m. micetismo.

***きのどく** 気の毒 ▶その病気の老人を気の毒(=かわいそう)に思う v. sentir* pena [lástima, compasión] por el anciano enfermo. ▶気の毒に思って彼に金を貸す v. prestarle dinero por compasión [lástima]. → 同情. ▶お気の毒ですが彼は不在です Lo siento pero no está. ▶彼が両親を事故で亡くしたなんて本当に気の毒に「Es una verdadera pena [Siento de verdad; Me da mucha lástima]」que perdiera a sus padres en el accidente. 《会話》ひどい風邪をひいているんです―それはお気の毒に Tengo un terrible resfriado. – ¡Qué lástima!, ¿eh? [¡Vaya, qué pena!] ▶誠にお気の毒に存じますが(=遺憾ながら)，あなたの本校への入学は認められないことになりました《フォーマル》Lamento informarle que no「podemos ofrecerle la admisión [ha sido admitido]」en nuestra institución académica.

―― **気の毒な** (かわいそうな) adj. pobre (☆名詞の前におく); (不幸な) adj. desgraciado, 《フォーマル》desdichado; (みじめな) adj. miserable, 《フォーマル》digno de compasión; (哀れな) adj. lastimoso. ▶気の毒な人 f. pobre persona, f. persona desgraciada [《フォーマル》digna de compasión]. ▶気の毒な状況 f. situación desgraciada [lastimosa]. ▶気の毒な生活を送る v. llevar una vida miserable [desgraciada].

きのみきのまま 着のみ着のまま ▶着のみ着のままでその場所から避難する v. abandonar un lugar「sin más que lo puesto [sólo con la ropa que se lleva puesta, sólo con lo puesto]」.

きのり 気乗り f. inclinación, 《教養語》f. propensión. ▶気乗りのしない返事 f. respuesta desganada [sin mucho entusiasmo]. ▶気乗りがしない v. no sentir* inclinación (a hacerlo).

きば 牙 (象・イノシシ・犬などの) m. colmillo. ▶牙をたてる v. dar* una colmillada. ▶その犬は見知らぬ人に牙をむきだしてうなった El perro gruñó y le mostró al extraño los colmillos.

きはく 希薄 ▶希薄な(空気など) adj. enrarecido; (液体が) adj. diluido; (気体が) adj. rarificado; (人口などが) adj. escaso. ▶高山の希薄な空気 m. aire enrarecido de la alta montaña. ▶その国は人口が希薄であった El país estaba escasamente poblado. / La población de ese país era escasa.

きはく 気迫 (気力) m. espíritu, m. ánimo; (決意) f. decisión, f. determinación; (やる気) f. energía, m. vigor; (魂) m. alma. ▶気力. ▶気迫のこもった顔つき f. expresión decidida. ▶彼らには気迫が必要だ Necesitan determinación y energía.

きばく 起爆 ▶起爆剤 m. fulminante. ▶起爆装置 m. detonador. ▶起爆剤になる(引き金になる) v. provocar*, inducir*.

きはずかしい 気恥ずかしい v. avergonzarse*, sentir* vergüenza.

きはつ 揮発 f. volatilización. ▶揮発性の adj. volátil. ▶揮発性メモリー《専門語》f. memoria volátil.

きばつ 奇抜 ▶奇抜な着想[趣向](新奇な) f. idea novedosa; (独創的な) f. idea original. ▶奇抜な(=風変わりな)服 f. ropa original.

きばむ 黄ばむ ▶その写真は年とともに黄ばんできた La foto(grafía)「está amarillenta por los años [ha amarilleado con el paso del tiempo]」.

きばらし 気晴らし (娯楽) m. pasatiempo; (気分転換) m. entretenimiento, f. diversión, 《教養語》m. solaz; (休養) m. recreo; (息抜き) f. distracción. ▶気晴らしに adv. para entretenerse [divertirse]; (気分転換に) adv. como distracción. ▶ゴルフは父の唯一の気晴らしだ El golf es el único pasatiempo de mi padre. 《会話》暇な時にはどう?(=何しているの―気晴らしによく魚釣りに行きます ¿Qué haces en tu tiempo libre? – Generalmente voy a pescar para distraerme [entretenerme]. ☞ 遊び，憂さ晴らし，娯楽，楽しみ

きはん 規範 f. norma; (基準) m. modelo. ▶社会的規範 f. norma social. ▶道徳規範 f. norma moral.

きばん 基盤 f. base, m. fundamento. → 基礎. ▶基盤をなす v. formar「la base [el fundamento]」(de). ▶(選挙の)支持基盤を広げる v. ensanchar la base de apoyo.

きひ 忌避 f. evasión. ▶徴兵忌避 f. evasión de la llamada a filas. ▶徴兵忌避者《専門語》m. prófugo, 《スペイン》m. insumiso. ▶忌避する v. evitar, eludir, rehuir*.

きび 機微 ▶人情の機微に通じている v. conocer* las sutilezas de la naturaleza humana, tener* un profundo conocimiento del alma humana.

きびきび (活発に) adv. ágilmente, con viveza; (精力的に) adv. vigorosamente, activamente; (能率よく) adv. con eficacia, eficazmente. ▶彼は質問にきびきびと答えた Contestó ágilmente [con viveza] a las preguntas. ▶その店では人々がいつもきびきび働いている En esa tienda siempre trabajan activamente [con vigor].

***きびしい** 厳しい (厳格な) adj. riguroso, estricto, severo, rígido, 《フォーマル》inexorable; (人・罰などが無情な) adj. duro, áspero; (強烈な) adj. intenso, crudo; (緊迫した) adj.

tenso, difícil, austero, adusto. ◆厳しい裁判官 m. juez riguroso. ◆厳しい規律 f. disciplina rígida [estricta, severa]. ◆厳しい罰 m. castigo riguroso [severo]. ◆冬の厳しい寒さ m. frío riguroso del invierno, mpl. rigores del invierno. ◆厳しい訓練 m. entrenamiento duro. ◆厳しい経済状況 f. difícil situación económica. ◆彼は子供に厳しい Es riguroso [duro, inflexible] con sus hijos. ◆あの先生は文法には厳しい Ese profesor [es estricto con la gramática [《口語》no pasa una en la gramática]. ◆今年の冬は大変厳しかった Este año hemos tenido un invierno muy crudo [riguroso, duro]. ◆彼は厳しい顔をしていた Su expresión era austera [adusta].

——— 厳しく adv. con rigor, rigurosamente, estrictamente, severamente, duramente, con dureza, intensamente. ◆厳しく子供を育てる v. educar* a un hijo con rigor. ◆囚人を厳しく扱う v. tratar 「con dureza [ásperamente] 「al prisionero [a la prisionera]. ◆規則を厳しくする v. endurecer* un reglamento. ◆彼は不正を働いて厳しく処罰された Fue castigado rigurosamente [severamente] por engañar. 会話 作品の審査はどの程度厳しくすべきでしょうか一最高のもの以外は全から受けいりないでください ¿Hasta qué punto debo ser riguroso en juzgar las obras? – Acepta sólo lo mejor. ☞いかつい顔、いかめしい、厳然、手痛い

きびす 踵 ▶踵を返す[引き返す] v. volverse*, 《メキシコ》voltearse, dar(se)* la vuelta.

きびょう 奇病 f. rara enfermedad.

きひん 気品 (上品) f. elegancia; (優美) f. gracia. ◆彼女にはどことなく気品がある Hay algo elegante en ella. / 《口語》Tiene un no sé qué de elegancia.

きびん 機敏 ▶機敏な (動作が速い) adj. rápido; (反応が早い) adj. agudo; (動作がきびきびした) adj. ágil. ▶機敏な対策をとる v. tomar [《フォーマル》emprender] rápidas medidas [para]. ▶機敏に (=抜け目なく) 立ち回る v. actuar* con prontitud. ◆彼は動作が機敏だ Actúa con rapidez. ☞如才ない、すばしっこい

きひんせき 貴賓席 f. tribuna (para invitados de honor); (皇族などの) m. palco real.

きふ 寄付 f. contribución (a, para); (公共福祉のための) f. donación (a). ▶寄付者 mf. donante. ▶寄付を募る v. recaudar contribuciones. ◆寄付は今のところあまり集まっていない Las contribuciones no ascienden a mucho.

——— 寄付する v. donar, contribuir* 〔con〕; (与える) v. dar*. ◆難民に衣料品を寄付する v. donar ropa a los refugiados. ◆彼は慈善事業に百万円寄付した 「Contribuyó con un millón de yenes a [Donó un millón de yenes para] obras benéficas.

ぎふ 義父 (配偶者の父) m. suegro, 《フォーマル》m. padre político; (継父) m. padre adoptivo, 《軽蔑的》m. padrastro.

ギブアップ ▶ギブアップする v. abandonar, rendirse*.

ギブアンドテーク ▶ギブアンドテークで (=の精神で) adv. en la base del 「"toma y daca"

きぶん 333

["doy para que me des"].

きふう 気風 (全体の調子、風潮) m. rasgo, f. característica; (精神) m. espíritu; (性格) m. carácter. ▶当時の自由な気風 m. espíritu liberal de aquel entonces.

きふく 起伏 (地形の) 《専門語》m. relieve (topográfico); m. accidente; fpl. vicisitudes; (人生などの) mpl. altibajos. ▶起伏のある平野 f. llanura ondulada. ▶起伏に富んだ景色 m. paisaje accidentado [con colinas]. ◆彼は感情の起伏が激しい Tiene muchos altibajos emocionales.

きふじん 貴婦人 f. dama, f. señora noble.

ギプス m. yeso, f. escayola; (ギプス包帯) m. vendaje escayolado [enyesado]. ◆足[脚]にギプスをはめる v. escayolar [poner* escayola] en una pierna. ◆彼は腕にギプスをはめている Tiene el brazo escayolado.

きぶつそんかい 器物損壊 《専門語》m. daño a la propiedad.

ギフト 《フォーマル》m. regalo, m. obsequio. ▶ギフト券 m. cheque [m. cupón] de regalo. ▶ギフトショップ f. tienda de regalos.

きふるした 着古した adj. viejo; usado; (すり切れるほど着た) adj. gastado.

キプロス Chipre; (公式名) f. República de Chipre (☆地中海の国、首都ニコシア Nicosia).

きぶん 気分 (一時的な気持ち) m. humor; (気持ち) m. estado de ánimo; (感情) m. sentimiento; (雰囲気) m. ambiente, f. atmósfera. ▶気分屋 f. persona de humor variable. ▶気分を変える v. cambiar de humor. ◆祭りの気分を1壊す[2出す] v. 1romper [2crear] un ambiente de fiesta. ◆今は勉強する気分じゃない No estoy de humor para estudiar ahora. / Ahora no tengo ganas de estudiar. 会話 音楽はどんなの一そのときの気分次第だね ¿Qué es lo que más te gusta de la música? – Depende del 「humor en que esté [estado de ánimo en me encuentre]. ◆人の気分を害してはいけない No 「hieras los sentimientos de [ofendas a] los demás. 会話 彼らはどうして気分を害していたんだい一そうだな。あんなに長いこと待たなくちゃならないのが気に入らなかったんだろう ¿Qué les ha molestado? – Bueno, no les gustó haber tenido que esperar tanto tiempo. ◆金持ちになった気分だ Me siento rico. ◆私すごく船酔いしやすいたちなの。だからすぐに気分が悪くなってしまうのよ Me mareo fácilmente en los barcos, por eso enseguida 「me pongo mala [me siento mal].

——— 気分がよい (気持ちが) adj. agradable; (体調が) v. estar* bien. ◆早朝郊外を散歩するのは気分がいい Por la mañana temprano es agradable dar un paseo por las afueras de la ciudad. 会話 今日は気分はいかがですか一おかげさまでだいぶよくなりました ¿Cómo te sientes hoy? – Estoy [Me siento] mucho mejor, gracias. ◆風邪をひいて気分がよくない Tengo un resfriado y 「no me siento bien [me siento mal]. ◆今日は気分がよさそうですね Hoy

tienes buen aspecto. / Hoy「estás bien [ラ米] te ves bien」.
《その他の表現》♦気分転換に川へ泳ぎに行きましょう Vamos a nadar al río para distraernos. ♢機嫌, 元気

ぎふん 義憤 f. indignación justa. ♦彼らの弱者への仕打ちに彼は強い義憤を感じた Se sintió de verdad indignado por lo que habían hecho con los débiles.

きべん 詭弁 《教養語》m. sofisma, 《教養語》f. falacia. ♦詭弁家 mf. sofista. ♦詭弁を使って adv. por sofismas, con falacias. ♦詭弁をろうする v. emplear sofismas.

きぼ 規模 f. envergadura, f. escala; (大きさ) f. dimensión, m. tamaño. ♦大規模な公共事業 mpl. obras públicas a [de] gran escala [envergadura]. ♦大規模な災害 m. desastre de gran envergadura. ♦大規模な祭りが計画されている El festival está planeado「a gran escala [《口語》a lo grande]. ♦その事業は規模が縮小された El negocio ha reducido su escala [campo de actividades].

ぎぼ 義母 (配偶者の母) f. suegra, 《フォーマル》f. madre política; (継母)《しばしば軽蔑的に》f. madrastra; (養母) f. madre adoptiva.

きほう 気泡 f. burbuja. ♦シャンペンをグラスに注ぐと気泡が生じ, やがて消える Cuando se vierte el champán [cava] en una copa, se forman burbujas que se rompen enseguida.

きぼう 希望 (望み) ♢♢ f. esperanza 《de + 名詞・不定詞, de que + 接続法》; (願望) m. deseo, f. ansia, 《フォーマル》《強調して》m. anhelo; (期待, 見込み) f. expectativa; (夢) m. sueño, f. ilusión; (要求) m. ruego, f. petición. → 望み. ♦第一希望 m. primer deseo. ♦大学に行くことが彼の希望です Su deseo [esperanza] es ingresar en la universidad. / Espera ingresar en la universidad.

1《希望～》♦(クラブの)入会希望者 mf. interesado/da en ser socio/cia (de un club). ♦希望的観測 fpl. ilusiones, fpl. vanas esperanzas.

2《希望が[は]》♦彼の回復は希望が持てる Hay esperanzas de「su recuperación [que se recupere]. ♦この勝利で希望がわいた Esta victoria me「dio esperanza [animó]. ♦とうとう私の長年の希望がかなった Lo que hacía mucho tiempo deseaba por fin se ha cumplido. / 《フォーマル》Mi anhelo largamente acariciado por fin se ha hecho realidad. ♦私の希望は打ち砕かれた Mis esperanzas「se derrumbaron [se vinieron abajo; quedaron destruidas].

3《希望の》♦彼は希望のない人生を送った Llevaba una vida sin ilusiones [esperanzas]. ♦最後の希望の光が彼女の心の中で消えた En su corazón se ha apagado el último destello de esperanza. 会話 座席にご希望がございますか―はい, 禁煙席にしていただけますか ¿Tiene usted preferencias de asiento, señor? - Sí, quisiera en la sección de no fumadores, por favor.

4《希望に》♦彼は希望に燃えて上京した Se fue a Tokio「lleno de ilusiones [con muchas esperanzas, 《教養語》inflamado de ansias]. ♦ご希望に添えなくて残念です Lo siento, pero sus deseos no se pueden satisfacer [cumplir].

5《希望を》♦彼は試験に失敗してすっかり希望を失った Suspendió el examen y perdió todas sus esperanzas. 会話 留学する希望を捨てるなよ―ありがとう, 希望は持ち続けていきとね No renuncies a tu deseo de estudiar en el extranjero. - Gracias, intentaré mantener viva la esperanza. ♦みんなの希望を聞いてください Haga el favor de escuchar los deseos de todos.

—— **希望する** v. querer*; esperar; desear. ♢望む, 欲しい ♢意思, 考え, 期待

ぎほう 技法 f. técnica. → 技術.

きぼうほう 喜望峰 El Cabo de Buena Esperanza (☆アフリカ最南端の岬).

きぼね 気骨 ♦気骨が折れる(気疲れする) v. cansarse mentalmente, 《フォーマル》tener* [padecer*] fatiga mental.

きぼり 木彫り f. talla (en madera). ♦木彫りの人形 f. muñeca tallada, f. talla de muñeca.

*****きほん 基本 (基礎)** f. base; (根本事項) m. fundamento; (基礎事項) lo básico [fundamental]; (初歩) lo elemental [esencial]. ♦基本の adj. básico, fundamental; esencial. ♦基本インターフェース《専門語》m. interfaz básico. ♦基本給 m. sueldo básico. ♦基本計画 m. plan maestro. ♦基本原理 m. principio fundamental. ♦基本料金 f. tarifa base [básica]. ♦基本的人権 mpl. derechos humanos básicos. ♦スペイン語の基本をマスターしてますか ¿Dominas ya「lo fundamental [lo básico, las bases] del español? ♦この公式は数学の基本だ Esta fórmula es fundamental [esencial] para las matemáticas. ♦基本的には君が正しいと思う Creo que básicamente tienes razón.

ぎまい 義妹 f. cuñada, 《フォーマル》f. hermana política. → 義理の兄弟.

きまえ 気前 f. generosidad. ♦慈善事業に気前よく金を出す人 mf. generoso/sa donante a obras benéficas. ♦気前よく金を使う v. ser* generoso [《教養語》dadivoso, espléndido, liberal] con el dinero. ♦彼は困った人に気前よく物を与える Es generoso con la gente necesitada. / Da generosamente a la gente con necesidad.

きまぐれ 気まぐれ m. capricho, m. antojo; (一時的な思いつき) f. fantasía. → 移り気. ♦気まぐれから adv. por capricho [antojo]. ♦一時の気まぐれ n. m. capricho momentáneo. ♦気まぐれで服を買う v. comprarse un vestido「por capricho [por antojo, caprichosamente].

—— **気まぐれな** (移り気な) adj. caprichoso, antojadizo; (変わりやすい) adj. variable, inestable; (思いつきで行動する) adj. caprichoso; (感情の起伏が激しい) adj. temperamental. ♦気まぐれな天気 m. tiempo inestable [variable, caprichoso]. ◆彼女は非常に気まぐれだ Es muy caprichosa.

きまじめ 生真面目 *f.* seriedad. ◆生真面目な *adj.* ser*io*, concienz*udo*. ◆生真面目に働く *v.* trabajar concienzudamente [con seriedad]. → 真面目 ☞固[硬, 堅]い

きまずい 気まずい (ばつの悪い) *adj.* molesto, incómodo, 《口語》violento). ◆気まずい沈黙 *m.* silencio molesto [incómodo]. ◆金が足りなくて気まずい思いをする *v.* sentirse* incóm*odo* por falta de dinero. ◆彼といるといつも気まずい思いをする Siempre que estoy con él me siento incóm*odo*.

きまつ 期末 ◆期末に *adv.* al final del semestre. (☆1 学期分の月数によって異なる: trimestre=3 か月, cuatrimestre=4 か月, semestre=6 か月). ◆期末試験 *m.* examen semestral [trimestral, cuatrimestral]. → 学期(末)試験.

きまった 決まった (一定の) *adj.* determin*ado*, fij*o*; (いつもの) *adj.* habitual, regular; (単調で同じことのくり返しの) *adj.* rutin*ario*. → 決まりきった. ◆決まった席につく *v.* ocupar el asiento habitual; (指定された) *v.* sentarse* en el lugar designado. ◆彼は決まった仕事がない No tiene un trabajo fijo [regular].

きまって 決まって ◆彼は土曜になると決まって釣りに行く Los sábados siempre「se va de pesca [va a pescar]. ◆彼はそこへ行くと決まってコーヒーを注文する Siempre「Cada vez que」va allí, pide café. / Nunca va allí sin「que pida [pedir]」café. → 必ず.

きまま 気まま →我がまま. ◆気ままに (=のん気に) 暮らす *v.* llevar una vida despreocupada. ◆子供を気ままに (=好きなように) させておく *v.* dejar que los niños hagan lo que quieran, 《口語》 dejar a los niños a su aire.

***きまり 決まり** ❶【規則】*f.* regla, *m.* reglamento; (公的な) *f.* norma. ◆学校の決まりは守らないといけない Debes seguir [obedecer, 《フォーマル》observar] las reglas de la escuela. ◆彼らは共同生活をするためにいくつか決まりを作った Establecieron varias reglas para vivir juntos [en comunidad].

❷【区切り】(解決・決着) *m.* arreglo; (合意) *m.* acuerdo; (終わり) *m.* fin, *f.* conclusión. ◆決まりをつける (解決する) *v.* llegar* a un acuerdo, poner* fin《a》. ◆その件はまもなく決まり (=決着) がつくだろう Ese asunto quedará pronto solucionado. / Pronto se「pondrá fin a [llegará a un acuerdo sobre]」ese asunto. ◆それで話は決まりだ (=決まった) (今交渉している相手に対して) Con eso el asunto queda arreglado. / Trato hecho. / De acuerdo. 《会話》彼は許可してくれないだろう—そうするとこれで決まりだね. その計画はあきらめなくちゃならない No nos dará permiso. – En ese caso, no hay nada que hacer.

❸【習慣】(個人的な) *f.* costumbre, *m.* hábito; (社会的な) *f.* convención, *m.* uso, *f.* usanza. ◆早朝のジョギングが彼の決まりになっている Tiene la costumbre de salir a correr por la mañana temprano. / Suele irse a correr todas las mañanas temprano.

ぎまん **335**

《その他の表現》◆ハワイは近ごろ新婚旅行のおきまりの (=いつもの) コースになっている Actualmente Hawai es un「destino favorito [lugar corriente]」para pasar la luna de miel.

きまり(が)わるい きまり(が)悪い *v.* sentirse* [estar*] incómod*o* (avergonz*ado*), turb*ado*, 《スペイン》violent*o*). ◆息子の行儀の悪さにきまりが悪い *v.* estar* avergonz*ado* de la conducta de su hijo. ◆彼は人前でるときまり悪がる「Le da vergüenza estar con [Se siente mal delante de]」otras personas.

きまりきった 決まりきった (一定の) *adj.* determin*ado*, fij*o*; (明白な) *adj.* (estar) clar*o*, (ser) evidente. ◆決まりきった (=型にはまった) 言葉 *fpl.* expresiones estereotipadas, 《教養語》*fpl.* frases manidas. ◆決まりきった日常の仕事 *m.* trabajo rutinario [diario].

きまりもんく 決まり文句 *f.* frase hecha, *m.* estereotipo, *m.* cliché.

***きまる 決まる** ❶【決定される】(一般的に) *v.* decidirse, determinarse; (日取り・価格などがはっきりと) *v.* fijarse, acordarse*; (取り決められる) *v.* quedar acord*ado* [solucion*ado*, resuelt*o*]. ◆今月の営業方針が決まった Se ha decidido [acordado] la política de negocios de este mes. ◆会議があすまで延期されることに決まった Se ha decidido que la reunión「sea aplazada [se aplace] para mañana. ◆結婚式の日取りは 11 月 10 日に決まった La fecha de la boda「ha sido fijada [se ha fijado] para el 10 de noviembre. ◆彼はまだ就職が決まっていない (=見つけていない) Todavía no ha encontrado trabajo. ◆ごめんね, もっと早く言えばよかったんだけど, 実は私はもう (結婚の) 相手が決まっているの Siento no habértelo dicho antes, pero la verdad es que ya tengo prometido. 《会話》もう少しいられるでしょう—申し訳ないけどだめなの. 乗る列車が決まってるの ¿No te puedes quedar un poco más? – Lo siento, pero no puedo. Hay un tren ya decidido que tengo que tomar. / Ya he reservado el tren para volver.

❷【確実である】*v.* ser* seguro [evidente], no haber* duda《de》. ◆彼が勝つに決まっている Es seguro que va a ganar. / Su victoria es segura. / No hay duda que va a ganar. / (確信している) Estoy seguro (de) que va a ganar. / Estoy convencido de su victoria. / Ganará, estoy seguro. 《会話》(電話で) どなた—太郎だけど—太郎さんですって ? どちらの中太郎にきまってるじゃないか ¿Quién es? – Soy Taro. – ¿Qué Taro? [¿Taro qué?] – Taro Tanaka, claro. 《会話》うそなんかついてないよ—うそに決まってるじゃないか 今日のそのシーツは決まっているよ Estás muy elegante hoy con ese traje.

ぎまん 欺瞞 *m.* engaño, *f.* trampa, *f.* impostura, 《教養語》*f.* falacia. ◆自己欺瞞 *m.* autoengaño. ◆欺瞞に満ちた *adj.* engañoso, tramposo, 《教養語》falaz.

きみ 君 *pron*. tú. → あなた, 私(ｵﾚ). 会話 やあ, 健一太郎, 君か ¡Hola, Ken! – ¡Eh, Taro! ¿Eres tú?

きみ 気味 ▶気味の悪い笑みを浮かべる v. sonreír siniestramente. → 不気味. ▶その音を聞いて気味が悪くなった Me dio miedo oír ese ruido. / (こわくてぞっとした)《口語》Ese ruido me puso la carne de gallina. ▶この古い家は夜になると気味が悪い Esta vieja casa me「produce escalofrío [da miedo] por la noche. ▶いい気味だ (=当然の報いだ) ¡Así escarmientas! / ¡Te está bien empleado! / ¡Te lo tenías bien merecido. ☞ 嫌い, 気配

きみ 黄身 (卵黄) *f*. yema. ▶卵の黄身 *f*. yema de un huevo.

-ぎみ -気味 (傾向がある) *v*. tender* 《a + 不定詞》; (少し) *adv*. un poco, algo, ligeramente, (口語) un poquito. ▶少し疲れ気味です《口語》*v*. estar* un poquito cansado. ▶ちょっと風邪気味です Tengo un ligero [《口語》amago de] resfriado. ▶その町の人口は増え気味です La población de esa ciudad tiende a crecer [aumentar]. ▶物価は上がり気味だ Los precios「tienden a subir [suben poco a poco].

きみがよ 君が代 "kimigayo", 《説明的に》*m*. himno nacional japonés.

きみじか 気短 ▶気短(の怒りっぽい) *adj*. irascible, de mal genio, (我慢強くない) *adj*. impaciente. ▶彼は気短だ [《スペイン》 Se enfada [《ラ米》Se enoja] fácilmente. / Es irascible. / Tiene「《ユーモアで》mal genio [《口語》malas pulgas].

きみつ 機密 ▶機密の(秘密の) *adj*. secreto, reservado; (国家・軍事など機密扱いの) *adj*. confidencial. ▶機密事項 *m*. secreto; (秘密の情報) *f*. información secreta. ▶機密書類 *mpl*. documentos confidenciales [secretos]. ▶機密を守る *v*. guardar un secreto. ▶機密を ¹暴露する [²漏らす] *v*. ¹revelar [²divulgar] un secreto.

きみつ 気密 *m*. hermetismo. ▶気密性の高い *adj*. herméticamente cerrado.

きみょう 奇妙 ▶奇妙な(不思議な) *adj*. extraño, (わけの分からない) *adj*. raro, (変わった) *adj*. 《フォーマル》 singular, 《文語》 peregrino, (好奇心をそそる) *adj*. curioso; (一種独特な) *adj*. 《フォーマル》 peculiar, (風変わりで変人的な) *adj*. extravagante, excéntrico. → 変な, 妙な. ▶奇妙な癖 *f*. costumbre rara [extraña, 《フォーマル》 peculiar]. ▶奇妙なふるまい *f*. conducta extraña [rara, singular, excéntrica]. ▶奇妙なふるまいをする *v*. comportarse extrañamente. ▶彼女が来ないなんて奇妙だ「Es extraño [Me extraña] que no venga. / ¡Qué raro que no venga! → 変. ▶彼にはどこか奇妙なところがある 《フォーマル》Tiene algo extraño. / Es una persona singular.

きみわるい 気味悪い (不気味な) *adj*. misterioso, escalofriante, 《強調して》espeluznante. ▶気味悪い古家 *f*. vieja y misteriosa casa.

ぎむ 義務 *m*. deber, *f*. obligación, *m*. cometido. → 任務. ▶義務感 *m*. sentido del deber. ▶義務教育 *f*. educación obligatoria. ▶義務を果たす *v*. cumplir con el deber. ▶義務を怠る *v*. descuidar el deber. ▶義務を負わせる *v*. imponer* 「una obligación [un deber]. ♦すべての人は親に対する義務を負っている Todos tenemos un deber hacia nuestros padres. ♦納税は国民の義務だ Pagar los impuestos es una obligación de todos los ciudadanos. ♦君には借金を払う義務がある「Estás obligado a [Tienes el deber de] pagar la deuda. ♦ドライバーはシートベルトを締めることを(法律によって)義務づけられている Los conductores están obligados (por la ley) a llevar puestos los cinturones de seguridad. ♦すべての会員に出席が義務づけられている Todos los socios deben asistir. / La asistencia es obligatoria para todos los socios. ☞ 義理, 職責, 職務, 務め, 当番

きむずかしい 気難しい (扱いにくい) *adj*. difícil; (怒りっぽい) *adj*. de mal genio, irascible. ▶気難しい老人 *m*. anciano de mal genio. ♦彼は気難しい男だ Es un hombre difícil de contentar [agradar]. / Es un hombre exigente. ♦彼はいつも気難しい(=むっつりした)顔をしている Siempre「parece de mal humor [《口語》tiene cara de pocos amigos].

きめ 木目 (木材の) *f*. veta, *m*. veteado; (皮膚・木材などの) *f*. textura, *m*. tacto. ▶きめの ¹細かい [²粗い]木材 *f*. madera de vetas ¹finas [²gordas]. ▶きめの細かい(=繊細な)人 *f*. persona delicada [atenta]. ▶きめ細かい注意をする *v*. prestar una atención minuciosa [detallada] 《a + 人》. ▶きめの細かい指導をする *v*. dar* instrucciones detalladas. ♦彼女の肌はきめがこまやか Tiene un cutis suave [fino, delicado]. / Su cutis [piel] es suave.

きめい 記名 (署名) *f*. firma. ▶記名投票 *m*. voto abierto [firmado]. ▶記名する(=署名する) *v*. firmar; (名前を書く) *v*. poner* el nombre 《en》.

ぎめい 偽名 *m*. nombre falso [ficticio]; (犯罪者などの使う) *m*. alias. ▶偽名を言う *v*. dar* un nombre falso. ▶偽名で生活する *v*. vivir con un nombre fingido [falso].

きめこむ 決め込む (当然のことと思う) *v*. dar* por seguro [sentado] 《que》; (証拠なしに決めてかかる) *v*. estar* convencido [seguro, persuadido] 《de que》; (ふりをする) *v*. fingir*, simular. ▶居留守を決め込む *v*. fingir* no estar*. ♦なぜ私は失敗すると自分で決め込んでいるのか ¿Por qué das por seguro que fracasarás?

きめつける 決めつける *v*. concluir*; (軽率に) *v*. dar* por seguro. ♦彼が殺人犯だと決めつけないでください No「dé por seguro [concluya] que él es el asesino.

きめて 決め手 (決定的な証拠) *f*. prueba concluyente. ▶決め手を欠く *v*. no encontrar* pruebas concluyentes.

**きめる 決める ❶【決定する】(一般的に) *v*. decidir 《+不定詞, que +直説法・接続法》, decidirse a 《+不定詞》; (確定す

a)《フォーマル》v. determinar; (選んで)v. elegir*, escoger*; (規則などを制定する)v. establecer*, fijar; (投票で)v. votar《que》. ▶校則を決める Es inaceptable* el reglamento escolar. ♦君は今後の進路を決めなければいけない Tienes que decidir tu camino futuro. / Debes decidir qué vas a hacer en el futuro. ♦それらのどちらかに決めなければいけない Tenemos que decidir entre ellos. 会話 2時か2時半に来いよ―あまり自由に決めさせてくれないんだね Ven a las dos o dos y media. – No me dejas mucho margen de decisión, ¿eh? ♦ぼくにとって何を優先すべきかはぼくが決めます Yo seré quién decida a lo que tengo que dar prioridad.

❷【決心する】v. decidir, resolver*《＋不定詞, que ＋直説法》, estar* decidido a《＋不定詞》. ♦彼は来年はヨーロッパに行かないよと決めた Decidió no ir a Europa el año próximo. / Decidió que no iría a Europa el año próximo. / Decidió en contra de ir a Europa el año próximo. ♦家を買うかどうか決めましたか ¿Has decidido [¿Te has decidido a] comprar una casa? ♦彼は教師になろうと決めている Está decidido a [Ha decidido] ser profesor. 会話 この上着はいかがですか―まだはっきりとは決めかねるわ ¿Qué le parece esta chaqueta? – Bueno, todavía no estoy del todo convencida.

❸【取り決める】(日時・場所などを) v. fijar, señalar, decidir; (指定する) v. designar; (はっきりと決める) v. determinar; (手はずを整える) v. disponer*, organizar*. ♦時間と場所を決めてよ. そこへ行くから Fija [Decide] la hora y el lugar y yo estaré allí. ♦会の日取りを土曜日に(＝と)決めた Hemos fijado el sábado como el día de [para] la reunión. / Hemos decidido que sea el sábado el día de [para] la reunión. ♦今日の午後彼らと駅で会うことに決めた Hemos dispuesto reunirnos con ellos esta tarde en la estación.

❹【必ず...する】(信条として) v. tener* como regla《＋不定詞》; (習慣としている) v. tener* la costumbre 《de ＋ 不定詞》, (いつも...する) adv. siempre. → 必ず. ♦彼は早起きをすることに決めている Tiene la costumbre de levantarse temprano.

❺【思い込む】(当然...と思う)《口語》dar por seguro [sentado]《que ＋直説法》. ♦君が来ないものと決めていた Dio por seguro que no vendrías.

【その他の表現】♦彼のホームランが試合を決めた Su jonrón decidió el partido. ♦3メートルのパットを決めた Metió la bola a tres metros con un golpe [putt] suave.

きも 肝 ❶【肝臓】m. hígado.
❷【度胸】m. valor, f. valentía,《口語》fpl. agallas;《俗語》mpl. cojones, mpl. huevos. ▶肝の太い男 m. hombre audaz [valiente, 《口語》con agallas,《俗語》con un par de cojones]. ▶肝試しをする v. probar* "el valor [la sangre fría]. → 度胸を試す. ♦肝を冷やす v. aterrorizarse*《de, con, ante》. ♦そのニュースを聞いて肝をつぶす v. espantarse ante

きもち 337

la noticia. ♦彼の忠告を肝に銘じる v. grabar su consejo en el corazón.

•きもち 気持ち (感じ) f. sensación, f. impresión; (感情) mpl. sentimientos; (気分) m. humor, m. (estado de) ánimo.

1《〜の(気)持ち》♦不安な気持ち f. sensación incómoda, m. sentimiento de incomodidad. ▶感謝の気持ちでいっぱいである v. estar* lleno de sentimientos de gratitud. ♦悲しい気持ちで歌を歌う v. cantar con "el ánimo triste [melancolía]. ♦まるで夢を見ているような気持ちです Tengo la sensación [impresión] de estar soñando. / Siento como si estuviera en un sueño.

2《気持ちが[は]》♦気持ちがいい v. sentirse* bien [《口語》estupendo]. ♦気持ちが悪い(＝気分が悪い) Me siento mal. / (病気で気分が悪い) No me siento bien. / (吐き気がする) Tengo [Siento] náuseas. / (心地が悪い) Me siento incómodo. ♦彼女に対する君の気持ちはどうなのだ ¿Qué te parece ella? / ¿Cuáles son tus sentimientos hacia ella? 会話 まったくがっかりさせられるよ―お気持ちよく分かります Es todo tan desalentador. – Sé muy bien cómo te sientes. ♦この薬を飲んだら気持ちがよくなった Me sentí mejor después de tomar esta medicina. ♦その写真を見たら妙な気持ちがした Tuve una sensación extraña al ver la foto. /《口語》Me sentí raro viendo la foto. ♦朝早く海辺を散歩するのは気持ちがいい "Es agradable [Se siente bien] pasear por la mañana temprano por la playa.

3《気持ちの》♦気持ちのよい(＝感じのよい)人 f. persona simpática [agradable]. ♦気持ちのよい(＝居心地のよい)部屋 m. cuarto agradable. ▶気持ちのよさ風 f. brisa agradable [refrescante]. ♦気持ちのいい日ですね Es un día bonito [precioso], ¿verdad?

4《気持ちに》♦そのニュースを聞いて泣きたいような気持ちになった Sentí ganas de llorar al oír la noticia. ♦どうしてもその仕事を引き受ける気持ちになれなかった No sé, pero no "tenía ganas de [me animé a] aceptar el trabajo. ♦彼女は彼と結婚する気持ちになれないない No "tiene ganas /《フォーマル》está en disposición anímica] de casarse con él.

5《気持ちを》♦気持ちを落ち着かせる(＝自分の気持ちを) v. tranquilizarse*, calmarse; (人の気持ちを) v. tranquilizar*. ▶自分の気持ちを言葉で言い表わす v. expresar con palabras los sentimientos. ♦人の気持ちを害してはいけない No hieras los sentimientos de los demás.
♦彼はその言葉に気持ちを害された Esas palabras "hirieron sus sentimientos [le hicieron daño]. / Esas palabras le ofendieron.

6《気持ちよく》♦気持ちよく働く v. trabajar "a gusto [alegremente, de buen humor]. ♦気持ちよく(＝愉快に)彼女と話す v. hablar con ella "a gusto [alegremente, de buen humor]. ♦気持ちよく(＝喜んで, 進んで)彼の招待を受け入れる v. aceptar "de buena gana [con gusto] su invitación.

338 きもったま

〖その他の表現〗♦クモを見ると気持ちが悪くなる(=ぞっとする) Las arañas me「producen escalofríos [《口語》ponen la carne de gallina]. ♦彼は気持ち(=考え)を変えなかった No cambió de parecer. ♦お気持ちは大変うれしいのですが、お金をいただくわけにはいきません Se lo agradezco mucho, pero no puedo aceptar el [ese] dinero. → 思い, 心持ち.

きもったま 肝っ玉 ♦肝っ玉の太い(=大胆な)男 m. hombre audaz [atrevido, 《口語》con agallas, 《俗語》con cojones]. ♦肝っ玉の小さい(=臆病な)人 f. persona tímida [medrosa, 《教養語》pusilánime], mf. cobarde.

*きもの **着物** ❶【衣服】f. prenda (de vestir); (服装) m. vestido, m. traje. → 服. ❷【和服】m. "kimono". ♦着物を着た婦人 f. mujer con [en] "kimono". ♦彼女の着物姿はすてきだ Es muy atractiva con "kimono". / Con "kimono" parece muy guapa. ♦着物は母に着せてもらいます Mi madre me ayuda a ponerme el "kimono".

きもん 鬼門 (縁起の悪い方角・場所) f. dirección de la mala suerte. ♦数学は鬼門だ(=苦手だ) No se me dan bien las matemáticas. → 苦手だ.

*ぎもん **疑問** (疑念) f. duda; (質問) f. pregunta. → 疑い. ▶疑問詞 m. interrogativo. ▶疑問文 f. oración interrogativa. ▶疑問符 m. signo de interrogación, f. señal interrogativa. ▶疑問(=質問)を出す v. hacer* [《フォーマル》formular, 《フォーマル》expresar] una pregunta. ▶その可能性を疑問視する v. dudar de la posibilidad, poner* en duda la posibilidad. ♦私自身そのことには疑問を持っている「Yo mismo tengo [《フォーマル》Abrigo] dudas sobre eso [el asunto]. ♦疑問点(=質問)があったらおたずねください Por favor, pregunten si tienen dudas. ♦彼が正直なことは疑問の余地がない No hay [cabe] duda de「su honradez [que es honrado]. ♦彼が成功するかどうかは疑問だ Dudo que tenga éxito. / Tengo dudas de su éxito. / Su éxito es dudoso. → 疑わしい.

ギヤ m. engranaje. ♦ギヤがかかっている v. estar* engranado. ▶ギヤを入れる v. engranar, meter una velocidad. ▶ギヤを切り替える v. cambiar de [la] velocidad [marcha].

きゃあきゃあ ♦きゃあきゃあ言う v. chillar, dar* un chillido. ♦子供たちはきゃあきゃあわめきながら家中を走り回った Los niños corrían por la casa gritando y chillando. ♦少女たちが観光バスの中できゃあきゃあ騒いでいた Las chicas hablaban y chillaban alegremente en el autocar.

ぎゃあぎゃあ ♦赤ん坊がぎゃあぎゃあ泣き始めた El bebé se puso a llorar a gritos. ♦そんなことでぎゃあぎゃあ言う(=騒ぎ立てる)な No armes tanto alboroto por eso.

きやく 規約 (規則) f. regla, m. reglamento; (公の)f. norma; (協約)m. acuerdo. → 規則.

*きゃく **客** ❶【訪問客】f. visita, mf. visitante; (正式の) mf. huésped; (食事などの) mf. invitado/da, mf. convidado/da.

1《～の客》▶1招かれざる[2不意の]客 f. visita ¹no invitada [²inesperada]. ▶メキシコからの日本への客 mf. visitante de México en Japón.

2《客が》 ♦きのうは大勢客があった Ayer tuvimos「muchas visitas [numerosos visitantes]. ♦客が食事に来ることになっている「Esperamos huéspedes [Tenemos invitados] para cenar. ♦外出中にどなたかお客様が見えましたか ¿Ha venido alguna visita mientras estaba fuera? ♦そろそろお客様が見える時間だ Es casi la hora de que lleguen los invitados.

3《客を》▶客を招く v. invitar a un huésped. ▶来た客を応接室へ通す v. llevar a la visita al salón.

❷【顧客】(商店などの) mf. cliente; 〖集合的に〗f. clientela; (買い物客) mf. compradora/dora; (弁護士など専門職の) mf. cliente; (乗り物の) mf. pasajero/ra, mf. viajero/ra (=乗客, 聴衆); (観光客) mf. turista. ♦お客様, ご用はお伺いしていますか ¿Le atienden, señor [caballero, señora]?

1《～(の)客》 ▶婦人客 f. clienta. ▶¹通りいっぺんの[²昔からの, ³なじみの]客 mf. cliente ¹de paso [²regular, ³fijo].

2《客が[は]》 ♦その店は客が多い Esa tienda tiene「mucha clientela [muchos clientes]. ♦お客様は神様です 《言い回し》Los clientes son nuestra razón de ser. / 《言い回し》El cliente siempre tiene razón.

3《客を》▶客を失う v. perder* clientes. ▶客を引きつける v. atraer(se)* a los clientes. ♦新しい店に客を取られた La tienda nueva se ha llevado a algunos de nuestros clientes.

ぎゃく 逆 (方向や順序が反対) lo contrario; (位置・行動・傾向などが正反対) lo opuesto, lo inverso; (内容などが反対) m. revés. → 反対. ▶逆光線 f. contraluz, f. luz de fondo. ▶逆風 m. viento contrario [《フォーマル》adverso, 《口語》de frente]. → 逆効果, 逆探知, 逆比例. ▶逆ポーランド記法《専門語》f. notación polaca inversa. ♦彼は親切どころかその逆だ Lejos de ser amable, es todo lo contrario. / No es nada amable. ♦君の意見と私の意見はまったく逆だ Tu opinión y la mía son absolutamente opuestas. ♦私が彼を援助してきたとお思いかもしれませんが, 実はその逆なのです Puedes pensar que yo he venido ayudando a él, pero en realidad es al revés. ♦秀雄がまゆ子をなぐったのではない. その逆で, まゆ子が秀雄をなぐったのだ Hideo no le pegó a Mayuko, sino al revés: Mayuko le pegó a Hideo.

—— 逆の adj. contrario 《a》, opuesto 《a》, inverso 《a》. ▶逆の順序で adv. en el orden inverso, 《口語》al revés. ♦彼はときどき本心とは逆のことを言う A veces dice lo contrario de lo que piensa. / Lo que dice a veces es lo opuesto de su idea verdadera. ♦彼は逆の方向に歩いて行った Él caminaba en「dirección contraria [el otro sentido]. 《俗語》このふたしまらないよー逆の方向に回してみてください Esta tapadera no encaja. – Intenta girarla en dirección contraria. ▶ーー逆に →反対に. ▶彼は私の手を逆にねじった Me torció la mano en mala postura. ▶ーー逆にする (順序を) v. invertir, trastocar*; (方向を) v. poner* del [al] revés; (表裏を) v. poner* del revés; (上下を) v. poner* boca abajo, dar* la vuelta. ▶アルファベットの順を逆にしなさい Invierte el orden del alfabeto.

ギャグ m. chiste. ▶ギャグをとばす v. contar* un chiste. ♦あのコメディアンのギャグは大したものだ Los chistes de ese cómico son buenísimos.

きゃくいん 客員 m. (socio) visitante. ▶客員教授 mf. profesor/sora visitante.

ぎゃくこうか 逆効果 m. efecto contrario [adverso, al revés]. ♦彼の発言は逆効果になった Su observación produjo el efecto contrario [al revés]. / Su observación fue contraproducente.

ぎゃくさつ 虐殺 f. masacre, f. matanza, 《教養語》m. genocidio. ▶虐殺する v. masacrar, cometer una masacre.

ぎゃくさん 逆算 ▶逆算する v. contar* 「al revés [desde atrás].

きゃくしつ 客室 (個人宅またはホテルの客用寝室) f. sala de visitas, m. cuarto de huéspedes [invitados]; (船の) m. camarote; (飛行機の) f. cabina (de pasajeros). ▶(ホテルの)客室係 mf. empleado/da del servicio de (habitaciones).

きゃくしゃ 客車 m. coche [m. vagón] de pasajeros.

きゃくしゅう 逆襲 m. contraataque. →反撃.

ぎゃくじょう 逆上 ▶逆上した男 m. hombre enloquecido [《フォーマル》enajenado, 《口語》fuera de sí]. ♦彼はその知らせを聞いて逆上した La noticia lo [le] 「volvió loco [enloqueció].

きゃくしょく 脚色 (劇)化 f. dramatización; (改作) f. adaptación. ▶小説をテレビ用に脚色する v. adaptar una novela a la televisión.

きゃくすじ 客筋 (常連), f. clientela; (居酒屋などの) f. parroquia. ♦このデパートは客筋がいい(=地位の高い常連を持っている) Este gran almacén tiene una clientela distinguida.

きゃくせき 客席 m. asiento.

ぎゃくせつ 逆説 f. paradoja. ▶逆説的な adj. paradójico. ♦逆説的に言えば、われわれはその町を救うために破壊したのだ Paradójicamente destruimos la ciudad para salvarla.

きゃくせん 客船 m. barco [m. buque] de pasajeros [pasaje]; (海洋航路の大型快速定期船) m. tra(n)satlántico.

きゃくせんび 脚線美 ▶脚線美の女性 f. mujer con las piernas bonitas [esculturales].

きゃくそう 客層 f. clientela. →客筋.

ぎゃくたい 虐待 m. maltrato, m. trato abusivo; (残酷) f. crueldad. ▶児童虐待 m/pl. malos tratos a la infancia. ♦彼は飼い犬を虐待した Fue cruel con el perro. / Maltrató al perro. ♦彼女はよく子供を虐待する Con frecuencia maltrata a sus hijos.

ぎゃくたんち 逆探知 m. rastreo [f. localización] de una llamada (telefónica). ▶逆探知する v. rastrear [averiguar* de dónde proviene] una llamada (telefónica).

きゃくちゅう 脚注 f. nota al pie (de página). ▶本に脚注をつける v. añadir a un libro notas al pie (de página).

ぎゃくてん 逆転 f. inversión, f. reversión. ▶逆転ホームラン m. jonrón remontado, f. remontada. ♦今やわれわれの立場は逆転している Nuestras posturas 「están ahora invertidas [se han vuelto opuestas]. ♦ジャイアンツは逆転勝ちをした Los Gigantes remontaron y ganaron el partido.

ぎゃくひれい 逆比例 f. proporción inversa [invertida]. ▶逆比例の adj. inversamente proporcional. ▶年齢に逆比例して adv. en proporción inversa a la edad.

きゃくふう 逆風 m. viento contrario [desfavorable, 《フォーマル》adverso]; (向かい風に) m. viento 「de frente [en contra]. ▶逆風をついて走る v. correr con el viento 「en contra [de frente].

きゃくほん 脚本 (劇の) f. obra [f. pieza] de teatro; (劇・映画・放送の台本) m. guión. ▶脚本家 (芝居の) mf. dramaturgo/ga; (映画・テレビの) mf. guionista. ▶テレビの脚本を書く v. escribir* un guión para la televisión.

きゃくま 客間 (応接室) f. sala de visitas; (客用の寝室) m. cuarto de huéspedes.

ぎゃくもどり 逆戻り ▶逆戻りする v. retroceder, volver* hacia atrás; (元の状態に) v. volver* [regresar*] (a). →戻る.

ぎゃくりゅう 逆流 f. contracorriente, m. reflujo. ▶逆流する v. ir* contracorriente, remontar.

ギャザー m. fruncido, m. frunce. ▶ウエストのところでスカートにギャザーを寄せる v. 「hacer* un fruncido en [fruncir*] la falda en [por] la cintura.

きゃしゃ 華奢 ▶華奢な (繊細な) adj. delicado, (ほっそりした) adj. fino, delgado; (こわれやすい) adj. frágil, quebradizo. ♦きゃしゃな少女 f. delgada joven.

きやすい 気安い ▶気安く(=気楽に) adv. con facilidad, fácilmente, libremente; (気がねなく) adv. sin reserva. ♦彼とは気安い仲だ Nos relacionamos sin reserva.

キャスター (脚輪)《スペイン》f. ruedecita, 《ラ米》f. ruedita; (解説者) mf. comentarista; (ニュースキャスター) mf. presentador/dora.

キャスティングボート (議長の決定投票) m. voto de calidad. ▶キャスティングボート(=決定権)を握る v. tener* el voto de calidad, 「ser* maestro en [controlar] la situación.

キャスト (映画・劇の出演者全員) m. reparto; (一員) m. miembro del reparto.

きやすめ 気休め f. consolación. ▶気休めになる v. consolarse*; (良心の) v. tranquilizar* la conciencia. ▶気休め(の言葉)を言う v. decir* palabras consoladoras. ♦彼は気休めにそう言った Lo dijo para tranquilizar su conciencia.

きやせ 着痩せ ▶彼女は着痩せするたちだ Parece

340　きゃたつ

más delgada cuando va vestida.

きゃたつ　脚立 f. escalera de mano [tijera].

きゃっか　却下 m. rechazo, m. rechazamiento. ▶却下する(請願・提案などを) v. rechazar*; (訴訟・控訴などを)《専門語》v. desestimar; (権威の決議などをくつがえす)v. anular, invalidar. ♦判事は控訴を却下した El juez desestimó la apelación. ♦却下します(裁判官が) ¡Caso desestimado!

きゃっかん　客観 ▶客観性 f. objetividad. ▶客観的な adj. objetivo. ▶客観的に adv. objetivamente. ▶客観的な批判をする v. hacer* una crítica objetiva. ▶問題を客観的に考える v. considerar objetivamente el problema. ▶新聞記者は客観的でなければならない Un periodista debe ser objetivo. ♦客観的に言って、その実験は成功しないだろう Hablando objetivamente, el experimento no「tendrá éxito [saldrá bien].

きゃっきゃっ ▶きゃっきゃっ(と)言う(大声をあげる) v. gritar, dar* voces [gritos], parlotear, chacharear; (かん高い笑い声で)reírse entrecortadamente [haciendo un sonido agudo]. ♦子供たちがきゃっきゃっ言いながら遊んでいる Los niños están jugando y dando voces. ♦彼女は笑うときぎゃっきゃっと笑う Ella tiene la risa entrecortada.

ぎゃっきょう　逆境《フォーマル》f. adversidad, f. contrariedad. ▶逆境の adj. 《フォーマル》adverso, contrario. ▶逆境にある v. estar* en condiciones adversas, estar* en una época de adversidades. ▶逆境の中で育つ v. criarse* en condiciones adversas. ▶逆境と戦う v. luchar contra las adversidades.

きゃっこう　脚光 (舞台の) m. foco, 《口語》m. candelero. ▶脚光を浴びる(舞台に立つ) v. salir* al escenario, pisar las tablas; (注目を浴びる) v. ser* el centro de atención, 《口語》estar* en el candelero. ♦その歌手はいつも脚光を浴びている《口語》Ese cantante siempre está en el candelero.

ぎゃっこう　逆行 ▶逆行する v. ir* para atrás, 《口語》recular; (後退する) v. retroceder. ▶時代に逆行する v. ir* [nadar]「contra la corriente [a contracorriente].

ぎゃっこう　逆光 f. contraluz, f. luz de fondo. ▶逆光で写真を撮る v. sacar* una foto a contraluz.

キャッサバ m. casabe (☆タピオカ tapioca の原料). f. mandioca.

キャッシュ m. dinero en efectivo [en metálico] → 現金;《専門語》mf. caché. ▶キャッシュディスペンサー m. cajero automático. ▶クレジットカードでなくキャッシュでお支払いください Por favor, pague en efectivo, no con tarjeta.

キャッシュカード f. tarjeta de crédito.

キャッシュレス adj. sin dinero en efectivo. ▶キャッシュレス時代 [社会] ¹f. época [² f. sociedad] sin dinero en efectivo.

キャッチフレーズ m. eslógan, f. consigna. → スローガン.

キャッチボール ▶キャッチボールをする v. jugar* a atrapar la pelota.

キャッチャー (野球の) mf. receptor/tora,《英語》mf. "catcher". ▶キャッチャーを務める v. jugar* de「receptor/tora [catcher].

きゃっと ▶きゃっと叫ぶ v. chillar; gritar. → 叫ぶ.

キャップ (ふた) f. tapa; (ひさしのない帽子) m. gorro; (ひさしのある帽子) f. gorra; (鉛筆の) f. capucha, m. capuchón, (責任者) mf. jefe/fa, m. cabeza. ▶びんのキャップを¹とる [²はめる] v. ¹quitar [²poner*] la tapa de la botella.

地域差 (栓抜きで開ける)キャップ
〔スペイン〕m. tapón
〔キューバ〕f. chapa
〔メキシコ〕f. chapita, f. ficha
〔ペルー〕f. chapa, f. corcholata
〔コロンビア〕f. chapa
〔アルゼンチン〕f. chapa, f. tapita

ギャップ m. vacío, m. hueco. ▶理想と現実の間のギャップを埋める v. llenar un vacío entre el ideal y la realidad.

キャディー mf. cadi,《英語》mf. "caddie",《説明的に》f. persona que lleva los palos (de golf). ▶キャディーをする v. hacer* de "caddie"《para + 人》.

キャバレー m. cabaré.

キャビア m. caviar.

キャビネット m. gabinete.

キャビン f. cabina, m. camarote. → 船室.

キャプテン (主将, 船長, 機長) mf. capitán/tana.

ぎゃふん ▶ぎゃふんと言わせる《口語》v. dar* una paliza.

キャベツ f. col, m. repollo. ▶キャベツ1玉 f. cabeza [m. cogollo] de una col. ▶芽キャベツ f. col de Bruselas.

キャミソール f. camisola.

ギャラ (最低保証出演料) f. garantía, mpl. honorarios mínimos; (出演料) mpl. honorarios.

キャラクター m. personaje. ▶キャラクターグッズ (商品) mpl. productos con personajes populares.

キャラメル m. caramelo.

ギャラリー f. galería.

キャリア (職歴) f. carrera, f. experiencia profesional; (保菌者) mf. portador, dora. ▶キャリアウーマン f. mujer con experiencia profesional. ♦彼は教師としてのキャリアが長い Tiene una larga carrera como profesor. /《フォーマル》Posee una dilatada carrera docente. ♦(経験が豊かだ)Tiene mucha experiencia docente [como profesor].

キャリッジ・リターン《専門語》m. retorno,《専門語》m. retorno del carro.

ギャル f. chica, f. muchacha.

キャレット《専門語》m. signo de intercalación.

きゃんきゃん ▶きゃんきゃん鳴く(犬が) v. aullar*, dar* un gañido. ♦小犬がきゃんきゃん鳴いている Los perritos están aullando. ♦この犬はお腹がすくときゃんきゃん鳴きだす Este perro se pone a aullar [dar gañidos] cuando tiene hambre.

ギャング (集団) f. banda; (一員) mf. pistolero/ra,《英語》m. "gángster" (☆発音は[gánster]). ▶ギャング映画 f. película de gángsteres.

キャンセル f. cancelación, f. anulación. → 取り消し. ▶キャンセルする v. cancelar, anular. → 取り消す. ▶キャンセル料 f. tarifa de cancelación. ◆504便のキャンセル待ちをしています Estoy en lista de espera para el vuelo 504.

キャンデー m. caramelo; (棒つきの) 『商標』m. chupa-chups. ▶ミックスキャンデー (=キャンデーの詰め合わせ) mpl. caramelos surtidos.

キャンドル f. vela. ▶キャンドルサービス m. servicio con velas.

キャンバス (帆布, テント) m. lienzo; (画布) f. lona. ▶キャンバスシューズ (un par de) mpl. zapatos de lona.

キャンパス m. campus, m. recinto universitario. ▶キャンパス外で fuera del campus. ◆その大学のキャンパスは広くて美しい La universidad tiene un amplio y hermoso campus.

キャンピングカー f. caravana, m. remolque 《英語》"camping", f. rulot, m. coche vivienda.

キャンプ m. campamento, f. acampada,《英語》m. "camping" (☆発音は[kámpin]). ▶キャンプ場 m. campamento, m. lugar de cámping. ▶キャンプ村 m. campamento. ▶キャンプ用品, m. equipo de camping [camping]. ▶キャンプファイアーをする v. hacer* una hoguera. ▶子供たちをキャンプに連れて行く v. llevar a los niños a un campamento. ▶ (野球チームなどが) キャンプインする v. comenzar* la pretemporada. ▶ (登山の)ベースキャンプをはる v. montar un campamento base. ◆毎年山にキャンプに行きます Todos los años vamos de acampada a la montaña. ◆その湖の近くで1週間キャンプした Estuvimos de acampada una semana junto al lago.

ギャンブル m. juego (con apuestas). → 賭(か)け, 賭(か)け事.

キャンペーン f. campaña. → 運動. ▶教育改革反対のキャンペーンを始める v. emprender una campaña contra la reforma educativa.

キャンベラ Canberra (☆オーストラリアの首都).

きゆう 杞憂 (無用の心配) mpl. temores infundados. ◆あなたの心配事は杞憂にすぎない Tus temores son infundados. / No hay motivo para inquietarse.

*きゅう **急** ❶【急ぎ】(緊急) f. urgencia, m. apremio,《強調して》f. alarma. ▶急な(緊急の) adj. urgente, apremiante; (即座の) adj. inmediato. ▶急に adv. de inmediato, inmediatamente, al punto, enseguida,『チリ』《口語》al tajo,《メキシコ》《口語》luego luego. ▶急な用事で外出する v. salir* a un asunto urgente. ◆これは急を要する問題だ Es un problema urgente [apremiante].

❷【突然】lo repentino, lo inesperado. ▶急に (突然に) adv. de repente, repentinamente,《教養語》súbitamente; (思いがけなく) adv. de improviso, inesperadamente, (不意に) adv. bruscamente. → 突然. ▶急ブレーキをかける v. frenar bruscamente [de repente]. ▶急に笑い出す v. echarse a reír* de repente. ◆急に明かりが全部消えた De repente, se fueron [apagaron] todas las luces. ◆そんなに急に言われても無理ね Eso es demasiado repentino. / Si me lo dices así de repente, va a ser imposible.

❸【速いこと】f. rapidez,《強調して》f. velocidad,《教養語》f. celeridad. ▶この川の流れは急だ La corriente de este río es muy rápida. ◆広告業は急成長事業の一つである La publicidad es uno de los negocios de más rápido crecimiento.

❹【傾斜が大きいこと】▶急な(急角度の) adj. pronunciado, cerrado, agudo; (険しい) adj. empinado, escarpado. ▶道路の急カーブ f. curva cerrada en la carretera. ▶急な¹階段 [²登り] ¹f. escalera [²f. subida] empinada. ▶あの道は急なので自転車では登れない Ese sendero es [está] tan empinado que no puedo subirlo en bicicleta. ◆山は急に上り坂になり岩だらけの頂上へと続いていた El monte ascendía para convertirse bruscamente en un escarpado pico rocoso.

❺【非常事態】f. emergencia, f. urgencia; (危機) m. apuro, f. crisis. ▶急に備える v. prepararse para「una emergencia [lo peor]. ▶彼の財政の急を救う v. sacarle* de「su crisis financiera [sus apuros económicos].

*きゅう **級** ❶【等級】f. clase; (段階) m. grado; (階級) f. categoría; (水準) m. nivel. ▶外相級の会談 fpl. conversaciones a nivel de Ministros de Asuntos Exteriores. ▶3千メートル級の山 f. montaña en [de] la categoría de los 3.000 metros. ◆彼女は日本で第一級のピアニストだ Es una pianista de「primera clase [primera fila,《口語》primera] en Japón. / Es una de las mejores pianistas de Japón.

❷【学級】f. clase; (学年) m. curso, m. año académico. ▶彼女は大学では私より1級上だ Está en un curso superior al mío en la universidad.

❸【将棋などの】f. clase, f. categoría. ▶1級 f. primera clase. ▶ (ボクシングなどの) ¹重 [²軽]量級 f. categoría de peso ¹pesado [²ligero].

きゅう 灸 《説明的に》f. cauterización con moxa,《専門用》f. moxibustión. ▶灸をすえる v. cauterizar* con moxa.

きゅう 旧 ▶旧思想 fpl. ideas anticuadas. ▶旧住所 f. dirección anterior [《口語》vieja]. ▶旧正月 m. Día de Año Nuevo según el viejo calendario lunar.

*きゅう **九** m. nueve; (9番目の) adj. noveno. → 三.

きゅう 球 (球体) m. globo, f. esfera; (たま) f. pelota.

きゅうあい 求愛 m. cortejo, m. galanteo. ▶求愛する v. cortejar, hacer* la corte,《フォーマル》galantear.

きゅういん 吸引 ▶吸引(力) f. aspiración, f. absorción,《専門用》f. succión. ▶吸引する v. aspirar,《教養語》succionar. ▶吸引力が強い

きゅうえん

v. tener* una gran fuerza de absorción [aspiración].

きゅうえん 救援 (貧者などの) *m.* socorro, *m.* auxilio; (救助) *m.* salvamento, *m.* rescate; (助力) *f.* ayuda, *f.* asistencia. ▶救援隊 *m.* equipo de salvamento [socorro]. ▶救援投手 *mf.* lanzador/dora de auxilio. ▶難民に [1]救援物資 [2]基金] を送る *v.* 「enviar* [despachar] [1]mercancías [2]un fondo] de socorro a los refugiados. ▶災害のとき救援活動をする *v.* prestar auxilio en ocasión de un desastre.

── 救援する *v.* socorrer, auxiliar
救い,助け,助ける

＊**きゅうか** 休暇 *fpl.* vacaciones, *m.* descanso; *m.* permiso; (兵士の) *f.* licencia. → 休み.

1《〜休暇》▶夏期休暇 *fpl.* vacaciones de verano. → 夏休み. ▶有給休暇 *fpl.* vacaciones pagadas. ▶出産休暇 *m.* permiso por maternidad.

2《休暇〜》◆休暇中に彼女に会いましたか ¿La has visto en las vacaciones? ◆生徒は今休暇中だ Los estudiantes están ahora de [en] vacaciones.

3《休暇は》◆休暇は来週からです Las vacaciones empiezan la semana que viene. ◆休暇は2週間ある Las vacaciones duran dos semanas.

4《休暇を》▶2週間の休暇をとる *v.* tomar 「dos semanas de vacaciones [un permiso de dos semanas]. ▶[1]数日間の [2]長期の] 休暇を願い出る *v.* pedir* [1]un permiso [2]unas vacaciones]. ◆彼らは今ハワイで休暇を過ごしている Ahora están pasando las vacaciones en Hawai.

5《休暇で》▶休暇でアルゼンチンの南へスキーに出かける *v.* salir* de vacaciones para esquiar* al sur de Argentina. ◆下宿生たちは今休暇で [1]不在です [2]帰省している] Los residentes ahora están [1]fuera [2]en casa] de vacaciones.

きゅうか 旧家 *f.* familia de abolengo.

きゅうかい 休会 (一時的な休み) *f.* suspensión; (休会期間) [スペイン] *f.* suspensión (de actividades), [ラ米] *m.* receso. ◆国会は休会中です La Dieta está [ha entrado] en receso. ◆会議を次の月曜まで休会とします Se suspende la sesión hasta el próximo lunes.

きゅうかく 嗅覚 *m.* olfato. ◆犬の嗅覚は鋭い Los perros tienen un olfato agudo. ▶嗅覚器《専門語》[スペイン] *m.* órgano olfatorio. ▶嗅覚中枢《専門語》*m.* centro olfatorio. ▶嗅覚野《専門語》*f.* área olfatoria.

きゅうがく 休学 *f.* inasistencia a clase. ◆彼は病気で3か月休学した Estuvo tres meses sin asistir a clase por enfermedad.

きゅうかざん 休火山 *m.* volcán durmiente [inactivo].

きゅうかん 急患 *mf.* paciente de urgencia. → 救急患者.

きゅうかん 休刊 (雑誌[新聞]などの) *f.* suspensión de publicación (de un periódico). ▶休刊日(新聞の) *fpl.* vacaciones de la prensa. ▶休刊する *v.* suspender la publicación.

きゅうかん 休館 ◆この図書館はあすは休館です Esta biblioteca permanecerá cerrada mañana.

きゅうかんちょう 九官鳥 *f.* miná, *f.* maina.

きゅうぎ 球技 *m.* juego con [de] pelota.

きゅうきゅう 救急 ▶救急箱 *m.* botiquín de primeros auxilios. ▶救急病院 *m.* hospital de urgencias. ▶救急患者 *mf.* paciente de urgencias. ▶救急処置 *mpl.* primeros auxilios, *f.* urgencia. ▶救急車を呼んでくれ Llama a una ambulancia. ◆もしもし, こちらはマヨール広場の横のレストラン, エル・ボティンです. 救急車を至急お願いします Oiga. Estoy en el restaurante "El Botín", al lado de la Plaza Mayor. Necesito una ambulancia.

地域差| 救急薬局
[スペイン] *f.* farmacia de guardia
[ラテンアメリカ] *f.* farmacia de turno
[メキシコ] *f.* farmacia de guardia

ぎゅうぎゅう ◆彼女はかばんに服をぎゅうぎゅう詰め込んだ Llenó a la fuerza la maleta con ropa. / (張り裂けそうなほど)Casi hizo reventar la maleta de tanta ropa que metió en ella. ◆彼は袋に食べ物をぎゅうぎゅう詰め込んだ Atiborró la bolsa de alimentos. ◆列車はぎゅうぎゅう詰めだった El tren 「estaba lleno a más no poder [[スペイン]《口語》iba de bote en bote]. ◆通勤電車はぎゅうぎゅう詰めのまま東京駅まで行く Los viajeros van en el tren como sardinas en lata hasta la estación de Tokio. ◆私はぎゅうぎゅう後ろから押された Me empujaron por atrás con fuerza.

きゅうきょ 急きょ *adv.* con prisa(s), apresuradamente. ▶急きょ帰国する *v.* volver* con prisa (a su país).

きゅうきょう 旧教 *m.* catolicismo. ▶旧教徒 *mf.* católico/ca.

きゅうぎょう 休業 ▶休業する *v.* cerrar* temporalmente una tienda. → 休む. ▶臨時休業日 *m.* cierre temporal. ◆本日休業《掲示》Cerrado hoy. ◆あす当店は休業します Esta tienda cierra mañana. → 休館.

きゅうきょく 究極 ▶究極の *adj.* final, definitivo, 《文語》postrero. ▶人生の究極の目標 *m.* propósito final de la vida. ▶究極的に *adv.* finalmente, en definitiva, 《文語》a la postre.

きゅうくつ 窮屈な ❶【狭苦しい】*adj.* apretado, 《口語》apretujado; (衣類・靴がきつい) *adj.* estrecho, ceñido. ◆この部屋は窮屈だ Este cuarto es estrecho. ◆ズボンのウエストが [1]窮屈だ [2]になってきた] La cintura de los pantalones [1]me aprieta demasiado [2]se me ha quedado apretada]. ◆この靴は窮屈で足が痛い Estos zapatos me aprietan.

❷【堅苦しい】(儀式ばった) *adj.* formal, ceremonioso; *adj.* rígido, 《口語》engorroso; (心地よくない) *adj.* incómodo, *m.* molesto. ▶窮屈な規則をやめる *v.* 《口語》librarse de reglas rígidas [engorrosas]. ◆あの学校はあまりにも窮屈だ En esa escuela hay demasiadas reglas. ◆窮屈に(＝深刻に)考えないでください No te lo tomes 「《口語》en serio [se-

ぎゆうぐん 義勇軍 m. ejército voluntario.

きゅうけい 休憩 m. descanso; (仕事・勉強などの合間の) m. descanso, f. pausa; (授業間の) m. recreo; (音楽などの) m. intermedio, m. entreacto. ♦休憩室 f. sala de descanso; (ホテル・船などの) m. salón, f. sala de estar. ♦休憩所 m. lugar [f. zona] de descanso; (ホテル・劇場などの) m. vestíbulo, f. entrada. ♦休憩なしで3時間勉強する v. estudiar tres horas sin pausa. ♦だれでも時々休憩が必要だ Todo el mundo necesita descansar [un reposo, un descanso] de vez en cuando. ♦休憩時間のベルが鳴った Ha sonado la hora del recreo. ♦劇には2回の休憩があった La obra de teatro tenía dos intermedios. ♦彼女は昼の休憩で学校の食堂に行っているということだった Me dijeron que ella estaba en el comedor en su descanso para comer.

── 休憩する v. descansar, tener* [tomar] un recreo [descanso], hacer* una pausa. ♦授業の合間で10分間休憩する v. tener* un recreo de 10 minutos entre clases. ♦あの木陰で休憩しよう Vamos a descansar un rato debajo de aquel árbol. ☞一服, お茶

きゅうけい 求刑 ♦検事は被告人に死刑を求刑した El fiscal solicitó la pena de muerte para el acusado.

きゅうげき 急激 ♦急激な(突然の) adj. repentino, 《教養語》súbito, (急速な) adj. rápido, acelerado (→突然); (下降・旋回などが) adj. brusco, precipitado. ♦急激に adv. de repente; 《教養語》súbitamente, bruscamente; rápidamente. ♦気温の急激な変化 m. repentino cambio de temperatura. ♦人口が急激に増加した La población ha aumentado rápidamente. ♦株価が急激に下落した Los precios de la bolsa han caído「de repente [bruscamente].

きゅうけつき 吸血鬼 m. vampiro, 《口語》mf. chupasangres.

きゅうご 救護 →救助. ♦救護所 m. puesto de socorro, m. centro de primeros auxilios. ♦救護班 m. equipo de socorro [salvamento]. ♦けが人を救護する v. ayudar a los heridos; (応急手当てをする) v. prestar primeros auxilios a los heridos.

*__きゅうこう__ 急行 (列車) m. (tren) expreso. ♦特別急行 m. expreso especial. ♦8時30分発東京行き急行 m. expreso de las 8.30 para [a, 《フォーマル》con destino a] Tokio. ♦急行料金 f. tarifa de expreso. ♦彼は東京行きの急行に乗って行った Tomó el expreso a Tokio. / (急行で東京へ行った)Fue a Tokio en el expreso. ♦京都への急行は10分ごとにあります El expreso sale cada 10 minutos a Kioto.

── 急行する v. acudir rápidamente [de prisa, a toda velocidad, precipitarse]《a》. ♦消防士は火事現場に急行した Los bomberos se precipitaron al lugar del incendio.

きゅうこう 休校 ♦あしたは休校です Mañana no hay clase. ♦学校は今週休校です La escuela se cierra mañana.

きゅうこう 休講 ♦休講にする v. suspender una clase. ♦1時間目は休講です No tenemos clase a [en] la primera hora. ♦本日休講『揭示』Hoy no hay clase.

きゅうこう 旧交 f. vieja amistad. ♦先日彼と10年ぶりに旧交を暖めた El otro día renové mi amistad con él después de 10 años.

きゅうこうか 急降下 (飛行機・鳥の) m. descenso en picado. ♦急降下爆撃をする v. bombardear en picado. ♦飛行機が上空から急降下した El avión descendió en picado. ♦気温が急降下した (＝急に下がった) La temperatura ha bajado bruscamente. / Ha habido un repentino descenso de la temperatura.

きゅうこく 急告 m. aviso urgente.

きゅうごしらえ 急ごしらえ ♦急ごしらえの adj. construido「con prisa [apresuradamente]; (一時しのぎの) adj. provisional.

きゅうこん 求婚 v. hacer* una "propuesta de matrimonio [《フォーマル》proposición matrimonial]《a＋人》. ♦彼は真由美に求婚した Le hizo a Mayumi una propuesta de matrimonio. / Le pidió a Mayumi que se casara con él.

きゅうこん 球根 (タマネギ・ユリなどの) m. bulbo. ♦球根植物 f. planta bulbosa.

きゅうさい 救済 m. socorro, m. auxilio; (助力) f. ayuda; (魂の) m. salvamento. ♦飢饉からの救済 f. asistencia a las víctimas del hambre. ♦救済資金 mpl. fondos de socorro (a los pobres). ♦貧しい人々の救済 f. ayuda a los pobres. ♦救済策を講じる v. tomar medidas de socorro《para》.

── 救済する v. socorrer, auxiliar, ayudar. →助ける. ♦洪水の被災者を救済するために食料を送る v. enviar* alimentos para socorrer a los damnificados por las inundaciones.

きゅうし 休止 (一時的な) f. suspensión; (休み) f. pausa, m. reposo. ♦一時的に m. silencio. ♦小休止をとる v. hacer* una breve pausa. ♦休止する v. suspender; (一時的に休む)v. hacer* una pausa.

きゅうし 急死 f. muerte repentina [súbita]. ♦急死する v. morir* de repente.

きゅうし 臼歯 (大臼歯)f. muela, 《フォーマル》《専門語》m. molar; (小臼歯)m. premolar.

きゅうし 九死 ♦九死に一生を得る v. librarse de la muerte por poco [《口語》por los pelos].

きゅうじ 給仕 (食堂の) mf. camarero/ra, 《メキシコ》mf. mesero/ra; (事務室の) m. chico de los recados, m. mandadero; (ホテルの) m. botones. ♦給仕する v. servir* a la mesa, hacer* de camarero/ra. ♦客に給仕する v. servir* a un invitado. ♦母が食卓でお給仕をしてくれる Mi madre sirve la comida en la mesa. 《会話》私に給仕は務まるのかしら―そりゃ務まるわ. 給仕はだれだってできるもの No sé si sabré trabajar de camarera. ― Claro que sí. Cualquiera puede ser [hacer de] camarera.

きゅうしき 旧式 ♦旧式の adj. de estilo antiguo. →古い.

*__きゅうじつ__ 休日 m. día de fiesta, m. día feriado, f. fiesta, m. (día) festivo (→休暇);

(非番の日) m. día libre. ♦ あすは休日です Mañana es fiesta [día feriado]. ♦ 今月は三日休日を取った Este mes he tomado tres días libres. ♦ 彼は休日にはいつも帰省する Los días feriados siempre se va a casa.

きゅうしゃ 厩舎 m. establo, f. cuadra, f. caballeriza.

きゅうしゅう 吸収 f. absorción ⟨de⟩.
—— 吸収する (液体・音・光などを) v. absorber, 《教養語》embeber, (主に液体を) v. chupar. ♦ 大企業に吸収される v. ser* devorado por una gran empresa. ♦ スポンジは水を吸収する Una esponja absorbe el agua. ♦ 彼は新しい思想を吸収した Absorbió [《口語》Se empapó de] las nuevas ideas.

きゅうしゅう 九州 ▶ 九州(地方) f. región de Kyushu.

*きゅうじゅう 九十 f. noventa; (90番目の) adj. noventa, 《フォーマル》nonagésimo. → 二十, 五十.

きゅうしゅうふりょう 吸収不良 《専門語》f. malabsorción.

きゅうしゅつ 救出 m. salvamento, m. rescate. → 救助, 助ける.

きゅうじゅつ 弓術 m. tiro al arco.

きゅうしょ 急所 (生命にかかわる所) m. punto [f. parte] vital; (大切な点) m. punto clave [esencial]; (弱点) m. punto flaco. ▶ 急所をついた(=要を得た)質問 f. pregunta que toca "un punto vital [《口語》en lo vivo]. ♦ 彼は彼女の急所(=弱み)を握っている Conoce sus puntos flacos. / 《口語》La tiene agarrada por lo vivo.

きゅうじょ 救助 m. salvamento, m. socorro; f. ayuda, f. asistencia. → 助け. ▶ 救助信号 f. señal [f. llamada] de auxilio, m. SOS (ese o ese); (船舶・航空機の) f. señal de socorro. ▶ 救助船(救難船) m. bote [m. barco] de rescate; (救命艇) m. bote salvavidas. ▶ 救助機 m. avión de rescate. ▶ 救助隊 m. equipo [m. pelotón] de socorro [salvamento, rescate]. ▶ 救助活動 f. operación de rescate [salvamento]. ▶ 救助を求める v. pedir* ayuda [auxilio]. ▶ 遭難した登山者の救助に向かう v. ir* a rescatar a los alpinistas en peligro. → 助ける. ♦ 救助が来るまで私たちは何時間も待った Esperamos horas a que llegara la ayuda.
—— 救助する v. salvar, rescatar; socorrer, ayudar. → 助ける, 救う. ▶ 人命を救助する v. salvar la vida 《de》. ♦ 船客は全員沈没する船から救助された Todos los pasajeros fueron rescatados del barco náufrago. ☞救援, 救い, 助け; 救う, 助け出す, 助ける

きゅうじょう 休場 ▶ 休場する(劇場などが) v. estar* cerrado; (力士が) v. no participar (en el torneo).

きゅうじょう 窮状 (ひどい状態) f. situación calamitosa, f. desgracia; (困窮)《フォーマル》f. penuria. ▶ 窮状を訴える v. quejarse de una "situación calamitosa [desgracia]. ♦ 貧民の窮状を救う v. ayudar a la gente desgraciada, salvar a la gente de su penuria.

きゅうじょう 宮城 m. Palacio Imperial. → 皇居.

きゅうじょう 球場 m. campo [m. terreno] de juego de béisbol. ▶ 甲子園球場 m. Estadio Koshien.

きゅうしょく 求職 f. búsqueda de empleo [trabajo]. ▶ 求職する(職を探す) v. buscar* empleo [trabajo]; (求職の申し込みをする) v. solicitar empleo. ▶ 求職広告欄 f. sección de 「Ofertas de Empleo [Bolsa de Trabajo]. ▶ 求職者 mf. buscador/dora de trabajo; (申し込み者) mf. solicitante de empleo.

きゅうしょく 休職(休暇) f. baja laboral; (不況のための一時解雇)《フォーマル》f. cesación temporal. ▶ 労働者は休職になった「Los trabajadores fueron cesados temporalmente [A los trabajadores se les dio temporalmente de baja].

きゅうしょく 給食 ▶ 学校給食 f. comida en la escuela. ▶ 給食する(生徒に) v. proporcionar comida a los niños.

ぎゅうじる 牛耳る (支配する) v. controlar, dominar; (指揮する) v. dirigir*, 《口語》llevar [tener*] la sartén por el mango, 《口語》cortar el bacalao. ♦ 彼が会社を牛耳っている La empresa la controla él. /《口語》Él es el que「tiene la sartén por el mango [corta el bacalao].

きゅうしん 休診 ♦ 本日休診《掲示》Se cierra hoy.

きゅうしん 球審 (主審) m. árbitro principal.

きゅうじん 求人 f. oferta de empleo. ▶ 秘書の求人広告を新聞に出す v. poner* un anuncio en el periódico pidiendo una secretaria. ♦ 求人《広告ビラ》Se ofrece trabajo. / Se necesitan empleados. ♦ 今年は求人が少ない Este año no hay「muchas ofertas de trabajo [apenas oferta laboral]. ♦ 深刻な求人難が予想される Habrá una grave falta de trabajo.

きゅうしんてき 急進的 ▶ 急進的な adj. radical, extremado.

きゅうしんりょく 求心力 f. fuerza centrípeta.

きゅうす 急須 f. tetera (pequeña).

きゅうすい 給水 m. suministro [m. abastecimiento] de agua. ▶ 給水車 m. camión cisterna. ▶ 給水塔 m. depósito de agua. ▶ 給水を1制限する [2止める] v. ¹limitar [²cortar] el suministro de agua. ▶ 船に給水する v. abastecer* de agua a un barco. ♦ その町は琵琶湖から給水されている La ciudad es abastecida de agua por el Lago Biwa.

きゅうする 窮する (途方に暮れる) v. no saber* qué hacer*, estar* en un aprieto. ▶ 返答に窮する v. no saber* qué contestar; (困惑する) v. estar* en un apuro sobre qué responder; (知らない) v. no estar* seguro de qué contestar.

きゅうせい 旧制 ▶ 旧制(の)中学校 f. escuela secundaria del sistema antiguo.

きゅうせい 急性 ▶ 急性の adj. agudo. ♦ 急性肺炎 f. pulmonía aguda.

きゅうせい 旧姓 (女性の結婚前の姓) m. nombre de soltera. ▶井上夫人、旧姓秋吉 f. Sra. Inoue, Akiyoshi de soltera. ▶(☆スペイン語圏では、結婚しても姓は変わらない。例えば、自分の姓 "Molina" に夫の姓 "Pérez" と de をつけて続ける。"Sra. Pérez de Molina". 夫の姓をつけないことも多い). ▶旧姓は秋吉と申します Mi apellido de soltera era Akiyoshi.

きゅうせいぐん 救世軍 m. Ejército de Salvación.

きゅうせいしゅ 救世主 m. Salvador, m. Mesías.

きゅうせかい 旧世界 m. Viejo Mundo.

きゅうせき 旧跡 m. lugar [m. punto, 《フォーマル》m. emplazamiento] histórico. ▶名所旧跡をたねる v. visitar los paisajes de belleza natural y los lugares históricos.

きゅうせっきじだい 旧石器時代 f. Edad Antigua de Piedra, m. Paleolítico.

きゅうせん 休戦 (通例一時的な) f. tregua, 《フォーマル》m. armisticio, m. alto [cese] el fuego. ▶クリスマス休戦 f. tregua de Navidad. ▶休戦協定に調印する v. firmar un armisticio. ▶休戦する v. declarar una tregua; (一時的に戦いをやめる) v. hacer* un alto el fuego.

きゅうせんぼう 急先鋒 (先頭) f. vanguardia. ▶改革運動の急先鋒となる v. estar* en la vanguardia del movimiento reformista.

きゅうそう 急送 ▶小包を急送する v. enviar* un paquete urgente [por correo urgente].

きゅうぞう 急増 m. aumento rápido [brusco]. ▶人口の急増 m. rápido「aumento de la población [《フォーマル》incremento demográfico]. ▶急増する v. aumentar rápidamente, 《フォーマル》incrementarse súbitamente.

きゅうそく 急速 ▶急速な adj. rápido, acelerado, 《フォーマル》veloz, 《強調して》vertiginoso; (動作が) adj. 《フォーマル》pronto. ▶急速に adv. rápidamente, rápido, con rapidez, 《口語》a toda marcha. ▶急速な進歩をとげる v. progresar con rapidez. ▶急速に増えている人口 f. población en [de] rápido [《強調して》vertiginoso] crecimiento. ▶その頃テレビは急速に映画に取って代わりつつあった Por entonces la televisión sustituía rápidamente al cine.

きゅうそく 休息 m. descanso. → 休憩. ▶ちょっと休息する v. descansar un rato [《口語》ratito].

きゅうたい 旧態 ▶旧態を脱する v. abandonar la vieja costumbre 《de》. ▶旧態依然としている (=元のままである) v. seguir* sin cambiar, continuar* igual.

きゅうだい 及第 ▶彼はスペイン語で及第点をとった Aprobó [Sacó un aprobado en] el examen de español. ▶彼は試験に及第した (=合格した) Aprobó el examen.

きゅうだん 糾弾 f. acusación, 《フォーマル》f. censura. ▶糾弾する v. acusar 《de》, 《フォーマル》censurar 《por》, denunciar 《por》, 《文語》《専門語》incriminar 《por》. ▶女性差別で彼を糾弾する v. acusarle de discriminación sexista.

きゅうだん 球団 (プロの野球チーム) m. club de béisbol. ▶球団のオーナー m. dueño de un club de béisbol.

きゅうち 窮地 m. apuro, m. aprieto, f. dificultad, f. situación difícil, 《口語》m. callejón sin salida; (板ばさみ)《フォーマル》m. dilema. → 難局. ▶窮地に陥っている v. estar* en un apuro [aprieto]. ▶その会社は窮地を脱した La empresa superó apuros [aprietos, dificultades]. → 難局.

きゅうてい 宮廷 f. corte. ▶宮廷詩人 m. poeta cortesano.

きゅうていしゃ 急停車 (不意の) f. parada brusca [repentina]; (すばやい)《口語》m. frenazo. ▶バスは通りの真ん中で急停車した El autobús「paró de repente [dio un frenazo] en medio de la calle. ▶車を急停車させるな No pares el coche bruscamente. ▶(急にブレーキを踏むな) No des [《口語》pegues] esos frenazos.

きゅうてん 急転 (突然の変化) m. cambio [m. giro] repentino [《フォーマル》súbito, brusco]. ▶情勢が急転した La situación ha tomado un giro repentino. / Ha habido un cambio repentino en la situación. ▶急転直下その問題は解決した El problema「se ha solucionado de repente [ha encontrado una solución inmediata].

きゅうでん 宮殿 m. palacio. → 御殿. ▶バッキンガム宮殿 m. Palacio de Buckingham.

キュート adj. lindo, precioso, 《スペイン》《口語》mono. ▶キュートな女の子 f. chica bonita.

きゅうとう 急騰 f. subida repentina [brusca, inesperada, 《フォーマル》súbita].

きゅうとう 給湯 ▶給湯する v.「abastecer* de [suministrar] agua caliente. ▶給湯設備 f. instalación de agua caliente.

きゅうどう 弓道 m. tiro al arco japonés.

きゅうなん 救難 m. salvamento, m. rescate. ▶救難作業 f. operación de salvamento [rescate].

ぎゅうにく 牛肉 f. carne de vaca [《メキシコ》res].

*__きゅうにゅう__ 牛乳 f. leche (de vaca). ▶牛乳 1 杯 [2 1 パック; 3 1 びん] [1]un vaso [[2]un cartón; [3]una botella] de leche. ▶牛乳びん f. botella de leche. ▶牛乳屋(配達人) mf. lechero/ra; (店) f. lechería. ▶搾りたての牛乳 leche fresca recién ordeñada. ▶牛乳を配達する v. repartir la leche. ▶牛乳を搾る v. ordeñar una vaca. ▶牛乳を飲む v. beber [tomar] leche.

きゅうねんまく 嗅粘膜 《専門語》f. mucosa olfatoria.

きゅうば 急場 (危機) f. crisis; (非常の場合) f. emergencia. ▶彼の急場を救う v. sacarlo[le]* de「una crisis [un apuro]. ▶彼から借金をして急場をしのぐ v. pedirle* dinero prestado para superar la crisis. ▶急場の間に合わせ (=一時しのぎ)として adv. como medida de emergencia. ▶急場に間に合わせる (=当面の必要を満

たす) v. tomar medidas urgentes. ◆この金で私は急場をしのげるだろう Este dinero me sacará de momento de la crisis. / Con este dinero podré salir temporalmente del apuro.
キューバ Cuba; (公式名) f. República de Cuba (☆カリブ海の国, 首都ハバナ La Habana). ▶キューバの adj. cubano. ▶キューバ人 mf. cubano/na.
きゅうばん 吸盤 f. ventosa.
キュービズム m. cubismo.
きゅうひせい 給費生 (奨学金受給生) mf. becario/ria.
キューピッド Cupido, m. el dios del amor.
きゅうびょう 急病 f. enfermedad repentina. → 病気. ▶急病人が出た場合には adv. en caso de emergencia médica. ▶急病にかかる v. ponerse* enfermo de repente.
きゅうふ 給付 (金) m. subsidio, f. subvención.
きゅうへん 急変 m. cambio repentino. ▶(病状などが)急変する(=急に悪化する) v. empeorar de repente. ◆情勢が急変した La situación empeoró de repente. / Hubo un empeoramiento repentino de la situación.
ぎゅうほ 牛歩 m. paso de tortuga. ▶牛歩戦術 f. estrategia de paso de tortuga.
きゅうほう 急報 m. mensaje urgente.
きゅうぼう 窮乏 f. extrema pobreza, f. miseria. ▶窮乏生活をする v. vivir en extrema pobreza.
きゅうむ 急務 m. asunto de urgencia.
きゅうめい 救命 ▶救命具 m. chaleco salvavidas. ▶救命艇 m. bote salvavidas. ▶救命救急センター m. centro de emergencia de salvavidas.
きゅうめい 究明 ▶究明する v. investigar*, esclarecer*.
きゅうめい 糾明 ▶糾明する v. hacer* [《フォーマル》realizar*] una investigación 「a fondo [《フォーマル》exhaustiva] 《de》.
きゅうやくせいしょ 旧約聖書 m. Antiguo Testamento, el A.T.
きゅうゆ 給油 (燃料補給) m. repostaje, m. suministro de combustible. ▶(飛行機に)給油する v. repostar (un avión). ▶給油所 f. estación de servicio [gasolina, combustible], f. gasolinera. ◆飛行機は給油のため香港に立ち寄った El avión paró [hizo escala] en Hong Kong para repostar.

地域差 給油機(ガソリンスタンドの)
〔スペイン〕 m. surtidor
〔ラテンアメリカ〕 f. bomba
〔キューバ〕 m. surtidor
〔ペルー〕 m. grifo, f. máquina
〔コロンビア〕 m. surtidor
〔アルゼンチン〕 m. surtidor

きゅうゆう 旧友 m. viejo amigo.
きゅうゆう 級友 m. compañero de clase. → クラスの友達.
きゅうよ 給与 f. paga, m. salario, m. sueldo. → 給料. ▶給与(=勤労)所得 《フォーマル》 mpl. ingresos salariales. ▶給与水準 m. nivel salarial. ▶給与体系 f. estructura salarial.
きゅうよ 窮余 ▶窮余の一策 m. último recurso.
きゅうよう 急用 m. asunto urgente [apremiante]. → 用. ◆私は急用のためそこへ行けなかった Un asunto urgente me impidió ir allí.
きゅうよう 休養 m. descanso. → 静養. ▶休養する v. descansar. ◆君はとても疲れているようだから十分な休養が必要だ Pareces muy cansado; así que deberías descansar. ☞気晴らし, 娯楽
きゅうり 胡瓜 m. pepino.
きゅうりゅう 急流 mpl. rápidos, m. torrente. ▶いかだで急流を下る v. descender* en balsa por unos rápidos.
きゅうりょう 丘陵 fpl. colinas, mpl. altos. ▶起伏する丘陵 fpl. colinas accidentadas. ▶丘陵地帯 f. región de colinas, f. zona montuosa. ▶千里丘陵で開かれた万博 f. Exposición Universal (Expo) en los Altos de Senri.
きゅうりょう 給料 m. salario, m. sueldo, f. paga; (日給) m. jornal.
 1《給料(の)+名詞》 ▶給料日 m. día de paga. ▶給料袋 m. sobre de la paga. ▶給料明細(書) f. nota detallada sobre el salario. ▶給料のいい仕事 《フォーマル》 m. trabajo bien pagado [retribuido].
 2《給料が[は]》 ▶給料が安いとぼやく v. quejarse del bajo sueldo. ◆あの会社は給料がいい Esa empresa paga 「buenos sueldos [bien]. ◆今年給料が1万円上がった Este año mi salario ha subido 10.000 yenes. ◆われわれの給料は安い(=薄給だ) Nuestros salarios son bajos. / Estamos mal pagados. / Nos pagan mal. ◆看護師の給料はもっと高くあるべきだ A 「los enfermeros [las enfermeras] deberían pagarles más. / 「Los enfermeros [Las enfermeras] tendrían que cobrar más. / El salario de 「un enfermero [una enfermera] debería ser más alto. 会話 給料はいくらですか―月20万円です ¿Qué salario gana? – 200.000 yenes al mes. → 月給. ◆給料はどのくらいお望みですか ¿Qué salario espera usted ganar?
 3《給料を》 ▶彼は金曜日に給料をもらう Le pagan los viernes. ◆給料を上げてほしい Deseo una subida (salarial). / Quiero que me suban el sueldo.
 4《給料で》 ▶この給料で私たちは十分な暮らしをしている Con este salario tenemos suficiente para vivir. / 《口語》 Este sueldo vamos tirando. ◆このごろこの給料では生計を立てるのに不十分です Con este salario no llega para vivir hoy día. / Hoy en día no se puede vivir con un sueldo así.
きゅうれき 旧暦 m. calendario lunar.
きゅっきゅっ ▶きゅっきゅっという v. crujir, hacer* ruido; adj. crujiente, que hace ruido. ▶きゅっきゅっという音 m. crujido. ▶きゅっきゅっと鳴る床 m. suelo que cruje.

きゅっと ▶その子供のほっぺたをきゅっとつねる v. pellizcar* al niño en la mejilla. ◆彼はきゅっと(=一気に)盃を飲み干した Vació el vaso de un trago. ◆彼はぎゅっと飲んだ Se bebió todo de un trago.

ぎゅっと ▶ぎゅっと握る v. sostener* firmemente [con fuerza]; (握りしめる) v. apretar*; (つかむ) v. agarrar. ▶ぎゅっと抱きしめる v. abrazar*, dar* un abrazo. ◆彼はロープをぎゅっと縛った Ató la cuerda con fuerza. ◆彼は彼女の手をぎゅっと握った La sostenía fuerte por la mano. / Le apretó la mano. ◆彼はロープをぎゅっと締めた Tensó la cuerda firmemente.

キュリーふじん キュリー夫人 f. Señora Curie.

キュロット ▶キュロット(スカート) f. falda pantalón, 《ペルー》《ラプラタ》f. pollera pantalón.

きよ 寄与 f. contribución (a). →貢献. ▶寄与する v. contribuir* (a), colaborar (en).

きょ 虚 ▶虚をつかれる v. ser* 《スペイン》cogido [《ラ米》agarrado, desprevenido] por sorpresa.

きよい 清い (清潔な) adj. limpio; (澄みきった) adj. claro; (清純な) adj. puro; (けがれのない) adj. inocente. →清らか.

きよう 器用 ▶器用な adj. habilidoso; (熟練した) adj. hábil; (上手な) adj. bueno; (扱うのうまい) adj. mañoso; (手先の) adj. 《フォーマル》 diestro. ▶器用な人 f. persona habilidosa; (器用貧乏な人) adj. 《口語》que vale para todo. ▶器用な(=多芸の)役者 m. actor [f. actriz] versátil. ▶手先が器用だ v. ser* mañoso [hábil] con las manos. ▶器用に編み物をする v. tener* habilidad para hacer* punto, dársele* bien hacer* punto, tejer con habilidad. ▶道具を器用に使う v. ser* bueno [hábil] con las herramientas.

きよう 起用 →登用, 抜擢(ﾊﾞｯﾃｷ). ▶(野球で)彼を先発に起用する v. darle* [《フォーマル》encomendarle*] un trabajo para empezar*.

きよう 貴陽 →コイヤン

きょう 卿 m. don, f. doña.

＊きょう 今日 adv. hoy; m. este día, 《強調して》hoy. ▶今日の朝 f. esta mañana, 《強調して》la mañana de hoy. ▶今日の新聞 m. periódico de hoy. ▶今日まで adv. hasta hoy [este día, 《強調して》el día de hoy]. ▶5年前の今日 adv. hoy hace cinco años. 《会話》今日は何日ですか─5月5日です ¿A qué estamos hoy? / ¿Que día del mes es hoy? ─ El 5 de mayo. ◆今日は何の日か知ってる？君のお父さんの誕生日だよ ¿Sabes qué día es hoy? Es el cumpleaños de tu padre. 《会話》今日は何曜日か─日曜日です ¿Qué día es hoy? ─ Hoy es domingo. ◆今日彼と会わなければならない Tengo que verlo[le] en el día de hoy [hoy mismo]. ◆今日の午後は開いているでしょうか ¿Abren la tienda esta tarde? ◆今日の君はいつもとちがう。何かあったのですか Hoy pareces cambiado. ¿Qué te ha pasado? ◆彼は「今日彼女に会いました」と言った Dijo que la había visto hoy. ▶今日という今日は彼に愛想がつきた《口語》Ya no lo [le] aguanto más y de hoy no paso. / Mi paciencia ha llegado a su límite hoy. ◆今日はこれでおしまい Esto es todo por hoy. / Con eso hemos terminado hoy. / Por hoy「ya está [basta]. ◆われわれは君が来るのを今日かあすかと待っていた Te hemos estado esperando todos los días.

きょう 経 f.; (仏教経典) fpl. escrituras budistas. ▶経を読む v. leer* [recitar, entonar] una sutra.

-きょう -強 (...より少し多い) algo más de..., poco más que..., ... y pico. ◆このペンは10ユーロ強だ Esta pluma cuesta algo más de 10 euros. / Esta pluma cuesta 10 euros y pico.

-きょう -狂 mf. maniático/ca, 《口語》mf. loco/ca; (愛好家) mf. aficionado/da. ▶自動車狂 mf. maniático/ca de los coches. ▶カメラ狂 mf. maniático/ca de la cámara [fotografía].

＊きょう 行 ❶【文章・文字の】f. línea, m. renglón; (詩の) m. verso; (専門語) f. fila. ▶行端揃え《専門語》f. justificación. ▶行揃えする《専門語》v. justificar*. ▶30ページの10行目は adv. en la línea 10 de la página 30. →ページ. ▶1行おきに書く v. escribir* 「cada dos líneas [dejando una línea en blanco]. ▶5ページの3行目から読む v. leer* desde la tercera línea en [de] la quinta página. ▶行をかえる(=変える) v. empezar* nueva línea. ▶10ページの3行目を見よ Véase la página 10, línea 3.
❷【宗教の】(苦行) fpl. austeridades (religiosas); (勤行) m. servicio. ▶行をする v. practicar* austeridades (religiosas).

きょうあく 凶悪 ▶凶悪な (獣のように残酷な) adj. brutal, salvaje; (ぞっとするような) adj. atroz, espeluznante. ▶凶悪犯人 mf. criminal salvaje.

きょうあん 教案 m. plan de enseñanza.

きょうい 驚異(驚嘆) f. maravilla, m. prodigio. ◆自然の驚異 fpl. maravillas [mpl. prodigios] de la naturaleza. ▶驚異の目をみはる v. contemplar maravillado. ◆人工衛星は科学の驚異だ Un satélite artificial es una maravilla de la ciencia.

── 驚異的な adj. asombroso; (驚嘆すべき) adj. maravilloso, prodigioso. ◆彼は驚異的なスキージャンプの記録を作った Estableció una asombrosa marca en el salto de [con] esquí.

きょうい 脅威 f. amenaza. ▶戦争の脅威にさらされている v. estar* expuesto a la amenaza de la guerra. ◆その国は周辺諸国にとって重大な脅威である Ese país es una seria amenaza a los países vecinos.

きょうい 胸囲 ▶胸囲を測る v. medirse* el pecho [《女性の》busto]. ◆君の胸囲はどれくらいですか ¿Qué medida tienes de busto? / ¿Cuánto mide tu busto?

＊きょういく 教育 f. educación; (学校教育) f. enseñanza; (教授) f. instrucción; (訓練) f. formación; (教養) f. cultura.

1《~の(教育)》▶スペイン語教育 f. enseñanza del español. ▶情操教育《フォーマル》f. forma-

きょういん

ción [m. cultivo] del sentimiento estético. ▶教育 f. formación ¹escolar [²doméstica; ³social]. ▶義務教育 f. educación obligatoria. ▶専門教育 f. educación profesional [especializada]. ▶職業教育 f. educación vocacional. ▶¹就学前 [²初等; ³中等; ⁴高等]教育 f. educación [f. enseñanza] ¹preescolar [²primaria; ³secundaria; ⁴superior]. ▶幼児教育 f. educación [f. enseñanza] infantil. ▶大学教育 f. educación universitaria. ▶¹成人 [²生涯]教育 f. educación de ¹adultos [²toda la vida, ²por vida]. ▶若者の教育 f. educación de los jóvenes.

2《教育+名詞》▶教育委員会 f. junta de educación. ▶教育映画 f. película educativa [formativa, pedagógica]. ▶教育課程 m. programa de estudios, m. currículo; (高校・大学の) m. plan de estudios. ▶教育改革 f. reforma educativa. ▶教育家 mf. educador/dora, 《フォーマル》mf. pedagogo/ga. ▶教育学 f. pedagogía. ▶教育¹機関 [²施設] ¹fpl. instituciones [²fpl. instalaciones] educativas, ¹mpl. centros docentes. ▶教育者(教師) (小学校の) mf. maestro/tra; (中等教育・大学の) mf. profesor/sora, mf. pedagogo/ga, 《フォーマル》mf. docente. ▶教育制度 m. sistema educativo. ▶教育水準 m. nivel educativo. ▶教育テレビ f. televisión educacional; (チャンネル) m. canal educacional. ▶教育費 mpl. gastos de educación. ▶教育法 f. metodología didáctica, m. método pedagógico [de enseñanza]. ♦教育基本法 f. Ley Fundamental de Educación. ▶教育ママ(説明的に) f. madre 「interesada en [preocupada por] la educación de sus hijos.

3《教育の》▶教育のある人 f. persona culta [cultivada]. ▶教育のない人 f. persona sin cultura [formación].

4《教育を》▶十分な教育を受けた人 f. persona con buena formación. ▶医学教育を受ける v. recibir (una) enseñanza médica. ▶子供たちによい教育を授ける v. dar* a los hijos una buena educación. ♦私のおじは学校教育を3年しか受けていなかった Mi tío sólo fue tres años a la escuela.

── **教育的** (教育に関する) adj. educacional; (教育上有益な) adj. instructivo. ▶教育的な経験 f. experiencia educativa. ♦その映画はおもしろくもあり教育的でもある Esa película es a la vez interesante e instructiva.

── **教育する** v. educar*, dar* una educación; (教授する) v. instruir*, enseñar; (訓練する) v. formar, entrenar. ▶外国で教育される (=教育を受ける) v. ser* educado en el extranjero. ♦彼は法律家になるように教育された Lo [Le] educaron para ser jurista [abogado]. ▷学, 学問

きょういん 教員 (小学校の) mf. maestro/tra; (中等教育・大学の) mf. profesor/sora, 《フォーマル》mf. docente, mf. instructor/tora; (全体) m. cuerpo docente, m. profesorado. → 先生. ▶教員室 m. despacho [f. oficina] de profesores. ♦私は大学の教員です Soy profesor/sora universitario/ria. → 教授.

きょうえい 競泳 ▶競泳する v. nadar competitivamente [en una carrera].

きょうえん 共演 ▶共演する v. actuar* junto 《con》.

きょうか 教科 (科目) f. asignatura, f. materia. ▶教科課程 m. programa de estudio, m. plan de estudios. ▶スペイン語の教科主任 mf. director/tora 「de la Sección de Español [del profesorado de español].

きょうか 強化 m. fortalecimiento, m. reforzamiento. ▶強化合宿 m. campamento de entrenamiento intensivo. ▶強化ガラス m. vidrio reforzado [templado]. ▶強化米 m. arroz enriquecido.

── **強化する** v. fortalecer*, reforzar*, consolidar. ▶壁を強化する v. reforzar* [fortalecer*] un muro. ▶法律を強化する v. reforzar* las leyes. ▶体力を強化する v. fortalecerse*, aumentar la fortaleza física ▷助長, 増強

きょうかい 協会 f. asociación, f. sociedad. → 組合. ♦交通安全協会 f. Asociación para la Seguridad Viaria [de Tráfico].

きょうかい 教会 f. iglesia, m. templo cristiano; (イスラム教の) f. mezquita; (ユダヤ教の) f. sinagoga. ♦ローマカトリック教会 f. Iglesia Católica. ♦私は教会で結婚式を挙げたい Me gustaría celebrar la boda en una iglesia. ♦彼は毎日曜日に教会へ行きます Va a la iglesia todos los domingos.

きょうかい 境界 (地図上の) m. límite, f. frontera, f. linde, m. confín; (山・川などの地理的特徴による) f. divisoria, f. línea de demarcación. ▶境界線 f. línea de demarcación. ♦それらの木がわれわれの地所と彼の地所の境界になっている Aquellos árboles forman una divisoria entre nuestra finca y la suya. ♦私たちは境界の内側に柵(さく)をめぐらした Hicimos una valla por dentro de nuestra línea de demarcación. ▷境, 仕切り

ぎょうかい 業界 (特定の産業) f. industria; (実業界) m. mundo de la industria, mpl. círculos industriales. ▶業界紙 m. periódico de un ramo industrial. ▶鉄鋼業界 f. industria siderúrgica, f. siderurgia. ▶出版業界 m. mundo editorial.

きょうかく 胸郭 (専門語) m. tórax.

きょうがく 共学 f. co-educación, f. enseñanza mixta. ♦共学の学校 f. escuela mixta.

***きょうかしょ 教科書** m. libro de texto; (技術習得用の) m. manual. ▶スペイン語 [²歴史]の教科書 m. libro de texto de ¹español [²historia]. ▶中学校用の教科書 m. libro de texto de secundaria. ▶コンピューターの教科書 m. manual de ordenador, 《ラ米》computadora). ▶教科書検定制度 m. sistema de autorización de libros de texto. ♦万事教科書どおりに行くとは限らない No todo aparece como en un libro de texto. ▷テキスト, 読本

きょうかつ 恐喝 m. chantaje, 《フォーマル》 f. coacción. ▶金を巻き上げようと彼を恐喝する v. chantajear por dinero. ▶恐喝して盗みをさせる v. chantajear 《a + 人》 para que robe, emplear la intimidación para que robe.

きょうかん 共感 f. simpatía; 《反響》 f. respuesta. ▶読者の共感を得る v. conseguir* la simpatía de los lectores. ▶広く世間の共感を呼ぶ v. provocar* la simpatía generalizada [de la gente]. ▶彼の意見に共感する「Simpatizo con [Tengo simpatía por] sus opiniones. / 《同意する》 Estoy de acuerdo con él.

きょうかん 教官 ▶大学の教官 mf. profesor/sora de universidad. ▶自動車学校の教官 mf. instructor/tora de auto-escuela.

ぎょうかん 行間 f. entrelínea, m. espacio「entre líneas [interlineal]. ▶行間をあける v. espaciar más las líneas. ▶行間を読む v. leer* entre líneas.

きょうき 凶器 f. arma mortífera [peligrosa]. ▶走る凶器 m. vehículo armado.

きょうき 狂気 f. locura, 《フォーマル》 f. demencia, 《教養語》 f. insania. ▶狂気の adj. loco, 《フォーマル》 demente. ◆そこへ行くのは狂気の沙汰(さた)だ Sería una locura absurda ir allí.

きょうき 狂喜 《比喩的に》 m. éxtasis, m. arrobamiento, m. embeleso. ▶狂喜する v. estar* extasiado [embelesado] 《ante, con, por》.

＊きょうぎ 競技 《試合》 m. juego, m. partido; 《賞をめざす》 f. competición, m. certamen, m. concurso; 《種目》 f. prueba. ▶競技場(観覧席のある) m. estadio; 《特定競技の》 m. terreno [m. campo] de juego. ▶運動競技 mpl. juegos deportivos, mpl. deportes. ▶ 1室内 [2屋外]競技 m. deporte 1cubierto [2al aire libre]. ▶水泳競技 f. prueba de natación. ▶陸上競技 fpl. pruebas de atletismo. ◆1992年のオリンピック競技はバルセロナで開かれた Los Juegos Olímpicos de 1992 tuvieron lugar en Barcelona. ◆サッカーはラテンアメリカで人気のある競技です El fútbol es el deporte「más popular [rey] en América Latina.

きょうぎ 協議 《討議》 f. discusión, f. deliberación; 《相談》 f. consulta. ▶協議会 f. junta, f. comisión. ▶協議事項 m. tema de discusión. ▶協議離婚 m. divorcio por (mutuo) acuerdo. ▶協議がまとまる v. alcanzar* [llegar*] a] un acuerdo. ▶協議中である(問題が) v. estar* siendo discutido, estar* en deliberación; (人が) v. estar* consultando 《a + 人》. ◆私たちは何度も協議を重ねた上で決定を下した Tuvimos varias consultas y luego tomamos una decisión. / 《フォーマル》 Llegamos a una decisión tras una serie de deliberaciones.

── **協議する** (話し合う) v. tratar 《de, sobre》; (議論する) v. deliberar, discutir; (相談する) v. tener* una consulta 《con》, consultar 《con, a》. ◆日本はその問題についてアメリカ政府と協議した Japón consultó al gobierno de Estados Unidos al respecto. ☞ 合議, 交渉

きょうぎ 狭義 (狭い意味) m. sentido estricto. ▶その語を狭義に用いる v. usar la palabra en sentido estricto.

きょうぎ 教義 (宗教上の) f. doctrina; (教会が下す) m. dogma.

ぎょうぎ 行儀 mpl. modales, f. conducta, 《フォーマル》 m. comportamiento. → 礼儀. ▶行儀よくする v. portarse bien, ser* educado, tener* buenos modales. ▶行儀のよい adj. bien educado, de buenos modales. ▶行儀の悪い adj. mal educado, de malos modales. ▶行儀を身につける v. aprender「buenos modales [a portarse bien]. ◆お行儀はどうしたの 《口語》 ¿Dónde están esos modales? / (行儀よくしなさい) Pórtate bien. / Compórtate. / Sé educado. / Ten educación. ◆お行儀に気をつけてね "Ten cuidado [Ojo] con los modales, ¿eh? / A portarse bien, ¿eh? ◆そんな座り方は行儀が悪い Es de mala educación sentarse así. ◆その子は客の前で行儀が悪かった El niño se portó mal delante「del invitado [de la invitada]. ◆他人行儀はやめにしよう Vamos a dejar las formalidades.

きょうきゅう 供給 f. oferta, m. suministro, m. abastecimiento. → 需要. ▶電力の供給 m. suministro de energía eléctrica. ◆オーストラリアが羊毛の主な供給元となっている Australia es la principal fuente de suministro de lana. ◆近ごろ石油の供給が1少ない [2過剰だ] Recientemente hay 1escasez [2exceso] en el suministro del petróleo. ◆供給過剰で物価が急落した Los precios cayeron bruscamente a causa del exceso en la oferta.

── **供給する** (足りない物を) v. abastecer* 《de, con》, suministrar; (あらかじめ準備で) v. proporcionar; (必需品を) v. proveer* [surtir] 《de》. ◆農家が都会の人に食料を供給してくれる Los campesinos abastecen de comida a la gente de la ciudad. / El campo proporciona alimentos a la ciudad. ◆羊は羊毛を供給する Las ovejas nos dan [proporcionan] lana. / Las ovejas nos proveen de lana. ☞ 与える, 納める, 支給する, 出す, 提供する

きょうぎゅうびょう 狂牛病 m. mal de las vacas locas; (牛海綿状脳症, BSE) f. encefalopatía espongiforme bovina.

ぎょうぎょうしい 仰々しい (大げさな) adj. exagerado; (芝居じみた) adj. pomposo, 《フォーマル》 ampuloso, 《教養語》 histriónico. ▶彼の仰々しいふるまいにはうんざりである v. estar* molesto por sus modales exagerados.

きょうきん 胸襟 ▶胸襟を開いて語り合う v. tener* una charla franca [sincera, 《口語》 a pecho descubierto] 《con》, 《口語》 abrir* el pecho 《a》.

きょうく 教区 f. parroquia. ▶教区の教会 f. iglesia parroquial. ▶教区の司祭 m. párroco.

きょうぐう 境遇 (身の上) f. situación, fpl. circunstancias; (状況) m. estado, fpl. condiciones; (環境) m. medio, m. ambiente. ▶(経済的に)ゆぐまれた [2苦しい]境遇にある v. estar* en una situación 1favorable [2difícil]. ▶今の境遇に甘んじる v. estar* contento con la situación actual.

きょうくん 教訓 (戒め) f. lección, m. escarmiento; (寓(ぐう)意的な) f. moraleja; (教え) f. enseñanza; (道徳的な)《フォーマル》m. precepto; (教えること) f. instrucción. → 教え。▶教訓的な adj. instructivo,《教養級》aleccionante.

1《〜教訓》▶にがい教訓 f. lección amarga, m. escarmiento. ▶自然の教訓 m. ejemplo de la naturaleza. ♦その物語の教訓は「正直は最善の策」である La moraleja es "la honradez es la mejor política".

2《教訓を》▶イソップ物語から教訓を得る (＝引き出す) v. sacar* algunas lecciones de las Fábulas de Esopo. ♦私はこの経験から貴重な教訓を得た La experiencia me ha enseñado lecciones valiosas. / He aprendido valiosas lecciones de la experiencia. / La experiencia ha sido una buena maestra para mí.

きょうけん 強健 ▶強健な (強い) adj. fuerte; (たくましい) adj. robusto; (体格が頑丈な) adj. fornido ⇨壮, 屈強, 元気, 丈夫な

きょうけん 狂犬 m. perro rabioso. ▶狂犬病《専門語》f. rabia,《専門語》f. hidrofobia.

きょうけん 強権 (国家権力) m. poder del estado,《フォーマル》f. autoridad constituida. ▶強権を発動する v. invocar* el poder* del estado.

きょうげん 狂言 ❶【能狂言】"kyogen",《説明的に》m. entremés cómico interpretado en los intermedios de las obras de "Noh". ▶狂言師 m. actor de "kyogen".
❷【見せかけ】f. farsa,(口語) m. montaje. ▶狂言自殺 m. suicidio fingido, f. farsa de suicidio.

きょうこ 強固 ▶強固な (堅い) adj. firme; (強い) adj. fuerte. ▶強固な意志 f. voluntad fuerte [《強調して》de hierro]. ▶その計画に強固に反対する v. oponerse* firmemente al plan. ▶強固にする v. fortalecer*, robustecer*.

ぎょうこ 凝固 f. cuajadura; (血液・牛乳の) f. coagulación. ▶凝固する v. cuajarse; (血液・牛乳が) v. coagularse. ▶凝固障害《専門語》f. coagulopatía.

きょうこう 胸腔 《専門語》f. cavidad torácica.

きょうこう 強硬 ▶強硬な (堅固な) adj. firme, duro; (強い) adj. fuerte, enérgico; (断固とした) adj.《強調》intransigente. ▶強硬派 m. partidario/ria de la línea dura. ▶強硬な手段を取る v. tomar medidas enérgicas. ▶強硬路線をとる v. tomar [adoptar] una「línea dura [postura intransigente]《contra》. ♦彼はその法案に強硬に反対している Se opone tenazmente [firmemente] al proyecto de ley.

きょうこう 強行 ▶採決を強行する (＝無理やりにする) v. forzar* una votación. ▶戦線を強行突破する v. forzar* el paso a través de la línea (enemiga).

きょうこう 凶行 (暴力行為) m. atentado; (犯罪) m. delito; (殺人) m. homicidio, m. asesinato. ▶凶行におよぶ v. cometer [《フォーマル》perpetrar] un atentado. ▶凶行の現場に居合わせる v. estar* en la escena del crimen.

きょうこう 恐慌 m. pánico. ▶金融(大)恐慌 (gran) pánico financiero. ▶恐慌性障害《専門語》m. trastorno de pánico.

きょうこう 教皇 el Papa,《フォーマル》m. Sumo Pontífice. → 法王.

きょうごう 競合 (競争) f. competición; (衝突) m. conflicto. ♦その2大商社はお互いに競合している Las dos grandes empresas comerciales compiten entre sí.

きょうごう 強豪 ▶強豪と対戦する v. competir* con un poderoso [excelente] adversario [jugador]; (強いチームと) v. jugar* contra un poderoso equipo.

きょうこうぐん 強行軍 v. hacer* [《フォーマル》realizar*] una marcha forzada. ▶強行軍で旅行する v. hacer*「una gira [un viaje] a marchas forzadas. → 旅行する.

きょうこく 強国 f. potencia, f. nación poderosa. ▶西欧の強国 fpl. potencias de Occidente.

きょうこく 峡谷 f. quebrada; (比較的小さな) m. barranco; (大規模の) f. garganta; (大きな) m. cañón. → 谷.

きょうこのごろ 今日この頃 →この頃(ごろ). ♦家事に追われる今日このごろです Estos días me siento perseguido por el trabajo de casa.

ぎょうざ 餃子 f. empanadilla de tipo chino.

きょうさい 共催 ♦スピーチコンテストは市当局と新聞社の共催で開かれた El certamen oratorio se celebró bajo el patrocinio conjunto de la autoridad municipal y de una empresa periodística.

きょうざい 教材 m. material docente. ▶補助教材 m. equipo docente complementario.

きょうさいくみあい 共済組合 f. sociedad mutualista.

きょうさく 凶作 f. mala cosecha. → 不作.

きょうざめ 興醒め ▶彼女のへたな演技に私たちは興ざめした Su mala《フォーマル》deficiente actuación fue como un jarro de agua fría.

きょうさん 協賛 (協力) f. cooperación. ▶婦人会協賛バザー m. bazar en cooperación con la Asociación de Mujeres.

きょうさんしゅぎ 共産主義 m. comunismo. ▶共産主義者 m. comunista. ▶共産主義国家 m. país comunista. ▶共産主義(者)の adj. comunista.

きょうさんとう 共産党 m. partido comunista. ▶日本共産党 m. Partido Comunista de Japón,【略】PCJ.

***きょうし** 教師 (小学校の) mf. maestro/tra; (中等教育・大学の) mf. profesor/sora; (専門分野の指導員) mf. instructor/tora. → 先生. ▶ダンス教師 mf. instructor/tora de baile. ▶教師用指導書 m. manual del profesor. ▶教師になる v. hacerse* profesor/sora. ▶教師をやめる v. dejar la enseñanza. ♦彼女はこの学校の教師です Es maestra en esta escuela. / Enseña en este《フォーマル》centro docente. ♦経験は最上の教師である La experiencia es la

ぎょうし 凝視 f. mirada fija [de hito en hito]. ▶凝視する v. mirar fijamente [de hito en hito], quedarse mirando, fijar 「la mirada [la vista, los ojos]」《en》. →見詰める.

ぎょうじ 行事 (催し物) m. acto, f. ceremonia, 《フォーマル》 m. evento; (公的な式典) f. función, f. celebración. ▶1年中 [²学校]行事 m. acto ¹anual [²escolar]. ▶終戦60周年を記念する公式行事に出席する v. asistir a un acto oficial conmemorativo del 60 aniversario del fin de la guerra.

ぎょうじ 行司 m. árbitro de "sumo". ▶立て行司 m. árbitro principal (de "sumo").

*きょうしつ 教室 ❶【部屋】f. clase, f. aula, f. sala de clase, 【ラ米】m. salón; (講義室) f. sala de conferencias; (階段式の) m. anfiteatro, m. paraninfo. ▶教室にはだれもいなかった En la clase no había nadie.
❷【講習】f. clase. ▶料理教室に通う v. ir* [asistir] a una clase de cocina.

きょうしゃ 強者 mf. fuerte.

きょうしゃ 業者 (販売人) mf. vendedor/dora; (同業者) m. comerciante colega. ▶出入りの業者 m. comerciante que viene regularmente para tomar pedidos.

きょうじゃく 強弱 (強さと弱さ) f. fuerza y f. debilidad; (音声の) f. intensidad del sonido.

きょうじゅ 教授 ❶【大学の教員】mf. profesor/sora, 《口語》 mf. profe; (教授陣) m. profesorado, m. cuerpo docente. ▶名誉教授 mf. profesor/sora emérito/ta. ▶フスティノ・マタ教授 m. Prof. (profesor) Justino Mata. ▶京都大学の歴史の教授 mf. profesor/sora de Historia en la Universidad de Kioto. ▶教授会は月1回開かれる Todos los meses se celebra una junta de profesores.
❷【教える事】 f. enseñanza, 《フォーマル》 f. docencia, f. instrucción. → 教える. ▶教授法 f. pedagogía, f. didáctica, f. metodología didáctica. ▶スペイン語の個人教授を受ける v. tomar clases particulares de español.

きょうじゅ 享受 《フォーマル》 f. gozar* 《de》. ♦農夫たちは豊かな収穫を享受した Los campesinos gozaron de una buena cosecha.

ぎょうしゅ 業種 m. tipo [f. rama] 「de la industria [del comercio]」.

きょうしゅう 郷愁 (故郷に対する) f. nostalgia, 《フォーマル》 f. añoranza. ▶郷愁を感じる v. tener* [sentir*] nostalgia 《de》, echar de menos, 《教養語》 añorar.

きょうしゅうじょ 教習所 f. escuela. ▶自動車教習所 f. auto-escuela.

きょうしゅく 恐縮する ❶【深く感謝する】♦ご援助をいただき恐縮しております Le agradezco mucho su ayuda. / Le estoy muy agradecido por su ayuda. / Agradezco enormemente su ayuda. / Muchísimas gracias por su ayuda. / 《フォーマル》 Le quedo muy reconocido por su ayuda.
❷【すまなく思う】♦ 恐縮ですが Perdone, pero...; Siento molestarlo[le, la], pero .... ♦お待たせして恐縮です Siento haberlo[le, la] hecho esperar.
❸【恥じる】v. tener* vergüenza 《de》, sentirse* avergonzado 《por》. ♦彼は自分の行儀の悪さに恐縮している Le da vergüenza su mala educación. / Se siente avergonzado por su mala educación.

ぎょうしゅく 凝縮 f. condensación. ▶蒸気を凝縮して水にすること f. condensación del vapor en agua. ▶ガスを液体に凝縮する v. condensar un gas en líquido.

きょうじゅつ 供述 (宣誓供述書による証言) f. declaración jurada, 《フォーマル》 f. deposición; (法廷で行なう証言) m. testimonio. ▶供述書 《専門語》 m. escrito de declaración. ▶供述者 mf. declarante, 《フォーマル》《専門語》 m. deponente. ♦ 彼女は殺人現場で彼を見たと供述した Ella declaró [atestiguó] haberlo[le] visto en la escena del crimen.

きょうしょ 教書 (大統領の) m. mensaje. ▶大統領教書 m. mensaje del presidente.

きょうじょう 教条 m. dogma. ▶教条的 adj. dogmático. ▶教条主義 m. dogmatismo.

きょうじょう 行商 f. venta [m. comercio] ambulante. ▶行商人 mf. vendedor/dora ambulante. ▶野菜を行商する v. vender verduras de puerta en puerta.

ぎょうじょう 行状 (日ごろの行ない) f. conducta cotidiana.

きょうしょく 教職 f. enseñanza, 《フォーマル》 f. docencia. ▶教職課程 m. curso de formación pedagógica. ▶教職につく v. 《フォーマル》 「ingresar en [dedicarse* a] la docencia. ♦ 彼は教職についている Se dedica a la enseñanza.

きょうしょくいん 教職員 (ある学校の教職員全体) m. profesorado y m. personal no docente. ♦ 私はこの学校の教職員です「Estoy en plantilla [Formo parte del personal]」 de esta escuela.

きょうじる 興じる v. divertirse*. → 楽しむ.

きょうしん 狂信 m. fanatismo. ▶狂信者 mf. fanático/ca 《de》.

きょうしん 強震 m. terremoto [《フォーマル》 m. seísmo] fuerte.

きょうじん 強靱 ▶強靱な(頑強な) adj. resistente, fuerte; (不屈の) adj. inquebrantable.

きょうしんざい 強心剤 m. tónico cardíaco.

きょうしんしょう 狭心症 f. angina de pecho, 《専門語》 f. angina cardíaca, 《専門語》 f. estenocardia. ▶狭心症発作 《専門語》 m. ataque de angina. ▶安静狭心症 《専門語》 f. angina de decúbito. ▶異型狭心症 《専門語》 f. angina variante. ▶不安定狭心症 《専門語》 f. angina inestable.

きょうすい 胸水 《専門語》 m. derrame pleural.

きょうする 供する (差し出す) v. servir*; (提供する) v. ofrecer*. ▶珍本を閲覧に供する v. ofrecer* para su lectura un libro raro.

きょうせい 強制 ▶強制的に adv. obligatoriamente; (力ずくで)adv. a [por] la fuerza, forzosamente. ▶強制執行 f. ejecución expropiativa [obligatoria]. ▶強制送還 f. repatriación forzada, f. deportación. ▶強制労働を課す v. obligar* a trabajar, imponer* el trabajo forzado. ♦彼女の両親は強制的にその男と結婚させた Sus padres la obligaron a casarse con ese hombre. ♦その飛行機は強制着陸させられた El avión 「tuvo que hacer un aterrizaje forzado [se vio forzado a aterrizar]. ♦その自白は任意によるものではない La confesión fue voluntaria y no forzada. ♦出席は望ましいが強制はされない (=義務的ではない) La asistencia es recomendada pero no obligatoria.

—— 強制する (むりやり...させる) v. obligar*, forzar*, (教養語)《専門語》coaccionar. ▶強制されて署名する v. (口語) firmar 「bajo coacción [a la fuerza]. ♦彼の意志に反して強制することはできない No se le puede obligar contra su voluntad.

きょうせい 矯正 (誤りなどを正すこと) f. corrección; (悪・欠点などの改善(法)) m. remedio; (品行などを改めさせること) f. reforma. ▶矯正視力 f. visión [f. vista] corregida.

—— 矯正する v. corregir*, remediar, reformar. ▶悪い癖を矯正する v. corregir* una mala costumbre. ▶彼の非行を矯正する v. reformar su mala conducta. ▶歯列を矯正する v. corregir* la dentadura. ♦彼女は今歯列を矯正してもらっている Le están arreglando la dentadura.

きょうせい 強勢 m. acento (prosódico). ▶最初の音節に強勢をおく v. acentuar* la primera sílaba.

きょうせい 教生 mf. profesor/sora practicante. ▶教生に行く v. hacer* [《フォーマル》realizar*] prácticas docentes.

きょうせい 共生 《専門語》f. simbiosis; (一般に) f. coexistencia. ▶共生関係 f. relación simbiótica. ▶共生する v. vivir 「en simbiosis [simbióticamente]; (一般に) v. coexistir, cohabitar.

ぎょうせい 行政 f. administración; (政治) m. gobierno. ▶地方行政 f. administración [m. gobierno] regional. ▶行政官 mf. administrativo/va. ▶行政改革 f. reforma administrativa. ▶行政機関 m. órgano administrativo; (政府の) m. organismo oficial [del gobierno]. ▶行政権 m. poder administrativo. ▶行政指導 f. guía administrativa. ▶行政処分 f. medida [《フォーマル》f. disposición] administrativa. ♦彼には行政的手腕がある Tiene capacidad administrativa.

ぎょうせき 業績 m. resultado, m. logro, m. fruto; (会社の) m. resultado. ♦彼は科学の分野ですばらしい業績をあげた Consiguió excelentes resultados en el campo de la ciencia. ♦今期の業績 (=営業成績)は不振だ Los resultados de la actividad comercial de este período son desfavorables. ☞足跡, 実績

きょうそ 教祖 mf. fundador/dora de una religión [secta]. ▶教祖的指導力 m. carisma.

きょうそう 競争 f. competencia, f. rivalidad, m. antagonismo, f. emulación, f. competición, f. disputa, m. concurso; (争い) f. lucha 《por》. ▶生存競争 f. lucha por la supervivencia. ▶軍拡競争 f. carrera armamentista. ▶競争社会 f. sociedad competitiva. ▶競争相手 mf. competidor/dora; (対抗者) mf. rival 《para》. ▶日本の大学入試の激しい競争 la feroz competencia en los exámenes de ingreso a las universidades japonesas. ▶その競争に1勝つ [2負ける] v. 1ganar [2perder] la competición. ▶競争を始める v. entrar en competencia 《con》. ♦これらの店の間では激しい客の獲得競争が行なわれている Hay 「un vivo antagonismo [una fuerte rivalidad] entre estas tiendas por atraer clientes. ♦日本製品は国際市場で十分な競争力がある Los productos japoneses son suficientemente competitivos en el mercado internacional. ♦彼は競争心が強い Tiene un espíritu competitivo. ♦あの子のこんどのボーイフレンドは太郎にとっては手ごわい競争相手だなあと思う Creo que su nuevo novio es una dura competencia para Taro. → 相手.

—— 競争する v. competir* [rivalizar*] 《con》. ▶彼とどちらが速く計算できるか競争する v. competir* con él a calcular más rápido. ▶その契約をめぐって2社が互いに競争した Las dos empresas competían [rivalizaban] por el contrato. ♦この分野で日本と競争して勝てる (=日本に匹敵する)国はない En este campo ningún país puede competir con éxito contra Japón. ☞争い, 対抗; 争う, 戦[闘]う

きょうそう 競走 f. carrera. ▶競走者 mf. corredor/dora. ▶競走路 f. pista. ▶競走馬 m. caballo de carreras. ▶100メートル競走 f. carrera de los 100 metros. ▶競走に1勝つ [2負ける] v. 1ganar [2perder] una carrera. ▶競走に出場する v. participar [tomar parte, concursar] en una carrera. ♦5000メートル競走では3位だった 「Quedé tercero [Ocupé el tercer lugar] en la prueba de los 5.000 metros.

—— 競走する v. correr [《口語》echar una carrera] 《con》. ♦あの木まで競走しよう Te echo una carrera hasta ese árbol. / A ver quién llega antes a ese árbol.

きょうそう 強壮 ▶強壮な adj. fuerte; (強健な) adj. robusto; (体格が頑丈な) adj. fornido. ▶強壮剤 m. tónico.

きょうそう 胸像 m. busto.

ぎょうそう 形相 f. cara, f. expresión, 《教養語》 m. semblante. ▶ものすごい形相 f. cara terrible. ♦彼女の形相はすさまじかった Estaba furiosa [《口語》hecha una furia].

きょうそうきょく 狂想曲 m. capricho.

きょうそうきょく 協奏曲 m. concierto. ▶1バイオリン [2ピアノ] 協奏曲 m. concierto para 1violín [2piano].

きょうそくぼん 教則本 m. manual. ▶ギター教則本 m. manual de guitarra.

きょうそん 共存 f. coexistencia. ▶共存する v. coexistir, cohabitar. ▶平和共存していく v.

coexistir en paz, tener* [llevar] una coexistencia pacífica.

きょうだ 強打 *m.* golpe fuerte [duro]. ▶彼のあごを強打する *v.*「golpearlo[le] fuerte [darle]* un fuerte golpe] en la barbilla. ▶頭に強打を受ける *v.* recibir un fuerte golpe en la cabeza.

**きょうだい 兄弟 ❶ *mpl.* hermanos, *mpl.* hermanos y *fpl.* hermanas;【兄、弟】*m.* hermano;【姉、妹】*f.* hermana.
 1《~兄弟》 ▶腹違いの兄弟 *mf.* medio/*dia* hermano/*na*, *mf.* hermanastro/*tra*. ▶双子の兄弟 *mfpl.* mellizos/*zas*, *mfpl.* hermanos/*nas* gemelos/*las*. ▶義理の兄弟 *m.* cuñado, 《フォーマル》*m.* hermano político. ▶マチャード兄弟 los hermanos Machado. ▶うちは4人兄弟だ Somos cuatro hermanos. ▶ぼくは3人兄弟で、兄と弟がいます De tres hermanos, yo soy el del medio. / Somos tres hermanos. Tengo uno mayor y otro menor. ◆太郎と花子は(実の)兄妹です Taro y Hanako son hermanos (carnales).
 2《兄弟＋名詞》 ▶兄弟げんか *f.* riña entre hermanos. ▶兄弟(のような)愛 *m.* amor [*m.* afecto, *m.* cariño] fraternal, 《教養語》*f.* fraternidad. ▶義理の兄弟 *m.* hermano jurado [juramentado]. ◆私は弟と兄弟げんかをした「He reñido [Tuve una pelea] con mi hermano. → けんか.
 3《兄弟は》 ◆ご兄弟はおありですか ¿Tiene usted hermanos? ◆兄弟はありません No tengo hermanos [ningún hermano].
 ❷【同胞、仲間】*mpl.* hermanos. ◆人間はみな兄弟だ Todos los seres humanos somos hermanos.

きょうだい 強大 ▶強大な(強い) *adj.* potente. ▶強大な敵 *m.* enemigo poderoso. ▶強大な軍事力 *f.* gran potencia militar.

きょうだい 鏡台 *m.* tocador.

きょうたく 教卓 *f.* mesa del profesor.

きょうたん 驚嘆する *v.* maravillarse [asombrarse] 《de》; (感嘆する) *v.* admirarse 《de》. ▶驚嘆すべき *adj.* asombroso, maravilloso. ▶驚嘆して彼女を見る *v.* mirarla maravillado [《強調して》embelesado]. ◆私はその少年の才能に驚嘆した Me quedé maravillado del talento del muchacho.

きょうだん 教壇 *f.* tarima [*m.* estrado] del profesor. ▶教壇に立つ *v.* dar* clase; enseñar, 《フォーマル》impartir la docencia; (教師になる) *v.* hacerse* profesor/*sora*.

きょうだん 凶弾 ▶彼は凶弾に倒れた Fue asesinado de un balazo.

きょうだん 教団 *f.* organización religiosa.

きょうち 境地 (状態) *m.* estado. ▶無我の境地に達する *v.* llegar* al estado de abnegación. ▶独自の境地を開く *v.* hallar su propio camino.

きょうちゅう 胸中 (心) *f.* intimidad, *m.* corazón. ▶彼に胸中をあかす *v.* abrirle* el pecho, intimar con él. ▶彼の胸中を察する(同情する) *v.* simpatizar* con él, tenerle* simpatía.

きょうちょ 共著 (共同著作物) *m.* trabajo conjunto [en colaboración]; (共同制作) *f.* colaboración. ▶共著者 *mf.* coautor/*tora*. ◆この本は麻生教授との共著です Este libro es un trabajo conjunto del Profesor Aso y mío. / Este libro es fruto de la colaboración entre el Profesor Aso y yo. ◆彼は私と共著で数冊本を書いた Ha escrito varios libros en colaboración conmigo. / Hemos colaborado en varios libros.

きょうちょう 強調 *m.* énfasis. ▶強調する *v.* hacer* hincapié 《en》, poner* de relieve, acentuar*, subrayar. ◆彼は時間厳守を強調した Hizo hincapié en la necesidad de ser puntual. / Puso de relieve la puntualidad. / Subrayó la necesidad de que fuéramos puntuales. ☞重視、主張する、強める

きょうちょう 協調 (協力) *f.* cooperación; (調和) *f.* armonía, 《教養語》*f.* concordia. ▶労使間の協調 *f.* cooperación entre empresarios y trabajadores. ▶協調性を欠く *v.* faltar cooperación. ▶協調して *adv.* en cooperación 《con》. ▶協調する *v.* cooperar 《con》. ◆戦争を防止するには国際協調がぜひ必要です La cooperación internacional es esencial para prevenir las guerras. ◆彼は非常に協調的だ Es muy cooperativo.

きょうちょく 強直 ▶強直症《専門語》*f.* anquilosis. ▶強直性脊椎炎《専門語》*f.* espondilitis anquilosante.

*きょうつう 共通 (思想・利害などの共通性) *f.* comunidad. ▶共通語 *f.* lengua (en) común. ▶共通点を見出す *v.* encontrar*「puntos en común. ◆彼らの思想には共通性がある Tienen ideas comunes. / Participan de las mismas ideas. ◆彼と私は共通点が何もない No tengo nada en común con él. / Él y yo no tenemos nada en común. ◆これらの文法上の誤りは学生に共通している Entre los estudiantes son comunes estas faltas gramaticales.

— 共通の *adj.* común; (お互いの) *adj.* recíproco, mutuo. ▶共通の場に立つ *adv.* por intereses comunes, 《フォーマル》en base a una comunidad de intereses. ◆彼らは共通の利害で結ばれていた Están unidos por intereses comunes. / Tienen intereses en común. ◆彼は私たちの共通の友人だ Es un amigo común.

きょうてい 協定 (同意・合意したもの) *m.* acuerdo, 《フォーマル》*m.* convenio; (国家間の) *m.* tratado, *m.* pacto. ▶条約. ▶紳士協定 *m.* acuerdo entre caballeros. ▶協定価格 *m.* precio convenido [acordado]. ▶協定違反 *f.* violación de un convenio. ▶協定を結ぶ *v.* firmar [《フォーマル》concertar*, cerrar*] un acuerdo 《con》. ▶協定が成立する *v.*「llegar* a [alcanzar*] un acuerdo [convenio]. ▶協定を破棄する *v.* romper* un acuerdo. ▶5年間の1穀物 [2価格]協定に調印する *v.* firmar un convenio quinquenal sobre 1cereales [2precios]. ◆新しい貿易協定が調印された Se firmó un nuevo convenio comercial.

☞ 妥結, 取り決め

きょうてき 強敵 (戦争の) *m.* enemigo [*m.* adversario] poderoso 〔〔強調して〕〕formidable]; (競争相手) *m.* rival poderoso [potente].

きょうてん 教典 *fpl.* escrituras, *m.*(*mpl.*) libro(s) sagrado(s).

ぎょうてん 仰天 ▶仰天する *v.* quedarse atónito 〔〔口語〕〕boquiabierto, 〔〔教養語〕〕estupefacto] 《de, ante》. →驚く.

きょうと 教徒 *mf.* creyente. ▶イスラム教徒 *mf.* musul*mán/mana*. ▶キリスト教徒 *mf.* cristia*no/na*. ▶仏教徒 *mf.* budista.

きょうど 郷土 *f.* tierra natal, *m.* lugar de origen, 〔〔口語〕〕*f.* patria chica. ▶郷土の *adj.* local; natal. ▶郷土愛 *m.* amor a la tierra natal. ▶郷土玩具 *m.* juguete típico [tradicional]. ▶郷土芸能 *fpl.* artes interpretativas regionales [locales]. ▶郷土史 *f.* historia local. ▶郷土史家 *mf.* historia*dor/dora* local. ▶郷土料理「*mpl.* platos típicos [*f.* comida tradicional] de la región. ▶郷土色豊かな *adj.* rico「en tipismo [color local].

きょうど 強度 ▶¹光 [²熱]の強度 *f.* intensidad ¹de la luz [²del calor]. ▶橋の強度 *f.* resistencia de un puente. ▶強度の近眼鏡 *mpl.* potentes lentes para un miope.

きょうとう 教頭 (副校長) *mf.* subdirector/*tora* (de una escuela).

きょうとう 共闘 *f.* alianza, *m.* frente común. ▶共闘委員会 *m.* comité de alianza. ◆彼らは政府の政策に反対して共闘した「Se aliaron [Formaron un frente común, Se unieron] contra la política del gobierno.

きょうどう 共同 (力を合わせること) *f.* cooperación; (文芸・科学などにおける共同制作に) *f.* colaboración; (共有) *f.* comunidad. ▶共同の(合同の) *adj.* conjunto; (共用の) *adj.* (en) común; (団結した) *adj.* unido. ◆私は妻と共同名義の預金口座を開いた Mi esposa y yo abrimos una cuenta bancaria conjunta [en común]. ◆この寮では台所は共同で使っている En esta residencia todos comparten la cocina.

【その他の表現】 ▶【共同＋名詞】 ▶共同企業体 *f.* empresa conjunta, (英語) *m.* "joint venture". ▶共同記者会見 *f.* rueda de prensa conjunta. ▶共同社会 *f.* comunidad. ▶共同経営 *f.* dirección compartida, *f.* asociación. ▶共同テレビアンテナ *f.* antena de televisión colectiva [compartida]. ▶共同謀議 *f.* conspiración. ▶共同墓地 *m.* cementerio comunitario. ▶共同責任を負う *v.* compartir una responsabilidad, corresponsabilizarse* 《de》. ▶共同声明[コミュニケ]を発表する *v.* emitir un comunicado conjunto. ▶共同戦線を張る *v.* formar un frente unido [conjunto] 《contra》. ▶共同募金をする *v.* recaudar dinero para la beneficencia pública. ◆彼らは言語学の共同研究をしている Están realizando una investigación conjunta sobre lingüística.

―― **共同する** *v.* cooperar [colaborar] 《en》. →協力する. ◆彼は友人と共同してその仕事をした Cooperó [Colaboró] hizo su amigo en (hacer) el trabajo. / Hizo el trabajo en cooperación [colaboración] con su amigo. ◆われわれは共同してその新製品を開発した Hemos cooperado en el desarrollo del nuevo producto. / Hemos desarrollado conjuntamente el nuevo producto.

きょうどう 協同 (協力) *f.* cooperación. →協力.

きょうどうくみあい 協同組合 *f.* cooperativa.

きょうどうせいかつ 共同生活 *f.* vida en común, 〔〔フォーマル〕〕*f.* cohabitación. ◆彼らは2年間共同生活をした Vivieron juntos [en común] dos años.

きょうどうたい 共同体 *f.* comunidad. ▶ヨーロッパ共同体(過去の名称) *f.* Comunidad Europea, 〔【略】〕CE; (現在の名称) *f.* Unión Europea, 〔【略】〕UE. ▶国際共同体 *f.* comunidad internacional.

きょうねん 享年 ◆祖父は享年80歳だった Mi abuelo murió a los 80 años.

きょうばい 競売 *f.* subasta, 〔〔ラ米〕〕*m.* remate. ▶競売場 *f.* sala de subastas. ▶競売人 *mf.* subasta*dor/dora*. ▶その家具を競売する *v.* vender el mobiliario「en una subasta [〔〔フォーマル〕〕al mejor postor]; (競売に付す) *v.* poner* el mobiliario a la subasta, subastar el mobiliario. ▶競売で中古車を買う *v.* comprar [〔〔フォーマル〕〕adquirir*] un coche usado en una subasta.

きょうはく 脅迫 *f.* amenaza, 〔〔フォーマル〕〕*f.* intimidación. → 脅す. ▶脅迫¹状 [²電話] ¹*f.* carta [²*f.* llamada] amenazante. ▶脅迫する *v.* amenazar*. ◆彼は卑劣な脅迫に屈しなかった No cedió ante las viles amenazas. ◆私を脅迫するの？ ¿Me estás amenazando? ◆彼らは秘密を漏らしたら殺すぞと彼を脅迫した Le amenazaron con la muerte si revelaba el secreto. ◆脅す, 脅かす, 脅かす

きょうはく 強迫 (強制) 〔〔教養語〕〕*f.* coerción. → 強制. ▶強迫観念 *f.* obsesión, *f.* idea obsesiva [fija]. ▶強迫神経症 〔〔専門語〕〕*f.* neurosis de obsesión. ▶強迫性障害 〔〔専門語〕〕*m.* trastorno obsesivo compulsivo. ▶強迫性人格障害 〔〔専門語〕〕*m.* trastorno compulsivo de la personalidad. ◆彼女は彼に殺されるのではないかという強迫観念にとりつかれている Está obsesionada con la idea de que será asesinada por él.

きょうはん 共犯 *f.* complicidad. ▶共犯者 *mf.* cómplice. ◆彼女は彼との共犯(関係)を否定した Ella negó「su complicidad [haber sido cómplice] en el delito de él.

きょうふ 恐怖 *m.* miedo 《a, de》; (ぎょっとさせる) *m.* temor 《a, de》; (身をすくめさせる) *m.* terror 《a》; (ぞっとさせる) *m.* horror, 〔〔強調して〕〕*m.* espanto; (危険などを予期したときの) *f.* alarma 《a, ante》; (動転させる) *m.* pánico, 〔〔教養語〕〕*m.* pavor; (恐怖症) *f.* fobia 《a》.

1◆《～(の)恐怖》 ▶死の恐怖 *m.* miedo a [de] la muerte. ▶戦争の恐怖 *mpl.* horrores [*m.*

horror] de la guerra. ▶閉所恐怖症である v. tener* claustrofobia.

2《恐怖＋名詞》▶恐怖映画 f. película de miedo. ▶恐怖政治 f. política del terror. ▶恐怖症《専門語》f. fobia. ▶恐怖障害《専門語》m. trastorno fóbico. ▶恐怖心を抱かせる v. atemorizar*,《強調して》aterrorizar*. ▶恐怖心から adv. por [de] miedo;（恐怖心で［のために］）adv. con miedo; adj. atemorizado.

3《恐怖が》▶突然恐怖が彼を襲った De repente le asaltó el miedo. / Le invadió un temor repentino.

4《恐怖の》▶恐怖のあまり悲鳴を上げる v. gritar 「de miedo [por el terror].

5《恐怖に》▶恐怖におののいて逃げる v. huir* de miedo,《強調して》escapar aterrorizado. ▶恐怖に襲われている（ひどくおびえている）v. estar* aterrorizado, tener* mucho miedo; estar*《口語》muerto [《俗語》cagado] de miedo, estar* paralizado por el miedo [terror]. ▶（ぎょっとする）v. asustarse《de, por, con》.

6《恐怖を[で]》▶恐怖で震える v. temblar* de miedo [《強調して》terror]. ▶私は暗やみにいると大きな恐怖を感じる La oscuridad me 「da mucho miedo [aterroriza].

きょうふう 強風 ▶m. vendaval, m. ventarrón. ▶強風で塀が倒れた El vendaval derribó la valla. ▶強風が吹いている Hace mucho viento.

きょうへん 共編 f. corredacción. ▶共編者 mf. corredactor/tora.

きょうべん 教鞭 f. enseñanza,《フォーマル》f. docencia,《フォーマル》m. magisterio. ▶教鞭をとる v. dedicarse* a la docencia. ▶教鞭をとっている v. enseñar《en》.

きょうほ 競歩 f. marcha (atletismo). ▶20 キロメートル競歩 f. marcha de 20 kilómetros.

きょうぼう 共謀 f. conspiración,《フォーマル》f. confabulación. → 陰謀. ▶共謀者 mf. conspirador/dora. ▶彼と共謀する v. conspirar con él. ▶彼らは共謀して銀行強盗をした Se confabularon para asaltar el banco. ☞ぐるになる, 企む

きょうぼう 凶暴 f. ferocidad;（残忍）f. brutalidad. ▶凶暴な（残忍な）adj. bárbaro, fiero;（乱暴な）adj. violento;（獣のように残酷な）adj. brutal, bestial.

きょうぼう 狂暴 ▶adj. furioso;（暴力的な）adj. violento;（激烈された）adj. frenético. ▶その犬の狂暴なほえ声 mpl. furiosos ladridos del perro.

きょうまく 胸膜 ▶胸膜炎《専門語》f. pleuresía. ▶胸膜腔《専門語》f. cavidad pleural. ▶胸膜癒着《専門語》f. pleurodesis.

きょうまくえん 強膜炎《専門語》f. escleritis.

***きょうみ 興味** (関心) m. interés《en》;（人を引きつける魅力）m. atractivo.

1《興味（の）＋名詞》▶興味のある話 f. historia [m. relato] interesante. ▶興味本位の（＝扇情的な）週刊誌 m. semanario sensacionalista. ▶興味津々（＝非常に興味深い）adj.《口語》interesantísimo, muy interesante. ▶興味本位で（好奇心から）adv. por curiosidad, con interés;（おもしろ半分に）adv.《口語》medio interesado. ▶興味深く彼の話を聞く v. escucharlo[le] con (mucho) interés.

2《興味が》▶興味がある v. tener* interés《en》, estar* interesado《en》;（興味を持つ）v. interesarse《por, en》. ▶彼はスポーツに大変興味がある 「Tiene mucho interés [Está muy interesado] en los deportes. / Los deportes le interesan mucho. ▶私は音楽には興味がない No me interesa la música. / No tengo interés en la música. / No estoy interesado/da en la música. ▶彼がだれなのか興味がある 「Tengo interés en [Me interesa] saber quién es. ▶彼は科学に関してなら何でも興味（＝好奇心）がある Le interesa todo lo científico.

3《興味を》▶歴史に深い興味を示す v. mostrar* un profundo interés por la historia. ▶その本は彼の絵画への興味をかき立てた Ese libro le llevó a la pintura. ▶私は政治に対する興味を失った He perdido el interés en la política.

ぎょうむ 業務（職業上の仕事）m. negocio; f. profesión;（遊びに対して）m. trabajo; f. operación;（職務）m. servicio, m. deber. ▶業務に励む v. ocuparse del trabajo,（専念する）v. dedicarse* al trabajo. ▶業務を拡張する v. ampliar las operaciones. ▶業務用の車 m. automóvil de uso profesional. ▶業務上過失致死傷で彼を起訴する v.《フォーマル》procesar《a ＋ 人》por culpa profesional resultante en lesión u homicidio.

きょうむか 教務課 m. Departamento [f. Sección] de Asuntos Académicos.

きょうめい 共鳴（共感）f. simpatía;（音の）f. resonancia, f. repercusión. ▶共鳴者 mf. simpatizante.

—— **する** v. simpatizar*《con》;（音が）v. resonar*, repercutir. ▶その計画に共鳴している v. 「estar* a favor del [favorecer* el] plan. ▶先生は学生の意見に共鳴した El profesor simpatizó con las opiniones de los estudiantes.

きょうやく 協約 m. contrato. ▶労働協約 m. contrato laboral.

きょうゆ 教諭 mf. profesor/sora. → 先生, 教諭.

きょうゆう 共有 f. copropiedad. ▶共有財産 f. copropiedad, f. propiedad común [compartida]. ▶共有者 mf. copropietario/ria. ▶共有ディスク《専門語》m. disco compartido. ▶共有する v. ser* copropietario《de》, poseer* en común, compartir una propiedad

興味ないね
No me interesa.
→興味

《con》.

きょうよ 供与 (供給) *m.* abastecimiento, *m.* suministro. ▶武器を供与する *v.* suministrar armamento 《a》.

***きょうよう 教養** *f.* cultura, *m.* saber; (主に教育による知識) *f.* formación, *mpl.* conocimientos. ▶教養のある *adj.* instruido; (知的に洗練された) *adj.* culto, con cultura; (知識や作法を身につけた) *adj.* 《教養語》 cultivado; (学識のある) *adj.* bien leído; con formación académica. ▶教養のない *adj.* inculto, sin cultura; sin formación. ▶教養¹学部 [²課程] ¹ *f.* facultad [² *m.* curso] de artes liberales. ▶教養科目 *fpl.* artes liberales; *f.* materia de estudios comunes [básicos]. ▶教養番組 *m.* programa cultural. ▶教養を身につける *v.* adquirir* cultura. ▶教養を高めるために外国語を習う *v.* aprender un idioma extranjero para adquirir* cultura. ♦彼は大変教養のある人だ Tiene mucha cultura. / Es una persona muy cultivada.

きょうよう 強要 《フォーマル》 *f.* coacción. ▶強要されて *adj.* coaccionado; *adv.* bajo [con] coacción. ▶自白を強要する *v.* forzar* 《a ＋人》 a confesar*, 《フォーマル》 coaccionar 《a ＋人》 para que confiese.

きょうらく 享楽 (快楽) *m.* placer, *m.* goce.

きょうらん 狂乱 ▶半狂乱[乱状態]になる *v.* volverse* loco, enloquecer*. ▶半狂乱で *adv.* enloquecidamente, 《口語》 como un loco.

***きょうり 郷里** *f.* tierra de nacimiento, 《口語》 *f.* casa, 《口語》 *m.* terruño; (出生地) *m.* lugar natal. → 故郷. ▶郷里の金沢で *adv.* en la (tierra de) Kanazawa natal. ▶郷里の両親に手紙を出す *v.* escribir* a casa [los padres].

きょうりゅう 恐竜 *m.* dinosaurio.

***きょうりょく 協力** *f.* colaboración, *f.* cooperación; (助力) *f.* ayuda; (支援) *m.* apoyo. ▶経済協力 *f.* cooperación [*f.* colaboración] económica. ▶協力者 *mf.* colabora*dor/dora*, 《口語》 *mf.* cooperad*or/dora*; (支持者) *mf.* partidari*o/ria*.

1《協力が》 ♦この計画にはあなたの協力が必要だ Necesito [Se requiere] su colaboración para este plan. / Necesito que coopere en este proyecto. ♦あなたの協力がなければこのことはできなかったでしょう Sin su colaboración, esto no hubiera sido posible.

2《協力に[を]》 ♦ご協力に感謝します Estoy agradecido por su colaboración. / Gracias por su ayuda [cooperación]. ♦彼は私に協力を惜しまなかった Se mostró muy dispuesto a colaborar conmigo. / Estaba muy animado a cooperar conmigo.

—— **協力的な** *adj.* cooperativo. ▶協力的な態度 *f.* actitud cooperativa. ♦彼だけがこの計画に協力的だった Sólo él se mostraba cooperativo.

—— **協力する** *v.* colaborar [cooperar] 《con》 《en》. →共同する. ♦宇宙開発には多くの国が協力している Hay muchas naciones colaborando [cooperando] en el desarrollo espacial. ♦子供たちは先生と協力してテントを張った Los niños colaboraron con sus maestros en montar la tienda. / Los niños y los maestros montaron la tienda en colaboración. ♦この病院では内科と外科が緊密に協力し合っている En este hospital los departamentos de medicina y de cirugía colaboran estrechamente. ☞協働, 協調, 協同, 助け, 提携

きょうりょく 強力 ▶強力な *adj.* poderoso, potente, fuerte, de mucha fuerza. ▶強力な指導者 *mf.* líder poderoso/*sa* [fuerte]. ▶強力なエンジン *m.* motor potente [de gran potencia]. ▶強力な薬 *m.* medicamento potente. ♦彼女を強力に推薦します La recomiendo encarecidamente. ☞性能, 力強い

きょうれつ 強烈 ▶強烈な *adj.* intenso; fuerte. ▶強烈な光 *f.* luz intensa. ▶強烈な印象 *f.* impresión fuerte. ▶強烈な一撃 *m.* golpe violento ☞圧倒的な, 鋭い

ぎょうれつ 行列 (行進する列) *f.* procesión; (パレード・軍隊などの) *m.* desfile; (騎馬隊の) *f.* cabalgata; (順番を待って並んだ列) *f.* cola. → 列. ▶仮装行列 *m.* desfile de disfraces. ▶行列を作ってバスを待つ *v.* esperar el autobús haciendo [formando] cola, 《口語》 hacer* cola para esperar el autobús. ♦兵隊の行列は大通りを通って町の広場まで進んで行った Los soldados desfilaban por la avenida en dirección a la plaza.

きょうわこく 共和国 *f.* república.

きょうわせいじ 共和政治 *m.* gobierno republicano.

きょうわとう 共和党 *m.* Partido Republicano. ▶共和党員 *mf.* republican*o/na*.

きょえいしん 虚栄心 *f.* vanidad. →見え. ▶虚栄心の強い女 *f.* mujer vanidosa. ▶彼女の虚栄心を ¹満たす [²くすぐる; ³傷つける] *v.* ¹satisfacer* [²picarla* en; ³herir*] su vanidad.

***きょか 許可** 【法律による許可】 *m.* permiso, 《フォーマル》 *f.* autorización; (認可) *f.* licencia; (権威による) *f.* autorización; [承認] *f.* aprobación; 【入場・入学など】 *f.* admisión. ▶当局の許可を受ける *v.* conseguir* el permiso de la autoridad. ▶許可なく外泊する *v.* pasar la noche fuera sin permiso. ▶大統領の許可を得て *adv.* con la autorización del presidente. ▶許可証 *m.* permiso, *f.* licencia. ♦パレードをするには警察の許可が必要だ Para celebrar un desfile hay que 「tener permiso [《フォーマル》 obtener autorización] de la policía. ♦彼は先生に早退の許可を願い出た Pidió permiso al profesor para irse de la escuela antes de tiempo. ♦その店はたばこの販売許可を与えられた A esa tienda le han dado licencia para vender tabaco. ♦彼は東北大学への入学許可を得た 「Le admitieron [Fue admitido] en la Universidad de Tohoku.

—— **許可する** (積極的に) *v.* permitir, dar* permiso; (消極的に) *v.* 《口語》 dejar. ♦父は私が彼の車を使うのを許可した Mi padre me permitió [dio permiso para] usar su coche. /《フォーマル》Mi padre me autorizó a「que usara [usar] su automóvil. ♦知事はその金の支払いを正式に許可した El gobernador《フォーマル》autorizó el [dio su autorización al] pago. ☞結構, 断わり, 資格, 承諾, 承認

ぎょかいるい 魚介類 *mpl.* pescados y *mpl.* mariscos (→魚); (海産食品) *mpl.* productos del mar.

きょがく 巨額 *f.* enorme [《教養語》ingente] cantidad《de》. ♦その美術館を建てるのには巨額な金がかかるだろう La construcción del museo costará una enorme suma de dinero.

ぎょかくだか 漁獲高 (量) *f.* captura. ♦今年最高のイワシの漁獲高 la mayor captura de sardinas del año.

ぎょがん 魚眼 ▶魚眼レンズ *m.* objetivo de ojo de pez.

きょぎ 虚偽 (偽り) *f.* falsedad. ♦虚偽の証言をする *v.* dar*「prestar」falso testimonio.

ぎょぎょう 漁業 (漁獲) *f.* pesca; *f.* industria pesquera. ♦日本の漁業 *f.* industria pesquera de Japón. ♦ ¹沿岸 [²沖合; ³遠洋] 漁業 *f.* pesca ¹costera [²de costa afuera; ³de alta mar]. ♦漁業国 *m.* país pesquero. ♦漁業資源 *mpl.* recursos pesqueros. ♦漁業協同組合 *f.* cooperativa pesquera. ♦漁業が盛んである *v.* ser* activo en la pesca.

きょきょじつじつ 虚々実々 ▶虚々実々の (=巧みな) 駆け引き *f.* táctica astuta.

きょく 局 ❶ 【官庁・会社などの】(官庁などの) *f.* oficina, *m.* despacho; (官庁・会社などの) *m.* departamento, *f.* división. → 電話局 *f.* central telefónica. ▶放送局 *f.* emisora. ▶連邦捜査局 (FBI) *f.* Oficina Federal de Investigación, la FBI. ▶局番 *m.* prefijo (*m.* código) telefónico, *m.* número de la central.

❷【囲碁・将棋などの】 *f.* partida, *m.* juego. ▶将棋を一局指す *v.* jugar* una partida de "shogi".

きょく 曲 (楽曲) *f.* música; (旋律) *f.* melodía, *f.* tonada (→節); (聞き覚えのある) *m.* aire; (曲) *f.* canción; (小曲) *f.* pieza musical. ▶バイオリン曲「 *f.* música de [*f.* obra para] violín. ♦合唱曲 *f.* música coral. ▶詩に曲をつける *v.* poner* música a un poema. ♦フルートで一曲聞かせてください Tócanos una melodía con la flauta.

きょくう 極右 *f.* extrema derecha, *f.* ultraderecha.

きょくがいしゃ 局外者 *f.* persona de fuera; (第三者) *f.* tercera persona.

きょくげい 曲芸 *m.* juego malabar, *m.* malabarismo, *f.* acrobacia (→芸当); (動物の) *m.* truco, *f.* acrobacia. ▶曲芸師 *m.* acróbata. ♦サーカスで曲芸をする *v.* practicar* el acrobatismo en un circo ☞芸当, 離れ業

きょくげん 極言 ▶極言すれば *adv.* en caso extremo, en último término; (厳密に言えば) *adv.* hablando en rigor. ♦彼は私が不正直だと極言した Llegó hasta decir que yo no había sido honrado.

きょくげん 極限 (限度) *m.* límite, 《口語》 *m.* tope. ▶極限状態 *f.* situación límite [extrema]. ▶忍耐の極限に達する *v.* llegar* al límite de la paciencia. ▶能力の極限まで努力する *v.* esforzarse* al límite de la capacidad.

きょくさ 極左 *f.* extrema izquierda, *f.* ultraizquierda.

きょくしょう 極小 (数学の) *m.* mínimo.

ぎょくせきこんこう 玉石混交 *f.* mezcla de trigo y paja, lo bueno y lo malo mezclado.

きょくせつ 曲折 ▶多くの (紆〈う〉余) 曲折を経て *adv.* (口語) después de「muchos altibajos [muchos vericuetos, muchas peripecias].

きょくせん 曲線 *f.* curva. ▶曲線を描く *v.* trazar* una curva.

きょくだい 極大 (数学の) *m.* máximo.

きょくたん 極端 *m.* extremo. ▶極端から極端へと走る *v.* ir* de un extremo a otro. ♦若者は極端に走りがちだ Los jóvenes suelen ser extremistas.

―― 極端な (極度の) *adj.* extremado, extremo, 《教養語》sumo; (過度の) *adj.* excesivo, exagerado. ▶極端な例をあげる *v.* poner* un ejemplo extremado. ▶極端な言い方をすれば *adv.* hablando en términos extremos. ▶極端な甘やかし *f.* indulgencia excesiva.

―― 極端に *adv.* sumamente, extremadamente. ▶極端に用心深い *v.* ser*「sumamente prudente [prudente hasta el extremo].

きょくち 極致 ▶円熟の極致 (=頂点) に達する *v.* alcanzar* el punto culminante de la madurez. ▶美の極致 (=理想) *f.* suma [suprema] belleza, *f.* belleza perfecta [ideal].

きょくちてき 局地的 (ある特定の地域の) *adj.* local. ▶局地的に *adv.* localmente.

きょくちょう 局長 (官庁などの) *mf.* director/tora [*mf.* jefe/fa] de una oficina; (郵便局長) *mf.* jefe/fa de correos.

きょくてん ▶ ¹北 [²南]極点 *m.* Polo ¹Norte [²Sur].

きょくど 極度 *m.* extremo. ▶極度に用心深い *v.* ser*「sumamente prudente (en extremo). ▶極度に貧乏な暮らしをする *v.* vivir en extrema pobreza. ▶極度の (=過度の) 疲労で倒れる *v.* caerse*「de sumo cansancio [por el cansancio extremado] ☞極く, 極めて, 実, 大変

きょくとう 極東 *m.* Extremo Oriente. ▶極東問題 *mpl.* asuntos del Extremo Oriente.

きょくどめ 局留め *f.* lista de correos.

きょくばん 局番 *m.* prefijo [*m.* código, *m.* indicativo] telefónico. ▶市外局番 *m.* prefijo telefónico provincial.

きょくぶ 局部 (一部) *f.* parte; (患部) *f.* parte afectada; (陰部) *fpl.* partes privadas. ▶局部麻酔 *f.* anestesia local. ▶局部的苦痛を訴える *v.* quejarse de un dolor local [aislado].

きょくめん 局面 (段階) *f.* etapa, *f.* fase; (情勢) *f.* situación; (将棋の) *f.* posición. → 情勢. ▶局面 (=行き詰まり) を打開する *v.* salir*「de un estancamiento [de un atolladero, del 《仏교》 "impasse". ♦がんの研究は今最後の局面を迎えつつある La investigación del cáncer se encuentra actualmente en su etapa final. ♦その報告書はその問題のあらゆる局面を網羅している En el informe se tratan todos los distintos aspectos del problema.

きょくもく 曲目 (曲の名前) m. título (musical); (演奏, 種目表) m. programa; (歌・演奏などの1曲) f. pieza musical. ▶今夜の音楽会の曲目はどうなっていますか ¿Qué hay en el programa del concierto de esta noche? ♦彼の好きな曲目はビートルズの「イエスタデー」です Su canción favorita es «Yesterday» de Los Beatles.

きょくりょく 極力 (能力の限り) adv. en la medida de lo posible; (できるだけ) adv. todo lo posible; (最後まで) adv. al máximo; (全力で) adv. con toda la fuerza; (すべての方法で) adv. por todos los medios. ▶極力治安の回復に努める v. hacer* todo lo posible por restablecer* la seguridad ciudadana. ▶極力それに反対する v. oponerse* a ello「en la medida de lo posible [por todos los medios].

きょくろん 極論 m. razonamiento extremado. ▶極論する v. llegar* hasta el extremo en un razonamiento.

きょこう 挙行 ▶式を挙行する v. celebrar una ceremonia. ▶挙行される v. tener* lugar, celebrarse.

きょこう 虚構 f. ficción. ▶虚構の adj. ficticio ☞ 作り事, 作り話

ぎょこう 漁港 m. puerto pesquero.

きょしき 挙式 (結婚式) f. boda. ♦挙式はいつですか ¿Cuándo es su boda? ♦教会で挙式の予定です La boda se celebrará en la iglesia.

きょじゃく 虚弱 ▶虚弱(な)体質の人 f. persona enfermiza [débil].

きょしゅ 挙手 ▶挙手する v. alzar* la mano. ▶挙手で決をとる v. decidir a mano alzada.

きょじゅう 居住 ▶居住する v. vivir, habitar, 《フォーマル》 residir, 《教養語》 morar. ▶居住者 mf. residente. ▶居住地 m. lugar de residencia, f. morada. ▶居住権 m. derecho de residencia. ▶居住性 f. habitabilidad.

きょしゅつ 拠出 ▶拠出金 f. donación, f. aportación, f. contribución. ▶拠出する v. donar, aportar.

きょしょう 巨匠 mf. (gran) maestro/tra, 《口語》 m. coloso. → 名人, 大家. ▶音楽の巨匠 mf. gran maestro/tra de la música. ▶巨匠の作品 f. obra de un/una gran maestro/tra.

ぎょじょう 漁場 f. pesquera, m. caladero.

きょしょく 虚飾 (見栄) f. ostentación. ▶虚飾に満ちた生活 f. vida ostentosa.

きょしょくしょう 拒食症 《専門語》 f. cibofobia; (食欲不振) f. anorexia.

きょじん 巨人 m. gigante, m. coloso, m. titán; (偉人) m. gran hombre, f. gran mujer. ▶巨人症 《専門語》 m. gigantismo.

キヨスク m. quiosko, m. kiosko.

きょせい 虚勢 (はったり) f. baladronada; (強がり) f. fanfarronada, f. valentonada; (大胆な態度) f. bravata. ▶虚勢を張る人 mf. fanfarrón/rrona. ▶虚勢を張る v. fanfarronear, 《口語》 dárselas* de valiente, 《口語》 decir* [lanzar*] bravatas.

きょせい 去勢 f. castración. ▶去勢する v. castrar, 《口語》 capar.

きょぜつ 拒絶 (要求などの) m. rechazo, f. negativa, 《フォーマル》 f. denegación. ▶拒絶反応 《専門語》 m. rechazo. ▶要求をきっぱり拒絶する v. negarse* en redondo a la solicitud, dar* una negativa rotunda [categórica] al pedido. → 断わる. ♦彼の転勤願いは拒絶された Su petición de traslado fue denegada.

ぎょせん 漁船 m. (barco) pesquero.

きょぞう 虚像 f. imagen virtual.

ぎょそん 漁村 m. pueblo pesquero.

きょたい 巨体 (人の) f. complexión corpulenta; (人・物の) f. masa, m. mole. ▶巨体の男 m. hombre corpulento [《口語》 grandullón]. ▶オイルタンカーの巨体 f. mole de un petrolero. ▶巨体をいすに沈める v. hundir 「《親しい仲で》 el enorme cuerpo [《ユーモアで》 la humanidad] en una silla.

きょだい 巨大 ▶巨大な adj. gigantesco, 《フォーマル》 ciclópeo; (並はずれて大きい) adj. enorme, inmenso. ▶巨大なタンカー m. petrolero gigante. ▶巨大都市 《教養語》 f. megalópolis, f. ciudad gigantesca.

きょだつ 虚脱 ▶虚脱状態になる v. sufrir un colapso, estar* 「en un marasmo [《フォーマル》 estado de postración].

きょっかい 曲解 ▶彼の言葉を曲解する v. tergiversar [distorsionar] sus palabras.

きょっこう 極光 f. aurora. → オーロラ.

ぎょっと ♦彼女は彼を見てぎょっとして後ずさりした Asustada retrocedió ante él. ♦彼はぎょっとして立ちすくんだ El susto le sobresaltó. / 《口語》 Se quedó helado del susto.

きょてん 拠点 (足がかり) m. punto de apoyo, m. asidero; (根拠地) f. base. ▶拠点を築く v. establecer* un punto de apoyo.

きょどう 挙動 → 行動, 振る舞い. ▶挙動不審の男 m. hombre de comportamiento sospechoso.

きょときょと ▶きょときょとする v. mirar nerviosamente alrededor.

*きょねん 去年 el año pasado, el pasado año. ▶去年の5月に adv. en mayo del「año pasado [pasado año]. ▶去年の優勝者 m. campeón del año pasado. ♦去年の夏北海道一周旅行をした El verano del pasado año viajé por Hokkaido.

きょひ 拒否 《フォーマル》 f. denegación; (断固とした) f. negativa, m. rechazo, 《口語》 m. no (→拒絶); (拒否権) m. veto. ▶きっぱりとした拒否 f. negativa rotunda [categórica]. ▶拒否権を行使する v. ejercer* su「derecho a veto [veto] 《contra》.

—— **拒否する** (きっぱりと) v. rechazar*, rehusar*, 《フォーマル》 denegar*, negarse* (a) (→断わる); (拒否権を行使して) v. vetar. ▶私の申し出を拒否する v. rechazar* [rehusar*] mi oferta. ♦彼はこの問題をそれ以上議論するのは拒否した Se negó a seguir discutiendo el

ぎょふ 漁夫 *m.* pescador. ◆彼は敵同士戦せてまんまと漁夫の利を得た Se benefició logrando enfrentar a sus enemigos entre sí. /《口語》Supo pescar en río revuelto.

きょまん 巨万 ▶巨万の富を築く *v.* amasar una 「inmensa fortuna [fortuna fabulosa].

ぎょみん 漁民 *mf.* pescador/dora.

きょむ 虚無 (無) *f.* nada. ▶虚無主義 *m.* nihilismo. ▶虚無的な *adj.* nihilista.

きょめい 虚名 *f.* falsa reputación. ▶虚名を博する *v.* adquirir* una falsa reputación.

きよめる 清める *v.* purificar*; (物を)《フォーマル》 *v.* depurar. ▶塩で身を清める *v.* purificarse* con sal. ▶彼の罪を洗い清める *v.* purificarle* del pecado.

きょよう 許容 ▶許容できる(許される) *adj.* tolerable, admisible, permisible. ▶許容範囲 *m.* margen de tolerancia. ▶許容量を超える *v.* sobrepasar la cantidad permitida.

ぎょらい 魚雷 *m.* torpedo. ▶魚雷艇 *m.* lancha lanzatorpedos.

きよらか 清らか (澄みきった) *adj.* limpio, claro; (清純な) *adj.* puro. ▶清らかな泉 *f.* fuente limpia. ▶心身とも清らかである *v.* estar* limpio en cuerpo y alma.

*****きょり** 距離 ❶《隔たり》*f.* distancia; (間隔) *m.* intervalo.

1《〜の(距離)》▶¹長[²短]距離 *f.* distancia ¹larga [²corta]. ▶東京大阪間の距離 *f.* distancia entre Tokio y Osaka. ▶10メートルの距離をおいて柱を立てる *v.* colocar* postes a intervalos de 10 metros. ◆その村はここから45キロの距離です El pueblo está a 45 kilómetros (de distancia) de aquí. ▶駅まで歩いて10分の距離だ Está a diez minutos andando [a pie] hasta la estación.

2《距離+名詞》▶距離感 *m.* sentido de la distancia. ▶距離競技 *f.* carrera de distancia [(長距離) fondo]. ▶(スキーの) *f.* carrera a campo a traviesa de esquí.

3《距離を[が]》▶(競技などで)相手と距離が開く(リードする) *v.* sacar* una buena distancia [ventaja] al rival; (遅れる) *v.* quedarse a distancia del adversario. 会話 ここから東京までの距離はどのくらいですか—約 2 百キロです ¿Qué distancia hay de aquí a Tokio? / ¿A cuánto está Tokio de aquí? – A unos 200 kilómetros. ◆ここから先の町まではかなりの距離がある De aquí a la ciudad hay una buena [gran] distancia. / La ciudad está muy lejos de aquí.

4《距離を[に]》▶彼と少し距離を保つ *v.* mantener* la distancia con él. ▶学校は私の家から¹歩いて[²車で]行ける距離にある Desde mi casa se puede ir a la escuela ¹a pie [²en coche].

❷《違い》*f.* diferencia; (断絶) *f.* brecha. → 隔たり.

ぎょるい 魚類 *m.* pez. ▶魚類学 *f.* ictiología.

きょれい 虚礼 *f.* formalidad.

きょろきょろ ▶きょろきょろした目つきの *adv.* con la mirada inquisitiva [curiosa]. ▶きょろきょろ見る *v.* mirar alrededor con curiosidad. ◆

お上りさんふうの人たちがきょろきょろ周りを見ていた La gente con aspecto campesino miraba alrededor con tímida curiosidad.

ぎょろぎょろ ▶ぎょろぎょろ見る *v.* mirar con los ojos muy abiertos. ▶ぎょろぎょろした目 *mpl.* ojos saltones.

ぎょろりと ▶ぎょろりとにらむ(怒って) *v.* mirar con los ojos「muy abiertos [desorbitados, 《口語》como platos]; (じっと) *v.* mirar fijamente. ◆父親は黙って息子をぎょろりと見た El padre se quedó mirando al hijo en silencio y con los ojos muy abiertos.

きよわい 気弱い (気の弱い) *adj.* tímido, 《教養語》pusilánime; (腰腿の) *adj.* 《口語》a medio hacer.

キラー *m.* asesino. ▶マダムキラー *m.* Don Juan.

*****きらい** 嫌い ❶《好きでないこと》(嫌悪) *f.* antipatía. → 嫌う. ◆猫が嫌いだ No me gustan los gatos. /《強調して》Odio [Detesto, Aborrezco] los gatos. /《口語》Los gatos me caen mal. ◆蛇が大嫌いだ Detesto [《比喩的に》Tengo alergia a] las serpientes. ◆読書が嫌いになった He llegado a「sentir disgusto por [tener aversión a] la lectura. / La lectura ha llegado a no gustarme. ◆朝早く起きるのが嫌いなんだ Detesto [Odio; No me gusta] madrugar.

❷《傾向》*f.* tendencia [*f.* propensión] 《a》; (気味) *m.* tacto. ◆彼は時々はばかなことを言うきらいがある「Tiene la tendencia a [《口語》De vez en cuando le da por] decir tonterías.

きらい 機雷 *f.* mina submarina. ▶浮遊機雷に触れる *v.* tropezar* con una mina flotante.

*****きらう** 嫌う (好きでない) *v.* no gustar, disgustar; (ひどく嫌う) *v.* odiar, detestar, aborrecer*, 《教養語》abominar, tener* [sentir*] aversión 《a, hacia》. ▶暴力を嫌う *v.* odiar la violencia. ◆彼女は人に嫌われている A la gente no le gusta ella. /《口語》Ella cae mal a la gente. ◆彼女は皿洗いをひどく嫌っている Odia lavar los platos. → 嫌い.

☞ 嫌だ[である、になる]

きらきら ▶きらきら光る *v.* brillar, resplandecer*, relucir*, relumbrar, centellear. ▶きらきらと *adv.* con resplandor, relumbrando, con fulgor. ◆彼女はいつもきらきら光る衣装をつけていた Siempre llevaba vestidos deslumbrantes. ◆たくさんの星が夜空にきらきら光っている Por la noche centellean multitud de estrellas. ◆彼女の目は涙できらきら光った Sus ojos brillaban por las lágrimas.

ぎらぎら ▶彼女の顔は脂でぎらぎらしている Su piel le da lustre a su cara. ◆彼はぎらぎらする目で相手を見た Miró a su adversario con los ojos chispeantes [《口語》que echaban chispas]. ◆海が太陽の光でぎらぎらまぶしかった El mar reflejaba los rayos del sol. ◆太陽がぎらぎら照りつけた El sol caía implacable.

きらく 気楽 ▶気楽な *adj.* fácil, sin problemas, tranquilo; (あくせくしない) *adj.* despreocupado, desenfadado. ▶気楽なやつ *m.* tipo despreocupado. ◆気楽な生活をする v. llevar una vida fácil; (安楽に暮らす) v. vivir desahogadamente. ◆彼を気楽な気分にさせる(緊張をほぐして) v. hacerlo[le]* sentir* 「a gusto [bien]; (気がねさせない) v. hacer* que se sienta como en casa. ◆そんなに心配するな。気楽にやれよ No te pongas tan nervioso. Estate tranquilo. [Tómatelo con calma.]

きらす 切らす v. acabarse, quedarse 《sin》.
会話 牛乳は置いてますか—あいにく切らしています ¿Queda leche? - Lo siento, pero 「se ha acabado [nos hemos quedado sin leche].

きらびやかな adj. esplendoroso, deslumbrante. ◆きらびやかな装い m. vestido deslumbrante.

きらめく (きらきら光る) v. brillar, resplandecer*; (闇(½)の中で) v. destellar, centellear; (無数の小さな光が) v. refulgir*, relumbrar. → 光る. ◆日の光が波にきらめいた Las olas brillaban con el sol. / El sol destellaba en las olas.

*きり 霧 ❶【気象上の】f. niebla; (薄い) f. neblina, f. calima, f. calina, (教養語) f. calígine; (海の) f. bruma. → bruma; 霞(¾), 霞(¾)る.

1《~霧》濃い[深い]霧 f. espesa niebla. ◆ ¹朝 [²夕]霧 f. bruma ¹matinal [²vespertina].

2《霧が》濃い霧が町にかかっている Una espesa niebla envuelve la ciudad. ◆霧が濃い La niebla es espesa [densa]. ◆霧が晴れた La niebla se ha disipado [despejado]. ◆霧がしだいに薄らいだ La niebla se ha aclarado gradualmente. ◆この地方はひどい霧がよく出る En esta región hay muchas nieblas terribles. / En esta región se forman frecuentemente nieblas terribles. ◆今日は霧が出ている Hoy hay niebla. ◆寒く静かなところで、夕方になるとより濃い霧が出た Era un lugar tranquilo y frío, y por las tardes solía haber mucha niebla.

3《霧の》▶霧の深い夜 f. noche de [con] niebla. ▶霧のかかった朝 f. mañana de niebla, 《フォーマル》f. mañana nebulosa. ◆彼女は霧の中で迷子になった Se perdió en la niebla. ◆濃い霧のために飛行機は着陸できなかった La densa niebla impidió 「que el avión aterrizara [el aterrizaje del avión].

4《霧の》町は霧に包まれている La ciudad está envuelta [cubierta] por la niebla.

❷《霧を吹く》 v. pulverizar*, rociar*. ▶服に霧を吹く v. rociar* la ropa. ▶霧吹き →霧吹き.

きり 切り (終わり) m. fin, m. término; (限界) m. límite. ◆きりがない adj. ilimitado, interminable. ▶きりをつける (=やめる) v. poner* fin [término] 《a》. ◆お金に対する欲望にはきりがない La codicia por el dinero no tiene límites. ◆ある月に成績がよければ、次の月にはその上を期待される。きりがないので Si lo haces bien un mes, al mes siguiente esperarán que lo hagas mejor. Y así ilimitadamente. ◆家事にきりがない Las faenas domésticas nunca tienen fin.

きり 桐 f. paulonia. ▶桐たんす m. arcón de madera de paulonia.

きり 錐 (木(よ)きり) m. taladro, f. barrena; (靴の皮をうがつ) f. lezna, m. punzón; (木工きり) f. barrena, f. taladro. ▶錐で穴をあける v. taladrar, hacer* un taladro.

-きり 【だけ】adv. solo, solamente, 《強調して》tan solo. →-だけ. ◆そこへ行ったのは1回きりだ He estado allí sólo una vez. ◆今度だけはやてあげるが今度きりだよ Esta vez te lo hago, pero 「será la última [nunca más]. ◆それっきりか ¿Es eso todo?

❷【以来】prep. desde. → 以来. ◆彼は散歩に出かけたきりまだ帰ってこない Todavía no ha vuelto desde que salió de paseo.

《その他の表現》寝たきりの老人 mf. anciano/na postrado/da en cama.

ぎり 義理 ❶【交際上のおきて】(義務) m. deber; (恩義) f. deuda, f. obligación. ▶彼に義理を立てる v. cumplir con él. ▶義理がたい v. tener* un fuerte sentido del deber; (きちょうめんに恩義を果たす) v. cumplir escrupulosamente las obligaciones, ser* muy cumplido. ◆私はあなたに義理がある Me siento en deuda con usted. ◆それでは彼に義理が立たない (=恩知らずになる) Eso sería ingrato hacia él. / Eso sería faltarle. ◆どうも義理を欠いたようだ Me parece que no he cumplido. ◆私は義理でそこへ行った Fui allí por cumplir [cortesía].

❷【姻戚(½)関係】▶義理の adj. político. ▶義理の弟(たち) (フォーマル) m. (mpl.) hermano(s) político(s), m. (mpl.) cuñado(s). ▶義理の両親 《口語》mpl. suegros.

《その他の表現》今さら私に借金を頼めた義理ではない (=立場にない) No tienes derecho a pedirme que te preste dinero. 会話 君の欠点は怠け者だっていうことだな—そんなこと言えた義理か Lo que pasa contigo es que eres un vago. - Mira quién fue a hablar.

きりあげる 切り上げる ❶【終わりにする】(会合などを) v. poner* fin 《a》, 《フォーマル》concluir*; (仕事などを) v. terminar, acabar; (中途で終わらせる) v. interrumpir, acabar antes de tiempo. ▶滞在を切り上げる v. interrumpir una estancia. ◆今日はこの辺で仕事を切り上げよう Vamos ya a poner fin al trabajo. / (今日はここまでにしよう)Vamos a dejarlo por hoy.

❷【端数・平価などを】v. rondear por exceso. ▶小数点以下を切り上げる (=1位の数まで上げる) v. redondear por exceso los decimales. ▶¹通貨 [²ドル]を切り上げる v. revaluar* ¹la moneda [²el dólar].

きりおとす 切り落とす v. cortar; (枝などを) v. podar. ▶古枝を切り落とす v. podar las ramas viejas. ▶横枝を切り落とす (=切り払う) v. quitar [arrancar*] los vástagos.

きりかえる 切り替える (変える) v. cambiar; (方法・制度などを) v. cambiarse 《a》; (受信局を) v. pasarse 《a》; (更新する) v. renovar*. ▶(灯油から)電気に切り替える v. cambiar (del keroseno) a la electricidad. ▶他局(の放送)に切り替える v. cambiar de canal. ▶運転免許証を切

り替える v. renovar*「el permiso [la licencia] de conducir*. ▶《車の》ギアを切り替える v. cambiar de marcha [velocidad].

きりかぶ 切り株 （樹木の）m. tocón; （稲などの）m. rastrojo.

きりきざむ 切り刻む v. cortar en trozos, desmenuzar*; （肉を）v. hacer* picadillo. → 切る, 刻む.

きりきず 切り傷 （短い）m. corte, 《フォーマル》 f. incisión; （長い）f. cortadura, f. hendidura; （長く深い）m. tajo, m. corte profundo. ▶足に切り傷ができる v. cortarse en el pie. ▶その木の幹に切り傷をつけて樹液を集める v. hacer* una hendidura en el tronco y recoger* la savia.

きりきり ▶ドリルで板に穴を開けていくときききりきり音を立てた El taladro chirriaba al penetrar en la madera. ▶私は胃がきりきり痛む Tengo un dolor de estómago punzante. / Siento 《スペイン》 retortijones [《ラ米》 retorcijones] en el estómago. → きりきり舞い.

ぎりぎり ▶もうぎりぎりだ. 出かけなければいけない Ya es hora「de salir [que salgamos]. ▶ぎりぎりの生活をしている Mis ingresos me llegan justo para vivir. / Vivo a duras penas con lo que gano. ▶これが譲れるぎりぎりの線です Esto es lo máximo que puedo ceder. ▶ぎりぎりになって OK をもらった Conseguimos la conformidad en el último momento [minuto].

きりぎりす m. saltamontes, 《メキシコ》 m. chapulín, 《スペイン》 《口語》 m. saltón.

きりきりまい きりきり舞い （とても忙しい）v. estar* muy [sumamente] ocupado. ▶彼は借金できりきり舞いしている 《口語》 Está hasta el cuello de deudas.

きりくずす 切り崩す （平らにする）v. allanar, aplanar; （分裂させる）v. desintegrar, partir. ▶丘を切り崩して道を作る v. abrir* una carretera a través de un monte.

きりくち 切り口 （切った端）m. corte; （立体の切断面）m. corte seccional, f. sección.

きりこむ 切り込む （深く切る）v. cortar, 《口語》 rajar; （議論などで）v. atacar*.

きりさく 切り裂く v. partir, abrir*; （さっと切る）v. hacer* una「《フォーマル》 incisión [hendidura]; （切り取る）v. rajar.

きりさげる 切り下げる （給料・費用などを）v. cortar; （値段などを）v. bajar, 《フォーマル》 reducir*; （平価を）v. devaluar*, 《フォーマル》 desvalorizar*. ▶値段を切り下げる v. bajar un precio. ▶ドルを 20% 切り下げる v. devaluar* el dólar en un 20%.

きりさめ 霧雨 f. llovizna, m. cernidillo, 《口語》 《ユーモアで》 m. calabobos.

地域差 霧雨
〔スペイン〕 m. chirimiri, f. llovizna
〔キューバ〕 f. llovizna
〔メキシコ〕 m. chipichipi, f. llovizna
〔ペルー〕 f. garúa
〔コロンビア〕 f. llovizna, f. lluvia tenue
〔アルゼンチン〕 f. garúa, f. llovizna
☞小糠雨, 小降り

キリシタン 《日本史》; （キリスト教）m. cristianismo; （キリスト教徒, 特に 1603-1868 の徳川幕府によるキリスト教禁止下の）mf. criptocristiano / na, mf. cristiano / na oculto / ta [clandestino / na].

ギリシャ Grecia; （公式名）f. República Helena （☆ヨーロッパの国, 首都アテネ Atenas). ▶ギリシャ《人, 語》の adj. griego. ▶ギリシャ語 m. （idioma） griego. ▶ギリシャ人 mf. griego/ga. ▶ギリシャ神話 m. mito griego, 《集合的に》 f. mitología griega. ▶ギリシャ正教 f. Iglesia Griega (Ortodoxa). ▶ギリシャ文字 m. alfabeto griego.

きりすてる 切り捨てる （切って捨てる）v. desechar; （人を）v. omitir, dejar. ▶千未満の端数を切り捨てる v. omitir [no tener* en cuenta, redondear por defecto] las fracciones inferiores a mil. ▶小数第 3 位以下を切り捨てる v. omitir las cifras inferiores al tercer decimal.

キリスト Jesucristo, Cristo, Jesús, el Señor, el Mesías, el Salvador, el Redentor. ▶キリスト教 m. cristianismo, f. religión cristiana. ▶キリスト降誕祭 f. Navidad, f. Natividad. ▶キリスト教徒 mf. cristiano/na. ▶キリスト教会 f. iglesia (cristiana). ▶キリスト教国 m. país cristiano. ▶キリスト教青年会 f. Asociación Cristiana de Jóvenes (YMCA). ▶キリスト教女子青年会 f. Asociación Cristiana de Mujeres Jóvenes (YWCA).

きりそろえる 切り揃える v. recortar, igualar; （刈り込んできれいにする）v. podar, recortar.

きりたおす 切り倒す ▶木を切り倒す v. talar, abatir.

きりだす 切り出す （山から木を）v. sacar* (maderas de la montaña); （採石場から石を）v. extraer* (piedras de una cantera); （話を）v. ponerse* a hablar, 《フォーマル》 abordar un tema. ▶結婚談を切り出す v. ponerse* a hablar de matrimonio.

きりつ 起立 ▶起立不能（症）《専門語》 f. astasia. ▶起立する v. 《教養語》 erguirse*, alzarse*, levantarse. ▶ご起立願います En [De] pie, por favor. / Levántese.

きりつ 規律 （秩序）m. orden; （集団の）f. disciplina; （規定）f. regla, m. reglamento. → 秩序, 規則. ▶規律正しい生活を送る v. llevar una vida ordenada. ▶規律正しく行動する v. actuar* con orden. ▶学生間の規律を維持する v. mantener* la disciplina entre los estudiantes. ▶あの学校は規律がやかましい En esa escuela la disciplina es estricta.

きりっと （人がこぎれいな）adj. limpio, aseado, 《スペイン》 《口語》 curioso, 《教養語》 pulcro; （輪郭のはっきりした）adj. bien marcado [definido]. ▶きりっとした顔立ち mpl. rasgos bien marcados. ▶背広にネクタイといういでたちできりっとしている v. parecer* limpio y curioso con traje y corbata.

きりつめる 切り詰める （出費などを）v. reducir*, recortar; （長さ・時間を短くする）v. acortar, abreviar. → 短縮する. ▶経費を切り詰める v. reducir* los gastos. ▶生活を切り詰める v. reducir* los gastos de vida, economizar*; （倹

きりとる 約して暮らす v.《フォーマル》llevar una vida frugal,《口語》apretarse* el cinturón.

きりとる 切り取る v. recortar, quitar. ▶パイナップルの芯(ﾄ)を切り取る v. quitar el corazón a una piña. ▶新聞からその記事を切り取る v. recortar el artículo del periódico.

きりぬき 切り抜き（新聞・雑誌などの）m. recorte.

きりぬく 切り抜く v. recortar, cortar. → 切り取る. ▶新聞の記事を切り抜く v. recortar un artículo del periódico.

きりぬける 切り抜ける（危機などをくぐり抜ける）v. librarse [escabullirse*, evadirse]《de》;（困難などを乗り越える）v. superar, vencer*;（うまく対処する）v.《口語》arreglárselas. ▶はったりでその場を切り抜ける v. salir* del paso con un engaño. ♦彼はついにその困難を切り抜けた Al final superó las dificultades. ♦家族全員が戦争を切り抜けてきた Toda la familia se libró de la guerra. /（生き残る）Toda la familia sobrevivió la guerra. ♦心配するな. 何とか切り抜けるさ No te preocupes. De una forma u otra me las arreglaré.〈会話〉いったいどうやって切り抜けたのさ －運よく予備のを二つ持っていたんだよ ¿Cómo te has librado de eso? – Bueno, por suerte tenía dos de repuesto.

キリバス Kiribati (☆オセアニアの国, 首都タラワ Tarawa).

きりはなす 切り離す ❶【切って離す】v. cortar, desgajar, arrancar*. ▶木の枝を切り離す v. cortar una rama de un árbol.
❷【分離する】v. separar;（取りはずす）v. apartar. ▶添付のクーポンを切り離す v. separar el cupón「que se adjunta [adjunto]. ▶経済を政治と切り離す v. separar la economía de la política. ▶この問題をそれと切り離して（＝別にして）論じる v. tratar este problema aparte del otro, tratar cada problema por separado.

きりひらく 切り開く v. abrir*, despejar; allanar,《フォーマル》explanar. ▶封筒を切り開く v. abrir* un sobre. ▶山を切り開いて道を作る v. abrir* [despejar] una carretera a través de un monte. ▶荒れ地を切り開く（＝開拓する）v. roturar [explotar] una tierra baldía. ▶物理学の新しい分野を切り開く v. abrir* un nuevo campo de la física. ▶その科学者たちが未来への道を切り開いている Los científicos están allanando el camino del futuro.

きりふき 霧吹き m. pulverizador, m. atomizador.

きりふだ 切り札（トランプの）m. triunfo. → 奥の手. ▶切り札を出す v. jugar*「un triunfo [la mejor carta]. ▶最後の切り札（＝手段）として adv. como último recurso, en última instancia.

きりまわす 切り回す（管理する）v. dirigir*, administrar;（処理する）v.《口語》llevar, manejar. ▶家庭を切り回す v. administrar [《口語》llevar] la casa. ▶店を切り回す v. dirigir* [《口語》llevar] una tienda.

キリマンジャロ ▶キリマンジャロ山 Monte Kilimanjaro (☆アフリカ, タンザニアの山).

きりみ 切り身（縦切りの）m. filete;（横切りの）f. tajada, m. corte. ▶タラの切り身3枚 mpl. tres filetes de bacalao. ▶赤身の豚肉の切り身 m. filete de magro de cerdo [[ﾗ米] puerco]. ▶サケを三枚におろして切り身にする v. dar* tres cortes a un salmón (en dos filetes y la espina dorsal), y después trocearlo.

きりもみ 錐揉み（きりもみ降下）f. barrena, f. caída en espiral. ▶きりもみ降下する v. entrar en barrena.

きりもり 切り盛り（事業・家などの管理）m. gobierno, f. administración. ♦彼女は家事の切り盛りがうまい Administra [《口語》Lleva] bien la casa. / Es una buena ama de casa.

きりゅう 気瘤（専門語）m. neumocele.

きりゅう 気流 f. corriente atmosférica. ▶上昇気流 f. corriente ascendente. ▶乱気流 f. turbulencia. ▶気流に乗って飛んでいるグライダー m. planeador que se está meciendo en medio de las corrientes de aire.

きりょう 器量 ♦彼女は器量よしだ Es guapa. → 美しい, 綺麗(ﾚｲ). ♦あの子は器量が悪い No es guapa (atractiva). ♦彼には社長の器量がある Tiene「la capacidad [《口語》el calibre] para ser presidente. / Vale [《口語》Da la talla] para presidente.

ぎりょう 技量（技能）f. destreza, f. técnica;（能力）f. habilidad. ▶スキーの技量を1発揮する [2磨く] v. 1mostrar* [2mejorar] la destreza con los esquíes. ▶技量のある外科医 mf. diestro/tra cirujano/na. ♦彼の教師としての技量はよく知られている Su habilidad como profesor es ampliamente conocida.

きりょく 気力 m. ánimo, m. espíritu;（元気）m. vigor, f. energía, f. vitalidad, m. empuje. ▶(人が)気力旺(ｵｳ)盛だ v. estar* lleno de energía [vitalidad, fuerza], ser* vigoroso. ▶気力が衰える v. perder* el vigor [ánimo]. ▶気力を回復する v. recuperar「el vigor [la vitalidad]. ♦今度の校長は気力に欠けている Al nuevo director de la escuela le falta empuje. ☞ 気迫, 根性

きりわける 切り分ける v. trinchar, cortar. ▶客に七面鳥を切り分ける v. trinchar el pavo para los invitados.

きりん f. jirafa.

＊＊きる 着る ❶【衣類を】v. ponerse*;（身支度する）v. vestirse*, ponerse* la ropa. ▶着ている v. llevar (puesto), tener* puesto;（一時的に）v. ir* [estar*]《con》. ▶赤いコートを着ている女の子 f. muchacha con「que lleva] un abrigo rojo. ▶服を前後逆に着る v. llevar la ropa al revés. ♦彼は服を着た Se vistió. / Se puso la ropa. ♦彼はベストを着ていた《口語》Llevaba un chaleco. / Estaba en chaleco. / Tenía puesto un chaleco. / Iba vestido con un chaleco. ♦彼女はいつも赤い服を着ている Siempre va (vestida) de rojo. / Se pone siempre ropa de color rojo. ♦彼は貧しいので着るものが買えなかった Era tan pobre que no podía comprarse nada「de ropa [que ponerse]. ♦彼女は青いドレスを着てパーティーに行った Fue a la fiesta con un vestido azul. / Iba vestida de azul a la fiesta.

♦この服を着てみたらどう？¿Por qué no te pones 「este vestido [esta ropa, esto]? ♦彼はワイシャツを着たまま野球をした Jugaba al béisbol con la camisa de etiqueta. ♦彼女はかなり太ったので，以前の服が着られない No 「se puede poner [puede llevar] su vestido de antes porque ha engordado.
❷【負う】 ▶罪を着る(＝引き受ける) v. asumir la culpa 《por, de》. ♦君には大変恩に着ています Tengo una gran deuda contigo. /《口語》Te debo muchísimo.

*＊**きる** 切る ❶【切断する】v. cortar; (たたき切る) v. partir; (さっと切る) v. cortar en rajas [lonchas, rodajas]; (さっと切る) v. rajar, 《フォーマル》hacer* una incisión; (肉を切り分ける) v. cortar, trinchar; (のこぎりで) v. serrar*; (はさみで) v. recortar. ▶薄く切ったベーコン m. beicon en lonchas. ▶のこぎりで木を切る v. serrar* la madera, cortar la madera con una sierra. ▶枝を切る v. cortar [desgajar] una rama. ▶切符を切る v. perforar [picar*] un billete. ▶つめを切る v. cortarse las uñas. ▶手紙の封を切る v. abrir* una carta. ▶パンを1枚切る v. cortar「una rebanada [un trozo] de pan. ▶パンを1薄く「26枚に]切る v. cortar el pan 1delgado [en seis rebanadas]. ▶パイを四つに切る v. partir [cortar, dividir] un pastel en cuatro partes. ♦ガラスの破片で指を切った Me he cortado el dedo con un cristal roto. ♦あっ，切っちゃった ¡Oh, me he cortado! ♦彼はひげをそっていて(顔を)切ってしまった Se cortó mientras se afeitaba. ♦肉を少し切ってください Córtame un poco de carne, por favor. 《会話》この箱どうしましょうか一小さく切ってたきぎにしてちょうだい ¿Qué quieres que haga con esta caja? / Trocéala [Pártela] para leña.
❷【続けていたことをやめる】 (料金未納で電気・ガスを) v. cortar; (電気・テレビなどを) v. apagar*, 《フォーマル》desconectar; (人との関係を) v. romper* 《con》, cortar la relación 《con》. ▶エンジンを切る v. apagar* el motor. ▶(人が)電話を切る v. colgar*. ▶期限を切る v. fijar un plazo. ♦彼は怒って電話を切ってしまった Se enojó [《スペイン》enfadó] y me colgó. ♦テレビを切ってください Apaga la televisión, por favor. ♦彼女とは手を切った He roto [terminado] con ella. ♦(会うことをやめた)He dejado de verla. ♦彼は父親から親子の縁を切られた(＝勘当された) Su padre ha cortado la relación con él.
❸【切断するような動作をする】 ▶お皿の水を切る v. escurrir los platos. ▶トランプを切る(＝まぜる) v. barajar las cartas; (二つに分ける) v. cortar la baraja. ▶ハンドルを右に切る v. girar el volante a la derecha. ▶料理する前にエビの水をよく切りなさい Escurre bien las gambas antes de cocinarlas. ▶高速艇は波を切って進んだ El veloz barco surcaba los mares.
❹【新しく始める】 ▶口を切る(＝話し始める) v. ponerse* a hablar; (特に初対面の者同士で) v.《口語》romper* el hielo. ▶そのことで議論の火ぶたを切る v. ponerse* a discutir sobre eso.
❺【金額・数量に達しない】 ▶百メートルで10秒を

切る v. correr los 100 metros en menos de 10 segundos. ▶(ゴルフで)110を切る v. romper* uno diez, bajar de 110.
《その他の表現》 ▶売り切る v. vender todo, agotar. ▶所持金を遣い切る v. gastarse todo el dinero (que tiene). ▶本を読み切る v. leerse* todo el libro. ▶札びらを切る(＝惜しげもなく遣う) v. despilfarrar [malgastar] el dinero. ▶肩で風を切る v. caminar con jactancia [aire de triunfo].

キルギス Kirguistán; (公式名) f. República de Kirguistán (☆中央アジア南東部の国，首都ビシュケク Biskek). ▶キルギス(人)の adj. kirguiz.
キルティング (刺し子縫い) f. tela acolchada, f. guata.
キルト (スコットランド特有のスカート状の衣裳) f. falda escocesa; (刺し子縫い掛けぶとん) m. acolchado.
きれ (布) f. tela; (ぼろぎれ) m. trapo; (端切れ) m. retal. → 布.
-きれ -切れ (小片) m. trozo, m. pedazo, f. porción. ▶1パン [2ケーキ]一切れ m. trozo de 1pan [2pastel]; (薄い一切れ) f. rebanada de pan. ▶紙切れ m. trozo de papel; (細長い) f. tira de papel. ▶木切れ三つ fpl. tres astillas de madera. ▶ハムの薄切り1枚 f. tira de beicon. ♦彼はケーキをもう一切れほしいと言った Pidió otro pedazo de pastel.
きれあじ 切れ味 (鋭さ) lo afilado, f. agudeza. ▶切れ味がいい(鋭い) v. estar* afilado, ser* agudo; (よく切れる) v. cortar bien. ▶ナイフの切れ味を試す v. probar* el filo de un cuchillo. ▶切れ味のよいナイフ m. cuchillo afilado.

*＊**きれい** 綺麗な ❶【美しい】 adj. bonito, bello, 《ラ米》lindo; hermoso, 《フォーマル》encantador; (器量のよい) adj. guapo, atractivo; (男性が顔立ちの整った) adj. apuesto. → 美しい. ▶きれいな少女 f. muchacha bonita [《ラ米》linda]. ▶きれいな花 f. flor bonita. ▶きれいな顔立ちの若い男 m. joven guapo [《フォーマル》apuesto]. ▶きれいな声で歌う v. cantar con una bonita [preciosa, dulce] voz.
❷【清潔な】 adj. limpio, 《教養語》pulcro; (澄んだ) adj. claro, 《教養語》límpido; (清く汚れのない) adj. puro, nítido; (きちんとした) adj. arreglado, ordenado, 《口語》curioso. ▶きれいな水 f. agua limpia [pura]. ▶きれいなタオル f. toalla limpia. ▶きれいな空 m. cielo despejado. ▶きれいな部屋 m. cuarto arreglado [limpio]. ♦彼の机はいつもきれいだった Su mesa siempre estaba limpia [ordenada]. 《会話》台所をいつもきれいにしていらっしゃるわね―そのように心掛けているのよ Siempre tienes la cocina limpia y ordenada. – Eso es lo que intento. ♦彼はきれいな(＝みごとな)字を書く Tiene una letra bonita. /(彼の字はきちんとしている)Su letra es clara.
❸【公正な】 adj. justo, honrado, honesto; (汚れのない) adj. limpio. ▶きれいな選挙を行なう v. celebrar unas elecciones limpias. ♦彼の

履歴はきれいだ Tiene unos antecedentes limpios. / (汚点がない)No hay ninguna tacha en su historial.

―― 奇麗に ❶【美しく】▶きれいに装う v. vestirse* con elegancia; (装っている) v. ir* con ropa elegante. ◆あなたはきれいに写っていますよ Oye, has salido muy bien en la foto. 会話 あたしこれでいいかしら―とってもきれいに見えるよ ¿Estoy bien con esto? – Te veo guapísima, querida.
❷【清潔に】adv. con limpieza, 《教養語》pulcramente; (きちんと) adv. con orden, ordenadamente. ▶もっときれいに皿を洗う v. lavar los platos bien [con limpieza]. ▶部屋をきれいにする(=片づける) v. hacer* la limpieza del cuarto, ordenar [arreglar] la habitación; (掃除する) v. limpiar el cuarto. ◆いつも歯をきれいにしておきなさい Ten siempre tus dientes limpios. ◆ごしごしすったけど床はきれいにならなかった Restregué con fuerza, pero el suelo no se quedaba limpio. ◆彼女はきれいに髪を整えた Se arregló muy bien el pelo.
❸【すっかり】adv. por completo, completamente, enteramente, por entero; (すべて) adv. todo, del todo. ◆そのことはきれいに忘れてた Me lo olvidé por completo. ◆彼は借金をきれいに返した Pagó enteramente su deuda. / Saldó toda su cuenta.

《その他の表現》▶きれい事を言う v. decir* palabras huecas. ▶人種問題をきれいに事ですませる(=うまく取り繕う) v. encubrir* [tapar] los problemas raciales. ▶彼女ときれいさっぱり別れる(=縁を切る) v. «cortar limpiamente [romper*] toda relación» con ella. ◆きれいに戦ってきれいに負けよう Vamos a jugar limpio y ser buenos perdedores.

ぎれい 儀礼 (礼儀正しさ) f. cortesía; (礼儀作法) f. etiqueta. ▶儀礼訪問する v. hacer* una visita de cortesía 《a + 人》. ◆そのパーティーは儀礼的なものだった La fiesta no pasó de ser 「un simple trámite [una formalidad].

きれいずき きれい好き ▶きれい好きな adj. aseado, 《口語》limpito. ▶きれい好きな主婦 f. ama de casa aseada. ◆ネコはきれい好きな動物です Los gatos son animales aseados.

きれつ 亀裂 f. grieta, 《口語》f. raja (→ひび); (平面上の細長い) 《教養語》f. fisura; (岩や山の斜面の) f. grieta, f. hendidura.

きれはし 切れ端 ▶布の切れ端 mpl. retales, mpl. retazos. ▶紙の切れ端(=紙切れ) f. tira de papel.

きれま 切れ間 →絶え間. ▶雲の切れ間から adv. por un claro entre las nubes.

きれめ 切れ目 (すき間) m. hueco, m. espacio; (中断) f. interrupción; (休止) f. pausa; (刃物で作った) m. corte. ▶切れ目なく adv. sin pausa. ▶雲の切れ目 m. claro entre las nubes.

きれもの 切れ者 f. persona aguda [ingeniosa]; (若い人で) m. lince, 《口語》m. prodigio.

きれる 切れる ❶【切断される】v. romperse, cortarse. ◆魚の重みで釣り糸が切れた El sedal se rompió [cortó] por el peso del pez. ◆最近の輪ゴムは切れやすい Las gomas de ahora se rompen fácilmente. ◆堤防が切れた El dique 「se rompió [cedió]. ◆この木は1なかなか[2全然]切れない 1No es fácil [2Es del todo imposible] cortar este árbol. ◆ヒューズが切れた(=飛んだ) El fusible se ha fundido.
❷【とぎれる】(電話が) v. cortarse, interrumpirse. ▶走って息が1切れる [1切れている] v. 1quedarse [2estar*] sin aliento por la carrera. ◆話している最中に突然電話が切れた En mitad de la conversación, la comunicación [línea] se cortó [interrumpió]. ◆雲が切れて陸地が見えた Las nubes se apartaron y pudimos ver la tierra debajo. ◆あの男とはもう手が切れた(=関係を絶った) He roto [《口語》cortado] ya con él. → 切る.
❸【使われてなくなる】(人が在庫品・時間などを使い切る) v. quedarse (sin); (在庫品・時間などがなくなる) v. acabarse, agotarse; (電球が) v. fundirse; (有効期限が) v. 《フォーマル》expirar, 《口語》pasarse de plazo [fecha]. ◆ガソリンが切れた[ている] Se nos ha acabado la gasolina. / Nos hemos quedado sin gasolina. ◆今在庫が切れています Se nos 「han agotado las existencias [ha agotado el "stock"]. 会話 ほら私のペンをお使いなさい―どうもありがとう。私のはインクが切れてしまっているみたい Toma [Usa] mi pluma. – Muchas gracias. A la mía se le ha acabado la tinta. ◆契約はまもなく切れる El contrato expira [va a vencer] pronto. ◆この本は貸出期間が切れている Este libro está vencido [pasado de fecha (de entrega)].
❹【するどい】(人が) v. ser* agudo [sagaz, 《教養語》perspicaz]. ▶頭の切れる男 m. hombre agudo [sagaz, despierto]; (刃物が) v. ser* agudo. ◆この包丁はよく切れる Este cuchillo corta muy bien.
❺【方向がそれる】v. describir* una curva, curvarse. ◆打球は大きく左に切れた La pelota describió una pronunciada curva a la izquierda.

《その他の表現》▶手の切れるような(=新券の)一万円札 「m. flamante billete [《口語》m. billete nuevecito] de 10.000 yenes. ◆全部食べ切れないよ。残してもいい? No puedo comérmelo todo. ¿Puedo dejar algo?

きろ 帰路 ▶帰路を急ぐ v. darse* prisa en volver* a casa, apresurarse en regresar (a casa). ▶帰路に着く(=家に向かって出発する) v. ponerse* en camino de regreso. ▶(=帰る途中で)彼女に会った La vi cuando yo volvía a casa.

きろ 岐路 (十字路) f. encrucijada, m. cruce. ▶人生の岐路に立つ v. estar* en la encrucijada de la vida.

キロ (キログラム) m. kilogramo, m. kilo; (キロメートル) m. kilómetro; (キロリットル) m. kilolitro; (キロワット) m. kilovatio. ▶1キロ6百円 mpl. 600 yenes el [por] kilogramo. ▶時速40キロで運転する v. conducir* a 40 kilómetros por hora.

*きろく 記録 ❶【書き留めること】m. registro;

(文書) *m.* documento, *m.* archivo; (歴史的な) *f.* crónica; (議事録) *fpl.* actas.

1《〜記録》 ▶公式記録 *m.* registro oficial. ▶交通事故記録 *m.* registro de los accidentes de tráfico. ▶人生記録 *m.* registro de la vida de una persona; (伝記) *f.* biografía. ▶会議の記録をとる *v.* tomar notas de la asamblea.

2《記録＋名詞》 ▶記録映画 *m.* documental. ▶記録係 *mf.* registra*dor/dora*, *mf.* archi*vero/ra*; (競技の) *mf.* tantea*dor/dora*, *mf.* marca*dor/dora*. ▶記録装置 *f.* registradora, *m.* contador.

3《記録が》 ▶メキシコの国立人類学博物館にはアステカ文明に関する記録が多くある El Museo Nacional de Antropología de México guarda muchos documentos sobre la civilización azteca.

4《記録の》 ▶体験を記録に残す *v.* dejar las experiencias escritas en una crónica.

5《記録的(な)》 *adj.* récord, 《口語》《強調して》histórico. ▶記録的短時間で *adv.* en un tiempo récord de corto. ▶記録的な大雪が東北地方に降った La nevada caída en la región de Tohoku ha marcado un récord.

❷《競技の成績》 *f.* marca, *m.* récord. ▶記録保持者 *mf.* plusmarquista, *mf.* posee*dor/dora* de un récord. ▶自己の記録を更新する *v.* mejorar la propia marca. ▶新記録を出す *v.* establecer* una (nueva) marca. ♦君の４百メートルの最高記録はいくらだ¿Cuál es tu mejor marca en los 400 metros? ▶走り幅跳びの世界記録が今日破られた Hoy han batido el récord mundial [del mundo] de salto de longitud. ♦彼は走り高跳びの日本記録を保持している Tiene el récord japonés de salto de altura. ♦彼女は２百メートル自由形で１分58秒の世界新記録を出した Estableció una nueva marca mundial en los 200 metros de estilo libre de natación con un tiempo de un minuto y 58 segundos. ♦彼は百メートルを10秒3の正式な記録(＝最高記録)で優勝した Ganó la carrera de los 100 metros lisos「en un tiempo [con un crono] de 10.3.

── **記録する** *v.* registrar; (書き留める) *v.* apuntar, anotar, poner* por escrito. ▶事件を記録する *v.* registrar [apuntar, anotar] un suceso. ♦彼は日々の出来事を記録している Apunta [Registra] los sucesos diarios.

ギロチン *f.* guillotina. ♦フランスのルイ16世はギロチンで処刑された El rey Luis XVI de Francia fue enviado a la guillotina.

キロバイト 《英語》《専門語》 *m.* "kilobyte".

・**ぎろん** 議論 (感情的で激しい) *f.* disputa; (紙上などの公式な) *f.* controversia, *f.* polémica; (検討をして合意するための) *f.* discusión; (論理を尽くし説得するための) *m.* argumento; (賛否対立の正式な) *m.* debate. → 討論, 争論.

1《〜議論》 ▶白熱した議論 *f.* discusión acalorada. → 激論. ▶活発な議論 *f.* discusión viva. ♦その計画については「反対[²賛成]の議論はなかった No hubo discusiones ¹en contra [²a favor] del plan.

2《議論〜》 ▶議論好きな(理屈っぽい) *adj.* dis-

きわどい 365

cut*idor*; 《口語》discut*ón*; (けんか好きな) *adj.* pele*ón*.

3《議論の》 ▶新しい高速道路についてさまざまな議論がある Hay mucha polémica sobre la nueva autopista. ♦議論がなかなかかみ合わなかった Los argumentos de discusión de uno y otro tardaron en corresponder. / 《口語》Era un diálogo de besugos.

4《議論の》 ▶議論のための議論をする *v.* discutir por discutir. ♦このことについては議論の余地がない Este tema「es indiscutible [no admite discusión]. / No cabe discutir sobre esto.

5《議論に》 ▶議論に勝つ *v.* ganar en la discusión. ▶その事で彼と議論になる *v.* ponerse* a discutir con él sobre el asunto.

6《議論を》 ▶議論を重ねた末 *adv.* después de「mucho discutir [muchas discusiones]. ▶大いに議論を呼んでいる[呼びそうな]本 *m.* libro muy polémico.

── **議論する** *v.* discutir, tener* una discusión. → 討論する, 論争する. ▶彼とその問題について議論する *v.* discutir ese asunto con él; tratar con él sobre eso; tener* [《フォーマル》sostener*] una discusión con él sobre ese tema. ♦われわれは店を売るべきかどうか議論した Discutimos sobre「la conveniencia de [si debíamos o no] vender la tienda. ♦私たちは長時間激しく議論した Discutimos acaloradamente durante un buen rato. / 《フォーマル》Sostuvimos una larga y acalorada discusión.

☞ 争い, 討議, 討論

きわ 際 (そば) *m.* lado. → 側(â), 端. ▶窓際の席にする *v.* ocupar un asiento junto a la ventana. ▶いまわの際に *adv.* en el lecho de muerte. ▶別れ際に「じゃ、また」と彼は言った "Hasta luego", me dijo a la hora de separarnos.

ぎわく 疑惑 (嫌疑) *f.* sospecha; (疑い) *f.* duda. → 疑い, 疑う. ▶世間の疑惑を招く *v.* despertar* las sospechas del público.

きわだつ 際立つ (目立つ) *v.* sobresalir*, destacar*; (対照によって引き立つ) *v.* distinguirse* (de). ▶際立った *adj.* sobresaliente, destacado; (注目すべき) *adj.* notable. ▶(人目を引く) *adj.* llamativo. ▶際立った業績 *m.* logro sobresaliente. ▶際立った美人 *f.* mujer「de sobresaliente belleza [extraordinariamente bella]. ♦際立った変化はない No ha ocurrido ningún cambio que destaque [merezca la pena destacar].

きわどい 際どい ▶きわどい(＝危険な)仕事をする *v.* hacer* un negocio arriesgado [peligroso]. ▶きわどい(＝微妙な)質問をする *v.* hacer* una pregunta delicada. ▶きわどい(＝みだらな)冗談を言う *v.* contar* un chiste obsceno [《口語》verde]. ▶きわどい(＝接戦の)試合に勝つ *v.* ganar un partido por「muy poco [《口語》los pelos]. ▶きわどいところで事故にあわずにすむ *v.* librarse de un accidente por「muy poco [《口語》los pelos, 《口語》un pelo]. ♦きわどいところで最終列車に間に合った 《口語》Tomé el último tren por los pelos. / (もう少しで乗

り遅れるところだった)Casi pierdo el último tren.

きわまる 極[窮]まる (終わる) v. poner* [alcanzar* el] fin, terminar; (極度に達する) v.《口語》ser* el colmo, llegar* a un extremo. ▶危険極まる v. ser* sumamente peligroso. ▶進退窮まる(=絶体絶命である) v.《口語》(比喩的に) estar* entre la espada y la pared. ◆彼の欲望は極まるところを知らない Su ambición [deseo] no tiene límites. ◆感極まって言葉が出なかった Estaba tan emocionado que no tenía palabras.

きわみ 極み (極致) m. colmo. ▶愚かさの極み m. colmo de la locura. ▶緊張の極みにある v. estar* bajo una extrema tensión. ◆…は遺憾の極みである Es muy de lamentar que…

きわめつき 極めつき (保証された) adj. garantizado, (最高の) adj. el [la, los, las] mejor; (名うての) adj. famoso.

きわめて 極めて (非常に) adv. muy; (並はずれて) adv. extraordinariamente,《フォーマル》en extremo; (極度に) adv. sumamente, (実に) adv. verdaderamente, realmente,《口語》muy. ▶きわめて難しい本 m. libro muy [sumamente] difícil.

きわめる 究[極, 窮]める (徹底的に研究する) v. estudiar [investigar*] a fondo; (精通する) v. dominar, (極端にまで押し進める) v. llevar hasta sus últimas consecuencias. ▶芸をきわめる v. dominar un arte. ▶事の真相をきわめる v. llegar* hasta「la verdad [el fondo] del asunto. ▶多忙をきわめる v. estar* sumamente ocupado. ▶ぜいたくをきわめる v. buscar* el lujo al máximo,《口語》nadar en el lujo. ▶頂上をきわめる v. llegar* a la cima (de una montaña).

きをつけ 気をつけ ▶気をつけの姿勢をとる v. estar* atento, ponerse* en guardia. ◆気をつけ ¡Atención! /《口語》¡Ojo!

きをつける 気を付ける (用心する) v. tener* cuidado (con), cuidar, (警戒する) v. estar* atento (a), vigilar. ▶健康に気をつける v. tener* cuidado con la salud,《口語》cuidarse. ◆暗から道に迷わないように気をつけなさい Ten cuidado con la oscuridad y no te pierdas. / Atento a la oscuridad para no perderte. ◆車に気をつけなさい ¡Cuidado con los coches! / ¡Atención a los coches! ◆足下に気をつけなさい ¡Ándate con tiento! / ¡Ten cuidado!《会話》ではまた一本また気をつけてね Bueno, hasta luego. –Cuídate, ¿eh? ◆だれもこの部屋に入らないよう気をつけなさい《口語》「Cuida que [Que] nadie entre en este cuarto. /《フォーマル》Ten cuidado para que nadie entre en este cuarto. ☞ 庇う, 注意する

きん- 筋- ▶筋萎縮症《専門語》f. amiotrofia. ▶筋萎縮性側索硬化症《専門語》f. esclerosis lateral amiotrófica (ELA). ▶多発性筋炎《専門語》f. polimiositis. ▶筋緊張症《専門語》f. miotonía. ▶筋クローヌス《専門語》m. mioclono. ▶筋障害《専門語》f. miopatía. ▶筋繊維《専門語》f. fibra muscular. ▶筋組織《専門語》m. tejido muscular. ▶筋肉炎《専門語》f. miositis. ▶筋膜炎《専門語》f. fascitis. ▶筋無力症《専門語》f. miastenia grave. ▶重症筋無力症《専門語》f. miastenia grave. ▶多発性筋痛《専門語》f. polimialgia. ▶先天性筋緊張症《専門語》f. miotonía congénita. ▶進行性筋ジストロフィー《専門語》f. distrofia muscular progresiva.

*きん 金 (鉱物) m. oro. ▶金塊(自然の) f. pepita de oro; (レンガ型の) m. lingote de oro. ▶金メダル f. medalla de oro. ▶金歯 m. diente de oro; (かぶせた) m. diente con la corona de oro. ▶金時計 m. reloj de oro. ▶金ボタン(上着の) m. botón dorado. ▶金めっき m. dorado. ▶金箔(ぱく)を着けた額縁 m. marco dorado.

— 金の (金製の) adj. de oro; (金色の) adj. dorado. ▶18金の指輪 m. anillo de oro de 18 quilates. ▶金の延べ棒 m. lingote de oro.

きん 菌 (ばい菌, 病原菌) m. germen; (バクテリア) f. bacteria; (赤痢菌などの桿(かん)菌) m. bacilo; (キノコ・カビなどの) m. hongo.

*ぎん 銀 (鉱物) m. plata. ▶銀メダル f. medalla de plata. ▶銀めっき m. plateado. ▶銀器『集合的』f. (vajilla de) plata. ◆湖は月光で銀色に輝いていた El claro de luna hacía platear a la superficie del lago. / Bajo la luz de la luna el lago brillaba como la plata.

— 銀の (銀製の) adj. de plata; (銀のような) adj. plateado,《文語》argentado. → 銀製. ▶銀のブローチ m. broche de plata.

きんいつ 均一 f. uniformidad. ▶均一の[な] adj.《フォーマル》uniforme; (料金・価格などが) adj. fijo; (均等の) adj. igual. ▶均一値段 m. precio uniforme. ▶均一料金 m. precio fijo; (電車などの) f. tarifa uniforme. ▶大きさと色が均一な花 fpl. flores iguales en tamaño y color. ◆そのおもちゃは百円均一です(=すべて百円です) Todos los juguetes se venden al precio fijo de 100 yenes.

きんえん 禁煙 ▶禁煙車 m. coche [m. vagón] para no fumadores. / 禁煙『掲示』Prohibido fumar. / No fumar. (やわらかな表現で) Gracias por no fumar. ◆車内は禁煙だ Se prohíbe fumar en「el tren [este vehículo]. ◆医者は彼に禁煙をすすめた El médico le aconsejó que dejara「el tabaco [de fumar].

きんか 金貨 f. moneda de oro.

ぎんか 銀貨 f. moneda de plata.

ぎんが 銀河 f. Vía Láctea,《口語》m. Camino de Santiago. ▶銀河系 m. sistema galáctico.

きんかい 近海 (沿海水域) fpl. aguas costeras [cercanas a la orilla]. ▶日本近海で adv. en las aguas cercanas a las costas de Japón.

きんかぎょくじょう 金科玉条 f. regla de oro.

きんがく 金額 f. suma (de dinero). → 幾ら. ◆費用はかなりの金額にのぼる Los gastos ascienden a una suma bastante importante. ◆この絵は金額にして百万円ほどの価値だ Este cuadro vale [está valorado en] un millón de yenes.

きんがしんねん 謹賀新年 Le deseo (un) Feliz [Próspero] Año Nuevo.

ぎんがみ 銀紙 *m*. papel de aluminio [estaño].

きんかん 近刊 ▶近刊の (最近出版された) *adj*. recién [recientemente] publicad*o*; (近日出版予定の) *adj*.《フォーマル》de próxima [inminente] publicación [aparición]. ▶近刊の小説 *f*. novela「recientemente publicada [que acaba de ser publicada]. ▶近刊書目録 *m*. catálogo de los libros de próxima aparición.

きんがん 近眼《専門語》*f*. miopía, *f*. vista corta. → 近視.

きんかんがっき 金管楽器 *mpl*. cobres, *mpl*. metales.

きんかんしょく 金環食 *m*. eclipse anular.

きんき 近畿 ▶近畿(地方) *f*. región de Kinki.

きんきゅう 緊急 *f*. emergencia; *f*. urgencia. ▶緊急の *adj*. urgente, apremiante; (緊急事態の) *adj*. de emergencia. ▶緊急の必要《de》. necesidad urgente 《de》. ▶緊急の場合 [際, 時] には *adv*. en caso de emergencia. ▶緊急の用件で *adv*. por un asunto urgente. ▶緊急動議 *f*. moción de urgencia. ▶緊急措置 *fpl*. medidas urgentes [de emergencia]. ▶緊急会議 *f*. conferencia [*f*. reunión] de emergencia. ▶緊急着陸 *m*. aterrizaje「de emergencia [forzoso]. ▶緊急逮捕する *v*. hacer* un arresto urgente (sin orden de arresto). ▶緊急事態に備える *v*. prepararse [prevenirse*] contra una emergencia. ▶その患者の手術は緊急を要する El paciente necesita ser operado urgentemente [con urgencia]. ☞早急に, 応急, 至急の

きんぎょ 金魚 *m*. pez de colores. → 魚. ▶金魚鉢 *f*. pecera.

きんきょう 近況 *f*. situación [*m*. estado] actual [presente]. → 現状. ▶こちらの近況をお知らせします《口語》Voy a contarte cómo me ha ido.

きんきょり 近距離 *f*. distancia corta.

きんきんごえ きんきん声 ▶きんきん声で *adv*. con voz aguda [chillona].

きんく 禁句 *fpl*. palabras tabú. ♦それはここでは禁句だ Eso es tabú aquí.

キング *m*. rey. → 王. ▶スペードのキング *m*. rey de espadas.

キングサイズ ▶キングサイズのたばこ *m*. cigarrillo de tamaño extra.

きんけい 謹啓 Estimado Sr., Estimada Sra., Estimada Srta.

きんげん 謹厳 (まじめ) *f*. seriedad, *f*. formalidad; 謹厳な *adj*. seri*o*, formal; (威厳のある) *adj*. grave.

きんけんせいじ 金権政治 *f*. plutocracia.

きんこ 金庫 *f*. caja fuerte, *f*. caja de caudales; (銀行などの金庫室) *f*. cámara acorazada, 『ラ米』*f*. bóveda de seguridad. ▶貸し金庫 *f*. caja de seguridad. ▶夜間金庫 *m*. depósito de seguridad nocturno. ▶金庫破り(人) *m*. atracador de cajas fuertes. ▶金を金庫に[入れる [しまっておく] *v*. [1]poner* [2]guardar*] el dinero en la caja fuerte.

きんこう 均衡 *m*. equilibrio. → 釣り合い, バランス. ▶力の均衡 *m*. equilibrio del poder. ▶均衡を[1]破る [2]回復する] *v*. [1]alterar [2]restaurar*] el equilibrio. ▶両大国間の勢力均衡を保つ *v*. mantener* el equilibrio de las dos potencias. ▶二つの軍隊は勢力が均衡していた Los dos ejércitos estaban equilibrados.

きんこう 近郊 (都市の周辺部) *mpl*. alrededores, *mpl*. aledaños; (郊外) *fpl*. afueras, *fpl*. proximidades, *fpl*. cercanías. → 郊外. ▶東京とその近郊 Tokio y sus alrededores.

きんこう 金鉱 (山) *f*. mina de oro. ▶金鉱石 *m*. mineral「de oro《教養語》aurífero].

*****ぎんこう** 銀行 *m*. banco.

1《~銀行》▶ [1]都市 [[2]地方; [3]信託]銀行 *m*. banco [1]urbano [[2]regional; [3]de crédito]. ▶日本銀行 *m*. Banco de Japón. ▶みずほ銀行 *m*. Banco Mizuho. ▶血液銀行 *m*. banco de sangre.

2《銀行+名詞》▶銀行預金 *mpl*. depósitos bancarios. ▶銀行券 *m*. billete de banco. ▶銀行強盗(行為) *m*. atraco [*m*. asalto] a un banco; (犯人) *mf*. atracad*or*/*dora* de bancos. ♦彼は銀行員です Es un bancario [empleado de banco [banca]]. / Trabaja para un banco. → 勤める.

3《銀行に》▶銀行に口座を[1]持つ [2]開く] *v*. [1]tener* [2]abrir*] una cuenta en un banco. ♦彼女は給料の半分を銀行に預けた《フォーマル》Metió [Depositó] la mitad de su sueldo en el banco. ♦私は銀行に百万円の預金がある Tengo un millón de yenes en el banco. / Tengo una cuenta bancaria de un millón de yenes.

4《銀行から》▶銀行から融資を受ける *v*. recibir un préstamo de un banco. ♦彼女は銀行から5万円おろした Sacó [Retiró] 50.000 yenes「del banco [de su cuenta bancaria].

きんこつ 筋骨 ▶筋骨たくましい *adj*. musculoso, fornido.

きんこんしき 金婚式 ▶金婚式を祝う *v*. celebrar las bodas de oro.

ぎんこんしき 銀婚式 ▶銀婚式を祝う *v*. celebrar las bodas de plata.

きんさ 僅差 *m*. estrecho margen, 《口語》*f*. poca diferencia. ▶僅差で[1]勝つ [2]負ける] *v*. [1]ganar [2]perder*] por un estrecho margen. ♦彼は僅差で議長に選ばれた Lo [Le] eligieron presidente por un estrecho margen.

きんし 近視《専門語》*f*. miopía. ▶近視性乱視《専門語》*m*. astigmatismo miópico. ▶非常に近視眼的な判断 *m*. juicio muy miope [corto de miras]. ♦彼は近視だ Es miope [corto de vista].

*****きんし** 禁止 (法律・法令などによる公的な) *f*. prohibición, 《フォーマル》*f*. veto, 《教養語》*f*. proscripción; (通商・出入港などの禁止(令)) *m*. embargo. ▶賭(²)博の禁止令を発する *v*. prohibir* 「el juego [las apuestas con dinero]. ▶その肥料を使用禁止にする *v*. prohibir* el fertilizante. ▶金輸出の禁止を解く *v*. levantar el embargo sobre la exportación de oro. ♦こ

の道路は通行禁止となっている「No se permite [Está prohibido] el tráfico en esta calle. ♦その劇は検閲により上演禁止となった La obra fue prohibida por la censura. ♦駐車禁止［掲示］Prohibido aparcar. / (丁寧に)Gracias por no aparcar. ♦立入禁止［掲示］Se prohíbe la entrada. / No pasar [entrada]. / Prohibido pasar. ♦関係者以外立入禁止［掲示］Privado. Prohibida la entrada a personas no autorizadas.

—— 禁止する v. prohibir*, 《教養語》proscribir*, vedar. → 禁じる.

きんしかんざい 筋弛緩剤 m. relajante muscular.

きんジストロフィー 筋ジストロフィー f. distrofia muscular.

きんちち 近似値 f. aproximación, m. valor aproximado.

きんしつ 均質 《フォーマル》f. homogeneidad. ▶ 均質の adj. 《フォーマル》homogéneo.

きんじつ 近日 ▶近日(中に)(=間もなく) adv. pronto, dentro de poco, en breve (→間もなく); (2, 3 日中に) adv. en dos o tres días; (近いうちに) adv. un [cualquier] día de estos. ▶ 近日発売［広告］Llegará pronto. ♦ (近日発刊)De próxima aparición. ♦「スーパーマン」近日上映 La película "Superman" se estrenará próximamente.

きんじとう 金字塔 (不朽の業績) f. obra [m. logro] monumental.

きんしゅ 禁酒 (酒を断つこと) f. abstinencia del alcohol. ▶禁酒会 f. sociedad abstemia. ♦彼は禁酒を誓った Juró abstenerse de beber [[ラ米]tomar]. ♦ Juró no「《口語》tocar una botella [probar una gota de alcohol].

きんしゅく 緊縮 f. austeridad. ▶緊縮予算 m. presupuesto austero.

***きんじょ** 近所 (場所) f. vecindad, m. barrio; (人々) m. vecindario, mpl. vecinos.

1 《近所〜》▶近所迷惑 f. molestia para los vecinos. ▶近所迷惑なことをする v. molestar「a los vecinos [al vecindario]. ▶近所うきあいをする v. relacionarse con los vecinos. ▶近所中がその話でもちきりだ「Todo el barrio habla [Todos los vecinos hablan] de eso.

2 《近所の》▶近所の公園 m. parque del barrio.

3 《近所に [で]》▶お寺の近所に adv.「en las proximidades [cerca] del templo. ♦うちの近所によいスーパーができた Hay un buen supermercado「en nuestro barrio [cerca de casa].

ぎんじょう 吟醸 f. elaboración cuidada [seleccionada].

***きんじる** 禁じる ❶【禁止する】v. prohibir*, 《フォーマル》vedar; (道徳上などの理由から法的に禁止する) v. prohibir*; (法律・法令などに基づいて禁止する) v. prohibir*; (...するなと命じる) v. ordenar [mandar]《a + 人》que no + 接続法. →禁止. ▶禁じられた恋 m. amor prohibido. ▶「禁じられた遊び」(映画名) mpl. «Juegos Prohibidos». ▶全面的に禁じる v. prohibir*

totalmente [completamente]. ♦列車内での喫煙は禁じられている「Está prohibido [Se prohíbe] fumar en el tren. / Prohibido fumar en el tren. / (許されていない)No se permite fumar en el tren. ♦両親はぼくが野球をするのを禁じている Mis padres me han prohibido jugar [que juegue] al béisbol. / Mis padres no me permiten que juegue al béisbol. ♦医者は彼にアルコールを禁じた El médico le「prohibió el alcohol [ordenó que no tocara el alcohol]. ♦警察はこの道路に駐車するのを禁じている La policía prohíbe que los automóviles estacionen en esta calle.

❷【抑える】v. reprimirse [aguantarse]《de + 不定詞》, contener* [reprimir]《+ 名詞》. ♦ 涙を禁じえなかった No pude reprimir [aguantar, contener] las lágrimas. / (泣かずにいられなかった) No pude contenerme de llorar.

きんしん 近親 ▶近親(者) mf. pariente cercano/na [próximo/ma], mf. familiar allegado/da. → 親戚(誌). ▶近親結婚 m. matrimonio consanguíneo 《entre》. ▶近親相姦(災) m. incesto.

きんしん 謹慎 f. buena conducta, m. buen comportamiento. ▶謹慎を命じる v. 《フォーマル》imponer* 《a + 人》medidas disciplinarias.

きんせい 近世 mpl. tiempos modernos, f. edad [f. época] moderna. → 近代.

きんせい 金製 ▶金製の時計 m. reloj de oro. → 金.

きんせい 金星 Venus, 《口語》m. lucero.

きんせい 均斉 (バランス) f. proporción; (左右の対称) f. simetría; (釣り合い) m. equilibrio. ▶ その寺院の均斉 f. simetría 《fpl. proporciones》del templo. ▶均斉のとれた体 m. cuerpo bien proporcionado. ♦その手紙は均斉のとれた字で書いてあった La carta estaba escrita en una letra bien proporcionada.

きんせい 禁制 ▶禁制の(禁じられた) adj. prohibido. ▶女人禁制の霊峰 m. monte sagrado cerrado a las mujeres.

ぎんせい 銀製 ▶銀製の盆 f. bandeja de plata. → 銀.

ぎんせかい 銀世界 ♦一面銀世界だった Había nieve por todas partes.

きんせつ 近接 f. cercanía, f. proximidad. ▶ 近接した(近くの) adj. cercano, próximo, vecino. → 近く.

きんせん 金銭 m. dinero; (現金) m. dinero en efectivo. → 金(常). ▶金銭出納帳 m. libro de cuentas. ▶金銭欲 m. amor al dinero, f. avaricia. ▶金銭(=財政)上の援助 f. ayuda financiera [económica]. ▶金銭感覚 f. conciencia del valor del dinero. ♦彼らは金銭上の問題でいつももめている Siempre tienen [《口語》andan con] problemas「de dinero [《フォーマル》económicos, 《教養語》pecuniarios]. ♦彼は何でも金銭ずくだ Piensa en términos de dinero para todo.

ぎんせん 銀川 →インチェン

きんぞく 勤続 m. servicio continuo [prolongado]. ▶勤続年数「mpl. años de [f. antigüedad en el] servicio [trabajo]. ▶その学校での30年の勤続により表彰を受ける v. 《フォーマル》ser* galardonado por los treinta años de servicio en la escuela. ▶その会社に長年勤続する v. trabajar en la empresa「muchos años [largo tiempo].

***きんぞく** 金属 m. metal. ▶金属片 m. trozo de metal. ▶金属の adj. de metal; (金属性の) adj. metálico. ▶1貴 [2軽; 3重]金属 mpl. metales [1]preciosos [[2]ligeros; [3]pesados]. ▶金属音 m. sonido metálico. ▶金属工業 f. metalurgia, f. industria metalúrgica. ▶金属製品 mpl. productos de metal, mpl. artículos metálicos. → 商品. ♦このテーブルは金属製だ Esta mesa es「de metal [metálica]. ♦金は非常に有用な金属だ El oro es un metal muy útil.

***きんだい** 近代 f. era [f. época] moderna, mpl. tiempos modernos. ▶近代における最大の発見 m. mayor descubrimiento de la era moderna. ▶近代化 f. modernización.

—— 近代の[的] adj. moderno. ▶近代史 f. historia moderna. ▶近代[1]国家 [[2]建築] [1] m. estado [[2] m. edificio] moderno. ▶近代的思想 fpl. ideas modernas.

—— 近代化する v. modernizarse*; modernizar*. ▶[1]日本 [[2]産業]を近代化する v. modernizar* [1]Japón [[2]la industria]. ▶完全に近代化された工場 f. fábrica completamente modernizada.

きんだん 禁断 (法的な禁止) f. prohibición. → 禁止. ▶禁断の木の実 f. fruta prohibida. ▶(麻薬の)禁断症状 fpl. síntomas de abstinencia.

***きんちょう** 緊張 f. tensión, 《口語》 f. tirantez. ▶緊張した adj. tenso, 《口語》 tirante, estresado; nervioso. ▶緊張した雰囲気 m. ambiente tenso. ▶緊張症候群 (専門語) m. síndrome catatónico. ▶緊張病 [カタトニー] (専門語) f. catatonía.

1 《~緊張》 ▶国際間の緊張 f. tensión internacional. ▶2国間の緊張 f. tensión [fpl. tensas relaciones] entre los dos países.

2 《緊張が》 ▶労使間の緊張が高まっている「Está aumentando [Crece] la tensión [tirantez] entre la mano de obra y la administración. ♦音楽を聞くと緊張がほぐれる La música me relaja. ♦彼の冗談で室内の緊張がほぐれた Su broma aflojó [relajó] la tensión que había en la sala. / Su broma distensionó el ambiente de la sala.

3 《緊張の》 ♦緊張のあまり手が震えていた Estaba tan nervioso que me temblaban las manos.

4 《緊張を》 ▶緊張を緩和する v. aflojar [relajar, aliviar] la tensión, 《教養語》 distender*.

—— 緊張する v. estar* [ponerse*] tenso [nervioso, tirante], 《フォーマル》 estar* en estado de tensión, tensarse*; (聴衆の前などで) v. estar* nervioso por aparecer* en público. ▶筋肉を緊張させる v. tensar los músculos. ▶緊張して耳を傾ける (=耳を澄ませる) v. esforzarse* por oír*. ♦彼が入って来ると私はかちかちに緊張した Me puse nervioso/sa cuando entró él. ♦その証人は非常に緊張していた El/La testigo estaba en un estado de extrema tensión. / El/La testigo estaba extremadamente nervioso/sa. ♦彼がせりふをとちるなんてきっとひどく緊張しているのだわ Tiene que estar muy nervioso para equivocarse de frase.

きんてい 謹呈 ▶彼に1冊本を謹呈する v. 《フォーマル》 regalarle [obsequiarle] un libro.

きんとう 均等 f. igualdad. → 平等. ▶教育の機会均等 f. igualdad de oportunidades educativas [en la educación]. ▶雇用機会均等法 f. Ley de Igualdad de Oportunidades Laborales [en el Empleo]. ▶利益を均等に分ける 《フォーマル》 v. dividir「en partes iguales [equitativamente] las ganancias.

きんとう 近東 m. Cercano Oriente, m. Oriente Próximo. ▶近東諸国 mpl. países del Cercano Oriente. → 極東.

ぎんなん 銀杏 f. nuez del ginkgo.

きんにく 筋肉 m. músculo; (全体) f. musculatura. ▶筋肉の adj. muscular; (骨太でたくましい) adj. fornido, musculoso. ▶筋肉運動 m. movimiento muscular. ▶筋肉質 f. muscularidad. ▶筋肉組織 m. tejido [m. sistema] muscular. ▶筋肉痛 m. dolor muscular. ▶筋肉労働 m. trabajo manual [físico]. ▶筋肉労働者 mf. obrero/ra [mf. trabajador/dora] manual. ▶筋肉たくましい腕 m. brazo musculoso. ▶腕の筋肉の発達 m. desarrollo「de los músculos [muscular] del brazo. ▶筋肉を収縮させる v. contraer* [tensar] los músculos. ♦あの運動選手はたくましい筋肉をしている Ese/sa atleta es muy musculoso/sa. ♦筋肉は使えば使うほど発達する Cuanto más uses los músculos, más se desarrollan.

きんねん 近年 mpl. últimos años; (最近) adv. en los últimos años, recientemente, últimamente. → 最近. ▶近年にない暑い夏だ Es el verano más caluroso de los últimos años. ♦近年急激な政治の変革が見られる En los últimos años ha habido cambios radicales en la política.

きんぱく 緊迫 f. tensión, f. tirantez. ▶両国間の緊迫した関係 fpl. relaciones tirantes entre los dos países. ♦国際情勢が緊迫してきた La relación internacional se ha puesto [vuelto] tensa.

きんぱく 金箔 m. pan de oro.

きんぱつ 金髪 《フォーマル》 m. pelo [m. cabello] rubio. ▶金髪の女性 f. mujer rubia, 《口語》 f. rubia.

地域差	金髪の
[全般的に]	adj. rubio
[メキシコ]	adj. güero
[コロンビア]	adj. mono

ぎんぱつ 銀髪 《フォーマル》 m. pelo [m. cabello] entrecano. ▶銀髪の老人 mf. anciano/na entrecano/na [algo canoso/sa].

ぎんばん 銀盤 (スケートリンク) f. pista de hielo [patinaje]. ▶銀盤の女王 f. reina del patinaje.

きんぴか 金ぴか (金色の輝き) m. relumbrón, m. oropel. ▶金ぴかのライター m. encendedor de relumbrón. ▶金ぴかの衣装 mpl. vestidos de relumbrón.

***きんべん** 勤勉 f. diligencia; f. laboriosidad. ▶勤勉と倹約 f. diligencia y f. economía [m. ahorro].

—— 勤勉な adj. laborioso, aplicado; (特定のことに) adj. diligente; (性格的に) adj. industrioso. ♦日本人は勤勉です El pueblo japonés es diligente [industrioso, laborioso]. ♦彼は職務に勤勉である Cumple sus deberes con diligencia.

きんぺん 近辺 f. vecindad, f. cercanía. → 近く, 辺(たり). ▶近辺の adj. cercano [próximo]《a》. ♦駅の近辺に住む v. vivir「en las cercanías [cerca] de la estación.

ぎんみ 吟味 (よく調べる) m. examen, m. escrutinio; (精選) f. cuidadosa selección. ▶吟味する v. examinar, escrutar; seleccionar cuidadosamente. ▶吟味した品 m. artículo de cuidadosa selección. ▶言葉を吟味する v. pesar las palabras.

きんみつ 緊密 ▶緊密な adj. estrecho,《強調して》 íntimo. → 密接. ♦日・米の間には緊密な関係がある Hay estrechas relaciones entre Japón y Estados Unidos.

きんみゃく 金脈 f. conexión financiera; (資金を出してくれる人) mf. patrocinador/dora financiero/ra.

きんむ 勤務 (仕事) m. trabajo; (公務) m. servicio; (職務) m. deber. → 勤め, 務め.

1《〜勤務》▶夜間勤務 m. servicio nocturno, m. turno de noche. → 夜勤. ▶メキシコ支店勤務を命ぜられる v. ser* asignado a prestar servicio en la sucursal de México.

2《勤務＋名詞》▶勤務時間 fpl. horas laborales, fpl. horas de trabajo. ▶勤務評定 f. calificación de servicios. ▶勤務先 m. lugar de trabajo. ▶勤務条件 fpl. condiciones laborales. ▶勤務成績がよい v. tener* buen rendimiento laboral. ▶勤務中である v. estar* de servicio. → 仕事中. ▶勤務時間外である v. estar* fuera de servicio. 会話 勤務時間について教えていただけますか—はい. 一日の勤務時間は9時から5時までで, 12時から昼休みが1時間あります ¿Me puede informar del horario de trabajo? – Sí. Es de nueve a cinco, con una hora a mediodía para comer.

3《勤務が[に, を]》▶勤務を怠る v. descuidar el deber. ▶勤務につく v. entrar de servicio. ▶勤務につける v. poner*《a + 人》de servicio. ♦今日は勤務がないから Hoy no trabajo. / (非番である)Hoy no estoy de servicio.

—— 勤務する v. trabajar [estar* de,《フォーマル》prestar] servicio. → 勤める. ▶1日8時間勤務する v. trabajar ocho horas diarias; tener* una jornada laboral de ocho horas. ♦彼はその会社に30年間勤務した Ha servido 30 años en la empresa. / Ha trabajado [prestado servicios] en la empresa durante 30 años.

きんもつ 禁物 (してはならないとされている言動) m. tabú, f. prohibición. ♦食事中にそういう話は禁物だ En la comida ese tema de conversación es tabú. ♦この部屋ではたばこは禁物だ Está prohibido fumar en esta sala. ♦あの男には油断禁物だ (＝注意をしろ) Ten cuidado con ese hombre.

きんゆ 禁輸 f. embargo.

きんゆう 金融 (財務, 財政) fpl. finanzas; (金) m. dinero. ▶金融 ¹引き締め [²緩和]政策 f. política de dinero ¹caro [²abundante]. ▶金融界 m. mundo financiero, mpl. círculos financieros. ▶金融機関 f. institución financiera; (会社) f. empresa financiera. ▶金融業者(金貸し) (しばしば軽蔑的に) mf. prestamista; (大金を扱う) mf. financiero/ra. ▶金融恐慌 m. pánico financiero. ▶金融市場 m. mercado financiero. ▶金融資本 m. capital financiero. ▶住宅金融公庫 f. Caja Nacional de Préstamo a la Construcción de Viviendas. ▶金融 (＝金融市場) を引き締める v. restringir* el mercado financiero. ♦金融がひっぱくしている La situación financiera es grave. ♦金融市場が徐々に¹引き締まって [²緩んで]きた El mercado financiero se ha puesto cada vez más ¹restrictivo [²flexible].

***きんよう(び)** 金曜(日) m. viernes, 〖略〗v., vier.

きんよく 禁欲 (誓ったり約束したりして) f. abstinencia, f. mortificación; (性欲の) f. continencia; (宗教的理由での) m. ascetismo. ▶禁欲主義 m. ascetismo. ▶禁欲主義者 mf. asceta. ▶禁欲生活をする v. practicar* el ascetismo, llevar una vida ascética [《宗教》de ascesis].

きんらい 近来 (最近) adv. recientemente, últimamente, en los últimos años. → 最近, この頃は. ♦近来まれにみる豊作だ Es la mejor cosecha que hemos tenido en los últimos años.

きんり 金利 (利率) m. tipo [f. tasa] de interés; (利子) m. interés. ▶¹高 [²低]金利 mpl. ¹altos [²bajos] tipos de interés. ▶金利を¹上 [²下]げる v. ¹subir [²bajar] los tipos de interés. ▶10パーセントの金利で銀行から金を借りる v. pedir* un crédito [préstamo] bancario al 10% de interés. ♦このローンの金利は年8%です El interés de este crédito es del 8% anual [al año].

きんりょう 禁猟 m. veda de caza. ▶禁猟区 m. coto, m. vedado (de caza).

きんりょく 筋力 f. fuerza muscular. ▶筋力トレーニングをする (＝筋肉を発達させる運動をする) v. hacer* ejercicio para desarrollar la fuerza muscular.

きんろう 勤労 m. trabajo; (肉体労働の) m. trabajo físico; (勤め) m. servicio. ▶勤労者 m. obrero/ra, mf. trabajador/dora. ▶勤労階級 f. clase obrera,《専門語》m. proletariado. ▶勤労奉仕 m. trabajo voluntario. ▶勤労意欲 f. voluntad de trabajo. ▶勤労感謝の日 m. Día de Acción de Gracias al Trabajo.

く

く 句 (語の集まり) f. frase; (表現) f. expresión, 《教養語》f. locución; (引用の1節) m. pasaje (de un texto); (俳句) m. "haiku". ▶ 名詞句 f. locución nominal. ▶ 聖句 f. frase de la Biblia. ▶ 詩を一字一句間違いなく覚える v. memorizar* un poema al dedillo. ▶ 一句よむ v. componer* un "haiku".

・**く** 九 num. nueve. → 三.

く 苦 (心配) f. preocupación, f. inquietud; (苦痛) m. dolor; (困難) f. dificultad. ▶ そんなことを苦にするな ¡No te preocupes por eso! / ¡No te lo tomes así! ▶ 苦は楽の種(棘のないバラはない)《ことわざ》No hay rosas sin espinas. ▶ 彼は苦もなくその数学の問題を解いた No tuvo dificultad en resolver el problema de matemáticas. / No le costó trabajo solucionar el problema de matemáticas. ▶ 彼は雪の中を歩くのを苦にしない (=何とも思わない) No le inquieta el andar en la nieve. ▶ 試験の結果が時々苦になる A veces me preocupa el resultado del examen.

く 区 〈行政区画〉m. distrito, f. zona, m. barrio, f. circunscripción. ▶ 須磨区 m. distrito de Suma. ▶ 駐車禁止区 f. zona de no aparcamiento. ▶ 区役所 f. oficina de distrito.

ぐ 愚 f. locura, f. idiotez; f. tontería, f. ridiculez. ▶ 愚にもつかない冗談 f. broma ridícula [absurda]. ▶ 愚にもつかないことを言う v. decir* tonterías. ▶ 彼を信用するなんて愚の骨頂だ Es el colmo de la locura creerlo[le].

・**ぐあい** 具合 ❶【調子、状態】m. estado, f. condición, f. situación. → 調子, 加減, 具合 (=健康状態)が¹よい [²悪い] v. estar* en ¹buenas [²malas] condiciones. ▶ 肉の焼き具合を見る v. ver* [comprobar*] cómo está asada la carne. 会話 今日は体の具合はどうですか―ずっとよくなりました ¿Cómo te encuentras hoy? – Me encuentro mucho mejor, gracias. ▶ 母の具合はますます悪くなっている El estado de mi madre es cada vez peor. ▶ あいにく母がひどく具合が悪いんです (=重病です) Me temo que mi madre está muy enferma. ▶ どこか具合が悪いのですか ¿Le pasa a usted algo? ▶ 腹具合が悪い Tengo algo en el estómago. / Tengo problemas de estómago. ▶ バスで旅行するといつも具合が悪くなるんだ Los viajes en autobús siempre me sientan mal. ▶ この機械は具合が悪い Esta máquina no está en buen estado. / Esta máquina no funciona bien. ▶ どんな具合でしたか ¿Qué tal [Cómo] fue? ▶ どんな具合に行っていますか ¿Qué tal [Cómo] van las cosas? ▶ 万事具合よく行っている Todo va bien. 会話 あした試験なんだ―どんな具合だったか教えてね Mañana tengo un examen. – Dime cómo te ha ido. ❷【都合】→都合. ▶ 具合が¹よい [²悪い] v. venir* [ir*] ¹bien [²mal] 《a + 人》, ¹convenir * [²no convenir *], ser * ¹conveniente [²inconveniente]. ▶ 今日は別の約束があって具合が悪い Hoy no me viene bien porque tengo「otra cita [otro compromiso]. ▶ そこへ着くと具合悪く(=運悪く)バスは出たところだった Por desgracia el autobús acababa de irse cuando yo llegué. ❸【方法】会話 これどういうふうにするの―こんな具合にさ ¿Cómo se hace esto? – Pues así. → 調子. ☞加減, 調子

クアウテモク Cuauhtémoc (☆1495頃-1525, アステカ最後の王).

グアカモーレ・ソース m. guacamole (☆アボカドにトマト、タマネギ、チリソースを入れて練ったもの).

グアダラハラ Guadalajara (☆スペインの県・県都; メキシコの都市, ハリスコ州の州都).

グアダルキビルがわ グアダルキビル川 el río Guadalquivir (☆スペインの川).

グアダルペ Guadalupe (☆スペインの都市; メキシコの都市).

グアテマラ f. (República de) Guatemala (☆中央アメリカの国, 首都グアテマラシティー Ciudad de Guatemala). ▶ グアテマラ(人)の adj. guatemalteco.

クアトロ m. cuatro (☆4弦のギター).

グアナフアト Guanajuato (☆メキシコの州).

グアバ グアバの実 f. guayaba.

クアハウス m. balneario; fpl. termas.

グアヒーラ f. guajira (☆キューバの民謡).

くい 悔い m. arrepentimiento. → 後悔. ▶ 何も悔いはない No me arrepiento de nada.

くい 杭 f. estaca, m. poste, m. pilar; (建築物の基礎として打ち込む) m. pilote. ▶ 杭打ち(工事) f. hinca de pilotes. ▶ 杭打ち機 m. martinete. ▶ 杭を打つ [抜く] v. ¹clavar [¹hincar*; ² sacar*] una estaca. ▶ 杭を立てる v. poner* [levantar, erigir*] un poste. ▶ 出る杭は打たれる《言い回し》Al clavo que sobresale le dan martillazos.

くいあらためる 悔い改める v. arrepentirse*; enmendarse*; hacer* penitencia.

くいいじ 食い意地 f. gula, f. glotonería. ▶ 食い意地の張った adj. glotón, 《口語》comilón.

くいいる 食い入る ▶ 彼は彼女の顔を食い入るように(=じっと)見つめた Fijó la mirada en su cara. / Miró fijamente su cara. ▶ その子は動物園のトラを食い入るように見ていた El niño era todo ojos cuando vio al tigre en el zoo.

クイーン f. reina. → 女王. ▶ ハートのクイーン f. reina [《英語》"queen"] de corazones.

くいき 区域 f. zona, m. distrito, f. región,

f. sección. ▶警官の担当区域 *m*. territorio de la ronda de la policía. ▶郵便の配達区域 *f*. zona de reparto (cartero). ▶駐車禁止区域 *f*. zona de no aparcamiento.

ぐいぐい ❶【ぐいぐい人をひきつけるような】*adj*. magnético, absorbente. ◆この小説は人をぐいぐい引っていく Esta novela es absorbente. ◆彼はぐいぐい人をひきつける(人柄を持っている) Tiene una personalidad magnética.
❷【ぐいぐい引っ張る】*v*. dar* tirones, tirar. ◆船員たちがロープをぐいぐい引っ張っている Los marineros están tirando de las cuerdas.
❸【ぐいぐい飲む】(ひと息で) *v*. beber a grandes tragos, beber con avidez, tragarse*. ◆彼はビールをぐいぐい飲むのが好きだ Le gusta beber la cerveza con avidez.

くいけ 食い気 (食欲) *m*. apetito.

くいこむ 食い込む (ひもなどが) *v*. meterse [penetrar, introducirse*] 《en》. ◆わなはもがくウサギの足に食い込んでいった El cepo estaba atrapando la pata del conejo que forcejeaba. ◆彼のスペイン語の授業はしばしば休みの時間に食い込む Su clase de español se alargó durante el tiempo de recreo. ◆物価が上がって来て貯蓄に食い込み始めた La subida de los precios empezó a「hacer mella en [comerse] nuestros ahorros. ◆彼は百メートル競走で3位までには食い込む(=入る)だろう Va a llegar en uno de los tres primeros puestos de la carrera de los 100 metros (lisos). ◆日系企業が米国の自動車業界の一角に食い込んできている Las empresas japonesas están invadiendo parte de la industria automovilística de Estados Unidos.

くいさがる 食い下がる (しがみつく) *v*. perseverar, persistir. ▶質問をして食い下がる(=次々と質問して困らす) *v*. hostigarlo[le]* con preguntas continuas [《口語》machaconas].

くいしんぼう 食いしん坊 (大食家) *mf*. comilón/lona, 《口語》*m*. tragón/gona, 《口語》*mf*. tragaldabas, *mf*. glotón/tona. ◆息子は本当に食いしん坊だ Mi hijo es un tragón.

クイズ *f*. adivinanza; (放送) *m*. concurso. ▶クイズ番組 *m*. programa concurso. ▶クイズ番組の司会者 *m*. presentador/dora del concurso. ▶クイズ番組の回答者 *m*. concursante. ◆彼はクイズ番組に出た Participó en un concurso.

くいたりない 食い足りない (十分食べていない) *v*. no haber* tomado [comido] bastante, no estar* harto; (もの足りない) *v*. estar* poco satisfecho.

くいちがい 食い違い *f*. discrepancia, *m*. desacuerdo; *f*. contradicción. ◆彼らの間に意見の食い違い(=差異)は認められなかった No pudimos apreciar ninguna discrepancia de opinión entre ellos. ◆彼の話には2,3の食い違い(=矛盾)があった Descubrimos algunas contradicciones en lo que había dicho.

くいちがう 食い違う (異なる) *v*. discrepar 《de, con》《en》, 《フォーマル》disentir* 《de》, no estar* de acuerdo 《con》; (矛盾する) *v*. contradecirse* 《con》. ▶食い違う証言 *m*. testimonio contradictorio. ◆私は彼と意見が食い違っている Mi opinión discrepa de la suya. ◆田中さんの説明と私の説明は食い違った La explicación del Sr. Tanaka contradijo la mía.

くいちぎる 食いちぎる *v*. morder* cortando, llevarse a mordiscos.

くいつく 食い付く *v*. morder*, picar*. ◆魚が餌(*²*)に食いついた Un pez mordió el anzuelo. / Picó un pez. ◆彼はもうけ話に食いついた Aceptó la oferta de un buen negocio al vuelo.

クイック・ソート 《専門語》 *f*. ordenación rápida (☆IT用語).

くいつなぐ 食いつなぐ (かろうじて生計を立てる) *v*. ganar para malvivir, sacar* lo justo para ir* viviendo. ▶妻のわずかな収入で食いつなぐ(=頼って暮らす) *v*. vivir de los pequeños ingresos de la esposa.

くいつぶす 食い潰す ▶財産を食いつぶす(=使い果たす) *v*. dilapidar la hacienda, gastarse la fortuna. ▶貯金を食いつぶしている(=よりどころにして暮らす) *v*. vivir de los ahorros.

くいつめる 食い詰める (生活できない) *v*. no poder* ganar para vivir; estar* arruinado.

ぐいと ◆彼はぼくのネクタイをぐいと引っ張った Me tiró de la corbata. ◆男はコップ半分の冷や酒をぐいとあおった El hombre se bebió de un trago medio vaso de sake frío.

くいどうらく 食い道楽 *f*. gastronomía; (人) 《仏語》*mf*. "gourmet", *mf*. gastrónomo/ma.

くいとめる 食い止める *v*. detener*, frenar, parar. → 防ぐ. ▶敵の攻撃を食い止める *v*. detener* el ataque enemigo. ▶延焼を食い止める *v*. detener* la propagación de un incendio. ▶[1]被害 [2]出費を最小限に食い止める(=少なくする) *v*. reducir* [1]el daño [2]los gastos al mínimo.

くいにげ ▶食い逃げする *v*. escaparse sin pagar* la comida. → 食う.

くいはぐれる 食いはぐれる (食いそこなう) *v*. quedarse sin comer; (生活できない) *v*. no ganar para comer.

くいもの 食い物 (食べ物) *f*. comida; (犠牲) *f*. víctima, *f*. presa. ◆彼女は暴力団の食い物になった Se convirtió en víctima del grupo mafioso. ◆詐欺師は老女を食い物にした El/La timador/dora escogió como presa a la anciana. ◆あの工場では労働者が食い物に(=搾取)されている Los obreros son explotados [unas víctimas] en esa fábrica.

くいる 悔いる *v*. arrepentirse*. → 後悔.

クィンティリアヌス(マルクス・ファビウス～) Marco Fabio Quintiliano (☆35?–95?, スペイン生まれ, ローマの修辞学者).

クインテット *m*. quinteto.

くう 食う ❶【食物などを】*v*. comer, tomar; comerse. → 食べる. ▶食い逃げする *v*. escaparse [irse*] sin pagar* la comida.
❷【動物が食う】*v*. comer, tragar*, devorar, morder*, picar*. ◆ライオンが羊を食った Un león「se comió [devoró] a la oveja. ◆蚊に

食われた Me picó un mosquito. ♦魚が餌(え)を食った El pez "se comió [(釣りで) picó] el cebo. ♦犬が肉片を食った (=食いちぎった) El perro se comió un trozo de carne.
❸【生活する】v. vivir 〈de〉, ganarse la vida 《＋現在分詞，con ＋ 名詞》. ♦わずかな収入で食っていく v. vivir de unos modestos ingresos. ♦食うのがやっと[食うや食わず]の収入を得るために長時間働く v. trabajar largas horas sólo para conseguir* lo justo para vivir. ♦彼はタクシーの運転手をして食っている Se gana la vida「conduciendo un taxi [con un taxi, de taxista]. / Vive de un taxi.
❹【消費する】v. gastar, consumir. ♦時間をどく食う仕事 m. trabajo que lleva mucho tiempo. ♦私の車はよくガソリンを食う Mi coche gasta mucha gasolina. / Mi coche consume mucho. ♦ぜいたくな暮らしで彼は遺産を食いつぶしている Con su lujoso tren de vida se está gastando su herencia.
❺【好ましくないことを身にうける】♦一杯食わされる v. ser* engañado [timado]. ♦食う v. quedarse plantado. ♦一喝を食う v. ser* golpeado por sorpresa. ♦その事件に巻きぞえを食う v. quedar implicado en el caso.
《その他の表現》♦人を食った態度で actitud insolente [arrogante]. ♦何食わぬ顔 m. aspecto inocente [descuidado]. ♦その手は食わない Tú a mí no me engañas. / No puedes engañarme. /〈口語〉No me la pegas. ♦食うか食われるかの世の中だ〈言い回し〉En este mundo el pez grande se come al chico.

クウェート Kuwait; (公式名) m. Estado de Kuwait (☆西アジアの国, 首都クウェート Kuwait). ♦クウェート(人)の adj. kuwaití.

くうかん 空間 m. espacio, m. lugar. ♦空間(的)な adj. espacial. ♦時間と空間 m. tiempo y m. espacio.

＊＊くうき 空気 ❶【気体】m. aire; (特定の場所の) f. atmósfera; (大気) m. ambiente, m. aire.
1《～的な》♦乾いた [²湿った]空気 m. aire ¹seco [²húmedo]. ♦汚染された都会の空気「m. aire contaminado [f. atmósfera contaminada] de la ciudad.
2《空気＋名詞》♦空気銃 f. escopeta de aire comprimido. ♦空気調節装置 m. aire acondicionado, f. acondicionador de aire. ♦空気ポンプ f. bomba de aire. ♦空気枕 f. almohada de aire, m. almohadón inflable. ♦空気清浄機 m. purificador [m. limpiador] de aire.
3《空気は[が]》♦山の空気は¹おいしい [²澄んでさわやかだ] El aire de la montaña ¹huele bien [²es puro y vigorizante]. ♦この部屋の空気は悪い El aire de esta habitación está viciado [cargado]. ♦ここは空気が希薄なので息がしにくい Resulta difícil de respirar este aire enrarecido. / Como la atmósfera está enrarecida aquí es difícil respirar. ♦タイヤの空気が抜けているよ Se te ha desinflado el neumático.
4《空気を》♦部屋の空気を入れ換える v. ventilar「la habitación [el cuarto]. ♦空気を吸う v. tomar [inhalar, inspirar] aire. ♦新鮮な空気を胸いっぱい吸う v. hacer* una profunda inspiración de aire fresco. ♦タイヤに空気を入れる v. inflar [poner* aire a] un neumático. ♦窓を開けて空気を入れなさい Abre las ventanas para que entre algo de aire.
❷【雰囲気】f. atmósfera, m. ambiente, m. clima. ♦彼は自由な空気の中で育った "Se crió [Fue educado] en una atmósfera de libertad.

くうきょ 空虚 m. vacío, f. vacuidad. ♦空虚な(むなしい) adj. vacío, libre; insulso, insustancial. ♦空虚な人生 f. vida vacía [insulsa]. ♦空虚な笑い f. sonrisa insulsa. ♦空虚感を覚える v. sentirse* vacío.

ぐうぐう ♦彼女はぐうぐう寝ている Está profundamente dormida. ♦お腹がなるんだ El estómago me hace ruido cuando tengo hambre. ♦彼はぐうぐういびきをかいて寝る Ronca mucho.

くうぐん 空軍 f. aviación, m. ejército del aire, fpl. fuerzas aéreas. ♦空軍基地 f. base aérea. ♦空軍力 m. potencial aéreo.

・**くうこう** 空港 m. aeropuerto, m. aeródromo. ♦成田空港(新東京国際空港) m. Aeropuerto de Narita (el Nuevo Aeropuerto Internacional de Tokio). ♦空港施設 fpl. instalaciones del aeropuerto. ♦空港に着陸する [²から飛び立つ] v. ¹aterrizar* en el [²despegar* del] aeropuerto. ♦空港までバスがありますよ Hasta el aeropuerto "puedes tomar [hay] un autobús.

くうしゃ 空車 m. taxi libre. ♦空車「タクシーの掲示」Libre. ♦ほら, あれ空車だ ¡Mira! Ahí viene [hay] un taxi libre.

くうしゅう 空襲 ♦空襲する v. hacer*「un ataque aéreo [una incursión aérea]. → 爆撃.

くうしょ 空所 m. espacio en blanco. ♦空所を適切な語で埋めなさい Rellene [Complete] con las palabras correctas los espacios en blanco.

ぐうすう 偶数 m. número par. ♦4は偶数だ El cuatro es un número par.

ぐうする 遇する (待遇する) v. tratar, agasajar.

くうせき 空席 m. asiento [f. plaza] libre; (職・地位などの) f. vacante, m. puesto vacante. ♦これら二つの席が空席になっている Estos dos asientos están libres. ♦飛行機は半分は空席だった El avión estaba medio vacío. ♦本校には教員の空席はありません No hay vacantes [puestos, plazas] para profesores [maestros] en nuestra escuela.

くうぜん 空前 ♦空前の(前例のない) adj. sin precedentes, jamás visto ni oído, inaudito. ♦空前のヒット m. éxito sin precedentes. ♦空前絶後の大事業 f. mayor empresa que jamás se ha visto ni se verá. ♦街は空前の人出だった Había en la calle un gentío inigualable [incomparablemente numeroso]. ♦その劇は空前の客入りだった La obra de teatro batió un récord de taquilla.

・**ぐうぜん** 偶然 f. casualidad; (偶然の出来事) f.

coincidencia; (偶然の一致) m. accidente. ♦私たちの出会いはまったく[ほんの]偶然だった Nuestro encuentro fue「pura casualidad [un puro accidente]. ♦二人が同じバスに乗り合わせたのは、単なる偶然(の一致)だった Los dos estaban en el mismo autobús por pura coincidencia. / Casualmente los dos estaban en el mismo autobús. 会話 今夜このコンサートへ行くんだ—私もよ。偶然ね Esta noche voy al concierto. – ¡Qué casualidad! ¡Yo también!
── 偶然の adj. casual, accidental, fortuito. ♦偶然の死 f. muerte accidental,《フォーマル》m. fallecimiento accidental. ♦偶然の出会い m. encuentro fortuito [casual]. ♦彼らの出会いは偶然だった Su encuentro fue casual.
── 偶然(に) adv. por [de] casualidad, casualmente, por accidente, accidentalmente. ♦私は京都で偶然彼女に出会った La encontré [vi] en Kioto por casualidad. / Casualmente la vi en Kioto. ♦彼女に会ったのは偶然だった Dio la casualidad de que la encontré en Kioto. ♦彼は通りで偶然財布を見つけた「Dio la casualidad de que se encontró [Acertó a hallar] una cartera en la calle. / Se encontró con una cartera en la calle de casualidad.

── 誤って, 運, 怪我, 一つい, 意外な, 思いがけない
くうそう 空想 (気まぐれな) f. ilusión, f. fantasía; (夢見るような) f. quimera; (想像) f. imaginación. ♦空想する v. imaginar, tener la fantasía 《de》, figurarse. → 想像する. ♦空想(=想像)上の adj. imaginario, fantástico, ilusorio. ♦空想科学[1]小説 [2]映画; [3]漫画] [1] f. novela [2] f. película; [3] f. historieta] de ciencia ficción. ♦彼は空想力が豊かだ Tiene una viva imaginación. ♦それはまったくの空想だった Todo era pura fantasía. / No fue más que una ilusión. ♦彼はいつも空想にふけっていた Siempre estaba soñando despierto. / Estaba siempre con sus fantasías.
ぐうぞう 偶像 m. ídolo. ♦偶像崇拝 f. adoración a los ídolos, f. idolatría. ♦偶像化する v. idolatrar. ♦偶像を崇拝する v. adorar un ídolo, practicar* la idolatría.
ぐうたら (だらしない人) mf. holgazán/zana, mf. gandul/dula. ♦ぐうたらな adj. holgazán, vago. ♦ぐうたら亭主 m. marido perezoso. ♦こんなこと言いたくないけど、あなたって本当にぐうたらになったわね No me queda más remedio que decirte que te has vuelto un/una completo/ta holgazán/zana. / Muy a mi pesar tengo que decirte que te has vuelto (口語) un/una gandul/dula de tomo y lomo.
くうちゅう 空中 ♦空中の adj. aéreo, atmosférico. ♦空中に adv. en [por] el aire, en [por] la atmósfera. ♦空中[1]衝突 [2]爆発] [1] f. colisión [2] f. explosión] aérea. ♦空中散布(農薬の) f. fumigación aérea. ♦空中戦 m. combate aéreo, f. batalla aérea. ♦空中分解する v. desintegrarse en el aire. ♦空中高く飛ぶ v. volar* muy alto. ♦空中に跳び上がる v. saltar al espacio, saltar en el vuelo. ♦パラシュートが空中に浮かんでいた Había un paracaídas en el aire. ♦魔女は空中を箒に乗って飛ぶという Dicen que las brujas van por el aire montadas en una escoba.
くうちょう 空調 m. aire acondicionado, f. climatización del ambiente. ♦空調設備のある建物 m. edificio climatizado [con aire acondicionado].
クーデター m. golpe de Estado,《口語》m. cuartelazo. ♦クーデターによって adv. por golpe de Estado,《口語》por el cuartelazo. ♦クーデターを起こす v. dar* un golpe de Estado,《口語》pegar* un cuartelazo.
くうてん 空転(する) → 空回り
くうどう 空洞 f. cavidad, m. hueco. ♦空洞の adj. hueco, vacío.
ぐうのね ぐうの音 ♦ぐうの音も出ない(完全にやりこめられる) v. sufrir una「completa derrota [(口語) paliza],《口語》recibir un buen baño, quedarse mudo (ante la derrota).
くうはく 空白 m. espacio en blanco, m. vacío. → 空欄. ♦記憶の空白 m. blanco en la memoria. ♦空白ページ (専門語) f. página en blanco. ♦空白文字 (専門語) m. carácter blanco. ♦政治的空白を生む v. provocar* [crear, causar] un vacío político.
くうばく 空爆 m. bombardeo aéreo.
ぐうはつ 偶発 m. accidente, f. contingencia. ♦偶発的な adj. accidental; (不測の) adj. imprevisto.
クーバリブレ m. cubalibre (☆ラム酒[ジン]をコーラで割ったもの).
くうひ 空費 m. desperdicio, f. pérdida. → 浪費. ♦つまらぬ事に時間を空費する v. perder* [malgastar] el tiempo en tonterías [bobadas].
くうふく 空腹 f. hambre. ♦空腹な adj. con hambre, hambriento. ♦空腹のときに[をかかえて] adv. con el estómago vacío. ♦空腹を覚える v. sentir [tener*] hambre, estar* hambriento. ♦パンで空腹を満たす v. saciar [satisfacer*] el hambre con el pan, hartarse de pan; (一時的に) v. matar el hambre 《con》. ♦ひどく空腹です (強調して) Me muero de hambre. / Estoy muerto de hambre. ♦彼は空腹そうな顔をしている Tiene cara de hambre.
クーペ (仏語) m. "coupé", m. cupé.
くうぼ 空母 m. portaaviones.
クーポン m. cupón, m. vale. ♦クーポン券 m. cupón, m. billete.
くうゆ 空輸 m. transporte aéreo [por avión, por aire, (por) vía aérea]. ♦郵便物を空輸する v. mandar「una carta [el correo] por avión, utilizar el correo aéreo. ♦被災者に食料を空輸する v.「transportar alimentos por vía aérea [llevar por avión alimentos] a las víctimas.
クーラー m. aire acondicionado, m. aconcidicionador de aire.
くうらん 空欄 f. columna [m. espacio] en blanco. ♦空欄に住所と氏名を記入する v. rellenar [completar] los espacios en blancos

con el nombre y la dirección.
クーリングオフ (期間) *m.* período [*m.* plazo] de prueba; *m.* tiempo de reflexión. ▶クーリングオフでビデオを返す *v.* devolver* las cintas en el plazo de prueba.
クール (冷静な) *adj.* frío, sereno. → 冷静. ▶クールな男 *m.* hombre frío [de sangre fría], *m.* hombre sereno.
くろ 空路 *f.* ruta aérea. ▶空路ニューヨークに飛ぶ *v.* volar* a Nueva York, ir* a Nueva York en avión.
くろん 空論 ▶空理空論に走る *v.* meterse en discusiones inútiles [bizantinas], andarse* en elucubraciones estériles. ◆それは机上の空論だ Eso no es más que pura teoría. / Ésa es una teoría inaplicable.
ぐうわ 寓話 (動物を主人公にした) *f.* fábula, *f.* alegoría.
クエカ *f.* cueca (☆チリ・ボリビアの民族舞踊).
くえき 苦役 *m.* trabajo duro [de esclavos].
クエスチョンマーク ▶クエスチョンマークを付ける *v.* poner* un signo de interrogación.
クエンカ Cuenca (☆スペインの県・県都; エクアドルの都市).
クォーター *m.* cuarto.
クォーツ クォーツ時計 *m.* reloj de cuarzo.
クオリティ (質, 品質) *f.* calidad. ▶ハイクオリティな *adj.* de alta calidad, de calidad superior. ▶クオリティ・ペーパー (=高級な新聞) *m.* periódico serio.
くかく 区画 (区切られた土地) *f.* división, *m.* bloque, *f.* manzana; 〖ラ米〗 *f.* cuadra, *m.* solar, *f.* parcela. ▶区画整理をする *v.* reclasificar*, dividir en nuevas zonas. ▶行政区画 *f.* división administrativa. ▶家を建てるために一区画を買う *v.* comprar 「un terreno [una parcela] para construir* una casa.
くがく 苦学 ▶苦学する (働いて大学を出る) *v.* estudiar con dificultades económicas, financiarse los estudios con el propio trabajo.
***くがつ** 九月 *m.* septiembre, *m.* setiembre, 〖略〗 sept. ▶9月に *adv.* en septiembre.
くかん 区間 (部分) *m.* trayecto, *m.* recorrido, *m.* tramo. ▶その区間のバスは雪のためよく不通になる El servicio de los autobuses que cubren ese trayecto se suspende con frecuencia debido a la nieve.
くき 茎 *m.* tallo; (穀物の) *f.* caña. ▶とうもろこしの茎 *fpl.* cañas del maíz.
***くぎ** 釘 *m.* clavo, *f.* punta; (枕木用の) *f.* escarpia, *f.* alcayata; (木工用の) *f.* espiga. ▶釘抜き (ペンチ型の) *fpl.* pinzas; (L字型の) *m.* sacaclavos. ▶釘を打つ *v.* clavar un clavo (en). ▶板の釘を抜く *v.* sacar* un clavo de una tabla. ▶板にビラを釘で打ちつける *v.* clavar [fijar, poner*] un aviso en un tablero. ▶ドアを釘うけする *v.* condenar una puerta (clavándola con clavos). ◆セーターをあの釘に引っかけた Se me enganchó [〖メキシコ〗 atoró; 〖チリ〗 pescó] el suéter de ese clavo.
〖その他の表現〗 ▶二度とあんなばかなことをするなと彼に釘をさした (=警告した) Le advertí seriamente que no volviera a hacer esa tontería nunca más. ◆彼は恐怖のあまりその場で釘うけになった El pánico lo [le] clavó donde estaba. / Se quedó clavado por el terror. ◆兵士たちは機関銃掃射で釘うけにされた Los soldados fueron inmovilizados por el fuego de ametralladora. ◆彼はテレビに釘うけになってその試合を見ていた Se quedó pegado a la televisión viendo el partido.

くきょう 苦境 (困難な立場) *f.* dificultad, *m.* apuro; (板ばさみ) *m.* dilema. ▶苦境に立っている *v.* encontrarse* [estar*] en 「una dificultad [un apuro, un dilema]. ▶苦境に陥る *v.* meterse en un lío [apuro]. ▶彼を苦境から救う *v.* sacarlo[le]* del apuro. ◆彼は財政的苦境にある Tiene dificultades económicas.
くぎり 区切り (終わり) *m.* final; (休止) *f.* pausa; (句読) *f.* puntuación. ▶論争に区切りをつける *v.* acabar [poner* fin a] una discusión. ▶仕事に区切りをつける (やめる) *v.* dejar [interrumpir, cesar] el trabajo.
くぎる 区切る ▶(土地などを) 分割する *v.* dividir; (分離する) *v.* separar; (文などを句読点で) *v.* puntuar*. ▶運動場を二つに区切る *v.* dividir el terreno de juego en dos partes. ▶うちの庭は隣の庭と柵(?)で区切られている Nuestro jardín está separado del jardín del vecino por una valla.
くく 九九 ▶九九を10の段まで覚える *v.* aprenderse la tabla de multiplicar* [multiplicación] hasta la línea de diez.
くぐりど 潜り戸 (横からの小さな入口) *m.* portillo, *f.* puerta lateral pequeña.
くぐりぬける 潜り抜ける (通り抜ける) *v.* pasar 《por》, atravesar*. ▶戦争を潜り抜ける *v.* pasar por la guerra.
くくる *v.* atar, liar*, amarrar. → 縛る. ▶小荷物をひもでくくる *v.* atar el paquete con una cuerda. ▶その語をかっこでくくる *v.* poner* [encerrar*, cerrar*] la palabra entre paréntesis. ▶絶望して首をくくる (=首つり自殺する) *v.* ahorcarse* de desesperación. ▶彼の力は大したことないと高をくくる (=過小評価する) *v.* subestimar su fuerza.
くぐる 潜る ❶【通る】(中を中抜ける) *v.* pasar 《por》; (下を通る) *v.* atravesar* 《por debajo de》; (水中をもぐる) *v.* sumergirse* 《en el agua》. ▶鳥居をくぐって参拝する *v.* visitar un santuario pasando por 「un arco de entrada ["toriie"]. ▶トンネルをくぐる *v.* atravesar* un túnel. ▶敵の砲火をくぐって前進する *v.* avanzar* bajo el fuego del enemigo. ◆船は橋の下をくぐった El barco pasó por debajo del puente.
❷【法網などを】 *v.* eludir, evitar, 《口語》 saltarse. ▶法の網をくぐる *v.* eludir las leyes.
くけい 矩形 *m.* rectángulo. → 長方形. ▶矩形の建物 *m.* edificio rectangular.
くける (隠し縫いをする) *v.* coser con puntadas invisibles; (へり・縫い目をかがる) *v.* sobrecoser.
くげん 苦言 ▶苦言を呈する *v.* aconsejar sinceramente, dar* un consejo franco.

ぐげん 具現 f. plasmación, f. encarnación. ♦彼は考えを作品に具現した En su obra encarnó su idea. / Plasmó su idea en su obra.

ぐこう 愚行 f. locura.

くさ 草 f. hierba, f. yerba. ♦あたり一面緑の草が生えていた Por todas partes crecían hierbas verdes.

[地域差] 草
〔スペイン〕f. yerba
〔キューバ〕f. yerba, m. yuyo
〔メキシコ〕f. yerba, m. zacate, m. pasto
〔コロンビア〕f. grama, f. yerba
〔アルゼンチン〕f. yerba

1《草＋名詞》♦草色 m. verde. ♦草刈りをする v. cortar, segar*. ♦草取り f. escardadura, m. desherbado. ♦草競馬 f. carrera de caballos local. ♦草野球 m. béisbol de barrio [aficionados]. → 草花, 草原, 草野球. ♦その広大な土地には草一本生えていなかった Toda la amplitud del campo estaba desnuda de cualquier hierba.

2《草が》♦運動場には草が生い茂っていた El terreno de juego estaba cubierto [lleno] de (malas) hierbas.

3《草の》♦草の葉 f. hoja de hierba. ♦草の生い茂った土地 f. tierra [de pastizales [con hierba]. ♦草の根運動 m. movimiento de base popular. ♦草の上に寝ころぶ v. tumbarse en [sobre] la hierba.

4《草を》♦(庭の)草を取る v. quitar [arrancar*] las hierbas (de un jardín), 『ラ米』 deshierbar (un jardín). ♦草を刈る(芝・牧草を) v. cortar 「la hierba [el césped]; [メキシコ] el pasto]. ♦羊は草を食べている Las ovejas están comiendo hierba. / Las ovejas están pastando [paciendo].

***くさい** 臭い ❶〔いやなにおいの〕adj. maloliente, apestoso, nauseabundo, fétido, hediondo. → におい. ♦臭い液体 m. líquido maloliente. ♦彼は臭い息をしている Le huele mal el aliento. / Su aliento apesta. ♦臭い(＝のにおいだ)¿A qué huele? ♦ガス臭い ¡Huele a gas! ♦その部屋はたばこ臭かった Esa habitación olía a tabaco.

❷〔疑わしい〕adj. sospechoso, turbio. ♦インチキ臭い商売 m. negocio turbio. ♦この事件では彼がいちばん臭い Él es de quien más se sospecha en este asunto. ♦警察はその男を臭いとにらんでいる La policía sospecha de él. /《口語》La policía le tiene entre ceja y ceja a ese hombre.

❸〔気味がある〕♦彼の話し方には少しも学者臭いところがない Sus palabras no tienen el más ligero rastro de pedantería.

《その他の表現》♦彼らは臭いものにふたをするようなやり方で事件をもみ消した Arreglaron el asunto ocultando el escándalo.

くさき 草木 f. vegetación, fpl. plantas. ♦草木もなびく勢いで adv. con 「una fuerza [un vigor] irresistible.

くさった 腐った adj. podrido, corrompido; corrupto. → 腐る(→腐った).

くさとり 草取り ♦庭の草取りをする v. quitar [arrancar*] las hierbas de un jardín. → 草.

くさのね 草の根 f. raíz de hierba; fpl. bases, lo popular, 《口語》lo de a pie. ♦草の根運動 m. movimiento de base popular. ♦草の根を分けても犯人を捜す v. buscar* al criminal hasta debajo de la tierra.

くさばな 草花 f. flor. → 花.

くさはら 草原 → 草原(そう). ♦草原に寝ころぶ v. tumbarse en [sobre] la hierba.

くさび f. cuña. ♦くさび形文字 mpl. caracteres cuneiformes. ♦くさびを打ち込む v. acuñar, 「calzar* con [meter] una cuña.

くさぶかい 草深い adj. cubierto de hierba; (へんぴな) adj. remoto, alejado. ♦草深い山村 m. pueblo perdido [remoto] en las montañas.

くさみ 臭み (悪臭) m. mal olor, m. hedor, m. olor. ♦臭みをとる v. quitar el mal olor 《de》.

くさやきゅう 草野球 m. béisbol de aficionados [barrio].

***くさり** 鎖 f. cadena. ♦ドアに鎖をかける v. echar la cadena a la puerta. ♦鎖をはずす v. quitar la cadena. ♦犬を柱に鎖でつなぐ v. encadenar un perro a un poste. ♦その犬は鎖でつないであった El perro estaba atado con una cadena.

ぐさり ♦彼は太ももをぐさりと刺された Le dieron una profunda puñalada en el muslo. ♦少年はカボチャをナイフでぐさりと刺した El muchacho acuchilló con fuerza una calabaza.

***くさる** 腐る ❶〔腐敗する〕v. pudrirse, pudrir, corromperse, echarse a perder*. ♦腐りやすい食品 mpl. alimentos [mpl. comestibles] perecederos [fáciles de corromperse]. ♦肉が腐ってしまった La carne se ha echado a perder. ♦そのリンゴは腐りかけている La manzana está pudriéndose. ♦暑いとき牛乳はすぐに腐る Cuando hace calor la leche se estropea [pasa] fácilmente.

❷〔堕落する〕v. corromperse. ♦彼は根性が腐っている Es profundamente corrupto. / Tiene el corazón corrupto. ♦あの男は芯まで腐りきっている Ese hombre está totalmente corrompido.

❸〔気持ちが沈む〕♦彼女は今とても腐っている(＝落胆している)Está profundamente deprimida. / Anda con la moral bajísima. /《口語》Está con el ánimo por los suelos.

── 腐った adj. podrido, pasado, estropeado, malo ♦腐った魚 m. pescado pasado. ♦腐った野菜 fpl. verduras pasadas. ♦腐ったミルク f. leche pasada [agria, mala]. 《会話》このミカン腐ってるよ─どうりでだれも欲しがらなかったわけだ Esta naranja está mala [podrida]. ─ Con razón nadie la quería.

くされえん 腐れ縁 f. insatisfactoria pero inseparable relación.

くさわけ 草分け (先駆者) mf. pionero/ra, mf. precursor/sora. ♦彼は写真術の草分けだ Fue un pionero de la fotografía. ♦この方式の草分けはアメリカである(＝アメリカに起源がある)Este sistema tuvo su origen en Estados Unidos.

くし 駆使 ▶最新の技術を1+分に [2最大限に] 利用する v. ¹hacer* pleno uso [²sacar* el máximo provecho] de la última tecnología. → 使う, 利用.

くし 櫛 m. peine. ▶髪ぐし(髪飾り用の大型のくし) f. peineta. ▶くしの歯 mpl. dientes de un peine. ▶くしを入れる v. peinarse (el pelo); pasarse el peine, peinarse ligeramente. ▶くしをさす[さしている] v. llevar una peineta.

くし 串 m. pincho, f. brocheta. ▶肉を串に刺す v. clavar la carne en el pincho.

くじ 籤 (何かを決めるための) m. sorteo; (宝くじ) f. lotería. ▶くじ付きのはがき f. tarjeta de lotería. ▶彼はくじ運が強い Tiene suerte en la lotería. ♦くじに当たった Me ha tocado la lotería. ♦彼らはここに残るかをくじを引いて決めた Echaron suertes para ver quién se quedaba. ♦それはくじで決めよう Lo sortearemos. ♦彼はくじで選ばれた Le escogieron por sorteo.

くしカツ 串カツ f. carne asada en brocheta [pincho].

くじく 挫く (手首などをねんざする) v. torcerse*, dislocarse*; (計画・希望など挫(⁵)折する) v. frustrar; (人を落胆させる) v. desanimar. ▶足首をくじく v. torcerse* [hacerse* un esguince en] el tobillo [pie]. ▶鼻をくじく v. frustrarle* [desanimarle] al principio. ♦そんなことでくじけてはいけない No te desanimes por una cosa así. △痛める, 削ぐ

くじける 挫ける (落胆する) v. desanimarse, desalentarse, 《口語》desinflarse, perder* (el) ánimo. ▶一度や二度の失敗でくじけるな No te desanimes por uno o dos fracasos. / Ni uno ni dos fracasos deben desanimarte.

くじびき くじ引き (行為) m. sorteo; (富くじ) f. rifa, f. lotería. → 宝くじ. △籤(⁵), 抽選.

くじゃく 孔雀 m. pavo real.

くしゃくしゃ ▶くしゃくしゃにする v. arrugar*, estrujar. ▶くしゃくしゃのシャツ f. camisa arrugada. ♦彼は書き損じた紙をくしゃくしゃにした Estrujó una hoja mal escrita. ♦私は髪形をくしゃくしゃにしたくない No quiero dejar el peinado [peinado] aplastado. ♦ナイロンの生地はくしゃくしゃにならない Los géneros de nilón no se arrugan. ♦ケーキが落ちてくしゃくしゃになった El pastel se cayó y quedó aplastado [《口語》apachurrado]. ♦老人の顔はしわでくしゃくしゃだった La cara del viejo estaba llena de arrugas. ♦けさ父とけんかをしたので気持ちがくしゃくしゃする Estoy muy alterado porque esta mañana me he peleado con mi padre.

くしゃくしゃ ▶くしゃくしゃになる (つぶれたりしてしわだらけになる) v. aplastarse, (ぬれて) v. mojarse; (広い意味で, 乱れる) v. deformarse, deshacerse*. ▶アイロンをかけたシャツがバッグの中でくしゃくしゃになった Sus planchadas camisas quedaron arrugadas dentro de la bolsa. ♦女優の化粧が涙でくしゃくしゃになった El maquillaje de la actriz se deshizo con las lágrimas.

くしゃみ m. estornudo. → はくしょん. ▶大きなくしゃみをする v. estornudar ruidosamente. ♦その男の人は大きなくしゃみをしたり咳をしたりしていた El hombre estornudaba y tosía.

くじょ 駆除 m. exterminio, f. exterminación, f. aniquilación. ▶害虫を駆除する(=根絶する) v. exterminar los insectos dañinos. ▶町からネズミを駆除する(=取り除く) v. acabar con las ratas de la ciudad, exterminar las ratas.

くしょう 苦笑 f. sonrisa forzada. → 苦笑い.

くじょう 苦情 f. queja, f. reclamación. ▶弁護士に苦情を持ち込む v. llevar una queja al abogado. ▶彼らの苦情の調査に乗り出す v. ponerse* a considerar sus quejas. ▶苦情を処理する v. ocuparse de las reclamaciones [quejas]. ♦彼は支配人に料理が冷めていると苦情を言った Se quejó al gerente de que la comida estaba fría.

ぐしょう 具象 ▶具象的な adj. concreto. ▶具象画 f. pintura figurativa.

ぐしょぐしょ ▶ぐしょぐしょに(=水がしたたるほどに)ぬれた adj. muy mojado. ▶ひしょ濡れ. ♦涙でハンカチがぐしょぐしょになった El pañuelo estaba [se quedó] muy mojado por las lágrimas.

くしょぬれ ▶彼女は雨にあってぐしょぬれになった Con la lluvia se había mojado hasta los huesos. → びしょ濡れ, ずぶ濡れ.

くじら 鯨 f. ballena. ▶鯨の仔 m. ballenato. ▶ナガス鯨 m. rorcual. ▶マッコウ鯨 m. cachalote. ▶鯨の肉 f. carne de ballena.

くしん 苦心 (骨折り) fpl. penalidades, mpl. trabajos; (努力) m. esfuerzo, m. afán; (苦労) m. sufrimiento. → 苦労. ▶苦心談 m. relato de「penosas experiencias [penalidades]. ▶苦心の跡が見える v. tener* las huellas de「las penalidades [los sufrimientos, los trabajos].

— **苦心する** v. sufrir, pasar penalidades 《para》, hacer* penosos [《教養語》ímprobos] esfuerzos 《para》. ♦彼は苦心してそれを完成した Lo acabó en medio de penosos esfuerzos. / Pasó penalidades para terminarlo. / Sufrió mucho para finalizarlo. ♦彼はその仕事には苦心した Ese trabajo le hizo sufrir mucho. / Realizó penosos esfuerzos para acabar ese trabajo.

くず 屑 f. basura, mpl. desechos, mpl. desperdicios; (食べ物の) mpl. restos, fpl. sobras; (パンの) fpl. migajas; (木の) fpl. raspaduras; (布の) mpl. retales, mpl. trapos, mpl. retazos; (鉄などの) f. chatarra, m. hierro viejo. → ごみ. ▶人間のくず f. hez de la tierra [sociedad], f. escoria de la humanidad. ▶くず屋(布を扱う) mf. trapero/ra; (金属を扱う) mf. chatarrero/ra ☞がらくた, ごみ

くずおれる 崩折れる v. derrumbarse, caer-

苦情の受付所 Oficina de quejas y reclamos. →苦情

se*.

くずかご 屑籠 (室内の) f. papelera. ♦紙くずをくずかごに入れる v. tirar los papeles a la papelera.

くすくす ♦くすくす笑う v. reírse* entre dientes, reírse* disimuladamente, soltar* una risilla ahogada. ♦若い娘は何にでもすぐくすくす笑う Las chicas sueltan fácilmente una risilla ante cualquier cosa. ♦若い男が漫画雑誌を読んでくすくす笑っていた Vi a un joven que se reía entre dientes mientras leía una revista de historietas.

ぐずぐず ❶【行動がてきぱきしない】♦ぐずぐずする v. ir* despacio [lentamente], tardar mucho en 《＋不定詞》, perder* el tiempo. ♦彼は何をするにもぐずぐずしている Tarda mucho en todo lo que hace. / Es muy lento. ♦彼女は授業が終わってもぐずぐず残っている Se queda sin hacer nada incluso cuando la clase ha terminado. ♦ぐずぐずしている場合ではない No hay tiempo que perder.
❷【不平を言う】♦ぐずぐず言う v. rezongar*, 《口語》gruñir*, quejarse, murmurar entre dientes. ♦彼は何をするときでもぐずぐず言う No hace nada sin gruñir.

—— ぐずぐずと adv. despacio, torpemente, con vacilación, perezosamente. ♦支配人は部下がぐずぐず働くのをいやがる Al gerente le disgusta ver a sus hombres trabajar despacio.

《その他の表現》♦今月は何か天気がぐずぐずしている Este mes hemos tenido un tiempo deprimente.

くすぐったい ♦背中がくすぐったい Siento cosquillas en la espalda. ♦私は彼女にお世辞を言われてくすぐったかった (＝照れくさかった) Me sentí turba*do* con sus cumplidos.

くすぐる ♦彼は草の葉で私の(足)をくすぐった Me hizo cosquillas (en el pie) con una brizna de hierba.

クスコ Cuzco (☆ペルーの都市).

くずす 崩す(破壊する) v. destruir*, derribar; (お金を細かくする) v. cambiar (dinero). ♦字をくずす(筆記体で) v. escribir* en [con] letra cursiva. ♦その古い建物を崩す v. derribar el viejo edificio. ♦姿勢を崩すな ¡Siéntate re*ct*o! ♦一万円札を(千円札に)くずしてくれませんか ¿Por favor, me puede cambiar este billete de 10.000 yenes en billetes de 1.000?

ぐずつく 【天気が】v. andar* revuel*to*, estar* inestable. ♦このごろ天気がぐずついている El tiempo anda revuelto estos días.

くすっと ♦彼女はくすっと笑った Sonrió fugazmente. ♦彼女はくすっと笑って向こうへ歩いていった Se alejó caminando con una fugaz sonrisa.

くすねる v. sisar, hurtar a escondidas, ratear.

くすぶる (煙を出して) v. humear, arder sin llama. ♦暖炉がひどくくすぶっている El fuego de la chimenea hace mucho humo. ♦彼に対する怒りは何年もくすぶり続けた Mi ira contra él siguió latente muchos años.

くすむ ♦くすんだ色 m. color oscuro [apagado]. ♦色がくすんでいる v. tener* un color apagado. ♦くすんだ(＝退屈でおもしろくない)生活 f. vida anodina [apagada].

・**くすり** 薬 ❶【薬剤】f. medicina, m. medicamento, 《専門語》m. fármaco; (内服薬) f. medicina [m. medicamento] oral; (錠剤) f. pastilla, f. tableta; (丸薬) f. píldora; (塗り薬) m. ungüento. ♦せき薬 f. medicina para [contra] la tos. ♦風邪には睡眠が最良の薬です Dormir es la mejor medicina contra el catarro. ♦アスピリンは頭痛によく効く薬です La aspirina es un remedio eficaz contra el dolor de cabeza.

1【薬＋名詞】♦薬箱 m. botiquín. ♦薬1服 f. dosis. ♦薬屋(店) f. farmacia; (人) mf. farmacéutico/ca. ♦薬代 m. precio de la medicina. ♦薬指 m. dedo anular. → 薬指. ♦彼女は薬漬けである Toma habitualmente muchas medicinas.

2【薬は】♦あの薬はよく効いた Aquella medicina tuvo efecto. 会話 この薬は効きますか 一頭痛に効きます ¿Y esta medicina para qué es? – Es buena para el dolor de cabeza.

3【薬を】♦薬を飲む v. tomar(se) la medicina. ♦薬を飲みすぎる v. tomarse una sobredosis. ♦薬を¹調合 [²処方] する v. ¹preparar [²recetar], ²《教養語》prescribir*] una medicina. ♦傷に薬をつける v. aplicar* 「un ungüento [una untura] sobre una herida. ♦この薬を 2 錠ずつ¹食後 [²食間] に飲みなさい Tómese dos pastillas de esta medicina ¹después de cada comida [²entre comidas]. ♦この薬を飲むと痛みがとれます Esta medicina le aliviará [quitará] el dolor.
❷【ためになるもの】♦その失敗は彼にはいい薬になった《比喩的に》El fracaso fue una buena lección para él. / El fracaso le sirvió de lección.

くすりゆび 薬指 m. dedo anular.

ぐずる 愚図る(むずかる) v. ponerse* irritable [de mal humor] (文句を言う) v. rezongar*, 《口語》gruñir*. ♦赤ん坊は眠くなるとぐずる Los bebés se ponen de mal humor cuando tienen sueño.

くずれおちる 崩れ落ちる (屋根などが) v. hundirse; (くずれる) v. derrumbarse; (崩壊する) v. desplomarse.

くずれる 崩れる ❶【建造物などが崩壊する】v. derrumbarse, desplomarse, hacerse* añicos, destruirse*; romperse*; (床・足場が耐圧力のために) v. ceder. ♦地震で壁が崩れた Las paredes se derrumbaron por el terremoto. / El terremoto destruyó las paredes. ♦川の水位が上がって橋が崩れた El puente cedió a causa de la riada.
❷【形が】v. perder* la forma, deformarse.
❸【天気が】♦天気は午後から崩れそうだ Probablemente el tiempo empeorará esta tarde. / El tiempo probablemente va a empeorar esta tarde.

《その他の表現》♦泣き崩れる v. derrumbarse y llorar, tener* una crisis nerviosa y echarse a llorar. ♦涙で彼女の化粧が崩れた（=台なしになった） Su maquillaje se estropeó por las lágrimas. / Con las lágrimas se le estropeó el maquillaje. ♦1万円札くずれますか ¿Tiene cambio de 10.000 yenes? → 崩す.

***くせ** 癖　❶【習慣】f. manía, m. hábito, f. costumbre; (妙な癖) f. rareza, f. peculiaridad. ♦彼のいつもの癖（=やり方）さ Siempre hace eso. / Es una manía suya.

1《癖が》♦悪い癖がつく v. coger* una manía, acostumbrarse 《a》. ♦悪い癖が直る v. quitarse una manía, desacostumbrarse 《de》. ♦彼女は本を読むときに髪をいじくる癖があった Tenía la manía de jugar con su pelo mientras leía. ♦だれにでも癖がある Todo el mundo tiene sus manías.

2《癖に》♦それは癖になりそうだ Puede llegar a ser una manía. ♦喫煙は私には抜き難い癖になっているのです El tabaco es un hábito que no puedo dejar.

3《癖を》♦耳をつまむ癖を直した Me he quitado la manía de agarrarme de la oreja. ♦彼女は子供の指をしゃぶる癖を直した Quitó a su hija la costumbre de chuparse el dedo.

4《癖で》♦彼はいつもの癖で頭をかいた Se arrascó la cabeza por su manía de siempre.

❷【独特な性質】♦癖のある歩き方 f. forma peculiar de caminar. ♦彼女の髪の毛は癖がある（=巻き毛だ） Tiene el pelo rizado.

くせに ♦彼は金もないくせに外車を買いたがる Aunque [A pesar de que] no tiene dinero, quiere comprarse un coche de importación. ♦子供のくせに酒なんか飲んで Estás bebiendo [tomando] aunque [pese a que] no eres más que un niño. ♦大きな口をきいたくせに君は何もやっていない A pesar de todo lo que decías, no has hecho nada. ♦¹知ってる[²知らない]くせに ¹¡Como si tú [²¡Como si tú no] lo supieras!

クセノフォン Jenofonte (☆前430?-354?, ギリシャの軍人・歴史家).

くせもの 曲者　(不審な者) f. persona sospechosa; (油断のならない人) f. persona astuta.

クセルクセス 1 世 Jerjes I [Primero] (☆アケメネス朝ペルシャの王, 在位前485-465).

くせん 苦戦　♦苦戦する v. sostener* un partido reñido; (選挙で) v. hacer* una「campaña cuesta arriba [ardua campaña].

くそ 糞(大便)《俗語》f. mierda, 《教養語》 m. excremento, fpl. heces; (排便)《専門語》 f. deposición. → 大便.

—— くそ·くそ! interj. 《俗語》¡Mierda!, 《俗語》¡Maldita sea!, 《口語》¡Caramba!, 《俗語》¡Joder!, 《俗語》¡Hostias!, 《俗語》¡Dios! ♦くそ, 車のキーを忘れた ¡Mierda! [¡Maldita sea! / ¡Joder!], ¡Me he olvidado las llaves del coche! ♦くそ, あいつめ ¡Que se vaya a la mierda! / 《俗語》¡Que le den por culo! ♦お前なんかくそでもくらえ 《俗語》¡Vete a la mierda! / ¡Maldito seas! / 《俗語》¡Que te den por culo! ♦近所の人たちが何と思おうとそんなことくそくらえ ¡A la mierda lo que piensen los vecinos! / 《俗語》¡Me importa una puta mierda lo que piensen los vecinos!

くださ い　379

《その他の表現》♦彼はくそまじめだ Es demasiado serio. / 《口語》Se pasa de serio.

くだ 管　(細い) m. tubo; (配管) f. tubería.

ぐたいか 具体化　♦具体化する(具体的な形をとる) v. tomar forma concreta, materializarse*. ♦その計画は具体化された El plan「tomó forma concreta [se materializó]. ♦彼の理論はこの本の中で具体化されている Su teoría está plasmada en este libro.

***ぐたいてき** 具体的　♦具体的な adj. concreto. ♦具体的に説明する v. dar* una explicación concreta, explicar* concretamente. ♦具体的な例をあげる v. dar* [ofrecer*] un ejemplo concreto [específico].《会話》貿易会社に勤めています—具体的にはどういうお仕事を?—営業部にいます Trabajo para una empresa comercial. – ¿Cuál es su trabajo concreto? – Estoy en la sección de ventas.

くだく 砕く　(壊す) v. romper*; (破片が飛び散るように) v. hacer* añicos; (破壊する) v. destruir*; (激しく打ち砕く) v. destrozar*; (突いて) v. machacar*; (擂(す)って) v. triturar. → 砕ける. ♦石を粉々に砕く v. romper* una piedra en pedazos. ♦砕いて(=分かりやすく)説明する v. explicar* sencillamente [llanamente]. ♦娘の将来を思って心を砕く（=非常に心配する）v. preocuparse mucho del futuro de la hija. ♦彼の野望は打ち砕かれた Su ambición quedó destrozada.

くたくた　❶【ひどく疲れて】♦くたくたになる v. estar* exhausto [rendido, muy fatigado], 《口語》estar* muerto de cansancio. ♦一日中歩き回って私はくたくただ Estoy exhausto de estar caminando todo el día.

❷【物などが古くなってだめになる】♦くたくたである v. estar* gastado [desgastado]. ♦このシャツはくたくただ Esta camisa está gastada.

❸【物が弱い火で煮る】♦くたくた煮える v. hervir* a fuego lento. ♦シチューがくたくた煮えている El guiso está hirviendo a fuego lento.

くだけた 砕けた　(親しい) adj. amistoso; (打ち解けた) adj. familiar; (形式ばっていない) adj. informal; (愛想のよい) adj. afable; (簡単な) adj. sencillo; (文などが分かりやすい) adj. llano. ♦砕けた態度で adv. de una manera amistosa [informal]. ♦くだけた説明 f. explicación sencilla [directa]. ♦くだけた若者 m. joven afable [agradable con quien es fácil conversar]. ♦くだけた態度で客を迎える v. recibir a un/una invitado/da con una actitud relajada e informal. ♦くだけた言葉を遣う v. usar un lenguaje informal [llano], emplear un estilo informal. ♦くだけたスペイン語を話す v. hablar en español llano.

くだける 砕ける　(壊れる) v. romperse*, destruirse*; (破片が飛び散る) v. hacerse* añicos [pedazos], (砕ける) v. desmenuzarse*. → 砕く. ♦皿が床の上に落ちて砕けた El plato se cayó al suelo y se hizo pedazos. ♦波はうねり, 岩にあたって砕けていた Las olas subían y bajaban rompiéndose contra las rocas.

*くださ い　❶【要求】→与える. ♦風邪薬をくださ

い Déme alguna medicina contra el catarro, por favor. / Por favor, déme alguna medicina contra el catarro. / Quisiera alguna medicina contra el catarro, por favor. ♦コーヒーを二つください Dos cafés, por favor. → どうぞ. ♦キャンデー食べる? ¿Quieres algún caramelo [dulce]? - Sí, por favor. ♦ええ, この靴ならびったりです. じゃ, これをください(=これにします) Sí, estos zapatos me están muy bien. Me quedo con ellos, por favor.
❷【指示, 依頼】♦気をつけてください Tenga cuidado. ♦窓を開けてください Por favor, abra la ventana. ♦この錠剤を食後に飲んでください Por favor, tome esta pastilla después de「cada comida [las comidas]. / Haga el favor de tomarse esta pastilla después de「cada comida [las comidas]. ♦この手紙をタイプしてくださいませんか Páseme esta carta a máquina, por favor. / Haga el favor de pasarme esta carta a máquina. ♦またいらしてください Espero que vuelva a visitarnos. ♦手伝ってくださるとうれしいのですが Le agradecería mucho que pudiera ayudarme. ♦戸を閉めてください ¿Puede cerrar la puerta? / Cierre la puerta, por favor. ♦遅れないでください No llegue tarde, por favor. 会話 この本を貸してくださいーーええ, いいですよ ¿Puedo coger [tomar prestado] este libro? - Desde luego. [Naturalmente. / Claro que sí.]

くだす 下す ❶【命令などを】v. ordenar, dar* una orden, mandar. ♦隊長は私たちに進軍を続けよと命令を下した El capitán nos ordenó seguir adelante. / El capitán nos dio la orden de seguir adelante. → 命令.
❷【判決を】v. dar*, pronunciar;; (結論を) sacar (la conclusión). ♦被告に判決を下す v. pronunciar la sentencia sobre el acusado. ♦経験から推して結論を下す v. sacar* [llegar* a] conclusiones de la experiencia. ♦その件に早急な結論を下す (=結論に達する) v. sacar* [llegar* a] una conclusión apresurada sobre ese asunto.
❸【負かす】♦テニスで兄を下す v. vencer* [ganar, derrotar] al hermano en el tenis.

くたばる (死ぬ) v. morir*, 《比喩的に》pasar a mejor vida, 《俗語》estirar la pata; 《極度に疲れる》v. estar* rendido (de cansancio), 《口語》estar* muerto de cansancio. ♦くたばってしまえ ¡Vete al infierno! / ¡Vete al cuerno! / ¡Al diablo contigo!

くたびれる (疲れる) v. cansarse 《de》, estar* harto 《de》; gastarse, desgastarse. → 疲れる. ♦くたびれた (=着古した) コート m. abrigo desgastado. ♦彼を待ちくたびれる (=待つのにうんざりする) v. cansarse de esperarlo[le], estar* harto de esperarlo[le].

*くだもの 果物 f. fruta, (果実) m. fruto. ♦いろいろな果物 fpl. diferentes frutas, fpl. frutas variadas. ♦果物屋(店) f. frutería; (人) mf. frutero/ra. ♦新鮮な果物や野菜は健康によい La verdura y la fruta fresca son buenas para la salud. ♦果物をもう少しいかがですか ¿Quiere algo más de fruta? ♦その土地はオレンジやレモンのようなかんきつ類の果物に向いています Ese suelo [terreno] es muy bueno para los cítricos, como las naranjas y los limones. ♦トマトは果物ではなく野菜です El tomate no es una fruta sino una verdura.

くだらない ❶【価値のない】adj. inútil, sin valor; (取るに足りない) adj. trivial, insignificante. ♦くだらない物 algo sin valor, f. cosa que no sirve para nada. ♦くだらない事を心配するな No te preocupes de asuntos triviales. ♦そんなくだらない本は読むな No leas un libro tan malo [inútil]. / No leas ese libraco. ♦大学を出ていないからって, おれのことをくだらないやつと思っているのだろう Sólo porque no fui a la universidad piensas que no valgo para nada.
❷【ばかげた】adj. tonto, estúpido. ♦くだらない質問 f. pregunta tonta. ♦くだらない事を言うな No digas tonterías. / No hables tonterías. ♦彼の提案はくだらないと片づけられた Su sugerencia fue considerada una estupidez. ♦最近はくだらないテレビ番組ばかちょっと多すぎる《口語》Estos días「hay un poquito demasiado [se pasan un pelín con tanta] de basura en la televisión.

くだり 下り (下ること) f. bajada, m. descenso. → 上り. ♦下り列車に乗る v. tomar un tren descendente [que sale de Tokio] 「(hasta, con dirección a). ♦そこで道は下りになる Desde allí la carretera va hacia [para] abajo.

くだりざか 下り坂 (道などの) f. cuesta abajo, m. declive, f. bajada, m. camino [f. carretera] descendente. ♦¹急な [²ゆるやかな] 下り坂 m. ¹pronunciado [²suave] descenso, f. bajada ¹aguda [²gradual]. ♦下り坂になる v. tomar [ir* por] una bajada. ♦人生の下り坂 v. ir* cuesta abajo en el camino de la vida. ♦道はここからずっと下り坂になっている Desde [A partir de] aquí todo el camino es cuesta abajo. ♦彼の人気は下り坂だ Está perdiendo popularidad. / Su popularidad va en declive. ♦天気は午後から下り坂になった (=くずれた) Por la tarde el tiempo empeoró.

くだる 下る ❶【降りる】v. bajar, descender, ir* (hacia, para) abajo. ♦急いで山を下る v. bajar apresuradamente una colina, venir* con prisa colina abajo. ♦階段を走って下る v. bajar corriendo las escaleras. ♦私たちは川をボートで10キロ [²1時間] 下った Fuimos río abajo en barca a ¹10 kilómetros [²una hora]. / Descendimos el río en barca ¹10 kilómetros [²durante una hora]. ♦郵便局はこの通りを1キロほど南に下ったところにあります La oficina de correos está más o menos a un kilómetro calle abajo. ♦山を下ったところに学校がある Al pie de la montaña hay una escuela.
❷【命令が】v. ser* ordenado [mandado]; (判決が下される) v. ser* sentenciado. ♦進軍せよと命令が下った Se nos ordenó avanzar. ♦被告に死刑の判決が下った El acusado fue sentenciado a la pena de muerte.
❸【下痢する】♦私は腹が下っている Tengo dia-

rrea. /《口語》Ando sult*o*.
【その他の表現】▶敵の軍門に下る v. rendirse* al enemigo. ◆その着物は百万円を下ることはない Ese kimono no puede costar menos de un millón de yenes. ◆百人を下らない野次馬が事故現場に押しかけた No menos de cien curiosos corrieron [se precipitaron] a la escena del accidente.

くち 口 ❶【器官】*f.* boca. ▶口一杯食物をほおばる v. tomar un bocado (de comida). ▶杯を三口で飲み干す v. beberse [tomarse] una copa de sake de tres tragos. ◆そのニュースが口から口へ伝わった La noticia「pasó de boca en boca [《教養語》se transmitió oralmente]. → 口コミ.

1《口から》◆彼は口が臭い Le huele mal「el aliento [la boca]. ◆赤トウガラシを食べたら口(=舌)がひりひりした Me he quemado la lengua con el picor de esas guindillas. /【メキシコ】Me he enchilado con esos chiles rojos.

2《口に》◆彼はパイプを口にくわえている En la boca tiene una pipa. ◆その赤ちゃんは何でも口に入れる El bebé se lleva todo a la boca. ◆その子は人指し指を口にくわえた El niño se llevó el dedo índice a la boca. ◆口に食物を入れたまましゃべるな No hables con la boca llena. ◆彼は酒を全然口にしない No prueba en absoluto el alcohol.

3《口を》口を閉じる v. cerrar* la boca. ▶口をゆがめる v. torcer* la boca. ▶口をとがらせる v. fruncir* la boca, hacer* gestos con la boca; (子供が不満・不快のために) v. poner* mala cara, hacer* un mohín con los labios. ◆口を大きく開けて奥歯を見せてごらん Abre bien la boca y enséñame las muelas. ◆彼は驚いて, 口をぽかんと開けた Se quedó boquiabierto por la sorpresa. / La sorpresa le hizo abrir la boca. ◆彼女は口を丸めてロウソクを吹き消した Redondeó los labios para soplar y apagar las velas.

❷【器物などの口】*f.* boca (de botella), *f.* boquilla, *m.* pitorro. ▶口の広いびん *f.* botella de boca grande. ▶びんの口を開ける v. abrir* una botella, (ふたを取る) v. destapar una botella, (コルクの栓を抜く) v. descorchar una botella. ▶ビールだるの口を開ける v. abrir* un barril de cerveza.

❸【入り口】*f.* entrada, *f.* boca; (入口) *f.* entrada; (穴) *f.* boca. ▶駅の南口で adv. en la entrada [puerta] sur de la estación de tren. ◆富士山の登山口は数か所あります Hay varias rutas para subir al Monte Fuji. ◆壁に大きな口がぽっかりあいていた En la pared había un enorme agujero.

❹【言葉, 言葉をしゃべること】*f.* boca, *f.* habla, *fpl.* palabras. → 口数. ◆心配するな. あれは口だけだ No te preocupes; no son más que palabras. ◆友達はいつもぼくのことばすんだが, もっとも口だけだけど (=本気ではないが) Mi amig*o* siempre anda insultándome, pero no lo dice en serio.

1《口が[は]》▶口がうまい v. hablar muy bien,《口語》tener* labia [un pico de oro].

くち 381

▶口が達者だ (=舌がよく回る) v. ser* elocuente. ▶口が悪い (=人が口が悪い) v. ser* mordaz, tener* mala lengua, tener* una lengua viperina [de serpiente]. ◆彼は恐怖で口がきけなかった Se le hizo un nudo en la garganta por el miedo. / Estaba demasiado aterrado para hablar. / El miedo le dejó sin habla. ◆彼女は口が軽い Habla demasiado. / No sabe guardar su secreto. /《俗語》Es *un/una* bocazas. ◆あの人は口が重い → 口数(→口数が少ない). ◆(驚きなどで口がきけなくなったが)彼は再び口がきけるようになった Le han vuelto las palabras. ◆口は災いのもと (=悪事は口から生まれる) 《ことわざ》Por la boca muere el pez. / En boca cerrada no entran moscas.

2《口の》◆目上の人にそんな口のきき方をするものではありません Esa no es forma de hablar con las personas mayores.

3《口に》◆彼は一言もわびの言葉を口に出さなかった No pronunció ni una palabra de disculpa. / Ni siquiera dijo "perdón". ◆彼の前でそのことを口にする (=しゃべる) No hables de eso delante de él.

4《口を[で]》▶大きな口をきく v. fanfarronear, darse* importancia. ◆絶対にあいつとは二度と口をきかないぞ No volveré a dirigirle la palabra. ◆口をすべらせる (=失言する) A menudo se pasa [va] de la lengua. ◆口を慎め ¡Cuidado con lo que dices! / ¡Ojo con tus palabras! ◆彼女は私には会議中一言も口をきかなかった Durante la reunión no me dirigió la palabra. ◆その時どんなに悲しかったかは口では言えません No puedo expresar lo triste que estaba entonces.

❺【味覚】*f.* boca, *m.* paladar. → 口当たり. ◆このワインが私の口にはいちばん合っています Este vino es el que mejor me sabe. ◆イタリア料理は口に合わない La comida italiana no es de mi agrado. ◆彼は口が肥えている Tiene un paladar refinado.

❻【就職口】*m.* empleo, *m.* trabajo, *f.* colocación, *m.* puesto, *f.* vacante. ▶勤め口を探す v. buscar* empleo [trabajo, colocación]. ◆彼はバス運転手の口を見つけた Encontró colocación como conductor de autobuses. ◆ウエートレスの口があった Había un puesto de camarera.

❼【割り当て】*f.* participación, *f.* cuota. ▶赤十字に三口寄付する v. contribuir* a la Cruz Roja con tres participaciones.

【その他の表現】▶口をそろえて (=一斉に) 抗議する v. protestar unánimemente. ◆口がすっぱくなるほど (=何度も何度も) そのことを彼に言ったが, 聞こうとしなかった Se lo dije una y otra vez, pero no me hizo caso. ◆彼の常識のなさには開いた口がふさがらなかった (=物も言えないほど驚いた) Me quedé m*u*do de asombro por su falta de sentido común. ◆懐かしい歌が次々と口をついて出てきた Una tras otra salían [brotaban] de mis labios las hermosas canciones de antes. ◆先生が私のために口をきいて (=口添えして) くれて私は就職できた Mi profesor me recomendó y me dieron el trabajo. ♦ 他人のことに口を出すな No te metas en lo que no te importa. / (大きなお世話だ)Métete en sus asuntos. → 口出し. ♦ 彼は拷問にかけられたがどうしても口を割らなかった Le torturaron pero no confesó absolutamente. ♦ 彼の名はよくわれわれの口にのぼる Su nombre acude frecuentemente a nuestros labios. ♦いいかい、私の口から言いたくないけど、彼には妻も子供もいるのだよ Oye... Siento tener que decírtelo yo, pero él tiene mujer e hijos.

ぐち 愚痴 *f.* queja, *m.* refunfuño. → 不平. ♦愚痴っぽい人 *mf.* quejica, *mf.* gruñón/ñona. ▶仕事の愚痴をこぼす *v.* quejarse [refunfuñar] sobre el trabajo.

くちあたり 口当たり ▶口当たりが¹よい [²悪い] *adj.* de ¹ buen [²mal] sabor, ¹agradable [²desagradable] al paladar.

くちうつし 口移し ▶口移しの *adj.* boca a boca. ▶口移しに[で] *adv.* en boca a boca.

くちうら 口裏 ♦われわれはその問題について口裏を合わせることにした Decidimos ponernos de acuerdo para hablar del problema. / Convinimos en tratar del problema organizando lo que íbamos a decir (para no contradecirnos).

くちうるさい 口うるさい →口やかましい.

くちえ 口絵 *m.* frontispicio.

くちかず 口数 ▶口数の少ない男 *m.* hombre de pocas palabras, *m.* hombre sobrio en el hablar. ♦彼は口数が多い(＝おしゃべりだ) Habla mucho. / Es locuaz [charlatán].

くちがね 口金 (びんの王冠) *m.* tapón (de metal), *f.* chapa; (カバン・ベルトなどの) *m.* cierre, *m.* broche. ▶銀の口金の付いたカバン *m.* bolso con el cierre de plata.

くちきき 口利き(尽力) *mpl.* buenos oficios, *f.* ayuda. ▶アルバレス氏の口利きで *adv.* gracias a los buenos oficios del Sr. Álvarez, con la ayuda del Sr. A.

くちぎたない 口汚い *adj.* insultante, deslenguado. ▶彼を口汚くののしる(=ばかのあほうのと悪態をつく) *v.* usar contra él un lenguaje insultante, 《教養語》injuriarlo[le]. ♦彼はよく口汚い言葉を遣う Es un deslenguado. / Usa con frecuencia un lenguaje ofensivo [insultante].

くちくかん 駆逐艦 *m.* destructor.

くちくする 駆逐する(追い払う) *v.* rechazar*, ahuyentar. ▶敵を駆逐する *v.* rechazar* al enemigo. ♦悪貨は良貨を駆逐する El dinero malo ahuyenta al bueno.

くちぐせ 口癖 *f.* muletilla; (お気に入りの文句) *f.* expresión favorita, *m.* dicho favorito. ♦「気をつけて(＝安全第一)」が母の口癖です La muletilla de mi madre es: "la seguridad, lo primero".

くちぐちに 口々に(異口同音に) *adv.* al unísono, a coro, a una voz. ♦彼らは口々に「だめだ」と叫んだ "¡No!", gritaron al unísono.

くちぐるま 口車(甘い言葉) *fpl.* palabras melosas, *m.* lenguaje zalamero. ▶口車に乗せられる *v.* ser* engañado con [por] palabras melosas.

くちげんか 口喧嘩 *f.* discusión, *f.* riña, *f.* trifulca. ♦彼は妻とつまらぬことで口喧嘩した Discutió con su mujer sobre tonterías. → 争い, ごたごた, 衝突

くちごたえ 口答え ▶口答えをする *v.* contestar (con insolencia), replicar*. ♦彼女は子供が口答えしたのでしかった Reprendió a su hijo por replicar [contestón].

くちコミ 口コミ ▶口コミ宣伝 *m.* anuncio boca a boca. ♦そのことを口コミで知る Alguien me lo dijo. / Lo supe de oídas. → 口づて.

くちごもる 口ごもる(とぎれとぎれに言う) *v.* tartamudear, balbucear, hablar entre dientes. ▶口ごもりながら言い訳を言う *v.* balbucear una excusa.

くちさき 口先(唇) *m.* labio. ▶口先だけの(＝誠意のない)約束 *f.* promesa insincera. ▶口先のうまい奴 *m.* tipo zalamero [lisonjero, de palabras melosas], *m.* individuo con mucha labia. ▶口先だけいいことを言う *v.* adular, 《口語》hacer* la pelota (a + 人). ♦彼は口先だけの男だ Todo se le va en palabras.

くちずさむ 口ずさむ(歌を) *v.* cantar con voz suave, canturrear. ▶小声で子守歌を口ずさむ *v.* canturrear una nana.

くちぞえ 口添え(推薦) *f.* recomendación, *mpl.* buenos oficios. ▶あなたのお口添えで就職できました Conseguí el trabajo con su recomendación. ♦彼が社長に口添えしてくれました Me recomendó al jefe. / Medió en mi favor ante el jefe.

くちだし 口出し *v.* cortar [interrumpir] su conversación. → 干渉. ♦私のことに口出しするな No te metas en "lo que no te importa [mis asuntos, mis cosas]. ♦よけいな口出しをするな Ocúpate de sus asuntos. ♦私の口出しすることではないのでしょうが、そんなことをしなければよかったのにと思います "Quizá me estoy metiendo en lo que no me importa [No es que sea de mi incumbencia], pero no deberías haber hecho eso."

くちだっしゃ 口達者 *f.* persona con [de] mucha labia. ▶口達者な(口先の上手な) *adj.* hablador, charlatán, gárrulo.

くちづけ 口づけ *m.* beso, 《文ண語》*m.* ósculo. → キス.

くちづて 口づて ♦そのうわさは口づてに広まった Los rumores corrieron de boca en boca.

くちどめ 口止め ▶口止めする *v.* hacer* (a + 人) prometer que no diga nada, amordazarlo[le]*. ▶口止め料として5万円もらう *v.* recibir 50.000 yenes por el silencio.

くちなおし 口直し ▶てんぷらを食べた後、口直しに緑茶を飲んだ Tomé té japonés [verde] para quitarme el sabor de "tempura".

くちなし 梔子 *f.* gardenia, *m.* jazmín de la India.

くちばし 嘴(細く平たい) *m.* pico. ▶くちばしで種をつつく *v.* picotear「las semillas [(穀類の)los granos]. ▶くちばしでつついて木に穴をあける *v.* hacer* un agujero en el tronco del árbol con el pico.

くちばしる 口走る 〘秘密を口走る(＝うっかり言う)〙 *v.* dejar escapar un secreto.

くちはてる 朽ち果てる 〘(すっかり腐る)〙 *v.* pudrirse; 〘(世に知られずに死ぬ)〙 *v.* morir* oscuramente.

くちはばったい 口幅ったい ▶口幅ったい(＝生意気な)ようですが、あなたの意見には同意しかねます Perdone la impertinencia, pero no puedo estar de acuerdo con su opinión.

くちび 口火(火薬などに点火するための) *f.* mecha;(ガス湯沸かし器などの) *f.* llama piloto, *m.* piloto. ◆彼の発言が激しい論争の口火となった Sus observaciones suscitaron una acalorada discusión.

くちひげ 口ひげ *m.* bigote;(大きな) *m.* mostacho. → ひげ.

・**くちびる** 唇 *m.* labio. ▶¹厚い [²薄い] 唇 *mpl.* labios ¹gruesos [²finos]. ▶唇をかむ *v.* morderse* el labio (inferior). ▶上唇を舌でなめる *v.* pasarse la lengua por el labio superior. ▶(ふくれて)下唇を突き出す *v.* sacar* el labio inferior. ◆彼女は唇に指を当てて「しっ」と言った Se llevó un dedo a los labios y dijo: "Shhh".

くちぶえ 口笛 *m.* silbido. ▶口笛を吹いてタクシーを呼ぶ *v.* llamar a un taxi con un silbido, silbar para llamar a un taxi. ▶曲を口笛で吹く *v.* silbar una melodía. ◆彼は仕事をしながらよく口笛を吹く A menudo silba alguna melodía mientras trabaja.

くちぶり 口ぶり *f.* manera [*f.* forma, *m.* modo] de hablar. ◆彼女は結婚するような口ぶりだった Por su manera de hablar parecía que iba a casarse.

くちべた 口下手 → 下手. ◆彼は口下手だ No se le da bien hablar. / No se expresa bien.

くちべに 口紅 (棒口紅)*m.* lápiz [*f.* barra] de labios. ▶口紅をつける *v.* pintarse los labios. ▶新しい口紅を3本持っている *v.* tener* tres nuevos lápices de labios. ◆彼女は口紅が濃すぎる Se pinta demasiado los labios.

〘地域差〙 口紅(棒)
〔全般的に〕*m.* lápiz labial, *m.* lápiz de labios
〔スペイン〕*f.* barra de labios, *f.* pintura de labios
〔キューバ〕*m.* crayón de labios, *m.* pintalabios, *f.* pintura de labios
〔メキシコ〕*m.* bilé, *m.* colorete, *m.* labial, *f.* pintura de labios
〔ペルー〕*m.* labial, *m.* colorete, 《仏語》 "rouge"(☆発音は [rútʃ])
〔コロンビア〕*m.* colorete, *m.* labial, *m.* pintalabios
〔アルゼンチン〕*m.* labial, *m.* pintura de labios, *m.* "rouge"

くちまね 口真似 *f.* imitación de la manera de hablar. ▶口真似をする *v.* imitar [remedar] la manera de hablar. ◆彼は口真似がうまい Imita bien la manera de hablar de los demás.

くちもと 口元 (口) *f.* boca;(唇) *mpl.* labios. ▶しまりのない口元 *f.* boca de tonto. ▶口元をひきしめる *v.* apretar* los labios. ▶口元に笑みを浮かべて話す *v.* hablar con la sonrisa en los labios.

くちやかましい 口喧しい (うるさく小言を言う) *adj.* regañón. ▶口やかましい母親 *f.* madre gruñona. ◆父は門限のことでいつも私に口やかましく言う Mi padre siempre está regañándome por "la hora [lo tarde] que vuelvo a casa por la noche. → がみがみ.

くちやくそく 口約束 ▶口約束をする *v.* prometer de palabra, hacer* una promesa verbal. ◆彼からは単なる口約束でなく書いたものを必ずとりなさい Asegúrate de que no se limita a darte una promesa verbal; que te la escriba.

くちゃくちゃ ▶くちゃくちゃにする *v.* estrujar, arrugar*. ▶くちゃくちゃになる *v.* estrujarse, arrugarse*. ▶くちゃくちゃ噛む(⑩) *v.* hacer* ruido para comer, masticar* ruidosamente. ◆彼は包装紙をくちゃくちゃにしてくず箱に拾てた Estrujó el papel de envolver y lo tiró a la papelera. ◆子供たちはくちゃくちゃ音を立てて食べてはいけないと言われた A los niños se les dijo que no hicieran ruido al comer.

ぐちゃぐちゃ ▶ぐちゃぐちゃにつぶす *v.* apachurrar, aplastar. ◆彼女はソースを作るためにトマトをぐちゃぐちゃにつぶした Apachurró los tomates para hacer salsa. ◆ケーキが箱の中でぐちゃぐちゃになっていた El pastel quedaba [estaba] aplastado dentro de la caja. ◆私の机の上はぐちゃぐちゃで、何がどこにあるのか分からない Sobre mi mesa hay tal revoltijo que no sé dónde están las cosas. ◆地震で私の家はぐちゃぐちゃになってしまった Con el terremoto mi casa quedó completamente destruida.

くちゅう 駆虫 ▶駆虫薬 [剤] (虫下し) *m.* vermífugo;(殺虫剤) *m.* insecticida.

くちょう 口調 *m.* tono. → 調子. ▶命令口調で *adv.* en tono de mandato. ▶¹穏やかな [²激しい] 口調で *adv.* en un tono ¹suave [²agudo]. ▶演説口調で(＝まるで演説をしているように)話す *v.* hablar "en un tono [como si diera un] discurso". ▶口調を和らげる *v.* bajar [suavizar*] el tono (de la voz). ◆彼の口調からすると試験の出来はよくなかったらしい A juzgar por su tono de voz no parece que haya hecho un buen examen. ◆この方が口調がよい Eso suena mejor.

くちょう 区長 *mf.* alcal*de/desa* de (un) barrio.

ぐちょく 愚直 ▶愚直な(正直すぎる) *adj.* ingen*uo*, demasiado honrad*o*, que se pasa de bueno.

くちる 朽ちる (腐る) *v.* pudrirse; (ひっそりと死ぬ) *v.* morir* oscuramente.

・**くつ** 靴 *mpl.* zapatos; [集合的に] *m.* calzado. **1** 《～靴》 運動靴 *fpl.* zapatillas de deporte, *fpl.* playeras, 《ウルグアイ》 *mpl.* championes. ▶¹革 [²ゴム]靴 *mpl.* zapatos de ¹cuero [²goma]. ▶¹紳士 [²婦人;³子供]靴 *m.* calzado de ¹caballero [²señora;³niños]. ▶エナメ

ル mpl. zapatos de charol. ▶雨靴 fpl. botas de agua. ▶新しい靴1足 m. nuevo par de zapatos. ▶すり減った靴 mpl. zapatos gastados. ▶ゴム底の靴 mpl. zapatos de [con] suelas de goma.

2《靴＋名詞》 ▶靴墨 m. betún. ▶靴べら m. calzador. ▶靴屋(店) f. zapatería. ▶靴ぬぐい m. felpudo. → 靴ずれ, 靴紐, 靴磨き.

3《靴は》 ◆この靴は窮屈だ Estos zapatos me aprietan.

4《靴の》 ◆靴のひもを結ぶ v. atarse los zapatos. ▶靴のかかとを張り替える v. cambiar de suela [tacón].

5《靴を》 ▶靴を履く v. calzarse*, ponerse* los zapatos. ▶靴を脱ぐ descalzarse, quitarse los zapatos. ▶(自分で)靴をみがく v. limpiarse los zapatos. ▶靴をみがいてもらう v. hacer* que le limpien los zapatos. ▶靴を直す(＝直してもらう) v. hacer* que le arreglen [remienden] los zapatos. ◆マットで靴をぬぐう v. restregarse* los zapatos en el felpudo.

[地域差] 靴をみがく
〔スペイン〕v. limpiar (los zapatos)
〔ラテンアメリカ〕v. lustrar los zapatos
〔メキシコ〕v. bolear (los zapatos)
〔コロンビア〕v. embolar (los zapatos)

・**くつう 苦痛** (心身の痛み) m. dolor; (身体の) m. dolor, f. dolencia; (精神的な) f. pena; (激しく発作的な) f. punzada, m. dolor agudo; (激しく持続的な) m. tormento, f. tortura; (心身の苦悩) m. sufrimiento, f. congoja. → 苦しみ. ◆¹肉体的 [²精神的]苦痛 m. dolor ¹físico [²psíquico, mental]. ◆苦痛を感じる v. sentir* dolor. ◆彼の両親の苦痛はよく分かる Comprendo bien el dolor de sus padres. ◆何時間も座っているのは苦痛です Es doloroso estar sentado por horas. ◆私の息子は苦痛の種だ Mi hijo es「una fuente de preocupaciones [un verdadero dolor]. ☞痛[傷]み, 苦

くつがえす 覆す (定説・制度などを) v. derribar, echar abajo; (決定・方針などを) v. cambiar; (判決などを) v. revocar*. ▶定説をくつがえす v. derribar [echar abajo] una teoría establecida.

くっきょう 屈強 ▶屈強な(たくましい) adj. fornido; (強健な) adj. robusto, (強い) adj. fuerte.

くっきり adv. claramente, perfectamente. ◆人影がくっきり見えた Pude ver claramente la figura de una persona. ◆通路にくっきり人の足跡が残っている Se pueden ver perfectamente las pisadas que hay en el pasaje. ◆彼女の苦悩がくっきり(＝きわだって)顔にでていた Su sufrimiento se reflejaba claramente en su rostro.

クッキング f. cocina, m. arte culinario. ▶クッキングスクール f. escuela de cocina.

ぐつぐつ ▶ぐつぐつ煮る v. hervir* a fuego lento. ▶それを沸とうさせて、15分ぐつぐつ煮なさい Hazlo hervir a fuego lento quince minutos.

くっし 屈指 ▶日本屈指のピアニスト mf. uno/na de los mayores [mejores] pianistas de Japón. ◆この町屈指の大金持ち mf. uno/na de los más ricos de la ciudad.

・**くつした 靴下** (短い) mpl. calcetines; (ストッキング) mpl. medias. ▶靴下1足 un par de calcetines. ▶靴下留め(女性用の) m. par de jarreteras. ▶靴下を¹はく [²脱ぐ] v. ¹ponerse* [²quitarse] los calcetines. → 穿(は)く. ◆ ▶靴下をはいて[はいたままで] adv. con calcetines, con los calcetines (puestos). ◆あなたの靴下伝線しているわ Tienes una carrera en「la media [los calcetines, un calcetín].

くつじょく 屈辱 f. humillación; (不名誉) f. deshonra, 《教養語》 m. oprobio; (侮辱) m. insulto. ▶屈辱的な adj. humillante, deshonroso. ▶屈辱を与える v. humillar, deshonrar, afrentar. ▶屈辱を受ける v. ser* humillado [deshonrado, afrentado]. ▶屈辱に耐える v. aguantar [soportar] una humillación [deshonra].

ぐっしょり ▶ぐっしょりぬれている v. estar* empapado [calado] (hasta los huesos). → びしょ濡れ. ◆猫がぐっしょりぬれて帰ってきた El gato volvió empapado.

クッション m. cojín. ▶クッションのいいソファ m. sofá cómodo. ▶クッションのついたいす f. silla blanda. ◆いすのクッションがいい El asiento de la silla es cómodo.

くっしん 屈伸 f. contracción y m. estiramiento. ▶屈伸運動をする v. hacer* [realizar*] ejercicios de「contracción y estiramiento [flexión].

クッシングしょうこうぐん クッシング症候群 《専門語》 m. síndrome de Cushing.

グッズ mpl. artículos, mpl. productos. ▶スポーツグッズ m. artículos deportivos.

ぐっすり ◆彼女は毎日ぐっすり眠る Duerme profundamente todos los días. ◆ファンはぐっすり眠っています Juan está profundamente dormido. /《口語》Juan duerme「a pierna suelta [como un tronco]. ◆昨晩ぐっすり眠れましたか ¿Dormiste bien anoche? ◆ぐっすりおやすみ ¡Que duermas bien!

くっする 屈する v. ceder 《a》, rendirse* 《a》. ▶彼女の要求に屈する v. ceder a su petición.

くつずれ 靴ずれ f. rozadura [f. herida] (causada) por el calzado. ▶靴ずれができる v. tener* una rozadura por el zapato.

くっせつ 屈折 (光・音の) f. refracción. ▶屈折率 m. índice de refracción. ▶屈折させる v. refractar. ▶屈折した(＝曲がった)道 f. carretera sinuosa [con curvas]. ▶屈折した(＝複雑な)心理 m. estado mental complejo [complicado]. ◆プリズムは光を屈折させた El prisma refractó la luz.

くったく 屈託 ▶屈託のない(気苦労のない) adj. despreocupado. ◆彼は何の屈託もない様子だった Parecía completamente libre de preocupaciones.

ぐったり ❶【ぐにゃっとなった】adj. extenuado, sin fuerzas. ▶ぐったりいすに腰をおろす v. caer* extenuado en la silla. ◆彼女はぐったりなって倒れた Iba extenuada y se cayó. ◆水がなくて花がぐったりしている Las flores están

mustias por falta de agua.
❷【疲れて動かない】v. estar* extenuado, estar* muerto de cansancio. ◆彼は一日中歩いてぐったりしている Está extenuado de andar todo el día.

くっつく (粘着する) v. pegarse* [adherirse] 《a》. ◆壁にぴったりくっついて立っている v. estar* de pie muy cerca de la pared. ◆ガムが靴底にくっついた El chicle se pegó a la suela de mi zapato. ◆子供は甘えて母親にくっつく Los niños se juntan a sus madres en busca de cariño. ◆少年の折れた骨は完全にくっついた El hueso roto del muchacho se soldó perfectamente.

くっつける (結合する) v. unir, juntar; (張り付ける) v. pegar*. ◆2 枚の板を接着剤でくっつける v. juntar dos tablas con cola. ◆花びんの破片をくっつけて元通りにする v. pegar* [poner*] pegamento a] los fragmentos de un jarrón roto para restablecerlo*. ◆小包に札をくっつける v. pegar* una etiqueta a un paquete. ◆果物型マグネットを冷蔵庫のドアにくっつける v. pegar* unos imanes con forma de fruta en la puerta de un refrigerador. ◆そのベッドをもっと壁にくっつけなさい (=接近させなさい) Junta más la cama a la pared.

くってかかる 食ってかかる(敵意を示す) v. volverse* [arremeter] 《contra》; (激しく非難する) v. fustigar*. ◆彼に食ってかかる v. volverse* contra él, increparlo[le]. ◆彼はこぶしを固めて私に食ってかかってきた Se volvió contra mí con el puño cerrado. / Me desafió con el puño.

ぐっと ❶【一段と】(比較級を強調して) adv. mucho más, 《口語》mucho; (著しく) adv. notablemente, (鋭く) adv. agudamente, (大いに) adv. muy, mucho. → ずっと. ◆彼女はピンクの服を着るとぐっと若く見える Parece mucho más joven vestida de rosa. ◆彼はテニスがぐっと上達した Su tenis ha progresado mucho.
❷【一息に】◆ぐっとウイスキーを飲む v. tomarse [beberse] el whisky de un trago. ◆ぐっと息を吸う v. hacer* una profunda inspiración.
❸【力を入れて】◆ぐっと引く v. dar* un tirón [jalón]. ◆ぐっとロープを引く v. dar* un tirón a la cuerda. ◆彼は頭をぐっと引いた Echó bruscamente la cabeza para atrás. ◆車はガクンと止まった El coche se paró de una sacudida.
❹【感情などを強く抑える様子】◆怒りをぐっと抑える v. tragarse「el enfado [la ira]．

グッド adj. bueno. → いい. ◆グッドアイデアだ ¡Qué buena idea!

グッ(ド)バイ Adiós. / Hasta luego. → さよなら

グッドパスチャーしょうこうぐん グッドパスチャー症候群 《専門語》m. síndrome de Goodpasture.

くつひも 靴紐 mpl. cordones del zapato. ◆靴ひもを結ぶ v. atarse (los cordones de) los zapatos.

くっぷく 屈服 (降参) f. rendición 《a》; (服従) f. sumisión 《a》. ◆屈服する (降参する) v. rendirse* [entregarse*] 《a》; (服従する) v. someterse 《a》; (譲歩する) v. ceder 《a》. ◆世論の圧力に屈服する v. rendirse* a la presión de la opinión pública.

くどく 385

くつみがき 靴磨き ◆靴みがき(人) m. limpiabotas.

地域差	靴磨き(人)
[全般的に] m. limpiabotas
[ラテンアメリカ] m. lustrador
[メキシコ] m. boleador, m. bolero
[ペルー] f. canilleta
[コロンビア] m. embolador
[アルゼンチン] m. lustra

くつろぎ 寛ぎ m. descanso. ◆くつろぎの午後 f. tarde descansada.

くつろぐ 寛ぐ (緊張をほぐす) v. descansar, ponerse* [sentirse*] a gusto, relajarse. ◆くつろいで話す v. hablar relajadamente, tener* una charla tranquila. ◆どうぞゆっくりくつろいでください Por favor, póngase cómodo. / Por favor, descanse como en su casa. ◆彼女は彼らの面前ではくつろげなかった No se sentía cómoda en su presencia. ◆音楽を聴くと私は心身がくつろぐ La música me relaja. / Oyendo música descanso.

ぐでんぐでん ◆彼は昨夜ぐでんぐでんに酔っ払った Anoche estaba「completamente borracho [《口語》como una cuba]． → べろべろ.

くどい ❶【言葉が】(くり返しの多い) adj. repetitivo, reiterativo, 《口語》pesado, 《口語》machacón; (言葉数が多い) adj. prolijo; (長たらしい) adj. largo. ◆くどい演説 m. discurso prolijo [demasiado largo]. ◆くどいようですが, 必ず時間どおりに来てください「Perdón por repetirme [Siento ser tan pesado]，pero por favor sean puntuales. ◆くどいぞ No seas tan pesado [machacón].
❷【味などが】◆くどい味の料理 f. comida「de sabores demasiado fuertes [demasiado condimentada]．

くとう 苦闘 f. lucha. ◆苦闘する v. luchar 《por》 ☞争い, 闘争

くどう 駆動 f. tracción; (駆動装置) f. transmisión. ◆¹前輪 [²後輪]駆動車 m. coche con tracción ¹delantera [²trasera].

くとうてん 句読点 m. signo de puntuación. ◆文に句読点をつける v. poner* los signos de puntuación de una frase, puntuar* una frase.

《スペイン語の句読点》◆終止符, ピリオド (.) m. punto (final). ◆疑問符 (¿...?) m. signo de interrogación. ◆感嘆符 (¡...!) m. signo de exclamación. ◆コンマ (,) f. coma. ◆コロン (:) mpl. dos puntos. ◆セミコロン (;) m. punto y f. coma. ◆アポストロフィー (') m. apóstrofo. ◆ハイフン (-) m. guión. ◆ダッシュ (—) f. raya. ◆引用符 «…» fpl. comillas.

くどく 口説く (言い寄る) v. intentar convencer* 《de que + 接続法》, solicitar 《de + 人》《que + 接続法》, cortejar, hacer* la corte, galantear; (肉体関係を求めて) v. seducir*; (結婚を求めて) v. cortejar, (説得する) v. persuadirlo[le] 《para que + 接続法》; (うま

い言葉で) v. engatusarlo[le] 《para que + 接続法》. → 説得する. ♦彼を口説いてそれをしてもらうことにした Lo [Le] persuadí [convencí] para que「me lo hiciera [lo hiciera por mí].

くどく 功徳 (善行) f. buena acción, f. obra de beneficencia; (恵み) f. caridad. ▶功徳を積む v. hacer* [realizar*] buenas acciones. ▶功徳を施す v. practicar* la beneficencia.

くどくど (言い張って) adv. insistentemente; (執拗に) adv. de forma persistente; (繰返し) adv. repetidamente. ♦彼はくどくどと時間を守る大事さを強調した Puso de relieve insistentemente la importancia de la puntualidad. / Insistió repetidamente en lo importante que es la puntualidad. ♦彼女は夫の欠点をくどくどと話した Siguió insistiendo en los defectos de su marido. ♦彼は遅くなった言い訳をくどくどと(＝何度も)した Justificó repetidamente su falta de puntualidad.

ぐどん 愚鈍 ▶愚鈍な adj. imbécil, estúpido. → 愚か.

くないちょう 宮内庁 f. Agencia de la Casa Imperial.

くなん 苦難(困難な状態) f. dificultad, f. penalidad; (苦しみ) m. sufrimiento. ▶苦難に打ち勝つ v. vencer* las dificultades, superar las penalidades. ▶さまざまな苦難を経験する v. pasar diversas penalidades [dificultades]. ♦彼女は人生の苦難に耐え切れなかった No pudo aguantar las dificultades de vida. ☞苦しみ, 困難, 辛苦

**くに 国 ❶〔国土, 国家〕m. país, f. nación, m. estado. ▶世界の国々 mpl. países del mundo. ▶おとぎの国 m. país de las hadas, m. país de ensueño. ▶国中を旅行する v. viajar por todo el país. ♦二つの国は漁業協定を結んだ Las dos naciones firmaron un acuerdo de pesca. ♦スペインでは鉄道は国によって管理されている En España los ferrocarriles están controlados por el estado. ♦そのことで国中がひっくり返るような騒ぎになった Todo el país fue conmocionado por ello. ♦食習慣は国により異なる Los hábitos de comer varían de país a país.
❷〔故郷〕f. tierra [m. pueblo] natal, f. patria (chica), m. terruño (→故郷); (故国) m. país natal, f. patria. → 本国. ▶東北のお国なまりで話す v. hablar con acento de Tohoku.
❸〔国の一地方〕f. provincia. → 地方. ▶大和の国 f. provincia de Yamato.

くにがら 国柄 (国の性格) m. carácter [f. idiosincracia] nacional. ♦それぞれの国には独特のお国柄がある Cada país tiene su propio carácter.

くにくのさく 苦肉の策 m. último recurso. ♦彼が車を売ったのは苦肉の策(＝最後の手段)だった Vendió su coche como último recurso.

くにざかい 国境 f. frontera (nacional). ▶国境を越える v. pasar [atravesar*] la frontera.

くにゃくにゃ ▶くにゃくにゃしている adj. blando; (たるんで) adj. flácido. ♦熱でタールがくにゃくにゃになった El calor reblandeció el alquitrán. ♦彼女は手足をくにゃくにゃに曲げて踊った Bailaba retorciendo los miembros.

くにゃくにゃ (張りをなくして) adj. muy blando, (口語) blanducho, flácido. ♦くにゃくにゃになる v. ablandarse, reblandecerse*. ♦ウォーターベッドに穴が開いてぐにゃぐにゃになった La cama de agua se pinchó y se puso muy blanda.

くねくね ▶くねくね曲がる(山道や流れなど) v. serpentear, hacer* meandros. ▶(体などを)くねくね曲げる v. retorcer*, torcerse*, contonearse. ♦山頂から長くてくねくね流れる川が見えた Desde lo alto de la montaña se podía ver cómo hacía meandros el largo río. ♦踊り子たちは音楽に合わせて体をくねくねさせた Las bailarinas contoneaban sus cuerpos al son de la música. ♦ミミズが身をくねくねとよじらせた La lombriz iba serpenteando.

くねる (道などが) v. serpentear, dar* vueltas. ♦その道はくねって森を抜けている El camino「zigzaguea por [atraviesa zigzagueando] el bosque. ♦踊り子は体をくねらせて舞台を踊り回った La bailarina se contoneaba por el escenario.

くのう 苦悩 (心身の) f. pena, f. aflicción, f. agonía. ▶苦悩する v. sufrir una pena, tener* una aflicción. ▶苦悩に満ちた叫び声を上げる v. dar* un grito de pena.

・くばる 配る ❶〔物などを〕v. repartir, distribuir*, entregar*; (渡す) v. entregar*. ▶貧しい人に食物を配る v. repartir comida entre los pobres. ▶新聞を配る v. repartir periódicos. ♦彼は生徒に答案用紙を配った Repartió [Distribuyó] los exámenes a [entre] los estudiantes. ♦彼は彼女に4枚のエースの札を配った Le dio a ella los cuatro ases.
❷〔気を〕v. ser* atento (con); (目を) v. vigilar 《a》. ♦その老婆に気を配る v. ser* atento con la anciana.

・くび 首 ❶〔身体の〕m. cuello; (動物の) m. pescuezo; (ビンなどの) m. gollete, f. cabeza. ▶首筋 f. parte posterior del cuello, f. nuca. → 首飾り, 首輪. ♦シャツの首回りはいくらですか ¿Cuánto tiene su camisa de cuello? / ¿Qué talla tiene el cuello de su camisa?
1《首が》♦彼は首が¹短い [²長い; ³細い] Tiene un cuello ¹corto [²largo; ³delgado].
2《首の[に]》♦事故で首の骨を折る v. desnucarse* en un accidente. ♦首のない死体 m. cuerpo「sin cabeza [decapitado]. ♦首の差で¹勝つ [²負ける] v. ¹ganar [²perder*] por una cabeza. ▶首に包帯を巻く v. ponerse* una venda en el cuello. ♦彼女は首にスカーフを巻いている Lleva una bufanda al [alrededor del] cuello. ♦彼女は彼の首に抱きついた Le rodeó el cuello con sus brazos.
3《首を》▶首をかしげる v. ladear la cabeza. ▶首をすくめる[ひっこめる] v. agachar la cabeza. ▶机の下に首を突っ込む v. esconder [meter] la cabeza bajo la mesa. ▶コードで首を絞めて殺す v. estrangular con una cuerda. ♦彼は同意のしるしに首を縦に振った Asintió con la ca-

beza. ♦ 首を¹信じられないというように [²不賛成の気持ちを表わして] 首を横に振った Movió la cabeza con ¹incredulidad [²desaprobación]. ♦ 彼は首を見ようと首を伸ばした Alargó [Estiró] el cuello para verlo. ♦ 彼は首をはねられた Fue decapitado. / Le decapitaron. / Le cortaron la cabeza.
❷【びんなどの】 *m.* gollete, *m.* cuello. ▶びんの首 *m.* gollete de la botella. ▶ギターの首 *m.* mástil de la guitarra. ▶首の長い花びん *m.* jarrón de gollete alto.
❸【解雇】 *m.* despido, *m.* cese; (免職) *f.* destitución. ▶首にする *v.* despedir*, cesar, [Alargó語] echar, 【メキシコ】 correr, 《教養語》 destituir*, 《口語》 poner* en la calle. ▶3人の労働者に対する不当な首切り *m.* injusto despido de tres trabajadores. ♦ 彼は会計係を首にした Despidió [Echó] 「al tesorero [a la tesorera]. ♦ 彼女は怠けたので仕事を首になった Fue despedida por ser perezosa. / La echaron del trabajo por pereza. ♦ 君は首だ Quedas [Estás] despedid*o*.

《その他の表現》▶ 首をひねる [かしげる] (=懐疑的だ) *v.* tener* dudas 《sobre》; (一心に考える) *v.* devanarse los sesos 《sobre》, romperse* la cabeza pensando 《en》. ▶ 首っ引き. → 首っ引き。♦ 彼が東京に来るのを首を長くして待っている Espero con impaciencia su llegada a Tokio. / 《口語》 Me muero de impaciencia por ver llegue a Tokio. ♦ 彼は首を知っていたら首をやる 《口語》 Me apuesto el cuello a que no lo sabe. / Que me cuelguen [ahorquen] si lo sabe. ♦ 彼は彼女に首ったけだ Está loco por ella. / Está perdidamente enamorado de ella. ♦ 彼は首つり自殺をした Se ahorcó [colgó]. / Se suicidó ahorcándose [colgándose]. ♦ 彼は借金で首が回らない Está hasta el cuello de deudas. / Debe hasta la camisa.

くびかざり 首飾り *m.* collar; (短い) *f.* gargantilla. → ネックレス.

くびっぴき 首っ引き ▶ スペイン語の本を辞書と首っ引きで読む *v.* leer* un libro en español con la nariz pegada al diccionario.

くびれる 括れる *v.* estrecharse. ▶ ひょうたんのくびれた (=狭い) 所 *m.* cuello de una calabaza. ♦ そのびんは真ん中が少しくびれている La botella se estrecha un poco en su mitad.

くびわ 首輪 (犬などの) *m.* collar (de perro); (犬などのとげ付きの) *f.* carlanca. ▶ 首輪のない犬 *m.* perro sin collar. ▶ 犬に首輪をつける *v.* poner* un collar a un perro.

***くふう** 工夫 (着想) *f.* idea; (発明) *m.* invento, *f.* invención. ▶ 工夫に富んだ人 *f.* persona 「con recursos [ingeniosa]. ▶ 工夫をこらした計画案 *m.* plan bien ideado. ♦ この機械にはいろいろな工夫がしてある (=装置がある) Esta máquina tiene varios artilugios.
—— **工夫する** (発明する) *v.* inventar(se); (考え出す) *v.* pensar, ingeniar(se), planear. ▶ 料理を温かくしておく工夫をする *v.* idear una manera [fórmula] de mantener* los platos calientes. ♦ これらは私の工夫したものです Son inventos míos. / Estas cosas me las he inventado yo. ☞ 凝る, 算段

くみ 387

くぶくりん 九分九厘 (十中八九) *f.* probabilidad [*f.* posibilidad] de nueve contra uno. ♦ 彼は試験に九分九厘合格するでしょう Hay una posibilidad de nueve contra uno que aprobará el examen. / (ほぼ確実に合格するでしょう) Es casi seguro que aprobará el examen.

くぶどおり 九分どおり ♦ 体育館は九分どおり (=ほとんど)完成した El gimnasio está 「casi totalmente terminado [prácticamente acabado]. ♦ 私たちの計画は九分どおりうまくいくでしょう Hay un 90 por ciento de posibilidades de que nuestro plan saldrá bien. / Es casi seguro que salga bien nuestro plan.

クプレ *m.* cuplé (☆1930年代に流行した歌謡).

くぶん 区分 (分けること) *f.* división; (分類) *f.* clasificación. ▶ 区分する *v.* dividir, clasificar*. → 分ける, 分類する.

***くべつ** 区別 *f.* diferenciación, *f.* distinción. ▶ 性・年齢の区別なく *adv.* sin tener en cuenta ni sexo ni edad, con independencia del sexo o edad.
—— **区別する** ▶ (特徴の認識によって) AとBを区別する *v.* diferenciar [distinguir*] A de B; (評価価値を伴って) *v.* discriminar entre A y B. ♦ 彼は正邪を区別できない No puede distinguir lo bueno y lo malo. / No sabe distinguir el bien del mal. / No puede diferenciar lo correcto de lo incorrecto. ♦ 私はどっちがどっちか区別できない No puedo distinguir 「cuál es cuál [uno de otro]. ♦ 彼らは目の色で区別できます Se los puede distinguir por el color de sus ojos. / La diferencia está en el color de los ojos. ☞ けじめ, 相違, 特色

くべる 焼べる ▶ 石炭を炉にくべる *v.* echar carbón al horno.

くぼち 窪地 *f.* hondonada, *m.* hondón, *f.* depresión; (盆地) *f.* cuenca.

くぼみ 窪み (空洞) *m.* hueco; (地面の) *m.* hoyo, *m.* bache. ▶ 彼女のほおのくぼみ *mpl.* hoyuelos en sus mejillas. ♦ ジープは地面のくぼみに突っ込んで大きくバウンドした El jeep encontró un bache y dio un fuerte bote.

くぼむ 窪む *v.* hundirse, meterse [caer*] en un hoyo. ~ へこむ. ▶ 眼のくぼんだ男 *m.* hombre con 「los ojos hundidos [las cuencas de los ojos hundidas].

くま 熊 *m.* oso. ▶ 白熊 *m.* oso polar (blanco). ▶ 子熊 *m.* osezno.

くま 隈 ▶ くまができる *v.* tener* ojeras.

くまで 熊手 *m.* rastrillo. ▶ くまでかき集める *v.* recoger* las hojas con el rastrillo, rastrillar las hojas.

くまなく 隈なく ♦ それを隈なく (=至る所を)探す *v.* buscar* por todos sitios, no dejar rincón sin registrar. ▶ その時計がないか部屋を隈なく探す *v.* revolver* toda la casa en busca del reloj. ▶ その国を隈なく旅行する *v.* viajar por todos los rincones del país.

くまんばち 熊ん蜂 (大型のすずめばち) *m.* avispón; (くまばち) *f.* abeja carpintera.

***くみ** 組み ❶【グループ】 *m.* grupo; (チーム) *m.* equipo. ▶ 5人一組で *adv.* en grupos de cin-

co. ▶3人ずつ五組になる v. formar cinco grupos de tres. ▶50人を5つの組に分ける v. dividir las 50 personas en cinco grupos. ▶男子百メートル一次予選第8組に出場する v. competir* en el grupo octavo de la primera ronda de las pruebas eliminatorias de los 100 metros「de hombres [masculinos]」.
❷【一対】m. par, f. pareja; (一揃い) m. juego, m. servicio. ▶二人一組で adv. en pares, en pareja. ▶二人組の強盗 m. par de ladrones. ▶3組の新婚夫婦 fpl. tres parejas de recién casados. ▶10点一組の茶器 m. juego [servicio] de té de diez piezas. ▶彼と組になる→ペア, コンビ.
❸【学級】f. clase. → クラス. ▶1年1組 f. clase 1 del primer curso. ♦この組はよく勉強する Los alumnos de esta clase estudian mucho. / En esta clase los alumnos estudian mucho.

くみあい 組合 ❶【(生活)協同組合】f. cooperativa, (協会) f. asociación, f. sociedad. ▶農業協同組合 f. cooperativa agraria [agrícola]. ▶共済組合 f. sociedad benéfica [de beneficiencia], f. mutualidad, f. sociedad mutualista.
❷【労働組合】m. sindicato. →団体. ▶組合活動 fpl. actividades sindicales [del sindicato]. ▶組合活動家 mf. sindicalista, mf. activista [mf. militante] sindical. ▶組合費 fpl. cuotas del sindicato. ▶組合に加入する v. afiliarse a un sindicato. ▶組合を1作る [2解散する] v. ¹formar [²disolver*] un sindicato.

くみあう 組み合う (組み合わせる) v. unir, juntar. ▶腕を組み合って歩く v. caminar (cogidos) del brazo.

くみあげる 汲み上げる (くみ出す) v. sacar*, extraer*; (ポンプで) v. bombear. ▶井戸水をくみ上げる v. sacar* agua de un pozo. ▶かまから湯をくみ上げる v. sacar* agua caliente de una caldera.

くみあわせ 組み合わせ ▶いい色の組み合わせ(＝配色)になる[である] v. combinar bien los colores, ir* bien los colores. ▶試合の組み合わせを抽選で決める v. decidir por sorteo el emparejamiento para los partidos, sortear quién juega contra quién. ♦そのコートと靴は絶妙な組み合わせ(＝好一対)だ El abrigo y los zapatos「combinan muy bien [hacen una combinación perfecta]」.

くみあわせる 組み合わせる (くっつける) v. unir, juntar; (結合させる) v. combinar; (釣り合わせる) v. hacer* juego《con》. ▶バッグと靴を組み合わせる v. combinar el bolso con los zapatos. ▶両手をしっかり組み合わせる v. entrelazar* firmemente las manos.

くみいれる 組み入れる (加え入れる) v. integrar, incorporar, incluir*. ▶彼の提案を計画に組み入れる v. integrar [incorporar] su sugerencia [propuesta] al plan.

くみかえる 組み替える (再整理する) v. reorganizar*; (作り直す, 改造する) v. recomponer, reformar. ▶計画を組み替える v. reorganizar* un proyecto. ▶遺伝子を組み替える v. recombinar los genes. ▶社会福祉の予算を組み替える v. reformar el presupuesto para gastos sociales.

くみかわす 酌み交わす (杯をかわす) v. beber [tomar, brindar] juntos.

くみきょく 組曲 f. suite.

くみこむ 組み込む ▶タイマーを組み込んだストーブ f. estufa con reloj incorporado. ▶奈良見物を旅行計画に組み込む v. incluir* en el itinerario una visita a Nara.

くみたて 組み立て (機械などの) m. montaje, m. ensamblaje; (構造) f. estructura. ▶組み立て工 mf. montador/dora. ▶組み立て工場 f. planta [m. taller] de montaje. ▶組み立て式洋服ダンス m. armario desmontable. ▶小説の組み立て f. estructura de una novela.

くみたてる 組み立てる【つなぎ合わせて】v. ligar*, unir; 【積み立てて】v. construir*; (部品を集めて機械などを) v. montar. ▶積み木を組み立てる v. montar los bloques. ▶文を組み立てる v. componer* [construir*] una frase. ▶模型飛行機を組み立てる v. ensamblar un aeromodelo [avión en miniatura]. ▶エンジンを組み立てる v. montar un motor.

くみとる 汲み取る v. sacar*, extraer*. →汲(く)む.

くみふせる 組み伏せる (押さえつける) v. derribarlo[la, le], tirarlo[la, le] al suelo《a》, echarlo[la, le] a tierra《a》.

くみわけ 組み分け (学級編成) f. organización de la clase.

くむ 汲む ❶【くみ出す】v. sacar*, extraer*. ♦彼はバケツで井戸からを水くんだ Sacó agua del pozo con un cubo.
❷【推し量る】v. considerar. →思いやり. ▶彼の気持ちをくむ v. comprender sus sentimientos, tener*「en cuenta [presente, en consideración]」su intención. ▶言外の意味をくむ v. considerar las connotaciones. (書物で) v. leer* entre líneas.

くむ 組む ❶【協同する】(いっしょに仕事をする) v. trabajar juntos, (協力する) v. colaborar, cooperar; (団結する) v. unirse, (チームを組む) v. formar equipo, (共謀する) v. conspirar. ♦私は彼と組んでその事業を始めた Él y yo colaboramos en el inicio del negocio. / Cooperé con él en la puesta en marcha del negocio. / Empezamos el negocio los dos juntos. ▶警察と市民が組んで暴力防止に当たった La policía y los ciudadanos colaboraron en la prevención de la violencia. ♦私は彼とテニスの試合で(ペアを組んだ) Me pusieron con él en el partido de tenis. / Fue mi compañero en el partido de tenis. ▶彼らはペアを組んで(＝二人一組になって)歩いた Caminaban en parejas. ♦彼らは手を組んで政府を倒そうと企てた Conspiraron para derrocar al gobierno.
❷【交差させる】v. cruzar*, entrelazar*. ▶¹脚 [²腕]を組む v. cruzar*「¹las piernas [²los brazos]」. ▶脚を組んでいすに座る v. sentarse* en la silla con las piernas cruzadas. ♦私は彼が女の子と腕を組んで歩いているのを見た Le vi pasear

[caminar] del brazo con una chica.
❸【組み立てる】v. armar, construir*, componer*, levantar, erigir*. ▶建築の足場を組む v. armar un andamio para la construcción. ▶見出し【²活字】を組む v. componer* ¹un titular [²los tipos]. ▶プログラムを組む v. componer* un programa.

くめん 工面 ▶金を工面する（=用意する）v. juntar [racaudar] dinero. ▶なんとか工面して借金を払う v. arreglárselas para saldar una deuda. ▶どうにかしてその金を工面する v. encontrar* el dinero de alguna forma.

くも 蜘蛛 f. araña. ▶クモの糸 m. hilo de araña. ▶クモの巣 f. telaraña. ▶くもの子を散らすように（=四方八方に）逃げる v. huir* en desbandada, escapar en todas las direcciones. ▶小屋はほこりっぽくてクモの巣だらけだった La cabaña estaba polvorienta y llena de telarañas. ♦クモが巣を作っているのを見ていた Miraba cómo la araña tejía su tela.

**くも 雲 f. nube.
1《〜雲》▶きのこ雲 m. hongo atómico [nuclear]. ▶飛行ъs機雲 f. estela de condensación. ♦空には一点の雲もなかった En el cielo no había ni rastro de nubes.
2《雲＋名詞》▶雲間に adv. entre las nubes. ▶¹雲のない[²雲の多い]空 m. cielo ¹despejado [²nublado]. ▶雲のかかった月 f. luna nublada. ♦雲の切れ目（=雲間）から飛行機が見えた Se veía un avión aparecer entre las nubes. ♦太陽が雲間から顔を出した El sol salió detrás de las nubes.
3《雲が》▶雲が出てきたようだ Parece que se está nublando. ♦雲が切れて青空がのぞいた Las nubes se disiparon y volvió el azul del cielo. ♦綿のような雲が空に浮かんでいる Una nube aborregada está flotando por el cielo. ♦雲が低く垂れている Las nubes están bajas.
4《雲に》▶山々は雲にそびえている Las montañas se yerguen sobre las nubes. ♦山々の頂上は厚い雲におおわれていた Las cumbres de las montañas estaban coronadas [cubiertas] de nubarrones [espesas nubes].
【その他の表現】♦それは雲をつかむような（=実現不可能な）計画だ Es「una quimera [un plan por las nubes].
【関連】▶絹雲 m. cirro. ▶絹積雲 m. cirrocúmulo. ▶絹層雲 m. cirroestrato. ▶高積雲 m. altocúmulo. ▶高層雲 m. altoestrato. ▶積乱雲 m. cúmulonimbo. ▶積雲 m. cúmulo. ▶層雲 m. estrato. ▶層積雲 m. estratocúmulo. ▶乱層雲 m. nimboestrato.

くもがくれ 雲隠れ ▶雲隠れする v. desaparecer*; (姿をくらます) v. escaparse《de》.
クモまく クモ膜（専門語）f. aracnoides. ▶クモ膜下出血（専門語）f. hemorragia subaracnoidea.
くもゆき 雲行き ▶雲行きを見る v. ver* la dirección de las nubes; (形勢を) v. ver* cómo evoluciona la situación. ♦雲行きが怪しい（=雨になりそうだ）Parece que va a llover. /（形勢があやしい）La situación está empeorando. /《口語》Las cosas se están poniendo feas.

くもり 曇り ❶【曇天】m. (tiempo) nublado. ▶曇り空 m. cielo nublado [cubierto]. ♦きのうは曇りだった Ayer estuvo nublado.
❷【物の表面の汚れ・傷】(水滴・涙などによる) m. vaho, m. vapor. ▶外を見ようと窓ガラスの曇りをぬぐう v. desempañar el cristal de la ventana para ver* fuera.
くもりガラス 曇りガラス m. vidrio [m. cristal] esmerilado.
くもる 曇る ❶【空が】v. nublarse, ponerse* nublado. →曇り. ▶空が曇ってきた Se está nublando. ♦スモッグで空が曇った El smog nublaba [tapaba] el cielo.
❷【ガラスなどが】v. empañarse. ♦湯気で眼鏡が曇ってしまった Mis gafas [lentes] se han empañado. ♦彼女の目は涙で曇っていた [²曇った] Sus ojos ¹estaban empañados [²se empañaron] por las lágrimas. →霞(ｶｽﾐ)む.
❸【心・顔が】v. nublarse. ♦彼女の¹心[²顔]は悲しみで曇った Su ¹corazón [²rostro] se nubló por la pena.
くもん 苦悶（心の）f. angustia, f. congoja, f. agonía. →苦悩. ▶苦悶の表情 f. expresión angustiada.
ぐもん 愚問 （ばかな質問）f. pregunta tonta [estúpida].

くやしい 悔しい （人が）v. sentirse frustrado [humillado, a disgusto]《por, de》, sentir* vejación [despecho, rabia]《por, de》. ▶悔しまぎれに（=悔しさから）adv. por despecho, por la frustración. ▶悔し涙を流す→悔し涙を流す. ♦ああ悔しい ¡Qué rabia [humillante]! / ¡Vaya una frustración! ♦私は試験に落ちて悔しかった Me sentí frustrado por haber suspendido. / Sentí rabia de haber suspendido. ♦悔しいことにその提案は拒否された Lamentablemente, la propuesta fue rechazada.
くやしがる 悔しがる v. sentir* despecho, frustrarse. ♦彼は¹失敗して [²試合に負けて]悔しがった Sintió rabia cuando ¹fracasó [²perdió el partido].
くやしさ 悔しさ f. frustración, (いらだち) m. fastidio; (残念) f. pena. ▶悔しさがこみあげてくる v. tener* [sufrir, sentir*] una oleada de frustración.
くやしなき 悔し泣き ▶悔し泣きする v. llorar de despecho.
くやしなみだ 悔し涙 ▶悔し涙を流す v. verter* lágrimas de rabia, llorar de frustración. ♦試合に負けて彼女は悔し涙を流した Vertió lágrimas de rabia porque perdió el partido.
くやしまぎれ 悔し紛れ ♦彼女は悔し紛れにコップを私に投げつけた Llevada por la rabia, me tiró un vaso.
くやみ 悔やみ ❶【後悔】f. pena, m. pesar. →後悔.
❷【弔い】▶悔やみ状 f. carta de condolencia(s) [pésame]. ▶お悔やみに行く →弔問する. ♦吉田氏のご遺族に対し心からお悔やみ申し上げます Quisiera ofrecer mi más sincero pésame a la familia del Sr. Yoshida. ♦お父様のご逝去

390 くやむ

に対し心からお悔やみ申し上げます「Acepte, por favor, mi más sentido [Le doy mi más sincero] pésame por el fallecimiento de su padre.

くやむ 悔やむ (後悔する) v. lamentar 《de》, sentir*, lamentar → 後悔; (死を悼む) v. sentir* la muerte 《de》. ▶ その子供の死を悔やむ v. llorar [hacer* duelo] por la muerte del niño.

くゆらす 燻らす v. fumar relajadamente. ▶ 葉巻をくゆらす v. fumarse un puro con gusto.

くよう 供養 ◆供養する v. celebrar un oficio de difuntos.

くよくよ ◆ そんなにくよくよするな No estés tan triste. / No te preocupes tanto. ◆ くよくよせず頑張れ ¡Ánimate! ◆ 彼はいつもくよくよしている Es demasiado pesimista. / Siempre anda preocupado. ◆ 過ぎた事をくよくよしてもしようがない《ことわざ》A lo hecho, pecho.

くら 鞍 f. silla (de montar), f. montura; (荷鞍) f. albarda. ▶ 鞍を1置く [2はずす] v. ¹ensillar [²desensillar] un caballo.

くら 蔵 → 倉庫. ▶ 蔵払い (=在庫一掃セール) f. liquidación.

くらい 位 ❶【階級】m. rango; (地位) f. categoría (social). → 地位. ▶ 位の高い人 f. persona de rango [categoría]. ▶ 位の低い人 f. persona de rango bajo [baja categoría]. ▶ 位が上がる [下がる] v. ¹subir [²bajar] de rango. ◆ 彼は私より位が1上 [2下] だ Es de rango ¹superior [²inferior] al mío. / Está por ¹encima [²debajo] de mí en rango. ◆ 彼は大佐の位に昇進した Fue promovido a [al rango de] coronel.

❷【王位】m. trono. ◆ 王は息子に位を譲った El rey ⌈cedió el trono a [abdicó en favor de]⌉ su hijo.

❸【数字の】f. posición [m. orden] de una cifra. ▶ 位どりを間違える v. confundirse de la posición de una cifra. ▶ 100分の1の位まで計算する v. calcular hasta la segunda decimal.

【その他の表現】◆ 彼は位負けしている (自分の地位に) No puede vivir fiel a su rango [título]. / (相手に) Su rival le supera en rango.

くらい 暗い ❶【明暗】adj. oscuro, mal alumbrado [iluminado], sombrío, con penumbra, lúgubre, tenebroso. ▶ 暗い (=濃い) 赤 m. rojo oscuro. ▶ 暗い空 m. cielo oscuro. ▶ 暗い冬の夕方 「f. sombría tarde [m. sombrío atardecer] de invierno. ▶ 暗くなる v. oscurecer*, hacerse* oscuro, anochecer*, hacerse* de noche. ◆ この部屋は暗い Esta habitación está ⌈mal iluminada [oscura]. ◆ 暗くて本が読めない Está demasiado oscuro para leer. / Falta luz para leer. ◆ 彼らは暗くならないうちにそこへ着いた Llegaron antes de que oscureciera [se hiciera de noche]. ◆ 舞台の照明はだんだん暗くなった Las luces del escenario se fueron oscureciendo poco a poco. ◆ 彼は暗いところで何か捜し物をしていた Buscaba algo en la oscuridad. ◆ 暗い所で本を読むのは目に悪い Leer con mala luz perjudica la vista.

❷【前歴, 未来】(光明のない) adj. sombrío; (憂うつな, 悲観的な) adj. lúgubre, oscuro, triste; (気を滅入らせるような) adj. deprimente; (気の滅入った) adj. deprimido; (後ろ暗い) adj. turbio. ▶ 戦時中の暗い日々 mpl. sombríos días de la guerra. ▶ 暗い絵 m. cuadro lúgubre [triste, deprimente]. ▶ 暗い過去のある人 m. hombre de [con] un pasado turbio [oscuro]. ▶ 暗い気持ちになる v. sentirse* deprimido. ◆ 彼女は性格が暗い Tiene un carácter muy sombrío. ◆ 私の前途は暗い Tengo un futuro sombrío. / El futuro [porvenir] que se me presenta es sombrío. ◆ 人質釈放の見通しは今のところ暗い Las perspectivas de una liberación de los rehenes son ahora sombrías.

❸【知らない】v. no saber* [conocer*], tener* un conocimiento imperfecto 《de》; (無知だ) v. ignorar. → 明るい. ◆ 彼は世事に暗い No sabe nada del mundo. ◆ 私はこの辺りの [2街の] 地理に暗い (=土地柄に不案内だ) No conozco ¹este lugar [²esta ciudad).

‥くらい 位 ❶【およそ】adv. más o menos, aproximadamente, unos [unas] 《+ 数詞》, alrededor [cerca] de, hacia, como, sobre. → ほど. ど. ◆ そこには50人ぐらいの人がいた Había allí más o menos cincuenta personas. / Eran unas cincuenta personas. ◆ 駅まで歩いて10分ぐらいかかる Se tarda aproximadamente diez minutos en llegar a pie a la estación. ◆ 卵ぐらいの大きさです Tiene el tamaño aproximado de un huevo. ◆ 昼食時ぐらいには帰ってきます Estaré de vuelta hacia [sobre] la hora de comer. / Volveré cerca [alrededor] de la hora de la comida. 《会話》さて出かけなくちゃ—何時ぐらいに帰るの Bueno, me tengo que ir. – ¿Hacia qué hora volverás? 《会話》それはいつになりそう—今月末ぐらい (=近く) だと思うよ ¿Cuándo será eso? – Hacia fines de este mes. ◆ 彼らは30才を少し超えたぐらいの年齢だった Más o menos tenían algo más de treinta años. / Tenían algo más de treinta años más o menos.

❷【程度】adv. tan, bastante. ◆ この問題は中学生でもできるぐらいやさしい La pregunta es tan sencilla que incluso la sabe un estudiante de secundaria. ◆ その高さ [²深さ; ³幅; ⁴厚さ; ⁵長さ] はどれぐらいありますか ¿Aproximadamente cuánto mide de ¹alto [²hondo; ³ancho; ⁴grueso; ⁵largo]? ◆ 君のお父さんはいくつぐらいですか ¿Cuántos años tiene tu padre? ◆ 体重はどのぐらいですか ¿Cuánto pesa usted? ◆ ここから学校までどのぐらいありますか ¿Cuánto hay de aquí a la escuela? / ¿A qué distancia está tu escuela desde aquí? ◆ 1か月に何回ぐらい図書館に行きますか ¿Cuántas veces al mes vas [va usted] a la biblioteca? ◆ あとどのぐらいでこの列車は出発しますか ¿Cuántos minutos faltan para la salida del tren?

❸【軽く見る気持ちを表わす】◆ それぐらいのことができないのか ¿No puedes con eso? ◆ そんなことぐら

い何でもない No es para tanto. / No hay ningún problema. ◆ぼくだってスペイン語ぐらい話せるよ Hasta yo puedo hablar español. ◆彼はきっとだいじょうぶだろうが、一応聞いてみるぐらいのことはしてもよかろう Estoy segurísimo que no pondrá ningún inconveniente, pero nada se pierde con preguntárselo.
❹【…するくらいなら(むしろ)】◆みじめな生活を送るぐらいなら死んだ方がましだ「Antes morir que [Prefiero morir a] llevar una vida miserable.

クライアント《専門語》*m.* cliente. ▶クライアント・サーバー・モデル《専門語》*m.* modelo cliente-servidor.

グライダー *m.* planeador.

クライマックス *m.* clímax, *m.* punto álgido [culminante]. ◆ここでその話はクライマックスに達するLa historia llega aquí a su clímax.

くらう 食らう（食べる）*v.* comer, tomar；（飲む）*v.* beber；（むさぼり食う）*v.* devorar；（受ける）*v.* recibir. ▶致命的な一撃を食らう *v.* recibir un golpe fatal.

クラウン（王冠, 帽子の山）*f.* corona.

グラウンド（競技場）*m.* campo [*f.* cancha] de deportes；（観覧席付きの）*m.* estadio. ▶グラウンド管理人 *mf.* encargad*o/a* del terreno de juego. ▶グラウンドマナー *mpl.* modales deportivos.

くらがえ 鞍替え ▶鞍替えする（変える）*v.* cambiar, variar*, pasarse《a》. ▶新しい仕事にくら替えする *v.* cambiar de trabajo, pasarse a un nuevo trabajo. ▶教職からもの書きにくら替えする *v.* cambiar de la enseñanza a la literatura.

くらがり 暗がり *m.* lugar [*m.* sitio] oscuro. → 暗闇(祭). ▶暗がりでつまずかないように注意しなさい Cuidado con tropezar en la oscuridad.

くらく 苦楽 *fpl.* penas y *fpl.* alegrías, lo bueno y lo malo. ▶苦楽をともにする *v.* compartir penas y alegrías.

クラクション *f.* bocina, *m.* claxon, 『スペイン』《口語》*m.* pito. ▶クラクションを鳴らす *v.* tocar* la bocina, hacer* sonar* el claxon, tocar* el pito.

地域差 クラクション（自動車の）
〔全般的に〕*f.* bocina, *m.* pito
〔スペイン〕《英語》*m.* "claxon" (☆発音は [klákson]); *f.* pita
〔キューバ〕*m.* "claxon"; *m.* fotuto
〔メキシコ〕*m.* "claxon"
〔ペルー〕*m.* "claxon"
〔アルゼンチン〕*f.* corneta

くらくら ▶くらくらする（めまいがする）*v.* sentir* mareos [vértigos]. ▶くらくらする高さ *f.* altura「que da [de] vértigo. ▶目がくらくらするほどの美しさ *f.* belleza de vértigo. ▶強い酒を飲んで頭がくらくらした La fuerte bebida me dio mareos. / Sentí mareos con la fuerte bebida.

ぐらぐら ❶【不安定な様子】▶ぐらぐらしている *v.* estar* tembloroso, estar* vacilante, estar* tambaleante. ▶ぐらぐらする *v.* temblar*, vacilar, tambalearse. ▶ぐらぐらする歯 *m.* diente「que se mueve [flojo]. ▶この机はぐらぐらしている Esta mesa se mueve. ◆彼女の考えはしばしばぐらぐらしている Sus pensamientos son con frecuencia vacilantes. ◆地震で家がぐらぐらゆれた El terremoto hizo que nuestra casa se tambaleara.
❷【煮え立つ様子】▶湯がぐらぐら煮え立っている El agua está hirviendo vivamente.

くらげ 水母 *f.* medusa. → 魚.

*__くらし 暮らし__ 【生活】*f.* vida. → 生活；（生計）*f.* vida, *f.* subsistencia, *m.* sustento. → 暮らす. ▶田舎（の）暮らし *f.* vida「en el campo [rural]. ▶貧乏暮らしをする *v.* vivir en la pobreza. ▶暮らしの費用 *mpl.* gastos de subsistencia [mantenimiento]. ▶暮らし向きが「悪い [よい]*v.* vivir 「bien [mal]. ▶暮らしを立てる *v.* vivir《de, ＋現在分詞》, sustentarse《de, ＋現在分詞》, ganarse el pan《＋現在分詞》. ▶収入以上の暮らしをする *v.* vivir por encima de 「las posibilidades [los ingresos]. ▶その日暮らしをする(将来を考えずに) *v.* vivir「al día [《口語》a salto de mata].

グラシアン（バルタサール～）Baltasar Gracián (☆1601-1658, スペインの小説家).

グラジオラス *m.* gladiolo, *m.* gládiolo.

クラシック（古典音楽）*f.* música clásica. ▶クラシックカー *f.* coche [*m.* automóvil] clásico.

**＊くらす 暮らす 【生活する】*v.* vivir, pasar la vida；sustentarse, subsistir. → 生活する, 暮らしを立てる. ▶ぜいたくに[何不自由なく]暮らす *v.* llevar una vida de lujo, vivir lujosamente [con lujo]. ▶仲よく暮らす *v.* vivir en paz [armonía]《con》. ◆安月給でどうにか暮らしています Me las arreglo con mi pequeño sueldo. / Alcanzo a vivir con mi bajo salario. ◆彼の収入がなくても何とか暮らせると思います Estoy segura que me las arreglaré sin su sueldo.

＊クラス ❶【学級】*f.* clase, *f.* aula (del curso). → 学級. ▶スペイン語のクラス *f.* aula de español. ▶40人のクラス *f.* clase de 40 alumnos. ▶少人数のクラス *f.* clase pequeña. ▶クラス会 *f.* reunión de clase. ▶クラスメート *mf.* compañer*o/a* de clase. ▶クラス担任 *mf.* tut*or/ora* de curso, *mf.* profes*or/sora* del aula. → 担任. ◆このクラスの者は勉強好きではがらかだ Esta clase es estudiosa y alegre. ◆そのクラスは意見が分かれている La clase está dividida. / La opinión de la clase está dividida.
❷【等級】▶Aクラスのホテル *m.* hotel de 「primera clase [cinco estrellas]. ▶トップクラスの新聞 *m.* periódico de「calidad (superior) [《口語》primera]. ▶トップクラスの学者たち *mpl.* eruditos de primera categoría [línea].
❸【IT関連】*f.* clase. ▶クラス・ライブラリ《専門語》*f.* biblioteca de clases.

グラス（コップ）（コップ）*m.* vaso → コップ；（ガラス）*m.* vidrio, *m.* cristal. ▶ステンドグラス *m.* vidrio con dibujos coloreados. ▶グラスファイバー（＝ガラス繊維）*f.* fibra de vidrio. ▶グラスをかちんと当てて乾杯する *v.* entrechocar los vasos, tintinear los vasos.
❷【芝生】*f.* hierba, *m.* césped. ▶グラスコート

f. cancha de hierba.

クラスタ〈英語〉《専門語》*m.* "cluster", *m.* racimo, *m.* grupo.

クラスタリング《専門語》*m.* agrupamiento.

グラタン *m.* gratén, *m.* gratín. ▶マカロニグラタン *mpl.* macarrones「al gratén [gratinados].

クラッカ〈英語〉《専門語》*m.* "cracker",《専門語》*m.* revientasistemas,《専門語》*m.* intruso.

クラッカー(菓子)*f.* galleta; (爆竹)*m.* buscapiés, *m.* petardo. ▶クラッカーを鳴らす *v.* estallar un petardo.

ぐらつく(揺れる)*v.* temblar*, vacilar, tambalearse, estremecerse*. ▶その家はぐらついて倒れた La casa tembló y se cayó. ◆いすがぐらついている La silla se mueve. ◆その患者はまだ足がぐらついていた Al paciente todavía le vacilaban las piernas. ◆彼の決心がぐらついた Su decisión se tambaleó.

クラッシュ ▶クラッシュする(飛行機・車が) *v.* estrellarse (contra).

クラッシュ《専門語》*m.* fallo del sistema. ▶クラッシュする(コンピューターが)*v.* fallar, colgarse*.

クラッチ *m.* embrague. ▶クラッチを入れる [切る] *v.* ¹pisar [²soltar*] el embrague. ▶ノークラッチ(機能) *f.* transmisión automática.

グラデーション *f.* gradación; (色彩, 色調や明暗のぼかし)*f.* gradación. ▶その絵のグラデーションは見事だ La gradación de ese cuadro es magnífica.

グラナダ Granada (☆スペインの県, 県都).

グラナダ(フライ・ルイス・デ ～) Fray Luis de Granada (☆1504–1588, スペインのドミニコ会士, 著述家).

グラナドス(エンリケ ～) Enrique Granados (☆1867–1916, スペインの作曲家).

グラニューとう グラニュー糖 *m.* azúcar granulado.

グラビア ▶グラビア写真 *m.* fotograbado.

クラブ ❶【団体】*m.* club, *f.* peña, *f.* asociación. ▶クラブ顧問 *mf.* asesor/sora de un club. ▶クラブ員 *m.* miembro de un club. ▶クラブ活動をする *v.* asistir a las actividades del club. ▶クラブに入る *v.*「afiliarse a [hacerse* miembro de, hacerse* socio de] un club. 〈会話〉 学校でどんなクラブに入っているの—テニスクラブに入っています ¿De qué club eres en tu escuela? – Soy del club de tenis.

❷【ゴルフの打棒】*m.* palo (de golf). ◆それはグリーンに載せるのに十分な番手のクラブじゃないだろうと彼は言った Dijo que no era un palo suficiente para hacer el (英語) "green" (☆発音は [grín]).

❸【トランプの】*m.* trébol. ▶クラブの 5 *m.* cinco de trébol.

グラフ *m.* gráfico, *f.* gráfica; (図表)《略》*m.* diagrama. → 図. ▶¹棒 [²折れ線; ³円] グラフ *m.* gráfico ¹de barras [²lineal; ³circular]. ▶人口の増加を示すグラフ *m.* gráfico indicando el aumento demográfico. ▶グラフをかく *v.* hacer* [trazar*] un gráfico. ▶出席をグラフにして記録する *v.* representar con un gráfico la asistencia a clase ⇨図, 図示

グラブ *m.* guante.

グラフィカル・ユーザー・インターフェース (GUI)《専門語》*m.* interfaz gráfico de usuario.

グラフィック *fpl.* gráficas, *fpl.* artes gráficas. ▶コンピューターグラフィック *fpl.* gráficas por ordenador [(ラ米)computadora]. ▶グラフィックデザイナー *mf.* diseñador/dora gráfico/ca. ▶グラフィック・ディスプレイ《専門語》*f.* representación gráfica. ▶グラフィックス・アクセラレータ《専門語》*m.* acelerador gráfico.

クラフトし クラフト紙 *m.* papel de embalaje.

クラブハウス *f.* casa club. → クラブ①.

- くらべ *m.* certamen [*m.* concurso] de fuerza física. ▶¹力 [²腕] 比べ *f.* competición de ¹fuerza (física) [²habilidad]. ▶¹力 [²知; ³勇; ⁴背] 比べをする *v.* comparar ¹la fuerza [²el ingenio; ³la destreza; ⁴la estatura] (con la [el] de él).

くらべもの 比べ物 ▶これはあれとは比べ物にならないほどよい Éste es incomparablemente mejor que aquél. ◆それも悪くはないが良質のスペインワインとは比べ物にならないだろう Se puede beber, pero no tiene comparación con un buen vino español. ◆頭のよさでは私は彼とは比べ物にならない No me puedo comparar con él en inteligencia.

*くらべる 比べる *v.* comparar (con), hacer* una comparación (entre) → 比較する (対比・対照する)*v.* contrastar. ▶その二つの時計を比べる *v.* comparar los dos relojes, hacer* una comparación entre los dos relojes. ◆父はいつも私を兄と比べる Mi padre siempre me compara con mi hermano. ◆彼女の悩みに比べたら君の悩みなど何でもない Comparado con el problema de ella, el tuyo no es nada. / En comparación con su problema, el tuyo no es nada. ◆彼と競走してどちらが速いか比べた(＝確かめた) Corrí con él para ver quién era más rápido.

【その他の表現】◆5月は4月に比べ(＝よりも)消費者物価が 0.2% 上昇した En mayo los precios de consumo「subieron un 0,2 por ciento comparados con los de abril [fueron un 0,2 por ciento más altos que los de abril]. ◆彼は心の中で二つの考えを比べてみた En su mente contrastó las dos ideas.

グラマー ▶グラマーな *adj.* voluptuoso, atractivo, seductor, sensual.

くらます(姿を消す)*v.* desaparecer*; (隠れる)*v.* esconderse; (人の目を)*v.* engañar.

くらむ 眩む (盲目にする)*v.* cegarse*,《教養語》ofuscarse*; (光などで)*v.* deslumbrarse. ▶目もくらむようなダイヤのネックレス *m.* collar de deslumbrantes diamantes. ▶目のくらむような高さ *f.* altura que da vértigo. ▶欲に目がくらむ *v.* cegarse* por el deseo. ◆ヘッドライトの光で目がくらんだ Los faros me deslumbraron.

グラム *m.* gramo,《略》g. ▶牛肉 5 百グラムください Déme 500 gramos de ternera.

くらやみ 暗闇 *f.* oscuridad,《文語》*fpl.* tinieblas, *fpl.* sombras. → 真っ暗。▶暗闇に紛れて逃げる *v.* huir*「bajo el manto de la noche [con la ayuda de la oscuridad]. ◆暗闇で何も見えなかった No podía ver nada a oscuras.

クラリネット *m.* clarinete. ▶クラリネット奏者 *mf.* clarinetista. ▶クラリネットを吹く *v.* tocar* el clarinete.

クラリン Clarín (☆1852-1901, スペインの小説家・評論家, 本名 Leopoldo Alas).

くらわす 食らわす (殴る) *v.* golpear, pegar*. ▶彼にげんこつを一発食らわす *v.* darle* un golpe [puñetazo] en la mandíbula, pegarle* [en la mandíbula] un puñetazo.

グランド (学校の) *m.* campo de deportes. → グランド.

グランド- *adj.* gran, grande. ▶グランドオペラ *f.* gran ópera. ▶グランドピアノ *m.* piano de cola.

グランプリ *m.* gran premio, 《仏語》 *m.* "grand prix" (☆発音は [grám prí]). → 賞.

くり 栗 (実) *f.* castaña; (木) *m.* castaño. ▶栗のいが *m.* erizo (de castaña). ▶栗を拾う *v.* coger* castañas. ▶栗色の髪 *m.* pelo castaño [marrón, 《メキシコ》café].

クリア ▶クリアする (跳び越える) *v.* saltarse; (合格する) *v.* aprobar*; (達成する) *v.* lograr; (解決する) *v.* arreglar.

くりあげ 繰り上げ ▶次点者が彼の代わりに繰り上げ当選した En su lugar proclamaron como elegido al segundo en la elección).

くりあげる 繰り上げる ▶彼は予定を繰り上げて帰って来た Volvió antes de lo previsto. ◆彼らは結婚式[日]を繰り上げた Adelantaron la fecha de la boda ¹del 5 de junio al 5 de mayo [²un mes].

クリアランスセール *fpl.* rebajas, *f.* liquidación.

グリーティングカード *f.* tarjeta de felicitación.

クリーナー *m.* limpiador.

クリーニング ▶ドライクリーニング *f.* limpieza en seco. ▶ドライクリーニングをする *v.* limpiar en seco. ▶クリーニング(=洗濯屋)に出す *v.* llevar (un traje) a la lavandería [tintorería]. → 洗濯. ▶クリーニング代を節約する *v.* ahorrarse el costo de la tintorería.

クリーム (クリーム一般) *f.* crema; (アイスクリーム) *m.* helado; (化粧用のもの) *f.* crema facial [de belleza]. ▶コールドクリーム *f.* crema para el cutis. ▶クレンジングクリーム *f.* crema limpiadora. ▶シュークリーム *m.* petisú, *m.* pastelito de crema. ▶生クリーム *f.* nata. ▶クリーム色の *adj.* de color crema. ▶顔にクリームを塗る *v.* ponerse* crema en la cara, untarse la cara de crema. ▶クリームを入れましょうか ¿Le pongo crema?

くりいれる 繰り入れる (加える) *v.* añadir; (繰り越す) *v.* pasar adelante, trasladar. ▶利子を元本に繰り入れる *v.* capitalizar* el interés, añadir el interés al capital.

グリーン 【緑色】 *m.* verde → 緑; 【ゴルフの】 《英語》 *m.* "green"; (ゴルフ場) *m.* campo [《ラ米》 *f.* cancha] de golf. ▶グリーンベルト *m.* cinturón verde. ▶グリーン車 (一等車) *m.* vagón [*m.* coche] de primera clase.

【地域語】グリーンピース
 [スペイン] *mpl.* guisantes
 [ラテンアメリカ] *fpl.* arvejas
 [キューバ] *mpl.* chícharos, 《仏語》*m.* "petit pois" (☆発音は [petipwá])
 [メキシコ] *m.* chícharos
 [ペルー] *fpl.* arvejitas

グリーンランド島 Groenlandia (☆デンマーク領).

くりかえし 繰り返し *f.* repetición; (歌の) *m.* estribillo. ▶繰り返しの多い話 *m.* discurso repetitivo [reiterativo]. ▶同じ歌を繰り返し繰り返し歌うv. cantar la canción「una y otra vez [repetidamente].

・**くりかえす** 繰り返す (もう一度言う[行なう]) *v.* repetir*, reiterar; repetirse*. ▶彼は質問を繰り返した Repitió la pregunta. ◆同じ間違いを繰り返すな No vuelvas a repetir el mismo error. ◆彼はその子を繰り返し (=何度も何度も)叩いた Golpeó al niño una y otra vez. / Le pegó repetidamente al niño. ◆歴史は繰り返す La historia se repite. ◆その患者は入退院を繰り返していた Sucesivamente el paciente había estado hospitalizado y había sido dado de alta.

くりくり ▶赤ちゃんはくりくりしてかわいい El bebé está gordito y gracioso. ◆彼女は目がくりくりしている 《口語》 Tiene los ojos redonditos y grandes. ◆彼は頭をくりくりにした Se rapó la cabeza.

クリケット 《英語》*m.* "cricket".

くりこす 繰り越す (次へ) *v.* transferir* [pasar, llevar] 《de》(a). ▶その金額を翌月に繰り越す *v.* pasar [llevar] la suma al siguiente mes.

── 繰り越し 繰越金(次期への) *m.* saldo a cuenta nueva; (前期からの) *m.* saldo del ejercicio anterior.

くりさげる 繰り下げる (延期する) *v.* posponer*, retrasar. ▶コンサートを2か月繰り下げる *v.* posponer* el concierto dos meses.

クリスタル *m.* cristal, *m.* vidrio ornamental.

クリスチャン *mf.* cristiano/na. ▶敬けんなクリスチャン *mf.* cristiano/na devoto/ta.

・**クリスマス** *f.* Navidad; (明確にいう場合) *m.* Día de Navidad; *m.* Día de la Natividad del Señor; (クリスマスから1月6日の御公現の祝日までを指す場合) *mpl.* Navidades, *mpl.* días navideños. ▶クリスマスイブに *adv.* en Nochebuena. ▶クリスマス¹ケーキ[²ツリー] ¹*m.* pastel [²*m.* árbol] de Navidad. ▶クリスマスキャロル *m.* villancico. ▶クリスマスの贈り物 *m.* regalo de Navidad. ▶クリスマスに (12月25日に) *adv.* en [por] Navidad. (クリスマスの贈り物に)彼に時計を買ってあげる *v.* comprarle un reloj para Navidad. 《会話》 クリスマスおめでとう――おめでとう ¡Feliz Navidad! [¡Felices Pascuas!] – ¡Igualmente! ▶クリスマスはハワイで過ごした Pasamos las Navidades en Hawai.

くりだす 繰り出す (出かける) *v.* ir*; enviar*,

クリッカブル・イメージマップ

despachar. ▶街へ繰り出す v. ir* al centro (de la ciudad). ▶大軍を繰り出す v. enviar* [despachar] un gran ejército.

クリッカブル・イメージマップ 《専門語》 m. mapa interactivo [sensible], 《専門語》 m. datagrama.

クリックする 《専門語》 v. hacer* clic, cliquear, 《専門語》 v. pinchar, 《専門語》 v. pulsar. ▶ファイルを開くにはアイコンをマウスでダブルクリックしてください Hacer doble clic con el ratón sobre un icono para abrir un archivo.

グリッド 《専門語》 m. cuadriculado, 《専門語》 f. reja, 《専門語》 f. cuadrícula.

クリッピング 《専門語》 m. recorte.

クリップ 【紙ばさみ】《英語》 m. "clip" (para el papel), m. sujetapapeles; 【髪の】 f. horquilla (para el pelo); (カール用) m. rulo, 《スペイン》 m. marrón, 《コロンビア》 m. marrón, 《メキシコ》 m. chino. ▶クリップで留める v. juntar (unos documentos) con un "clip".

グリップ (ハンドルなどの) m. asidero, m. puño; (ラケットなどの) m. mango,.

クリップ・アート 《英語》《専門語》 m. "clip art", 《専門語》 m. arte de recortes, 《専門語》 m. dibujos artísticos, 《専門語》 m. diseños genéricos.

クリップボード 《専門語》 mpl. sujetadatos.

クリニック (診療所) f. clínica, m. ambulatorio.

くりぬく くり貫く v. horadar; (ものを中空にする) v. vaciar*, ahuecar*; (掘る) v. excavar. ▶丸太をくりぬいてカヌーを作る v. vaciar* el tronco de un árbol para hacer* una canoa. ▶山にトンネルをくりぬく v. horadar una montaña para construir* un túnel. ▶リンゴの芯(š)をナイフでくりぬく v. sacar* el corazón de una manzana con un cuchillo.

くりのべる 繰り延べる (延期する) v. posponer*, diferir*, postergar*.

くりひろげる 繰り広げる ▶熱戦を繰り広げる v. jugar* un partido reñido. ▶絵巻物を繰り広げる v. desenrollar [extender] un rollo de pinturas.

クリプトコッカスしょう クリプトコッカス症 《専門語》 f. criptococosis.

クリプトスポリジウムしょう クリプトスポリジウム症 《専門語》 f. criptosporidiosis.

グリムきょうだい グリム兄弟 mpl. hermanos Grimm, Jacob y Guillermo (Jakob Ludwig Karl Grimm y Wilhelm Karl Grimm).

クリムト Gustav Klimt.

くりょ 苦慮 ▶苦慮する v. atormentarse, angustiarse.

グリル (ホテルの中の軽食堂) m. comedor a la parrilla; (焼き網り) f. parrilla.

クリンチ (ボクシングで) 《英語》 m. "clinch", m. abrazo. ▶クリンチして adv. en un "clinch". ▶クリンチする v. enredarse en un "clinch", abrazarse.

**くる 来る ❶【やって来る】 v. venir* 《a》, llegar* 《a》, acercarse* 《a》, aparecer* 《en》, visitar. ▶私たちは今夜映画へ行くことにしているんですが、来ますか Esta noche vamos al cine. ¿Quieres venir con nosotros? ▶さあバスが来ましたよ Aquí llega [viene] nuestro autobús. ▶ここへ来なさい Acércate a mí / Ven aquí [acá]. ▶彼はすぐ来ます Vendrá pronto. ▶彼は午前10時にここへ来ることになっている Viene [Llega] aquí a las diez de la mañana. ▶どこから来たのですか ¿De dónde vienes? ▶彼は走ってやって来た Vino corriendo. ▶都合のよいときにはいつでも遊びに来てください Por favor, venga a visitarme [verme] cuando le vaya bien. 《会話》パリに来てどのくらいになりますか—約3か月です ¿Cuánto tiempo lleva en París? – Unos tres meses. ▶彼はアメリカから日本に来たばかりです Acaba de llegar a Japón de Estados Unidos. ▶招待した人はみな来(=姿を現わし)ましたか ¿Han llegado todos los invitados? ▶私は以前ここへ来たことがある He estado aquí antes.

❷【時・季節などが巡ってくる】▶冬が来る前に adv. antes (de) que llegue [venga] el invierno. ▶いよいよ出発する時が来た Ha llegado el momento 「de salir [en que hay que ponerse en marcha]. ▶もうじきクリスマスがやって来る Ya se acerca Navidad. / Navidad está a la vuelta de la esquina.

❸【...になってくる】 v. hacerse*, ponerse*, volverse*, llegar* a ser; empezar* a 《+不定詞》. →為(ぇ)る. ▶日ごとに寒くなってきた Cada día está haciendo más frío. ▶彼は年を取ってきた Se está haciendo viejo. ▶モミジが紅葉してきた Las hojas del arce se están enrojeciendo [volviendo enrojecidas, rojas]. ▶彼がますます好きになってきた Cada vez 「me gusta más [le tengo más simpatía]. ▶Ha empezado a gustarme más y más. ▶その橋を渡ると交差点が見えてくるはずです Después de pasar el puente, verá a un cruce.

❹【起因する】 v. venir* 《de, por》, estar* causado 《por》, derivarse [proceder] 《de》. ▶彼の病気は過労から来ている Su enfermedad viene de [por] exceso de trabajo. / Su enfermedad está causada por trabajar demasiado. ▶「トマト」という言葉はメキシコ先住民の言葉から来ている La palabra "tomate" se deriva de la lengua de los indígenas mexicanos.

《その他の表現》▶舗装道路は私の家まで来て(=達して)いない La carretera pavimentada [asfaltada] no llega hasta mi casa. ▶あなたに彼女から手紙が来ていますよ Hay una carta de ella para ti [usted]. ▶何の用でここへ来たのですか ¿A qué ha venido usted? / ¿Qué le ha traído aquí? ▶友人を見送りに駅へ行って来たところです He venido a la estación para despedir a mi amigo. ▶今日彼から手紙が来た(=手紙を受け取った) Hoy ha llegado una carta suya. 《会話》田中さんとかおっしゃる方が会いに来ておられます—お通ししてください Un tal Sr. Tanaka desea verle. / Hay un Sr. Tanaka que desea verle. – Hágale pasar, por favor. / Que entre, por favor. ▶さあ、来いけんかでも) ¡Venga! / ¡Vamos! ▶何でも来いだ

Que venga lo que sea. / Estoy para lo que sea. ◆今月の20日に家賃の支払日が来る El alquiler vence el veinte de este mes. ◆ひと雨来そうだ Parece que va a llover. ◆今年は梅雨がいつもより早く来るだろう Este año la estación de lluvias empezará antes de lo normal. ◆仏教が日本へやってきてから（＝導入されてから）千年以上たっている Hace más de mil años que vino el budismo a Japón. ◆休暇中は来る日も来る日も雨だった No pasó un día de las vacaciones sin que lloviera. /《ユーモアで》Durante las vacaciones llovió un día sí y otro también. ◆「台所は男のするところじゃないわ」と母が言った "La cocina no es lugar para un hombre", decía [dijo] mi madre.

くるい 狂い （手順などの）f. confusión, m. desorden, m. desarreglo; （ひずみ）m. alabeo, m. pandeo. ◆彼の不注意で手順に狂いが生じた Su negligencia causó cierta confusión en los trámites. ◆この時計は狂いがきている（＝故障している）Este reloj no funciona [va] bien. ◆このドアは日にあたって狂いがきた La puerta ha sido combada por el sol. ◆彼の目に狂いはなかった（＝観察は正しいことが分かった）Tenía razón. / Su observación resultó acertada.

くるいざき 狂い咲き 狂い咲きする（季節外に咲く）v. florecer* a destiempo.

・**くるう** 狂う ❶《人が》v. volverse* loco, enloquecer*, perder* [el juicio [la razón], trastornarse. ◆気が狂っている v. estar* loco [demente, trastornado], haber* perdido [el juicio [la razón, la cabeza]. ▶狂ったような叫び声 m. grito salvaje. ◆彼女は悲しみのあまり気が狂った Se volvió loca de dolor. ◆そんなことをするなんて気でも狂ったのか Tienes que estar loco/ca para hacer una cosa así. / ¿Has perdido la cabeza? / ¿Cómo puedes hacer algo así? ◆その音で気が狂いそうだ Ese ruido me está volviendo loco. ◆彼は狂ったように逃げ去った Echó a correr como un loco [poseso].

❷《機械などが》v. no funcionar; ir* [marchar] mal, estropearse, romperse*. → 故障する. ◆機械の調子が狂った La máquina「no funciona [se ha estropeado]. ◆ぼくの時計は狂っている Mi reloj「va mal [no funciona bien]. ◆ピアノの調子が狂っている El piano está desafinado. ◆どこかで計算が狂ってしまったんだろう ¿Dónde me habré equivocado en la cuenta?

❸《計画・予定などが》v. trastornar, alterar. ◆天候が急に変わって計画が狂ってしまった El repentino cambio del tiempo trastornó nuestros planes. ◆台風のため列車のダイヤが狂っている A causa del tifón el horario de trenes presenta irregularidades. / El tifón ha alterado el horario de los trenes.

── 狂わす v. volver* 《a ＋ 人》loco, trastornar 《a＋人》; estropear, trastornar. →狂う.

クルー （乗組員）f. tripulación; （ボートの）mpl. remeros. ▶早稲田クルー mpl. remeros de Waseda.

クルーザー m. crucero.

グループ m. grupo, f. banda, f. pandilla. → 集団. ▶フォークグループ m. grupo folklórico. ▶グループサウンズ f. banda「de rock [rockera]. ▶密輸のグループ f. banda de contrabandistas. ▶グループで adv. en grupos [un grupo].

グループウェア 《専門語》mpl. programas de grupos.

グルーミング ▶グルーミングをする v. acicalar, arreglar, 《ラ米》poner* lindo. ◆サルが赤ん坊のグルーミングをしている El mono está acicalando a su bebé.

くるくる →ぐるぐる ▶包帯を指にくるくる巻く v. 「enrollar una venda en [vendar] el dedo. ▶その予定をくるくる変える v. andar* siempre cambiando el horario. ▶目をくるくるさせる v. poner* los ojos en blanco. ◆彼女は雨の中で傘をくるくる回した Hizo girar su paraguas bajo la lluvia. ◆警官が警棒をくるくる回しながら近づいてきた Se acercó un policía dando vueltas a su porra.

ぐるぐる ぐるぐる回す[回る]（円を描いて）v. dar* vueltas, (hacer) girar; enrollar. ▶地図をぐるぐる巻く v. enrollar un mapa. ◆酒を飲みすぎて部屋がぐるぐる回るように見える Después de tomar demasiado alcohol la habitación parece dar vueltas. ◆ピッチャーが腕をぐるぐる回した El pitcher hizo girar su brazo. ◆彼は剣をぐるぐる回した Hizo girar su espada. ◆タカが空でぐるぐる回っていた Un halcón estaba dando vueltas en el cielo. ◆道は山をぐるぐる回って上がって行く La carretera sube dando vueltas y más vueltas a la montaña.

グルジア Georgia（☆西アジアの国，首都トビリシ Tbilisi）.

＊＊くるしい 苦しい （苦痛な）adj. doloroso, penoso;（困難な）adj. difícil, dificultoso, arduo, duro, apurado, espinoso. → 難しい.

1《苦しい＋名詞》◆苦しい仕事 m. trabajo arduo [duro]. ◆苦しいこと →苦労. ◆苦しい目にあう（苦しい思いをする）v. pasarlo mal, pasar momentos penosos;（苦しい経験をする）v. pasar por una dolorosa experiencia, pasar [sufrir] penalidades;（切ない思いをする）v. sentir* dolor. ▶苦しい立場にある v. estar* [hallarse, verse*] en una situación apurada [espinosa]. ▶苦しい（＝不十分な）言い訳をする v. presentar una excusa fácil. ◆戦時中は苦しい目にあった（＝苦労した）Sufrimos mucho en la guerra. / La guerra fue muy dolorosa. / Durante la guerra se pasaron tiempos muy difíciles. ◆その会社はひどく苦しい状況にある La empresa está pasando por una situación apurada. /（財政的苦境にある）La empresa está con dificultades financieras.

2《...が苦しい》◆胸が苦しい →胸苦しい. ◆息が苦しい →息苦しい. ◆給料だけでは生活が苦しい Estoy pasándolo mal viviendo sólo de mi salario. ◆最近我は生活が苦しい Últimamente ha andado apurado.

3《苦しそうに》◆彼は苦しそうに息をしていた Res-

くるしさ 苦しさ *m.* dolor, *m.* sufrimiento. → 苦しみ.

くるしまぎれ 苦し紛れ ♦ 彼は苦し紛れに(＝何と言っていいか分からなかったので)父親の名前を言った Dijo el nombre de su padre porque no sabía qué decir. ♦ 彼は苦しまぎれに(＝窮地に追い込まれて)うそをついた Al verse arrinconado, dijo una mentira.

くるしみ 苦しみ （心身の苦痛）*f.* pena, *m.* dolor, *m.* sufrimiento, *f.* congoja; (苦難) *f.* dificultad, *f.* penalidad, *f.* desventura. → 苦痛, 苦難. ♦ 数々の苦しみを乗り越える *v.* superar [vencer*] muchas penalidades. ▶ 地獄の苦しみ(＝責め苦)を味わう *v.* pasar por los tormentos del infierno. ♦ その患者は大した苦しみもなく死んだ El paciente murió sin muchos dolores.

くるしむ 苦しむ *v.* sufrir 《de, por》, padecer* 《de, por》; estar* atormentado 《por》, pasarlo mal 《por》. → 悩む. ♦ 苦しんでいる人々 *f.* gente que sufre [padece], *fpl.* personas con penalidades [dificultades].

1《苦しむ》♦ そのけが人はひどく苦しんだ El herido tenía dolores terribles. / Sufría terriblemente a causa de la herida.

2《…に苦しむ》♦ 重税に苦しむ *v.* estar* agobiado por los pesados [《教養語》onerosos] impuestos. ♦ 旅行の間, 彼はしょっちゅうひどい頭痛に苦しんでいた Durante el viaje sufría constantemente de fuertes dolores de cabeza. ♦ 彼がなぜ逃げ出したのか理解に苦しむ(＝理解しがたい) Me cuesta trabajo comprender cómo se escapó.

3《…で苦しむ》♦ 自分のしたことで苦しむ *v.* remorderle* a uno la conciencia por lo que ha hecho. → 悩む. ♦ 農民は雨不足で大変苦しんだ Los campesinos sufrían por la falta de lluvia. / La falta de lluvia causó grandes dificultades a los campesinos.

くるしめる 苦しめる (苦痛を与える) *v.* hacer* sufrir [padecer*], atormentar, torturar.

クルス (ソル・フアナ・イネス・デ・ラ ～) Sor Juana Inés de la Cruz (☆1651-1695, メキシコの詩人).

グルタミンさん グルタミン酸 *m.* ácido glutámico.

くるっと ♦ くるっと回る *v.* dar* vueltas, hacer* un círculo, girar. ♦ くるっと…の方へ曲がる *v.* girar 《a》 dando una vuelta. ♦ 彼はくるっと向きを変えて去って行った Se dio la vuelta y se alejó. ♦ 彼女はくるっと私の方に向いてにこっと笑った Se volvió hacia mí y sonrió. ♦ 凧はくるっと1回転して落ちてきた La cometa hizo un círculo y se cayó.

ぐる(になる) (共謀する) *v.* conspirar 《con》, confabularse 《con》. ♦ 彼は他の犯人とぐるになって銀行を襲った Conspiró con otros delincuentes para robar un banco. / Robó un banco en conspiración con otros delincuentes.

くるびょう くる病 (専門語) *m.* raquitismo.

くるぶし *m.* tobillo. → 足首.

くるま 車 ❶【乗り物】*m.* vehículo → 車両; (乗用車) *m.* coche, *m.* automóvil, [メキシコ] *m.* carro → 自動車; (タクシー) *m.* taxi; (交通(量)) *m.* tráfico. → 車社会, 車寄せ.

1《車が》♦ 今朝は車が¹多かった [²少なかった] Esta mañana había ¹muchos [²pocos] coches. / Esta mañana había ¹mucho [²poco] tráfico.

2《車の》(会話) 見て, あの子たち(バイクで)車の間をジグザグに走って行くわ―命知らずもいいとこだね Mira esos muchachos conduciendo en zigzag entre los coches. – Están jugando con la vida, ¿eh?

3《車に》♦ 車に乗る *v.* subir a un coche, montar [entrar] en un coche ♦ 乗る; (乗って行く) *v.* ir* en (un) coche; (運転する) *v.* conducir* (un coche). → 降りる. ▶ 車から降りる *v.* bajar [salir*] de un coche. ♦ あなたの車に乗せてくれませんか ¿Me puede llevar en su coche? ♦ 乗るように言われて彼女はいやいや彼の車に乗り込んだ Cuando a ella le dijeron que subiera al coche de él, lo hizo de mala gana.

4《車を》♦ 車を止める(走行中に); *v.* parar [detener*] un coche; (駐車する) *v.* aparcar* [[ラ米] estacionar] un coche; (手を上げてタクシーを) *v.* llamar a un taxi, hacer* señas a un taxi para que pare. ♦ 今日は新しい車を運転しているの? ¿Llevas hoy un coche nuevo? (会話) お父さん, 今夜車使っていい?―いいよ, でもお母さんにも聞いて Papá, ¿puedo usar el coche esta noche? – Bueno, creo que sí, pero pregunta también a tu madre.

5《車で》♦ 車で大学へ通う *v.* ir* a la universidad en coche. ♦ 彼を車で¹家 [²駅]まで送った Le llevé a ¹su casa [²la estación] en coche. ♦ 週末になると富山の両親に会いに車で行く El fin de semana va en coche a Toyama para ver a sus padres. ♦ 車で迎えに来てください Ven a recogerme en coche, por favor. ♦ 彼の家へは車で20分です Hasta su casa se tardan veinte minutos en coche.

❷【車輪】*f.* rueda → 車輪; (足車・キャスター) *f.* ruedecita. ♦ 足車のついた家具 *m.* mueble sobre ruedecitas. → 車椅子.

《その他の表現》♦ 車座にすわる → 車座. ♦ 車の両輪のようである *v.* ser* inseparables, estar* íntimamente relacionados.

くるまいす 車椅子 (病人・身障者用の) *f.* silla de ruedas. ♦ 車椅子の人 *f.* persona en silla de ruedas.

くるまえび 車海老 (テナガエビ) *m.* langostino.

くるまざ 車座 ♦ 車座にすわる *v.* sentarse* en corro [círculo].

くるましゃかい 車社会 *f.* sociedad motorizada.

くるまよせ 車寄せ *m.* porche.

くるまる 包まる *v.* envolverse*, arroparse. ♦ 彼は毛布にくるまってたき火の前に座っていた Estaba envuelto en una manta sentado delante del fuego.

くるみ 胡桃 (実) *f.* nuez; (木) *m.* nogal. ▶ クル

ミを割る v. partir [cascar*] una nuez. ♦クルミ割り器 m. cascanueces. ♦クルミ割り人形（バレエ組曲）《La suite de Cascanueces》.

-ぐるみ ♦町ぐるみその難題に取り組んだ La ciudad entera [en bloque] se enfrentó al difícil problema.

くるむ 包む （おおう）v. envolver*, arropar, cubrir*. ♦皮でくるんだボタン m. botón (cubierto) de cuero. ♦彼女は赤ん坊を毛布に包んだ Arropó a su bebé con una manta.

グルメ 《仏語》 mf. "gourmet", mf. gastrónomo/ma.

くるりと →くるり.

ぐるりと ♦彼は土地の周りにぐるりと有刺鉄線をめぐらした Puso una alambrada de púas alrededor de todo el terreno. / Rodeó todo el terreno de alambre de púas. ♦その温泉地はぐるりを山に囲まれている El balneario de aguas termales está rodeado de montañas. ♦彼は聴衆をぐるりと見渡した Pasó la vista por el público.

くるわす 狂わす →狂う.

くれ 暮れ （年末）m. fin del año; （夕暮れ）f. caída de la noche, m. anochecer, m. crepúsculo. ♦暮れのボーナス f. paga extra de fin de año. ♦去年の暮れに adv. a fines del año pasado. ♦2005年暮れに adv. 「a fines [al final] de 2005. ♦日の暮れに adv. al anochecer [caer la noche].

グレア 《専門語》m. brillo, 《専門語》m. resplandor.

グレー （灰色） adj. gris, de color ceniza. ♦グレーのコート m. abrigo gris.

クレーター m. cráter.

クレープ （菓子） f. crepe.

グレープ →ぶどう. ♦グレープジュース 〖スペイン〗 m. zumo 〖ラメ〗 m. jugo de uva, m. mosto.

グレーブスびょう グレーブス病 《専門語》f. enfermedad de Graves.

グレープフルーツ 〖スペイン〗 m. pomelo, 〖メキシコ〗 f. toronja. ♦グレープフルーツジュース 〖スペイン〗 m. zumo de pomelo, 〖メキシコ〗 m. jugo de toronja.

地域差	グレープフルーツ
〔全般的に〕	f. toronja
〔スペイン〕	m. pomelo
〔アルゼンチン〕	m. pomelo

クレーム （苦情）f. reclamación. ♦クレームをつける v. presentar una reclamación [queja] 《ante + 人》《sobre + 事》. →苦情.

クレーン f. grúa. ♦クレーンで釣り上げる v. subir [levantar] con una grúa.

クレオパトラ Cleopatra （☆前69-前30, 古代エジプトの女王）.

くれぐれも ♦くれぐれもお大事に Cuídese bien [mucho], por favor.

グレコ （エル～） El Greco （☆1548頃-1614, スペインの画家）.

グレコローマン ♦グレコローマン・レスリング f. lucha grecorromana.

クレジット m. crédito. ♦クレジットカード f. tarjeta de crédito. ♦クレジットで買う v. comprar 「a crédito [《口語》de fiado]. ♦クレジットカード

ぐれる 397

が使えますか（=で支払いができますか）¿Aceptan ustedes tarjetas de crédito? ♦お支払いは現金でしょうか、クレジットでしょうか ¿Va a pagar en efectivo o 「con tarjeta [a crédito]?

クレソン m. berro.

クレタとう クレタ島 Isla de Creta （☆地中海東部ギリシャの島）.

ぐれつ 愚劣 （愚かさ）f. estupidez. ♦愚劣な（=ばかげた）行為 f. acción estúpida, m. acto estúpido, f. estupidez.

くれない 紅 adj. carmesí, escarlata, rojo encendido. ♦紅の旗 f. bandera carmesí.

グレナダ Granada （☆小アンティール諸島の島国, 首都セントジョージス Saint George's）.

クレバス （氷河の深い割れ目）f. grieta (en un glaciar). ♦クレバスに落ちる v. caer* en una grieta.

クレパス f. crayola pastel, f. crayola (de cera blanda), m. pastel.

クレヨン m. crayón, m. lápiz de cera dura. ♦クレヨン画 m. dibujo con crayones. ♦クレヨンで絵を描く v. dibujar [pintar] con crayones.

くれる 暮れる ❶【暗くなる】v. anochecer*, oscurecer*. ♦日が暮れてきている（=暗くなりつつある）Está anocheciendo [oscureciendo]. →暗い. ♦彼は日が[1]暮れてから[[2]暮れないうちに]帰って来た Volvió [1]anochecido [[2]antes de anochecer].

❷【終わる】♦今年もあと2時間で暮れる Faltan dos horas para que termine el año. / En dos horas se acaba el año.

❸【思案などに】♦思案に暮れる v. estar* perdido en pensamientos. ♦途方に暮れる →途方. ♦涙に暮れる v. no hacer* sino llorar. ♦彼は悲嘆に暮れた様子だった Parecía afligido.

《その他の表現》♦そんなことをしていたら日が暮れるよ（=時間がかかりすぎて）Si lo haces así, vas a tardar mucho. / （今はそんな時間はない）Ahora no tienes tiempo de hacer eso.

***くれる** ❶【与える】v. dar*, regalar. ♦おじは私に時計をくれた Mi tío me regaló un reloj. →贈る. ♦そんなものくれてやる Te lo doy [regalo]. / Quédate con ello.

❷【...してくれる】v. tener* la amabilidad 《de + 不定詞》, ser* tan amable 《de + 不定詞》, hacer* el favor 《de + 不定詞》. ♦彼はわざわざ[親切にも]手伝ってくれた Tuvo la amabilidad de ayudarme. / Fue tan amable [gentil] de ayudarme. / Hizo el favor de ayudarme. ♦今日来てくれるかね ¿Puedes venir hoy? → 下さい, 頂く. ♦いっしょに行ってくれるよね Vendrás conmigo, ¿verdad que sí? ♦彼女が朝食を作ってくれた Me hizo el desayuno. ♦彼にそうしてくれるよう頼んだ Le pedí que lo hiciera. ♦私を早く家に帰らせてくれ Déjame regresar [volver] pronto a casa. ♦今日じゅうにそれを仕上げられるかどうかやってみてくれ A ver si puedes terminarlo hoy antes de irte.

ぐれる （身を誤る）v. descarriarse*, perderse*.

クレンザー *m.* limpiador; (洗剤) *m.* detergente; (磨き粉) *m.* polvo limpiador.

クレンジングクリーム *f.* crema limpiadora [desmaquilladora].

くろ 黒 【色】*m.* negro. ▶黒を白と言う *v.* mentir* 「con descaro [《口語》como un bellaco]. ▶彼は黒(=有罪)だ Es culpable.

── **黒い** *adj.* negro, oscuro, moreno, atezado, bronceado. ▶黒い髪 *m.* pelo negro [oscuro]. ▶黒い目 *mpl.* ojos negros. ▶日に焼けて黒くなる *v.* ponerse* moreno (al sol), tostarse*. ▶それを黒く¹染める [²塗る] ¹teñirlo [²pintarlo] de negro. ▶彼女は黒い服を着ている Va vestida de negro. / Lleva un vestido negro. 《会話》ずいぶん黒くなりましたねーええ、一生懸命焼いているんです Te has puesto muy morena, ¿eh? – Sí, Estoy intentando tostarme.

クロアチア Croacia (☆ヨーロッパの国, 首都はザグレブ Zagreb).

****くろう** 苦労 ❶【困難】*f.* dificultad, *f.* molestia. ▶仕事の苦労話をする *v.* hablar de las dificultades de cumplir con su trabajo. ▶彼は苦労人だ(=多くの苦難を経験した) Ha pasado por muchas dificultades en la vida. / 《口語》Lo ha tenido difícil en la vida. ▶君には苦労が足りない(=人生経験が十分でない) No lo has pasado mal en la vida. / (まだ学ぶことがたくさんある)Todavía tienes mucho que aprender.

❷【心配】*f.* preocupación, *f.* inquietud, 《教養語》*f.* zozobra. → 心配. ▶苦労が多い *v.* tener* muchas preocupaciones, tener* mucho en qué pensar*. ▶彼は苦労性だ(=心配しすぎる) Se preocupa [inquieta] demasiado. / Se toma las cosas demasiado en serio. ▶苦労が絶えない Nuestras preocupaciones no se acaban nunca. ▶彼は両親に大変苦労をかけている Es una fuente de preocupaciones para sus padres. / No hace más que preocupar a sus padres.

❸【面倒, 手数】*f.* molestia. ▶ご苦労を感謝します Siento haberlo[le] molestado tanto. / Perdón por tanta molestia. / Perdón por las molestias causadas.

❹【努力】(骨折り) *m.* esfuerzo, *m.* trabajo. ▶長年の苦労の末、その画家はついに真価を認められた Después de largos años de esfuerzos, el pintor finalmente triunfó.

── **苦労する** (難儀する) *v.* sufrir; (骨折る) *v.* tener* problemas [dificultades] 《para + 不定詞》, pasar apuros 《para + 不定詞》, pasarlo mal 《＋前置分詞》, hacer* grandes esfuerzos 《para + 不定詞》. ▶金で苦労する *v.* pasar dificultades económicas, 《口語》andar* apurado de dinero. ▶英語ではずいぶん苦労しました Tuve muchos problemas con el inglés. / Lo pasé verdaderamente mal con el inglés. / El inglés me dio mucha guerra. ▶彼の家を見つけるのに¹ほとんど [²大して]苦労しなかった ¹Apenas tuve problemas para encontrar su casa [²Encontré su casa sin grandes dificultades]. ▶彼は自分の仕事を終えるのに非常に苦労した Tuvo grandes dificultades para acabar su trabajo. / Lo pasó mal hasta que terminó su obra. ▶彼は苦労して(＝働いて)学校を出た Terminó la escuela haciendo esfuerzos económicos.

☞ 差し支える, 四苦八苦

くろうと 玄人 (プロ) *mf.* profesional, *mf.* experto/ta, *mf.* especialista, *mf.* perito/ta. ▶玄人の芸 *f.* actuación profesional. ▶玄人の腕前を披露する *v.* mostrar* la profesionalidad.

クローク *m.* guardarropa. ▶クロークにコートを預ける *v.* dejar el abrigo en el guardarropa.

クローズアップ 大写しする *v.* sacar* [tomar*] un primer plano. ▶この問題が大きくクローズアップされている(＝多くの注意を引いている) Este problema 「se ha destacado mucho [ha sido puesto en primer plano].

クローズド・アーキテクチャ 《専門語》*f.* arquitectura cerrada.

クローゼット *m.* armario, *m.* ropero.

クローバー *m.* trébol. ▶四つ葉のクローバー *m.* trébol 「de cuatro hojas [《教養語》cuadrifolio].

グローバリゼーション *f.* globalización.

グローバル ▶グローバルな問題 *f.* cuestion mundial. ▶グローバル変数 《専門語》*f.* variable global.

グローブ (野球の) *m.* guante; (ボクシングの) *mpl.* guantes de boxeo. ▶牛袋.

グローランプ *f.* lámpara de incandescencia.

クロール *m.* crol. ▶クロールで泳ぐ *v.* nadar a crol.

クローン *m.* clon. ▶クローン羊 *f.* oveja clonada. ▶クローンで繁殖させる *v.* clonar, producir* por un clon.

クローンびょう クローン病 《専門語》*f.* enfermedad de Crohn.

くろかみ 黒髪 *m.* pelo [*m.* cabello] negro.

くろこげ 黒焦げ ▶黒焦げの死体 *m.* cuerpo carbonizado [calcinado]. ▶黒焦げになる *v.* carbonizarse*, calcinarse.

くろじ 黒字 *m.* superávit. ▶日本は昨年貿易が黒字だった El año pasado Japón tuvo superávit comercial. ▶その会社は黒字だ La empresa está en números negros. / El balance de la compañía es positivo.

くろしお 黒潮 *f.* Corriente de Kuroshio; (日本海流) *f.* Corriente de Japón.

クロス ▶クロスバー (サッカー) *m.* travesaño. ▶クロスパス 《サッカー》*m.* pase cruzado.

クロスカントリー(レース) *f.* carrera de campo a través.

クロスゲーム (接戦) *m.* partido 「muy disputado [reñido].

クロスワード (パズル) *m.* crucigrama.

クロッカス *m.* azafrán de primavera, *m.* croco.

グロッキー ▶グロッキーである (足元がふらつく) estar* aturdido, sentirse* atontado [vacilante,《英語》"groggy"］；(疲れ切る) v. estar* exhausto [rendido]. ▶グロッキーになる v. ponerse* [quedarse] "groggy". ♦チャンピオンはその一打でグロッキーになっていた El campeón de boxeo se quedó "groggy" del golpe.

クロック（専門語）m. reloj. ▶クロック周波数（専門語）f. frecuencia de reloj.

くろっぽい 黒っぽい →黒.

グロテスクな（恐れ・笑いを起こさせるほど異様な）adj. grotesco, vulgar, zafio.

グロブリンかじょうけっしょう グロブリン過剰血症（専門語）f. hiperglobulinemia.

グロブリンにょうしょう グロブリン尿症（専門語）f. globulinuria.

くろぼし 黒星（黒い丸）m. punto negro；(敗北) f. derrota, (失敗) m. fracaso. ▶黒星続きである v. ser* derrotado sucesivamente.

くろまく 黒幕 ▶政界の黒幕 m. intrigante político, f. eminencia gris en la política; el que mueve los hilos de la política entre bastidores. ▶黒幕になる v. mover* los hilos entre bastidores, manejar el tinglado a escondidas.

くろやま 黒山 ♦その店の前は黒山の人だかりだった Ante la tienda había「una gran multitud de gente [un gentío enorme].

クロロマイセチン f. cloromicetina.

クロワッサン《仏語》m. "croissant"（☆発音は [krwasán]）.

[地域差] クロワッサン

〔全般的に〕m. croissant
〔スペイン〕f. media luna
〔キューバ〕m. cangrejito
〔メキシコ〕m. cuerno, m. pan de cuerno
〔ペルー〕m. cachito, m. cacho, f. media luna
〔コロンビア〕f. media luna
〔アルゼンチン〕f. factura, f. media luna

くわ 桑 m. moral；(養蚕用) f. morera. ▶桑の実 f. mora. ▶桑畑 m. moreral.

くわ 鍬 f. azada. ▶くわを入れる（＝で耕す）v. labrar [cavar, cultivar] con una azada.

くわえて 加えて prep. además de, aparte de, con, junto con [a]; adj. incluido; adv. por añadidura. ▶その上、又、▶彼の帰宅は遅かったし、加えて酔っていた Volvió a casa tarde y además borracho. ♦部屋には彼女を加えて6人いた En「la habitación [el cuarto] había seis personas incluida [con] ella. ♦彼は能力があることに加えて努力家でもある Aparte [Además] de ser capaz, es trabajador. ♦容貌(ぼう)の他に人柄がよかったので彼は人気者になった Su personalidad junto con su aspecto lo [le] hicieron popular.

* **くわえる** 加える ❶【足す】v. añadir, sumar, agregar*, incluir*. → 加えて. ▶2に6を加える v. añadir 6 a 2. ▶その数を全部加える v. sumar todas las cifras. ▶付け加える. ▶水をカップ2杯加えてかき混ぜてください Añada dos tazas de agua y remueva.

❷【与える】v. dar*, propinar, hacer*, poner*, someter. ▶頭に一撃を加える v. dar* (a ＋ 人) un golpe en la cabeza. ▶危害を加える v. hacer* (a ＋ 人) daño, hacer* (a ＋ 人) una herida. ▶圧力を加える v. someter (a ＋ 人) a presión.

❸【含める】v. admitir, incluir*, juntar. → 含める, 加えて. ▶彼を仲間に加える v. admitirlo [le] en nuestro grupo. ♦ぼくもゲームに加えてください Por favor, admítame en el juego. / Déjeme jugar a mí también, por favor.

❹【増す】v. aumentar; recoger*. →増やす. ☞合わせる, 併せる, 繰り入れる, 足す, 継ぎ足す

くわえる 咥える ▶パイプをくわえる v. llevar [tener*] una pipa en la boca. ▶ナイフを歯でくわえる v. sostener* un cuchillo entre los dientes. ♦犬は骨をくわえて逃げた El perro se fue corriendo con el hueso en la boca.

くわけ 区分け（区分）f. división；(分類) f. clasificación. ▶区分けする v. dividir, clasificar*.

* **くわしい** 詳しい ❶【詳細な】adj. detallado, pormenorizado, minucioso,《教養語》exhaustivo. ▶詳しい情報を得る v. recibir una información detallada (de). ▶それを詳しく説明する v. dar* [ofrecer*] al respecto una explicación detallada [con todo detalle, completa, pormenorizada, minuciosa]. ♦詳しい事は知りません Ignoro los detalles. / No conozco los detalles.

❷【精通している】v. conocer* bien, tener* un buen conocimiento (de), estar* familiarizado (con). →精通.〈会話〉この辺の地理にお詳しいですか一実は知らないのです。こちらに来たばかりなんです ¿Conoce bien este barrio? – La verdad es que no. Es que soy nuevo aquí. ♦彼は韓国の情勢に詳しい Conoce bien la situación de Corea. / Tiene un buen conocimiento de la situación coreana.

くわずぎらい 食わず嫌い ♦食わず嫌いである v. tener* prejuicios (contra).

くわせもの 食わせ者（ペテン師）mf. impostor/tora, mf. farsante.

くわせる 食わせる v. alimentar, dar* de comer. ▶家族を食わせる（養う）v. mantener* [sostener*] una familia. ▶一杯食わせる（だます）v. engañar, embaucar*.

くわだて 企て（たくらみ）f. conspiración, m. complot,《教養語》f. maquinación；(試み) f. tentativa, f. intentona,《教養語》m. conato. ♦大統領暗殺の企てが発覚した Fue descubierta la conspiración para asesinar al Presidente. ☞構想, 筋書き

くわだてる 企てる（計画する）v. proyectar, planear；(陰謀などを) v. conspirar (contra),《教養語》maquinar；(試みる) v. intentar《＋不定詞》, tratar de《＋不定詞》. ♦敵はわれわれを夜明けに攻撃しようと企てた El enemigo intentó atacarnos al amanecer. ♦彼らは大統領暗殺を企てた Conspiraron contra la vida del Presidente. / Conspiraron para asesinar al Presidente. ♦彼は自殺を企てたが失敗した Trató de suicidarse pero no lo consiguió. / Fracasó su intento de suicidio.

グワナコ m. guanaco（☆ラクダ科の動物）.

400 くわわる

くわわる 加わる ❶【参加する】(一員になる) v. participar [tomar parte] (en) 《a》. → 参加する. ▶そのチームに加わる v. unirse al equipo. ▶レースに加わる v. participar en la carrera. ▶ゲームに加わりませんか ¿Quieres tomar parte en el juego?
❷【増す】v. aumentar; ganar. → 増す, 増える. ◆日増しに寒さが加わっている Cada día hace más frío.

ぐん 群 m. grupo. → 群れ, 集団. ▶一群のハチ m. enjambre de abejas. ▶群を抜く v. superar [aventajar] a los demás. → 抜群, 傑出.

ぐん 郡 m. distrito, 《スペイン》 m. término municipal. ▶西宇和郡 m. distrito [m. término municipal] de Nishiuwa.

ぐん 軍 (軍隊) m. ejército, fpl. fuerzas armadas. ▶占領軍 m. ejército de ocupación. ▶国連軍 fpl. tropas de la 「las Naciones Unidas [NU], mpl. cascos azules.

ぐんい 軍医 m. médico militar [castrense].
ぐんか 軍歌 f. canción militar [marcial].
くんかい 訓戒 f. amonestación, f. exhortación. ▶訓戒する v. amonestar, exhortar.
ぐんかん 軍艦 m. buque [m. barco] de guerra.

くんくん ▶くんくん臭いをかぐ v. husmear, olisquear. ◆犬がお互いをくんくんかいだ Los perros se husmeaban. ◆彼女は香水を買う前に何度もくんくんかいでみた Olisqueó el perfume antes de comprarlo.

ぐんぐん (著しく) adv. notablemente, rápidamente, bruscamente. ◆患者はぐんぐん回復した El paciente iba mejorando notablemente. ◆彼は前の走者にぐんぐん追いついていった Alcanzó rápidamente al que iba primero en la carrera. ◆気温はぐんぐん上昇した La temperatura subió bruscamente.

ぐんこう 軍港 f. base naval.
くんじ 訓示 (指示) f. instrucción, f. normativa. ▶訓示する v. instruir*, dar* instrucciones, 《教養語》 aleccionar.

ぐんじ 軍事 mpl. asuntos militares. ▶軍事的[の] adj. militar. ▶軍事力 f. fuerza [f. capacidad] militar, m. poder de las armas. ▶軍事基地 f. base militar. ▶軍事費 (予算) m. presupuesto militar [de armamento]; (経費) mpl. gastos militares [de guerra, bélicos]. ▶軍事政権 m. gobierno [m. régimen] militar. ▶軍事的脅威 f. amenaza militar [de guerra]. ▶軍事同盟 f. alianza militar. ▶軍事行動を起こす v. emprender 「una acción militar [operaciones militares].

ぐんしきん 軍資金 mpl. fondos militares [de guerra]. ▶選挙の軍資金 mpl. fondos de campaña (electoral).

くんしゅ 君主 m. monarca, m. soberano. ▶君主国 m. país monárquico. ▶君主制 f. monarquía; m. monarquismo. ▶君主制の adj. monárquico.

ぐんじゅ 軍需 (物資) fpl. municiones, m. material bélico. ▶軍需産業 [工場] 1 f. industria [2 f. fábrica] de armamentos [municiones].

ぐんしゅう 群衆[集] (雑然とした人の群れ) f. multitud, m. gentío, f. muchedumbre, m. tropel. ▶大群衆 f. gran multitud, m. enorme gentío. ▶群集心理(学) f. psicología de masas. ▶群衆の中に彼を見つける v. encontrarlo[le]* en la multitud. ◆群衆は静まりかえっていた Había silencio en la multitud. ◆大ぜいの群衆が広場に集まった Una gran [enorme] multitud se había congregado en la plaza. / En la plaza se había juntado un inmenso gentío. ◆群衆は鎮圧のためにやってきた警官隊に囲まれていた La multitud estaba rodeada por la policía que había venido a disolverla [dispersarla].

ぐんしゅく 軍縮 f. reducción armamentística [de armamentos]; m. desarme, f. limitación de armamentos. → 軍備.

くんしょう 勲章 f. condecoración, f. medalla, f. cruz, f. orden. ▶勲章をつける [2つけている] v. ¹ponerse* [²llevar] una condecoración. ▶彼に勲章を授ける v. otorgarle* [concederle, darle*] una condecoración, condecorarlo[le].

ぐんじん 軍人 mf. militar, m. miembro del ejército; (陸軍の) mf. soldado; (海軍の) m. marino; (空軍の) m. soldado de la fuerza aérea, mf. aviador/dora. → 将校. ▶職業軍人 mf. soldado profesional [de carrera]. ▶軍人精神 m. espíritu militar. ▶軍人になる v. hacerse* militar, seguir* la carrera de las armas. ▶軍人を志願する v. desear ser* soldado, elegir* la carrera de las armas.

くんせい 薫製 f. carne ahumada. ▶薫製にする v. ahumar*. ▶サケの薫製 m. salmón ahumado.

ぐんせい 群生 ▶群生する (植物が) v. vivir en grupo(s); (動物が) v. llevar una vida gregaria. → 群れ.

ぐんせい 軍政 ▶軍政下にある v. estar* [ser* puesto] bajo gobierno militar.

ぐんぞう 群像 《美術》 m. grupo.

ぐんたい 軍隊 (陸・海・空軍を総称して) m. ejército, fpl. fuerzas armadas [militares]. ▶軍隊を ¹やめる [²に入る] v. ¹dejar [²alistarse en] el ejército. ▶軍隊を派遣する v. despachar el ejército, mandar tropas. ▶軍隊生活をする v. servir* en el ejército, hacer* el servicio militar, 《口語》 hacer* la mili. ◆彼は第二次大戦中軍隊にいた Estuvo en el ejército durante la Segunda Guerra Mundial.

-くんだり (…まで) prep. hasta. ▶北極くんだりまで行く v. ir* incluso hasta el Polo Norte.

ぐんと (著しく) adv. notablemente, mucho, en gran medida. ◆彼女はぐんと美しくなった Se ha puesto notablemente bella.

ぐんとう 群島 m. archipiélago, m. grupo de islas. → 諸島.

ぐんばい 軍配 (相撲の) m. abanico de un árbitro de "sumo". ▶軍配があがる (＝勝者である) v. ser* el/la ganador/dora.

ぐんび 軍備 m. armamento(s); (武器) f. arma(s). ▶軍備縮小 m. desarme; f. reducción [*f.* limitación] de armamentos. ▶軍備¹拡大 [²制限] ¹*f.* expansión [²*f.* limitación] armamentística. ▶軍備拡大競争 *f.* carrera armamentista. ▶再軍備 *m.* rearme. ▶軍備を¹縮小 [²拡張; ³強化]する *v.* ¹reducir* [²aumentar; ³reforzar*] los armamentos.

クンビア *f.* cumbia (☆コロンビアの民族舞踊).

ぐんぶ 軍部 (総称) *mpl.* militares, *fpl.* autoridades militares.

ぐんぷく 軍服 *m.* uniforme militar.

クンミン 昆明 《ピンイン》Kunming (☆中国の都市).

ぐんよう 軍用 *m.* uso militar, *mpl.* fines militares. ▶軍用機 *m.* avión de guerra. ▶軍用に供する *v.* ser* de uso militar, utilizarse* con fines militares.

くんよみ 訓読み (説明的に) *f.* lectura japonesa de los "kanji". ▶訓読みする *v.* leer* un "kanji" a la japonesa.

ぐんらく 群落 *f.* comunidad; (動植物の) *f.* colonia. ▶シダの群落 *f.* colonia de helechos. ▶群落をなして生育する *v.* crecer* [medrar] en colonia.

くんりん 君臨 →支配. ▶君臨する *v.* reinar 《sobre》, gobernar*. ◆スペイン国王は君臨すれども統治せず En España el rey reina pero no gobierna.

くんれん 訓練 (練習) *m.* entrenamiento, *m.* ejercicio, *f.* disciplina. → 練習. ▶語学訓練 *f.* práctica de idioma. ▶火災訓練 *mpl.* ejercicios contra incendios. ▶犬のスパルタ式訓練 (法) *f.* disciplina espartana para los perros. ▶合宿訓練をする *v.* tener* [celebrar] una concentración (de entrenamiento), concentrarse. ◆私はコンピューターの使い方の基礎訓練を受けた Recibí un entrenamiento básico sobre el uso de los ordenadores. ◆私たちはスペイン語教員の訓練を受けています Nos están formando para ser profesores de español. / Estamos siendo form*ados* como profesores de español.

—— 訓練する *v.* entrenar, ejercitar, formar, disciplinar. ▶よく訓練された兵士たち *mpl.* soldados bien entrenados [disciplinados]. ▶新兵を厳しく訓練する *v.* entrenar a los reclutas con rigor. ▶彼らに水泳を訓練する *v.* entrenarlos en natación. ◆彼はその犬を¹見世物 [²ウサギ狩り]のために訓練した Entrenó al perro para ¹una exhibición [²cazar liebres].

☞ 育成, 演習, 稽古, 躾, 実習, 修行[業]; 教え込む, 鍛える, 教育する, しごく, 仕込む, 躾ける

け

け毛 ❶【体毛】(髪) m. pelo; (体毛) m. vello; (頭髪) m. cabello; (ふさふさとした髪) f. melena; (産毛・細い体毛) f. pelusa; (動物の柔毛) m. pelo, m. pelaje; (動物の剛毛) f. cerda; (動物の外被) m. pelaje; (羽毛) f. pluma. → 羽毛, 羊毛. ♦うちの猫は毛が柔らかい Nuestro gato tiene un pelaje [pelo] suave.
❷【植物の】♦タンポポの毛 f. pelusa del diente de león.
❸【頭髪】m. pelo. → 髪.

け 気 【少量】un poco 《de》.【徴候】m. asomo. ♦このスープは少し塩気が足りない Esta sopa necesita「un poco más [《口語》una pizca] de sal. ♦ A esta sopa le falta un poco de sal. ♦父が亡くなって以来わが家には男っ気がない (=男性がいない) Desde la muerte de mi padre en mi casa no hay asomo de varones.

-け -家 ♦田中家 los Tanaka, f. familia de los Tanaka. ♦徳川家(一門) los Tokugawa, m. clan [f. casa] de los Tokugawa.

けい 刑 (刑の宣告) f. sentencia, 《フォーマル》m. fallo; (罰する[される]こと) m. castigo, 《教養語》f. punición. ♦刑に服する v. cumplir la sentencia. ♦刑を宣告する v. sentenciar [pronunciar la sentencia] (contra). ♦軽い刑ですむ v. escapar con una sentencia leve. ♦彼は強盗の罪で重い刑に処せられた Le impusieron una pena [sentencia] rigurosa por atraco. ♦彼女は懲役 10 年の刑に処せられた La condena fue de diez años. / La condenaron a diez años de prisión. ♦その男はまだ刑が確定していない Todavía no se le ha condenado. / Aún no le han aplicado ninguna pena [sentencia].

けい 計 (合計) f. suma, m. total → 合計; (計画) m. plan, m. proyecto; (計器) m. contador, m. medidor. ♦費用は全部で2万円だった El coste total「fue de [sumó] 20.000 yenes.

けい 罫 f. raya; (線) f. línea. ♦罫紙 m. papel rayado. ♦罫を引く v. rayar, 《口語》hacer* rayas.

けい- 軽- (軽い) adj. ligero. ♦軽音楽 f. música ligera. ♦軽トラック m. camión ligero, f. camioneta.

-けい -系 ❶【系統】m. sistema. ♦太陽系 m. sistema solar. ♦神経系 m. sistema nervioso. ♦保守系候補者 mf. candidato/ta conservador/dora.
❷【血統】m. origen, 《フォーマル》f. oriundez. ♦日系米国人 mf. norteamericano/na de origen japonés. ♦私は日系人です Soy oriundo [de origen] japonés.

けい 芸 (技芸) m. arte; (たしなみ, 芸事) f. destreza, f. habilidad; (演技) f. actuación; (手品, 動物の芸当) m. truco. ♦芸達者 mf. artista versátil. ♦芸のない人 (=平凡な人)《教養語》f. persona anodina. ♦芸を1きわめる [2みがく] v. ¹dominar [²cultivar] un arte. ♦犬に芸を教える v. amaestrar un perro, enseñar trucos a un perro.

ゲイ m. homosexual, 《英語》m. "gay". ♦ゲイバー m. bar "gay".

けいあい 敬愛 m. amor y m. respeto,《フォーマル》f. veneración. ♦非常に敬愛されている v. ser*「muy querido y respetado [tenido en gran veneración].

けいい 敬意 m. respeto. ♦木田博士に敬意を表して夕食会を催す v. dar* una cena en honor del Dr. Kida. ♦年長者には敬意を払うべきだ Hay que respetar a los mayores.

けいい 経緯 (細かいこと) mpl. detalles, fpl. particularidades; (ひとつひとつ)《フォーマル》mpl. aspectos concretos; (経過) m. progreso, m. curso, f. marcha. ♦事件の経緯を説明する v. explicar* los detalles del caso.

けいえい 経営 【管理】f. gestión, f. gerencia; (公務・商売などの) f. administración;【商売】m. negocio. ♦経営学 f. administración「de empresas [empresarial]. ♦経営者(所有者) mf. propietario/ria, mf. dueño/ña; (支配人) mf. gerente, mf. administrador/dora. ♦経営手腕 f. capacidad administrativa. ♦経営方針 f. política administrativa. ♦経営状態が1よい [2悪い] v. estar* ¹bien [²mal] administrado. ♦経営を合理化する v. mejorar la eficacia administrativa, 《フォーマル》optimizar* la administración. ♦経営難に陥っている v. pasar apuros económicos. ♦彼がその会社の経営を引き継いだ「Se encargó de [《フォーマル》Asumió] la administración de la empresa.

—— **経営する** (自己資本で) v. dirigir*, gestionar; (所有者から任されて) v. administrar,《口語》llevar. ♦彼はこの町でホテルを経営している Dirige [Administra,《口語》Lleva] un hotel en esta ciudad.

けいえん 敬遠 ♦敬遠する (一般的に) v. evitar, eludir; (離れている) v.「mantenerse* alejado [rehuir*]《de》. ♦彼女は私を敬遠しているようだ Parece que me evita.

けいおんがく 軽音楽 f. música ligera.

けいか 経過 (事の) (進行状況) m. progreso; (進展) m. desarrollo; (成り行き) f. marcha, m. curso. ♦和平会談の経過 m. progreso de las conversaciones de paz. ♦事の経過 m. curso de los acontecimientos, f. marcha de los sucesos. ♦捜査の経過報告 m. informe sobre el desarrollo de la investigación. ♦患者の経過は良好です El paciente va mejorando. ♦大したことはありません。お食べになっ

たものが悪かったのかもしれませんね。少し経過をみましょう No es nada grave. Puede ser algo que ha comido. Vamos a ver cómo evoluciona.

❷【時の】*m*. paso, *m*. transcurso. ▶経過する *v*. pasar, transcurrir. → 経つ. ▶時の経過につれて *v*. con el paso [《フォーマル》transcurso] del tiempo. ▶5年経過後 *adv*. después [al cabo] de cinco años, 《フォーマル》habiendo transcurrido cinco años. ♦父が亡くなってから10年が経過した Han pasado diez años desde「la muerte de mi padre [que mi padre falleció].

けいかい 警戒 (見張り) *f*. vigilancia; (警備) *f*. guardia; (用心) *f*. cautela, *m*. cuidado; (予防措置) *f*. precaución. → 用心. ▶警戒警報 *f*. advertencia [*f*. señal] de precaución, *m*. aviso de alarma. ▶警戒心を解く *v*. relajar la guardia. ▶警戒線を¹張る [²突破する]*v*. ¹formar un [²romper* el] cerco policial. ♦水位は警戒線に達した El agua alcanzó el nivel de peligro.

—— **警戒する** (見張る) *v*. vigilar, estar* en guardia 《ante》; (警備する) *v*. tomar precauciones 《ante》, estar* precavido 《ante》. ▶警戒して *adv*. con cautela, precavidamente, en guardia. ▶警戒するような目つきで見る *v*. mirar con cautela. ♦彼らは敵機を警戒していた Vigilaban [Estaban en guardia ante] la aparición de aviones enemigos. ♦警官がすべての出入り口を厳重に警戒していた La policía vigilaba [montaba guardia en] todas las puertas. ♦キツネは警戒しながら近づいて来た El zorro se aproximó con cautela.

けいかい 軽快 ▶軽快な(動作・服装などが) *adj*. ligero; (リズムが) *adj*. rítmico. ▶軽快な足どり [²身のこなし]で con ¹pasos [²movimientos] ligeros. ▶軽快な服装をして *adv*. con ropa ligera. ▶軽快な音楽 *f*. música rítmica ☞ 軽妙, すばしっこい, スポーティーな

・**けいかく 計画** *m*. plan, *m*. proyecto; *f*. idea, *m*. propósito, *f*. intención, *m*. programa, *f*. trama.

1《～計画》▶長期[25か年]計画 *m*. plan ¹a largo plazo [²quinquenal]. ▶都市計画 *f*. planificación urbana. ▶空港建設計画 *m*. proyecto de construcción de un aeropuerto. ▶宇宙旅行の空想的計画 *m*. proyecto visionario de viaje espacial. ▶財政計画 *m*. programa financiero.

2《計画～》▶計画経済 *f*. economía planificada. ♦新しい幹線道路は今の計画の中です Se está haciendo el proyecto de una nueva carretera troncal. ♦計画倒れに終わるだろう El plan no va a funcionar [(口語)salir, (口語)resultar]. ♦研究は計画どおりに進んでいる El estudio「avanza de acuerdo con [progresa según] el plan.

3《計画[が]～》♦計画はたいへんうまくいった El plan salió muy bien. ♦パリ訪問の計画が中止になった Quedó cancelado el plan de visitar París.

4《計画を～》▶計画を実行する *v*.「llevar a cabo [realizar*] un plan; (進行させる) *v*. poner* un plan en marcha. ▶計画を¹ぶちこわす [²取りやめる; ³中止する] *v*. ¹estropear [²interrumpir; ³retener*] un proyecto. ▶週末の計画を立てる *v*. hacer* planes para el fin de semana. ♦彼は自分の計画をだれにも話さなかった No dijo a nadie「su plan [lo que planeaba]. ♦彼は家を買う計画(=考え)をあきらめた Renunció「a la idea [al proyecto, al plan] de comprarse una casa.

—— **計画する** *v*. hacer*「un plan [planes] 《de, para》, tener* la idea [intención] 《de》, planear, tener* el plan 《de》; (専門的に) *v*. planificar*; (前もって精密に) *v*. calcular; trazar* un plan; (事業などを) *v*. proyectar, tener* el proyecto [plan]《de》; (たくむ) *v*. tramar. ▶旅行を計画する *v*. hacer* un plan de viaje, planear un viaje. ▶銀行強盗を計画する *v*. tramar el atraco de un banco. ♦海外へ留学することを計画している「Estoy planeando [Tengo el plan de] estudiar en el extranjero. / Estoy haciendo planes para estudiar en el extranjero. /(留学するつもりである)Tengo la intención de estudiar en el extranjero. ♦彼は億万長者になろうというばかげたことを計画していた Tenía el absurdo plan de hacerse supermillonario.

—— **計画的な** *adj*. planeado, planificado; (故意の) *adj*. premeditado; (体系的な) *adj*. sistemático. ▶計画的(な)殺人 *m*. asesinato premeditado.

—— **計画的に** *adv*. intencionadamente, deliberadamente, a propósito; de acuerdo a un plan, premeditadamente. ♦家は偶然ではなく計画的に[=故意に]焼かれた La casa se quemó no por accidente sino de acuerdo a un plan. ☞ 案, 画策, 企画, 計, 原案, 構想, 策, 趣向, 筋書き, 寸法, 手はず

***けいかん 警官** *mf*. policía, 《口語》*mf*. poli; (正式には) *mf*. agente de policía, 《口語》*mf*. guardia. → 警察. ▶婦人警官 *f*. mujer policía. ▶交通警官 *m*. policía de tráfico. ▶私服警官 *mf*. policía「en traje civil [《口語》vestido/da de paisano]. ▶警官隊 *f*. policía, *f*. fuerza policial. ▶警官を現場に急派する *v*. enviar* urgentemente la policía al lugar del suceso.

けいかん 景観 (一望の風景) *m*. panorama; (全体の) *m*. paisaje; (眺め) *f*. vista. → 景色. ▶赤城山の雄大な景観 *f*. vista espléndida del Monte Akagi.

・**けいき 景気** ❶【商況】*f*. situación económica. → 好況. 【経済(状態)】*f*. economía, *fpl*. condiciones económicas. 【時勢】*mpl*. tiempos, *f*. época.

1《～景気》▶好景気 *f*. prosperidad, *f*. bonanza económica. → 好況. ▶不景気 *f*. depresión; (景気後退) *f*. recesión. → 不景気. ▶にわか景気 *m*. auge, *m*. boom.

2《景気(の)+名詞》▶景気の回復 *f*. recuperación económica. ▶景気停滞 *m*. estancamiento económico. ▶景気対策(=刺激策) *fpl*. medidas para estimular [《フォーマル》re-

けいき

activar] la economía.
 3【景気が[は]】▶景気が¹よい[²悪い] La economía marcha ¹bien [²mal]. / La situación económica es ¹buena [²mala]. ♦あの会社は景気がよくない A esa empresa le marchan bien las cosas. ▶景気はどうですか(商売の)¿Qué tal va el negocio? / ¿Cómo marchan las cosas? / ¿Qué tal el negocio ahora? ♦(個人の生活・暮らし向きなどの)¿Cómo te [le] va? / ¿Va todo bien?

❷【活気, 威勢】▶景気のよい音楽 f. música animada [alegre]. ▶景気よく(=気前よく)金を遣う v. gastar el dinero generosamente [《口語》a manos llenas]. ▶景気よく騒ぐ(=浮かれ騒ぐ) v. divertirse* alegremente [bulliciosamente], tener* [《口語》correrse] una juerga [《メキシコ》pachanga]; (豪遊する) v. correrse las grandes juergas. ▶景気づける(=元気づける) v. animar, alegrar. ▶景気づけに一杯やろう Vamos a tomar [beber] algo. / Vamos a echar un trago.

けいき 刑期 m. período [m. término] de encarcelación. ▶3年の刑期を終える v. cumplir tres años de condena en la cárcel.

けいき 計器 (計量器) m. contador; (雨量・風速などの) m. medidor. ▶計器盤 m. tablero de mandos, m. cuadro de instrumentos. ▶計器¹飛行[²着陸] ¹m. vuelo [²m. aterrizaje] por instrumentos. ▶計器飛行する v. volar* guiándose por los instrumentos.

けいき 契機 (機会) f. ocasión, f. oportunidad; (転機) m. momento (crucial). ▶これを契機に adv. en este momento crucial.

けいきんぞく 軽金属 m. metal ligero.

けいく 警句 m. epigrama, m. aforismo, (機知に富んだ言葉) f. agudeza, f. observación ingeniosa [aguda]. ▶警句を発する v. decir* agudezas, hacer* una observación ingeniosa [aguda].

けいぐ 敬具 (一般に) Muy atentamente. / Atentamente. / Le saluda (muy) atentamente; (面識のない場合, 商業文) Su atento y seguro servidor, 《略》Su atto. y s.s; (親しい場合) Un abrazo, Un beso, Cordialmente, Afectuosamente.

***けいけん** 経験 f. experiencia.

 1《～の経験》▶実務経験 f. experiencia en los negocios. ♦彼は人生経験が浅い Le falta experiencia. /《ユーモアで》Está verde. /《口語》Tiene mucho que ver en la vida. ♦彼は運転の経験が長いですか¿Tiene mucha experiencia conduciendo?

 2《経験+名詞》▶海外留学の経験者 f. persona con experiencia de haber estudiado en el extranjero. ▶経験年数 mpl. años de experiencia.

 3《経験が[は, の]》▶その仕事に経験のない男を雇う v. contratar para ese trabajo a un hombre sin [falto de] experiencia. ♦彼はスペイン語を教えた経験はない No ha enseñado nunca español. ♦彼女は看護婦として10年の経験がある Tiene 10 años de experiencia como enfermera. ♦この仕事では経験がものをいう Para este trabajo cuenta la experiencia. ♦彼はファイトはあるがまだ経験は不足している Tiene mucha voluntad, pero todavía le falta experiencia.

 4《経験に》▶その失敗は私には(=にとって)よい経験になった El fracaso fue una buena experiencia para mí. / Aprendí mucho del fracaso.

 5《経験を》▶¹不愉快な[²楽しい; ³つらい]経験をする v. tener* una experiencia ¹desagradable [²agradable; ³amarga]. ▶幅広い経験を積む v. ganar [《フォーマル》adquirir*] una amplia experiencia. ▶経験を広める v. enriquecer* las experiencias. ♦彼はセールスマンとしての経験を新しい仕事に生かした Aplicó su experiencia como vendedor en el nuevo trabajo. ♦彼は経験を積んだ(=経験豊かな)スペイン語教師だ Es un profesor de español con una larga experiencia. / Tiene mucha experiencia en la enseñanza del español. ♦彼は経験を通して金の価値を学んだ Su experiencia le enseñó el valor del dinero. ♦自分も同じような経験をしたから彼はその少年に同情した Sintió simpatía por el muchacho porque él había pasado por la misma experiencia.

 6《経験から》▶経験から学ぶ v. aprender de la experiencia. ▶私の経験からいうと彼を信用しない方がいい Por mi experiencia, yo te diría que no confiaras en él.

—— 経験する v. tener* [pasar por] experiencia 《de》, experimentar; (試練などを) v. pasar 《por》, sufrir; (遭遇する) v. vivir. ♦こんな暑さは経験したことがない Es el tiempo más caluroso que hemos tenido. / Nunca hemos 「tenido la experiencia de [pasado] un calor así. ♦彼らは厳しい試練を経験した Pasaron por una experiencia horrible. ♦愛というのは実際に経験しなければなかなか書けないよ Difícilmente podrás escribir sobre el amor si nunca lo has vivido [experimentado].
☞ 覚え, 思い, 見聞; 会[遭]う, 味わう, 蒙る, 知る, 為る

けいけん 敬虔 ▶敬虔な adj. devoto, 《教養語》pío. ▶敬虔に adv. devotamente, con devoción, píamente. ▶敬虔なクリスチャン mf. cristiano/na devoto/ta.

けいげん 軽減 f. reducción. ▶軽減する v. reducir*. ♦税負担を軽減する v. reducir* los impuestos.

けいこ 稽古 (練習) f. práctica; (訓練) m. ejercicio, m. entrenamiento; (芝居などの) m. ensayo; (習い事) fpl. clases. → 練習. ▶書道のけいこを欠かさずする v. 「practicar* regularmente [hacer* práctica regular de] caligrafía. ▶その劇の舞台げいこをする v. hacer* un ensayo general de la obra. ▶ピアノのけいこをする v. practicar* el piano.

けいご 敬語 (日本語・中国語などの) f. expresión [m. término] de cortesía [respeto], f. habla [《教養語》f. dicción] cortés [honorífica]; (ていねいな表現) f. expresión cortés. ▶敬語をつかう v. emplear el habla cortés; (礼

儀正しく話す）v. hablar cortésmente 《a + 人》.

けいご 警護 f. escolta, f. guardia, f. protección. ◆警護する v. proteger* [guardar, escoltar]《a + 人》. ◆大統領を警護する v. escoltar al presidente.

けいこう 傾向 (人・物・事の特定の方向への発展) f. tendencia. ▶最近の入試の傾向 f. reciente tendencia en los exámenes de ingreso. ▶物価の上昇傾向 f. tendencia alcista de los precios. ▶著しい保守化傾向を示す v. mostrar* una marcada tendencia al conservadurismo. ▶世論の一般的傾向をうかがう v. respetar [observar] la tendencia general de la opinión pública. ♦彼は食べ過ぎる傾向がある Tiene la tendencia a [de] comer en exceso. / Tiende a comer demasiado. ♦暴力に訴える傾向が増えている Está aumentando la tendencia a la violencia. ♦女性が高い教育を求める傾向は今後も引き続き強まってゆくであろう Proseguirá en el futuro la tendencia a que las mujeres accedan a la educación superior.

けいこう 経口 adj. oral; adv. por vía oral. ▶経口避妊薬 mpl. anticonceptivos orales [por vía oral], (口語) f. píldora. → ピル.

けいごう 迎合 ▶世論に迎合する（＝調子を合わせる）v. adaptarse a la opinión pública. ▶上司に迎合する（＝気に入る）v. adular [《スペイン》《口語》hacer* la pelota] al jefe.

けいこうぎょう 軽工業 f. industria ligera.

けいこうとう 蛍光灯 f. lámpara [m. tubo] fluorescente. → 明かり.

けいこく 警告 f. advertencia, m. aviso, 《教養語》f. amonestación. ▶警告なしに adv. sin aviso. ♦彼に危険だと警告したが、私の警告にはがんとして耳を貸さなかった Le advertí [previne, avisé] del peligro, pero se negó a「hacerme caso [escuchar mi aviso]. ♦彼女に気をつけるように警告したでしょう Te previne contra ella. ♦医者は患者に食べ過ぎないよう警告した El médico advirtió al paciente que no comiera en exceso. ☞ 戒め, 警鐘, 断わり, 注意, 忠告

けいこく 渓谷 m. valle; f. quebrada. → 谷.

けいこつ 脛骨 《専門語》f. tibia.

けいさい 掲載 ▶掲載する (新聞・雑誌などが記事を載せる) v. publicar*, aparecer*; (広告・写真などを載せる) v. imprimir*. → 載せる, 載る. ▶今日の新聞は年の事故の記事を大見出しで掲載している El periódico de hoy publica [inserta] en grandes titulares la crónica del accidente. ♦新聞は新市長の写真を掲載した En el periódico apareció una fotografía del nuevo alcalde. ♦彼の随筆が雑誌に掲載された Su ensayo apareció [fue publicado] en la revista.

けいざい 経済 ❶【社会・国家・家庭などの経済】f. economía. 【財政】 fpl. finanzas. ▶経済の adj. económico. ▶財政(上)の adj. financiero.

1《～経済》▶¹国際 [²国民; ³家庭]経済 economía ¹internacional [²nacional; ³familiar]. ▶¹資本主義 [²計画; ³統制]経済

economía ¹capitalista [²planificada; ³dirigida, ³controlada].

2《経済＋名詞》▶経済界 m. mundo de「la economía [las finanzas]; (財界) mpl. círculos financieros. ▶経済外交 f. diplomacia económica. ▶経済学 fpl. (ciencias) económicas, f. (ciencia de la) economía. ▶経済学者 mf. economista. ▶経済学部 f. facultad de economía. ▶経済学博士 mf. doctor/ tora en economía. ▶経済活動 f. actividades económicas. ▶経済構造 f. estructura económica. ▶経済状態 m. estado de las finanzas, f. situación económica. ▶政府の経済政策 f. política financiera del gobierno. ▶経済成長率 m. tasa de crecimiento económico. ▶経済大国 f. (gran) potencia económica. ▶経済白書 m. libro blanco de la economía. ▶経済封鎖 m. bloqueo económico. ▶経済制裁 f. sanción económica. ▶経済問題 m. problema económico. ▶(新聞の)経済欄[面] f. columna sobre economía; f. página de finanzas. ▶経済企画庁(日本の) f. Agencia de Planificación Económica. ▶経済協力開発機構 f. Organización para la Cooperación y el Desarrollo Económico, 【略】la OCDE. ♦その国は我が国に経済協力を求めてきた Ese país ha solicitado nuestra cooperación económica. ▶経済産業省 m. Ministerio de Economía, Comercio e Industria.

3《経済は[が]》▶日本経済は安定成長の過程にある La economía japonesa está en el camino a un crecimiento estable. ▶経済は回復したようだ La economía parece haberse recuperado. ♦そんなことはうちの経済が許さない (＝する余裕がない) Nuestra economía no nos lo permite. / (うちの資力を越えている)Eso está más allá de nuestros medios.

❷【節約】f. economía, m. ahorro. → 節約, 倹約. ▶経済家 f. persona económica [con sentido de la economía]. ♦彼はまだ経済観念がない No tiene todavía sentido de la economía.

——— 経済的な (物・事がむだのない, 人が倹約する) adj. económico; (金や物の使い方が上手な) adj. ahorrativo; (質素に暮らし節約する) adj. frugal, austero. ▶経済的な車 m. automóvil económico. ♦タクシーに乗るより電車を使った方が経済的だ Usar el tren resulta más económico que tomar un taxi. / El tren es más económico que el taxi. ♦彼は経済的な理由で学校をやめた Dejó de estudiar por motivos económicos. ♦少々高くてもよい品物は結局経済的だ (＝割に合う) Aunque sean algo caros, los buenos productos「al final [a la larga] salen baratos.

けいさつ 警察 f. policía, 《口語》f. poli.

1《警察(の)＋名詞》▶警察学校 f. escuela [f. academia] de policía. ▶警察犬 m. perro policía. ▶警察署(特定地域の) f. comisaría; (本署) m. cuartel de policía. ▶警察署長 m. jefe de la policía, m. comisario. ▶警察庁 f. Agencia de Policía Nacional. ◆警察の手が彼に回った La policía le alcanzó. ◆彼は警察沙汰にしたくなかった No quería que la policía se metiera en el asunto.

|地域差| 警察署
〔全般的に〕f. comisaría
〔キューバ〕f. estación de policía
〔コロンビア〕f. estación de policía

2《警察を[を, に]》▶警察に届ける v. informar a la policía. ▶警察に突き出す v. entregar* (a + 人) a la policía. ▶警察は彼を追っている La policía 「le sigue la pista [《口語》anda tras él]. ◆帰らないと警察を呼ぶぞ Si no te vas, llamo a la policía.

けいさん 計算 m. cálculo, 《教養語》 f. calculación, 《教養語》 m. cómputo. ▶計算機ネットワーク《専門語》f. red de computadoras. ▶計算尺 f. regla de cálculo. ▶計算が速い v. ser* fuerte en cálculo [cuentas], calcular bien. ▶頭の中で計算する(=暗算する) v. hacer* un cálculo mental, echar las cuentas en la cabeza. ▶計算を間違える v. equivocarse* en la cuenta, calcular mal. ◆彼の計算は ¹正確だ [²間違っている] Su cuenta está ¹bien [²mal]. / Su cuenta ¹es [²no es] exacta. ◆君の計算(=計算の結果の数字)は私のと合っている Tus números concuerdan con los míos. / Nuestras cuentas casan.

—— 計算する v. calcular, hacer* un cálculo, 《口語》 echar cuentas; (一つずつ数えて) v. contar*, 《教養語》 computar*. ▶旅行の費用を計算する v. 「calcular el [hacer* el cálculo del] gasto del viaje, 《口語》 echar las cuentas del viaje. ▶ページ数を計算する v. contar* el número de páginas.

《その他の表現》▶それを計算(=考慮)に入れる v. tenerlo* en cuenta, 《フォーマル》 tomarlo en consideración. → 考慮. ◆彼は計算高く利己的な人だ Es un hombre calculador y egoísta. ☞会計, 計算

けいし 軽視 ▶軽視する(物事を重要視しない) v. quitar importancia, 《教養語》 minimizar*. ◆彼らは彼の努力を軽視した Menospreciaron [Tuvieron en poco] sus esfuerzos. ☞侮る, 疎んじる, 度外視

けいし 警視 mf. superintendente (de policía).

けいじ 掲示 (公告, びら) m. aviso, 《フォーマル》 f. notificación; (公の通知) m. anuncio; (標識) m. cartel. ▶禁煙の掲示 m. letrero de "No Fumar". ▶掲示板に掲示を出す v. poner* un aviso [letrero] en el tablón [tablero, panel]. ◆ドアの掲示に「外出中」と書いてある El letrero en la puerta dice "He salido".

けいじ 刑事 mf. detective (de policía). ▶部長刑事 m. sargento de policía. ▶刑事事件 m. caso criminal [penal]. ▶刑事訴訟 f. causa [m. pleito] criminal. ▶刑事訴訟法 m. Código de Procedimiento Criminal.

けいじ 啓示 f. revelación. ▶神の啓示 f. revelación divina.

けいしき 形式 (内容に対して) f. forma; (形式ばった行為) f. formalidad. ▶形式主義(宗教・芸術上の) m. formalismo. ▶形式主義者 mf. formalista. ◆それは単に形式上のことだからやらないわけにはいかない Es un puro trámite, pero hay que hacerlo. ◆そんなに形式ばるなよ No seas tan formal [ceremonioso]. ◆彼は形式にばかりこだわって中身がない Es muy exigente en las formas y nada en el contenido.

—— 形式的な adj. formal; de fórmula. ▶形式的な儀礼 f. cortesía formal. ◆総理の演説は形式的なものにすぎない El discurso del primer ministro no es más que una formalidad [fórmula]. ☞堅苦しい, とおりいっぺん

けいしそうかん 警視総監 mf. superintendente general (de la policía metropolitana).

けいしちょう 警視庁 m. Departamento de la Policía Metropolitana.

けいしつ 憩室 《専門語》 m. divertículo. ▶憩室炎《専門語》 f. diverticulitis. ▶憩室症《専門語》 f. diverticulosis.

けいじばん 掲示板 m. tablero de anuncios, f. cartelera.

けいしゃ 傾斜 (水平・垂直に対する) f. pendiente, m. declive; (道路などの) f. vertiente, f. inclinación; (船の) f. escora; (勾(こう)配) f. inclinación. → 傾き.

1《～(の)傾斜》▶屋根の傾斜 f. pendiente [f. inclinación, m. declive] del tejado. ▶山の傾斜地 fpl. pendientes [fpl. laderas] de las montañas. ▶急傾斜 f. inclinación [f. cuesta] pronunciada (船の) empinada].

2《傾斜＋名詞》▶傾斜角 m. ángulo de inclinación. ▶傾斜度 f. pendiente, m. grado [m. ángulo] de inclinación. ▶傾斜面 m. plano inclinado.

3《傾斜した》 adj. inclinado, con pendiente. ▶20度に傾斜した坂 f. pendiente con un ángulo de inclinación de 20 grados. ▶ビー玉が傾斜した床の上を転がった La bolita rodó por el suelo inclinado.

—— 傾斜する[させる] v. inclinar(se), ladear(se); dar* una inclinación. ◆雪がすべり落ちるように屋根は大きく傾斜している El tejado está muy inclinado para que la nieve se caiga. ◆道は海岸の方へ急傾斜している La carretera baja abruptamente hacia la costa. ◆建築家は屋根を40度傾斜させた El arquitecto dio al tejado una inclinación de 40 grados.

げいしゃ 芸者 f. "geisha", 《説明的に》 f. mujer que entretiene a los clientes tocando el "shamisen", bailando, sirviéndoles o contando historias.

げいじゅつ 芸術 m. arte; (美術) fpl. bellas artes. ▶現代芸術 m. arte moderno. ▶日本芸術院 f. Academia Japonesa de Arte. ▶芸術家 mf. artista. ▶芸術作品 fpl. obras de arte. ▶芸術映画 f. película de arte y ensayo. ▶芸術を解する v. apreciar el arte, tener* sentido del arte. ◆能は日本の伝統芸術です El Noh es una manifestación del arte tradicional de Japón.

—— 芸術の, 芸術的な adj. artístico. ▶芸術(的な)一家 f. familia de artistas. ◆彼の演奏は

術的でした Su interpretación fue artística.

けいしょう 軽傷 *f.* herida leve. → 負傷. ▶事故で軽傷を負う *v.* sufrir heridas leves en el accidente. / ser* herido levemente en el accidente.

けいしょう 景勝 ▶景勝の地 *m.* lugar paisajístico [de paraje hermoso].

けいしょう 敬称 (肩書き) *m.* título.

けいしょう 警鐘 *f.* campana de alarma; (警告) *f.* alarma. ▶警鐘を鳴らす *v.* dar* la alarma, advertir* (de).

けいしょう 軽症 (軽い病気) *f.* enfermedad leve; (軽い症状) *m.* caso leve. ▶軽症のハシカ *m.* caso leve de sarampión.

けいしょう 継承 (地位・財産の) *f.* sucesión. ▶王位継承(権) *f.* sucesión al trono. ▶王位を継承する *v.* suceder (a + 人) en el trono.

けいじょう 計上 *f.* asignación. ▶計上する *v.* asignar, destinar.

けいじょう 形状 *f.* forma, *f.* configuración. ▶形状記憶合金 *fpl.* aleaciones con memoria de forma.

けいじょうひ 経常費 *mpl.* gastos corrientes. ▶経常費を減らす *v.* reducir* los gastos corrientes.

けいしょく 軽食 *m.* refrigerio, *f.* comida ligera; (午後の) *f.* merienda. ▶軽食堂 (大学・工場などのセルフサービス式の) *f.* cafetería, *m.* autoservicio ☞食堂, スナック

けいしん 軽震 *m.* temblor ligero.

けいず 系図 *m.* árbol genealógico, *f.* genealogía. ▶系図をさかのぼる *v.* remontarse en el árbol genealógico (hasta).

けいずいしょう 頸髄症 《専門語》 *f.* mielopatía cervical.

けいすいろ 軽水炉 *m.* reactor de agua ligera.

けいすう 計数 (計算) *m.* cálculo, 《教養語》《専門語》 *m.* cómputo; (数えること) *f.* cuenta. ▶ガイガー計数管(放射能の) *m.* contador Geiger.

けいせい 形勢 (大勢) *f.* situación [*f.* tendencia] general. ▶大勢, 情勢. ▶戦術的な形勢 *f.* situación táctica. ◆5 ラウンドでの彼の強烈な一撃で形勢は一変した En el quinto asalto, su potente golpe puso la situación en su favor. ◆形勢はほぼ互角［2君に不利］だ Las posibilidades están ¹igualadas [²en tu contra].

けいせい 形成 *f.* formación, 《教養語》 *f.* conformación, *f.* constitución. ▶よい習慣の形成 *f.* formación de buenos hábitos. ▶形成期(国家の) *f.* período de formación (de una nación). ▶形成外科[手術] *f.* cirugía plástica. ▶形成不全 《専門語》 *f.* aplasia. ▶人格を形成する *v.* formar [moldear] el carácter ☞形作る, 作[造]る

けいせいまひ 痙性麻痺 《専門語》 *f.* parálisis espástica.

けいせき 形跡 (痕(ﾄ)跡) *m.* indicio, *m.* rastro, *f.* huella; (しるし) *f.* señal; (証拠) *f.* prueba. ♦このあたりには人が住んでいた形跡はない No hay indicios de que alguien viviera [haya vivido] en este barrio.

けいせん 経線 *f.* línea de longitud; (子午線)

けいと 407

m. meridiano.

けいそう 軽装 ▶軽装である *v.* ir* con ropa ligera, vestirse* ligeramente. ▶軽装で旅をする *v.* viajar con el mínimo equipaje.

けいそう 係争 ▶係争点 *m.* punto en disputa [《フォーマル》] litigio]. ▶係争中である *v.* estar* en disputa.

けいぞく 継続 (続けること) *f.* continuación; (連続性) *f.* continuidad; (継続期間) *f.* duración; (更新) *f.* renovación. ▶継続的な *adj.* continuo. ▶継続的に *adv.* continuamente, (中断なく) *adv.* sin interrupción, ininterrumpidamente. ▶友好関係の継続 *f.* continuación de las relaciones amistosas. ▶外交政策の継続の重要性 *f.* importancia de la continuidad en la política exterior. ▶仕事を継続する *v.* continuar* [proseguir*] trabajando [con el trabajo]. ▶続ける, 続く. ▶雑誌の購読をもう1年継続する *v.* renovar* un año más la suscripción a la revista. ▶法案を継続審議にする *v.* dejar un proyecto de ley para la siguiente sesión.

けいそつ 軽率 (性急) *f.* prisa, 《教養語》 *f.* premura; (無分別) *f.* indiscreción, *f.* ligereza; (軽はずみ) *f.* imprudencia. ▶軽率な *adj.* apresurado; ligero, indiscreto; (思慮がない) *adj.* irreflexivo; (不注意な) *adj.* descuidado. ▶軽率に *adv.* imprudentemente, a la ligera, sin pensar, 《口語》 a lo loco. ▶軽率にふるまうな No te comportes irreflexivamente [sin pensar]. ◆彼の選択は軽率だった Decidió [Eligió] ¹a la ligera [²irreflexivamente]. ◆君がそんなことを言うのは軽率だった Fue una ligereza por tu parte al decir eso. ◆私は軽率にも金庫の鍵(ｷ)をかけ忘れた Cometí la imprudencia de dejar sin cerrar la caja fuerte.
☞ 性急, 粗忽, そそっかしい; うっかり, 軽々

けいたい 携帯 ▶携帯ラジオ *f.* radio portátil. ▶携帯情報端末 (PDA) 《専門語》 *m.* asistente personal digital. ▶携帯電話 *m.* teléfono móvil [《ﾗ米》 celular]. ▶携帯品 *fpl.* pertenencias, *mpl.* efectos personales. → 所持品. ▶携帯品預り所 *m.* guardarropa. ▶携帯に (=持ち歩くのに)便利な物 *pron.* algo práctico de llevar. ♦運転免許証を携帯していますか ¿Lleva usted su permiso de conducir? ♦手荷物は自分で携帯してください 「Lleve con usted [Llévese], por favor, su equipaje.

けいたい 形態 *f.* forma. ▶政治の一形態 *f.* una forma de gobierno.

けいだい 境内 *m.* recinto. ▶神社の境内で *adv.* en el recinto del santuario.

けいちょう 傾聴 *v.* escuchar atentamente, prestar el oído (a). ♦彼の演説は傾聴に値する Vale la pena escuchar atentamente su discurso. ▶ 聞く.

けいてき 警笛 *m.* silbato, *m.* pito; (自動車の) *f.* bocina, *m.* claxon. ▶警笛を鳴らす *v.* tocar* la bocina (como señal de alarma); (自動車の) *f.* bocina, 《口語》 *m.* pito.

けいと 毛糸 (編み物用の) *f.* lana para hacer punto; (紡ぎ毛糸) *m.* hilo de lana. ▶毛糸の靴

408 けいど

下 *mpl.* calcetines de lana. ▶毛糸で靴下を編む v. hacer* [tejer] unos calcetines de lana. ◆彼が(手にかけて)差し出している毛糸のかせを彼女は巻き取っていた Ella enrollaba el hilo de la madeja que él sostenía.

けいど 経度 *f.* longitud. → 東経. ▶経度を測る v. calcular la longitud.

けいとう 系統 (組織) *m.* sistema; (血統) *f.* procedencia, *m.* origen. → 一系, 血統. ▶系統的な *adj.* sistemático; (秩序だった) *adj.* metódico. ▶系統立てる v. sistematizar*. ▶[1]神経[2消化]系統 *m.* sistema [1]nervioso [2digestivo]. ▶系統的に本を読む v. leer* sistemáticamente. ▶スペイン文法を系統的に勉強する v. estudiar sistemáticamente la gramática española. ◆系統立てて話しなさい Cuéntamelo de forma ordenada.

けいとう 傾倒 ▶傾倒する(=専念する) v. dedicarse* [entregarse*] 《a》; (…の熱心な賞賛者である) v. ser* un/una ardiente admirador/dora 《de》.

けいとう 鶏頭 *m.* amaranto, *f.* cresta de gallo, 『ラ米』 *m.* moco de pavo.

げいとう 芸当 (奇術のような早わざ) *m.* truco, *m.* juego de manos; (曲芸, 離れ業) *m.* ejercicio de habilidad, *f.* acrobacia. ▶危ない芸当をする(曲芸を) v. hacer* [《フォーマル》realizar*] un arriesgado ejercicio acrobático, hacer* una acción arriesgada.

けいどうみゃく 頸動脈 《専門語》*f.* arteria carótida.

けいとくちん 景徳鎮 Jingdezhen(中国の都市).

げいにん 芸人 *mf.* artista (del espectáculo).

げいのう 芸能 *mpl.* espectáculos, *fpl.* atracciones. ▶芸能人 *mf.* artista; (テレビタレント) *mf.* artista de la televisión; (スター) *f.* estrella.

げいのうかい 芸能界 *m.* mundo del espectáculo. ▶18歳で芸能界に入る v. entrar [《フォーマル》ingresar*] en el mundo del espectáculo a los 18 años.

けいば 競馬 *fpl.* carreras de caballos, 《フォーマル》 *fpl.* competiciones hípicas; (1レース) una carrera de caballos. ▶競馬馬 *m.* caballo de carreras. ▶競馬場 *m.* hipódromo. ▶競馬に行く v. ir* 「al hipódromo [a las carreras de caballos]. ▶競馬に賭ける v. apostar* 「a los caballos [en las carreras]. ▶競馬で[1]負ける[2]勝つ] v. [1]perder* [2]ganar] dinero en las carreras. ◆酒は飲まないが競馬はやる No bebo, pero apuesto a las carreras de caballos.

けいはいしょう 珪肺症 《専門語》*f.* silicosis.

けいはく 軽薄 (浅はか) *f.* frivolidad, *f.* ligereza. ▶軽薄な *adj.* frívolo, ligero, voluble; (愚かな) *adj.* tonto, banal.

けいはつ 啓発 *f.* ilustración. ▶啓発する v. iluminar, ilustrar, (道徳・宗教的に) v. edificar*. ▶読者を啓発する本 *m.* libro instructivo. ▶氏の講義に大いに啓発される v. ser* ilustrado grandemente por su conferencia.

けいばつ 刑罰 *m.* castigo, 《教養語》*f.* punición. → 罰. ▶重い刑罰を科す v. castigar* 《a + 人》severamente, 《フォーマル》imponer* 《a + 人》un castigo severo. ▶刑罰を受ける v. ser* castigado, recibir un castigo.

けいはんざい 軽犯罪 *f.* falta [*m.* delito] leve, *m.* delito menor, *f.* infracción, 《教養語》*f.* contravención. ▶軽犯罪法 *f.* Ley de Delitos Menores. ▶軽犯罪をおかして罰せられる v. ser* castigado por un delito menor.

けいひ 経費 (費用) *mpl.* gastos; (維持費) *mpl.* gastos de mantenimiento. ▶必要経費 *mpl.* gastos necesarios. ▶車の経費 *mpl.* gastos de mantenimiento de un coche. ▶経費を削減する v. reducir* los gastos. ▶それには大変経費がかかる Cuesta mucho. / (非常に高い)Es terriblemente caro. → 費用.

けいび 警備 (監視) *f.* protección, *f.* guarda, *f.* custodia; (保安) *f.* seguridad; (防衛) *f.* defensa. → 防衛. ▶警備する v. proteger* 《de》, guardar 《contra》. ▶警備員 *mf.* guardia (de seguridad), *mf.* vigilante. ▶警備(保障)会社 *f.* empresa de seguridad. ▶警備艇 *m.* buque de guardia. ▶警備隊 *f.* guarnición. ▶会場の警備態勢を強化する v. reforzar* la seguridad del lugar de reunión. ◆皇居は警官が厳重に警備にあたっていた El Palacio Imperial estaba estrictamente guardado [custodiado]. / El Palacio Imperial estaba protegido por un nutrido contingente policial.

けいひん 景品 *m.* regalo, *m.* premio. ▶景品を出す v. ofrecer* regalos, dar* premios
☞お負け, サービス

けいひんかん 迎賓館 *m.* palacio de huéspedes de honor.

けいふ 継父 《しばしば軽蔑的に》*m.* padrastro.

けいふ 系譜 (系図) *m.* árbol genealógico, *f.* genealogía.

けいぶ 警部 *mf.* inspector/tora (de policía). ▶警部補 *mf.* subinspector/tora.

けいぶ 頸部 *m.* cuello, 《専門語》*f.* cerviz, 《口語》*m.* cogote. ▶頸部の *adj.* cervical.

けいふく 敬服 ▶敬服する v. admirar 《a + 人》《por + 事》.

•**けいべつ** 軽蔑 *m.* desprecio, *m.* menosprecio; (見下すこと) *m.* desdén. ▶軽蔑的な笑いをする v. sonreír* desdeñosamente [con desdén, despectivamente]. ◆彼のふるまいは級友の軽蔑の的だった Su conducta fue objeto del desprecio de sus compañeros de clase. ◆彼女は彼の態度に軽蔑の念を抱いている(=軽蔑している) Los modales de él le causan su desprecio. / Ella desprecia [siente desprecio por] sus modales.

—— 軽蔑する ▶偽善者をひどく軽蔑する v. mostrar* un gran desprecio por los hipócritas. ◆君の仕事を軽蔑するつもりはなかった No era mi intención menospreciar tu trabajo. ◆臆(ぉく)病者だと軽蔑されるのは嫌だ Odio que me desprecien por cobarde.

けいべん 軽便 (便利) *f.* comodidad, *m.* fácil manejo. ▶軽便な *adj.* cómodo; (手軽な) *adj.* de fácil manejo, manejable.

けいぼ 継母 *f.* madrastra.

けいぼ 敬慕 f. adoración, m. profundo amor y respeto. ▶敬慕する v. adorar, venerar. ▶敬慕の念を抱く v. sentir* adoración《por》.

けいほう 警報 ▶警報器[装置] f. alarma. ▶警報を鳴らす v. dar* [tocar*] la alarma. ▶ [1]空襲; [2]火災; [3]暴風雨; [4]津波警報 f. alarma de [1]un ataque aéreo [[2]un incendio; [3]una tormenta; [4]un maremoto]. ▶警報を出す v. dar* la alarma, tocar* la sirena.

けいほう 刑法 m. código penal [criminal]. ▶刑法上の adj. penal, criminal.

けいぼう 警棒 f. porra (de un policía).

けいみょう 軽妙 ▶軽妙な(軽快な) adj. ligero; (巧妙な) adj. gracioso, ingenioso. ▶軽妙な(=気のきいた)しゃれ m. chiste gracioso.

けいむしょ 刑務所 f. prisión, f. cárcel, 『ラ米』《口語》m. bote, m. calabozo. ▶刑務所に入っている v. estar* en prisión [la cárcel]. ▶刑務所に入れる v. 《フォーマル》encarcelar, 《口語》enjaular, 『スペイン』《口語》meter en chirona. ▶刑務所から出る v. salir* de prisión [la cárcel], 《フォーマル》ser* excarcelado. ▶彼は殺人の罪で刑務所に入れられた Le「pusieron en prisión [《フォーマル》encarcelaron] por asesinato. ▶彼女は彼に面会するため刑務所に行った Fue a la prisión para visitarlo[le].

げいめい 芸名 (舞台俳優の) m. nombre [m. pseudónimo] artístico; (映画俳優の) m. pseudónimo.

けいもう 啓蒙 f. ilustración. → 啓発. ▶啓蒙時代 f. era ilustrada. ▶啓蒙運動 f. campaña de ilustración; (18世紀のヨーロッパでの) la Ilustración.

*けいやく 契約 m. contrato; (スポーツ) m. fichaje.
1《〜契約》▶長期契約 m. contrato a largo plazo. ▶ [1]仮[[2]本]契約 m. contrato [1]temporal [[2]formal]. ▶ [1]雇用[[2]賃貸]契約 m. contrato de [1]empleo [[2]alquiler]. ▶選手を2年契約で雇う v. contratar [fichar] a un/una jugador/dora por dos años.
2《契約+名詞》▶契約違反 m. incumplimiento [f. violación, 《フォーマル》f. contravención] de un contrato. ▶契約書 m. contrato. ▶契約当事者 fpl. partes de un contrato. ▶契約書に署名する v. firmar un contrato. 《会話》契約期間はどのくらいですか―1年です ¿Cuánto dura [《フォーマル》¿Qué vigencia tiene] el contrato? ― Un año.
3《契約〜》▶契約が成立する v. llegar* a un acuerdo, 《フォーマル》concluir* un contrato. ◆来年契約(期限)が切れる El contrato expira [vence] el año que viene.
4《契約で[を]》▶契約で adv. por contrato. ▶契約をする v. contratar, hacer* un contrato; cerrar* un trato; firmar un contrato. ▶契約を破棄する v. romper* [rescindir] un contrato. ▶契約を更新する v. renovar* el contrato. ▶契約を履行する v. cumplir en contrato. ▶契約を取り消す v. anular [cancelar] el contrato. ◆彼はそのセールスマンと新車を買う契約をした Firmó un contrato con el vendedor para comprar un coche nuevo. ◆球団はそのドミニカ人選手と来シーズンの契約をした El equipo de béisbol contrató al jugador dominicano para la próxima temporada.
── 契約する v. contratar, hacer* [firmar, 《フォーマル》concluir*] un contrato; (スポーツ) v. fichar. ▶契約したとおり adv. conforme [según] el contrato. ◆その歌手はそのレコード会社と契約している El cantante tiene un contrato con la empresa discográfica.

けいゆ 経由 prep. vía; (空路で) prep. con escala (en), por, a través de. ▶ロンドン経由でマドリードへ飛ぶ v. volar* a Madrid vía Londres. ◆仏教は朝鮮を経由して日本へ伝わった El budismo llegó a Japón vía [a través de, por] Corea.

けいゆ 軽油 m. gasóleo, m. gas-oil.

けいよう 掲揚 ▶(旗)を掲揚する v. izar* (una bandera).

けいようし 形容詞 m. adjetivo. ▶ [1]限定[[2]叙述]形容詞 m. adjetivo [1]atributivo [[2]predicativo]. ▶形容詞[1]句[[2]節] [1] f. frase [[2] f. oración] adjetiva.

けいようする 形容する (描写する) v. describir*; (言い表わす) v. expresar; (修飾する) v. modificar*. ▶彼女の美しさは言葉で形容できない Es indescriptible su belleza. / Su belleza「es indescriptible [no se puede describir].

けいり 経理 (会計) f. contabilidad. ▶経理部 f. sección de contabilidad. ▶経理を担当[1]する [[2]している] v. [1]encargarse* [[2]estar* encargado/da] de la contabilidad.

けいりゃく 計略 f. estratagema, f. artimaña; (わな) f. trampa, m. cepo; (陰謀) f. trama, f. conspiración; (戦略) f. estrategia. ▶計略を用いる v. servirse* de estratagemas, valerse* de artimañas. ▶計略を巡らす v. tramar una conspiración. ▶彼は計略にかかった Cayó en la trampa. ▶警察は彼をうまく計略にかけて罪を白状させた La policía lo [le] hizo caer en la trampa y confesó su delito. ❶からくり, 術策, 企み

けいりゅう 渓流 m. torrente (montañoso).

けいりゅう 繋留 m. amarre. ▶繋留所 m. amarradero. ▶繋留する v. amarrar, echar amarras. ▶くいに繋留してあるボート m. bote amarrado a un poste.

けいりょう 計量 f. medición, f. medida. ▶計量カップ f. taza de medir. ▶計量する (量を) v. medir*; (重さを) v. pesar.

けいりん 競輪 (説明的に) f. carrera ciclista [de bicicletas] de apuesta. ▶競輪場 m. velódromo.

けいりん 桂林 → コイリン

けいるい 係累 ▶係累が多い v. tener* a cargo una familia numerosa.

けいれい 敬礼 (挙手の敬礼として) m. saludo, 《教養語》f. salutación. ▶敬礼する v. saludar.

けいれき 経歴 (家族, 学歴, 職歴) m. historial; (職業的な) f. carrera; (官吏・軍人の) f. hoja de servicios; (履歴) m. currículo. ▶経歴が [1]すばらしい [[2]芳しくない] v. tener* una「hoja de servicios [carrera] [1]brillante [[2]medio-

410 けいれつ

cre]. ▶経歴を調べる v. estudiar「los antecedentes [el historial]. ▶教師としてすばらしい経歴を持っている v. tener* una brillante carrera como profesor. → キャリア. ♦彼の経理の経歴が大変役に立った Su experiencia como contador [[スペイン] contable] resultó muy útil. ☞生い立ち, 素性

けいれつ 系列 ▶系列会社(=子会社) f. (empresa) filial, f. compañía subsidiaria. ♦あの会社は三起系列だ Esa empresa es filial del grupo Sanki.

けいれん 痙攣 (筋肉の) m. calambre; (内臓の) m. retortijón, [ラ米] m. retorcijón, m. espasmo, (専門語) f. convulsión, (フォーマル) m. acceso convulsivo; (びくびくと動く) m. tic. ▶胃けいれん mpl. retortijones [ラ米] mpl. retorcijones] estomacales. ▶強縮性痙攣 (専門語) f. convulsión tetánica. ▶けいれん防止剤 f. pastilla antiespasmódica. ▶けいれんを起こす v. tener* [sufrir] espasmos [convulsiones]. ♦彼の目はびくびくけいれんしていた Sus ojos tenían un tic.

けいろ 経路 (道筋) f. vía, m. camino, f. ruta, m. conducto; (方法) mpl. medios. ▶感染経路 m. conducto de infección. ▶逃走経路 m. camino [f. vía] de escape. ▶入手経路 mpl. medios de adquisición.

けいろう 敬老 m. respeto a los mayores. ▶敬老会 f. fiesta para los mayores [ancianos]. ▶敬老の日 m. Día de Homenaje a los Mayores.

ケーオー m. fuera de combate, [ラ米] m. nocaut. ▶ケーオー勝ちする v. ganar por fuera de combate, ganar por K.O. (☆[káo]と発音する).

ケーキ m. pastel, [スペイン] f. tarta, [ラ米] f. torta. ▶[バースデー [2クリスマス]ケーキ m. pastel [f. tarta] de 1cumpleaños [2Navidad]. ▶デコレーションケーキ m. pastel de fantasía. ▶パウンドケーキ m. bizcocho. ▶ホットケーキ [メキシコ] m. panque, [ベネズエラ] [コロンビア] m. ponqué, [ラプラタ] m. bizcochuelo. ▶ケーキ屋 f. pastelería. ▶ケーキカット f. ceremonia de cortar el pastel. ▶ケーキを焼く[作る] v. hacer* un pastel. ♦フアニートのケーキ(一切れ)はぼくのより大きいよ El pastel de Juanito es más grande que el mío.

地域差 ケーキ	
[全般的に]	m. pastel
[スペイン]	f. tarta
[キューバ]	〈英語〉 "cake", m. dulce
[ペルー]	m. queque, m. torta
[コロンビア]	m. torta
[アルゼンチン]	f. tarta, m. torta

ゲージ (指示器) m. indicador; (測定器) m. calibrador; (鉄道の) f. entrevía.

ケース (入れ物) m. estuche, f. cajetilla; (場合) m. caso. ▶ガラスのケース f. urna, f. vitrina. ▶特殊なケース m. caso especial. ♦それはケースバイケースだ(=状況による) Hay que verlo caso por caso. / Eso dependerá de las circunstancias (de cada caso).

ケーススタディ (事例研究) m. estudio de casos.

ケースワーカー mf. asistente social.

ゲート f. puerta; (鉄製の) f. verja. ▶正面ゲート f. puerta principal.

ゲートウェイ 《専門語》 f. pasarela.

ゲートボール 《英語》 m. "croquet". ▶ゲートボールをする v. jugar* al "croquet".

ケーナ f. quena (☆南米の音楽で用いる竹笛).

ケープタウン Ciudad del Cabo (☆南アフリカの都市).

ケーブル m. cable. ▶海底ケーブルを敷設する v. tender* un cable submarino. ▶ケーブルテレビ f. televisión por cable. → ケーブルカー.

ケーブルカー m. funicular; (空中) m. teleférico.

ゲーム m. juego. ▶ゲーム機 (専門語) f. máquina de juego. ▶シーソーゲーム m. juego muy reñido. ▶テレビゲーム m. videojuego. ▶ゲームセンター f. sala de juegos (recreativos) (テレビゲームの) f. sala de videojuegos. ♦子供は一般にゲームが好きだ A los niños generalmente les gustan los juegos. ♦ゲームセットとなりました Se ha acabado el juego [partido].

けおとす 蹴落とす ♦彼は同僚を蹴落として(=犠牲にして)出世した Le promocionaron a costa de sus compañeros.

けおりもの 毛織物 mpl. géneros de lana.

・**けが 怪我** ❶【負傷】f. herida; (血を流さない) f. lesión. ▶軽い怪我 f. herida leve. ▶怪我人 mpl. heridos. ♦彼はたいした怪我じゃないって医者は言ってるよ El médico dice que la herida no es grave.
❷【偶然】▶怪我の功名 m. éxito fortuito.
❸【過失】▶これといった怪我もなく adv. sin ningún error importante.
── 怪我をする (事故で) v. herirse*, hacerse* una herida, lesionarse, hacerse* daño, lastimarse, resultar [quedar] herido. ♦彼はその交通事故で大怪我をした Resultó gravemente herido en el accidente de tráfico. ♦私は転んで右脚に怪我をした Me「hice daño [lastimé] en la pierna derecha al caer. 《会話》このへいから跳び降りるのを見てね─やめなさい. 怪我をするわよ Mira cómo salto de esta pared. – No lo hagas. Te harás daño. ♦彼は撃たれて頭に怪我をした Quedó herido en la cabeza por el disparo. /「El disparo [La bala] le hirió en la cabeza.
── 怪我をさせる v. herir*, hacer* una herida, hacer* daño, lesionar, lastimar. ▶彼にナイフで怪我をさせる v. hacer* 《a + 人》una herida con un cuchillo.

げか 外科 f. cirugía; (病院内の) f. sección de cirugía. ▶外科の[的な] adj. quirúrgico. ▶整形外科 f. cirugía ortopédica; (美容の) f. cirugía plástica. ▶[1脳 [2形成]外科 f. cirugía 1cerebral [2plástica]. ▶外科手術 f. operación quirúrgica.

げかい 外科医 mf. cirujano/na. → 医者.

げかい 下界 (人間の世界) m. este mundo; (地上) m. suelo, f. tierra. ▶屋上から下界を見下ろす v. mirar al suelo desde el tejado.

けがす 汚す (名誉などを) v. deshonrar; (名声な

どを) v. profanar. ▶家名を汚す v. deshonrar el buen nombre de la familia. ▶名声を汚す v. manchar [emborronar] una fama. ▶神の御名を汚す v. profanar el nombre de Dios. ♦そのスキャンダルは学校の名声を汚すものだ El escándalo mancha el buen nombre de la escuela.

けがらわしい 汚らわしい (汚い) adj. sucio; (むかむかするような) adj. repugnante, 《口語》 asqueroso; (いやな) adj. feo, desagradable. ▶それは口にするのも汚らわしいことだった Fue sucio decir una cosa así.

けがれ 汚れ (汚点) f. mancha, 《口語》 m. borrón; (不浄) f. suciedad; (不純)《フォーマル》 f. impureza. ▶名前に汚れを残す《口語》 v. manchar [echar un borrón en] el nombre de la familia; (はずかしめる) v. deshonrar el nombre de una familia. ▶汚れを知らぬ (=無邪気な)子供 mf. niño/ña inocente.

けがれる 汚れる v. ensuciarse, mancharse; (堕落する) v. corromperse, degenerarse. ▶汚れたお金 m. dinero sucio [negro].

けがわ 毛皮 f. piel, m. pellejo. ▶ミンクの毛皮(製品) f. piel de visón. ▶毛皮のコート m. abrigo de piel.

げかん 下疳 《専門語》 m. chancro.

__げき__ 劇 (芝居) m. teatro, m. drama → 芝居; (作品) f. obra「de teatro [teatral]; 《フォーマル》 f. representación dramática. ▶音楽劇 m. obra de teatro musical. ▶劇団 f. compañía teatral. ▶劇評 f. reseña dramática. ▶劇評家 mf. crítico/ca dramático/ca. ▶新作劇を上演する v. representar [escenificar] una nueva obra. ▶劇を見る v. asistir a una obra. ♦その劇は今王立劇場で上演中だ Esa obra está siendo ahora representada en el Teatro Real. ♦彼女はその劇に出ていた Ella actuó en la obra. ♦学園祭で彼らはロペ・デ・ベガの劇を上演した En el festival de la escuela representaron una obra de Lope de Vega.

げきか 劇化 f. dramatización. ▶小説を劇化する v. adaptar una novela al teatro, dramatizar* una novela.

げきか 激化 ▶激化する v. hacerse* intenso, intensificarse*. ▶今日国際競争が激化した Últimamente la competencia internacional se ha intensificado.

げきが 劇画 f. historieta.

げきげん 激減 f. disminución brusca, f. reducción considerable [notable]. → 激増. ▶激減する v. disminuir* [reducirse*] bruscamente [considerablemente]. → 減る, 減少.

げきさっか 劇作家 mf. dramaturgo/ga.

げきしょう 激賞 ▶激賞を受ける v. recibir muchos elogios 「por」. ▶激賞する v. elogiar mucho, abrumar con alabanzas; 《フォーマル》 encomiar, ensalzar*; 《口語》 poner* por las nubes.

げきじょう 劇場 m. teatro.

げきじょう 激情 f. violenta emoción; (熱情) f. pasión, m. ardor. ▶激情を抑える v. contener* la violenta emoción. ▶激情に駆られて adv. en un arrebato de pasión.

げきやく **411**

げきしん 激震 m. violento terremoto.

げきせん 激戦 (戦闘的) f. reñida batalla, m. combate fiero; (激しい競争) f. competición disputada. ▶激戦地 m. campo de batalla muy peleado; (選挙の)m. distrito electoral muy reñido. ▶激戦を交える v. combatir [luchar] ferozmente.

げきぞう 激増 f. brusca subida, m. aumento notable [considerable]. ♦失業者数が激増した El número de desempleados ha aumentado considerablemente. → 増加.

げきたい 撃退 ▶敵を撃退する v. rechazar* [hacer* retroceder] al enemigo. ▶セールスマンを戸口から撃退する (=追い返す) v. rechazar* en la puerta a un vendedor「a domicilio [de puerta a puerta].

げきだん 劇団 f. compañía teatral [dramática]. ▶一座, 一団. ▶劇団員 m. miembro de una compañía teatral.

げきつい 撃墜 m. derribo. ▶敵機を撃墜する v. derribar un avión enemigo.

げきつう 激痛 m. dolor agudo [punzante]; (突発的な) f. punzada. → 痛み.

げきてき 劇的 adj. dramático, teatral. ▶劇的な事件 m. suceso dramático. ▶劇的に adv. dramáticamente. ♦彼女の救出は劇的だった Su rescate fue dramático.

げきど 激怒 f. furia, f. rabia, f. indignación. → 怒り. ▶激怒する v. ponerse* furioso, enfurecerse*, 《文語》 montar en cólera. ♦彼女は彼に裏切られて激怒していた Estaba furiosa con él por haberla traicionado. / Su traición la puso furiosa. → 怒じる. ♦彼は激怒して口もきけなかった La rabia le impedía pronunciar palabra.

げきどう 激動 (激変) f. agitación, f. conmoción. → 衝突. ▶社会の激動の時代 f. época de conmociones sociales.

げきとつ 激突 (物が) m. choque, 《フォーマル》 f. colisión. ♦バスは木に激突した El autobús chocó contra un árbol. ☞ 衝突する, 突っ込む

げきひょう 劇評 f. crítica dramática. ▶劇評家 mf. crítico/ca dramático/ca [teatral].

げきへん 激変 (突然の) m. cambio repentino [brusco]; (急速な) m. cambio rápido; (激しい) m. cambio violento, f. convulsión; (徹底的な) m. cambio drástico. ▶政治の激変 m. violento cambio en la política, f. convulsión política. ▶天候が激変した El tiempo cambió de repente. / Hubo un repentino cambio en el tiempo. ♦ここ数年で我が国の産業構造は激変した La estructura industrial de nuestro país ha experimentado cambios radicales en los últimos años.

げきむ 激務 (仕事) m. trabajo pesado [duro]; (職務) m. cargo pesado [fatigoso]. ▶激務についている v. tener* un cargo de mucho trabajo.

げきめつ 撃滅 ▶撃滅する v. aniquilar.

げきやく 劇薬 m. medicamento potente; (毒薬) m. veneno, 《専門語》 m. veneno letal.

けぎらい

けぎらい 毛嫌い ▶犬を毛嫌いする(=本能的に嫌悪感を持っている) v. tener* aversión [antipatía, fobia] a los perros.

げきりゅう 激流 m. torrente, m. rápido. → 急流. ▶激流にのまれる v. ser* devorado por un torrente.

げきれい 激励 m. aliento, f. animación. → 励ます. ▶激励の言葉 fpl. palabras de aliento. ▶人を激励して一層努力を促す v. animar (a + 人) a que se esfuerce más. ◆彼をしっかり激励してやらないといけない Necesita「mucho aliento [que lo [le] animen mucho]. ▶助長, 声援

げきろん 激論 m. acalorado debate. → 議論, 討論.

げけつ 下血〈専門語〉f. melena.

けげん 怪訝 ▶怪訝そうに(=疑わしげに)私を見る v. mirarme con extrañeza. ◆彼はけげんな(=困惑した)顔をした Parecía extrañado [《フォーマル》perplejo].

げこ 下戸 ▶私はまったくの下戸です(=まったく酒が飲めない) No puedo tomar nada de alcohol.

げこう 下校 ▶下校する v. volver* de la escuela. ◆登下校の際には車に気をつけなさい Ten cuidado con los coches al ir a la escuela y al volver a casa.

けさ 今朝 f. / adv. esta mañana. ◆彼は今朝早く出発した Salió temprano esta mañana.

げざい 下剤 m. purgante, f. purga;(緩下剤) m. laxante. ▶下剤を飲む v. tomar un purgante.

ケサディージャ f. quesadilla (☆トルティージャにチーズなどをはさんだもの).

げざん 下山 ▶下山する v. bajar de una montaña;(寺を去る) v. salir* de un templo.

けし 芥子 f. amapola, f. adormidera;(アヘンを採る) f. adormidera del opio. ▶ケシの実 f. semilla de amapola.

げし 夏至 m. solsticio de verano.

けしいん 消印〈郵便の〉m. matasellos. ◆その手紙には8月20日付けの横浜の消印が押してあった Esa carta tenía el matasellos del 20 de agosto de Yokohama. / La carta estaba matasellada en Yokohama el 20 de agosto. ◆はがきは5月31日の消印まで有効です Las tarjetas no deben tener un matasellos posterior al 31 de mayo.

けしかける(犬を) v. azuzar*;(扇動する) v. instigar*, incitar. → 扇動.

けしからぬ(弁解のできない) adj. inexcusable;(許しがたい) adj. imperdonable;(無礼な) adj. mal educado, grosero;(恥ずべき) adj. vergonzoso;(ひどく不愉快な) adj. ofensivo;(外聞の悪い) adj. escandaloso. ◆あんなふるまいはけしからん Una conducta así no tiene excusa. / Tal comportamiento es inexcusable.

*__けしき__ 景色 [風景](光景・場面) m. paisaje;【眺め】f. vista, m. panorama. → 風景, 眺め. ▶田舎の景色 m. paisaje rural. ▶美しい景色 m. bello paisaje, m. paisaje pintoresco. ▶景色のよい所 m. lugar de「buena vista [paisaje pintoresco]. ◆この地方は景色がいい En esta región las vistas son preciosas. ◆その看板で景色が見えない El cartel tapa [oculta] la vista.

げじげじ m. miriápodo;(いやなやつ) f. persona ruin.

けしゴム 消しゴム m. borrador, f. goma (de borrar). ▶消しゴムで消す v. borrar con una goma. ◆彼の鉛筆には消しゴムがついている Su lápiz tiene un borrador.

けしさる 消し去る(消す) v. borrar;(文字・記憶などを) v. quitar, suprimir;(取り除く) v. eliminar. ▶いやな思い出を消し去る v. borrar recuerdos desagradables.

けしとめる 消し止める v. apagar*,《フォーマル》extinguir*.

けじめ ❶【区別】f. distinción. ◆その男は善(と)悪のけじめがつかない No sabe distinguir entre el bien y el mal. / Es incapaz de distinguir entre lo que está bien y lo que está mal. ◆役人は公私のけじめをつけるべきだ Los funcionarios del gobierno deberían establecer una (clara) distinción entre lo público y lo privado.

❷〈収拾〉f. solución, m. arreglo;(終結) m. fin, m. final. ▶その問題にけじめをつける v. solucionar el asunto, poner* fin al asunto.

げしゃ 下車 ▶下車する(バス・汽車などから) v. bajar(se)《de》. → 降りる. ▶次の駅で下車する v. bajarse (del tren) en la siguiente estación. ▶熱海で途中下車する v. hacer* una parada en Atami;(旅行を中断する) v. interrumpir el viaje en Atami.

げしゅく 下宿(食事付きの) f. pensión, f. casa de huéspedes. ▶下宿人(賄い付きの) mf. pensionista, mf. huésped. ▶下宿の主人 mf. patrón/trona. ▶下宿人を置く v. recibir [admitir] huéspedes [pensionistas]. ◆下宿代はいくらですか ¿Cuánto cuesta la pensión completa?

―― 下宿する(食事付きで) v. vivir en una pensión, alojarse como pensionista, vivir en casa 《de》. ◆彼女はおじさんの所に下宿している Vive [Se aloja] en casa de su tío. /《口語》Vive donde su tío.

げじゅん 下旬 → 上旬, 月末(なん). ▶2月下旬に adv. a [hacia; sobre] finales de febrero, a últimos [fines] de febrero.

*__けしょう__ 化粧 m. maquillaje.

1《化粧+名詞》▶化粧鏡 m. espejo tocador. ▶化粧室 m. cuarto de aseo, m. tocador;(トイレ)《スペイン》m. servicio,《ラ米》m. baño. ― 便所. ▶化粧道具(一式の) m. tocador,(個々の) m. artículo de tocador. ▶化粧品 mpl. artículos de tocador [perfumería], productos cosméticos [de cosmética];(個々の) m. cosmético. ▶化粧水 f. crema hidratante [humectante]. ▶化粧品店 f. perfumería, f. tienda de cosméticos. ▶化粧直しをする v. retocarse* [arreglarse] el maquillaje;(改装する) v. remozar* (una tienda). ▶化粧気のない顔 f. cara sin maquillaje,《口語》pintar].

2《化粧を》▶化粧を落とす v. quitarse el ma-

quillaje. ◆彼女は少し化粧をしている Lleva un ligero maquillaje.
── 化粧する v. maquillarse;《口語》pintarse, arreglarse. → 薄化粧, 厚化粧
☞ 拵える, 作[造]る

けじらみしょう 毛じらみ症 《専門語》f. pediculosis pubis.

けしん 化身 (権化) f. encarnación; (具体化されたもの) f. personificación. ◆悪魔の化身 m. diablo personificado [en persona].

・けす 消す ❶【火・電灯などを】v. apagar*,《教養語》extinguir*; (ラジオ・ガスなどスイッチを回して) v. apagar*, (フォーマル) desconectar. ◆明かりを消す v. apagar* la luz. ◆ろうそくを消す v. apagar* la vela. ◆たばこを踏み消す v. apagar* el cigarrillo de un pisotón. ◆寝る前にテレビを消しなさい Apaga la televisión antes de acostarte [irte a dormir]. ◆私は明かりを消して眠った Apagué la luz y me dormí. / Me dormí con la luz apagada.
❷【文字などを】(こすり取る) v. borrar, deshacer*, quitar, eliminar; (かんなで) v. raspar; (線を引いて) v. tachar. ◆その間違いを消す v. borrar el error. ◆名簿から彼の名前を消す v. tachar [quitar, suprimir] su nombre de la lista. 会話 あの落書き,消しなさいと言ったでしょ—消したよ, でもどうしても消えないんだ ¿No he dicho que borraras esa pintada? – La he raspado, pero no se quita. ◆彼はその単語を線で消した Tachó la palabra. ◆黒板(のチョークのあと)を消しなさい Borra (las señales de tiza de) la pizarra.
❸【音声などを】(弱める) v. ahogar*, apagar*, debilitar; (弱音器で) v. dominar, absorber; (騒音などが小さな音を消す) v. ahogar* (un sonido). ◆音を消してテレビを見る v. ver* la televisión「sin sonido [con el sonido apagado]. ◆彼らの会話は波の音に消された Su conversación la ahogaba el ruido de las olas.
❹【取り除く】v. quitar, suprimir;(望ましくないものを) v. eliminar, librarse《de》. ◆悪臭を消す v. quitar un mal olor. ◆痛みを消す v. suprimir el dolor. ◆毒を消す(＝中和する) v. neutralizar* un veneno. ◆証拠を消す v. eliminar [destruir*] las pruebas. ◆彼は脳裏から記憶を消そうとした Intentaba librarse de ese recuerdo. ◆その事件は彼の名声に消しがたい汚点を残した Ese incidente dejó una mancha imborrable [《教養語》indeleble] en su reputación.
❺【殺す】v. matar, asesinar, eliminar,《口語》liquidar, acabar《con》.
☞ 消し去る, 止[留]める

げすい 下水 (設備) m. (sistema de) alcantarillado, m. desagüe; (排水溝[管]) f. alcantarilla. ◆下水処理場 f. planta [f. estación] depuradora de aguas residuales. ◆下水が詰まっている La alcantarilla está bloqueada. ◆この町には近代的な下水設備がある Esta ciudad tiene un moderno alcantarillado.

地域差 **下水道**
〔全般的に〕f. alcantarilla, m. desagüe
〔スペイン〕f. cloaca
〔キューバ〕m. albañal, m. caño, f. cloaca,

m. drenaje, m. tragante
〔メキシコ〕m. albañal, m. caño, f. coladera, m. drenaje
〔コロンビア〕m. caño, f. cloaca, fpl. aguas negras
〔アルゼンチン〕f. acequia, m. albañal, f. cañería, f. cloaca, m. drenaje

ゲスト (客) mf. invita*do/da*. ◆ゲスト出演する v. salir* [aparecer*] de invita*do*,《専門語》m. huésped (☆IT用語).

けずりとる 削り取る (そぎ取る) v. raspar, quitar.

・けずる 削る ❶【薄くそぎとる】(板などを) v. cepillar, raspar; (かんなで) v. cepillar; (鉛筆を) v. afilar. ◆板を(数ミリ)削る v. cepillar una tabla (unos milímetros) . ◆この鉛筆は削るのが難しい. 芯(ﾋﾝ)が折れてばかりいるんだ Este lápiz es difícil de afilar. La punta se rompe siempre.
❷【削除する】v. suprimir, quitar, eliminar; (線を引いて消す) v. tachar; (削減する) v. reducir*; (数・量を減らす) v. reducir*, recortar. ◆名簿から彼の名前を削る v. tachar su nombre de la lista. ◆最後の2語を削る v. suprimir las dos últimas palabras. ◆経費を3割削る v. reducir* [recortar] los gastos en un 30%. ◆予算は3分の1削られた Recortaron el presupuesto (en)「un tercio [una tercera parte].

げせない 解せない (理解できない) adj. incomprensible. ◆解せない態度 f. actitud incomprensible.

げせん 下船 m. desembarco, m. desembarque. ◆下船する v. desembarcar*, bajar de un barco. ◆神戸で下船する v. desembarcar* en Kobe.

けた 桁 ❶【数字の】(アラビア数字の0—9までのうちの一つ) f. cifra, m. dígito; (数の位) f. posición. ◆3けたの数 m. número de tres cifras. ◆6けたの収入 m. ingreso de seis dígitos. ◆計算を1けた間違える v. equivocarse* en un cero. ◆小数点以下5けたまで計算する v. calcular hasta cinco cifras decimales. ◆伸び率は二けた台にとどまっている El índice de aumento se mantiene en dos dígitos. ◆円周率は小数点以下何けたまで知っていますか ¿Cuántas cifras decimales del (número) pi (π) conoces?
❷【建物などの】(建物の主要横材) f. viga; (一般に) m. travesaño; (鉱山などの) m. durmiente.

《その他の表現》 ◆彼と私ではすべての点で桁が違う (＝比べものにならない) No me puedo comparar con él. ◆彼ははけた外れに大きな手をしている Tiene unas manos desmesuradas. ◆それをけた外れの安値で買った Lo compré a un precio incomparablemente bajo. /《口語》Lo compré baratísimo.

げた 下駄 "geta",《説明的に》una especie de zuecos japoneses. ◆下駄の箱 m. zapatero. ◆下駄をはく [ぬぐ] v. ¹ponerse* [²quitarse] los zuecos. ◆下駄ばきで来る v. venir* en zuecos.

414 けだかい

《その他の表現》♦得点にげたをはかせる v. mejorar la marca. ♦最後の決断は彼にげたを預けた (=任せた)かっこうだ Al parecer vamos a dejar que él tome la decisión final.

けだかい 気高い adj. noble. ▶気高い心 [²行為] ¹f. mente [²f. acción] noble.

けたたましい (やかましい) adj. ruidoso; (とくに大きな音) adj. estrepitoso; (甲高い) adj. estridente; (大きく聞こえる) adj. agudo, chillón. ▶けたたましい(=つんざくような)叫び声をあげる v. dar* [《口語》pegar*] un grito estridente. ♦突然電話がけたたましく鳴り始めた De repente el teléfono se puso a sonar ruidosamente.

けたちがい 桁違い ♦彼の財産はけた違いに(=比較にならないほど)大きい Su fortuna es incomparable [《フォーマル》incomparablemente cuantiosa]. ♦彼の作品と私のとではけた違いだ(=比較にならない) No hay comparación entre su trabajo y el mío. / Mi trabajo no se puede comparar con el suyo. / (はるかにすぐれている)Su trabajo es incomparablemente superior al mío.

けだもの (動物) f. bestia, m. animal → 動物; (残忍な人) m. bruto, 《口語》f. bestia. ▶けだものような男 m. hombre brutal, f. bestia de hombre, 《口語》m. bestia.

けだるい 気だるい adj. lánguido.

＊けち【金などで】(性質) f. tacañería, 《フォーマル》f. mezquindad, f. miseria; (人) mf. tacaño/ña, 《口語》mf. agarrado/da, mf. roñoso/sa, 【メキシコ】m. codo; (心の狭さ) f. estrechez de mente [miras]. ♦けち! ¡Tacaño! / ¡Miserias! ♦彼は私の仕事にいつもけちをつけてばかりいる Siempre está criticando mi trabajo. / 《口語》Anda siempre metiéndose con mi trabajo.

—— **けちな** ❶【金などで】(ひどくけちな) adj. tacaño, 《フォーマル》mezquino, 《口語》agarrado, roñoso, como un puño, 【メキシコ】《口語》codo. → けち. ♦彼は大変けちな男だ 《口語》Es (un hombre) muy tacaño. / Es como un puño. / 《俗語》Es un pesetero de tres pares de cojones. / Mira mucho el dinero. ♦彼女はけちくちなの。ぜったいお金を払わないのよ Es una tacaña. Nunca paga nada.

地域差	けちな(人が)
〔全般的に〕	adj. tacaño
〔スペイン〕	adj. avaro
〔キューバ〕	adj. agarrado
〔メキシコ〕	adj. agarrado, avaro, codo
〔ペルー〕	adj. avaro
〔アルゼンチン〕	adj. amarrete/ta

彼はすっごいけちだ
¡Qué codo es!
→けち

❷【心の狭い】adj. estrecho, mezquino, 《フォーマル》vil. ♦あいつはけちな野郎だ Es un individuo de miras estrechas. / Es un tipo limitado. ▶がっちり、細かい、渋い

けちけち → けち. ♦金にけちけちするな No seas tan tacaño, caramba.

ケチャップ f. salsa de tomate, 《英語》f. (salsa) "ketchup" (☆発音は [kétʃu(p)]).

けちる (けちけちする) v. ahorrarse, 《スペイン》《口語》racanear. ▶チップをけちる v. ahorrarse una propina.

けちんぼう けちん坊 mf. tacaño/ña, 《フォーマル》mf. mezquino/na, 《口語》mf. agarrado/da, 《口語》mf. cenaoscuras. → けち.

けつ 決 ▶...の決を採る v. someter ... a votación.

けつあつ 血圧 f. presión arterial, 《口語》f. tensión. ▶最高[最低]血圧 f. tensión ¹máxima [²mínima]. ▶血圧計 m. esfigmomanómetro. ▶血圧を測ってもらう v. medirse* [tomarse] la tensión. ♦彼は血圧が¹高い [²低い] Tiene la tensión ¹alta [²baja]. / (専門語) Padece ¹hipertensión [²hipotensión]. ♦血圧は上が130で下が90です Mi tensión es de 130 sobre 90. ♦この薬を飲めば血圧が下がりますか ¿Sirve esta medicina para rebajar [disminuir] la tensión? ♦血圧が5%上がった La tensión se me ha subido en 5%.

けつい 決意 f. decisión, f. resolución, 《フォーマル》f. determinación. → 決心. ▶決意を新たにする v. tomar la nueva decisión 《de》. ▶決意する v. decidir, resolver*, 《フォーマル》determinar. ▶決意している v. estar* decidido [《フォーマル》determinado]. ♦たばこをやめる決意をした He decidido [resuelto] dejar de fumar. ▶意気、決心、心意気、志

けついん 欠員 f. vacante, m. puesto vacante [libre], f. plaza. ▶欠員を補う v. llenar [cubrir*] una vacante. ▶(その職を)欠員のままにしておく v. dejar el puesto vacante. ▶技師に一人欠員があるv. tener* una vacante para un ingeniero.

＊けつえき 血液 f. sangre. → 血. ▶血液銀行 m. banco de sangre. ▶血液疾患 (専門語) f. hemopatía. ▶血液検査を受ける v. hacerse* un análisis [examen] de sangre. ▶血液の循環をよくする v. mejorar la circulación de la sangre. ▶検査のために血液を取る v. sacar* [《フォーマル》extraer*] sangre para un análisis. 《会話》血液型は何ですか—O型です ¿Cuál es su grupo sanguíneo? - El (grupo) O.

けつえん 血縁 (関係) m. parentesco, m. linaje; (人) mf. consanguíneo/a.

＊けっか 結果 m. resultado; f. consecuencia, 《フォーマル》m. fruto (→成果); (原因に対する) m. efecto. ▶原因と結果 f. causa y m. efecto. ▶¹調査 [²研究]結果 mpl. resultados ¹del estudio [²de la investigación]. ▶...という結果になる[終わる] v. resultar en, tener* como resultado. ▶...の結果として prep. a consecuencia de, como resultado de. ▶必然の結果 (=経過)として adv. como resultado necesario [inevitable]. ♦選挙の結果はどうなるでしょうか ¿Cuál será el resultado de las elec-

ciones? /《口語》¿Cómo saldrán las elecciones? ♦結果が出るのを待っているところです Estamos esperando a que lleguen los resultados. ♦君の怠惰な生活はいつか悪い結果を招く(=もたらす)だろう Tu vida ociosa algún día te dará malos resultados. ♦怠けた結果, 彼は失敗した El fracaso fue la consecuencia de su pereza. / Su pereza le dio como resultado el fracaso. / Como fruto de su pereza fracasó. ♦彼は怠けたため結果失敗した(=彼は怠け者で, 《或いはそれ故に》失敗した) Fue perezoso y「en consecuencia [por eso], fracasó. ♦彼の言ったことは結果的には正しかった Lo que dijo resultó verdad [cierto] al final. ♦検査の結果, 彼が健康体であることが分かった El examen médico reveló que su salud era buena. ♦それは結果論だ(=結果を得た後なら何でも言える) Después de tener el resultado, podrás decir lo que quieras.
⊃後, 帰結, 首尾, 成果, 成否, 賜物

けっかい 決壊 ♦(ダム・堤防などが)決壊する v. romperse*, reventar*. ♦決壊させる v. reventar*. ♦その大雨で川の右岸が決壊した El río se desbordó por la orilla derecha a causa de las fuertes lluvias. / Las fuertes lluvias reventaron las márgenes derechas del río.

けっかく 結核 《専門語》f. tuberculosis, 《口語》f. tisis. ♦偽結核症《専門語》f. seudotuberculosis. ♦結核性の[にかかった]adj. tuberculoso, tísico. ♦結核患者 mf. tuberculoso/sa, 《口語》mf. tísico/ca. ♦結核療養所 m. sanatorio (de tuberculosos). ♦彼は結核にかかっている Tiene [《フォーマル》Padece] tuberculosis.

げつがく 月額 ♦彼の収入は月額20万円以上ある Sus ingresos mensuales son superiores a los 200.000 yenes. → 月給.

けっかん 欠陥 (欠点)《スペイン》m. fallo, f. falla; (軽微な)m. fallo; (不備)f. falta, f. imperfección. ♦致命的な欠陥 m. defecto fatal. ♦(建造物の)構造上の欠陥 m. defecto estructural (de la construcción). ♦欠陥品 m. producto defectuoso [con defectos]. ♦その制度のいくつかの欠陥を是正する v. corregir* algunos fallos [defectos] del sistema. ♦彼には肉体的な欠陥がある Tiene defectos físicos.
⊃穴, 穴, 隙, 粗

けっかん 血管 m. vaso sanguíneo, 《口語》f. vena. ♦(興奮したりして)血管を破裂させる v. romperse* un vaso sanguíneo. ♦血管(=静脈)の浮きでた手 f. mano venosa.
【血管に関連する語】 ♦血管運動中枢《専門語》m. centro vasomotor. ♦血管炎《専門語》f. vasculitis. ♦血管拡張性失調症《専門語》f. ataxia telangiectasia. ♦血管腫《専門語》f. angiomatosis. ♦血管障害《専門語》f. angiopatía. ♦血管神経症《専門語》f. angioneurosis. ♦血管内皮《専門語》m. endotelio vascular. ♦血管内皮リンパ腫《専門語》f. angioendoteliomatosis. ♦閉塞性血栓性血管炎《専門語》f. tromboangitis obliterante. ♦播種性血管内凝固症《専門語》f. coagulación intravascular diseminada.

げっかん 月刊 ♦月刊の adj. mensual. ♦月刊誌 f. revista mensual. ♦この雑誌は月刊です Esta revista se publica mensualmente. / Es una revista mensual.

げっかん 月間 (ひと月の)adj. mensual. ♦月間予定 m. calendario [m. programa] mensual.

けっき 決起 ♦決起大会 m. levantamiento, f. insurrección. ♦1圧制[圧制者]に抗して決起する(=立ち上がる) v. levantarse contra ¹la opresión [²el/la opresor/sora]. ♦決起して(=奮起して)ストを行なう v. hacer* la huelga levántandose.

けっき 血気 (活力)m. vigor, m. ardor, m. brío. ♦血気さかんな adj. vigoroso, ardiente. ♦血気にはやる(性急な) adj. impulsivo, acalorado.

けつぎ 決議 (議会などで投票による) f. resolución; (決定) f. decisión. ♦その案に¹反対[²賛成]の決議を採択する v. adoptar una resolución ¹contra el [²en favor del] plan. ♦決議する v. resolver*, decidir. ♦委員会はその法案を廃案にすることを決議した El comité tomó la resolución de anular el proyecto de ley.

げっきゅう 月給 m. sueldo (mensual), m. salario mensual, f. mensualidad. ♦安月給 m. sueldo bajo [modesto]. ♦彼の月給は30万円だ「Su sueldo es de [Le pagan al mes] 300.000 yenes. 会話 あなたの月給はいくらですか—30万円です「¿Qué sueldo tienes [Cuánto te pagan al mes]? – 200.000 yenes.

けっきょ 穴居 ♦穴居する v. vivir en una caverna [cueva]. ♦穴居人 mf. cavernícola, m. hombre de las cavernas, m. troglodita. ♦穴居生活 f. vida troglodítica.

けっきょう 血胸 《専門語》m. hemotórax.

けっきょく 結局 adv. después de todo; (最後には) adv. al final, 《口語》al fin y al cabo, finalmente; (長い目で見れば) adv. a la larga; (最後に) adv. finalmente; en conclusión; (要するに) adv. en resumen, 《口語》en una palabra, (いろいろ考えると)《口語》 adv. total que. ♦何度もやってみたが結局だめだった Lo intenté muchas veces, pero al final fracasé. → 遂に. ♦雨が降りそうだと思ったけど, 結局はいい天気になった Creía que iba a llover, pero al final resultó que hizo bueno. ♦彼女は結局パーティーに来なかった Después de todo no vino a la fiesta. ♦よいものを買う方が結局安くつく A la larga sale más barato comprar productos buenos. ♦結局私たちは映画を見に行くことにした Al final nos decidimos por ir al cine. ♦結局君は私の提案に反対のわけですね En resumen, que estás en contra de mi propuesta, ¿no? ♦まあ, 話せば長くなるが, 結局のところ自分の会社を始めることにしたというわけだ Bueno, es una larga historia, pero「total que [para acabar pronto, el caso es que] decidí dejar la empresa y tener la mía propia. ⊃何れ, 差し詰め, どっちみち

けっきん 欠勤 f. ausencia (del trabajo), f. inasistencia (al trabajo). → 欠席. ♦無届欠

勤 f. ausencia sin aviso. ▶長期欠勤 f. ausencia prolongada. ▶欠勤者 mf. ausente. ▶欠勤届を出す v. entregar* 「un aviso [《フォーマル》una notificación] de ausencia.

—— 欠勤する v. ausentarse (de la oficina), faltar al trabajo. → 休む.◆彼は病気のために5日間欠勤した「Se ausentó [Estuvo ausente] cinco días del trabajo「por enfermedad [porque estaba enfermo]. / Su enfermedad le hizo「estar ausente del [faltar al] trabajo cinco días.

げっけい 月経 f. menstruación. → 生理. ▶月経過多《専門語》f. menorragia. ▶月経困難症《専門語》f. dismenorrea. ▶月経不順《専門語》f. menoxenia. ▶無月経《専門語》f. amenorrea.

げっけいじゅ 月桂樹 m. laurel.

けっこう 結構 ❶【好ましい】adj. bueno; (すてきな) adj. bonito; (とてもすてきな) adj. muy bonito; (すばらしい) adj. estupendo; (並ずれて質の高い) adj. magnífico; (とてもおいしい) adj. delicioso. → いい.◆結構なお味です Está 「muy bueno [delicioso]. ◆結構な品物をありがとうございました Muchas gracias por el bonito [estupendo] regalo.《会話》近ごろはどうだい—うまくいってるよ—それは結構なことだね ¿Qué tal van las cosas? – Estupendamente. – Muy bien. Me alegro de oír eso.
❷【十分】 (間に合う) v. servir*,《口語》valer*, bastar, ser* suficiente. → いい.《会話》おはいり用ですか—5千円で結構です ¿Cuánto necesita? – Con 5.000 yenes basta [es suficiente, 《口語》me arreglo]. ◆運転免許証かパスポートをお持ちでしたらそれで結構です Si tiene una licencia de conducir o un pasaporte, será suficiente. / El permiso de conducir o el pasaporte vale. ◆おかわりはいかがですか—いやもう結構です。おなかがいっぱいです ¿Desea un poco más? – No, gracias, está bien. Ya estoy lleno.
❸【許可】→いい.◆ドアは開けたままで結構です Puede dejar la puerta abierta (si quieres). / No hace falta que cierres la puerta.
❹【同意, 満足】《会話》9時15分の(飛行機の)便がございます。よろしいでしょうか—ええ, それで結構です Hay un vuelo a las 9.15. ¿Le viene bien? – Sí, está bien.◆今の仕事で結構です (=満足している) Estoy satisfecho/cha [contento/ta] con mi trabajo actual.
《その他の表現》◆ほんの少しで結構ですから時間をいただけませんか ¿No me concede [permite] un minuto de su tiempo? ◆いつもお元気で結構ですね (=うれしく思う) Me alegro (de) que tengas siempre buena salud.

—— (かなり) adv. bastante. → かなり, 大分, 相当に.◆このワインは結構いける Este vino es bastante bueno. / (予想よりいい) Es un vino mejor de lo que esperaba.

けっこう 決行 ▶決行する(計画などを) v. llevar a cabo, realizar*. ▶ストを決行する v. 「ir* a la [llevar a cabo una] huelga. ◆雨天でも試合は決行する El partido tendrá lugar aunque llueva. ▶スト決行中《掲示》Sigue la huelga. / En huelga.

けっこう 欠航 (¹航空便の [²船便の]) f. suspensión de un servicio ¹aéreo [²marítimo]. ▶欠航にする v. cancelar [suspender] 「un vuelo [una travesía]. ◆暴風雨のためその便は欠航になった Cancelaron el vuelo por el temporal. ◆今夜の佐渡丸は欠航します Esta noche no navega el Sadomaru.

けっこう 血行 f. circulación「de la sangre [sanguínea]. ▶血行が悪い v. tener* mala circulación (de la sangre). ▶血行をよくする v. estimular la circulación.

けつごう 結合 f. unión, f. combinación.

—— 結合する v. juntar, combinar, unir. ▶破片を結合する v. juntar los pedazos [trozos]. ▶二つの物を一つに結合する v. unir dos cosas en una. ◆水素と酸素が結合して水になる El hidrógeno y el oxígeno se combinan para formar el agua. ➡結束, 団結, 繋がる, 合わせる, 併せる, 組み合わせる, 兼ねる, くっつける

げっこう 月光 m. claro de luna. ▶ベートーベンの「月光」ソナタ f. sonata «Claro de luna» de Beethoven. ▶月光を浴びて泳ぐ v. nadar a la luz de la luna.

けつごうそしきえん 結合組織炎《専門語》f. fibrositis.

けっこん 結婚 m. matrimonio, m. casamiento; (式) f. boda,《フォーマル》m. enlace matrimonial,《教養語》fpl. nupcias,《教養語》mpl. desposorios. ◆彼は結婚が早かった (=若くして結婚した) Se casó pronto [joven]. ◆父は私たちの結婚に強く反対している Mi padre está muy en contra de 「nuestro matrimonio [que nos casemos]. ◆彼に結婚を申し込んだが断わられた Le pidió que se casara con él, pero ella rehusó. ◆恋する若者は結婚を急ぐが, そのような結婚の多くはやがて失敗に終わる Los jóvenes enamorados corren a casarse, pero muchos de esos matrimonios no tardan en romperse.

  1《〜結婚》▶近親結婚 m. matrimonio consanguíneo. ▶国際結婚 m. matrimonio internacional. ▶神前結婚 f. boda del rito sintoísta. ▶政略結婚(政治的な) m. matrimonio político; (打算的な) m. matrimonio de conveniencia. ▶¹見合い[²恋愛]結婚 m. matrimonio ¹concertado [²por amor].

  2《結婚＋名詞》▶結婚記念日 m. aniversario de boda. ▶結婚相談所 f. agencia matrimonial. ▶結婚適齢期の女性 f. mujer《口語》casadera [en edad casadera, en edad de merecer]. ▶結婚指輪 f. alianza, m. anillo de boda. ▶ホテルで結婚式をあげる v. celebrar

もう結構です Ya es suficiente. ➡結構

la boda en un hotel. ◆彼らは教会で結婚式をあげた Se casaron en una iglesia. ◆私は今まで本も3冊書き，幸せな結婚生活を送っている Llevo tres libros escritos y estoy felizmente casado. → 結婚する.
【その他の表現】◆結婚おめでとう ¡Enhorabuena! / ¡Felicidades!
—— 結婚する v. casarse [《フォーマル》contraer* matrimonio,《教養語》desposarse]《con》. ◆太郎と花子は来春結婚する予定です Taro y Hanako「se casan [van a casarse, se casarán] la próxima primavera. ◆彼女はフランス人と結婚した Se casó con un francés. ◆あなた結婚して何年になるのですか（＝どのくらい長く結婚しているのですか）¿Cuánto tiempo lleva casado? / ¿Cuánto hace que se casó? ◆彼は生涯結婚しなかった Se quedó soltero toda la vida. ◆彼は娘を自分の部下と結婚させた Casó a su hija con uno de sus hombres [subordinados] ◆4人の娘を結婚させる（＝嫁がせる）のに大変な金がかかった Me costó mucho [《口語》sangre y sudores] casar a mis cuatro hijas. ◆彼女は結婚するタイプではない Ella no es del tipo de las que se casan.
☞一緒になる，縁，片付く，嫁ぐ

けっこん 血痕 f. mancha de sangre. ◆血痕のついたシャツ f. camisa manchada de sangre.

けっさい 決済 f. liquidación. ◆決済日 m. día de liquidación. ◆勘定を決済する v. saldar [liquidar] una cuenta.

けっさい 決裁 f. aprobación;《フォーマル》f. sanción. ◆決裁する v. dar* la aprobación. ◆決裁を仰ぐ v. someter (a su aprobación).

けっさく 傑作 f. obra maestra. ◆この絵は彼の傑作だ Este cuadro es su obra maestra. ◆彼は傑作な（＝こっけいな）男だ Es un hombre divertido [gracioso].

けっさん 決算 m. balance, m. cierre [f. liquidación] de cuentas. ◆決算期 m. período fiscal. ◆決算報告をする v. hacer* un informe sobre el balance. ◆毎年年度末に決算する v. 「hacer* el balance [cerrar* los libros] al final de cada año.

げっさん 月産 f. producción mensual.

けっし 決死 ◆決死の（＝死に物狂いの）攻撃をする v. hacer* un ataque desesperado. ◆決死の覚悟で城を守る v. defender* un castillo desesperadamente [desafiando la muerte].

けっしきそしょう 血色素症《専門語》f. hemocromatosis. ◆異常血色素症《専門語》f. hemoglobinopatía.

けつししょう 欠指症《専門語》f. ectrodactilia.

けつじつ 結実 m. fruto,《教養語》f. fructificación. ◆結実する v. dar* fruto,《フォーマル》fructificar*; (現実のものとなる) v. llegar* a dar* fruto, realizarse*.

けっして 決して （決して...ない）adv. nunca,《強調して》jamás, de ningún modo, de ninguna manera [forma],《フォーマル》bajo ningún concepto,《口語》nada de nada,《強調して》nunca jamás, absolutamente no,《口語》jamás de los jamases,《口語》en la vida. ◆彼は決してそんなことはしないだろう Nunca lo hará. / Jamás hará una cosa así. ◆あなたは難しいと思っているかもしれないがこの問題は決して難しくはない En contra de lo que tú puedas pensar, este problema no es de ningún modo difícil. / Este problema no es nada difícil, aunque tú puedas creer que lo es. / Este problema dista mucho de ser difícil aunque a ti te lo pueda parecer. ◆彼女は決してうそをつくような人ではない Ella nunca「dice mentiras [miente]. / Jamás miente. / Jamás diría ella una mentira. / Sería la última persona en mentir. ◆決して暴力をふるってはいけない No hay que usar nunca la violencia. / Bajo ningún concepto hay que usar la violencia.
〘会話〙私が example の時計を盗んだと思っているんだろう — 決してそんな ¿Crees que yo robé el reloj? — De ninguna manera. /《口語》Claro que no, hombre.

けっしゃ 結社 （団体）f. asociación; （協会）f. sociedad. ◆結社の自由 f. libertad de asociación. ◆秘密結社 f. sociedad secreta.

げっしゃ 月謝 f. mensualidad, f. cuota mensual. ◆あの学校の月謝は高い Las mensualidades en esa escuela son altas.

けっしゅう 結集 ◆結集する (集中させる) v. concentrar, juntar; (集まる) v. agruparse, congregarse* en masa. ◆総力を結集する v. concentrar todas las fuerzas.

げっしゅう 月収 m. ingreso mensual. → 年収.

けっしゅつ 傑出 ◆傑出した (他に抜き出た) adj. sobresaliente, destacado; (目立って優れた) adj. prominente,《フォーマル》eminente; (優秀な) adj. excelente; (著名な) adj. notable, eminente. ◆傑出する (抜きん出る) v. sobresalir*, destacar*《de》; (秀でる) v.《フォーマル》descollar*《en》. ◆彼は画家として傑出している Es un pintor destacado [eminente].
☞輝かしい，顕著，著名

けつじょ 欠如 f. falta, f. carencia. ◆プライバシーの欠如 f. falta de privacidad [intimidad]. ◆彼は創造性が欠如している Le falta creatividad.

けっしょう 結晶 (結晶体) m. cristal; (作用) f. cristalización;【成果】m. fruto, m. producto. ◆努力の結晶 m. fruto de mucho trabajo. ◆結晶する v. cristalizar(se)*.

けっしょう 決勝 ◆決勝戦 f. final. ◆決勝戦出場選手 mf. finalista. ◆決勝点 f. meta (final). ◆決勝まで勝ち進む v. alcanzar* [llegar* a] la final. ◆決勝¹に勝つ [²で負ける] v. ¹ganar [²perder*] la final. ◆決勝に残って競技する v. jugar* la final. ◆彼女はテニスの決勝戦に進出した「Llegó a [《口語》Se metió en] la final de tenis.

けっしょう 血症 ◆アルカリ血症《専門語》f. alcalemia. ◆アルギニン血症《専門語》f. argininemia. ◆ウイルス血症《専門語》f. viremia. ◆クリオグロブリン血症《専門語》f. crioglobulinemia. ◆グリシン血症《専門語》f. glicinemia. ◆タンパク異常血症《専門語》f. disproteinemia. ◆異リポ蛋白血症《専門語》f. dislipoproteinemia. ◆

418 けつじょう

巨大アミラーゼ血症《専門語》f. macroamilasemia. ▶高アンモニア血症《専門語》f. hiperamoniemia. ▶高カリウム血症《専門語》f. hipercaliemia. ▶高カルシウム血症《専門語》f. hipercalcemia. ▶高グリシン血症《専門語》f. hiperglucemia. ▶抗原血症《専門語》f. antigenemia. ▶高タンパク血症《専門語》f. hiperproteinemia. ▶高トリグリセリド血症《専門語》f. hipertrigliceridemia. ▶高ナトリウム血症《専門語》f. hipernatremia. ▶高ビリルビン血症《専門語》f. hiperbilirrubinemia. ▶高フェニルアラニン血症《専門語》f. hiperfenilalaninemia. ▶高プロラクチン血症《専門語》f. hiperprolactinemia. ▶高リポ蛋白血症《専門語》f. hiperlipoproteinemia. ▶高塩素血症《専門語》f. hipercloremia. ▶高酸素血症《専門語》f. hiperoxemia. ▶高脂血症《専門語》f. hiperlipemia. ▶高窒素血症《専門語》f. azotemia. ▶高尿酸血症《専門語》f. hiperuricemia. ▶低アルブミン血症《専門語》f. hipoalbuminemia. ▶低カリウム血症《専門語》f. hipocaliemia. ▶低カルシウム血症《専門語》f. hipocalcemia. ▶低コレステロール血症《専門語》f. hipocolesterolemia. ▶低ナトリウム血症《専門語》f. hiponatremia. ▶低プロトロンビン血症《専門語》f. hipoprotrombinemia. ▶低マグネシウム血症《専門語》f. hipomagnesemia. ▶低リン酸血症《専門語》f. hipofosfatemia. ▶低酸素血症《専門語》f. hipoxemia. ▶低脂血症《専門語》f. hipolipidemia. ▶無βリポタンパク質血症《専門語》f. abetalipoproteinemia. ▶無γグロブリン血症《専門語》f. agammaglobulinemia. ▶無フィブリノーゲン血症《専門語》f. afibrinogenemia. ▶無酸素血症《専門語》f. anoxemia. ▶真菌血症《専門語》f. fungemia.

けつじょう 欠場 ▶欠場する (出ない) v. no presentarse (en un juego),《フォーマル》incomparecer*;（プレイしない）v. no jugar*.

けっしょうばん 血小板《専門語》f. plaqueta. ▶血小板症《専門語》f. trombocitemia. ▶血小板減少症《専門語》f. trombocitopenia. ▶血小板増多症《専門語》f. trombocitosis. ▶血小板無力症《専門語》f. trombastenia.

けっしょく 血色 m. color de cara, m. semblante;（よい顔色，顔の赤み）m. color, f. expresión. ▶血色が¹よい[²悪い] v. tener* ¹bueno [²mal] color, tener* un semblante ¹saludable [²pálido]. ▶血色のよい（＝赤ら顔の）中年の男 m. hombre de edad mediana de semblante rojizo. ▶彼は血色がよくなった Su semblante ha mejorado. / Ahora tiene mejor color. /（顔に赤みが戻った）Le ha vuelto el color.

げっしょく 月食 m. eclipse lunar. ▶¹皆既[²部分]月食 m. eclipse ¹total [²parcial] de luna.

*けっしん 決心 f. decisión;（決意）f. determinación;（固い）f. resolución.

1《決心は》 ▶初志を貫こうとする彼の決心は固い Su determinación a llevar a cabo su intención original es muy firme. ▶Está muy decidido a realizar su intención original. / Tiene la firme decisión de llevar a cabo su intención original. ♦彼の決心はぐらついた Su determinación flaqueó. / Estaba indeciso. ♦もう決心はついている Estoy decidido. / Me he decidido.

2《決心を》 ▶決心を固くする v. reforzarse* en la decisión tomada. ▶決心をぐらつかせる v. vacilar en la decisión tomada.

—— **決心する**（心を決める）v. decidirse《a＋不定詞，por＋名詞》, tomar la decisión [《フォーマル》determinación] 《de＋不定詞》, decidir [resolver*]《a＋不定詞》, determinarse [resolverse*]《a＋不定詞，por＋名詞》. ▶私たちはまだ決心していない Todavía no nos hemos decidido. / Seguimos sin decidirnos [tomar una decisión]. ♦彼は子供にりっぱな教育を受けさせようと決心した「Tomó la decisión de [Resolvió, Decidió] dar a sus hijos una buena educación. / Resolvió [Decidió] que daría a sus hijos una buena educación. ♦彼女は二度と彼に会うまいと決心した Se decidió por no volver a verlo [le]. / Tomó la determinación de no verlo[le] (nunca) más. ♦彼女はピアニストになろうと決心している「Está decidida a [Se ha decidido por] hacerse pianista. ♦大学へ行くかどうかまだ決心していない「Todavía no estoy decidido si [No he decidido aún] ir o no a la universidad. ♦彼の言葉が私に留学を決心させた（＝彼の言葉で私は留学する決心がついた）Lo que dijo me ha decidido [determinado] a estudiar en el extranjero. / Lo que dijo me ha convencido para estudiar en el extranjero.

☞ 覚悟, 気構え；覚悟する, 志す

けっする 決する v. decidir. ▶運命を決する v. decidir「el destino [la suerte]. ▶雌雄を決する（最後の対決をする）v. enfrentarse《con》.

けっせい 血清 m. suero. ▶血清注射 f. inyección de suero. ▶血清病《専門語》f. enfermedad del suero.

けっせい 結成 f. organización; f. formación. ▶クラブの結成 f. organización de un club. ▶労働組合を結成する v. organizar* [《フォーマル》constituir*] un sindicato obrero.

けつぜい 血税（納税者の金）m. dinero de los contribuyentes. ▶血税のむだ使い m. derroche del dinero de los contribuyentes.

*けっせき 欠席 f. ausencia,《フォーマル》f. inasistencia. ▶欠席届 m. aviso [《フォーマル》f. justificación] de ausencia. ▶無断欠席 f. ausencia [《フォーマル》f. inasistencia] sin aviso. ▶たび重なる授業の欠席 f. inasistencia continua a la escuela. ▶今日の欠席者はだれですか（教室で）¿Falta alguien hoy? / ¿Hay alguna ausencia hoy? ▶会議の欠席者は3名だった A la reunión faltaron tres personas. / Hubo tres faltas en la reunión.

—— **欠席する** v. faltar a clase,『スペイン』《口語》hacer* novillos [pellas]. → 休む, ずる休み. ♦きのうは病気で学校を休みました Ayer falté a clase「porque estaba enfermo [por enfermedad]. ♦今朝は頭が痛いので先生の授業を欠席

させていただきたいのですが「Me he levantado con [Esta mañana tengo] dolor de cabeza, así que quisiera pedirle permiso para no asistir a su clase. ♦あすの会合を欠席します(=出席しません) Mañana no asistiré a la reunión.

けっせき 結石 《専門語》*m.* cálculo. ▶結石症《専門語》*f.* calculosis.

けっせつ 結節 《専門語》*m.* tubérculo. ▶結節性紅斑《専門語》*m.* eritema nodoso. ▶結節性多発性動脈炎《専門語》*f.* poliarteritis nodosa. ▶結節組織《専門語》*m.* tejido nodal.

けっせん 決戦 (戦争の)*f.* batalla [*f.* acción] decisiva; (競技の)*f.* final → 決勝; (どたん場の対決)《フォーマル》*f.* confrontación, *m.* enfrentamiento. ▶決戦をする *v.* librar una batalla decisiva 《contra, con》. ▶決選投票(同点のため)*f.* elección de desempate, (最終投票)*f.* votación final.

けっせん 血栓 《専門語》*m.* trombo. ▶血栓形成傾向《専門語》*f.* trombofilia. ▶血栓症《専門語》*f.* trombosis. ▶血栓静脈炎《専門語》*f.* tromboflebitis. ▶血栓性血管炎《専門語》*f.* tromboangeítis. ▶血栓性梗塞《専門語》*m.* infarto trombótico. ▶血栓塞栓症《専門語》*m.* tromboembolismo.

けつぜん 決然 ▶決然とした *adj.* decidido [resuelto, determinado]《a》. ▶決然と *adv.* decididamente, resueltamente, con determinación [firmeza].

けっそう 血相 ▶血相を変える(顔色を変える)*v.* cambiar de color, demudar el color; (青くなる)*v.* ponerse* pálido. ▶(事故などを聞いて)血相を変えて部屋から飛び出す *v.* salir* precipitadamente de la sala「con la cara pálida [《口語》sin color], perder* el color y salir* corriendo de la habitación.

けっそく 結束 (結合, 合体)*f.* unión; (統一性)*f.* unidad. ▶結束を固める *v.* fortalecer* la unión, robustecer* la unidad. ▶国民の結束 *f.* unidad nacional. ▶結束してその計画に反対する *v.* unirse para oponerse* al proyecto. ♦彼らの結束は固かった Estaban firmemente unidos.

けつぞく 血族 →肉親. ▶血族関係 *f.* consanguinidad, *f.* relación [《フォーマル》*m.* vínculo] de sangre.

げっそり ▶げっそりしたほお *fpl.* mejillas hundidas. ▶(=失望する)*v.* estar* desilusionado [decepcionado]《con》. ♦彼は病気のあとげっそりやせこけていた La enfermedad lo [le] había dejado macilento [《口語》en los huesos].

けっそん 欠損 (不足)*m.* déficit, (損失)*f.* pérdida. ▶先天性欠損《専門語》*m.* defecto congénito. ▶欠損symbol《専門語》*m.* coloboma. ▶欠損が出る *v.* tener* [arrojar] déficit. ▶欠損をうめる *v.* cubrir* un déficit.

けったく 結託 (ぐる)*f.* colusión. ▶結託して *adv.* en colusión [connivencia]《con》. ▶結託する *v.* 《フォーマル》colusionar, 《フォーマル》confabularse《con》.

けつだん 決断 (決定)*f.* decisión; (最終的な決断)*f.* determinación; (固い意思)*f.* resolu-

けってい 419

ción, *f.* determinación. ▶決断する[を下す] *v.* tomar una decisión [resolución], decidir, resolver*. → 決心する. ▶決断力のある人 *f.* persona decidida [resuelta]. ▶決断力が乏しい *adj.* indeciso, irresoluto. ♦その件について早急に決断する *v.* tomar una decisión rápida sobre el asunto. ♦彼は決断が[1早い [2遅い] Es [1]rápido [2]lento en tomar decisiones.

けっちゃく 決着 (解決)*f.* solución; (終わり)*f.* conclusión. ▶決着をつける(解決する)*v.* solucionar, (教養語)dirimir, (終わらせる)*v.* poner* fin (a + 物・事), solucionar; (人と話し合って)*v.* llegar* a una solución《sobre》. ♦その紛争はまだ決着をみていない El conflicto sigue sin tener solución. / Todavía no se ha llegado a una solución sobre ese conflicto.

けっちょう 結腸 《専門語》*m.* colon. ▶結腸炎《専門語》*f.* colitis. ▶結腸間膜《専門語》*m.* mesocolon. ▶結腸動脈《専門語》*f.* arteria cólica. ▶巨大結腸症《専門語》*m.* megacolon.

けっちん 血沈 *f.* sedimentación globular [de la sangre].

けってい 決定 (判断の上の)*f.* decisión; (決意をひめた)*f.* resolución; (結論)*f.* conclusión; (解決)*f.* solución, *m.* arreglo.

1《~決定》 ▶意思決定 *f.* toma de decisiones. ♦[1]重大な [2]性急な; [3]有利な]決定 *f.* decisión [1]crucial [[2]apresurada; [3]favorable]《sobre》.

2《決定＋名詞》 ▶決定戦(同点の際の)*m.* partido de desempate. ▶決定権がある *v.* tener* el poder* decisivo. ▶決定版 *f.* edición definitiva. ♦決定は(下り)次第お知らせします《フォーマル》Le notificaremos [informaremos de] la decisión tan pronto como sea tomada.

3《決定は》 ♦コンテストの参加者の決定は抽選で行なわれる(=抽選で決定される) Los concursantes serán decididos por sorteo. / Los participantes en el concurso se decidirán por sorteo.

4《決定を》 ▶決定を下す *v.* tomar una decisión《de + 不定詞》. ▶その決定をくつがえす *v.* cambiar de decisión. ♦彼が[1]そうする [2]その問題について]最終決定を下した Tomó la decisión final [1]de hacerlo así [[2]sobre ese asunto]. ♦私たちはそれについて討議し、反対する決定をした Hablamos [Discutimos] sobre ello y nos decidimos en contra.

— **決定的な** *adj.* decisivo; (最終的な)*adj.* concluyente; (確定的な)*adj.* definitivo. → 確定. ▶決定的な証拠 *f.* prueba decisiva [concluyente]. ♦彼の生涯の決定的瞬間に *adv.* en un momento crucial [decisivo] de su carrera. ♦私は決定的瞬間を写真に撮った Tomé una foto en el momento decisivo. ♦彼の勝利は決定的となった Su victoria ha sido decisiva.

— **決定する** (決める)*v.* decidir, tomar una decisión《de + 不定詞》; (決定する)*v.*《強調して》determinar, tomar la determinación 《de + 不定詞》, resolver*; (日取り・価格などを)v. fijar. ▶計画の実行を決定する v. decidir realizar* el plan. ▶どのような対策を講じるか決定する v. decidir qué medidas tomar. ▶パーティーの日を日曜日と決定する v. fijar la fecha de la fiesta el domingo. ◆遠足で10月に奈良に行くことが決定された Se ha「tomado la decisión de [decidido] ir a Nara en la excursión escolar del mes de octubre. ◆家庭環境が子供の性格を決定する El entorno familiar determina la personalidad del niño. ◆その国境線は百年前に条約で決定された La frontera fue fijada en un tratado hace cien años. ☞ 確定, 決議, 決断, 結論, 裁決, 断定, 取り決め; 決める, 結論を下す[出す], 定める, 為る

けっていてき 決定的 adj. decisivo, determinante. → 決定, 決定的(な). ☞ 終わり, 肝心, 最終, 大事, 大切な, 断固たる

・**けってん 欠点** ❶; (ちょっとした)f. falta; (重大な)m. defecto; (完璧(%)さを損なうちょっとした)f. imperfección, f. tacha; (不都合な)m. inconveniente; (短所)m. punto débil [flaco], f. debilidad. → 短所. ▶欠点を直す v. corregir*「los defectos [las imperfecciones]. ▶彼女には欠点がない No tiene defectos. / Es una mujer irreprochable. ◆彼の議論には欠点がない Su razonamiento [argumento] es intachable [impecable]. ◆駅から遠いのがこの家の欠点だ El único inconveniente de esta casa es「su lejanía [que está lejos] de la estación.
❷ [落第点] m. fracaso. → 落第. ☞ 穴, 欠陥, 弱点, 短所, 粗

けっとう 決闘 m. duelo. ▶決闘者 mf. duelista. ▶決闘を申し込む v. desafiar* [retar](a + 人) a un duelo. ▶決闘に応じる v. aceptar el duelo, recoger* el guante. ▶決闘する v. batirse en duelo.

けっとう 血糖 f. glucemia, f. azúcar en la sangre. ▶血糖値 m. valor de la glucemia.

けっとう 血統 f. familia, m. origen; f. casta, m. linaje. → 血筋, 家柄. ▶血統がよい(人が) v. venir* de buena familia; (人・動物が) v. venir* [ser*] de buena casta ☞ 一系, 系統, 血, 出

けっとうしょ 血統書 (家畜の)m. pedigrí. ▶血統書つきの犬 m. perro con pedigrí.

けつにょう 血尿 《専門語》f. hematuria.

けっぱく 潔白 (無罪)f. inocencia; (無垢(%))f. pureza. ▶潔白な(無罪の)adj. inocente; (純粋な)adj. puro. ▶身の潔白を証明する v. demostrar* la inocencia.

けつばん 欠番 m. número que falta. ▶16番は欠番になっている Falta el número 16.

げっぷ 月賦 mpl. pagos [mpl. plazos] mensuales, fpl. mensualidades; (制度)m. plan de plazos mensuales, m. sistema de mensualidades. ▶車を月賦で買う v. comprar un coche a「plazos mensuales [mensualidades]. ◆彼はテレビの月賦を毎月5千円支払う Paga plazos mensuales de 5.000 yenes por la televisión. / Está pagando la televisión con mensualidades de 5.000 yenes.

げっぷ ▶げっぷをする v. eructar, dar* [《口語》soltar*] un eructo, regoldar*, dar* un regüeldo.

けつぶつ 傑物 m. personaje destacado.

けっぺき ▶潔癖な(きれい好きの)adj. escrupuloso, que ama la limpieza. ▶潔癖症だ v. ser* fanático de la limpieza, tener* manía por la limpieza.

けつべつ 決別 f. separación, f. despedida. ▶決別する v. separarse [despedirse*]《de》. → 別れる. ▶過去と決別する v. romper* con el pasado.

けつぼう 欠乏 f. carencia, f. falta, 《フォーマル》f. deficiencia. → 不足. ▶ビタミンの欠乏 f. carencia [f. deficiencia] de vitaminas. ▶欠乏症 f. enfermedad carencial. ◆燃料が欠乏してきた Se está acabando el combustible.

げっぽう 月報 m. informe [m. boletín] mensual.

けつまく 結膜 《専門語》f. conjuntiva. ▶結膜炎《専門語》f. conjuntivitis.

けつまずく v. tropezar*; (足を踏み外す)v. dar* un traspié.

けつまつ 結末 (終わり)m. fin; (映画・物語などの)m. final, 《フォーマル》f. finalización; (結論)f. conclusión. ▶事件の結末 m. fin de un asunto. ▶その映画の結末はどうなったか ¿Cómo「fue el final de [acabó] la película? / ¿Qué pasó al final? ◆この問題に結末をつけなくてはいけない Tengo que poner fin a este asunto. / (解決する)Tengo que solucionar este asunto. ☞ 落ち, 終わり, 始末

げつまつ 月末 m. final de mes, m. fin del mes. ▶月末に adv.「a fines [a finales, hacia fin] de mes. ◆この月末は忙しい Estoy ocupado a finales de este mes.

げつめん 月面 f. superficie lunar. ▶月面着陸 m. alunizaje.

けつゆうびょう 血友病 《専門語》f. hemofilia.

・**げつようび 月曜(日)** m. lunes. → 日曜(日).

げつれい 月例 (毎月の)adj. mensual. ▶月例報告 m. informe mensual. ▶月例会(議)f. reunión mensual.

けつれつ 決裂 f. ruptura. ▶2国間の友好関係の決裂(=断絶)f. ruptura [m. rompimiento] de relaciones entre los dos países. ◆交渉は決裂した Se han roto las negociaciones.

けつろん 結論 f. conclusión; (決定)f. decisión.
　1 《結論に》 ◆その病気はウイルスが原因であるとの結論に達した「《フォーマル》Se llegó a [Se alcanzó, 《口語》Se sacó] la conclusión de que la enfermedad estaba causada por un virus. ◆私たちはそのことを徹底的に話し合ったが, 結論には至らなかった Lo discutimos a fondo, pero「no llegamos a [sin alcanzar] ninguna conclusión.
　2 《結論を》 ◆早まった結論を下す v. precipitarse a la hora de sacar* conclusiones; (結論を急ぐ) v. sacar* una conclusión apresurada. ▶結論を次回に持ち越す v. aplazar* [dife-

rir*, postergar*] una decisión hasta la próxima reunión.

3 《結論として》 ♦結論として二つのことを提案したいと思います「En conclusión [Para concluir] me gustaría proponer dos cosas.

—— **結論を下す[出す]** v. concluir*, sacar* [llegar* a, 《フォーマル》deducir*] una conclusión; (決定する) v. decidir. ♦彼らはその計画が実行不可能であるとの結論を下した Concluyeron [Sacaron la conclusión de, Llegaron a la conclusión de] que el plan era impracticable. ♦足跡からそれはクマの仕業にちがいないとの結論を出した Por las huellas concluimos [dedujimos, sacamos la conclusión de] que lo había hecho un oso. ♦その件に関して早急に結論を出しなさい Decídelo pronto. / No tardes en decidirte al respecto.
☞ 決定, 結末, 締めくくり, 断定

けど 《会話》映画に行かない?—行きたいけど宿題があるんだ No vienes al cine? – Me gustaría, pero tengo trabajo. → けれども.

ケトアシドーシス 《専門語》f. cetoacidosis.

げどく 解毒 f. desintoxicación. ♦解毒剤 m. antídoto (contra). ♦解毒する v. contrarrestar un veneno, desintoxicar*.

けとばす 蹴飛ばす v. dar* 「una patada [un puntapié] 」. ♦ 蹴(ウ)る.

ケトンけっしょう ケトン血症 《専門語》f. cetonemia.

ケトンしょう ケトン症 《専門語》f. cetosis.

けなげ 健気 ♦健気な(感嘆すべき) adj. admirable; (賞賛に値する) adj. meritorio, 《教養語》encomiable; (雄々しい) adj. valiente, viril. ♦けなげな行動 f. acción admirable. ♦けなげなその女の子は(＝けなげにもその女の子は)母が留守の間弟のめんどうをみた Fue admirable cómo la niña cuidaba a su hermanito en ausencia de su madre.

けなす ♦彼はよく彼女をけなす La critica mucho. / 《口語》Se mete mucho con ella. → 批判する. ♦「けちん坊」は「倹約家」をけなして言うのに用いられる La palabra "tacaño" se usa peyorativamente aplicado a una persona económica.

けなみ 毛並み ♦この猫は毛並みがよい Este gato tiene un buen pelaje [pelo]. ♦彼は毛並みがよい Es de buena familia. / Es de buena casta. → 家柄.

ケニア Kenia, (公式名) f. República de Kenia, (☆アフリカの国). ♦ケニア人 mf. keniata.

げねつざい 解熱剤 m. antipirético, m. febrífugo, m. medicamento contra la fiebre.

けねん 懸念 f. aprensión, m. miedo. → 心配. ♦懸念する v. temer; inquietarse, preocuparse 《por》.

けはい 気配 (兆候) f. señal; (証拠に照らした) m. indicio; (気味) m. aire, m. toque, m. amago. ♦その家には人のいる気配はなかった No había señales de que viviera alguien [se veían indicios de vida] en la casa. / La casa parecía deshabitada. ♦景気がよくなる気配がある Hay indicios de que los negocios van a mejorar. / Los negocios parecen que van a mejorar. ♦風にはかすかに秋の気配が感じられた Había en el aire señales del otoño. ♦何かあるぞ. そんな気配がする Algo pasa. Lo《口語》puedo oler [percibo en el aire].

けばけばしい (はでで安っぽい) adj. vistoso; (これ見よがしの) adj. llamativo, estridente, 《口語》chillón. ♦けばけばしい服 mpl. vestidos llamativos. ♦けばけばしい色のネクタイ f. vistosa corbata. ♦けばけばしい現代風の家具 mpl. muebles modernos y llamativos.

けばだつ 毛羽立つ v. soltar* pelusa [lanilla]. ♦毛羽立った adj. con pelusa [lanilla]. ♦毛羽立たせる v. levantar la pelusa.

げばひょう 下馬評 (うわさ) m. rumor. ♦下馬評では田中氏が再選されるということだ「Corre el rumor de [Se rumorea, Se dice] que el Sr. Tanaka「volverá a ser elegido [va a ser elegido otra vez].

ゲバラ (エルネスト・チェ ～) Ernesto Che Guevara (☆1928-1967, アルゼンチン生まれ, キューバ革命の指導者).

けびょう 仮病 f. enfermedad fingida, f. simulación de estar enfermo. → 病気. ♦彼の病気は仮病にちがいない Su enfermedad es fingida [sólo una excusa]. ♦彼は仮病を使った《口語》Se hizo el enfermo. / Fingió [Simuló] una enfermedad.

げひん 下品 ♦下品な vulgar, de mal gusto; (粗野な) adj. tosco; (低俗な) adj. obsceno, 《教養語》soez; (みだらな) adj. indecente. ♦下品な冗談 f. broma vulgar [de mal gusto, 《強調して》de pésimo gusto]. ♦下品な連中と付き合っている v. frecuentar malas compañías. ♦彼の言葉遣いは粗野で下品だった Su lenguaje era tosco y vulgar. ☞ 卑しい, 汚い, 俗っぽい, 粗野, 低級

けぶかい 毛深い adj. peludo, 《フォーマル》velludo; (毛むくじゃらの) adj. lanudo. ♦毛深い胸 m. pecho peludo [《フォーマル》velludo].

ケベード (フランシスコ・デ ～) Francisco de Quevedo (☆1580-1645, スペインの小説家・詩人).

ケベック Quebec (☆カナダの都市). ♦ケベックの(人) mf. quebequés/quesa.

けむ 煙 m. humo. ♦彼の大げさな言葉にすっかり煙に巻かれてしまった Sus palabras altisonantes me dejaron perplejo [desconcertado]. → 煙(%).

けむい 煙い adj. lleno de humo. ♦この部屋は煙い Este cuarto está lleno de humo. ♦たき火が煙いのでせきが出た El humo del fuego me hizo toser.

けむし 毛虫 f. oruga.

けむたい 煙たい ❶《煙い》adj. con humo, lleno de humo. → 煙い.
❷《敬遠したい》♦私にとって彼は煙たい存在だ Esa persona me desagrada. ♦その先生は学生に煙たがられている(＝人気がない) Ese profesor no tiene simpatías entre los estudiantes.

****けむり** 煙 m. humo; (刺激性の) mpl. gases. ♦煙に巻かれて死ぬ v. morir* asfixiado por el

けむる

humo. ▶煙を家の外へ出す v. dejar que salga el humo de la casa. ▶煙突から煙が出ている Sale humo de la chimenea. / (煙を吐いている)La chimenea está echando humo. ♦あちこちの家からうっすらと煙が立ちのぼっていた De las casas de alrededor se elevaban delgadas columnas de humo. ♦彼女は煙にむせた El humo la atragantaba. ♦待合室はたばこの煙でいっぱいだった La sala de espera estaba llena del humo del tabaco. ♦火のない所に煙は立たない《ことわざ》No hay humo sin fuego. /《ことわざ》El humo y la mala cara sacan a la gente de casa.

けむる 煙る （煙が出る）v. echar humo, humear; （くすぶる）v. arder (sin llama); （かすむ）v. parecer* turbio [borroso]. ▶暖炉が煙っている El fuego de la chimenea echa humo. ♦家々は雨の中に煙っていた Las casas se veían borrosas por la lluvia.

けもの 獣 f. bestia, f. fiera. → けだもの.

けやき 欅 m. celcova, f. especie de olmo.

ゲラ f. galerada. ▶ゲラ刷り f. galerada, f. prueba. ▶ゲラを校正する v. corregir* galeradas [pruebas].

けらい 家来 m. súbdito; (封建時代の) m. vasallo.

げらく 下落 （価格などの）f. baja, f. bajada, 《フォーマル》f. depreciación; （急な）f. caída. ▶株価が急に下落した Hubo una caída [《フォーマル》depreciación] brusca de「las acciones [la Bolsa]」. ▶暴落.

げらげら ▶げらげら笑う v. reírse* a carcajadas. ♦彼の冗談にみんながげらげら笑った Su broma hizo que todo el mundo se riera a carcajadas.

げり 下痢 f. diarrea. ▶下痢止め《専門語》m. opilativo. ▶下痢をする v. tener* diarrea,《口語》andar* suelto.

ゲリラ ▶ゲリラ兵 mf. guerriller*o/ra*. ▶ゲリラ部隊 f. banda de guerrilleros. ▶ゲリラ戦 f. guerrilla, f. guerra de guerrillas. ▶ゲリラの野ց地 m. campamento de los guerrilleros.

けりをつける （終える）v. terminar, acabar 《con》; （解決する）v. solucionar; （話し合い・けんかで）v. zanjar (la discusión). ▶その仕事にけりをつける v. acabar [terminar, concluir] el trabajo. ▶ついにその問題にけりがついた Por fin ha quedado [solucionado, arreglado] el asunto.

*****ける 蹴る** ❶[足で] v. dar* [《口語》pegar*]「una patada [un puntapié, una coz]」《a》, patear, golpear con el pie; （動物が）v. cocear. ▶ボールをける v. dar* una patada al balón. ▶ドアを乱暴にける v. dar* una patada violenta a la puerta. ▶彼の脚をける v. darle* una patada en la pierna. ▶打つ. ▶戸をけり開ける v. abrir* la puerta de una patada.
❷[要求などを] v. rechazar*,《フォーマル》denegar*. → 断わる.

ゲルニカ (画名)《El Guernica》.

ゲルマン ▶ゲルマン民族 m. pueblos germanos.

ケルン Colonia (☆ドイツの都市).

げれつ 下劣 ▶下劣な（卑しむべき）adj. ruin, despreciable,《フォーマル》vil, (教養語) abyec*to*. ▶下劣な考え m. pensamiento ruin. ▶下劣なやつ m. tipo despreciable.

*****けれど(も)** (…だけれども) conj. aunque; prep. a pesar de, pese a; (しかし) conj. pero; adv.《口語》con todo,《口語》con todo y con eso; (しかしながら) adv. sin embargo,《フォーマル》no obstante; (それでもなお) adv. y pese a eso, a pesar de eso. ♦かかわらず, しかし. ▶雪が降っていたけれども, 試合は中止にならなかった Aunque nevaba, no cancelaron el partido. / Nevaba, pero el partido no fue cancelado. /「A pesar de [Pese a] la nieve, no se canceló el partido. ♦彼は欠点はあるけれども, 私は彼が好きだ Pese a sus defectos, me gusta. / Me gusta, aunque tiene defectos. / Tiene defectos, pero me cae bien. /《口語》Me cae bien con sus defectos y todo. ♦彼女は大変もの静かだけれども明るい Es muy tranquila, pero también alegre. ☞ それなのに, -ても, -というのに, -といえども, とは言え, -ども

ゲレンデ f. pista (de esquí).

げろ m. vómito. → へど. ▶げろを吐く v. vomitar,《口語》devolver*.

ケロイド《専門語》m. queloide, f. cicatriz hinchada. ▶腕にケロイドがある v. tener* un queloide en el brazo.

けろり ▶けろりとしている (＝何とも思わない) v. no sentir* nada; (平ір)いる) v. estar* tranqui*lo*. ♦一晩よく寝ると彼女の風邪はけろりと (＝完全に) よくなった Después de dormir bien por la noche, se repuso completamente del resfriado. ♦彼の頭痛は海を見るとけろりと直った「Se le quitó el dolor de cabeza [Su dolor de cabeza desapareció de repente] cuando vio el mar. ♦彼はひどいけがをしたが, 何もなかったようにけろりとしていた Se hizo mucho daño, pero actuó como si no le hubiera pasado nada.

けわしい 険しい (山・傾斜が) adj. escarpa*do*, abrup*to*, empina*do*; (顔つきが) adj. grave, sever*o*. ▶険しい山 f. montaña escarpada [abrupta]. ♦彼は険しい顔つきでいすに座っていた Estaba sentado en una silla con la expresión grave.

*****けん 県** (日本・フランスなどの) f. prefectura; (スペイン・コスタリカなどの) f. provincia; (ペルー・ボリビアなどの) m. departamento. ▶青森県 f. prefectura de Aomori. ▶県営球場 m. estadio de la prefectura. ▶県知事 mf. gobernad*or/dora* de la prefectura. ▶県議会議員 m. miembro de la asamblea prefectural. ▶県庁(建物) f. oficina prefectural. → 県庁. ▶三重県民 mf. ciudadan*o/na* de la prefectura de Mie; (全体) f. ciudadanía [mpl. vecinos, mpl. ciudadanos] de la prefectura de Mie.

けん 券 m. tique,《英語》m. ticket; (切り取り式の) m. cupón. → 切符. ▶乗車券《スペイン》m. billete,《ラ米》m. boleto. ▶入場券 f. entrada. ▶会員券 f. tarjeta de socio.

けん 兼 ▶居間兼寝室 m. salón dormitorio. ▶

書斎兼応接間 f. sala estudio. ▶朝食兼昼食 f. combinación de desayuno y almuerzo.

けん 鍵 (ピアノなどの) f. tecla.

けん 腱 《専門語》 f. tendón. ▶腱炎 《専門語》 f. tendinitis. ▶腱鞘炎 《専門語》 f. tenosinovitis. ▶腱付着症 《専門語》 f. entesopatía.

けん 剣 f. espada, m. sable (→刀); (短剣) f. daga; (決闘・フェンシング用の) m. estoque; (銃剣) f. bayoneta. ▶剣客 m. espadachín. ▶剣舞 m. baile de los sables. ▶双刀(もろは)の剣 f. espada de doble filo.

けん 件 ❶ 【事柄】 m. asunto, m. tema. ▶例の件 m. asunto en cuestión. ▶至急な要件で adv. por un asunto urgente. ▶東京行きの件で何か決めましたか ¿Has decidido algo sobre el asunto de ir a Tokio?
❷ 【事件】 m. caso. ▶盗難2件 mpl. dos casos de robo.

-けん 軒 ▶一軒家(一戸建ての家) f. casa; (孤立した家) f. casa aislada. ▶3軒の家 fpl. tres casas. ▶一軒ごとに回って歩く v. ir* de「puerta en puerta [casa en casa]. ▶角から2軒目の家に住む v. vivir en la segunda casa después de la esquina. (2軒先に) v. vivir dos casas más allá de la esquina. ◆小川さんの家は一軒置いて隣です El Sr. Ogawa vive dos casas más allá de la nuestra.

-けん 圏 (領域) f. esfera; (地域) f. zona; (連合) m. bloque. ▶英国の勢力圏 f. esfera de influencia británica. ▶首都圏 f. zona metropolitana. ▶共産圏 m. bloque comunista.

-けん 権 (権利) m. derecho. ▶スト権 m. derecho a la huelga. → 権利.

げん 弦 (楽器の) f. cuerda. ▶ギターの弦 f. cuerda de una guitarra. ▶ギターに弦を張る v.「poner* cuerdas a [encordar*] una guitarra.

げん 現 (現在の) adj. actual, presente. ▶現住所 f. dirección actual.

げん 元 m. yuan (☆中国の通貨単位).

-げん 減 (減少) f. disminución, m. descenso; (削減) f. reducción. ▶人口の急減 m. rápido descenso demográfico. ▶水の供給の10パーセント減 f. reducción del 10% en el suministro de agua. ◆鋼鉄の輸出は今年2割減となった Las exportaciones de acero han descendido un 20% este año.

けんあく 険悪 ▶険悪な【表情などが】 adj. serio, grave; (恐ろしい) adj. furioso; 【天気などが】 adj. amenazador; (荒れ模様の) adj. tempestuoso, violento; 【事態などが】 adj. grave, alarmante; (緊迫した) adj. tenso. ◆彼は険悪な顔つきで私を見た Me lanzó una mirada seria. ◆事態は険悪になった La situación se ha vuelto grave.

けんあん 懸案 m. problema pendiente. ▶長年の懸案を解決する v. despachar un asunto pendiente. ◆その法案は次期国会まで懸案となった El proyecto de ley quedó pendiente [sin resolver] hasta la próxima sesión de la Dieta.

げんあん 原案 (議案) f. proposición original, m. proyecto de ley original; (計画) m. plan original. ◆法案は原案どおり可決された「El proyecto de ley fue aprobado [La proposición fue aprobada]「en su versión original [sin enmiendas].

けんい 権威 f. autoridad (sobre); (権力) m. poder (sobre); (権威者) f. autoridad (en); (専門家) mf. experto/ta (en), mf. especialista, mf. perito/ta. ▶経済学の最高権威 la mayor autoridad en economía. ▶権威のある学者 mf. erudito/ta de autoridad. ▶権威をつける v. dar* [prestar] autoridad (a + 人). ▶権威に反抗する v. rebelarse contra la autoridad. ◆芥川賞は日本文学のすぐれた才能に対して毎年与えられる権威ある(=高く評価されている)賞である El Premio Akutagawa es un prestigioso galardón concedido anualmente para destacar la excelencia en la literatura japonesa.
☞ 威光, 大家, お偉方, 通

けんいん 牽引 ▶牽引する v. remolcar* (un automóvil); (強制的に移動させる) v. llevarse remolcado (un automóvil). ▶牽引されている v. ser* remolcado [arrastrado].

・げんいん 原因 (結果を生み出す) m. motivo; (発端) m. origen; (根源) f. raíz. ▶原因と結果 f. causa y m. efecto. ▶原因を突き止める v. rastrear(lo) hasta su origen. ◆その火事は原因不明だ「Se desconoce [No se conoce] la causa del incendio. ◆その事故の原因は何でしたか ¿Cuál ha sido「la causa [el motivo] del accidente? / ¿Por qué ha ocurrido el accidente? / ¿Qué ha causado [provocado] el accidente? ◆彼の病気は粗末な食事が原因だった Su enfermedad estaba causada por la mala alimentación. / El motivo de su enfermedad era la mala alimentación. ◆彼の人生における失敗は忍耐のなさに原因があった(=起因していた) El origen de su fracaso en la vida estaba en su falta de paciencia. / Su fracaso en la vida provenía de su impaciencia. ◆彼の腹痛は食べ過ぎが原因です Su dolor de estómago「se debe al exceso en la comida [está causado por comer demasiado]. ◆彼は病気が原因で死んだ Murió por「la causa de] una enfermedad. → 死ぬ.
◆その事故が原因でわれわれは出発できなかった No pudimos irnos「a causa del [debido al] accidente. / (その事故がわれわれの出発するのを妨げた)El accidente nos impidió irnos.
☞ 起こり, 所為, 種

げんえい 幻影 (幻) fpl. visiones; (幻想) fpl. ilusiones; m. espejismo. ▶幻影を見る v. ver* visiones. ▶世界平和の幻影を追う v. perseguir* la ilusión de la paz mundial.

けんえき 検疫 f. cuarentena. ▶検疫1所 [2官] [1] f. estación [2] mf. oficial] de cuarentena. ▶検疫する v. poner* en cuarentena.

けんえき 権益 mpl. derechos e mpl. intereses.

げんえき 現役 ▶現役の(活動的な) adj. activo. ▶現役将校 m. oficial en servicio activo. ▶現役をしりぞいてコーチ陣に加わる v. retirarse del juego activo e incorporarse al equipo técnico. ◆彼は70歳を越えているがまだ現役でがんばって

いる Aunque tiene más de 70 años, sigue activo.♦彼は現役では最高の投手です Es el mejor lanzador en activo.♦彼は現役で大学に入った Ingresó en la universidad nada más graduarse del colegio. / (初めての受験で)Aprobó el examen de ingreso a la universidad al primer intento.

けんえつ 検閲 (出版物・映画などの) f. censura; (検査) f. inspección, m. examen, m. control. ♦ [1]新聞 [2]映画の検閲 f. censura de [1]prensa [2]películas]. ♦検閲される[を受ける] v. estar* sometido a la censura. ♦検閲を通る [2に引っ掛かる] v. [1]aprobar* [2]no aprobar*] la censura. ♦検閲を受けたニュース fpl. noticias sometidas a la censura.

けんえん 犬猿 ♦彼らは犬猿の仲だ 《口語》 Se llevan como el perro y el gato. / Están siempre peleándose. / 《口語》Andan siempre a la greña.

けんえんけん 嫌煙権 m. derecho de no tener que respirar el humo de los fumadores, el derecho de los no fumadores.

けんお 嫌悪 (好きでないこと) f. antipatía 《a, hacia, por》; (憎悪) f. aversión, m. aborrecimiento, m. odio; (むかむかするほどの嫌気) m. asco, f. repugnancia. ♦自己嫌悪 m. autoaborrecimiento. ♦彼を嫌悪の目で見る v. mirarlo[le] con antipatía. ♦自由思想をひどく嫌悪する v. tener* [una fuerte antipatía [aversión] a las ideas liberales. ♦彼の態度に嫌悪の念を抱いた Su conducta me pareció muy detestable. / Sentí una gran repugnancia por su comportamiento.

*けんか 喧嘩 f. pelea;【言葉上の】《フォーマル》 m. altercado, f. pelea;(論争, ささいな口論) f. discusión,《口語》 m. problema,《口語》 f. bronca;(引かないけんか) f. refriega,《フォーマル》 f. querella;【腕力の】 f. lucha.

1《～(の)けんか》♦兄弟げんか f. riña entre hermanos. ♦なぐり合いのけんかで鼻血を出す v. sangrar por la nariz en una pelea a puñetazos.

2《けんか～》♦けんか腰で (=挑戦的な態度で) adv. provocativamente, con el gesto desafiante [provocativo]. ♦けんかをする. 《口語》 tener* una bronca. ♦彼はけんかが早い (=けんか好きである) Es muy pendenciero. / Le gusta la pelea. / Es un camorrista [peleón].

3《けんかの》♦彼らのけんかの仲裁に入る v. intervenir* en su pelea; (割って入る) v. disolver* [deshacer*] su pelea. ♦主人と私はけんかの後すぐに仲直りした Mi marido y yo nos reconciliamos pronto después de la pelea.

4《けんかを》♦けんかを売る[しかける] v. buscar* pelea 《con》, provocar*,《口語》buscar*《a + 人》las cosquillas. ♦けんかを買う (=挑戦を受ける) v. aceptar la pelea.

——— 喧嘩する (口論する) v. pelear, discutir, disputar 《con》, reñir*; (なぐり合う) v. luchar,《口語》pelear, venir* a las manos. ♦子供たちは一番いい席を取り合ってけんかした Los niños se pelearon por (conseguir) el mejor asiento.

げんか 原価 m. precio de coste, m. costo. ♦原価[1]で [2]以下で]売る v. vender* [1]al [2]por debajo de su] coste. ♦原価で買う v. comprarlo a precio de coste.

げんが 原画 m. cuadro original.

けんかい 見解 (意見) f. opinión; (ものの見方) m. punto de vista. → 意見.♦その件についての見解を述べる v. expresar su punto de vista sobre el asunto. ♦私はその点では彼と見解が一致する Sobre ese tema「tengo el mismo punto de vista [soy de la misma opinión] que él.♦私は政治に関しては彼とは見解を異にする Sobre política opino de forma diferente a él. / Mi punto de vista sobre política es distinto al suyo. / Su opinión y la mía son diferentes en política. ♦それは見解の相違[の問題]だ Es un problema de opinión. ☞ 考え, 所見, 説, 立場

けんがい 圏外 f. fuera de la esfera 《de》.♦優勝圏外にある (=優勝の見込みがない) v. no tener* probabilidades de ganar el campeonato.

げんかい 限界 ♦能力の限界を知る v. conocer 「los propios límites [《口語》hasta dónde se pueda llegar*」. ♦自分(自身)の限界を知る v. saber* [reconocer*] las propias limitaciones. ♦われわれのできることには限界がある Hay un límite en lo que podemos hacer. ♦それは人知の限界を超えている Sobrepasa [Excede, Rebasa] los límites del conocimiento humano. ☞ 限り, 制限

げんがい 言外 ♦言外の意味を読み取る (=行間を読む) v. leer* entre líneas. ♦私にとっては「人生」という言葉は闘いと苦痛の意味を言外に含んでいる Para mí la palabra "vida" connota [tiene connotaciones de] lucha y sufrimiento.

げんかいたいせい 厳戒体制 ♦厳戒体制をしく v. extremar la vigilancia 《de》, tomar el máximo de precauciones.

けんがく 見学 f. visita 《a》.♦見学者 mf. visitante. ♦工場見学に行く(実地見学の旅行で) v. visitar una fábrica en un viaje de estudio; (勉強の一環として見学する) v. visitar una fábrica con fines instructivos [educativos]. ♦博物館の見学は今度が初めてですか ¿Es ésta su primera visita al museo?

——— 見学する (訪れる) v. visitar, hacer* una visita; (自由に見て回る) v. recorrer,《口語》 andar* 《por》. ♦学生たちは放送局を見学した Los alumnos recorrieron [hicieron una visita de] la emisora (de radio).

仲違いしている Están peleados. →けんか

げんかく 厳格 ▶厳格な(規律などを厳正に守る) adj. riguroso; (規則などに時に苛(か)酷なまで厳しく妥協を許さない) adj. estricto; (態度などが厳しく情け容赦がない) adj. severo, serio; (窮屈さまでに厳しい) adj. rígido, inflexible. ▶厳格に adv. con rigor, rigurosamente, estrictamente, con severidad. ▶厳格な規則 fpl. reglas rigurosas. ▶厳格な主人 m. maestro riguroso [estricto, severo]. ◆彼は学生に厳格だ Es riguroso con sus alumnos. ☞固[硬, 堅]い, 厳しい

げんかく 幻覚 f. alucinación. ◆彼は時々幻覚を起こす A veces tiene [padece, ve] alucinaciones.

げんがく 弦楽 f. música de cuerdas. ▶弦楽合奏 m. concierto de cuerdas. ▶弦楽合奏団 f. orquesta [m. conjunto] de cuerdas. ▶弦楽四重奏(曲) m. cuarteto de cuerdas.

げんがく 減額 (削減) f. reducción, f. bajada, m. recorte. ▶減額する v. reducir*, bajar, recortar.

げんかしょうきゃく 減価償却 f. depreciación, 《専門語》 f. amortización. ▶減価償却率 f. tasa de depreciación [《専門語》 amortización]. ▶減価償却する v. depreciar, 《専門語》 amortizar*.

げんがっき 弦楽器 m. instrumento de cuerda; (オーケストラのパート) las cuerdas.

けんがん 検眼 m. examen 「de la vista [《フォーマル》 ocular]」, 《専門語》 f. optometría. ◆検眼してもらった方がいい Debes someterte a un examen de la vista. / Deberías ir a que te examinaran de la vista.

***げんかん** 玄関 f. entrada, m. portal, m. zaguán; (玄関の間) m. vestíbulo. ▶玄関番 mf. portero/ra. ▶玄関灯 f. lámpara de la entrada. ▶玄関から入る v. entrar por la puerta principal. ▶玄関払いを食わす v. 「poner* 《a + 人》 en [《口語》 enseñar 《a + 人》] la puerta, negar* a recibir 《a + 人》, 《口語》 poner* 《a + 人》 de patitas en la calle. ◆お父さんに会いたいと言う人が玄関に来ている A [En] la entrada hay un hombre que pregunta por papá. ◆玄関(=応対)に出てもらえませんか ¿Puedes abrir la puerta? ◆成田空港は日本の玄関である El aeropuerto de Narita es la entrada a Japón.

けんぎ 嫌疑 (容疑) f. sospecha; (罪名) f. acusación. → 容疑. ▶殺人の嫌疑で逮捕される v. ser* detenido bajo [por] sospecha de asesinato. ▶窃盗の嫌疑を晴らす v. disipar [despejar] la sospecha de robo ☞疑い, 疑惑

***げんき** 元気 (健康) f. (buena) salud; (精力) f. energía, m. vigor; (気分) m. ánimo, m. aliento; (勇気) m. valor, f. valentía; (体力) f. fuerza.

1 《～元気》 空[付け]元気 m. valor fingido; (酒で) 《口語》 f. valentía de botella.

2 《元気 + 名詞》 ◆彼は元気いっぱいだ Rebosa salud. / Está lleno de vitalidad [fuerza, energía]. / Tiene mucho vigor.

3 《元気が》 ▶元気がない(意気消沈している) v. estar* desanimado [triste, deprimido, 《口語》 bajo de moral], no tener* ánimo; (体調が悪い) v. estar* mal de forma. ◆彼は見るからに元気がない Parece [Se ve] desanimado [triste]. 《会話》 今日はなんだか元気がないね—風邪をひいているのよ Hoy no estás [pareces] bien, ¿eh? – No tienes buen aspecto hoy, ¿verdad? – Es que estoy resfriada. ◆私は行く元気(=勇気)がなかった No tenía 「el ánimo de [valor para]」 ir. ◆彼は彼女に会って元気が出た Se animó al verla. ◆コーヒーを1杯飲んだら元気が出た Una taza de café me animó [dio ánimo]. / Recuperé el ánimo con una taza de café.

4 《元気な》; (健康な) adj. sano; (活気のある) adj. animado; (快活な) adj. alegre, 《フォーマル》 jovial; (精力的な) adj. vigoroso, enérgico; (強健な) adj. fuerte. ▶元気な(=健康な)子 m/f. niño/ña sano/na. ▶元気な老人 mf. anciano/na sano/na [vigoroso/sa, 《口語》 fuerte como un roble]. ▶元気な[の]盛りに adv. en la flor de la vida.

5 《元気に[よく]》; (精力的に) adv. con energía [vigor], vigorosamente; (快活に) adv. animadamente, con animación; (上機嫌で) adv. alegremente. ◆彼は元気よくテニスをしている Está jugando al tenis con energía. ◆元気に「おはよう」を言いなさい Di "buenos días" animadamente. / Da los buenos días alegremente. ◆早く元気になってください Espero que 「te recuperes pronto [recobres pronto la salud]」. ◆花は水につけると元気になる(=生気を取り戻す) Las flores se reaniman con el agua. 《会話》 もうよろしいんですか—ええすっかり元気になりました ¿Ya estás bien? – Sí, estoy perfectamente, gracias.

6 《元気を》 ▶元気を出す v. cobrar fuerzas; (勇気づけられる) v. animarse 《con》; (元気を奮い起こす) v. coger* [agarrar] fuerza [brío]. ▶元気を取り戻す(健康を) v. recuperar [recobrar] la salud; (気力を) v. reanimarse, animarse otra vez. ◆元気を出せ ¡Ánimo! / ¡Anímate! / ¡Anímese! / (気持ちを直せ) ¡Échale 《口語》 valor [《俗語》 huevos]! / ¡Arriba ese ánimo [coraje]! / (気を落とすな) ¡No te desanimes!

7 《元気だ》 ▶元気である(健康である) v. estar* [encontrarse*] bien (de salud); (体調がよい) v. estar* en buena forma. ◆相変わらず元気です Estoy igual de bien que siempre. / Sigo con la misma salud. ◆彼は86歳だがまだ元気だ[にしている] Tiene 86 años y 「sigue con la salud de siempre [《口語》 está como un roble, sigue igual de bien]」. 《会話》 ご家族の皆様はお元気ですか—お陰さまで皆元気です ¿Qué tal su familia? – Están todos bien, muchas gracias. 《会話》 やあ, 元気?—うん元気. 君は? ¡Hola! ¿Qué tal? – Yo bien, ¿y tú?

—— **元気づける** (勇気づける) v. animar, dar* ánimos 《a + 人》, alentar*; (活気づける) v. alegrar. ◆私は彼の言葉に元気づけられた Sus palabras me animaron [alentaron, dieron ánimos]. ◆彼女を少し元気づけてやらないといけない Hay que animarla un poco. / Necesita tu la animen un poco. ☞意気, 気力, 活発, 盛ん

けんきゃく 健脚 (足の達者な人)*mf.* buen caminante, 《口語》*mf.* andarín/rina.

・けんきゅう 研究 (☆知識獲得のための研究・勉強のこと. 文科系の学問); *f.* investigación 《de, sobre》 (☆新事実との発見をめざす学術的な研究・調査のこと. 理科系の学問).
1《～(の)研究》 ▶文学の研究 *m.* estudio de la literatura. ▶カントの研究 *m.* estudio sobre Kant. ▶物理学の(分野における)最近のすぐれた研究 *f.* excelente investigación en (el campo de la) física.
2《研究＋名詞》 ▶研究員 (理科系の)*mf.* investig*ador/dora*; (文科系の)*mf.* estudios*o/sa.* ▶研究者 *mf.* estudioso/sa 《de》. ▶研究室 *f.* sala de estudio; (大学教授個人の)*f.* oficina, *m.* despacho; (科学実験の)*m.* laboratorio. ▶研究所(専門的研究を行なう) *m.* instituto, *m.* centro de investigación [estudios]; (科学実験・調査を行なう)*m.* laboratorio de investigación. ▶研究費 *m.* fondo de investigación. ♦彼は放射能を研究している (＝研究熱心だ) Es muy diligente en sus investigaciones [estudios].
3《研究を》 ♦彼はエイズの原因についての研究を始めた Ha empezado a investigar las causas del SIDA.

── 研究する *v.* estudiar, investigar*, 《教養語》indagar*, realizar* investigaciones [《教養語》indagaciones] 《sobre》. ▶加藤教授のもとで哲学を研究する *v.* estudiar filosofía con el Prof. Kato. ♦彼は文学を研究している Estudia [Hace estudios sobre] literatura. / Está haciendo un estudio sobre literatura. ♦彼らは放射能を研究している Están realizando investigaciones [《教養語》indagaciones] sobre radioactividad. ☞研修, 考察, 探究

げんきゅう 言及 *f.* referencia, *f.* mención. ▶言及する *v.* referirse* 《a》, mencionar, aludir 《a》. ♦彼は本の中でその理論について言及した En su libro se refirió a esa teoría.

げんきゅう 減給 《フォーマル》 *f.* reducción salarial, *m.* recorte en el salario, 《口語》*m.* tijeretazo. ♦1割の減給になる *v.* reducirse* el salario en un 10%.

けんきょ 謙虚 *f.* modestia, *f.* humildad. ▶謙虚な *adj.* modesto, humilde. ♦あの人は自分の行ないに非常に謙虚です Es muy modesto en su conducta. ♦謙虚なのはいいが過ぎてはいけない Hay que ser modes*to*, pero sin exageraciones.

けんきょ 検挙 *f.* detención, *m.* arresto. → 逮捕. ▶検挙する *v.* detener*, arrestar, prender.

けんぎょう 兼業 ♦ぼくの家は兼業農家です Mi padre es agricultor con otro trabajo secundario [suplemento]. / (副業として農業をする)Mi padre tiene la agricultura como empleo accesorio. → 農業.

げんきょう 現況 *f.* situación [*m.* estado] actual.

げんきょう 元凶 (悪い事の根本の原因)*f.* raíz de todos los males.

けんきん 献金 *f.* contribución, *f.* donación. ▶政治献金 *f.* contribución de fondos políticos. ▶献金する *v.* contribuir*, donar, hacer* una contribución [donación]. → 寄付する.

・げんきん 現金 *m.* dinero (en efectivo), *m.* dinero en metálico, *m.* efectivo, 《口語》 *m.* dinero contante (y sonante). ▶現金売り *f.* venta en metálico. ▶現金払い *m.* pago en metálico [efectivo]. ▶現金割引 *m.* descuento por pago (con dinero) en metálico. ▶現金自動引き出し・預け入れ機 *m.* cajero automático. ♦今手元に現金がない Estoy sin dinero (en efectivo) ahora. / (持ち合わせがない)Ahora no llevo dinero. ♦この小切手を現金に換えてください Quisiera que me cambiaran este cheque, por favor. ♦そんな多額の現金をそろえるのは無理だ No puedo reunir tanto dinero. ♦自動車を現金で買った Compré el coche (pagando) en efectivo. ♦支払いは現金でも月賦でも結構です Puede usted pagar al contado o a plazos mensuales. ♦あの店は現金でしか売らない En esa tienda sólo se puede pagar en efectivo. / (現金取引でのみ商売する) En esa tienda no admiten más que dinero en metálico. 《会話》 それをいただくわ─お支払いは現金でなさいますか. それともカードですか─現金で払います Me lo quedo. – ¿Va a pagar en efectivo o con tarjeta? – En efectivo.
《その他の表現》 ♦彼は現金(＝打算的)なやつだ Es un tipo calculador [interesado].

げんきん 厳禁 *f.* prohibición terminante. → 禁止. ▶生徒の飲酒を厳禁する *v.* prohibir* terminantemente beber a los alumnos. ♦ここでは喫煙は厳禁です Está terminantemente prohibido fumar. ♦火気厳禁〖掲示〗Inflamable.

げんけい 原形 *f.* forma original. ♦山中に墜落した飛行機は原形をとどめていなかった El avión estrellado en las montañas「no tenía su forma original [estaba irreconocible] cuando lo rescataron.

げんけい 減刑 *f.* mitigación de condena, 《フォーマル》*f.* conmutación de la pena; (死刑に対して)《フォーマル》*f.* conmutación. ▶減刑する *v.* reducir* [《フォーマル》conmutar] una pena [sentencia] 《a＋人》.

げんけい 原型 *m.* prototipo 《de》; (ひな型)*m.* modelo 《de》.

けんけつ 献血 *f.* donación de sangre. ▶献血

現金自動引き出し機 Cajero automático →現金

者 mf. donante de sangre. ▶献血車 m. banco móvil de sangre. ▶献血手帳 f. tarjeta de donante de sangre. ▶献血する v. donar sangre.

けんげん 権限 (法律などに基づいて命令を強制する) f. autoridad; (委任された) m. poder [《フォーマル》f. potestad] (de, para + 不定詞). ▶部下に権限を行使する v. ejercer* la autoridad sobre los subordinados. ▶彼に文書に署名する権限を与える v. dar* [《教養語》conferir*, 《フォーマル》otorgarle*] (a + 人) autoridad [《フォーマル》potestad] para firmar los documentos. ♦ 彼に最終的な決定を下す権限がある「Tiene autoridad [Está autorizado] para tomar la decisión final. ♦ それは営業部長の権限を越える行為です Esa acción está fuera de「la autoridad [las atribuciones, la competencia] de un director del departamento de ventas.

けんご 堅固 ▶堅固な adj. sólido; firme; fuerte. ▶堅固に adv. sólidamente; firmemente; fuertemente. ▶堅固にする v. fortalecer*, consolidar.

げんこ 拳固 (げんこつ) m. puño. → 拳骨.

げんご 言語 f. lengua; m. lenguaje; (話し言葉) f. habla. ▶言語の adj. lingüístico. ▶言語学 →言語学. ▶言語障害 m. defecto del habla, f. patología del lenguaje. ▶言語療法 →言語療法. ▶二言語使用の adj. bilingüe. ▶多言語使用の adj. multilingüe. ☞語, 言葉

げんご 原語 lengua original; (原文, 原書) m. (texto) original. ▶セルバンテスを原語で読む v. leer* a Cervantes en el original.

けんこう 健康 f. (buena) salud.
1《健康の》♦《健康(の)＋名詞》▶健康食品 mpl. alimentos sanos. ▶健康診断書 m. certificado médico. ▶健康法 m. cómo「mantenerse sano [mantener la salud]. ▶健康管理 f. atención sanitaria. ▶健康保険 m. seguro de enfermedad [salud]. ▶健康診断を受ける v. pasar [《フォーマル》someterse a]「una revisión médica [un reconocimiento médico]. ▶健康状態を調べる v.「hacer* (a ＋ 人) [《フォーマル》someter (a ＋ 人) a] un reconocimiento médico. ▶健康のためにジョギングする v. correr por razones de salud. ♦健康のありがたさは失ってみてはじめて分かる No apreciamos la buena salud hasta que la perdemos. ♦彼は健康上の理由で辞職した Dimitió por razones de salud.

2《健康が[は]》♦母の健康がすぐれない(一時的に) Mi madre「tiene problemas [《口語》no anda bien] de salud. / La salud de mi madre no es buena. ♦彼の健康状態は Su salud「está empeorando [《フォーマル》se está deteriorando]. ♦私は彼の健康が気がかりだ Estoy preocupado/da por su salud. ♦健康は富にまさる La salud antes que la riqueza.

3《健康な》adj. sano. ▶健康な人 f. persona sana. ▶健康な体 m. cuerpo sano.

4《健康に》▶健康によい adj. sano, saludable, bueno para la salud, 《教養語》salutífero. ▶健康によい気候 m. clima 《教養語》sano [saludable, salutífero]. ▶健康に恵まれる v. gozar* de (buena) salud. ♦これらの運動は健康によい Estos ejercicios son「buenos para la salud [saludables]. ♦健康にはくれぐれも留意してください Haga usted el favor de「cuidar su salud [cuidarse]. ♦君がもしたばこをやめればもっと健康になるだろう Estarás mejor de salud si dejas de fumar. / Te sentirás mejor (de salud) si dejas el tabaco.

5《健康を》▶健康を保つ v. conservarse [mantenerse*] sano. ▶健康を害する v. perjudicar* la salud, 《口語》hacerse* daño. → 病気. ▶健康を害している v. tener* mala salud, tener* la salud quebrantada [《口語》hecha polvo]. ▶健康を取り戻す v. recuperar [recobrar] la salud. ▶水泳などで健康を増進する v. mejorar la salud con la natación. ♦ご健康を祈ります Le deseo mucha salud. ♦あなたの健康を祝して乾杯 iA tu [su] salud! / iSalud!

6《健康だ》♦ぼくは生まれつき健康だ Siempre he estado sano. / Soy sano de nacimiento. ☞体, 元気, いい, 丈夫な, 壮健

げんこう 原稿 (手書き・タイプによる) m. manuscrito; (草稿, 下書き) m. borrador; (印刷前の) f. copia; (投稿) f. colaboración. ▶(4 百字詰め)原稿用紙 10 枚 fpl. diez hojas de papel cuadriculado (en donde caben 400 caracteres). ▶原稿料 f. remuneración (al autor). ▶原稿を書く v. escribir* un texto.

げんこう 言行 fpl. palabras y fpl. obras [mpl. hechos], el decir y el hacer. ▶彼の言行は一致しない Sus palabras contradicen [no se conforman a] sus obras [hechos]. / Una cosa es lo que dice y otra lo que hace.

げんこう 現行 ▶現行の(現在の) adj. actual; (現在通用している) adj. vigente; (現存の) adj. existente; (いま現行している) adj. ahora vigente; (法律などが効力をもつ) adv. en vigor, en efecto. ▶現行制度 m. sistema actual [vigente]. ▶現行の教科書 mpl. libros de texto ahora vigentes. ▶現行法のもとでは adv. bajo [según] la ley vigente.

げんごう 元号 (年号) m. nombre de una era.
けんこうこつ 肩甲骨 m. omoplato (omóplato).

げんこうはん 現行犯 ▶彼を盗みの現行犯で捕える v.「sorprenderlo[le] robando [agarrarlo [le], pillarlo[le]]「en flagrante [in fraganti] cuando robaba.

げんごがく 言語学 f. lingüística. ▶言語学(上)の adj. lingüístico. ▶言語学者 mf. lingüista.

けんこく 建国 f. fundación de un país. ▶建国記念の日 m. Día de la Fundación Nacional.

げんこく 原告 mf. demandante; (告訴人) mf. querellante; (告発人) m. f. acusador/dora.

げんこつ 拳骨 m. puño. → 殴る. ▶げんこつで机をどんどんたたく v. dar* puñetazos en la mesa.

げんごりょうほう 言語療法 f. terapia de la palabra. ▶言語療法士 mf. logopeda.

けんさ 検査 (綿密に調べること) m. examen, m. control; (点検) f. inspección, f. revisión; (ある基準に合うか否か試すこと) f. prueba, m. reconocimiento, m. análisis. ▶検査入院する v.「ser* hospitalizado [hospitalizarse*] para someterse a análisis.

1《～検査》安全検査 m. examen [f. prueba] de seguridad. ▶抜き取り検査 f. inspección al azar. ▶品物の品質検査 f. verificación de la calidad de productos. ▶放射能検査 m. examen de radiación.

2《検査を》検査を受ける v. pasar un examen, 《フォーマル》ser* sometido a「una inspección [un examen]. ▶私は視力検査を受けた v. pasar un reconocimiento de la vista. ◆医者に精密検査をしてもらいなさい Ve al médico a que te haga un reconocimiento completo. → 検診.

―― 検査する v. examinar, analizar*, revisar, inspeccionar, hacer*「un examen [un análisis, una revisión, una inspección]《de》. ▶井戸の水を検査する v.「hacer* un análisis del [analizar* el] agua de un pozo. ▶大気中の放射能を検査する v. examinar la radiación del aire. ▶荷物は税関で入念に検査された Mi equipaje fue estrictamente inspeccionado en la aduana. ☞検閲, 検査, 証, 検定, 審査

けんざい 健在 ▶両親は健在です Mis padres tienen [gozan de] buena salud. ◆彼は92歳で、まだ健在です Tiene 92 años y todavía sigue bien.

***げんざい 現在** m. presente, f. actualidad; (今) m. ahora; (今日) m. hoy. ◆時には現在を将来のために犠牲にしなければならないことがある A veces tenemos que sacrificar el presente por el futuro. ◆現在までのところすべてうまくいっている Hasta ahora todo ha ido bien. / De momento todo marcha bien.

―― 現在(は) adv. ahora; hoy (en día), hoy por hoy; (今の ところ) adv. actualmente, 《フォーマル》en la actualidad. → 今. ◆現在多くの人がこの分野で働いている Ahora hay mucha gente que trabaja en este campo. ◆現在その件は調査中です El asunto está「ahora bajo investigación [siendo investigado en este momento].

―― 現在(の) adj. actual, presente; (現在ある) adj. existente. → 今. ▶現在時制 m. tiempo presente. ▶現在分詞 m. participio presente. ▶現在完了 m. presente perfecto. ▶今の状況では adv. en las actuales circunstancias. ▶現在の市場金利 m. actual tipo [tasa] de interés. ▶2005年4月1日現在の内閣 m. gabinete del día 1 de abril de 2005. ◆現在地『地図などの表示』 Usted está aquí. ◆現在のご住所はどこですか ¿Cuál es su dirección actual? ◆現在の生活費では車を買う余裕なんてない Tal como está hoy el coste de la vida, no podemos darnos el lujo de comprar un coche. ☞今, 差し当たり, ただ今, 現, 現行

げんざい 原罪 m. pecado original.

けんさく 検索 (参照) f. referencia, f. consulta; (データの呼び出し) f. búsqueda, m. acceso. ▶検索エンジン 《専門語》m. motor de búsqueda, 《専門語》m. buscador, 《専門語》m. indexador de información. ▶検索する v. consultar (las fichas); 《専門語》v. buscar*. ▶コンピューターで1情報 [2ファイル] を検索する v. acceder ¹a la información [²al archivo] en un ordenador. ▶インターネットでデータを検索する v. buscar* datos en el Internet. ◆この本には検索の便宜がついている Este libro tiene un índice de rápida consulta.

げんさく 原作 m. original, f. obra original. ▶原作者(著者) m. autor/tora; (作家) mf. escritor/tora. ▶セルバンテスを原作で読む v. leer* a Cervantes en el original.

けんさつ 検察 ▶検察側[当局] f. acusación. ▶検察側の証人 m. testigo de cargo [la acusación]. ▶検察官 mf. fiscal. → 検事. ▶検察庁 f. fiscalía.

けんさつ 検札 f. revisión. ▶検札係 mf. revisor/sora. ◆まだ車掌が検札にやってこない El revisor no ha pasado a examinar nuestros billetes.

けんざん 検算 ▶検算する v. examinar (las) cuentas, comprobar* el resultado de la operación (del cálculo).

けんざん 剣山 "kenzan", 《説明的に》m. prendedor utilizado para sujetar las flores en el arte del arreglo floral. → 生け花.

げんさん 減産 (自然的) f. disminución de la producción; (人為的) f. reducción [m. recorte] de la producción. ▶鋼鉄を15パーセント減産(に)する v. reducir* la producción del acero en un 15%. ◆この工場は20パーセントの減産であった Esta fábrica ha disminuido su producción en un 20%.

げんさん 原産 (源) m. origen, f. procedencia. ▶原産の adj. originario, original, autóctono. ▶原産地 m. lugar「de origen [originario]. ▶原産国 m. país de origen. ▶日本原産の猿 m. mono autóctono japonés. ▶コーヒーの原産地 m. lugar de origen del café. ◆キーウィー(フルーツ)は中国原産だ El frutal del kiwi es originario de China.

けんし 検死[視] (主に検死陪審による死因審問) f. indagatoria del médico forense; (死因究明のための検死解剖) f. autopsia. ▶検死官 m. (médico) forense (que investiga la causa de un fallecimiento). ▶検死する v. realizar* una investigación forense del cadáver, hacer* una autopsia para averiguar* la causa de la muerte.

けんし 犬歯 m. colmillo, m. canino.

けんじ 検事 mf. fiscal, mf. procurador/dora. ▶検事正 m. jefe fiscal. ▶検事長 mf. fiscal superintendente. ▶検事総長 mf. procurador/dora general, mf. fiscal general.

けんじ 堅持 f. constancia, f. perseverancia. ▶堅持する v. perseverar《en》, 《強調して》aferrarse《a》. ▶自説を堅持する v. aferrarse a su「propia opinión [punto de

げんし 原始 ▶原始の[的](文明発達の初期段階の) adj. primitivo, 《教養語》primigenio; (未開で野蛮な) adj. incivilizado. ▶原始時代 mpl. tiempos primitivos. ▶原始人 m. primitivo. ▶原始的な部族 f. tribu primitiva. ▶原始林 f. selva virgen.

・げんし 原子 m. átomo. ▶原子の adj. atómico; (核の) adj. nuclear. ▶原子価 f. valencia. ▶原子核 m. núcleo atómico. ▶原子雲 f. nube atómica. ▶原子構造 f. estructura atómica. ▶原子¹番号 [2記号] ¹ m. número [² m. símbolo] atómico. ▶原子爆弾 f. bomba atómica. → 原子爆弾. ▶原子物理学 f. física nuclear. ▶原子力 f. energía atómica. → 原子力. ▶原子量 m. peso atómico. ▶原子炉 m. reactor nuclear. → 原子炉.

げんじ 源氏 (一族) m. clan de Genji. ▶ 源氏物語.

けんしき 見識 ❶【判断力】m. juicio, m. entendimiento; 《教養語》m. discernimiento; (洞察力) f. perspicacia, 《教養語》f. clarividencia; (ものの見方) m. punto de vista. ▶ 見識のある人 f. persona「con mucho juicio [de gran entendimiento, muy perspicaz, 《教養語》con gran clarividencia]. ▶ 高い見識を示す v. mostrar* mucho juicio [《教養語》discernimiento]. ♦ 彼は政治に関しては高い見識を持っている Es muy entendido en la política. / Tiene mucho juicio [《教養語》discernimiento] para la política.
❷【気位】m. orgullo; (威厳) f. dignidad. ▶ 見識張る v. estar* lleno de orgullo, ser* soberbio, darse* importancia [《口語》aires].

けんじつ 堅実 (着実) f. seguridad, f. solidez, f. firmeza. ▶堅実な (着実な) adj. seguro, firme; (信頼できる) adj. fidedigno, digno de confianza; (まともだが健全な) adj. sensato, juicioso. ▶堅実に (着実に) adv. con seguridad, seguramente, firmemente. ▶堅実な若者 m. joven sensato [digno de confianza]
☞ 確か, 着実な, 手堅い

・げんじつ 現実 f. realidad. ▶現実から逃避する v. escapar de la realidad. ▶現実は厳しい La realidad es cruel.
1《～現実》▶人生の厳しい現実 fpl. duras realidades de la vida.
2《現実(の) + 名詞》▶現実の adj. real; verdadero. ▶現実(の)生活 f. vida real. ▶現実主義 m. realismo. ▶現実主義者 mf. realista, f. persona realista [《口語》con los pies en el suelo]. ▶現実化 f. realización. ▶現実化する (願望・計画などが) v. realizarse*, ser* realizado. ▶現実的な物の見方をする v. tomar [《フォーマル》asumir] un punto de vista realista. ▶現実離れした (=空想上の)話 m. historia irreal. ♦彼はそこで現実の問題に直面している Ahí「se está chocando [se está dando de cara, está enfrentando] contra un problema real. ♦彼は現実的だ Es un hombre realista. /《口語》Tiene los pies en el suelo.
3《現実に》adv. realmente, en realidad; (本当に) adv. verdaderamente, en verdad. → 実際に. ▶現実に事故を目撃した Presencié realmente el accidente. ♦私の夢は現実になった(=かなった) Mi sueño se ha「hecho realidad [realizado]. ♦私はその物音で現実に引き戻された El ruido me devolvió a la realidad.
4《現実を》▶現実を直視する v.「enfrentarse a [encarar, afrontar] la realidad
☞ 事実, 実際, 真実

げんじてん 現時点 (今) adv. ahora, actualmente; (今のところ) adv. de [por el] momento, por ahora.

げんしばくだん 原子爆弾 f. bomba atómica. ♦この国に2個の原子爆弾が投下された En este país han caído dos bombas atómicas.

げんじものがたり 源氏物語 (書名) 《La Historia [El Cuento, Romance] de Genji》.

げんしゅ 元首 mf. jefe/fa de estado; (国王・君主)《フォーマル》mf. soberano/na.

げんしゅ 厳守 (きびしく守ること) f. estricta observancia, m. cumplimiento escrupuloso. ▶ 交通規則を厳守する v. observar [respetar] estrictamente el reglamento de tráfico. ▶ 時間を厳守する v. guardar la máxima puntualidad.

けんしゅう 研修 (研究) m. estudio; (実地の) f. capacitación práctica; (理論的な) m. cursillo de formación. ▶研修生 m. estudiante, mf. cursillista, mf. aprendiz. ▶研修旅行 m. viaje de estudio. ▶トレドにスペイン語研修に行く v. ir* a Toledo a estudiar español. ♦われわれは3日間の研修を受けた Nos dieron「un cursillo [una capacitación] de tres días.

けんじゅう 拳銃 f. pistola; (リボルバー) m. revólver. → ピストル. ▶自動拳銃 f. pistola automática. ▶拳銃の名手 mf. excelente tirador/dora de pistola.

げんしゅう 減収 f. disminución de los ingresos. ♦今月は5万円の減収になった Este mes me han recortado el salario 50.000 yenes. / He tenido este mes una reducción en mis ingresos de 50.000 yenes.

げんじゅう 厳重 (厳しい) adj. riguroso, estricto; (苛(か)酷なほど厳しい) adj. severo; (綿密な) adj. minucioso; (語調などがきつい) adj. duro, fuerte. ▶厳重に adv. con rigor, rigurosamente, estrictamente, severamente. → 厳格. ▶厳重な点検 f. rigurosa [minuciosa] inspección. ▶囚人を厳重に監視する v. someter「al prisionero [a la prisionera] a una extrema vigilancia. ▶厳重に罰せられる v. ser* castigado「con rigor [severamente]. ▶厳重に注意する v. advertir* severamente, hacer* una rigurosa llamada de atención. ♦私たちはそのことについて政府に厳重に抗議した Presentamos una enérgica protesta al gobierno sobre eso. ☞ 固[硬, 堅]く

げんじゅうしょ 現住所 f. dirección actual.

げんじゅうみん 原住民 mpl. primeros habitantes, mpl. habitantes originales, mf. indígena. ▶アメリカ大陸の原住民 mpl. pobla-

dores indígenas de América.
げんしゅく 厳粛 *f.* solemnidad; *f.* gravedad. ▶厳粛な(荘重な) *adj.* solemne, majestuoso, grave, austero, muy serio. ▶厳粛な発表 *m.* anuncio solemne. ▶厳粛な儀式 *f.* ceremonia solemne. ▶厳粛な顔つき *f.* mirada grave [austera]. ▶厳粛な事実 *m.* hecho innegable. ▶その決定を厳粛に(=深刻に)受け止める *v.* tomar la decisión seriamente. ▶首相の葬儀は厳粛に行なわれた El funeral por el/la presidente/ta del gobierno se celebró solemnemente.
けんしゅつ 検出 (見えないものを探り当てること) 《フォーマル》 *f.* detección. ▶検出器 *m.* detector. ▶死体の胃の中には毒物は検出されなかった No se detectó la presencia de veneno en el estómago del cadáver.
けんじゅつ 剣術 "kenjutsu", 《説明的に》 *m.* arte marcial de la esgrima japonesa.
げんしょ 原書 *m.* (texto) original. ▶ホメロスを原書で読む *v.* leer* a Homero en el original.
けんしょう 懸賞 (競争などの) *m.* premio; (謝礼) *f.* recompensa. ▶懸賞論文 *m.* ensayo premiado. ▶懸賞を取る[に当たる] *v.* ganar un premio, 《口語》 llevarse el premio. ▶懸賞をかける *v.* ofrecer* una recompensa (por); (犯人などに) *v.* poner* precio a su cabeza. ▶懸賞コンクールに応募する *v.* participar en un concurso.
けんしょう 憲章 *f.* carta; (ユネスコなどの) *f.* constitución. ▶国際連合憲章 *f.* Carta de las Naciones Unidas.
けんしょう 検証 (検査) *m.* examen, *f.* inspección; (実証) *f.* comprobación, *f.* verificación. ▶現場検証 *f.* inspección「in situ [en el sitio]. ▶検証する *v.* inspeccionar, comprobar*, 《フォーマル》 verificar*.
けんじょう 謙譲 *f.* modestia, *f.* humildad. ▶謙譲の美徳 *f.* virtud de la modestia.
げんしょう 現象 *m.* fenómeno. ▶¹一時的 [²まれな; ³よくある] 現象 *m.* fenómeno ¹transitorio [²raro; ³frecuente]. ◆虹(㆑)は美しい自然現象である El arco iris es un bello fenómeno natural.
げんしょう 減少 (数量が減ること) *f.* reducción, *f.* disminución; (ゆっくりとした下落) 《フォーマル》 *m.* decrecimiento, 《教養語》 *f.* aminoración. ▶30%の減少 *f.* reducción [*f.* disminución] del 30%. ▶人口の減少 *m.* descenso demográfico.
—— 減少する *v.* disminuir* [reducirse*, descender*, bajar] (a); (徐々に) *v.* menguar* [decrecer*] (a). →減る. ▶5千人に減少する *v.* bajar [disminuir*] a cinco mil personas. ◆その国の人口は減少しつつある La población de ese país está disminuyendo [a la baja]. ◆出生率が徐々に減少してきた La tasa de natalidad ha venido disminuyendo poco a poco. / 《フォーマル》 Se ha registrado un paulatino decrecimiento en el índice de natalidad.
*****げんじょう** 現状 *f.* situación actual, *m.* estado presente. ▶現状では *adv.* en la situación actual, en estas circunstancias, 《口語》 tal como están las cosas. ▶現状を打破する *v.* destruir* 「la situación actual [《教養語》 el statu quo]. ▶現状に甘んじる *v.* contentarse con la situación actual. ◆彼の中国に対する認識は現状(=現実の状態)には程遠い Su idea de la situación de China está muy lejos de la situación real. ◆彼らの賃金は現状維持がいいところだろう Será bastante con que sus salarios se mantengan 「en el estado actual [como ahora]. ▶現状(=そのまま)でよい Así está bien. / Vale tal como está.
げんじょう 原状 *f.* estado [*f.* situación] original. ▶原状に復する *v.* volver* al estado original.
げんしょく 原色 *m.* color primario. ▶三原色 *mpl.* tres colores primarios. ▶原色図鑑 *m.* libro con ilustraciones en [a] color.
げんしょく 現職 (現在の職) *m.* puesto [*m.* cargo] actual. ▶現職者(政治家など公職にある) *mf.* titular (del cargo); (一般に) *f.* persona que ocupa actualmente un cargo. ▶アメリカの現職大統領 *m.* presidente actual de Estados Unidos. ▶現職の(=現役の・在職中の)警官 *m.* agente de policía en servicio activo. ▶現職にとどまる *v.* quedarse en el puesto actual, seguir* en el mismo cargo.
げんしょく 減食 ▶減食する *v.* comer menos, ponerse* a dieta.
げんしりょく 原子力 *f.* energía atómica [nuclear]; (動力としての) *f.* energía nuclear. ▶原子力委員会 *f.* Comisión de Energía Atómica. ▶原子力潜水艦 *m.* submarino nuclear. ▶原子力発電 *f.* generación de electricidad mediante energía atómica. ▶原子力発電所 *f.* central nuclear. ▶原子力の平和利用 *f.* utilización pacífica de la energía nuclear [atómica].
げんじる 減じる (数量などを) *v.* reducir*, disminuir*, 《教養語》 aminorar. →減らす, 引く. ▶彼の刑を死刑から終身刑に減じる *v.* conmutarle la pena de muerte a cadena perpetua.
げんしろ 原子炉 *m.* reactor nuclear.
けんしん 献身 *f.* entrega [*f.* dedicación] (a); (自己犠牲) *f.* abnegación, *m.* sacrificio (de sí mismo). ▶献身的な *adj.* abnegado, dedicado, consagrado. ▶その看護婦は患者を献身的に看護した La enfermera se entregó 「《強調して》 consagró] a atender a los pacientes. / La enfermera cuidaba con abnegación a sus pacientes. ◆彼は難民救済に献身した 「Se entregó [Dedicó toda su energía] a ayudar a los refugiados.
けんしん 検診 *f.* revisión médica, *m.* reconocimiento [《ラ米》 *m.* chequeo] médico, *m.* examen médico [clínico]. ▶胃の集団検診 *m.* reconocimiento en grupo de estómago. ▶歯の定期検診を受ける *v.* pasar [《フォーマル》 someterse a] una revisión dental periódica.
けんじん 賢人 *mf.* sabio/bia.
けんすい 懸垂 *f.* flexión en barra hasta la barbilla. ▶懸垂する *v.* hacer* ejercicios de

flexión en barra llegando hasta la barbilla.

げんすい 元帥 (陸軍) m. mariscal de campo, m. capitán general (del ejército); (海軍) m. almirante supremo [de flota].

げんすいばく 原水爆 fpl. bombas atómicas y de hidrógeno, (略) fpl. bombas A y H; (核爆弾) fpl. bombas nucleares. ▶原水爆禁止運動 f. campaña contra las「bombas atómicas y de hidrógeno [(核兵器) armas nucleares].

げんすう 件数 (事件の数) m. número de casos. ◆このところ交通事故の件数がうなぎ登りだ Estos días se está disparando el número de accidentes de tráfico.

げんすんだいの 原寸大の adj. de tamaño natural.

げんせ 現世 f. vida terrena, m. este mundo. ▶現世の楽しみ mpl. placeres terrenales [mundanos]. ▶現世と来世 este mundo y el otro, la vida terrena y la venidera ⇨ 浮き世、この世

げんせい 牽制 (制止) f. detención, m. freno; (抑制) f. restricción. ▶けん制する v. restringir*, frenar.

げんせい 憲政 (立憲政治) m. gobierno constitucional.

げんせい 権勢 (権力) m. poder; (勢力) f. influencia. ▶権勢を振るう v. ejercer* poder* [influencia].

げんせい 厳正 ▶厳正な (厳しく公平な) adj. estricto y justo. ▶厳正な審査 m. juicio estricto e imparcial.

げんぜい 減税 f. reducción tributaria [de impuestos]. ▶大幅減税を要求する v. pedir* la reducción drástica de impuestos. ▶5%減税する v. reducir* los impuestos en un 5%. → 増税.

げんせいりん 原生林 f. selva virgen.

けんせき 譴責 (職務に関する叱(しっ)責) f. censura, f. reprimenda, (教養語) f. represión. ▶譴責する v. reprender, censurar.

*__けんせつ__ 建設 (建築物の) f. construcción; (設立) 《フォーマル》 m. establecimiento. ◆彼は建設的な意見を述べた Expresó una opinión constructiva.

1《建設+名詞》▶道路の建設工事 fpl. obras de construcción de una carretera. ▶建設1省 [2大臣] 1 m. Ministerio [2 mf. ministro/tra] de Construcción [《スペイン》 Obras Públicas]. → 国土交通省. ▶建設会社 f. empresa de construcción, f. constructora. ▶建設現場 m. sitio [m. lugar] de construcción. ◆そのホテルはまだ建設中です El hotel todavía está en construcción. / Aún se sigue construyendo el hotel.

2《建設に》 ◆その橋の建設に2年かかった La construcción del puente tardó dos años.
── **建設する** v. construir*, edificar*, 《フォーマル》 establecer*, 《教養語》 erigir*. → 建てる. ▶ダムを建設する v. construir* una presa. ▶新しい国家を建設する v. establecer* [construir*] un nuevo estado.

けんぜん 健全 ▶健全な adj. sano; sólido; solvente. ▶健全財政 fpl. finanzas solventes [sólidas]; (予算が) m. presupuesto (bien) equilibrado. ▶健全な生活 f. vida sana. ▶健全なテレビ番組 mpl. programas de televisión sanos. ◆難産でしたが母子ともに健全です Fue un parto difícil, pero tanto la madre como el niño están bien. ◆健全なる精神は健全なる身体に宿る《ことわざ》Cuerpo sano en mente sana. /《ことわざ》Mente sana en cuerpo sano. / (ラテン語で) Mens sana in corpore sano.

げんせん 源泉 (出所) f. fuente; (起源) m. origen. → 源. ▶活動力の源泉 f. fuente de energía. ▶源泉課税 f. imposición [f. retención] en el origen [la fuente (de ingresos). ▶源泉徴収 f. retención en la fuente, mpl. impuestos deducidos de la fuente de ingresos. ▶源泉徴収票 m. certificado de impuestos deducidos de la fuente de ingresos.

げんせん 厳選 ▶厳選する v. seleccionar [elegir*] cuidadosamente.

げんぜん 厳然 ▶厳然とした(厳しい) adj. severo, duro, 《フォーマル》 adusto; (動かしがたい) adj. innegable, evidente. ▶厳然たる事実 m. hecho innegable [indiscutible, 《スペイン》《口語》 puro y duro]. ◆私は彼の申し出を厳然と拒否した Rechacé resueltamente su oferta.

げんそ 元素 m. elemento. ▶元素記号 m. símbolo de un elemento.

けんそう 喧騒 m. ruido, m. estrépito, f. algarabía. → 騒音. ▶通りの喧騒 f. algarabía de la calle. ▶大都会の喧騒を逃れる v. escapar del estrépito de la gran ciudad.

けんぞう 建造 f. construcción, f. edificación. ▶建造物 m. edificio, f. construcción. ▶建造中のタンカー m. petrolero en construcción. ▶タンカーを建造する v. construir* un petrolero. → 建設.

げんそう 幻想 (夢のような空想) f. fantasía; (錯覚) f. ilusión, f. quimera. ▶幻想曲(曲名) 《Impromptu Fantástico》. ▶甘い幻想 fpl. vanas ilusiones. ▶幻想の世界に住む v. vivir en un mundo de ilusiones (fantasía). ▶幻想を抱く v. concebir* [hacerse*] ilusiones. ◆私は自分の能力に幻想など抱いていない No me hago ilusiones sobre mi capacidad.

げんぞう 現像 m. revelado. ▶現像する v. revelar. ▶そのフィルムの現像代は高くついた El revelado del rollo [《スペイン》 carrete] ha costado mucho.

__げんそく__ 原則 (根本の規則) m. principio; (一般・個人の習慣) f. norma, f. regla. ▶基本原則を立てる v. establecer un principio fundamental [esencial]. ◆原則的には私はその計画に賛成だ En principio estoy de acuerdo con el plan. ◆私は原則として人に金を貸さないことにしている No presto dinero por principio. / (金を貸さないのが原則だ) Mi norma es no prestar dinero. / Tengo la regla de no prestar dinero a nadie.

げんそく 減速 f. desaceleración. ▶減速する v. reducir* [disminuir*] la velocidad, desacelerar.

けんそん 謙遜 (控えめで慎み深いこと) f. modestia; (へりくだり) f. humildad. ▶謙遜家 f. persona modesta. ▶謙遜な態度 f. actitud modesta [humilde]. ▶謙遜して語る v. hablar con modestia. ♦彼は自分の作品について謙遜している Es modesto con sus obras.

げんそん 現存 ▶現存する v. existir. ♦現存の(生きている) adj. viviente, con vida; (物などが存在する) adj. existente. ▶現存の作家 m. f. escritor/tora viviente   ☞生きる, 在[有]る

けんたい 倦怠 m. tedio, m. aburrimiento, 《教養語》m. hastío. ♦疲れ. ▶倦怠感を覚える v. aburrirse, hastiarse*, sentir* tedio. ♦彼らの結婚生活も倦怠期にさしかかった Están aburridos de su vida matrimonial.

げんたい 減退 (衰え) f. debilitación [《フォーマル》m. deterioro] (de la salud), m. decaimiento. ▶食欲減退 f. pérdida de apetito. ▶食欲が減退する v. perder* el apetito. ♦彼の体力は減退しつつある Su fuerza está decayendo. / Cada vez tiene menos fuerza.

*****げんだい 現代** f. nuestra época, 《フォーマル》f. edad [f. época] contemporánea, f. esta era; (今日) adv. hoy (en día). ▶現代は adv. estos días, actualmente. ♦現代では電話はなくてはならないものである En nuestra época el teléfono es indispensable. ♦これは現代における最大の問題である Es el mayor problema de 「nuestra época [nuestros tiempos]. ♦現代は情報技術 (IT) の時代だ Estamos en la edad de la informática. / La edad contemporánea es la época de la informática. ♦現代ではだれもそんな考え方はしない Hoy nadie piensa así. / No hay nadie que piense así en nuestra época.

—— **現代の[的]** (過去に対して今日の) adj. actual, de hoy; (当世の) adj. moderno, contemporáneo; (最新の) adj. último, al día; (最新化した) adj. actualizado. ▶現代の若者 f. juventud actual [moderna, de hoy, de nuestra época]. ▶現代社会 f. sociedad moderna [contemporánea]. ▶現代人 f. gente de hoy, 《フォーマル》mpl. nuestros contemporáneos. ▶現代の科学技術 f. tecnología moderna. ▶現代的な思想 fpl. ideas modernas [contemporáneas]   ☞当世, 当代

げんだいっこ 現代っ子 m. hijo de nuestra época.

けんち 見地 m. punto de vista. ♦この見地からみると, それは重要ではない Desde este punto de vista, eso no es importante.   ☞考え方, 観点, 視点, 立場, 着眼, 点

げんち 現地 (特定の地点) m. lugar 「del suceso [en cuestión]. ▶現地調査 f. investigación en el lugar del suceso; m. estudio 「de campo [sobre el terreno]. ▶現地報告 m. reportaje en el lugar del suceso. ♦現地の人たちに現地のことばで話す v. hablar a la gente del lugar en su propia lengua. ▶現地に詳しい人 m. buen conocedor del lugar. ♦言語学者はしばしば現地で仕事をする Los lingüistas trabajan frecuentemente sobre el terreno. ♦AZ 602 便は現地時間14時に到着する予定でございます El vuelo AZ 602 llega a las 14.00, hora local.

げんち 言質 (約束) f. promesa; (誓約) m. compromiso. → 約束. ▶言質を与える v. comprometerse 《a》. ▶言質を取る v. conseguir* [obtener*] (su) promesa.

*****けんちく 建築** (建築学・様式) f. arquitectura; (建造) f. construcción; (建築物) m. edificio, f. construcción, f. edificación.

1 《～建築》 ▶現代建築 f. arquitectura moderna. ▶木造建築 f. construcción de madera.

2 《建築＋名詞》 ▶建築家 mf. arquitecto/ta. ▶建築業者 mf. constructor/tora. ▶建築基準法 f. Ley Fundamental de la Construcción. ▶建築資材 (＝建材) mpl. materiales de construcción. ▶建築上の adj. arquitectónico, arquitectural. ▶建築上 adv. arquitectónicamente.

—— **建築する** v. construir*, edificar*. ♦新しい病院を建築している Están construyendo [edificando] un nuevo hospital.

けんちょ 顕著 ▶顕著な(注目に値する) adj. notable; (際立った) adj. marcado, destacado; (傑出した) adj. destacado; (印象的な) adj. impresionante. ▶著しい. ♦両者の間には顕著な差はない No hay diferencias notables entre ellos.

げんちょ 原著 (原作) m. (trabajo) original.

けんちょう 県庁 m. gobierno prefectural.

けんてい 検定 (正式の認可) f. aprobación (oficial); (試験) m. examen. ▶検定教科書 m. libro de texto autorizado. ▶検定試験 m. examen de licencia. ▶検定する(認可する) v. autorizar*; v. examinar. ♦この教科書は文部科学省の検定済みだ Este libro de texto ha sido aprobado por el Ministerio de Educación y Ciencia. → 文部科学省.

げんてい 限定 f. limitación, f. restricción. → 制限. ▶限定1版 [限定販売] [1] f. edición [[2] f. venta] limitada. ▶限定する v. limitar, restringir*. → 限る.

げんてん 原点 (出発点) m. punto de partida; (最初) m. comienzo, m. principio; (数学・座標の) m. origen. ▶原点 (＝根本原理) に帰る v. volver* 「a la base [al principio].

げんてん 減点 ▶減点法《フォーマル》m. sistema de resta de puntos [méritos]. ▶減点法で採点する v. calificar* restando puntos. ♦スペイン語のテストで10点減点された Me quitaron 10 puntos en el examen de español.

げんてん 原典 m. (texto) original. ▶原典にあたる v. cotejar [comprobar*] el original.

げんど 限度 m. límite; (能力などの) fpl. limitaciones. ▶最小限度 m. mínimo. ▶最大限度 m. máximo. ♦私はたいへん寛大な人間だがそれにも限度がある Soy una persona tolerante, pero con límites. ♦彼の欲望には限度がなかった Su codicia no tenía [conocía] límites. / Su codicia era ilimitada. ♦日本国憲法は最

低限度の生活を保障している La Constitución Japonesa garantiza un mínimo de nivel de vida. ⇨限り, 極限, 制限, 度, 程度

けんとう 見当 ❶【推測】*f.* conjetura, *f.* suposición; (見積もり)《フォーマル》*f.* estimación, *m.* cálculo. ♦私は彼の年齢の見当をつけた Adiviné [Calculé]「su edad [los años que tenía]. ♦なぜ君がそれを知っているのか見当もつかない No puedo imaginar por qué lo sabes. / No tengo (ni) idea de cómo lo sabes. ♦私の見当ではこの仕事をやり終えるのに２年かかる Calculo que se tardará un par de años en terminar este trabajo. 《会話》まだどっと遠いの?ーだいたいの見当で３キロだな ¿Falta mucho todavía [Está todavía lejos]? – Unos tres kilómetros, supongo. ♦それは見当違いだ Eso no「tiene nada que ver (con el asunto) [viene al caso]. → 見当違い.
❷【方向】*f.* dirección, *m.* sentido, *m.* rumbo. ♦青森はだいたいこの見当(＝方向)です Aomori está por esta dirección.
❸【ねらい】*m.* objetivo, *m.* propósito. → 狙い.
❹【およそ】*adv.* más o menos, aproximadamente. → およそ, 約, くらい. ⇨考え, 心当たり

けんとう 拳闘 《ボクシング》*m.* boxeo, 《フォーマル》*m.* pugilismo.

けんとう 検討 (よく調べること)*m.* examen; (組織的な調査)*f.* investigación; (細かい調査)*m.* estudio; (考慮)*f.* consideración. ♦検討する *v.* examinar, investigar*, estudiar. → 調査する, 考慮する. ♦検討中である *v.* estar*「en examen [siendo considerado]. ♦それはさらに検討を要する Se necesita más investigación. / Hace falta investigar más. ♦弁護士はその事件を検討した El abogado estudió el caso.

けんとう 健闘 ♦健闘する(善戦する) *v.* luchar [combatir] bravamente; (懸命の努力をする) *v.* esforzarse* al máximo. ♦健闘を祈る ¡Buena suerte!

けんどう 剣道 "kendo",《説明的に》*f.* esgrima japonesa. ♦剣道の練習をする *v.* practicar* el kendo. ♦彼は剣道３段です Tiene el tercer grado ["dan"] de kendo.

げんどう 言動 → 言行. ♦言動を慎みなさい Vigila [Sé prudente en]「lo que dices y lo que haces [tus palabras y obras].

けんとうちがい 見当違い ♦それは見当違いだ Te has equivocado. /《口語》Te has colado. / No has acertado. ♦彼は見当違いな(＝的はずれの)返事をした Su respuesta se salió del tema.

げんどうりょく 原動力 *f.* fuerza motriz,《口語》*m.* motor; (駆り立てる力)*f.* fuerza impulsora; (動かす力)*f.* fuerza motriz. ♦平和運動の原動力「*f.* fuerza impulsora [《口語》*m.* motor] de la campaña de paz. ♦彼がその計画の原動力でした《口語》Él era el motor del programa.

けんない 圏内 ♦イギリスの勢力圏内 *adv.* dentro de la esfera británica de influencia. ♦暴風雨圏内にいる *v.* estar* en la zona del temporal. ♦合格圏内にいる *v.* tener* muchas posibilidades de aprobar*.

げんなり ♦げんなりする(疲れきる) *v.* estar*「muy cansado [《教養語》exhausto,《口語》rendido,《口語》《強調して》muerto de cansancio]; (飽きてしまう) *v.*《口語》estar* harto;《強調して》 *v.* morirse* de aburrimiento. ♦彼は夏の暑い日に一日歩き回ってげんなりしている Está muy cansado después de haber caminado todo el día con el calor del verano. ♦ほとんどの患者は病院の同じ食事にげんなりしていた La mayoría de los pacientes estaban hartos de la misma comida del hospital.

げんに 現に (実際に)*adv.* verdaderamente; (本当に)*adv.* realmente, en realidad; (自分の1目[2耳]で)*adv.* con los propios ¹ojos [²oídos]; (今)*adv.* ahora. ♦私は現にそれを見たのだ Lo he visto yo realmente. / Lo he visto con mis propios ojos. ♦現に今戦争で死んでいる人がいる En este preciso momento hay personas que están muriendo en las guerras. ⇨じっさい, 実際

げんに 厳に (厳しく)*adv.* cuidadosamente; con rigor. ♦厳に言葉を慎め Hay que tener mucho cuidado cuando se habla. /《口語》Ojo a las palabras.

けんにょう 検尿 *m.* examen [*m.* análisis] de orina,《教養語》《専門語》*f.* uroscopia. ♦検尿する(医師が) *v.* examinar [analizar*] la orina; (検尿してもらう) *v.* pasar [ser* sometido a] un análisis de orina.

けんにん 兼任 ♦兼任する *v.* desempeñar (un puesto) al mismo tiempo, tener* el puesto adicional 《de》; tener* simultáneamente los puestos 《de》.

げんば 現場 (行為・事故・事件などの) *m.* lugar (del suceso), *f.* escena; (地点) *m.* punto; (建築の) *m.* sitio,《フォーマル》*m.* emplazamiento. ♦事故現場 *f.* escena del accidente, *m.* lugar del siniestro. ♦建築現場 *m.* sitio [*m.* lugar] de la construcción. ♦現場監督 *mf.* capataz/taza. ♦現場検証 *f.* inspección「《ラテン語》in situ [en el sitio]. ♦現場中継 *f.* transmisión en directo. ♦窃盗の現場を押さえられる *v.* ser* sorprendido robando en flagrante. ♦そのナイフは犯行現場で発見された El cuchillo se halló en el lugar del crimen.

けんばいき 券売機 (切符販売機) *f.* máquina vendedora de 《スペイン》billetes 《ラ米》boletos. ♦ぼくは券売機で切符を買った Compré el 《スペイン》billete 《ラ米》boleto de la máquina.

げんばく 原爆 *f.* bomba atómica. ♦原爆実験 *f.* prueba de bomba atómica. ♦原爆症 *f.* enfermedad causada por la radiación de la bomba atómica.

げんばつ 厳罰 *m.* severo castigo, *m.* castigo riguroso. ♦厳罰に処する(厳しく罰する) *v.* castigar* (a + 人)「con rigor [severamente].

けんばん 鍵盤 *m.* teclado. ♦ピアノの鍵盤 *m.* teclado del piano.

けんびきょう 顕微鏡 *m.* microscopio. ♦電子顕微鏡 *m.* microscopio electrónico. ♦百倍の顕微鏡 *m.* microscopio de 100 aumen-

げんぶがん

tos. ▶顕微鏡写真 f. microfotografía, 《口語》f. microfoto. ▶顕微鏡で調べる v. examinar al [con el] microscopio, 《フォーマル》realizar* un examen microscópico.

げんぶがん 玄武岩 m. basalto.

けんぶつ 見物 (名所などの) f. visita. ▶見物人 (観光客) mf. visitante, mf. turista; (観客) mf. espectador/dora; (傍観者) mf. curioso/sa,《口語》mf. mirón/rona. ▶彼らを見物に連れて行く v. llevarlos[les] a「hacer* turismo [visitar lugares]. ▶京都見物に行く v. ir* a Kioto de turismo, visitar Kioto.
—— 見物する (場所・建物などを) v. visitar; (名所などを) v. ver*, (強italic して) contemplar; (展示品・芝居などを) v. ver*; (傍観する) v. mirar. ▶パリを見物する v. ver* [visitar] París; (見て回る)《口語》darse una vuelta por París. ▶京都ではいろんな所を見物しました Visité muchos lugares de Kioto. /《口語》Vi muchas cosas de Kioto.

げんぶつ 現物 m. producto, m. artículo. ◆その本には興味がありますが, 現物を見ないで買うわけにはいきません Estoy interesado en el libro, pero no voy a comprarlo sin verlo. ◆米一袋の現物支給だった Me pagaron en especie con un saco de arroz.

ケンブリッジ Cambridge (☆イギリスのイングランド, 米国マサチューセッツ州の大学都市).

けんぶん 見聞 (観察) f. observación; (経験) f. experiencia; (知識) m. conocimiento; (視野) mpl. horizontes. ▶見聞を広める v. conocer* el mundo, ampliar los horizontes. ▶外国についての見聞が広い (=よく知っている) v.「saber* mucho [estar* bien informado] del extranjero. ▶この本は彼が旅行中じかに見聞したことに基づいている Este libro está basado en「sus propias experiencias y observaciones [lo que vio y oyó directamente] en sus viajes.

げんぶん 原文 m. original. ▶原文に忠実に訳す v. traducir* fielmente el original. ▶原文で読む v. leer* (una novela) en el original ☞ 原語, 原本

けんぺい 憲兵 (陸軍) m. policía militar; (海軍) m. policía militar de la Marina, m. guardacostas. ▶憲兵隊(陸軍) f. policía militar; (海軍) f. patrulla guardacostas.

けんべん 検便 mpl. análisis fecales. → 検尿.

けんぽう 憲法 f. constitución. → 法律. ▶憲法(上)の adj. constitucional. ▶憲法記念日 m. Día de la Constitución. ▶憲法を¹制定 [²擁護]する v. ¹establecer* [²defender*] la constitución. ▶憲法を改正する v. revisar [《フォーマル》enmendar*] la constitución. ▶憲法改正 f. revisión [《フォーマル》f. enmienda] de la constitución, f. enmienda constitucional. ▶憲法を発布する v. promulgar* [proclamar] la constitución. ▶憲法で保障された権利 m. derecho constitucional. ▶それは憲法違反である Eso es inconstitucional [anticonstitucional]. / Eso va en contra de la Constitución. ◆これらの権利は憲法で保証されている Estos derechos están garantizados en la Constitución. ◆日本国憲法は1947年に施行された La Constitución Japonesa entró en vigor en 1947.

げんぽう 減俸 f. rebaja [m. recorte, f. reducción] salarial, f. baja en la paga. ▶10パーセント減俸する v. reducir* [rebajar, recortar] el salario en un 10%. ◆3万円減俸された Me rebajaron [redujeron, recortaron] el salario en 30.000 yenes. / Me han pagado 30.000 yenes menos.

けんぼうじゅっすう 権謀術数 (謀略) fpl. artimañas, fpl. tretas; (策略) m. truco. ▶権謀術数をめぐらす(あらゆるはかりごとを使う) v. usar todo tipo de artimañas.

けんぼうしょう 健忘症 (忘れっぽさ) m. olvido; (記憶喪失)《専門語》f. amnesia. ▶彼は年で健忘症になっている Con la edad se le olvidan las cosas.

けんぽん 献本 (贈呈本) m. ejemplar [f. copia] de obsequio [regalo]. ▶献本する v. regalar [《フォーマル》obsequiar] un libro.

げんぽん 原本 m. libro [m. documento] original; (原文) m. texto. ▶契約書の原本と2枚の写し m. contrato original y dos copias.

げんまい 玄米 m. arroz integral. ▶玄米茶 m. té mezclado con arroz integral tostado.

けんまく 剣幕 (ものすごい顔つき) f. mirada furiosa. ▶たいへんな剣幕で adv. con una mirada furiosa, mirando airadamente [coléricamente].

げんみつ 厳密 (厳密さ) m. rigor; f. exactitud; (厳正さ) f. rigidez. ▶厳密な adj. riguroso, estricto, rígido; (綿密な) adj. minucioso, detallado. ▶その語の厳密な意味では adv. en el sentido estricto de la palabra. ▶階級間の厳密な区別 f. rígida distinción de clases. ▶厳密に言えば adv. hablando con rigor, en rigor, para ser exacto. ▶その問題を厳密に調べる v. examinar el asunto「con rigor [minuciosamente].

けんむ 兼務 (兼職) m. puesto [m. cargo] simultáneo [adicional]. ◆この学校の校長は教頭を兼務している El director de la escuela ocupa simultáneamente el cargo de jefe de estudios.

けんめい 賢明 f. sabiduría, f. prudencia. ▶賢明な(判断が正しい) adj. sabio, prudente; (分別のある) adj. sensato, juicioso; (当を得た) adj. aconsejable, recomendable. ▶賢明な判断 f. sabia decisión. ▶彼は賢明にもその申し出を断わった Tuvo la prudencia [sensatez] de rechazar la oferta. / Fue sabio al rechazar la oferta. ◆彼の選択は賢明だった Eligió sabiamente [《口語》bien]. ☞ 才覚, 知恵

けんめい 懸命 adv. con「toda la fuerza [todas las fuerzas], en cuerpo y alma, desesperadamente, todo lo posible. → 一生懸命. ▶懸命に自分を抑えようとする v. intentar a toda costa controlarse, luchar desesperadamente por contenerse*.

げんめい 言明 (宣言) f. declaración, 《フォーマル》f. manifestación; (明確な声明) f. afirmación definitiva. ▶言明する v. declarar, manifestar*. ♦彼らは徴兵制度は反対だと言明した Declararon [《フォーマル》Manifestaron] que estaban en contra del sistema de reclutamiento. /「Se manifestaron [Declararon] en contra del sistema de reclutamiento.

げんめつ 幻滅 *m*. desengaño; （失望）*f*. decepción, *f*. desilusión. ♦私は彼の行ないに非常に幻滅を感じている Estoy muy desengañado con él por su comportamiento. / Su conducta me ha decepcionado mucho.

けんもん 検問 （調べ）*f*. inspección. ▶検問所 *m*. control. ▶検問所でひっかかる(検問所で捕えられる) *v*. ser* atrapado en un control.

げんや 原野 *fpl*. tierras vírgenes. → 荒野(ミぅ).

けんやく 倹約 *f*. economía, *m*. ahorro, *f*. frugalidad. ▶節約. ▶倹約家 *f*. persona económica [ahorrativa, frugal]. ♦母はいろいろ細かい倹約をした Mi madre ahorró en muchas pequeñas cosas.

── 倹約する （金・時間などを省く）*v*. ahorrar; （むだ遣いしない）*v*. economizar*; （費用などを切り詰める）*v*. recortar, rebajar 《en》. ▶経費を倹約する *v*. recortar los gastos, economizar*. ▶¹金 [²食べ物]を倹約する *v*. ahorrar(se) ¹dinero [²comida], ser* frugal con ¹el dinero [²la comida]. ♦むだ遣いをやめて倹約しなさい Deja de malgastar dinero y ahorra. ♦燃料を倹約して使いなさい Tienes que ahorrar combustible. / Hay que usar el combustible económicamente. ☞惜しむ, 質素な

げんゆ 原油 *m*. (petróleo) crudo.

けんよう 兼用 → 兼. ♦この車は父と兼用している Mi padre y yo usamos los dos este coche. / Este automóvil lo usamos conjuntamente mi padre y yo. / Este coche yo lo comparto con mi padre. ♦この部屋は会議室兼用です Este cuarto 「sirve también [sirve además; 《フォーマル》funciona asimismo] como lugar de reunión.

けんらん 絢爛 （きらびやか）*m*. esplendor, *m*. brillo. ▶絢爛たる *adj*. esplendoroso, espléndido, brillante. ▶絢爛豪華な衣装 *m*. vestido espléndido [magnífico].

***けんり** 権利 *m*. derecho 《a, de》. ▶権利と義務 *mpl*. derechos y *mpl*. deberes.

1《～権利, 権利＋名詞》 （＝割増金）*f*. prima. ▶彼の小説を映画化する権利 *mpl*. derechos cinematográficos por su novela.

2《権利が[は]》 ♦国民は知る権利がある El pueblo tiene derecho a 「estar informado [saber]. ♦彼には利益の半分を要求する権利があった Tenía derecho a la mitad de las ganancias. ♦君には私を批判する権利はない No tienes (ningún) derecho a criticarme.

3《権利を》 権利を¹行使 [²主張]する *v*. ¹ejercer* [²reivindicar*] los derechos. ▶その土地に対する権利を主張する *v*. reivindicar* [hacer* valer*] el derecho a esa tierra. ▶その会合に出席する権利を¹獲得 [²放棄]する *v*. ¹adquirir* [²ceder] el derecho de asistencia a la reunión. ▶他人の権利を尊重する *v*. respetar el derecho ajeno. ♦人間はすべて法の下に平等な権利を有する Todas las personas 「tienen el mismo derecho [están en igualdad de derechos] ante la ley. → 人間.

げんり 原理 ❶【根本原則, 自然や機械などの仕組み】*m*. principio; (実践の基となる原則) *f*. teoría. ▶アルキメデスの原理 *m*. principio de Arquímedes.

❷【特定分野の基礎研究】*f*. filosofía; (技術・科学などの基礎) *mpl*. principios. ▶経済学原理 *mpl*. principios de la economía.

けんりつ 県立 ▶県立病院 *m*. hospital prefectural. → 公立.

げんりゅう 源流 （起源）*m*. origen; （水源）*f*. fuente. ▶文化の源流 *m*. origen de la cultura.

げんりょう 原料 *fpl*. materias primas. → 材料. ▶原料油 *m*. petróleo crudo.

げんりょう 減量 *f*. pérdida de peso, *m*. adelgazamiento. ▶減量する *v*. adelgazar*, perder* [quitarse] peso; (食事制限などで)《フォーマル》reducir* el peso; (量を減らす) *v*. reducir* la cantidad 《de》. ▶減量経営する（＝能率化的にする）*v*. mejorar [《フォーマル》optimizar] la administración; (経営効率をよくする) *v*. mejorar la eficacia de un negocio. ♦あなたは太り過ぎだから減量が必要です Tienes sobrepeso y debes adelgazar. ♦間食をやめればあなたは1か月で3キロ減量できる Si dejaras de comer entre horas, adelgazarías tres kilos en un mes.

けんりょく 権力 （支配力）*m*. poder; （法律に基づく強制力）*f*. autoridad; （影響力）*f*. influencia. ▶権力者 *f*. persona 「de poder [con poder, poderosa, influyente]. ▶権力闘争 *f*. lucha por el poder. ▶国家権力 *m*. poder 「del estado [estatal]. ▶政治的権力 *m*. poder político. ▶権力を振るう *v*. ejercer* 「el poder* [la autoridad]. ▶権力の座に¹つく [²ついている] *v*. ¹llegar* al [²estar* en el] poder*. ♦彼は権力をかさに着て私に無理な要求をした Me pidió demasiado abusando [haciendo mal uso] de 「su poder [autoridad]. ☞威光, 威力, 権威, 権勢

げんろう 元老 （政界の）《口語》*m*. viejo estadista, *m*. estadista veterano.

げんろん 言論 （話すこと）*f*. expresión hablada; (書くこと) *f*. expresión escrita; (世論) *f*. opinión pública. ▶言論界 *f*. prensa. ▶言論機関（＝マスコミ機関）*mpl*. medios de comunicación. ▶言論の自由 *f*. libertad de expresión; (出版関係で) *f*. libertad de imprenta.

げんわく 幻惑 *f*. fascinación, *m*. embeleso. ▶幻惑される *v*. estar* fascinado [embelesado, 《フォーマル》cautivado] 《con》.

こ

- **こ 子** ❶【人間の子】*mf.* hijo/ja. → 子供. ▶双子 *mpl.* gemelos, *mpl.* mellizos, 【メキシコ】*mpl.* cuates. ▶みなしご *mf.* huérfano/na. ▶里子 *mf.* hijo/ja adoptivo/va. ▶継子(養子) *mf.* hijastro/tra, *mf.* hijo/ja adoptivo/va (permanente). ♦あの子は金持ちの子だ Es de una familia rica. ♦彼は子だくさんだ Tiene familia numerosa.
❷【動物の子[仔]】*f.* cría, *m.* cachorro; (犬)*m.* perrito, *m.* cachorro. → 個々の動物参照. ♦コウモリは通例1回に1匹しか子を産まない Los murciélagos generalmente sólo tienen una cría cada vez.
《その他の表現》♦原爆は第二次大戦の落とし子だ La bomba atómica es hija de la Segunda Guerra Mundial.
- **こ 個** (個人) *m.* individuo.
- **こ 孤** ▶孤を描く *v.* describir* [trazar*] un arco; (一般に動くものが)*v.* moverse* en un arco.
- **こ- 故-** ▶故田中氏 el difunto Sr. Tanaka.
- **-こ -個** ▶ケーキ1個(＝一切れ) *m.* trozo de pastel. ▶せっけん3個 *mpl.* tres jabones. ▶桃3個 *mpl.* tres melocotones. ♦このオレンジは1個百円する Estas naranjas cuestan 100 yenes [¹la unidad [²la pieza, cada una].
- **-こ -戸** (家) *f.* casa; (世帯) *f.* familia. ▶8戸の家 *fpl.* ocho casas.
- **こ 五** cinco; (5番目の) *adj.* quinto. → 三.
- **ご 碁** "go", (説明的に) *m.* juego de mesa en el cual los jugadores tratan de ocupar la mayor superficie posible del tablero. ▶碁石 *f.* pieza de "go". ▶碁盤 *m.* tablero de "go". ▶碁を打つ *v.* jugar* al "go" 《con》.
- **ご 語** (単語) *f.* palabra, 《教養語》*m.* vocablo; (用語) *m.* término, *f.* voz; (言語) *m.* habla; *f.* lengua, *m.* lenguaje.
- **-ご -後** *prep.* después de, a (＋時間), al cabo de; (今から…後に)*prep.* en, dentro de (＋時間); (その後) *adv.* después, más tarde; (…以来ずっと) *prep.* desde. ▶結婚後 *adv.* después ⌜de casarse [del matrimonio], una vez casados. ♦事故の5分後に警官が来た La policía llegó cinco minutos después del accidente. / A los cinco minutos del accidente vino la policía. ♦それから2時間後に彼が来た Vino dos horas después [más tarde]. / Vino después [al cabo] de dos horas. ♦次の電車は(今から)15分後に出ます El siguiente tren sale en [dentro de] 15 minutos. ♦¹その後 [²母の死後]私がずっと社長をしています He sido el presidente de la empresa desde ¹entonces [²la muerte de mi madre].
- **コア** (核) *m.* núcleo, *f.* sustancia. ▶コアカリキュラム *m.* plan común de estudios.
- **コアラ** (英語) *m.* "koala" (☆発音は [koála]).
- **コアンシー 広西** Kuangsi, 《ピンイン》Guangxi (☆中国のチワン族自治区).
- **こい 濃い** ❶【濃度・密度が】(スープなどが) *adj.* espeso, denso, fuerte, concentrado; (コーヒー・茶が) *adj.* 《口語》cargado. → 薄い. ▶濃いスープ *f.* sopa espesa. ▶濃い霧 *f.* niebla espesa [densa, cerrada]. ▶濃い¹お茶 [²コーヒー] *m.* té [²*m.* café] fuerte [《口語》cargado]. ♦このペンキは濃すぎて使えない Esta pintura está demasiado espesa para usarla. ♦霧が急に濃くなってきた La niebla se fue espesando de repente.
❷【色が】*adj.* subido; (暗い) *adj.* oscuro; (髪などが) *adj.* tupido, espeso, abundante. ▶濃い青の *adj.* azul oscuro. ♦彼は髪の毛が濃い Tiene el pelo espeso [tupido]. / (髪に重点を置いて)Su pelo es tupido. ♦彼女の化粧は濃すぎる Su maquillaje es excesivo. / Está demasiado maquillada. ♦彼の顔は疲労の色が濃かった Su cara reflejaba el cansancio.
❸【可能性が】*adj.* mucho, grande. ▶我がチームは敗北の可能性が濃い Hay muchas [grandes] posibilidades de que pierda nuestro equipo.
❹【関係が】(密な) *adj.* estrecho, cercano. ▶濃い親戚 *m.* pariente cercano.
- **こい 恋** *m.* amor; *m.* enamoramiento; (一時的な) *m.* romance, *f.* aventura, 《軽蔑的に》*m.* amorío, 《口語》*m.* lío. → 恋する. ▶恋敵(がたき) *mf.* rival en el amor. ▶夏の日の恋 *m.* amor de verano. ♦恋に破れる *v.* tener* un desengaño amoroso. ♦恋を打ち明ける *v.* declararse 《a》. ▶恋に落ちる *v.* enamorarse 《de》. ▶恋がさめる *v.* enfriarse* el amor 《con》. ♦彼らは恋仲である Están enamorados. / Se aman [quieren]. ♦彼は恋わずらいをしている Está enamorado. /《口語》Tiene mal de amores.
- **こい 鯉** *f.* carpa. → こいのぼり.
- **こい 故意** ▶故意の(意図的な) *adj.* intencional, intencionado, deliberado. ▶故意に *adv.* intencionadamente, con intención, 《教養語》deliberadamente; (わざと) *adv.* a propósito, 《口語》adrede. ♦彼は故意にそれをやった. 物のはずみではない Lo hizo con intención [intencionadamente]. No fue un accidente.
- **ごい 語彙** (教養語) *m.* léxico. ▶語彙を増やす *v.* ampliar [enriquecer*] el vocabulario. ♦彼は語彙が¹豊富だ [²乏しい] Tiene un vocabulario ¹amplio [²limitado]. ♦語彙が¹豊富 [²乏しい] Tiene mucha ¹riqueza [²pobreza] de vocabulario.
- **こいごころ 恋心** (愛) *m.* amor 《a, por》. ▶淡い

恋心 m. amor tibio.
こいし 小石 m. guijarro, f. piedrecita.
こいしい 恋しい (親愛な) adj. querido; (最愛の) adj. amado, querido, ♦恋しい人 mf. mi querido/da. ▶故郷が恋しい (=思い焦がれる) v. sentir* nostalgia por la casa, añorar su pueblo natal; (懐かしがる) v. echar de menos la casa. ♦彼がとても恋しい (=いなくて寂しい) Le echo mucho de menos.
こいする 恋する (恋に陥る) v. enamorarse 《de》; (軽い気持ちで) v. enamoriscarse 《de》; (急に) v. 《口語》perder* la cabeza 《por》; (好きになる) v. llegar* a querer* [amar]; ♦~を愛する. ▶恋する女 f. mujer enamorada. ▶熱烈に彼女に恋している v. amarla [quererla*] 「con pasión [apasionadamente], estar* locamente enamorado de ella, 《口語》tener* el seso sorbido por ella, 《口語》《ユーモアで》beber todos los vientos por ella.
コイチョウ 貴州 《ピンイン》Guizhou (☆中国の省).
こいぬ 子犬 m. cachorro, 《口語》m. perrito.
こいのぼり 鯉のぼり fpl. carpas hechas de tela o papel que izan en el Día de los Niños.
こいびと 恋人 mf. novio / via; (愛人) mf. amante, mf. querido/da; m. amor, 《口語》m. amorcito. ▶恋人同士 mpl. novios; mpl. enamorados. ▶あの子彼の恋人? ¿Es su novia [《口語》amorcito]? ▶若い恋人たちは手をつないで歩いていた Los jóvenes novios caminaban de la mano.
コイヤン 貴陽 Kuiyang, 《ピンイン》Guiyang (☆中国の都市).
コイリン 桂林 Kuilin, 《ピンイン》Guilin (☆中国の都市).
コイル f. bobina.
コイン f. moneda. ▶コイン入れ m. monedero. ♦コインを投げて決めよう Vamos a decidirlo 「con una moneda [tirando una moneda al aire].
コインランドリー f. lavandería automática [que funciona con monedas].
コインロッカー f. consigna automática, m. casillero (de monedas). ▶かばんをコインロッカーに預ける v. dejar la bolsa en la consigna automática.

> 地域差 コインロッカー
> 〔全般的に〕 m. casillero
> 〔スペイン〕 f. consigna
> 〔メキシコ〕 m. 《英語》"locker" (☆発音は [lóker]), m. armario
> 〔コロンビア〕 m. "locker"
> 〔ペルー〕 m. "locker"
> 〔アルゼンチン〕 m. "locker", m. armario, m. cajón de seguridad, f. casilla, m. ropero

こう adv. así, de esta forma [manera], de este modo. ♦それをこういう風にやりなさい Hazlo así. ♦こう言って彼は立ち上がった「Diciendo eso [Hablando así], se levantó. ▶じゃ, こうしよう《口語》Bueno, pues esto es lo que vamos a hacer.
こう 請う (懇願する) v. rogar*; (必死に) v. 《フォーマル》solicitar. ▶金を請う v. pedir* dinero. ▶許しを請う v. pedir* perdón. ▶彼に援助を請う v. pedir* su ayuda. ▶許可を請う v. pedir* permiso. ♦彼にその会の出席を請うた Le rogué que asistiera a la reunión. → 頼む.
こう 功 (成功) m. éxito, m. triunfo. ▶功を急ぎすぎる v. tener* demasiada ansia por triunfar pronto. ▶軍人として功を立てる (=名をなす) v. destacarse* [distinguirse*] como soldado. ♦年の功 f. sabiduría de la edad. ♦さすがは年の功だ (=経験がものを言う)「La experiencia [El tiempo] lo dirá.
こう 甲 (カメ・カニなどの) m. caparazón, (手の) m. dorso; (足・靴・靴下の) m. empeine; (成績の優(秀)の) m. sobresaliente, f. calificación máxima. ♦彼は手の甲で口をぬぐった Se secó la boca con el dorso de la mano.
こう 香 m. incienso. ▶香をたく v. quemar incienso.
ごう 号 (番号) m. número; (雑誌などの) m. número, m. ejemplar. ▶305号室 m. cuarto [f. habitación] 305. ▶さわやか誌の最新[24月; 3来月]号 m. ¹último número [²número de abril; ³próximo número] de Sawayaka. ▶(雑誌などの)古い号 m. número [m. ejemplar] atrasado. ♦私のアパートは520号室です Mi apartamento es el número 520.
ごう 郷 ♦郷に入っては郷に従え (ことわざ) Donde fueres, haz como vieres.
こうあつ 高圧 ▶高圧線 m. cable de「alta tensión [alto voltaje]. ▶高圧電流 f. corriente de alta tensión. ▶高圧ガス m. gas de alta presión. ▶高圧的なセールスマン m. vendedor「que mete presión [agresivo]. ▶高圧的な (=ずくの)手段をとる v. tomar medidas imperiosas [despóticas]. ☞威圧, 高飛車
こうアルドステロンしょう 高アルドステロン症 (専門語) m. hiperaldosteronismo.
こうあん 考案 (着想) f. idea; (工夫) m. invento. ▶考案する v. ideal, 《口語》sacarse* de la manga; (考え出す) v. inventar; (創作する) v. crear; (発明する) v. inventar. ▶考案者 mf. inventor/tora. ▶新型の機械を考案する v. inventar una nueva máquina.
こうあん 公安 f. seguridad pública, m. orden público, . ▶公安委員 m. comisario de la seguridad pública. ▶国家公安委員会 f. Comisión Nacional de la Seguridad Pública. ▶公安条令 mpl. reglamentos [fpl. ordenanzas] para la seguridad pública. ▶公安を保つ [乱す] v. ¹mantener* [²alterar] el orden.
こうアンドロゲンしょう 高アンドロゲン症 (専門語) m. hiperandrogenismo.
__こうい__ 好意 f. buena voluntad, 《教養語》f. benevolencia, m. favor; (親切) f. amabilidad, f. bondad; (愛情) m. afecto, f. cordialidad; (親愛感) f. simpatía. ▶彼の好意に報いる v. devolverle el favor, v. corresponder a sus atenciones. ▶彼の好意¹に甘える [²を無にする] v. ¹depender de [²desaprove-

char] su buena voluntad. ▶著者の好意により adv. por cortesía del autor. ◆彼は私たちに好意を示した Se mostró muy amable con nosotros. ◆ご好意はけっして忘れません Jamás olvidaré「todas sus atenciones [su amabilidad conmigo]. ◆彼女はあの青年にひそかに好意を寄せている(＝愛している) Ama secretamente a ese joven.

── 好意ある[的な] adj. favorable; (親切な) adj. amable; (親しみのある) adj. cordial, amistoso; (気の合った) adj. simpático 「con」. ▶好意的な返事 f. respuesta favorable. ◆好意ある忠告 m. consejo amistoso. ◆好意的な微笑み f. sonrisa amable [amistosa]. ◆彼を好意的に扱う v. tratarlo「le] favorablemente [amistosamente, de modo amable]. ◆彼はわれわれに好意的だ Se muestra amistoso con nosotros. / Nos trata favorablemente. ◆彼はわれわれの提案に好意的だ Mira con buenos ojos nuestra propuesta. / (賛成している) Está en favor de nuestra propuesta.
☞賛成, 親切, 親善, 善意, 頼み

・こうい 行為 f. conducta, m. comportamiento. → 行ない. ▶残虐行為 m. acto de crueldad. ◆よい行為(＝善行)をする v. hacer* una buena acción. ◆紳士としてあるまじき行為だ Su conducta「es impropia [《フォーマル》no es digna] de un caballero.

こうい 厚意 f. amabilidad. ▶あなたのご厚意で adv. gracias a su amabilidad. ◆ご厚意深く感謝します Muchas gracias por su amabilidad. / Le estoy profundamente agradecido por su amabilidad [《フォーマル》gentileza].

こうい 校医 mf. médico/ca titular de una escuela.

ごうい 合意 m. acuerdo (mutuo), 《フォーマル》 f. conformidad, m. consentimiento. → 同意. ▶合意に達する v.「llegar* a [alcanzar*] un acuerdo. ◆合意の上で adv. de「por] común acuerdo [consentimiento]. ◆国民の合意 m. consenso nacional. ◆合意事項を文書化する v. expresar la conformidad por escrito. ◆彼らはいくつかの点で合意した Estaban de acuerdo en varios puntos. ◆細かな点では意見の不一致はあるが大筋では合意に達している Aunque no estamos de acuerdo en los detalles, hay「conformidad en lo general [acuerdo general]. ☞折り合い, 決まり

こういしつ 更衣室 (劇場・テレビスタジオの) m. vestuario.

こういしょう 後遺症 (専門語) f. secuela; (なごり) m. efecto posterior.

こういってん 紅一点 (唯一の女性) f. única chica [mujer] (del grupo).

こういん 工員 mf. obrero/ra (de una fábrica).

こういん 行員 (銀行員) mf. empleado/da de banco, (アルゼンチン) m. bancario/ria.

こういん 光陰 ◆光陰矢の如し (言い回し) El tiempo vuela (como una flecha).

ごういん 強引 ▶強引な(押しの強い) adj. agresivo, con empuje; (無理強いの) adj. que emplea la fuerza. ◆強引に押し入る v. abrirse* paso a la fuerza (hasta entrar en el edificio). ◆議案を強引に通過させる v. forzar* una proposición a que pase la Dieta. ◆彼は娘をその男と強引に結婚させた Obligó a su hija「a casarse [que se casara] con ese hombre.

ごうう 豪雨 f. lluvia torrencial. → 大雨. ▶集中豪雨 f. tromba de lluvia, 《口語》m. diluvio.

こううりょう 降雨量 《教養語》fpl. precipitaciones. ▶この地方の平均年間降雨量 m. promedio anual de lluvias [《教養語》precipitaciones] de esta región.

・こううん 幸運 f. (buena) suerte, f. (buena) fortuna, 《フォーマル》f. dicha, 《教養語》f. buena estrella, 《教養語》f. ventura. → 運. ▶幸運な人 f. persona「con suerte [afortunada]. ◆トランプで幸運続きである v. tener* una racha de buena suerte en las cartas. ◆幸運を祈る ¡Mucha suerte! / Te deseo suerte. / ¡Que tengas suerte! ◆幸運にも, われわれはそこで会うことができた Por suerte nos encontramos allí. / Fue una suerte que nos encontráramos allí. / Tuvimos suerte de encontrarnos allí. / ¡Qué suerte encontrarse allí! (会話) 残念ながら負けちゃったよ─次回に幸運を祈ります ¡Vaya, he perdido! ─ La próxima vez tendrás mejor suerte. ◆四つ葉のクローバーを見つけたら, 幸運になるよ Si encuentras un trébol de cuatro hojas, tendrás buena suerte.
☞果報, 幸; いい, 幸いな, 得な

こううんき 耕耘機 m. cultivador.

こうえい 光栄 (名誉) m. honor, f. honra; (特典, 恩恵) m. privilegio. ▶光栄ある地位 f. posición honrosa [honorable]. ◆皆さまにお会いできてまことに光栄です「Es un gran honor [Me siento muy honrado de] recibirlos [les]. ◆身に余る光栄です Es un honor inmerecido. / No merezco este honor. ◆彼はこの小説で芥川賞受賞の光栄に浴した Tuvo [《フォーマル》Le cupo] el honor de recibir el Premio Akutagawa por su novela.

こうえい 公営 ▶公営の(公の) adj. público; (地方自治体の) adj. municipal. ▶公営ギャンブル m. negocio de apuestas público. ◆公営住宅 fpl. viviendas públicas; (1世帯) f. unidad de viviendas de「utilidad pública [《スペイン》protección oficial]. ◆公営にする v. colocar(lo)* bajo la administración pública.

こうえい 後衛 (テニスなどの) mf. jugador/dora de fondo [atrás]; (フットボール・サッカーなどの) mf. defensa; (軍隊の) f. retaguardia. ▶後衛をつとめる(サッカーなどで) v. jugar* atrás [retrasado]; (軍隊で) v. cerrar* la marcha.

こうえきじぎょう 公益事業 f. empresa de servicios públicos.

こうえつ 校閲 f. revisión. ▶校閲者 mf. revisor/sora. ◆校閲する v. revisar.

こうえん 公演 f. representación, f. actuación. ▶定期公演 f. representación periódica [regular]. ◆公演する v. representar, actuar*. → 上演.

こうえん 後援 f. patrocinio, m. patronato, 《教養語》m. auspicio; (強力な) m. apoyo, m. respaldo. ▶後援会 m. patronato 《para》, f. asociación (que apoya a ...), f. asociación protectora; (芸能人などの) m. club de amigos [partidarios]. ▶後援者 mf. patrón/trona, mf. protector/tora, m. padrino, f. madrina; (金銭的な) mf. patrocinador/dora. ◆その行事は市の後援で行なわれた El evento se celebró「con el patrocinio municipal [con el patrocinio del municipio, 《フォーマル》bajo los auspicios del municipio].

—— **後援する** v. apoyar, respaldar; (金銭的に) v. patrocinar, 《教養語》auspiciar. ▶弁論大会を後援する v. patrocinar un certamen de oratoria ⇨後押し, 後ろ盾, 支持, 助太刀

こうえん 講演 ▶講演会 f. conferencia. ▶講演者 mf. conferenciante, 《ラ米》mf. conferencista. ▶講演する v. dar, pronunciar, 《フォーマル》impartir una conferencia, 《口語》echar un discurso.

こうえん 公園 (通例大きな) m. parque; (市街地の広場) f. plaza. ▶国立公園 m. parque nacional. ▶円山公園 m. Parque Maruyama. ▶公園のベンチで寝る v. dormir en un banco del parque. ◆彼は毎朝公園に散歩に行く Todas las mañanas va al parque a dar un paseo.

こうお 好悪 (好き嫌い) lo que le gusta y no le gusta, mpl. gustos y fpl. antipatías.

こうおん 高音 (音声) m. tono agudo [alto]; (最高音域) m. soprano, m. tiple.

こうおん 高温 f. temperatura alta. → 高温多湿. ▶高温で adv. a alta(s) temperatura(s).

ごうおん 轟音 轟音を立てる v. hacer* un ruido ensordecedor [estrepitoso]. → ごうこう.

こうおんたしつ 高温多湿 ◆この国の高温多湿には耐えられない No puedo aguantar las altas temperaturas y la elevada humedad de este país.

こうおんふのう 構音不能 《専門語》f. anartria.

*こうか 効果 m. efecto; (効能) f. eficacia, m. resultado. ▶効果的な adj. eficaz, efectivo 《para》. ▶効果的に adv. eficazmente, con eficacia. ▶ 1音響 [2照明] 効果 mpl. efectos 1acústicos [2luminosos]. ▶効果的に話す v. hablar de modo eficaz. ◆彼をしかったがあまったく [2あまり] 効果がなかった Le reñí, pero no tuvo 1ningún [2mucho] efecto. ◆その薬は風邪に大変効果がある Esa medicina「tiene mucho efecto sobre [es muy eficaz contra] el resfriado. ◆その経済政策は効果てきめんだった (=効果がすぐあらわれた) La política económica tuvo [surtió] un efecto inmediato.

こうか 高価 ▶高価な (物の値段の高い) adj. caro, costoso, 《フォーマル》de elevado precio. ▶高価な花びん m. florero [m. jarrón] caro [costoso]. ◆その車は高価な買い物だ Ese coche resulta una costosa adquisición.

こうか 硬貨 f. moneda, f. pieza. ▶百円硬貨3枚 fpl. tres monedas de 100 yenes. ▶硬貨で支払う v. pagar* con moneda ⇨ 貨幣, 小銭

こうか 高架 高架線 (鉄道) m. ferrocarril elevado [aéreo]. ▶(電線) m. cable eléctrico aéreo.

こうか 校歌 m. himno escolar.

こうか 降下 m. descenso, f. bajada. ▶急降下 m. descenso repentino. ▶降下する v. descender*, bajar. ▶パラシュートで降下する v. descender* en paracaídas.

こうか 硬化 ▶ 1硬化する [2させる] v. 1endurecerse* [2endurecer*]; (態度などが [を]) v. 1ponerse* [2poner*] rígido. ▶態度を硬化させる v. endurecer* la actitud. ◆政府の新政策が野党(の態度)を硬化させた La nueva política del gobierno endureció al partido de la oposición.

こうが 黄河 m. Río Amarillo, el (río) Huang, Huangho (☆中国第二の大河).

*ごうか 豪華 (ぜいたく) m. lujo, f. suntuosidad, 《教養語》f. magnificencia. ▶豪華客船 m. lujoso transatlántico. ▶豪華版(本の) f. edición de lujo.

—— **豪華な** (ぜいたくな) adj. lujoso, de lujo; (華麗な) adj. espléndido, 《口語》fantástico; (質の高い) adj. de excelente calidad. ▶豪華なホテル m. hotel de lujo, (強調して) m. hotel suntuoso. ▶豪華な真珠のネックレス m. espléndido collar de perlas. ◆その部屋には豪華な家具が備わっていた La sala estaba amueblada lujosamente [con lujo].

*こうかい 後悔 m. pesar, m. arrepentimiento.

—— **後悔する** v. sentir*, 《フォーマル》lamentar 《+不定詞, que +接続法》; arrepentirse*, estar* arrepentido 《de [por] +不定詞, de [por] que +接続法》, tener* un pesar de 《+不定詞, que +接続法》, pesarlo[le] 《a +人, que +接続法》. ◆あのように言ったことを後悔している Siento [Lamento] haber dicho eso. / Estoy arrepentido por lo que he dicho. ◆もっと勉強しなかったことを〈彼は〉後悔した Lamentó mucho no haber estudiado más. / Se arrepintió profundamente de no haber estudiado más. ◆私は自分のしたことを後悔していない No me pesa en absoluto lo que hice. / No「tengo ningún pesar [me arrepiento] de lo que hice. / No lamento lo que hice. ◆後悔することになるよ Te arrepentirás. / Esto te va a pesar. / 《口語》Lo vas a sentir, ya verás.

【その他の表現】▶後悔先に立たず《ことわざ》A lo hecho, pecho. /《ことわざ》A burro muerto, la cebada al rabo. ⇨ 悔恨, 改悛, 悔やみ

こうかい 航海 f. travesía en barco, m. viaje por mar, f. navegación. → 航行. ▶遠洋航海 f. travesía por el océano. ▶航海図 f. carta de navegación. ▶航海に出る v. hacer [《フォーマル》emprender] una travesía, salir* [《口語》echarse] a la mar, ir* a navegar*. ◆彼らは間もなく世界一周の航海に出る Pronto van a hacer una travesía alrededor del mundo. ◆荒れた航海だった Tuvimos una travesía agitada [con tormenta]. ◆航海の無

事をお祈りします Les deseo「un feliz viaje [una feliz travesía]. / ¡Buen viaje! / ¡Feliz travesía!
── 航海をする v. hacer* una travesía; ir* de crucero; navegar*, viajar en barco [por mar]. ♦私たちの船はフランスへ処女航海をした Nuestro barco realizó su viaje inaugural a Francia. ♦彼は太平洋を航海した Ha navegado por el Pacífico. ♦彼は航海しています(＝航海中です) Está de travesía.

こうかい 公開 ♦公開の(出入り・使用など自由な) adj. abierto; (公の) adj. público. ♦公開市場 m. mercado abierto. ♦公開状 f. carta abierta. ♦公開討論 m. debate público [abierto]. ♦(大学の)公開講座 m. curso de extensión (universitaria). ♦公開の席で話す v. hablar en público. ♦公開捜査に踏み切ると v. decidir hacer* una investigación criminal pública.

── 公開する (施設などを) v. abrir* (al público), hacer* público, hacer* accesible al público; (展示する) v. exponer*, exhibir; (展示されている) v. estar* expuesto; (映画などを) v. estrenar. ♦その公園は一般に公開されている[された] El parque ¹está [²fue] abierto al público. ♦今その寺の宝物が公開されている Los tesoros del templo「están ahora a la vista del [se exponen actualmente al] público. ♦その映画は去年日本で公開された La película se estrenó en Japón el año pasado.

こうかい 公海 f. alta mar.
こうかい 黄海 m. Mar Amarillo (☆中国東岸の海).
こうかい 紅海 m. Mar Rojo (☆アフリカ大陸北東岸とアラビア半島南西岸の海).
こうがい 口蓋 (専門語) m. paladar. ♦口蓋垂 (専門語) f. úvula palatina. ♦口蓋裂 (専門語) m. paladar hendido.
こうがい 公害 f. contaminación ambiental [del medio ambiente]. ♦¹騒音[²食品; ³産業] 公害 f. contaminación ¹acústica [²alimentaria; ³industrial]. ♦公害問題 m. problema「de contaminación [del medio ambiente]. ♦公害病 f. enfermedad「relacionada con [causada por] la contaminación. ♦公害対策 fpl. medidas「contra la contaminación [anticontaminantes]. ♦公害反対運動 f. campaña contra la contaminación. ♦公害のない環境 m. medio ambiente no contaminado. ♦(人・都市などが)公害で苦しむ v. padecer* la contaminación. ♦公害¹防止 [²規制]の対策を講じる v. emprender medidas para ¹prevenir* [²controlar] la contaminación. ♦工場が公害をもたらすことはよくある Las fábricas son frecuentes fuentes de contaminación ambiental. ♦自転車が公害を引き起こすことはない Las bicicletas「no contaminan [son limpias].

*こうがい 郊外 fpl. afueras, f. periferia, mpl. alrededores; fpl. cercanías, 《教養語》 fpl. proximidades. ♦郊外電車 m. (tren) suburbano, m. tren de cercanías. ♦郊外住宅地 f. zona residencial en las afueras; (特に通勤者の多い) m. barrio en las afueras con mucha gente que viaja al centro. ♦彼は郊外で工場を経営している Tiene una fábrica en las afueras. ♦私は京都の郊外に住みたい Me gustaría vivir en「la periferia [los alrededores] de Kioto. ♦郊外(＝田舎)を散歩した Di un paseo por el campo.

こうがい 口外 ♦このことを口外するな No se lo digas a nadie. / Manténlo en secreto.
こうがい 梗概 (あらまし) m. resumen; (要約) m. esbozo; (論文・小説などの) 《フォーマル》 f. sínte-sis, 《フォーマル》 f. sinopsis. ♦その戯曲の梗概を述べる v.「hacer* un resumen del [resumir el] drama, trazar*「un esbozo [una síntesis] del drama.
ごうかい 豪快 ♦豪快な(大きな) adj. grande; (腹の底からの) adj. bueno; animoso. ♦豪快な笑い v. soltar* una buena [gran] carcajada.
ごうがい 号外 f. edición [m. suplemento] extra, m. extraordinario. ♦朝日新聞の号外 f. edición extra del Asahi. ♦号外, 号外! ¡Edición extra! ¡Extra!
こうかいぞうど 高解像度 →解像度.
こうかいどう 公会堂 m. salón de actos (municipal, público).
こうかがく 光化学 f. fotoquímica. ♦光化学スモッグ f. niebla tóxica fotoquímica.
こうかく 降格 m. descenso (de categoría), f. degradación. ♦降格する v. bajar de categoría, degradar.
こうがく 工学 f. ingeniería. ♦¹機械 [²土木]工学 f. ingeniería ¹mecánica [²civil]. ♦工学士 [²博士] ¹ mf. ingeniero/ra [² mf. doctor/tora en ingeniería]. ♦工学部 f. facultad de ingeniería.
こうがく 光学 f. óptica. ♦光学器械 m. instrumento óptico. ♦光学式マウス (専門語) m. ratón óptico. ♦光学式文字読み取り装置 (専門語) m. lector óptico de caracteres.
こうがく 高額 f. gran suma (de dinero). ♦高額商品 mpl. artículos de alto valor. ♦高額紙幣 mpl. billetes de valor alto. ♦高額所得者 f. persona de [con] altos ingresos; (集合的) m. grupo con rentas altas. ♦その計画は高額な費用のため中止された El proyecto se canceló 《(フォーマル)por su elevado coste [porque era demasiado caro].
こうがく 後学 ♦後学のために(将来の参考のために) adv. para futura referencia.

·**ごうかく 合格** f. aprobación, f. admisión; (成功) m. éxito. ♦合格者 mf. aprobado/da. ♦合格¹証 [通知] ¹ m. certificado [² f. carta] de admisión. ♦合格点 f. calificación [f. nota] de aprobado. ♦合格おめでとう Enhorabuena por「el aprobado [haber aprobado].

── 合格する (試験などに) v. aprobar*, ser* aprobado, 《口語》 pasar (un examen); (成功する) v. tener* éxito 《en》. ♦彼は大阪大に合格した Aprobó [Fue aprobado en] el examen de ingreso a la Universidad de Osaka. / Fue admitido en la Universidad de Osaka.

こうかくえん 口角炎 《専門語》 *m*. perleche, *f*. boquera.

こうがくしん 向学心 *m*. amor al saber, *m*. anhelo [*m*. afán] de aprender. ◆彼は向学心に燃えている Tiene amor「a los estudios [al saber]. / Tiene un fuerte anhelo de aprender.

こうがくねん 高学年 *mpl*. cursos superiores. → 学年.

こうがくレンズ 広角レンズ *m*. objetivo gran angular.

こうかしょう 硬化症 《専門語》 *f*. esclerosis. ◆多発性硬化症 《専門語》 *f*. esclerosis múltiple.

こうかつ 狡猾 *f*. astucia, *f*. sagacidad. ◆狡猾な *adj*. astuto, sagaz. → ずるい.

こうかん 交換 *m*. intercambio, *m*. cambio, *f*. permuta; (物々交換) *m*. trueque, *m*. canje. ◆二人の間の手紙の交換 *m*. intercambio de correspondencia [cartas] entre los dos. ◆金と物との交換 *m*. canje de dinero por productos. ◆交換留学生 *mf*. estudiante de intercambio. ◆交換公文 *m*. canje de notas. ◆電話交換手 *mf*. operad*or/dora* (de teléfono), *mf*. telefonista. ◆交換台 *f*. centralita (de teléfonos),『ラ米』*m*. conmutador. ◆(この本と)交換に何をくれる? ¿Qué me das por [a cambio de] este libro? → 引き換え. ◆交換です. 内線番号をどうぞ Centralita. ¿Qué extensión desea?

—— 交換する ❶【取り替える】*v*. cambiar [sustituir*, reemplazar*] (A por B). ◆(赤ん坊の)おむつを交換する *v*. cambiar el pañal (del bebé). ◆古い電池を(新しいのと)交換する *v*. cambiar [sustituir*] una pila vieja (por otra nueva). ◆シーツを(きれいなのと)交換しなさい Cambia las sábanas de la cama (por otras nuevas). ◆欠陥品は無料で修理または交換いたします Un producto defectuoso es reparado o sustituido gratuitamente.

❷【やり取りする】*v*. intercambiar, hacer* un intercambio, cambiar, permutar; canjear, trocar*, hacer* un trueque. ◆パーティーで贈り物を交換する *v*. intercambiar regalos en la fiesta. ◆私は彼と席を交換した「Intercambiamos los asientos. / Cambié el asiento con él. ◆私は彼とバットとグローブを交換した Le cambié [canjeé] el bate por el guante. ◆この帽子をもっと小さいのと交換していただけますか(店で) ¿Podría cambiarme este sombrero por otro más pequeño?
▱取り替[換]える, 代[換・替]える

こうかん 好感 (好ましい印象) *f*. impresión favorable, *f*. buena impresión; (よい感情) *f*. simpatía, *f*. buena sensación. ◆好感のもてる (=感じのよい)青年 *mf*. joven agradable. ◆その学生は教授に好感を与えた El estudiante le causó buena impresión al profesor. / Al profesor le produjo una impresión favorable el estudiante. ◆私は彼に好感を持っている Me resulta simpático. / Le tengo simpatía. /《口語》Me gusta. /《口語》Me cae bien.

こうかん 高官 → 高級官僚. ◆政府高官 *mf*. alto /ta funcionar*io/ria*.

こうかん 交歓 ◆交歓会(懇親会) *f*. reunión informal, *f*. tertulia. ◆交歓する(溶け込む) *v*. reunirse* informalmente《con》.

こうがん 厚顔 (恥を知らない) *f*. desvergüenza; (生意気) *m*. descaro. ◆厚顔無恥な *adj*. desvergonz*ado*, descar*ado*; (鉄面皮の) *adj*. 《口語》cara dura, 《口語》fresco.

こうがん 睾丸 *mpl*. testículos, 《俗語》*mpl*. cojones, 《俗語》*mpl*. huevos, 《俗語》*fpl*. pelotas. → 精巣.

こうがん 強姦 *f*. violación, 《教養語》*m*. estupro. ◆強姦する *v*. violar, cometer「una violación (《教養語》un estupro), forzar*.

こうがんざい 抗癌剤 *f*. medicina anticancerosa.

こうかんしんけい 交感神経 《専門語》 *m*. nervio simpático. ◆交感神経節 《専門語》 *m*. ganglio simpático.

こうき 好機 *f*. buena ocasión, *f*. ocasión [*f*. oportunidad] de oro. → 機会. ◆好機を逸する *v*. perder* [desaprovechar, dejar pasar] una buena ocasión. ◆千載一遇の好機だった Fue「una ocasión de oro [de las que se presentan una vez en la vida]. ◆(いよいよ)好機到来だ Ahora te toca a ti. ▱きっかけ, 時機[宜], 機

こうき 香気 *f*. fragancia, *m*. aroma. → 香り.

こうき 後期 (二つに分けた) *f*. segunda mitad, *m*. período segundo; (...以降の) post-; (学期制の) *m*. segundo semestre. ◆江戸時代後期に *adv*. en la segunda parte del período de Edo, a finales de la época de Edo. → 末期, 後半.

こうき 高貴 *m*. linaje, *f*. nobleza, *f*. alcurnia. ◆高貴な生まれの人 *f*. persona de「sangre noble [linaje].

こうき 後記 *m*. epílogo. → 後書き.

こうき 校旗 *f*. bandera de la escuela.

こうき 綱紀 (規律) *f*. disciplina. ◆綱紀粛正 *m*. establecimiento de la disciplina. ◆綱紀を正す *v*. reforzar* la disciplina.

こうぎ 抗議 *f*. protesta, *f*. reclamación; (反対)《フォーマル》*f*. objeción. ◆抗議デモ *f*. manifestación de protesta. ◆抗議文 *f*. protesta escrita [por escrito], *f*. nota de protesta. ◆不当な措置に対し当局に抗議を申し込む *v*. presentar una protesta ante la autoridad contra una medida injusta.

—— 抗議する *v*. protestar 《de, contra》, hacer* [presentar, 《フォーマル》formular] una protesta 《contra》. ◆性差別に抗議する *v*. protestar [hacer* una protesta] contra la discriminación sexual. ◆外務大臣はその戦争に抗議して辞任した El ministro de Asuntos Exteriores dimitió en protesta por la guerra.

こうぎ 講義 *f*. conferencia; (授業の) *f*. clase; (非公式の) *f*. charla (de, sobre, acerca de). ◆歴史の講義 *f*. conferencia [clase] de [sobre] historia. ◆講義ノートを念入りにとる *v*. tomar diligentemente notas en la clase. ◆

こうぎ 講義に出る v. asistir a una conferencia [clase]. → 出席する. ♦彼は学生にメキシコ文学についての講義をした Dio una clase [conferencia, charla] a sus estudiantes sobre literatura mexicana.

こうぎ 広義 m. sentido amplio [《教養語》lato]. → 意味. ♦それを広義に解釈する v. tomarlo en su sentido amplio.

ごうぎ 合議（協議）fpl. deliberaciones, fpl. conversaciones;（意見の一致）m. consenso. ♦合議制（代表制）m. sistema representativo. ♦合議で物事を決める v. tomar una decisión por consenso.

こうきあつ 高気圧 f. alta presión atmosférica; m. anticiclón. → 気圧. ♦移動性高気圧 m. anticiclón migratorio.

こうきしん 好奇心 f. curiosidad. ♦好奇心の強い人 m. persona curiosa [con curiosidad, inquisitiva]. ♦知的好奇心に燃えている v. arder de curiosidad intelectual. ♦好奇心を¹そそる [²満たす] v. ¹despertar [²satisfacer*] la curiosidad. ♦その女の子は賢くて好奇心が強い Esa muchacha es muy brillante y curiosa [siente curiosidad] por todo. ♦彼は好奇心にかられて窓の中をのぞいた Se asomó a la ventana con curiosidad.

こうきゅう 高級 f. primera clase, f. calidad superior.
―― 高級な adj. de primera clase [línea], de calidad [nivel, categoría] superior;（良質の）adj. de calidad;（高価なものを売る）adj. selecto, caro. ♦高級ホテル m. hotel de primera [《スペイン》cinco estrellas,《口語》superlujo]. ♦高級品 mpl. artículos de primera clase [calidad], mpl. productos de「primer orden [calidad superior]. ♦高級レストラン m. selecto [lujoso] restaurante, m. restaurante de primera [lujo]. ♦高級紙[新聞] m. periódico de primera línea. ♦高級ワイン m. vino de primera [《専門語》reserva, gran reserva, reserva especial]. ♦高級車 m. automóvil de lujo [primera clase]. ♦高級官僚 mf. alto/ta funcionario/ria. ♦このカメラは高級だ Esta cámara es de primera clase. / Es una cámara de lujo [《口語》categoría]. ♦この本はぼくには高級すぎる Este libro es「demasiado difícil [《口語》demasiado] para mí.

こうきゅう 硬球 f. pelota dura.

こうきゅう 高給 m. salario alto [《フォーマル》elevado],《口語》f. buena paga. ♦高給を取る v. ganar un salario alto, estar* muy bien pagado.

こうきゅう 恒久 f. permanencia,《教養語》f. perpetuidad. ♦恒久の adj. permanente,《教養語》perpetuo. ♦世界に恒久平和を確立する v. establecer* en el mundo una paz permanente.

こうきゅうび 公休日 m. día oficial festivo [de descanso]. → 休暇.

こうきょ 皇居 m. Palacio Imperial. ♦皇居前広場 f. Plaza del Palacio Imperial.

こうきょう 好況（繁盛）f. prosperidad;（商況）f. buena marcha (en los negocios);（好況の時勢）f. bonanza, m. buen bienestar económico. ♦産業界は目下好況を呈している Estos días la industria「está dando muchas señales de prosperidad [《口語》marcha bien a todas luces].

こうきょう 公共
1《公共+名詞》♦公共¹機関 [²団体] ¹f. institución [²f. organización] pública, ¹m. organismo público. ♦公共財産 f. propiedad pública. ♦公共投資 f. inversión pública. ♦公共施設 mpl. servicios públicos. ♦公共事業 f. empresa pública,（土木工事の）fpl. obras públicas. ♦公共料金 f. tarifa de servicios públicos;（家電なども対して）mpl. servicios públicos. ♦彼は公共心に富んでいる Es un hombre con mucho civismo [sentido cívico].
2《公共の》;（公衆の）adj. público, social, general; común, comunitario. ♦公共の福祉 m. bienestar social [público]. ♦公共の利益を図る v. promover* el interés público [general]. ♦この公園は公共のものでだれでも利用できます Este parque es propiedad pública「pudiéndolo usar cualquiera [y todo el mundo puede usarlo].

*こうぎょう 工業 f. industria.
1《～工業》♦¹重 [²軽] 工業 f. industria ¹pesada [²ligera]. ♦製造(工)業に従事している人々 fpl. personas empleadas en las industrias manufactureras. ♦日本の自動車工業は危機に直面している La industria automovilística japonesa「se está enfrentando a una crisis [《口語》está pasando una crisis].
2《工業+名詞》♦工業国 m. país industrial. ♦工業地帯 f. región industrial. ♦工業都市 f. ciudad industrial. ♦工業生産 f. producción industrial. ♦工業製品 mpl. productos industriales. ♦工業技術 f. tecnología. ♦工業大学 m. instituto [f. escuela] de tecnología (industrial), f. universidad politécnica. ♦工業団地 m. polígono [m. parque] industrial. ♦工業化 f. industrialización. ♦その国は急速に工業化しつつある Ese país se está industrializando rápidamente.
3《工業の》adj. industrial. ♦日本の工業の中心地 m. centro industrial de Japón, mpl. centros de la industria japonesa.

こうぎょう 興行（見世物）m. espectáculo,《口語》f. función;（上演）f. actuación;（舞台の）f. escena;（巡回劇団などの）m. teatro ambulante. ♦オールナイト興行 m. espectáculo de toda la noche. ♦興行師 mf. promotor/tora [mf. organizador/dora] de espectáculos. ♦1日2回興行をやる Dan al día dos espectáculos. ♦その芝居は3か月長期興行を続けている Esa obra ha estado en escena tres meses.

こうぎょう 鉱業 f. industria minera.

こうきょうがく[きょく] 交響楽[曲] f. sinfonía. ♦ベートーベンの第九交響曲 f. Novena (Sinfonía) de Beethoven. ♦交響楽団 f. (or-

こうきん 公金 *mpl.* fondos públicos, 《口語》 *m.* dinero del gobierno. ▶公金横領 *f.* malversación de fondos públicos.

ごうきん 合金 *f.* aleación. ▶銀と銅の合金 *f.* aleación de plata y cobre. ▶銀に銅を混ぜて合金にする *v.* alear plata y cobre.

こうぐ 工具 *f.* herramienta. ▶電動工具 *f.* herramienta eléctrica. ▶工具一式 *m.* juego de herramientas.

こうくう 口腔 →口腔(ミ゙ゥ).

こうくう 航空 *f.* aviación. ▶航空の *adj.* aéreo, aeronáutico.

 1《～航空》▶ ¹国際 ²国内 航空 *m.* servicio aéreo ¹internacional [²nacional].

 2《航空＋名詞》▶航空会社 *f.* compañía aérea, *f.* aerolínea. ▶航空券 *m.* pasaje aéreo, 《スペイン》*m.* billete [《ラ米》*m.* boleto] de avión. ▶航空写真 *f.* fotografía aérea. ▶aerofotografía. → 航空機, 航空便, 航空母艦. ▶東京・マドリード間に定期航空路を設立した Establecieron「un servicio aéreo [una ruta aérea] regular entre Tokio y Madrid.

-こうくう -航空 (航空会社) *fpl.* aerolíneas, *fpl.* líneas aéreas. ▶日本航空 Líneas Aéreas de Japón. ▶イベリア航空 Aerolínea Iberia. ▶アルゼンチン航空 Aerolíneas Argentinas.

こうぐう 厚遇 (温かいもてなし) *f.* cálida acogida [bienvenida, 《フォーマル》recepción]; (親切な待遇) *m.* trato amable [cordial]. →優遇. ▶客を厚遇する *v.* dar* al invitado una cálida bienvenida.

こうくうき 航空機 *m.* avión, *m.* aeroplano, *m.* aparato (aéreo). →飛行機. ▶航空機産業 *f.* industria aeronáutica. ▶敵の航空機(＝敵機)が遠くに見えた A lo lejos se divisaba la aviación enemiga.

こうくうびん 航空便 *m.* correo aéreo [por avión]. ▶航空便の手紙 *f.* carta por avión. ▶航空便で送る *v.* hacer* un envío aéreo [por avión].

こうくうぼかん 航空母艦 *m.* portaaviones.

こうけい 光景 (偶然目にする) *f.* escena; (眺め) *f.* vista. →眺め. ▶恐ろしい光景を目にする *v.* presenciar [ver*] una escena terrible. ▶全体の光景 toda la escena. ♦その子供が通行人に物乞いをしている光景は哀れだった Daba mucha pena ver「al niño [a la niña] mendigando en la calle. / El espectáculo「del niño [de la niña] mendigando en la calle era muy lastimoso. / ¡Qué escena tan penosa el/la niño/ña mendigando en la calle! ♦その残忍な光景を今でもはっきり思い出す Aquella cruel escena sigue viva en mi memoria. ♦パレードはすばらしい光景だった El desfile era un magnífico espectáculo. ☞有り様, 景色, 情景

こうけい 口径 *m.* calibre. ▶38口径のピストル *m.* revólver del calibre 38.

こうげい 工芸 *f.* artesanía, *mpl.* artes industriales; (手工芸) *f.* artesanía. ▶伝統工芸 *f.* artesanía tradicional. ▶工芸品店 *f.* tienda de artesanías. ▶工芸家 *mf.* artesano / na. ▶工芸品 *m.* objeto de artesanía, *f.* artesanía.

***ごうけい** 合計 *f.* suma, *m.* total. ♦7と3の合計は10だ La suma de 7 y 3 es 10. / 7 y 3 suman 10. ♦被害者の合計は百人になった El total de víctimas ascendió [se elevó] a 100. / El número de víctimas totalizó 100. ♦その惨事で合計30人が死亡した En la catástrofe perecieron [pereció] un total de 30 personas. 会話 おいくらですか—合計90ユーロになります、お客様 ¿Cuánto va a ser? – Pues en total, 90 euros, señora. 会話 合計でいくらになりますか—2万円です ¿Cuánto「es en total [hace todo]? – 20.000 yenes.

—— **合計する** *v.* sumar, hacer* la suma, sacar* [《口語》hacer*] el total, 《フォーマル》totalizar*. ♦彼は数字を合計して平均を出した「Hizo la suma [Sumó todo] y sacó el promedio. ♦合計してその数字を教えてください Haz la suma y dime el total, por favor. ☞計, 総額, トータル, 併せる, 閉「締」める

こうけいしゃ 後継者 *mf.* sucesor/sora. ♦その支配人の後継者に任命される *v.* ser* nombrado/da como sucesor/sora「del [de la] gerente.

***こうげき** 攻撃 ❶《攻めること》*m.* ataque 《a》, *f.* acometida [《強調して》*f.* arremetida], (突然の激しい) *m.* asalto [*f.* carga] 《a, sobre》; (スポーツの) *f.* ofensiva. ▶攻撃のチーム 《野球》*m.* equipo a la ofensiva, *m.* equipo al bate.

 1《～攻撃》▶ ¹正面 [²側面; ³背面]攻撃 *m.* ataque ¹frontal [²por el costado; ³por la retaguardia]. ▶背後から敵軍に奇襲攻撃をかける *v.* hacer* [《フォーマル》realizar*] un ataque sorpresa al enemigo por la retaguardia, atacar* por sorpresa la retaguardia del enemigo.

 2《攻撃＋名詞》▶攻撃力 *f.* capacidad ofensiva. ▶攻撃用兵器 *fpl.* armas ofensivas [agresivas, de ataque]. ▶攻撃目標 *m.* blanco [*m.* objetivo] de ataque.

 3《攻撃は》♦攻撃は最良の防御である《言い回し》La mejor defensa es el ataque.

 4《攻撃》▶攻撃を開始する *v.* lanzar* [emprender] un ataque《contra, a》. ▶猛攻撃を受ける *v.*「ser* objeto de [sufrir, estar* a merced de] violentos ataques《de》. ▶攻撃から身を防ぐ *v.* defenderse* de「un ataque [una agresión]. →攻撃する.
❷《非難》*f.* crítica; 《フォーマル》*f.* censura. ▶非難の集中攻撃 *f.* lluvia de reproches. ▶攻撃(的態度)に出る *v.* tomar la ofensiva. ▶彼は攻撃の的となった Él fue el blanco de los ataques.

—— **攻撃的な** (防御に対して) *adj.* ofensivo, atacante; (攻撃態勢の) *adj.* agresivo. ▶攻撃的な態度で *adv.* de manera [forma] ofensiva [agresiva], de modo agresivo.

—— **攻撃する** ❶《攻める》*v.* atacar*, hacer* un ataque《a》, agredir; (突然激しく) *v.* asaltar, arremeter《contra》; (激しく反復して) *v.*

444 こうけつ

cargar* 《contra》. ▶その町を攻撃する v. atacar* [realizar* un ataque a, asaltar] la ciudad. ▶我が軍は夜間に敵を攻撃した Durante la noche nuestro ejército atacó al enemigo.
❷【非難する】v. criticar*, reprochar;（公然と）v. 《フォーマル》censurar;（激しくあるいは道徳的見地から）v. condenar. → 非難する
▱アタック, 襲来, 進撃

こうけつ 高潔 f. nobleza, f. integridad. ▶高潔な人柄の人 f. persona (de carácter) noble, m. persona con nobleza.

ごうけつ 豪傑 (大胆不敵な人) f. persona valiente [atrevida,《教養語》intrépida];（力持ち）f. persona fuerte;（英雄）m. héroe.

こうけつあつ 高血圧 f. tensión (arterial excesivamente) alta,《専門語》f. hipertensión. ▶高血圧症《専門語》f. hipertensión. ▶悪性高血圧症《専門語》f. hipertensión maligna. ▶腎性高血圧《専門語》f. hipertensión renal. ▶本態性高血圧症《専門語》f. hipertensión esencial. ▶彼は高血圧だ Tiene la tensión alta. / Padece de hipertensión.

こうけん 貢献 f. contribución,《フォーマル》f. aportación;（助け）f. ayuda. ▶貢献する v. contribuir* (a). ♦彼は世界平和に大いに貢献した「Contribuyó grandemente [《フォーマル》Realizó una gran aportación] a la paz mundial. ♦チームに貢献することが大切だと思っている。記録は二の次さ Creo que es importante que ayude al equipo. [No se trata de batir una marca. [La marca es algo secundario.]

こうげん 高原 f. meseta,［ラ米］m. altiplano,《専門語》f. altiplanicie;（高台）m. alto;（高地）fpl. tierras altas, mpl. altiplanos. ▶志賀高原 mpl. altos [mpl. altiplanos] de Shiga.

こうげん 公言 ▶公言する(公然と明言する) v. declarar, afirmar públicamente [abiertamente];（感情を明白に言う）v.《フォーマル》profesar. ▶信念を公言する v. profesar sus creencias. ♦彼は自分が過激派だと公言してはばからない Declara abiertamente que es radical. / Se profesa públicamente radical.

ごうけん 剛健 (強健) f. virilidad. ▶剛健な adj. viril;（男らしい）adj. masculino, varonil.

ごうけん 合憲 f. constitucionalidad. ▶合憲である v. ser* constitucional.

こうげんびょう 膠原病《専門語》f. enfermedad del colágeno.

こうこ 公庫（住宅金融公庫）f. Caja Pública de Crédito Financiero para Viviendas. ▶(住宅)公庫で2千万円借りる v. pedir* 20 millones de yenes a la Caja Pública de Crédito Financiero (para Viviendas).

こうご 口語（話し言葉）f. lengua hablada;（くだけたスタイルの言葉）m. habla [m. lenguaje] coloquial. ▶口語スペイン語 m. español coloquial [familiar]. ▶口語体で書く v. escribir* en estilo coloquial.

こうご 交互 ▶交互に adv. alternativamente. → 交互に.

ごうご 豪語 ▶豪語する v. alardear [jactarse] (de). → 自慢する. ♦彼は10か国語しゃべれると豪語した Alardeaba [Se jactaba] de que sabía diez idiomas.

こうこう 孝行 f. piedad, m. deber filial. → 親孝行. ▶孝行息子 m. hijo piadoso y atento.

こうこう 口腔（専門語）f. cavidad bucal [oral]. ▶口腔衛生 f. higiene bucal [dental]. ▶口腔粘膜《専門語》f. mucosa oral.

こうこう 晧々 ▶月が晧々と(=明るく)照っている La luna brilla. / Hace luna. → 明るい.

*** こうこう 高校** f. escuela secundaria superior, m. instituto (de enseñanza media),［スペイン］m. colegio de enseñanza media [bachillerato],［メキシコ］f. escuela preparatoria. → 学校. ▶高校生 mf. estudiante de secundaria [bachillerato]. ▶高校教育 f. enseñanza secundaria; m. bachillerato. ▶ [1]全日制 [2]定時制]高校 f. escuela secundaria de tiempo [1]completo [2]parcial]. ▶夜間高校 f. escuela secundaria nocturna. ▶通信制高校 f. escuela por correspondencia. ▶ [1]実業 [2]商業; [3]工業; [4]農業]高校 f. escuela de formación [1]vocacional [2]comercial; [3]técnica; [4]agrícola]. ▶高校野球《全国高校野球選手権大会》m. béisbol escolar;（全国高校野球選手権大会）m. Torneo Nacional de Béisbol de Escuelas Secundarias. ♦彼は高校では成績がよかった Era un buen estudiante de secundaria. ♦私の息子は高校2年生です Mi hijo está en el segundo curso「del bachillerato [de la secundaria]. ♦太郎は高校時代はテニス部に属していた Taro pertenecía al club de tenis cuando era estudiante de la secundaria.

こうこう 航行 f. navegación. ▶航行区域 f. zona de navegación. ▶多くの船が神戸横浜間を年中航行している Durante todo el año hay muchos barcos que navegan entre Kobe y Yokohama.

こうごう 皇后 ▶皇后陛下 f. Emperatriz, f. Su Majestad Imperial.

ごうごう ▶ごうごうと音を立てる v. retumbar;（雷のような）v. tronar*. ▶ごうごうたる非難 f. acusación estruendosa. ♦滝がごうごう音を立てて落ちていた La cascada se precipitaba retumbando [con estruendo]. ♦列車がごうごう音を立てて通った El tren corría haciendo un ruido ensordecedor [atronador].

こうこうがい 硬口蓋《専門語》m. paladar duro.

こうごうしい 神々しい（神のような）adj. divino, sublime;（神聖な）adj. celestial. ▶神々しい美しさ f. belleza divina [celestial].

こうごうせい 光合成 f. fotosíntesis. ▶光合成で m. por medio de la fotosíntesis. ▶光合成をおこなう v. efectuarse* la fotosíntesis,《専門語》fotosintetizarse*.

こうこうや 好々爺 m. anciano bondadoso,《口語》m. viejo bonachón.

こうこがく 考古学 f. arqueología. ▶考古学者 mf. arqueólogo/ga. ▶考古学(上)の adj. arqueológico.

*** こうこく 広告** m. anuncio (publicitario), m.

aviso, *m*. comercial, *f*. publicidad, *f*. propaganda. → 宣伝.

1《〜広告》▶新聞広告 *m*. anuncio en el periódico. ▶三行広告 *m*. anuncio clasificado. ▶商業広告 *f*. publicidad (comercial), 《口語》 *f*. propaganda. ▶サブリミナル広告 *f*. publicidad subliminal.

2《広告＋名詞》▶広告欄 *f*. columna publicitaria [de anuncios]. ▶広告主 *mf*. anunciante, 《ラジオ・テレビの》*mf*. patrocinador/*dora*. ▶広告代理店 *f*. agencia de publicidad. ▶広告業 *f*. (gremio de la) publicidad. ▶《ポスターなどをは》広告板 *m*. cartel de avisos [anuncios]. ▶広告料 *f*. tarifa publicitaria.

3《広告の[を, で]》▶秘書の求人広告を出す *v*. poner* un anuncio para buscar* una secretaria. ▶新聞やテレビに新製品の広告を出す *v*. anunciar [dar* publicidad a] un nuevo producto en los periódicos y en la televisión. ◆新聞広告でこの本はよく売れるようになった Después de anunciarlo en los periódicos, el libro empezó a vender bien. / (需要が増えた)La publicidad aparecida en los periódicos ha creado una gran demanda de este libro.

── **広告する** *v*. anunciar, 《フォーマル》insertar un anuncio, hacer* publicidad [propaganda], dar* publicidad; (人・職などを求めて)*v*. poner* un anuncio para buscar*....

こうこく 公告 *f*. notificación pública, *m*. anuncio oficial. ▶公告する *v*. hacer* notificación pública. → 発表する, 布告する
☞ 掲示, びら

こうこつ 恍惚 ▶恍惚として彼女の歌に聞きほれる *v*. escuchar encantad*o* [《教養語》cautivad*o*] su canción, oír* con embeleso [《教養語》arrobo] su canción. → うっとり.

こうごに 交互に *adv*. a [por] turnos; (順番に) a su vez. → 代わる代わる.

こうコレステロールけっしょう 高コレステロール血症 《専門語》*f*. hipercolesterolemia.

こうさ 交差 ▶立体交差 *m*. paso [*m*. cruce] a dos niveles. ▶平面交差 *m*. paso [*m*. cruce] a nivel. ◆この道はそこで幹線道路と交差している Este camino se cruza allí con la carretera principal.

こうさ 考査 *m*. examen, *f*. prueba, 《英語》*m*. "test". → 試験, テスト.

こうざ 口座 *f*. cuenta. ▶預金口座 *f*. cuenta de ahorro(s). ▶口座を¹開く [²閉じる] *v*. ¹abrir* [²cerrar*] una cuenta (bancaria, en un banco). ▶彼の銀行口座に10万円振り込む *v*. ingresar [hacer* una transferencia de] 100.000 yenes en su cuenta bancaria. ▶口座から5万円引き出す *v*. retirar [《口語》sacar*] 50.000 yenes de la cuenta bancaria. ◆あんしん銀行に口座があります Tengo cuenta en el Banco Anshin.

こうざ 講座 (連続の講義) *m*. curso; (講義) *f*. clase, *f*. lección; (教授職) *f*. cátedra. ▶ラジオスペイン語講座 *m*. curso de español por radio. ▶公開講座 *m*. curso de extensión. ▶夏期講座 *m*. curso de verano. ▶日本史の講座 *m*. curso de [sobre] historia japonesa. ▶大学でスペイン文学の講座を担当する *v*. tener* [encargarse* de] un curso de literatura española en la universidad. ◆私は金曜日の夜に開かれる講座をとっている Estoy 「tomando una clase [siguiendo un curso] los viernes por la noche.

こうさい 虹彩 《専門語》*m*. iris. ▶虹彩炎 《専門語》*f*. iritis.

***こうさい 交際** (付き合い) *f*. relación, *f*. amistad. → 付き合い. ▶交際費 *mpl*. gastos de relaciones sociales; 《娯楽費》*mpl*. gastos de diversión. ◆彼女とは以前ちょっとの間交際(＝恋愛関係)があった Antes salía con ella durante cierto tiempo. ◆彼は交際(＝友人の範囲)が広い Tiene mucho trato con la gente. / Su círculo de conocidos [amigos] es amplio. ◆彼は交際は広いが本当の友人は少ない 「Conoce a [《口語》Se codea con; 《口語》Tiene roce con] mucha gente, pero amigos de verdad tiene pocos. ◆彼女に交際(＝デート)を申し込んだが断られた Le pedí a ella una cita, pero me 「la negó [《口語》dio calabazas]. ◆うちの学校では男女交際は禁止だ En nuestra escuela se prohíbe que los chicos tengan trato con las chicas. ◆彼女はあまり交際好きではない No le gusta tratar a la gente. / No es muy sociable. → 社交.

── **交際(を)する** (社交として) *v*. tener* trato [relaciones] 《con》, tratar, relacionarse [codearse] 《con》; (しばしば会って) *v*. ver*; (特定の一人と結婚を前提として) *v*. mantener* relaciones 《con》, 《フォーマル》establecer* [entablar] relaciones 《con》; (とけ込むで) *v*. salir* 《con》. → 付き合う. 《会話》君は花子とまだ交際しているの―いやもうやめたよ ¿Sigues saliendo con Hanako? – No, ya no salimos.
☞ 社交, 行き来

こうさい 公債 (国の) *mpl*. bonos del Estado.

こうざい 功罪 ▶功罪相半ばする *v*. 《口語》dar* una de cal y otra de arena.

こうさく 耕作 (田畑を耕して作物を作ること) *m*. cultivo, *f*. labranza, *f*. labor; (農作業) *m*. cultivo, *m*. trabajo en el campo. ▶耕作する *v*. labrar, cultivar. ▶耕作機械 *m*. cultivador; *f*. maquinaria agrícola. → 耕す. ▶耕作地 *f*. tierra de cultivo [labor]. ▶耕作物 *mpl*. productos agrícolas [del campo].

こうさく 工作 ❶【学科】(手細工) *m*. trabajo manual, *fpl*. manualidades. ▶工作の時間 *f*. clase de manualidades. ▶工作品 *fpl*. artesanías, *mpl*. productos manuales. ▶工作室 *m*. taller.

❷《土木・建築工事》*fpl*. obras de construcción. ▶補強工作 *fpl*. obras de refuerzo.

❸【策動】▶政治的工作 *f*. maniobra política, 《軽蔑的に》*m*. politiqueo. ▶裏工作 *f*. actividad encubierta, *fpl*. maniobras entre bastidores.

── **工作する** *v*. hacer*, construir*; (策動する) *v*. hacer* gestiones [maniobras]. ▶和平工作する *v*. tomar una iniciativa de paz. ▶裏面工作する *v*. mover* los hilos 「entre basti-

こうさく dores [de modo encubierto, 《教養語》subrepticiamente]. ◆その会議への準備工作をする(=道を開く) v. preparar el terreno para la conferencia. ◆彼は従兄弟をいい職につけるため工作した(=内密に運動した) Hizo gestiones para que le dieran un buen trabajo a su primo.

こうさく 交錯 ◆交錯する v. mezclarse, 《フォーマル》entremezclarse. ◆期待と不安が交錯する v. mezclarse la esperanza y el temor.

こうさくきかい 工作機械 f. máquina herramienta.

こうさつ 考察 (熟慮) f. consideración; (研究) m. estudio. ◆東洋美術についての考察 m. estudio del arte oriental. ◆その問題を注意深く考察する v. considerar atentamente el asunto.

こうさつ 絞殺 f. estrangulación. ◆絞殺する v. estrangular.

こうさてん 交差点 (AとBの) m. cruce (de A con B). ◆道路を交差点で渡る v. atravesar* [cruzar*, pasar] la calle por el cruce.

こうさん 公算 (見込み) f. probabilidad; (可能性) fpl. muchas posibilidades. → 可能, 確率. ◆彼がここへ来る公算は十分ある Hay muchas probabilidades de que venga aquí. / Es muy posible que venga aquí.

こうさん 降参 f. rendición (a). ◆敵は降参においやられた El enemigo fue obligado a rendirse.

—— 降参する ❶ [降伏する] v. rendirse* [someterse] (a), 《フォーマル》capitular (ante). ◆われわれは敵にけっして降参しないぞ Jamás nos rendiremos al enemigo. ◆敵は戦わずに降参した El enemigo 「se rindió [《口語》tiró la toalla] sin luchar.

❷ [耐えられない] v. no poder* soportar, ser algo inaguantable, (あきらめる) v. dejar, ceder. ◆この暑さには降参だ No puedo soportar este calor. / Este calor es inaguantable. ◆この問題には降参だ (=解けない) No puedo solucionar este problema. ◆もう降参だ (=まいった) Me rindo. / (君には負けた)Tú has ganado.

こうざん 高山 f. montaña alta [《フォーマル》elevada]. ◆高山植物 f. planta [f. flora, f. vegetación] alpina. ◆高山病 m. mal de alturas, 『ラ米』m. soroche; 《専門語》f. enfermedad de las alturas.

こうざん 鉱山 f. mina. ◆金鉱山 f. mina de oro. ◆鉱山労働者 mf. minero/ra.

こうさんきゅう 好酸球 好酸球減少《専門語》f. eosinopenia. ◆好酸球増加《専門語》f. eosinofilia.

こうし 行使 ◆行使する v. utilizar*, emplear, ejercer*, 《フォーマル》recurrir a. ◆暴動を鎮圧するために武力を行使する v.「recurrir a [utilizar*, emplear] la fuerza para reprimir un disturbio. ◆国民としての権利を行使する v. ejercer* los derechos como ciudadano.

こうし 講師 (講演者) mf. conferenciante, 『ラ米』mf. conferencista, mf. lector/tora; (大学の) mf. profesor/sora adjunto/ta. ◆非常勤講師 mf. profesor/sora asociado/da [no numerario/ria]. ◆化学の講師 mf. profesor/sora adjunto/ta de química.

こうし 公使 m. ministro. ◆イタリア駐在日本公使 m. ministro japonés en Italia. → 大使. ◆公使館 f. legación. ◆公使館員(個人) mf. miembro [mf. funcionario/ria] de la legación; (全体) m. personal de la legación.

こうし 孔子 Confucio (◆前 552-479, 中国の思想家, 儒教の創始者). ◆孔子の教え f. doctrina [fpl. enseñanzas] de Confucio; (儒教) m. confucianismo.

こうし 公私 (公的・私的な事柄) lo público y lo privado, mpl. asuntos públicos [oficiales] y los privados [personales]. ◆公私を区別する (=一線を画する) v. trazar* [establecer*] una línea entre lo público [oficial] y lo privado. ◆公私を混同する v. mezclar [confundir] lo público con lo privado; (会社の場合) v. mezclar los asuntos de la empresa con los personales. ◆彼は公私ともに忙しい Está ocupado con asuntos tanto públicos como privados.

こうし 子牛 m. ternero, m. becerro. ◆子牛の肉 f. (carne de) ternera.

こうし 格子 m. enrejado, m. entramado, f. celosía. ◆格子窓 f. celosía. ◆格子じま mpl. cuadros. ◆格子じまのカーテン f. cortina de [a] cuadros.

こうし 公司 (中国で会社) f. compañía, f. empresa.

こうじ 工事 f. (fpl.)obra(s), f. construcción. ◆工事現場 m. lugar de construcción, f. zona de obras, m. sitio de obras. ◆建設工事を始める v. comenzar* las obras. ◆工事中【掲示】En obras. / En construcción. ◆道路は工事中だ La carretera está en obras.

こうじ 公示 m. anuncio público [oficial]; (公式の通知) f. notificación oficial. ◆市長選挙を公示する v.「hacer* el anuncio oficial de [anunciar públicamente] elecciones a la alcaldía.

こうじ 麹 "koji", 《説明的に》tipo de levadura a partir del arroz o cebada.

こうしき 硬式 硬式[1]野球 [[2]テニス] [1] m. béisbol [[2] m. tenis] (de pelota dura) (☆いずれも欧米では硬式が普通なので, 特に軟式と区別する場合を除いて de pelota dura は不要).

こうしき 公式 ❶ [数学] f. fórmula. ◆公式で表わす v. expresar(lo) en una fórmula, formular(lo). ◆その線の長さを計算する公式は難しすぎる La fórmula para calcular la longitud de esa línea es demasiado difícil.

交差点に注意 Atención, cruce peligroso. →交差点

❷【おおやけ】(公式の) adj. oficial; (正式の) adj. formal. ▶公式訪問 f. visita oficial [formal]. ▶公式の (＝公認)記録 m. récord oficial. ▶非公式の記者会見を行なう v. celebrar una rueda de prensa informal
☞ 表向き, 公, 正式

こうししょう 合指症《専門語》f. sindactilia.
こうしせい 高姿勢 (高圧的な態度) f. actitud intransigente [intolerante]. ▶高姿勢に出る v. tomar [《フォーマル》adoptar] una actitud intransigente.
こうしつ 皇室 f. Casa [f. Familia] Imperial. → 王室.
こうじつ 口実 (偽りの理由) m. pretexto; (言い訳) f. excusa, f. disculpa,《口語》f. escapatoria. ▶もっともらしい口実をさがす v.《口語》buscarse* una buena disculpa,《教養語》presentar un pretexto plausible. ♦ 彼は病気を口実に学校を早退した Se fue de la escuela pronto con el pretexto de que estaba enfermo. → 理由. ♦ 彼は遅刻した口実を見つけた Encontró una excusa para justificar su tardanza. ♦ そんな口実は通らない Eso no es excusa. / Esa disculpa no vale.
こうして adv. así,《フォーマル》de este modo. ♦ こうして彼はついに成功した Así la conquistó. ♦ こうしてドアに鍵(㊟)をかけなさい Cierra la puerta con la llave así [de este modo].
こうしゃ 校舎 m. edificio escolar.
こうしゃ 公社 f. empresa pública.
こうしゃ 後者 el último, la última; (第二のもの) el segundo, la segunda. → 前者.
こうしゃく 公爵 m. duque, f. duquesa. → 貴族. ▶公爵夫人 f. duquesa.
こうしゃく 侯爵 m. marqués, f. marquesa. → 公爵. ▶侯爵夫人 f. marquesa.
こうしゅ 攻守 m. ataque y f. defensa, f. ofensiva y f. defensiva.
こうしゅう 講習 (課程) m. curso; (授業) f. clase, f. lección; (講義) f. conferencia; (研修会) m. seminario. ▶スペイン語の夏期講習を受ける v. tomar un curso de español en verano. ▶教員の講習会に出席する v. asistir a un seminario [taller] de magisterio.
こうしゅう 口臭 m. mal olor del aliento,《専門語》f. halitosis. ▶彼は口臭がある Le huele mal「el aliento [la boca].
こうしゅう 公衆 m. público. → 大衆. ▶公衆衛生 f. sanidad [f. higiene] pública. ▶公衆便所 mpl. aseos públicos, mpl. urinarios. ▶公衆浴場 m. baño público. ▶公衆電話 (ボックス) m. teléfono público. ▶公衆道徳 f. moral pública. ♦ 公衆の面前でそんな言葉を遣うべきではない No deberías usar esas palabras en público.
☞ 公, 公共

|地域差| 公衆便所
〔全般的に〕m. baño público
〔スペイン〕m.《英語》"water" (☆ 発音は [báter]) público, m. servicio, m. urinario
〔メキシコ〕m. sanitario
〔キューバ〕m. servicio público, m. servicio, m. servicio sanitario
〔コロンビア〕m. servicio sanitario, m. servicio público
〔アルゼンチン〕m. servicio sanitario

こうしゅう 広州 →コワンチョウ.
こうしゅうは 高周波 f. alta frecuencia.
こうしゅけい 絞首刑 ▶絞首刑執行人 m. verdugo. ▶絞首刑にする v. ahorcar*, colgar* [condenar, llevar]《a ＋ 人》a la horca. ▶殺人罪で絞首刑になる v. ser* ahorcado por asesinato.
こうしゅだい 絞首台 f. horca.
こうじゅつ 後述 ▶後述する v. decir* [mencionar, escribir*, describir*]「más adelante [después, más abajo]. ♦ 詳細は後述 Para más información, véase más abajo. / Más adelante se darán más detalles.
こうじゅつ 口述 m. dictado. ▶口述の adj. oral, verbal. ▶口述試験 m. examen oral. ▶口述筆記 m. dictado. ▶手紙を秘書に口述する v. dictar una carta a la secretaria.
こうじゅん 公準《教養語》m. postulado.
こうじゅん(の) 降順(の)《専門語》adj. descendente. ▶降順ソート f. ordenación descendente.
こうしょ 高所 m. alto, f. altura; (高地) m. terreno alto [elevado]. ▶高所恐怖症 m. miedo a las alturas,《専門語》f. acrofobia. ▶ 10メートルの高所から落ちる v. caerse* de una altura de 10 metros. ♦ 私は高所恐怖症です「Los sitios altos [Las alturas] me dan miedo. ♦ だれもあのような高所に長期間滞在することはできない Nadie puede permanecer mucho tiempo en esas altitudes.
こうじょ 控除 (差し引くこと) f. deducción; (免除) f. exención. ▶控除額 f. deducción, m. descuento. ▶基礎控除 f. deducción básica. ▶控除する v. deducir*, descontar*.
こうしょう 交渉 ❶【話し合い, 協議】(交渉) fpl. negociaciones; (会談) fpl. conversaciones, fpl. conferencias.
 1《～交渉》▶和平交渉 fpl. negociaciones de paz. ▶賃上げ交渉 fpl. negociaciones para conseguir mejoras salariales. ▶団体交渉 fpl. negociaciones colectivas.
 2《交渉(の) ＋ 名詞》▶交渉団体 f. parte negociadora. ▶交渉権 m. derecho de negociar. ▶交渉相手 f. contraparte. ▶何週間にもわたる交渉の末 adv.「al cabo [después] de largas semanas de negociaciones. ♦ その件は交渉中である Se ha entrado en negociaciones sobre ese asunto. / El asunto está siendo negociado. ♦ 価格については交渉の余地がある El precio es negociable. / Se puede negociar el precio.
 3《交渉が[は]》▶賃金交渉がまとまった Han concluido las negociaciones salariales. ▶労使間交渉が[1]行き詰まった [2]決裂した Se han [1]estancado [2]roto] las conversaciones entre la administración y los trabajadores.
 4《交渉を》▶交渉を始める v.「entrar en [abrir*, iniciar] negociaciones. ▶外交交渉

こうしょう

を打ち切る v. romper* las conversaciones diplomáticas.
❷【接触, 関係】(接触) m. contacto; (関係) f. relación. ♦彼と卒業以来交渉がない Desde la graduación「no tengo contacto con él [he perdido la relación con él].

── 交渉する v. negociar 《con》, 《口語》andar* en tratos 《con》; (値段などについて掛け合う) v. regatear 《con》. ♦政府はその法案について野党と交渉した El gobierno negoció con el partido de la oposición el proyecto de ley. ♦組合は会社側と交渉して 10% の賃上げを取り決めた El sindicato obrero negoció con éxito con la patronal un incremento salarial del 10%. ♦彼女は店員と値段(を安くするよう)交渉した Regateó con el dependiente por el precio (para que se lo dejara más barato). ☞折衝, 談判

こうしょう 公証 ♦公証人 mf. notario/ria, 『ラ米』escribano/na. ♦公証役場 f. notaría, 『ラ米』f. escribanía.

こうしょう 高尚 ♦高尚な(知的で洗練された) adj. refinado, exquisito; (高度な) adj. avanzado, superior. ♦高尚な趣味(＝好み) m. buen gusto, m. gusto refinado.

こうじょう 向上 (上昇) f. subida; (改善) f. mejora; (進歩) m. avance, m. progreso. ♦進歩. ♦向上する v. elevarse, subir; (改善する) v. mejorar; (進歩する) v. progresar. ♦向上させる (地位など) v. elevar; (能力などを) v. mejorar, hacer* progresar. ♦地位の向上 f. mejora de estado [situación], f. promoción. ♦生活水準の向上 f. subida del nivel de vida. ♦女性の社会的地位が向上した La situación social de la mujer se ha mejorado [elevado]. / Las mujeres han subido en promoción social. ♦彼女は向上心があったので勉強したかった Se puso a estudiar porque deseaba mejorar. ☞上達, 進歩; 上[揚, 挙]がる, 高まる

*こうじょう 工場 f. fábrica, f. planta; f. factoría, m. taller.

1【工場＋名詞】♦工場長 mf. director/tora de planta. ♦工場廃水 fpl. aguas residuales industriales.

2【〜(の)工場】♦自動車工場 f. fábrica de coches [『ラ米』carros], 《フォーマル》f. planta automotriz. ♦セメント工場 f. fábrica de cemento. ♦化学工場 f. planta química. ♦¹製粉 [²紡績; ³製紙] 工場 f. fábrica de ¹harina [²tejidos de algodón; ³papel]. ♦材木工場 m. aserradero. ♦¹修理 [²機械] 工場 m. taller de ¹reparaciones [²máquinas]. ♦製鋼工場 f. acería, f. acerería. ♦彼は S 社の工場で働いている Trabaja en una fábrica de S. ♦この工場には工具製造所もある En esta fábrica se hacen también herramientas.

ごうじょう 強情 f. terquedad, 《教養語》f. obstinación. ♦そう強情をはるな No seas tan terco.

── 強情な (自説を曲げない) adj. terco, testarudo, 《教養語》obstinado, 《文語》pertinaz, cabeza dura, 《口語》cabezota, 《口語》cabezudo. → 頑固. ♦彼女は強情な女だよ Es una mujer testaruda [terca, 《口語》cabezota].

こうじょうし 口上書 f. nota verbal.

こうじょうせん 甲状腺 《専門語》f. glándula tiroides. ♦甲状腺炎 《専門語》f. tiroiditis. ♦甲状腺機能亢進症 《専門語》m. hipertiroidismo. ♦甲状腺機能低下症 《専門語》m. hipotiroidismo. ♦甲状腺中毒症 《専門語》f. tirotoxicosis. ♦甲状腺ホルモン 《専門語》f. hormona tiroidea (tiroxina). ♦甲状軟骨 《専門語》m. cartílago tiroides.

こうしょく 公職 m. puesto oficial, m. cargo público. ♦公職選挙法 f. Ley de las Elecciones Públicas. ♦公職に就く v. ocupar [tener*] un puesto oficial [público]. → 公務員. ♦公職を追われる v. ser* apartado [cesado] de un cargo público. ♦一切の公職を退く v. jubilarse [retirarse] de la vida pública.

こうしょく 降職 (降格)《フォーマル》f. degradación. ♦降職される v. 《フォーマル》ser* degradado.

こうしょく 好色 f. lujuria, 《フォーマル》f. lascivia. ♦好色な adj. lujurioso, pornográfico, 《フォーマル》lascivo, 《教養語》libidinoso. ♦好色家 f. persona lujuriosa [《フォーマル》lasciva, 《口語》verde].

こうじる 高じる v. agravarse, empeorar. ♦病気がだんだん高じてきた La enfermedad está agravándose sin cesar. ♦彼は喫煙癖がだんだん高じた El hábito de fumar cada vez era más fuerte en él. ♦風邪が高じて肺炎になった El resfriado se ha agravado en forma de una pulmonía.

こうじる 講じる ❶【講義をする】♦スペイン文学を講じる v. dar* una clase sobre literatura española.
❷【手段をとる】♦手段を講じる v. tomar medidas [《フォーマル》disposiciones]《para》.

こうしん 後進 ♦後進に道を譲る v. ceder el paso a la juventud. ♦後進を育てる v. educar* a la generación joven.

こうしん 更新 f. renovación. ♦運転免許証の更新 f. renovación de「un permiso [『ラ米』una licencia] de conducir.

── 更新する v. renovar*; (記録などを) v. batir. ♦契約を更新する v. renovar* un contrato. ♦世界記録を更新する v. batir el récord mundial 《en》. ♦来月運転免許証を更新しなければならない El mes que viene tengo que renovar mi permiso de conducir.

こうしん 交信 (通信) f. comunicación; (連絡) m. contacto. ♦彼と交信している v. estar* en comunicación [contacto] con él. ♦船と無電で交信する v.「ponerse* en contacto por radio [《フォーマル》establecer* radiocomunicación] con el barco. ♦交信が途絶えた Se ha cortado la comunicación.

こうしん 行進 (隊列を組んだ) f. marcha; (祝賀や行事のための) m. desfile. → パレード. ♦行進する v. desfilar, marchar, ir* en marcha. ♦結婚行進曲 f. marcha nupcial. ♦軍隊の行進 m. desfile militar. ♦兵士が行進中だった Los soldados iban desfilando.

こうじん 公人 (公職にある人)*mf.* funcionario/ria. ▶公人の立場で *adv.* en calidad de funcionario/ria; (公人として)*adv.* como funcionario/ria.

こうしんこく 後進国 *m.* país subdesarrollado,《軽蔑的に》*m.* país atrasado;（発展途上国）*m.* país en (vías de) desarrollo.

こうしんじょ 興信所 （人事の）*f.* agencia de detectives;（商事の）*f.* agencia que investiga la solvencia de los que solicitan crédito.

こうしんりょう 香辛料 *f.* especia.

こうず 構図 *f.* composición. ▶絵の構図 *f.* composición de un cuadro. ◆その絵の構図は¹いい [²悪い] La composición del cuadro es ¹buena [²mala].

こうすい 香水 *m.* perfume;（香水類）*f.* perfumería. ▶髪に香水をつける *v.* perfumarse el pelo. ◆フランスの香水が有名だ Los perfumes franceses son famosos. ◆彼女は¹濃い [²バラの] 香水をつけている Lleva un perfume ¹fuerte [²de rosas].

こうすい 降水量《専門語》*f.* precipitación. → 降雨量. ▶降水確率(雨の) *fpl.* probabilidades de lluvia [《専門語》precipitaciones].

こうすい 硬水 *f.* agua dura (gorda).

こうずい 洪水 *f.* inundación, *f.* riada;（大洪水）*m.* diluvio.

　1《～の洪水》▶情報の洪水 *m.* torrente de información. ▶¹質問 [²贈り物]の洪水 *f.* lluvia de ¹preguntas [²regalos]. ◆道路は車の洪水だ En la calle hay una riada de coches. / La calle está inundada de coches.

　2《洪水＋名詞》▶洪水警報を発令する *v.* avisar del peligro de inundaciones (en una región).

　3《洪水が》▶集中豪雨のためその地方に洪水が起こった Lluvias localmente fuertes provocaron inundaciones en esa región. / Las inundaciones que azotaron esa región fueron [estuvieron] causadas por la violencia de lluvias locales.

　4《洪水に [で]》▶洪水にあった人々 *fpl.* víctimas de las inundaciones. ▶洪水にあった家 *fpl.* casas anegadas [inundadas]. ◆度重なる洪水で多くの人が家を失った Las frecuentes inundaciones dejaron a mucha gente sin hogar. ◆橋が洪水で流された El puente fue arrastrado por la riada.

こうずか 好事家 (風変わりな好みを持つ人)*f.* persona con gustos extraños.

こうせい 攻勢 (攻撃態勢) *f.* ofensiva. ▶平和攻勢 *f.* ofensiva de paz. ◆我が軍は攻勢を¹かけた [²に転じた] Nuestro ejército ¹se lanzó [²pasó] a la ofensiva.

こうせい 公正 *f.* justicia. → 公平.

　1《公正＋名詞》▶公正価格 *m.* precio justo. ▶公正取引委員会 *f.* Comisión del Comercio Justo.

　2《公正な》*adj.* justo, imparcial,《教養語》equitativo. ▶公正な手段で *adv.* por medios justos [《口語》limpios]. ▶公正な判決を下す *v.* dictar [pronunciar] una sentencia justa [imparcial]. ◆あの先生は生徒たちに対して公正でなかった El/La profesor/sora no era justo/ta con [hacia] los estudiantes.

　3《公正に [を]》▶彼の仕事を公正に評価する *v.* valorar su trabajo「con justicia [justamente,《教養語》equitativamente]. ▶公正に勝負する[ふるまう] *v.* jugar* limpio. ▶公正を期する *v.* garantizar* la justicia.

　□明るい，綺麗な，公平

こうせい 恒星 *f.* estrella fija,《専門語》*f.* estrella.

こうせい 校正 *f.* corrección de pruebas. ▶校正刷り *f.* prueba, *f.* galerada. ▶校正者 *mf.* corrector/tora. ▶校正する *v.* corregir* pruebas [galeradas] (de un libro).

こうせい 更正 (正常に戻すこと) *f.* rehabilitación; *f.* regeneración. ▶更生する *v.* ser* rehabilitado; regenerarse;（改心する）*v.* corregirse*, enmendarse*.

こうせい 後世 ▶後世の人 *fpl.* generaciones futuras, *f.* posteridad. ▶後世に伝統を伝える *v.* transmitir las tradiciones a la posteridad. ▶彼の名は後世に残るでしょう Su nombre pervivirá en「las generaciones futuras [la historia]. / Se le recordará por siempre.

こうせい 構成 *f.* composición; （文などの）*f.* construcción; (組織化)*f.* organización. ▶文の構成 *f.* construcción de una oración. ▶構成要素 *m.* componente, *m.* elemento estructural [constitutivo, componente]. ▶あなたの家の家族構成を教えてください Infórmeme, por favor, de「《フォーマル》la composición de su familia [《口語》cuántos son en su casa].

　—— 構成する *v.* formar, hacer*;《フォーマル》constituir*,《フォーマル》estructurar. ◆私たちのクラスは40名で構成されている Nuestra clase está formada [compuesta] de [por] 40 estudiantes. / Cuarenta estudiantes componen [constituyen] nuestra clase.

こうせい 広西 →コアンシー

ごうせい 合成 *f.* síntesis. ▶合成する *v.* componer*;（化学）*v.* sintetizar*. ▶合成の (混合の, 複合の) *adj.* compuesto;（化学の）*adj.* sintético. ▶合成物 *m.* compuesto, *f.* sustancia compuesta. ▶合成写真 *f.* fotografía compuesta. ▶合成¹樹脂 [²繊維] ¹ *f.* resina [² *f.* fibra] sintética.

ごうせい 豪勢 (ぜいたく)*m.* lujo. → 豪華. ▶豪勢な *adj.* lujoso. ▶豪勢に暮らす *v.* vivir lujosamente [con lujo, en medio del lujo], llevar una vida lujosa [de lujos],《口語》vivir como un rey [obispo].

こうせいねん 好青年 *m.* buen joven, *m.* joven agradable.

こうせいねんきん 厚生年金 *f.* pensión de jubilación.

こうせいのう 高性能 *m.* alto rendimiento. → 性能.

こうせいぶっしつ 抗生物質 *m.* antibiótico.

こうせいろうどうしょう 厚生労働省 *m.* Ministerio de Salud, Trabajo y Bienestar. (☆

厚生省(旧名) m. Ministerio de Sanidad y Bienestar [Seguridad] Social).

こうせき 鉱石 m. mineral. ▶鉄鉱石 m. mineral de hierro.

こうせき 功績 m. mérito, mpl. servicios; (貢献) f. contribución; (業績) m. logro. ▶地方文化の発展に著しい功績をあげる v. prestar notables servicios al desarrollo de la cultura local.

こうせつ 降雪 f. nevada; (一時的の) f. nevada momentánea. ▶1メートルの降雪 f. nevada de un metro. ▶(秋田の)平均降雪量 f. promedio de nevadas (en Akita).

ごうせつ 豪雪 f. fuerte nevada, m. nevazo. ▶豪雪地帯 f. región de fuertes nevadas. ♦その村は一夜にして3メートルの豪雪に見舞われた El pueblo amaneció con una gran nevada de tres metros.

こうせん 交戦 (戦争) f. guerra; (戦闘) f. batalla. → 戦争. ▶交戦国 mpl. países [fpl. naciones]《フォーマル》beligerantes. ♦両国は交戦中であった Los dos países estaban en (estado de) guerra.

こうせん 光線 (ひとすじの光) m. rayo de luz (→光); (光) f. luz. ▶太陽光線 mpl. rayos solares [del sol]. ▶北側からの柔らかい光線 f. débil luz del norte.

こうせん 抗戦 (抵抗) f. resistencia. ▶徹底抗戦 f. resistencia hasta la muerte, 《比喩的に》f. resistencia numantina. ▶(徹底)抗戦する v. resistir (hasta la muerte).

こうせん 鉱泉 f. fuente [m. manantial] de agua mineral; (天然の鉱水) f. agua mineral.

こうせん 高専 (工業高等専門学校) f. escuela técnica [vocacional]. → 大学.

こうせん 公選 fpl. elecciones públicas. ▶公選による adj. elegido públicamente. ▶公選する v. elegir* por voto popular.

こうぜん 公然 ▶公然の(隠したてしない) adj. abierto; (広く世間に知られた) adj. público; (公式の) adj. oficial. ▶公然と adv. abiertamente; (人前で) adv. en público, públicamente. ▶公然の秘密 m. secreto manifiesto [《口語》a voces]. ▶(特に男性の)公然わいせつ罪 m. delito de escándalo público. ♦その男性は公然と彼女を批判した Ese hombre la criticó en público.

ごうぜん 傲然 ▶傲然たる(傲慢な) adj. altivo, arrogante; (見くだすような) adj. desdeñoso.

こうぜんてき 好戦的 ▶好戦的な国民 m. pueblo belicoso.

こうそ 控訴 f. apelación. ▶控訴を¹棄却する [²取り下げる] v. ¹desestimar [²retirar] una apelación. ▶控訴を差しもどす v. pasar el caso de apelación「al tribunal [《ラ米》a la corte] inferior.

—— 控訴する v. apelar, presentar [《フォーマル》interponer*] una apelación. ▶地裁判決を不服として控訴する v. apelar al [ante el] tribunal superior contra la sentencia del tribunal de distrito.

こうそ 酵素 mf. enzima. ▶酵素洗剤 m. detergente de enzimas.

こうそ 江蘇 →チアンスー

こうそいじょうしょう 酵素異常症《専門語》f. enzimopatía.

こうそう 構想 (着想)《フォーマル》f. concepción; (企て) m. diseño; (計画) m. plan; (文章の筋) f. trama, m. argumento; (思いつき) f. idea. ▶具体的な構想を練る v. elaborar un diseño detallado.

こうそう 高層 ▶高層建築物 m. edificio de muchos pisos; (超高層ビル) m. rascacielos. ♦高層アパート群が海岸にそびえ立っている Altos edificios de apartamentos [[《ラ米》departamentos] se elevan sobre la playa.

こうそう 抗争 (争い) f. lucha, f. pugna, m. conflicto; (代々の) f. enemistad heredada 《entre》. ▶派閥抗争 f. lucha entre facciones. ▶権力抗争 (=闘争) f. lucha [f. pugna, 《教養語》f. contienda] por el poder.

こうぞう 構造 f. estructura. ▶¹社会 [²人体]の構造 f. estructura ¹de la sociedad [²del cuerpo humano]. ▶¹経済 [²文]の構造 f. estructura ¹económica [²sintáctica, ²de oración]. ♦その建物は構造上の欠陥がある Ese edificio tiene un defecto estructural.

☞組み立て, 仕組み, 図解, 体制, 作[造]り

ごうそう 豪壮 ▶豪壮な(宮殿のような) adj. suntuoso, como un palacio, palaciego; (壮大な) adj. grandioso; (壮麗な) adj. magnífico.

こうそく 高速 f. alta [gran] velocidad. ▶高速エンジン m. motor de alta velocidad. ▶高速度撮影 f. fotografía de gran frecuencia de imágenes, f. fotografía ultrarrápida. ▶高速道路 f. autopista; f. autovía. ▶名神高速道路 f. Autopista de Meishin. ▶高速で運転する v. conducir* a gran [toda] velocidad. ♦彼は時速130キロの高速で運転した Iba conduciendo a una velocidad de 130 kilómetros por hora.

こうそく 拘束 (制限) f. restricción, f. limitación; (抑制, 規制) m. límite, f. reglamentación. ▶拘束を解く v. eliminar las restricciones. ▶拘束力 f. fuerza [m. poder] vinculante. ▶拘束時間 m. total de horas obligatorias en el trabajo. ♦この協定は法的には拘束力はない Este acuerdo no es vinculante ante la ley.

—— 拘束する (制限する) v. restringir*, limitar; (束縛する) v. atar [《強調して》encadenar] 《a》; (身柄を拘留する) v. detener* 《a ＋ 人》. ♦義務で自分自身を拘束(=束縛)したくない No quiero atarme a ninguna obligación.

こうそく 校則 m. reglamento escolar. → 規則.

こうぞく 後続 (次に来る) adj. siguiente. ▶後続¹列車 [²バッター] ¹ m. tren [² m. bateador] siguiente.

こうぞく 皇族 f. Familia Imperial [Real]; (個人) mf. miembro de la Familia Imperial.

こうそしょう 江蘇省 f. provincia de Jiangsu.

こうそつ 高卒 (人) *mf.* bachiller. ◆高卒の資格 (高校の卒業証書) *m.* diploma [*m.* título] de bachillerato.

こうたい 交替 (変更) *m.* cambio; (交互にすること) *f.* alternancia; (3者以上の間で) *f.* rotación; (勤務交替) *m.* turno. ◆交替員 *m.* relevo. ◆政権の交替 *m.* cambio de gobierno. ◆交替勤務 *m.* trabajo por turnos. ◆従業員は3交替制になっていた Los trabajadores estaban organizados en tres turnos.

—— 交替する (交替でする) *v.* ocupar (su) lugar → 代わる; (入れ替える, 入れ替わる) *v.* cambiar; (取って代わる) *v.* sustituir*, reemplazar*; (輪番で) *v.* rotar; (交替者と) *v.* relevar(se). ◆選手を交替する *v.* cambiar [sustituir*] jugadores. ◆新旧交替する *v.* reemplazar* lo viejo por lo nuevo. ◆警備員は2時間ごとに交替する Los guardias「se turnan [hacen relevos, se relevan] cada dos horas.

—— 交替で[に] *adv.* por [a] turnos, alternativamente; (《口語》) por tandas; (輪番制で) *adv.* por rotación. ◆(8時間ずつ)3交替で勤務する *v.* trabajar en tres turnos (de ocho horas). ◆交替で車を運転した Nos turnábamos para conducir. / Conducíamos por turnos.

こうたい 後退 (退却) *m.* retroceso; (撤退) *f.* retirada, *f.* marcha atrás (→退却, 撤退); (景気の一時的な) 《専門語》 *f.* recesión. ◆後退する *v.* retroceder; (軍隊などが) *v.* marchar hacia atrás, echarse [《口語》volverse*] atrás, dar* un paso atrás, dar* marcha atrás; (景気が) *v.* entrar en una recesión. ◆後退させる(車を) *v.* dar* marcha atrás (a un coche).

こうたい 抗体 《専門語》 *m.* anticuerpo.

こうだい 広大 ◆広大な *adj.* inmenso, vasto, enorme, 《教養語》dilatado. → 広い. ◆広大な大海原 *m.* inmenso océano. ◆広大な大学構内 *m.* enorme campus.

こうたいごう 皇太后 *f.* reina madre; (日本の) *f.* emperatriz viuda.

こうたいし 皇太子 *m.* príncipe heredero, su Alteza Imperial; (スペインの) *m.* Príncipe de Asturias; (英国の) *m.* Príncipe de Gales. → 殿下.

こうたく 光沢 (手を加えた表面的な) *m.* lustre; (反射による) *m.* brillo; (布・羽毛・金属の) *f.* tersura. → 艶(つや). ◆絹の光沢 *m.* lustre [*m.* brillo] de la seda. ◆光沢紙 *m.* papel satinado. ◆美しい光沢の真珠 *f.* perla con un hermoso lustre [brillo]. ◆光沢を出す (磨いて) *v.* sacar* brillo [lustre], pulir, poner* lustroso, lustrar; (光沢剤を塗って) *v.* dar* brillo (a), abrillantar.

ごうだつ 強奪 *m.* atraco, *m.* robo; (乗り物・貨物の) *m.* secuestro. → 乗っ取る, 盗む. ◆銀行から強奪する *v.* atracar* un banco.

こうたん 降誕 (誕生) *m.* nacimiento. ◆キリストの降誕 *m.* Nacimiento de Jesucristo, *f.* Natividad del Señor. ◆降誕祭 *f.* Navidad. → クリスマス.

こうだん 公団 *f.* corporación pública. ◆住宅・都市整備公団 *f.* Corporación de la Vivienda y del Desarrollo Urbano. ◆日本道路公団 *f.* Corporación Pública de Autopistas de Japón.

こうだん 講談 "kodan", 《説明的に》 *f.* narración de hechos heroicos, *f.* recitación de hazañas bélicas. ◆講談師 *mf.* narrador/dora "kodan".

こうち 高地 *m.* altiplano, *f.* altiplanicie; (高台) *m.* alto; (丘) *f.* colina; (高原) *f.* meseta → 高原, 高所, 山地.

こうち 拘置 *f.* detención. ◆拘置する *v.* detener*. ◆拘置所 *f.* cárcel, *f.* prisión. → 刑務所.

こうち 耕地 (耕作された土地) *f.* tierra cultivada [labrada]. ◆耕地面積 *f.* superficie cultivada.

こうちゃ 紅茶 *m.* té (oscuro), *m.* té inglés. → 茶. ◆紅茶を入れる [2出す; 3飲む] *v.* 1hacer* [2servir*; 3tomar] té. ◆紅茶を二つ注文する *v.* pedir* dos tés. → コーヒー. ◆この紅茶は1濃 [2薄]すぎる Este té es demasiado 1fuerte [2flojo].

こうちゃく 膠着 *f.* aglutinación; (交渉などの行き詰まり) *m.* punto muerto, 《仏語》 *m.* "impasse" (☆発音は [impás]); (停止) *f.* paralización, *m.* estancamiento. ◆膠着状態にある *v.* estar*「en un punto muerto [paralizado, estancado]. ◆和平交渉は膠着状態になった Las negociaciones de paz「están en un punto muerto [se hallan paralizadas].

こうちゅうきゅう 好中球 《専門語》 *m.* neutrófilo. ◆好中球減少 《専門語》 *f.* neutropenia. ◆好中球増多 《専門語》 *f.* neutrofilia.

こうちゅうしょう 鉤虫症 《専門語》 *f.* uncinariasis.

こうちょう 腔腸 《専門語》 *m.* celenterón.

こうちょう 好調 *m.* buen estado, *f.* buena condición, *f.* buena forma, 《強調して》 *m.* estado óptimo. → 調子. ◆絶好調である *v.* estar* en「buena forma [estado óptimo]. ◆好調に事が運んだ Todo marchó bien. / Las cosas fueron bien. ◆この本は売れ行き好調です Este libro se está vendiendo bien.

こうちょう 校長 *mf.* director/tora de la escuela. ◆校長室 *f.* oficina del director de la escuela. ◆彼女を東高校の校長に任命する *v.* nombrarla directora de la Escuela Secundaria Higashi.

こうちょう 紅潮 (人が) はおを紅潮させる *v.*「ponerse* colorado [《フォーマル》ruborizarse*] 《por, con》.

こうちょうかい 公聴会 *f.* audiencia pública. ◆公聴会を開く *v.* celebrar una audiencia pública.

こうちょく 硬直 ◆死後硬直 《専門語》 *f.* rigidez cadavérica; (筋肉・態度などが) 硬直する *v.* ponerse* rígido [tieso], endurecerse*. ◆硬直した考え *fpl.* ideas inflexibles [rígidas].

こうつう 交通 (車の往来, 交通量) *m.* tráfico, 《メキシコ》 *m.* tránsito, *f.* circulación; (輸送) *m.* transporte. → 輸送.

1《交通＋名詞》▶交通¹標識 [²警官] ¹ f. señal, ² mf. policía de tráfico. ▶交通信号 m. semáforo. ▶交通機関 mpl. medios de transporte. ▶交通費 mpl. gastos de transporte [viaje]; (車代) m. precio del『スペイン』billete [『ラ米』boleto]. ▶交通安全運動 f. campaña de seguridad vial (de tráfico, en la circulación). ▶ひどい交通渋滞にあう v. quedar atrapado en「una gran retención [un gran atasco, un gran embotellamiento] de tráfico. ▶交通法規 m. reglamento [m. código] de circulación. ▶交通規則を守る v. respetar las reglas [leyes] de circulación. ▶交通違反をする v. violar el reglamento de circulación. ▶交通整理をする v. regular, dirigir* el tráfico. ▶彼は交通事故で死んだ Se mató en un accidente de tráfico.

[地域差] **交通渋滞**
〔全般的に〕f. retención
〔スペイン〕m. atasco
〔キューバ〕m. tranque
〔コロンビア〕m. trancón
〔ペルー〕m. embotellamiento
〔アルゼンチン〕m. embotellamiento

2《交通(量)が》▶大雪のため1週間にわたって交通が¹途絶えた [²麻痺した] El tráfico quedó ¹cortado [²paralizado] una semana a causa de la fuerte nevada. ♦この通りは交通量が多い En esta calle hay「mucha circulación [mucho tránsito, mucho tráfico]. ♦この通りは交通量最も多い時間帯には混雑する Esta calle está congestionada por el tráfico las horas punta.

3《交通の》adj. de tráfico [tránsito] vial, 《フォーマル》viario. ▶交通の混雑を緩和する v. reducir* la congestión de tráfico, descongestionar el tráfico. ♦交通の流れはスムーズだった La circulación era fluida. / El tráfico circulaba con fluidez. ♦ここは交通の便がよい (＝公共の交通機関を利用するのに便利である) Este lugar está bien comunicado.

4《交通を》▶交通を規制する v. regular, restringir* el tráfico. ▶交通を遮断する v. cortar el tráfico.

こうつごう 好都合 →都合. ▶好都合な(時間・場所などが都合のよい) adj. bueno, cómodo, conveniente; (状況などが有利な) adj. favorable, 《教養語》propicio; (幸運な) adj. afortunado. ▶ピクニックに好都合な天気 m. tiempo favorable [bueno] para ir de picnic. ♦好都合なことに adv. cómodamente, convenientemente; (運よく) adv. por [con] suerte, favorablemente. ♦10時なら好都合だ La diez「es buena hora [está bien] para mí. ♦万事好都合に(＝うまく)行った Todo salió bien [favorablemente]. ♦何日が一番好都合ですか ¿Qué día le viene mejor? ☞ うまい, 順調

こうてい 皇帝 m. emperador. ▶皇帝の adj. imperial.

こうてい 肯定 f. afirmación. ▶肯定的 adj. afirmativo, positivo. ▶肯定文《専門語》f. oración afirmativa. ▶肯定する(再確認して、または質問に答えて) v. afirmar《que》; (はいと¹言う [²答える]) v. ¹decir* [²contestar] (que) sí; (肯定的に答える) v. responder [contestar] afirmativamente.

こうてい 公定 ▶公定の adj. oficial. ▶公定価格 m. precio oficial. ▶公定歩合を引き¹上げる [²下げる] v. ¹subir [²reducir*, ²recortar] 「el tipo [la tasa] de descuento oficial.

こうてい 校庭 (運動場) m. patio (de escuela, de colegio); (敷地, 構内) m. recinto de la escuela; (キャンパス) m. campus (universitario).

こうてい 校訂 f. revisión. ▶校訂する v. revisar (un libro).

こうてい 行程 (旅程) m. viaje; (旅程表) m. itinerario, m. trayecto; (旅行・競技などの) f. etapa; (距離) f. distancia. ▶3日の行程 m. viaje en tres jornadas.

ごうてい 豪邸 f. residencia (palaciega), m. palacio.

こうていえき 口蹄疫 《専門語》f. fiebre aftosa, 《専門語》f. glosopeda.

こうてき 好適 ▶好適な(理想的な) adj. ideal; (ぴったりの) adj. oportuno, 《口語》justo; (必要を満たした) adj. adecuado, apropiado; (よい) adj. bueno.

こうてき 公的 ▶公的な adj. público; (公務上の) adj. oficial. ▶公的生活 f. vida pública. ▶公的融資(国の) m. crédito oficial [público].

こうてきしゅ 好敵手 mf. buen/buena rival 《para》, mf. buen/buena adversario/ria 《para》. ▶相手、好敵手に出会う v. encontrarse* con un/una buen/buena rival.

こうてつ 更迭 (人事の入れ替え) f. sustitución, m. cambio; (免職) m. cese, m. despido. ▶3名の閣僚を更迭するv. sustituir* a tres ministros del gabinete. ▶収賄で更迭(＝免職)される v. ser* cesado del cargo por soborno.

こうてつ 鋼鉄 m. acero.

こうてん 好天 m. tiempo bueno [agradable]. → 晴天.

こうてん 好転 ▶好転する v. mejorar, ponerse* [volverse*] mejor. ▶間もなく事態は好転するだろう La situación「va a mejorar [《口語》mejorará] pronto. / Las cosas no tardarán en ponerse mejor. ♦天気が好転に向かっている El tiempo está mejorando.

こうてん 荒天 m. tiempo de tormenta, m. tiempo agitado [borrascoso].

こうてん 公転 《専門語》f. revolución. → 回転. ▶公転する v.「dar* vueltas [girar] sobre su órbita, 《専門語》hacer* una revolución. → 回る.

こうてん 交点 m. punto de intersección.

こうでん 香典 "koden",《説明的に》f. ofrenda monetaria al alma del difunto. ♦勝手ながらご香典、ご供花はご辞退申し上げます Se rechazan agradecidamente ofrendas florales y monetarias.

こうてんせいめんえきふぜんしょうこうぐん 後天性免疫不全症候群 (エイズ)《専門語》m. síndrome de inmunodeficiencia adquirida (SIDA). → エイズ.

こうてんてき 後天的 *adj.* adquiri*do*. ▶後天的免疫性 *f.* inmunidad adquirida.
こうど 高度 ❶《高さ》*f.* altitud; *f.* altura. →高さ。▶高度記録 *f.* marca de altitud. ▶高度計 *m.* altímetro. ▶(飛行機の)高度を¹上げる [²下げる] *v.* ¹tomar [²perder*] la altitud [altura]. ▶この飛行機は高度3千メートルで飛んでいる Este avión está volando a 3.000 metros de altitud.
❷《程度》▶高度な技術 *f.* tecnología avanzada. ▶高度な(＝進歩した)研究 *mpl.* estudios avanzados. ▶高度経済成長 *m.* alto [《フォーマル》elevado] crecimiento de la economía, 《フォーマル》*f.* economía de elevado crecimiento. ♦彼らは高度な文明を誇りに思っている Están orgullosos del alto grado de su civilización.
こうど 光度 *f.* luminosidad.
こうど 硬度 (鉱物・金属・水などの) *f.* dureza.
こうとう 後頭 《専門語》*m.* occipucio.
こうとう 喉頭 《専門語》*f.* laringe. ▶喉頭蓋 《専門語》*f.* epiglotis. ▶喉頭蓋炎 《専門語》*f.* epiglotitis. ▶喉頭気管炎 《専門語》*f.* laringotraqueítis.
こうとう 高等 ▶高等な *adj.* superior, avanza*do*. ▶高等教育 *f.* educación superior. ▶高等動物 *mpl.* animales superiores. ▶高等裁判所 *m.* tribunal superior. ▶高等数学 *fpl.* matemáticas avanzadas. ▶高等技術 [*f.* técnica] avanzada. ▶高等専門学校 *f.* escuela técnica superior, *m.* centro de estudios superiores.
こうとう 高騰 ▶円の高騰 *f.* repentina [brusca] subida del yen. ♦物価が高騰している Los precios están subiendo rápidamente. / Hay un brusco encarecimiento de los precios. → 暴騰。
こうとう 口頭 ▶口頭の *adj.* oral, de palabra, de viva voz. ▶口頭で *adv.* oralmente; (言ぶりなどでなく言葉¹の[²で]) ¹ *adj.* verbal [² *adv.* verbalmente]. ▶口頭試問を受ける *v.* hacer* un examen oral. ♦口頭での約束(＝口約束)では不十分なので文書での約束が必要だ Un acuerdo verbal no es suficiente; por eso hay que formalizarlo por escrito.
こうどう 公道 *f.* vía pública. → 道。▶公道を歩む(＝公正な道を歩む) *v.* tomar el camino de la justicia, seguir* por el camino derecho.
***こうどう** 行動 (行為) *f.* acción, *m.* acto; (ふるまい) *f.* conducta, *m.* comportamiento, 《教養語》*m.* proceder, (活動) *fpl.* actividades; *f.* actuación. → 行ない。
1《～(の)行動》▶¹団体 [²個人]行動 *f.* acción ¹colectiva [²individual]. ♦午後は個人[自由]行動をとってよろしい Por la tarde las actividades son libres. / (好きなことをしてよろしい) Por la tarde se puede hacer lo que se quiera.
2《行動＋名詞》▶行動力のある[行動的な]人 *m.* hombre [*f.* mujer] de acción; (活発な人)*f.* persona activa; (積極的な人)*f.* persona agresiva. ♦彼は行動半径が広い Es un hombre「de actividades muy variadas [con un amplio radio de acción].
3《行動＋～》▶彼の行動は勇敢だった Su actuación [conducta] fue valiente. / (勇敢に行動した)Actuó [Se comportó] con valentía.
4《行動に[を]》▶考えを行動に移す(＝実行する) *v.* llevar la idea a la práctica. ▶直ちに行動をとる[起こす] *v.* actuar* de inmediato, ponerse* en acción inmediatamente. ▶彼の行動(＝動静)を見守る *v.* observar sus acciones. ♦自分の行動に責任を持ちなさい Tienes que responder de「las acciones [las obras, lo que se hace]. ♦彼の返事は口先だけで行動に移さなかった Su respuesta fue simplemente verbal y no「hizo nada [tomó ninguna acción]. ♦私たちは一日中ずっと行動をともにした(＝ともに過ごした) Pasamos [Hemos pasado] todo el día juntos.
── 行動する (行なう) *v.* actuar*; (ふるまう) *v.* comportarse, obrar, 《フォーマル》conducirse*, 《教養語》proceder. ▶彼の¹命令 [²忠告]に従って行動する *v.* actuar* siguiendo ¹sus órdenes [²su consejo]. ▶集団で行動する(＝動き回る) *v.* actuar* en grupo. ♦今こそ行動すべきだ Es el momento de actuar. ♦ Es la hora de la acción. ♦君は大人なんだからそれ相応に行動すべきだ Eres adulto y debes comportarte [obrar] como tal. ☞ 実行, 動静, 動く, 立ち回る。
こうどう 講堂 *m.* salón de actos, *f.* sala de conferencias, *m.* auditorio, *m.* paraninfo; (ひな壇式の) *m.* auditorio, *f.* aula magna. ▶学校の講堂 *m.* salón de actos.
ごうとう 強盗 《人》*mf.* atraca*dor/dora*, *mf.* la*drón/drona* a mano armada → 泥棒;【行為】*m.* atraco, *m.* asalto; (武装して) *m.* robo a mano armada. ▶銀行強盗(人) *m.* atracador de bancos; (行為) *m.* atraco a un banco; (武装強盗による) *m.* asalto a un banco. ▶強盗殺人罪 *m.* homicidio con motivo de robo. ▶強盗を働く *v.* asaltar, atracar*, robar; ((の家に)押し入る) *v.* asaltar (la casa de). ♦昨夜強盗に入られた Anoche asaltaron nuestra casa. / Nuestra casa fue asaltada anoche. ☞ 追い剥ぎ, 賊, 盗賊。
ごうどう 合同 *f.* combinación; (結合) *f.* unión; (数学) *f.* congruencia. ▶合同の *adj.* congruente; conjunto; (数学) *adj.* congruente. ▶合同する(結合する) *v.* conjuntar; (一体になる) *v.* unirse. ▶合同¹事業 [²委員会] ¹ *m.* proyecto [² *m.* comité] conjunto. ▶合同葬 *m.* funeral conjunto. ▶彼と事業を合同でやる(＝協力する) *v.*「unirse a [colaborar con]él en una empresa. ♦二人の音楽家は合同で演奏会を開いた Los dos músicos「dieron un concierto conjunto [colaboraron en un concierto]. ♦この二つの3角形は相似形だが合同ではない Estos dos triángulos son semejantes pero no congruentes.
こうとうがっこう 高等学校 *f.* escuela secundaria superior, *m.* bachillerato. → 高校。
こうとうてき 高踏的 (高尚な) *adj.* elevado, refina*do*; (よそよそしい) *adj.* distante.

こうとうぶ 後頭部《専門語》m. occipucio.

こうとうむけい 荒唐無稽 (ばかげていること) m. disparate, m. absurdo. ▶荒唐無稽な adj. absurdo; (無意味な) adj. disparatado.

こうどく 購読 f. suscripción (a). ▶購読者 mf. suscriptor/tora (a); (読者) mf. lector/tora. ▶購読料 f. cuota de su(b)scripción. ▶雑誌を(定期・予約)購読する v. su(b)scribirse a una revista. ▶1年間予約購読する v. su(b)scribirse [abonarse] un año. ▶本誌の継続購読をご希望の場合は… si desea renovar la subscripción… ▶私はエルパイス紙を購読している Estoy subscrito a «El País». ▶その新聞は購読者が多い Ese periódico tiene mucha circulación.

こうどく 講読 f. lectura. ▶講読する(読む) v. leer*.

こうとくしん 公徳心 m. sentido de la moral pública; (公共心) m. civismo. ▶公徳心に欠ける v. no tener* sentido de la moral pública, carecer* de civismo.

こうない 校内 ▶校内暴力 f. violencia escolar. ▶校内ソフトボール大会 m. torneo de softbol dentro de la escuela. ▶校内で adv. en el recinto de la escuela; (大学などの) adv. en el campus. ▶校内放送で全校生に話す v. dirigirse* a todos los alumnos dentro del recinto escolar por altavoz. ♦校内に車を乗り入れてはいけません No se debe conducir en [por] el campus.

こうない 構内 ▶構内で(駅などの) adv. dentro de la estación; (教会などの) m. interior; (工場など壁で囲まれた建物群の) fpl. instalaciones; (建物とその敷地も含む) m. recinto; (キャンパス) m. campus. ▶構内立入禁止『掲示』Prohibido entrar.

こうない 坑内 adv. dentro de la mina. ▶坑内事故 m. accidente en la mina. ▶坑内に閉じこめられる v. quedarse atrapado dentro de una mina.

こうない 口内 ▶口内乾燥症《専門語》f. xerostomía. ▶口内炎《専門語》f. estomatitis. ▶水疱(すいほう)性口内炎《専門語》f. estomatitis vesicular.

こうにゅう 購入 f. compra, 《フォーマル》f. adquisición. ▶新しい家の購入 f. adquisición [f. compra] de una casa nueva. ▶購入する《フォーマル》v. adquirir*, comprar. → 買う.

こうにん 公認 m. reconocimiento [f. aprobación] oficial. ▶公認する(公式に認める) v. reconocer* oficialmente (como marca mundial); (権限を与える) v. autorizar*; (公式に是認する) v. aprobar* oficialmente. ▶認める. ▶公認会計士 mf. contable [《ラ米》mf. contador/dora] público/ca [certificado/da, autorizado/da]; mf. censor/sora jurado/da de cuentas. ▶公認記録 m. récord oficial. ▶公認候補者 mf. candidato/ta reconocido/da [nominado/da]; (党公認の) m. candidato apoyado por el partido.

こうにん 後任 mf. sucesor/sora. ♦彼は阿部教授の後任です「Es el sucesor del [Ha sucedido al] Prof. Abe.

こうねつ 高熱 (体温) f. fiebre alta; (温度) m. calor intenso, f. temperatura alta [《フォーマル》elevada]. ▶高熱症《専門語》f. hipertermia. ▶悪性高熱症《専門語》f. hipertermia maligna. ▶異常高熱症《専門語》f. hiperpirexia. ▶高熱がある v. tener* mucha fiebre, 《フォーマル》padecer* una fiebre alta.

こうねつひ 光熱費 mpl. gastos de luz y calefacción.

こうねん 光年 m. año(s) luz.

こうねん 後年 ♦彼は後年学者として名を成した En sus últimos años adquirió fama como erudito.

こうねんき 更年期 (婦人の) f. menopausia. ▶更年期障害 m. trastorno menopáusico, fpl. indisposiciones para la menopausia. ♦彼女は更年期に入っている Está en la menopausia.

こうのう 効能 (有効性) f. eficacia. ▶アスピリンの効能 f. eficacia de la aspirina. ▶効能書き f. lista de virtudes (de un medicamento). ▶効能がある v. ser* eficaz (contra). → 効果.

こうのとり f. cigüeña.

こうば 工場 f. fábrica. → 工場.

こうはい 荒廃 (破壊) f. ruina; (国土などの) f. devastación, f. desolación. ▶荒廃する v. arruinarse, quedar arruinado, devastarse. ▶荒廃させる v. arruinar, devastar, asolar*. ▶荒廃している v. estar* arruinado. ♦その内戦で国土は荒廃した La guerra civil arruinó al país. / El país「quedó arruinado [se arruinó] por la guerra civil. ♦人心が荒廃した El corazón de la gente se había endurecido.

こうはい 後輩 ▶後輩の adj. más joven, de menor edad. → 先輩. ♦彼は2年後輩です(年齢が)《口語》Es dos años más joven que yo. / Tiene dos años menos que yo. / Le saco dos años.

こうはい 交配 m. cruzamiento; f. hibridación. ▶交配する v. cruzar*; hibridar.

こうばい 勾配 (傾斜) f. pendiente, f. inclinación, m. declive ▶傾斜; (屋根の) m. grado de inclinación; (鉄道・道路などの) m. pendiente, 『ラ米』f. gradiente. ▶屋根の急勾配 f. pronunciada inclinación del tejado. ▶上り勾配 f. inclinación [f. pendiente] ascendente [en subida]. ♦この道は勾配がゆるやかだ Este camino「tiene una ligera pendiente [está ligeramente en cuesta]. ♦この坂は10度の勾配がある La pendiente de esta cuesta es de 10 grados.

こうばい 購買《フォーマル》f. adquisición, f. compra. ▶購買力 m. poder adquisitivo. ▶購買する《フォーマル》v. adquirir*, comprar. → 買う. ♦コマーシャルが彼のその車に対する購買欲をそそった El anuncio le llevó a comprar el coche.

こうばい 紅梅 "kobai", (説明的に) m. ciruelo japonés de flores rojas.

こうばいすう 公倍数 m. común múltiplo. → 公約数. ▶最小公倍数 m. mínimo común múltiplo, [略] el m.c.m.

こうはく 紅白 adj. rojiblanco, rojo y blanco. ▶紅白まんじゅう《説明的に》especie de bollo dulce rojiblanco.

こうばしい 香ばしい adj. aromático, fragante. ▶コーヒー豆の香ばしいにおい m. aroma de los granos del café. → におい, 香り.

こうはん 紅斑《専門語》m. eritema. ▶伝染性紅斑《専門語》m. eritema infeccioso.

こうはん 後半 f. segunda mitad [parte], f. parte final, lo posterior; (試合の) m. segundo tiempo. ▶1990年代後半 f. segunda mitad de la década de los 90. ▶8月後半に休暇を取る v. tomar vacaciones「en los últimos días [en la última parte, a últimos] de agosto. ▶後半戦《サッカー》m. segundo tiempo. ▶その小説の後半は読まなかった No leí [《口語》me leí] la segunda parte de la novela. ▶彼は50代の後半だ《口語》Tiene cincuenta y mucho. / Anda cerca de los sesenta.

こうはん 公判 m. juicio (público). ▶公判に付する v. llevar《a + 人》a juicio [los tribunales]. → 裁判. ▶彼は窃盗罪で公判中だ Le están juzgando por robo. / Está en juicio por robo. ▶その事件の公判ないつ開かれますか ¿Cuándo se celebra el juicio?

こうはん 広範 ▶彼はインカ文明について広範な (= 広い) 知識を持っている Tiene un extenso [amplio,《強調して》vasto] conocimiento de la civilización inca.

こうばん 交番 m. puesto de policía.

ごうはん 合板 m. contrachapado. ▶プリント合板 m. contrachapado impreso.

こうはんい 広範囲 m. terreno muy amplio [extenso]. ▶広範囲の知識を持つ v. tener* conocimientos muy amplios [extensos]. ▶この雑誌は広範囲の話題を扱っている Esta revista cubre una amplia variedad de temas. ♦彼の研究は広範囲に及んでいる Su investigación cubre un「terreno muy amplio [《フォーマル》amplio espectro]. ♦台風による災害は広範囲に及んだ El tifón tuvo efectos catastróficos muy amplios.

こうひ 公費 ▶公費で adv. con dinero público, a expensas públicas. ▶公費 (=公金) をむだ遣いする v. malgastar el dinero público.

こうひ 工費 m. costo [mpl. gastos, mpl. costes] de construcción.

こうび 交尾《フォーマル》m. apareamiento, f. cópula, f. copulación, (特に動物の) m. monta. ▶交尾期 f. época de apareamiento [cópula, monta]. ▶交尾する v. copular (con), acoplarse, aparearse; (雄が) v. cubrir*; (特に動物の) v. montar.

ごうひ 合否 m. éxito o m. fracaso. ▶受験者の合否の判定に decidir aprobar* o suspender a los examinados.

ごうひ 合肥 → ホーフェイ

こうひしょう 紅皮症《専門語》f. eritrodermia.

こうひょう 好評 (受けがよいこと) f. buena acogida, f. acogida [《フォーマル》f. recepción] favorable, f. buena aceptación; (人気》f. popularidad; (本・映画などの) f. crítica favorable. ▶好評を博する v. tener* [recibir] una acogida favorable; ganarse la popularidad. → 評判.

こうひょう 公表 m. anuncio público. → 発表. ▶関係者の名前の公表を差し控える v. retener* [no anunciar] los nombres de los implicados.

—— **公表する** v. hacer* público; (公式に) v. anunciar; (活字にして) v. publicar*; (秘密を) v. revelar. ▶真相を公表する v. publicar*, anunciar los hechos.

こうふ 交付 ▶交付金(国が公共事業などに与える補助金) f. subvención [m. subsidio] gubernamental (en forma de ayuda); (国家の助成金) m. subsidio, f. subvención. ▶教育交付金 m. subsidio para la educación. ▶年金を交付する (=与える) v.《フォーマル》conceder una pensión. ▶旅券を交付する (=発行する) v. expedir* un pasaporte.

こうふ 公布 (法律の)《フォーマル》f. promulgación; (重要な決定の)《フォーマル》f. proclamación. ▶布告. ▶公布する v.《フォーマル》promulgar*; 《フォーマル》proclamar.

こうふ 坑[鉱]**夫** m. minero.

こうぶ 後部 ▶f. parte trasera [posterior]. ▶後部の adj. de atrás. ▶後部の座席 m. asiento de atrás. ▶バスの後部に adv. en la parte「de atrás [trasera] del autobús,《口語》atrás del autobús. → 後ろ → 後, 殿

こうふう 校風 (精神) m. ambiente de una escuela; (気風) m. espíritu de una escuela. ▶その学校の校風がきらいだ No me gusta el ambiente de esa escuela.

こうふく 降伏 f. rendición《a》,《フォーマル》f. capitulación; f. entrega → 降参. ▶無条件降伏 f. rendición [f. entrega] incondicional. ▶敵の降伏の条件を話し合う v. discutir los términos de la rendición [《フォーマル》capitulación] al enemigo.

—— **降伏する** (降参する) v. rendirse*, entregarse*《a》. ▶敵に降伏する v.「rendirse* al [《フォーマル》capitular ante el] enemigo.

***こうふく 幸福** f. felicidad,《フォーマル》f. dicha → 幸せ; (健康で満足な生活で) m. bienestar.

1《幸福＋名詞》▶幸福感を持つ v. tener* una sensación de felicidad [bienestar].

2《幸福な》adj. feliz. ▶幸福な家庭 m. hogar feliz.

3《幸福に》adv. felizmente. ▶幸福にする v. hacer*《a + 人》feliz. ▶子供の幸福に責任がある v. ser* responsable del bienestar de los hijos. ♦彼らは幸福に暮らした Vivieron felices. / Tuvieron una vida feliz.

4《幸福を》▶幸福を求める v. buscar* [《フォーマル》perseguir*] la felicidad. ▶幸福を脅かす v. amenazar* la felicidad. ▶金で幸福は買えない La felicidad no se compra con dinero. ▶科学は人類に幸福をもたらすだろうか ¿Hace la ciencia más feliz al ser humano?

5《幸福だ》♦今日はとても幸福だったことはない Jamás me había sentido tan feliz como hoy. ♦私は彼といる時が一番幸福だ Con él me siento feliz. / Me siento feliz cuando estoy a

su lado.
こうふくまくせんいしょう 後腹膜線維症 《専門語》 f. fibrosis retroperitoneal.
こうぶつ 鉱物 m. mineral. ▶鉱物学 f. mineralogía. ▶鉱物学者 mf. mineralogista. ▶鉱物資源 mpl. recursos minerales.
こうぶつ 好物 f. comida preferida. ♦私の好物は広島のカキだ「Mi comida preferida [《口語》 Lo que más me gusta comer] son las ostras de Hiroshima.
***こうふん** 興奮 f. excitación, m. entusiasmo, 《強調して》 f. exaltación, 《教養語》《強調して》 m. enfervorizamiento; (神経や器官の興奮) f. estimulación. ▶興奮を引き起こす v. excitar, provocar*[《フォーマル》 despertar*] excitación. ▶興奮を抑える v. controlar la emoción.
—— 興奮する v. excitarse, entusiasmarse, 《強調して》 exaltarse, acalorarse, 《教養語》《強調して》 enfervorizarse * 《con, por, ante》; estar* con el corazón en "un puño [《口語》 vilo]; (刺激を受ける) v. estar* estimulado 《con》. ▶興奮させる話 f. historia [m. relato] emocionante. ▶興奮した群衆 f. multitud entusiasmada. ▶神経を興奮させる v. alterar los nervios. ▶興奮して跳び回る v. saltar con entusiasmo. ▶ひどく興奮して部屋に入って来る v. entrar en una sala llena de gente entusiasmada. ♦そんなに興奮するな No te excites tanto. ▶ (落ち着け)Tranquilízate. / Tranquilo/la. / (のん気にやれ)《口語》 Calma. / Tómatelo con calma. ♦その映画に観客は非常に興奮した El público estaba absolutamente entusiasmado con la película. / La película tenía totalmente entusiasmada a la gente.
☞ 騒ぎ, 刺激, ときめき, どよめき; 殺気立つ, 上気, 上擦る, かっかする, 高ぶる
こうぶん 構文 (文の構造)《専門語》 f. construcción (de una oración). ▶構文エラー《専門語》 m. error sintáctico. ▶構文チェッカー《専門語》 m. corrector gramatical.
こうぶんし 高分子 《専門語》 f. macromolécula.
こうぶんしょ 公文書 m. documento oficial [público]. ▶公文書偽造で罰せられる v. ser* condenado por falsificación de documento público.
***こうへい** 公平 (私情・欲望などに左右されないこと) f. justicia, (判断が公正であること) f. equidad; (えこひいき・偏見などがないこと) f. imparcialidad; (自己や他の関係者の利害に動かされず正しい規律を守ること) f. justicia.
1《公平な》; (公正な) adj. justo, 《教養語》 equitativo; (片寄らない) adj. imparcial. ▶公平無私な判事 m. juicio imparcial. ▶公平な態度で adv. de modo imparcial [equitativo, justo], equitativamente. ▶公平な意見を述べる v. hablar* [expresar, 《フォーマル》 emitir] una opinión imparcial [desinteresada]. ▶公平な決定をする v. tomar una decisión justa.
2《公平に》 adv. con justicia [《教養語》 equidad], imparcialmente. ▶人を公平に扱う v. tratar a la gente「con justicia [imparcialmente]. ▶彼を公平に評すると adv. para ser justos con él. ▶仕事を公平に割りふる v. hacer* una división justa [equitativa] del trabajo.
3《公平だ》議長は各議員に公平でなければならない Un presidente debe ser imparcial [《教養語》 equitativo] con todos los miembros. / Un presidente no ha de ser parcial con ningún miembro. ▶彼は態度が公平だ Su actitud es imparcial [justa].
こうへん 硬変 《専門語》 f. cirrosis.
こうへん 後編 (本などの後半) f. segunda [última] parte; (後の巻) m. segundo [último] tomo. ▶その小説の後編 f. última parte de la novela; (続編) f. continuación de la novela.
ごうべん 合弁 (共同の) adj. conjunto, mixto. ▶日米合弁事業 f. empresa conjunta japonés-norteamericana.
こうほ 候補 (候補者) mf. candidato/ta, mf. aspirante. ▶市長候補 mf. candidato/ta [mf. aspirante] a la alcaldía. ▶公認候補 mf. candidato/ta oficial, 《メキシコ》《口語》 mf. destapado/da. ▶アカデミー賞候補 f. persona nombrada [nominada] a un galardón de la Academia. 候補者名簿 f. lista de candidatos. ▶彼は大統領候補に指名された Le nombraron candidato「a la presidencia [al puesto de presidente]. ♦ここが新しい国際空港の候補地です Este lugar es el propuesto para un nuevo aeropuerto internacional.
こうぼ 公募 →募集. ▶主演男優を公募する(=応募を促す) v. convocar* aspirantes al papel de actor principal. ▶債券 [²株式] を公募する v. ofrecer* ¹bonos [²acciones] a subscripción pública.
こうぼ 酵母 f. levadura. ▶酵母菌 f. levadura, m. hongo de la levadura.
こうほう 公報 m. informe oficial; (定期的に発行される) m. boletín.
こうほう 高峰 f. cumbre alta; (高い山) f. montaña alta.
こうほう 後方 →後ろ. ▶後方にもたれる v. echarse para [hacia] atrás, reclinarse. ▶後方の入り口からバスを降りる v. salir* del autobús por la puerta「de atrás [《フォーマル》 posterior]. ▶後方からの攻撃 m. ataque por detrás [la retaguardia]. ♦後方の湖が琵琶湖です El lago「a nuestra espalda [que está detrás de nosotros] es el (lago) Biwa.
こうほう 広報 (活動) fpl. relaciones públicas, 《略》 R.P. ▶広報課 [²係] ¹f. oficina [²mf. encargado/da] de relaciones públicas. ▶広報活動は重要な仕事だ Las relaciones públicas son un asunto importante.
こうぼう 興亡 (盛衰) f. subida [m. ascenso, f. prosperidad], f. caída [f. decadencia]. ▶国の興亡 f. prosperidad y decadencia de una nación.
ごうほう 合法 ▶合法的な (厳密に法律によって許されている) adj. legal; (広く法的にかなっている) adj. lícito, conforme a la ley; (権利などが法

律上正当な) adj. legítimo. ▶合法の行為 m. acto legítimo. ▶合法的手段 mpl. medios lícitos [legítimos]. ▶合法的相続人 mf. heredero/ra legítimo/ma.

こうぼうせん 攻防戦 f. batalla (alternativamente) ofensiva y defensiva. ▶激しい攻防戦を繰り広げる v. librar una reñida batalla.

こうぼく 公僕 mf. servidor/dora público/ca, mf. funcionario/ria. → 公務員.

こうま 子馬 (小型の品種の馬) m. poni; (特に4、5歳までの) mf. potro/tra.

こうまん 高慢 (自尊心) m. orgullo; (尊大) f. soberbia; (横柄) f. arrogancia; (うぬぼれ) f. presunción. ▶高慢な adj. orgulloso; soberbio; arrogante, altivo; presumido,《口語》estirado. ▶彼の高慢な鼻をくじく v. doblegar* su orgullo,《口語》(強調して) ponerle* de rodillas,《口語》[ユーモアで] dar* en la cresta,《口語》bajar los humos. ▶高慢な態度 f. actitud arrogante. ▶高慢ちきな女 f. mujer soberbia [《口語》estirada]. ◆あの男は高慢だ Es arrogante.

ごうまん 傲慢 (自分の力を過信し威圧的なこと) f. arrogancia; (お高くとまって下の者を見下すこと) f. altanería; (傲慢無礼) f. insolencia. ▶傲慢な adj. arrogante, altanero; insolente. ▶傲慢な態度で adv. de una manera insolente, con insolencia. ◆彼は目下の者に傲慢だ Se muestra arrogante hacia sus subordinados.

こうみょう 巧妙 ▶巧妙な(気の利いた) adj. listo, mañoso; (熟練を示す) adj. habilidoso, hábil; (工夫に富む) adj. ingenioso. ▶巧妙な手口を使う v. emplear una maña [artimaña]. ▶巧妙に仕組まれたわな f. trampa ingeniosa [hábil] ☞ 軽妙, 如才ない, 巧み

こうみょう 功名 (野心) f. ambición. ▶功名心にかられる v. ser* impulsado por la ambición.

こうみん 公民 (市民) mf. ciudadano/na; (社会科の) m. civismo. ▶公民権 mpl. derechos civiles.

こうみんかん 公民館 m. centro comunitario.

こうむ 公務 f. función pública, m. servicio público. ▶公務に¹就く [²就いている] v.¹ 《フォーマル》asumir una función pública [²estar* en servicio público]. ▶公務執行妨害 f. obstrucción de la ejecución de funciones públicas. ▶公務で出張する v. hacer* un viaje oficial. ▶公務多忙なために adv. por el trabajo agobiante de las funciones públicas.

こうむ 校務 fpl. tareas escolares.

こうむいん 公務員 (職員) mf. funcionario/ria. ◆彼女は¹国家 [²地方] 公務員です Trabaja en [para] el ¹gobierno [²ayuntamiento]. / Es una empleada [funcionaria] del gobierno ¹central [²regional].

こうむてん 工務店 f. (empresa) constructora.

こうむる 被る (被害・損害などを) v. sufrir, padecer*; (恩恵などを) v. recibir, conseguir*. ▶騒音で迷惑を被る v. ser* molestado por el ruido. ◆彼はその商売で損害を被った Sufrió pérdidas en ese negocio. ▶人類は自然から多くの恩恵を被っている El ser humano ⌈recibe muchos beneficios [se beneficia mucho] de la naturaleza.

こうめい 高名 ▶高名な(有名な) adj. famoso; (広く知られた) adj. muy conocido; (傑出した) adj. destacado. ◆彼は大変高名な作家だ Es un escritor muy famoso. / Ese escritor tiene mucha fama.

こうめいせいだい 公明正大 ▶公明正大な裁判官 m. juez imparcial y justo. ▶公明(正大)にする v. actuar* con justicia; (公正にやる) v. 《口語》jugar* limpio [con limpieza]. → 公正.

こうもく 項目 (表や目録などの) m. punto, m. artículo; (題目・新聞の見出しなどの) m. apartado, m. encabezamiento. ▶表に載っている10の項目 mpl. diez puntos en la lista. ▶項目ごとに並べる v. clasificar(los) punto por punto. ▶問題を4項目に分けて扱う v. tratar el tema bajo cuatro apartados. ▶3項目から成る要求をする v. presentar 《a + 人》una solicitud con tres puntos. ▶勘定を項目別に述べる v. desglosar [detallar] la cuenta. ◆これはどの項目に出ていますか ¿Bajo qué apartado [punto] viene? ☞ 箇条, 事項

こうもり m. murciélago. ▶こうもり傘 m. paraguas.

こうもん 校門 f. puerta [f. entrada] de la escuela. → 門.

こうもん 肛門 (専門語) m. ano. ▶肛門の adj. anal. ▶肛門科 f. proctología.

ごうもん 拷問 f. tortura, m. tormento. ▶(昔の)拷問台《口語》m. potro (de torturas). ▶拷問にかける v. torturar, 《口語》martirizar*, 《口語》hacer* pasar las de Caín, atormentar, 《フォーマル》infligir* un suplicio. ▶彼を拷問にかけて白状させる v. hacerlo[le]* confesar* con torturas, arrancarle* la confesión por medio de tormentos, torturar[le]* para que confiese.

こうや 荒野 (未開の地) m. despoblado, m. páramo, 《教養語》m. yermo. ▶荒野を旅する v. viajar por ⌈plena naturaleza [tierras despobladas].

こうや 広野 f. llanura vasta, f. planicie. → 野.

こうやく 膏薬 (張り薬) m. emplasto; (軟膏) f. pomada. ▶膏薬を張る [塗る] v. poner* [《フォーマル》aplicar*] un emplasto.

こうやく 公約 m. compromiso (oficial), 《フォーマル》m. voto; (約束の) f. promesa. ▶選挙公約を¹果たす [²破る] v. ¹cumplir [²incumplir] las promesas electorales. ◆政府はインフレ抑制を公約した El gobierno se comprometió a trabajar para frenar la inflación.

こうやくすう 公約数 m. común divisor. ▶最大公約数 m. máximo común divisor, 『略』m.c.d.

こうゆう 交友 (友人) mf. amigo/ga; (知人) mf. conocido/da; (関係) f. amistad. → 付き合い. ◆彼はいろんな人と交友関係がある Tiene muchos amigos. / Conoce a mucha gen-

こうゆう 校友 (学友) mf. amigo/ga de la escuela; (卒業生) mf. exalumno/na, mf. antiguo/gua alumno/na.

こうゆう 公有 ▶公有の adj. público, de propiedad pública. ▶公有地 m. terreno público.

ごうゆう 豪遊 ▶豪遊する v. correr(se) una juerga, divertirse* sin reparar en gastos. ▶ナイトクラブで豪遊する v. correr una juerga en un club nocturno.

こうよう 高揚 ▶国家主義の高揚(=急激な高まり) f. exaltación repentina del patriotismo. ▶愛国心を高揚する(=高める) v. exaltar el patriotismo.

こうよう 公用 (官庁・会社などの職務) m. asunto oficial; (公共の職務) m. asunto público [gubernamental]; (公務上の使用) m. servicio [m. uso] oficial [público]. → 用. ▶公用語 m. idioma oficial. ▶公用車 m. automóvil de uso oficial.

こうよう 効用 (有用性) m. uso, f. utilidad; (効き目) m. efecto, m. servicio. ▶スポーツの効用 f. utilidad de la práctica deportiva. ▶効用がある(役に立つ) v. servir*, valer*, tener* utilidad; (効き目がある) v. ser* eficaz 《contra, para》. → 効果.

こうよう 紅葉 fpl. hojas enrojecidas [amarillentas]; (紅葉した風景) mpl. colores「del otoño [《フォーマル》otoñales. ▶紅葉する v. enrojecer*, amarillear*, volverse* rojo [amarillo]. ▶谷間は紅葉で燃えるようだ El valle parece arder [encendido] con los colores del otoño. ▶その時は秋で紅葉がきれいだった Era otoño y las hojas de los árboles estaban teñidas de preciosos colores.

こうようじゅ 広葉樹 m. árbol de hoja ancha; 《教養語》《専門語》m. árbol latifoliado.

ごうよく 強欲 f. codicia; (特に金銭に対して) f. avaricia. ▶強欲な adj. codicioso, avaricioso, avariento.

こうら 甲羅 (カメなどの) m. caparazón, f. concha. ▶甲羅を干す(=日光浴をする) v. tostarse* la espalda, darse* un baño de sol.

こうらく 行楽 (観光) f. excursión, f. gira turística; (旅行) m. viaje de vacaciones; (ピクニック) m. picnic. ▶行楽客(観光客) mf. turista. ▶行楽地 m. centro [m. lugar] turístico; (保養地) m. lugar de vacaciones. ▶行楽日和 m. tiempo ideal para「salir de [hacer una]」excursión.

こうり 小売り f. venta「al por menor [al detalle, al detall, al detal], m. menudeo. ▶小売店 f. tienda de venta「al público [por menor], m. comercio minorista. ▶小売商人 mf. minorista, m. detallista, mf. comerciante「al por menor [de menudeo]. ▶小売価格 m. precio (de venta) al público, m. precio al por menor. ▶小売りで ¹買う「²売る」 v. ¹comprar 「²vender」 al público [por menor]. ♦おじはスポーツ用品の小売りをやっています Mi tío「tiene un comercio de venta al público [es un minorista] de artículos deportivos. ♦このバットを小売りで4千円です Este bate se vende al público por [a] 4.000 yenes.

こうり 高利 m. alto interés, 《フォーマル》m. interés elevado; (法外な高利) f. usura. ▶高利貸し(貸し業務) f. usura; (貸す人) mf. prestamista a alto interés, 《軽蔑的に》mf. usurero/ra. ▶高利で金を貸す v. prestar dinero a「alto interés [un interés elevado].

こうり 公理 《教養語》m. axioma. ▶公理の(ような) adj. 《教養語》axiomático.

ごうりか 合理化 f. racionalización. ▶(組織、過程などを)合理化する v. racionalizar* [hacer* más eficiente] (una organización, un proceso).

こうりつ 公立 ▶公立の(私立に対して公営の) adj. público; (区・市・町・村立の) adj. municipal; (道・府・県立の) adj. prefectural; (都立の) adj. metropolitano. ▶公立(の)学校 f. escuela pública. → 学校. ▶公立の図書館に勤める v. trabajar en una biblioteca pública. ♦この学校は公立だ Esta escuela es una institución pública. / (市立の)Esta escuela está bajo la administración municipal.

こうりつ 効率 f. eficiencia. ▶能率. ▶効率の高い adj. eficiente. ▶機械の効率 f. eficiencia de una máquina. ▶効率よく adv. con eficiencia, eficientemente.

こうりてき 功利的 ▶功利的な adj. 《フォーマル》utilitario. ▶功利的に考える(=実用を重んじる) v. 《フォーマル》considerar desde un punto de vista utilitario; (利益を優先する) v. dar* prioridad a「las ganancias [los beneficios].

ごうりてき 合理的 ▶合理的な(理性的な) adj. racional; (理屈に合った) adj. razonable; (実際的な) adj. práctico. ▶聖書の教えを合理的に解釈する v. interpretar racionalmente la doctrina bíblica, hacer* una interpretación racional de las enseñanzas de la Biblia.

こうりゃく 攻略 ▶攻略する(占領する) v. tomar, capturar; (負かす) v. derrotar.

こうりゅう 拘[勾]留 f. detención. ▶拘留中である v. estar* detenido. ▶拘留を解かれる v. ser* liberado [puesto en libertad]. ▶殺人のかどで拘留する v. detener* por asesinato.

こうりゅう 交流 ❶【交換】m. intercambio. ▶両国間の文化交流を促進する v. promover* [fomentar] los intercambios culturales entre los dos países. ♦私たちはパーティーを開いて参加者の交流を図った(=友情を深めた) Dimos una fiesta e intentamos promover la amistad entre los asistentes.
❷【電気の】f. corriente alterna.

こうりゅう 興隆 (繁栄) f. prosperidad, m. florecimiento; (台頭) m. ascenso, f. promoción. ▶興隆する v. prosperar, florecer*. ▶コンピューター産業の興隆 m. florecimiento de la industria de ordenador. ▶合衆国の興隆 f. prosperidad de Estados Unidos.

ごうりゅう 合流 ▶二つの川の合流点 f. confluencia de los dos ríos. ▶仲間の一行に合流する(=いっしょになる) v. incorporarse [unirse, juntarse] a un grupo. ♦小さな流れは山の

ふもとで大きな流れに合流する El arroyuelo「se junta [《教養語》confluye] con el arroyo al pie de la montaña.

こうりょ 考慮 (よく考えること) f. consideración; (慎重に熟考すること) f. deliberación. ♦その可能性を考慮に入れる v.「tener* en cuenta [tomar en consideración] esa posibilidad. ♦彼の気持ちを考慮に入れない v.「no tener* en cuenta [《フォーマル》desconsiderar, ignorar] sus sentimientos. ♦われわれは現在彼の提案を考慮している Ahora estamos considerando [estudiando] sus sugerencias. ♦彼は慎重な考慮の末, 大学に進学することにした Después de pensarlo mucho, decidió ir a la universidad.

── **考慮する** v. considerar, 《フォーマル》tomar en consideración; (よく考える) v. reflexionar, pensar* bien; (しんしゃくする) v. tener* [tomar] en cuenta. ▶その問題を十分 (=注意深く)考慮する v. considerar el asunto atentamente, reflexionar detenidamente sobre el asunto. ♦彼の若さを考慮する (=しんしゃくする) v.「tener* en cuenta [considerar] su juventud. ♦すべての点を考慮すると, それはいい計画だ「Teniendo todo en cuenta [Considerando todo, 《フォーマル》Habida cuenta de todo], es un buen plan. ♦費用に関して言えば, そのことも考慮せざるを得ない En cuanto al costo, pues también debe ser considerado. ☞ 考え, 検討, 手心

こうりょう 香料 (香辛料) f. especia; (香水) m. perfume.

こうりょう 綱領 mpl. principios fundamentales, m. programa; (基本方針) fpl. directrices; (政党などの) f. plataforma.

こうりょう 荒涼 ▶荒涼とした adj. desolado, inhóspito. ▶荒涼とした原野 f. tierra desolada; (荒れ地) fpl. tierras inhóspitas, m. páramo, f. tierra yerma.

こうりょく 効力 (薬・法律などの) m. efecto; (法律の拘束力) f. fuerza; (法律などの有効性と) f. validez, f. vigencia. ♦効力を発する(薬などが) v. tener* efecto, (法律などが) v. entrar en vigor. ♦効力を失う v. perder* validez. ♦この契約はまだ効力がある Este contrato sigue「en vigor [en efecto, válido]. ♦この条約の効力は1年である Este tratado tiene「un año de validez [efecto por un año]. ☞ 施行, 実施

こうれい 恒例 (確立した) f. costumbre, 《強調して》f. tradición; (年1回の) m. suceso anual. ▶恒例の(習慣的な) adj. acostumbrado, habitual; (毎年の) adj. anual; (いつもの) adj. habitual, usual; (伝統的な) adj. tradicional. ▶恒例の夏のバーゲン fpl. rebajas de verano de todos los años, fpl. acostumbradas rebajas de verano. ▶恒例により [によって] adv. según la costumbre, como es costumbre [tradición].

こうれい 高齢 f. vejez, f. tercera edad, f. edad avanzada, 《教養語》f. provecta. ♦高齢化社会 f. sociedad envejecida [avejentada]. ▶高齢者 (集合的) mpl. ancianos, 《口語》mpl. viejos, 《フォーマル》fpl. personas mayores; (敬意をこめて) mpl. nuestros mayores; (個人) mf. anciano/na, 《フォーマル》f. persona mayor. → 老人. ♦高齢出産 m. parto tardío. ♦高齢で亡くなる v. fallecer* a la edad avanzada. ♦日本はいま人口の高齢化が急速に進んでいる El envejecimiento de la sociedad japonesa se ha acelerado recientemente [en los últimos años]. ♦彼は高齢で一人では暮らせない「Está demasiado mayor [《口語》Es demasiado viejo] para vivir solo.

ごうれい 号令 (権威者からの命令) m. mandato; (指令) f. orden. ♦「気をつけ」と先生は号令をかけた El profesor dijo con voz de orden "¡Atención!".

こうれつ 後列 f. fila de atrás.

こうろ 航路 (船・飛行機の規定航路) f. ruta, f. línea; (船の定期航路) f. línea (de navegación); (針路) m. rumbo, f. dirección. ▶欧州航路船 m. transatlántico que hace la línea de Europa. ♦これが南アメリカまでの最短航路だ Ésta es la ruta más corta a América del Sur. ♦飛行機は[1]正しい航路を [2航路を外れて] 飛んだ El avión [1]volaba en su rumbo correcto [2se había desviado de su rumbo].

こうろう 功労 mpl. méritos, mpl. servicios prestados. ▶功労者 f. persona「de méritos [《フォーマル》《フォーマル》) que ha prestado meritorios servicios (a)].

こうろん 口論 f. discusión, m. altercado, f. disputa, 《口語》m. rifirrafe. → 論争. ▶口論する v. discutir, pelearse, tener*「un altercado [《口語》unas palabras]. ♦彼は父親とお金のことで口論した Discutió con su padre por dinero. ☞ 争う, いがみ合う, 喧嘩する

こうわ 講和 f. paz. ▶講和する v. hacer* la paz 《con》.

ごうわん 豪腕 m. brazo fuerte [potente]. ▶豪腕投手 m. lanzador de fuertes brazos.

＊こえ 声 ❶【人間の】f. voz.

1《〜声》[1]美しい [2大い; [3]細い; [4]はっきりした; [5]甲高い; [6]穏やかな声 f. voz [1]bonita [[2]profunda, [3]delgada, [4]clara, [5]alta, [6]suave]. ♦しわがれた声 f. voz ronca. ♦ささやき声 f. voz susurrante.

2《声の》+ 名詞》♦今日は声の調子が[1]よい [[2]悪い] Hoy tengo [1]bien [[2]mal] la voz.

3《声が》▶声がよい v. tener* una「buena voz [voz sonora]. ♦声が出ない v.「perder* la voz [quedarse afónico] por un resfriado. ▶声が出るようになる v. recuperar la voz. ♦隣の部屋から彼らの声が聞こえた Oí sus voces en el cuarto de al lado. / Los [Les] oí hablar en la habitación de al lado. ▶「こんにちは」という声がした "¡Hola!" dijo una voz. ♦彼は感動のあまり声がつまった Su voz se quebró por la emoción. ♦その先生は声がよく通る La voz del profesor llega bien. ♦彼はとても驚いてしばらく声が出なかった Estaba tan asustado que「no podía ni hablar [《口語》se le hacía un nudo en la garganta]. ♦私は大声で叫んで声がかれてしまった Me quedé ronco de tanto gritar. ♦声が遠いんだけど(電話で) Se te oye muy lejos.

4《声を》♦声をそろえる *adv*. a coro, al unísono, a una voz. ♦怒った声で言う *adv*. en un tono irritado. ♦声を限りに叫ぶ *v*. gritar「con todas las fuerzas [a pleno pulmón, 《口語》a voz en cuello]. ♦声を¹高く[²ひそめる] *v*. ¹subir [²bajar] la voz. ♦彼に声をかける(話しかける) *v*. llamar, 《口語》dar* una voz; (あいさつする) *v*. saludar; (誘う) *v*. invitar《a + 人, +不定詞》; (知らせる) *v*. decir*, informar. ♦声を立てずに泣く *v*. llorar en silencio. ♦しっ, 声を立てないで ¡Shhh! ¡Silencio! ♦学生諸君は自分の習っているスペイン語の文章を声を出して読むのがよい Es bueno que los estudiantes lean en voz alta las oraciones en español que aprenden.

5《声で》♦小さな[²大きな]声で話す *v*. hablar en voz ¹baja [²alta], hablar ¹suavemente [²a voces]. ♦大きな声で言ってください Hable más alto, por favor. / Más alto [《口語》fuerte], por favor.

❷【鳥獣の】♦ハトの鳴く声 *m*. arrullo de una paloma. ♦羊の鳴く声 *m*. balido de oveja. ♦ニワトリの鳴く声 *m*. cacareo de una gallina. (☆鳥巣にしているときは *m*. cloquero). ♦コオロギの鳴く声 *m*. "cri-cri" de un grillo. ♦小鳥の鳴き声で目が覚めた Me desperté con el canto [gorjeo, trino] de las aves.

❸【意見】*f*. voz; (ときの声) *m*. grito. ♦¹神[²良心]の声 *f*. voz de ¹Dios [²la conciencia]. ♦国民の声を無視する *v*. ignorar la voz 「del pueblo [de la opinión pública]. ♦税制改革¹を求める[²に反対する]声が高まっている Cada vez son más fuertes las voces en ¹favor [²contra] de la reforma tributaria.

ごえい 護衛 (見張り) *m*. guardaespaldas, *m*. guardia, *m*. escolta;『集合的に』*f*. guardia; (保護・儀礼上の護衛) *f*. escolta, *f*. protección. ♦護衛兵 *f*. escolta, *f*. guardia. ♦護衛艦 *m*. convoy. ♦大統領の護衛(たち) *f*. escolta del presidente. ♦警察に護衛されて *adv*. con [bajo] protección policial, con escolta de la policía. ♦王を護衛する *v*. guardar [escoltar, proteger*] al rey.

こえがわり 声変わり *m*. cambio de voz. ♦彼は声変わりし始めた Su voz ha empezado a cambiar [mudar].

こえだ 小枝 *f*. ramita, *f*. ramilla. → 枝.

ごえつどうしゅう 呉越同舟 ♦対立する二人が呉越同舟で同じ委員会に入っている Los dos antagonistas están irónicamente en el mismo comité.

***こえる** 越[超]える ❶【向こう側へ行く】(越えて行く) *v*. traspasar, pasar; (限界を越える) *v*. ir* más allá 《de》; (横切る) *v*. cruzar*, atravesar*. ♦野を越え丘を越えて歩いて行く *v*. andar* [caminar*] atravesando los campos hasta más allá del monte. ♦国境を越える *v*. cruzar* [atravesar*] la frontera. ♦彼は海を越えてアルゼンチンへ行った Cruzó el océano y se fue a Argentina.

❷【上回る】(数量などが超える) *v*. pasar 《de》; (…より上である) *v*. estar* 「por encima [más allá] 《de》; (…より) *v*. tener* [ser*] más 《de》; (限度・権限などを超える) *v*. pasar, exceder, rebasar, sobrepasar, 《フォーマル》extralimitarse. ♦40歳を超えている *v*. pasar de los cuarenta. ♦重量制限を超える *v*. sobrepasar el límite de peso. ♦自己の権限を超えた行ないをする *v*. excederse en la autoridad, 《フォーマル》extralimitarse en el ejercicio de la autoridad.

❸【超越する】(…よりまさる) *v*. aventajar, ser* mejor 《que》; (理解などを超えている) *v*. estar* 「por encima [más allá] 《de》. ♦彼はスペイン語の学力では彼女を超えている La aventaja en español. / Él es mejor que ella en español. ♦その問題は私の理解を超えている Ese problema está por encima de mí.
☞ 越[超]す, 過ぎる

こえる 肥る ❶【人などが】*v*. engordar; (体重が増える) *v*. aumentar de peso. ♦彼は肥え気味だ Está engordando. / Se está poniendo gordo.

❷【土地が】*v*. hacerse* fértil [rico]. ♦肥えた土地 *f*. tierra fértil. ♦この土地はたいへん肥えている Esta tierra es muy fértil [rica].

❸【目・口などが】♦¹目 [²口; ³耳] が肥えている *v*. tener* un buen ¹ojo [²paladar; ³oído].

こおう 呼応 *f*. concordancia. ♦呼応する *v*. concordar*. ♦互いに呼応して(＝協力して)行動する *v*. actuar* cooperando mutuamente.

ゴーカート 《英語》*m*. "kart" (☆発音は [kár(t)]), 《英語》*m*. "go-kart" (☆発音は [gókár(t)]).

コーカサス → カフカス ♦コーカサス地方 → カフカス地方.

コークス *m*. coque.

ゴーグル (オートバイ・スキー・潜水用の保護眼鏡) *fpl*. gafas (protectoras), *mpl*. anteojos (protectores).

ゴーサイン ♦ゴーサインを送る *v*. dar* 《a + 人》 「luz verde [el visto bueno].

ゴージャス ♦ゴージャスなドレス *m*. vestido precioso.

コース ❶【通る道】*f*. ruta, *m*. trayecto; (山中の) *f*. senda, *m*. sendero. ♦ハイキングコース *f*. ruta de senderismo. ♦コースを外れて飛ぶ(飛行機が) *v*. desviarse* de la ruta. ♦ここは観光には一番いいコースだ Esta es la mejor ruta turística.

❷【競技の】(ゴルフの) *m*. campo; (マラソンなどの) *m*. recorrido; (競走・競泳の) *f*. calle. ♦第1コースを走る *v*. tener* la calle uno.

❸【課程の】*m*. curso. ♦スペイン語の集中コースをとる *v*. tomar un curso intensivo de español. ♦ドクターコースに進む *v*. tomar [hacer*, seguir*] un programa de doctorado 《en》.

❹【料理の一皿】*m*. menú. ♦コース料理 *m*. menú especial, *m*. menú completo para cenar [comer]. → フルコース.

コースター (コップなどの下に敷く物) *m*. posavasos.

ゴースト *m*. fantasma; 《専門語》*m*. fantasma. ▶ゴーストタウン f. ciudad fantasma. ▶ゴーストライター（＝代作者）mf. negro/ra,《説明的に》mf. escritor/tora que escribe para otro.

コーチ m. entrenamiento; f. dirección técnica;（人）mf. entrenador/dora, mf. monitor/tora;（野球の）mf. entrenador/dora,《英語》mf. "coach". ▶バスケットボールのコーチ mf. entrenador/dora de baloncesto. ▶(テニスを)コーチする v. entrenar [dirigir*]《a ＋ 人》(en tenis). ▶(野球の)コーチボックス m. banquillo [m. cajón] del entrenador. ▶うちの兄さんは草野球のコーチをしている Mi hermano「es el entrenador de [entrena a] un equipo de béisbol de barrio.

コーディネーター mf. coordinador/dora. ▶インテリアコーディネーター mf. coordinador/dora de interiores.

コーディネート f. combinación. ▶部屋の壁紙とカーテンの色調をコーディネートする v. combinar el color del papel de pared con las cortinas.

コーティング m. revestimiento, m. baño. ♦このガラスにはコーティングが施されている Este cristal tiene un revestimiento.

コーディング《専門語》f. codificación.

コーデュロイ《スペイン》f. pana,《ラ米》m. corderoy,《チリ》m. cotelé. → コールテン.

コート ❶【衣服】f. gabardina, m. abrigo, m. tapado.
❷【球技の】▶¹テニス [²バスケット]コート f. cancha de ¹tenis [²baloncesto]. ▶コートをかわる v. cambiar de cancha. ♦選手は(試合をするために)もうコートに出ている Los jugadores ya están en「la cancha [el terreno de juego].

コード ❶【和音】m. acorde.
❷【電気の】m. cable,（延長用の）m. (cable) alargador. ▶長いコードのついた電気スタンド f. lámpara de mesa de cable largo.
❸【暗号, IT関連】m. código. ▶コード・ページ《専門語》f. página de código.

こおとこ 小男 m. hombrecito, m. hombrecillo.

コートジボワール Costa de Marfil;（公式名）República de Côte d'Ivoire（☆アフリカの国, 首都ヤムスクロ Yamoussoukro).

こおどり 小躍り ♦私は小躍りして喜んだ Salté de alegría.

コードレス（コードのついていない家電製品）m. aparato eléctrico sin cable. ▶コードレスホン m. teléfono inalámbrico [sin hilos].

コーナー ❶【隅, かど】f. esquina;（競走路の）m. giro, f. vuelta;（サッカーの）m. saque de esquina, m. córner. ▶最終 [²第4]コーナーを曲がる v. doblar la ¹última [²cuarta] esquina. ▶コーナーに追い詰める v. arrinconar《a ＋ 人》.
❷【特に設けた区分】f. sección. ▶子供服コーナー f. sección de ropa infantil.

*__コーヒー__ m. café. ▶コーヒー一杯 una taza de café, un café.
1《〜コーヒー, コーヒー＋名詞》▶アイスコーヒー m. café con hielo. ▶インスタントコーヒー m. café instantáneo. ▶コーヒー豆 mpl. granos de café. ▶コーヒーカップ f. taza de café. ▶コーヒー

ひき器 m. molinillo de café. ▶コーヒーブレークをとる v. descansar para tomar un café.
2《コーヒーは[の]》会話 コーヒーのお好みは？─ブラックでお願いします ¿Cómo quiere el café? – Solo, por favor. ♦コーヒーはいかがですか ¿Quiere café? ♦私はコーヒーは¹濃い [²薄い]のが好きです Me gusta el café ¹cargado [²flojo].
3《コーヒーに[を]》▶コーヒーを飲む v. tomar un café. ▶コーヒーを¹入れる [²出す] v. ¹preparar [²servir*] café. ▶コーヒーに¹砂糖 [²クリーム]を入れますか ¿Le pone usted ¹azúcar [²crema] al café? ♦ブラックコーヒーを二つお願いします Dos cafés solos, por favor. ♦私たちはコーヒーを飲みながら2時間ほど話をした Hablamos dos horas tomando café.

コープ f. cooperativa. → 生協.

コーラ【商標】f. Coca-Cola,【商標】f. Pepsi-Cola. ▶コーラを飲む v. tomar cola.

コーラス m. coro. → 合唱. ▶コーラスガール f. corista. ▶コーラスグループ m. grupo coral.

コーラン m. Corán, m. Alcorán.

*__こおり 氷__ m. hielo. ▶1片の氷, trozo de hielo.
1《〜氷》▶かき氷《説明的に》m. hielo raspado con almíbar [jarabe]. ▶角氷(製氷器で作った) m. cubito [m. cubo] de hielo.
2《氷＋名詞》▶氷水 f. agua con hielo. ▶氷砂糖 m. azúcar candi [cande]. ▶氷枕 f. almohada de hielo. ▶氷ばさみ fpl. pinzas para el hielo. ▶氷詰めにする v. envolver(lo)* de hielo.
3《氷が》▶池に氷が張った Se ha helado el estanque. / El estanque se ha cubierto de hielo. ▶湖の氷が溶け始めた Ha empezado 「a deshelarse el [el deshielo del] lago. / El hielo del lago ha empezado a derretirse.
4《氷の》▶氷の張った湖 m. lago helado [cubierto de hielo]. ▶氷のように冷たい風 mpl. vientos helados. ♦彼女の手は氷のように冷たかった Sus manos「estaban (frías) como el hielo [estaban heladas].
5《氷に[で]》▶氷に閉ざされた港 m. puerto bloqueado por el hielo. ▶ワインを氷で冷やしておく v. (poner* a) enfriar* el vino con hielo.

__こおる 凍る__ v. helarse, congelarse;（凍っている）v. estar* congelado. ♦湖は一面に[すっかり]凍ってしまった El lago se ha helado. ♦寒さで道が凍ってかちかちになった El frío ha helado「la superficie [el firme] de la carretera. ♦洗濯物が洗濯ひもに凍りついた La ropa tendida, como se ha quedado congelada, se ha pegado a la cuerda.
── 凍らせる v. helar*, congelar. ▶アイスクリームを凍らせる v. congelar un helado.
《その他の表現》▶外は凍るほど寒かった Fuera estaba helando. /《口語》Fuera había un frío de espanto. ♦恐い映画を見て彼は血が凍る思いをした《強調して》La película de terror le dejó helado de miedo.

コール《専門語》f. llamada.

ゴール（競技の決勝線・決勝点）f. meta, m.

コールタール

gol. ▶(サッカーなどの)ゴールキーパー m. portero, m. guardameta. ▶(球技で)ゴールを決める v. marcar* un gol; golear. ▶ゴールインする(レースで) v. cruzar* la meta; (テープを胸で切る) v. romper* la cinta de meta; (結婚する) v. casarse. ▶ゴールエリア《サッカー》f. área de meta. ▶ゴールキック《サッカー》m. saque de puerta. ▶ゴールポスト《サッカー》m. poste [palo] de la portería. ▶ゴールライン《サッカー》f. línea de meta [gol]. ▶ゴールを入れる《サッカー》v. marcar* [meter] un gol. ◆ぼくはゴールキーパーだ Yo soy [juego de] portero.

[地域差]《サッカーの》ゴール
〔全般的に〕f. portería
〔スペイン〕f. portería
〔ラテンアメリカ〕m. arco
〔コロンビア〕f. meta

[地域差] ゴールキーパー(サッカーの)
〔スペイン〕mf. guardameta, mf. portero/ra
〔キューバ〕mf. arquero/ra, mf. guardameta, mf. portero/ra
〔メキシコ〕mf. arquero/ra, mf. guardameta, mf. portero/ra
〔コロンビア〕mf. arquero/ra, mf. guardavallas, mf. portero/ra
〔アルゼンチン〕mf. arquero/ra

コールタール m. alquitrán de hulla.

コールテン〔スペイン〕f. pana. ▶コールテンのズボン mpl. pantalones de pana.

ゴールデンアワー fpl. horas de máxima [mayor] audiencia.

ゴールデンウィーク f. "semana de oro", (説明的に) fpl. vacaciones del 29 de abril al 5 de mayo. → 連休.

ゴールド(金) m. oro. ▶ゴールドラッシュ f. fiebre del oro.

コールドクリーム f. crema「de limpieza [limpiadora].

コールドゲーム《野球》m. partido terminado.

コールドパーマ f. permanente fría.

コールド・ブート《専門語》m. arranque en frío.

こおろぎ m. grillo. ◆コオロギが鳴いていた Los grillos cantaban.

コーン(トウモロコシ) m. maíz; (アイスクリームの) m. cono.

コーンビーフ f. carne de vaca en conserva, 《英語》m. "corned beef". → コンビーフ.

コーンフレーク(ス) mpl. copos de maíz.

こがい 戸外 m. aire libre; adj. exterior; adv. fuera. ▶戸外運動 m. ejercicio al aire libre. ▶戸外に出る v. salir* fuera [al exterior]. ◆夏は戸外で遊ぶことが多い En verano solemos jugar fuera [al aire libre].

こかい 誤解 (誤った理解) m. malentendido, m. equívoco, 《フォーマル》m. mal entendimiento; (誤った解釈) f. mala interpretación. ▶誤解を招く説明をする v. dar (a + 人) una explicación equívoca. ◆私たちの間には何か誤解があるようです Parece que hay un malentendido entre nosotros. ◆彼に対する妻の誤解は解けなかった El malentendido que sobre él tenía su esposa no desapareció. ◆そういう言い方は誤解を招きますよ Si se dice así se puede entender mal. / Esa forma de hablar puede causar un malentendido.

—— **誤解する** v. entender* mal, malentender*, juzgar* mal; (誤って解釈する) v. interpretar mal, malinterpretar, entender* mal. ◆私の言っていることを誤解しないでください No me entienda usted mal, por favor. / Por favor, que no haya ningún equívoco sobre lo que digo.

こがいしゃ 子会社 f. compañía [f. empresa] filial [subsidiaria].

コカイン f. cocaína, f. coca,《口語》m. polvo blanco [de ángel].

ごかく 互角 (同等) f. igualdad. ▶互角の adj. igual, equivalente; (対等の) adj. igual; (好取り組みの) adj. de buen encuentro. ▶互角の試合 m. juego igualado; (接戦) m. juego reñido. ▶互角に戦う v. luchar igualadamente. ◆太郎はスペイン語の学力では花子と互角だ El conocimiento de español de Taro iguala [es igual] al de Hanako. / Taro y Hanako están igualados en su conocimiento de español. ◆スキーでは彼と互角の勝負ができない(＝かなわない) No puedo igualarme a él en el esquí. →五分五分, 対等の

ごがく 語学 (外国語) m. idioma extranjero, f. lengua extranjera. ▶語学力 m. conocimiento de idiomas [lenguas]. ◆彼は語学の才能がある Tiene talento [capacidad, 《フォーマル》aptitud] para los idiomas. ◆彼は語学が ¹強い [²弱い] Se le dan ¹bien [²mal] los idiomas. ◆彼は学生時代には語学がよくできた En la escuela se le daban muy bien los idiomas.

ごかくけい 五角形 m. pentágono. ▶正5角形 m. pentágono regular. ▶5角形の建物 m. edificio pentagonal.

こかげ 木陰 f. sombra de un árbol. ▶木陰で本を読む v. leer* un libro a la sombra de un árbol.

コカコーラ〔商標〕f. Coca-cola,《口語》f. coca. → コーラ.

こがす 焦がす v. quemar; chamuscar*, socarrar. → 焦げる. ◆肉を焦がさないように気をつけなさい Ten cuidado con no quemar la carne.

こがた 小型 ▶小型の adj. pequeño; (携帯用の) adj. portátil; (ポケット型の) adj. de tamaño bolsillo; (こぢんまりした) adj. compacto. ▶小型自動車 m. automóvil pequeño [compacto]. ▶小型テレビ f. televisión portátil. ▶小型カメラ f. cámara de bolsillo. ◆カメラは小型化してきている Las cámaras cada día son más pequeñas [compactas].

こがたな 小刀 f. navaja, m. cuchillo.

こかつ 枯渇 ▶枯渇する(川などが) v. agotarse. → 涸(れ)れる, 尽きる.

*ごがつ 五月 m. mayo.

こがね 黄金 (金) m. oro. ▶黄金色の adj. dorado. ▶黄金虫 m. escarabajo (dorado).

こがら 小柄 ▶小柄な(背が低い) adj. bajo; (体つき

が小さい)*adj.* de estatura baja [pequeña]. ♦ その男の子は年の割には小柄だ Ese niño es bajo para su edad.

こがらし 木枯らし　*m.* viento frío de invierno.

こがれる 焦がれる (切望する)*v.* suspirar《por》, anhelar; (待ち遠しがる)*v.*「estar* impaciente [《強調して》suspirar]《por》. ♦ 彼は彼女の到着を待ち焦がれていた Estaba impaciente por su llegada. ♦ 彼女は外国に住むボーイフレンドに会いたいと思い焦がれている「Está impaciente [《口語》《強調して》Se muere]」por ver a su novio que vive en el extranjero. ♦ あの子は音楽の先生に思い焦がれている (= 思いを寄せている) Se ha「enamorado [《文語》prendado]」de la profesora de música.

ごかん 語感　♦ 彼は語感が鋭い Tiene sensibilidad por la lengua. / Es sensible a la magia de las palabras.

ごかん 五感　*mpl.* cinco sentidos.

ごがん 護岸　♦ 護岸工事 *fpl.* obras de protección costera [de diques].

ごかんき 互換機《専門語》*f.* máquina [*m.* modelo] compatible.

こかんせつ 股関節《専門語》*f.* articulación de la cadera.

ごき 語気　*m.* tono; (声)*f.* voz. ▶ 語気を荒げる *v.* subir el tono (de la voz). ▶ 語気を荒げて *adv.* con tono áspero [irritado]. ▶ 語気を強めて「言う」*v.* hablar enfáticamente. ▶ 語気を和らげる *v.* suavizar* la voz.

ごき 誤記　*m.* error en la escritura; (事務上の)*m.* error del copista; (書き損じ)《フォーマル》*m.* desliz de la pluma; (誤植)*f.* errata (de imprenta).

ごぎ 語義　*m.* significado de una palabra.

こきおろす こき下ろす*v.* criticar* duramente, 《口語》poner* como un trapo, denigrar, 《教養語》vituperar. ♦ 彼は彼女を無作法だとひどくこきおろした La criticó duramente por ser maleducada.

ごきげん 御機嫌　→ 機嫌. ▶ ご機嫌取り(人)*mf.* adul*ador/dora*,《口語》《口語》*mf.* pelota, 【メキシコ】《口語》*mf.* lamizcón/cona. ♦ ご機嫌いかがですか ¿Cómo está usted? / ¿Cómo se encuentra? ♦ 彼女はご機嫌斜めだ Está enfadado [《ラ米》enojado]. → 不機嫌. ♦ 今日はご機嫌だね Hoy estás contento, ¿verdad?

ごきげんよう 御機嫌よう　♦ ご機嫌よう「¡Que tenga suerte! / ¡Mucha suerte! 」. → さようなら. ♦ (旅行者に)ご機嫌よう「¡Que tenga buen viaje! / ¡Buen viaje!」.

こきざみ 小刻み　♦ 小刻みに震える*v.* temblar* ligeramente [《口語》*m.* poquito]. ▶ 小刻みに増加する *v.* aumentar「poco a poco [《フォーマル》gradualmente]」. ▶ 小刻みに歩く *v.* andar*「a pasitos [con pasos cortos]」.

こきつかう こき使う　*v.* hacer*《a + 人》「trabajar mucho [《口語》sudar la gota gorda], [《強調して》matar《a + 人》trabajando」. → 酷使.

こぎつける 漕ぎ着ける　▶ 合意に漕ぎ着ける *v.* alcanzar*「llegar*」a un acuerdo. ♦ 2国はようやく条約の調印に漕ぎ着けた Los dos países alcanzaron por fin un acuerdo y firmaron el convenio.

こぎって 小切手　*m.* cheque, *m.* talón. ▶ 個人用小切手　*m.* cheque [《スペイン》*m.* talón] personal. ▶ 旅行(者)小切手　*m.* cheque de viajero. ▶ 不渡り小切手　*m.* cheque [*m.* talón] rechazado. ▶ 小切手帳 *m.* talonario. ▶ 小切手振出人 *mf.* libr*ador/dora* del cheque. ▶ 百万円の小切手を書く *v.* firmar《a + 人》un cheque de un millón de yenes. ▶ 小切手を現金に換える *v.* cobrar [hacer* efectivo] un cheque. ▶ 小切手を振り出す *v.* emitir [《フォーマル》librar] un cheque. ▶ 小切手で払う *v.* pagar* con un cheque [talón].

ごきぶり　*f.* cucaracha.

こきみよい 小気味よい　▶ 小気味よい(=気持ちのよい)態度 *mpl.* modales agradables. ▶ 小気味のよい(=気のきいた)答えをする　*v.* dar* una respuesta agradable [diplomática, inteligente].

こきゃく 顧客　*mf.* client*e/ta*.　□ 客, 得意

*こきゅう 呼吸　❶【息】*f.* respiración, *m.* aliento; (呼吸)*f.* respiración, *m.* respiro. ▶ 呼吸する *v.* respirar, tomar aire.

　1《〜呼吸, 呼吸+名詞》▶ 腹式呼吸 *f.* respiración abdominal. ▶ 人工呼吸を施す *v.* practicar* la respiración artificial《a + 人》. ▶ 呼吸困難になる *v.* tener* dificultad respiratoria. → 深呼吸, 呼吸器. ▶ 急性呼吸窮迫症候群《専門語》*f.* distres respiratoria aguda. ▶ 成人呼吸窮迫症候群《専門語》*m.* síndrome de dificultad respiratoria del adulto, *f.* SDRA. ▶ 呼吸筋《専門語》*m.* músculo respiratorio. ▶ 呼吸困難《専門語》*f.* disnea. ▶ 呼吸中枢《専門語》*m.* centro respiratorio. ▶ 呼吸不全《専門語》*f.* insuficiencia respiratoria. ▶ 呼吸抑制《専門語》*f.* depresión respiratoria.

　2《呼吸が》　♦ 泳ぎ終えたとき彼は呼吸が荒かった Cuando acabó de nadar, respiraba entrecortadamente. ♦ 高度が高い所では呼吸が困難だ En lugares altos hay dificultad respiratoria [para respirar].

　3《呼吸を[に]》▶ 呼吸(数)を数える　*v.* contarse* las respiraciones. ▶ (走った後などに)通常の呼吸に戻る *v.* recuperar el aliento. ▶ 1鼻 [2えら]で呼吸(を)する *v.* respirar por 1la nariz [2las branquias]. ▶ 呼吸を整える *v.* regularizar* el ritmo respiratorio; (一息つく)*v.* recuperar el aliento.

❷【こつ】*m.* talento, *m.* don; (上手なやり方) *m.* truco, *f.* maña. ▶ 商売の呼吸を覚える *v.* aprender los trucos del negocio. ♦ 彼は数学を教える呼吸を心得ている Tiene talento para enseñar matemáticas.

❸【調子】♦ 彼らは呼吸が合っていた(=仲よくやっていた) Se llevaban muy bien. / Estaban en perfecta armonía.

こきゅうき 呼吸器　*m.* órgano respiratorio. ▶ 呼吸器疾患　*f.* enfermedad respiratoria. ▶ 呼吸器系 *m.* sistema respiratorio.

こきょう 故郷　*f.* tierra natal, *m.* pueblo [*f.* ciudad] natal,《口語》*f.* casa, *f.* patria, *m.*

こぎれい

origen; (出生地) *m.* lugar de nacimiento. ▶第二の故郷 *f.* segunda patria [casa]. ▶故郷に帰る《口語》*v.* volver* a casa. ▶故郷を出る *v.* dejar「la patria [la casa, el hogar]. ▶故郷を恋しがる *v.* echar de menos (su) tierra, tener* nostalgia de (su) tierra. 会話 あなたの故郷はどちらですか — 名古屋です ¿Cuál es tu tierra [patria]? [¿De dónde eres?] – Soy de Nagoya. ♦ 私の故郷は長野県です Mi prefectura natal es Nagano. /《口語》Soy de Nagano. /《口語》Nagano es mi patria chica. ♦ 故郷に残してきた妻子に会えなくて寂しく思う Echo de menos a mi mujer y mis hijos que están en el pueblo.

こぎれい 小奇麗 ▶小奇麗な *adj.* aseado,《教養語》pul*cro*; (整理された) *adj.* limpio. ▶小ぎれいな店 *f.* tienda limpia. ▶部屋を小ぎれいにしておく *v.* mantener* la habitación limpia y aseada. ♦ 彼女はいつも小ぎれいにしている Siempre va vestida aseadamente.

こく 濃 (酒の) *m.* cuerpo, (料理の) *m.* sabor, *m.* paladar. ▶こくのあるワイン *m.* vino con mucho cuerpo. ▶こくのあるスープ *f.* sopa con sabor. ▶こくのある随筆 *m.* ensayo profundo [de gran calado].

こく 酷 ♦ それ以上彼を働かせるのは酷です Es「demasiado cruel [《強調して》inhumano] hacerlo[le] trabajar más. ▶少し酷な言い方をすれば (=かもしれないが)... Por cruel que parezca... / Aunque esto parezca riguroso...

こぐ 漕ぐ *v.* remar,《文語》bogar*. ▶川を漕ぎ渡る *v.* cruzar* un río a remo.

ごく 語句 (語と句) *fpl.* palabras y *fpl.* frases.

ごく 極く (非常に) *adv.* muy; (極度に) *adv.* sumamente, en extremo; (まったく) *adv.* completamente, perfectamente, del todo, por entero. → 非常に. ▶ごく普通の子 *m.* niño perfectamente normal. ♦ これは日本ではごくありふれた花です Es una flor muy común en Japón. ♦ 彼が来るのを知ったのはごく最近です Sólo recientemente me enteré de su llegada.

こくい 国威 *f.* dignidad nacional, *m.* prestigio del país.

ごくい 極意 (真髄) *f.* esencia,《強調して》*f.* quintaesencia; (深い真理) *mpl.* misterios; (秘伝) *m.* secreto,《教養語》*mpl.* arcanos. ▶茶道の極意 *f.* esencia [*mpl.* secretos] de la ceremonia del té.

こくいっこく 刻一刻 *adv.* cada momento [instante]. → 刻々.

こくうん 国運 ▶国運を賭する *v.* poner* en juego el destino de la nación.

こくえい 国営 *f.* administración estatal [del Estado]. ▶国営の *adj.* estatal, del Estado, del gobierno, nacional. ▶国営事業 *f.* empresa estatal [del Estado, del gobierno, nacional]. ▶国営放送局 *f.* emisora estatal. ▶国営化 *f.* nacionalización. ♦ 炭坑を国営化する *v.* nacionalizar* la minería del carbón.

こくえき 国益 *m.* interés nacional. ♦ 彼らの国益を計る *v.* promover* [fomentar] sus intereses nacionales. ▶国益に反する *v.* estar* en contra del interés nacional.

こくおう 国王 *m.* rey,《フォーマル》*mf.* monarca,《教養語》*mf.* soberano/na. ▶スペイン国王 *m.* rey de España. → 王.

こくがい 国外 →海外. ▶国外へ [で] *adv.* [1]al [2]en el] extranjero,《口語》fuera. ▶国外のニュース *fpl.* noticias del extranjero, *f.* información extranjera. ▶国外へ追放される *v.* ser* exiliado [desterrado] al extranjero. → 追放. ▶国外に物品を持ち出す (=密輸出する) *v.* sacar* (de Japón) al extranjero artículos de contrabando.

こくぎ 国技 *m.* deporte tradicional (de Japón).

*****こくご** 国語 (日本語の) *f.* lengua nacional, *m.* japonés, *f.* lengua japonesa; (言語) *f.* lengua; (母国語) *f.* lengua materna. ▶国語の授業 *f.* clase de japonés. ▶国語辞典(日本語の) *m.* diccionario de japonés. ♦ 彼は数か国語が話せる Habla varios idiomas.

ごくごく ▶ごくごく(のどを鳴らして)飲む *v.* tragarse* (agua) haciendo ruido en la garganta.

*****こくさい** 国際 ▶国際的な(各国間の) *adj.* internacional; (全世界にわたる) *adj.* cosmopolita. ▶国際的に *adv.* internacionalmente. ▶国際化 *f.* internacionalización. ▶国際化する *v.* internacionalizar*, hacer* internacional. ▶国際関係 *fpl.* relaciones internacionales. ▶国際情勢 *f.* situación internacional. ▶国際紛争 *m.* conflicto internacional. ▶国際法 *m.* derecho internacional. ▶国際収支 *f.* balanza de pagos internacional. ▶国際空港 *m.* aeropuerto internacional. ▶国際結婚 *m.* matrimonio internacional. ▶国際社会 *f.* comunidad internacional. ▶国際運転免許証 *m.* permiso de conducir internacional. ▶国際人 *f.* persona cosmopolita [internacional]. ▶国際(=多くの国の人々から成る)都市 *f.* ciudad cosmopolita. ▶国際会議に出席する *v.* asistir a una conferencia internacional. ▶国際色豊かな町 *f.* ciudad cosmopolita [con ambiente internacional]. ▶国際感覚を身につける *v.* adquirir* una「forma internacional de pensar* [mentalidad internacional]. ▶国際電話をする *v.* hacer* [《フォーマル》efectuar*] una llamada internacional. ♦ そのスパイ事件は国際問題に発展した El asunto de espionaje se convirtió en un problema internacional. ♦ 彼女は国際的に有名な科学者だ Es una científica de fama internacional [mundial]. ♦ 彼は国際感覚のある人だ Es un hombre de mentalidad internacional.

《関連語》国際オリンピック委員会 *m.* Comité Olímpico Internacional,《略》el COI. ▶国際協力銀行 → JBIC. ▶国際通貨基金 *m.* Fondo Monetario Internacional,《略》el FMI. ▶国際労働機関 *f.* Organización Internacional del Trabajo, la OIT. ▶国際交流基金 *f.* Fundación Japón.

こくさい 国債 *mpl.* bonos del gobierno, *fpl.* obligaciones del Estado.

こくさいれんごう 国際連合 *fpl.* Naciones

Unidas, f. Organización de las Naciones Unidas, 〖略〗la O.N.U.（☆発音は[ónu]）. →国連.

こくさく 国策 f. política nacional.

こくさん 国産 ▶国産の adj. nacional, del país, de fabricación nacional；(日本製の) adj. japonés. ▶国産品 mpl. productos nacionales [del país]. ▶国産車 m. automóvil nacional [del país]；(日本車) m. automóvil japonés [hecho en Japón]. ♦輸入ものより国産のワインの方が好きです Prefiero los vinos nacionales a los importados.

こくし 酷使 m. uso] excesivo, m. maltrato. ▶従業員を酷使する(＝こき使う) v. hacer*「trabajar en exceso [《口語》sudar la gota gorda] a los empleados. ▶目を酷使して痛める v. forzar* la vista. ▶この機械は酷使に耐えた Esta máquina ha sido forzada [《フォーマル》sometida] a excesivo trabajo. ♦彼は数週間лько酷使した(＝働きすぎた) Estuvo varias semanas trabajando demasiado.

こくじ 告示 (通知) m. aviso；(正式の) 《フォーマル》f. notificación；(公表) m. anuncio. ▶政府告示 f. notificación oficial [del gobierno].

こくじ 国事 mpl. asuntos de Estado. ▶天皇の国事行為 fpl. funciones constitucionales del emperador.

こくじ 酷似 ▶この文章は私が書いたものに酷似している Hay una gran semejanza entre este escrito y el mío.

コクシジウムしょう コクシジウム症《専門語》f. coccidioidomicosis.

こくしょ 酷暑 m. intenso calor. →暑さ. ♦酷暑の折からお体に気をつけてください Haga el favor de cuidarse del intenso calor de estos días.

こくじょう 国情 f. situación del país, m. estado de la nación.

ごくじょう 極上 ▶極上の(最上の) adj. el/la mejor, 《教養語》óptimo；(精選された) adj. supremo, superior, extra. ▶極上ワイン m. vino de calidad superior.

こくしょく 黒色 m. negro.

こくしょくしゅ 黒色腫 ▶悪性黒色腫《専門語》m. melanoma maligno.

こくじん 黒人 m. negro, f. persona de「raza negra [《フォーマル》color]. ▶黒人の adj. negro. ▶黒人居住区 m. barrio de negros. ▶黒人女性 f. negra, f. mujer negra [《フォーマル》de color]. ▶黒人を差別する v. discriminar a los negros.

こくすいしゅぎ 国粋主義 m. ultranacionalismo. ▶国粋主義者 mf. ultranacionalista.

こくする 濃くする v. espesar, 《フォーマル》densificar*；(濃縮する) v. condensar.

こくせい 国政 (政治) m. gobierno；(行政) f. administración nacional. ▶国政選挙 fpl. elecciones nacionales. ▶国政を担う v. gobernar* [administrar] un país.

こくぜい 国税 mpl. impuestos [fpl. contribuciones] nacionales.

こくせいちょうさ 国勢調査 m. censo (nacional). ▶国勢調査をする v. hacer* [《フォーマル》

こくはく **465**

levantar] un censo.

こくせき 国籍 f. nacionalidad；(市民権) f. ciudadanía. ▶国籍不明機 m. avión de nacionalidad desconocida. ▶両親の国籍 f. nacionalidad de los padres. ▶二重国籍 f. doble nacionalidad. 《会話》彼女の国籍はどこですか—日本です ¿Qué nacionalidad tiene? – Japonesa. / Es japonesa. / Tiene [Es de] nacionalidad japonesa. ▶彼は昨年日本国籍を得た El año pasado adquirió la nacionalidad japonesa.

こくそ 告訴《フォーマル》f. querella, f. denuncia, f. acusación；(検察の) f. denuncia；(民事の) f. demanda. ▶告訴状 m. escrito de querella.

── 告訴する v. acusar, denunciar, presentar una denuncia, demandar [poner*] un pleito；《フォーマル》querellarse《contra》. ▶訴える. ▶犯罪のかどで告訴する v. acusar《a＋人》de un delito, denunciar《a＋人》por un delito, presentar una denuncia《contra＋人》por un delito. ▶損害賠償を求めて彼を告訴する v. denunciarlo[le] [demandarlo[le]] por daños y perjuicios ☞訴える, 提訴する

こくそう 国葬 m. funeral de Estado. →葬儀.

こくそうちたい 穀倉地帯 m. granero, f. región productora de cereales.

こくたい 国体 ❶【国民体育大会】m. Encuentro Atlético Nacional. ❷【国家形態】f. forma de gobierno.

こくたん 黒檀 m. ébano.

こくち 告知《フォーマル》f. notificación. ▶告知する v. informar [《フォーマル》notificar*]《a＋人》.

こくていこうえん 国定公園 m. parque seminacional.

こくてん 黒点 (太陽の) f. mancha solar.

こくど 国土 f. territorio nacional；(土地) f. tierra；(領土) m. territorio. ▶人口の多い狭い国土 m. territorio pequeño y superpoblado. ▶国土交通省 m. Ministerio de Territorio, Infraestructura y Transportes (☆国土庁 f. Agencia de Territorio Nacional は旧称) ☞国, 土, 天地

こくどう 国道 f. carretera nacional. ▶国道171号線 f. carretera nacional 171 (uno siete uno).

こくない 国内 ▶国内の adj. nacional, del país, doméstico, interno, 《口語》de casa. ▶(飛行機の)国内線 f. ruta [f. línea] aérea nacional. ▶国内ニュース fpl. noticias nacionales. ▶国内産業 f. industria nacional. ▶国内総生産(GDP) m. producto interior [interno] bruto (PIB). ▶国内でも国外でも adv. en el país y en el extranjero, 《口語》en casa y fuera.

こくないしょう 黒内障《専門語》f. amaurosis. →一過性黒内障《専門語》f. amaurosis fugaz.

こくはく 告白 f. confesión. ▶彼女はその女性に愛の告白をした Le confesó [declaró] su amor

466　こくはつ

a la señorita. → 白状する.

こくはつ 国発 f. acusación, f. denuncia. → 告訴.

こくばん 黒板 f. pizarra, 《メキシコ》 m. pizarrón. ▶黒板ふき m. borrador. ▶黒板をふく v. borrar la pizarra. ◆黒板にあなたの名前を書きなさい Escriba su nombre en la pizarra.

こくひ 国費 (国の費用) mpl. gastos nacionales; (国の資金) mpl. fondos del Estado [gobierno]. ▶国費をむだ使いする v. malgastar los fondos del Estado. ▶国費で留学する v. estudiar en el extranjero a expensas del gobierno.

こくひ 極秘 m. alto secreto; (極秘の状態) m. absoluto secreto. ▶極秘(の)情報 f. información de sumo secreto, mpl. documentos estrictamente confidenciales; m. alto secreto. ◆会談は極秘のうちに行なわれた Las conversaciones se celebraron en el más absoluto [estricto] secreto.

こくひょう 酷評 f. crítica rigurosa [demoledora]. → 批判. ▶酷評する v. criticar* 《a + 人》 duramente.

こくひん 国賓 mf. huésped [mf. invitado/da] del Estado. ▶国賓としてパーティーに招待する v. invitar 《a + 人》 a la fiesta como huésped del Estado.

こくふく 克服 ▶克服する(打ち勝つ) v. superar; (困難・障害などを乗り越える) v. vencer*, salvar, sobreponerse* 《a》. ◆彼がこのハンディを克服するのは容易ではなかった No le resultó fácil superar esta desventaja. / Vencer esta desventaja no fue nada fácil para él.

こくぶんがく 国文学 (日本文学) f. literatura nacional [japonesa]. → 文学.

こくべつ 告別 f. despedida. ▶告別式(葬儀) 《フォーマル》 f. ceremonia fúnebre, m. funeral. ▶告別式に出る v. asistir a un funeral.

こくほう 国宝 m. tesoro nacional. ▶人間国宝 m. tesoro nacional viviente. ▶国宝の指定を受ける v. ser* designado tesoro nacional.

こくぼう 国防 f. defensa nacional [del país]. ▶国防増強5か年計画 m. programa quinquenal de fortalecimiento de la defensa nacional. ▶国防費 mpl. gastos de defensa nacional. ▶(米国)国防(総)省 m. Departamento de Defensa Nacional, 《口語》 m. Pentágono.

＊＊こくみん 国民 (全体) m. pueblo, f. nación; (個人) mf. ciudadano/na, mf. súbdito/ta.

1《〜(の)国民》 ▶日本国民(全体) m. pueblo japonés; (個人) mf. ciudadano/na 《フォーマル》 mf. súbdito/ta] japonés/nesa. ▶ヨーロッパの(諸)国民 mpl. pueblos de Europa. ▶フランス在住の日本国民(＝在留邦人) mpl. japoneses residentes en Francia. ▶世界のすべての国民 todos los pueblos del mundo. ◆日本人は勤勉な国民だ El pueblo japonés es diligente.

2《国民(の)＋名詞》 ▶国民の声 f. voz del pueblo; (世論) f. opinión pública. ▶国民感情 m. sentimiento nacional. ▶国民性 m. carácter nacional. ▶日本人の国民性 m. carácter [《フォーマル》 f. idiosincrasia] de los japoneses. ▶国民の祝日 f. fiesta nacional. ▶国民的英雄 m. héroe nacional. ▶国民総生産 m. producto nacional bruto, 《略》 el PNB. ▶国民体育大会(＝国体) m. Encuentro Nacional de Atletismo. ▶国民年金 f. pensión nacional [del Estado]. ▶国民所得 m. ingreso [f. renta] nacional. ▶国民健康保険 m. Seguro Nacional de Salud, 《スペイン》 f. Seguridad Social. ▶国民投票を行なう v. celebrar un referéndum [plebiscito]. ◆納税は国民の義務である Pagar impuestos es obligatorio [una obligación ciudadana] para todos los ciudadanos.

こくむ 国務 mpl. asuntos de Estado. ▶国務をつかさどる v. administrar, [《口語》 llevar] los asuntos de Estado. ▶国務省 m. Departamento de Estado. ▶国務大臣 mf. Ministro/tra de Estado [(無任所の) sin cartera]. ▶国務長官(米国の) mf. Secretario/ria de Estado.

こくめい 克明 (詳細な) adj. detallado, minucioso. ▶克明なメモ mpl. apuntes detallados. ▶起こった事を克明にしるす v. describir* detalladamente lo que ocurrió.

こくもつ 穀物 m. cereal. ▶穀物畑 m. campo de cereales.

こくゆう 国有 ▶国有の adj. estatal, nacional. ▶国有林 m. bosque nacional. ▶国有鉄道 mpl. ferrocarriles nacionales. → ジェーアール. ▶国有化する v. nacionalizar*. ▶国有化 f. nacionalización. → 国立, 国営.

ごくらく 極楽 (天国) m. paraíso, 《フォーマル》 m. edén, m. cielo. ▶極楽鳥 f. ave del paraíso. ◆ここはまったく極楽だ Esto es un verdadero paraíso. / Esto es absolutamente paradisiaco.

こくりつ ▶国立大学 f. universidad nacional [estatal]. ▶国立公園 m. parque nacional.

こくりゅうこう 黒龍江(省) f. provincia de Heilongjiang (☆中国東北部の省).

こくりょく 国力 f. potencia [m. poder, m. poderío] del país; (経済力) f. riqueza nacional. ▶国力をつける v. desarrollar la fortaleza del país.

こくるい 穀類 m. cereal.

こくれん 国連 fpl. Naciones Unidas, 《フォーマル》 la Organización de las Naciones Unidas, 《略》 la ONU (☆発音は [ónu]). ▶国連安全保障理事会 m. Consejo de Seguridad de las Naciones Unidas. ▶国連加盟国 m. (país) miembro de las Naciones Unidas. ▶国連憲章 f. Carta de las Naciones Unidas. ▶国連事務局 m. secretariado de las Naciones Unidas. ▶国連事務総長 m. Secretario General de las Naciones Unidas. ▶国連総会 f. Asamblea General de las Naciones Unidas. ▶国連大学 f. Universidad de las Naciones Unidas, 《略》 la UNU. ▶メキシコの国連大使 m. embajador mexicano en [ante] las Naciones Unidas. ▶国連本部 f. Sede de「las Naciones Unidas [la ONU]. ▶

国連の日本代表 *mf.* representante japonés en [ante] las Naciones Unidas. ▶**国連に加盟[を脱退]する** *v.* ¹adherirse* a [²abandonar] la ONU. ▶**国連は1945年10月24日に創立された** La ONU se fundó el 24 de octubre de 1945.

ごくろう ご苦労 ▶**ご苦労さま** Muchas gracias (por todo lo que ha hecho).

こくろん 国論 *f.* opinión pública. → 世論. ▶**国論を統一する** *v.* unir a la opinión pública. ▶**国論を二分する大問題** *m.* gran problema que divide a la opinión pública.

こけ 苔 *m.* musgo. ▶**コケむした¹庭 [²細道]** ¹*m.* jardín [² *m.* sendero] (cubierto) de musgo. ♦**岩にコケがはえた** La piedra está cubierta de musgo.

こけい 固形 *m.* (cuerpo) sólido. ▶**固形燃料** *m.* combustible sólido. ▶**固形食** *mpl.* alimentos sólidos.

ごけい 互恵 ▶**互恵の** *adj.* recíproco. ▶**互恵主義** *f.* reciprocidad. ▶**互恵条約** *m.* tratado [*m.* pacto, *m.* convenio] recíproco. ▶**互恵通商協定を結ぶ** *v.* establecer* acuerdos recíprocos de comercio.

こけおどし (底の見えすいた脅し) *f.* falsa amenaza, *m.* farol, *f.* farolada, *f.* bravuconada; (派手だが実質のないもの) (口語) *f.* pura fachada.

こげくさい 焦げ臭い ▶**焦げ臭いにおい** *m.* olor a quemado. ♦**何か焦げ臭いぞ** Huele a quemado.

こけこっこう (鳴き声) *f.* quiquiriquí (del gallo). ▶**以前はこけこっこうの声を朝あちこちで聞いたものだ** Antes por la mañana se oía「por todas partes el quiquiriquí [cantar a los gallos de la vecindad].

こけし "kokeshi", (説明的に) *f.* muñeca japonesa hecha de madera.

こげちゃ 焦げ茶 *adj.* marrón, par*do*, castaño, café oscuro. ▶**焦げ茶色の靴** *mpl.* zapatos marrón oscuro.

こけつ 虎穴 ▶**虎穴に入らずんば虎児を得ず** (ことわざ) Quien no se aventura no pasa la mar. /(ことわざ) No se cogen truchas a bragas enjutas.

こげつく 焦げ付く ❶【焼けつく】*v.* quemarse (por haberse* pegado), (口語) agarrarse; (表面が) *v.* chamuscarse*. → 焦げる. ♦**このスープは焦げ付いている** Esta sopa se ha agarrado. ❷【貸し金などが回収不能になる】♦**貸した金が焦げ付いた** El préstamo es irrecuperable.

コケティッシュ ▶**コケティッシュな顔立ち [²目つき]** ¹*f.* cara [² *f.* mirada] coqueta.

こげめ 焦げ目 *f.* quemadura, *f.* parte quemada, *f.* marca de quemadura. ▶**焦げ目のついたトースト** *f.* tostada quemada [chamuscada]. ♦**テーブルの上に丸い焦げ目がついている** Hay un círculo quemado en la mesa.

コケモモ *m.* arándano.

こけらおとし 柿落とし *f.* inauguración de un teatro.

こける (ほおが) *v.* hundirse. ▶**ほおのこけた男** *m.* hombre con las mejillas hundidas.

こげる 焦げる *v.* quemarse; (表面が) *v.* chamuscarse*; (真っ黒に) *v.* socarrarse. ♦**肉が焦げた** Se ha quemado la carne. ♦**魚は焦げてかりかりになった** El pescado se ha achicharrado. ♦**あまりストーブに近づくとスカートが焦げますよ** Se te va a chamuscar la falda si te acercas demasiado a la estufa.

こけん 沽券 ▶**沽券にかかわる** *v.* rebajarse, 《フォーマル》desacreditarse.

ごけん 護憲 *f.* defensa [*f.* protección] de la Constitución. ▶**護憲派** *m.* grupo en defensa de la Constitución. ▶**護憲運動** *m.* campaña en defensa de la Constitución.

ごげん 語源 *m.* origen de una palabra, 《専門語》*f.* etimología. ▶**この単語の語源はスペイン語だ** El origen de esta palabra es español. /Esta palabra tiene origen español.

ここ ❶【場所】*adv.* aquí; (この場所) *adv.* acá, *m.* este lugar; (これ) *pron.* esto. ♦私は今ここ東京にいます** Ahora estoy aquí, en Tokio.

1《**ここは[が]**》*adv.* aquí, 《ラ米》acá; *m.* este sitio [lugar]. ♦**ここは大阪より暖かい** Aquí es más cálido que en Osaka. → こちら. 《会話》**ここはどこですか**(=私(たち)はどこにいるんです**) 一梅田です**¿Dónde estamos ahora? [¿Qué lugar es éste?] – Estamos en Umeda. ♦**ここ**(=この土地)**はどうも私の性に合いません** No sé pero no me gusta este lugar. / Hay algo aquí que no me gusta. ♦**ここが私の家です** Aquí es donde vivo. / Aquí está mi casa. /(ここが私の住んでいる所です)Aquí vivo. / Vivo aquí.

2《**ここに[へ, で]**》*adv.* aquí. ♦**君の時計はここにあります** Tu reloj está aquí. / Aquí está tu reloj. 《会話》**鉛筆はどこかなーここにあるよ**¿Dónde está el lápiz? – Aquí está [lo tienes]. ♦**彼はさっきまで(ちょうど)ここにいた** Estaba aquí hace un momento. ♦**なんだここにいたのか** ¡Ah! Estás aquí. Te estaba buscando por todas partes. ♦**ここにいる女性が彼の奥さんです**「La señora que está aquí [Esta señora] es su esposa. ♦**ここへ来なさい** Ven aquí, 《ラ米》acá. ♦**ここへは2時間に1本しか電車がない** Por aquí sólo pasa un tren cada dos horas. ♦**ここではたばこはご遠慮ください** No fume aquí, por favor. ♦**きのうここで彼に会った** Ayer le vi aquí. ♦(タクシーの運転手に)**ここで結構です**(=降ろしてください) Aquí está bien.

3《**ここから[より]**》*adv.* de [desde] aquí. ♦**ここから学校まで** *adv.* de aquí a la escuela. ♦**ここから出よう** Vámonos de aquí.

4《**ここまで**》*adv.* hasta aquí, con esto. ♦**赤ちゃんはここまで歩いた** El bebé caminó hasta

ここ Aquí. →ここ

ここ

aquí.

❷【この(時)点】*adv.* aquí, esto, ahora; en este punto [momento], en este lugar [sitio]. ♦ここは君の考えに賛成です En esto [este punto] estoy de acuerdo contigo. ♦ここで彼は二つの事を強調した Él puso aquí de relieve dos aspectos [puntos]. ♦ここまでは(＝今までのところ)万事うまく行った Hasta ahora [aquí] todo ha ido bien.

❸【期間】♦ここ3年間彼らは日本に住んでいる Han vivido en Japón en estos [los últimos] tres años. ♦ここ2,3日彼は学校を休みます Va a faltar a clase en estos [los próximos] dos o tres días. ♦ここまで(＝これほど)事態が悪化しているとは知らなかった No sabía que「las cosas estuvieran tan mal [la situación fuera tan mala]」. ♦ここだけの話だけど彼らのおしゃべりにはうんざりした「Entre nosotros [[ラ米] Aquí, entre nos]」「te confieso [Confidencialmente te diré] que su charla me aburrió. ♦ここという(＝重大な時にはだれもが彼を当てにした Todos lo [le] miraron en el momento crítico.

ここ 個々 ♦個々の *adj.* cada. ♦個々に *adv.* individualmente. ♦すべて個々の判断にまかせる *v.* dejar a juicio de cada uno; dejar que cada uno lo entienda como quiera.

ここ 古語 *m.* arcaísmo, *f.* palabra antigua, *m.* término desusado.

＊＊**ごご 午後(に)** *adv.* tarde, *f.* primera hora de la tarde. ➔ 午前. ♦午後2時(に) *adv.* a las dos de la tarde. ♦彼女は午後買い物に出かけた Por la tarde fue de compras. ♦午後遅く雨が降り出した Se puso a llover a media tarde. ♦私は5日土曜の午後は暇です Estaré libre (por) la tarde del sábado día 5. ➔ 午前. ♦¹今日 [²明日]の午後テニスをしよう ¡Vamos a jugar al tenis ¹esta tarde [²mañana por la tarde]!

ココア (飲物)*m.* chocolate, *f.* taza de chocolate; (実と木)*m.* cacao.

ここう 孤高 ♦孤高の人 *m.* iluminado, *f.* persona que vive en un mundo aparte de los demás.

ごこう 後光 *f.* aureola, (教養語)*m.* halo, *m.* nimbo. ♦仏像の頭に後光が射している Las imágenes budistas tienen una aureola en su cabeza.

こごえ 小声 (低い声)*f.* voz baja. ♦小声で話す *v.* hablar en voz baja; (ささやき声で)*v.* hablar con un susurro, susurrar.

こごえじに 凍え死に *f.* muerte de frío. ➔ 凍死. ♦凍え死にする *v.* morir* de frío.

こごえる 凍える *v.* helarse*, congelarse; aterirse, entumecerse*. ➔ 凍る. ♦彼は手が凍えないようにすり合わせて暖めた Se frotaba las manos para que no se le helaran.

ここく 故国 *f.* patria. ➔ 本国.

ここだけ ➔ここ♦ここだけの話にしてほしい Que no salga esto de ti. / Esto es un secreto.

ここち 心地 ➔心地よい. ♦心地のよい靴 *m.* calzado cómodo; *mpl.* zapatos cómodos. ♦このいすは座り心地がいい Esta silla es cómoda. ♦夢を見ているような心地がした Parecía un sueño. / Parecía que estaba soñando. / (自分の目を信じられなかった)No podía dar crédito a mis ojos. ♦当地に大きな地震が起きた時生きた心地がしなかった(＝死ぬかと思った) Cuando la tierra se puso a temblar tan fuerte, me sentí más muerto que vivo.

ここちよい 心地よい (心身をさわやかにする) *adj.* refrescante; (気持ちのよい) *adj.* agradable, grato; (身体をくつろがせる) *adj.* cómodo, confortable. ▶心地よい(＝こぢんまりして暖かい)部屋 *f.* habitación acogedora. ♦春の気候はとても心地よい El tiempo [clima] de la primavera es muy agradable. ♦そよ風が心地よく吹いていた Soplaba una brisa refrescante. ♦さらっとした布団が肌に心地よかった El tacto suave de la tela sobre la piel me resultaba grato.

こごと 小言 (年下・目下の者への叱(乢)責) *f.* reprimenda, *m.* reproche,《フォーマル》*f.* censura; (お説教)《口語》*m.* sermón; (不平) *f.* queja. ♦小言を言う(しかる) *v.* reprochar, (口語)regañar, (口語)echar (a ＋ 人) una reprimenda; (かみがみいう)*v.* regañar, reñir*; (不平を言う)*v.* quejarse (de). ♦彼女は仕事がまずいとペンキ屋に小言を言った Se quejó al pintor por el trabajo tan deficiente. / Le reprochó al pintor su deficiente trabajo.

ココナッツ *m.* coco.

ここのか 九日 ♦九日間 *adv.* (durante) nueve días. ♦5月9日に *adv.* el 9 de mayo.

ここのつ 九つ nueve. ♦九つ目の *adj.* noveno/na. ➔ 三つ.

＊＊**こころ 心** *m.* corazón; *f.* alma, *m.* espíritu; (感情) *mpl.* sentimientos; (意志) *f.* voluntad.

1《心が[は]》♦心が動く(したい気持ちがする) *v.* sentir* deseo de,《口語》tener* ganas de (＋不定詞); sentirse* inclinado a (＋不定詞); (感動する)*v.* estar* conmovido (por ＋ 名詞); (興味を持つ)*v.* estar* interesado (en, por ＋ 名詞・不定詞). ♦心が変わる *v.* cambiar de opinión [parecer*]. ♦心が落ち着く *v.* sentirse* tranquilo, estar* sereno. ♦心は(＝根は)優しい *v.* tener* buen corazón, ser* bondadoso en el fondo. ♦君は向上しようとする心がない No tienes propósito de superarte. ♦期待で心が躍った Mi corazón saltaba de impaciencia. ♦彼はその知らせで心が痛んだ Su corazón se afligió con las noticias. / Las noticias lo [le] afligieron. ♦彼の心が見抜けない No puedo leer su alma. / Su corazón me resulta impenetrable. ♦そんなことをするとは君には心がないからか No tienes alma [corazón] por hacer una cosa así. / ¡Eres un/una desalmado/da por hacer algo así! ♦行くかとどまるかで彼の心は揺れた Su corazón vacilaba entre irse y quedarse. ♦木を見ると心がなごんだ Mi espíritu se consolaba viendo los árboles. ♦彼らは心が通い合っている(＝互いに理解し合っている) Hay armonía entre ellos. / Sus corazones están compenetrados. /《口語》Se entienden a las mil maravillas.

2 《心の》 ▶心の優しい人 *f.* persona afectuosa [cariñosa, generosa, caritativa]. ▶心の広い[狭い]人 *f.* persona ¹de gran corazón [¹abierta, ¹《教養高》magnánima; ²miserable, ²ruin]. ▶心の友 *mf.* amigo/ga íntimo/ma. ▶心の平和 *f.* paz espiritual. ▶心のケア *f.* atención mental. ▶心の糧 *m.* alimento del espíritu. ▶心の中で *adv.* en el corazón. ▶心のおもむくままに *adv.* como「usted guste[《フォーマル》a usted le plazca]. ▶心のこもった贈り物 *m.* regalo ofrecido de todo corazón. ▶心の準備を *prepararse 《para》. ▶心の底から *adv.* del fondo del corazón, desde lo más profundo [《文語》recóndito] del corazón. ▶彼女は心の暖かい人だ Tiene buen corazón. / Es una persona bondadosa. ▶彼女はのきれいな人だ Tiene un alma pura. / Su corazón es puro. ♦目は心の窓と言われている Dicen que los ojos son las ventanas del alma.

3 《心に》 ▶それを心に留める *v.* guardar「en el corazón [dentro de sí]. ▶都会の生活を心に描く *v.* imaginarse [figurarse] la vida de la ciudad. ▶亡き母の思い出を心に抱く *v.* guardar como un tesoro el recuerdo de la madre fallecida. ▶私の心にかなった部屋 *m.* cuarto de mi gusto [agrado]. ♦よい考えが心に浮かんだ「Se me ha ocurrido [Me ha venido] una buena idea. / ¡Qué idea tan buena se me ha ocurrido! ♦彼の言葉が私の心に重くのしかかった Sus palabras se me quedaron grabadas en el corazón. ♦心にかかっている事は何でしょうか ¿Qué es lo que está pasando por tu corazón? ♦心にかけてくださってありがとうございます Gracias por pensar en nosotros. ♦彼女は教師になろうと固く心に決めている Ha puesto toda su alma en hacerse profesora.

4 《心を》 ▶心を尽くす *v.* esforzarse* al máximo. ▶心を決める *v.* decidirse 《por》. ▶心を入れ替える（行ないを悔い改める）*v.* enmendarse*, reformarse, corregirse*；（新しい出発をする）*v.* empezar* de nuevo；（改心して生活を一新する）*v.* 《口語》pasar la página. ▶彼女の心をつかむ *v.* conquistarla, 《強調して》robarle el corazón. ▶彼に心を打ち明ける *v.* abrirle* el corazón [pecho]. ▶彼のことで心を悩ます *v.* estar* preocupado por él. ▶心を鬼にする *v.* cerrar* el corazón 《a su ruego》. ▶心を奪われる（魅了される）*v.* estar* encantado [cautivado, fascinado] 《con, por》；（没頭する）*v.* estar* absorbido [absorto] 《en, por》. ♦もっと心を込めて仕事をやりなさい Debes poner más alma en el trabajo. ♦彼の話が彼らの心を打った Los [Les] conmovió lo que dijo. ♦その知らせに私は心をひどく痛めた El corazón se me hundió al enterarme de esa noticia. / La noticia me afligió [entristeció mucho]. ♦ラフカディオ・ハーンは日本の心を理解した Lafcadio Hearn comprendió el alma de Japón.

5 《心から》 ▶心から彼を歓迎する *v.* darle* una bienvenida cordial, recibirlo[le] de todo corazón. ▶彼女に心からの感謝の手紙を書く *v.* escribirle* a ella una sincera carta de agradecimiento. ▶心から憎む *v.* odiar 《a＋人》con toda el alma. ♦君には心から感謝しています Te lo agradezco de todo corazón. / (たいへん感謝している)Te estoy profundamente [《口語》infinitamente] agradecido. ♦快適な旅になるよう心からお祈りしています Le deseo de todo corazón un feliz viaje. ♦心から愛しています Te quiero con toda el alma. / Te amo de todo corazón.

《その他の表現》 ▶みんなで心（＝力）を合わせてその仕事をやり遂げなければならない Hay que realizar ese trabajo uniendo nuestras fuerzas. ♦彼女は時々心にもないことを言う A veces dice lo que su corazón no siente. ♦彼は試験にパスするために身も心も打ち込んだ Ha puesto cuerpo y alma en aprobar los exámenes.

☞心, 精神

こころあたり 心当たり (見当) *f.* idea；(手がかり) *f.* pista. ▶心当たりの場所を捜す *v.* buscar* en todos los lugares imaginables. ♦だれが私に電話をしてきたのか心当たりはありませんか ¿No tienes idea de quién pudo haberme llamado por teléfono? 《金繁》手伝ってくれる人はだれかいますか―3人ほど心当たりがあります（＝心に決めている）¿Tienes idea de quién va a ayudarte? – Tengo tres en mente. [Se me ocurren tres personas.]

こころいき 心意気 (気迫) *f.* energía, *m.* espíritu；(決意) *f.* determinación；(積極性) *f.* seguridad. ▶心意気に打たれる *v.* estar* impresionado por su tremenda energía.

こころえ 心得 (知識) *m.* conocimiento；*f.* advertencia；(規則) *fpl.* reglas；*m.* reglamento. ▶従業員心得 *m.* reglamento de los empleados. ▶休暇中の心得（＝過ごし方）*fpl.* advertencias sobre las vacaciones. ▶心得顔で話す *v.* hablar con aire de entendido [saber*]. ▶多少医学の心得がある（＝訓練を受けた）ボランティア *mf.* voluntario/ria con ciertos conocimientos médicos. ▶彼は多少ドイツ語の心得がある Tiene algunos conocimientos de alemán. / Sabe algo de alemán. ➡知識. ♦「おれだって多少の心得があるのだ」と彼は言った "Yo sé alguna que otra cosa", dijo. ♦そんな行動をとるなんて心得違いもはなはだしい Te has equivocado por completo por haber hecho algo así. ➡間違う.

こころえる 心得る (知っている) *v.* saber*；(承知している) *v.* comprender, entender*；(気づく) *v.* darse* cuenta 《de》；(見なす) *v.* considerar 《como》, tener* 《en》. ▶その政治家は聴衆を引きつけるすべを心得ている Ese político sabe「la manera de [cómo] atraer a sus oyentes. ▶彼女は茶の湯についてはいちおう心得ている Sabe mucho de la ceremonia del té. ▶学校を何だと心得ているのか ¿Para qué tomas clase? ➡見なす.

こころおきなく 心置きなく ▶これで心置きなく仕事に専念できる Ahora puedo dedicar toda mi energía al trabajo「sin preocuparme de nada [libre de cuidados].

こころがけ 心掛け (態度) f. actitud mental; (注意) f. atención, m. cuidado. ♦彼は心がけがいい Es un hombre con buena voluntad. ♦老人に席を譲るとはいい心がけだ Ha sido muy amable cediendo el asiento a una persona mayor. 【会話】規則正しい生活をするようにしています—それはよい心がけです Estoy tratando de tener un horario regular. – Es una buena [prudente] actitud. ♦よく遅刻するのは心がけが悪いからだ Llegas muchas veces tarde porque no tienes cuidado.

こころがける 心掛ける (努力する) v. intentar [《フォーマル》procurar, tratar de]《+不定詞》(留意する) v. tener* cuidado (de), tener* 「en cuenta [presente]; (志す) v. tener* la idea (de), pensar*《+不定詞》. ♦遅刻しないよう心がけなさい 「Trata de [Intenta no] llegar tarde.

こころがまえ 心構え ♦(新しい仕事に対して)心構えをする v. mentalizarse* (para el nuevo trabajo). → 覚悟. ♦私はそれに対して心構えができていなかった No estaba preparado para eso. ☞ 覚悟, 気構え, 態度

こころがわり 心変わり m. cambio de idea [opinión]; (裏切り) f. traición. ♦心変わりする (気が変わる) v. cambiar de idea; (裏切る) v. traicionar.

こころくばり 心配り f. consideración, f. atención. ♦心配りを示す v. mostrar* consideración (hacia, por). ♦彼の心配りに感謝した Le agradecí que fuera tan considerado.

こころぐるしい 心苦しい ♦君にそこまでしてもらって心苦しい (= 良心が痛む) Me remuerde la conciencia que te molestes tanto por mí. ♦お言葉に甘えるようで心苦しいのですが… No me gusta abusar de su palabra, pero…

こころざし 志 ❶ [志] (意志); (意向) m. deseo; (意図) f. intención; (決意) f. resolución; (大望) f. ambición, f. aspiración; (目標) m. objetivo. ♦志を遂げる v. lograr el objetivo (de); ♦政治家になろうと志を立てる v. tomar la resolución de hacerse* estadista [político/ca]. ♦両親の志を継いで医者になった 「Cumplí la aspiración de mis padres y [Siguiendo la voluntad de mis padres,] me hice médico.

❷【好意】(親切な行為) f. amabilidad; (贈り物) m. regalo [《フォーマル》obsequio]. ♦お志ありがとうございます Le agradezco sinceramente su amabilidad. ♦これはほんの志です Es un pequeño regalo. / (感謝の印です) Es una pequeña muestra de mi agradecimiento.

こころざす 志す (意図する) v. 「tener* la intención [tratar] (de); (目指す) v. proponerse*《+ 不定詞》; (大望を抱く) v. aspirar《a》, tener* 「la ambición [ambición]《de》; (決心する) v. decidirse 《por》, tomar la resolución (de); (したいことを心に決める) v. poner* las esperanzas 《en》. ♦若いころ私は政治家を志した De joven, tenía la ambición de ser político.

こころづかい 心遣い (思いやり) f. consideración [f. atención]《hacia, por, con》; (気遣い, 心配) m. interés. ♦お心遣いありがとう Es usted muy considerado [atento]. / Muchas gracias por su consideración [atención].

こころづくし 心尽くし (親切心) f. amabilidad; (行為) f. amabilidad; (思いやり) f. consideración, f. atención. ♦心尽くしのもてなし f. cordial hospitalidad. ♦客への心尽くしの手料理 m. plato ofrecido cordialmente「al invitado [a la invitada]. ♦彼の心尽くしに感謝する v. agradecerle* 「su amabilidad [《教養語》su gentileza, sus atenciones].

こころづけ 心付け f. propina, 《教養語》f. gratificación → チップ; (クリスマスの) m. aguinaldo. ♦心付けをする v. dar*《a + 人》una propina.

こころよい 心強い (安心させるような) adj. tranquilizador; (勇気づける) adj. estimulante; (元気づける) adj. alentador. ♦心強い便り fpl. noticias alentadoras. ♦彼の言葉を聞いて心強く思った Sus palabras me tranquilizaron [《フォーマル》infundieron confianza].

こころない 心ない (残酷な) adj. cruel; (思いやりのない) adj. desconsiderado; (思慮のない) adj. desconsiderado, imprudente. ♦心ない言葉 fpl. palabras imprudentes [desconsideradas, irreflexivas,《強調して》crueles].

こころならずも 心ならずも (意志に反して) adv. contra (su) voluntad; (いやいやながら) adv. de mala gana,《強調して》a regañadientes; (不本意に) adv. a disgusto; (思わず) adv. a pesar de sí mismo. ♦彼は心ならずもその娘と結婚した Se casó con la joven「contra su voluntad [de mala gana]. ♦私は心ならずも吹き出してしまった Me eché a reír a mi pesar.

こころにくい 心憎い ♦心憎い (= 驚くほどの) 演出効果 mpl. efectos escénicos sorprendentes [increíbles]. ♦彼の心憎いばかり (= みごとなほど) の配慮 f. su admirable [increíble] consideración. ♦心憎いほど (= 腹立たしいほど) 落ち着いている v. ser* desesperadamente lento.

こころのこり 心残り (残念) m. pesar; m. sentimiento. ♦何も心残りはない No「lo siento [me pesa]. / No tengo pesar. ♦彼女は子供と別れるのが心残りだった Le pesaba separarse de su hijo.

こころぼそい 心細い (寂しい) adj. solitario; (不安な) adj. intranquilo. ♦こんなところで一人で暮らしていて心細くないのですか ¿No te sientes intranquilo viviendo aquí solo?

こころまち 心待ち ♦心待ちをする v. esperar con ilusión. → 楽しみ. ♦彼が帰るのを心待ちにしている v. esperar su regreso con ilusión; (待ちかねている) v. esperar con impaciencia a que vuelva,《口語》morirse* de impaciencia por su regreso.

こころみ 試み (努力) f. prueba, m. intento (→ 試みる); (試験) m. prueba; (実験) m. experimento. → 実験. ♦試みに adv. de prueba. → 試しに. ♦彼は3度目の試みで成功した Lo consiguió al tercer intento.

こころみる 試みる v. intentar, probar*, ensayar, realizar* 「una tentativa [《フォーマル》un ensayo]. ♦懸命に試みる v. intentar seriamente. ▶その方法を3度試みる v. intentar [probar*] ese método tres veces, hacer* [《フォーマル》realizar*] tres tentativas con ese método. ▶囚人たちは脱走を試みた Los prisioneros realizaron「un intento [una intentona] de fuga. ☞挑む,企てる,御覧,挑戦する

こころもち 心持ち ❶《幾分》 adv. ligeramente, algo, más bien;《少し》 adv. poco. → 幾らか.
❷《気持ち》 m. sentimiento. → 気持ち.

こころもとない 心許ない 《不安な》 adj. intranquilo;《頼りない》 adj. inseguro, 《不安定な》 adj. inestable,《教養語》 precario. ▶将来が心許ない v. sentirse* inseguro sobre el futuro. ♦その仕事を彼にまかせるのは心許ない No se le puede confiar el trabajo.

こころやすい 心安い adj. afable, amistoso. ▶心安い(=親しい)友人 amigo/ga íntimo/ma. ▶心安くなる v. intimar《con》, hacerse* amigo/ga íntimo/ma《de》. ♦彼なら心安く(=遠慮せずに)何でも頼める Le puedo pedir cualquier cosa sin reserva.

こころゆくまで 心ゆくまで adv. a (su) gusto. ▶私たちはその計画について心ゆくまで話し合った Hablamos a nuestro gusto del plan. ／ Hablamos sobre ese proyecto todo lo que quisimos.

こころよい 快い 《人を満足させる》 adj. agradable, grato, ameno;《そう快な》 adj. refrescante;《甘い》 adj. dulce. ▶快い涼しいそよ風 f. suave y refrescante brisa. ▶快いフルートの調べ mpl. dulces tonos de una flauta. ♦虫の音が耳に快かった El canto de los insectos era「agradable de oír [《教養語》grato al oído].

こころよく 快く 《自ら進んで》 adv. de buen grado, de buena gana;《相手の意を汲んで》 adv. con buena voluntad;《喜んで》 adv. con gusto. ▶快く彼にお金を貸す v. prestarle dinero de buen grado. ♦彼はこの案を快く承諾してくれた Aceptó este plan de buena gana. ♦快くご援助いたします Te ayudaré con mucho gusto. ♦彼は私のことを快く思っていないらしい Parece estar disgustado conmigo. ☞進んで,積極的.

ここん 古今 ▶古今の文学 f. literatura「antigua y moderna [de todos los tiempos]. ▶古今を通じて最大の政治家 el/la mayor estadista de todos los tiempos. ▶古今東西の英雄 mpl. héroes universales de todos los tiempos. ♦これは古今未曾有(ぞう)の大工事です Esta es la mayor construcción jamás emprendida.

ごさ 誤差 m. error. ▶¹プラス [²マイナス]の誤差 mpl. errores ¹positivos [²negativos].

ござ estera.

ごさい 後妻 ▶後妻をもらう v. casarse por segunda vez, 《フォーマル》 contraer* matrimonio en segundas nupcias.

こざいく 小細工 f. treta sucia, f. artimaña (sucia). ▶小細工を弄(ろう)する v. emplear sucias artimañas.

こざかしい 小賢しい adj. sabihondo. ▶小賢しい奴 mf. sabihondo/da, mf. sabidillo/lla, 《口語》 m. don sabelotodo, 《口語》 m. listo. ▶小賢しい口のきき方をする v. hablar como un sabihondo [《口語》m. sabelotodo].

こさく 小作 m. arrendamiento, m. alquiler de tierras. ▶小作制度 (m. sistema de) m. arrendamiento. ▶小作人 mf. arrendatario/ria. ▶小作する v. tener* la tierra en arriendo [alquiler].

こざっぱり (きちんとした) adj. aseado, limpio, 《教養語》 pulcro;《きれいな》 adj. aseado. ▶こざっぱりした服装をしている v. ir* vestido con aseo, vestirse* con sencillez y aseo.

こさめ 小雨 f. llovizna, m. chispeo. → 小降り. ♦小雨が降っている Está lloviznando [chispeando].

こさん 古参 (古顔) mf. veterano/na.

ごさん 誤算 m. error de cálculo, f. equivocación, m. fallo. ▶誤算する v. calcular mal, equivocarse*. ♦それは私の大きな誤算でした Ha sido una grave equivocación mía. ／ Me he equivocado gravemente en eso. ♦彼があんなふうに反応するとは誤算だった Calculé mal su reacción.

*__こし__ 腰 (胴体のくびれた部分) f. cintura;《女性の》 m. talle; (ヒップ, 尻) f. cadera; (背中の方の)《口語》 mpl. riñones, 《フォーマル》 f. zona lumbar. ♦彼は腰まである流れの中を歩いた Anduvo por la corriente con el agua hasta la cintura.

1《～腰》¹ほっそりした [²太い]腰 f. cintura ¹esbelta [²gruesa]. ▶くびれた細い腰をしている v. tener* una cintura esbelta [《口語》de avispa].

2《腰が》 ♦彼は腰が細いのでズボンが落ちそうになる Tiene tan poca cintura que parece que se le van a caer los pantalones. ♦ベンチに長い間座っていたら腰が痛くなった Me duelen los riñones de estar sentado tanto tiempo en el banco. ♦その老人は年で腰が曲がっている El anciano está encorvado por「la edad [los años].

3《腰の》 ▶腰の細い女の子 f. joven「con buen talle [de cintura esbelta].

4《腰に》 ♦彼女は両手を腰に当てて立っていた Estaba de pie「en jarras [con las manos en la caderas].

5《腰を》 ♦彼は腰を浮かして(=半ば立ち上がって)私の方へ(握手のために)手を伸ばした Se levantó a medias y me tendió la mano. ♦彼はよりよく出るように腰を落としてかまえた Se agachó ligeramente para tomar más fuerza. ♦彼はソファの上にどすんと腰を下ろした Se sentó pesadamente en el sofá. ♦彼は腰をかがめて来賓の前を通った Pasó ante los invitados de honor inclinándose ante ellos. ♦そのおばあさんは腰を曲げて歩く La anciana camina encorvada.

《その他の表現》 ▶重い腰をあげて(=しぶしぶ)出かける v. salir* de mala gana, irse* con desgana. ▶腰が重い(=なかなか行動しない) v. actuar* con lentitud, 《口語》 ser* parado*. ▶腰が軽い(=進んで行動する) v. estar* preparado [listo] para actuar*;《軽率に行動する》 v. actuar* con presteza. ▶腰が低い(控えめだ) v.

ser* mode*sto* [humilde], tener* modestia; (礼儀正しい) v. ser* educa*do* [cortés]. ▶話の腰を折る v. cortar (a＋人) la palabra, interrumpir (a＋人). ◆彼は腰を抜かした (＝立てなくなった) Las rodillas se le doblaban. / (ひどく驚いた) El miedo lo [le] tenía paralizado. ◆彼はどこに勤めても腰が落ち着かない Nunca se queda mucho en un lugar [trabajo]. / 『スペイン』《俗語》 Es un culo de mal asiento. ◆君は腰をすえてその仕事にとりかかりなさい Concéntrate en tu trabajo. / (打ち込みなさい) Tienes que concentrarte en el trabajo. ◆税制改革も腰をくだけに終わった La reforma fiscal se ha 「venido abajo [desplomada].

こじ 誇示 ▶軍事力を誇示する v.「hacer* un alarde de [desplegar* el] poderío militar.

こじ 孤児 *mf.* huérfa*no/na.* ▶戦争孤児 *mf.* huérfa*no/na* de guerra. ▶孤児院 *m.* orfanato, 『メキシコ』*m.* orfanatorio, *m.* hospicio. ▶孤児になる v. quedar huérfano.

こじ 故事 (言い伝え) *f.* leyenda; (起源) *m.* origen. ▶故事来歴 la leyenda y la historia, lo legendario y lo histórico.

こじ 固持 ▶自説を固持する v.「mantenerse* firme [persistir, insistir] en su opinión. ▶自己の方針を固持する v. mantenerse* en (sus) principios.

こじ 固辞 ▶固辞する v. rechazar* (la oferta) firmemente [rotundamente].

-ごし -越し ❶《場所》▶新聞越しに彼をのぞき見る v. mirarlo [le] por encima del periódico. ◆垣根越しに隣の庭が見える Veo el jardín del vecino「por el [a través del, por encima del] seto. ❷《時》◆彼とは10年越しの付き合いだ Hace 10 años que nos conocemos.

ごじ 誤字 (誤った文字) *f.* letra「mal escrita [equivocada]; (誤植) *f.* errata. ▶誤字だらけの作文 *f.* redacción llena [《強調して》plagada] de「letras mal escritas [erratas].

こじあける こじ開ける v. forzar* (una puerta), abrir* por la fuerza; (針金などで錠を) v. forzar*「una cerradura [un cierre]. ▶ピンで鍵をこじ開ける v. forzar* una cerradura con un gancho [pasador].

こしかけ 腰掛け *m.* taburete, *m.* banco. → 椅子. ▶腰かけ仕事 *m.* trabajo temporal, *m.* empleo transitorio.

こしかける 腰掛ける v. sentarse*, 《フォーマル》tomar asiento. → 座る.

こしき 古式 ▶古式ゆかしく(伝統的な慣習[儀式]にのっとって) *adv.* según la tradicional costumbre; (伝統的な優雅なやり方で) *adv.* con la gracia del rito tradicional, al modo antiguo y elegante.

こじき 乞食 (人) *mf.* mendi*go/ga*, 『メキシコ』*mf.* limose*ro/ra*, 《軽蔑的に》*mf.* pordiose*ro/ra*, (行為) *f.* mendicidad. ▶乞食根性 *m.* espíritu ruin [《教養語》vil]. ▶乞食をする v. mendigar*, vivir de la limosna [caridad], 《軽蔑的に》pordiosear.

ごしごし ▶ごしごしこする v. frotar (con fuerza), restregar*. ▶両手をごしごし洗う v. frotarse las manos. ◆彼女は床のしみをごしごしこすって取った Quitó una mancha del suelo restregando.

こしたんたん 虎視眈々 ▶虎視眈々と *adv.* al acecho como un águila. ▶虎視眈々と機会をねらっている v. estar* al acecho de una ocasión 《para》.

こしつ 固執 (しつこさ) *f.* firmeza; (固守) *f.* obstinación; (主張) *f.* insistencia. ▶固執する v.「mantenerse* firme [《教養語》persistir] 《en》; (固守する) v. 《やや軽蔑的に》obstinarse 《en》; aferrarse 《a》; (言い張る) v. insistir 《en》. ◆彼は自説に固執する「Se mantiene firme [Insiste] en su opinión.

こしつ 個室 *f.* habitación propia; (病院などの) *m.* cuarto individual [privado].

ごじつ 後日 ▶後日談(続きの話) *fpl.* consecuencias [*f.* secuela, 《口語》*f.* cola] (de una historia). ◆後日それをあなたに説明いたしましょう Te lo explicaré otro día.

ゴシック *adj.* gótico. ▶ゴシック建築 *f.* arquitectura gótica. ▶ゴシック体(活字) *f.* letra gótica.

こじつけ (不自然な解釈) *f.* mala interpretación, *f.* tergiversación; (無関係なものを結びつけること) *pron.* algo que no encaja [cuadra], *f.* deformación.

こじつける (むりな解釈をする) v. tergiversar (el significado de una palabra). ◆彼の話にはちょっとむりにこじつけたところがある En lo que dice hay cosas que no encajan. / Hay tergiversaciones en su historia.

ゴシップ *m.* chisme, *f.* murmuración. → 噂(うわさ), スキャンダル. ▶ゴシップ好きの人 *mf.* chismo*so/sa*, *f.* persona murmuradora. ▶ゴシップ欄 *mpl.* ecos de sociedad. ◆彼らはゴシップの種になっている La gente murmura [《口語》cuenta cosas, dice cosas] de ellos.

ごじっぽひゃっぽ 五十歩百歩 →大差. ◆君の案もよくないが彼の案も五十歩百歩だ Tu idea es mala pero la suya es más o menos igual.

こしぬけ 腰抜け (臆病者) *mf.* cobarde; (気力のない人) *f.* persona débil, 《教養語》*mf.* pusilánime.

こしゅ 固守 ▶自陣を固守する v. defender* tercamente su posición. ▶古い規則を固守する v. aferrarse a las viejas reglas ☞固執, 貫く

こしゅう 固執 →固執(こしつ).

ごじゅう 五十 *f.* cincuenta; (50番目の) *adj.* cincuenta, 《教養語》quincuagésimo. → 二十. ▶50年前 *adv.* hace 50 años; hace medio siglo. ◆彼は50↑過ぎ [²前; ³前後]だ Tiene ¹más [²menos; ³alrededor] de cincuenta años.

ごじゅうそう 五重奏 *m.* quinteto.

こじゅうと 小舅 *m.* cuñado, 《フォーマル》*m.* hermano político.

こじゅうと(め) 小姑 *f.* cuñada, 《フォーマル》*f.* hermana política.

ごじゅうのとう 五重の塔 *f.* pagoda de cinco pisos.

こしょ 古書 (古い本) *m.* libro viejo [《フォーマル》antiguo]; (古本) *m.* libro usado [de segun-

da mano]. ♦古書店 f. librería de viejo.
ごしょ 御所　"gosho",《(説明的に)》m. antiguo palacio imperial. → 皇居.
__こしょう__ 故障（機械・身体などの）m. problema;（機械・車などの突然の）f. avería;（機能停止）m. fallo. ♦故障車 m. coche [《フォーマル》 m. automóvil] averiado. ♦エンジンが故障を起こす v. averiarse el motor. ♦故障の原因を突きとめる v. encontrar* la causa de la avería. ♦燃料系統に故障がある La avería está en la línea de combustible. ♦バスの故障で学校に遅れた Llegué tarde a clase a causa de una avería del autobús. / Como el autobús se averió llegué a clase tarde.

地域差	故障（自動車の）
[スペイン]	f. avería
[キューバ]	f. avería
[メキシコ]	f. descompostura, f. falla
[ペルー]	m. desperfecto
[コロンビア]	f. avería
[アルゼンチン]	f. descompostura, f. falla

── 故障する v. no funcionar [《口語》andar*];（車・機械などが）v. averiarse*, tener* una avería. ♦エアコンが故障した Se ha averiado el aire acondicionado. ♦故障中《掲示》No funciona. / Averiado. ♦自動車が突然故障した De repente el coche se averió. ♦この時計は故障している（＝こわれている）Este reloj está averiado. / Este reloj no funciona [《口語》anda]. ♦この機械は故障してばかりいる Esta máquina no hace más que averiarse. ♦彼がどうやってあなたに知らせられたっていうのよ. あなたの電話は故障してたのよ ¿Cómo podía él avisarte si tu teléfono no funcionaba?
こしょう 胡椒　f. pimienta;（木）m. pimiento. ♦コショウ入れ m. pimentero. ♦コショウひき m. molinillo de pimienta. ♦スープにコショウを入れる v. echar pimienta a la sopa.
ごしょう 後生　❶【作る】v. ここにいてくれ ¡Quédate aquí, por (amor de) Dios! ♦彼女は彼からのラブレターを後生大事にしまっている Guarda como un tesoro su carta de amor.
ごじょかい 互助会　f. mutualidad, f. sociedad [f. asociación] de socorros mutuos.
ごしょく 誤植　m. error de imprenta [tipográfico], f. errata. ♦誤植を直す v. corregir* las erratas. ♦この本には数か所誤植がある En este libro hay algunas erratas. ☞ 誤記, 誤字
こしょくそうぜん 古色蒼然　♦古色蒼然とした寺 m. templo antiquísimo [muy antiguo,《教養語》vetusto].
こしらえる 拵える　❶【作る】v. hacer*. → 作[造]る. ♦洋服を2着こしらえてもらった Me hicieron dos trajes.
❷【建てる】v. construir*,《フォーマル》edificar*. ♦彼らはあの大きな川に鉄橋をこしらえた Construyeron un puente de hierro sobre ese gran río.
❸【準備する】v. preparar. ♦朝食をこしらえる v. preparar el desayuno.
❹【でっち上げる】v. inventar,《口語》buscarse*. ♦彼はもっともらしい口実をこしらえるのがうまい Se le da bien inventar [buscarse] excusas convincentes.
❺【化粧する】v. maquillarse. ♦俳優たちは顔をこしらえていた Los actores se estaban maquillando.
こじらせる（物事を）v. complicar*,《口語》enredar;（物事・病気を）v. empeorar, ponerse* [volverse*] peor. → 悪化. ♦彼は風邪をこじらせた Su resfriado「ha empeorado [se ha vuelto peor].
こじれる（物事が）v. complicarse*, hacerse* complicado [difícil], enredarse;（病気が）v. empeorar, ponerse* peor, agravarse. → こじらせる. ♦それではよけい話がこじれるだろう Eso empeorará las cosas.
__こじん__ 個人　m. individuo, m. particular. ♦個人差 fpl. diferencias individuales [personales]. ♦個人種目 f. prueba individual. ♦個人経営の病院 m. hospital privado. ♦個人タクシー m. taxi privado. ♦スペイン語の個人教授を受ける v. tomar clases particulares de español. ♦学生に個人面接をする v. entrevistarse con los estudiantes individualmente [uno por uno], tener entrevistas individuales con los alumnos. ♦社会は個人から成り立っている La comunidad está compuesta de individuos. ♦個人の権利を侵害してはいけない No se deben violar los derechos del individuo.
こじん 故人　mpl. difuntos, fpl. personas fallecidas,《教養語》mpl. finados. ♦故人となる v. morir*;《フォーマル》fallecer*.
ごしん 誤診　m. diagnóstico equivocado [erróneo]. ♦その子の病気をはしかと誤診する v. diagnosticarle* erróneamente sarampión「al niño enfermo [a la niña enferma].
ごしん 護身　f. autodefensa, f. propia defensa. ♦護身術 m. arte de autodefensa. ♦護身用の銃 f. arma (de fuego) para propia defensa.
こじんしゅぎ 個人主義　m. individualismo. ♦個人主義の adj. individualista. ♦個人主義者 mf. individualista.
こじんてき 個人的　♦個人的な(個人個人の) adj. individual;（個人に関する）adj. personal;（私的な）adj. particular, privado. ♦個人的に adv. individualmente; personalmente. ♦個人的な理由で仕事をやめる v. dejar el trabajo por razones personales. ♦これは私の個人的な意見です Ésta es mi opinión personal. ♦それは私の個人的なことです. あなたには関係ありません Eso es asunto mío, no tuyo. ♦彼を個人的に知っているわけではない No lo [le] conozco per-

古書市 Feria del libro de viejo. →古書

sonalmente. ◆個人的には，君の意見に賛成だ「En lo personal [Personalmente], estoy de acuerdo contigo.

こす 越[超]す ❶〖越える〗(越えて行く) v. cruzar*, pasar por encima de; (横切る) v. cruzar*, atravesar*; (通り越す) v. pasar, pasar delante《de》→越える; (困難などを乗り越える) v. vencer*, superar. ▶峠を越す v. pasar un puerto [puerto] (de montaña); (危機を) v. superar [vencer*, pasar] la crisis. →峠. ▶競争相手の先を越す(=より前を行く) v. adelantar a los rivales. ▶暑さも峠を越した Lo peor del calor ya ha pasado.
❷〖時を過ごす〗v. pasar. ▶山小屋で冬を越す v. pasar el invierno en un albergue de montaña.
❸〖超過する〗(数量などが超える) v. estar* por encima 《de》; (…より多い) v. ser* más《que, de》; (限度・程度を超える) v. exceder, superar 《a》; (まさる) v. ser* mejor 《que》; sobrepasar,〖フォーマル〗aventajar. → 超える. ▶それにこしたことはない No hay nada mejor que eso. / A eso no lo supera nada. ◆もちろん安いにこしたことはありません(=安ければ安いほどよい) Cuanto más barato mejor, naturalmente. ◆ここでは高価な宝石は身につけない方がいい。用心にこしたことはないからね(=絶対安全だということはありえない) No deberías llevar aquí joyas de valor. La prudencia nunca está de más.
❹〖引っ越す〗v. cambiarse, mudarse.

こす 漉す(濾す) (濾過などを通して) v. filtrar; (茶などで) v. colar*. ▶飲み水をこす v. filtrar agua potable.

こすい 湖水 m. lago, fpl. aguas de un lago.
こすい 狡い adj. astuto. → ずるい.
こずえ 梢 f. copa (de un árbol).
コスタ・デル・ソル Costa del Sol (☆スペイン南部, マラガの海岸線).
コスタリカ Costa Rica; (公式名) República de Costa Rica (☆中央アメリカの国, 首都サンホセ San José). ▶コスタリカ(人)の adj. costarricense.
コスチューム m. traje, m. disfraz. ▶ハロウィンのコスチュームを着て adv. en disfraz de Halloween.
コスト m. coste, m. costo; (費用) mpl. gastos. ▶生産コストを下げる v. reducir* los gastos de producción. ◆その計画はコストがかかりすぎる(=大金がかかる) Ese plan「cuesta mucho [supone muchos gastos].
コスモス m. cosmos.
コスモポリタン mf. cosmopolita.

こする 擦る (摩擦する) v. frotar; (ごしごしみがく) v. fregar*; (こすって落とす) v. restregar*. ▶手をこすって暖める v. frotarse las manos para calentarse*. ▶泥を靴からこすり落とす v. restregarse* los zapatos para quitarse el barro; quitarse el barro restregándose los zapatos. ▶棒をこすり合わせて火をおこす v. prender fuego frotando dos palos. ▶床をごしごしこすってきれいにする v. fregar* el suelo.

こせい 個性 (個人の全特質) f. personalidad; (他と異なる特徴) f. individualidad, m. carácter; (独創性) f. originalidad. ▶個性豊かな人 m. hombre [f. mujer] con mucha [fuerte, poderosa] personalidad. ▶非常に個性的な作品 m. trabajo「muy original [con mucha personalidad]. ▶個性が強い v. tener* una personalidad muy fuerte [poderosa]. ▶個性がある v. tener* personalidad [carácter]. ▶生徒一人一人の個性を伸ばす [²の尊重する]. v. ¹desarrollar [²respetar] la personalidad de cada estudiante. ▶個性を発揮できる仕事 m. trabajo en el que es posible reflejar la personalidad [originalidad]. ☞アイデンティティー, 主体, 独自

こせき 戸籍 m. registro civil. ▶戸籍¹謄本 [²抄本] ¹f. copia [²m. extracto] de (su) registro civil. ▶戸籍を調べる v. investigar el registro civil. ▶戸籍¹に入れる [²から抜く] v. ¹inscribirse* en el [²borrarse del] registro civil. ▶彼は戸籍上は私の息子ではない En el registro civil no está inscrito como hijo mío. / Oficialmente no es mi hijo.

こせこせ こせこせする v. preocuparse de cosas pequeñas; (口語) ahogarse* en un vaso de agua; poner* reparos a todo; ser* escrupuloso en exceso. ▶こせこせした態度で adv. poniendo reparos a todo. ▶彼はいつもこせこせしている Siempre se preocupa de cosas pequeñas. ◆彼はこせこせ何かやっている Tiene algo secreto entre manos. ◆その町の商人は取り引きがこせこせしている Los comerciantes de esa ciudad son mezquinos y con pocas miras.

こぜに 小銭 m. cambio,〖スペイン〗m. suelto,〖メキシコ〗f. feria; (硬貨) m. moneda. ▶小銭入れ m. monedero. ▶小銭をお持ちですか ¿Tiene usted cambio? ▶小銭がなくなってしまって電話がかけられない Me he quedado sin cambio y no puedo llamar por teléfono.

こぜりあい 小競り合い (小戦闘) f. refriega, f. escaramuza; (ちょっとした口論) f. pequeña discusión,〖フォーマル〗m. ligero altercado.

ごせん 互選 ▶議長を互選で決める(選挙で) v. elegir* al presidente「a votos [votando, por votación]; (話し合いで) v. elegir* al presidente deliberando.

*＊**ごぜん** 午前 f. mañana. ▶午前3時に adv. a las tres de la madrugada. ▶5月1日午前3時に adv. a las tres de la madrugada del 1 de mayo. ▶午前7時2分の京都行き電車に乗る v. tomar el tren de las 7:02 de la mañana para Kioto. ▶午前中は雨が激しく降った Toda la mañana estuvo lloviendo mucho. / Esta mañana ha estado lloviendo mucho. ▶私は土曜の午前中は外出しています「Los sábados [El sábado] por la mañana siempre estoy fuera. ◆彼は今日午前中に大阪を発った「Esta mañana [Hoy por la mañana] ha salido [partido] de Osaka.

ごせんし 五線紙 f. hoja「con pentagramas [pentagramada].

-こそ ❶〖意味を強める〗 ◆これこそ(=これはまさに)私が捜していたペンです Esta es precisamente la pluma que yo estaba buscando. ♦自分自身の子供をもってこそはじめて親の愛情がわかる Hasta que no tenemos nuestros propios hijos no apreciamos el amor de nuestros padres. ♦私こそ一言お礼を申さねばなりません Soy precisamente yo el/la que está agradecido/da. / Soy justamente yo quien debe decir gracias. 会話 座りなさい, 友子. 見えないわ—あなたこそ立ちなさいよ Tomoko, siéntate que no veo. – Eres tú el [la] que debe levantarse. 会話 口いっぱいほおばったままでしゃべらないで—じゃあ, あんたこそやめてよ No hables con la boca llena. –「Pues tú tampoco lo hagas. [口語] Y tú, ¿qué? ♦冬に雪があってこそ北海道だ (=冬に雪のない北海道なんて考えられない) No puedo imaginarme un Hokkaido sin nieve en invierno. ♦今度こそきっと全力を尽くそう Esta vez「seguro que [sí que] lo haré mejor.

❷【一応の肯定を表わす】(…だがしかし) conj. sino; (…であるけれども) conj. aunque. ♦彼は私をほめこそすれ, 決して笑わなかった No sólo no se rió de mí, sino que me elogió.

ごそう 護送 ▶囚人を護送する (=運ぶ) v. llevar [escoltar] prisioneros [presos] hasta la cárcel en un vehículo celular. ▶囚人護送車 m. furgón celular [de la policía].

こそく 姑息 ▶姑息な手段を取る v. tomar [recurrir a] una medida provisional.

ごそくろう 御足労 ▶御足労いただきありがとうございます Muchas gracias por haberse molestado en venir hasta aquí. ♦署まで御足労願えませんか ¿No le importa a usted acompañarme a la comisaría?

こそこそ (ひそかに) adv. en secreto, secretamente; (人目を忍んで) adv. a hurtadillas, 《教養語》furtivamente; (人の陰で) adv. a su(s) espalda(s), por (su) espalda. ♦こそこそささやく v. susurrar. ♦こそこそ(部屋から)出て行く v. escabullirse*, irse* furtivamente (de la sala). ♦彼はこそこそ何かやっている Está haciendo algo a mi(s) espalda(s).

ごそごそ ▶ごそごそ動く v. hacer* ruido. ♦暗やみで何かごそごそ動いた Algo hizo ruido en la oscuridad.

こそだて 子育て f. educación infantil [de los niños]. → 育児. ▶子育ての問題をかかえている v. tener* un problema de educación infantil. ♦子育ての話になると私たちはいつも意見が合わない Nunca estamos de acuerdo cuando hablamos de educación de nuestros hijos.

こぞって ▶その法案にこぞって (=一致して) 賛成する v. aprobar* 「por unanimidad [unánimemente] la proposición de ley. ♦一家こぞって (=家族全員が) そのパーティーに行った 「Toda la familia [《口語》La familia en bloque] fue a la fiesta.

こそどろ こそ泥 mf. ratero/ra, 《口語》mf. ladronzuelo/la. ☞賊, 盗賊, 泥棒

こそばゆい adj. cosquilloso. ♦ くすぐったい.

こたい 固体 m. (cuerpo) sólido. ▶固体の adj. sólido. ▶固体燃料 m. combustible sólido. ♦ドライアイスは固体から直接気体になる「El hielo seco [La nieve carbónica] pasa directamente de estado sólido a gaseoso.

こだい 古代 f. antigüedad, f. edad [f. época] antigua. ▶古代史 f. historia antigua. ▶古代人 mpl. antiguos, f. gente de la antigüedad. ▶古代エジプト人 mpl. antiguos egipcios. ▶古代文明 f. civilización antigua.

こだい 誇大 ▶誇大妄想(狂) f. manía de exagerar, 《教養語》 f. megalomanía. ▶誇大妄想患者 mf. exagerado/da, 《教養語》mf. megalómano/na. ▶誇大な (=誇張された)広告 m. anuncio exagerado. ▶誇大に表現する v. expresar con exageración.

ごたい 五体 ▶五体満足な (=健康で正常な)子 mf. niño/ña sano/na y normal.

ごだいこ 五大湖 mpl. Grandes Lagos.

*こたえ 答え (解答) f. respuesta; (計算などによる) f. solución; (返事) f. contestación, f. respuesta. ♦私にはその問題の答えが分からない「No sé cuál es [《教養語》Desconozco] la respuesta a esa pregunta. / No sé responder a esa pregunta. ♦その生徒の答えは間違っていた La respuesta del alumno「era incorrecta [no era buena]. / El alumno respondió mal. ♦ドアをノックしたが, 答えはなかった Llamé a la puerta, pero「no hubo [sin] respuesta. ♦それでは答えになっていない Ésa no es respuesta. / Esa respuesta no vale.

こたえる 答える v. contestar, responder; replicar*. ♦はっきりと答える v. dar* una respuesta definitiva, contestar definitivamente. ♦質問に答える v. contestar [responder] (a) una pregunta. → 答え. ♦彼は私の質問には答えなかった No me contestó. / No contestó [respondió] a mi pregunta. ♦彼はそれには何も答えなかった No contestó [respondió] a eso. ♦何と答えてよいか分からなかった No supe qué contestar. / Me quedé sin respuesta. ♦彼はそれを知っていると答えた Me contestó que lo sabía. / "Lo sé", respondió [contestó].

こたえる 応える ❶【痛感される】v. afectar, causar impresión; (つらい) v. doler*, tocar* en lo vivo, ser*「un golpe [muy duro] 《para》, (悪影響を及ぼす) v. pagar* un precio, 《口語》pasar factura. ♦父の言葉が胸にこたえた (=痛切に感じられた) Las palabras de mi padre me afectaron. ♦彼女の死は彼にはかなりこたえた Su muerte fue un duro golpe para él. / Su muerte le tocó en lo vivo. ♦働き過ぎると体にこたえますよ Tu salud pagará el precio por trabajar demasiado. / El exceso de trabajo te pasará factura. ♦今日の暑さはこたえる Hoy me está afectando el calor.

❷【応じる, 報いる】(反応して即座に) v. corresponder 《a》. ▶多くの要求にこたえて adv. correspondiendo [en respuesta] a tantas peticiones. ♦時代の要求にこたえる v. satisfacer* [corresponder a] las exigencias de los tiempos. ♦期待にこたえる v. cumplir las

こだかい

expectativas. ♦私が手を振ると, 彼はうなずいてこたえた Correspondió con una inclinación a mi saludo con la mano.

こだかい 小高い *adj.* ligeramente alt*o* [《フォーマル》elev*a*do]. ♦小高い丘 *m.* alto, *m.* otero, *m.* alcor; (高台) *mpl.* altos, *mpl.* alcores.

ごたごた ♦彼の部屋にはいろんな物がごたごた置いてあった En su cuarto había cosas tiradas desordenadamente.

── **ごたごた** (もめ事) *m.* problema, 《口語》*m.* lío; (口げんか) *f.* pelea; (論争) *m.* conflicto. ♦会社側との賃金をめぐるごたごた *m.* conflicto con la administración sobre salarios. ♦ごたごたを起こす *v.* causar problemas. ♦彼の家にはごたごたが絶えない En su familia nunca acaban los conflictos. ♦あの夫婦には何かごたごたがあったようだ Parece que ese matrimonio se ha peleado.

── **ごたごたしている** ❶【忙しい】*v.* estar* muy ocupa*do*, 《口語》and*a*r* muy li*a*do. ♦私たちは月末はいつもごたごたしていてる A finales de mes siempre「estamos muy ocupados [《スペイン》《口語》andamos muy liados]」.
❷【乱れている】*v.* estar* en desorden. ♦その部屋はごたごたしていた「El cuarto [La habitación] estaba en desorden.

こだし 小出し ♦小出しにする *v.* ir* sacando「poco a poco [en pequeñas cantidades]」.

こだち 木立 *m.* soto, *f.* arboleda.

こたつ 炬燵 "kotatsu", (説明的に) *f.* camilla baja con brasero. ♦電気ごたつ *f.* camilla con brasero eléctrico. ♦こたつで丸くなる *v.* acurrucarse* bajo la camilla. ♦日本では冬になると, 四角いやぐらに布団をかけたこたつと呼ばれる暖房器具を使い, 手や足を暖めながらだんらんを楽しむ En Japón se usa en invierno un calentador llamado "kotatsu" que consiste en una mesa cuadrada y baja cubierta de una gruesa colcha bajo la cual la gente mantiene calientes los pies y las manos.

ごたぶん 御多分 ♦金持ちは世事に疎いと言うが, 彼も御多分に漏れない Se dice que la gente rica no sabe mucho del mundo y él no es una excepción.

こだま 木霊 *m.* eco. ♦こだまする *v.* hacer* [《フォーマル》produc*i*r*] eco. ♦われわれの叫び声は山々にこだました Nuestros gritos hacían [《フォーマル》produc*í*an] eco en las montañas. / En las montañas resonaban nuestros gritos en forma de eco.

こだわる ♦服装にこだわる (=うるさい) *v.* ser* muy especial [puntillos*o*, 《強調して》maniátic*o*] con la ropa. ♦伝統にこだわる (=頑執する) *v.* aferrarse a la tradición. ♦結果にこだわる *v.* tomarse demasiado en serio el resultado.

こちこち ❶【固くなる】*v.* endurecerse*, ponerse* tieso [rígid*o*]; (乾燥して固くなる) *v.* ponerse* seco y duro. ♦こちこちに凍る *v.* congelarse [helarse*] sólidamente. ♦パンは古くなるとこちこちになる El pan viejo se pone seco y duro.
❷【緊張して固くなる】*v.* ponerse* tens*o*. ♦彼女は大勢の前ではこちこちになる「Delante de la gente [En público] se pone tensa.
❸【頑固である】*v.* ser* obstinad*o* [terc*o*, 《口語》cabeza dura]; (融通がきかない) *v.* ser* inflexible [《フォーマル》intransigente]. ♦彼はこちこちの父権主義者だ《口語》Es un patriarca de cabeza dura.
❹【時計がこちこちいう音】*m.* tic-tac. ♦時計がこちこちいうのが聞こえた Se oía el tic-tac del reloj.

ごちそう 御馳走 (もてなし) *f.* invitación, 《フォーマル》*m.* convite; (豪華な食事) *f.* comida deliciosa, *m.* banquete, 《強調して》*m.* festín; (おいしい食物) *mpl.* alimentos sabrosos [ric*o*s]; (すてきな料理) *m.* plato sabroso. ♦ごちそうをつくる *v.* preparar [hacer*] una comida especial. ♦わあごちそうだね ¡Qué《スペイン》rico [《ラ米》sabroso] parece todo! / ¡Umm! ¡Delicioso! ♦どうもごちそうさま Todo estaba muy《ラ米》sabroso [《スペイン》rico]. / Ha sido una comida espléndida. ♦君においしい昼食をごちそうするよ (=おごる) Déjame invitarte a comer. ♦彼の家で夕食をごちそうになった (=食事に招かれた) Me invitó a cenar en su casa.

ごちゃごちゃ ♦机の上にはごちゃごちゃいろんな物があった Sobre la mesa había un revoltijo [caos] de cosas muy diversas. / Todo estaba revuelto en la mesa. → ごちゃ混ぜ. ♦台所はごちゃごちゃだった La cocina estaba en absoluto desorden. / La cocina era un desastre [caos].

── **ごちゃごちゃした** (乱雑な) *adj.* desordenad*o*, desarregl*a*do; (頭が混乱した) *adj.* confus*o*, revuelt*o*, 《口語》hech*o* un lío. ♦ごちゃごちゃした部屋 *m.* cuarto desordenado. ♦(小説などの)ごちゃごちゃした筋 *f.* trama complicada [enredada]. ♦私は頭の中がごちゃごちゃだった Estaba totalmente confus*o*.

── **ごちゃごちゃにする** *v.* revolver*, embrollar, confundir. → 混同する.

コチャバンバ Cochabamba (☆ボリビアの県・県都).

ごちゃまぜ ごちゃ混ぜ ♦ごちゃ混ぜにする (混ぜ合わせる) *v.* mezclar, 《強調して》entremezclar; confundir 《con》; (雑然とした状態にする) *v.* revolver*, confundir. ♦仕事と遊びをごちゃ混ぜにする *v.* mezclar [combinar] el negocio con el placer. ♦机の上は本と書類がごちゃ混ぜになっていた Sobre la mesa estaban revueltos los libros con los papeles. / En la mesa había un desorden de libros y papeles. ♦彼はいつも私と妹をごちゃ混ぜにする Él siempre me confunde con mi hermana.

こちょう 誇張 *f.* exageración, 《教養語》《文語》*f.* hipérbole. ♦誇張した *adj.* exagerad*o*, 《教養語》hiperbólic*o*. ♦誇張して *adv.* exageradamente. ♦誇張する *v.* exagerar, 《教養語》hiperbolizar*, 《口語》pasarse*. ♦彼は天性のスポーツマンだと言っても誇張ではない No es exagerado afirmar que se trata de un atleta innato. → 過言. ♦それはひどく誇張されている Eso es una exageración disparatada.

ごちょう 語調 *m.* tono (de voz). → 口調. ♦語

調を¹和らげる [²強める] v. ¹suavizar* [²subir] el tono de voz.

*こちら ❶【この場所】adv. aquí, acá, este lugar; (この方向) adv. por aquí [acá]. ♦ ここ、川のこちら側に adv. en este lado del río, a esta orilla. ♦こちら (=ここ、当地)はとても寒い Aquí hace mucho frío. / Hace mucho frío en este lugar. ♦(案内で)こちらへどうぞ Venga aquí, por favor. / Aquí [Por aquí], por favor. ♦こちらはこちらです。 そちらではありません La estación está por acá [aquí], no por allá. ♦彼らはそこからこちらへ向けてまだ歩いているのにちがいない Seguramente ya estarán caminando de allí hacia aquí.
❷【この人】mf. éste/ta, f. esta persona. ♦こちらの方がそちらより値段が高い Éste cuesta más que aquél. ♦(紹介して)こちらは兄の浩です Éste es mi hermano Hiroshi.
❸【私】pron. yo; (話し手) soy [habla; aquí] + 名前; [私たち] pron. nosotros. ♦そちらが悪いのだ。こちらに責任はない La culpa「es tuya [la tienes tú]. Yo no soy responsable. ♦こちらは皆元気です Todos estamos bien en casa. / En mi familia estamos bien. ♦(電話で)こちらは山田ですが、田中さんはいらっしゃいますか Soy [Habla; Aquí] Yamada. ¿Está el Sr. Tanaka? 会話 5日に帰るから、会うのを楽しみにしているよーこちらもよ。お電話ありがとう Volveré el día 5. Estoy deseando verte. – Yo también. Gracias por la llamada.

こぢんまり (暖かくて居心地がよい) adj. acogedor, cómodo; (こぎれいで整った) adj. limpio, aseado. ♦こぢんまり(と)した部屋 f. sala [f. habitación] acogedora.

こつ- 骨- ▶骨壊死 f. osteonecrosis. ▶骨炎《専門語》f. osteítis. ▶骨過形成《専門語》f. hiperostosis. ▶骨関節炎《専門語》f. osteoartritis. ▶骨関節症《専門語》f. osteoartropatía. ▶骨形成異常《専門語》f. osteodistrofia. ▶骨形成不全《専門語》f. disostosis. ▶骨減少症《専門語》f. osteopenia. ▶骨原性肉腫《専門語》m. sarcoma osteogénico. ▶骨硬化症《専門語》f. osteosclerosis. ▶骨障害《専門語》f. osteopatía. ▶骨粗鬆症《専門語》f. osteoporosis. ▶骨軟化症《専門語》f. osteomalacia. ▶骨軟骨炎《専門語》f. osteocondritis. ▶骨軟骨症《専門語》f. osteocondrosis. ▶骨盤《専門語》f. pelvis. ▶骨性強直《専門語》f. anquilosis ósea. ▶有痛性骨萎縮症《専門語》f. algodistrofia.

こつ m. truco, 《口語》m. secreto, f. maña; (熟練の要る) m. arte. ▶演技のこつを心得ているv. tener* el arte de la actuación. ♦いったんこつを覚えてしまえば簡単だ Es fácil una vez que le 『スペイン』coges [『ラ米』agarras] 「la maña [el truco]. ♦この戸を開けるにはこつがある Hay un truco para abrir esa puerta.

こっか 国家 (政治的体制) m. estado, (民族集団としての) f. nación; (主に地理的な) m. país (→ 国); (政府) m. gobierno. ▶国家に尽くす v. servir al país. ▶国家的見地から見ると adv. desde el punto de vista nacional. ♦国家と個人はどちらが優先するか ¿Qué es primero, el estado o el individuo?

1《～国家》▶近代国家 m. estado moderno. ▶資本主義国家 m. estado capitalista. ▶単一民族国家 f. nación monorracial [monoétnica]. ▶多民族国家 f. nación multirracial [multiétnica].
2《国家(の)＋名詞》▶国家管理 m. control estatal. ▶国家権力 m. poder estatal [del estado]. ▶国家主義 m. nacionalismo. ▶国家主義者 mf. nacionalista. ▶国家的行事 m. acontecimiento [m. evento] nacional. ▶国家財政 fpl. finanzas del Estado, f. hacienda nacional. ▶国家試験 m. examen nacional. ▶国家公務員 mf. funcionario/ria (del Estado). ▶国家公安委員会 f. Comisión Nacional de Seguridad Pública. ♦その国家の存亡は彼の外交手腕にかかっていた El destino de la nación estaba en sus dotes diplomáticas.

こっか 国歌 m. himno nacional. ▶メキシコ国歌 m. himno nacional de México.

こっか 国花 f. flor nacional.

*こっかい 国会 (日本・デンマーク・ドイツなどの) f. Dieta; (米国・中南米の共和国の) m. Congreso, 『スペイン』fpl. Cortes; (英国・カナダ・英国自治領の) m. Parlamento; (国民の代表の会議) f. asamblea nacional; (立法府) m. cuerpo legislativo; (特に二院制の) f. Cámara. ♦国会は現在開会中である La Dieta está ahora en sesión. ♦その法案は国会の承認を得た El proyecto de ley fue aprobado por la Dieta. ♦日本の国会は英国議会にならって作られた La Dieta de Japón fue calcada del Parlamento Británico.

1《～国会》▶¹通常 [²特別; ³臨時; ⁴延長]国会 f. sesión ¹ordinaria [²especial; ³extraordinaria; ⁴prolongada] de la Dieta.
2《国会＋名詞》▶国会議員 (日本の) m. miembro de la Dieta, mf. diputado/da; (米国の) mf. congresista; (英国の) mf. parlamentario/ria. ▶国会議事堂 (日本の) m. Palacio de la Dieta; (米国の) m. Capitolio; (英国の) m. Parlamento.

こっかい 黒海 Mar Negro (☆ウクライナ・トルコなどに囲まれた海).

こづかい 小遣い (定期的に与えられる) m. dinero 「de bolsillo [para gastos menudos], 《口語》m. dinerillo. ▶小遣いかせぎにアルバイトをする v. trabajar por horas para 「ganarse un dinero de bolsillo [pagarse* los gastos particulares]. ♦彼は月1万円の小遣いをもらっている Le dan un dinero de bolsillo de 10.000 yenes. / Para sus gastos recibe 10.000 yenes al mes.

こっかく 骨格 (体格) f. constitución, f. complexión; (特に男の) m. físico, m. cuerpo; (建物などの骨組) m. armazón, m. esqueleto. ▶骨格のがっちりした男 m. hombre de constitución robusta [poderosa]. ♦彼女は骨格がほっそりしている Tiene una constitución esbelta. ⇨体, 図体

こっき 国旗 f. bandera nacional, 《フォーマル》f. insignia nacional. → 旗. ▶国旗を掲揚する

こっきしん

v. izar* la bandera nacional. ♦星条旗はアメリカ合衆国の国旗です Las estrellas y las rayas son la bandera nacional de Estados Unidos.

こっきしん 克己心(自制心) m. dominio de sí mismo; (禁欲) f. abnegación. ♦克己心のある人 f. persona abnegada.

こっきょう 国境(国境地方) f. frontera; (川・山など他国との地理的境界) m. límite; (国境線) fpl. fronteras nacionales. ♦国境紛争 m. conflicto fronterizo. ♦国境を侵す v. violar la frontera. ♦国境を越えて逃げる v. huir* por la frontera. ♦中国の国境を越えてモンゴルに入る v. entrar en Mongolia atravesando la frontera china. ♦音楽に関する限り国境は急速に消滅しています Por lo que se refiere a la música las fronteras nacionales están desapareciendo rápidamente.

こっきょう 国教 f. religión de estado. ♦英国国教会 f. Iglesia Anglicana.

コック(料理人) mf. cocinero/ra; (水道・ガスなどの栓)【スペイン】m. grifo,【メキシコ】f. llave. ♦コック長 m. cocinero jefe,《仏国》mf. "chef".

こづく 小突く v. dar* un golpe. → つく.

コックス mf. timonel. ♦早稲田のコックスをつとめる v. timonear el bote de Waseda.

コックピット f. cabina.

こっくり♦こっくりする v. dar* cabezadas, inclinar la cabeza. ♦父はテレビを見ながらよくこっくりする Papá a menudo da cabezadas mientras ve la televisión. ♦彼女はこっくりとうなずいた(=同意した) Inclinó la cabeza en señal de asentimiento.

こっけい 滑稽♦こっけいな(笑いを誘う) adj. gracioso, cómico; (風変わりな) adj. chistoso, (教養語) jocoso; (ユーモアのある) adj. humorístico; (嘲じって)笑を誘う) adj. ridículo. ♦道化師のこっけいなしぐさ fpl. gracias [fpl. bufonadas] de un payaso, fpl. payasadas. ♦こっけいなことを言う v. decir* cosas graciosas; (冗談を言う) v. contar* chistes. ♦君はその帽子をかぶるとこっけいに見える Estás gracioso con ese sombrero.

こっこ 国庫 m. tesoro nacional, fpl. arcas del Estado. ♦国庫補助(金) m. subsidio del gobierno [Estado].

ごっこ♦お医者さんごっこをする v.「jugar* a los [hacer* de] médicos.♦¹学校 ²お店屋さん; ³泥棒; ⁴戦争」ごっこをする v. jugar* a los ¹profesores [²tenderos*; ³policías y ladrones; ⁴soldados]. ♦カウボーイごっこをしようよ Vamos a「hacer de [jugar a los] vaqueros.

こっこう 国交 fpl. relaciones diplomáticas. ♦国交を¹断絶する [²結ぶ; ³回復する] v. ¹romper* [²establecer*; ³restablecer*] las relaciones diplomáticas (con). ♦両国はその事件以来国交がない Los dos países no tienen [mantienen] relaciones diplomáticas desde ese incidente.

こっこく 刻々 adv. a cada instante [segundo, minuto, momento]. ♦株価は時時刻刻に変化する Los precios de las acciones cambian a cada instante.

こつこつ ❶【努力の様子】(勤勉に) adv. laboriosamente; (着実に) adv. constantemente; (一歩一歩) adv. paso a paso, sin pausa. ♦日本ではこつこつ働く人はよく評価される En Japón se valoran las personas que trabajan「con perseverancia [laboriosamente]. ♦彼は3時間こつこつ登って頂上に達した Alcanzó la cima después de subir paso a paso durante tres horas. ♦彼女は子供の学資にとこつこつお金をためている Está ahorrando「poco a poco [yen a yen] para pagar los gastos escolares de sus hijos.
❷【軽い連続音】 m. golpe suave, m. taconazo. ♦ドアをこつこつたたく v. golpear la puerta (con los nudillos). ♦彼女がハイヒールをこつこつといわせながら歩道を歩いてくるのが聞こえた Oí「sus taconazos [el ruido de sus tacones altos] que se iban acercando por el camino.

ごつごつ♦ごつごつした adj. escarpado; (平らでない) adj. irregular. ♦ごつごつした(=岩の多い)山 f. montaña rocosa, m. peñón. ♦ごつごつした手 f. manos ásperas. ♦このグランドはごつごつしている Este suelo es irregular.

こつざい 骨材 m. agregado.

こっし 骨子(要旨) f. sustancia, f. clave, m. quid; (重要な内容[観念]) m. punto principal, m. tema.

こつずい 骨髄《専門語》f. médula ósea. ♦骨髄移植 m. transplante de médula ósea. ♦骨髄炎《専門語》f. mielitis,《専門語》f. osteomielitis. ♦骨髄芽球症《専門語》f. mieloblastosis. ♦多発性骨髄腫《専門語》m. mieloma múltiple. ♦骨髄腫症《専門語》f. mielomatosis. ♦骨髄障害《専門語》f. mielopatía. ♦骨髄線維症《専門語》f. mielofibrosis. ♦慢性骨髄性白血病 (CML)《専門語》f. leucemia mieloide crónica (LMC). ♦骨髄バンク m. banco de médula ósea. ♦彼に対して恨み骨髄に徹している Le guardo un profundo rencor. /《口語》Le odio hasta los huesos.

こっせつ 骨折《専門語》f. fractura. ♦圧迫骨折《専門語》f. fractura por compresión. ♦陥没骨折《専門語》f. fractura deprimida. ♦亀裂骨折《専門語》f. fractura fisura. ♦¹単純 [²複雑] 骨折《専門語》f. fractura ¹simple [²compuesta]. ♦破裂骨折《専門語》f. fractura en estallido. ♦粉砕骨折《専門語》f. fractura conminuta. ♦裂離骨折《専門語》f. fractura por avulsión. ♦彼はころんで左脚を骨折した Se cayó《口語》rompiéndose [《フォーマル》fracturándose] la pierna. ♦医者は彼女の骨折した脚の治療をした El médico le trató la「pierna fracturada [fractura de la pierna].

こつぜん♦こつぜんと(突然) adv. de repente, repentinamente; (不意に) adv. bruscamente; (思いがけなく) adv. de improviso, inesperadamente.

こつそしょうしょう 骨粗鬆症《専門語》f. osteoporosis. ♦退行期骨粗鬆症《専門語》f. osteoporosis involusiva.

こっそり(ひそかに) adv. en secreto, secretamente, clandestinamente; (人目を忍んで) *adv.* a hurtadillas, 《フォーマル》furtivamente; (自分だけで) *adv.* en privado. ▶こっそり部屋に入る *v.* entrar furtivamente en la sala. ♦彼はこっそり外国へ行った Se fue al extranjero「en secreto [clandestinamente]. ♦会はこっそり開かれた La reunión se celebró en secreto. ♦彼女は親にも知らせずこっそりと外国で結婚した Se casó clandestinamente en el extranjero sin que se enteraran (ni) sus padres.

ごっそり ♦彼は貯めたお金をごっそりだましとられた Le estafaron todo el dinero que había ahorrado. ♦彼はラスベガスでごっそり金を遣い果した Se gastó todo el dinero en Las Vegas.

ごったがえす ごった返 → 混雑する. ♦その店は買い物客でごった返していた Esa tienda estaba abarrotada [muy llena] de clientes.

こっち *adv.* por aquí [acá]. → こちら.

ごっちゃ ♦空想を事実とごっちゃにする(= 混同する) *v.* mezclar la fantasía con la realidad.

*こづつみ 小包 *m.* paquete, *m.* bulto, *m.* lío, *m.* envoltorio, *m.* fardo, *f.* bala. ▶郵便小包 *m.* paquete postal. ▶速達小包 *m.* paquete urgente. ▶本を小包郵便で送る *v.* enviar* un libro por correo. ▶小包を郵送する *v.* mandar [enviar*] un paquete (por correo).

こってり (濃密に) *adv.* fuertemente, con fuerza; (十分に) *adv.* bastante. ▶こってり油をつけた頭 *m.* pelo con mucha brillantina. ▶こってりした料理 *f.* comida pesada [con grasa]. ♦彼はこってり脂のある料理を控えるように医者に言われた Su médico le aconsejó que se abstuviera de「comidas con mucha grasa [alimentos muy pesados]. ♦彼はこってりスパイスがきいたインド料理が好きだ Le gusta la comida india muy condimentada.

【その他の表現】▶こってり油をしぼられる *v.* ser* reprendido enérgicamente, 《口語》recibir una buena bronca.

こっとう 骨董 (骨董品) *f.* antigüedad, *m.* objeto antiguo; (珍奇な品) *f.* curiosidad; (時代遅れの人・物) *f.* pieza de museo. ▶骨董店 *f.* tienda de antigüedades. ▶骨董商 *mf.* anticuar*io/ria*. ▶スペイン製家具の骨董品 *mpl.* muebles españoles antiguos.

コットン (木綿, (化粧用)綿) *m.* algodón. → 木綿.

こっぱみじん 木端微塵 ♦あらしのため船は木端微塵に(= 粉々に)砕かれた La tormenta「hizo añicos al barco [redujo el barco a fragmentos].

こつばん 骨盤 *f.* (*fpl.*)pelvis. ▶骨盤の狭い女性 *fpl.* mujeres de pelvis estrechas.

こっぴどく *adv.* duramente, con rigor [severamente]. ▶こっぴどくしかられる *v.* ser* duramente reprendido. ▶彼をこっぴどくやっつける (= 打ちのめす)《口語》dejarle hecho polvo.

こつぶ 小粒 (小さい種類) *f.* especie pequeña; (小さい粒) *m.* gránulo, *m.* grano pequeño. ▶小粒の栗 *f.* castaña pequeña.

***コップ** *m.* vaso. ▶紙コップ *m.* vaso de papel [cartón]. ▶使い捨てのコップ *m.* vaso desechable. ▶コップ1杯の水 un vaso de agua. ▶コップにいっぱいつぐ *v.* llenar el vaso hasta el borde.

コッペ(パン) *m.* bollo.

ゴッホ van Gogh.

ごつんと ♦ごつんとぶつける *v.*「darse* un golpe [golpearse, chocar*]《con, contra》. ♦彼は柱に頭をごつんとぶつけた Se dio un golpe en la cabeza contra la columna. ♦父親は息子にごつんと頭にげんこをやった El padre golpeó [le dio un cachete] a su hijo en la cabeza.

ごて 後手 ▶私は論戦で後手に回った(= 守勢に回った) Me mantuve a la defensiva en el debate.

こてい 固定 ▶固定した(動かない) *adj.* fijo; (定まった) *adj.* regular, constante; (基本的な) *adj.* básico. ▶固定給 *m.* salario fijo. ▶固定資産 *mpl.* activos fijos. ▶固定客 *m.* cliente regular [seguro], 《口語》*m.* fiel. ▶固定票 *mpl.* votos seguros [fijos]. ▶固定資産税 *m.* impuesto sobre la propiedad (inmobiliaria). ▶固定観念を持つ *v.* tener* una idea fija《de, sobre》.

── **固定する** ▶棚を壁にしっかりと固定する *v.* fijar un estante en [a] una pared. → 取り付ける
☞付[点]ける, 止[留]める, 定まる

こてきたい 鼓笛隊 *f.* banda de tambores y pífanos.

こてこて *adv.* demasiado, excesivamente [en exceso]. → ごてごて.

ごてごて *adv.* excesivamente, en exceso, con exceso, demasiado, 《教養語》profusamente. ▶ごてごて(= けばけばしく)飾り立てた建物 *m.* edificio profusamente decorado. ♦彼女はごてごて(= 厚く)化粧をしていた Llevaba demasiado maquillaje. / Estaba maquillada en exceso.

こてさき 小手先 ▶小手先の(容易な) *adj.* fácil; (見かけ倒しの) *adj.* barato. ▶小手先の仕事 *m.* trabajo fácil. ▶小手先の細工をろうする *v.* emplear trucos baratos.

こてしらべ 小手調べ (試すこと) *f.* prueba. ▶小手調べに少し練習問題をやってみる *v.* hacer* unos cuantos ejercicios de prueba.

コテッジ *f.* casita de campo. ▶コッテジチーズ *m.* requesón.

こてん 古典 (昔からの一流の作品) *m.* clásico, *f.* obra clásica; (古典文学) *mpl.* clásicos, *f.* literatura clásica. ▶古典主義 *m.* clasicismo. ▶古典派の絵画 *fpl.* pinturas clásicas. ♦彼は古典を読むのが好きだ Me gusta leer los clásicos. ♦「源氏物語」は日本の古典です《La historia de Genji》es「uno de los clásicos [una de las obras clásicas].

── **古典的な** *adj.* clásico. ▶古典的な美しさ *f.* belleza clásica.

こてん 個展 *f.* exposición individual. ▶個展を開く *v.* celebrar una exposición individual.

ごてん 御殿 *m.* palacio. ▶御殿のような家に住む *v.* vivir en una residencia palaciega.

こてんこてん *adv.* completamente, por

こてんぱん

completo, totalmente. ♦われわれはこてんてんにやっつけられた Fuimos completamente derrotados. /［スペイン］《口語》Nos hicieron polvo.

こてんぱん adv. enteramente, por entero, completamente. → こてんてん.

・こと 事 ❶【事柄】m. asunto;（事物）f. cosa;（何かあること）pron. algo. ♦残念な事 m. asunto lamentable; pron. algo lamentable. ♦重要なこと m. asunto [pron. algo] importante. ♦正しい事を言う v. decir* lo correcto. ♦取るに足りない事 m. asunto sin importancia. ♦それは笑い事ではない No es cosa de risa. / No es para reírse. ♦そんなことはしたくない No quiero hacer una cosa así. ♦不思議な事が起こった Ocurrió [Ha ocurrido] algo extraño. ♦最も重要なことは健康であることです Lo más importante es que tenemos buena salud. 《会話》あいにく中村が手を引いちまった―まさにあいつがやりそうなことだな Lamentablemente Nakamura se ha echado atrás. – Eso es algo propio de él. ♦私にできることが何かありますか ¿Puedo hacer algo por usted? / ¿Le puedo ayudar en algo? ♦あなたのためならどんなことでもしましょう Haré cualquier cosa por ti [usted]. 《会話》5万円なら彼に出してあげられるのだが―でもそれで解決するか？ Podríamos ofrecerle 50.000 yenes. – Sí, pero, ¿acabará con eso el asunto?

❷【出来事】m. suceso;（重大な）m. acontecimiento;（付随的な）m. incidente → 出来事;（もめ事）m. problema. ♦事を起こす v. causar problemas. ♦それはよくあることだ Eso pasa todos los días. ♦それは日常の出来事だ Es un suceso cotidiano. ♦困った事に彼は自分のことしか考えない「El problema [《口語》Lo que pasa] es que no piensa más que en sí mismo. ♦事もなく日々が過ぎっていった Han pasado varios días sin ningún incidente. ♦困った事になった（自分が）Hay problemas. /（情勢が）La situación se ha agravado. ♦彼にもしものことがあったらすぐに教えてください Por favor, infórmame inmediatamente si le pasa algo.

❸【事情】fpl. circunstancias. ▶（漠然と）事態 mpl. asuntos,《口語》fpl. cosas;（事の状態）f. situación;（場合）m. caso. → 事情. ♦事と次第によっては adv."dependiendo de [según]「las circunstancias [la situación]. ♦事を甘く見る v. tomarse las cosas con calma. ♦事もあろうに lo increíble es que... ♦彼にはよくある事だが adv. como pasa a menudo con él, como le ocurre con frecuencia. ♦どんな事があっても彼を信じないけない No confíes en él bajo「ninguna circunstancia [ningún concepto]. ♦今は事がうまく行っている Ahora la situación es buena. 「Las cosas ahora van bien. ♦事は重大だ La situación es grave. ♦それは事によりけりだ Todo depende de「la situación [las circunstancias]. ♦この規則が当てはまらない事もある Hay casos en que esta regla no se aplica. 《会話》彼女はどうかした

の―いつものことだよ. 彼女時間どおりだったためしがないもの ¿Qué ha pasado con ella? – Lo de siempre. Que nunca es puntual.

❹【やるべき仕事】m. trabajo;（かかわり合いのあること）m. negocio;（個人的な関心事）m. asunto. ♦事に当たる v. acometer un trabajo. ♦それは君の知った事ではない No es asunto tuyo. / A ti no te importa nada. ♦今日は何もする事がない Hoy no tengo nada que hacer.

❺【話題】m. tema, m. punto. ♦その事は私たちの話には出なかった En nuestra conversación no se trató de ese tema.

❻【内容，意味】♦私の言うことが分かりませんか ¿No comprendes lo que te digo? / ¿Es que no me entiendes? ♦君は書きたいことを書いていいんだよ Puedes escribir lo que quieras. ♦それはどういうことですか ¿Qué quieres decir con eso? / ¿Que significa eso? 《会話》私のペン見かけなかった？―これのこと？ ¿Has visto mi pluma? – ¿Te refieres a ésta? ♦臓器移植の問題はことがことだけに（＝その特有の性質上）大論争を捲き起こした El tema de los transplantes de órganos provocó, por su misma naturaleza, muchos conflictos.

❼【習慣】♦私は毎朝6時に起きることにしている Tengo por costumbre levantarme a las seis (de la mañana). → 習慣. ♦彼は1日2キロジョギングすることにしている Tiene por costumbre correr [hacer《仏語》"footing"] todos los días 2 kilómetros. → 必ず.

❽【経験】♦スペインに行ったことがありますか ¿Has estado (alguna vez) en España? ♦以前にどこかでお目にかかったことはありませんでしたか ¿No nos hemos visto antes? ♦まだ富士山を見たことがない No he visto nunca el Monte Fuji. → 経験.

❾【予定】♦彼はあすここに来ることになっている Mañana se le espera aquí. / Está decidido que vendrá aquí mañana. ♦飛行機は午後5時に着くことになっている Está previsto que llegue el avión a las cinco de la tarde. → 予定.

❿【可能性】♦夏でも寒いことがある Incluso en verano puede hacer frío. ♦事によると彼はそれを知っているのかもしれない Puede que lo sepa.

⓫【勧誘，伝聞，決心】♦胃のレントゲンを撮ってもらうことだね Deberían verte [《フォーマル》examinarte] el estómago por rayos X. ♦彼はまだ学生だということです Dicen que todavía es estudiante. ♦私はたばこをやめることにした He decidido [tomado la decisión de] dejar de fumar.

⓬【必要，価値】♦急ぐことはありません No hace falta que te des prisa. → 必要. ♦その町は訪れてみるだけのことはある Vale la pena visitar [hacer una visita,《口語》darse una vuelta por] esa ciudad. → 価値.

⓭【別名】♦鈴木こと久保 Kubo, alias Suzuki.

⓮【感嘆，命令】♦まあご親切なこと Es usted muy amable. / ¡Qué amable! ♦ 《会話》春子は婚約を破棄したんだよ―何てことだ Haruko ha roto su compromiso. – ¡Qué cosa! ♦廊下で走らないこと No correr en el pa-

sillo. 会話 で, これが長男の一郎よ―まあ, 大きくなったこと! Y éste es Ichiro, el mayor. – ¡Pero, cómo ha crecido!
⓯【期間】会話 でも彼女は彼が結婚してるって言ったよ―長いことそうだと思ってたんだよ Pero tú dijiste que estaba casado. – Pensaba mucho tiempo que sí que lo estaba.
⓰【不定詞・動名詞・que節を用いて】◆時間を厳守するということは大切です Es importante ser puntual. / La puntualidad es importante. ◆本を読むことが好きです Me gusta leer [la lectura]. ◆私にできることはコーヒーをいれることぐらいです Lo único que sé hacer es café. / No sé hacer más que café. ◆スペイン語を勉強することは私たちにとって大切なことです Es importante que estudiemos español. ◆彼が先生だということを知っています Sé que es profesor.
⓱【前置詞を用いて】◆¹驚いた [²残念な] ことに adv. para mi ¹sorpresa [²pesar]. ◆ちょっとしたことで怒る v. enfadarse [『ラ米』enojarse] por nada. ◆彼が死んだことを知っていますか ¿Sabe que (se) ha muerto? / ¿Se ha enterado de su muerte? ◆私は試験のことが心配だ Estoy nervioso [inquieto] por el examen. ◆航空券のことで電話をしましたか ¿Has llamado sobre el pasaje de avión?
《その他の表現》◆事もなげにふるまう v. comportarse como si nada hubiera ocurrido. ◆事もなげに言う v. hablar de eso tan a la ligera. ◆金のことと言えば君に千円の借りがある Hablando de dinero, te debo mil yenes. ◆金のことになると彼は意外にけちだ Cuando se trata de dinero, se vuelve increíblemente tacaño. ◆失敗したらどうだろう Sería terrible que fracasáramos. ◆太郎のことだからなんとかうまくやってのけるだろう Tratándose de Taro, las cosas saldrán bien. / Siendo Taro el que es, de una forma u otra todo marchará bien.
こと 琴 "koto", 《説明的に》 m. instrumento de música tradicional de Japón de 13 cuerdas parecido a un arpa horizontal. ◆琴を弾く v. tocar* el "koto".
こと 古都 f. antigua capital.
-こと -毎 →毎(ごと)に.
ことう 孤島 f. isla solitaria.
こどう 鼓動 (心臓の) m. latido, f. palpitación; (動悸) fpl. palpitaciones; (脈拍)《専門語》f. pulsación, m. pulso. ◆鼓動する v. latir, palpitar. ◆私の心臓は驚きで激しく鼓動していた El corazón me latía con fuerza a causa de la sorpresa.
こどうぐ 小道具 (小さな道具) f. pequeña herramienta; (便利な道具) mpl. accesorios, mpl. objetos de utilería. ◆台所用小道具 mpl. accesorios de cocina. ◆小道具方 mf. utilero/ra, mf. encargado/da de [la utilería [los accesorios].
ことかく 事欠く ◆あの老人は金には事欠かない Al anciano 《口語》viejo] no le falta dinero. ◆ボランティアには事欠かなかった No faltaban voluntarios.
ことがら 事柄 m. asunto, f. cuestión. → 事. ◆政治に関する事柄 mpl. asuntos de política, fpl. cuestiones políticas　⇨件, 事, 事項

ことなる　**481**

こどく 孤独 (独りぼっちで寂しいこと) f. soledad, m. aislamiento. ◆孤独を楽しむ v. disfrutar de la soledad.
—— 孤独な adj. solo, solitario, aislado. ◆孤独な男 m. (hombre) solitario,《口語》(強調して) m. lobo solitario. ◆彼は孤独な生活をしている Lleva una vida solitaria. / Está muy solo [aislado].
ごとく 如く como si + 接続法過去. →まるで.
ごとごと adv. traqueteando, golpeteando, haciendo ruido. ◆ごとごと音を立てる[がする] v. traquetear, hacer* ruido. ◆馬車がごとごと通っていた El carruaje iba traqueteando. ◆隣の部屋で何かごとごといっている Se "oye un traqueteo [oyen ruidos] en la habitación de al lado.
ことごとく 悉く →全部. ◆学生はことごとくその計画に反対だった Todos los estudiantes "se oponían al [estaban en contra del] plan. ◆彼のすることはことごとくうまくいく Todo lo que hace él, sale bien.
ことこまか 事細かに adv. con todo detalle, al pormenor,《口語》con pelos y señales, minuciosamente.
ことさら (特に) adv. especialmente, en especial, en particular → 特に; (わざと) adv. a propósito, deliberadamente,《口語》adrede. ◆それはことさら(=特別に)取り上げるまでもない No necesitamos encargarnos de eso especialmente. / No hay ninguna razón especial por la que tengamos que encargarnos de eso.
***ことし** 今年 este año, el año corriente [actual,《フォーマル》en curso], el presente año. ◆今年の冬に adv. este invierno; (過ぎ去った)adv. el pasado invierno. ◆今年中に adv. [「dentro de (durante)」este año, en el transcurso [curso] de este año. ◆今年は2004 年です Estamos en el año 2004. ◆今年は学校は4月9日から始まる Este año la escuela empieza el 9 de abril.
ことづけ 言づけ m. recado, m. mensaje. → 私信.
ことづける 言づける v. dejar 《a + 人》 un recado, pedir* 《a + 人》que dé 《a + 人》un recado. → 伝言.
ことづて 言伝て m. mensaje. → 私信.
ことなかれしゅぎ 事なかれ主義 ◆彼はいつも事なかれ主義を通している Se guía siempre por el principio de no complicarse la vida.
***ことなる** 異なる (違っている) v. ser* diferente. → 違う. ◆異なった adj. distinto, diferente. ◆君の方法は私の方法とずいぶん異なる Tu sistema [método] es muy distinto [diferente] al mío. ◆政治制度は国によって異なる Los sistemas de gobierno varían [se diferencian,《教養語》difieren] de un país a otro. / Hay diversidad de sistemas de gobierno en los países. ◆彼は今までにヨーロッパのいろいろ異なった場所に行っている Ha estado en muchos lugares diferentes de Europa.　⇨変わる, 食い違う, 違う

ことに 殊に →特に；(とりわけ，特に) *adv.* especialmente, en especial；(格別に) *adv.* particularmente, en particular；(例外的に) *adv.* excepcionalmente, anormalmente；(何よりも) *adv.* sobre todo, más que nada. ♦今年の夏は殊に暑い Este verano es especialmente caluroso. ♦だれにでもだが，殊に老人に対しては親切にせよ Sé amable con todo el mundo, pero sobre todo con las personas mayores.

*–**ごと(に) 毎(に)** (毎…) *adj.* cada, todos los [las]《+名詞》；(…するごとに) *conj.* cada vez que, siempre que. →毎，-置き，-度. ▶二日ごとに (=一日おきに) *adv.* un día sí y otro no, cada dos días. ▶日曜ごとに *m.* cada domingo, todos los domingos. ♦バスは15分ごとに出る Cada 15 minutos sale un autobús. ♦彼女は会うたびごとにますますきれいに見える Cada vez que la veo está más guapa. ♦1語増すごとに20円払わねばならない Hay que pagar 20 yenes por cada palabra adicional. ♦その雨の後，日ごとに暖かくなった Después de esas lluvias, la temperatura subía「por días [de día en día].

ことにする 異にする *v.* diferenciarse《de》. →違う. ♦この点については彼は私と意見を異にする En este punto se diferencia de mí.

ことによると 「es posible [puede] que《+接続法》；(ひょっとすると) *adv.* posiblemente《+接続法》；(もしかすると) *adv.* quizá(s), tal vez《+接続法》,《口語》a lo mejor《+直説法》. →かもしれない. ♦ことによると彼はあす来るかもしれない「Es posible que [Quizá] venga mañana. /《口語》A lo mejor viene mañana.

ことのほか 殊の外 ♦今日はことのほか (=例外的に) 寒い Hoy hace un día excepcionalmente [anormalmente] frío. ♦その知らせを聞いて彼はことのほか (=極度に) 喜んだ Estaba sumamente contento con las noticias. Las noticias le alegraron mucho. ♦試験はことのほか (=思っていたよりもずっとやさしかった) El examen resultó [fue] mucho más fácil de lo esperado.

****ことば 言葉** ❶【言語】*f.* lengua,《フォーマル》《専門語》*m.* lenguaje；(音声言語) *f.* habla, *m.* discurso,《フォーマル》*f.* dicción；(方言) *m.* dialecto, *f.* habla regional. ▶1話し [2書き] 言葉 *f.* lengua 1hablada [2escrita]. ▶言葉の障壁 *f.* barrera del lenguaje. ▶京言葉 *m.* dialecto [*f.* habla] de Kioto. ♦人間には言葉を話す能力がある El ser humano tiene el don de la palabra. / Los humanos tenemos la capacidad del lenguaje. ♦言葉の勉強には根気が必要です El estudio de un idioma exige paciencia. ♦音楽は人類共通の言葉である La música es 「el lenguaje común a todos los hombres [un lenguaje universal]. ♦フランスでは言葉に苦労した En Francia「lo pasé mal con la lengua [tuve muchos problemas de comunicación].

❷【単語】*f.* palabra,《フォーマル》*m.* término,《教養語》*m.* vocablo,《専門語》*f.* voz；(句) *f.* frase, *f.* expresión, *m.* decir. ▶覚えやすい言葉 *f.* palabra fácil de aprenderse. ▶別の言葉で言うと *adv.* en otras palabras, dicho de otro modo,《口語》o sea. ▶考えを言葉で表現する *v.* expresar una idea con palabras, expresarse de palabra. ♦うまい言葉が見つからない No puedo encontrar la palabra exacta. ♦感謝の(気持ちを表わす)言葉もありません Me faltan palabras para expresarle mi agradecimiento. ♦その苦しみは言葉では言い表わせない Ese dolor es indescriptible. / No hay palabras para ese dolor. / El dolor es indecible. ♦彼は「アイデンティティー」という言葉の意味を知らなかった No sabía el significado de la palabra "identidad".

❸【実際に話される言葉】(言葉遣い) *f.* habla, *f.* forma de hablar [decir]；(話しぶり) *f.* habla, *m.* decir；(言う [言った] こと) lo que *uno/una* 1dice [2dijo]；(発言) *f.* observación；(語) *f.* palabra.

1《~の言葉》▶日常の言葉で話す *v.* hablar el lenguaje de todos los días. ▶一言歓迎の言葉を述べる *v.* decir*［《フォーマル》pronunciar］unas palabras de bienvenida.

2《言葉+名詞》▶言葉たくみに(上手な言い回しで) *adv.* eligiendo bien las palabras,《フォーマル》con una cuidadosa selección de términos；(甘い言葉で) *adv.* con zalamerías；(お上手を言って) *adv.* con un lenguaje hábil. ▶言葉少なに (=簡潔に) 語る *v.* decir* brevemente [en pocas palabras]. ♦彼は言葉遣いが1下品 [2乱暴] だ (=1下品 [2乱暴] な言葉を遣う) Utiliza un lenguaje 1vulgar [2violento]. ♦人の言葉じりをとらえるのはよせ (=人の言葉のあら捜しをするのはよせ) Deja de buscar defectos a la forma de hablar de la gente.

3《言葉に》▶言葉につまってしまった (=何と言ってよいかわからなかった) No supe qué decir. / Me quedé sin habla [palabras]. ♦言葉(遣いに気を付けなさい Cuidado [《口語》Ojo] con tus palabras. / Cuida tu lenguaje. / Ten cuidado con lo que dices.

4《言葉を》▶言葉をかける (=話しかける) *v.* hablar [dirigir* la palabra]《a + 人》. ▶彼と言葉を交す (=短い会話をする) *v.* hablar [《口語》tener* una palabras] con él. ▶言葉をはさむ (=人の話をじゃまする) *v.* cortar [interrumpir]《a + 人》. ▶言葉を濁す *v.* hablar ambiguamente；(あいまいな返事をする) *v.* dar* una respuesta vaga. ♦彼が大阪の出身だということは言葉を聞けば分かりますよ Por su habla no puede negar que es de Osaka. ♦彼女の言葉を覚えていますか ¿Recuerdas sus palabras? ♦言葉を尽くして両親を説得したがだめだった Traté en vano de convencer a mis padres con todas las palabras posibles.

【その他の表現】▶言葉のあや *f.* figura retórica. ▶言葉の上の (=口先だけの) 約束 *f.* promesa verbal. ♦お言葉を返すようですが (=反論するつもりはありませんが) あなたの意見には賛成しかねます No quiero contradecir sus palabras, pero no puedo estar de acuerdo con usted.

こども 子供 (一人の)*mf.* niño/ña, *mf.* muchac*ho/cha*; *mpl.* hijos,《教養語》*m.* vástago; (一家の子供たち)*f.* familia,《教養語》*f.* prole.

1《子供＋名詞》♦子供服 *f.* ropa infantil, *mpl.* vestidos de niño. ♦子供部屋 *m.* cuarto de niños. ♦子供料金 *f.* tarifa infantil. ♦子供向けの映画 *f.* película infantil. ♦私は楽しい子供時代を過ごした He tenido una infancia feliz. ♦それは子供だましだ Ese es un "truco para niños [engañabobos]". ♦母は私をいつも子供扱いする Mi madre me trata como si fuera un niño. ♦子供心にも(＝ほんの子供で)、寂しく思った Aunque no era más que un niño, me sentía *solo*.

2《子供は[が]》♦子供は3人です Tenemos tres hijos. ♦彼女にはまだ子供がない Sigue sin hijos. 《会話》子供さんはいますか―ええ、3 人います。男の子が 2 人、女の子が 1 人です ¿Tiene usted familia?―Sí, tres; dos niños y una niña. ♦サンチェス夫妻に子供が生まれた Los Srs. Sánchez han tenido "un hijo [《フォーマル》familia]". → 生まれる. ♦彼の子供は 20 歳だ Su hijo tiene 20 años.

3《子供の》♦子供のような *adj.* pueril, infantil. ♦子供の日 *m.* Día de la Infancia. ♦子供の教育 *f.* educación infantil. ♦子供のころに *adv.* de niño, cuando era niño/ña. ♦子供のころの夢 *f.* ambición infantil(de). ♦子供のような大きな目で私を見る *v.* mirarme con ojos grandes e infantiles. ♦彼は子供のころから機械が好きでした De niño ya le gustaban las máquinas. ♦そんな子供のようなことをするな No seas tan niño [pueril].

こともあろうに 事もあろうに ♦事もあろうに彼が約束を破るなんて Jamás habría imaginado que rompiera [iba a romper] su promesa.

こともなげに 事もなげに ♦事もなげに(＝容易に)問題を解く *v.* solucionar el problema fácilmente [sin ningún problema]. ♦彼は事もなげに(＝平気で)答えた Contestó "con indiferencia [《口語》como si nada]".

ことり 小鳥 *m.* pájaro,《口語》*m.* pajarillo. ♦小鳥を飼う *v.* tener* un pájaro. → 飼う. ♦小鳥屋 *f.* tienda de aves [pájaros].

ことわざ 諺 (言いならわし)*m.* refrán, *m.* dicho; (格言)*m.* proverbio,《教養語》*m.* adagio; (処世訓)*f.* máxima,《教養語》*f.* sentencia. ♦諺にもあるように *adv.* como dice "el refrán [《強調して》la sabiduría popular]". ♦「光陰矢のごとし」という諺がある Hay un dicho de que "el tiempo vuela como una flecha".

ことわり 断わり ❶(辞退)*m.* rechazo, *f.* negativa; (拒絶)*f.* repulsa. ♦彼は私の招待に断わりの手紙をよこした Me envió una carta rechazando mi invitación.

❷[許可]*m.* permiso (→許し); (予告)*f.* notificación; (警告)*m.* aviso. ♦断わりもなく欠勤する *v.* faltar al trabajo sin permiso [《フォーマル》autorización, decírselo* al jefe]. ♦入場お断わり[掲示]Se prohíbe la entrada. ♦はり紙お断わり[掲示]Prohibido fijar carteles. ♦犬はお断わり[掲示]No se admiten perros.

/ Perros No.

ことわる 断わる ❶[拒否する]*v.* rechazar*, rehusar*; negar*, negarse* 《a ＋ 不定詞》; (招待を)*v.* rehusar* [rechazar*, declinar] la invitación. ♦わいろを受け取ることを断わる *v.* rechazar* un soborno, negarse* a ser* soborna*do*. ♦彼は彼女にプロポーズしたが、彼女は断わった Le hizo una proposición matrimonial, pero ella le rechazó [[スペイン]《口語》dio calabazas]. ♦私たちは太郎を食事に招待したが、彼は断わった Le invitamos a Taro a cenar, pero él rehusó [[《フォーマル》declinó] la invitación. ♦彼は私たちといっしょに行くのを断わった "Se negó a [Rehusó] acompañarnos. ♦彼女は彼の支払いの要求をきっぱりと断わった Ella rechazó rotundamente su petición de pago. ♦私たちはコンサートへの入場を断わられた Nos negaron la entrada en el concierto. / Se negaron a dejarnos entrar al concierto.

❷[許可を得る](許可を求める)*v.* pedir* 《a ＋ 人》permiso; (予告する)*v.* avisar [《フォーマル》notificar*]《a ＋ 人》. ♦警察にデモをすると断わる(＝通告する)*v.* notificar* a la policía de la manifestación. ♦この部屋を使用するなら、先生に断わった方がいいよ Si quieres usar esta sala, tienes que pedir permiso al profesor. ♦引っ越すときは 1 か月前にその旨私に断わってください Haga el favor de avisarme [《フォーマル》notificarme] con un mes de adelanto cuando vaya a cambiarse.

こな 粉 (粉末)*m.* polvo; (穀物の)*f.* harina. → 粉せっけん, 粉ミルク, 粉雪. ♦粉にする *v.* pulverizar*,《口語》hacer* polvo; (穀物をひいて)*v.* moler* el grano en harina. ♦チョークの粉 *m.* polvillo de tiza.

こなごな 粉々 ♦粉々になる *v.* hacerse* añicos [pedazos]; destrozarse*. ♦手紙を粉々に引きちぎる *v.* romper* una carta en pedazos. ♦皿が床に落ちて粉々にこわれた El plato se cayó haciéndose añicos. ♦ボールが当たって窓ガラスが粉々になった La pelota rompió la ventana en pequeños pedazos.

こなし ♦身のこなし *m.* movimiento. → 動作, 態度.

こなす (処理する)*v.* acabar, completar; (演じる)*v.* interpretar; (消化する)*v.* digerir*; (消化吸収する)*v.* asimilar; (自由自在に扱う)*v.* manejar bien; (言語を)*v.* dominar. ♦1 週間でその仕事をこなす *v.* acabar en una semana el trabajo. ♦ドンファンの役をうまくこなす *v.* "hacer* muy bien el papel de [interpretar muy bien a] Don Juan. ♦今では少数の機械で何百人分もの仕事をこなしている Ahora unas cuantas máquinas despachan [hacen] el trabajo de cientos de personas. ♦この店では商売を数でこなしている(＝利益を上げる) En esta tienda sacan provecho de ventas en grandes cantidades.

こなせっけん 粉せっけん *m.* jabón en polvo.
こなみじん 粉みじん →粉々(🖙).
こなミルク 粉ミルク *f.* leche en polvo.

こなゆき 粉雪 *m.* polvo de nieve, *f.* nieve en polvo.

こなれる (消化する) *v.* digerir*. → 消化する. ♦ 彼女はこなれた訳をする Traduce「muy bien [con un estilo natural]. ♦ 彼は結婚して人間がこなれてきた (＝人間的に成熟した) Su carácter maduró「con el matrimonio [después de casarse].

こにもつ 小荷物 *m.* paquete, *m.* bulto, *m.* envoltorio. → 小包.

コニャック *m.* coñac.

ごにん 誤認 ▶ 味方の飛行機を敵機と誤認する *v.* confundir un avión aliado por [con] un avión enemigo.

こにんずう 小人数 (少数の人) *m.* grupo poco numeroso de personas, *fpl.* escasas personas. ▶ 小人数の委員会 *m.* pequeño comité, *m.* comité poco numeroso. ♦ そのクラスは小人数だ La clase es de pocos estudiantes.

こめかあめ 小糠雨 *f.* lluvia fina [menuda]; (霧雨) *f.* llovizna. ♦ こぬか雨が降っている Está lloviznando [chispeando].

コネ ▶ コネで就職する *v.* conseguir* un trabajo por contactos [《口語》enchufe].

こねこ 子猫 *mf.* gatito/ta, 《口語》 *mf.* minino/na.

ごねどく ごね得 ♦ 彼はあれこれ苦情を言ってごね得をした Presentó muchas quejas hasta que fue escuchado. ♦ 彼らはどうしてもその金を払おうとしない。このままではごね得になってしまうだろう No tienen la intención de pagar. Si lo dejamos así, ellos habrán salido ganando.

こねる (粉などを) *v.* amasar. → 練る. ▶ 理屈をこねる *v.* forzar* la lógica, porfiar*. ♦ だだをこねては (＝分からないことを言っては) いけません No seas irrazonable.

ごねる (不平を言う) *v.* quejarse 《de》, 《口語》 andar* fastidiando 《con》.

**この ❶ 【指示的に】 *adj.* este. ▶ ¹彼 ²[漱石] のこの小説が好きだ Me gusta esta novela ¹suya [²de Soseki]. ♦ この列車は50分で名古屋に到着します Este tren llega a Nagoya en 50 minutos. ♦ この花とあの花とではどちらが好きですか ¿Qué flor te gusta más, ésta o ésa? ♦ このことはだれにも言うな No se lo digas a nadie. / No le cuentes esto a nadie. ♦ この人は友人の阿部さんです Éste es el Sr. Abe, un amigo mío. ♦ いや知ってたよ、彼が私に話したんだもの Lo sabía. Yo mismo se lo dije.
❷ 【最近の】(この前の) *adj.* último; (過去の) *adj.* pasado; (次の) *adj.* que viene, próximo. → ここ. ▶ この1か月間(過去) *adv.* el pasado mes; (未来) *adv.* el mes que viene. ♦ この日曜日映画にいく Este [El próximo] domingo iré al cine.

このあいだ この間 (先日) *adv.* el otro día; (数日間に) *adv.* hace unos [algunos, varios] días; (最近) *adv.* hace poco, recientemente. ▶ この間の晩 [夜] *adv.* la otra tarde [noche]. ♦ この間彼はスピード違反で罰金を取られた El otro día le multaron por exceso de velocidad. ♦ 彼はついこの間までこの町に住んでいた Vivió en esta ciudad hasta hace muy poco. ♦ 彼はこの間からずっと病気で床についている Guarda [Está en] cama desde el otro día. ♦ それは今はちゃんと動きますが、この間使おうとしたときには動かなかったんです ¿Funciona ahora? El otro día que lo usamos no funcionaba.

このうえ この上 (もっと多く) *adv.* más; (程度・時間などさらに) *adv.* además. ♦ この上あなたのお世話になるわけにはいきません No te voy a molestar más. ♦ この上、欲しいものは何もない No quiero nada más. / (これに加えて) Aparte de eso, no quiero nada más. / (反語的に) ¿Quién podría [puede] pedir más? ♦ この上は (＝今や逃げる他ない) Ahora no puedes hacer más que escapar. ♦ 彼はこの上なく幸せだった Estaba todo lo feliz que se puede estar. / Era sumamente feliz.

このかた この方 ▶ 本校が創立されてからこの方 (＝以来) *adv.* desde la fundación de esta escuela; desde que se fundara esta escuela. ▶ 10年この方 *adv.* estos diez años. ♦ 彼は生まれてこの方入院したことがない En su vida ha estado [《口語》pisado] en un hospital (☆en su vida は否定語として使われる).

このくらい (そんなに) *adv.* así, tanto, tanto como eso. ▶ とても大きなクマを撃った。これくらいの大きさだった Le disparé a un oso enorme. Era así de grande. ♦ その事故を何も知らない人がこのくらい多くいる Todas estas personas no saben nada del accidente. ♦ このくらいの金は私に分けてくださいよ ¿No puedes darme una pequeña cantidad de dinero como ésa? ▶ 子供でもこれくらい知っている Hasta un niño「lo sabe [sabe eso]. ♦ 今日はこのくらいにしておこう Esto [Eso] es todo por hoy. / Hemos terminado por hoy.

このごろ この頃 (今日では) *adv.* estos días, hoy (en día), actualmente, en la actualidad; (今) *adv.* ahora; (最近) *adv.* últimamente, recientemente. → 最近. ♦ このごろの若者 Los jóvenes de hoy [hoy en día, la actualidad, estos días]. ♦ このごろ物価が高い Estos días los precios son altos. ☞ 今日、この所

このさい この際 (今) *adv.* ahora; (この場合に) *adv.* en esta ocasión; (こういう事情のもとで) *adv.* en [bajo] estas circunstancias.

このさき この先 ❶ 【前方に】 *adv.* más adelante, más allá [lejos]. ♦ 駅はこの先8キロ行ったところにあります La estación del tren está a ocho kilómetros más adelante [allá]. ♦ 図書館はすぐこの先です La biblioteca está「un poco más lejos [sólo unos pasos más allá].
❷ 【これからずっと】 *adv.* a partir de ahora, de ahora en adelante; (将来) *adv.* en el futuro. ♦ この先どうするつもりですか ¿Qué vas a hacer「a partir de ahora [en el futuro]?

このたび この度 ♦ この度 (＝近々) 結婚することになりました Voy a casarme próximamente [pronto]. ♦ この度はお世話になりました (＝いろいろ助けてくださってありがとうございました) Le agradezco su constante ayuda. / (ずっとご親切にしてくださいました) Siempre ha sido usted muy amable conmigo. ♦ この度の (＝この) 選

挙に彼は再選をめざして立候補します Va a presentarse para un segundo mandato en las próximas elecciones. ◆この度はご昇任おめでとうございます ¡Enhorabuena por ese ascenso! ◆この度はご主人様には、大変お気の毒に思います Siento mucho lo de su marido.

このつぎ この次 ◆①próximo, siguiente. ◆この次 (=次の時)まで待つ v. esperar a la siguiente [próxima] vez. ◆この次の日曜日彼と魚釣りに行きます El próximo domingo voy a pescar con él. ◆この次の駅で降りようVamos a bajarnos en la siguiente estación. ◆またこの次 (=いつかほかの日に)外で食事をしませんか ¿Qué le parece si salimos a comer juntos la próxima vez? ◆この次君が来るときは私の切手のコレクションを見せてあげよう La siguiente vez que vengas te enseñaré mi colección de sellos.

このとおり この通り (このように) adv. así, de esta forma [manera], de este modo; (ごらんのように) adv. como puedes ver, como ves, ya ves que... ◆すぐこの通りやりなさい Hazlo enseguida así [de este modo]. ◆列車はこの通り満員です Como puede ver, el tren está [va, viene] lleno. ◆この通り (=知っての通り)そんなことは不可能だ Ya ves que es imposible. ◆この通りそれはまったく君の間違いだ Es todo una equivocación tuya. ¿Es que no lo ves? / Como ves, no es más que「una equivocación tuya [un error tuyo]」.

このとき この時 adv. en este momento, en esta ocasión, ahora. ◆この時になってそんなことをしてもだめだ De nada vale hacer eso「en este momento [a estas alturas]」. / (今では遅すぎる)Ahora es demasiado tarde. ◆この時彼はまだ大学生だった Entonces todavía él estaba en la universidad. ◆この時はもうコンサートは聴衆の万雷の拍手で始まっていた En esa ocasión, el concierto había empezado con una atronadora ovación del público. ◆この時ばかりは彼は真剣な様子だった Por una vez parecía serio.

このところ この所 (最近) adv. últimamente, recientemente → 最近; (このごろ) adv. hoy en día, 《口語》hoy. ◆彼はこの所あまり酒を飲まない Últimamente no bebe [ラ米 toma] mucho. ◆この所彼は授業に出ていません Estos días no viene a clase. / Últimamente falta a clase.

このは 木の葉 f. hoja. → 葉.

このぶん この分 (この調子では) adv. a este ritmo, a este paso, 《口語》así las cosas. ◆この分でいくと体育館は12月までに完成するでしょう A este ritmo [paso], el gimnasio quedará terminado para diciembre. ◆この分でいくと (=事態がこのように進むと), 物価は当分上がり続けることだろう「Si las cosas siguen así [《口語》Así las cosas], los precios seguirán subiendo cierto tiempo. ◆この分では (=現在の状況から判断すると), 両国間に戦争はないだろう「A juzgar por la situación actual [Por lo que parece], no habrá guerra entre esos dos países. ◆この分では (=現状では)株に投資できない Estando las cosas así, no puedo invertir en acciones. ◆この分なら雪ははじきにやむでしょう Si sigue así, pronto dejará de nevar.

このへん この辺 (この近くに) adv. por aquí, cerca de aquí; (この近所に) adv. en este barrio, en esta vecindad; (近くのどこかに) adv. en los alrededores. ◆この辺にレストランはありますか ¿Hay algún restaurante por aquí (cerca)? ◆この辺の方(た)ですか ¿Es usted de aquí cerca?

このほか この他 (これに加えて) adv. aparte, además de esto; (これを除いて) adv. con esta excepción, a excepción de antes.

このまえ この前 ❶【先日】 adv. el otro día, en la ocasión pasada; (最近) adv. últimamente, recientemente. この間, 先日, 最近. ◆この前のあらし la pasada tormenta. ❷【前回】◆この前の1日曜 [2夏](に) m. (en) el pasado ¹domingo [²verano], 前の市長 mf. otro/tra [anterior] alcalde/desa, mf. ex-alcalde/desa. ◆この前どこで働いていましたか ¿Dónde trabajabas antes? ◆この前彼女に会ったとき彼女は幸福そうに見えた Parecía feliz la otra [última] vez que la vi.

このましい 好ましい (すてきな) adj. agradable, grato; (感じのいい) adj. deseable, apetecible; (好意ある) adj. favorable; (適している) adj. conveniente. ▶好ましい人物 f. persona agradable. ▶好ましからぬ人物 f. persona no indeseable, 《フォーマル》《専門語》f. persona no [《ラテン語》non] grata. ▶好ましい環境 m. ambiente grato [agradable]. ▶好ましからぬ (=歓迎されない)客 m. huésped indeseable. ▶好ましい印象を与える v. causar una buena [favorable] impresión ◆いい, 結構

このまま (あるがままに, そのままに) adv. así, tal como es [está], de ese modo. ◆この花をこのまま彼の所へ持って行こう Le llevaré esta flor así [tal como está]. ◆私の所持品をこのままにしておいてくれ Deja mis cosas tal como están. ◆今度は彼の失敗をこのままにしておく (=見逃しておく)ことはできない Esta vez no puedo「ignorar su falta [《口語》pasársela]. ◆このままでいくと (=この調子では)彼は再選されないだろう Si esto continuará así, no será reelegido. → この分

このみ 好み m. gusto, f. afición, 《文語》f. complacencia; (趣味) m. favor, f. inclinación, f. preferencia. ▶服装の好み m. gusto por「el vestido [la ropa]. ◆好みに応じて砂糖を入れる v. añadir azúcar al gusto. ◆この車は私の好みに合わない Este coche no me gusta [《口語》va]. ◆人の好みはさまざま Cada uno tiene su gusto. / 《ことわざ》Sobre gustos no hay nada escrito. → -たで. ◆兄と私とでは詩の好みが違う Mi hermano y yo tenemos diferentes gustos en poesía. 《会話》音楽が大好きです—好みは—クラシックです La música me gusta mucho. – ¿Tu favorita? – La clásica. ◆この二つの中ではどちらがお好みですか ¿Cuál te gusta más de los/las dos? / ¿Cuál de los/las dos prefieres? ◆私には特別な色の好みはない No tengo preferencia por un color en especial. ◆好みの色は何ですか ¿Cuál es tu co-

このみ

lor favorito? / ¿Qué color es el que te gusta más? ♦彼は服の好みが大変うるさい Tiene un gusto muy especial para vestir. / Es muy especial para la ropa. 〈会話〉このスカートは私の好みからすればもうちょっと短い方がいいな ¿Qué tal esta falda? – Bueno, para mi gusto, estaría mejor un poquito más corta. ▫嗜好, 趣味

このみ 木の実 *f.* nuez, *m.* fruto. → 実.

***このむ** 好む *v.* gustar, 《フォーマル》agradar, 《口語》《強調して》encantar; (…の方を好む) *v.* preferir*. → 好き. ♦子供はたいていアイスクリームを好む A casi todos los niños les gustan los helados. ♦彼はテレビよりも読書の方を好む Le gusta más leer que ver la televisión. / Prefiere leer a ver la televisión. ♦彼はあまりウイスキーを好まない No le gusta mucho el whisky [güisqui]. ♦好むと好まざるとにかかわらず, 私は一人でそこへ行かなければならない Me gusta o no, tengo que ir allí solo. ▫いい, 好く

このよ (現世)(来世に対して)*m.* este mundo; (人生) *f.* esta vida. ♦この世の(現世の) *adj.* mundano; (天国に対して地上の) *adj.* terrenal. ▶この世の楽しみ *mpl.* placeres mundanos. ▶この世を去る *v.* dejar este mundo; (死ぬ) *v.* morir*, 《フォーマル》fallecer*. ♦あの人はもうこの世にはいない Ya no está entre nosotros. / 《フォーマル》Ha fallecido.

このような[に] *adv.* de esta forma [manera], de este modo, así. → こんな. ♦このようにやってください Por favor, hazlo así.

こはく 琥珀 *m.* ámbar. ▶琥珀色の *adj.* de color ámbar, ambarino.

ごはさん 御破算 ▶御破算にする (元に戻して始める) *v.* empezar* "de nuevo [desde el principio], 《口語》hacer* tabla rasa; (中止する) *v.* abandonar, dejar (→止(ど)める); (行事・予定などを) *v.* anular.

こばしり 小走り ♦彼は小走りでやってきた Vino correteando hasta mí.

ごはっと 御法度 ▶御法度になっている *v.* estar* prohibi*do*. ♦ここではその話は御法度だよ Esa historia está prohibida aquí.

こばなし 小話 *m.* chiste, *f.* historieta.

こばむ 拒む (きっぱり)*v.* rechazar*; (断固としてきつく)*v.* rehusar*, negarse* «a + 不定詞»; (ていねいに)*v.* excusarse «de + 不定詞»; (要求などを)*v.* negar*. → 断る. ♦彼の要求を拒む *v.* rechazar* su petición. ♦彼は命令に従うことを拒んだ Se negó a obedecer las órdenes.

コバルト *m.* cobalto. ▶コバルトブルー(の) *m.* (de) azul cobalto. ▶癌(がん)細胞にコバルトを照射する *v.* irradiar cobalto para exterminar las células cancerosas.

こはるびより 小春日和 (北半球で) *m.* veranillo de「San Martín [San Miguel]; (南半球で) *m.* veranillo de San Juan.

こはん 湖畔 *f.* orilla de un lago. ▶湖畔で *adv.*「a la orilla del [junto al] lago. ▶湖畔の宿 *m.* hotel junto al lago. ▶琵琶(びわ)湖畔(はん)で休暇を過ごす *v.* pasar las vacaciones en el lago Biwa.

こばん 小判 "koban", 《説明的に》 *f.* antigua moneda ovalada de oro o plata empleada en Japón. ♦それでは猫に小判だよ(=豚に真珠を投げ与えるようなものだ) 《言い回し》Es como arrojar margaritas a los cerdos.

コパン Copán (☆ホンジュラスのマヤ遺跡).

***ごはん** ご飯 *m.* arroz cocido (→飯(めし)); (食事) *f.* comida. ▶ご飯茶碗 *m.* cuenco de arroz. ▶(茶碗一盃いの)あつあつのご飯 *m.* cuenco de arroz caliente [《口語》calentito]. ▶ご飯の仕度をする *v.* preparar la comida. ▶御飯の時間ですよ Ya es hora de comer [cenar]. ♦御飯ですよ ¡A comer! / ¡A la mesa! ♦今日のご飯はとってもふっくら炊けている Hoy el arroz ha salido muy bueno y entero.

こび 媚 *m.* halago, *f.* adulación, 《教養語》 *f.* lisonja. ▶媚を売る *v.* halagar*, adular, 《教養語》lisonjear. → へつらう, おべっか, お世辞.

ごび 語尾 *m.* final de palabra. ▶語尾変化 (専門語) *f.* inflexión. ♦その語を語尾に強勢を置いて発音する *v.* pronunciar la palabra acentuando la sílaba final.

コピー (複写物) *f.* copia, *f.* fotocopia; (複製品) *f.* reproducción, (広告文) *f.* copia. ▶コピー・アンド・ペーストする 《専門語》*v.* copiar y pegar*. ▶コピー機 *f.* fotocopiadora. ▶コピー・プロテクト 《専門語》 *f.* protección de copia. ▶コピーする *v.* hacer* [sacar*] una copia [fotocopia]; *v.* copiar; (絵画などを) *v.* reproducir*. ♦この手紙のコピーを3部取ってくれますか ¿Me puede hacer tres copias de esta carta, por favor?

コピーライター *mf.* redactor/*tora* de textos publicitarios.

ゴビさばく ゴビ砂漠 Desierto de Gobi (☆モンゴル南部と中国の砂漠).

こびじゅつ 古美術 ▶古美術品(骨董品) *f.* antigüedad; (古典的形式の作品) *f.* obra de arte clásico. ▶古美術品店 *f.* tienda de antigüedades. → 骨董.

こひつじ 子羊 (1才以下の) *m.* cordero; (1・2才の) *m.* borrego.

こびと 小人 *mf.* enano/*na*.

こびとしょう 小人症 《専門語》 *f.* microsomía.

こびりつく ▶泥が私の靴にこびりついた Se me ha pegado barro a los zapatos. → くっつく. ♦彼の言葉が私の頭にこびりついて離れない Sus palabras se me quedaron grabadas. / (どうしても忘れられない)No puedo olvidar sus palabras.

こびる 媚びる *v.* halagar*, adular. → へつらう, おべっか, お世辞.

こぶ 瘤 (打撲による) *m.* chichón; (固いはれもの) *m.* bulto; (ラクダの) *f.* giba, *f.* joroba. ♦ボールが当たって頭にこぶができた El pelotazo en la cabeza me ha hecho un chichón.

ごぶ 五分 (利率) *m.* cinco por ciento; (等しい) *adj.* igual*do*, igual. → 五分五分. ▶年利5分で *adv.* a un interés anual del 5%. ▶五分の試合 *m.* partido igualado.

こふう 古風 ▶古風(=旧式)な家 *f.* casa anticuada [pasada de moda, extraña]. ▶古風な考え *f.* idea anticuada.

ごふく 呉服 (絹織物) *mpl.* tejidos de seda; (絹

の服）*mpl*. vestidos de seda; （着物の生地） tela (de seda) para "kimono". ▶呉服屋(店) *f*. tienda de telas (de seda) para "kimono"; （人）*mf*. comerciante en telas para "kimono".

ごぶごぶ 五分五分 ▶五分五分の *adv*. por mitad, cincuenta por ciento; (互角の) *adj*. igualado; empatado. ▶五分五分の勝利の見込み *m*. cincuenta por ciento de posibilidades de ganar. ♦彼の成功の見込みは五分五分だ Sus posibilidades de éxito son del cincuenta por ciento.

ごぶさた 御無沙汰 *m*. largo silencio. ♦すっかりごぶさたして申し訳ありません Debo disculparme por mi largo silencio. / （長いこと手紙を出さないですみません） Debo disculparme [Perdón] por no haberte escrito durante tanto tiempo. → 手紙. / (お久しぶりです) Hace siglos que no te veía.

こぶし 拳 *m*. puño. ▶こぶしを1握り締める [2振る] *v*. ¹apretar* [²mover*] el puño.

ごふじょう 御不浄 *m*. cuarto de baño. → 便所.

こぶつ 古物 *f*. antigüedad, *f*. antigualla, *m*. objeto antiguo. → 骨董.

こぶとり 小太り ▶小太りの (太りぎみの) *adj*. rollizo; （いくぶんぽっちゃりした） *adj*. 《口語》 regordete, 《口語》 gordito. → 太る.

こぶね 小船 *f*. barca.

コブラ *f*. cobra. ▶ジャイアントコブラ *f*. cobra gigante.

こぶり 小降り （小雨） *f*. lluvia ligera; （霧雨） *f*. llovizna. ♦雨が小降りになって（＝あがって）きた La lluvia ha amainado. / Cada vez llueve menos.

こプロセス 子プロセス 《専門語》 *m*. proceso hijo.

こふん 古墳 *f*. antigua tumba, 《教養語》 *m*. túmulo. ▶古墳を発掘する *v*. excavar [desenterrar*] una tumba antigua.

こぶん 古文 *m*. escrito antiguo; (古典) *m*. clásico (japonés).

こぶん 子分 *mf*. seguidor/dora; （政界・やくざのボスの） *m*. partidario, 《口語》 *m*. satélite; （有力者の） *m*. protegido.

ごへい 語弊 ▶語弊がある *adj*. engañoso. ♦そういうと語弊があるかもしれないが… Esa expresión no sería la correcta, pero…

こべつ 戸別 ▶戸別の de puerta a puerta. ▶戸別に *adv*. de casa en casa, de puerta en puerta. ▶戸別訪問する *v*. visitar de casa en casa, ir* de puerta en puerta.

こべつ 個別 ▶個別の (個人個人の) *adj*. individual; (各々の) *adj*. cada; (別々の) *adj*. separado. ▶個別に *adv*. individualmente, uno por uno, por separado. ▶個別の指導 *f*. guía individual. ▶個別の部屋 *fpl*. habitaciones individuales. ▶個別に生徒と面談する *v*. tener* una entrevista con cada estudiante, entrevistarse individualmente con los estudiantes.

コペルニクス (ニコラウス〜) Nicolás Copérnico (☆1473-1543, ポーランドの天文学者). ▶コペルニクス的大転回 *f*. revolución copernicana.

コマーシャル 487

コペンハーゲン Copenhague (☆デンマークの首都).

ごほう 誤報 *m*. informe falso [incorrecto], *f*. información equivocada.

ごほう 語法 *m*. uso. ▶現代スペイン語語法 *m*. uso del español moderno.

ごぼう 牛蒡 *f*. bardana, *m*. lampazo. ▶デモ隊をごぼう抜きにする *v*. desalojar a los manifestantes a viva fuerza.

***こぼす** ❶[物をこぼす] （液体・粉などを） *v*. verter*, derramar, 《口語》 tirar; （パンくずなどを落とす） *v*. dejar (caer*). ▶涙をこぼす *v*. derramar lágrimas. ▶パンくずをテーブルにこぼす *v*. dejar migas sobre la mesa. ▶床にインクをこぼした "He vertido [《口語》 Se me ha caído] tinta en el suelo."
❷[不平を言う] *v*. quejarse [lamentarse] (de, sobre); (ぶつぶつ言う) *v*. gruñir* [rezongar*] (de). ♦彼女物価が高いといってもこぼしてばかりいる Siempre se está quejando de lo caro que está todo.

こぼれる （液体が容器などから） *v*. verterse*, derramarse; （あふれ出る） *v*. salirse*, rebosar, desbordarse; （落とす） *v*. caer(se)*. ▶牛乳がグラスからあふれてテーブルにこぼれた La leche "se salió [rebosó] del vaso en la mesa. ♦酒がグラスのふちからこぼれた El vino rebosaba del vaso. ♦目から涙がこぼれた (＝落ちた) Se me saltaron las lágrimas. → 落ちる. ♦彼の顔に笑みがこぼれた Una sonrisa iluminó [《文語》 se desbordó sobre] su rostro.

ごほん ▶ごほんと咳(せき)をする *v*. toser. ♦私は彼女が何度もごほんと咳をするのを聞いた La oí toser muchas veces.

こぼんのう 子煩悩 ▶彼は子煩悩だ (＝子を溺(でき)愛する) "Adora a [《口語》 Está loco por] sus hijos."

こま 駒 （将棋の） *f*. pieza, *f*. ficha; （弦楽器の） *m*. puente, *m*. alzaprima. ▶持ち駒 *fpl*. fichas capturadas [《口語》 comidas] para su propio uso. ▶決勝戦へ駒を進める *v*. avanzar* a la final.

こま 独楽 *f*. peonza, *m*. trompo, *f*. trompa. ▶こまを回す *v*. hacer* bailar [girar] una peonza.

> [地域差] こま(遊び)
> [全般的に] *m*. trompo
> [スペイン] *m*. peón, *f*. peonza
> [メキシコ] *m*. pirinola

ごま 胡麻 *m*. ajonjolí, *f*. alegría, *m*. sésamo. ▶ゴマあえ *m*. plato con salsa de ajonjolí. ▶ゴマ油 *m*. aceite de ajonjolí. ▶ゴマ塩 *m*. ajonjolí con sal. ▶ごまをする(人) *mf*. adulador/dora, 《口語》 *mf*. pelota, 《俗語》 *mf*. lameculos; (行為) *m*. peloteo. ▶ごまをする *v*. moler* semillas de sésamo, （機嫌をとる） *v*. hacer* la pelota, 《口語》 dar* coba.

コマーシャル *m*. anuncio, 《ラ米》 *m*. comercial. ▶¹化粧品 [²その会社] のテレビのコマーシャル *m*. anuncio televisivo de ¹cosméticos [²esa empresa]. ▶コマーシャルソング *f*. canción del anuncio, *f*. tonadilla publicita-

ria.
- 地域差 (テレビの)コマーシャル
- [スペイン] *m.* anuncio
- [キューバ] *m.* anuncio
- [メキシコ] *m.* anuncio, *m.* comercial
- [ペルー] *m.* comercial, *f.* propaganda
- [コロンビア] *m.* anuncio comercial, *f.* propaganda
- [アルゼンチン] *m.* aviso, *f.* propaganda

コマール *m.* comal (☆トルティージャを焼くための鍋).

＊こまかい 細かい ❶【物が小さい】*adj.* pequeño; (微細な) *adj.* menudo, fino. ▶細かい¹砂 [²ほこり] ¹*f.* arena fina [² *m.* polvo fino]. ▶細かい¹レース [²絹] ¹*m.* encaje fino [² *f.* seda fina]. ▶きめの細かい肌 *m.* cutis fino. ▶細かくきざんだキャベツ *f.* col cortada menudo. ◆この雑誌は細かい活字で印刷されている Esta revista está impresa con letras menudas. ◆肉を細かく切ってください Por favor, corte la carne en trozos pequeños. / Córteme la carne menuda, por favor.
❷【金額が少ない】*adj.* suelto, menudo. ▶細かい金で支払う *v.* pagar* con dinero suelto. ▶この千円札を細かくしてくださいませんか Por favor, ¿puede cambiarme este billete de mil yenes en monedas?
❸【綿密な】(注意深く綿密な) *adj.* atento, escrupuloso; (細目にわたる) *adj.* detallado, pormenorizado; (詳細を極めた) *adj.* minucioso. ▶細かく *adv.* minuciosamente, (詳細に) *adv.* con detalle, detalladamente. ▶細かい点をいくつか省略する *v.* omitir algunos detalles. ▶昆虫を細かく観察する *v.* observar atentamente los insectos. ◆彼は彼女の言葉に細かい注意を払った Prestó una atención escrupulosa a sus palabras. ◆彼は私にその事故を細かく説明した Me explicó el accidente con「todo detalle [todos los pormenores, 《口語》pelos y señales]. / Me dio una detallada explicación del accidente. ◆細かい点まで触れるな Deja los detalles.
❹【ささいな】(取るに足らない) *adj.* trivial, sin importancia. ▶細かい誤りを指摘する *v.* indicar* (sus) equivocaciones triviales.
❺【微妙な】(感じやすい) *adj.* sensible, (繊細な) *adj.* delicado; (違いなどが微妙な) *adj.* sutil. ▶細かな違い *f.* sutil [ligera] diferencia 《entre》. ◆彼女は神経が細かい (=神経過敏だ) Es muy sensible.
❻【金銭に】(慎重な) *adj.* cuidadoso; (けちな) *adj.* tacaño. ◆彼女はひどく金に細かい Es muy cuidadosa con su dinero. / Es muy tacaña. → けち.

ごまかし 誤魔化し *f.* trampa, *m.* engaño; (見せかけ) *f.* simulación, *f.* apariencia pura. ▶ごまかす. ▶トランプでごまかしをする *v.* hacer* trampa en las cartas. ◆彼の親切はごまかしにすぎない Su amabilidad no es más que「una simulación [pura apariencia]. ◆あの男にはごまかしがきかない No se le puede engañar.

ごまかす 誤魔化す ❶【だます】*v.* engañar; (計略を用いて) *v.* hacer* trampa, burlar; (金銭をだまし取る) *v.* estafar, timar. → だます. ▶外見にごまかされる *v.* ser* engañado por las apariencias. ◆彼らは彼女をごまかして金を巻き上げた La estafaron. / Le robaron el dinero timándola.
❷【着服する】(公金を) *v.* malversar, desfalcar*; (こっそりと) *v.* embolsarse. → 着服, 横領.
❸【数量を細工する】▶年齢をごまかす *v.* mentir* en [sobre] la edad. ◆私はそのレストランで釣り銭をごまかされた Me engañaron en el cambio en ese restaurante. ◆肉屋で目方をごまかされた En la carnicería me engañaron en el peso. ◆私が帳簿をごまかしてるとでも思っているのか ¿Crees que estoy engañando en las cuentas?
❹【場面を取りつくろう】(過ちなどをうまく弁明する) *v.* dar* una explicación convincente 《para》, emplear subterfugios; (質問・税金・義務などをうまくかわす) *v.* evadir, disimular, fingir*. ◆彼はえり元の口紅のことを妻になんとかごまかそうとした Intentó dar una explicación convincente a su esposa sobre la marca de labios que había en el cuello de su camisa. ◆彼女は踏み段につまずいたが, すぐにそれを笑ってごまかした Tropezó en el escalón, pero disimuló enseguida riéndose.

こまぎれ 細切れ (細かい切れ端) *m.* pedacito, *m.* trocito; (断片) *m.* fragmento, *f.* picadura. ▶挽き肉 *f.* carne picada. ▶豚肉を細切れにする *v.*「hacer* picadillo con [cortar en trocitos] la carne de cerdo. ▶細切れの =(断片的な)知識 *m.* conocimiento incompleto [a retazos].

こまく 鼓膜 *m.* tímpano (del oído); 《専門語》 *f.* membrana timpánica. ◆彼は鼓膜が破れた Se le perforó el tímpano.

こまごま 細々 (ささいな) *adj.* pequeño; (細部な) *adj.* detallado, minucioso, pormenorizado. ▶細々とした用事 《口語》 *m.* trabajito, *f.* pequeña tarea; (雑用) *mpl.* pequeños quehaceres. ▶細々とした指示をする *v.* dar* 《a + 人》instrucciones detalladas. ▶そのことについて細々と述べる *v.* explicarlo* detalladamente [con pormenores].

こましゃくれた (生意気な) *adj.* precoz e impertinente. → 生意気, ませる.

こまどり 駒鳥 *m.* petirrojo.

こまねく 拱く ▶手をこまねいていては (=何もしないでいては)事態は一層悪くなる Si sigues sin hacer nada, la situación se pondrá peor.

こまめ ▶こまめに (=きびきびと)動く *v.* ser* diligente [laborioso], 《口語》 andar* activo, 《口語》 ser* como una abeja. ◆彼はこまめに働く Trabaja mucho [con diligencia].

ごまめ *fpl.* anchoas secas.

こまやか 細やか (温かい) *adj.* afectuoso; (優しい) *adj.* cariñoso, tierno. ▶細やかな愛情 *m.* cariño. ▶細やかに看病する *v.* cuidar 《a + 人》 cariñosamente [con ternura].

こまらせる 困らせる (当惑させる) *v.* poner* en un apuro [aprieto]; (困惑させる) *v.* confundir, turbar; (悩ませる) *v.* molestar; (いらいらさ

せる)v. irritar, fastidiar. ▶人を困らせる質問をする v. hacer* preguntas embarazosas [violentas]. ▶難しい質問で彼を困らせる v. ponerlo[le]* en un apuro con preguntas difíciles. ♦つまらないことで私を困らせないでくれ No me molestes con tonterías.

* **こまる 困る** ❶【困難にフォう, 苦労する】v. tener* problemas [《フォーマル》dificultades] 《con, por, en》, verse* apurado [en un apuro, en un aprieto] 《para + 不定詞》, estar* apurado 《por, con》, (ひどい目にあう)v. 《口語》pasarlo muy mal 《con》; (苦しめられる)v. estar* molesto [fastidiado] 《con》. ▶職探しに(=職が見つからなくて)困る v. tener* problemas [dificultades] en encontrar* un trabajo, pasarlo mal para encontrar* un trabajo. ♦たくさんの宿題で困っています Estoy teniendo problemas con tanto trabajo en casa. ♦彼は借金で困っている Está apurado por las deudas. ♦食料不足で大変困った Tuvimos problemas por la falta de comida. /(苦しんだ)Nos vimos en un aprieto por la escasez de alimentos. /(苦労を引き起こした)La falta de comida nos puso en un apuro. ♦つまらない事で彼を困らせるな No le molestes con tonterías. ♦[1更に困ったことには]妹はまた病気になった [1El problema es que [2Para complicar más las cosas] mi hermana se volvió a poner enferma. ♦何を困っているのですか ¿Cuál es el problema? ♦私は困っている友人を助けるつもりだ Voy a ayudar a mis amigos en apuros. ♦あの子はよく心配をかけるが、一番困るのは体が弱いことです Ese niño me preocupa mucho, pero lo que más me apura es su mala salud. ♦そのとき彼は日本語をしゃべるのには困らなかった(=なんなくしゃべれた) Entonces ya no tenía problemas para hablar japonés. ♦うちの息子には困ったものだ Mi hijo me causa muchos problemas. /(苦労の種だ)Mi hijo es una fuente de problemas. /iMe pone en cada apuro mi hijo!

❷【困窮する】▶金に困っている v. 《口語》marchar mal, encontrarse* sin dinero. ♦彼は生活に困っている(=暮らし向きが悪い) Está pasando apuros. /《口語》Lo está pasando mal. /(ほとんど生活できない)Apenas tiene para vivir.

❸【迷惑する】(しつこくくり返される)v. ser* fastidiado, (心の平静さを乱される)v. ser* molestado. → 悩ます. ▶困らせる v. fastidiar, molestar, 《スペイン》incordiar, 《俗語》joder, 【ラ米】《口語》fregar*. ♦彼は私に困ったもんだ Me está fastidiando. ♦少年は車がほしいと言って両親を困らせ続けた El chico no dejaba de molestar a sus padres pidiéndoles un coche. ♦彼には困った癖がいくつかある Tiene algunos hábitos muy molestos. ♦困ったことにとても忙しくしているときにお客さんがあった iVaya fastidio! iTuve una visita cuando estaba más ocupado! ♦彼は時間を守らないので困る Me fastidia que no sea puntual.

❹【当惑する】(わからなくて)v. verse* en un aprieto, no saber* qué hacer*; (恥ずかしくて)v. estar* desconcertado [violento] (→当惑する); (途方に暮れる)v. turbarse, estar* confuso. ▶困らせる v. poner* en 「un aprieto [una situación embarazosa]. ▶困った質問 f. pregunta embarazosa [violenta]. ♦彼女は彼からほめられて困ってしまった Sus elogios la turbaron. ♦彼は言葉に困った No sabía qué decir. /《ラ米》《口語》Estaba [Se quedó] cortado. /《口語》Estaba confuso. /《口語》Tenía un nudo en la garganta.

❺【都合・具合が悪い】v. ser* [resultar] incómodo [inconveniente]. ♦電話がないと困る Resulta incómodo no tener teléfono. / No tener teléfono es una inconveniencia. /(電話なしではやっていけない)No podemos estar sin teléfono. ♦君に行かれたら困る(=行ってほしくない) Sería una inconveniencia que te fueras. ♦ここでは喫煙は困ります(=許可されていない) No se permite fumar aquí. 会話 彼はすぐ来ると思う?—来なけりゃ困るよ ¿Crees que va a venir enseguida? – iVaya problema como no venga! ♦交通事故が毎年ふえているのは困った(=残念な)ことだ Es un problema que cada año esté aumentando el número de accidentes de tráfico. ♦雨が降ると困るから(=場合に備えて)傘を持って行きなさい Llévate un paraguas, que como llueva lo vas a pasar mal.

こまわり 小回り ▶小回りがきく(=融通のきく)人 f. persona flexible. ♦この車は小回りがきく Este coche gira muy bien.

コマンド 《専門語》m. comando, 《専門語》f. orden. ▶コマンド・インタープリター 《専門語》m. intérprete de comandos. ▶コマンド・プロセッサ《専門語》m. procesador de comandos. ▶コマンド・ライン 《専門語》f. línea de comandos.

ごまんと 五万と ▶そんな例なら五万とある Casos como ése hay a millares.

-こみ -込み ▶すべての費用込みで adv. todo incluido, incluyendo todo. ♦この宿泊料金はサービス料込みです(=含んでいる) Las tarifas de este hotel incluyen suplementos por el servicio. ♦私の月給は税込みで 40 万円です Mi salario mensual es de 400.000 yenes 「en bruto [con impuestos, impuestos incluidos].

* **ごみ** f. basura; (生ごみ)f. basura orgánica; (小型のがらくた)mpl. desperdicios, mpl. desechos; (くず)f. basura, mpl. desperdicios; (紙くず)m. papel desechado; (ちり)m. polvo. ▶ごみ収集車 m. camión de la basura. ▶

ごみを出す曜日と時間 Deposite la basura. ➡ごみ

ごみ収集人 *mf.* basurero/ra, *mf.* recogedor/dora de basura. ▶ごみ捨て場 *m.* basurero. ▶ごみ箱 *m.* cubo de la basura;《専門語》*f.* papelera. ▶ごみを掃く[払う] *v.* barrer la basura [el polvo]. ▶ごみ捨てるべからず『掲示』Prohibido tirar basura. ◆ごみの収集は月・金です La basura se recoge los lunes y viernes. 《会話》ごみを出してくださる一いいとも ¿Me puedes sacar la basura? – Está bien. ◆目にごみが入った Tengo una mota (de polvo) en el ojo.

〔地域差〕ごみ箱
〔全般的に〕*m.* basurero
〔スペイン〕*m.* cubo de basura
〔キューバ〕*m.* cubo [*f.* lata] de basura, *m.* latón
〔メキシコ〕*m.* bote de basura
〔ペルー〕*m.* tacho [*m.* tarro] de basura
〔コロンビア〕*f.* caneca
〔アルゼンチン〕*m.* cubo [*m.* balde, *m.* tacho, *m.* tarro] de basura

こみあう 込み合う（混雑している）*v.* estar* lleno; (詰め込まれている) *v.* estar* repleto [atestado, atiborrado]; (大混雑する) *v.* congestionarse; (人が群がっている) *v.* estar* atestado. → 込[混]む.

こみあげる 込み上げる（出てくる）*v.* surgir*; (集中する) *v.* rebosar, agolparse, (わき出る) *v.* sentir* una oleada 《de》, aflorar. ◆涙が彼の目にこみ上げてきた Las lágrimas se le agolparon a los ojos. ◆彼の光景に怒りがこみ上げてきた Al verlo sentí una oleada de ira [cólera].

こみいる 込み入る（複雑である）*v.* ser* complicado [《フォーマル》intrincado, complejo]. → 複雑. ▶こみ入った時計の仕掛け *m.* complicado mecanismo de un reloj. ◆この小説の筋は込み入っている La trama de esta novela es complicada.

コミカル（おかしな）*adj.* cómico; (おどけた)*adj.* gracioso,《軽蔑的に》ridículo.

ごみごみ▶ごみごみした (=不潔で汚らしい)スラム *m.* barrio de chabolas「muy sucio [asqueroso,《俗語》lleno de mierda]. ▶ごみごみした (=ごみが散乱した)部屋 *m.* cuarto desordenado; (不用な物でごった返した) *m.* cuarto「todo revuelto [《口語》a manga por hombro]; (取り散らして汚い) *f.* habitación desaseada.

こみち 小道（路地）*f.* callejuela, *m.* callejón, *f.* travesía; (野山の) *f.* senda, *m.* sendero, *f.* vereda; (田舎道) *m.* camino vecinal [rural]; (出口のない) *m.* callejón sin salida 《=道》. ▶小道をたどって湖に出る *v.* seguir* la senda hasta el lago.

コミック *m.* cómic,《スペイン》*m.* tebeo,《日本語》*m.* "manga". → 漫画.

コミッショナー *mf.* comisario/ria.

コミッション *f.* comisión; (手数料, 歩合) *f.* comisión, *m.* corretaje. → 手数料.

こみみ 小耳▶小耳にはさむ(ふと耳にする) *v.* oír* sin querer*; (たまたま聞く) *v.* oír* por casualidad, acertar* a oír*.

コミュニケ *m.* comunicado. ▶共同コミュニケを1読み上げる [2発表する] *v.* 1leer* [2hacer* público] un comunicado conjunto.

コミュニケーション *f.* comunicación. ▶コミュニケーションギャップ *f.* brecha en la comunicación《entre》.

コミュニスト（共産主義者）*mf.* comunista.

コミュニズム *m.* comunismo.

コミュニティー *f.* comunidad. ▶コミュニティーセンター *m.* centro comunitario.

*****こむ 込[混]む** ❶【混雑している】*v.* estar* lleno; (いっぱい詰め込まれている) *v.* estar* repleto [atestado, atiborrado],《フォーマル》estar* congestionado;《口語》(人が群がる) *v.* estar* apretado [《口語》como sardinas en lata]. → 混雑する. ▶こんだバス *m.* autobús lleno. ▶こみ具合 *m.* grado de ocupación. ◆その店は買い物客でこんでいた Esa tienda estaba atestada de compradores. ◆その高速道路はいつもこんでいる Esa autopista está siempre congestionada por el tráfico. / En esa autopista hay siempre mucho tráfico. ◆きょう彼は予定がこんでいる(=ぎっしりだ) Hoy tiene una agenda muy apretada.

❷【精巧である】(念入りに仕上げた) *adj.* intrincado, de mucho trabajo; (意匠を凝らした) *adj.* de fantasía. ▶手の込んだ刺しゅう *m.* bordado intrincado.

*****ゴム** *f.* goma, *m.* caucho. ▶1天然 [2合成; 3人造]ゴム *f.* goma 1natural [2sintética; 3artificial]. ▶ゴム印 *m.* sello de goma. ▶ゴム長靴 *fpl.* botas de goma. ▶ゴムの木(観賞用) *m.* árbol del caucho. ▶ゴムひも *m.* elástico.

*****こむぎ 小麦** *m.* trigo. ▶小麦粉 *f.* harina (de trigo). ▶小麦粉をねる *v.* amasar la harina. ▶小麦畑 *m.* trigal. ▶小麦色の *adj.* trigueño; (肌が)*adj.* bronceado. ◆小鳥が散らかった小麦をついばんでいる Los pájaros picotean los granos de trigo desparramados.

こむすめ 小娘 *f.* joven, *f.* mocita.

こむらがえり 腓返り▶こむら返りになる *v.* tener* un calambre en la pantorrilla.

*****こめ 米** *m.* arroz.
　1《米+名詞》▶米俵 *m.* saco [*f.* bolsa] de arroz. ▶米粒 *m.* grano de arroz. ▶米所 *f.* región arrocera. ▶米ぬか *m.* salvado de arroz. ▶米屋(店) *f.* tienda de arroz, (人) *mf.* comerciante de arroz.
　2《米を》▶米をとぐ [2たく, 3作る] *v.* 1lavar [2cocer* el; 3cultivar] arroz. ◆たいていの日本人は米を主食にしている La mayoría de los japoneses se alimentan de arroz. ▶精白米 *m.* arroz blanco (☆炊いた白米も意味する). ▶玄米 *m.* arroz integral. ▶胚(はい)芽米 *m.* arroz con germen. ▶もち米 *m.* arroz glutinoso.

こめかみ *f.* sien, *fpl.* sienes.

コメディアン *mf.* (humorista) cómico/ca, *mf.* comediante/ta.

コメディー *f.* comedia; (笑劇) *f.* farsa. → 喜劇.

こめる 込める ❶【装填(てん)する】*v.* cargar*. ▶銃に弾丸を5発込める *v.* cargar* una pistola con 5 balas.

❷【精神を集中する】▶演技にもっと心を込める *v.*

poner* más emoción [alma, entusiasmo] en la actuación, 《口語》echarle más alma a la actuación. ▶絵に精魂を込める v. poner* cuerpo y alma en un cuadro. ▶心を込めて (=誠意をもって)話す v. hablar「con el corazón en la mano [sinceramente]. ▶ありったけの力を込めて引っ張る v. tirar「con cuerpo y alma [con todas las fuerzas].

ごめん 湖面 f. superficie del lago. ▶湖面に adv. en la superficie del lago.

ごめん 御免 ❶【許可】▶ごめんをこうむって adv. con su permiso. ▶天下御免の (合法の) adj. lícito; (公認の) adj. autorizado.
❷【免除】▶ごめんをこうむる (=言い訳して断わる) v. dar* [《フォーマル》presentar]「una excusa [un pretexto]. ▶お役御免になる(解雇される) v. ser* despedido [《口語》echado, 《メキシコ》《口語》corrido]; (責任を解除される) v. ser* dispensado de su cargo. ▶演説はごめんこうむりたい Quisiera que me dispensaran「del discurso [《フォーマル》de tener que pronunciar un discurso].
❸【拒否】◆人と競争するのはぼくはごめんだね (=するつもりはない)「No quiero [Me niego a] competir con nadie. ◆そんなことをするのはまっぴらごめんだ Me niego en redondo a hacer eso [tal cosa]. ◆もう戦争はごめんだ (=たくさんだ) ¡Ya está bien de guerras! / ¡Basta de guerras! / ¡Dios nos libre de más guerras!
── ごめん → 御免なさい ◆ごめんください (呼びかけて) ¿Se puede? / ¿Hay alguien?

コメンテイター mf. comentarista.

コメント m. comentario 《de, sobre, acerca de》. →論評. ▶コメント・アウトする (専門語) v. comentar. ▶ノーコメント Sin comentarios. ◆君の意見にはコメントはしたくない No quiero hacer ningún comentario de [comentar] tu opinión.

*** ごめんなさい** 御免なさい Perdón, Perdone, 《口語》¿Qué? → 済みません. ◆あんなことを言って本当にごめんなさい Siento tanto haber dicho eso. ◆時間をあまりにも多く取らせてごめんなさい Perdón por haberle entretenido tanto tiempo. ◆間違っていたらごめんなさい (=許してください) Perdona [Perdone] si me equivoco.

ごもくならべ 五目並べ "gomokunarabe", 《説明的に》m. juego de mesa en el que dos jugadores compiten por colocar cinco fichas en una línea no cortada por ninguna ficha rival.

こもじ 小文字 f. (letra) minúscula. → 大文字.

こもり 子守 (行為) m. cuidado de un bebé [niño]; (人) f. niñera empleada por horas, 『スペイン』《口語》mf. canguro/ra; (本職の) f. niñera. ▶子守歌 f. nana, f. canción de cuna. ▶子守をする v. cuidar a un niño, hacer* de niñera [『スペイン』《口語》canguro].

こもる 籠もる (満ちる) v. estar* lleno 《de》. ▶その小さい部屋はたばこの煙がこもっていた La pequeña habitación estaba llena de humo de tabaco.
【その他の表現】◆心のこもった (=心からの)贈り物ありがとう Muchas gracias por tu atento regalo.

こもれび 木漏れ日 mpl. rayos de sol que se filtran por las hojas.

コモロ Comoras (☆アフリカ東部, インド洋の国, 首都モロニ Moroni).

こもん 顧問 mf. consejero/ra, mf. asesor/sora 《en, de》. ▶顧問団 m. grupo de consejeros [asesores]. ▶顧問弁護士 mf. asesor/sora jurídico/ca, mf. abogado/da consultor/tora; (会社の) mf. abogado/da「de empresa [empresarial]; (家庭の) mf. abogado/da de familia. ▶野球部の顧問 mf. asesor/sora del club de béisbol. ▶会社の顧問をする v. actuar* como [de] asesor de la empresa. → 会社.

こもんじょ 古文書 (歴史的証拠文書) m. documento histórico [antiguo]; (公的な記録文書) m. archivo. ▶古文書学 f. paleografía.

こや 小屋 (掘っ建て小屋) f. choza, f. cabaña; (丸太小屋) f. cabaña de madera; (わらぶきの) f. choza con el techo de paja; (家畜小屋) m. establo; (番小屋) f. garita. ▶犬小屋 f. perrera, f. caseta para el perro. ▶ウサギ小屋 f. conejera. ▶牛小屋 m. establo. ▶馬小屋 f. cuadra. ▶鶏小屋 m. gallinero. ▶豚小屋 f. pocilga. ▶小屋を建てる v. levantar [construir*] una cabaña.

ゴヤ (フランシスコ・デ〜) Francisco (José) Goya (y) Lucientes (☆1746-1828, 画家).

こやく 子役 (役者) m. actor niño, f. actriz niña; (役) m. papel teatral infantil.

ごやく 誤訳 f. traducción errónea [equivocada, mala]. ▶そのスペイン語文を誤訳する v. traducir* mal la oración española. ◆彼は誤訳をたくさんした Cometió muchos errores de traducción. / Se equivocó mucho en su traducción. ◆誤訳があったら指摘してください Indique, por favor, los errores de traducción, si los hay.

こやし 肥やし m. fertilizante. → 肥料.

こやす 肥やす (土地を) v. fertilizar* (la tierra); (家畜を) v. engordar, cebar (el ganado); (目などを) v. educar* (el buen ojo) 《para》.

こやみ 小止み ◆雨が小やみになった La lluvia está amainando. / Está escampando.

こゆう 固有 ▶固有の(特有の) adj. típico, peculiar 《de》; (特質などが本来備わっている) adj. propio 《de》, inherente 《a》; (特徴的な) adj. característico 《de》; (動植物が土地特有の) adj. nativo 《de》. ▶固有名詞 m. nombre propio. ▶日本固有の習慣 fpl. costumbres típicas de Japón. ◆この本能は人間固有のものだ Este instinto es inherente a los seres humanos. ◆コアラはオーストラリア固有の動物だ Los coalas son nativos de Australia. ☞ 特別の 《に》, 特有の.

こゆき 小雪 f. nevisca, f. nieve ligera. ◆小雪が舞っている Hay nevisca. / Está neviscando.

こゆび 小指 (手の) m. (dedo) meñique (de la mano); (足の) m. (dedo) meñique del pie. → 指.

こよう 雇用 m. empleo. ▶雇用する v. emplear, dar* empleo, contratar. → 雇う. ▶¹完全[²終身]雇用制 m. plan [m. sistema] de empleo ¹completo [²de por vida]. ▶雇用期間 m. período de empleo. ▶雇用条件 fpl. condiciones de empleo. ▶雇用対策 fpl. medidas laborales [sobre el empleo]. ▶雇用者[主] m. patrón/trona. ▶雇用保険. ▶男女雇用機会均等法 f. Ley de Oportunidad Igual de Empleo, 《スペイン》f. Ley de Igualdad de Oportunidades (y no Discriminación de las Personas con Discapacidad). ♦彼の仕事は労働者の雇用と解雇だった Su trabajo era emplear y despedir trabajadores.

ごよう 御用 ❶【用事】→用事. ♦お安いご用です Claro que sí. / Naturalmente. / Desde luego. ♦私にご用ですか ¿Desea usted algo? / ¿Me necesita para algo? ♦何のご用ですか(受付などで) ¿Lo [¿Le, ¿La] puedo atender? / ¿Puedo ayudarlo[le, la]? / ¿En qué puedo servirlo[le, la]? / ¿Qué se le ofrece? ♦ご用は伺っていますか(店員が客に) ¿Lo [¿Le, ¿La] están atendiendo? / ¿Le, ¿La atienden, señor [señora]? ♦何かご用がございましたらフロントにお電話ください Si 「necesita algo [hay algo que se le ofrezca], no tiene usted más que llamar por teléfono a la recepción.

❷【注文】→注文. ▶御用聞き m. receptor de pedidos, m. visitante que toma pedidos. ▶御用聞きに行く v. ir* a tomar el pedido de un cliente. ♦今日は何か御用はございませんか ¿Le puedo tomar su pedido, caballero [señora]?

❸【公用】▶御用¹始め [²納め](日) m. ¹primer [²último] día del año de asuntos oficiales; (事) ¹ f. reapertura [² f. clausura] anual de asuntos oficiales. ▶宮内庁御用達(たし) m. abastecedor oficial de la Agencia de la Casa Imperial.

❹【逮捕】m. arresto. → 逮捕.

コヨーテ m. coyote (☆北米のオオカミ).

こよなく 娘をこよなく愛する v. amar tiernamente a una hija.

こよみ 暦 (カレンダー) m. calendario, m. almanaque. ▶はぎとり式の暦 m. almanaque de taco. ▶2004年の暦 m. calendario del año 2004. ▶暦の上ではもう夏だ Oficialmente ya es verano. / Ya estamos en verano según el calendario.

こより 紙縒り m. cordoncillo de papel. ▶こよりをよる v. torcer* el papel para hacer* un cordoncillo.

こら interj. eh, eh tú, mira, oye. ♦こら、そんなことはよせ ¡Eh! ¡Deja de hacer eso! ♦こら(=おい)、静かにしなさい ¡Oye! Estate quieto.

コラージュ (仏語) m. "collage" (☆発音は [koláʒ]).

こらい 古来 adv. desde la antigüedad, de antiguo. ▶日本古来の風習 f. antigua [《フォーマル》ancestral] costumbre japonesa.

ごらいこう 御来光 m. amanecer (contemplado desde lo alto de una montaña).

こらえる ❶【我慢する】v. tolerar. → 耐[堪]える. ▶こらえきれない悲しみ f. pena insoportable.

❷【抑制する】(涙・感情などを) v. aguantar, 《口語》tragarse* (las lágrimas); (怒りなどを) v. reprimir, controlar; (笑い・あくびなどを) v. aguantar, contener*, ahogar* (el bostezo). ▶笑いをこらえる v. reprimir una sonrisa. ▶あくびをこらえる v. ahogar* un bostezo. ♦私は怒りをこらえることはできなかった No pude 「controlar la ira [reprimir la cólera]. ♦彼女は泣きたいのをこらえようとした Intentó contener las lágrimas.

ごらく 娯楽 (楽しみごと) f. diversión; (演芸・余興) m. entretenimiento, f. atracción; (休養, 気晴らし) m. recreo, 《教養語》m. solaz; (暇つぶしの気晴らし) m. pasatiempo, (楽しみ) m. placer. ▶娯楽雑誌 f. revista de entretenimiento [de temas variados de recreo]. ▶娯楽施設 fpl. instalaciones recreativas. ▶娯楽室 m. salón de juegos recreativos. ▶娯楽番組 m. programa de diversiones [atracciones]. ♦大都市にはたくさんの娯楽がある En las grandes ciudades hay muchas diversiones. ♦ここでは娯楽にはこと欠きません. 演劇, コンサート, 競馬その他いろいろあります Aquí no faltan diversiones: teatro, conciertos, carreras de caballos, etc. ♦多くの(=たいていの)人にとってテレビを見るのが娯楽だ Ver la televisión es un 「pasatiempo mayoritario [entretenimiento para la mayor parte de la gente]. ♦あなたは娯楽として何をしますか ¿Qué haces para divertirte? / ¿Qué pasatiempos tienes? ▶遊び, 慰安, 気晴らし

こらしめる 懲らしめる v. castigar*, dar*「un escarmiento [una lección], 《フォーマル》disciplinar. ▶罰する. ♦その少年は今はこらしめないといけない Hay que darle al chico un escarmiento. / Ese muchacho necesita disciplina. ▶痛めつける, 戒める, 思い知る

こらす 凝らす ♦彼女は目を凝らしてその写真を見た Fijó la vista en la foto. / Miró la foto atentamente. ♦彼らはパーティーのためにいろいろ趣向を凝らした(=念入りに計画を立てた[準備をした]) Prepararon la fiesta con todo detalle.

コラム f. columna.

コラムニスト (特約寄稿家) mf. columnista. ♦彼女はアルゼンチンの有名な新聞のコラムニストだ Es una columnista de un famoso diario argentino.

ごらん 御覧 ❶【見る】v. ver*, mirar. → 見る. ▶ご覧に入れる v. mostrar*, enseñar. → 見せる. ▶ごらん. 雨が降りそうだよ ¡Mira! Va a llover. ♦あれをごらん ¡Mira eso! / ¡Fíjate en eso! ♦ごらんのとおりもうすっかり元気です Como puedes ver, ya estoy perfectamente bien.

❷【試みる】(会話) 鉛筆が折れちゃった―これを使ってごらんよ Se me ha roto el lápiz. –「Mira a ver éste [Prueba éste].

▶その他の表現 ▶そらごらん. いわないことじゃない ¿Lo ves? ¿No te lo había dicho?

コリアンダー m. culantro (☆セリ科, ハーブ).

コリー *m.* perro pastor escocés, 《英語》*m.* (perro) "collie".

ごりおし ごり押し ▶ごり押しする *v.* abrirse* paso por la fuerza. ▶議案をごり押しする *v.* hacer* aprobar* por la fuerza un proyecto de ley.

こりかたまる 凝り固まる （熱狂的になっている）*v.* ser* fanático 《de, sobre》; （夢中になっている） *v.* estar* loco 《por》; （偏執的である）*v.* ser* intolerante [cerrado]. ♦彼は一つの固定観念に凝り固まっている Tiene una idea obsesiva [《口語》entre ceja y ceja]. ♦彼らは盲目的愛国主義に凝り固まっている Su patriotismo no es más que puro chovinismo. / Son patriotas fanáticos.

こりこり ▶こりこりした（歯ごたえなどが） *adj.* crujiente; （手ざわりなどが）*adj.* duro, firme; （肩などがこって）*adj.* rígido. ♦この奈良漬はこりこりしておいしい Este narazuke está crujiente y delicioso. ♦私の両腕は使い過ぎてこりこりしてしまった Trabajé demasiado con los brazos y ahora los tengo endurecidos.

こりごり ▶懲りる。♦あんな連中はこりごりだ（＝もうたくさんだ）Estoy harto de esa gente. ♦あそこへ行くのはこりごりだ（＝二度と行きたくない） Nunca más volveré a ir allí.

ごりごり ▶ごりごりかく *v.* arrascar(se)*; （へらなどでこそぐる）*v.* raspar. ♦彼は腕の蚊にさされた所をごりごりかいた Un mosquito le picó el brazo y se arrascaba.

こりしょう 凝り性 ▶凝り性の人（完全主義者）*mf.* perfeccionista; （熱中する人）*mf.* entusiasta.

こりつ 孤立 *m.* aislamiento. ▶孤立した *adj.* aislado; （寂しい）*adj.* solitario. ▶孤立する[している] *v.* estar* [encontrarse*] aislado; （友・味方がいない）*v.* estar* sin amigos. ▶孤立主義 *m.* aislacionismo. ▶孤立政策 *f.* política aislacionista [de aislamiento]. ▶孤立無援で（＝一人で）戦う *v.* luchar solo. ♦彼女はクラスで孤立している Está aislada [No tiene amigos] en la clase. ♦私たちの村は大雪のために孤立した Nuestro pueblo quedó aislado a causa de la fuerte nevada.

コリびょう コリ病 《専門語》*f.* enfermedad de Cori.

ごりやく ご利益 ▶ご利益があった（＝私の祈りがかなった） Mis oraciones fueron contestadas [escuchadas].

こりょうりや 小料理屋 "koryoriya",《説明的に》*m.* pequeño restaurante-taberna que ofrece tapas.

ゴリラ *m.* gorila.

こりる 懲りる （もうたくさんだ）*v.* estar* harto 《de》, tener* bastante 《de》（→こりごり）; （教訓を学ぶ）*v.* escarmentar* 《de, con》. ♦これで彼らもこりるだろう Espero que eso le sirva de escarmiento.

ごりん 五輪 *mpl.* Juegos Olímpicos, *f.* Olimpíada. → オリンピック.

こる 凝る ❶【熱中する】→熱中. ♦彼らはロックミュージックに凝っている Están locos por la música rock. ♦彼は凝り性で Se apasiona por todo.

❷【工夫する】▶凝った（＝装飾をこらした）家具 *mpl.* muebles de fantasía. ▶服装に凝る（＝うるさい）*v.* ser*「muy especial con [exigente en] el vestido.

❸【筋肉が】*v.* endurecerse*, ponerse* rígido. ♦気苦労で肩が凝っています De tanto preocuparme tengo los hombros endurecidos. → 肩.

コルク *m.* corcho, （栓）*m.* (tapón de) corcho. ▶コルク抜き *m.* sacacorchos. ▶コルクの栓をする *v.* encorchar (una botella). ▶ワインのコルクを抜く *v.* descorchar una botella de vino.

コルクガシ *m.* alcornoque.

コルサコフせいしんびょう コルサコフ精神病 《専門語》*f.* psicosis de Korsakoff.

コルシカ ▶コルシカ(島) Córcega （☆フランス, 地中海の島）.

コルセット *m.* corsé, *f.* faja.

コルタサル （フリオ ～） Julio Cortázar （☆1914-84, アルゼンチンの小説家）.

コルテス （エルナン ～） Hernán Cortés （☆1485-1547, 1521 年アステカ王国を征服した）.

コルドバ Córdoba （☆アルゼンチンの州・州都; スペインの都市）.

コルビーナ （ニベ） *f.* corvina （☆食用魚）.

ゴルフ *m.* golf. ▶ゴルフ¹クラブ [²ボール] ¹ *m.* palo [² *f.* pelota] de golf. ▶ゴルフクラブ(団体・建物) *m.* club de golf. ▶ゴルフ場 *m.* campo de golf. ▶ゴルフの試合 *m.* partido de golf. ▶ゴルフ練習場 *f.* zona de práctica del golpe inicial en golf. ▶ゴルフに行く *v.* ir* al golf. ▶ゴルフをする *v.* jugar* al golf, 《ラ米》jugar* golf. ▶ゴルフで１ラウンド回る *v.* jugar* 「una vuelta [un recorrido] de golf.

ゴルファー *mf.* golfista, *mf.* jugad*or/dora* de golf.

＊＊これ ❶【この物, この人, この事】*pron.* éste, esto. 《会話》これは何ですか－電卓だよ ¿Qué es esto? – Es una calculadora de bolsillo. ♦これは私が先週とった写真です Ésta es una foto [Éstas son fotos] que saqué la semana pasada. ♦これだけは言っておく。彼は君のことをとても心配しているよ No te digo más que esto: está muy preocupado por ti. ♦これでニュースを終わります Y con esto acabamos las noticias. 《会話》この大きい鍵は入らないよ．－どれ, それじゃ, これを試してごらん Esta llave grande no entra. – A ver, prueba ésta, entonces. ♦へえ, １万円でこれだけしか買えないとはね Es increíble que esto sea todo lo que se puede comprar por 10.000 yenes. 《会話》気に入ったカーペットが見つからないわ－これならいいかもしれないよ No puedo encontrar una alfombra que me guste. – Tal vez ésta sí.

❷【注意を引いて】*interj.* eh, mira, oye, 《口語》vamos a ver, 《口語》pero bueno. ♦これ, 親に向かってその口のきき方は何だ Mira [Oye], no puedes「decir cosas [responder] así a tus padres. ♦これ, 何がおかしいのだ Vamos a ver, ¿de qué te ríes? ♦これ, 浩, ドアをけるのはやめなさい Oye, Hiroshi, deja de dar patadas a la puerta. 《会話》これ, 何をしようとしていたの－何も Pero bueno, ¿qué has estado hacien-

これから

これから (今後はずっと) *adv.* en adelante, 《強調して》de aquí en adelante; (これ以後) *adv.* desde ahora, ahora, 《強調して》a partir de ahora; (将来) *adv.* en el [lo] futuro. ♦これからの(=将来の)若者たち *f.* juventud del futuro. ♦これからの(=来たるべき)世代 *f.* próxima generación, 《文語》*f.* generación venidera. ♦これからは仕事に身を入れよう En adelante voy a trabajar en cuerpo y alma. ♦これからどうなるかだれも分からない Nadie sabe lo que va a pasar en el futuro. ♦これから行ってももう間に合うまい Incluso yendo ahora, sería demasiado tarde. → 今. ♦あなたのこれからの(=将来の)計画を教えてください Dime, por favor, cuáles son tus planes「a partir de ahora [para el futuro]. ♦これから出かけるところだ Iba a salir ahora mismo. → 今. ♦これから勉強しなければならないことがたくさんある Tendré mucho que estudiar de ahora en adelante. ♦彼女の弟はこれからというときにがんで死んだ Su hermano murió de cáncer en la flor de su juventud.

これきり (この1回限りで) *adv.* una vez por todas, esta vez y no más; (二度と(...しない)) *adv.* ya no más, nunca más, jamás. ♦会うのはこれきりにしよう Vamos a vernos de una vez por todas. / Ya no nos veremos más. ♦しなくてはならないのはこれきりです Esto es todo lo que tienes que hacer. ♦酒はこれきりでやめるよ Nunca más volveré a beber [tomar].

コレクション *f.* colección (de sellos). ♦切手のコレクションをする *v.* coleccionar sellos.

コレクター *mf.* coleccionista 《de》. ♦コインコレクター *mf.* coleccionista de monedas.

コレクトコール (料金受信人払い通話) *f.* llamada a [de] cobro revertido. ♦コレクトコールをする *v.* llamar 《a + 人》a cobro revertido.

これくらい ♦これくらいの *adv.* así, esto. ♦彼はこれくらいの背の高さです Es así de alto. ♦奈良時代の彫刻はこれくらいにして次に平安時代に入ろう Así está bien de la escultura de la época de Nara. Pasemos ahora a la época de Heian.

これこれ ♦これこれの場所と時間 *mpl.* tal y tal lugar y hora. ♦これこれ静かにしなさい「Venga, venga [Vamos, vamos], estáte quieto. → まあ.

コレステロール *m.* colesterol. ♦血中のコレステロール値を下げる *v.* reducir* [bajar, controlar] el nivel de colesterol de la sangre.

これっぽち ♦お金はたったこれっぽちしか残っていない No nos queda más que este dinero. ♦この図書館にはどうしてこれっぽちしか本がないのですか ¿Por qué hay tan pocos libros en esta biblioteca?

これという (特別な) *adj.* particular. → これといった.

これといった *adj.* particular, concreto. ♦これといった目的もなく *adv.* sin ningún motivo particular. ♦今日はこれといってすることがない Hoy no tengo nada particular que hacer. 会話 ねえ、土曜の夜何か予定ある—いいえ、これといった予定はないわ Oye, ¿tienes algún plan para este sábado por la noche? – No, ningún plan en especial. ♦彼はこれといった(=取り立てて言うほどの)作品を残していない No dejó ninguna obra digna de mención especial.

これほど *adv.* tan(to). ♦これほど頼んでも(=頼みにもかかわらず) *adv.* pese a tantos ruegos. ♦野球がこれほどおもしろいとは思わかなった No sabía que el béisbol era tan divertido. ♦これほど笑ったことってちょっと記憶にないや No recuerdo haberme reído tanto. ♦これほど大きなリンゴは見たことがない No había visto「una manzana tan grande [tan gran manzana].

コレポン (商業通信) *f.* correspondencia comercial.

これまで ❶【今までのところでは】 *adv.* hasta ahora; (以前に) *adv.* antes. ♦これまでよりも[にも増して]熱心に働く *v.* trabajar más que nunca. ♦これまでのところ彼は幸せに暮らしてきた「Hasta ahora [De momento] ha vivido feliz. ♦これまでで最高の点数だ Es mi mejor puntuación hasta la fecha. ♦これまでに彼の本を読んだことがない Nunca había leído sus libros antes. / Hasta ahora no había leído sus libros. ♦これまでにその映画を見たことがありますか ¿Habías visto antes esa película? ♦これはこれまでに私が見た中で最高の映画だ Es la mejor película que 「jamás había visto [había visto en mi vida; había visto hasta el presente]. ♦これまで一番低い温度を記録した La temperatura alcanzó un mínimo histórico. / La temperatura nunca había bajado tanto.
❷【最後】♦今日はこれまでにしよう Eso es todo por hoy. / De momento eso es todo. / Con eso hemos terminado hoy. ♦彼はもうこれまでだ Él está perdido [acabado]. / (回復の見込みがない)No hay ninguna esperanza de que se recupere.

これみよがし ♦これみよがしの *adj.* ostentoso, 《口語》aparatoso. ♦これみよがしに着飾る *v.* vestirse* con ostentación, ir* vestido ostentosamente; (その場に合わない華美な服を着ている) *v.* vestirse* aparatosamente para la ocasión.

これら *pron.* estos, estas; esto. → これ. ♦[1]これら [2これらの]は私のです [1]Éstos [2]Estos libros] son míos.

コレラ コレラ 《専門語》 *m.* cólera. ♦コレラ患者 *mf.* paciente de cólera; (症例) *m.* caso de cólera. ♦コレラ菌 *m.* germen [《専門語》 *m.* vibrio] de cólera. ♦コレラにかかる *v.* contraer* 《agarrar, 《口語》coger*》el cólera.

ころ 頃 (特定の時) *conj.* cuando; *m.* tiempo; (ちょうどよい時) *m.* tiempo [*m.* momento] 《para》. → 時. ♦あの[その]ころ *adv.* (por) entonces, en aquel tiempo, (en) aquellos días. ♦あなたが帰宅するころには私はもう寝ているでしょう Estaré acostado cuando llegues a casa. ♦私が初めて京都を訪れたころ路面電車が見られた「Cuando visité Kioto por primera vez [La primera vez que visité Kioto], pude ver tranvías por las calles. ◆そろそろバスの来るころだ Ya es hora de「que llegue [llegar] el autobús. ◆子供のころその学校へ通っていた De niño [Cuando era niño] iba a esa escuela.

-ころ -頃 *adv.* alrededor 《de》, como; *prep.* hacia, sobre, 一頃(ほど).

ごろ 語呂 *m.* buen sonido, 《教養語》*f.* eufonía. ◆このことわざは語呂がいい Este refrán suena bien. ◆この二つの言葉は語呂が悪い Estas dos palabras no suenan bien juntas.
☞ 洒落, 駄洒落

*-ごろ -頃 ❶【時を漠然と示す】*adv.* aproximadamente; alrededor 《de》, hacia, sobre, 《口語》más o menos, 《口語》como. → 今頃. ▶(午後)3時ごろ *adv.*「alrededor de [hacia, como a, aproximadamente a] las tres (de la tarde). 《会話》彼女が来たのは何時ごろでしたか―7時ごろでした ¿Qué hora era cuando (ella) vino? ‒ Eran aproximadamente 《口語》sobre] las siete. ◆火曜ごろから彼に会っていない Desde el martes más o menos no lo [le] he visto. ◆パーティーの終わりごろになると疲れてしまった Hacia el final de la fiesta me sentía cans*ado*.
❷【ちょうどよい時期・状態】◆カキは今が食べごろだ Ahora están las ostras de temporada. → 見ごろ.

ゴロ *m.* roletazo, *f.* rola. ▶3塁にゴロを打つ *v.* pegar* un roletazo a la tercera base.

ころあい 頃合い ◆頃合いを見はかる *v.* esperar「el momento oportuno [la ocasión adecuada]《para》. ◆頃合いを見はからって部隊を出る *v.* aprovechar una ocasión para salir* de la sala.

ころがす 転がす ◆ボールを床に転がす *v.* hacer* rodar* una pelota por el suelo.

ころがりこむ 転がり込む ◆ボールが1草むらに[2車の下に]転がり込んだ La pelota se fue rodando a ¹la hierba [²debajo del coche]. ◆大金が転がり込んだ(＝思いがけなく手に入れた) Me ha「llovido del cielo [llegado de rondón] una gran suma de dinero.

*ころがる 転がる (回転する)*v.* rodar*, rular; (倒れる)*v.* caer(se)* rodando; (勢いよく)*v.* dar* vueltas [volteretas]. ◆ボールが1テーブルから]転がり落ちた La pelota se cayó rodando ¹al hoyo [²de la mesa]. ◆彼は階段から転がり落ちた Se cayó rodando [dando vueltas] por las escaleras. ◆硬貨が机の下に転がり込んだ Debajo de la mesa se fue rodando una moneda. ◆君の探している万年筆が足もとに転がっている(＝にある) A tus pies está caída la pluma que estás buscando. ◆そんな安物の宝石ならどこにでも転がっているよ Esa joya barata la puedes hallar en cualquier sitio.

ころげまわる 転げ回る *v.* dar* vueltas rodando, ir* rodando; (のたうち回る)*v.* dar* vueltas de un lado a otro.

ころころ ❶【転がるさま】◆ころころ転がる *v.* rodar(se)*, dar* vueltas. ◆ボールがころころ転がっていた La pelota se iba rodando.
❷【意見などが次々に変わるさま】◆彼の意見はころころ変わる Su opinión cambia a menudo.

ごろね 495

❸【女性の笑うさま】◆ころころ笑う *v.* reír* felizmente.
❹【太っているさま】◆彼女はころころしている《口語》Es gordita. / Está rellena.

ごろごろ ❶【転がるさま】◆ごろごろ転がる *v.* revolcarse*, revolverse*, dar* vueltas. ◆大きな石が斜面をごろごろ転がっていった Una gran piedra bajaba dando vueltas por la cuesta.
❷【散在しているさま】◆空かんや空びんがそこらにごろごろしていた El lugar estaba lleno de botes y botellas vacías. ◆通りには浮浪者がごろごろしていた Por la calle daban vueltas los vagabundos.
❸【鳴る音】◆胃がごろごろ鳴った Me sonaban las tripas. ◆一晩中雷がごろごろ鳴っていた Toda la noche estuvieron retumbando los truenos. ◆猫はうれしいときごろごろいう Los gatos ronronean cuando se sienten felices.
❹【怠けているさま】◆彼は働きにも行かないで家でごろごろしている Está haciendo el vago en casa sin ir al trabajo.

ころし 殺し *m.* asesinato, 《フォーマル》*m.* homicidio. → 殺人.

ころしもんく 殺し文句 (効果的な表現)*f.* frase [*f.* expresión] reveladora [decisiva].

ころしや 殺し屋 *mf.* asesin*o*/*na*「a sueldo [profesional], *m.* sicario.

*ころす 殺す ❶【生命を奪う】*v.* matar, dar* (la) muerte 《a》, 《口語》acabar 《con》; (故意に)*v.* cometer un asesinato [《フォーマル》homicidio]; (残虐に)*v.* matar brutalmente; (大量に)*v.* masacrar, matar en masa; (暗殺する)*v.* asesinar. ◆彼は彼女を刺し殺した La mató [《口語》Acabó con ella] a puñaladas. / La acuchilló hasta matarla. ◆彼はピストルで殺された Una pistola lo [le] mató. ◆彼の殺された女性には一度も会ったことはない No he visto nunca a la mujer asesinada. ◆何千ものアザラシがここで毎年殺される Aquí masacran todos los años miles de focas. / Miles de focas son degolladas aquí cada año.
❷【抑える】*v.* contener*; (こらえる)*v.* reprimir. ◆息を殺す *v.* aguantar la respiración. ◆あくびをかみ殺す *v.* ahogar* un bostezo.
☞ 消す, 仕留める, 生命, 倒す

ごろつき (ナンピラ) *mf.* gamberr*o*/*rra*, 『スペイン』*mf.* vándal*o*/*la*; (悪漢)*m.* rufián, *mf.* granuja.

コロッケ *f.* croqueta.

コロッセウム *m.* Coliseo.

ころっと → ころりと ◆ころっと出てくる *v.* salir* rodando inesperadamente. ◆ころっと死ぬ *v.* morir* de repente. ◆買い物袋からリンゴがころっと出てきた De la bolsa de la compra se salió rodando una manzana. ◆私は彼と会う約束をすっかり忘れていた Olvidé por completo mi cita con él. ◆私はあの男にころっとだまされた Ese tipo me engañó limpiamente.

コロナ *f.* corona.

ごろね ごろ寝 ◆ソファーの上でごろ寝する *v.* quedarse dormi*do* en el sofá (con la ropa

ころぶ 転ぶ （倒れる）v. caer(se); （勢いよく）v. caer(se)* violentamente. ◆石につまずいて転ぶ v. tropezar* con una piedra y caerse*. ◆階段で転ぶ v. caerse* por las escaleras. ◆彼は転んでひざをすりむいた Se cayó y se hizo un rasguño en la rodilla. ◆どっちに転んでも（=どちらにしても）損はない No tengo nada que perder de un modo ni de otro. / De cualquier manera no voy a perder nada. ◆転ばぬ先の杖(え)（[言い回し]） Mira bien antes de saltar. / [ことわざ] Más vale prevenir que curar.

ころも 衣 （修道僧の法衣）m. hábito; （カトリック司祭の法衣）f. sotana; （天ぷらの衣）m. rebozo. ◆¹夏の [²冬の] 衣替えをする v. ponerse* ropa de ¹verano [²invierno].

コロラドがわ コロラド川 el Río Colorado （☆メキシコ北西部、アメリカ合衆国西部を流れる川）.

ころりと ❶[すっかり] adv. completamente, por completo. ◆ころりと忘れる v. olvidar completamente. → ころっと. ◆彼女の魅力にころりと参ってしまった Quedó completamente cautivado [hechizado] por su encanto.

❷[ばたっと] ◆ころりと倒れる v. desplomarse. ◆彼は流れ弾にあたってころりと地面に倒れた Fue alcanzado por una bala perdida y se desplomó.

❸[突然] adv. de repente, 《フォーマル》súbitamente. ◆彼は態度がころりと変わった Cambió de actitud de repente.

コロン mpl. dos puntos; 《専門語》m. colon.

ごろんと ◆ごろんと横になる v. tumbarse [acostarse*, 《口語》echarse] de costado [lado]. ◆彼は丸太をごろん（=どすん）と置いた Dejó caer el tronco con un golpe.

コロンビア Colombia; （公式名）f. República de Colombia （☆南アメリカの国、首都 Bogotá）. ◆コロンビア(人)の adj. colombiano. ◆コロンビア人 mf. colombiano/na.

コロンブス（クリストファー ～）Cristóbal Colón （☆クリストバル・コロン：1451-1506）.

コロンボ Colombo （☆スリランカの旧首都）.

*こわい 怖い → 恐ろしい. ◆こわい（=厳格な）先生 mf. profesor/sora estricto/ta [severo/ra], 『スペイン』《口語》m. hueso. ◆彼はこわい（=ものすごい）顔つきをしている 《フォーマル》Parece muy estricto. / Tiene el semblante muy estricto. ◆彼はこわくて口もきけなかった Tenía demasiado miedo para hablar. ◆彼はこわいもの知らずだ（=何も恐れない）No le teme a nada. / Nada 「le da miedo [《フォーマル》le atemoriza]. / （向こう見ずな子だ）Es un muchacho「sin miedo [intrépido]. ◆ああ、こわかった iDios mío, qué miedo tenía! → 怖がる. ◆きゃー、こわい iAh, qué miedo! ◆みんなが一緒ならこわくない Juntos no tenemos nada que temer.

こわいろ 声色 f. imitación vocal, m. remedo de la voz. ◆声色使い mf. imitador/dora. ◆彼の声色を使う v. imitar [remedar] su voz. ◆声色を使うのがうまい v. ser* 「un buen imitador [una buena imitadora], remedar bien.

こわがる 怖がる v. tener* miedo （a, de）, temer; （突然おびえる）v. atemorizarse*, asustarse （de）（ひどくおびえる）v. aterrorizarse*, espantarse （de） → 恐れる. ◆こわがらせる v. meter ［《口語》dar*] miedo （a + 人）; atemorizar*, espantar. ◆こわくなくてもよい No 「tengas miedo [temas]. ◆彼はその川を泳ぎ渡ることをとてもこわがった Le dio mucho miedo atravesar nadando el río. → 恐ろしい. ◆彼女は蛇を大変こわがっている Las serpientes la aterrorizan [causan pavor]. / Tiene mucho miedo de [a] las serpientes. ◆彼女はその光景を見てこわがった Ver aquel espectáculo la asustó [《強調して》aterrorizó]. / Ese espectáculo le dio miedo. / Se asustó al ver eso.

こわき ◆小脇に本を抱える v. llevar un libro debajo del brazo.

ごわごわ ◆ごわごわしている adj. tieso, rígido. ◆その布はごわごわしている Esa tela tiene un tacto basto. ◆そのシャツはのりがききすぎてごわごわしている Esa camisa tiene demasiado almidón y está dura.

こわす 壊す ❶[破壊する] （物をばらばらにする）v. romper; （建物・都市などを完全に破壊する）v. destruir*; （部分的に壊す）v. dañar; （使えなくする）v. estropear; （めちゃめちゃにする）v. destrozar* （→破壊する）; （打ち砕く）v. romper*; （大きな建造物を）v. derribar, demoler*, destruir*. ◆窓を壊して家に入る v. romper* la ventana para entrar en la casa. ◆金庫を壊す v. forzar* una caja fuerte. ◆古い建物を壊してそこに教会を建てる v. derribar un edificio viejo para construir* una iglesia. ◆誤って模型の帆船を床に落として壊してしまった Se me cayó el barco de modelo y se me rompió. ◆兵隊たちは玄関のドアをたたき壊して侵入した Los soldados destrozaron la puerta principal para entrar.

❷[だめにする] （台なしにする）v. hacer* daño; （価値を）v. estropear; （損なう）v. perjudicar*, dañar; （体調を狂わす）v. trastornar. ◆景観を壊す v. dañar [estropear] el paisaje （de）. ◆（仕事・たばこなどが）体をこわす v. dañar la salud. ◆縁談をこわす v. romper* un compromiso. ◆子供はよく食べすぎておなかをこわす Los niños tienen frecuentes trastornos estomacales por comer demasiado.

☞ 砕く，駄目にする[なる]

こわだか 声高 ◆声高に（大きな声で）adv. en alta voz; （強い調子で）adv. a la fuerza; （厳しく）adv. rigurosamente, duramente; （強硬に）adv. firmemente. ◆声高にののしる v. maldecir* （a + 人）en voz alta. ◆声高に批判する v. criticar* （a + 人）duramente. ◆声高に論じる v. discutir 「en voz alta [con firmeza].

こわばる 強張る v. endurecerse*, ponerse* rígido. ◆彼は顔[表情]をこわばらせた Su rostro 「se endureció [se puso duro].

こわれる 壊れる （破壊される）v. romperse; （部分的に壊れる）v. dañarse, hacerse* daño; （完全に壊れる）v. destruirse*; （めちゃくちゃになる）v. destrozarse* （→壊す）; （機械などの調子が狂う）v. romperse*, no funcionar bien; （故障

する)v. averiarse*. ▶壊れたおもちゃ m. juguete roto. ▶壊れ(やすい)物 m. objeto frágil. ▶花びんが床に落ちて壊れた El jarrón se cayó al suelo y se「hizo añicos [rompió]. ▶衝突で電車がめちゃめちゃに壊れた En el choque del tren quedó destrozado. ♦この電話は壊れている Este teléfono está averiado. ♦この洗濯機はまた壊れた Esta lavadora volvió a averiarse [《口語》romperse]. ♦縁談がこわれた El compromiso「se rompió [quedó roto]. ☞砕ける, 潰れる

コワンチョウ 広州 Cantón,《ピンイン》Guangzhou (☆中国の都市).

コワントン 広東 Kuantung,《ピンイン》Guangdong (☆中国の省).

こん 根 ❶【数学】f. raíz. ♦2は4の平方根であり, 8の立方根である 2 es la raíz cuadrada de 4 y la (raíz) cúbica de 8.
❷【根気】(我慢) f. paciencia; (精力) f. energía. → 根気. ▶根をつめる v. trabajar con ahinco [mucha energía], trabajar en cuerpo y alma. ▶根くらべ f. prueba de resistencia. ♦彼女のしつこさに根負けした Su tenacidad agotó [acabó con] mi paciencia.

こん 紺 (色) m. azul marino [oscuro]. ▶紺色の服を着ている v. llevar un vestido [traje] azul marino.

こん 今 ▶今シーズンに adv. en esta estación [temporada]. ▶今 (＝今日の) 4月6日に adv. hoy, 6 de abril.

こんい 懇意 ▶懇意な adj. amistoso; (親密な) adj. íntimo; (親しい) adj. conocido, familiar. ▶彼と懇意になる(友人になる) v. hacerse* amigo/ga de él,《フォーマル》trabar amistad con él; (知り合いになる) v. conocerlo[le]*; (親密になる) v. intimar con él. ▶彼と懇意にしている v. tener* una relación amistosa con él.

こんいん 婚姻《フォーマル》m. matrimonio, m. casamiento. → 結婚. ▶婚姻届 m. registro de matrimonio. ▶婚姻要件具備証明書 m. certificado de capacidad legal para contraer matrimonio.

こんか 今夏 m. este verano. → 今年.

コンガ f. conga (☆キューバの打楽器・舞踊).

こんかい 今回 f. esta vez;《フォーマル》adv. en esta ocasión, ahora. → 今度. ▶今回の (＝この前の) 中国の旅で adv. en el último viaje a China. ▶今回はあなたとご一緒しましょう Esta vez iré contigo (con usted).

こんがらがる (糸などが) v. enredarse, 《口語》liarse*; (事柄などが) v. complicarse*, confundirse. ▶頭がこんがらがってきた《口語》Me he liado. / Tengo la cabeza hecha un lío.

こんがり ▶こんがり焼く(肉を) v. dorar (la carne); (パンを) v. tostar* (el pan). ▶彼はこんがり焼いたパンが好きだ Le gusta el pan《口語》bien doradito. ♦彼女は肌をこんがり焼いた Se ha bronceado bien. /《スペイン》《口語》Está bien tostadita.

こんがん 懇願 (哀願) m. ruego, f. petición. ▶懇願する v.《フォーマル》suplicar*; (嘆願・哀願する) v. implorar,《教養語》instar (a); (祈る) v. rogar*, pedir*. ♦彼に助けてくれと懇願する v. rogarle* [《口語》suplicarle*] que me ayude. ♦彼は私の援助の懇願を無視した Ignoró mi petición de ayuda. ▶彼女に彼に同行してくれるよう懇願した Le rogó que「la acompañara [fuera con ella]. ☞アピール, 訴え; 訴える, 頼む

こんき 婚期 (結婚できる年齢) f. edad casadera [《教養語》núbil],《教養語》f. nubilidad. ▶婚期に1達している [2達する] v. estar* en [alcanzar* una] edad casadera. ♦彼女は婚期を逸した Se le ha pasado la edad de casarse. / 《口語》(ユーモアで) Ha perdido el tren.

こんき 根気 (忍耐) f. paciencia; (長期にわたる) f. resistencia, 《口語》m. aguante; (粘り強さ)《フォーマル》f. perseverancia; (精力) f. fuerza, f. energía. ▶根気のある adj. paciente, 《フォーマル》perseverante. ▶根気よく働く v. trabajar「con paciencia [pacientemente]. ♦この仕事には大変な根気がいる Este trabajo exige mucha paciencia. ♦彼は根気が続かなくなった Cada vez「tiene menos paciencia [es más impaciente]. / (以前程根気がない) Ya no es tan paciente como antes. ♦根気が尽きた Se me ha acabado [agotado] la paciencia. ▶もう根気が持てない No puedo más.

こんきゅう 困窮 (貧困) f. pobreza; (困苦) fpl. dificultades. ▶生活困窮者 mpl. necesitados, 《フォーマル》mpl. indigentes,《口語》mpl. pobres. ▶困窮する v. ser* pobre, vivir en la pobreza, pasar penalidades; (貧乏に苦しむ) v.《口語》pasarlo mal. ▶困る, 窮する.

こんきょ 根拠 m. fundamento [f. base]《para》; (理由)《口語》m. porqué《de》; (基礎) f. base. ▶その会社の根拠地 f. base de operaciones de la compañía. ▶何の根拠もないのに非難される v. ser* acusado「sin fundamento [gratuitamente]《de》. ♦そう信じる十分な根拠がある Hay razones [bases, motivos] suficientes para creerlo [darle crédito]. ♦その話は根拠のないものだ Esa historia no tiene razón de ser. ♦何を根拠にそんなことを言うのか ¿Qué razones tienes para decir algo así? / ¿En qué te basas para decir eso?

ゴング 《英語》m. "gong", m. gongo. ▶ゴングを鳴らす v. hacer* sonar* el gong.

コンクール m. concurso,《フォーマル》m. certamen, f. competición. ▶コンクールに参加する v. participar en un concurso. ▶ショパンコンクールで2位に入る v. ganar el segundo puesto en el Certamen de Chopin.

コンクリート m. hormigón,【ラ米】m. concreto. ▶コンクリートブロック [2の建物] 1 m. bloque [2 m. edificio] de hormigón. ▶コンクリートミキサー f. hormigonera. ▶土手をコンクリートで固める v. reforzar* la orilla de hormigón.

ごんげ 権化 f. encarnación, f. personificación. ▶1悪 [2美]の権化 f. encarnación [f. personificación] 1del mal [2de la belleza].

こんけつ 混血 m. mestizaje. ▶混血児 mf. niño/ña mixto/ta [de sangre mezclada]; (白人と先住民の) mf. mestizo/za; (白人と黒人

の) *mf.* mulato/ta;(先住民と黒人の) *mf.* zambo/ba. ▶彼は日本人とスペイン人の混血児だ Es mitad japonés y mitad español.

***こんげつ** 今月 *adv.* este mes. ▶今月の10日に *adv.* el día 10 de este mes;(手紙で) *adv.*《フォーマル》el día 10 del corriente. ▶今月中に *adv.* en [dentro de] este mes;(今月のいつか) *adv.*《フォーマル》en el curso del mes. ▶雑誌の今月号 *m.* último número de una revista. ▶今月は雨が多かった Este mes ha llovido mucho.

こんげん 根源(根底) *f.* raíz;(源泉) *f.* fuente, *m.* origen. ▶諸悪の根源を絶つ *v.* quitar los males de raíz, desarraigar* los males. ▶戦争の根源的原因 *f.* causa original de la guerra ☞原因, 根底

*こんご** 今後(これ以後) *adv.* (de aquí) en adelante, desde [a partir de] ahora;(今までと違ってこれからは) *adv.* en lo sucesivo, en el futuro (→将来);(これからずっと) *adv.* de ahora en adelante. ▶今後5年間 *adv.* de aquí en [a] cinco años, en los próximos cinco años. ♦今後はもっとスペイン語を勉強します En adelante voy a estudiar más español. ☞以後, 今度

コンゴ(コンゴ共和国) Congo;(公式名) *f.* República del Congo (☆アフリカの国, 首都ブラザビル Brazzaville). ▶コンゴ(民主共和国) Congo;(公式名) *f.* República Democrática del Congo (☆アフリカの国, 首都キンシャサ Kinshasa). ▶コンゴの *adj.* congoleño. ▶コンゴの人 *mf.* congoleño/ña.

こんごう 混合 *f.* mezcla,《教養語》*f.* mixtura,《口語》*f.* mezcolanza. ▶混合物 *f.* mezcla;(酒・コーヒーなどの) *f.* mezcla. 混合する *v.* mezclar, entremezclar. →混じる, 混ぜる. ▶混合ダブルス *mpl.* dobles mixtos. ▶空気は気体の混合物である El aire es una mezcla de gases.

コンコース(駅ビル・空港ビルの中央ホール) *m.* salón, *m.* vestíbulo, *f.* explanada.

ごんごどうだん 言語道断(ひどい) *adj.* indecible, indescriptible;(許しがたい) *adj.* imperdonable,《フォーマル》inexcusable;(けしからぬ) *adj.* incalificable,《口語》increíble.

ゴンゴラ(ルイス・デ～) Luis de Góngora (☆ 1561–1627, スペインの詩人).

こんこんと 滾々と ▶滾々とわき出る *v.* manar profusamente [sin parar], borbollar. ♦泉からこんこんと水がわき出ている De la fuente mana agua sin parar.

こんこんと 懇々と ▶懇々と諭す *v.* aconsejar《a ＋ 人》,《教養語》amonestar《a ＋ 人》repetidamente.

こんこんと 昏々と ▶昏々と眠っている *v.* dormir* profundamente, estar* profundamente dormid*o*. ▶昏々と眠る *v.* dormir* profundamente [como un ángel],《口語》dormir* como un tronco [lirón, bendito].

コンサート *m.* concierto. ▶コンサートホール *f.* sala de conciertos. ▶コンサートを催す *v.* dar* [celebrar, ofrecer*] un concierto. ♦8月にロンドンで彼らはコンサートを開くそうだ He oído decir que en agosto van a dar un concierto en Londres.

コンサートマスター *m.* concertino, *m.* primer violín.

こんさいるい 根菜類 *mpl.* vegetales de raíces.

こんざつ 混雑(交通などの) *f.* congestión, *m.* embotellamiento;(ぎゅうぎゅう詰め) *f.* aglomeración;(人などの殺到) *f.* muchedumbre, *m.* gentío;(押し合い)《口語》*m.* apretones. ▶交通の混雑を緩和する *v.* descongestionar el tráfico. ▶朝夕の混雑(＝ラッシュアワー)を避ける *v.* evitar「las aglomeraciones [《口語》los apretones] de las horas punta. ♦その店は日曜日の午後混雑のピークになる La aglomeración en la tienda alcanza su punto culminante los domingos por la tarde.

── 混雑する(多くの人で込み合っている) *v.* estar* atestado;(ぎっしり詰まっている) *v.* estar* lleno [atestado,【スペイン】《口語》de bote en bote],《口語》haber* muchísima gente;(充満している) *v.* estar* congestionad*o*. →混む. ▶混雑した所へ行く *v.* ir* a lugares llenos de gente. ♦バスは子供たちで混雑していた El autobús iba atestado [lleno] de niños. ♦休日は道路が混雑する Las carreteras están congestionadas los días de vacaciones. /(交通量が多い)El tráfico es muy denso durante las vacaciones. ♦映画館の入り口にはたいへん混雑していた A la entrada del cine había un enorme gentío.

コンサルタント *mf.* consultor/tora, *mf.* asesor/sora. ▶経営コンサルタント *mf.* asesor/sora administrativo/va.

こんしゅう 今秋 *m.* este otoño. →今年.

*こんしゅう** 今週 *f.* esta semana. ▶今週の火曜日に *adv.* este martes, el martes de esta semana;(過ぎ去った) *adv.* el martes pasado, el pasado martes. ▶今週中に *f.* esta semana;(今週のいつか) *adv.* en esta semana;(今週以内に) *adv.* dentro de esta semana. ♦今週数学の試験がある Esta semana tenemos un examen de matemáticas. ♦今週中ずっと暇だった「Toda la [esta] semana he estado libre. ♦今週は防火週間だ Estamos en la semana de prevención de incendios.

こんしゅん 今春 *f.* esta primavera. ♦今春は桜の花が咲くのが遅い Esta primavera la floración de los cerezos「llega tarde [se retrasa].

こんじょう 根性(気力) *m.* ánimo, *f.* energía, *m.* vigor, *m.* temperamento;(勇気) *m.* valor,《口語》*fpl.* agallas,《俗語》*mpl.* huevos,《俗語》*mpl.* cojones,(闘志) *m.* espíritu de lucha;(気骨) *f.* firmeza, *m.* aguante. ▶根性を見せる *v.* mostrar* carácter [temperamento]. ▶根性の悪い人 *f.* persona maliciosa [con mala voluntad]. ♦彼は根性がある Es un hombre con carácter [《口語》agallas,《俗語》los huevos bien puestos]. ♦彼はそれをする根性がなかった No tuvo carácter para ello. / Le faltaron《口語》agallas [《俗語》cojones] para hacerlo.

こんしん 懇親 ▶懇親会 f. tertulia, f. reunión amistosa; 《夜の》f. velada.

こんしん 混信 fpl. interferencias. ▶混信する v. interferir*. ♦この番組に韓国のラジオ放送が混信している En este programa hay interferencias de una emisora de radio coreana.

こんしん 渾身 ▶渾身の力を込めて adv. con toda la fuerza, con todas las fuerzas.

こんすい 昏睡 (状態) m. (estado de) coma. ▶昏睡状態にある [²に陥る, ³から覚める] v. ¹estar* en [²entrar en, ³salir* de] (estado de) coma.

コンスタントに adv. regularmente, con regularidad, constantemente. ♦彼女はスペイン語ではコンスタントに80点をとっている Regularmente consigue por lo menos 80 puntos en los exámenes de español.

こんせいがっしょう 混声合唱 m. coro mixto. ▶混声合唱曲 f. suite para coro mixto. → 合唱.

こんせいき 今世紀 m. este siglo, 《教養語》f. esta centuria. → 世紀.

こんせき 痕跡 (跡) f. huella, m. rastro, 《教養語》m. vestigio, (証拠) f. prueba; (印) f. señal. ▶痕跡をとどめる v. dejar「una señal [huellas]. ♦古代都市の痕跡をたどる v. seguir* los vestigios de una antigua ciudad. → 跡, 形跡.

こんせつ 懇切 【丁寧な】(親切な) adj. amable, afable, (詳しい) adj. detallado, minucioso. ▶懇切丁寧に adv. amablemente; con detalle. ▶懇切丁寧な説明 f. explicación detallada [minuciosa]. ▶懇切丁寧に教える v. enseñar 《a + 人》amablemente.

こんぜつ 根絶 → 撲滅. ♦悪習を根絶する v.「librarse de [《フォーマル》erradicar*] una mala costumbre ☞ いっそう, 絶[断]つ.

こんせん 混線 ▶混線する(電話が) v. cruzarse*; (話が) v. estar* confundido. ♦この電話は混線している La línea está cruzada. / (つながり具合がおかしい) La comunicación está algo mal.

こんせん 混戦 ▶パ・リーグのペナントレースは混戦模様である Está muy reñido [competido] el campeonato de la Liga del Pacífico.

こんぜんいったい 渾然一体 ▶渾然一体となっている v. estar* indisolublemente unido, formar una unidad perfecta.

こんぜんこうしょう 婚前交渉 ▶婚前交渉を持つ v. tener* relaciones sexuales prematrimoniales [premaritales].

コンセンサス m. consenso. ▶コンセンサスを得る v. obtener* [ganar] un consenso. ♦この件についてコンセンサスが得られた Se ha alcanzado un consenso sobre este tema.

コンセント m. enchufe. ▶ラジオのプラグをコンセント¹に差し込む [²から抜く] v. ¹enchufar [²desenchufar] la radio.

コンソール 《コンピュータの》f. consola.

コンソメ m. consomé.

コンダクター mf. director/tora (de orquesta).

コンタクト ▶コンタクトを取る v. ponerse* en contacto 《con》. → 連絡.

コンタクトレンズ (片方の) f. lentilla, f. lente de contacto. ▶コンタクトレンズを¹はめている [²はめる; ³はずす] v. ¹llevar [²ponerse *; ³quitarse] las lentillas.

[地域差] コンタクトレンズ
〔全般的に〕fpl. lentes de contacto
〔スペイン〕fpl. lentillas
〔メキシコ〕fpl. pupilentes
〔アルゼンチン〕fpl. pupilentes

こんだて 献立 m. menú, f. carta; 《メニュー表》f. carta; (食事) f. comida. → メニュー. ▶献立をいろいろ考える(=食事の計画を立てる) v. planear (su) menú.

こんたん 魂胆 (隠れた動機) f. segunda intención, m. motivo secreto [oculto]. ▶魂胆がある v. tener*「una segunda intención [un motivo secreto].

こんだん 懇談 f. charla amistosa. ▶懇談会 f. tertulia, f. reunión amistosa. ▶懇談する v. charlar [conversar] amigablemente [amistosamente].

コンチェルト m. concierto. → 協奏曲.

こんちくしょう こん畜生 《人をののしって》¡Maldito! / ¡Idiota! / 《俗語》¡Hijo/ja de puta! / 《俗語》¡Cabrón/rona! → 畜生.

こんちゅう 昆虫 m. insecto, 《口語》m. bicho. ▶昆虫学 f. entomología. ▶昆虫学者 mf. entomólogo/ga. ▶昆虫採集をする v. coleccionar insectos. ▶昆虫採集に行く v. salir* a cazar* insectos.

コンツェルン m. consorcio (financiero).

こんてい 根底 (根源) f. raíz; (基礎) f. base; (土台) m. fundamento, (核心) m. núcleo, f. esencia. → 根本. ♦太陽崇拝の根底にある考え m. pensamiento fundamental en la adoración del sol. ▶根底を成す v. formar la base 《de》. ▶その理論を根底から覆す v. tirar [derribar] la teoría por su base ☞ 大本, 根源, 根本

コンディション m. estado, 《口語》f. forma. → 体調. ▶コンディションが¹いい [²悪い] v. estar* en ¹buen [²mal] estado. ▶コンディションを¹くずす [²保つ] v. ¹perder* [²mantener*] la buena forma. ▶レースに備えてコンディションを整える v. ponerse* en forma para la carrera.

コンテキスト 《専門語》m. contexto.

コンテスト m. concurso, m. certamen; (品評会) f. exposición. ▶美人コンテストに参加する v. participar en un concurso de belleza.

コンテナ(ー) m. contenedor. ▶コンテナ船 m. buque contenedor, m. portacontenedores. ▶コンテナ貨物列車 m. tren de contenedores.

コンデンサー m. capacitor, m. condensador.

コンデンスミルク f. leche condensada.

コント m. sainete, f. comedia.

•こんど 今度 ❶【この度】(今回) f. adv. esta vez; (今) adv. ahora. ♦今度はいっしょに行ってあげるがこれっきりだよ Iré esta vez contigo, pero nunca más. ♦今度は(=さあ)彼の打つ番だ Ahora es su turno de batear. / (次は)Ahora le toca batear a él. ♦今度だけは私の好きにさ

こんとう

せてちょうだい Déjame hacerlo esta vez como a mí me gusta. ◆今度は彼女が驚いた Esta vez se sorprendió ella. ◆カナダへは今度で10回目の出張です Éste es mi décimo viaje de negocios a Canadá.
❷【最近】adv. recientemente, últimamente (→最近); (先日) m. adv. el otro día. ◆彼は今度ロンドンから帰って来た Ha vuelto recientemente de Londres.
❸【次回, この次】f. adv. la próxima [siguiente] vez; otra vez; (ほかの時) adv. en otra ocasión, en otro momento; (近いうちに) adv. pronto, próximamente, en breve,《口語》dentro de poco; (今後) adv. (de ahora) en adelante, a partir de ahora, en el futuro. ⟨会話⟩ 今度はうちへぜひいらしてください―ええ, そうさせていただきます Otra vez venga, por favor, a nuestra casa. – Muy bien. Estaré encantado. ◆今度来るときそれを持ってきなさい Tráemelo la próxima vez que vengas. / Otra vez que vengas me lo traes. ◆今度また議論しよう Lo discutiremos en otra ocasión. ◆今度メキシコへ行きます Pronto iré a México. ◆今度からもっと気をつけます En el futuro tendré más cuidado.

— 今度の (新しい) adj. nuevo; (この前の) adj. anterior, último; (最近の) adj. reciente; (次の) adj. próximo, siguiente. ◆今度の金曜日に adv. el próximo viernes, el viernes que viene. ◆今度の教授は日本史の権威です El/La nuevo/va profesor/sora es una autoridad en Historia de Japón. ◆彼は今度の試験で落第した Suspendió en el último examen.

こんとう 今冬 m. este invierno. → 今年.
こんどう 混同 f. confusión (entre A y B). ▶個人主義と利己主義の混同 f. confusión entre individualismo y egoísmo.

— 混同する v. confundir (A con B); (取違える) v. tomar (A a A por B). → 間違える. ▶その双子を混同する v. confundir a los mellizos [gemelos]. ▶個人主義と利己主義を混同しよう No hay que confundir el individualismo con el egoísmo. ☞一緒に, 取り違える
コンドーム m. condón,《フォーマル》m. preservativo. ▶コンドームをつける v. usar [ponerse*] el condón.
ゴンドラ f. góndola.
コントラスト m. contraste. → 対照. ◆そのセーターとスカートのコントラストがいい Ese suéter hace un bonito contraste con la falda.
コントラバス m. contrabajo. ▶コントラバス奏者 mf. contrabajo, mf. contrabajista.
コンドル m. cóndor (☆南米産; 飛ぶ鳥の中では最大).
コントロール m. control. ▶コントロールタワー f. torre de control. ▶コントロール・パネル《専門語》m. panel de control. ▶コントロールする v. controlar. ▶車のハンドルのコントロールを失う v. perder* el control del volante. ▶その投手はコントロールがよい El lanzador [pitcher] tiene buen control.
こんとん 混沌 (混乱) f. confusión; (大混乱) m. caos. ▶混沌としている v. estar* en una situación caótica, estar* en un caos. ▶混沌とした世界情勢 f. situación mundial caótica.

*こんな (前述の, 後述の) adj. tal; (このような) adv. así; (この) adj. este; (この種類の) adj. este tipo de, esta clase de. ◆そんな. ▶こんなこと pron. algo así, f. cosa tal. ▶こんな時に adv. a una hora así, a tal [esta] hora. ▶こんな天気のときには adv. con este tiempo,《フォーマル》con un tiempo tal. ◆こんなすばらしい人に会ったことない Nunca había conocido a una persona tan agradable. ◆こんな時間にここで何をしているの ¿Qué estás haciendo aquí a esta hora de la noche? ◆こんな音楽は好きではありません No me gusta este tipo de música. ◆彼はその箇所はこんなふうに弾いた Interpretó así [de esta forma] el pasaje.

*こんなに adv. tan + 形容詞・副詞, tal como este [esto]. ▶こんなに夜遅く adv. a esta hora de la noche, tan tarde por la noche. ◆それがこんなに面白いとは思わなかった No sabía que podía ser tan divertido. ⟨会話⟩ 今出かけた方がいいよ―今?こんなにすぐ? Debes irte ahora. – ¿Ahora? ¿Tan pronto?

《その他の表現》 No puede irse a casa con「esta lluvia [todo lo que está lloviendo].

こんなん 困難 (難しさ) f. dificultad; (窮地) mpl. apuros, m. aprieto; (苦労) m. problema; (苦難) fpl. penalidades,《フォーマル》f. adversidad. ▶あらゆる困難に打ち勝つ v. superar todo tipo de dificultades [problemas]. ▶困難に陥る v. meterse en problemas. ▶財政的困難に陥っている v.「encontrarse en [pasar por] dificultades financieras. ▶困難に耐える v. aguantar [soportar] penalidades. ▶事態がどんなに困難でも彼女は希望を失わなかった A pesar de tantas dificultades, nunca perdió la esperanza.

— 困難な (難しい) adj. difícil; (骨の折れる) adj. penoso, duro; (面倒な) adj. trabajoso, dificultoso, molesto. ▶困難な仕事 f. tarea difícil [dificultosa]. ▶解決困難な問題 m. problema「difícil de resolver [de difícil solución]. ▶こんな少ない収入では生活が非常に困難だ Es difícil [penoso] vivir de un salario tan bajo. / Tengo dificultades para vivir con un salario tan bajo.
☞苦, 苦労, 試練; 大変な, 多難, 辛い

*こんにち 今日 adv. hoy; (このごろ) adv. hoy (en) día, actualmente. ▶今日の日本 el Japón de hoy. ▶今日の世界 el mundo「de hoy [actual]. ▶今日まで adv. hasta hoy [la fecha]. ▶不安定な社会情勢の今日に adv. en estos días de inestabilidad social; en las inestables condiciones sociales de hoy. ◆彼は懸命に働いて今日の地位を得た Ha trabajado mucho para llegar donde está hoy. ◆今日では教育について親の考えが変わってきている Hoy los padres tienen ideas diferentes sobre la educación.

*こんにちは Hola. /《口語》¿Qué hay? → さよなら. / (昼食の前)Buenos días. / (昼食の後)

Buenas tardes. 《会話》こんにちはーこんにちは、いいお天気ですね ¡Hola! - ¿Qué hay? ¡Buen día! ¿Verdad? 健君、こんにちはーこんにちは、田中先生。お元気ですか ¡Hola, Ken! - ¡Buenas tardes, Sr. Tanaka! ¿Cómo está usted?

こんにゃく 蒟蒻 (食物) "konnyaku",《説明的に》 f. gelatina dura hecha de la fécula de una hierba.

こんにゅう 混入 ▶混入する v. mezclar 《en》. ♦コーヒーに毒物が混入された Mezclaron veneno en el café.

コンパ f. fiesta (de estudiantes). ▶新入生歓迎パをする v. dar* [celebrar, ofrecer*] una fiesta de bienvenida a los nuevos estudiantes.

コンバータ《専門語》 m. convertidor.

コンバート (野球で) f. conversión. ♦彼は外野手から内野手にコンバートされた De jardinero le convirtieron en infílder [jugador de cuadro].

コンバートする《専門語》v. convertir*.

コンパイラ《専門語》 m. compilador.

コンパイルする《専門語》v. compilar.

コンパクト (携帯用おしろい入れ) f. polvera. → 小型. ▶コンパクトディスク m. (disco) compacto, m. CD (☆発音は [θeðé]).

コンパス (製図用の) m. compás; (羅針盤) f. brújula.

コンパチブル (両立できる, 互換性のある) adj. compatible. ♦このテレビはコンパチブルだ(モノラルとステレオの双方が受信できる) Este televisor es compatible con la estereofonía.

コンパニオン f. guía. f. anfitriona.

*__こんばん__ 今晩 f. esta noche. ♦今晩パリに出発します Esta noche salgo para París.

*__こんばんは__ Buenas noches. → こんばん.

コンビ (相棒) mf. compañero/ra 《de》; (二人の組) f. pareja, m. par, m. dúo. ♦彼らは理想的なコンビを組んでいる Hacen una pareja ideal. ♦君とコンビを組みたい Quiero 「ser tu compañero/ra [estar de pareja contigo].

コンビーフ f. carne (de vaca) en conserva.

コンビナート m. complejo (industrial). ▶石油コンビナート m. complejo petroquímico.

コンビニ (エンスストア) f. tienda práctica.

__コンピュータ(ー)__ 【スペイン】 m. ordenador, 【ラ米】 f. computadora, 【ラ米】 m. computador. ▶パーソナルコンピューター m. ordenador personal. ▶コンピューターウイルス m. virus informático. ▶コンピューターグラフィックス f. gráficas por ordenador [computadora]. ▶コンピューター言語 m. lenguaje de ordenador [computadora]. ▶コンピューター制御の機械 f. máquina controlada por ordenador [computadora]. ▶コンピューターネットワーク《専門語》f. red de computadoras. ▶コンピューターリテラシー《専門語》f. familiarización con la computadora; 《専門語》f. competencia en la informática. ▶コンピューターマニア mf. pirata informático/ca, mf. maniático/ca de la informática. ▶コンピューターゲームをする v. jugar con 「el ordenador [la computadora]. ▶コンピューターに(データを)入力する v. grabar [almacenar] (datos) en 「un ordenador [una computadora]. ▶コンピューターで処理する v. procesar (informaciones) con [en] 「un ordenador [una computadora]. ♦我が社は給与部門を完全にコンピューター化した Nuestra empresa ha informatizado [computarizado, computerizado] completamente su departamento de sueldos. ♦この辞書は全編コンピューターに入っているので内容の変更は簡単にできる Este diccionario está 「todo metido en un ordenador [completamente informatizado] y se puede modificar fácilmente.

> 地域差 コンピューター
> [スペイン] m. ordenador
> [ラテンアメリカ] f. computadora
> [コロンビア] m. computador

こんぶ 昆布 f. alga marina comestible.

コンファーム (確認する) v. confirmar; (再確認する) v. reconfirmar.

コンプレックス m. complejo. ♦この劣等感を取り除くにはどうすればよいのでしょうか ¿Qué podría hacer para quitarme este complejo de inferioridad. → 劣等感.

コンペ f. competición 《de》.

こんぺき 紺碧 ▶紺碧の空 m. cielo de azul intenso.

コンベヤー m. transportador. ▶ベルトコンベヤー f. correa [f. cinta] transportadora.

コンポ m. componente [f. pieza] de estéreo.

こんぼう 棍棒 f. porra,《口語》f. cachiporra; (警棒) m. garrote, f. maza (de policía). ▶こん棒を振り回す v. esgrimir una porra.

こんぽう 梱包 (包み) m. paquete, m. bulto; (包むこと) m. empaquetado, m. embalaje. ▶梱包する v. empaquetar, embalar.

こんぽん 根本 (根底) f. raíz; (土台) m. fundamento, m. cimiento; (基礎) f. base. → 基本, 根底. ▶失敗の根本原因「f. causa fundamental [f. raíz] del fracaso. ▶根本的な問題 f. cuestión fundamental [básica]. ▶根本的な(=思い切った)税制改革 f. reforma radical del sistema tributario. ♦彼とは根本的に意見が合わない Estoy radicalmente en desacuerdo con él. ☞ 徹底した, 徹底的な

コンマ (句読点の) f. coma; (小数点) m. punto decimal. ▶2語の間にコンマを入れる v. poner* una coma entre las dos palabras.

こんめい 混迷 f. confusión, m. desorden. ♦政局は混迷の度を加えた Aumentaba la confusión de la situación política. / La situación política 「era [フォーマル] presa de una confusión creciente [cada vez estaba más confusa].

こんめい 昆明 → クンミン

こんもり ▶こんもり茂った(=密生した)森 m. bosque frondoso [espeso]. ▶こんもりした茂みに隠れる v. esconderse en la espesura. ♦丘の上に木がこんもりと茂っている Los árboles crecen frondosos en el monte.

*__こんや__ 今夜 f. esta noche. ▶今夜のテレビニュー

スで adv. en las noticias de la noche. ♦ 今夜はおじの家に泊る Esta noche me quedaré en casa de mi tío.

こんやく 婚約 m. compromiso (matrimonial), f. promesa [f. palabra] de matrimonio, 《フォーマル》mpl. esponsales. ▶ 婚約中の二人 mpl. prometidos, mpl. 《口語》novios. ▶ 婚約者 mf. prometido/da 《《口語》mf. novio/via》. ▶ 婚約指輪 m. anillo de compromiso. ♦ 太郎は花子との婚約を[1]発表した [2破棄した] Taro [1]anunció [[2]rompió] su compromiso con Hanako. ♦ フアンはマルガリータと婚約[1]した [2している] Juan [1]ha dado palabra de casamiento [[2]está prometido] a [con] Margarita. / Juan y Margarita están [2]prometidos [[2]comprometidos].

こんよく 混浴 m. baño mixto. → 風呂. ♦ ここの大浴場は混浴になっているので入るのをやめた El baño grande de aquí era mixto [para uso de bañistas de los dos sexos], por eso no lo usé.

こんらん 混乱 (入り乱れて個々の区別がつかない状態) f. confusión, m. desconcierto; (順序・秩序が乱れている状態) m. desorden; (手がつけられないほどの無秩序状態) m. caos. ▶ 場内の混乱 f. confusión [m. desorden] del salón. ▶ 混乱に陥る v. caer* en el desorden, sumirse en el caos. ▶ 混乱状態にある v. estar* en un estado de desconcierto [confusión, desorden]. ▶ 混乱にまぎれて逃げる v. escapar aprovechando「el alboroto [la confusión]. ♦ その地震で町は大混乱となった El terremoto dejó la ciudad「en una situación caótica [sumida en un caos].

── 混乱する (まごつく) v. desconcertarse*, confundirse, turbarse. ▶ 混乱した考え fpl. ideas confusas. ▶ 会議を混乱させる v. alborotar la reunión. ♦ 彼は頭が混乱してどうしていいかわからなかった Estaba tan desconcertado [turbado] que no sabía qué hacer. ♦ つまらない事を持ち出して頭を混乱させないでくれ No me confundas 《《口語》líes》con hechos sin importancia.

☞ 混沌, 騒ぎ, 騒然, 騒動, どさくさ

こんりんざい 金輪際 ♦ 彼とは金輪際口をきかない《強調して》No volveré a hablarle más. / Jamás le dirigiré la palabra.

こんれい 婚礼 f. boda, m. casamiento. → 結婚.

こんろ f. cocina portátil, m. hornillo; (加熱装置) m. quemador.

こんわく 困惑 《フォーマル》f. perplejidad; (当惑) f. turbación, m. desconcierto. ▶ 困惑の表情を浮かべる v. parecer* desconcertado. ▶ 彼の質問に困惑する v. desconcertarse* [quedarse perplejo] ante sus preguntas.

さ

さ 差 (違い) *f.* diferencia; (票決などの) *m.* margen. → 相違, 違い. ▶男女間に給与の差をつけない *v.* no establecer* diferencias en el pago a hombres y mujeres. ▶彼の考え方と君の考え方とでは大きな差がある Hay grandes diferencias entre la manera de pensar de él y la tuya. ▶彼らの年齢差は6歳です Se llevan seis años de diferencia. ▶自民党はわずかの差で敗れた El Partido Democrático Liberal fue derrotado por un pequeño margen. ▶彼は2位との間を2百メートルの差をつけて走った Le sacaba al segundo corredor una distancia de 200 metros.

ざ 座 ❶【席】*m.* asiento. ▶座につく *v.* ocupar un asiento.
❷【集まりの席】▶座をしらけさせる(水をさす) *v.* echar un jarro de agua fría en la reunión.
❸【地位】*f.* posición. ▶権力の座 *f.* posición de poder. ▶政権の座に¹つく[²ついている] *v.* ¹llegar* al [²estar* en el] poder*. ▶彼は3年間チャンピオンの座を守った(＝チャンピオンだった) Fue el campeón tres años. / Defendió el título de campeón tres años.

さあ ❶【注意喚起, 催促】*interj.* bueno, bien, venga, vamos, ahora, ea, hala. ▶さあ始めるぞ ¡Bueno! ¡Vamos allá! ▶さあ駅に着いたぞ ¡Bien! ¡Aquí está la estación. ▶さあバスが来たぞ ¡Vamos! ¡Aquí está el autobús. → ほら. ▶さあどうぞ ¡Venga, aquí tiene usted! ▶さあ行こう ¡Bueno! ¡Vamos, hombre [mujer]! ▶さあさあ泣かないで ¡Vamos! [¡Venga!] Deja de llorar. ▶さあ, 落ち着いて ¡Venga! [¡Tranquilo! [¡Cálmate!] ❷【ちゅうちょ, 困惑】*conj.* pues; mira [mire]. 会話 だれが犯人だと思う？ーさあね ¿Quién crees que es el culpable? – Pues (mira), no lo sé. 会話 この週末はどうするのーさあね. たぶん家にいて庭いじりでもするわ ¿Qué vas a hacer este fin de semana? – Bueno... No estoy segura. Probablemente me quede en casa y arregle el jardín. ▶さあ大変 ¡Oh, Dios mío! / ¡Santo Cielo!

サーカス *m.* circo. ▶サーカスを見に行く *v.* ir* al circo.

サーキット (電気回路) *m.* circuito; (自動車レースの走路) *m.* circuito automovilístico. ▶サーキットトレーニング(スポーツ) *m.* entrenamiento de circuito, *f.* tabla (de gimnasia).

サークル (正式に組織された) *f.* peña, *m.* círculo. → クラブ. ▶文芸サークル *m.* círculo literario, *f.* peña literaria. ▶読書サークル *m.* círculo de lectores. ▶サークル活動 *fpl.* actividades de grupo.

ざあざあ ▶ざあざあ雨が降った Llovió mucho [《口語》a cántaros]. ▶上から水がざあざあ流れ落ちてきた Desde arriba caía「una riada de agua [un torrente]. ▶ラジオの雑音がざあざあいっている La radio está haciendo mucho ruido.

サーズ SARS (重症急性呼吸器症候群) *m.* síndrome respiratorio agudo y grave (SRAG).

サーチエンジン → 検索.

サーチライト *m.* reflector, *m.* proyector.

サード (野球の塁) *f.* tercera base; (3塁手) *mf.* jugador/dora de tercera base; (自動車のギア) *f.* tercera velocidad.

サード・パーティ 【専門語】 *f.* tercera parte, 【専門語】 *mpl.* terceros.

サーバー ▶【専門語】 *m.* servidor. ▶《球技》 *mf.* jugador/dora que tiene el saque.

サービス *m.* servicio.
1【～サービス】▶モーニングサービス（＝朝の特別奉仕定食）*m.* servicio especial de desayuno. ▶食堂はセルフサービスでした La cafetería tiene [《フォーマル》dispone de] auto-servicio. ▶ペレスさんはきのう一日中家庭サービスをした（＝家族と過ごした）El Sr. Pérez pasó todo el día de ayer con su familia.
2【サービス＋名詞】▶サービス料 *m.* suplemento por el servicio. ▶サービス業 *f.* industria de servicios. ▶サービスマン *m.* técnico. ▶サービスステーション *f.* estación de servicio; (給油のみ) *f.* gasolinera. ▶サービス品 (値引き品) *f.* oferta; (景品) *m.* regalo. ▶彼はサービス精神に欠ける（＝サービスをしたがらない）No quiere hacer un servicio a los demás.
3【～がサービスがよい】▶あの店はサービスがよい Esa tienda tiene buen servicio. / Dan buen servicio en esa tienda.

────── サービス(をする) ▶君に一つサービスをして駅まで車で送っていくよ Te haré el favor de llevarte en coche hasta la estación. ▶そのコートを3万円にサービスする(＝値引きする) Le rebajamos el precio del abrigo hasta 30.000 yenes. ▶これはサービスします(＝無料です) Esto es「de regalo [gratis]. ▶(おまけとして添えます) 《口語》 Esto es un regalo de la casa.

サーブ *m.* saque, *m.* servicio. ▶今度は君のサーブだ Te toca sacar a ti.

サーファー *m.* surfista, 《英語》 *mf.* "surfer" (☆発音は [súrfer]).

サーフィン *m.* surf (☆発音は [súrf]). ▶サーフィンに行く *v.* ir* a practicar* surf. ▶ここでサーフィンをするのは危険ですよ Aquí「no es segura [es peligrosa] la práctica del surf.

サーフボード *f.* plancha [*f.* tabla] de 《英語》 "surf" (☆発音は [súr(f)]).

サーモスタット *m.* termostato.

サーモン (サケの肉) *m.* salmón. ▶サーモンピンク *f.*

(color) rosa salmón. ▶スモークサーモン m. salmón ahumado.

ザール (ザール地方) Sarre (☆ドイツの州).

サーロイン m. solomillo, m. lomo. ▶サーロインステーキ m. filete de solomillo.

＊さい 際 →時, この際. ▶¹火事 [²非常] の際には adv. en caso de ¹incendio [²emergencia]. ◆こちらの方へお越しの際にはお立ち寄りください 「Cuando pase [Si pasa] por aquí, haga el favor de acercarse a visitarnos. ◆必要の際にはお電話をください Por favor, llámeme 「en caso de necesidad [si es necesario, en el caso de que sea necesario].

さい 犀 m. rinoceronte.

さい 才 →才能. ▶才におぼれる v. confiar* demasiado en sí mismo.

さい 差異 f. diferencia. → 相違, 違い.

さい- 再- re-. ▶旅券を再発行する v. expedir* de nuevo un pasaporte. ▶定年後, 再就職する (＝新たな職につく) v. conseguir* un nuevo trabajo después de jubilarse.

さい- 最- ▶社会の最下層 la clase 「más baja [《教養語》ínfima] de la sociedad. ▶最重要課題 el problema más crucial.

＊-さい -歳 adj. de ... años (de edad). ▶5歳の男の子 niño de cinco años (de edad). ◆あなたのお父さんは何歳ですか ¿Cuántos años tiene su padre? / ¿Qué edad tiene su padre? ◆私は30歳で結婚した Me casé 「a los treinta (años) [cuando tenía treinta años]. → 年(と), 年齢.

さいあい 最愛 ▶最愛の妻 f. (su) querida esposa. ▶最愛の人 f. (su) queridísima persona.

さいあく 最悪 (最悪の事態) lo peor, 《教養語》lo pésimo. ▶生涯最悪の日 el peor día de la vida. ▶最悪の事態に備える v. prepararse para lo peor. ▶最悪の場合には adv. en el peor de los casos. ◆最悪中の最悪の結果になった Esto es lo peor que podría ocurrir.

ざいあく 罪悪 (宗教・道徳上の) m. pecado, (法律上の) m. delito, m. crimen. → 罪, 犯罪. ▶罪悪感 m. sentido de culpabilidad, f. conciencia de culpa. → 罪.

ざいい 在位 m. reinado. ▶カルロス1世の在位中に adv. en el reinado del Rey Carlos I. ◆横綱は在位15場所を数える El gran campeón ha conservado su título en 15 torneos.

ザイール Zaire. (☆コンゴ民主共和国の旧名) → コンゴ.

さいえん 才媛 f. mujer 「con talento [inteligente, brillante].

さいえん 菜園 m. huerto; (大きな) f. huerta.

さいかい 再開 f. reapertura (中断した後) v. reanudarse; (閉じた後) v. reabrir(se); (続ける) v. continuar*. ▶会は午前10時に再開した La reunión se reanudó [continuó] a las diez de la mañana. ◆昼食後討論を再開しよう Después de comer seguiremos con la discusión. ◆授業は9月に再開される La escuela se reanuda en septiembre. / Volvemos a la escuela en septiembre.

さいかい 最下位 (順位・競技などの) m. último lugar [puesto], f. posición final; (地位) el rango más bajo. ▶最下位でいる v. estar* 「al final [en el último puesto], (最下位に終わる) v. acabar en último lugar. ▶最下位にいる v. ocupar el último lugar. ◆最下位は今年もその中高校だった Este año esa Escuela Secundaria Naka volvió a ocupar el último lugar.

さいかい 再会 f. reencuentro, f. reunión. ▶再会する v. volver* a ver* (a ＋ 人), tener* una reunión 《con》. →会う.

さいがい 災害 m. desastre, f. calamidad, 《教養語》m. siniestro; (大災害) f. catástrofe. ▶災害地 f. zona catastrófica; (被災地) f. zona afectada. ▶自然災害 (＝天災) m. desastre natural. ▶洪水による災害 m. desastre causado por una inundación. ▶災害を¹もたらす [²防止する] v. ¹ocasionar [²prevenir*] un desastre. ▶多くの災害にあう v. tener* 「《フォーマル》《強調して》sufrir] muchos desastres. ◆その航空機墜落事故はその年の最悪の大災害だった El accidente de avión fue el peor desastre del año.

ざいかい 財界 (金融界) m. mundo financiero, mpl. círculos financieros, (実業界) m. mundo de los negocios, mpl. círculos empresariales; (金融家) mf. financiero/ra; (実業家) m. hombre [f. mujer] de negocios [empresa]. ▶財界の大物 mf. destacado/da financiero/ra.

さいかいはつ 再開発 m. re-desarrollo, m. re-explotación. ▶再開発する v. volver* a desarrollar, explotar de nuevo. ▶都市再開発 f. reurbanización.

さいかく 才覚 mpl. recursos; (賢明さ) m. ingenio, f. agudeza. ▶才覚に富む男 m. hombre 「de recursos [con ingenio]. ▶金を才覚する (＝工面する) v. recaudar dinero. ◆この仕事は私の才覚ではむりだ Este trabajo está por encima de mi capacidad.

ざいがく 在学 ▶在学証明書 m. certificado de matriculación [inscripción académica]. ◆彼らは大学在学中に結婚した Se casaron cuando estaban en la universidad. / (大学生のときに)Se casaron siendo estudiantes universitarios. ◆その学校には2千人の学生が在学している Hay 2.000 estudiantes inscritos [matriculados] en la escuela.

さいかくにん 再確認 f. reconfirmación. ▶再確認する v. reconfirmar. ▶ホテルの予約を電話で再確認する v. reconfirmar por teléfono la reserva de un hotel.

さいかん 細管 《専門語》m. canalículo.

さいき 再起 (復帰) f. reaparición, f. vuelta, m. regreso; (回復) f. recuperación. ▶再起する v. reaparecer*, restablecerse*. ▶再起不能である No hay esperanza de recuperación. ◆その選手はみごとに再起した El jugador reapareció con éxito.

さいき 才気 ▶才気あふれる会話 f. conversación brillante. ◆彼は才気煥発だ Es brillante. / Tiene ingenio [《口語》chispa].

さいき 再帰 《文法》f. reflexividad. ▶再帰動詞 m. verbo reflexivo.

さいきかんし 細気管支 ▶細気管支炎《専門語》f. bronquiolitis. ▶細気管支周囲炎《専門語》f. peribronquiolitis.
さいぎしん 猜疑心 f. sospecha. ▶猜疑心の強い目で彼を見る v. mirarlo[le] sospechosamente [《フォーマル》con suspicacia].
さいきどう 再起動 ▶再起動する《専門語》v. rearrancar*.
さいきょういく 再教育 f. reeducación; (再訓練) f. reciclaje, f. recapacitación; (現職教育・社内研修) f. formación en la empresa. ▶再教育する v. reeducar, recapacitar.
***さいきん 最近** adv. recientemente, 『ラ米』recién, últimamente, hace (muy) poco. ♦最近は就職難だ Últimamente se ha vuelto difícil conseguir trabajo. ♦この頃(㌻).♦最近あまりよく眠っていません Recientemente no duermo bien. ♦彼が病気だと知ったのはごく最近です Sólo hace poco me enteré de「que estaba enfermo [su enfermedad]. / No hace más que unos pocos días que supe que estaba enfermo. ♦つい最近までそのことを知らなかった No lo supe hasta recientemente [hace muy poco]. ♦最近(＝この前)いつ彼女に会いましたか ¿Cuándo la viste [has visto] por última vez? ♦最近5年間彼から便りがない「Desde hace [En los últimos] cinco años no he sabido nada de él. ♦最近(＝近年)にない大雪だ Es la mayor nevada que hemos tenido en los últimos años. ♦最近彼が書いた育児書は好評です Su reciente libro sobre atención infantil es muy popular.
── **最近の** adj. reciente, último; (最新の) lo más reciente, lo último. ▶最近の出来事 mpl. sucesos recientes, mpl. últimos acontecimientos. ▶最近のニュース fpl. últimas noticias. ▶最近の若者 f. juventud「de hoy [actual], mpl. jóvenes actuales [de hoy] ☞近年, 近来, この間, この頃, この所, この前, 今度, 昨今, 先日, 近頃
さいきん 細菌 f. bacteria, m. microbio, m. germen; (細菌学) f. bacteriología, f. microbiología. ▶細菌学者 mf. bacteriólogo/ga, mf. microbiólogo/ga. ▶細菌培養 m. cultivo microbiano [bacteriológico]. ▶細菌兵器 m. arma bacteriológica. ▶細菌戦 f. guerra bacteriológica.
さいく 細工 ❶【職人の技】f. artesanía, m. trabajo manual, f. manualidad; f. pericia, f. destreza; (製作物) m. trabajo, f. obra; (手工芸品) f. artesanía. ▶細工する v. trabajar, hacer* una obra. ▶凝った細工の装飾品 m. adorno de artesanía elaborada.
❷【ずるい手段】m. artificio, m. ingenio; (ごまかし) m. truco, f. artimaña. ▶細工する(書類などに不法に手を加える) v. alterar, falsear; (帳簿などをごまかす) v. manipular.
さいくつ 採掘 ▶採掘する v. explotar, extraer*.
サイクリング m. ciclismo. ▶サイクリング専用道路 m. camino para ciclistas. ▶サイクリングに行く v. ir* [pasear] en bicicleta.
サイクル (周期, 周波) m. ciclo. ▶4サイクルエンジン m. motor de cuatro tiempos.

さいぐんび 再軍備 m. rearme, m. rearmamento. ▶核兵器で再軍備する v. rearmarse con armas nucleares.
さいけいこくたいぐう 最恵国待遇 m. trato de la nación más favorecida. ▶最恵国待遇を与える v. conceder [otorgar*] el trato de la nación más favorecida.
さいけいれい 最敬礼 ▶最敬礼をする v. hacer* una reverencia profunda, inclinarse con mucho respeto.
さいけつ 採決 (投票) m. voto; (投票権行使) f. votación. ▶採決で決める v.「decidir por [someter a] votación. ▶その動議について採決をしましょう ¿Votamos la moción? / ¿Sometemos la moción a votación?
さいけつ 裁決 (決定) f. decisión; (判決) m. juicio; (陪審員が裁判長に提出する評決) m. veredicto. ▶その件に裁決を仰ぐ v. pedir* (su) decisión sobre el asunto, 《フォーマル》pedir* que se pronuncie al respecto, pedir* [《フォーマル》solicitar] (su) juicio. ▶彼に裁決を下す v.《専門語》dictar [emitir] un fallo [juicio] sobre él.
さいけつ 採血 ▶採血する v. sacar* sangre.
さいげつ 歳月 (時) m. tiempo; (年月) mpl. años. → 年月(㌻). ♦3年近くの歳月が流れた Pasaron casi tres años. ♦歳月人を待たず El tiempo no espera.
サイケデリック(な) adj. (p)sicodélico.
さいけん 再建 f. reconstrucción; (再興) m. restablecimiento*. ▶再建する v. reconstruir*, reedificar*; restablecer*. ▶火事のあと劇場を再建する v. reconstruir* un teatro después de un incendio.
さいけん 債券 m. bono, fpl. obligaciones. ▶債券取引 f. transacción de obligaciones. ▶貯蓄債券 m. bono de ahorro. ▶債券を発行する v. emitir un bono.
さいけん 債権 m. crédito, 『ラ米』f. acreencia. ▶債権者 mf. acreedor/dora. ▶債権者会議 f. junta de acreedores.
さいげん 再現 (再生) f. reproducción. ▶再現する v. reproducir*. ▶祭りの雰囲気を再現する v. reproducir* el ambiente del festival.
さいげん 際限 ▶際限のない adj. ilimitado, infinito. → 果てしない. ▶際限なく続く v. continuar* interminablemente [sin fin]. ♦彼の知識欲は際限がない Su deseo de aprender「no tiene límites [es ilimitado].
ざいげん 財源 (国などの) mpl. recursos financieros; (収入源) f. fuente de ingresos; (資金) mpl. fondos; (金) m. dinero. ▶財源が乏しい v. no tener* muchos recursos financieros.
さいけんとう 再検討 (再度調べること) m. reexamen; (再調査) f. revisión, 《口語》m. repaso; (再考)《フォーマル》f. reconsideración; (再評価) f. reevaluación. ▶再検討する v. reexaminar, revisar, reconsiderar. ♦その件は再検討されるだろう El proyecto「volverá a ser examinado [será reexaminado]. ♦その問題を再検討しよう Volveré a considerar el

asunto. / Revisaré [《フォーマル》] Reconsideraré] el asunto. / (再度調べよう)Estudiaré otra vez el asunto.

さいこ 最古 ▶我が国最古の建築物 el edificio más viejo del país.

さいご 最後 ❶【一番終わり】*m.* último, *m.* final, *m.* fin.

1《最後の》*adj.* último, final,《教養語》postrero. ▶この月の最後の二日間 *mpl.* dos últimos días de este mes. ▶この本の最後の章 el último capítulo [capítulo final] de este libro. ▶最後の列の人 *fpl.* personas de la última fila. ▶最後の望みをかける *v.* poner* [depositar] la última esperanza (en). ▶最後の手段として警察に訴える *v.* denunciarlo a la policía como「último recurso [recurso final]. ▶最後の晩餐(画名) *f.* «Última Cena». ♦それが彼に会った最後の(時)でした Esa fue la última vez que lo [le] vi. → 最初. ♦熊本にいるのも今日が最後の日)だ Éste es mi último día en Kumamoto. ♦あしたが最後の試験だ Mañana tengo el último examen. ♦彼は今試験の最後の追い込みの勉強をしている Está estudiando para un examen dando un repaso de último minuto.

2《最後に》*adv.* por último;（文全体を修飾して）*adv.* finalmente, por fin, al fin;（とうとう）*adv.* al final. ♦彼女は最後に来た Vino la última. / Fue la última en llegar. ♦彼女を最後に見たのはいつですか ¿Cuándo la viste la última vez? ♦最後に皆様のご協力に感謝を申し上げたい Finalmente, quisiera agradecerles a todos su ayuda. ♦私たちは何度もけんかをしたが最後には親友になった Nos peleamos muchas veces, pero「acabamos siendo [al final somos] buenos amigos. ♦彼はリサイタルの最後にバッハを演奏した Acabó su recital interpretando a Bach. ♦これを最後にきっぱり酒をやめます Voy a dejar de beber [《ラ米》tomar]「de una vez por todas [definitivamente].

3《最後を》▶彼は生涯の最後を社長で飾った Redondeó [《強調して》Puso un broche de oro a] su carrera siendo presidente.

4《最後から》▶最後から 2 番目の席 *m.* penúltimo asiento, *m.* asiento al lado del último, *m.* asiento anterior al último.

5《最後まで》*adv.* hasta el final [fin]. → 初[始]め. ▶最後まで戦う *v.* luchar hasta el fin. ▶最後まで読む *v.* leer* hasta el final. ▶最後まであきらめない No desistas hasta el final [último momento]. ♦最後まで私の言うことを聞いてください Por favor, escúchame hasta「el final [que termine]. ♦そのバスケットの試合を最後まで見たいわ Me gustaría ver (hasta) el final del partido de baloncesto. ♦その試合は最初から最後までスリル満点だった El partido estuvo emocionante de principio a fin.

❷【いったん…したら】♦彼はこうと決めたら最後, 絶対自分の考えは変えない Una vez que se decide, jamás cambia.

さいご 最期（死）*f.* muerte, *m.* fin;（死ぬ日）*m.* día de la muerte, *m.* último día;（臨終）*m.* último momento. ▶帝国主義の最期 *f.* muerte del imperialismo. ▶悲惨な最期を遂げる *v.* tener* [encontrar*] una muerte miserable [trágica], morir* miserablemente. ▶最期の言葉 *fpl.* últimas palabras. ▶彼の最期を見届ける（＝臨終の床に居合わせる）*v.* estar* a su lado en el último momento,《フォーマル》estar* presente en su lecho de muerte.

ざいこ 在庫 *fpl.* existencias, *m.* surtido,《英語》*m.* "stock" (☆発音は [stók]). ▶本の在庫が¹多い [²少ない] *v.* tener* ¹muchas [²pocas] existencias de libros. ▶在庫一掃セール *f.* liquidación de existencias. ▶在庫管理 *m.* control de existencias. ♦在庫がありません Me temo que se nos ha acabado el surtido. ♦お求めの品は在庫しています Los artículos solicitados están en existencias. ⌐ 品, 商品, ストック

さいこう 最高（最大限）*m.* máximo. ♦失業率が過去最高になった「La tasa [El índice] de desempleo ha alcanzado ahora su máximo [punto más alto]. ♦最高百ドルまで使ってよい Puedes gastar un máximo de 100 dólares. ♦湯上がりによく冷えたビールの一杯は最高 No hay nada como un vaso de cerveza fría después de un baño de agua caliente.

—— **最高(の)** （高さ・程度が最高の）*adj.* máximo, *el* más alto;（一番よい）*adj. el* mejor;（頂点の）*adj.* superior;（地位・権力などが最高位の）*adj.* supremo;（記録的な）*adj.* récord. ▶最高速度で *adv.* a máxima velocidad. ▶最高タイムでそのレースに優勝する *v.* ganar la carrera en un tiempo récord. ♦彼は試験で最高点をとった Sacó la nota más alta en el examen. ♦きのうの気温は今までの最高記録だった La temperatura de ayer「alcanzó un máximo histórico [fue la más alta registrada]. ♦そのレストランは最高のイタリア料理を出す En ese restaurante sirven la mejor comida italiana. ♦彼女は最高のオペラ歌手だった Fue la mejor cantante de ópera. ♦公園は最高の人出だった Un número récord de personas había salido al parque. ♦この夏最高の暑さだ Estamos en el máximo calor de este verano. ♦ムーランルージュのショーは最高だった（＝みごとだった）El espectáculo del「Moulin Rouge [Molino Rojo] fue supremo [fenomenal,《口語》increíble]. ♦最高の（＝この上なく幸せな）気分です《口語》Estoy en「el séptimo cielo [la gloria].

さいこう 再考 *f.* reconsideración;（熟考）*f.* reflexión. ▶再考する *v.* reconsiderar, recapacitar, reflexionar 《sobre》,《口語》pensar* dos veces. ▶再考の結果 *adv.* pensándolo bien [dos veces], reconsiderándolo. ♦再考の余地はない No hay lugar a reconsiderar. / No caben reflexiones. ♦退学するのは再考した方がいいよ Te aconsejaría que reconsideraras [recapacitaras sobre] tu decisión de dejar los estudios.

さいこう 採光 ♦この部屋は採光が悪い En este cuarto no da mucho el sol. → 日当たり.

さいこうきゅう 最高級 ▶最高級のホテル *m.* hotel de「cinco estrellas [superlujo]」.

さいこうさい(ばんしょ) 最高裁(判所) *f.* Corte Suprema, *m.* Tribunal Supremo (de Justicia). ▶最高裁長官 *mf.* president*e/ta* de la Corte Suprema.

さいこうちょう 最高潮 *m.* clímax, *m.* punto culminante. → クライマックス, 絶頂. ▶最高潮に達する *v.* alcanzar* un clímax. ♦会場に着いたら最高潮だった Cuando yo llegué, la fiesta estaba en su punto culminante.

さいこうふ 再交付 *f.* reexpedición. ▶再交付する *v.* reexpedir (una licencia).

さいこうほう 最高峰 la cumbre más alta. ▶日本画壇の最高峰 *el/la*「más grande [mayor]」de todos los pintores de Japón. ▶スペイン文学の最高峰 la mayor autoridad [eminencia] en literatura española.

さいごつうちょう 最後通牒 *m.* ultimátum. ▶最後通牒を出す *v.* dar* [lanzar*] un ultimátum.

さいころ *m.* dado. ♦さいころを振って, 出た数だけ進んでいいのです(すごろくゲームなどで) Tira [Echa] los dados y el número que salga te dirá hasta dónde puedes ir.

サイコロジー *f.* psicología.

さいこん 再婚 *m.* segundo matrimonio, *fpl.* segundas nupcias. → 結婚. ♦彼女はすぐに再婚した《フォーマル》Volvió a casarse pronto. /《フォーマル》Contrajo pronto segundas nupcias.

さいさき 幸先 ▶幸先がいい(縁起がいい) *v.* ser* una buena señal, ser* un buen augurio [presagio]; (いいスタートを切る) *v.* empezar* bien [《口語》con buen pie].

さいさん 採算 (もうけ) *m.* provecho, *f.* ganancia. ▶採算を無視して品物を売る *v.* vender los artículos sin pensar* en ganar o perder*. ▶採算がとれる *v.* ser* rentable [lucrativo]. ▶採算がとれない *v.* no ser* rentable [lucrativo], no compensar. ▶採算がとれる商売 *m.* negocio rentable [lucrativo].

•**ざいさん 財産** (土地・建物の) *f.* propiedad, *mpl.* bienes, *fpl.* posesiones; (巨額の金) *f.* fortuna, 《フォーマル》*f.* hacienda, *m.* dineral. → 資産.

1《〜財産》▶共有財産 *f.* propiedad común, *f.* copropiedad. ▶¹私有[²公有;³国有]財産 *f.* propiedad ¹privada [²pública; ³nacional].

2《財産＋名詞》▶財産家 *f.* persona con propiedades [patrimonio, fortuna], *f.* persona rica [adinerada].

3《財産が[は]》♦彼には少なくとも2億円の財産がある Tiene una fortuna de por lo menos 200 millones de yenes. ♦その財産はすべて彼の娘のものになるだろう Toda la propiedad pasará a su hija.

4《財産の》▶ばく大な財産の相続人 *mf.* heredero/ra de una gran fortuna. ▶財産の保全 *f.* conservación de bienes.

5《財産を》▶株で財産を築く *v.* hacer* una fortuna en la bolsa. ▶多大の財産を受け継ぐ *v.* heredar una gran fortuna. ▶火事で財産を失う *v.* perder* las posesiones en un incendio. ▶彼の財産を管理する *v.* cuidar「sus bienes [su patrimonio]」. ♦彼は全財産をその事業につぎ込んだ Invirtió toda su fortuna en la empresa.

《その他の表現》♦健康は私の唯一の財産(＝資本)です La buena salud es mi「único bien [sola riqueza]」. ☞ 資産, 財宝.

さいさん(さいし) 再三(再四) ▶再三(再四)警告する *v.* advertir*「una y otra vez [repetidamente]」.

さいし 妻子 *f.* esposa e *mpl.* hijos; (家族) *f.* familia. ▶妻子のある男 *m.* hombre casado y con hijos. ▶妻子を捨てる *v.* abandonar esposa e hijos. ▶妻子を養う *v.* mantener* a la familia.

さいしき 彩色 ▶彩色する *v.* poner* color, pintar ☞ 彩り, 色彩.

さいけん 再試験 *m.* reexamen, *m.* examen extra [suplementario].

さいじつ 祭日 (祝日) *m.* día festivo, *f.* festividad; (国民の) *f.* fiesta nacional; (祭りの日) *m.* día「de fiesta [festivo]」.

さいして 際して (行事などに) *adv.* con ocasión [motivo] de; (…の時に) en… → 時. ▶結婚式に際して *adv.* con ocasión de la boda. ▶出発に際して *adv.* cuando se va.

さいしゅ 採取 ▶採取する(集める) *v.* coleccionar, juntar; (拾う・摘む) *v.* tomar, recoger* ☞ 取[捕, 採, 執]る.

さいしゅう 採集 ▶採集家 *mf.* coleccionista. ▶貝殻を採集する *v.* coleccionar conchas. → 集める. ▶チョウを採集する *v.* coleccionar mariposas. ▶昆虫を採集に出かける *v.* salir* a cazar* insectos para coleccionar.

さいしゅう 最終 ▶最終の(一番最後の) *adj.* último; (決定的な) *adj.* final, definitivo; 《終わりくりの》*adj.* de clausura. ▶試合の最終日 el último día del partido. ▶最終的に *adv.* finalmente, al final, definitivamente, en definitiva. ▶最終バスに間に合う *v.* tomar el último autobús. ▶最終決定をする *v.* tomar la decisión final. ♦それはまだ最終的に解決されていない No ha quedado arreglado definitivamente todavía. 《会話》それは臨時の仕事にすぎないんです—最終的には(＝ゆくゆくは)どんな種類の仕事をしていたいのですか No es más que un trabajo temporal. – En definitiva, ¿qué clase de trabajo le gustaría?

ざいじゅう 在住 ▶パリ在住の日本人 *mf.* japonés/nesa residente [que vive] en París.

さいしゅつ 歳出 *mpl.* gastos anuales.

•**さいしょ 最初** (一番初めのもの) lo primero, 《フォーマル》lo inicial; (初め) *m.* comienzo, 《フォーマル》*m.* inicio. ▶最初は彼はよそよそしく見えたが, 実にいい人だった Al principio [comienzo] no parecía amistoso, pero la verdad es que era una buena persona. ♦ジェットコースターに乗るのはこれが最初で最後だ Éste va a ser mi primer y último viaje en la montaña rusa.

1《最初の》♦最初の角を右へ曲がりなさい En la primera esquina tuerza a la derecha. ♦それが彼に会った最初の(時)だった Fue la primera vez que le vi.
2《最初に》♦手紙の最初(＝冒頭)に adv.「al comienzo [en el encabezamiento] de la carta. ♦われわれは最初に着いた Llegamos los primeros. / Fuimos los primeros en llegar. ♦最初に松江に来たとき宍道湖の大きさに驚いた「La primera vez que vine a Matsue [Cuando vine a Matsue por primera vez], me sorprendió el gran tamaño del Lago Shinji. ♦まず最初に彼に電話した Lo primero que hice fue telefonearlo[le].
3《最初から》♦その詩を最初から最後まで暗唱する v. aprenderse la poesía de memoria「de principio a fin [《口語》de cabo a rabo」. ♦彼はその考えに最初から反対だった Desde「el comienzo [《口語》lo primero, 《フォーマル》el inicio] estaba en contra de la idea. ♦最初からやり直した方がいいですよ Será mejor que vuelvas a empezar desde el principio [comienzo]. →一, 原点; 一次, そもそも

さいじょ 才女 ♦ f. mujer de [con] talento, f. mujer inteligente. ♦彼の奥さんはなかなかの才女だ Su esposa es una mujer con bastante talento.

さいしょう 最小[少]の adj. el más pequeño, 《口語》el más chico, 《教養語》el más diminuto; (量が) adj. el menor; (量・程度が) adj. mínimo. ♦世界最小の腕時計 m. el reloj más pequeño [diminuto] del mundo. ♦最少の努力しかしない v. hacer* sólo el mínimo esfuerzo.

さいしょう 宰相 mf. primer/mera ministro/tra; (ドイツなどの) m. canciller. ♦鉄血宰相 m. Canciller de Hierro.

ざいじょう 罪状 m. delito. →罪. ♦罪状認否《法律》f. confesión o f. negación de la culpabilidad「del acusado [de la acusada].

さいしょうげん 最小限 m. mínimo. ♦損害を最小限に抑える v. mantener* las pérdidas en un mínimo, 《フォーマル》minimizar* las pérdidas.

さいじょう(の) 最上(の) adj. el mejor, 《フォーマル》óptimo, 《口語》super; (最もすばらしい) adj. de primera calidad [categoría]; (質などが最も高い) adj. más alto, el máximo, (至上の) adj. 《フォーマル》supremo. ♦最上の品 el mejor artículo, el producto de「mejor calidad [calidad superior]. ♦最上級《文法》m. (grado) superlativo. ♦最上の幸福 la mayor felicidad, la dicha suprema. ♦最上階にレストランがある En el piso último hay un restaurante. ♦彼女は私たちの大学の最上級生だ Está en el último curso [año] de nuestra universidad.

さいしょく 菜食 (野菜[菜食主義者]の食事) f. dieta vegetariana, m. vegetarianismo. ♦菜食主義者 mf. vegetariano/na. ♦菜食する[している] v. tener* una dieta vegetariana, vivir a base de verduras.

ざいしょく 在職 ♦在職中[に, で], durante el período de servicio. ♦4年間の在職期間中 adv. a lo largo de un período de servicio de cuatro años, en un cargo de cuatro años. ♦在職している v. ocupar un cargo [puesto]. ♦在職中はお世話になりました Me ayudó usted mucho en mi cargo.

さいしょくけんび 才色兼備 ♦彼女は才色兼備だ Es bella e inteligente.

さいしん 最新 ♦最新の adj. el más nuevo, novísimo; (一番最近の) adj. último, reciente; (時代遅れでない) adj. actual, actualizado, moderno; (現在広まっている) adj. presente. →新しい. ♦最新式の設備の工場 f. fábrica con las últimas [más modernas] instalaciones. ♦この雑誌の最新号 m. último número [ejemplar] de esta revista. ♦ガルシア・マルケスの最新の小説 f. última [nueva] novela de García Márquez. ♦これが今年の春の最新流行のファッションです Ésta es la última moda para esta primavera. →新しい, 最近の

さいしん 細心 ♦細心の(注意深い) adj. cuidadoso; (慎重な) adj. prudente; (周到な) adj. 《フォーマル》escrupuloso. ♦細心の注意をもって扱う v. tratar (el jarrón) con mucho cuidado. ♦発言には常に細心の注意を払うべきです Tienes que ser cuidadoso [prudente] con tus palabras. / Hay que tener prudencia con lo que se dice.

さいしん 再審 m. recurso de revisión; (上訴された訴訟などに対する) f. revisión. ♦再審請求をする v. interponer* el recurso de revisión. ♦再審裁判所 m. tribunal de revisión.

サイズ f. talla, m. tamaño, m. número, m. 寸法. ♦あらゆるサイズの靴 mpl. zapatos de todos los tamaños. ♦並サイズの練り歯磨き m. tubo de pasta de dientes de tamaño medio. ♦サイズが合うかどうか上着を着てみる v. probarse* una chaqueta para comprobar* la talla. ♦サイズを測る v. tomar [medir*] la talla (de). ♦この靴はサイズが合わない Estos zapatos no son de mi número [talla]. / No me quedan bien estos zapatos. ♦靴のサイズはどのくらいですか ¿Qué (número) calza usted? / ¿Cuál es「la talla [el número, la medida] de sus zapatos? 会話 サイズはいくらですか—どんなサイズがあるのですか—(種類としては)S, M, L, LL があります。お客様はたぶん L でしょう—L サイズがあればいただくわ ¿Qué talla, por favor? – ¿Qué tallas tiene? – Vienen en talla pequeña, media, grande y extragrande. La suya probablemente es la grande. ♦この靴は少し小さすぎるわ。もっと大きいサイズはないかしら Estos zapatos me están algo pequeños. ¿No los tendrá en un número mayor?

さいせい 再生 (新生) m. renacimiento; (失われた器官の) f. regeneración; (廃物の) f. reciclaje, f. recuperación; (音・場面などの) f. reproducción; (録音・録画の) f. reproducción, f. repetición. ♦再生紙 m. papel reciclado. ♦都市の再生 f. regeneración urbana. ♦そのプレーヤーの再生音はいい Esa grabadora reproduce bien.

──　再生する (蘇(ｴ)生する) v. resucitar, 《口語》revivir, volver* a la vida; (廃品を) v. reciclar, recuperar; (失われた器官を) v. regenerar, rehacer*; (録音・録画を) v. reproducir*, repetir*. ▶¹録音 [²録音した演説] を再生する v. reproducir* ¹la grabación [²el discurso grabado]. ♦テープレコーダーは彼の声を生き生きと再生した La grabadora reprodujo su voz vívidamente.

ざいせい 財政 fpl. finanzas, f. hacienda pública; mpl. asuntos financieros. ▶財政の adj. financiero, monetario, fiscal. ▶財政的に adv. desde el punto de vista financiero [de las finanzas].
1《～財政》▶¹国家 [²地方] 財政 fpl. finanzas ¹del Estado [²locales].
2《財政+名詞》▶財政危機 f. crisis financiera. ▶財政学 f. ciencia de las finanzas. ▶財政家 mf. financiero/ra. ▶財政顧問 m. asesor/sora financiero/ra. ▶財政上の理由で adv. por razones financieras. ♦その国は財政援助を求めた El país solicitó ayuda financiera.
3《財政は[が]》▶財政が苦しい v. tener* "dificultades financieras [apuros económicos]; (暮らし向きが楽でない) v. pasar apuros; (金に困っている) 《口語》 v. andar* mal de dinero. ♦その国の財政は健全です Las situación financiera del país es buena [solvente].
4《財政を》▶財政を建て直す v. restablecer* las finanzas. ▶市の財政(状態)を改善する v. mejorar las finanzas municipales. ▶¹国家 [²家庭] の財政を握る v. administrar las finanzas ¹del país [²de la casa] ☞経済,財務

さいせいき 最盛期《人生などの》 f. apogeo, lo mejor; (黄金時代) f. edad de oro; (出盛り) f. temporada, m. tiempo. ♦彼は今が人生の最盛期だ Está en "la flor [lo mejor] de la vida. ♦今はカキの最盛期だ Ahora es el tiempo de las ostras. / Las ostras están ahora de temporada.

さいせいさん 再生産 f. reproducción.
さいせき 採石 ▶採石する v. extraer* piedra (de una cantera). ▶採石場 f. cantera.
ざいせき 在籍 ▶在籍している v. quedar inscrito [registrado, matriculado] (en una escuela). ▶在籍証明書 (学校の) m. certificado de matrícula [inscripción]; (団体の) m. certificado de afiliación.
さいせん 再選 f. reelección. ▶再選をねらう v. buscar* la reelección, aspirar a ser* reelegido. ♦彼女は市長に再選された 「La reeligieron [Fue reelegida] alcaldesa. / Volvieron a elegirla alcaldesa.
さいせん 賽銭 f. ofrenda religiosa (en metálico). ▶賽銭箱 m. cepillo (de limosnas).
さいぜん 最善 ▶todo lo posible, lo máximo, lo mejor. ▶最善を尽くす v. esforzarse* al máximo, hacer* todo lo posible. ▶最善の方法を考える v. pensar* en "la mejor forma [el mejor medio]. ♦先生にご恩返しをするため最善を尽くすつもりだ Haré todo lo posible para corresponder al profesor. ☞誠心誠意,

精々
さいぜんせん 最前線 f. vanguardia, la primera línea. ▶平和運動の最前線にいる v. estar* en la vanguardia del movimiento pacifista.
さいそく 催促 ▶催促する (せきたてる) v. urgir*, instar (a); (しつこくせがむ) v. apremiar, acuciar. ▶彼女に返事を催促する v. apremiarla a que responda. ▶彼に借金の返済を催促する v. urgirle* "al pago de su deuda [a que pague lo que debe] ☞促す, 勧める, 督促
さいそく 細則 m. reglamento detallado.
さいた 最多 ▶最多得票を得る v. conseguir* la mayoría de los votos. ▶そのレースに最多出場をする v. participar mayoritariamente en la carrera.
サイダー f. gaseosa, f. soda.
さいたい 臍帯《専門語》 m. cordón umbilical. ▶臍帯血バンク m. banco de sangre de cordón umbilical.
さいだい 最大 ▶最大の(一番大きい) adj. el mayor, el más grande (→大きい); (最大限の) adj. máximo. ▶最大積載量10トン f. carga máxima de diez toneladas. ▶日本最大の発電所 la mayor central eléctrica de Japón. ▶今世紀最大の(＝最も偉大な)作家 「el/la mayor escritor/tora [el/la escritor/tora más grande] de este siglo. ♦これは過去最大の地震だ Ha sido el mayor terremoto que hemos tenido.
さいだいか 最大化 ▶最大化ボタン《専門語》 m. botón de maximizar.
さいだいげん 最大限 m. máximo. ▶最大限の努力をする v. hacer* [《フォーマル》 realizar*] el máximo esfuerzo, esforzarse* al máximo. ▶その機会を最大限に活用する v. aprovechar al máximo la ocasión, sacar* el máximo rendimiento de la ocasión ☞遺憾なく,十分に
さいだいもらさず 細大漏らさず ▶細大漏らさず(＝詳細に)報告する v. informar "con todo detalle [minuciosamente,《口語》 con pelos y señales]; (ごく細かなところに至るまで) v. informar con los más mínimos detalles [pormenores].
さいたく 採択《フォーマル》 f. adopción. → 採用.▶決議案を採択する v. adoptar una resolución.
ざいたく 在宅 ▶在宅する v. estar* (en casa). ▶在宅勤務する v. trabajar en casa. ♦フアレスさんはご在宅ですか ¿Está el Sr. Juárez en casa?
さいたん 最短 ▶最短の adj. el más corto. ▶パリへの最短コースをとる v. tomar [seguir*] la ruta más corta a París. ♦ここから駅まで(の)最短距離はどのくらいですか ¿Qué distancia hay de aquí a la estación tomando la ruta más corta?
さいだん 裁断 ❶【切ること】 m. corte. ▶裁断器 fpl. tenazas, fpl. tenacillas. ▶裁断する v. cortar.
❷【判断】 m. juicio, f. decisión. ▶彼の裁断を仰ぐ(求める) v. pedir* su juicio; (委ねる) v.

さいだん 祭壇 m. altar. ▶祭壇を設ける v. preparar un altar.

ざいだん 財団 f. fundación. ▶ロックフェラー財団 f. Fundación Rockefeller. ▶財団法人 f. persona jurídica de fundación.

さいち 才知 (聡明さ) f. inteligencia; (頭の回転の早さ) m. ingenio. ▶才知にたけた adj. inteligente, brillante; ingenioso.

さいちゅう 最中 (動作の) prep. en medio de, durante; (暑さ・人気・戦いなどの) 《強調して》en pleno. ▶朝食の最中に電話がかかってきた Llamaron por teléfono en medio del desayuno. ♦彼らはあらしの最中に出航した Se hicieron a la mar en「medio de la [plena] tormenta.

ざいちゅう 在中 ▶見本在中《封筒などの表書き》 "Muestras".

さいちょう 最長 ▶最長の adj. el más largo. ▶日本(の)最長のトンネル el túnel más largo de Japón. ↔最短.

さいてい 最低 (最低[小]限) m. mínimo. ♦彼は最低(限)月に 5 本の映画を見る Ve un mínimo de cinco películas al mes. / Cada mes「ve por lo menos [no ve menos de]「cinco películas.

—— **最低(の)** adj. el más bajo, mínimo; (最低[小]限の) adj. peor. ▶最低賃金 m. salario mínimo [más bajo]. ▶試験で最低の点をとる v. sacar* las notas más bajas del examen. ▶最低合格点 f. nota mínima para aprobar el examen. ▶最低必要条件を満たす v. cubrir* [satisfacer*] los requisitos mínimos. ♦そんなうそをつくなんて彼は最低だ Es el más miserable de los hombres por decir una mentira así. ♦これは今まで読んだ中で最低の本だ Es el peor libro que he leído. ♦この休暇はどうでしたか——最低(=ひどかった)。どこへ行っても人ばかりでね ¿Qué tal tus vacaciones? – 《口語》Terrible. Todo estaba lleno de gente.

さいてい 裁定 f. decisión, 《フォーマル》m. arbitrio. ▶裁定を下す v. 《フォーマル》《専門語》arbitrar, 《フォーマル》《専門語》fallar.

さいてきか 最適化 f. 《専門語》optimización.

ざいテク 財テク f. técnica financiera.

さいてん 採点 f. calificación, f. evaluación. ▶採点者 mf. calificador/dora, mf. evaluador/dora. ▶採点簿 m. cuaderno de notas [calificaciones]. ▶採点が[1]甘い [[2]辛い] v. ser* [1]indulgente [[2]severo] calificando. ▶スペイン語の答案を 200 点満点で採点する v. calificar* los exámenes de español sobre la base de 200 puntos.

さいてん 祭典 m. festival, f. fiesta. → 祭り. ▶スポーツの祭典 m. festival deportivo.

サイト (インターネットの) m. sitio ("web").

さいど 彩度 f. 《専門語》saturación.

サイド m. lado. → 側. ▶サイドアウト《コール》m. fuera de banda. ▶サイドスロー f. lanzamiento de costado. ▶サイドテーブル f. mesita de salón. ▶サイドビジネス m. negocio suplementario. ▶サイドブレーキ m. (echar el) freno de mano [emergencia]. ▶サイドボード m. aparador, 《コロンビア》《ベネズエラ》m. seibó. ▶サイドリーダー m. libro de lecturas suplementario.

サイドミラー m. espejo lateral. ▶サイドミラーを見る v. mirar por el espejo lateral.

さいなむ 苛む v. atormentar. ▶良心の呵責[自責の念, 罪の意識]にさいなまれる v. atormentarse por remordimientos de conciencia, remorder* (a + 人) la conciencia.

さいなん 災難 (個人の不幸) m. desastre, f. calamidad; (事故) m. accidente; (困った事態) m. problema. ▶災難を招く(軽率なことをして) 《口語》v. andar* buscando problemas. 《引き起こす》v. provocar* una desgracia. → 災い. ▶災難にあう v. tropezar* con「una desgracia [un accidente]. ▶災難を免れる v. librarse de「una desgracia [un accidente]. ▶災難(=不運)だと思ってあきらめる v. resignarse pensando que es una desgracia. 《会話》きのう車を盗まれました——それは災難でしたね Ayer me robaron el coche. – ¡Qué desgracia [mala suerte]! ¿Eh?

さいにゅう 歳入 fpl. rentas, mpl. ingresos.

ざいにん 罪人 (刑法上の) mf. delincuente; mf. criminal; mf. culpable; (法律違反者) mf. infractor/tora (→犯人); (宗教上の) mf. pecador/dora.

さいにんしき 再認識 ▶住宅問題を再認識する (=再度はっきり理解する) v. reconocer* una vez más el problema de la vivienda; (新しい見方をする) v. contemplar el problema de la vivienda bajo un nuevo enfoque.

さいねん 再燃 ▶インフレの再燃(=再発) m. rebrote de la inflación. ▶再燃する v. resurgir*, rebrotar, (活発になる) v. revivir, 《フォーマル》resucitar. ♦その問題が再燃した El problema ha resurgido. / (再び表面化した) 《フォーマル》El problema ha vuelto a salir a la luz.

***さいのう 才能** f. capacidad, f. habilidad; m. talento, 《フォーマル》m. don, m. genio; f. aptitud. → 能力. ▶才能を伸ばす v. desarrollar una capacidad, cultivar un talento [don]. ♦彼は[1]数学の [[2]作曲をする]才能がある Tiene [1]capacidad para las matemáticas [[2]talento para componer música]. ♦彼は語学の才能がある 《フォーマル》Tiene aptitud para los idiomas. / Posee el don de lenguas. ♦彼は豊かな才能の持ち主だ Es un hombre de「gran talento [mucha capacidad]. / Tiene mucho talento. ♦彼は画家として大変な才能がある Es un pintor de mucho talento. ♦彼は特に音楽の才能があるわけではない No tiene talento especial para la música. ♦彼は絵の才能を大いに発揮した Mostró una gran capacidad para la pintura.

サイバー ▶サイバー・スパングリッシュ《英語》《専門語》m. "ciberespanglish". ▶サイバーカフェ《専門語》m. cibercafé. ▶サイバースペース《専門語》m. ciberespacio. ▶サイバーパンク《英語》《専門語》m. "ciberpunk".

さいはい 采配 ▶采配を振る(事業などを指導する) v. dirigir*; (組織などを管理する) v. llevar, mandar; (責任者として担当する) v. hacerse* cargo 《de》; (取りしきる) v. 【スペイン】《口語》cortar el bacalao, 【スペイン】《口語》pintar. ♦事業の采配を振る v. dirigir* el proyecto. ♦あれは明らかに監督の采配(=指示)ミスだ Eso ha sido claramente un error del director.

さいばい 栽培 m. cultivo. ▶栽培する v. cultivar. ♦彼らは温室でイチゴを栽培している Cultivan fresas en su invernadero.

さいはつ 再発 (回復していた病人が病気をぶり返すこと) f. recaída, f. reaparición. ▶再発する(病気が) v. reaparecer*;(人が) v. recaer*. ▶リューマチが再発する v. reaparecer* [recaer*] el reumatismo. ♦退院してから彼の病気が再発した「Sufrió una recaída [Recayó] después de haber abandonado el hospital. ♦交戦状態の再発は防がなくてはならない Hay que impedir cualquier reaparición [《教養語》reincidencia] de las hostilidades.

ざいばつ 財閥 "zaibatsu", (説明的に) f. plutocracia financiera; (企業合同) m. consorcio financiero de empresas. ▶ロックフェラー財閥 m. consorcio Rockefeller.

さいはて 最果て ▶最果ての地 el lugar más lejano.

サイバネティックス 《専門語》f. cibernética.

さいはん 再版 (第 2 版) f. segunda edición; (複刻版・増版版) f. reimpresión. ▶再版を出す v. publicar* una segunda edición; (改訂版を出す) v. publicar* una edición revisada; (1改訂 [2複刻・増版]する) v. ¹revisar ²reimprimir [el libro).

*__さいばん__ 裁判 (公判) m. juicio, (通例民事の訴訟) m. proceso, 《口語》m. pleito, (訴訟事件) f. causa.

1《~裁判》▶¹軍事 [²公開]裁判 m. juicio ¹militar [²público]. ▶¹民事 [²刑事]裁判 m. juicio ¹civil [²criminal]. ▶公平な裁判 m. juicio justo.

2《裁判+名詞》▶裁判官 mf. juez. ▶裁判費用 fpl. costas judiciales [procesales]. ♦その事件は裁判沙汰(ざた)にならずに解決した Se llegó a un arreglo extrajudicial. / El pleito fue solucionado fuera de los tribunales.

3《裁判は》▶裁判は原告の¹勝訴 [²敗訴]となった El juicio se puso en ¹favor [²contra] del demandante. ▶(原告が裁判に¹勝った [²負けた])El demandante ha ¹ganado [²perdido] el juicio.

4《裁判に[を]》▶裁判にかける v. llevar 《a + 人》a juicio [los tribunales], poner* 《a + 人》pleito, demandar 《a + 人》. ▶事件を裁判に持ち込む v. llevar un caso a los tribunales, 《口語》acudir a la justicia. ▶裁判に証人として召喚される v. ser* convocado como testigo en un juicio. ▶裁判を開く v. celebrar un juicio. ♦彼は窃盗罪で裁判を受けた「Fue llevado a juicio [《強調して》Le juzgaron] por robo. / Se sometió a la justicia por robo.

さいばんしょ 裁判所 (法廷) m. juzgado, m. tribunal, f. corte; (庁舎) f. sala de justicia, m. juzgado. ▶家庭裁判所 m. Tribunal de Familia. ▶¹簡易 [²地方; ³高等]裁判所 m.

Tribunal ¹Sumario [²de Distrito; ³Superior]. ▶名古屋地方裁判所 El Tribunal del Distrito de Nagoya.

さいばんちょう 裁判長 mf. presidente/ta del tribunal.

サイパンとう サイパン島 Saipán.

さいひょうか 再評価 f. revalorización, f. revaluación. ▶再評価する v. revalorizar*, revalorar. ♦彼の作品は現在再評価されている Sus obras están siendo revalorizadas actualmente.

さいひょうせん 砕氷船 m. (barco, buque) rompehielos.

__さいふ__ 財布 (がま口) m. monedero, (フォーマル) m. portamonedas; (札入れ)【スペイン】f. cartera, 【ラ米】f. billetera. ▶¹軽い [²重い]財布 f. cartera [f. billetera] ¹ligera [²pesada]. ▶財布のひもを締める v. tener la bolsa cerrada, 《口語》apretarse* el cinturón. ▶財布のひもを緩める v. aflojar la bolsa, 《口語》aflojarse el cinturón. ▶財布のひもをしめる v. controlar los gastos domésticos. ▶財布をはたく v. vaciar* la cartera [bolsa]. ♦財布を盗まれた Alguien me ha robado la cartera. / Me han robado la cartera. ♦財布のひもをしめなくてはいけない (=出費に気をつけなくてはいけない) Hay que ser cuidadoso con los gastos.

さいぶ 細部 m. detalle, m. pormenor. ▶その協定の細部 mpl. detalles del acuerdo. ▶細部 (=詳細)にわたる v. entrar en detalles [pormenores].

さいぶん 細分 f. subdivisión. ▶細分化する v. subdividir.

さいへんせい 再編成 (組織の) f. reorganización, f. reconversión; (内閣などの) f. reorganización. → 改造. ▶労働組織の再編成 f. reorganización del sindicato. ▶陸軍を再編成する v. reorganizar* el Ejército de Tierra.

さいほう 裁縫 f. costura, fpl. labores. ▶裁縫道具 mpl. utensilios de coser [labores]. ▶裁縫箱 m. costurero. ▶裁縫をする v. coser. ♦彼女は裁縫が上手で《口語》Sabe coser muy bien. / Cose muy bien. / Se le da muy bien coser.

さいぼう 細胞 f. célula. ▶細胞の adj. celular. ▶細胞学 f. citología. ▶細胞組織 m. tejido celular. ▶細胞分裂 f. división celular. ▶細胞膜 f. membrana celular. ▶体細胞 m. soma. ▶単細胞動物 m. animal unicelular. ♦人体には何十億もの小さな細胞がある En el cuerpo humano hay miles de millones de diminutas células.

ざいほう 財宝 (金銀財宝) m. tesoro; (富) f. riqueza.

さいほうそう 再放送 (ラジオ・テレビ番組の) f. retransmisión, f. repetición, f. reposición. ▶音楽番組の再放送 f. retransmisión [f. reposición] de un programa musical. ▶講演を再放送する v. retransmitir [repetir*] una conferencia.

サイボーグ m. ciborg, m. organismo ciber-

nético.
サイホン m. sifón.
さいまつ 歳末 m. fin de año. → 暮れ. ▸歳末大売り出し fpl. grandes ventas de fin de año. ▸歳末助け合い運動 f. campaña benéfica de fin de año.
さいみん 催眠 f. hipnosis. ▸催眠剤 m. (fármaco) hipnótico, m. somnífero. ▸催眠状態にある v. estar* en un estado hipnótico.
さいみんじゅつ 催眠術 m. hipnotismo. ▸催眠術師 mf. hipnotizador/dora. ▸催眠術をかける v. hipnotizar*. ▸催眠術にかかる v. quedar hipnotizado. ▸催眠術にかかっている v. estar* hipnotizado [en estado de hipnotismo].
さいむ 債務 (負債) f. deuda, 《フォーマル》《専門語》m. débito; m. pasivo; (法的返済義務) f. obligación. ▸債務者 mf. deudor/dora. ▸債務不履行《専門語》m. incumplimiento (de obligaciones), f. falta de pago. ▸債務を履行する.《専門語》cumplir las obligaciones, saldar una deuda.
ざいむ 財務 (財政上の事務) mpl. asuntos financieros; (財政) fpl. finanzas. ▸財務部 f. división de finanzas. ▸財務官 mf. financiero/ra; (財務省の) mf. viceministro/tra asistente de [para] asuntos financieros. ▸(財務省)財務局 f. oficina local de finanzas. ▸(米国)財務¹省 [²長官] ¹ m. Departamento [² mf. Secretario/ria] de Hacienda.
ざいむしょう 財務省 m. Ministerio de Finanzas.
ざいむだいじん 財務大臣 mf. ministro/tra de Finanzas.
さいもう 細網 ▸細網症《専門語》f. reticulosis. ▸細網内皮症《専門語》f. reticuloendoteliosis.
さいもく 細目 (細部) mpl. detalles; (明細) mpl. pormenores; (詳しく書かれたもの) fpl. especificaciones, f. descripción detallada. ▸報告書の細目 mpl. detalles de un informe. → 詳細.
***ざいもく** 材木 (用材としての木) f. madera (de construcción), m. maderaje. ▸材木置き場 f. maderería. ▸材木を切り出す v. extraer* maderas (de un bosque). ▸材木をひいて板にする v. serrar* madera para hacer* tablas, hacer* tablones. ▸材木で家を建てる v. construir* una casa de madera. ♦チークや松のような材木は家具を作るのに使われます Maderas como la teca y el pino se usan para la fabricación de muebles.
ざいや 在野 ▸在野の有力者 m. personaje influyente sin cargo oficial. ▸在野の政党 m. partido en [de] la oposición.
さいよう 採用 (意見や方針の) f. adopción, f. utilización; (従業員の) m. empleo. ▸新方式の採用 f. adopción [f. utilización] de un nuevo método. ▸採用試験 m. examen de admisión, fpl. oposiciones. ▸採用¹通知 [²申し込み] ¹ m. aviso [² f. solicitud] de admisión [empleo].

—— 採用する (採り上げる) v. adoptar; (使う) v. usar, utilizar*; (雇う) v. emplear, dar* trabajar, contratar. ▸彼の¹案 [²計画]を採用する v. adoptar su ¹idea [²plan]. ▸新しい教科書を採用する v. utilizar* un nuevo libro de texto. ♦彼は事務員として採用された Le dieron empleo de oficinista. / Fue empleado como oficinista. ♦彼は3か月間仮採用だった Le contrataron [admitieron] tres meses de prueba. ♦彼はその仕事に志願し採用された Solicitó el trabajo y se lo dieron. ☞取[捕, 採, 執]る, 取り上げる, 取り入れる
さいらい 再来 ▸モーツァルトの再来 m. segundo Mozart. ♦ゴルフブームの再来を見た Hay un nuevo auge del golf.
ざいらい 在来 ▸在来の (いつもの) adj. ordinario; (慣例的な) adj. acostumbrado; (慣習的な) adj. tradicional. ▸在来線で行く v. ir* por la antigua línea ferroviaria.
ざいりゅう 在留 (住む) v. vivir, residir (→在住); (滞在する) v. quedarse, permanecer*. → 滞在する. ▸在留外国人 mf. residente extranjero/ra (en Japón). ▸在留資格 m. estado de residencia. ▸在留期間を延長する v. prolongar* [renovar*] el período de estancia (en Japón).
さいりょう 最良 ▸最良の adj. el mejor, 《教養語》óptimo; (最もすばらしい) adj. superior, 《口語》super. ▸人生最良の日 el mejor día de la vida.
さいりょう 裁量 (行動・選択の自由)《フォーマル》 f. discreción; (判断) m. juicio. ▸その件を彼の裁量にゆだねる v. dejar el asunto a su discreción.
***ざいりょう** 材料 m. material, f. materia; (資料) m. datos, f. información; (料理などの) m. ingrediente. ▸建築材料 mpl. materiales de construcción. ▸実験材料 m. material de experimento. ▸材料実験 m. examen de materiales. ▸材料費 m. costo del material. ▸ケーキの材料 mpl. ingredientes de un pastel. ▸本の材料を集める v. recoger* datos para un libro. ♦この人形を作るのにどんな材料が必要ですか ¿Qué materiales se necesitan para hacer esta muñeca? ☞素材, 種
ざいりょく 財力 mpl. recursos financieros, m. poder financiero; (資産) m. activo; (財源) mpl. recursos, mpl. medios. → 資力.
ザイル f. cuerda de escalada [alpinismo]. ▸登山者をザイルでつなぎ合わせる v. encordar* a los alpinistas.
さいるい 催涙 ▸催涙ガス m. gas lacrimógeno. ▸催涙弾を彼に投げつける v. arrojarle una bomba [granada] lacrimógena.
さいれい 祭礼 m. festival, f. fiesta.
サイレン f. sirena. ▸サイレンを鳴らす v. tocar* [hacer* sonar*] una sirena. ♦外でパトカーか救急車の音が聞こえた Oí la sirena de un coche policía o de una ambulancia. ♦サイレンが¹鳴った [²鳴りやんだ] ¹Sonó [²Cesó] la sirena. ♦パトカーがサイレンを鳴らした El coche de policía tocaba la sirena. ♦消防車がサイレンを鳴らしながらやって来た El coche de bomberos se acercaba tocando [haciendo

サイロ *m.* silo. ▶サイロに貯蔵する *v.* ensilar, guardar en un silo.

さいろく 採録 ▶採録する（記録する）*v.* archivar, anotar, registrar; （記載する）*v.* mencionar.

・さいわい 幸い *f.* felicidad, 《教養語》*f.* dicha. ▶幸いな（幸運な）*adj.* afortun*ado*, con suerte, 《口語》suert*udo*;（うれしい）*adj.* feliz, 《教養語》dich*oso*;（大喜びである）*adj.* encant*ado*;（満足している）*adj.* satisfe*cho*, cont*ento*. ◆ここにいたとはあなたは幸いでした Tuviste suerte de estar aquí. → 幸せ. ◆お役に立てば幸いです Me sentiré feliz de poder ayudarte.
── **幸いにも** *adv.* afortunadamente, por fortuna, felizmente. ▶幸い(にも)だれもけがをしなかった Afortunadamente [Por fortuna, Felizmente], nadie resultó herido. → 幸運.

サイン ❶【署名】（手紙・正式文書などにする）*f.* firma;（略署名）*f.* rúbrica;（有名人などの自筆の）*m.* autógrafo. → 署名する. ▶サイン会 *f.* sesión de autógrafos. ▶サイン帳 *m.* álbum de autógrafos. ▶サインペン *m.* rotulador. ▶サイン入りボール *f.* pelota [*m.* balón] con autógrafos. ▶契約書にサインする *v.* firmar el contrato, 《強調して》《フォーマル》estampar la firma en un contrato. ◆この本にサインしてもらえませんか ¿No me puede escribir [¿Me escribe] su autógrafo en este libro, por favor? / ¿Me autografía este libro, por favor? / ¿Me pone su autógrafo en este libro, por favor? ◆（手続きで）ここにサインしてください Firme aquí, por favor.
❷【合図】*m.* signo, *f.* marca（→合図）;（野球などの）*f.* señal. ▶投手に出て行くようサインを *v.* hacerle* una señal para que se retire. ◆彼はピッチャーにサインを送った Le hizo una señal al lanzador.

サウジアラビア Arabia Saudí, Arabia Saudita;（公式名）*m.* Reino de Arabia Saudí（☆西アジアの王国, 首都リヤド Riyad）. ▶サウジアラビアの *adj.* saudí. ▶サウジアラビア人 *mf.* saudí.

サウスカロライナ Carolina del Sur（☆合衆国の州）.

サウスポー *mf.* zurd*o*/*da*.

サウナ ▶サウナぶろ *f.* sauna.

サウンド・カード 《専門語》*f.* tarjeta de sonido.

サウンドトラック *f.* banda sonora.

サウンド・ボード 《専門語》*m.* adaptador de sonido.

＊-さえ ❶【…ですら】*adv.* incluso, aun, hasta;（否定的に）ni siquiera, ni aun. ◆これは初めての人（＝初心者・初学者）でさえ解ける簡単な問題です Es una pregunta fácil que incluso [hasta] un principiante sabría responder. ◆彼は日曜でさえ働かねばならなかった Tenía que trabajar incluso los domingos. / Hasta los domingos debía trabajar. ◆彼女は自分の名前を書くことさえできない Ni siquiera sabe escribir su nombre.
❷【その上】*adv.* además, (y) encima, 《口語》《強調して》y para colmo, y lo que es más. ◆風が激しい上に雨さえ降ってきた Hacía aire y además [encima] se puso a llover. / Hacía aire y [lo que es peor, 《口語》para colmo] se puso a llover.
❸【だけ】*adv.* sólo, solamente, 《強調して》tan sólo;（…しさえすれば）*conj.* siempre que, con tal que, con la condición de que, mientras que《＋接続法現在》. ◆君はしっかり仕事すればよい「Sólo tienes que [Todo lo que tienes que hacer es] trabajar mucho. / Tan sólo debes trabajar mucho. 《会話》今夜芝居に行くっていうのはどう—もっと早く言ってくれさえしたらね! ¿Qué te parece si vamos al teatro esta noche? – ¡Si (sólo) me lo hubieras dicho antes! ◆静かにしていさえすればここにいてもよい Puedes quedarte aquí siempre que te estés quie*to*. / Con la condición de que estés quie*to* te puedes quedar aquí.

さえぎる 遮る（中断させる）*v.* interrumpir;（妨害する）*v.* bloquear, 《フォーマル》obstaculizar*;（物が）《フォーマル》*v.* obstruir*;（行く手を）*v.* impedir*, 《フォーマル》interceptar;（中に入れない）*v.* no admitir, dejar fuera, 《口語》tapar. ▶話を遮る *v.* interrumpir;（話す人を）*v.* interrumpir, 《口語》cortar (a ＋ 人). ▶眺めを遮る *v.* bloquear, 《口語》tapar la vista. ▶邪魔をする. ▶日を遮るためにカーテンを少し引く *v.* tirar un poco de las cortinas para ocultar el sol. ◆彼は私の行く手を遮った Me impidió el paso. / Se puso en medio de mi camino. ◆厚いカーテンは光を遮る Una gruesa cortina impide que pase la luz.

さえずり *m.* trino, *m.* canto, *m.* gorjeo. → 声.

さえずる *v.* cantar, trinar;（ヒバリ・カナリアが）*v.* gorjear. → 鳴く. ▶さえずっている鳥 *f.* ave que canta. ◆小鳥のさえずる声で目覚めた Me despertó el canto de los pájaros.

さえた 冴えた ❶【光・色・音などが】*adj.* claro, 冴えた（明るい）*adj.* esplendor*oso*. ▶さえた考え *f.* idea clara. ▶トランペットのさえた音色 *mpl.* claros sonidos de la trompeta. ▶さえた[²さえた]色 *m.* color ¹apagado [²claro, ²vivo]. ◆満月が空にさえている（＝明るくかがやいている）La luna llena brilla esplendorosa en el cielo.
❷【人が】（頭がさえた）*adj.* brillante, 《口語》list*o*, inteligente;（腕のいい）*adj.* hábil;（手先の器用な）*adj.* diestr*o*;（目がさえた）*adj.* despejado. ▶腕のさえた外科医 *mf.* ciruja*no*/*na* brillante [hábil]. ▶さえない顔をしている *v.* tener* una expresión apagada [triste]. ◆さえているね ¡Qué brillante eres, eh! ◆どうしたの, さえない顔をして ¿Qué ha pasado? No pareces [se te ve] muy feliz. / Pareces abati*do*.

サエタ *f.* saeta（☆アンダルシア地方で聖週間に歌われる宗教歌）.

さお 竿 （金属製の）*f.* varilla. ▶竹ざお *f.* caña de bambú. ▶旗ざお *f.* asta de la bandera, 【メキシコ】 *f.* astabandera. ▶釣りざお *f.* caña de pescar.

さか 坂 ❶【坂道】f. cuesta; (斜面) f. pendiente; (短い) f. rampa. ▶上り坂 f. subida. ▶下り坂 f. bajada. ▶急な坂を上る v. subir [《フォーマル》ascender*] por una cuesta empinada. ▶ゆるやかな坂を下る v. bajar [《フォーマル》descender*] por una suave pendiente. ▶寺は坂の上にある El templo está en lo alto de la subida. ▶その道はなだらかな上り坂になっている La carretera va cuesta arriba suave. ▶車は上り坂にかかった Nuestro coche empezó a subir cuesta arriba. ❷【年齢や仕事などの】▶彼は 40 の坂を越している Ha pasado (de) los cuarenta. ▶商売は下り坂である Los negocios「están en baja [van de caída].

さかあがり 逆上がり (鉄棒で) mpl. círculos (con las piernas) hacia adelante y arriba.

さかい 境 (境界) m. límite; (国境(地帯)) f. frontera, (口語) f. linde. ▶県境 f. frontera [m. límite] prefectural [entre prefecturas]. ▶生死の境(=間)をさまよう v. estar* entre la vida y la muerte. ▶隣の家との境を示すさくがある Hay una valla divisoria entre nuestro patio y el del vecino. ▶ドイツはフランスと境を接している Alemania limita con Francia.

さかえる 栄える v. prosperar, florecer*. ▶あの国も昔は栄えていた Ese país era próspero antiguamente.

さがく 差額 f. diferencia; (残額) m. saldo. ▶後で差額を支払う v. pagar* después la diferencia.

さかさま 逆様 →逆.
1《逆さ(ま)の》; (上下逆さの) adv. boca abajo, al revés, 《俗語》patas arriba, 《フォーマル》invertido. ▶上下逆さまのポスター m. cartel「al revés [invertido].
2《逆さに》adv. al [del] revés, a la inversa, boca abajo, 《俗語》patas arriba; (頭から先に) adv. de cabeza (→真っ逆様); (後方から) adv. hacia [para] atrás. ▶アルファベットを逆さまに言う v. decir* el abecedario al [del] revés. ▶逆さまにしたバケツに座る v. sentarse* en un cubo boca abajo. ▶君は絵を逆さまに見ている Estás viendo el cuadro al revés.
―― 逆さまにする (上下を) v. poner* boca abajo, invertir*, 《口語》dar* la vuelta; (位置・順位を) v. invertir*, trastocar*. ▶びんを逆さまにする v. 「《口語》dar* la vuelta a [invertir*] la botella.

さがしあてる 捜し当てる (捜し出す) v. descubrir*, encontrar*, hallar; (居場所を突き止める) v. localizar*; (気付きにくいものの存在を発見する) v. detectar.

さがす 捜[探]す v. buscar*, ir* [andar*] en busca [《de》], andar* a la búsqueda 《de》; (捜査で) v. perseguir*; investigar*, registrar; (所在位置を突き止める) 《フォーマル》 v. localizar*. ▶職を探す v. buscar*「un empleo [un trabajo, una colocación]. ▶犯人を捜す v. 「buscar* a [investigar* el paradero de] un/una delincuente. ▶宿を捜しまわる v. 「estar* buscando [dar* vueltas en busca de] un alojamiento. ▶辞書で単語を捜す (=単語の意味を調べる) v. buscar* una palabra en un diccionario. ▶これが私がずっと捜していた帽子です Éste es el sombrero que buscaba [he estado buscando]. ▶ここを捜してもむだだ。私が捜したもの De nada vale buscar aquí. Ya he buscado yo. ▶ポケットに手を入れて小銭を捜した He registrado en mi bolsillo en busca de cambio. / Me he buscado cambio en el bolsillo. ▶ノートを見つけようと引き出しをくまなく捜した He estado buscando mi cuaderno en los cajones. / He registrado los cajones en busca del cuaderno. 《会話》課長が君を捜しているよ(=君に用事がある)―何のことで私を捜しているのかしら Te busca el jefe. – ¿Para qué me querrá? ▶割り安の宿を捜して予約してみてください Por favor, mira a ver si puedes encontrar un hotel barato y hacer una reserva. ☞ 漁る, 調べる

さかずき 杯 f. copa (de "sake"), 《口語》f. copita. ▶杯に酒をつぐ v. llenar una copa. ▶杯を1差す [2受ける] v. 1ofrecer* [2aceptar] una copa. ▶杯を干す v. vaciar* [beberse, tomarse] una copa. ▶杯を交わす v. intercambiar copas. ▶別れの杯をくむ v. beber una copa de despedida.

さかせる 咲かせる v. hacer* florecer*.
さかだち 逆立ち f. vertical, 《口語》f. postura del pino. ▶逆立ちする v. hacer* 「la vertical [《口語》el pino], 《ラ米》pararse de manos. ▶私には逆立ちしてもそんなことはできない No hay forma de poder hacerlo.

さかだてる 逆立てる (動物が怒って) v. erizar*, 《フォーマル》poner* de punta; (鳥が怒ったり寒さを防ぐために) v. erizar* las plumas. ▶犬は怒って毛を逆立てた El pelaje del perro se erizó por la ira.

さかて 逆手 ▶鉄棒を逆手で握る v. agarrar la barra「por abajo [con las palmas de la mano hacia arriba]. ▶彼は私の論法を逆手に取って攻撃した Me atacó con mi propia lógica.

さかな 魚 ❶【魚(類)】(生きている魚) m. pez; (食品としての) m. pescado. →魚屋. ▶魚の群れ m. banco de peces. ▶魚を5匹つかまえる v. pescar* cinco peces. ▶川に魚釣りに行く v. ir* al río a pescar*. ▶魚を焼く v. asar pescado. ▶魚を三枚に下ろす v. cortar el pescado en tres filetes. ▶池にいるあの魚を見てごらん Mira esos peces en el estanque. ▶この時期この川では魚がよくとれる La pesca es abundante en el río en esta época del año.
❷【肴(さかな)】m. plato para acompañar al "sake", f. tapa, 《メキシコ》f. botana. ▶豆腐はよい酒の肴になる El "tofu" es un buen acompañamiento del "sake".

さかなで 逆撫で ▶太郎はよく花子の神経を逆撫でするようなことを1する [2言う] Taro con frecuencia 1le toca a Hanako donde le duele [2dice a Hanako cosas que le hieren].

さかなや 魚屋 (人) mf. pescadero/ra; (店) m. pescadería. ▶彼は魚屋です Es pescadero. / Tiene una pescadería.

さかのぼる 溯る ❶【上流へ】v. ir* contra corriente, remontar. ▶川をさかのぼる v. ir* río arriba, remontar el río. ▶1船で [2泳いで]川をさかのぼる v. 1navegar* [2nadar] contra corriente.
❷【人・家系などが過去にさかのぼる】v. remontarse 《a》;（物・事が年代にさかのぼる）v. datar de. ◆その起源を突きとめるには中世にさかのぼらなければならない Hay que remontarse a la Edad Media para rastrear su origen. ◆この寺の創建は17世紀にさかのぼる Este templo data del siglo XVII. ◆この法律は4月1日にさかのぼって適用される Esta ley es retroactiva desde el 1 de abril.

さかば 酒場 m. bar, f. taberna, f. cantina, 『アルゼンチン』m. boliche. → バー.

さかみち 坂道 f. cuesta, m. camino en pendiente. → 坂.

さかもり 酒盛り f. juerga, f. francachela.

さかや 酒屋【販売店】f. licorería, f. tienda de vinos y licores, f. bodega;（人）mf. vendedor/dora de licores;【ビールの販売店】f. cervecería;（人）mf. cervecero/ra. ◆酒屋でビールを1本買う v. comprar una botella de cerveza en una licorería.

さからう 逆らう（願いなどに）v. ir* contra [en contra de];（命令などに従わない）v. desobedecer*;（反駁(ﾊﾞｸ)する）v. contradecir*, rebatir;（抵抗する）v. resistir;（反対する）v. oponerse 《a》;（公然と反抗する）v. desafiar*. ▶1両親 [2先生の忠言]に逆らう v. resistirse 1a los padres [2al consejo de su maestro]. ▶政府の政策に逆らう v. desafiar* [oponerse*] a la política del gobierno. ▶法に逆らって（＝無視して）行動する v. actuar* en contra de la ley. ▶流れに逆らって泳ぐ v. nadar contra corriente. ◆彼の意向に逆らうな No te opongas a sus deseos. ◆彼は彼女に会ってはいけないという私の命令に逆らった Desobedeció mis órdenes de no verla. ◆お言葉に逆らうようですが、ご意見には賛成しかねます No me gusta contradecirle, pero no puedo estar de acuerdo con usted. ◆彼女はいちいち私に逆う Siempre está en contra mía. / Siempre va en mi contra. / Me contradice siempre.

さかり 盛り ❶【絶頂】m. auge, f. plenitud. ◆夏の盛りには夕立はどすがすがしいものはない En pleno verano no hay nada tan refrescante como un chaparrón. ◆公園の桜は今が盛りです Los cerezos del parque están en plena floración. ◆花はもう盛りを過ぎて（＝散って）いる Las flores ya están pasadas.
❷【全盛期】f. flor. ▶1男 [2女]盛り la flor de la 1virilidad [2femenidad]. ◆人生の盛りに adv. en la flor de la vida. ◆彼の妹は娘盛りだ Su hermana está en plena juventud. ◆彼女は若く見えるが美しさの盛りは過ぎている Parece joven pero ya no está en la flor de su belleza.
❸【発情】（動物の）m. celo. ▶さかりのついた雌牛 f. vaca en celo.

さかりば 盛り場（人出の多い場所）m. concurso público;（歓楽街）f. zona de diversiones;（繁華街）m. barrio animado.

さがる 下がる ❶【位置・状態が下がる】v. bajar;（落ちる）v. caer*,《口語》venirse* abajo;（急に落ちる）v. caerse,《強調して》precipitarse;（滑べり落ちる）v. caer* resbalando;（地面などが沈下する）v. hundirse;（低下する）《フォーマル》v. descender*. ◆オレンジの値段が下がってきた El precio de las naranjas ha bajado. / Las naranjas han bajado. ◆その水位が2メートル下がった El nivel del agua ha bajado [《フォーマル》descendido] dos metros. ◆温度が下がった La temperatura bajó [cayó] bruscamente. ◆ドルの価値が80円に下がった El dólar bajó a 80 yenes. ◆成績が大幅に下がった Mis notas「han caído mucho [se han venido abajo]. ◆今度の試験で成績が10番下がった Después del último examen he bajado diez puestos. ◆彼女の彼に対する評価が下がり始めている Su opinión de él está cayendo.
❷【ぶら下がる】v. colgar*, pender;（ぶらりと垂れる）v. colgar* balanceándose. ◆屋根からつららが下がっていた Del tejado pendían [colgaban] carámbanos (de hielo). ◆下手にたくさん洗濯物が下がっていた Había mucha ropa lavada que colgada de la cuerda. ◆カーテンのひもがだらりと下がっていた Colgaba la cuerda de la cortina.
❸【退く】（後退する）v. retroceder, ir* [dar* un paso] para atrás;（じゃまにならない所に）《口語》v. echarse atrás,（引き下がる）v. retirarse. ▶3歩下がる v. retroceder tres pasos, dar* tres pasos para atrás. ▶自室へ引き下がる v. retirarse a la habitación. ▶ロープから下がっていなさい Ponte detrás de la cuerda. ◆下がれ。爆発するかもしれない ¡Retrocede! ¡Puede explotar!
❹【退歩する】（気力・技術などが衰える）v. perder*, caerse*;（練習不足でへたになる）v. estar* fuera de forma. ◆ゴルフの腕が下がった He perdido mi habilidad para el golf.
《その他の表現》◆そんな悪いことをすると君の男が下がるよ（＝名誉を傷つける）Perderás la honra con un comportamiento tan mezquino. ◆彼の努力に頭が下がる（＝脱帽する）Me「quito el sombrero [descubro] ante su trabajo. ◆サービスが悪いと店の評判が下がるよ Si no das un buen servicio a tus clientes, la tienda perderá su buen nombre. ◆熱は下がった La fiebre ha cedido [bajado]. ☞落ち込む, 低下する

さかん 盛ん
1《盛んな》;（繁盛している）adj. próspero, floreciente,（教養語）boyante;（成功した）adj. exitoso;（活発な）adj. activo;（精力的な）adj. enérgico;（健全で活動的な）adj. vigoroso;（元気のよい）adj. animado;（熱烈な）adj. entusiasta,（人気のある）adj. popular. ▶盛んな商売 f. negocio [m. comercio] próspero [floreciente,《教養語》boyante]. ▶この国で最も盛んなスポーツ el deporte más popular en este país. ◆血気盛んな若者 m. joven tempe-

さかん

ramental [con la sangre viva]. ♦そのランナーには沿道の人々から盛んな声援を受けた El corredor iba recibiendo entusiastas ovaciones de la gente a lo largo de la ruta.

2《盛んに》 *adv.* prósperamente; activamente, enérgicamente, vigorosamente, con vigor; con entusiasmo, entusiásticamente; (何かを求めて熱心に) *adv.* ansiosamente. ♦その計画について盛んに討論する *v.* discutir animadamente el proyecto; (白熱した) *v.* tener* una discusión animada [acalorada] sobre el proyecto. ♦盛んに(＝猛烈に)攻撃する *v.* atacar* (a ＋人)「con furia [furiosamente]. ♦盛んに(＝広く)宣伝する *v.* anunciar(lo) extensamente. ♦犬は盛んに尾を振った El perro meneaba la cola ansiosamente. ♦昔は盛んに(＝精力的に)仕事をしたものだ Antes solía trabajar mucho [duramente]. ♦暖炉の中で火が盛んに燃えている El fuego arde vivamente en la chimenea. ♦盛んに(＝激しく)雨が降っている Está lloviendo「con fuerza [copiosamente, 《口語》a cántaros].

3《盛んだ》 ♦彼は70歳にしてますます盛んだ Tiene 70 años y sigue muy activo. ♦この市では家具の生産が盛んだ En esta ciudad「tiene mucho desarrollo [prospera mucho] la producción de muebles. / (大規模に生産されている)En esta ciudad se producen muebles a gran escala. ♦我が国ではウインタースポーツが盛んだ Los deportes de invierno son muy populares en nuestro país. / (奨励している)En nuestro país se fomentan los deportes de invierno. ♦その町は以前は田舎町だったが今では商業が盛んだ Esa ciudad era una comunidad rural, pero ahora es un próspero centro comercial.

—— 盛んになる[する] (繁栄する) *v.* prosperar, 《文語》florecer*; (人気を得る) *v.* popularizarse*, hacerse* popular; (促進する) *v.* fomentar, promocionar, desarrollar; (奨励する) *v.* animar, alentar*. ♦若者の間で海外旅行がますます盛んになってきている Viajar al extranjero「se está popularizando [es cada vez más popular] entre los jóvenes. ♦東西文化の交流を盛んにしなければならない Hay que promocionar [desarrollar] los intercambios culturales entre Oriente y Occidente.

さかん 左官 *mf.* yesista, *mf.* yesero/ra, *mf.* enlucid*or*/d*ora*.

さき 先 ❶【先端】(ペン・針などのとがった先)(指・岬などの突き出た先) *m.* extremo, 《フォーマル》*f.* extremidad; (ひもなどの) *m.* cabo; (傘・杖などの) *f.* contera, *m.* regatón; (靴の) *f.* puntera. ♦針の先 *f.* punta de una aguja. ♦犬のしっぽの先を踏む *v.* pisar en la punta del rabo del perro. ♦この剣は先がとがっている Esta espada tiene una punta aguda. ♦私は指先をやけどした Me he quemado la punta [yema] del dedo. ♦そのことが口の先まで出かかっているのに思い出せない Lo tengo en la punta de la lengua, pero no me puedo acordar. ♦彼は私を頭の先から足の先までじろじろ見た Me miró fijamente de pies a cabeza (☆スペイン語ではこの順になる).

❷【未来】 *m.* futuro, 《フォーマル》*m.* porvenir; (人・国などの前途) *m.* futuro; (成功の見込み) *fpl.* perspectivas. ♦先のことを考える *v.* pensar* en el futuro.

1《～先》 ♦これから先(＝将来)何が起きるかだれも分からない Nadie puede predecir lo que ocurrirá en el futuro. ♦これから先(＝今後は)もっと注意しなさい Ten más cuidado en adelante [a partir de ahora, en el futuro]. ♦その問題が解決されるのはそう先のことではない No pasará mucho tiempo antes de que se solucione el problema. / No tardará en solucionarse ese problema. / (近い将来解決される)El asunto se solucionará próximamente [a no tardar mucho]. ♦50年先に私たちの木造校舎はどうなっているだろう ¿Qué pasará con el edificio de madera de nuestra escuela dentro de 50 años? ♦冬休みはちょうど3週間先だ Faltan justo tres semanas para las vacaciones de invierno.

2《先が[は]》 ♦先が思いやられる El futuro me preocupa [inquieta]. ♦あの事業の先は見えている(＝将来性がない) Ese negocio no tiene futuro. / El futuro de ese negocio es incierto. / (見通しは暗い)Las perspectivas de ese negocio son oscuras. → 将来. ♦あの人はあまり先が長くない No le queda mucho de vida. / (余命いくばくもない)Sus días están contados.

❸【目的地】 *m.* destino. ♦彼の行き先が分からない No sé「su destino [dónde ha ido]. ♦彼の勤め先はどこですか ¿Para quién [¿Dónde] trabaja? 会話 ちょっと休みませんか—いや先を急ごう ¿No descansamos un rato? – No; hay que「ponerse en marcha [seguir].

❹【順位】(まず最初に) *adv.* primero, en primer lugar, antes; (前もって) *adv.* por adelantado [anticipado], de antemano, anticipadamente. ♦行列の先に(＝前方に)立って行進する *v.* marchar por delante del desfile; (先頭に) *v.* marchar a la cabeza del desfile. ♦先に私が読みます。その後長について読んでください Yo leo primero y「después tú [tú lees después]. ♦先に出発の準備をしておいた方がよい Tienes que hacer los preparativos de la salida antes [de antemano]. ♦あすは何よりも先に彼を訪ねよう Lo primero de todo lo [le] visitaré mañana. ♦彼女は私より先に駅に着いた Llegó a la estación「antes que yo [por delante de mí]. ♦遊びより仕事が先だ Primero el trabajo, después el placer. ♦どうぞお先に Usted primero, por favor. / Pase usted primero, por favor. ♦先に行ってくれ。後で追いつくから Ve tú primero [delante]. Yo te alcanzaré después. ♦お先に失礼します Perdone, pero debo irme [marcharme]. / Con permiso. → 失礼.

❺【前方】(前方に[へ]) *adv.* más adelante, 《口語》más delante; (離れて) *adv.* ahí; (向こうに) *adv.* más allá. ♦新潟から二つ先(＝向こう)の駅 *f.* segunda estación desde Niigata. ♦その村はここから3キロほど先です Ese pueblo

está unos tres kilómetros más adelante desde aquí. ♦彼女は教会の2軒先に住んでいる Vive dos casas más allá de la iglesia. ♦山田さんはここから北町 7,8 軒先に住んでいます El Sr. Yamada vive siete u ocho puertas más allá, en Kitamachi 38. ♦あの床屋の先を右へ曲がりなさい Tuerza a la derecha pasando [después de] esa peluquería. ♦私は大阪から先へ行ったことはない Nunca he estado más allá de Osaka. ♦彼の事務所ならちょっと先 Su oficina está 「ahí mismo [ahí adelante, justo ahí]. ♦その本はこの先の本屋で買った Compré ese libro en la librería que hay 「ahí adelante [un poco más allá]. / El libro lo compré en la librería de ahí [arriba, abajo]. ♦駅は私の家から目と鼻の先です La estación está a 「la vuelta de la esquina [un tiro de piedra] de mi casa. / La estación está muy cerca de mi casa. ♦それから先は道は舗装されていない La carretera no está pavimentada a partir de ahí en adelante. ♦天気のいいときには最上階から 50 キロも先まで見えます En los días claros se puede ver hasta 50 kilómetros desde el piso de arriba.
❻【以前】♦このことは先に述べたとおりです Es como mencioné anteriormente [previamente, 《口語》antes].
❼【先の】adj. anterior, 《教養語》previo; (前の) adj. de antes, 《フォーマル》 precedente; (この前の) adj. pasado, último. ♦先の経験から adv. de la experiencia anterior. ♦先の市長 mf. anterior alcalde/desa, mf. ex-alcalde/desa. ♦先の会合 f. pasada reunión, 《フォーマル》 f. reunión precedente.

〚その他の表現〛♦その先を話してください (=話を続けてください) Siga usted hablando. / Adelante, por favor. ♦彼らは先を争ってその燃えさかるホテルから出ようとした Forcejearon para salir antes [los primeros] del hotel en llamas. ♦スペイン語では彼女に先を越された Ella me adelantó en español. / Me tomó [《スペイン》 cogió] la delantera en español. ♦彼女は先に立って (=率先して) 貧しい人々を助けた 「Fue el primero [Tomó la delantera] en ayudar a los pobres. ♦後にもたった一人の息子だ Es el único hijo que hemos tenido. ♦作家としてやっと先の見通しが立ち始めた (=どうやらうまく行き始めた) Finalmente, he empezado a asentarme como escritor/tora.

さき 左記 ♦左記の(次の) lo siguiente. ♦理由は左記のとおり (=次のとおり) Los motivos son los siguientes: ...

さぎ 詐欺 m. fraude, m. engaño, f. estafa; (少額の)《口語》m. timo. ▶詐欺師 mf. estafador/dora, 《フォーマル》 mf. defraudador/dora, 《口語》 mf. timador/dora. ▶詐欺を働く v. estafar dinero. ▶詐欺で訴えられる v. ser* acusado 《フォーマル》 de fraude [estafa]. ♦私の父は詐欺にあってなけなしの貯金をだまし取られた A mi padre le timaron [estafaron] los pocos ahorros que tenía. ≈ だます.

さぎ 鷺 f. garza (real); (シラサギ) f. garceta.
さきおくり 先送り ♦決定を先送りする v. pospo-ner*, aplazar* la decisión. → 延期, 伸[延]ばす.

さきおととい 一昨昨日 adv. hace tres días.
さきおととし 一昨昨年 adv. hace tres años.
さきがけ 先駆け ❶【先んじること】(先導) f. delantera, f. cabeza, m. frente; (主導権) f. iniciativa. ♦流行の先駆けをする (=先頭に立つ) v. 「ir* a la cabeza [ser* el líder] de la moda. ♦彼はその計画実行の先駆けをした 「Fue el pionero [Tomó la iniciativa] en realizar el proyecto. / (最初にした人であった)Fue el primero en realizar el proyecto. ♦彼は近代医学の先駆け (=開拓者) となった Fue un pionero de la medicina moderna. ♦彼らは時代を先駆けていた 「Estaban adelantados a [Iban por delante de] su época.
❷【前触れ】m. augurio, m. presagio. ♦クロッカスは春の先駆けである Los crocos anuncian la primavera.

さきがけて 先駆けて ♦夏に先駆けてツバメがやって来る Las golondrinas anuncian el verano.
さきごろ 先ごろ adv. hace poco, no hace mucho; (先日) adv. el otro día; (数日前) adv. hace unos días. → 先日.
さきざき 先々 ❶【未来】m. futuro (lejano), m. porvenir. ▶先々のことを考える v. pensar* en el futuro; (遠い将来に目をそそぐ) v. tener* la vista puesta en el futuro lejano. ▶先々のことに備える v. asegurarse el futuro lejano. ♦息子の先々が心配だ Estoy preocupado por el futuro de mi hijo.
❷【行くすべての所】♦彼女は行く先々で歓待を受けた Fue calurosamente acogida en todas partes. / A donde iba la acogían calurosamente.

サキソホン(ー)ン m. saxofón. ▶サキソホン奏者 mf. saxofonista.
さきそろう 咲きそろう (満開になる) v. estar* en plena flor [floración] (→咲き誇る); (全部咲いている) v. estar* completamente [《口語》 del todo] abierto.
さきだつ 先立つ ❶【先行する】v. adelantarse 《a》, ocurrir [suceder, 《口語》 pasar] antes (de), 《フォーマル》 preceder. → 先立って.
❷【先に死ぬ】♦妻に先立たれた Mi esposa 「se me adelantó [murió antes que yo]. / He perdido a mi esposa. / (妻より長生きしている) He sobrevivido a mi esposa. / (男やもめだ) Soy viudo.
❸【優先する】♦先立つ物は金だ El dinero es lo primero.

さきだって 先立って (より前に) adv. antes 《que, de》, anteriormente 《a》, 《フォーマル》 con anterioridad 《a》; adj. 《フォーマル》 previo 《a》. ♦会議に先立って歓迎会が催された Se celebró una fiesta de bienvenida antes 「que el [del] congreso.

さきどり 先取り ♦(金を)先取りする v. recibir un anticipo, recibir (dinero) por adelantado. ▶時代を先取りする (=見越して対処する) v. anticiparse a 「la época [los tiempos].

さきばしる 先走る v. precipitarse 《a》. ♦彼は

先走ってその新製品を買った Se precipitó a comprar el nuevo producto.

さきばらい 先払い ▶先払いをする v. hacer* un anticipo. → 前払い.

さきぶれ 先触れ (前兆) f. señal, m. signo, m. augurio, m. presagio. → 前触れ.

さきほこる 咲き誇る (満開である) v. estar* en plena flor [floración]. ▶桜が今咲き誇っている Los cerezos ahora están en plena flor.

さきぼそり 先細り ▶先細りの(=しだいに細くなっている)旗さお f. asta (de la bandera) en punta. ▶この棒はしだいに先細りになってとがっている Este palo tiene la punta progresivamente afilada. ▶我が国の輸出は先細りになりつつある(=落ち込みになりつつある) Nuestras exportaciones "están poco a poco descendiendo [van gradualmente a la baja]".

さきほど 先程 (少し前に) adv. hace poco [un momento], hace un rato [《口語》ratito], 《口語》ahora; (しばらく前) adv. poco antes. ▶彼はついさっき帰って来ました Acaba de llegar ahora [hace un momento]. → 今. ▶あのご婦人が先ほどからお待ちです Esa mujer está esperándolo [《口語》le] desde hace un rato. ▶彼なら先ほど(=2,3分前)までそこにいたのですが Estaba allí (hasta) hace un momento. ▶さきほど言ったように私はパーティーが嫌いなんです Como he dicho antes [hace poco], no me gustan las fiestas.

さきまわり 先回り ▶彼らはそこに先回りして(=先に着いて)私を待っていた Llegaron antes que yo y estaban escondidos.

さきみだれる 咲き乱れる (一面に) v. estar* lleno de flores, florecer* por todos sitios; (あふれんばかりに)《フォーマル》v. florecer* profusamente.

さきゅう 砂丘 (海辺などの低い) f. duna (de arena); (砂山) m. montículo arenoso. ▶松の木が1本砂丘に生えていた En las dunas había un pino solitario.

さきゆき 先行き m. futuro, 《フォーマル》m. porvenir. → 将来. ▶お金があまりないので先行き不安だ El futuro me preocupa porque no tengo mucho dinero.

さぎょう 作業 (仕事) m. trabajo, f. obra; (生産工程) f. operación. ▶作業する v. trabajar. ▶作業員 mf. trabaj*ador/dora*, mf. obrer*o/ra*. ▶作業計画 m. proyecto de obra, m. plan de trabajo. ▶作業時間 fpl. horas laborales, f. jornada laboral. ▶作業場 m. taller. ▶作業服 f. ropa de faena [trabajo]. ▶作業療法 → 作業療法. ▶時計組み立ての精巧な作業 m. delicado trabajo de relojería. ▶工場の作業を¹開始 [²停止] する v. ¹empezar* [²suspender] el trabajo en la planta. ▶作業中立入禁止 [掲示] Prohibido entrar en horas de trabajo.

ざきょう 座興 m. entretenimiento, f. diversión. ▶座興に手品をする v. hacer* un truco de magia para entretener*. ▶ほんの座興のつもりで adv. sólo para divertirse, de broma.

さぎょうりょうほう 作業療法 f. terapia ocupacional, f. ergoterapia. ▶作業療法士 mf. terapeuta ocupacional.

さきわたし 先渡し (商品の) m. pago después de la entrega. → 先払い.

さきん 砂金 m. polvo de oro, m. oro en polvo.

さきんじる 先んじる (進度・優劣などで) v. estar* [ir*] por delante (de); anticiparse [adelantarse, 《口語》ganar por la mano] (a); (先を越す) v. tomar la iniciativa [delantera]. ▶時代にずいぶん先んじている v. estar* muy por delante de la época; adelantarse bastante a la época. ▶この分野では日本がアメリカに先んじた En este campo, Japón se ha adelantado a Estados Unidos. ▶先んずれば人を制す《ことわざ》"El que [Quien] primero se levanta, primero se calza".

さく 裂[割]く ❶【二つ以上に分ける】(ナイフなどで切り裂く) v. cortar; (縦に裂く) v. partir, rajar; (紙などを手で) v. rasgar*, desgarrar; 【関係を分断する】(人と人を) v. dividir, separar. ▶紙をずたずたに裂く[切り裂く] v. rasgar* [《口語》romper*] un papel en pedazos. ▶彼は私たちの仲を裂こうとしている Está intentando "dividirnos [《口語》sembrar cizaña entre nosotros]". ▶大きな氷山が今船の船体を裂いた Un gran iceberg rajó el casco del barco. ❷【一部分を与える・回す】(時間などを) v. dedicar* tiempo (a); (フォーマル) v. conceder (para); (紙面などを割り当てる) v. dedicar* (a). ▶読書に割く時間がない No tengo tiempo que dedicar a la lectura. ▶2,3分時間を割いていただけませんか ¿No me puede conceder [dedicar] unos minutos? ▶彼はその論文で数ページを割いてその問題を論じている En su ensayo dedica varias páginas a la discusión de ese tema.

さく 柵 f. valla, f. cerca; (広い範囲の) m. cercado; (高い) f. palizada. ▶畑に柵をめぐらす v. vallar [cercar*] el campo. □垣根, 囲い

さく 咲く (一般に花が) v. florecer*; (特に観賞用の花が) v. 《口語》echar flores, 《フォーマル》v. abrirse*; (特に果樹の花が) v. estar* en flor. ▶たいていの植物は春に花が咲く La mayor parte de las plantas florecen en primavera. ▶桜の花は間もなく咲くだろう Pronto florecerán [estarán en flor] los cerezos. ▶庭のバラが咲いている Las rosas del jardín están en flor.

さく 作 ❶【作品】f. obra. ▶会心の作 f. una de las mejores obras. ▶駄作 f. obra imperfecta [deficiente]. ▶ゴメスの最新作 f. última obra de Gómez. ▶この絵はバン・ゴッホの作だ Este cuadro es de [un] Van Gogh. ❷【作柄】f. cosecha. ▶平年作 f. cosecha normal. ▶今年は米の作がいい Este año hay buena cosecha de arroz.

さく 策 (計画) m. plan; (対策) fpl. medidas; (方策) f. política, fpl. directrices; (策略) f. treta, f. artimaña. ▶策を練る v. trazar* un plan. ▶策を講じる v. tomar medidas. ▶策を弄する v. recurrir a una treta.

さく- 昨- ▶昨春 f. pasada primavera. ▶昨シーズン f. pasada temporada.

さくい 作為 (不自然なこと) *f.* artificialidad; (意図的なこと)《フォーマル》*f.* intencionalidad. ▶作為的にふるまう *v.* comportarse de forma artificiosa [poco natural].

さくい 作意 (故意) *f.* intención, *f.* voluntad; (製作意図) *f.* idea; (主題) *m.* motivo. ◆それは作意のあることではない No lo hice "a propósito [adrede,《フォーマル》deliberadamente,《口語》con idea]. → わざと.

さくいん 索引 *m.* índice. ▶教科書の索引を引く *v.* consultar el índice de un libro de texto. ◆この本は索引が不備である El índice de este libro no es bueno.

さくがら 作柄 *f.* cosecha. → 収穫. ▶米の作柄が ¹よい [²悪い] *v.* tener* una ¹buena [²mala] cosecha de arroz. → 豊作, 不作.

さくげん 削減 *f.* reducción, *f.* rebaja. ▶出費10% 削減 *f.* reducción [*f.* rebaja] del 10% en el gasto. ▶経費を削減する *v.* reducir* los gastos, abaratar costos. → 減らす ☞ カット, -減, 減額, 縮小, 短縮

サクサウアマン Sacsahuamán (☆ペルー, クスコ市の郊外のインカ時代の遺跡).

さくさく ▶野菜をさくさく切る *v.* picar* la verdura en trocitos. ▶さくさく噛む *v.* morder* haciendo ruido. ▶りんごのさくさくした歯ざわり *m.* crujiente mordisco a una manzana. ▶私は霜の上をさくさく歩いた Al caminar, la escarcha crujía bajo mis pies.

ざくざく ▶私たちは霜柱の立った道をざくざく歩いていった Bajo nuestros pies crujía el hielo del camino. ▶箱の中には金貨銀貨がざくざく(=たくさん)あった En el cofre había muchas y muchas monedas de oro y plata.

さくさん 酢酸 *m.* ácido acético.

さくし 作詞 ▶作詞・作曲する *v.* componer* la letra y la música (de una canción). ▶作詞家(歌謡曲の) *mf.* autor/tora de letra (de una canción).

さくし 策士 (駆け引きのうまい人) *f.* persona táctica, *mf.* estratega; (策略家) *mf.* intrigante.

さくじつ 昨日 *adv.* ayer. → 昨日(きのう).

*__**さくしゃ** 作者 (著者) *mf.* autor/tora; (執筆者) *mf.* escritor/tora. → 作家. ▶作者不明の詩 *f.* poesía anónima [de autor desconocido]. ◆この小説の作者はだれですか ¿Quién es el autor de esta novela?

さくしゅ 搾取 *f.* explotación. ▶中間搾取 *f.* explotación intermediaria. ▶¹搾取 [²被搾取]階級 *f.* clase ¹explotadora [²explotada]. ▶小作人を搾取する *v.* explotar a los campesinos.

さくじょ 削除 *f.* supresión, *f.* eliminación. ▶削除箇所 *f.* supresión.
―― 削除する (書いたもの・印刷したものを) *v.* quitar, suprimir; (不要なものを取り除く) *v.* eliminar; (専門語) *v.* suprimir. ▶最後の語を本文から削除する *v.* quitar [suprimir] la última palabra del texto. ▶彼の名を名簿から削除する *v.* tachar [quitar] su nombre de la lista, 《口語》sacarlo[le]* de la lista ☞ 削る, 取[捕, 採, 執]る

さくせい 作成 ▶作成する (文書などを) *v.* redactar, preparar,《フォーマル》confeccionar; (書類・請求書などを) *v.* hacer*,《フォーマル》elaborar. → 作る. ▶遺言書を作成する *v.* redactar un testamento. ▶リストを作成する *v.* hacer* una lista. ▶請求書を作成する *v.* hacer* una factura [cuenta].

サクセスストーリー *m.* éxito (completo).

さくせん 作戦 (軍隊の行動) *fpl.* operaciones (militares); (大演習) *fpl.* maniobras; (戦略) *f.* estrategia; (個々の戦闘の) *f.* táctica. ▶共同作戦 *fpl.* operaciones conjuntas. ▶作戦会議 *f.* reunión de estrategias. ▶作戦上重要な地点 *m.* lugar de importancia estratégica. ▶作戦を考える *v.* elaborar un plan de operaciones, planear una estrategia. ▶作戦は予定どおり進んだ Las operaciones prosiguieron según el programa.

ザクセン Sajonia (☆ドイツの地方).

さくそう 錯綜 ▶錯綜する (複雑に入り組む) *v.* complicarse*, intrincarse*. ▶状況はひどく錯綜している La situación es sumamente complicada.

サクソホ(ー)ン → サキソホ(ー)ン

さくつけ 作付け *f.* plantación. ▶作付け面積 *f.* superficie dedicada al cultivo (de arroz).

さくどう 策動 (巧妙な策略) *f.* maniobra; (陰謀) *m.* complot, *f.* intriga; (黒幕として陰で糸を引くこと) *m.* control entre bastidores. ▶策動家 *mf.* conspirador/dora,《軽蔑的に》*mf.* intrigante. ▶策動する *v.* urdir una intriga, planear una maniobra.

さくねん 昨年 *m.* / *adv.* el año pasado. → 去年.

さくばん 昨晩 *adv.* anoche; *f.* / *adv.* la pasada noche. → 昨夜.

*__**さくひん** 作品 (文学・芸術などの) *f.* obra; (小品) *f.* pieza, *f.* producción; (音楽の作品番号) *m.* opus. ▶芸術作品 *fpl.* obras de arte. ▶文学作品 *fpl.* obras literarias. ▶宮澤賢治作品集 *fpl.* obras completas de Miyazawa Kenji. ▶ハイドンの作品76番を演奏する *v.* interpretar el opus 76 de Haydn. ◆「武器よさらば」はヘミングウェイの作品だ «Adiós a las Armas» es una obra de Hemingway. ◆何てすばらしい作品を作ったんでしょう! ¡Qué obra tan espléndida ha conseguido! ☞ 劇, 味, 創作

さくふう 作風 *m.* estilo. ▶独自の作風がある *v.* tener* [《フォーマル》poseer*] un estilo propio [único].

*__**さくぶん** 作文 *f.* redacción, *f.* composición. ◆私の家族について作文を書いた Escribí una redacción [composición] sobre mi familia. ◆毎日スペイン作文の練習をする Todos los días escribo una redacción en español.

さくみしょう 錯味症 (専門語) *f.* parageusia.

さくもつ 作物 *f.* cosecha; (農産物) *mpl.* productos agrícolas [del campo]. ▶作物を栽培する *v.* cultivar productos del campo. ▶作物を取り入れる *v.* cosechar, recolectar la cosecha. ◆八月に収穫される作物は多い En agosto se cosechan muchos productos.

さくや 昨夜 *adv.* anoche, ayer (por la) noche. ♦昨夜ふしぎな夢を見た Anoche tuve un sueño curioso. ♦昨夜の宴会は楽しかったかい ¿Lo pasaste bien en la fiesta de anoche?

さくら 桜 (木) m. cerezo; (花) f. flor del cerezo; (露天商などの) m. cómplice; (劇場などの) m. claque. ▶桜前線 m. frente (metereológico) de cerezos en flor. ▶桜色(の) adj. rosado, f. / adj. rosa. ▶桜見物に出かける v. ir* a ver* los cerezos en flor. ♦上野の桜は今が見ごろだ Los cerezos de Ueno están ahora en plena flor.

さくらそう 桜草 f. primavera, f. prímula.

さくらん 錯乱 m. trastorno mental, 《フォーマル》 m. delirio. ♦精神錯乱に陥る v. trastornarse mentalmente.

さくらんぼ(う) 桜桃 f. cereza.

さぐり 探り ▶探りを入れる(人の意向を打診する) v. tantear (a + 人), sondear (a + 人, sobre); (間接的に) v. probar* (a + 人); (不正行為などを調査する) v. investigar* (un asunto) (sin atraer* la atención).

さぐりあてる 探り当てる ▶手探りで電灯のスイッチを探り当てる v. buscar* a tientas la llave de la luz y encontrarla.♦ 探し当てる.

さぐりだす 探り出す v. descubrir*; (秘密を) v. sonsacar*. ▶彼の意向を探り出す v. sondear sus intenciones. ▶秘密を探り出す v. sonsacar* un secreto.

さくりゃく 策略 → 計略. ⌨ 画策, 権謀術数, 策, 術策, 手口

さぐる 探る ▶鍵(鍵)がないかポケットを探る(=捜す) v. registrarse los bolsillos en busca de la llave. ▶火事の原因を探る(=調査する) v. investigar* la causa del incendio. ▶人の腹を探る v. sondear (su) intención. ▶人の行動をこっそりと探る v. espiar* (a + 人), escudriñar sus actos. ▶彼女は彼を探るような様子で見た Lo [Le] miró inquisitivamente [con ojos escudriñadores].

さくれつ 炸裂 ▶炸裂する v. explotar, estallar. → 爆発.

ザグレブ Zagreb (☆クロアチアの首都).

ざくろ 石榴 (実, 木) f. granada.

サクロモンテ Sacro Monte (☆スペイン, グラナダ市郊外の丘).

さけ 酒 (アルコール飲料類) fpl. bebidas alcohólicas; m. alcohol; (強い) mpl. licores; (日本酒) m. "sake", m. vino japonés; (ぶどう酒) m. vino; (ビール) f. cerveza; (果実酒) m. vino de frutas.

1《〜酒》▶1杯の酒 una copa de "sake" [vino]. ▶強い [弱い] 酒 m. vino「fuerte [flojo].

2《酒＋名詞》▶酒かす mpl. heces del "sake". ▶酒癖が1よい [2悪い] v. ser* un 1buen [2mal] 《『ラ米』》tomador], ser* una 1buena [2mala] bebedora [『ラ米』tomadora]; tener* 1buen [2mal] vino. ▶酒びたりになる v. darse* [entregarse*] a la bebida. ▶酒飲み→酒飲み.

3《酒が[は]》▶酒が弱い v. soportar [aguantar] mal la bebida, beber poco. ▶酒が強い (=たくさん飲める) v. aguantar bebiendo [[ラ米] tomando]; (大酒飲みである) v. beber [[ラ米] tomar] mucho. ♦酒が回ってきた El "sake" me está subiendo. / (酒に酔っつて) Se me está subiendo a la cabeza. ♦酒はつきあい程度です Sólo bebo en ocasiones sociales. ♦酒は百薬の長《ことわざ》Donde no hay vino y sobra el agua, la salud falta. / (ことわざ) El buen vino cría buena sangre.

4《酒の》▶酒の上でのけんか f. pelea de borrachos. ♦それは酒の上でしたことだ Lo hice bajo la influencia del alcohol.

5《酒に》▶酒に酔う v. emborracharse, 《フォーマル》 embriagarse *; estar * borracho [ebrio], 《教養語》 beodo, 《フォーマル》 en estado de embriaguez], 《口語》《強調して》 estar* hecho una cuba, 《口語》 estar* demasiado alegre. ♦酒に飲まれてはいけません No hay que ahogarse en la botella de vino. / No hay que dejarse dominar por la bebida. ♦彼はいつも酒におぼれている《口語》Le gusta empinar el codo. / Es un esclavo de la botella.

6《酒を》▶酒を飲む v. beber "sake" [vino]. ▶酒をやめる v. dejar de beber. ▶酒をつぐ v. llenar (a + 人) el vaso de vino. ▶酒をしきりに勧める v. apremiarle para que beba [tome]. ♦きのうみんなで酒を飲んだ Ayer 「tomamos una copa [《口語》estuvimos de copas]. ♦酒は一滴も飲まない No bebe ni una gota (de alcohol). / No toca la botella.

さけ 鮭 m. salmón. ▶塩ザケ m. salmón salado. ▶サケ缶 m. salmón「en conserva [enlatado].

さけい 左傾 ▶左傾する v. hacerse* izquierdista.

さげすむ 蔑む v. menospreciar (a + 人). → 軽蔑(?).

さけのみ 酒飲み mf. bebedor/dora, 『ラ米』mf. tomador/dora; (飲んだくれ) mf. borracho/cha, 《教養語》 mf. beodo/da.

さけび 叫び m. grito, f. 叫び声.

さけびごえ 叫び声 f. exclamación, f. voz; (大声) m. grito; (大勢の人の) m. clamor; (悲痛な) m. alarido; (金切り声, 悲鳴) m. chillido; (子供の) m. berrido. → 叫ぶ. ▶苦痛の叫び声をあげる v. dar* [《口語》pegar*] un grito [alarido] de agonía. ♦通りから助けを求める叫び声が聞こえた De la calle llegó un grito de [pidiendo] socorro. ⌨ 掛け声, ざわめく

さけぶ 叫ぶ ❶ 【叫び声を上げる】v. exclamar; (大声を出す) v. gritar, dar* un grito; (怒って) v. vociferar; (金切り声で) v. chillar, dar* un chillido, berrear; (感情が高まって突然に) v. exclamar, 《教養語》 proferir*. ▶痛くて叫ぶ v. gritar de dolor, dar* un alarido de dolor. ♦「勝った」と彼は叫んだ "¡He ganado!", exclamó. ♦彼女は助けを求めて大声で叫んだが, 彼には聞こえなかった Gritó pidiendo auxilio, pero él no podía oírla. ♦彼は私たちに止まれと叫んだ Gritó para que nos detuviéramos. / Nos pidió con un grito que nos parásemos. ♦クモを見て彼女はきゃっと叫んだ Dio un chillido al ver la araña.

❷【強く要求する】v. dejar oír* un clamor. ▶ 1改革 [2増税反対]を叫ぶ v. dejar oír* un clamor 1pidiendo una reforma [2en contra del aumento de impuestos].

さけめ 裂け目 (地面や壁の) f. raja, f. grieta; (岩・地面などの) f. grieta, f. fisura. → 割れ目, 亀(%)裂 ▷ 鉤裂き, すき間

・**さける** 避ける (意識的に好ましくない人・物・事に近付かない) v. evitar, eludir, huir*; (嫌がって)《フォーマル》v. rehuir*. ▶夏の暑さを避けて木陰で休む v. refugiarse del calor del verano a la sombra de un árbol. ◆悪友は避けなさい「Aléjate de [Hay que evitar] las malas compañías. ◆近ごろ彼は私を避けているみたいだ Últimamente parece que「me evita [me rehuye, esquiva encontrarse conmigo]. ◆車はなんとか電柱にぶつかるのを避けた El coche consiguió evitar el poste de la luz. ◆彼女は私の質問に答えるのを避けた Eludió mis preguntas. ◆両国間の戦争は外交交渉で避けられるかもしれない La guerra entre los dos países puede ser evitada mediante negociaciones diplomáticas. ◆雪による列車の遅れは避けられない El retraso de los trenes no se puede evitar a causa de las nevadas. ◆死は避けられない (=必ずやって来る) La muerte es inevitable [ineludible]. ▷ 疎んじる, 回避

さける 裂ける (紙・布が) v. romperse*, desgarrarse; (ぐいっと強く) v. rajarse; (板などが縦に) v. partirse. → 裂く. ▶シャツは裂けひじはすりむけていた La camisa se me rompió y me raspé el codo.

・**さげる** 下げる ❶【低くする】(位置・程度などを) v. bajar; (減ずる) v. rebajar, reducir*. ▶頭を下げる (物に当たらないように) v. bajar la cabeza. (敬意をこめてあいさつする) v. inclinarse《a, ante》; (謝る) v. disculparse《ante + 人》《por + 事》; (頼む) v. pedir* (dinero). ▶その机を1万円に下げる v. rebajar a 10.000 yenes el precio de la mesa. ◆少し日よけを下げてください Por favor, baja la persiana un poco. ◆1ボリューム [2ラジオの音量]をちょっと下げてくださらない ¿Puedes bajar 1el volumen [2la radio] un poco, por favor?

❷【つるす】v. colgar*; (身につけている) v. llevar. ▶天井からランプを下げる v. colgar* una lámpara del techo. ▶ペンダントを下げている v. llevar un colgante.

❸【後方へ動かせる】▶いすを下げる v. empujar [《フォーマル》retirar, 《口語》echar para atrás] una silla.

❹【片付ける】▶お膳(梵)を下げる v. recoger* la mesa.

さげん 左舷 m. babor. ▶舵輪を左舷に取る v. manejar el timón a babor.

ざこ 雑魚 f. morralla.

ざこう 座高 f. altura en「posición de sentado [《教養語》sedestación]. ▶座高が低い (=胴丈が短い) v. tener* el tronco corto.

さこく 鎖国 m. aislamiento (nacional). ▶鎖国政策をとる v. adoptar una política de aislamiento. ▶過去において日本は外国に対して鎖国をした Antiguamente, Japón「practicó la política de aislamiento [《口語》cerró sus puertas al mundo exterior]. ◆彼らは鎖国か開国かでもめた Discutieron sobre la conveniencia de aislar o de abrir el país.

さこつ 鎖骨《専門語》f. clavícula.
ざこつ 坐骨《専門語》m. isquion. ▶坐骨神経《専門語》m. nervio isquiático. ▶坐骨神経痛《専門語》f. isqualgia.

ざこね 雑魚寝する v. dormir* revueltos en un mismo cuarto.

ささ 笹 m. bambú enano; (葉) f. hoja de bambú. ▶ささ舟 m. bote de hojas de bambú.

・**ささいな** 些細な (取るに足らない) adj. insignificante, 《フォーマル》trivial. ▶ささいな誤り m. pequeño error, m. error trivial [insignificante]. ◆これはささいなことに思えるかもしれないが実は重要なのです Esto puede parecer insignificante, pero tiene importancia.
▷細かい, たいない, 小さい[な], つまらない, 細々

ささえ 支え m. soporte, m. sostén, m. apoyo; (つっかい棒) m. puntal. → 支柱. ▶橋の支え mpl. pilares de un puente. ◆子供が彼女の心の支えになるだろう Sus hijos van a ser su sostén emocional.

ささえ 栄螺 m. trompo.

・**ささえる** 支える v. sostener*, apoyar, 《フォーマル》soportar; (下から) v. sustentar; (人がつっかい棒などで) v. apuntalar. ▶バルコニーを支えている柱 mpl. pilares que sostienen el balcón. ▶一家 (の暮らし) を支える v. mantener* [《強調して》ser* el sostén de] la familia. ◆彼は塀をつっかい棒で支えた Sustentó la pared con un puntal. ◆困ったときでも1希望が [2彼が] 私を支えてくれた 1La esperanza [2Él] fue mi sostén en el tiempo de la adversidad. ◆氷は私たちを支えるほど厚くない El hielo no tiene el grosor suficiente para aguantar nuestro peso.

ささげる 捧げる ❶【生命・努力・時間などを】(犠牲にする) v. sacrificar*; (専念する) v. dedicar*, 《フォーマル》consagrar. ▶国のために命を捧げる v. sacrificar* la vida por la patria. ▶歴史の研究に一生を捧げる v. consagrar la vida al estudio de la historia.

❷【神などに】▶神に祈り [2感謝] を捧げる v. 1ofrecer* oraciones [2dar* gracias] a Dios. ◆彼は著書を友(の霊)に捧げた (=献呈した) Dedicó el libro a su (difunto) amigo.

❸【高く上げる】▶両手を捧げる v. elevar ambas manos. ◆物を捧げ持つ v. elevar
▷ 専念, 尽くす

ささつ 査察 f. inspección. ▶査察官 mf. inspector/tora. ▶空中査察 f. inspección aérea. ▶査察する v. inspeccionar. ▶国税庁調査査察部 m. Departamento de Investigación y Fiscalización de la Administración del Impuesto Nacional.

さざなみ f. onda [m. rizo] del agua. ◆そよ風が湖面にさざなみを立てた La superficie del lago se rizaba con la brisa.

さざめき ▶笑いのさざめき f. cascada de risas. ▶笑いさざめく v. reír* alegremente.

ささやか 細やか (小さい, 小額の) adj. pequeño; (わずかばかりの) adj. modesto. ♦ささやかな家 f. casa pequeña [modesta]. ▶ささやかな夕食会を催す v. dar* una pequeña fiesta. ▶ささやかな収入で暮らすv. vivir de un modesto ingreso. ▶ささやかに (=小規模に) adv. modestamente.

ささやき 囁き m. susurro; (小川などのさらさらいう音) m. murmullo. ▶ささやき声で話す v. hablar con un susurro, susurrar. ▶小川のささやき m. murmullo de la corriente. ♦風のささやきが聞こえるだけであった Sólo se oía el susurro [murmullo] del viento.

ささやく 囁く (小言で言う) v. susurrar, cuchichear; (低い声でひそひそ言う) v. murmurar. ♦愛の言葉を彼女の耳元にささやく v. susurrarle al oído palabras de amor. ▶ささやくように話す v. hablar en un susurro; (声をひそめて話す) v. hablar cuchicheando. ♦「行きましょう」と彼女はささやいた "Vámonos", susurró ella. ♦彼らは離婚するといううわさがささやかれている (=うわさされている)「Se rumorea [Corre el rumor de] que van a divorciarse.

ささる 刺さる v. clavarse; (矢などが) v. agujerear. ♦押しピンが足に刺さった Se me ha clavado un alfiler en el pie. ♦魚の骨が彼女ののどに刺さった Se le ha clavado una espina en la garganta.

さざんか 山茶花 f. camelia sasanqua.

***さじ** 匙 f. cuchara; (小さじ, 茶さじ) f. cucharilla, f. cucharita; (中さじ) f. cuchara (de postre); (大さじ) m. cuchara sopera. ▶砂糖1さじ una cucharada de azúcar. ▶砂糖大さじ「山盛り[²すり切り]2杯 fpl. dos cucharadas ¹colmadas [²rasas] de azúcar. ▶さじで…をすくう v. sacar* … con la cuchara. ▶さじ加減 (=具合を見る) v. tener* en cuenta, tomar en consideración. ♦それは君のさじ加減ひとつだ (=君の裁量に任されている) Se deja a tu juicio. ♦その事件についてはさじを投げた (=あきらめた) He dejado [abandonado] el caso. / (力が及ばない)Ese caso está fuera de mi capacidad.

さしあげる 差し上げる ❶【持ち上げる】v. levantar, alzar*, elevar. ♦優勝杯を高々と差し上げる v. levantar la copa del campeonato por encima de la cabeza.
❷【人に上げる】v. dar*, ofrecer*, obsequiar. → 与える. ♦よろしかったらこれはあなたに差し上げます Si usted lo acepta, se lo doy con gusto. / Si lo quiere usted, se lo doy.

さしあたり 差し当たり (当分の間) adv. de [por el] momento, por de pronto, por ahora; (現在) adv. ahora, en este momento. ♦適当なアパートが見つかるまでさしあたり私のところにいなさい「De momento [Por ahora] te puedes quedar conmigo hasta que encuentres un buen apartamento. ♦さしあたり必要なものを言ってください Dígame lo que necesita「de momento [por de pronto, por ahora].

さしいれ 差し入れ (慰労のための) mpl. regalos, 《フォーマル》mpl. obsequios; (刑務所への) m. artículo llevado a un preso. ▶差し入れる v. regalar, dar*; (中間にはさむ) v. meter, 《フォーマル》insertar. ♦彼は従業員たちにビールの差し入れをした Regaló cerveza a sus empleados como reconocimiento por sus servicios.

さしえ 挿し絵 f. ilustración, m. grabado, 《口語》m. dibujo; (カット) m. grabado; (図) f. figura. → 絵. ▶カラー挿し絵 f. ilustración de colores. ▶挿し絵画家 mf. ilustrador/dora. ▶挿し絵をかく v. hacer* "un dibujo [una ilustración]; (本に) v. ilustrar un libro. ▶挿し絵入りの本 m. libro ilustrado [con dibujos]. ♦この本には挿し絵がたくさん入っている Este libro tiene「muchas ilustraciones [muchos grabados, 《口語》muchos dibujos]. / Es un libro《フォーマル》profusamente ilustrado.

サジェスチョン f. sugerencia, f. idea.

さしおく 差し置く (意図的に無視する) v. ignorar, no contar* (con), no hacer* caso (de), 《口語》hacer* puente (a). ♦親を差し置いてそんな大事なことを決めてはいけない No debes tomar una decisión tan importante sin contar [hablar] con tus padres. ♦彼は部長を差し置いて社長のところへ文句を言いに行った「Ignoró al [《口語》Le hizo puente al] gerente y fue a quejarse al presidente. ♦今日は何を差し置いても (=何よりもまず) しなければならないことがある Hay algo hoy que debo hacer「en primer lugar [antes que nada].

さしおさえ 差し押さえ m. embargo, 《専門語》f. incautación. → 差し押さえる. ▶差し押さえ令状 f. orden [m. mandamiento] de embargo.

さしおさえる 差し押さえる v. embargar*, 《専門語》incautar. → 差し押さえる. ♦彼は財産を差し押さえられた Su propiedad fue embargada [《教養語》incautada]. / Le embargaron su propiedad.

さしかえる 差し替える ♦この写真をあれと差し替えてください Por favor, cambia esta foto por aquélla. / Haz el favor de sustituir [reemplazar] esta foto por aquélla. → 交換, 入れ替える.

さしかかる 差し掛かる (来る) v. acercarse* [aproximarse] (a). ▶坂道にさしかかる v. acercarse* a una cuesta. ▶新しい段階にさしかかる (=入る) v. entrar en una nueva fase.

さじかげん さじ加減をする (=配慮する) v. tener* en cuenta, tomar en consideración. ♦成否は彼のさじ加減一つで決まる El éxito depende de「cómo lleve [su tacto en llevar] las cosas.

さしがね 差し金 (教唆 (⁶)) 《フォーマル》f. instigación,《教養語》f. inducción. ♦だれの差し金であの男は金貸しをあやめたのか ¿Quién le instigó [indujo] a matar al usurero?

さしき 挿し木 m. esqueje.

さじき 桟敷 (劇場の) m. palco, f. tribuna; (2階の) m. balcón; (相撲の) m. palco.

ざしき 座敷 "zashiki",《説明的に》m. salón tradicional japonés; (日間) f. sala [m. cuarto] de estar. ▶座敷に通す v. conducir* 《a + 人》「al salón [a la sala].

さしこみ 差し込み ❶【挿入】《フォーマル》f. inserción, f. introducción; (コンセント) m. enchufe. → コンセント. ▶差し込み原稿 m. encarte, m. encaje.
❷【腹の急激な痛み】m. dolor punzante y repentino de estómago.
さしこむ 差し込む v. meter [《フォーマル》insertar, introducir*]《en》. ❶【挿入する】▶鍵(穴)に鍵を差し込む v. meter una llave en (el ojo de) la cerradura. ▶アイロンのプラグを(コンセントに)差し込む v. enchufar la plancha.
❷【光が】▶日が窓から(部屋に)差し込んでいた Los rayos de sol entraban (en el cuarto) por la ventana. ▶(いっぱい)El sol penetraba a raudales (en el cuarto) por la ventana.
さしさわり 差し障り (気を悪くすること) f. ofensa; (差し支え) m. estorbo. → 支障. ▶差し障りがあるといけないから adv. para no ofender《a》, por temor a incomodar《a》. ▶差し障りのあることを言う v. decir* algo ofensivo, decir* [《フォーマル》pronunciar] palabras ofensivas.
さししめす 指し示す →指す. ▶そこに立っている男の子を指し示す v. indicar* [señalar] al niño que está ahí de pie.
さしず 指図 fpl. instrucciones, (指示) fpl. indicaciones, (指揮) f. dirección, m. mando → 命令; (命令) f. orden; (権威者による) m. mandato. ▶彼の指図どおりに行動する v. actuar* según sus instrucciones. ▶彼の指図(=指揮)の下に働く v. trabajar bajo su dirección. ▶君から指図は受けない No acepto órdenes tuyas. / No quiero que me des ninguna orden. / ¿Quién eres tú para darme órdenes?
—— 指図する (命令する) v. ordenar, 《口語》mandar; (指示する) v. dar* instrucciones, (公式に) v. dar* órdenes. → 命令する. ▶すぐに行くよう彼に指図する v. ordenarle que se vaya inmediatamente
☞ 指示, 指導
さしずめ 差し詰め (結局・つまるところ) adv. después de todo, al fin y al cabo; (要するに) adv. de hecho, en realidad; (言ってみれば) adv. por decir así; (当分の間) adv. durante [por] algún tiempo; (今のところは) adv. por ahora, por el presente. ▶その役には差し詰め彼がぴったりだ Después de todo, es el actor adecuado para ese papel.
さしせまる 差し迫る ▶差し迫った(=緊急の)問題 m. problema urgente [apremiante]. ▶差し迫った(=今にも起こりそうな)危険 m. peligro inminente. ▶試験が差し迫っている(=目前に迫っている) Los exámenes están「a la vuelta de la esquina [《口語》muy cerca]. ▶われわれにそれが差し迫って(=すぐに)必要というわけではない No hay necesidad inmediata de ello.
さしだしにん 差出人(手紙の) mf. remitente (de una carta).
さしだす 差し出す (手などを) v. alargar*, extender*; (伸ばす) v. extender* la mano; (提出する) v. entregar*; (上位の者に) v. presentar, ofrecer*. ▶本を受け取ろうと手を差し出す v. alargar* la mano para coger* [tomar] el libro. ▶彼は私に手を差し出した(=握手を求めた) Me alargó [ofreció] su mano. ▶報告書を彼に差し出した Le entregué [presenté] el informe. ☞供する, 提示
さしつかえ 差し支え (異議)《フォーマル》f. objeción, f. oposición; (支障) m. inconveniente, m. impedimento, m. obstáculo.
さしつかえない 差し支えない ▶差し支えなければ(=かまわなければ) si「no tienes [usted no tiene] inconveniente; si no te [le] importa; (都合がよければ) adv. si te parece bien. ▶差し支えなければ教えてほしいのですが、お仕事は何をなさっているのですか Si no le importa que le pregunte, ¿a qué se dedica? 《会話》窓を開けても差し支えありませんか「=よろしいですか」—いいですとも ¿No tiene inconveniente en que abra la ventana? –「En absoluto [Claro que no (lo tengo)]. 《会話》散歩に行こうと思っていたんだ一差し支えなければ私も行くわ Estaba pensando《en》dar un paseo. – Te acompañaré, si no tienes inconveniente. 《会話》何時にうかがいしましょうか—いつでも差し支えありません ¿A qué hora vengo? – Cualquier hora está bien. ▶彼の意見はもう決まっていると言って差し支えない Se puede decir que ya「su opinión está formada [ha tomado postura en el asunto].
さしつかえる 差し支える (じゃまする) v. estorbar, 《フォーマル》obstaculizar*, interferir*《con, en》; (悪影響を及ぼす) v. afectar; (苦労する) v. tener* dificultades. ▶仕事に差し支えるようなら、そんなことはやめなさい Deberías dejarlo si va a estorbar [afectar] tu trabajo.
さしでがましい 差し出がましい(でしゃばりな) adj. entrometido, atrevido, osado, adj. entrometido; (おせっかいな) adj. entrometido, entremetido, 『ラ米』《口語》 metiche,《口語》metomentodo; (厚かましくて無礼な) adj. impertinente. ▶差し出がましいことを言う v. decir* impertinencias. ▶差し出がましい行為 m. comportamiento indiscreto. ▶差し出がましい質問 f. pregunta impertinente [entrometida]. ▶差し出がましいことをする v. cometer una impertinencia; comportarse con impertinencia. ◆私に差し出がましいことを[1言わない [2しない]でくれ [1]Deja de decirme impertinencias. [2]No seas tan impertinente conmigo.] ▶差し出がましいようですが(=干渉したくないのですが)、その計画は中止すべきだと思います Perdón por la impertinencia [intromisión], pero yo sugeriría que se abandonase el plan.
さしでぐち 差し出口 f. impertinencia, m. comentario impertinente, f. intromisión. ▶差し出口をきく v. decir* una impertinencia; (余計な口出しをする) v. entrometerse 《《フォーマル》inmiscuirse*, 《口語》meter las narices,《口語》《強調して》 andar* metiendo las narices》《en》. → 干渉, 口出し.
さしとめる 差し止める (止めさせる) v. impedir*; prohibir*; (一時的に) v. suspender. ▶外出を差し止める v. impedirlo[la, le] salir*. ▶記事

さしのべる
を差し止める v. censurar un artículo.
さしのべる 差し伸べる v. tender*, 《口語》 echar. ▶援助の手を差し伸べる v. echar [《フォーマル》 tender*] una mano 《a》, prestar ayuda 《a》.
さしはさむ 差し挟む →挟む【その他の表現】.
さしひかえる 差し控える 《衝動を抑える》 v. abstenerse* [guardarse]《de》. ▶コメントを差し控える v. abstenerse* de (hacer*) comentarios.
さしひき 差し引き 《差し引くこと》 m. descuento, f. deducción;《差額》 m. balance. ▶差し引き5百万の損 f. pérdida en el balance de 500 yenes. ▶貸借を差し引きする v. hacer* el balance.
さしひく 差し引く v. descontar* [deducir*]《de》. ▶給料からその費用を差し引く v. descontar* el gasto del salario. ▶値段の10%を差し引く v. descontar* [quitar] un 10% del precio;《割り引く》v. hacer* un descuento del 10% del [sobre el] precio. ▶経費を差し引くと，純利益は微々たるものだった Descontados los gastos, el beneficio neto era escaso.
さしみ 刺身 "sashimi",《説明的に》 m. pescado crudo en rodajas. ▶マグロの刺身 m. "sashimi" de atún, m. plato de atún crudo en rodajas.
さしむかい 差し向かい ▶差し向かいで話す v. tener* una conversación「cara a cara [frente a frente]《con》. ▶二人はテーブルに差し向かいに座った Se sentaron frente a frente en [a] la mesa.
さしむける 差し向ける v. enviar*,《口語》 mandar, dirigir*.
さしもどす 差し戻す《事件を下級裁判所に》《専門語》v. remitir. ▶その事件を第一審に差し戻す v. remitir el caso al tribunal de primera instancia. ▶法案を委員会に差し戻す v. devolver* un proyecto de ley al comité.
さしゅ 詐取 f. estafa,《口語》 m. timo,《フォーマル》 m. fraude. ▶彼の金を詐取する《口語》 v. timarlo[le]. → だます.
さしょう 査証【スペイン】 m. visado,【ラ米】 f. visa. → ビザ.
さじょう 砂上 ▶砂上の楼閣 (もろい物) f. casa construida en la arena; (実現不可能なこと) mpl. castillos en el aire.
ざしょう 座礁 ▶座礁する (浅瀬に) v. varar; (岩礁に) v. ir* a las rocas;《岸に》v. encallar. ▶座礁した船 m. barco varado [encallado].
ざしょう 挫傷《専門語》 f. contusión.
さしわたし 差し渡し m. diámetro. → 直径.
***さす 指す** ❶【指し示す】v. indicar*,《フォーマル》señalar;《指名する》v. nombrar. ▶地図上の場所を指でさす v. señalar [indicar*] un lugar en el mapa. ▶授業中に指される v. ser* nombrado en la clase. ▶人を指さすのは失礼だ Es de mala educación señalar a las personas. ▶その矢印は東をさしている La flecha 「apunta al [señala el] este. ▶気圧計は千を指している La manecilla del barómetro indica 1.000. → 示す.
❷【意味する】v. referirse*《a》, querer* decir*. ▶「彼」とはだれをさしているのですか ¿A quién te refieres con "él"?

さす 刺す《刃物などで》v. apuñalar, acuchillar;《ぐさりと》v. clavar;《特に先のとがった物で》v. atravesar*, penetrar;《ちくりと》v. pinchar; punzar*;《虫がかむ》v. picar*;《虫・植物が刺す》v. picar*. ▶刺すような痛み m. dolor punzante (como un pinchazo). ▶刺すような視線 f. mirada penetrante. ▶彼を刺し殺す v. apuñalarlo[le] hasta matarlo[le], matar《a＋人》「a puñaladas [de una puñalada]. ▶とげで指を刺す v. pincharse el dedo con una espina. ▶彼はその男の背中を刺した Apuñaló al hombre por la espalda. ▶私は体中何か所に刺された Las abejas me picaron por todas partes.
さす 差す ❶【光が】《輝く》v. brillar;《入る》v. entrar《en》→差し込む;《雲間から》v. penetrar《por》.
❷【帯びる】v. colorear《de, con》. ▶彼女のほおに赤味がさした Se puso un poco colorada.
❸【注ぐ】v. echar, verter*.
❹【傘を】v. abrir*. ▶傘を¹さして [²さざずに]歩く v. caminar ¹bajo el paraguas [² sin paraguas].
さす 砂洲 (波でできた) f. barra (de arena); (河にある) m. banco de arena, m. bajío.
***さすが 1**《さすがは(…だけてある)》;《…に値する》adj. digno de; 《期待どおりに》adv. como es de esperar, naturalmente. ▶彼はさすがは父の子だ Es un hijo digno de su padre. ▶さすがは勇士だけあって彼は危険に臨んでも冷静だった Como es de esperar de los héroes, permanecía tranquilo ante el peligro.
2《さすがの…も》adv. hasta, incluso,《口語》形容詞 y todo, aunque, aun (＋現在分詞). ▶彼もさすがにそのやっかいな質問には面くらった Hasta él se quedó perplejo ante la desconcertante pregunta. ▶さすがの勇敢な彼もおじけづいた Valiente 「y todo [como era], tuvo miedo. / Aun siendo valiente, tuvo miedo. / Por muy valiente que era, tuvo miedo.
3《さすがに》;《本当に》adv. verdaderamente, en verdad. ▶彼はさすがに偉大な政治家である Verdaderamente es un gran estadista.
さずける 授ける《与える》v. dar*;《金銭・権利などを》v. conceder →与える;《教える》v. enseñar,《教養語》inculcar*, iniciar. ▶弟子に日本料理の技術を授ける v. iniciar a (sus) estudiantes en la cocina japonesa. ▶知恵を授ける v. dar* [《教養語》inculcar*]《a＋人》sabiduría.
サスペンス m. suspense. ▶サスペンスもの f. obra de suspense. ▶この映画はスリルとサスペンスに満ちている Esta película está llena de emoción y suspense.
サスペンダー →ズボン(→ズボンつり).
サスペンデッドゲーム m. partido suspendido,《野球》m. juego suspendido.
さすらい fpl. correrías, fpl. andanzas;《軽蔑的に》 m. vagabundeo. ▶さすらいの旅人 mf.

trotamundos, 《軽蔑的に》 mf. vagabundo/da. ◆さすらいの旅に出る v. salir* hacia un viaje sin rumbo, emprender correrías.

さすらう v. vagar*, caminar sin rumbo, 《フォーマル》errar*, 《軽蔑的に》 vagabundear; (自由に) v. deambular, ir* de aquí para allá; (あてもなく) v. ir* a la deriva. → 放浪.

さする (こする) v. frotar; pasar la mano; (なでる) v. acariciar. ◆背中をさする v. frotar la espalda. ◆犬の頭をさすってやる v. acariciar la cabeza del perro.

***ざせき 座席** m. asiento, f. plaza; (劇場・スタジアムの) f. localidad. ◆座席指定券 m. billete [《ラ米》m. boleto] de reserva [asiento reservado]. ◆座席番号 m. número del asiento. ◆座席表 m. gráfico de asientos. ◆バスの座席を予約する v. reservar una plaza de autobús. ◆ 窓側 [2通路側] の座席を確保する v. asegurarse un asiento de ¹ventanilla [²pasillo]. ◆その車の後部座席には 3 人が十分座れる En el asiento trasero del coche caben bien [holgadamente] tres pasajeros. ◆座席にお着きください。まもなく公演が始まります Hagan el favor de ocupar sus asientos. La obra está a punto de empezar. ☞ シート, 収容

させつ 左折 ◆左折する v. girar [torcer*, doblar] a la izquierda. → 右折.

ざせつ 挫折 (失敗) m. fracaso; (希望の挫折, 計画の失敗) f. frustración; (行き詰まり) m. estancamiento, 《仏語》m."impasse" (☆発音は [impás]). ◆挫折感を味わう v. sentirse* fracasado [frustrado]. ◆挫折を乗り越える v. superar el fracaso. ◆彼の計画は挫折した Su plan fracasó [se vino abajo]. ◆その失敗はわれわれにとって大きな挫折であった El fracaso fue para nosotros un rudo golpe.

****させる** (A が B に…させる) v. hacer* 《a + 人》《+不定詞, que + 接続法》; (命令して) v. mandar [ordenar] 《a + 人》《+不定詞, que + 接続法》; (強制して) v. obligar* [forzar*] 《a + 人》《+ a que + 接続法》; (説得して) v. conseguir* [lograr] que + 接続法; (望みどおり) v. dejar [《フォーマル》permitir] que + 接続法. ◆私は彼らにその部屋の掃除をさせた Les hice [mandé] «limpiar el cuarto [que limpiaran el cuarto]. / 《口語》Les puse a limpiar el cuarto. ◆私は辞職させられた Me obligaron a dimitir [a que dimitiera]. ◆何が彼をそうさせたのか ¿Qué le llevó [impulsó] a hacer eso? ◆吹雪で車をこれ以上進ませることはできない No puedo hacer que el coche avance a causa del temporal del nieve. ◆彼が行きたがらないのなら無理に行かせるわけにはゆかないが、行きたがっているのだから行かせてやりなさい Si no quiere ir, no le puedes obligar. Pero, como quiere ir, «¿por qué no dejarle? [es mejor dejarle que vaya]». ◆自己紹介をさせてください 《フォーマル》Permítame presentarme. / Con su permiso, voy a presentarme. ◆子供たちはその川で泳がせてもらえなかった A los niños no se les permitió [《口語》dejó] nadar en el río. ◆彼を満足させるのはむずかしい Es difícil «de contentar [con-

tentarlo[le]]. 《その他の表現》◆私がいっしょにいる限り, 君に不自由はさせない Mientras yo esté a tu lado, «no dejaré que te falte nada [no te faltará nada]. ◆決して損はさせません No dejaré que pierdas. / No vas a perder, te lo prometo. ◆その仕事させていただきます Creo que aceptaré agradecido el trabajo.

させん 左遷 ◆彼は地方の支店に左遷された（＝格下げされた）Le relegaron a un cargo en una sucursal de provincias.

ざぜん 座禅 "zazen", 《説明的に》f. meditación en posición sentada y con el tronco erecto, propia del budismo zen. ◆座禅を組む v. meditar, practicar* zazen.

さぞ (確かに) adv. seguro, seguramente, no cabe duda 《que》, indudablemente; (…に違いない) v. deber 《+不定詞》, tener* que 《+不定詞》. →きっと. ◆彼らは彼の演技にさぞ満足していることでしょう Seguro que están satisfechos con la actuación de él. ◆さぞお疲れでしょう Debe usted estar cansado. ◆彼の成功の知らせを聞いて彼女はさぞうれしく思ったことでしょう ¡Qué feliz [contenta] tenía que haberse puesto al enterarse de su éxito!

さそい 誘い (招き) f. invitación, 《フォーマル》m. convite; (誘惑) f. tentación, 《教養語》f. incitación. ◆パーティーへの誘いを受ける v. ser* invitado a la fiesta.

***さそう 誘う** ❶ 【招く】 v. invitar 《a + 不定詞, a que + 接続法》, convidar; pedir* 《que + 接続法》. →招待する. ◆彼を飲みに誘う v. invitarlo[le] a tomar [beber algo, 《口語》una copa]. ◆お誘い合わせの上… Reúnanse con amigos y conocidos, y… 《会話》ダンスパーティーにだれを誘うつもりなのまだ決めてないんだ ¿A quién vas a invitar al baile? — Todavía no lo he decidido. ◆きのう彼に誘われたんだけど断られなくて Me invitó ayer, y no pude negarme.

❷ 【誘いに立ち寄る】《口語》v. pasar, ir* a buscar* [recoger*]. ◆7 時に誘いに行きます Pasaré [Te visitaré] a las siete. / (車で) Te recogeré [《口語》Pasaré por ti] a las siete.

❸ 【誘発する】v. provocar*, 《フォーマル》inducir* 《a》. ◆彼の退屈な講義は眠気を誘う Su aburrida clase provoca [induce al] sueño. ◆彼の話は私たちの涙を誘った (＝感動させて涙を流させた) Lo que contó nos hizo llorar.

❹ 【誘惑する】v. invitar, incitar. → 誘惑する. ◆彼を悪の道に誘う v. incitarlo[le] al mal. ◆すばらしい陽気に誘われてハイキングに出かけた El buen tiempo invitaba a salir de excursión.

さぞかし adv. seguramente. → さぞ.

さそくつうこう 左側通行 《掲示》 Mantenga su izquierda. ◆日本の車は左側通行になっています En Japón se conduce por la izquierda.

さそり 蠍 m. escorpión, m. alacrán.

さそりざ 蠍座 m. Escorpio. → 乙女座. ◆蠍座 (生まれ) の人 mf. escorpio.

-さた -沙汰 (行為) m. acto. ◆狂気のさた m.

さだか acto de locura. ▶裁判ざたになる v. ser* llevado a juicio [los tribunales]. ▶警察ざたになる v. ser* denunciado a la policía.

さだか 定か 定かに(はっきりと) adv. claramente, ciertamente《フォーマル》adj. (estar) claro. ◆彼が生きているかどうかは定かではない No está claro si vive o no.

さだまる 定まる (決まる) v. decidirse, determinarse;(固定する) v. fijarse;(落ち着く) v. estabilizarse*. ◆このごろは天候が定まらない (《口語》) El tiempo anda revuelto estos días. /《フォーマル》Hay inestabilidad atmosférica. /(変わりやすい)Estos días el tiempo está cambiante.

さだめ 定め ❶【法律】f. ley;【規則】f. regla;(公の) m. reglamento, m. código.
❷【運命】m. destino,《教養語》m. sino,《文語》m. hado. ▶この世の定め m. destino de este mundo.

さだめる 定める ❶【制定する】(規則などを) v. establecer*, fijar;(規定する)《フォーマル》v. estipular. ▶クラブの規則を定める v. establecer* el reglamento del club. ◆議決は過半数の賛成で成立すると定められている Se ha determinado [《フォーマル》estipulado] que la decisión sea mayoritaria. ◆法律は脱税には重い刑罰を定めている La ley estipula graves penas para el fraude fiscal.
❷【決定する】v. decidir;(目標を) v. fijar, establecer*. ▶行く先を定める v. decidir adónde [dónde] ir*. ▶会う時間を定めよう Vamos a fijar a qué hora nos vemos.
❸【落ち着ける】v. establecerse*, asentarse*, afincarse*. ▶身を定める v. establecerse* (en).

ざだんかい 座談会 f. mesa redonda, m. coloquio, f. tertulia.

さち 幸 ❶【幸福】f. felicidad,《文語》f. dicha;(幸運) f. buena suerte,《フォーマル》f. fortuna. ▶幸多かれと祈ります Te deseo (buena) suerte. / ¡Buena suerte!
❷【産物】▶海の幸 mpl. productos del mar. ▶山の幸 mpl. productos de la montaña.

さつ 札 m. papel moneda; m. billete (de banco). → 紙幣, 札入れ, 札束. ▶100ユーロ札を20ドル札5枚に替える v. cambiar un billete de cien euros en cinco de veinte. ◆一万円札をくずしてくれませんか ¿Tiene usted cambio de 10.000 yenes?

-さつ -冊 (同一書物の中の1冊) f. copia, m. ejemplar;(本) m. libro;(巻) m. tomo, m. volumen. → 本. ▶その本を2冊買う v. comprar dos ejemplares [copias] del libro. ▶学校の図書館には5万冊以上の蔵書がある La biblioteca de nuestra escuela tiene más de 50.000 volúmenes.

ざつ 雑 雑な(いい加減な) adj. descuidado,《スペイン》《口語》chapucero;(不注意な) adj. descuidado, negligente. ▶雑な仕事 m. trabajo descuidado [《フォーマル》poco esmerado,《口語》chapucero]. ▶雑な仕事をする人 mf. trabajador/dora descuidado/da,《スペイン》《口語》mf. chapuzas.

さつい 殺意 ▶殺意を持って adv. con 「intento de asesinato [《フォーマル》propósito de homicidio].

さついれ 札入れ f. cartera,『ラ米』f. billetera. → 財布.

さつえい 撮影 (写真の) f. fotografía;(映画の) m. rodaje. ▶撮影する(写真を) v. fotografiar*, sacar [tomar, hacer*] una foto(grafía);(映画を) v. rodar*, v. filmar. → 撮る. ▶高速度撮影 f. fotografía de alta velocidad. ◆撮影所 m. estudio cinematográfico. ▶彼女が泳いでいるところを撮影する(写真に) v. fotografiarla nadando;(映画に) v. filmarla nadando. ◆その映画は一部パリで撮影された Parte de esa película fue rodada [filmada] en París. ◆撮影禁止 [掲示] Prohibido hacer [sacar] fotos.

ざつえき 雑役 mpl. trabajos diversos [variados]. → 雑用. ▶雑役 [1]夫 [2]婦 [1] m. hombre [2《口語》f. mujer] para todo;(公共施設の) f. ordenanza.

ざつおん 雑音 m. ruido (→音);(電波障害) f. estática,《口語》mpl. parásitos. ▶ラジオの雑音 m. ruido de la radio. ◆このレコードは雑音が多い Este disco hace mucho ruido.

さっか 作家 mf. escritor/tora;(筆者) mf. autor/tora;(小説家) mf. novelista. ▶女流作家 f. escritora, f. autora. ▶[1推理 [2]短編小説] 作家 mf. escritor/tora de novelas [1]policíacas [2]de cuentos]. ▶陶芸作家 mf. ceramista. ◆作家として身を立てるのは容易なことではない No es fácil establecerse como escritor/tora.

ざっか 雑貨 mpl. artículos diversos, f. miscelánea;(食料品雑貨) mpl. comestibles. ▶雑貨屋(人) mf. tendero/ra. → 雑貨店.

サッカー 《フォーマル》m. fútbol, m. balompié. ▶サッカーをする v. jugar* 「al fútbol [《口語》a la pelota],『ラ米』jugar* fútbol.

サッカーゲーム m. futbolín.

さつがい 殺害 m. asesinato, f. matanza;(多数の) f. matanza;(故意の) m. masacre;(故意の) m. asesinato,《フォーマル》m. homicidio. ▶殺害者 mf. asesino/na,《フォーマル》mf. homicida. ▶殺害する v. matar, asesinar,《フォーマル》cometer un homicidio. → 殺す.

さっかく 錯覚 f. ilusión. ▶目の錯覚 f. ilusión óptica. ▶…という錯覚をいだいている v. tener* [estar* bajo] la ilusión de que. ◆赤い色を見ると暖かいように錯覚する El color rojo crea la ilusión de calor. ◆アルハンブラにいるような錯覚を起こした(=まるでアルハンブラにいるみたいだった) Tuve la sensación de que estaba en La Alhambra. ◆目の錯覚だよ. だれもいないじゃないか Tú tienes alucinaciones. ¿No ves que no hay nadie?

ざつがく 雑学 mpl. conocimientos muy diversos [《教養語》misceláneos],《口語》《軽蔑的に》m. revoltijo de conocimientos.

ざっかてん 雑貨店 f. tienda;(食料雑貨店) f. tienda de comestibles,『メキシコ』m. abarrotes,『アルゼンチン』m. almacén,『キューバ』f. bodega.

ざっかん 雑感　*f.* ideas diversas, 《教養語》*f.* impresiones misceláneas.

さつき 五月 (暦の) *m.* mayo; (花の) *f.* azalea.

さっき (少し前に) *adv.* hace poco [un momento]; (しばらく前) *adv.* hace rato. → 先程.

さっきだつ 殺気立つ ▶殺気立った (興奮した) *adj.* excitado; (騒然とした) 《フォーマル》*adj.* enfervoriza*do*. ▶殺気立って *adv.* con la sangre hirviendo. ▶殺気立った群衆 *f.* multitud excitada.

さっきゅうに 早急に (間をおかずに) *adv.* inmediatamente, de inmediato, enseguida, 《メキシコ》 luego, 《口語》(直ちに) *adv.* sin demora [tardanza]; (緊急に) *adv.* con urgencia, urgentemente; (すばやく) *adv.* rápidamente. ♦早急に金が要る Me urge el dinero. / Necesito dinero「de inmediato [《口語》ya]. ♦この問題に早急に取り組まなければならない Este problema hay que tratarlo inmediatamente. / Urge [Es urgente] tratar este problema.

ざっきょ 雑居 ▶雑居ビル *m.* edificio multiuso.

さっきょく 作曲 (交響曲などの) *f.* composición (musical). ▶作曲家 *mf.* compositor/tora.

── 作曲する (交響曲などを) *v.* componer* música. ♦ベートーベンは偉大な交響曲を作曲した Beethoven compuso grandes sinfonías.

さっきん 殺菌 *f.* desinfección, 《フォーマル》*f.* esterilización = 消毒; (牛乳などの低温による) *f.* paste(u)rización. ▶殺菌力 *f.* fuerza desinfectante. ▶殺菌した牛乳 *f.* leche paste(u)rizada. ▶器具を煮沸して殺菌する *v.* esterilizar* los instrumentos hirviéndolos en agua. ♦日光は殺菌作用がある El sol mata los gérmenes.

ざっきん 雑菌 *mpl.* gérmenes diversos (perjudiciales), *fpl.* bacterias varias.

サックス *m.* saxófono, 《口語》*m.* saxo.

ざっくばらん ▶ざっくばらんな (率直な) *adj.* directo, sincero, franco; (形式ばらない) *adj.* informal. ▶ざっくばらんな人 *f.* persona directa [franca]. ▶ざっくばらんに *adv.* sinceramente, 《口語》sin tapujos; informalmente.

ざっくり ▶ざっくり突き刺す *v.* apuñalar; atravesar*. ▶ざっくりした生地 *f.* tela tosca. ▶ざっくりと (=くだけてゆったりと) 着る *v.* ir* vesti*do* informalmente.

さっこん 昨今 (最近) *adv.* recientemente. → 最近, この頃(に).

さっさと (すばやく) *adv.* rápidamente, de prisa; (迅速に) *adv.* enseguida; (間を置かずに) *adv.* sin demora, sin pérdida de tiempo. ▶さっさと返事を書く *v.* contestar la carta enseguida. ♦さっさと仕事をしなさい Termina rápidamente [enseguida] tu tarea. ♦彼女は仕事が終わるとさっさと帰る「Vuelve directamente [Va derecho] a casa después del trabajo. ♦彼はさっさと (=時を移さず) 次の仕事に取りかかった No perdió tiempo en empezar el siguiente trabajo.

さっし 察し (推察) *f.* suposición; (理解) *f.* comprensión, *m.* entendimiento; (思いやり) *f.* consideración. ▶察する. ▶察しのよい人 *f.* persona de buen entendimiento; (頭の回転の早い人) *f.* persona aguda [perspicaz]; (思いやりのある人) *f.* persona considerada. ♦彼は察しが早い Es agudo. / Entiende las cosas enseguida. /《スペイン》《口語》Las coge al vuelo. ♦お察しのとおりです ¡Has acertado!

さっし 冊子 (本) *m.* libro; (小冊子) *m.* librito, *m.* folleto. → 小冊子.

サッシ *m.* marco de ventana. ▶アルミサッシ *m.* marco (de ventana) de aluminio.

***ざっし** 雑誌 (一般に) *f.* revista; (専門雑誌) *f.* revista especializada (en); (定期刊行物) *f.* publicación (periódica). ▶週刊雑誌　*f.* revista semanal, *m.* semanario. ▶月刊雑誌 *f.* revista mensual. ▶[1]総合 [2]婦人]雑誌 *f.* revista [1]general [2]femenina). ▶旅行 [2ファッション]雑誌 *f.* revista de [1]viajes [2]modas]. ▶雑誌記事 *m.* artículo de revista. ▶雑誌記者 *mf.* periodista de revista. ▶雑誌社 *f.* (casa) editora [editorial] de revistas. ♦彼はその雑誌の[5]月 [2今月]号を買った Ha comprado el número [1]de mayo [2]actual] de la revista. ♦私は毎月 5 種類の雑誌をとっている (=定期購読している) Todos los meses recibo cinco revistas diferentes. / Estoy suscrito a cinco revistas mensuales. → 購読.

ざつじ 雑事 ▶身辺の雑事を整理する *v.* solucionar asuntos privados [personales]. → 雑用.

ざっしゅ 雑種　*m.* cruce, 《フォーマル》*m.* híbrido; (犬の) *m.* perro cruzado, 《口語》《軽蔑的に》*m.* chucho. ♦レオポンはヒョウとライオンの雑種だ Un leopón es un cruce de leopardo y león.

ざっしゅうにゅう 雑収入 *mpl.* ingresos varios [de diversas fuentes].

さっしょう 殺傷 ▶(3 人を)殺傷する *v.* matar o herir* (a tres personas). ▶殺傷事件 *m.* caso de (derramamiento de) sangre.

さっしん 刷新 (改革) *f.* reforma; (革新) *f.* innovación. ▶政界の刷新 *f.* reforma política. ▶人事の刷新 (=大異動) *f.* renovación del personal. ▶刷新する *v.* reformar; innovar.

さつじん 殺人 (故意の) *m.* asesinato; (過失の) 《フォーマル》*m.* homicidio (involuntario). ▶殺人罪 *f.* acusación de asesinato [《フォーマル》homicidio]. ▶殺人事件 *m.* caso de asesinato. ▶殺人犯 *m.* asesino/na, 《フォーマル》*m.* homicida, 《口語》*mf.* criminal. ▶殺人未遂 *f.* tentativa de homicidio [asesinato]. ♦殺人は最も重大な犯罪だ El asesinato es el delito más grave. ♦彼は殺人の[1]容疑 [2]罪]で逮捕された Le detuvieron bajo [1]sospecha [2]acusación] de asesinato. ♦彼は過去に殺人を 2 件犯したことがある En el pasado ha cometido dos asesinatos.

***さっする** 察する (推測する) *v.* suponer*, imaginar, figurarse. ▶推測する. ▶危険を察する *v.* percibir el peligro. ♦彼の口ぶりから察して *adv.* a juzgar por lo que dice. ♦察するところ彼は彼女のことが好きらしい Imagino [《口語》Me figuro] que ella le gusta a él. /《口語》Le gusta, supongo. → 思う. ♦彼の心労は察するに

あまりある Puedo suponer lo preocupado que está. ◆Es de suponer su preocupación. ◆胸にお察しします Puedo imaginarme cómo te sientes. ／（心から同情して）Simpatizo contigo. ／Comprendo lo que sientes.

ざつぜん 雑然 m. desorden, f. confusión, 《強調して》m. caos, 《口語》m. lío. ◆雑然とした部屋 m. cuarto desordenado [todo revuelto, 《口語》manga por hombro]. ◆台所は雑然としていた La cocina estaba「muy desordenada [《口語》hecha un desastre].

さっそう 颯爽 ◆さっそうたる姿の男性 m. hombre vestido con elegancia [garbo]. ◆さっそうと（＝堂々と）歩く v. caminar「con gallardía [airosamente], andar* garbosamente.

ざっそう 雑草 fpl. malas hierbas, f. maleza. →草.

さっそく 早速 (すぐに) adv. enseguida, de inmediato, inmediatamente, en el acto, al momento, 《口語》al instante, 『コロンビア』《ベル》《口語》al tiro. →すぐ, 間もなく. ◆早速彼に返事を書いた Contesté su carta enseguida. ◆帰宅すると彼は早速宿題を始めた Nada más llegar a casa, se puso a trabajar [hacer sus deberes]. ◆さてそれでは早速最初のゲストの方に入っていただきましょう Así, sin más pérdida de tiempo, vamos a presentar a nuestro primer invitado.

ざった 雑多 ◆雑多な（寄せ集めの）adj. diverso, 《教養語》misceláneo, (種々の) adj. variado, vario. ◆種々雑多な職業の人々 fpl. personas con diversas ocupaciones. ◆雑多な用事（＝雑事）を片づける v. cumplir con tareas diversas.

さつたば 札束 m. fajo de billetes 《de》. →紙幣.

ざつだん 雑談 (つまらない話) 《口語》m. cháchara, f. conversación insustancial; (気楽なおしゃべり) f. charla. ◆雑談する v. charlar 《sobre, de, acerca de》.

さっち 察知 ◆察知する (推測する) v. darse* cuenta 《de》, notar; (感づく) v. sentir*, 《フォーマル》percibir; (かぎつける) 《口語》v. olerse*. →察する.

さっちゅうざい 殺虫剤 m. insecticida; (粉の) m. polvo insecticida. ◆野菜に殺虫剤をかける v. fumigar* las verduras con insecticida.

さっと ❶ [突然に] adv. de repente, repentinamente, 《フォーマル》súbitamente. ◆さっと風が舞い上がった De repente se levantó una ráfaga de viento. ◆彼はドアをさっとあけた Abrió la puerta「de repente [súbitamente]. ❷ [すばやく] adv. rápidamente, 《口語》como un rayo; (敏しょうに) adv. ágilmente; (急いで) adv. de prisa. ◆さっと身をかわす v. esquivar ágilmente. ◆子供たちはさっと走って家へ帰った Los niños volvieron corriendo rápidamente a casa. ❸ [すぐさま] (迅速に) adv. de pronto, al momento; (直ちに) adv. inmediatamente. ◆その質問はとても難しかったのでさっと答えられなかった La pregunta era tan difícil que de pronto no supe responder.

《その他の表現》◆ホウレンソウをさっと（＝軽く）ゆでる v. "dar* un hervor a [hervir* ligeramente]" las espinacas. ◆彼女は彼の知らせに顔色がさっと青くなった Se puso pálido al oír la noticia. ◆彼女は彼の言葉にさっと赤くなった Se puso colorada al oír sus palabras.

***ざっと** ❶ [ていねいでなく] (大まかに) adv. someramente, a la ligera, por encima; (すばやく) adv. rápidamente, rápido; (ざっと書く) adv. a vuelapluma; (手短に) adv. brevemente, 《口語》en dos palabras; (ざっと見る) v. echar una ojeada; (ざっと飛ばし読みする) v. pasar los ojos por encima, leer* a la ligera, hojear. ◆私はざっと家の掃除をしました Hice una limpieza ligera de la casa. ／《スペイン》Di una pasada a la casa. ◆彼はざっと本に目を通した Pasó los ojos por encima del libro. ／Estuvo hojeando el libro. ◆彼女は自分の考えをざっと述べた Dijo someramente [《口語》en dos palabras] lo que pensaba. ◆彼は報告書にざっと目を通した「Miró por encima el [Estuvo echando una ojeada al] informe. ❷ [数量などがおおよそで] adv. aproximadamente, en números redondos. ◆ざっと百万円かかった Aproximadamente costó un millón de yenes.

さっとう 殺到 ◆殺到する (駆けつける) v. abalanzarse*, acudir en tropel, agolparse; (どっと押し寄せる) v. inundar, invadir. ◆大勢の野球ファンが球場に殺到した Una multitud de aficionados al béisbol acudía en tropel al estadio. ◆全国から苦情の手紙が殺到した De todo el país llegó una infinidad de cartas de queja. ／Cartas de queja de todo el país se agolpaban. ◆携帯電話の注文が殺到している Hay una avalancha de pedidos de teléfonos móviles [《ラ米》celulares].

ざっとう 雑踏 (押し合いへし合い) f. aglomeración, f. concentración, f. congestión; (群衆) m. gentío, m. tropel, f. multitud. ◆雑踏に巻き込まれる v. ser* atrapado en una aglomeración. ◆都会の雑踏（＝にぎわい）fpl. aglomeraciones de una ciudad, m. bullicio urbano. ◆雑踏する (混雑する) v. estar* lleno 《de》; (大混雑する) 《フォーマル》v. estar* congestionado 《de》. →混雑する.

ざつねん 雑念 ◆本を読んでいたら、雑念が浮かんで集中できなかった Mientras leía me asaltaban tantos pensamientos variados que no podía concentrarme. ◆一切の雑念を捨てて仕事に精力を注ぎ込んだ Aparté de la mente todas las distracciones y me concentré con todas las fuerzas en el trabajo.

さつばつ 殺伐 ◆殺伐とした (人・事が) adj. cruel; (血なまぐさい) adj. sanguinario; (場所が) adj. desolado, inhóspito.

*さっぱり ❶ (まったく (...ない)) adv. nada de nada; (言葉が) adv. ni una palabra; (考えが) adv. ni idea. ◆私はドイツ語がさっぱりわからない No comprendo ni una palabra [nada de nada, 《口語》ni jota] de alemán. ◆あの男がなんであんなに怒ったのか、おれにはさっぱり分からない No tengo ni idea de por qué se enfadó [[ラ米] enojó] tanto el hombre.

── **さっぱりしている** ❶【味などが】*adj.* refrescante, fresco; (あっさりした) *adj.* sencillo; (軽い) *adj.* ligero; (さっぱりした味) *m.* sabor refrescante.

❷【人柄などが】(小さい事をあれこれ言わない) *adj.* nada quisquilloso; (率直な) *adj.* franco; (心が広い) *adj.* abierto; (寛大な) *adj.* generoso. ♦ 彼はさっぱりした人です Es una persona abierta [generosa].

❸【服装などが】*adj.* limpio y aseado. ♦ 彼女の子供たちは着ているものがさっぱりしている Sus hijos van「vestidos con aseo [limpios y aseados].

❹【気分などが】(すがすがしい) *adj.* 《口語》como nuevo, fresco; (ほっとした) *adj.* aliviado; (心配などがない) *adj.* libre, natural. ♦ ふろに入ってさっぱりしなさい Date un baño y te sentirás como nuevo. ♦ 私は借金をみな返してさっぱりした Me siento aliviado después de haber pagado todas mis deudas. ♦ 彼は会社を辞めてさっぱりしている Se siente libre después de haber dejado la empresa.

ざっぴ 雑費 *mpl.* gastos diversos [varios].

さっぷうけい 殺風景 (荒涼とした) *adj.* desolado, desolador, 《口語》 muerto; (単調でおもしろみのない) *adj.* gris, apagado, 《教養語》 anodino. ▶ 殺風景な眺め *m.* aspecto desolador. ♦ テーブルといすが一つあるだけで殺風景な(=がらんとした)部屋だ Con sólo una mesa y una silla, el cuarto parece desolado.

ざつぶん 雑文 《教養語》 *f.* miscelánea, *fpl.* obras「de ensayo [《教養語》ensayísticas].

さつまいも 薩摩芋 *f.* batata, [ラ米] *m.* camote, [キューバ] *m.* boniato.

ざつむ 雑務 (ちょっとした仕事) *mpl.* pequeños trabajos [quehaceres], *fpl.* pequeñas obligaciones; (はんぱな仕事) *mpl.* trabajos diversos; (家の雑用) *mpl.* quehaceres domésticos, *f.* tarea de casa. → 雑用. ▶ 雑務に追われる *v.* estar* ocupado con pequeñas obligaciones.

ざつよう 雑用 (はんぱ仕事) *mpl.* trabajos diversos; (家の) *mpl.* quehaceres (domésticos). ▶ 雑用をする *v.* hacer*「los quehaceres [las tareas].

***さて** *interj.* bueno, bien, ahora bien, entonces, esto, pues. → ところで, では. ♦ さて休憩しよう Bueno, vamos a descansar. ♦ その問題は片づいた. さて次に移ろう Ese problema está solucionado. Bien; a ver el siguiente. 《会話》 何か飲みますか―さてね。 紅茶でも ¿Quieres tomar algo? – Bien…, un té, por ejemplo. ♦ じゃ, それでは, それでは, それではそうか

さてい 査定 *f.* tasación, *f.* valoración. ▶ 査定額 *f.* tasación. ▶ 査定する *v.* tasar, valorar.

サディズム *m.* sadismo.

さておき →さておき ♦ 冗談はさておき *adv.* bromas aparte, fuera de broma. ♦ 費用はさておき, とても時間がかかるでしょう Aparte del coste, va a tardar mucho. ♦ 何はさておき(=まず第一に), ごみの山を片付けなければならない Antes de nada, hay que quitar [retirar] el montón de basura.

さておく →さておき
さてね *interj.* bien, bueno. → さて.
さては (その上) *adv.* además, aparte; (それでは) *adv.* entonces, pues; (きっと) *adv.* seguro, seguramente, claro.

サテライト *m.* satélite. ▶ サテライトスタジオ *m.* estudio satélite.

さといも 里芋 *f.* colocasia.

***さとう** 砂糖 *m.* azúcar. ▶ 角砂糖 *m.* azúcar en terrones; (角砂糖1個) *m.* terrón de azúcar, *m.* azucarillo. ▶ 1白 [2黒; 3赤]砂糖 *m.* azúcar 1refinado [2sin refinar; 3moreno]. ▶ 氷砂糖 *f.* barra de caramelo. ▶ 砂糖つぼ [入れ] *m.* azucarero. ▶ サトウキビ *f.* caña de azúcar. ▶ サトウキビ酒 *m.* guarapo. ▶ 砂糖大根 *f.* remolacha azucarera, [メキシコ] *m.* betabel blanco. ♦ 私はコーヒーに砂糖は入れません No le pongo [echo] azúcar al café. / (ブラックで飲む)Tomo el café sin azúcar. 《会話》 紅茶にいくつ砂糖を入れますか―二つ入れてください ¿Cuántas cucharillas de azúcar le pongo? – Dos, por favor.

さどう 茶道 "sado", (説明的に) *f.* ceremonia de té (practicada originalmente por los monjes del budismo zen con fines espirituales).

さどう 作動 ▶ 作動する *v.* funcionar, 《口語》 andar*. ▶ 機械を作動させる *v.* poner* la máquina en marcha 動く, 掛[架]かる

さとおや 里親 *m.* padre [*f.* madre] de acogida.

さとがえり 里帰り ♦ 彼女は来月里帰りするつもりだ Por primera vez「visita a sus padres [vuelve a la casa paterna] el mes que viene.

さとご 里子 *mf.* niño/ña acogido/da.

さとす 諭す (注意する) *v.* reprender, 《フォーマル》 amonestar; (じっくり説いて) *v.* convencer* [persuadir] (a [para] que + 接続法); (理を説いて) *v.* razonar. ▶ 不作法を(いけないと)諭す *v.* reprenderlo[le] por su mala conducta. ▶ 少女に彼の申し出を受けるよう諭す *v.* persuadir a la chica a que acepte su oferta.

さとり 悟り (理解) *f.* comprensión; (心が目覚めること) (説明的に) *f.* iluminación espiritual. ▶ 悟りが¹よい [²悪い] *v.* ser* ¹ágil [²torpe] de mente, ser* ¹agudo [²lento] de entendimiento. ♦ 彼は40歳になって悟りを開いた A los cuarenta años alcanzó la iluminación.

さとる 悟る (認識する) *v.* darse* cuenta (de), comprender, tomar conciencia (de), 《教養語》percatarse (de); (気づく) *v.* darse* cuenta; (感づく) *v.* sentir*, 《フォーマル》 percibir; (悟りを開く) *v.* alcanzar [lograr, conseguir*] la iluminación. ♦ 彼は自分のあやまちを悟った Se dio cuenta de que se había equivocado. ♦ 待ち伏せしていることを敵に悟られないにせよ No debe darse cuenta el enemigo de que le estamos tendiendo una emboscada. ♦ 彼は危険を悟って引き返した

Percibió el peligro y se dio la vuelta. 感知, 自覚する

サドル (自転車などの) m. sillín (de bicicleta). ▶ サドルバッグ f. alforja.

地域差 自転車の~サドル
- [スペイン] m. sillín
- [ラテンアメリカ] m. asiento
- [キューバ] m. sillín
- [ペルー] f. silla
- [コロンビア] f. silla, m. sillín

さなか 最中 ▶最中に adv. en medio [mitad] (de), 《フォーマル》 en pleno. → 最中(さいちゅう). ▶夏の最中に adv. en 「la mitad del [《口語》pleno] verano. ▶忙しい最中に厄介な仕事をもらった Me dieron un difícil trabajo cuando más ocupado estaba.

さながら como si (＋接続法). →まるで.

さなぎ 蛹 (昆虫の) f. pupa, f. ninfa; (チョウなどの) f. crisálida.

サナトリウム m. sanatorio.

さは 左派 (人) m. izquierdista; (派) f. (el) ala izquierda. → 右派. ▶左派の adj. izquierdista, de izquierda.

さば 鯖 f. caballa.

さばき 裁き m. juicio. ▶公平な裁き m. juicio justo. ▶(…の罪で)裁きを受ける v. ser* juzgado (por…). →裁判. ▶その事件を裁く v. juzgar* el caso. ▶彼は盗みの容疑で裁かれた 「Le juzgaron [Fue juzgado] por hurto [robo].

* **さばく** 砂漠 m. desierto. ▶サハラ砂漠 m. (desierto del) Sahara. ▶砂漠の植物 fpl. plantas del desierto. ▶砂漠化 f. desertificación, f. desertización. ▶砂漠化する v. desertificar, desertizar.

さばく 裁く (裁判にかける) v. juzgar*, llevar a los tribunales; (判決を下す) v. juzgar*, 《強調して》hacer* justicia. →裁判. ▶その事件を裁く v. juzgar* el caso. ▶彼は盗みの容疑で裁かれた 「Le juzgaron [Fue juzgado] por hurto [robo].

さばく 捌く ▶その難問をうまくさばく (=解決する) v. resolver*, [despachar] bien el difícil problema, 《フォーマル》dirimir con éxito la complicada cuestión. →処理する. ▶在庫品をさばく (=売る) v. vender las mercancías en existencias. ▶魚をさばく v. cocinar pescado.

さばけた 捌けた (ざっくばらんな) adj. sincero, franco; (もの分かりのよい) adj. comprensivo, tolerante; (心の広い) adj. abierto, liberal; (気取らない) adj. sencillo, llano, 《口語》campechano.

さばける 捌ける v. venderse. →売れる, 捌(さば)く.

さばさば ▶その事を¹取り除いた [²言った]のでさばさばした 「Me sentí libre [Respiré aliviado] después de ¹quitármelo de encima [²contarlo]. ▶シャワーを浴びてさばさばした Después de una ducha me siento como nuevo. ▶彼はさばさばした人だ Es un hombre que jamás se queja.

サパタ (エミリアノ ~) Emiliano Zapata (☆ 1879?-1919, メキシコの革命家).

サパテアード m. zapateado (☆フラメンコで足を踏み鳴らす踊り).

サハラさばく サハラ砂漠 Desierto del Sahara (☆アフリカ北部, 世界最大の砂漠).

サハリン Sajalín (☆樺太(からふと), ロシアの州).

さはんじ 茶飯事 m. suceso diario, 《フォーマル》m. incidente cotidiano. →日常.

サバンナ f. sabana.

さび 錆 m. orín, f. herrumbre, m. óxido. ▶錆(さ)びる.

1《さびが》▶鉄はさびがつきやすい El hierro se oxida fácilmente. ▶ステンレス鋼はさびがつかない El acero inoxidable no se herrumbra [oxida].

2《さびを》▶ナイフのさびを落とす v. limpiar el óxido de un cuchillo; (こすって[みがいて]) v. quitar la herrumbre de un cuchillo raspándola. ▶さびを止める v. prevenir* la oxidación.

《その他の表現》▶身から出たさび《ことわざ》Quien siembra vientos, recoge tempestades. / Tú te lo has buscado.

ザビエル [ハビエル] (フランシスコ~) Francisco Javier (☆1506-1553, スペインのイエズス会の宣教師).

* **さびしい** 寂しい (物・場所が) adj. solo, 《強調して》solitario; (人が) adj. retraído, 《教養語》misántropo; (場所が) adj. apartado, retirado, 《強調して》remoto, aislado. →ひとりぼっち. ▶寂しい晩 f. noche solitaria. ▶寂しい場所 m. lugar apartado. ▶寂しい曲 f. melodía triste. ▶寂しい思いをする v. sentirse* solo; (人がいなくて, 物がなくて) v. echar (a ＋ 物・事) de menos. ▶寂しく暮らす v. llevar una vida solitaria, 《フォーマル》vivir en soledad. ▶あなたがいなくてとても寂しかった 「Me sentía muy solo [Te echaba mucho de menos] cuando no estabas.

—— 寂しさ f. soledad. → 孤独

▷味気ない, 心細い, 孤立, しょんぼり

さびしがりや 寂[淋]しがり屋 (孤独感を感じやすい人) f. persona que no puede vivir sola; (一人でいるのを嫌がる人) f. persona a la que no le gusta estar sola.

さびしがる 寂しがる v. sentirse* solo. →寂しい.

ざひょう 座標 fpl. coordenadas. ▶座標軸 mpl. ejes de coordenadas.

さびる 錆びる v. oxidarse, ponerse* herrumbroso, 《口語》roñoso, criar* herrumbre. → 錆(さび). ▶さびたナイフ m. cuchillo oxidado [con herrumbre]. ▶鉄の門はさびてしまった La verja (de hierro) se ha oxidado. ▶ちょうつがいはすっかりさびついている Las bisagras están muy oxidadas. ▶ナイフは真っ赤にさびていた El cuchillo estaba rojizo por el óxido. ▶私のスペイン語は少しさびついている Tengo un poco olvidado mi español.

さびれる 寂れる (衰える) v. decaer*, 《フォーマル》declinar, perder* animación. ▶さびれてゆく [²さびれた]村 m. pueblo ¹en decadencia [²decaído]. ▶あの店もさびれて (=より繁盛しなくなって) きている Esa tienda ha decaído.

サファイア m. zafiro.

サファリ m. safari. ▶サファリパーク m. parque

de animales [safari]. ▶サファリ1ジャケット [2スーツ] 1 f. chaqueta [2 m. traje] de safari.

ざぶざぶ (水しぶきを飛ばして) adv. chapoteando, con chapoteo. ▶さぶさぶ川を渡る v. cruzar* el río chapoteando. ♦子供たちはざぶざぶ川の中にはいって行った Los niños se metieron en el río chapoteando.

サブスクリプト《専門語》m. subíndice.
サブタイトル m. subtítulo.
ざぶとん 座布団 "zabuton",《説明的に》m. almohadón para sentarse. ▶客に座布団をすすめる v. pedir* a un/una invitado/da que se siente en el cojín.
サブネット《専門語》f. subred. ▶サブネット・マスク《専門語》f. máscara de "subnet".
サブメニュー《専門語》m. submenú.
サフラン m. azafrán.
サブリミナル(潜在意識に働きかける広告) f. publicidad subliminal.
サプリメント m. suplemento (dietético).
サブルーチン《専門語》f. subrutina.
さぶん 差分 ▶差分ファイル《専門語》m. archivo de diferencia.

ざぶん (水を飛ばして) adv. con ruido (de agua), con un zambullido. ♦その男は橋の上から川へざぶんと飛び込んだ El hombre saltó del puente al río produciendo una ruidosa zambullida. ♦波が岸にざぶんざぶんとくる Las olas azotan la costa con ruido.

さべつ 差別 f. discriminación [f. segregación]《por + 物・事》(contra [de] + 人). ▶差別的な adj. discriminatorio. ▶人種差別 f. discriminación racial; m. racismo. ▶男女差別 f. discriminación sexual; m. sexismo. ▶高齢者[老人]差別 f. discriminación por razones de edad. ▶差別用語 m. lenguaje discriminatorio. ▶男女の差別なく(=関係なく) adv. sin distinción de sexo. ▶彼らを差別なく(=えこひいきせずに)扱う v. tratarlos imparcialmente [《フォーマル》con equidad]. ▶差別待遇を受ける v. recibir un trato discriminatorio [desigual]. ▶大人も子供も無差別に撃つ v. disparar indiscriminadamente contra adultos y niños.

—— 差別する v. discriminar《a A de B》, segregar*《por + 物・事》(contra + 人). ▶人種差別をする v. discriminar por raza. ♦その会社は採用に当たって女性を差別する Esa empresa tiene una política de contratación discriminatoria contra las mujeres. ♦教師はできる生徒とできない生徒を差別してはいけない Los profesores no deben「hacer distinciones [distinguir] entre alumnos inteligentes y torpes. / Los profesores no tienen que discriminar a los alumnos torpes de los inteligentes.

さほう 作法 f. educación,《教養語》f. urbanidad. → 行儀, 礼儀.
サポーター 【股あて】m. suspensorio,【ペルー】【アルゼンチン】m. suspensor;【サッカーなどのファン】mf. aficionado/da, mf. seguidor/dora, mf. hincha. ▶サポーターをしている v. llevar un suspensorio.

サポート m. apoyo → 支持;《専門語》m. soporte técnico. ▶サポートする v. apoyar.
サポジラ m. zapote (☆熱帯アメリカ産; 樹液からチューインガムの原料 chicle をとる).
サボタージュ (破壊活動) m. sabotaje, (怠業)【スペイン】f. huelga de celo,【コロンビア】f. operación tortuga. ▶サボタージュをする v. sabotear, hacer* sabotaje.
サボテン m. cacto, m. cactus.
サボる (仕事を) v. holgazanear, haraganear, no hacer* nada,【スペイン】《口語》no dar* golpe,【スペイン】《口語》no pegar* sello; (回避する) v. eludir, rehuir*. ♦あいつはいつも仕事をさぼっている En el trabajo está siempre holgazaneando. /《口語》No「da golpe [《口語》pega sello] nunca en el trabajo. ♦あと1回授業をさぼったら退学してもらうぞ《口語》Si te fumas más clases, te echarán de la escuela.

地域差 サボる(学校を)
〔スペイン〕v. fumarse la clase, hacer* novillos, hacer* pellas
〔メキシコ〕v. hacer* novillos, irse* de pinta, pintar venado
〔ペルー〕v. hacer* la vaca, vaquear
〔アルゼンチン〕v. hacer* (la) rata, hacerse* la rabona, hacerse* la yuta, pegar* (el) faltazo, pintar buenas

ザボン f. azamboa.
さま 様 ▶様になる v. parecer* elegante. ♦彼は何をやっても様になる Todo lo hace con elegancia. ♦彼のスーツ姿は全然様にならない Le sientan muy mal los trajes.
*—**さま** —様(男性に)Sr., señor;(未婚女性に)Srta., señorita;(既婚女性に)Sra., señora;(手紙で・非常に丁寧)Muy Señor mío. →さん.(手紙で・丁寧)Estimado Sr. ♦何様だと思っているのか ¿Quién te has creído?
ざま ♦ざまをみろ(=当然の報いだ) ¡Toma ya! / ¡Te está bien empleado! ♦何てざまだ ¡Qué vergüenza! / ¿No te da vergüenza?
サマータイム (夏時間) m. horario de verano.
さまがわり 様変わり v. cambio, f. transformación. ▶様変わりする v. cambiar, v. transformarse. ♦この一帯もすっかり様変わりした Esta zona「ha cambiado por completo [se ha transformado completamente].
さまざま ▶さまざまな adj. diverso, vario;(違った) adj. distinto. → 色々. ▶さまざまな意見 fpl. opiniones diversas. ♦挨拶の仕方は国によって様々である La manera de saludar varía de un país a otro. ☞ 多岐, てんでんばらばら
*****さます** 冷ます (冷やす) v. enfriar*. ♦お茶を冷ましてから飲みなさい Tómate el té después de que se enfríe.
*****さます** 覚ます ❶【目を覚まさせる】v. despertar*. → 覚める. ♦彼を眠りから覚ます v. despertarlo[le]* (del sueño). ♦変な音で目を覚ます (=目が覚める) v. despertarse* por un extraño ruido. ♦すっかり目を覚ましている v. estar* completamente despierto. ♦彼は今朝早く目を覚ました Esta mañana se ha desper-

tado temprano.
❷【迷いを】v. desengañar «a + 人», devolver* «a + 人» a la realidad. → 覚める.
❸【酔いを】v. despejar «a + 人». →覚める. ♦酔いを覚ますためにコーヒーを1杯飲んだ Tomé una taza de café para despejarme.

さまたげ 妨げ（人, 物）m. obstáculo, m. estorbo;（行為）f. molestia,（障害）f. obstrucción. → 邪魔, 障害, 妨害. ♦出世の妨げ m. obstáculo para el éxito. ♦彼らがその気になってるんだから妨げになるものは何もないさ Si se lo han propuesto, no hay nada que pueda detenerlos.

さまたげる 妨げる（遅らせる）v. retardar, entorpecer*;（障害になる）v. obstaculizar*,《口語》ponerse* en medio;（邪魔する）v. estorbar, impedir;（不可能にさせる）v. impedir* «a + 人 + 不定詞, que + 接続法». → 邪魔する. ♦安眠を妨げる →妨害する. ♦粗末な食事がその子供の成長を妨げている Una alimentación deficiente es un obstáculo en el crecimiento del niño. ♦その事件が彼の出世を妨げている Ese asunto es un obstáculo para que triunfe en la vida. ♦テレビの見過ぎは勉強を妨げる Ver demasiado la televisión perjudica los estudios. ♦彼らは私が会に出席するのを妨げた「Me impidieron asistir [Pusieron obstáculos a que asistiera] a la reunión. ♦そのことが状況の正しい理解を妨げている Eso estorba [《フォーマル》obstaculiza] nuestra correcta comprensión de la situación. / Eso no impide comprender [que comprendamos] correctamente la situación. ☞ 抑える, 阻害, 中断

さまよう v. vagar*, dar* vueltas, caminar [andar*] sin rumbo,《教養語》errar*. ♦町をさまよう v. vagar* [ir* sin rumbo] por la ciudad. → 歩く. ♦世界中をさまよう v. vagar* [《口語》dar* vueltas] por el mundo. ♦生死の境をさまよう v. debatirse entre la vida y la muerte. ♦彼は森をさまよっているところを発見された Lo [Le] encontraron vagando por el bosque.

さみしい 寂しい adj. solo, solitario. → 寂($\frac{1}{v}$)しい.

さみだれ 五月雨 fpl. lluvias de principio de verano.

サミット f. cumbre. ♦東京サミット f. cumbre de Tokio.

＊＊さむい 寒い adj. frío. → 暑い. ♦今朝は寒いですね Hace frío esta mañana, ¿verdad? / La mañana es fresca, ¿eh? ♦こんな薄着で寒くないですか ¿No tienes frío con esa ropa tan ligera? ♦明け方はひやっと寒かった El aire era fresco al amanecer. ♦外はいてつくように寒い Fuera hace「mucho frío [《口語》un frío que pela]. ♦それは外の寒い所に出しておきなさい Déjalo fuera al fresco. ♦こう寒くてはたまらない No aguanto este frío. / Este frío es insoportable.
【その他の表現】♦お寒い（=貧弱な）福祉予算 m. presupuesto social escaso.

さむがり 寒がり adj. friolero,【メキシコ】friolento. ♦彼はとても寒がりだ Es muy friolero.

さむけ 寒気（身震いを伴う）mpl. escalofríos,【アルゼンチン】mpl. chuchos. ♦寒気がするv. sentir* escalofríos. ♦彼の顔を見るだけで寒気がする Sólo de [con] mirarlo[le] me dan [entran] escalofríos.

＊**さむさ** 寒さ m. frío, m. tiempo frío. → 寒い. ♦冬の厳しい寒さ m. frío penetrante [intenso] del invierno. ♦寒さがみにこたえる v. sentir* el frío. ♦彼は寒さに震えていた Estaba tiritando [titiritando, temblando] de frío. / Tenía escalofríos.

さむざむ 寒々 ♦寒々とした風景 m. paisaje invernal. ♦寒々とした（=物寂しい）部屋 f. sala helada [《強調して》gélida].

サムネイル《専門語》m. icono,《専門語》f. miniatura.

さむらい 侍 m. "samurai".

さめ 鮫 m. tiburón. ♦鮫肌 f. piel (re)seca;（とくに顔の）m. cutis áspero.

さめざめ ♦さめざめと泣く v. llorar lastimosamente [a lágrima viva,《口語》como una Magdalena].

ざめつしょうこうぐん 挫滅症候群《専門語》m. síndrome de aplastamiento.

＊**さめる** 冷める ❶【熱い物が】v. enfriarse*, ponerse* frío. ♦熱湯を冷めないようにしておくv. mantener* el agua hirviendo. ♦スープはまだ冷めていない La sopa todavía no se ha enfriado. ♦おふろの湯が冷めないうちに（=温かい間に）入りなさい Báñate antes de que se enfríe el agua.
❷【情熱などが】v. enfriarse*;（興味が）v. entibiarse, perder* interés. ♦仕事に対する熱が冷めた Mi amor por el trabajo se ha enfriado. ♦（興味を失った）He perdido el interés en el trabajo.

＊**さめる** 覚める ❶【眠りから】v. despertarse*. ♦眠りから覚める v. despertarse* del sueño. ♦目の覚めるような青 m. azul vivo [brillante]. ♦真夜中に目が覚めた Me desperté en medio de la noche. ♦目が覚めると寝汗をかいていた Me desperté sudando [bañado en sudor]. ♦彼は火事で目が覚めた Se despertó con el incendio. / Fue despertado por el incendio. ♦彼は寝ても覚めてもあなたのこと（=あなたのことだけ）を考えている Dormido o despierto, siempre está pensando en ti.
❷【迷いから】v. desengañarse, volver* a la tierra [《口語》realidad]. ♦あの男にうんざりされて目が覚めた La buena reprimenda que me echó me hizo volver a la realidad. /《口語》Su enérgica reprimenda me hizo volver a la tierra.
❸【酔いから】v. despejarse. ♦コーヒーを1杯飲めば酔いがさめるよ Tómate un café y verás como te despejas. / Una taza de café te despejará.
❹【興奮・友情などが】v. estar* tranquilo [sereno], ♦さめている（=冷静である）v. tener* la cabeza despejada [fría]. ♦事態をさめた目で（=現実的に）見る v. mirar la situación con

la cabeza despejada. ♦近ごろの若い者はさめている Los jóvenes de hoy son fríos hacia las cosas.

サモア Samoa (☆南太平洋ポリネシアの国, 首都アピア Apia).

さもしい (人が卑劣な) *adj.* miserable, mezquino, ruin; (偏狭な) *adj.* estrecho. ▶さもしい了見 *f.* idea estrecha.

さもないと, さもなければ *conj.* o, 《フォーマル》o bien; (もし…でないなら) si no. ♦さもないと遅れるよ Date prisa o llegarás tarde. / Si no quieres llegar tarde, date prisa. ♦スピードを落としなさい. さもないと車はその角を曲がれないよ Reduce la velocidad o no podrás girar en esa esquina. / Si no reduces la velocidad, no podrás girar en esa esquina.

さや 莢 (エンドウ豆などの) *f.* vaina; (固くなった) *f.* cáscara. ▶エンドウのさやをむく *v.* desgranar [《口語》pelar] los guisantes.

さや 鞘 (刀剣・刃物などの) *f.* vaina, *f.* funda. ▶さやを払う (=剣を抜く) *v.* desenvainar. ▶剣をさやに納める *v.* envainar, enfundar.

さやいんげん 莢隠元《スペイン》*f.* judía verde.

地域差 さやいんげん
〔スペイン〕*fpl.* judías verdes
〔メキシコ〕*mpl.* ejotes
〔ペルー〕*fpl.* vainitas
〔アルゼンチン〕*fpl.* chauchas

ざやく 座薬 *m.* supositorio.

さゆう 左右 ▶左右に (左と右に) *adv.* derecha e izquierda; (左右横に) *adv.* de lado a lado, horizontalmente. ▶左右対称 *f.* simetría. ♦左右をよく見て通りを渡りなさい Mira bien「a los dos lados [a un lado y a otro] antes de cruzar la calle. ♦船はあらしで左右に揺れた El barco era zarandeado por la tormenta. ♦通りの左右 (=両側)にしだれ柳がある La calle está flanqueada de sauces llorones. / A un lado y a otro de la calle hay sauces llorones.

—— **左右する** (影響する) *v.* influir* (en), ejercer* influencia (sobre); hacer* depender 《a》; (支配する) *v.* controlar, dirigir*; decidir; (意見などを動かす) *v.* hacer* oscilar. ▶感情に左右される *v.* ser* llevado por la emoción. ♦米の収穫は天候に大いに左右される La cosecha de arroz depende mucho [en gran medida] del tiempo. / El tiempo influye mucho en la cosecha de arroz. ♦人の人生観はその時々の健康状態に左右されることが多い Nuestro concepto de la vida suele 「estar influido por [depender de] nuestro estado de salud del momento. ♦その事件がその政治家の運命を左右した Ese escándalo decidió el destino del político.

ざゆうのめい 座右の銘 *m.* lema. ▶「誠実」を座右の銘とする *v.* tener* como lema "sinceridad".

・**さよう** 作用 (働き) *f.* función; (結果の面から見た) *f.* acción; (原因の面から見た) *m.* efecto. ▶呼吸作用 *f.* función respiratoria. ▶作用と反作用 *f.* acción y *f.* reacción. ▶岩に対する波の作用 *f.* acción del agua en la roca. ▶熱の作用で *adv.* por el efecto del calor. ▶アルコールと薬の相互作用で *adv.* por la interacción del alcohol y la medicina. ♦多くの副作用がある *v.* producir* numerosos efectos secundarios.

—— **作用する** (働く, 効果がある) *v.* actuar* [tener* efecto, obrar, operar]《sobre》; (不利に) *v.* afectar. ♦その毒は神経系に作用し, 10分ぐらいで死にます El veneno actúa [tiene efecto] sobre el sistema nervioso ocasionando la muerte en unos 10 minutos.

さよう 左様 *adv.* así. →そ, そのように.
さよう 左葉《専門語》*m.* lóbulo izquierdo.
さよきょく 小夜曲 *f.* serenata.
さよく 左翼 ❶【政治上の】(派) *f.* izquierda, *f.* (el) ala izquierda; (人) *mf.* izquierdista. ▶左翼団体 *f.* organización de izquierdas. ▶左翼的な思想 *fpl.* ideas「de izquierdas [izquierdistas]. ❷【野球の】*m.* campo izquierdo → レフト; 【飛行機などの】*f.* ala izquierda.

・**さよなら** *interj.* adiós. / (また会いましょう)《口語》Hasta luego [la vista]. / (夜に)Buenas noches.

—— さよなら ▶さよならパーティー *f.* fiesta de despedida. ♦お父さんにさよならを言いなさい Despídete de tu padre. / 《フォーマル》Dígale adiós a su padre. ♦子供たちは手を振って私にさよならをした Los niños me dijeron adiós con la mano.

・**さら** 皿 (浅い皿) *m.* plato; (料理を盛りつける深い大皿) *f.* fuente; (茶わんの受け皿) *m.* platillo; (一皿の料理) *m.* plato. ▶スープ皿 *m.* plato hondo [sopero]. ▶皿洗い *m.* lavado de platos [la vajilla]. ▶皿洗い機 *m.* lavaplatos, *m.* lavavajillas. ▶皿時計 *m.* reloj de plato. ▶皿洗いをする *v.* lavar [fregar*] los platos. ▶牛肉と野菜の料理一皿 *m.* plato de carne de ternera [ラ米] res] y de verdura. ▶料理を皿に入れて出す *v.* servir* la comida en un plato. ▶食卓の皿類をかたづける *v.* retirar los platos de la mesa. ▶6皿の料理を注文する *v.* pedir* un cubierto de seis platos. ♦彼は豆を三皿食べた Se comió tres platos de alubias [《ラ米》frijoles]. / Repitió dos veces alubias.

《その他の表現》♦彼は目を皿のようにしたが霧の中では何も見えなかった Se restregó los ojos, pero con la niebla no podía ver nada.

サラーペ *m.* sarape (☆外套の代わりに肩掛けにする毛布地).
さらいげつ 再来月 *adv.* dentro de dos meses.
さらいしゅう 再来週 *adv.* dentro de dos semanas. ▶再来週の今日に *adv.* de hoy en dos semanas. 会話 来週の土曜日はむずかしいなあ—再来週の方が都合がいい? El sábado que viene es difícil. - ¿Y el sábado siguiente te vendría bien? 会話 ピカソの展覧会はいつ終わるかご存じですか—再来週の土曜日です ¿Sabe cuándo acaba la exposición de Picasso? - Una semana después del sábado que viene.

さらいねん 再来年 *adv.* dentro de dos años; 《口語》el año que viene no, el siguiente.

さらう 浚う ❶《奪い去る》*v.* llevarse;《波などが》*v.* arrastrar;《演説などが人の心を奪う》*v.* arrebatar, conmover*.▶一等賞をさらう *v.* llevarse el primer premio.▶《主役をさしおいて》人気[評判]をさらう *v.* acaparar la popularidad.▶彼の演説は聴衆の人気をさらった Su discurso le granjeó [ganó] la popularidad del público.
❷《川底などを》《網などで》*v.* rastrear;《浚渫（しゅんせつ）》*v.* dragar*;【溝などを】*v.* vaciar*.▶池をさらってナイフを探す *v.* vaciar* el estanque en busca del cuchillo.

サラエボ Sarajevo (☆ボスニア・ヘルツェゴビナの首都).

サラきん サラ金《消費者金融業》*m.* negocio de créditos al consumidor;《高利貸》《軽蔑的に》*mf.* usurero/ra, *mf.* prestamista.▶サラ金(業者)から金を借りる *v.* pedir* dinero prestado a una empresa de crédito al consumidor.

さらけだす さらけ出す《はっきり示す》*v.* revelar;《暴露する》*v.* descubrir*（→暴露する）;《感情などを》*v.* mostrar* abiertamente (los sentimientos).▶そのことについて自分の無知をさらけ出す *v.* revelar la ignorancia sobre el asunto.▶手の内をさらけ出す *v.* poner* las cartas sobre la mesa.▶すべてをさらけ出す（＝白状する）*v.* confesar*《a ＋ 人》todo.▶危機に際して人は弱点をさらけ出す La gente revela sus debilidades cuando se enfrenta a una crisis.

サラゴサ Zaragoza (☆スペインの県・県都).

サラサーテ《マルティン・パブロ・デ〜》Martín Pablo de Sarasate (☆1844-1908, スペインの作曲家・バイオリニスト).

さらさら ▶さらさら音を立てる *v.* susurrar, murmurar. ◆木の葉が風にさらさら鳴る音が聞こえる Se oye el susurro de las hojas de los árboles. ◆その砂は手にさらさら感じた Sentía seca y suave la arena sobre la mano. ◆小川がさらさらと音を立てて流れているのが聞こえる Se oye el murmullo del arroyo. ◆洗い髪が乾くとさらさらと気持ちよかった Cuando se me secó el pelo, lo sentía agradablemente sedoso [suave]. ◆彼女の肌は冬荒れでさらさらになる Se le reseca la piel en invierno. / En invierno su piel se le pone áspera.

さらさら 更々 ▶さらさら…ない *adv.* no ... en absoluto. → 少しも.

ざらざら ▶ざらざらした *adj.* áspero, como una lija;《砂で》*adj.* arenoso;《ほこりで》*adj.* polvoriento. ◆壁面がざらざらしている La superficie de la pared es áspera. ◆この砂糖はざらざらしている El azúcar tiene un tacto como la arena. ◆床が砂でざらざらしていた El suelo estaba arenoso. ◆彼女の肌は冬荒れでざらざらになる Se le reseca la piel en invierno. / En invierno su piel se le pone áspera.

さらしもの 晒し者 ◆彼は晒し者にされた Sufrió una grave deshonra en público.

さらす《日光などにあてる》*v.* exponer*;《漂白する》*v.* blanquear, decolorar. ▶ 雨 [2日光]にさらす *v.* exponer* ¹a la lluvia [²al sol]. ▶危険に身をさらす *v.* arriesgar* la vida,《口語》jugarse* el pellejo. ▶恥をさらす *v.* avergonzarse*; deshonrarse. ◆それは空気にさらしておくと腐ります Te estropeará si lo dejas al aire. ◆それを日にさらすな Que no le dé el sol. / Mantenlo a la sombra.

サラダ *f.* ensalada. ▶サラダオイル *m.* aceite para ensalada. ▶サラダ菜 *f.* lechuga para ensalada. ▶ハムサラダを作る *v.* preparar [hacer]* una ensalada de jamón. ▶野菜サラダを食べる *v.* comer algo de ensalada de verduras.

さらち 更地 *m.* solar. ◆地震によって倒壊した家屋は全部撤去されて更地となっていた Después del terremoto, una vez retirados los escombros de las casas derrumbadas, quedaron muchos solares libres.

ざらつく *v.* estar* [tener*] el tacto áspero. → ざらざら.

さらっと → さらりと

さらに 更に ❶《なおいっそう》*adv.* todavía [aún] más;《ますます》*adv.* más y más, cada vez más. ◆彼らはさらに多くの金を要求した Pedían「más y más [todavía más] dinero. ◆台風が近づくにつれて雨はさらに激しくなった A medida que se acercaba el tifón,「arreciaba la lluvia [llovía más y más]. ◆彼はさらに問題を調査した Profundizó [Avanzó más y más] en la investigación. ◆われわれはさらに¹⁸キロ進んだ [²南下した] Avanzamos ¹⁸ kilómetros (todavía) más [²hacia el sur]. ◆さらにもう一度彼は約束を破ったのよ《口語》Fíjate y, encima, ha vuelto a romper su promesa.

❷《その上》→ その上, 又. ◆その家は駅から遠いし, さらに値段が高すぎた La casa estaba muy lejos de la estación; y además [encima, por si fuera poco], era demasiado cara.

❸《再び》▶さらに *f.* otra vez; *adv.* de nuevo;《新たに》*adv.* nuevamente. ◆彼はさらに試みた Volvió a intentarlo. / Lo intentó「de nuevo [otra vez].

❹《もう一つ》*adj.* otro. ◆さらに2週間待つ *v.* esperar「otras dos semanas [dos semanas más].

ざらに ▶ざらにある（ありふれた）*adj.* común, frecuente. ▶ざらにない（＝まれな）*adj.* raro, extraordinario. ▶ざらにある出来事 *m.* asunto común《口語》*m.* pan de todos los días. ◆そのような間違いはざらにある Equivocaciones así son muy frecuentes [comunes].

サラブレッド *m.* (caballo de) pura sangre.

サラマンカ Salamanca (☆スペインの都市).

サラミ *m.* salami, *m.* salchichón.

サラリー *m.* salario, *m.* sueldo, *f.* paga. → 給料, 月給.

サラリーマン *m.* asalariado, *m.* empleado;《会社員》*m.* oficinista;《ホワイトカラー》*m.* trabajador de despacho, *mf.* oficinista.

さらりと ❶《しつこくなく》*adv.* ligeramente, con sencillez,《口語》con pocas cosas. ◆彼女はサラダをいつもさらりと味付けします Siempre adereza la ensalada ligeramente.

❷【思い切って】*adv.* resueltamente, como si tal cosa, 《口語》así por las buenas; (ためらいもなく) *adv.* sin vacilar. ♦ 彼は仕事をさらりと辞めてしまった Dejó su trabajo「sin vacilar [《口語》como si tal cosa].

《その他の表現》▶さらりとした粉末 *m.* polvo seco. ▶手触りがさらりとしている (＝なめらかだ) *v.* ser* suave al tacto. ♦ 彼はさらりと (＝巧みに) その質問をかわした Eludió [Sorteó] hábilmente la pregunta. ♦ 彼女は人柄がさらっとしている (＝率直な人である) Es una mujer abierta.

サリー *m.* sari.
ざりがに *m.* cangrejo de río, *m.* ástaco.
さりげない さり気ない →何気ない. ♦ さり気なく (＝気取らずに) 話す *v.* hablar「sin afectación [con naturalidad]. ♦ さり気なく (＝無頓着に) 言う *v.* hablar「con naturalidad [《口語》como si tal cosa].
サリチルさんちゅうどく サリチル酸中毒《専門語》*m.* salicilismo.
サリン *m.* gas sarín. ▶猛毒ガスサリン *m.* gas sarín mortal.

*さる 去る ❶【場所・人のもとを離れる】*v.* irse* 《de》, dejar, 《強調して》abandonar;【地位・団体などをやめる】*v.* dimitir [《口語》irse*] 《de》, dejar, 《強調して》*v.* dejar [dejar] Tokio. →退職. ▶東京を去る *v.* 「irse* de [dejar] Tokio. ▶職を去る (職場を) *v.* dejar un cargo; (仕事を) *v.* dejar el trabajo. ▶委員会を去る *v.* dejar [abandonar] el comité. ♦ 彼は妻のもとを去った Dejó a su mujer. ♦ 彼は政界を去った Ha abandonado el mundo de la política.
❷【過ぎ去る】♦ 冬が去り今は春だ Se ha ido el invierno y ha llegado la primavera. ♦ 音楽会は去る10日に行なわれた El concierto se celebró el 10 de este mes. ♦ 彼は去る5月に死んだ Falleció el pasado (mes de) mayo.
❸【亡くなる】*v.* morir*, 《フォーマル》fallecer*. →死ぬ. ♦ 彼は1980年にこの世を去った Murió [Falleció] en 1980.

《その他の表現》▶去る者は日々に疎し 《ことわざ》Ojos que no ven, corazón que no siente. ☞辞する, 退去する, 退場する, 脱退, 出る

*さる 猿 *m.* mono, *m.* mico, *m.* simio, 〖メキシコ〗*m.* chango; (類人猿) *m.* antropoide. ▶猿芝居 *f.* farsa; (たくらみ)《口語》*m.* engañabobos. ▶猿回し *mf.* saltamonos, *mf.* animador/dora de monos. ▶猿知恵 *f.* treta mal pensada, *f.* ardid poco hábil. ▶猿ぐつわをはめる *v.* amordazar*, hacer* (a ＋ 人) callar. ♦ 猿も木から落ちる 《ことわざ》Hasta el bueno de Homero a veces dormita. /《ことわざ》El que tiene boca se equivoca.
ざる 笊 (竹製かご) *f.* cesta [*f.* bandeja] de bambú; (料理用水切り) *m.* escurridor.
サルコイドーシス 《専門語》*f.* sarcoidosis.
サルサ *f.* salsa (☆キューバ・プエルトリコ起源のダンス曲).
サルジニア →サルデーニャ
サルスエラ *f.* zarzuela (☆スペインのオペレッタ).
サルダーナ *f.* sardana (☆カタルニャ地方の輪になって踊る民族舞踊, 曲).
サルチチャ *f.* salchicha (☆細長いソーセージ).
サルチチョン *m.* salchichón (☆薬味入りの大型ソーセージ).
ザルツブルグ Salzburgo (☆オーストリアの都市).
サルデーニャ Cerdeña (☆イタリア領の島).
サルビア *f.* salvia.
サルベージ *m.* salvamento. ▶サルベージ船 *m.* barco [(大型の) *m.* buque] de salvamento.
サルミエント (ドミンゴ・ファウスティーノ ～) Domingo Faustino Sarmiento (☆ 1811-1888, アルゼンチンの作家, 大統領).
サルモネラしょう サルモネラ症《専門語》*f.* salmonelosis.
*-**ざるをえない** -ざるを得ない ♦ 私は計画をあきらめざるを得なかった (＝仕方なくあきらめた) No tuve más remedio que abandonar el plan. ♦ 彼の冗談に笑わざるを得なかった No tuve más remedio que reírme de su chiste. / No pude aguantar la risa al oír su chiste.
-**される** ❶【尊敬】♦ 今度上京されたら田中さんによろしくお伝えください La próxima vez que vaya a Tokio, por favor salude de mi parte al Sr. Tanaka.
❷【受身, 被害】[ser の受身文, 3人称複数の文, se ＋ 3 人称の文]. ♦ その教師はクラスのみんなに尊敬されている A ese profesor todos le respetan en clase. / Todo el mundo de la clase respeta a ese profesor. ♦ 彼は昇進が約束されている「Le han prometido [Se le ha prometido] el ascenso. ♦ 彼は帽子を風に吹き飛ばされた El viento le ha volado [arrebatado] el sombrero. / Su sombrero se lo llevó el viento. /《フォーマル》Su sombrero fue arrebatado por el viento.
サロン *m.* salón.
さわ 沢 (沼地) *m.* marisma, *f.* ciénaga, *m.* pantano (de montaña) (→沼); (谷川) *m.* arroyo (de montaña).
さわがしい 騒がしい ❶【やかましい】*adj.* ruidoso, bullicioso, 《口語》escandaloso. →やかましい. ▶騒がしい教室 *f.* clase ruidosa. ▶騒がしく *adv.* con ruido, ruidosamente. ▶騒がしさ *m.* ruido, lo ruidoso; (騒音) *m.* ruido. →騒ぎ, 騒音.

❷【物騒な】*adj.* agitado, 《教養語》tumultuoso. ▶騒がしい世の中《口語》*m.* mundanal ruido, *m.* agitado mundo.
さわがせる 騒がせる (平静・治安などを乱す) *v.* molestar, 《強調して》alborotar. ▶心を騒がせるニュース *f.* noticia sensacional [《強調して》de escándalo]. ♦ お騒がせしてすみません Perdone por haberlo[le] molestado. ♦ (大変面倒をかけてすみません) Siento haberlo[le, la] causado tantas molestias. ♦ 彼女の死は大いに世間を騒がせた (＝センセーションを巻き起こした) Su muerte produjo una gran sensación.
さわぎ 騒ぎ ❶【騒がしさ】*m.* alboroto. →騒ぐ, どんちゃん騒ぎ. ♦ この騒ぎは何事だ ¿Qué alboroto [ruido] es éste?

❷【騒動, 混乱】(政治的・社会的暴動) *m.* disturbio, *m.* alboroto,《口語》*m.* jaleo; (混乱) *f.* confusión; (大混乱) *m.* caos; (大騒ぎ) *m.* tumulto. ♦ 学校でちょっとした騒ぎがあった Tuvimos un pequeño alboroto en la escuela. ♦

騒ぎが起こった Se formó [《口語》armó] un alboroto. ♦その発表に町じゅうが大騒ぎになった El anuncio provocó「un gran alboroto [《口語》mucho jaleo] en toda la ciudad. /《口語》El anuncio hizo estallar en toda la ciudad un gran revuelo. /《フォーマル》Toda la ciudad fue presa del pánico a causa del anuncio. ♦情報不足が騒ぎを大きくした La falta de información「agravó la confusión [causó un alboroto mayor]. ♦彼らはまた騒ぎを起こした(私を騒ぎに巻き込んだ)《口語》Volvieron a meterme en un buen lío. ♦近所で火事騒ぎがあった El incendio en el vecindario causó un tumulto.

❸【興奮】f. sensación. ♦彼の来日で国中が大騒ぎになった Su visita a Japón provocó una gran sensación.

《その他の表現》♦近所に火事があってパーティーどころの騒ぎではなくなった(=まったく不可能だった)Estalló un incendio en el barrio y la fiesta fue anulada a causa del alboroto resultante. ⇨どさくさ, どよめき

・**さわぐ** 騒ぐ ❶【騒がしくする】v.《口語》armar alboroto [jaleo],《口語》armarla. ♦ひどく騒いでしかられた Nos riñeron por meter tanto ruido.

❷【要求・不満を訴えて】v. reclamar ruidosamente, protestar. ♦金を返せと騒ぐ v. reclamar ruidosamente el dinero.

❸【空騒ぎをする】v. provocar* un alboroto, armar escándalo [revuelo]. ♦ささいなことでがたがた騒ぐな No provoques ese alboroto por tan poca cosa. /《口語》No「la armes [armes ese jaleo] por esa tontería. / No hay que alarmarse por esa tontería.

《その他の表現》♦胸が騒ぐ(=胸騒ぎがする)v. estar* intranquilo [inquieto]. ♦飲んで歌って騒ぐ《口語》v. armar「la juerga [un jolgorio] bebiendo y cantando. ♦その事件は世間を騒がせた El caso fue una sensación. ♦彼は若いころはずいぶん女の子に騒がれたものだ De jóvenes las chicas no le dejaban en paz. / Era sumamente popular entre las jóvenes cuando era joven.

ざわざわ ♦ざわざわ音がする v. susurrar;(小声で話す)v. murmurar;(とくに低い人の声で)v. cuchichear. ♦木の葉が風にざわざわ鳴った Las hojas de los árboles susurraban con el viento. ♦聴衆は演説する人が現われるとざわざわするのをやめた Los murmullos del público cesaron al aparecer el/la conferenciante. ♦この部屋はざわざわしている(=うるさい)Este cuarto es ruidoso. / En esta habitación hay mucho ruido.

ざわつく (やかましくなる)v. alborotarse; agitarse;(がやがや言う)《口語》v. armar ruido. ♦その知らせで教室がざわついた Esa noticia causó revuelo en la clase. / La clase se alborotó con esa noticia.

ざわめく ♦ざわめく声(話し声)(低い声の)m. murmullo;(高い声の)f. algarabía de la conversación;(怒号, 叫び声)《強調して》m. griterío, m. bullicio, f. algarabía. ♦町中がそのニュースでざわめいていた(=大騒ぎをしていた)Toda la ciudad hervía [estaba agitada] por la noticia. /(興奮してざわついていた)Toda la ciudad「bullía [《フォーマル》era presa] de la agitación con esa noticia.

さわやか ❶【すがすがしい】adj. fresco, refrescante, limpio. ♦さわやかな秋の空 m. cielo limpio del otoño. ♦さわやかな秋の朝 f. fresca mañana de otoño. ♦さわやかな空気の中を歩くのは気持ちがよい Es agradable dar un paseo con el aire refrescante de la mañana. ♦ひと眠りしたのでさわやかな気分になった Después de dormir un rato me siento refrescado. ♦冷たい水を飲むとさわやかな気分になった El vaso de agua fría me produjo una sensación refrescante. /《口語》Me sentí como nuevo con el vaso de agua fresca.

❷【弁舌が】adj.《フォーマル》elocuente. ♦弁舌さわやかな人 mf. hablante fluido/da. ➔ 弁舌.

さわり 触り lo mejor, m. clímax, m. momento culminante.

・**さわる** 触る (接触する)v. tocar*,《強調して》palpar;(さわって知る)v. sentir* el tacto (de). ➔ 触れる. ♦体を曲げてつま先に指が触れますか ¿Puedes doblar la cintura hasta tocarte la punta del pie? ♦足に何かさわった Sentí que algo me tocaba el pie. ♦それはさわると冷たい Está frío al tacto. ♦しこりが出来ているかつ乳房をさわってみた Se palpó los pechos para ver si tenía algún bulto. ♦さわるべからず【掲示】No tocar.

・**さん** 三 num. tres;(3番目の)adj. tercero. ♦京都の3大祭り mpl. tres principales festivales de Kioto. ♦3世紀の初めに adv. a principios del siglo III. ♦3分の1 un tercio, una tercera parte. ♦3分の2 mpl. dos tercios. ♦3人分の仕事をする v. hacer* el trabajo de tres hombres.

さん 酸 m. ácido.

・-**さん**【男】Sr. (señor);【女】Srta. (señorita); Sra. (señora). ♦一様に Sr. (señor) [Sra. (señora), Srta. (señorita)] Suzuki (☆敬称は姓または姓名につけ, 名だけにはつけない。Sr. (Kazuo) Suzuki). ♦田中さんご夫妻 m. matrimonio Tanaka,《フォーマル》los Sres. (señores) Tanaka,《口語》los Tanaka. ♦山田さんこんにちは ¡Buenas tardes, Sr. Yamada! ♦留守中に伊藤さんという方がお見えになりましたよ Un tal Sr. Ito ha venido a verlo [le, la] mientras estaba fuera. ♦お父さんによろしく Dale recuerdos a tu padre. / Saludos a su padre de mi parte. / Saludos [《口語》Recuerdos] a tu padre.

-**さん** 産 ♦北海道産のジャガイモ fpl. papas [fpl. patatas] (naturales) de Hokkaido. ♦県産のたばこ m. tabaco de producción regional [prefectural]. ♦外国産のオレンジ fpl. naranjas de importación. ♦内地産のオレンジ fpl. naranjas「del país [nacionales].

-**さん** 山 m. monte, f. montaña. ♦富士山 m. monte Fuji.

さんい 賛意 ♦賛意を示す v. dar* la conformidad (a),《フォーマル》expresar el asentimien-

さんいん 産院 *m.* hospital [*f.* casa] de maternidad.

さんか 参加 *f.* participación [*f.* intervención]《en》, *f.* asistencia《a》. ▶参加者 *mf.* participante, *mf.* asistente,《フォーマル》*mf.* partícipe;（参加申し込み者）*mf.* concursante（para, a）. ▶参加国 *m.* país participante. ▶レースの参加者は何人ですか ¿Cuántos participantes [concursantes] se han apuntado en la carrera? / ¿Cuántos van a participar en la carrera?

── **参加する** *v.* participar [（口語）tomar parte, intervenir*]《en》;（競技などに参加を申し込む）*v.* inscribirse*《en》. →加わる. ▶討論会に参加する *v.* participar [intervenir*] en la discusión. ▶クラブ活動に積極的に参加する *v.*「tomar una parte activa [participar activamente] en las actividades del club. ▶テニス部の夏の合宿に参加する（＝行く） *v.*「tomar parte en el [asistir al] campamento de verano del club de tenis. ▶私どもの京都へバス旅行に参加なさいますか ¿Va a tomar parte en nuestro viaje en autobús a Kioto? / ¿Te vas a apuntar a nuestro viaje en autobús a Kioto? ☞加わる, 出場, 与かる, 関係する, 出場する

さんか 賛歌 *m.* himno de elogio,《教養語》*m.* panegírico. ▶愛の賛歌（＝愛をたたえる歌）*m.* himno ensalzando el amor.

さんか 傘下 傘下の(子会社の) *adj.* asociado, filial;（系列下の）*adj.* afiliado; *m.* tutelado. ▶ABC 社傘下の会社 *fpl.* empresas afiliadas a ABC. ▶共産党の傘下に入る *v.* ponerse* bajo「la tutela [la influencia, el control] del Partido Comunista.

さんか 酸化 *f.* oxidación. ▶酸化物 *m.* óxido. ▶酸化鉄 *m.* óxido de hierro. ▶酸化¹させる [²する] *v.* ¹oxidar [²oxidarse].

さんか 産科（専門語）*f.* tocología, *f.* obstetricia. →病院. ▶産科医 *mf.* tocólogo/ga,《専門語》*mf.* obstetra. ▶産科病院 *m.* hospital de maternidad.

さんが 山河 *fpl.* montañas y *mpl.* ríos.

さんが 参賀 *f.* visita de Año Nuevo al Palacio Imperial. ▶参賀に行く *v.* visitar el Palacio Imperial (y ver* a la familia imperial) para celebrar el Año Nuevo.

さんかい 散会 ▶散会する(解散する) *v.* disolver*;（閉会する）*v.* clausurar;（一定期間の延期・休会する）*v.* aplazar*, prorrogar*.

ざんがい 残骸 *mpl.* restos,《フォーマル》*mpl.* residuos;（建物の）*mpl.* escombros;（乗り物・建物の）*fpl.* ruinas,《フォーマル》*mpl.* vestigios.

さんかいしゃ 参会者 *f.* persona presente.

***さんかく 三角** *m.* triángulo. ▶三角(形)の *adj.* triangular. ▶三角形の布 *f.* tela triangular. ▶三角¹柱 [²すい] ¹*m.* prisma [²*f.* pirámide] triangular. ▶三角関数 *f.* función trigonométrica. ▶三角測量 *f.* triangulación. ▶三角定規(直角二等辺の) *f.* escuadra;（直角の）*m.* cartabón. ▶三角州 *m.* delta. ▶三角形の ¹頂点 [²底辺; ³高さ] ¹*m.* vértice [²*f.* base;

³*f.* altitud] de un triángulo. ▶逆三角形の（＝ハート型の）顔 *m.* rostro en forma de corazón. ▶パイは三角形の小片に切り分けられた El pastel fue dividido en porciones triangulares. ▶正三角形の3辺は等しい Un triángulo equilátero tiene los tres lados iguales.

《その他の表現》▶(男女の)三角関係 *m.* triángulo amoroso. ▶目を三角にする（＝怒っている つける）*v.* mirar《a + 人》airadamente, lanzar*《a + 人》una mirada venenosa, clavar《a + 人》una mirada, mirar《a + 人》de mala manera.

さんかく 参画 ▶参画する *v.* participar [tomar parte]《en》. →参加する, 加わる.

さんがく 山岳 *f.* montañas, *m.* montes. ▶山岳地帯 *f.* región montañosa, *f.* sierra. ▶山岳部 *m.* club de montañismo [alpinismo].

ざんがく 残額（差引残高）*m.* saldo, *m.* balance;（残った金額）*m.* resto, *m.* excedente;（借金の未払い分）*mpl.* atrasos ☞差額, 剰余

***さんがつ 三月** *m.* marzo. ▶3月に *adv.* en marzo. ▶3月3日に *adv.* el 3 de marzo.

さんかん 山間 ▶山間のへき地 *m.* lugar remoto entre montañas. ▶山間の村 *m.* pueblo de montaña [la sierra]. ▶山間部 *f.* región montañosa, *f.* serranía.

さんかん 参観 ▶参観する *v.* visitar;（観察する）*v.* observar. ▶参観者 *mf.* visitante, *f.* visita. ▶(授業)参観日 *m.* día de visita de los padres. ▶私は息子の授業を参観した Visité la clase de mi hijo. ▶この寺は参観できない Este templo está cerrado a las visitas. / Este templo no se visita.

サンカンタン San Quintín (☆フランス・パリ近郊の都市. 1557 年この地でスペイン軍がフランス軍を破った).

さんぎいん 参議院 *m.* Senado, *f.* Cámara Alta [de Consejeros, de Senadores]. ▶参議院議員 *mf.* senador/dora, *m.* miembro de la Cámara Alta. ▶参議院議長 *m.* presidente/ta「del Senado [de la Cámara Alta].

さんきゃく 三脚 *m.* trípode. ▶三脚を立てる *v.* colocar* un trípode.

ざんぎゃく 残虐 *f.* barbaridad,《フォーマル》*f.* atrocidad,《口語》*f.* salvajada; *f.* crueldad. →残酷. ▶戦争中行なわれた数多くの残虐行為《フォーマル》*fpl.* numerosas atrocidades perpetradas en la guerra. ▶残虐な犯罪 *m.* crimen atroz.

サンキュー *interj.* Gracias. →ありがとう.

さんきょう 三峡 →サンシア

***さんぎょう 産業** *f.* industria. ▶産業の *adj.* industrial.

1《～産業》▶第¹¹[²²; ³³]次産業 *f.* industria [¹primaria [²secundaria; ³terciaria]. ▶基幹産業 *f.* industria clave [fundamental]. ▶¹自動車 [²繊維]産業 *f.* industria ¹automovilística [²textil]. ▶観光がその町の主要な産業だ El turismo es la principal industria de la ciudad.

2《産業＋名詞》▶産業界 *m.* mundo indus-

538 ざんぎょう

trial; (産業人)*mf*. industrial. ▶産業革命 *f*. Revolución Industrial. ▶産業スパイ (人)*mf*. espía industrial; (行為)*m*. espionaje industrial. ▶産業廃棄物 *mpl*. desperdicios [*mpl*. residuos] industriales. ▶産業の合理化 *f*. racionalización industrial. ▶産業の発展が開発途上国には欠かせない El desarrollo de la industria es esencial para los países en desarrollo.

ざんぎょう 残業 *m*. trabajo extra [《フォーマル》suplementario] ▶残業時間 *fpl*. horas extra. ▶残業手当 *f*. paga extra, *f*. prima por horas extra. ▶残業する *v*. trabajar [《口語》echar] horas extra; (会社で遅くまで働く)*v*. quedarse trabajando hasta tarde. ▶2時間残業する *v*. trabajar [《口語》echar] dos horas extra. ▶残業は多いですか ¿Tienes que hacer muchas horas extra?

ざんきん 残金 (残った金)*m*. resto, *m*. excedente; (差引残高)*m*. saldo. ▶残金を支払う *v*. saldar una cuenta, pagar* un resto.

サンクチュアリー (聖域)*m*. santuario.

サングラス *fpl*. gafas de sol. → 眼鏡. ▶サングラスをかけている *v*. llevar gafas de sol.

サングリア *f*. sangría 《☆赤ぶどう酒・ジュース・果物・炭酸水で作るパンチ》.

さんけ 産気 ▶産気づく *v*. ponerse* de parto. ▶産気づいている *v*. estar* de parto.

ざんげ 懺悔 (悔い)*m*. arrepentimiento; *f*. penitencia; (告白)*f*. confesión. ▶ざんげをする *v*. confesar*, confesarse* 《de》.

さんけい 参詣 *f*. visita 《a》. →拝.

さんけい 山系 *f*. cordillera, *f*. sierra, *m*. sistema montañoso. ▶大雪山系 *f*. cordillera de Daisetsu.

さんげき 惨劇 (惨事)*f*. tragedia, (大きな)*m*. desastre, *f*. catástrofe; (流血事件)*m*. derramamiento de sangre.

さんけつ 酸欠 *f*. falta de oxígeno. ▶酸欠で死ぬ *v*. morir* por falta de oxígeno.

さんげんしょく 三原色 *mpl*. tres colores primarios.

さんご 珊瑚 *m*. coral. ▶サンゴ礁 *m*. arrecife coralino [de coral]; (環礁)*m*. atolón. ▶サンゴを採集する *v*. buscar* [pescar*] coral.

さんご 産後 ▶産後1週間で *adv*. en una semana después del parto [alumbramiento]. ▶母子とも産後の経過は順調である Tanto la madre como el niño están bien después del parto.

さんこう 参考 *f*. referencia, *f*. consulta; (情報)*f*. información.

　1《参考+名詞》 ▶参考(図)書 *m*. libro de consulta. ▶(学習)参考書 *f*. obra de consulta [referencia]. ▶参考書目 *f*. bibliografía. ▶参考資料 *m*. material de consulta 《para》. ▶参考人 (=証人)*m*. testigo 《de》.

　2《参考の》後々の参考のためこれをファイルしておく *v*. archivarlo para futura consulta [referencia]. ▶ご参考のため新製品の見本を送ります Para su información, tenemos el gusto de enviarle una muestra del nuevo producto.

　3《参考に》▶その課題に関して数冊の本を参考にする (=参照する) *v*. consultar varios libros sobre el tema. ▶彼の意見を参考にする (=考慮する) *v*. tener* en cuenta sus sugerencias; (活用If)*v*. servirse* de sus sugerencias. ▶参考になる (=役に立つ)情報 *mpl*. datos útiles, *f*. información válida. ▶なるほど、お話参考になります Bueno, es「un buen dato [una buena información]. ▶それはあなたが彼らの考え方を理解する上で参考になる (=助けになる)でしょう Eso le ayudará a comprender「su forma de pensar [el modo en que ellos piensan].

ざんごう 塹壕 ▶塹壕を掘る *v*. excavar una trinchera.

サンコーチョ *m*. sancocho 《☆肉、バナナ、野菜などで作った煮込み》.

ざんこく 残酷 *f*. crueldad; (けだもののような残忍さ)*f*. brutalidad; (残虐)*f*. atrocidad; *f*. barbarie. → 虐待, 残虐.

── 残酷な *adj*. cruel, brutal, atroz, bárbaro; (無慈悲な)*adj*. despiadado. ▶残酷な独裁者 *mf*. tirano/na cruel [despiada*do/da*]. ▶動物を残酷に扱うな No seas cruel con los animales. ▶あの犬をたたくなんて君は残酷だよ Eres cruel por dar patadas al perro. / ¡Qué cruel eres dándole patadas a ese perro! ☞残虐, 残忍.

さんごよくうつ 産後抑うつ 《専門語》 *f*. depresión posparto.

さんさい 山菜 *fpl*. plantas [*fpl*. hierbas] silvestres de montaña comestibles.

さんざい 散在 ▶散在する *v*. estar* esparci*do* 《por》; (点在する)*v*. estar* salpicado 《de》. → 点在. ▶散在する家々 *fpl*. casas dispersas. ▶公園にはごみが散在していた Por el parque había basura desparramada. / La basura estaba tirada por el parque.

さんざい 散財 ▶散財する *v*. gastar mucho dinero 《en, con》; (浪費する)*v*. derrochar [malgastar] dinero 《en》. ▶ずいぶん散財させて申し訳ありません Siento haberle hecho gastar tanto.

さんさく 散策 *m*. paseo, 《口語》 *f*. vuelta. → 散歩. ▶森を散策した Di una vuelta por el bosque.

さんさしんけい 三叉神経 《専門語》 *m*. nervio trigémino. ▶三叉神経痛 《専門語》 *f*. neuralgia del trigémino.

サンサルバドル San Salvador 《☆エルサルバドルの首都》. ▶サンサルバドル島 San Salvador 《☆西インド諸島の島》.

さんさん 燦々 ▶太陽がさんさんと (=明るく)輝く El sol refulge [brilla] mucho.

さんざん 散々 (徹底的に)*adv*. completamente, por completo; (とても)*adv*. mucho, muy; (ひどく)*adv*. horriblemente, terriblemente; (激しく)*adv*. severamente, seriamente; (まったく)*adv*. totalmente; (容赦なく)*adv*. despiadadamente. ▶にわか雨でさんざんな (=ひどい)目にあうた. pasarlo muy mal por un repentino aguacero. ▶さんざん (=ありとあらゆる)不平を並べる *v*. quejarse infinitamente. ▶

私たちのチームはさんざん打ち負かされた Nuestro equipo「fue completamente derrotado [sufrió una grave derrota]. ◆私はそのことでさんざんしかられた Me echaron una buena reprimenda [《口語》bronca] por eso. ◆さんざん待たされた Me hicieron esperar mucho tiempo. ◆彼は私にさんざん〔=多大の〕迷惑をかけた Me lo hizo pasar muy mal. /《口語》Me las「puso negras [vi negras con él].《会話》どうだった—さんざんだったよ ¿Qué tal estuvo? – ¡Uf! Horrible.

さんさんくど 三三九度 "sansankudo",《説明的に》f. tradicional ceremonia nupcial consistente en que los novios beben "sake" tres veces de tres tazas como expresión de su compromiso matrimonial. ◆新郎新婦は三三九度の杯を交わした El novio y la novia intercambiaron las tazas de "sake" como expresión de su compromiso matrimonial.

さんさんごご 三々五々 ▶三々五々に adv. en grupos de dos o tres personas,《口語》en grupitos.

さんじ 賛辞 m. elogio,《フォーマル》f. alabanza,《教養語》m. tributo. ▶(彼の勇気に)賛辞を呈する v. hacer* elogio (a su valor).

さんじ 惨事 (突発的な大災難) m. desastre, f. catástrofe; (悲劇的事件) f. tragedia. ◆交通の大惨事 m. desastre de tráfico.

さんじ 参事 (参事官) mf. consejero/ra, mf. asesor/sora.

サンシア 三峡《ピンイン》Sanxia (☆中国の地名).

さんじげん 三次元 fpl. tres dimensiones. ▶三次元の空間 m. espacio tridimensional.

さんじせいげん 産児制限 m. control de la natalidad.

*__さんじゅう__ 三十 f. treinta; (30番目の) adj. trigésimo, ma.

さんじゅう 三重 ▶三重の adj. triple, triplicado, de tres. ▶三重の塔 f. pagoda de tres pisos. ▶三重苦 f. discapacidad triple. ▶三重にする v. triplicar*.

さんしゅうき 三周忌 m. segundo aniversario de (su) muerte.

さんじゅうそう 三重奏 m. trío.

さんしゅこんごう 三種混合 f. trivax, f. vacuna trivalente (D.T.P.).

さんしゅつ 産出 f. producción; (産出量) f. producción. ▶産出する v. producir*,《口語》dar*. ▶石炭の年間産出量 f. producción anual de carbón. ▶石油産出国「f. nación productora [m. país productor] de petróleo, m. país petrolero. ◆この鉱山は石炭を産出する Esta mina「produce carbón [es carbonífera]. →生[産]む, 出来る

さんじゅつ 算術 f. aritmética. → 算数. ▶算術平均 f. media aritmética.

さんじょ 賛助 ▶賛助する(支援する) v. apoyar; (援助する) v.《フォーマル》auxiliar, asistir; (後援する) v. patrocinar; subvencionar; respaldar. ▶賛助会員 mf. socio/cia cooperador/dora.

ざんしょ 残暑 m. calor del final de verano. ◆日中は残暑はまだ厳しい En pleno día todavía es fuerte el calor del final de verano.

*__さんしょう__ 参照 f. consulta (a);《専門語》m. referencias. ◆詳細は第9節参照 Para detalles, consúltese la sección 9. ◆次例参照 Véase [Consúltese] el siguiente ejemplo.
—— 参照する (調べる) v. consultar; (見る) v. ver*; (特定のページ・書類などを) v. ver*, mirar, ir* (a); (比較する) v. comparar, cotejar, contrastar. ▶単語の意味を調べるために辞書を参照する v. consultar el significado de「una palabra [《フォーマル》un término] en un diccionario; (辞書で調べる) v. consultar un diccionario. ◆30ページの16行目を参照せよ Véase pág. [la página] 30, la línea 16.

さんしょう 山椒 (木) m. arbusto de la pimienta japonesa; (香辛料) f. pimienta japonesa.

さんじょう 惨状 (ひどい光景) f. escena [m. espectáculo] terrible; (ひどい状態) m. estado miserable. ▶惨状を呈する v. ofrecer* un espectáculo terrible [horroroso].

さんじょう 3乗 m. cubo,《専門語》f. tercera potencia. ▶3乗目 f. raíz cúbica. ▶3乗する v. cubicar*. ◆3の3乗は27 El cubo de 3 es 27.

さんしょううお 山椒魚 f. salamandra.

さんじょうのすいくん 山上の垂訓 m. Sermón de la Montaña.

さんしょく 三色 ▶三色の adj. tricolor, de tres colores. ▶三色旗 f. (bandera) tricolor.

さんしょくすみれ 三色菫 m. pensamiento.

さんしん 三振 m. ponchado, m. eliminado por tres《英語》"strikes" (☆発音は [(e)strái(k)s],) m. ponche. ▶三振する v. poncharse. ▶15三振を奪う v. ponchar a 15 bateadores/doras. ▶速球で三振に打ち取る v. ponchar (a + 人) con una pelota rápida. ◆打者は見逃しの三振をした El bateador fue ponchado sin golpear.

ざんしん 斬新 ▶斬新な(新しい) adj. nuevo; (独創的な) adj. original; (新鮮な) adj. fresco, reciente; (新奇な) adj. original, novedoso. → 新しい. ▶斬新な発想 f. idea original.

さんすい 散水 ▶散水する v. regar*. ▶散水車 m. camión regadera [de riego].

さんすいが 山水画 m. (cuadro de) paisaje oriental. ▶山水画家 mf. paisajista.

さんすう 算数 f. aritmética; (数学) fpl. matemáticas,《口語》fpl. matracas; (単純な計算) fpl. (hacer) cuentas sencillas. ▶算数の練習問題をする v. hacer* un ejercicio de aritmética.

さんすくみ 三すくみ ▶三すくみになっている [2なる] v. ¹estar* [²meterse] en un callejón sin salida.

サンスクリット m. sánscrito.

さんずのかわ 三途の川 f. laguna Estigia. ▶三途の川を渡る v. atravesar* [cruzar*] la laguna Estigia.

さんする 産する v. producir*,《口語》dar*. → 産出する.

540 さんせい

さんせい 賛成 (同意) m. acuerdo, 《フォーマル》 f. conformidad; (是認) f. aprobación, 《フォーマル》 m. asentimiento; (好意, 支持) m. favor; (支持) m. apoyo. ♦賛成 Sí, bien; de acuerdo. /《スペイン》《口語》 Vale, está bien. 会話 休憩しようよ—賛成 Descansamos un rato, ¿eh? – De acuerdo.

1《~+名詞》 ▶その法案に賛成投票をする v. votar en [a] favor del proyecto de ley. ♦賛成票は反対票を上回った Había más votos a favor que en contra. /《口語》Había más síes que noes.
2《賛成の》 ▶その計画に賛成の意を表わす v. mostrar* la「aprobación al [conformidad con el] plan. ♦賛成の方はご起立願います Los que estén a favor, que se levanten. ♦彼に賛成の票は50票で反対は3票だった Tenía 50 votos a favor y 3 en contra.
3《賛成を》 ▶彼らの賛成を求める v. pedir* [《フォーマル》solicitar] su aprobación. ♦その決定は委員会の過半数の賛成を得た La decisión contó con la aprobación de la mayoría del comité.

―― (同意する) v. estar* de acuerdo 《con + 人, sobre [en] + 事》, dar* la conformidad 《a》, estar* conforme 《con》, aceptar, 《フォーマル》adherirse* 《a》; (よいと認める) v. aprobar* 《+名詞, que + 接続法》, consentir* 《en + 不定詞, en que + 接続法》; (支持する) v. estar* a favor 《de》, apoyar; (動議・提案などを採択する) v. secundar. ▶賛成してうなずく v. asentir* con la cabeza, mover* la cabeza en señal de asentimiento. ♦私も(それについては)まったく賛成です Estoy absolutamente [perfectamente] de acuerdo (sobre eso). / Estoy totalmente conforme. ♦私は彼の提案にすぐ賛成した Acepté su propuesta de inmediato. ♦その件に関してあなたの意見に全面的には賛成しかねます Sobre ese tema no puedo estar totalmente de acuerdo con usted. ♦太郎の両親は彼が花子と結婚することに賛成した Los padres de Taro han aprobado「su matrimonio [que se case] con Hanako. ♦私は日本人は働きすぎだという考えに賛成できない No puedo「estar conforme con [aprobar] la idea de que los japoneses trabajan demasiado. ♦「議長,私はその動議に賛成です」Sr. presidente, yo apoyo la moción. 会話 あなたは彼の言うことに賛成ですか反対ですか—大賛成です ¿Estás a favor o en contra suya? – Estoy totalmente「a favor suyo [de su parte]. ♦彼は男女同権に賛成している「Está a favor [Es partidario] de que hombres y mujeres tengan los mismos derechos.

さんせい 酸性 f. acidez. ♦酸性の adj. ácido. ▶酸性食品 mpl. alimentos ácidos. ♦酸性にする v. 《口語》poner* ácido, 《専門語》acidificar. ▶酸性になる 《専門語》v. acidificarse.

さんせい 山西 →シャンシー

さん(せい)けつしょう 酸(性)血症 《専門語》 f. acidemia.

さんせいけん 参政権 m. sufragio. ▶婦人参政権 m. sufragio femenino. ▶参政権を「与える [²獲得する] v. ¹conceder [²conseguir*] el sufragio.

さんせき 山積 ▶山積する v. amontonarse, acumularse. → 山積み. ♦問題が山積している Hay un montón de problemas (a resolver).

さんせん 参戦 f. intervención [f. participación] en una guerra. ▶参戦する v. participar [intervenir*] en una guerra; (戦争を始める) v. entrar en guerra 《contra》; (宣戦布告する) v. declarar la guerra 《a》. ♦第一次世界大戦では日本はイギリス側に参戦した En la Primera Guerra Mundial, Japón intervino del lado de「Gran Bretaña [Inglaterra].

さんぜん 燦然 ▶燦然たる adj. resplandeciente, deslumbrante. ▶さん然と輝く宝石《強調して》fpl. deslumbrantes joyas. ♦星がさん然と輝く Las estrellas resplandecen.

さんせんべん 三尖弁 ▶三尖弁狭窄症《専門語》f. estenosis tricuspídea. ▶三尖弁閉鎖症《専門語》f. atresia tricuspídea.

さんそ 酸素 m. oxígeno. ♦酸化物 m. óxido. ▶酸素マスク f. máscara de oxígeno.

さんそう 山荘 f. casa de campo en la montaña; (山の別荘) f. villa, 《《スペイン》 m. chalé》 en la montaña.

ざんぞう 残像 f. imagen consecutiva [restante], 《専門語》f. posimagen.

さんそきゅうにゅう 酸素吸入 f. inhalación de oxígeno. ▶酸素吸入器 m. inhalador de oxígeno. ♦酸素吸入をする v. inhalar oxígeno.

さんぞく 山賊 mf. bandolero/ra, mf. bandido/da.

さんそん 山村 m. pueblo de montaña.

ざんぞん 残存 ▶残存する v. quedar, 《教養語》perdurar. ▶残存者 mf. superviviente. ▶残存部数 m. número de copias restantes [que quedan].

サンタ・アナ Santa Ana (☆アメリカ合衆国の都市; エルサルバドルの県, 県都; ボリビアの都市).

サンタ・アナ (アントニオ・ロペス・デ~) Antonio López de Santa Anna (☆1795-1876, メキシコの大統領, 在任 1833-1855).

ざんだか 残高 (収支の差額) m. saldo. ▶銀行預金残高 m. saldo bancario. ▶残高表 (=貸借対照表) m. balance (general), m. estado contable. ▶繰越残高 m. saldo a cuenta nueva.

サンタクロース m. Santa Claus, m. Papá Noel.

サンタフェ Santa Fe (☆アメリカ合衆国の都市; アルゼンチンの州, 州都).

サンダル fpl. sandalias.

地域差 サンダル
〔全般的に〕fpl. sandalias
〔スペイン〕fpl. sandalias
〔キューバ〕fpl. chinelas, fpl. cholas
〔メキシコ〕fpl. cholas, mpl. huaraches
〔ペルー〕mpl. huaraches, fpl. sayonaras
〔コロンビア〕fpl. cholas, fpl. sayonaras
〔アルゼンチン〕fpl. chinelas, fpl. cholas,

fpl. sayonaras

さんたん 惨憺 ▶惨たんたる(=ぞっとする)光景 *f.* escena horrorosa [espantosa, desastrosa]. ▶惨たんたる(=ひどい)失敗 *f.* terrible equivocación, *m.* error desastroso. ▶惨たんたる(=壊滅的な)敗北を喫す *v.* sufrir una desastrosa derrota. ▶惨たんたる結果に終わる *v.* acabar en desastre. ▶苦心惨たんする *v.* sufrir mucho [《口語》horrores] (para), 《口語》pasar las de Caín, 《口語》pasarlas moradas (para).

さんだん 算段 ▶算段する (準備する) *v.* preparar, prepararse (para), (計画を練る) *v.* idear, (考え出す) *v.* pensar* (en), 《口語》dar* (con), (何とか算段する)《口語》*v.* arreglárselas (para), (工夫する)《フォーマル》*v.* concebir*. ▶金の算段をする *v.* preparar el dinero; (調達する) *v.* juntar dinero. ▶逃げる算段をする *v.* pensar* en una forma de escapar.

さんだん 散弾 *mpl.* perdigones. ▶散弾銃 *f.* escopeta.

さんだんとび 三段跳び *m.* triple salto.

さんだんろんぽう 三段論法 *m.* silogismo. ▶三段論法で話す *v.* hablar [《フォーマル》argumentar] con silogismos.

さんち 山地 *f.* sierra, *f.* región montañosa; (高地) *fpl.* tierras altas.

さんち 産地 *m.* centro productor, *m.* lugar de producción. ▶産地 (=農園) 直送のオレンジ *fpl.* naranjas enviadas directamente de la huerta [granja]. ▶宇治はお茶の産地として名高い Uji es famoso como "centro productor [región productora] de té.

サンチョ【架空の名】Sancho (☆ドンキホーテの従士).

さんちょう 山頂 *f.* cima, *f.* cumbre, (とがった山頂) *m.* pico, 《教養語》*f.* cúspide. →頂上.

さんてい 算定 ▶算定する (計算する) *v.* calcular; (見積る)《フォーマル》*v.* estimar. ▶費用を算定する *v.* calcular el gasto (de).

ざんてい 暫定 ▶暫定的な *adj.* temporal, provisional,《ラ米》provis*orio*. ▶暫定的に *adv.* temporalmente, de momento, provisionalmente,《フォーマル》de carácter interino. ▶暫定予算 *m.* presupuesto provisional. ▶暫定政府 *m.* gobierno interino [provisional]. ▶暫定協定 *m.* acuerdo temporal. ▶暫定措置 *fpl.* medidas provisionales.

サンティアゴ Santiago. ▶サンティアゴ・デ・チレ Santiago de Chile (☆チリの首都); *adj.* santiagu*ino*. ▶サンティアゴ・デ・クーバ Santiago de Cuba (☆キューバの都市); *adj.* santiagu*ero*. ▶サンティアゴ・デ・コンポステラ Santiago de Compostela; *adj.* santiagu*és* (☆スペインの都市, 中世以来の巡礼地). ▶サンティアゴ・デ・エステロ Santiago de Estero (☆アルゼンチンの州, 州都); *adj.* santiagu*eño*.

サンディエゴ San Diego.

サンディノ (アウグスト・セサル ～) Augusto César Sandino (☆1893-1934, ニカラグアの革命指導者).

サンデー【日曜日】*m.* domingo (→日曜);【氷菓】▶チョコレートサンデー *m.* helado de chocolate.

ざんねん 541

*•**さんど** 三度 *fpl.* tres veces [《フォーマル》ocasiones]. ▶月に三度 *adv.* tres veces al mes. ▶三度に一度は *adv.* (al menos) una vez en tres ocasiones. ▶一日に三度の食事をする *v.* comer tres veces al día. ▶彼の三度目の転居 *f.* su tercera mudanza. ▶彼は三度目の優勝を果たした Ganó el campeonato por tercera vez. ▶彼は三度目で最後のチャンスを与えられた Le han dado la tercera y última oportunidad.
《その他の表現》▶三度目の正直 (言い回し) A la tercera va la vencida. ▶ゴルフが三度の飯より好きだ Prefiero jugar al golf que comer. / Me gusta el golf más que comer.

サンドイッチ (食パンの) *m.* emparedado,《英語》*m.* "sandwich"; (フランスパンの)《スペイン》*m.* bocadillo. ▶ハム[ツナ]サンド(イッチ) *m.* emparedado de ¹jamón [²atún]. ▶パンにハムをはさんでサンドイッチを作る *v.* colocar* unas lonchas de jamón entre unas rebanadas de pan y hacer* unos emparedados. ▶昼食にサンドイッチが食べたい Para comer quiero tomar unos emparedados.

さんとう 三等 (第3位) *m.* tercer puesto; (第3等級) *f.* tercera clase; (3等賞) *m.* tercer premio. ▶競走で3等になる *v.* conseguir* el tercer puesto de la carrera. ▶くじで3等を引く *v.* sacar* el tercer premio de una lotería. ▶三等親 (=親等) *mf.* pariente de tercer grado.

さんとう 山東 →シャントン

さんどう 参道 *m.* camino a un santuario.

さんどう 賛同 ▶賛同する *v.* aprobar*, estar* de acuerdo (con). ▶賛成, 同意. ▶多くの人の賛同を得る *v.* ganarse [《フォーマル》granjearse] la aprobación de mucha gente.

ざんとう 残党 *mf.* superviviente, (逃亡者) *mf.* fugitivo/va; (落ち武者) *m.* refugiado. ▶平家の残党 *mf.* superviviente del clan de Heike.

さんとうきん 三頭筋《専門語》*m.* tríceps.

サントドミンゴ Santo Domingo (☆ドミニカ共和国の首都).

サントメ・プリンシペ Santo Tomé y Príncipe; (公式名) República Democrática de Santo Tomé y Príncipe (☆アフリカ, ギニア湾の島国, 首都サントメ Santo Tomé).

ざんにん 残忍 *f.* brutalidad, (残酷) *f.* crueldad. ▶残忍な *adj.* brutal; (人が) *adj.* cruel; (冷酷な) *adj.* sanguina*rio*, implacable. ▶残忍な行為 *m.* acto de crueldad. ▶残忍性を示す *v.* revelar el carácter brutal [cruel]. ▶残忍な殺人 *m.* asesinato brutal [a sangre fría]. ▶残忍な暴君 *m.* tirano cruel.

*•**ざんねん** 残念 ▶残念な *adj.* lamentable,《教養語》deplorable, (失望させる) *adj.* decepcionante, (悔しがらせる) *adj.* mortificante, humillante. ▶残念賞 *m.* premio de consolación. ▶彼の残念そうな顔 *m.* su rostro de pena. ▶残念な知らせ *fpl.* noticias lamentables. ▶彼はそのことを残念がっている Lo siente. / Le da pena. ▶泊まっていただけなくて残念です《口

語)Es una pena que no puedas quedarte a pasar la noche. / ¡Qué pena que no puedas quedarte por la noche! 会話 ごめん、それならなかったんだ―それは残念 Lo siento, pero no lo hice. – ¡Qué lástima [pena]! / (がっかりだな)¡Qué desilusión! / (不運だな)¡Qué mala suerte! ♦昨今の若者があまり本を読まないのは大変残念なことである Es lamentable [((教養語))(強調して)deplorable] que los jóvenes de hoy no lean mucho. / ¡Qué pena que los jóvenes de hoy no lean mucho! ♦まことに残念ですがご招待には応じかねます Siento [((フォーマル))Lamento] mucho [((口語))muchísimo] no poder aceptar su invitación. / Es una verdadera lástima que no pueda aceptar su invitación. / ((フォーマル))Lamento verme obligado a decir que no puedo aceptar su invitación. ☞惜しい, 心外な

さんねんせい 三年生 ❶[生徒] mf. estudiante de tercer año [curso]. → 学生.
❷[植物] f. planta trienal.

サンノゼ San José (☆アメリカ合衆国の都市).

サンバ (曲) (ブラジルの) f. samba; (アルゼンチンの) f. zamba. ♦サンバを踊ろう v. bailar la samba.

*さんばい 三倍 fpl. tres veces. → 倍. ♦5の3倍 fpl. tres veces cinco.

さんぱい 参拝 f. persona que rinde culto (a). ♦伊勢神宮に参拝する v. 「visitar el [ir* a rendir* culto al] santuario de Ise.

ざんぱい 惨敗 f. derrota aplastante; (スポーツ)m. correctivo. ♦惨敗する v. sufrir una derrota aplastante.

サンパウロ Sao Paulo (☆ブラジルの都市).

さんばし 桟橋 m. embarcadero; (小さな) m. muelle; (浮き桟橋) m. embarcadero flotante. ♦船は桟橋に着いた El barco atracó en el muelle.

さんぱつ 散髪 m. corte de pelo. ♦散髪する v. cortarse el pelo.

ざんぱん 残飯 fpl. sobras de comida, mpl. restos de comida. ♦夕食の残飯を犬にやる v. dar* al perro las sobras de la cena.

さんび 賛美 f. alabanza, ((フォーマル)) f. exaltación. → 賞美. ☞憧れる, 憧憬

さんぴ 賛否 (賛成か反対) m. sí o no; (承認か否認) f. aprobación o m. rechazo; (賛否両論) los pros y los contras. ♦その提案の賛否を論じる v. discutir los pros y los contras de la propuesta. ♦その議題の賛否を問う(=票決に付す) v. poner* [someter] el tema a votación. ♦賛否同数の場合私に決定権があることを念のため申し上げます En el caso de empate, quisiera recordarles que yo tengo el voto de calidad.

ザンビア Zambia; (公式名) f. República de Zambia (☆アフリカの国, 首都ルサカ Lusaka).

さんびか 賛美歌 m. himno. ♦賛美歌集 ((教養語)) m. himnario.

さんびょうし 三拍子 ♦三拍子の曲 f. melodía a [de] tres tiempos. ♦三拍子そろった(=万能の)運動選手 mf. atleta completo/ta.

さんぶ 三部 fpl. tres partes. ♦三部合唱 m. coro a tres voces. ♦三部合唱をする v. interpretar un trío. ♦三部作[劇] f. trilogía.

さんぷ 散布 f. acción de esparcir (まき散らす) v. esparcir*; (液体・粉などを振りかける) v. rociar*; (液体などを吹きかける) v. pulverizar*; (散水器) m. rociador; (噴霧器) m. pulverización, m. atomizador. ♦芝生に除草剤を散布する v. pulverizar* herbicida en el césped.

サンフアン San Juan (☆プエルトリコの首都; アルゼンチンの州, 州都).

サン・フアン・デ・ラ・クルス San Juan de la Cruz (☆?-1569, スペインの宗教家・詩人).

さんぷく 山腹 f. ladera, m. cabaña en la ladera de la montaña. → 中腹.

さんふじんか 産婦人科 f. tocoginecología, f. ginecología y obstetricia [tocología], mf. ginecobstetricia. ♦産婦人科医 mf. tocoginecólogo/ga, mf. ginecobstetra.

さんぶつ 産物 (農産物または工業製品) m. producto. ♦製品; (成果) m. fruto, m. resultado. ♦主要産物 mpl. productos principales. ♦農[²海]産物 mpl. productos ¹agrícolas [²del mar]. ♦努力の産物 m. fruto del esfuerzo. ♦米がその国の主要産物の一つだ El arroz es ((フォーマル))constituye uno de los productos básicos de ese país.

サンフランシスコ San Francisco (☆アメリカ合衆国の都市).

サンプリング ((専門語)) m. muestreo.

サンプル f. muestra, m. espécimen. → 見本. ♦血液サンプル f. muestra de sangre.

さんぶん 散文 f. prosa. ♦散文的な((軽蔑的に))adj. prosaico. ♦散文詩(1編の) m. poema prosificado [en prosa], f. poesía en prosa. ♦散文で書く v. escribir* en prosa.

さんぽ 散歩 m. paseo; (ゆっくりとくつろいだ) f. vuelta. ♦散歩道 m. paseo. ♦湖の周りを散歩する v. 「dar un paseo [pasear] por el lago. ♦公園に散歩に行こう Vamos al parque a pasear. / (散歩する)Vamos a dar un paseo por el parque. ♦彼は朝の散歩に出かけている Ha salido a dar su paseo de la mañana. ♦彼は朝食前に海岸へ散歩に出かけた Antes de desayunar se fue a dar un paseo por la playa. ♦犬を散歩に連れていってくださいますか ¿Puedes sacar al [el] perro a pasear? 会話 とても楽しい散歩だったわ―どのあたりまで行ったの Hemos dado un paseo muy agradable. – ¿Hasta dónde han [((スペイン))habéis] ido?

さんぼう 三方 ❶[供物台] f. bandeja de madera con pie para las ofrendas.
❷[三方向] ♦私の田舎は三方を山に囲まれている Mi「lugar natal [pueblo] está rodeado de montañas por tres lados.

さんぼう 参謀 (軍の) m. oficial de estado mayor. ♦参謀長 m. jefe del Estado Mayor. ♦参謀本部 f. (Oficina del) Estado Mayor.

サンポーニャ zampoña (☆連管笛).

サンホセ San José (☆コスタリカの首都; ウルグアイの都市).

サンボンバ zambomba f. (☆太鼓の一種; 皮を突き刺した棒を上下にこすって音を出す).

さんま 秋刀魚 m. "sanma"; (学名) m. cololabis saira.

さんまいめ 三枚目 *f.* persona muy graciosa [divertida]; (役者) *mf.* comediante.

サンマリノ San Marino (☆イタリア半島の小国).

サン・マルティン (ホセ・デ～) José de San Martín (☆1778-1850, ラテンアメリカ独立運動の指導者).

さんまん 散漫 ▶散漫な人 (思考が) *f.* persona distraída, *mf.* despista*do/da*; (注意力が)《口語》*m.* (cabeza de) chorlito. ▶散漫な話 *m.* discurso confuso [deshilvanado]. ▶散漫な手紙 *f.* carta descuidada. ◆騒音で注意が散漫になった Un ruido distrajo mi atención. / Me distrajo un ruido.

さんみ 酸味 *f.* acidez, *f.* agrura. ▶酸味のある *adj.* ácido, agrio. ▶酸味がする *v.* saber* a ácido [agrio].

さんみゃく 山脈 *f.* cordillera, *f.* sierra, *f.* cadena montañosa, 《フォーマル》*m.* sistema montañoso, *fpl.* montañas. ▶中国山脈 *f.* cordillera de Chugoku. ▶アルプス山脈 los Alpes.

ざんむ 残務 *m.* asunto [*m.* trabajo] pendiente. ▶残務整理をする *v.*「terminar con [liquidar] el trabajo pendiente.

さんめんきじ 三面記事 *mpl.* ecos de sociedad, *mpl.* sucesos.

さんめんきょう 三面鏡 *m.* espejo de tres caras.

サンメンシア 三門峡 (ピンイン) Sanmenxia (☆中国の都市).

さんもん 山門 *f.* puerta de un templo.

さんもんきょう 三門峡 →サンメンシア.

さんや 山野 *mpl.* campos y montes.

さんやく 三役 (三つの要職) *mpl.* tres puestos [cargos] más altos; (人) *mpl.* tres ejecutivos más importantes; (政党の幹部) *fpl.* tres oficiales de rango superior; (力士) *mpl.* luchadores de sumo de las tres categorías superiores [más altas].

さんゆこく 産油国 *m.* país「productor de petróleo [petrolero].

ざんよ 残余 →残り. ▶残余額 (＝残高) *m.* saldo.

さんようすうじ 算用数字 *fpl.* cifras [*mpl.* números] árabes, *f.* numeración árabe.

さんらん 産卵 ▶産卵する (鳥などが) *v.* poner* un huevo; (魚が) *v.* desovar, frezar*, poner* huevas. ▶産卵期 *f.* época de desove [puesta], *m.* desove; (鳥・魚などの繁殖期) *f.* época de reproducción. ◆鮭は産卵のため川を遡る El salmón nada corriente arriba para desovar.

さんらん 散乱 ▶散乱する *v.* dispersarse, esparcirse*; (ごみなどが) *v.* llenarse (de basura). ◆本が部屋中に散乱している Hay libros dispersos por todo el cuarto. / La habitación está sembrada de libros.

さんりゅう 三流 ▶三流の歌手 *mf.* cantante de tercera (clase), *mf.* cantante「del montón [mediocre].

ざんりゅう 残留 ▶残留する *v.* quedarse rezagado [atrás]. ▶中国残留孤児《説明的に》*mpl.* niños japoneses que se quedaron rezagados en China al acabar la Segunda Guerra Mundial.

さんりん 山林 (山と森) *mpl.* montes y *m.* bosques, *m.* bosque alpino; (森林) *m.* bosque, 《口語》*m.* monte. ▶山林を伐採する *v.* deforestar un monte.

さんりんしゃ 三輪車 *m.* triciclo.

さんるい 三塁 *f.* tercera (base). ▶三塁手 *mf.* juga*dor/dora* de tercera base, *m.* tercera base. ▶三塁側スタンド *fpl.* gradas de la「tercera base [izquierda].

サンルーフ *m.* techo solar.

サンルーム *m.* solario. ▶サンルームを付け足す *v.* construir* un solario en la casa.

さんれつ 参列 *f.* asistencia, *f.* presencia. ▶参列者 *mf.* presente, *mf.* asistente; (参列者数) *f.* asistencia. ▶参列する *v.* asistir 《a》. →出席. ◆彼の葬儀には多数の人が参列した《フォーマル》Asistió mucha gente a su funeral. / Su funeral contó con una nutrida concurrencia.

さんろく 山麓 *f.* base [*m.* pie] de una montaña. ▶アルプスの山麓 Las estribaciones de los Alpes.

し

- **し 市** *f.* ciudad, *m.* municipio, 《フォーマル》*f.* municipalidad. ▶福岡市 *f.* ciudad de Fukuoka. ▶市町村 *fpl.* ciudades, *mpl.* pueblos y *fpl.* aldeas, 《地方自治体》*fpl.* municipalidades. ▶市当局 *fpl.* autoridades municipales. ◆この町は来年市制が敷かれる Esta ciudad tendrá su municipalidad el año que viene.

- **し 死** *f.* muerte, 《フォーマル》*m.* fallecimiento, 《教養語》*m.* deceso. → 死ぬ.
  1《~の死》▶胃がんによる死 *f.* muerte de [por] cáncer de estómago. ▶ ¹溺(ホ)[²焼]死する *v.* morir* ¹ahogado [²por un incendio]. ▶ ¹事故[²自然]死する *v.* tener* una muerte ¹accidental [²natural], morir* por ¹accidente [²causa natural]. ◆彼の突然の死で家族は路頭に迷った Su repentina muerte dejó sin sostén a su familia.
  2《死が》▶死が迫っている La muerte se acerca.
  3《死の》▶死の恐怖 *m.* miedo a la muerte.
  4《死に》◆彼は死に臨んで(=死ぬ間際に)、妻に何か言おうとしていた Intentó decir algo a su esposa justo antes de morir [《フォーマル》fallecer].
  5《死を[と]》▶彼の娘の死をいたむ *v.* sentir* la muerte de su hija; dar* el pésame por la muerte de su hija. ▶長い間死と戦う *v.* sostener* una larga lucha contra la muerte. ◆その出来事が彼の死を早めた [²招いた] Ese incidente ¹aceleró [²causó] su muerte. ◆人は死を逃れることはできない La muerte es ineludible. / No podemos escapar a la muerte. ◆(死ぬ運命にある)El hombre es mortal. ◆彼はその時死を覚悟していた En ese momento estaba dispuesto a ¹la muerte [morir]. ◆これは死を目前にした(=死に直面した)若者の物語だ Es la historia de un joven「al borde [a las puertas] de la muerte.

- **し 詩** *m.* poema, *f.* poesía, *m.* verso. ▶散文詩 *m.* poema en prosa. ▶抒情詩 *f.* poesía lírica. ▶詩を朗読する *v.* recitar poesías. ▶ガルシア・ロルカの詩から1行[²節]引用する *v.* citar un ¹verso [²pasaje] de García Lorca. ▶愛の詩を書く *v.* escribir*「una poesía de amor [un poema amatorio]. ◆彼は詩が好きです Le gusta la poesía.
  —**詩の, 詩的な** *adj.* poético. ▶詩の才能 *m.* talento para la poesía. ▶詩的描写をする *v.* dar* [ofrecer*] una descripción poética 《de》.

- **し 四** *num.* cuatro;（4番目の）*adj.* cuarto. ▶四半分に折りたたむ *v.* doblar en cuartos. ▶第3四半期の授業料 *f.* tercera tasa trimestral. ▶四半世紀 *m.* cuarto de siglo. → 分(ﾌﾞ).

- **し 氏**【人の姓・姓名につける敬称】Sr.（señor）→ ーさん;〔彼〕él.▶鈴木氏 Sr. Suzuki. ▶蘇我氏（=一族）*f.* familia de Soga.

- **し 師** *mf.* maestro/tra, *mf.* profesor/sora. → 先生.

- **-し ❶**【事柄を並べあげて示す】(y) además, y, 《フォーマル》asimismo. → その上, 又. ◆彼は健康だし頭もいい Está sano y además es inteligente. / Además de sano, es inteligente.
  ❷【一つの条件だけをあげて、あとをほのめかす】▶子供でもあるまいし（=じゃないのだから）、一人でやりなさい Hazlo tú solo; ya no eres un/una niño/ña.

- **-し -視**【特別[²重要; ³異端]視する】《フォーマル》considerarlo [juzgarlo*] ¹especial [²importante; ³herético].

- **-し -史** *f.* historia〔+形容詞, de+名詞〕. ▶ ¹ラテンアメリカ [²現代]史 *f.* historia ¹latinoamericana [²moderna]. ▶日本史 *f.* historia de Japón.

- **し 字**（漢字などの）*m.* carácter;（アルファベットの）*f.* letra;（筆跡）*f.* escritura, *f.* caligrafía;（活字）*m.* tipo, *m.* molde. → 文字.
  1《字が[は]》◆彼は字が上手である Tiene buena letra. / Escribe bien. ◆あなたの字は読みにくい Tu [Su] letra [escritura] es difícil de leer. ◆その子は字が¹書ける [²読める] El niño sabe ¹escribir [²leer]. ◆私は字が下手で自分の書いたものが読めないことがある Mi letra es tan mala que ni yo a veces la entiendo.
  2《字を》▶字を¹削る [²加える] *v.* ¹borrar [²añadir] una letra. ▶誤字を直す *v.* corregir* una「letra equivocada [falta de ortografía]. ▶字を練習する *v.* practicar* caligrafía. ◆彼はきれいな筆跡ですらすらと字を書いた Escribió rápidamente「en una letra [con una caligrafía] clara y bonita.
  3《字で》▶ ¹太 [²細]字で書く *v.* escribir* con trazos ¹gruesos [²finos]. ▶大きい字で印刷された本 *m.* libro impreso en caracteres grandes.

- **じ 地**（地面）*m.* suelo, *f.* tierra;【織物などの】（素地）*f.* tela, *m.* tejido,（織り方）*f.* textura;【本性】*f.* verdadera naturaleza, *m.* natural. ▶地ならしをする *v.* nivelar el terreno. ▶その村の地の人 *mf.* nativo/va del pueblo. ▶白地に赤い水玉模様 *m.* diseño de puntos rojos sobre fondo blanco. ▶地を出す *v.* revelar「su verdadera naturaleza [cara de verdad]. ◆彼女の一生は恋愛小説を地で行ったようなものだった Su vida fue como una historia de amor a la vida real.

- **じ 痔**【専門語】*fpl.* hemorroides, *fpl.* almorranas. ▶痔が悪い *v.* tener* [《強調して》padecer*] almorranas.

じ 辞 m. discurso,《教養語》f. alocución,《口語》unas palabras. ▶1開会 [2閉会] の辞を述べる v. pronunciar el discurso ¹inaugural [²de clausura].

じ- 次- adj. que viene, siguiente, próximo. ▶次回 la próxima vez.

***-じ -時** 分, 何時. ▶2 時ちょうどに adv. a las dos en punto. ▶午後 6 時頃に adv. hacia [sobre] "las seis de la tarde [《フォーマル》18.00]. ▶9 時 1 分の汽車に乗る v. tomar el tren de las 9:01. 〈会話〉いま何時ですか—9 時 30 分です¿Qué hora es? – Son las 9:30. → 何時.

-じ 寺 m. templo de Horyu(ji).

***しあい 試合** (一般に) m. juego; (チェス・トランプなどの) f. partida; (スポーツの) m. partido; (格闘技の) m. combate, f. lucha; (競技会) f. competición; (勝抜き戦) m. torneo. → 勝負, ゲーム.

1《～(の)試合, 試合＋名詞》▶野球の試合 m. partido de béisbol. ▶ボクシング [レスリング] の試合 m. combate de ¹boxeo [²lucha libre]. ▶阪神と広島の試合は同点だった El partido entre Hanshin y Hiroshima acabó empatado. ▶テニスの試合の結果はどうでしたか¿Cuál fue el resultado del [Cómo acabó el] partido de tenis? ▶両チームともうまい試合運びだった Los dos equipos jugaron bien.

2《試合に》▶試合に勝つ [²負ける] v. ¹ganar [²perder*] un partido. ▶試合に出る v. jugar* [participar en] un partido. ▶一方的な試合になる v. llegar* a ser* un partido desigual [desnivelado]. ▶彼, 腕を折ってしまったんだよ. だから試合には出られなかったんだ Se rompió el brazo y no pudo salir a jugar.

3《試合を》▶試合をする v. jugar* [disputar] un partido (contra). ▶サッカーの試合を申し込む v. proponer* [《強調して》desafiar*] a,《口語》echar] un partido de fútbol. ▶私ともう一試合やりませんか No juega otra vez conmigo? / ¿Jugamos otra vez? ▶われわれはきのう中国チームとバレーボールの試合をした Ayer jugamos contra el equipo chino de balonvolea [voleibol]. ▶どことどこが試合をしているのですか¿Quiénes juegan? ⇨ 顔合わせ, 取り組

じあい 慈愛 (愛情) m. afecto,《口語》m. cariño,《フォーマル》f. benevolencia. ▶親の慈愛 m. afecto [m. cariño] de los padres. ▶慈愛深い母 f. madre cariñosa. ▶慈愛に満ちたほほえみ f. sonrisa afectuosa.

しあがり 仕上がり (出来栄え) f. terminación, m. acabado; f. profesionalidad. ▶この作品はみごとな仕上がりを見せている Este trabajo refleja una exquisita terminación. → 上がり.

しあがる 仕上がる v. terminarse; (完成される) v. quedar acabado [terminado]. → 完成する ▶出来上がる, 出来

しあげ 仕上げ (仕上げること) m. acabado, f. terminación; (絵などの) mpl. retoques finales, f. última mano. ▶仕上げの仕上げ m. acabado brillante. ▶その絵に仕上げの筆を入れる v. dar* los últimos retoques a un cuadro. ▶この木製机は仕上げが美しい Esta mesa de madera tiene un hermoso acabado.

***しあげる 仕上げる** v. acabar, terminar. ▶宿題はもう仕上げましたか¿Has acabado tu tarea? ▶その仕事は今日中に仕上げなければいけない Tengo que terminar hoy ese trabajo. ▶早く仕上げてしまおうよ「Vamos a terminar [《フォーマル》Acabemos] pronto. ▶私は十日でなんとかその仕事を仕上げた Logré acabar el trabajo en diez días.

しあさって 明明後日 adv. dentro de tres días, tras pasadomañana.

しあつ 指圧 (療法) f. acupresión, f. digitopuntura, f. terapia de la presión de los dedos,《日本語》m. "shiatsu". ▶指圧療法師 mf. acupresionista.

***しあわせ 幸せ** f. felicidad, f. dicha (→幸福, 幸い); (喜び) m. placer, m. gozo.

1《幸せに》adj. feliz,《文語》dichoso. ▶美しい音楽を聞くことほど幸せなことはない Nada me 「hace más feliz [causa más placer] que oír buena música.

2《幸せに》adv. felizmente. ▶幸せに暮らす v. llevar una vida feliz, vivir felizmente. ▶人はみな幸せになりたいと思う Todo el mundo 「persigue la felicidad [quiere ser feliz]. / El deseo de felicidad es humano. ▶お幸せに Que sea muy feliz. ▶世界中の幸せを願う El deseo toda la felicidad del mundo. 〈会話〉その男といっしょになっても幸せにはなれないよ—彼に会ってもいないのによくもそんなことが言えるわね Nunca vas a ser feliz con él.– ¡Pero, si no lo [le] conoces! ¿Cómo puedes decir eso?

3《幸せが》▶あなたはいい娘を持っていて幸せだ Debes (de) estar feliz por tener una buena hija.

しあん 思案 (思考) m. pensamiento; f. meditación; f. reflexión; (熟慮) f. consideración,《教養語》f. ponderación. ▶思案する v. pensar* (en, sobre, acerca de),《文語》considerar. ▶思案 (＝考え込んだ) 顔で adv. con expresión pensativa [preocupada]. ▶どうしたものかと思案に暮れる v. no saber* qué hacer*. ▶ここが思案のしどころだ Aquí es donde tenemos que pensarlo bien [cuidadosamente]. ▶彼は行くべきかどうか思案していた Estaba considerando si ir o no. ⇨ 自問自答, ためらう

しあん 試案 m. plan provisional.

しい 恣意 f. 恣意的な adj. arbitrario. → 任意.

しい 椎 f. 椎の実 m. chincapino.

じい 辞意 f. intención de dimitir,《フォーマル》m. propósito de dimisión. ▶辞意をひるがえす v. abandonar la intención de dimitir; (考え直す) v. replantearse [reconsiderar] la dimisión. ▶彼は辞意を明らかにした Ha anunciado「su intención de dimitir [que dimitiría; que iba a dimitir]. ▶彼は辞意が固い Está decidido a dimitir.

じい 示威運動 f. manifestación. → デモ.

シーアン 西安 Sian,《ピンイン》Xian (☆中国の都市).

ジーエイト (先進 8 か国首脳会議) G8, Grupo de los Ocho.

ジーエヌピー (GNP) (国民総生産)《専門語》m.

producto nacional bruto, 【略】PNB. 《会話》日本のGNPは世界で何番目ですか—2番目です ¿Qué posición en el mundo ocupa el PNB de Japón? – La segunda.

シーエム CM *m.* anuncio, 【ラ米】*m.* (mensaje) comercial, *m.* anuncio publicitario, *m.* spot, *f.* cuña.

しいか 詩歌 *f.* poesía; (1編の) *m.* poema.

しいく 飼育 (育てること) *f.* cría, 飼育する *v.* criar*, (口語) tener*. ▶動物園の飼育係 *mf.* criador/dora (de los animales) del zoo.

シークレット (公然の秘密) ▶オープンシークレット *m.* secreto a voces. ▶トップシークレット *m.* máximo secreto.

シークレットサービス *m.* servicio secreto.

シーケンシャル ▶シーケンシャル・アクセス 《専門語》 *m.* acceso secuencial. ▶シーケンシャル・ファイル 《専門語》 *m.* archivo secuencial.

シージー CG 《専門語》 *fpl.* gráficas por 【スペイン】 ordenador 【ラ米】 computadora】.

シージーアイ CGI 《専門語》 *m.* interfaz común de pasarela.

じいしき 自意識 *f.* conciencia de sí mismo, *f.* autoconciencia. ▶自意識過剰の *adj.* consciente de sí mismo, autoconsciente.

シーズン *f.* época, *m.* tiempo, *f.* temporada. → 季節, 旬(しゅん). ▶受験シーズンを迎えて *adv.* al llegar la época de los exámenes de ingreso. ▶秋はサッカーのシーズンだ El otoño es la temporada [estación] del fútbol. ▶野球は今シーズンオフだ Es la temporada muerta del béisbol. ▶ホテルはシーズン中は込んでいます Los hoteles están llenos en la temporada (turística).

シーソー *m.* subeibaja, *m.* balancín. ▶シーソー遊びをする *v.* jugar* al subeibaja [balancín]. ▶シーソーゲーム *m.* juego de subeibaja.

しいたけ 椎茸 *m.* shiitake, (説明的に) *f.* seta de sombrero plano que crece especialmente en los troncos de la encina japonesa.

しいたげる 虐げる (暴政を行う) *v.* 《強調して》tiranizar*. ▶虐げられた人々 《フォーマル》los oprimidos. ▶独裁者は人々を虐げた El/La dictador/dora oprimió 《強調して》tiranizó al pueblo. ▶貧しい人々を虐げてはいけない No seas cruel con los pobres.

シーチアチョワン 石家荘 Shichiachuang, 《ピンイン》Shijiazhuang (☆中国の都市).

しーっ (静かにさせるとき) *interj.* chis, shhh, chito, chitón. ▶しーっ!だれかがやって来る ¡Chis! Se acerca alguien. ▶彼女は強くしーっと言って子供を黙らせた Acalló [Mandó callar] a su hijo con firmeza. ▶彼は猫を虐げて(しーっ)と追い払った Ahuyentó al gato 「con un [diciendo] "oxte".

シーツ *f.* sábana. ▶ベッドのシーツを変える *v.* cambiar [mudar] las sábanas de la cama.

シイツァン 西蔵 Tíbet, 《ピンイン》Xizang(☆中国のチベット自治区).

しいて 強いて (力ずくで) *adv.* a [por] la fuerza; (意に反して) *adv.* contra (su) voluntad. ▶強いて彼に小切手を書かせる *v.* obligarlo [le] * [forzarlo[le]*, 《教養語》compelerlo[le]) a firmar el cheque, hacerle* firmar el cheque a la fuerza. ▶強いてとおっしゃるならすっかりお話しましょう Si me obligas, te lo diré todo.

シーティー CT ▶CTスキャン *f.* tomografía computarizada.

シーディー (コンパクト・ディスク) *m.* (disco) compacto, CD (ce de). ▶暇なときにシーディーを聴く *v.* escuchar cedés en el tiempo libre.

シーディーピー GDP ▶国内 (→国内総生産).

シーディーロム CD-ROM 《専門語》《英語》 *m.* "CD-ROM" (☆発音は [sederróm]), *m.* cederrón. → シーディー. ▶CD-ROMドライブ 《専門語》 *m.* lector de CD-ROM.

シート ❶【座席】 ▶シルバーシート *m.* asiento reservado para「personas mayores [ancianos]」y minusválidos. ▶「シートベルトをお締めください」とスチュワーデスが言った "Abróchense sus cinturones, por favor", dijo la azafata.

❷【覆い】 *f.* funda; (防水シート) *f.* lona impermeable; (タールのシートを塗った) *f.* lona alquitranada [impermeabilizada].

❸【1枚の紙】▶切手シート *m.* pliego de sellos.

シード ▶第1シードの選手 *mf.* primer/mera cabeza de serie. ▶第5シードの選手 *mf.* quinto/ta cabeza de serie. ▶彼は昨年の柔道大会では第4シードだった En el gran torneo de "judo" del año pasado fue el cuarto cabeza de serie.

シート・フィーダ 《専門語》 *m.* alimentador de documentos.

シードル *f.* sidra (☆りんご酒).

シーニン 西寧 (ピンイン) Xining (☆中国の都市).

ジーパン *mpl.* (pantalones) vaqueros [tejanos, 【メキシコ】de mezclilla]. ▶ジーパンをはく *v.* ponerse* unos vaqueros. ▶ジーパンをはいた少年 *m.* chico con vaqueros.

地域差 ジーンズ
〔スペイン〕 *m.* pantalón vaquero, *mpl.* pantalones vaqueros
〔キューバ〕 *m.* pantalón de mezclilla, *f.* pitusa
〔メキシコ〕 *m.* pantalón de mezclilla, *m.* pantalón vaquero, *mpl.* pantalones vaqueros
〔コロンビア〕 *mpl.* "blue jeans" (☆発音は [blú yín(s)])
〔アルゼンチン〕 *m.* pantalón vaquero

ジーピーエス GPS 《専門語》 *m.* sistema de localización global.

シーピーユー CPU 《専門語》 *f.* unidad central de proceso [procesamiento].

ジープ 《英語》 *m.* "jeep."

シーフード *mpl.* mariscos. ▶シーフードを食べる *v.* comer mariscos. ▶シーフードレストラン *f.* marisquería, *m.* restaurante de mariscos.

ジーユーアイ GUI 《専門語》 *m.* interfaz gráfico de usuario.

しいる 強いる (強制する) *v.* obligar*, 《教養語》 compeler → 強制する; (意見・義務などを押しつける) *v.* imponer*. ▶自白を強いる *v.* obligar* 《a＋人》a confesar*, forzar* [［強調して］arrancar*]《a＋人》la confesión. ▶自分の意見を他人に強いる v. imponer* la opinión propia en los demás.

シール f. pegatina, m. sello. ▶封筒にクリスマス用シールを張る v. poner* una pegatina de Navidad en el sobre.

しいれ 仕入れ ▶仕入れ価格［値段］m. precio de compra. ▶仕入れ係 m. encargado de adquisiciones [compra]. ▶仕入れ品 fpl. existencias, m. surtido.

しいれる 仕入れる v. proveerse* [surtirse] (de mercancías); (在庫に持つ) v. tener* en "stock" [existencias]. ◆どこでそんな情報を仕入れたのか ¿De dónde has conseguido tal información? 　買い入れる, 仕入れる.

しいん 試飲 ▶スペインのワインを試飲する v. catar [probar*] el vino español.

しいん 死因 f. causa [m. motivo] de la muerte. 会話 死因は？―心臓まひだ ¿De qué murió? – De un paro cardíaco.

しいん 子音 f. consonante ▶[¹有 [²無］声子音 f. consonante ¹sonora [²sorda].

シーン f. escena. → 場面. ▶ラブシーン f. escena de amor.

じいん 寺院 m. templo; (イスラム教の) f. mezquita.

ジーンズ → ジーパン

じいんと ▶じいんとさせる (感動させる) v. conmover*, emocionar. ▶じいんとくる場面 f. escena conmovedora. ◆その悲しい出来事に私は目頭がじいんとなった《口語》Ese triste suceso me hizo llorar de emoción. / Las lágrimas se me saltaron de emoción por ese triste suceso. ◆(私は)その忠実な動物の物語にじいんときた Me conmovió la historia del fiel animal. ◆彼の言葉がじいんときた (＝心にしみ入った) Sus palabras me conmovieron. ◆水に手をひたすと、冷たくてじいんとしてきた (＝無感覚になった) Al meter la mano en el agua, sentí que se me entumecía de frío.

シウダ・デ・メヒコ mexicoシティー.

しうち 仕打ち (扱い) m. trato. ▶彼からひどい仕打ちを受ける v. ser* [tratado muy mal [maltratado] por él. ◆彼の仕打ちは決して忘れないぞ Nunca olvidaré cómo me ha maltratado.

しうんてん 試運転 (列車・車などの試運行) f. marcha de prueba [ensayo]; (車などの) f. conducción de prueba. ▶機械を試運転する v. probar* [［フォーマル］someter a prueba a] una máquina. ◆車を試運転した Probé [Di una vuelta para probar] el coche.

シェア (市場占有率) f. participación en el mercado, f. cuota de mercado. ▶シェアを伸ばす v. aumentar la participación en el mercado. ◆この会社はパソコン業界では80パーセントのシェアを占めている Esta empresa 「tiene un [controla el] 80% en el mercado de ordenadores personales.

シェアード・メモリー《専門語》f. memoria compartida.

シェアウェア《英語》《専門語》m. "shareware".

しえい 市営 ▶市営の adj. municipal; (市で経営されている) adj. de administración munici-

シエラネバダ　547

pal. ▶市営アパート m. piso [m. apartamento] municipal. ▶市営バス m. autobús municipal. ◆このホテルは市営です Este hotel es de administración municipal.

じえい 自衛 ▶自衛 f. defensa propia, f. autodefensa. ▶自衛権 m. derecho de propia defensa. ▶自衛隊 fpl. Fuerzas (Japonesas) de Autodefensa. ▶自衛手段を講じる(国家が) v. tomar medidas de autodefensa; (個人が) v. tomar medidas para protegerse*. ▶自衛するv. defenderse*. → 守る.

じえい 自営 ▶自営する v. llevar el propio negocio, tener* negocios propios. ◆彼は自営で工務店をやっています Es un constructor autónomo.

じえいぎょうしゃ 自営業者 (自営している人) mf. autónomo/ma.

シェイプアップ ▶シェイプアップする v. mejorar la línea. ▶シェイプアップの体操をする v. hacer* ejercicios para mejorar la línea.

ジェーアール (国鉄分割民営化後の会社を総称する愛称) JR (Ferrocarriles Japoneses). ▶JR ¹東 [²西]日本 Compañía de Ferrocarriles Japoneses del ¹Este ²Oeste.

ジェーオーシーヴィー JOCV (青年海外協力隊) Servicio de Voluntarios Japoneses para la Cooperación en el Extranjero.

シェーバー (電気かみそり) f. máquina de afeitar, ［メキシコ］f. rasuradora.

ジェービーアイシー JBIC (国際協力銀行) Banco Japonés de Cooperación Internacional.

シェービングクリーム f. crema de afeitar [rasurar].

ジェスチャー (身ぶり) m. gesto, f. gesticulación,《フォーマル》f. mímica. ▶ジェスチャーゲームをする v. jugar* a los gestos. ▶怒ったジェスチャーをする v. hacer* un gesto de ira [enfado, enojo]. ▶思っていることをジェスチャーで表わす v. expresarse con [por] gestos. ▶彼はジェスチャーで私にもっと近くに来るように合図した Me hizo un gesto para que me acercara. ◆彼は本当はそんなつもりじゃないんだ. ただのジェスチャー (＝見せかけ)だよ No lo dice en serio. No es más que「un gesto [pura fachada,《口語》teatro].

ジェットき ジェット機 m. reactor, m. avión a [de] reacción,《口語》m. avión a chorro. ▶ジェット機でアメリカへ行く v. volar* a Estados Unidos en un reactor [avión a reacción].

ジェットコースター f. montaña rusa.

ジェトロ JETRO f. Organización Japonesa para el Comercio Exterior.

ジェネレーション f. generación. → 世代.

ジェノバ Génova (☆イタリアの県・県都).

シェパード m. pastor alemán.

シェフ (コック長) mf. chef.

ジェラシー mpl. celos. ◆彼は妻が若い男といるのを見た時ジェラシーを感じた Sintió celos al ver a su mujer con un hombre más joven.

シエラネバダ Sierra Nevada (☆合衆国, スペインの山脈).

シエラレオネ Sierra Leona (☆アフリカの国, 首都フリータウン Freetown).

シェリー ▶シェリー酒 *m.* jerez.

シェルター ▶核シェルター *m.* refugio antinuclear.

しえん 支援 *m.* apoyo, *m.* sostén. → 援助. ▶支援する *v.* apoyar, sostener*. ▶支援者 *mf.* partidar*io/ria*. ▶平和運動を支援する *v.* apoyar la causa de la paz ☞ 援助, 助け; 賛助, 助ける, 梃入れ

じえん 耳炎 《専門語》 *f.* otitis.

ジェンダー *m.* género.

シェンヤン 瀋陽 Shenyang, 《ピンイン》 Shenyang (☆中国の都市).

* **しお** 塩 *f.* sal; (食卓塩) *f.* sal de mesa. ▶塩入れ *m.* salero. ▶塩一つまみ [一さじ] *f.* una pizca de sal. ▶野菜を塩漬けにする *v.* salar verduras. ▶塩を振りかける *v.* salar, echar [poner*] sal 《a》. ▶塩をまいて清める *v.* derramar sal para ahuyentar la mala suerte. ▶魚を塩焼きにする *v.* asar el pescado con sal. ▶このスープは塩がききすぎている [²足りない] Esta sopa está ¹demasiado salada [²sosa]. ♦塩をとってください *¿*Me pasa la sal, por favor?

しお 潮 *f.* marea; (潮流) *f.* corriente; (海水) *f.* agua de mar. ▶赤潮 *f.* marea roja. ▶潮風 *f.* brisa de mar. ▶潮騒 (⁽ˢᵒᵘ⁾) *m.* rumor (de las olas) del mar. ▶潮だまり *f.* charca (con agua) de marea. ▶潮の満ち引き *m.* flujo y reflujo de la marea. → 干満. ▶このあたりは潮の流れが強いので泳げない La fuerte marea nos impide nadar aquí. ▶この島は潮の満ち干によって出没する Esta isla la cubre y la descubre alternativamente la marea. ♦潮が差してきている (=満ち [上げ] 潮だ) Sube [Crece, Llega] la marea. ♦潮は今満ちている (=満潮だ) La marea está crecida [al máximo]. ♦潮がひいてきている (=引き潮だ) Baja [Mengua, Se va] la marea. ♦鯨は潮を吹く La ballena「expulsa un chorro de agua [《口語》echa agua a chorros].

しおから 塩辛 "shiokara", (説明的に) *fpl.* entrañas de pescado marinado y fermentado. ▶イカの塩辛 *mpl.* calamares marinados [fermentados].

しおからい 塩辛い *adj.* sala*do*. ▶塩辛い¹水 [²食べ物] ¹*f.* agua salada [² *mpl.* alimentos salados]. ☞ しょっぱい, 辛い

しおくり 仕送り (郵送された金) *f.* asignación, *m.* giro; (月々の) *f.* mensualidad. ▶東京の息子に月10万円の仕送りをする *v.* enviar* al hijo en Tokio una mensualidad de 100.000 yenes. ▶母からの月々の仕送りで生活しています Vivo de la asignación que me envía todos los meses mi madre. / Me mantengo con la mensualidad que me manda mi madre.

しおけ 塩気 (塩分) *f.* sal, *f.* salobridad; (塩味) *m.* gusto salado. ▶塩気がある *v.* saber* [estar*] sala*do*.

しおどき 潮時 *f.* buena ocasión, *m.* momento oportuno [《フォーマル》propicio]; (適した時) *m.* tiempo, *f.* hora, *f.* oportunidad. → 時. ♦引きあげる潮時だ Es hora de que nos vayamos. ♦潮時 (=好機) を見はからって引退した Aproveché una oportunidad para dimitir. ♦何事にも潮時 (=時機) というものがある Hay tiempo para todo.

しおひがり 潮干狩り ▶潮干狩りに行く *v.* ir* a la playa a coger* mariscos.

しおみず 塩水 *f.* agua salada [《フォーマル》salobre].

しおやき 塩焼き (魚)*m.* pescado asado (a la parrilla con sal).

しおらしい (控えめな) *adj.* modesto, modo*so*; (おとなしい) *adj.* sumiso, apacible; (かわいらしい) *adj.* dulce; (いじらしい) *adj.* conmove*dor*, enternece*dor*. ▶しおらしい娘 *m.* joven dulce. ♦彼は今日は言葉もふるまいもしおらしい Hoy está modesto en lo que dice y en lo que hace.

しおり (本にはさむ) *m.* marcador (de páginas), *m.* señalador (de libros); (案内書, 手引き) *f.* guía. ▶しおりをはさむ *v.* poner* un marcador entre las páginas.

しおれる (しぼむ) *v.* marchitarse, (教養語) ajarse; (色・生気を失う) *v.* desteñirse*, perder* el color; debilitarse; (垂れる) *v.* decaer*. ▶花が寒さでしおれた Las flores se marchitaron por el frío. ☞ 枯れる, しなびる, しぼむ

しか 鹿 *m.* ciervo, *m.* venado. ▶シカの皮 *m.* cuero de venado [ciervo]. ▶シカの角 *f.* cornamenta [*f.* astas] de un ciervo. ▶シカの肉 *f.* carne de venado.

しか 歯科 *f.* odontología. ▶歯科医 *mf.* dentista, 《教養語》 *mf.* odontólogo/ga; 《教養語》 *mf.* cirujano/na dentista. ▶歯科医院 *f.* clínica dental. ▶歯科衛生士 *mf.* higienista dental. ▶歯科技工士 *mf.* protésico/ca dental. ▶歯科大学 *f.* facultad de odontología.

しか 市価 *m.* precio de mercado, *m.* valor comercial. ▶市価の変動 *fpl.* fluctuaciones del mercado.

•-**しか** *adv.* sólo, solamente, 《口語》《強調して》tan sólo; *v.* no + 動詞 +más que…de… ♦昨夜は5時間しか寝ていない Anoche「sólo dormí [no dormí más que] cinco horas. ♦母しか私を本当に理解してくれる人はいません《口語》Sólo me entiende de verdad mi madre. / No me entiende realmente más que mi madre. / Mi madre es la única persona que de verdad me entiende. ♦ただ待つしかない「No tengo más [Solamente tengo] que esperar. / Lo único que he de hacer es esperar. ♦彼女は泣くしかなかった 《口語》No hizo más que llorar. / Llorar era lo único que pudo hacer. 会話 どうしよう—もう一度やってみなさい. それしか方法はない *¿*Qué hago? – No te queda más remedio que hacerlo otra vez. ♦彼に聞くしか方法がない No queda más remedio que preguntarle. / Solamente queda preguntarle. ♦箱の中には古新聞しか (=古新聞を除いて何も) なかった En la caja no había más que periódicos viejos.

じか 時価 *m.* precio actual [del día]. ▶絵を時価で売る *v.* vender un cuadro al precio actual. ♦このダイヤは時価 (=現在の金で)1千万

円です Este diamante vale 10 millones de yenes「a precio [en el mercado] actual. / (今日1千万円と評価されている)Hoy día este diamante「《フォーマル》está valorado en [se cotiza a] 10 millones de yenes.

じが 自我 m. yo, m. ego. ▶自我の形成 f. formación del ego. ▶自我に目覚める v. tener* conciencia「del propio ego [de sí mismo]. ♦彼は自我が強い（＝自己中心的だ）Es un egoísta.

しかい 司会 ▶司会者（会議の）mf. presidente/ta; （討論会などの）mf. moderador/dora; （番組・パーティーなどの）mf. presentador/dora, m. maestro de ceremonias; （ニュースなどの総合司会者）mf. presentador/dora.
—— 司会する v. presidir, actuar* [hacer*] de presentador/dora.

しかい 市会（市議会）m. concejo municipal. ▶市会議員 mf. concejal/jala, m. miembro del concejo municipal.

しかい 視界（視程）m. campo [m. ángulo] visual [de visión], f. visibilidad. ▶視界5百メートル f. visibilidad de 500 metros. ▶視界がきかなかったので adv. por falta de visibilidad. ▶視界1に入ってくる [2から消える] v. 1entrar [2salir*] del campo visual. ▶視界を妨げる v. ocultar [tapar] la vista. ▶視界が1悪い [2ゼロ]のため空港は閉鎖された El aeropuerto fue cerrado a causa de la 1escasa [2nula] visibilidad.

しかい 死海 Mar Muerto（☆ヨルダンとイスラエルの国境の塩湖）.

しがい 市外 ▶市外局番 m. prefijo, m. código territorial. ▶市外通話 f. conferencia, 『ラ米』f. llamada「de larga distancia [interurbana]. ▶市外（＝郊外）に住む v. vivir en「las afueras [los alrededores, la periferia]《de》.

しがい 市街（通り）f. calle. ▶旧市街 m. barrio [m. casco] antiguo [viejo]. ▶市街戦 m. combate callejero [en las calles]. ▶市街地 f. zona urbana. ▶市街地図 m. mapa「de la ciudad [《フォーマル》urbano]. ▶市街電車 m. tranvía.

しがい 死骸 m. (cuerpo) muerto; （人の）m. cadáver; （動物の）f. (res) muerta. → 死体.

じかい 次回 f. próxima vez, f. vez siguiente. → 次. ▶次回の会議はいつ開かれますか ¿Cuándo se celebra la próxima reunión?

しがいせん 紫外線 mpl. rayos ultravioleta. ▶紫外線療法 m. tratamiento [f. terapia] por ultravioleta.

じかえいぎょう 自家営業 m. negocio familiar.

しかえし 仕返し f. venganza, m. desquite, f. revancha; （政治的な）f. represalia. ▶仕返しをする（＝復讐（ふくしゅう）する）v. vengarse*《de》, 《フォーマル》tomar venganza, desquitarse; 《口語》devolvérsela*. ♦彼に仕返しをした「Me vengué [Tomé venganza] de su traición. / El me traicionó, 《口語》pero yo se la devolví. ♦彼に侮辱されたので, 仕返しをしてやった Como el me insultó a mí, yo le insulté a él. / Él me insultó y yo me

しがく 549

vengué insultándolo[le].

* **しかく** 資格（地位・職業などの）m. título, f. calificación; m. derecho; （必要条件）m. requisito; （許可）f. autorización, m. permiso.

1《～資格，資格＋名詞》 ♦彼は受験資格がない No「está cualificado [está titulado, tiene derecho] para tomar el examen. ♦彼は大学の入学資格（＝要件）を満たしている Cumple los requisitos para ingresar en la univesidad. ♦彼はセルバンテス協会のスペイン語の資格試験を受けた Tomó el examen de aptitud de español del Instituto Cervantes.

2《資格が[は]》 ♦彼には音楽を教える資格がある Está cualificado [《ラ米》calificado] para enseñar música. / （音楽の教師の資格がある）《フォーマル》Está titulado para ejercer la docencia de música. ♦彼は年金をもらう資格がある「Tiene derecho a [Es elegible para, Cumple los requisitos para] recibir la pensión. ♦君はそんなことを言う資格（＝権利）がない No tienes derecho a decir eso. ♦私にはそのような賞をもらう資格はない（＝価値はない）No me merezco un premio así. / 《フォーマル》Soy indigno de tal galardón.

3《資格を》 ♦彼は去年医師の資格を得た El año pasado obtuvo la licencia médica [para ejercer la medicina]. ♦彼女はミスユニバースの出場資格を1得た [2失った] Fue 1cualificada [2descalificada] para el certamen de Miss Universo. ♦協会は彼に指導員の資格を与えた La asociación le habilitó [autorizó, cualificó] para ser instructor.

4《資格で》 ♦彼は法律顧問の資格でその会議に出席した Asistió a la junta en calidad de asesor jurídico.

* **しかく** 四角（正方形）m. cuadrado; （四辺形）m. cuadrilátero. ▶四角に切る v. cortar un cuadrado. ▶四角いテーブル f. mesa cuadrada. ▶大きな四角い紙 m. gran cuadrado de papel. ▶四角ばった文字 f. letra angulosa.
—— 四角ばる v. ser* demasiado formal [《口語》estirado]. ▶四角ばらない v. dejarse de 《口語》ceremonias [formalidades, cumplidos]. ▶結婚式は四角ばらずにやります Vamos a tener una boda informal.

しかく 視覚 m. sentido de la vista; （視力）f. visión, f. vista. ▶視覚器官 m. órgano「de la vista [《フォーマル》óptico]. ▶視覚教具 m. material didáctico visual. ▶視覚中枢《専門語》m. centro visual. ▶視覚を失う v. perder* la vista. ▶視覚に訴える v. atraer* la vista, 《口語》cebar el ojo. ♦彼は視覚を失って聴覚が発達した Al perder la vista, mejoró su oído.

しかく 死角 m. ángulo muerto. → 盲点.

しかく 刺客 mf. asesino/na.

しがく 私学 f. escuela privada; （大学）f. universidad privada.

しがく 歯学《専門語》f. odontología. ▶歯学部 m. departamento [f. facultad] de Odontología. → 学部.

しがく 史学 f. historia. ▶史学科 m. departamento de Historia.

じかく 自覚 f. conciencia. ◆公害をなくすには市民の自覚が必要だ Los ciudadanos tienen que tomar conciencia de lo que deben hacer para controlar la contaminación (del medio ambiente).
── 自覚する v. 「ser* consciente [tener* conciencia]」(de); (悟る) v. darse* cuenta (de), saber*. ◆自分の欠点は自覚している Soy consciente de mis propias faltas. ◆彼は指導者であることを十分自覚している Se da perfectamente cuenta de que es el líder.

しかけ 仕掛け (装置)《フォーマル》m. dispositivo; (機械装置) m. mecanismo. ▶機械仕掛け m. dispositivo mecánico. ▶ネズミをとる簡単な仕掛け m. simple dispositivo para atrapar ratas. ◆この時計はぜんまい仕掛けで動きます Este reloj funciona con un muelle. ◆それには種も仕掛けもない No hay ningún truco. ➡からくり, 装置

しかける 仕掛ける (着手する) v. empezar* [comenzar*]《a ＋ 不定詞》; (装置する) v. colocar*. ◆仕掛けた仕事《フォーマル》f. obra emprendida. ◆キツネにわなを仕掛ける v. tenderle una trampa al zorro. ◆テロリストが大使館に爆弾を仕掛けた Los terroristas colocaron una bomba en la embajada. ◆彼にけんかを仕掛ける (＝売る) v. buscar* pelea con él. ◆戦争を仕掛ける v. hacer* la guerra 《a, contra》. ◆その爆弾はさわると爆発するように仕掛けられていた Las bombas habían sido colocadas para explotar por contacto.

シカゴ Chicago (☆アメリカ合衆国の都市; 発音は [tʃikágo]).

しかざん 死火山 m. volcán apagado.

**しかし conj. pero,《フォーマル》sin embargo. ◆彼は一生懸命働いた。しかしうまく行かなかった Trabajaba mucho, pero no tenía éxito. / Trabajaba mucho; sin embargo, no tenía éxito. / Trabajaba mucho; y, aun así, no tenía éxito. ◆雨が激しく降っている。しかし私たちはもう出発しなければならない Está lloviendo mucho, pero [《フォーマル》sin embargo] hay que salir. / 《Aunque está lloviendo mucho [《口語》Lloviendo mucho y todo], tenemos que salir. ➡ かかわらず. ◆汽車に乗り遅れた。しかし田中君が車に乗せてくれた Perdí el tren, pero Tanaka me llevó en su coche. ☞ ─が, けれども, しかるに, その代わり, それでも, それなのに, 但し, でも, ─というのに, ところが, とは言え

じがじさん 自画自賛 f. autoalabanza,《口語》m. autobombo. ▶自画自賛する v. darse* [hacerse*] autobombo, alabarse a sí mismo.

じかせい 自家製 ◆自家製(の)ジャム f. mermelada casera. ▶自家製のビール f. cerveza (de fabricación) casera.

じかせん 耳下腺《専門語》f. glándula parótida. ▶耳下腺炎 f. parotiditis.

じがぞう 自画像 m. autorretrato. ◆自画像を描く v. hacer* [pintarse*] el autorretrato.

しかた 仕方 f. manera, f. forma,《口語》m. cómo. → 方法. ◆彼のあいさつの仕方が気にくわない No me gusta「el modo de saludarme [la manera en que me saluda]. ◆彼の実験の仕方は間違っていた El método de su experimento「era erróneo [estaba equivocado].

・**しかたがない** 仕方が無い ❶【どうすることもできない】v. no quedar「más remedio [otra solución]」;【甘受せざるをえない】v. tener* que aceptar(lo);【避けられない】v. ser* inevitable [《フォーマル》ineludible];【選択の余地がない】v. no haber* elección, no tener* alternativa. 《会話》今日は出発できないんだ―じゃあ仕方がないな No podemos salir hoy.― Bueno, no queda más remedio. ◆彼の悪声は仕方がない No puede evitar su voz ronca. ◆列車が遅れたって仕方がないだろう ¡Qué le vamos a hacer si el tren llega tarde! 《会話》いったいどうして彼にお金を払ったりしたのよ―仕方がなかったのよ ¿Por qué le pagaste? - No me quedaba「más remedio [《口語》otra]」. ◆多少の批判は仕方がない Algunas críticas son inevitables. ◆彼女に真相を言うしか仕方がないよ (＝真相を言うよりほかにどうしようもない) No tienes「otro remedio [otra solución]」que decirle a ella la verdad. ◆済んだ事は仕方がない《ことわざ》A lo hecho, pecho.
❷【当然だ】v. ser* lógico [natural, normal]《que ＋ 接続法》. → 当然. ◆彼女が彼を恨むのも仕方がないよ Es muy lógico que sienta rencor hacia él. ◆不注意だと言われても仕方がない ¡Bueno, no me extraña que me llamen descuidado! 《会話》家賃が払えなくなってアパートを追い出されたんだ―そりゃ仕方がないな Me echaron del apartamento porque no podía pagar el alquiler.- Es natural. [《口語》¡Hombre, claro!]
❸【むだだ】de nada vale [sirve]《＋不定詞》; (役に立たない) es inútil《＋不定詞》. → 無駄. ◆彼を待っていても仕方がない「De nada vale [Es inútil] esperarle. ◆砂漠を横断するのにこんな車じゃ仕方がない Este coche es inútil para ir por el desierto.
❹【…せずにいられない】v. no poder* menos de《＋不定詞》; (どうしても…したい) v. estar* deseoso 《de ＋ 不定詞》, v. morirse* 《por ＋ 不定詞》. ◆心細くて仕方がなかった No podía dejar de sentirme solo. ◆彼女に会いたくて仕方がない「Me gustaría mucho [Estoy muy deseoso de] verla. ◆《強調して》《口語》Me muero por verla.

しかたなし(に) 仕方無し(に) (余儀なく…する) v. ser* obligado [forzado]《a ＋ 不定詞》; (嫌々) adv. de mala gana,《口語》a regañadientes; (しぶしぶ) adv. con reticencia,《口語》con desgana; (意志に反して) adv. contra su voluntad. ◆彼は仕方なしに職務を辞めた Se vio obligado a dimitir de su cargo. ◆私たちは彼の提案を仕方なしに受け入れた Aceptamos su propuesta「de mala gana [《フォーマル》con reticencia,《口語》con desgana]. ◆彼女は意味を仕方なしにばらした La amenazaron y reveló el secreto a su pesar. ◆彼は差し出されたグラスに手を延ばし, 仕方なしに少しずつ飲

んだ Alargó la mano para tomar el vaso que le ofrecieron y se lo tuvo que tomar poco a poco.

じがため 地固め ▶地堅めをする(ならす) v. allanar el camino《para》.

じかだんぱん 直談判 f pl. negociaciones directas. ▶直談判に及ぶ v. negociar 《con》 directamente [personalmente, sin intermediarios].

-じがち adj. inclinado [《教養語》proclive 《a》. → -がち. ▶間違いをしがちだ v. equivocarse* fácilmente, estar* inclinado a cometer errores.

じかちゅうどくしょう 自家中毒症《専門語》f. autointoxicación.

しかつ 死活 f. vida o muerte. ▶それは我が社にとって死活問題だ Es una cuestión「de vida o muerte [vital, crucial] para la empresa.

*__しがつ__ 四月 m. abril. ▶四月ばかの日(エープリルフール) m. Día de los Inocentes (スペインでは 12 月 28 日に親しい人に罪のない嘘をついて楽しむ).

じかつ 自活 f. independencia económica,《フォーマル》m. auto-financiamiento. ▶自活の道 mpl. medios para mantenerse. ▶自活している学生 mf. estudiante económicamente independiente. ▶タクシーの運転手をして自活する v. mantenerse* con un taxi.

しかつめらしい 鹿爪らしい [顔つきが] adj. serio, digno; (もったいぶった) adj. solemne, ceremonioso; (深刻な) adj. grave; [態度が] (堅苦しい) adj. terco; (形式ばった) adj. formal.

しがない (つまらぬ) adj. humilde, modesto; (惨めな) adj. miserable, desgraciado. ▶しがない暮らしをする v. llevar una vida miserable [oscura]. ▶田舎の小さな学校でしがない教師をしています Soy un/una humilde maestro/tra de una pequeña escuela rural.

じかに adv. directamente; (伝聞でなく) adv. de primera mano. → 直接(に). ▶そのことを彼からじかに聞く v. oírselo* directamente a él. ▶肌にじかに着る v. ponerse* directamente sobre la piel.

じがね 地金 (めっきの素地) m. metal (de) base; (未加工の金属) f. metal en bruto. ▶地金を出す(=本性を現わす) v. descubrirse*,《口語》revelarse tal cual.

-しかねない →かねない

しがみつく しがみ付く v. agarrarse [abrazarse*,《強調して》aferrarse,《フォーマル》asirse*]《a》; (しっかり握っている) v. asirse* 《a, de》. ▶母親にしがみついて離れない v. abrazarse* [agarrarse] a su madre. ▶その大枝にしがみつく v. asirse* a la rama ⇨ 食い下がる, すがりつく, すがる

しかめっつら しかめっ面 f. cara ceñuda, f. mueca.

しかめる ▶顔をしかめる(まゆをひそめる) v. poner mala cara (+ a), fruncir* el gesto 《ante》; (痛みや不快で) v. poner* mal gesto 《a, ante》; (いやな顔をする) v. hacer* 「una mueca [un gesto] 《a, ante》. ▶彼に向かって彼の行後の悪さに顔をしかめる v. ponerle* mala cara por su mala conducta. ▶顔をしかめてそれを見る v. mirarlo con la expresión fruncida. ▶痛くて顔をしかめる v.「hacer* una mueca [fruncir* la cara] de dolor.

*__しかも__ ❶ [その上] →その上, 又. ▶彼女は気だてよくし, しかも器量よしだ Tiene buen carácter y, además, es bonita. ▶彼は自信を持っているわ, しかも絶対のね Está seguro, pero que muy seguro. / No está seguro, sino segurísimo. ▶私はそこへ行かなければならない, しかも(=それも)すぐに Debo ir allí; y ahora mismo. ▶私は傘をなくした, しかも(=それも)買ったばかりのを He perdido el paraguas; y encima [《口語》para colmo], acababa de comprarlo.

《会話》これが長男の太郎と-まあ大きくなったこと!しかもお父さんにそっくりじゃないの Éste es Taro, el mayor. – ¡Pero, cómo ha crecido! Y, además,「se parece muchísimo [es clavado] a su padre.

❷ [それにもかかわらず] →かかわらず, しかし. ▶この魚は安くてしかも栄養がある Este pescado es barato y además [《口語》encima], nutritivo. / Este pescado no sólo es barato sino también nutritivo.

じかよう 自家用 (家庭用) m. uso familiar; (個人用) m. uso privado [particular]. ▶自家用車 m. automóvil familiar; (マイカー) m. automóvil particular [privado]. → マイカー.

__しかる__ 叱る (ろうるさく) v. reñir, regañar, reprender, 《口語》echar una bronca [reprimenda], abroncar*; (罰する) v. castigar*; (とがめる) v. reprochar. → とがめる. ▶先生は彼が授業中に話をしたと言ってひどくしかった El/La profesor/sora lo [le] riñó [regañó, reprendió] mucho [enérgicamente, severamente] por hablar en clase. ▶彼をうんとしかからないといけない Necesita una buena reprimenda.

しかるに (しかし) conj. pero, 《フォーマル》sin embargo, 《教養語》no obstante; (ところ一方) conj. mientras que; (他方では) adv. por otro lado, por otra parte. ▶しかし, 他方.

しかるべき 然るべき (本来そうあるべき) adj. debido; (必要・条件を満たした) adj. adecuado, conveniente; (最適の) adj. correcto; (社会的にちゃんとした) adj. respetable; (相応の) adj. debido, merecido. ▶しかるべき方法でその仕事をする v. hacer* debidamente el trabajo; hacer* el trabajo de la manera debida. ▶しかるべき理由もなしに彼を逮捕する v. detenerlo [le]* sin justificación [el debido motivo]. ▶彼はあんなことをしたのだから非難されてべきだ(=非難に値する) Merece que lo [le] critiquen por haber hecho eso.

—— 然るべく (適切な方法で) adv. debidamente, como es debido, como debe ser, apropiadamente; (きちんと) adv. correctamente, bien; (いちばんいいと思う方法で) adv. de la mejor manera. ▶しかるべく処置する v. tomar las apropiadas medidas, manejar (la situación) debidamente. ▶彼が出席するよう,しかるべく取り計らいます Veré cuál es la manera apropiada para que asista a la reunión.

しかん 子癇《専門語》f. eclampsia.
しかん 士官 mf. oficial/ciala. ▶ ¹陸軍 [²海軍]士官 mf. oficial/ciala ¹del Ejército de Tierra [²de la Marina]. ▶士官候補生 mf. cadete. ▶ ¹陸軍 [²海軍]士官学校 f. academia ¹military [²naval].
しがん 志願(申し込み) f. solicitud, f. instancia; (自発的奉仕) m. servicio voluntario; (応募者) mf. voluntario/ria. ▶大学入学志願者 mf. solicitante al ingreso en la universidad. ▶志願兵 mf. voluntario/ria.

── **志願する**(申し込む) v. solicitar, presentar la solicitud《para》;(自発的に申し出る) v. presentarse 「ofrecerse*」voluntariamente《para》. ▶看護師を志願する v. ofrecerse* voluntaria para trabajar de enfermera. ▶兵役を志願する v. alistarse como voluntario/ria. ▶彼は朝日大学に入学を志願した Ha solicitado [《口語》pedido] ingreso en la Universidad Asahi. ♦その仕事を志願する者はだれもいなかった No había voluntarios [ningún voluntario] para ese trabajo.

＊＊じかん 時間 ❶【時間の単位】(1時間) f. una hora. ▶長時間の重労働 fpl. largas horas de duro trabajo. ▶時間給で働く v. trabajar por horas. ▶何時間も働く v. trabajar por [durante] muchas horas. ♦1日は24時間ある El día tiene 24 horas. / Hay 24 horas en un día. ♦このガソリンスタンドは24時間営業です Esta estación de servicio está abierta las 24 horas. ♦会議は午後1時から3時まで2時間続いた La reunión duró dos horas, de una a tres de la tarde. ♦1時間もすれば彼は到着するでしょう Llegará 「dentro de [en] una hora. ♦1時間も(=まる1時間)お待たせしてすみません Siento haberlo[la, le] hecho esperar toda una hora. 会話 ここから東京まで何時間かかりますか—¹歩いて [²車で]2時間半です ¿Cuántas horas se tarda de aquí a Tokio? - Dos horas y media ¹andando [²en coche]. ♦日曜は2時間に1本しか電車がない Los domingos hay sólo un tren cada dos horas. ♦船は1時間ごとに [1時間に1回] 出ます Los barcos salen cada hora. / Cada hora sale un barco. ♦私は駅から1時間くらいの所に住んでいる Vivo a una hora aproximadamente de la estación. ♦2時間ほど歩いたら湖に出た Después de caminar unas dos horas, llegamos al lago. / A unas dos horas de caminata llegamos al lago.
❷【時】m. tiempo. ♦時間と空間 mpl. tiempo y m. espacio.

タイム Tiempo →時間

時間だよ Ya es la hora. →時間

1《時間＋名詞》▶時間(=暇)つぶしに本屋に立ち寄った Entré en una librería para matar el tiempo. → 暇(?)つぶし.
2《時間が[は]》▶残り時間がほとんどない Queda muy poco tiempo. / Apenas queda tiempo. ♦私はその小説を読む時間がない No tengo tiempo de leer la novela. ♦時間がなくなってきたので急がなければならない No tenemos mucho tiempo; así que hay que darse prisa. ♦時間が十分あるので急ぐ必要はない No hay que [necesidad de] darse prisa; tenemos mucho tiempo. ♦時間が許せばあなたのパーティーに出ます Si tengo tiempo, iré a tu fiesta. ♦彼を納得させるには少々時間がかかるだろう 「Tardaré un poco en [Me llevará algo de tiempo] convencerlo[le]. ♦この試合が始まってからほんの少ししか時間がたっていない 「Hace sólo muy poco que [Ha pasado muy poco tiempo desde que] empezó el partido. ♦答えを書きなさい。(制限)時間は1分です Escriban las respuestas. Tienen un minuto. ♦今お時間ありますか(=お手すきですか) ¿Tienes tiempo ahora? / ¿Estás libre en este momento? ♦いったい何でまた船で行くのさ?えらく時間がかかるぞ ¿Por qué vas en barco? Se tarda mucho. ♦時間はとらせません No tardaré. / Se tarda poco. / Es un momento.
3《時間の》▶時間のかかる仕事 m. trabajo de mucho tiempo, m. trabajo largo. ▶時間の問題 f. cuestión de tiempo. ♦彼女は夢中でテレビを見ていて時間のたつのを忘れた Estaba absorta en ver la televisión y perdió el sentido del tiempo.
4《時間に》▶毎日時間に追われるのはいやだ No me gusta estar apremiado por 「el tiempo [la hora] todos los días.
5《時間を》▶時間を浪費するな No pierdas el tiempo. / No malgastes tu tiempo. 会話 少し お時間を拝借できますか—いいですよ ¿Me permite un momento? - Sí, claro. [Naturalmente.] ♦お時間をさいてくださってありがとうございました Muchas gracias por su tiempo. ♦彼はいろいろ口実をつけて時間をかせごうとした Intentó ganar tiempo poniendo 「un montón de pretextos [una excusa tras otra]. ♦彼は研究に多くの時間をかけた Dedicó mucho tiempo a sus estudios. ♦それには好きなだけ時間をかけなさい Tómate todo el tiempo que quieras para hacer eso.
❸【時刻】f. hora. ▶¹標準 [²現地]時間 f. hora ¹oficial [²local]. ▶時間帯(同一標準時の) f. zona horaria, m. huso horario. ▶(列車の)時刻表 m. horario de trenes. ♦もう寝る時間ですよ Es hora de dormir [que te acuestes]. / Es hora de acostarse [ir a la cama]. ♦彼は時間どおりにそこに着いた Llegó allí puntualmente. ♦飛行機は時間(=予定)どおりに着いた El avión llegó puntualmente [con puntualidad, a la hora]. ♦彼は約束の時間に来なかった No se presentó a la hora fijada. / (時間どおりに来なかった)No estaba a la hora convenida. / No fue puntual.
1《時間が[は]》▶もう時間がきました Ya es hora (de cerrar, concluir). ♦私の時計は時間が正確

だ Mi reloj va [marca] bien. / Mi reloj es exacto. ◆運命を決する時間が刻々と迫っている A cada instante se va acercando「la hora [el momento] fatal. ◆その事故の起こった時間は午後6時半だった「La hora del accidente fue [El accidente ocurrió a] las 6:30 de la tarde. ◆うちの夕食の時間は7時です Nuestra hora de cenar es a las siete.

2《時間に》▶彼はときどき時間に遅れる A veces 「llega tarde [no es puntual]. ◆彼は約束の時間に大変正確だ Es muy puntual en sus citas. ◆いつもの時間に遊びに来てください Por favor, ven a verme a la hora de siempre [habitual]. ◆こんな時間に彼が家にいるはずがない A esta hora no puede estar (en casa).

3《時間を》▶彼に時間を尋ねてごらん Pregúntale qué hora es. / Pregúntale la hora. ◆彼の到着時間を教えて Dime, por favor, a qué hora llega. / Infórmame, por favor, de la hora de su llegada. ◆彼女は時間を間違えて音楽会に出かけた Se equivocó de hora cuando salió al concierto. ◆私は時間（＝腕時計）をテレビの時報に合わせた Puse mi reloj en hora con (la señal horaria de) la televisión.

❹【授業・勤務・営業などの時間】*f.* hora. ▶授業時間 *fpl.* horas「de clase [((フォーマル)) lectivas]. ▶自習時間 *m.* tiempo de estudio libre. ▶営業時間 *f.* jornada laboral; (店の) *m.* horario comercial, (f*pl.* horas de oficina. ▶勤務時間中に *adv.* en la jornada laboral, en horas de trabajo. ▶時間講師 *mf.* profesor/sora por horas, *mf.* asociado/da, *m.* profesor/sora no numerario/ria. ▶(授業の)時間表 *m.* horario de clase. ◆今日の2時間目にスペイン語のテストがある En la segunda clase [hora] de hoy tenemos examen de español. ◆水曜日は6時間授業がある Los miércoles tenemos seis clases. ◆開店時間は9時30分です「Abrimos, La hora de apertura es] a las 9:30. ◆彼女は英語の時間に居眠りをした Se durmió en la clase de inglés. ◆休み時間にキャッチボールをしましょう Vamos a pelotear en el recreo.
☞ 手間, 時, 暇

じかん 次官 *mf.* viceminis*tro/tra*, 《スペイン》 *mf.* subsecre*tario/ria*. ▶外務次官 *mf.* vicemi*nistro/tra* 《スペイン》 *mf.* subsecre*tario/ria*] de Asuntos Exteriores.

じかんがい 時間外 ▶時間外(の) *m.* tiempo extra. ▶時間外¹勤務 [²手当] ¹*m.* trabajo [²*f.* paga] extra. ▶時間外勤務をする *v.* hacer* [trabajar] horas extras. → 残業.

じかんぎれ 時間切れ ▶時間切れとなる(人が) *v.* pasarse「el tiempo [la hora]. ◆すでに時間切れだ Ya es la hora. / Se ha terminado el tiempo permitido.

じかんわり 時間割り ▶ *m.* horario「de clases [escolar], (カリキュラム) *m.* currículo.

* **しき** 式 **❶**【儀式】*m.* rito, *m.* ritual. ▶結婚式 *f.* boda, 《フォーマル》*f.* ceremonia nupcial, *fpl.* nupcias, 《教養語》*mpl.* esponsales, *m.* rito matrimonial. ▶式次第 *m.* programa de una ceremonia. ▶式典 *f.* ceremonia. ▶式服 *f.* ropa [*m.* traje] de ceremonia. → 礼服. ▶式¹を挙げる [²に参列する] *v.* ¹celebrar [²asistir a] una ceremonia. ▶式の司会をする *v.* presidir una ceremonia. ◆式の日取りを決めましたか ¿Has fijado la fecha de la ceremonia?

❷【数式】*f.* expresión; (方程式) *f.* ecuación; (公式) *f.* fórmula; (不等式) *f.* desigualdad. ▶水の分子式 *f.* fórmula molecular del agua. ▶式をたてる *v.* hacer* una ecuación.

しき 四季 *fpl.* cuatro estaciones. → 季節. ▶四季の美しさ *f.* belleza de las cuatro estaciones. ▶四季を通じて *adv.* en todas las estaciones del año; (一年中) *adv.* a lo largo del año. ▶四季おりおりの眺めがある El paisaje cambia con las estaciones.

しき 指揮 *f.* dirección, *m.* mando, *f.* orden. ▶指揮官 *mf.* comandante. ▶指揮者(指導者) *m.* caudillo, *mf.* líder; (音楽の) *mf.* director/tora (de orquesta). ▶指揮棒 *f.* batuta. ▶会社の総指揮をとる *v.* asumir「la dirección [el mando] general de la empresa. ▶指揮(＝命令)を仰ぐ *v.* pedir*《a ＋ 人》órdenes. ◆彼の指揮下に百人の部下がいる Tiene cien hombres「a sus órdenes [bajo su dirección]. ◆小沢氏の指揮でその交響曲が演奏された La sinfonía fue「dirigida por el [interpretada bajo la dirección del] Sr. Ozawa.

—— 指揮する *v.* mandar, dirigir*. ◆交響楽団を指揮する *v.* dirigir* una orquesta sinfónica. ◆国王が軍隊を指揮した El rey「mandaba el [((フォーマル)) asumía el mando del] ejército. / (軍隊は国王の指揮下にあった)El ejército estaba bajo「el mando [la dirección] del rey. ☞ 指図, 指導

しき 士気 *f.* moral, *m.* ánimo; (闘志) *m.* espíritu combativo. ◆選手の士気を高める *v.* subir la moral de los jugadores. ◆チームの士気は¹上がった [²下がった; ³くじかれた] La moral del equipo ¹subió [²decayó; ³quedó rota]. ◆彼らの士気は盛んである「Su moral está [Tienen la moral] alta.

しき 死期 *m.* momento de la muerte, *m.* último momento [((フォーマル)) trance]. ▶死期を早める *v.* acelerar [precipitar] la muerte. ◆彼の死期が近づいている. Tiene la muerte cerca. / Sus días están contados. / 《口語》 Está en las últimas.

-しき -式 (やり方, しきたり) *f.* moda, *f.* usanza; (建築などの様式・やり方) *m.* estilo, 《口語》a la ＋ 形容詞の女性形; (体系的方法) *m.* sistema. ◆アメリカ式の生活 *m.* estilo de vida norteamericano (de Estados Unidos), [f.] vida a la norteamericana. ◆ルネッサンス式建築 *f.* arquitectura renacentista [del Renacimiento]. ◆スペイン式に生活する *v.* vivir al estilo español [de los españoles], 《口語》vivir a la española. ◆メキシコ式に歓迎する *v.* dar* 《a ＋ 人》la bienvenida al estilo mexicano [((口語))a la mexicana]. ▶ヘボン式 *m.* sistema Hepburn.

しぎ 鴫 *f.* agachadiza, *f.* becada.

じき 直 →直(に).

じき 時期 ((その)時) m. tiempo, f. hora; (季節) f. temporada, f. estación; (期間) m. período, f. época. ▶毎年この時期には adv. en esta época del año. ▶種まきの時期 f. temporada de siembra [sementera]. ▶歴史におけるある時期に adv. en ciertas épocas de la historia. ▶そろそろ決着すべき時期が来ている Ya va siendo「el momento [la hora] de decidir [que decidamos]. / Está llegando la hora de decidirse. ▶十代は多くの点でいちばん大変な時期だ La adolescencia es el período más difícil en muchos sentidos. ▶その計画を持ち出すにはまだ時期尚早だ「Todavía es pronto para [Es aún prematuro] presentar el proyecto. ⌁時節, 時

じき 時機 [宜] m. momento favorable [《フォーマル》propicio], f. buena hora; (好機) f. ocasión, f. oportunidad. →機会, 潮時. ▶時機を見計らって(...する) v. aprovechar la ocasión (para hacer). ▶時機を待つ v. esperar el momento. ▶時機を逸する v. perder* una buena ocasión 《para》. ▶今は真実を告げるべき時機ではない No es「el momento [la hora] de decir la verdad.

じき 磁気 m. magnetismo. ▶磁気の[を帯びた] adj. magnético. ▶磁気テープ f. cinta magnética. ▶磁気ディスク《専門語》m. disco magnético. ▶磁気バブル記憶装置《専門語》f. memoria magnética de burbuja. ▶磁気を与える v. magnetizar*.

じき 次期 (次の) adj. próximo, siguiente, que viene. ▶次期会長 m. próximo presidente.

じき 磁器 f. porcelana.

しきい 敷居 (入り口の) m. umbral. ▶敷居をまたぐ v. pasar [cruzar*] el umbral. ▶敷居に立って中をのぞく v. quedarse en el umbral y mirar al interior. ▶この家の敷居を二度とまたぐな(=家に足を踏み入れるな) Jamás vuelvas a pisar [poner los pies en; cruzar] el umbral de esta casa. ▶彼の家は敷居が高い(=訪問するのは気が進まない) No tengo ganas de ir a su casa.

しきいし 敷石 f. losa, f. piedra, m. adoquín. ▶通りに敷石を敷く v. enlosar [adoquinar] la calle.

しききん 敷金 m. depósito, f. fianza. ▶3か月分の敷金を入れる v. pagar* [hacer*] un depósito de tres meses de alquiler. ▶敷金はお出になるときに全額または一部が返ってきます Cuando desaloje, recuperará la totalidad o parte de su depósito.

しきさい 色彩 (色) m. color; (彩色) f. coloración,《専門語》m. cromatismo;《強調して》m. colorido; m. tinte, m. matiz, m. tono. →色. ▶色彩感覚 m. sentido del color. ▶色彩豊かな場面 f. escena llena de color [colorido]. ▶色彩に乏しい文体 m. estilo「sin color [gris]. ▶政治的色彩のあるクラブ m. club「con tintes [de tonos] políticos. ▶色彩を添える v. dar* color [colorido]《a》. ▶アメリカ人の衣服は色彩が豊かだ La ropa de los norteamericanos es colorista.

しきし 色紙 "shikishi",《説明的に》m. papel cuadrado (frecuentemente usado para escribir poesía o para dibujar).

しきじ 式辞 ▶式辞を述べる v. pronunciar「un discurso [《フォーマル》una alocución] (en la ceremonia).

じきじき 直々 ▶直々に adv. en persona, personalmente. ▶大統領直々に来られた Vino el presidente en persona.

しきしゃ 識者 mf. erudito/ta, mf. intelectual. →インテリ. ▶当代の識者たち mpl. eruditos de la época.

しきじゃく 色弱《専門語》f. discromatopsia, m. daltonismo parcial. ▶色弱である v. tener* discromatopsia.

しきじょう 式場 f. sala de ceremonias. ▶結婚式場 m. salón de bodas.

しきじりつ 識字率 f. tasa de alfabetización.

しきそ 色素 m. pigmento.

じきそ 直訴 ▶直訴する v. apelar directamente《a》, dirigir* una apelación [súplica] directamente《a》.

しきそせいかんぴしょう 色素性乾皮症《専門語》m. xeroderma pigmentoso.

しきたり f. costumbre. →慣習, 慣例.

しきち 敷地 (用地) m. terreno《para》; (区画地) f. parcela, m. terreno. →用地, 地所, 構内.

しきちょう 色調 f. tonalidad, (色合い) m. tinte; (濃淡の) m. tono (de color). ▶暗い色調の絵 m. cuadro de tonos oscuros. ▶色調(=色の調和)がいい v. tener* una buena coordinación del color.

しきつめる 敷きつめる v. recubrir* (el suelo)《de》. ▶道に砂利を敷きつめる v. (re)cubrir* la carretera de grava.

じきでし 直弟子 mf. discípulo/la (que aprende directamente de un maestro). →弟子.

じき(に) 直(に) ❶【一瞬にして】adv. enseguida, en un momento, al instante,《メキシコ》luego luego. →間もなく. ▶じきに戻ってきます Vuelvo enseguida. ▶じきに夏が来る《口語》El verano está a la vuelta de la esquina. ▶彼はもうじき40歳だ「Tiene casi [《口語》Ronda los] cuarenta años.

❷【容易に】adv. fácilmente. →すぐ, 間もなく, 早く, 近く.

じきひつ 直筆 (その人自身の筆跡) f. escritura de su puño y letra; (自筆) m. autógrafo. ▶国王直筆の書簡 f. carta escrita de「puño y letra [la misma mano] del Rey. ▶直筆の原稿 m. manuscrito autógrafo.

しきふ 敷布 f. sábana bajera.

しきぶとん 敷き布団 m. colchón. →布団.

しきべつ 識別 f. distinción,《フォーマル》f. discriminación,《教養語》m. discernimiento. →区別. ▶識別する v. distinguir* [discriminar,《教養語》discernir*]《A de B, entre A y B》. →区別する, 見分ける, 分かる. ▶色の識別 f. distinción de colores [《フォーマル》cromática]. ▶正邪の識別 f. distinción entre lo bueno y lo malo. ▶識別できる v. ser* distingui-

しきもう 色盲 《専門語》 *m.* daltonismo;《専門語》 *f.* acromatopsia. ▶ 色盲の *adj.* daltónico, daltoniano.

しきもの 敷物 (じゅうたん) *f.* alfombra, 《ラ米》 *m.* tapete. → じゅうたん.

しきゅう 糸球 ▶糸球小体《専門語》 *m.* glomo. ▶糸球体《専門語》 *m.* glomérulo. ▶糸球体硬化症《専門語》 *f.* glomerulosclerosis. ▶糸球体症《専門語》 *f.* glomerulopatía. ▶糸球体腎炎《専門語》 *f.* glomerulonefritis.

しきゅう 至急 (今すぐに) *adv.* inmediatamente, de inmediato,《フォーマル》con la mayor prontitud; (手紙で「折り返し」) *adv.* a vuelta de correo; enseguida; (緊急に) *adv.* con toda urgencia, urgentemente. ◆至急ご返事ください Conteste, por favor, esta carta inmediatamente [《フォーマル》con la mayor prontitud, a vuelta de correo].

── **至急(の)** (緊急の) *adj.* urgente, de urgencia; (即座の) *adj.* inmediato; (迅速な) *adj.* rápido; (差し迫った) *adj.* apremiante, 《フォーマル》que no admite demora. ▶至急の用事で *adj.* en [por] un asunto urgente. ▶至急便 (=速達) で送る *v.* enviar* por correo [vía] urgente. ◆至急の場合は電話をください En caso de urgencia, llámame, por favor.

しきゅう 支給 (供給) *f.* provisión, *m.* suministro; (支払い) *m.* pago. ▶現物支給 *m.* pago en especie.

── **支給する** [供給する] *v.* proporcionar; (必要な物を) *v.* suministrar, aprovisionar, abastecer* (de); [与える] *v.* dar*; [支払う] *v.* pagar*. ◆政府は被災者に毛布を支給した El gobierno proporcionó mantas a los damnificados. / El gobierno suministró [aprovisionó de] mantas a los damnificados. ◆年2回ボーナスが支給される Dos veces al año nos dan una paga extra.

しきゅう 子宮 *m.* útero, *f.* matriz. ▶子宮外妊娠《専門語》 *m.* embarazo ectópico. ▶子宮癌《専門語》 *m.* cáncer uterino, *m.* cáncer de matriz. ▶子宮頚癌《専門語》 *m.* cáncer cervical. ▶子宮頚部《専門語》 *m.* cérvix uterino. ▶子宮体癌《専門語》 *m.* cáncer de endometrio. ▶子宮胎盤機能不全 《専門語》 *f.* insuficiencia uteroplacentaria. ▶子宮内膜炎《専門語》 *f.* endometritis. ▶子宮内膜症《専門語》 *f.* endometriosis.

しきゅう 死球 (野球) → デッドボール.

じきゅう 時給《フォーマル》*f.* retribución horaria; (時間単位の支払い) *m.* pago por hora(s). ▶時給制《フォーマル》 *m.* sistema de pago [retribución] por hora.

じきゅう 自給(自足) *f.* autosuficiencia; (国家レベルの経済的自給自足)《専門語》 *f.* autarquía. ▶自給自足の生活(様式) *f.* vida [*m.* estilo de vida] autosuficiente. ▶米を自給する *v.* ser* autosuficiente en arroz.

じきゅうせん 持久戦 (消耗戦) *f.* guerra de agotamiento. ◆彼らは持久戦の構えだ Están preparados para una guerra de agotamiento. / Están preparados para aguantar hasta que ceda su enemigo.

じきゅうりょく 持久力 ▶持久力がない *v.* no resistir [aguantar], no tener* resistencia [aguante].

しきょ 死去 *f.* muerte, *m.* fallecimiento,《フォーマル》*f.* defunción,《教養語》 *m.* deceso. → 死去. ◆死去する *v.* morir*,《フォーマル》fallecer*.

しぎょう 始業 ▶始業式 *f.* ceremonia de inauguración. ◆学校は8時半始業です Las clases empiezan a las ocho y media.

じきょう 自供 (白状) *f.* confesión, *f.* declaración. → 白状. ◆彼は犯行を自供した Confesó「su delito [que había cometido el delito]. / Confesó [Declaró;《口語》Cantó] haber cometido el delito.

じぎょう 事業 (仕事) *f.* obra; (大きな計画) *f.* empresa; (大規模な、事業) *m.* proyecto.

1《~事業》▶[1]社会 [2]慈善] 事業 *f.* obra [1]social [2]benéfica]. ▶[1]政府 [2]市] の事業 *f.* empresa [1]nacional [2]municipal]. ▶[1]住宅 [2]鉄道] 建設事業 *m.* proyecto de [1]vivienda [2]construcción ferroviaria]. ▶共同事業 *f.* empresa conjunta (entre). ◆ホテルを経営するのはなかなかの大事業だ La administración de un hotel es un negocio bastante grande.

2《事業+名詞》▶事業家 *m.* hombre [*f.* mujer] de negocios, *mf.* empresa*rio/ria*. ▶事業所 *f.* oficina. ▶事業所得 *mpl.* ingresos por actividades empresariales.

3《事業が》▶事業が軌道に乗った (=うまくいき始めた) Nuestro negocio 「《口語》está en marcha [ha despegado]. ◆この地域で昨年開発事業が行なわれた El año pasado se emprendieron en esa región planes de desarrollo.

4《事業に [を]》▶事業に失敗する *v.* fracasar en un negocio. ▶難事業に着手する *v.* embarcarse* [《口語》meterse] en「un negocio [una empresa] difícil. ▶事業を拡張する *v.* ampliar [extender*] el negocio. ▶[1]共同で [2]手広く] 事業をする *v.* llevar un negocio [1]juntos [2]a gran escala]. ◆新しい事業を始める *v.* iniciar un nuevo negocio.

しきょく 支局 *f.* sucursal. ▶マドリード支局 *f.* sucursal de Madrid.

じきょく 時局 *f.* situación, *m.* estado. → 情勢.

しきり 仕切り (部屋などの) *f.* mampara, *m.* tabique, *f.* divisoria, *m.* separador; (列車・箱などの) *m.* compartimento; (小さな仕切られた個室) *m.* cubículo; (境界) *m.* límite, *f.* raya. → 仕切る. ▶ガラスの仕切り *f.* mampara de vidrio [《スペイン》cristal]. ▶仕切り壁 *m.* tabique. ▶仕切りが三つある箱 *f.* caja con cuatro compartimentos. ▶仕切りを入れる *v.* instalar un separador.

しきりに ❶【頻繁に】 *adv.* a menudo, repetidamente,《フォーマル》reiteradamente. → 度々, 絶えず. ◆彼はこのごろしきりに君の話をする Estos días habla a menudo de ti. ◆彼女はしきりに (=何度も) うなずいた Asintió repetidamente.

556　しきる

❷【程度を強めて】♦朝からしきりに（＝激しく）雨が降っている Ha estado lloviendo「sin parar [《フォーマル》incesantemente] desde la mañana. ♦彼はそのことをしきりに（＝非常に）気にしていた Estaba preocupado mucho por eso. ♦彼がしきりに君に会いたがっている《口語》Insiste mucho en verte. / Está muy ansioso por verte. / Se muere por verte.
❸【熱心に】♦しきりにしっぽを振る v. mover* ansiosamente el rabo. ♦しきりに彼女の気を引こうとする v. intentar ansiosamente [con insistencia] atraer* su atención. ♦彼はしきりに私に入会を勧めた「Insistió mucho en [《フォーマル》Me apremió a] que me hiciera socio.

しきる 仕切る　❶【分割する】v. dividir, separar. ♦カーテンで部屋を二つに仕切る v. separar la sala en dos partes por medio de una cortina.
❷【管理する】v. administrar, 《口語》llevar.

─しきれない ♦今は多忙で彼の世話をしきれない（＝よく世話ができない）Estoy ahora tan ocupado que no puedo ocuparme mucho de él. ♦彼はお金を使いきれないほどもうけた Ganó más de lo que podía gastar.

しきん 資金　（特別な目的の基金）m. fondo; （資本金）m. capital. → 育英資金 f. beca, m. fondo de beca. ♦運転資金 m. capital circulante [de trabajo]. ♦回転資金 m. fondo rotativo [rotatorio]. ♦[¹政治 [²選挙]資金 mpl. fondos [¹políticos [²electorales]. ♦結婚資金 m. fondo matrimonial. ♦資金源 f. fuente financiera. ♦資金難(財政難) fpl. dificultades financieras; (資金不足) f. falta [f. escasez] de fondos. ♦資金繰りが難しい v. tener* dificultades en recaudar fondos. ♦資金集めの夕食会を催す v. ofrecer* una cena para recaudar fondos. ♦その計画に資金援助をする v. financiar el proyecto. ♦資金不足である「Estamos escasos [《口語》Andamos mal] de fondos. ♦資金不足のためにその事業は中止になった La falta de fondos paralizó el proyecto. ♦彼らは貧民救済のために資金を募った Recaudaron fondos para socorrer a los pobres. ▭財源, 資力

しきんきょり 至近距離　♦至近距離から撃つ v. disparar《a + 人》a bocajarro.

しきんせき 試金石　f. piedra de toque; （試すもの）f. prueba. ♦試金石になる v. ser* la piedra de toque《de》.

しく 敷く　(敷物など)v. poner, 《口語》echar; （鉄道など）v. construir*; （広げる）v. extender*; （覆う）v. (re)cubrir*; （舗装する）v. pavimentar; （砂利を）v. echar grava. ♦床にじゅうたんを敷く v. extender [poner*] una alfombra sobre el suelo, alfombrar el suelo; （床一面に）v. cubrir* [el suelo] con una alfombra. ♦鉄道を敷く v. construir*「un ferrocarril [una vía férrea]. ♦街路にアスファルトを敷く v. pavimentar una calle de [con] asfalto. ♦鳥かごの底にきれいな新聞紙を敷く v. poner* una hoja nueva de periódico en el fondo de una jaula. ♦自分でふとんを敷く v. hacerse* la cama. ♦座ぶとんを敷く v. poner* un cojín. ♦夫を尻に敷く v. dominar al marido.

じく 軸　(心棒)m. eje; (車輪の)m. eje, m. pivote; (茎)m. tallo; (掛け物)m. cuadro colgante (en forma de rollo). ♦軸を床の間にかける v. colgar* un cuadro de rollo en el "tokonoma"《説明的に》la parte sagrada de la sala japonesa). ♦地球はその軸を中心に回転する La Tierra gira sobre su eje. ♦小説全体がこの事件を軸に展開する Toda la novela gira en torno a este incidente.

しぐさ 仕種　(身振り)m. ademán, m. gesto; (演技) mpl. movimientos, 《フォーマル》 m. proceder; (ふるまい) f. conducta. ♦大げさな仕種で話す v. hablar con gestos exagerados. ♦子猫の仕種（＝することすべて）がとてもかわいい Todos los movimientos de nuestro gatito son encantadores.

ジグザグ ♦ジグザグの道 m. carretera「en zigzag [serpenteante]. ♦坂道をジグザグに上る v. subir por una pendiente en zigzag.

しくしく ♦しくしく泣く(息をつまらせながら) v. sollozar*, 《口語》gimotear; （涙をみせて）v. llorar. ♦少女は母親の顔を見るとしくしく泣くのをやめた Al ver a su madre, la niña dejó de sollozar.

じくじく ♦じくじくしている（＝水などがにじむ）adj. empapado; (湿気のある) adj. húmedo; (ぬれている) adj. mojado; (水を吸った) adj. empapado. ♦雨のあと地面はじくじくしている El suelo está empapado después de la lluvia.

── じくじく(しみ)出る v. rezumarse, 《口語》salir*; (化膿して)v. supurar. ♦切り口から血がじくじく出ていた De la cortadura salía [rezumaba] sangre. / La cortadura sangraba.

しくじる v. fracasar. → 失敗する; (しそこなう) v. fallar; (間違える) v. equivocarse*. → 間違える.

ジグソーパズル m. rompecabezas, 《英語》m. "puzzle".

シグナル f. señal. → 信号.

しくはっく 四苦八苦　♦四苦八苦する（苦労する）v. tener* dificultades [problemas] 《en, para》; (つらい目にあう)v. pasarlo mal《＋現在分詞》; (奮闘する) v. luchar 《para ＋不定詞》; 《口語》sudar la「gota gorda [tinta china]. → 苦労する.

しくみ 仕組み　(構造) f. estructura, m. sistema; (機構) m. mecanismo. ♦現代社会の複雑な仕組み f. compleja estructura de la sociedad actual. ♦脳の仕組み m. mecanismo del cerebro.

しくむ 仕組む　(たくらむ) v. idear, urdir. ♦巧妙に仕組まれたわな f. trampa bien pensada. ♦彼をつかまえるためのわなを仕組む v. tender* una trampa para cazarlo[le]*. ♦それは偶然ではなく仕組まれたことのように見えた No parecía accidental, sino provocado.

シクラメン m. ciclamen.

しぐれ 時雨　f. llovizna (de finales de otoño). ♦しぐれている Está lloviznando.

しけ 時化　(あらし) m. temporal, f. tormenta, m. tiempo borrascoso; (不漁) f. captura pobre (de peces). → 時化る. ◆しけにあう v. ser* azotado por un temporal.

しけい 死刑 f. pena「de muerte [máxima, capital]. ◆死刑囚 m. reo/a condenado/da a muerte. ◆死刑を執行する v. ejecutar la pena de muerte. ◆死刑を廃止する v. abolir la pena de muerte. ◆死刑の宣告を受けた Fue condenado a muerte [la pena capital, la pena máxima].

シケイロス《ダビ・アルファロ～》 David Alfaro Siqueiros (☆1898-1974, メキシコの画家).

*しげき 刺激** m. estímulo;（興奮）f. excitación, m. aciate;（励み）m. ánimo, m. incentivo;（動機づけ）f. motivación. ◆刺激剤 m. estimulante. ◆刺激物 m. estimulante, m. excitante. ◆刺激のない〈単調な〉生活を送る v. llevar una vida monótona （退屈な）aburrida］. ◆彼には何か刺激が必要だ Necesita algo de estímulo [animación]. ◆その出来事は私にとって大きな刺激となった Ese suceso me「resultó muy estimulante [dio mucho estímulo; animó mucho]. ◆その少年はスピードに刺激を求めた El muchacho buscó estímulo en la velocidad. ◆田舎の生活は刺激がない La vida rural「no tiene estímulos [carece de animación].

—— **刺激する** v. estimular;（興奮させる）v. excitar;（怒らせる）v. provocar*;（ひりひりさせる）v. irritar;（励ます）v. animar;（鼓舞・扇動する）v. incitar;（動機づける）v. motivar. ◆国内生産を刺激する v. estimular la producción nacional. ◆スープは食欲を刺激するLa sopa estimula [despierta] el apetito. ◆その本は学生たちの好奇心を刺激した El libro despertó [estimuló] la curiosidad de los estudiantes. ◆濃い黒い煙が目を刺激した「La negra humareda [El denso humo negro] me irritó los ojos.（人を刺激して…させる）v. estimular [excitar, incitar]《a + 人 + 不定詞》;（勇気づけて）v. animar《a + 人》《a + 不定詞》. ◆彼を刺激して怒らせる v. irritar, despertar* su ira; provocar*. ◆その成功に刺激されて彼はさらに努力した El éxito lo [le] estimuló [animó] a「poner un mayor esfuerzo [hacer mayores esfuerzos]. ⊂▷ 促す, そそる

—— **刺激的な**[の強い] adj. estimulante;（興奮をよびおこす）adj. excitante;（扇情的な）adj. sensacional;（挑発的な）adj. provocativo;（刺すような）adj. picante, penetrante. ◆刺激(的な)策をとる v. tomar [emprender] medidas estimulantes. ◆煙の刺激の強いにおい m. penetrante olor a humo. ◆刺激の強い小説 f. novela sensacional. ◆刺激的なことを言う v. hacer * observaciones provocativas [mordaces]. ◆何て刺激的な経験だろう ¡Qué experiencia tan estimulante!《会話》マドリードは好き?—ええ, とっても. 刺激的な街だから ¿Te gusta Madrid? – Me gusta mucho. Es「un lugar [una ciudad] apasionante (para vivir).

しげき 詩劇 f. obra de teatro en verso, m. drama poético.

しげしげ （何度となく）adv. a menudo, con mucha frecuencia, muchas veces. ◆しげし

げと（=じっと）見る v. mirar fijamente; mirar de hito en hito;《強調して》clavar con la mirada. → 見詰める, 見る.

じけつ 自決《自己決定》f. autodeterminación;（自殺）m. suicidio. ◆自殺. ◆民族自決 f. autodeterminación racial.

しげみ 茂み m. arbusto; m. matorral;（草の）f. mata de hierba. → 藪(氐). ◆かん木の茂み mpl. matorrales. ◆雑草の茂み f. maleza de malas hierbas. ◆茂みに潜んでいるのはだれ? ¿Quién anda a hurtadillas en la espesura?

しける 時化る v. estar* tempestuoso;（海などが）v. agitarse, encresparse. ◆海がしけている El mar está encrespado [agitado]. /《専門語》Hay marejadilla.

しける 湿気る v. humedecerse*.

しげる 茂る v. crecer* frondosamente, estar* frondoso. ◆草の生い茂った野原 m. campo lleno [cubierto] de hierbas. ◆山腹には木がうっそうと茂っていた Los árboles eran frondosos en la ladera. / La ladera estaba cubierta de árboles.

**しけん 試験 ❶《学校などの試験》m. examen,《英語》m. "test";《専門語》f. prueba.

1《～試験》》算数の試験 m. examen de aritmética. ◆¹筆記 [²口述] 試験 m. examen ¹escrito [²oral]. ◆就職試験 m. examen para un empleo [trabajo]. ◆係長の昇進試験 m. examen de promoción para ser jefe de subdepartamento. → 会社. ◆英語検定試験 m. examen de capacidad de inglés. → テスト. ◆再試験 m. examen de recuperación [《口語》repesca]. → 追試験.《会話》数学の試験はどうだった—¹簡単だったよ [²ひどかったよ] ¿Qué tal te fue en el examen de matemáticas? – Fue ¹fácil [²horrible].

2《試験(の)+名詞》》試験¹科目 [²問題] ¹fpl. materias [² fpl. preguntas] del examen. ◆試験用紙 f. hoja de examen. ◆試験場 f. sala de exámenes. ◆試験官 mf. examinador/dora; mf. vigilante. ◆試験範囲 f. área cubierta en un examen. ◆試験勉強をする v. estudiar [prepararse] para un examen. ◆試験制度 m. sistema de exámenes. ◆試験範囲は何課ですか ¿Cuántas lecciones「entran en [cubre] el examen? ◆試験のときはよく勉強しました Me esforcé mucho durante el examen. ◆試験の結果はいつ分かりますか ¿Cuándo「se publican [salen《口語》] los resultados del examen?

3《試験が》》《会話》今日試験が終わったんだ—いいなあ, ぼくはあと二つあるんだ Hoy he terminado mis exámenes. – ¡Qué bien! Pues「a mí aún me quedan [yo todavía tengo] dos.

4《試験に》》試験に¹落ちる [²合格する] v. ¹suspender [²aprobar*; ²pasar] un examen. ◆その問題は試験に出た Esa pregunta la pusieron en el examen.

5《試験を》》試験を受ける（=受験する）v. hacer*「[《フォーマル》realizar*] un examen. ◆試験(を)する v. poner* un examen《a + 人》. ◆

558　しけん

先生は私たちが宿題をやってきたかどうか確かめるために試験した El profesor nos puso un examen para ver si habíamos hecho「los deberes [la tarea].
6《試験で》♦彼は試験でよい成績をとった Sacó [《フォーマル》Obtuvo] una buena nota en el examen. → 点.
❷【試すこと】*f*. prueba, *m*. examen; *m*. experimento.
1《試験＋名詞》♦この製品は十分試験済みです Este producto ha sido bien examinado [probado]. ♦ただいまマイクの試験(＝テスト)中 Probando, uno, dos, tres, cuatro.
2《試験的な》*adj*. experimental, de prueba; (実験的な) *adj*. experimental, (仮の) *adj*. provisional,『ラ米』provis*orio*. ♦試験(的な)飛行 *m*. vuelo de prueba. ♦試験(的な)段階にある *v*. estar* [hallarse] en una fase de prueba [experimentación].
3《試験的に》；(試しに) *adv*. a prueba, a modo de prueba, (実験的に) *adv*. experimentalmente, (仮に) *adv*. provisionalmente,『ラ米』provisoriamente. ♦試験的に1か月間juねってみる *v*. probarlo[le]* durante un mes, ponerlo[le]* a prueba un mes, darle* un mes de prueba.
── 試験する *v*. probar*; experimentar. → 実験する. ♦機械を試験する *v*. probar* una máquina, someter la máquina a una prueba. ♦(ロープの)強度を試験する *v*. probar* la resistencia (de una cuerda). ♦試み, 試練

しけん　私見　*f*. opinión [*m*. punto de vista] personal. ♦(私の)私見では *adv*. en mi opinión, según mi punto de vista, a mi parecer.

しげん　資源　*mpl*. recursos. ♦¹天然 [²人的]資源 *mpl*. recursos ¹naturales [²humanos]. ♦資源開発 *f*. explotación de recursos. ♦鉱物資源を開発する *v*. explotar los recursos minerales. ♦その国は天然資源にも人的資源にも恵まれていた Ese país era rico en recursos naturales y en mano de obra.

***じけん　事件**　(法律上の) *m*. caso; (出来事) *m*. suceso; (付随的な) *m*. incidente; (世間に知られた) *m*. acontecimiento; (醜聞) *m*. escándalo. → 出来事.
1《～事件》♦殺人事件 *m*. caso de asesinato. ♦刑事事件 *m*. caso criminal. ♦贈[収]賄事件 *m*. escándalo de soborno. ♦歴史上の一大事件 *m*. gran suceso histórico. ♦ダイヤモンド窃盗事件 *m*. asunto de robo de diamantes.
2《事件＋名詞》♦事件記者 *mf*. reporter*o/ra* de la ronda de la policía.
3《事件が》♦今日その店で珍奇な事件が起こった En esa tienda hoy ha ocurrido un「caso extraño [curioso incidente]. ♦この事件が戦争を引き起こした Este incidente hizo estallar una guerra.
4《事件が》♦事件の発生 *m*. acontecimiento del incidente. ♦事件の鍵()を握る *v*. tener* la clave del caso. ♦事件の全容を明らかにする *v*. revelar el caso totalmente, esclarecer* todo el asunto, sacar* el asunto a plena luz.
5《事件を》♦その事件を調べる *v*. investigar* el caso. ♦その事件をもみ消す *v*. tapar [ocultar] el asunto [caso]. ♦彼はその事件を劇の題材にした「Se sirvió del [Utilizó el] caso como tema de la obra.

じげん　次元　*f*. dimensión. ♦第3次元 *f*. tercera dimensión. ♦²次元の *adj*. de dos dimensiones, 《専門語》bidimensional. ♦次元(＝水準)が違う *v*. estar* en un nivel diferente, ser* de otra categoría, pertenecer* a「otro campo [otra esfera]. ♦次元の低い(＝低俗な)考え *f*. idea vulgar.

じげん　時限　*m*. plazo, *m*. límite de tiempo; *m*. período. ♦時限装置 *m*. dispositivo medidor [cronométrico]. ♦時限立法 *f*. legislación de vigor limitado. ♦時限ストを行なう *v*. declarar una huelga de duración limitada.

しけんかん　試験管　*f*. probeta, *m*. tubo de ensayo. ♦試験管ベビー *mf*. niño/ña de probeta.

じげんばくだん　時限爆弾　♦時限爆弾を仕掛ける (＝ある場所に置く) *v*. colocar* una bomba de tiempo [relojería].

しご　私語　*m*. susurro. ♦授業中私語はしないように No hay que hablar en clase.

しご　死後　♦死後の世界 *m*. mundo de ultratumba. ♦死後硬直が始まる前に *adv*. antes「de la rigidez cadavérica [《専門語》del rigor mortis]. ♦死後に出版された彼の作品 *m*. su trabajo publicado póstumamente [después de su fallecimiento]. ♦その人は死後数時間たっていた El hombre llevaba muerto varias horas. / Hacía algunas horas que estaba muerto.

しご　死語　(すたれた言葉) *m*. arcaísmo; (使われなくなった言葉) *f*. lengua muerta.

***じこ　自己**　*m*. auto-; (自分自身) *pron*. sí; sí m*ismo*. → 自分. ♦自己紹介 *f*. autopresentación, *f*. presentación de sí m*ismo*. ♦自己満足 *f*. autocomplacencia. ♦自己嫌悪に陥る *v*. estar* lleno de odio a sí m*ismo*, odiarse a sí m*ismo*. ♦自己流で *adv*. a su modo [《口語》aire]. ♦自己を見つめる *v*. auto-reflexionar. ♦彼は¹自己主張が強い [²非常に自己中心的だ] Es muy ¹seguro de sí mismo [²egocéntrico]. ♦彼は自己顕示欲が強い Siempre desea sobresalir [llamar la atención, destacar].

***じこ　事故**　❶【出来事】*m*. accidente; (ちょっとした不運な) *f*. desgracia; (激突事故) *m*. choque.
1《～事故》♦列車事故 *m*. accidente ferroviario. ♦飛行機事故 *m*. accidente aéreo [de avión],『メキシコ』*m*. avionazo. ♦ひどい事故 *m*. accidente grave. ♦交通事故で死ぬ *v*. morir* [《フォーマル》perecer*] en un accidente de tráfico.
2《事故＋名詞》♦事故死 *f*. muerte por accidente. ♦事故防止 *f*. prevención de accidentes. ♦事故現場 *m*. lugar del accidente.
3《事故が[は]》♦自動車事故が起こった Ha

ocurrido un accidente de automóvil. ◆事故は多くの場合不注意から起こる Muchos accidentes son causados por descuidos. / La negligencia es la causa de muchos accidentes.
　❹《事故を》◆彼は途中で事故にあった Tuvo un accidente en el camino.
　❺《事故を》◆事故を起こす v. causar un accidente. ◆事故を防ぐ v. prevenir* un accidente. ◆あなたは自転車で(=に乗っていて)事故を起こしたことがありますか ¿Has tenido algún accidente con la bicicleta?
　❻《事故で》 adv. en un accidente. ◆タンカーの事故で数百万リットルの油が海に流出した El petrolero vertió por accidente varios millones de litros de petróleo al mar.
　❼《事故も》◆彼は事故もなく(=無事に)到着した Llegó [Ha llegado] sin ningún accidente [contratiempo].
　❷【事情】 fpl. circunstancias. ◆事故のため欠席する v. ausentarse (de la escuela) por circunstancias inevitables.

じご 事後 ◆事後の adj. de hechos posteriores,《専門語》con efecto retroactivo. ◆事後報告 m. informe de hechos posteriores. ◆彼らの決定に事後承諾を与える v. aprobar* su decisión con efecto retroactivo.

しこう 嗜好 (好み, 趣味) m. gusto;　(好き) f. afición. ◆嗜好品 (好きな食物) f. comida favorita; (贅沢品) m. artículo de lujo. ◆このワインは私の嗜好に合わない Este vino no es de mi gusto [agrado]. /《口語》Este vino no me va.

しこう 思考 (考えること, 思考力) m. pensamiento, f. facultad de pensar. → 思考する v. pensar*. → 考える. ◆思考力を欠く v. faltar la facultad de pensar*. ◆彼は思考力がない Le falta la facultad de pensar. / Es incapaz de pensar. ☞ 考え, 思案, 思索

しこう 施行 (法律などの) (行為) f. ejecución; (状態) m. funcionamiento; (効力) m. vigor, f. validez, m. efecto. ◆法律を施行する v. poner* en vigor una ley. ◆その法律は来週から施行される La ley entra en vigor la semana próxima.

しこう 志向 ◆志向する (目指す) v. aspirar《a》; (究極の目的を決定する) v. tener* como objetivo final《＋不定詞》. ◆政治志向の若者 m. joven con tendencias políticas. ◆ブランド志向である v. tener* debilidad por las marcas.

しこう 歯垢 (歯石) m. sarro, m. tártaro; (歯苔, プラーク) f. placa.

じこう 時候 (季節) f. estación; (天候) m. tiempo. → 季節, 時節. ◆時候のあいさつを交わす [する] v. intercambiar [cruzar*] unas palabras sobre el tiempo. ◆私は時候の変わり目にぜんそくが出る Sufro de asma al cambio de la estación.

じこう 事項 (事柄) m. asunto; (項目) m. punto; (題目) m. tema. ◆調査事項 mpl. asuntos a investigar. ◆関連事項 mpl. asuntos relacionados.

じこう 時効 (権利・義務などの)《専門語》 f. prescripción; (公訴時効)《専門語》 f. ley de prescripción, f. ley determinativa de los plazos de prescripción de acciones legales. ◆時効期間 m. período de prescripción. ◆その事件はあす時効になる La ley de prescripción sobre el caso expira mañana.

じごう 次号 m. siguiente número [ejemplar]. ◆次号に続く Continuará. ◆次号完結 Terminará.

しこうさくご 試行錯誤 ◆試行錯誤で adv. por ensayo [prueba] y error.

じごうじとく 自業自得 ◆自業自得とあきらめる v. asumir las consecuencias naturales del mal comportamiento. ◆彼はよく勉強せずに悪い成績をとった. 自業自得では(=自分で求めたのだ) No estudió mucho y sacó malas notas. Tuvo su merecido.

しこうてい 始皇帝 Shi Huangdi (☆中国の最初の統一国家秦 Qin の初代皇帝, 在位前 221-210).

じこかいとうファイル 自己解凍ファイル《専門語》 m. archivo autoextraíble.

しこく 四国 ◆四国地方 f. región de Shikoku.

しごく 至極 ◆至極もっともです (=まったくおっしゃるとおりです) Tiene toda la razón. ◆獲物を逃がして至極 (=この上なく) 残念だ ¡Qué pena [lástima] tan grande haber dejado escapar la caza!

しごく ❶【なでる】(ひげをしごく) v. acariciarse la barba.
❷【訓練する】(徹底的に) v. someter a un entrenamiento riguroso,《口語》 hacer* pasarlas moradas,《口語》 hacer* pasar las de Caín; (技能などを反復して) v. adiestrar《a ＋人》 mucho《en》. ◆スペイン語の阿部先生にはしごかれた El Sr. Abe, mi profesor de español, me las hizo pasar moradas.

じこく 時刻 m. tiempo; f. hora. → 時間. ◆ ¹到着 [²出発] 時刻 f. hora de ¹llegada [²salida]. ◆バス [²列車; ³飛行機] の時刻表 m. horario de ¹autobuses [²trenes; ³aviones]. ◆時刻をたずねる v. preguntar la hora. ◆時刻は10時5分です Son las diez y cinco. ◆列車は時刻どおりにそこへ着いた El tren llegó 「a la hora [puntualmente]. ◆彼は約束の時刻に来た Vino a la hora (fijada).

じこく 自国 f. patria, m. propio país. → 本国. ◆自国語 f. lengua materna.

じごく 地獄 m. infierno. ◆受験地獄 m. infierno del examen de ingreso. → 受験. ◆地獄耳 m. oído fino [agudo]. ◆地獄に落ちろ (=くたばっちまえ)《俗語》 ¡Vete al infierno [cuerno]! ◆それはこの世の地獄だった Aquello era un infierno en este mundo.

しごせん 子午線 m. meridiano.

しこたま adv. mucho; m. montón,《口語》 f. pila. ◆しこたまもうける v. hacer* [ganarse] un montón de dinero.

しごと 仕事 (働くこと) m. trabajo, f. labor, mpl. negocios; (職業) f. ocupación, f. profesión, m. empleo, f. colocación,《スペイン》《口語》 m. curro,《メキシコ》

560　しごみ

《口語》f. chamba;（任務）m. deber,《フォーマル》m. cometido. → 仕事.　●職業;（割り当てられた仕事）f. tarea, m. deber, mpl. asuntos. → 務め.

1《～(の)仕事》▶やさしい仕事 f. tarea fácil [ligera]. ▶¹骨の折れる [²困難な] 仕事 m. trabajo ¹pesado [²duro]. ▶はんぱ仕事 f. tarea suelta,《口語》m. trabajito,《口語》f. chapuza. ▶手仕事 m. trabajo manual; f. artesanía. ▶パートタイムの仕事 m. trabajo de tiempo parcial [por horas]. ▶引き合う [²引き合わない]仕事 m. trabajo ¹rentable [²no rentable]. ▶毎日のきまりきった仕事　m. trabajo rutinario. ▶一生の仕事 m. trabajo de toda la vida. ▶辞書編集の仕事　m. trabajo de compilar un diccionario. ▶スペイン語をその仕事につく v. conseguir* un puesto (de trabajo) que usa el español. ♦ 私は教育を生涯の仕事に選んだ Elegí la enseñanza como mi trabajo de toda la vida. ♦ 彼はテレビ関係の仕事をしている Trabaja en la televisión [《口語》tele]. ♦ そこへ行くのは一日仕事だ　Tardarás todo un día en llegar allí.

2《仕事＋名詞》▶仕事着 f. ropa de trabajo, m. traje de faena;（勤務先などの）m. uniforme de trabajo. ▶仕事場 m. lugar de trabajo. ▶仕事ぶり f. manera [m. modo] de trabajar. ▶仕事部屋 f. sala de trabajo. ▶仕事の虫 mf. adicto/ta al trabajo. ▶仕事上の約束がある v. tener* una cita de trabajo. ▶仕事量 m. volumen [f. cantidad] de trabajo. ♦ 仕事中失礼します Siento molestarlo[le] 「cuando está trabajando [en el trabajo]. ♦ 彼にスペイン語教師の仕事の口を見つけてあげた「Le encontré para él un trabajo como profesor de español.

3《仕事が[は]》▶仕事がない（＝することがない）v. estar* sin trabajo;（失業中）v. estar* desempleado [《口語》parado]. ▶仕事がたくさんある v. tener* mucho trabajo. ▶仕事が¹雑 [²ていねい] だ v. ser* ¹descuidado [²minucioso] en el trabajo. ♦ 私の仕事はあなたの質問に答えることです Mi trabajo [tarea] es contestar tu pregunta. ♦ 彼は仕事がよくできる　Hace bien su trabajo. / Trabaja bien. / Es un buen trabajador. ♦ 彼は仕事が¹早い [²遅い] Trabaja ¹rápido [²lentamente]. / Hace el trabajo con ¹rapidez [²lentitud]. ♦ 私は仕事が手につかない No puedo dedicarme al trabajo. /《口語》No estoy para trabajar. ♦ 私はまだ仕事が終わっていない Todavía no he acabado el trabajo. 《会話》お父さんのお仕事は何ですか―銀行員です ¿En qué trabaja su padre? – Trabaja en un banco. ♦ 彼の仕事（＝商売）はうまく行って [軌道に乗って] いた Le iba bien en su trabajo.

4《仕事に》▶仕事に(とり)かかる v. ponerse* a trabajar. ▶仕事に追われる v. estar* apremiado por el trabajo. ▶仕事に精を出す v. aplicarse* [dedicarse*] al trabajo. ♦ 朝何時に仕事に出かけますか ¿A qué hora vas 「al trabajo por la mañana? ♦ 彼はいろいろな仕事に手を出したが，何一つ成功したものがない Probó varios empleos, pero no tuvo éxito en ninguno.

5《仕事を》▶仕事をする（＝働く）v. trabajar. ▶通訳の仕事をする v. trabajar de intérprete. ▶情報処理(関連)の仕事をしている v. trabajar「en la informática [con ordenadores,【ラ米】con computadoras]. ▶¹りっぱな [²まずい] 仕事をする v. hacer* un ¹buen [²mal] trabajo. ▶仕事を怠る v. descuidar el trabajo,《フォーマル》ser* negligente en el deber. ▶仕事を始める v. empezar*「el trabajo [a trabajar]. ▶仕事を休む v.「estar* ausente del [faltar al] trabajo. ▶仕事をやめる（中断する）v. interrumpir el trabajo, dejar de trabajar;（終了する）v. terminar el trabajo;（辞職する）v. abandonar el trabajo. ▶仕事を捜す v. buscar* empleo [trabajo]. ▶仕事を失う（＝失業する）v. perder* el empleo [trabajo]. ▶仕事を家に持ち帰る v. llevarse el trabajo a casa. ▶仕事を持つの母親 f. madre que trabaja. ♦ どうしてその仕事をされるようになったのですか ¿Cómo entraste en este trabajo? ♦ 私は田中芳男と申します。会計の仕事をしております。今は請求書のチェックが仕事です Me llamo Yoshio Tanaka y trabajo en contabilidad. Estoy encargado de comprobar las facturas.《会話》で，どんなお仕事をなさってるんですか―外科医をやってます ¿Qué clase de trabajo realiza usted? – ¿Trabajo? Soy cirujano/na. ♦ 仕事を二つ持っているのでとても忙しい Estoy realmente ocupado porque tengo dos empleos. ♦ 彼らはストのため仕事をしていなかった No trabajaban a causa de la huelga. ♦ 彼はよく仕事を変える Cambia mucho de trabajo [empleo]. ♦ 今日はこれで仕事を打ち切ろう Vamos a dejar ya de trabajar hoy. /《口語》Por hoy ya está bien de trabajar. → 帰る.

6《仕事で[から]》▶仕事から帰る v. volver* a casa del trabajo. → 帰る. ♦ 彼は仕事でパリへ行った Fue a París por razones de trabajo. / El trabajo lo [le] llevó a París. → 出張.
⌂営み，事業，職，職務，勤め

しこみ　仕込み》スペイン仕込みの紳士 m. caballero formado [(教育を受けた) educado] en España.

しこむ　仕込む　❶【訓練する】v. formar, entrenar;（教える）v. enseñar. ▶馬を競馬用に仕込む v. entrenar caballos para una carrera. ♦ 猫に芸を仕込もうとしてもむだだ Es inútil [una pérdida de tiempo] enseñar a un gato a hacer trucos.

❷【仕入れる】v. comprar. ▶パーティー用に食料をたくさん仕込む（＝買う）v. comprar muchos comestibles para la fiesta.

じこむじゅん　自己矛盾 f. autocontradicción, f. contradicción en sí. ▶自己矛盾の adj. autocontradictorio, que se contradice a sí mismo. ▶自己矛盾に陥る v. contradecirse*.

しこり　痼り　（はもの）m. bulto;（腫瘍）m. tumor;（感情の）mpl. malos sentimientos. ▶胸にしこりができる v. desarrollarse un bulto en el pecho. ▶後にしこりを残す v. dejar「malos sentimientos [《比喩的に》《口語》mal sabor de boca].

じこりゅう 自己流 m. propio estilo, f. propia manera. ▶自己流の adj. de su estilo [《口語》cosecha]. ▶自己流に adv. a su estilo; 《口語》a su aire. ▶私の絵はまったく自己流です Soy un/una pintor/tora autodidacta [《口語》a mi aire].

しこんまくえん 歯根膜炎《専門語》= 歯周炎.

しさ 示唆 f. sugerencia; (ヒント) f. idea, f. pista. → 暗示, ヒント. ▶示唆に富む論文 m. estudio [m. trabajo] lleno de ideas [sugerencias]. ▶有益な示唆を与える v. hacer* una sugerencia útil ☞案, 暗示

じさ 時差 f. diferencia horaria. ▶時差出勤 f. jornada laboral escalonada. ◆まだ時差ぼけが直っていないみたいだ Creo que「todavía me sigue afectando [aún estoy bajo] el desfase horario.《会話》東京とマドリードとの時差はどのくらいありますか—8 時間です。東京の方が8時間先です ¿Qué diferencia horaria hay entre Tokio y Madrid? – Ocho horas. Tokio le lleva a Madrid ocho horas de diferencia.

しさい 司祭 m. sacerdote,《口語》m. cura.

しざい 私財 bienes particulares [de dominio privado], f. propiedad privada [particular]. ◆彼は私財を投じて医学校を創った Con su propiedad privada fundó una escuela de medicina.

しざい 資材 mpl. materiales. ▶建築資材 mpl. materiales de construcción. ▶資材置き場 m. depósito de materiales.

じざい 自在 ▶自在に (自由に) adv. libremente; (意のままに) adv. a voluntad; (簡単に) adv. fácilmente, con facilidad. ▶伸縮自在のセーター m. suéter elástico.

じざいかぎ 自在鉤 m. gancho, mpl. llares.

しさく 思索 (思考) m. pensamiento; (考えること) m. el pensar; (深く考えること) f. reflexión, f. contemplación. ▶思索する v. reflexionar (sobre); meditar. ▶思索的な adj. reflexivo,《教養語》meditabundo; contemplativo. ▶思索家 mf. pensador/dora. ▶思索にふける v. ensimismarse.

しさく 試作 (試験的に製造すること) f. producción [f. fabricación] de prueba; (画家などの) m. estudio. ▶試作品 m. artículo fabricado a prueba. ▶試作車 m. coche experimental. ▶雪上車を試作する v. fabricar* [producir*] experimentalmente una moto de nieve.

じさく 自作 ▶自作の (自分で¹作った [²書いた]) adj. de su ¹fabricación [²escrito]. ▶自作自演する (= 自作中の劇の中で演じる) v. actuar* en una obra escrita por uno/una mismo/ma.

じざけ 地酒 m. sake de producción local.

しさつ 視察 f. inspección; f. observación. ▶視察する v. hacer* [《フォーマル》realizar*] una inspección, inspeccionar; visitar; observar. ▶視察旅行 f. gira de inspección. ▶視察団 m. equipo de inspección. ▶水害地を現場視察する v. hacer* una inspección sobre el terreno de una región afectada por las inundaciones.

しさつ 刺殺 ▶刺殺する v. matar*《a + 人》a puñaladas.

・じさつ 自殺 m. suicidio.

1《〜自殺》▶¹焼身 [²ガス] 自殺をする v. suicidarse ¹incendiándose [²con gas]. ▶ピストル自殺をする v. suicidarse con una pistola,《口語》pegarse* un tiro con una pistola. ▶屋上から飛び降り自殺をする v. suicidarse tirándose desde el tejado. ▶列車に飛び込み自殺をする v. suicidarse arrojándose al tren. ▶彼は ¹服毒 [²首つり] 自殺をした Se suicidó ¹envenenándose [²ahorcándose]. / Se ¹envenenó [² colgó; ²ahorcó].

2《自殺 + 名詞》▶自殺者 mf. suicida. ▶自殺未遂 m. intento de suicidio.

3《自殺を》▶彼は昨夜自殺をはかった Anoche intentó suicidarse. / Se intentó matar anoche.

――― **自殺する** v. suicidarse,《フォーマル》cometer un suicidio, matarse. ◆名誉を守るために自殺した Se suicidó para salvar su honor. ☞死ぬ, 絶[断]命

しさん 資産 f. propiedad, f. fortuna; (財産) mpl. bienes, f. propiedad; (巨額の金) f. fortuna; (世襲財産) m. patrimonio; (資力) mpl. medios; (個人・会社の) mpl. bienes. → 財産. ▶資産家 f. persona rica [con fortuna], f. persona de medios. ▶¹固定 [²流動] 資産 m. activo ¹fijo [²circulante; ²corriente]. ☞財力, 資力

しさん 試算 m. cálculo experimental. ▶旅行費用を試算する v. hacer* el cálculo aproximado del costo del viaje.

しざん 死産 m. parto de un mortinato. ◆彼女は赤ん坊を死産した Dio a luz a un niño muerto. / Tuvo un parto malogrado. / El niño le nació muerto.

じさん 持参 ▶持参金 f. dote.

――― **持参する** (持って来る) v. traer*; (持って行く) v. llevar. ▶印鑑をご持参ください Por favor, tráigase el sello. ◆私は上はき持参で出かけた Me llevé las [mis] zapatillas.

しし 獅子 m. león; (雌の) f. leona. → 獅子座. ▶獅子鼻 f. nariz respingona [chata].

しじ 指示 (指図) fpl. indicaciones; (明細な) fpl. instrucciones; (助言) m. consejo; (さし示すこと) f. indicación. ▶上司の指示を受ける v. recibir indicaciones del jefe. ▶医者の指示をあおぐ v. pedir* el consejo del médico. ◆私は彼の指示に従った Seguí sus indicaciones. / Hice lo que me dijo.

――― **指示する** v. indicar*, dar* indicaciones《a + 人》; instruir*. ▶彼に退出するよう指示する v. indicar*《a + 人》que salga de la sala ☞命令, 指図

しじ 私事 m. asunto personal [privado, particular]; mpl. asuntos personales. ◆私事にわたって恐縮ですが… Disculpe por ser personal, pero…

しじ 支持 m. apoyo; (後援) m. respaldo. ▶支持者 mf. seguidor/dora, mf. partidario/ria; (後援者) mf. patrocinador/dora. ▶現内閣の支持率 m. índice de apoyo del actual gabinete. ▶その計画に対する彼の厚い支持 m.

su cálido apoyo a ese plan. ◆彼の支持を¹得る [²得ている] v. ¹conseguir* [²contar* con] su apoyo; ¹obtener* [²tener*] su respaldo. ◆国民の支持を失う v. perder* el apoyo del pueblo. ◆その計画は世論の全面的な支持を得た El proyecto obtuvo [ganó] el pleno apoyo de la opinión pública.
── 支持する v. apoyar, ayudar, respaldar; (主に議論などで) v. apoyar, respaldar, secundar. ◆彼の計画を支持する v. apoyar su plan, dar* el apoyo a su proyecto; (支持している) v. estar* en apoyo [favor] de su plan. ◆選挙ではどの候補者を支持しますか ¿A qué candidato vas a apoyar en las elecciones? ◆人々はその新党を支持しなかった La gente no「apoyó el [dio su apoyo al] nuevo partido político. ◆彼はその議論で私を支持してくれた「Me apoyó [《口語》Estuvo a mi lado] en la discusión. ☞ 後ろ盾, 応援, 加勢, 賛成, 人望; 裏付ける, 応援する

じじ 時事 f. actualidad, mpl. sucesos actuales [de hoy en día]. ◆時事評論 mpl. comentarios de「la actualidad [los sucesos actuales]. ◆時事問題 mpl. tópicos [mpl. sucesos] de actualidad. ◆時事西語 m. español actual. ◆時事問題を解説する v. comentar「la actualidad [los temas de actualidad]. ◆(放送の)時事解説者 mf. comentarista (de noticias). ◆時事問題を論じる v. discutir「la actualidad [los sucesos actuales].

ししざ 獅子座 m. Leo; m. León. → 乙女座. ◆獅子座(生まれ)の人 mf. Leo.

ししそんそん ◆子々孫々に至るまで adv. hasta sus descendientes más remotos.

ししつ 資質【素質】fpl. cualidades, 《口語》f. madera; 【才能】(生まれつきの) m. talento, m. don; (潜在的な) f. capacidad; (努力で更に伸ばした) f. habilidad;【生来の性質】m. carácter, m. natural. ◆資質に恵まれた若者 mf. joven de talento ☞ 柄, 素質

じじつ 史実 m. hecho histórico, f. veracidad histórica. ◆この物語は史実に基づいている Esta historia está basada en un hecho histórico. ◆彼の著書は細部に至るまで史実に忠実なことで知られている Sus libros son famosos por su fidelidad a los detalles históricos.

*__じじつ__ 事実 m. hecho; (真実) f. verdad; (現実) f. realidad; (実情) f. situación, m. caso.
1《〜事実》◆明らかな事実 m. hecho evidente [claro]. ◆既成事実 m. hecho establecido. ◆¹よく知られた [²紛れもない] 事実 m. hecho ¹reconocido [²innegable]. ◆観察によって知り得た事実 f. verdad aprendida por observación. ◆彼が無実だという事実がわかった Hemos descubierto que「de hecho [realmente] es inocente.
2《事実(の)+名詞》◆事実問題 f. cuestión de hecho. ◆事実無根のうわさ f. rumor infundado [sin base]. ◆それは事実上の(＝実質的な)敗北だった Fue de hecho una derrota. / Realmente fue una derrota. → 実際は. ◆事実上一銭も残っていなかった Prácticamente no me quedaba nada de dinero.
3《事実に》◆これらの事実に照らしてみて adv. ante estos hechos. ◆事実に矛盾する[反する] v. ser* contrario a los hechos. ◆君の報告は事実に基づいていない Tu informe no está「basado en los hechos [fundamentado en la verdad].
4《事実を》◆事実を¹曲げる [²おおい隠す] v. ¹deformar [²ocultar] un hecho. ◆事実を明らかにする(＝暴露する) v. revelar un hecho. ◆事実をありのままに言う v. decir* toda la verdad. ◆事実を直視する v. encarar [enfrentarse a] los hechos. ◆意見ではなく事実を述べなさい Danos hechos, no opiniones.
5《...は事実だ》◆彼がわれわれを裏切ったのは事実だ「Es un hecho [La verdad es] que nos ha traicionado. → 実(じつ). ◆彼は病気だと言ったが、それは事実ではなかった Dijo que estaba enfermo, pero no era verdad.
── 本当に adv. realmente, de verdad, efectivamente. → 実(じつ). ◆彼は事実そう言ったのだ Lo dijo efectivamente [realmente, de verdad]. ◆彼は健康ではなかった、事実しょっちゅう入院していた Tenía mala salud. De hecho, le hospitalizaban a menudo. ☞ 実際, 真相

ししつたいしゃいじょう 脂質代謝異常《専門語》f. lipidosis.

ししまい 獅子舞 "shishimai",《説明的に》f. danza con máscara de león.

ししまひ 四肢麻痺《専門語》f. tetraplejía.

ししゃ 死者 mf. muerto/ta; (事故・災害による死者数) m. número de víctimas (mortales). → 死傷者. ◆その事故による死者の数は百人に達した El número de víctimas mortales por el accidente alcanzó a cien. / El accidente se cobró cien víctimas. ◆自動車の衝突事故で 7 名の者が出た(＝死んだ) Siete personas「se mataron [《フォーマル》perecieron] en un accidente de tráfico. ◆その洪水で 2 百人の死者が出た(＝命が失われた) Las inundaciones costaron la vida a doscientas personas. / Doscientas vidas se perdieron a causa de las inundaciones.

ししゃ 使者 mf. mensajero/ra; (使節) mf. enviado/da. → 使い. ◆使者を送る[たてる] v. enviar* [despachar] un/una mensajero/ra. ◆ツバメは春の使者です Las golondrinas son las mensajeras de la primavera.

ししゃ 試写 m. preestreno; (映画関係者だけの) m. estreno comercial. ◆映画の試写会を行なう v. preestrenar una película.

ししゃ 支社 f. sucursal.

ししゃく 子爵 m. vizconde. → 貴族. ◆子爵夫人 f. vizcondesa.

じしゃく 磁石 m. imán; (羅針盤) f. brújula. ◆¹棒 [²馬蹄(ば)形]磁石 ¹f. barra [²f. herradura] imantada [imanada]. ◆磁石の adj. magnético. ◆この金属には磁石はつかない El imán no atrae este metal.

ししゃごにゅう 四捨五入 ◆3.7532 の小数点以下第 4 位を四捨五入する v. redondear 3, 7532 en tres décimas.

ししゅ 死守 ▶死守する v. defender* desesperadamente [《口語》con uñas y dientes]; (地位・権利などを) v. mantener* hasta el final.
じしゅ ▶自首する v. entregarse* a la policía.
じしゅ 自主 ▶自主独立の adj. autónomo, auto-independiente. ▶自主的な adj. autónomo, auto-independiente. 自主規制 m. autocontrol de las exportaciones.
ししゅう 刺繍 m. bordado. ▶刺繍糸 m. hilo de bordar. ▶金糸でイニシャルをハンカチに刺繍する v. bordar las iniciales en un pañuelo con hilo de oro.
ししゅう 詩集 f. colección de poemas; (名詩撰集) f. antología poética. ▶ロルカ詩集 f. obra [f. antología] poética de Lorca; mpl. poemas reunidos de Lorca.
しじゅう 始終 (初めから終わりまで) adv. de principio a fin, 《口語》de cabo a rabo; (いつも) adv. siempre, todo el tiempo ➡いつも, 通例, 必ず, 普段 (絶えず) adv. continuamente, constantemente; (しばしば) adv. frecuentemente, a menudo. ▶私達事の一部始終を知っている Me conozco la historia de「principio a fin [《口語》cabo a rabo]. ♦彼は始終テレビを見ている Siempre está viendo la「televisión [《口語》tele]. ♦彼は始終図書館に通っている Va「con frecuencia [muchas veces, a menudo] a la biblioteca.
しじゅう 四十 num. cuarenta. ➡ 四十(よんじゅう).
じしゅう ▶自習する v. estudiar solo [por uno/na mismo/ma]. ▶自習室 f. sala de estudio. ▶自習時間 f. hora de estudio libre.
じしゅう 次週 la próxima semana, 《口語》la semana que viene.
じじゅう 侍従 m. chambelán, m. gentilhombre de cámara. ▶侍従長 El gran chambelán del emperador.
ししゅうえん 歯周炎 《専門語》f. periodontitis.
しじゅうから 四十雀 m. paro.
ししゅうそう 四重奏 m. cuarteto. ▶弦楽四重奏 m. cuarteto de cuerda.
ししゅうびょう 歯周病 《専門語》f. enfermedad periodontal.
じしゅく 自粛 (自制, 克己) m. dominio de sí mismo, m. autocontrol; (自己訓練) f. autodisciplina. ▶選挙運動を自粛する v. autocontrolarse en la campaña electoral. ♦喫煙を自粛する(=控える) v. abstenerse* de fumar.
ししゅつ 支出 m. gasto, 『ラ米』m. egreso, 《フォーマル》m. desembolso, mpl. gastos; (出費) m. gasto. ▶本代に10ドルの支出 m. gasto de diez dólares en libros. ▶支出を切り詰める v. reducir* los gastos. ▶収入と支出のバランスを保つ v. mantener* en equilibrio los ingresos y los gastos. ➡ 収入.

—— **支出する** (支払う) v. pagar*; (金を費やす) v. gastar, 《フォーマル》v. desembolsar. ▶研究に多くの金を支出する v. gastar [tener* muchos gastos] en investigación. ♦先月は衣服代に多額の支出をした El mes pasado「tuve muchos gastos en vestido [gasté mucho en ropa].

じしゅてき 自主的 adj. independiente, (自発的な) adj. voluntario. ▶自主的に adv. independientemente; voluntariamente, libremente, 《教養語》a libre albedrío.
ししゅんき 思春期 f. adolescencia; f. pubertad. ▶思春期の子供 mf. adolescente, 《文語》mf. púber. ▶思春期特有の感情 mpl. sentimientos característicos de la adolescencia. ▶思春期になる v. llegar* a la adolescencia.
ししょ 支所 f. (oficina) sucursal.
ししょ 司書 mf. bibliotecario/ria.
しじょ 子女 mf. hijo/ja; mf. niño/ña. ➡ 子供.
*****じしょ 辞書** m. diccionario. ➡ 辞典. ▶辞書を編さんする v. compilar [editar] un diccionario. ▶その単語の意味を調べるため辞書を引く v. consultar [usar] un diccionario para buscar* el significado de la palabra. ▶単語を辞書で調べる v. consultar una palabra en el diccionario. ▶その単語は私の辞書には載っていない Esa palabra no aparece [《口語》viene; está] en mi diccionario.
じしょ 地所 (土地) f. tierra, m. terreno; (広い敷地) f. finca. ➡ 土地.
じじょ 次女 f. segunda hija.
じじょ 自助 f. autoayuda.
ししょう 視床 《専門語》m. tálamo. ▶視床核 《専門語》m. núcleo talámico. ▶視床下部 《専門語》m. hipotálamo.
ししょう 支障 (行く手に立ちふさがる邪魔物) m. obstáculo; (進行の障害) m. impedimento, m. escollo, f. dificultad; (一時的な) m. tropiezo. ♦その事件はわれわれの計画の支障となるだろう Ese asunto será [《フォーマル》representará]「un inconveniente [una dificultad] para nuestro proyecto. ♦計画に支障が生じた Ha surgido「una dificultad [un inconveniente] en el programa. ♦式は支障(=滞り)なく行われた La ceremonia「se celebró [《フォーマル》discurrió] sin incidentes [novedad].
ししょう 師匠 mf. profesor/sora, mf. maestro/tra. ♦お花の師匠 mf. profesor/sora de arreglo floral.
しじょう 市場 m. mercado.
1《～市場》▶国内市場 m. mercado nacional [doméstico]. ▶海外市場 m. mercado exterior [extranjero]. ▶¹買い手 [²売り手] 市場 m. mercado de ¹compradores [²vendedores]. ▶¹金融 [²就職] 市場 m. mercado ¹monetario [²de empleo]. ▶自由市場 m. mercado libre [abierto].
2《市場＋名詞》▶市場¹調査 [²分析] ¹ f. investigación [² m. análisis] de mercados. ▶金の市場価格 m. valor del mercado de oro. ▶市場占有率を高める v. aumentar una participación en el mercado.
3《市場は》▶株式市場は今日は¹活況 [²不振]だった Hoy el mercado de valores estaba ¹activo [²flojo].
4《市場の》▶アメリカは日本にコンピューター市場の

開放を求めてきた Estados Unidos le ha pedido a Japón que abra su mercado de ordenadores [[ラ米]] computadoras]. ◆EUは日本での自動車市場の¹拡張 [²開拓]をねらっている La UE (Unión Europea) tiene intención de ¹ampliar [²explotar] el mercado automovilístico en Japón.

　5《市場に》◆4月には新型車が市場に出回るだろう En abril saldrán al mercado nuevos modelos de coches [autos].

しじょう 紙上で[の]（新聞・雑誌で）*adv*. en el periódico; en la revista; (紙の上だけの) *adv*. sobre el papel, por escrito. ◆紙上の計画 *m*. proyecto escrito [en papel].

しじょう 史上 (歴史上) *adv*. en la historia; (記録的な) *adj*. récord. ◆史上最大のショー el mayor espectáculo de la historia. ◆史上空前の収穫 *f*. cosecha récord [sin precedentes], 《口語》*m*. cosechón, *f*. cosecha del siglo.

しじょう 詩情 *m*. lirismo, *m*. sentimiento poético. ◆詩情豊かな人 *f*. persona「de mucho lirismo [llena de sentimiento poético].

しじょう 私情 *mpl*. sentimientos personales, *m*. sentir personal. ◆私情を交える *v*. sacar* los sentimientos personales. ◆私情に左右される *v*. estar* bajo la influencia de los sentimientos personales.

しじょう 自称 (自分で勝手に名乗る) *adj*. autodenominad*o*, (見せかけの) *adj*. supues*to*. ◆彼は自称音楽家だ Se「llama a sí mismo [《フォーマル》autodenomina] músico. /《口語》Se las da de músico. / (自称している)Pretende ser músico. / (通例偽って)Se hace pasar por músico.

・**しじょう** 事情 ❶【様子】(周囲の境遇) *fpl*. circunstancias; (事の状態) *f*. situación, *fpl*. condiciones; (漠然とした状態) *mpl*. asuntos, *fpl*. cosas; (場合) *m*. caso.

　1《～事情》◆国内 [²国際; ³海外]事情 *mpl*. asuntos ¹nacionales [²internacionales; ³del exterior]. ◆¹食料 [²住宅]事情 La situación de ¹los alimentos [²la vivienda]. ◆交通事情はよくなりつつある Las condiciones「de tráfico [《フォーマル》viarias] están mejorando.

　2《事情＋名詞》◆政界の事情通 *f*. persona bien informada sobre la situación política. ◆事情聴取を受ける *v*. ser* convoca*do* a informar voluntariamente.

　3《事情が》◆そのことがあってから事情が変わった Las cosas han cambiado desde entonces [que ocurrió aquello]. /《フォーマル》Desde que ocurrió eso, las circunstancias han variado. ◆事情があって彼はやむなく辞職した Las circunstancias le obligaron a dejar su trabajo. / Fue obligado por las circunstancias a dejar el trabajo.

　4《事情の》◆事情の許す限り *adv*. en la medida en que lo permitan las circunstancias. ◆その事情のもとで彼はできるだけのことはした Hizo todo lo que pudo bajo esas circunstancias.

　5《事情に》◆彼は中国の事情に明るい Está bien informado de los asuntos de China.

　6《事情を》◆私に事情を皆話してくれ Dime [《フォーマル》Infórmame de] las circunstancias.

　7《事情で》◆やむを得ない事情で *adv*. por circunstancias inexcusables. ◆こういう事情でいっしょできません No puedo acompañarte por estas circunstancias. / Ante esta situación, no puedo ir contigo.

❷【理由】*fpl*. razones, *mpl*. motivos. ◆¹家庭の [²言われぬ]事情で *adv*. por ¹razones familiares [²motivos secretos] ⇨事故, 次第, 都合

しじょう 自乗 *m*. cuadrado. ◆自乗根 *f*. raíz cuadrada. ◆5を自乗する *v*. cuadrar cinco; *v*. multiplicar* cinco con sí mismo. ◆3の自乗は9です El cuadrado de tres es nueve. / Tres al cuadrado da [hace] nueve.

しじょうこつ 耳小骨《専門語》*m*. osículo de oído.

ししょうしゃ 死傷者 *mpl*. muertos y heridos, *fpl*. víctimas. ◆その事故で10人の死傷者が出た El accidente registró diez víctimas. ◆死傷者は非常に多かった Hubo muchas víctimas.

ししょうじょうぶ 視床上部《専門語》*m*. epitálamo.

ししょく 試食 *f*. degustación, *f*. cata. ◆試食会 *f*. fiesta de degustación. ◆試食する *v*. degustar, catar, probar*. ◆スーパーではソーセージの試食品がつまようじに刺して配られた En el supermercado se ofrecía degustar con palillos la salchicha.

じしょく 辞職 *f*. dimisión, *f*. renuncia. ◆辞職願いを出す *v*. presentar la dimisión.

── 辞職する *v*. dimitir. ◆彼は辞職した Dimitió (de su trabajo). / Presentó la dimisión. ◆内閣は総辞職した Dimitieron todos los miembros del gabinete. / El gabinete dimitió en pleno. ◆彼は議長を辞職した Dimitió de (su puesto como) presidente. ⇨退職, 退任; 下[降]りる, 退く, 退職する

じじょでん 自叙伝 *f*. autobiografía.

ししょばこ 私書箱 *m*. apartado postal [de correos]. ◆中央郵便局私書箱150号に送る *v*. enviarlo* al aptdo. (apartado) 150 de Correos「de Chuo [Central].

地域差	私書箱
[スペイン]	*m*. apartado de correos
[ラテンアメリカ]	*m*. apartado postal
[キューバ]	*m*. apartado, *f*. casilla de correos
[コロンビア]	*m*. buzón postal
[アルゼンチン]	*f*. casilla de correos, *f*. casilla postal

ししん 指針 ❶【指標】*f*. guía, *m*. directriz; *fpl*. directrices; (指導原則) *m*. principio rector. ◆彼の言葉は人生の指針となる Sus palabras son una guía en nuestra vida.

❷【計器の針】◆速度計の指針 *m*. indicador

de un velocímetro. ▶磁石の指針 f. aguja de una brújula.

しし ん 私心 （利己心）m. egoísmo; （利己的動機）m. motivo egoísta. ▶私心のない人 f. persona desinteresada [nada egoísta].

しし ん 私信 f. carta privada.

しし ん 詩人 m. poeta. ▶女流詩人 f. poetisa. ▶ロマン派の詩人 m. poeta romántico, f. poetisa romántica. ▶詩人肌である v. tener* algo [un punto] de poeta.

しし ん 私人 f. persona privada. ▶私人として adv. en capacidad privada.

・**じし ん** 自信 f. confianza [f. seguridad] 「en sí mismo [en uno/na mismo/ma], f. autoconfianza.

1《自信＋名詞》▶自信過剰である v. estar* demasiado seguro de sí. ▶自信満々で［たっぷり］である v. tener* mucha seguridad en uno/na mismo/ma, estar* lleno de confianza en sí mismo, rebosar de autoconfianza. ♦彼は大変な自信家である Es una persona muy segura de sí misma. / Es una persona con mucha autoconfianza.

2《自信が》♦(答えに)自信がありますか(＝確かですか)¿Estás seguro de la respuesta? ♦彼は試験に受かる自信がある「Está confiado en [Tiene la seguridad de que va a] aprobar el examen. ♦この計算(の正確さ)には自信がない No tengo confianza en la exactitud de 「este cálculo [esta cuenta]. ♦私は1足 [2テニスの腕]には自信がある Tengo confianza en mí mismo/ma como [1]caminante [2]jugador/dora de tenis].

3《自信の》▶自信のある顔つきで adv. con una mirada confiada.

4《自信を》▶自信を[1]持つ [2]失う; [3]つける] v. [1]ganar [2]perder*; [3]desarrollar] seguridad [confianza] en sí mismo. ▶自信を持ちなさい No pierdas la confianza en ti mismo. ➡ 確信, 自負

・**じし ん** 地震 m. terremoto, 《フォーマル》m. seísmo, m. sismo, m. temblor.

1《〜地震》▶大地震 m. gran terremoto. ▶海底地震 m. maremoto. ▶新潟地震 El terremoto de Niigata.

2《地震＋名詞》▶地震学 f. sismología. ▶地震学者 mf. sismólogo/ga. ▶地震観測 f. sismometría. ▶地震計 m. sismógrafo. ▶地震対策をたてる v. tomar medidas antisísmicas. ♦日本は地震国だ Japón es un país「de terremotos [《フォーマル》sísmico].

3《地震が[で]》♦東京は地震が多い(＝しばしば起こる) En Tokio los terremotos ocurren a menudo. / Tokio es azotado frecuentemente por terremotos. ♦今朝, 1弱い [2強い] 地震があった Esta mañana ha habido un terremoto débil [2fuerte]. ♦大部分の家は地震で壊れた El terremoto destruyó casi todas las casas. / La mayoría de las casas fueron destruidas por el terremoto. ♦地震で家が揺れるのを感じた Sentí que la casa temblaba por el terremoto.

《関連》▶震度 f. intensidad sísmica. ▶耐震

の adj. sismorresistente. ▶免震の adv. a prueba de seísmos, sismorresistente. ▶免震構造 f. estructura a prueba de seísmos. ▶[1]有感 [2]無感] 地震 m. terremoto [1]percibido [2]no percibido]. ▶震源の深さ f. profundidad hipocentral. ▶震央 m. epicentro. ▶マグニチュード f. magnitud. ▶リヒタースケール f. escala Richter. ▶1本 [2]前; [3]余] 震 m. temblor [1]mayor [2]previo; [3]réplica].

じし ん 自身 pron. uno/na mismo/ma. ▶自分, 自己. ▶自分自身の歯 mpl. propios dientes, f. dentadura de uno/na. ♦彼自身がそこへ行った Él mismo fue allí. / Fue allí「él mismo [en persona].

ジス JIS f. Norma Industrial Japonesa. ▶ジスマーク m. sello de JIS.

じす い 自炊する v. cocinar por sí mismo, hacerse* las comidas (uno mismo).

し すう 指数 m. índice. ▶物価指数 m. índice de precios. ▶不快指数 m. índice de incomodidad.

しず かさ 静かさ f. tranquilidad, f. calma, f. quietud; ➡ 静けさ, 静寂.

・**しず かな** 静かな adj. tranquilo, calmado, quieto, 《フォーマル》sosegado; callado, silencioso; apacible, 《教養語》plácido. ➡ 穏やかな, 平和な. ▶静かな通り f. calle tranquila. ▶静かな夜 f. noche tranquila [apacible]. ▶静かな海 m. mar tranquilo [en calma]. ▶静かな声で adv. con voz tranquila [apacible]. ♦その部屋は水を打ったように(＝ハエが飛んでいるのが聞こえるぐらい)静かだった Había tal silencio en el cuarto que se podía oír el vuelo de una mosca. ♦そのエンジンはとても静かだ El motor es muy silencioso.

— 静かに 静かに adv. tranquilamente, en calma, con sosiego; en silencio, calladamente; apaciblemente. ▶静かに[1]歩く [2]話す] v. caminar [2]hablar] silenciosamente [en silencio]. ▶静かに座る [座っている] v. [1]sentarse* [2]estar* sentado] en silencio. ▶子供を静かにさせる v. hacer* callar a los niños; sosegar* a los niños. ▶静かにドアをたたく v. llamar suavemente a la puerta. ♦静かにせよ Estáte quieto. / No hables [hagas ruido]. / ¡Silencio! / ¡A callar! ♦夜がふけるにつれてあたりはいっそう静かになった La calma [quietud] se extendía a medida que avanzaba la noche. / Con el avance de la noche aumentaba el silencio. ➡ 穏やかな, 閑散とした; 穏やかに, 軽く, しめやかに, すすやか, そっ

ジスキネジア ジスキネジア 遅発性ジスキネジア《専門語》f. discinesia tardía.

しず く 滴 f. gota. ▶雨のしずく fpl. gotas de lluvia. ▶ひとしずくの涙 una lágrima. ▶葉から落ちるしずく fpl. gotas de las hojas. ▶しずくとなって落ちる v. gotear, caer* a gotas. ♦ひとしずくの涙が彼女のほほを伝わった Por su mejilla le resbaló una lágrima. ➡ 滴る.

しず けさ 静けさ (静寂) f. quietud, f. calma; (音をたてないこと) m. silencio; (騒音・動きがない

こと) f. tranquilidad, m. sosiego; (平静) f. calma. ▶夜の静けさを破る v. romper* la quietud de la noche. ▶あらしの前の静けさ f. calma que precede a la tormenta. ▶その教室に水を打ったような静けさになった Un pesado silencio invadió la clase.

システンしょう シスチン症 《専門語》 f. cistinosis. ▶シスチン尿症 《専門語》 f. cistinuria.

システマチック adj. sistemático.

システム m. sistema. → 組織, 体制, 方式. ▶システム工学 f. ingeniería de sistemas. ▶システム手帳 f. agenda de uso múltiple. ▶システム・エラー 《専門語》 m. error del sistema. ▶システム・リソース 《専門語》 m. recurso del sistema. ▶システム管理者 《専門語》 m. administrador de sistema.

ジステンパー 《専門語》 m. moquillo.

ジストロフィー 《専門語》 f. distrofia. ▶筋ジストロフィー 《専門語》 f. miodistrofia.

シスネロス 〈フランシスコ・ヒメネス・デ 〜〉 Francisco Jiménez de Cisneros (☆ 1436-1517, スペインの枢機卿).

じすべり 地滑り m. derrumbamiento [m. desprendimiento] de tierras; (断層) f. falla. ▶総選挙で地すべり的勝利をおさめる v.「obtener* una victoria abrumadora [ganar por mayoría aplastante]」en las elecciones generales.

しずまる 静[鎮]まる → 静か; (音・あらしなどが) v. tranquilizarse*, calmarse, sosegarse*; (興奮・あらしなどが) v. calmarse, pasarse, apaciguarse*; (反乱などが) v. sofocarse*, aplastarse, reprimirse; (痛みが) v. aliviarse, disminuir*. ▶静まり返る v. estar* totalmente en calma; quedarse en silencio. ◆彼が演説を始めると聴衆はしーんと静まり返った En el momento de empezar a hablar, el público hizo silencio. ◆風がやっと静まった Por fin「se ha calmado [ha amainado] el viento.

* **しずむ** 沈む ❶【水中に】 v. hundirse, sumirse. ▶1沈みかけている [2沈んだ] 船 m. barco 1que se está hundiendo [2hundido]. ▶水の底深くに沈む v. hundirse profundamente en el agua. ◆木は水に沈まない La madera no se hunde en el agua. ◆2せきの船が銚子沖で沈んだ Frente a (las costas de) Choshi se hundieron dos barcos.
❷【太陽・月が】 v. ponerse*, ocultarse. ◆太陽が西に沈みかけていた El sol se estaba poniendo en el oeste. ◆太陽が1山の陰 [2水平線下]に沈んだ El sol se ocultó 1detrás de la montaña [2en el horizonte].
❸【気分が】(意気消沈する) v. sentirse* deprimido, 《口語》 estar* con la depre; (憂うつである) v. estar* bajo de moral. → 塞(ふさ)ぎ込む, 滅入る. ◆彼女は沈んだ顔をしている Parecía deprimida [triste]. ◆彼は悲しみに沈んでいる Está hundido por「el dolor [la pena]. / La aflicción no tiene hundido. ◆彼女に会って私の心は沈んだ(=悲しくなった) Me deprimí al verla.

しずめる 静[鎮]める v. calmar, tranquilizar*, aplacar*, 《フォーマル》 sosegar*; aquietar, acallar; (なだめる, 和らげる) v. calmar, tranquilizar*; (騒ぎなどを) v. sofocar*, reprimir. ◆彼の怒りを静める v. aplacar* su ira. ▶痛みを鎮める v. aliviar el dolor. ▶神経を鎮める v. calmar los nervios. ▶反乱を鎮める v. sofocar* la rebelión. ◆気を静めよ Cálmese. / Tranquilícese. ◆母親は泣いている子を静めようとしていた La madre trataba de calmar「el llanto del niño [al niño que lloraba].

しずめる 沈める (船などを沈没させる) v. hundir; (水中に入れる) v. sumergir*. ◆敵艦を沈める v. hundir un barco enemigo; mandar un barco enemigo al fondo del mar. ▶いすに身を沈める v. hundirse en una silla.

じする 辞する (去る) v. salir* [marcharse] (de); (断る) v. rechazar*, negarse* (a); (辞任する) v. dimitir (de). ◆彼は脱会も辞さない構えである (=会から身を引く覚悟はできている) Está dispuesto a apartarse de la sociedad.

しせい 施政 f. administración; m. gobierno. ▶施政方針演説 m. discurso sobre la política administrativa.

* **しせい** 姿勢 ❶【身体の構え】 f. postura; (一時的な) f. pose. → ポーズ. ▶1よい [2悪い] v. tener* una 1buena [2mala] postura. ▶正しい姿勢で(=背筋を伸ばして)読書する v. leer* con la espalda erecta [recta, 《口語》 derecha]. ◆私たちは先生の前で気を付けの姿勢で立っていた Frente al profesor nos mantuvimos en posición de pie. ◆彼は楽な姿勢で横になっていた「Estaba acostado [《フォーマル》 Yacía]」en una posición [postura] cómoda. ◆モデルはいろいろな姿勢をとった La/El modelo「adoptó diferentes poses [posó de distintas maneras].
❷【態度】f. actitud. ▶低姿勢で adv. en actitud modesta. ◆彼はその問題に1強い [2前向きの]姿勢をとった Adoptó una 1decidida [2positiva] actitud hacia la cuestión.
☞格好, 構え

しせい 市制 m. sistema municipal. ▶市制をしく v. organizar* como municipio.

しせい 市政 m. gobierno [f. administración] municipal. ▶市政に参加する v. participar en el gobierno municipal.

しせい ▶市井のうわさ m. rumor, 《フォーマル》 f. voz pública. ▶市井の人 《フォーマル》 m. pueblo.

じせい 自制 m. dominio de sí mismo, m. autocontrol, 《フォーマル》 m. autodominio. ▶自制心を失う v. perder* el dominio [control] de sí mismo, perder* el autocontrol. ▶自制する v. dominarse, controlarse, contenerse*. ◆彼には自制心が欠けている No sabe dominarse. / No tiene control [dominio] de sí mismo. ◆私はかっとなってまったく自制心を失った La ira me cegó un instante y perdí el control de mí mismo.

じせい 時世[勢] m. tiempo(s), f. época(s). → 時代.

じせい 時制 m. tiempo (verbal). ▶1現在 [2過去]時制 m. tiempo de 1presente [2pasado]. ▶時制の一致 f. concordancia de tiem-

しせいかつ 私生活 *f.* vida privada [íntima].

しせいじ 私生児 *mf.* hijo/ja ilegítimo/ma [natural],《軽蔑的に》*mf.* bastardo/da. ▶私生児である *v.* ser* ilegítimo/ma.

しせき 歯石 ▶歯石をとる *v.* quitar [eliminar] el sarro (de los dientes).

しせき 史跡 *m.* lugar [*m.* sitio] histórico. ▶史跡を訪ねる *v.* visitar un lugar histórico.

じせき 次席 ▶次席の *adj.* segundo; (副…) *adj.* adjunto, asistente. ▶次席検事 *mf.* fiscal adjunto/ta.

じせき 自責 ▶うそをついて自責の念にかられている (=罪悪感に責められている) *v.* tener* remordimientos de conciencia por haber* dicho una mentira. → 良心.

しせつ 使節 (外交上の) *mf.* enviado/da, *mf.* embajador/dora; (会議などに派遣される) *mf.* delegado/da. ▶使節団 *f.* delegación; (特別任務を帯びた) *f.* misión. ▶文化使節団を派遣する *v.* enviar* una misión cultural (a). ▶彼は親善使節として日本へやって来た Vino a Japón en una misión de buena voluntad.

*しせつ 施設 (学校・児童福祉などの社会施設) *f.* institución; (公共または私設の設立物) *m.* establecimiento; (図書館・病院など便宜を与える設備) *fpl.* instalaciones. ▶教育施設 *f.* institución educativa. ▶老人施設 *f.* institución para「la tercera edad [los ancianos]. ▶教護施設 *f.* institución penitenciaria [correccional]. ▶軍事施設 *fpl.* instalaciones militares. ▶¹公共 [²娯楽; ³文化; ⁴医療] 施設 *fpl.* instalaciones ¹públicas [²recreativas; ³culturales; ⁴sanitarias]. ▶施設の子供たち *mpl.* niños de establecimientos benéficos [de asilo]. ▶その孤児は施設に入れられた El huérfano fue acogido en un asilo [orfanato].

しせつ ▶私設の *adj.* privado. ▶私設秘書 *mf.* secretario/ria privado/da.

じせつ 時節 (時期) *f.* hora, *m.* momento; (機会) *f.* ocasión, *f.* oportunidad; (天候) *m.* tiempo (atmosférico). ▶時節の到来を待つ *v.* esperar「el momento [la ocasión]. ▶時節が来れば彼は行動を開始するだろう Cuando llegue la hora,「entrará en acción [tomará medidas]. ▶時節はまだ到来していない Todavía no ha llegado la hora [ocasión]. ▶時節柄くれぐれもお体を大切に Cuídese de este tiempo tan (冬に)frío [(夏に)caluroso].

じせつ 自説 *f.* propia opinión. → 説.

しせん 視線 *f.* ojeada, *m.* vistazo. ▶視線をそらす *v.* apartar la vista (de). ▶…に視線を向ける *v.* volver* la vista (a), mirar. ▶彼女に視線を合わせるのが恥ずかしくて、つい目をそらしてしまった Me daba vergüenza (de) mirar sus ojos y aparté la vista.

しせん 支線 *f.* línea secundaria, *m.* ramal.

*しぜん 自然 (天然) *f.* naturaleza, *f.* natura.

1《自然の(+名詞)》(動物が) *adj.* salvaje; (森が) *adj.* virgen; (植物が) *adj.* silvestre. ▶自然界 *m.* mundo de la naturaleza. ▶自然科学 *f.* ciencia natural. ▶自然現象 *m.* fenómeno natural. ▶自然死 *f.* muerte (por causa) natural. ▶自然食品 *mpl.* alimentos naturales [orgánicos]. ▶自然環境 *m.* medio (ambiente) natural. ▶自然破壊 *f.* destrucción de la naturaleza. ▶自然淘汰 *f.* selección natural. ▶美しい自然 *f.* belleza [*f.* hermosura] de la naturaleza. ▶自然の恵み [²驚異] ¹*f.* bendición [²*fpl.* maravillas] de la naturaleza. ▶自然河川 *mpl.* ríos vírgenes. ♦その行為は自然の理に反している Ese acto va contra la naturaleza [natura].

2《自然が》▶大都市周辺では自然が日に日に失われている En las proximidades de las grandes ciudades la naturaleza está siendo destruida día a día.

3《自然に[と]》▶(文明世界を去って)自然に帰る *v.* volver* a la naturaleza. ▶夏は自然に親しむよい季節 El verano es la mejor estación para vivir en estrecho contacto con la naturaleza. ♦彼らは自然とともに生きるよう努めている Intentan vivir en armonía con la naturaleza.

── 自然な[の] ((当然な) *adj.* natural → 当然; (自然発生的な) *adj.* espontáneo. ▶自然¹発火 [²発生] ¹*f.* combustión [²*f.* generación] espontánea. ♦母親が子供を愛するのは自然だ Es natural que una madre ame a su hijo. ♦その地は自然のままの状態で残されていた La tierra estaba dejada en su estado natural.

── 自然に (普段どおりに, 天然に) *adv.* naturalmente, de forma natural; (自然発生的に) *adv.* espontáneamente, de manera espontánea; (ひとりでに) *adv.* solo; *adv.* por sí mismo; (自動的に) *adv.* automáticamente. ♦彼はまったく自然にふるまった Se comportó de manera totalmente natural. ♦彼はその技術を自然に身につけた Adquirió esa habilidad naturalmente. ♦自然に拍手がわき起こった Hubo un espontáneo estallido de aplausos. ♦その傷は自然に治るだろう Esa herida se curará sola [por sí misma].

じぜん 慈善 *f.* beneficencia,《教養語》*f.* filantropía, *f.* caridad. ▶慈善の *adj.* benéfico. ▶慈善家 *mf.* benefactor/tora, *mf.* bienhechor/chora, *f.* persona caritativa. ▶慈善事業(них) *f.* obra benéfica [de caridad],《フォーマル》*f.* obra pía. ▶慈善¹団体 [²施設] ¹*f.* organización [²*f.* institución] benéfica. ♦彼は定期的に慈善事業に[慈善のために]寄付をしている Da regularmente dinero a obras de beneficencia [caridad].

じぜん 次善 ▶次善の策 *f.* siguiente [segunda] mejor medida.

じぜん 事前 ▶選挙の事前運動 *f.* campaña preelectoral. ▶事前準備 *mpl.* preparativos previos. ▶事前協議 *fpl.* consultas previas. ♦事前に(=前もって)知らせてください Por favor, avísame antes [previamente,《フォーマル》anticipadamente, por adelantado].

しぜんしゅぎ 自然主義 *m.* naturalismo. ▶自然主義者 *mf.* naturalista.

しせんしょう 四川省 *f.* provincia de Si-

しそう

chuan.

しそう 歯槽 《専門語》m. alveolo. ♦歯槽骨《専門語》m. hueso alveolar.

＊しそう 思想 m. pensamiento, f. ideología, f. filosofía. → 考え, イデオロギー.

1《～思想》▶近代思想 m. pensamiento moderno, f. filosofía moderna. ▶科学的思想 m. pensamiento científico. ▶危険思想の持ち主 f. persona de ideas peligrosas.

2《思想(の)＋名詞》▶思想の自由 f. libertad de pensamiento. ▶思想統制 m. control de ideologías, (検閲) f. censura de ideología. ▶思想家 mf. pensad*or/dora*, 《フォーマル》mf. ideólog*o/a*. ▶思想犯 m. delito cometido adherido a una ideología.

3《思想が[は]》♦彼の思想は進歩的だ Tiene ideas progresistas. / Su filosofía es progresista. ♦多くの場合思想は言葉によって表現される Casi todos los pensamientos se expresan con palabras. ♦この本には作者の思想(＝意見)がよく表われている Este libro revela「las ideas del autor [la ideología del autor].

しそう 死相 f. sombra de la muerte. ♦彼の顔に死相が現われている Su cara tiene la sombra de la muerte. / La muerte se asoma a su rostro.

じぞう 地蔵 "zizo", 《説明的に》f. escultura budista protectora de los niños.

しそうのうろう 歯槽膿漏 《専門語》f. piorrea alveolar.

シソーラス m. tesauro.

じそく 時速 → 速度. ▶時速50キロで車を走らせる v. conducir* un coche a 50 kilómetros por hora. → 速度, ノット.

じぞく 持続 f. duración. → 長つづき. ▶持続する(続く)v. durar, continuar*; (維持する)v. mantener*, sostener*.

じぞくぼっきしょう 持続勃起症 《専門語》m. priapismo.

しそこなう ▶要点を理解しそこなう v. no ver* el punto; (逃す)v. 《口語》no 《スペイン》coger* [《ラ米》agarrar] el punto. → 失敗する.

しそん 子孫 m. descendiente; (集合的に)f. descendencia, 《フォーマル》f. posteridad; (子供たち)f. familia, f. prole. ♦彼は西郷隆盛の子孫だ Viene「del linaje de [《口語》de] Saigo Takamori. ♦これは子孫に残さ［伝え］ねばならない Este debe ser trasmitido a「la posteridad [las futuras generaciones].

しそんじる 仕損じる (失敗する)v. fallar 《en》; (…する時に間違う)v. equivocarse* 《en》; (しのがす)v. no acertar* 《en》. → 急(ぐ).

じそんしん 自尊心 m. amor propio, f. autoestima; f. dignidad, m. orgullo. ♦自尊心のある adj. con amor propio; orgullo*so*. ♦自尊心を傷つける v. herir* 《a ＋人》(en) su amor propio. ♦そんなことをするのは彼の自尊心が許さなかった「Tenía mucho amor propio [Era demasiado orgulloso] para hacer eso. / Su orgullo no le permitió hacer tal cosa.

⇨ 意地, 気位, 高慢

＊＊した 下 ❶【下部】f. parte inferior [de abajo], 《口語》adv. debajo; (下の階) adv. abajo, en el piso de abajo.

1《下(の)＋名詞》;《下部の》adj. inferior, de abajo; (階下の)adv. abajo; (下方への)adv. hacia abajo, 《口語》abajo. ▶下くちびる m. labio inferior. ▶下の部屋 m. cuarto de abajo.

2《…の下の［に, を, へ, で, から］》;（場所, 位置）adv. abajo; bajo, debajo de; por debajo. ▶眼の下に(＝眼下)adv. bajo los ojos; (眼前に)adv. delante de los ojos. ▶上着の下にセーターを着る v. llevar un suéter debajo「de la chaqueta [《ラ米》del saco]. ♦彼女は線の下に自分の名前を書いた Escribió su nombre debajo de la raya. ♦太陽は地平線の下に沈んだ El sol se puso por el horizonte. ♦橋の下に船がある Hay un barco debajo del puente. ♦この通りの下を地下鉄が走っている El metro va por debajo de esta calle. ♦彼の家は坂の下にある Su casa está「al pie de [donde empieza] la cuesta. ♦猫がテーブルの下から出て来た De debajo de la mesa salió [apareció] un gato.

3《下に[を, へ, で]》adv. abajo, hacia abajo; (大体の場所)adv. por abajo. ▶下を見る[向く] v. bajar la vista, mirar abajo. ▶下へ降りる v. bajar. ▶下へ落ちる v. caer*, caerse*; (地面へ) v. caer* al suelo. ♦ずっと下に海が見えた Se veía el mar allá a lo lejos. ♦彼は下を向いたまま立っていた Permaneció de pie con la mirada baja. ♦下で待っていて, すぐ行くわ Espérame abajo. Voy enseguida [ahora, 《メキシコ》ahorita].

❷【最下部】f. base, m. fondo; (足部)m. pie; (土台) f. base. ▶階段の下に adv. a la base de la escalera. ▶下から3行目に adv. en la tercera línea desde abajo.

❸【年下】《…より若い》adj. menor [más joven, más pequeño]《que》. ▶下の息子 m. hijo menor [más joven]. ▶彼の一番下の息子[弟] m. su ¹hijo [²hermano] menor [más pequeño]. ♦彼女は私より二つ(年が)下です Tiene dos años menos [Es dos años menor] que yo. / Le saco dos años. ♦彼は60歳以下(＝以下)かもしれない Quizá tenga menos de sesenta años. / Podrá estar por debajo de los sesenta. → 以下.

❹【下位】(地位・価値・数量的に)下の) adj. menor 《que》, 《フォーマル》inferior 《a》. → 劣る. ♦彼は私より3学年下だ Le saco tres cursos. / Está tres cursos por debajo de mí. ♦これはあれよりも品質が下です Esto es inferior a eso en calidad. / La calidad de esto es「menor que [inferior a] la de eso. ♦われわれは彼の下で働いている Trabajamos a sus órdenes.

❺【下記, 後述】▶下を見よ Véase más abajo.

＊した 舌 f. lengua.

1《舌が[は]》▶舌が荒れている Siento la lengua áspera. ♦舌はいちばん重要な発声器官である La lengua es el órgano más importante del habla.

2《舌を[で]》▶舌を鳴らす v. chasquear la lengua. ▶(あえいで)舌をだらりと出す v. sacar* la

lengua. 舌(の先)で虫歯の穴をさわる v. tocarse* una caries con la punta de la lengua. ◆彼女は彼に向かって舌を出し「ベー」と言った Le sacó la lengua y dijo "¡bah!"
【その他の表現】》二枚舌を使う v. hablar contradiciéndose [con dos lenguas], 《口語》decir* cada día una cosa. ◆舌を巻く(驚嘆する) v. quedarse boquiabier*to* [con la boca abierta] ⟨ante⟩; (感嘆する) v. admirar, admirarse ⟨de⟩. ◆舌足らず(=不十分な)説明 f. explicación insuficiente. ◆舌足らずなしゃべり方をする v. hablar sin vocalizar* bien. ◆彼は舌がよく回る(=おしゃべりだ)《口語》Tiene la lengua muy larga. / Es un charlatán. / Habla demasiado. → 口.

-した →-た

しだ 羊歯 *m.* helecho.

じた 自他 ◆彼は自他ともに許す当代随一のピアニストだ Es reconocido mundialmente como el mayor pianista del momento.

したい 肢体 (手足) *mpl.* miembros, 《フォーマル》 *fpl.* extremidades; (身体) *m.* cuerpo. ◆肢体不自由児 *mf.* niño / ña minusválido / da [《フォーマル》discapacitado/da, inválido/da, 《軽蔑的に》tullido/da].

したい 死体 (人体・動物の) *m.* cuerpo muerto; (動物の腐りかけた) *f.* carroña. ◆身元不明の死体 *m.* cuerpo [*m.* cadáver] no identificado. ◆母親は息子の死体を確認した La madre identificó el cuerpo de su hijo. ◆彼は死体遺棄の容疑で逮捕された Fue detenido por abandono de cadáver. ◆彼は死体で発見された Le encontraron muerto.

*-したい. →-たい.

しだい 私大 *f.* universidad privada.

・**しだい** 次第 ❶【順序】◆式(の)次第 *m.* orden [*m.* programa] de la ceremonia.
❷【事情】◆こういう[そういう]次第です《口語》Así es como es. / Esa es la cosa. ◆そういう次第で申し訳ありませんが何もできません「Estando así la situación [《口語》Siendo así la cosa, Siendo así],no puedo siento pero no puedo hacer nada. ◆それは事と次第による Eso [Todo] depende. → 次例. ◆事と次第によっては彼みずから行くかもしれない Dependiendo de las circunstancias, puede que vaya él mismo.
❸【…次第だ】(…にかかっている) v. depender 《de》. 会話 その事業はどのくらい期間がかかる?—分からないね, 金次第だね ¿Cuánto crees que durará el proyecto? – No sé; todo depende de la financiación. ◆行くか残るかはあなた次第だ《口語》Depende de ti que te vayas o te quedes. / Quedarte o irte es cosa tuya. ◆君の人生は君次第だ(=君が作るものだ) Tu vida es lo que tú quieres que sea. / Tu vida depende de ti.

——しだい (…するとすぐに) *conj.* en cuanto, tan pronto como 《+接続法》, 《口語》 nada más 《+不定詞》. →すぐ, 間もなく. ◆家に着き次第電話します Te llamaré「tan pronto [《口語》en cuanto] llegue a casa. / Nada más llegar a casa te llamaré. / Inmediatamente después de llegar a casa, te llamaré. ◆都合がつき次第手紙の返事をください Haga el favor de contestarme「cuanto antes [lo antes posible].

じたい 事態 *f.* situación, *m.* estado; (漠然とした事柄) *mpl.* asuntos, 《口語》*fpl.* cosas, *fpl.* circunstancias. ◆非常事態 *f.* situación de emergencia. ◆事態に対処する *v.* enfrentarse a la situación. ◆困難な事態に直面している *v.* afrontar [estar* ante] una situación difícil. ◆事態を緩和する *v.* suavizar* la situación. ◆事態を悪化させる *v.* empeorar「la situación [《口語》las cosas]. ◆事態を収拾する *v.* solucionar la situación. ◆事態はまだ楽観を許さない(=まだ重大だ) La situación「sigue siendo grave [todavía es grave]. ◆事態はどうなっているのか知らせてください Haga el favor de「ponerme al corriente [informarme] de la situación. ◆事態は悪く[²よく]なってきた Las cosas van ¹peor [²mejor].

じたい 自体 *adv.* en sí (mismo), de por sí, como [en cuanto] tal, por su propia [misma] naturaleza. ◆その計画自体は悪くない El plan「en sí [como tal] no es malo. / De por sí, el plan no es malo. ◆彼の意見それ自体は説得力のあるものではない Su opinión, en cuanto tal [como tal], no es convincente.

じたい 辞退 ◆辞退する (穏やかに) *v.* declinar, negarse* ⟨a + 不定詞⟩; (きっぱりと) *v.* rechazar*, 《フォーマル》rehusar*. → 断る. ◆招待を辞退する *v.* rechazar* una invitación. ◆彼の申し出を辞退する *v.* rechazar* su oferta.

じだい 地代 *m.* alquiler [*m.* arrendamiento] de「un terreno [una tierra]. ◆年50万円の地代で土地を借りる *v.* alquilar un terreno por medio millón de yenes al año.

じだい 次代 (次の時代) *f.* era siguiente; (次の時代のような) *f.* siguiente [próxima] generación. ◆次代をになう若者 *f.* generación joven que construirá el futuro.

・**じだい** 時代 ❶【歴史上の期間】*m.* período; *m.* momento, *m.* tiempo, *f.* época, *f.* era, *f.* edad. ◆不況の時代 *m.* período de depresión. ◆¹原子力 [²宇宙]時代 *f.* era ¹atómica [²espacial]. ◆セルバンテスの時代 *f.* edad de Cervantes. ◆原始時代 *fpl.* edades primitivas. ◆封建時代の終わりに *adv.* al final de la época feudal. ◆明治時代に *adv.* en la era de Meiji. ◆時代錯誤 *m.* anacronismo. ◆時代劇 *f.* obra histórica, (日本の) *m.* drama de "samuráis". ◆その慣習は江戸時代初期にまでさかのぼる Esa costumbre se remonta al comienzo de la época Edo. ◆車の発明は新時代を画するものだった El invento del automóvil「marcó una época [fue el comienzo de una época]. ◆シェークスピアはセルバンテスと同時代の人だった Shakespeare fue contemporáneo de Cervantes.
❷【時世, 世の中】*m.* (*mpl.*) tiempo(s), *mpl.* días.

1【〜(の)時代】◆古きよき時代 *mpl.* buenos tiempos de antes, *mpl.* aquellos buenos días. ◆今日のような高度技術の時代に *adv.* en

しだいに

estos tiempos de alta tecnología. ▶フランコの時代に *adv.* en「la época [el tiempo] de Franco. ◆当時は金持ちだけが飛行機で旅行できる時代だった「En aquel tiempo [Eran los días en que] sólo los ricos podían viajar en avión. ◆現代は原子力の時代だ Estamos [Vivimos] en la era de la energía atómica.
2《時代＋名詞》▶時代¹精神 [²感覚] ¹ *m.* espíritu [² *m.* sentido] de la época. ▶時代遅れの武器 *f.* arma anticuada [de antes]. ◆彼の考えは時代遅れだ Sus ideas son de antes [otros tiempos]. / Tiene ideas anticuadas [desfasadas,《口語》del año de la pera].
3《時代は[が]》▶時代は変わった Los tiempos han cambiado. ◆君たちにも時代がやって来る Llegará《スペイン》vuestra [《ラ米》su] hora. /《スペイン》Os [《ラ米》Les] llegará《スペイン》vuestra [《ラ米》su] época.
4《時代の》▶時代の要請にこたえる *v.* satisfacer* la demanda de la época. ▶時代の先端を行く産業 *m.* industria pionera [muy avanzada].
5《時代を》▶時代を反映する *v.* reflejar la época. ◆この計画は時代を先取りしている Este plan se adelanta a la época. ◆アインシュタインは時代をはるかに先んじていた Einstein se adelantó mucho más a su tiempo [época].
❸【古いこと】*f.* antigüedad. ▶時代物のつぼ *f.* vasija「de gran antigüedad [muy antigua]. ▶時代物（＝年代物）のスポーツカー *m.* coche deportivo de época.
❹【人の一生のうちの期間】*mpl.* días. ▶¹子供 [²中学校] 時代に *adv.* en (mis) tiempos de ¹juventud [²estudiante de secundaria]. ◆彼にも全盛時代があった Ha conocido días mejores. / Tuvo su (buena) época. ◆彼は独身時代によく一人旅をした「Antes de casarse [《口語》En sus años mozos], viajó solo mucho. ▱一朝, 代, 時

しだいに 次第に（徐々に）*adv.* gradualmente,《フォーマル》progresivamente;（少しずつ）*adv.* poco a poco, poquito a poco [《口語》pasito a paso];（ますます）*adv.* más y más. → 段々, 徐々に.

したう 慕う（愛する）*v.* sentir* cariño [afecto]《por》,《口語》querer*,《強調して》amar;（思い焦がれる）*v.* suspirar《por》,《教養語》anhelar;（敬慕する）*v.* adorar;（いなくて寂しく思う）*v.* echar de menos,《ラ米》extrañar. ▶母を慕う *v.* suspirar por la madre. ▶その教授を慕う *v.* querer* [admirar] al profesor. ◆彼女は彼を心から慕っていた Sentía un sincero cariño por él. / Le quería [amaba] de todo corazón. ◆(人に愛着を抱いていた)Estaba profundamente atraída por él.

したうけ 下請け *m.* subcontrato. ▶下請け工場 *f.* fábrica de subcontrato [subcontratista]. ▶下請け仕事 *m.* trabajo subcontratado. ▶下請け業者[会社, 企業] *mf.* subcontratista. ▶下請けする *v.* subcontratar. ◆その会社は仕事を子会社に下請けに出した La empresa subcontrató el trabajo a su filial.

したうち 舌打ち ▶舌打ちする(不満を表わして) *v.* chasquear la lengua; dar* un chasquido (de la lengua). ▶いらいらして舌打ちする *v.* dar* un chasquido de impaciencia. ▶舌打ちして不満を表わす *v.* chasquear la lengua en señal de desaprobación.

・したがう 従う ❶【随行する】(後について行く[来る])*v.* seguir*;（いっしょに行く）*v.* ir*《con》; acompañar;（いっしょに来る）*v.* venir*《con》. ◆彼は私に従って駅までやって来た Me siguió hasta la estación.
❷【服従する】（人・命令などに）*v.* obedecer*;（指示・忠告などに）*v.* seguir*;【屈服する】（人・要求・意見などに）*v.* ceder《a》;（意志などに）*v.* someterse《a》,《教養語》conformarse《con》,《強調して》doblegarse*《ante》. ▶彼の命令に ¹従う [²従わない] *v.* ¹obedecer* [²desobedecer*] sus órdenes. ▶彼の忠告に従う *v.* seguir* [obedecer*] su consejo. ▶党の方針に従う *v.* seguir* las líneas del partido. ▶彼の意見に従う *v.*「someterse a [conformarse con] su opinión. ▶父親の意志に従う *v.* obedecer* [someterse] a la voluntad del padre.
❸【守る】（規則などを）*v.* observar, someterse《a》. ▶規則に従う *v.* respetar [《フォーマル》observar] una regla. ▶流行に従う *v.* seguir* la moda [《口語》corriente]. ◆ボクサーはレフェリーの決定に従った (=受け入れた) El boxeador se sometió a la decisión del árbitro.
《その他の表現》▶大勢[時勢]に従う *v.* seguir* la corriente. ▶風に従う (=なびく) *v.* ondear con el viento. ▶業務に従う (=たずさわる) *v.* dedicarse* a un trabajo.
── **従える** ❶【伴う】（付き添われる）*v.* estar* [ir*] acompañado《de, por》. ◆彼は二人の秘書を従えて入って来た Entró acompañado de sus dos secretarias. ◆大統領は私服警官を従えていた El presidente iba [estaba] acompañado de unos policías「en ropa civil [de paisano].
❷【征服する】*v.* conquistar;（打ち破る）*v.* derrotar. ▶敵を従える *v.* vencer* al enemigo.

したがき 下書き（草稿）*m.* borrador. ▶講演の下書きを書く *v.* hacer* un borrador del discurso. ▶下書きなしで演説する *v.* hablar sin borrador.（即座に）*v.* improvisar un discurso.

・したがって 従って ❶【だから】（それ故）*adv.* por lo tanto, en consecuencia. → だから.
❷【…どおりに, 応じて】*prep.* conforme a, según, de acuerdo con, siguiendo, respetando. ▶交通規則に従って車を運転する *v.* conducir* un coche respetando [conforme a, según] las normas de tráfico. ◆会社への貢献度に従って給料が支払われる El pago es conforme [proporcional] a la contribución [aportación] realizada a la empresa.
❸【…について】*prep.* a medida que, según. ◆彼は年をとるに従って温和になった A medida que se hacía mayor, se suavizaba su carácter. / Según crecía, su carácter se suavizaba.

したがる (欲する) v. desear,《口語》querer*; (思い焦がれる) v.《強調して》《口語》suspirar《por》,《教養語》anhelar;（熱心にしたがる）v. estar* ansioso《de, por》, ansiar*. ♦ 彼女は故郷に帰って平穏に暮らしたがっている Desea「[強調して] Suspira por] volver a su tierra natal y llevar una vida tranquila. ♦ 彼は政治家として成功したがっている「Está ansioso de [《口語》Se muere por] triunfar「en la política [como político]. ♦ 子供たちは早くプレゼントを見たがった（=見たくてうずうずしていた）Los niños estaban impacientes por ver los regalos. ♦ 彼女は靴をみがいてもらいたがっている Desea「sus zapatos [que sus zapatos estén] brillantes.

したぎ 下着 f. prenda [f. ropa] interior,『キューバ』f. ropa de interior;（女性の）《フォーマル》f. lencería. ♦ 玄関のブザーが鳴ったとき私は下着だけだった Cuando sonó el timbre「estaba en paños menores [no llevaba puesto más que mi ropa interior]. ♦ 私は下着を替え，バッグには何枚か着替えの下着も入れた Me cambié de muda [ropa interior] y guardé otras en la maleta.

したく 支度 ❶【準備】mpl. preparativos, f. preparación. → 準備, 用意. ♦ 冬支度をする v.「hacer* preparativos [prepararse] para el invierno. ♦ 夕食の支度をする v. preparar la cena. → 準備する.
❷【身支度】m. arreglo [f. preparación] personal. ♦ 旅支度をする v. prepararse para un viaje, hacer* las maletas.

じたく 自宅 m. domicilio,《口語》f. casa. ♦ 自宅の住所 f. dirección personal. ♦ 自宅にいる v. estar* en casa,《口語》estar*. ♦ 自宅療養《フォーマル》m. tratamiento domiciliario [en casa]. ♦ 自宅監禁されている v. estar* bajo arresto domiciliario. ♦ 彼は自宅待機中だ Está esperando en casa.

したげいこ 下稽古 m. ensayo, f. prueba. ♦ 下稽古をする v. ensayar, hacer* un ensayo, probar*.

したごころ 下心 (隠れた動機) m. motivo oculto, f. segunda intención. ♦ 彼には下心がある Tiene「un motivo oculto [una segunda intención]. /《口語》Esconde algo en la manga.

したごしらえ 下ごしらえ (準備) mpl. preparativos. ♦ 料理できるように魚の下ごしらえをする v. preparar el pescado para cocinarlo.

—したことがある → こと

したじ 下地 (基礎) f. base, m. fundamento; (基礎知識) mpl. conocimientos básicos. ♦ 民主主義の下地を作る v. preparar la base para la democracia. ♦ 彼女はラテン語の下地がある Tiene una (buena) base de latín.

したし 仕出し m. servicio de comidas y bebidas, m. abastecimiento. ♦ 仕出しをする v. servir* comidas de encargo. ♦ 仕出し屋 mf. proveedor/dora [mf. abastecedor/dora] de comidas.

***したしい** 親しい (仲のよい) adj. bueno. ♦ 彼と親しくなる（友人になる）v. hacerse* amigo/ga de él; (知り合いになる) v. conocerlo[le]*. ♦ 私たちは長年親しくしている Hemos sido「buenos amigos/gas [《強調して》amigos/gas íntimos /mas] muchos años. → 友達. ♦ あの人はだれとも大変親しくする es amigo/ga de todo el mundo. ♦ 父は彼と親しい Mi padre es amigo「de él [suyo]. /（親しい間柄である）《フォーマル》Mi padre tiene relaciones amistosas con él. ♦ 彼は私に親しげに話しかけてきた Me habló amistosamente. ♦ 親しき中にも礼儀あり Lo cortés no quita lo valiente. / La amistad no excluye la cortesía. ☞いい, 打ち解ける, 懇意

したじき 下敷き (机の上に置く) m. cuadrante [m. soporte] de escritorio; (筆記用紙の) f. hoja de plástico. ♦ 車の下敷きになる v. quedar aplastado por un coche. ♦ 去年のプランを下敷きにして (=手本にして) según [siguiendo] el modelo del plan del año pasado.

したしみ 親しみ (友好) f. amistad;（友好的気持ち）f. simpatía, m. afecto;（心安さ）f. familiaridad. ♦ 親しみのある微笑 f. sonrisa amistosa. ♦ 親しみのある雰囲気 m. ambiente cordial [amistoso]. ♦ 親しみやすい（=社交的な）人 f. persona sociable. → 親しむ. ♦ 彼に親しみを感じる v. tenerle* simpatía [afecto].

したしむ 親しむ ♦ 読書に親しむ v. ser* amante de la lectura, pasar mucho tiempo leyendo. ♦ 自然に親しむ v. vivir en amistad [intimidad, comunicación] con la naturaleza. ♦ スペイン語に親しむ (=精通する) v. familiarizarse* con el español. ♦ 子供に親しまれている (=人気のある) 遊び m. juego popular entre los niños. ♦ 彼は親しみやすい (=話しやすい) 人だ Es una persona con la que se puede hablar. / Es una persona simpática.

したしらべ 下調べ ♦ 下調べ (=予備調査) をする v. hacer* una investigación preliminar《sobre》. ♦ 授業の下調べをする (=予習する) v. preparar la clase.

したたか ♦ したたか (=不屈な) 者 f. persona dura;（扱うのが難しい者）f. persona difícil de tratar. ♦ したたかな交渉相手 mf. negociador/dora implacable.
—— したたか (強く) adv. fuertemente, fuerte; (激しく) adv. severamente,（たくさん）adv. mucho. ♦ したたか飲む v. beber mucho [《口語》como una cuba,《口語》como un cosaco]. ♦ 頭を木にしたたかぶっつける v. golpearse fuertemente la cabeza contra el árbol. ♦ 私はしたたか殴られた《口語》Me pegaron mucho. / Me dieron una buena paliza.

したたらず 舌足らず ♦ 舌足らずな → 舌【その他の表現】

したたる 滴る ♦ 緑したたる青葉 fpl. hojas verdes y tiernas. ♦ 彼の手から血がしたたり落ちていた De la mano le goteaba sangre. / Su mano chorreaba sangre. ♦ 彼女の目から涙がしたたり落ちた Le corrían lágrimas por las mejillas. /（ほおを伝って）Las lágrimas resbalaban por sus mejillas.

したっぱ 下っ端 mf. subalterno/na. ♦ 下っ端

役人 mf. funcionario/ria inferior.

したつみ 下積み （社会の底辺）m. fondo, lo más bajo; (無名) f. oscuridad. ▶下積みから身を起こす v. salir*「de la oscuridad [del anonimato]. ◆彼は下積みが長かった Pasó muchos años viviendo en la oscuridad.

したて 仕立て （仕立て方）(m. corte y) f. confección; (裁縫) f. costura, f. hechura; (裁断の仕方) m. corte (y f. confección). ▶仕立て下ろし mpl. vestidos recién confeccionados. ▶仕立て代 mpl. gastos de confección. ▶仕立て屋（紳士服の）mf. sastre/tra; （婦人服の）mf. modisto/ta. ▶仕立てのうまい人 m. buen sastre [modisto], f. buena sastra [modista]. ▶仕立てのよいオーバー m. abrigo bien confeccionado [《口語》hecho]. ◆彼のスーツは仕立てがよい Su traje está bien hecho [cortado, 《フォーマル》confeccionado]. ◆この服を仕立て直してください Haga el favor de reformar el vestido.

《その他の表現》彼らは特別仕立ての（=特別の）列車でそこへ行った Fueron allí en un tren「especialmente preparado [dispuesto al efecto].

したて 下手 ▶下手に出る（=へり下った態度を取る）v. comportarse con humildad [modestia] (hacia, con), humillarse 《ante》. ▶下手投げ《説明的に》m. lanzamiento sin levantar la mano por encima del hombro.

したてる 仕立てる ❶《服を》v. hacer*, [《フォーマル》confeccionar] un traje [vestido]. ▶娘に洋服を仕立てる v. hacerle* un vestido a la hija. ◆その背広はどこで仕立てた（=仕立ててもらった）のですか ¿Dónde te han hecho ese traje?

❷《人を》v. preparar, entrenar. → 仕込む。▶彼を法律家に仕立てる v. prepararlo[le] para abogado.

❸《乗り物などを》（用意する）v. preparar (un autobús); (差し向ける) v. enviar*, despachar (un autobús).

したどり 下取り f. entrega como parte de pago, 『コロンビア』f. venpermuta. ▶カメラの下取り価格 m. valor de una cámara usada como parte del pago al comprar otro nuevo. ▶5,000円で下取りしてもらう v. conseguir* 5.000 yenes como valor de entrega. ◆下取りしてくれませんか ¿No me acepta un artículo usado para realizar parte del pago? ◆古い車を下取りに出して新しい車を買った Aceptaron mi coche viejo como parte del pago por uno nuevo.

したなめずり 舌なめずり ▶舌なめずりする v. relamerse los labios.

じたばた ▶じたばたする v. luchar; (虫などが) v. retorcerse*, forcejear; (抵抗する)v. resistirse, 《フォーマル》debatirse. ◆じたばたするな No te resistas. / （うろたえるな）No seas presa del pánico. / （しっかり腰をすえろ）Siéntate recto. ◆落ちたセミが地面でじたばたしていた En el suelo se retorcía una cigarra caída. ◆じたばたしてもしようがない De nada vale resistirse. / Es inútil luchar [《フォーマル》oponer resistencia].

したばたらき 下働き （助手的仕事）m. trabajo de asistente; (人) mf. asistente, mf. ayudante. ◆私は彼のところで下働きを何年かしたTrabajé varios años「a sus órdenes [como su ayudante].

したび 下火 ▶下火になる（火の勢い・人気などが）v. extinguirse*, apagarse*; (需要・インフレなどが)v. caer*, disminuir*; (流行などが)v. pasarse de moda, perder* popularidad. ◆火事はすぐ下火になるでしょう El fuego「se extinguirá [va a apagarse] pronto. ◆彼の人気は下火になってきた Está cayendo [bajando, 《フォーマル》disminuyendo] su popularidad. ◆新車の需要が下火になり始めた La demanda de coches nuevos ha empezado a flaquear.

したびらめ 舌平目 m. lenguado.

-したほうがいい -した方がいい →いい.

したマージン 下マージン《専門語》m. margen inferior.

したまち 下町 "shitamachi", 《説明的に》m. barrio popular (de Tokio).

したまわる 下回る （(数量などが)...より以下である) v. estar*（por) debajo de; (...より少ない)v. ser*「menos que [inferior a]. ▶平均を下回る v. ser* inferior a la media. ◆この工場の生産高は昨年の水準を大幅に下回っている La producción de esta fábrica es considerablemente inferior al nivel del año pasado. ◆私たちの賃金はあなたがたより下回っています Nuestros salarios son inferiores a los suyos. ◆その選挙の結果は私たちの予想を下回った（=期待はずれだった）Los resultados de las elecciones estuvieron por debajo de nuestras expectativas. / Los resultados de las elecciones no fueron tan buenos como esperábamos.

したみ 下見 （前もっての調査）f. inspección previa [preliminar]. ▶試験場の下見をする v. echar antes una ojeada a la sala de exámenes.

したむき 下向き ▶下向きになる（衰える）《教養語》declinar; (相場などが下がる)v. bajar. ▶顔を下向きにする v. bajar「la cara [el rostro]. ▶コップを下向きに（=底を上にして）置く v. poner* un vaso boca abajo. ◆相場は下向きだ El mercado está en [a la] baja. /《専門語》El mercado tiene tendencia bajista.

したりがお したり顔 （得意顔）f. expresión de triunfo, f. cara de orgullo, f. cara [f. expresión] satisfecha. ▶したり顔を浮かべる v. poner* cara de satisfacción.

しだれやなぎ しだれ柳 f. sauce llorón.

したん 紫檀 （木）m. palo de rosa, m. palisandro, m. sándalo rojo; (材) m. palisandro.

しだん 師団 f. división. ▶師団長 m. general de división; (自衛隊の) m. capitán general de la división.

じたん 時短 f. reducción de la jornada laboral. ▶時短への動き f. tendencia a la reducción de la jornada laboral.

じだん 示談 （法廷外の決着）m. acuerdo [m.

arreglo amistoso [《フォーマル》extrajudicial]; (個人的決着) m. acuerdo privado. ▶示談に応じる v. acceder a un acuerdo extrajudicial. ◆会社がその件を百万円の示談(金)で解決した La empresa llegó a un acuerdo「amistoso [extrajudicial]」por un millón de yenes.
じだんだ 地団太 ▶地団太踏んで悔しがる v. dar una patada de rabia.
*__しち__ 七 num. siete; (7 番目の) adj. séptimo. → 三.
しち 質 m. empeño; (担保) f. prenda, f. garantía. ▶質屋. ▶指輪を質に入れる v. empeñar un anillo. ▶質に入れてある v. estar* empeñado.
じち 自治 m. autogobierno;《フォーマル》f. autonomía. ▶自治の adj. autogobernante;《フォーマル》autónomo. ▶自治会(学生の) f. junta autónoma estudiantil [de estudiantes]; (地域の) f. junta autónoma de vecinos. ▶自治権 m. derecho de autonomía [autonómico]. ▶自治省 → 総務省. ▶自治を認める v. reconocer* el autogobierno (de las colonias).
*__しちがつ__ 七月 m. julio. ▶7月に adv. en julio. ▶1777 年 7 月 7 日に el 7 de julio de 1777.
しちかっけい 七角形 m. heptágono.
しちごさん 七五三 "shichigosan",《説明的に》m. día de fiesta para los niños de tres y cinco y para las niñas de tres y siete años, celebrado el 15 de noviembre. Sus padres los [les] llevan ese día a los santuarios sintoístas donde rezan pidiendo la gracia para sus hijos.
*__しちじゅう__ 七十 num. setenta. → 七十(なな￰じゅう).
じちたい 自治体 m. órgano autónomo. ▶地方自治体 m. gobierno local, f. municipalidad.
しちてんばっとう 七転八倒 ▶(痛みで)七転八倒する v. retorcerse* de dolor.
しちながれ 質流れ f. pérdida del derecho a redimir una hipoteca. ▶質流れ品 m. artículo no redimido. ▶質流れになる v. perderse* el derecho a la prenda.
しちめんちょう 七面鳥 m. pavo.

地域差	七面鳥
[全般的に]	m. pavo
[キューバ]	m. guanajo
[メキシコ]	m. guajolote

しちや 質屋 (店) f. casa de empeño; (人) mf. prestamista.
しちゃく 試着 ▶試着する v. probarse* (un traje). ▶試着室 m. probador.
しちゅう 支柱 m. soporte, m. sostén; (物を固定される) m. puntal. ▶柱. ▶屋根に支柱を施す v. sostener* el tejado con un puntal
☞台, 突っかい棒
シチュー m. estofado, m. guisado. ▶¹ビーフ[²タン]シチュー m. estofado [m. guisado] de ¹ternera [²lengua]. ▶シチューにする v. estofar, guisar (la carne).
シチュエーション f. situación. ▶シチュエーションコメディー(テレビやラジオの連続ホームコメディー) f. comedia「de situación [acerca de situaciones de la vida cotidiana]. ◆彼は今難しいシチュエーションにいる Está en una situación difícil.
しちょう 市長 mf. alcalde/desa. ▶神戸市長 mf. alcalde/desa de Kobe. ▶鈴木市長 mf. alcalde/desa Suzuki. ▶市長選挙 fpl. elecciones para alcalde [la alcaldía]. ▶市長の職[任期] f. alcaldía. ◆彼女は5年間この市の市長をしています Lleva alcaldesa en esta ciudad durante cinco años.
しちょう 試聴 ▶(CDを)試聴する v. escuchar (un disco compacto) antes de comprar(lo). ▶試聴室 f. cabina de audición.
しちょう 思潮 f. corriente de pensamiento, f. tendencia ideológica. ▶ラテンアメリカ文芸思潮 f. principal corriente de la literatura latinoamericana.
じちょう 自嘲 f. burla de sí mismo. ▶自嘲する v. burlarse de sí mismo. ▶自嘲的な笑いを浮べる v. llevar una sonrisa burlona de sí mismo.
じちょう 自重 ▶自重する (慎重に行動する) v. tener* cuidado, estar* atento; (用心深くなる) v. ser* prudente. ◆もっと自重してほしい Quiero que seas más prudente.
じちょう 次長 mf. subdirector/tora.
しちょうかく 視聴覚 ▶視聴覚教育 f. enseñanza audiovisual. ▶視聴覚機器[教員] mpl. medios audiovisuales.
しちょうしゃ 視聴者 (テレビの) mf. telespectador/dora, mf. televidente; (集合的に) m. público, f. audiencia. → 観客. ▶視聴者参加番組 m. programa activo [con participación de la audiencia]; (電話での) f. llamada a un programa.
しちょうしゃ 市庁舎 m. ayuntamiento, f. municipalidad.
しちょうりつ 視聴率 m. índice [m. porcentaje] de audiencia. ▶視聴率の高いテレビ番組 m. programa de televisión con alto índice de audiencia. ◆彼の番組は視聴率が一番高い Su programa está a la cabeza de los índices de audiencia. ◆彼がその番組に出るようになって視聴率が10パーセント上がった「Después de incorporarse al programa [Con su incorporación al programa]」el índice de audiencia subió un 10%.
シチリア Sicilia (☆イタリアの島). ▶シチリアの(人) adj. siciliano. ▶シチリア人 mf. siciliano/na.
じちんさい 地鎮祭 f. ceremonia de purificación de un terreno de construcción.
__しつ__ 質 f. calidad. ▶質の高い製品 mpl. artículos [mpl. productos] de alta calidad. ▶質を¹よくする [²落とす] v. ¹mejorar [²bajar] la calidad《de》. ▶量より質を重んじる v. buscar calidad y no cantidad, darle* importancia a la calidad más que a la cantidad. ◆そのぶどう酒は質がよい Ese vino es de「buena calidad [calidad superior]」. / (上等のぶどう酒だ)Es un vino de calidad.
しっ interj. chis, chitón,《フォーマル》silencio; (鳥や猫を追い払う声) interj. sh, fuera, 『メキシ

コ]úscale, zape. ▶人にしっと言って黙らせる v. mandar callar《a ＋ 人》. ▶しっと言って鳥を追い払う v. espantar a un pájaro. ◆しっ, 赤ん坊が起きますよ ¡Chis! [¡Silencio!] ¡Vas a despertar「al niño [a la niña]!

*じつ 実 (真実)f. verdad; (現実性)f. realidad; (誠実)f. sinceridad; (成果) mpl. (buenos) resultados.

1《実は》adv. de hecho, en efecto, verdaderamente, a decir verdad, 《強調して》en honor de la verdad, 《口語》「la verdad [lo que pasa] es que. ◆彼はネクタイをしていなかった. 実はネクタイを持っていないのだ No llevaba corbata. 「De hecho [A decir verdad], no tiene corbata. ◆彼は宿題を自分でやったと言ったが, 実は彼のお姉さんがやったのだ Dijo que había hecho él solo el trabajo; pero「la verdad es que [a decir verdad] se lo hizo su hermana (mayor). ◆実は私はあなたが怪しいと思っていたのです「A decir verdad [Si te digo la verdad; De hecho], sospechaba de ti. 会話 コーヒーでもどうですか一実は今飲んだばかりなんです ¿Qué tal un café? -「La verdad [Pues, Bueno] es que acabo de tomar uno.

2《実(の)》;(真の) adj. de verdad. → 本当. ▶実話 f. historia real. ▶実の母親(継母に対して)f. madre verdadera, (義母に対して)f. propia madre. ▶実名 m. nombre real. ▶実情 f. situación real. ▶実情. ▶口先ばかりで実のない(=不誠実な)人 f. persona habladora e insincera.

3《実に》; (本当に)adv. realmente; (真に)adv. verdaderamente; (非常に)adv. muy, mucho; (まったく)adv. totalmente, por completo; (極度に)adv. sumamente. ◆非常に, 本当. ◆彼女は実にいい子だ Es una chica realmente simpática. ◆実に愉快だった De verdad que me he divertido. / Realmente lo he pasado bien. 会話 分からないよ一そう? 実に簡単なのよ No lo entiendo.- ¿Ah, no? Pues la verdad es que es muy fácil. ◆それは実に不可解だ Es realmente un misterio. / Es un misterio de verdad. ◆実に困った Verdaderamente no sé qué hacer. ◆この問題は実に難しい Este problema es sumamente [《口語》] terriblemente, demasiado] difícil. ◆実におもしろい小説だ Esta novela es verdaderamente interesante. / ¡Qué interesante es esta novela! ◆ローラースケートは実に楽しい「Es realmente divertido [¡Qué divertido es] el patinaje de [a] ruedas. 会話 この新しい服どう思うすてきよ ¿Qué te parece mi vestido nuevo? - ¡Pero qué bonito es!

4《実を》▶実をあげる v. lograr (buenos) resultados.

しつい 失意 (失望)f. desilusión, m. desencanto, f. decepción; (絶望)f. desesperanza. ▶失意のどん底にある v. estar* sumido en la desesperación. ▶失意(=不遇)の時代 m. tiempo de desilusiones.

じついん 実印 m. sello legal [registrado].

→ 印鑑.

しつう 歯痛 m. dolor de muelas.

じつえき 実益 m. beneficio, 《教養語》m. lucro; (実利) f. utilidad. ◆この仕事は趣味と実益を兼ねている(=おもしろいだけでなく実益がある) Esta obra resulta a la vez beneficiosa e interesante. ◆ Este trabajo me produce beneficio y placer al mismo tiempo. ◆実益のない取り引きはするな No hagas un trato desfavorable.

じつえん 実演 (実地教授)f. demostración; (上演)f. actuación. ▶実演する v. demostrar*. ▶ダンスの実演 f. demostración de baile. ◆その機械の使い方を実演する v. demostrar* el uso de la máquina ⇨ アトラクション, デモンストレーション

しっか 失火 m. incendio accidental. ▶失火する v. provocar* un incendio por descuido. ◆火事は失火だった El incendio fue provocado por descuido [《フォーマル》negligencia].

じっか 実家 f. casa paterna [de los padres]. ▶実家に帰る v. volver* a la casa「de los padres [《フォーマル》paterna], visitar a la familia. ◆実家は青森です La casa de mis padres está en Aomori.

じっかい 十戒 (聖書) Los Diez Mandamientos.

じつがい 実害 m. daño real. → 害. ◆実害はほとんどなかった El daño real fue escaso. / Apenas hubo daños.

しっかく 失格 f. descalificación. ◆彼はルール違反で失格した(=資格を奪われた) Le descalificaron por infringir las reglas. → 落第.

*しっかり ❶《じょうぶに》adv. sólidamente. ◆その海辺の家はしっかり建てられていた La casa frente a la playa estaba edificada sólidamente.

❷《きつく》adv. fuertemente; (堅く) adv. con seguridad. ◆母親は赤ん坊をしっかり抱いた La madre sostuvo a su bebé con firmeza. ◆私は彼女の手をしっかり握った La tomé de la mano firmemente. ◆彼はそれをしっかりしばった Lo ató firmemente.

❸《きちんと》adv. correctamente, 《口語》como debe ser; (十分に)adv. bien. ◆朝食はしっかり取らなければいけない Debes tomarte un buen desayuno. / 《口語》 Tienes que desayunar como Dios manda. ◆明日のために今夜はしっかり寝なさい Duerme bien para mañana.

❹《抜け目なく》adv. astutamente, sabiamente. ◆彼は自分の払った金の分だけはパーティーでしっかり食べたり飲んだりした Comió y bebió lo bastante para recuperar astutamente lo que había pagado por la fiesta.

❺《力いっぱい》adv. mucho; enérgicamente, duramente. ▶しっかり勉強する v. estudiar mucho. ◆しっかり努力すれば報われるよ Si te esfuerzas mucho, serás recompensado.

—— しっかりした ❶《ゆるまない》adj. firme; (ぐらつかない)adj. sólido; (じょうぶな)adj. fuerte; (がっしりした)adj. robusto. ▶しっかりした基礎 mpl. cimientos sólidos. ▶しっかりした箱 f.

caja fuerte. ▶しっかりしたい*f*. silla robusta. ▶しっかりした足どりで歩く *v*. andar* con el paso firme.

❷【頼りになる】*adj*. digno de confianza, responsable, seguro. ◆彼はとてもしっかりした人です Es un hombre digno de confianza.

❸【抜け目がない】*adj*. inteligente,《口語》listo. ◆あの女は実にしっかりしてるよ Verdaderamente es una mujer inteligente.

《その他の表現》◆彼は死ぬ直前まで意識がしっかりしていた Estaba perfectamente consciente hasta el momento de morir. 会話 しっかりやれよ、太郎一君だよ、健次 ¡Buena suerte, Taro! – ¡Igualmente, Kenji! ◆しっかりしろ（あきらめるな）¡No te rindas! /（戦い抜け）¡Bravo! /（元気を出せ）¡Ánimo! ◆しっかりしろ何でもないさ ¡Ánimo! [No te preocupes]. No ha sido nada.

☞ 固［硬, 堅］く, がっしり, がっちり, きつく, きっちり

しっかん 疾患 *f*. enfermedad, *f*. afección. ▶心臓疾患 *f*. enfermedad「del corazón [《フォーマル》cardíaca]. ▶内臓疾患 *f*. enfermedad de los órganos internos. → 病気.

じっかん 実感（認識）*f*. conciencia, *m*. sentido de la realidad, *f*. comprensión;（信念）*f*. creencia, *f*. idea. ▶実感する *v*. darse* cuenta; creerse*. ▶実感をこめて話す *v*. hablar con「el corazón [sentimiento]. ▶都市生活の欠陥をつくろく実感する *v*. darse* perfecta cuenta de los inconvenientes de la vida urbana. ◆彼は父が死んだという実感がわかなかった No podía creerse la muerte de su padre. ◆この絵は実感がよくでている（=真に迫っている）Este cuadro refleja bien la vida [naturaleza].

しっかんじょうしょう 失感情症〘専門語〙*f*. alexitimia.

しっき 漆器"shikki",《説明的に》*f*. vajilla [*f*. pieza] de laca japonesa.

しつぎ 質疑 *f*. pregunta. ▶質疑応答 *fpl*. preguntas y *f*. respuestas. ▶（講演の後の）質疑応答の時間 *f*. sesión de preguntas y respuestas.

じつぎ 実技（理論に対して）*f*. habilidad práctica;（体育の）*m*. entrenamiento físico, *f*. gimnasia. ▶実技試験（運転の）*m*. examen de conducción.

しっきゃく 失脚（地位の喪失）*f*. caída. ◆彼は不正事件で失脚した Perdió su posición [puesto] por el escándalo.

しつぎょう 失業 *m*. desempleo, *f*. desocupación. ▶失業者 *mf*. desemple*ado/da*;（無職の人）*f*. persona sin trabajo. ▶失業手当 *m*. subsidio [*m*. beneficio] de desempleo. ▶失業保険 *m*. seguro de desempleo. ▶失業問題 *m*. problema del desempleo. ▶失業率 *m*. índice [*f*. tasa] de desempleo. ▶不況で若者の失業（率）が増大しつつある El desempleo juvenil está aumentando por la recesión. ▶その国は失業者数が多い Hay mucho desempleo en el país. ◆私は今失業手当をもらっていますが、大した額ではありません Me pagan el subsidio de paro, pero no es mucho [nada del otro mundo].

|地域差| 失業

〔全般的に〕*m*. desempleo
〔スペイン〕*m*. paro
〔キューバ〕*f*. desocupación
〔メキシコ〕*m*. paro
〔ペルー〕*m*. paro
〔アルゼンチン〕*f*. cesantía, *f*. desocupación, *m*. paro

—— 失業する *v*. perder* el trabajo. ◆父は先月失業した Mi padre se quedó sin trabajo el mes pasado. ◆彼は今失業している No tiene trabajo ahora. / Ahora está desempleado [《口語》en el paro].

じつぎょう 実業 *m*. negocio.
1《実業＋名詞》▶実業学校 *f*. escuela profesional [『米》vocacional]. ▶実業教育 *f*. educación profesional. ▶実業家 →実業家. ▶実業界に入る *v*. entrar en el mundo de los negocios;（実業につく）*v*. meterse en el negocio.
2《実業に》▶実業に従事している *v*. dedicarse* a los negocios.

じつぎょうか 実業家 *mf*. industrial, *mf*. empres*ario/ria*. ▶ビジネスマン.

しっきょうほうそう 実況放送 *f*. transmisión en directo (desde el lugar de los hechos). ▶野球の実況放送をする *v*. transmitir un partido de béisbol en directo.

シック ▶シックなドレス *m*. vestido elegante. → 粋(いき).

しっくい 漆喰（壁・天井などの）*m*. yeso;（仕上げ用の）*m*. estuco. ▶しっくいを塗る *v*. enyesar, poner* yeso 《en》, enlucir*, estucar*.

シックハウス ▶シックハウス症候群 *m*. síndrome del edificio enfermo.

じっくり（注意して）*adv*. cuidadosamente;（細部を大事にして）*adv*. meticulosamente;（申し分なく）*adv*. perfectamente. ▶その絵をじっくり見る *v*. estudiar cuidadosamente el cuadro. ▶じっくり考える *v*. pensar* bien, reflexionar 《sobre》. ▶じっくり時間をかけてやる *v*. hacer(lo)*「con tiempo [con calma, sin prisas]. ▶じっくり話し合う *v*. tener* una larga [buena] conversación. ◆君はそれをじっくり考えた方がいいよ Debes pensarlo bien. / Más vale que lo pienses bien.

しっくり（いく） ❶【仲がよい】*v*. tener* buena relación《と》. ◆彼らはしっくりいっている Se llevan muy bien. / Tienen buenas relaciones.

❷【うまく合う】▶しっくりする[いく] *v*. ir* [sentar, quedar] bien《con》,「hacer* juego [combinar, armonizar*]《con》. ◆このカーテンはこの部屋にしっくりしない Esta cortina no queda bien en esta sala. ◆家具が居間にしっくりしている Los muebles hacen juego en el cuarto de estar.

しつけ 躾（知性・体力の訓練）*f*. enseñanza;（知性・徳性の）*f*. disciplina;（行儀）*f*. educación, *mpl*. modales. → 躾ける. ▶家庭のしつけ *f*. educación, *f*. disciplina familiar. ▶しつけの[1]よい [2]よくない子供 *mf*. niñ*o/ña* [1]bien [2]mal] enseñ*ado/da* [educ*ado/da*]. ▶（幼

児の)用便のしつけ　f. enseñanza (infantil) para pedir cuándo ir al servicio.

しっけ 湿気 (空気・気候の湿度) f. humedad. ▶適度な湿気 m. buen grado de humedad. ◆湿気で床が腐った El suelo se ha deteriorado por la humedad. ◆湿気の多い気候は健康によくない Un clima de mucha humedad no es saludable.

しっけい 失敬 ▶失敬する(無断で持って行く) v. tomar sin (su) permiso; (盗む) v. robar, 《口語》ratear.

じっけい 実刑 (刑務所に入れること) f. prisión, m. encarcelamiento. → 刑. ◆彼は懲役3年の実刑判決を受けた Lo [Le] condenaron a tres años de cárcel [prisión]. ◆彼女は実刑は免れないであろう Probablemente la meterán en la cárcel.

しつける 躾ける (訓練する) v. educar*, disciplinar; (行儀を教える) v. enseñar 《a ＋ 人》 cómo comportarse. ▶彼を自分のことは自分でするようにしつける v. educarlo[le]* para que se valga por sí mismo. ▶子供を厳しく [きちんと] しつける v. educar* ⌈al hijo [a la hija] con ⌈rigor [²disciplina].

しつげん 失言 (不適切な意見) f. observación imprudente [inconveniente]; (言い間違い) m. desliz de la lengua. ▶失言する v. hacer* una observación imprudente, tener* un desliz de la lengua. ▶失言を取り消す v. desdecirse* de palabras imprudentes, retirar una observación inconveniente.

しつげん 湿原 m. terreno pantanoso, m. pantano; (海に近い) f. marisma. ▶釧路湿原 fpl. marismas de Kushiro.

じっけん 実権 (実際の権力) m. poder real, f. autoridad verdadera; (支配力) m. control, 《口語》 fpl. riendas. ▶実権のない (=名ばかりの) 経営者 mf. director/tora ⌈sólo en teoría [《口語》de nombre (solamente)]. ▶政治の実権を握る [²握っている] v. ¹asumir [²tener*] ⌈el poder* real [la autoridad verdadera] en el gobierno. ◆彼は名目上は党首だが実権はほとんどない Aunque en teoría es el presidente del partido, en la práctica apenas tiene poder real.

じっけん 実験 m. experimento, f. prueba, m. ensayo.

1 《～実験》 ▶化学(分野における)実験 m. experimento químico. ▶動物実験 m. experimento con [usando] animales. ▶核実験 m. ensayo [f. prueba] nuclear.

2 《実験＋名詞》 ▶実験所[室] m. laboratorio. ▶実験(用)の材料 m. material de experimentos. ▶実験(的)段階にある v. estar* en la fase experimental. ▶実験台(＝モルモット)にされる v. hacer* de cobaya [conejillo de Indias].

3 《実験的に》 adv. experimentalmente, a modo de experimento [prueba], como prueba.

—— 実験(を)する v. experimentar, hacer* un experimento 《con》. ▶化学の実験をする v. hacer* un experimento químico. ▶人体実験をする v. hacer* un experimento con seres humanos, experimentar con humanos. ◆研究チームは最も安全な治療法を見つけるためにさまざまな薬の実験をした El equipo de investigación experimentó con varios medicamentos para hallar la curación más segura.

じつげん 実現 f. realización, m. cumplimiento, f. ejecución. ▶夢 [²希望] の実現 f. realización de ¹los sueños [²las esperanzas]. ▶実現可能な計画 m. plan viable [factible]. ▶その計画の運びとなった El plan ha alcanzado la fase de realización.

—— 実現する v. realizar*, cumplir, llevar a cabo, (フォーマル) ejecutar; (夢・予言などが) v. hacer(se)* realidad. ▶計画を実現する v. realizar* [llevar a cabo] el plan. ▶懸命に努力して夢を実現する (=達成する) v. cumplir un sueño gracias a mucho esfuerzo. ◆彼の希望は実現した Sus esperanzas se hicieron realidad. ☞成就, 成立; 当たる, 成立する, 達する, 適中する

しつご 失語 f. afasia. ▶意味性失語 《専門語》 f. afasia semántica.

しつこい ❶【執拗(ヨウ)な】 adj. insistente, persistente; (うるさくせがむ) adj. impertinente, molesto, fastidioso, 《口語》 pesado; (頑固な) adj. obstinado, tenaz, 《教養語》 pertinaz; (せんさく好きの) adj. curioso, 《フォーマル》 inquisitorial. ▶しつこい人 f. persona tenaz [obstinada]. ▶しつこい風邪 m. resfriado [m. frío] persistente. ▶しつこい子供たち mpl. niños molestos [《口語》pesados].

❷【食べ物が】(腹にもたれる) adj. pesado; empalagoso; (脂っこい) adj. con mucha grasa, grasiento; (色がはでな) adj. chillón, llamativo. ▶しつこい食物 f. comida pesada. ▶しつこい色 m. color chillón.

しつこく adv. insistentemente. ◆彼は私にしつこく質問した Me hacía preguntas insistentemente. / No dejaba de molestarme con una pregunta tras otra. ◆他人の事をそんなにしつこく聞くな (=せんさくするな) No te metas tanto en asuntos ajenos. ◆彼はその車を買えと私にしつこく勧めた Insistió en [Me aconsejó insistentemente] que comprara el coche. ◆母は夜ふかしをしないようにしつこく言った (=言い続けた) Mi madre no dejaba de decirme una y otra vez que no me desvelara. / Mi madre no dejaba de decirme una y otra vez que no me acostara tarde por la noche. ◆彼はしつこく答えを迫ったが, 彼女は彼の要求をそらした Insistía en una respuesta, pero ella le ⌈hacía esperar [《口語》dio largas]. ☞うるさい, 執拗, 執念深い; 飽くまでも, うるさく

しっこう 執行 (命令・法律・死刑などの) f. ejecución.

1 《～(の)執行》 ▶¹命令 [²判決] の執行 f. ejecución de una ¹orden [²sentencia]. ▶強制執行 f. ejecución forzosa. ◆昨年は5件の死刑執行が行なわれた El año pasado tuvieron lugar cinco ejecuciones de penas de

muerte.
2 《執行＋名詞》▶ 執行委員会 m. comité ejecutivo. ▶ 執行委員 m. miembro del comité ejecutivo/va, mf. comisionado/da. ▶ 執行部(組合・政党の) f. (junta) ejecutiva. ▶ 執行人(遺言の) mf. ejecutor/tora, (死刑の) m. verdugo. ▶ 執行猶予 f. sentencia suspendida, f. suspensión de la ejecución de una sentencia. → 猶予.

—— 執行する v. ejecutar, 《フォーマル》poner* en ejecución, desempeñar, cumplir, (実行する) v. realizar*, llevar a cabo. ▶ 職務を執行する v. ejecutar [cumplir, desempeñar] sus funciones. ♦ 大統領は議会が制定した法律を執行する El Presidente ejecuta [《フォーマル》pone en ejecución] lo que legisla el Congreso. ♦ 殺人犯の死刑が執行されるだろう El asesino será ejecutado. / (殺人罪で処刑されるだろう) Será ejecutado por homicidio.

・じっこう 実行 (理論に対する) f. práctica; (行動) f. acción; (命令・計画などの) f. ejecución.

1 《実行＋名詞》▶ 実行委員会 m. comité ejecutivo. ▶ 実行可能な計画 m. plan viable [factible, realizable]. ▶ 実行ファイル 《専門語》m. archivo ejecutable. ♦ 彼には実行力(＝行動力)がある Es un hombre de acción. / Es emprendedor. ♦ その計画は実行不可能だ Ese plan es「imposible de llevar a cabo [inviable, impracticable].

2 《実行が》♦ 彼は口先ばかりで実行が伴わない Habla mucho y no hace nada. / Es un hombre de palabras y no de hechos. → 言行.

3 《実行に》♦ 彼の考えは直ちに実行に移された Su idea fue llevada a efecto de inmediato.

—— 実行する v. llevar a cabo, realizar*, 《口語》hacer*; (実行に移す) v. llevar a「la práctica [efecto], poner* en obra; (命令・計画などを) v. ejecutar. ▶ 計画を実行する v.「llevar a cabo [realizar*, efectuar*] un plan. ♦ 約束をしたら実行しなければならない Si haces una promesa, debes cumplirla. ♦ 彼女は自分の言ったことを実行できなかった No pudo「llevar a cabo [hacer] lo que dijo. ☞ 行なう, 行動, 執行する

じっこう 実効 m. efecto real. ▶ 実効性の [1]ある [2]ない]法律 f. ley [1]eficaz [[2]ineficaz].

じっこうじ 実行時 《専門語》m. tiempo de ejecución. ▶ 実行時エラー 《専門語》m. error en tiempo de ejecución.

しっこく 漆黒 ♦ 森の中は漆黒の闇だった En el bosque estaba oscuro como la boca de un lobo.

しつごしょう 失語症 《専門語》f. afasia. ▶ 失語症患者 mf. (paciente) afásico/ca.

・じっさい 実際 (事実) m. hecho, (真実) f. verdad; (現実) f. realidad; (実地) f. práctica; (実情) f. situación real. → 事実. ▶ 想像と実際 f. imaginación y real. ▶ 実際 f. teoría y f. práctica. ♦ 自動車産業の実際 f. situación real de la industria del automóvil. ♦ この写真では私は実際よりもよく写っている En esta foto has salido favorecido. / Esta foto te favorece.

1 《実際(の)＋名詞》adj. real, verdadero; (実地の) adj. práctico. ▶ 実際の価値 m. valor real. ▶ 実際の費用 m. costo real. ▶ 実際問題 m. problema práctico. ▶ 実際的な見地から adv. desde un punto de vista práctico. ♦ この計画は実際問題としてうまくいかないだろう Este plan no「funcionará en la práctica [se puede poner en práctica].

2 《実際は》adv. de hecho, en realidad;; (実を言えば) adv. a decir verdad, la verdad es que; (現実に) adv. realmente, efectivamente, en efecto (→ 実(じつ)); (本当のところは) adv. verdaderamente; (実質上は) adv. prácticamente, virtualmente. ♦ 彼は医者だと言ったが実際はそうでなかった Dijo que era un médico, pero de hecho no lo era. ♦ 実際は彼がその会社の社長だ「Es prácticamente [En la práctica es] el presidente de la empresa.

3 《実際に》; (現に) adv. realmente, efectivamente; (本当に) adv. de verdad, 《口語》de veras; (真に) adv. verdaderamente; (実地に) adv. en la práctica, prácticamente. ♦ 彼が実際に言ったこと lo que dijo realmente [de verdad]. ♦ 彼はテニスがうまいそうだが, 実際にやっているところは見たことがない「He oído [Parece] que juega muy bien al tenis, pero realmente nunca lo [le] he visto jugar.

—— じっさい (現に) adv. realmente, efectivamente; (真に) adv. verdaderamente; (強意的に) adv. de verdad, 《フォーマル》en realidad, la verdad es que, sí que... → 実. ♦ 君は実際軽率だった Fuiste verdaderamente [de verdad, 《口語》realmente] imprudente. / ¡Pero qué imprudente fuiste! / La verdad es que fuiste imprudente. ♦ 実際彼は来たのだ Sí que vino.

じつざい 実在 f. existencia. ▶ 実在の(現実の) adj. real; vivo, 《口語》de carne y hueso; (人・物などが存在する) adj. existente. ▶ 神の実在を信じる v. creer*「en la existencia de Dios [que Dios existe]. ▶ 実在の人物 f. persona real [《口語》de carne y hueso].

—— 実在する v. existir. ♦ そんな物は実在しない Eso no existe.

しっさく 失策 m. error, f. equivocación. → 失敗.

しつざん 失算 《専門語》f. acalculia.

じっし 実施 (実行) f. práctica; (法律などの) f. entrada en vigor; (効力) m. efecto. ▶ 計画を実施する v.「llevar a cabo [realizar*] un plan. → 実行する. ▶ 法律を実施する v. poner* en vigor una ley. → 施行する. ♦ その調査は来月実施される(＝行なわれる) La investigación se llevará a cabo el mes que viene.

じっしつ 実質 f. sustancia. ▶ 実質的な adj. sustancial. ▶ 実質的の adv. en sustancia, sustancialmente. ▶ 実質賃金 m. salario real. ▶ 実質的援助 f. ayuda sustancial. ♦ 私は外見よりも実質を選びたい Prefiero la sustancia a la apariencia. ♦ 実質的には減税になっていない No hay una reducción sustancial de los impuestos. ♦ 彼らの考えは実質的には同じだ Sus opinions son sustancialmente idénticas [las mismas]. ♦それは(名目上はそうではないが)実質的には敗北だ「Es verdaderamente [En realidad es] una derrota.

じっしゃかい 実社会 *m.* mundo real. ▶実社会に出る *v.* meterse [entrar] en el mundo.

じっしゅう 実習 (訓練) *f.* enseñanza [*f.* instrucción] práctica; (練習) *fpl.* prácticas, *mpl.* ejercicios; (科目の) *m.* laboratorio 《de》. ▶料理の実習を受ける *v.* hacer* prácticas de cocina. ♦教育実習をする *v.* hacer* [realizar*] prácticas docentes, 《フォーマル》 practicar* la docencia [enseñanza].

じっしゅう 実収 (実際の) *m.* 手取り.

じっしょう 実証 (確認) *f.* prueba positiva, *f.* demostración. → 証拠、証明. ▶実証主義 *m.* positivismo. ▶実証的 *adj.* positivo, demostrativo. ▶実証的に *adv.* positivamente, demostrativamente. ♦…であることは実証済みだ Se ha demostrado que... → 証明する.

じつじょう 実情 (実際の) *f.* situación real, *fpl.* circunstancias reales. → 現状. ▶実情をふまえる *v.* tener* en cuenta la situación real. ♦彼は事態は好転すると言っているが、実情では(=実のところ)むしろ悪化している Dijo que las cosas irían mejor, pero「en realidad van [la situación real está] peor [empeorando]. ☞事実、実際

しつしょうしょう 失書症 《専門語》 *f.* agrafia.

しっしん 湿疹 *m.* sarpullido, *f.* erupción (cutánea), 《専門語》 *m.* eccema. ▶湿疹ができる *v.* salir* un sarpullido eccematoso.

しっしん 失神 *m.* desmayo, 《教養語》 *m.* desvanecimiento. ▶失神している [²倒れる] *v.* ¹estar* [²caer*] desmay*ado* [sin sentido]. ▶失神する *v.* desmayarse; (意識を失う) *v.* perder* [el sentido [la conciencia], 《教養語》 desvanecerse*. ♦ニュースを聞いて失神する *v.* desmayarse con las noticias. ♦彼は彼女を殴って失神させた El golpe que le dio le hizo perder el sentido.

じっしんほう 十進法 *m.* sistema decimal. ▶(図書の)十進分類法 *m.* sistema de clasificación decimal. ▶十進法で *adv.* por el sistema decimal.

じっすう 実数 *m.* número real.

しっする 失する ▶礼を失する *v.* faltar a la cortesía, comportarse mal 《con + 人》. ▶遅きに失する(=機会を逸する) *v.* perder* [desaprovechar] la ocasión 《de》.

じっせいかつ 実生活 (現実の生活) *f.* vida real [práctica]. ▶実生活では *adv.* en la vida real. ♦私が大学で学んだことは実生活でとても役立っている Lo que aprendí en la universidad me ha servido mucho en la vida real.

じっせき 実績 (実際の成果) *m.* resultado real; (業績) *m.* logro, 《教養語》 *f.* realización. ▶彼女の女優としての実績 *mpl.* sus logros como actriz. ♦仕事の実績があがらなかった El trabajo no produjo resultados reales.

じっせん 実践 *f.* práctica. → 実行. ▶実践する *v.* poner* en práctica [obra], practicar*, llevar a la práctica. ♦聖書の教えを実践する *v.* poner* en práctica las enseñanzas bíblicas [de la Biblia].

じっせん 実戦 *f.* batalla [*m.* combate, *f.* lucha] real. ▶実戦の経験がある *v.* tener* experiencia en una batalla real. ♦演習は実戦を想定したものだった La maniobra simulaba la situación de una batalla real.

しっそ 質素 *f.* sencillez, *f.* simplicidad.
—— **質素な** (簡素な) *adj.* sencillo, simple; (食事などの) *adj.* casero; (飾り気のない) *adj.* sobrio; (倹約する) *adj.* frugal. ▶質素な服 *m.* vestido sencillo. ▶パンとチーズの質素な食事 *f.* comida sencilla [frugal] a base de pan y queso. ♦彼は質素な生活をしている Lleva una vida sencilla [sobria]. / Vive con sobriedad.

しっそう 疾走 ▶疾走する *v.* correr a toda velocidad. ♦高速道路を車が疾走していくのが見えた Se vieron coches que corrían a toda velocidad por la autopista.

しっそう 失踪 ▶失踪する *v.* desaparecer* (de casa); (逃げる) *v.* fugarse*, escapar(se); (行方不明になる) *v.* desaparecer*. ▶失踪者 *mf.* desaparec*ido/da*, 《専門語》 *mf.* ausente. ▶失踪届 *m.* informe de (su) desaparición. ♦彼が失踪して三日になる Lleva tres días desaparecido.

じつぞう 実像 *f.* imagen real; (実態) *f.* situación real. → 実態.

しっそく 失速 *f.* pérdida de velocidad. ▶失速状態に陥る *v.* entrar en pérdida de velocidad.

じつぞんしゅぎ 実存主義 *m.* existencialismo. ▶実存主義の *adj.* existencial, existencialista. ▶実存主義者 *mf.* existencialista.

しった 叱咤 ▶叱咤する 【しかる】 *v.* reprender, regañar → 叱る; (激励する) *v.* animar, alentar*. ♦励ます、激励する.

じったい 失態 *m.* error, *f.* falta, 《俗語》 *f.* metedura de pata. ▶大失態を演じる *v.* cometer un terrible error.

じったい 実態 *f.* situación real, *fpl.* verdaderas circunstancias; (現実の状態) *m.* estado real. ▶少年犯罪の実態を調べる *v.* investigar* la situación real de la delincuencia juvenil. ▶実態は(=現状は) *adv.* tal y como están las cosas. ♦その宗教団体の実態は明らかでない No se sabe mucho con certeza sobre ese grupo religioso.

じったい 実体 *f.* sustancia; *f.* realidad. ▶実体のある *adj.* sustancial; (中味のある) *adj.* sólido, macizo. ♦夢の実体についてはまだ多くのことが分かっていない Todavía「no se sabe mucho [hay muchas cosas que no se saben] sobre los sueños.

しったかぶり 知ったかぶり ▶知ったかぶりをする人 *mf.* sabelotodo, *mf.* sabihond*o/da*, 《口語》 *mf.* sabid*illo/lla*. ▶知ったかぶりに話す *v.* hablar「con aire de sa*bio* [como si lo supiera todo]. ♦彼は¹何でも [²それについて]知ったかぶりをする ¹Se las da de sabio [sabelotodo]. [²Hace como que lo sabe todo.]

しっち 湿地 *m.* marjal, *f.* tierra húmeda; (低

湿地) *m.* pantano, *f.* ciénaga; (海に近い)*f.* marisma.

しっち 失地 ▶失地を回復する *v.* recuperar el territorio perdido.

じっち 実地 *f.* práctica. ▶実地に即した *adj.* práctico. ▶実地の経験 *f.* experiencia práctica [real]. ▶実地試験(自動車免許取得のため の) *m.* examen (de conducir) práctico. ▶実地¹検証 [²調査]をする *v.* hacer* ¹una investigación [²un estudio] sobre el terreno. ▶その理論を実地に応用する *v.* poner* la teoría en práctica.

じっちゅうはっく 十中八九 ▶十中八九これは本当だ En nueve casos de diez, eso es verdad. / Es cierto en nueve de diez casos.

☞大方, 九分九厘, 多分

じっちょく 実直 ▶実直な(良心的な) *adj.* serio, 《フォーマル》concienzudo; (誠実な) *adj.* sincero; (正直な) *adj.* honrado.

しっつい 失墜 *f.* pérdida. ▶失墜する *v.* perder*. → 失う. ▶権威を失墜する *v.* perder* la autoridad. ▶例のスキャンダルで彼の名誉は完全に失墜した Perdió totalmente la honra con ese escándalo. ▶(例のスキャンダルが彼の名誉を台無しにした)Ese escándalo arruinó [《口語》echó por los suelos] su reputación.

しっと 嫉妬 *mpl.* celos; *f.* envidia. ▶嫉妬深い夫 *m.* marido celoso. ▶彼の名声に対する激しい嫉妬 *f.* terrible envidia de su fama. ▶嫉妬心から *adv.* por celos. ▶嫉妬のあまり *adv.* en un acceso de celos, enloquecido por los celos. ▶嫉妬に燃える *v.* estar* consumido por「los celos [la envidia]. ▶妻は私の秘書を嫉妬している Mi mujer「tiene celos [está celosa] de mi secretaria.

しつど 湿度 *f.* humedad. → 湿気. ▶湿度の高い気候 *m.* clima húmedo. ▶湿度計 *m.* higrómetro. 《会話》湿度はいくらか—50%だ ¿Qué humedad hay? – Un 50%.

・じっと ❶【動かずに】*adj.* inmóvil, sin moverse, quieto. ▶彼はじっと座っていた Estaba sentado sin moverse. ▶じっとしてろ! ¡Estate quieto! / (動くな)¡No te muevas!

❷【視点を定めて】*adv.* fijamente, con fijeza, de hito en hito. ▶彼は私の方をじっと見た Me miró fijamente. ▶彼はその美しい女の人をじっと見た Contempló a la hermosa mujer. ▶人をじっと(＝じろじろ)見るのは失礼だ Es de mala educación mirar fijamente a alguien. ▶あの男をじっと見張ってろ「Fíjate en [Observa a] ese hombre.

❸【辛抱して】*adv.* pacientemente; (文句一つ言わずに)*adv.* sin quejarse. ▶小犬はじっと少年のするがままになっていた El cachorro [perrito] se dejaba pacientemente todo lo que quería el muchacho. ▶彼はその会社で30年間じっと働いてきた Durante treinta años ha trabajado para la empresa sin quejarse.

〖その他の表現〗 ▶じっとしていたのでは問題は解決しない No vas a solucionar el problema quedándote aquí sentado sin hacer nada. ▶じっと(＝のらくら)してないで何かしなさい No te quedes sin hacer nada. Haz algo.

しっとう 執刀 ▶執刀する *v.* operar (a ＋人)《de》. ▶谷口先生が父の(胃がん)手術の執刀医と決まった Se decidió que el Dr. Taniguchi operaría a mi padre (de cáncer de estómago).

しつどくしょう 失読症〖専門語〗*f.* alexia.

じっとり ▶今日はじっとり暑い Hoy hace bochorno. ▶汗で手がじっとりする Mis manos están pegajosas [húmedas] con [por] el sudor.

しっとり(している) ❶【湿っている】*adj.* mojado. ▶この花壇はしっとりしている Este macizo de flores está mojado.

❷【落ち着いている】*adj.* apacible, sereno. ▶この町はどこかしっとりしている 《口語》Hay no sé qué paz en esta ciudad. / Esta ciudad tiene un aire apacible.

しつない 室内 *m.* interior (de una sala). ▶室内遊戯 *m.* juego de sala; (テーブルゲーム) *m.* juego de mesa. ▶室内装飾 *f.* decoración [*m.* diseño] de interiores. ▶室内装飾家 *mf.* decorador/dora de interiores. ▶室内にいる *v.* quedarse dentro.

しつないがく 室内楽 *f.* música de cámara. ▶室内楽団 *f.* orquesta de cámara.

ジッパー *f.* cremallera. → チャック.

・しっぱい 失敗 ❶【目的が達成されないこと】(一般に) *m.* fracaso. ▶彼は成功するまでに何度も失敗を重ねた Antes de triunfar tuvo muchos fracasos. ▶その作品は完全な失敗作だ La obra es un fracaso completo. ▶失敗は成功のもと 《ことわざ》El que no cae no se levanta. / 《言い回し》El fracaso es el camino del éxito. ▶たとえ失敗でも全然やらないよりはましだ Hasta el fracaso es mejor que no hacer nada. ▶(射撃で)最初の1発は失敗だった El primer disparo fue fallido.

❷【誤り】*f.* equivocación, *m.* error → 間違い; (愚かさ・不注意による大失敗) *m.* error garrafal, 《口語》metedura [《ラ米》《口語》*f.* metida] de pata, 《スペイン》《口語》*f.* plancha. ▶大失敗をやらかす *v.* equivocarse*, 《口語》meter la pata.

—— 失敗する *v.* fracasar, fallar; (試験に) *v.* suspender; (物事がうまくいかない) *v.* salir* mal. ▶彼は試験に失敗した Suspendió el examen. / 計画は失敗した El plan fracasó. / (失敗に終わった)El plan acabó en fracaso.

☞挫折, つまずき; 落ちる, 仕損じる, -損なう, つまずく

じっぱひとからげ 十把一からげ ▶それらを十把一からげに(＝無差別に)扱う *v.* tratarlos sin distinción; (いっしょくたにする) *v.* 《口語》meter(los) en el mismo saco. ▶私たちをあんなテロ集団と十把一からげにするなんて, 冗談じゃない Pero, ¿no confunden con ese grupo terrorista? ¿No es ridículo?

じつひ 実費 (実際にかかる費用) *m.* precio de coste, *mpl.* gastos reales. ▶実費は負担しないといけない Debe pagar el precio de coste.

しっぴつ 執筆 *f.* redacción. ▶執筆者 *mf.* escritor/tora, *mf.* redactor/tora; (寄稿者) *mf.*

colabora*dor/dora*. ▶(雑誌に記事を)執筆する *v*. colaborar escribiendo (un artículo para una revista) ▶作者, 著者

しっぷ 湿布 *f*. compresa. ▶看護婦は私の足に冷湿布をした La enfermera me puso una compresa fría en la pierna.

じつぶつ 実物 (実際の物)*f*. cosa verdadera [auténtica], *m*. objeto mismo, 《フォーマル》*f*. cosa misma; (本物)*m*. original. ▶実物の花 *f*. flor auténtica [de verdad]. ▶実物大の写真 *f*. fotografía de tamaño natural. ◆この銅像は実物そっくりだ Esta estatua de bronce es igual al original. ◆実物を見ないと何とも言えない No puedo decir nada hasta「ver de qué se trata [verlo directamente].

しっぺい 疾病 *f*. enfermedad. → 病気.

しっぺがえし しっぺ返し (仕返し)*f*. represalia. ▶彼にしっぺ返しをする *v*.《フォーマル》tomar represalias contra él.

***しっぽ** 尻尾 (哺乳類の)*m*. rabo;(鳥類・哺乳類の)*f*. cola → 尾;(端)*m*. extremo, *m*. fin. ▶しっぽを振る *v*. mover* el rabo. ◆その犬のしっぽは[1]垂れ下がって[2]ふさふさしていた Ese perro tenía un rabo [1]caído [2]peludo]. ◆おびえた犬はしっぽを巻いて逃げた El asustado perro echó a correr con el rabo entre las patas.

《その他の表現》▶しっぽを出す(=本性を出す)*v*. revelar las verdaderas intenciones,《スペイン》(口語)vérsele* a *uno/na* el plumero. ▶しっぽをつかむ(=過失を見つける) *v*. encontrar* (a + 人) un defecto; (うそ, 不正を)見破る)*v*. descubrir(le) (una mentira, una injusticia). ◆彼は上司にしっぽを振っている(=こびへつらう) Está adulando [dándole coba,《口語》haciéndole la pelota] al jefe.

***しつぼう** 失望 (期待はずれ)*f*. desilusión, *m*. desengaño,《フォーマル》*f*. decepción;(落胆)*m*. desaliento, *m*. desánimo;(絶望)*f*. desesperanza, *f*. desesperación;(失望させるもの・こと)*f*. desilusión, *m*. chasco. ◆彼の失敗は私にとって大きな失望であった Su fracaso「me desilusionó mucho [fue para mí una gran desilusión]. ◆私は失望のどん底に[1]あった[2]落ちた[1]Estaba preso de [2《強調して》Me sumí en] la más profunda decepción [desesperación].

—— **失望する** (希望や期待を裏切られる)*v*. desilusionarse, decepcionarse 《por, a causa de》,《口語》llevarse un chasco 《con》; (やる気や自信をなくす)*v*. desanimarse, desalentarse*《por, a causa de》;(希望を失う)*v*. perder* la esperanza, desesperarse《de, con, por》.◆その結果[2彼]失望した Me decepcionó [1el resultado [2él [3perder la carrera]. ◆彼が試験に落ちたことを聞いて私は大変失望した Para gran desengaño mío, suspendió. ◆失望するな No te desanimes. / ¡Ánimo! ▶私を失望させないでくれ No me decepciones. ◆そこはいい所ではありません。行かれても失望されるだけでしょう No es un buen lugar. Si va, se va a desilusionar.
☞ 幻滅, 失意

しっぽうやき 七宝焼 *m*. esmalte (en cobre), *m*. cloisoné.

しつむ 執務 ▶執務中である *v*. estar* trabajando [en la oficina, de servicio].▶(アメリカの)大統領執務室 *f*. oficina del presidente (de Estados Unidos).

じつむ 実務 *m*. negocio. ▶実務経験が十分ある *v*. tener* bastante experiencia en los negocios. ▶すぐれた実務家「*m*. buen hombre [*f*. buena mujer] de negocios.

しつめい 失明する (視力を失う) *v*. perder* la vista;(盲目になる)*v*. quedarse ciego.

***しつもん** 質問 *f*. pregunta,《フォーマル》*f*. interrogación;(議会などでの)*f*. interpelación.

1《質問+名詞》▶質問者 *el/la* que pregunta, 《フォーマル》《専門語》*mf*. interroga*dor/dora*. ▶質問書 *fpl*. preguntas escritas. ▶(アンケートの)質問票 *m*. cuestionario. ▶大統領は記者の質問攻めにあった *El/La* presiden*te/ta* fue asedia*do/da* de preguntas por los periodistas.

2《質問が》 会話 ちょっと質問があるんですが――はい, どうぞ Tengo algunas preguntas. ¿Le puedo preguntar algo? – A ver, dígame. ▶何か質問がありますか ¿Hay [¿Tienen] alguna pregunta? / ¿Preguntas?

3《質問に》▶次の質問に答えなさい Conteste las siguientes preguntas.

4《質問を》▶彼に質問をする *v*. hacerle* una pregunta, preguntarle. ▶質問を提起する *v*. presentar,《フォーマル》formular una pregunta. ▶質問を投げかける *v*. lanzar*《a + 人》una pregunta. ▶質問を浴びせる *v*. asediar《a + 人》de preguntas. ▶質問を受け流す[そらす] *v*. eludir una pregunta. ▶質問を受ける *v*. ser* pregunta*do* [《フォーマル》interroga*do*].

—— **質問する** *v*. hacer*《a + 人》una pregunta, preguntar [《フォーマル》interrogar*,《専門語》interpelar]《a + 人》.▶矢つぎ早に質問する *v*. hacer* llover* preguntas《sobre + 人》.◆両親は私にいろいろ質問した Mis padres me「hicieron muchas preguntas [preguntaron muchas cosas]. ◆その中の一人が手をあげて堤防は決壊するでしょうかと質問した Uno de ellos alzó la mano y preguntó si se rompería el dique del río. ☞ 尋ねる, 質す, 問い質す

しつよう 執拗 ▶執拗な(しつこい) *adj*. insistente,《フォーマル》persistente. ▶しつように説明を求める *v*. insistir en exigir* una explicación.

じつよう 実用 *m*. uso práctico. ▶実用(=実際の役に立つ)スペイン語 *m*. español práctico. ▶実用主義 *m*. pragmatismo. ▶実用書 *m*. manual. ▶実用新案 *m*. modelo registrado. ▶実用品 *m*. artículo práctico [cómodo]; (日用品)*mpl*. artículos de uso diario. ▶実用化する *v*. poner* en uso práctico. ◆これは実用的だ Es práctico [útil]. /(実用向きに作られている)Tiene una finalidad práctica. ◆この本は理論的というよりむしろ実用的です Este libro es práctico más que teórico.

じつり 実利 (実際の利益)*f*. ganancia real. ▶実利を重んじる *v*. dar* prioridad a la ganancia.

しつりょう 質量 f. masa. ♦その物体の質量 f. masa del cuerpo.

じつりょく 実力 ❶【能力】f. capacidad, f. competencia;【功績】m. mérito, f. valía.

1《実力+名詞》♦(学校の)実力テスト m. examen de capacidad. ♦実力者(政界などの) f. persona influyente [poderosa], m. poderoso/sa detrás del trono. ♦実力主義 m. sistema de méritos.

2《実力が[の]》♦スペイン語の実力が¹ある [²ない] v. dominar ¹bien [²mal] el español. ♦実力のある adj. capaz, competente. ♦彼はいちばん実力のある生徒だ Es el estudiante「más capaz de todos [de más valía].

3《実力に》♦あの会社は実力に応じた給料を出している En esa empresa los empleados ganan「según su valía [en proporción a sus méritos].

4《実力を》♦実力を発揮する v. mostrar* la (verdadera) capacidad. ♦実力を示す v. demostrar* ser* capaz. ♦スペイン語の実力を養う v. desarrollar la competencia lingüística en español. ♦肩書きよりも実力を重んじる v. valorar la capacidad por encima de los títulos.

5《実力で》♦彼は実力でその大学に入った Ingresó en esa universidad por sus propios méritos.

❷【武力】fpl. armas;(暴力)f. fuerza. ♦実力行使 m. uso de la fuerza;(ストライキ)f. huelga. ♦実力を行使する v. usar [recurrir] a la fuerza;(武力に訴える)v. recurrir a las armas;(ストライキをする)v. declararse en huelga.

しつれい 失礼 ❶【無礼】f. falta de educación, f. mala educación, f. descortesía, f. impertinencia,《強調して》f. grosería. ♦失礼な adj. impertinente. → 無礼. ♦失礼な男 m. hombre mal educado. ♦失礼なことを言う v. decir* impertinencias [groserías]. ♦先生に対してそんな失礼なことを言うな[するな] No seas mal educado con tu profesor/sora. ♦人を指さすなんてあなた失礼ですよ Es「de mala [una falta de] educación señalar a los demás. ♦女性に年を聞くのは失礼に当たる(=礼儀に反する) Es descortés preguntar la edad a una mujer. 会話 それならお送りいたします―もし失礼でなければ、それはいつごろになりますか Yo se lo enviaré.- Perdone la impertinencia, pero, ¿cuándo?

❷【謝罪, 断わり】♦失礼ですが[します, しました] Perdón. / Perdone (usted). / Disculpe. / Con permiso. → すみません. ♦ちょっと失礼します(=中座させてください)¿Me perdona [disculpa] un momento? / Con permiso. ♦『ラ米』Ahorita vuelvo. 会話 失礼ですが、戸を閉めてくださいませんか―いいですよ Perdone, ¿no puede cerrar la puerta?- Claro que sí. ♦お話し中失礼します Perdón por interrumpir. / Disculpe la interrupción. 会話 大変長くお待たせして失礼しました―いいえ、そんなに待っていません Siento haberlo[le, la] hecho esperar tanto.- No, no ha sido tanto tiempo. ♦こんな時間にお電話をして失礼ではなかったでしょうか Le

ruego que me perdone por llamarlo[le, la] tan tarde. ♦これで失礼します Perdón, pero debo irme. ♦失礼ですがどちら様ですか Perdone... ¿Su nombre, por favor? / ¿No me dice su nombre, por favor? / ¿Me permite su nombre?

じつれい 実例 (代表的な) m. ejemplo;(個別的な) m. caso;(説明のための) f. ilustración. → 例. ♦実例をあげる v. dar* [ofrecer*] un ejemplo.

しつれん 失恋 m. desengaño (amoroso);(失意に) m. corazón desengañado. ♦失恋した男 m. hombre desengañado. ♦彼女は失恋した Tuvo un desengaño amoroso. / Sufrió un desengaño amoroso. ♦まったく人を愛したことがないよりは愛して失恋したことある方がよい Es mejor haber amado y sufrido un desengaño que nunca haber amado.

じつわ 実話 m. caso real, f. historia verdadera. ♦実話をもとにした映画 f. película basada en un caso real.

してい 指定 f. designación,《フォーマル》m. señalamiento. ♦指定席 m. asiento reservado (en un tren). ♦学校指定の本屋 f. librería designada por la escuela. ♦そこへ指定の時間に行く v. ir* allí a la hora señalada.

── **指定する** v. designar, v. señalar. → 指名する. ♦面接の日時と場所を指定する v. señalar la hora y el lugar de la entrevista. ♦その地域は国立公園に指定された Esa zona ha sido designada parque nacional.

してい 私邸 m. domicilio, f. residencia privada.

してい 子弟 mpl. hijos, mpl. niños. ♦良家の子弟 mpl. hijos de una respetable familia.

してい 師弟 ♦彼らは師弟の関係です Son maestro y discípulo.

-(して)いた →-(して)いる ❶【過去に進行中の行為・できごと】過去進行形・線過去形で. ♦1時ころには昼食を食べていた Hacia la una todavía estaba comiendo. → まだ. ♦秀雄は¹一晩中 [²その時]本を読んでいた Hideo ¹estuvo leyendo toda la noche [²estaba leyendo entonces [en ese momento]]. ♦妻が部屋で仕事をしている間、私は夕食をつくっていた Mientras mi esposa trabajaba en su cuarto, yo cocinaba.

❷【過去の状態】**(1)** 点過去形で. ♦彼女は一晩中起きていた「Se quedó [Permaneció] despierta toda la noche. ♦見たら彼はぐっすり眠っていた(=彼がぐっすり眠っているのを発見した) Lo [Le] encontré profundamente dormido. ♦彼らはドアを開けっ放しにしていた Dejaron la puerta abierta.

(2) 線過去形で. 会話 佐藤さんが会社を辞めたことを知っていますか―もちろん、知っていますよ ¿Sabías que el Sr. Sato dejó la compañía? - Sí, claro que lo sabía. ♦彼はずっと黙っていた「Se quedaba [Permanecía] callado [en silencio]. ♦ロンドンで暮らしていた頃、長男が生まれた Vivíamos en Londres cuando nació nuestro hijo. →-(して)いる.

❸【過去の習慣・行為の繰り返し】(1)線過去形で. ♦私は毎朝5時に起きていた Todas las mañanas me levantaba a las cinco.
(2)過去進行形で→-(して)いる. ♦彼女は人の悪口ばかり言っていた Siempre andaba [estaba] murmurando de los demás.
❹【現在まで継続されていた行為・できごと・状態】→-(して)いる. (1)現在完了進行形で. ♦午前中ずっと眠っていました He estado durmiendo toda la mañana.
(2)現在完了形で. ♦これまでずっとスペイン語は難しいものと考えていましたが, 今ではそうではありません He creído siempre que el español era difícil, pero ahora veo que no lo es.
❺【過去のある時点以前の行為・できごと・状態】過去完了形・過去完了進行形で →-た. ♦私がまゆ子に電話したときには, 彼女はすでに家を出ていた Mayuko había salido de su casa cuando la llamé. ♦太郎はその年弁護士になった. 東京へ出てきて10年がたっていた Ese año Taro se hizo abogado. Había pasado [Llevaba] 10 años en Tokio. ♦私は疲れていた. ずっと部屋で仕事をしていたのだ Estaba cansado. Había estado trabajando todo el tiempo en mi cuarto.
❻【未来のある時点での完了】未来完了形で. ♦今度の10月から6年間ここで働いていたことになる Antes del próximo mes de octubre habré estado trabajando aquí seis años.
❼【現在の事実に反する仮定】接続法過去形で →もし, -(し)た. ♦その本を持っていたら君に貸してるのだが Si tuviera ese libro, te lo prestaría.
❽【過去の事実に反する仮定】接続法過去完了形で. ♦あと10分早く来ていれば間に合っていたのに Si hubieras [hubieses] venido diez minutos antes, habrías llegado a tiempo. ♦あなたがいっしょに来てくださるものと思っていたのですが "Había creído [Había pensado, Supuse, Pensé] que me acompañarías.
❾【丁寧な依頼】♦お手伝いいただければと思っていたのですが Me preguntaba si podrías ayudarme.

*-(して)いる ❶【進行中の行為・できごと】(1)現在進行形で. 《会話》何をしているの―宿題をしているところだ ¿Qué estás haciendo? – Estoy haciendo mis tareas. ♦いま. 《会話》雨はまだ降っていますか―いいえ, もう降っていない ¿Está lloviendo todavía? [¿Sigue lloviendo?] – No, ahora 「no llueve [no está lloviendo; ha dejado de llover]. ♦勉強しているときは話しかけないでください No hables conmigo cuando esté estudiando. ♦秀雄がベッドの上で飛び跳ねている Hideo está saltando en la cama.
(2)現在形で. ♦私は彼女を子供のころから知っている La conozco desde que era una niña. ♦私は3年間スペイン語を勉強しています Estudio [Llevo estudiando] español desde hace tres años. ♦2月からここに来ています Estoy [Llevo] aquí desde febrero.
(3)未来進行形で. ♦明日の今ごろはわれわれは何をしているかな Me pregunto qué estaremos haciendo mañana a estas horas.
(4)線過去形で. ♦太郎は私が電話をかけているあいだ新聞を読んでいた Taro leía el periódico mientras yo hablaba por teléfono.
❷【状態】現在形で. ♦戸が l開いて [²閉まって]いる La puerta está ¹abierta [²cerrada]. ♦救急車が学校の前に止まっている Hay una ambulancia (parada) delante de la escuela. ♦そのビルは角に立っている El edificio está en la esquina. ♦彼女はあの和服がとても似合っている Está muy guapa con ese "kimono". / Ese "kimono" le queda [sienta] muy bien. ♦彼らはずっと友達でいる Siguen siendo amigos. / 《口語》Siguen de amigos. ♦まゆ子, なぜめがねをかけていないの ¿Por qué no llevas [te pones] las gafas, Mayuko? ♦今日は君は頭がさえているね Hoy estás muy listo.
❸【名詞を修飾】♦眠っている赤ん坊 mf. bebé dormido/da. ♦われわれは10人のメンバーからなる委員会をつくった Establecimos un comité compuesto de 10 miembros. ♦大金の入っている財布をなくした He perdido mi cartera con mucho dinero dentro. ♦あのひょうとしている若者はだれですか ¿Quién es ese joven delgado? ♦彼が書類を入れている金庫は2階にある La caja fuerte donde guarda sus documentos está en el piso de arriba. / La caja fuerte en la que [《フォーマル》cual] guarda sus documentos está en el piso de arriba.
❹【習慣的行為】(1)現在形で. ♦おじは農業をやっている Mi tío lleva una granja. ♦彼は毎日バスで大学に通っている Todos los días va a la universidad en autobús. ♦淀川はびわ湖に端を発し, 大阪湾に流れ込んでいる El río Yodo nace en el lago Biwa y desemboca en la bahía de Osaka.
(2)現在進行形で. ♦君はいつもテレビばかり見ているね Siempre estás viendo la televisión.
❺【完了・結果】(1)現在完了形で. ♦彼ならもう帰ってきている Ya ha vuelto. / Ha vuelto ya. ♦彼女は宿題をまだすませていない No ha acabado su tarea todavía. / Todavía no ha terminado su tarea.
(2)未来完了形で. ♦8時までにはそこへ着いているよ A las ocho ya habré llegado allí.
(3)過去完了形で. ♦彼女はそのことならすでに美和に話しているといった Dijo que ya se lo había dicho a Miwa.
❻【観察・意見】現在形で. ♦彼は無実だと思っています Creo que es inocente. →思う, つもり.
❼【伝聞】現在形で. ♦天気予報は明日は曇りだといっている El pronóstico del tiempo dice que mañana estará nublado.
❽【丁寧な依頼】現在形で. →-(して)いた. ♦明日ここへ来ていただければと思っているのですが Espero que mañana venga aquí.
❾【現在の事実に反する仮定】接続法過去形で. ♦彼の住所を知っているなら教えてあげるのですが Si supiera su dirección, te la diría. ♦君が富山に住んでいればなあ Ojalá vivieras en Toyama.
❿【過去の事実に反する仮定】接続法過去完了形で. ♦あのときその本を買っていればなあ Ojalá me hubiera comprado entonces el libro.
⓫【経験】現在完了形で →こと. ♦彼はこれまでに何

度か私に会いにここへ来ている Ha venido varias veces hasta aquí a verme. → これまで.
⓬ 【過去の事実】点過去形で. ◆その殺人犯は午後10時ごろ実家に立ち寄っている Ese asesino se presentó en casa de sus padres hacia las diez de la noche.

しでかす 仕出かす ◆とんだことを仕出かしてくれたものだ ¡Menuda la has armado [hecho]! / ¡Vaya lo que has hecho! ◆あの(男の)子は何を仕出かすか分からない Nadie sabe lo que el niño tiene pensado hacer.

してき 指摘 ◆指摘する v. indicar*, señalar. ▶彼の誤りを指摘する v. indicar* sus errores.

してき 私的 ◆私的な (公に対して) adj. privado, particular; (個人に関する) adj. personal. → 個人的. ▶私的なこと mpl. asuntos personales [privados].

してき 史的 adj. histórico. → 歴史的な. ▶史的唯物論 m. materialismo histórico.

してき 詩的 adj. poético. ▶詩的に adv. poéticamente. ▶詩的な描写 f. descripción poética.

―てしまう →しまう

してつ 私鉄 m. ferrocarril privado, f. línea privada de ferrocarriles.

―しては →にしては

―してみる →やってみる

してみると adv. entonces. → そうすると.

―しても (たとえ…でも) conj. aunque 《＋接続法》. ◆今すぐ出たとしても列車に間に合わない「Aunque salga [Aun saliendo] ahora mismo, no me da tiempo a coger el tren. / Aunque saliera ahora mismo, no me daría tiempo a coger el tren. ◆1本 [2金] は持っているとしてもごくわずかです Tengo muy ¹pocos libros [²poco dinero], si es que tengo. → 少し. ◆どんなによく勉強しても1年ではスペイン語を習得できない「Por mucho que estudies [Aunque estudies mucho]; No me importa cuánto estudies], en un año no podrás dominar el español. ◆だれが電話をしてきても いると言ってください「Llame el que sea [Llame quien llame], diga que no estoy, por favor. / No estoy para nadie, no importa quién llame.

―してもらう →もらう

してやられる ◆彼にまんまとしてやられた Me engañó limpiamente.

してん 支店 f. sucursal, f. filial. → 会社. ▶京都支店 f. sucursal de Kioto. ▶支店長 mf. director/tora de una sucursal [filial]. ◆我が社は各地に支店を持っている Nuestra empresa tiene sucursales por todo Japón. ☞営業, 出店

してん 視点 (見地) m. punto de vista. ▶いくつかの視点から話す v. hablar desde varios puntos de vista.

してん 支点 m. fulcro, m. punto de apoyo.

しでん 市電 m. tranvía. → 電車.

・じてん 辞典 m. diccionario, 《専門語》m. léxico. → 辞書, 事典. ▶ ¹西和 [²和西] 辞典 m. diccionario ¹japonés-español [²español-japonés]. ▶学習辞典 m. diccionario de aprendizaje. ▶同義語[シノニム]辞典 m. diccionario de sinónimos.

じてん 事典 (百科事典) f. enciclopedia; (通俗的に, または特定分野の) m. diccionario. → 辞書, 辞典. ▶音楽事典 m. diccionario (enciclopédico) de música, f. enciclopedia de música.

じてん 時点 →時. ▶現時点では adv. en este momento, ahora. ▶彼が結婚した時点では adv. en el momento de su matrimonio, cuando [en el momento en que] se casó.

じてん 自転 (天体の) f. rotación. → 自転車. ▶地球の自転 f. rotación terrestre. ◆地球は24時間で1回自転する La Tierra gira sobre su eje una vez cada veinticuatro horas.

じてん 次点 m. segundo, m. segundo lugar. ▶次点になる v. acabar segundo [en segundo lugar].

じでん 自伝 f. autobiografía.

＊じてんしゃ 自転車 f. bicicleta, 《口語》f. bici.
1 《自転車＋名詞》▶自転車乗り mf. ciclista. ▶自転車屋 f. tienda de bicicletas. ▶自転車泥棒 (映画名) «El Ladrón de bicicletas». ▶自転車旅行する v. hacer* 「una excursión en bicicleta [cicloturismo].
2 《自転車を[に, から, で]》▶自転車を¹こぐ[²押す] v. ¹pedalear [²empujar] una bicicleta. ▶自転車から¹降りる[²にまたがる] v. ¹bajarse de [²montarse en] la bicicleta. ▶自転車で学校へ行く v. ir* a la escuela en bicicleta. ◆自転車に乗れる? ¿Sabes montar en bicicleta?

しと 使徒 m. apóstol, m. discípulo. ▶使徒行伝 «Los Hechos de los Apóstoles».

しと 使途 ▶使途不明金 mpl. gastos [《フォーマル》mpl. fondos] no justificados. ◆金の使途を明らかにする v. justificar* el dinero gastado.

しとう 死闘 f. batalla [f. lucha, f. pelea] encarnizada 《contra》, m. combate a muerte. ▶死闘をくり広げる v. librar 「una encarnizada batalla [un combate a muerte], combatir a muerte.

・しどう 指導 f. guía, f. orientación; (指揮, 統率力) m. liderazgo; (競技などの) f. dirección técnica; (指図) f. dirección; (教授) f. instrucción.
1 《～指導》▶¹職業 [²行政] 指導 f. dirección ¹profesional [²administrativa]. ▶進路指導 f. orientación académica.
2 《指導＋名詞》▶指導者[員] mf. dirigente, mf. líder, mf. guía, mf. director/tora; (スポーツの) mf. entrenador/dora, mf. instructor/tora, mf. monitor/tora. ▶フットボールの指導員 (=コーチ) mf. entrenador/dora de fútbol. ▶スキーの指導員 mf. monitor/tora de esquí. ▶指導教官 mf. director/tora pedagógico/ca, mf. director/tora; (大学の) mf. director/tora académico/ca. ▶指導案 m. plan guía; (授業の) m. plan de enseñanza [estudios]. ▶指導法 m. método de instrucción [dirección]; (授業の) m. método de enseñanza. ▶指導書 f. guía [m. manual] (para, de); (教科書の) m. libro [m. manual]

del profesor. ▶指導原理 *fpl.* directrices, *fpl.* líneas a seguir. ▶学習指導要領 *m.* plan de estudios oficial,【スペイン】*m.* plan curricular del gobierno. ◆彼は指導力のある人だ(＝指導者の素質がある) Es un líder natural. / Tiene capacidad de líder.

3《指導の[的]》▶彼の指導の下で[に] *adv.* bajo su dirección [guía, liderazgo]. ▶指導的役割を果たす *v.* hacer* de guía 《en》. ▶指導の任にあたる *v.* tomar 【《フォーマル》asumir】「la dirección [el liderazgo] (de); (競技などの) *v.* tomar [ocupar] la dirección técnica. ◆彼は指導のしようがない、やる気がないんだから No se lo [le] puede dirigir. No quiere aprender.

4《指導を》▶指導を仰ぐ *v.* buscar* su guía [dirección]. ▶指導を誤る *v.* dirigir* [guiar*] mal.

── 指導(を)する *v.* guiar*; dirigir*; orientar, 《フォーマル》instruir*. ▶勉学の指導をする *v.* guiar* 《a + 人》 en sus estudios. ▶¹合唱隊 [²消費者運動]の指導をする *v.* dirigir* ¹un coro [²una campaña de consumidores]. ▶彼女に¹受験 [²数学]の指導をする *v.* prepararla para su examen de ¹ingreso [²matemáticas]. ▶スキーの指導をする *v.* enseñar 《a + 人》 a esquiar. ◆君は彼が指導するとおりにしさえすればよい No tienes que hacer más que lo que él te diga. / Sólo tienes que dejarte llevar por él.

☞先導, 手引き

しどう 始動 ▶モーターを始動する *v.* arrancar* [poner* en marcha] el motor.

しどう 私道 *m.* camino privado.

じどう 児童 (子供) *mpl.* niños, *mpl.* niños y *fpl.* niñas; (学童) *mf.* escolar. ▶児童福祉 *m.* bienestar de menores. ▶児童憲章 *f.* Carta de los Niños. ▶児童心理(学) *f.* psicología infantil. ▶児童文学 *f.* literatura infantil. ▶児童館 *f.* biblioteca infantil [juvenil]. ◆児童向けの本を多数購入した Compramos muchos libros para los niños.

***じどう** 自動 ▶自動の[的な] *adj.* automático. ▶自動食器洗い機 *m.* lavaplatos [*m.* lavavajillas] automático. ▶自動小銃 *m.* rifle automático. ▶自動制御 *m.* control automático. ▶自動扉 *f.* puerta automática. ▶コーヒーの自動販売器を(機械) *f.* (máquina) expendedora automática de café. ▶自動巻きの時計 *m.* reloj de cuerda automática. ▶自動保存《専門語》*m.* guardado automático.

地域差 **自動現金引き出し機**
〔全般的に〕*m.* cajero automático
〔キューバ〕*f.* caja automática
〔メキシコ〕*m.* banquero automático
〔アルゼンチン〕*f.* caja automática, *m.* banquero automático, *m.* servicio automático

── 自動的に *adv.* automáticamente; (機械的に) *adv.* mecánicamente. ◆ドアは自動的に開いた La puerta se abrió automáticamente.

じどうし 自動詞 *m.* verbo intransitivo.

・**じどうしゃ** 自動車 (乗用車)【スペイン】*m.* coche, 【ラ米】*m.* carro, 【アルゼンチン】*m.* auto, 《フォーマル》*m.* automóvil; (タクシー) *m.* taxi; (トラック) *m.* camión, (バス) *m.* autobús.

地域差 **自動車**
〔スペイン〕*m.* coche
〔ラテンアメリカ〕*m.* carro
〔キューバ〕*m.* auto, *f.* máquina
〔メキシコ〕*m.* auto
〔ペルー〕*m.* auto
〔コロンビア〕*m.* coche
〔アルゼンチン〕*m.* auto, *m.* coche

1《～自動車》▶¹営業用 [²自家用]自動車 *m.* coche ¹de servicio público [²privado]. ▶マイカー. ▶¹大型 [²小型](自動)車 *m.* coche ¹grande [²pequeño]. ▶電気自動車 *m.* coche eléctrico.

2《自動車＋名詞》▶自動車学校 *f.* autoescuela, *f.* escuela de conducir. ▶自動車競走 *f.* carrera [*f.* de coches [automovilística]. ▶自動車産業 *f.* industria automovilística. ▶自動車メーカー *m.* fabricante de automóviles. ▶自動車販売店 *m.* distribuidor [*m.* vendedor] de coches. ▶自動車事故で死ぬ *v.* fallecer* [matarse] en un accidente automovilístico [de automóvil]. ▶自動車用の道路 *f.* carretera, *f.* autopista. ▶自動車電話 *m.* teléfono para coches.

しとげる 仕遂げる (しき遂げる) *v.* acabar 《de + 不定詞》; (完成する) *v.* completar; (成し遂げる) *v.* realizar*, lograr; (役割・任務などを) *v.* desempeñar. ──完成する, 終える.

しとしと ▶しとしと雨が降る *v.* lloviznar. ◆きのうは一日中雨がしとしとと降った Ayer estuvo lloviznando todo el día.

じとじと (湿っぽい) *adj.* húmedo; (ぬれた) *adj.* mojado. ▶じとじとした天気 *m.* tiempo húmedo. ▶床がじとじとだ El suelo está húmedo [mojado]. ▶干していた洗濯物が雨でじとじとになった La ropa tendida se mojó con la lluvia.

シドニー Sidney (☆オーストラリアの都市).

しとめる 仕留める (殺す) *v.* matar; (銃で鳥獣を) *v.* matar a tiros.

しとやか 淑やか ▶淑やかな (優美な) *adj.* elegante, (教養語) *adj.* grácil; (慎み深い) *adj.* modesto; (穏やかな) *adj.* apacible, 《教養語》gentil. ◆彼女はすらっとしていてしとやかな人だ Es esbelta y modestamente elegante.

しどろもどろ ▶しどろもどろの返答をする (筋道の立たない) *v.* dar* una respuesta confusa [incoherente]; (口ごもって) *v.* contestar [responder] con balbuceos. ▶しどろもどろになる (狼狽する) *v.* perder* la cabeza, hacerse* un lío; (口ごもる) *v.* balbucear.

しな 品 ❶《品物》(個々の) *m.* artículo, 《フォーマル》*m.* género; (商品) *m.* producto, *f.* mercancía → 品物, 品(%); (在庫品) *m.* surtido, *fpl.* existencias, *fpl.* mercancías en "stock". ▶(靴の)品数が多い *v.* tener* un amplio surtido (de zapatos). ◆現在この製品は品薄だ En este momento "hay pocos artículos de estos [no quedan muchos de estos artículos]. ◆けっこうな品をいただきありがとうござ

いました Muchas gracias por su amable regalo. ◆所変われば品変わる 《ことわざ》En cada tierra, su uso, y en cada casa, su costumbre.
❷【品質】*f.* calidad. ▶品が¹よい[²悪い] *v.* ser* ¹buena [²mala] calidad. ▶品が違う *v.* ser* diferente [de] en calidad. ▶品が優れている *v.* ser* superior 《a》en calidad, ser* de calidad superior 《a》. ▶品を落とす *v.* rebajar la calidad.

しない 市内 ▶市内通話 *f.* llamada urbana. ▶市内配達 *m.* reparto limitado a zona urbana. ▶市内見物をする[に出かける] *v.* ir* de turista por la ciudad. ▶市内を行進する *v.* desfilar por la ciudad. ◆私は福岡市内に住んでいます Yo vivo en la ciudad de Fukuoka. ◆市内をご案内しましょう Te guiaré por la ciudad.

しない 竹刀 *f.* espada de bambú.

シナイはんとう シナイ半島 *f.* península del Sinaí.

しなう 撓う （曲がる）*v.* doblarse, arquearse; (曲げやすい)*v.* ser* flexible; (ばねのように弾力のある)*v.* ser* elástico. ▶よくしなう竹 *m.* bambú flexible. ◆私の重みで枝がしなった La rama「se dobló [se arqueó] bajo mi peso.

しなぎれ 品切れ ▶その店ではろうそくが品切れだ[になった] Esa tienda ha agotado sus existencias de velas. / Las velas se han acabado en esa tienda.

しなさだめ 品定め ▶品定めをする （価値を見定める）*v.* descubrir* el valor 《de》, evaluar*; (人物の)*v.* juzgar*; (値段をつける)*v.* tasar.

しなびる （しわよる）*v.* ajarse, arrugarse*; (しおれる)*v.* marchitarse. ▶しなびた手 *f.* mano ajada. ▶しなびた野菜 *fpl.* verduras arrugadas.

シナプス 《専門語》*f.* sinapsis. ▶シナプス間隙《専門語》*f.* hendidura sináptica.

しなもの 品物 （個々の）*m.* artículo, 《フォーマル》*m.* género, *m.* objeto, 《口語》*f.* cosa; (商品)*fpl.* mercancías, *mpl.* géneros. ▶品物で返す *v.* pagar* 《en + 人》en especie. ◆彼女のハンドバッグにはたくさんの品物が入っていた En su bolso había muchos objetos. ◆あの店はあらゆる種類の品物を置いている Es una tienda muy bien surtida. / Esa tienda tiene artículos「muy surtidos [de todo tipo].

シナモン *f.* canela. ▶シナモントースト *f.* tostada de canela.

しなやか 【物が】（曲げやすい）*adj.* flexible, maleable; （曲げてももどる）*adj.* elástico; (やわらかい) *adj.* blando;【人・体が】*adj.* flexible, ágil. ▶しなやかな針金 *m.* alambre flexible. ▶しなやかな素材 *m.* material flexible. ▶考え方がしなやかだ *v.* ser* flexible en la manera de pensar.

じならし 地ならし ▶地ならしをする *v.* allanar [nivelar] el terreno.

じなり 地鳴り *m.* fragor de la tierra. ▶地鳴りがする La tierra ruge.

シナリオ *m.* guión, *m.* escenario. → 脚本. ▶シナリオライター *mf.* guionista.

しなん 至難 ▶至難の *adj.* sumamente difícil, dificilísi*mo*. ▶至難の技 *f.* tarea sumamente difícil, 《フォーマル》*f.* empresa difícil en extremo.

じなん 次男 *m.* hijo segundo.

シニア （年長者, 上級生）*mf.* superior, *mf.* mayor; (年長の, 上級の) *adj.* superior.

しにがみ 死に神 《文語》*f.* Parca,『メキシコ』《口語》*f.* Pelona. ▶死に神にとりつかれている *v.* estar* obsesiona*do* con la muerte.

しにく 歯肉 《専門語》*f.* encía. ▶歯肉炎《専門語》*f.* gingivitis.

しにせ 老舗 *m.* comercio [*f.* empresa] de gran tradición [antigüedad].

しにめ 死に目 ▶彼女は父親の死に目に会えなかった No pudo ver a su padre en su lecho de muerte. / No pudo「cerrar los ojos de su padre [asistir a la agonía de su padre]. / Su padre falleció antes de que ella llegara.

しにものぐるい 死に物狂い ▶死に物狂いの （必死の）*adj.* desesperado; （狂気のような）*adj.* frenético. → 必死. ▶死に物狂いの競争 *f.* competencia frenética. ▶死に物狂いで *adv.* desesperadamente, con frenesí; (命がけで)*adj.* a vida o muerte. ▶死に物狂いで働く *v.* trabajar frenéticamente [con frenesí].

しにわかれる 死に別れる *v.* perder* 《a》, quedar separado por la muerte 《de》. ◆彼は去年妻に死に別れた Perdió a su esposa el año pasado.

しにん 死人 *mpl.* muertos. → 死者. ▶死人のような顔つき *f.* cara de muerto, 《フォーマル》*m.* semblante mortal.

じにん 自任 ◆彼はテニスの第一人者をもって自任している Presume de ser el mejor jugando al tenis. / 《口語》Se las da de ser el mejor jugador de tenis.

じにん 辞任 *f.* dimisión. → 辞職. ▶辞任する *v.* dimitir.

しぬ 死ぬ （一般的に）*v.* morir*, 《フォーマル》fallecer*; （戦争で)*v.* caer*, 《フォーマル》perecer*, expirar; (遠回しに)*v.* dar* el último suspiro, pasar a mejor vida; (自殺する)*v.* suicidarse; (事故・戦争などで) *v.* matarse, perder* la vida. → 自殺. ◆祖母はもう死にました Mi abuela「ya ha muerto [está muerta].
1《(死因)で死ぬ》▶老衰で死ぬ *v.* morir*「por lo avanza*do* de la edad [《口語》de viejo]. ◆彼は何で死んだ? ¿De qué murió? / (死因は何ですか)¿Cuál fue la causa de su muerte? ◆彼はがんで死んだ Murió [Falleció] de cáncer. ◆多くの子供たちが食糧不足がもとで次々に死んでいった Morían muchos niños por falta de alimentos. ◆妻は交通事故で死んだ Mi esposa「se mató [pereció] en un accidente de tráfico. / (妻を失った)Perdí a mi esposa en un accidente de tráfico. ◆彼は落雷で[²落馬して]死んだ ¹Le mató un rayo. [²Se mató al caer del caballo.]
2《(ある状態で)死ぬ》◆彼は畳の上で安らかに死んだ Murió apaciblemente en su lecho. ◆彼は若くして死んだ Murió joven.

3《死ぬまで》;（生涯）*adv.* toda la vida;（今後死ぬまで）*adv.* en el resto de mi vida;（生きている限り）*adv.* mientras viva. ♦死ぬまで君を愛する Te amaré hasta「la muerte [que la muerte nos separe]」.

4《死ぬほど》♦死ぬほど空腹だ Me estoy muriendo de hambre. ♦死ぬほどコーヒーが飲みたい Me muero por tomar un café. ♦彼女が死ぬほど好きだ Me muero de amores por ella. / Estoy locamente enamorado de ella. ♦靴がきつくて足が死ぬほど痛い Los zapatos me aprietan tanto que me están matando. ♦私は蛇が死ぬほど怖い Me muero de miedo con las serpientes.

5《死んで》♦父が死んで10年になる Han pasado 10 años desde la muerte de mi padre. / Hace 10 años que murió mi padre. ♦部屋の中で男の人が死んでいる Hay un (hombre) muerto en la sala.

6《死なれる》♦夫には4年前に死なれた Hace cuatro años que murió [《フォーマル》falleció] mi marido. / Mi marido murió hace cuatro años. → 死に別れる.

— 死んだ *adj.*《フォーマル》difunto,《教養語》finado. ♦死んだ人 *mpl.* muertos,《フォーマル》*mpl.* difuntos. ♦彼は子供を死んだものとあきらめた Dio a su hijo por muerto. ♦彼は死んだふりをした「Se hizo el [Fingió estar] muerto. ♦彼は死んだも同然だ Es como si estuviera muerto.

《その他の表現》♦生きるか死ぬかの問題 *m.* asunto de vida o muerte. ♦人間は死ぬものだ El hombre es mortal. ♦私は死ぬ覚悟で（＝命をかけて）戦います Lucharé hasta「la muerte [morir]. ♦その額縁では絵が死んでしまう Ese marco puede matar una buena pintura. / Con ese marco la pintura se queda muerta. ♦彼は死んだように（＝ぐっすりと）眠っていた Dormía como un tronco. ☞おണ仏, 枯れる, この世, 昇天, 倒れる

じぬし 地主 *mf.* terrateniente. ♦地主階級 *f.* clase terrateniente.

しのぎ ♦しのぎを削る *v.* competir* desesperadamente（con＋人）《por》. → 競争.

-しのぎ ♦一時しのぎの *adj.* provisional. ♦その場しのぎの *adj.* temporal. ♦退屈しのぎに本を読む *v.* leer* un libro para matar el rato. ♦寒さしのぎに *adv.* para proteger del frío.

しのぐ 凌ぐ ❶【勝る】*v.* superar, ser* superior《a》,《口語》ganar《a》,《フォーマル》aventajar. → 勝る. ♦君はすべての学科で人をしのぐことはできない No puedes ganar a todo el mundo en todos los temas.
❷【耐える】*v.* soportar, aguantar. ♦しのぎにくい夏 *m.* verano insoportablemente caluroso. ♦しのぎやすい（＝穏やかな）冬 *m.* invierno suave. ♦この暑さはとてもしのげない No puedo aguantar este calor.
❸【防ぐ】*v.* protegerse*[guarecerse*]《de》. ♦雨をしのぐ *v.* protegerse* de la lluvia;（雨宿りをする）*v.* guarecerse* de la lluvia.
❹【切り抜ける】♦危機をしのぐ *v.* superar una crisis,《口語》capear el temporal. ♦草の根を食べて飢えをしのぐ *v.* saciar el apetito con raíces. ♦この金で1週間はしのげる Este dinero me durará una semana. / Con este dinero aguantaré [me las arreglaré] una semana.

しのばせる 忍ばせる（隠す）*v.*《フォーマル》ocultar. ♦机の下に参考資料を忍ばせる *v.* esconder documentos debajo de la mesa. ♦足音を忍ばせて（＝こっそりと）歩く *v.* caminar [andar*] sin hacer* ruido;（抜き足差し足で）*v.* caminar de puntillas para no hacer* ruido. ♦声を忍ばせて（＝ひそひそ声で）話す *v.* hablar en un susurro. ♦彼はポケットにピストルを忍ばせていた Escondía la pistola en el bolsillo. /（ひそかに携帯していた）Llevaba una pistola escondida en el bolsillo.

しのびあし 忍び足 ♦忍び足で歩く *v.* caminar de puntillas.

しのびこむ 忍び込む ♦泥棒はこの窓から部屋に忍び込んだにちがいない El ladrón tuvo que「haber penetrado [《口語》haberse colado] en el cuarto por esta ventana.

しのびよる 忍び寄る *v.* acercarse* [deslizarse*]《a》sigilosamente（callando, a hurtadillas》. ♦背後から彼に忍び寄る *v.* acercarse* a él sigilosamente por la espalda. ♦老いがいつしか彼に忍び寄っていた La vejez lo [le] ha「sorprendido sin darse cuenta [《口語》llegado a la chita callando].

しのぶ 忍ぶ ❶【隠れる】*v.* esconderse, ocultarse. ♦人目を忍んで *adv.* a hurtadillas, en secreto,《フォーマル》clandestinamente. ♦彼らがある通り過ぎるまで彼は木陰に忍んでいた Se escondió detrás del arbusto hasta que todos pasaron.
❷【我慢する】*v.* soportar,《口語》aguantar. ♦彼がそんなに扱われるのは見るに忍びなかった「No pude soportar [Era intolerable] ver cómo lo [le] trataban. → 耐[堪]える.

しのぶ 偲ぶ ♦亡き母を偲ぶ（＝思い出す）*v.*「acordarse* de [recordar* a] la difunta madre. ♦その文豪をしのんで（＝記念して）銅像を建てる *v.* levantar una estatua de bronce en memoria del gran escritor.

しば 芝 *m.* césped,【メキシコ】*m.* pasto,《口語》*f.* hierba. ♦芝刈り機 *m.* cortacésped. ♦(庭に)芝を植える *v.* cubrir*（un jardín）de césped, colocar* tepes (en el jardín). ♦芝を刈る *v.* cortar el césped [【メキシコ】pasto].

じば 磁場 *m.* campo magnético.

しはい 支配（絶対的権力による）*m.* gobierno;（優勢な力による威圧的な）*m.* dominio, *f.* dominación;（統制による）*m.* control. ♦支配階級 *f.* clase gobernante [dirigente]. ♦支配者 *mf.* dirigente. ♦支配力 *m.* control《sobre》. ♦支配的な考え *fpl.* ideas dominantes. ♦イギリスの植民地支配 *m.* dominio colonial británico. ♦第二次大戦後日本はアメリカの支配下にあった Japón estuvo bajo el control de Estados Unidos después de la Segunda Guerra Mundial.

— 支配する *v.* regir*, mandar;（政治的に）*v.*

gobernar*; (権力で)v. dominar; (統制する)v. controlar. → 治める. ▶感情に支配される v. ser* dominado por las emociones. ▶自然の法則に支配される v. estar* [regido por [sometido a] las leyes de la naturaleza. ◆一人の独裁者がその国を支配していた Al país lo gobernaba un dictador. ☞管轄, 掌握, 制覇; 左右する, 制する; 権力, 実権

しはい 賜杯 f. Copa [m. Trofeo] del Emperador.

しばい 芝居 ❶【劇】(一般に)m. teatro; (作品)f. obra (de teatro). → 劇. ▶芝居小屋 m. teatro. ▶芝居をやる(劇を上演する)v. poner una obra en escena, representar una obra de teatro; actuar* [interpretar] una obra de teatro. ▶芝居を見る v. ver* una obra de teatro. ◆今度の新しい芝居は¹大当たり[²大入り]だった La nueva obra tuvo un ¹gran éxito de público [²lleno total]. ◆今夜芝居のけいこをしよう Esta noche vamos a ensayar una obra. ◆彼はよく芝居を見に行く Va mucho al teatro. / Es un gran aficionado al teatro. ◆彼女は音楽と芝居が大好きです Le encanta la música y el teatro.

❷【作り事】▶彼は芝居がうまい Es un buen actor. / (人をだますのがうまい)Se le da bien engañar a la gente. ◆彼は本当は怒っていなかった. 単なる芝居だった No estaba enfadado. «Sólo hacía teatro / No era más que una farsa!». ◆彼のふるまいは芝居がかっていた Su comportamiento era teatral. ☞演劇, 劇

しはいにん 支配人 mf. gerente. ▶総支配人 mf. gerente general. ▶副支配人 mf. subgerente.

じはく 自白 f. confesión. → 白状. ▶犯罪を自白する v. confesar* el delito.

じばく 自爆 ▶自爆テロ m. bombardeo suicida.

しばしば adv. con frecuencia, a menudo. → 度々.

しはつ 始発 (始発便)f. primera salida; (始発列車・電車)m. primer tren. ▶始発駅 f. estación de origen.

じはつてき 自発的 ▶自発的な adj. voluntario, espontáneo. ▶自発的に adv. voluntariamente, espontáneamente. ▶自発的に援助を申し出る v. ofrecer* ayuda espontánea, ofrecerse* voluntariamente a ayudar.

しばふ 芝生 (芝草)m. césped, 【メキシコ】m. pasto, 《口語》f. hierba. ▶芝生を刈る[²に水をまく] v. ¹cortar [²regar*] el césped. ◆芝生に入るべからず「揭示」「No pisar [Prohibido pisar] el césped.

地域差	芝生・草地
〔全般的に〕	m. césped
〔スペイン〕	f. hierba
〔キューバ〕	f. hierba, f. yerba
〔メキシコ〕	m. pasto, m. zacate
〔ペルー〕	m. pasto
〔コロンビア〕	f. hierba, f. manga, m. pasto, m. prado
〔アルゼンチン〕	m. pasto

じばら 自腹 ▶自腹を切る v. pagar* «de su cuenta [del propio bolsillo].

しはらい 支払い m. pago, 《フォーマル》m. abono. ▶支払日 m. día de pago [paga]. ▶支払い条件 fpl. condiciones de pago. ▶支払い高 f. cantidad a pagar. ▶支払い人 mf. pagador /dora. ▶支払い先 mf. beneficiario/ria. ▶支払手形 f. letra a pagar. ▶支払いを延期する v. aplazar [diferir*] el pago. ▶支払いを停止する v. suspender el pago. ▶請求書の支払いとして小切手を同封する v. incluir* [adjuntar] un cheque para pagar* la factura. ◆支払い済み【表示】Pagado. ◆お支払いはどのようになりますか. カードですか ¿Cómo va a pagar usted? ¿Con tarjeta de crédito? ◆借金は支払い済みだ He saldado mis deudas. / Estoy libre de deudas. ◆彼は車の支払いを滞(ﾀﾞ)らせた Se retrasó en sus pagos del coche. ◆テレビに月5千円の支払いをしなければならない Todos los meses tengo que pagar 5.000 yenes de cuota de televisión. → 月賦. ◆私は1日1万円の支払いを受けている Me pagan 10.000 yenes al día.

しはらう 支払う v. pagar*, 《フォーマル》abonar. ▶¹現金 [²小切手] で支払う v. pagar* ¹en efectivo [²con cheque]. ▶借金を支払う v. saldar las deudas. ▶雑誌代を支払う v. pagar* la revista. ▶彼に家賃を支払う v. pagarle* "la renta [el alquiler]. ◆このラジオに百ドル支払った Pagué 100 dólares por esta radio. / (百ドルで買った)Compré esta radio por 100 dólares. ☞納める, 支給する, 支出する, 済ます, 出す, 投じる

**しばらく 暫く ❶【短い間】(少しの間) adv. un rato, un poco, un momento, 《フォーマル》en breve, 《フォーマル》a no tardar mucho, de un momento a otro. → ちょっと. ◆彼はしばらく眠った Se quedó un rato dormido. / Durmió un rato. ◆ちょっと. 会話 行きましょうか—しばらく待つがいいと思わない? ¿Nos vamos? – ¿No crees que será mejor esperar un rato? ◆しばらくお待ちください Espere un momento [poco] por favor. /《口語》Sólo un momentito [ratito], por favor. ◆しばらくしたら戻ります No tardo en volver. ◆しばらくして田中君がやって来た Tanaka no tardó en presentarse. → 経つ.

❷【当分】adv. de [por el] momento. ◆しばらくはこれで間に合う De momento, esto sirve [vale]. 会話 あとでまた来るよ—じゃあしばらくから. またね Vuelvo después.– Entonces, hasta luego.

❸【長い間】m. buen rato, m. bastante rato, m. bastante tiempo, m. largo tiempo. ◆し

芝生を踏まないで下さい
No pisar el césped. → 芝生

ばらく彼とは話していない Hace bastante que no he hablado con él. ♦ 私はしばらくぶりに彼を訪ねた Lo [Le] visité después de mucho tiempo. → 久しぶり. ♦ ずいぶんしばらくぶりですね (=この前会って以来長い時間がたっている) ¡Cuánto tiempo sin verlo[le, la] [vernos]! / Hacía bastante [mucho, largo] tiempo que no nos veíamos, ¿verdad?

しばる 縛る ❶【くくる】v. atar, liar*, amarrar, anudar, enlazar*. ▶縄で捕虜の手足を縛る v. amarrar al prisionero de brazos y piernas. ▶旗をさおにきつく縛りつける v. atar firmemente la bandera al mástil. ♦ その囚人は柱に縛られていた El/La prisionero/ra quedó amarrado al poste. ♦ 彼らは彼の手を縛り目隠しをした Le maniataron y vendaron los ojos. ♦ 彼女は髪がじゃまにならないように縛った (=くくった) Se lió el pelo para que no le estorbara.
❷【束縛する】(仕事・場所などに拘束する) v. atar, apresar; (義務などで拘束する) v. encadenar, ceñir*. ▶規則に縛られている v. estar «atado a [apresado por] las reglas». ▶時間に縛られている v. estar* encadenado al tiempo; (時間がなくて困っている) v. verse* apremiado por el tiempo. ♦ 私は仕事に縛られている Estoy encadenado al trabajo. / El trabajo me tiene atado.

しはん 市販 ▶市販する(市場に出す) v. sacar* al mercado, comercializar*. ▶市販品 mpl. artículos en el mercado; (店で販売されている品物) mpl. productos a la venta en una tienda. ♦ この薬は市販されていない Este medicamento no «está a la venta [está comercializado, se puede comprar]».

じばん 地盤 ❶【土地】m. suelo, m. terreno. ♦ 地盤が沈下している El suelo se está hundiendo. ♦ この辺の地盤はやわらかい Aquí el terreno [suelo] no es firme.
❷【基礎】m. fundamento, m. cimiento. ▶市場での地盤を固める v. establecer* una base en el mercado. ▶地盤を築く v. sentar* las bases (del éxito).
❸【選挙区】f. esfera [m. ámbito] de influencia, m. distrito electoral,《フォーマル》f. circunscripción (electoral). ▶地盤を固める v. fortalecer* la esfera de influencia; (議員が) v. reforzar* las bases.

しはんき 四半期 m. trimestre del año fiscal. ▶2002年上四半期「El primer trimestre [Los primeros tres meses] del año fiscal 2002.

しはんびょう 紫斑病《専門語》f. púrpura.

しひ 私費 → 自費. ▶私費留学生(海外留学) mf. estudiante del extranjero que se costea 「él mismo [ella misma] sus gastos; (海外への) mf. estudiante que se paga sus estudios en el extranjero.

じひ 自費 mpl. propios gastos. ▶自費留学する v. costearse los estudios en el extranjero, estudiar en el extranjero por su cuenta. ▶自費出版する v. publicar* un libro por su cuenta. ▶費用を自費で払う v. pagar* los gastos「del propio bolsillo [de su cuenta].

じひ 慈悲 f. misericordia,《教義語》f. conmiseración; (情け深さ) f. caridad; (哀れみ) f. piedad, f. compasión. → 情け. ▶慈悲を請う v. pedir* [《強調して》implorar] misericordia [compasión]. ▶お慈悲に[で] adv. por misericordia [piedad]. ▶慈悲深い判事 mf. juez compasivo/va [misericordioso/sa]. → 情け深い. ♦ 彼はいつも慈悲の心で人を見る Siempre juzga a los demás compasivamente [con benevolencia].

じびいんこうか 耳鼻咽喉科 f. otorrinolaringología. ▶耳鼻咽喉科の医院 f. clínica de otorrinolaringología. ▶耳鼻(咽喉)科医 mf. otorrinolaringólogo/ga,《口語》mf. otorrino.

じびき 字引き m. diccionario. → 辞書. ▶生き字引き m. diccionario [f. enciclopedia] ambulante.

じびきあみ 地引[曳]き網 f. red barredera, f. jábega.

じひつ 自筆 ▶漱石の自筆の原稿 mpl. manuscritos del puño y letra de Soseki.

じひびき 地響き (重々しい音) m. ruido sordo [retumbante]; (轟音) m. fragor; (地鳴り) m. rugido [m. retumbo] de la tierra. ▶地響きを立てて倒れる v. caer* [produciendo un ruido sordo [retumbando]. ♦ 荷を積みすぎたトラックが地響きを立てて我が家の前を通り過ぎた Un camión sobrecargado pasó retumbando delante de mi casa.

しひょう 指標 m. índice; (経済の) m. indicador; (政策方針) fpl. directrices.

じひょう 辞表 f. dimisión. ▶辞表を¹提出 [²撤回]する v. ¹presentar [²retirar] la dimisión. ▶辞表を¹受理 [²却下]する v. ¹aceptar [²rechazar*] (su) dimisión.

じびょう 持病 (慢性病) f. enfermedad crónica. ♦ ぜんそくの持病に悩んでいる Padezco un asma crónica.

しびれ 痺れ (感覚をなくすこと) m. entumecimiento; (血行がさまたげられて起きる手足のしびれ)《口語》m. hormigueo. → 痺れる. ♦ 私は長い間彼女を待ったのでしびれを切らして (=我慢ができず) 帰ってきた La estuve esperando tanto tiempo que perdí la paciencia y me volví a casa. ♦ 彼女は彼にしびれを切らした (=我慢できなくなった)「Se impacientó [Perdió la paciencia] con él.

しびれる 痺れる (無感覚になる) v. entumecerse*,《口語》dormirse*; (麻痺する) v. paralizarse*. → 麻痺(の). ▶ロックにしびれる (=夢中になっている) v. estar* loco por la música "rock". ♦ 足がしびれた Se me han entumecido [《口語》dormido] las piernas. /《口語》Siento hormigueo en las piernas. ♦ 腕がしびれている《口語》Se me ha dormido el brazo.

しぶ 支部 (本店・本部に対して) f. (oficina) sucursal [filial]; (クラブ・協会などの地方の) f. sede local. ▶支部長 mf. gerente de una sucursal.

じふ 自負 (誇り) m. orgullo; (自信) f. seguridad [f. confianza] en sí mismo; (うぬぼれ) f. presunción, 《フォーマル》m. engreimiento. ◆彼は自負心が強い《口語》Se da muchos aires. / Se tiene a sí mismo en muy alto concepto. ◆彼はひとりで何でもできると自負している Presume de que puede hacer todo lo que quiera.

しぶい 渋い ❶【味が】(柿などが) adj. astringente; (酒などが舌ざわりの悪い) adj. áspero. ▶渋い (=苦い)お茶 m. té amargo.
❷【趣味・色などが】(簡素な) adj. sobrio, austero; (洗練された) adj. elegante, refinado; (地味な) adj. reposado, suave; (控えめな) adj. tranquilo. ▶渋い色 m. color sobrio [reposado]. ◆彼は渋いネクタイをしている Lleva una corbata sobria [elegante].
❸【表情が】▶渋い顔をする v. poner* mala cara, torcer* el gesto; fruncir* el ceño [entrecejo]《ante》.
❹【けちな】adj. tacaño, 《口語》agarrado.

しぶき 飛沫 (水煙) f. rociada; (はね散る水) f. salpicadura de agua. ▶しぶきがかかる v. ser* salpicado (de agua). ▶水しぶきをあげてプールに飛び込む v. zambullirse* en la piscina salpicando [《口語》haciendo plaf].

しふく 至福 (この上もない幸福)《フォーマル》f. beatitud.

しふく 私服 (制服に対して) f. ropa civil [de paisano, de calle]. ▶私服の人 f. persona 「con ropa civil [en traje de paisano]. ▶私服警官 mf. policía vestido/da de civil [calle], mf. policía secreta.

しふく 私腹 ▶私腹を肥やす v. llenarse el bolsillo, 《口語》hacer* el [su] agosto.

ジプシー mf. gitano/na.

しぶしぶ 渋々 (気の進まないまま) adv. de mala gana, a regañadientes; (不本意に) adv. a disgusto, 《フォーマル》con renuencia. → 渋る. ◆彼は依頼をしぶしぶ承諾した Accedió de mala gana a la petición.

ジブチ Yibuti (☆アフリカの国、首都ジブチ Yibuti).

しぶつ 私物 (自分の持ち物)《口語》mpl. objetos [fpl. cosas] personales, fpl. pertenencias. ▶公用車を私物化する v. usar un coche oficial como (si fuera) propio, apropiarse de un coche oficial para el uso particular.

じぶつ 事物 fpl. cosas. ▶日本の事物 (=風物) fpl. cosas japonesas [de Japón].

ジフテリア《専門語》f. difteria. ▶ジフテリア血清 m. suero antidiftérico.

しぶとい (ずうずうしい) adj. insolente, descarado; (生まれつき強情で頑固な) adj. tenaz; (考え方などが頑固な) adj. obstinado, terco, 《口語》《軽蔑的》adj. (屈しない) adj. insistente. ▶しぶとい奴 m. tipo obstinado [tenaz]. ▶しぶとい相手 m. rival tenaz [resistente].

シフト・キー《専門語》f. tecla de desplazamiento [mayúsculas].

しぶみ 渋味 → 渋い. ▶渋味のある柿 m. caqui [m. "kaki"] áspero. ▶渋味のある (=抑制の効いた)演技 f. interpretación reposada y llena [contenida].

ジブラルタル ▶ジブラルタル(海峡) m. estrecho de Gibraltar (☆大西洋と地中海を結ぶ海峡).

しぶる 渋る (気が進まない) v. no estar* dispuesto《a》; (ちゅうちょする) v. titubear, vacilar; (与えるのをいやがる) v. costar* mucho《+ 不定詞》, v. escatimar, dar* de mala gana《+ 不定詞》; (遅らせる) v. tardar mucho《en + 不定詞》. ▶寄付を出すのを渋っている No está dispuesto a colaborar [hacer una contribución]. ◆彼は1日の休暇をくれるのを渋った「Le costó mucho [Se resistió a] darnos un día de permiso.

しろく 四分六 ▶儲けを四分六に分ける v. dividir [partir] las ganancias en la proporción de 6 a 4.

しぶん 四分 ▶4分の1 m. cuarto, f. cuarta parte. ▶4分の3 fpl. tres cuartos [cuartas partes].

じぶん 自分 ❶【自身】pron. uno/na mismo/ma, sí mismo/ma. ◆自分としては満足している Por mí [《フォーマル》lo que a mí respecta], estoy satisfecho. / Personalmente, estoy satisfecho.
1《自分～》自分中心の考え方 f. manera de pensar centrada en sí mismo. ◆彼はまったく自分勝手な男だ。自分のことしか考えないんだ Es un hombre muy egoísta. No piensa más que en sí mismo.
2《自分(自身)が》◆彼は自分(自身)が間違っていることを知らない No sabe que es él quien está equivocado.
3《自分(自身)の》adj. propio, de uno. ▶自分の家を持つ v. tener* casa propia, 《強調して》tener* casa de [en] propiedad. ▶自分のものにする v. hacer* suyo [propio]; (習得する) v. dominar, aprender. ▶(何でも自分の思うようにする v. hacer* (todo) 「al propio modo [como se quiere]. ▶鏡の中の自分の姿を見る v. mirarse en el espejo. ◆彼らはその子を自分たちの子供のように愛している Quieren al niño como si fuera suyo [su propio hijo]. ◆彼はそれを自分の前に置いた Lo colocó 「delante de él [ante sí]. ◆彼は多量の情報を一日で自分のものにすることができる En un día es capaz de 「hacer suya [dominar, asimilar] una gran cantidad de información.
4《自分に》▶自分に言い聞かせる v. hablar consigo, convencerse* a sí mismo. ▶自分に厳しい v. ser* riguroso 「consigo mismo [con uno mismo].
5《自分(自身)を》▶自分を知る v. conocerse*. ▶自分を犠牲にする v. sacrificarse*. ▶自分を抑える v. dominarse. ◆自分(のからだ)を大切にせよ ¡Cuídate!
6《自分で》; (人の助けを借りずに) adv. por sí mismo; adj. solo. ◆私は自分でそれをできる Lo puedo hacer 「por mí mismo [yo solo]. ◆自分のことは自分でしなくてはならない Tienes que hacer las cosas 「por ti mismo [tú solo, 《口語》tú solito]. ◆これは私が自分で1作った [²デザインした]カーテンです Esta cortina la ¹hice [²diseñé] yo mismo. / Ésta es la cortina

590 じぶん

que ¹hice [²diseñé] yo s*olo*. 会話 料理はすべて自分で作っています一本当ですか。ご自分で料理を? Yo soy *el/la* que hago toda la comida. – ¿De verdad? ¿La hace usted mis*mo/ma*? 会話 もし君がぼくだとしたらどっちを選ぶ一自分で決めろよ ¿Cuál elegirías si estuvieras en mi lugar? – Decide por ti mismo.
❷【私】→私(ᵂᵗᵃᶜˡ).

じぶん 時分 ❶【時】*f*. hora, *m*. momento; *m*. tiempo, *f*. época. ▶昼食の時分に *adv*. a la hora de la comida. ▶クリスマスの時分に *adv*. en los días de Navidad, por Navidad. ▶¹一日 [²夜]の今時分に *adv*. a esta hora ¹del día [²de la noche]. → 今ごろ。▶一年の今時分に *adv*. en estas fechas del año.
❷【当時に】→頃(ᶜʳᵒ), 当時(ᵗᵒʲⁱ).

じぶんかつ 時分割 《専門語》 *m*. tiempo compartido.

しぶんしょ 私文書 *m*. documento privado. ▶私文書偽造(罪) *f*. falsificación de un documento privado.

しへい 紙幣 *m*. billete (de banco). → 札(ˢᵃᵗˢᵘ). ▶¹高額 [²低額]紙幣 *m*. billete de ¹mucho [²poco] valor. ▶100 ユーロ紙幣 *m*. billete de 100 euros. ▶本の代金を50 ユーロ紙幣で支払った Pagué el libro con un billete de 50 euros. 会話 紙幣の種類はどういたしましょうか一10 ドル紙幣 9 枚と残りは 5 ドル紙幣で願います ¿Cómo quiere [desea] los billetes? – En nueve billetes de diez dólares y el resto de cinco.

じへいしょう 自閉症 《専門語》 *m*. autismo. ▶自閉症の子供 *mf*. niño/ña autista.

しべつ 死別 ▶死別する *v*. perder*. → 死に別れる。

シベリア Siberia (☆ロシアの地域). ▶シベリア鉄道. *m*. ferrocarril transiberiano.

しへん 詩篇 «El libro de Los Salmos», «Los Salmos».

じへん 事変 *m*. incidente, *m*. caso; (紛争)*m*. conflicto; (婉曲的な) *m*. problema. ▶満洲事変 *m*. Incidente de Manchuria.

じべん 自弁 ▶自弁する *v*. pagar* 「del propio bolsillo [de su propia cuenta]. ▶自弁で *adv*. del propio bolsillo, de propia cuenta, a (su) costa.

しへんけい 四辺形 *m*. cuadrilátero. ▶四辺形の建物 *m*. edificio cuadrangular.

しほう 至宝 *m*. mayor tesoro.

しほう 司法 *f*. (administración de) justicia. ▶司法の *adj*. judicial. ▶司法試験 *fpl*. oposiciones [*mpl*. exámenes del Estado] para el cuerpo de justicia. ▶司法書士 *mf*. escribano/na judicial, *mf*. gestor/tora. ▶外交官に対して司法権は及ばない No tenemos poder judicial sobre los diplomáticos.

・**しほう 四方** (周囲(全体)に) *adv*. por todas partes, 《口語》por los cuatro costados; (あらゆる方面に) *adv*. por todos lados [sitios, rincones]; (あらゆる方向に) *adv*. en todas las direcciones. ▶四方八方から人が集まる *v*. venir* de todos los sitios [rincones]. ▶ここから 80 キロ四方にある (=半径 80 キロ以内の)すべての湖 todos los lagos en un radio de 80 kilómetros de aquí. ▶四方(八方)に逃げる *v*. huir* por todas las direcciones. ▶彼の家は四方を柵(ᶜᵃᵏᵘ)で囲ってある Su casa está vallada por todos lados. ◆日本は四方を海で囲まれている Japón está「totalmente rodeado del mar [rodeado de agua por los cuatro costados]. ◆それを四方八方 (=至る所を)探した Lo busqué por todas partes. ◆この花壇は 5 メートル四方(=平方)ある Este arriate es de un cuadrado de cinco metros.

しぼう 志望 (望み)*m*. deseo, 《強調して》*f*. ansia; (強い)*m*. anhelo, *f*. aspiración; (大望) *f*. ambición; (選択) *m*. gusto, *f*. preferencia, *f*. alternativa. ▶志望者 *mf*. aspirante, *mf*. candidat*o/ta* (《a》). ◆私は作家志望だ Tengo「el deseo [la ambición] de ser escritor/tora. / Anhelo ser escritor/tora. ◆君の志望校はどこですか / ¿A qué centro educativo deseas ir? / ¿Cuál es「la universidad [la escuela, el colegio] de tu preferencia?
—— **志望する** *v*. desear, anhelar, 《強調して》 ansiar*; (申し込む) *v*. solicitar, pedir*. → 希望する。

・**しぼう 死亡** *f*. muerte, 《フォーマル》 *f*. defunción, 《フォーマル》 *m*. fallecimiento, 《教養語》 *m*. deceso, 《教養語》 *m*. óbito. → 死。▶死亡した *adj*. muerto, 《フォーマル》 dif*unto*.
1《死亡(の)＋名詞》▶死亡記事 *m*. artículo necrológico, *fpl*. necrológicas, *mpl*. decesos. ▶死亡証明書 *m*. certificado de defunción. ▶死亡診断書 *m*. certificado médico de defunción. ▶死亡通知 *f*. esquela (mortuoria, de defunción). ▶死亡届 *f*. declaración de defunción. ▶彼の死亡の原因は何ですか ¿De qué murió? / ¿Cuál fue la causa de su muerte? ◆その地震で 2 百人の死亡者が出た El terremoto causó 200 muertes [《フォーマル》 víctimas mortales]. ◆がんは死亡率の高い病気である El cáncer es una enfermedad con un alto índice de mortalidad.
2《死亡が》▶彼の死亡が確認された Su muerte ha sido confirmada.
—— **死亡する** *v*. 《フォーマル》 fallecer*; (事故などで)*v*. matarse, 《フォーマル》 perder* la vida. → 死ぬ。◆彼は 10 月 1 日午前 3 時に死亡した Murió [《フォーマル》 Falleció] a las tres de la madrugada del uno de octubre. ◆毎年交通事故で多くの人が死亡する Todos los años hay mucha gente que「se mata [pierde la vida] en accidentes de tráfico.

しぼう 脂肪 (動植物の) *f*. materia grasa; (溶けて柔らかい獣脂) *f*. grasa, *m*. sebo; (豚の) *m*. lardo, *f*. manteca (de cerdo). ▶¹植物 [²動物]性脂肪 *f*. grasa ¹vegetal [²animal]. ▶低脂肪の牛乳 *f*. leche baja en contenido graso. ▶脂肪の多い肉 *f*. carne grasa [con gordo]. ▶脂肪肝 *m*. hígado graso. ▶脂肪酸 《専門語》 *m*. ácido graso. ▶脂肪組織 《専門語》 *m*. tejido graso. ▶おなかの周りに脂肪がつく *v*. engordar por la carne grasa [con gordo].

じほう 時報 *f*. señal horaria. ▶時計を 9 時の

時報に合わせる v. poner* el reloj con la señal horaria de las nueve.

じぼうじき 自暴自棄 f. desesperación, m. abandono. → 自棄( ).

しぼむ (しおれる) v. marchitarse; (空気が抜ける) v. desinflarse. ♦切り花はすぐしぼむ Las flores cortadas se marchitan pronto. ♦風船がしぼんだ El globo se desinfló.

しぼり 絞り ❶【レンズの】m. diafragma; (Fナンバー表示による) m. punto del diafragma. ▶絞り3.2で写す v. sacar* una foto con un punto del diafragma de 3.2.
❷【染め物】m. tinte por atado. ▶絞り染めにする v. teñir* [tintar] por el método del atado. ▶絞りの羽織り m. abrigo teñido por el atado.

しぼりとる 絞り取る (絞って取る) v. exprimir (→絞る); (搾取する) v. estrujar, explotar; (金などを) v. 《フォーマル》 extorsionar, 《口語》 sacar*. ▶彼から金を搾り取る v. 《口語》 sacarle dinero.

しぼる 絞[搾]る ❶【水分を取り去る】(押して) v. exprimir, estrujar; (ねじって) v. retorcer*; (軽くねじって) v. apretar*. ▶チューブから歯みがき剤を絞り出す v. exprimir la pasta del tubo dentífrico. ♦タオルを水気がなくなるまで絞る v. escurrir [retorcer*] una toalla. ♦ぬれた服を絞る v. estrujar la ropa mojada. ♦レモンの汁を絞ってくださらない? ¿No me puedes exprimir un limón?
❷【無理に出させる】(不正に) v. sacar*, 《フォーマル》 extorsionar, arrancar*; (無理に同意させて) v. exprimir, estrujar. → 搾り取る. ♦無い知恵を絞る v. devanarse los sesos, 《口語》《比喩的に》 romperse* la cabeza. → ひねる.
❸【厳しく尋問する】v. interrogar*, 《口語》 echar la bronca; (厳しく訓練する) v. entrenar; (ひどく叱る) v. reprender, regañar. ♦スピード違反で警察にこってり絞られた La policía me echó una buena reprimenda [《口語》 bronca] por exceso de velocidad. ♦今日はクラブで絞られた(=鍛えられた) 《口語》 Hoy me han hecho sudar (la gota gorda) en el entrenamiento del club. ♦宿題を忘れて先生にこってり絞られた El profesor me reprendió [regañó] mucho por olvidarme de 「los deberes [la tarea]. /《口語》 Me olvidé de hacer los deberes y mi profesor me echó una buena bronca [regañina].
❹【範囲を狭める】v. limitar, reducir*, estrechar. ▶論点を絞る v. limitar los temas de discusión. ▶候補者を3人に絞る v. reducir* los candidatos a tres.
❺【小さくする】▶ラジオの音量を絞る v. bajar el volumen de la radio.

*しほん **資本** m. capital, mpl. fondos.
1《~(の)資本》▶1個人 [2外部] 資本 m. capital ¹privado [²prestado]. ▶自己資本 m. valor neto. ▶1固定 [2流動] 資本 m. capital ¹fijo [²circulante]. ♦彼はその金を商売の資本に遣った Utilizó el dinero como capital para su negocio.
2《資本+名詞》▶資本家 mf. capitalista. → 資本家. 資本主義 m. capitalismo. ▶資本財 mpl. bienes de capital. ▶資本市場 m. mercado de capital. ▶資本主義 ¹国家 [²経済] ¹m. país [² f. economía] capitalista. ▶資本低下 f. inversión de capital. ▶資本論(書名) 《El Capital》. ♦その会社の資本金は8億円です La empresa tiene un capital de 800 millones de yenes.
3《資本が》♦新しい事業を始めるには多くの資本が必要だ Se necesita 「un gran capital [disponer de muchos fondos] para iniciar un nuevo negocio.
4《資本の》♦商売がうまく行く(成功する)かどうかは資本の運用方法次第だ El éxito empresarial depende de cómo se use el capital.
5《資本を》♦彼らはその映画製作に多額の資本を投じた Invirtieron un gran capital en la producción cinematográfica.
6《資本で》♦彼はわずかな資本で手広く商売をしている Está extendiendo su negocio con poco capital.

しほんか 資本家 mf. capitalista; (経営陣) f. administración. ▶資本家階級 f. clase capitalista.

しま 縞 f. raya. ▶縞柄[模様] m. diseño「de rayas [rayado]. ▶白い¹縦 [²横] 縞のあるカーテン f. cortina de rayas ¹verticales [²horizontales] y blancas. ♦黄と緑の縞柄の服 m. vestido de rayas amarillas y verdes. ▶格子縞のシャツ f. camisa「de cuadros [escocesa]. ♦キューバの国旗には5本の縞がある La bandera de Cuba tiene cinco rayas.

*しま **島** f. isla. → 諸島. ♦淡路島 f. isla de Awaji. ▶カリブ海の島々 fpl. islas del Caribe, las Antillas. ▶小さな島に住むv. vivir en una pequeña isla. ♦島めぐりの観光船 m. barco que hace una gira por las islas. ♦その島には1軒しか店がない Sólo hay una tienda en la isla.

*しまい **姉妹** ❶【姉と妹】 fpl. hermanas. → 兄弟. ▶3人姉妹 fpl. tres hermanas.
❷【関係の深いもの】▶姉妹校 f. escuela hermana. ▶姉妹編 m. volumen compañero 《de》. ♦奈良はトレドと姉妹都市だ Nara「está hermanada con [es ciudad hermana de] Toledo. / Nara y Toledo son ciudades hermanas.

しまい 仕舞い (終わり) m. fin, m. final, f. terminación; (閉じること) m. cierre. ▶店じまいをする v. cerrar* una tienda. ♦彼はしまいには勝つだろう Al final ganará él. ♦討論はしまいにはどなり合いになった La discusión acabó en alboroto. ♦もう一杯やってしまいにしよう (=切り上げよう) Vamos a tomar una copa más para acabar. ♦もっと体に気をつけないとしまいに入院するはめになるよ Si no te cuidas, acabarás en el hospital. ♦私はその映画をしまいまで見た Vi la película hasta el final. /《口語》 Me vi toda la película. ♦卵はおしまいです(=売り切れです) Los huevos se han acabado [agotado]. ♦これでおしまいだ。殺されてしまう Esto es el fin. Me van a matar.

しまいこむ 仕舞い込む (押し込んで) v. ocultar,

しまう

encerrar*; (見えない所に) v. guardar. → 仕舞

しまう 仕舞う, 終う ❶【終了する】(仕事などを) v. dejar (de trabajar); (店などを) v. cerrar*. ♦店をしまう時間だ Es hora de cerrar la tienda.

❷【片付ける】(見えない所に) v. guardar, conservar, meter; (元の場所に戻す) v. poner* en su lugar [sitio], recoger*; (保存する) v. guardar; (必要なときに備えて) v. almacenar; (大切に) v. atesorar, 《口語》 guardar como un tesoro. ♦服をたんすにしまう [²しまっとく] v. ¹meter [²guardar] la ropa en el armario [ropero]. 会話 この金どうしよう―金庫にしまっておきなさい ¿Qué hago con este dinero? – Guárdalo en la caja fuerte. ♦私は初恋の思い出を心にしまっている Guardo como un tesoro el recuerdo de mi primer amor. ♦彼がその話を胸にしまっておいたのは賢明だった Tuvo la discreción de guardarse la noticia.

―**しまう**【完了, 結果】 ♦本を読んでしまいましたか ¿Has acabado de leer el libro? ♦彼の名前を忘れてしまった Me he olvidado de cómo se llama. ♦ Se me ha olvidado su nombre. ♦最終電車に乗り遅れてしまった He perdido el último tren. ♦彼の言動にはあきれてしまった Me disgustó mucho su conducta. ☞ 収める, 納める, 片付ける, 収納

しまうま 縞馬 f. cebra.

じまえ 自前 → 自費.

じまく 字幕 (せりふの) mpl. subtítulos, 《フォーマル》 f. subtitulación. ♦(日本語の)字幕スーパー付きの映画 f. película con subtítulos (en japonés).

地域差 **字幕**(映画の)
〔全般的に〕 mpl. subtítulos
〔キューバ〕 fpl. leyendas

しまぐに 島国 m. país insular. ♦島国根性 f. insularidad, f. mentalidad insular, f. estrechez de miras. ♦日本は島国だ Japón es un país insular [isleño].

しまつ 始末 ❶【結末】 ♦事の始末(=事態ぼどうなったか)を聞きたい Dime cómo acabó el asunto.

❷【解決, 処理】 ♦紛争の始末 m. arreglo de una disputa. ♦始末書 f. justificación [《フォーマル》 apología f. escrita [por escrito]. ♦始末に負えない(=扱いにくい)子供 mf. niño/ña imposible [rebelde]. ♦けんかの始末をつける v. ¹poner* fin a [²《教養語》dirimir] una pelea.

―― **始末(を)する** (処理する) v. acabar 《con》; (うまく) v. arreglar; (解決する) v. solucionar; (処分する) v. deshacerse* 《de》; (片づける) v. ordenar, recoger*. ♦廃物を始末する v. deshacerse* de la basura. ♦床に散らかったおもちゃを始末する v. recoger* los juguetes tirados por el suelo. ♦この問題はどう始末したらいいでしょうか ¿Cómo vamos a solucionar este problema? ♦和夫が窓を割っちゃったよ―君はそれをどう始末したの Kazuo ha roto la ventana. – ¿Cómo lo ha solucionado?

しまった ♦しまったと思う v. sentir*, 《フォーマル》 lamentar. ♦しまった, 鍵(淦)をなくした ¡Ay [Dios mío, Vaya, Madre mía, 《俗語》 Joder, 《俗語》 La jodí, 《俗語》 Mierda]! He perdido la llave. 会話 しまった!―どうしたの―出発する前に車を満タンにするのを忘れたんだ―まあ, つまりガス欠になったってことなの ¡¡Dios mío [Menuda la he hecho, Vaya problema, Ay de mí]! – ¿Qué 「ha pasado [pasó]? – Me he olvidado de llenar el depósito antes de salir. – ¿Eh? ¿Quieres decir que nos hemos quedado sin gasolina?

しまながし 島流し ♦島流しにする v. desterrar* [exiliar] 《a + 人》 a una isla.

しまりや 締まり屋 (倹約家) f. persona económica, mf. ahorrador/dora.

しまる 閉[締]まる ❶【閉まる】(ゆっくり) v. cerrar*; (急に) v. cerrar(se)* de un portazo, dar* un portazo. ♦閉じたドア f. puerta cerrada. ♦このふたはびっちり閉まらないよ―逆方向に回してみてごらん La tapadera no se cierra bien. – Prueba girando al otro lado. ♦この戸は閉まっている Esta puerta está cerrada. ♦窓が風でばたんと閉まった La puerta dio un portazo por el viento. 会話 店は何時に閉まりますか―6時に閉まります ¿A qué hora se cierra la tienda? – A las seis.

❷【締まる】(ひもなどが締められる) v. atarse; (筋肉などが締まっている) v. ser* sólido [macizo]. ♦彼は筋肉が締まっている Tiene una musculatura sólida.

じまん 自慢 (誇り) m. orgullo; (自賛) f. autoalabanza; (ほら話) f. fantochada, f. fanfarronada. ♦自慢げに adv. orgullosamente, 《フォーマル》 con jactancia. ♦美人の妻が彼の自慢(の種)だ Su bella esposa es su orgullo. ♦そんなことは自慢にならない No hay de qué estar orgulloso por eso. ♦お前の自慢(話)は聞きあきた Me tienes cansado con tus fantochadas [fanfarronadas].

―― **自慢する** v. estar* orgulloso, sentir* orgullo, enorgullecerse* 《de》; presumir, 《口語》 pavonearse, alardear, 《フォーマル》 jactarse, envanecerse*, 《口語》 fanfarronear, 《口語》 fantochear 《de》. ♦彼は美人の娘[娘が美人であること]を自慢している Está orgulloso de la belleza de su hija. / Siente orgullo de que su hija sea tan bonita. ♦彼女はみんなにその映画スターに会えたことを自慢している 《口語》 Alardea [Se pavonea] ante todo el mundo de haber conocido a la estrella de cine. ♦自慢するつもりはないけれども, ぼくはクラスで1番だった Modestia aparte, pero yo era el primero de la clase. ♦彼は50匹も魚を釣ったと自慢した 《口語》 Soltó la fantochada de que había pescado cincuenta peces. ♦彼はいつも自分のことをわれわれに自慢している Siempre nos 「está presumiendo de sí mismo [《口語》 anda echándose flores]. / 《口語》《ユーモアで》 Parece que no tiene abuela.

地域差 **自慢する**
〔全般的に〕 v. dárselas*, v. darse* importancia
〔メキシコ〕 v. darse* taco, v. echárselas, v.

ponerse* moños〔アルゼンチン〕v. darse* corte, v. tirárselas

しみ 染み (一般に・顔の) f. mancha; (紙の上の) m. tachón, m. borrón; (絵の) m. manchón; (小さな)《教養語》f. mácula. ▶血のしみ f. mancha de sangre. ▶インクのしみ m. tachón [f. mancha] de tinta. ▶ペンキのしみ f. manchón de pintura. ▶しみを抜く v. eliminar [quitar] las manchas《de》. ▶しみだらけの顔 f. cara llena de manchas. ▶果物のしみは落ちにくい Las manchas de fruta son difíciles de quitar. ♦こぼしたソースでカーペットにしみができた La salsa que vertí ha hecho una mancha en la alfombra. ♦しみは洗濯しても落ちなかった La mancha no se quitó después de lavar. / El lavado no quitó la mancha.

じみ 地味な ❶【服装などが】(目立たない) adj. tranquilo, reposado; (飾りのない) adj. sencillo, llano; (控えめな) adj. modesto; (モダンでない) adj. conservador.
❷【色調が】adj. sobrio; (落ち着いた) adj. sobrio, austero; (くすんだ) adj. apagado; (黒っぽい) adj. oscuro. ▶地味な女性 f. mujer sencilla [modesta]. ▶地味な生活 f. vida sencilla [sobria]. ▶地味な服装をする v. vestirse* con sencillez. ♦このネクタイは彼には地味だ Esta corbata es demasiado sobria [sencilla] para él. ♦彼は地味に物事をする Hace las cosas con sobriedad.

じみ 滋味 (味わい) m. sabor. → 味. ▶滋味豊かな作品 m. trabajo con mucho sabor.

しみこむ 染み込む (液体が) v. empapar, calar《en》; (液体・いやなにおいが) v.《教養語》permear. ▶染み込ませる (=吸い取る) v. empapar. ♦インクがこぼれてカーペットに染み込んだ La tinta derramada ha empapado la alfombra.

しみじみ (痛切に) adv. vivamente; (心から) adv. con sentimiento, de corazón, cordialmente; (深く) adv. profundamente; (もの静かに) adv. reposadamente, tranquilamente. ▶彼としみじみと話す v. hablar tranquilamente con él; (腹を割って) v. tener* una conversación franca [sincera] con él. ♦戦争の悲惨さがしみじみ分かった Vivamente me di cuenta de la miseria de la guerra.

じみち 地道 ▶地道な(着実な) adj. firme, fijo; regular; (一定の) adj. constante. ▶地道に adv. firmemente, constantemente. ▶地道に努力する v. realizar* [《口語》hacer*] esfuerzos constantes [《フォーマル》incesantes].

しみったれ f. mezquindad,《口語》f. tacañería, f. cicatería; (人)《口語》mf. tacaño/ña, mf. cicatero/ra. ♦彼は思っていた以上にしみったれだ Es mucho más tacaño de lo que yo creía.

しみでる 染み出る (液体・気体・においなどが) v. rezumar, filtrarse. ♦瓶(%)の割れ目から水が染み出ていた La vasija rezumaba agua por sus grietas. / El agua se filtraba por las grietas de la vasija.

しみとおる 染み透る v. penetrar,《教養語》permear《por, en》. → 染み込む, 浸透.

シミュレーション f. simulación.

シミュレーター m. simulador.

しみる 染みる ❶【にじみ込む】v. empaparse [infiltrarse, penetrar, calar]《en》. → 染み込む.
❷【痛む】(うずくように痛む) v. escocer*; irritar; (刺すように痛む) v. picar*. ♦煙が目に染みた El humo me irritó los ojos. / Los ojos me picaban [escocían] por el humo. ♦少し染みるかもしれませんが、これで傷がきれいになります Puede escocer un poco, pero limpiará la herida.
《その他の表現》♦寒さが骨身に染みた El frío me atravesó hasta los huesos. ♦彼の親切が深く身にしみた Su amabilidad me conmovió profundamente.

-じみる ▶子供じみたしゃべり方をする v. hablar como un/una niño/ña.

しみん 市民 mf. ciudadano/na,《口語》mf. vecino/na.
1《〜市民》▶大阪市民(個人) mf. ciudadano/na,《口語》mf. vecino/na; de Osaka, mf. osakiense, mf. osaqués/quesa.
2《市民の(+)名詞》▶市民税 m. impuesto municipal. ▶市民大学 m. colegio para ciudadanos. ▶市民運動 f. campaña [m. movimiento] de los ciudadanos. ▶市民団体 m. grupo de los ciudadanos. ▶納税はすべての市民の義務である Pagar impuestos es el deber de todos los ciudadanos.

しみんけん 市民権 (市民の資格) f. ciudadanía. ▶スペインの国籍を取る v. obtener* la nacionalidad española,《口語》hacerse* español. → 国籍.

じみんとう 自民党 m. Partido Demócrata Liberal,《略》PDL. ▶自民党員 mf. demócrata liberal, mf. miembro [mf. militante] del Partido Demócrata Liberal.

じむ 事務 (机に向かう仕事) m. trabajo de oficina. → 仕事.
1《事務+名詞》▶事務室[所] f. oficina. → 事務所. ▶事務局 f. secretaría. ▶事務局長[総長] mf. secretario/ria general. ▶事務員 mf. oficinista. ▶事務官 mf. funcionario/ria, mf. administrativo/va. ▶事務用品 mpl. artículos de oficina. ▶事務用機器 f. máquina de oficina. ▶事務多忙のため adv. por la urgencia de los asuntos. ▶事務職に就く v. conseguir* un empleo de oficinista. ▶事務能力がある v. tener* capacidad administrativa. ▶事務処理をする v. despachar los asuntos administrativos.
2《事務を》♦彼はその会社で事務を執っている Realiza el trabajo administrativo [de oficina] de la empresa.
3《事務的な[に]》▶事務的な応対 f. forma mecánica de recibir a la gente. ▶その件を事務的に扱う v. tratar el asunto de manera mecánica.

ジム (体育館) m. gimnasio; (ボクシングの) m. gimnasio de boxeo.

しむける 仕向ける ▶彼が辞職するように仕向ける (=働きかける) v. plantearle su dimisión, in-

ducirle* a que dimita. ▶彼女に友人を裏切るよう仕向ける(=そそのかす) v. instigarla* a que traicione a sus amigos. ◆われわれは彼に決断するよう仕向けた(=せき立てた) Le empujamos a que tomara una decisión.

じむしょ 事務所 *f.* oficina. ▶法律事務所に勤める v. trabajar en「un consultorio jurídico [un bufete].

しめあげる 締め上げる (きつく締める) v. apretar* bien;(ひも・錠などで) v. atar bien;(ボルトで) v. apretar* bien;(ねじで) v. atornillar bien;(厳しく追求する) v. interrogar* rigurosamente,《口語》apretarle* bien las tuercas.

しめい 指名 *m.* nombramiento,《フォーマル》*f.* designación, *f.* nominación. ▶指名手配中の男 *m.* hombre buscado;(犯罪者) *mf.* delincuente, *mf.* criminal. ▶指名打者(野球) *mf.* bateador/dora designado/da. ▶(選挙などで)指名を獲得する v. conseguir* el nombramiento. ▶殺人容疑で警察に指名手配される v. ser* buscado por sospecha de asesinato por la policía.

── 指名する (名指し) v. nombrar;(公式に)《フォーマル》 v. designar;(任命する に)《フォーマル》 v. nominar;(名前を呼ぶ) v. llamar. ▶彼を議長に指名する v. nombrarlo[le] [designarlo[le]] presidente. ▶大統領候補に指名される v. ser* nombrado como candidato a la presidencia ⇨当[充]てる, 指す

しめい 使命 *f.* misión. ▶使命感 *m.* sentido de misión;(天職意識)《フォーマル》*f.* vocación. ▶使命を果たす v.「llevar a cabo [desempeñar] una misión. ◆彼は秘密の使命をおびてイランへ派遣された Fue enviado a Irán en misión secreta.

***しめい** 氏名 (名と姓) *m.* nombre y apellido(-s) (☆スペイン語圏の多くの国の人名は Pablo Ruiz Picasso における Ruiz と Picasso のように父姓と母姓の2つを持つ). →名前. ▶フルネーム *m.* nombre completo;(名前) *m.* nombre. ◆あなたの氏名と住所をはっきりと書いてください Haga el favor de escribir claramente su nombre y apellidos, y su dirección.

じめい 自明 ▶自明の理 *f.* verdad evidente. ◆それは自明の理だ Es evidente.

しめきり 締め切り *m.* límite, *m.* plazo, *m.* cierre;▶締め切り日 *f.* fecha límite (de solicitudes). ▶4月1日の締め切りまでに *adv.* con fecha límite del uno de abril. ▶午後5時の締め切りまでに *adv.* a la hora de cierre de las cinco de la tarde. ▶締め切りに間に合う v. cumplir el plazo. ◆レポート提出の締め切りはいつですか ¿Cuándo termina el plazo para entregar el informe [trabajo de clase]?

しめきる 締[閉]め切る ❶【戸・家などを】 v. cerrar*. ▶窓を閉め切っておく v. tener* [mantener*] las ventanas cerradas.
❷【申し込みなどを】 v. cerrar* el plazo. ▶申し込みを締め切る v. cerrar* el plazo de solicitudes (al trabajo).

しめくくり 締めくくり (結論) *f.* conclusión;(要約) *m.* resumen;(終わり) *m.* fin, *m.* final. ▶しめくくりとして *adv.* en resumen [conclusión]. ▶仕事のしめくくりをつける v. poner* fin al trabajo.

しめくくる 締めくくる ▶みんなに感謝してスピーチを締めくくる(=終える) v.「acabar el [concluir* el, poner* fin al] discurso dando las gracias a todos.

しめころす 締め殺す v. estrangular, ahogar*.

しめし 示し ▶彼のだらしない生活ぶりでは子供たちに示しがつかない Su forma de vida descuidada es un mal ejemplo para sus hijos.

しめしあわせる 示し合わせる ▶示し合わせた合図 *f.* señal preestablecida. ◆彼らは示し合わせて逃亡した Se fugaron「según un plan preestablecido [tal como habían planeado].

しめしめ ¡Lo conseguí! / ¡Ya lo tengo! / ¡Viva! → しめた.

じめじめ じめじめしている ❶【水分が多い】 *adj.* húmedo;(ぬれた) *adj.* mojado. ◆梅雨で部屋がじめじめしている La sala está húmeda porque estamos en la estación de lluvias. ◆雨の後で地面がじめじめしている El suelo está mojado después de la lluvia.
❷【性格などが暗い】 *adj.* sombrío,《フォーマル》lúgubre. ◆彼はじめじめしている Está sombrío.

****しめす** 示す ❶【見せる】 v. mostrar*,《口語》enseñar, exhibir;(表現する) v. manifestar*, representar;(例などを) v. dar*, poner*;(それとなく示す) v. indicar*, señalar;(例証する) v. ilustrar. ▶身分証明書を示す v. mostrar* [enseñar]「el carné [la cédula, el documento] de identidad;《スペイン》mostrar* [enseñar] D.N.I (de ene i). ▶スペイン語に興味を示す v. mostrar* interés en el español. ▶彼に例を示す v. ponerle* un ejemplo. ▶彼によい手本を示す v. darle* [ofrecerle*] un buen ejemplo. ◆その数字は生活費の著しい増加をはっきり示している Las cifras indican claramente un notable aumento del coste de la vida. ◆彼はうなずいて賛成の意を示した Expresó su aprobación inclinando la cabeza. ◆その行為は彼が勇敢であることを示している Esa acción muestra (refleja,《フォーマル》ilustra) su valentía. / Es un valiente como lo demuestra [prueba] ese acto.
❷【指し示す】 v. indicar*, señalar;(記号などが) v. marcar*,《フォーマル》registrar;(印などで表示する) v. marcar*, indicar*. ▶駅へ行く道をさし示す v. indicar* [señalar] el camino a la estación. ◆地図の赤丸は学校を示す Los círculos rojos del mapa muestran [indican] las escuelas. ◆アクセント記号は一つの音節における強勢を示す Una tilde indica acento en una sílaba. ◆温度計が零度を示している El termómetro marca [señala,《フォーマル》registra] cero grados. ◆その記号は何を示しているのですか(=表わす) ¿Qué「quiere decir [significa] ese símbolo.

しめた ¡Lo conseguí! / (いいぞ) ¡Bien! / ¡Viva! /《俗語》¡Cojonudo! / (ありがたい) ¡Gracias a Dios! / ¡Bendito sea Dios! → しめしめ.

しめだす 閉め出す v. dejar fuera, excluir*. ▶彼を部屋から閉め出す v. dejarlo[le] fuera de la habitación. ◆労働者は争議中は工場から閉め

出された Los obreros fueron echados de la fábrica durante la huelga.

しめつ 死滅 (絶滅) f. extinción. ▶死滅する v. extinguirse*, dejar de existir ☞ 消滅, 絶える

じめつ 自滅 f. autodestrucción. ▶自滅する v. provocar* [acarrear] su propia ruina, destruirse* por [a] sí mismo. ◆彼らは味方のエラーで自滅した Con sus propios errores destruyeron sus posibilidades de ganar. / Sus propios errores acarrearon su derrota.

しめつける 締め付ける ❶【強く締める】▶ねじを締めつける v. apretar* bien [asegurar] un tornillo.
❷【圧迫する】(押しつける) v. oprimir, apretar*; (心をひどく悲しませる) v. afligir*. ◆日本を経済的に締めつける (=経済上の制裁を加える) v. apretar* a Japón con sanciones económicas. ◆何かに胸を締めつけられているような気がした Sentí una opresión en el pecho. → 圧迫.
❸【取り締まる】◆学生は校則で締めつけられている Los estudiantes están estrechamente controlados con el reglamento escolar.

しめっぽい 湿っぽい ❶【空気などが】(じめじめした) adj. húmedo, ligeramente mojado; (湿度の高い) adj. húmedo; (湿気を適度に含んだ) adv. con algo de humedad; (ぬれた) adj. mojado. ▶冷たく湿っぽい空気 m. aire frío y húmedo. ◆雨の日は湿っぽい Cuando llueve, el aire es húmedo.
❷【話などが】(陰気な) adj. triste, 《フォーマル》lúgubre.

しめて 締めて → 締める.

しめなわ 注連縄 "shimenawa", 《説明的に》f. soga trenzada de paja con tiras de papel blanco que se cuelga de lugares sagrados.

しめやかに (悲しみの中に) adv. tristemente, 《フォーマル》lúgubremente; (厳粛に) adv. solemnemente; (静かに) adv. silenciosamente, reposadamente. ◆彼の葬儀はしめやかに執り行なわれた Su funeral se celebró solemnemente.

しめる 占める (空間・地位などをふさぐ) v. ocupar; (ある割合を) v. representar; (座席などにつく) v. tomar; (手に入れる) v. conseguir*; (持っている) v. tener*. ▶彼の心を占めて(いる) v. ocupar su mente. ▶過半数を占める v. obtener* la mayoría. ◆彼がその地位を6年間占めていた Ocupó el puesto durante seis años. ◆その地域はほとんど工場が占めていた Casi todo el terreno estaba ocupado por fábricas. ◆女性の参加者は全体の6割を占めた Las (mujeres) participantes representaron [sumaron] el 60% del total. ☞ 取[捕, 採, 執]る

しめる 閉[締, 絞]める ❶【閉じる】v. cerrar*. ⇔ 閉[締]まる. ▶門を閉める v. cerrar* la puerta. ▶引き出しを閉める v. cerrar* un cajón. ▶カーテンを閉める v. echar [cerrar*, correr] las cortinas. ▶窓を閉めておく v. dejar cerrada la ventana. ▶戸をばたんと閉める v. dar* un portazo, cerrar* la puerta de golpe. ◆窓を閉めてください。風が強すぎるわ Cierra las ventanas, por favor. Hace demasiado viento. ◆店は午後7時半に閉めます La tienda cierra a las siete de la tarde. / Cerramos a las siete.
❷【巻き付ける】(しっかり留める) v. sujetar, amarrar; (身につけている) v. llevar, ponerse*; (結ぶ) v. atar(se); (回りを) v. enrollar(se), rodear. ▶頭に鉢巻きを締める v. enrollarse una toalla en la cabeza. ▶シートベルトを締める v. ponerse* [atarse] el cinturón de seguridad. ▶ネクタイを締める v. ponerse* [llevar] una corbata. ◆彼はトランクに皮ひもをかけて締めた Rodeó [Amarró] el baúl con una correa.
❸【引き締める】(きつく) v. tensar; (ねじって) v. apretar*. ▶ねじ [²ベルト] を締める v. apretar* un ¹tornillo [²cinturón]. ▶バイオリンの弦を締める v. tensar las cuerdas de un violín. ▶絞め殺す v. estrangular, ahogar*.
❹【合計する】◆その数は締めて百になる Esas cifras suman 100. ◆締めていくらになりますか ¿A cuánto asciende [¿Cuánto suma] en total?
❺【節約する】▶燃料費を締める v. economizar* (gastos de) combustible. ▶経費を締める (=切り詰める) v. reducir* los gastos.
❻【きびしくする】◆学生を締める v. 《口語》tener* bien sujetas las riendas con los estudiantes.

しめる 湿る (じめじめする) v. humedecerse, ponerse* húmedo; (ぬれる) v. mojarse. ▶湿った空気 m. aire húmedo. ◆このところの長雨で地面が湿った El suelo está mojado por las abundantes y recientes lluvias. ◆洗濯物はまだ湿っている La ropa todavía está húmeda. ◆湿った木はなかなか燃えなかった La leña húmeda no ardía fácilmente.

しめん 四面 mpl. cuatro lados. → 四方. ▶ (正)四面体 m. tetraedro (regular). ▶四面楚歌である v. estar* rodeado de enemigos (por los cuatro costados).

しめん 紙面 ❶【紙の表面】f. superficie del papel.
❷【記事を載せるページ】m. espacio, m. sitio, m. lugar. ▶紙面を割く v. dejar espacio [sitio, lugar] 《a》. ▶紙面の都合で (=限りがあるので) adv. por falta de espacio, por limitaciones de espacio. ▶紙面が許せば si「hay espacio [el espacio lo permite]. ▶紙面の許す限り adv. hasta donde haya espacio. ◆そのスキャンダルが新聞の紙面をにぎわせた El escándalo invadió las páginas del periódico.

じめん 地面 m. suelo, m. terreno; (空に対する) f. tierra. ▶地面に倒れる [横たわる] v. caer* [echarse] al suelo. ◆20秒間にわたり地面が揺れた La tierra tembló 20 segundos. ◆雨が止むと地面はさわやかな土のにおいだした La tierra olía a fresco「después de [tras] la lluvia. ☞ 大地, 地, 地上, 土

しも 霜 f. helada, f. escarcha. ▶霜柱 fpl. columnas de hielo. → 霜柱. ▶一面に霜がおりている校庭 m. patio de la escuela cubierto de escarcha. ◆昨夜は霜がおりた Anoche heló [cayó una helada, hubo escarcha]. ◆今朝 野原に霜がおりていた Los campos amanecieron helados [cubiertos de escarcha]. ◆ひ どい霜で植物がやられた La terrible helada dañó las plantas. /《フォーマル》Las plantas fueron perjudicadas por la fuerte helada.

しalso下 ❶【下流】*m*. río [*f*. corriente] abajo, *m*. curso bajo (de un río). ▶下の方へ流さ れる *v*. ser* arrastrado por la corriente abajo.
❷【後半】*f*. segunda mitad, *f*. última parte. ▶下の句 *f*. última parte de una poesía "tanka". ▶数字の下2桁 *fpl*. últimas dos cifras de un número.
❸【大小便】▶老人の下の世話をする *v*. ayudar al anciano a hacer* sus necesidades.
《その他の表現》◆彼はよく下がかった話をする Sus chistes son muchas veces algo escabrosos [《口語》verdes].

しもざ 下座 ▶下座にすわる *v*. sentarse* en la parte inferior de una mesa; (横一列に並ぶ場 合) *v*. tomar asiento lejos de un superior.

しもて 下手 ▶下手に、下流、下。▶舞台の下手 ¹から登場[²へ退場]する *v*. ¹entrar [²salir*] por la derecha del escenario.

じもと 地元 ▶地元の *adj*. local, del lugar; (本 拠地の) *adj*. de casa. ▶地元チーム *m*. equipo local [de casa]. ▶地元の人 *f*. persona del lugar. ▶地元民 *f*. gente del lugar [de la localidad]; (一時的な訪問者に対して) *mpl*. naturales, *mpl*. nativos.

しもどけ 霜解け *m*. deshielo. → 雪解け.

しもばしら 霜柱 *fpl*. agujas [*fpl*. columnas] de hielo. ◆霜柱が立った (=地面に霜がおりた) Hay hielo en el suelo. / Se ha formado escarcha en el suelo.

しもはんき 下半期 *f*. segunda parte del año (fiscal).

しもやけ 霜焼け *mpl*. sabañones; (凍ண) *f*. congelación. ▶霜焼けのできた耳 *fpl*. orejas con sabañones. ◆足に霜焼けができている Tengo「sabañones en los pies [los pies con sabañones].

しもん 指紋 *f*. huella dactilar [digital]. ▶指 紋を取る *v*. sacar* [tomar*] 《a+人》las huellas dactilares. ▶指紋を残す *v*. dejar las huellas dactilares 《en, sobre》. ▶ナイフから指紋 を採取する *v*. sacar* (sus) huellas dactilares de un cuchillo.

しもん 諮問 ▶諮問する *v*. consultar, pedir* consejo [asesoramiento]. ▶諮問機関 *f*. asesoría, *m*. organismo consultivo. ▶審議 会に諮問する *v*. consultar a「una junta [un consejo].

じもん 自問 ▶自問する *v*. preguntarse (a sí mismo).

じもんじとう 自問自答 ▶自問自答する *v*. responderse a sí mismo, contestarse a la propia pregunta; (思案する) *v*. establecer* un《文語》monólogo [soliloquio].

しや 視野 ❶【視界】*f*. vista, *m*. ángulo de visión. ▶視界を遮る *v*. tapar la vista. ▶湖が 視野に入ってきた El lago apareció a la vista.
❷【思考などの範囲】*mpl*. horizontes. ▶視野を 広める *v*. ampliar [《フォーマル》dilatar] los horizontes [puntos de vista]. ◆彼女の視野は ¹狭い [²広い] Sus horizontes son ¹estrechos [²amplios]. /《彼女は視野が¹狭い [²広い] 人だ》Es una mujer de horizontes ¹estrechos [²amplios].

じゃ (ところで) *interj*. bien; (さて) *interj*. bueno; (そうすると) vamos a ver; *adv*. entonces. → では、それでは.

ジャー (魔法びん) *m*. termo.

ジャーキー *f*. cecina, 《ラ米》*m*. charqui.

じゃあく 邪悪 ▶邪悪な *adj*. malo, malvado(→ 悪い); (悪徳に満ちた) *adj*. malvado, perverso.

ジャージ (服地) *m*. jersey, *m*. tejido de punto; (セーター) *m*. suéter; (運動選手の着るシャツ) *f*. camiseta, *m*. chandal.

シャーシー *m*. chasis.

しゃあしゃあ ❶ ▶しゃあしゃあしている; (非難などを 感じない) *v*. ser* insensible 《a》; (鈍感な) *v*. no importar; (恥を感じない) *v*. no tener* vergüenza. ◆彼女は他人に何を言われてもしゃあし ゃあしている「No le importa [Le tiene sin cuidado] lo que puedan decir los demás.
❷【水をかけるさま】▶水をしゃあしゃあかける *v*. salpicar* agua 《en, sobre》.

ジャーナリスト *mf*. periodista. → 記者.

ジャーナリズム *m*. periodismo. ▶ジャーナリズム の仕事につく *v*. entrar en el periodismo.

ジャーナル *f*. revista.

シャープ ❶【音楽】*m*. sostenido.
❷【鋭い】▶頭がすごくシャープだ *v*. tener* una mente aguda,《口語》ser* agudo como hoja de afeitar.

シャープペンシル *m*. lápiz portaminas.

地域差	シャープペンシル
[全般的に]	*m*. portaminas
[スペイン]	*m*. portaminas
[キューバ]	*m*. lapicero
[メキシコ]	*m*. lapicero
[ペルー]	*m*. lápiz de carboncillo
[コロンビア]	*m*. lapicero
[アルゼンチン]	*m*. lápiz mecánico, *m*. lápiz mina

シャーベット *m*. sorbete.

シャーマン *m*. chamán.

しゃい 謝意 *m*. agradecimiento,《フォーマル》*f*. gratitud,《口語》*fpl*. gracias. ▶彼の援助に対 して誠意を示す *v*. expresar agradecimiento por su ayuda.

シャイ ▶シャイな (内気な、はにかみ屋の) *adj*. tímido,《教養語》timorato. → 恥ずかしい. ◆彼 はシャイなのでダンスの時女の子を誘えない Es demasiado tímido para sacar a una chica a bailar.

ジャイカ JICA Agencia de Cooperación Internacional del Japón.

しゃいん 社員 (従業員) *mf*. empleado/da (de una compañía). → 会社員、職員. ▶平[正]社 員 *mf*. empleado/da ordinario/ria [regular]. ▶新入社員 *mf*. nuevo/va empleado/da. ◆彼はこの出版社の社員です「Es empleado

de [Trabaja para] esta editorial.
しゃおく 社屋 m. edificio de una empresa.
しゃおんかい 謝恩会 f. fiesta ofrecida por los graduados en honor de sus profesores.
しゃか 釈迦 (el) Buda; (釈迦牟尼) Shakyamuni, Gautama. ▶花祭りは釈迦の誕生を祝う祭りです "Hanamatsuri" es la fiesta en que se celebra el nacimiento de Buda.
・**しゃかい** 社会 (一般社会) f. sociedad; (世間) m. mundo; (共同体) f. comunidad. → 世間, 世の中.

　1《〜社会》▶産業社会 fpl. sociedades industriales. ▶上流 [中流;下層] 社会 f. clase ¹superior [²media; ³inferior]. ▶西欧社会 f. sociedad occidental. ▶¹文明 [²豊かな] 社会 f. sociedad ¹civilizada [²próspera]. ▶人間社会 f. sociedad humana. ▶ニューヨークのプエルトリコ人社会 f. comunidad puertorriqueña de Nueva York.

　2《社会(の, 的)＋名詞》▶社会¹科 [²科学] ¹ mpl. estudios [² fpl. ciencias] sociales. ▶社会学 f. sociología. ▶社会事業 f. obra [m. trabajo] social. ▶社会主義 m. socialismo. ▶社会人 m. miembro de la sociedad. ▶社会生活 f. vida social. ▶社会福祉 m. bienestar social. ▶社会保障制度 m. sistema de seguridad social. ▶重大な社会問題 m. grave problema social. ▶社会秩序を乱すv. alterar el orden social. ▶社会不安を引き起こすv. provocar* la inquietud social. ▶社会的地位 f. posición social. ▶日本では医者の社会的地位は高い Los médicos gozan de una alta posición social en Japón.

　3《社会は[が]》▶現代の社会は実践的な政治家を必要としている La sociedad moderna necesita políticos prácticos.

　4《社会の》▶社会のおきて fpl. leyes de la sociedad. ▶家族は社会の最小単位である La familia es la unidad social más pequeña. ▶新聞はいわば社会の鏡である El periódico es, por decir así, el espejo de la sociedad.

　5《社会に》▶社会に出る v. salir* al mundo, entrar en sociedad. ♦私たちは社会に何らかの貢献をしようと努力すべきだ Deberíamos intentar contribuir a la sociedad con algo bueno. ♦日本の社会には階級差や身分差が比較的少ない En Japón hay relativamente pocas diferencias de clases y de posición social.

　6《社会を》▶社会を担い前進させる v. sostener* y hacer* avanzar* a la sociedad. ▶日本は民主主義に基づいた社会を築き上げた Japón construyó「una sociedad basada en la democracia [sobre una base democrática].

じゃがいも じゃが芋 《スペイン》 f. patata, 《ラ米》 f. papa (☆papa は, スペイン南部でも使われる).
しゃがむ (つま先でバランスをとって) v. ponerse* en cuchillas; (曲げた脚を体に寄せて) v. agacharse, acurrucarse*; (かがみこむ) v. inclinarse ▷うずくまる, 屈む
ジャカルタ Yakarta (☆インドネシアの首都).
しゃかんきょり 車間距離 f. distancia entre dos coches. ♦事故を起こしたときは十分車間距離をとっていなかった Cuando tuve el accidente 「no guardaba la distancia con el [estaba demasiado cerca del] coche de adelante.
しゃきしゃき ▶しゃきしゃきした (手際のいい) adj. hábil; (ばりばりした) adj. enérgico; (生き生きした) adj. animado; (歯ざわりが) adj. crujiente. ▶しゃきしゃき仕事をする v. trabajar hábil y rápidamente.
しゃきっと ▶彼はシャワーを浴びて気分がしゃきっとした Se sintió refrescado [《口語》como nuevo] después de la ducha. ♦新鮮でしゃきっとしたサラダを出されるのはよくあることではない No es frecuente que le sirvan a uno una ensalada fresca y crujiente. ♦ほらみんなしゃきっとしろ ¡Espabílaos, muchachos!
しゃく 癪 (いらだち) f. molestia, f. irritación; m. fastidio; (腹立ち) f. ira, m. enojo. ▶しゃくの種 m. motivo de molestia [fastidio]. ▶しゃくにさわる態度 f. actitud irritante. ♦彼の言うことはいちいちしゃくにさわった Todo lo que decía me molestaba [fastidiaba]. / Me irritaban [《口語》sacaban de quicio] todas sus palabras.
-じゃく -弱 (...よりすこし少ない) adj. poco menos de. ▶5キロ弱 adv. algo [un poco] menos de cinco kilos. ♦この学校には百人弱の生徒しかいない Esta escuela tiene algo menos de 100 alumnos. ♦その会社は30万ドル弱(＝30万ドル近く)の純益をあげた La empresa ganó casi [un poco menos de] 300.000 dólares netos [《口語》limpios].
じゃくし 弱視 《専門語》 f. ambliopía.
しゃくしじょうぎ 杓子定規 ▶杓子定規な考え f. forma de pensar inflexible. ▶杓子定規な人 mf. maniático/ca de las reglas. ▶杓子定規にやる v. seguir* las reglas al pie de la letra, aplicar* las reglas con rigor.
じゃくしゃ 弱者 mpl. débiles, f. gente débil.
しゃくしょ 市役所 m. ayuntamiento, f. municipalidad.
じゃくしょう 弱小 ▶弱小の adj. pequeño y débil. ▶弱小国家 m. país débil (y pequeño); (マイナーな感じを受ける) m. país secundario.
じゃくしん 弱震 m. terremoto [《フォーマル》m. seísmo] débil.
しゃくぜん 釈然 ♦彼の説明はどうも釈然としない (＝満足していない) No estoy del todo satisfecho con su explicación. / Su explicación no acaba de convencerme.
じゃくたい 弱体 ▶弱体の adj. débil, endeble. → 弱い. ▶弱体化する v. debilitarse.
しゃくち 借地 f. tierra arrendada, m. terreno en [de] alquiler. ▶借地権 m. arrendamiento, m. arriendo, m. derecho de arriendo. ▶借地人 mf. arrendatario/ria. ▶借地料 m. alquiler, f. renta de la tierra. ▶借地する → 土地 → 土地を借りる.
じゃぐち 蛇口 《スペイン》 m. grifo, 《ラ米》 f. llave. → 栓.

地域差 蛇口
〔スペイン〕 m. grifo
〔ラテンアメリカ〕 f. llave

598 じゃくてん

〔キューバ〕f. pila, f. pluma
〔ペルー〕m. caño
〔コロンビア〕f. canilla
〔アルゼンチン〕m. caño, f. canilla

じゃくてん 弱点 m. punto débil 〔《口語》flaco〕, f. debilidad, 《比喩的に》m. tendón de Aquiles;〔欠点〕m. defecto. → 短所. ◆彼は弱点の克服に努力した Intentó superar sus debilidades. ☞ 穴, 急所, 短所

しゃくど 尺度 〔度量の単位, 評価などの基準〕f. medida;〔変化・世論などの指標〕m. barómetro;《フォーマル》m. indicador. ◆メートルは長さの尺度である Un metro es una medida de longitud.〔判断の基準〕m. criterio. ◆富だけが成功の尺度ではない La riqueza no es「el único criterio [la única medida] del éxito en la vida. ◆株価は商活動の尺度である「Los precios de la bolsa son una medida [《フォーマル》Las cotizaciones bursátiles constituyen un barómetro] de la actividad empresarial.

しゃくなげ 石楠花 m. rododendro.

じゃくにくきょうしょく 弱肉強食 〔ジャングルの法則〕f. ley de la selva. ◆弱肉強食の世界 m. mundo donde「el más fuerte devora al más débil [《口語》el pez grande se come al chico].

しゃくねつ 灼熱 ◆灼熱の(=激しい)恋 m. amor ardiente [apasionado]. ◆灼熱の(=焼けつくように熱い)太陽 m. sol abrasador.

しゃくはち 尺八 "shakuhachi", f. flauta tradicional japonesa de bambú con cinco orificios.

しゃくほう 釈放 f. liberación, f. libertad. ◆〔囚人を〕釈放する v. poner* 《a + 人》en libertad, soltar* 《a un preso》.

しゃくめい 釈明 〔言い訳〕f. excusa, m. pretexto,〔説明〕f. justificación,《フォーマル》f. aclaración;〔謝罪〕f. disculpa. ◆釈明する v. disculparse 《por》.

しゃくや 借家 f. casa alquilada [de alquiler]. ◆借家人 mf. inquilino/na. ◆借家住まいをする v. vivir en una casa alquilada. ◆借家を探す v. buscar* una casa de alquiler.

しゃくやく 芍薬 f. peonía, f. peonia.

しゃくよう 借用 m. préstamo. ◆借用証書 m. reconocimiento de deuda. ◆借用書 m. préstamo. ◆借用する (無料で) v. pedir* [tomar] prestado; (有料で) v. alquilar. → 借りる. ◆金3万円借用, 井上太郎 Reconozco la deuda de 30.000 yenes. Taro Inoue.

しゃくりあげる v. sollozar* convulsivamente.

しゃくりょう 酌量 ◆酌量する v. tener* en cuenta, tomar en consideración. → 斟酌(しんしゃく)する. ◆病気を酌量して, 彼はひどくは罰せられなかった En atención a su enfermedad [《フォーマル》En consideración a que estaba enfermo], no se lo [le] castigó con rigor. ◆彼の罪には情状酌量の余地はない Su delito no tiene「ningún atenuante [《専門語》circunstancias atenuantes].

しゃけい 斜頸《専門語》f. tortícolis.

しゃげき 射撃 mpl. disparos, mpl. tiros;〔鉄砲, 砲火〕m. fuego, f. descarga. ◆ライフル射撃 mpl. disparos de rifle. ◆一斉射撃 f. descarga (cerrada). ◆射撃場 m. campo de tiro. ◆射撃を¹始める [²やめる] v. ¹abrir* [¹romper*; ²parar] fuego. ◆射撃する v. tirar, disparar. ◆彼は射撃がうまい[へただ] Tira ¹bien [²mal]. / Es un ¹buen [²mal] tirador.

ジャケット 〔上着〕f. chaqueta, 『ラ米』m. saco;〔本のカバー〕f. sobrecubierta,〔ラ米〕f. funda;〔レコードの〕f. funda de un disco.

地域差 ジャケット
〔全般的に〕f. chaqueta
〔スペイン〕f. americana
〔ラテンアメリカ〕m. saco
〔キューバ〕m. chaleco, m. traje
〔メキシコ〕f. chamarra
〔ペルー〕f. americana, f. casca
〔アルゼンチン〕f. campera

しゃけん 車検 f. inspección [f. revisión] técnica de vehículos. ◆車検に出す v. llevar el coche a la「《スペイン》ITV (i te uve) [inspección].

じゃけん 邪険 ◆邪険な (無情な) adj. despiadado; (不人情な) adj. inhumano; (冷酷な) adj. cruel. ◆邪険に扱う v. maltratar 《a + 人》, tratar 《a + 人》con crueldad.

しゃこ 車庫 〔自動車の〕m. garaje;〔屋根と支柱だけの〕f. cochera;〔電車などの〕m. cochera (para trenes). ◆車が2台入る車庫つきの家 f. casa con un garaje de dos plazas. ◆車庫に車を入れる v. aparcar* (su) coche en el garaje.

しゃこ 蝦蛄〔魚介〕f. esquila.

しゃこう 社交 〔交際〕f. sociedad. ◆社交界 f. sociedad de moda. ◆社交性 f. sociabilidad. ◆社交クラブ m. club social. ◆社交ダンス m. baile de salón. ◆社交辞令 ⇒ 外交. ◆彼女はとても社交的だ Es una mujer muy sociable. / Le gusta mucho tratar a la gente.

しゃさい 社債 f. obligación [m. bono] empresarial.

しゃざい 謝罪 f. disculpa,《フォーマル》f. justificación. ◆(行いに対して)謝罪する v. disculparse 《a + 人》[《口語》pedir* 《a + 人》perdón](por el comportamiento). → 詫(わ)びる, 謝る. ◆謝罪を求める v. exigir* 《a + 人》una disculpa [《フォーマル》justificación] ☞ 失礼, 釈明

しゃさつ 射殺 ◆射殺する v. matar 《a + 人》de un tiro;〔処刑で〕v. fusilar. ◆射殺命令 m. orden de「disparar a matar [fusilamiento] ☞ 射止める, 打ち[撃ち]殺す

しゃし 斜視〔医学〕m. estrabismo;〔斜視の目〕mpl. ojos bizcos, mpl. bisojos. ◆斜視の adj. bizco, bisojo. ◆ひどい斜視である v.《フォーマル》tener* un fuerte estrabismo, bizquear mucho, estar* muy bizco.

しゃし 社史 f. historia de la empresa.

しゃじ 謝辞 fpl. palabras de agradecimiento,《口語》fpl. gracias.〔わび〕f. excusa.

しゃししょう 斜趾症《専門語》f. clinodactilia.

しゃじつ 写実 m. realismo. ◆写実主義 m. realismo. ▶写実主義者 *mf*. realista. ▶写実小説 *f*. novela realista. ▶犬の写実的絵画 *f*. pintura realista de un perro.

しゃしょう 車掌 (路面電車・バスの) *mf*. cobra*dor/dora*, 『ラ米』*mf*. conduc*tor/tora*. ▶バスの車掌 *mf*. cobrador/dora del autobús.

しゃしん 写真 *f*. foto, 《フォーマル》*f*. fotografía.

1 《~(の)写真》▶家族 [²卒業]写真 *f*. foto de ¹familia [²graduación]. ▶¹カラー [²白黒]写真 *f*. foto en ¹color [²blanco y negro]. ▶色あせた写真 *f*. foto descolorida. ▶航空写真 *f*. fotografía aérea, *f*. aerofotografía. ▶スチール写真 *f*. foto fija, *f*. fotografía publicitaria. ▶¹全身 [²上半身]の写真 *f*. foto de ¹cuerpo entero [²medio cuerpo]. ▶私の父の写真 *f*. foto de mi padre. ▶このお孫さんの写真はとてもかわいいですね Esta foto de su nie*to/ta* es muy bonita.

2 《写真+名詞》▶写真家 *mf*. fotógra*fo/fa*; (テレビ・映画の) *mf*. cámara, *mf*. opera*dor/dora*. ▶写真機 *f*. cámara (fotográfica). ▶写真コンテスト *m*. certamen fotográfico. ▶写真帳 (=アルバム) *m*. álbum de fotos. ▶写真集 *m*. álbum fotográfico 《de》. ▶写真雑誌 *f*. revista de fotos. ▶写真屋 (写真館) *m*. estudio fotográfico; (現像などの店) *f*. tienda de fotos. ▶写真判定で競走に勝つ *v*. ganar una carrera por "foto-finish". ▶彼は写真うつりがよい Siempre sale bien en las fotos. / Es muy fotogénico.

3 《写真は》▶写真は全部よく撮れていた Todas las fotos salieron bien. ▶この写真はピンボケだ Esta foto está desenfocada. / (ぼやけている) Esta foto ha salido borrosa.

4 《写真に[で]》▶写真に犬が写っている Hay un perro en la foto. ▶彼なら写真で何度か見たことがある Lo [Le] he visto en foto varias veces.

5 《写真を》▶写真を¹現像する [²焼き付ける; ³引き伸ばす] *v*. ¹revelar [²imprimir*; ³ampliar] una foto. ▶ネガからこの写真を 2 枚焼き増しする *v*. hacer* dos copias de este negativo. ▶私は彼が公園を散歩している写真を撮った Lo [Le] saqué una foto paseando por [en] el parque. / Lo [Le] fotografié paseando [mientras paseaba] por el parque. ▶私の趣味は写真(を撮ること)です Mi afición es la fotografía [sacar fotos]. 《会話》すみませんが、写真を撮っていただけますか—いいですよ。城をバックに撮りましょうか Perdone. ¿Le importaría sacarme una foto? — En absoluto. ¿Quiere que le saque con el castillo detrás?

ジャズ (*f*. música de) 《英語》*m*. "jazz" (☆発音は [yás]). ▶モダンジャズ *m*. "jazz" moderno. ▶ジャズバンド *f*. banda de "jazz". ▶ジャズ演奏家 *mf*. músi*co/ca* de "jazz". ▶ジャズを演奏する *v*. tocar* (música de) "jazz".

-しやすい (傾向がある) *v*. ser* propen*so* 《a》, ser* fácil 《de》. →傾向. ▶彼は風邪を引きやすい Es propenso [sensible] a los resfriados. / Agarra los resfriados con facilidad. ▶この本は読みやすい Este libro es fácil de leer. / Este libro se lee fácilmente [con facilidad].

じゃすい 邪推 (理由なく疑うこと) *f*. sospecha infundada; (単なる想像) *f*. pura imaginación. ▶(彼を)邪推する *v*. sospechar (de él) sin motivo. ▶そんなに邪推しないで人を信じなさい No seas tan suspicaz y confía en la gente.

ジャスト ▶ 5 時ジャストに *adv*. a las cinco en punto, justo a las cinco. ▶千円ジャストで *adv*. a exactamente 1.000 yenes. ▶ジャストミートする *v*. pegar* a la pelota de lleno.

ジャスミン (植物) *m*. jazmín.

しゃせい 写生 *m*. bosquejo, *m*. boceto, *m*. esbozo. ▶写生画 *m*. bosquejo natural. ▶写生帳 *m*. cuaderno de bocetos. ▶田舎へ写生に出かける *v*. ir* al campo a hacer* bocetos.
── 写生する *v*. hacer* un esbozo 《de》. ▶彼女の姿を写生する *v*. esbozar* su silueta. ▶海岸の景色を絵の具を使ってざっと写生する *v*. hacer* un bosquejo en color del paisaje de la costa.

しゃせい 射精 *f*. eyaculación. ▶射精する *v*. eyacular.

しゃせつ 社説 *m*. editorial, *m*. artículo de fondo. ▶社説欄 *f*. columna de editorial. ▶社説で論じる *v*. tratar en un editorial.

しゃせん 車線 *m*. carril (de tráfico). ▶対向車線 *m*. carril opuesto. ▶ 4 車線の道路 *f*. carretera de cuatro carriles. ▶車線を変更する *v*. cambiar de carril.

地域差	車線(道路の)
[全般的に]	*m*. carril
[スペイン]	*f*. vía
[キューバ]	*f*. línea
[ペルー]	*f*. pista, *f*. vía
[アルゼンチン]	*f*. senda

しゃせん 斜線 *f*. línea, 《口語》*f*. raya oblicua, 《専門語》*f*. oblicua; (区切り記号「/」) *m*. trazo oblicuo. ▶地図の斜線の部分が大学です La "parte de rayas oblicuas [zona sombreada] del mapa es la universidad.

しゃそう 車窓 *f*. ventanilla (de un coche [tren]). ▶車窓の景色 *m*. paisaje visto por la ventanilla. ▶荒野が車窓に広がった Los campos se extendían desde la ventanilla del tren.

しゃたい 車体 *f*. carrocería (de un coche).

しゃたく 社宅 *f*. casa de la empresa, *f*. vivienda de la empresa.

しゃだん 遮断 ▶遮断機 *f*. barrera.
── 遮断する *v*. cortar, 《フォーマル》interceptar; (光・熱などを) *v*. tapar, bloquear; (退路・電気などを) *v*. cortar, interrumpir; (交通を) *v*. cortar, bloquear. ▶騒音を遮断する *v*. suprimir los ruidos. ▶彼らの逃走経路を遮断する *v*. cortarles las vías de escape. ▶その盆地(ぼんち)は高い山で外界から遮断されている Ese valle está aislado del resto del mundo por altas montañas.

しゃだんほうじん 社団法人 *f*. sociedad con personalidad jurídica.

しゃちほこばる *v*. ponerse* rígido [tenso]. ▶

しゃちゅう

しゃちほこばった態度 f. actitud rígida. ◆そんなにしゃちほこばらないで No estés tan tenso. / Relájate.

しゃちゅう 車中 ▶車中で adv. en el tren. ▶車中泊をする(バス旅行パンフレットで) No se 「pasa la noche [《フォーマル》pernocta] en el autobús.

しゃちょう 社長 mf. presidente/ta (de una empresa, de una compañía). ▶副社長 mf. vicepresidente/ta.

*__シャツ__ (肌着) f. camiseta; (ワイシャツ) f. camisa. ▶ランニングシャツ f. camiseta. ▶シャツブラウス f. blusa camisera. ◆彼は¹ピンクの[²スポーツ]シャツを着ている Lleva una camiseta ¹de color rosa ²deportiva.

しゃっかん 借款 m. crédito, m. préstamo, m. empréstito. ▶借款を申し込む v. pedir [《フォーマル》solicitar] un crédito. ▶借款を供与する v. conceder [《フォーマル》extender*, 《口語》dar*] un crédito. ▶膨大な円借款を得る v. conseguir* [obtener*] un cuantioso crédito en yenes.

じゃっかん 若干 (多少) pron. algo. ◆シーズン中はホテルの料金が若干高くなる Las tarifas hoteleras son algo más altas en la temporada turística.

── 若干の adj. algunos, unos; (少数の) adj. unos cuantos, unos pocos; (少量の) adv. algo. ▶若干の間違いをする v. cometer algunos errores. ▶今年若干の金を持ち合わせていない Llevo algo de dinero (encima).

ジャッキ m. gato. ▶ジャッキで上げる v. subir (el coche) con un gato.

*__しゃっきん 借金__ (個人間での) f. deuda, m. dinero prestado, (銀行などの貸付け金) m. préstamo. ▶借金取り mf. cobrador/dora de deudas.

1《借金が》▶私は彼に5万円の借金がある Tengo una deuda con él de 50.000 yenes. ◆借金がますますかさんできた Cada vez estoy más 「metido en deudas [endeudado]. / 《口語》《強調して》Estoy cada vez más con la soga al cuello. / 《どんどん》Las deudas se me están acumulando. ◆現在は借金がありません Ahora estoy libre de deudas.

2《借金を》▶彼からいくらか借金をする v. pedirle* dinero prestado. ▶銀行から借金をする v. pedir* al banco un préstamo. ▶借金をするために家を抵当に入れる v. hipotecar* la casa para conseguir* un préstamo. ▶借金を催促する v. apremiar (a + 人) para que pague (su deuda). ▶銀行に5百万円の借金を申し込む v. pedir* al banco un préstamo de cinco millones de yenes. ▶借金を全部返済する v. saldar [liquidar] las deudas. ◆彼は私に借金を返さない / No me ha saldado su deuda conmigo. / No me ha pagado lo que me debe.

3《借金で》▶借金で家を建てる v. construir* una casa con un préstamo. ▶借金で首が回らない v. estar* 「sumido en deudas [entrampado, 《口語》con la soga al cuello, 《口語》lleno de agujeros].

ジャックナイフ f. navaja.

しゃっくり m. hipo. ▶しゃっくりする v. tener* hipo, hipar. ▶しゃっくりが止まらない v. no poder* aguantar el hipo.

しゃっこつ 尺骨 《専門語》m. cúbito. ▶尺骨神経《専門語》m. nervio cubital.

ジャッジ (審判) mf. juez; (審判) m. juicio.

シャッター ❶【カメラの】m. obturador. ▶千分の1秒のシャッタースピード m. tiempo de exposición de una milésima de segundo. ▶(カメラの)シャッターを切る v. disparar [apretar*] el obturador (de una cámara). ▶シャッターチャンス f. ocasión para una buena foto [toma]. ◆シャッターチャンスを逃してしまった Desaproveché el momento de sacar una buena foto.

❷【よろい戸】f. persiana, m. postigo. ▶シャッターを下ろす v. cerrar* el postigo. ◆すべての窓はシャッターが下りていた Todas las ventanas tenían la persiana bajada.

シャットアウト ❶【締め出し】▶日本製品をシャットアウトする v. no dejar entrar productos japoneses. ▶通りの騒音をシャットアウトする (=さえぎる) v. no dejar entrar los ruidos de la calle.

❷【野球などの完封】m. partido ganado sin que marque el contrario. ▶シャットアウトする v. ganar un partido sin conceder ni una carrera.

シャットダウン 《専門語》m. cierre, 《専門語》m. apagado.

しゃてい(きょり) 射程(距離) m. alcance, m. tiro. ▶射程¹内[²外]にある v. estar* ¹al [²fuera del] alcance, ¹estar* [²no estar*] a tiro. ◆この銃の射程距離は2百メートルである Este fusil tiene un alcance de 200 metros.

しゃとう 斜塔 f. torre inclinada. ▶ピサの斜塔 f. Torre inclinada de Pisa.

しゃどう 車道 f. calzada.

しゃとうしょう 斜頭症 《専門語》f. plagiocefalia.

シャドーキャビネット m. gabinete fantasma [en la sombra].

しゃない 社内 ▶社内で adv. en [dentro de, 《フォーマル》en] el seno de] la propia empresa. ▶社内報 m. boletín interno. ▶社内預金をする v. depositar dinero en la propia empresa. ◆彼は社内結婚をした Se casó con una mujer que trabajaba en la misma compañía.

しゃない 車内 ▶車内で adv.「en el [dentro del] tren. → 車中で. ▶車内販売 f. venta en el tren. ▶車内検札 f. revisión de billetes en el tren.

しゃにくさい 謝肉祭 m. carnaval.

しゃにむに (無謀に) adv. temerariamente, arriesgadamente, a ciegas; (無理に) adv. por [a] la fuerza; (猛烈に) adv. furiosamente; (荒々しく) adv. violentamente, impetuosamente. ▶しゃにむに敵陣に突っ込む v. lanzarse* temerariamente [a ciegas] contra el enemigo.

じゃねん 邪念 ▶邪念(=悪い考え)を払う v. librarse de「malos pensamientos [malas ideas].

ジャブ *m*. golpe corto. ▶ジャブを出す *v*. lanzar * golpes cortos (a +人).

しゃふう 社風 *m*. estilo [*f*. costumbre, *f*. tradición] de la empresa. ◆この方式は社風に合わない Este método「no encaja en el [es contradictorio con el]」espíritu de nuestra empresa.

じゃぶじゃぶ (水をはねさせて) *adv*. salpicando agua, chapoteando. ▶じゃぶじゃぶ洗濯をする *v*. lavar「salpicando mucho [chapoteando]」. ▶じゃぶじゃぶ(水などを)かける *v*. chapotear. ◆彼は小川の中をじゃぶじゃぶ歩いて行った Iba andando por el arroyo chapoteando. ◆少年は体に水をじゃぶじゃぶかけた El niño chapoteaba echándose agua.

しゃふつ 煮沸 *m*. ▶煮沸する *v*. hervir*. ▶(タオルを)煮沸消毒する *v*. esterilizar (la toalla) en agua hirviendo.

しゃぶる *v*. chupar. ▶あめをしゃぶる *v*. chupar un caramelo. ◆親指をしゃぶってはいけません Deja de chuparte el dedo.

*****しゃべる** 喋る *v*. hablar (→話す). (気楽に談笑する) *v*. charlar; (くだらないことをぺちゃくちゃしゃべる) *v*. parlotear, charlotear, 《口語》cascar*, 《口語》darle* a la lengua, 《口語》hablar「por los codos [a chorros]」. ▶しゃべる *v*. hablar y hablar, 《口語》hablar「por los codos [a chorros]」. ◆しゃべるのを止めなさい Cállate. / Deja de hablar. / (そんなにしゃべるな)No hables tanto. / (口を閉じなさい)Cierra「la boca [《俗語》el pico]」. ◆彼はよくしゃべる人だ Habla mucho. / Es muy charlatán. ◆おしゃべり. ◆彼にしゃべらせるのは大変だった Ha sido difícil「hacerlo[le] hablar [sacarle las palabras]」. ◆コーヒーを飲みながら長い時間しゃべった Tuvimos una larga conversación tomando café. ◆子供たちは先生が部屋を出るとぺちゃくちゃしゃべりだした Los niños se pusieron a charlar cuando *el/la* profesor*/sora* salió del aula. ◆この秘密を人にしゃべるな No le digas a nadie este secreto. / (胸に秘めておく) Guarda silencio sobre este secreto.

シャベル *f*. pala. ▶シャベル1杯の土 *f*. paletada de tierra. ▶シャベルですくう *v*. recoger* con una pala, palear.

しゃほん 写本 (本)《フォーマル》 *m*. manuscrito, *f*. copia escrita a mano; (書き写すこと)*f*. transcripción (de un libro).

シャボンだま シャボン玉 *f*. burbuja [*f*. pompa] de jabón. ▶シャボン玉を吹く *v*. hacer* burbujas (de jabón).

*****じゃま** 邪魔 ❶【妨害, 障害】*m*. estorbo, *m*. obstáculo, *m*. impedimento, *f*. interrupción, *f*. interferencia. ◆私の仕事には多くの邪魔が入るだろう Me van a interrumpir mucho mientras hago el trabajo. ◆お邪魔でしょうか ¿Le molesto? / ¿Le estoy estorbando? (会話) お邪魔じゃないかしらーどうぞそのまま、場所は十分ありますから Me parece que「aquí estoy estorbando [estoy en medio]」. – No se moleste. Hay espacio de sobra. ◆邪魔だ, どけ ¡Quítate de en medio! / ¡Fuera de mi camino! ◆これは役に立たないどころか邪魔だ Esto no sólo es inútil, sino que estorba.
❷【邪魔な人】(妨害する人) *m*. estorbo. → 邪魔者. ◆君は助けになるより邪魔だよ Más que una ayuda eres un estorbo.

—— 邪魔する, 邪魔になる ❶【妨害する】*v*. molestar, estorbar, (強調して)fastidiar, 《フォーマル》importunar, perturbar, 《口語》ponerse* en medio, 《口語》obstaculizar*; 《口語》dar* la lata, 《口語》joder, 《メキシコ》《俗語》chingar*. → 妨害する, 妨げる. ◆お邪魔して申し訳ありませんが, 2, 3分お時間をいただけませんか Perdone la molestia, pero ¿no podría concederme unos [un par de, dos o tres] minutos? ◆彼は彼女の演説の邪魔をした La interrumpió mientras hablaba. ◆君は私の仕事の邪魔をしている Me molestas「para trabajar [en mi trabajo]. / No me dejas trabajar. / Me estás estorbando para trabajar. ◆この部屋なら邪魔されずに勉強できる En este cuarto puedo estudiar sin「que me molesten [ser estorbado]」. ◆通りの騒音は勉強の邪魔になる Los ruidos de la calle me molestan para estudiar. ◆倒れた木が通行の邪魔になっている El árbol caído está estorbando el tráfico. ◆彼女は長い髪が(仕事の)邪魔にならないように縛った Se recogió el pelo largo para que no le molestara. ◆女性の帽子が邪魔になって舞台がよく見えなかった El sombrero de la señora「me impedía [no me dejaba]」ver bien el escenario. ◆重い箱が邪魔になって戸が開かない No puedo abrir la puerta porque hay una caja pesada en medio.
❷【訪問する】◆あすお邪魔させていただいてもよろしいですか ¿Puedo venir a visitarlo[le, la] mañana? / 《フォーマル》¿Puedo molestarlo[le, la] mañana con una visita? ◆大変長い間お邪魔いたしました Gracias por su tiempo. / (そろそろ失礼しなければなりません)Creo que tengo que irme.

ジャマイカ Jamaica (☆カリブ海の国, 首都キングストン Kingston).

じゃまもの 邪魔者 →邪魔. ▶彼を邪魔者扱いにする *v*. tratarle como si fuera「un estorbo [una molestia].

しゃみせん 三味線 "shamisen", (説明的に)*m*. instrumento musical japonés semejante al laúd y de tres cuerdas. ▶三味線をひく *v*. tocar* el "shamisen".

ジャム *f*. mermelada, *f*. confitura. ▶リンゴジャム *f*. mermelada de manzana. ▶パンにイチゴジャムをつける *v*. extender* mermelada de fresa en una rebanada de pan.

シャムねこ シャム猫 *m*. gato siamés.

しゃめい 社名 *m*. nombre de una compañía [empresa]. ▶社名入りの封筒 *m*. sobre con el nombre de la compañía.

しゃめん 斜面 *f*. pendiente, *m*. declive. ▶[1]急な [2]ゆるやかな 斜面 *f*. [1]pronunciada [2]suave pendiente. ▶[1]山 [2]丘の斜面 *f*. ladera de una [1]montaña [2]colina. ☞ 坂, 裾, 雪渓

しゃめん 赦免 *m*. perdón. ▶赦免する *v*. perdo-

しゃもじ *f.* paleta (para el arroz cocido). ▶しゃもじで茶碗にご飯をよそう *v.* servir* arroz en el cuenco con una paleta.

しゃよう 社用 *mpl.* negocios [*mpl.* asuntos] de la empresa. ▶社用族 "shayozoku", 《説明的に》*mpl.* empleados que aprovechan la cuenta de gastos de la empresa. ▶社用車 *m.* coche de la empresa. ♦彼は社用で東京に行った Se fue a Tokio de negocios.

しゃよう 斜陽 ▶斜陽産業 *f.* industria en decadencia [declive].

じゃらじゃら ▶じゃらじゃら音を立てる *v.* tintinear, tintinar, resonar*. ▶鍵(ぎ)の束が彼のベルトでじゃらじゃら鳴った El manojo de llaves atado a su cinturón tintineaba. ▶硬貨がブリキの箱の中でじゃらじゃらいっている Las monedas tintinean dentro de la caja metálica.

じゃり 砂利 (道路補修用の) *f.* grava; (小さな) *f.* gravilla; (細かな) *m.* ripio; (海・川などの自然にできた) *mpl.* guijarros, *fpl.* piedrecitas;《ラ米》*fpl.* piedritas; (丸石の) *mpl.* cantos rodados. ▶砂利置き場 *m.* lugar para la grava. ▶砂利採取場 *f.* gravera. ▶砂利道 *m.* camino 「de grava [enripiado, de ripio]. ▶砂利を敷く *v.*「echar grava en [cubrir* de grava] una carretera.

じゃりじゃり ▶じゃりじゃりしている (=砂がまじっている) *adj.* arenoso. ▶じゃりじゃりした (=小石の多い)道 *m.* camino de grava. ♦この貝はじゃりじゃりする Esa concha「es arenosa [contiene arenilla]. ♦口の中が砂でじゃりじゃりする Siento arenosa la boca.

しゃりょう 車両 (乗り物) *m.* vehículo; (鉄道の) *m.* vagón, *m.* coche. ▶車両故障 *f.* avería de vagón. ♦この道は車両通行禁止です Esta calle está cerrada al tráfico.

しゃりん 車輪 *f.* rueda.

シャルルマーニュ (カール大帝) Carlomagno (☆742-814).

しゃれ 洒落 ❶【冗談】*m.* chiste, *f.* broma; (ごろ合わせ) *m.* juego de palabras, 《教養語》 *m.* retruécano. → 冗談. ▶うまいしゃれ *m.* buen chiste. ▶¹気のきいた [²おもしろい; ³古い] しゃれ *m.* chiste ¹agudo [²divertido; ³viejo]. ▶ことばのしゃれ *m.* juego de palabras. ▶へたなしゃれを言う *v.* hacer* un mal juego de palabras; contar* un mal chiste. ▶しゃれが分かる *v.* comprender [《スペイン》coger*, 《ラ米》agarrar] el chiste. ▶しゃれで言う *v.* decir(lo)* de broma. ♦まともに取らないで、ほんのしゃれですから No te lo tomes en serio. 「《口語》No es más que una broma. [Es una broma hombre [mujer]!」♦彼はしゃれの通じない人だ No sabe tomar una broma. ♦こんなことがしゃれや冗談で言えるか No diría una cosa así en broma. / (本気だ)Lo digo en serio. / Va en serio.
❷【おしゃれ】▶しゃれ男《英語》*m.* "dandy",《軽蔑的に》*m.* lechuguino, *m.* pisaverde, *m.* petimetre, *m.* figurín. → お洒落.
【その他の表現】▶休眠にはハワイ旅行としゃれ込んだ Nos dimos el lujo [gusto] de ir a Hawai de vacaciones.

しゃれい 謝礼 (報酬) *f.* recompensa, *f.* retribución,《フォーマル》*f.* gratificación; (専門職業者に払う) *mpl.* honorarios,《フォーマル》*mpl.* emolumentos. ♦ダイヤのブローチを見つけてくれた人には10万円の謝礼をさしあげます Se ofrece una gratificación de 100.000 yenes a quien encuentre el broche de diamantes. ♦彼らは行方不明の飼い犬を見つけてくれた謝礼として彼に500ユーロ払った Le dieron 500 euros de recompensa por haber encontrado al perro. ♦その弁護士への謝礼はいかほどでしょうか ¿Cuántos son los honorarios del abogado? ♦彼は相談料として法外な謝礼を要求した Exigió una cantidad exorbitante por su consulta.

しゃれこうべ *f.* calavera.

しゃれた 洒落た (人・言葉が機知のある) *adj.* agudo, ingenioso; (服装などがいきな) *adj.* de buen gusto, refinado; (趣のある) *adj.* con (buen) gusto. ▶しゃれたことを言う *v.* hacer* [decir*] observaciones ingeniosas, decir* agudezas. ▶しゃれた帽子 *m.* sombrero de buen gusto. ▶しゃれた飾り *mpl.* decorados con gusto ▱ 垢抜け, スマート

しゃれっけ 洒落っ気がない 洒落っ気がない (=ユーモア感覚がない) *v.* no tener* sentido del humor; (服装に無頓(ﾑﾄ)着である) *v.* ser* indiferente a su ropa.

じゃれる *v.* juguetear 《con》. ♦子猫がまりにじゃれていた El gatito jugueteaba con una pelota.

シャワー *f.* ducha,《メキシコ》*f.* regadera. ▶シャワー室 *f.* ducha, *m.* cuarto de la ducha. ▶シャワーつきの部屋(ホテルの) *f.* habitación de hotel con ducha. ▶シャワーを浴びる *v.* tomar [《口語》darse*] una ducha, ducharse*. ▶シャワーを¹出す [²止める] *v.* ¹abrir* [²cerrar*] la ducha. ♦シャワーを浴びて着替えをしたい Quiero ducharme y cambiarme (de ropa).

ジャワとう ジャワ島 Java (☆インドネシア共和国の主島).

ジャンクフード *f.* comida basura,《口語》*f.* porquería.

ジャンクメール《専門語》*m.* correo basura.

ジャングル *f.* selva, *f.* jungla. ▶ジャングルの動物 *mpl.* animales de la selva. ▶アフリカのジャングルで *adv.* en la selva africana.

ジャングルジム *f.* estructura de barras para juegos infantiles.

じゃんけん "janken",《説明的に》*m.* juego de las "tijeras, piedra, papel" entre dos o más personas. Los jugadores alargan al mismo tiempo sus manos para representar o unas tijeras (con los dedos índice y medio extendidos y abiertos), o una piedra (con el puño cerrado) o un papel (la palma extendida). Las tijeras ganan al papel, el papel a la piedra y ésta a las tijeras. ▶じゃんけんで決めよう Vamos a jugárnoslo [decidirlo] al "janken".

シャンシー 山西 Shansi,《ピンイン》Shanxi (☆中国の省).

シャンシー 陝西《ピンイン》Shaanxi (☆中国の省).

じゃんじゃん ▶(絶えることなく) adv. sin parar, continuamente;(たっぷり) adv. mucho, en gran cantidad, en abundancia;(無駄にするように) adv. malgastando, derrochando;(次々と) adv. uno tras otro, sucesivamente;(たくさん) adv. mucho,《フォーマル》abundante. ◆彼らは警鐘をじゃんじゃん鳴らした Dieron la alarma incesantemente. ◆彼らは私に料理をじゃんじゃん持って来た Me trajeron un plato tras otro.

シャンゼリゼ Campos Elíseos.

シャンソン f. canción francesa.

シャンツェ(スキーのジャンプ台) f. plataforma de despegue (de salto de esquí), f. rampa, m. trampolín.

シャンデリア f. araña.

しゃんと ▶しゃんとした adj. derecho,《教養語》erecto;(まっすぐな) adj. derecho, recto. ▶しゃんとすわる v. sentarse* derecho [recto]. ▶母は90歳にもなるがまだしゃんとしている Mi madre tiene noventa años pero「sigue en muy buena forma [está todavía sana y activa].

シャントウ 汕頭 Swatou,《ピンイン》Shantou (☆中国の都市).

シャントン 山東 Shantung,《ピンイン》Shandong (☆中国の省, 半島).

ジャンヌ・ダルク Juana de Arco (☆1412-1431, フランスの国民的な英雄).

ジャンパー(上着) f. chaqueta,『米』m. saco, f. cazadora. ▶ジャンパースカート『スペイン』m. pichi,『米』《英語》m. "jumper" (☆発音は[yámper]).

|地域差| ジャンパー
〔全般的に〕f. chaqueta
〔スペイン〕f. cazadora, f. chamarra
〔キューバ〕《英語》m. "jacket" (☆発音は[yáket]), m. abrigo
〔メキシコ〕f. cazadora, f. chamarra
〔ペルー〕f. casaca, f. cazadora
〔コロンビア〕f. chompa
〔アルゼンチン〕f. campera

シャンハイ 上海 Shanghai (☆中国の都市).

シャンパン → シャンペン.

ジャンプ m. salto. ▶ジャンプする v. saltar. → 跳ぶ. ▶スキーのジャンプ競技 f. competición de salto de esquí.

シャンプー(洗髪) m. champú. ▶シャンプーする v. lavarse con [ponerse*,《フォーマル》aplicarse*] champú.

シャンペン m. champán, m. champaña.

ジャンボ ▶ジャンボ(ジェット)機 m. "jumbo" (jet) (☆発音は[yúmbo]). ▶ジャンボサイズの adj. de tamaño gigante.

ジャンル f. clase, f. categoría, m. género.

しゅ 主(神) m. Señor, m. Nuestro Señor.

しゅ 主 ▶主たる adj. principal, más importante, capital,《フォーマル》primordial. → 主(な). ▶主として adv. principalmente, mayormente. → 主(に). ▶それは主客転倒だ Eso sería hacer una casa empezando por el tejado.

しゅ 朱 m. (rojo) bermellón, carmesí. ▶朱塗りの箱 f. caja de rojo bermellón. ▶朱に交われば赤くなる《ことわざ》Del amigo dañoso, como del tiñoso.

しゅ 種(生物分類上の) f. especie;(種類) f. clase, m. tipo. ▶種の起源(書名)《El Origen de las Especies». ◆サルにはいくつかの種がある Hay varias especies de monos. ◆その種の事件が増えている Incidentes de esa clase están en alza. → 種類.

しゅい 首位 m. primer puesto [lugar];(指導競争過程で) f. primera posición, f. delantera;(競争過程で) f. delantera, m. primer lugar, f. cabeza. ▶クラスで首位に立つ v. ser* el/la primero/ra [mejor] de la clase, estar* a la cabeza de la clase. ▶コンテストで首位を奪う v. conseguir* el primer puesto en el concurso. ▶セントラルリーグでの首位1を奪い返す [2から転落する] v. 1recuperar el [2caer* del] primer lugar de la Liga Central
⇨ 一, トップ

しゅい 趣意 → 趣旨. ▶趣意書 m. prospecto.

しゅいん 主因(主な原因) f. causa [m. motivo] principal;(主な要因) m. factor principal,《フォーマル》primordial.

しゆう 私有 ▶私有の adj. privado, de propiedad privada. ▶私有地 m. terreno privado;(建物も含めて) f. propiedad privada [particular]. ▶私有権 f. propiedad privada.

* **しゅう 週** f. semana. → 週間, 今週, 先週, 来週, 毎週. ▶週単位で adv.「a la [por] semana. ▶週の初め [終わり] m. 1principio [2final] de semana. → 週末. ▶週に40時間働く v. trabajar 40 horas a la semana. ▶私はその1週間ずっと [2何週間も] 忙しかった Estuve ocupado 1toda la semana [2varias semanas]. ◆委員会は週に1回開かれます El comité tiene una reunión semanal.

しゅう 集 f. colección.

しゅう 州(行政区画) ▶(アメリカ, メキシコ, ベネズエラの) m. estado;(アルゼンチン, ドミニカ共和国, エクアドル, キューバ, パナマの) f. provincia;(チリの) f. región;(スペインの自治州) f. comunidad autónoma;(スイスの) m. cantón. ▶ブエノスアイレス州 f. provincia de Buenos Aires. ▶メキシコ州立大学 f. Universidad del Estado de México. ▶州知事 mf. gobernador/dora. ▶州議会 f. asamblea estatal. ◆グアダラハラはメキシコのハリスコ州の州都です Guadalajara es la capital del estado mexicano de Jalisco.

* **じゆう 自由** f. libertad.
  1《〜(の)自由》▶1言論 [2出版] の自由 f. libertad de 1palabra [2prensa]. ▶宗教の自由 f. libertad「de culto [religiosa]. ▶学問の自由 f. libertad académica [de cátedra]. ◆行こうと行くまいと君の自由だ「Eres libre de [Tienes libertad para] ir o quedarte [no ir]. / (君次第だ)Depende de ti el que vayas o no.
  2《自由＋名詞》▶貿易の自由化 f. liberaliza-

ción del comercio. ▶自由形 →自由形. ▶自由業 f. profesión independiente [autónoma]. → フリー. ▶自由競争 f. libre competencia. ▶自由経済 f. economía libre [de libre mercado]. ▶自由契約選手 m. agente independiente. ▶自由研究 f. investigación libre. ▶自由作文 m. ensayo. ▶自由思想 fpl. ideas liberales. ▶自由主義 m. liberalismo. ▶自由主義者 mf. liberal. ▶自由世界 (共産圏に対して) m. mundo libre. ▶自由席 m. asiento libre [no reservado]. ▶自由貿易 m. comercio libre. ▶自由民主党 m. Partido Demócrata Liberal. ◆彼は自らの自由意志でそこへ行った Fue allí por su「propio gusto [voluntad]. ◆スペイン語かフランス語のいずれかを自由選択できる「Tienes libertad para elegir [《フォーマル》Tienes la opción de, Puedes escoger] español o francés.

3《自由が》◆彼にはそれをする自由がある「Es libre [Tiene libertad] para hacerlo. ◆今の女性は昔よりずっと自由がある Las mujeres tienen ahora más libertad que antes. ◆彼は自動車事故で右足の自由がきかなくなった Perdió el uso de su pierna derecha en un accidente de tráfico.

4《自由な[の]》adj. libre. ◆自由のために戦う v. luchar por la libertad. ◆自由の女神像 f. «Estatua de la Libertad». ◆忙しくて自由な時間があまりない Estoy tan ocupado que no tengo mucho tiempo libre.

5《自由に》adv. libremente, con libertad; (好きなように) v.「ser* libre [tener* libertad]《para》; (遠慮なく...する) v. sentirse* libre 《para》. ◆私たちは図書館を自由に使ってよいことになっている Podemos utilizar la biblioteca libremente [con libertad]. / Tenemos libertad para usar la biblioteca. ◆私の車を自由にお使いください Tienes libertad para usar mi coche. / Puedes usar mi coche a tu voluntad. / Dispón de mi coche a tu gusto. / Mi coche está a tu disposición. ◆彼は数か国語を自由に操る Habla [Domina] varias lenguas extranjeras con facilidad. / Tiene [《フォーマル》Posee] un perfecto dominio de varios idiomas. ◆彼は自由自在にその機械を操った Manejaba la máquina「a su voluntad [fácilmente, hábilmente].

—— 自由にする (解放する) v. liberar, poner* [dejar] libre [en libertad], 《フォーマル》libertar. ◆その囚人はいつ自由にしてもらえますか ¿Cuándo será liberado/da el/la prisionero /ra? ◆彼は人々を奴隷の身から自由にしてやった Liberó [Libertó, 《口語》Sacó] a la gente de la esclavitud.

《その他の表現》◆ご自由にお取りください Sírvase usted a「su discreción [voluntad]. ◆試食品はご自由にお召し上がりください Por favor, disponga a su voluntad de las muestras. ◆彼は自分の自由裁量でその仕事ができる Tiene libertad para hacer el trabajo. / Puede hacer el trabajo a su voluntad. ☞大っぴら, 勝手に, 自在, 縦横, どしどし

・じゅう 十 diez; (10 番目の) adj. décimo. ◆何十人もの人々 fpl. decenas de personas. ◆何十回も(=何度も何度も) adv. decenas de veces, 《口語》veces y veces.

じゅう 銃 m. fusil, f. arma de fuego; (拳銃) f. pistola; (リボルバー) m. revólver; (ライフル銃) m. rifle; (猟銃, 散弾銃) f. escopeta; (連発銃) f. metralleta, f. ametralladora. →鉄砲. ◆空気銃 f. escopeta de aire comprimido. ◆彼に銃を向けよ apuntarlo[le] con un rifle. ◆銃を捨てて出て来い ¡Tira el rifle y sal! ◆彼は銃でライオンを撃った Le disparó al león con un rifle.

じゅう 従 従の adj. subordinado; (二次的な) adj. secundario. →従属.

＊-じゅう -中 **❶**[期間] (ずっと) adv. por [en, de] todo; (期間内に) prep. en, dentro de. →一中(ちゅう). (すみずみまで) adv. por todo; 《強調して》prep. a lo ancho y largo de. ◆一日中 adv. todo el día; (一日の大半) adv. en la mayor parte del día. ◆一年中 adv. todo el año, en el curso del año. ◆一晩中起きている v. quedarse toda la noche en vela, pasar la noche despierto. ◆世界中を旅行する v. viajar「por todo el mundo [《強調して》a lo ancho y largo del mundo]. ◆彼は夏の間中そこに滞在した Se quedó allí (durante) el verano. →間(あいだ). ◆今週中に彼に電話を入れなければならない Tengo que llamarlo [le] esta [dentro de esta, en esta] semana. ◆彼はクラス中で一番背が高い Es el más alto de「la clase [todos los de su clase]. ◆私は部屋中時計を捜した Busqué el reloj por todo el cuarto. ◆彼は体中ぬれていた Estaba「todo mojado [completamente empapado, 《口語》mojado de pies a cabeza].

❷[すべての] adj. todo(s). ◆うち中みんな元気です「Todos están [Toda la familia está] bien. / 《フォーマル》Toda la familia goza de buena salud. →家族.

しゅうあく 醜悪 ▶醜悪な adj. feo; (ぞっとするほど醜い) adj. repugnante, repulsivo.

じゅうあつ 重圧 f. gran presión. ◆重圧に耐える v. soportar una gran presión.

・しゅうい 周囲 (円周) (幾何の) f. circunferencia; (都市などの) m. perímetro; (一般に) m. contorno; (周りの状況) mpl. alrededores; (環境) m. ambiente. →環境.

1《周囲は》《会話》その木の周囲はどれくらいありますか—5メートルです ¿Cuánto mide la circunferencia de este tronco? – Cinco metros. ◆その町の周囲は景色が美しい La ciudad tiene alrededores preciosos. ◆周囲は大変静かだった Alrededor「estaba muy tranquilo [había mucha tranquilidad].

2《周囲の》adj. de alrededor, circundante. ◆周囲の景観 [2国々] [1] m. paisaje circundante [[2] mpl. países circundantes [de alrededor, del contorno]. ◆周囲の状況 [事情] から判断する v. juzgar* por [1]la situación [[2]las circunstancias]. ◆彼女は周囲の人みんなに愛されていた Todos los que la rodeaban la querían. ◆周囲の目を(=周囲の人々がどう思おうと)気にするな No te preocupes de lo que piensen los demás.

3《周囲に(は)》 *adv.* alrededor. → 回[周]り. ♦ 周囲には誰もいなかった No había nadie alrededor.

4《周囲を》♦彼は周囲を見回した Miró (a su) alrededor. ♦その公園は周囲を高いビルに囲まれている El parque está rodeado de altos edificios.

じゅうい 獣医 *mf.* veterinario/ria. ♦獣医学 *f.* veterinaria. ♦獣医学校[大学] *f.* facultad de veterinaria.

•**じゅういち** 十一 once. ▶ 11 番目(の) *adj.* once, undécimo.

•**じゅういちがつ** 十一月 *m.* noviembre. ▶ 11 月に *adv.* en noviembre.

しゅうえき 収益 (利益) *f.* ganancia, *m.* beneficio, 《フォーマル》 *m.* lucro. ♦大きな収益をあげる *v.* hacer* [《フォーマル》realizar*] grandes ganancias.

じゅうおう 縦横 ▶縦横に(縦と横と) *adv.* a lo ancho y largo, vertical y horizontalmente; en las cuatro direcciones; (自由に) *adv.* con facilidad, fácilmente; (意のままに) *adv.* a voluntad. ▶縦横の活躍をする *v.* jugar* [《フォーマル》desempeñar] un papel muy activo (en). ♦鉄道が鉄道網が国中を走っている Una red de ferrocarriles cubre todo el país. /《フォーマル》 Los ferrocarriles forman una red en todo el territorio nacional.

じゅうおく 十億 *mpl.* mil millones. ▶何十億(円) *mpl.* miles de millones (de yenes).

しゅうかい 集会 *f.* reunión, (主に政治的な) *f.* asamblea, *m.* mitin, (宗教的な) *f.* congregación. ♦大集会 *f.* reunión masiva [multitudinaria]. ♦集会場(定期的集会場) *m.* lugar de reunión, *f.* sala de juntas [reuniones]. ♦集会の自由 *f.* libertad de reunión. ♦全校集会は(いつも)8 時半からだ La junta de la escuela (siempre) empieza a las ocho y media.

•**しゅうかく** 収穫 ❶【作物などの】*f.* cosecha, *f.* recolección, *f.* recogida. ♦米の収穫 *f.* cosecha, *f.* producción. ♦小麦の収穫時期に *adv.* durante la cosecha de trigo. ♦今年は小麦の収穫がよい Este año hemos tenido una buena cosecha de trigo. ♦今年の米の収穫(高)は今までで最高だった Este año hemos tenido「la mayor cosecha [una cosecha récord] de arroz. ♦この農場での小麦の収穫はヘクタール当たりどのくらいですか ¿Cuánto trigo produce [《口語》da] una hectárea en esta finca? / ¿Cuál es la producción de una hectárea de trigo en esta finca?

❷【獲物, 成果】♦今日の釣りは大した収穫がなかった Hoy no he pescado mucho. 《会話》今日は何か収穫があった?―いや大したことないよ ¿Has conseguido algo hoy? – Pues no tanto.

— 収穫する (取り入れる) *v.* cosechar, recolectar, recoger*. ♦小麦を収穫する *v.* cosechar [recolectar] el trigo ☞ 刈り入れ, 出来

しゅうかく 臭覚 =嗅(きゅう)覚.

しゅうがく 就学 ♦就学する *v.* ingresar en la escuela. ♦ [1就学 [2就学前]児童 *mf.* niño/ña

しゅうかん 605

[1en edad escolar [2preescolar]. ♦就学年齢に達する *v.* alcanzar* la edad escolar.

しゅうがくしょう 終楽章 *m.* (movimiento) final.

しゅうがくりょこう 修学旅行 *m.* viaje de estudios, *f.* excursión escolar.

じゅうがた 自由形 (水泳・レスリングの) *m.* estilo libre. ♦百メートル自由形種目 *f.* prueba de natación de 100 metros de estilo libre.

•**じゅうがつ** 十月 *m.* octubre. ▶ 10 月に *adv.* en octubre. ▶ 10 月 16 日に *adv.* el 16 de octubre.

しゅうかん 週刊 ▶週刊の *adj.* semanal. ▶週刊誌 *f.* revista semanal, *m.* semanario. → 月刊.

しゅうかん 週間 *f.* semana. → 週. ▶ [1愛鳥 [2読書; [3交通安全]週間 *f.* Semana [1de las Aves [2del Libro; [3de la Seguridad Vial]. ▶ [12 [21] 週間おきに *adv.* cada [1tres [2dos] semanas. ♦何週間もの間 *adv.* durante semanas, por varias semanas. ♦ 1 週間ずっと *adv.* toda la semana, a lo largo de la semana, durante una semana. ♦ 1 週間で完成する *v.* hacer* [terminar] en una semana. ♦冬に 2 週間の休暇がある En invierno hay「dos semanas [una quincena] de vacaciones. ♦彼は 1 週間に何度東京へ来ますか ¿Cuántas veces viene a Tokio a la semana?

•**しゅうかん** 習慣 (習性) *f.* costumbre; (毎日の) *f.* rutina; (社会の) *m.* uso; (個人的な) *m.* hábito; (社会のしきたり) *f.* convención; (慣行, 慣例) *f.* práctica. ▶習慣的な *adj.* habitual, acostumbrado, rutinario. ▶習慣的に *adv.* habitualmente, por costumbre [rutina].

1《習慣が》♦悪い習慣がつく(=に陥る) *v.* coger* [tomar, 《フォーマル》adquirir*, 《教養語》contraer*] una mala costumbre. → 癖(くせ). ♦朝早く起きる習慣が身についた「Me he acostumbrado a [He tomado la costumbre de] madrugar. ♦寝る前に散歩する習慣がある Tengo la costumbre [rutina] de dar un paseo antes de acostarme. / Generalmente paseo antes de dormir. ♦欧米ではクリスマスに贈り物をする習慣がある En Europa y Estados Unidos「hay la costumbre de [se acostumbra] hacer regalos por Navidad.

2《習慣に》♦彼は日曜日にはその博物館に行くのが習慣になっていた「Tenía la costumbre de [Acostumbraba] ir al museo los domingos. ♦たばこは習慣になる El tabaco crea hábito.

3《習慣を》▶読書の習慣を身につける *v.* tomar [《フォーマル》adquirir*] el hábito de la lectura. ♦彼の爪をかむ習慣をやめることができなかった No he podido「quitarle el [sacarle del] hábito de morderse las uñas.

4《習慣から》♦つい習慣からたばこを吸ってしまった Fumaba simplemente por costumbre [hábito].

5《習慣だ》♦クリスマスカードを出すのは古くからある習慣だ Enviar tarjetas de Navidad es una vieja costumbre. ☞ 決まり, 癖, 惰性

じゅうかん 縦貫 ▶縦貫道路 f. carretera que atraviesa el país.

しゅうき 臭気 m. mal olor, 《フォーマル》m. hedor. → 悪臭, におい. ▶臭気を放つ v. dar* [《フォーマル》despedir*, 《口語》echar] mal olor.

しゅうき 周期 m. período, m. ciclo. ▶周期的な adj. periódico, cíclico. ▶周期的に adv. periódicamente. ▶周期的に出る熱 mpl. ataques periódicos de fiebre. ▶3年周期で adv. en un ciclo de tres años ☞サイクル, 循環

しゅうき 秋期[季] m. otoño. → 秋. ▶秋期[季]運動会 f. competición de atletismo del otoño.

-しゅうき －周忌 ▶1— [2二]周忌 m. [1]primer [[2]segundo] aniversario de (su) muerte.

しゅうぎ 祝儀 ❶【祝い事】f. ocasión feliz. ❷【祝いの金品】m. obsequio; (心づけ) f. propina.

しゅうぎいん 衆議院 f. Cámara de Diputados, f. Cámara Baja. ▶衆議院議員 mf. diputado/da, mf. congresista, m. miembro de la Cámara de Diputados. ▶衆議院議長 mf. presidente/ta de la Cámara「de Diputados [Baja].

しゅうきゅう 週給 f. paga [《フォーマル》f. remuneración] semanal. ▶週給で給料をもらう v. cobrar「por semanas [semanalmente].

しゅうきゅう 週休 m. día de fiesta semanal. ▶週休二日制 f. semana laboral de cinco días. ▶彼の勤めている会社は週休二日制です Tiene una semana laboral de cinco días.

じゅうきょ 住居 f. casa, f. vivienda, 《教養語》f. morada; (邸宅) f. residencia, f. mansión, m. palacete. ▶住居費 mpl. gastos de vivienda. ▶2世帯用の住居 f. vivienda de dos familias. ▶住居不法侵入でつかまる v. ser* detenido por allanamiento de morada. ▶彼はこの町に住居を構えた[定めた] Ha fijado su domicilio [residencia] en esta ciudad.

*****しゅうきょう 宗教** f. religión; (信仰) m. fe, f. creencia religiosa. ♦あなたの宗教は？ ¿Qué religión tiene usted? / ¿Cuál es su religión?
　1《～宗教》▶原始宗教 f. religión primitiva. ▶新興宗教 f. religión nueva. ♦世界の3大宗教はキリスト教，イスラム教，仏教である Las tres grandes religiones del mundo son el cristianismo, el islam [islamismo] y el budismo.
　2《宗教＋名詞》▶宗教運動 m. movimiento religioso. ▶宗教家(宗教心のある人) f. persona religiosa; (聖職者) m. sacerdote, f. sacerdotisa. ▶宗教改革 f. reforma religiosa. ▶宗教[1]儀式 [1]f. ceremonia [[2]cuestión] religiosa. ▶宗教団体 f. organización religiosa. ▶宗教的色彩の強い行事 m. acto de tintes religiosos. ▶宗教心がない No es creyente. / 《口語》No cree.
　3《宗教に[を]》▶宗教を信じる v. creer* en la religión. ▶宗教を広める v. propagar* una religión, hacer* apostolado.

しゅうぎょう 就業 ▶就業する (仕事を始める) v. empezar* el trabajo, ponerse* a trabajar. ▶就業している v. estar* trabajando [en el trabajo]. ▶就業時間 fpl. horas de trabajo, 《フォーマル》f. jornada laboral. ▶就業規則 m. reglamento laboral. ▶就業中面会謝絶『掲示』No se permiten entrevistas durante las horas de trabajo.

しゅうぎょう 修業 ▶修業証書 m. diploma. ♦本校の修業年限は3年です El plan de estudios de nuestra escuela cubre [es de] tres años.

しゅうぎょう 終業 ▶終業時間(通例店の) f. hora de cierre. ♦この工場の終業は何時ですか ¿A qué hora cierra la fábrica? ▶終業式は今月の24日です La ceremonia de clausura (del curso) será el día 24 de este mes.

じゅうぎょういん 従業員 mf. empleado/da; mf. dependiente/ta. ▶【集合的に】m. personal, 《スペイン》f. plantilla; (労働者) mf. trabajador/dora. ▶従業員教育 f. instrucción「del personal [de los empleados]. ♦この会社には百人の従業員がいる Esta empresa tiene 100 empleados. / En esta compañía trabajan [están empleadas] 100 personas. ☞社員, 職員

しゅうきょく 終局 m. fin, m. final, m. término, f. conclusión, 《フォーマル》f. finalización. ▶終局の adj. final, último, 《教養語》postrero. ▶終局を告げる[迎える] v. llegar* 「al final [al fin, 《フォーマル》a término]. ▶終局に近づく v. acercarse* al final, 《口語》estar* acabándose.

しゅうきん 集金 m. cobro, 《フォーマル》f. recaudación. ▶集金員 mf. cobrador/dora. ▶集金する v. cobrar (dinero); (勘定を) v. cobrar (las facturas del gas).

じゅうきんぞく 重金属 m. metal pesado.

*****じゅうく 十九** num. diecinueve. ▶19番目(の) adj. diecinueve, décimo noveno [nono].

ジュークボックス f. máquina de discos, 『ラ米』f. rocola.

地域差	ジュークボックス
〔スペイン〕	f. gramola, f. máquina de música, m. tocadiscos
〔ラテンアメリカ〕	f. rocola
〔キューバ〕	m. tocadiscos, f. vitrola
〔メキシコ〕	f. sinfonola, m. tocadiscos
〔コロンビア〕	f. vitrola
〔アルゼンチン〕	f. máquina de música, f. vitrola

シュークリーム m. bollo [m. pastel] de crema [《スペイン》nata].

じゅうぐん 従軍 ▶従軍する v. estar* de servicio en la guerra, trabajar en el frente. ▶従軍記者 mf. corresponsal de guerra.

しゅうけい 集計 ▶集計する v. sumar, sacar* el total. ▶集計結果 m. resultado de la suma.

じゅうけい 重慶 →チョンチン

じゅうけいしょう 重軽傷 f. herida grave o leve, fpl. heridas de distinta gravedad. ▶重軽傷者 mpl. heridos de distinta gravedad. ▶その事故で重軽傷者が出た v. sufrir de distinta gravedad en el accidente.

しゅうげき 襲撃 ▶襲撃する v. atacar* de repente. → 襲う.

じゅうげき 銃撃 *mpl*. disparos, *m*. tiroteo. ▶銃撃戦 *m*. intercambio de disparos, 『メキシコ』*f*. balacera. ▶銃撃戦をする *v*. intercambiar disparos 《con》. ♦彼は肩に銃撃を受けた Le dispararon en el hombro.

しゅうけつ 集結 ▶集結する *v*. concentrarse, reunirse*, 《口語》juntarse.

しゅうけつ 終結 *m*. fin, *m*. final, *f*. terminación, 《フォーマル》*f*. finalización. ▶終結させる *v*. terminar, acabar, poner* fin 《a》, 《フォーマル》finalizar*, 《教養語》ultimar. ♦戦争がやっと終結した Por fin terminó la guerra.

じゅうけつ 充血 *f*. congestión. ▶充血した目 *mpl*. ojos inyectados (de sangre). ▶充血する *v*. congestionarse. ♦ブルドッグの目はいつも充血している Los ojos de los perros bulldogs [buldogs] siempre están inyectados.

じゅうけつきゅうちゅうしょう 住血吸虫症《専門語》*f*. esquistosomiasis.

***じゅうご 十五** *num*. quince. ▶15番目(の) *adj*. quince, 《フォーマル》decimoquint*o*. ▶8月15日に *adv*. el 15 de agosto.

しゅうこう 就航 ▶就航する *v*. entrar [ponerse*] en servicio; (処女¹航海 [²飛行] *v*. hacer* el ¹viaje [²vuelo] inaugural. ♦J航空は大阪メキシコ間に定期便を就航させた La compañía aérea J ha ¹abierto una ruta [²puesto en servicio el vuelo regular] entre Osaka y México.

しゅうこう 周航 ▶周航する *v*. navegar» [《口語》estar* a vela]《por》.

***しゅうごう 集合** *f*. reunión, *f*. concentración; (共通の目的を持った公式の集まり) *f*. asamblea. ▶集合¹場所 [²時間] ¹ *m*. lugar [² *f*. hora] de la cita [reunión]. ▶集合名詞 *m*. nombre colectivo. ▶集合論 *f*. teoría de los conjuntos. ▶集合写真をとる *v*. sacar* la foto de un grupo. ▶集合時間と集合場所を教えてください Dígame, por favor, cuándo y dónde nos encontramos.

―― 集合する *v*. reunirse*, juntarse, concentrarse, 《フォーマル》congregarse*, aglomerarse; (会合する)《口語》*v*. verse*. ♦大群衆が広場に集合した Cientos de personas se concentraron [《フォーマル》aglomeraron] en la plaza. ♦全員集合しなさい ¡Vamos, juntaros [『ラ米』júntense] todos! ♦全員集合したか ¿Estamos todos? / (=みんなここにいるか)¿No falta nadie?

じゅうこう 重厚 ▶重厚な(威厳のある) *adj*. imponente, solemne, majestuos*o*; (深みのある) *adj*. grave, solemne; (落ち着いた) *adj*. repos*ado*; (重みのある) *adj*. grave, dign*o*.

じゅうこうぎょう 重工業 *f*. industria pesada.

しゅうこうじょうやく 修好条約 *m*. tratado de amistad. ▶日米修好通商条約 *m*. Tratado de Amistad y Comercio entre Estados Unidos y Japón.

じゅうごや 十五夜 *f*. noche de luna [luna llena,《フォーマル》plenilunio]. ♦ゆうべは十五夜だった Anoche tuvimos luna llena.

じゅうこん 重婚 ▶重婚の罪を犯す *v*. cometer bigamia.

じゅうじか 607

ジューサー *m*. exprimidor, *f*. licuadora,『メキシコ』『アルゼンチン』*f*. juguera.

しゅうさい 秀才 *f*. persona "muy inteligente [muy brillante, con mucho talento]".

じゅうざい 重罪 *m*. delito grave, *m*. crimen.

しゅうさく 習作 (芸術で) *m*. estudio.

じゅうさつ 銃殺 ▶銃殺される *v*. ser* fusil*ado* [《フォーマル》pas*ado* por las armas]. ▶銃殺刑 *m*. fusilamiento.

***じゅうさん 十三** *num*. trece. ▶13番目(の) *adj*. trece, decimotercer*o*.

しゅうし 修士 *m*. título de máster, *f*. maestría.

しゅうし 収支 (収入と支出) *fpl*. entradas y *fpl*. salidas;（国家の歳入と歳出）*mpl*. ingresos y *mpl*. gastos [『ラ米』*mpl*. egresos](→収入);（稼ぎ高と出費）*mpl*. ingresos y *mpl*. gastos;（収支[貸借]の差額）*m*. balance. ▶日本の国際[貿易]収支 *f*. balanza "de pagos [comercial] de Japón. ▶収支を合わせる (＝収入内でやりくりする) *v*. equilibrar gastos e ingresos.

しゅうし 終始 (ずっと) *adv*. todo el tiempo, en todo momento;（始めから終わりまで）*adv*. de principio a fin, (desde) siempre. ♦彼は終始冷静でした Mantuvo la calma "todo el tiempo [en todo momento]". ♦会議は活発な討論に終始した Discutieron acaloradamente "durante toda [de principio a fin de] la reunión. ♦彼は終始一貫軍国主義に反対した Desde siempre ha estado en contra del militarismo.

しゅうし 宗旨 (宗教) *f*. religión;（宗派）*f*. secta, *m*. grupo religioso. → 宗派. ▶(キリスト教に)宗旨変えする *v*. convertirse* (al cristianismo);（考えを変えて別のことをする）*v*. cambiar de opinión.

しゅうじ 習字 (書道) *f*. caligrafía. ▶習字の練習をする *v*. hacer* práctica de caligrafía. ▶習字を習う *v*. tomar clases de caligrafía.

じゅうし 重視 ▶重視する(強調する) *v*. poner* de relieve, subrayar, poner* énfasis 《en》, acentuar, hacer* hincapié 《en》;（重要だと考える）*v*. dar* 《a》,《フォーマル》conceder* importancia 《a》;（真剣に受けとめる）*v*. tomarse en serio. → 重要. ♦その問題についての彼の意見を重視する *v*. dar* importancia a su opinión en ese asunto.

***じゅうし 十四** *num*. catorce. ▶14番目(の) *adj*. catorce, decimocuart*o*.

じゅうじ 従事 ▶従事する(仕事・研究などに) *v*. dedicarse* 《a》, (強調して) consagrarse [entregarse*] 《a》, aplicarse* 《en》;（従事している）*v*. ocuparse 《de》. ♦癌の研究に従事する *v*. dedicarse* [(強調して) consagrarse*] al estudio del cáncer. ♦彼は20年間農業に従事してきた Los últimos veinte años se ha dedicado a la agricultura. ♦彼は医業に従事した Se dedicó a la medicina. / Siguió la carrera de médico.

☞掛[架]かる, 携わる, 為る

じゅうじか 十字架 *f*. cruz;（キリストがはりつけにさ

しゅうじがく 修辞学 f. retórica. ▶十字架(上のキリスト)像 f. Cruz, la Santa Cruz. ▶十字架にかける v. crucificar*, clavar 《a + 人》en [a] una cruz. ◆キリストは十字架ではりつけにされた Jesucristo fue「clavado en una cruz [crucificado].

しゅうじがく 修辞学 f. retórica.

じゅうじぐん 十字軍 ▶十字軍の遠征 fpl. Cruzadas. ▶第一回十字軍 f. Primera Cruzada.

じゅうしち 十七 num. diecisiete. ▶17番目(の) adj. decimoséptimo.

しゅうじつ 終日 m. / adv. todo el día, el día entero [completo], 《強調して》las veinticuatro horas. ◆きのうは終日雨降りだった Ayer estuvo lloviendo todo el día. ◆彼は終日畑仕事をしている Trabaja en el campo「todo el día [《口語》de sol a sol].

じゅうじつ 充実 ▶充実感 f. sensación [m. sentimiento] de plenitud. ▶国防の充実 f. consolidación de la defensa nacional.

—— 充実した (十分な) adj. lleno, repleto, 《フォーマル》pleno, 《教養語》pletórico; (完全な) adj. completo, entero; (内容のある) adj. sustancioso, sustancial, esencial; (実り多い) adj. provechoso. ▶充実した生活を送る v. llevar una vida llena [plena, pletórica]. ◆彼は気力が充実している Está lleno 「[《強調して》pletórico] de energía.

しゅうしふ 終止符 m. punto final. ▶文尾に終止符を打つ v. poner* un punto al final de la oración. ▶論争に終止符を打つ(=終わらせる) v. poner* término「al conflicto [a la discusión],《口語》poner* punto final a la discusión.

*__しゅうしゅう__ 収集 f. colección. ▶収集家 mf. coleccionista. ◆私の趣味は切手収集です Mi afición es coleccionar sellos. ◆ごみの収集日は毎週金曜日だ La basura se recoge los viernes.

—— 収集する (趣味などのため) v. coleccionar; (研究・調査などのため目的をもって集める) v. recopilar; (散らばっているものを一つに集める) v. reunir*, juntar, recoger*. ▶外国の硬貨を収集する v. coleccionar monedas extranjeras. ▶データを収集する v. reunir* [juntar] información 《de, sobre》. ◆彼は古刀をたくさん収集している Tiene una gran colección de espadas viejas.

しゅうしゅう 収拾 ◆事態の収拾がつかなくなった《口語》La situación está fuera de control. / Las cosas se nos han ido de las manos.

—— 収拾する (扱う) v. manejar; (統制する) v. controlar, dominar; (解決する) v. solucionar, arreglar; (危機を脱する) v. salvar. ▶その場をうまく収拾する v. controlar [dominar, manejar] la situación, tener* la situación bajo control; (問題を解決する) v. solucionar el asunto.

じゅうじゅう ◆肉がフライパンでじゅうじゅう焼けている La carne chilla [chisporrotea, crepita] en la sartén.

じゅうじゅう 重々 (大変) adv. muy bien, perfectamente (→大変); (十分に) adv. suficientemente. ◆不利は重々承知の上だ Sé muy bien que mi situación no es buena.

しゅうしゅく 収縮 (金属・筋肉などの) f. contracción; (素材・布などの) m. encogimiento. ▶収縮する v. contraerse*; encogerse*. → 縮む.

じゅうじゅく 習熟 m. perfeccionamiento 《en》. →熟達, 熟練. ▶タイプに習熟する v. conseguir* el perfeccionamiento en mecanografía.

じゅうじゅん 従順 f. obediencia, f. sumisión. ▶従順な adj. obediente; (御しやすい) adj. dócil; (文句や反論を言わない) adj. sumiso. ▶しつけがよくて従順な子供 mf. niño/ña obediente y bien educado/da →おとなしい, 神妙, 素直な.

*__じゅうしょ__ 住所 f. dirección, m. domicilio. ▶住所変更通知 f. nota de cambio de domicilio. ▶住所録 f. libreta de direcciones, m. directorio. ▶住所不定の男 m. hombre sin「domicilio conocido [dirección fija]; (浮浪者) mf. vagabundo/da. ▶現住所を書く v. apuntar la dirección actual. ▶彼の住所はどこですか ¿Cuál es su dirección?《会話》ご住所はどちらですか―神戸市灘区森北町 2-1-3 です ¿Me da su dirección, por favor? – Mi dirección es: 2-1-3, Morikita-cho, Nadaku, Kobe. ◆住所が変わったら知らせてください Avísame si cambias de dirección, por favor. / Infórmame de cualquier cambio de domicilio, por favor. ◆ご住所とお名前をおっしゃってください Su nombre y dirección, por favor. ▶住所不明『表示』Paradero desconocido. ⇨宛て名, 居所, 住まい, 所.

しゅうしょう 愁傷 ▶悔やみ. ◆このたびは誠に御愁傷様です Le acompaño en el sentimiento. /《フォーマル》Le doy mi más sentido pésame. /《フォーマル》Acepte mis más sinceras condolencias.

__じゅうしょう__ 重傷 f. herida grave [de gravedad]. ▶重傷者 mf. herido/da grave, f. persona gravemente herida. ▶事故で重傷を負う v. resultar gravemente herido en el accidente. ▶頭に重傷を負う v. resultar con una grave herida en la cabeza, estar gravemente herido en la cabeza. ◆その強盗は主婦に重傷を負わせた El ladrón hirió gravemente [de gravedad] al ama de casa.

じゅうしょう 重症 (重い病気) f. enfermedad grave [crítica]. → 重病.

__しゅうしょく__ 就職 ▶就職斡旋 f. bolsa de empleo. ▶就職説明会 f. reunión informativa para los solicitantes de empleo. ▶就職試験を受ける v.「presentarse a [hacer] un examen de empleo [trabajo]; (面接の) v. tener* una entrevista de trabajo. ◆彼はすでに就職活動を開始している (= 就職口を探し始めている) Ha empezado a buscar trabajo. ◆就職活動はうまくいっているかい ¿Cómo [¿Qué tal] va la búsqueda de trabajo? ◆今年は就職難だ(= 就職するのが難しい) Este año es difícil「encontrar trabajo [《口語》colocarse]. ◆(就職口が不足している)Este año hay「escasez de empleo [pocos empleos]. ◆その大学には

学生のための就職(斡旋)課がある Esa universidad tiene una「bolsa de trabajo [oficina de empleo] para los estudiantes.
── **就職する** (職を見つける) v. conseguir* [encontrar*] trabajo [empleo], 《口語》colocarse*. ◆彼女は銀行に就職している「Está empleada en [Es empleada de] un banco. /(銀行に勤めている) Trabaja para un banco. / Es bancaria. → 勤める.

しゅうしょく 修飾 f. modificación. ◆修飾語 m. modificador. ◆修飾する v. modificar*.

じゅうしょく 住職 m. sacerdote principal (de un templo budista).

じゅうじろ 十字路 m. cruce, 《比喩的に》f. encrucijada. → 交差点, 四つ角.

しゅうしん 就寝◆就寝時刻 f. hora de acostarse.

しゅうしん 終身◆終身会員 mf. socio/cia [m. miembro] vitalicio/cia. ◆終身雇用制度 m. sistema de empleo vitalicio. ◆終身年金 f. pensión vitalicia [de por vida]. ◆終身刑の宣告を受ける v. ser* condenado a cadena perpetua.

しゅうしん 執心◆執心する (愛着を感じる) v. estar* [sentirse*] atraído 《por, hacia》;(欲しいと思う) v. querer* (a uno) mucho, estar* enamorado 《de》, 《口語》estar* loco [perder* la cabeza] 《por》;(専心する) v. estar* entregado 《a》. ◆君は知子にご執心のようだね Te gusta mucho Tomoko, ¿verdad? / 《口語》Estás loco [loquito] por Tomoko, ¿a que sí?

じゅうじん 囚人 (服役者) mf. preso/sa, 《フォーマル》mf. recluso/sa, mf. presidiario/ria, mf. prisionero/ra.

じゅうしん 重心 (重力の中心点) m. centro de gravedad; (釣り合い) m. equilibrio. ◆重心を保つ v. mantener* el equilibrio. ◆片足で体の重心をとる v. mantenerse* en equilibrio sobre un pie.

*__ジュース__ ❶《スペイン》 m. zumo, 《ラ米》m. jugo; (炭酸水入りの) f. gaseosa; (果汁100%でない) f. bebida de fruta. ◆オレンジジュース m. zumo [m. jugo] de naranja, (果汁100%でない) f. naranjada, f. bebida de naranja. ◆ミックスジュース f. mezcla de zumos de fruta. ❷【競技】《英語》m. "deuce" (☆発音は [yús]); (テニス) mpl. cuarenta iguales; (ゲーム) m. dos.

しゅうせい 習性 m. hábito, f. costumbre. → 癖, 習慣. ◆サルの習性 fpl. hábitos de los monos. ◆夜ふかしの習性がある v. tener* la costumbre de trasnochar.

しゅうせい 修正 (計画・意見などの部分的変更) f. modificación; (文書などの) f. revisión; (法律などの語句の) f. enmienda; (誤りの) f. corrección. ◆論文に数か所修正を加える v. hacer* [《フォーマル》introducir*] algunas modificaciones a la tesis. ◆修正予算 m. presupuesto revisado. ◆議案の修正(案)を提出する v. proponer*「que se modifique [una modificación a] una enmienda. ◆その計画 [2考え] は少し修正の必要がある ¹《フォーマル》El plan necesita ser ligeramente modificado [²La idea debe ser algo cambiada].
── **修正する** v. modificar*, revisar, enmendar*; (誤りを) v. corregir*. ◆原稿を修正する v. revisar un manuscrito.

しゅうせい 終生◆終生変わらない友情 f. amistad de toda la vida. → 生涯, 一生.

しゅうせい 集成◆集成する v. coleccionar, 《口語》juntar, 《フォーマル》compilar. → 集大成.

じゅうせい 銃声 m. tiro, m. disparo. ◆銃声が聞こえる v. oírse* un disparo [tiro].

じゅうぜい 重税 (重い税金) m. impuesto pesado [《口語》oneroso]; (輸出入品にかかる税) m. arancel (de aduana) pesado [gravoso]; (重い課税) f. imposición [f. fijación] de「fuertes impuestos [《フォーマル》onerosos impuestos]. ◆宝石に重税をかける v.「gravar fuertemente [imponer* un gravoso impuesto] a las joyas. ◆重税に苦しむ v. sufrir [estar* oprimido por] pesados impuestos. ◆われわれは重税を課せられている Tenemos muchos impuestos. /「Estamos oprimidos por tantos [Sobre nosotros pesan muchos] impuestos.

じゅうせき 重責 f. gran [alta] responsabilidad; (重要な任務) m. deber [m. cargo, 《フォーマル》f. misión] importante. ◆重責を担う v. 《フォーマル》asumir [cargar* con] una gran [alta] responsabilidad.

しゅうせきかいろ 集積回路 《専門語》m. circuito integrado, 『略』CI (ce i).

しゅうせん 終戦◆終戦記念日 m. aniversario del final de la guerra. ◆終戦後の日本 m. Japón de la posguerra. ◆終戦後20年間 mpl. 20 años después de la guerra.

しゅうぜん 修繕 f. reparación, m. arreglo, f. compostura. ◆家の修繕 fpl. reparaciones de una casa. ◆修繕費 mpl. gastos de reparación [arreglo]. ◆修繕屋 m. mecánico, mf. reparador/dora, mf. técnico/ca. ◆修繕用具 fpl. herramientas de reparación.
── **修繕する** v. reparar, arreglar, componer* (→修繕物); (分解点検修理する) v. revisar, inspeccionar, hacer* una reparación general 《de》. ◆こわれたドアを修繕する v. reparar una puerta rota [descompuesta]. ◆エンジンを修繕する v. arreglar un motor ☞ 手入れする, 取り繕う

しゅうそ 臭素 m. bromo.

じゅうそう 重曹 m. bicarbonato de sodio [soda, 《スペイン》sosa].

じゅうそう 縦走◆日本アルプスを縦走する v. cruzar* [atravesar*] los Alpes Japoneses.

しゅうそく 終息◆終息[に向かう] v. acabar, cesar. → やむ, 終わる.

じゅうぞく 従属 (被支配) f. subordinación; (依存) f. dependencia. ◆従(属)1節 [2接続詞] ¹ f. oración [² f. conjunción] subordinada. ◆従属的な adj. subordinado, dependiente. ◆従属する v. depender [estar* bajo la dependencia] 《de》.

しゅうたい 醜態 f. conducta vergonzosa, m. comportamiento escandaloso. ◆醜態を演じ

610 じゅうたい

る v. comportarse vergonzosamente [escandalosamente].

じゅうたい 重体 m. estado crítico [muy grave]. ◆父は重体だった Mi padre estaba en estado crítico [muy grave]. / El estado de mi padre era「muy grave [crítico, muy serio].

じゅうたい 渋滞 (交通の) m. atasco, m. embotellamiento, 《フォーマル》f. retención de tráfico. ◆ひどく渋滞している道路《フォーマル》f. carretera con「muchos atascos [muchas retenciones de tráfico]. ◆車は渋滞していた La calle estaba atascada por「los coches [el tráfico]. / (車はじゅずつなぎであった) Había embotellamiento en la calle. / El tráfico estaba paralizado en esa calle. ◆渋滞にひっかかった Nos quedamos atascados por el tráfico. / Tuvimos un embotellamiento de tráfico.

じゅうたい 縦隊 f. línea, (軍隊の) f. columna. ◆1—［2―］列縦隊で歩く v.「caminar en fila [andar* en columna] de ¹uno [²dos].

じゅうだい 十代 mf. adolescente, f. edad de diez a diecinueve años. ◆10代の少年［少女］mf. adolescente, mf. joven de 10 a 19 años.

*じゅうだい **重大** (重要さ) f. importancia; (深刻さ) f. seriedad;（ゆゆしさ）f. gravedad, 《フォーマル》f. trascendencia. ◆問題を重大視する v.「dar* mucha importancia al [tomarse muy en serio el] asunto. ◆彼は事態の重大性を認識した Se dio cuenta de la gravedad de la situación.

— **重大な** (重要な) adj. importante; (深刻な) adj. serio; (重要な意味を持つ)《フォーマル》adj. significativo; (ゆゆしい) adj. grave,《フォーマル》adj. trascendental. ◆きわめて重大な問題 m. asunto「de mucha gravedad [muy importante,《フォーマル》de suma trascendencia]. ◆重大な過失を犯す v. cometer「un error grave [una equivocación importante]. ◆重大な事実 m. hecho importante. ◆重大な結果 f. grave consecuencia. ◆事態はますます重大になっている La situación es cada vez más grave. / (悪くなってきている) Las cosas se están poniendo cada vez más serias [《口語》feas]. /《口語》La cosa va de mal en peor. ☞ 大, 大事な, 大変な, 多大

しゅうたいせい 集大成 (いろいろの資料を集めて編集すること) f. colección, 《フォーマル》f. compilación. ◆日本の詩歌を集大成する（＝編集して1冊にまとめる）v. reunir*, 《フォーマル》compilar poesías japonesas en un volumen. ◆これは政党政治に関する彼の研究の集大成である Es una colección [compilación] de sus estudios sobre la política de partidos.

*じゅうたく **住宅** f. vivienda, f. casa; (高級住宅) f. residencia, f. vivienda,《文語》f. morada. ◆建て売り住宅 f. casa construida para vender. ◆公営住宅 f. vivienda construida por la municipalidad. ◆住宅問題 m. problema de la vivienda. ◆住宅ローン m. préstamo de vivienda [hipoteca]. ◆住宅難に苦しむ v. sufrir escasez de viviendas. ◆住宅事情を改善する v. mejorar la situación de la vivienda. ◆新興住宅地 f. nueva zona residencial, m. barrio de reciente creación. ◆住宅・都市整備公団 f. Corporación para la Vivienda y el Desarrollo Urbano. ◆住宅金融公庫 f. Corporación Hipotecaria de la Vivienda. ◆その都市では住宅が不足している Hay escasez de viviendas en la ciudad. ◆彼らは住宅地域に住んでいる Viven en「una zona [un barrio] residencial.

しゅうだつ 収奪 ◆収奪する (奪い取る) v. explotar.

*しゅうだん **集団** f. colectividad, f. agrupación;《しばしば軽蔑的に》f. banda, f. pandilla; (雑多な) f. masa.

 1《〜(の)集団》◆少年たちの集団 m. grupo [f. pandilla] de chicos. ◆年齢集団 m. colectivo [m. grupo] de edad. ◆小数派集団 m. grupo [m. colectivo] minoritario.

 2《集団＋名詞》◆集団行動 f. actividad en grupo. ◆集団治療 f. terapia de grupo. ◆集団競技 m. juego colectivo. ◆集団移住 f. migración masiva. ◆集団志向の社会 f. sociedad orientada al grupo.

 3《集団を[に, で]》◆集団を作る v. agruparse, formar un grupo. ◆小さな集団に分かれて行動する v. actuar* en「pequeños grupos [grupitos]. ◆大集団で行進する v. desfilar en masa ☞ 集まり, 一群

じゅうたん 絨毯 (床・階段に敷きつめる) f. alfombra, f. moqueta; (床の一部に敷く) f. estera. ◆床にじゅうたんを敷く v. cubrir* con una alfombra. ◆床にはじゅうたんが敷きつめてあった El suelo tenía una alfombra de pared a pared.

じゅうだん 縦断 ◆縦断面 f. sección vertical [longitudinal]. ◆縦断する (縦に切る) v. cortar verticalmente [《口語》de arriba abajo]; (大陸などを) v. atravesar*, viajar 《por》. ◆アンデス山脈は南米大陸を縦断している Los Andes recorren verticalmente [《口語》de arriba abajo] América del Sur.

じゅうだん 銃弾 f. bala. ◆銃弾の跡 m. agujero [m. impacto] de bala. ◆銃弾に倒れる v. ser* matado de un tiro [balazo].

しゅうち 周知 ◆周知の事実 m. hecho bien sabido [《フォーマル》de dominio público]. ◆周知のように adv. como「todo el mundo sabe [es bien sabido].

しゅうち 衆知 ◆青少年犯罪防止のために衆知を集めなければならない (＝多くの人の助言[意見]を聞かなければならない) Hay que pedir「el consejo [la opinión] de muchas personas para prevenir la delincuencia juvenil. / (多くの人の英知を結集する) Se debe reunir la sabiduría de numerosas personas a fin de prevenir la delincuencia juvenil.

しゅうちしん 羞恥心 (良心に訴える恥ずかしさ) f. vergüenza; (自信を欠いたはにかみ) f. timidez, m. rubor. ◆羞恥心で顔を赤らめる v. ponerse* colorado de vergüenza. ◆羞恥心のない女性 f. mujer desvergonzada [im-

しゅうちゃく 執着 ▶執着する【意見などに】v. insistir《en》;（かたくなに）v. tener* apego, apegarse*《a ＋ 人・物》 ▶執心する。▶古いしきたりに執着する a. aferrarse a las viejas costumbres. ▶執着心が強い v. ser* muy insistente [《フォーマル》persistente, tenaz,《口語》machacón]. → 固執(こ) ☞かじりつく, 捕らわれる

しゅうちゃく 終着 ▶終着駅 f. (estación) terminal. ▶終着列車 m. último tren. → 終電(車), 終列車.

しゅうちゅう 集中 （注意・努力・人口などの集中）f. concentración;（権力などの集中）f. centralización. ▶集中力を必要とする仕事 m. trabajo que exige concentración. ▶人口の都市集中化 f. concentración demográfica en las ciudades. ▶集中豪雨 f. lluvia muy intensa [concentrada];（局地的な豪雨》f. lluvia localizada y torrencial. ▶集中講義 m. curso intensivo. ▶集中力を養う v. desarrollar la capacidad de concentrarse.
── **集中する** （1 点に集める）v. concentrarse《en》;（注意などを）v. centrar, enfocar*《en》;（機能などを）v. centralizar*《en》. ▶彼の言うことに注意を集中する v. concentrar la atención en「sus palabras [lo que dice]. ▶彼はあまり気持ちを集中できなかった No se podía concentrar muy bien. ▶質問はみな その点に集中した Las preguntas se centraban en ese punto. ▶ほとんどの工場がこのあたりに集中している La mayoría de las fábricas「se concentran [están concentradas] en esta zona. ▶権力はすべてこれら数人に集中している Todo el poder está centralizado en estas pocas personas. ☞集まる, 込み入る, 注ぐ

しゅうちょう 酋長 m. jefe (de tribu), m. cacique.

じゅうちん 重鎮 f. figura [m. personaje] importante [prominente, influyente].

しゅうてん 終点 （鉄道・バスなどの）f. (estación) terminal;（路線の終わり）m. final de línea. ▶列車は終点に到着した El tren llegó a la terminal. ▶上越新幹線の終点は新潟です La terminal del [de la línea] Joetsu Shinkansen es Niigata.

じゅうてん 重点 （重要な点）m. punto importante;（強調）m. énfasis;（優先）f. prioridad, f. preferencia. ▶重点主義 m. sistema de prioridad. ▶¹重点的に（＝集中的に）[²選択的に］歴史を研究する v. estudiar historia ¹intensivamente [²selectivamente]. ▶あの大学は運動に重点を置いている En esa universidad「se da importancia [se pone de relieve, se da prioridad] al deporte [ejercicio].

じゅうでん 充電 ▶充電する v. cargar*. ▶充電器 m. cargador de baterías;（自動車の）fpl. baterías. ▶充電式の adj. recargable.（充電式の電池）f. batería recargable. ▶自動車のバッテリーに ¹充電 [²再充電] する v. ¹cargar* [²recargar*] la batería del coche.

しゅうでん(しゃ) 終電(車) m. último tren.

しゅうと 舅 （男）m. suegro, m. padre político. → 義父.

シュート （野球の）m. torniquete, m. tirabuzón;（ゴールへの）m. chut,『ラK』(f. bola de) m. pelotazo, m. disparo a gol. ▶シュートする《サッカー》v. tirar [chutar] a gol, chutar, tirar「a la puerta [al arco], disparar.

しゅうとう 周到 ▶周到な計画 m. plan meticuloso [bien pensado]. ▶周到な（＝注意深い）準備をする v. preparar minuciosamente [meticulosamente].

じゅうとう 充当 f. asignación. ▶充当する v. asignar, destinar, hacer* una asignación. ▶百万円を借金の支払いに充当する v. asignar [destinar] un millón de yenes para el pago de deudas.

じゅうどう 柔道 m. judo, m. yudo. ▶柔道家 mf. judoca. ▶柔道着 m. traje de judo. ♦放課後柔道をしよう Vamos a practicar judo después de clase. ♦彼は柔道5段だ Es un judoca del quinto grado ["dan"]. / Tiene el quinto "dan" de judo.

しゅうどういん 修道院 f. casa religiosa;（大きな）m. monasterio,（小さな）m. convento. ▶修道院生活 f. vida monástica.

しゅうとく 習得 m. aprendizaje,《フォーマル》f. adquisición;（熟達）m. dominio. ▶言語の習得 m. aprendizaje de idiomas. ▶スペイン語を習得する（＝習って身につける）v. aprender [dominar] el español. → 学ぶ. ▶彼は頭がよくて習得が早い Es inteligente y aprende rápidamente. ☞会得, 覚える, 自分, 達する

しゅうとく 修得 ▶修得する（単位を取る）v. conseguir* [ganar,《フォーマル》adquirir*] créditos [unidades];（課程を終える）v. acabar un curso. ▶修得単位 mpl. créditos ganados.

しゅうとく 拾得 ▶拾得する（見つける）v. encontrar*. ▶拾得物 m. objeto encontrado [hallado], m. hallazgo.

しゅうとめ 姑 f. suegra,《フォーマル》f. madre política. → 義母.

じゅうなん 柔軟 ▶柔軟な（体・筋肉がしなやかな）adj. ágil;（曲げ［ねじり］やすい）adj. plegable,《教養語》malleable;（融通のきく）adj. flexible;（適応性のある）adj. adaptable. ▶柔軟性 f. flexibilidad. ▶柔軟な¹精神 [²態度] ¹f. mente [²f. actitud] flexible.

・**じゅうに 十二** num. doce. ▶12番目(の) adj. doce,《フォーマル》duodécimo. ▶12時に adv. a las doce;（正午に）adv. a mediodía;（夜の12時に）adv. a medianoche.

・**じゅうにがつ 十二月** m. diciembre. ▶12月に adv. en diciembre.

じゅうにきゅう 十二宮 mpl. doce signos del zodiaco [zodíaco].

《関連語》▶白羊宮(牡羊座) mf. Aries. ▶金牛宮(牡牛座) mf. Tauro. ▶双子宮(双子座) mf. Géminis. ▶巨蟹(きょ)宮(蟹(かに)座) mf. Cáncer. ▶獅子(し)宮(獅子座) mf. Leo. ▶処女宮(乙女座) mf. Virgo. ▶天秤(びん)宮(天秤座) mf. Libra. ▶天蠍(てん)宮(蠍(さそり)座) mf. Escorpio. ▶人馬宮(射手座) mf. Sagitario. ▶磨羯(まかつ)宮(山羊(やぎ)

座) *mf.* Capricornio. ▶宝瓶(ほう)宮(水瓶座) *mf.* Acuario. ▶双魚宮(魚座) *mf.* Piscis.

じゅうにし 十二支 →干支(えと).
じゅうにしちょう 十二指腸《専門語》*m.* duodeno. ▶十二指腸潰瘍《専門語》*f.* úlcera duodenal, *f.* úlcera de duodeno.
じゅうにぶん 十二分 ▶君は十二分にやった Has hecho más que suficiente. ♦食糧は十二分にありますか ¿Hay「comida suficiente [bastantes alimentos]? ♦十二分にいただきました Ya he comido bastante.

・**しゅうにゅう** 収入 (定期的な所得) *mpl.* ingresos, *fpl.* entradas; (稼ぎ高) *fpl.* ganancias; (演奏会などの収益) *mpl.* beneficios, *fpl.* ganancias; (税金などによる歳入) *fpl.* rentas públicas.
　1《一収入》▶総収入 *mpl.* ingresos brutos. ▶税収入 *mpl.* ingresos impositivos [recaudatorios]. ▶低収入で暮らしている人々 *fpl.* personas con ingresos bajos. ▶少ない収入で家族を養う *v.* mantener* a la familia con pocos ingresos.
　2《収入＋名詞》▶収入印紙 *f.* póliza, *m.* timbre (fiscal). ▶収入役 *mf.* tesorero/ra. ▶収入以上の生活をする *v.* vivir por encima de los ingresos [medios]. ♦物価がこう上がったのでは収入の範囲内で生活するのは難しい Con los precios como están subiendo, es difícil vivir con mis ingresos.
　3《収入は[が]》▶彼は収入が多い Sus ingresos son altos. ▶ Tiene altos ingresos. / 《口語》Gana mucho. ♦彼女の収入はどのくらいですか ¿Qué [¿Cuántos? ingresos tiene? / 《口語》¿Cuánto gana? ♦彼女は月に50万円の収入がある Ella gana 500.000 yenes al mes. / Sus ingresos mensuales son de medio millón de yenes. → 年収. ♦私の収入は5年前の2倍になった Mis ingresos son el doble de hace cinco años. / (2倍稼ぐ)Gano el doble de hace cinco años. ♦先月より収入が¹増えた [²減った] Mis ingresos han ¹aumentado [²disminuido] con respecto al mes pasado. / He ganado ¹más [²menos] que el mes pasado.
　4《収入を》▶バザーの収入を慈善事業に寄付する *v.* donar las ganancias de「una venta benéfica [un bazar] a obras de caridad
　☞ 上がり, 稼ぎ

しゅうにん 就任 (任に就くこと) *f.* toma de posesión (de un cargo); (式を行なう正式な) *f.* inauguración. ▶就任演説 *m.* discurso inaugural [de toma de posesión]. ▶就任式 *f.* inauguración. ▶部長に就任する *v.* tomar posesión como director/tora de departamento [sección]; (公職に就く) *v.* 《フォーマル》asumir el cargo de director/tora [gerente]. ♦彼は1月20日に共和国大統領に就任する Su toma de posesión como presidente de la república tendrá lugar el 20 de enero.
じゅうにん 住人 *mf.* residente, *mf.* habitante. → 住民. ♦そのアパートには50人の住人(＝間借り人)がいた En el edificio de apartamentos, había 50 inquilinos [residentes].
じゅうにんといろ 十人十色《言い回し》Cada persona, con su idea. ♦この世は十人十色だね(＝いろいろの人たちが世の中を作っている) El mundo está formado por gente de todo género y condición. /《言い回し》De todo hay en la viña del Señor.
じゅうにんなみ 十人並み →人並み. ▶十人並み(平均的な) *adj.* mediano, medio, regular; (普通の) *adj.* normal, corriente; (容貌(ぼう)が) *adj.* de aspecto normal. ▶十人並みの能力の人たち *fpl.* personas de capacidad normal [mediana].
しゅうねん 執念 (固執) *f.* persistencia,《教養語》*f.* porfía. ♦彼は焼き物づくりに執念を燃やしている(＝専念している) Se dedica con empeño a la alfarería.
しゅうねん 周年 ▶学校創立百周年を祝う *v.* celebrar el centenario de la fundación de la escuela. ▶記念日.
しゅうねんぶかい 執念深い (しつこい) *adj.* obstinado, tenaz,《教養語》porfiado; (復讐(ふく)心の強い) *adj.* rencoroso; (ある行為に対して) *adj.* vengativo. ♦ホセは執念深く犯人を追った José persiguió al delincuente tenazmente.
しゅうのう 収納 *f.* guarda, *m.* almacenamiento. ▶収納する (貯蔵する) *v.* guardar, almacenar; (しまう) *v.* guardar (en un arca). ▶収納スペースが足りない *v.* no tener* bastante [suficiente] espacio para guardar cosas.
しゅうは 宗派 (分派) *f.* secta, *m.* grupo religioso; (教派) *f.* confesión. ▶宗派争い *fpl.* diferencias sectarias. ▶プロテスタントの諸宗派 *fpl.* sectas protestantes.
しゅうはい 集配 *f.* recogida y *m.* reparto. ▶集配人[員] (郵便の) *mf.* cartero/ra. → 集配. ▶集配する *v.* recoger* y repartir.
じゅうばこ 重箱 "jubako",《説明的に》*m.* juego de cajas laqueadas para comida. ♦それは重箱の隅をほじくるようなものだ No merece la pena discutir de tonterías [cosas tan nimias].
しゅうバス 終バス *m.* último autobús.
しゅうはすう 周波数 *f.* frecuencia. ▶837キロヘルツの周波数で放送する *v.* transmitir [emitir] en la frecuencia de 837 kHz (kilohercios).
・**じゅうはち** 十八 *num.* dieciocho. ▶18番目(の) *adj.* dieciocho,《教養語》decimoctavo. ▶18金 *m.* oro de 18 quilates.
しゅうばん 終盤 *f.* fase [《口語》*f.* recta] final. ♦試合は終盤さしかかっている El partido está entrando en「su fase [la recta] final.
しゅうばん 週番 *m.* servicio [*f.* guardia] semanal; (週番の生徒) *m.* estudiante de guardia semanal. ♦今週はぼくが週番です Esta semana estoy de servicio [guardia]. /《口語》Estoy de semana.
じゅうはんしゃ 従犯者 *mf.* cómplice secundario (en un delito); (教唆者) *mf.* instigador/dora; (隠蔽者) *mf.* encubridor/dora; (共犯者) *mf.* cómplice,《口語》*mf.* compinche.
じゅうびょう 重病 ▶重病である *v.* tener* una

enfermedad grave, estar* gravemente enfermo. ▶重病人 mf. enfermo/ma grave.

しゅうふく 修復 f. restauración, f. renovación. ▶修復する v. restaurar, renovar*. ▶修理する. ♦この絵は現在修復中です Ese cuadro está「ahora bajo restauración [siendo actualmente restaurado]. ♦われわれは彼との関係を修復した Hemos arreglado las relaciones con él.

しゅうぶん 醜聞 m. escándalo. → 噂(²⁾ぅ), スキャンダル.

しゅうぶん 秋分 m. equinoccio de otoño. ▶秋分の日 m. día del equinoccio de otoño.

★★じゅうぶん 十分 ▶十分な(数・量的に必要に足りるだけの) adj. bastante, 《フォーマル》suficiente, 《口語》de sobra; (余るほどの) adj. abundante, amplio; (質・量的に) adj. adecuado, satisfactorio; (量的に) adj. 《口語》buen (a); (欠けるところがない完全な) adj. lleno, harto. ♦十分な食事をとる v. comer「lo bastante [《フォーマル》con suficiencia,《口語》bien], 《口語》tener* una buena comida. ♦今十分な食糧がある Ahora tenemos「suficientes alimentos [bastante comida]. ♦1か月20万円では家族を養うには十分でない 200.000 yenes al mes no「es bastante [bastan] para mantener a mi familia. ♦このバスにはわれわれ全員が座れるだけの十分な座席はない Ese autobús no tiene bastantes [suficientes] asientos para todos. / En ese autobús no cabemos todos sentados. ♦この家はあなたの家族には十分な大きさです Esta casa es「lo bastante grande [suficientemente amplia] para (que viva en ella) tu familia.

——**十分(に)** adv. bastante, 《フォーマル》suficientemente; (豊富に) adv. abundantemente, con abundancia, 《口語》de sobra, con creces; (完全に) adv. a fondo, 《フォーマル》exhaustivamente; (最大限に) adv. plenamente; (申し分なく) adv. satisfactoriamente. ♦資金が十分に供給されている v. tener* 「suficientes fondos [《口語》dinero de sobra]. ♦十分に楽しむ v. disfrutar plenamente [mucho]. ♦その事件を十分調査する v. investigar* el incidente「exhaustivamente [minuciosamente, a fondo]. ♦それに十分に満足しています Estoy bastante satisfecho con eso. ♦十分に報いられた Me recompensaron suficientemente [con creces]. ♦駅まで5キロは十分ある Hay「cinco kilómetros largos [por lo menos cinco kilómetros] hasta la estación. ♦もう十分いただきました Ya he comido bastante. / Ya estoy lleno. → 存分. ♦あなたの言いたいことは十分わかっています Sé「bastante bien [《口語》de sobra] lo que quieres decir. ♦この展覧会は十分訪れる価値がある La exposición「merece bien la pena verse [es muy digna de verse]. ♦彼は地図を十分に利用できなかった No pudo hacer un buen uso del mapa.
☐ 結構, たくさん; いい, 充実した, -だけ; こってり, しっかり, 重々, たっぷり, たっぷりと, 篤と

しゅうへん 周辺 (郊外) fpl. afueras, 《フォーマル》fpl. inmediaciones; (周り) mpl. alrededores. → 周囲, 近所, 付近. ▶周辺装置《専門語》m. dispositivo periférico. ♦パリの周辺部に adv. en las afueras de París. ♦その湖の周辺の地域 f. zona alrededor del lago. ♦東京とその周辺に adv. en Tokio y sus alrededores.

じゅうほう 銃砲 fpl. armas (de fuego).

シューマイ "shumai",《説明的に》mpl. ravioles chinos al vapor.

しゅうまつ 週末 m. fin de semana. ▶週末旅行 m. viaje de fin de semana. ▶週末を田舎で楽しく過ごす v. pasar un bonito fin de semana en el campo. ♦よい週末をお過ごしください ¡Que pases un buen fin de semana! ♦次の週末は特別に予定はありません No tengo ningún plan especial para el próximo fin de semana.

しゅうまつ 終末 m. fin, m. final. ▶事件の終末 m. fin de un asunto. ♦終末を迎える v. llegar* al fin.

じゅうまん 充満 ▶充満する v. estar* lleno (de), llenar(se). ♦煙が部屋に充満した El cuarto estaba lleno de humo. / El humo llenaba la sala.

じゅうまん 十万 num. cien mil. ▶数十万人の労働者 mpl. cientos de miles de trabajadores.

じゅうみん 住民 m. habitante, m. vecino, m. residente. ▶この村の住民 mpl. habitantes de este pueblo. ▶住民票 m. certificado de residencia. ▶住民投票 m. plebiscito. ▶住民登録 f. inscripción en el padrón. ▶住民税 m. impuesto municipal. ▶住民団体 f. asociación de vecinos [residentes]. ♦彼は東京の住民だ Vive en Tokio. / Es vecino de Tokio. / Habita [Es residente] en Tokio.

しゅうめい 襲名 f. sucesión al nombre (de). ▶継ぐ. ▶襲名する v. suceder al nombre (de).

じゅうもうがん 絨毛癌(ガン)《専門語》f. coriocarcinoma.

しゅうもく 衆目 ▶…は衆目の一致するところである Es「de dominio público [universalmente sabido] que …

じゅうもんじ 十文字 f. cruz. ▶十文字(の)形(に) adj. / adv. en forma de cruz.

しゅうや 終夜 ▶終夜運転する v. hacer* el servicio (de trenes) toda la noche. ♦その店は終夜営業している Esa tienda está abierta toda la noche.

しゅうやく 集約 ▶集約する(まとめる) v. condensar, resumir, 《口語》juntar (→まとめる); (整理する) v. arreglar, poner* en orden, ordenar. ▶集約農業 f. agricultura intensiva.

じゅうやく 重役 mf. ejecutivo/va, mf. director/tora; (幹部) mf. ejecutivo/va. ▶重役会 f. junta directiva, m. directorio, m. consejo de administración. → 会社. ▶重役会議 f. reunión「de la junta directiva [del directorio]. ▶重役室 f. sala de junta directiva.

じゅうゆ 重油 m. aceite pesado.

しゅうゆう 周遊 (旅行) m. viaje de recorrido

《por》. ▶周遊券 m. billete [[ラ米]] m. boleto] de recorrido.

しゅうよう 修養 ▶修養を積む v. cultivarse. → 訓練, 教養. ▶修養を積んだ人 f. persona culta [cultivada] ▶彼は修養が足りない Le falta autodisciplina.

しゅうよう 収容 ▶収容力(ホテルなどの宿泊設備) f. plaza 《para》; (ホテルなどの宿泊設備) f. capacidad 《para》, m. aforo; (座席) m. asiento. ◆このホテルは5百人の客を収容できる「Este hotel puede acomodar a [En este hotel se pueden alojar] 500 huéspedes. / Este hotel tiene 500 plazas. ◆この劇場の収容人員 (=座席数)はいくらですか ¿Cuántos asientos tiene este teatro? ◆この劇場は3百人収容できる Este teatro tiene「una capacidad [un aforo] de 300 asientos. / En este teatro caben 300 espectadores sentados.

—— 収容する ❶ 【収容力がある】(ホテルなどが宿泊設備を持つ) v. acomodar, acoger*, alojar, albergar*; (余裕がある) v. acomodar sentados 《a》; (余裕がある) v. admitir, acoger*.
❷ 【運び入れる】 ▶彼らはけが人を病院に収容した Llevaron a los heridos al hospital.

**じゅうよう 重要(さ) f. importancia (意義) m. alcance, 《フォーマル》 m. significado, (教養語) f. trascendencia, 《口語》 m. peso. ▶彼は水の重要さ[重要性]が分かっていない No sabe lo importante que es el agua. / Desconoce la importancia del agua.

—— 重要な adj. importante; crucial, vital; sustancial, esencial, principal, capital, clave, básico, 《口語》 de peso. ▶重要な産物 mpl. productos clave [principales]. ▶重要参考人 mf. testigo「de importancia [esencial]. ▶重要書類 m. documento [《口語》 papel] importante. ▶重要人物 f. persona importante, 《口語》 m. pez gordo, f. persona muy importante, 《略》 PMI. ▶重要視する v. dar* importancia 《a + 物》 「estimar mucho [《口語》 tener* en mucho] 《a + 人》. ▶読書は学生にとって重要だ La lectura es importante [esencial, crucial] para el estudiante. ▶彼が金持ちかどうかは(私にとって)重要ではない (Para mí) No tiene importancia (el) que sea rico. / El hecho de que sea rico「no (me) importa [《フォーマル》 carece de importancia]. ▶彼がそこにいることは重要だ Es importante que él esté allí. / Es importante para él estar allí. ▶今日は人類の歴史上重要な日である Hoy es un día señalado [trascendental] en la historia de la humanidad. ▶この計画を成功させるためにはみんなの協力がきわめて重要だ La colaboración de todos es vital para el éxito de este plan. ▶最も重要なのは質である Lo más importante es la calidad.
☞ 主な, 重大な, 大した, 大事な, 大切な

しゅうようじょ 収容所 (捕虜などの) m. campo de concentración, (難民などの) m. campo de refugiados.

しゅうらい 襲来 (攻撃) m. ataque 《a, contra》 (→攻撃), (侵入) f. invasión 《de》; (突然の) m. ataque sorpresivo [por sorpresa], f. redada, m. asalto. ▶襲来する (嵐などが) v. azotar; (敵が) v. atacar*, invadir. ≒ 襲う.

じゅうらい 従来 (今まで) adv. hasta ahora. → 今. ▶従来の(いつもの) adj. acostumbrado, habitual; (伝統的な) adj. tradicional, convencional; (昔からの) adj. antiguo. ▶従来どおり adv. como antes [de costumbre, hasta ahora]. ▶従来の物の考え方 f. forma de pensar tradicional. ▶従来の体育館 m. antiguo gimnasio. ▶従来(=以前は)こんな犯罪は日本になかった Un delito así nunca se ha cometido en Japón.

しゅうらく 集落 m. pueblo; (小さな) f. aldea.

じゅうらん 縦覧 ▶縦覧する v. mirar, (調べる) 《フォーマル》 v. inspeccionar. ▶名簿の縦覧を許可される v. permitirse mirar la lista.

しゅうり 修理 f. reparación, m. arreglo, (主に衣類の) f. compostura, m. arreglo. ▶修理工 mf. mecánico/ca. ▶修理工場 m. taller (de reparaciones); (車の) m. garaje. ▶トラックの修理サービス m. servicio de reparación de camiones. ▶車を修理に出す v. llevar el coche a reparar [que lo reparen, ser reparado]; (点検) v. llevar el coche a revisión. 《会話》 田中ですが, 車の修理はもうできていますか—まだです. 今修理中です Soy Tanaka. ¿Está ya arreglado mi coche? – Todavía no. Lo estamos reparando en este momento. ▶この車は修理がきかない Este coche「no se puede reparar [es irreparable]. / No tiene arreglo

—— 修理する v. reparar, hacer* una reparación, arreglar; componer*, arreglar. ▶パンクしたタイヤを修理する v. reparar un pinchazo. ▶この電気かみそりは修理しないといけない Esta máquina de afeitar eléctrica「necesita reparación [tiene que ser reparada]. / Tengo que reparar esta máquina de afeitar. ▶私は時計を修理してもらった Me han arreglado el reloj. ☞ 整備する, 繕う

しゅうりょう 終了 m. fin, f. terminación, f. conclusión, 《フォーマル》 f. clausura.

—— 終了する v. acabar, terminar; (会などを) v. concluir*, 《フォーマル》 dar* por terminado, 《フォーマル》 clausurar; (仕事などを) v. terminar, acabar, (プログラムを)《専門語》 v. salir*. → 終わる, 終える. ▶試合は終了しました「Se ha acabado [Se acabó] el partido [juego]. ▶本日の作業は終了しました El trabajo de hoy se ha acabado. / Por hoy hemos terminado el trabajo.
☞ 終える, 終わる, 片付く, 仕舞う

しゅうりょう 修了 f. terminación. ▶修了証書 m. diploma. ▶全課程を修了する v. terminar [completar] todos los estudios [cursos].

じゅうりょう 重量 m. peso. ▶重量あげ m. levantamiento de pesas, 《フォーマル》 f. halterofilia. ▶重量制限を設ける v. poner* [fijar] un límite de peso. ▶重量が10キロ^{1}不足 [^{2}超過]している v. tener* 10 kilos de ^{1}menos [^{2}más]. ▶小包の重量を計る v. pesar el paquete. 《会話》 積み荷の総重量はどれくらいですか

—5トンです¿Cuánto pesa en total la carga? - Cinco toneladas. ♦この石の重量は1トン以上ある Esa piedra pesa más de una tonelada.

じゅうりょく 重力 (地球引力) f. gravedad; (一般の引力) f. gravitación. ▶無重力状態 f. ingravidez, f. gravedad cero. ▶重力の法則 f. ley de la gravedad [gravitación].

シュール(リアリズム) m. surrealismo. ▶シュールな(=超現実的な) adj. surrealista.

しゅうれっしゃ 終列車 m. último tren.

じゅうろうどう 重労働 m. trabajo pesado.

しゅうろく 収録 (録音、録画) f. grabación, m. registro de imágenes. ▶ラジオ番組の収録 f. grabación de un programa de radio. ▶オペラをテープに収録する v. grabar [registrar] una ópera en cinta. ♦ Ese programa fue grabado ante un público en directo. ♦この本にはスペイン文学に関する彼の講義が収録されている (=記載されている) Este libro contiene [En este libro están] sus conferencias sobre literatura española. / (印刷されている)Sus conferencias sobre literatura española están impresas en este libro. ♦この64メガビットの集積回路には新聞256ページ分の活字が収録できる En este chip [circuito integrado] de 64 megabits [Mb] caben 256 páginas de periódico.

***じゅうろく** 十六 num. dieciséis. ▶16番目(の) adj. dieciséis, (フォーマル) decimosexto. ▶16進(の)《専門語》adj. hexadecimal.

しゅうわい 収賄 m. soborno, 『ペルー』『アルゼンチン』f. coima, 『メキシコ』f. mordida, 《フォーマル》m. cohecho, (わいろを受け取ること) f. aceptación de soborno. ▶収賄罪 m. soborno, 《フォーマル》《専門語》m. cohecho. ▶収賄事件 m. escándalo por soborno. ▶収賄者 f. persona que acepta el soborno. ▶収賄する v. aceptar soborno, 《口語》dejarse untar la mano. ▶1千万円収賄したため逮捕される v. ser* detenido por haber* aceptado un soborno de 10 millones de yenes.

しゅえい 守衛 (見回り) mf. guardia/diana, mf. guardián; (門衛) mf. portero/ra; mf. conserje.

じゅえきしゃ 受益者 (遺産などの受取人) mf. beneficiario/ria, 《専門語》mf. derechohabiente, mf. legatario/ria, (利益を得る人) mf. beneficiario/ria. ▶受益者課税 m. impuesto por beneficios. ▶受益者負担の原則 m. principio según el que los beneficiarios deben compartir los gastos.

ジュエリー fpl. joyas. ▶ジュエリーをつけている v. llevar joyas.

しゅえん 主演(者) mf. protagonista. ▶アントニオ・バンデラス主演の映画 f. película protagonizada por Antonio Banderas. ♦その映画は彼女が主演した Fue la protagonista de la película. / Trabajaba como protagonista en esa película.

しゅえん 酒宴 f. fiesta, m. banquete. → パーティー. ▶酒宴を開く v. dar* una fiesta [un banquete].

しゅかくてんとう 主客転倒 → 本末転倒. ♦それは主客転倒だ Estás dando importancia a lo que no la tiene. / 《言い回し》Estás construyendo [empezando] la casa por el tejado.

しゅかん 主観 ▶主観性 f. subjetividad. ▶主観を捨てる v. eliminar la subjetividad, ser* objetivo, mf. escéptico. ▶主観的(な) adj. subjetivo. ▶主観1的に [2を交えずに]物事を見る v. ver* las cosas ¹subjetivamente [²objetivamente]. ♦それは大変主観的な見方だ Ése es un punto de vista muy subjetivo.

しゅかん 主幹 mf. jefe; (編集の) mf. jefe de redacción, mf. redactor/tora jefe.

しゅがん(てん) 主眼(点) (主たるねらい) m. objetivo principal; (主目的)《フォーマル》m. propósito fundamental, mf. punto principal. ♦この事業は国際交流に主眼を置いている El objetivo principal de este programa es la promoción de los intercambios internacionales.

しゅき 手記 (印象記) mpl. apuntes, fpl. notas; (備忘録) f. nota; (体験記、回想録) fpl. memorias, mpl. recuerdos. ▶手記を書く v. escribir* las memorias.

しゅき 酒気 m. olor a alcohol. ▶酒気を帯びている v. oler* a alcohol, 《口語》《軽蔑的に》tener* aliento de borracho. ▶酒気帯び運転で逮捕される v. ser* detenido por conducir* en estado de embriaguez.

***しゅぎ** 主義 (生活・行動などの方針) m. principio; (個人の習慣) f. regla, f. norma; (宗教上の) f. doctrina. ▶保護貿易主義 m. proteccionismo. ▶主義を守る v. ser* fiel a los principios; (がんとして) v. mantenerse* en sus principios. ▶主義を捨てる v.「renunciar a [abandonar] los principios. ♦うそをつくことは私の主義に反する Mentir va contra mis principios. ♦金を貸さないのが彼の主義だ Tiene el principio de jamás prestar dinero. ♦あの学校はもはや主義だ(=金のために経営されている) Esa escuela se dedica a ganar dinero. / (その学校にとって重要なのはお金を稼ぐことだ) Lo importante para esa escuela es ganar dinero.

じゅきゅう 需給 f. oferta y f. demanda.

しゅきょう 主教 m. obispo.

しゅぎょう 修行[業] (見習い) m. aprendizaje; (訓練) m. entrenamiento, mpl. ejercicios; (宗教的苦行) fpl. austeridades [fpl. mortificaciones] religiosas. ▶彼の下でコックの修業をする v. practicar* de aprendiz de "chef" a sus órdenes. ▶花嫁修業をする v.「pasar por el aprendizaje [practicar*] de ama de casa. ▶寺で修行を積む v.「practicar* austeridades [llevar una vida austera] en un templo.

じゅきょう 儒教 m. confucianismo, m. confucionismo. ▶儒教の adj. confuciano.

*** じゅぎょう** 授業 f. clase, f. lección, f. materia, f. asignatura.

1《〜授業》▶補習授業 f. clase complementaria. ▶歴史の授業 f. clase de historia.

2《授業+名詞》▶授業時間 fpl. horas de clase, 《フォーマル》fpl. horas lectivas. ▶授業

料 f. tarifa [f. cuota, mpl. honorarios] de enseñanza; (大学の) fpl. tasas académicas, 『メキシコ』colegiatura. ♦山田先生は今授業中です El Sr. Yamada está dando ahora su clase. ♦彼は授業中居眠りをした「Se durmió [《口語》Dio una cabezada] durante la clase.

3《授業が[は]》♦授業が終わってから adv. después de clase, cuando terminen [se acaben] las clases. ♦スペイン語の授業は1週間に何時間ありますか ¿Cuántas clases de español tienes a la semana?♦明日は午前中授業がありません Mañana por la mañana no tengo clase. ♦3時からスペイン語の授業がある A las tres tengo una clase de español. ♦授業は8時半に始まる La clase empieza a las ocho y media. ♦授業が終わると彼は家に走って帰った Cuando acabaron las clases, se fue corriendo a casa. 会話 今晩は授業何時からだった―7時です ¿A qué hora es la clase esta tarde? – A las siete. ♦2 時間目の授業は何ですか ¿Qué clase tienes en la segunda hora?♦その授業は進むのが¹早い [²遅い] Esa clase va ¹rápido [²despacio].

4《授業に》♦サンチェス先生の授業に出る v. tomar clases con el Sr. Sánchez.

5《授業を》♦スペイン語の授業を受ける v. tomar [recibir] ¹una clase [clases] de español. ♦授業をする v. dar* [《フォーマル》impartir] una clase. ♦授業を休む v. no ir* a clase, faltar a clase; (出席し損なう) v. faltar a una clase. ♦授業をさぼる v. 《スペイン》hacer* novillos, 『メキシコ』sabotear una clase. → さぼる. ♦彼らは日本史の授業を受けた Tomaron una clase de historia japonesa.

しゅぎょく 珠玉 f. joya, 《教養語》f. gema; (逸品) f. joya, 《口語》f. maravilla. ♦珠玉の随筆 f. joya [f. maravilla] de ensayo, m. ensayo maravilloso; (価値のある) m. ensayo magnífico [excelente].

じゅく 塾 f. academia privada. ♦塾に行く v. ir* [asistir] a una academia.

しゅくえん 祝宴 ♦祝宴をはる v. dar* [ofrecer*] un banquete [festín]. → 宴.

しゅくが 祝賀 f. celebración. → 祝う. ♦祝賀会を催す v. dar* [ofrecer*] una celebración. ♦祝賀パレード f. desfile de celebración.

しゅくがん 宿願 m. deseo, 《フォーマル》m. anhelo; (夢みてきたこと) m. sueño. ♦宿願を果たす v. cumplir [realizar*] un sueño [anhelo]. ♦ピアニストになるのが私の宿願だった He soñado siempre con ser pianista. / He tenido desde hace mucho tiempo el anhelo [deseo] de ser pianista.

じゅくご 熟語 (慣用句) m. modismo, m. giro, f. expresión, f. frase hecha, 《専門語》m. idiotismo.

しゅくさいじつ 祝祭日 m. día festivo oficial. → 祭日.

しゅくさつ 縮刷 ♦縮刷する v. imprimir* (un libro) en formato reducido. ♦縮刷版 f. edición de formato reducido.

しゅくじ 祝辞 (祝いの演説) fpl. palabras [《教養語》f. alocución] de felicitación; (祝いの言葉) f. felicitación. ♦祝辞を述べる v. felicitar, dar* la enhorabuena.

しゅくじつ 祝日 m. día festivo, f. fiesta oficial; (国民の) f. fiesta nacional.

しゅくしゃ 宿舎 (宿泊所) f. pensión, m. alojamiento, m. hospedaje; (ホテル, 旅館) m. hotel. ♦公務員宿舎 m. alojamiento (económico) para funcionarios. ♦国民宿舎 f. fonda [m. albergue] nacional.

しゅくしゃく 縮尺 f. escala (reducida). ♦¹大 [²小] 縮尺地図 m. mapa a ¹gran [²pequeña] escala. ♦縮尺5万分の1の地図 m. mapa a escala de 1:50,000 (uno cincuentamilésimo). ♦縮尺する v. reducir* a escala. ♦その地図の縮尺はどのくらいですか ¿Qué escala tiene el mapa?

じゅくじゅく ♦じゅくじゅくした adj. empapado. ♦雨後のじゅくじゅくした芝生を歩く v. caminar sobre el césped empapado.

しゅくじょ 淑女 f. señora, 《フォーマル》f. dama.

しゅくしょう 縮小 f. reducción; (削減) m. recorte. ♦軍備縮小 m. desarme; f. reducción de armamentos. → 軍縮. ♦特権の縮小 f. reducción de (sus) privilegios.

—— 縮小する (大きさ・数量などを減らす) v. reducir*; (費用などを切り詰める) v. disminuir*, recortar. ♦サイズを半分に縮小する v. reducir* el tamaño a la mitad. ♦経費を20%縮小する v. reducir* [recortar] los gastos en un 20%. ♦平時には軍隊は縮小されるべきだ En tiempos de paz hay que reducir el ejército.

しゅくず 縮図 m. dibujo a escala; (縮小形) f. miniatura. ♦ヨーロッパの縮図 m. mapa reducido de Europa en miniatura. ♦機械の10分の1の縮図をかく v. hacer* un plano de una máquina a una escala de uno por diez. → 縮尺. ♦彼の苦難の物語は現代生活の縮図(=典型)である La historia de sus adversidades es un compendio [《教養語》epítome] de la vida moderna.

じゅくす 熟す v. madurar. ♦トマトは赤く熟すまで取ってはいけません No cojas los tomates hasta que estén rojos y maduros. ♦反乱の機は熟している Ha llegado el momento de la rebelión. → 機.

じゅくすい 熟睡 m. sueño profundo. ♦熟睡する v. dormir* profundamente [《口語》como un tronco]. ♦熟睡している v. estar* profundamente dormido.

しゅくせい 粛清 f. purga, 《フォーマル》f. depuración. ♦粛清する v. purgar*, 《フォーマル》depurar.

しゅくせい 粛正 (腐敗・汚職などの浄化) f. limpieza, v. limpiar.

じゅくせい 熟成 m. envejecimiento, m. añejamiento. ♦熟成する v. envejecerse*, añejarse. ♦熟成させる v. envejecer*, añejar. ♦熟成した(=熟成の終わった)ワイン m. vino añejo [envejecido]. ♦ワインによってはほんの数か月で熟成するものもある Algunos vinos se añejan en sólo unos pocos meses.

しゅくだい 宿題 ❶【家庭学習】*mpl.* deberes, 『ラ米』*f.* tarea. ▶数学の宿題 *mpl.* deberes de matemáticas. ▶その一節を暗記する宿題 *mpl.* deberes de aprenderse un texto. ▶宿題をする *v.* hacer*「los deberes [la tarea]. ♦今日の宿題はその練習問題をすることです Los deberes de hoy son hacer el ejercicio. ♦今日の宿題忘れた人はいますか。手をあげて ¿Ha olvidado alguien hacer los deberes para hoy? Que levante la mano. ♦先生は夏休みの宿題をたくさん出した El profesor nos puso [《口語》dio /《フォーマル》asignó] muchos deberes para las vacaciones de verano.
❷【懸案】*f.* cuestión pendiente. ♦その問題は2年越しの宿題だ Esa cuestión lleva dos años pendiente. ♦その問題は月曜まで宿題となった La cuestión quedó abierta para el lunes.

じゅくたつ 熟達 *m.* dominio, *f.* maestría, *f.* habilidad;（堪能）*f.* competencia. ▶スペイン語に熟達する *v.* llegar* a dominar [《フォーマル》asignó] el español. ▶心臓手術に熟達した外科医 *m.* cirujano con dominio de la operación [cirugía] cardíaca. → 熟練.

じゅくち 熟知 ▶熟知する（よく知っている）*v.* conocer* [entender*] muy bien [a fondo],《口語》conocer* como la palma de la mano;（精通している）*v.*《フォーマル》estar* muy familiarizad*o*《con》,（状況などに通じている）*v.* estar* bien informad*o* [tener* mucha información]《de》. ♦彼はこの機械を熟知している Conoce muy bien este máquina. /《口語》Entiende esta máquina como la palma de su mano. ♦彼は国際情勢を熟知している「Está bien informado [Tiene mucha información] sobre la situación internacional.

しゅくちょく 宿直 *f.* guardia [*f.* vigilancia] de noche. → 夜勤. ▶宿直員 *mf.* guardia de noche. ▶宿直1室 [手当] 1 *f.* sala [2 *f.* asignación] de guardia (de noche).

しゅくてき 宿敵 ▶宿敵である *v.* ser*「un viejo enemigo [el enemigo de siempre,《強調して》el enemigo mortal];（対抗関係がある）*v.* existir una vieja rivalidad [enemistad]《entre》.

しゅくてん 祝典 *f.* celebración;（祭り）*m.* festival, *m.* festejo (→祭り),（記念祭）*f.* celebración, *f.* fiesta conmemorativa. ▶祝典を催す *v.* tener* una celebración.

しゅくでん 祝電 *m.* telegrama de felicitación.

じゅくどく 熟読 *f.* lectura cuidadosa [atenta]. ▶熟読する *v.* leer* (un libro) atentamente [con detenimiento].

じゅくねん 熟年 *f.* edad madura. ▶熟年の紳士 *m.* caballero maduro.

しゅくはい 祝杯 *m.* brindis. ▶山本先生のために祝杯をあげよう「《フォーマル》Vamos a brindar [Brindemos] por el profesor Yamamoto.

しゅくはく 宿泊 *m.* hospedaje;（滞在）*f.* estancia. → 泊まる. ▶宿泊所 *m.* alojamiento, *f.* posada. → 下宿. ▶旅行者のための宿泊施設 *m.* alojamiento para turistas. ▶宿泊客 *mf.* cliente*/ta* (de un hotel), *mf.* hués*ped/peda*. ▶宿泊人 *mf.* hués*ped/peda*;（下宿人）*mf.* pensionista, *mf.* hués*ped/peda*. ▶宿泊料 *mpl.* gastos de hospedaje. ▶宿泊料を払う *v.* pagar*「los gastos de hospedaje [la cuenta de un hotel]. ▶宿泊する *v.* hospedarse, alojarse. → 泊まる. ▶宿泊させる *v.* hospedar, alojar. → 泊める.

しゅくふく 祝福 *f.* bendición, *f.* felicitación.
—— 祝福する（神・聖職者が）*v.* bendecir*;（幸運を祈る）*v.* desear《a + 人》「buena suerte [《口語》lo mejor], felicitar. ♦彼に神の祝福がありますように Que Dios le bendiga. ♦彼らは新婚夫婦の前途を祝福した Desearon「mucha felicidad [un futuro feliz] a los recién casados.

しゅくほう 祝砲 *f.* salva. ▶21発の祝砲 *f.* salva de 21 cañonazos. ▶祝砲をうつ *v.* disparar una salva.

しゅくめい 宿命 *m.* destino,《教養語》*m.* sino,《文語》*m.* hado, *f.* fatalidad. → 運命. ▶宿命的な出会い *f.* reunión fatal. ♦海外駐在は商社マンなら宿命のようなものだ（=不可避だ）En una empresa de comercio son inevitables los destinos en el extranjero.

しゅくやく 縮約 ▶縮約する *v.* imprimir* (un libro) en formato reducido,（簡約）*v.* abreviar (una obra). ▶縮約版 *f.* edición abreviada.

じゅくりょ ▶熟慮の末 *adv.* después de pensarlo [《フォーマル》considerarlo] mucho
☞考察, 思案, 熟考

じゅくれん 熟練 （磨いた技能）*f.* habilidad, *f.* destreza,《フォーマル》*f.* pericia;（技能をきわめること）*m.* dominio, *f.* maestría,《強調して》*f.* perfección. ▶熟練工 *m.* trabajador cualificado [especializado]. ▶射撃に非常な熟練ぶりを発揮する *v.* mostrar* mucha habilidad en el disparo. ▶熟練の要る仕事 *m.* trabajo especializado [que requiere mucha destreza].

—— 熟練した（腕のたつ）*adj.* hábil, habilidos*o*,《フォーマル》dies*tro*《en》;（訓練を積んで）*adj.* especializad*o*,《フォーマル》perito,《強調して》maes*tro*《en》;（経験を積んだ）*adj.* expert*o*, con experiencia《en》. ▶非常に熟練している *v.* ser* *un/una* profes*or/sora*「con experiencia [expert*o/ta*]. ♦その理容師はハサミさばきが非常に熟練していた Ese barbero era muy diestro con las tijeras. ☞鮮やかな, 上手な, 巧み

しゅくん 殊勲 （きわだって尽力する手）*mpl.* destacados servicios. ▶最高殊勲選手 *el/la* mejor jugad*or/dora*, *el/la* jugad*or/dora* más valios*o/sa* [destacad*o/da*]. ▶殊勲賞（野球で）*m.* premio al mejor jugador,（相撲で）*m.* galardón a la mejor actuación. ▶殊勲をたてる *v.* realizar* destacados servicios.

しゅくん 主君 *m.* señor, *m.* amo.

しゅげい 手芸 *f. (fpl.)*artesanía(s), *fpl.* labores. ▶手芸展 *f.* exposición de artesanías.

しゅけん 主権 （最高の権力）*m.* poder soberano; (他国から独立した統治権) *f.* soberanía. ▶ 主権者 *m.* soberano/na, 《フォーマル》*mf.* monarca. ▶ 主権国家 *m.* estado soberano. ▶ 隣国の主権を侵す *v.* violar la soberanía de un país vecino. ♦ 主権在民 La soberanía está en el pueblo.

***じゅけん** 受験 **1**《〜受験》▶ 昨年品川大学の受験に失敗した「Me suspendieron [Suspendí] en el examen de ingreso a la Universidad Shinagawa el año pasado. → 入学試験.
2《受験＋名詞》▶ 受験科目 *f.* materia de examen. ▶ 受験地獄 *m.* infierno de los exámenes. ▶ 受験番号 *m.* número del candidato [《フォーマル》examinando]. ▶ 受験票 (身分証) *f.* tarjeta de identificación del candidato [《フォーマル》examinando]; (許可証) *f.* tarjeta de admisión al examen. ▶ 受験料 *mpl.* derechos [*f.* tasa] de examen. ▶ 受験産業 *f.* industria de los exámenes de ingreso. ♦ 彼は受験勉強をしている Está estudiando [preparándose, 《口語》empollando] para el examen. ♦ 彼は受験資格がない No está cualificado para「tomar el [presentarse al] examen. ♦ 何人の受験生が合格しましたか ¿Cuántos candidatos han aprobado?
—— 受験する *v.* presentarse a un examen, examinarse, tomar un examen; (出願する) *v.* solicitar un examen. ♦ 来年は品川大学を受験するつもりです El año que viene me voy a presentar al examen de ingreso a la Universidad Shinagawa.

しゅご 主語 *m.* sujeto.

しゅこう 趣向 (考え) *f.* idea; (計画) *m.* proyecto. ▶ 新しい趣向を思いつく *v.* pensar* en una nueva idea. ▶ パーティーの趣向を凝らす *v.* hacer* planes para la fiesta. ♦ 趣向を変えて (＝気分転換に) 庭で食事をしよう Vamos a cenar en el jardín para variar.

しゅごう 酒豪 *m.* buen bebedor, 『メキシコ』*m.* buen tomador.

じゅこう 受講 ▶ 受講者 (授業・講義などの) *mf.* alumno/na, *mf.* estudiante, *mf.* asistente a clase; (実技・講習などの) *mf.* participante. ▶ 受講料 *mpl.* derechos de matrícula, 『メキシコ』*f.* colegiatura. ▶ 西教授の講義を受講する *v.* tomar [asistir a, seguir*]「la clase [el curso] del Prof. Nishi. ▶ スペイン語の夏期講習を受講する *v.*「tomar parte [participar] en un curso de verano de español.

しゅこうぎょう 手工業 (手を使う) *f.* industria artesanal; (手先の器用さを要する) *fpl.* artesanías. ▶ 手工業者 *mf.* artesano/na.

しゅこうげい 手工芸 *fpl.* artesanías. ▶ 手工芸品 *f.* (obra de) artesanía, *m.* objeto artesanal.

しゅごしん 守護神 *f.* divinidad protectora [tutelar], *m.* dios guardián, *f.* diosa guardiana.

しゅさい 主催 ▶ 主催する (組織・企画する) *v.* organizar*; (興行などを行なう) *v.* promocionar; (金を出して後援する) *v.* patrocinar; (主人役を務める) *v.* ser* *el/la* anfitrión/triona 《de》. ▶ 主催者 *mf.* organizador/dora, *mf.* promotor/tora, *mf.* patrocinador/dora. ▶ ワールドカップの主催国 *m.* país anfitrión de la Copa del Mundo [del Mundial]. ▶ パーティーを主催する *v.* organizar* una fiesta. ▶ ゴルフの試合を主催する *v.* organizar* un partido de golf. ♦ その展覧会はある出版社の主催で開かれた La exposición se celebró bajo「el patrocinio [los auspicios] de una editorial.

しゅざい 取材 ▶ 取材する (記事を取る) *v.* cubrir*; (取材訪問する) *v.* entrevistar; (資料を集める) *v.* reunir* [juntar] datos 《para》. ▶ 事故を現地取材する *v.* cubrir* un accidente en el lugar del suceso. ▶ 取材記者 *mf.* reportero/ra.

しゅざん 珠算 *m.* cálculo con el ábaco. ▶ 珠算をする *v.* calcular con el ábaco.

しゅし 趣旨 (目的) *m.* objetivo, *m.* objeto; (意味) *m.* significado; (旨) *f.* finalidad, *m.* propósito. → 旨(沢). ▶ その計画の趣旨に反する *v.* estar* en contra del objetivo del proyecto. ▶ …という趣旨の手紙を彼らからもらう *v.* recibir una carta de él con la finalidad de…

しゅし 主旨 (要点) lo esencial, *m.* punto principal, *m.* meollo. ▶ 彼の講演の主旨 (＝要点) が分かる *v.* comprender lo esencial de su conferencia.

しゅし 種子 *f.* semilla, *f.* simiente.

しゅじ 主事 (人) *mf.* superintendente; (地位) *f.* superintendencia.

じゅし 樹脂 *f.* resina. ▶ 合成樹脂 *f.* resina sintética. ▶ 樹脂加工する *v.* procesar con resina.

しゅじい 主治医 (担当の) *mf.* médico/ca encargado/da; (かかりつけの) *mf.* médico/ca de cabecera [familia].

しゅしゃせんたく 取捨選択 *f.* elección, *f.* selección. → 選択. ▶ 取捨選択する *v.* elegir*, escoger*, seleccionar.

しゅじゅ 種々 ▶ 種々の (いろいろな) *adj.* varios; (多くの) *adj.* muchos. ▶ 種々の果物 *fpl.* frutas diferentes, *f.* fruta muy surtida, *fpl.* frutas de varias [muchas] clases. ▶ 種々の理由で *adv.* por razones varias, por motivos diferentes.

***しゅじゅつ** 手術 *f.* operación, 《フォーマル》*f.* intervención quirúrgica. ▶ 手術室 *m.* quirófano, *f.* sala de operaciones. ▶ 手術台 *f.* mesa de operaciones. ▶ 外科手術 *f.* operación [*f.* intervención] quirúrgica. ▶ 心臓切開手術 *f.* operación a corazón abierto. ▶ 移植手術 *f.* cirugía [*f.* operación] de trasplantes. ▶ [¹大 [²難しい; ³簡単な]手術 *f.* operación [¹importante [²difícil; ³sencilla]. ▶ ¹鼻 [²胃かいよう]の手術を受ける *v.*「ser* operado [《フォーマル》someterse a una operación] de ¹la nariz [²una úlcera de estómago]. ♦ 彼の(受けた)手術はうまく行った Su operación fue un éxito. / Salió bien de la operación.
—— 手術する *v.* operar, 《フォーマル》realizar* una operación. ▶ 彼の肺がんを手術する *v.* operarle de un cáncer pulmonar.

じゅじゅつ 呪術 *f.* mágica, *f.* magia, *m.* brujo. ▶呪術師 *mf.* mago/ga, *mf.* brujo/ja, *mf.* hechicero/ra; (シャーマン)*m.* chamán.

***しゅしょう** 首相 (日本・英国の) *mf.* primer/mera ministro/tra, *mf.* premier; (スペインの) *mf.* presidente/ta (del gobierno); (ドイツ・オーストリアの) *m.* canciller. ▶吉田首相 *m.* primer ministro Yoshida. ▶首相官邸 *f.* residencia oficial del primer ministro. ▶首相代理 *m.* primer ministro en funciones.

しゅしょう 主将 *mf.* capitán/tana. ▶彼はチームの主将に任命された Le nombraron capitán del equipo.

しゅしょう 主唱 ▶...の主唱で *prep.* por [bajo] (la) iniciativa de. ▶主唱する *v.* 《フォーマル》abogar*《por》; tomar la iniciativa《en》. ▶主唱者 (考えなどの)*mf.* iniciador/dora, *mf.* pionero/ra《de》; (事業などの)*mf.* promotor/tora.

じゅしょう 受賞 ▶受賞者 *mf.* ganador/dora (del premio), *mf.* galardonado/da, 《フォーマル》 *mf.* laureado/da. ▶ノーベル化学賞受賞者 *mf.* galardonado/da con el premio Nobel de Química. ▶受賞作品 *f.* obra galardonada. ▶受賞作家 *mf.* escritor/tora galardonado/da. ▶受賞する *v.* 《フォーマル》ser* galardonado con un premio. → 賞. ▶太郎が受賞したよ Taro ganó un premio. / A Taro le dieron un premio.

じゅしょう 授賞 ▶授賞する *v.* premiar [conceder, 《口語》dar*, 《フォーマル》otorgar*, 《口語》galardonar con] un premio. ▶授賞式 *f.* ceremonia de entrega de premios.

しゅしょく 主食 *m.* alimento básico [principal]. → 常食. ▶彼らの主食は米だ Su alimento básico es el arroz.

しゅしん 主審 (野球)*mf.* árbitro/tra principal [de base meta].

***しゅじん** 主人 ❶【家長】*m.* cabeza de familia. ▶主人は今留守です Mi marido no está (en casa) ahora. ♦ご主人はご在宅ですか ¿Está [¿Se encuentra] su marido (en casa)? ♦私と主人はパーティーに出席しますが、あなたとご主人はどうなさいますか Mi marido y yo iremos a la fiesta. ¿Y usted y su marido, qué van a hacer?
❷【雇い主】*mf.* patrón/trona, *mf.* señor/ñora, *mf.* amo/ma; (飼い主)*mf.* amo/ma. ♦犬は主人のもとへ走った El perro echó a correr hacia su amo.
❸【店主】*mf.* dueño/ña, *mf.* propietario/ria; (旅館・下宿などの)*mf.* patrón/trona, *mf.* hotelero/ra. ▶肉屋の主人 (=所有者) *mf.* carnicero/ra, *mf.* dueño/ña [*mf.* propietario/ria] de la carnicería.
❹【接待者】▶主人役 *mf.* anfitrión/triona. ▶パーティーの主人役を務める *v.* hacer* de anfitrión en la fiesta. → 務める. ▶主人役の人がわれわれを紹介してくれた Nos presentó nuestro anfitrión.

じゅしん 受信 (状態)*f.* recepción. ▶受信局 *f.* estación receptora. ▶受信機 *m.* (aparato) receptor. ▶受信人(名あて人) *m.* destinatario. ▶受信料 *f.* cuota de recepción. ▶受信する 《専門語》*v.* recibir. ▶船からの遭難信号を受信する *v.* recibir「una señal de socorro [un SOS] de un barco. ♦当地では受信状態が悪い La recepción aquí es mala. ♦この機械は受信専用です Esta máquina sólo es para recibir.

しゅじんこう 主人公 *mf.* protagonista, *m.* héroe, *f.* heroína.

しゅす 繻子 *m.* satén, *m.* raso. ▶しゅすの服を着ている *v.* llevar un vestido de satén.

じゅず 数珠 *m.* rosario budista. ▶数珠玉カーテン *f.* cortina de abalorios. ▶1キロにわたって車が数珠つなぎになっている Hay un rosario de coches de un kilómetro moviéndose a paso de tortuga.

しゅせい 守勢 *f.* defensiva. ▶守勢にまわる[まわっている] *v.* estar* a la defensiva.

じゅせい 受精 *v.* fertilización. ▶受精する *v.* fertilizarse*. ▶受精卵 *m.* huevo fertilizado.

じゅせい 授精 ▶人工授精 *v.* inseminación artificial. ▶(雌牛の)人工授精をする *v.* inseminar artificialmente (una vaca).

しゅせき 首席 (最上位)*m.* primer puesto; (先頭)*f.* cabeza. ▶首席「判事 [²検事] ¹ *mf.* juez [² *mf.* procurador/dora] principal. ▶クラスの首席である *v.* estar* en [a] la cabeza de la clase. ▶首席で卒業する *v.* graduarse* con「la máxima calificación [los máximos honores]. ▶イタの首席司祭フアン・ルイス(中世スペインの詩人) *m.* arcipreste de Hita (Juan Ruiz).

しゅせき 主席 ▶国家主席 *mf.* presidente/ta.

しゅせんど 守銭奴 *mf.* tacaño/ña, 《フォーマル》 *mf.* avaro/ra, *mf.* agarrado/da, 【スペイン】《口語》 *mf.* rata, 【メキシコ】《口語》 *mf.* codo/da.

じゅぞう 受像 (状態)*f.* recepción; (映像)*f.* imagen. ▶(テレビ)受像機 *m.* televisor, *f.* televisión, 《口語》 *f.* tele. ▶受像する (=映像を受信する) *v.* recibir una imagen.

しゅぞく 種族 (部族)*f.* tribu, (人種)*f.* raza; (動物の)*f.* familia, *f.* especie. ▶種族保存の本能 *m.* instinto de preservación de la especie.

しゅたい 主体 (哲学上の) *m.* sujeto. ▶主体と客体 *m.* sujeto y *m.* objeto. ▶主体性 (自主性) *f.* independencia, (個性) *f.* individualidad. ▶主体性のある人 *f.* persona independiente, *f.* persona con individualidad. ▶主体的に行動する *v.* actuar* con independencia. ♦このグループは学生が主体です (=学生で構成されている) Este grupo está formado principalmente de estudiantes.

しゅだい 主題 *m.* tema, *m.* asunto; (劇・音楽などのくり返される) *m.* motivo. ▶主題歌 *f.* canción principal ☞ 課題, 作意, 題, テーマ

じゅたい 受胎 *f.* concepción. ▶受胎する *v.* concebir*. ▶(聖母マリアの)受胎告知 *f.* «Anunciación».

じゅだく 受諾 *f.* aceptación; (承諾) *m.* consentimiento. ▶彼の提案を受諾する *v.* dar* el consentimiento a su propuesta, aceptar

しゅだん 手段 (一般的に) mpl. medios; (方策) fpl. medidas; (段階的処置) mpl. pasos; (頼るもの) m. recurso.
1《～手段》▶¹生計[²交通]の手段 mpl. medios de ¹ganarse la vida [²transporte].
2《手段を》▶彼は入国ビザを取るのに不法な手段を使った Se sirvió de medios ilegales para conseguir「un visado [《ラ米》una visa] de entrada. ♦目的は手段を正当化しない El fin no justifica los medios. ♦目的を果たすために彼はあらゆる手段を尽くした Utilizó [Recurrió a, Se sirvió de] todos los medios posibles para conseguir sus fines. ♦損失を最小限にするための有効な手段を取らないといけない Debemos tomar medidas eficaces para minimizar las pérdidas.
3《手段で[だ]》▶彼女は不正な手段で欲しいものを手に入れた Consiguió lo que quería por medios injustos [sucios].
4《手段として》▶彼は最後の手段として車を売った Vendió el coche como último recurso.
☞活路, 手, 手, 手立て, 道具

しゅちゅう 手中 ▶彼の手中にある(所有[支配]されている) v. estar* en sus manos; (所有されている) v. estar* en posesión 《de》; (なすがままになっている) v. estar* a merced 《de》. ♦彼は莫大な富を手中に収めた Tomó posesión de una inmensa fortuna. / Recibió una gran fortuna.

じゅちゅう 受注 mpl. pedidos recibidos. ▶受注する v. recibir un pedido. ♦新規の受注は著しく減っている Están disminuyendo drásticamente los nuevos pedidos.

しゅちょう 主張 (言い張ること) f. insistencia; (権利などの主張) f. reclamación; (自説・要求などの主張) f. afirmación; (意見) f. opinión; (論点) m. punto de discusión; (唱道) m. apoyo 《f. promoción》 (de una causa o idea). ▶最後まで主張を曲げない v. mantenerse* hasta el final en la opinión, no dar* el brazo a torcer*. ♦彼の無罪の主張は却下された Se rechazó su reclamación de inocencia.
── 主張する (強く言い張る) v. insistir 《en》; (事実であると) v. reclamar, reivindicar*; (断言する) v. afirmar; (自己の立場を守ろうと) v. mantener*, sostener*; (強く力説する) v. pedir* con insistencia, propugnar; (理論的に) v. argumentar, razonar; (唱道する) v. apoyar (causa, idea); (強調する) v. enfatizar*, hacer* hincapié 《en》. ▶自己の権利を主張する v. exigir* [reclamar, reivindicar*] sus propios derechos. ▶その土地の所有権を主張する v. reclamar [reivindicar*] la propiedad de la tierra. ▶改革を主張する v. abogar* por las reformas. ♦彼は無実を主張した「Se afirmaba [Insistía] en su inocencia. / Mantenía (《フォーマル》Alegaba] que era inocente. ♦彼はその仕事をすべて一人でやったと主張した Insistía [Alegaba, Mantenía] haber hecho él solo todo el trabajo. ♦コロンブスは西へ行けばインドに着くと主張した Colón afirmaba que podía llegar a la India por el oeste. ☞言う, 唱える

じゅつ 術 (技術) m. arte 《de》; (秘訣) m. secreto 《de》. ▶出世術 m. arte de triunfar en el mundo.

しゅつえん 出演 ▶アントニオ・バンデラス出演の映画 f. película con [de] Antonio Banderas. ♦その芝居の出演者はおよそ 20 人です En el reparto de la obra hay unas 20 personajes.
── 出演する (テレビ・舞台などに) v. aparecer*, hacer* la aparición, salir*; (役を演じる) v. representar, interpretar, actuar* 《de》, (《口語》hacer* 《de》. →演じる. ▶¹テレビ [²舞台; ³劇; ⁴コンサートホール]に出演する v. aparecer* [《口語》salir*] en ¹television [²escena, ³la obra de teatro, ⁴la sala de conciertos]. ▶ロメオ役で出演する「hacer* el papel [actuar*] de Romeo, interpretar a Romeo. ♦劇団は彼を犯人役で出演させた La compañía teatral lo [le] hizo「aparecer como [《口語》salir de] criminal.

しゅっか 出火 m. comienzo de incendio; (火事) m. incendio, m. fuego. ▶出火の原因 f. causa del incendio [fuego]. ♦妙なことに空き家から出火した Extrañamente el incendio surgió [se inició] en una casa desocupada.

しゅっか 出荷 (出荷した荷物) m. envío, m. cargamento; (発送) m. envío, m. transporte. ▶出荷通知 m. aviso de envío. ▶出荷先 m. destino. ♦(大阪に商品を)出荷する v. enviar* (mercancías a Osaka).

じゅっかい 述懐 ; (回想) f. reminiscencia, mpl. recuerdos, fpl. memorias; (思い出) mpl. recuerdos, fpl. memorias. ▶過去の思い出を述懐する v. recordar* el pasado; relatar los recuerdos. ▶幼い頃を述懐する (=思い出話をする) v. recordar* la infancia.

しゅっかん 出棺 ▶午後 3 時に出棺(=霊柩車が出る)の予定です El coche fúnebre [mortuorio] saldrá de la casa a las tres de la tarde.

しゅつがん 出願 f. solicitud. → 申し込み. ▶出願者 mf. solicitante, mf. candidato/ta, mf. aspirante. ▶出願期限 f. fecha límite de solicitud, m. plazo de solicitud. ▶出願手続き m. trámite de solicitud. ♦大学に出願する v. solicitar「el ingreso [la admisión] en una universidad.

しゅっきん 出勤 ▶時差出勤 f. jornada laboral escalonada. ▶出勤時間 (家を出る時間) f. hora de salir al trabajo; (始業時間) f. hora de comienzo del trabajo. ▶出勤日 f. jornada laboral [de trabajo]. ▶出勤日数 m. número de jornadas laborales realizadas. ▶出勤簿 m. registro de asistencia laboral. ▶出勤している v. estar* en el trabajo. ▶バスで出勤する v. ir* al trabajo en autobús, tomar el autobús para ir* al trabajo. ♦彼は午前 9 時に出勤する (=職場に着く) Llega a la oficina a las nueve de la mañana.

しゅっけ 出家 (仏教の僧) mf. bonzo/za. → 坊主. ▶出家する v. abandonar el hogar para 「hacerse* mon**je/ja** [《フォーマル》entrar en religión].

しゅっけつ 出血 *f.* hemorragia, *m.* derrame de sangre. ▶出血熱《専門語》*f.* fiebre hemorrágica. ▶内出血 *f.* hemorragia interna. ▶脳出血 *f.* hemorragia cerebral. ▶傷口の出血 *f.* hemorragia de una herida. ▶出血サービスをする（＝大割引で売る）*v.* vender artículos con mucho descuento. ◆傷口を包帯でしばって出血を止めた Vendé「el corte [la herida] para detener la hemorragia. ◆彼は出血がひどい Está perdiendo mucha sangre. / Está sangrando mucho. ◆その患者は出血多量で死んだ El/La paciente murió desangrado/da [por pérdida de sangre]./ El/La paciente se desangró hasta morir.

—— **出血する** *v.* sangrar, tener* una hemorragia; desangrarse, perder* sangre. ◆傷口からひどく出血している El corte [La herida] está sangrando mucho. ◆ Está sangrando mucho por la herida.

しゅっけつ 出欠 *f.* asistencia. → 出席. ▶出欠の記録 *m.* registro [*m.* parte] de asistencia. ▶出欠をとる *v.* pasar lista.

しゅつげん 出現 *f.* aparición; (重要な事物・人の) *f.* llegada, *m.* advenimiento. ▶新興国の出現 *f.* aparición de nuevos países. ◆通信衛星の出現でテレビ放送は地球上のどこへでも生中継が可能になった Con la llegada [aparición] de los satélites de comunicación, las emisiones televisadas pueden transmitirse a todos los rincones del mundo.

—— **出現する** *v.* aparecer*, surgir*, 《教養語》emerger*. → 現れる ⇨台頭, 出

じゅつご 術語 *f.* palabra técnica, 《フォーマル》*m.* tecnicismo; *f.* terminología. ▶法律上の術語 *m.* término jurídico; *f.* terminología jurídica.

じゅつご 述語 *m.* predicado.

しゅっこう 出港 *f.* salida de puerto. ▶出港を延期する *v.* aplazar* [posponer*] la salida de puerto.

—— **出港する** (出発する) *v.* salir* de puerto; (出航する) *v.* hacerse* a la mar, 《専門語》zarpar. ◆嵐のため船は出港できなかった La tormenta impidió「zarpar al barco [que el barco zarpara].

しゅっこう 出航 ▶出航する *v.* salir* en barco, salir* a la mar, zarpar. ▶出航時間 *f.* hora de zarpar [salida en barco]. ◆その船は神戸から横浜に向けて出航した El barco zarpó de Kobe rumbo a Yokohama.

しゅっこう 出向 ▶彼はある関連会社に出向した（＝関連会社に転出させられた）Le transfirieron a una compañía afiliada. / Fue cedido a una compañía afiliada.

じゅっこう 熟考 (熟慮) *f.* consideración, *m.* estudio, (慎重な考慮) *f.* deliberación. ▶熟考の上 《フォーマル》 *adv.* tras la debida consideración, después de estudiarlo bien; después de una atenta deliberación. ◆その提案はなお熟考中だ Las propuestas「están todavía bajo estudio [siguen siendo estudiadas]. / Todavía estamos estudiando [considerando] atentamente las propuestas.

—— **熟考する** *v.* considerar cuidadosamente, pensar* bien; (あれこれ考える) *v.* reflexionar 《sobre》; deliberar 《sobre》 ⇨再考, 審議; かみしめる, 考え直す

しゅっこく 出国 *f.* salida de un país. ▶不法出国 *f.* salida ilegal. ▶出国手続き *mpl.* trámites de salida. ▶出国する *v.* salir* de un país, dejar [《フォーマル》abandonar] un país.

しゅつごく 出獄 ▶出獄する →出所.

じゅっさく 術策 (策略) *m.* truco, (わな) *f.* trampa; (陰謀) *m.* intriga; (巧妙な手段) *m.* artificio; (計略, 作戦) *f.* estratagema. ▶術策をろうして *adv.* con trampa [engaño]. ▶術策をろうする *v.* intentar engañar [《口語》cazar*], poner 《a + 人》una trampa. ▶敵の術策にはまる *v.* caer* en la trampa del enemigo.

しゅっさつ 出札 (切符を売ること) *f.* venta de entradas [billetes, 【ラ米】boletos]. ▶出札口 *f.* ventanilla. ▶出札係 *mf.* vende**dor/dora** de entradas.

しゅっさん 出産 *m.* parto. → お産. ▶出産休暇 *m.* permiso [*f.* baja] de maternidad. ▶出産予定日 *f.* fecha prevista de parto. ▶出産率 *f.* tasa de natalidad. ▶出産のとき死ぬ *v.* morir* de parto. ▶出産に立ち合う *v.*「estar* presente en el [asistir al] parto. ◆彼女は女の双子を出産した Tuvo「dos niñas gemelas [gemelos femeninos]. /《フォーマル》Dio a luz a gemelos femeninos. 《会話》いつご出産の予定ですか—6月です ¿Cuándo esperas al niño? – En junio. ⇨お産, 生殖

しゅっし 出資 (投資) *f.* inversión. ▶出資金 *f.* inversión. ▶出資者 (資金調達者) *mf.* inversor/sora, 【ラ米】*mf.* financiero/ra, 【ラ米】*mf.* financista. ▶事業に出資する *v.* hacer* [《フォーマル》realizar*] una inversión 《en》, invertir* 《en》. ◆ご貯金を私たちの会社に出資してくださいませんか ¿Puede usted invertir sus ahorros en nuestra compañía?

しゅっしゃ 出社 ▶出社する *v.* llegar* "a la oficina [al trabajo]. → 行(ゆ)く. ◆9時までに出社したことはないんですよ。9時30分(の約束)ではどうでしょう Nunca llego antes de las nueve. ¿Podría ser a las nueve y media?

しゅっしゅっ ▶しゅっしゅっと音を立てる *v.* sisear, hacer* un siseo. ◆蒸気が破れたパイプからしゅっしゅっ出ていた El vapor siseaba por los agujeros de la tubería.

しゅっしょ 出所 ❶【出どころ】(情報などの) *f.* fuente. ◆そのニュースの出所は信頼できる La noticia procede de una fuente fiable. /《口語》Se sabe de buena tinta.
❷【刑務所から出ること】▶出所する *v.* ser* liberado de la cárcel [prisión], 《フォーマル》ser* excarcelado ⇨源泉, ソース

しゅつじょう 出場 (参加) *f.* participación 《en》; (加入) *f.* participación 《en》. ▶出場者 *mf.* participante; (競技などの) *mf.* participante, *mf.* competid*or*/*dora*; (コンテストの) *mf.* concursante. ◆選手を(一時)出場停止処分にする *v.* suspender a *un*/*una* jugad*or*/*dora*. ◆彼はそのコンテストへの出場を取り消した「Canceló su participación en el [Se retiró del] concurso. ◆彼はそのレースの出場資格を失った Lo [Le] descalificaron en la carrera. ◆レースの出場者は何人もいなかった No había más que unos pocos participantes en la carrera.

── 出場する (参加する) *v.* participar 《en》, tomar parte 《en》; (競う) *v.* competir*. ◆彼はこの前のオリンピックで走り幅跳びに出場した Participó [Tomó parte] en el salto de longitud en los últimos Juegos Olímpicos. ◆彼は円盤投げに出場して優勝した Participó en el lanzamiento de disco y ganó.

しゅっしん 出身 ❶【出身地】*f.* ciudad [*m.* pueblo] natal, 《強調して》*m.* terruño. 会話 あなたの出身(地)はどちらですか—神戸ですよ ¿De dónde es usted? – De Kobe. / 《口語》¿Cuál es su tierra? – Es Kobe. ◆彼はアルゼンチン人でブエノスアイレスの出身です Es argentino, de Buenos Aires.
❷【卒業した学校】(大学) *f.* mi universidad; (高校) *m.* mi colegio; 《フォーマル》*f.* alma mater. 会話 出身大学はどちらですか—マドリードの大学です ¿En qué universidad se graduó usted? – Me gradué en [de] la universidad de Madrid.
《その他の表現》◆彼は官僚出身だ(=もと官僚だ) Viene de la función pública. / Originalmente es un funcionario.

じゅっしんすう 10進数 《専門語》*m.* número decimal.

しゅっせ 出世 (人生における成功) *m.* éxito en la vida; (会社などでの昇進) *f.* promoción. ◆出世する *v.* triunfar [tener* éxito] en la vida; (昇進する) *v.* promocionarse, ascender*. ◆とんとん拍子に出世する *v.* ascender* rápidamente, ir* de éxito en éxito, subir por la escalera del éxito. ◆彼は出世コースに乗っているEstá subiendo. / 《口語》Va para arriba. / Lleva una carrera ascendente [para arriba]. ◆彼はいちばん下積みから出発して出世街道を登りつめた Empezó desde abajo y ha subido hasta arriba. ◆彼は同級生の出世頭だ Es el triunfador de la clase. / De nuestros compañeros de clase, él es quien más éxito ha tenido. ◆これは彼の出世作だ Esta obra lo [le] consagró como escritor.

しゅっせい 出生 *m.* nacimiento. ◆出生地 *m.* lugar [de nacimiento [natal]. ◆出生証明書 *f.* partida de nacimiento. ◆出生届 *m.* registro de nacimiento. ◆出生率 *f.* tasa [*m.* índice] de natalidad.

**しゅっせき 出席 *f.* presencia 《en》; *f.* asistencia 《a》. ◆出席者 *mf.* asistente, *f.* persona presente; (全体) *f.* asistencia. ◆出席簿 *m.* libro de asistencia. ◆出席調べ *m.* acto de pasar lista. ◆出席をとる *v.* pasar [tomar] la lista, comprobar* la asistencia. ◆講演には多数の出席者があった Asistió mucha gente a la conferencia. / La conferencia tuvo mucha asistencia. ◆病気のため彼の出席率は悪かった Su registro de asistencia era bajo por estar enfermo. 会話 出席をとります. 阿部君—はい Vamos a pasar lista... ¡Abe! – ¡Presente! ◆万障お繰り合わせの上ご出席ください Se solicita su presencia. ◆会議の出席者の半分が私の部屋に入ったとき起立した Cuando yo entré en la sala la mitad de los asistentes se pusieron en pie.

── 出席する *v.* asistir 《a》; (出席している) *v.* estar* presente. ◆彼女の送別会に出席する *v.* asistir a su fiesta de despedida. ◆披露宴に出席できるかどうかお知らせください Por favor, háganos saber si puede asistir a la recepción de la boda o no. / Se ruega confirmar asistencia a la recepción de la boda. (☆SRCAと略される). 会話 昨夜会合があったんだよ―ぼくは出席すべきだったの? Anoche tuvimos una reunión. – ¿Tenía que haber estado yo? 出, 出る, 同席する

しゅつだい 出題 ◆出題する *v.* hacer* [《口語》poner*, 《フォーマル》formular] una pregunta de examen, preparar un cuestionario de examen. ◆出題者 *mf.* examin*ador*/*dora*. ◆出題¹傾向 [²範囲] ¹*f.* tendencia [²*f.* área] de las preguntas del examen. ◆今度の試験は教科書からは出題しません En el próximo examen no pondré preguntas del libro de texto.

しゅっちょう 出張 (会社員の) *m.* viaje de negocios; (公務員の) *m.* viaje oficial. ◆出張費 *mpl.* gastos de viaje; (手当て) *fpl.* dietas. ◆出張する *v.* ser* enviad*o* a Sendai de (viaje de) negocios. ◆彼はバルセロナへ商用で出張中だ Se encuentra en Barcelona de viaje de negocios.

── 出張する ◆大阪へ出張する *v.* hacer* un viaje de negocios a Osaka, ir* a Osaka por negocios [el trabajo]. → 仕事.

しゅっちょうじょ 出張所 *f.* sucursal.

しゅってん 出典 *f.* fuente; (信頼するに足る典拠) *f.* autoridad. ◆この引用文の出典を調べる[明らかにする] *v.* comprobar* la fuente de [esta cita [frase citada]. ◆この一節の出典はセルバンテスです(=引用されている) Este pasaje es una cita de Cervantes. ◆出典を示すべきだ Debes citar tus autoridades.

しゅつど 出土 ◆出土する *v.* desenterrarse*. ◆出土品 *m.* artículo desenterrado. ◆このつぼはその丘から出土した Este jarrón fue desenterrado en esa colina.

しゅっとう 出頭 *f.* presencia, 《フォーマル》*f.* comparecencia. ◆出頭命令を受ける *v.* ser* llamad*o* [convocad*o*]. ◆(警察に)出頭する *v.* 「presentarse a [《フォーマル》comparecer* ante] (la policía).

しゅつどう 出動 ◆出動する (派遣される) *v.* enviarse*, despacharse, 《フォーマル》*v.* movilizarse*. ◆反乱を鎮圧するために機動隊を出動させた Enviaron unidades móviles para reprimir la revuelta.

しゅつにゅうこく ▶出入国管理 m. control de inmigración. ▶出入国管理官 mf. agente de inmigración. ▶出入国管理法 f. Ley de Control de Inmigración. ▶出入国記録カード f. tarjeta de entrada y de salida.

しゅつば 出馬 ▶出馬する v. presentarse, competir*. ♦市長選には5人の候補者が出馬1した[2している] 1Se presentaron [2Se han presentado, 2Hay, 2Compiten] cinco candidatos「a la alcaldía [en las elecciones a alcalde].

＊＊しゅっぱつ 出発 f. salida, f. partida. ▶出発時刻 f. hora de salida. ▶出発点(旅行・議論などの) m. punto de partida; (競走などの) f. línea de salida; (飛躍・発展などの) m. despegue. ▶出発地点に引き返そう Volvamos donde partimos. ♦このことが実質的な交渉の出発点となった Esto fue el punto de partida para unas negociaciones sustanciales.

—— **出発する** (場所を離れる) v. salir*, marcharse 《de》; (動き出す) v. ponerse* en marcha; (旅などに出る) v. ponerse* en camino, salir*; (飛行機が離陸する) v. despegar*; (船が出港する) v. zarpar, hacerse* a la mar. ▶旅行に出発する v. salir* de viaje. → 旅行. ♦私たちはあす朝早く出発しなければならない Tenemos que salir mañana por la mañana temprano. ♦一行はパリに向けて出発した El grupo salió [partió] a [para] París. ♦私たちは東京からハワイへ向かって出発した Salimos de Tokio con destino a Hawai. ♦君の乗る飛行機は何時に出発するの? ¿A qué hora sale [despega] tu avión? ¿Cuál es la hora de salida de tu vuelo? ♦その船は1時間したら出発します El barco sale [zarpa] dentro de una hora. ♦ようやく私たちの乗ったバスが出発した (=動き出した) Por fin「se puso en marcha [《口語》echó a andar]」nuestro automóvil. ♦さあ出発しよう ¡Venga, vámonos! / ¡Vamos. Salgamos. /《口語》 ¡Hale! ¡En marcha! /《口語》 ¡Andando! ♦彼は弁護士として出発したが後に政界入りした Empezó como abogado, pero después se metió en la política.

☞ 行く, 赴く, 出港する, 立つ, 出掛ける, 出る

じゅっぱひとからげ 十把一からげ →十把(じっぱ)一からげ.

しゅっぱん 出版 f. publicación, f. edición. ▶限定出版 f. edición [f. publicación] limitada. ▶出版物 f. publicación, f. prensa. ▶出版社 f. editorial, f. editora. ▶出版業界 m. mundo editorial; mpl. círculos editoriales. ▶月刊出版物 f. publicación [f. edición] mensual. ▶コンピューターに関する出版物 f. publicación sobre ordenadores. ▶出版業を営む v. ocuparse en negocios de editorial. ▶出版関係の仕事をする v. trabajar en el mundo editorial. ♦その小説の出版を1禁止[2停止]する v. 1prohibir* [2suspender] la publicación de esa novela.

—— **出版する** (本・定期刊行物を) v. publicar*, editar; (新聞・雑誌・公的文書を) v. publicar* (→発行); (版画物を出す) m. presentar; (活字にして出す) v. imprimir*. ▶新しい本を出版する v. publicar* [editar, imprimir*] un libro nuevo. ▶小説を自費出版する v. publicar* una novela「por uno mismo [《口語》de su bolsillo, en edición casera]. ▶小説を限定出版する v. publicar* una novela en edición limitada. ▶来月出版される予定の新刊書 mpl. nuevos libros que serán publicados el mes que viene. ♦その辞書はソル社から出版された Ese diccionario ha sido publicado por Sol. / La editorial Sol ha publicado ese diccionario. ♦その本はまだ出版されていない Ese libro「todavía no se ha publicado [aún no ha aparecido, no está todavía impreso]. ☞ 著わす, 刊

しゅっぱん 出帆 →出港. ▶サンフランシスコへ向けて出帆する v. hacerse* a la vela hacia San Francisco.

しゅっぴ 出費 mpl. gastos. ▶出費を1切り詰める[2抑える] v. 1reducir* [2limitar] los gastos. ♦今月は出費が多かった Este mes he tenido muchos gastos. ♦ (多くの金を遣った) He gastado mucho dinero este mes. ♦その指輪は彼女には大変な出費だった Ese anillo le costó mucho dinero [《スペイン》《口語》un montón de pasta].

しゅっぴん 出品 ▶出品する (展覧会などに展示する) v. exponer*; (品物を陳列する) v. exhibir. ▶絵画展に絵を出品する v. exponer* un cuadro en una exposición de pinturas. ♦品評会には新製品が出品されている En la feria「se exponen [están en exposición] los nuevos productos.

しゅっぺい 出兵 ▶出兵する (=派遣する) v. enviar* [despachar] tropas.

しゅつぼつ 出没 ▶出没する (よく現われる) v. aparecer* con frecuencia, dejarse ver*. ♦かつてこの海域には海賊が出没していた En esta parte del mar se solían dejar ver los piratas.

しゅつりょく 出力 (電気装置・電算機の) f. potencia de salida, f. salida; (発電力) f. potencia generadora. ▶出力装置 m. dispositivo de salida. ▶出力デバイス《専門語》 f. unidad de salida. ♦この発電所は出力百万キロワットです La potencia de salida de esta central eléctrica es de [Esta central genera] un millón de kilovatios.

＊しゅと 首都 f. capital, f. metrópoli(s). ▶首都圏 f. zona metropolitana. ▶首都高速道路 La autopista metropolitana. ▶《会話》日本の首都はどこですか—東京です ¿Cuál es la capital de Japón? – Es Tokio.

出発口と到着口 Salida/Llegadas →出発

しゅとう 種痘 f. vacunación (contra la viruela). ▶赤ん坊に種痘をする v. vacunar a un bebé contra la viruela.

しゅどう 手動 ▶手動の adj. manual, de manejo manual. ▶手動制御装置 m. control manual. ▶手動ブレーキ m. freno de mano. ◆このタイプライターは手動式だ Esta máquina de escribir es manual. / Es una máquina de escribir manual.

しゅどうけん 主導権 f. iniciativa. ▶交渉で主導権を1握る [2失う] v. 1tomar [2perder*] la iniciativa en las negociaciones.

じゅどうてき 受動的 ▶受動的な adj. pasivo. ▶受動的な態度をとる v. tomar 《フォーマル》asumir》 una actitud pasiva 《hacia》.

しゅとく 取得 《フォーマル》 f. adquisición. ▶不動産取得税 m. impuesto sobre la adquisición de inmuebles. ▶《運転免許を》取得する v. adquirir* [obtener*] (el permiso de conducir*).

しゅとして 主として adv. principalmente; sobre todo. → 主に.

じゅなん 受難 mpl. sufrimientos, mpl. padecimientos,《教養語》fpl. tribulaciones. ◆キリストの受難 f. Pasión de Jesucristo; f. Pasión; f. Crucifixión.

ジュニア (年少者、下級生) mf. inferior; mf. hijo/ja; (年少の) adj. inferior. ▶フアン・ペレス・ジュニア (=二世) El Sr. Juan Pérez, hijo.

じゅにゅう 授乳 ▶(赤ん坊に)授乳する v. amamantar [dar* de mamar] (a un bebé).

しゅにん 主任 (権限を持った) mf. jefe/fa; (長) mf. jefe, mf. director/tora; (管理者) mf. gerente; (上司) m. superior. ▶経理部主任 m. jefe/fa [mf. director/tora] de contabilidad. ▶調理主任 mf. jefe/fa de cocina,《仏語》m. "chef". ▶(学校の)主任制 m. sistema de profesor jefe. ▶1年生の主任である v. "estar* encargado [ser* el/la encargado/da] de las clases de primer curso.

ジュネーブ Ginebra (☆スイスの都市).

しゅのう 首脳 (長) mf. jefe/fa; (指導者) mf. líder, mf. dirigente; (最高位の人) mf. dirigente, f. cabeza. ▶各国首脳 mpl. jefes de estado. ▶首脳会談 f. (conferencia) cumbre. ▶首脳部 (政府の) mpl. jefes de gobierno; (会社の) f. dirección [mpl. jefes] de una empresa.

シュノーケル m. esnórquel.

シュバルツバルト f. Selva Negra (☆ドイツの山地).

しゅはん 主犯 mf. criminal principal.

しゅび 首尾 ❶【不変】▶首尾一貫して adv. coherentemente, consecuentemente. ◆彼の態度は首尾一貫している Es coherente en sus actitudes. / Siempre tiene la misma actitud.

❷【結果】▶首尾よく adv. bien, con éxito. ▶首尾よく試験に合格する v. aprobar* el examen. ▶万事首尾よくいった Todo salió bien.

しゅび 守備 f. defensa; (野球) m. fildeo, f. defensa, f. defensiva. ▶守備側 f. defensa. ▶守備につく v. jugar* "con la defensa [a la defensiva]. ▶守備のチーム m. equipo a la defensiva. ◆私たちのチームは守備が弱い Nuestro equipo "es débil [《口語》anda flojo] en defensa [en fildeo]. ◆彼は守備がうまい Es un buen defensa. / Es un buen fildeador [jardinero].

じゅひ 樹皮 f. corteza. ▶木の樹皮をはぐ v. descortezar* [《口語》pelar] un árbol.

ジュピター Júpiter.

しゅひつ 主筆 (編集長の) mf. jefe/fa de redacción, mf. redactor/tora [mf. editor/tora] principal [en jefe]. → 主幹. ▶副主筆 mf. asistente del jefe de redacción.

じゅひょう 樹氷 f. escarcha de un árbol.

しゅひん 主賓 mf. invitado/da de honor, mf. huésped principal. ◆田中氏を主賓としてパーティーを開いた Celebramos [Dimos] una fiesta en honor del Sr. Tanaka.

しゅふ 主婦 f. ama de casa. ▶主婦連(合会) f. Federación de Amas de Casa. ◆彼女は主婦であり3児の母でもある Es ama de casa y madre de tres hijos.

しゅふ 首府 f. capital. → 首都.

シュプール fpl. huellas de los esquíes (en la nieve).

シュプレヒコール m. griterío, m. coro de gritos. ◆デモ隊は「消費税粉砕」とシュプレヒコールをした Los manifestantes gritaban a coro: "¡Fuera el impuesto de consumo!".

しゅぶん 主文 m. texto principal.

じゅふん 授粉 f. polinización. ▶授粉する v. polinizar*.

しゅほう 手法 (操作・美術の技法) f. técnica; (技術上の腕まえ) f. destreza técnica.

しゅぼうしゃ 首謀者 (悪者や暴動などの) mf. cabecilla, (黒幕) f. eminencia gris.

シュマルカルデン Esmalcalda (☆ドイツの都市).

しゅみ 趣味 m. pasatiempo, f. afición,《英語》m. "hobby"; (関心) m. interés; (好み) m. gusto; (余技) f. afición,《英語》m. "hobby".

1《～趣味》▶上品な趣味 m. gusto refinado [exquisito]. ▶悪趣味な家具 m. mueble de mal gusto. ◆彼は多趣味だ Tiene "muchos intereses [muchas aficiones]. ◆彼は無趣味だ Es un hombre sin gusto.

2《趣味が[は]》▶彼は音楽に趣味がある 「Le gusta [Su afición es] la música. ◆彼女は服の趣味が1いい [2悪い] Tiene 1buen [2mal] gusto para vestirse. / Su ropa es de 1buen [2mal] gusto. ◆趣味は何ですか ¿Qué aficiones tienes? / ¿Qué te gusta hacer? / ¿Cuál es tu afición favorita? ◆私の趣味は絵を描くこととピアノを弾くことです "Mis aficiones son [Me gusta] la pintura y tocar el piano.

3《趣味に[を, で]》▶これは私の趣味 (=好み)にあわない Esto no es de mi gusto. ◆あなたは趣味をお持ちですか ¿Tienes 「alguna afición [algún "hobby"]? ◆彼は探偵小説が趣味になった Se ha aficionado a las historias de detectives. ◆趣味で切手収集を始めた He comenzado a aficionarme a coleccionar sellos. /

《フォーマル》La filatelia ha empezado a ser mi pasatiempo. ▭ 好み, 嗜好, 嗜み, 道楽

シュミーズ f. combinación. ➡ スリップ.

じゅみょう 寿命 (命の長さ) f. (duración de la) vida; (生命) f. vida; (一生) f. vida; (耐久時間) fpl. horas de vida, f. vida útil.

1《～寿命》♦ 彼の選手寿命も終わりに近い Su vida de jugador está llegando a su fin. ♦ 日本人の平均寿命が延びた La esperanza de vida de los japoneses se ha extendido [prolongado].

2《寿命は[が]》♦ 彼女の寿命は¹長 [²短]かった Tuvo una vida [Su vida fue] ¹larga [²corta]. ♦ 彼女は大きな蛇を見て(=見た瞬間)寿命が縮む思いをした Casi se murió del susto cuando vio una serpiente tan grande. ♦ この電池の寿命は長かったがとうとう切れた Esta pila era de larga duración, pero se ha agotado por fin.

3《寿命を》♦ 彼は寿命を全うした Murió a edad avanzada de muerte natural. / (自然死した) Tuvo una muerte natural. ♦ 彼は十分な休息を取らず寿命を縮めた Acortó su vida por no descansar bien. ♦ あのことが心配で彼女は寿命を縮めている Esa angustia la está matando.

しゅもく 種目 (競技の) f. prueba. ▶ 陸上競技種目 fpl. pruebas de atletismo.

じゅもく 樹木 mpl. árboles.

じゅもん 呪文 (魔法の力を持っている) m. hechizo; (魔よけの) m. conjuro. ▶ 呪文に縛られて adv. bajo un conjuro [hechizo]. ♦ 悪霊よけの呪文を唱える v. hacer* [recitar] un conjuro contra los malos espíritus. ♦ 魔法使いは王女に呪文を唱えた El mago encantó [hizo un conjuro] a la princesa.

しゅやく 主役 (役) m. papel principal; (俳優) mf. actor/triz principal, mf. protagonista. ▶ 主役を務める v. jugar* un papel principal; actuar* de protagonista, protagonizar* (en una obra). ♦ 彼は会議で主役を演じた Tuvo [Jugó] un papel principal en la reunión.

じゅよ 授与 (学位などの) f. concesión, 《教養語》m. otorgamiento. ➡ 与える. ▶ 名誉学位の授与 f. concesión de un título honorario [《ラテン語》honoris causa]. ▶ 授与する (学位・称号などを) v. conferir*, v. conceder; (賞などを) v. galardonar (a + 人)《con》, v. conceder, otorgar*. ♦ 大江健三郎は1994年にノーベル文学賞を授与された A Kenzaburo Oe le [galardonaron [otorgaron] el Premio Nobel de Literatura en el año 1994.

しゅよう 主要 ▶ 主要な adj. principal, más importante. ➡ 主な. ▶ その戦争の主要な原因 f. causa principal de la guerra. ▶ ラテンアメリカの主要な都市をあげよ Nombrar las principales ciudades de América Latina. ♦ 彼はその紛争の解決に主要な役割を果たした 「Tuvo un importante papel [《フォーマル》Desempeñó una función principal] en la solución del conflicto.

しゅよう 腫瘍 m. tumor. ▶ ¹悪性 [²良性]腫瘍 m. tumor ¹maligno [²benigno]. ▶ 脳腫瘍 m. tumor cerebral.

・じゅよう 需要 f. demanda. ▶ 需要と供給 f. demanda y f. oferta. ▶ 需要を満たす v. satisfacer* [abastecer*] la demanda. ▶ 石油はこのごろ需要が多い Hay mucha [una gran] demanda de petróleo estos días. / La demanda del petróleo actualmente es muy alta. ▶ 8月は電力の需要が急激に伸びる En agosto hay una fuerte subida de la demanda de electricidad [energía eléctrica]. ▶ リンゴの需要は供給を上回っている La demanda de manzanas supera [es mayor que] la de la oferta. ▶ 価格は需要によって変化する El precio varía con [según, en función de] la demanda.

シュラスコ, バーベキュー m. churrasco.

しゅらば 修羅場 (芝居の戦闘場面) f. escena de la batalla; (激しい戦闘) f. batalla feroz; (血みどろの) f. batalla sangrienta; (悲惨な光景) f. visión sangrienta, (流血の現場) f. escena de sangre. ▶ 修羅場と化す v. convertirse* en una escena sangrienta. ♦ 彼は何度も修羅場をくぐってきた Ha tenido experiencias terribles. / 《口語》Ha librado muchas batallas.

ジュラルミン m. duraluminio.

じゅり 受理 f. aceptación. ▶ 受理する (受け取る) v. recibir; (承諾する) v. aceptar. ▶ 彼の辞表を受理する v. aceptar su dimisión.

じゅりつ 樹立 m. establecimiento. ▶ 新党の樹立 m. establecimiento de un nuevo partido político. ▶ ¹外交 [²友好]関係を樹立する v. establecer* relaciones ¹diplomáticas [²amistosas]. ▶ 世界記録を樹立する v. establecer* [batir] un récord mundial 《en》.

しゅりゅう 主流 f. corriente principal. ▶ スペイン文学の主流 fpl. principales corrientes de la literatura española. ▶ 主流派 f. facción dominante [en el poder].

しゅりょう 首領 (かしら) m. jefe/fa, m. caudillo, 《軽蔑的に》m. cabecilla; (権限を持った) mf. jefe/fa; (指導者) mf. líder, mf. dirigente. ➡ 長.

しゅりょう 狩猟 f. caza; 《教養語》f. cinegética; (銃猟) f. caza, f. cacería. ▶ 狩猟家 mf. cazador/dora. ▶ 狩猟期 f. temporada de caza. ▶ 狩猟場 m. cazadero. ▶ 狩猟民族 m. pueblo cazador. ♦ 彼は山に狩猟(=狩り)に出かけた「Se fue de caza [Salió a cazar] a las montañas.

じゅりょう 受領 f. recepción, m. recibo. ➡ 受け取り. ▶ 受領証 m. recibo; (商品配達の) f. nota de entrega. ▶ 受領する v. recibir; percibir, cobrar.

しゅりょく 主力 f. fuerza principal. ▶ 主力艦隊 f. flota principal. ▶ 主力メンバー mpl. principales miembros. ▶ 主力を注ぐ v. concentrar los esfuerzos《en》.

**しゅるい 種類 f. clase, m. tipo, m. género, f. especie, f. variedad, 《教養語》f. suerte; (同類中で異なった) f. variedad; (型) m. tipo; (部類) f. clase.

1《種類が》◆このトンボとあのトンボでは種類が違う Esta libélula es「diferente de [de una clase diferente a]」ésa. ◆この２匹の犬は種類が同じです Estos dos perros「son de [pertenecen a]」la misma clase [raza].

2《種類の》◆あらゆる種類のバラ *m.* todo género [*m.* todo tipo, *f.* toda clase] de rosas. / *fpl.* rosas de「todo tipo [toda clase].」◆こういう種類の本は値段が高い Esta clase de libros es cara. / Los libros de este tipo [《フォーマル》género] son caros. ◆あの店ではたくさんの種類のアイスクリームを売っています En esa tienda venden muchas clases [variedades] de helados. ◆新しい種類の車が発売された Ha salido a la venta un nuevo tipo [modelo] de coche. ◆１何種類［２どんな種類］のリンゴの木を庭に植えていますか ¿Cuántas ¹clases [²variedades] de manzanas hay en tu huerto?

3《種類に》◆それらは３種類に分類される Se dividen en tres clases [géneros, categorías]. ☞一種, タイプ, 種, 手, 通り

じゅれい 樹齢 *f.* edad de un árbol. ◆この木は樹齢５百年以上です Este árbol tiene más de quinientos años.

シュレッダー *f.* trituradora.

しゅろ 棕櫚 *f.* palma. ◆シュロの木［葉］*f.* palma, *f.* palmera.

しゅわ 手話 *m.* lenguaje de señas [signos],《フォーマル》*m.* lenguaje gestual. ◆手話で話す *v.* usar [comunicarse] con el lenguaje de signos. ◆手話通訳する *v.* interpretar (lo que dice) en el lenguaje de signos. ◆手話通訳者 *mf.* intérprete de signos.

じゅわき 受話器 *m.* auricular (del teléfono). ◆受話器を取る *v.* tomar [levantar, descolgar*] el auricular. ◆受話器を置く *v.* colgar* el auricular. ◆受話器を耳に当てる *v.* ponerse* el auricular en la oreja. ◆受話器をはずしっ放しにする *v.* dejar el teléfono [auricular] descolgado. ◆受話器を手で押さえる *v.* tapar el auricular con la mano.

しゅわん 手腕 *f.* habilidad, *f.* destreza. → 能力. ◆手腕家 *f.* persona capaz [con capacidad]. ◆政治的手腕を発揮する［振るう］*v.* mostrar* capacidad política.

しゅん 旬 *f.* temporada. ◆リンゴは今が旬だ Las manzanas están ahora de temporada. / Es la época [estación] de las manzanas.

じゅん 順（順序）*m.* orden;（順番）*m.* turno. → 順番, 順に. ◆１年齢［²身長；³大きさ；⁴成績］順 *adv.* por orden de ¹edad [²estatura; ³tamaño; ⁴calificación]. ◆順不同 *adv.* en orden「al azar [aleatorio].」◆順を追って説明する *v.* explicar*「en orden [ordenadamente].」◆彼は名前を１五十音［²ABC］順に並べた Hizo una lista de los nombres en [por, con, siguiendo] el orden ¹del silabario japonés [²alfabético].

じゅん- 準- *pref.*;（半…）semi-,《口語》medio;（擬似の）cuasi-, casi-. ◆準礼装 *m.* vestido semiformal. ◆準公共的な建物 *m.* edificio semipúblico. ◆準会員 *m.* miembro asociado.

じゅん- 純-（純粋な）*adj.* puro;（純真な）*adj.* inocente, cándido;（本物の）*adj.* auténtico, genuino. ◆純文学 *f.* literatura pura. ◆純日本式家屋 *f.* casa「puramente japonesa [de puro estilo japonés].」◆純で誠実な人 *f.* persona pura y sincera.

じゅんい 順位（序列）*f.* clasificación;（順序）*m.* orden. ◆順位決定戦（同点の場合の決勝戦）*m.* partido de desempate. ◆順位（＝優位）を争う *v.* disputar「la cabeza [el liderato].」◆彼女はクラスの成績順位がトップだ Es la primera de la clase. / Ocupa el primer lugar de la clase. ☞ 先, 序列

じゅんえき 純益 *m.* beneficio neto,《口語》*f.* ganancia en limpio. ◆その取り引きで百万円の純益を上げる *v.* hacer* [《フォーマル》realizar*] un beneficio neto de un millón de yenes en el negocio.

じゅんえん 順延 *m.* aplazamiento. → 延期. ◆運動会は雨天順延です En caso de lluvia, la fiesta atlética será aplazada [pospuesta] al primer día que haga buen tiempo.

じゅんおくり 順送り（順送りする（順に次へ回す）*v.* pasar [trasmitir]《a》;（ぐるりと回す）*v.* hacer* circular. ◆その話を順送りする *v.* pasar la historia (a la siguiente persona).

じゅんかい 巡回（巡視）*f.* vuelta de inspección, *f.* ronda;（警備員・警官の）*f.* patrulla;（歴訪）*f.* gira, *m.* viaje. ◆巡回区域 *f.* zona de ronda. ◆巡回中の警官 *m.* policía en patrulla. ◆巡回保健婦 *f.* enfermera a domicilio. ◆巡回図書館 *f.* biblioteca ambulante [móvil],【スペイン】*m.* bibliobús. ◆巡回講演をする *v.* hacer* [《フォーマル》realizar*] una gira de conferencias.

—— 巡回する *v.* dar* una vuelta《por》;（巡視する）*v.* patrullar,「hacer* una [ir* de]」patrulla. ◆数人の警官が通りを巡回していた He visto algunos policías patrullando por las calles.

しゅんかしゅうとう 春夏秋冬 （四季）*fpl.* cuatro estaciones;（一年中）*adv.* a lo largo de todo el año.

じゅんかつゆ 潤滑油 *m.* (aceite) lubricante.

しゅんかん 瞬間 *m.* momento, *m.* instante. → 一瞬. ◆瞬間的な *adj.* momentáneo, instantáneo. ◆瞬間湯沸器 *m.* calentador instantáneo a gas. ◆瞬間最大風速 *f.* máxima velocidad instantánea del viento. ◆人生の劇的瞬間 *m.* instante dramático de la vida. ◆ほんの一瞬間 *adv.* en un instante [momento],《口語》en un santiamén, en un abrir y cerrar de ojos. ◆１次の瞬間［²その瞬間］彼は地面にばったり倒れた ¹Al siguiente instante [²En ese momento] se cayó redondo al suelo. ◆そのニュースを聞いた瞬間彼は真っ青になった Al oír la noticia en un instante se puso blanco. / Al momento de enterarse, se puso pálido. ◆一瞬ぼうっとしている間バッグが盗まれた En un momento de descuido, me robaron el bolso. ☞ 一刻, 刹那, 束の間, 所

じゅんかん 循環（流れ）*f.* circulación;（周期）

m. ciclo. ▶血液の循環 *f*. circulación sanguínea [de la sangre]. → 巡り. ▶景気の循環 *m*. ciclo económico [de los negocios]. ▶循環器 *m*. órgano circulatorio. ▶循環系[心臓・血液などの] *m*. sistema circulatorio. ▶循環少数 *m*. decimal de repetición.
── 循環する *v*. circular, realizar* ciclos. ◆血液は体内を循環する La sangre circula por el cuerpo.

じゅんかん 旬刊 ▶旬刊(＝十日ごとに発行される)誌 *f*. revista publicada cada diez días.

しゅんき 春期[季] *f*. primavera, 《文語》 *f*. estación primaveral. → 春. ▶春期[季]演奏会 *m*. concierto de primavera.

じゅんきゅう 準急 *m*. (tren) semiexpreso.

じゅんきょ 準拠 ▶このテープは教科書準拠だ Estas cintas están basadas en el libro de texto.

じゅんぎょう 巡業 *f*. gira. ▶劇団を巡業に連れて出る *v*. llevar de gira a la compañía teatral.

じゅんきょうじゅ 準教授 *mf*. profesor/sora asociado/da.

じゅんきん 純金 *m*. oro puro [macizo]. ▶純金の指輪 *m*. anillo de oro macizo.

じゅんぎん 純銀 *f*. plata pura [maciza]. ▶純銀のスプーン *f*. cuchara de plata maciza.

じゅんけつ 純潔 *f*. pureza, *f*. castidad. ▶純潔な(道徳的・性的に汚れのない) *adj*. puro, (若い女性が性的に汚れのない) *adj*. casto, (処女・童貞の) *adj*. virgen. ▶心の純潔な人 *f*. persona de corazón puro.

じゅんけっしょう 準決勝 (全体) *fpl*. semifinales; (一試合) *f*. semifinal. → 決勝. ▶準決勝に進む *v*. avanzar* [pasar] a la semifinal.

しゅんこう 竣工 (完成) *f*. terminación de la obra. ▶竣工式 *f*. ceremonia de inauguración [terminación de las obras]. ◆新校舎が竣工した Han terminado la construcción del nuevo edificio de la escuela.

じゅんこう 巡航 *m*. crucero. ▶巡航船 *m*. (barco, buque) crucero. ▶巡航速度 *f*. velocidad de crucero. ▶巡航中の旅客機 *m*. avión de línea en crucero. ◆この飛行機は高度１万メートルで巡航しております El avión está volando a la altitud de 10.000 metros.

じゅんさ 巡査 *mf*. policía, 《口語》 *mf*. poli, 《フォーマル》 *mf*. agente de policía. → 警官. ▶巡査部長 *m*. sargento (de la policía). ▶巡査派出所 *f*. comisaría. ▶山本巡査 El agente Yamamoto.

じゅんし 巡視 *f*. patrulla. ▶巡視艇 *f*. patrullera, *m*. bote patrulla. ▶校内を巡視する *v*. ir* de patrulla por el recinto universitario [escolar].

じゅんじ 順次 *adv*. en orden. → 順に.

じゅんしゅ 遵守 (法律・慣例などの) *m*. cumplimiento, 《フォーマル》 *f*. observancia. ▶法を遵守する *v*. cumplir [obedecer*, atenerse* a, 《フォーマル》 observar] la ley. ▶交通規則の遵守を励行する *v*. reforzar* el cumplimiento de las normas de circulación.

じゅんじゅんけっしょう 準々決勝 *mpl*. cuartos de final. → 準決勝.

じゅんじゅんに 順々に (順を追って) *adv*. por [en] orden; (順番に) *adv*. por [en] turno; (一人[一つ]ずつ) *adv*. de uno en uno; (次々と) *adv*. uno tras otro. → 順番.

じゅんじょ 順序 ❶【決まった並び方】*m*. orden, 《フォーマル》 *m*. ordenamiento; (連続して起こる順序) *f*. secuencia. ▶順序立てて(＝秩序立てて)説明する *v*. explicar* ordenadamente [de forma ordenada, sistemáticamente]. ▶事件の起こった順序をたどる *v*. seguir* "el orden [la secuencia] del suceso. ▶この名簿は順序が¹逆だ [²狂っている] Esta lista está en ¹orden inverso [²desorden]. ▶彼の本はいつも規則正しく並んでいる Sus libros siempre están「en orden [ordenados, de forma ordenada]. ▶順序不同 No se sigue un orden determinado.
❷【手順】▶順序を誤る *v*. seguir* un orden equivocado. ▶順序を踏む *v*. seguir* los trámites de rigor, cumplir con el ordenamiento requerido. ▶式は順序どおりに進んだ La ceremonia se celebró ordenadamente [en el orden establecido]. ☞次第, 順, 順位, 順番, 前後

じゅんじょう 純情 (清純な心) *m*. corazón puro; (純真) *f*. ingenuidad, *m*. candor. ◆彼は純情だ Tiene un corazón puro. / Es puro de corazón.

じゅんしょく 殉職 ▶殉職する(＝勤務中に死ぬ) *v*. 《フォーマル》 fallecer* en el ejercicio del deber, 《口語》 morir* trabajando. → 死ぬ.

じゅんじる 準じる ▶収入に準じて(＝比例して)会費を払う *v*. pagar* una cuota de socio proporcional a los propios ingresos. ▶正会員に準じる扱いを受ける *v*. recibir el mismo trato que los socios de número. ▶以下これに準じる(＝これはまた次のような場合にも適用される) Esto es igualmente válido en los siguientes casos.

じゅんじる 殉じる (殉死する) *v*. suicidarse siguiendo a su señor; (信仰のために) *v*. morir* en defensa de su fe.

じゅんしん 純真 (無邪気) *f*. inocencia, *f*. ingenuidad; (うぶ) *f*. ingenuidad, 《フォーマル》 *m*. candor, *f*. candidez. ▶純真な *adj*. inocente, *adj*. ingenuo, *adj*. cándido, 《フォーマル》 candoroso; (子供のように) *adj*. ingenuo, *adj*. infantil. ◆彼はまだ若くて純真だ Todavía es joven e ingenuo. ☞純情, 素朴

じゅんすい 純粋 ▶純粋な *adj*. puro; (本物の) *adj*. genuino. ▶純粋な心 *m*. corazón puro. ▶純粋な愛 *m*. amor puro. ▶純粋の(＝生っ粋の)スペイン人 *m*. español/ñola auténtico/ca [《口語》 de pura cepa, 《口語》 por los cuatro costados] ☞潔白, 純─

じゅんぜん 純然 ▶純然たるサラブレッド *mf*. pura sangre [casta]. ▶純然たる(＝まったくの)失敗 *m*. perfecto fracaso. ▶純然たる(＝正真正銘の)芸術家 *m*. verdadero/ra artista.

しゅんそく 駿足 (足の速い人) *mf*. corredor/dora rápido/da.

じゅんちょう 順調 ▶順調な(好都合の) *adj*. favorable; (申し分のない) adj. satisfactorio; (円滑な) adj. suave, (口語) como la seda. ▶順調に進む v. ir* [salir*, marchar] bien, (口語) ir* como la seda. ▶順調に行かない v. ir* [salir*, marchar] mal, no ir* bien. ◆すべて順調に行けば, その橋は年内に完成する Si todo sale bien, el puente estará finalizado antes de fin de año. ◆すべて順調かい一今までのところはね ¿Va todo bien? / ¿Qué tal van las cosas? – Todo bien hasta ahora. ◆順調にいって(=順調にある)ときは自分ではそれに気付かない人もいる Algunas personas no se dan cuenta de cuándo las cosas les van bien.

しゅんと しゅんとなる(=しょげて静かになる) v. deprimirse y hundirse en el silencio.

じゅんど 純度 f. pureza, m. grado de pureza. ▶純度の¹高い[²低い]金 m. oro de ¹alta [²baja] pureza.

しゅんとう 春闘 f. ofensiva sindical de la primavera.

じゅんとう 順当 ▶順当な(本来そうあるべき) adj. propio; (当然の) adj. natural; (道理にかなった) adj. razonable. → 当然.

—— 順当に (都合よく) adv. bien. ▶順当にゆけば si todo va bien; si no ocurre ningún accidente [imprevisto]; si nada se tuerce; en el curso normal de las cosas. ◆我がチームは順当に(=予想どおり)勝ち進んだ Nuestro equipo siguió ganando como estaba previsto.

じゅんに 順に (順序よく) adv. por [en] orden; (二人が交代で) adv. por [en] turno, alternativamente, (3人以上が順番で) adv. por [en] turno. ◆彼は物事を順に取り上げた Se encargó de los asuntos「por orden [ordenadamente]. ◆彼らは順にその質問に答えた Se turnaron para responder a esas preguntas. / Respondieron a esas preguntas por turno.

じゅんのう 順応 f. adaptación. ▶順応性(=適応性) f. adaptabilidad. ▶順応性のある adj. flexible; adaptable.

—— 順応する (環境などに) v. adaptarse [aclimatarse]《a》; (規則・習慣などに) v. conformarse《con》. ◆彼女は簡単に外国生活に順応した Se adaptó [aclimató] con facilidad a la vida en el extranjero. ◆彼は校風に順応できなかった No pudo adaptarse al ambiente de la escuela.

じゅんぱく 純白 m. blanco puro. ▶純白のウェディングドレス m. traje de boda blanco「como la nieve [puro].

じゅんばん 順番 (番) m. turno; (順序) m. orden. → 順, 順序, 順に. ▶歯医者の順番を待つ v. esperar el turno para ver* al dentista. ◆やっと順番がきた Por fin me ha tocado [llegado el turno]. ◆太郎押さないで. 順番を待ちなさい No empujes, Taro. Espera「a que le toque [tu turno]. ◆彼らは順番に(=交替で)運転した Conducían por turnos. / Se alternaban para conducir. ◆少しの間列の順番を取っておいてくれますか ¿Puede usted guardarme el sitio [turno] en la cola unos minutos?

☞ 順, 出番, 当番; 代わりばんこに, 順々に

じゅんび 準備 (用意) f. preparación, mpl. preparativos; (手はず) f. disposición, mpl. preparativos. → 用意. ▶準備運動をする v. precalentarse*, hacer* [《フォーマル》realizar*] (ejercicios de) precalentamiento. ◆テストの準備はできています Estamos listos para el examen. ◆準備万端整ったよ. 火曜日の9時に出発だ Todo está preparado [《口語》listo]. / Estamos preparados [《口語》listos]. Partimos el martes a las nueve. ◆だれもが楽しくなるように準備が整えられた Se hicieron los preparativos para satisfacción de todos.

—— 準備(を)する v. preparar 「para + 不定詞), disponer*《para》; (手配する) v. hacer* (los) preparativos《para》. 《フォーマル》tomar las disposiciones《para》. ◆最悪の場合に備えて(彼の言葉を聞く前に)心の準備をする Prepararse para (oír) lo peor. ◆彼女は(われわれのために)夕食の準備をしてくれた(=作ってくれた) Nos preparó la cena. / Nos tuvo preparada la cena. ◆彼は試験準備をするのに忙しい Está ocupado preparando [preparándose para (tomar)] el examen. ◆6時までに(出発する)準備ができますか ¿Estarás preparado [《口語》listo] (para salir) para [antes de] las seis?

☞ 営み, 支度, 下ごしらえ, 備え, 態勢, 段取り, 都合, 手配; 拵える, 算段, 備える, 揃える, 手配する

じゅんぷう 順風 m. viento favorable, (比喩的) m. viento en popa. ▶順風(=その方向の風)に乗って進む v. navegar* con viento favorable [en popa]. ◆彼は, 父親が生きている間は, 順風満帆であった Todo iba viento en popa hasta que su padre falleció.

しゅんぶん 春分 m. equinoccio de primavera. ▶春分の日 m. Día del Equinoccio de Primavera.

じゅんぼく 純朴 ▶純朴な(=純真な)人 f. persona ingenua, (純情な) f. alma cándida, (悪ずれしていない) f. persona sencilla [que no conoce la maldad].

じゅんもう 純毛 f. lana pura. ▶純毛製品 mpl. artículos de pura lana.

じゅんようかん 巡洋艦 m. crucero.

じゅんれい 巡礼 f. peregrinación; (短い距離の) f. romería. ▶巡礼者 mf. peregrino/na; (短い距離の)《文語》mf. romero/ra. ▶巡礼地 m. lugar [m. centro] de peregrinación. ▶四国へ巡礼の旅に出かける v. ir*「en peregrinación [de peregrino] a Shikoku, peregrinar a Shikoku.

じゅんろ 順路 ▶順路(=一定の道筋)で adv. por el camino regular, por la ruta fijada.

じょ 序 (初め) m. comienzo, m. principio; (序文) m. prefacio, m. prólogo; (序論) f. introducción.

しょあく 諸悪 ◆拝金主義が諸悪の根源だ El amor al dinero es la raíz de todos los males.

じょい 女医 f. médica, f. médico, f. doctora.

しょいこむ 背負い込む (重荷・借金などを負っている) v. estar* cargado《de》. ▶彼に借金を背負い込ませる v. cargarlo[le]* de deudas. ◆やっ

かいな子を背負い込む（＝引き受ける）v.「cargarse* con [《口語》echarse a los hombros] un/una niño/ña con problemas; (面倒を見る) v. hacerse* cargo de un/una niño/ña problemático/ca.

ジョイント (接合部) f. juntura, f. unión. ▶ジョイントコンサート m. concierto conjunto.

・**しよう** 使用 m. uso, f. utilización, m. empleo. → 利用.

1《使用〜》▶使用人 (被雇用者) mf. empleado/da, (召し使い) mf. criado/da, mf. sirviente/ta. ▶使用者 (雇い主) mf. empleador/dora, (利用者) mf. usuario/ria. ▶使用済みの切手 m. sello usado, [ラメ] f. estampilla usada. ▶車の使用料「m. alquiler por [f. tarifa por usar] un coche. ▶機械の正しい使用法を知る v. aprender el uso correcto de la máquina, aprender a utilizar* bien la máquina. ▶使用上の注意を守る v. seguir* las instrucciones de uso. ▶その会議室は現在使用中です La sala de juntas está siendo ahora usada. ▶使用中〖掲示〗 Ocupado.

2《使用に[を]》▶辞書の使用を¹許す [²禁じる] v. ¹permitir [²prohibir*] el uso del diccionario. ▶この電球は 5 千時間の使用に耐える Esta bombilla tiene 5.000 horas de duración (media).

── **使用する** v. usar, utilizar*, emplear. → 使う, 利用.

しよう 私用 ▶私用に使う v. usar [utilizar*] para fines personales; (公金を) v.《フォーマル》malversar (fondos públicos). ♦彼は私用で不在です Ha salido por razones [motivos] personales. → 公用. ♦この机は私の私用のものです Esta mesa es para [de] mi uso personal.

しよう 仕様 ❶【方法】m. modo, f. forma, f. manera. ▶他にしようがない No hay「otra forma [otro modo]. /【メキシコ】《口語》¡Ni modo! → 仕方がない. ♦彼は私なしではどうしようもない Sin mí no puede hacer nada. ╱ Es un incapaz sin mí. ♦すみません。どうしようもなかったのです Lo siento, pero no se pudo hacer nada. ♦しようがない人ねえ! ¡Qué vamos a hacer contigo! ╱ ¡No tienes remedio! ♦どうしようもなくなったらあなたのお世話になります Vendré a pedirte ayuda cuando esté desesperado. ♦それ以外にどうしようもなかった ¿Qué más podía yo hacer? /《口語》¿Qué otra cosa estaba en mi mano?

❷【設計】m. diseño. ▶仕様書(き) fpl. especificaciones.

しよう 枝葉 mpl. detalles sin importancia; (つまらないもの) f. minucia,《口語》f. tontería. ▶枝葉末節にこだわる v. prestar excesiva atención a「detalles sin importancia [minucias,《口語》tonterías],《口語》ahogarse* en un vaso de agua.

しよう 試用 ▶新薬を試用する v. someter el nuevo medicamento a prueba.

─**しよう** ─する

しよう 賞 (特別な功績に対する) m. premio; (一定の条件を満たした)《フォーマル》m. galardón. ▶

ノーベル平和賞 m. Premio Nobel de la Paz. → ノーベル賞. ▶最優秀男優賞 m. premio al Mejor Actor. ▶コンテストで全部の賞をさらう v. ganar [《口語》llevarse] todos los premios de un concurso. ♦彼に賞を与える v. darle* [《フォーマル》concederle, (強調して) galardonarlo[le] con] un premio. ♦彼は絵で 1 等賞を取った Ganó [Obtuvo,《口語》Se llevó] el primer premio por su cuadro. ╱ Su cuadro [pintura] ganó [consiguió] el primer premio. ♦残念賞としてこれを差し上げます Me gustaría que aceptaras esto como regalo de consolación.

しよう 性 (性質) f. naturaleza. → 性質, 性格, 体質. ▶性に合った仕事 m. trabajo apropiado. ♦その仕事は彼の性に合わない Ese trabajo no「es compatible con él [《口語》le va bien]. /《フォーマル》Él no es la persona idónea para ese empleo. ♦そんなことをするのは私の性に合わない Va contra mi naturaleza hacer eso. ♦私はどうも彼と性が合わない De una forma u otra, no puedo estar de acuerdo con él.

しょう 章 m. capítulo,〖略〗Cap. ▶第 2 章 el capítulo segundo, m. capítulo II.

しょう 小, 少 ▶小アジア Asia Menor. ▶少人数の晩餐(さん)会 f. pequeña cena de gala. ▶高山は小京都といわれている Takayama es llamada la "pequeña Kioto".

しょう 省 ❶【官庁の】m. ministerio, (米国の) m. departamento; (メキシコなどの) f. secretaría. ▶¹財務 [²大蔵]省 El ministerio de ¹Finanzas [²Hacienda].

❷【中国の行政区画】f. provincia. ▶山東省 f. provincia de Shandong.

-しょう ─勝 f. victoria, m. triunfo. ▶私たちのチームは 4 勝 3 敗だった Nuestro equipo「tuvo cuatro victorias y tres derrotas [ganó cuatro veces y perdió tres]. ♦ぼくらの学校は西高と 6 勝 8 敗だ Nuestra escuela pierde 6-8 (seis a ocho) contra la Escuela Secundaria de Nishi.

じょう 滋養 (栄養物) f. nutrición, f. alimentación. ▶滋養物 f. comida nutritiva, mpl. alimentos nutritivos.

じょう 情 (愛情) m. amor; (温和で長く続く) m. afecto, m. cariño; (愛着) f. afición; (心情) m. corazón; (感情) mpl. sentimientos. ▶親子の情 m. amor entre padres e hijos. ♦愛と哀れみの情を同時に覚える v. tener* sentimientos mezclados de amor y compasión. ♦情の¹薄い [²ない]人 f. persona ¹fría [¹insensible; ²dura de corazón, ²despiadada]. ♦情のこもった手紙 f. carta afectuosa [cariñosa, muy amable]. ▶彼に情が移る v.「estar* muy unido/da a [encariñarse con] él. ♦彼は情のある人だ Es cariñoso. / Tiene un corazón afectuoso. ╱ Es una persona cálida. ╱ Es un hombre de sentimientos. ♦彼は情にもろい Es un sentimental. ╱ Se deja llevar por el corazón. ╱ Se conmueve fácilmente.

じょう 嬢 (未婚の女性の姓または姓名につける敬称)

f. señorita;（娘）*f*. hija;（女の子）*f*. joven, 《口語》*f*. chica. → お嬢さん. ▶田中(令子)嬢 La Srta. Reiko Tanaka, la Srta. Tanaka. ▶案内嬢(劇場などの) *f*. acomodadora. ◆こんにちは、お嬢さん. お名前は? ¡Buenos días, señorita! ¿Cómo se llama usted?

じょう 錠 ❶【錠前】*f*. cerradura; *m*. cerrojo;（南京錠）*m*. candado. ▶鍵(﹅). ❷【錠剤】*f*. tableta;（丸薬）*f*. píldora. ▶ビタミン錠 *f*. tableta vitamínica [de vitaminas]. ▶毎食後に2錠の薬を飲む *v*. tomar dos tabletas después de cada comida.

-じょう -条 ▶一条の光 *m*. rayo [*m*. chorro] de luz. ▶一条の稲妻 *m*. rayo. ▶憲法第9条 *m*. Artículo IX (noveno) de la Constitución.

じょうあい 情愛 *m*. afecto. ▶情愛深い人 *f*. persona「de afectos profundos [muy afectuosa].

しょうあく 掌握（支配）*m*. control. ▶掌握している［人などを］*v*. controlar, tener* el control ［de］;（政権などを）*v*.「estar* en ［ocupar］el poder*.

しょうアンティルしょとう 小アンティル諸島 las Pequeñas Antillas（☆西インド諸島の島群）.

じょうい 上位 ▶上位にある *v*. tener* "una posición alta [un rango elevado]; estar* en un nivel más alto「que]. → 上、優位. ▶クラスで上位を占める *v*. tener* [〖強調して〗gozar* de］una posición alta [《フォーマル》elevada, encumbrada] en la clase.

しょういだん 焼夷弾 *f*. bomba incendiaria.

しょういん 勝因 *f*. causa de la victoria.

じょういん 上院 *f*. Cámara Alta; *m*. Senado;（英国の）*f*. Casa de los Lores. ▶上院議員 *m*. miembro de la Cámara Alta; *mf*. senador/dora.

じょういん 乗員 *mf*. tripulante;〖集合的〗*f*. tripulación.

じょうえい 上映 ▶上映する *v*. dar*, 《フォーマル》proyectar, 《口語》poner*, 《口語》echar. ◆あの映画館ではどんな映画を上映していますか ¿Qué película dan [《口語》ponen] en el cine? ◆その映画はまだ上映されている Todavía sigue la película.〖会話〗上映は何時からなの―7時のと9時10分のとがあるわ ¿A qué hora se da la película? – Hay sesiones de cine a las 7:00 y a las 9:10.

しょうエネ 省エネ ▶省エネ型冷蔵庫 *m*. refrigerador [*f*. nevera,《スペイン》*m*. frigorífico] de bajo consumo.

じょうえん 上演 *f*. representación,《口語》*f*. función, *f*. interpretación. ▶《オセロ》の上演 *f*. representación de Otelo. ▶ショーの上演時間 *f*. duración de la función. ◆その上演はすばらしかった La actuación fue maravillosa [magnífica, formidable]. / Actuaron [《口語》Lo hicieron] muy bien. ◆上映中入場お断わり［揭示］Prohibido entrar durante la función [representación].

―― 上演する（演じる）*v*. interpretar, representar;（公開する）*v*. presentar;（劇を演じる）*v*. poner* en escena, representar;（舞台で演じる）*v*. montar [poner*] en escena. ◆その劇団は「ハムレット」を上演した La compañía teatral representó [presentó, interpretó, montó] Hamlet. ◆あの歌劇場では何が上演されていますか ¿Qué「se representa [función se ofrece] en ese Teatro de la Opera? ◆この劇は2か月にわたって上演されている Esta obra「lleva en cartel [sigue en escena, continúa representándose] dos meses seguidos.
☞興行, 実演

じょうおう 女王 *f*. reina,《フォーマル》*f*. soberana. → 女王(ﾎﾞ).

じょうおん 常温 *f*. temperatura normal;（ワインなどについて）*f*. temperatura ambiente.

*****しょうか** 消化 *f*. digestión. ▶消化液 *mpl*. jugos digestivos. ▶消化管 *m*. tracto gastrointestinal. ▶消化器(官) *m*. órgano digestivo. ▶消化器系統 *m*. sistema digestivo. ▶消化剤 *m*. digestivo. ▶消化性潰瘍 *f*. úlcera péptica. ▶消化力 *f*. capacidad digestiva. ▶消化不良 *f*. dispepsia. ▶消化不良を起こす *v*. tener* [sufrir, sentir*] una indigestión; estar* indigest*o/ta*. ▶消化の¹よい [²悪い] 食物 *m*. alimento ¹digestivo [²indigesto]. ▶消化を助ける *v*. favorecer* [ayudar] la digestión. ▶消化を妨げる *v*. trastornar [alterar] la digestión. ◆これらの野菜は消化がよい Estas verduras「son fáciles de digerir [se digieren bien, son muy digestivas].

―― 消化する ❶【食物・知識などを】*v*. digerir*. ▶食物は胃の中で消化される Los alimentos se digieren en el estómago. ◆この学説は難しくて私は消化できない Esta teoría me resulta difícil de digerir [《口語》tragar].
❷【計画・注文などを】*v*. cumplir, satisfacer*.
❸【製品などを】（消費する）*v*. consumir;（売り切る）*v*. agotar.
❹【仕事などを】*v*. acabar, terminar. ▶勉強のスケジュールを消化する *v*. cumplir el horario de estudio
☞こなす, こなれる

しょうか 消火 *f*. extinción de incendios. ▶消火器 *m*. extintor (de incendios). ▶消火栓 *f*. boca de incendios. ▶消火する *v*. apagar* [《フォーマル》extinguir*] un incendio.

しょうか 商科 → 商学部. ▶商科大学 *f*. escuela de comercio.

しょうが 生姜 *m*. jengibre. ▶紅ショウガ *m*. jengibre teñido de rojo.

じょうか 浄化 *f*. purificación, *f*. depuración;（腐敗などの）*f*. limpieza. ▶町の浄化 *f*. depuración [*f*. limpieza] de la ciudad. ▶浄化槽（汚水の）*m*. pozo séptico, *f*. fosa séptica. ▶浄化装置 *f*. depuradora. ▶浄化する *v*. depurar, limpiar.

*****しょうかい** 紹介 *f*. presentación. ▶自己紹介 *f*. autopresentación, *f*. presentación de sí mism*o/ma*. ▶紹介状 *f*. carta de presentación. ▶日本への新製品の紹介 *f*. presentación de un nuevo producto en Japón.

―― 紹介する ❶【人を】*v*. presentar, recomendar*. ▶¹医者 [²弁護士] を紹介する *v*. re-

comendar* un ¹médico [²abogado]. ♦彼は友達を父親に紹介した Presentó su amigo a su padre. ♦自己紹介します。ぼくは田中太郎です Permítame que me presente. ♦[私に紹介するのを許可してくれますか? Permítame que me presente?] Me llamo Taro Tanaka. ♦私たちはお互いに紹介しあった Nos hemos presentado. ♦ Hemos hecho las presentaciones. ♦私のことを彼女に紹介してもらいたいのですが Me gustaría que me la presentaran. ♦あの偉大な歌手フリオ・イグレシアスを紹介いたします Permítame presentar al gran cantante Julio Iglesias. ♦お母さん、紹介したい(=会ってもらいたい)人がいるんだけど Mamá, quiero presentarte [que conozcas] a alguien.
❷【物事を】 v. presentar. ♦彼女は彼のニューアルバムを視聴者に紹介した Presentó al público su nuevo álbum. ♦ドン=キホーテを初めて日本に紹介したのはだれですか ¿Quién fue el primero en presentar Don Quijote en Japón? ♦私はホームステイ先の家庭に日本の文化を多少紹介した Presenté [Di a conocer] algo de la cultura japonesa a mi familia anfitriona.
❸【世話・幹(⅕)旋をする】→世話する.

しょうかい 照会 f. petición de informes; (人物・身元などの) fpl. referencias. ▶照会状 f. carta de petición de informes; f. referencia. ▶照会の上 adv. al preguntar, con petición de informes. ▶照会中 adv. bajo investigación. ♦あなたの(身元の)照会先はどちらですか ¿Qué referencias tiene usted? / ¿A quién podemos pedir informes sobre usted? ♦私の経歴については山本教授に照会してください Por favor, como referencia sobre mi carrera pida informes al Profesor Yamamoto.

しょうかい 商会 f. empresa, f. compañía. ▶ロペス商会 La compañía López; López y Compañía.

しょうかい 哨戒 f. patrulla. ▶哨戒機 m. avión patrulla.

しょうがい 渉外 (広報活動) fpl. relaciones públicas; (てはず) mpl. preparativos. ♦この行事では渉外係をやってもらえませんか ¿Se puede encargar usted de los preparativos para este acto?

しょうがい 生涯 (人生) f. vida; (職業的経歴) f. carrera; (存命期間) f. vida. → 一生. ▶生涯を終える v. poner* fin a la vida, acabar la vida. ▶生涯の伴侶(⅟) mf. compañer*o/ra de la vida. ▶政治家としての彼の生涯 f. su carrera de estadista, f. su vida política. ▶生涯教育 f. educación「de toda la vida [continuada]. ▶生涯に五つの小説を書く v. escribir* cinco novelas en la vida. ▶生涯独身で通す v. quedarse solter*o toda la vida. ♦彼は生涯の大半をウィーンで過ごした Casi toda la vida la pasó en Viena. / Vivió la mayor parte de su vida en Viena. ♦生涯ご恩は忘れません Jamás en mi vida olvidaré lo amable que ha sido usted conmigo. / Su amabilidad no la olvidaré 「en toda mi vida [mientras viva]. ♦彼らの友情は生涯続いた Su amistad les duró toda la vida. / Fue una amistad de por vida. → 終生.

しょうがい 傷害 f. herida, 《専門語》f. lesión. ▶傷害事件 m. caso de herida [lesión] corporal. ▶傷害致死《専門語》f. lesión fatal [de muerte]. ▶傷害保険 m. seguro de (contra) accidentes. ♦彼は傷害罪で逮捕された Lo detuvieron acusado de causar lesiones corporales [físicas].

•しょうがい 障害 ❶【妨げとなるもの】(進行を止めるもの) m. obstáculo (→邪魔); (大きな壁) f. barrera, m. escollo, 《口語》m. estorbo; (困難な状況・問題) f. dificultad; (進行を遅らせるもの) m. impedimento, m. obstáculo. ▶障害物競走 f. carrera de obstáculos. ♦その迷信はその種族の進歩を遅らせる障害となっている Esa superstición es un obstáculo para el progreso de esa tribu. ♦輸入規則は貿易の障害になっている Las restricciones a las importaciones son barreras al comercio. ♦私は多くの障害にぶつかったが、何とかそれを乗り越えた Me tropecé con muchas dificultades, pero conseguí superarlas. /《口語》Tuve muchos problemas, pero pude con ellos.
❷【身体の】(病気) f. enfermedad, m. trastorno; (機能の欠陥) m. defecto, (不調) m. desorden, 《専門語》f. disfunción, f. alteración. ▶心臓障害 m. trastorno cardíaco. ▶腎(じん)臓の機能障害《専門語》f. disfunción renal, m. trastorno en el funcionamiento de los riñones. ▶言語障害 m. defecto en el habla, mpl. trastornos de lenguaje. ▶¹脳[²神経]障害 m. trastorno ¹cerebral [²neurológico]. ▶身体障害者(→身体).
☞壁, 邪魔, 阻害

じょうがい 場外 ▶場外に[で] adv. fuera, 《フォーマル》en el exterior. ▶場外馬券売り場 m. lugar de apuestas de caballo fuera del hipódromo. ▶場外ホームランを打つ v. pegar* [dar*] un jonrón fuera del estadio [[メキシコ] parque de béisbol].

しょうかいせき 蒋介石 Chang Kai-Shek (☆1887-1975, 中国の軍人・政治家).

じょうかえん 上顆炎《専門語》f. epicondilitis.

しょうかく 昇格 f. promoción. → 昇進. ♦彼は支配人に昇格した Le ascendieron [promovieron] a gerente.

しょうがく 少[小]額 f. pequeña cantidad de dinero. ▶小額紙幣 m. billete [f. papel moneda] de poco valor.

じょうかく 城郭 m. castillo.

しょうがくきん 奨学金 f. beca. ▶大学へ行く奨学金を¹申し込む [²もらう] v. ¹solicitar [²obtener*, ganar, conseguir*] una beca para la universidad. ♦彼は奨学金をもらって大学を出た「Realizó estudios universitarios [Finalizó su educación universitaria] con una beca.

しょうがくせい 小学生 mf. alumn*o/na de la escuela elemental, m. niñ*o/ña que va a la escuela primaria. → 生徒.

しょうがくせい 奨学生 mf. becari*o/ria, mf. estudiante con beca, mf. alumn*o/na becado/da.

しょうがくぶ 商学部 f. Facultad de Ciencias del Comercio.

***しょうがつ** 正月 ❶【新年の数日間】m. Año Nuevo; (元旦) m. día de Año Nuevo. → 新年, 元日.

❷【1月】m. enero. ▶ 正月に (年始に) adv. en Año Nuevo; (元旦に) adv. el Día de Año Nuevo, el uno [primero] de enero. ▶ 正月休みに adv. en las vacaciones de Año Nuevo. ♦ まだ生徒たちは正月気分が抜けないようだ Entre los estudiantes hay una sensación como si estuvieran todavía en Año Nuevo.

しょうがっこう 小学校 f. escuela「primaria [de primera enseñanza]. → 学校.

しょうがない 仕様がない → 仕様, 仕方がない.

じょうかまち 城下町 f. ciudad castillo [formada alrededor de un castillo].

しょうかん 将官 (陸軍の) mf. general; (海軍の) mf. almirante.

しょうかん 償還 (返済) m. reembolso, 《教養語》f. restitución; (債券などの) f. amortización, f. cancelación. ▶ 負債を償還する v. devolver* [reembolsar] un préstamo. ▶ 公債を償還する v. amortizar* un「bono público [empréstito].

じょうかん 上官 m. superior.

しょうき 正気 m. sano juicio; (意識) f. conciencia; (狂気でないこと) f. cordura; (酔っていないこと) f. sobriedad. ▶ 正気の adj. consciente, cuerdo, sobrio. ▶ 正気に返る (意識が戻る) v. recobrar [recuperar] la conciencia, volver* en sí; (狂気の後) v. recobrar「el sano juicio [la cordura]; (正常になる) v. volverse* cuerdo. ▶ 正気を失う v. perder* "el juicio [la razón]; (意識を失う) v. perder* la conciencia, (発狂する) v. volverse* loco, enloquecer*. ♦ 彼は正気でない Ha perdido「el juicio [《口語》la cabeza]. / Se ha vuelto loco. / No está en sus cabales. ♦ 彼はその時はまだ正気だった (=しらふだった) Entonces todavía estaba en su sano juicio. ☞ 正体, 正常

しょうぎ 将棋 "shogi", 《説明的に》m. ajedrez japonés. ▶ 将棋をさす v. jugar* al "shogi". ▶ 将棋倒しになる v. caer* como bolos [fichas de dominó].

じょうき 蒸気 (熱を加えて出る) m. vapor. ▶ 蒸気機関 m. motor de vapor. ▶ 蒸気機関車 f. locomotora de vapor. ▶ 蒸気船 m. (barco de) vapor. ♦ 蒸気が地面から立っていた Del suelo salía vapor. ♦ その船は蒸気で動く El barco es accionado por vapor.

じょうき 常軌 ▶ 常軌を逸した (=風変わりな) 行動 m. comportamiento excéntrico [extravagante; (異常な) anormal]. → 逸する.

じょうき 上気 ▶ 上気した (顔が赤らんだ) adj. enrojecido, (口語) colorado; (興奮した) adj. excitado. ▶ 上気した顔 f. cara enrojecida. ♦ 彼女は湯上がりでほんのり上気していた Después del baño su piel estaba enrojecida.

じょうき 上記 ▶ 上記の (=上に述べた) 理由で adv. por los motivos antes [arriba] mencionados, 《フォーマル》por las susodichas razones.

じょうぎ 定規 f. regla; (直角・T形・L形の) f. escuadra; (3角の) f. escuadra, m. cartabón. ▶ T定規 f. regla T, f. escuadra en forma de T.

じょうきげん 上機嫌 m. buen humor. ▶ 上機嫌な人見たち mpl. hombres「de buen humor [alegres]. ▶ 上機嫌である v. estar*「de buen humor [con buena cara, alegre].

しょうきぼ 小規模 → 規模, 大規模. ♦ 彼は小規模ながら駅前でレストランをしている Tiene un restaurante frente a la estación, pero es pequeño.

しょうきゃく 償却 m. reembolso, f. amortización; (公債などの) f. amortización (de un「bono público [empréstito]). → 還. ▶ 減価償却 f. depreciación.

しょうきゃく 焼却 f. incineración, f. quema. ▶ 焼却する v. incinerar, quemar. ▶ 焼却炉 m. incinerador.

じょうきゃく 乗客 mf. pasajero/ra, mf. viajero/ra. ▶ 乗客名簿 f. lista de pasajeros. ▶ 乗客係 (列車などの車掌) mf. revisor/sora; (飛行機の客室乗務員) mf. auxiliar de vuelo, f. azafata. ♦ その飛行機の乗客リストの中に日本人はいなかった No había japoneses en la lista de pasajeros del avión.

じょうきゃく 常客 mf. cliente regular.

じょうきゃく 上客 (正客) mf. invitado/da de honor; (大事な顧客) mf. cliente valioso/sa.

しょうきゅう 昇給 f. subida [《フォーマル》m. incremento] salarial, m. aumento de sueldo. → 給料. ▶ 定期昇給 f. subida salarial periódica, (年に1度の) f. subida [《フォーマル》m. incremento] salarial anual. ▶ 昇給率 f. tasa「de la subida salarial [del aumento de sueldo]. ♦ 彼は昇給した Tuvo「un ascenso [un aumento, una subida] de sueldo. ♦ 今年は昇給した Este año me han subido el sueldo un 4%. ♦ 組合は月額1万円の昇給を要求している El sindicato ha pedido una subida salarial de 10.000 yenes al mes.

しょうきゅう 昇級 m. ascenso, f. promoción. → 昇進.

しょうきゅう 小球 《専門語》m. glóbulo.

じょうきゅう 上級 m. grado superior [más alto, más elevado].

—— **上級の** adj. más alto; avanzado; superior. ▶ 上級課程 m. curso avanzado. ▶ 上級官吏 mf. alto/ta funcionario/ria. ▶ 上級将校 mf. oficial de alto rango. ▶ 上級生 mf. estudiante [mf. alumno/na] de un curso superior. ♦ 彼は私より2年上級です Me saca dos cursos en la escuela. / Está dos cursos por encima de mí.

しょうきょ 消去 (書いたもの・録音したものを消すこと) f. supresión, f. eliminación. ▶ 消去する v. suprimir, eliminar, borrar. ▶ 消去法で adv. por eliminación.

*** しょうぎょう** 商業【工業に対する】(商品・サービスの売買) m. comercio; (主に商品売買) mpl. negocios. ▶商業界 m. mundo「del comercio [de los negocios]. ▶商業スペイン語 m. español comercial. ▶商業通信(文) f. correspondencia comercial; (手紙) f. carta comercial. ▶商業地区 f. zona [m. barrio] comercial. ▶商業(＝民間)放送 f. emisión comercial,《フォーマル》f. radiodifusión comercial. ▶商業主義 m. comercialismo. ▶商業に従事している [する] v. ¹estar* dedic*ado* [²dedicarse*]「al comercio [a los negocios]. ♦スポーツはあまりにも商業化されてしまった Los deportes「se han comercializado demasiado [están demasiado comercializados].

じょうきょう 状況 (物事の状態) m. estado; (一時的な) f. condición; (置かれた立場) f. situación; (周囲の状況) fpl. circunstancias. → 状態. ▶このような状況にあっては adv. en una situación así, en tal estado de cosas, en estas circunstancias. ▶危機的状況にある v. estar* en「un estado crítico [una crisis]. ▶いかなる状況でも adv. en [bajo] cualquier circunstancia. ▶状況「判断 [²証拠] ¹ f. juicio [² f. prueba] circunstancial. ♦彼は状況を把握してすばやく行動した Aprovechó la situación y actuó con rapidez. → 形勢. ▶状況が「好転 [²悪化] した La situación ¹mejoró [²empeoró]. ♦その時の状況ではそうするのが最善だった En esas circunstancias, era lo mejor que se podía hacer.

じょうきょう 上京 ▶上京する v. ir* [venir*] a Tokio. ▶上京している v. estar* en Tokio.

*しょうきょくてき** 消極的 (否定的な, 積極性を欠いた) adj. negativo; (受け身の, 活発でない) adj. pasivo. ▶その計画に消極的である (＝不賛成である) v. ser* [mostrarse*] negativo sobre el proyecto. ▶消極的な (＝するなというだけの) 忠告 m. consejo negativo. ♦彼は消極的な気質だ Es una persona negativa. /《フォーマル》Tiene una disposición negativa. /(内向的な人だ) Es muy introvertido.

しょうきん 賞金 m. premio (en metálico), f. prima. ▶賞金獲得者 mf. ganador/dora de premio. ▶賞金をかける v. ofrecer* dinero (como premio). ♦だれがゴルフで1千万の賞金を獲得するのだろうか ¿Quién ganará「el premio de golf [《口語》se llevará] de diez millones de yenes?

じょうきん 常勤 ▶常勤の仕事 m. trabajo [m. empleo] de tiempo completo. ▶常勤で働く v. trabajar a [de] tiempo completo.

じょうくう 上空 (空) m. cielo, fpl. alturas. → 空. ▶はるか上空の adv. allá en「las alturas [el cielo]. ▶水戸上空を飛ぶ v.「volar* sobre [sobrevolar] Mito. ▶3千メートルの上空 (＝高度) で adv. a una altura de 3.000 metros. ♦UFOが千葉市の上空で観測された Sobre la ciudad de Chiba se divisó un OVNI.

しょうぐん 将軍 ▶(強調して) m. generalísimo; (幕府の)《日本語》m. "shogun." ▶乃木将軍 m. general Nogi. ▶冬将軍 m. general Invierno, f. época [f. temporada] de nieves.

じょうげ 上下 (物・数値などの移動) f. subida y f. caída,《教養語》m. ascenso y m. descen-

じょうけん 633

so,《フォーマル》f. fluctuación,《口語》mpl. altibajos.

—— 上下に adv. arriba y abajo, verticalmente. ♦地震で家が上下に揺れるのを感じた Sentí que la casa temblaba arriba y abajo por el terremoto. ♦¹船[²飛行機]が上下に揺れた El ¹barco [²avión] subía y bajaba.

—— 上下する v. subir y bajar,《フォーマル》fluctuar*,《教養語》ascender* y descender*. ♦彼女の熱は38度を上下していた Su temperatura subía y bajaba en torno a los 38 grados (centígrados).

《その他の表現》 ▶金価格の上下 (＝変動) fpl. fluctuaciones,《口語》mpl. altibajos del precio del oro. ▶背広上下 m. traje de dos piezas. ▶上下2巻の辞書 m. diccionario en [de] dos tomos. ▶彼は絵を上下逆さまに持っている Sostiene un cuadro al revés. ♦そこには上下 (＝身分) の別なく多くの人が集まった Mucha gente sin distinción de rango social acudió allí. ♦軍隊では階層的な上下関係が守られている En el ejército se observa una jerarquía de relaciones de superior a inferior.

じょうけい 情景 (光景, 場面) f. escena; (眺め) f. vista. ▶いたましい情景 f. escena patética.

しょうけいもじ 象形文字 (古代エジプトの) m. jeroglífico; (中国・日本の) m. pictograma, m. ideograma.

しょうげき 衝撃 (物理的, 精神的) m. choque, m. golpe; (物体間の衝突, 強い効果) m. impacto,《教養語》f. percusión. ▶衝撃を与える v. producir* [dar*] 《a + 人》un impacto [choque]. ▶爆発の衝撃で adv. por el impacto de la explosión. ▶衝撃的な出来事 m. accidente espantoso. ♦そのニュースを聞いてわれわれは大きな衝撃を受けた Esa noticia nos「produjo un gran choque [conmocionó fuertemente].

しょうけっせつ 小結節 《専門語》m. nódulo.

しょうけん 証券 (有価証券) mpl. valores, mpl. títulos; (株券) fpl. acciones; (証書, 手形) f. letra; (債券, 社債) m. bono. ▶証券「¹会社 [²市場] ¹f. compañía [²m. mercado] de valores [acciones]. ▶証券取引所 f. bolsa de valores.

しょうげん 証言 m. testimonio. ▶法廷で彼に不利な証言をする v.「dar* testimonio [《フォーマル》testificar*, atestiguar*] en su contra en el juicio.

—— 証言する v. dar* testimonio《de que》; atestiguar* [《フォーマル》testificar*,《フォーマル》testimoniar]《de que》. ♦彼女は容疑者の男が家に入るのを見たと証言した Dio testimonio de que había visto al sospechoso entrar en la casa. /《フォーマル》Testificó「haber visto [que había visto] al sospechoso entrar en la casa.

*じょうけん** 条件 f. condición; (支払い・契約などの) fpl. condiciones; (資格などの必要条件) m. requisito; (前提条件)《フォーマル》m. prerrequisito [f. condición previa]《para, de).

1《～条件》▶支払い条件 fpl. condiciones de pago. ▶成功の前提条件 m. prerrequisito del éxito.《強調して》f. condición para triunfar. ▶世界平和の第一条件 f. primera [principal] condición para la paz mundial. ▶必要十分条件 f. condición necesaria y suficiente. ♦金は必ずしも幸福になるための条件ではない El dinero no es una condición necesaria para la felicidad.

2《条件(の)＋名詞》▶条件節 f. oración condicional, f. condicional. ▶条件反射 m. reflejo condicionado, f. respuesta condicionada. ▶(労働)条件のいい仕事 m. trabajo con buenas condiciones laborales. ▶彼はそれを条件付きで承認した Lo aprobó bajo ciertas condiciones. / Dio una respuesta condicional. /《フォーマル》Respondió condicionalmente.

3《条件》♦君の過ちを大目に見てあげるが，一つ条件がある Pasaré por alto tu equivocación con [bajo] una condición.

4《条件に[を]》▶条件を受け入れる v. aceptar una condición. ▶条件を満たす v. cumplir [satisfacer*] una condición. ▶この条件に合う[を満たす]人ならだれでも採用しよう Daremos el trabajo al que cumpla「estas condiciones [《フォーマル》estos requisitos]. ▶樹木は気候条件によっていろいろな高さになる Los árboles pueden alcanzar diferentes alturas según las condiciones climáticas. ▶彼はわれわれが彼を補助するという条件を付けた[出した] Puso la condición de que le ayudáramos.

5《条件で》▶よい条件で雇われた v. ser* empleado bajo condiciones favorables. ♦彼は給料の前払いという条件でその仕事を引き受けた Aceptó el trabajo con la condición de que se le pagara por adelantado.

☞制約, 注文

じょうげん 上限 m. límite máximo,《口語》m. tope; (最大限) m. máximo.

しょうこ 証拠 f. prueba [m. testimonio] (de, de que),《教養語》f. evidencia.

1《～証拠》▶¹状況 [²物的]証拠 f. prueba ¹circunstancial [²material]. ▶¹有力な [²確かな] 証拠 f. prueba ¹convincente [²segura, ²《フォーマル》fidedigna]. ▶¹直接 [²伝聞]証拠 m. testimonio ¹directo [²de oídas].

2《証拠＋名詞》▶証拠隠滅 f. destrucción de pruebas. ▶証拠書類 m. documento testimonial. ▶証拠調べ f. investigación de pruebas. ♦証拠不十分で釈放された Fue liberado por falta de pruebas.

3《証拠が[は]》♦彼が無実だという証拠がありますか ¿Hay pruebas [Tiene usted alguna prueba] de que es inocente? /(証明できますか)¿Puede usted demostrar [probar]「su inocencia [que es inocente]? ♦彼の陳述を信じるに足る十分な証拠がありますか ¿Tiene usted pruebas suficientes para creer lo que afirma?

4《証拠に》▶証拠に基づいて訴訟を裁く v. juzgar* un caso basándose en pruebas. ♦その証拠に彼は来なかった La prueba es que no vino.

5《証拠を》▶証拠を固める(＝集める) v. reunir* pruebas. ▶証拠を隠滅する v. destruir* la prueba《de》. ▶決定的な証拠を提出する v. presentar pruebas decisivas [concluyentes]. ♦私は動かぬ(＝反ばくの余地のない)証拠をつかんだ He conseguido pruebas irrefutables. ♦少しでも証拠を見せてくれれば君の言うことを信じるよ Dame [Preséntame] una sola [alguna, la más mínima] prueba y creeré lo que dices.

6《証拠だ》♦彼が神経質になっているのは真実を話していない証拠だ Su nerviosismo es la prueba de que no dice la verdad. ☞形跡, 痕跡

しょうこ 礁湖 f. laguna.
しょうご 正午 m. mediodía. ▶正午の飛行機の便 m. vuelo de mediodía. ▶正午に adv. a mediodía.
じょうご 漏斗 m. embudo.
しょうこう 将校 mf. oficial. ▶軍人. ▶¹陸軍 [²海軍]将校 mf. oficial ¹militar [²naval].
しょうこう 小康 (m. momento de) f. calma, f. tregua.《会話》先生, 彼の病状はいかがでしょうか―今のところ小康を保っています(＝悪くなっていない) Doctor, ¿cómo está él? – Ahora está en un momento de calma.
しょうこう 焼香 ▶焼香する(＝香をささげる) v. ofrecer*《a》[《教養語》ofrendar, quemar] incienso.
しょうこう 症候 m. síntoma. ▶症候群 m. síndrome. ♦発熱は多くの病気の症候(＝徴候)である La fiebre es síntoma de numerosas enfermedades.
しょうごう 照合 m. cotejo,《教養語》f. confrontación. ▶写しを原本と照合する v. cotejar una copia con el original
☞合わせる, 併せる, 突き合わせる, 照らし合わせる, 照らす
しょうごう 称号 (肩書き) m. título; (学位) m. título, m. grado. ♦女王は彼に貴族の称号を与えた La reina le otorgó [《教養語》confirió] un título de nobleza.
じょうこう 条項 (条約・法律・契約などの) f. cláusula, m. artículo. ▶罰則条項 f. cláusula penal [punitiva, de penalización]. ▶この契約書の中の二つの条項を削除する v. eliminar dos cláusulas de este contrato ☞箇条, 条文
しょうこうかいぎしょ 商工会議所 f. Cámara de Comercio e Industria.
じょうこうきゃく 乗降客 (列車の) mpl. pasajeros que suben y bajan (del tren).
しょうこうぎょう 商工業 ▶日本の商工業 m. comercio y f. industria de Japón. ▶商工業の中心地 m. centro comercial e industrial.
しょうこうぐち 昇降口 f. entrada; (船の) f. escotilla.
しょうこうねつ 猩紅熱《専門語》f. escarlatina.
じょうこく 上告 f. apelación (a un tribunal

superior). ◆最高裁に上告する v. apelar「al Tribunal Supremo [a la Corte Suprema] (de Justicia). → 控訴する.

しょうこつ 小骨 (専門語) m. osículo.

しょうこん 商魂 (商売のセンス) m. sentido [m. espíritu] comercial, (口語) m. olfato para los negocios; (営利主義) m. comercialismo. ◆商魂たくましい男だ Tiene un buen sentido comercial. / (もう一旦倒れた)Le gusta la ganancia.

しょうさ 小差 m. estrecho margen. → 僅差.

しょうさい 詳細 mpl. detalles, mpl. pormenores. ◆彼はその事故の詳細を話した Dio todo género de detalles del accidente. / Describió el accidente con「todo detalle [(口語) pelos y señales]. ◆詳細は追ってお知らせします Más tarde te informaré de los detalles.

── 詳細な (一部始終の) adj. detallado, pormenorizado, adj. completo; (過度に綿密な) adj. minucioso. ◆詳細な説明 f. explicación detallada [con pormenores]. ◆詳細な記述 f. descripción minuciosa.

── 詳細に adv. con [en] detalle, detalladamente, minuciosamente, (口語) al pormenor, (口語) con pelos y señales; (長々と) adv. extensamente, por extenso. ◆詳細に説明する v. explicar*「con detalle [detalladamente], con pelos y señales」. 委細, 各論, 顛末; 詳しい, 克明, 精密な, 細々; 細かい, 逐一

しょうさい 商才 ◆彼はなかなか商才がある Tiene talento [don, (フォーマル) buen olfato, (フォーマル) capacidad considerable] para los negocios.

じょうざい 錠剤 f. pastilla, (丸薬) f. píldora; (糖衣錠) f. gragea. ◆錠剤を飲む v. tomar(se) una pastilla [píldora].

しょうさっし 小冊子 (一般の) m. folleto; (政治的な) m. panfleto. → パンフレット ⧉ 冊子, 説明

しょうさん 賞賛 (ほめること) m. elogio, (強調して) f. alabanza, (感嘆) f. admiración; (拍手かっさい) m. aplauso. ◆賞賛者 mf. admirador/dora (de). ◆賞賛すべき adj. elogiable, (フォーマル) loable, (教養語) laudable, digno de alabanza, admirable. ◆彼の故郷を賞賛する(=たたえる)詩 m. poema en alabanza de su lugar natal. ◆賞賛の目で見る v. mirarlo [le] admirativamente [con admiración]. ◆彼の行為は大いに賞賛に値する Su conducta「merece muchos elogios [(フォーマル) es digna de toda alabanza]. ◆彼は級友の賞賛の的である Es la admiración de sus compañeros de clase. ◆彼の小説は賞賛を博した Su novela「recibió muchos elogios [mereció muchas alabanzas]. / Recibió muchos elogios por su novela.

── 賞賛する v. elogiar, alabar, (教養語) loar; admirar. → 褒める. ◆だれもが彼の勇気を賞賛した Todos elogiaron su valor. / (フォーマル) Su valentía mereció unánimes alabanzas. ⧉ 推賞[奨], 崇拝

しょうさん 勝算 (勝利・成功の見込み) f. posibilidad de ganar [victoria]. ◆この試合には勝算が十分ある Tenemos bastantes posibilidades de victoria [ganar este partido]. ◆われわれに勝算がある Tenemos la posibilidad de ganar. / (口語) Tenemos las de ganar.

しょうさん 硝酸 m. ácido nítrico.

しょうし 焼死 f. muerte por incendio. ◆焼死体(黒焦げになった) m. cuerpo [m. cadáver] carbonizado. ◆焼死する v. morir* carbonizado; (火事で命を落とす) v. morir*「[(フォーマル) perecer*] en un incendio.

しょうし 少子 ◆少子社会 f. sociedad con cada vez menos niños.

しょうじ 障子 "shoji", (説明的に) f. puerta corrediza con un marco de madera cubierto de papel japonés. ◆障子紙 m. papel para "shoji". ◆障子をあける v. abrir* el "shoji".

じょうし 上司 mf. jefe/fa. → 部下. ◆直属の上司 m. jefe [m. superior] inmediato. ◆彼は私より若いが私の上司だ Es mi jefe, aunque es menor [más joven] que yo.

じょうし 城址[趾] (廃墟) fpl. ruinas [mpl. restos] de un castillo.

じょうじ 情事 m. amorío, m. romance. ◆情事を交わす v. tener* un amorío [romance] (con).

しょうじがいしゃ 商事会社 f. compañía [f. empresa] de comercio, f. casa comercial. → 商社.

＊＊しょうじき 正直 f. honradez, f. rectitud, f. sinceridad, f. integridad. (会話) だけど彼はそれが必要なんだって言ってるよ―そうね、でも正直のところ彼本当にそれが必要なの？ Bueno, pero dice que lo necesita. – Sí, pero ¿lo necesita de verdad?. ◆三度目の正直 (言い回し) A la tercera va la vencida.

── 正直な (偽りのない) adj. honrado, honesto, recto, (フォーマル) íntegro, (教養語) probo, (うそを言わない) adj. sincero, (率直な) adj. franco. ◆正直な人 f. persona honrada. ◆私の作品について正直な意見を言ってほしい Quiero saber tu opinión sincera sobre mi trabajo.

── 正直に adv. honradamente, con honradez, con honestidad; (率直に) adv. sinceramente, francamente. ◆正直言って彼は信頼できない「Para serte sincero [Hablando francamente], no confío en él. ◆正直に本当の事を言いなさい Sé sincero y dime la verdad. ◆よく正直にそう言ってくれたね Fuiste sincero al decirlo. / Obraste con honradez al decírmelo. ⧉ 固[硬, 堅]い, 実直

＊じょうしき 常識 (生活体験から得た思慮分別) m. sentido común [elemental]; (良識) f. sensatez; (だれもが知っていること) m. conocimiento común; (世間一般の知識) mpl. conocimientos generales. ◆常識テスト m. examen de conocimientos generales. ◆常識的な解釈 f. interpretación「de sentido común [lógica]. ◆常識的な (=平凡な)言葉 f. observación común [ordinaria, (口語) de ca-

636　しょうしつ

jón, de lugar común]. ▶常識を働かせる v. usar el sentido común. ▶常識を身につける v. ampliar [aumentar] los conocimientos generales. ◆彼は常識がある Tiene sentido común. / Es una persona sensata. − 非常識. ◆彼は常識をまったく欠いている 「No tiene [Carece de] sentido común. 会話 私夜明け前に出発するわよ―少しは常識をわきまえなさい Saldré antes del amanecer. − Tú no tienes sentido común. / ¿Es que no tienes sentido común? / ¿Te has vuelto loca? ◆そんなふるまいは常識はずれである No es de sentido común comportarse así.

しょうしつ 焼失 ▶焼失する v. quemarse, quedar destruido por el fuego. ▶焼失を免れる v. librarse del fuego [incendio]. ▶焼失した工場 f. fábrica quemada. ▶その大火で多くの家が焼失した Muchas casas quedaron destruidas por el gran incendio. / El gran incendio quemó numerosas casas.

じょうしつ 上質 f. buena [alta] calidad. ▶上質(の)紙 m. papel de「alta calidad [calidad superior].

じょうじつ 情実 (個人的な配慮) fpl. consideraciones personales; (えこひいき)《フォーマル》m. favoritismo. ▶情実にとらわれる v. ser* influido por「consideraciones personales [favoritismo]. ▶情実で昇進する v. ser* ascendido por favoritismo.

しょうしゃ 商社 f. compañía de comercio, f. casa comercial. ▶総合商社 f. compañía de comercio general.

しょうしゃ 瀟洒 adj. 瀟洒な adj. elegante. ▶しょうしゃな家 f. mansión elegante.

しょうしゃ 勝者 (試合の) mf. ganador/dora, mf. vencedor/dora; (戦争の) mf. vencedor/dora, 《強調して》mf. triunfador/dora.

じょうしゃ 乗車 ▶乗車券 m. billete [《ラ米》m. boleto] de tren. ▶乗車券売り場 f. ventanilla, f. taquilla, 《ラ米》f. boletería. ▶乗車賃 (バス[電車]などの) f. tarifa (de tren [autobús]). ◆みなさんご乗車ください ¡Viajeros al tren, por favor!
—— **乗車する** (列車・バスに) v. subir (al tren [autobús]). → 乗る. ▶タクシーに乗車する v. subir a un taxi.

じょうしゅ 情趣 ▶情趣に富んだ (= 趣のある) 庭 m. jardín de buen gusto. → 趣(誌), 風情(誌).

じょうじゅ 成就 (達成) m. logro; (完成) m. cumplimiento, f. realización. ▶成就する v. lograr; cumplir; realizar*. ◆彼はけっして何も成就できないだろう Nunca logrará nada. ◆ついに大願が成就した Hemos cumplido al fin nuestro gran deseo.

しょうしゅう 召集 (集合命令) m. llamamiento 《a + 名詞, a + 不定詞, para + 不定詞》; (集会など) f. convocatoria; (軍隊などの) m. reclutamiento, f. movilización. ▶召集令状 f. orden de reclutamiento. ▶召集する (国会など を) v. convocar* (la Dieta); (軍隊などを) v. mobilizar al ejército, 《口語》 llamar a filas. ◆市議会はその問題の協議のために召集された Se convocó「a la asamblea [al concejo] municipal para tratar del asunto.

しょうじゅう 小銃 m. rifle; (小銃類) mpl. fusiles. ▶自動小銃 m. rifle automático. ▶小銃弾 f. bala (de fusil).

じょうしゅう 常習 f. costumbre, m. hábito; f. manía, f. adicción. ▶常習的な(癖による) adj. habitual; (凝り固まった) adj. fijo, de siempre. ▶常習犯 mf. delincuente habitual. ▶麻薬常習者 mf. drogadicto/ta, mf. toxicómano/na. ▶賭博(゙゙)の常習者 mf. jugador/dora habitual, 《フォーマル》mf. ludópata. ◆彼は会に遅刻してくる常習犯だ (= 常習的に遅刻する)「Generalmente llega [Suele llegar] tarde a las reuniones.

じょうじゅつ 詳述 ▶その事件の様子を詳述する v. dar* una explicación detallada del suceso, explicar* el suceso con todo detalle.

じょうじゅつ 上述 ▶上述の問題 m. problema arriba (anteriormente) mencionado, 《フォーマル》 m. susodicho problema. ▶上述のごとく adv. como「se mencionó anteriormente [ya se mencionó antes].

しょうじゅん 照準 (銃などの) f. puntería; (ねらい) m. objetivo, m. propósito. ▶照準を合わせる v. apuntar 《a》, 《教養語》visar; (ねらう) v. dirigir* la puntería 《a》.

しょうじゅん 昇順(の)《専門語》adj. ascendente. ▶昇順ソート f. ordenación ascendente.

じょうじゅん 上旬 m. principio [m. comienzo] de mes, mpl. primeros días del mes. ▶1来月 [23 月] 上旬に adv. al principio 1del mes que viene [2de marzo].

しょうしょ 証書 (債務の) m. bono, m. título de una deuda; (署名なつ印した権利証書) f. escritura; (文書) m. documento, (証明書) m. certificado. ▶卒業証書 m. diploma. ▶信託証書 f. escritura fiduciaria, m. contrato de fideicomiso. ▶証書を作成する v. hacer* una escritura.

しょうじょ 少女 f. niña, 《口語》f. muchacha, 《口語》f. chica. ▶少女らしい adj. de niña, aniñado. ▶少女趣味 mpl. gustos de niña. ▶少女1小説 [2マンガ] 1 f. historia [2 m. cómic] para niña. ◆彼女は少女時代とてもかわいかった Era muy bonita de niña. / Cuando era niña, era preciosa.

しょうしょう 少々 adv. poco, algo, ligeramente; (少しの) adj. unos pocos, un poco de. → 少し.

しょうじょう 症状 《専門語》m. síntoma; (病状) m. estado de 1un/una paciente [una enfermedad]. ▶自覚症状 m. síntoma subjetivo. ▶はしかの症状を呈する[がある] v. presentar [dar*, tener*] síntomas de sarampión. ▶頭痛,のどの痛みの風邪の症状あり.熱はなし Tiene síntomas de resfriado, como dolor de cabeza y garganta fuerte, pero no tiene fiebre. ◆彼の病気の症状はどうですか ¿Qué síntomas presenta su enfermedad?

しょうじょう 賞状 (一般に功績をたたえる) m. diploma de honor; (評価・賞賛・感謝などを表わす) m. certificado de mérito. ◆彼は勇敢さをたたえられて賞状をもらった Le dieron un diplo-

じょうしょう 上昇 (物価などの) f. subida, 《専門語》 f. alza; (登ること) m. ascenso, f. elevación, 《教養語》 f. ascensión. ◆温度の上昇 f. subida de la temperatura. ◆気球の上昇 f. elevación de un globo. ◆上昇気流 f. corriente ascendente de aire. ◆物価の上昇傾向 f. tendencia alcista [ascendente, en alza] de los precios.

—— 上昇する v. subir, elevarse, 《フォーマル》 ascender*; (急に上がる) v. salir* dispar*ado* hacia arriba. → 上がる. ◆物価は上昇している Están subiendo los precios. / Los precios están en alza. ◆飛行機は上昇して雲の中に入った El avión se elevó metiéndose entre las nubes. ⇨向上, 増加

じょうじょう 上々 (すぐれた) adj. excelente; (最高の) adj. el/la mejor, superior; (極上の) adj. de calidad superior. ◆結果は上々 (=大成功)だった El resultado fue [《フォーマル》 constituyó] un gran éxito.

じょうじょう 上場 ◆上場株 fpl. acciones cotizables (en bolsa). ◆上場する v. inscribir* (acciones). ◆その株式は上場されている Las acciones (de la compañía) cotizan en bolsa.

じょうじょうしゃくりょう 情状酌量 ◆情状酌量する (考慮に入れる) v.「tener* en cuenta [tener* presente, considerar] las circunstancias; (罪人などを減刑する) v. atenuar*.

しょうしょく 小食 ◆彼女は小食である (=あまり食べない) Come muy poco. / Es muy sobria en la comida. /《口語》Come como un pajarito.

じょうしょく 常食 (主食) f. comida básica, m. alimento principal; (日常の食物) f. comida cotidiana. ◆日本人は米を常食にしている La comida básica de los japoneses es el arroz.

しょうじる 生じる (偶然に起こる) v. ocurrir; (起こるべくして) v. tener* lugar, presentarse (→起こる); (問題などが発生する) v. surgir* (de); (...の結果として生じる) v. resultar, 《フォーマル》 derivarse, 《教養語》 proceder (de); (引き起こす) v. causar, provocar*; (生み出す) v. crear, originar. ◆事故は彼の不注意から生じた El accidente ocurrió [《フォーマル》 sobrevino] por su descuido. /《フォーマル》 El accidente fue「debido a [ocasionado por] un descuido de él. / Su descuido provocó [causó, provocó*] el accidente. ◆戦後日本には大きな変化が生じた Después de la guerra han tenido lugar grandes cambios en Japón. ◆彼の話は[1]疑惑 [2]誤解]を生じた Sus palabras [1]levantaron sospechas [[2]ocasionaron un malentendido]. ◆どうして貿易不均衡が生じたのですか ¿Qué fue lo que provocó el desequilibrio comercial? ⇨現[表]われる, 在・有る, 生[産]まれる, 起こる, 付[点]く, 出る

じょうじる 乗じる ❶【つけ込む】v. aprovechar; (...から利益を得る, 利用する) v. sacar* provecho [partido, ventaja, 《口語》 tajada] (de); (機会などを捕える) v. aprovechar. ◆この機に乗じる v. aprovecharse [sacar* partido] de esta oportunidad. ◆他人の弱味に乗じる v. aprovecharse de la debilidad ajena. ❷【掛け算をする】◆3に4を乗じると12になる (=3×4=12) Tres multiplicado por cuatro da [es] doce. / Tres veces cuatro son doce. / Tres por cuatro son doce.

しょうしん 昇進 m. ascenso, f. promoción, f. subida. ◆年功序列による昇進 m. ascenso por antigüedad. ◆この会社では昇進の見込みがない En esta empresa no hay posibilidades de ascenso. ◆彼は昇進が早かった Le ascendieron rápidamente. / Fue ascendido muy pronto.

—— 昇進する v. ser* ascend*ido*, ascender*, 《フォーマル》 ser* promov*ido*, 《口語》 subir. ◆業績と能力で昇進する v. ser* ascend*ido* por méritos propios. ◆彼は校長に昇進した Fue ascendido a director de escuela. 会話 田中は今部長だよ−彼ここ2, 3年でずいぶん昇進したわね Tanaka es ahora director (de departamento). − ¡Vaya! ¡Cómo ha ascendido en dos o tres años! ⇨上[揚, 挙]がる, 出世, 進む; 格上げ, 登用, 取り立てる

しょうしん 小心 f. timidez, 《教養語》 f. pusilanimidad; (臆病) 《軽蔑的に》 f. cobardía. ◆小心な adj. tímido, 《軽蔑的に》 cobarde, 《教養語》 pusilánime. ◆小心者 《軽蔑的に》 mf. cobarde, f. persona tímida [《教養語》 pusilánime].

しょうしん 焼身 ◆焼身自殺する v. suicidarse [quitarse la vida] prendiéndose fuego.

しょうしん 傷心 (悲しみ) m. corazón afligido [destrozado]. ◆傷心のあまり adv. con gran aflicción, con muchísima pena.

しょうじん 精進 (献身) f. devoción. ◆精進する v. dedicarse [consagrarse] (a); (肉食をしない) v. seguir* [《フォーマル》 observar*] una dieta vegetariana, abstenerse* de carne y pescado. ◆精進日 m. día de abstinencia, 《口語》 f. vigilia.

しょうしんしょうめい 正真正銘 ◆正真正銘の (=本当の) 詩人 mf. verdader*o/ra* poet*a/tisa*. ◆正真正銘の (=まじりのない) ダイヤ m. diamante genuino; (本物の) m. diamante auténtico.

しょうじんりょうり 精進料理 (菜食) f. dieta [f. cocina] vegetariana.

＊＊じょうず 上手 (お世辞) m. halago. → お世辞, へつらう. ◆お上手を言う v. halagar*; 《口語》 decir* (a + 人) cosas bonitas.

—— 上手な (巧みな) adj. bueno; (熟練した) adj. hábil, habilid*oso*, mañ*oso*, diestr*o* (con); (専門的知識・技術のある) adj. experto, 《口語》 duch*o* (en). → うまい. ◆彼女はピアノは上手だ Es una buena pianista. /《口語》 Se le da bien tocar el piano. / (上手に弾く) Toca (muy) bien el piano. 会話 で, これが明の絵よ−6歳の子にしてはけっこう上手だね ¡Fíjate lo que ha pintado Akira! − Pues no está nada mal para un niño de seis años. ◆君は本当に[1]話し [2]聞き]上手だね La verdad es que se te da bien [1]hablar [[2]escuchar]. ◆彼女は字が上手だ Tiene una「buena letra

[letra bonita]. / Escribe muy bien. / Su caligrafía es buena. ◆彼は[1]商売上手だ [言葉の使い方が上手だ] Se le [1]dan bien los negocios [[2]da bien hablar].

——上手 adv. bien, con habilidad, hábilmente, 《フォーマル》con destreza. ▶上手にタイプする v. escribir* bien a máquina. ▶はしを上手に使う v. usar bien los palillos. ▶スペイン語が上手になりたい（＝上達したい）Quiero aprender bien español. ◆彼は時間を上手に（＝有効に）使った Aprovechó bien el tiempo. ⇨達者, 得意; うまい, 巧み, 堪能, 得意な

しょうすい 憔悴 (やつれた) adj. macilento, demacrado. ▶憔悴した顔 m. rostro macilento [《フォーマル》extenuado]. ◆彼は憔悴した様子だった Tenía el aspecto demacrado. / Parecía extenuado.

じょうすい 浄水 f. agua purificada. ▶浄水場 f. planta purificadora de agua, f. purificadora (de agua). ▶浄水器 m. purificador (de agua).

じょうすいどう 上水道 (給水設備) f. instalación de abastecimiento de agua.

しょうすう 小数 m. decimal, f. fracción decimal (☆スペインではコンマ(,), ラテンアメリカではピリオド(.)を使う). ▶小数位 m. puesto decimal. ▶小数点 f. coma (decimal), m. punto decimal. ◆小数第3位まで計算せよ Calcule hasta el tercer decimal. ◆小数点以下は切り捨てること Quitar los decimales (para redondear). 《会話》君, 円周率の値(ぁたい)を知ってる―あの 3.14 なんかいうやつかい―小数点何位まで知っている ¿Sabes el valor de "pi"? - ¿Te refieres al valor de 3,14 (tres coma cuatro)? - ¿Cuántos decimales conoces?

しょうすう 少数 f. minoría. ▶少数の（少ないがある）adj. unos, unas, 《口語》unos cuantos; (少ない数の) adj. pequeño número de. ▶少数民族 f. raza minoritaria, f. minoría étnica. ▶少数精鋭の f. minoría capaz,《フォーマル》f. élite. ◆その場所は少数の地元の人しか知らなかった Ese sitio sólo lo conocían unas cuantas personas del lugar. ◆彼は少数派に属する Pertenece a la minoría. ◆会の出席者は少数であった A la reunión「asistió poca gente [asistieron pocas personas]. / 《フォーマル》Los asistentes a la reunión fueron poco numerosos. / El número de asistentes a la reunión fue escaso. ⇨若干の, 少し

しょうする 称する ❶【名乗る】◆山田と称する男があなたに会いに来были Vino [Ha venido] a verle un tal Yamada.

❷【言う】◆彼は自分のことを辞書の専門家と称していた Se presentaba a sí mismo como un experto en diccionarios. → 自称. ◆彼は病気を称して（＝口実に）学校を休んだ Con el pretexto de que estaba enfermo no vino a clase.

じょうせい 情勢 f. situación, fpl. circunstancias (事態) m. estado de las cosas. → 状況. ▶[1]国際 [[2]経済; [3]政治]情勢 f. situación [1]internacional [[2]económica; [3]política]. ▶現在の情勢では adv. bajo las circunstancias actuales, en la situación actual. ▶[1]やっかいな [[2]緊迫した, [3]微妙な]情勢にある v. estar* en una situación [1]complicada [[2]tensa, [3]delicada]. ▶情勢(がどのように進展するか)を見る v. ver* cómo se desarrolla la situación. ▶情勢[1]を見て取る [[2]に対処する] v. [1]percatarse de [[2]enfrentarse a] la situación. ▶情勢に明るい v. estar* al corriente [tanto] de la situación, 《口語》estar* en la onda. ◆情勢が好転した La situación ha mejorado.

じょうせき 定石 ❶【囲碁で, 決まった打ち方】f. regla habitual, f. fórmula de siempre.
❷【決まった仕方】▶定石通りにする v. seguir* la regla habitual; (試験ずみで信頼できる戦術を使う) v. recurrir a la regla de siempre.

しょうせつ 小説 (長編の) f. novela, (物語) f. historia, (短編の) m. cuento, m. relato; (架空の話) f. obra de ficción. ▶小説家(小説を書く人) mf. novelista; (作家, 著述家) mf. escritor/tora. ▶空想科学小説 f. ciencia ficción. ▶私小説 f. novela autobiográfica. ▶[1]大衆 [[2]歴史]小説 f. novela [1]popular [[2]histórica]. ▶探偵小説 f. novela policíaca. ▶短編小説 f. novela corta, m. relato. ▶連載小説 f. novela por entregas (en una revista). ▶実際の出来事を小説にする v. novelar un suceso real. ▶小説を読む v. leer* una novela. ◆これは三浦綾子の小説です Es una novela de Ayako Miura. / Esta novela「fue escrita por [es de] Ayako Miura. ◆事実は小説より奇なり La verdad es más fantástica que la ficción.

しょうせつ 小節 (音楽で) m. compás.

じょうせつ 常設 ▶常設の(永久的な) adj. permanente; (常置の) adj. regular. ▶常設委員会 m. comité permanente [regular]. → 委員会. ▶…を常設する（＝永久的に設置する）v. establecer* … permanentemente.

じょうぜつ 冗舌 ▶冗舌な(話好きな) adj. locuaz, hablador, 《口語》charlatán, 《口語》parlanchín, 《軽蔑語》gárrulo. ▶冗舌家 mf. charlatán/tana.

しょうせん 商船 m. barco mercante.

しょうせん 商戦 f. batalla comercial [de ventas].

じょうせん 乗船 m. embarco, m. embarque, f. embarcación. ▶乗船港 m. puerto de embarque. ▶乗船券 m. pasaje, m. billete [《ラ米》m. boleto] de barco.

——乗船する v. embarcar(se)*, subir a bordo; embarcar*. → 乗る. ▶フェリーに乗船する v.「embarcarse* en [subir a bordo de] un ferry [transbordador].

しょうせんきょく 小選挙区 (小さな選挙区) m. pequeño distrito electoral; (1区一人の選挙区) f. circunscripción de un solo miembro. ▶小選挙区制 m. sistema de pequeños distritos electorales.

しょうそ 勝訴 f. causa ganada. ◆その裁判は被告の勝訴になった El acusado [demandado] ganó la causa.

しょうそう 尚早 ▶尚早の adv. (demasiado) pronto; (まだ熟していない) adj. 《フォーマル》prematuro. ♦まだ時機尚早だ Todavía es pronto para hacer eso. / Aún es prematuro hacerlo.

しょうそう 焦燥 *f*. impaciencia. ▶焦燥感 *m*. sentimiento de impaciencia. ▶焦燥に駆られる *v*. ponerse* nervioso, impacientarse.

しょうぞう 肖像 *m*. retrato. ▶肖像画 *m*. retrato. ▶肖像画家 *mf*. retratista. ▶肖像画をかいてもらう *v*. retratarse, sacarse* un retrato; (ポーズをとる) *v*. posar para un retrato. ▶肖像権 *mpl*. derechos de imagen.

じょうそう 上層 (地層などの) *f*. capa superior; (空の) *f*. capa superior del aire; (建物の) *mpl*. pisos superiores [más altos]; (階級の) *fpl*. clases superiores. ▶会社の上層部 *mpl*. altos directivos de la empresa.

じょうそう 情操 *f*. sensibilidad, *m*. sentimiento; (よい趣味) *m*. gusto, *m*. refinamiento. ▶情操教育 *m*. cultivo de la sensibilidad estética.

じょうぞう 醸造 ▶醸造する(酒・ビールなどを) *v*. fabricar*. ▶醸造 (発酵) *f*. fermentación; (蒸留) *f*. destilación; (ワインの)《専門語》 *f*. vinificación. ▶醸造酒 *f*. bebida producida por la fermentación. ▶醸造家 *mf*. especialista en destilación de bebidas, *mf*. destilista. ▶醸造所 *f*. destilería.

しょうそく 消息 (知らせ) *f*. noticia 《de, sobre》; (情報) *f*. información. ▶難破した船の消息がわかる *v*. enterarse de la noticia del naufragio. ▶亡命者らの消息を伝える *v*. traer* noticias de los refugiados. ▶消息筋によれば *adv*. según fuentes bien informadas. ▶消息通 *f*. persona bien informada. 会話 木村の消息を何か知っているか—もう何年も彼からは音沙汰(さた)がないんだ ¿Sabes algo de Kimura? —《口語》Hace siglos que no「sabemos nada [tenemos noticias] de él. ♦彼は家を出たきり消息が不明だ Abandonó [Se fue de] su casa y no se「tienen noticias [sabe nada] de él. / Anda en paradero desconocido desde que se fue de casa. ♦昨年以来彼らの消息を聞いていない Desde del año pasado no tengo noticias de él. / No sé nada de él desde el pasado año. ▷音沙汰, 消息, 便り

しょうたい 正体 ❶【本当の姿】(本性) *m*. verdadero carácter, *f*. naturaleza real; (身元) *f*. identidad. ▶殺人犯の正体 *f*. identidad「del asesino [de la asesina]. ▶正体をあばく *v*. desenmascarar, descubrir*. ▶彼は正体を現わした Reveló su verdadero carácter. /《スペイン》《口語》Se le vio el plumero. ❷【正気】正体なく眠る [²酔っ払う] *v*. estar* como《口語》¹un tronco [²una cuba].

*しょうたい 招待 *f*. invitación; (食事の) *m*. convite. ▶招待客 *mf*. invita*do/da*. ▶招待券 (一般に) *f*. invitación, *f*. tarjeta [*m*. billete] de invitación. ▶招待状 *f*. tarjeta [*f*. carta] de invitación. ▶結婚式の招待状を出す *v*. enviar* las invitaciones de boda. ▶招待に応じる[²を受ける; ³を断わる]. *v*. ¹aceptar [²recibir; ³rechazar*] una invitación a la fiesta. ♦彼は去年英国政府の招待でロンドンに行った Fue a Londres invitado por el gobierno británico. 会話 あなたのご招待お受けしたわ—君も都合がつけられて二人とも喜んでたよ He aceptado la invitación de tus padres. – Estaban encantados de que hayas podido aceptarla.

—— 招待する *v*. invitar, convidar 《a + 人》《a + 名詞, +不定詞》; (家に) *v*. tener* 《a + 人》de invita*do/da*. ♦彼は私たちを¹自宅 [²夕食; ³結婚式]に招待した Nos invitó a ¹su casa [²cenar; ³su boda]. ♦ご招待いただきありがとうございます Gracias por「la invitación [haberme invitado].

しょうたい 小隊 *f*. sección. ▶小隊長 *m*. jefe de sección.

*じょうたい 状態 *m*. estado, *f*. situación, *f*. condición, *fpl*. circunstancias. ▶無重力状態 *m*. estado de ingravidez. ▶天候状態 *m*. estado del tiempo, *fpl*. condiciones meteorológicas. ▶目下の経済状態 *f*. actual situación económica. ▶健康状態がよい *v*. estar* con buena salud; estar* en forma. ♦父は危篤状態です Mi padre está「en estado grave [gravemente enfermo]. ♦両国は戦争状態にある Los dos países están [se encuentran] en estado de guerra. ♦そんな状態では退院できない En un estado así no puedes irte del hospital. / No estás en condiciones de abandonar el hospital. ♦その絵は理想的な状態で保存されてきた El cuadro ha sido conservado en condiciones ideales. ♦その銀行の経営状態は¹かなり悪い [²申し訳ない]らしいよ Parece que la situación del banco es ¹bastante mala [²impecable]. ▷具合, 姿, 態勢, 調子

じょうたい 上体 *f*. parte superior del cuerpo. ▶上体を前に倒す *v*. doblarse hacia abajo.

*しょうだく 承諾 (申し出や要求に応じること) *m*. consentimiento,《フォーマル》*m*. asentimiento; (話し合いなどによる同意) *m*. acuerdo; (受諾) *f*. aceptación; (許可) *m*. permiso; (是認) *f*. aprobación. ▶事後承諾 *m*. consentimiento [*f*. aprobación] de hechos posteriores. ▶双方の承諾の上でそれをする *v*. hacerlo* de mutuo acuerdo. ♦私は車の使用の承諾を彼から得た Me permitió usar su coche. /《フォーマル》Me dio su consentimiento para utilizar su coche.

—— 承諾する *v*. acceder 《a》, consentir* 《a + 名詞, en + 不定詞》,《フォーマル》asentir* 《a》(→同意する); (受け入れる) *v*. aceptar. ▶その提案を承諾する *v*. consentir* [acceder, asentir*] a la propuesta, aceptar la propuesta. ♦彼らは資金援助を承諾した Accedieron a dar ayuda financiera. ▷応じる, 受理, 承知する

じょうたつ 上達 (進歩) *m*. progreso; (向上) *f*. mejora. ♦彼のスペイン語はめきめき上達した Su español ha mejorado mucho [《フォーマル》considerablemente]. / Ha hecho grandes progresos en español.

しょうだん 商談 *fpl*. conversaciones comer-

じょうだん

ciales. ▶商談を進める v. seguir* con las conversaciones comerciales. ◆商談がまとまった Se ha llegado a un trato. /《フォーマル》Las conversaciones comerciales han fructificado.

***じょうだん 冗談** f. broma,《教養語》f. chanza, m. chiste;（気のきいた）m. chiste, f. gracia.

1《冗談＋名詞》▶冗談半分に（＝半ばまじめな口調で）言う v. hablar medio en broma. ◆あの川を泳ぎ渡るなんて冗談事ではない（＝大変な事だ）Cruzar ese río a nado no es ninguna broma.

2《冗談が[は]》▶彼は冗談が分からぬ[通じない]男だ No entiende las bromas. /「No tiene [《フォーマル》Carece de] sentido del humor. ◆冗談が過ぎるぞ（＝冗談にもほどがある）Estás llevando la broma demasiado lejos. /《口語》Es una broma pesada. / Estás pasándote con la broma. ◆冗談はさておき本題に戻ろう Vamos a dejarnos de bromas y volver al asunto / Bromas aparte y volvamos al tema principal.

3《冗談を》▶冗談を言う v. bromear,《口語》tomar el pelo《a ＋ 人》. ▶冗談を真に受ける v. tomarse una broma en serio. ◆彼は私に頭以外どこも悪いところはないよと冗談を言った Bromeó diciéndome que todo le funcionaba bien menos la cabeza.

4《冗談で》▶冗談で（＝面白半分の気持ちで）言っただけだ No era más que una broma. / Lo dije sólo en broma. / Estaba bromeando,《口語》hombre [mujer].

5《冗談だ》▶気にするな。ほんの冗談だよ No te enfades. No era más que una broma. / Tranqui*lo*. Sólo estaba bromeando. ◆(まさか)冗談でしょう！ ¡Será una broma! /《口語》¡Venga, no me cuentes chistes! / ¡Anda, déjate de bromas! ◆彼が怠け者だって? 冗談じゃない（＝ばかを言うな）¿Que es perezoso él? / ¡No me cuentes chistes! [¡Déjate de bromas!]
  ❏お笑い, 洒落, 戯れ

***しょうち 承知** ▶ご承知のとおり彼は一流のピアニストです Como usted sabe, se trata de uno de los mejores pianistas. ◆彼は承知の上でしたのです Sabía muy bien lo que hacía.

─── **承知する** ❶【知っている】v. saber*, estar* enterad*o* de. ◆そんなことは十分[百も]承知している Lo sé「muy bien [perfectamente]. / Estoy bien [perfectamente] enterad*o*.
❷【承諾する】（同意する）v. acceder《a》, consentir*《en ＋ 不定詞, a ＋ 名詞》;（是認する）v. aprobar*;（権統をもって）v. permitir,《口語》dejar,《フォーマル》autorizar*. ◆両親は私のアメリカ留学を承知してくれました Mis padres me dejaron estudiar en Estados Unidos. /《フォーマル》Mis padres「accedieron a [consintieron en] que yo estudiara en Estados Unidos. ◆彼の車を本人が承知しているのなら使ってもいいわ Puedes usar su coche si está de acuerdo. ◆その案は承知できない No puedo aprobar ese plan.　(会話) 手伝っていただけませんか─承知しました ¿No me puede ayudar, por favor? ─ De acuerdo. / Claro que sí. / Naturalmente. ◆だましたら承知（＝容赦）しないぞ No te perdonaré que me engañes. / Si me engañas, no te lo perdonaré [perdonaría].

しょうちゅう 焼酎 "shochu",《説明的に》m. licor japonés destilado a partir de boniatos, trigo, etc.

しょうちゅう 掌中 ▶ぼくの命は彼の掌中にある Mi vida está en sus manos. / Estoy a su merced.

じょうちゅう 常駐 ▶常駐(の)《専門語》adj. residente. ▶常駐（＝駐留）軍 fpl. tropas estacionadas.

じょうちゅうしょう 条虫症《専門語》f. teniasis.

じょうちょ 情緒 f. emoción;（雰囲気）m. ambiente, f. atmósfera. ▶情緒異常《専門語》f. distimia. ▶じょうちょしょうがい▼情緒障害《専門語》m. disturbio emocional. ▶情緒不安定だ v. ser* emocionalmente inestable. ◆この市は江戸情緒がある Esta ciudad tiene un ambiente de Edo.

しょうちょう 象徴 m. símbolo;（絵や図案などによる）m. emblema. ▶象徴する v. simbolizar*. ▶象徴主義 m. simbolismo. ◆ハトは平和の象徴である La paloma es el símbolo [emblema] de la paz. / La paloma simboliza la paz.

しょうちょう 省庁（中央官庁）mpl. ministerios y oficinas del gobierno. → 官庁.

しょうちょう 小腸《専門語》m. intestino delgado.

じょうちょう 冗長 ▶冗長な（長たらしい）adj. prolijo, demasiado largo;（くどい）adj. verboso,《教養語》pesado;（冗漫な）adj. redundante. → 冗漫な. ▶冗長な話 m. largo discurso, m. discurso prolijo. ▶冗長検査《専門語》f. comprobación de redundancia.

じょうでき 上出来 adj. muy bueno;（すぐれた）adj. espléndido, excelente;（みごとになされた）adj. bien h*e*cho. → 出来. ◆彼の作品は上出来だ Su obra es espléndida [muy buena]. ◆彼の試験は上出来でした El examen le salió muy bien. / Lo hizo muy bien en el examen. / Hizo un examen espléndido.

しょうてん 焦点（レンズなどの）m. foco. ▶焦点距離 f. distancia focal. ▶焦点発作《専門語》f. convulsión focal. ◆この写真は焦点が¹合っている [²外れている] Esta foto está ¹enfocada [²desenfocada]. ◆彼女優にカメラの焦点を合わせた Enfocó a la actriz.

***しょうてん 商店**《口語》f. tienda, m. comercio,《アルゼンチン》m. negocio. → 店. ▶商店主 mf. tendero/ra, mf. comerciante. ▶商店街に買い物に行く v. ir* de compras a「una calle [un barrio] comercial;（商店街）m. centro [f. galería] comercial.

しょうてん 昇天 f. ascensión;（キリストの）f. Ascensión. ▶昇天する（死ぬ）v. morir*,《フォーマル》fallecer*,《比喩的に》subir al cielo,《比喩的に》pasar a mejor vida.

しょうど 焦土 ▶焦土と化す v. reducir* a cenizas, quedar reducido a cenizas. ▶焦土作戦 f. estrategia de reducir todo a cenizas.

じょうと 譲渡〔権利・財産などの〕f. transmisión, f. cesión, f. enajenación, f. transferencia. ▶権利の譲渡 f. transmisión de derechos. ▶譲渡する v. transmitir,《専門語》enajenar;〔手形などを〕v. negociar.

しょうとう 消灯 ▶消灯する v. apagar* la luz. ▶消灯時間 f. hora de apagar la luz.

しょうどう 衝動 m. impulso,《教養語》f. impulsión. ▶衝動買い f. compra impulsiva. ▶衝動的な男 m. hombre impulsivo [que se deja llevar por sus impulsos]. ▶彼を殴りたいという衝動を抑える v. resistir el impulso de golpearlo[le]. ▶衝動的に行動する v. actuar* impulsivamente [por el impulso]. ▶その鳥を盗みたい衝動にかられた Tuve [Sentí] el impulso de robar el pájaro.

・**じょうとう** 上等の adj. bueno,〔優秀な〕adj. excelente;〔質のよい〕adj. de (buena) calidad;〔より優れた〕adj. superior (a). ▶上等の品 m. artículo excelente. → 高級品。 ▶一番上等のワイン m. vino mejor [de la mejor calidad, superior]. ♦これはあれより上等だ Esto es「mejor que [superior a] eso.

じょうとう 常套 ▶常套的な(ありふれた) adj. común y corriente, típico, suyo,《口語》de su cosecha;〔文句などが〕陳腐な) adj. estereotipado, cliché;(いつもの) adj. viejo. ▶「善処します」は政治家の使う常套句だ "Se tomarán las medidas apropiadas" es una de las frases estereotipadas empleadas por los políticos. ▶それは彼の常套手段だ (=いつものやり方だ) Eso es típico de él. / Eso es「muy suyo [《口語》de su cosecha].

しょうどく 消毒 f. desinfección, f. esterilización. ▶消毒する v. desinfectar;〔殺菌する〕v. esterilizar*. ▶消毒薬[剤]〔器具などの〕m. desinfectante;〔人の皮膚の〕m. antiséptico. ▶消毒済みのコップ m. vaso esterilizado. ▶ふとんを日光消毒する v. desinfectar el colchón al sol. ▶水を塩素で消毒する v. desinfectar el agua con cloro. ▶傷口を消毒薬で (=をつけて) 消毒する v. esterilizar* la herida con un antiséptico.

・**しょうとつ** 衝突 ❶【車などの】m. choque,《フォーマル》f. colisión. ▶バスと電車の衝突(事故) m. choque [《フォーマル》f. colisión] entre un autobús y un tren. ▶十字路で三重衝突があった Tres coches chocaron en el cruce. / Hubo un choque de tres vehículos en el cruce.

❷【意見・利害などの】m. conflicto, m. enfrentamiento,《フォーマル》f. colisión;(口げんか) f. pelea, f. discusión. ▶両者の利害の衝突 m. conflicto [m. choque] de intereses entre los dos. ▶武力の衝突 m. conflicto armado.

❸【IT関連】《専門語》f. colisión. ▶衝突検出《専門語》f. detección de colisión.

── 衝突する ❶【物・人などがぶつかり合う】v. chocar*, tener* un choque,《フォーマル》colisionar《con, contra》;(激突する) v. golpearse《con, contra》, dar(se)* un encontronazo [《口語》choquetazo, choque]《con, contra》. →ぶつかる。 ♦あぶない衝突するよ ¡Cuidado! ¡Vamos a chocar! ♦彼の車は街灯柱に激しく衝突した Su coche se chocó contra una farola. / Golpeó el coche contra una farola. / Se dio un encontronazo con una farola. ♦バスがトラックと正面衝突した Un autobús chocó de frente con un camión. /《フォーマル》El autobús y el camión colisionaron. / Un autobús tuvo un choque frontal contra un camión. ♦停めておいた車がトラックに衝突された El coche estacionado fue golpeado por un camión.

❷【立場の相反する人・集団が争う】v. chocar*《con, contra》, entrar [estar*] en conflicto《con》, enfrentarse (a),《フォーマル》colisionar《con》;〔口論する〕v. disputar, discutir, pelear(se)《con》. ♦学生は警官隊と衝突した (=ぶつかって格闘した) Los estudiantes chocaron [tuvieron choques] con la policía. ♦ その件では彼の意見と私の意見はよく衝突する Sus opiniones chocan a menudo con las mías sobre ese asunto. / Nuestras opiniones chocan [entran en conflicto] con frecuencia sobre ese asunto. ♦政府が労働組合と衝突した El gobierno entró en conflicto con los sindicatos. ♦あの二人はいつも衝突している Los dos chocan siempre. / Están siempre enfrentados los dos. ⇨争い, 戦[闘]い, 闘争; 相容れない, 対立する, 突っ込む

しょうとりひき 商取引 m. trato, m. negocio,《フォーマル》f. transacción (comercial).

じょうない 場内 ▶場内で (=会場内で) adv. en (el interior de) la sala;〔建物内で〕adv. en el local (recinto). ▶場内放送される v. ser* anunciado por megafonía. ▶場内整理をする v. controlar al público「de dentro [del interior].

しょうに 小児 mf. niño/ña. ▶小児まひ f. poliomielitis; f. parálisis infantil, f. polio.

しょうにか 小児科 f. pediatría. ▶小児科医 mf. pediatra.

しょうにゅうどう 鍾乳洞 f. cueva [f. caverna, f. gruta] de estalactitas.

しょうにん 承認〔是認〕f. aprobación,《口語》m. visto bueno;〔同意〕《フォーマル》m. consentimiento;〔許可〕m. permiso,《フォーマル》f. autorización,《口語》f. luz verde;〔正式な認可〕m. reconocimiento. → 認める, 承諾。 ▶承認を得る v. obtener* [conseguir*]「la aprobación [el visto bueno]. ▶委員会の承認を求める v. pedir* la aprobación del comité. ♦委員会はその計画を承認した El comité「aprobó el [《フォーマル》autorizó el,《口語》dio el visto bueno al] plan. ♦それは彼の承認を得てやるべきだ Tienes que hacerlo con su aprobación [permiso]. ♦彼は社長からその契約をしてもよいという承認を得た Recibió la aprobación del presidente para firmar el contrato. ♦ほとんどの国がその島国を(国家として)承認している La mayor parte de los países reconocen como estado al país isleño.

しょうにん 商人 (一般に) *mf.* comerciante, 《文language》 *mf.* mercad*er/era*; (市場などで日用品を売る) *mf.* traficante, *mf.* negociante. ▶毛皮商人 *mf.* comerciante de pieles, *mf.* peletero/ra. ▶中古車商(人) *mf.* comerciante de vehículos usados. ▶死の商人 (=戦争屋) *mf.* traficante de armas. ▶商人根性 (=営利主義) *m.* comercialismo. ▶あの人は木材商人だ Es *un/una* comerciante de maderas. / Es *un/una* maderero/ra.

しょうにん 証人 *mf.* testigo; (目撃者) *mf.* testigo ocular [presencial]. ▶¹検事 [²被告]側の証人 *mf.* testigo de la ¹acusación [²defensa]. ▶生き証人 *mf.* testigo vivo/va. ▶証人台に立つ *v.* subir a la barra de los testigos. ▶証人に立てる *v.* llamar de testigo. ♦弁護士は証人に反対尋問をした El abogado interrogó [repreguntó] al [a la] testigo. ♦彼がうそをついていないことは私が証人になります Soy testigo de su honradez. / Puedo dar testimonio de que es honrado. ♦彼は証人として喚問された Fue [Sirvió de] testigo en el juicio. / Le llamaron a testificar en el juicio.

しょうにん 昇任 *f.* promoción. → 昇進.

じょうにん 常任 ▶常任の(常置の) *adj.* regular; (終身の) *adj.* permanente. ▶常任委員 *m.* miembro permanente del comité. ▶常任委員会 *m.* comité permanente. ▶常任指揮者 *mf.* director/tora regular.

しょうね 性根 ▶性根が腐っている (=まったく堕落している) *v.* estar* totalmente corrompido; (芯まで) *v.* tener* el corazón podrido. ▶性根を入れ替える (=改心して新しい生活を始める) *v.* empezar* de nuevo, 《口語》pasar la página. ▶あの男は性根がすわっている Tiene mucha fuerza de voluntad.

じょうねつ 情熱 (理性を圧倒するほど激しい) *f.* pasión; (燃える) *m.* ardor; (変わらぬ) *m.* fervor (→熱情); (熱狂的な) *m.* entusiasmo. ▶政治に情熱を持っている *v.*「tener* pasión por [ser* *un/una* entusiasta de la política. ▶教育に情熱を燃やす *v.* arder de pasión por la educación, ser* *un/una* gran entusiasta de la educación.

—— 情熱的な *adj.* apasionado; ardiente; entusiasta. ▶情熱的な人 *f.* persona apasionada.

—— 情熱的に *adv.* apasionadamente, con ardor, con pasión, fervorosamente, fervientemente. ▶情熱的に語る *v.* hablar con pasión.

*****しょうねん** 少年 *m.* muchacho, *m.* chico, 《メキシコ》*m.* chavo, 《スペイン》《口語》*m.* chaval, 《軽蔑的に》*m.* jovenzuelo. ▶少年の頃の思い出 *mpl.* recuerdos de adolescencia. ▶少年のような笑い *f.* sonrisa juvenil. ▶非行少年 *m.* delincuente juvenil. ▶少年非行 [犯罪] *f.* delincuencia juvenil. ▶少年院 *m.* reformatorio.

しょうねんば 正念場 (重大な局面) *m.* momento crucial [crítico]; (決断の時) *f.* hora de decidirse, 《口語》*f.* hora de la verdad.

しょうのう 小脳 《専門語》*m.* cerebelo. ▶小脳皮質 《専門語》*f.* corteza cerebelosa.

じょうば 乗馬 *f.* equitación, 《フォーマル》*f.* hípica. ▶乗馬クラブ *m.* club de equitación. ▶乗馬靴 *fpl.* botas de montar. ▶乗馬する *v.* montar a [en] caballo, 《フォーマル》practicar* la equitación; (乗馬をしに行く) *v.* ir* a montar (a caballo). ♦乗馬が好きだ Me gusta montar.

しょうはい 勝敗 *f.* victoria o *f.* derrota. → 勝ち負け. ♦そのホームランが勝敗を決した El jonrón decidió la suerte del partido. ♦勝敗はともかく最善を尽くしなさい Ganes o pierdas, haz lo que puedas.

*****しょうばい** 商売 ❶【商い、商活動】*m.* negocio, *m.* comercio. ▶商売人 (小売商) *mf.* comerciante, 《ときに軽蔑的に》*mf.* negoci*ador/dora*. ▶商売敵 *mf.* rival [*mf.* competi*dor/dora*] (en el negocio). ▶商売を¹始める [²やめる; ³している] *v.* ¹montar un [²dejar el; ³dedicarse* al] negocio. ▶商売が上手である *v.* tener* buen olfato para los negocios. 《会話》商売はどうですか—¹ぼちぼち [²さっぱり]です ¿Cómo van los negocios? – ¹Regular [²Muy mal]. ♦このところ商売が¹振るわない [²好調である] Los negocios marchan [andan] ¹flojos [²bien] estos días.

❷【職業】*f.* profesión, 《口語》*m.* trabajo, *f.* ocupación; (ある特定の) *m.* negocio, *m.* comercio. ▶もうかる商売 *m.* negocio lucrativo. ▶商売に向いている *v.* tener* predisposición [《口語》madera] para los negocios. ▶家の商売を継ぐ *v.*「suceder al padre en [heredar] el negocio familiar. ▶商売柄いつもネクタイをしめていなければならない Mi profesión me exige llevar siempre corbata. 《会話》何の商売をなさっているのですか—食品雑貨の商売をしています ¿Qué negocio tiene usted? – Tengo「un negocio [una tienda] de comestibles [ultramarinos].

しょうばつ 賞罰 (ほうびと罰) *m.* premio y *m.* castigo. ♦賞罰なし No hay premio ni castigo.

じょうはつ 蒸発 *f.* evaporación, *f.* volatilización.

—— 蒸発 ¹する [²させる] *v.* ¹evaporarse [²evaporar]; (人が) *v.* desaparecer*. ♦太陽は水を蒸発させる El sol evapora el agua. ♦彼女の夫は家族を残して蒸発した Su marido desapareció abandonando a su familia.

じょうはんしん 上半身 *m.* torso, *f.* parte superior del cuerpo. ▶上半身写真 *f.* foto「de medio cuerpo [de la cintura para arriba, del torso]. ▶上半身裸になる *v.* desnudarse de la cintura (para arriba); (裸になっている) *v.* estar* desnudo de la cintura para arriba, tener* el torso desnudo. → 下半身.

*****しょうひ** 消費 (物資など使い尽くすこと) *m.* consumo; (金・時間などの支出) *m.* gasto.

❶《〜の消費》▶国内[家庭]消費 *m.* consumo doméstico. ▶個人消費 *m.* consumo personal. ▶時間の消費 *f.* pérdida [*m.* gasto] de tiempo. ▶ ¹エネルギー[²燃料]の消費 m. consumo de ¹energía [²combustible].

2《消費+名詞》▶消費者 mf. consumidor/dora. ▶ガソリンの消費量 m. consumo de gasolina. ▶消費者運動 m. movimiento de「los consumidores [protección al consumidor]. ▶消費者価格 m. precio「de consumo [al consumidor]. ▶消費者団体 f. organización de consumidores. ▶消費者保護 f. protección al consumidor. ▶消費者物価指数 m. índice de precios de consumo,《略》IPC (☆発音は [ipeθé]). ▶消費税 m. impuesto al [por, sobre el] consumo. ▶消費財 mpl. bienes de consumo.

── **消費する** (燃料・労力・時間などを) v. consumir; (使う) v. usar, emplear, gastar; (費やす) v. pasar(se). ▶時間の大半をその仕事に消費する v. emplear [consumir,《口語》pasarse] la mayor parte del tiempo haciendo ese trabajo. ▶あなたの家では毎月どれくらい電気を消費しますか ¿Cuánta electricidad「se consume [gastas] en tu casa al mes?

じょうびやく 常備薬 (家庭の薬) f. medicina del hogar; (救急箱) m. botiquín.

しょうひょう 商標 f. marca (de fábrica, registrada); (銘柄) f. marca (de fábrica); (ラベル) f. marca,《フォーマル》f. denominación (de fábrica). ▶商標名 f. denominación [m. nombre] comercial. ▶登録商標 f. marca registrada.

***しょうひん 商品** mpl. artículos, mpl. productos; f. mercancía,『⁂米』f. mercadería, m. género; (農業・鉱業における産物) m. producto; (在庫品) fpl. existencias,《英語》m. "stock" (☆発音は [(e)stók]), m. surtido. ▶主要商品 mpl. productos principales. ▶商品取引所 f. bolsa de comercio, f. lonja de productos. ▶目玉商品 (=特売品) m. artículo de gancho,《口語》m. producto cebo. ▶商品券 m. bono de compra. ▶商品見本 f. muestra de género. ▶商品名 m. nombre comercial. ▶商品目録 m. catálogo de géneros. ▶商品を仕入れる v. proveerse* de artículos [existencias],《専門語》hacer* "stock". ♦あの店はとびきり上等な商品を扱っている Esa tienda tiene [vende]「muy buen género [muy buenos artículos de primera]. / En ese comercio hay verdaderamente productos excelentes de gran calidad]. ♦我が社の商品は常に保証付きです Nuestros productos van [están] siempre garantizados. ⌂品, 製品

しょうひん 賞品 m. premio,《フォーマル》m. galardón. →賞.

しょうひん 小品 (短い作品) f. obra pequeña; (絵画) m. cuadro pequeño.

じょうひん 上品 (洗練) m. refinamiento; (優美) f. elegancia; (生まれつきの) f. gracia.

── **上品な** (知的で洗練された) adj. refinado, distinguido; (優美な) adj. elegante, con [de] (buen) gusto. ▶上品な婦人 f. dama [f. señora] elegante, f. señora distinguida. ♦この部屋は家具の趣味が上品だ Esta sala está amueblada con「buen gusto [elegancia].

しょうふ 娼婦 《フォーマル》f. prostituta, f. ramera,《俗語》f. puta,《俗語》f. fulana,《婉曲的に》f. mujer de la vida.

しょうぶ 勝負 (試合) m. juego, m. partido; (スポーツなどの) m. partido; (チェスなどの) f. partida; (負け負け) f. victoria o f. derrota.

1《〜勝負》▶ ¹互角の[²負け]勝負 m. partido [m. juego] ¹igualado [²perdido]. ▶真剣勝負をする v. jugar* de verdad. ▶出たとこ勝負をする (=下準備なしでする) v. jugar「sin preparación [sobre la marcha,《口語》sin bajarse del autobús]. ♦チェスを一勝負どうですか ¿Qué te parece una partida de ajedrez?

2《勝負(の)+名詞》▶勝負事 →勝負事. ▶勝負師 mf. jugador/dora,《軽蔑的に》mf. tahúr. ▶勝負の世界 (=力の支配する世界) m. mundo competitivo [en donde gana el más fuerte].

3《勝負が[は]》▶やっと勝負がついた Por fin ha acabado el juego. / El partido ha terminado por fin. ▶勝負はこっちのものだ El juego [partido]「está ganado [es nuestro]. ▶勝負は時の運だ Ganar o perder depende de la suerte del momento.

4《勝負に》▶勝負に1勝つ[²負ける] v. ¹ganar [²perder*] un partido. ♦チェスでは彼とは勝負にならない No puedo competir con él en ajedrez. / En ajedrez no soy rival para él.

5《勝負を》▶勝負を(を)する v. jugar* (con, contra), echar una partida [un partido] (con, contra); (競技をする) v. competir* (con, contra), disputar (un partido) (contra); (戦う) v. luchar (con, contra). ▶勝負をつける (=最後まで戦う) v. luchar hasta vencer* o ser* vencido; (同点試合の決勝戦をする) v. desempatar, jugar* el desempate. ♦正々堂々勝負をしよう Vamos a jugar limpio [con limpieza].

── **勝負する** →勝負.

しょうぶ 菖蒲 m. ácoro,《説明的に》un tipo de lirio.

じょうぶ 上部 f. parte superior [de arriba]. ▶上部構造[組織] f. superestructura. ▶建物の上部 f. parte superior del edificio. ▶ページの上部に adv. en la parte superior [de arriba] de la página.

***じょうぶ 丈夫な** ❶【健康な】adj. sano, de [con] buena salud; (強い) adj. fuerte, vigoroso; (強健な) adj. robusto. ▶丈夫な子供 mf. niño/ña sano/na [fuerte]. ▶丈夫である v. estar* sano (y fuerte), tener* [gozar* de] buena salud. ♦彼女はそう丈夫ではない。よく病気をする No es muy fuerte. Se pone enferma a menudo. ♦体を丈夫にすることが大切です Es importante que「mejores tu salud [te pongas fuerte].

❷【物が頑丈な】(強い) adj. fuerte; (しっかりした) adj. sólido, robusto; (堅い) adj. firme; (もちのよい) adj. duradero; (こわれにくい) adj. resistente. ▶丈夫な作りのいす f. silla robusta [só-

644　しょうふく

しょうふく　承服 m. asentimiento, m. consentimiento;（受諾）f. aceptación. ▶承服する v. acceder (a), consentir* (en). →同意.

しょうぶごと　勝負事 m. juego, m. partido, f. partida.（賭）f. apuesta.

しょうふだ　正札 f. etiqueta de precio. ▶車を正札の値段で売る v. vender un coche a precio fijo. ▶5千円の正札がついている v.「estar* marcado [tener* la etiqueta] con el precio de 5.000 yenes.▶(帽子に)正札をつける(=値段をつける) v. poner* [fijar] precio (a un sombrero).

しょうぶん　性分（先天的な性質）f. naturaleza, m. carácter,（口語）m. modo de ser;（気質）m. temperamento. →性質.（生まれつき臆病な性分である v. ser* cobarde por naturaleza, tener* un carácter cobarde. ▶おとない性分である v. ser* de naturaleza apacible, tener* un modo de ser* pacífico. ▶うそを言うのは私の性分に合わない Va en contra de mi naturaleza [《口語》modo de ser] decir mentiras. /《口語》Mentir no va conmigo.

じょうぶん　条文（序文・付録に対して本文）m. texto;（条項）m. artículo,《フォーマル》f. cláusula. ▶日本国憲法の全条文 m. texto completo de la Constitución Japonesa. ▶昨年定められた法律の条文によれば adv. según quedó establecido [《フォーマル》estipulado] en los artículos de ley del año pasado.

しょうへき　障壁（乗り越えうる障害）f. barrera;（大きな障害）m. obstáculo. ▶関税など通商の障壁となるもの fpl. barreras comerciales como impuestos sobre las importaciones. ▶最初，探検隊と現地人との間に言葉の障壁があった Al principio estaba la barrera del idioma entre los nativos y los exploradores. ▶アルプスは旅人たちの眼前に越えがたい障壁となって立ちはだかっていた《フォーマル》Ante los viajeros se erguían los Alpes como una barrera insuperable.

じょうへき　城壁 f. muralla. ▶城壁を巡らす v. amurallar (un castillo).

しょうべん　小便 f. orina,《口語》m. pis,《親しい仲で》m. pipí;（行為）《専門語》f. micción. ▶小便所 m. orinal. ▶小便する v. orinar,《口語》《親しい仲で》hacer* pis [pipí],《俗語》mear. ▶立ち小便する v. orinar《俗語》mear) en la calle. ▶小便をこらえる v. aguantar la orina. ▶小便をもらす v. orinarse en los pantalones.

じょうほ　譲歩 f. concesión;（妥協）m. compromiso. ▶譲歩する（しぶしぶ認める）v. hacer* concesiones, acceder (a);（屈する）v. ceder (a). ▶譲る. ▶譲歩して彼の要求をいれる v. acceder [ceder] a sus peticiones.

しょうほう　商法 m. Derecho Mercantil [de Comercio].

しょうぼう　消防（活動）m. servicio [f. lucha] contra incendios. ▶消防士 m. bombero. ▶消防自動車 m. coche de bomberos. ▶消防艇 m. barco de bomberos. ▶消防団 m. cuerpo [m. departamento] de bomberos. ▶消防署（建物）m. parque [m. cuartel] de bomberos.

・じょうほう　情報 f. información, f. noticia, m. informe (de, sobre, acerca de);（秘密の）f. información secreta;（目新しい）f. noticia.

1《〜情報》▶内部情報 f. información confidencial. ▶役に立つ情報 f. información provechosa, f. noticia útil. ▶最新の情報 fpl. últimas noticias. ▶確かな情報源《フォーマル》fpl. fuentes fidedignas de información. ▶(米国の)中央情報局 f. Agencia Central de Inteligencia,『略』la CIA（☆発音は [ðía]）.

2《情報＋名詞》▶情報処理 m. procesamiento de la información. ▶情報¹工学 [²科学] ¹f. ingeniería [²f. ciencia] de la información. ▶情報(化)社会《専門語》f. sociedad computarizada [informatizada]. ▶情報提供者（調査・研究のための）mf. informante;（警察などへの）mf. informador/dora (de la policía),『スペイン』《口語》mf. chivato/ta. ▶情報部員 m. agente de inteligencia.

3《情報を》▶彼が日本に来るという情報を流す v. difundir la noticia de que vendrá a Japón. ▶その問題に関する情報を集める v. reunir* información sobre el tema. ▶その本からたくさんの貴重な情報を得ることができる De ese libro podemos sacar mucha información útil. / Ese libro ofrece útil y abundante información. □案内, インフォメーション, 参考, 消息, データ, 問い合わせ

しょうほん　抄本（抜粋したもの）m. extracto 《de》. ▶戸籍抄本 m. extracto del registro civil.

じょうまえ　錠前 f. cerradura. ▶戸に錠前をかける v. cerrar* la puerta con llave, echar la cerradura a una puerta. ▶錠前屋 mf. cerrajero/ra.

じょうまん　冗漫 ▶冗漫な(必要以上に言葉数の多い) adj. difuso. ▶冗漫な文体で adv. en un estilo prolijo [redundante, difuso,（教養語）verboso]. ▶彼の作文は冗漫だ Su composición es prolija. ▶彼の冗漫な旅行の報告にうんざりした Me aburrí con el prolijo relato de sus viajes.

しょうみ　正味 ▶正味の目方 m. peso neto. ▶正味3時間働く v. trabajar tres horas completas. →丸. ▶正味20ドルをかせぐ v.「tener* ganancias netas de [《口語》ganar en limpio] 20 dólares.

しょうみ　賞味 ▶賞味する v. saborear. ▶賞味期限 f. fecha de caducidad. ▶賞味期限 2005. 4.5[表示] Preferentemente antes del 5 de abril de 2005.

じょうみゃく　静脈《専門語》f. vena. ▶細静脈《専門語》f. vénula. ▶大静脈《専門語》f. vena cava. ▶静脈炎《専門語》f. flebitis. ▶静脈血《専門語》f. sangre venosa. ▶静脈注射《専門語》f. inyección intravenosa. ▶臍静脈《専門語》f. vena umbilical. ▶深部静脈血栓《専門

語) f. trombosis venosa profunda.

じょうむ 常務 m. director gerente. → 会社.

じょうむいん 乗務員 m. miembro de la tripulación, mf. tripulante. ▶乗務員室 f. cabina de tripulación [los tripulantes]. ▶ジェット旅客機の乗務員 f. tripulación de un avión de pasajeros a reacción.

しょうむしょう 商務省 m. Ministerio de Comercio.

しょうめい 証明 f. prueba, m. testimonio, f. certificación, f. demostración. ▶(出生)証明書 m. certificado de nacimiento. ▶身分証明書 m. documento [スペイン][米] f. cédula] de identidad. ▶学生証[スペイン] m. carné de estudiante.

—— 証明する (証拠・論証によって真実であることを示す) v. probar*; (明らかにする) v. demostrar*; (口頭で証言する) v. atestiguar*; (学説・事実などを立証する) v. probar*, demostrar*; (例示・論理的説明などで) v. demostrar*; (文書で) v. certificar*. → 証拠, 証言. ▶身分を証明する v. demostrar* [probar*] la identidad, identificarse*. ▶定理を証明する v. demostrar* un teorema. ▶私は(彼らに)彼が有罪であることを証明した Les probé su culpabilidad. / Les mostré [demostré] que era culpable. ♦あなたはどこにいたか彼らに証明できますか ¿Puede usted demostrarles dónde estaba? ♦この事実は彼の誠実さを証明する Este hecho es una prueba de「su honradez [que es honrado]. ♦…に相違ないことをここに証明します Por la presente certifico que.., Por medio de la presente hago constar que...

しょうめい 照明 f. iluminación, m. alumbrado. ▶クリスマスツリーの照明 f. iluminación del árbol de Navidad. ▶直接[間接]照明 f. iluminación ¹directa [²indirecta]. ▶舞台照明 f. iluminación escénica. ▶照明係 mf. técnico/ca de [en] iluminación. ▶照明効果 mpl. efectos de iluminación. ♦その部屋は照明がよい[悪い] Esa sala está 「bien [²mal] iluminada. ♦街灯は通りを明るく照明する「El alumbrado público [La farola] ilumina bien las calles. → 照らす.

しょうめつ 消滅 (消失) f. desaparición; (絶滅) f. extinción. ▶権利の消滅 f. caducidad de un derecho. ▶消滅する (消失する) v. desaparecer*; (死滅する) v. extinguirse*, morir*; (権利などが) v. caducar*, vencer*. ▶自然消滅する v. extinguirse* con el paso del tiempo. ♦その協定は 5 月 1 日に消滅した Ese acuerdo caducó [dejó de tener efecto] el 1 (uno, primero) de mayo.

しょうめん 正面 ❶【前部】m. frente, f. parte delantera; (建物の装飾的な) f. fachada, f. portada. ▶正面玄関 f. entrada principal. ▶建物の正面で待つ v. esperar en la fachada del edificio. ▶正面の方を見る v. mirar al frente. ♦その宮殿の正面は非常に装飾的だ La fachada (principal) del palacio es muy decorativa. ♦その家の正面には大きな庭がある Hay un gran jardín enfrente de la casa.
❷【相対すること】 ▶彼女の顔を正面から見る v.

mirarla「de frente [directamente a la cara, cara a cara]. ♦銀行は私たちの家の正面(＝真向かい)にある El banco está justo「frente a [delante de, enfrente de] nuestra casa.
《その他の表現》 ▶その案に正面切って(＝真っ向から)反対する v. oponerse* frontalmente al plan, enfrentarse directamente a ese proyecto. ▶正面からその疑問に取り組む v. encarar directamente el problema, 《口語》coger* el problema por los cuernos.

しょうめんしょうとつ 正面衝突 m. choque [《フォーマル》f. colisión] frontal. → 衝突する.

しょうもう 消耗 (疲労) f. agotamiento, (消費) m. consumo, f. consumición, (磨耗) m. uso y m. desgaste, m. desgaste natural [normal]. ▶消耗する (物・精力などを) v. desgastarse, consumirse; (体力を) v. agotarse, 《フォーマル》extenuarse*. ▶消耗品《教養語》 mpl. artículos fungibles [de consumo]. ♦私は激しい労働で体力を完全に消耗した El duro trabajo me dejó completamente exhausto [agotado].

しょうもん 証文 m. bono, m. reconocimiento de deuda, f. obligación, f. escritura. → 証言. ♦彼の口約束は証文も同じ(＝絶対確かだ) Su palabra vale tanto como una escritura.

じょうもん 縄文 縄文時代 f. Era Jomon. ▶縄文式土器 f. vasija de la Era Jomon; (わらなわの模様付きの) f. vasija con el diseño de cuerda-paja.

しょうやく 抄訳 (部分訳) f. traducción de pasajes seleccionados, (全体をちぢめた訳) f. traducción abreviada. ▶抄訳する v. traducir* pasajes seleccionados; hacer* [《フォーマル》realizar*] una traducción abreviada.

じょうやく 条約 m. tratado, m. convenio, m. pacto. ▶日米安全保障条約 m. Tratado de Seguridad entre los Estados Unidos de América y el Japón. ▶条約加盟国 f. potencia (signataria) de tratados. ▶通商条約を結ぶ v. concertar* [establecer*] un tratado comercial《con》. ▶平和条約に調印する v. firmar un tratado de paz《con》. ▶3 国間の条約を改正[²批准; ³破棄]する v. ¹modificar* [²ratificar*; ³anular, ³denunciar] un tratado entre los tres países.

じょうやど 定宿 m. hotel habitual [acostumbrado].

じょうやとう 常夜灯 f. luz [f. lamparilla] de noche.

しょうゆ 醤油 f. salsa de soja.

しょうよ 賞与 f. bonificación, 《口語》 f. paga extra, f. gratificación. ▶年末賞与 f. bonificación de fin de año.

じょうよ 剰余 (余分の額) m. excedente; (残額) m. balance, m. saldo. ▶剰余金 m. superávit.

しょうよう 商用 mpl. negocios, mpl. asuntos comerciales. → 用, 仕事.

じょうよう 常用 m. uso regular [habitual].

▶常用する v. usar regularmente [habitualmente]. ▶麻薬常用者 mf. drogadicto/ta.

じょうようしゃ 乗用車 m. (coche) turismo. → 車.

しょうらい 将来 ❶【未来】 m. futuro, m. porvenir.
　1《将来は》▶彼女の歌手としての将来は明るい Tiene「mucho futuro [un porvenir brillante]」como cantante. /（有望な歌手だ）Es una cantante con (mucho) futuro.
　2《将来の》 adj. futuro, venidero. ▶将来の妻 f. esposa futura. ▶将来のある国 m. país con futuro. ▶将来の計画を立てる v. hacer* planes para el futuro. ▶君は自分の将来のことをもっと真剣に考えるべきだ Tienes que pensar más seriamente en tu futuro.
　3《将来に》▶遠い将来に目を向ける v. mirar al futuro (lejano).
　4《将来を》▶人類の将来を予想する v. predecir* el futuro del ser* humano. ▶息子の将来を心配する v. preocuparse por el futuro del hijo. ▶その決定は慎重かつ将来をよく見通したものでした La decisión fue sabia y de largo alcance.
　❷【見込み】（物・事の） m. futuro, m. porvenir, fpl. posibilidades;（有望）《口語》 f. promesa. ▶将来性のある会社 f. empresa「con mucho futuro [de gran porvenir, con grandes posibilidades]」. ▶この事業には将来性がない Este negocio no tiene futuro [porvenir]. /（この事業の将来性は暗い）El futuro de este negocio es incierto [sombrío]. ▶彼は将来が大変楽しみな人です Es una persona con「un futuro extraordinario [「un gran porvenir]」muchísimo porvenir]. / Tiene un gran futuro [porvenir].

　── 将来に（いつか）（遠い将来）adv. en el [lo] futuro, en un futuro;（今後は） adv. algún día. ▶近い将来 adv. en el futuro próximo. ▶私は将来教師になりたい Quiero ser profesor/sora「en el futuro [（大人になったら）cuando sea mayor]. ▶日本は将来どうなるのであろうか ¿Cuál será el futuro de Japón? / ¿Cómo será「Japón en el futuro [el Japón del futuro]? ▶私もいつか将来スペインに行くことがあるかもしれない Algún día quizás vaya a España. / Puede que vaya a España en un futuro. / ⇨後, この先, 末, 後々

しょうり 勝利（戦争・競技などでの） f. victoria;（大勝利） m. triunfo《sobre》. ▶力に対する正義の勝利 m. triunfo de la justicia sobre la fuerza. ▶勝利者（ゲームなどの） mf. ganador/dora. ▶勝利投手 m. lanzad*or/dora* ganad*or/dora*. ▶勝利の女神 f. diosa de la victoria. ▶勝利の歓声 fpl. exclamaciones victoriosas, mpl. vítores de triunfo. ▶ [1]軍 [[2]チーム]を勝利に導く v. llevar [1]las tropas [[2]el equipo] a la victoria. ▶選挙で圧倒的勝利をおさめる v.「obtener* una victoria abrumadora [vencer* abrumadoramente] en las elecciones. ▶その戦いで我が軍は大勝利をおさめた Nuestras tropas consiguieron una gran victoria en esa batalla. ▶試合は7対5でタイガースの勝利となった El partido acabó con la victoria de los Tigres por siete a cinco.

じょうりく 上陸 ▶上陸する（海・空から陸の地に着く） v. desembarcar*;（浜・陸に上がる） v. tomar [bajar a] tierra;（下船する） v. bajar del barco, desembarcar*;（台風などが襲う） v. azotar. ▶島に上陸する v. desembarcar* [tomar tierra] en una isla. ▶乗客は神戸に上陸した Los pasajeros desembarcaron en Kobe. ▶その船員が上陸してから何か月もたつ El marinero lleva varios meses en tierra. ▶台風が九州に上陸した El tifón azotó Kyushu.

しょうりゃく 省略（省くこと） f. omisión;（語句などの文字を略して短くすること） f. abreviatura. ▶前置詞の省略 f. omisión de una preposición. ▶省略符号（'） m. apóstrofo. ▶省略法 f. elipsis. ▶Sra. は señora の省略形である "Sra." es la abreviatura de "señora". ▶以下省略 Se omite「el resto [lo que falta]」.

　── 省略する v. omitir, eliminar,《口語》dejar, abreviar;（短くする） v. acortar. ▶その章を省略する v. omitir [dejar] el capítulo. ▶「直子」という名前はしばしば「直」と省略される El nombre de "Naoko" suele abreviarse como "Nao". / "Nao" es la abreviatura frecuente de "Naoko".

じょうりゅう 蒸留 f. destilación. ▶蒸留[1]水 [[2]酒] [1] f. agua destilada [[2] m. licor destilado]. ▶蒸留酒製造所 f. destilería. ▶ウイスキーは大麦を蒸留して作られる El whisky se destila de la cebada.

じょうりゅう 上流 ❶（川の） m. curso superior del río;（地域） mpl. altos (de un río). ▶長良川上流の温泉郷 m. pueblo con manantiales en los altos del río Nagara. ▶上流へ向かって泳ぐ v. nadar río arriba. ▶上流でアユ釣りをする v. pescar* "ayu" río arriba. ▶橋はここから1キロ上流にある El puente está un kilómetro río arriba.
　❷（社会の） ▶上流階級 f. clase alta [superior]. ▶上流社会 f. alta sociedad. ▶彼女は上流（＝上流家庭）の生まれである Nació en una familia de clase alta.

しょうりょう 精霊 f. ánima, m. espíritu de un difunto. ▶精霊流し fpl. ánimas flotantes [en forma de farolillos].

しょうりょう 少量 ▶少量のバター un poco de mantequilla. ▶ごく少量の塩 m. sólo「un poco [《口語》un poquito,《口語》una pizca]」de sal.

しょうりょく 省力（労働を減らすこと） f. reducción de mano de obra;（労働力の節約） m. ahorro de mano de obra. ▶省力化を図る v. intentar ahorrar [《フォーマル》economizar*] en mano de obra. ▶省力装置 m. dispositivo para ahorrar trabajo [mano de obra].

じょうりょくじゅ 常緑樹 m. árbol de hoja perenne.

しょうれい 奨励 m. ánimo,（刺激） m. estímulo;（促進） m. fomento, f. promoción. ▶勧[薦]める. ▶社会奉仕の奨励 m. fomento del servicio social. ▶奨励金 f. subvención. ▶

父は私に貯蓄を奨励した Mi padre me animaba a ahorrar. ☞ 振興, 促進; 盛んになる[する], 勧める

じょうれい 条例 *f.* ordenanza, *f.* regla,『集合的』*m.* reglamento. → 法律, 規則. ▶市条例 *fpl.* ordenanzas municipales.

じょうれん 常連 (店の)*mf.* cliente fijo [regular, asiduo], *mf.* asi*duo/dua*, 《口語》*mf.* habitual.

じょうろ 如雨露 *f.* regadera.

しょうわ 昭和 (*f.* Era de) Showa. ◆彼は昭和21年に生まれた Nació en 1946.

しょうわくせい 小惑星 *m.* asteroide.

じょうわんこつ 上腕骨 《専門語》*m.* húmero.

しょえん 初演 (音楽・演劇・オペラ・映画などの)*m.* estreno (de). ▶新ドイツオペラが東京で初演された En Tokio se estrenó [presentó el estreno de] la nueva ópera alemana.

ショー *m.* espectáculo. ▶バラエティショー *m.* espectáculo de variedades, *fpl.* variedades. ▶モーターショー *m.* salón [*f.* exposición] del automóvil. ▶ショービジネス *m.* mundo [*m.* negocio] del espectáculo. ◆きのうはショーを見に行った Ayer fui al espectáculo.

じょおう 女王 *f.* reina, 《フォーマル》*f.* soberana. ▶英国女王 *f.* reina de Inglaterra. ▶女王¹バチ [²アリ] ¹*f.* abeja, ²*f.* hormiga) reina.

ショーウインドー 【スペイン】*m.* escaparate, 【ラ米】*f.* vidriera. ▶ショーウインドーをのぞき込む *v.* mirar al escaparate.

地域差 ショーウインドー
[スペイン] *m.* escaparate
[ラテンアメリカ] *f.* vidriera
[キューバ] *m.* mostrador
[メキシコ] *m.* aparador, *m.* mostrador
[ペルー] *m.* mostrador
[アルゼンチン] *f.* vitrina

ジョーカー *m.* comodín.

ジョーク *f.* broma. → 冗談.

ジョージア Georgia (☆アメリカ合衆国の州).

ショーツ (運動用短パン)*mpl.* pantalones cortos, 《英語》*mpl.* "shorts" (☆発音は [tʃór(t)s]); *mpl.* calzoncillos; (女性用パンツ) 【スペイン】*fpl.* bragas, 【メキシコ】*fpl.* pantaletas, 【アルゼンチン】*f.* bombacha.

ショート (短絡) *m.* cortocircuito; (遊撃手) (野球) *mf.* "short stop" (☆発音は [tʃórstɔp]), *mf.* juga*dor/dora* me*dio/dia*, *mf.* para*dor/dora* en corto, *mf.* medio, *mf.* jardi*nero/ra* co*rto/ta*, *mf.* paracor*to/ta*, *mf.* torpe*dero/ra*. ▶ショートカット *m.* corte de pelo corto; 《専門語》*m.* acceso directo. ▶ショートカット・キー 《専門語》*f.* tecla de método abreviado. ▶ショートケーキ *m.* pastel montado de nata y fruta. ▶ショートバウンド *m.* rebote corto. ▶ショートパンツ(短ズボン) *mpl.* pantalones cortos; (サッカーの)*mpl.* pantalones cortos. ▶ショートする *m.* hacer corto; (電気が)ショートする *v.* provocar* [producir*] un cortocircuito. ◆ショートして停電した Se fue la luz por un cortocircuito.

ショール *m.* chal. → 肩掛け.

ショールーム *f.* sala de exposiciones. ▶電気製品のショールーム *f.* sala de exposiciones de aparatos eléctricos.

しょか 初夏 *m.* principio del verano. ▶初夏に *adv.* 「a principio de [al comienzo del] verano.

しょか 書架 *m.* estante, (図書館の)*f.* estantería.

しょか 書家 *mf.* calígra*fo/fa*.

じょがい 除外 (除外すること)*f.* exclusión; (例外にすること)*f.* excepción, 《フォーマル》*f.* salvedad.

—— **除外する** (締め出す, 仲間に入れない)*v.* excluir*; (例外として省く)*v.* hacer* una excepción, 《フォーマル》exceptuar*; (名簿・グループから省く)*v.* omitir, borrar; (数に入れない)*v.* descontar (→除く); (可能性を考えない)*v.* no tener* en cuenta. ▶その可能性を除外して考える *v.* excluir* [descartar] la posibilidad.

しょがくしゃ 初学者 *mf.* principiante. ▶初学者向きの本 *m.* libro para principiantes. → 初心者.

じょがくせい 女学生 *f.* alumna, *f.* estudiante; (高等学校の)*f.* colegiala.

しょがこっとう 書画骨董 *mpl.* objetos de arte caligráfico, pictórico y antigüedades.

しょかつ 所轄 (管轄)*f.* jurisdicción, *f.* competencia. → 管轄. ▶所轄官庁 (関係当局)*f.* autoridades competentes. ▶所轄の税務所 *f.* oficina fiscal encargada de su distrito.

じょがっこう 女学校 *f.* escuela femenina [para niñas].

しょかん 所感 ▶それについて所感（＝所見）を述べる *v.* hacer* 「un comentario [《フォーマル》una observación] 《sobre》, comentar 《sobre》.

しょかん 書簡 (手紙)*f.* carta, 《教養語》*f.* misiva, 《文語》*f.* epístola, *f.* correspondencia.

しょき 初期 *m.* principio, *m.* comienzo, *f.* primera parte, 《フォーマル》*m.* inicio; (病気などの)*f.* fase inicial. ▶初期化 《専門語》*f.* inicialización. ▶初期化する 《専門語》*v.* inicializar*. ▶初期故障 《専門語》*m.* fallo inicial. ◆その実験はまだ初期段階だ El experimento todavía se encuentra en una fase inicial.

—— **初期の** *adj.* primero, 《フォーマル》inicial. ▶彼の初期の作品 *fpl.* sus primeras obras. ▶1980年代の初期に *adv.* a comienzos de la década de los 80. ▶17世紀初期に *adv.* a principios del siglo XVII. ◆禅は鎌倉時代初期に中国から伝わった El zen fue introducido desde China 「al principio [al comienzo, 《フォーマル》en los inicios] de la Era de Kamakura.

しょき 書記 *mf.* secreta*rio/ria*. ▶大使館一等書記官 *mf.* pri*mer/mera* secreta*rio/ria* de la embajada. ▶書記局 *m.* secretaría. ▶書記長 *m.* secretario general.

しょき 所期 → 期待. ▶所期の *adj.* esperado. ▶所期の成果をあげる *v.* lograr [conseguir*] los resultados esperados.

しょき 暑気 (暑さ) *m.* calor; (暑い気候) *m.* tiempo caluroso. ▶暑気あたりする（＝暑さにやられる）*v.* ser* afectado por el calor vera-

しょきか 初期化 →初期.

しょきゅう 初級 ▶初級の *adj.* básico, elemental. ▶初級スペイン語 *m.* español básico. ▶初級課程 *m.* curso básico [elemental, para principiantes]. ▶初級者用テキスト *m.* libro de texto para principiantes.

じょきょ 除去 *f.* eliminación. ▶除去する *v.* eliminar [quitar], deshacerse* 《de》. →除く. ▶腎(じん)臓結石を除去する *v.* eliminar los cálculos renales. ▶害悪を除去する *v.* deshacerse* de los males ⇨落とす, 取[捕, 採, 執]る

じょきょうじゅ 助教授 *mf.* profesor/sora adjunto/ta [asistente]. →教授. ▶東都大学物理学助教授, 田中健 Ken Tanaka, profesor asociado de Física de la Universidad Toto.

じょきょく 序曲 *f.* obertura 《de》.

ジョギング 《仏語》 *m.* "footing"(☆発音は[fútin]), 《英語》 *m.* "jogging"(☆発音は[yógin]); (1回の) *f.* vuelta. ▶ジョギングシューズ *mpl.* (un par de) zapatos de "footing". ▶ジョギングする *v.* hacer* [practicar*] "footing" ["jogging"]. ▶公園にジョギングに行く *v.* ir* al parque a hacer* "footing" ["jogging"].

しよく 私欲 (利欲) *m.* propio provecho; (利己的な欲望) *m.* interés personal. →私利. ▶私欲に目がくらむ *v.* estar* ciego por el interés personal.

しょく 食 ❶【食物】 *m.* alimento, *f.* comida. ▶主食 *m.* alimento principal [básico]. ▶副食 *m.* plato [*m.* alimento complementario. ▶食中毒 *f.* intoxicación ⌈alimentaria [por alimentos]. →食中毒.
❷【食事】 *f.* comida. ▶食事. ▶1泊2食つきで4千2百円 *mpl.* 4.200 yenes por una noche incluyendo dos comidas. ▶彼女は1日2食しか食べない Sólo come dos veces al día. ▶食[1前[2後]にこの薬を飲みなさい Tómate esta medicina [1]antes [2]después de las comidas.
❸【食べること】(食欲) *m.* apetito, *fpl.* ganas de comer. ▶食が1進む [2進まない] *v.* [1]tener* buen [2]no tener*] apetito. ▶その子は食が細い Ese niño come poco. →小食.

*__しょく__ 職 ❶【仕事】(具体的な) *m.* trabajo, *f.* tarea; (働くこと) *m.* trabajo, *f.* labor; (雇われること) *m.* empleo; (職業) *f.* ocupación, *f.* profesión; (責任のある) *m.* puesto, *m.* cargo; (相対的・社会的な)《フォーマル》*f.* posición. →職業, 地位. ▶職を得る, 職につく *v.* conseguir* empleo [trabajo], 《口語》colocarse*. →就職する. ▶職を失う *v.* perder* el trabajo; (解雇される) *v.* ser* despedido. ▶職を変える *v.* cambiar de trabajo [empleo]. ▶職を離れる *v.* dejar el trabajo, dimitir; (公職を) *v.* dimitir. ▶彼らには職がない Están sin [No tienen] trabajo [empleo]. / Están desempleados. ♦この職につく前は彼は警官でした Antes de aceptar este empleo, fue policía. ♦この年になって秘書の職を捜すのも容易ではありません A mi edad no es fácil colocarse de secretario/ria. ▶職を求む『掲示』Se ofrece empleo. ♦彼は政府内で重要な職にある Tiene un cargo [puesto] importante en el gobierno.
❷【技術】 *f.* destreza; (熟練を要する) *m.* oficio. ▶手に職をつける *v.* aprender un oficio.
❸【任務】 *fpl.* obligaciones, *mpl.* deberes. →職務, 任務. ▶職を果たす *v.* realizar* [《フォーマル》desempeñar] ⌈las obligaciones [los deberes].

しょくあたり 食あたり *f.* intoxicación alimenticia. ▶食あたりする *v.* intoxicarse* con un alimento, 《フォーマル》sufrir intoxicación alimenticia.

しょくいん 職員 *mf.* empleado/da, 『集合的』 *m.* personal; (特に公的な仕事の職員) *mf.* funcionario/ria, 『集合的』『スペイン』 *f.* plantilla; (働く人) *mf.* trabajador/dora, (従業員) *mf.* empleado/da. ▶ホテルの職員になる *v.* hacerse* empleado/da de hostelería. ▶市役所職員 *mf.* empleado/da municipal; (庁舎内勤務者) *mf.* oficinista municipal. ▶職員会議 *f.* reunión de personal; (先生の) *f.* reunión de profesores. ▶職員室 *f.* sala de profesores. ♦彼は経理部の職員だ Es un empleado del [Está en el] departamento de contabilidad general. ♦この図書館には20人の職員がいる En esta biblioteca trabajan [hay] 20 empleados. ♦その部には職員が[1]多い [2]少ない] Ese departamento tiene [1]muchos [2]pocos] empleados. ♦この病院には十分な職員がいる(=十分配置されている) Este hospital ⌈está bien abastecido de [tiene suficiente] personal.

しょぐう 処遇 (待遇) *m.* trato, *m.* tratamiento. ▶彼を冷たく処遇する *v.* tratarlo[le] ⌈con frialdad [fríamente]. ♦親切な処遇を受けた Me trataron amablemente [muy bien]. / Recibí un trato amable.

しょくえん 食塩 (一般に) *f.* sal; (食卓用の) *f.* sal de mesa. ▶食塩入れ *m.* salero. ▶食塩水 *f.* agua salada, 《フォーマル》 *f.* solución salina.

*__しょくぎょう__ 職業 *f.* ocupación; *f.* profesión; *m.* trabajo, *m.* empleo; *f.* colocación; *f.* carrera, *m.* oficio; *f.* dedicación, *f.* vocación; (学業で得た) *f.* carrera; (技能的) *m.* oficio.

1《職業＋名詞》▶職業病 *f.* enfermedad ocupacional [relacionada con el trabajo]. ▶職業(訓練)学校 *f.* escuela ⌈de oficios [profesional, 『ラ米』vocacional]. ▶職業[1]訓練 [2]教育, [3]指導] [1]*f.* formación [[2]*f.* educación, [3]*f.* orientación] profesional. ▶職業安定所 *f.* oficina de colocaciones. ▶職業紹介所 *f.* agencia de empleo.

2《職業は》♦彼の職業は何ですか ¿A qué se dedica? / ¿Cuál es su profesión [ocupación]? / 《口語》¿Qué es? / 《口語》¿Qué hace? ♦彼女の職業はデザイナーです Es modista. / Es de profesión modista. / Se dedica al diseño.

3《職業に》▶教師を職業に選ぶ *v.* elegir* la

profesión docente [de la enseñanza], escoger* dedicarse* a la enseñanza. ▶著述業を職業にする v. dedicarse* (profesionalmente) a escribir*. ▶医学関係の職業に就く v. ingresar en la profesión médica. ▶彼はどんな職業に向いていますか ¿Para qué trabajo sirve? / ¿En qué se le puede emplear? /《口語》¿Qué ocupación le viene bien?

4《職業を》▶職業を変える v. cambiar de trabajo [profesión]. ▶職業を探す v. buscar* empleo [trabajo] ☞ 仕事, 職

しょくご 食後 ▶食後に adv. después de la comida. ▶食後の休憩時間 m. descanso después de la comida. ▶食後の1果物 [²菓子] ¹f. fruta [²m. dulce] de postre.

しょくざい 食材 m. ingrediente.

しょくさがし 職探し f. búsqueda de empleo. ▶職探しをする v. buscar* empleo [trabajo].

しょくし 食指 (人さし指) m. dedo índice. ▶ワイングラスを見てちょっと食指が動いた(=欲しいと思った) Cuando la vi me「dieron ganas de [apeteció] comprar la copa (de vino).

※ しょくじ 食事 f. comida.

1《〜食事》▶毎日3度の食事 fpl. comidas diarias. ▶¹おいしい [²まずい] 食事 f. ¹buena [²mala] comida. ▶フルコースの食事 f. comida completa. ▶バランスのとれた食事 f. dieta equilibrada. ▶軽い食事をする v. tomar [comer] un bocado.

2《食事(の)+名詞》▶食事(の)作法 mpl. modales en la mesa. ▶食事時間に adv. a la hora de la comida. ▶低塩 [²カロリー] /食事療法 f. dieta ¹con poca sal [²con pocas calorías, ²baja en calorías]. ▶食事制限をする [²している] v. ¹ponerse* [²estar*] a dieta [régimen]. ▶食事の後片付けをする v. recoger* la mesa. ♦食事中にそんなことを話すのはよくない No es bueno hablar eso「en la mesa [a la hora de comer]. ▶食事の時間です Es hora de comer.

3《食事に》▶食事に招かれる v. ser* invitado a comer. ▶食事にワインを飲む v. beber vino con la comida. ♦彼は直子とレストランに食事に出かけた Fue con Naoko a comer a un restaurante.

4《食事を》▶食事をする(=とる) v. comer, tomar una comida. ▶外で食事をする v. comer fuera, salir* a comer; (レストランで) v. comer en un restaurante. ▶食事を用意する (料理) v. hacer* [《フォーマル》preparar] la comida; (お膳立て) v. poner* la mesa. ▶食事を抜く v. pasarse sin comer, no comer. ▶食事を出す v. dar*《a + 人》de comer. ▶食事を注文する v. pedir* una comida. ▶彼に食事をおごる v. invitarlo[le] a comer. ♦私たちは公路沿いのレストランで食事をした Comimos en un restaurante de la carretera. ▶一日3度の食事をする Comemos tres veces al día.《会話》いっしょに食事をしていかれませんか—ありがとう、喜んで ¿Le gustaría que comiéramos juntos? – Gracias. Me encantaría. ☞ ご飯, 食

しょくしゅ 職種 m. tipo [f. clase] de trabajo. ▶職種別に adv. según el trabajo.

しょくじゅ 植樹 ▶…を記念して植樹する v. plantar un árbol en conmemoración《de》. ▶植樹祭 f. ceremonia de plantación de un árbol.

しょくしょう 食傷 ▶彼の話には食傷した(=うんざりした) Estaba harto/ta de oírle. ▶(もうたくさんだった) Ya no aguantaba más「sus palabras [escucharle].

しょくじょ(せい) 織女 (星) f. Vega.

しょくせい 職制 (職場の人員組織) f. organización del personal de una oficina; (管理職) f. dirección. ▶職制を改める v. reorganizar* una oficina.

しょくせいかつ 食生活 ▶食生活(=食習慣)を改善する v. mejorar la dieta; (より栄養価の高い食物を食べる) v. comer mejor. ▶食生活が貧しい v. comer mal.

しょくせき 職責 (義務) m. deber, f. obligación. ▶職責を果たす v. cumplir「el deber [las obligaciones]. ▶職責を果たせない v. no cumplir con la obligación, faltar al deber,《フォーマル》incumplir un deber.

しょくぜん 食前 ▶食前に adv. antes de una comida. ▶食前酒 m. aperitivo.

しょくたく 食卓 f. mesa de comedor. → テーブル. ▶食卓塩 f. sal de mesa. ▶食卓につく v. sentarse* a la mesa. ▶食卓の用意をする v. poner* la mesa. ▶食卓(の上)を片付ける v. quitar la mesa. ▶食卓を離れる v. levantarse de la mesa; (中座する) v. ser* disculpado de la mesa. ♦彼らは食卓を囲んで座っていた Estaban sentados a [alrededor de] la mesa. ▶食卓で(=食事中に)鼻をかんではいけません No hay que sonarse la nariz a [en, cuando se está sentado] la mesa.

しょくたく 嘱託 (正規でない従業員) mf. empleado/da「no numerario/ria [temporal].

しょくちゅうしょくぶつ 食虫植物 f. planta insectívora.

しょくちゅうどく 食中毒 f. intoxicación「alimentaria [por alimentos]. ▶食中毒にかかる v. intoxicarse* con un alimento,《フォーマル》sufrir una intoxicación alimenticia.

しょくつう 食通 (美食)《仏語》mf. "gourmet", mf. gastrónomo/ma, (教養語) mf. sibarita; (食道楽) f. gastronomía, 《教養語》m. sibaritismo.

しょくどう 食道 (専門語) m. esófago. ▶食道炎 (専門語) f. esofagitis. ▶食道癌 (専門語) v. cáncer de esófago.

しょくどう 食堂 (家・ホテルなどの) m. comedor; (レストラン) m. restaurante; (軽食堂) m. café, f. cafetería; (カウンター式の) m. bar. ▶食堂車 m. coche [m. vagón] comedor [restaurante]. ♦彼はいつも¹学校の [²社員]食堂で昼食を食べる Siempre come en la cafetería de la ¹escuela [²empresa].

しょくどうらく 食道楽 (美食) f. gastronomía,《教養語》m. sibaritismo; (美食家)《仏語》mf. "gourmet",《教養語》m. gastrónomo/ma.

しょくにく 食肉 f. carne. → 肉. ▶食肉動物 → 肉食.

しょくにん 職人 mf. artesano/na. ▶職人気質

m. espíritu (del) artesano. ▶みごとな職人芸 *f.* excelente [magnífica] artesanía. ▶腕のいい [2よくない] 職人たち *mpl.* ¹buenos [¹malos] artesanos.

しょくのうきゅう 職能給 *m.* sueldo basado en el rendimiento laboral.

しょくば 職場 *m.* lugar [*m.* puesto] de trabajo; (作業場) *m.* taller. ▶職場放棄 *m.* abandono del trabajo, *f.* huelga. → ストライキ. ▶彼は2年後職場に復帰した Volvió [Se reintegró] al trabajo dos años después. ▶彼女はよく職場からボーイフレンドに長電話をする Con frecuencia hace largas llamadas telefónicas a su novio desde el lugar de trabajo.

しょくばい 触媒 *m.* catalizador.

しょくはつ 触発 ♦彼のばかげた発言がけんかを触発した Sus estúpidas palabras provocaron la pelea.

しょくパン 食パン *m.* pan de molde; (薄く切った) *m.* pan en rebanadas. → パン. ▶食パン1枚 *f.* rebanada de pan.

|地域差| 食パン
〔全般的に〕*m.* pan de sandwich, *m.* pan de molde
〔スペイン〕*m.* pan 〔商標〕Bimbo
〔キューバ〕*m.* molde, *m.* pan para tostadas
〔メキシコ〕*m.* pan 〔商標〕Bimbo, *m.* pan blanco, *m.* pan de caja
〔ペルー〕*m.* molde
〔コロンビア〕*m.* pan tajado, *m.* tajapán
〔アルゼンチン〕*m.* pan blanco, *m.* pan lactal, *m.* pan para tostadas

しょくひ 食費 (家計の中の) *mpl.* gastos de comida [《フォーマル》manutención]; (下宿などでの食事代) (*m.* gasto de) *f.* manutención. ♦月どのくらい食費がかかりますか ¿Cuánto pagas al mes por la comida?

しょくひん 食品 *m.* alimento, 《フォーマル》*m.* producto alimenticio, *mpl.* comestibles. → 食べ物. ▶¹健康 [²冷凍]食品 *mpl.* alimentos ¹saludables [²congelados]. ▶食品衛生 *f.* higiene alimenticia [de los alimentos]. ▶食品添加物 *m.* aditivo alimenticio.

・**しょくぶつ 植物** *f.* planta, 《フォーマル》*m.* vegetal; *f.* vegetación; (一地方・時代の) *f.* flora. ▶すべての植物が霜でだめになった La helada destruyó todas las plantas.

1《~(の)植物》▶¹熱帯 [²高山]植物 *fpl.* plantas ¹tropicales [²alpinas], 《フォーマル》*f.* flora ¹tropical [²alpina]. ▶¹野生 [²栽培]植物 *fpl.* plantas ¹silvestres [²de jardín]. ▶観賞植物 *f.* planta ornamental [decorativa]. ▶¹1年生 [²2年生]植物 *f.* planta ¹anual [²bienal]. ▶西インド諸島の植物 *f.* flora antillana [de las Indias Occidentales].

2《植物(の)+名詞》▶植物園 *m.* jardín botánico. ▶植物界 *m.* reino vegetal [de las plantas]. ▶植物学 *f.* botánica. ▶植物学者 *mf.* botánico/ca. ▶植物採集 *f.* colección botánica. ▶植物(性)油 *m.* aceite vegetal. ▶植物人間 *f.* persona en estado vegetativo *m.* vegetal. ▶植物標本 《教養語》《専門語》*m.*

espécimen botánico. ▶植物分布 *f.* distribución botánica.

3《植物を[に]》▶植物を栽培する *v.* cultivar plantas. ▶植物に水をやる *v.* regar* una planta.

しょくぼう 嘱望 ▶将来を嘱望されている (=前途有望な)青年 *m.* joven prometedor [que promete, de porvenir]. ♦彼は我が校で将来を嘱望されている学生の一人だ (=我が校のホープだ) Nuestra escuela ha puesto [《フォーマル》cifrado] sus esperanzas en él y en varios otros alumnos.

しょくみんち 植民地 *f.* colonia. ▶植民地の *adj.* colonial. ▶植民地にする *v.* colonizar* (un país extranjero). ▶英国の植民地 *f.* colonia británica. ▶植民地主義 *m.* colonialismo. ▶植民地支配 *m.* dominio colonial. ▶植民地政策 *f.* política colonial. ▶植民地化 *f.* colonización.

しょくむ 職務 (義務, 任務) *f.* obligación, *m.* deber, *f.* función (→任務); (仕事) *m.* trabajo. ▶職務規定 *m.* reglamento de la oficina. ▶(警官の)職務質問 *m.* interrogatorio policial. ▶職務上の調査 *f.* investigación oficial. ▶職務を遂行する *v.* cumplir [llevar a cabo]「el deber [las obligaciones]. ▶職務を怠る *v.* faltar al deber. ▶職務に専念する *v.* dedicarse* a las obligaciones. ▶職務に忠実だ *v.* ser* fiel a las obligaciones. ▶職務についている *v.* estar* de servicio. ♦彼は職務怠慢で解雇された Le despidieron por faltar a su deber.

しょくもつ 食物 *m.* alimento, *f.* comida; (集合的に) *mpl.* comestibles; (抽象的に) *m.* sustento. → 食べ物. ▶栄養のある食物 *m.* alimento nutritivo. ▶質素な食物 *f.* comida frugal. ▶¹消化の¹よい [²悪い] 食物 *m.* alimento ¹digestivo [²indigesto]. ▶食物連鎖 《専門語》*f.* cadena alimenticia [alimentaria]. ♦レバーは栄養のある食物である El hígado es un alimento nutritivo.

しょくよう 食用 ▶食用ガエル *f.* rana comestible. ▶食用(=料理用)油 *m.* aceite para cocinar. ♦このキノコは食用にはなるがおいしくない Esta seta es comestible, pero no「sabe bien [es sabrosa].

しょくよく 食欲 *m.* apetito, *fpl.* ganas de comer, 《口語》*f.* hambre. ▶今日は食欲がない Hoy no tengo apetito [《口語》hambre]. ▶最近は食欲不振だ Estos días「estoy desganado [no tengo apetito]. ♦お菓子を食べすぎると食欲がなくなる Comer muchos dulces quita「el apetito [las ganas de comer]. ♦軽い運動は食欲を増進させる Un poco de ejercicio mejora el apetito. / Con algo de ejercicio entran ganas de comer. ☞食い気, 食

・**しょくりょう 食料** *f.* comida, *mpl.* alimentos; (食料品類) *mpl.* comestibles. ▶食料品店 *f.* tienda de comestibles [《メキシコ》abarrotes]. ♦戦時中は食料品はすべて配給制だった En la guerra estaban racionados todos los alimentos.

|地域差| 食料品店

〔全般的に〕f. tienda de comestibles; 〔キューバ〕f. bodega, f. tienda; 〔メキシコ〕f. miscelánea, f. tienda de abarrotes; 〔ペルー〕f. bodega; 〔コロンビア〕m. mercado, f. tienda; 〔アルゼンチン〕m. almacén, m. negocio

しょくりょう 食糧 mpl. alimentos, f. comida; (蓄えられた) fpl. provisiones, 《教養語》fpl. vituallas; (軍隊・探検隊などの) mpl. víveres, fpl. provisiones. ▶食糧生産 f. producción de alimentos. ▶食糧不足 f. escasez [f. falta, f. carestía] de alimentos. ▶食糧¹問題 [事情] ¹m. problema [²f. situación] de los alimentos. ♦兵士たちの3か月分の食糧 Los víveres de los soldados de tres meses. ♦数日のうちに冬の食糧がなくなるだろう Las provisiones para el invierno se agotarán en unos pocos días.

しょくりん 植林 f. reforestación, f. repoblación forestal. ▶植林する v. plantar árboles, 《フォーマル》reforestar.

しょくれき 職歴 (職業上の経歴) mpl. antecedentes profesionales, f. historia profesional; (仕事上の経験) f. experiencia laboral. ▶法律家としての長い職歴 f. larga carrera [historia] profesional en la abogacía. ▶職歴30年の (=その仕事に30年たずさわっている) スペイン語教師 mf. profesor/sora de español con 30 años de experiencia「en el puesto [《口語》a sus espaldas]. 《会話》ご職歴をうかがわせていただけませんか－ここに来る前は IBM にいました ¿Me puede informar sobre sus antecedentes profesionales? – Mi último puesto fue con IBM (i be eme). ▱キャリア, 経歴

しょくん 諸君【呼びかけ】(男性のみに) 《フォーマル》 mpl. caballeros, mpl. señores; (男女全員に) 《フォーマル》 fpl. damas y mpl. caballeros, fpl. señoras y mpl. señores; (教師が生徒などに) pron. todos vosotros, 《フォーマル》todos ustedes; (同志に) mpl. amigos. → 皆さん.

じょくん 叙勲 f. concesión de una condecoración. ♦春の叙勲者名簿 f. lista de los galardonados de primavera. ♦彼は医学に対する偉大な貢献によって叙勲の栄に浴した Le condecoraron por su gran contribución a la medicina.

しょけい 処刑 (死刑執行) f. ejecución [《フォーマル》m. ajusticiamiento] de「la pena capital [muerte]. ▶処刑台 m. patíbulo, m. cadalso. ♦彼は公衆の面前で処刑された Fue ejecutado públicamente.

じょけつ 女傑 (勇敢な女) f. heroína, f. amazona.

しょげる (気落ちしている) v. estar* deprim*ido*; (落胆している) v. estar* desanim*ado*; (元気がない) v. 《フォーマル》estar* abat*ido*. ♦彼女はしょげた様子をしていた Parecía deprimida. / Tenía el aspecto deprimido. ♦さあ太郎、そんなことでしょげるな ¡Vamos, Taro, no te desanimes por eso, hombre!

しょけん 所見 (意見) f. opinión; (見解) m. punto de vista, m. parecer, 《口語》m. modo de ver; (簡潔で形式ばらない意見) m. comentario; (観察に基づく意見) 《フォーマル》f. observación. — 意見. ▶所見を述べる v. expresar「una opinión [un parecer*]. ▶カルテに患者の所見を書き留める v. apuntar en la historia [hoja] clínica las observaciones sobre un/una paciente.

じょげん 助言 m. consejo; (専門的な) m. asesoramiento; (提言) f. sugerencia. ▶助言者 mf. consejero/ra, mf. asesor/sora. ▶彼の助言 m. consejo. ▶助言に従う v. seguir* (su) consejo. ▶助言を求める v. pedir* (a + 人) consejo; (専門家に) v. consultar. ♦彼はカウンセラーのところへ助言を求めに行った Fue a consultar al consejero.

— **助言する** v. aconsejar, dar* (a + 人) consejo, asesorar. ▶その件に関して彼に助言する v. aconsejarlo[le] sobre ese asunto. ♦彼はそこへ行かないよう勧告してくれた Me aconsejó [dio el consejo de] que no fuera allí.

▱指示, 進言, 勧め, 相談, 忠告

しょこ 書庫 (個人住宅・図書館の) f. biblioteca.

じょこう 徐行 ▶徐行する v. ir* despacio, reducir* (la) velocidad. ▶《標示》Despacio. ♦列車は終着駅に近づき (=向けて) 徐行した El tren iba reduciendo velocidad al acercarse a la estación terminal.

しょさい 書斎 m. estudio, m. despacho. ▶書斎に閉じこもっている v. encerrarse* en su estudio.

しょざい 所在 (建物などの占める位置) m. lugar, m. sitio, 《フォーマル》m. emplazamiento; (人の居所) m. paradero; (活動の中心地) f. sede. ▶隠れ家の所在を見つけ出す v. encontrar* el escondite. ▶県庁所在地 f. sede del gobierno de la prefectura. ♦彼の所在が分からない Su paradero es desconocido. /「Se desconoce [No se sabe] su paradero. ♦彼らは責任の所在 (=だれに責任があるか) を突きとめた Descubrieron「dónde estaba la responsabilidad [de quién era la culpa].

じょさいない 如才ない (人の気をそらさない, 機転のきく) adj. discreto, con tacto; (機敏な, 巧妙な) adj. hábil. ▶如才ない答え f. respuesta discreta [inteligente, 《口語》diplomática]. ♦彼女は如才ない Es una mujer con tacto [discreta].

しょさん 所産 ▶長年の研究の所産 m. fruto de muchos años de investigación. ♦この小説はアンダルシア人特有の想像力の所産だ Esta novela es el producto de la fantasía típica andaluza.

じょさんし 助産師 f. comadrona, f. partera.

しょし 初志 (最初からの意志) f. primera intención, m. propósito original. ▶初志を¹貫徹する [²翻す] v. ¹llevar a cabo [²abandonar] la primera intención.

じょし 女子 (少女) f. joven, f. muchacha, 《口語》f. chica; (女) f. mujer, f. señora, 《フォーマル》f. dama. → 女. ▶女子学生 f. estudiante. ▶女子教育 f. educación femenina. ▶女子 (高) 校 f. escuela femenina.

-じょし -女史 田中女史(既婚女性) f. Sra. (señora) Tanaka; (未婚女性) f. Srta. (señorita) Tanaka.

しょしがく 書誌学 f. bibliografía. ▶書誌学者 mf. bibliógrafo/fa.

しょしかた 処し方 ▶身の処し方(=いかに暮らしてゆくか)を心得ている v. saber* cómo「conducirse* [manejarse] en el mundo.

しょしき 書式 m. impreso, m. modelo, m. formulario. ▶書式に記入する v. rellenar un impreso. ▶書式通りに(=指示された書式に従って)書く v. redactar「en su debida forma [según el modelo reglamentario].

じょしじ 叙事詩 m. poema épico; (大きな) f. epopeya.

じょしだい 女子大 f. universidad femenina. ▶女子大生 f. (estudiante) universitaria.

しょじひん 所持品 fpl. pertenencias, fpl. posesiones. → 持ち物.

じょしゅ 助手 mf. ayudante. ▶運転助手 m. coconductor, m. copiloto. ▶助手席 m. asiento de coconductor. ▶太田氏の助手を務める v. trabajar como [de] ayudante del Sr. Ota.

しょしゅう 初秋 ▶初秋に adv.「al comienzo [a comienzos, al principio] del otoño.

じょじゅつ 叙述 m. relato; (物語ること) f. narración. ▶叙述する v. narrar.

しょしゅん 初春 ▶初春に adv.「al comienzo [a comienzos, al principio] de la primavera.

しょじゅん 初旬 m. principio de mes. → 上旬. ▶3月の初旬に adv. a principios de marzo.

しょじょ 処女 (人) f. virgen; (教養語)《文語》f. doncella; (処女性) f. virginidad. ▶処女峰 f. cumbre virgen. ▶処女地 f. tierra virgen. ▶処女飛行 m. vuelo inaugural. ▶処女作 m. primer trabajo. ▶処女膜《専門語》m. himen. ▶処女を失う v. perder* la virginidad.

じょじょうし 叙情詩 f. (poesía) lírica. ▶叙情詩人 mf. poeta/tiza lírico/ca.

じょじょに 徐々に (段階をおって) adv. gradualmente; (ゆっくりと) adv. despacio, lentamente; (少しずつ) adv. poco a poco, 《口語》poquito a poco, 《教養語》paulatinamente; (着実に) adv. paso a paso, 《口語》pasito a paso, sin parar. ▶ぼくの健康は徐々に回復している Mi salud mejora gradualmente [《口語》poco a poco]. ▶私は徐々に彼女が言ったことが分かってきた Lentamente empecé a darme cuenta de lo que ella quería decir. ☞次第に, だんだん

しょしん 初心 m. primer entusiasmo, m. entusiasmo del principio. ▶初心に帰る v. volver* al「primer entusiasmo [entusiasmo del principio]. ♦初心忘るべからず No olvides「aquel primer entusiasmo [el entusiasmo del principio].

しょしん 所信 (意見) f. opinión; (信念) f. creencia, f. convicción. ▶首相の所信表明演説 m. discurso del Primer Ministro sobre política general. ▶…について所信を述べる v. expresar [《フォーマル》manifestar*] una opinión 《sobre, acerca de》.

しょしん 初診 f. primera visita al médico. ▶初診の患者 mf. nuevo/va paciente. ▶初診料 f. tarifa cobrada por la primera visita de un paciente.

しょしんしゃ 初心者 mf. principiante; (《しばし軽蔑的に》) mf. novato/ta, mf. bisoño/ña. ▶テニスの初心者 mf. principiante en el tenis. ▶初心者コース m. curso básico [elemental] para principiantes.

じょすう 序数 m. número ordinal.

じょすう 除数 m. divisor.

しょする 処する ❶【対処する】▶難局に処する v.「enfrentarse a [《口語》manejarse ante] las dificultades.
❷【処理する】▶事を処する v. tratar [enfrentarse a, manejarse] un asunto; (うまく) v. desenvolverse* bien 《con》; (最終的に) v. despachar.
❸【処罰する】▶彼を厳罰に処す v. castigarlo [le]* con rigor. ♦彼は5年の禁固刑に処せられた Lo [Le] condenaron a cinco años de prisión.

しょせい 処世 ▶処世訓 f. máxima. ♦彼は処世術をよく心得ている Sabe cómo desenvolverse en la vida.

•**じょせい** 女性 f. mujer, f. señora, 《フォーマル》f. dama; (若い) 《口語》f. joven, 《口語》f. chica. ▶女. 女性解放運動 m. movimiento de liberación de la mujer, m. feminismo. ▶女性解放運動家 mf. feminista. ▶女性語 f. habla femenina. ▶女性上位 m. dominio de la mujer. ▶女性美 f. belleza femenina. ♦彼女はとても美しい女性だ Es una mujer muy guapa. ♦その広告は女性客に受けた La publicidad「tuvo mucha aceptación [gozó de mucha popularidad] entre las mujeres.

—— 女性的の adj. femenino; (女性のような) adj. afeminado. ▶女性的な体つきをしている v. tener* una silueta femenina. ♦彼女はとても女性的だ Es muy femenina. ♦彼は女性的な歩き方をする Camina como una mujer. / Tiene un modo de andar afeminado.

じょせい 助成 ▶助成する (政府が企業・事業などを) v. subvencionar, dar* un subsidio; (財政的に援助する) v. ayudar, apoyar; (後援する) v. patrocinar. ▶助成金 (政府が企業などに交付する) f. subvención, m. subsidio; (政府が公共事業・教育機関に交付する) f. subvención pública en forma de ayuda. ▶¹食糧 [²住宅]助成金 m. subsidio de ¹manutención [²vivienda]. ▶大学への政府助成金 f. subvención del gobierno a las universidades. ▶助成産業 fpl. industrias subvencionadas. ♦政府はこれ以上の計画に助成金を出すのを拒否した El gobierno rechazó seguir subvencionando el programa.

じょせいと 女生徒 f. estudiante, f. alumna. → 生徒.

しょせき 書籍 m. libro. → 本. ▶書籍売り場 f. sección de libros; (デパートなどの) m. departamento de libros, f. librería.

じょせき 除籍 ▶戸籍から除籍する v. borrar del

registro. ◆その生徒は除籍された（＝退校処分になった）Expulsaron al estudiante de la escuela.

じょせつ 除雪（道路の雪を除く）v. quitar la nieve (de un camino, de una carretera); (ショベルで) v. quitar la nieve con la pala. ▶除雪機[車] m. quitanieves.

しょせん 所詮（とうてい…できない）es absolutamente imposible 《que + 接続法》;（最終的には）adv. al final; (どうせ) adv. de todas formas, de todos modos, de una u otra manera. ◆その患者は所詮助からないだろう Es absolutamente imposible que se recupere el paciente. ◆彼が昇進できるか否かは所詮部長の考え次第だ De todos modos, el que sea o no ascendido dependerá de la voluntad "del director [de la directora] general. ◆彼の計画は所詮うまくいかないだろう Su proyecto fracasará de todas formas. / Es imposible que su plan salga adelante.

しょぞう 所蔵 ◆この絵は石田氏の所蔵である Este cuadro pertenece al Sr. Ishida. / (…の¹所有 [²コレクション])Este cuadro es de la ¹propiedad [²colección] del Sr. Ishida.

じょそう 除草 f. limpieza de malas hierbas, f. escarda. ▶（庭を）除草する v. limpiar (un jardín) de malas hierbas, escardar; (雑草を抜く) v. desyerbar. ▶除草剤 m. herbicida.

じょそう 助走 f. carrerilla, m. arranque. ▶助走路 f. pista de arranque.

しょぞく 所属 ▶共産党所属の国会議員 m. miembro "de la Dieta [del Parlamento] del Partido Comunista. ◆私は野球部に所属している「Soy del [Pertenezco al] club de béisbol. ◆彼は営業部に所属している Trabaja en el departamento de ventas. ◆彼はその部隊に所属している「Es de [Está en] esa unidad. → 配属.

しょたい 所帯 m. hogar; (家庭) f. familia; (家政) f. administración doméstica [de la casa]. ▶一人所帯 m. hogar de una sola persona. ▶男所帯（男やもめの）m. hogar de un viudo; (未婚者の) m. hogar de un soltero. ▶所帯主 m. cabeza de familia. ▶所帯道具 mpl. enseres, m. menaje; (電気製品) mpl. aparatos electrodomésticos. ▶所帯持ちが¹よい [²悪い] v. ser* una ¹buena [²mala] ama de casa, 《口語》llevar ¹bien [²mal] la casa. ▶所帯やつれする v. estar* agobiado por las tareas domésticas. ▶所帯を持って（＝結婚して）10年になります Hace diez años que 「me casé [formé un hogar]. ◆私のところは大所帯です Tengo una familia numerosa. / Mi familia es numerosa. → 家族.

しょたい 書体（専門語）mpl. tipógrafos, 《専門語》m. tipo, 《専門語》m. carácter, 《専門語》f. tipografía.

しょだい 初代 ▶初代首相 m. primer Jefe de Gobierno. ▶初代春団治 Harudanji I (primero).

じょたい 除隊 ▶除隊になる v. licenciarse (del ejército). ▶除隊兵 m. soldado licenciado.

しょたいめん 初対面 ▶初対面の人 f. persona recién conocida. ◆彼女とはその時が初対面でし

ジョッキー **653**

た Fue cuando la conocí. /（その時初めて彼女に会った）La conocí entonces. /（その時まで彼女に会ったことがなかった）Hasta entonces no la había visto. ◆彼らは初対面のあいさつをした（＝お互いに「はじめまして」と言った）Se presentaron (uno a otro).

しょだな 書棚 f. estantería, m. estante.

しょだん 初段 m. primer grado [nivel, dan].

しょち 処置 （方策）f. medida [m. remedio, m. recurso, m. medio]《contra》;（一つの手段）f. medida (que tomar);（処分）f. eliminación;（治療）m. tratamiento. ▶台所のごみの処置 f. eliminación de la basura. ▶応急処置 m. tratamiento de emergencia [urgencia]. ◆政府はテロ行為に対して強硬な処置を取った El gobierno tomó enérgicas medidas contra el terrorismo. ◆処置なし（＝どうしてよいか分からない）No sé qué hacer. / No hay remedio. /（何もすることができない）No hay nada que se pueda hacer.
── 処置する v. despachar;（対処する）v. tomar medidas, 《フォーマル》emprender un remedio《para ＋ 不定詞》;（解決する）v. solucionar, arreglar, resolver*;（治療する）v. tratar. ▶問題を処置する v. despachar [solucionar] el asunto. ▶傷を処置する v. tratar la herida.

しょちゅうみまい 暑中見舞 ▶暑中見舞を出す v. enviar*《a ＋ 人》una tarjeta de saludo de [en el] verano.

しょちょう 所長 mf. jefe/fa → 長;（組織・活動の責任者）mf. director/tora.

しょちょう 署長 → 長. ▶警察署長 mf. comisario/ria, mf. jefe/fa de comisaría.

しょちょう 初潮 f. primera menstruación [《口語》regla], 《フォーマル》f. menarquía. ◆初潮は何歳のときでしたか ¿A qué edad tuviste tu primera menstruación [《口語》regla]? / ¿Cuándo empezaste con la regla?

じょちょう 助長（促進）f. promoción, m. fomento;（激励）m. aliento;（強化）m. fortalecimiento. ▶助長する v. promover*, fomentar. ◆世界平和を助長する v. promover* la paz mundial. ◆それでは彼の怠惰を助長するだけだ Eso sólo servirá para hacerlo[le] perezoso.

しょっかく 触角（動物・昆虫の）f. antena. ▶触角を伸ばす v. sacar* las antenas.

しょっかく 触覚 m. tacto. ▶敏感な触覚 m. delicado sentido del tacto.

しょっき 食器（食器類）f. vajilla; (正餐(えっ)用の) m. cubierto;（一回の食事に使用する食器類）mpl. platos. ▶食器戸棚 m. aparador, m. vasar;（壁に埋め込まれた）f. alacena. ▶（食後）食器を¹片付ける [²洗う] v. ¹quitar la mesa [²lavar los platos].

しょっき 織機 m. telar, f. máquina de tejer, f. tejedora.

ジョッキ（ビールの）f. jarra (de cerveza). ▶ジョッキ1杯のビール f. jarra de cerveza.

ジョッキー（競馬の騎手）m. yóquey, m. yoki,

《英語》*m*. "jockey" (☆発音は [yóki]).

ショッキング ▶ショッキングな事故 *m*. accidente horroroso [terrible].

ショック *m*. choque, *m*. impacto, *f*. conmoción, *m*. golpe, *f*. sacudida, 《英語》《専門語》*m*. "shock" (☆発音は [tʃók]). ▶ショックを与える *v*. dar* un choque, impresionar fuertemente. ▶ショックを受ける *v*. recibir「un choque [una conmoción]《de》, escandalizarse*《por》. ▶注射でショック死する *v*. morir* por el "shock" [choque] de una inyección. ♦彼女はそのショックから立ち直りつつある Está superando el choque. / Se está recuperando del choque. ♦彼の死はぼくには非常なショックだった Su muerte me produjo un gran choque [golpe]. / Su muerte me impactó mucho. 《会話》直美のお父さんが心臓発作を起こしたの—まあ、ショックだわ El papá de Naomi ha tenido un ataque cardíaco. – ¡Oh [¡Dios mío!, qué choque!

しょっけん 食券 *m*. talón [*m*. tique] de comida, *m*. cheque-comida.

しょっけん 職権 (公の権能) *f*. autoridad; (権力) *m*. poder*. ▶職権乱用 *m*. abuso de autoridad. ▶...に対して職権を¹乱用 [²行使] する *v*. ¹abusar de [²ejercer*] la autoridad. ▶彼に...する職権を与える *v*. darle* poder* [autoridad]《para + 不定詞》, autorizarle*《a + 不定詞》. ▶職権で *adv*. con [《フォーマル》en virtud de] su autoridad.

しょっこう 職工 *mf*. obrero/ra.

しょっちゅう (いつも) *adv*. siempre; (四六時中) *adv*. todo el tiempo; (しばしば) *adv*. muchas veces, con frecuencia, a menudo. ▶よく. ♦彼はしょっちゅう宿題を忘れる Se olvida mucho [muchas veces] de hacer sus deberes [tareas]. ♦彼はしょっちゅう来るわけではない No viene mucho por aquí.

ショット (球技で) *m*. golpe, *m*. tiro. ▶ナイスショット (いい当たり) *m*. buen golpe [tiro].

しょっぱい (塩辛い) *adj*. salado.

ショッピング *fpl*. compras. → 買い物. ▶ショッピングセンター *m*. centro comercial. ▶ショッピングカート *m*. carrito de compras. ▶ショッピングバッグ *f*. bolsa de compra. ▶(スーパーマーケットに) ショッピングに行く *v*. ir* de compras (al supermercado).

ショップ *f*. tienda. → 店. ▶ペットショップ *f*. tienda de mascotas [animales domésticos], *f*. pajarería. ♦おじは横浜でハンバーガー・ショップを開いています Mi tío tiene una hamburguesería en Yokohama.

しょてい 所定 ▶所定の(約束の) *adj*. señalado; (確定した) *adj*. fijo, definitivo, determinado, (規定された) *adj*. debido, obligado. ▶所定の場所で *adv*. en un lugar fijado [señalado]. ▶所定の用紙 *m*. impreso debido [correspondiente]. ▶所定の位置につく *v*. ocupar el lugar debido. ▶所定の時間内に *adv*. en un determinado período de tiempo.

じょてい 女帝 *f*. emperatriz, *f*. reina.

しょてん 書店 *f*. librería.

しょとう 初等 ▶初等の *adj*. básico, elemental, primario. → 初歩. ▶初等科 *m*. curso básico. ▶初等教育 *f*. educación básica [primaria]. ▶初等数学 *fpl*. matemáticas básicas.

しょとう 初冬 ▶初冬に *adv*. a comienzo [principio] del invierno.

しょとう 諸島 *m*. archipiélago, *fpl*. islas. ▶カナリア諸島 *fpl*. islas Canarias. ▶ハワイ諸島 *fpl*. islas Hawai. ▶マライ諸島 *m*. archipiélago malayo.

しょとう 初頭 *m*. principio, *m*. comienzo, 《フォーマル》*m*. inicio. ▶16世紀初頭に *adv*. al principio del siglo XVI.

しょどう 書道 *f*. caligrafía (japonesa). ▶書道家 *mf*. calígrafo/fa. ▶書道をする [習う] *v*. practicar* caligrafía.

じょどうし 助動詞 *m*. verbo auxiliar.

しょとく 所得 *mpl*. ingresos, *f*. renta. → 収入.

1《~(の)所得》▶多い所得 *mpl*. altos [grandes] ingresos. ▶総(純)所得 *mpl*. ingresos brutos [netos]. ▶勤労所得 *f*. renta salarial [de trabajo], *mpl*. ingresos de trabajo. ▶不労所得 *f*. renta no salarial. ▶国民所得 *f*. renta nacional, *m*. ingreso nacional. ▶給与所得 *mpl*. ingresos por empleo. ▶彼の少ない所得で家族を養う *v*. mantener* a su familia con「una renta baja [pocos ingresos]. ▶高い所得を得る *v*. tener* muchos ingresos. ♦彼には年間1千万円以上の所得がある Tiene unos ingresos anuales de más de 10 millones de yenes.

2《所得＋名詞》▶所得税 *m*. impuesto sobre la renta. ▶所得政策 *f*. política de la renta. ▶所得水準 *m*. nivel de ingresos. ▶高所得家庭 *f*. familia de ingresos altos. ▶低所得層 *m*. grupo de ingresos bajos. ▶所得控除 *f*. deducción de los ingresos. ♦所得税は3月半ばまでに納めなければなりません Los impuestos sobre la renta hay que pagarlos antes de mediados de marzo.

しょにち 初日 (開幕の日) *m*. primer día; (劇・オペラの) *f*. primera noche; (映画・オペラ・演劇などの) *m*. estreno, *f*. primera representación; (映画の) *f*. primera proyección. ▶その劇の初日の切符 *f*. entrada [*m*. billete] para el estreno de la obra de teatro. ▶(芝居・オペラなどの)初日必ず見に行く人 *f*. persona que asiste a todos los estrenos.

しょにんきゅう 初任給 *f*. paga [*m*. salario, *m*. sueldo] inicial, *m*. primer salario. → 給料. ♦私の初任給は18万円だった Mi salario inicial fue de 180.000 yenes.

じょのくち 序の口 (始まり) *m*. comienzo, *m*. principio. ♦これはほんの序の口だ Esto es sólo el comienzo.

しょばつ 処罰 *m*. castigo, 《フォーマル》*f*. sanción. → 罰. ♦彼はお金を盗んで厳しく処罰された Lo [Le] castigaron severamente [con rigor] por robar dinero. → 罰する.

しょはん 初版 *f*. primera edición. ♦これは初版本です Es la primera edición.

ショパン Chopin.

じょばん 序盤 ▶序盤戦で *adv*. en la fase inicial del partido; (選挙の) *adv.* en la fase inicial de la campaña electoral.

しょひょう 書評 *f.* reseña de un libro. ◆(新聞の)書評欄 *f.* columna [*f.* sección] de reseñas. ◆書評をする *v.*「hacer*」la reseña de [reseñar] un libro.

しょぶん 処分 (処理, 始末) *f.* liquidación,《教養語》*f.* disposición;(処罰) *m.* castigo,《フォーマル》*f.* sanción. → 罰. ◆売却処分 *f.* liquidación. ◆ごみの処分 *f.* eliminación de la basura. ◆退学処分 *f.* expulsión de la escuela [universidad]. → 退学. ◆処分品 *f.* liquidación, *mpl.* saldos. ◆この家をどう処分するか問題だ(＝問題はこの家をどう処分するか)La cuestión es qué hacer con esta casa. ◆彼は土地を処分した「Se desprendió del [Vendió el] terreno. ◆彼は古いおもちゃを処分した(＝捨てた)「Se deshizo de [Tiró,【ラ米】Botó] los juguetes viejos. ⌦処置, 処分; 売り払う, 始末.

じょぶん 序文 (本論の目的・方法論などを解説する) *m.* prólogo, *f.* introducción,《教養語》*m.* preámbulo, *m.* prefacio. ◆その本の序文で *adv.* en el prólogo del libro.

ショベルカー *f.* cargadora de pala, *f.* pala cargadora.

しょほ 初歩 (知識) lo básico [fundamental, elemental], *f.* base,《教養語》*mpl.* rudimentos; (段階) *mpl.* primeros pasos. ◆スペイン語の初歩 *f.* base [los primeros pasos] del español. ◆スペイン語を初歩から学ぶ *v.* aprender español desde la base, dar* los primeros pasos en el estudio del español.

—— 初歩の *adj.* elemental,《教養語》rudimentario; (基本の) *adj.* básico. ◆日本語の初歩の(＝初歩的な)知識 *m.* conocimiento elemental [《教養語》rudimentario] del japonés. ◆初歩の(＝初歩的な)間違いをする *v.* cometer un error básico [elemental].

しょほうせん 処方箋 *f.* receta,《フォーマル》*f.* prescripción médica. ◆処方箋を書く *v.* escribir* una receta [《フォーマル》prescripción]. ◆その処方箋に従って調剤してもらう *v.* hacer* preparar la receta. ◆これは処方箋がないと売れない薬です Este medicamento es de receta [《教養語》prescripción médica] / Este medicamento sólo se vende con receta médica.

しょぼしょぼ ◆彼は寝不足で目をしょぼしょぼさせている Entorna los ojos porque no ha dormido bastante. / La falta de sueño le hace entornar los ojos. ◆雨がしょぼしょぼ(＝小雨が)降っている Está lloviznando [chispeando]. / Llovizna. / Chispea.

じょまく 除幕 *f.* inauguración, *m.* descubrimiento (de un monumento),【メキシコ】*m.* develamiento. ◆除幕式 *f.* ceremonia de descubrimiento. ◆故山本博士の記念碑の除幕式を行なった Descubrieron el monumento dedicado al difunto Dr. Yamamoto.

しょみん 庶民 (貴族に対する平民) (全体) *f.* gente llana, (同じ人々) *f.* plebe, *mf.* plebeyo/ya; (一人) *m.* plebeyo; (公衆) *m.* pueblo. → 大衆. ◆庶民的な町 *f.* ciudad popular. ◆庶民の声に耳を傾ける *v.* atender* [prestar oído] a「la voz del pueblo [《ラテン語》《教養語》"vox populi"].

しょむか 庶務課 *f.* sección de asuntos generales.

しょめい 書名 *m.* título de un libro.

しょめい 署名 (手紙・正式文書などにする) *f.* firma,《教養語》*f.* rúbrica; (有名人などの自筆の) *m.* autógrafo,《英語》*f.* firma. ◆署名運動をする *v.* llevar a cabo una campaña de recogida de firmas. ◆署名入りの本 *m.* libro autografiado; (献辞入りの本) *m.* libro con dedicatoria. ◆署名者 *mf.* firmante,《フォーマル》*mf.* signatario/ria. ◆われわれはこの嘆願書に1万人の署名を集めた Hemos recogido 10.000 firmas para esta solicitud.

—— 署名する *v.* firmar,《フォーマル》suscribir*,《教養語》rubricar*; autografiar. ◆著書に署名する *v.* autografiar una copia de su libro. ◆(書類などで)下に署名してください Firme abajo, por favor. / Haga el favor de firmar abajo del todo. ◆彼はその書類に署名した Puso [《強調して》Estampó] su firma en el documento. ◆契約書は署名捺(な)印されていた El contrato fue firmado y sellado. ⌦記名, 調印.

じょめい 除名 (追放) *f.* expulsión,《教養語》*f.* exclusión. ◆除名する(学校・クラブ・組織などから) *v.* expulsar《de》,《口語》echar《de》; (リストから) *v.* excluir* [《口語》borrar] (de una lista). ◆彼は労働組合から除名(＝追放)された Lo [Le] expulsaron [《口語》echaron] del sindicato.

しょめん 書面 (文書) *m.* escrito; (手紙) *f.* carta. ◆書面で申し込む *v.* solicitar por escrito [carta]; (申し込み書を送る) *v.* enviar* una solicitud. ◆取り決めを書面にする *v.* poner* por escrito [escribir*,《フォーマル》redactar] un acuerdo. ◆私はそのことを書面で確認してほしいと彼に頼んだ Le pedí que lo confirmara por escrito.

しょもつ 書物 *m.* libro. → 本.

しょや 初夜 *f.* noche「de bodas [《フォーマル》nupcial].

じょやく 助役 (副市長) *mf.* teniente (de) alcalde; (駅長補佐) *mf.* subje*fe/fa* de estación.

じょやのかね 除夜の鐘 *fpl.* campanadas de los templos en Nochevieja. → 大晦日(おおみそか).

* **しょゆう** 所有 *f.* posesión, *f.* propiedad; (所有権) *f.* propiedad. ◆所有物 *fpl.* posesiones, *fpl.* pertenencias; (所持品) *mpl.* efectos personales, *fpl.* pertenencias; (財産) *f.* propiedad. ◆所有者 *mf.* propiet*ario/ria* [《口語》*mf.* dueño/ña,《フォーマル》*mf.* pose*edor/dora*]. ◆所有地 *f.* tierra propia. ◆所有格 (専門語) *m.* caso posesivo; (専門語) *m.* genitivo. ◆その土地はその会社の所有[1]だった [2]になった] Ese terreno [1]era [2]llegó a ser] propiedad de la empresa. / La empresa [1]era [2]llegó a ser] propietaria de ese te-

rreno. ♦彼女はとても所有欲が強い Es muy posesiva.
—— 所有する (持っている) v. ser* dueño/ña 《de》,《フォーマル》poseer*. ♦この車はだれが所有していますか《フォーマル》¿Quién es el propietario de este coche? / ¿De quién es este coche? ♦その家は彼が所有している La casa es propiedad de él. / Él es el propietario de la casa. / La casa「le pertenece [es suya]」.
じょゆう 女優 f. actriz. → 俳優, 役者.
しょよう 所用 m. asunto. → 甲.
しょり 処理 (取り扱い) m. tratamiento; m. arreglo; f. administración, 《処分》f. eliminación, m. despacho, 《教養語》f. disposición; 《IT 関連》m. procesamiento. ♦下水処理 m. tratamiento「f. depuración」de aguas residuales [negras, cloacales]. ♦処理装置《専門語》m. procesador.
—— 処理する (事を) v. ocuparse 《de》, encargarse* 《de》; (うまく) v. tratar; (解決する) v. arreglar, solucionar; (物を処分する) v. despachar, 《フォーマル》disponer* 《de》; (薬品で処置する) v. tratar; (電算) v. procesar. ♦産業廃棄物を処理する v. tratar los desperdicios [residuos] industriales. ♦ある物質を酸で処理する v. tratar una sustancia con ácido. ♦データをコンピューターで処理する v. procesar los datos en un ordenador. ♦その問題は簡単には処理できない No se puede arreglar ese problema fácilmente. ☞扱い, 始末, 処分; 切り回す, 始末をする, 処する, 済ます, 手掛ける, 取り扱う, 取り計らう, 為る.
じょりゅう 女流 ♦女流の adj. femenino. ♦女流作家 f. escritora.
じょりょく 助力 f. ayuda, 《フォーマル》f. asistencia. ♦彼の助力で adv. con su ayuda. ♦彼の助力をあおぐ v. pedirle* ayuda ☞応援, 救援, 尽力, 救い, 助太刀, 世話, 助け; 応援する, 助ける
しょるい 書類 (筆記・印刷による文書一般) mpl. papeles; (資料・証拠としての) m. documento; (記入用紙) m. impreso, 【メキシコ】f. forma. ♦重要書類 mpl. documentos,《口語》mpl. papeles importantes. ♦書類かばん f. cartera. ♦必要書類を提出する v. entregar [《フォーマル》aportar] los documentos necesarios. ♦書類送検する v. enviar* los documentos a la fiscalía. ♦書類選考する v. seleccionar (a los candidatos) por los documentos aportados. ♦書類がそこらじゅうに散らばっていた Los documentos estaban desparramados por todas partes. ♦これらの書類に記入してください Rellene「estos impresos [estos formularios,【メキシコ】estas formas]」, por favor.
ショルダー ♦ショルダーバッグ m. bolso de bandolera.
じょれつ 序列 (順位) m. orden; (地位) m. rango, f. categoría; (格付け) m. nivel,《英語》m. "ranking"(☆発音är [rránkin(g)]). ♦序列に従って名前を呼ぶ v. llamar los nombres por orden de rango. ♦彼は会社では序列が私より上だ「Está por encima de mí [Tiene un rango superior al mío]」en la empresa.
じょろ 如露 f. regadera. → 如雨露(じょうろ).
しょろう 初老 adj. mayor, de edad más que madura. → 年配.
じょろん 序論 f. introducción 《a》.
しょんぼり (寂しい) adj. solo,《強調して》solitario; (気がくじけて) adj. deprimido,《フォーマル》abatido. ♦しょんぼりと(=ひとり寂しく) adv. solo,《強調して》en soledad. ♦彼女はそこでしょんぼり立っていた Estaba de pie deprimida. ♦彼女はしょんぼりと頭をたれて帰ってきた Volvió a casa sola y cabizbaja.
じらい 地雷 f. mina terrestre [de tierra]. ♦地雷を埋める v. sembrar* [poner*] minas, minar. ♦地雷原 m. campo minado.
しらが 白髪 f. cana, m. pelo canoso. → 髪. ♦白髪頭の男 m. hombre canoso [con canas, con el pelo gris]. ♦白髪まじりの髪 m. pelo [《フォーマル》m. cabello] encanecido [con canas, gris]. ♦白髪染め m. tinte para las canas. ♦彼は心配事のために急に白髪が増えてきた Las preocupaciones le están haciendo encanecer deprisa. / El pelo se le está poniendo rápidamente gris por las preocupaciones.
しらかば 白樺 m. abedul.
しらける 白ける (熱意がない) v. ser* apático. ♦(宴会などで)白けさせる人《口語》m. aguafiestas. ♦白けた態度 f. actitud apática, f. apatía. ♦白けた顔をする m. aspecto apático [aburrido]. ♦彼の発言でパーティーが白けた Sus palabras fueron un jarro de agua fría. / Lo que dijo nos aguó la fiesta. ♦あの男は政治に対して白けている(=熱意がない) Ese hombre no tiene ningún entusiasmo por la política. / A ese hombre no le interesa nada de nada la política. / (無関心である)Es apático hacia la política.
しらさぎ 白鷺 f. garceta.
しらじらしい 白々しい ♦白々しい(=明白な)うそ f. mentira descarada. ♦白々しい(=うわべだけの)お世辞 mpl. falsos cumplidos. ♦白々しく(=知らないふりをして) adv. con aire de ignorancia, con ignorancia fingida; (ずうずうしく) adv. descaradamente, sin vergüenza.
しらず 知らず ♦そこは暑さ知らずの所だ Al lugar no le afecta el calor del verano. ♦彼はこわいもの知らずだ(=どんな危険にも立ち向かう) No conoce el miedo.
じらす 焦らす (いらいらさせる) v. irritar, impacientar; (宙ぶらりんの状態にしておく) v. tener* 「en suspenso [impaciente,《口語》sobre ascuas]」. ♦彼女はいつも彼をじらしてばかりいる Siempre lo [le] pone impaciente. / Anda siempre irritándolo[le].
しらずしらず 知らず知らず ♦私たちは知らず知らず(=無意識に)誤りを犯すことがある A veces nos equivocamos sin「darnos cuenta [saberlo]」. / Inconscientemente cometemos a veces errores. ♦私は知らず知らずのうちに大声を上げて助けを求めていた Antes de darme cuenta, exclamaba pidiendo auxilio.
しらせ 知らせ f. noticia [f. información, m.

aviso] 《de que》. →ニュース. ◆彼から¹重大な[²とてもよい]知らせがあった Me dio ¹importantes [²muy buenas] noticias. ◆彼の死亡の知らせがあった Me enteré [llegó la noticia] de「que había muerto [su muerte]. ☞案内, 消息

* **しらせる** 知らせる *v*. hacer* saber*, informar, notificar*. → 通知する. ◆知らせずにおく (=秘密にしておく) *v*. no informar 《a ＋ 人》, mantenérselo* en secreto. ◆殺人事件を警察に知らせる (=通報する) *v*. informar [《フォーマル》notificar*] a la policía de un asesinato. ◆出かける用意ができたら知らせてください Avísame, por favor, cuando estés list*o*/t*a* para salir. ◆そのことについては手紙でお知らせいたします Se lo「haremos saber [《フォーマル》notificaremos] por carta. ◆そのニュースはみんなに知らせなさい Comunica [《口語》Di] esa noticia a todos [todo el mundo]. / Que todo el mundo se entere de esa noticia. ◆試験に合格したと彼が知らせてくれた Me dijo [informó] que yo había aprobado el examen. ◆彼女は母親の死を知らせてきた Le avisaron de la muerte de su madre. / Le comunicaron que su madre había muerto. ◆お知らせいたします ¡Atención, por favor! / Se ruega su atención, por favor. ◆ご利用の階をお知らせ願います(エレベーターで) Por favor, comuníquenme a qué piso van. ◆イベリア航空よりIB709便の到着をお知らせいたします Iberia anuncia la llegada del vuelo IB709 (i, be, siete, cero, nueve). ☞ 教える, 告げる, 伝える

しらは 白羽 ◆次期社長として彼に白羽の矢が立てられた Fue elegido como el próximo presidente.

しらばくれる (知らないふりをする) *v*. hacer *v*. como que no sabe, hacerse* *el/la* tont*o*/*ta* [《口語》suec*o*]; (無実のように振る舞う) *v*. hacerse* *el/la* tont*o*/*ta*. ◆少年はその事故についてしらばくれようとしたがだめだった El chico intentaba en vano fingir que no sabía nada del accidente. ◆しらばくれるな《口語》No finjas ignorancia. / No te hagas *el/la* tont*o*/*ta*. 〔会話〕太郎, ぼく何かしたかい, どうしたのさ —しらばくれて (=まるで知らないかのように) Taro ¿qué he hecho yo? ¿Qué pasa? – ¡Vamos, no「te hagas el tonto [disimules]!

シラバス (講義要項) *m*. plan de estudios; *m*. programa (de estudios).

しらふ 素面 *f*. sobriedad. ◆しらふの *adj*. sobrio. ◆彼は車の事故を起こしたときしらふだった「Estaba sobrio [No estaba borracho] cuando provocó el accidente de tráfico.

シラブル *f*. sílaba. → 音節.

しらべ 調べ 【調査】 *f*. investigación, 《フォーマル》*f*. indagación. → 調査, 尋問; 【調子】(音色) *f*. nota; (曲) *f*. melodía. ◆美しい調べ *f*. bella melodía.

* **しらべる** 調べる ❶【調査する】 *v*. examinar; investigar*, inspeccionar, 《フォーマル》indagar*, averiguar*, comprobar*, verificar*, (さわって知る) *v*. sentir*; (見て確認する) *v*. ver*; (じっくり見る) *v*. estudiar. ◆その問題を調べる *v*. examinar [analizar*] el problema. ▶脈を取る *v*. tomar el pulso. ▶地図を調べる *v*. consultar un mapa. ▶書類を調べる (=目を通す) *v*. examinar los documentos. ▶答案を調べる (採点する) *v*. calificar* un examen; (点検する) 《フォーマル》verificar* la corrección de un examen. ▶人数を調べる (=数える) *v*. comprobar*「cuántos son [el número de personas]. ◆この件については徹底的に調べたが，法にふれる証拠は何も見出せなかった Hemos investigado la cuestión a fondo y no hemos hallado pruebas de ilegalidad. ◆彼はその石を顕微鏡で調べた Examinó la piedra con un microscopio. ◆警察はその事件を調べている La policía está investigando el incidente. ◆国境でパスポートは調べられた Los pasaportes fueron inspeccionados en la frontera. / Inspeccionaron los pasaportes en la frontera. ◆別の方法をやってみて効果があるかどうか調べてごらん Prueba otro método a ver si funciona. ◆警官は私がポケットに何か持っているか触って調べた El policía me「registró los bolsillos [buscó en mis bolsillos] a ver si tenía algo.

❷ 【参考書などで調べる】 *v*. consultar; (参考書などを引く) *v*. 《口語》 buscar*, consultar. ▶電話帳で番号を調べる *v*. consultar el número en la guía telefónica. ▶その単語の意味を辞書で調べる 《フォーマル》 Busca esa palabra en el diccionario. / Consulta el diccionario para hallar el significado de esa palabra.

❸ 【捜す】 *v*. buscar*. → 捜す.

❹ 【尋問する】 *v*. interrogar*, (強調して) someter a un interrogatorio. ◆彼らは警察に調べられた Fueron interrogados por la policía. ☞ 改める, 閲覧, 参照する, 縦覧, 確かめる, 取り締まる

しらみ 虱 *m*. piojo. ▶シラミがわく *v*. ser* [estar*] infestad*o* de piojos. ▶シラミを駆除する *v*. limpiarse de piojos, despiojarse.

シラミきせいしょう シラミ寄生症 《専門語》 *f*. pediculosis.

しらみつぶしに しらみ潰しに (徹底的に) *adv*. 《フォーマル》exhaustivamente. ▶手掛かりがないかしらみつぶしに建物を調べる *v*. registrar「a fondo [exhaustivamente] el edificio en busca de pistas [indicios].

しらむ 白む ◆東の空が白んできた Clarea [Está alboreando] por el este. → 明ける.

しらゆきひめ 白雪姫 ◆白雪姫と七人の小人(童話) 《Blancanieves y los Siete Enanitos》.

しらをきる 白を切る → しらばくれる

しらんかお 知らん顔 ◆彼は彼女が困っているのに知らん顔 (=無関心)だ Es indiferente a sus problemas. ◆手を挙げたのに先生は知らん顔 (=無視 [気づかないふり]) をした Alcé la mano, pero el profesor「hizo como que no se dio cuenta [fingió no darse cuenta].

* **しり** 尻 ❶【人・動物の】 *fpl*. nalgas, 《口語》 *m*. trasero, 『スペイン』《口語》 *m*. culo (☆『メキシコ』では《俗語》), 『スペイン』《幼児語》 *m*. culito; (馬などの) *fpl*. ancas.

1《〜尻》 ▶まるまると太った尻 *fpl*. nalgas bien

rellenas.
　2《尻が[の]》♦彼女は尻が大きい Es「muy nalguda [《スペイン》]《口語》culona]. / Tiene unas nalgas enormes.
　3《尻を》♦(罰に)彼の尻をぶつ v. darle* un azote en「las nalgas [《スペイン》 el culo]. ♦彼女はお尻を左右に振りながら歩く Cuando camina se contonea mucho. ♦お客さんに尻(＝背)を向けてはいけない No hay que dar la espalda a los invitados. → 背中.
❷《なべ・ズボンなどの》♦なべのしり(＝下面) m. culo [m. fondo] de la sartén. ♦ズボンのしりが薄くなっている Los fondillos del pantalón están gastados. ♦彼は尻のポケットに財布を入れていた Llevaba la cartera en el bolsillo trasero.
❸《後方, 席次》♦彼らの尻(＝後方)からついて行く v. seguirlos a la cola. ♦列の尻(＝終わり)に座る v. sentarse* [tomar asiento]「al final de la fila [《口語》 a la cola]. ♦彼はクラスの尻にいた Era el último de la clase.
《その他の表現》♦尻が重い v. ser* lento. ♦尻が軽い → 腰. ♦女の尻を追い回す v. andar* detrás de las mujeres. ♦女房の尻に敷かれた男 mpl. calzonazos, m. (marido) bragazas. ♦彼女は亭主を尻に敷いている(＝思いのままに操る) Ella es la que lleva los pantalones.

しり 私利 m. provecho [m. interés] propio.
♦あの男はいつも私利私欲で行動する Siempre busca su provecho. / Es muy interesado.

シリア Siria; (正式名) f. República Árabe Siria (☆西アジアの国, 首都ダマスカス Damasco). ♦シリア(人)の adj. sirio. ♦シリア人 mf. sirio/ria.

しりあい 知り合い (知っている人) mf. conocido/da, f. persona conocida. → 友達. ♦彼とはちょっとした(＝会釈する程度の)知り合いだ Le conozco de vista. / (単なる知り合いだ)No es más que un conocido. / Sólo le [le] conozco superficialmente. ♦彼とは昔からの知り合いだ Hace años que lo [le] conozco. / Nos conocemos hace mucho. / (友達同士だ)Hace mucho que somos amigos.
　1《知り合いが》♦知り合いが多い v. conocer* a mucha gente, tener* muchos conocidos.
　2《知り合いの》♦知り合いの医者 mf. médico/ca conocido/da.
　3《知り合いに》♦彼と知り合いになる(＝懇意になる) v. ir* conociéndolo[le], llegar* a conocerlo[le]*; (紹介などをされて知り合う) v. conocerlo[le]*. → 知り合う. ♦駅で知り合いに出会った Me encontré con un conocido en la estación. → 友達. ♦お知り合いになれてうれしく存じます Encantado de conocerlo[le]. ♦きっと彼と知り合いになってよかったと思うでしょう Creo que te gustará conocerlo[le].

しりあう 知り合う (付き合いになる) v. conocer* 《a ＋ 人》; (顔見知りになる) v. llegar* a conocer* 《a ＋ 人》. → 知り合う. ♦君たち知り合ってからどれくらいになるか ¿Cuánto hace que「[《スペイン》] os conocéis [se conocen]?.
　[会話] 君たちはどこで知り合ったの一飛行機でよ ¿Dónde「se conocieron [[《スペイン》] os conocisteis]? － En un avión.

しりあがり 尻上がり ♦尻上がりの口調で(＝上がり調子で)話す v. hablar con tono [la entonación] ascendente. ♦彼女の演奏は尻上がりによくなって, 後半部分では本当に魅力的だった Su actuación「era cada vez mejor [fue mejorando] y la segunda mitad fue realmente espléndida.

シリアル (穀物加工食品) m. cereal.
シリアル ♦シリアル・インターフェース 《専門語》 m. interfaz en serie. ♦シリアル・プリンタ 《専門語》 f. impresora en serie.

シリーズ f. serie. ♦日本文学シリーズ f. serie de literatura japonesa. ♦日本シリーズ f. Serie Japonesa, (説明的に) m. campeonato japonés de béisbol. ♦シリーズもの f. serie. → 連続.

しりうま 尻馬 ♦尻馬に乗る(＝盲目的に従う) v. seguir* 《a ＋ 人》 ciegamente; (人のまねをする) v. 《口語》 ir* a remolque 《de》, seguir* el ejemplo.

じりき 自力 ♦自力で生活する v. vivir por「sus propios medios [sí mismo]. → 独力. ♦自力でたたき上げた男 m. hombre independiente [que ha triunfado por sus propios esfuerzos].

じりき 地力 (もともと持っている能力) f. capacidad, f. habilidad. → 実力. ♦地力を発揮する v. mostrar* [《フォーマル》 desplegar*] la propia capacidad.

しりきれとんぼ 尻切れとんぼ ♦何事も尻切れとんぼ(＝途中までで完結しない状態)にするな No dejes nada「a medio acabar [medio terminado].

しりごみ 尻込み (ためらい) f. vacilación, 《フォーマル》 m. titubeo. ♦尻込みする (ためらう) v. vacilar 《en ＋ 不定詞》; (ひるむ) v. echarse para atrás 《ante ＋ 名詞》; (逃げ腰になる) v. retroceder 《ante ＋ 名詞》. ♦怖くて尻込みする v. retroceder atemorizado.

シリコン m. silicio. ♦シリコンチップ m. chip [f. pastilla] de silicio, m. circuito integrado de silicio.

じりじり ❶【ゆっくりと】 adv. despacio, lentamente; (徐々に) adv. gradualmente, 《口語》 poco a poco; (着実に) adv. firmemente. ♦敵はじりじりと迫ってきていた Poco a poco el enemigo iba rodeándonos. ♦物価がじりじりと上がり始めた Los precios han empezado a subir lentamente.
❷【焼けつくように】 adv. abrasadoramente. ♦夏の日はじりじりと暑かった Era un día de verano con un sol abrasador. ♦太陽がじりじりと照りつけていた Hacía un sol abrasador.
❸【いらだって】 じりじりさせる(＝人をいらいらさせる) v. irritar, impacientar. ♦試験の結果をじりじり待つ v. esperar con impaciencia el resultado del examen. ♦私は受付のいいかげんな応対にじりじりした Me irritó la descuidada actitud del [de la] recepcionista.

しりぞく 退く ❶《後ろへ下がる》 v. retroceder; (1歩) v. dar* un paso atrás; (兵が) v. emprender la retirada; (不利になって) v. retirarse. ♦彼女は蛇を見て退いた Al ver la serpiente, retrocedió. ♦軍隊は前線から退いた (=撤退した) El ejército se retiró del frente. ❷【職などを】(通例定年で) v. jubilarse; (辞職する) v. dimitir, dejar (el puesto). ▶公の生活から退く v. retirarse de la vida pública. ▶教授の職を退く v. retirarse como profes*or/sora*.

しりぞける 退ける ❶【断わる】v. rechazar*, 《教養語》repulsar; (却下する) v. denegar*, 《教養語》rehusar*. ▶委員会は彼が提案を退けた El comité rechazó [denegó] su propuesta.
❷【撃退する】v. rechazar* (un ataque enemigo), poner* en fuga (al enemigo).

しりつ 市立 ▶市立の adj. municipal. ▶市立病院 m. hospital municipal. → 公立, 県立.

しりつ 私立 ▶私立の adj. privado. ▶私立大学 f. universidad privada.

じりつ 自立 f. independencia, f. autonomía 《de》, f. capacidad de mantenerse a sí mis*mo*. ▶自立した女性 f. mujer independiente. ▶自立する (自活する) v. mantenerse*; (独立する) v. hacerse* independiente 《de》, valerse* por sí mis*mo*, depender de *uno* mis*mo*. ▶経済的に親から自立する v. independizarse* económicamente de los padres. ▶息子はもう(経済的に)自立している Mi hijo ya 「es independiente [vive por sí solo, 《口語》 se las arregla solo].

じりつしんけい 自律神経 mpl. nervios autónomos; (自律神経系が) m. sistema nervioso autónomo. ▶自律神経失調(症) m. desequilibrio autónomo.

しりとり 尻取り "shiritori", 《説明的に》m. juego japonés de palabras. ▶尻取りをする v. jugar* al "shiritori".

しりぬぐい 尻拭い ▶尻拭いをする (=他人のごたごたを清算する) v. arreglar [resolver*] (lo que ha hecho), 《口語》pagar* los platos rotos 《de + 人》. ▶彼の借金の尻ぬぐいをする v. resolver* su desorden financiero, 《口語》pagar* sus platos rotos.

じりひん じり貧 m. empeoramiento progresivo, 《フォーマル》m. deterioro gradual. ▶じり貧になる (=下り坂になる) v. ir* de mal en peor, empeorar. ▶今のままでは会社はじり貧だ Si no hacemos nada, 「la empresa irá de mal en peor [《フォーマル》la situación de la empresa va a deteriorarse más].

しりめつれつ 支離滅裂 (つじつまの合わない) adj. incoherente. ▶支離滅裂な説明をする v. dar* una explicación incoherente 《de》.

しりもち 尻餅 ▶尻もちをつく v. caer* de nalgas, 《口語》darse* una nalgada, 『スペイン』《口語》caer* de culo, 『スペイン』《口語》darse* un culetazo. → 尻.

しりゅう 支流 (小さな) m. brazo; (本流に注ぐ大きな) m. afluente. ▶アマゾン川の支流 m. afluente del río Amazonas.

じりゅう 時流 f. corriente de 「la época [los tiempos]. ▶時流に乗る [²逆らう] v. nadar ¹con [²contra] la corriente. ▶時流に乗っている v. seguir* la corriente.

しりょ 思慮 (考え) m. pensamiento, f. re-

しる 659

flexión; (用心深さ) f. prudencia; (思慮分別) f. discreción. ▶思慮深く adv. prudentemente, con prudencia, con discreción. ▶思慮深い人 f. persona discreta [prudente, sensata]. ♦彼は思慮に欠ける (=浅はかな人間だ) Es una persona superficial. / No tiene mucho sentido común. ♦そんなことをするとはあなたは思慮が足りない Es una imprudencia por su parte hacer eso. / No tiene sentido hacer una cosa así.

しりょう 資料 (素材) m. material; (データ) mpl. datos. → データ. ▶研究資料 mpl. datos de investigación. ▶一次資料 fpl. fuentes primarias. ▶本を書くための資料を集める v. reunir* [juntar] datos [material] para un libro ☞ 材料, 題材

しりょう 飼料 m. pienso, m. forraje. → 餌(え).

しりょく 資力 (財力) mpl. medios; (資産) mpl. recursos; (富) f. riqueza; (資金) mpl. fondos; (金) m. dinero. ▶彼にはかなり資力がある Es un hombre con recursos [dinero]. / Tiene medios (económicos). / Es rico.

しりょく 視力 f. vista; f. visión. ▶視力検査 f. graduación de la vista. ▶視力検査表 m. gráfico de la vista. ♦彼は視力が¹いい [²弱い] Tiene ¹buena [²mala] vista. / 《口語》Ve muy ¹bien [²mal]. ♦彼の視力は衰え始めている Su vista se le 「está debilitando [ha empezado a debilitar]. ♦左眼の視力は 0.5 だ Tengo 0,5 de visión en mi ojo izquierdo. ♦彼は右目の視力を失った Ha perdido la visión del ojo derecho. ♦視力を測ってもらった Me han graduado la vista.

しりょく 死力 ▶死力を尽くす (=死に物狂いの努力をする) v. hacer* esfuerzos desesperados, 《フォーマル》《強調して》realizar* un esfuerzo sobrehumano.

じりょく 磁力 f. fuerza [f. atracción] magnética. ▶磁力線 f. línea de fuerza magnética.

シリンダー m. cilindro.

しる 知る ❶【情報を得る】(すでに知っている) v. saber*; (人から聞いて知る) v. enterarse [《フォーマル》informarse, 《フォーマル》tener* conocimiento] 《de》. ♦私の知るかぎりでは, 彼はレースに勝ったことも一度もありません 「Que yo sepa [Por lo que yo sé], no ha ganado nunca una carrera. 《会話》 彼は失業中だ一知っているよ No tiene trabajo. − Lo sé. 《会話》 彼は何歳ですか―さあ知りません ¿Cuántos años tiene? − Pues [Lo siento, pero] no lo sé. / (見当がつかない)《口語》No tengo idea. / 《口語》Ni idea. / (知ってるはずがないでしょ) ¿Cómo lo voy a saber yo? / 《口語》¿Y yo qué sé? ♦その山は知っていますが, まだ登ったことはありません Conozco la montaña, pero nunca he subido a ella. ♦いつそこへ行ったらよいか知っていますか ¿Sabes [《フォーマル》¿Sabe] cuándo deberíamos a llegar allí? ♦彼が試験に合格したかどうか ¹知りません [²知りたい] ¹No sé [²Me gustaría saber] si ha aprobado el examen. ♦その病

しる

気は医学の専門家の知るところであったが一般には知られていなかった Esa enfermedad era conocida por los especialistas en medicina pero no por el público. ♦彼はその町ではみんなに知られるようになった Todo el mundo de la ciudad ha llegado de conocerlo. /「Es conocido [Se ha hecho famoso] por todos en la ciudad. ♦お父さんがなくなりになったことを息子から聞いて今知ったばかりです「Me acabo de enterar [Acabo de saber] por mi hijo que ha fallecido su padre. ♦私はその事故を¹新聞[²ラジオ]で知った「Me enteré [Supe] del accidente por la ¹prensa [²radio]. / Me informé del accidente en la ¹prensa [²radio]. ♦あとはもう知っておられるとおりです《口語》El resto es historia. / Lo demás usted ya lo sabe.

❷【面識がある】v. conocer*. 会話 岡田さんを知っていますか—よく知っています ¿Conoce usted al Sr. Okada? – Sí, lo [le] conozco bien. ♦¹顔[²名前]だけは知っています Sólo lo [le] conozco de ¹vista [²nombre]. ♦あの人のことはうわさには聞いて知っているが，個人的には知りません Sé quién es, pero no lo [le] conozco personalmente. ♦彼とは何年も前から知っている仲です Hace años que lo [le] conozco. / Nos conocemos hace muchos años.

❸【知識がある】v. conocer* (☆体験によって), tener* información 《de》; saber* (☆知識として); (知識を得る) v. aprender. ♦駅へ行く道を知っていますか ¿Sabe usted cómo se va [¿Conoce usted el camino] a la estación? ♦博多はよく知っています Conozco bien Hakata. ♦どうして音楽のことをそんなに知っているの ¿Cómo es que sabes tanto de música? ♦あなたは自分の国のことをもっと知るべきだ Tienes que conocer mejor tu país. / Debes saber [estar más informado] de tu país. ♦この辺のことはよく知りません No conozco bien este barrio. 会話 駅まではどのように行くかご存知ですか – 申し訳ございませんが，私はこの街の者ではありません ¿Sabe usted cómo se va a la estación? – Lo siento, pero soy un/una perfecto/ta extraño/ña en esta ciudad. ♦私はフランス語はほとんど知らない Sé muy poco de francés. / 《フォーマル》Mi conocimiento del francés es escaso. / Conozco el francés superficialmente. ♦彼はその金庫の開け方を知っていた Sabía cómo se abría la caja fuerte.

❹【認識する】(事実として認めている) v. saber*; (悟る) v. darse* cuenta 《de》, comprender; (気づく) v. observar, 《教養語》percatarse; (気づいている) v. tener* conciencia 《de》; (真価を的確に判断する) v. apreciar, valorar. ♦彼が有名な作家であった[²ある]ことは知っています Sé que ¹era [²es] un escritor conocido. / 《フォーマル》Conozco la fama que ¹tenía [²tiene] como escritor. ♦彼は自分の言ったことで彼女が感情を害したことを知らないでいるんですね No sabe [se da cuenta de] que sus palabras hirieron sus sentimientos, ¿verdad? ♦彼はそれがどんなに危険かということをよく知っていた Sabía perfectamente「el peligro que corría [lo peligroso que era]. ♦彼女は途中その駅を通り過ぎたことを知らなかった No observó [se dio cuenta de] que pasó por la estación en el camino. ♦それは私の知らないうちに起こった Ocurrió [Sucedió, 《口語》Pasó] sin que yo me diera cuenta. → いつの間にか。♦知らぬが仏（=無知は幸福なり）《ことわざ》Bendita ignorancia.

❺【発見する】v. enterarse 《de》; descubrir*; sorprender; darse* cuenta 《de》; saber*; (思いがけず) v. descubrir*; darse* cuenta 《de》. ♦彼がとても正直であることを知った「Me di cuenta de [Supe] que era muy honrado. ♦先生はその学生がカンニングしていたことを知った El profesor descubrió que el/la alumno/na había copiado en el examen. / (しているところを見つけた[つかまえた]) El profesor sorprendió copiando al/a la estudiante en el examen. ♦勤めてはじめて教育が大切であることを知った Descubrí la importancia de la formación educativa cuando empecé a trabajar. / Hasta que me puse a trabajar no「me había dado cuenta de [《フォーマル》supe] lo importante que es tener estudios.

❻【経験する】v. experimentar, tener* la experiencia 《de》; (経験して知る) v. saber*, conocer*. ♦われわれは戦争を知りません No hemos conocido [vivido] la guerra. ♦商売のことはあまり知りません (=経験がない) No conozco bien el comercio. / No tengo mucha experiencia en el trabajo comercial. ♦貧乏がどんなものか知っています Sé lo que es la pobreza. ♦彼は世間をよく知っている[²知らない] ¹Tiene mucho [²No sabe nada del] mundo.

❼【関係する】v. tener* algo que ver* 《con》, afectar; v. importar, preocupar. ♦それはぼくの知ったことではない (=何の関係もない) No tengo nada que ver con eso. / 《口語》Eso me trae sin cuidado. / No tiene nada que ver conmigo. / No me afecta nada. ♦彼がどうなろうとぼくの知ったことではない No me importa [preocupa] lo que pueda ocurrirle.

【その他の表現】 ♦昨夜の地震は知りませんでした (=感じなかった) No sentí el terremoto de anoche. ♦恥を知れ ¿No te da vergüenza? / ¡Qué vergüenza! ♦目が覚めたとき, 私は知らない部屋にいた Cuando desperté, estaba en un cuarto desconocido. ♦彼は私の過去を知りたがった Tenía curiosidad sobre mi pasado.

* **しる 汁** (液体, 水分) m. líquido; (果実・野菜・肉などの) m. zumo, 『^{ラ米}』m. jugo; (樹液) f. savia; (肉汁) f. salsa; (汁物) f. sopa; (煮出し汁) m. caldo. → だし。♦汁の多いナシ (=水々しい) f. pera jugosa; (水っぽい) f. pera de agua. ♦この取り引きでうまい[甘い]汁を吸っている奴がいる Hay alguien que está aprovechándose [sacando provecho, 《口語》haciendo caldo gordo] de este asunto.

シルエット f. silueta. ♦カーテンに映った男のシルエット f. silueta de un hombre en la cortina.

シルク (絹) f. seda. → 絹.
シルクハット m. sombrero de copa.
シルクロード f. Ruta de la Seda.
* **しるし** 印 (○や×などの) f. señal, f. marca; (ある意味を表わす記号など) m. signo; (ある感情を思い起こさせるもの) f. señal, m. indicio. ♦ ○ [×]印のついた単語 fpl. palabras señaladas con ¹un círculo [²una cruz]. ♦その印はどういう意味ですか ¿Qué quiere decir esa señal? ♦顔色がよいのは健康なしるしだ Un rostro sonrosado es señal de buena salud. ♦ご親切に対するお礼 [=感謝] のしるしとしてこの本をお送りします Le envío este libro como muestra de mi agradecimiento por su amabilidad.

── 印をつける v. hacer* una señal [marca], señalar, marcar*. ♦かばんに(目)印をつける v. hacer* una señal en la bolsa. ♦地図に出ている彼の家に¹赤鉛筆で [²赤で]印をつける v. marcar* su casa en el mapa ¹con un lápiz rojo [²en rojo]. ♦基本単語に星印(*)をつける v. señalar con asteriscos las palabras básicas. ♦読みたい本に印をつけなさい Haz una señal al lado de los títulos de los libros que quieres leer. ⇨ 跡, 形跡

しるす 印す (記す) v. marcar*, señalar. → 印. ♦彼は成功への第一歩を印した Ha dado el primer paso al [hacia el] éxito.

しるす 記す (書き留める) v. poner* por escrito; anotar, apuntar, escribir*; (後に残す記録として本・碑などに) v. grabar, 《フォーマル》inscribir*. ♦忘れないうちに自分の考えを書き記す v. anotar [apuntar] la idea antes de olvidarla. ♦彼の言葉を心に記す v. grabar [inscribir*] sus palabras en el corazón. ♦彼はその本に自分の名前を記した Escribió su nombre en el libro.

シルト 《専門語》m. limo.
ジルバ 《英語》m. "jitterbug" (☆発音は [yíterbag]). ♦ジルバを踊る v. bailar el "jitterbug".
シルバーシート 《説明的に》m. asiento reservado para personas mayores.
しれい 指令 (命令) f. orden, m. mandato. → 命令.
しれい 司令 m. mandato, f. orden, f. consigna. ♦司令官 m. comandante. ♦司令長官 mf. comandante en jefe. ♦司令部 m. cuartel general. ♦部下に攻撃の司令を出す v. dar* la orden de atacar* [ataque] a sus subordinados.
じれい 辞令 ❶【任命書】m. escrito de nombramiento.
❷【言葉】♦外交辞令 m. lenguaje diplomático. ♦社交辞令でそう言う v. decirlo* así para "quedar bien [cumplir].
しれつきょうせい 歯列矯正 f. ortodoncia.
じれったい 焦れったい (人がいらいらする) v. estar* irritado, irritarse, 《教養語》exasperarse 《con + 人》《por + 事》; (人がもどかしがる) v. impacientarse 《con + 人》《por + 事》; (物事がいらいらさせる) v. ser* irritante. ♦じれったげに彼の到着を待つ v. esperar impacientemente su llegada. ♦彼の話し方はいささかじれったい Me irrita un poco la forma en que habla. /

Estoy algo irritado por su modo de hablar. ♦じれったいなあ (=退屈させないでくれ)!早く本当のことを言ってくれ ¡No me impacientes! Dime la verdad「de una vez [ya].

しれる 知れる ❶【知られるようになる】v. llegar* a enterarse [saber*, hacerse* conocido]. ♦彼の名は世界に知れ渡っている [²渡った] Su nombre ¹es muy conocido [²ha llegado a conocerse] en el mundo. ♦彼が仮病を使ったことが先生に知れた (=耳に入った) Su profesor/sora acabó enterándose de que fingió estar enfermo.
❷【ばれる】(ば露見される) v. ser* descubierto [revelado]; (明るみに出る) v. hacerse* público, salir* a la luz. ♦お里が知れる v. revelar su origen. ♦彼がわいろを受け取ったことが警察に知れた La policía se enteró de que 「había aceptado el soborno [se había dejado sobornar]. ♦最近になってそのスキャンダルが世間に知れた Recientemente el escándalo 「se ha hecho público [ha salido a la luz].
《その他の表現》♦その犠牲者の身元が知れた (=確認された) La víctima fue identificada. ♦彼女はそのことで人知れず (=密かに) 悩んでいた Estaba preocupada por ello「sin que nadie lo supiera [en secreto].

じれる 焦れる (いらいらする) v. irritarse, estar* irritado 《con + 人》《por + 事》; (もどかしがる) v. impacientarse, estar* impaciente; (やきもきする) v. inquietarse 《por + 事》, 《口語》estar* sobre ascuas. → 焦れったい, 焦らす.

しれん 試練 (災い, 困難) f. prueba, (試験) m. examen. ♦私にとって厳しい試練 f. prueba dura para mí. ♦大きな試練!を受ける [に直面する] v. ¹pasar por [²enfrentarse a] grandes pruebas. ♦時の試練に耐える v. resistir la prueba del tiempo.

ジレンマ m. dilema. ♦ジレンマに陥っている v. estar* en el dilema 《de + 不定詞》. ♦ジレンマに追い込む v. poner* 《a + 人》en un dilema.

* **しろ** 白 (白色) m. blanco, 《文語》m. albor; (潔白) f. inocencia. ♦白身(卵の) f. clara (del huevo); (魚の) m. pescado blanco. ♦彼は白 (=無罪) だ Es inocente. / No es culpable.

── 白い adj. blanco, 《文語》albo; (皮膚が色白の) adj. blanco. ♦白い服を着た少女 f. chica [f. joven] 「de blanco [con un vestido blanco, vestida de blanco]. ♦壁を白く塗る v. pintar una pared de blanco. ♦彼の髪は白くなった Ha encanecido. / Le han salido canas.
《その他の表現》♦彼は白い目で (=冷たく) 私を見た Me miró fríamente. ♦君の吐く息が白い (=霧状になる) De tu aliento sale vaho.

しろ 城 m. castillo; (アラブの) f. alcazaba, m. alcázar. ♦城跡 fpl. ruinas de un castillo. ♦城を築く v. construir* un castillo. ♦城を攻め落とす v. capturar [conquistar] un castillo. ♦敵に城を明け渡す v. entregar* el castillo al enemigo. ♦海辺で砂の城をつくる v. hacer* un castillo de arena en la playa.

しろあり 白蟻 *f.* termita, *f.* hormiga blanca, *m.* comején.

しろい 白い *adj.* blanco, 《文語》albo. → 白(→白い).

じろう 痔瘻 《専門語》*f.* fístula anal.

じろう 耳漏 《専門語》*f.* otorrea.

しろうしょう 脂漏症 《専門語》*f.* seborrea.

しろうと 素人 (プロに対して)*mf.* aficionad*o/da* 《a》, 《仏語》*mf.* "amateur" 《☆ 発音は [amatér] 》(en); *mf.* profan*o/na*, 《教養語》*mf.* leg*o/ga*. ▶素人画家 *mf.* pintor/tora aficionad*o/da*, *mf.* aficionad*o/da* a la pintura. ▶素人向きの医学書 *m.* libro de medicina para profanos. ♦彼は素人にしてはゴルフがうまい Para (ser) un aficionado juega bien al golf. ♦私は出版業ではずぶの素人です「Sólo soy *un/una* profan*o/na* [《口語》Estoy bastante verde] en el negocio editorial. ♦これは素人考えだ Esa es la forma de pensar de *un/una* aficionad*o/da*.

しろくじちゅう 四六時中 ♦君は四六時中（＝いつも)不平を言っている Siempre estás quejándote. / Estás quejándote「todo el tiempo [a todas horas].

しろくま 白熊 *m.* oso polar.

しろくろ 白黒 ▶白黒の写真 *f.* foto en blanco y negro. ▶どちらが正しいか白黒をつける（＝きっぱりと決着をつける）*v.* decidir de una vez por todas cuál de los dos「es el correcto [tiene razón]. ▶驚いて目を白黒させる *v.* mirar con ojos asombrados [《口語》como platos].

じろじろ ▶じろじろ見る *v.* mirar fijamente [de hito en hito]《a》. ♦人をじろじろ見るのは失礼です Es de mala educación mirar fijamente a la gente.

しろタク 白タク *m.* taxi「sin permiso [《口語》pirata].

じろっと ▶じろっと見る *v.* mirar fijamente, quedarse mirando, mirar de hito en hito; (視線をすばやく投げかける)*v.* echar una rápida ojeada《a》. ♦彼は向きを変えながら私をじろっと見た Al darse la vuelta se me quedó mirando.

シロップ *m.* jarabe, *m.* sirope, *m.* almíbar. ▶メープルシロップ *m.* jarabe [*m.* sirope] de arce.

しろバイ 白バイ *f.* moto blanca de policía. ▶白バイ警官 *m.* policía en moto, *m.* motorista de policía.

しろみ 白身 (卵の)*f.* clara (del huevo); (魚の)*m.* pescado blanco. ♦卵の白身と黄身を分けなさい Separa las claras de las yemas.

しろめ 白目 *m.* blanco del ojo.

しろもの 代物 《口語》*m.* chisme. ♦彼にとんでもない代物をつかまされた Me ha pasado ese terrible chisme.

しろん 試論 *m.* ensayo.

じろん 持論 (お得意の理論)*f.* teoría. ▶持論を曲げない *v.*「aferrarse a [《フォーマル》persistir en] una opinión, 《口語》cerrarse* en sus trece. ▶…というのが彼の持論だ Tiene la teoría de que… / Su teoría es que..

しわ 皺 (皮膚・衣服などの)*f.* arruga; (深い)*m.* surco; (布・紙などの)*f.* arruga. → しわくちゃ. ▶しわだらけの¹コート [²顔] ¹*m.* abrigo [²*m.* rostro] arrugado.

1《しわが》 ♦彼女は顔にしわが多い Tiene muchas arrugas en la cara. / 《口語》Tiene la cara llena de arrugas. / 《しわだらけだ》Su cara está cubierta [llena] de arrugas. ♦彼女は怒るとみけんにしわが寄る Cuando se enfada [enoja], le salen arrugas en la frente.

2《しわを》 ♦包装紙のしわをのばす *v.* alisar un papel de envolver* arrugado. ▶プレスしてズボンのしわをのばす *v.* planchar un pantalón para quitar las arrugas. ♦彼女は額にしわを寄せて考え込んでいた Le salieron arrugas en la frente cuando meditaba.

── しわになる *v.* arrugarse*, ponerse* arrug*ado*. ♦麻はしわになりやすい Las prendas de lino se arrugan fácilmente. ♦上着はかけておかないとしわになるよ Si no la cuelgas, se te va a arrugar「la chaqueta [《ラ米》el saco]. / Cuelga「la chaqueta [el saco] para que no se te arrugue.

しわがれる 嗄れる (声が)*v.* ponerse* ronco, 《フォーマル》enronquecer*. ▶しわがれた声で話す *v.* hablar con la voz ronca. ▶大声で話して声がしわがれる *v.* gritar hasta ponerse* ronco.

しわくちゃ (皮膚・衣服などが) *adj.* arrug*ado*, con arrugas. ▶しわくちゃにする *v.* arrugar*, hacer* arrugas. ▶しわくちゃになる *v.* arrugarse*, ponerse* arrug*ado*. ▶しわくちゃの紙 *f.* hoja de papel arrugada. ▶年をとってしわくちゃの老婆 *f.* anciana llena de arrugas. ♦彼女のスカートはしわくちゃだ Tiene la falda toda arrugada. / Su falda está llena de arrugas.

しわけ 仕分け (分類)*f.* clasificación. ▶仕分けする *v.* clasificar*. ▶書類を仕分けする *v.* clasificar* documentos.

しわざ 仕業 *f.* obra, *m.* acto. ♦これはいったいだれの仕業だ ¿Pero quién ha「sido el autor de esta obra [hecho esto]? / 《俗語》¿Quién demonios ha hecho esto?

じわじわ ❶《ゆっくりと》*adv.* lentamente; (徐々に)*adv.* gradualmente, 《口語》poco a poco. ♦その痛みは普通じわじわする El dolor generalmente aparece gradualmente.
❷《着実に》*adv.* constantemente, sin parar. ♦その製品の売上げはじわじわ低下してきた Las ventas del producto han disminuido constantemente. ♦じわじわやっていくのが一番よい La mejor política es sin prisa y [pero] sin pausa.

しわよせ 皺寄せ (悪い影響)*f.* mala influencia, *f.* influencia perniciosa 《フォーマル》adversa]. ▶労使紛争のしわよせを受ける *v.* estar* somet*ido* a la mala influencia de los conflictos laborales.

じわれ 地割れ *f.* grieta, *f.* hendidura, 《フォーマル》*f.* fisura, 《口語》*f.* raja. ♦きのうの地震で滑走路に何か所か地割れができた El terremoto de ayer causó algunas grietas en la pista (de aterrizaje).

しん 真 *f.* verdad; *f.* realidad. → 実(じつ). ▶真善美 *f.* verdad, *f.* bondad y *f.* belleza. ▶真

の友 *mf.* verdader*o/ra* amig*o/ga*. ▶真の（＝正真正銘の）ダイヤ *m.* diamante auténtico. ▶真に *adv.* verdaderamente, en realidad, realmente, 《口語》de veras. ▶真に迫った（＝生き生きとした）戦争描写 *f.* viva descripción de la batalla. ♦彼の話は真にせまっている Lo que cuenta es「la vida misma [muy realista]. ♦それは真に私の注意を引いた Eso llamó verdaderamente mi atención.

しん 芯 （鉛筆の）*f.* mina, *m.* grafito (de lápiz); (ろうそく・ランプなどの) *f.* mecha; (果物などの) *m.* corazón. ▶[1]柔らかい [2]硬い]芯の鉛筆 *m.* lápiz de mina [1]blanda [2]dura], *m.* lápiz [1]blando [2]duro]. ▶リンゴの芯 *m.* corazón de una manzana. ▶芯のある（＝生炊きの）ご飯 *m.* arroz medio hecho (cocido). ♦このナシは芯が[1]が[2]まで]腐っている Esta pera está podrida [1]en [2]hasta] el corazón. ♦寒くて体のしんまで冷え込んだ El frío me penetraba los huesos.

しん- 新- neo-, *adj.* nuevo. → 新しい. ▶新印象派の画家 *mf.* neoimpresionista. ▶新雪 *f.* nieve recién caída. ▶新記録をつくる *v.* establecer*「una nueva marca [un nuevo récord].

しん 心 (心) *m.* corazón; (意識) *m.* sentido; (精神) *m.* espíritu; (意志) *f.* voluntad. ▶彼の愛国心 *m.* su「espíritu patriótico [patriotismo]. ♦あの男は小さいが心には（＝本当は)いいやつだ Es un hombre vulgar, pero tiene un buen corazón. ♦辞書の校正は心が（＝頭が)疲れる Revisar un diccionario es mentalmente agotador. ♦彼女は心が強い（＝奥の方に強い[1]性格 [2]意志]がある）En el fondo tiene [1]un carácter [2]una voluntad] fuerte. → 芯(し).

しん- 親- pro-, -filo. ▶親米政権 *m.* régimen proestadounidense [pronorteamericano]. ♦彼は大変な親日家です Es muy projaponés. / (日本崇拝者だ)Es un gran japonófilo.

しん- 心- ▶心嚢《専門語》 *m.* saco cardíaco. ▶心肥大《専門語》 *f.* cardiomegalia. ▶心不整脈《専門語》 *f.* arritmia cardíaca. ▶心不全《専門語》 *f.* insuficiencia cardíaca. ▶鬱血性心不全《専門語》 *f.* insuficiencia cardíaca congestiva. ▶リューマチ性心炎《専門語》 *f.* carditis reumática. ▶虚血性心疾患《専門語》 *f.* cardiopatía isquémica. ▶心疾患《専門語》 *f.* cardiopatía. ▶心室細動《専門語》 *f.* fibrilación ventricular. ▶心室性期外収縮《専門語》 *f.* contracción ventricular prematura. ▶心室性頻拍《専門語》 *f.* taquicardia ventricular. ▶心室性不整脈《専門語》 *f.* arritmia ventricular. ▶心室中隔欠損症《専門語》 *m.* defecto del tabique ventricular. ▶心内膜《専門語》 *m.* endocardio. ▶心内膜炎《専門語》 *f.* endocarditis. ▶心内膜炎《専門語》 *f.* endocarditis. ▶細菌性心内膜炎《専門語》 *f.* endocarditis bacteriana. ▶心発作《専門語》 *m.* ataque cardíaco. ▶心外膜炎《専門語》 *f.* pericarditis.

じん 陣 ❶【陣営】 *m.* campamento; (陣地) *f.* posición. ▶山頂近くに陣を張る *v.* acampar cerca de la cima de una montaña. ▶強襲によって敵陣を奪取する *v.* tomar la posición del enemigo por [al] asalto. ❷【主義・信条などを同じくする集団】 *m.* grupo; (教職員団) *m.* profesorado, 《フォーマル》 *m.* cuerpo docente. → 団. ▶がん研究陣 *m.* equipo「investigador [de investigadores] del cáncer. ▶京都大学の教授陣 *m.* profesorado [《フォーマル》 *m.* cuerpo docente] de la Universidad de Kioto. ▶報道陣 *m.* grupo de periodistas, *f.* prensa.

じん- 腎- ▶腎症《専門語》 *f.* nefropatía. ▶腎症候群《専門語》 *m.* síndrome renal. ▶腎小体《専門語》 *m.* corpúsculo renal. ▶腎動脈《専門語》 *f.* vena renal. ▶腎髄質《専門語》 *f.* médula renal. ▶腎性糖尿《専門語》 *f.* glucosuria renal. ▶腎性貧血《専門語》 *f.* anemia renal. ▶腎石灰化症《専門語》 *f.* nefrocalcinosis. ▶腎皮質《専門語》 *f.* corteza renal. ▶腎肥大症《専門語》 *f.* nefromegalia. ▶腎不全《専門語》 *f.* insuficiencia renal. ▶腎盂《専門語》 *f.* pelvis renal. ▶腎盂腎炎《専門語》 *f.* pielonefritis. ▶腎炎《専門語》 *f.* nefritis. ▶腎下垂《専門語》 *f.* nefroptosis. ▶腎結石《専門語》 *m.* cálculo renal. ▶腎結石症《専門語》 *f.* nefrolitiasis. ▶腎硬化症《専門語》 *f.* nefrosclerosis. ▶腎梗塞《専門語》 *m.* infarto renal. ▶腎糸球体《専門語》 *m.* glomérulo renal. ▶腎腫瘍《専門語》 *f.* nefroma. ▶逆流性腎症《専門語》 *f.* nefropatía de reflujo.

ジン *f.* ginebra,《英語》 *m.* "gin" (☆発音は [yín]). ▶ジンフィズ《英語》 *m.* "gin-fizz" (☆発音は [yínfiz]). ▶ジントニック *f.* tónica y ginebra,《英語》【スペイン】《口語》 *m.* "gin tonic" (☆発音は [yíntónik]).

しんあい 親愛 (愛) *m.* cariño; *m.* amor; *m.* afecto. ▶彼に親愛の情を[1]持つ [2]示す] *v.* [1]tenerle* [2]mostrarle*] cariño 《フォーマル》 *m.* afecto). ▶親愛なるカルロス Querido Carlos.

しんい 真意 (本心) *f.* verdadera intención, *m.* motivo verdadero [real](→本心); (本当の意味) *m.* verdadero significado [sentido].

しんいり 新入り *mf.* nuev*o/va, mf.* principiante,《口語》 *mf.* novat*o/ta*. ▶新入りの選手 *mf.* debutante,《口語》 *mf.* jugad*or/dora* novat*o/ta*. ▶新入りの警官 *mf.* policía nuev*o /va* [《口語》 novat*o/ta*].

じんいん 人員 (人数) *m.* personal,【スペイン】 *f.* plantilla. ▶人員整理（＝削減) *f.* reducción del personal,【スペイン】 *m.* recorte en la plantilla. ▶人員が[1]過剰である [2]不足している] *v.* [1]tener* exceso [2]carecer*] de personal. ▶人員を[1]増やす [2]減らす] *v.* [1]aumentar [2]reducir*] el personal. ☞頭, 顔ぶれ

しんえい 新鋭 ▶新鋭（＝精巧で最新）の近代兵器 *f.* sofisticada arma moderna. ▶ゴルフ界の新鋭 *mf.* golfista promete*dor/dora*.

じんえい 陣営 *m.* campo, *m.* bando. ▶反対陣営 *m.* campo opuesto (rival). ▶[1]保守 [2]革新]陣営を擁護する *v.* defender* el campo [1]conservador [2]reformista].

しんえん 深遠 ▶深遠な思想 *m.* pensamiento

profundo [《教養語》abstruso].

じんえん 腎炎 f. nefritis.

しんか 進化 f. evolución. ▶進化論 f. teoría de la evolución; (ダーウィン説) m. darwinismo. ▶ヒトはサルから進化した El hombre desciende [ha evolucionado] del mono.

しんか 真価 m. verdadero valor, f. valía [m. valor] real, 《教養語》m. valor intrínseco. → 値打ち. ▶彼の本の真価は認められなかった El verdadero valor de su libro「pasó desapercibido [no fue valorado].

じんか 人家 f. vivienda. ▶その村は人家が¹多い[²少ない] Ese pueblo está ¹densamente [²escasamente] poblado.

シンガーソングライター mf. cantautor/tora.

しんかい 深海 fpl. grandes profundidades marinas; (大洋の) fpl. grandes profundidades oceánicas.

しんがい ▶心外な (意外な) adj. inesperado; desagradable; (残念な) adj. lamentable, 《フォーマル》deplorable. ▶そんなことを言われるとは心外だ Me sorprende [pesa] mucho oír eso. ▶彼の告訴は心外だ Es deplorable [lamentable] que haya presentado una querella. ▶それは心外な (=不当な) 批判だ Esa crítica es injusta.

しんがい 侵害 (侵入) f. invasión 《de》; (違反) f. violación 《de》; (抵触) f. infracción 《de》; (私事への立ち入り) f. intrusión 《en》; (権利などの徐々の侵入) f. intromisión, m. atropello 《a》. ▶プライバシーの侵害「f. violación de [m. atropello a, f. intrusión en] la privacidad [vida privada]. ▶人権を侵害する v. violar [《教養語》infringir*, 《強調して》atropellar] los derechos humanos.

じんかい 塵芥 →ごみ

じんかいせんじゅつ 人海戦術 f. táctica de lanzar oleadas de seres humanos; (人手だけに頼って) adv. por el trabajo de miles de hombres.

しんかいち 新開地 (開墾した土地) fpl. tierras nuevas.

しんがお 新顔 (新しく来た人) pron. uno/na nuevo/va, mf. recién llegado/da; (新人)《口語》f. cara nueva; (見知らぬ人) mf. forastero/ra, mf. desconocido/da.

しんがく 進学 ▶進学する v. ingresar en una escuela superior. ▶大学進学希望者 mf. alumno/na aspirante a universitario/ria. ▶彼は大学に進学することを希望している Desea entrar en la universidad.

しんがく 神学 f. teología. ▶神学者 mf. teólogo/ga. ▶神学生 mf. estudiante de Teología. ▶神学校 (一般の) f. escuela de Teología; (キリスト教各派の) m. seminario mayor.

じんかく 人格 (性格，人柄) f. personalidad; (徳性) f. carácter (moral). ▶人格障害《専門語》m. trastorno de personalidad. ▶二重人格者 f. persona con [de] doble personalidad. ▶子供の人格を尊重しなくてはいけない Hay que respetar la personalidad de los niños.

▶彼の人格は環境によって形成されたものである El ambiente formó su carácter. ▶彼はなかなかの人格者だ Es un hombre de muy buen carácter.

しんがた 新型 m. nuevo tipo; (車・機械などの) m. nuevo modelo. ▶新型の風邪 m. nuevo tipo de gripe. ▶新型の車 m. último modelo de automóvil.

しんがっき 新学期 m. nuevo curso escolar [《フォーマル》académico]; (2 学期制の) m. nuevo semestre; (3 学期制の) m. nuevo trimestre. ▶新学期用に用意しておくお金 m. presupuesto del nuevo curso escolar.

シンガポール Singapur; (公式名) f. República de Singapur (☆東南アジアの国). ▶シンガポールの adj. singapurense.

しんがり 殿 (後部) f. parte trasera [posterior], f. zaga, 《専門語》f. retaguardia; (行列などの) f. cola; (はずれ) m. final. ▶行列のしんがりに adv. a la cola del desfile. ▶しんがりを務める v. ocuparse de la retaguardia; (一般的な行列の) v. cerrar* el desfile.

しんかん 新刊 ▶新刊書 m. libro recién publicado, 《教養語》f. novedad bibliográfica. ▶新刊書評 f. reseña de libros [novedades bibliográficas]. ▶新刊予定 De próxima publicación. / En prensa. ▶この本は新刊ですEste libro acaba de ser publicado.

しんかん 神官 m. sacerdote sintoísta.

しんかん 信管 f. espoleta. ▶爆弾から信管をはずす v. quitar la espoleta de una bomba.

しんかんせん 新幹線 m. Shinkansen; (…新幹線) f. Nueva Línea; (弾丸列車) m. tren bala. ▶東海道新幹線 f. Nueva Línea Tokaido. ▶新幹線で東京に行く v. ir* a Tokio en el Shinkansen.

しんき 新規 ▶その商社と新規に (=新しい) 取り引きを始める v. empezar* un nuevo negocio con la empresa. ▶新規巻き直しをする v. empezar* de nuevo (desde cero); (もう一度初めからする) v. comenzar* otra vez.

しんぎ 真偽 f. veracidad. ▶彼の陳述の真偽を確かめる v. confirmar la veracidad de su alegación. ▶真偽はともかく，それは子供にとってためになる話だ Sea o no cierta, es una historia instructiva para los niños.

しんぎ 審議 (話し合い) f. discusión; (熟考)《フォーマル》f. consideración, 《フォーマル》f. deliberación. ▶審議会 m. consejo, f. junta. ▶審議する v. discutir, debatir; 《フォーマル》deliberar. ▶審議中である (議会などの) v. estar* discutiendo [《フォーマル》deliberando] (sobre); (議案などの) v. estar* "en estudio [《フォーマル》bajo deliberación, 《口語》sobre el tapete]. ▶審議を打ち切る v. cerrar* la discusión. ▶審議を重ねたあと adv. tras [después de] muchas deliberaciones. ▶法案を審議未了にする (=棚上げする) v. archivar [《フォーマル》dar* el carpetazo a] un proyecto de ley. ▶その問題は委員会の審議に付された (=委員会に提出された) El asunto fue sometido al comité.

しんぎ 信義 (誓いを守ること) f. fe; (忠誠) f. fidelidad, f. lealtad. ▶信義を重んずる人 f. persona de buena fe. ▶彼はどんな人に対しても信義を

守る Guarda la palabra a todo el mundo. / Se conduce con lealtad con todos.

しんきいってん 心機一転 ▶心機一転する v. empezar* una nueva vida, hacer* borrón y nueva cuenta; (改心する) v. cambiar de idea.

しんきこうしん 心悸亢(う)進 《専門語》f. palpitación.

しんきじく 新機軸 (革新) f. innovación; (発展) m. patente f. originalidad. ▶学習辞典編集に新機軸を打ち出す v. introducir* innovaciones en la edición de diccionarios didácticos.

しんきしょう 心気症 《専門語》f. hipocondriasis.

ジンギス・カン →チンギス・ハーン.

しんきゅう 新旧 lo viejo y lo nuevo, mpl. viejos y nuevos. ♦今や新旧交代の時期だ Es hora de cambiar lo viejo por lo nuevo. ▶新旧社長の記者会見があった Los presidentes entrante y saliente dieron [《フォーマル》ofrecieron] una conferencia de prensa.

しんきゅう 進級 ▶進級する v. pasar [avanzar*, ascender*] al curso siguiente. ♦彼は3年生に進級した(小学校で) Avanzó al tercer curso. / (高等学校で)Pasó a ser veterano.

しんきゅう 鍼灸 f. acupuntura y f. moxibustión. ▶鍼灸師 mf. profesional en la acupuntura y moxibustión.

しんきょ 新居 f. casa nueva, m. nuevo hogar. ▶新居を構える v. poner* casa nueva.

しんきょう 心境 (精神状態) m. estado mental; f. forma de pensar; fpl. ideas. ♦これが私の現在の心境だ《口語》Así soy yo. / Esa es mi manera de ser. ♦その本を読んで心境の変化をきたした Ese libro me hizo cambiar de forma de pensar.

しんきょう 信教 f. religión. ▶信教の自由 f. libertad religiosa [de culto].

しんきょう 新彊 →シンチアン

しんきろう 蜃気楼 m. espejismo. ▶蜃気楼が見える Se ve [contempla] un espejismo. ♦暑いときにはよく蜃気楼が立つ Los espejismos son frecuentes cuando hace calor.

しんきろく 新記録 f. nueva marca, m. nuevo récord; (最高記録) m. récord máximo. ▶百メートル競走で世界新記録を作る v. establecer* una nueva marca en los 100 metros (lisos).

しんきん 心筋 《専門語》m. músculo cardíaco. ▶心筋炎《専門語》f. miocarditis. ▶心筋梗塞《専門語》m. infarto de miocardio. ▶心筋症《専門語》f. cardiomiopatía.

しんきん 真菌 ▶真菌症《専門語》f. micosis. ▶真菌中毒症《専門語》f. micotoxicosis.

しんきんかん 親近感 f. simpatía. ▶新しい先生に親近感をおぼえる v. sentir* [tener*] simpatía por 「un/una nuevo/va profesor/sora」.

しんく 深紅 ▶深紅の adj. carmesí.

しんく 辛苦 (苦難) f. dificultad, f. penalidad, 《教養語》f. tribulación. →辛酸.

しんぐ 寝具 f. ropa de cama.

しんくう 真空 m. vacío. ▶真空管 m. tubo de vacío. ▶真空放電 f. descarga en vacío. ▶真空包装の魚 m. pescado envasado al vacío. ▶フラスコを真空にする v. quitar el aire de un frasco, dejar un frasco al vacío. ♦音は真空では届かない El sonido no se desplaza en el vacío.

じんぐう 神宮 m. santuario sintoísta. ▶明治神宮 m. Santuario Meiji.

ジンクス (悪い縁起) ▶ maldición (popular), f. superstición. ▶ジンクスを破る v. romper* la maldición. ▶ジンクスをかつぐ v. creer* en supersticiones.

シンクタンク (頭脳集団)《英語》m. "think tank" (☆発音は [θíŋktæŋk]), 《説明的に》m. grupo cuya función es buscar soluciones.

シングル (ホテルの) m. cuarto [f. habitación] individual; (服の) f. chaqueta [《ラ米》m. saco] sin cruzar. ▶シングル盤 m. (disco) sencillo, 《英語》m. "single". ▶シングルベッド f. cama individual. ▶シングルプレーヤー mf. jugador/dora de《英語》"hándicap" (☆発音は [hándikap]) sencillo. ▶シングルキャッチ f. atrapada con una sola mano.

シングルス mpl. individuales. ▶テニスのシングルスで彼を破る v. ganarlo[le] en individuales (de tenis). ▶シングルス(の試合)をする v. jugar* individuales.

シンクロする《専門語》v. sincronizar*.

シンクロナイズドスイミング f. natación sincronizada.

しんぐん 進軍 m. avance (de las tropas), f. marcha. ▶とりでに向かって進軍する v. avanzar* hacia la fortaleza.

•**しんけい** 神経 m. nervio; (神経過敏)《口語》mpl. nervios.

1《～神経》視神経 mpl. nervios ópticos. ▶自律神経 mpl. nervios autónomos. ▶無神経な人 f. persona insensible. ▶陰部神経《専門語》m. nervio pudendo. ▶遠心性神経《専門語》m. nervio eferente. ▶感覚神経《専門語》m. nervio sensitivo. ▶胸神経《専門語》m. nervio torácico. ▶自律神経《専門語》m. nervio autónomo. ▶多発性神経炎《専門語》f. polineuritis. ▶単発神経炎《専門語》f. mononeuritis. ▶腰神経《専門語》m. nervio lumbar. ▶迷走神経《専門語》m. nervio vago.

2《神経＋名詞》▶ neuritis. ▶神経科医 mf. neurólogo/ga. ▶神経幹《専門語》m. tronco nervioso. ▶神経根障害《専門語》f. radiculopatía. ▶神経細胞 f. célula nerviosa. ▶神経細胞障害《専門語》f. neuronopatía. ▶神経症（＝ノイローゼ）《専門語》f. neurosis. ▶神経症患者 mf. neurótico/ca. ▶神経障害《専門語》f. neuropatía. ▶神経性過食症《専門語》f. bulimia nerviosa. ▶神経節欠損《専門語》f. aganglionosis. ▶神経線維腫症《専門語》f. neurofibromatosis. ▶神経組織（＝系統）m. sistema nervioso;《専門語》m. tejido nervioso. ▶神経中枢 m. centro nervioso. ▶神経痛《専門語》f. neuralgia. ▶神経梅毒《専門語》f. neurosífilis. ▶神経不安《専門語》f. disforia. ▶神経（＝心理）戦 f. guerra psicológica. ▶彼は神経過敏だ Es 「muy sensible [《フォーマル》hipersensible]. ◆彼は神経衰弱にかかっていた Tuvo [《フォーマル》Sufrió] una neurastenia.

3《神経が》◆彼は神経が細かい Es muy sensible. / Tiene unos nervios muy frágiles. / 《口語》Tiene los nervios a flor de piel. ◆彼は神経が太い《口語》Tiene buenos nervios. / Tiene nervios de acero. ◆(動じない)No se pone nervioso fácilmente. / Es una persona imapsible. ◆そのニュースを聞いて彼の神経が高ぶった(＝強い神経の緊張を与えた) La noticia le 「alteró los nervios [excitó, 《口語》puso los nervios de punta]. ◆彼は運動神経が抜群だ Tiene muy buenos reflejos. / (すぐれた運動選手だ)Es un atleta excelente. ◆神経がまいった Tengo rotos los nervios. / Tengo los nervios 『スペイン』《口語》hechos polvo.

4《神経の》*adj.* nervioso. ◆神経の病気 *m.* trastorno [*m.* desorden] nervioso.

5《神経に》◆その耳ざわりな音が神経にさわった Ese ruido discordante me 「ponía los nervios de punta [《口語》sacaba de quicio]. / (私をいらだたせた)Me irritaba ese desagradable ruido.

6《神経を》◆背中の神経を痛める *v.* dañarse un nervio de la espalda. ▶神経を静める *v.* calmar los nervios. ▶神経を使いすぎる *v.* fatigar* los nervios excesivamente. ▶神経を逆なでする *v.* frotar 《a + 人》a contrapelo. ◆彼は暗がりでものを見ようと神経を集中させた Estaba con los nervios tensos intentando ver en la oscuridad.

しんけいしつ 神経質 *m.* nerviosismo, 《口語》*mpl.* nervios. ▶神経質な *adj.* nervioso. ▶神経質に *adv.* nerviosamente, con nervios. ▶神経質な人 *f.* persona nerviosa. ◆彼はひどく神経質だ Es muy nervioso. /《口語》Es un manojo de nervios. /《口語》Tiene los nervios a flor de piel. ◆彼の手は神経質そうに震えていた Su mano temblaba nerviosamente.

しんげき 進撃 (前進)*m.* avance; (攻撃)*m.* ataque. ▶敵に向かって進撃する *v.* atacar* al enemigo.

しんけつ 心血 →全力. ◆彼はそれに心血を注いだ Puso 「el cuerpo y el alma [todo el corazón] en ello.

しんげつ 新月 *f.* luna nueva,《教養語》*m.* novilunio.

しんけっかんきょだつ 心血管虚脱 (専門用語)*m.* colapso cardiovascular.

しんけん 真剣 (真剣さ)*f.* seriedad; (まじめ)*f.* sinceridad. ▶彼の表情の真剣さ *f.* sinceridad de su expresión. ▶真剣味に乏しい *v.* no ser* sincero,《フォーマル》carecer* de sinceridad.

—— 真剣な *adj.* serio, formal; (まじめな)*adj.* sincero. ▶真剣な顔をしている *v.* parecer* serio. ◆冗談ではありません．私は真剣です No es una broma.「Lo digo en [Es] serio.

—— 真剣に *adv.* seriamente, en serio; (本気に)*adv.* con toda seriedad. ▶真剣に試みる *v.* hacer* [《フォーマル》realizar*] un intento serio. ▶真剣に(＝一生懸命)勉強する *v.* estudiar seriamente [con aplicación]. ◆そのことについて真剣に考えてもらいたいのです Quiero que lo pienses seriamente. ◆彼は真剣に話し始めた「Se puso [Empezó] a hablar en serio.

しんげん 進言 (助言)*m.* consejo; (提案)*f.* sugerencia,《フォーマル》*f.* proposición. ▶彼にその問題について一言進言する *v.* darle* un consejo sobre ese tema. ▶改革案を委員会に進言する *v.* sugerir* al comité un plan de reforma. ◆私たちは市長に新計画を直ちに実行するように進言した Aconsejamos [Sugerimos,《フォーマル》Propusimos] que el alcalde llevara inmediatamente a cabo el nuevo proyecto. → 提案.

じんけん 人権 *mpl.* derechos humanos. ▶基本的人権 *mpl.* derechos humanos fundamentales. ▶世界人権宣言 *f.* Declaración Universal de Derechos Humanos. ▶人権擁護局 *f.* Oficina de Derechos Civiles, *f.* Dirección de Libertad Civil. ▶人権を[1]尊重[2]擁護する *v.* [1]respetar [2]defender*] los derechos humanos. ◆彼のしたことは人権「蹂躙(じゅうりん) [2]侵害]だ Lo que hizo fue [1]un atentado contra [2]una violación de] los derechos humanos.

しんげん(ち) 震源(地) *m.* hipocentro, *m.* centro sísmico; (震央)*m.* epicentro. → 地震.

じんけんひ 人件費 ▶高い人件費 *mpl.* gastos de personal [mano de obra] altos [《フォーマル》elevados]. ◆人件費がかさみつつある Los gastos de personal están subiendo. ◆こう人件費が高騰しては会社をやっていくのも大変だ Es difícil que la empresa pueda afrontar unos gastos de personal tan altos.

しんご 新語 *f.* palabra nueva, (新造語)*f.* palabra recién acuñada,《教養語》*m.* neologismo.

しんこう 信仰 *f.* fe,《教養語》*m.* credo; *f.* religión. ▶信仰の自由 *f.* libertad religiosa [de culto, de conciencia]. ▶信仰の厚い人 *f.* persona 「de mucha fe religiosa [muy creyente]. ◆彼は信仰心が少しもない No es creyente. / No cree. / No tiene fe. / Es completamente irreligioso. ◆信仰によって彼女は幾多の辛苦にも耐えることができた(＝信仰が耐える力を与えた) Su fe le dio a ella fuerza para sobrellevar muchas adversidades. ◆彼はキリスト教を信仰している Cree en Cristo [el cristianismo]. / Es cristiano. ☞ 宗教, 信心

しんこう 進行 *m.* progreso, *m.* avance, *f.* marcha. ▶議事の進行 *m.* curso de 「los debates [las deliberaciones]. ▶進行係 *mf.* moderad*or/dora*. ▶進行形 *f.* forma progresiva. →している. ▶がんの進行を阻止する *v.* detener* el desarrollo del cáncer. ◆彼が議事を進行させた(＝司会した) Él 「estaba a cargo de [presidió] la reunión.

—— 進行する ❶《乗り物が》*v.* avanzar*, marchar, moverse*. ▶列車はゆっくり進行している El tren avanza [se mueve] lentamente.

❷【事が】 v. progresar, hacer* progresos; (さらに高いレベルへ) v. avanzar*, adelantar; (続行される) v. seguir* adelante; (はかどる) v. seguir* su curso, avanzar*. → かどる. ◆工事は¹ゆっくり [²早く] 進行している Las obras están avanzando ¹lentamente [²rápidamente]. / El progreso de las obras es ¹lento [²rápido]. ◆損害賠償の訴訟は予定どおり進行している El pleito por daños y perjuicios sigue adelante [su curso] tal como estaba programado. 〈金話〉仕事の進行具合はどうですか—うまく進行して (=はかどって) います ¿Cómo marcha su trabajo? – Marcha bien. / ¿Qué tal va el trabajo? –《口語》 Divinamente. ◆その仕事は現在進行しています (=進行中です) El trabajo ¹sigue adelante [está en marcha]. ◆彼のがんは進行している Su cáncer está en una fase avanzada.

しんこう 親交 f. buena amistad. → 付き合い. ◆われわれの親交は年とともに深まった Nuestra amistad ¹se hizo más profunda [maduró] con el paso de los años. ◆彼とは親交がある Es un buen amigo mío. / Somos buenos amigos. / Tengo una buena amistad con él.

しんこう 振興 m. fomento, f. promoción; (奨励) m. ánimo, m. estímulo. ◆振興する v. promocionar; desarrollar; animar. ◆学問の振興 f. promoción de la educación. ◆産業を振興する v. fomentar [estimular] la industria.

しんこう 新興 ◆新興の (新しい) adj. nuevo; (成長中の) adj. naciente; (開発途上の) adj. en desarrollo. ◆新興国 f. nueva nación; m. país en desarrollo;《専門語》m. país emergente. ◆新興宗教 f. nueva secta religiosa. ◆新興都市 f. ciudad nueva. ◆新興住宅地 f. zona residencial recién urbanizada.

しんこう 侵攻 f. invasión. ◆フランスへ侵攻する v. invadir Francia.

しんこう 信号 ❶【交通信号灯】m. semáforo; (信号機) f. señal. ◆信号のある横断歩道 m. cruce [m. paso de peatones] con semáforo. ◆信号を守る v. obedecer [respetar] el semáforo. ◆青信号で道を渡る v. cruzar* la calle cuando el semáforo está en verde. ◆赤信号で止まる v. detenerse* [pararse] ante el semáforo en rojo. ◆信号を無視する v. "no hacer*" caso del [《口語》saltarse el, 《フォーマル》ignorar el] semáforo (rojo); (無視して横断する) v. cruzar* con el semáforo rojo. ◆信号が変わるのを待った Esperé a que cambiara el semáforo. ◆信号が赤になった El semáforo se puso en rojo. ◆次の信号を左に曲がってください Doble en el primer semáforo a la izquierda.
❷【合図】f. señal. ◆遭難信号 f. señal de socorro; (船なので) m. SOS. ◆信号灯 f. señal luminosa. ◆明かりを点滅させて危険信号を送る v. hacer* [《フォーマル》emitir] señales con los intermitentes de emergencia.

じんこう 人工 ◆人工の (=人為的な) adj. artificial. (人の造った) adj. fabricado, hecho por el hombre.

しんこく 667

1《人工(の)+名詞》◆人工甘味料 m. edulcorante artificial. ◆人工芝 m. césped artificial. ◆自然と人工の調和 m. equilibrio entre「hombre y naturaleza [lo natural y lo artificial]. ◆人工授精 f. inseminación artificial. ◆人工呼吸 f. respiración artificial. ◆人工現実感《専門語》 f. realidad artificial. ◆人工生命《専門語》 f. vida artificial. ◆人工知能《専門語》 f. inteligencia artificial. ◆彼らは人工衛星を軌道にのせることに成功した Consiguieron poner en órbita un satélite artificial. ◆彼は人工呼吸装置につながれていた Estaba conectado a un respirador.

2《人工(的)の》◆ほとんどの工業用ダイヤモンドは人工的に作られている Casi todos los diamantes industriales son artificiales. ◆その湖は自然のものではなく人工的に造られたものである Ese lago no es natural sino artificial.

*じんこう 人口 f. población; m. número de habitantes; (住民) mpl. habitantes.

1《~人口》◆昼間 [夜間] 人口 f. población ¹diurna [²nocturna].

2《人口+名詞》◆人口過剰 f. superpoblación. ◆人口過疎 [²過疎] 地域 f. región ¹superpoblada [²subpoblada, ²poco poblada]. ◆人口問題 m. problema demográfico. ◆人口増加 f. explosión demográfica. ◆人口密度 f. densidad demográfica. ◆人口密度の高い都市 f. ciudad densamente poblada; (人口の多い都市) f. ciudad populosa [con mucha población]. ◆人口 (=国勢) 調査を行なう v. realizar* un censo de población.

3《人口が[は]》◆人口が3百万の大都市 f. gran ciudad con una población de tres millones, f. gran ciudad de [con] tres millones de habitantes. ◆その町は人口が¹多い [²少ない] Esa ciudad tiene ¹muchos [²pocos] habitantes. / La población de esa ciudad es ¹numerosa [²escasa]. ◆日本の人口はどれくらいですか ¿Cuántos habitantes tiene Japón? / ¿Cuál es la población de Japón? / ¿Qué población tiene Japón? ◆この町の人口は5万人です Esta ciudad tiene (una población de) 50.000 habitantes. / La población de esta ciudad es de 50.000 habitantes. / En esa ciudad viven 50.000 personas. ◆農業人口は毎年減っている Cada año disminuye la población agrícola.

4《人口の》◆人口の増加 m. aumento demográfico. ◆人口の増加率 f. tasa de crecimiento demográfico. ◆人口の減少 f. disminución demográfica. ◆世界の人口の半分以上が北半球に住んでいる Más de la mitad de la población mundial vive en el Hemisferio Norte.

しんこきゅう 深呼吸 f. respiración profunda. ◆深呼吸をする v. respirar profundamente.

しんこく 申告 ◆申告(書) (税関の) f. declaración de aduanas; (税務署の) f. declaración de impuestos; (履修の) m. impreso [m. for-

しんこく mulario) de inscripción [registro]. ▶¹青色 [²確定] 申告 *f.* declaración [¹azul [²final] (de impuestos). ▶所得税の申告をする *v.* hacer* la declaración (del impuesto) de la renta.
── **申告する** *v.* declarar; (履修を) *v.* inscribirse*. ▶1年次に専攻科目を申告する *v.* declarar la especialidad en el primer curso. ▶¹前 [²後] 期の履修を申告する *v.* inscribirse* para el ¹primer [²segundo] semestre.
〘会話〙 申告するものが何かありますか─何もありません (税関で) ¿Tiene usted algo que declarar? – No, nada [no tengo nada que declarar].

しんこく 深刻 ▶深刻な *adj.* serio; (重大な) *adj.* grave. ▶深刻な経済危機 *f.* grave crisis económica. ▶深刻な顔をしている *v.* parecer* serio, tener* una expresión seria [《フォーマル》 grave]. ▶あまり深刻に考えるな。遊びなんだから No「estés tan serio [pienses tanto [demasiado]]. No es más que un juego. / 《口語》 No te lo tomes a pecho. Sólo es un juego. ◆造船不況はますます深刻化 (＝悪化) している La depresión en la industria de construcción naval es cada vez más grave. ◆鹿爪らしい, 重大な, 切実な, 大変な, 沈痛, 手厳しい

しんこっちょう 真骨頂 ▶真骨頂 (＝本当の価値) を示す [発揮する] *v.* mostrar*「la capacidad real [el verdadero valor].

しんこん 新婚 (夫婦) *mpl.* recién casados, *f.* pareja [*m.* matrimonio] de recién casados. ▶新婚生活を送る *v.* llevar una vida de recién casados. ◆新婚旅行でハワイに行った Fueron a Hawai de [a pasar su]「luna de miel [viaje de novios]. ◆彼らは新婚ほやほやだ Acaban de casarse. / Están recién casados.

しんさ 審査 (検査) *m.* examen; (判定) *m.* juicio, 《フォーマル》 *m.* dictamen; (選抜) *f.* selección, 《口語》 *f.* criba. ▶審査する (優劣を) *v.* juzgar*; (検査する) *v.* examinar, inspeccionar; (志願者などを) *v.* seleccionar. ▶審査員 (競技会などの) *m.* jurado, *m.* tribunal; (検査官) *mf.* inspec*tor/tora*, *mf.* examina*dor/dora*. ▶審査委員会 *m.* jurado, *m.* tribunal, *m.* comité de selección. ◆彼は弁論大会で審査員を務めた En el concurso de oratoria「actuó de juez [formaba parte del jurado]. ◆応募者は慎重に審査選別される Los aspirantes son examinados y seleccionados meticulosamente.

しんさい 震災 *m.* terremoto catastrófico, 《フォーマル》 *m.* desastre sísmico. → 地震. ▶1923年の関東大震災 El Gran Terremoto de Kanto de 1923. ▶震災地 *f.* zona devastada por un terremoto. ▶震災にあう (場所・人が) *v.* sufrir los efectos de un terremoto; (場所が) *v.* ser* afectado por un terremoto. ◆阪神大震災, もっと正確には阪神・淡路大震災は1995年1月17日午前5時46分に起こった El Gran Terremoto de Hanshin, concretamente, el Gran Terremoto de Hanshin Awaji, ocurrió a las 5.46 de la mañana del día 17 de enero de 1995.

じんさい 人災 *m.* desastre provocado por「el hombre [negligencia humana].

じんざい 人材 (有能な人) *f.* persona capacitada [capaz]; (才能のある人) *f.* persona con talento. ▶人材を集める *v.* reunir* a personas capaces [con talento]. ▶広く人材を求める *v.* buscar* talentos [gente con talento] (de todo tipo). ◆あの会社には優秀な人材がある Esa empresa tiene「muy buen personal [empleados muy capaces].

しんさく 新作 (作品) *f.* obra nueva; (新しい曲) *f.* nueva composición musical. ▶新作を発表する *v.* publicar* una obra nueva; (音楽など) *v.* estrenar una obra.

しんさつ 診察 *m.* examen [*m.* reconocimiento] médico.
　1〘診察＋名詞〙 ▶診察券 *f.* tarjeta de consulta. ▶診察室 *m.* consultorio, *f.* sala de consulta. ▶診察時間 *fpl.* horas de consulta. ▶診察料 *mpl.* honorarios de consulta.
　2〘診察を〙 ▶診察を受ける (＝診察してもらう) *v.* ver* [《フォーマル》 consultar] al médico. ▶大学病院で診察 (＝健康診断) を受ける *v.* hacerse* [《フォーマル》 someterse a] un examen [reconocimiento, chequeo] médico en un hospital universitario.
── **診察する** *v.* examinar, ver*. ▶患者を診察する *v.* ver* [examinar] al paciente. ▶山田先生に胃を診察してもらった El Dr. Yamada me vio el estómago. / Fui al Dr. Yamada a que me viera [examinara] el estómago.

しんさん 辛酸 *f.* penalidad, 《フォーマル》 *f.* adversidad, 《教養語》 *f.* tribulación. ▶幾多の辛酸をなめる *v.* pasar (por) muchas penalidades.

しんし 紳士 *m.* caballero, 〖スペイン〗 《口語》 *m.* señor. ▶本当の紳士 *m.* verdadero caballero. ▶紳士的な態度 *m.* comportamiento caballeroso, *f.* conducta de caballero. ▶紳士服売り場 *f.* sección de ropa de caballero. ▶紳士協定を結ぶ *v.* firmar [concertar*] un acuerdo entre [de] caballeros. ◆紳士淑女の皆さん ¡Señoras [Damas] y caballeros!

しんし 真摯 ▶真摯な態度 *f.* sinceridad. ◆彼の真摯な態度にわれわれは深い感銘を受けた Su sinceridad nos impresionó profundamente.

しんじ 心耳 《専門語》 *f.* aurícula. ▶右心耳 (専門語) *f.* aurícula derecha.

じんじ 人事 *f.* administración de personal [recursos humanos]. ▶人事異動 *f.* reestructuración [*mpl.* cambios, *fpl.* transferencias] del personal. ▶人事院 (日本の場合) *f.* Autoridad de Personal Nacional. ▶人事 ¹部 [²課] ¹*m.* departamento [²*f.* sección, ²*f.* división] de personal [《フォーマル》 recursos humanos]. ▶人事部長 *mf.* direc*tor/tora* de personal [recursos humanos]. ◆人事担当はだれですか ¿Quién es *el/la* encar*gado/da* del personal?
〘その他の表現〙 ◆人事を尽くして天命を待つ A Dios rogando y con el mazo dando.

しんしき 新式 ▶新式 (＝新型) の車 *m.* nuevo

modelo de automóvil. ▶新式（＝新方式）の教授法 f. nueva metodología didáctica, m. nuevo método de enseñanza.

シンジケート m. sindicato.

しんしつ 寝室 m. dormitorio.

[地域差] 寝室
〔全般的〕m. dormitorio, m. cuarto, f. habitación
〔キューバ〕f. alcoba, m. cuarto de dormir
〔メキシコ〕f. recámara
〔コロンビア〕f. alcoba, f. pieza
〔アルゼンチン〕f. alcoba, f. pieza

しんしつ 心室 《専門語》m. ventrículo. ▶左心室《専門語》m. ventrículo izquierdo. ▶左心室肥大《専門語》f. hipertrofia ventricular izquierda. ▶心室瘤《専門語》f. aneurisma ventricular.

しんじつ 真実 f. verdad; (現実) f. realidad. ▶真実の adj. verdadero,《教養語》veraz; (本当の) adj. real, auténtico.

1《真実(の)＋名詞》▶真実の話 f. historia verdadera. ▶報告(書)の真実性を疑う v. dudar de la verdad del informe. ♦彼の話は真実味に欠けている Le falta realismo a su historia. ♦彼の話には真実味があった（＝真実のように聞こえた）Sus palabras parecían sinceras. / Lo que decía parecía cierto [verdad].

2《真実を》▶真実を語る v. decir* la verdad. ▶真実を曲げる v. falsear [deformar] la verdad. ▶真実を突き止める v. descubrir* la verdad.

3《真実だ》◆大統領が暗殺されたのは真実だ Es verdad que el presidente fue asesinado. ☞事実, 実, 実際

じんじふせい 人事不省 ▶人事不省に陥る v. perder* 「la conciencia [el conocimiento].

しんじゃ 信者 mf. creyente 《en》, mf. seguidor/dora 《de》. ▶マルクス主義の信者（＝信奉者）mf. marxista, mf. seguidor/dora de (las doctrinas de) Marx. ♦彼はキリスト教信者だ Es cristiano. / Es un creyente en el cristianismo.

じんじゃ 神社 m. santuario sintoísta. ♦元旦に家の近くの神社にお参りした El Día de Año Nuevo visité el santuario de cerca de mi casa.

しんしゃく 斟酌 ▶斟酌する v. tener* en cuenta; (考慮に入れる) v. tomar en consideración [considerar]. ▶彼の経験不足を斟酌する v. tener* en cuenta [considerar] su falta de experiencia ☞考える, 考慮する

しんしゅ 新種 f. nueva especie [clase, variedad], m. tipo nuevo. ▶新種のダリア f. nueva variedad de dalia. → 種類.

しんしゅ 進取 ▶進取の気性に富む若い男 m. joven emprendedor [con iniciativa]. ♦彼は進取の気性に欠ける Le falta iniciativa.

しんじゅ 真珠 f. perla. ▶真珠のような歯 mpl. dientes como perlas. ▶真珠を採取する v. pescar* perlas.

1《～真珠》▶模造真珠 f. perla 「de imitación [de fantasía, artificial]. ▶養殖真珠 f. perla de cultivo.

2《真珠(の)＋名詞》▶真珠貝 f. madreperla,

しんじょう 669

f. ostra perlífera. ▶真珠のネックレス m. collar de perlas. ▶真珠の養殖 f. perlicultura. ▶真珠養殖場 f. perlifactoría.

じんしゅ 人種 f. raza. ▶人種の adj. racial. ▶¹黄 [²白] 色人種 f. raza ¹amarilla [²blanca]. ▶有色人種 fpl. razas de color. ▶人種差別 f. discriminación racial; (黒人に対する) f. segregación (racial); (南アフリカの)《オランダ語》m. "apartheid" (☆発音は [apar(t)héit]). ▶人種差別廃止 f. integración racial. ▶人種差別主義 m. racismo. ▶人種差別主義者 mf. racista. ▶人種差別をされる v. discriminarse racialmente. ▶人種問題 m. problema [f. cuestión] racial. ♦アメリカは人種のるつぼである Estados Unidos es un crisol de razas. → るつぼ.

しんじゅう 心中 m. doble suicidio; (恋人同士の) m. suicidio por amor. ▶一家心中 m. suicidio familiar. ▶無理心中 m. doble suicidio por coerción. ▶心中する v. cometer doble suicidio (por amor). ▶病気の妻と無理心中をはかる v. intentar acabar con la vida de la cónyuge enferma y con la vida propia.

しんしゅく 伸縮 (広がり縮むこと) f. dilatación y f. contracción; (伸縮性) f. elasticidad. ▶伸縮する v. dilatarse y contraerse*; ser* elástico. ▶伸縮自在のゴム f. goma elástica. ▶伸縮性のあるズボン mpl. pantalones elásticos.

しんしゅつ 進出 m. avance. ▶決勝に進出する v. avanzar* a la final. ▶海外市場に進出する v. avanzar* [abrirse* paso, extender* sus actividades] al mercado extranjero. ▶政界へ進出する（＝入る）v. meterse en el mundo político. ▶その会社は海外進出をねらっている（＝海外へ事業を広げようとしている）La empresa pretende extenderse [ampliar sus actividades] al extranjero. ♦その会社は電子産業に進出した（＝手を広げた）La empresa ha extendido「sus actividades [su negocio] a la industria electrónica.

しんしゅつきぼつ 神出鬼没 ♦彼は神出鬼没である No es fácil dar con su paradero porque parece estar en todas partes.

しんじゅわん 真珠湾《英語》"Pearl Harbor". ▶真珠湾奇襲攻撃 m. ataque sorpresa a Pearl Harbor.

しんしょ 親書 ❶【元首・首相などの公式書簡】「f. carta oficial [《フォーマル》f. misiva] del Presidente [Primer Ministro]. ❷【自筆の手紙】f. carta autógrafa.

しんしょう 辛勝 ▶辛勝する v. victoria apurada. ▶辛勝する f. ganar por「un escaso margen [《口語》los pelos].

しんしょう 心証 ▶心証が¹よい [²悪い] v. dar* [causar] 《a ＋ 人》una ¹buena [²mala] impresión.

しんじょう 信条 (生活・行動などの) m. principio, f. idea (→主義); (信念) f. creencia; (教義) f. fe,《教養語》m. credo. ▶生活の信条 mpl. principios de la vida. ▶私の宗教的な信条 fpl. mis ideas religiosas.

しんじょう 身上 ❶【長所】f. cualidad, m.

mérito. ♦時間厳守が彼の身上だ La puntualidad es una cualidad suya.
❷【その人のこと】▶身上書 f. historia personal, m. informe personal.

しんじょう 心情 (考え) m. modo [f. forma, f. manera] de pensar; (感情) mpl. sentimientos. ▶彼の心情は理解できる v. poder* entender* cómo siente. ▶被害者の家族の心情を察する(＝同情する) v.「tener* simpatía por [simpatizar* con] la familia de la víctima. ♦心情的には理解できるが... Comprendo sus sentimientos, pero...

じんじょう 尋常 ▶尋常な(＝普通の)手段では adv. con [por] medios ordinarios [normales]. ▶尋常に(＝正々堂々と)勝負する v. jugar* limpio.

しんしょうしゃ 身障者 f. persona discapacitada [con una minusvalía], mf. inválido/da, mf. minusválido/da.

しんしょうぼうだい 針小棒大 ♦彼はいつも針小棒大に言う Siempre exagera. / Es un exagerado. /(誇張する)Exagera mucho.

しんしょく 寝食 ♦彼と寝食を共にする v. vivir juntos [bajo el mismo techo], convivir, vivir en común. ♦数日の間私は寝食を忘れて働いた Estuve trabajando varios días olvidándome de comer y dormir. ♦彼は寝食を忘れてアフリカで病人の治療に当たった(＝生涯 [身]をさざげた) Dedicó su vida a curar a los enfermos en África.

しんしょく 浸食 f. erosión. ▶浸食する v. erosionar, causar erosión. ▶海岸の浸食 f. erosión del litoral. ♦海岸が徐々に浸食されている La costa está poco a poco erosionándose.

**しんじる 信じる ❶【本当と思う】▶信じるに足る [2信じがたい]話 f. historia [1]creíble [[2]increíble]. ♦信じられないかもしれないが、あの紳士は実はスパイだった No creas o no, resultó que ese hombre era un espía. ♦彼女は信じられないほど美しかった Era increíblemente bella [hermosa].
1【...を信じる】♦私は君の言うことを信じます Te creo. ♦初めのうち自分の1耳 [2目]を信じることができなかった(＝が信じられなった) Al principio no podía dar crédito a mis [1]oídos [[2]ojos]. 会話 また同じ間違いをしたのね—おればかじゃないかな!信じられないよ! Has vuelto a cometer el mismo error. – ¡Qué tonto soy! ¿Será posible? ♦あの子は幽霊(の存在)を信じている Ese niño cree en [que existen] los fantasmas. ♦彼はキリスト教を信じている(＝信仰している) Cree [Tiene fe] en el cristianismo. ♦月面に着陸するという考えは最初は信じられなかった Al principio la idea de「alunizar [poner el pie en la luna]」era「imposible de creer [increíble]」.
2【...であると信じる】v. creer* 《que ＋ 直説法》.『否定文』(...とは思わない)v. no creer* 《que ＋ 接続法》. ♦私はこの話は本当だと信じている Creo que esta historia es verdad [cierta]. /《フォーマル》Creo en la verdad de esta historia. / Doy crédito a esta historia. ♦彼のチームが優勝したなんて信じられない 「Es difícil de creer [No puedo creer] que su equipo ganara el campeonato. ♦彼は無実だと信じられている Se cree que es inocente. / Creen en su inocencia. / Creen que es inocente.
❷【信用する】(直感的に)v. confiar* 《en》; (根拠もなく心情的に)v. tener* fe 《en》. ▶夫を信じています Creo [Tengo fe, Confío] en mi marido. ♦彼はすぐ人を信じる性格です Tiene un carácter que inspira confianza.
❸【確信する】v.「estar* seguro [no tener* ninguna duda]《de》. →確信する. ♦私は昇進するものと信じていた Estaba seguro「de que ascendería [de mi ascenso]. 会話 彼は月曜までにそれを渡してくれるでしょう—あんまり信じなさんな。あまり当てにならない人だから Me lo dejará antes del lunes. – No estés tan seguro. No es una persona muy formal [《フォーマル》digna de crédito].

しんしん 心身 m. cuerpo y f. alma [f. mente, m. espíritu]. ▶心身症《専門語》f. enfermedad psicosomática. ▶心身障害《専門語》m. trastorno psicosomático. ♦心身共に健在である v. estar* sano de cuerpo y mente, encontrarse* física y mentalmente sano. ♦心身を打ち込む(＝専心する) v. dedicarse*, entregarse* en cuerpo y alma 《a》. ♦彼は心身の疲労で倒れた La fatiga física y mental le hizo desfallecer.

しんしん 深々 ♦雪がしんしんと降っている Cae la nieve silenciosamente. ♦夜がしんしんと更けていく La noche avanza silenciosa e incesantemente. ♦森しんしんとしていた Reina una profunda paz en el bosque.

しんしん 津々 ♦興味津々 v. estar* profundamente interesado 《en》.

しんしん 新進 ▶新進の(地位や名誉を得つつある)adj. reciente, nuevo; (将来が有望な)adj. prometedor, con futuro. ▶新進の作家 mf. escritor/tora「con futuro [prometedor/dora]. ▶新進気鋭の学者 mf. joven y dinámico/ca erudito/ta.

しんじん 信心 (信心深さ)f. devoción, f. piedad; (信仰)f. fe, f. creencia religiosa. →信仰心. ▶信心深い婦人 f. mujer devota [religiosa, 《教養語》pía]. ♦彼は信心深い。日曜日はいつも教会へ行く Es muy religioso. Va todos los domingos a la iglesia.

しんじん 新人 (芸能界の)f. nueva estrella; (スポーツ界などの)mf. debutante, 《しばしば軽蔑的に》mf. novato/ta, mf. principiante. ▶映画界の新人 f. nueva estrella de cine. ▶党の期待の新人 f. nueva esperanza de un partido. ▶新人王 mf. debutante [mf. nuevo/va] del año.

じんしんこうげき 人身攻撃 m. ataque personal. ▶彼に対して人身攻撃をする v. lanzar* un ataque personal 《a, contra》.

じんしんじこ 人身事故 ▶人身事故を起こす v. provocar* un accidente de lesión o muerte.

しんすい 進水 ▶進水式 f. ceremonia de botadura. ▶進水台 f. plataforma de botadura.

♦船を進水させる v. botar un barco. ♦新しいタンカーがドックから進水した El nuevo petrolero fue botado desde el dique.

しんすい 浸水 ♦豪雨で5百軒以上の家が1床上[2床下]まで浸水した（=水浸しになった）Más de 500 viviendas「sufrieron inundaciones [fueron anegadas]1sobre [2hasta] el suelo por las violentas lluvias. ♦船が浸水して（=水が入って）沈んだ El barco [buque] hizo agua y se hundió.

しんすい 心酔 ♦彼は教授に心酔している（=敬い慕っている）「Adora a [Está entusiasmado con] su profesor/sora.

しんずい 神[真]髄 (本質) f. esencia; (精神) m. espíritu, f. alma. ♦東洋美術の神髄 f. esencia del arte oriental.

しんせい 申請 (申し込み) f. solicitud [f. petición] 《de》. ♦申請書1に書き込む [2を出す] v. 1rellenar [1cumplimentar*; 2presentar] un formulario de solicitud. ♦役所にビザを申請する v. solicitar「un visado [ラ米] una visa」a la oficina gubernamental.

しんせい 神聖 f. santidad, m. carácter sagrado. ♦神聖を汚す v. violar la santidad 《de》.
—— **神聖な** adj. santo; sagrado, 《強調して》sacrosanto. ♦神聖な書物 m. libro sagrado [santo]. ♦その建物 [2動物] を神聖なものとみなす v. considerar sagrado el 1edificio [2animal]. ♦神聖にして侵すべからざる権利 m. derecho sagrado e inviolable　☞神々しい, 貴[尊]い

しんせい 新生 m. nuevo nacimiento; (ダンテの書)《La Vida Nueva》. ♦新生活 f. nueva vida. ♦新生児 →新生児.

しんせい 真性 真性の adj. genuino. ♦真性のコレラ m. (caso de) cólera genuino.

*•**じんせい 人生** f. vida (humana).

1《人生(の)+名詞》♦人生観 m. concepto [f. idea] de la vida. ♦人生の1目的 [2岐路] 1f. meta [2 f. encrucijada] en la vida. ♦人生の門出にある若者 mf. joven en los albores de la vida. ♦彼は人生経験が豊富である Tiene「mucha experiencia de la vida [《口語》mucho mundo]. / Sabe mucho de la vida. ♦彼は人生設計を語った Habló de lo que iba a hacer en su vida.

2《人生(は)》♦人生は楽しいことばかりではない（言い回し）La vida no es todo rosas. ♦人生とはそういうもの（=仕方がないさ）Así es la vida. / La vida es así. / Son cosas de la vida. / ¡Ay, qué vida ésta! ♦人生は一度きりだ Sólo se vive una vez. / No tenemos más que una vida.

3《人生を》♦人生を大いに楽しむ v. disfrutar la vida「al máximo [《口語》a tope]. ♦充実した人生を送る v. vivir la vida plenamente. ♦人生を1楽観 [2悲観] 的に見る v. mirar el lado 1bueno [2malo] de la vida　☞この世, 生涯, 世間

しんせいじ 新生児 mf. (niño/ña) recién nacido/da.

しんせいぶつ 新生物 (専門用語) m. neoplasma.

しんせかい 新世界 m. mundo nuevo; (米大陸) m. Nuevo Mundo.

しんせき 親戚 mf. pariente. → 親類.

じんせき 人跡 ♦人跡未踏の adj. inexplorado, virgen. → 未到[踏].

シンセサイザー m. sintetizador.

* **しんせつ 親切** f. amabilidad; 《フォーマル》f. afabilidad, f. bondad, 《教養語》f. gentileza; fpl. atenciones, 《フォーマル》fpl. consideraciones, (好意) f. buena voluntad, m. favor; (親切にもてなすこと) f. hospitalidad. ♦親切心から adv. por bondad. ♦ちょっとした親切 fpl. pequeñas atenciones [《フォーマル》consideraciones]. ♦ご親切ありがとう Gracias por su amabilidad [bondad]. / Estoy agradecido por sus atenciones. / Gracias. Es usted muy amable. ♦村人は訪問客に親切でした「La gente del pueblo [Los aldeanos]「fueron amables con [trataron con amabilidad a; fue hospitalaria con; mostró buena voluntad hacia] sus visitantes.

1《親切な》adj. amable, bueno, afable, servicial, atento, considerado, 《教養語》benévolo, 《文語》benigno, gentil; (心のやさしい) adj. bondadoso; (人のもてなしが親切な) adj. hospitalario. ♦親切な人 f. persona amable.

2《親切に》♦他人に親切にしなさい Sé amable con los demás. ♦彼は今は親切にしてくれている Ahora está amable. / Está siendo amable. / Se está comportando con amabilidad. ♦ご親切にお助けいただいてありがとうございました Muchas gracias por ser tan amable [bondadoso] de ayudarme. / Le estoy muy agradecido por su amabilidad [bondad] en ayudarme. / Ha sido usted muy amable en ayudarme [prestarme su ayuda]. ♦彼は親切にも私にお金を貸してくれた Ha「tenido la bondad [sido tan amable] de prestarme dinero. / Fue tan amable que me prestó dinero. ♦《会話》それいつでも貸してあげるよ—それはご親切にありがとう Te lo dejo [presto] cuando quieras. – ¡Qué amable! ♦彼は私にいろいろ親切にしてくれた Ha sido muy amable conmigo. / Ha tenido muchas atenciones conmigo [hacia mí].　☞恩, 好意; 温[暖]かい, 厚い, 好意ある[的な], 折角

しんせつ 新設 ♦新設する(学校などを創立する) v. fundar; (設立する) v. crear; establecer*; (組織・編成する) v. organizar*. ♦新設校 f. escuela「recién fundada [de reciente fundación]. ♦新設の会社 f. empresa「recién creada [de reciente creación]. ♦大学を新設する v. fundar una universidad.

しんせつ 新説 (新しい学説) f. nueva teoría; (新しい見解) f. nueva idea.

*•**しんせん 新鮮** f. frescura. ♦新鮮みに欠ける v. "no tener* [carecer* de] frescura.
—— **新鮮な** (新しく生きている) adj. fresco; (新しい) adj. nuevo. ♦新鮮な野菜 fpl. verduras frescas. ♦新鮮な空気を吸う v. respirar aire fresco. ♦新鮮なアイデアがある v. tener* una「nueva idea [idea original]. ♦朝は空

672 しんぜん

気が新鮮だ Por la mañana el aire es fresco. ⇨ 鮮やか, 新しい, 新鮮, 取り立ての

しんぜん 親善 (好意) *f*. buena voluntad, 《フォーマル》 *f*. benevolencia; (友好) *f*. amistad, *fpl*. relaciones amistosas. → 友好. ♦国際親善 *f*. amistad internacional. ♦親善訪問 [2旅行] ¹ *f*. visita [² *m*. viaje]「de buena voluntad [amistosa]. ♦親善試合 *m*. partido amistoso. ♦親善使節として中国へ行く *v*. viajar a China en misión de buena voluntad.

じんせん 人選 ♦人選に漏れる *v*. no ser* *el/la* candid*ato/ta* escog*ido/da* [seleccion*ado/da*]. ♦人選を誤る *v*. equivocarse* en escoger* la persona idónea.

しんそう 真相 *f*. verdad, *f*. realidad; (事実) *m*. hecho. → 真実. ♦真相を追求する *v*. buscar* [《フォーマル》 investigar*, 《強調して》 indagar*] la verdad. ♦事件の真相を隠す *v*. ocultar「la verdad [los hechos] del caso, encubrir* el caso. ♦事の真相は何ですか ¿Cuál es la verdad del asunto? ♦真相がついに明らかになった Por fin se ha descubierto la verdad. ♦その委員会は事の真相究明にあたった [=詳しく調査した] El comité investigó (detalladamente) el asunto.

しんそう 新装 (内装または外装の改変) *f*. renovación, *m*. acondicionamiento; (内装の改変) *f*. redecoración; (改造) *f*. remodelación. ♦新装する *v*. renovar* [reacondicionar] (un teatro). ♦7月20日新装オープン[広告] Completa renovación. Reapertura, el 20 de julio.

＊しんぞう 心臓 ❶[人体の]《専門語》 *m*. corazón. ♦心臓性呼吸困難《専門語》 *f*. disnea cardíaca. ♦心臓喘息《専門語》 *f*. asma cardíaca. ♦心臓麻痺《専門語》 *f*. cardioplejía.

1《心臓＋名詞》♦心臓移植 *m*. transplante「cardíaco (cardiaco) [del corazón]. ♦心臓外科 *f*. cirugía cardíaca. ♦心臓外科医 *mf*. ciruj*ano/na* cardiovascular. ♦心臓病 *f*. enfermedad cardíaca. ♦心臓麻痺(°) *m*. fallo cardíaco. ♦心臓発作を起こす *v*. tener * [《フォーマル》] sufrir] un ataque cardíaco.

2《心臓が》♦彼は心臓が悪い Tiene el corazón débil. / Está mal del corazón. ♦心臓がどきどきしていた Sentí「como me palpitaba el corazón con fuerza [los latidos rápidos de mi corazón].

3《心臓の》♦心臓の鼓動 *mpl*. latidos [*fpl*. palpitaciones] del corazón. ♦心臓の働き *f*. función cardíaca [del corazón]. ♦彼が時々めまいを起こすのは最近発見された彼の心臓の異常と関連があるのかもしれない Los desmayos que sufre de vez en cuando tal vez se deban a una insuficiencia cardiaca que le han descubierto recientemente.

❷【中心部】 *m*. corazón, *m*. centro. ♦東京の心臓部 *m*. corazón de Tokio.

❸【図太さ】 *m*. descaro, 《フォーマル》 *f*. insolencia, *f*. desvergüenza, *f*. frescura, 《スペイン》《口語》 *f*. cara, 《スペイン》《俗語》 *m*. morro.

♦彼はなんて心臓だ (=ずうずうしい) ¡Qué descaro! / ¡Vaya un sinvergüenza! / 《スペイン》《俗語》 ¡Será fresco el tío! / 《スペイン》《俗語》 ¡Tiene un morro que se lo pisa! ♦彼は心臓が弱い (=臆病) 病だ) Es tímido [《教養語》 pusilánime].

じんぞう 人造 ♦人造の (人工の) *adj*. artificial; (模造の) *adj*. de imitación; (合成の) *adj*. sintético. ♦人造湖 *m*. lago artificial. ♦人造皮革 *m*. cuero artificial, *m*. similicuero.

じんぞう 腎臓 《専門語》 *m*. riñón. ♦人工腎臓 *m*. riñón artificial. ♦腎臓結石 *m*. cálculo renal. ♦腎臓が悪い (=腎臓病だ) Tengo「problemas renales [un trastorno en los riñones].

しんぞく 親族 *mf*. pariente, 《フォーマル》 *mf*. alleg*ado/da*. → 親類. ♦親族会議 *f*. reunión familiar.

じんそく 迅速 ♦迅速な (すばやい) *adj*. rápido; (即座の) *adj*. inmediato; (速い) *adj*. veloz, 《教養語》 *raudo*, 《教養語》 *presto*. ♦迅速に *adv*. rápidamente. ♦迅速な行動をとる *v*. tomar medidas inmediatas. ♦迅速に事を運ぶ *v*. realizar* el trabajo rápidamente. [《チリ》] al tiro, 《口語》 en un santiamén, 《口語》 volando] ⇨ 至急の, 速やかな, 即座, 咄嗟の; さっさと, さっと, てきぱき

しんそこ 真[心]底 ♦彼女は真底から (=心から) 私を助けたいと望んでいた En el fondo de su corazón quería ayudarme. / Confiaba sinceramente en ayudarme.

しんそつ 新卒 *mf*. recién gradu*ado/da*.

しんたい 身体 *m*. cuerpo. → 体. ♦身体各部 *fpl*. partes del cuerpo. ♦身体障害者 *mf*. minusvál*ido/da*, *mf*. discapacit*ado/da*. → 身障者. ♦身体検査 *m*. examen físico; (定期健康診断) *m*. reconocimiento [*m*. chequeo] médico periódico; (空港などでの危険物などを見つけるための) *m*. registro (de seguridad), 《口語》 *m*. cacheo. ♦麻薬を隠し持っていないか身体検査をする *v*. registrar [《口語》 cachear] 《a＋人》 en busca de drogas. ♦健全な身体に健全な精神 《ことわざ》 Mente sana en cuerpo sano. ⇨ 体, 肢体

しんたい 進退 ❶【運動】♦進退きわまる *v*. no poder* avanzar* ni retroceder, 《口語》 estar* entre la espada y la pared; (板ばさみになる) *v*. estar* [encontrarse*] en un dilema; (窮地に陥る) *v*. caer* en una situación difícil, 《口語》 estar* en un callejón sin salida.

❷【進路】 *m*. camino, *f*. vía; (態度) *f*. actitud; (行為) *m*. comportamiento, *f*. conducta. ♦進退を明らかにする *v*. decidir「qué camino seguir* [el camino a seguir]. ♦進退うかがいを出す (=辞表を出す) *v*. presentar la dimisión.

しんだい 寝台 *f*. cama; (船・列車の) *f*. litera; (折りたたみ式の) *f*. cama plegable [turca]. ♦寝台券 *m*. billete [《米》 *m*. boleto] con litera. ♦寝台料金 *m*. suplemento por litera [cama]. ♦寝台車 *m*. coche cama [dormitorio].

じんたい 人体 *m*. cuerpo humano. ♦人体実

験 *mpl.* experimentos con el cuerpo humano. ▶人体解剖図 *m.* atlas de anatomía, *m.* mapa anatómico.

じんたい 靭帯 (専門語) *m.* ligamento. ▶足首の靱帯を損傷する *v.* tener* [《フォーマル》sufrir] un desgarro en el ligamento del tobillo.

じんだい 甚大 ▶地震で建物が甚大な(=重大な)被害を受けた El terremoto causó muchos daños al edificio. / El edificio sufrió grandes daños por el terremoto.

しんたいそう 新体操 *f.* gimnasia rítmica.

しんたく 信託 *m.* fondo de inversiones, *m.* fideicomiso. ▶信託銀行 *m.* banco fiduciario. ▶信託者 *mf.* fideicomitente. ▶信託統治(地域) *m.* fideicomiso.

しんたく 神託 (お告げ) *m.* oráculo.

しんだん 診断 *m.* diagnóstico, *f.* diagnosis. ▶診断する *v.* hacer* un diagnóstico 《de》, diagnosticar*. ▶健康診断 *m.* reconocimiento (*f.* examen) médico, *m.* chequeo. ▶診断書 *m.* certificado médico. ▶診断テスト *m.* examen de diagnosis. ▶診断を誤る *v.* equivocarse* en el diagnóstico. ▶診断書を一通書いていただきたいのですが Quisiera que me hiciera un certificado médico. ◆医者は彼の病気をはしかと診断した El médico le diagnosticó sarampión. ◆彼女は昨年肝臓がんと診断された El año pasado 「le diagnosticaron [fue diagnosticada] cáncer de hígado.

じんち 陣地 *f.* posición (militar). → 陣. ▶陣地取り(遊び) (el juego de) las cuatro esquinas. ▶陣地を敷く *v.* ocupar una posición; acampar. ▶砲兵陣地を⁵攻撃する [²守る] *v.* ¹atacar* [²mantener*] una posición de artillería.

シンチィアン 新疆 Sinchiang, 《ピンイン》Xinjiang (☆中国のウイグル自治区).

しんちく 新築 (新しい家) *f.* casa nueva [recién estrenada]. ▶新築祝い(=パーティー) *f.* celebración por 「estreno de casa [casa nueva]; (贈り物) *m.* regalo de felicitación por estrenar casa. ◆家を新築した Nos hicimos una nueva casa. / Estrenamos casa.

しんちゃ 新茶 *m.* primer té de la temporada.

しんちゃく 新着 ▶新着の図書 *mpl.* últimos libros llegados, *fpl.* nuevas obras; (掲示・広告などで) *fpl.* nuevas adquisiciones.

しんちゅう 真鍮 (製品、色) *m.* latón. ▶真鍮のボタン *m.* botón de latón.

しんちゅう 心中 ▶心中穏やかではない (=満足していない) *v.* estar* insatisfecho 《con》; (気分を害する) *v.* sentirse* herido [《強調して》agraviado]《por》. ▶心中を打ち明ける *v.* tomar 《a + 人》 por confidente, confiarse* 《a + 人》. ▶心中をお察しいたします Comprendo bien tus sentimientos. / Sé muy bien cómo sientes.

しんちょう 伸張 ▶貿易の伸張 (=拡張) *f.* ampliación [*f.* expansión] del comercio exterior. ◆中国の勢力が東南アジアで伸張するだろう La influencia china se extenderá por el Sureste de Asia.

しんちょう 新調 ▶新調の (新品の) *adj.* nuevo; (真新しい) *adj.* flamante, 《口語》nuevecito; (新作の) *adj.* recién hecho. ▶新調のドレス *m.* vestido nuevo [flamante]. 《会話》背広を新調したばかりなんだ一体に合うかい Acaban de hacerme un vestido nuevo. – ¿Te queda bien?

しんちょう 慎重 (注意) *f.* prudencia, *m.* cuidado; (用心) *f.* precaución, *f.* cautela; (思慮分別) *f.* discreción; (熟慮) *f.* reflexión, (教養語) *f.* circunspección.

——— 慎重な *adj.* reflexivo, 《教養語》circunspecto. ◆彼は質問に慎重な答え方をした Fue prudente en su respuesta a la pregunta. / Respondió 「con prudencia [discretamente] a la pregunta. ◆彼は慎重な人で、秘密をもらすようなことはなかった Él es una persona cauta y estoy seguro de que no reveló ningún secreto.

——— 慎重に *adv.* con cuidado, cuidadosamente, prudentemente, con cautela. ◆もっと慎重に運転しなさい Conduce con más cuidado. ◆その件はもっと慎重に扱ってほしい Me gustaría que llevaras ese asunto con más cuidado [prudencia]. / Deberías ser más discreto en ese tema. ◆ほとんどの化学薬品は慎重に扱わなければ危険である La mayoría de los productos químicos son peligrosos si 「no se tiene cuidado [se manejan con imprudencia]. ◆彼は非常に慎重にものを言う Es muy prudente [cauteloso, 《教養語》circunspecto] cuando habla. ◆(慎重にことばを選ぶ)Cuando habla pesa [sopesa] cuidadosamente sus palabras. ☞細かい、細心、注意深い

*しんちょう 身長 *f.* altura, *f.* estatura. ▶身長を測る *v.* medir*. ▶身長順に並ぶ *v.* ponerse* en fila por estatura. ▶身長が5センチ伸びる *v.* crecer* cinco centímetros. ▶身長はいくらありますか ¿Cuánto mides? ◆彼は身長170センチです Mide 1,70 metros (de altura).

しんちょうげ 沈丁花 *m.* rododafne.

しんちょく 進捗 ▶大いに[目覚ましく]進捗する *v.* hacer* [《フォーマル》realizar*] un notable progreso, mejorar mucho.

しんちんたいしゃ 新陳代謝 (生物の) *m.* metabolismo; (新旧交代) *f.* renovación. ▶新陳代謝が激しい *v.* tener* un metabolismo alto [《フォーマル》elevado]. ◆流行語は新陳代謝が激しい Las palabras de moda son sustituidas continuamente.

しんつう 心痛 (心配) *f.* preocupación, *f.* inquietud; (不安) *f.* angustia. → 心配. ▶心痛のあまり病気になる *v.* enfermar por 「las preocupaciones [la angustia].

じんつう 陣痛 *mpl.* dolores de parto. ▶子宮収縮 (専門語) *fpl.* contracciones uterinas [de expulsión]. ▶陣痛が始まる *v.* entrar en trabajo de parto. ▶陣痛を起こしている女性 *f.* (mujer) parturienta, *f.* mujer que está de parto.

じんつうりき 神通力 *m.* poder sobrenatural.

しんてい 進呈 *m.* regalo, 《フォーマル》*m.* obse-

しんてきがいしょう 心的外傷 *m.* trauma. ▶心的外傷後ストレス症候群[障害]（専門語）*m.* trastorno de estrés postraumático.

シンデレラ（童話の主人公，書名）*f.* «Cenicienta».

しんてん 進展（展開）*f.* evolución, *m.* desarrollo; (進行) *m.* progreso, *f.* marcha. ▶事件の進展を見守る *v.* ver* cómo「evoluciona el asunto [《口語》marchan las cosas]」. ▶進展する *v.* evolucionar, desarrollarse; progresar, hacer* progresos ☞ 進む, 進める, 展開する

しんてん 親展　*adj.* confidencial, personal, privado. ▶親展の手紙 *f.* carta confidencial [personal].

しんでん 神殿 *m.* santuario.

しんでんず 心電図　*m.* electrocardiograma, 《口語》*m.* electro. ▶心電図を撮ってもらう *v.* 《口語》hacerse* un electro.

しんと 信徒　*mf.* creyente. ▶キリスト教の信徒 *mf.* cristiano/na.

しんと ▶しんとする *v.* reinar un silencio absoluto [《強調して》sepulcral]; (急に話をやめる) *v.* quedarse callado [en silencio]. ▶人のいない街はしんとしていた En la calle desierta reinaba un silencio total [sepulcral]. ♦ホールはしんとしていた En la sala「había un silencio absoluto [reinaba un profundo silencio]」. ♦彼の言葉にみんなしんとなった Sus palabras hicieron callar a todos. / Todos se quedaron en silencio con sus palabras.

しんど 震度　*f.* intensidad sísmica; (マグニチュード) *f.* magnitud. → マグニチュード. ▶その地震は大阪で震度3でした El terremoto tuvo en Osaka una intensidad de tres en la escala japonesa.

しんど 深度 ▶湖の深度を測る *v.* medir* la profundidad del lago.

しんど 進度　*m.* progreso, *m.* avance. ♦スペイン語の進度はクラスによって違っている El progreso en español varía「de una clase a otra [dependiendo de la clase]」.

じんと ▶じんと＝じんと来る（感動して）*v.* estar* profundamente conmovido 《por》; (悲しみなどで) *v.* 《口語》sentir* un nudo en la garganta; (しびれて) *v.* sentir* el brazo dormido; (痛む) *v.* doler*. → 染みる.

しんとう 神道　*m.* sintoísmo, "shinto", 《説明的に》*f.* religión autóctona de Japón con rasgos animistas y de veneración a los antepasados.

しんとう 浸透（思想などがしみ込むこと）*f.* penetración, *f.* infiltración; (液体などが)（専門語）*f.* ósmosis. ▶浸透する *v.* penetrar, infiltrarse 《en》. ▶浸透圧 *f.* presión osmótica. ▶浸透作用 *f.* acción osmótica. ▶新興宗教の労働者への浸透 *f.* infiltración de una nueva religión en trabajadores. ▶新しい思想を人民に浸透させる *v.* infiltrar una nueva idea en el pueblo. ♦水が土壌に浸透した El agua「se filtró en el suelo [《フォーマル》permeó la tierra]」.

-しんとう -親等 ▶11[22; 33] 親等 *f.* consanguinidad de ¹primer [²segundo; ³tercer] grado. ▶11[22; 33] 親等親族 *m.* pariente de ¹primer [²segundo; ³tercer] grado.

しんどう 神童 *mf.* niño/ña prodigio/gia.

しんどう 震動 *f.* sacudida; (激しい) *m.* impacto, *m.* choque; (速い小刻みな) *f.* vibración; (地面の大きな) *m.* temblor; (微動) *f.* sacudida ligera. ▶爆発の震動 *m.* impacto de una explosión.

── 震動する *v.* temblar*, estremecerse*; vibrar; dar* sacudidas [tumbos]. → 揺れる. ▶足もとで大地が震動した La tierra tembló bajo nuestros pies. ♦交通量が多いので橋が震動した El puente vibraba bajo el denso tráfico. ♦でこぼこ道ではこの車は震動がひどい「El coche va dando sacudidas [Este coche traquetea] por la mala carretera.

じんとう 陣頭 ▶陣頭に立つ *v.* 《口語》ser* el jefe. ▶捜索隊の陣頭指揮をとる *v.* dirigir* el equipo de búsqueda.

じんどう 人道（人間愛の）*f.* humanidad. ▶人道主義　*m.* humanitarianismo; (ヒューマニズム) *m.* humanismo. ▶人道主義者 *f.* persona humanitaria. ♦彼らの捕虜の取扱い方は人道に反する El trato de ellos a los prisioneros es inhumano [antihumanitario].

── 人道的な（人道主義的な）*adj.* humanitario, (人道主義的立場[見地]から) *adv.* desde el punto de vista humanitario. ▶最も人道的なやり方で問題を解決する *v.* resolver* el problema de la manera [forma] más humanitaria posible. ♦それは人道的な理由で許しがたい Por razones humanitarias eso es imperdonable.

じんとく 人徳 *f.* virtud, *f.* cualidad. ▶人徳のある人 *f.* persona virtuosa [de grandes cualidades]. ▶あのむずかしい局面を切り抜けられたのは彼の人徳のおかげだ Superamos la difícil situación gracias a su encantador carácter.

じんどる 陣取る *v.* tomar posiciones, ocupar. ♦多くの記者たちが門の前に陣取った（＝位置を占めた）Numerosos periodistas tomaron posiciones enfrente de la puerta principal. ♦宮殿が市の中心の広い場所を陣取っている El palacio ocupa una gran zona en el centro de la ciudad.

シンドローム（症候群）*m.* síndrome.

シンナー *m.* diluyente. ▶シンナー遊び *f.* inhalación de disolvente; (溶剤乱用) *m.* abuso de disolvente. ▶シンナーを吸う *v.* inhalar disolvente. ▶塗料をシンナーで薄める *v.* diluir* la pintura en disolvente.

しんないまくえん 心内膜炎（専門語）*f.* endocarditis. ▶亜急性細菌性心内膜炎（専門語）*f.* endocarditis bacteriana subaguda.

しんなり *adj.* suave y fresco. → しなやか.

しんに 真に *adv.* verdaderamente, realmente, de verdad, 《口語》de veras. → 真, 本

当. ☞実, じっさい, 実際

しんにち 親日 ▶親日の *adj.* pro-japonés, japonófil*o*. ▶親日家 *mf.* pro-japonés/nesa, *mf.* japonófil*o/la*. ◆彼は大の親日家だ Le gusta mucho Japón. /《口語》Es muy projaponés. /《口語》Le tira mucho Japón.

しんにゅう 侵入 *f.* invasión, 《フォーマル》*f.* intrusión. ▶侵入者(領土などへの) *mf.* invasor/sora; (他人の土地などへの不法の) *mf.* intruso/sa; (コンピューターへの) *mf.* pirata informátic*o/ca*, *mf.* intruso/sa informátic*o/ca*. ◆イラクのクエートへの侵入 *f.* invasión irakí de Kuwait. ▶侵入軍 *m.* ejército invasor.
—— 侵入する (領土などに) *v.* invadir; (家に) *v.* irrumpir 《en》; (土地などに不法侵入する) *v.* entrar [penetrar] sin permiso; (コンピューターへ) *v.* piratear. ◆その地区に侵入する *v.* invadir la zona. ◆強盗が裏口から彼の家に侵入した El ladrón penetró en la casa por la puerta trasera.

しんにゅう 進入 (滑走路などへの) *f.* aproximación. ▶名神高速道路への進入路 *m.* acceso a la Autopista Meishin. ▶進入する(=中に入る) *v.* entrar 《en》.

しんにゅうせい 新入生 *mf.* estudiante nuev*o/va*; (高校・大学の1年生)《口語》*mf.* novat*o/ta*. ▶一年生. → 新入り. ▶新入生らしい態度 *f.* actitud de novato.

しんにん 信任 *f.* confianza. → 不信任. ▶信任状(大使館に授ける)《フォーマル》*mpl.* credenciales. ▶信任投票 *m.* voto de confianza. ▶信任を得る *v.* ganar [《フォーマル》granjearse](su) confianza. ◆彼は社長の信任が厚い(=得ている) Tiene la confianza del presidente.

しんにん 新任 ▶新任の(今度来た) *adj.* nuevo; (新たに任命された) *adj.* recién nombrado. ▶新任の音楽教師 *mf.* nuevo/va profesor/sora de música. ▶新任の(=就任のあいさつをする) *v.* pronunciar un discurso inaugural.

しんねん 信念 *f.* creencia 《en》; (理屈抜きの確信) *f.* fe 《en》; (根拠のある確信) *f.* convicción, *m.* convencimiento; (自信) *f.* confianza; (行動の指針) *m.* principio. ▶...という確固たる信念に基づいて行動する *v.* actuar* con el firme convencimiento de que... ▶信念を貫く *v.*「ser* fiel [atenerse*] a los principios. ◆彼は信念を持っている Es un hombre de principios. ☞ 確信, 実感, 所信, 信条

*しんねん 新年, 元日, 元日からの数日間) *m.* Año Nuevo; *m.* Día de Año Nuevo. (新しい年) *m.* nuevo año. ▶新年会 *f.* fiesta de Año Nuevo. ▶新年を祝う *v.* celebrar el Año Nuevo. ▶新年を迎える *v.* recibir el Año Nuevo. ▶新年になったら *adv.* en año nuevo. ▶新年早々 *adv.* a principio de año nuevo,《口語》con el año nuevo. ▶新年おめでとう ¡Feliz Año Nuevo!

しんの 真の (偽りのない) *adj.* verdadero; (本当の) *adj.* real, verdadero; (実際の) *adj.* real; (正真正銘の) *adj.* auténtico. → 本当の. ▶真の友情 *f.* verdadera amistad. ◆まさかの友は真の友《ことわざ》En la necesidad se conoce al amigo.

シンパ *mf.* simpatizante.

しんぱい 675

***しんぱい 心配** *f.* preocupación [*f.* ansiedad, *f.* inquietud]《por》, *f.* intranquilidad, *m.* desasosiego, *m.* temor《de》,《教養語》*f.* zozobra. → 不安.

1《心配+名詞》◆心配事があります Hay algo que me preocupa. / Tengo algo que me inquieta. ◆彼には心配事がない No tiene ninguna preocupación. / No hay nada que le preocupe.

2《心配が[は]》◆彼女の最大の心配は子供の教育だ「Su mayor preocupación [Lo que más le preocupa] es la educación de su hijo. ◆金の心配はいらない No hay que preocuparse del [por el] dinero. ◆雨の心配(=恐れ)はない No hay que preocuparse de「la lluvia [que llueva].

3《心配の》◆病弱な息子は私の心配の種です Mi hijo enfermizo「me preocupa [《強調して》es una fuente de inquietud]. / Estoy preocupada por mi hijo enfermizo.

4《心配に》◆約束の時間に来ないので私は心配(=不安)になった Me inquieté [puse intranquil*o*] cuando ella no se presentó a la hora señalada [acordada].

5《心配を》◆帰りが遅くなって母にすごく心配をかけた Llegué tarde y mi madre estaba muy preocupada. / Mi vuelta a casa tan tarde preocupó mucho a mi madre. ◆ご心配(=迷惑)をかけてすみません Perdone que le haya molestad*o*.

6《心配で》◆彼女は子供の体のことが心配で眠れなかった Estaba tan preocupada por la salud de su hijo que no podía dormir. / No pudo conciliar el sueño a causa de la preocupación por la salud de su hijo. / La intranquilidad por la salud de su hijo la mantuvo despierta. ◆私は中の様子が心配でドアの外に立っていた Estaba preocupad*a* por lo que pasaba dentro y me quedé detrás de la puerta.

7《心配そうな》; (気にかかって) *adj.* inquieto; (思い悩んで) *adj.* preocupado; (不安で落ち着かない) *adj.* intranquilo,《教養語》desasosegad*o*. ◆心配そうな母親 *f.* madre preocupada [inquieta]. ◆彼は心配そうな顔つきで私を見た Me miró con la expresión preocupada. / (心配そうに)Me miró con「cara de preocupado [aire de ansiedad]. ◆彼女は心配そうな様子だった Parecía preocupada [inquieta, intranquila].
—— 心配する *v.* preocuparse《por, de》; (心配している) *v.* estar* preocupad*o*《por》; (恐れる)

自動車進入禁止 Prohibido ingreso de vehículos motorizados. →進入

676　しんぱいしょう

v. temer;（不安で落ち着かない）v. estar* nervioso [intranquil*o*, inquiet*o*] (por), inquietarse (por).　♦そのことはあまり心配しないでください No te preocupes tanto por eso. / No hay razón [motivo] para tanta preocupación sobre ello.　♦彼は息子のことでとても心配している Está muy preocupado por su hijo. ♦彼女は夫の安否が心配だった Se preocupaba de la seguridad de su marido. / La seguridad de su esposo la preocupaba [inquietaba]. ♦彼がまだ姿を見せないので心配している Estoy preocup*ado* de que todavía no haya venido. / Me inquieta [preocupa] que aún no aparezca.　会話 もうだいじょうぶだ―ああよかった。ちょっと心配したわ　Ya estoy bien. – ¡Ay, qué bien! Nos tenías algo preocupados. ♦何を心配しているのだ ¿Qué te preocupa? / ¿Qué es lo que te inquieta? ♦母親は息子が入試に失敗するのではないかと心配だった La madre temía [estaba preocupada de] que su hijo suspendiera el examen de ingreso. ♦彼女の両親は彼女が一人でそこへ行くのをとても心配した A sus padres les inquietaba mucho que fuera allí sola. ➡ 恐れ, 思い, 気, 危惧, 苦, 苦労, 心遣い, 心痛, 心労; 危ぶむ, 案ずる, 憂える, 思い詰める, 思う, 気にする, –だろう

しんぱいしょう　心配性　♦母はとても心配性です（＝心配し過ぎる）Mi madre se preocupa demasiado [excesivamente]. / Mi madre se angustia mucho.

じんぱいしょう　塵肺症　(専門語) f. neumoconiosis.

しんばつ　神罰　m. castigo divino. ♦神罰を受ける v. ser* castig*ado* por Dios, 《フォーマル》incurrir en el castigo divino.

ジンバブエ　Zimbabwe (☆アフリカの国, 首都ハラレ Harare).

シンバル　m. címbalo. ♦シンバルの音 m. sonido del címbalo. ♦シンバルを鳴らす v. tocar* el címbalo.

しんぱん　審判　❶【事件などの】m. juicio. ➡ 裁判, 判決. ♦最後の審判 El Juicio Final. ♦審判を下す v. dar* 《フォーマル》emitir] juicio. ❷【審判員】（競技などの）mf. juez (→審判員); (テニス・バレーボールなどの) m. juez de silla; (ボクシング・サッカーなどの) mf. árbitro/tra; 【判定】f. decisión. ♦審判をする［務める］v. hacer* [actuar*] de juez [árbitro/tra]. ♦だれが(野球の)審判を務めますか ¿Quién va a 「arbitrar el [ser el árbitro del] partido (de béisbol)?

しんぱん　侵犯　f. violación. ♦日本の領空を侵犯する v. cometer una violación del espacio aéreo japonés.

しんぴ　神秘　m. misterio. ♦神秘的な adj. misterioso, enigmático, (宗教的に) adj. místico. ♦神秘的な笑み f. sonrisa misteriosa [enigmática]. ♦神秘的な儀式 mpl. ritos místicos. ♦神秘(のベール)に包まれている v. estar* envuel*to* en el misterio. ♦神秘のベールをはぐ v. quitar el misterio 《a》, despojar(lo) de misterio.　♦宇宙の神秘を探る v. explorar los misterios del universo.

しんぴ　真皮　(専門語) m. dermis.

しんびがん　審美眼　(美的感覚) m. sentido estético [de la belleza]. ♦審美眼がある v. tener* sentido estético [de lo bello].

しんひしつ　新皮質　(専門語) m. neocórtex.

しんぴょうせい　信憑性　f. credibilidad. ♦信憑性のある adj. creíble, 《教養語》fidedig*no*. ♦信憑性のない adj. dudoso, sospechoso.

しんぴん　新品　m. nuevo artículo. ♦新品のドレス m. vestido nuevo [flamante]. ♦この時計は新品同様だ Este reloj está como nuevo.

しんぷ　新婦　f. novia. ➡ 新郎.

しんぷ　神父　m. sacerdote, 《口語》m. cura, 《教養語》m. presbítero. ♦【尊称, 呼びかけ】Padre. ♦ラファエル神父 Padre Rafael.

しんぷう　新風　♦政界に新風を吹き込む v. traer* aire fresco al mundo de la política, inyectar sangre nueva en la política.

シンフォニー　f. sinfonía. ➡ 交響曲［曲］.

しんぷく　振幅　f. amplitud (de vibraciones).

しんふぜん　心不全　(専門語) f. insuficiencia cardíaca.

しんぶつ　神仏　fpl. deidades y Buda, m. Dios y Buda. ♦神仏の加護を祈る v. rezar* por la protección divina.

じんぶつ　人物　❶【人】f. persona, m. hombre, f. mujer (→人, 男); (有名・重要な) m. personaje, f. figura; (劇・小説などの登場人物) m. personaje; (変わっている, おもしろい, 個性的な) m. personaje. ♦実在の人物 m. personaje real. ♦重要人物 f. persona importante, f. personalidad, m. personaje, f. persona muy importante, 《英語》m. "VIP" (☆発音は [bip]). ♦偉大な人物 m. gran personaje, m. gran hombre, f. gran mujer. ♦歴史上の人物 f. figura histórica, m. personaje histórico. ♦彼の人物画 m. retrato. ♦彼は変わった人物だ Es 「una persona extraña [《口語》un personaje singular]. ♦¹彼 [²彼女] は大した人物だ Es todo ¹un hombre [²una mujer]. / 《口語》Es ¹un hombre hecho y derecho [²una mujer hecha y derecha]. / Es alguien. ♦彼はたいした人物ではない《口語》Es un don nadie. / 《軽蔑的に》Es un personajillo. ♦彼は要注意人物だ Es un hombre del que hay que cuidarse. / Es una persona de cuidado. ❷【人柄, 性格】(人から見た印象を総合した) f. personalidad; (道徳的に見た) m. personaje. ➡ 人格, 性格, 人間. ♦彼の人物像は保証します Puedo asegurarte que es una buena persona. ♦彼の言うことを聞くと彼の人物が分かる Sus palabras revelan「cómo es [qué clase de persona es].

＊＊しんぶん　新聞　m. periódico, m. diario, m. rotativo. ♦【集合的】f. prensa.

1 《～新聞》 ♦日刊新聞 m. diario. ♦朝刊新聞 m. periódico「de la mañana [matutino]. ♦夕刊新聞 m. periódico「de la tarde [vespertino].

2 《新聞＋名詞》 ♦新聞販売人 mf. vended*or*/

dora de prensa [periódicos]. ▶新聞配達 *m.* reparto de prensa. ▶新聞少年 *m.* muchacho que reparte periódicos; *m.* muchacho vendedor de periódicos. ▶新聞記事 *m.* artículo periodístico《de》. ▶新聞記者 *mf.* periodista. ▶新聞社 *f.* editora del periódico. ▶新聞紙 *m.* papel de periódico. ▶(駅などの)新聞売り場 *m.* quiosco, *m.* kiosko. ♦あの歌手はまた新聞種になっている Ese cantante「ha vuelto a ser noticia [otra vez sale en los periódicos].

3《新聞が[は]》▶すべての新聞がその事故を簡単に報道した Todos los periódicos informaron brevemente del accidente. ♦毎日新聞はその記事を1面に載せた El Mainichi trae [《フォーマル》inserta] la noticia en primera página. ♦新聞は世界の出来事を教えてくれます Los periódicos informan de lo que pasa en el mundo.

4《新聞の》▶新聞の切り抜き *m.* recorte de prensa [periódico]. ▶新聞の見出し *m.* titular de un periódico. ♦彼は地元の新聞のスポーツ記者です Es periodista deportivo en un periódico regional.

5《新聞に》▶新聞に広告を出す *v.* publicar* [poner*] un anuncio en el periódico. ♦それは新聞に載るだろう Aparecerá [《口語》Saldrá] en「los periódicos [la prensa]. ♦今日の新聞にはいい記事は一つもない Hoy no aparece ningún artículo bueno en el periódico. / El periódico de hoy no trae ningún artículo bueno.

6《新聞を》▶新聞を家々に配達する *v.* repartir periódicos de「casa en casa [puerta en puerta]. ♦あなたは何新聞をとっていますか ¿Qué periódico lees [compras; recibes]? → 購読. ♦彼の汚職事件は新聞をにぎわした Su escándalo de corrupción ha sido「una gran noticia [《口語》una notición]. → マスコミ.

7《新聞で[によると]》▶それは新聞で読みました Lo leí en「el periódico [la prensa]. ♦今日の新聞によるとチリで大地震があったそうです El periódico de hoy dice que ha habido un gran terremoto en Chile. / Se informa en la prensa de hoy de un gran terremoto en Chile.

地域差	(街頭の)新聞売り
[スペイン]	*m.* vendedor de periódicos
[キューバ]	*m.* voceador
[メキシコ]	*m.* periodiquero, *m.* voceador
[ペルー]	*m.* canillita, *m.* periodiquero
[コロンビア]	*m.* voceador
[アルゼンチン]	*m.* corredor

じんぶんかがく 人文科学 *fpl.* humanidades; (学科) *mpl.* estudios humanísticos.

しんぺん 身辺 ▶身辺を警護する(人を守る) *v.* proteger*《a + 人》. ▶死ぬ前に身辺の(事柄の)整理をする *v.* poner* en orden「los asuntos [《口語》las cosas] antes de morir*.

* **しんぽ 進歩** (目標に向かっての着実なまた著しい前進) *m.* progreso, (前進してあるレベルに達すること) *m.* avance, (改良, 向上) *f.* mejora.

1《~の進歩》▶科学の進歩によって世界はだんだん狭くなる El mundo se está haciendo pequeño con el avance de la ciencia.

2《進歩が》▶彼は学業にめざましい進歩(の跡)が見られる Ha realizado [mostrado] un notable progreso en sus estudios. ♦彼の最新作は前作に比べて進歩している Su última obra constituye [《フォーマル》representa] una mejora sobre [《フォーマル》con respecto a] la anterior.

3《進歩的な》; (革新的な) *adj.* progresista; (進んだ) *adj.* avanz*ado*. ▶進歩的な思想 *f.* idea progresista [avanzada].

—— **進歩する** *v.* progresar, hacer* progreso; mejorar《en》. ♦彼はスペイン語が著しく進歩した Ha progresado considerablemente en español. / Su español ha avanzado [mejorado] notablemente. / Ha sido notable [considerable] su progreso del español. ♦医学はここ10年間に大いに進歩した La medicina ha realizado grandes avances en los últimos diez años. ⇨向上, 上達; 上[揚, 挙]がる

* **しんぼう 辛抱** *f.* paciencia. → 我慢, 根気. ▶辛抱強い *adj.* paciente. ▶辛抱強く *adv.* pacientemente, con paciencia; (頑張って) *adv.*《フォーマル》con perseverancia. ♦近ごろの若い者は辛抱がたらぬ「La juventud actual no tiene [Los jóvenes of hoy no tienen] paciencia. ♦私は辛抱強く彼が戻るのを待った Esperé pacientemente「su regreso [que volviera].

—— **辛抱する** *v.* aguantar, soportar (→我慢する); (頑張り通す) *v.*《フォーマル》perseverar《en》. ▶辛抱して成し遂げる *v.* perseverar hasta realizarlo*. ♦苦労を辛抱する覚悟がなくてはならない Tienes que estar preparad*o* para soportar dificultades.

しんぼう 信望 (信用) *f.* confianza, (人気) *f.* popularidad. ▶上役の信望を¹得る [²失う] *v.* ¹ganarse [¹《フォーマル》granjearse]; ²perder*] la confianza de su superior. ♦彼は上役の信望が厚い Tiene la confianza de su superior.

しんぼう 心房 (専門語) *m.* atrio. ▶心房性頻脈 (専門語) *f.* taquicardia auricular. ▶心房粗動 (専門語) *m.* aleteo [flúter] auricular. ▶心房中隔欠損症 (専門語) *f.* comunicación interauricular.

しんぽう 信奉 ▶フロイトを信奉する *v.* seguir* a Freud. ▶フロイトの信奉者 *mf.* devot*o/ta* de Freud; (熱烈な支持者) *mf.* seguid*or/dora* de Freud.

じんぼう 人望 (人気) *f.* popularidad; (支持) *m.* apoyo popular. ▶人望のある人 *f.* persona respetada. ▶人望を¹あつめる [²失う] *v.* ¹ganar [²perder*]「la popularidad [el apoyo popular].

しんぼく 親睦 (友愛) *f.* amistad. ▶親睦を深める *v.* cultivar la amistad; (理解を深める) *v.* conocerse*. ▶親睦会(組織) *f.* reunión「para conocerse [para hacer amigos, 《フォーマル》de confraternización]. ▶親睦試合をする *v.* jugar* un partido amistoso.

シンポジウム *m.* simposio. ▶大気汚染についてのシンポジウムを1行なう [²組む] *v.* ¹celebrar [²organizar*] un simposio sobre la contaminación del aire.

シンボル → 象徴. ▶シンボルマーク *m.* emblema. ▶シンボルバッジ *f.* insignia [*m.* distintivo] de campaña.

しんまい 新米 ❶【経験の浅い人】*mf.* nuevo/va, 《口語》novato/ta; (初心者) *m.* principiante. ▶新米写真家 *mf.* fotógrafo/fa nuevo/va [《口語》novato/ta].
❷【とれたての米】*m.* arroz nuevo [de la última cosecha].

じんましん 蕁麻疹 *f.* urticaria. ▶ビールを飲むとひどいじんましんが出る *v.* tener* [《フォーマル》desarrollar] una fuerte urticaria por beber cerveza. ◆じんましんが出た Me ha salido urticaria.

しんみ 親身 ▶親身の (=親切な) 指導 *f.* instrucción [*f.* enseñanza] amable. ▶その子を親身になって世話する *v.* cuidar amablemente [con afecto, con ternura] a ese niño, 《フォーマル》tratar solícitamente a ese niño. ▶親身になって聞く *v.* escuchar con simpatía [solicitud] (su problema).

しんみつ 親密 ▶親密な *adj.* entrañable; (慣れ親しい) *adj.* muy conocido; (仲のよい) *adj.* amistoso. ▶親しい. ▶彼とは親密だ Tengo una amistad íntima con él. / (親しい友達だ) Es un amigo íntimo. / (親しい間柄だ) Mantenemos una amistad íntima. ▶彼らはすぐに親密になった (=友達になった)「Se hicieron amigos [Intimaron] enseguida.

じんみゃく 人脈 *mpl.* contactos [*fpl.* relaciones] personales. ▶その会合は人脈を作る[広げる]いい機会だった La reunión fue una buena ocasión para「hacer contactos [《フォーマル》establecer relaciones].

しんみょう 神妙 ▶神妙な (おとない) *adj.* apacible, (従順な) *adj.* dócil, sumiso, obediente; (忠実な) *adj.* fiel, leal. ▶おとない. ▶神妙な態度 *f.* actitud dócil [sumisa]. ▶神妙な (=まじめな) 顔つき *f.* mirada seria.

しんみり ▶しんみりと (=静かに) *adv.* apaciblemente; con melancolía. ▶しんみりする (=悲しくなる) *v.* ponerse* triste, 《フォーマル》entristecerse*. ▶しんみりとした話 *f.* historia triste [(心を動かす) conmovedora].

じんみん 人民 *m.* pueblo. → 国民. ▶中国人民 *m.* pueblo chino [de China], *mpl.* los chinos. ▶人民公社 *f.* comuna popular. ▶人民の権利を尊重する *v.* respetar los derechos del pueblo.

じんめい 人名 *m.* nombre de persona. ▶人名辞典 *m.* diccionario biográfico.

じんめい 人命 *f.* vida (humana). ▶人命救助 *m.* salvamento, *m.* rescate (de vidas). ▶その災害で多くの人命が失われた En el desastre se perdieron muchas vidas. ▶彼は人命救助で表彰された Lo [Le] honraron por su trabajo de salvamento.

しんもつ 進物 (贈答品) *m.* regalo; (贈り物)《フォーマル》*m.* obsequio, 《教養語》*m.* presente. ▶これを進物用に包んでいただきたいのですが ¿Me lo puede envolver para regalo? ▶店員さんはその包みをご進物用に包装いたしましょうかと尋ねてくれた El dependiente me preguntó si「era para regalo [quería que me lo envolviera para regalo].

じんもん 尋問 *fpl.* preguntas, *m.* interrogatorio; (法廷での) *m.* examen; (警察での) *m.* interrogatorio. ▶尋問する *v.* preguntar, interrogar*, 《フォーマル》someter a un interrogatorio. ▶容疑者は警察からきびしい尋問を受けた El sospechoso fue「rigurosamente interrogado [《口語》acribillado a preguntas]. ☞ 追及, 取り調べ; 調べる, 追及, 問い質す, 問う, 取り調べる

しんや 深夜 *f.* medianoche. ▶深夜映画 *f.* película de medianoche. ▶深夜料金 *f.* tarifa nocturna. ▶深夜営業をしている *v.* estar* abierto hasta muy tarde por la noche. ▶深夜番組 *m.* programa de medianoche. ▶深夜族 *mf.* trasnochador/dora, *mf.* noctámbulo/la, 《口語》*f.* ave nocturna. ▶試験に備えて深夜まで勉強した Estudié hasta「muy avanzada [una hora muy avanzada de] la noche para el examen. ▶彼らは深夜まで話し合った Se quedaron hablando [《メキシコ》platicando] hasta bien entrada [avanzada] la noche.

しんやくせいしょ 新約聖書 *m.* Nuevo Testamento.

しんゆう 親友 *mf. buen/buena* amigo/ga, 《口語》*m.* gran amigo/ga, *mf.* amigo/ga íntimo/ma, *el/la* mejor amigo/ga. → 友達. ▶私たちは長年の親友だ Hemos sido (muy) buenos amigos muchos años. ▶ぼくたちは大の親友になった Llegamos a ser grandes [muy buenos] amigos.

*•**しんよう 信用** (信頼) *f.* confianza; (頼りにして信頼する) *f.* confianza; (証拠に基づく確信のある) *f.* confianza; (信念に基づいた一方的な強い) *f.* fe (→信頼); (取り引き上の) *m.* crédito; (評判) *f.* reputación, *f.* buena fama.

1《信用＋名詞》 ▶信用貸し付け *m.* préstamo a crédito. ▶信用金庫 *m.* banco「de crédito [crediticio]. ▶信用組合 *f.* cooperativa de crédito. ▶信用状 *f.* carta de crédito. ▶信用調査 *m.* chequeo de crédito. ▶信用取引 *f.* operación [*f.* transacción] de [a] crédito. ▶信用販売 *f.* venta「a crédito [《口語》al fiado].

2《信用が》 ▶彼は彼女に大変信用がある Tiene [《フォーマル》Goza de] toda su confianza. / (信用されている) Ella confía mucho en él. ▶その店の信用が¹落ちた [²増した] Esa tienda ha ¹perdido [²aumentado su] fama [《フォーマル》crédito]. ▶その店は信用がある Esa tienda「tiene buena fama [《フォーマル》goza de mucho crédito].

3《信用を》 ▶彼は彼女の信用を¹失った [²得た] Ha ¹perdido [²ganado; ²conquistado] su confianza. ▶その不祥事が店の信用を傷つけた Ese escándalo ha perjudicado「la fama [el buen nombre, 《フォーマル》el crédito] de

la tienda.
4《信用で》◆彼は信用(=つけ)でそれを買った Lo compró a crédito. /（小額の買い物）Se lo fiaron.

── 信用できる *adj*. digno de confianza [crédito]; que merece crédito; seguro,《教養語》fidedigno, sincero;（評判のよい）*adj*. de buena fama, con buen nombre, de crédito. ◆彼は信用できる友人だ Es un amigo sincero [en el que se puede confiar, que merece crédito]. ◆じゃあ君は彼が信用できない(=不正直だ)というんだね ¿Así que estás diciendo que no hay que darle crédito? ◆彼が強盗にあったという話はどの程度信用できる？ ¿Qué crédito hay que dar a eso que dice de que le han robado?

── 信用する *v*. confiar* [tener* confianza [fe]]《en》;（信じる）*v*. dar* crédito《a》, creer*. ◆彼に信用して金を預ける v. confiarle* [confiar* en él] el dinero, poner* el dinero en su confianza. ◆おれのことを信用してくれ、すべてちゃんとやるから Confía [Ten confianza] en mí y yo me encargaré de todo. ◆私は彼の言うことを信用していない No「doy crédito a [doy fe a, tengo confianza en] lo que dice. / No lo [le] creo. / No creo en sus palabras. ◆彼は絶対に飛行機で旅行しない．飛行機を信用していないから Nunca viaja en avión porque no confía en los aviones.

しんよう 瀋陽 →シェンヤン
じんよう 陣容 ❶［陣立て］*f*. formación [*f*. disposición, *m*. orden] de combate. ◆陣容を整えた軍勢 *fpl*. tropas en formación de combate.
❷［顔ぶれ］*mpl*. miembros; *f*. alineación;（構成員）*m*. personal. ◆次の試合のために陣容を変える *v*. cambiar de alineación para el próximo partido. ◆この大学の教授の陣容はりっぱだ Esta universidad tiene un buen profesorado.

しんようじゅ 針葉樹 *f*. conífera.
*****しんらい** 信頼（主観に基づく本能的な）*f*. confianza;（頼りにして信頼すること）*f*. seguridad;（証拠に基づく理性的な）*f*. confianza;（信念に基づいた一方的な強い）*f*. fe. → 信用.◆教師と生徒との信頼関係を築く *v*. establecer* una relación de mutua confianza entre profesores y alumnos. ◆彼は私の信頼を裏切った［2失望［³失った］¹Traicionó [²Conquistó, ³Perdió] mi confianza en él. ◆彼の判断は信頼おける Su juicio merece confianza.

── 信頼できる *adj*. confiable, de confianza, digno de confianza,《フォーマル》fidedigno;（頼りになる）*adj*. seguro. ◆信頼できる筋（=情報源）によると *adv*. según fuentes fidedignas. ◆彼は信頼できる人ですか ¿Es（digno de）confianza? / ¿Es confiable? / ¿Se puede confiar en él? → 信用できる.

──── 信頼する *v*. confiar* [tener* confianza [fe]]《en》. ◆私は¹彼［²彼の判断］を信頼している Confío en ¹él [²su juicio]. ◆彼は両親を全面的に信頼している「Confía totalmente [Tiene fe ciega] en sus padres. ◆彼の教師としての能力をもっと信頼すべきだ Tienes que tener más confianza [fe] en su capacidad docente. ◆彼は上司から信頼されている Tiene [Goza de] la confianza de sus superiores. ◆彼女なら信頼して赤ん坊の世話を任せられる Es de confianza. Le puedes dejar el bebé. ☞ 当て, 安心, 信用, 頼み, 頼り

しんらいせい 信頼性（専門語）*f*. fiabilidad.
しんらつ 辛辣 ◆辛辣な（人・規則などが厳しい）*adj*. riguroso, severo;（言葉・気性などが激しい）*adj*. mordaz, incisivo,《教養語》cáustico;（態度などがとげとげしい）*adj*. agudo, duro;（痛烈な）*adj*. penetrante, agudo,《教養語》acerbo. ◆しんらつな批評をする v. criticar*「con rigor [rigurosamente, severamente]」, hacer* una crítica mordaz《de》. ◆しんらつな発言をする v. hacer* una observación mordaz [《フォーマル》incisiva]. ◆しんらつな皮肉で非難する v. condenar《a + 人》con aguda ironía. ◆しんらつな男だ（=毒舌の持ち主だ）Tiene una lengua mordaz.

しんらばんしょう 森羅万象 toda la creación, el todo;（宇宙）*m*. universo.
*****しんり** 真理 *f*. verdad. ▶科学的真理 *fpl*. verdades científicas. ▶永遠の真理 *f*. verdad eterna. ▶真理の探求 *f*. búsqueda de la verdad. ▶真理を探求する *v*. buscar* [perseguir*] la verdad. ▶君の言うことには一応の真理がある Hay algo de verdad en lo que dices.

*****しんり** 心理 *f*.（p）sicología, *m*. estado mental, *f*. mentalidad. ▶戦争心理 *f*. mentalidad bélica. ▶群集心理 *f*. psicología de masas. ▶彼女は夫の心理がよく分からない No entiende「la psicología de [cómo piensa] su marido. /（何を考えているのか分からない）No comprende lo que piensa su marido.

──── 心理（的）*adj*. psicológico; mental,《フォーマル》psíquico. ▶心理小説 *f*. novela psicológica. ▶心理作用 *m*. proceso mental. ▶その女性の心理描写をする v. dar* [ofrecer*] una descripción psicológica de la mujer. ◆彼の犬嫌いは心理的なものだ Su miedo a los perros es psicológico.

しんり 審理（裁判）*m*. juicio, *m*. proceso. ▶審理中である *v*. estar* en juicio. ▶審理する *v*. juzgar*,《フォーマル》someter a juicio.

しんりがく 心理学 *f*.（p）sicología. ▶¹児童 [²教育, ³異常, ⁴犯罪]心理学 *f*. psicología ¹infantil [²pedagógica, ³anormal, ⁴criminal]. ▶心理言語学 *f*. psicolingüística. ▶心理学者 *mf*. psicólogo/ga.

しんりゃく 侵略（不当に戦争をしかけること）*f*. agresión;（侵入）*f*. invasión. ▶侵略¹行為 [²戦争]¹ *m*. acto [² *f*. guerra] de agresión. ▶侵略者 *mf*. agresor/sora;（侵入者）*mf*. invasor/sora. ▶侵略者 *m*. país agresor. ▶日本軍による中国侵略 *f*. invasión de China por el ejército japonés.

──── 侵略する *v*. invadir. ◆インカ帝国はスペイン人に侵略された El Imperio Incaico fue invadido por los españoles.

しんりょう 診療（診療）*f*. consulta médica;

680　しんりょく

（治療）*m.* tratamiento médico. → 治療, 診察. ▶診療所（病院内の）*f.* clínica, *m.* ambulatorio;（低料金の）*m.* dispensario. ▶診察室 *f.* sala de consulta. ▶診療時間 *fpl.* horas de consulta.

しんりょく 新緑　▶春の木々の新緑《文語》*f.* tierna primavera,《文語》*m.* tierno verdor de primavera. ▶新緑の季節《文語》*f.* temporada [*f.* estación] del tierno verdor.

じんりょく 尽力　（骨折り）《フォーマル》*mpl.* buenos oficios;（努力）*m.* esfuerzo;（助力）*m.* apoyo, *f.* ayuda. ▶彼の尽力で *adv.* gracias a sus buenos oficios, por su mediación. ▶その方々から尽力を賜る *v.* recibir mucho apoyo de ellos. ▶尽力する（精一杯の努力をする）*v.* no escatimar esfuerzos《para ＋ 不定詞》, esforzarse* al máximo《para ＋ 不定詞》;（最善を尽くす）*v.* hacer* todo lo posible《por, para ＋ 不定詞》.

じんりょく 人力　*m.* poder [*m.* control] humano. ♦それは人力ではどうすることもできない Está más allá del poder humano. / Es humanamente imposible.

*****しんりん 森林**　*m.* bosque,（熱帯の）*f.* selva. → 森. ▶森林地方［地帯］*f.* región [*f.* zona, *f.* área] forestal. ▶森林資源 *mpl.* recursos forestales. ▶森林保護 *f.* conservación forestal. ▶森林破壊 *f.* destrucción [*f.* degradación] forestal;（大規模の乱伐）*f.* deforestación. ▶森林巡視員 *m.* guardabosques. ▶森林浴をする *v.* respirar el aire puro del bosque [monte]. ♦南米の¹森林［²熱帯（多）雨林］には多くの野生動物が生息している Hay muchos animales salvajes que viven en ¹las selvas [²los bosques lluviosos, ²las《専門語》pluviselvas tropicales] de América del Sur.

*****しんるい 親類**　（人）*mf.* pariente,《教養語》*mf.* allegado/da,〘集合的に〙*f.* parentela, *mpl.* parientes. ▶¹遠い［²近い］親類 *mf.* pariente ¹lejano/na [²próximo/ma; ²cercano/na]. ▶私の父方の親類 *mf.* pariente (por mi lado) paterno. ▶親類縁者《フォーマル》*mpl.* parientes por consanguinidad y matrimonio. ▶親類関係 *mpl.* parentesco,《フォーマル》*f.* consanguinidad《con》. ▶親類うきあいをしない *v.* no relacionarse con los parientes. ♦彼はぼくの親類だ Es pariente mío. / Es mi pariente. ♦彼らはよく似ているが親類ですか Se parecen bastante. ¿Son parientes?

*****じんるい 人類**　*f.* especie [*f.* raza] humana, *f.* humanidad;（動物に対して）*m.* ser humano, *m.* hombre. ▶人類学 *f.* antropología. ▶人類学者 *mf.* antropólogo/ga. ▶人類の歴史 *f.* historia humana [de la humanidad]. ♦核兵器は人類の最大の敵だ Las armas nucleares son 〘*f.*〙 constituyen] el mayor enemigo de [para] la humanidad. ♦人類は自ら絶滅を招くかもしれない La especie humana puede autoaniquilarse [causar su propia extinción].

しんれい 心霊　▶心霊作用を受けやすい *adj.* psíquico. ▶心霊現象 *m.* fenómeno psíquico. ▶心霊能力 *mpl.* poderes psíquicos.

しんろ 進路　*m.* camino, *m.* paso;（将来の）*f.* carrera (profesional). ▶進路を変更する *v.* cambiar de camino. ▶進路指導をする *v.* aconsejar (a un estudiante) sobre su (futura) carrera. ▶台風の進路（＝通り道）に当たる *v.* estar* en el paso del tifón. ▶卒業後の進路は決まりましたか ¿Has decidido qué camino seguir cuando te gradúes?

しんろ 針路　*m.* rumbo, *f.* dirección, *f.* orientación. ▶針路を東にとる *v.* poner* rumbo [dirigirse*] al este. → 向かう. ▶針路からそれる *v.* apartarse del rumbo.

しんろう 新郎　*m.* novio. ▶新郎新婦 el novio y la novia, *mpl.* novios, *f.* pareja「de novios《フォーマル》nupcial」.

しんろう 心労　（気苦労）*fpl.* preocupaciones;（心配）*f.* ansiedad;（精神的緊張）*f.* tensión. ♦心労が重なって彼女は病気になった Las preocupaciones la「pusieron enferma [enfermaron]. ♦彼は心労で倒れた Desfalleció por la tensión. / La tensión lo [le] hizo desfallecer.

しんわ 神話　*m.* mito, *f.* mitología. ▶ギリシャ神話 *mpl.* mitos griegos; *f.* mitología griega. ▶神話上の英雄 *m.* héroe mítico [mitológico].

す

- **す 巣** (鳥の) m. nido; (クモの) f. telaraña; (獣の) f. madriguera, f. guarida. ▶アリの巣 m. hormiguero. ▶悪の巣 f. madriguera [f. guarida] de malhechores. ▶愛の巣 m. dulce hogar. ▶(クモが)巣をかける v. tejer una telaraña. ♦鳥が巣を作っている Las aves están haciendo sus nidos.

す 酢 m. vinagre. ▶酢の物 m. encurtido. ▶野菜を酢につける v. poner* verdura「en vinagre [a la vinagreta].

- **ず 図** (説明のための) f. figura; (絵) m. grabado; (鉛筆・ペンなどでかいた) m. dibujo, m. diseño; (大ざっぱな) m. boceto, m. esbozo; (さし絵, 説明図) f. ilustración; (気象・統計などの) m. mapa, m. cuadro; (平面図) m. plano; (グラフ) m. gráfico; (図式・図形) m. diagrama. ▶気象図 m. mapa meteorológico. ▶統計図 m. cuadro estadístico. ▶コンサートホールの座席図 m. gráfico del aforo de una sala de conciertos. ▶家の見取り図をかく v. hacer* [trazar*] un diseño [esquema] de una casa. ▶9ページ第5図に示されている v. mostrarse* en la fig. (figura) 5 de la pág. (página) 9. ▶図 [¹で [²をかいて] 説明する v. ilustrar「con [²dibujando] un gráfico.

《その他の表現》▶新企画は図に当たった(=うまく行った) El nuevo plan「salió bien [resultó un éxito]. ♦彼は試験に満点をとって図に乗って(=思い上がって)いる Presume [Se vanagloria] de haber conseguido la nota máxima en el examen.

すあし 素足 m. pie desnudo [descalzo]. → 裸足.

ずあん 図案 m. diseño; (くり返し模様の) f. figura. → デザイン. ▶図案家 mf. diseñador/dora.

すい- 膵- f. pancreatitis. ▶膵癌(がん) (専門語) m. cáncer de páncreas. ▶膵機能不全 (専門語) f. insuficiencia pancreática.

すい 粋 (精髄) f. esencia, (強調して) f. quintaesencia; (最良の部分) lo mejor de lo mejor, (口語) la flor y nata. ▶科学の粋を集めたコンピューター「m. ordenador diseñado [《ラ米》f. computadora diseñada) con la quintaesencia de la tecnología más avanzada.

—— **粋な** adj. amable, considerado. ▶粋な人 (=人情の機微に通じた人) m. hombre [f. mujer] de mundo.

ずい 髄 (動物の) (専門語) f. médula, m. meollo, m. tuétano; (植物の) f. médula.

すいあげる 吸い上げる ▶ポンプで井戸水を吸い上げる v. bombear [extraer*] agua de un pozo. ♦ 植物は土壌から水を吸い上げる Las plantas absorben agua del suelo.

すいあつ 水圧 f. presión「del agua [(フォーマル) hidráulica]. ▶水圧が¹高い [²低い] La presión del agua es ¹alta [²baja].

すいい 推移 (変化) m. cambio; (移行) f. transición. ▶徐々に推移する v. cambiar gradualmente [poco a poco]. ▶時代の推移とともに adv. con el cambio del tiempo. ▶事態の推移(=進展)を見守る v. ver* [observar] cómo「cambia la situación [se desarrolla la situación] ☞ 移り変わり, 動静

すいい 水位 m. nivel del agua. ▶水位が¹高い [²上がった] El nivel del agua ¹está alto [²ha subido].

ずいい 随意 随意の (自由選択できる) adj. optativo, (フォーマル) opcional; (自由の) adj. libre; (自発的な) adj. voluntario. ▶随意筋 m. músculo voluntario. ♦服装随意(パーティーなどの招待状で) Vestido「a discreción [al gusto de cada uno]. ♦私の机をご随意にお使いください Por favor, (フォーマル) disponga de mi mesa a su voluntad. → 自由. / (好きな時はいつでも) Puede usar [utilizar, disponer de] mi mesa cuando guste [quiera]. ♦寄付は随意です Las contribuciones son voluntarias. / Se colabora a voluntad [discreción].

すいいき 水域 f. zona (del mar). ▶200海里漁業専管水域 f. zona de pesca exclusiva de 200 millas. ♦アマゾン川上流の水域はペルーにある La cuenca alta del Amazonas está en Perú.

ずいいきん 随意筋 (専門語) m. músculo voluntario.

ずいいち 随一 ▶当代随一の科学者 el/la mayor [más grande] científico/ca de nuestra época. ▶日本随一の名勝地 m. paraje más pintoresco de Japón.

スイートピー m. guisante [m. chícharo] de olor, (アルゼンチン) f. alvejilla, (チリ) m. clarín.

ずいいん 随員 (身辺の世話をする人) f. escolta, mf. acompañante; (高官などの) f. comitiva, m. séquito, f. escolta. ▶国王と随員たち rey y su comitiva [séquito]. ♦大統領の随員たちはみな武装していた Toda la escolta del Presidente iba armada.

- **すいえい 水泳** f. natación, (口語) m. baño. ▶水泳選手 mf. nadador/dora. ▶水泳帽 m. gorro de natación. ▶水泳する v. nadar, (フォーマル) practicar* la natación, (口語) bañarse. ▶水泳を習う v. aprender a nadar. ♦彼は水泳が¹上手 [²へた]である Es un ¹buen [²mal] nadador. / Nada ¹bien [²mal]. ♦湖へ水泳に行きましょう Vamos a nadar [bañarnos] al lago.

すいえいぎ 水泳着 (婦人用のワンピースの) m. bañador, m. traje de baño; (ビキニ) (英語) m. "bikini" (☆発音は [bikíni]), m. biquini;

(男性の水泳パンツ) m. bañador. → 水着.
すいおん 水温 f. temperatura del agua.
すいか 西瓜 f. sandía.
すいがい 水害 (氾濫) m. desbordamiento; (洪水) f. inundación, (被害) m. daño de inundaciones. ▶水害地 f. área inundada, f. zona afectada por las inundaciones. ▶水害被災者 mf. damnificado/da [f. víctima] de las inundaciones. ▶水害防止対策 fpl. medidas para control de inundaciones. ▶大水害を引き起こす v. causar grandes inundaciones. ▶水害にあう (人・場所・家などが) v. sufrir inundaciones; (場所・家などが) v. quedar destruido por las inundaciones.
すいがら 吸い殻 f. colilla. ▶吸い殻入れ (=灰皿) m. cenicero.

地域差	吸い殻 (タバコの)
〔全般的に〕	f. colilla
〔キューバ〕	m. cabo
〔メキシコ〕	f. bachicha, f. boquilla
〔ペルー〕	m. pitillo, m. pucho
〔アルゼンチン〕	m. pucho

すいきゅう 水球 m. waterpolo (☆発音は [waterpólo]), m. polo acuático.
すいぎゅう 水牛 m. búfalo (de agua, de India).
すいきょ 推挙 (推せん) f. recomendación; (指名) 《文語》f. nominación. ▶推挙する v. recomendar*, 《文語》nominar.
すいきょう 酔狂 酔狂な (=風変わりな) ふるまい f. conducta excéntrica [extravagante].
すいぎん 水銀 m. mercurio. ▶水銀汚染 f. contaminación por mercurio. ▶水銀中毒 m. envenenamiento [《フォーマル》 intoxicación] por mercurio, 《専門語》m. hidragirismo. ▶水銀1温度計 [2気圧計] 1 m. termómetro [2 m. barómetro] de mercurio. ▶(気圧計・温度計の) 水銀柱 f. barra [f. columna] de mercurio. ▶水銀灯 f. lámpara de mercurio.
すいげん 水源 (川の) f. fuente [m. origen] de un río; (給水の) f. fuente de abastecimiento de agua. ▶水源地 f. fuente.
すいこう 推敲 ▶草稿を推敲する (=みがきをかける) v. retocar*, 《教養語》pulir] un borrador [manuscrito]; (修正する) v. revisar; (改良する) v. mejorar. ▶原稿はまだ推敲が必要だ Hay que retocar todavía más el manuscrito. / El manuscrito necesita aún ser retocado [pulido].
すいこう 遂行 (成就) 《フォーマル》f. ejecución. ▶仕事を遂行する v. ejecutar una tarea. ▶職務を遂行する v.「llevar a cabo [cumplir] las obligaciones.
ずいこう 随行 ▶山田氏に随行して (=同行して) アメリカに行く v. acompañar al Sr. Yamada a Estados Unidos; (随行員として) v. ir* a Estados Unidos como acompañante del Sr. Yamada. ▶随行員 mf. acompañante, m. miembro de la comitiva.
すいこみ 吸い込み ❶ [吸い込むこと] ▶この煙突は吸い込み (=通り) が良い Esta chimenea tira bien.
❷ [下水槽] m. pozo negro [ciego], f. fosa séptica.
すいこむ 吸い込む ▶煙を吸い込む v. respirar [《口語》tragar*, 《フォーマル》inhalar] humo. ▶新鮮な空気を胸いっぱい吸い込む v. respirar [《フォーマル》inhalar] profundamente aire fresco. ▶渦巻きに吸い込まれる v. ser* devorado [《口語》tragado] por un torbellino. ▶(掃除機が) ごみを吸い込む v. absorber muy bien la suciedad. ♦彼の姿は人込みに吸い込まれた Su figura se perdió en la multitud.
すいさい 水彩 ▶水彩絵の具 f. acuarela. ▶水彩画 f. (pintura de) acuarela. ▶水彩画家 mf. acuarelista. → 絵.
すいさつ 推察 (推測) f. suposición, f. conjetura; (想像) f. imaginación. → 推測.
すいさん 水産 ▶水産業 f. industria pesquera, f. pesca. ▶水産国 m. país pesquero. ▶水産物 mpl. productos marítimos [marinos, del mar]; (食品) mpl. pescados y mariscos. ▶水産大学 f. escuela superior de pesca.
すいし 水死 m. ahogamiento, m. ahogo. ▶水死体 m. cuerpo ahogado. ♦子供が川で水死した En el río 「se ahogó [《フォーマル》pereció ahogado] un niño. → 溺れる.
すいじ 炊事 m. trabajo de cocina, f. cocina. ▶炊事係 mf. cocinero/ra. ▶炊事道具 mpl. utensilios, mpl. útiles de cocina, f. batería de cocina. ▶炊事場 f. cocina. → 台所. ▶炊事をする v. cocinar, guisar. → 料理.
ずいじ 随時 (いつでも) adv. en cualquier momento, a todas horas; (必要に応じて) adv. cuando「haga falta [sea necesario], cuando surja [《フォーマル》se produzca] la ocasión; (要求ありしだい) adv. a petición. ♦欠員が生じたら随時 (=そのつど) 補充しよう Cuando haya [se produzca] una vacante, será cubierta.
すいしつ 水質 f. calidad del agua. ▶水質1検査 [2汚染] 1 m. análisis [2 f. contaminación] del agua.
すいしゃ 水車 f. noria. ▶水車小屋 (=水車による製粉所) m. molino de agua.
すいじゃく 衰弱 ▶衰弱する v. debilitarse, 《口語》flaquear → 弱る. ▶病気で彼は衰弱した Se ha debilitado por la enfermedad. / La enfermedad le ha debilitado. ♦患者は急速に衰弱している El paciente está debilitándose rápidamente.
すいじゅん 水準 m. nivel; (標準) m. estándar, m. modelo, m. patrón. ▶文化水準 m. nivel cultural. ▶高い知的水準 m. alto nivel de inteligencia. ▶1高い [2低い] 生活水準 m. 1alto [2bajo] nivel de vida. ▶生活水準を引き上げる v. mejorar el nivel de vida. ▶水準1以上 [2以下] である v. estar* por 1encima [2debajo] del nivel. ▶水準に達する v.「alcanzar* el [llegar* al] nivel. ▶世界的水準を維持する v. mantener* el nivel internacional. ▶日本の学問の水準は高い El nivel 「de la ciencia [académico] de Japón es alto. ♦その文明は最高水準に達した La civilización al-

canzó el「máximo nivel [nivel más alto]．♦彼の作品は芸術家のものと同じ水準だ Su obra「está a nivel de la [iguala a nivel] de los artistas．♦級, 程度

ずいしょ 随所 (至る所) *adv.* por todas partes, por todos sitios, 《文語》por doquier；(あちこち) *adv.* aquí y allá．♦つづりの誤りが随所にある Está plagado de faltas ortográficas. / Hay errores de ortografía casi en cada página．

すいしょう 水症 《専門語》*f.* hidropesía．

すいしょう 推賞〔奨〕(賞賛) *m.* elogio, *f.* alabanza；(推奨) *f.* recomendación．→ 推薦(㌻)．♦彼の行為は推賞に値する Lo que hizo es digno de elogio．

すいしょう 水晶 *m.* cristal (de roca), *m.* cuarzo．♦紫水晶 *f.* amatista．♦水晶の首飾り *m.* collar de cristal de roca．♦水晶体 *m.* cristalino．♦水晶時計 *m.* reloj de cuarzo [a cristal], *m.* cronómetro de cristal de cuarzo．♦水晶のように透明な *adj.* 《フォーマル》cristalin*o*．

すいじょう 水上 ♦水上で *adv.* en el agua．♦水上競技 *mpl.* deportes acuáticos [(ボート・ヨットなど) náuticos]．→ 水泳．♦水上飛行機 *m.* hidroavión．♦水上スキー *m.* esquí acuático [náutico]．♦水上生活をする *v.* vivir en el agua．

すいじょうき 水蒸気 *m.* vapor．

すいしょうたい 水晶体 《専門語》*m.* cristalino．♦水晶体後線維増殖症《専門語》*f.* fibroplasia retrolenticular．♦偽水晶体《専門語》*f.* seudofaquia．

すいしん 推進 (促進) *f.* propulsión, *f.* promoción．♦推進する (船などを前進させる) *v.* propulsar；(促進する) *v.* promover*；(計画などを押し進める) *v.* seguir* adelante (con el proyecto), impulsar el plan．♦推進力 *f.* fuerza propulsora《専門語》*f.* impelente；(促進力) *f.* fuerza motriz．♦彼はその改革を推進するのに重大な役割を演じた Jugó un papel fundamental en impulsar [la promoción de] las reformas．

すいしん 水深 *f.* profundidad del agua．♦水深のある湖 *m.* lago profundo [hondo]．♦水深5メートルのところで *adv.* a una profundidad de unos cinco metros．♦水深を測る *v.*「medir* la profundidad del [sondar el] agua．♦この湖の水深は最大で3.8 メートルだ La profundidad máxima del lago es de 3,80 (tres metros ochenta)．♦この運河は水深約3メートルです Este canal tiene unos tres metros de hondo [profundidad]．

すいじんしょう 水腎症《専門語》*f.* hidronefrosis．

スイス Suiza；(公式名) *f.* Confederación Suiza (☆ヨーロッパの国, 首都ベルン Berna)．♦スイス人 *mf.* suizo/*a*, *adj.* suizo．

すいすい (すばやく) *adv.* rápidamente, 《強調して》velozmente, 《スペイン》《口語》a toda mecha [pastilla]；(すべるように) *adv.* deslizándose；(軽やかに) *adv.* suavemente．♦その老人はすいすい歩いていった El anciano caminaba con el paso rápido．♦ヨットがすいすい走っていた El yate se deslizaba velozmente．

すいせい 彗星 *m.* cometa．♦ハレー彗星 *m.* Cometa Halley．♦彼は彗星のごとく(＝突然)文学界に現われた Su aparición en el mundo literario fue meteórica．

すいせい 水性 ♦水性の *adj.* de agua, acuático．♦水性ペイント *f.* pintura al [de] agua．

すいせい 水星 *m.* Mercurio．

すいせん 推薦 *f.* recomendación．♦推薦者 *mf.* recomendad*or/dora*；(指名者) 《フォーマル》*mf.* nominad*or/dora*．♦強い推薦 *f.* fuerte [《強調して》encarecida] recomendación．♦彼女の推薦状を書く *v.* escribir* para ella una carta de recomendación．♦推薦図書 *mpl.* libros recomendados．♦彼の推薦で彼女を採用した La contrataron por recomendación de él．♦彼はその大学に推薦入学した Lo [Le] admitieron en la universidad por la recomendación de su escuela secundaria．

—— 推薦する *v.* recomendar*；(候補者に指名する) 《フォーマル》*v.* nominar．♦彼女を1通訳に[2その職に]推薦する *v.* recomendarla* ¹como intérprete [²para el trabajo]．♦彼を議長候補に推薦する *v.* recomendarlo[le]* ¹como presidente [para la presidencia]．♦先生は彼をその会社に強く推薦した Su profesor se lo recomendó encarecidamente a la empresa．♦気軽に読める本を推薦してくださいませんか ¿No me puede recomendar un libro de lectura ligera?．♦口添え, 勧め

すいせん 水仙 *m.* narciso；(らっぱ水仙) *m.* narciso；(黄水仙) *m.* junquillo．

すいせん 垂線 *f.* (línea) perpendicular．♦垂線を引く *v.* trazar* una perpendicular．

すいせんべんじょ 水洗便所 *m.* retrete「de agua corriente (con cisterna), *m.* váter．

すいそ 水素 *m.* hidrógeno．♦水素イオン *m.* ion (de) hidrógeno．♦水素爆弾 *f.* bomba de hidrógeno, *f.* bomba H (hache)．

すいそう 水槽 *f.* cisterna, *m.* depósito de agua．

すいそう 水葬 *f.* sepultura en el mar [agua]．♦彼らの遺体は水葬にふされた Sus cuerpos fueron sepultados en el mar．

すいぞう 膵臓《専門語》*m.* páncreas．

ずいそう 随想 (折りにふれて浮かぶ考え) *fpl.* divagaciones．♦随想録 *mpl.* ensayos．♦モンテーニュ随想録(書名)《Los Ensayos de Montaigne》．

すいそうがく 吹奏楽 *f.* música de viento．♦吹奏楽団(主に金管だけの) *f.* banda de música；(軍楽隊) *f.* banda militar．♦吹奏楽器 *m.* instrumento de viento．

すいそく 推測 《フォーマル》*f.* conjetura, *f.* suposición．♦推測で *adv.* suponiendo, *f.* por el cálculo．♦推測が¹当たった [²はずれた] Mi suposición resultó ¹correcta [²equivocada]. / ¹Acerté [²Me equivoqué]．♦それは推測の域を出ない(＝にすぎない)「Es sólo [No es más que] una suposición．

—— 推測する (根拠もなしに) *v.* hacer* una suposición, suponer*, adivinar; (あれこれと) v. calcular, deducir*, especular. ♦ だいたいの数を推測する v. deducir* [adivinar] el número. ♦ 彼の言葉から推測すると仕事に不満があるようだ Deduzco de sus palabras que no está contento con el trabajo. / (判断すると)A juzgar por lo que dice, no parece estar satisfecho con el trabajo. ♦ 彼は推測しているだけだ(=推測で言っているだけだ) Sólo está suponiendo. / Eso no es más que una suposición. ♦ あの塔の高さはどのくらいか推測できますか ¿Puedes calcular「la altura de la torre [cuánto mide la torre de alta]? ♦ 彼女は50歳だとわれわれは推測した Supusimos que tenía unos 50 años. /《口語》Le echamos 50 años. ⇨ 当て推量, 見当, 推察; 当[充]てる, 推し量る, 思う, 察する

すいぞくかん 水族館 *m.* acuario.

すいたい 衰退 *f.* decadencia,《フォーマル》*m.* decaimiento. ♦ 衰退する *v.* decaer*,《フォーマル》declinar. ♦ 勢力の衰退 *f.* decadencia (en el poder),《フォーマル》*m.* ocaso. ♦ その帝国は衰退に向かっていた El imperio「estaba en su ocaso [había entrado en decadencia].

***すいちゅう** 水中 (陸に対して水) *m.* agua. ♦ 水中の *adj.* submarino. ♦ 水中カメラ *f.* cámara submarina. ♦ 水中眼鏡 *fpl.* gafas submarinas; (水泳用) *fpl.* gafas de natación. ♦ 水中翼船 *f.* embarcación de hidroplaneo, *m.* aliscafo, *m.* acuaplano. ♦ 水中に飛び込む *v.* zambullirse* en el agua. ♦ 水中から彼を助ける *v.* rescatarle del agua. ♦ 水中で目を開けて泳ぐ *v.* nadar con los ojos abiertos. ♦ 魚は水中に住む Los peces viven bajo el agua. ♦ その船は水中に没していた El barco estaba sumergido [debajo del agua].

すいちょく 垂直 ♦ 垂直の(水平面に) *adj.* vertical; (数学) *adj.* perpendicular《a》. ♦ 垂直線 *f.* (línea) vertical [perpendicular]. ♦ 垂直方向(=上または下に)動く *v.* moverse* en dirección vertical. ♦ そのがけは地面に対してほとんど垂直です El acantilado es casi vertical al suelo. ♦ この柱は垂直に立っている Este poste está vertical [《フォーマル》erecto]. ♦ 正方形の対角線は垂直に交わる Las diagonales de un cuadrado se cruzan perpendicularmente [en ángulo recto].

すいつく 吸い付く *v.* pegarse*《a》,《フォーマル》adherirse*《a》. ♦ ヒルが私の足に吸いついた Se me ha pegado una sanguijuela a la pierna.

すいつける 吸い付ける ❶【引き寄せる】♦ 磁石は鉄を吸いつける El imán atrae el hierro.
❷【吸い慣れる】♦ あいつはたばこを吸いつけていない No está acostumbrado「a fumar [al tabaco].

***スイッチ** *f.* llave,《フォーマル》*m.* interruptor;《専門語》*m.* conmutador. ♦ 電灯のスイッチ *f.* llave de luz. ♦ 電源スイッチ *m.* interruptor de alimentación. ♦ スイッチヒッター(野球) *mf.* bateador/dora ambidextro/tra. ♦ ラジオのスイッチを入れる *v.*《口語》poner* [encender*,《フォーマル》conectar] la radio. ♦ ラジオのスイッチを切る *v.*《口語》apagar* [《フォーマル》desconectar] la radio. ♦ そのテレビは指定した時間にひとりでにスイッチが1入る [2切れる] La televisión se ¹conecta [²desconecta] sola a la hora fijada.

|地域差| スイッチ(電気の)
〔全般的に〕*m.* interruptor
〔スペイン〕*m.* botón
〔ラテンアメリカ〕《英語》*m.* "switch"
〔キューバ〕*m.* chucho, *m.* encendedor
〔メキシコ〕*m.* apagador, *m.* botón, *m.* encendedor
〔ペルー〕*m.* botón, *f.* llave de (la) luz
〔アルゼンチン〕*m.* botón, *f.* llave de (la) luz, *f.* perilla

⇨ つまみ, 電源

すいてい 水底 ♦ (川の)水底 *m.* lecho (de un río).

すいてい 推定 (見積もり) *m.* cálculo; (見積もること)《フォーマル》*f.* estimación; (仮定)《フォーマル》*f.* conjetura; (根拠の薄弱な) *f.* suposición. ♦ 推定で *adv.* calculando,《口語》a ojo. ♦ 費用は百万ドルと推定されている El coste se calcula en un millón de dólares. ♦ われわれは彼を無罪だと推定している Suponemos que es inocente. / Contamos con su inocencia.

すいてき 水滴 *f.* gota de agua.
すいでん 水田 *m.* arrozal (de regadío). → 田んぼ.

すいとう 水痘《専門語》*f.* varicela.
すいとう 水筒 *f.* cantimplora.
すいとう 出納 (お金の出し入れ)「*f.* entrada y *f.* salida [*f.* recepción y *m.* desembolso] de dinero. ♦ 出納係(店・ホテルなどの) *mf.* cajero/ra. ♦ 出納簿をつける(継続的に) *v.* llevar un libro de caja; (その都度) *v.* apuntar en un libro de caja.

***すいどう** 水道 ❶【給水設備】*m.* sistema de abastecimiento de agua, *f.* fontanería; (送水システム) *m.* abastecimiento de agua; (水道の水) *f.* agua corriente.
　1《水道+名詞》♦ 水道管 *f.* cañería (de agua). ♦ 水道管(本管) *f.* cañería principal de agua. ♦ 水道局 *m.* Servicio de Abastecimiento de Agua. ♦ 水道栓《スペイン》*m.* grifo,《メキシコ》*f.* llave. → 蛇口. ♦ 水道料金 *f.* tarifa (de consumo) de agua. ♦ 水道屋(=配管工) *mf.* fontanero/ra.
　2《水道が [を]》♦ 水道を1出す [²止める] *v.* ¹abrir* [²cerrar*] un grifo. ♦ 水道を引く *v.* instalar [poner*] una cañería (de agua). ♦ 水道を出しっ放しにしている Dejan「correr el agua [que el agua corra]. ♦ この村には水道がない En este pueblo no hay agua corriente.
❷【海峡】*m.* canal. ♦ 紀伊水道 *m.* canal Kii.

|地域差| 水道業者
〔全般的に〕 *mf.* fontanero/ra, *mf.* plomero/ra
〔ペルー〕 *mf.* gasfitero/ra
〔アルゼンチン〕 *mf.* sanitario/ria

すいとうえん 膵島炎《専門語》*f.* insulitis.
すいとうしょう 水頭症《専門語》*f.* hidrocefalia.

すいとる 吸い取る v. absorber, 《口語》chupar; (しみ込ませて取る) v. enjugar*. ◆こぼれた牛乳をスポンジで吸い取った Enjugué la leche vertida con una esponja.

すいばく 水爆 f. bomba de hidrógeno, f. bomba H (hache). ▶水爆実験 f. prueba termonuclear [de bomba termonuclear de hidrógeno].

すいはんき 炊飯器 f. olla de arroz.

すいじ 衰微 《フォーマル》m. decaimiento, f. decadencia. ▶衰微する v. decaer*, 《フォーマル》declinar. ▶衰微している v. estar* en decadencia, decaer*. ◆その国は衰微して二流国に落ちている Ese país ha decaído hasta convertirse en una potencia de segunda clase.

ずいひつ 随筆 m. ensayo. ▶随筆家 mf. ensayista. ▶随筆集 f. colección de ensayos. ▶随筆を書く v. escribir* un ensayo (de, sobre).

すいふ 水夫 m. marinero. → 船乗り.

すいぶん 水分 (水) f. agua; (湿り気) f. humedad; (汁) m. jugo, 《スペイン》m. zumo. ▶水分の多いナシ f. pera jugosa.

*****ずいぶん** 随分 (非常に) adv. muy 《＋形容詞》, mucho; (ものすごく) muchísimo, sumamente, 《フォーマル》en grado extremo; (かなり) adv. bastante, considerablemente, 《フォーマル》notablemente. ▶大分. ◆今年はずいぶん暑い夏でした Este verano ha hecho mucho calor. / Este año ha hecho un verano muy caluroso. ◆今年は去年よりずいぶん物価が下がった Los precios han bajado mucho más este año que el pasado. ◆このことについては今までずいぶんいろんなことが言われてきた Se ha venido hablando [diciendo] mucho sobre esto. ◆彼はずいぶん変わったHa cambiado mucho. ◆彼女は衣服にずいぶん金を使う Gasta mucho 《口語》muchísimo dinero en ropa. ▶ずいぶん久しぶりですね Hace mucho que no te veía. / ¡Hacía tanto tiempo que no te veía! / 《口語》Han pasado siglos desde que te vi.

すいへい 水平 m. nivel, f. horizontalidad. ▶水平線 m. horizonte. ▶水平線上に adv. en el horizonte. ▶水平な1線 [2面] 1 f. línea [2 m. plano] horizontal. ◆このあたりは地面がほぼ水平である El relieve (de la tierra) es casi horizontal por aquí. ◆太陽が水平線の1上に昇った [2下に沈んだ] El sol 1salió [2se puso] por el horizonte.

すいへい 水兵 m. marinero. ▶水兵服 m. uniforme de marinero.

すいほう 水疱 《専門語》f. ampolla.

すいほう 水泡 f. espuma. ◆彼のすべての計画は水泡に帰した Todos sus proyectos se han convertido en humo.

すいぼつ 水没 f. sumersión. ◆多くの村がアスワンハイダムの建設で水没した Numerosos poblados quedaron sumergidos con la construcción de la presa de Asuán.

すいま 睡魔 f. modorra, 《フォーマル》f. somnolencia. ▶睡魔に襲われる v. tener* mucho sueño. ▶睡魔と闘う (＝振り払おうとする) v. in-

tentar sacudirse el sueño. ▶睡魔に負ける v. ser* vencido por el sueño, 《口語》caerse* de sueño.

ずいまく 髄膜 m. meninge. ▶細菌性髄膜炎 《専門語》f. meningitis bacteriana. ▶髄膜炎 《専門語》f. meningitis. ▶髄膜脊髄瘤 《専門語》m. meningomielocele. ▶髄膜脳炎 《専門語》f. meningoencefalitis. ▶髄膜ヘルニア 《専門語》m. meningocele.

すいません → すみません.

すいみゃく 水脈 f. veta de agua. ▶水脈を掘りあてる v. encontrar* una veta de agua.

すいみん 睡眠 m. sueño; (快い)《フォーマル》f. somnolencia.

1《睡眠＋名詞》 睡眠薬 (錠剤の) m. somnífero. ▶睡眠時異常行動《専門語》f. parasomnia. ▶睡眠時無呼吸《専門語》f. apnea del sueño. ▶睡眠発作《専門語》f. narcolepsia. ▶睡眠時間を5時間に減らす v. reducir* las horas de sueño a cinco horas. ▶睡眠中に adv. en sueños, durmiendo. ▶睡眠不足で体がだるい v. sentirse* débil por falta de sueño. ◆このところ睡眠不足です Estos días no duermo bastante. / Estoy《口語》Ando falto de sueño estos días. ◆毎晩どれくらい睡眠時間が必要ですか ¿Cuántas horas necesita dormir todas las noches? 睡眠中【掲示】 No molesten.

2《睡眠を》 ◆昨夜は十分 [29時間] 睡眠を取った Dormí 1bastante [2nueve horas] anoche.

すいめん 水面 f. superficie del agua. ▶水面下の折衝 fpl. (llevar las) negociaciones [en secreto / 《口語》bajo cuerda]. ◆潜水艦が水面に浮上した Un submarino salió a la superficie. ◆油が水面に浮かんでいる Hay petróleo flotando en el agua.

すいもの 吸いもの f. sopa. ▶吸い物を飲む v. tomar una sopa.

すいもん 水門 f. compuerta; (ダム・貯水池などの) f. compuerta; (運河・水路の) f. (compuerta de) esclusa.

すいようせい 水溶性 ▶水溶性の adj. soluble en agua, hidrosoluble.

*****すいよう(び)** 水曜(日) m. miércoles. (☆しばしば martes の略 M. と区別するために X の文字で略される). → 日曜日.

すいよく 水浴 m. baño. → 水浴び.

すいり 推理 (論理的に) m. razonamiento; (事実などに基ついた)《教養語》f. inferencia; (演繹($\frac{えき}{き}$)) f. deducción. ▶推理する v. deducir*. ▶推理小説 f. novela policíaca. ▶彼の推理によると adv. según [de acuerdo con] su razonamiento. ▶資料から推理する v. deducir* de la información.

すいり 水利 (給水設備) m. suministro de agua; (灌漑($\frac{かん}{がい}$)) m. riego, 《フォーマル》f. irrigación. ▶水利権 mpl. derechos de riego. ◆ここの土地は水利がよい [2悪い] La tierra de aquí está 1bien [2poco] irrigada.

すいりく 水陸 f. tierra y f. agua. ▶水陸両用の戦車 m. tanque [m. carro de combate] anfibio.

すいりょう 推量 *f.* suposición, *f.* conjetura. ▶推量する *v.* suponer*, hacer* una suposición, conjeturar. → 推測.

すいりょう 水量 *m.* volumen de agua. ▶水量計 *m.* contador de agua.

すいりょく 推力《専門語》*m.* empuje, *m.* poder [*f.* fuerza] de empuje.

すいりょく 水力 *f.* energía hidráulica.

すいりょくはつでん 水力発電 *f.* generación (de energía) hidroeléctrica. ▶水力発電所 *f.* central [*f.* planta] hidroeléctrica.

すいれん 睡蓮 *m.* nenúfar.

すいろ 水路 *f.* vía acuática;（人工の）*m.* canal;（灌漑(かんがい)の）*m.* cauce, *m.* curso de agua. ▶水路で行く *v.* ir* 「por mar [en barco, a bordo].

すいろん 推論 *f.* deducción,《教養語》*f.* inferencia. → 推理. ▶推論する *v.* deducir*. ♦私はそういう実情かもしれないと推論した Deduje que ésa sería la situación.

スイング（スポーツ）*m.* golpe,《英語》*m.* "swing";（音楽）*m.* ritmo,《英語》*m.* "swing". ▶強烈なスイング *m.* poderoso golpe.

すう 数 *m.* número. → 数(かず).

*__**すう** 吸う__ ❶【口で吸い込む】（液体を）*v.* chupar, sorber;（空気を）*v.* aspirar,《フォーマル》inhalar;（たばこを）*v.* fumar. ▶ストローでソーダ水を吸う *v.* sorber gaseosa por una paja. ♦赤ん坊は哺(ほ)乳びんのミルクをちゅうちゅう吸った El bebé chupaba insistentemente del biberón. ♦新鮮な空気を胸いっぱい吸った Aspiré [《フォーマル》Inhalé,《口語》Tomé] profundamente aire fresco.

❷【吸い上げる】*v.* absorber,《口語》chupar. ♦植物は根で土から水分を吸う Las plantas absorben por sus raíces la humedad del suelo.

❸【しゃぶる】▶親指を吸う *v.* chuparse el dedo gordo.

《その他の表現》 甘い汁を吸う *v.* llevarse la parte de león.

すう- 数- *adj.* un*os*, algun*os*, un*os* pocos, vari*os*, ➡ いくつか. ▶数日すれば *adv.* en unos [algunos, unos pocos] días. ▶数回 *fpl.* varias [repetidas] veces.

スウィーパー（サッカー）*mf.* barre*dor/dora*.

スウェーデン Suecia;（公式名）*m.* Reino de Suecia (☆ヨーロッパの国，首都ストックホルム Estocolmo). ▶スウェーデン（人，語）の *adj.* suec*o*. ▶スウェーデン語 *m.* sueco. ▶スウェーデン人 *mf.* suec*o/ca*. ▶スウェーデン体操 *f.* gimnasia sueca.

*__**すうがく** 数学__ *fpl.* matemáticas. ▶数学者 *mf.* matemátic*o/ca*. ▶数学の問題 *m.* problema de matemáticas. ♦数学はいちばん苦手な科目だ 「Mi punto flaco [《口語》Mi tendón de Aquiles] son las matemáticas.

すうき 数奇 ▶数奇な（＝波乱万丈の）運命 *m.* destino accidentado [con altibajos]. ▶数奇な生涯を送る *v.* tener* 「llevar] una vida accidentada;（浮沈の多い）*v.* llevar una vida llena de altibajos [《フォーマル》vicisitudes].

すうきけい 枢機卿 *m.* cardenal.

すうこう 崇高《フォーマル》*f.* sublimidad;（気高さ）*f.* nobleza. ▶崇高な *adj.* sublime;（気高い）*adj.* noble. ♦彼は崇高な心の人である Es un hombre con 「un corazón noble [nobleza de corazón].

すうし 数詞 *m.* numeral.

*__**すうじ** 数字__ *m.* número, *f.* cifra,《専門語》*m.* guarismo,《フォーマル》*m.* dígito. ▶一けたの数字 *f.* unidad, *m.* número de una cifra. ▶二けたの数字 *m.* número de dos cifras. ▶三けたの数字 *m.* número de tres cifras. ▶大きな [小さな]数字 *m.* número [1]alto [2]bajo]. ▶数字の 3 *f.* cifra de 3. ▶アラビア[ローマ；漢]数字 *mpl.* números [1]arábigos [2]romanos; [3]chinos]. ▶正確な数字 *fpl.* cifras exactas. ▶天文学的(な)数字 *fpl.* cifras astronómicas. ▶数字で示す *v.* poner(lo)* en cifras [números], expresar(lo) en números, dar* cifras [números]. ▶数字を挙げる *v.* dar* [citar] números [cifras]. ▶数字で答えよう *v.* contestar con números. ▶数字(＝計算)に弱い *v.* ser* flojo en cálculos.

ずうずうしい 図々しい *adj.* descarado,《口語》fresco;（恥知らずな）*adj.* desvergonz*ado*,（強調して）sinvergüenza;（無礼な）*adj.* descortés. ♦あいつはなんて図々しい やつなんだ! ¡Qué tipo tan desvergonzado! /【スペイン】《口語》¡Vaya un tío fresco! /【スペイン】《口語》¡Vaya cara! 《会話》彼は支払いを拒否しているよーなんて図々しい! Se niega a pagar. – ¡Qué desvergüenza [fresco]! ♦この仕事は図々しくないとやっていけない En este negocio hay que 「tener descaro [《口語》ser fresco].

—— **図々しく**（図々しく...する）*v.* tener* 「el descaro [la desvergüenza, la frescura, la jeta] la cara] (de);（厚かましく）*adv.* descaradamente;（恥知らずにも）*adv.* desvergonzadamente, con desvergüenza. ▶いくら図々しくても借金は君に頼めない No 「me atrevo a [tengo la desvergüenza de] pedirte un préstamo. ♦彼は図々しくも口答えした Tuvo 「el descaro [la desvergüenza] de replicar. 《会話》その本あと 2 週間手元においておこうよーー図々しいわね，そんなに長いこといておくなんて ¡Vamos a quedarnos otras dos semanas con el libro! – ¿No es mucha frescura quedarse tanto tiempo con él?

—— **図々しさ** *m.* descaro, *f.* frescura,【スペイン】《口語》*f.* cara. ♦あの子の図々しさには驚いた Me sorprendió la frescura del muchacho.

すうせい 趨勢 ▶近ごろの美術や音楽の趨勢（＝傾向）*fpl.* últimas tendencias del arte y la música. ▶時代の趨勢（＝流れ）に[1]従う [2]逆らう] *v.* [1]seguir* la corriente [[2]nadar contra corriente] de la época.

ずうたい 図体（体）*m.* cuerpo;（骨格）*f.* complexión;（巨体）*f.* corpulencia. ▶図体の大きい男 *m.* hombre 「de gran complexión [muy corpulento].

すうだん 数段 ▶この考えの方が数段（＝はるかに）上

だ Esta idea es mucho mejor.
スーダン Sudán; (公式名)f. República del Sudán (☆アフリカの国, 首都ハルツーム Jartum). ▶スーダン人 mf. sudan*és/nesa*. ▶スーダンの adj. sudan*és*.
すうち 数値 m. valor numérico. ▶数値演算プロセッサ《専門語》m. procesador de datos numéricos.
スーチョウ 蘇州 Suchou, 《ピンイン》Suzhou (☆中国の都市).
スーチョワン 四川 Sechuan, 《ピンイン》Sichuan (☆中国の省).
スーツ m. traje, 《チリ》m. terno, 《コロンビア》m. vestido. ▶既製のスーツ m. traje de confección. ♦ 彼はグレーのスーツを1着あつらえた Encargó que le hicieran un traje gris.
スーツケース f. maleta.

地域差 スーツケース
〔全般的に〕f. maleta
〔ラテンアメリカ〕f. valija
〔メキシコ〕f. petaca, m. veliz

スーパー (スーパーマーケット) m. supermercado, 《口語》m. súper; (字幕スーパー) mpl. subtítulos.
スーパーバイザー mf. supervis*or/sora*.
スーパーマーケット m. supermercado. ♦ 駅前のスーパーマーケットで買い物した Hice algunas compras en el supermercado cerca de la estación.
スーパーマン m. superhombre, m. supermán.
スーパーユーザー 《専門語》mf. superusu*ario/ria*.
すうはい 崇拝 m. culto, (敬愛)f. adoración; (賞賛)f. admiración. ▶崇拝する v. 《フォーマル》adorar; venerar; admirar; rendir* culto 《a》. ▶英雄崇拝 m. culto a los héroes. ▶崇拝者 mf. adora*dor/dora*; (賞賛者) mf. admira*dor/dora*. ♦ 歴史上の人物ではだれを最も崇拝していますか ¿Qué personaje histórico es el que más admiras?
スープ m. sopa, m. caldo, (コンソメ)m. consomé. ▶ ¹濃い[²薄い]スープ f. sopa ¹espesa [²ligera]. ▶スープ皿 m. plato sopero, m. cuenco de sopa. ▶スープのもと(ベースとなる肉などの煮出し汁) m. caldo; (固形) m. cubito de sopa [caldo]; (粉末)f. sopa en polvo. ▶スープを飲む v. tomar (la) sopa. ▶スープを作る v. hacer* [preparar] una sopa. ▶鳥のがらでスープのベースをとる v. hacer* un caldo de sopa con los huesos de un pollo. 《会話》これは何のスープですか ¿De qué está hecha esta sopa? – Es sopa de pollo.
スーベニア m. recuerdo, 《仏語》m. "souvenir" (☆発音は [subeníɾ]), m. regalo. ▶スーベニアショップ m. tienda de recuerdos.
ズーム ▶ズームレンズ《英語》m. "zoom" (☆発音は [θúm]), m. objetivo de foco variable.
すうよう 枢要 (大切な・かなめの) adj. principal, muy importante. ▶国際社会で枢要な地位を占める v. ocupar una posición importante en la sociedad internacional.
・**すえ** 末 ❶【終わり】m. fin, mpl. fines, m. final. ♦ 今月の1末に[²末ごろ]日本をたってアルゼンチンに行きます A ¹fin [²fines] de mes partiré de Japón a Argentina.
❷【後】prep. después de, tras. → 挙げ句. ♦ よく考えた末それをした Lo hice「después de pensarlo muy bien [tras pensarlo mucho].
❸【将来】m. futuro, m. porvenir. ♦ 彼女の行く末を心配だ Estoy preocup*ado* por su futuro. ♦ 彼らは末は結婚するだろう Se casarán en el futuro.
《その他の表現》▶末の息子 m. hijo menor [más joven]. ▶末頼もしい(＝前途有望な)学生 mf. estudiante promete*dor/dora* [con porvenir]. ▶末永く仲よくしてね Sé siempre mi amigo/ga ¿eh?
スエーデン → スウェーデン
すえおき 据え置き (支払いの)(フォーマル) m. aplazamiento. ▶据え置き期間 m. período de aplazamiento. ▶据え置き年金 f. anualidad aplazada. ♦ 定価据え置き 〖掲示〗Precios congelados.
―― **据え置く** (支払いを延ばす) v. aplazar*, posponer*; (賃金を凍結する) v. congelar los salarios; (貸し付けなどを償還しないでおく) v. dejar sin reembolsar [pagar*]. ♦ 賃金の支払いは翌月まで据え置かれた El pago de los salarios fue aplazado hasta el próximo mes. ♦ 郵便料金は6か月据え置かれた Las tarifas postales fueron congeladas durante seis meses. ♦ バス料金はここ数年据え置かれている(＝同じである) Las tarifas de autobuses llevan varios años「sin subir [invariables].
すえおそろしい 末恐ろしい ♦ この子は末恐ろしい(＝この子の将来が実に心配だ) Estoy muy preocup*ado* por el futuro de este niño.
スエズうんが スエズ運河 m. Canal de Suez (☆エジプトの運河).
すえつける 据え付ける ▶部屋にストーブを据え付ける(＝取り付ける) v. instalar una estufa en la sala. ▶屋上に望遠鏡を据え付ける(＝立てる) v. instalar un telescopio en el tejado.
すえっこ 末っ子 *el/la* menor. ▶6人子供がいるうちの末っ子 *el/la* menor de una familia de seis hermanos.

地域差 末っ子
〔スペイン〕mf. benjamín
〔メキシコ〕mf. chocoyote
〔コロンビア〕mf. cuba
〔アルゼンチン〕mf. benjamín

すえる 据える ❶【置く】v. colocar*, poner*, instalar → 置く; (固定する) v. fijar, asentar*. ▶机を窓ぎわに据える v. colocar* una mesa junto a la ventana. ▶上座に据える v. conceder 《a + 人》el asiento de honor.
❷【任命する】▶彼をその学校の校長に据える v. nombrarlo[le] director de la escuela.
❸【目を】(視線を固定させる) v. clavar 《a + 人》con la mirada, mirar 《a + 人》de hito en hito; (じっと見つめる) v. mirar 《a + 人》fijamente.
❹【腰を】v. ponerse* a (trabajar).
・**ずが** 図画 (絵の具による)f. pintura; (鉛筆・ペン

などによる)*m*. dibujo; (作品)*f*. pintura, *m*. dibujo. ▶子供の図画展*f*. exposición de pintura infantil. ▶図画工作 *mpl*. dibujos y trabajos manuales.

*スカート *f*. falda. ▶¹ギャザー [²フレアー; ³プリーツ] スカート *f*. falda ¹fruncida [²acampanada; ³plisada]. ▶タイトスカート *f*. falda tubo. ▶スカートのひだ *m*. pliegue de la falda. ▶スカートの丈を¹短く [²長く] する *v*. ¹subir [²bajar] el borde de la falda. ▶スカートを¹脱ぐ] *v*. ¹ponerse* [²quitarse] la falda. ◆彼女はズボンではなく、スカートをはいていた Llevaba falda en lugar de pantalones. ◆今¹ロング [²ミニ; ³マキシ] スカートが流行している Ahora están de moda las ¹faldas largas [²minifaldas; ³maxifaldas].

> 地域差 スカート
> 〔全般的に〕*f*. falda
> 〔キューバ〕*f*. saya
> 〔アルゼンチン〕*f*. pollera

スカーフ *f*. bufanda.

ずかい 図解 (説明に伴う絵図)*f*. ilustración; (構造・系統図)*m*. gráfico, *m*. diagrama. ▶図解入りの手引書 *m*. manual ilustrado. ▶図解する *v*. ilustrar; (表で示す)*v*. mostrar* con un gráfico.

ずがい 頭蓋 (専門語)*m*. cráneo. ▶頭蓋骨 (専門語)*m*. hueso craneal. ▶頭蓋骨を骨折する *v*. fracturarse el cráneo. ▶頭蓋内圧亢(こう)進 (専門語)*f*. hipertensión intracraneal. ▶頭蓋縫合 (専門語)*f*. sutura craneal.

スカイダイビング *m*. paracaidismo. ▶スカイダイビングする *v*. practicar* paracaidismo; (楽しむ)*v*. 「pasarlo bien con [disfrutar] el paracaidismo.

スカイライン (山・建物などが空に描く輪郭)*m*. perfil [*f*. línea] del horizonte, *m*. horizonte. ▶ニューヨークのスカイライン *m*. perfil de Nueva York.

スカウト (スポーツ・芸能の)*mf*. cazatalentos. ▶有能な新人を求め(国中を)スカウトして回る *v*. cazar* [《口語》andar* a la caza de] talentos nuevos (por todo el país).

すがお 素顔 ▶女の素顔 (=化粧していない顔) *f*. cara 「sin maquillar [al natural]. ▶政治家の素顔 (=本当の顔)「*f*. verdadera cara [*m*. rostro real] de un político. ▶パリの素顔 *m*. París real. ◆あの女優の素顔なんて見られたものじゃない Esa actriz es un espectáculo sin su maquillaje.

すかさず (すぐに)*adv*. enseguida, de inmediato, inmediatamente → すぐ, 間もなく; (即座に)*adv*. al instante, al punto, 《口》al tiro, 《メキシコ》《口語》luego luego; (すばやく) *adv*. rápidamente, (ちゅうちょせずに)*adv*. sin vacilar.

すかし 透かし (紙の)*f*. filigrana. ▶透かしが入っていない *v*. no tener* filigranas, estar* sin filigranas.

すかす 透かす (通して見る)*v*. ver* [mirar] a través de → 見る; (光にかざして見る)*v*. ver* [mirar] a contraluz. ▶闇(やみ)を透かして (=目を凝らして) 見る *v*. intentar ver* en la oscuridad.

ずかずか ▶ずかずか入りこむ *v*. entrar「con descaro [《口語》como Pedro por su casa]. ◆彼は部屋に許しも請わずにずかずか入ってきた Se metió [《口語》coló] en la habitación sin pedir permiso.

すがすがしい 清々しい *adj*. refrescante,《強調して》vigorizante, fresco. → さわやか. ▶すがすがしい朝の空気 *m*. refrescante aire de la mañana. ▶気分がすがすがしい *v*. sentirse* refresc*ado* ☞さっぱりしている, さわやか

*すがた 姿 ①【外見】 (体つき)*f*. figura, *m*. tipo, *m*. talle,《口語》*f*. planta; (外形)*f*. forma → 形; (見かけ)*m*. aspecto, *f*. apariencia; (映像, 面影)*f*. imagen. ◆彼女は均斉のとれた姿をしている Tiene un tipo bien proporcionado. /《口語》Tiene buena planta. ◆天使の姿をした像がホールに飾られていた En el salón se exhibía una estatua en forma de ángel. ◆吸血鬼は夜間にはコウモリの姿になって現われた El vampiro tomó durante la noche la forma [figura] de un murciélago. ◆人を姿形 (=外見)で判断してはいけない No hay que juzgar a la gente por su apariencia. ◆彼女は自分の姿を鏡に写しているのが好きだ Le gusta mirarse [mirar su tipo] en el espejo. ◆彼女は彼の姿(=面影)を忘れないだろう No olvidará su imagen. ◆以来彼女の姿を見ていない No la he visto desde entonces. ◆この辺りではまだ野鳥の姿を見ることができる Por aquí todavía pueden verse aves salvajes [silvestres]. ◆彼が姿を消してから3年になる Hace tres años que desapareció. ◆太陽は地平線上に姿を表わした El sol apareció sobre el horizonte. ◆彼はパーティーに姿を見せなかった No se dejó ver en la fiesta. / No apareció en la fiesta.

②【様子, 状態】*f*. situación, *m*. estado; (描かれた)*f*. imagen. ◆われわれはその国の実際の姿を知らなかった Desconocemos「la situación [el estado] real del país. ◆その映画は自然のありのままの姿を描いている La película 「ofrece una imagen real de la naturaleza [muestra la naturaleza tal como es].

すがたみ 姿見 *f*. luna, *m*. espejo de cuerpo entero. → 鏡.

スカッシュ ▶レモンスカッシュ *f*. limonada.

すかっと (さっぱりした)*adj*. refrescante, fresco. ▶すかっとする飲み物 *f*. bebida refrescante. ◆1時間昼寝するとすかっとするよ Te sentirás refresc*ado* después de una hora de siesta.

スカラシップ *f*. beca. → 奨学金. ◆彼は留学のためにスカラシップを得た 「Consiguió una beca [Le becaron] para estudiar en el extranjero.

すがる, すがりつく ①【しがみつく】 (抱きつくように) *v*. agarrarse [asirse*,《強調して》aferrarse]《a》; (しっかりつかまっている)*v*. sujetarse《en, a》; (つえなどにもたれる)*v*. apoyarse《en》. ▶つえにすがって歩く *v*. caminar apoyado en un bastón. ◆彼は母に¹すがりついた [²すがりついていた] ¹Se agarró [²Estaba agarrado] a su madre.

②【頼る】 (依存する)*v*. depender《de》; (人に

頼る) v. contar* 《con》. ♦彼の援助にすがる v. depender de su ayuda.

すかれる 好かれる ♦人に好かれる人 f. persona agradable. ♦人に好かれない (=不愉快な)奴 m. tipo desagradable [repugnante]. ♦彼は親切なので人に好かれている Gusta [《口語》Le cae bien] a la gente porque es agradable. ♦あの先生は生徒に好かれている (=人気がある) Ese profesor es popular entre sus alumnos. / A los alumnos les gusta ese profesor.

ずかん 図鑑 (図版・さし絵入りの) m. libro ilustrado; (絵の) m. libro con dibujos; (写真の) m. libro con fotografías. ♦日本植物図鑑(書名) «Libro Ilustrado de la Flora de Japón».

スカンク f. mofeta, 〔ラ米〕m. zorrillo.
スカンジナビア Escandinavia. ♦スカンジナビア半島 f. Península Escandinava.

すき 好き ♦好きである v. gustar, 《文語》agradar; ser* aficionado 《a》; (人が) v. querer*, amar.

1《好きです》♦映画は好きですか ¿Te [《フォーマル》¿Le] gusta el cine? ♦私は猫が大好きです Me gustan mucho los gatos. ♦私は春よりも秋の方が好きです Me gusta más el otoño que la primavera. ♦彼は一人旅が好きです Es aficionado a viajar solo. / (一人旅の方が)Prefiere viajar solo. ♦コーヒーは甘いのが好きです Me gusta el café dulce. ♦彼は甘い物が大好きです Le encantan [gustan mucho] los dulces. ♦僕は君が大好きだ. Te quiero [amo] mucho.

2《好きになる》♦彼は一目で彼女が好きになった Le gustó a primera vista. / Se enamoró de ella a primera vista. / Fue un flechazo.

3《好きな(ように)》♦君が決めることだ. お好きなように Es tu decisión. Hazlo「a tu gusto [como gustes, 《フォーマル》como te plazca]. ♦好きなようにやらせてください Déjame hacerlo a mi gusto.

4《好きなだけ》adv. tanto como「se quiera [uno guste]. ♦好きなだけ食べてよろしい Puedes comer「tanto como quieras [todo lo que quieras, tanto como gustes]. ♦パンフレットは無料です. 好きなだけお取りください Los folletos son gratuitos y se pueden tomar「tantos como uno guste [tantos como se desee, todos los que se quieran].

5《好きで》♦彼は金のためではなく, 好きでそれをした Lo hizo por su gusto, no por dinero.

――― 好きな adj. favorito, 《フォーマル》predilecto, preferido. ♦一番好きな小説 f. novela más favorita. ♦青は彼の好きな色です Su color favorito es el azul. ♦紅茶かコーヒーか好きな方を選べます Se puede elegir té o café, lo que se desee. / Escoge a tu gusto té o café. ♦どちらでも好きな方を取りなさい Toma el que「te guste [quieras, 《フォーマル》te agrade].

すき 隙 ❶《油断》(無防備な時間) m. descuido; (不注意) f. negligencia. → 油断, 不注意. ♦隙に乗じる v. aprovecharse de un descuido. ♦隙を見せない (=警戒している) v. no descuidarse, no estar* desprevenido. ♦ちょっとした心の隙が事故を生む Un pequeño descuido provoca un accidente. ♦彼にはつけ入る隙がない Nunca está descuidado. / Está siempre alerta. ♦隙を突かれて一撃を食らった Me tomaron [《口語》pillaron] descuidado [desprevenido] y me dieron un golpe.

❷《機会》f. ocasión, f. oportunidad. ♦逃げる隙をうかがう v. aguardar [esperar] la ocasión de escapar. ♦彼は見張りが寝ている隙に (=間に)逃げた Se fugó「mientras el vigilante estaba descuidado [aprovechando la ocasión en que dormía el guardia].

❸《欠陥》m. fallo, f. falla, m. defecto. ♦隙だらけの理論 f. teoría con muchos fallos. ♦彼の仕事には隙がない (=完璧だ) Su trabajo es impecable.

❹《余地》m. espacio, m. sitio. ♦割り込む隙はなかった No tenía sitio para poner el pie.

すき 鋤 (牛馬・トラクターなどに引かせる) m. arado; (両手で使う) f. laya.

すぎ 杉 m. cedro japonés.

-すぎ -過ぎ → 過ぎる. ❶《時》adv. justo después de, nada más pasado/das; (年齢) adv. después de, pasado/das, cumplido/das. ♦彼は5時半過ぎに帰宅した Volvió a casa「pasadas las cinco y media [después de las cinco y media]. ♦来月の20日過ぎにまた会おう Vamos a vernos otra vez después del (día) 20 del mes que viene. ♦彼は60を過ぎ (=越し)ている Tiene más de 60 años.

❷《過度》♦働き過ぎは病気のもとだ El「exceso de trabajo [trabajo excesivo] es causa de enfermedad. ♦それは言い過ぎだよ Ya has dicho bastante. / Lo que has dicho es un poco exagerado.

-ずき -好き → 愛好者. ♦彼はとてもきれい好きだ Es muy limpio [《フォーマル》pulcro].

スキー (行為, 競技) m. esquí; (スキー板) m. (par de) esquís. ♦スキーをする v. esquiar*, 《フォーマル》practicar* el esquí. ♦スキーがうまい v. esquiar* bien, ser* un/una buen/buena esquiador/dora. ♦斜面をスキーですべる v. deslizarse* en esquí por una pista. ♦スキー学校 f. escuela de esquí. ♦スキー靴 [ズボン] 1 fpl. botas [2 mpl. pantalones] de esquí. ♦スキー場 (=ゲレンデ) f. pista de esquí; (ホテルなどを含めたスキー場全体を) f. estación de esquí. ♦スキー大会 f. competición de esquí. ♦スキー服 f. traje de esquí. ♦スキー用品 m. equipo de esquí. ♦スキー指導員 mf. monitor/tora [m. instructor/tora] de esquí. ♦スキーストック mpl. bastones de esquí. ♦近ごろスキーは人気のあるスポーツだ Estos días es muy popular el esquí. ♦私は毎年北海道にスキーに行きます Todos los años voy a esquiar a Hokkaido. / Voy a Hokkaido a esquiar todos los años. ♦私はスキーが大好きだ Me「gusta mucho [encanta] esquiar.

スキーヤー mf. esquiador/dora.
スキかって 好き勝手 ♦好き勝手なことをする v. obrar a (su) antojo [capricho], 《口語》salirse* con la suya; (好きなように行動する) v.

すききらい 好き嫌い *mpl.* gustos y *fpl.* aversiones, 《口語》*mpl.* caprichos. ♦彼女は食べ物の好き嫌いが激しい［多い］Es muy caprichosa en la comida. /《フォーマル》Tiene fuertes gustos y aversiones en materia de comida.

すきこのんで 好き好んで ♦だれも好き好んでそんな重労働はしない No hay nadie que quiera hacer por gusto ese trabajo tan pesado.

すぎさる 過ぎ去る *v.* pasar. → 経つ, 過ぎる, 通り過ぎる.

すきずき 好き好き ♦それは好き好きです（=趣味の問題だ）Es cuestión de gustos. / Eso es cosa de gustos.

ずきずき ♦ずきずきする *v.* dar* punzadas, punzar*. ♦ずきずきする痛み *m.* dolor punzante. ♦傷が痛んでずきずきした La herida producía un dolor punzante. ♦頭が(頭痛で)ずきずきする La cabeza me「da punzadas [zumba] de dolor.

すきっぱら 空きっ腹 *m.* estómago vacío. ♦空きっ腹で酒を飲む *v.* tomar sake「con el estómago vacío [《口語》sobre vacío].

スキップ (軽く跳んで移動すること) *m.* salto con ritmo. ♦スキップする *v.* saltar [brincar*] con ritmo, dar* saltitos rítmicos, caminar dando saltitos.

すきとおる 透き通る ♦透き通った (透明な) *adj.* transparente; (澄んだ) *adj.* claro.

-すぎない -過ぎない *adv.* sólo, solamente. → -に過ぎない.

スキピオ (アフリカヌス) Escipión el Africano (☆前236-183, ローマの政治家・将軍).

すきま すき間 (あいた空間) *f.* abertura, *m.* resquicio,《フォーマル》*m.* intersticio; (細長く開いた) *f.* raja,《フォーマル》*f.* fisura → 穴; (ひび割れ, 裂け目) *f.* rendija; (空気・水・光が通る) *f.* grieta, *f.* rendija. ♦彼女はフェンスのすき間を見つけて中庭に入った Encontró una abertura en la valla y entró por ella al patio. ♦この家はすき間風が入る En esta casa hay corriente(s) (de aire). / Esta casa tiene corriente(s) (de aire).

すきやき すき焼き "sukiyaki", (説明的に) *fpl.* tiras de carne o de verdura cocidas a la plancha frecuentemente por el mismo comensal.

スキャナー 《専門語》*m.* escáner,《専門語》*m.* escanógrafo.

スキャンする 《専門語》*v.* escanear, rastrear, buscar*, barrer, explorar, escudriñar, analizar*, digitalizar*.

スキャンダル *m.* escándalo. ♦スキャンダルを1もみ消す [2暴露する] *v.* encubrir* [revelar, descubrir*] un escándalo. ♦映画スターのスキャンダルを1話題にする [2すっぱぬく] *v.* 1hablar del [2descubrir* el] escándalo de una estrella de cine. ♦スキャンダルに巻き込まれる *v.* estar* implicad*o* [《フォーマル》involucrad*o*,《口語》salpicad*o*] en un escándalo.

スキャンティ *m.* tanga.
スキューバダイビング *m.* submarinismo.
すぎゆく 過ぎ行く *v.* pasar.

すぎる ❶【通過する】*v.* pasar. → 通り過ぎる. ♦嵐が過ぎるのを待つ *v.* esperar a que pase la tormenta. ♦京都はもう過ぎましたか ¿Hemos pasado ya Kioto? ❷【時が経つ】*v.* pasar(se),《フォーマル》transcurrir,《文語》deslizarse*; (飛ぶように) *v.* volar*,《口語》expirar; pasar volando. → 経つ. ♦日曜はすぐに過ぎる El domingo (se) pasa rápido. ❸【終わる】(特定の期間・催しなどが) *v.* pasar (se), terminarse; (過去の1もの [2人] となる) *v.* 1quedar [2dejar] atrás; (有効期限が切れる) *v.* caducar*; (期限が来る) *v.* vencer*; (期限が切れる) *v.*《フォーマル》expirar; (契約・時間などが) *v.* expirar. ♦厳しかった冬も過ぎて春が来た Ha pasado el rigor del invierno y la primavera está aquí. ♦君の免許証は期限が過ぎている Tu permiso [licencia] de conducir 「ha caducado [《口語》se ha pasado]. ♦過ぎたこと(=過去)は忘れろ「Dejar atrás [Olvidar] el pasado. ❹【越える】(年齢・数量などを) *v.* pasar 《de》, rebasar; (限度などを) *v.* pasar,《フォーマル》exceder. ♦彼女は20歳を過ぎている Pasa de los 20. / Tiene más de 20 años. ♦彼が来たときには約束の時間はとうに過ぎていた Cuando vino,「había pasado [era más de] la hora fijada. ❺【度を越す】*adv.* demasiado; con [en] exceso. ♦彼女は1リンゴ [2砂糖]を買いすぎた Compró 1demasiadas manzanas [2demasiado azúcar]. / Compró 1manzanas [2azúcar] en exceso. /《スペイン》Se pasó comprando 1manzanas [2azúcar]. ♦この肉は堅すぎる Esta carne es demasiado「dura. [《フォーマル》excesivamente]. ♦あの絵はずいぶん高すぎる Aquel cuadro es demasiado [強調して] exageradamente] caro. ♦彼は来るのが遅すぎた Llegó demasiado tarde. ♦いすが一つ多過ぎる Hay una silla de más. / Sobra una silla. ♦この紙は大きすぎてその封筒に入らない Este papel es demasiado grande para ese sobre. ♦この本は難し過ぎて私には読めない Este libro es tan difícil que no puedo leerlo. / Este libro es demasiado difícil de leer. / Este libro es excesivamente difícil para mí. 《フォーマル》La lectura de este libro excede [supera] mi capacidad. → 非常に. ♦彼女は君には過ぎた(=とてもよい)女房だ Es demasiado buena esposa para ti. /《口語》Tienes una mujer que no te la mereces. ♦その仕事をするときはいくら注意してもしすぎることはない Cuando se hace ese trabajo, nunca se tiene demasiado cuidado. ♦冗談が少し過ぎるぞ Estás llevando la broma demasiado lejos. /《口語》Estás pasándote con la broma. ♦過ぎたるはなお及ばざるがごとし (ことわざ) Se puede pecar tanto por exceso como por defecto. ♦(言い回し) Ni tanto ni tan calvo.

スキン *m.* preservativo,《口語》*m.* condón. → コンドーム.

ずきん 頭巾 f. capucha, m. capucho, f. caperuza. → フード. ▶赤ずきんちゃん(童話)《Caperucita Roja》.

スキンシップ m. contacto físico. ▶赤ん坊とスキンシップをする v. tener* contacto físico con el bebé.

スキンダイビング m. buceo; m. submarinismo.

すく 好く (好む) v. gustar; ser* aficionado 《a》, tener* afición 《a》; querer*, amar. → 好む, 好かれる.

すく 透く ▶透けて見えるブラウス f. blusa transparente. ▶レースのカーテンから部屋が透けて見えた Podía verse el interior de la sala a través de la cortina de encaje transparente.

すく 鋤く v. arar (el campo).

すく 空く ▶腹がすく v. tener* [sentir*] hambre. ▶今夜手がすいていますか ¿Estás libre esta noche? ▶電車はすいていた [=混雑していなかった] El tren no estaba lleno. / (ほとんど乗客はいなかった)「Había pocos pasajeros [Apenas había pasajeros] en el tren.

すく 梳く (髪を) v. peinar; (羊毛などを) v. cardar.

＊すぐ ❶【ただちに】adv. en seguida, enseguida, inmediatamente, 《フォーマル》de inmediato, 《口語》ya, 《口語》ahora mismo; al instante, al punto, 【チリ】al tiro, 【メキシコ】《口語》ahorita, 【メキシコ】《口語》ya mero, en el acto, en este preciso instante, 《強調して》ahora mismo. ▶すぐ行きます Ya voy. / Voy ahora (mismo). ▶すぐ戻ってきます Vuelvo enseguida [ahora, 【メキシコ】ahorita, 【チリ】al tiro]. / Al instante regreso. 会話 コーヒーをもう少し持ってきてくれませんか—はい, すぐお持ちします ¿No nos puedes traer más café? – Sí, ya lo llevo. 会話 これまでは時間がなかったんだけど今すぐ始めなさい Hasta ahora no he tenido tiempo. – Entonces comienza「en seguida [de inmediato, 《フォーマル》ahora mismo, 《口語》ya]. ▶すぐに返事をください Conteste inmediatamente, por favor. / Haga el favor de contestar de inmediato. ▶科学部は放課後すぐに(会を)始めます El club de ciencias se reunirá「nada más acabar [inmediatamente después de] la clase.

《...するとすぐ(に)》conj. en cuanto, 《フォーマル》tan pronto como, 《フォーマル》así que; adv. al + 不定詞,「nada más [en seguida de] + 不定詞. ▶家に着くとすぐ彼女に電話した「En cuanto llegué [Enseguida de llegar] a casa, la llamé. / Nada más llegar a casa, la llamé. / En el momento [instante] de volver a casa, la llamé. / Al llegar a casa, la llamé. / La llamé「tan pronto como [《フォーマル》en el momento en que] estés preparado. 会話 いつ出発しましょうか—君の準備ができたらすぐに出発しなさい ¿Cuándo salgo? – Sal「tan pronto como [en el momento en que] estés preparado.

❷【間もなく】adv. pronto; (ほどなく) adv. a no tardar mucho; (じきに) 《フォーマル》adv. en breve; (ほとんど) adv. casi. ▶彼はすぐここに到着するでしょう Llegará pronto [enseguida, de un momento a otro, en breve]. / Ahora llega. / Está al llegar. / No tardará en llegar. ▶事故の後すぐ警察がやって来た「Poco después [《口語》A poco] del accidente, vino la policía. → 間もなく. ▶正月はもうすぐそこだ Año Nuevo「se está acercando [《口語》está a la vuelta de la esquina]. / No falta nada para Año Nuevo. ▶もうすぐ3時だ Pronto serán las tres. / Son casi las tres.

❸【容易に】adv. fácilmente, sin problema [dificultad]. ▶紙袋はぬれるとすぐに破れる Las bolsas de papel se rompen fácilmente si se mojan. ▶彼はすぐ(=快く)その計画に同意した De buena gana aceptó el plan.

❹【距離的に】(近くに) adv.「muy cerca [《口語》a dos pasos] 《de》, 《フォーマル》muy próximo 《a》 → 近い; (まさに) adv. justo; (ちょうど) adv. exactamente, precisamente. ▶彼は学校のすぐ近くに住んでいる Vive「muy cerca [《口語》a dos pasos] de la escuela. ▶そのバス停はここからすぐですか ¿Está la parada de autobús cerca de aquí? ▶彼女は私のすぐそばに座った「Se sentó [Tomó asiento] justamente a mi lado. ▶その事故はすぐ目の前で起こった El accidente ocurrió justo ante mis「propios ojos [《口語》propias narices]. 会話 その店はどこですか—駅のすぐ隣です ¿Dónde está la tienda? – Está「justo al lado [《口語》a dos pasos] de la estación. ▱早速, すかさず, 即時, 直ちに, 立ち所に, 忽ち, たやすく

-ずく (...によって) prep. por; empleando; (...のために) prep. por. ▶腕[力]ずくで彼から金を奪う v. quitarle el dinero por [empleando] la fuerza, recurrir a la violencia para quitarle el dinero. ▶損得ずくで (金のために) adv. por dinero; (名声のために) adv. por el nombre. ▶計算ずくで adv. calculadoramente, con cálculo.

すくい 救い (助力) f. ayuda; (救助) f. rescate, m. salvamento; (救援) f. ayuda, m. socorro; (神の) f. salvación; (取り柄) f. lo único que 《人 + 人》salva, el poco mérito (que tiene). ▶救いようのないばか mf. imbécil sin remedio, mf. idiota incorregible. ▶救いを求める v. pedir* ayuda [auxilio]. → 助け. ▶その患者は救いようがない El enfermo no tiene esperanza de recuperación. ▶親切なのが彼の救いです Le salva su amabilidad. / Lo único que tiene bueno es la amabilidad.

スクイズ 《野球》《英語》m. "squeeze play" (☆発音は [eskwísple]), (説明的に) m. intento de anotar con un corredor en tercera base por medio de un toque.

すくいぬし 救い主 ▶救い主の出現を予言する v. profetizar* el advenimiento del Salvador [Mesías]. → 救世主.

＊すくう 救う (救助する) v. salvar, rescatar. → 助ける. ▶彼の命を救う v. salvar su vida. ▶おぼれている男の子を救う v. salvar a un niño de ahogarse*, rescatar a un niño de morir*

ahogado. ▶¹苦境［²危険］から彼を救い出す v. sacarlo[le]* ¹ de las dificultades [²del peligro]. ▶その食料で多くの人が飢餓から救われた Esos alimentos「salvaron a mucha gente de morirse 「《フォーマル》evitaron que muchas personas perecieran」 de hambre. ◆彼が私を支持してくれるのを知って救われた (=ほっとした) Me sentí aliviado al saber que tenía su apoyo.

すくう 掬う ❶【液体などを】v. sacar*. ▶アイスクリームを容器からすくう v. sacar* helado de un recipiente. ▶しゃくしでスープをすくって皿によそう v. sacar* la sopa con el cucharón y llenar los platos. ▶シャベルで雪をすくい上げる v. amontonar nieve con la pala.
❷【足を】(人が) v. echar la zancadilla 《a》, zancadillear 《a》;(波などが) v. barrer (a + 人) los pies. ▶マットに足もとをすくわれて (=つまずいて)倒れた「Tropecé con la estera [La estera me hizo tropezar]」y me caí.

スクーター m. escúter. → 自転車.

スクープ (新聞などの特報) f. primicia. ▶その記事はスクープだった Esa noticia era una primicia. ▶朝日新聞はほかの収賄(ホッ)事件をスクープした El Asahi「publicó la primicia [se adelantó a los otros periódicos al publicar la noticia] del caso de los sobornos.

スクーリング mpl. estudios en la escuela de la enseñanza a distancia.

スクールバス m. autobús escolar.

すくさま 直ぐ様 →すぐ

すくすく ◆両親は子供がすくすく育っていくのを見てうれしかった Los padres estaban felices al ver a sus hijos crecer con salud. ▶稲がすくすく育っている El arroz está creciendo「muy bien [a ojos vistas]」.

すくない 少ない (数が) adj. poco,《フォーマル》escaso;(数・量・額が) adj. pequeño;(量・重さ・額が不足している) adj. bajo; corto. ◆百歳まで生きる人は少ない Son pocas las personas que alcanzan los cien años. / Sólo pocas [escasas] personas llegan a vivir cien años. ◆彼は口数が少ない Habla poco. / No habla mucho. / Es un hombre de pocas palabras. ◆私は彼より間違いが少なかった Cometí menos faltas que él. / Me equivoqué menos que él. / No cometí tantas faltas como él. ◆彼の成功の見込みは少ない「Hay pocas [No hay muchas] esperanzas de que tenga éxito. ◆私は妹よりも収入が少ない《フォーマル》Mis ingresos son menores que los de mi hermana. ◆食料の供給は少なかった Nuestras provisiones eran escasas. / Estábamos cortos de víveres. ◆彼は家にいることが少ない (=めったにない)《口語》Está poco en casa. / Apenas para en casa. /《フォーマル》Son pocas las ocasiones en que se le encuentra en casa. ◆おいしいコーヒーを出す店は少なくなった《フォーマル》Cada vez hay menos sitios en donde se toma buen café. /《フォーマル》El número de establecimientos en donde se ofrece buen café ha disminuido. → 減る.

すくなからず 少なからず adj. no poco(s);(大いに) adv. mucho,《フォーマル》en gran medida;(大変)《口語》adv. muchísimo;(たくさん) adv. en gran cantidad. ◆その光景を見て少なからず驚いた Estuve no poco sorprendido. / Me extrañó no poco. ◆彼に少なからず世話になっています Le debo mucho.

―― **少なからぬ** adj. no poco(s), bastante;(相当の)《フォーマル》adj. considerable. ◆少なからぬ金額 m. no poco dinero, f. considerable cantidad [《フォーマル》suma] de dinero. ◆少なからぬ本が紛失していた Faltaban no pocos libros. / Bastantes libros faltaban.

*****すくなく(とも)** 少なく(とも) adv. por lo menos, al menos, como mínimo,《口語》como poco, no menos 《de, que》. ◆少なくとも4時間勉強する v. estudiar「al menos [por lo menos, como mínimo] cuatro horas. ◆少なくとも30人の労働者が負傷した「Por lo [Al] menos 30 trabajadores fueron heridos.

すぐに →すぐ

すくむ 竦む ▶血を見てすくむ (=ひるむ) v. "encogerse* de miedo [acobardarse, retroceder] a la vista de la sangre. ▶足がすくむ (恐怖などで) v. quedarse paralizado (《口語》de piedra)(por el miedo);(動けなくなる) v. no poder* moverse*. ▶緊張のあまり足がすくんで歩けなかった Estaba tan nervioso que las rodillas no me sostenían y no podía caminar. / El miedo me paralizó y no podía dar un paso.

―**ずくめ** (すべて(の)) adj. todo; adv. totalmente, completamente. ▶黒ずくめの服装をしている v. ir* (vestido) todo de negro. ▶つらい事ずくめの一生 f. vida plagada de amarguras. ◆規則ずくめでうんざりだ Estoy harto de tantas reglas.

すくめる ▶肩をすくめる v. encoger* los hombros, encogerse* de hombros (☆「知らない」という意味または関心を示す). ▶首をすくめる v. meter la cabeza entre los hombros.

スクラップ (廃物) mpl. desechos;(切り抜き) m. recorte. ▶金属のスクラップ mpl. metales de desecho. ▶スクラップブック m. álbum de recortes. ▶鉄をスクラップにする v. chatarrear. ◆その車はスクラップとして売られた El coche fue vendido para chatarra [el desguace].

スクラム 《ラグビー》f. melé. ▶スクラムを組む v. hacer* [formar] una melé. ▶スクラムを組む《比喩的》v. entrelazar* los brazos.

スクランブルエッグ (炒(ぃ)り卵) m. huevos revueltos.

スクリーン (映写幕) f. pantalla,《専門語》f. pantalla,《専門語》m. monitor. ▶スクリーン・セーバー《専門語》m. protector de pantalla. ▶スクリーン・フォント《専門語》f. fuente de pantalla.

スクリプト m. guión,《英語》《専門語》m. "script". ▶テレビドラマのスクリプトを書く v. escribir* un guión para una serie de televisión.

スクリュー f. hélice.

スクレ Sucre 《☆コロンビアの県; ベネズエラの州; ボリビアの都市, 憲法上の首都》.

スクレ《アントニオ・ホセ・デ～》 Antonio José de Sucre 《☆1795-1830, ボリビアの大統領》.

すぐれない 勝れない《気分・体の調子が》v. no sentirse* [encontrarse*] bien; 《健康が》v. tener* mala salud, estar* mal de salud, tener* problemas de salud; 《顔色が》v. tener*「mala cara [la cara pálida]」. ◆今日は気分がすぐれない Hoy no me siento [encuentro] bien. ◆彼は健康がすぐれないため時々欠勤する A veces falta a la oficina por problemas de salud. ◆どうしたんだい, 今日は顔色がすぐれないね ¿Que te pasa? Hoy tienes mala cara.

***すぐれる 優[勝]れる**《秀でる》v. ser* mejor 《que》, aventajar, ser* superior 《a》.

1《すぐれた》adj. muy bueno, excelente, magnífico, espléndido, 《口語》estupendo; 《傑出した》adj. sobresaliente, destacado, 《教養語》prominente. ◆非常にすぐれた仕事をする v. hacer* [《フォーマル》realizar*] un trabajo excelente [espléndido]. ◆物理ですぐれた成績をとる v.「sacar* muy buena nota [obtener* una excelente calificación]」en Física. ◆これは今まで見た中で最もすぐれた映画だ Es la mejor película que he visto hasta ahora.

2《にすぐれる》◆彼は[1]スペイン語 [[2]スポーツ]にすぐれている「Es muy bueno [Destaca mucho] en [1]español [[2]el deporte]. /《口語》Se le da muy bien el [1]español [[2]deporte].

3《よりすぐれる》→勝る. ◆この辞書はそれより優れている Este diccionario es「mejor que [superior a]」ése.

4《すぐれない》→勝레ない.

□ 上々, 上出来, 素晴らしい

スクロール ◆スクロールする《専門語》v. desplazar*, 《専門語》enrollar. ◆スクロール・バー《専門語》f. barra de enrollar.

ずけい 図形 f. figura. ◆平面図形 f. figura plana.

***スケート**《競技, 行為》m. patinaje; 《靴》mpl. (par de) patines. ◆スケートをする v. patinar, 《フォーマル》practicar* el patinaje. ◆スケートが[1]上手だ[[2]へただ] v. patinar [1]bien [[2]mal]. ◆スケートをはく v. ponerse* los patines. ◆[1]スピード[[2]フィギュア]スケート m. patinaje [1]de velocidad [[2]artístico]. ◆（アイス）スケート場[リンク] f. pista de patinar (sobre hielo). ◆われわれは湖へスケートに行った Fuimos al lago a patinar.

スケートボード《板》m. monopatín, f. tabla de patinar; 《遊び》m. mano patín, m. monopatinaje.

スケープゴート《身代わり》f. cabeza de turco.

スケール《規模》f. escala; 《人物の度量》m. calibre. ◆スケールの大きい計画 m. plano [m. proyecto, m. programa] de gran escala. ◆世界的なスケールで adv. a escala mundial. ◆スケールの大きい人 m. hombre de gran visión.

スケジュール m. programa, m. f. agenda. → 日程. ◆彼のスケジュールはきつい Tiene「una agenda apretada [un programa apretado]」. ◆あなたは冬休みのスケジュールをもうたてましたか ¿Ya tienes el plan para las vacaciones de Navidad? ◆パーティーはスケジュールどおり終わった La fiesta terminó según el programa.

すけすけ 透け透け ◆透け透けの adj. transparente, 《口語》que se ve todo; 《極薄の》adj. 《教養語》translúcido, finísimo.

ずけずけ ◆彼はずけずけ（＝ぶっきらぼうに）ものを言う No se calla nada. /《口語》No tiene pelos en la lengua. /《もって回った言い方をしない》Habla sin rodeo. /《あいまいな所がない》Habla bien claro. /《拘束される所がない》Es muy directo en lo que dice.

すけだち 助太刀《助力》f. ayuda, 《フォーマル》f. asistencia; 《助力者》mf. ayudante; 《後援者》mf. partidario/ria. ◆けんかの助太刀をする v. ayudar《a + 人》, 《口語》echar《a + 人》una mano en una pelea.

スケッチ《写生画》m. esbozo, m. bosquejo, m. apunte; 《写生》mpl. esbozos. ◆スケッチブック《英語》m. bloc de dibujos. ◆木をスケッチする v.「hacer* esbozos de [esbozar*]」árboles.

すげない ◆すげない（＝そっけない）返事をする v. dar* una respuesta cortante [seca, desabrida], contestar fríamente. ◆彼にすげなくする（＝を冷淡に扱う）v. tratarlo[le]「con frialdad [fríamente]」. ◆すげなく（＝きっぱりと）断る v. negar* rotundamente [categóricamente], darle* una negativa rotunda.

すけべい 助平 f. persona lasciva [lujuriosa]. ◆助平な（＝性的にうずうずしている）adj. lascivo, impúdico; 《みだらな》adj. indecente, 《フォーマル》obsceno, 《口語》verde.

すける 透ける《透明である》v. ser* transparente; 《透けて見える》v. transparentarse, 《フォーマル》traslucirse*. ◆肌が透けて見える寝巻き m. camisón transparente. ◆彼女のブラウスは透けて見える Su blusa es casi transparente. / Se le ve casi todo por la blusa.

スケルツォ《イタリア語》m. "scherzo"《☆発音は [eskértso]》.

スコア m. tanteo. → 得点. ◆スコアカード f. tarjeta de tanteo. ◆スコアラー m. tanteador, m. marcador. ◆スコアをつける v. apuntar los tantos. ◆今スコアはどうなっている? ¿Cómo está ahora el marcador?

スコアラー《野球》mf. anotador/dora, mf. marcador/dora.

***すごい**《恐ろしい》adj. terrible, horrible, horroroso, espantoso. → 大変.

1《すごい+名詞》◆すごい光景 m. terrible espectáculo. ◆すごい読書家 m. lector voraz [ávido]. ◆すごい雨 f. lluvia horrible [violenta]. ◆すごい雨 f. lluvia horrible [violenta]. ◆すごい速度で adv. a una velocidad tremenda [aterradora]. ◆それをするのにはすごい技術がいる「Hace falta [Se necesita]」una habilidad increíble para hacerlo. ◆彼の姉さんはすごい美人だ Su hermana es increíblemente guapa [bella, bonita].

2《…が[は]すごい》◆スペイン語力がすごい v. tener* un dominio sensacional [formida-

694 ずこう

ble] del español. 《会話》彼は記録を破ったよーそいつはすごい Ha batido el récord. – ¡Es increíble! [¡Qué bárbaro! / ¡Formidable!]
── すごく (非常に) *adv.* 《口語》increíblemente, 《口語》terriblemente; (実に) *adv.* de verdad, realmente. ♦すごく急いで *adv.* con una prisa increíble, 《口語》con muchísima prisa. ♦すごくたくさんの人好きだ Me gusta muchísimo [《口語》una barbaridad] el 《英語》"jazz". (☆発音は [yás] /《口語》Soy *un/una* aficionado/*da* bárbaro/*ra* al "jazz". / Me encanta el "jazz". ♦すごくいい味だわ ¡Qué bien sabe! / ¡Tiene un sabor increíble [estupendo]! /《口語》¡Sabe requetebién! ⇨大層, 大変

ずこう 図工 (学科の図画・工作) *mpl.* dibujos y trabajos manuales. ♦図工の1時間 [²先生] ¹ clase [² *m.* profesor] de artes plásticas.

すごうで 凄腕 ♦すご腕の人 (抜けめのない人) *f.* persona astuta, (敏腕家) *f.* persona 「con empuje [que consigue lo que se propone]. ♦すご腕の実業家 *m.* hombre [*f.* mujer] de negocios sagaz [hábil].

スコール *mpl.* aguaceros, *mpl.* chubascos.

＊＊すこし 少し ❶【数, 量】(少数の) *adj.* algunos, *pocos*. ♦少し買い物 [²散歩]をする *v.* ¹hacer* algunas compras [²pasear un poco]. ♦(選挙などで)少しの差で敗れる *v.* ser* derrotado 「por "una escasa mayoría [《口語》poco]. ♦少しの額で *adv.* a bajo precio. ♦私はパリに友達が少ない Tengo 「unos pocos [algunos] amigos en París. ♦彼女に少し迷惑をかけた Le ocasioné 「algo de molestia [algunas molestias]. ♦テストでは少ししか間違わなかった Me equivoqué muy poco en el examen. / Cometí muy pocos errores en el examen. ♦時間は少ししか残っていない Queda poco tiempo. /《フォーマル》Apenas queda ya tiempo. ♦クッキー [²ミルク]をもう少しいかがですか ¿No tomas ¹algunas galletas más [²un poco más de leche]? ♦それにもう少し[ほんの少し]塩を加えなさい Añade a eso 「una pizca [《口語》un pellizco] de sal. ♦本が少し図書館から盗まれた Fueron robados algunos [unos cuantos, unos pocos] libros de la biblioteca. ♦少しでも疑問があったら, 私に聞いてください Por favor, pregúntame si tienes alguna pregunta por pequeña que sea. ♦彼でも息抜きが必要だ Hasta él necesita algo [un poco] de esparcimiento.

❷【程度】(少し) *adv.* algo, 《フォーマル》ligeramente; (わずかばかり) *adv.* un poco, 《口語》; (もう少しで…するところだ) *adv.* casi, 《口語》por poco. ♦右に少し動いてください Muévase un poco a la derecha, por favor. ♦彼は少しスペイン語が話せる Sabe un poco [《口語》*m.* poquito] de español. ♦少し疲れた Estoy algo [un poco] cansado. ♦そのニュースを聞いて少し驚いている Estoy algo [《フォーマル》ligeramente] sorprendido de [por] la noticia. ♦少しスピードを出して運転していた Iba conduciendo algo rápido. ♦この靴は少し大きすぎる Estos zapatos me están un poco grandes. ♦彼は転んで少しけがをした Resultó ligeramente herido cuando se cayó. ♦少し頭痛がする 《フォーマル》Tengo un ligero dolor de cabeza. / Me duele un poco la cabeza. ♦彼はもう少しで車にひかれるところでした Le faltó poco para ser atropellado por un coche. ♦彼は少しずつ回復した「Ha recobrado la salud [Se ha recobrado] gradualmente. ♦今日は容態が少しいい Hoy me siento algo [un poco, 《口語》un poquito, un tanto] mejor. 《会話》このナイフはだめだー少しはましかな Este cuchillo no sirve para nada. – ¿Será el mío 「un poco [algo] mejor?

❸【時間】(少しの間) un poco [《口語》poquito], un rato; *pron.* algo de tiempo; (瞬間) *m.* momento, 《口語》*m.* momentito, *m.* segundo. ♦彼は少ししたら戻ってきます Volverá dentro de poco. / No tardará en volver. ♦彼女は少し前に帰ってきた Volvió hace 「muy poco [《口語》un ratito]. ♦図書館の完成までにもう少しかかる Tardará 「un poco [algo de tiempo] en terminar esta biblioteca. ♦少しお待ちください Un momento [《口語》momentito] por favor. / Espere un poco [《口語》poquito], por favor. ♦私たちは5時少し前に到着した Llegamos un poco antes de las cinco. ♦《口語》もう少ししてからまたいらっしゃい Vuelve un poco [《口語》poquito] más tarde. ♦この薬を飲んで少し眠った方がいい Debes tomar esta medicina y descansar [dormir] un poco [《口語》rato]. 《会話》もう少しで用意ができますー¹急いで [²急がなくていいですよ] Ya estoy casi preparado. – ¹Date prisa, por favor ²No hace falta que te des prisa.

❹【距離】(短い距離) un poco, *f.* poca distancia. ♦少しずつ進む *v.* avanzar* poco a poco. ♦駅まではあと少しです Hay poco hasta la estación. / La estación está muy cerca. ♦この道を少し行くと市役所があります Si sigue un poco más por esta carretera [calle] encontrará [verá] el Ayuntamiento. ♦村はまだ少し先だ Todavía falta un poco para el pueblo. ⇨幾らか, 少し, 多少, ちょっと

すこしも 少しも (少しも…でない) *adv.* nada, lo más mínimo, en absoluto, de ningún modo, de ninguna manera. ♦パーティーは少しも楽しくなかった No lo pasé nada bien en la fiesta. / La fiesta no fue 「en absoluto [lo más mínimo, nada] divertida. / La fiesta estuvo muy lejos de ser divertida. ♦彼が何を言おうとしているのか少しも分からない No comprendo absolutamente nada de lo que quiere decir. / No tengo 「la más mínima [ni] idea de lo que quiere decir. / De ningún modo logro entender lo que está intentando decir. ♦世間がなんと言おうと少しも気にならない No me importa 「en absoluto [absolutamente nada] lo que diga la gente. / Me importa 《口語》un pimiento [pepino] lo que digan los demás. / 《口語》Me trae al fresco lo que diga la gente. ◆彼はそのことを少しも知らなかった 《フォーマル》No sabía nada de nada. / No tenía ni la más mínima idea de eso. ◆そのことについて何の疑わしい点もない 《フォーマル》No cabe ninguna duda sobre eso. / No hay ninguna duda al respecto. ◆今日は少しも風がない Hoy no hay [hace] ni pizca de viento. / Hoy no se mueve ni una hoja.

*すごす 過ごす ❶《時を》(ある目的を持って) v. pasar. → 費やす. ◆われわれはそこで1か月過ごした Pasamos un mes allí. / (滞在した) Nos quedamos allí un mes. ◆彼は夜テレビを見て過ごした Pasó [《強調して》Se pasó;《口語》Se tiró] la noche viendo la televisión. ◆このごろいかがお過ごしですか ¿Cómo le va últimamente? / ¿Qué tal está usted últimamente? ◆暮らす, 生活する. ◆いかがお過ごしでしたか (=お元気でしたか) ¿Qué tal le ha ido? / ¿Cómo ha estado? ◆彼は2,3日怠けて [遊んで] 過ごした Se pasó [《口語》tiró] unos días sin hacer nada. ◆われわれはトランプして楽しく過ごした Lo pasamos bien jugando a las cartas. 会話 楽しい休暇を過ごされたね! — ¡Que pases buenas vacaciones! – Igualmente. ◆私はつまらない本を読んで時間をむだに過ごした Perdí el tiempo leyendo un libro sin valor. / Malgasté el tiempo con un libro sin valor. ❷《限度を》→ 過ぎる.

すごすごと (気をくじかれて) adj. abatido, descorazonado; (情けなく) adv. con la moral por los suelos; (面目をつぶして) adv. con deshonra; (傷心で) adv. con el corazón destrozado. ◆敗軍はすごすごと町に戻ってきた El derrotado ejército regresó abatido a la ciudad.

スコットランド Escocia (☆英国の地方). ◆スコットランド (人口語) adj. escocés. ◆スコットランド人 mf. escocés/cesa. ◆スコットランド語 m. escocés.

スコップ (移植ごて) f. pala; (シャベル) f. paleta.

すこぶる (とても) adv. muy, sumamente, 《フォーマル》en grado extremo; adj. 形容詞+ísimo. → 非常に. ◆彼女はすこぶる付きの美人だ Es bellísima [muy bella]. / Tiene una gran belleza.

すごみ 凄味 ◆すごみのある(=威嚇的な)声で adv. con una voz amenazadora [atemorizadora, aterrorizadora, espeluznante]. ◆刑事は罰してやるぞとすごみをきかせた El detective amenazó castigarme.

すごむ 凄む ◆おどす ◆暴力に訴えるぞと凄む (=おどす) v. 《フォーマル》proferir* una amenaza de violencia.

すこやか 健やか ◆健やかな adj. sano, con salud. ◆健やかに育つ v. crecer「con salud [saludablemente].

すごろく 双六 "sugoroku", 《説明的に》m. juego de mesa con dados semejante al juego de la oca. ◆すごろくをする v. jugar* 「al "sugoroku" [a la oca].

すさまじい 凄まじい (恐ろしい) adj. terrible, horrible; (ものすごい) adj. espantoso, tremendo; (激しい) adj. violento, furioso. ◆すさまじい形相 f. mirada terrible [furiosa]. ◆すさまじい光景 m. espectáculo horrible [espantoso, 《強調して》espeluznante]. ◆車はすさまじい勢いで走っている El coche corre a una velocidad tremenda. ◆彼は試合に勝つためすさまじい努力をした Hizo [Realizó] un esfuerzo tremendo [desesperado] para ganar el partido.

すさむ 荒む (心が荒れる) v. hacerse* salvaje, volverse* desenfrenado; (堕落してゆく) v. degenerarse. ◆すさんだ生活をする v. llevar una vida「de desenfreno [disipada, de libertinaje].

ずさん ずさんな (考えなどがぞんざいな) adj. 《口語》chapucero; (不注意な) adj. descuidado, 《フォーマル》negligente; (欠点のある) adj. con faltas. ◆ずさんな管理のため adv. por [a causa de] una administración deficiente. ◆彼の仕事はずさんだ Su trabajo es defectuoso [《スペイン》chapucero]. / Trabaja con poco cuidado.

すし 寿司 "sushi", 《説明的に》m. arroz adobado con vinagre que se come con pescado o marisco crudo. ◆¹箱 [²巻き] ³散らし] ずし "sushi" ¹en caja [²en rollo; ³aderezado].

*すじ 筋 ❶《道理》f. razón, f. sensatez; 【論理】f. lógica; 【一貫性】f. coherencia. ◆筋の通った要求 f. exigencia sensata [lógica, razonable]. ◆筋の通らない要求 f. exigencia insensata [irrazonable, ilógica]. ◆筋の通った議論 m. argumento [m. razonamiento] lógico [coherente]. ◆君の主張は筋が通っていない Tu argumento「no tiene lógica [es poco razonable]. ◆彼に腹を立てるのは筋違いだ No hay「por qué [razón para] enojarse con él. ◆彼は筋を通した Actuó「fiel a [de acuerdo con] sus principios. ◆この問題では筋を通した方がよい Es mejor que seas razonable en esta cuestión.

❷《情報源》f. fuente; 【...界】m. círculo, 《フォーマル》f. esfera; 【経路, 道筋】f. vía, conducto, m. canal, m. medio; 【専門分野】(研究の) m. campo, f. área; (特に商売の) f. línea. ◆消息筋 fpl. fuentes bien informadas, 《フォーマル》mpl. círculos bien informados. ◆確かな筋からの情報 f. información de「《フォーマル》fuentes fidedignas [《口語》buena tinta]. ◆外交筋を通して adv. por medios diplomáticos, 《フォーマル》por vía diplomática. ◆その筋の専門家 mf. experto/ta en ese campo.

❸《線》f. línea → 線, (模様をなす) f. raya; (光・液体などの流れるような) m. rayo, 《フォーマル》m. haz. → 縞(½). ◆板に筋を引く v. marcar* una raya [línea] en una tabla. ◆白い筋の入ったカーテン f. cortina de rayas blancas. ◆水平線上の一筋の光 m. rayo [《フォーマル》m. haz] de luz en el horizonte. ◆ズボンの筋 (=折り目) f. raya [《メキシコ》m. pliegue] del pantalón. ◆涙がいく筋も彼女のほおを伝わって落

ちた Por sus mejillas corrían lágrimas. / 《口語》Lloraba a lágrima viva.
❹【腱】《専門語》m. tendón;【動植物の繊維】f. fibra;（豆などの）f. hebra. ▶筋の多い肉 f. carne fibrosa. ▶神経繊維 f. fibra nerviosa. ▶インゲン豆から筋を取る v. quitar las hebras de「las alubias [los frijoles]. ▶¹手 [²足] の筋をちがえる v. torcerse* ¹la muñeca [²el tobillo];（首・背中の）v. hacerse* un mal movimiento en el cuello, torcerse* el cuello. ♦彼は足の筋を痛めた Se ha hecho daño en el tendón de la pierna.
❺【小説などの大筋】f. trama, f. intriga, m. argumento;【具体的な話の展開】f. línea de la trama. → 筋書き. ▶¹単純な [²こみ入った] 筋 m. argumento ¹sencillo [²complejo]. ▶芝居の筋 f. trama de la obra. ▶歴史上の出来事から話の筋を取る v. tomar el argumento desde el hecho histórico. ♦彼は話の筋が分からなくなった Perdió el hilo de la historia.

《その他の表現》♦彼は音楽の道一筋に生きた Consagró [Dedicó] toda su vida a la música. / Se entregó a la música toda su vida. ♦彼は青筋を立てて怒った（＝怒りを爆発させた）Se puso furioso. /《比喩的に》Reventó de cólera. ♦君はチェスの筋がいい（＝生まれつきの適性がある）Tienes「aptitud natural [talento,《口語》madera] para el ajedrez.

ずし 図示 （説明図）m. dibujo, 《フォーマル》f. ilustración;（グラフ）m. gráfico,（図表）m. diagrama. → 図. ▶家の位置を図示する v. hacer* un gráfico de la posición de la casa. ▶車のエンジンの部分を図示する v. mostrar* los componentes del motor de un automóvil por medio de un dibujo [diagrama].

すじあい 筋合い （理由）f. razón,（権利）m. derecho. ♦彼にあんなひどいことを言われる筋合いはない No tiene derecho a decirme esas cosas tan horribles.

すじがき 筋書き （小説などの）f. trama;（概略）m. resumen;（企て）f. intención, m. propósito;（計画）m. plan, m. proyecto. ▶わざとらしい筋書き f. trama artificiosa [poco natural]. ♦何もかも筋書きどおりにいった Todo marchó [fue, salió]「según el plan [de acuerdo a lo planeado].

すじがね 筋金 ▶筋金入りの （信念の強い）adj. firme, de convicción firme;（芯からの）adj. acérrimo,（頑迷一徹な）adj. empedernido.

ずしき 図式 ▶図式で示す （幾何学的な図）v. mostrar(lo)* con un diagrama;（地図や絵などで）v. mostrar(lo)* por medio de un gráfico;（グラフで）v. hacer* un gráfico [esquema]《de》. →図示.

ずしずし （重々しく）adv. pesadamente. ▶ずしずし揺れる v. estremecerse* lentamente. ▶ずしずし（＝重い足取りで）歩く v. caminar pesadamente.

すしづめ 鮨詰め ▶その列車はすし詰めだった El tren estaba llenísimo.

すじばった 筋ばった adj. nervudo.

すじみち 筋道 （道理）f. razón;（論理）f. lógica;（話の）《口語》m. hilo, f. intriga. → 筋(⁵). ▶筋道の立った （道理にかなった）adj. razonable;（論理的な）adj. lógico;（首尾一貫した）adj.《フォーマル》coherente,《教養語》congruente. ▶筋道の立たない adj. irracional, ilógico,《フォーマル》incoherente,《教養語》incongruente. ♦筋道を立てて述べる v.《フォーマル》ofrecer* una relación coherente 《de》.

すじむかい 筋向かい ▶私の家の筋向かいの家 f. casa (situada) en「el ángulo oblicuo [diagonal opuesto] a la mía. → 向かい.

すじょう 素性 f. identidad;（祖先, 経歴）mpl. antecedentes;（生まれ）m. nacimiento, f. cuna, f. extracción, mpl. orígenes. ▶素性の¹いかがわしい [²わからない] 男 m. hombre de antecedentes ¹sospechosos [²desconocidos]. ♦私は彼の素性を知らない「No conozco [Ignoro] sus antecedentes. ♦彼は素性がいい（＝高貴な生まれだ）Es de noble cuna. / Tiene orígenes nobles.

ずじょう 頭上 ▶頭上に adv.「encima de [sobre] la cabeza. ▶（本などが）頭上に落ちる v. caer* sobre la cabeza. ▶飛行機が頭上を飛んだ El avión voló「por encima de [sobre] nuestras cabezas. ♦頭上注意《掲示》Cuidado con la cabeza.

ずしり adv. pesadamente. → ずっしり.

ずしんと adv. con un golpe sordo. ♦彼は床にずしんと倒れた Cayó al suelo con un ruido sordo. ♦私に人が後ろからずしんとぶつかった Alguien me dio por atrás un golpe sordo.

すす 煤 m. hollín. ▶すすだらけの adj. tiznado, con hollín. ▶壁のすすを払う v. deshollinar [quitar el hollín de] la pared. ▶すす払い（＝大掃除）をする v. hacer* limpieza general.

すず 錫 m. estaño. ▶すず製品 mpl. productos de estaño. ▶すず箔(⁵) m. papel de estaño. ▶すず製のカップ f. taza de estaño.

すず 鈴 m. cascabel, f. campanilla, f. esquila. ▶鈴の音 m. cascabeleo. ▶鈴を鳴らす v. hacer* sonar* un cascabel, cascabelear.

すすき 薄 "susuki",《説明的に》una especie de gramíneas.

すすぐ 濯ぐ v. enjuagar*, aclarar. ▶きれいな水でシャツをすすぐ v. enjuagar* una camisa en agua limpia. ▶口を水ですすぐ v. enjuagarse* la boca con agua. ▶タオルをすすいで石けんを流す v. aclarar [enjuagar*] el jabón de la toalla. ♦それを「²3 [³3 回] すすぎなさい Enjuágalo ¹bien [²tres veces].

***すずしい** 涼しい ❶【空気が】adj. fresco, cálido;（さわやかですがすがしい）adj. refrescante. ▶涼しい風 f. brisa refrescante. ▶涼しそうなドレス m. vestido de aspecto fresco. ▶涼しい目をした少女 f. joven《口語》f. chica;（目の）puros《教養語》límpidos. ▶涼しい場所で休みしよう Vamos a descansar en un lugar fresco. ♦高い山は夏でも涼しい En las montañas altas hace fresco incluso en verano. ♦夕方には涼しくなった Por la tarde hizo fresco.

❷【目・音などが】（澄んで美しい）adj. claro, limpio. ▶涼しい風鈴の音《文語》m. límpido tintineo de la campanilla de viento.

【その他の表現】 ♦彼はそのことについては涼しい顔(=無関心な様子)をしていた Parecía despreocupado [indiferente] sobre eso. / Eso no parecía preocuparle nada.

すずなり 鈴なり ♦鈴なりになる v. crecer* en racimo. ♦小さなリンゴが鈴なりになっている El árbol está cargado de muchas manzanitas. / Muchas manzanas pequeñas cuelgan del árbol como si fueran racimos. ♦人が窓から鈴なりになってパレードを見下ろしていた La gente apiñada se asomaba a las ventanas contemplando el desfile.

**すすむ 進む ❶【前進する】v. avanzar* (a, sobre), marchar, ir* adelante, adelantar; (...に向かう) v. encaminarse, 《フォーマル》orientarse (a, hacia); (歩いて) v. caminar, andar*; (歩み出る) v. dar* un paso adelante [al frente]; (ある距離を) v. cubrir*, hacer*; (行進して) v. marchar; (音・光などが) v. viajar, (車・列車などが) v. correr, ir*. ♦彼らは1日に50キロ進んだ En un día avanzaban 50 kilómetros. ♦3番ゲートにお進みください(空港で) Diríjanse a la Puerta tres. ♦それ以上一歩も前へ進めなかった No podía avanzar [dar un paso] más. ♦進め ¡Adelante! / ¡Avancen! / ¡Al frente! ♦1歩前へ進んでください Den un paso al frente, por favor. / Hagan el favor de avanzar un paso. ♦「ずっと中はどんどん進んでください」(バスの運転手などの発言)¡Caminen, por favor! / Hagan el favor de avanzar「al fondo [a la parte de atrás]. ♦彼は戸口の方へ進んだ Se dirigió a la puerta. ♦彼は人込みをかき分けて進んだ Se abrió paso [camino] en medio de la multitud. ♦その電車は時速百キロで進む(=走る) Ese tren corre a 100 kilómetros por [la] hora.

❷【進歩・進展する】(着実に) v. progresar, hacer* progresos; (前進する) v. avanzar*, adelantar, hacer* adelantos; (進行する) v. marchar, ir*; (仕事などがはかどる) v. ir* adelante. ♦文明が進むにつれて adv. con el adelanto de la civilización, a medida que progresa la civilización. ♦進んだ考え方 (=進歩的思想)の持ち主 f. persona de ideas avanzadas. ♦科学は目ざましく進んだ La ciencia ha hecho [《フォーマル》realizado] adelantos considerables. / La ciencia ha avanzado notablemente. ♦計画は遅々として進まなかった El proyecto ha avanzado [adelantado] poco. ♦交渉がなかなか進まない Las negociaciones progresan [avanzan] lentamente. ♦その仕事は予定より早く進んでいる El trabajo va más adelantado que el programa. ♦あなたの研究の進み具合はどうですか 「¿Qué tal van [marchan] tus estudios? / ¿Van avanzando tus estudios? ♦教育制度の点では西洋の国々は日本よりはるかに進んでいる En el sistema educativo los países occidentales「estaban muy adelantados a [iban muy por delante de] Japón. ♦次の話題に進みましょう Vamos a avanzar al siguiente tema.

❸【進級する】(地位・レベルが上がる) v. avanzar* [ascender*, subir] (a); (昇進する) v. ser* ascendido [promocionado] (a); (入学する) v. entrar (en). ♦トーナメントの決勝に進む v. avanzar* [pasar] a la final del torneo. ♦大学に進む「pasar a [entrar en] la universidad. ♦東都大学のスペイン語科に進む v. entrar en el Departamento de Español de la Universidad Toto. ♦芸能界に進む v. entrar en 《口語》meterse en el mundo del espectáculo. ♦彼女は上級のクラスに進んだ Ascendió [Pasó] a una clase más adelantada. ♦あなたはどの道に進む(=進路を取る)つもりですか ¿Qué curso vas a tomar?

❹【時計が】v. adelantar(se). ♦私の時計は1か月に10秒進む Mi reloj (se) adelanta diez segundos al mes. ♦この時計は5分進んでいる Este reloj se adelanta cinco minutos.

❺【気持ちが】(...したい気持ちが) v. tener* ganas (de + 不定詞); (喜んで...する) v. estar* dispuesto (a); (...しようと自発的に申し出る) v. ofrecerse* como voluntario/ria 《a + 不定詞》. ♦今日はあまり食が進まない Hoy no tengo ganas de comer. / Estoy desganado hoy. ♦彼は進んで私の手伝いをしてくれた Estaba dispuesto a ayudarme. ♦さあ, 進んでやってくれるのはだれかな ¡Vamos! ¿Quién「quiere ser [se ofrece como] voluntario? ♦彼に来るようにと勧めたのですが気が進まないようでした Lo [Le] insté a que viniera, pero no parecía tener muchas ganas. ♦気が進まなかったが(=意に反して), その仕事を引き受けた Acepté el trabajo「contra mi voluntad [de mala gana].

❻【病気が】(悪くなる) v. ponerse* peor, empeorar. ♦彼は病気が進んでいる Se está poniendo peor. / Está empeorando. ♦彼の胃がんはだいぶ進んでいた Su cáncer de estómago ya estaba avanzado [en una fase avanzada].

すずむ 涼む ♦木陰で涼む v. tomar el fresco a la sombra. ♦庭に出て涼む v. salir* al jardín a tomar el fresco.

すずむし 鈴虫 "suzumushi", 《説明的に》una especie de grillo.

すすめ 勧め (助言) m. consejo; (提案) f. sugerencia; (推奨) f. recomendación. ♦(店の)お勧め料理 f. especialidad de la casa. ♦彼の勧めで買う v. comprar(lo) siguiendo [de acuerdo con] su recomendación [consejo]. ♦医者の勧めで一日中寝ていた Por consejo del médico, me quedé todo el día en la cama.

*すずめ 雀 m. gorrión. ♦雀の涙ほどのお金 un poquito de dinero [《口語》calderilla], 《フォーマル》f. cantidad irrisoria de dinero.

すずめばち 雀蜂 f. avispa.

すすめる 勧める ❶【勧告する】(忠告する) v. aconsejar, dar consejo; (控えめに提案する) v. sugerir*, invitar, recomendar*, 《教養語》exhortar, hacer* una recomendación; (催促する) v. apremiar, 《教養語》instar. ♦上司は私に休暇を取るよう勧めた Mi jefe me aconsejó [recomendó; dio el consejo de] que

tomara unas vacaciones. / Mi jefe me sugirió [hizo la recomendación de] tomar unas vacaciones. ◆タクシーの運転手はそのホテルを私に勧めた El taxista me recomendó [sugirió] ese hotel. / Ese hotel fue el que me recomendó el taxista. ◆彼にもう1日泊まっていくようにしきりに勧めた Lo [Le] apremié [invité] a "que se quedara [quedarse] otro día". ◆この店ではビーフシチューを勧めたいね En este restaurante te sugiero el estofado [guisado] de ternera.
❷《提供する》v. ofrecer*. ▶彼にたばこを勧める v. ofrecerle* tabaco. ▶酒を勧めて(=注いで)回る v. pasar ofreciendo bebidas.
❸《奨励する》v. animar, estimular, fomentar, promover*. ▶学問を勧める v. fomentar [promover*] la educación. ▶彼にその大学を受けるよう勧める v. animarlo[le] a solicitar el ingreso en la universidad.

すすめる 薦める v. recomendar*. → 推薦する.
すすめる 進める ❶《前進させる》(兵などを) v. avanzar*, adelantar (las tropas); (将棋のこまなどを) v. mover* (una ficha). ▶彼は門の方へ歩を進めた Avanzó andando hacia la puerta.
❷《進展させる》(促進する) v. activar, acelerar; (事業などを推進する) v. fomentar, promover*; (進行をはかどらせる) v. acelerar, impulsar; (さらに続ける) v. proseguir*, seguir* adelante (con); (先へ進める) v. hacer* progresar, llevar adelante. ▶近代化を進める v. fomentar la modernización. ▶その計画を進める v. acelerar el proyecto. ▶工事を進める v. acelerar「la obra [trabajos de construcción]. ▶仕事を進める v. proseguir* con el trabajo. ▶調査を進める v. llevar adelante la investigación. 《会話》君の兄貴の意見はどうだい－彼は話を進めるべきだって考えてるよ ¿Cuál es la opinión de tu hermano? – Cree que deberíamos seguir adelante. ◆会議はいつもどおりに進められた「La reunión se llevó adelante [La conferencia se celebró] de la forma ordinaria.
❸《時計を》▶時計を5分進める v. adelantar cinco minutos el reloj. ▶時計の針を進める v. adelantar las manecillas del reloj.

すずらん 鈴蘭 m. lirio de los valles, m. muguete.
すずり 硯 "suzuri", (説明的に) f. moleta o f. plancha de piedra para hacer tinta china. ▶硯箱 f. funda de la moleta.
すする 啜る (音を立てずに) v. beber a sorbitos [pequeños sorbos], sorber, beber a sorbos; (音を立てて) v. beber haciendo ruido; (鼻をすする) v. aspirar por la nariz. ◆彼は熱いお茶をゆっくりとすすった "Sorbía lentamente [Bebía a pequeños sorbos] el té caliente. ◆彼はずるずると音を立ててスープをすすった Se tomó la sopa sorbiendo ruidosamente. / Hacía ruido al sorber la sopa.
すすんで 進んで (快く) adv. de buena gana, con gusto; (自発的に) adv. voluntariamente. ▶進んでそれをする v. hacerlo [prestarse a ello] voluntariamente [de buena voluntad, de buena gana]. ▶積極的に. ▶ある情報を進んで提供する v. dar* información voluntariamente. ▶進んでその運動に参加する v. ofrecerse* como voluntari/ria para la campaña. ◆彼には進んで学ぼうという気持ちがうかがえる《フォーマル》Muestra una gran disponibilidad para aprender. / Aprende de muy buena gana.

すそ 裾 ❶《衣服の》mpl. bajos (de la falda), mpl. faldones, fpl. faldillas; m. dobladillo; (ズボンの) mpl. bajos (de los pantalones). ▶スカートのすそ上げをする v. recogerse* la falda. ▶すそを引きずって歩く v. arrastrar la cola (del vestido). ▶すそをたくし上げて歩く v. caminar con los bajos recogidos [arremangados]. ▶ワイシャツのすそ m. faldón (de la camisa). ▶ズボンのすそをまくる v. remangarse* (los bajos de) los pantalones. ◆この服はすそ上げをしないといけない A este vestido hay que subirle el dobladillo.
❷《山の》(麓(ふもと)) m. pie; (斜面) f. falda. ▶山すその家 f. casa al pie de la montaña.

すその 裾野 → 裾.
スター f. estrella. ▶人気スター f. estrella「de mucha fama [popular]. ▶映画スター f. estrella de cine. ▶スター選手 mf. jugador/dora estrella. ▶スター総出演の出し物 f. actuación de estrellas. ▶スターの座(=スターダム)にのし上がる v. ascender* al estrellato; (一気に駆け上がる) v. llegar* al estrellato de un golpe.
スタート (出発) f. salida. ▶スタートを切る[切く] v. salir, tomar la salida. ▶いい[2こたな]スタートをする v. tener* una ¹buena [²mala] salida. ▶スタートの合図をする v. dar* la señal de salida. ▶スタート係 mf. juez/jueza de salida. ▶スタート台(競泳用の) m. pontón de salida; (短距離競走用の) m. bloque de salida. ▶スタートライン f. línea de salida. ▶スタートラインに並ぶ v. alinearse para salir* [la salida]. ◆彼は新聞記者として人生のスタートを切った Se inició como periodista. / Empezó su carrera como periodista.
—— スタートする v. salir*. ◆ピストルが鳴って,彼らはいっせいにスタートした Sonó「el pistoletazo [la señal de salida] y salieron al mismo tiempo.
スタートアップ 《専門語》 m. arranque, 《専門語》 m. inicio. ▶スタートアップ・スクリーン 《専門語》 f. pantalla inicial.
スタイラス 《専門語》 m. lápiz óptico.
スタイリスト (めかし屋) m. dandi, (軽蔑的に) mf. petime*tre/tra* → おしゃれ; (服飾家) mf. coordina*dor/dora* de modas; (名文家) mf. estilista.
スタイル (型, 様式, 文体) m. estilo, f. moda; (容姿) f. figura; (特に男性の) m. físico; (特に女性の) m. tipo, m. talle. ▶最新の(服装などの)スタイル f. última moda (del vestido). ▶彼独特のスタイルで書く v. escribir* con su propio estilo. ◆彼女はスタイルがいい Tiene un buen tipo [talle]. ◆あの新車のスタイル(=外観)が気に入らない No me gusta「el estilo [la forma]

del coche nuevo.

スタイル・シート 《専門語》 f. hoja de estilo.

スタウト (黒ビール) f. cerveza negra. → ビール.

スタジアム m. estadio.

スタジオ m. estudio. ▶テレビ [ラジオ]スタジオ m. estudio de ¹televisión [²radio].

すたすた ▶すたすた歩く v. caminar a paso ligero, andar* apresuradamente.

ずたずた ▶ずたずたに破る v. desgarrar en pedazos, hacer* trizas, despedazar*, 《口語》 romper*. ◆ 彼は彼女の拒絶の手紙をずたずたに破った Hizo trizas [Desgarró en pedazos] su carta de rechazo. ◆ 彼らは不要の書類をずたずたに裂いた Hicieron trizas los papeles innecesarios.

《その他の表現》◆ 私の心は悲しみでずたずただ Tengo el corazón destrozado por la pena. ◆ 彼はずたずたに切られて死んだ Lo [Le] mataron a cuchilladas. ◆ スキャンダルで彼女の名誉はずたずたになった El escándalo ha ⌈arruinado su reputación [destrozado su buen nombre]⌉.

すだつ 巣立つ (鳥が) v. ⌈dejar el [salir* del] nido⌉; (卒業して社会へ出る) v. terminar la carrera y salir* al mundo.

スタッカート 《イタリア語》 m. "staccato" (☆発音は [estakáto]). ▶スタッカートで弾く v. tocar* en [con] "staccato".

スタッドレスタイヤ m. neumático (para nieve) sin tachuelas (tacos).

スタッフ m. personal, 『スペイン』 f. plantilla; (一人) m. empleado. ▶ 職員. ◆彼は編集スタッフの一人です Está en ⌈la sección [el departamento]⌉ editorial. ◆うちのスタッフは親切で有能だ Nuestro personal es amable y eficiente.

スタミナ f. fuerza (física), m. vigor, f. energía, 《口語》 m. nervio. ▶スタミナをつける v. aumentar [desarrollar] la fuerza (física). ◆ 彼はスタミナが¹ある [²ない] ¹Tiene [²No tiene] mucho nervio.

スタメン (スターティングメンバー) f. alineación [f. formación de un equipo] al comenzar el partido.

すだれ 簾 (竹製の) f. persiana de bambú; (籐製の) f. persiana de rota; (あし製の) f. persiana de caña. ▶すだれを¹上げる [²下げる] v. ¹subir [²bajar] una persiana de bambú. ▶南の¹窓に [²軒下に]すだれをかける v. colgar* una persiana (de bambú) ¹en la ventana [²bajo el alero] del sur.

すたれる 廃れる (使われなくなる) v. caer* en desuso, dejar de usarse, estar* en desuso; (流行遅れになる) v. pasar de moda; (時代遅れになる) v. ponerse* fuera de moda. ◆この言い回しは廃れつつある Esta expresión está cayendo en desuso. ◆このスタイルはもう廃れた Este estilo ya ⌈no está de moda [está desusado]⌉. ◆その教授法はだいぶ前に廃れた Ese método de enseñanza ha hace tiempo que ⌈ha dejado de usarse [lleva en desuso, ha pasado de moda]⌉.

スタンス (足の構え, 態度) f. postura, f. posición.

スタンダード ▶スタンダードな adj. estándar. ▶(音楽の)スタンダードナンバー m. (tema) clásico.

スタンド (屋台店) f. caseta, m. puesto; (観客席) f. tribuna; (屋根がなく安い) f. tribuna descubierta; (机上の) f. lámpara de mesa, f. lamparilla; (ベッドの脇の) f. lámpara de cabecera; (ガソリンスタンド) f. gasolinera, 《フォーマル》 f. estación de servicio.

スタンドプレー f. juego espectacular [llamativo, 《強調して》 apoteósico]. ▶スタンドプレーをする v. jugar* espectacularmente [llamativamente, 《強調して》 apoteósicamente].

スタントマン mf. doble especial (para escenas peligrosas).

スタンバイ adj. de guardia [reserva]. ▶緊急事態に備えて救助隊がスタンバイしている Hay un equipo de salvamento de guardia en caso de emergencia.

スタンプ m. sello, 『ラ米』 f. estampilla, m. timbre → 切手; (郵便の消印) m. matasello(s). ▶記念スタンプ m. sello conmemorativo. ▶スタンプ台 m. tampón. ▶スタンプをおす v. poner* [pegar*] un sello 《en, sobre》; sellar.

スチーム (暖房装置) m. calentador de vapor, m. radiador. ▶スチームアイロン f. plancha de vapor. ▶スチームバス m. baño de vapor. ◆この部屋にはスチームが入っている Esta habitación ⌈se calienta [está calentada]⌉ por vapor.

スチール m. acero. ▶スチールギター f. guitarra de acero.

スチュワーデス f. azafata, 『ラ米』 f. aeromoza.

地域差	スチュワーデス
〔全般的に〕	f. azafata
〔ラテンアメリカ〕	f. aeromoza
〔ペルー〕《英語》	f. "hostess"
〔コロンビア〕	f. cabinera

スチュワード m. auxiliar de vuelo.

* **-ずつ** (それぞれ) adj. cada; (...につき) prep. a, por. ▶彼らに 2個ずつリンゴをあげる v. darles* dos manzanas a cada uno, dar* dos manzanas por persona. ▶二人に 1本ずつペンを渡す v. dar* una pluma a cada dos personas. ▶3か月に 1回ずつ adv. una vez cada tres meses, de tres en tres meses, una vez ⌈al trimestre [trimestralmente]⌉. ▶1日に 3回ずつ adv. tres veces al [por] día. ▶二人ずつ部屋から出てくる v. salir* de la sala ⌈de dos en dos [por parejas, dos cada vez]⌉. ◆彼らは 5百円ずつ持っている ⌈Todos tiene [Cada uno tiene]⌉ 500 yenes. / Tienen 500 yenes ⌈cada uno [《口語》 por cabeza]⌉. ◆彼は少しずつ分かってきた Poco a poco fue entendiendo.

* **ずつう 頭痛** m. dolor de cabeza, f. jaqueca, 《専門語》 f. cefalalgia. ▶頭痛薬 f. medicina para [contra] el dolor de cabeza. ▶¹軽い [²ひどい]頭痛 m. ¹ligero [²fuerte] dolor de cabeza. ▶激しい頭痛 m. punzante [terrible] dolor de cabeza. ▶群発性頭痛 《専門語》 f. cefalea en racimos. ▶頭痛を訴える v. quejarse de ⌈la cabeza [dolor de cabeza]⌉.

♦頭痛がする Tengo dolor de cabeza. / Me duele la cabeza. ♦彼女は頭痛持ちである Padece [Está aquejada] de jaquecas crónicas. ♦資金不足が１そのキャンペーン [２彼] の頭痛の種である La falta de fondos es「un quebradero de cabeza [una continua preocupación] para ¹la campaña [²él].

スツール *m.* taburete, *f.* banqueta; (足台) *m.* escabel.

***すっかり** ❶【なくなってしまうまで】♦彼はお金をすっかり遣ってしまった Se ha gastado (todo) el dinero. ♦彼女はすっかり精根が尽き果てた Ha consumido toda su energía.
❷【とても】*adv.* mucho, (完全に) *adv.* completamente, perfectamente, totalmente, por completo; (本当に) *adv.* de verdad, 《口語》de veras, realmente, verdaderamente. ♦彼女はすっかり変わった Ahora es otra mujer. / Se ha transformado totalmente. ♦彼の髪はすっかり白くなった Ha encanecido mucho. / Su pelo se ha vuelto completamente blanco. ♦彼女は部屋をすっかりきれいにした Limpió perfectamente el cuarto. / Hizo una「buena limpieza [limpieza a fondo] de la habitación. ♦私はそれをすっかり忘れていました Lo olvidé por completo. ♦すっかり晴れ上がった El tiempo está totalmente despejado. / Se ha despejado totalmente. ⇨ 奇麗に, ころりと

すっきり (簡素に) *adv.* con sencillez, sencillamente, simplemente; (はっきりと) *adv.* claramente, bien; (きれいに) *adv.* con limpieza, 《フォーマル》pulcramente. ▶すっきり組み立てられた文 *m.* pasaje [*m.* texto] limpiamente redactado. ▶すっきり引かれた眉(まゆ) *fpl.* cejas bien [claramente] marcadas. ▶心がすっきりする *v.* sentirse* aliviado. ▶私は胸にたまったその事を言ったのですっきりした Me siento aliviado [desahogado] de habérmelo quitado de encima. ▶頭がすっきりした Se me ha despejado la cabeza.

ズック (布地) *f.* lona, *f.* arpillera; (ズック靴) *mpl.* zapatos de lona, *mpl.* playeros.

すっくと ▶すっくと立ち上がる *v.* levantarse「muy derecho [con ligereza].

ずっしり (重々しく) *adv.* pesadamente, 《フォーマル》《強調して》opresivamente, (質量感にあふれて) *adv.* masivamente. ♦その心配事が心にずっしりのしかかった Me han oprimido las preocupaciones. ♦その食事が胃にずっしりきた La comida me ha caído [resultado] pesada. ♦庭には巨大な一対の岩がずっしり立っていた En el jardín se erguían pesadamente dos enormes rocas.

すったもんだ ▶すったもんだの挙げ句 (= 大いに口論し大騒ぎしてから) *adv.* después de mucho ruido [lío, 《口語》jaleo].

すってんころりん(ん) ▶私はバナナの皮を踏んですってんころりんと転んだ「Di un resbalón [Me resbalé] en una cáscara de plátano.

すってんてん ▶賭け事ですってんてんになる (= 有り金をすべて失う) *v.* perder* todo el dinero en el juego, 《口語》quedarse pelado a causa del juego. ♦商売に失敗して彼はすってんてんになった (= 破産した)「Se quedó arruinado porque fracasó en los negocios.

ずっと ▶ずっと (= 突然) 立って戸口へ行く *v.* levantarse de repente y dirigirse* a la puerta. ♦幽霊はずっと消えた El fantasma se esfumó repentinamente [silenciosamente]. → すっきり, さっぱり

***ずっと** ❶【程度がはるかに】*adv.* mucho. ♦彼女はずっとよくなっている Está mucho mejor. / Está mejorando mucho. ♦この小説はあの小説より読み終えるのにずっと1日 [2時間] かかった Tardé ¹muchos días [²mucho más tiempo] en terminar esta novela que ésa. 【会話】バスで行く方が安いですか—ずっとね ¿Es más barato en autobús? – Mucho más.
❷【時間・距離が離れて】(ずっと前) *adv.* hace mucho (tiempo); (遠く) *adv.* muy lejos, 《口語》allá lejos, 《口語》lejísimo(s); (はるか遠くに) *adv.* muy lejos. ♦ずっと前に彼に会ったことがある Recuerdo haberle conocido hace mucho (tiempo). ♦5時よりずっと前から目が覚めていた Me desperté bastante antes de las cinco. ♦ずっと下の方に湖が見えた Abajo a lo lejos se veía el lago. ♦その島はずっと北にある La isla está allá lejos al norte. ♦彼女は平均よりずっと背が高い Es bastante más alta de lo normal. ♦ずっと向こうに何が見えますか ¿Qué se ve allá「a lo lejos [en la lejanía,《教養語》en lontananza]? ♦私は駅からずっと離れたところに住んでいる Vivo「muy lejos [《フォーマル》a una gran distancia] de la estación. ♦給料日はずっと先だよ Falta mucho para el día de la paga.
❸【続けて】(長い間) *adv.* (por) mucho tiempo; (始めから終わりまで) *prep.* durante, por; (道のりをずっと) *adv.* todo derecho [recto]; (その間ずっと) *adv.* todo el tiempo [rato], sin parar, sin cesar, siempre, continuamente. ♦一晩中ずっと *adv.* (durante) toda la noche. ♦ずっと留守にするの? ¿Vas a estar fuera「muchos días [mucho tiempo]? ♦彼は3週間前からずっと病気で寝ている Lleva en cama tres semanas enteras. / Hace tres semanas que guarda cama. 【会話】パパ, 私ずっとママのお手伝いしてたのよ—それはいい子だね Papá, he estado ayudando todo el tiempo a mamá. – ¡Qué buena niña! ♦いままでずっとどこにいたの ¿Dónde has estado todo este tiempo? ♦¹午後 [²週末] はずっと家にいました Me quedé en casa ¹toda la tarde [²todo el fin de semana]. ♦電車が混んでいたので品川までずっと立ち通しだった El tren estaba tan lleno que tuve que ir de pie todo el tiempo hasta Shinagawa. → 続ける. 【会話】ずっとこちらにお住いなのですか—いいえ 5 年前からです ¿Ha vivido usted todo el tiempo aquí? – No, desde hace cinco años. ♦彼は望遠鏡でずっと空を眺めていた「Todo el rato estaba mirando [No dejaba de mirar] el telescopio. ♦不景気がずっと (= 永久に続くなんてことはあり得ない《強調して》) La depresión no puede

durar eternamente [para siempre].
❹【真っすぐ】adv. derecho, recto. ◆この道をずっと行きなさい Sigue [todo] derecho [recto] esta calle. ◆ずっと奥の方へお詰め願いします (バスなどで) Vayan [Avancen] todo para atrás, por favor. ☞終始，一中

*すっぱい 酸っぱい (未熟でまずい) adj. ácido, agrio. ◆酸っぱいリンゴ f. manzana ácida. ◆レモンは酸っぱい El limón es ácido. ◆その果物は酸っぱい味がした La fruta estaba ácida [tenía un sabor ácido]. ◆牛乳が暑さで酸っぱくなった La leche se ha cortado [agriado, avinagrado] por el calor.
【その他の表現】◆口が酸っぱくなるほど (=何回も何回も) しっかり勉強するように言ったのに，彼はしなかった Le dije "una y mil veces《フォーマル》hasta la saciedad,《口語》hasta hartarme" que estudiara mucho, pero no me hizo caso.

すっぱだか 素っ裸 →裸．◆素っ裸の赤ちゃん m. bebé「completamente desnudo [en cueros]．◆浜辺で素っ裸で遊ぶ v. jugar* 「del todo desnudo [en cueros] en la playa．◆彼を素っ裸にする v. desnudarlo[le] por completo.

すっぱぬく 素っ破抜く (暴露する) v. descubrir*, revelar, poner* al descubierto.

すっぽかす (人と会う約束を破る) v. faltar a la palabra,《フォーマル》incumplir una promesa; (デートの相手などを) v. dejar plantado,《口語》dar* un plantón. ◆授業をすっぽかす v. faltar a clase,《スペイン》《口語》hacer* novillos,《アルゼンチン》《口語》hacer* la rata,《メキシコ》《口語》irse* de pinta,《コロンビア》《口語》capar clase. ◆彼女は私とのデートをまたすっぽかした Volvió a faltar a su cita conmigo. / Otra vez「me dejó plantado [《口語》me dio plantón].

すっぽり (完全に) adv. completamente, por completo, del todo, enteramente. →完全に．◆赤ちゃんをすっぽり毛布にくるむ v. envolver* completamente a un bebé con una manta. ◆庭はすっぽりと雪で覆われていた El jardín estaba cubierto de nieve por completo.

すっぽん f. (una especie de) tortuga de río. ◆スッポン料理 mpl. platos [《フォーマル》f. gastronomía] de tortuga. ◆月とすっぽんほど違う v. ser* (tan distintos) como la noche y el día.

すで 素手 ❶【手そのもの】f. mano, (むき出しの手) f. mano desnuda [《口語》limpia, sin armas]. ◆素手で魚をつかむ v. atrapar un pez a mano. ◆素手で熱いなべをつかもうとする v. intentar coger* una sartén caliente con la mano desnuda.
❷【武器を持たずに】素手で adv. sin armas; adj. desarmado. ◆武装した強盗に素手で立ち向かう v. luchar desarmado contra un ladrón armado.
【その他の表現】◆素手で (=お金をほとんど持たずに) 商売を始める v. emprender un negocio con poquísimo dinero.

ステーキ m. filete, m. bistec, m. bisté. ◆ステーキは1レアにして [2中ぐらいに焼いて; 3よく焼いて] ください Quiero el filete [1poco hecho [2normal; 3muy hecho], por favor. → ビフテキ.

ステージ m. escenario. → 舞台．

ステータス m. estatus, m. rango;《専門語》m. estado. ◆ステータスシンボル m. símbolo de estatus [rango]. ◆ステータス・バー《専門語》f. barra de estado.

ステートメント f. declaración, m. comunicado. → 声明．

すてき 素敵 ◆素敵な (すばらしい) adj. magnífico,《口語》estupendo; (驚くべき) adj. maravilloso,《口語》formidable; (きれいな) precioso, adj. bonito; (感じのよい) adj. simpático, agradable; (魅力的な) adj. atractivo; (うっとりするほどの) adj. encantador; (女性が) adj. hermosa, bonita,《ラ米》linda,《フォーマル》bella; (男性が) adj. apuesto; (男女ともに) adj. guapo. ◆すてきな服 mpl. vestidos bonitos. ◆すてきな女の子 f. chica bonita [《ラ米》《口語》linda], f. joven hermosa [《フォーマル》bella]. 会話 あした映画見に行かない―すてきだわ ¿Qué tal si vamos al cine mañana? – ¡Estupendo! ◆彼ってすてきね ¡Qué atractivo! ¿Verdad? 会話 これ，あなたにあげる―まあ，すてき Esto es para ti. – ¡Ay, qué bonito [preciosidad]! 会話 いってる車をお持ちですね―どうも! 乗り心地はなかなかいいんですよ Tienes un coche precioso. – Gracias. Es muy cómodo. ☞愛らしい，結構，好ましい

すてご 捨て子 mf. niño/ña abandonado/da,《フォーマル》mf. expósito/ta.

すてぜりふ 捨て台詞 ◆彼は「おぼえてろ」と捨てぜりふを残していった《脅迫の言葉》"No lo olvidaré" ["Me las pagarás"] fueron sus palabras de despedida.

ステッカー ◆ステッカーを張る v. poner* una pegatina [un adhesivo], pegar* una etiqueta adhesiva.

ステッキ m. bastón. → 杖(つえ)．

ステッチ m. punto．

ステップ (ダンスの) m. paso; (大草原の) f. estepa. (☆シベリア，アジアのステップをさす場合は La Estepa); (乗り物の踏み台) m. estribo; (成功への) m. trampolín. ◆ワルツのステップを踏む v. bailar unos pasos de vals.

*すでに 既に adv. ya ー もう; (以前) adv. antes,《フォーマル》previamente; (本などで上記に) adv. antes, anteriormente, más arriba. ◆すでに述べたように adv. como "se dijo antes [《フォーマル》se mencionó más arriba]. ◆駅に着いたときには列車はすでに出ていた Cuando llegué a la estación, el tren ya「había salido [se había ido]. ◆京都はすでに行ったことがある Ya he estado antes en Kioto.
☞かねがね，かねて

すてね 捨て値 ◆家を捨て値で (=ただみたいな値で) 売る v. malvender la casa,《口語》[比喩的に] tirar [《口語》[比喩的に]] regalar] la casa.

すてばち 捨て鉢 ◆捨て鉢になる (=やけになる) v. desesperarse. ◆捨て鉢になって (=adv. desesperadamente.

すてみ 捨て身 ▶捨て身で(＝命をかけて)敵と戦う v. combatir contra el enemigo「a muerte [arriesgando su vida].

すてる 捨てる ❶【不要物を処分する】v. tirar, 〖ラ米〗 botar, desechar, deshacerse*《de》; (ごみなどをどさっと投げ降ろす) v. verter* [arrojar] pesadamente. ▶古いコートを捨てる v. tirar [〖ラ米〗 botar], 《フォーマル》 desechar] un abrigo viejo. ▶書類をくずかごに捨てる v. tirar unos papeles a la papelera. ◆あきかんを窓から捨てるな No tires [〖ラ米〗 botes] por la ventana botes vacíos. ◆たばこの吸いがらを路上に捨てるな No tires [eches, 〖ラ米〗 botes] las colillas a la calle. ◆銃を捨てて出て来い ¡Tira el arma y sal! ◆廃棄物は海中に捨てられた Los desechos [residuos] fueron vertidos al mar. ◆彼はそれを捨てた(＝手放した)がらない No quiere deshacerse de ello [eso]. ❷【見捨てる, 放棄する】(職・信仰・望みなどを持つことをあきらめる) v. dejar, renunciar; (決定的に見捨て信頼に任せる) v. abandonar; (義務・信用などを破る) v. abandonar, desertar《de》; (...のもとを去る) v. marcharse; (自ら職などをやめる) v. dimitir, 《フォーマル》 presentar la dimisión. ▶地位を捨てる v. dejar [abandonar] el puesto, renunciar al puesto. ▶故郷を捨てる v. dejar [abandonar] el lugar de nacimiento. ▶恋人を捨てる v. dejar「al novio [a la novia]」. ▶友人のため命を捨てる v. dar* [entregar*, sacrificar*] la vida por el amigo. ◆偏見を捨てる(＝取り除く) v. dejar los prejuicios. ◆彼女は息子が帰るという希望をどうしても捨てなかった Se negó a abandonar [No quiso renunciar a] la esperanza「de que su hijo volvería [del regreso de su hijo].

ステレオ (ステレオ装置) m. estéreo, m. aparato estereofónico; (立体音響方式) m. sonido estereofónico [estéreo], 《フォーマル》 f. estereofonía. ▶ステレオ放送 f. emisión estereofónica. ▶ステレオ音響で録音する v. grabar (una canción) en estéreo. ▶その曲をステレオ ¹で聞く [²にかける] v. ¹escuchar [²tocar*] esa música por estéreo.

|地域差|(ステレオの)スピーカー

[スペイン] mpl. altavoces, mpl. bafles, fpl. columnas
[ラテンアメリカ] mpl. parlantes
[キューバ] mpl. altavoces, mpl. bafles, fpl. bocinas
[メキシコ] mpl. bafles, fpl. bocinas
[ペルー] mpl. altoparlantes
[コロンビア] mpl. bafles
[アルゼンチン] mpl. altavoces, mpl. altoparlantes, mpl. bafles

ステレオタイプ m. estereotipo, m. cliché. ▶ステレオタイプな考え f. idea estereotipada.
ステンドグラス m. vidrio con dibujos colorados; (窓やドアの) f. vidriera.
ステンレス m. acero inoxidable. ▶ステンレスの流し台 m. fregadero de acero inoxidable.
スト f. huelga.

1《～スト》▶交通スト f. huelga de tráfico. ▶¹ゼネ [²ハン] スト f. huelga ¹general [²de hambre]. ▶¹全面 [²部分] スト f. huelga ¹total [²parcial]. ▶時限スト f. huelga de duración limitada. ▶24時間スト f. huelga de「24 horas [un día]」.
2《スト＋名詞》▶スト破りをする v. romper* una huelga. ◆スト決行中である Hay huelga. / Están de huelga.
3《ストに [を]》▶ストを¹指令 [²中止] する v. ¹convocar* [²desconvocar, ²suspender] una huelga. ◆労働者は賃上げを要求してストに入った Los trabajadores entraron「se pusieron」en huelga para reclamar「salarios más altos [《フォーマル》 mejoras salariales].

ストア f. tienda. → 店. ▶チェーンストア f. sucursal de una cadena de tiendas.
ストイックな adj. estoico.
ストーカー m. cazador al acecho.
ストーブ f. estufa, m. calentador. ▶¹ガス [²電気] ストーブ f. estufa ¹de gas [²eléctrica]. ▶¹石油 [²灯油] ストーブ f. estufa de ¹petróleo [²queroseno]. ▶¹石炭 [²まき] ストーブ f. estufa de ¹carbón [²leña]. ▶ストーブの煙突 m. tubo de estufa. ▶ストーブをたく v. encender* una estufa. ▶ストーブを¹つける [²消す] v. ¹encender* [²apagar*] una estufa. ◆ストーブが消えている La estufa está apagada. ◆このストーブはあまり暖かくない Esta estufa no「calienta mucho [da mucho calor]」.
すどおり 素通り (通り過ぎる) v. pasar de largo. ▶彼の家の前を素通りする v. pasar de largo por su casa.
ストーリー (筋書き) m. argumento, f. trama; (物語) f. historia, m. relato.
ストール f. estola. ▶ストールをまとう v. ponerse* una estola.
ストッキング fpl. medias. ▶パンティーストッキング mpl. pantis, fpl. pantimedias. ▶ストッキングを¹はく [²脱ぐ] v. ¹ponerse* [²quitarse] las medias. ◆彼女はストッキングをはいていなかった No llevaba medias. ◆私のストッキング(の片方)が伝線している Tengo una carrera en las medias.
ストック (在庫品) fpl. existencias, 《英語》"stock"; m. surtido → 在庫; (スキーの) m. bastón (de esquí). ▶その布のストックはたくさんあります Tenemos「un gran surtido de ese tejido [muchas existencias de ese género]」. ◆その商品はストックがない Esos productos「están agotados [no están en existencias]」.
ストックホルム Estocolmo (☆スウェーデンの首都).
ストップ 【標識】 Alto. / 《英語》 "Stop" (☆発音は [estóp]). ▶ストップをかける v. ordenar 《a ＋人》 que se detenga (☆que se pare), 《口語》 echar (a ＋人) el alto. ▶ストップウォッチ m. cronómetro. ▶ストップライト m. semáforo de alto ["stop"]. ◆地下鉄はストライキ中ストップした Durante la huelga no funcionaba el metro.
すどまり 素泊まり ▶素泊まりで1泊する v.「pasar la [quedarse una]」noche sin comidas.
ストライキ f. huelga, m. paro. → スト.

ストライク (野球・ボーリング)《英語》*m.* "strike" (☆発音は [stráik]), 《野球》《英語》*m.* "strike", *m.* ponche, *m.* bola buena. ▶ストライクゾーン *f.* zona de strike [bola buena].

ストライプ (縞(しま)) *f.* raya, *f.* lista, *f.* franja. ▶ストライプのズボン *mpl.* pantalones「de rayas [rayados, de listas].

ストラビンスキー Stravinsky (Igor～).

ストリーミング ▶ストリーミング・ビデオ (専門語) *m.* chorro [*f.* secuencia] de video. ▶ストリーミング・メディア (専門語) *mpl.* medios por caudales.

ストリップ(ショー) *m.* (espectáculo de)《英語》"strip-tease" (☆発音は [stríptis]). ▶ストリップを1る [2する] *v.* ¹ver* [²hacer*] estriptis ["strip-tease"].

ストレージ (専門語) *m.* almacenamiento.

ストレート ❶【続けざま】 ▶ストレートで¹勝つ²負ける(テニス・バレーボールなどで) *v.* ¹ganar un partido sin perder* [²perder* un partido sin ganar] un set; (連戦連¹勝²[敗]で) *v.* ¹ganar una victoria consecutiva (sobre) [²sufrir una derrota consecutiva (a manos de)].

❷【酒類を水で薄めないこと】 ▶ウイスキーをストレートで飲む *v.* tomar el whisky [güisqui] solo.

❸【回り道をしないこと】 ▶彼はストレートで京都大学に合格した Entró directamente en la Universidad de Kioto.

ストレス 《専門語》*m.* estrés, *f.* tensión. ▶ストレスの多い仕事 *m.* trabajo estresante. ▶最近かなりストレスがたまっている Estos días「tengo mucho estrés [me siento muy estresado]. ▶私は野球をして仕事上のいろいろなストレスを解消する Me libro del estrés jugando al béisbol.

ストレッチ (競争路の最後の直線コース) *f.* recta final (de llegada). ▶ストレッチ体操をする *v.* hacer* ejercicios de estiramiento de los músculos.

ストレプトマイシン *f.* estreptomicina.

ストロー *f.* paja. ▶ストローで(ジュースを)飲む *v.* beber (zumo [[ラ米] jugo]) con「una paja [un popote].

|地域差| ストロー
〔スペイン〕 *f.* caña, *f.* paja, *f.* pajita
〔キューバ〕 *m.* absorbente, *f.* cañita, *f.* paja, *f.* pajita
〔メキシコ〕 *m.* popote
〔ペルー〕 *f.* cañita, *m.* sorbete
〔コロンビア〕 *m.* pitillo
〔アルゼンチン〕 *f.* cañita, *f.* pajita

ストローク (手足のかき) *f.* brazada. ♦その子供はクロールで20ストロークほど泳いだ El niño dio unas 20 brazadas a crol.

ストロボ 《英語》*m.* "flash" (electrónico).

すとん(と) ▶すとんと (＝ぴったりと) 倒れる *v.* caer* en redondo [de golpe]. ▶すとんとマンホールに落ちる *v.* caer* de golpe en「un registro [una boca de alcantarilla].

ずどん(と) ▶ずどんと鳴る *v.* hacer* "bang", rugir*. ♦ライフルがずどんと鳴った El rifle「hizo "bang" [rugió].

すな 砂 *f.* arena. ▶砂の(多い) *adj.* arenoso. ▶細かい砂 *f.* arena fina. ▶一粒の砂 *m.* grano de arena. ▶砂地 *m.* suelo arenoso. ▶砂場 (遊び場の) *m.* cajón de arena. ▶砂浜 *f.* playa (arenosa). ▶砂時計 *m.* reloj de arena. ▶道に砂をまく *v.*「echar arena en [enarenar]」una carretera. ♦1目 [2靴] に砂が入った Me ha entrado arena en los ¹ojos [²zapatos]. ♦私の靴は砂だらけだ Tengo mucha arena en los zapatos.

すなあそび 砂遊び ▶砂遊びをする *v.* jugar* con la arena.

すなお 素直 (従順) *f.* obediencia, 《フォーマル》*f.* docilidad; (穏やかさ) *f.* dulzura, 《フォーマル》*f.* mansedumbre.

—— **素直な** (従順な) *adj.* obediente, sumiso, bien mandado, 《フォーマル》*adj.* dócil; (穏やかな) *adj.* suave, apacible; (おとなしい) *adj.* manso. ♦彼女は大変素直な子供だ Es una niña muy obediente.

—— **素直に** *adv.* obedientemente, con obediencia. ♦素直に彼の忠告に従った Seguí su consejo obedientemente. / Obedecí su consejo. ♦親には素直に従いなさい Tienes que obedecer [ser obediente] a tus padres.

すなけむり 砂煙 ▶砂煙をたてる *v.* levantar una nube de polvo.

スナック (軽食) *f.* comida ligera, 《英語》*m.* "snack" (☆発音は [esnák]); (軽食堂)《英語》*m.* "snack-bar" (☆発音は [esnákbar]); (酒場) *m.* bar.

スナップ ❶【留め金具】*m.* broche de presión, 【スペイン】*m.* (botón) automático. ▶スナップを¹留める [²はずす] *v.* ¹abrochar [²desabrochar].

❷【写真】*f.* (foto) instantánea. ▶スナップ写真をとる *v.* sacar* [tomar] una instantánea (de).

❸【手首の動き】 ▶スナップをきかせる *v.* girar la muñeca.

スナップショット *f.* (foto) instantánea. → スナップ.

すなはま 砂浜 *f.* playa (arenosa). → 浜辺. ▶裸足で砂浜を走る *v.* correr descalzo por la arena.

すなぼこり 砂埃 *f.* nube de polvo. → 砂煙.

*すなわち 即ち (つまり) *adv.* es decir, o sea, a saber; (言い換えると) *adv.* en otras palabras, dicho de otro modo. → つまり. ♦二人の近代日本の有名な作家すなわち漱石と鷗外 dos famosos escritores modernos japoneses, es decir, Soseki y Ogai.

スニーカー *fpl.* zapatillas de deporte, 【スペイン】*fpl.* playeras, 【ウルグアイ】*mpl.* championes, *mpl.* tenis.

すね 脛 (向こうずね) *f.* espinilla, *f.* canilla; (脚部) *f.* pierna. ▶(野球・ホッケーなどで用いる)すね当て *f.* espinillera, *f.* canillera. ▶いすにすねをぶつける *v.* golpearse la espinilla con (contra) una silla. ▶すねをけとばす *v.* dar* (a + 人) una patada en la espinilla. ▶親のすねをかじる *v.* depender [vivir a costa, 《口語》es-

すねる 拗ねる (不機嫌で口をきかなくなる) v. estar* 「de mal humor [disgustado]. ♦すねに傷を持つ v. sentirse* culpable, no tener* la conciencia tranquila. ♦その子はすねている El niño está 「de mal humor [disgustado].

ずのう 頭脳 (知力) m. cerebro, f. mente; (頭の働き) f. cabeza. ♦頭脳集団 m. grupo de especialistas en un tema para asesorar. ♦頭脳流出 f. fuga de cerebros. ♦頭脳労働 m. trabajo mental [intelectual]. ♦頭脳労働者 mf. trabajador/dora intelectual. ♦あの少年はすぐれた頭脳の持ち主だ Ese muchacho tiene 「una cabeza muy buena [una gran inteligencia, mucho cerebro]. ♦彼は頭脳明晰(ﾒｲｾｷ)だ Es muy inteligente [perspicaz /《教養語》lúcido]. /【スペイン】《口語》Las coge al vuelo. / (頭が切れる)Tiene una mente aguda. ♦頭脳(=頭)を使え Usa la cabeza. ☞頭, 知恵, 知力

スノーボード 《英語》m. "snowboard" (☆発音は[esnóubour(d)]).

スパート m. tirón. ♦スパートをかける v. dar* un tirón.

スパーリング (ボクシングで)《英語》m. "sparring" (☆発音は[espárin]), m. combate de entrenamiento.

スパイ (人) mf. espía; (行為) m. espionaje. ♦産業スパイ (人) mf. espía industrial; (行為) m. espionaje industrial. ♦二重スパイ mf. espía doble. ♦敵国のスパイ mf. espía [m. agente secreto] de un país enemigo. ♦スパイ映画 f. película de espías [espionaje]. ♦スパイ衛星 m. satélite espía. ♦敵の動静をスパイする v. espiar* los movimientos del enemigo.

スパイク (靴底の) m. clavo; (靴) fpl. zapatillas con clavos [púas], 《野球》fpl. zapatillas de [con] clavos [tacos]. ♦スパイクタイヤ m. neumático con clavos. ♦(バレーボールで)スパイクする v. rematar (un balón).

|地域差| スパイク(靴底の)|
〔スペイン〕 mpl. clavos, mpl. tacos.
〔キューバ〕 m. 《英語》 "spikes" (☆発音は[spáiks]), mpl. tacos.
〔メキシコ〕 m. 《英語》 "spike", mpl. estoperoles, mpl. tachones, mpl. tacos
〔ペルー〕 mpl. clavos, mpl. machuchos, mpl. toperoles
〔コロンビア〕 mpl. guayos, mpl. taches, mpl. tacos
〔アルゼンチン〕 mpl. tapones

スパイス f. especia. ♦スパイスのきいたソース f. salsa con especias.

スパゲッティ mpl. espaguetis. ♦スパゲッティミートソース mpl. espaguetis con salsa de carne.

すばこ 巣箱 (野鳥の) m. nido artificial (de pájaros); (蜜蜂の) f. colmena. ♦巣箱を木に付ける v. atar un nido artificial a un árbol.

すばし(っ)こい (機敏な) adj. rápido, (軽快な) adj. ágil, ligero. → 敏捷(ﾋﾞﾝｼｮｳ).

すぱすぱ ♦たばこをすぱすぱ吸う v. fumar echando muchas y frecuentes bocanadas.

ずばずば (ぶっきらぼうに) adv. bruscamente, secamente; (率直に) adv. francamente, sin rodeos; (遠慮なしに) adv. sin reservas; (抑制なしに) adv. sin inhibiciones. ♦その批評家はその件についてずばずば言った El crítico 「habló sin rodeos /《口語》no se mordió la lengua」sobre ese tema. ♦彼はずばずば(=あれこれ気を遣っであいまいにして)ものを言うNo 「se muerde /《口語》tiene pelos en」la lengua.

すはだ 素肌 f. piel desnuda. ♦素肌にワイシャツを着る v. llevar una camisa directamente sobre la piel. ♦彼女は素肌がきれいだ Tiene un cutis bonito.

スパッツ fpl. mallas.

スパナ f. llave inglesa [de tuercas]. ♦スパナでナットを1締める [2緩める] v. 1apretar* [2aflojar] una tuerca con una llave.

ずばぬける ずば抜ける →優れる. ♦ずば抜けた演技 f. actuación sobresaliente. ♦ずば抜けて(=例外的に)背の高い子供 mf. niño/ña excepcionalmente alto/ta. ♦彼はずば抜けてよくできる Es con mucho [gran diferencia] el mejor estudiante de la clase. / Sobresale mucho en su clase. ♦彼はテニスのばずば抜けている Destaca [Se distingue] mucho en tenis. ♦彼らはみな頭がよいが、その中では彼女がずば抜けている Todos son inteligentes, pero ella 「lo es excepcionalmente [sobresale entre todos].

スパム 《専門語》m. correo basura,《英語》《専門語》m. "spam".

すばやい 素早い adj. rápido, veloz. ♦すばやく動く v. actuar* con rapidez [《教養語》celeridad], 《口語》andar* rápido. ♦危険をすばやく察知する v. percibir rápidamente el peligro ☞慌しい, 迅速, 速やかな; 早急に, さっさと, さっと, ざっと, すいすい, すかさず, ずんずん, 早々, 忽ち

すばらしい 素晴らしい adj. magnífico,《口語》estupendo, fantástico, fabuloso, formidable, espléndido, prodigioso, admirable, extraordinario; (みごとな) adj. ideal; (すぐれた) adj. excelente, (驚くべき) adj. maravilloso; (素敵な) adj. precioso. ♦すばらしい考え f. idea magnífica [espléndida, formidable,《口語》estupenda,《俗語》cojonuda,《俗語》de puta madre]. ♦彼は実にすばらしい芸術家だ Es un artista verdaderamente fabuloso [maravilloso, fantástico]. /《口語》Es un artista realmente buenísimo. ♦すばらしいね Es fantástico [magnífico], ¿verdad? ♦すばらしい天気だった El tiempo era maravilloso [espléndido, precioso]. / Tuvimos un tiempo ideal [espléndido, maravilloso, precioso]. ♦あの芝居はどうだったー素晴らしかったよ ¿Qué tal estuvo el teatro? – Magnífico. / Formidable. /《口語》Estupendo. /《口語》Buenísimo. ♦とてもすばらしいプレゼントだわ Es un regalo fantástico [precioso, maravilloso]. ♦ハイキングとはすばらしい Es maravilloso ir de excursión a pie. ☞鮮やかな, 結構, 素敵

ずばり ❶ 【ずばり言う】v. decir* claramente [con franqueza, sin rodeos]. ♦彼女は好きな

人の名前をずばり言ってしまった Pronunció claramente el nombre del hombre que amaba. ♦彼はずばりと物を言う人です。 Habla sin rodeos. /《口語》No se anda por las ramas.
❷《言い当てる》v. acertar*,《口語》dar* en el clavo. ♦彼の一言がずばり核心をついた Sus palabras dieron en el clavo. / Acertó en lo que dijo.

すばる 昴 *fpl.* Pléyades.

スパルタ Esparta. ▶**スパルタ人** *mf.* espartano/na. ▶子供にスパルタ式教育(=厳しいしつけ)をする *v.* imponer* a los hijos una disciplina rigurosa [《教養語》espartana].

ずはん 図版 (装飾性の強いさし絵・イラスト) *f.* ilustración; (ときに別丁扱いの) *f.* lámina; (部分名などを示す図・見取図) *m.* dibujo.

スピーカー *m.* altavoz; (拡声装置) *m.* sistema de megafonía. ▶スピーカーで呼び出す *v.* llamar《a + 人》por altavoz [megafonía].

地域差	スピーカー
〔全般的に〕	*m.* altavoz
〔スペイン〕	*m.* megáfono, *f.* megafonía
〔ラテンアメリカ〕	*m.* altoparlante
〔キューバ〕	*f.* bocina
〔メキシコ〕	*f.* bocina
〔ペルー〕	*f.* bocina, *m.* parlante
〔コロンビア〕	*m.* parlante
〔アルゼンチン〕	*f.* bocina, *f.* megafonía, *m.* parlante

スピーチ *m.* discurso,《教養語》*f.* alocución,《口語》*fpl.* palabras. → 演説. ▶スピーチ(=演説)をする *v.* dar* [《フォーマル》pronunciar,《口語》echar] un discurso.

スピーディーな *adj.* veloz, rápido.

・スピード *f.* velocidad. → 速度.

1《～(の)スピード》 ▶フルスピードで *adv.* a toda [la máxima] velocidad,《スペイン》《口語》a toda pastilla. → 全速力. ▶ものすごいスピードで *adv.* a una velocidad espantosa [《口語》terrible]. ♦彼は時速百キロのスピードで車を走らせていた Conducía un coche a 100 kilómetros por hora.

2《スピード(の)＋名詞》 ▶スピード狂 *mf.* maníaco/ca de la velocidad. ▶スピードオーバー *m.* exceso de velocidad. ▶スピードスケート *m.* patinaje de velocidad. ▶スピードボール *f.* pelota rápida. ▶スピード時代 *f.* era de la velocidad. ▶スピードの出る車 *m.* automóvil veloz. ▶スピード違反取り締まりに引っかかる *v.* caer en「un control [una trampa] de velocidad. ▶スピードダウンする *v.* reducir* [bajar] la velocidad. ▶スピードアップせよ《車を》Acelera.

3《スピードを》 ▶われわれの車はスピードを出して高速道路を走った Nuestro coche iba a gran [mucha] velocidad por la autopista. ▶わたしたちは直線道路に出たので車のスピードを上げた Íbamos por una carretera recta, así que aceleré [tomé velocidad]. ♦突然列車はスピードを落とした El tren redujo la velocidad de repente. ♦彼は仕事のスピードを上げた Aceleró su ritmo de trabajo. ♦そんなにスピードを出すな No vayas「tan rápido [《口語》a tanta velocidad]. / No corras tanto.

スピードガン《英語》*m.* "speed gun" (☆発音は [espídgan]), *m.* medidor de la velocidad (de coches, bolas, etc.).

スピッツ *m.* perro de Pomerania,《口語》*m.* perro lulú.

ずひょう 図表 (地図・図解・グラフ・表など) *m.* gráfico; (図解) *m.* diagrama, *m.* esquema. ▶¹文法 [²歴史] 図表 *m.* diagrama de ¹gramática [²historia]. ▶図表を作る *v.* dibujar un gráfico [diagrama]. ▶気温を図表で示す *v.* mostrar* la temperatura en el gráfico.

スフィンクス *f.* Esfinge.

スプーン *f.* cuchara. → 匙(さじ). ▶スープ用スプーン *f.* cuchara sopera. ▶デザート用スプーン *f.* cucharita, *f.* cucharilla. ▶計量スプーン *f.* cuchara de medir. ▶スプーン2杯の砂糖 *fpl.* dos cucharadas de azúcar. ♦彼女はティースプーンで彼に食事を与えた Le daba de comer con una cucharita.

ずぶとい 図太い (厚かましい) *adj.* descarado,《口語》fresco. ♦彼は図太いやつだ Es un fresco. / ¡Qué tipo tan fresco! /《スペイン》《口語》¡Vaya cara que tiene el tío! → 図々しい.

ずぶぬれ ずぶ濡れ →びしょ濡れ.

スプリング (ばね) *m.* muelle, *m.* resorte.

スプリング(コート) *m.* abrigo ligero [de entretiempo].

スプリンクラー *m.* aspersor; (消火システム) *m.* sistema de aspersión automática.

スプリンター *mf.* velocista.

スプルー《専門語》*m.* esprúe.

スフレ《仏語》*m.* "soufflé", *m.* suflé.

スプレー (器具) *m.* pulverizador, *m.* aerosol, *m.* vaporizador. ▶ヘアスプレー *m.* aerosol [*m.* pulverizador] de cabello. ▶スプレー式殺虫剤 *m.* rociador de insecticidas.

地域差	スプレー
〔全般的に〕	*m.*《英語》"spray" (☆発音は [esprái]) *m.* atomizador
〔スペイン〕	*m.* aerosol, *m.* pulverizador, *m.* vaporizador
〔メキシコ〕	*m.* aerosol, *m.* aromatizador
〔ペルー〕	*m.* aerosol
〔コロンビア〕	*m.* aerosol
〔アルゼンチン〕	*m.* aerosol, *m.* evaporizador, *m.* pulverizador, *m.* vaporizador

スプレッドシート《専門語》*f.* hoja de cálculo.

すべ 術 (方法) *m.* remedio,《口語》*f.* salida; (どうしていいか分からない) *v.* no saber* qué hacer; (途方に暮れる) *v.* quedarse perplejo. ♦彼は足を折ってなすすべもなく(=何もできずに)地面に横たわっていた Se rompió la pierna quedándose en el suelo sin saber qué hacer.

スペア → 予備; (予備部品) *m.* repuesto, *m.* recambio; (詰め替え用品) *m.* relleno. ▶スペアタイヤ *f.* rueda [*f.* llanta] de repuesto [recambio]. ▶スペアインク *f.* tinta de recambio. ▶その機械の部品のスペア *mpl.* repuestos [*mpl.* recambios] de la máquina. ▶スペアキー *m.* duplicado de llave, *f.* llave extra.

スペアリブ *fpl.* costillas (con poca carne).

スペイン España; (公式名) Reino de España

(☆ヨーロッパの国, 首都マドリード Madrid). ▶スペイン人 *m*. español/*ñola*; (全体) *mpl*. españoles. ▶スペイン(人[語])の *adj*. español.

スペイン語 *m*. español, *m*. castellano, *f*. lengua española, *m* idioma español. ▶スペイン語教育 *f*. enseñanza del español. ▶スペイン語圏 *m*. mundo hispanohablante. ▶スペイン語の先生 *mf*. profesor/*sora* de español. ▶スペイン語の本 *m*. libro en español. ▶スペイン語が¹うまい [²へただ] *v*. hablar ¹bien [²mal] el español, dominar ¹bien [²mal] el español. ◆どの科目よりもスペイン語が好きです El español es la asignatura [materia] que más me gusta. ◆あなたはスペイン語が話せますか ¿Habla usted español? ◆メキシコではスペイン語が話されている En México se habla español. ◆会社でスペイン語が必要なんです En la oficina [compañía] tengo que usar español. / Necesito hablar español en el trabajo. ◆「桜」はスペイン語で何といいますか ¿Cómo se dice "sakura" en español? ◆この本はスペイン語からの翻訳だ Este libro es una traducción del español.

スペース *m*. espacio, *m*. sitio, *m*. lugar → 余裕; (余地) *m*. espacio, *m*. sitio, *m*. lugar. ▶スペースがないので *adv*. por falta de espacio. ▶スペースをあける *v*. hacer* espacio, dejar lugar. ◆ピアノを入れるのにどのくらいスペースが必要ですか ¿Cuánto espacio se necesita para un piano?

スペースシャトル *m*. transbordador [*f*. lanzadera] espacial.

スペード *f*. espada. ▶スペードの5 *m*. cinco de espadas.

すべからく →是非(ぜひ)(→是非とも).

スペシャリスト *mf*. especialista. → 専門家.

スペシャル *adj*. especial; *m*. especial. ▶(…についての)スペシャル番組 *m*. (programa) especial 《sobre》. ▶スペシャルコース *m*. curso especial.

すべすべ ▶すべすべした *adj*. suave, liso; (絹のような) *adj*. como la seda. ◆彼女の肌はすべすべしている Su piel es muy suave. / Tiene una piel muy suave. ◆彼女はいつも床をすべすべにきれいにする Siempre deja el suelo limpio y suave.

スペック 《専門語》*fpl*. especificaciones.

**すべて *adj*. todo. → 全部. ◆私たちのすべてがそのことを知っている Todos nosotros lo sabemos. / Lo sabemos todos nosotros. ◆彼は持っていた物をすべてなくした Perdió todo lo que tenía. ◆金がすべてではない El dinero no lo es todo.

—— すべての *adj*. todo; (全体の) *adj*. todo, entero. ▶世界中のすべての人 toda la gente del mundo, el mundo entero. ◆すべての子供に愛情を必要としている Todos los niños necesitan cariño. ◆すべての学生が試験に合格したわけではない No todos los estudiantes aprobaron el examen. → 全部.

—— すべて (まったく) *adv*. enteramente, por entero, completamente, por completo, totalmente, del todo, todo. ◆彼の生活はすべて音楽に向けられている Toda su vida está entregada a la música. / Su vida por entero está consagrada a la música. ◆それはすべて君の落ち度だ Toda la culpa es tuya. / La culpa es enteramente [del todo] tuya. ☞—いっぱい, 全部, どれも; あらゆる, 一切の, 各, 全—, -中

すべりおちる 滑り落ちる ▶ウナギが彼女の手から滑り落ちた La anguila se le deslizó de las manos. ◆子供が木から滑り落ちた El niño se resbaló del árbol y se cayó.

すべりこむ 滑り込む ▶学校に滑り込む (=ぎりぎりに来る) *v*. llegar* a la escuela「justo a tiempo [en el último momento,《口語》por los pelos].

すべりだい 滑り台 *m*. tobogán. ▶すべり台で遊ぶ *v*.「jugar* en [deslizarse* por] el tobogán.

地域差	滑り台
〔全般的に〕	*m*. tobogán
〔キューバ〕	*m*. canal
〔メキシコ〕	*f*. resbaladera, *m*. resbaladero, *f*. resbaladilla
〔ペルー〕	*f*. resbaladera
〔コロンビア〕	*m*. rodadero
〔アルゼンチン〕	*m*. resbaladero

すべりだし 滑り出し (初め) *m*. comienzo, *m*. principio,《フォーマル》*m*. inicio. ◆滑り出しは上々だ Hemos empezado bien [《口語》con buen pie,《口語》con el pie derecho].

すべりどめ 滑り止め (タイヤの) *m*. relieve de la cubierta antideslizante; (階段・浴室の) *f*. cinta [*f*. tira] anti-resbalones. ▶東都大学の滑り止めに西南大学を受ける *v*. hacer* el examen de ingreso en la Universidad Seinan por si se suspende el examen para la Universidad Toto.

スペリング *f*. ortografía. ◆「アルコール」という単語のスペリングを知っていますか ¿Sabes cómo se escribe [¿Conoces la ortografía de] la palabra "alcohol"? ◆君の作文にはスペリングのミスが多い Hay muchas faltas de ortografía en tu composición.

*すべる 滑る **❶**〔滑走する〕(表面に接触して) *v*. resbalar(se); (静かにすいすいと) *v*. deslizar(se)*; (水面などをかすめて) *v*. pasar rozando; (スケートで) *v*. patinar; (スキーで) *v*. esquiar*. ▶スキーで斜面を滑り降りる *v*. esquiar* [deslizarse* en esquí] ladera abajo. ◆氷の上で滑ろう Vamos a patinar en [sobre] el hielo. ◆ランナーはホームベースに滑り込んだ「El corredor [La corredora] se deslizó en la「base《英語》 "home" [meta]. ◆車はすべるように動いて立ち去った El coche se alejó como si se fuera deslizando. ◆ボートは湖面を滑るように進んだ El bote「se deslizaba por [iba rozando] el lago.

❷〔誤って滑る〕*v*. resbalar(se), dar* un resbalón; (乗り物などが) *v*. patinar, derrapar. ▶口が滑る (=口を滑らせる) *v*. cometer un desliz hablando. ◆コップが手から滑ってがちゃんと落ちた El vaso se me escurrió [escapó; resbaló] de la mano y se cayó con estrépito. ◆

階段で滑って腕を折った「Me resbalé [Di un resbalón] por las escaleras y me rompí el brazo. ◆道が凍って滑りやすい Hay hielo en la carretera y es fácil resbalarse [patinar, (車が)derrapar]. / La carretera está resbaladiza [《メキシコ》resbalosa] debido al hielo.

❸【試験などにすべる】v. suspender, 《メキシコ》reprobar*, 《スペイン》《口語》pinchar. ◆彼はスペイン語の試験にすべった Suspendió en español. → 失敗.

スペル (綴り) f. ortografía. → スペリング. ▶スペル・チェッカー(専門語) m. corrector ortográfico. ▶スペルチェック(専門語) f. revisión ortográfica. ▶スペルミス f. falta de ortografía, 《フォーマル》m. error ortográfico. ▶スペルを間違える v. escribir* mal (una palabra), cometer una falta de ortografía.

スポイト m. cuentagotas, m. gotero.

スポークスマン mf. portavoz, 〖ラ米〗mf. vocero/ra. ▶¹大統領[²政府]のスポークスマン mf. portavoz ¹del presidente [¹de la presidenta; ²del gobierno].

*スポーツ m. deporte. ▶ウインタースポーツ mpl. deportes de invierno. ▶プロスポーツ m. deporte profesional. ▶スポーツシャツ f. camiseta de deporte. ▶スポーツドリンク f. bebida deportiva. ▶スポーツバッグ f. bolsa de deporte. ▶スポーツ新聞 m. periódico deportivo. ▶スポーツ欄 f. página deportiva. ▶スポーツ記者 mf. periodista [mf. cronista] deportivo/va. ▶スポーツカー m. coche deportivo. ▶スポーツセンター m. centro deportivo. ▶スポーツ用品店 f. tienda de deportes. ▶ラジオのスポーツニュースを聴く v. escuchar「la emisión [el programa] de deportes en la radio. ▶あなたはどんなスポーツをやりますか ¿Qué deporte practicas? ▶卓球はだれでも手軽に楽しめる室内スポーツです El 《英語》 "ping-pong" [tenis de mesa] es un deporte de interior que cualquiera [todo el mundo] puede disfrutar fácilmente. ▶スポーツを通じてフェアプレーの精神を養うべきだ Debemos cultivar el espíritu de juego limpio practicando deportes.

スポーツマン (運動の得意な人) mf. deportista; (スポーツ好きな人) mf. aficionado/da「al deporte [a los deportes]. ▶スポーツマン精神 f. deportividad. ▶スポーツマンらしい態度 m. comportamiento deportivo. ▶彼女はなかなかのスポーツマンだ Es「una gran [muy buena] deportista. / Se le dan muy bien los deportes.

スポーツマンシップ f. deportividad, m. deportivismo. ▶スポーツマンシップにのっとり正々堂々と戦う v. jugar* con deportividad.

スポーティーな adj. deportivo, (軽快な) adj. ligero.

ずぼし 図星 ▶図星を指す (=正しく推量する) v. acertar*, atinar, dar* en el clavo [《口語》blanco].

スポット ❶【番組の間の短い宣伝】m. comercial, m. anuncio comercial, m. 《英語》 "spot" (☆発音は [espót]) (publicitario), f. cuña. ▶テレビのスポット広告 m. comercial de televisión.
❷【スポットライト】→スポットライト.

スポットライト m. foco; m. centro de atención: m. reflector. ▶スポットライトを¹浴びる [²浴びている] v. ¹pasar a ser* [²estar* en] el centro de atención.

すぼむ (狭くなる) v. estrecharse.

すぼめる (狭くする) v. estrechar. ▶唇をすぼめる v. fruncir* los labios. ▶肩をすぼめる v. encoger* los hombros. ▶傘をすぼめる v. cerrar* un paraguas.

ずぼら ▶ずぼらな (=だらしのない)人 f. persona descuidada [《フォーマル》negligente, 《口語》chapucera].

ズボン mpl. pantalones, m. pantalón. ▶¹細い [²太い]ズボン mpl. pantalones ¹estrechos [¹ceñidos; ²anchos]. ▶ズボンのポケット m. bolsillo del pantalón. ▶ズボンつり mpl. tirantes, 〖アルゼンチン〗mpl. breteles. ▶ズボンを¹はく [²脱ぐ, ³引き上げる] v. ¹ponerse [²quitarse; ³subirse] los pantalones. ▶ズボンを詰める v. acortar los pantalones. ▶新しいズボンを1着買う v. comprar「unos pantalones [un nuevo par de pantalones]. ◆このズボンは汚れている Estos pantalones están sucios.

スポンサー (番組提供者) mf. patrocinador/dora, (英語) m. "sponsor" (☆発音は [espónsor]). ▶番組のスポンサーになる v. patrocinar un programa. ◆ここでスポンサーからのお知らせです Y a continuación, unas palabras de nuestro patrocinador.

┌─地域差─ スポンサー ─────────┐
[全般的に] m. patrocinador
[スペイン]《英語》m. "sponsor", m. promotor
[キューバ] m. auspiciador, m. promotor
[ペルー] m. auspiciador
[アルゼンチン]《英語》m. "sponsor", m. auspiciador, m. auspiciante
└─────────────────────┘

スポンジ f. esponja. ▶スポンジケーキ m. bizcocho. ▶スポンジで体を洗う v. lavarse con una esponja.

スマート ❶【体つきが】(ほっそりした) adj. esbelto, delgado. ◆スマートになりたい Ojalá fuera más esbelta [delgada]. ◆スマートに見えるようにと彼は腹を引っこめた Para parecer delgado, intentaba encoger el estómago.
❷【服などが】(しゃれた) adj. elegante, con gusto. ◆彼女はスマートな服装をする Viste「muy bien [con elegancia, con gusto].

スマート・カード (専門語) f. tarjeta inteli-

知〜らない ¿Y yo qué sé? →すぼめる

知ったことか ¿Y a mí qué? →すぼめる

gente.
すまい 住まい（家）*f.* casa;（住所）*f.* dirección, 《口語》*fpl.* señas. ♦彼は東京の郊外に住まいを定めた「Fijó su residencia [Puso casa] en las afueras de Tokio. ♦お住まいはどちらですか ¿Dónde「vive usted [《フォーマル》tiene usted su domicilio]? ♦ここはよいお住まいですね Tiene usted aquí una bonita casa.

スマイリー *m.* signo de sonrisa,《専門語》*m.* emoticono

*****すます** 済ます ❶【終える】*v.* acabar《con》, terminar. →終える. ♦仕事を済ます *v.* terminar [acabar con] el trabajo. ♦急いで済ましてしまおう Vamos a darnos prisa en acabar. ♦その新聞は済みましたか（＝もう読めていしまいましたか）¿Ha acabado [terminado] usted de leer el periódico? / ¿Ha terminado [acabado] usted con el periódico? ♦朝食を済ませてから（＝朝食後）出かけよう Cuando acabemos de desayunar, nos vamos.

❷【間に合わす】（不十分なもので）*v.* contentarse《con》, apañarse《con》,《口語》arreglárselas《con》;（…なしでやっていく）*v.* prescindir《de》, pasarse《sin》, excusarse《de》,《教養語》eximirse《de》. ♦昼食はカレーで済ませた Para comer me contenté con arroz y curry. ♦牛乳がなかったのでなしで済ませなくてはならなかった Como no había leche, tuvimos que pasar [《口語》arreglárnoslas] sin ella.

《会話》彼らにはあまり会いたくないのよ—会わずに済ませ（＝会うのを避けられるかなね La verdad es que no quiero verlos. – ¿Podrás pasar sin tener que verlos? / No sé si podrás excusarte de verlos.

❸【支払う】*v.* pagar*, abonar. ♦勘定を済ます *v.* pagar* una cuenta.

❹【処理する】*v.* arreglar,《教養語》dirimir;（解決する）*v.* solucionar. ♦電話で用事を済ませた Arreglé el asunto por teléfono.

すます 澄ます ❶【耳などを】♦人の気配がするかと耳を澄ます *v.* escuchar atentamente si hay presencia humana. ♦耳を澄ましたが、何も聞こえなかった Escuché con atención, pero no oí nada. ♦私は彼の話に耳を澄ました（＝注意深く聞いた）Escuché con mucha atención lo que dijo.

❷【態度などを】♦彼女はいつも（つんと）澄ましている Siempre va muy presumida [《口語》estirada]. ♦彼は試験に落ちても澄ました（＝平気な）顔をしていた Incluso cuando suspendió el examen, parecía indiferente. /《口語》Se mostró impasible con el examen suspendido y todo.

❸【液体を】*v.* aclarar,《フォーマル》clarificar* (el agua).

スマッシュ（テニスなどで）*m.* mate, *m.* remate,《英語》*m.* "smash". ♦スマッシュする *v.* dar* un mate. ♦スマッシュで点をかせぐ *v.* ganar puntos con los mates.

スマトラ スマトラ島 *f.* Isla de Sumatra. ♦スマトラ(島)の *adj.* sumatrense, de Sumatra.

すまない 済まない ♦(謝って) Perdón《por》. / Lo siento. /(感謝して) Gracias《por》. →すみません.

*****すみ** 隅 *m.* rincón. ♦部屋の隅に座る *v.* sentarse* en un rincón de la sala.

【その他の表現】♦隅から隅まで（＝十分に）知っている《口語》*v.* saber* al dedillo, sabérselo* de cabo a rabo. ♦(本を)隅から隅まで読む *v.* leerse* (un libro) de cabo a rabo. ♦お前は世間知らずのような顔をしているけれど隅に置けないな Aunque「tienes cara de no saber nada de la vida [pareces inocente], eres más listo de lo que pareces.

すみ 炭 *m.* carbón (de leña, vegetal). ♦炭火 *m.* fuego de carbón (de leña). ♦炭火焼き *f.* carne a la brasa.

すみ 墨（汁）*f.* tinta china;（固形の）*f.* barra de tinta china. ♦墨絵 *f.* pintura「en blanco y negro [de tinta china], *m.* cuadro a tinta china. ♦(すずりで)墨をする *v.* frotar una barra de tinta china (en una moleta).

-ずみ -済み ♦領収済み Pagado. ♦売約済み Vendido. ♦それはすでに決定済みだ Eso ya se ha decidido.

すみか 住み家 *f.* casa. → 家.

すみごこち 住み心地 ♦この家は住み心地がよい Esta casa es cómoda para vivir.

すみこみ 住み込み ♦住み込みのお手伝い *f.* criada residente [interna],【メキシコ】*f.* empleada de planta. ♦住み込みの家庭教師 *mf.* tutor/tora residente. ♦雇い主の家に住み込む *v.* vivir en la casa del patrón.

すみずみ 隅々（いたる所で）*adv.* por todos sitios,《口語》de cabo a rabo;（隅々に）*adv.* en [por] todos los rincones. ♦その部屋の隅々まで捜す *v.* buscar* [registrar] en el cuarto「por todas partes [de cabo a rabo],（徹底的に）*v.* registrar el cuatro de arriba a abajo. ♦彼らは世界の隅々からやって来た Venían de「todas partes del mundo [todos los rincones del mundo, todos los confines de la Tierra]. ♦法の力は社会の隅々にまで及ぶ La fuerza de la ley llega a todos los rincones de la sociedad.

すみなれる 住み慣れる *v.* acostumbrarse a vivir《en》. ♦住み慣れた家 *f.* casa de siempre [muchos años].

*****すみません** ❶【謝罪】Perdón. /《フォーマル》Perdone. /《口語》Perdona. / Lo siento. /《フォーマル》Disculpe. ♦すみません. だいじょうぶですか(人の足などを踏んで) Perdone. ¿Le he hecho mucho daño? ♦騒がしくしてすみません Disculpe por hacer tanto ruido. / Perdone el ruido. / Siento hacer tanto ruido. ♦長くお待たせしてすみません Perdone usted por haberlo[le] hecho esperar tanto (tiempo). /(長くお待たせしたのでなければいいのですが) Espero no haberlo[le] hecho esperar mucho. /(長い間お待ちになりましたか?)¿Ha esperado usted mucho? ♦先週の会合に来れずにすみません. 風邪ひきでしたので Siento [Sentí;《フォーマル》Lamenté] no haber podido asistir a la reunión de la semana pasada. Es que tenía catarro. ♦ご面倒かけてすみませんが、この荷物を運ぶのを手伝っていただけませんか Perdone la mo-

lestia, pero ¿no sería tan amable de ayudarme con este paquete? ♦すみません, 窓を閉めていただけませんか Perdone. ¿Puede usted cerrar la ventana? /《フォーマル》Disculpe usted. ¿Sería tan amable de cerrar la ventana? / Perdón. ¿Le importaría cerrar la ventana? ♦車をこわしてすみません Siento haberle estropeado el coche.
❷【呼びかけ】Perdone. / Oiga. 会話 すみません (ちょっと通してくださいー)どうぞ Perdone, ¿puedo pasar, por favor? – Sí, sí. / Naturalmente. / Pase usted, claro.
❸【感謝】Gracias. ♦手伝ってもらってすみません Gracias por su ayuda. / Le estoy agradecido por su ayuda. ♦お忙しい中, 時間を割いていただいてすみません Gracias por darme su tiempo pese a estar usted tan ocupado. / Perdone por interrumpir sus ocupaciones. 会話 すみませんが, 最寄りの銀行はどこでしょうかーすみませんが, 分からないのですけれどーそうでしたか Perdone [Oiga]. ¿Dónde está el banco más próximo, por favor? – Lo siento. No lo sé. – Bueno, gracias de todos modos.
❹【異議】Perdón. / Lo siento. ♦すみませんがそれは違います Perdone, pero está usted equivocado. / Siento decirle que se equivoca usted.
❺【聞き返し:何と言いましたか】¿Perdón? / ¿Cómo dice? / ¿Cómo dice [ha dicho]? /《口語》¿Qué? /《口語》¿Eh? ♦すみません。お名前がよく聞き取れなかったのですが ¿Perdón [Cómo ha dicho, Cómo]? No he entendido su nombre.
❻【訂正】Perdón; (アナウンサーが) o mejor dicho, es decir. ♦彼は東京で, すみません, 京都で生まれた... Nació en Tokio; perdón, en Kioto...

すみやか 速やかな (すばやい) adj. rápido, veloz; (迅速な; 出来事・期日などの応答) adv. pronto; (即刻の) adj. inmediato. → 速い. ♦速やかに adv. rápidamente, pronto, con prontitud,《教養語》con celeridad, inmediatamente, sin pérdida de tiempo, sin demora. ♦彼らにその地域からの速やかな軍隊の撤退を求める v. exigirles* una rápida retirada de las tropas de esa región; exigir* que retiren con toda prontitud sus tropas de la zona.

すみれ 菫 f. violeta. ▶三色スミレ m. pensamiento. ♦すみれ色(の) m. / adj. violeta.

すみわたる 澄み渡る (空が) v. despejarse el cielo. ♦あらしが過ぎると空は澄み渡った Después de la tormenta el cielo se quedó despejado.

**すむ 住む v. vivir,《フォーマル》habitar,《教養語》morar, residir. ♦私は京都に住んでいます Vivo en Kioto. ♦彼女はおばの家に住んでいる Vive「con su tía [en casa de su tía]. ♦水戸はとても住みよい所です Mito es un lugar muy confortable para vivir. ♦その島にはどんな動物が住んでいるのかだれも知らなかった Nadie sabía qué animales habitaban [vivían] en la isla. ♦その小屋には人が住んでいるようだった La pequeña casa de campo parecía habitada. / Parecía que vivía alguien en

スモッグ 709

la pequeña casa de campo. ♦その島には人が住んでいない La isla no está habitada. / Es una isla desierta.

すむ 澄む (液体・気体が) v. aclararse,《教養語》clarificarse *, ponerse * transparente; (色・音が) v. aclararse, ponerse* claro; (心が) v. serenarse. ▶澄んだ目 mpl. ojos serenos. ♦ここは空気が澄んでいる El aire está claro aquí.

すむ 済む ❶【終わる】v. acabar(se), terminar(se); (出来事・期日などが) v. estar* terminado [acabado]. → 済ます, 終わる. ♦授業が済んだらすぐ集まろう Nos reuniremos nada más acabar la clase. ♦やっと済んだぞ Ya he terminado. / Por fin acabé.
❷【用が足りる】♦ここでは車がなくても済む Podemos pasar [estar] aquí sin un coche. ♦1週間の旅行には下着の着替えは3組あれば済む Tres mudas (de ropa interior) bastarán para el viaje de una semana. ♦彼が電話してきたので手紙を書かずに済んだ No hizo falta que le escribiera porque él me llamó. / (書く手間が省けた)Su llamada me ahorró [evitó] escribirle.
❸【満足する】 ♦気の済むまで何度でもやってごらん Inténtalo una y otra vez hasta que quedes satisfecho. ♦(好きなだけ)Inténtalo tantas veces como quieras.
《その他の表現》♦百円で済んだ Sólo costó cien yenes. ♦このままじゃ済む(＝罰せられずに済む)まい No podemos librarnos de eso. 会話 もう一回やってみてもいい?―彼女の番が済めばね ¿Puedo probar otra vez? – 'Después de [Cuando termine] ella.

スムーズ ▶スムーズに adv. bien, sin problemas,《口語》como la seda. ♦モーターはスムーズに動いている El motor marcha [funciona] bien. ♦会議はスムーズに運んだ La reunión salió bien. ♦仕事はスムーズにいっている Mi trabajo va [marcha] bien.

ずめん 図面 (設計図) m. plano; (設計図の青写真) m. cianotipo, f. copia heliográfica; (計画の青写真) m. anteproyecto; (絵図面) m. dibujo. ♦家の図面を引く v. dibujar un plano de la casa.

すもう 相撲 "sumo",《説明的に》f. lucha libre tradicional japonesa. ♦大相撲 m. campeonato de "sumo" profesional. ♦相撲取り m. luchador de "sumo". ▶相撲界 m. mundo del "sumo". ♦相撲の取り組み(＝試合) m. partido [m. encuentro] de "sumo". ♦相撲を取る v. luchar al "sumo"《con, contra》.

スモーク ▶スモークハム m. jamón ahumado.

スモール・キャピタル 《専門語》f. mayúscula pequeña.

スモッグ 《英語》m. "smog" (☆ 発音は [esmóg]), m. esmog,《説明的に》f. niebla tóxica contaminada con humo. ▶スモッグのかかった adj. con "smog". ♦光化学スモッグ m. "smog" fotoquímico. ♦スモッグ警報 f. advertencia de esmog. ♦スモッグの町 f. ciudad con esmog.

すもも (木) *m.* ciruelo; (実) *f.* ciruela.
スモンびょう スモン病 〘専門語〙 *f.* neuropatía mieloóptica subaguda (NMOS).
すやすや ▶すやすやと(=静かに) *adv.* apaciblemente, tranquilamente. ▶すやすや眠る *v.* dormir* apaciblemente [tranquilamente]. ♦すやすや眠っている赤子ほどかわいいものはない No hay nada más encantador que un bebé apaciblemente [tranquilamente] dormido.
-すら *adv.* incluso. → さえ.
スライス ❶〘薄い一切れ〙(ニンジン・ソーセージなど) *f.* rodaja; (チーズ・ハムなど) *f.* loncha; (肉など) *f.* tajada. ▶スライスする *v.* cortar.
❷〘ボールの〙*m.* golpe que da efecto a la pelota. ▶スライスする[させる] *v.* 「dar* efecto a [golpear con efecto] la pelota.

地域差 スライスチーズ
〔スペイン〕 *f.* loncha de queso, *m.* queso de sandwich, *f.* sabanitas
〔キューバ〕 *f.* lasca de queso, *f.* loncha de queso
〔メキシコ〕 *m.* queso amarillo, *m.* queso en rebanadas, *fpl.* rebanadas de queso
〔ペルー〕 *m.* queso en 〘英語〙 "slice", *m.* "slice" de queso, *f.* tajada de queso
〔コロンビア〕 *f.* lonchitas de queso, *f.* lonja de queso, *m.* queso de sandwich, *fpl.* rebanadas de queso, *f.* tajada de queso
〔アルゼンチン〕 *f.* feta de queso, *m.* queso de sandwich, *fpl.* rebanadas de queso

スライド (顕微鏡・幻灯用の) *f.* diapositiva; (オーバーヘッドプロジェクター用の) *f.* transparencia. ▶スライド映写機 *m.* proyector de diapositivas. ▶スライドを映す *v.* proyectar una diapositiva en una pantalla. ♦賃金は物価スライド制です Los salarios están fijados por una escala móvil. / Se paga según una escala móvil.
スラウェシとう スラウェシ島 Isla (de) Célebes.
ずらかる (姿をくらます) *v.* desaparecer*, 〘口語〙 tomar la de Villadiego, 〘口語〙 poner* los pies en polvorosa. ▶町からずらかる 〘口語〙 *v.* desaparecer* del mapa. ♦ずらかろうぜ 〘口語〙 Desaparezcámonos. / Larguémonos.
ずらす (移す) *v.* mover*; (勤務・食事時間などを) *v.* cambiar. ▶家具を少し左にずらす *v.* mover* el mueble un poco a la izquierda. ♦会社の出勤時間をずらす *v.* cambiar la hora de salir* para la oficina. ♦会議を三日先へずらそう(=延期しよう) Vamos a aplazar la reunión por tres días.
すらすら (円滑に) *adv.* suavemente, 〘口語〙 (como) sobre ruedas; (容易に) *adv.* fácilmente, sin dificultad; (すぐさま) *adv.* inmediatamente, en seguida; (滑るように) *adv.* con soltura, con fluidez. ♦彼らは商談をすらすら進めることができた No tuvieron problemas para llevar a cabo las conversaciones de negocios. / Sus conversaciones de negocios fueron como sobre ruedas. ♦彼女はギリシャ語をすらすら読める [²話せる] Sabe ¹leer [²hablar] griego con soltura. ♦彼は自分の過去をすらすら告白した Confesó enseguida su pasado. ♦彼は記憶ですべての人の名前をすらすら言った Recitó de un tirón los nombres de todas las personas.
スラックス *mpl.* pantalones. → ズボン.
すらっと (すらりとした) *adj.* esbel*to*. ♦彼女はすらっとしている Es esbelta como una pluma.
スラブ ▶スラブ人 *mf.* eslavo/va. ▶スラブ民族 *mpl.* eslavos, el pueblo eslavo. ▶スラブ人[民族, 語]の *adj.* eslavo. ▶スラブ語 *m.* eslavo.
スラム (スラム街) *m.* suburbio, 〘ラ米〙 *f.* barriada, *m.* barrio pobre [bajo]. ▶東京のスラム街 *mpl.* suburbios de Tokio. ▶スラム化する *v.* convertirse* en un suburbio.
すらり (人・物が細身で) *adv.* con esbeltez, de tipo proporcionado. ▶すらりとした *adj.* esbel*to*, bien proporcionad*o*. ♦背の高いすらりとした女性 *f.* mujer alta y esbelta.
ずらり ▶ずらりと(=列をなして) *adv.* en fila [línea, hilera, 〘口語〙 cola]. ▶ずらりと並んだ… *f.* fila [*f.* hilera] de…. ♦丘には新しい家がずらりと建っている Hay hileras de casas en la ladera de la colina. ♦人々が劇場の前にずらりと並んでいた La gente hacía cola delante [en frente] del teatro. ♦店には春向きの品物がずらりと並べてあった(=いろいろ取りそろえてあった) En la tienda hubo un gran surtido de artículos de primavera.
スラローム *m.* eslalom.
スラング *f.* jerga, *m.* argot.
スランプ (選手・チームなどの不振) *f.* baja forma, *f.* mala racha, 〘口語〙 *m.* bache, *m.* desfallecimiento. ▶スランプに陥っている *v.* estar* en baja forma. ▶スランプに陥る *v.* caer* en baja forma. ▶スランプから抜け出す *v.* pasar (atravesar*) una mala racha.
すり 掏摸 (人) *mf.* ratero/ra, *mf.* carterista; (行為) *f.* ratería. ▶すりを働く *v.* robar 《a + 人》la cartera. ♦すりにご用心【掲示】Ojo con los rateros. ♦人込みの中ですりにやられた Me robaron la cartera entre tanta gente.

地域差 掏摸
〔全般的に〕 *mf.* ratero/ra
〔スペイン〕 *m.* caco, *mf.* rateri*llo/lla*, *mf.* carterista
〔キューバ〕 *mf.* carterista
〔メキシコ〕 *m.* caco, *mf.* rateri*llo/lla*, *mf.* carterista
〔ペルー〕 *m.* caco
〔コロンビア〕 *mf.* carterista, *mf.* raponero/ra
〔アルゼンチン〕 *mf.* carterista, *mf.* chorro/rra, *mf.* punguista

ずりおちる ずり落ちる (すっと) *v.* caerse* resbalando; (ずるずると) *v.* caer* deslizándose. ♦毛布がベッドからずり落ちた La manta se cayó resbalando de la cama.
すりかえる 擦り替える ▶かばんをすりかえる *v.* cambiar la bolsa [el maletín] secretamente. ▶話題をすりかえる *v.* cambiar de tema hábilmente.

すりガラス 擦りガラス *m.* vidrio [*m.* cristal] esmerilado.

すりきず 擦り傷 *f.* raspadura, 『アルゼンチン』*m.* raspaje,〔専門語〕*f.* excoriación;（かすり傷）*m.* rasguño,*m.* arañazo;（すりむけ）*m.* arañazo. → 傷.

すりきれる 擦り切れる（布が）*v.* gastarse, desgastarse;（表面のけばなどが）*v.* quitarse, desprenderse. ♦すり切れた上着 *f.* chaqueta gastada. ♦この上着のひじがもうすり切れちゃった Las coderas de esta chaqueta ya están desgastadas. /〖ラ米〗Este saco ya está raído por los codos. ♦私のジーンズはすり切れて薄くなった [²ぼろぼろになった;³穴があいた] Mis vaqueros ¹están desgastados [²están raídos; ³tienen agujeros]. ♦このじゅうたん(の けば)はだいぶすり切れてきた Se está quitando [desprendiendo] el pelo de esta alfombra.

すりこむ 擦り込む *v.* frotarse（en）, darse* (fricciones)（en）. ♦顔にクリームをすりこむ *v.* darse*,〔〖フォーマル〗aplicarse*,〔フォーマル〕darse* fricciones de] crema en la cara. ♦よくすりこみなさい Frótalo bien. / Frótate bien.

スリット *f.* raja,『アルゼンチン』*m.* tajo,《フォーマル》*f.* hendidura. ♦大きくスリットのはいったスカート *m.* falda cortada [con raja,『アルゼンチン』con tajo].

スリッパ *fpl.* zapatillas, *fpl.* chinelas, *fpl.* pantuflas. → 靴. ♦スリッパをはく [²脱ぐ] *v.* ¹ponerse* [²quitarse] las zapatillas.

地域差	スリッパ
〔全般的に〕	*fpl.* pantuflas, *fpl.* chancletas
〔スペイン〕	*fpl.* chanclas, *fpl.* chinelas, *fpl.* zapatillas
〔キューバ〕	*fpl.* chinelas, *fpl.* cutaras, *fpl.* zapatillas
〔メキシコ〕	*fpl.* chanclas
〔ペルー〕	*fpl.* zapatillas
〔コロンビア〕	*fpl.* babuchas, *fpl.* chanclas
〔アルゼンチン〕	*fpl.* chinelas, *fpl.* zapatillas

スリップ ❶（滑ること）*m.* derrape, *m.* derrapaje, *m.* patinazo. ♦その車はスリップし、衝突した El automóvil derrapó y chocó.
❷（婦人用下着）*f.* combinación,《口語》*f.* combi. ♦スリップが出ているよ Se te ve la combinación.

地域差	スリップ（婦人用下着）
〔全般的に〕	*f.* combinación
〔キューバ〕	*f.* sayuela
〔メキシコ〕	*m.* fondo

すりつぶす すり潰す（やわらかいものを押しつぶす）*v.* hacer* puré, moler*,『ラプラタ』pisar,《口語》*v.* espichar;（固いものなどを細かく砕く）*v.* triturar, majar. ♦ジャガイモをすり潰す *v.* hacer* puré de papas [〖スペイン〗patatas]. ♦ゴマをすり潰す *v.* triturar sésamo.

スリナム Surinam（☆南アメリカの国, 首都パラマリボ Paramaribo）.

すりぬける 擦り抜ける ♦人混みをすり抜ける（＝通り抜ける）*v.* escurrirse [deslizarse*] entre la multitud.

すりばち すり鉢 *m.* mortero.

すりへらす 磨り減らす（人・物・事が）*v.* gastar, desgastar, consumir,《口語》*v.* 磨り減る. ♦神経をすり減らす *v.* agotar los nervios. ♦歩き回ったので靴をすり減らしてしまった Desgasté los zapatos de caminar de acá para allá.

すりへる 磨り減る *v.* gastarse;（すり減ってだめになる）*v.* desgastarse;（こすれて消え去る）*v.* desgastarse. ♦靴の底がすり減った Las suelas de mis zapatos se han desgastado. /（すり減って薄くなった）Tengo gastadas las suelas de los zapatos. ♦タイヤ(の模様)がすり減っている El neumático está gastado. / La superficie de rodadura del neumático está gastada.

スリム ♦スリムな *adj.* esbelto. ♦スリムな体型 *f.* figura esbelta,《口語》*m.* buen talle. ♦運動をしてスリムな体型を維持する *v.* mantenerse* esbelto haciendo ejercicio. ♦テニスのおかげで彼女の腰はスリムになった El tenis hizo su cintura esbelta.

すりむく 擦りむく *v.* rasparse,《専門語》excoriarse;（こすって傷つける）*v.* hacerse* un rasguño [arañazo]. ♦転んでひざをすりむく *v.* rasparse la rodilla al caer*.

すりよる 擦り寄る *v.* acercar(se)* 《a》;（にじり寄る）*v.* arrimar(se)《a》,（寄り添う）*v.* juntar(se),《口語》pegar(se)*《a, con》.♦（赤ん坊が）母親に顔をすりよせる *v.* juntar la cara el bebé a la de su madre.

スリラー（スリラー小説 [²映画]）¹ *f.* novela [² *f.* película] de intriga [suspense].

スリランカ Sri Lanka;（公式名）*f.* República Socialista Democrática de Sri Lanka（☆南アジアの国, 首都コロンボ Colombo）. ♦スリランカの *adj.* celilandés, cingalés.

スリル *f.* intriga, *m.* suspense. ♦その映画はスリル満点だった La película estaba llena de intriga [suspense].

＊＊する 為る *v.* hacer*.
1《副詞＋する》（行なう）*v.* hacer*. ♦さっさとしろ ¡Hazlo enseguida! /（急げ）¡Date prisa! ♦好きなようにしなさい Hazlo como quieras [a tu gusto]. ♦楽に。どうぞ楽にしてください Póngase /《口語》Ponte cómodo. / Como si estuvieras en tu casa. ♦午前中はどうしてたの(＝どのように過ごしたの)? ¿Cómo has pasado la mañana? / ¿Qué has hecho por la mañana?
2《…をする》(1)【行為・動作を行なう】♦料理(をする) *v.* hacer* la comida, cocinar. ♦話をする *v.* charlar, tener* una conversación, hablar. ♦ひと泳ぎ(を)する *v.* nadar, bañarse. ♦演説(を)する *v.* dar* un discurso, hablar (en público). ♦散歩(を)する *v.* dar* un paseo, pasear. ♦旅行(を)する *v.* hacer* un viaje, viajar. 会話 彼女は私がしなさいと言ったことをしようとしない―じゃあ私がします No quiere hacer lo que le he dicho. – Entonces, lo haré yo.
会話 彼女は仕事をやめたよ―どうしてそんなことをしたのかな Ha dejado su trabajo. – ¿Por qué habrá hecho eso? ♦もう宿題をしましたか(＝終えましたか) ¿Ya has hecho「tus deberes

する

(2)【従事する】v. dedicarse* 《a》, tener* la profesión [ocupación] 《de》. 会話 (お仕事は)何をしていらっしゃいますか―会社員をしています ¿En qué trabaja usted? – Soy empleado/da. / Trabajo en una oficina. ♦彼のおじはレストランをしている(=経営している) Su tío tiene [administra, lleva] un restaurante.

(3)【競技などをする】♦¹トランプ [²テニス]をする v. jugar* ¹a las cartas [²al tenis]. ♦スキーをする v. esquiar*, 《フォーマル》practicar* el esquí.

(4)【食べる】♦1日に3回食事をする v. comer tres veces [tomar tres comidas] al día.

(5)【経験する】v. tener*, experimentar*. (傷などを受ける)v. hacerse*. ♦苦い経験をする v. hacerse* una amarga experiencia. ♦指にけがをする v. hacerse* daño en el dedo.

(6)【開催する】v. celebrar*. (主語が行為のとき)tener* lugar. (持つ)v. dar*, ofrecer*. ♦会議をする v. celebrar una conferencia. ♦パーティーをする v. dar* [ofrecer*, celebrar] una fiesta.

(7)【処理する】♦あの花束を(=は)どうしましたか ¿Qué has hecho con aquel ramo de flores?

3《(...に)...をする》♦手に包帯をする v. ponerse* [aplicar*] una venda en la mano. ♦彼に質問(を)する (=尋ねる) v. hacerle* una pregunta. ♦牛肉に塩コショウをする(=で味つける) v. sazonar la carne con sal y pimienta.

4《AをBにする》(むりに)v. hacer* a A B; (AをBに変える)v. cambiar [convertir*, (思いがけなく)transformar*] A en B. ♦彼を議長にする v. hacerlo[le]* [nombrarlo[le]] presidente. ♦この婦人を部長にする v. hacer* a esta señora directora del departamento. ♦円をユーロにする v. cambiar yenes en euros. ♦彼は彼女を幸せにした La hizo feliz.

5《...にする》; (決定する)v. decidir (《+不定詞・名詞》, decidirse 《por + 不定詞・名詞》; (選ぶ)v. elegir*, escoger*; (選び取る)v. tomar. ♦私は¹行くことに [²行かないことに]した Decidí ¹ir* [²no ir*]. ♦私たちの結婚式の日取りは5月の第2日曜にしました Decidimos [Elegimos] casarnos el segundo domingo de mayo. / Decidimos que la boda fuera el segundo domingo de mayo. / Nos decidimos por el segundo domingo de mayo como día de nuestra boda. 会話 どっちのラケットにしますかーこっちにします ¿Qué raqueta tomas [eliges]? – Tomo ésta. / ¿Por qué raqueta te decides? – Por ésta. 会話 何になさいますかーステーキにします(レストランで) ¿Qué va a ser, señor? – Tomaré un filete, por favor. ♦これは聞かなかったことにしてください. いいですね A mí nunca me lo has oído. ¿Entendido?

6《...がする》; (音がする)v. sonar*, tocar*; (においがする)v. oler*; (味がする)v. saber*; (感じがする)v. sentir*. ♦ベルの音がした「Ha sonado [Han tocado] el timbre. ♦それはいい¹におい [²味]がする ¹Huele [²Sabe] bien.

♦何か変なにおいがする Huele a algo raro. ♦食後によく吐き気がした Sentía [Tenía] náuseas con frecuencia después de las comidas. ♦¹頭痛が [²のどがひりひり]する Tengo ¹dolor de cabeza [²una quemazón en la garganta].

7《...(の値が)する》v. costar*, valer*. ♦その花びんはいくらしましたか ¿Cuánto te costó el jarrón? / ¿Cuánto pagaste por el jarrón?

8《...しようと[するように]する》(1)【努める】v. tratar 《de + 不定詞》, intentar, esforzarse* 《por + 不定詞》. →試みる. ♦彼は笑おうとしたがだめだった Trató de sonreír, pero no pudo. ♦6時までにそこへ行くようにするよう遅れないようにしてね Trataré de llegar allí antes de las seis. – Intenta [Trata de] no llegar tarde, ¿eh?

(2)《...しそうである》v. estar* a punto de《+不定詞》. ♦バスはまさに発車しようとしていた El autobús estaba para [a punto de] salir [partir].

9《...することにしている》(1)《...する予定だ》v. ir* 《a + 不定詞》; (公式に予定されている) Está decidido que, ir a + 不定詞. →予定. ♦私たちは午後テニスをすることにしている Esta tarde vamos a jugar al tenis. / Está decidido que esta tarde vamos a jugar al tenis.

(2)《...する習慣だ》v. tener* ¹la costumbre de [por costumbre] 《+不定詞》, estar* acostumbrado 《a》. →習慣. ♦彼女は毎日散歩に行くことにしている Todos los días va de un paseo. / (行く習慣がある)Tiene la costumbre de dar un paseo diario. / Todos los días suele [tiene la costumbre de] dar un paseo.

10《...すれば》(1)【時間が経てば】prep. dentro de, en, antes de. ♦彼女は1週間すれば戻るでしょう Volverá dentro de [en, antes de] una semana.

(2)《(仮定)すれば》conj. si, en el caso de que. →もし.

11《...しないで...する》; (一方をやめて他方を選択して)adv. en lugar [vez] de《+不定詞》, (すべきことを怠って)adv. sin《+不定詞》. ♦私はみんなと出かけないでホテルに残っていた En lugar de salir con los demás, me quedé en el hotel. / No salí con los demás, sino que me quedé en el hotel. ♦彼はノックもしないでいきなり中へ入ってきた Entró de repente [《教養語》intempestivamente] sin llamar siquiera.

12《...しよう》会話 そのことは彼には内緒にしておきましょう―そうしましょう [²それはよしましょう] Que él no lo sepa. ¿De acuerdo? – De acuerdo [²No, no estoy de acuerdo]. →か. 会話 お皿洗いましょうかーいいのよ. 気にしないで. 皿洗いくらい何でもないよーまあそう言わずに, たまには私にさせてよ ¿Quieres que lave yo los platos? – No, déjalo, no te preocupes. Los lavaré yo. – ¡Venga [Vamos]! Déjame que lo haga yo. ♦当校お庭ですねーさあご案内しましょう ¡Qué jardín tan grande! – Déjeme [《フォーマル》Permítame] enseñárselo.

する 掏る v. robar, 《フォーマル》hurtar, 《口語》ratear. ♦私は込んだバスの中で財布をすられた「Me robaron [Alguien me robó] la cartera en un autobús lleno de gente.

する 擦る (こする) v. frotar, 《フォーマル》friccionar; (やすりで) v. limar; (マッチを) v. raspar▶マッチをすって火をつける v. rascar「una cerilla [《メキシコ》un cerillo] para hacer* fuego.▶ごまをする (すりつぶす) v. moler* sésamo; (お べっかを使う) v. adular, 《メキシコ》《口語》hacer* de lambiscón, 《スペイン》《口語》hacer* la pelota. → 胡麻⑤.▶競馬で大金をする (=失う) v. perder* mucho dinero en una carrera de caballos.

する 刷る v. imprimir*, 《口語》tirar → 印刷する; (謄写版で) v. mimeografiar, sacar* copias con el mimeógrafo.

ずる ずるをする (=ずるいことをする) v. engañar, hacer* trampa. → ずるい.

・ずるい ❶【狡猾(こうかつ)な】(だますのがうまい) adj. astuto, ladino, taimado, 《教養語》artero; (策をろうする) adj. mañoso; (こそこそする) adj. pillo, pícaro, 《口語》zorro.▶彼女のずるいやり方にだまされるな No dejes que te engañe con sus astucias [artimañas].▶彼はずるそうな顔をしている Tiene un aire de astucia [《口語》zorro].

❷【不公正な】adj. injusto; (不正直な) adj. tramposo.▶それはずるいぞ ¡Eso es injusto! / ¡Eso no es justo!▶彼はずるい方法で金をもうけた 《口語》Consiguió el dinero con trampas.▶彼はいつもずるくして公正な勝負をしない Siempre hace trampas y jamás juega limpio.

ずるがしこい ずる賢い adj. astuto; mañoso; (油断のならない) adj. tramposo, marrullero; (悪賢い) adj. pícaro, bribón, 《口語》cuco. → ずるい.

するする▶するする滑る v. resbalar; (すべるように動く) v. deslizarse*.▶少年は木にするする登っていった El niño trepó ágilmente por el árbol.▶うなぎが手からするする滑り落ちた Una anguila se me deslizó entre las manos.

—— **するした** (滑りやすい) adj. resbaladizo, 《メキシコ》resbaloso. → つるつる.

ずるずる▶ずるずる引きずる v. arrastrar, llevar a rastras; (時間) v. prolongarse*.▶少年が上着をずるずる引きずって歩いていた El niño caminaba arrastrando el abrigo.▶その登山者は斜面をずるずる落ちていった El alpinista「se dejó caer [se deslizó] ladera abajo.▶会議はずるずると10時間も続いた La reunión se prolongó diez horas.

するっと (床を) するっと滑 v. deslizar(se)* (por el suelo).▶少年はするっと家を抜け出した El muchacho se escabulló de casa.▶彼は私のポケットにするっとお金を入れた Me metió dinero en el bolsillo casi sin darme cuenta.

すると (それから, そうすると) adv. entonces; (そして) y.▶すると彼は眠くなってきた Se tomó las pastillas y le entró sueño.▶すると (=それじゃ) 君は彼には会ったことないのだね Entonces, ¿no lo [le] conoces?, ¿verdad? / ¿Así que no lo [le] conoces? ¿No es eso?

・するどい 鋭い ❶【刃物などが】adj. afilado; (先がとがった) adj. puntiagudo.▶鋭いナイフ m. cuchillo afilado [cortante].▶この鉛筆は先が鋭くとがっている Este lápiz「es puntiagudo [tiene una punta aguda].◆彼は鋭い(=刺すような)目つきをしている Tiene una mirada penetrante.

❷【痛み・叫びが】(突然の) adj. agudo; (強烈な) adj. punzante.▶彼は背中に鋭い痛みを1覚えた [2あった] 1Sintió [2Tenía] un agudo dolor en la espalda.

❸【頭脳・感覚が】(迅速で抜け目のない) adj. agudo, atento; (識別力・洞察力のすぐれた) adj. penetrante, fino; (微妙な差異・刺激にも鋭敏な) adj. perspicaz, sagaz.▶鋭い質問 f. pregunta aguda [perspicaz, penetrante].▶犬は鋭い嗅(きゅう)覚を持っている Los perros tienen un olfato fino [agudo].▶彼は観察が鋭い Es un observador perspicaz [sagaz].

スルバラン (フランシスコ・デ~) Francisco de Zurbarán (☆1598-1664, スペインの画家).

-するほうがいい -する方がいい▶君はもう少し勉強する方がいい Deberías estudiar un poco más. → いい⑮.

するめ f. jibia [f. sepia] seca. → 魚.

ずるやすみ ずる休み m. ausentismo, 《教養語》m. absentismo.▶授業【仕事】をずる休みする (=わざと [許可なく] 休む) v. faltar 1a clase [2al trabajo] sin permiso.▶授業【会議】をさぼる (=授業をさぼる) v. fumarse una ¹clase [²reunión]; (学校をさぼる) v. faltar a clase.▶彼は風邪だと言って会社をずる休みした (=風邪で休むと言ったがそれはうそだった) Dijo que no iría a trabajar por un catarro, pero era mentira.

地域差	(学校を) ずる休みする
[スペイン]	v. escaquearse, faltar a clase, fumarse la clase, hacer* campana, hacer* novillos, hacer* pellas
[キューバ]	v. comer la guásima, escaparse, esfumarse, faltar a clase, fugarse* de clase, fumarse la clase, pelar la guásima, pirarse
[メキシコ]	v. faltar a clase, hacerse* la perra, hacerse* la pinta, irse* de pinta
[コロンビア]	v. capar clase, faltar a clase, mamarse la clase
[アルゼンチン]	v. chupinear, faltar a clase, hacerse* la chupina, hacerse* la rata, hacerse* la yuta, pirarse, ratearse

ずれ (時間の遅れ) m. retraso (de tiempo); (意見などの相違) f. discrepancia.▶時間のずれ f. diferencia de hora.▶二人の意見のずれをうまく調節する v. acercar* opiniones divergentes entre los dos.▶世代のずれ (=断絶) m. vacío [《強調して》m. abismo] generacional.

スレート f. pizarra.▶スレートで屋根をふく v. cubrir* un tejado de pizarras, empizarrar el tejado.

すれちがい ❶【物と物が触れそうになって】▶その車は壁すれすれに通っていった El automóvil pasó rozando el muro de la calle.▶トレドには,二人がすれすれでしか通れない狭い道がある En Tole-

714 すれちがう

do hay calles tan estrechas [[ラ米]angostas] que dos personas pueden cruzarse sólo con dificultad. ♦彼はふちすれすれまでグラスを満たした Llenó el vaso「hasta el borde [casi a rebosar]. ♦鳥が湖面をすれすれに飛んでいるのを見た Vi los pájaros que「rozaban la superficie del lago [volaban a ras del lago].
❷【限度にやっと近く】(かろうじて)adv. a duras penas, con apuros, apuradamente;(危ないところで)por muy poco,《口語》por los pelos. ♦彼はすれすれでその試験に合格した Aprobó el examen「a duras penas [《口語》por los pelos]. ♦彼はすれすれで時間に間に合った Llegó justo a tiempo. ♦その政治家はいつも犯罪すれすれのことをやって金を集めている Ese político recauda dinero por medios que「rayan en la ilegalidad [rozan lo ilegal].

すれちがう 擦れ違う ♦先生とすれ違う(=そばを通り過ぎる)v. cruzarse* con el profesor. ♦2台のバスが狭い道ですれ違った Los dos autobuses se cruzaron en la estrecha carretera.

すれっからし ♦あの女はすれっからしだ(=世間ずれしている)Es una mujer que「sabe mucho de la vida [《口語》tiene mucha calle]. /（恥知らずの女だ）Es una sinvergüenza.

スレッド 《専門語》m. hilo,《専門語》f. hebra,《専門語》f. serie.

すれる 擦れる (磨滅する)v. gastarse, desgastarse;(無邪気さを失う)v. perder* la inocencia,《口語》sacar* los pies de las alforjas. ♦私の靴はすれて薄くなっている Mis zapatos están gastados.

ずれる (ずれ落ちる)v. deslizarse*;(傾く)v. inclinarse;(行動などが正しい基準から外れる)v. apartarse, salirse* (de),《口語》ir* descaminado,v. desviarse* (de). ♦左に少しずれる v. desviarse* ligeramente a la izquierda. ♦スカーフが彼女の肩からずれ落ちた Se le resbaló la bufanda por los hombros. ♦彼女の行動は常道からずれている Su comportamiento se aparta [sale; desvía] de lo normal. ♦彼の議論はずれている(=要点からそれている)Su argumento「se sale del tema [va descaminado].

スローイン 《サッカー》m. saque de banda.

スローガン m. eslogan, m. lema. ♦安全第一のスローガンの下に adv. bajo [con] el eslógan de "La seguridad es lo primero".

スロープ f. pendiente, f. ladera, f. cuesta. ♦①ゆるやかな [②急な]スロープ f. pendiente ¹suave [²empinada].

スロープ Rampa →スロープ

スローモーション f. cámara lenta. ♦スローモーションの adj. de cámara lenta. ♦スローモーションで見る v. ver(lo)* a cámara lenta.

スロット 《専門語》f. ranura.

スロバキア Eslovaquia (☆ヨーロッパの国, 首都 ブラチスラバ Bratislava).

スロベニア Eslovenia (☆ヨーロッパの国, 首都 リュブリャナ Liubliana).

スワジランド Swazilandia (☆アフリカの国, 首都 ムババーネ Mbabane).

スワップする 《専門語》v. intercambiar.

すわとう 汕頭 →シャントウ

すわりごこち 座り心地 ♦このいすは座り心地がいい Esta silla es cómoda.

すわりこみ 座り込み (デモやストでの)f. sentada. ♦工場で座り込みをする v. montar [llevar a cabo] una sentada en una fábrica. ♦座り込みストライキをする v. hacer* [《フォーマル》llevar a cabo] una sentada.

すわりこむ 座り込む ❶【中に入って座る】♦彼は部屋に入って座り込んだ Entró en la sala y se sentó.
❷【座ったまま動かない】(急にしゃがみ込む)v. agacharse, ponerse* en cuclillas. ♦気分が悪くて座り込んでしまった Me sentí mareado y me agaché.

＊＊すわる 座る (動作)v. sentarse*, tomar [《フォーマル》ocupar] asiento;(状態)v. estar* sentado. ♦丸いす[安楽いす]に座る v. sentarse* en ¹un taburete [²una butaca]. ♦深々と[くつろいで]いすに座る v. sentarse* cómodamente en una silla. ♦いすにきちんと(=背すじを伸ばして)座る v. sentarse* poniéndose firme en una silla. ♦机に向かって座る v. sentarse* a la mesa. ♦いすにどかっと座る v. hundirse [dejarse caer*] en una silla. ♦子供をひざに座らせる v. sentar* a un niño en el regazo. ♦どうぞお座りください Siéntese, por favor. / Haga el favor de sentarse. /《フォーマル》Tome asiento, por favor. / ¿Quiere usted sentarse? / ¿No se sienta? ♦こっちへ来て私のそばに座りなさい Acércate y siéntate a mi lado. 《会話》この席に座ってもよろしいですか—もちろんです ¿Puedo ocupar esta butaca? – Naturalmente. 《会話》(バスは)いつも座れますか—座れることもありますが, たびたびというわけではありません ¿Puede uno ir sentado en el autobús generalmente? – A veces, pero no con frecuencia. ♦彼は本を1冊持って「何時間も座っていた Estuvo sentado ¹leyendo [²en silencio] varias horas. ♦看護婦は彼を座らせて傷の包帯を替えた La enfermera le sentó y le cambió la venda de la herida. ☞席, 就く, 着く

すんか 寸暇 (暇な時)m. tiempo libre. ♦あの学生は寸暇を惜しんで勉強している Ese estudiante dedica todo su tiempo libre a estudiar.

ずんぐり ♦ずんぐりした adj. regordete, rechoncho, bajo y gordo. ♦彼は40代はじめの小柄でずんぐりした体つきの男だった Era un hombre regordete de cuarenta y pocos años.

すんげき 寸劇 f. obra corta,《英語》m. "sketch" (☆発音は [eskétʃ]);(風刺的に政治家を扱った短い笑劇)f. parodia de los políticos.

ずんずん ❶【早く】(すばやく) *adv.* rápidamente, de prisa, pronto; (速く) *adv.* rápidamente, velozmente. ♦ずんずん上達する *v.* hacer* rápidos progresos. ♦あの子はずんずん背が伸びた El niño ha crecido rápidamente. ❷【活発に】*adv.* activamente, con dinamismo, vigorosamente, con energía. ♦彼はずんずん仕事を進めていった Prosiguió activamente con su trabajo. ❸【先へ進むさま】♦彼は振り向かずにずんずん先へ行った Siguió adelante sin mirar atrás.

すんぜん 寸前 ♦彼は始業寸前に教室に入った Entró en el aula inmediatamente [un instante, justo] antes del comienzo de la clase. ♦ゴール寸前に彼に抜かれた Me adelantó justo antes de la llegada a [《口語》a un paso de] la línea de meta. ♦その会社は倒産寸前だ La empresa está al borde de la bancarrota.

すんでのところで ♦すんでのところで車にひかれるところだった《口語》He estado a punto de ser atropell*ado* por un coche. /《口語》No me ha atropellado un coche por los pelos.

すんなり ❶【支障なく】*adv.* sin problemas [dificultad],《口語》como la seda; (容易に) *adv.* fácilmente. ♦私はそれはすんなりいかないと思っている《口語》No espero que las cosas vayan como la seda. ♦彼らはすんなり(=文句を言わないで)私の提案を受け入れた Aceptaron mi propuesta sin「ningún problema [objeciones]. ❷【すらりと】♦すんなりした *adj.* esbel*to*. ♦彼女はすんなりした体つきをしている Es una chica esbelta. / Tiene un tipo esbelto.

すんぴょう 寸評 *m.* breve comentario (sobre, de).

すんぶん 寸分 ♦寸分たがわない *v.* ser* idéntic*o* [exactamente igual],《口語》ser* como dos gotas de agua. ♦寸分も...ない (少しも...ない) *f.* nada de nada,《口語》ni tanto así. ♦寸分もすきのない服装をしている *v.* ir* vest*ido* impecablemente.

すんぽう 寸法 ❶【尺度】*f.* medida; (測った詳しい寸法) *fpl.* medidas; (大きな物の寸法) *fpl.* dimensiones; (衣類・商品などの大きさ) *m.* tamaño; (衣類) *f.* talla; (履物) *m.* número. →サイズ. ♦寸法を測り違える *v.* equivocarse* al medir*, medir* mal. ♦彼のウエストの寸法を測る *v.* medirle* la cintura, tomarle la medida de la cintura. ♦この机の寸法は縦1メートル横2メートルです La mesa mide un metro por dos. ♦洋服屋は私の新しい服の寸法を測った El sastre me「tomó las medidas para un nuevo traje [midió para hacerme un traje nuevo]. ❷【計画】*m.* plan. ♦丘で昼食という寸法だ「El plan es [Hemos planeado] comer en el monte.

せ

せ 背 ❶[背中, 後方] *f.* espalda, 《フォーマル》 *m.* dorso, *m.* lomo. ▶壁を¹背にして [²もたれて] 立つ *v.* ponerse* de pie ¹dando la espalda a [²apoyándose en] la pared. ▶背を伸ばす *v.* mantener* recta [enderezada] la espalda. ▶窓に背を向ける *v.* dar* [volver*] la espalda a la ventana. ▶物質文明に背を向ける (=を捨てる) *v.* volver* la espalda a [abandonar] la civilización materialista. ◆青空を背にくっきりと山が見えた Se veía claramente la montaña recortada en el cielo azul. ◆浜辺は白亜の断崖(*)を背にしている La playa tiene enfrente acantilados calizos.

❷[背状のもの] *m.* respaldo. ▶いすの背 *m.* respaldo de una silla.

❸[背丈] *f.* altura, *f.* estatura, *f.* talla. → 身長. ▶背の¹高い [²低い] 人 *m.* hombre ¹alto [²bajo]. ◆その少女は背が高く細っそりしていた La joven era alta y esbelta. ◆その川は深くて背が立たない (=底に足がつかない) El río es tan profundo que no podemos tocar el fondo.

❹[尾根] ▶山の背 *f.* cresta de una montaña.

《その他の表現》 ◆背に腹はかえられぬ (=必要なことに法律はない) La necesidad no tiene ley. / (他の選択の余地がない) No nos queda otro remedio.

せい 性 ❶[性別] *m.* sexo. → 性別. ▶性差別 *f.* discriminación sexual; *m.* sexismo.

❷[性的な事柄] *m.* sexo, *f.* sexualidad. ▶性の [性的な] *adj.* sexual. → 性的. ▶性科学 *f.* sexología. ▶性交渉をもつ *v.* tener* relaciones sexuales 《フォーマル》 practicar* el sexo, (口語) hacer* el amor, acostarse*, ir* a la cama 《con》. ▶性描写の多い本 *m.* libro con mucho sexo. ▶性に目覚める *v.* despertar* a la sexualidad. ◆その学校では性教育をしている En la escuela dan educación sexual. ◆彼は息子に性に関する話をしてやる勇気がなかった No tuvo el valor de explicar a su hijo los temas sexuales [de la sexualidad].

❸[本性] *f.* naturaleza. ◆悪にそまりやすいのが人の性です La naturaleza humana tiende a la maldad.

❹[文法上の] *m.* género. → 男性, 女性, 中性.

せい 正 ❶[正しいこと] (正義) *f.* justicia; (正確) *f.* exactitud, *f.* corrección. ▶正誤表 *f.* fe de erratas.

❷[正規] ▶正選手 *mf.* titular. ▶正会員 *m.* miembro [*mf.* so*cio/cia*] regular.

❸[原本] (書類が)正副 2 通で *adv.* por duplicado.

❹[正数] 正の数 *m.* número positivo.

せい 生 *f.* vida. → 命, 生命. ▶この世に生を受ける (=生まれる) *v.* nacer* en este mundo. ▶生あるもの *mpl.* vivientes, los vivos.

せい 所為 ❶[責任] *f.* culpa. ◆彼は自分の失敗をいつも人のせいにする Siempre echa la culpa de su fracaso a los demás. / (失敗を他人に帰する) Culpa siempre a los demás de su fracaso. ◆遅れたのは私のせいではない Yo no tengo la culpa de llegar tarde. / 《フォーマル》 No soy culpable de mi tardanza. / (責任がない) No soy responsable de haber llegado tarde. ◆それはだれのせいだったんだい ¿De quién era [Quién tenía] la culpa? / ¿Quién era el culpable?

❷[原因] ▶年のせいで物忘れがひどくなった Me olvido mucho de las cosas a causa de la edad. / La edad me ha vuelto muy olvidadizo. ▶ ため. ◆コーチは試合に負けたのはチームワークの不足のせいだと言った El entrenador atribuyó la derrota a la falta de trabajo de [en] equipo. ◆あいつのひどい目にあった 「Gracias a [Por] él he tenido una terrible experiencia.

せい 姓 *m.* apellido. → 名字. ◆彼は姓を名乗らなかった No me dijo su apellido.

せい 精 ❶[精霊] *m.* espíritu; (山・森などの精) *f.* ninfa. ▶花の精 *m.* espíritu de una flor. ▶水の精 *f.* náyade. ▶森の精 *f.* dríada, *f.* dríade.

❷[精力] *f.* energía, (活力) *m.* vigor; (体力) *f.* fuerza. ▶精をつける *v.* fortalecerse*, cobrar fuerza. ▶精も根も尽き果てる *v.* agotar toda su energía. ▶仕事に精を出す *v.* trabajar mucho [con aplicación]; (打ち込む) *v.* dedicarse* en cuerpo y alma al trabajo. ▶精のつく (=栄養のある)食物 *f.* comida alimenticia [nutritiva].

せい 背 →背(*), 身長.

せい 聖 *adj.* san (+ 男性), santo (Tomás と Domingo の前で), santa (+ 女性). ▶聖ペトロ教会 *f.* iglesia de San Pedro.

-せい -製 (材料を示して) *adj.* fabrica*do*, he*cho* 《en》. ▶外国製の家具 *m.* mueble 「fabricado en el exterior [de fabricación extranjera]. ◆この机はスチール製です Esta mesa 「está hecha [es] de acero. ◆このカメラはドイツ製です

私のせいにするな A mí no me eches la culpa. →せい

Esta cámara es alemana [de fabricación alemana].

-せい –世 ◆フランシスコ・ザビエルはフェリーペ2世の時代に日本に来た Francisco Javier llegó a Japón en tiempos de Felipe II (segundo).

ぜい 税 *m.* impuesto, *f.* contribución; (とくに歴史的) *m.* tributo; (物品にかかる) *m.* derecho, *f.* tarifa. → 税金. ▶税収 *mpl.* ingresos fiscales [tributarios]. ▶税制度 *m.* sistema tributario [impositivo, fiscal]. ▶税率 *f.* tasa impositiva [de impuesto]; *m.* tipo impositivo [de impuesto]. ▶直接 [間接] 税 *mpl.* impuestos [1]directos [[2]indirectos]. ▶物品税 *m.* impuesto de mercancías. ▶消費税 *m.* impuesto de consumo. ▶輸入税 *m.* arancel [*mpl.* derechos] de importaciones, *m.* impuesto sobre las importaciones. ◆毎年どのぐらい所得税を払っていますか ¿Cuántos impuestos sobre [a] la renta pagas al año? ◆税[1]込み [[2]引き]で年収5百万です Mis ingresos anuales son de cinco millones de yenes en bruto [neto].

せいあつ 制圧 *m.* control. ◆制圧する *v.* controlar, reprimir. ▶敵を制圧する *v.* controlar al enemigo, tener* al enemigo bajo control. ▶首都を制圧する(＝支配権を握る) *v.* tomar control de la capital, dominar la capital.

せいあん 西安 →シーアン

せいい 誠意 (誠実) *f.* buena fe; (言行に表裏のないこと) *f.* sinceridad. ▶誠意を示す *v.* mostrar* sinceridad [buena fe] (hacia). ▶誠意をもって謝罪する *v.* disculparse sinceramente, 《フォーマル》ofrecer* una sincera disculpa. ▶誠意をもって行動する *v.* actuar* "de buena fe [con sinceridad]". ◆彼には誠意が欠けている Le falta sinceridad. ◆彼は何事も誠意をもって当たる Lo hace todo con sinceridad.

── 誠意のある *adj.* sincero, honrado, honesto. ▶誠意のある人 *f.* persona sincera [honrada, íntegra].

せいいき 聖域 (神聖な場所，教会など) *m.* lugar sagrado, *m.* santuario; (神聖な地) *f.* tierra sagrada.

せいいく 生[成]育 *m.* crecimiento. ◆この土壌では野菜の生育が大変早い[よい] En este suelo las verduras crecen muy rápido [bien].

せいいっぱい 精一杯 (全力で) *adv.* con todas las fuerzas; (できるだけ) *adv.* todo lo posible. ▶その問題を解決しようと精一杯やる *v.* hacer* todo lo posible por resolver* el problema. ◆彼は精一杯働いた Trabajó con todas sus fuerzas. ◆精一杯やったが彼を救えなかった Hice todo lo posible, pero no pude salvarlo [le]. ◆家族を養うのが精一杯です Mantener a mi familia es lo máximo que puedo hacer. / Toda mi energía está volcada en mantener a mi familia.

せいう 晴雨 晴雨にかかわらず *adv.* llueva o no, haga el tiempo que haga. → 天気. ▶晴雨計 *m.* barómetro.

せいうち 海象 *f.* morsa.

せいうん 星雲 *f.* nebulosa; (銀河系外の) *f.* galaxia. ▶星雲(状)の *adj.* nebuloso.

せいえい 精鋭 (最もよいもの) lo mejor, 《フォーマル》*f.* élite, 《口語》*f.* flor y nata. ◆陸軍の精鋭 *f.* élite del ejército. ◆少数精鋭の科学者集団 *m.* grupo escogido [selecto] de científicos.

せいえき 精液 *m.* semen, *m.*(*f.*) esperma; (精子)《専門語》*m.* espermatozoide.

せいえん 声援 *m.* ánimo; (激励) *m.* aliento. ▶声援を送る(競技で) *v.* animar (al equipo) → 応援する; (励ます) *v.* alentar* (a ＋ 人). ▶ランナーに沿道から声援を送る *v.* animar a los corredores desde ambos lados de la carretera.

せいおう 西欧 (西洋) *m.* Occidente; (ヨーロッパ) Europa; (西ヨーロッパ) Europa Occidental. → 西洋.

せいか 成果 (結果) *m.* resultado; (期待される) *m.* resultado, *f.* consecuencia; (努力の末の) *m.* fruto. → 結果. ▶30年にわたる研究の成果 *m.* resultado de treinta años de estudio. ▶成果の多い会合 *f.* reunión fructífera. ◆その治療法はかなりの成果をあげた El remedio 「dio buen fruto [tuvo buenos resultados]. ◆彼はこの分野ではすばらしい成果を収めた En este campo ha logrado resultados espléndidos. 〈会話〉 成果はあったか―これというものはない ¿Hay algún resultado?―Ninguno en particular. ◆この調査で何の成果も得られそうにない No estamos consiguiendo [logrando] nada con esta investigación. ☞表われ, 結晶, 産物, 実, 収穫, 賜物

せいか 生家 ◆その作家の生家を訪ねてみたい Deseo visitar la casa natal del escritor.

せいか 聖歌 *m.* canto litúrgico; (賛美歌) *m.* himno; (クリスマスの) *m.* villancico. ▶聖歌隊 *m.* coro.

せいか 聖火 *m.* fuego sagrado; (リレーで運ぶ) *f.* antorcha sagrada. ▶オリッピックの聖火 *f.* llama olímpica; (リレーで運ぶ) *f.* antorcha olímpica. ▶聖火ランナー *mf.* portador/dora de la antorcha. ▶聖火台 *m.* pebetero; (オリンピックの) *m.* pebetero olímpico. ▶聖火リレー *m.* relevo de la antorcha olímpica.

せいか 青果 (青果物) *fpl.* frutas y *fpl.* verduras. ▶青果市場 *m.* mercado de frutas y verduras. ▶青果商(＝人) *mf.* verdulero/ra; (店) *f.* verdulería, *f.* frutería.

せいか 盛夏 ◆盛夏に(夏の最中に) *adv.* en pleno verano; (夏の暑い盛りに) *adv.* en lo más caluroso del verano.

せいかい 政界 (政治の世界) *m.* mundo de la política, *mpl.* círculos políticos; (政治生活) *f.* vida política; (政治活動) *f.* política. ▶政界の *adj.* político. ▶政界のドン *f.* eminencia gris. ▶政界に入る *v.* "meterse en [dedicarse* a] la política. ▶政界を退く *v.* retirarse de la vida política.

せいかい 正解 *f.* solución correcta. → 答え. ▶(問題を)正解する *v.* resolver* correctamente (un problema).

せいかい 盛会 *f.* reunión con éxito. ◆その会

718　せいかい

は盛会であった La reunión tuvo mucho éxito. / (出席者が多かった)Asistió mucha gente a la reunión.

せいかい 青海 →チンハイ.

せいかがく 生化学 *f.* bioquímica. ▶生化学者 *mf.* bioquímico / *ca*. ▶生化学の *adj.* bioquímico.

＊せいかく 性格 (その人固有の性格) *m.* carácter, *m.* temperamento; (その人の全特徴) *f.* personalidad; (他と区別する性質) *f.* naturaleza. → 性質. ▶1人あたりのよい[2強引な]性格の人 *f.* persona de carácter ¹agradable [²avasallador]. ▶性格俳優 *m.* actor [*f.* actriz] de carácter. ▶性格の不一致 *f.* incompatibilidad de caracteres. ▶性格の任務の性格 *f.* naturaleza de la tarea. ▶性格描写がうまい *v.* caracterizar* bien. ▶性格が合わない *v.* ser* incompatibles. ▶性格的に欠陥がある *v.* tener* un defecto en el carácter. ♦彼はどんな性格の人ですか ¿Cómo es su carácter? / ¿Qué carácter tiene? ♦彼はよい性格をしている Tiene un buen carácter. / Es una persona de buen carácter. ♦その姉妹は性格が違う Esas hermanas tienen caracteres diferentes. ♦彼は頼まれたら断われない性格だ Tiene un carácter que no sabe negarse cuando le piden algo. ♦私の性格は母親ゆずりです Tengo el carácter de mi madre. ♦この二つの仕事は性格が異なる Estos trabajos son de naturaleza distinta.

＊せいかく 正確 *f.* corrección, *f.* exactitud, *f.* precisión.

—— **正確な** *adj.* correcto, exacto, preciso, 《口語》justo; (完璧(ﾍﾟｷ)) *adj.* perfecto, 《口語》matemático; (時間に正確な) *adj.* puntual. ▶正確な円 *m.* círculo perfecto. ♦私の時計は正確だ Mi reloj marca la hora exacta. ♦ニュースの報道は正確でなければならない Tienen que ser precisos en la redacción de las noticias. ♦私は正確な数字は思い出せない No puedo recordar las cifras exactas. ♦彼のその夜の記憶は非常に正確だ Su recuerdo de aquella noche es muy preciso. ♦彼は約束の時間に正確だ Es muy puntual para las citas.

—— **正確に** *adv.* exactamente, con precisión, con exactitud, justamente; correctamente. ▶正確に言い当てる *v.* acertar* exactamente [con precisión]. ▶その語を正確に発音できない No puedo pronunciar exactamente [correctamente] esa palabra. ♦だれも地震を正確に予測できない Nadie puede predecir exactamente [matemáticamente] un terremoto. 会話 それから大学に進学されたのですか―正確にはそうじゃないんです ¿Y entonces fuiste a la universidad? – Bueno, no exactamente. 会話 火曜日の午前中に着いたんだ―正確には何時に? Llegué el martes por la mañana. – ¿A qué hora exactamente? ♦正確に言うと列車は7分遅れました Para ser exactos, el tren se retrasó siete minutos.

せいがく 声楽 *f.* música vocal. ▶声楽科 *f.* clase de música vocal. ▶声楽家 *mf.* cantor /*tora*; (バンドに属している) *mf.* vocalista. ▶佐藤教授について声楽を習う *v.* estudiar [tomar clases de] canto con el profesor Sato.

＊＊せいかつ 生活 (暮らし) *f.* vida, 《フォーマル》*f.* existencia; (生計) *f.* vida, *mpl.* medios de ganarse la vida. ♦彼らの生活はきびしいものであった Su vida fue difícil.

1《〜生活》▶1忙しい[2充実した]生活 *f.* vida ¹ocupada [²satisfactoria, ²bien aprovechada]. ▶生きがいのある生活 *f.* vida digna de vivirse. ▶怠惰な生活 *f.* vida perezosa [ociosa]. ▶家庭生活 *f.* vida doméstica. ▶¹結婚 [²独身]生活 *f.* vida ¹matrimonial [²de solter*o/ra*, 《フォーマル》célibe]. ▶学校生活 *f.* vida escolar [(特に教師の) académica]. ▶大学生活 *f.* vida universitaria. ▶田園生活 *f.* vida rural. ▶私生活 *f.* vida privada. → 私生活. ♦都会の生活はどうですか ¿Qué te parece la vida en la ciudad? ♦車は日常生活には必要ないと言う人もある Hay personas también que dicen que un automóvil no es necesario para la vida diaria.

2《生活(の) + 名詞》▶生活環境 *m.* medio ambiente de vida. ▶生活状態 *fpl.* condiciones de vida. ▶生活水準 *m.* nivel de vida. ▶生活様式 *f.* forma [*m.* estilo] de vida. ▶生活必需品 *mpl.* artículos de primera necesidad. ▶生活力 (＝経済力) *m.* poder económico, *f.* capacidad de obtención de ingresos; (活力) *f.* vitalidad, *f.* fuerza vital. ▶生活の手段 *mpl.* medios de vida [de subsistencia]. ▶生活のために働く *v.* trabajar para ganarse [la vida/《口語》el pan]. → 生活費, 生活反応, 生活保護.

3《生活が[は]》♦以前より生活が¹楽だ[²苦しい] Mi vida es ¹mejor [²peor] que antes. ♦今日ではテレビのない生活は想像できない Hoy día es difícil imaginar una vida sin televisión. ♦ここ数年私の生活は少しもよくなっていない Mi vida no ha mejorado nada en los últimos años.

4《生活に》▶生活に困る *v.* ganarse la vida con dificultad [apuros], llevar una vida apurada.

5《生活を》▶幸福な生活をする *v.* llevar una vida feliz, vivir felizmente. ▶¹かなりよい[²かつかつの]生活をする *v.* ganarse la vida ¹bien [²con apuros]. ▶1身分相応 [2不相応]な生活をする *v.* vivir ¹dentro [²más allá] de los propios medios. ▶不自由のない生活をする *v.* vivir sin necesidades [comodidades].

—— **生活する** → 暮らす. ▶物を書いて生活する *v.* ganarse la vida escribiendo, 《口語》vivir de la pluma. ▶1月給[2年金]で生活する *v.* vivir de ¹un salario [²una pensión]. ▶ひと月10万円で生活する *v.* vivir con 100.000 yenes al mes. 会話 失業している間ずっとどうして生活していたの―建築現場でバイトから生活していたんだ ¿Cómo vivías todo el tiempo cuando estabas sin trabajo? – Me ganaba la vida trabajando por horas en una obra. ☞ 生きる, 暮らす

せいかつしゅうかんびょう 生活習慣病 (専門語)

fpl. enfermedades relacionadas con el estilo de vida.
せいかつはんのう 生活反応 *f.* reacción vital.
せいかつひ 生活費 *m.* coste de vida. ▶教師をして(自分で)生活費を稼ぐ(＝生計を立てる) *v.* ganarse「la vida [《口語》el pan] enseñando [de profes*or*/s*ora*]. ◆1か月の生活費はいくらかかりますか ¿Cuánto cuesta vivir al mes? ▶生活費は親に出してもらっています Mis padres me dan dinero para vivir [mantenerme]. / Dependo económicamente de mis padres. ◆沖縄は生活費の安いところだ El coste de la vida en Okinawa es bajo. / (安上がりの生活ができる)En Okinawa se puede vivir sin mucho dinero.
せいかつほご 生活保護 *f.* ayuda social. ▶生活保護家庭 *f.* familia acogida a la ayuda social. ▶生活保護を受ける[受けている] *v.*「acogerse* a la [recibir] ayuda social.
せいかん 精悍 ▶精悍な顔つきの男 *m.* hombre de fisonomía viril [varonil].
せいかん 生還 ▶生還する(＝生きて帰る) *v.* salir* [volver*, regresar] vivo [con vida]; (無事に帰る)*v.* regresar s*a*no y salv*o*. ▶生還者 *mf.* superviviente, *mf.* sobreviviente. ◆その兵士たちは激戦地から生還した Los soldados volvieron a casa vivos [con vida] desde el campo de una batalla encarnizada.
せいかん ▶静観する(成り行きを待つ)*v.* esperar y ver*, 《フォーマル》limitarse a observar; (落ち着いて見守る)*v.* observar tranquilamente [con calma]. ▶静観政策 *f.* política de「limitarse a observar [no intervención]. ▶敵に対して静観的態度を取る *v.* asumir hacia el enemigo una actitud de esperar y ver*. ◆私たちは事態を静観すべきだ Tenemos que esperar y ver cómo se desarrolla la situación. / (事態が進むにまかせるべきだ)Debemos dejar que las cosas sigan su curso (sin intervenir).
せいがん 請願 *f.* petición, *f.* solicitud. ▶請願書に署名する *v.* firmar una petición. ▶政府に減税を請願する *v.* pedir* [solicitar] al gobierno una reducción de impuestos.
せいがん 制癌 ▶制癌剤 *f.* medicina anticancerosa. ▶初期癌に対し制癌作用がある *v.* tener* efectos en el cáncer primario.
ぜいかん 税関 *f.* aduana. ▶神戸税関 *f.* Aduana de Kobe. ▶税関П検査 [2申告; 3手続き] *f.*「inspección [2. declaración; 3 *mpl.* trámites] de aduana. ▶税関吏 *mf.* aduan*ero*/*ra*, *mf.* oficial de la aduana. ▶税関を通る *v.* pasar (por) la aduana. ▶税関で調べられる *v.* ser* inspeccion*a*do en la aduana. ◆(税関で)申告すべき宝石類を持っていますか ¿Tiene usted joyas que declarar (en la aduana)?
・**せいき** 世紀 *m.* siglo, 《教養語》*f.* centuria. ▶21世紀 *m.* siglo XXI. ▶世紀末 *m.* final del siglo. ▶紀元前4世紀[1初め [2終わり; 3半ば]に *adv.* a [1]principios [[2]finales; [3]mediados] del siglo IV a. de C. (antes de Cristo). ▶17, 8世紀に *adv.* en los siglos XVII y XVIII. ▶今世紀最大の作曲家 el mayor compositor de este siglo. ▶彼は1世紀近く生きた Ha vivido casi un siglo. / Vivió casi un siglo.
せいき 正規 ▶正規の *adj.* regular; (正式の)*adj.* formal, reglamentari*o*; (正当な)*adj.* de rigor, debid*o*. ▶正規の会員 *m.* miembro regular. ▶正規の手続きを踏む *v.*「pasar por [cumplir con]「los trámites [las formalidades] regulares [de rigor]. ▶正規表現《専門語》*f.* expresión regular.
せいき 性器 *mpl.* órganos sexuales, 《フォーマル》*mpl.* genitales, 《口語》*fpl.* partes.
せいき 生気 ▶生気のある *adj.* lleno, 《強調して》pletór*i*co de vida, activ*o*.
・**せいぎ** 正義 *f.* justicia. ▶正義の味方 *m.* amigo de la justicia. ▶正義のために戦う *v.* luchar por la justicia. ◆彼は正義感が[1]強い [2]ない [1]Tiene un fuerte sentido [[2]No tiene sentido] de la justicia. ◆最後は正義が勝つに違いない La justicia debe (de) prevalecer al final.
・**せいきゅう** 請求 *f.* reclamación, *f.* demanda, 《フォーマル》*m.* requerimiento. → 要求. ▶請求書 *f.* factura; (食堂・バーの) *f.* cuenta, *f.* nota. ▶[1]ガス [2電話; 3電気]代の請求書を受け取る *v.* recibir la factura [[2]del teléfono, [3]de la luz]. ▶請求権がある *v.* tener* derecho a reclamar. ▶請求に応じて身分証明書を見せる*v.* mostrar* una identificación al ser* requerid*o* a ello. ▶請求書をください La cuenta, por favor. ◆申込書はご請求がありしだい送ります Los impresos de solicitud se enviarán「previa petición [después de la petición].
―― 請求する *v.* pedir*; (正式に)*v.* solicitar; (権利をもって)*v.* demandar; (当然の権利として)*v.* reclamar*, 《フォーマル》requerir*; (代金などを)*v.* cobrar. ▶カタログを請求する *v.* pedir* un catálogo. ▶彼に勘定を払うよう請求する *v.* reclamarle [《フォーマル》requerirle*] el pago de una factura. ▶空港で手荷物を請求する *v.* reclamar el equipaje en un aeropuerto. ▶彼に損害賠償を請求する *v.* reclamarle una indemnización (por daños y perjuicios). ◆本の代金として千円請求された Me cobraron [《口語》llevaron] mil yenes por el libro.
せいきゅう 性急 ▶性急な(あわてた) *adj.* apresur*a*do; (軽率な) *adj.* precipit*a*do; (落ち着きのない) *adj.* intranquil*o*; (我慢強くない) *adj.* impaciente; (衝動的な) *adj.* impetuos*o*. ▶性急な決定をする *v.* tomar una decisión apresurada, decidir con prisa.
せいきょ 逝去 《フォーマル》*m.* fallecimiento. ▶逝去する *v.* 《フォーマル》fallecer*, morir*.
せいぎょ 制御 *m.* control. ▶制御装置 *m.* sistema de control, *m.* controlador; 《専門語》*f.* unidad de control. ▶制御する *v.* controlar; (巧みに扱う)*v.* manejar bien. ▶馬を制御する *v.* manejar un caballo. ▶その機械は制御がきかなくなった La máquina se salió de control.
せいきょう 生協 (生活協同組合) *f.* (sociedad) cooperativa. ▶生協の売店 *f.* (tienda) cooperativa.
せいきょう 盛況 ◆慈善コンサートは大盛況だった

(＝多くの人が行った) Al concierto de beneficencia asistió mucho público. / (大成功だった)El concierto de beneficencia fue un gran éxito.

せいぎょう 正業 ▶正業につく v. conseguir* un trabajo [empleo] legal.

せいぎょうと 清教徒 mf. puritano/na. ▶清教徒革命 f. Revolución Puritana.

せいきょく 政局 f. situación política. ▶政局の危機 f. crisis política. ♦政局は安定している La situación política es estable.

ぜいきん 税金 m. impuesto, f. contribución; (歴史) m. tributo, m. derecho, f. tarifa arancel. ▶税金を払う v. pagar* un impuesto. ▶税金を上げる(＝増税する) v. aumentar [subir] los impuestos. ▶税金に1万円払う v. pagar* diez mil yenes de impuestos. ▶税金を徴収する v. recaudar impuestos. ▶税金の払い戻しを受ける v. recibir una devolución de impuestos. ♦酒には重い税金が課されている Las bebidas alcohólicas tienen un fuerte impuesto. ♦これらの物には税金がかからない Estos artículos「son libres de [no pagan] impuestos. ♦税金で収入の半分がなくなる La mitad de mis ingresos「se va [la pierdo] en impuestos. ♦その税金は(＝課税は)私には大きな負担でした Esos impuestos eran「una gran carga [《フォーマル》muy onerosos] para mí. ♦私の月給は税金を差し引いて18万円です Mi sueldo es de 180.000 yenes「deducidos impuestos [después de impuestos].

せいく 成句 (慣用句) m. modismo, f. frase hecha. → 熟語.

せいくう 制空 ▶制空権を握る v. controlar [dominar] el espacio aéreo.

せいけい 西経 f. longitud oeste. ▶西経30度 f. longitud 30 grados O (oeste).

せいけい 生計 f. vida, m. mantenimiento, 《フォーマル》f. subsistencia. → 生活. ▶教師をして生計を立てる v. ganarse la vida「de profesor [con la enseñanza, enseñando]. ▶[1]地道にかせいで [2そこそこに] 生計を立てる v. ganarse [1]honradamente [2moderadamente] la vida. ▶彼らは生計の道を断たれた(＝奪われ)た Les desposeyeron de su medio de vida.

(会話) 彼は何をして生計を立てているの-銀行員だったんだけど、今は独立して商売をしてるよ ¿De qué vive? - Era un empleado bancario [de banca], pero ahora trabaja por su cuenta. ☞ 糧, 暮らし, 生活

せいけい 整形 ▶整形外科《専門語》f. ortopedia. ▶整形外科医 mf. (ciruja*no/na*) ortopedista. ▶整形手術を受ける v. someterse a una operación ortopédica.

せいけい 政経 f. política y f. economía. ▶政経学部 f. Facultad de Política y Economía.

*****せいけつ 清潔** f. limpieza, 《教養語》f. pulcritud.

――― **清潔な** (きれいな) adj. lim*pio*, 《教養語》pul*cro*, 『スペイン』(口語) curioso, puro, nítido. → 奇麗. ▶清潔な[1]政治 [2服] [1]f. política

[2 f. ropa] limpia. ♦彼女の部屋はいつも清潔です Su cuarto siempre está limpio.

――― **清潔にする** v. limpiar; (化学処理をして) v. purificar*. ♦彼女はいつも手を清潔にしている Siempre tiene las manos limpias.

☞ 明るい, 綺麗な

せいけん 政権 (政治的権力) m. poder político; (政府) m. gobierno, f. administración; (体制) m. régimen. ▶小泉政権 m. gobierno de Koizumi. ▶フォックス政権 f. administración de Fox. ▶連立政権 m. gobierno de coalición. ▶かいらい政権 m. gobierno títere. ▶政権争い m. lucha por el poder (político). ▶政権の交替 m. cambio de gobierno. ▶政権を[1握る [2握っている] v. [1llegar* al [2estar* en el] poder*. ▶政権を失う v. perder* el poder*(political). ▶政権につかせる v. poner* (a ＋ 人) en el gobierno. ▶新政権を樹立する v. establecer* un nuevo gobierno, instaurar un nuevo régimen.

せいけん 政見 f. opinión política. ▶政見を発表する v. expresar la opinión política. ▶政見放送 f. emisión sobre (opinión) política.

せいけん 生検 (専門語) f. biopsia.

*****せいげん 制限** (ある範囲内に制限すること)《フォーマル》f. restricción (a); (限界, 限度) m. límite (a); (制限するもの) f. limitación.

1《～制限》 ▶生産(の)制限 f. limitación de la producción. ▶輸出制限 f. limitación a [de] las exportaciones. ▶軍備制限(＝軍縮) f. limitación de armamentos. ▶産児制限 m. control de natalidad [nacimientos]. ▶無制限に adv. sin límite [《フォーマル》restricciones].

2《制限＋名詞》 ▶制限時間 m. tiempo limitado. ♦この道路の制限時速は60 ㌔です En esta carretera el límite de velocidad es de 60 kilómetros por hora. ♦制限時間いっぱいだ (＝時間切れだ) Se ha acabado el tiempo.

3《制限が[は]》 ▶入場券は数に制限がある El número de entradas está limitado. / Hay limitación en el número de entradas. ♦この競技の参加者に男女の制限はない El juego está abierto a todos los participantes sin limitación de sexo.

4《制限を》 ▶輸入制限を撤廃する v. levantar la limitación de las importaciones. ▶外国貿易に制限を加える v. imponer* limitaciones [《フォーマル》restricciones] al comercio exterior. ♦彼は年令制限を越えていたので軍隊には入れなかった No pudo ingresar en el ejército por haber pasado el límite de edad.

――― **制限する** (範囲内に制限する) v. limitar, poner* limitaciones, 《フォーマル》restringir*. ▶出版の自由を制限する v. limitar la libertad de publicación. ♦彼に1日に遣うお金を2千円に制限する Limita a dos mil yenes la cantidad de dinero que puede gastar al día. ♦われわれの活動は狭い範囲に制限されている Nuestras actividades「están muy limitadas [《フォーマル》no pueden sobrepasar estrechos límites]. ♦彼はたばこを1日10本に制限された Le han limitado el consumo de tabaco a diez cigarrillos diarios. ♦彼は塩分の摂

取量を制限している Tiene limitado el consumo de sal. ♦病気になるといけないから，酒の量を制限しなさい(＝減らしなさい) Reduce el consumo de alcohol para「que no caigas [no caer] enfermo.
☞ 限り, 拘束, 抑える, 限る, 拘束する, 束縛する

せいご 生後 ▶生後2か月の赤ん坊 mf. bebé de dos meses. ♦その男の子は誕生した月に洗礼名を授けられた Al bebé lo bautizaron al mes de nacer.

せいご 正誤 ▶正誤問題 fpl. preguntas verdaderas-falsas. ▶正誤表 f. fe de erratas.

せいこう 精巧 m. refinamiento,《フォーマル》f. exquisitez. ▶精巧な adj. refinado; (念入りで美しい) adj. exquisito; (装置が高度に複雑な) adj. sofisticado. ▶精巧を極めた彫刻 f. talla [f. escultura] exquisita [refinada]. ▶精巧な機械 f. máquina complicada.

*せいこう 成功 ❶【目標を達成すること】(一般に) m. éxito, (強調して) m. triunfo, m. buen resultado; (興行などの) m. éxito,《口語》m. exitazo. ♦彼は勤勉によって成功を収めた Triunfó gracias a su diligencia. ♦ご成功をお祈りします Le deseo muchos éxitos. / ¡Tenga éxito! ♦その映画は大成功だった La película fue un「gran éxito [《口語》exitazo]. 会話 パーティーはどうだった―おかげさまで大成功だった ¿Qué tal la fiesta? – Por fortuna, fue un éxito. / Un éxito, gracias a Dios.
❷【出世】成功者 mf. triunfador/dora. ▶成功談 f. historia de éxito.
── 成功する (人・事が) v. tener* éxito,《強調して》triunfar, salir* [《口語》resultar] bien; (人が) v. tener* éxito, lograrlo,《口語》conseguirlo*; (出世する) v. triunfar en la vida. → 出世. ♦事業で成功する v. triunfar en los negocios. ♦彼はその実験に成功した Tuvo éxito en el experimento. / El experimento le salió bien. ♦彼は新しいワクチンの発見に成功した Consiguió [Logró] encontrar la nueva vacuna. ♦彼女は女優として成功した Triunfó [Tuvo éxito] como actriz. ♦彼は今までに4回成功している Hasta ahora「lo ha logrado [ha triunfado] cuatro veces.
☞ 当たり, 功, 合格

せいこう 性交 f. unión sexual, m. coito,《フォーマル》f. cópula. → セックス, 性.

せいこう 製鋼 f. fabricación de acero. ▶製鋼所 f. planta de acero, f. acería,『ラ米』f. acerería.

せいこうい 性行為 ▶性行為感染症《専門語》f. enfermedad de transmisión sexual.

せいこうほう 正攻法 ▶正攻法でいく v. emplear un método ortodoxo; (公正に戦う)《口語》v. jugar* limpio. → 公正. ▶正攻法で(＝公正に)問題を処理する v. tratar el problema limpiamente.

せいこつ 整骨 ▶整骨医 mf. osteópata. ▶整骨療法 f. osteopatía.

せいこん 精根 (精力) f. energía. ▶新しい仕事に精根を傾ける v.「entregar* toda la energía [dedicarse* por entero] al nuevo trabajo. ▶精根尽き果てた Estoy completamente agotado.

せいさん 721

せいざ 星座 f. constelación, (占星術の) m. signo del zodíaco (zodiaco). ▶星図 m. mapa de estrellas. ♦私の星座はやぎ座で血液型はA型です「Mi signo es [Soy] Capricornio y mi tipo [grupo] sanguíneo es A. 会話 あなたの星座は何座ですか―しし座です ¿Cuál es tu signo del zodíaco (zodiaco)? / ¿De qué signo eres? / – El mío es Leo. / Soy Leo.

せいざ 正座 ▶正座する (説明的に) v. sentarse* en el suelo con las piernas recogidas y la espalda recta.

せいさい 制裁 (国際間の)《フォーマル》f. sanción; (処罰) m. castigo. ▶制裁を解除する v. levantar las sanciones. ▶その国に経済制裁を加える v. imponer* sanciones económicas contra ese país.

せいさい 生彩 (活気) f. vida. ▶生彩を欠く v. no tener* vida, estar* sin vida. ▶生彩を放つ v. estar* lleno de vida.

せいさい 精彩 ▶精彩を放つ (＝目立ってすぐれている) v. ser* sobresaliente [notable, extraordinario].

せいざい 製材 m. aserrado, f. aserradura (de madera). ▶製材所 m. aserradero. ▶製材業 f. industria maderera.

せいさいかん 精細管《専門語》m. túbulo seminífero.

せいさく 制作 f. producción. ▶制作者 mf. productor/tora. ▶映画制作 f. producción cinematográfica. ▶高い制作費 mpl. altos costos de producción. ▶[1]芸術作品 [2]テレビ番組]を制作する v. producir* [1]una obra de arte [2]un programa de televisión].

せいさく 製作 (生産) f. producción; (大規模な) f. fabricación, f. manufactura. → 製造. ▶製作する (作る) v. producir*, hacer*; (製造する) v. fabricar*, manufacturar.

*せいさく 政策 f. política.
1《〜政策》▶日本の[1]対中国 [2]その問題に関する]政策 f. política de Japón [1]hacia China [2]sobre ese asunto]. ▶[1]経済 [2]外交]政策 f. política [1]económica [2]exterior]. ▶[1]長期的 [2]短期間の]政策 f. política a [1]largo [2]corto] plazo.
2《政策＋名詞》▶政策綱領 f. plataforma política. ▶政策協定 m. acuerdo político. ▶政策論争 f. discusión política.
3《政策を[に]》▶保護貿易政策を[1]採る [2]実行する] v. [1]adoptar [2]llevar a cabo] una política comercial proteccionista. ▶新しい産業政策を立てる v. formular una nueva política industrial. ▶産業を国有化するという政府の政策に[1]は同意できない [2]従わなければならない] [1]No estamos de acuerdo con [2]Debemos seguir] la política del gobierno de nacionalizar las industrias.

*せいさん 生産 f. producción. ▶生産的な adj. productivo.
1《〜生産, 生産＋名詞》▶大量生産 f. producción masiva [en serie]. ▶国民総生産 m. producto nacional bruto,『略』PNB. ▶

国内総生産 m. producto interno [interior] bruto, 〖略〗PIB. ▶生産過剰 m. exceso de producción. ▶生産管理 m. control de producción. ▶生産者 mf. product*or/tora*, m. fabricante. ▶生産者価格 m. precio「de los productores [al productor, de fábrica]. ▶生産高 (総生産量) f. producción. ▶生産地 f. región productora. ▶生産物 mpl. productos. ▶生産力 f. productividad, f. capacidad de producción. ▶生産性を向上させる v. aumentar la productividad. ◆中国は世界一の小麦生産国である China es el mayor productor de trigo del mundo.

2《生産が[は, を]》▶生産を高める[ふやす] v. aumentar [《フォーマル》incrementar] la producción. ▶生産を削減する v. reducir* la producción. ◆鉄鋼生産が10%१落ちた[2伸びた] La producción siderúrgica ha ¹descendido [²aumentado] un 10%. ◆その新しい機械の生産は来月から始まる La producción [fabricación] de la nueva máquina se iniciará el mes que viene.

── 生産する v. producir*; (手作り的に) v. hacer*; (大量に機械で) v. fabricar*. ◆この工場では小型車を生産している Esta fábrica produce automóviles pequeños. ☞製作, 製造

せいさん 正餐 ▶(夜の) f. cena; (昼の) f. comida (principal); (正式の) f. banquete. → 夕食.

せいさん 清算 f. liquidación. ▶清算する v. liquidar; (完済する) v. saldar (una deuda); (絶交する) v. romper 《con + 人》. ▶過去を清算する v.「romper* con [《比喩的に》enterrar*] el pasado.

せいさん 精算 m. ajuste, m. reajuste. ▶運賃精算所 f. oficina para reajustar el precio de un billete [〖ラ米〗boleto]. ▶精算する (差額を) v. ajustar, reajustar, pagar* la diferencia; (勘定・借金などを) v. liquidar, saldar. ▶改札口で精算する v. pagar* el reajuste de la tarifa en el control de billetes [〖ラ米〗boletos]. ▶勘定を精算する v. saldar una cuenta. ◆今は私が払っておく. 後で精算しよう Te lo pago ahora y después me devuelves el importe.

せいさん 成算 (成功する見通し) f. esperanza de éxito. ▶成算はまったくない No hay esperanza de éxito. ◆成算はあるのか ¿Estás seg*uro*「del éxito [《口語》de que te va a salir bien]?

せいさん 凄惨 ▶凄惨な (身の毛のよだつ) adj. horripilante, espeluznante; (恐ろしい) adj. espantos*o*, 《フォーマル》pavoros*o*.

せいさんカリ 青酸カリ m. cianuro potásico.

せいさんしき 聖餐式 f. Santa Comunión.

せいし ▶正視する v. mirar「cara a cara [de frente]. ◆私は母の顔が正視できなかった No podía mirar cara a cara a mi madre.

せいし 静止 ▶静止軌道 f. órbita geoestacionaria. ▶静止衛星 m. satélite geoestacionario. ▶静止する v. inmovilizarse*, quedarse quiet*o*, 《強調して》paralizarse*, pararse. ▶静止している (=じっと立っている) v. estar* de pie inmóvil [para*do*, quiet*o*]; (動かないでいる) v. estar* quiet*o*, permanecer* inmóvil; (休止している) v. estar* suspendid*o*.

せいし 製紙 f. fabricación de papel. ▶製紙工場 f. fábrica de papel, f. papelera. ▶製紙会社 f. compañía manufacturera de papel. ▶製紙業 f. industria papelera.

せいし 制止 ▶制止する (止める) v. impedir*; (前進させない) v. detener*, refrenar (a la multitud). → 止(²)める.

せいし 生死 (生と死) f. vida y f. muerte. ▶生死にかかわる問題 m. asunto [f. cuestión] de vida o muerte. ▶生死の境をさまよう v. estar* entre la vida y la muerte. ▶彼は生死不明だ No se sabe si está vivo o muerto.

せいし 製糸 (紡績) f. fabricación de hilados; f. hilandería; (生糸の巻き取り) m. devanado del filamento「del capullo [de la seda]. ▶製糸業 f. industria de hilados, f. industria de la seda. ▶製糸業者 mf. fabricante de seda.

せいし 精子 m.(f.) esperma, 《フォーマル》m. espermatozoide. ▶精子銀行 m. banco de esperma.

***せいじ 政治** f. política; (統治, 行政) m. gobierno; f. administración. ▶政治的な adj. político. ▶政治的に adv. políticamente. ▶政治に無関心である v. ser*「indiferente a la política [《フォーマル》apolítico]. ▶政治 (=国家) をつかさどる v. administrar asuntos de estado. ▶政治を論じる v.「hablar de [discutir sobre] política. ◆政治には国民の意見が大切だ La opinión pública es importante en la política.

1《~政治》▶¹官僚 [²議会; ³民主]政治 m. gobierno ¹burocrático [²parlamentario; ³democrático]. ▶政党 [²地方]政治 f. política ¹de partidos [²local]. ▶金権政治 f. política del dinero, (教養語) f. plutocracia.

2《政治(の)+名詞》▶政治家 →政治家. ▶政治意識 f. conciencia política. ▶政治運動 m. movimiento político, f. campaña política. ▶政治改革 f. reforma política. ▶政治学 fpl. ciencias políticas, f. politología. ▶政治学者 mf. politólog*o/a*. ▶政治活動 fpl. actividades políticas. ▶政治機構 f. estructura política. ▶政治献金 f. donación [f. contribución] con fines políticos. ▶政治資金規制法 f. Ley del Control de la Financiación Política. ▶政治情勢 f. situación política. ▶政治団体 f. organización política. ▶政治犯 mf. criminal [mf. delincuente] político/ca; (囚人) mf. pres*o/sa* polític*o/ca*. ▶政治力 f. influencia política 《sobre, en》. ▶政治倫理 f. ética política. ▶政治問題 (解決が必要な) f. cuestión política; (争点としての) m. tema político. ▶政治的手腕 f. habilidad política. ▶両国間の問題は政治的決着を見た Los problemas entre los dos países fueron solucionados por la vía política. ◆政治の貧困は大きな社会問題である La falta de ingeniosidad política es un gran problema social. ◆彼は何の政治的意見も持たない No tiene ninguna opinión política.

セイシェル Seychelles (☆インド洋の国, 首都ビクトリア Victoria).

せいじか 政治家 *mf.* político/ca; (肯定的な意味で) *mf.* estadista. ▶政治家になる *v.* meterse en la política, hacerse* político/ca.

*__せいしき__ 正式 ▶正式の[な](形式にかなった) *adj.* formal; (正規の) *adj.* reglamentario; (公式の) *adj.* oficial; (合法的な) *adj.* legal; (適切な) *adj.* apropiado, debido. ▶正式の決定 *f.* decisión formal [oficial]. ▶正式の手続きを踏む *v.* cumplir las formalidades debidas, hacer* los trámites reglamentarios. ▶ナイフとフォークの正式な使い方 *m.* manejo debido del cuchillo y tenedor.

―― 正式に *adv.* formalmente; regularmente; oficialmente; legalmente; reglamentariamente; debidamente. ▶正式に結婚している *v.* estar* casado legalmente [oficialmente]. ▶正式に訪問する *v.* hacer* una visita oficial 《a》. ♦彼は正式に大統領出馬を表明し Anunció formalmente su candidatura a las elecciones presidenciales. ♦彼は入国を正式に認められた Fue admitido oficialmente al país.

*__せいしつ__ 性質 ❶【人の】(生まれつきの) *f.* naturaleza, 《口語》*m.* natural; (性格) *m.* carácter, *f.* personalidad. → 性格. ♦彼の性質はやさしい Tiene una naturaleza apacible. / Es de un natural apacible. ♦彼は¹陽気な[²すぐかっとなる; ³神経質な]性質だ Tiene un carácter [¹alegre [²colérico; ³nervioso]. ♦彼女は他人の悪口の言えない性質だ No「es propio de su carácter [《口語》va con ella] criticar a los demás. / 《フォーマル》No es una persona con disposición de criticar al prójimo.

❷【物の】(本来の) *f.* naturaleza; (固有の) *f.* propiedad. ▶原子の性質 *f.* naturaleza del átomo. ▶さびない性質の金属 *m.* metal con propiedades antioxidantes [inoxidables]. ♦私は仕事の性質上よく海外へ行く La naturaleza de mi trabajo exige viajar con frecuencia al extranjero. / Debido a la naturaleza de mi trabajo, viajo frecuentemente al extranjero. ♦砂糖には水に溶ける性質がある El azúcar「tiene la propiedad de disolverse en agua [es hidrosoluble]. ☞質, 性

*__せいじつ__ 誠実 (言行一致) *f.* sinceridad; (正直) *f.* honradez; 《教養語》*f.* veracidad. ▶誠実な *adj.* sincero; (うそ偽りのない) *adj.* veraz. ▶芸術家としての誠実さ《フォーマル》*f.* integridad artística. ▶誠実な人 *f.* persona honrada. ▶誠実に生きる *v.* llevar una vida honrada, vivir honradamente [con honradez]. ▶誠実に義務[職務]を果たす *v.* cumplir fielmente [de buena fe] con el deber. ♦彼女は誠実さに欠ける No tiene sinceridad. ♦彼は生徒に対して誠実に対処する Es sincero con sus alumnos. ♦彼は恋人に対して誠実ではなかった No era sincero [《教養語》veraz] con su novia.

せいじゃ 正邪 lo bueno y lo malo. → 善し悪し.

せいじょう 723

せいじゃ 聖者 *m.* santo.

せいじゃく 静寂 *m.* silencio, 《フォーマル》*f.* quietud. → 静か. ▶静寂な *adj.* silencioso, callado, acallado, 《フォーマル》*f.* quietud de un bosque. ▶静寂を破る *v.* romper* el silencio, 《フォーマル》alterar la quietud. ♦嵐が過ぎると森に静寂が訪れた Después de la tormenta, el silencio invadió el bosque.

ぜいじゃく 脆弱 ▶脆弱な (体質的に) *adj.* débil, endeble, frágil, quebradizo; (精神的に) *adj.* vulnerable. ▶脆弱性 *f.* debilidad, 《教養語》*f.* vulnerabilidad.

ぜいしゅう 税収 *mpl.* ingresos tributarios.

せいしゅく 静粛 *m.* silencio. ▶静粛な *adj.* silencioso, callado; (声を出さない) *adj.* quieto. → 静か. ▶静粛にする *v.* mantener* el silencio. ♦演奏中の部屋は静粛そのものだった Durante la actuación, en la sala reinaba el silencio. ♦静粛に願います ¡Silencio, por favor! / Se ruega silencio. ♦議長は「静粛に」と言った El presidente llamó al comité al orden.

せいじゅく 成熟 *f.* madurez, 《フォーマル》*f.* sazón. ▶成熟した (動植物・果物などが) *adj.* maduro; (果物などが) *adj.* maduro, 《フォーマル》en sazón; (人が) *adj.* adulto. ▶成熟したリンゴ *fpl.* manzanas maduras. ▶成熟する *v.* madurar, sazonarse.

*__せいしゅん__ 青春 (時代) *f.* juventud. ♦私の青春も過ぎ去った Ya he pasado la juventud. / Ya no soy joven. ♦彼は青春のまっただ中にいる Está en plena juventud. ♦彼は青春時代に多くの経験をした De joven tuvo muchas experiencias. / Tuvo muchas experiencias en su juventud.

せいじゅん 清純 (清らかさ) *f.* pureza. ▶清純な *adj.* puro. ▶清純(無垢(く))な乙女 *f.* joven pura [inocente].

*__せいしょ__ 聖書 *f.* (Santa) Biblia. ▶¹新 [²旧] 約聖書 *m.* ¹Nuevo [²Antiguo] Testamento. ▶聖書の文句 *f.* expresión bíblica. ▶聖書に誓う *v.* jurar sobre la Biblia. ♦彼は聖書を1冊持っている Tiene una biblia. ♦聖書にはそう書いてある Lo dice la Biblia. / La Biblia dice eso.

せいしょ 清書 *f.* copia limpia. ▶清書する *v.* sacar* [hacer*] una copia limpia.

せいしょう 斉唱 ▶斉唱する *v.* cantar「al unísono [a coro].

せいじょう 正常 *f.* normalidad; (正気) *f.* cordura. ▶正常な *adj.* normal. ▶正常化 *f.* normalización. ▶正常運転 *m.* funcionamiento normal. ▶正常な行動 *m.* comportamiento normal. ▶正常に作動する *v.* trabajar con normalidad. ♦外交関係を正常化する *v.* normalizar* las relaciones diplomáticas 《entre, con》. ♦列車の運行は正常に戻った Los servicios ferroviarios han vuelto a la normalidad. ♦思春期の若者が親の権威にいどむのは正常である Es normal que el adolescente desafíe la autoridad de los padres. ♦彼が正常であることは疑いない Su cordura está fuera de

せいじょう 政情 ▶ラテンアメリカの政情に通じている v. conocer* bien la situación política de América Latina. ▶日本の政情を安定させる v. estabilizar* la situación política de Japón.

せいじょう 清浄 f. limpieza, f. pureza. ▶清浄な空気 m. aire limpio [puro]. ▶空気清浄器 m. purificador [m. depurador] de aire.

せいじょうたい 星状体 《専門語》 m. cuerpo asteroide.

せいしょうねん 青少年 f. juventud, mpl. jóvenes, f. gente joven. → 青年. ▶青少年非行 f. delincuencia juvenil.

せいしょく 生殖 (繁殖) f. reproducción, f. multiplicación; (発生) f. generación, m. engendramiento; (出産)《教養語》 f. procreación. ▶生殖器《専門語》 mpl. órganos de la reproducción; mpl. (órganos) genitales. ▶生殖器官《専門語》 m. órgano genital. ▶生殖細胞《専門語》 f. célula reproductiva [generativa]. ▶生殖腺《専門語》 f. glándula genital. ▶生殖する v. reproducirse*.

せいしょく 聖職 (神聖な職業) f. profesión sagrada, 《フォーマル》 m. ministerio sagrado; (天職) f. vocación (religiosa). ▶聖職者 (=牧師) m. clérigo, 《フォーマル》 m. eclesiástico. → 牧師. ▶聖職につく (=牧師になる) v. ordenarse de sacerdote, 《フォーマル》 tomar las órdenes sagradas.

・せいしん 精神 (心) m. espíritu; (知力) f. mente; (魂) f. alma; (意志) f. voluntad; (注意力) f. atención; (精神状態) f. mentalidad. → 心.

1《～(の)精神》▶憲法の精神を尊重する v. respetar el espíritu de la Constitución. ▶独立の精神に富んでいる v. tener* mucho espíritu independiente.

2《精神～》▶精神安定剤 m. tranquilizante. ▶精神異常 f. aberración mental. ▶精神運動発作《専門語》 f. convulsión psicomotora. ▶精神科医 mf. psiquiatra. ▶精神鑑定 f. examen psiquiátrico [mental]. ▶5歳の精神年齢をしている v. tener* una edad mental de cinco años. ▶精神異常をきたしている v. estar* demente [enfermo mentalmente], padecer* demencia 《フォーマル》 enfermedad mental. ▶精神障害《専門語》 m. trastorno mental. ▶精神症状《専門語》 f. psiconeurosis. ▶精神¹修養 [²鍛練] をする ¹cultivar [²entrenar] la mente. ▶精神遅滞《専門語》 f. retraso mental. ▶精神病 f. enfermedad mental, 《専門語》 f. psicosis. ▶精神病, 精神薄弱, 精神分析. ▶精神分裂病 → 統合失調症. ▶器質性精神障害《専門語》 m. trastorno mental orgánico (TMO). ▶器質性精神症候群《専門語》 m. síndrome orgánico cerebral. ▶器質精神病《専門語》 f. psicosis orgánica. ♦その学生はその科目を修了するだけの精神力がなかった Al estudiante le faltaba fuerza [concentración] mental para terminar el curso. ♦それは精神衛生上悪い Eso perjudica tu salud mental.

3《精神が》▶健全なる肉体に健全なる精神(が宿る) →健全な.

4《精神を》♦彼はその仕事に全精神を打ち込んだ Puso「cuerpo y alma [los cinco sentidos] en el trabajo. / (全身全霊を) Se entregó en cuerpo y alma al trabajo. ♦もっと勉強に精神を集中しなさい Concéntrate en tus estudios. ♦彼は精神を入れ替えた (=改心して生活を一新した) Empezó una nueva vida. ♦ 《口語》《言い回し》Hizo borrón y cuenta nueva.

—— **精神的(な)** adj. espiritual; (道徳的な) adj. moral; (感情的な) adj. emocional. ▶精神的指導者 m. líder espiritual. ▶精神的成長 m. desarrollo mental. ▶精神的な生活を送る v. llevar una vida espiritual. ▶精神的疲労で苦しむ v. padecer* fatiga mental. ▶精神的ショックを受ける v. sentir* un choque emocional. ▶精神的動揺を静める v. reprimir un trastorno emocional. ▶精神的勝利を得る v. ganar una victoria moral.

—— **精神的に** adv. espiritualmente; mentalmente, moralmente; emocionalmente. ▶精神的に支援する v. apoyar (a + 人) moralmente, dar* (a + 人) apoyo moral. ♦彼女は肉体的にも精神的にも疲れきっている Está físicamente y mentalmente agotada.

☐ 心, 神[真]髄, 魂.

せいしん 清新 ▶清新な adj. nuevo, fresco. → 新しい, 新鮮な.

せいじん 成人 mf. adulto/ta, 《口語》 mf. mayor. → 大人. ▶成人映画 f. película para adultos [mayores]. ▶成人教育 f. educación de adultos. ▶成人式 f. ceremonia de mayoría de edad. → 成人の日. ▶成人病 f. enfermedad de adultos. ▶成人する v. llegar* a la mayoría de edad; (大人になる) v. hacerse* mayor [adulto]. ♦彼は成人して偉大な学者になった De mayor llegó a ser un gran erudito. ♦彼には成人した娘が二人いる Tiene dos hijas mayores (de edad).

せいじん 聖人 m. santo/ta. ▶聖人にふさわしい生涯 f. vida santa. ▶聖人ぶる v. hacerse* el/la santo/ta, 《口語》 ser* una mosquita muerta.

せいしんせいい 誠心誠意 (真心を込めて) adv. sinceramente, 《口語》 con [de] todo el corazón. ▶誠心誠意その件に当たる v. tratar un asunto sinceramente, (最善を尽くす) v. hacer* lo mejor posible para tratar un asunto.

せいじんのひ 成人の日 m. Día de la Mayoría de Edad.

せいしんはくじゃく 精神薄弱 m. retraso [f. debilidad] mental, 《フォーマル》 f. deficiencia mental; (人) mf. retrasado/da [mf. atrasado/da] mental. ▶精神薄弱児 mf. niño/ña mentalmente atrasado/da.

せいしんびょう 精神病 f. enfermedad mental [《フォーマル》 psíquica]; 《専門語》 f. psicosis. ▶精神病患者 mf. paciente mental. ▶精神病院 m. manicomio, 《フォーマル》 m. sanatorio psiquiátrico.

せいしんぶんせき 精神分析 m. psicoanálisis.

▶精神分析医 *mf.* psicoanalista.

せいず 製図 (設計図などの下書き) *m.* borrador de diseño; (図を引くこと) *m.* dibujo; (地図の) *f.* cartografía. ▶製図家 *m.* dibujante, *mf.* diseñador/dora, *mf.* delineante; (地図の) *mf.* cartógrafo/fa. ▶製図器械 *m.* instrumento de dibujo. ▶製図板 *f.* tabla de dibujar, *m.* tablero de dibujo. ▶製図機 *f.* máquina para dibujo. ▶製図する *v.* hacer* [《フォーマル》delinear, trazar*] un plano.

せいず 星図 *f.* carta de estrellas.

せいすい 盛衰 *m.* ascenso y *f.* caída, *f.* subida y *m.* ocaso, *m.* apogeo y *f.* decadencia; (人生の) *mpl.* altibajos, *fpl.* peripecias (de la vida). ▶ローマ帝国の盛衰「*m.* ascenso y *f.* caída *m.* grandeza y *f.* decadencia] del Imperio Romano.

せいずい 精髄 ▶文学の精髄 (=真髄) *f.* esencia [《強調して》*f.* quintaesencia] de la literatura. → 本質.

せいする 制する (抑える) *v.* reprimir, sofocar*; (支配する) *v.* controlar, dominar. ▶暴動を制する *v.* reprimir una revuelta. ▶過半数を制する *v.* conseguir* [《フォーマル》obtener*] la mayoría.

せいせい 精製 *f.* refinación, *m.* refinado. ▶石油精製所 *f.* refinería de petróleo. ▶ [1]原油 [2]砂糖] を精製する *v.* refinar el [1]petróleo crudo [2]azúcar].

せいせい 清々 ▶清々する (嬉しい) *v.* alegrarse; (ほっとする) *v.* sentir* alivio, sentirse* aliviado. ▶彼がやっといなくなって清々した ¡Qué bien que se ha ido! / Me alegro de que se haya ido por fin. ▶試験が全部終わって清々した Ahora que todos los exámenes han acabado, me siento aliviado.

せいぜい 精々 ❶【できるだけ】▶せいぜいがんばる *v.* trabajar lo más posible; (せいぜい努力する) *v.* hacer* el máximo esfuerzo 《para》; (最善を尽くす) *v.* hacer* lo más posible [que se pueda] 《para》. 《会話》景色のいい道でよかったよ —きれいね, あなた. せいぜい楽しまなくっちゃ ¡Qué bien que tomamos la ruta paisajística! – ¡Qué hermoso! ¿verdad? Vamos a disfrutarla lo más posible.

❷【たかだか】(よくみても) *adv.* en el mejor de los casos; (多くて) *adv.* como mucho, como máximo, a lo sumo, a lo más; (長くても) lo más [máximo]. ▶せいぜい十日 *mpl.* diez días「como mucho [lo máximo]. ▶せいぜい去年の半分しかできないだろう En el mejor de los casos podremos hacer sólo la mitad del año pasado. ▶彼はせいぜい15歳くらいだ Tiene unos quince años como mucho. / No tiene más de quince años. ▶彼の知恵もせいぜいそのくらいだろう Es「el sumo de la sabiduría [《フォーマル》la sabiduría encarnada].

☞ そこそこ, たかだか

ぜいせい 税制 *m.* sistema fiscal [tributario], 《教養語》*m.* régimen impositivo. ▶税制改革 *f.* reforma fiscal.

ぜいぜい ▶ぜいぜいいう *v.* respirar con dificultad, resollar*. ▶彼は冬になるとぜいぜいいい始める En el invierno empieza a respirar con dificultad.

せいせいどうどう 正々堂々 (公明正大に) *adv.* justamente, cara a cara, con limpieza, limpiamente; (反則をしない) *adv.* sin faltas, limpio, deportivamente. ▶正々堂々と戦うことを誓います Prometemos jugar deportiva y limpiamente.

・**せいせき** 成績 (試験などの結果) *m.* resultado; (評価) *f.* calificación, *f.* nota, *f.* puntuación; (成績記録) *f.* certificación académica, *m.* documento de calificación académica. ▶成績表 *f.* lista de notas [《フォーマル》calificaciones]. ▶《学業》成績証明書 *m.* certificado académico [de calificaciones].

1《成績が[は]》《会話》きのうの試験の成績が発表された—どうだった Ayer「anunciaron los resultados del examen [《口語》me dieron las notas]. -¿Y qué tal? ▶私の理科の成績は不可だった Saqué un suspenso en ciencias. ▶今学期私の成績が[1]上がった [2]下がった] Este semestre mis notas han [1]mejorado [2]bajado]. ▶彼女は学校の成績がいい Está sacando buenas notas. / Su rendimiento escolar está siendo bueno. ▶会社の成績 (=業績) は良好だ《口語》La empresa está teniendo buenos resultados. / A la compañía le está yendo bien. ▶当社の販売成績は落ちてきた「Nuestro índice de ventas ha [Nuestras ventas han] venido bajando.

2《成績を》▶生徒の成績をつける *v.* calificar* a los estudiantes. ▶われわれは期待したような成績をあげられなかった No pudimos conseguir los resultados esperados. ▶私は試験にいい成績をとった Saqué una buena nota en el examen. ▶よい成績で試験に受かった Aprobé el examen con muy buenas notas. ▶彼はスペイン語で90点の成績をとった En el examen de español sacó 90 puntos (sobre cien). → 点. ▶彼はテニスの試合で3セット対2セットの成績で勝った Ganó el partido de tenis por (el resultado de) 3-2 (tres (a) dos).

せいせん 精選 (慎重に選ぶこと) *f.* cuidadosa selección. ▶材料を精選する *v.* 「escoger* atentamente [《フォーマル》seleccionar cuidadosamente] los materiales. ▶精選した収集美術品 *f.* colección de objetos de arte cuidadosamente seleccionados. ▶果物の精選品 (=最上等の果物)《フォーマル》*fpl.* frutas seleccionadas [de la mejor calidad, de calidad superior].

せいせん 性腺 ▶性腺機能低下症《専門語》*m.* hipogonadismo. ▶性腺形成不全《専門語》*f.* disgenesia gonadal.

せいぜん 整然 ▶整然とした (整とんされた) *adj.* limpio, arreglado; (秩序ある) *adj.* ordenado, en orden. → 整理する. ▶整然とした部屋 *m.* cuarto ordenado [arreglado]. ▶整然と一列に並ぶ *v.* alinearse ordenadamente [en orden].

せいせんしょくひん 生鮮食品 (新鮮な食品) *mpl.* alimentos frescos; (傷みやすい食品)

mpl. alimentos perecederos.

せいそ 清楚 清楚な (きちんとしていて清潔な) *adj.* limpio y arreglado. ▶清楚な身なりをしている *v.* ir* [estar*] bien vestido.

せいそう 正装 *m.* vestido de etiqueta [gala, ceremonia], *f.* ropa formal. ▶正装して *adv.* con vestido de etiqueta [gala]. ▶正装する *v.* vestirse* de etiqueta; (状態) 《教養語》estar* ataviado 〈con, de〉. ◆正装無用〖案内状などで〗Sin vestido de etiqueta.

せいそう 盛装 ▶盛装している *adv.* con vestido de fiesta, con ropa de gala; *adj.* 《口語》endomingado. → 着飾る.

せいそう 清掃 *f.* limpieza. ▶清掃する *v.* limpiar. ▶清掃車 (=ごみを集める車) *m.* camión de la basura. ▶清掃人 *mf.* barrendero/ra, *mf.* limpiador/dora, *mf.* basurero/ra. ▶家の清掃をする *v.* limpiar [hacer* limpieza de] la casa. ▶道路を清掃する *v.* limpiar la calle; (ほうきなどで掃いて) *v.* barrer la calle.

せいそう 政争 *f.* cuestión [*f.* disputa] política. ▶税制改革を政争の具にする *v.* hacer* de la reforma fiscal una cuestión política.

せいそう 精巣 《専門語》*m.* testículo. ▶精巣炎 《専門語》*f.* orquitis. ▶停留精巣 《専門語》*f.* criptorquidia.

せいぞう 製造 (大規模な) *f.* fabricación, *f.* manufactura; (生産) *f.* producción. → 生産. ▶製造工業 *f.* industria「de fabricación [manufacturera]. ▶製造品 *mpl.* productos, artículos manufacturados. ▶¹自動車 [²武器]の製造 *f.* fabricación de ¹automóviles [²armas]. ◆彼は靴の製造に従事している Se dedica a la fabricación de zapatos. /(靴の製造業者だ)Es un fabricante de zapatos.

—— **製造する** (原材料から大規模に) *v.* fabricar*; (商品を大量に) *v.* producir*; (作る) *v.* hacer*. ◆多くの会社が海外で商品を製造し始めた Numerosas empresas han empezado a fabricar artículos en el extranjero. ◆あの工場は月１万台のテレビを製造している「Esa fábrica produce [En esa planta se fabrican] 10.000 televisores al mes.

せいそうけん 成層圏 *f.* estratosfera. ▶成層圏飛行 *m.* vuelo estratosférico. ▶(ロケットが)成層圏を突破する *v.* traspasar la estratosfera.

せいそく 生息 ▶生息動物 *m.* habitante, *m.* poblador. ▶トラの生息地 *m.* hábitat del tigre. ◆トラがこの森に生息している En「este bosque [esta selva] habitan [viven] tigres.

せいぞろい 勢揃い ▶勢揃いする (=整列する) *v.* alinearse, ponerse* en fila; (集合する) *v.* congregarse*, reunirse*; (一般に多くの人が集まる) *v.* juntarse.

***せいぞん 生存** *f.* existencia; (生命) *f.* vida; (生き残ること) *f.* supervivencia, *f.* subsistencia. ▶適者生存 *f.* supervivencia de los mejor adaptados. ▶生存権 *m.* derecho a la vida. ▶動物の世界での生存競争 *f.* lucha por la existencia (vital) del mundo animal. ◆あの状況下では彼の生存は疑問だった Bajo esas circunstancias su supervivencia era dudosa. ◆その事故の生存者は一人だけだった Sólo sobrevivió una persona al accidente. / En el accidente sólo hubo un superviviente.

—— **生存する** *v.* existir; (生きる) *v.* vivir; (なんとかして生き続ける) *v.* subsistir; (生き残る) *v.* sobrevivir. ◆人間は空気がないと生存できない No podemos subsistir sin aire.

せいたい 声帯 《専門語》*fpl.* cuerdas vocales. ▶声帯模写 (フォーマル) *f.* imitación vocal [de (su) voz]. ▶声帯模写をする *v.* imitar [《口語》remedar] su voz. ◆彼は声帯を痛めた Se hizo daño en las cuerdas vocales.

せいたい 生態 (生物と環境との関係) *f.* ecología; (生活様式) *m.* estilo [*f.* forma] de vida. ▶生態学 *f.* ecología. ▶生態学者 *mf.* ecólogo/ga, *mf.* ecologista. ▶生態系 *m.* ecosistema, *m.* sistema ecológico. ▶ライオンの生態 *f.* vida [*mpl.* hábitos] de los leones.

せいたい 政体 *f.* forma de gobierno; (政権) *m.* régimen. ▶立憲政体 [立憲制] *m.* gobierno institucional. ▶新しい政体のもとで *adv.* bajo el nuevo régimen.

せいたい 生体 *m.* cuerpo vivo. ▶生体解剖 《専門語》*f.* vivisección. ▶カエルを生体解剖する *v.* viviseccionar una rana, hacer* la vivisección de una rana.

せいだい 盛大 盛大な (堂々とした) *adj.* grandioso, (フォーマル) pomposo; (繁栄した) *adj.* próspero, floreciente; (大成功の) *adv.* con éxito, 〖ラ米〗exitoso. ◆彼に盛大な拍手を送る *v.* aplaudirlo[le] mucho. ◆盛大な送別会が昨夜行なわれた Le hicieron [《教養語》dispensaron] una fiesta de despedida grandiosa anoche. ◆その会合は盛大だった (=大成功だった) La reunión fue un éxito. / (出席者が多かった)Hubo muchos asistentes a la reunión. /《フォーマル》La reunión contó con un nutrido público.

***ぜいたく 贅沢** *m.* lujo, 《フォーマル》*f.* suntuosidad; (過度の) *m.* despilfarro, *m.* derroche. ◆ペルシャじゅうたんはぜいたく品だ Las alfombras persas son un lujo. ◆うちの車はぜいたく品ではなくて必需品です Nuestro coche no es un lujo sino una necesidad. ◆彼は食べ物にはぜいたくしている (=食べ物に金を気前よく遣う) Gasta demasiado en comida. /《フォーマル》Es pródigo en gastar dinero en alimentos. ◆君はぜいたくを言いすぎる (=求め[期待し]すぎる) Pides demasiado. /《口語》Déjate de lujos.

1《ぜいたくな》 ▶ぜいたくな (物が豪華な, 人がぜいたく好みの) *adj.* lujoso, de lujo; (金遣いの荒い) *adj.* derrochador, 《フォーマル》pródigo; (物が高価な) *adj.* caro, costoso. ▶ぜいたくな毛皮のコート *m.* abrigo de piel de lujo, *m.* lujoso abrigo de piel. ▶ぜいたくなパーティー *f.* fiesta desmesurada [de mucho lujo]. ◆一等で旅行してとてもぜいたくな気分だった Me sentí un viajero de lujo en primera clase.

2《ぜいたくに》 ▶ぜいたくに暮らす *v.* vivir「con lujo [en medio de lujos], llevar una vida lujosa [de lujo]. ▶ダイヤをぜいたくにあしらったブローチ *m.* broche con muchos diamantes ☞奢り, 豪勢

せいだす 精出す v. trabajar mucho; (...に努力する) v. esforzarse*, afanarse [en, por]; (...に専心従事する) v. aplicarse* 《a》, dedicarse* 《a》. ▶精出して (=勤勉に) adv. con diligencia.

せいたん 生誕 m. nacimiento, 《フォーマル》m. natalicio. ▶森鷗外生誕百年祭 m. centenario del nacimiento [《フォーマル》natalicio] de Mori Ogai.

せいち 生地 m. lugar natal [de nacimiento].

せいち 聖地 (聖なる地) f. tierra santa, m. lugar sagrado; (パレスチナの別称) f. Tierra Santa, mpl. Santos Lugares. ▶聖地に巡礼する v. hacer* 「una peregrinación [un peregrinaje]」a「los lugares sagrados [la Tierra Santa].

せいち 整地 ▶整地する (土地を) v. nivelar [allanar]「el terreno [la tierra, el suelo]; (土壌を) v. preparar el suelo. ▶建築のために整地する v. nivelar el terreno para la construcción.

せいちゅう 成虫 m. imago.

* **せいちょう** 成[生]長 m. crecimiento.

1《~成長》▶1経済 [2高度]成長 m. crecimiento [1]económico [2]elevado]. ▶産業の成長 m. crecimiento [m. desarrollo] de las industrias.

2《成長＋名詞》▶成長株 (株) f. acción con futuro; (人) f. persona「con futuro [con porvenir, que promete]. ▶成長産業 f. industria en crecimiento. ▶成長ホルモン f. hormona de crecimiento. ▶成長率 m. índice [f. tasa] de crecimiento.

3《成長が》◆子供は成長がとても早い Los niños crecen muy aprisa.

4《成長を》◆彼女は子供の成長を楽しみにしている A ella le contenta [causa placer] ver crecer a su hijo. ◆この薬はがん細胞の成長を1止める [2促進する] Esta medicina [1]detiene [2]acelera] el crecimiento de las células cancerosas. ◆この会社はここ10年間で急成長をとげた Esta empresa ha experimentado un rápido crecimiento en los últimos diez años.

— 成長する (育つ) v. crecer*; (大人になる) v. hacerse* mayor; (発展する) v. desarrollarse. ◆彼は成長する (につれて親に反抗するようになった Cuando se fue haciendo mayor, se rebelaba contra sus padres. ◆彼は成長して立派な若者になった Creció hasta hacerse todo un hombre. → 育つ. ◆その国は急成長 (=発展) している Ese país「está creciendo [se está desarrollando]」rápidamente.

せいちょう 整腸 ▶整腸作用がある v. ser* eficaz contra la indigestión intestinal.

せいちょう 清聴 ▶ご清聴ありがとうございました Muchas gracias por su amable atención.

* **せいつう** 精通 ▶精通する (親しくよく知っている) v. conocer* bien; (扱い慣れている) v. estar* acostumbrado a manejar. ◆彼は法律に精通している Conoce bien el Derecho. / Está perfectamente al tanto del Derecho. / (専

門家である) Es un experto en Derecho.

せいと 明るい, 詳しい 727

せいてい 制定 (法律などの)《専門語》f. promulgación; (制度・法などの) m. establecimiento, f. legislación. ▶新しい税法を制定する v. legislar una nueva ley fiscal.

せいてき 性的(な) adj. sexual. ◆性的[1]倒錯 [2]興奮; [3]いやがらせ] [1]f. perversión [[2]f. excitación; [3] m. acoso] sexual. ◆彼女には性的魅力がある Es muy atractiva sexualmente. / Es muy erótica [《英語》《口語》 "sexy"].

せいてき 静的(な) adj. estático.

せいてき 政敵 mf. rival [《フォーマル》mf. opositor/tora, mf. adversario/ria] político/ca.

せいてつ 製鉄 f. siderurgia. ▶製鉄会社 f. (empresa) siderúrgica. ▶製鉄所 f. fábrica siderúrgica. ▶製鉄業 f. industria siderúrgica.

せいてん 晴天 m. buen tiempo, m. tiempo despejado (con sol) ▶晴れ, (晴れた空) m. cielo despejado [sin nubes]. ▶晴天のもとで adv. bajo un cielo despejado [soleado]. ▶晴天続き mpl. (tener) varios días de buen tiempo. ◆本日は晴[青]天なり(マイクテストで) Uno, dos, tres... probando, probando.

せいてん 青天 m. cielo azul. ◆彼の辞職は青天の霹靂(へきれき)であった Su dimisión fue「como un rayo en un cielo azul [un acontecimiento imprevisto]. ◆彼は青天白日の身となった (=無罪が証明された) Su inocencia ha sido probada. / (容疑が晴れた) Se disipó la sospecha sobre él.

せいてん 聖典 (神聖な本) m. libro sagrado; (経典) fpl. escritura(s); (聖書) fpl. Sagradas Escrituras; la Biblia; (イスラム教の教典) m. El Corán, m. Alcorán.

せいてんかん 性転換 m. cambio de sexo. ▶性転換手術 f. operación de cambio de sexo.

せいでんき 静電気 f. electricidad estática. ◆ナイロンの下着はよく静電気を起こす La ropa interior de nilón causa a menudo descargas de electricidad estática.

** **せいと** 生徒 mf. alumno/na, mf. estudiante. → 学生, 児童. ◆このクラスの[1]男子 [2]女子]生徒 [1] mpl. alumnos [[2] fpl. alumnas] de esta clase. ▶全校生徒 m. alumnado, todos los alumnos. ▶生徒会 f. asociación de alumnos. ▶生徒総会 f. junta estudiantil [de alumnos]. ▶生徒指導 f. guía [f. disciplina] [1] escolar. ◆その学校の生徒数は千人です Esa escuela tiene 1.000 alumnos.

せいと 成都 →チョントゥー

* **せいど** 制度 (組織的な) m. sistema; (慣習的な) f. institución, m. régimen. ▶制度化する v. institucionalizar; sistematizar*. ▶教育制度 m. sistema educativo [educacional]. ▶結婚制度 f. institución del matrimonio. ▶制度を[1]設ける [[2]採用する; [3]廃止する] v. [1]establecer* [[2]adoptar; [3]abolir] un siste-

ma. ▶現行の制度では *adv.* con el sistema actual. ▶養子縁組みは重要な社会制度になりつつある El prohijamiento se está convirtiendo en una importante institución social.

せいとう 正当(性) *f.* justicia; (議論などの) *f.* validez. ▶正当防衛で *adv.* en defensa propia [legítima]. ♦彼が言ったことの正当性は明らかだった La justicia de lo que dijo era evidente. / Sus palabras estaban claramente justificadas [fundadas].

── 正当な *adj.* justo; justific*ado*; (道徳・規範上の) *adj.* correcto; (理にかなった) *adj.* razonable; (適切な) *adj.* debido; (公平な) *adj.* justo; (合法な) *adj.* legítimo; legal, de derecho. ▶正当な要求 *f.* demanda justa [justificada]. ▶正当な手段で *adv.* por medios legítimos. ▶正当な権利 *m.* derecho legítimo [legal]. ▶正当な(=十分な)理由なしに *adv.* sin razones justificadas [suficientes, fundadas]. ♦彼がその事故の責任を問われたのは正当なことだ Fue justamente culpado del accidente. / Está justificado que le culparan del accidente.

── 正当に *adv.* justamente, justificadamente, con justicia, razonablemente, con razón, debidamente; legítimamente, con derecho. ♦彼らは1私, [2その問題]を正当に取り扱った (=評価した) [1]Me hicieron [[2]Trataron el tema con] justicia.

── 正当化する *v.* justificar*. ▶自ら (=自分の行為) を正当化する *v.* justificarse*. ♦目的は手段を正当化しない El fin no justifica los medios. ☞正規, 妥当

せいとう 政党 *m.* partido político. → 党. ▶政党内閣 *m.* gabinete de partido. ▶政党政治 *m.* gobierno [*f.* política] de partidos. ♦スペインには二大政党がある En España hay dos principales partidos políticos.

せいとう 正統 (世間に正しいと認められているもの) 《教養語》*f.* ortodoxia; (正当な血筋の) *f.* legitimidad. ▶正統(派)の *adj.* 《教養語》ortodoxo; legítimo. ▶正統学派 *f.* escuela ortodoxa. ▶正統派の人 *mf.* ortodox*o/xa*. ▶正統派の経済理論 *fpl.* teorías económicas ortodoxas. ▶正統な王位継承者 *mf.* hereder*o/ra* legítim*o/ma* al trono.

せいとう 製糖 ▶製糖業 *f.* industria azucarera. ▶製糖会社 *f.* compañía azucarera.

せいどう 聖堂 ❶《キリスト教の》*f.* iglesia, *m.* templo cristiano; 《大聖堂》*f.* basílica, *f.* catedral. ▶サンピエトロ大聖堂 *f.* Basílica de San Pedro.

❷《孔子の》*m.* santuario confuciano.

せいどう 青銅 *m.* bronce. ▶青銅時代 *f.* Edad de Bronce. ▶青銅の像 [2個] [1] *f.* estatua [[2] *m.* escudo] de bronce.

せいとく 生得 ▶生得の *adj.* innato, de nacimiento, 《教養語》ingénito. ▶生得の才能 *m.* talento innato [natural].

せいどく 精読 *f.* lectura cuidadosa. ▶精読する *v.* leer(lo)* cuidadosamente.

*__せいとん__ 整頓 *m.* orden, *m.* arreglo.

── 整頓する (きれいに片付ける) *v.* ordenar, poner* en orden; (きちんとする) *v.* arreglar, 《口語》poner* bien. → 整理する. ▶整頓された部屋 *m.* cuarto ordenado [arreglado]. ▶整頓されていない部屋 *m.* cuarto desordenado. ♦彼女は母親が来る前に部屋を整頓した Ordenó el cuarto antes de que llegara su madre. ♦彼は自分の机をきちんと整頓している Mantiene su mesa limpia y ordenada.
☞後始末, 片付ける

せいなん 西南 *m.* suroeste, *m.* sudoeste, *m.* S.O. → 東, 北西.

ぜいにく 贅肉 *f.* gordura, *fpl.* carnes, 《口語》 *f.* grasa. ▶ぜい肉がつく *v.* engordar (más de lo necesario). ▶ぜい肉を落とす *v.* quitar la grasa innecesaria.

せいねい 西寧 → シーニン

*__せいねん__ 青年 *mf.* joven, 《口語》*mf.* chic*o/ca*, *mf.* moz*o/za*; (集合) *f.* juventud, *f.* gente joven, *mpl.* jóvenes, 《口語》*mpl.* chicos. → 若者. ▶青年実業家 *m.* joven empresario. ▶前途有望な青年 *m.* joven「con futuro [prometedor]. ▶青年男女 *f.* juventud de ambos sexos. ▶今日の青年 《フォーマル》*f.* juventud actual, *mpl.* jóvenes de hoy. ♦彼は青年時代をブラジルで過ごした Pasó su juventud en Brasil.

せいねん 成年 (大人になる年) *f.* mayoría de edad; (法律上の) *m.* mayor (de edad), *m.* adulto. ♦彼は成年に達している [[2]いない] [1]Es [[2]No es] mayor de edad. ♦彼は成年に達した Ha llegado a la mayoría de edad. → 未成年.

せいねんかいがいきょうりょくたい 青年海外協力隊 →JOCV.

せいねんがっぴ 生年月日 *f.* fecha de nacimiento. 《会話》生年月日はいつですか－1987年7月9日です ¿Cuál es su fecha de nacimiento? [¿Cuándo nació usted?] – El 9 de julio de 1987.

せいのう 性能 (作業能力) *m.* rendimiento; (能力) *f.* potencia; (効率) *f.* eficacia; *f.* eficiencia. ▶高性能の機械 *f.* máquina de alto rendimiento; (強力な) *adj.* potente; (質のよい) *adj.* de alta calidad. ☞コンピューターの性能を高める *v.* aumentar「el rendimiento [la capacidad] del ordenador.

せいのう 精嚢 《専門語》*f.* vesícula seminal.

せいは 制覇 (征服) *f.* conquista; (支配) *m.* dominio, *m.* señorío. ▶世界を制覇する *v.* conquistar [enseñorear] el mundo. ♦彼女は世界のテニス界を制覇した (=世界選手権を獲得した) Conquistó el campeonato mundial de tenis.

せいはい 成敗 (刑罰) *m.* castigo; (裁き) *m.* juicio. ♦けんか両成敗だ (=双方とも悪い) En una pelea los dos tienen la culpa. /《言い回し》Dos no pelean si uno no quiere.

せいばつ 征伐 (征服) *f.* conquista, *f.* subyugación. ▶敵を征伐する *v.* someter [《教養語》subyugar*] al enemigo.

せいはつりょう 整髪料 (油・ポマードなどの毛髪用薬品) *mpl.* productos capilares [para el cabello]; (ヘアリキッド) *f.* loción capilar.

せいはんたい 正反対 lo contrario [opuesto], 《教養語》f. antítesis, 《口語》m. revés. ▶正反対の(位置・行動・意味などが) adj. opuesto, inverso, 《教養語》antitético; (面・順序・方向などが) adj. opuesto, contrario, inverso. ▶正反対の方向に行く v. ir* en dirección opuesta. ♦「暑い」は「寒い」の正反対で"Caliente" es「lo contrario [《教養語》el antónimo] de "frío". ♦彼らの性格はまったく正反対だ「Son caracteres [Tienen los caracteres] completamente opuestos.

せいひ 成否 m. éxito o m. fracaso; (結果) m. resultado. ▶成否にかかわらず adv. 「sin importar el [ajeno al] resultado. ♦成否はわれわれの努力次第だ El éxito o fracaso depende de nuestro esfuerzo. ♦成否は五分五分です Las posibilidades de éxito o fracaso están igualadas.

せいび 整備 (道路などの保全・維持) m. mantenimiento, f. conservación; (改善, 改良) f. mejora. ▶道路の整備 m. mantenimiento [f. conservación] de carreteras. ▶環境整備 f. mejora del medio ambiente. ▶整備員 m. empleado/da de mantenimiento; (自動車などの) mf. mecánico. ▶整備工場(自動車などの) f. estación de servicio.
—— **整備する** (修理する) v. arreglar, reparar; (販売後，車・電気製品などを修理点検する) v. hacer* el mantenimiento 《de》; (エンジンなどを) v. reglar, afinar (motores). ▶自動車を整備する v. mantener* [conservar] bien un automóvil. ▶野球場を整備する v. mantener* en buen estado el terreno de béisbol; (手入れをする) v. conservar bien el terreno de béisbol. ♦エンジンはよく整備されていた El motor estaba bien mantenido [reglado].

せいひょう 製氷 (大規模に) f. fabricación de hielo. ▶製氷¹会社 [²工場] ¹ f. compañía [² f. fábrica] de hielo. ▶製氷皿(冷蔵庫の) m. platillo de cubitos de hielo.

せいびょう 性病 《専門語》f. enfermedad venérea.

せいひれい 正比例 f. proporción directa. → 反比例. ♦AはBに正比例する A está en proporción directa a [con] B.

****せいひん 製品** m. producto; (商品) m. artículo, f. mercancía. ▶工業製品 mpl. productos industriales. ▶日本製品 mpl. productos japoneses. ▶外国製品 mpl. productos extranjeros, (輸入品) mpl. artículos importados [de importación]. ▶新製品 m. nuevo producto; (新型商品) f. nueva línea de productos. ▶電器製品 mpl. electrodomésticos, mpl. artefactos [mpl. aparatos] eléctricos. ♦この会社の製品は売れ行きがよい Los productos de esta empresa se venden bien.

せいひん 清貧 ▶清貧に甘んじる v. contentarse con una vida de honrada pobreza.

****せいふ 政府** m. gobierno, m. estado, f. administración; (内閣) m. gabinete. → 内閣. ♦政府は増税した El gobierno ha aumentado los impuestos.

1《～政府》▶現政府 m. actual gobierno. ▶中央政府 m. gobierno del Estado. ▶州政府 m. gobierno estatal [メキシコ] federal, [スペイン] autonómico. ▶¹日本 [²アルゼンチン]政府 m. gobierno ¹japonés [²argentino].

2《政府＋名詞》▶政府高官 m. alto funcionario del gobierno. ▶政府筋 fpl. fuentes del gobierno, mpl. círculos gubernamentales. ▶政府当局 fpl. autoridades gubernamentales [del gobierno]. ▶政府機関 m. organismo del gobierno. ▶政府軍の兵士 mpl. soldados del gobierno. ▶政府開発援助 f. asistencia oficial para el desarrollo (AOD).

3《政府を》▶新政府を作る v. formar un nuevo gobierno. ▶政府を倒す v. derrocar* (a) un gobierno.

せいぶ 西部 m. occidente, m. oeste; (西の地方) f. parte occidental. → 南部. ▶西部劇 f. película del oeste.

せいふく 征服 f. conquista. ▶征服者 m. conquistador.
—— **征服する** v. conquistar. ♦エルナン・コルテスは1521年にメキシコを征服した Hernán Cortés conquistó México en 1521. ♦彼は冬のエベレストを征服した Conquistó la cima del Everest en invierno. / (登頂に成功した)Consiguió alcanzar la cumbre del Monte Everest en invierno.
☞ 制覇, 征伐, 退治; 従える, 席捲する

せいふく 制服 (軍隊・警察などの) m. uniforme; (学校の) m. uniforme escolar. ▶警官は通例は制服を着ている Los agentes de la policía suelen llevar [ir de] uniforme. ♦日本の学校は制服を着て学校に通う En Japón generalmente se va a la escuela con [de] uniforme.

****せいぶつ 生物** (生き物) m. ser vivo [viviente, animado]; m. organismo; (動物) m. animal; (科目) f. biología. ▶生物室 f. sala de biología. ▶生物・化学兵器 fpl. armas químicas y biológicas. ▶火星に生物はまだ見つかっていない No se ha hallado vida en Marte.

せいぶつ 静物 【芸術】 m. bodegón. ▶静物画 m. bodegón, f. naturaleza muerta. ▶静物画をかく v. pintar un bodegón.

せいぶつがく 生物学 f. biología. ▶生物学者 mf. biólogo/ga. ▶生物学(上)の, 生物学的な adj. biológico. ▶生物学的に adv. biológicamente.

せいふん 製粉 f. molienda de la harina. ▶製粉機[所] m. molino (de harina). ▶製粉する v. moler*. ▶トウモロコシを製粉して(＝ひいて)あら粉にする v. moler* maíz.

せいぶん 成分 (混合物の材料) m. ingrediente; (複合物の(不可欠な)) m. componente, 《フォーマル》m. constitutivo. ▶アイスクリームの成分 mpl. ingredientes de un helado. ▶水素と酸素は水の成分だ El hidrógeno y el oxígeno son los componentes del agua. ♦この石の成分は何(＝何でできているか) ¿De qué está compuesta esta roca?

せいへき 性癖 (癖) m. hábito, f. costumbre;

730 せいべつ

(性向) f. tendencia. ▶批判する性癖がある v. tener* la costumbre [tendencia] de criticar*.

せいべつ 性別 m. sexo; (性の区別) f. distinción de sexo. ▶年齢や性別に関係なく adv. sin importar la edad o el sexo. ▶申込用紙に性別を示す v. indicar* el sexo en el impreso de solicitud.

せいへん 政変 m. cambio político [de gobierno]; (クーデター) m. golpe de Estado; (革命) f. revolución. ♦政変が起こるかもしれない Puede ocurrir un cambio político.

せいぼ 歳暮 "seibo", (説明的に) m. regalo de fin de año. → お中元. ♦お歳暮にスペインワインを贈る v. dar* (a + 人) una botella de vino español como regalo de fin de año.

せいぼ 聖母 f. Nuestra Señora, f. Madre de Dios. ▶聖母マリア f. Virgen María, f. Santísima Virgen.

せいぼ 生母 f. madre verdadera [biológica].

せいほう 西方 m. oeste. → 東方. ▶西方の風 m. viento del oeste. ▶この市の西方に adv. en el oeste de esta ciudad. ▶西方へ急ぐ v. apresurarse en dirección oeste.

せいほう 製法 m. sistema [m. proceso] de fabricación; (作り方) f. forma [m. modo] de hacer.

せいぼう 制帽 (学校の) f. gorra [m. gorro] de colegio; (一般の) f. gorra reglamentaria [oficial]. ▶制服制帽の警官 mf. policía uniformado/da [en uniforme].

せいぼう 声望 ▶声望が高い v. tener* (buena) fama, ser* muy popular 《entre》.

ぜいほう 税法 f. ley fiscal [《フォーマル》 impositiva].

せいほうけい 正方形 m. cuadrado. → 四角.

せいほく 西北 m. noroeste. → 東, 北西.

せいほん 製本 f. encuadernación. ▶製本屋 m. encuadernador. ▶製本所[工場] m. taller de encuadernación. ▶製本する v. encuadernar. ▶3巻を1巻に製本する v. encuadernar tres tomos en uno. ♦その本は今製本中です El libro está 「ahora en encuadernación [siendo encuadernado]. → 装丁(※).

せいみつ 精密 f. precisión, exactitud.
—— 精密な (正確な) adj. preciso; (寸分たがわぬ) adj. exacto; (徹底的な) adj. completo, 《フォーマル》 exhaustivo; (細部に留意した) adj. minucioso; (詳細な) adj. detallado. ▶精密機械 f. máquina precisa, m. instrumento de precisión. ▶精密な測定 f. medición exacta [precisa]. ▶精密な調査をする v. hacer* [《フォーマル》 someter a] un examen minucioso, examinar minuciosamente. ♦その患者は精密検査を受けた El paciente recibió 「un chequeo completo [una revisión médica minuciosa].

せいむ 政務 mpl. asuntos oficiales [de estado]. ▶政務を執る v. administrar asuntos de estado. ▶政務次官 m. viceministro parlamentario. ▶政務調査会 m. consejo de investigación de asuntos políticos.

ぜいむしょ 税務署 f. oficina de impuestos. ▶税務署員 (収税吏) mf. recaudador/dora de impuestos (contribuciones) (事務員) mf. funcionario/ria de la oficina de impuestos. ▶税務署長 mf. supervisor/sora de la oficina de impuestos.

・**せいめい** 生命 ❶【人命】f. vida. → 命.
 1《生命(の)+名詞》 ▶生命の起源 m. origen de la vida. ▶生命線 f. línea vital; (手相の) f. línea de la vida. ▶生命保険 m. seguro de vida. ▶生命力 f. fuerza vital; (活力) f. vitalidad.
 2《生命が[は]》 ▶地球以外に生命が存在するとは思わない No creo que exista [haya] vida fuera de la Tierra. ♦ボクサーの選手生命(＝ボクサーとしての生涯)は短い La carrera de un boxeador es breve. ♦その事故で10人の生命が失われた Diez personas perdieron la vida en el accidente. / Ese accidente costó la vida a diez personas.
 3《生命の》 ▶生命の危険を冒す v. arriesgar* la vida. ♦そのとき私は生命の危険を感じた En ese momento sentí que mi vida estaba en peligro.
 4《生命に》 ▶生命にかかわる(＝致命的な)傷 f. herida fatal [mortal].
 5《生命を》 ▶生命を奪う v. quitar 《a + 人》 la vida; (殺す) v. matar. ♦彼はその贈収賄事件で政治生命を失った Ese escándalo de corrupción puso fin a su vida política.
 ❷【物事の精髄】f. esencia, f. vida; (核心) f. alma. ▶時計の生命は正確さにある La precisión es el alma de un reloj. ▶民主主義の生命は個人の自由にある La libertad individual es la esencia de la democracia.
 ☞ 寿命, 生存

せいめい 姓名 ▶氏名. ▶姓名判断 (説明的に) f. adivinación a partir de las letras de un nombre.

せいめい 声明 f. declaración; (コミュニケ) 《フォーマル》 m. comunicado. ▶1共同 [2公式] 声明 f. declaración 1conjunta [2oficial]. ▶声明を発表する v. 「hacer* una declaración [《フォーマル》 emitir un comunicado] 《sobre》.
—— 声明する v. declarar, 《フォーマル》 manifestar*, anunciar. → 発表する, 表明する. ♦われわれはその法案に1賛成 [2反対]を声明した Nos declaramos en 1pro [2contra] del proyecto de ley. / 《フォーマル》 Manifestamos nuestra 1conformidad con el [2oposición al] proyecto de ley.

せいもん 正門 f. puerta [f. entrada] principal. → 門.

せいもん 声門 (専門語) f. glotis.

せいや 聖夜 f. noche sagrada [santa].

せいやく 製薬 f. fabricación de medicamentos (medicinas, 《フォーマル》 fármacos); (製薬術) f. farmacia. ▶製薬会社 f. compañía farmacéutica.

せいやく 制約 (人・行為などを制限すること) f. restricción, f. limitación; (行為などの限定・制限) f. limitación, f. restricción; (条件) f.

condición. ▶制約する v. limitar, restringir*. ▶厳しい制約を受ける [2受けている] v. ¹restringirse* rigurosamente [²estar* bajo rigurosas restricciones]. ▶政治活動を制約する v. limitar [poner* restricciones a] las actividades políticas. ♦この国には輸入に関する多くの制約がある Hay muchas limitaciones a la importación en este país. ♦この契約には何の制約もつけません En este contrato no pongo ninguna condición [limitación]. ♦私は時間に制約されてそれをしなければならない Tengo que hacerlo「dentro del límite de tiempo [en el plazo] que me han dado.

せいやく 誓約 *m.* juramento; (神にかけての)《フォーマル》*m.* voto. ▶誓約書 *m.* juramento escrito. ▶誓約を¹守る [²破る] *v.* ¹cumplir [²romper*] un juramento. ▶誓約する *v.* hacer* un juramento [《フォーマル》voto], jurar.

せいゆ 精油 *m.* refinado de petróleo [aceite]. ▶精油業者 *m.* refinador de petróleo [aceite]. ▶精油所 *f.* refinería de petróleo [aceite].

せいゆう 声優 (ラジオの) *m.* radio actor, *f.* radio actriz; (吹き替えの) *mf.* dobla*dor/dora*; (ナレーションだけの) *mf.* narra*dor/dora* (invisible).

*せいよう 西洋 *m.* Occidente; (西洋諸国) *mpl.* países occidentales. ▶西洋の *adj.* occidental. ▶西洋化 *f.* occidentalización. ▶西洋思想 *fpl.* ideas occidentales. ▶西洋人 *mf.* occidental. ▶西洋風 *m.* estilo occidental. ▶西洋風の家 *f.* casa「de estilo occidental [a la occidental]. ▶西洋文明 *f.* civilización occidental. ▶西洋料理 *f.* comida occidental; (料理法) *f.* gastronomía occidental. ♦日本は明治維新後急速に西洋化した Japón se occidentalizó rápidamente a raíz de la Restauración de Meiji. ♦彼は西洋かぶれしている Es un admirador de lo occidental.

せいよう 静養 (休息) *m.* descanso, 《フォーマル》 *m.* reposo; (骨休め) *f.* relajación; (病後の) *f.* recuperación, 《フォーマル》 *f.* convalecencia. → 保養. ▶静養する *v.* descansar, tomar un descanso, 《フォーマル》 reposar, relajarse, recuperarse. ▶静養のために *adv.* para descansar; (健康のために) *adv.* por la salud. ▶静養して体力を回復する v. descansar y recuperar fuerzas.

せいよく 性欲 *m.* deseo sexual, *m.* apetito carnal [sexual], 《教養語》 *f.* concupiscencia; (欲情) *f.* lujuria. ▶性欲が強い *v.* tener* un fuerte deseo sexual. ▶性欲を¹起こさせる [²抑える] *v.* ¹provocar* [²controlar] el deseo sexual.

せいらい 生来 ♦彼は生来(=生まれながらの)臆(おく)病者だ Es cobarde por naturaleza. / Es de natural cobarde. ♦彼は生来の外国人ぎらいである Tiene un odio innato hacia los extranjeros. / Es xenófobo de nacimiento.

*せいり 整理 ▶整理券 *m.* billete [《ラ米》 *m.* boleto] numerado. ▶整理だんす *f.* cómoda. ▶ (書類などの)整理箱 *m.* archivador. ▶整理番号 *m.* número de referencia. ▶交通整理をする *v.* dirigir* [controlar] el tráfico.

── 整理する ❶【きちんとする】 (場所を) *v.* arreglar; (物を) *v.* poner* [colocar*] en orden, ordenar; (きれいに片付ける) *v.* limpiar; (整とんしておく) *v.* mantener* limp*io*; (きちんと並べる) *v.* ordenar; (分類する) *v.* clasificar*. ▶部屋を整理する v. ordenar un cuarto. ▶本棚に本をきちんと整理する v. ordenar los libros en los estantes. ▶書類を整理する v. clasificar* los papeles. ♦彼の部屋はいつもきれいに整理されて(=整然として)いる Su cuarto está siempre limpio y ordenado [arreglado].

❷【不必要なものを除く】 ▶古着を整理する v. deshacer* [tirar] la ropa vieja. ▶人員を整理する (=減らす) *v.* reducir* 「la plantilla [el personal].

《その他の表現》 ▶帳簿を整理¹する [²しておく] *v.* ¹poner* [²mantener*] en orden 「las cuentas [la contabilidad]. ▶負債を整理する (=完済する) *v.* liquidar [saldar] una deuda. ▶考えを整理する v. poner* en orden las ideas.

せいり 生理 ❶【生物の体の働き】 *f.* fisiología. ▶生理学 *f.* fisiología. ▶生理学者 *mf.* fisiólogo/ga. ▶生理的変化 [現象] ¹ *mpl.* cambios [² *mpl.* fenómenos] fisiológicos. ▶生理的 (=体の)要求を満たす v. satisfacer* las necesidades del cuerpo.

❷【月経】《専門語》 *f.* menstruación, 《口語》 *f.* regla, 《口語》 *m.* período. ▶生理痛 *fpl.* molestias de la regla, 《フォーマル》 *fpl.* dolores menstruales. ▶生理休暇 *m.* permiso [*m.* descanso] por menstruación. ▶生理用品 *f.* compresa higiénica, *m.* paño higiénico. ▶生理がきちんとありますか ¿Tiene usted la menstruación regularmente? ♦彼女は今生理だ 《口語》 Está con la regla. / Tiene「el período [la menstruación].

せいりし 税理士 *m.* contable fiscal titulado, *mf.* asesor/sora fiscal.

せいりつ 成立 (発生) *m.* nacimiento; (形成) *f.* formación; (条約などの締結) *f.* conclusión; (実現) *f.* realización. ▶古代文明の成立 *m.* nacimiento de una antigua civilización. ▶条約の成立 *f.* conclusión de un tratado.

── 成立する ❶【出来る】 (生まれる) *v.* establecerse*; (形成される) *v.* formarse, 《フォーマル》 constituirse*; (組織される) *v.* organizarse*; (設立される) *v.* instituirse*, 《フォーマル》 instaurarse. ♦委員会は成立した Se ha formado [《フォーマル》 constituido] un comité. ♦国際連合は1945年に成立した Las Naciones Unidas se establecieron en 1945.

❷【まとまる】 (取り決められる) *v.* acordarse*; (条約などが締結される) *v.* firmarse, 《フォーマル》 concluirse*; (実現する) *v.* realizarse*. ▶協定が成立する v. llegar* a un acuerdo 「de, para). ♦田中氏と新井嬢の縁談が成立した Se ha acordado el matrimonio entre el Sr. Tanaka y la Srta. Arai. ♦両国間で条約が成立した Se ha firmado un tratado entre los dos países. ♦予算案が国会で成立した (=国会

ぜいりつ

を通過した) El presupuesto [proyecto del presupuesto] fue aprobado por la Dieta. ◆商談が[1]成立した [[2]しなかった] Sus conversaciones comerciales [1]tuvieron éxito [[2]fracasaron].
❸【存立する】→成り立つ. ◆そんな言い訳は成立しないよ Una excusa así no sirve.
❹【構成されている】v. consistir 《en》, estar* compuesto 《de》. →成り立つ.

ぜいりつ 税率 f. tasa impositiva.

せいりゃく 政略 (政治上の戦術) fpl. tácticas políticas; (工作) f. maniobra política. ▶政略結婚 m. matrimonio político; (便宜上の結婚) m. matrimonio por [de] conveniencia.

せいりゅう 清流 f. corriente limpia.

せいりょう 声量 ▶声量がある v. tener* 「una voz potente [《口語》buenos pulmones].

せいりょういんりょう 清涼飲料 m. refresco, f. bebida no alcohólica; (気分がさわやかになる飲み物) f. bebida refrescante.

せいりょうざい 清涼剤 ◆彼女のちょっとした親切でさえこの腐敗した世の中では一服の清涼剤 (=気持ちを暖め元気うけるもの)であった En este mundo corrupto hasta una pequeña muestra de amabilidad suya era un consuelo.

＊せいりょく 勢力 m. poder; f. potencia; (力) f. fuerza; f. fortaleza; (影響力) f. influencia.
1《～(の)勢力》 ▶世界の２大勢力 (=大国) las dos potencias del mundo. ◆台風の勢力が[1]増した [[2]衰えた] La fuerza [intensidad] del tifón ha [1]aumentado [[2]disminuido].
2《勢力＋名詞》 ▶勢力争い f. lucha por el poder. ▶勢力範囲[圏] f. esfera de influencia. ▶勢力争いをする v. luchar por el poder*. ▶勢力下に adv. bajo (su) poder [influencia].
3《勢力は[が，の]》 ▶勢力がある v. tener* [《フォーマル》ejercer*] 「mucho poder [mucha influencia] (en ＋事・人). ▶勢力のある adj. poderoso; influyente. ▶勢力のない adj. impotente. ◆宮廷での彼の勢力はだれにも負けなかった Su influencia en la corte no tenía rival. / Nadie le hacía sombra en la corte.
4《勢力を》 ▶勢力を[1]振るう [[2]広げる] v. [1]ejercer* [[2]extender*] el poder*
☞勢い, 威力

せいりょく 精力 f. energía; m. vigor, f. vitalidad. ▶精力的な adj. enérgico; vigoroso. ▶精力的に adv. enérgicamente, vigorosamente. ▶精力家 m. hombre enérgico [de gran energía]. ▶精力のつく食物 mpl. alimentos energéticos. ▶精力が尽きる v. agotar la energía. ▶精力を発散させる v. descargar* la energía. ◆彼は宗教改革に全精力を注いだ Dedicó toda su energía a la reforma religiosa. ◆彼は精力旺(ｵｳ)盛なので３人分の仕事をこなせる Tiene tanta energía que puede hacer el trabajo de tres hombres. ◆彼はこの問題には精力的に私たちを支持していた Nos ha apoyado enérgicamente en este asunto.
☞活気, 元気, 根, 根気, 精, 精根; 活動, 活発,

盛ん, ダイナミック

せいれい 政令 (政府の命令) m. decreto ley; (内閣の命令) f. orden ministerial. ▶政令指定都市 f. ciudad designada por decreto ley.

せいれき 西暦 (キリスト紀元) f. era cristiana, f. era común; (キリスト紀元後) adv. después de Jesucristo. → 紀元. ◆彼は西暦15世紀前半 [250年] に死んだ Murió en [1]la primera mitad del siglo V [[2]el año 50] (de la era cristiana, después de Jesucristo).

せいれつ 整列 ▶整列する (縦または横１列に) v. alinearse, ponerse* en fila, estar* en fila. ▶彼らを整列させる v. alinearlos, ponerlos en fila. ◆全生徒が校舎の前に整列した Todos los alumnos se alinearon [pusieron en fila] delante de la escuela.

せいれん 精錬 m. refinado; f. fundición. ▶精錬する (金属を) v. refinar; (鉱石を) v. fundir. ▶精錬所 f. refinería; f. fundición. ▶精錬工場 f. planta refinadora.

せいれんけっぱく 清廉潔白 ▶清廉潔白な (=非の打ち所なく誠実な) 人 m. hombre "de absoluta integridad [《口語》íntegro de pies a cabeza, 《教養語》probo].

せいろん 正論 m. razonamiento justo [sólido]. ▶正論を述べる v. presentar [《教養語》aducir*] un sólido razonamiento.

ゼウス Zeus.

セーター m. suéter, m. jersey. ▶手編み [丸首] のセーター m. suéter tejido [1]a mano [[2]de cuello redondo]. ▶セーターを編む v. tejer un suéter.

地域差	セーター
[全般的に]	m. suéter
[スペイン]	m. jersey
[キューバ]	f. enguatada
[コロンビア]	m. buzo, m. saco de lana
[ペルー]	f. chompa
[アルゼンチン]	m. buzo, m. pulóver

セーヌがわ セーヌ川 el (río) Sena.

セーハ f. ceja (☆ギターなどで左人差し指で同一フレットの数本の弦を同時に押さえる動作).

セーフ m. seguro, (野球)(英語) m. "safe", m. quieto. ◆１塁はセーフだった El corredor estaba seguro en la primera base.

セーブ ▶金をセーブする (=倹約して) 使う v. gastar el dinero sin derrochar. ▶これからの仕事のために力をセーブする (=蓄えておく) v. ahorrar [guardar] energía para el trabajo de después.

セーブする →保存する.

セーラーふく セーラー服 (子供用の上下そろいの) m. traje de marinero; ((女子用の)ブラウス) f. blusa marinera; (上下) m. conjunto marinero, f. blusa y f. falda marinera.

セール (安売り) f. venta de saldo, f. liquidación; (大安売り) fpl. rebajas. → 特売.

セールスマン m. viajante, m. vendedor a domicilio. ◆保険のセールスマン m. vendedor [m. representante] de seguros.

せおう 背負う ❶【背中で担ぐ】v. llevar a [en, sobre] la espalda. ◆彼女は赤ちゃんを背負っていた Llevaba al bebé a la espalda.

❷【借金などを】♦彼はかなりの借金を背負っている Está lleno de deudas. /《口語》Está hasta el cuello de deudas.
❸【支える】♦彼は一家を背負っていた Mantenía a su familia. /(一家の大黒柱だった)Era el sostén [《口語》que ganaba el pan] de la familia.

せおよぎ 背泳ぎ f. (nadar de) espalda. → 背泳.

[地域差] **背泳ぎ**
〔全般的に〕m. estilo espalda
〔キューバ〕m. al revés
〔メキシコ〕m. dorso

セオリー f. teoría. ♦セオリーどおりならば[的には] adv. teóricamente, en teoría.

**せかい 世界 m. mundo, 《強調して》m. universo,《教養語》m. orbe; (地球) f. Tierra, m. globo.

1《〜(の)世界》♦1子供[2大人]の世界 m. mundo de los [1niños [2adultos]. ♦新世界 m. mundo nuevo; (南北米大陸) m. Nuevo Mundo. ♦1政治[2学問]の世界 m. mundo 1político [2académico]. ♦第三世界 m. Tercer Mundo. ♦今全世界(=世界中の人々)がその首脳会談に注目している Ahora「todo el mundo [el mundo entero] está prestando su atención a las conversaciones de la cumbre.

2《世界(の)+名詞》♦世界選手権大会 m. campeonato mundial [del mundo]; (サッカーの) m. (campeonato) mundial (de fútbol). ♦世界史 f. historia universal [del mundo]. ♦世界大戦 f. guerra mundial. ♦1第一次[2第二次]世界大戦 f. 1Primera [2Segunda] Guerra Mundial. ♦世界保健機構 f. Organización Mundial de la Salud,【略】la OMS. ♦世界の果てまで adv. hasta el fin del mundo. ♦世界平和を願う v. desear [rezar* por, orar por] la paz del mundo. ♦世界(新)記録を破る[2出す](又は[樹立する]) v. 1batir [2establecer*]「una marca mundial [un récord mundial]. ♦世界一周旅行をする v. hacer*「un viaje [una gira] alrededor del mundo. ♦その陸上競技大会には世界各国から選手が参加した Atletas de todo el mundo participaron en el Campeonato de Atletismo.

3《世界が[は]》♦世界は日ごとに狭くなりつつある El mundo es cada día más pequeño. ♦前途に新しい世界が開けた Se abrió un mundo nuevo ante mí.

4《世界に》♦彼は自分の世界に引きこもりがちだ Tiende [Tiene tendencia] a cerrarse en su mundo. ♦どこの世界に自分の子供がかわいくない者があろう ¿Hay alguien en el mundo que no ame a su propio hijo?

5《世界(中)を》♦彼は世界を股(ﾞ)に掛けている (=世界中を旅行している) Está「viajando por todo el [dando la vuelta al] mundo.

6《世界(中)で》♦世界で最も強い国 el país más poderoso del mundo.

── **世界的な[に]** (世界中に及ぶ) adj. mundial; (世界中で有名な) adj. de fama mundial, mundialmente famoso; (世界で一流の) adj. de prestigio mundial. ♦世界的な不景気 f. depresión mundial. ♦世界的な名声を得る v. ganar fama mundial. ♦カラヤンは世界的に有名な指揮者だった Karajan era un director de orquesta「de fama mundial [mundialmente famoso]. ⇨天下, 天地

せかす 急かす(急がせる) v. meter [dar*] prisa; (しきりに勧める) v.《フォーマル》apremiar; (強引に押し進める) v. empujar. ♦彼女をせかせて結婚させる v. meterle a ella prisa para que se case. ♦この問題はとても難しいから, 私をせかさないで Este problema es muy difícil; por eso, no me metas prisa.

せかせか(落ち着きのない) adj. inquieto; (忙しい) adj. ocupado, atareado. ♦せかせかする(=忙しくする) v. ocuparse (con). ♦せかせかした人 f. persona inquieta,『スペイン』《口語》m. culo de mal asiento. ♦せかせかした生活をする v. llevar una vida ocupada. ♦彼はいつもせかせかと(=急いで)部屋に入ってくる Siempre entra en las habitaciones con prisa. ♦私の母はよく台所でせかせかしている Mi madre frecuentemente anda「ocupada de acá para allá [《口語》trajinando] en la cocina.

せかっこう 背格好 ♦彼は背格好(=外見)が父親とそっくりだ Se parece mucho a su padre (físicamente). /(体格がよく似ている)Tiene una complexión muy parecida a la de su padre.

ぜがひでも 是が非でも(どんな犠牲を払っても) adv. a toda costa, cueste lo que cueste,《口語》(sea) como sea. → 是非. ♦この仕事はぜがひでも仕上げねばならない Tengo que acabar este trabajo「a toda costa [sea como sea].

せがむ(うるさく) v. importunar, pedir* con insistencia; (ねりくだって) v. suplicar*, rogar*. → ねだる. ♦「お話ししてよ」とその子はせがんだ "Cuéntame un cuento", pidió el niño.

セカンド(2塁)《野球》f. segunda base; (2塁手) mf. (jugador/dora de) segunda base.

・せき 席 ❶《座る場所》m. asiento. ♦ここ私の席なんですけど Me temo que está usted ocupando mi asiento.

1《席が[は]》♦コンサートの席がとれる v. conseguir* un asiento para el concierto. 会話 この席ふさがっていますか─いいえ, 空いていますよ. どうぞ ¿Está ocupado este asiento? /(誰かこの席に座っていますか)¿Hay alguien aquí sentado? ─ No, está libre. Siéntese usted.

2《席に》♦席につく v. ocupar [《フォーマル》tomar] asiento; (座る) v. sentarse*. ♦夕食の席につく v. sentarse* a cenar. ♦席に戻りなさい Vuelve a tu asiento. ♦彼は私の隣の席に座った Se sentó a mi lado. / Ocupó el asiento de al lado. ♦前の席には4人, 後ろの席には5人いた Había cuatro personas en el asiento de delante y cinco atrás.

3《席を》♦席を1離れる[2立つ] v. 1dejar [《フォーマル》1desocupar el; 2levantarse del] asiento. ♦席を取っておく v. guardar el asiento. ♦バスの中でおばあさんに席を譲る v. ceder el asiento a una anciana en el autobús. ♦席を替わっていただけませんか ¿No le importaría「cambiarme el asiento [que cambiáramos de asiento]? ♦試験の時間が終わるまで席を離れてはいけません Por favor,「permanezcan en sus asientos [sigan sentados] hasta que termine el período del examen. ♦もう少し席を詰めてください Por favor, hágase un poco más para allá. ♦《口語》Haga el favor de corrernos un poco. ♦彼は今席をはずしています En este momento no está. ♦席をはずしてくれませんか ¿Podría usted dejarnos solos? ♦ちょっと席をはずしてよろしいですか ¿Me permite un momento? / Con permiso.

❷【地位】*m.* puesto, *m.* cargo. ♦課長の席 *m.* puesto de jefe de sección. ♦会長の席は今空いている El cargo de presidente está ahora libre.

❸【場】→席上. ♦宴会の席で醜態を演じる *v.* tener* un comportamiento vergonzoso en un convite. ♦公の席ではこの事について話すな No hables de eso en público.

《その他の表現》♦席の暖まる暇がない (=たえず活動している) *v.* estar* siempre moviéndose, 《口語》no calentar* ninguna silla, andar* siempre de acá para allá.

せき 咳 *f.* tos. ♦咳をする *v.* toser. ♦咳止めドロップ *f.* pastilla para la tos. ♦しつこい咳 *f.* tos persistente. ♦咳払いをする *v.* aclararse la voz, carraspear. ♦私に警告の咳払いをする *v.* toserme como aviso. ♦咳をして魚の骨を吐き出す *v.* echar tosiendo una espina. ♦まだ微熱があるが咳は出なくなった Todavía tengo algo de fiebre, pero ya no toso [tengo tos]. ♦彼は一晩中ひどい咳をしていた Se pasó toda la noche tosiendo mucho. ♦彼は咳がひどい。たばこをやめるべきだ Tose mucho. Debería dejar el tabaco.

せき 籍 (戸籍) *m.* registro civil; (一員) *m.* miembro. ♦籍に[1]入れる[2]を抜く]*v.*[1]inscribirse* en el[2]borrar del] registro civil. ♦九州大学に籍をおいている *v.* estar* matriculado en la Universidad de Kyushu. ♦野球部に籍をおく *v.* pertenecer* al club de béisbol.

せき 堰 (ダム) *f.* presa; *m.* embalse; (小さなダム) *m.* dique. ♦川にせきを作る *v.* construir* una presa en [embalsar el agua de] un río.

-せき -石 ❶【時計の】♦21石の時計 *m.* reloj de 21 rubíes.

❷【ラジオの】♦6石ラジオ *m.* radio de 6 transistores.

せきえい 石英 *m.* cuarzo.

せきがいせん 赤外線 *mpl.* (rayos) infrarrojos. ♦赤外線カメラ *f.* cámara infrarroja. ♦赤外線写真 *f.* fotografía infrarroja.

せきがきゅうしょう 赤芽球症 《専門語》*f.* eritroblastosis.

せきこむ 咳込む ♦*v.* tener* un ataque [《フォーマル》acceso] de tos.

せきざい 石材 *f.* piedra.

せきじ 席次 (成績順位) *m.* orden de puestos, *f.* clasificación. ♦ぼくは席次が7番[1]上がった[2]下がった] He [1]ascendido [2]descendido] siete puestos en mi clase. ♦先学期クラスの席次は3番だった El pasado curso「quedé el tercero [ocupé el tercer puesto] en mi clase.

せきじゅうじ 赤十字 *f.* Cruz Roja; (公式名) *f.* Sociedad de la Cruz Roja Internacional. ♦日本赤十字社 *f.* Cruz Roja Japonesa. ♦赤十字病院 *m.* hospital de la Cruz Roja.

せきじゅん 席順 *m.* orden de asientos. ♦生徒の席順を決める *v.* decidir la asignación de asientos de los alumnos.

せきじょう 席上 ♦国際会議の席上で (=場で) *adv.* en [con ocasión de] la conferencia internacional.

せきずい 脊髄 《専門語》*f.* médula espinal. ♦脊髄炎《専門語》*f.* mielitis. ♦脊髄空洞症《専門語》*f.* siringomielia. ♦脊髄形成異常《専門語》*f.* mielodisplasia. ♦脊髄神経《専門語》*m.* nervio espinal [raquídeo]. ♦脊髄注射《専門語》*f.* inyección espinal [raquídea].

せきせつ 積雪 *f.* nieve; (積雪量) *f.* nevada. ♦積雪は3メートルぐらいです Hay unos tres metros de nieve. ♦すべての道路が積雪のため通行止めになった Todas las carreteras fueron bloqueadas por la fuerte nevada.

せきたてる せき立てる (せかせる) *v.* meter [dar*]《a + 人》prisa; (急がせる) *v.* hacer* 《a + 人》que se dé prisa → 急ぐ; (駆り立てる)《フォーマル》*v.* apremiar《a + 人》. ♦決心するようせき立てる *v.* apremiarle a que tome una decisión ⇨追い立てる, 催促

せきたん 石炭 (物質としての) *m.* carbón, *f.* hulla; (1個の) *m.* carbón. ♦燃えている石炭 *m.* carbón ardiendo. ♦石炭をたく *v.* quemar carbón. ♦ストーブに石炭をくべる *v.* meter carbón en la estufa. ♦石炭を掘る *v.* sacar* [excavar] carbón.

せきちゅう 脊柱 *f.* espina, 《専門語》*f.* columna vertebral.

せきつい 脊椎 (背骨) *f.* espina dorsal; (特に動物の) *m.* espinazo; (背柱)《専門語》*f.* columna vertebral; (脊椎の一つ) *f.* vértebra. ♦脊椎カリエス *f.* caries espinal [vertebral]. ♦脊椎炎《専門語》*f.* espondilitis. ♦脊椎関節症《専門語》*f.* espondiloartropatía. ♦脊椎症《専門語》*f.* espondilosis. ♦脊椎動物 *m.* (animal) vertebrado.

せきてい 石庭 "sekitei", 《説明的に》*m.* jardín tradicional japonés con rocas y arena cuidadosamente colocadas en representación de montañas y ríos.

セギディーリャ *f.* seguidilla (☆3拍子のスペインの舞踊; その曲).

せきどう 赤道 *m.* ecuador. ♦赤道を越える *v.* pasar [cruzar*] el ecuador. ♦赤道付近は大変暑い Cerca del ecuador hace mucho calor. ♦船は赤道直下に来ている El barco está justo en el ecuador.

せきどうぎにあ 赤道ギニア República de Guinea Ecuatorial (☆アフリカの国, 首都マラボ

Malabo).

せきとめる 塞き止める (ダムを作って) v. embalsar, represar, poner* un dique a (un río); (抑制する) v. frenar. ◆さくで人の流れをせき止める v. cerrar* el paso de la multitud con una barrera.

*__せきにん 責任__ f. responsabilidad 《de, por》; m. deber.

1 《～責任》◆ 共同責任 f. responsabilidad conjunta. ◆ 刑事責任 f. responsabilidad criminal [penal].

2 《責任＋名詞》◆ 彼は責任感が[1]強い [2]ない [1]Tiene un fuerte (=[2]No tiene) sentido de la responsabilidad. ◆[1]ここの [2]この店の]責任者はだれですか ¿Quién 「es el responsable [tiene la responsabilidad] [1]aquí [2]de esta tienda]?

3 《責任が[は]》◆ 責任はすべて私にある Yo tengo [《フォーマル》asumo] toda la responsabilidad. / その最終的な [2道義的な]責任は彼にある [1]La última responsabilidad [[2]La responsabilidad moral] de eso la tiene él. ◆会社側に責任がない La compañía no tiene ninguna responsabilidad por parte de la empresa. / No hay ninguna responsabilidad por parte de la empresa. ◆彼はこの借金を支払う責任がある Él tiene la responsabilidad de pagar esta deuda. / 「Él es el responsable [A él le corresponde] pagar esta deuda.

4 《責任の》◆ この責任の一端は私にもある Yo soy en parte responsable de esto. / La responsabilidad de lo sucedido es en parte mía. ◆彼は大変責任のある地位についている Tiene un cargo de mucha responsabilidad. ◆責任の所在 (=だれに責任があるか)が明らかでない No está claro quién es el responsable. / (どこに責任があるか)No se sabe bien 「dónde está [quién tiene la responsabilidad].

5 《責任に》◆ 彼はそれを自己の責任において行なった Lo hizo bajo su propia responsabilidad.

6 《責任を》◆ 子供に対する親の責任を[1]果たす [2]回避する] v. [1]cumplir con [2]evadir] la responsabilidad de padres. ◆あの火事の全責任を負った [取った] Tomó [《フォーマル》Asumió] toda la responsabilidad del incendio. ◆勘定は私が責任を持って払います Yo me encargo de la cuenta. ◆自分の言ったことに責任を持つべきだ Tienes que responsabilizarte [ser responsable] de [con] lo que has dicho. / (言ったことはすべきだ)Debes cumplir lo prometido. ◆彼はりっぱに自分の責任を果たした Cumplió con su deber [responsabilidad] magníficamente. ◆責任を人に転嫁してはいけない No hay que 「cargar la responsabilidad [pasar la responsabilidad, 《口語》pasar la pelota, 『スペイン』《口語》pasar la patata caliente] a los demás. ◆われわれはその事故に対する彼の責任を追求した Le 「acusamos de ser [hicimos] responsable del accidente. / (事故を彼のせいだとした)Le culpamos [《口語》echamos la culpa] del accidente. ◆何が

せきゆ **735**

起きても私はあなたに一切責任を負いません No 「me haré responsable [respondo] 「de nada que suceda [por lo que pueda ocurrir].

7 《責任だ》◆ 子供に行儀を教えるのも親の責任のうちだ「Sobre los padres recae la responsabilidad [Los padres tienen la obligación] de enseñar buenos modales a sus hijos. ◆遅れたのは私の責任ではない No tengo la culpa de haber llegado tarde.

☞所為, 責め

せきのやま 関の山 ◆試験は50点が関の山だ (=期待できる最高の点だ) Lo más que puedo esperar conseguir en el examen es un 50%. ◆彼の頭にはあの大学が関の山だ Para su capacidad, esa universidad es lo máximo a lo que puede aspirar.

せきはい 惜敗 ◆惜敗する (選挙などでわずかの差で負ける) v. perder* [ser* derrotado] 「por poco [《口語》por los pelos]; (試合で接戦の末負ける) v. perder* apuradamente.

せきばらい 咳払い ◆咳払いをする (注意・警告のため) v. toser, carraspear; (のどのつかえを取るため) v. aclararse la garganta. ◆彼は咳払いをしてから話し始めた Carraspeó y empezó a hablar.

せきはん 赤飯 《説明的に》m. arroz hervido con alubias rojas que suele comerse en festividades.

せきひ 石碑 ◆ゴメス氏を記念して[1]石碑 (=記念碑)[2]墓石 を建てる v. hacer* [《フォーマル》erigir*] [1]un monumento de piedra [2]una lápida] en memoria del Sr. Gómez.

せきひん 赤貧 ◆赤貧洗うがごとしである v. vivir en「extrema pobreza [《フォーマル》la más absoluta miseria], 《口語》ser* más pobre que una rata.

せきぶん 積分 f. integración; (積分学) m. cálculo integral. ◆積分する v. integrar.

せきむ 責務 (務め) m. deber; (責任を強く感じる務め) f. obligación. ◆責務を果たす v. cumplir con el deber.

せきめん 赤面 m. sonrojo, 《フォーマル》m. rubor. ◆恥ずかしくて赤面する v. sonrojarse [《口語》ponerse* colorado] de vergüenza. ◆冗談に赤面する v. ponerse* colorado por el chiste. ◆赤面させる v. hacer* (a + 人) sonrojar, 《口語》sacar* (a + 人) los colores.

せきめんちんちゃくしょう 石綿沈着症 《専門語》f. asbestosis.

*__せきゆ 石油__ m. petróleo; (灯油) m. queroseno, m. keroseno. ◆石油会社 f. compañía petrolera. ◆石油産業 f. industria petrolífera [petrolera]. ◆石油タンク m. tanque de petróleo. ◆石油化学 f. petroquímica. ◆石油化学コンビナート m. complejo petroquímico. ◆石油ストーブ f. estufa de queroseno [petróleo]. ◆石油危機 f. crisis petrolera. → オイルショック. ◆石油製品 mpl. productos basados en el petróleo. ◆石油資源を開発する v. explotar recursos petrolíferos. ◆石油輸出国機構 f. Organización de Países Expor-

tadores de Petróleo, 【略】la OPEP. ▶石油を掘り当てる v. descubrir* petróleo. ▶石油を精製する v. refinar petróleo. ▶石油を産出する v. producir* petróleo. ▶石油採掘のボーリングをする v. hacer* perforaciones en busca de petróleo. ▶莫大な量の埋蔵石油が海底に眠っている Bajo el suelo oceánico hay enormes yacimientos petrolíferos.

セキュリティー 《専門語》f. seguridad. ▶セキュリティー・モジュール《専門語》m. módulo de seguridad.

せきらら 赤裸々 ▶赤裸々な(=ありのままの)告白 f. confesión sincera [《強調して》desnuda]. ▶赤裸々な(=むきだしの)真相 f. verdad desnuda [《強調して》al desnudo]. ▶自分の過去を赤裸々に話す v. 「hablar sinceramente de [sincerarse sobre el] propio pasado.

せきらんうん 積乱雲 m. cumulonimbo; (入道雲) f. nube de tormenta.

せきり 赤痢《専門語》f. disentería. ▶細菌性赤痢《専門語》f. shigellosis. ▶赤痢菌《専門語》m. bacilo [m. germen] disentérico.

せきりょう 席料 (室代) m. alquiler de una sala; (レストランなどの) m. precio de mesa.

せく 急く (急ぐ) v. darse* prisa; (軽率に急いでやる) v. apresurarse, darse* prisa, 【ラ米】apurarse. ▶結論を急く v. sacar* conclusiones apresuradamente. ♦ そんなにせいてはいけない No tengas tanta prisa. / (焦っていらいらするな) No seas tan impaciente. / (そうむきになるな) Tranquilo. / Tómatelo con calma. ♦ せいて事を仕損じる《言い回し》La prisa es mala consejera. / 《ことわざ》A gran prisa, gran vagar. / 《ことわざ》Vísteme despacio que tengo prisa.

セクシー ▶セクシーな adj. 《英語》《口語》"sexy"; que tiene atractivo físico y sexual. ▶セクシーな¹女の子 [²ドレス] ¹f. chica [²f. ropa] atractiva [《口語》sexy, 《文語》voluptuosa].

セクシャルハラスメント m. acoso sexual. → セクハラ.

セクション f. sección.

セクト (政治的) f. facción; (宗教的) f. secta. ▶セクト主義 m. faccionalismo; m. sectarismo. ▶党内のセクト間(=派閥間)の抗争 f. lucha entre facciones en el partido.

セクハラ (性的嫌がらせ) m. acoso sexual. ▶言葉によるセクハラ m. acoso sexual verbal. ♦ この会社でも上司による女性の部下へのセクハラが何件かあった En esta empresa ha habido algunos casos de acoso sexual de los supervisores hacia las empleadas.

***せけん** 世間 (世の中) m. mundo; (現実社会) m. mundo real; (世の習い) mpl. usos del mundo; (人生) f. vida; (一般の人々) m. público; (人々) f. gente.

1《～世間》▶俗世間から離れて暮らす v. vivir aislado del mundo.

2《世間+名詞》▶世間一般の¹風潮 [²考え] ¹f. tendencia [²f. opinión] predominante. ▶世間ずれしている v. tener* 「mucho mundo [mucha experiencia, 《口語》muchas tablas], 《口語》haber* comido pan de muchos hornos. ▶世間体が¹よい [²悪い] v. ¹parecer* [²no parecer*] respetable. ▶世間体をつくろう v. guardar las apariencias. ▶世間話をする v. cotillear, 《口語》andar* de chismes; (一般に)(おしゃべりをする) v. charlar, 《口語》parlotear. ♦ 彼女は世間知らずだ No sabe nada「del mundo [《口語》de la vida]. / Le falta mucho mundo. / (経験不足だから) Le falta experiencia. / 《口語》Está verde.

3《世間は [が]》▶世間は(広いようで)狭いものですね ¡Qué mundo tan pequeño! [《口語》El mundo es un pañuelo.] ¿Verdad? ♦ 世間が何をいっても私は気にしない No me importa 「lo que diga la gente [el qué dirán]. ♦ 世間はとかくうるさいものだ La gente habla [dirá cosas, 《口語》contará chismes].

4《世間の》♦ 彼は世間のことをよく知っている Sabe mucho「del mundo [de la vida]. / 「Tiene mucho [Es un hombre de] mundo. →世間慣れた. ♦ その番組は世間の批判で放送中止にせざるを得なかった Las críticas de la gente acabaron con el programa.

5《世間に》▶世間に出る v. salir* al mundo, darse* a conocer*. ♦ 彼の名は世間にあまり知られていない La gente casi no conoce su nombre. / Es conocido poco por el público.

6《世間を》▶世間を¹避ける [²渡る] v. ¹vivir ajeno al [²arreglárselas en el] mundo. ▶世間を騒がす v. causar [producir*] sensación en el mundo; (恐怖に陥れる) v. causar [infundir] terror al mundo. ♦ あの人は頑固なので自分で世間を狭くしている(=交際範囲が狭い) Es una persona testaruda [cerrada] y por eso tiene pocos conocidos.

7《世間並みの[に]》; (普通の) adj. ordinario, corriente; (平均の) adj. normal, medio. ▶世間並みの暮らしをする v. llevar una vida normal [de nivel medio]. ♦ 彼は世間並みにいえば物分かりのいい人だ 「Pasa por [En opinión de la gente es] un hombre comprensivo.

《その他の表現》♦ 世間にはいろいろな人がいるものだ《言い回し》「Hay de todo [De todo hay] en la viña del Señor. ☞ 社会, 巷, 天下

せこう 施工 (建設) f. construcción. ▶施工する v. construir*, edificar*.

せこう 施行 (法律の) f. entrada en vigor. →施行(しこう).

セコハン ▶セコハンで(=中古で)車を買う v. comprar un coche de segunda mano.

セゴビア Segovia (☆スペインの都市).

セコンド (ボクシングの介添人) m. segundo, m. cuidador.

-せざるをえない –せざるを得ない ❶【…せずにはいられない】v. no tener* más remedio que 《+不定詞》. ❷【余儀なく…させられる】《フォーマル》 v. verse obligado a 《+不定詞》. →やむを得ず.
❸【…しなければならない】v. tener* que + 不定詞; (無人称文で) hay que + 不定詞. →ならない.

せじ 世事 fpl. cosas, mpl. asuntos del mundo, 《口語》lo que pasa en el mundo. ▶世

事にうとい v. no saber* nada de las cosas del mundo.

せしめる ▶彼の金をせしめる (=だまして取る) (大金を) v. estafarlo [le], (少額の金を) v. timarlo [le]; (ゆすって取る) v. 《フォーマル》extorsionarlo[le] [sacarlo[le]*] el dinero por la fuerza.

せしゅう 世襲 ▶世襲の adj. hereditario. ▶世襲財産 m. patrimonio; f. propiedad hereditaria. ▶天皇の地位は世襲制である La posición del emperador es hereditaria.

せじょう 世情 ▶世情 (=世間の複雑な事情) に通じている [うとい] v. ¹saber* mucho [²ser* ignorante] del mundo.

せすじ 背筋 (背骨) f. columna [f. espina] vertebral. ▶背筋を伸ばす v. enderezar* [estirar] la espalda, poner* la espalda derecha [recta]. ▶背筋を伸ばして座る v. estar* sentado con la espalda recta. ▶背筋が痛む v. tener* dolor de espalda. ▶彼は背が高く, 背筋もぴんとしていた Era alto y con la espalda recta. ♦背筋が寒くなった Sentí escalofríos por la espalda.

ゼスチャー m. gesto. → ジェスチャー.

-せずに prep. sin (＋不定詞); (…する代わりに) prep. en lugar [vez] de (＋不定詞).

ぜせい 是正 ▶誤りを是正する (=改める) v. corregir* [《フォーマル》rectificar*] un error. ▶貿易のひどい不均衡を是正する v. corregir* el grave desequilibrio comercial.

せせこましい ▶物の見方がせせこましい (=狭くて余裕がない) v. tener* una visión estrecha. ▶せせこましい (=狭っ苦しい, 息苦しい) 大都会を離れて暮らす v. vivir lejos de ⌈las estrecheces [la angustia] de la gran ciudad.

せせらぎ (小さな流れ) m. arroyo, m. arroyuelo. ▶せせらぎの音 m. murmullo de un arroyo.

せせらわらう せせら笑う (ばかにして笑う) v. ⌈reírse* burlonamente [burlarse, 《フォーマル》mofarse] 《de》.

せそう 世相 (社会情勢) fpl. condiciones sociales, f. actualidad social; (世間の様相) m. aspecto de la vida. ▶犯罪は現代のさまざまな世相を反映する Los delitos reflejan las condiciones sociales.

せぞく 世俗 ▶世俗 (=世間) にとらわれない v. mantenerse* apartado del mundo, 《言い回し》《口語》vivir lejos del mundanal ruido. ▶世俗 (=大衆) にこびる v. buscar* el aplauso del mundo, adular al público. ▶世俗的な人たち《フォーマル》f. gente mundana, 《フォーマル》m. mundo secular.

せたい 世帯 (同居人を含めた家族) f. familia, 《フォーマル》f. unidad familiar. ▶世帯主 m. cabeza de familia. ▶世帯数 m. número de familias. ▶2世帯用住宅 f. casa para dos familias.

せだい 世代 f. generación. ▶2世代前 adv. hace dos generaciones. ▶世代間の隔絶 f. diferencia generacional. ▶母の世代の人々 f. gente de la generación de mi madre. ▶この料理法は母から娘へ何世代にもわたって受け継がれてきた Esa receta ha pasado de madre a hija de generación en generación. ♦私たちはテレビ世代である Pertenecemos a la generación de la televisión. ♦若い世代の人々は適応力がある La nueva generación es flexible. ♦相撲界では世代交代が行なわれている En el "sumo" está teniendo lugar un cambio generacional.

せたけ 背丈 f. altura. → 身長.

セダン (automóvil) sedán.

せちがらい 世知辛い (無情な) adj. frío. ♦世知辛い世の中だ Es un mundo frío.

せつ 節 ❶ conj. cuando. → 時, 際. ♦その節はどうもありがとう Muchas gracias por lo del otro día.

❷ 〔文章など〕 (まとまりのある一部分) m. pasaje; (詩) m. estrofa; (章の下位区分) f. sección; (段落) m. párrafo. ▶1名詞 [²形容詞, ³副詞] 節 f. oración ¹nominal [²adjetival, ³adverbial]. ▶聖書の1節 un pasaje de la Biblia. ▶難しい節をテンポを落として弾く v. tocar* partes difíciles a un ritmo más lento. ♦金融情報は報告書の第7節に載っている En la sección 7 del informe hay información financiera. ♦6 ページの第2節を読みなさい Lean el segundo párrafo de la página 6.

❸〔節操〕mpl. principios. → 信念.

せつ 説 (意見) f. opinión, (見解) m. parecer, m. punto de vista; (学説)《フォーマル》f. teoría; (風評) m. rumor. ▶説 (=自説) を¹曲げる [²曲げない] v. ¹cambiar de [²mantenerse* en la] opinión. ▶説を¹唱える [²異にする] v. ¹estar* [²no estar*] de acuerdo 《con ＋人》. ▶新しい説 (=学説) を唱える v. presentar [《フォーマル》formular, proponer*] una nueva teoría. ♦(その点では)お説のとおりです Estoy de acuerdo con usted (sobre eso). ♦それに関してはいろいろな説がある Hay muchas opiniones diferentes sobre eso. ♦その盗難は内部の犯行との説がある ⌈Se dice [La gente dice, Corre el rumor, Se rumorea] que el robo se ha cometido desde dentro.

せつえい 設営 f. instalación, m. montaje. ▶中継局を設営する v. instalar una estación repetidora. ▶テントを設営する v. montar una tienda (de campaña).

ぜつえん 絶縁 ❶〔電気・熱などからの〕 m. aislamiento. ▶絶縁線 m. alambre aislante. ▶絶縁体 m. aislante, m. aislador. ▶絶縁テープ f. cinta aislante. ▶さおを絶縁体でおおう v. aislar* un poste.

❷〔縁を切ること〕▶彼女と絶縁する v. romper* (las relaciones) con ella.

ぜっか 舌禍 ▶舌禍事件 m. escándalo por ⌈hablar demasiado [《口語》irse de la lengua, 《ラテン語》《教養語》un "lapsus linguae"].

せっかい 石灰 f. cal. ▶¹生 [²消]石灰 f. cal ¹viva [²apagada, ²muerta]. ▶石灰石 [岩] f. (piedra) caliza. ▶石灰水 f. agua caliza [de cal]. ▶石灰肥料 m. abono calizo [de cal]. ▶石灰一袋 un saco de cal. ▶石灰質の adj. calcáreo; cálcico.

せっかい 切開 (外科) f. incisión. ▶切開する v.

hacer* [《フォーマル》practicar*] una incisión (en); (切開する)v. abrir*; (手術する)v. operar 《a + 人》. ▶帝王切開 f. operación [f. intervención] cesárea. ▶¹切開 [²心臓切開]手術 f. operación ¹quirúrgica [²a corazón abierto]. ▶患部を切開する v. abrir* [《フォーマル》practicar*] una incisión en] las partes afectadas.

ぜっかい 絶海 ▶絶海の孤島 f. isla perdida en el mar.

せっかいちんちゃく 石灰沈着 《専門語》f. calcinosis.

・せっかく 折角 ❶［骨を折って］▶われわれのせっかくの (=すべての)苦労が水の泡になった Todos nuestros esfuerzos「no sirvieron para nada [《口語》cayeron en el vacío]. ▶彼はせっかく (=こつこつ)ためた金を全部なくした Perdió todo el dinero que había ahorrado pacientemente. ▶せっかく (=わざわざ)東京まで行ったのに会議は中止になった「Después de [A pesar de] tomarme el trabajo de ir a Tokio, la reunión fue cancelada. ❷［親切な］▶彼のせっかくの忠告を無駄にする v. no hacer* caso de su amable consejo. 会話 明日来れるかい―せっかくだけど (=残念だが)だめなんだ ¿Puedes venir mañana? – Me gustaría, pero no puedo. / (誘ってくれてありがたいのだけれど)Gracias por preguntármelo, pero me temo que no puedo. ❸［たまにしかない］（貴重な）adj. valioso, precioso; (まれな)adj. extraordinario; (待ち望んだ)adj. largamente esperado; (特別の)adj. especial. ▶せっかくの時間を無駄にする v. malgastar un tiempo precioso. ▶せっかくのチャンスを逃がす v. perder* una ocasión extraodinaria. ▶悪天候でせっかくの日曜日がだめになった El mal tiempo estropeó el domingo que habíamos esperado tanto tiempo.

せっかち ▶せっかちな adj. apresurado; impaciente; inquieto. → 性急. ▶彼は生まれつきせっかちだ Es impaciente por naturaleza. ▶私はとてもせっかちなので船旅は好きになれない No tengo paciencia para disfrutar un viaje por mar.

せっかん 折檻 m. castigo corporal. ▶折檻する v. castigar* corporalmente, 《フォーマル》imponer* un castigo. ▶言うことをきかないといって子供をきびしく折檻する v. castigar* rigurosamente a un niño por desobediencia.

ぜつがん 舌癌(がん) 《専門語》m. cáncer de lengua.

せっき 石器 m. instrumento [m. útil] de piedra. ▶「¹新 [²旧]石器時代 m. Edad de ¹Neolítico [²Paleolítico]. ▶石器時代の道具 f. herramienta de la Edad de Piedra.

せっきょう 説教 (宗教の)m. sermón, 《フォーマル》f. homilía; (お説教の)f. reprimenda. → 小言. ▶説教する (宗教の)v. predicar*, echar [impartir, 《教養語》predicar*] un sermón, 《口語》sermonear, echar 《a + 人》una reprimenda; (訓戒する)v. dar* 《a + 人》una reprimenda; (くどくどとさとす)v. sermonear. ▶説教壇に立つ v. estar* en el púlpito. ▶聴衆に聖書について見事な説教をする v. predicar* un hermoso sermón a los feligreses sobre la Biblia. ▶君の説教はたくさんだ, 放っておいてくれ Estoy harto de tus sermones. Déjame en paz. ▶その少年は遅刻してはいけないと［遅刻したために］さんざん説教された El muchacho fue rigurosamente sermoneado「sobre la puntualidad [por su retraso].

ぜっきょう 絶叫 m. grito, 《フォーマル》f. exclamación. → 叫び声. ▶絶叫する v. dar* [lanzar*, 《フォーマル》proferir*]「un terrible grito [una gran exclamación]; (声を限りに叫ぶ)《口語》gritar a voz en cuello. → 叫ぶ.

・せっきょくてき 積極的 (肯定的な, 建設的な) adj. positivo; activo; (攻撃的な) adj. agresivo; (熱心な) adj. entusiasta.
1《積極的な + 名詞》▶積極的な態度をとる v. tomar [adoptar] una actitud positiva 《hacia》. ▶積極的な (=押しの強い)セールスマン m. vendedor agresivo.
2《積極的に》adv. positivamente; activamente; (快く)adv. de buena gana, 《フォーマル》con buena disposición. ▶(運動選手が)積極的にプレーする v. jugar* agresivamente. ▶その計画に積極的に参加する v. participar [tomar parte] activamente en el proyecto. ▶彼は積極的にその問題に取り組んだ Abordó activamente el problema.
3《積極的だ》v. ser* [mostrarse*] positivo 《en + 事・物, con + 人》, estar* [mostrarse*] activo 《en + 事・物》; (いつでも喜んです る) v. estar* muy dispuesto 《a + 不定詞》. ▶彼は地域社会の仕事に積極的でした Participaba activamente en los asuntos de la comunidad. ▶彼は人助けに積極的だ Está muy dispuesto a ayudar a la gente. / Ayuda a los demás de buena gana. / 《フォーマル》Tiene muy buena disposición a ayudar al prójimo. ☞活動, 強気

せっきん 接近 m. acercamiento, f. aproximación. ▶台風の接近 m. acercamiento de un tifón.
―― 接近する v. acercarse* [aproximarse] 《a》. → 近づく. ▶台風が東京に接近している Se está acercando un tifón a Tokio. ▶彼らは実力が接近している (=ほとんど等しい) Tienen el mismo nivel de capacidad más o menos. / Su capacidad es casi la misma. ▶彼らは年齢が接近している Tienen casi la misma edad. / Sus edades son aproximadas.

せっく 節句 f. festividad anual. ▶端午の節句 La festividad de los Niños. ▶桃の節句 La festividad de las Niñas.

ぜっく ▶絶句する (言葉が見つからない)v. no tener* palabras (para expresar); (驚いて)v. quedarse「sin palabras [mudo, sin habla, 《口語》con la boca abierta]; (泣きくずれる)v. echar [romper*] a llorar. ▶事故の知らせを聞いたときは絶句した (=しゃべれなかった) Al oír la noticia del accidente me quedé sin palabras.

セックス (性交)m. acto sexual, m. sexo. → 性. ▶セックスアピールがある v. tener* atractivo sexual, 《口語》ser* 《英語》"sexy". ▶《運動選手の》セックスチェック f. revisión sexual. ▶セックスに関心をもつようになる v. despertar* el interés sexual. ▶セックスする v. hacer* [《フォーマル》realizar*] el acto sexual 《con》, hacer* el amor 《con, a》, acostarse* 《con》.

せっけい 設計 《行為》m. diseño; 《建築物の》m. plano, m. proyecto; 《形や構造などの外観の》m. diseño. ▶生活[人生]設計 m. plan de vida. ▶設計図 m. plano [m. diseño] 《de un edificio》; [下書きの] m. bosquejo; [図面の素描] m. esbozo; [青写真] m. cianotipo, f. copia azul; [仕様書] fpl. especificaciones. ▶設計技師 mf. ingeniero/ra diseñador/dora, mf. proyectista.

—— 設計する v. planificar*, proyectar, diseñar; 《配置を考慮して》v. trazar* [hacer*] un plan [plano]. ▶庭を設計する v. trazar* el plano de un jardín. ◆彼は自分の人生を設計したが, その通りにはいかなかった「Se planificó la vida [Hizo un plan de vida], pero no le salió.

せっけい 雪渓 《谷間》m. valle de nieves perpetuas; 《斜面》f. ladera de nieves perpetuas.

ぜっけい 絶景 《雄大な眺め》f. vista majestuosa [grandiosa]; 《すばらしい眺め》f. vista maravillosa [espléndida]; 《絵のように美しい風景》m. paisaje pintoresco. ◆絶景だなあ! ¡Qué vista tan espléndida!

せっけっきゅう 赤血球 m. glóbulo rojo,《専門語》m. hematíe,《専門語》m. eritrocito. ▶球状赤血球症《専門語》f. esferocitosis. ▶赤血球増加症《専門語》f. policitemia.

・**せっけん** 石けん m. jabón. ▶[1]化粧 [2洗濯]石けん m. jabón [1]de tocador [2para la ropa]. ▶[1]薬用 [2香水入りの]石けん m. jabón [1]médico [2perfumado]. ▶粉石けん m. jabón en polvo. ▶石けん入れ f. jabonera. ▶石けん水 f. agua de jabón. ▶石けんの泡 fpl. burbujas de jabón; 《石けん水を振ってできた》f. espuma. ▶ひげをそる前に顔に石けんを塗る v. enjabonarse la cara antes de afeitarse. ▶石けんで顔を洗う v. lavarse la cara con jabón y después enjuagarse* con agua. ◆この石けんは泡立ちがよい Este jabón hace mucha espuma. ◆目に石けんが入った Tengo [Me ha entrado] jabón en los ojos.

せっけん 席捲 ▶席捲する v. arrollar; 《征服する》v. conquistar.

せつげん 雪原 m. campo nevado.

せつげん 節減 f. reducción. ▶そのプロジェクトの経費を節減する v. reducir* [《口語》cortar] los gastos del proyecto.

ゼッケン 《番号》m. dorsal [m. número] del jugador [atleta]; 《番号を書いた布》f. prenda (de vestir) con número. ▶ゼッケン8番の選手 mf. jugador/dora con el dorsal [número] 8.

せっこう 石膏 《鉱物》m. yeso; 《粉末の》f. escayola. ▶石膏像 f. estatua de escayola [yeso]; 《胸像の》m. busto de escayola [yeso]. ▶石膏細工 f. yesería, m. trabajo de yeso [escayola]. ◆警察は石膏で足跡の鋳型を作った La policía hizo moldes de escayola de las pisadas.

せっこう 浙江 →チョーチアン

ぜっこう 絶交 ▶絶交する v. romper* 《con》. ◆彼とは絶交だ. もう二度と会いたくない Voy a romper con él. No quiero verlo[le] más.

ぜっこう 絶好 ▶絶好の《最もよい》adj. el/la mejor, 《教養語》óptimo; 《まさしく最適の》adj. perfecto; 《理想的な》adj. ideal. ◆スキーには絶好の日和だ Es un día ideal para esquiar. ◆留学するには絶好の機会だ Es la mejor oportunidad para estudiar en el extranjero.

せつごうきんしょう 接合菌症《専門語》f. cigomicosis.

ぜっこつ 舌骨《専門語》m. hueso hioides.

せっさたくま 切磋琢磨 ▶切磋琢磨して(=お互いに競争しつつ)学問に励む v. estudiar [trabajar] mucho compitiendo entre sí.

ぜっさん 絶賛 ▶絶賛を博す v. recibir [ganarse] grandes elogios 《de》. ▶絶賛する v. elogiar mucho,《フォーマル》tributar los máximos elogios 《a》,《口語》poner* por las nubes 《a》,《口語》hacerse* lenguas 《de》. →ほめる.

せっし 摂氏 adj. centígrado; (de) Celsius. → 華氏. ▶気温は摂氏12度だ El termómetro marca 12℃.

せつじつ 切実な 《緊急な》adj. urgente, apremiante → 緊急; 《切なる》adj. sincero; 《深刻な》adj. serio. ▶切実な[2]問題 [[2]要求] m. problema [[2]f. solicitud] urgente. ▶切実な願い m. deseo sincero [《強調して》ardiente]. ◆スペイン語を身につけなければと切実に思う Siento la urgencia de aprender español. / Me parece apremiante la necesidad de aprender español. →つらぬ.

せっしゅ 接種 ▶予防接種 f. vacunación, f. inoculación. ▶はしかの予防接種を受ける v. vacunarse [inocularse] contra el sarampión.

せっしゅ 摂取 《栄養などの》m. consumo,《教養語》f. ingestión; 《文化・知識などの同化》f. asimilación; 《方針などの採用》f. adopción. ▶一日の食物摂取量「m. consumo diario [《教養語》f. ingestión diaria] de alimentos. ▶アルコール摂取量を抑える v. refrenar el consumo de alcohol; 《限られた量を飲む》v. tomar una cantidad limitada de alcohol. ▶西洋文化を摂取する v. asimilar la civilización occidental ☞取[捕, 採, 執].

せっしゅう 接収 《軍事目的のため物資などの徴発》f. requisa,《フォーマル》f. requisición, f. confiscación. ▶接収する v. requisar, confiscar*.

せつじょ 切除《専門語》f. escisión; 《外科的除去》f. extirpación quirúrgica. ▶おできを切除する v. extirpar un forúnculo.

せっしょう 折衝 《交渉》f. negociación. ▶折衝する v. negociar 《con》. ▶折衝のうまい人 m. negociador hábil [tenaz]. ▶敵と休戦の折衝を開始する v. entablar [entrar en] negociaciones con el enemigo para llegar* a un

せっしょう armisticio. ▶経営者側と折衝中だ v. estar* negociando [en tratos] con la administración. ▶労働時間について折衝が行なわれている Prosiguen las negociaciones sobre la jornada laboral. ▶私たちはその件について市長と折衝した Hemos negociado sobre ese asunto con el alcalde.

せっしょう 殺生 ▶むやみに動物を殺生してはならない No hay que matar a los animales sin razón. ▶そんな殺生な (= 薄情な) ¡Qué cruel!

せつじょうしゃ 雪上車 f. motonieve, 《説明的に》m. trineo motorizado de bandas de caucho con garras de acero.

せっしょく 接触 m. contacto. ▶両国間の接触 m. contacto entre los dos países. ▶接触事故 f. colisión ligera. ▶(病気の)接触感染《専門語》m. contagio. ▶彼と接触を¹保つ [²避ける] v. ¹mantener* [²evitar] el contacto con él. ▶私は彼と個人的接触が¹ある [²ない] ¹Estoy [²No estoy] en contacto personal con él.
── 接触する;(人に) v. 「ponerse* en [《フォーマル》establecer*] contacto 《con》,《教養語》contactar 《con》; (物に) v. hacer* [entrar en] contacto 《con》;(触れる) v. tocar*, rozar*. → 触れる. ▶パリにいる彼と接触する (= 連絡する) v. 「ponerse* en [《フォーマル》establecer*] contacto con él en París. ▶この2本の電線が接触すると機械が動き出す Al hacer [entrar en] contacto estos dos cables, la máquina se pone en marcha. ▶ぼくの車が彼女の車と接触して (= こすって)傷をつけてしまった Mi coche rozó el suyo.
── 接触させる v. poner* (a + 人) en contacto 《con》.

せつじょく 雪辱 ▶雪辱を果たす(試合で) v. 「tomarse la revancha [desquitarse] (de una derrota anterior). ▶雪辱戦 m. partido de revancha [desquite].

ぜっしょく 絶食 m. ayuno. → 断食. ▶二日間の絶食 m. ayuno de dos días. ▶絶食する v. ayunar.

せっしょくしょうがい 摂食障害 《専門語》f. anorexia.

ぜっしんけい 舌神経 《専門語》m. nervio lingual.

せっすい 節水 f. reducción del consumo de agua. ▶長い干ばつのため節水しなければならなかった Tuvimos que economizar agua a causa de la prolongada sequía.

・せっする 接する ❶【隣接する】(国が国境・境を接する) v. limitar 《con》; (土地が) v. lindar 《con》; (隣り合う) v. estar* al borde 《de》, colindar, 《フォーマル》estar* contiguo 《a》. ▶道路に接する (=沿いの)家 f. casa 「al borde de [colindante con] la carretera. ▶彼の土地は私の土地に接している Su terreno linda con el mío.
❷【接触する】v. dar* 《a》; tocar*. → 触れる. 接触する. ▶この市は北側が海に接している Esta ciudad da al mar por el norte.
❸【応接する】(来客を迎える) v. recibir; (会う) v. ver*; (接触する) v. tratar, tener* contacto 《con》; (世話する) v. cuidar 《de》, atender* 《a》; (病人・客などを) v. cuidar; (店の客に応対する) v. servir*. ▶彼は毎日たくさんの来客に接する Recibe muchas visitas todos los días. / Cada día trata con mucha gente. ▶その村では外国人と接する機会がほとんどなかったので、外国人にはどう接したらよいのか (=どんな態度をとるべきか)戸惑う人も多い. Los aldeanos han tenido pocas ocasiones de 「tratar a [tener contacto con] los extranjeros y no saben cómo comportarse con ellos. ▶彼女は愛情をもって生徒たちに接する Ella cuida solícitamente [con mucha atención] a sus alumnos.
❹【知らせなどに】(聞く) v. oír*; enterarse 《de》; (受け取る) v. recibir. ▶彼の訃(ふ)報に接する v. enterarse de su muerte. ▶彼は朗報に接して喜んだ Se alegró de recibir la buena noticia. ▶彼は毎日スペイン語に接するようにしている Todos los días intenta estar en contacto con el español.

せっせい 節制 f. moderación; (特にアルコールの) f. abstinencia 《de》. ▶酒を節制する v. guardar moderación en la bebida; (酒の量を減らす) v. reducir* el consumo del alcohol; (たくさん飲まない) v. no beber demasiado. → 控える.

せっせい 摂生 ▶摂生する (=健康に注意する) v. cuidarse.

せつぜい 節税 m. ahorro de impuestos. ▶節税する v. ahorrar impuestos.

ぜっせい 絶世 ▶絶世の美女 f. belleza maravillosa [fascinante,《教養語》peregrina]; (並はずれた) f. mujer de incomparable [extraordinaria] belleza.

せつせつ 切々 ▶切々たる(熱烈な) adj. ardiente, apasionado; (真剣な) adj. sincero,《フォーマル》encarecido. ▶切々たる願い m. anhelo, m. deseo ardiente.

せっせと ❶【一生懸命に】adv. mucho, con diligencia, con ahínco,《フォーマル》afanosamente. ▶彼女はいつもせっせと働く Trabaja siempre muy mucho. / Es siempre muy trabajadora. ▶鳥がせっせと何かを巣に運ぶのが見られた Se veían aves llevando diligentemente cosas a sus nidos.
❷【忙しく】adv. afanosamente; (休みなく) adv. sin parar,《フォーマル》incesantemente. ▶彼女は山積みの皿をせっせと洗っていた Estaba muy ocupada lavando un montón de platos.

せっせん 接戦 (せり合いの) m. partido [m. juego] muy disputado [reñido]. ▶私たちは接戦の末ついに勝った Finalmente ganamos en un partido muy reñido.
☞互角, 鍔迫り合い

せっそう 節操 (信条) mpl. principios; (高潔さ) f. integridad; (志操堅固) f. constancia; (忠実) f. fidelidad; (貞節) f. castidad. ▶節操のある人 f. persona 「de principios [íntegra]. ▶節操のない男 m. hombre sin principios.

せっそう 切創 m. corte.

せつぞく 接続 f. conexión. ▶接続拒否《専門語》f. conexión rechazada. ▶接続する v. conectar, 《フォーマル》 conexionar, hacer * [《フォーマル》establecer*]「un contacto [una conexión]《con》. ➡つなぐ, 連絡する.

せつぞくし 接続詞 f. conjunción.

せったい 接待 (もてなし) m. hospitalidad, 《強調して》m. agasajo; (応接) f. recepción. ▶接待費 (費用) mpl. gastos de representación [agasajar a los clientes]; (手当) m. complemento [m. plus] por agasajo a los clientes. ▶接待係 mf. recepcionista. ▶接待する(もてなす) v. atender *; 《強調して》agasajar; (応対する) v. recibir. ▶お茶の接待をする v. servir* el té. ▶来客を接待する v. recibir a los invitados. ◆私は接待係です Estoy encargado de recibir [atender] a los invitados.

***ぜったい 絶対** ▶絶対の adj. absoluto. ▶絶対的な権力 m. poder absoluto. ▶絶対服従 f. obediencia absoluta. ▶絶対の真理 f. verdad absoluta. ▶絶対多数を獲得する v. ganar [obtener*] la mayoría absoluta. ◆彼は絶対安静が必要だ Necesita「descanso absoluto [un completo reposo].

―― **絶対に** adv. absolutamente, en absoluto, categóricamente, rotundamente; (確かに) adv. del todo, 《口語》cien por cien. ◆それは絶対に不可能だ Es absolutamente imposible. / Eso es del todo imposible. ◆私はその計画に絶対(に)反対だ Estoy absolutamente en contra del plan. / Me opongo categóricamente a ese plan. 《会話》君にはそれはできないよ―もちろんできるさ No puedes hacer eso. – Claro que puedo. / Ya lo creo que sí. 《会話》そこからの夕日は格別だって書いてあるねーじゃ絶対行きましょうよ Dice que las puestas de sol son maravillosas allí. – Bien, entonces iremos sin falta. ◆あなたが車を買うのは絶対に認めませんよ「No estoy nada de acuerdo con [Me opongo rotundamente a] que compres un coche. 《会話》彼女にはこれまで一度も会ったことはないんだねーええ, 絶対にありません ¿Nunca la habías visto antes? – No, jamás. 《会話》彼はそのことを知っているのかなあ―絶対にそんなことはないよ ¿Lo sabrá? – Claro que no. 《会話》いっしょに連れて行ってよ―絶対いやだ ¿Vas a llevarme? – De ningún modo.
☞一切, 断じて

ぜつだい 絶大 ▶絶大な(=非常に大きい)影響を与えるv. ejercer* una enorme influencia《sobre, en》. ▶絶大な権力を手中にする v. obtener* un enorme poder*. ▶絶大な(=惜しみない)支援をする v. dar* (a + 人) un gran apoyo, prestar (a + 人) mucha ayuda. ◆みなさん, 彼に絶大な拍手を Denle un gran aplauso a él, señoras y señores.

ぜったいぜつめい 絶体絶命 ▶絶体絶命である v. 《口語》estar* entre la espada y la pared.

せつだん 切断 m. corte, (専門用) f. amputación; (電気などの) f. desconexión. ▶切断する v. cortar ➡ 切る; (手術で) v. 《専門語》amputar; (電源を) v. desconectar, 《口語》cortar. ◆彼は1関節から指を切断した Se cortó el dedo en la primera articulación. ◆あらしで電話線が切断された(=ちぎれた) La línea telefónica se cortó por la tormenta.

せっち 設置 (設立) m. establecimiento, 《フォーマル》f. constitución; (創立) f. fundación; (結成) f. formación; (機械の) f. instalación. ▶設置する (学校・会社などを) v. establecer*, 《フォーマル》constituir*; (機械を) v. instalar. ◆委員会を設置する v. establecer*「un comité [una comisión].

せっちゃく 接着 ▶接着剤 m. pegamento, 《口語》f. cola; (ゴム・にかわなどの) m. adhesivo. ▶接着テープ f. cinta adhesiva. ▶木工用接着剤 f. cola para madera. ▶接着テープでとめる v. pegar* con cinta adhesiva. ▶かけらを接着でくっつける v. pegar* [juntar] los pedazos con pegamento. ◆ガラスと鉄をくっつけるのには特別な接着剤が必要だ Para pegar vidrio y hierro hay que usar un pegamento especial.

せっちゅう 折衷 (妥協) m. compromiso. ▶折衷案 m. compromiso, m. término medio.

ぜっちょう 絶頂 ❶【最高】(幸福などの) lo más alto; el punto culminante; m. auge, m. apogeo, m. cenit; (興味などの) m. clímax; (最盛期) m. cenit, m. apogeo. ▶人気の絶頂にある v. estar* en el cenit [apogeo] de la popularidad.

❷【頂上】f. cumbre, f. cima. ☞盛り, 峠

せつつく ▶私に計画の変更をせっつく (=促す) v. apremiarme para que (yo) cambie mis planes. ➡せき立てる.

せってい 設定 ▶設定する (基準・機関などを) v. establecer*, 《フォーマル》constituir*, crear, 《フォーマル》instaurar; (特定の状況などを) v. suponer*, (教養語) asumir. ➡仮定.

せってん 接点 m. punto de contacto. ▶討論に接点(=一致点)を見いだす v. encontrar* un「punto de acuerdo [terreno común] en una discusión.

せつでん 節電 m. ahorro de energía (eléctrica). ▶節電する v. ahorrar electricidad.

セット ❶【ひとそろい】(家具・道具・茶器などの) m. juego. ▶服飾のセット [アンサンブル] m. conjunto. ▶切手のセット f. serie de sellos. ▶本のセット f. colección de libros. ▶ソファと椅子の3点セット m. juego de tres piezas. ▶1コーヒー 1セット m. juego de 1 café [2té]. ▶ゴルフクラブ1セット un juego de palos de golf. ▶食堂セット m. juego de comedor. ◆この机はそのいすとセットになります Esta mesa hace juego con la silla. ◆寝室用の家具はセットで売ることが多い Los muebles de un dormitorio suelen venderse en conjunto.

❷【テニスなどの】(英語) m. "set". ▶セットポイント f. bola de "set". ▶3セットの試合 m. juego de tres "sets". ▶第1セットを1取る [2落とす] v. 1ganar [2perder*] el primer set. ◆3セットまで行った El partido tuvo [《フォーマル》se desarrolló en] tres sets.

❸【髪の】▶美容院で髪をセットしてもらう v. marcarse* el pelo en un salón de belleza. ◆私は月に2回髪をセットする Me hago el marcado

una vez al mes.
❹【映画の】*m.* plató; (舞台の) *m.* escenario, *m.* decorado. ▶最初の映画をセットで撮影する *v.* rodar* la primera película en un plató. ◆あの俳優はセットに入っている El actor está en el plató.
❺【調整する】▶セットする *v.* poner*. ▶目覚まし時計を6時にセットする *v.* poner* el despertador a las seis.
❻【メニューで】▶ケーキセット *m.* pastel con té o café. ▶ランチセット *m.* menú de comida.

せつど 節度 *f.* moderación,《文語》*f.* mesura; (節制)《教養語》*f.* templanza. ▶節度のある *adj.* moderado; templado. ▶節度を守る *v.* ser*moderado《en》. ◆何事にも節度が大切だと思う Creo en el valor de la moderación en todo.

セットアップ *m.* instalación, *m.* preparación.

せっとう 窃盗 *m.* robo,《フォーマル》*m.* hurto,《教養語》*m.* latrocinio. ▶窃盗犯 *m.* ladrón/drona. ▶窃盗を働く *v.* cometer un robo. ▶窃盗罪で投獄される *v.* ser* encarcelado por robo.

せっとうご[じ] 接頭語[辞] *m.* prefijo.

*__せっとく__ 説得《教養語》*f.* persuasión. ▶説得力のある話者 *mf.* orador/dora convincente [persuasivo/va]. ◆彼はわれわれの説得に折れた Pudimos convencerle. / Se dejó convencer. ◆彼は説得に応じなかった Se negó a dejarse convencer.
── **説得する** *v.* convencer*[《教養語》persuadir de]《+名詞, +不定詞》para que《+接続法》; (論じて) *v.* discutir,《教養語》argüir*《con》; (しきりに) *v.* urgir*, apremiar, instar; (なだめすかして) *v.* lograr [conseguir*] con paciencia; (くり返し理由を説いて) *v.* hablar《a + 人》para que《+接続法》. ▶どうやっても彼女を説得するのは無理だろう Nada podría convencerla. ◆私は彼を説得してそこへ行かせた Lo [Le] convencí para que fuera allí. ◆彼らは彼を説得してその計画を断念させた《フォーマル》Lo [Le] convencieron para que no llevara a cabo el plan. / Lo [Le] disuadieron de realizar el plan. / Lograron convencerlo[le] para que no hiciera el plan. / Lo [Le] apartaron del plan. ◆いま(なお)彼を説得中です Estoy tratando de convencerlo[le]. / Todavía no está convencido. ◆両親は彼女を説得してとうとう家業を継がせることにした Sus padres lograron convencerla para que les sucediera en el negocio.《会話》そんなお金の無駄遣いだって言われるに決まってるわ―彼を説得できると思う? Seguro que dice que es tirar [desperdiciar] tanto dinero. – ¿Crees que podrás convencerlo [le]?

セットポジション《野球》*f.* posición parada.

せつな 刹那 (瞬間) *m.* momento, *m.* instante. ▶刹那的快楽にふける *v.* entregarse* a placeres fugaces [del momento].

せつない ▶切ない(=つらい)思い *f.* pena,《フォーマル》*f.* aflicción,《強調して》*f.* angustia. ▶切ない思いをする *v.*「sentir* pena [apenarse]《de, por》. ▶切ない(=心からの)願い *m.* deseo sincero, *m.* anhelo.

せつなる 切なる ▶切なる(=熱心な)願い *m.* deseo ferviente [encarecido], *m.* profundo deseo, *m.* anhelo. → 希望.

せつに 切に (心から) *adv.* sinceramente; (心の底から) *adv.* de todo corazón; (熱烈に) *adv.* ardientemente, fervientemente; (切望して) *adv.* ansiosamente; (衷心に) *adv.* sinceramente. ▶彼の援助を切に願う *v.*「desear de todo corazón [suspirar ardientemente por] su ayuda. ◆私たちは平和を切に願っている Deseamos fervientemente la paz.

ぜつにゅうとう 舌乳頭《専門語》*f.* papila lingual.

せっぱく 切迫 ▶切迫した (=急を要する) 事態 *f.* situación apremiante [urgente]. ▶切迫した (=張りつめた) 空気 *m.* ambiente tenso [tirante]. ◆論文提出の期限が切迫している El plazo de presentación de la tesis acaba pronto.

せっぱつまる 切羽詰まる *v.* estar* acorralado [《口語》puesto contra las cuerdas]; (窮地に立っている) *v.* estar* en un apuro [en una encrucijada], verse* apurado,《口語》estar* entre la espada y la pared. ▶せっぱつまって(=最後の手段として)人のものに手をかける *v.* verse* obligado a robar; (必要にせまられて) *v.* robar「por pura necesidad [como último recurso]. ◆彼はせっぱつまって心にもないことを言った Le pusieron contra las cuerdas y confesó lo que no quería.

せっぱん 折半 ▶折半する *v.* ir*「a medias [al cincuenta por ciento]《con》. ▶利益を折半する *v.* compartir al cincuenta por ciento las ganancias; (半分にする) *v.* dividir「por la mitad [por las dos partes] las ganancias.

ぜっぱん 絶版 ▶絶版になる *v.* agotarse la edición. ◆その本はもう絶版になっている Ese libro está agotado.

*__せつび__ 設備 (集合的に装備・備品) *m.* equipo, *m.* equipamiento; (学校・病院など便宜を与える施設) *fpl.* instalaciones. ▶レーダー設備 *m.* equipo de radar. ▶研究設備 *fpl.* instalaciones para estudiar. ▶近代的設備のある工場 *f.* fábrica con modernos equipos. ▶設備費 *m.* costo del equipo. ▶設備投資 *fpl.* inversiones en instalaciones y equipos; (広い意味で) *fpl.* inversiones de capital. ▶設備の整った事務所 *f.* oficina bien equipada. ◆この船は設備がよい Este barco tiene「buenos equipos [un buen equipamiento]. ◆このホテルは千人の客を収容する設備がある Este hotel「reúne instalaciones para [puede alojar a] mil huéspedes. ◆そのモデルハウスにはあらゆる近代設備が整っている Esta casa piloto tiene todas las instalaciones modernas.
── **設備する** *v.* equipar, instalar; (あらかじめ備える) *v.* proveer*,《フォーマル》dotar《de》. ◆このマンションには非常階段が設備してある Este bloque de apartamentos está equipado de escaleras de emergencia.

☞ 装置, 備え; 備える, 整[調]える

せつびじ[ご] 接尾辞[語] *m.* sufijo.

ぜっぴつ 絶筆 ◆この小説が彼の絶筆(＝最後の作品)となった Esta novela fue "su última obra [lo último que escribió].

ぜっぴん 絶品 (すぐれた作品)*f.* obra maestra; (珍品)*m.* objeto raro, *f.* rareza.

せっぷく 切腹 "seppuku", 《説明的に》*m.* suicidio ritual, abriéndose el vientre de un tajo y tradicionalmente practicado por los samuráis. ◆切腹する *v.* hacerse* el "seppuku", suicidarse con el ritual del "seppuku".

せつぶん 節分(豆まき) "setsubun", 《説明的に》*f.* ceremonia de arrojar alubias. ◆日本では2月3日の節分の日には「鬼は外, 福は内」と叫びながら家の内外に豆をまきます El 3 de febrero, la víspera del primer día de primavera, existe en Japón la tradición de arrojar alubias tostadas dentro y fuera de las casas diciendo: "El demonio, fuera, la fortuna, dentro".

せっぷん 接吻 *m.* beso,《文語》*m.* ósculo. ◆接吻する *v.* besar, dar* *(a)* un beso. ◆彼女の頬に接吻する *v.* besarla [darle* un beso] en la mejilla.

ぜっぺき 絶壁 *m.* precipicio, *m.* despeñadero. → 崖(がけ).

せつぼう 切望 *m.* anhelo. → 熱望.

ぜつぼう 絶望 *f.* desesperación,《フォーマル》*f.* desesperanza. ◆彼は絶望のあまり自殺した Desesperado, se suicidó. ◆患者の状態は絶望的だ El estado del paciente es desesperado. / No hay esperanza para el paciente.

── **絶望する** *v.* desesperarse, perder* toda esperanza, desesperanzarse* *(de)*. ◆私は人生に絶望した Estoy desesperado de la vida. ◆絶望するな No (te) desesperes. / No pierdas la esperanza. ◆彼は私を絶望させた Me hundió en la desesperación. / Me hizo perder toda esperanza. ☞ 失意, 失望

ぜつみょう 絶妙 ◆絶妙な手腕 *f.* destreza exquisita [maravillosa, magnífica]. ◆絶妙な(＝奇跡的なほどの)コントロール *m.* control extraordinario [increíble, maravilloso].

ぜつむ 絶無 ◆彼の合格の見込みは絶無である No tiene ninguna posibilidad de aprobar el examen. → 皆無.

•**せつめい 説明** *f.* explicación; (物事の理由・内容などの筋立った説明)*f.* explicación; (例示解説)*f.* ilustración; (外見・状況描写)*f.* descripción; (写真・絵に添える)*m.* pie (de foto); (図・地図の)*f.* leyenda. ◆説明会 *f.* reunión informativa [de orientación]. ◆説明書 *f.* nota explicativa [explicatoria]; (薬などの)*m.* prospecto, *fpl.* instrucciones; (機械操作の)*fpl.* instrucciones; (小冊子)*m.* manual de instrucciones. ◆説明図 *f.* ilustración. → 図解. ◆(物事が)説明のつかない[できない] *adj.* inexplicable. ◆(物事が)説明を必要としない *v.* no hacer* falta una explicación. ◆1分かりやすい [²十分な; ³満足のいく; ⁴納得のいく]説明をする *v.* dar* *(a + 人)* una explicación ¹comprensible [²completa]; ³satisfactoria; ⁴convincente]. ◆その薬を説明書どおりに使用する *v.* aplicar* la medicina según las instrucciones.

── **説明する** *v.* explicar*, dar* [《フォーマル》 ofrecer*] una explicación 《de》; (理由を)*v.* dar* una razón, (実例をあげて)*v.* ilustrar*;(状況・特徴などを)*v.* describir*; (告げる)*v.* decir*. ◆私はその意味を彼に説明した Le expliqué el significado. / Le di una explicación del significado. / Le expliqué lo que significaba. ◆この現象をどう説明しますか ¿Cómo explicas [se explica] este fenómeno? ◆君は欠席の理由を説明しないといけない Tienes que dar "una explicación [la razón] de tu ausencia. ◆彼はそれを図で説明した Lo ilustró [explicó] con diagramas. ◆私はその男の特徴を警官に説明した Describí a la policía cómo era el hombre. ◆それについては彼は何も説明してくれなかった No me dio ninguna explicación de eso. / No me dijo nada de eso. ◆いったいこれはどういうことか手短に説明してくれませんか ¿Me puedes explicar en resumen qué "es todo esto [pasa]? ☞ 解釈, 解説, 解法, 釈明; 解説する, 説く

ぜつめつ 絶滅 (生物などが死滅すること)*f.* extinción, (有害生物などを全滅させること)*m.* exterminio. ◆絶滅する *v.* extinguirse*. ◆絶滅させる *v.* exterminar. → 撲滅, 全滅. ◆絶滅した動物 *m.* animal extinguido. ◆絶滅した民族 *f.* raza extinguida. ◆その鳥は¹絶滅寸前だ [²絶滅の危機にひんしている] Esa ave está ¹al borde de la [²en peligro de] extinción. / (絶滅寸前の種になった)Esa ave se ha convertido en una especie en peligro de extinción. ◆マンモスが絶滅してから久しい El mamut es una especie extinguida hace mucho tiempo. ☞ 死滅, 消滅

せつもん 設問 *f.* pregunta. → 質問.

•**せつやく 節約** (無駄遣いしないこと)*m.* ahorro, *f.* economía, (倹約)*f.* frugalidad, *f.* austeridad. ◆節約につとめる *v.* practicar* "el ahorro [la economía]. → 倹約. ◆節約家 *mf.* ahorrador/dora. ◆いいかばんを買うと節約になりますよ Comprar un buen bolso resulta económico.

── **節約する** (無駄遣いしない)*v.* economizar*; (金・時間などを)*v.* ahorrar, (費用などを削減する)*v.* reducir*. ◆光熱費を節約する *v.* economizar* luz y combustible. ◆経費を節約する *v.* reducir* gastos. ◆バーゲンで買って金を節約する *v.* ahorrar comprando en las rebajas. ◆水を節約して使いなさい Tienes que ahorrar agua. ◆車で行けば時間を節約することになるよ Si vas en coche, ganarás [te ahorrarás] tiempo. ◆洗濯機のおかげで時間と労力をたくさん節約できる La lavadora ahorra mucho tiempo y esfuerzo.

せつりつ 設立 (資金を整えての創設)*f.* fundación, *f.* creación; (永続性を伴う創設)*m.* establecimiento; (組織・導入すること)《フォーマル》*f.* constitución; (組織すること)*f.* organización. ◆設立者 *mf.* fundador/dora.

744 せつれつ

──**設立する**(学校・会社などを) v. establecer*, formar; (創設する) v. fundar, crear; (会社を) v. constituir, 《フォーマル》 instituir*. ♦新しい学校を設立する v. crear [fundar] una nueva escuela. ♦彼は商事会社を設立した(=始めた) Fundó una compañía de comercio. ☞建設, 設置, 創業; 起こす, 新設, 作[造]る

せつれつ 拙劣 ♦拙劣な演技《フォーマル》f. actuación deficiente, f. mala actuación. ♦拙劣な建て方の家 f. casa mal hecha, 《口語》f. chapuza de casa.

せとぎわ 瀬戸際 ♦瀬戸際になって adv. en el momento crítico [crucial]. ♦ここが生きるか死ぬかの瀬戸際だ Estamos entre la vida y la muerte.

せともの 瀬戸物 (陶磁器) f. porcelana; f. cerámica; (陶器) f. cerámica, f. loza. ♦瀬戸物屋 f. tienda de cerámica. ♦瀬戸物の皿 m. plato de porcelana. → 陶器.

__せなか 背中__ f. espalda, m. dorso → 背; (動物の) m. lomo. ♦背中合わせに座る v. sentarse quedando espalda con espalda. ♦彼に背中を向ける v. darle* la espalda. ♦背中を丸くする v. encorvar [doblar] la espalda, 《口語》 encogerse*. ♦背中のボタンをはずす v. desabotonarse en la espalda. ♦その人は背中が曲がっていた El hombre tenía la espalda encorvada. ♦彼は私の背中をぽんとたたいた Me dio una palmadita en la espalda. ♦猫は背中を丸めてうなった El gato arqueó el lomo y gruñó.

ぜにん 是認 f. aprobación, m. consentimiento. ♦是認する v. aprobar*, consentir*. → 認める ☞賛成, 承諾, 承認

セネカ (ルキウス・アンナエウス〜) Lucio Anneo Séneca (☆前4?-後65, ローマの哲学者).

セネガル Senegal; (公式名) f. República de Senegal (☆アフリカの国, 首都ダカール Dakar). ♦セネガルの adj. senegalés.

ゼネコン (総合建設請負業者) m. contratista general de construcción.

ゼネスト f. huelga general. → スト, ストライキ.

せのび 背伸びする ❶[体を伸ばす] ♦背伸びして垣の向こうを見る v. ponerse* de puntillas y mirar por encima de la valla.
❷[比喩的に] ♦背伸びしてはいけないよ(=能力以上のことはするな) No intentes hacer nada por encima de 「tu capacidad [lo que no seas capaz]. / (手に余るような仕事をやろうとするな)《ことわざ》Quien mucho abarca, poco aprieta.

せばまる 狭まる v. estrecharse, 〖ラ米〗 angostarse, reducirse*. ♦両者の溝が狭まった Las diferencias entre ellos se han reducido.

せばめる 狭める ♦人生に対する見方を狭める v. estrechar la visión de la vida. ♦活動範囲を狭める(=限定する) v. limitar las actividades. ♦選択の自由を狭める(=制限する) v. limitar la libertad de elección.

セパレータ(専門語) m. separador.

せばんごう 背番号 m. número de uniforme, m. dorsal. ♦背番号1 m. número 1 de uniforme.

*__ぜひ 是非__ (よしあし) lo bueno y [o] lo malo, el bien y [o] el mal. ♦われわれはその方法の是非を論じた Discutimos si el método era bueno o malo.
【その他の表現】♦是非もない(=やむを得ない)こと だ No queda más [otro] remedio. / ¡Qué se le va a hacer! / 〖メキシコ〗《口語》¡Ni modo!
──**ぜひ**(必ず) adv. a toda costa, pase lo que pase, cueste lo que cueste; (必ず(…する)) adv. (hacer) con seguridad; (本当に) adv. verdaderamente; (間違いなく) adv. sin falta. ♦ぜひどうぞ Se lo ruego, por favor. ♦またぜひ日本に来たいと思います Espero volver a Japón 「pase lo que pase [a toda costa]. ♦われわれはぜひそういった事態は避けなければならない Tenemos que evitar a toda costa una situación así. ♦ぜひパーティーにいらしてね No deje de venir a la fiesta. / Por favor, se lo ruego, venga a la fiesta. / Venga a la fiesta sin falta.《会話》とても楽しかったですよかったり。そのうちまたぜひお出かけください Lo pasamos muy bien. – ¡Cuánto me alegro! No dejen de venir pronto otra vez.《会話》パーティーにいらっしゃいませんか―ぜひ行きたいですね ¿No viene usted a la fiesta? – "Me encantaría [Claro que sí].《会話》今晩お伺いしてもいいですか―ぜひどうぞ ¿Puedo visitarlo[le, la] esta noche? – Se lo ruego, por favor. →

セビージャ Sevilla (☆スペインの都市).

セビーチェ m. cebiche (☆生身魚のマリネー).

セビジャーナ f. sevillana (☆セビージャの民謡・舞踊).

ぜひとも 是非とも adv. a toda costa, cueste lo que cueste. → 是非. ♦ぜひとも助けていただきたい《フォーマル》Le ruego encarecidamente que me ayude. / Necesito su ayuda a toda costa.

せひょう 世評(評判)《口語》f. fama; el qué dirán; (うわさ) m. rumor. ♦世評が「よい[2悪い] v. tener* 1buena [2mala] fama. ♦世評(=人が言うこと)を気にする v. preocuparse "de los rumores [del qué dirán]. ♦世評によると近く内閣改造があるということだ Se rumorea que pronto habrá 「una reorganización ministerial [un cambio de gabinete].

セビリア → セビージャ

せびる ♦親に小遣いをせびる v. importunar a los padres pidiéndoles dinero.

せびろ 背広 (上下) m. traje, m. terno; (上着) 〖ラ米〗m. saco, 〖スペイン〗f. chaqueta. ♦シングルの背広 m. traje de una fila de botones, m. traje derecho. ♦ダブルの背広 m. traje cruzado. ♦背広姿の男性 m. hombre trajeado [con traje].

セプルベダ(フアン・ヒネス・デ〜) Juan Ginés de Sepúlveda (☆1490?-1573, スペインの人文学者・法学者).

せぼね 背骨 f. columna vertebral, f. espina dorsal. ♦背骨が曲がっている v. tener* encorvada la columna vertebral.

**せまい 狭い ❶[幅・面積が] (幅が) adj. estrecho, 〖ラ米〗angosto; (面積が小さい) adj. pequeño. ♦狭い部屋 m. cuarto pequeño. ◆この道は狭すぎてバスは通れない Esta carretera es demasiado estrecha para permitir el paso de autobuses. ◆ヴェネチアの街は狭い Las calles de Venecia son estrechas. ◆この地点で海は狭くなって海峡となっている En ese lugar el mar forma un estrecho. ◆世界はだんだん狭くなってきている El mundo es cada vez más pequeño. / El mundo se está reduciendo. 会話 会議は小会議室で行なわれます—あそこじゃちょっと狭いんじゃない La reunión es en la sala pequeña. – ¿No va a ser demasiado pequeña?

❷【範囲が】adj. estrecho; (限られた) adj. limitado, reducido. ▶狭い交際範囲 m. círculo reducido de amigos. ◆彼は視野が狭い Tiene una visión limitada. ◆(広くない)Su visión de las cosas no es amplia. ◆この問題についての私の知識はかなり狭い Mis conocimientos sobre eso son bastante limitados.

《その他の表現》◆心の狭い人 f. persona de mentalidad estrecha. ◆世の中って狭いものですね！—あそこじゃちょっと狭い ¡Qué pequeño es el mundo! / (口語)El mundo es un pañuelo, ¿verdad?

せまくるしい 狭苦しい ▶狭苦しい台所 f. cocina muy pequeña. ◆この部屋は狭苦しい Este cuarto es muy pequeño. / En este cuarto no cabemos.

•**せまる** 迫る ❶【近づく】v. acercarse*, 《フォーマル》aproximarse; (時が近づく) v. estar*「muy cerca [(口語) a la vuelta de la esquina] → 近くく; (事が差し迫る) v. ser* urgente [inminente]; (...の瀬戸際である)v. estar* a punto de 《+不定詞》. ◆眼前に迫った危険 m. peligro inminente. ◆試験が間近に迫っている El examen está a la vuelta de la esquina. ◆開会(式)まであと1週間に迫っている Sólo falta una semana para la (ceremonia de) inauguración. ◆時間が刻々と迫っている El tiempo apremia a cada instante. ◆彼は死が迫っている Está「a punto de morir [al borde de la muerte]. ◆津波はものすごい速さで私たちの背後に迫ってきた El "tsunami" [maremoto] se acercó por detrás de nosotros con terrible rapidez.

❷【強いる】(人がせがむ)v. apremiar [urgir*] 《a + 不定詞, a que + 接続法》; (人・事がしきりに勧める)v. obligar* [exigir*] 《a + 不定詞, a que + 接続法》. ▶必要に迫られて adj. apremiado por la necesidad; (必要から) adv. por necesidad. ◆私は小切手に署名するように迫られた Me apremiaron a que firmara el cheque. ◆上司は彼に研究をやめるように迫った El jefe le presionó para que dejara sus estudios.

《その他の表現》◆家の裏手に崖が迫っている Hay un acantilado justo detrás de mi casa. ◆その描写は真に迫っている La descripción es muy realista.

せみ 蝉 f. cigarra, 《口語》f. chicharra. ▶せみ時雨(しぐれ) m. coro monótono de cigarras. ◆セミが鳴いている Las cigarras están cantando.

セミコロン m. punto y coma. → コンマ.

セミナー m. seminario. ▶スペイン中世史のセミナーを開く v. dar*, [《フォーマル》impartir] un seminario sobre historia medieval española.

ゼミ(ナール) m. seminario 《sobre, de》. → セミナー.

セミプロ (半職業的な人・選手) mf. semiprofesional. ▶セミプロの運動選手 mf. atleta semiprofesional.

せめ 責め (とがめ) f. culpa; (責任) f. responsabilidad. → 責任. ▶損害に対し責めを負う v. tomar [asumir] la responsabilidad de los daños.

セメスター (2学期制の学期) m. semestre. ▶セメスター制である v. tener* sistema semestral.

せめて (少なくとも) adv. por lo menos, al menos; (...だけ) adv. sólo; (多くて...) v. no más de [que] ... ◆彼はせめて電話くらいよこしてもよさそうなものだ Por lo menos puede llamarme. ◆彼が苦しまずに死んだのがせめてもの慰めだった Al menos fue una consolación que muriera sin sufrir. ◆せめてそのくらいしたっていいじゃないか Es lo menos que puedes hacer. ◆せめてもう10分待ってくれませんか ¿No puedes esperar al menos diez minutos más? ◆それが私のせめてもの(=唯一の)慰めです Ese es mi único consuelo.

せめよせる 攻め寄せる ◆敵は我が軍に攻め寄せてきた(=包囲の輪を縮めてきた) El enemigo estrechó el cerco sobre nuestro ejército.

せめる 攻める v. atacar*. → 攻撃する, 襲う. ▶敵を一気に[²じわじわと]攻める v. atacar* al enemigo ¹sin parar [²gradualmente] ☞ 攻撃する, 突[衝]く

せめる 責める (非難する) v. acusar 《a + 人 de [por]+ 事》. ◆彼は私の不注意を責めた Me culpó de negligencia. / Me acusó de ser descuidado. ◆彼がそれをしなかったからといってあまり責めてはいけません No deberías acusarlo [le] tanto porque él no lo hizo. ◆彼はお金を盗んだといって責められた Lo [Le] acusaron de haber robado el dinero.

セメント f. cemento. ▶セメント工場 f. fábrica de cemento. ▶セメントを塗る v. revestir* (el suelo) de cemento.

地域差 セメント
[スペイン] m. cemento, m. hormigón, m. mortero
[キューバ] m. cemento, m. concreto, m. hormigón, f. mezcla
[メキシコ] m. cemento, m. concreto, f. mezcla
[コロンビア] m. cemento, m. concreto
[アルゼンチン] m. cemento, m. hormigón, f. mezcla

せもじ 背文字 m. título del libro en el lomo.

セラ (カミロ・ホセ～) Camilo José Cela (☆1916-2002, スペインの小説家).

セラーノハム m. jamón serrano (☆生ハム).

ゼラチン f. gelatina. ▶ゼラチン状の adj. gelatinoso.

ゼラニウム m. geranio.

せり 芹 m. enante comestible, m. perejil

746 せり

japonés.
せり 競り *f.* subasta. → 競売. ▶牛の競り市(☆) *m.* mercado de subasta de (ganado) vacuno. ▶競りで花びんを買う *v.* comprar [〔フォーマル〕adquirir*] un jarrón en una subasta. ▶その絵を競りに出す *v.* poner* un cuadro en subasta.
せりあう 競り合う ▶二候補は知事の座を競り合った(=競争した) Los dos candidatos se disputaron el cargo de gobernador. ▶少年たちはその賞を目当てに競り合った Los muchachos compitieron por el premio. → 競争する.
ゼリー *f.* gelatina.
せりうり 競り売り (競売) *f.* subasta. ▶商品を競り売りする *v.* subastar artículos, vender productos en una subasta.
せりおとす 競り落とす ▶その絵はパリの競売で、3千ユーロで彼に競り落とされた(=競りで買われた) Compró el cuadro en una subasta de París por tres mil euros.
せりふ 台詞 〔芝居などの〕*m.* diálogo; 〔語〕*f.* palabra. ▶捨てぜりふを言う *v.* irse* con una frase amenazante. ♦すみません、せりふを間違えましたでしょ Perdón, me he equivocado de diálogo. ♦あいつのせりふ(=言うこと)が気に入らない No me gusta lo que dice.
セル 〔動画〕*f.* celda. ▶セル・アニメーション《専門語》*f.* animación de celda. ▶セル幅《専門語》*f.* anchura de celda.
セルバンテス (サベドラ)(ミゲル・デ ～) Miguel de Cervantes Saavedra (☆1547-1616, スペインの小説家, 『才知あふるる郷士ドン・キホーテ・デ・ラ・マンチャ』《El ingenioso hidalgo Don Quijote de la Mancha》の作者).
セルビア Serbia (☆ヨーロッパの国, 首都ベオグラード Belgrado).
セルフサービス *m.* autoservicio. ▶セルフサービスの食堂 *m.* restaurante de autoservicio.
セルフタイマー *m.* disparador automático.
セルロイド 〔商標〕*m.* celuloide.
セレクタ 《専門語》*m.* selector. ▶セレクタ・チャネル《専門語》*m.* canal selectivo.
セレナード *f.* serenata 〔小夜(☆)曲, 夜の調べ〕. ▶彼女のためにセレナーデを歌う〔演奏する〕 darle* una serenata a ella.
セレベスとう セレベス島 *f.* Isla Célebes (☆スラウェシ島, インドネシアの島).
セレモニー *f.* ceremonia. ▶クロージングセレモニー *f.* ceremonia de clausura.
*****ゼロ** *m.* cero. → 零. ▶4 対ゼロで勝つ *v.* ganar por cuatro (a) cero. ▶内線 1003 *f.* extensión uno cero cero tres. ▶視界ゼロで前進する *v.* avanzar* 「sin ninguna visibilidad [〔フォーマル〕con visibilidad nula]」. ▶ゼロ(=何もないところ)から始める *v.* empezar* de [desde] cero [la nada]. ▶体重計の針はゼロを指していた El indicador de la báscula marcaba cero. ♦私の物理の知識はゼロに等しい No sé prácticamente nada de física.
ゼロックス 〔商標〕"xerox" (☆発音は [séro(k)s]), *f.* xerografía. → コピー. ▶ゼロックスコピー *f.* xerocopia, *f.* copia xerocopiada. ▶

その手紙をゼロックスする *v.* xerografiar, xerocopiar la carta.
セロテープ 〔商標〕(*f.* cinta de) *m.* celofán, 〔口語〕*m.* celo.

> 地域差 セロ(ハン)テープ
> 〔スペイン〕*m.* celo, *f.* cinta adhesiva
> 〔ラテンアメリカ〕*f.* cinta 〔商標〕"scotch"
> 〔キューバ〕*m.* celofán, *f.* cinta adhesiva
> 〔メキシコ〕*f.* cinta adhesiva, 〔商標〕*m.* "durex" (☆発音は [djúre(k)s])
> 〔コロンビア〕*f.* cinta adhesiva
> 〔アルゼンチン〕*f.* cinta adhesiva, *m.* cintex

セロハン 〔商標〕*m.* celofán. ▶セロハン包装 *m.* envoltorio de celofán. ▶花束をセロハンで包む *v.* envolver* un ramo de flores en celofán.
セロリ(一) ▶セロリ 1 本 un apio.
せろん 世論 *f.* opinión pública. ▶国際世論 *f.* opinión internacional. ▶世論の動向 *f.* tendencia de la opinión pública. ▶世論調査を行なう *v.* sondear [hacer* una encuesta de] la opinión pública. ▶世論¹を無視する [²を反映する; ³に訴える] *v.* ¹ignorar [²reflejar; ³apelar a] la opinión pública. ▶世論を操る *v.* manipular la opinión pública. ▶世論を喚起する *v.* agitar la opinión pública. ▶世論に耳を傾ける *v.* prestar atención a la opinión pública. ▶世論は学生たちに味方していた La opinión pública estaba en favor de los estudiantes. ▶世論はガソリン税に反対している La opinión pública 「se opone al [está en contra del] impuesto de las gasolinas. ♦それに関して世論が分かれている La opinión pública está dividida sobre eso. / 〔真っ二つに割れている〕Hay división de la opinión pública sobre eso. ☞ 言論, 国民
*****せわ** 世話 ❶〔面倒をみること〕*m.* cuidado, *f.* atención; 〔管理責任〕*f.* responsabilidad, *m.* cargo. ▶世話女房 *f.* esposa atenta [solícita]. ▶パーティーの世話をする *v.* encargarse de los preparativos de la fiesta. ▶何から何まで身の回りの世話を焼く *v.* servirle* en todo. ▶赤ん坊の世話はその子守りの人がしている El bebé está al [bajo el] cuidado de la niñera. / La niñera 「cuida al [se encarga del] bebé. ▶リンゴの木は比較的世話が簡単である Los manzanos son fáciles de cuidar. ♦その子供たちは世話が行き届いている Los niños están bien cuidados. ♦彼は犬の世話をよくする Cuida bien al perro.
❷〔幹(☆)旋〕 ▶¹宣教師 [²彼]の世話で留学する *v.* estudiar en el extranjero gracias a ¹un misionero [²él]. → 幹(☆)旋. ♦私は彼女の結婚の世話をした Hice de mediad*or/dora* en su boda. → 仲人.
❸〔助力〕*f.* ayuda, *fpl.* atenciones. ▶世話になる *v.* recibir (su) ayuda. ♦大変お世話になりました Muchas gracias por sus atenciones. / Usted me ha ayudado mucho. / Le debo mucho. → ありがとう. ♦私は何かとおばの世話になっているようです Dependo en todo de mi tía.
❹〔厄介〕*f.* molestia. ▶世話の焼ける子 *mf.* niño/ña difícil. ♦あの子は世話がほとんどいらない Aquel niño no da casi que hacer. ♦この子は

世話を焼かせてばかりいる Este niño「causa muchas molestias [[スペイン]]《口語》da mucho la lata». ♦お世話をかけてすみません。タクシーを呼んでいただけますか　Perdón por molestarle, pero ¿no podría llamarme un taxi? → 面倒.

❺【おせっかい】▶世話焼き *mf*. entrometido/da, 『ラ米』*mf*. metiche. ♦よけいなお世話だ（=君の知ったことではない）A ti no te importa. / No es asunto tuyo. ♦要らぬ世話を焼かないでくれ No「te metas [《口語》metas tus narices] en mis asuntos.

── 世話する　❶【面倒をみる】*v*. cuidar, atender*,《強調して》prestar cuidados. ♦彼女は長年の間病気の父を世話してきた Ha cuidado muchos años a su padre enfermo. ♦私の留守中赤ん坊を世話してくれませんか ¿Puedes cuidar al niño mientras estoy fuera?

❷【幹旋する】▶（見つけてやる）*v*. buscar*; （得さる）*v*. intentar （＋不定詞）. →幹(ぁ)旋する. ♦彼が就職を世話してくれた Me buscó un trabajo. ♦娘に家庭教師を世話してくれませんか ¿Puedes buscarme un profesor particular para mi hija? ♦私がコンサートの切符をお世話しましょう Intentaré conseguirle una entrada para el concierto.

☞ 手入れ; 接ぐ, 付き添う, 手入れする

せわしい　▶せわしい人 *f*. persona ocupada [inquieta]. ♦せわしい（=早い）息遣い *f*. respiración rápida.

せわしさ　（多忙）*f*. mucha ocupación. → せわしい.

**せん　千　*num*. mil　→ 百; （千番目の）*adj*. milésimo. ▶5千5冊の本 *mpl*. cinco mil cincuenta libros. ▶千ユーロ *mpl*. mil euros. ▶何[数]千人もの学生 *mpl*. miles de estudiantes. ▶千一番目の *adj. el/la* mil uno, milésimo primero.

*せん 線　❶【直線などの】*f*. línea, 《口語》*f*. raya. ▶平行線 *fpl*. líneas paralelas. ▶¹太い[²細い]赤の2重線を引く *v*. trazar* una doble raya roja y ¹gruesa [²fina]. ♦線の入った紙 *m*. papel rayado. ▶38度線 *m*. paralelo 38°. ♦白線から前へ出ないでください No pasen de la línea blanca, por favor.

❷【電話・鉄道などの】（電話）*f*. línea, *m*. cable; （鉄道・バスなどの路線）*f*. línea, *f*. ruta, *m*. trayecto, （鉄道路線）*f*. vía; （道路の車線）*m*. carril, 『チリ』*f*. pista, 『アルゼンチン』*f*. senda; （航路）*f*. ruta. ▶電話線 *f*. línea telefónica. ▶東海道新幹線 *f*. Nueva Línea Tokaido. ▶国際線のパイロット *m*. piloto de líneas [rutas] internacionales. ▶国道8号線 La carretera nacional 8. ▶4車線の幹線道路 *f*. autopista de cuatro carriles. ▶東京から中央線で西へ行く *v*. viajar al oeste de Tokio por la línea Chuo. ♦その列車は5番線より発車します El tren sale de la vía 5.

❸【行動などの方向】*f*. línea, *f*. directrices; （基本方針）*m*. principio. ▶安全第一の線に沿って行動する *v*. actuar* según el principio de que lo primero es la seguridad. ♦この線で（=この方針に従って計画を進めよう Vamos a seguir con nuestro plan「de acuerdo con [según] estas directrices.

《その他の表現》▶一線を画す *v*. mantenerse* apartado《de》. ♦その分野の第一線で活躍している *v*. ir* a la vanguardia en el campo. / desempeñar sus actividades en primera línea en el campo. ♦彼の学校の成績はかなりいい線をいっている Va bastante bien en la escuela. ♦交渉はいい線をいっている La negociación va avanzando. ♦（私の答えは）合ってる？せめていい線いってる（=正解に近い）だけでも教えて ¿He acertado? Por lo menos dime si「me estoy acercando [《口語》voy caliente]. ♦あの人は線の細い（=神経質な）感じの人だ Parece una persona sensible [débil].

せん 栓　（びんなどの）*m*. tapón, （コルク栓）*m*. corcho; （たるの）*m*. tapón; （穴をふさぐ）*m*. tapón; （水道・ガスなどの）*f*. llave, 『スペイン』*m*. grifo. ▶びんのコルク栓を¹する [²抜く]　*v*. ¹poner* un corcho a [²descorchar, ²quitar el corcho de] una botella. ♦綿を丸めて試験管に栓をする *v*. tapar una probeta con un pedazo de algodón. ▶水道の栓を¹開ける [²閉める] *v*. ¹abrir* [²cerrar*]「el grifo [la llave de agua].

せん 腺　〔専門語〕*f*. glándula. ▶腺（状）の *adj*. glandular.

-せん -戦　▶彼は21戦20勝だ Ganó 20 de 21 carreras [partidos].

せん- 腺-　腺癌(がん)〔専門語〕*m*. adenocarcinoma. ▶腺筋症〔専門語〕*f*. adenomiosis. ▶腺疾患〔専門語〕*f*. adenosis.

ぜん 前　（かつての）ex-; （時間・順序などの）その前の）*adj*. anterior, de antes; （すぐ前の, 直前の）*adj*.《教養語》precedente. ▶この市の前市長「*m*. anterior alcalde [*m*. ex-alcalde] de esta ciudad. ♦前近代的な考え *f*. idea premoderna [anticuada]. ▶前ページに *adv*. en la página anterior.

ぜん 善　（よいこと）*m*. bien. ▶善をなす *v*. hacer* el bien. ♦善は急げ〔ことわざ〕Para hacer el bien que te falten pies.

ぜん 禅　*m*. "zen". ▶禅宗 *m*. budismo "zen". ▶禅僧 *m*. bonzo 「*m*. monje] budista de la secta "zen". ▶禅を実践する *v*. practicar* el "zen". ♦禅は座禅を組んで静かに瞑(めい)想することによって悟りの境地に達することをめざしています El zen persigue la iluminación espiritual por medio de la meditación silenciosa sentado con las piernas cruzadas.

*ぜん- 全-　（すべての）*adj*. todo, todos; （全体の）*adj*. total, completo; （欠けることなく全体の）*adj*. entero; （総計の）*adj*. total, entero. → 全部. ▶全国民 todo el país, toda la nación. ▶全人格 toda la personalidad. ▶全4巻のスペイン語辞典 *m*. diccionario español completo en cuatro tomos. ▶全世界がその事件に注目している Todo el mundo está prestando atención al acontecimiento.

ぜんあく 善悪　el bien y el mal. → 善し悪し.

せんい 繊維　（動植物の）*f*. fibra. ▶筋肉繊維 *f*. fibra muscular. ▶¹人造 [²化学; ³合成]繊維 *f*. fibra ¹artificial [²química; ³ sintética].

▶ガラス繊維(＝グラスファイバー) f. fibra de vidrio. ▶繊維(＝織物)産業 f. industria textil. ▶繊維製品 mpl. productos textiles. ▶繊維質のものを食べる v. comer alimentos con [ricos en] fibra.

せんい 船医 m. médico de a bordo.

せんい 戦意 m. espíritu combativo. ▶戦意を失う v. perder* el espíritu combativo.

せんい 線維 ▶線維腫症《専門語》 f. fibromatosis. ▶線維症《専門語》 f. fibrosis.

ぜんい 善意 (誠意) f. buena fe; (よい意図) f. buena intención; (好意) f. buena voluntad; (親切心) f. amabilidad. ▶善意の贈り物 m. regalo dado "de buena fe [con buena voluntad]". ▶彼はそれらの批評を善意に解釈した Tomó esos comentarios「a bien [de buena fe]. ▶彼をとがめないで、善意でやったのだから No le eches la culpa. Lo hizo con buena intención.

せんいせい 繊維性 ▶繊維筋性異形成症《専門語》 f. displasia fibromuscular. ▶繊維性骨異形成症《専門語》 f. displasia fibrosa. ▶繊維性骨炎《専門語》 f. osteítis fibrosa.

せんいん 船員 (乗組員全体) f. tripulación → 乗組員; (船乗り) m. marinero, m. marino.

ぜんいん 全員 ▶委員会全員がそれに反対した Todos los miembros del comité estaban en contra. / Se opuso a eso la totalidad del comité. ♦ 家族は全員元気です「Todos en casa están [Toda mi familia está] bien. → 家族. ♦ その法案は全員一致の承認により採択された「El proyecto de ley fue aprobado [La propuesta de ley fue aprobada]「por unanimidad [unánimemente].

せんえい 先鋭 ▶先鋭化(＝先の鋭い)ピン m. alfiler afilado. ▶先鋭分子(＝過激主義者) mf. radical. ▶先鋭的思想 fpl. ideas radicales. → 過激.

ぜんえい 前衛 **❶**《軍隊の》 f. vanguardia. **❷**《球技の》 mf. delantero/ra. ▶前衛を守る v. jugar* de delantero.
❸《芸術の》 ▶前衛芸術 mpl. artes de vanguardia. ▶前衛派 f. vanguardia.

せんえつ 僭越 (生意気) m. atrevimiento, 《フォーマル》 f. osadía. ▶僭越な行為 m. comportamiento insolente. ▶彼は僭越にもわれわれの申し出を断わった Tuvo la insolencia [《口語》cara] de rechazar nuestra oferta. ♦ 彼がわれわれに干渉したのは僭越なことだ Fue insolente por su parte el entrometerse entre nosotros. ♦ 僭越ながら(＝失礼ですが)この案を委員会に進言させていただきます Permítanme el atrevimiento de sugerir este plan al comité.

せんか 戦火 f. guerra. → 戦争.

せんか 戦禍 mpl. desastres de la guerra. ♦ その国はひどい戦禍を被った El país sufrió mucho los desastres de la guerra.

せんが 線画 (ペンまたは鉛筆の) m. dibujo de líneas.

ぜんか 前科 (犯罪の前歴) mpl. antecedentes penales [delictivos, policíacos, criminales]. ▶前科者 f. persona con antecedentes penales, mf. ex-convicto/ta. ♦ 彼には前科がない No tiene antecedentes penales. ♦ 彼は前科 3 犯だ Ha sido condenado tres veces.

せんかい 旋回 ▶旋回する(円を描いて) v. dar* vueltas; (方向を変えて) v. girar. ♦ 飛行機は船上を旋回した El avión daba vueltas sobre el barco. ♦ ヘリコプターは北に旋回した El helicóptero giró hacia el norte.

ぜんかい 全壊 ▶全壊する v. quedar arrasado (por un terremoto). ▶全壊家屋 f. casa arrasada [destruida completamente].

ぜんかい 全快 ♦ 彼は全快した Se recuperó totalmente (de su enfermedad). / Su restablecimiento fue absoluto.

ぜんかい 前回 ▶前回の講義 f. última [anterior] conferencia. ▶前々回の会合 f. penúltima reunión. ▶(連載物の)前回までの物語のあら筋 m. resumen del argumento hasta la última entrega. ♦ 前回(＝この前)はどこへ行きましたか ¿Dónde fuiste la última vez?

ぜんかい 全開 ▶エンジンを全開する v. acelerar el motor a toda potencia.

ぜんかいいっち 全会一致 ▶全会一致でその報告を承認する v. aprobar* por unanimidad el informe.

せんがく 浅学 mpl. conocimientos limitados. ▶浅学非才を顧みず adv. pese a mi falta de conocimientos y capacidad, 《口語》con todo lo poco que sé.

ぜんかく 全角 ▶全角文字《専門語》 m. carácter de tamaño completo.

ぜんがく 全額 (総額) m. total, f. suma total. ▶月末までに全額を支払う v. pagar* el total antes de fin de mes. ▶借金を全額支払う v. saldar toda la deuda. ▶旅費の全額(＝全体)を払い戻す v. devolver* 《a ＋ 人》todos los gastos de viaje.

せんかくしゃ 先覚者 (創始者) mf. pionero/ra; (学問・徳のある人) f. lumbrera.

せんかん 戦艦 m. acorazado.

せんぎ 詮議 ▶詮議する v. examinar.

ぜんき 前記 ▶前記の adj. mencionado [indicado] antes; 《フォーマル》susodicho. ▶前記の質問 f. pregunta mencionada. ▶前記のとおり adv. como "se mencionó antes [quedó mencionado; se mencionó más arriba].

ぜんき 前期 (1年の前半) f. primera mitad (del año); (2 学期制の前半) m. primer semestre; (時代の初期) m. primer período. ▶(大学の)2 学年の前期に adv. en el primer semestre del segundo año. → 前半, 初期.

せんきゃく 船客 m. pasajero a bordo (del barco). ▶1 等船客 m. pasajero de primera clase. ▶エル・マリモ丸の船客 m. pasajeros a bordo de El Marimo.

*せんきょ 選挙 f. elección.
1《〜選挙》 ▶大統領選挙 fpl. elecciones presidenciales. ▶統一地方選挙 fpl. elecciones locales por toda la nación. ▶総選挙 → 総選挙. ▶普通 [2直接; 3間接]選挙 f. elección [1]popular [[2]directa; [3]indirecta].

2《選挙＋名詞》 ▶選挙違反 f. violación de la ley electoral. ▶選挙運動 f. campaña electoral. ▶¹選挙演説 [²公約] *m.* discurso [² *f.* promesa] electoral. ▶選挙妨害 *m.* obstáculo electoral. ▶選挙管理委員会 *m.* comité electoral. ▶公職選挙法 *f.* Ley de Elecciones Públicas. ▶選挙カー *f.* furgoneta de campaña electoral. ▶選挙区 *m.* distrito [*f.* circunscripción] electoral. ▶選挙権 *m.* derecho de [a] voto, 《フォーマル》 *m.* sufragio. ▶選挙制度 *m.* sistema electoral. ▶選挙人名簿 *f.* lista electoral, *f.* nómina de electores. ▶選挙日 *m.* día de votación [elecciones]. ▶選挙資金を集める *v.* recaudar fondos electorales.

3《選挙が》 ◆4年ごとに市長選挙が行なわれる Las elecciones a alcalde se celebran cada cuatro años.

4《選挙の》 ◆選挙のときには投票所に投票に行かねばならない En las elecciones, hay que ir al colegio [puesto] electoral. ◆選挙の結果は今夜放送されるでしょう Los resultados de las elecciones serán transmitidos esta noche.

5《選挙に》 ◆彼は次の選挙に1出る [²勝っ, ³負ける]だろう Va a ¹presentarse a [²ganar; ³perder] las próximas elecciones.

6《選挙を》 ◆あした学級委員長の選挙をします Mañana「elegimos al [tenemos elecciones a] delegado de la clase. ◆選挙を管理するための委員会が設置された Se creó un comité para supervisar la elección.

7《選挙で》 ◆あす次期会長を選挙で選びます Mañana「elegimos al nuevo presidente [tenemos elecciones a la presidencia]. ◆この前の選挙で彼は国会議員に選ばれた「Fue elegido diputado del parlamento [Le eligieron parlamentario] en las últimas elecciones.

—— 選挙する *v.* elegir*, tener* [《フォーマル》celebrar] una elección; (投票で) *v.* elegir* por votación.

せんきょ 占拠 *f.* ocupación. ▶占拠する *v.* ocupar. ▶占領. ▶建物を不法占拠する *v.* ocupar ilegalmente el edificio.

せんぎょ 鮮魚 *m.* pescado fresco. → 魚(ぎょ).

せんぎょう 専業 *m.* empleo [*m.* trabajo] de tiempo completo. ▶専業主婦 *f.* ama de casa de tiempo completo. ▶専業農家 *mf.* agricul*tor/tora* de tiempo completo.

せんきょうし 宣教師 *mf.* misionero/ra.

せんくしゃ 先駆者 *mf.* pionero/ra, (学問・流派などの創始者) *mf.* precur*sor/sora*. ▶この道の先駆者が *mf.* pionero/ra en este campo.

ぜんけい 全景 (全体の眺め) *f.* vista general [panorámica]; (パノラマ) *m.* panorama. ◆あの丘の頂上から札幌市の壮大な全景を見ることができる Desde lo alto de aquella colina se divisa una vista [panorámica] magnífica de Sapporo. ◆まもなく湖の全景が見えてくるだろう Pronto tendremos una vista general del lago.

ぜんけい 前景 (景色・絵画などの) *m.* primer plano.

せんけつ 先決 ▶先決問題 (ある問題に先立って解決しなければならない第一の問題) *m.* primer

ぜんご 749

tema a tratar, lo primero de todo; (第一に考慮すべき事柄) lo más importante, 《フォーマル》 *f.* primera consideración. ◆その紛争の解決が先決だ (＝まず最初に紛争を解決しなければならない) Antes de nada, hay que solucionar esa disputa.

* **せんげつ 先月** el mes pasado, el pasado mes. ▶先々月 el mes penúltimo. ▶先月の5日に *adv.* el día cinco del mes pasado. ▶先月の最後の月曜日に *adv.* el último lunes del mes pasado. ▶先月号 *m.* número del mes pasado. ◆先月はとても忙しかった El mes pasado estuve muy ocupado.

せんげん 宣言 *f.* declaración, 《フォーマル》 *f.* proclamación. ▶独立宣言 *f.* declaración de independencia. ▶平和宣言 *f.* declaración de paz. ▶奴隷解放宣言 *f.* proclamación de la emancipación de esclavos. ▶共産党宣言 *m.* Manifiesto Comunista. ▶独立宣言をする *v.* declarar la independencia. ▶爆弾宣言をする *v.* hacer* declaraciones explosivas.

—— 宣言する (はっきりと) *v.* declarar; (国家的関心事を高らかに) *v.*, 《フォーマル》 proclamar. ◆彼はオリンピックの開会を宣言した Declaró inaugurados los Juegos Olímpicos. ◆ついに終戦が宣言された Por fin se proclamó el fin de la guerra.

ぜんけん 全権 (一切の権限) *f.* plena autoridad, *mpl.* plenos poderes, 《教養語》 *f.* plenipotencia; (絶対的権力) *m.* poder absoluto. ▶全権大使 *mf.* embaja*dor/dora* plenipotenci*ario/ria*. ▶全権を委任する *v.* dar* [《フォーマル》conferir*] 《a + 人》plenos poderes 《para》. ◆彼は会社の全権を握っている Tiene plenos poderes en la compañía.

ぜんげん 前言 ▶前言を取り消す *v.* retirar lo dicho, desdecirse*.

せんけんのめい 先見の明 ◆彼は先見の明がある Tiene mucha visión. / Ve muy por delante. ◆父は先見の明がない Mi padre no tiene visión de futuro.

せんご 戦後 (戦後の時期・時代) *f.* posguerra. ▶戦後数年間 *mpl.* varios años después de la guerra. ▶戦後派 *f.* generación de la posguerra. ▶戦後の日本 el Japón de la posguerra. ▶戦後50年たった Han pasado 50 años desde que acabó la guerra. ◆戦後はもう終わった Ya acabó la posguerra.

* **ぜんご 前後** ❶【場所】(前と後ろに) *adv.* delante y detrás [atrás], (前面と背面に) *adv.* por delante y por detrás. ◆前後をよく見なさい Mira cuidadosamente delante y detrás. ◆車をバックで車庫に入れるときは前後左右をよく見なさい Mira bien alrededor cuando metas el coche en el garaje. ◆彼らは城を前後から攻撃した Atacaron el castillo por delante y por detrás. ◆彼らは音楽に合わせて体を前後に揺り動かした Se movían adelante y atrás al ritmo de la música.

❷【時間】(前か後に) *adv.* antes o después 《de》. ◆クリスマス前後に私のところに遊びに来てください Por favor, ven a verme antes o des-

せんこう

pués de Navidad. ◆教師は試験の前後が特に忙しい Los profesores están especialmente ocupados antes y después de los exámenes. ◆二人は前後して部屋に入って来た Entraron los dos uno detrás de otro.

❸【およそ】*adv.* alrededor de, más o menos. ▶30 歳前後の女性 *f.* mujer de unos treinta años. ◆彼は10時前後にここに来ます Llega aquí hacia [aproximadamente a] las diez. /(10 時かそこらに)Llega más o menos a las diez.

❹【順序】*m.* orden;(文脈)*m.* contexto.◆前後が逆転している El orden es inverso. ◆前後関係から語の意味を推測できる Se puede deducir el significado de una palabra por su contexto. ◆彼の言葉は前後関係なく引用され, 誤解された Sus palabras se citaron fuera de contexto y fueron malentendidas.

《その他の表現》▶前後不覚に眠る *v.* dormir* como un tronco [《口語》lirón]. ◆怒りで前後を忘れる(=逆上している)*v.* estar* fuera de sí de rabia. ◆前後不覚になるまで飲んだ Bebí [《ラ米》Tomé] hasta perder el conocimiento. ◆彼はよく話が前後する(=混乱する) Cuando habla se confunde a menudo. ◆前後の見境もなく(=衝動的に)彼は社長をけった Le dio una patada al presidente sin「ninguna vacilación [pensarlo].

せんこう 選考 (選抜) *f.* selección. ▶選考する *v.* seleccionar, elegir*. ▶選考委員会 *m.* comité de selección. ▶選考基準 *mpl.* criterios de selección. ▶選考にもれる *v.* no ser* seleccionado. ▶書類選考する *v.* examinar (sus) documentos. ▶就職希望者たちは慎重に選考された Seleccionaron cuidadosamente a los aspirantes al puesto.

せんこう 専攻 (専門) *f.* especialidad, 《口語》 *m.* campo. ▶専攻科目 *f.* asignatura principal. ◆専攻は文学です Mi especialidad es la literatura.

せんこう ▶先行する(先に行く) *v.* adelantarse 《a》;(順序などが)*v.*《フォーマル》preceder《a》. ◆彼の考えは時代に先行している Sus ideas están adelantadas a su época. / Va por delante de su tiempo. ◆英語では動詞が目的語に先行する En inglés el verbo suele preceder al objeto. ◆地元チームが 6 対 4 で先行している(=リードしている) El equipo de casa se adelanta en el marcador por seis a cuatro.

せんこう 潜行 ▶潜行する(地下に潜る)*v.* esconderse en la clandestinidad;(隠れる)*v.* esconderse. ▶(地下)潜行運動 *f.* actividades clandestinas. ▶脱走犯が市内を潜行している El prisionero fugado está escondido en la ciudad.

せんこう 閃光 《英語》*m.* "flash", *m.* destello. ▶閃光を発する *v.* brillar, destellar.

せんこう 線香 *f.* varilla de incienso, *m.* pebete. ▶線香花火 *f.* bengala. ▶仏壇に線香をあげる *v.* ofrecer* [quemar] incienso ante el altar budista.

ぜんこう 善行 (よい行ない)*f.* buena acción; (よい行状)*f.* buena conducta. ▶善行で表彰される *v.* ser* premiado por su buena conducta. ▶善行を施す *v.* hacer*《a + 人》un favor.

ぜんこう 全校 (全校生徒(および先生)) toda la escuela. ▶全校生徒「*mpl.* todos los alumnos [*m.* alumnado al completo] de la escuela.

ぜんごう 前号 (その前の号)*m.* número anterior [precedente]. ▶前号から続く Continúa del número anterior.

せんこく 宣告 *f.* declaración; (刑の)*f.* sentencia. ▶有罪の宣告 *m.* pronunciamiento de la condena.

―― 宣告する *v.* declarar, pronunciar, sentenciar, condenar. ▶彼に死刑を宣告する *v.* pronunciar la pena de muerte, condenarle a muerte. ◆彼は殺人で有罪を宣告された(=有罪判決を受けた) Fue condenado por asesinato. ◆医者は父の死亡を宣告した El médico declaró la muerte de mi padre.

せんこく 先刻 (ちょっと前に)*adv.* hace poco [un rato]; (既に)*adv.* ya. ▶先刻ご承知のとおり *adv.* como ya sabe [《口語》sabes, saben ustedes].

ぜんこく 全国 todo el país, el país entero; (全国各地) todos los rincones del país. ▶全国的な(地方に対し)*adj.* nacional. ▶全国区 *m.* distrito electoral nacional. ▶全国紙 *m.* periódico nacional. ▶全国的な運動を起こす *v.* emprender una campaña nacional. ▶全国的な規模で *adv.* a escala nacional. ◆インフルエンザが全国に広がっている La influenza está extendida por todo el país. ◆人々は全国からやって来た La gente acudía de todos los rincones del país. ◆天気は全国的によいでしょう El buen tiempo predominará en todo el país. ◆その試合は全国ネットで放映された El partido fue televisado en todo el país.

せんごくじだい 戦国時代 *f.* era de「guerra civil [los estados guerreros].

ぜんごさく 善後策 善後策(=改善する手段)を講じる *v.* tomar [《フォーマル》adoptar] medidas「para remediarlo [《フォーマル》correctivas].

センサー *m.* sensor.

せんさい 戦災 (被害)*mpl.* daños de la guerra; (荒廃)*mpl.* desastres de la guerra. ▶戦災者 *f.* víctima de la guerra; (空襲による)*f.* víctima de un bombardeo. ▶戦災孤児 *mf.* huérfano/na de guerra. ▶ひどい戦災を[1]被る [2]免れる] *v.* [1]sufrir [2]escapar de] grandes desastres en la guerra.

せんさい 繊細 (感覚・趣味などの)*f.* delicadeza, *f.* exquisitez; (感覚・識別眼などの)*f.* finura, *f.* sutileza. ▶彼の文学趣味の繊細さ *m.* su delicado gusto literario. ▶繊細な *adj.* delicado, fino. ▶繊細な感受性を持つ音楽家 *mf.* músico/ca de fina sensibilidad. ◆彼女には繊細な美的感覚がある Posee un sentido estético exquisito.

せんざい 洗剤 *m.* detergente. ▶[1]合成 [2]中性]洗剤 *m.* detergente [1]sintético [2]neutro].

せんざい 潜在 ▶潜在的(な) *adj.* latente; (可能

性(のある)adj. potencial. ▶潜在失業者 mf. desempleado/da latente [no inscrito/ta]. ▶潜在能力 m. potencial, f. capacidad latente. ▶潜在意識 m. subconsciente, f. subconsciencia. ◆両国間には戦争の危険が潜在していた Entre los dos países continuaba latente una crisis de guerra.

ぜんさい 前菜 (オードブル)mpl. entremeses; f. entrada.

せんざいいちぐう 千載一遇 ▶千載一遇のチャンスを逃す v. perder* [dejar escapar]「una oportunidad entre un millón [la ocasión de la vida].

せんさく 詮索 ▶詮索好きな adj. entrometido, 《ラ米》《口語》metiche. ▶他人のことを詮索する v.「meterse en」《口語》meter las narices en,《フォーマル》escudriñar」asuntos ajenos. ◆私の仕事のことをそんなに詮索するな No te metas tanto en mi trabajo.

せんさばんべつ 千差万別 ▶千差万別の意見 fpl. opiniones「de infinita variedad [《口語》para todos los gustos]. ◆人の趣味は千差万別だ Cada uno tiene su afición. / Sobre gustos no hay nada escrito.

せんし 戦死 f. muerte en「el combate [la guerra]. ▶戦死者 mf. muerto/ta [《フォーマル》m. caído/da] en el combate, mpl. caídos de la guerra. ◆祖父は第二次世界大戦で戦死した Mi abuelo murió en la Segunda Guerra Mundial.

せんし 戦士 mf. combatiente, mf. guerrero/ra.

ぜんじ 漸次 ▶漸次(=次第に)東へ移動する v. desplazarse* gradualmente hacia el este.

せんしじだい 先史時代 mpl. tiempos prehistóricos, f. era prehistórica. ▶先史時代の動物 m. animal prehistórico.

せんしつ 船室 m. camarote. ▶1等船室 m. camarote de primera clase. ▶この船には約300の船室があります En este barco hay unos 300 camarotes.

*せんじつ 先日 el otro día; (数日前に)adv. hace unos [algunos] días; (最近)adv. últimamente, recientemente. → 最近. ◆先日東京で強い地震があった El otro día hubo un fuerte terremoto en Tokio. ◆彼は先日来ずっと欠勤している Hace varios días que no viene al trabajo. ☞ この間, この前, 先ごろ, 先だって

ぜんじつ 前日に adv. el día antes [anterior,《フォーマル》precedente], la víspera. ◆彼は外国に出発する前日にパスポートを失くした. Perdió el pasaporte「un día antes [la víspera] de su salida al extranjero.

せんじつめる 煎じ詰める ◆彼の長い説教は煎じ詰めると「正直に働け」ということだ Su largo sermón se resume en "trabajen honradamente."

せんしゃ 戦車 m. carro de combate, m. tanque. ▶¹重 [²軽]戦車 m. tanque ¹pesado [²ligero]. ▶対戦車砲 m. cañón antitanque. ▶戦車隊 f. unidad de tanques [carros de combate]. ▶戦車兵 m. tanquista.

せんしゃ 洗車 ▶洗車する v. lavar un coche. ▶洗車場 f. estación de limpieza (de coches).

ぜんしゃ 前者 el primero, la primera. ▶前者の adj. primero, aquel, anterior. ◆前者の方が後者よりよい El primero es mejor que el segundo. ◆我が家では自転車2台と自動車1台がある. 前者は父と私が, 後者は母が使っている En casa hay dos bicicletas y un coche. Las primeras son para mi padre y para mí, el segundo es para mi madre. ◆前者の案が実行に移された Se puso en práctica「el plan anterior [el primer plan].

*せんしゅ 選手 (運動選手)mf. atleta, mf. deportista; (球技の)mf. jugador/dora; (走者) mf. corredor/dora.

1《〜(の)選手》▶フィールド選手 mf. atleta de campo. ▶万能選手 mf. atleta hábil para todo. ▶野球選手 mf. jugador/dora de béisbol. ▶水泳の選手 mf. nadador/dora. ▶スキー選手 mf. esquiador/dora. ▶走り高跳びの選手 mf. saltador/dora de altura. ▶¹正 [²補欠]選手 mf. jugador/dora ¹ fijo / ja [²suplente]. ▶¹マラソン [²長距離]選手 mf. corredor/dora de ¹maratón [²fondo], ¹ mf. maratoniano/na [² mf. fondista]. ▶短距離選手 mf. velocista, mf. esprínter. ◆彼はどのチームの選手ですか ¿En qué equipo juega?

2《選手＋名詞》▶選手権 m. campeonato. ▶選手権保持者 mf. campeón/ona, poseedor/dora de título. ▶選手権大会 m. campeonato. ▶世界選手権を¹獲得する [²失う] v. ¹ganar [²perder*] el campeonato [título] mundial.

せんしゅ 先取 ▶先取点を上げる v. marcar* primero. ▶3点を先取する v. marcar* los primeros tres puntos [tantos].

せんしゅ 船首 f. proa. ▶船首から沈む v. hundirse por la proa.

せんしゅ 船主 mf. naviero/ra, mf. armador/dora.

せんしゅう 先週 f. semana pasada, f. pasada semana. ◆先週の火曜日から入院している弟を見舞った Visité a mi hermano que estaba hospitalizado desde el martes de la semana pasada.

せんしゅう 選集 (代表作品集)f. selección (de obras), fpl. obras escogidas; (名詩名文集) f. antología,《教養語》m. florilegio.

ぜんしゅう 全集 ▶漱石全集 fpl. obras completas de Soseki.

せんしゅうがっこう 専修学校 f. escuela especial de formación profesional.

せんじゅうしゃ 専従者 (労働組合の) mf. permanente (de un sindicato).

せんじゅうみん 先住民 (原住民全体)mpl. indígenas, mpl. aborígenes, (個人)mf. indígena, mf. aborigen.

せんしゅつ 選出 f. elección. ▶群馬県3区選出の代議士 mf. diputado/da [mf. parlamentario/ria] del tercer distrito (electoral) de la Prefectura de Gunma. ▶選出する v. elegir*. ◆ 選ぶ. ◆彼はチームのキャプテンに選出された

Fue elegido capitán del equipo.

せんじゅつ 戦術 （個々の戦闘に対する）f. táctica; (全体の作戦計画) f. estrategia. → 戦略。 ▶戦術家 mf. estratega. ▶戦術上の要点 m. punto estratégico [táctico]. ▶巧みな戦術で敵を破る v. derrotar al enemigo con una táctica inteligente. ▶その状況を戦術的に利用する v. tomar una ventaja táctica de la situación. ▶野党側の引き延ばし戦術で国会は混乱した La táctica de retraso de la oposición confundió a la Dieta.

ぜんじゅつ 前述 ▶前述の文 f. frase anterior [《フォーマル》anteriormente mencionada]. ▶前述のとおり adv. como quedó dicho, 《フォーマル》como se mencionó anteriormente.

ぜんしょ 善処 ▶その件を善処する(＝適当な措置をとる) v. tomar las medidas adecuadas [apropiadas] al respecto. ▶問題を善処する (＝適当にうまく処理する) v. arreglar el asunto adecuada y hábilmente.

せんじょう 船上 ▶船上で[に] adv. a bordo (de un barco). ▶船上生活 f. vida a bordo.

せんじょう 戦場 m. campo de batalla [combate]. ▶その市は戦場と化した La ciudad se convirtió en un campo de batalla. ▶彼は戦場に散った Cayó en combate [el campo de batalla].

せんじょう 洗浄 ▶洗浄する(洗う) v. hacer* un lavado, lavar; (きれいにする) v. limpiar; (すすぐ) v. aclarar; (傷口などを) 《専門語》 v. irrigar*. ▶胃を洗浄する v. hacer* un lavado gástrico [de estómago].

ぜんしょう 全焼 ▶全焼する v. quedar destruido completamente por un incendio. ▶校舎はその火事で全焼した La escuela quedó totalmente destruida por el incendio.

ぜんしょう 全勝 f. victoria completa, m. triunfo absoluto. ▶全勝する v. ganar todos los partidos. ▶全勝優勝をする v. ganar el campeonato saliendo invicto. ▶全勝街道を爆進する v. mantenerse* invicto. ▶朝青龍は全勝で千代大海と共に首位を守っている Asashoryu está invicto y comparte el primer lugar con Chiyotaikai.

せんしょうこく 戦勝国 m. país victorioso.

ぜんしょうせん 前哨戦 f. escaramuza preliminar.

せんじょう(てき) 扇情(的) ▶扇情(的)な (興味・興奮をあおるような) adj. sensacional; (性的に挑発的な) adj. incitante, provocativo. ▶扇情的新聞 m. periódico sensacionalista. ▶扇情的写真 f. fotografía incitante [provocativa].

せんしょく 染色 m. tinte, f. tintura.

せんしょくたい 染色体 m. cromosoma. ▶染色体地図 m. mapa de cromosomas. ▶¹X[²Y]染色体 m. cromosoma ¹X [²Y].

せんじる 煎じる ▶薬草を煎じる v. hacer* una infusión de hierbas (medicinales).

せんしん 専心 ▶専心する (努力・注意を集中する) v. concentrarse 《en》; (献身する) v. entregarse* en cuerpo y alma 《a》. →専念。 ▶一意専心の adj. sincero; incondicional.

ぜんしん 全身 (体全体) todo el cuerpo; (体のいたる所) m. cuerpo entero. ▶全身の(写真などの) adj. de cuerpo entero. ▶全身肖像画 m. retrato de cuerpo entero. ▶全身麻痺 f. parálisis total. ▶全身運動をする v. ejercitar todo el cuerpo. ▶全身麻酔をかける v. anestesiar 《a ＋ 人》 todo el cuerpo, 《フォーマル》 administrar 《a ＋ 人》 anestesia total. ▶全身がだるい v. sentir* todo el cuerpo adormecido. ▶全身全霊を打ち込む v. entregarse* en cuerpo y alma. →全身全霊。 ▶彼は全身にやけどをした Sufrió quemaduras por todo el cuerpo. ▶彼女は全身（＝頭のてっぺんからつま先まで）黒ずくめの服装をしていた Iba todo de negro. / Iba vestida de negro de pies a cabeza. ▶全身の力を込めてその石を動かした Movió la piedra con todas sus fuerzas.

ぜんしん 前進 m. avance; m. progreso. ▶敵の前進をくい止める v. detener* el avance del enemigo. ▶交渉には大きな前進があった Las negociaciones han avanzado [progresado] mucho. / (進展した)Ha habido grandes progresos en las negociaciones.

—— **前進する** （目標に向かって）v. avanzar*, adelantar; （敵を後退させて）v. ganar terreno; （先へ進む）v. marchar adelante [hacia delante]. → 進む。 ▶軍隊は町に向かって前進した Las tropas avanzaron hacia la ciudad. ▶雪で私たちは前進できなかった No podíamos avanzar por la nieve.

—— **前進させる** v. hacer* avanzar* (las tropas).

せんしんこく 先進国 m. país avanzado [adelantado, desarrollado]. ▶先進国首脳会議 f. conferencia cumbre.

ぜんしんぜんれい 全身全霊 ▶彼女はその仕事に全身全霊を打ち込んだ Se entregó en cuerpo y alma al trabajo. / (一身をささげた)Se consagró por entero al trabajo.

ぜんじんみとう 前人未到 ▶前人未到の(足を踏み入れていない) adj. virgen, no pisado por el hombre; (先例のない) adj. sin precedentes. ▶前人未到の記録 m. récord sin precedentes.

せんす 扇子 m. abanico. ▶扇子を使う[であおぐ] v. abanicarse*. ▶扇子で顔を隠す v. ocultar el rostro tras el abanico.

センス (感覚) m. sentido; (審美眼) m. gusto. ▶センスのある男性 m. hombre con gusto. ▶ユーモアのセンスがある v. tener* sentido del humor. ▶彼女は色のセンスがよい Tiene buen gusto para los colores. ▶あのネクタイでもセンスがいいわ ¡Vaya! ¡Qué corbata tan elegante!

せんすい 潜水 ▶潜水する(人・動物が) v. zambullirse*; （潜水艦などが）v. sumergirse*. ▶潜水艦 m. submarino. ▶潜水夫(重装備の) m. buzo; (軽装備の) m. submarinista. ▶潜水服 m. traje de buzo [submarinista].

せんせい 専制 (専制政治) f. tiranía; 《教養語》 m. despotismo; (絶対主義) m. absolutismo. ▶専制の adj. 《軽蔑的に》 tiránico, 《教養語》 despótico; absoluto. ▶専制君主 m. monarca absoluto; (暴君) m. tirano, m. déspota.

▶専制君主政体 f. monarquía absoluta.

せんせい 先生 (教員) mf. profesor/sora, (小学・中学・高校の) mf. maestro/tra; (指導教) mf. instructor/tora; (医者) mf. médico/ca. ▶スペイン語の先生 mf. profesor/sora de español. ▶スキーの先生 mf. instructor/tora de esquí. ◆彼の父は高校の先生です Su padre es profesor en una escuela media [[メキシコ] maestro en una preparatoria]. ◆最近は先生と生徒間のコミュニケーションが乏しい Recientemente hay escasa comunicación entre profesor y alumno. ▶どうしたらよろしいでしょうか、先生―当分外出を控えてください ¿Qué me aconseja, doctor? – De momento, no salga, por favor.

せんせい 宣誓 m. juramento, f. jura. ▶宣誓をする人 f. persona que jura. ▶オリンピックの宣誓 m. juramento olímpico. ▶選手宣誓 m. juramento ˋdel [de la] deportista. ▶宣誓証人 mf. testigo jurado/da. ▶彼に宣誓させる v. tomar 《a +人》 juramento, (フォーマル) juramentar 《a + 人》. ◆大統領は就任の宣誓をした El presidente juró [realizó la jura de] su cargo. ◆法廷で彼は右手を上げて真実を述べると宣誓した Levantó la mano derecha en el juzgado y juró decir la verdad. → 誓う.

ぜんせい 全盛 m. apogeo, m. cenit, f. máxima prosperidad. ▶全盛期[時代] los mejores días, f. época de esplendor [pleno florecimiento], m. momento culminante, m. cenit de la gloria; (国・芸術などの黄金期) f. edad de oro. ◆スペインは16世紀に全盛をきわめた España alcanzó su apogeo en el siglo XVI. ◆彼にも全盛時代が一度はあった (= 今は盛りを過ぎた) Ya ha pasado sus mejores días. ↪ 黄金, 盛り

ぜんせい 善政 (よい政治) m. buen gobierno. ▶善政を施すv. gobernar* con prudencia [sabiduría]; (りっぱに人民を統治する) v. gobernar* sabiamente al pueblo.

ぜんせいき 前世紀 (今世紀の前) m. siglo pasado; (その前の世紀) m. siglo anterior. ▶前世紀 (= 古い昔) の遺物 f. reliquia del pasado; (時代遅れの人・物) f. pieza de museo.

せんせいこうげき 先制攻撃 ▶敵に先制攻撃を加える v. hacer* [realizar*] un ataque preventivo contra el enemigo.

せんせいじゅつ 占星術 f. astrología. ▶占星術師 mf. astrólogo/ga.

センセーショナル ▶センセーショナルな殺人事件 m. asesinato sensacional.

センセーション f. sensación. ▶センセーションを巻き起こす v. causar [crear] sensación.

せんせき 船籍 f. nacionalidad de un barco; (船籍港) m. puerto de abanderamiento [matrícula]. ▶パナマ船籍の船 m. barco de bandera panameña.

せんせん 宣戦 f. declaración de guerra. → 布告.

せんせん 戦線 (戦地) m. frente. ▶戦線へ行く [2送られる] v. ¹ir* [²ser* enviado] al frente. ▶敵に対して共同戦線を張る v. formar un frente común [de alianza] contra el enemigo. ▶就職戦線 m. mercado laboral [de trabajo].

せんせん- 先々- ◆先々週ボリビアに着いた Hace dos semanas que llegué a Bolivia.

せんぜん 戦前 (戦前の時期・時代) m. período [mpl. días] de la preguerra. → 戦後. ▶戦前派 f. generación de la preguerra. ▶戦前には(は) adv. antes de la guerra, (フォーマル) en la preguerra. ▶戦前のヨーロッパの状況 f. situación en Europa de la preguerra. ▶戦前から adv. desdeˋantes de la guerra [la preguerra].

ぜんせん 善戦 ◆善戦する (戦い・選挙などで) v. batirse [luchar, pelear] bien, (競技などで) v. jugar* bien; (全力を尽くす) v. 《口語》 hacerlo* bien. ◆私たちの野球チームは善戦したが, 3対2で敗れた Nuestro equipo de béisbol jugó bien, pero perdió por tres a dos.

ぜんせん 前線 **❶** [戦場の最前線] m. frente (de batalla), f. primera línea. ▶前線にいる息子 m. hijo en el frente. ▶前線へ出る v. ir* al frente. ◆前線で激しい戦闘が行なわれた En el frente se libró una feroz batalla.
❷ [気象の] m. frente. ▶寒冷前線 m. frente frío. ▶梅雨前線 m. frente de lluvias estacionales. ◆温暖前線が¹北上した [²南下した] Hacia el ¹norte [²sur] avanzó un frente cálido.

*ぜんぜん 全然 (少しも…でない) adv. nada, en absoluto → 少しも; (…しない) adv. nunca, jamás. ◆私は彼を全然知らない No lo [le] conozco de nada. / Es absolutamente desconocido para mí. (会話) うるさいですか―いいえ, 全然 ¿Te molesta el ruido? – En absoluto. [No, nada.] ◆それ以来彼に全然会っていない Jamás he vuelto a verlo[le] desde entonces. / Desde entonces no lo [le] he vuelto a ver nunca. (会話) 歌舞伎には行かれることがありますか―いいえ全然. 歌舞伎は好きじゃないものですから ¿Vas alguna vez a ver (el teatro) "kabuki"? – No, nunca. En realidad, no me gusta el "kabuki". ◆それは全然違う Es absolutamente distinto. / (とんでもない) ¡Nada de eso! (その逆だ) Todo lo contrario. / Justo al revés. (会話) もう一つキャンデー欲しいな―全然ないわ. あなたがみんな食べちゃったのよ Quiero otro caramelo. – No queda ninguno. Te los has comido todos. (会話) 彼はなぜ会社をやめたんだろう―全然見当がつかないわ ¿Por qué dejó el trabajo? – No tengo la más mínima idea. / 《口語》 Ni idea. (会話) そんなことは全然言ってないよ―じゃあ, 何て言ったのさ Jamás [《強調して》 Nunca jamás] he dicho tal cosa. – ¿Qué has dicho, entonces?

ぜんぜん- 前々- ▶前々日 adv. hace dos días, f. antevíspera; (ある過去の日を基準にして) adv. dos días antes; (おととい) adv. anteayer.

せんせんきょうきょう 戦々恐々 ◆彼は新しい証拠が明るみに出はせぬかと戦々恐々として (= ひどく恐れていた) Tenía mucho miedo de que pudieran hallar otra prueba. ◆彼らは戦々恐々

として（＝大変恐れて）そこに立っていた 《口語》Se quedaron de pie temblando「de pies a cabeza [del gran miedo que tenían].

せんぞ 先祖 *mf.* antepas*ado/da*, 《教養語》*m.* ancestro, *m.* antecesor/*sora*, *mf.* ascendiente; (集合的に) *mpl.* antepasados, 《教養語》*f.* ascendencia.

 1《先祖の＋名詞》▶先祖代々の家屋敷 *f.* heredad [*f.* finca] ancestral. ▶先祖の墓 *f.* tumba de familia. ▶先祖伝来の宝物 *m.* tesoro [*m.* patrimonio] ancestral. ▶先祖の教えを忘れるな No olvides lo que decían nuestros antepasados. ◆彼らは先祖代々（＝何世代も）この家に住んでいる Han vivido en esta casa por generaciones.
 2《先祖は》▶ぼくの先祖は武士だ Mis antepasados eran samuráis.
 3《先祖を》▶先祖を敬う *v.* honrar a los antepasados. ▶1300年前まで［26代前まで］先祖をたどる *v.* remontarse a la ascendencia de 1300 años [²seis generaciones].

•**せんそう** 戦争 *f.* guerra. → 戦闘.

 1《～戦争》▶¹冷たい [²本格的な] 戦争 *f.* guerra ¹fría [²a toda escala]. ▶侵略 [²防衛] 戦争 *f.* guerra ¹agresiva [²defensiva]. ▶貿易戦争 *f.* guerra comercial. ▶長期にわたる戦争 *f.* larga guerra. ▶核戦争 *f.* guerra nuclear. ▶日清戦争 *f.* Guerra Chino-Japonesa. ▶¹全面 [²国地] 戦争 *f.* guerra ¹total [²local]. ▶解放戦争 *f.* guerra de liberación.
 2《戦争＋名詞》▶戦争映画 *f.* película bélica [de guerra]. ▶戦争犠牲者 *fpl.* víctimas de guerra. ▶戦争孤児 *m.* huérfano/*na* de guerra. ▶戦争犯罪 *mpl.* crímenes de guerra. ▶戦争行為 *m.* acto de guerra. ▶戦争犯罪人 *mf.* criminal de guerra. ▶戦争放棄 *f.* renuncia a la guerra. ▶戦争責任がある *v.* ser* responsable de una guerra. ▶戦争と平和(書名)《Guerra y Paz》. ▶両国は戦争中だった Los dos países estaban en guerra. / Había guerra entre los dos países.
 3《戦争が[は]》▶その2国間で戦争が起こった Ha estallado la guerra entre los dos países. ◆その戦争が¹拡大 [²長期化, ³泥沼化] している La guerra ¹se está extendiendo [²se está alargando; ³está estancada].
 4《戦争に[で]》▶戦争に¹勝つ [²負ける] *v.* ¹ganar [²perder*] una guerra. ▶戦争に行く *v.* ir* a la guerra; (前線に出る) *v.* ir* al frente. ▶その政治問題が戦争に発展した El problema político llevó a la guerra. ◆その戦争で多くの人が命を落とした Muchas personas murieron en la guerra. / La guerra se llevó muchas vidas.
 5《戦争を》▶戦争を¹続ける [²防止する, ³引き起こす, ⁴始める] *v.* ¹continuar [²prevenir, ³desencadenar, ⁴empezar] una guerra. ▶戦争を終わらせる *v.*「poner* fin a [finalizar*] la guerra. ▶戦争を放棄する *v.* renunciar a la guerra. ◆連合国はその国と戦争を始めた Los Aliados hicieron [(始めた)iniciaron] la guerra contra el país. / (宣戦布告をした)Los Aliados declararon la guerra al país.
 ☞ 交戦, 戦法, 戦[闘]い

せんそう 船倉 *f.* bodega (de un barco). ▶船倉に荷物を積み込む *v.* estibar la carga en la bodega.

せんそう 船窓 *m.* ojo de buey, *f.* portilla.

ぜんそうきょく 前奏曲 *m.* preludio 《a》.

せんぞく 専属 ▶我が社専属の女優 *f.* actriz con contrato exclusivo con nuestra compañía. ◆彼女はその楽団の専属です Toca en exclusiva para esa banda. / Pertenece a esa banda.

ぜんそく 喘息 《専門語》*f.* asma. ▶ぜんそく患者 《専門語》*mf.* asmático/*ca*. ▶ぜんそく重積状態 《専門語》*m.* estado asmático. ▶ぜんそく発作 《専門語》*m.* ataque de asma. ▶ぜんそく様気管支炎 《専門語》*f.* bronquitis asmática. ◆あの子は小児ぜんそくです Es un niño asmático. / Ese niño sufre de asma.

ぜんそくりょく 全速力 *f.* máxima [toda] velocidad. ▶全速力を出す *v.* desarrollar la máxima velocidad. ◆彼は全速力で走った Corrió a toda velocidad.

センター ❶《活動の中心地》▶¹医療 [²ショッピング]センター *m.* centro ¹médico [²comercial].
❷《野球の》*m.* centro (del campo), *m.* exterior central [centro]; (外野手) *mf.* jugador/*dora* exterior central.

センターサークル《サッカー》*m.* círculo central.

せんたい 船体 (船・飛行船の) *m.* casco; (船の) *m.* casco de un barco. ▶白く塗られた船体 *m.* casco pintado de blanco.

せんだい 先代 (家系の一代前の人) *mf.* antecesor/*sora*, (フォーマル) *mf.* predecesor/*sora*; (亡父) *m.* difunto padre. ▶先代染五郎 *m.* difunto Somegoro.

•**ぜんたい** 全体 *m.* total, *f.* totalidad. ▶全体の (すべての) *adj.* todo. → 全部.

 1《～全体》▶ヨーロッパ全体 *f.* toda Europa, *f.* Europa en su totalidad. ◆クラス全体がその案に賛成であった「Toda la clase [La clase en su totalidad] estaba en favor del plan. ◆町全体が静まり返っていた El silencio reinaba en toda la ciudad.
 2《全体＋名詞》▶全体会議 *f.* asamblea general. ▶全体主義 *m.* totalitarismo. ▶全体主義者 *mf.* totalitarista. ▶全体像をつかむ *v.* sacar* una imagen total.
 3《全体の》*adj.* todo, (全般的な) *adj.* general; (全体的な) *adj.* total. ▶全体の[全体的な]傾向 *f.* tendencia general. ◆その敷物の鮮やかなオレンジ色は部屋の全体の色調と合わない El brillante color naranja de la alfombra no combina con el tono general de la sala.
 4《全体に》; (至る所に) *adv.* por [en] todas parte, todo. ◆港全体に霧がかかっていた La niebla invadía todo el puerto.
 5《全体として》*adv.* en conjunto; (あらゆる点から見て) *adv.* en total [su totalidad]; (概して) *adv.* generalmente, en términos generales, en general, por lo general. ◆全体として私たちの旅行は成功だった En conjunto nues-

tro viaje [salió bien [fue un éxito]. ♦全体として見れば(=全体的には)日本の大学生はあまり勉強しないと言われている Dicen que generalmente [En términos generales] los universitarios japoneses no estudian mucho.

ぜんだいみもん 前代未聞 (聞いたこともない) *adj.* inaudit*o*; (前例のない) *adj.* sin precedentes, 《フォーマル》insólito. ♦そりゃ前代未聞のスキャンダルだ Es un escándalo inaudito. ♦それは前代未聞の出来事だった Fue un suceso sin precedentes en la historia.

****せんたく** 洗濯 *m.* lavado (de ropa), *f.* colada.

　1《洗濯+名詞》▶洗濯石けん(粉末) *m.* detergente, *m.* jabón en polvo; (固型) *m.* jabón de lavar la ropa. ▶洗濯屋(店) *f.* lavandería; (ドライ専門の) *f.* lavandería en seco, *f.* tintorería. ▶洗濯ばさみ *f.* pinza (para la ropa). ▶洗濯物 *f.* colada, *f.* ropa para lavar. ▶たくさんの洗濯物をロープに干す *v.* colgar [tender*] mucha ropa (lavada) en la cuerda. ▶洗濯機で洗う *v.* lavar (la ropa) en una lavadora.

　|地域差| 洗濯ばさみ
　〔全般的に〕*f.* pinza (de ropa)
　〔スペイン〕*f.* pinza (de ropa)
　〔ラテンアメリカ〕*m.* gancho de ropa
　〔キューバ〕*f.* horquilla, *m.* palillo, *m.* palito
　〔メキシコ〕*f.* horquilla
　〔アルゼンチン〕*m.* broche para ropa, *f.* traba para ropa

　2《洗濯が》▶これは洗濯がきく Esto se lava.

　3《洗濯に》▶シャツを洗濯に出す *v.* enviar* una camisa a la lavandería. ▶洗濯に出してある『物が主語』*v.* estar* en la lavandería.

　── 洗濯(を)する *v.* lavar la ropa, hacer* la colada. ▶洗濯物が縮む *v.* encoger* al lavarse. ▶汚れた衣類を手で洗濯する *v.* lavar a mano la ropa sucia. ▶彼は週に2度洗濯をする Lava la ropa dos veces a la semana. / Hace dos coladas por semana. ♦そのシャツは洗濯しているところです Esa camisa la están lavando.

****せんたく** 選択 (二つ以上から選ぶこと) *f.* elección, 《フォーマル》*f.* opción; (三つ以上から最適のものの選択) *f.* selección. ▶選択肢 *fpl.* opciones. ▶選択科目 *f.* optativa, *f.* opcional, *f.* materia optativa. ▶選択されたリンク〔専門語〕*m.* enlace activo [seleccionado]. ▶良書の選択 *f.* elección de buenos libros. ▶選択の自由 *f.* libertad de elección. ▶スーツに合うネクタイの選択 *f.* elección de una corbata que combine con el traje. ▶職業の選択を誤る *v.* equivocarse* al elegir* la carrera. ♦メニューの選択の幅はごく狭い No hay mucho dónde elegir en el menú. ♦この件では私にまったく選択権はない No tengo alternativa [opción] en absoluto en este asunto. ♦どちら[何]にするか選択に迷います No sé 「cuál elegir [《口語》por cuál inclinarme].

　── 選択する *v.* elegir*, escoger*, 《フォーマル》seleccionar; (行動を) *v.* optar, decidirse,

せんちゅう 755

《口語》inclinarse 《por》. →選ぶ. ♦これかあれかどちらかを選択する *v.* elegir* entre esto y lo otro. ▶慎重に選択する *v.* elegir* deliberadamente, hacer* una elección deliberada. ▶5科目選択する(=取る) *v.* elegir* cinco materias [cursos]. ♦この材料の中から自由に選択できます Puedes elegir libremente de [entre] estos materiales. ♦危機に直面した人は最悪の行動[進路]を選択しがちだ En momentos de peligro, la gente suele elegir lo peor.

せんだって 先だって (先日) el otro día; (何日か前) *adv.* hace unos días; (少し前) *adv.* hace poco.

センタリング 《専門語》*m.* centrado (☆IT 用語).

せんたん 先端 (剣の先端(=鋭い先)) *f.* punta de una espada. ▶指の先端 *f.* punta del dedo. ▶流行の先端を行く *v.* marcar* la moda; (消費者が) *v.* seguir* la última moda. ▶時代の先端を行く *v.* marcar* la tendencia de「la época [los tiempos]. ▶先端を行っている *v.* estar* a la vanguardia. ▶先端技術 *f.* tecnología punta. ▶先端技術社会 *f.* sociedad de la tecnología punta ☞先, 先頭

せんたん 戦端 (戦闘状態) 《フォーマル》*f.* hostilidades. ▶戦端を開く *v.* abrir* las hostilidades 《con》; (武器を取る) *v.* tomar las armas 《contra》.

せんだん 船団 (商船などの) *f.* flota, *f.* flotilla; (護衛されている) *m.* convoy. ▶捕鯨船団 *f.* flota ballenera. ▶護衛艦付きの輸送船団 *m.* convoy de barcos de transporte.

せんち 戦地 (前線) *m.* frente. ▶戦地勤務 *m.* servicio en campo de batalla. ▶戦地の兵隊 *mpl.* soldados en el frente. ▶戦地へ१行って[2送られる] *v.* १ir* [2ser* enviado] al frente.

ぜんち 全治 *f.* curación completa. ♦全治1か月のけがをした Tuve una herida que tardó un mes en curarse [sanar] completamente.

ぜんちし 前置詞 *f.* preposición.

ぜんちぜんのう 全知全能 ▶全知全能の神 *m.* Dios Todopoderoso, *m.* Dios omnisciente y omnipotente.

センチ(メートル) *m.* centímetro, 〖略〗cm.

センチメンタル ▶センチメンタルな (感傷的な) *adj.* sentimental, emotivo, 《軽蔑的な》sensiblero; (お涙ちょうだいの) *adj.* que hace llorar. ▶センチメンタルな詩 *f.* poesía emotiva. ▶センチメンタルになる *v.* ponerse* sentimental.

せんちゃ 煎茶 *m.* té verde.

せんちゃく 先着 ▶先着順に (到着順に, 早い者勝ちで) *adv.* por orden de llegada. ▶先着する *v.* llegar* primero. ♦先着50名まで受け付けます Aceptamos las primeras cincuenta personas (que lleguen). ♦座席は先着順です Los asientos se atienden por orden de llegada.

せんちゅう 戦中 ▶戦中派 *f.* generación de la

せんちょう guerra. ◆戦中生まれです Nací durante la guerra.

せんちょう 船長 mf. capitán/tana; (漁船などの) mf. patrón/trona. ▶船長室 m. camarote del capitán. ▶鈴木船長 m. Capitán Suzuki.

ぜんちょう 前兆 m. augurio, m. agüero; (しるし) m. presagio, f. señal; (病気や悪いことの) m. síntoma. ▶それを¹よい [²悪い] 前兆ととる v. tomarlo como ¹buen [²mal] augurio. ◆地震の前兆 mpl. presagios de un terremoto. ◆あの黒雲はあらしの前兆だ Esos nubarrones presagian tormenta. ◆高熱は肺炎の前兆のこともある La fiebre alta puede ser un síntoma de pulmonía. ⇨ 縁起, 先触れ

ぜんちょう 全長 f. longitud total. ▶この橋の全長は約100メートルです La longitud total de este puente es de unos cien metros. / (およそ百メートルの長さがある)Este puente mide [tiene una longitud de] cien metros aproximadamente. / Este puente tiene aproximadamente cien metros de largo.

ぜんちょうえん 全腸炎 (専門語) f. enterocolitis.

せんて 先手 ❶【囲碁・チェスなどの】m. primer movimiento. ▶先手を打つ人 m. primero en mover. ▶先手でチェスを打つ v. mover* primero en una partida de ajedrez. ▶碁で相手に先手を譲った Dejé que mi rival「moviera primero [hiciera el primer movimiento] en la partida de "go".
❷【機先を制すること】▶先手を打つ(機先を制する) v. anticiparse, adelantarse; (主導権を取る) v. tomar una iniciativa; (先制攻撃をする) v. hacer* un ataque preventivo. ◆先手を打って敵を攻撃した「Nos anticipamos en el ataque contra el enemigo. ◆彼は先手を打って自分の計画を実行した Tomó la iniciativa en la realización del proyecto.

せんてい 選定 f. elección, 《フォーマル》 f. selección. → 選択.

ぜんてい 前提 (教養語) f. premisa. ▶ ¹大 [²小] 前提 f. premisa ¹mayor [²menor]. ▶前提条件 m. prerrequisito, m. requisito previo. ▶最悪の事態が起こるかもしれないという前提に立って行動しなくてはいけない Hay que actuar pensando que pueda ocurrir lo peor. ◆われわれは結婚を前提に (=結婚するつもりで) 付き合っている Pensamos casarnos. / Nuestro noviazgo es en serio.

せんてつ 銑鉄 m. hierro en lingotes; m. arrabio.

*****せんでん** 宣伝 (商品の) f. publicidad, m. anuncio; (特にラジオ・テレビによる短い)《英語》 m. "spot" (☆発音は [espót]), f. cuña (publicitaria); (政府などによる) f. propaganda. → 広告.

1《宣伝+名詞》▶宣伝カー m. vehículo publicitario. ▶宣伝ビラ f. hoja de propaganda, 《フォーマル》 m. prospecto (comercial). ▶ (本の表紙の)宣伝文 m. texto publicitario, f. frase publicitaria. ▶宣伝者(=広告主) mf. anunciante, mf. anunciador/dora; (俳優・芝居などの) m. publicista, m. agente publicitario; (特に政治の宣伝を行なう) mf. propagandista. ▶宣伝活動をする v. llevar a cabo una campaña publicitaria.

2《宣伝が[の]》▶宣伝は大変な効果があった La publicidad tuvo [《フォーマル》 ejerció] un gran efecto. ◆宣伝がうまかった [²まずかった] ので劇場は入りが¹多かった [²少なかった] ¹Fue mucha gente al teatro porque hicieron una buena publicidad [²Por no ser bien anunciado, hubo poca gente en el teatro]. ◆たばこの危険性についてはずいぶん宣伝がなされてきた Ha habido mucha publicidad sobre los riesgos del tabaco. ◆これらが宣伝(=広告)の品ですか ¿Es esto lo que yo vi en el anuncio?

—— 宣伝する v. anunciar, dar* publicidad, hacer* propaganda (de). ◆自己宣伝する v. anunciarse. ▶新聞で新製品を宣伝する v. anunciar nuevos productos en la prensa; poner* [《フォーマル》 insertar] anuncios de los nuevos productos en los periódicos. ▶息子のことを宣伝して回る(=みんなに言う) v. hablar a todo el mundo del hijo.

せんてんてき 先天的 (性質・能力などが本来備わった) adj. innato; (生まれながらの) adj. natural; (病気などが)《教養語》 adj. congénito. ▶先天的な性質 m. carácter innato. ▶先天的な音楽の才能 m. talento natural para la música. ▶先天的な障害 m. trastorno congénito. ▶先天的に心臓に欠陥のある子供 mf. niño/ña con una deficiencia cardíaca congénita.

せんと 遷都 m. cambio de capital [《フォーマル》 capitalidad]. ▶京都から東京に遷都する v. cambiar la capital de Kioto a Tokio.

セント m. centavo. ▶10セント(¢) mpl. diez centavos.

せんど 鮮度 ▶鮮度が落ちる v. perder* la frescura.

ぜんと 前途 (人・国などの) m. futuro, m. porvenir; (見込み) fpl. perspectivas, fpl. esperanzas; (有望) f. promesa. → 将来.

1《前途+名詞》▶彼は前途有望な学者だ Es un académico muy prometedor [con mucho porvenir]. ◆彼は前途洋々だ Tiene ante él un futuro brillante. ◆われわれは前途多難だ (=多くの困難がわれわれの行く手にある) Nos esperan muchas dificultades. /《フォーマル》 Nuestro futuro está sembrado de numerosas dificultades.

2《前途は[を]》▶前途を悲観している v. ser* pesimista sobre el futuro. ◆君たちの前途を祝し乾杯! Brindemos por vuestro [《ラ米》 su] futuro. ◆外国貿易の前途は暗い Las perspectivas del comercio exterior son sombrías.

ぜんど 全土 ▶日本全土 Japón entero. ▶全土にわたって adv. por todo el país. → 全国.

せんとう 戦闘 (戦争を構成する局地的な戦闘) f. batalla; (戦い) f. lucha, f. pelea; (戦闘行為) f. acción de combate. → 戦い, 戦争. ▶戦闘員 mf. combatiente. ▶戦闘機 f. (avión de) caza. ▶戦闘¹力 [²部隊] ¹m. poder [² f. unidad] combatiente. ▶戦闘の

な部族 f. tribu beligerante [combatiente]. ▶戦闘を開始する v. entrar en combate. ▶戦闘を中止する v. suspender el combate. ▶戦闘に参加する v.「tomar parte [participar] en la batalla ☞戦乱, 戦[闘]い

せんとう 先頭 (先端) f. cabeza, f. cabecera; (最前の位置) m. frente; (先導, 率先) f. vanguardia. ▶パレードの先頭集団 f. cabeza de un desfile. ▶マラソンの先頭集団 m. grupo de cabeza del maratón. ▶われわれは列の先頭で待った Esperamos en la cabeza de la cola. ▶彼は先頭の車のドアを開けた Abrió la puerta del vagón de cabeza. ▶彼は中間地点で先頭に立っていた A la mitad estaba en cabeza. ▶音楽隊がパレードの先頭に立った El desfile lo abría la banda de música. / La banda de música marchaba a la cabeza del desfile. ▶彼は先頭に立って教育改革を進めた「Tomó la iniciativa en [Era el líder de] la ejecución de la reforma educativa.

せんとう 尖塔 (とんがり屋根) m. chapitel, f. aguja; (キリスト教会の) m. campanario; (イスラム教寺院の) m. alminar; (小尖塔) m. pináculo. ▶教会の高い尖塔 m. alto chapitel de la iglesia.

せんとう 銭湯 f. casa de baños, m. baño público.

せんどう 船頭 mf. barquero/ra.

せんどう 扇動, 《フォーマル》f. incitación. ▶扇動者 mf. agitador/dora, mf. instigador/dora. ▶指導者の扇動でストをする v. hacer* huelga por instigación de un líder.

―― 扇動する (世論を喚起する) v. instigar* 《a, en contra de》; (そそのかして…させる) v. 《フォーマル》incitar. ▶ストライキを扇動する v. instigar* a la huelga. ▶群衆を扇動して政府に対し反乱を起こさせる v. agitar [instigar*] a la multitud en contra del gobierno ☞煽る, アジる, 刺激する, そそのかす, 焚き付ける

せんどう 先導 (指導) f. guía, f. dirección, m. liderazgo. → 指導. ▶先導車 m. coche guía. ▶先導する (案内する) v. guiar*, ir* de guía; (…に先立つ)《教養語》preceder. ▶ベテランの山男に先導されてアルプスに登る v. escalar los Alpes bajo la guía de un experto montañero. ▶音楽隊に先導されてパレードは大通りをゆっくり進んだ Guiado por la banda de música, el desfile marchaba lentamente por la calle principal. ☞音頭, 先駆け, 先頭

ぜんとうこつ 前頭骨 《専門語》 m. hueso frontal.

ぜんとうよう 前頭葉 《専門語》 m. lóbulo frontal.

セントクリストファー・ネービス San Cristóbal y Nieves (☆カリブ海の国, 首都バセテール Basseterre).

セントビンセント・グレナディーン San Vicente y Granadinas (☆カリブ海の立憲君主国, 首都キングスタウン Kingstown).

セントヘレナ Santa Elena (☆イギリス領, 南大西洋上の島, 1815 年ナポレオンが流された).

セントラルヒーティング (集中暖房装置) f. calefacción central. ◆この建物はセントラルヒーティングを備えている Este edificio tiene calefacción central.

セントルイス San Luis (☆アメリカ合衆国の都市).

セントルシア Santa Lucía (☆カリブ海の国, 首都カストリーズ Castries).

せんない 船内 ▶船内で[に] adv. a bordo (del barco).

ぜんにちせい 全日制 f. sistema escolar de tiempo completo.

ぜんにほん 全日本 ▶全日本チーム f. selección japonesa. ▶全日本選手権 m. campeonato japonés [de Japón].

せんにゅう 潜入 ▶潜入する (部屋などに) v.《フォーマル》entrar clandestinamente, 《口語》colarse*; (敵地・組織などに) v. infiltrarse.

せんにゅうかん 先入観 m. prejuicio, f. idea preconcebida. ▶先入観を持っている v. tener* prejuicios (sobre, contra); (初めから決めてかかっている) v. tener* una idea fija desde el principio (sobre).

せんにん 選任 (選出) f. elección; (任用) m. nombramiento. ▶選任する(選ぶ) v. elegir*; (任用する) v. nombrar. ▶クラス委員に選任される v. ser* elegido/da delegado/da de la clase.

せんにん 専任 ▶専任の (常勤の) adj. titular, fijo. ▶スペイン語の専任講師 mf. profesor/sora titular de español.

せんにん 仙人 (山の隠者) mf. ermitaño/ña, mf. anacoreta; (俗念のない人) f. persona alejada del mundo.

ぜんにん 善人 f. buena persona.

ぜんにんしゃ 前任者 m. antecesor/sora, mf. predecesor/sora (en el cargo).

せんぬき 栓抜き (コルク栓の) m. sacacorchos; (びんの) m. destapador, m. abridor.

[地域差] (びんの)栓抜き
[全般的に] m. destapador
[スペイン] m. abridor

せんねん 専念 ▶専念する(努力・注意を集中する) v. concentrarse《en》; (ささげる) v. estar* absorbido《por》, v. dedicarse*[consagrarse]《a》. → 没頭. ▶庭造りに専念する v. dedicarse* [entregarse*] a la jardinería. ◆彼は一日中その仕事に専念した Todo el día estaba「concentrado en [absorbido por] el trabajo. ◆休日は読書に専念した Dediqué todo el día festivo a la lectura. ◆彼女はその小説の執筆に専念している Está absorbida escribiendo la novela. ☞傾ける, 傾倒, 捧げる, 徹する

ぜんねん 前年 ▶前年に(その前の年に) adv. el año anterior → 前日; (昨年) adv. el año pasado.

せんのう 洗脳 m. lavado de cerebro. ▶洗脳する v. lavar 《a + 人》el cerebro (haciéndole creer* que).

ぜんのう 全能 ▶全能の神 m. Dios Todopoderoso, el Omnipotente. ▶全能者 (= 神) el Todopoderoso.

ぜんのう 前納 (前払い) m. anticipo, m. adelanto, m. pago por adelantado. ▶百万円を前納する v. hacer* un anticipo de un millón

ぜんのうえん 全脳炎《専門語》f. panencefalitis.

せんばい 専売(専売権，専売品) m. monopolio. ◆その国では塩は政府の専売である En ese país la sal es monopolio del estado.

せんぱい 先輩 mf. mayor (que), mf. alumn*o/na* [mf. emplead*o/da*] antigu*o/gua*,《フォーマル》mpl. superiores. ◆彼は 2 年先輩です(年齢が) Es dos años mayor que yo. / (学年が)《口語》Me saca dos años [cursos]. ◆彼は仕事ではずっと先輩です(＝経験豊だ) Es mucho más antiguo que yo en el trabajo.

ぜんぱい 全廃(完全な廃止) f. abolición total. ◆奴隷制度の全廃 f. abolición total de la esclavitud. ◆死刑は全廃されるべきだ La pena de muerte debe ser abolida.

ぜんぱい 全敗 ◆わがチームは全敗した Nuestro equipo perdió todos los partidos. → 完敗.

せんぱく 浅薄(浅はかな) adj. ligero; (薄っぺらな) adj. superficial. ◆浅薄な知識 m. conocimiento superficial ☞浅はかな, 甘い

せんぱく 船舶 m. barco,《フォーマル》m. navío. → 舟. ◆船舶会社 f. (empresa) naviera. ◆船舶産業 f. industria naval [naviera].

せんばつ 選抜 f. selección. → 選ぶ, 選考. ◆選抜する v. seleccionar. ◆選抜試験 m. examen selectivo. ◆全国選抜高校野球大会 m. Torneo Nacional de Béisbol de Escuelas Secundarias Seleccionadas. ◆多くの志願者の中から選抜される v. ser* seleccionad*o* entre numerosos candidatos ☞審査, 選考

せんぱつ 先発 ◆先発する(＝前もって出発する) v. salir* en avanzada. ◆先発隊 f. avanzadilla.

せんぱつ 洗髪(一回の) m. lavado de cabeza. ◆洗髪する v. lavarse「la cabeza [el cabello].

せんばづる 千羽鶴 "senbazuru",《説明的に》fpl. mil grullas de papel (usadas para rezar por algo).

せんばん 旋盤 m. torno.

せんぱん 戦犯(人) mf. criminal de guerra; (罪) mpl. crímenes de guerra. ◆戦犯法廷 m. tribunal de crímenes de guerra.

ぜんはん 前半 f. primera mitad. → 後半. ◆前半戦(サッカー) m. primer tiempo.

ぜんぱん 全般(全体) m. todo, m. entero. → 全体. ◆全般的な adj. general, global; (全体にわたる) adj. completo, entero. ◆全般的に(見ると) adv. en general, generalmente. ◆全般的に言うと adv. en términos generales, hablando en general. ◆組織全般 toda la organización. ◆学生全般 mpl. estudiantes en general. ◆情勢全般を見渡す v. tomar una visión general de la situación.

せんび 船尾 f. popa. ◆船尾から沈没する v. hundirse por popa.

せんぴょう 選評 ◆俳句を選評する(＝選んで批評する) v. seleccionar y comentar "haikus".

ぜんぶ 全部(すべて) adj. todo; (まとまった全体) f. totalidad; (総計) m. total.

1《全部(の, を)》◆有り金全部を遣う v. gastarse todo el dinero. ◆学生は全部自分の辞書を持っている Todos los estudiantes tienen su diccionario. / Cada estudiante tiene su (propio) diccionario. ◆それらを全部買った Los compré todos. / Compré todos ellos. ◆全部の学生がそこへ行ったわけではない No todos los estudiantes fueron allí. / Hubo estudiantes que no fueron allí. ◆一晩でその本を全部読んだ Me leí「todo el libro [el libro entero] en una tarde. /《口語》En una tarde me leí el libro de cabo a rabo. ◆君に話したことは全部本当だ Todo lo que te dije es verdad. / Lo que te dije es enteramente la verdad. ◆谷崎の作品は全部そろっている Tengo las obras completas de Tanizaki. ◆バターは加減して使いなさい。それで(あるだけ)全部だから No te pongas mucha mantequilla; eso es todo lo que hay.

2《全部で》adv. en conjunto; (合計で) adv. en total, en suma. ◆全部で 5 百人が出席した Asistieron en total 500 personas. → 合計.
《会話》全部で 7 千円です—6 千円になりませんか En total son 7.000 yenes. – ¿No puede bajarlo usted a 6.000?

—— 全部(まったく) adv. completamente, enteramente, del todo, por completo. ◆その事件は全部世間から忘れられた El suceso fue completamente olvidado por el público. ◆急いで全部済ませてしまおう Vamos a acabar todo enseguida [rápido].
☞一切, 一杯, オール

ぜんぶ 前部 →前. ◆汽車の前部 f. parte delantera del tren. ◆エレベーターは建物の前部にあった El ascensor estaba en la parte delantera del edificio.

せんぷう 旋風(つむじ風) m. torbellino; (大反響) f. sensación. ◆かつてビートルズは若者の間に大旋風を巻き起こした Los Beatles crearon una gran sensación en la juventud.

せんぷうき 扇風機 m. ventilador; (天井につるした) m. ventilador de techo. ◆扇風機をかける[²止める] v. ¹encender* [²apagar*] el ventilador.

せんぷく 潜伏 ◆潜伏する v. esconderse, ocultarse. ◆犯人はこの町に潜伏している El criminal [autor del crimen] está escondido en esta ciudad. ◆その病気の潜伏期間は 2 週間だ El período de incubación de la enfermedad 「es de [dura] dos semanas.

ぜんぷく 全幅 ◆彼に全幅の(＝十分な)信頼を置く v. 「poner* toda la [tener* plena] confianza en él, confiar* enteramente [《強調して》ciegamente] en él.

ぜんぶん 全文(書物・文書の本文全体) m. texto completo [íntegro], todo el texto; (段落全体) todo el pasaje; (一文全体) toda la frase. ◆声明の全文 m. texto completo de la declaración.

ぜんぶん 前文(法律・条約などの) m. preámbulo; (上記の文) m. pasaje [f. frase] anterior.

ぜんぶんけんさく 全文検索《専門語》f.

búsqueda de texto completo.

せんべい 煎餅 "senbei", 《説明的に》*fpl.* galletas de arroz con azúcar, salsa de soja y sal. ▶せんべい布団 *f.* colchoneta delgada y ligera.

ぜんべい 全米 ▶全米(=アメリカ(全土))のゴルフ選手権を獲得する *v.* ganar el campeonato de golf de Estados Unidos.

せんべつ 選別 ▶選別する(えり分ける) *v.* escoger*; clasificar*; (精選する) *v.* clasificar*. ▶よいリンゴと悪いリンゴを選別する *v.* seleccionar las manzanas buenas de las malas.

せんべつ 餞別 ▶餞別をもらう *v.* ser* obsequia*do* con un regalo de despedida. ▶餞別を送る *v.* enviar* 《a + 人》un regalo de despedida.

ぜんぺん 前編 (本などの前半) *f.* primera parte 《de》; (先の巻) *m.* primer volumen 《de》. ▶その小説の前編 *m.* primer volumen de la novela.

ぜんぺん 全編 ▶todo el libro, toda la historia. ▶全編に平和を愛する心がみなぎっている《フォーマル》El pacifismo permea todo el libro.

センポアラ Cempoala (☆メキシコベラクルス州の遺跡).

せんぼう 羨望 *f.* envidia. ▶羨望のまなざしで彼を見る *v.* mirarle「con envidia [envidiosamente]. ▶彼女の美しさは級友たちの羨望の的であった Su belleza era la envidia de sus compañeras. / (羨望していた)Sus compañeras la envidiaban por su belleza.

せんぼう 腺房 《専門語》*m.* acino.

せんぽう 先方 ▶先方の言い分 *f.* versión de la otra parte.

せんぽう 戦法 (戦術) *f.* táctica; (戦略) *f.* estrategia. ▶奇襲戦法で勝つ *v.* ganar por una táctica de sorpresa.

ぜんぽう 先鋒 (先駆) *f.* vanguardia. ▶社会改革の先鋒に立って *adv.* en la vanguardia de la reforma social. ▶改革運動の急先鋒に立つ(=指導者となる) *v.* ser* *un/una* destaca*do/da* dirigente del movimiento reformista.

ぜんぼう 全貌 *f.* imagen completa. ▶汚職事件の全貌を明らかにする *v.* dar* una imagen completa del caso de corrupción.

ぜんぽう 前方 ▶前方へ進む *v.* avanzar*, ir* hacia adelante. ▶前方の建物 el edificio「(que hay) delante [frente a nosotros]. ▶3百メートル前方に給油所がある Hay una gasolinera 300 metros más adelante. /《口語》Trescientos metros más arriba hay una gasolinera. ⇨この先, 先

せんぼうきょう 潜望鏡 *m.* periscopio.

ぜんぼうちくのう 前房蓄膿 《専門語》*m.* hipopión.

せんぼつしゃ 戦没者 *mpl.* caídos, *mpl.* muertos en combate [batalla]. ▶戦没者記念碑 *m.* monumento a los caídos.

ぜんまい *m.* muelle, *m.* resorte, (時計などの) *f.* cuerda. ▶ぜんまい仕掛けのおもちゃ *m.* juguete (con mecanismo) de cuerda. ▶時計のぜんまいを巻く *v.* dar* cuerda a un reloj. ▶ぜんまいが緩んでいる [²切れている] Se ha ¹aflojado [²roto] el muelle. ▶この時計はぜんまい仕掛けで動く Este reloj funciona por resortes.

ぜんまい 薇 *m.* helecho real.

せんむ 専務 (取締役) *mf.* director/tora ejecutivo/va. ⇨ 会社.

せんめい 鮮明 ▶鮮明な (色・記憶などが) *adj.* nítido; (輪郭の明瞭(ホン)) *adj.* 《フォーマル》definido; (形・輪郭のはっきりした) *adj.* claro. ▶鮮明な色 *mpl.* colores nítidos. ▶鮮明な画像 *f.* imagen nítida. ▶彼女の顔を鮮明に覚えている Recuedo claramente su cara.

ぜんめつ 全滅 *f.* aniquilación, *f.* destrucción total, *m.* exterminio.

—— **全滅させる** (町・敵などを完全に滅ぼす) *v.* aniquilar; (有害生物などを完全に死滅させる) *v.* exterminar. → 撲滅. ▶敵を全滅させる *v.* aniquilar al enemigo. ▶その市は地震で全滅した La ciudad quedó arrasada por el terremoto. ▶その疫病で村民が全滅した La epidemia「aniquiló a todos los aldeanos [acabó con toda la población de la aldea]. / (村民はだれも生き残らなかった)Ninguno de los aldeanos sobrevivió a la epidemia. ▶霜でとうもろこしが全滅した La helada destruyó completamente la cosecha de maíz.

せんめん 洗面 ▶洗面器 *f.* palangana. ▶洗面台 *m.* lavamanos, *m.* lavabo. → 便所. ▶洗面所 *m.* cuarto de baño [aseo], *m.* lavabo. ▶洗面道具 *mpl.* artículos de tocador [aseo].

地域差	洗面台
〔全般的に〕	*m.* lavamanos
〔スペイン〕	*m.* lavabo, *f.* pila
〔ラテンアメリカ〕	*m.* lavadero
〔キューバ〕	*m.* lavabo, *f.* pileta
〔メキシコ〕	*m.* lavabo
〔ペルー〕	*m.* lavabo, *m.* lavatorio
〔アルゼンチン〕	*m.* lavabo, *m.* lavatorio, *f.* pileta

ぜんめん 前面 *f.* parte delantera, *m.* frente; (建物の装飾的な) *f.* fachada. ▶建物の前面 *f.* fachada de un edificio.

ぜんめん 全面 ❶【全表面】▶湖の全面 toda la superficie del lago. ❷【あらゆる面】▶全面的な (完全な) *adj.* completo; (すべての部分がそろっている) *adj.* entero; (全力をあげての) *adj.* absoluto; (一切を含む) *adj.* total; (全般的な) *adj.* general; (心からの) *adj.* sincero; *adv.*「con todo el [de todo] corazón. ▶全面的に *adv.* completamente, por completo, enteramente, totalmente, sin reservas. ▶全面的な支持 *m.* apoyo absoluto [sin reservas]. ▶全面広告 *m.* anuncio de página entera (en un periódico). ▶全面戦争(=総力戦) *f.* guerra total. ▶全面的ストライキ *f.* huelga general. ▶ぼくは君の意見に全面的に賛成だ Estoy absolutamente de acuerdo contigo. / Estoy de acuerdo contigo「en todo [sin reservas]. → 全く. ▶委員会はその規約を全面的に改正した El comité realizó una revisión completa [《フォーマル》exhaustiva] del reglamento. / El comité revisó completamente el reglamento. ▶君

はそのことについては何も言うな．全面的にぼくに任せてくれ No digas nada. Déjamelo todo a mí. ♦ 全面的に (＝すべて)彼に責任があるわけではない No se le puede echar toda la culpa. ♦ 彼はわれわれの計画に全面的支持を約束した Prometió apoyar nuestro plan sin reservas. / Nos prometió su apoyo absoluto [total] al plan.

せんもう 繊毛 《専門語》 m. cilio.

せんもうちゅうしょう 旋毛虫症 《専門語》 f. triquinosis.

*****せんもん** 専門 f. especialidad; (得手, 職業) m. campo, f. área; (学部学生の専攻科目) f. especialidad.

1 《専門＋名詞》 ♦専門医 mf. (médico) especialista (en). ♦専門学校 (各種学校) f. escuela especializada; (職業学校) f. escuela profesional [vocacional]. ♦専門教育 f. enseñanza [f. educación] especializada [técnica]. ♦専門書 m. libro especializado. ♦専門雑誌 f. revista especializada. ♦専門知識 mpl. conocimientos especializados. ♦専門病院 m. hospital especializado. ♦専門用語 m. término técnico, 《フォーマル》 m. tecnicismo, f. terminología. → 専門家, 専門店. ♦それは私の専門外だ Eso está fuera de mi campo.

2 《専門は》 ♦あなたの専門は何ですか ¿Cuál es su especialidad? / ¿En qué se especializa usted?

3 《専門に》 ♦彼は日本史を専門にしている「Se especializa [Está especializado] en historia japonesa. / Su especialidad [campo] es la historia de Japón. ♦彼女は平家物語を専門にしているEstá especializada [Se especializa] en «El Cantar de los Heike».

4 《専門》 ♦このレストランはスペイン料理専門だ Este restaurante se especializa en cocina española. ♦彼は食い気専門だ (＝彼の唯一の関心事は食べることだ) Vive para comer. / No le interesa más que la comida.

── 専門的な (専門化した) adj. especializado; (技術上の) adj. técnico, (特殊な) adj. especial; (職業の) adj. profesional. ♦それは専門的な立場からいうと間違っている Está mal [Es incorrecto] desde un punto de vista especializado. ♦弁護士は専門的な仕事をする人だ Un abogado es una persona especializada. ♦その仕事はかなり専門的だ Esa obra es sumamente especializada. ♦彼の講義は専門的すぎて私たちには理解できない Su conferencia es tan técnica [especializada] que no podemos entenderla. ☞十八番, 専攻

せんもんか 専門家 (熟練者) mf. experto/ta [mf. perito/ta, mf. especialista] 《en》; (玄人) mf. profesional. ♦ [1]経済学 [[2]ケーキ作り]の専門家 mf. experto/ta en [1]economía [[2]repostería] ☞大家, 通

せんもんてん 専門店 f. tienda especializada. ♦舶来品専門店 f. tienda especializada en artículos de importación.

ぜんや 前夜 f. fiesta de la víspera. ♦前夜に adv. en la víspera 《de》. → 前日. ♦彼の出発の前夜に adv. en la víspera de su salida. ♦競技会の前夜に adv. en la víspera de una competición de atletismo.

せんやく 先約 m. compromiso anterior; (人と会う) f. cita anterior [《フォーマル》previa]. → 約束. ♦先約があるので彼はその会に行けません No puede asistir a la reunión porque tiene un compromiso anterior.

ぜんやく 全訳 f. traducción completa [íntegra]. ♦(ある本を)日本語に全訳する v. traducir* (un libro) completamente al japonés.

せんゆう 戦友 mf. compañero/ra [mf. hermano/na] de armas, mf. camarada. ♦彼らは戦友だった Habían sido compañeros de armas.

せんゆう 専有 f. posesión exclusiva. ♦専有権 m. monopolio [m. derecho exclusivo] 《de》. ♦専有する (独占する) v. monopolizar* (el mercado); hacer* un monopolio 《de》; (自分だけのものにする) v. tomar posesión exclusiva 《de》 ☞占領する, 独占する

ぜんゆう 全優 ♦全優をもらう v. sacar* sobresaliente en todo. ♦全優の学生 mf. estudiante con todos sobresalientes. ♦全優で卒業する v. graduarse* con todos sobresalientes.

せんよう 専用 m. uso exclusivo [privado, personal, reservado]. ♦われわれ専用の車 m. nuestro coche privado. ♦自転車専用道路 m. carril reservado [sólo, 《フォーマル》exclusivo] para bicicletas. ♦専用回線 f. línea arrendada. ♦この車は市長専用です Este coche「es para uso exclusivo del [está reservado al] alcalde. ♦ [1]女性 [[2]会員] 「掲示」Sólo [1]Señoras [[2]Socios]. ♦この船は貨物専用で乗客は乗せません Este barco no admite pasajeros, sino sólo mercancías.

ぜんよう 全容 f. imagen completa [total]. → 全貌(ぜんぼう).

ぜんら 全裸 ♦全裸の女性 m. desnudo femenino, f. mujer desnuda. ♦全裸の写真・絵 m. desnudo. ♦全裸で寝る v. dormir* desnudo [en cueros, 《俗語》en pelota]; (何もつけず) v. dormir* sin nada puesto.

せんらん 戦乱 (戦争) f. guerra; (戦闘) f. batalla. ♦戦乱の南アフリカ f. Sudáfrica en guerra. ♦その村は戦乱のちまたと化した El pueblo se convirtió en un campo de batalla.

せんりがん 千里眼 f. clarividencia. ♦千里眼の人 《フォーマル》 mf. clarividente. ♦彼は千里眼だ Tiene clarividencia [poderes clarividentes].

せんりつ 旋律 f. melodía. ♦ [1]美しい [[2]悲しい]旋律 f. melodía [1]dulce [[2]triste]. ♦旋律の美しい adj. melodioso. ♦主旋律を歌う v. cantar* el tema principal.

せんりつ 戦慄 ♦戦慄を感じる v. sentir* escalofríos (de terror), estremecerse* de horror. → 身震い.

ぜんりつせん 前立腺 《専門語》 f. próstata. ♦前立腺炎 《専門語》 f. prostatitis. ♦前立腺肥大症 《専門語》 f. hiperplasia prostática.

せんりひん 戦利品 (戦勝記念品) *m.* trofeo; (略奪品) *m.* botín, *m.* despojo.

せんりゃく 戦略 *f.* estrategia. ▶戦略(上)の, 戦略上重要な *adj.* estratégico. ▶戦略家 *mf.* estratega. ▶戦略核兵器 *fpl.* armas nucleares estratégicas. ▶戦略兵器削減条約 *m.* Tratado sobre la Reducción de Armas Estratégicas, 【略】el START. ▶戦略を立てる *v.* elaborar una estrategia. ♦ここは戦術的だけでなく戦略的にも重要な場所だ Este lugar es importante no sólo táctica, sino también estratégicamente. ⇨ 計略, 作戦, 戦法

せんりょう 占領 *f.* ocupación; (占有) *f.* posesión. ▶占領軍 *m.* ejército de ocupación, *fpl.* fuerzas de ocupación. ▶占領政策 *f.* política de ocupación. ▶米国の占領下にある *v.* estar en posesión de Estados Unidos. ▶占領下の日本 Japón bajo la ocupación, el Japón ocupado.
── 占領する *v.* ocupar; (手に入れる) *v.* tomar posesión 《de》; (攻略する) *v.* apoderarse 《de》, capturar; (専有する)*v.* 《フォーマル》 apropiarse 《de》. ▶敵地を占領する *v.*「ocupar el [tomar posesión de] territorio enemigo.
♦優先座席は子供たちが占領していた Todos los asientos reservados estaban ocupados por niños.

せんりょう 染料 *m.* tinte, *f.* tintura, *m.* colorante.

せんりょう 善良 ▶善良な *adj.* bueno. → いい. ▶善良な市民 *mf.* buen/buena ciudadano/na.
♦昔は人々は善良で親切だった La gente era buena y amable.

ぜんりょうせい 全寮制 ▶全寮制の学校に入学する *v.* ingresar en un internado. ♦うちの学校は全寮制です Nuestra escuela es un internado.

せんりょく 戦力 (兵士) *f.* fuerza [*f.* capacidad] militar; (潜在的軍事力) *m.* poder [*m.* potencial] militar; (戦闘力) *m.* potencial militar. ▶戦力を増強する *v.*「reforzar* la capacidad [fortalecer* el potencial] militar. ♦この選手はチームにとって戦力(＝貴重な人材)となろう Ese jugador será un poderoso valor para el equipo.

****ぜんりょく** 全力
1《全力を》 ▶全力を尽くして(全力で) *adv.* con todas las fuerzas, con el máximo esfuerzo, en cuerpo y alma, con toda el alma; (能力の及ぶ限り) lo más [mejor] posible, lo mejor que se pueda. ▶全力を尽くす *v.* hacer*「todo lo posible [lo que esté en su mano]《para, por ＋ 不定詞》. ▶その仕事に全力を傾ける *v.* poner* todo el esfuerzo en la tarea,「entregarse* en cuerpo y alma [dedicar* toda la energía] a la tarea; (自分の全存在をかける) *v.* hacer* la tarea con el máximo esfuerzo. ♦彼らは彼女の説得に全力をあげた Hicieron todo lo posible para convencerla.
2《全力で》 ▶全力で走る *v.* correr「lo más posible [con toda la fuerza, a más no poder*]. ▶全力でロープを引く *v.* tirar de la cuerda con todas las fuerzas ⇨ 極力, 精一杯

ぜんりょくとうきゅう 全力投球 ❶【野球で】♦あのピッチャーは全力投球しなかった(＝いちばん速いボールを投げなかった) El lanzador no tiró su pelota más rápida.
❷【精一杯する】*v.* hacer* todo lo que se puede. → 全力. ♦会社のために全力投球してきた He hecho todo lo que he podido por la empresa.

せんれい 洗礼 *m.* bautismo; (洗礼・命名式) 《フォーマル》 *f.* ceremonia bautismal. ▶洗礼名 *m.* nombre de pila [bautismo]. ▶洗礼者ヨハネ San Juan Bautista. ♦私は5歳のときキリスト教の洗礼を受けた Cuando tenía cinco años me bautizaron. / 《フォーマル》 Recibí el bautismo cristiano a los cinco años. ♦まだ文明の洗礼を受けない種族がいる Todavía hay tribus [pueblos] que no saben nada de la civilización.

せんれい 先例 *m.* precedente; (前の例) *m.* ejemplo anterior. ▶先例のない事 *m.* asunto sin precedente(s). ▶その先例に従う *v.* seguir* [apoyarse en] un precedente. ▶先例を¹作る[²になる] *v.* ¹sentar* un [²servir* como] precedente [para]. ♦それには先例がない Eso no「tiene precedentes [ha ocurrido antes]. ⇨ 慣例, 例し

ぜんれい 前例 *m.* precedente. → 先例.

ぜんれき 前歴 (過去の経歴・履歴) *mpl.* antecedentes; (一身上の経歴・履歴) *f.* historia personal, *m.* historial; (人の過去) *m.* pasado. ▶いかがわしい前歴の女 *f.* mujer con pasado. ▶彼の前歴を調べる *v.* investigar* su pasado. ♦彼の前歴を何かご存じですか ¿Sabes algo de su historia personal? / ¿Conoces sus antecedentes?

せんれつ 戦列 *f.* línea de combate [batalla]. ▶戦列に¹加わる [²を離れる] *v.* ¹juntarse en [²abandonar la] línea de combate. ▶戦列を維持する *v.* mantener* la línea de combate.

ぜんれつ 前列 *f.* primera fila, *f.* fila delantera. ▶前列に座る[席をとる] *v.* sentarse* en primera fila. ▶前列の左から3番目の学生 *mf.* tercer/cera estudiante por la izquierda de la primera fila.

せんれん 洗練 ▶洗練された話し方 *f.* manera de hablar refinada [elegante]. ▶非常に洗練された(＝磨きのかかった) ¹演案 [²演技]をする *v.* ofrecer* una ¹interpretación [²actuación] muy refinada [elaborada]. ▶服装が洗練されている *v.* vestir* con refinamiento [elegancia] ⇨ 垢抜け, 上品, 奥床しい, 渋い, 高い

****せんろ** 線路 *f.* vía (férrea), *mpl.* raíles. ▶線路工事(線路敷設) *f.* colocación de la vía (férrea); (補修など) *m.* mantenimiento de la vía (férrea). ▶線路工夫 (＝保線作業員) *m.* obrero de mantenimiento de vía férrea. ♦線路を横断するな No cruces la vía. ♦彼女の家は線路ぎわにあるのでうるさい Su casa es ruidosa porque está al lado de la vía.

そ

そあく 粗悪 ▶粗悪な (質の悪い) *adj.* malo, de mala calidad, deficiente, tosco; (より劣った) *adj.* inferior. ▶粗悪品 *mpl.* productos de mala calidad. ▶粗悪な (=きめの荒い)生地 *f.* tela ruda.

-ぞい -沿い ▶-沿いの[を] *prep.* por, a lo largo de; junto a, al lado de. ▶道沿いの家 *fpl.* casas a lo largo de la calle; *f.* casa en la carretera. ▶海沿いの暖かい場所 *m.* lugar cálido al lado del mar. ▶川沿いを歩く *v.* pasear por el río.

そう 相 (文法の) *m.* aspecto.

そう 層 (社会の) *f.* capa [*f.* clase] (social); (地層の) *m.* estrato; (所得などの) *m.* nivel. ▶粘土の層 *f.* capa de arcilla. ▶年齢層 *f.* generación, *m.* grupo de edad. ▶¹低 [²高額; ³中]所得者層 *m.* nivel [*m.* grupo] de ¹bajos [²altos; ³medios] ingresos. ▶層状に *adv.* en capas. ♦このケーキは 4 層だ Este pastel tiene cuatro capas. ♦この本は若い読者層が対象だ Este libro se destina a los lectores jóvenes. ♦我がチームは選手の層が厚い Nuestro equipo tiene muchos jugadores suplentes.

**そう ❶[前述の内容をさして]
1《語・句・節の代用として》 *adv.* sí; así; *pron.* eso, lo. ♦彼は一人でそこへ行くと言った。しかも自信を持ってそう言った Dijo que iría allí solo y lo dijo así de confiadamente. ♦そう言ったよ (=それごらん) Te lo dije. ♦それ(っ). 会話 彼はあす来ると思いますか—そう思います ¿Crees que vendrá mañana? – Creo que sí. ♦車で行くのはどうかと思うなあ—私もそう思うわ (=同感だわ) No creo que sea una buena idea ir en coche. – Estoy de acuerdo. 会話 明日は降らないと思うわ—そうだといいね No creo que llueva mañana. – Espero que no. ♦たぶんそうだろう Es posible. /「Tal vez [《口語》Quizás] (sea así). / A lo mejor. ♦残念ながらそうです Me temo que sí. ♦彼は準備ができていますか—そうみたいですね ¿Está preparado? – Eso parece. / Parece [Se diría] que sí. ♦彼女はとても怒っていた。顔にそう書いてあった Estaba muy enfadada y así lo expresaba su rostro. / Estaba muy enfadada como (lo) reflejaba su cara. ♦彼らは明日出発します—そうらしいですね Mañana se van. – Eso [Así] parece. ♦彼は私に二度とそうしない約束してた Me prometió no volver a hacerlo [hacer eso]. ♦カンニングをしたって?もしそうなら彼を合格させるわけにはいかない ¿Que ha hecho trampa? Si「es así [ha hecho tal cosa], no puedo aprobarlo[le]. ♦そうとは知らなかった No lo sabía. / No sabía eso. 会話 君はすごくついてるね—みんなにそう言われるよ ¡Qué suerte tienes!, ¿eh? – Eso es lo que dice la gente. 会話 ぼくのグローブどこか知らない?—これがそう? ¿Has visto mi guante en algún sitio? – ¿Será éste? ♦そう言って彼は部屋を出て行った Diciendo eso, salió de la sala.

2《同様》 lo mismo, otro tanto [igual]. →また. ♦日本でもそうだといいが Ojalá pudiera decir lo mismo de Japón. 会話 野球が大好きだ—私もそうよ Me encanta el béisbol. – Y a mí también. / Soy un gran aficionado al béisbol. – A mí también. 会話 泳げないんだ—私もそうなの No sé nadar. – Pues yo tampoco.

3《接続詞的に》そうすると→そうすると. ♦速く走りなさい、そうすればバスに間に合うよ Corre rápido y podrás coger [《ラ米》agarrar] el autobús. ♦急ぎなさい、そうしないと列車に遅れますよ Date prisa si no quieres perder el tren. / Si no te das prisa, perderás el tren. ♦それが難しいことは分かっているが、そうは言っても (=また一方では)やらざるをえないことも確かだ Sé que es difícil pero「aun así [por otra parte] sé que debo tratar de hacerlo.

❷[返答、あいづち] (肯定) sí, así es; (否定の疑問に対して) no. → いいえ, はい. 会話 これはあなたのノートですか—そうです ¿Es éste tu cuaderno? – Así es. / Sí, lo es. 会話 あまり混んでいないね—そうね No hay mucha gente, ¿verdad? – Pues no. / Es verdad. 会話 田中君じゃないかい—ええ、そう(の通り)です ¿No eres tú Tanaka? – Sí, soy yo. ♦彼はスペイン語を話すのが実にうまいね—本当にそうですね Habla español muy bien, ¿a que sí? – Sí que es verdad. 会話 あの人いい人みたいね—ええ、そうよ Parece buena persona. – Sí, así es. 会話 彼は来ないと思うわ—そうですか Creo que no va a venir. – ¿Ah, no? / ¿De veras?

❸[程度] ♦そう心配するな No te preocupes tanto, hombre [mujer]. ♦なぜそう急ぐのだ ¿Por qué tienes tanta prisa? ♦そう難しくない No es tan difícil. 会話 疲れた?—そうでもないわ ¿Estás cansada? – No tanto [mucho]. →そんなに.

❹[思案・ためらい] 会話 暖房にはどの燃料がいいと思いますか—そうですね、石油が一番安上がりです ¿Qué combustible me aconseja para la calefacción? – Bueno [Vamos a ver, Pues], el petróleo [(灯油)queroseno] es el más barato. ♦そうですね (=おおよそのところを言えば)、50 人ほど出席していました「Había presentes, digamos [Bueno, había presentes] unas cincuenta personas. ♦木曜日はだめなんだ—じゃあほかにというと、そうだな、土曜日は都合つくかな El jueves es imposible. – Bueno, entonces otro día; por ejemplo, ¿qué tal el sábado? ♦《その他の表現》♦そうは問屋がおろさない Te haces demasiadas ilusiones. / Las cosas no son tan fáciles. ♦そうだね、君のいう通りかもしれない Bueno, quizás tengas razón. ♦そうかそれで分かった ¡Ah!, ya entiendo. ♦そうだ、いい考えが浮かんだ ¡Ah! ¡Tengo una idea!

そう 沿[添]う ❶《...に沿って》*prep.* por, a lo largo de. ▶川に沿って歩く *v.* caminar [pasear]「por el [bordeando el, a lo largo del] río. ♦道路は線路に沿って走っている La carretera「corre al lado de [va paralela a] la vía del tren. ♦通りに沿って店が並んでいる La calle está flanqueada de tiendas. ♦既定方針に沿って（＝従って）行動せよ Actúa「de acuerdo con [siguiendo] el plan. ❷《期待などに添う》*v.* cumplir, satisfacer*, estar* a la altura 《de》. →期待. ♦ご希望に沿うよう努力いたしますがお約束はできません Intentaré cumplir tus deseos, pero no te puedo prometer nada. ♦彼女の演技は私たちの期待には添わなかった Su actuación no estuvo a la altura de nuestras esperanzas.

そう 僧 *m.* bonzo; 《修道僧》*m.* monje.

そう- 総- 総選挙 *fpl.* elecciones generales. ♦総支配人 *mf.* direct*or/tora* general. ♦総人口 *f.* población total 《de》. ♦総所得 *mpl.* ingresos brutos, *f.* renta.

-そう -艘 一艘の船 *m.* un barco. ▶二艘の船 *mpl.* dos barcos.

ぞう 象 *m.* elefante. ▶雌象 *f.* elefanta. ▶子象 *f.* cría de elefante, 《口語》 *m.* elefantito. ♦象は鼻が長い El elefante tiene (una larga) trompa.

ぞう 像《姿》*f.* imagen, *f.* figura; 《彫像》*f.* estatua; 《画像》*m.* cuadro, *f.* pintura; 《肖像》*m.* retrato. ▶¹石［²木］像 *f.* estatua de ¹piedra [²madera]. ▶自由の女神像 *f.* Estatua de la Libertad. ▶鏡に映る像 *f.* imagen reflejada en un espejo. ▶¹実像［²虚像］ *f.* imagen ¹real [²virtual]. ▶未来像 *f.* visión. ♦彼の描いた現代の若者像 *f.* su visión de la juventud actual. →描写. ♦像を建てる *v.* levantar [《フォーマル》erigir*] una estatua. ♦像を刻む *v.* esculpir una imagen (en piedra). ♦像を投影する *v.* proyectar una imagen (en la pantalla).

そうあたりせい 総当たり制 *f.* liga, *f.* liguilla → リーグ. ♦《説明的に》*m.* sistema de enfrentamientos individuales entre todos. ♦総当たり戦 *m.* torneo en que todos los participantes se enfrentan entre sí.

そうあん 草案 *m.* borrador, 《フォーマル》*m.* anteproyecto. ♦演説の草案を書く *v.* hacer* [preparar] el borrador de un discurso.

そうい 相違《差異》*f.* diferencia, 《フォーマル》*f.* diversidad; 《対照的な》*m.* contraste, 《教養語》*f.* discrepancia; 《区別、差別》*f.* distinción; 《意見・考えなどの不一致》*m.* desacuerdo, 《フォーマル》*f.* divergencia. →違い.

1《~（の）相違》▶¹外観［²質］の相違 *f.* diferencia de ¹aspecto [²calidad]. ♦詩と散文との相違 *f.* diferencia entre poesía y prosa.

2《相違が［は］》▶その２か国語の間にはあまり相違(点)がない No hay muchas diferencias entre las dos lenguas. ♦この点で¹われわれ［²３人］の間には大きな意見の相違がある Hay grandes diferencias de opinión entre ¹nosotros [²los tres] sobre ese tema. / ¹Nuestras opiniones [²Las opiniones de los tres] difieren mucho al respecto.

3《相違を》▶相違を生むむ *v.* hacer* [《フォーマル》establecer*] una diferencia.

《その他の表現》♦ 上記のとおり相違ありません《フォーマル》Declaro la absoluta veracidad de lo dicho. ♦あの男がそれを盗んだに相違ない No cabe duda de que el ladrón es ese hombre. / Ese hombre tiene que haberlo robado. → 違いない.

—— **相違する** *v.* ser* diferente [distin*to*] 《de》, diferenciarse [《フォーマル》diferir*] 《de》. →違う. ♦その問題についてあなたと意見が相違する No comparto su opinión「sobre eso [《フォーマル》al respecto]. / （一致しない）Estoy en desacuerdo [No estoy de acuerdo]「con usted [contigo]. / 《フォーマル》Difiero de su opinión.

そうい 創意《独創的考え》*m.* idea original; 《独創性》*f.* originalidad. → 独創. ♦創意に富んだ *adj.* original; 《発明の才のある》*adj.* inventivo, creador. ▶創意工夫を生かす *v.* usar una idea original.

そうい 総意《国民の総意（＝大方の意志）》*f.* voluntad general del pueblo, 《フォーマル》*m.* consenso nacional.

そういう《そのような》tal..., ...así; 《その》*adj.* ese; 《その種の》*adj.* esa clase de... ♦そんな.

そういえば《そういえば彼は彼の息子も教師だった Por cierto, su hijo también era profesor. / Eso me recuerda que también su hijo era profesor. ♦ それで. 《会話》お腹がすいただろうと思ってサンドイッチを持ってきたわ—そう言えばほんとぺこぺこだ He traído unos bocadillos pensando que quizás tuvieras hambre. – Pues ya que lo dices, la verdad es que sí tengo hambre. ♦ そういえば少し顔色が悪いね Ya [Ahora] que lo dices estás algo pál*ido*.

そういん 僧院《大修道院》*m.* monasterio; 《比較的小さな》*m.* convento. ♦僧院の生活を送る *v.* llevar una vida monástica [conventual].

そううつびょう 躁鬱病《専門語》*f.* psicosis maniacodepresiva, 《専門語》*f.* psicosis maníaca depresiva. ♦そううつ病患者 *mf.* maniacodepresivo/va.

ぞうえいざい 造影剤《専門語》*m.* contraste.

ぞうえん 造園 *f.* construcción de un jardín. ▶造園家 *mf.* diseñ*ador/dora* de jardín, *mf.* paisajista de jardines. ▶造園する（＝庭を設計する）*v.* diseñar un jardín.

ぞうお 憎悪 *m.* odio, *m.* aborrecimiento, 《教養語》*f.* abominación. ▶憎悪する *v.* odiar, tener* odio, detestar, aborrecer*, 《教養語》 abominar. ▶憎悪すべき犯罪 *m.* crimen abominable.

そうおう 相応 ▶相応の（事情などにふさわしい）*adj.*

そうおん

apropiado [adecuado] 《a, para》, 《教養語》idóneo 《para》; (似つかわしい) adj. apropiado, que sienta bien; correspondiente 《a》; (妥当な) adj. adecuado 《a》. ◆年齢相応にふるまう v. comportarse de acuerdo con la edad. ◆彼女はその場にふさわしい服装をしていた Llevaba un vestido apropiado para la ocasión. ◆彼の態度は紳士にふさわしい Su actitud「corresponde a [es apropiada de] un caballero. ◆彼は仕事相応の賃金をもらっている Recibe una paga apropiada para su trabajo. ◆彼らは身分相応の(=収入の範囲内の)家を見つけた Han encontrado una casa apropiada para sus medios.

そうおん 騒音 m. ruido; (打ち続くうるさくて不快な) m. barullo, m. estrépito. → 音(注). ◆騒音公害 f. contaminación「del ruido [《フォーマル》acústica]. ◆¹町[²隣家]の騒音に悩まされる v. ser* molestado por los ruidos ¹de la calle [²del vecino]. ◆都会の騒音 m. barullo de la vida urbana. ◆彼女は通りを走る車の騒音がいやだった Le irritaba el ruido de los coches en la carretera. ◆このあたりは騒音がひどい Por aquí hay mucho ruido. ◆騒音で彼の言うことが聞きとれなかった Con todo el estrépito que había no podía escucharlo[le].
☞ 音響, 騒がしい

*ぞうか 増加 (数量が増えること) m. aumento, 《フォーマル》m. incremento; (伸び) m. crecimiento; (上昇) f. subida; (得ること) f. ganancia. ◆増加率 f. tasa de aumento. ◆人口の急激な増加 f. explosión demográfica. ◆体重の増加 m. aumento de peso. ◆生産高は先月に比べ10%の増加(量)を示している La producción muestra [arroja] un incremento del 10% sobre el mes pasado. ◆犯罪は増加の一途をたどっている (=着実な増加がある) Hay un aumento constante de la delincuencia. / No dejan de aumentar los delitos.

—— 増加する v. aumentar, crecer*, 《フォーマル》incrementarse. → 増える. ◆その町の人口は増加している La población de la ciudad está aumentando [en aumento]. / La ciudad está creciendo demográficamente. / La población de la ciudad「es cada vez mayor [no deja de crecer]. ◆会員数は¹5割[²5千人]増加した El número de socios ha aumentado en ¹un 50% [²cinco mil].
☞ 増額, 増殖, 増進; 増大, 高まる

ぞうか 造花 f. flor artificial [de imitación].

そうかい 爽快 f. frescura, m. fresco, m. frescor. ◆そう快な朝の空気 m. refrescante aire de la mañana. ◆気分そう快だ Me siento refrescado [fresco]. / ¡Qué refrescante sensación!

そうかい 総会 f. asamblea general, f. junta general; (有権者全員出席の) f. sesión plenaria. ◆株主総会 f. junta [f. asamblea] general de accionistas. ◆国連総会 f. Asamblea General de las Naciones Unidas.

そうかい 掃海 ◆掃海艇 m. dragaminas, m. barreminas.

そうがかり 総掛かり ◆総掛かりで(=力を合わせて)ピアノを動かした Pudimos mover el piano uniendo nuestras fuerzas.

そうがく 総額 (合計, 累計) m. total; (全体の額) f. suma total [global]. ◆損害総額 m. total de pérdidas, f. pérdida total. ◆総額1千万円の小切手 mpl. cheques por un total de diez millones de yenes. ◆総額いくらになりますか ¿Cuánto es [《フォーマル》suma] todo? / ¿A cuánto asciende el total? ◆総額百万円になった La suma total「ascendió a [totalizó] un millón de yenes.
☞ 全額, 累計

ぞうがく 増額 (増加) f. subida, m. aumento. ◆賃金の増額を要求する v. pedir*「una subida [un aumento, 《フォーマル》un incremento] salarial. ◆増額する (増す) v. aumentar; (上げる) v. subir.

そうかつ 総括 (まとめ) m. resumen; (反省) f. revisión. ◆総括的な adj. general. ◆(国会の)総括質問 f. interpelación general. ◆その討論を総括する v. resumir [hacer* un resumen de] la discusión.

そうかん 創刊 ◆創刊号 m. primer número [ejemplar]. ◆創刊する v. comenzar* (una nueva revista). ◆この雑誌は1930年に創刊された Esta revista fue publicada por primera vez en 1930.

そうかん 相関 ◆相関関係 f. correlación 《con, entre》. ◆相関的な adj. correlativo. ◆相関関係がある v. estar* en correlación 《con》.

そうかん 送還 ◆送還する(送り返す) v. hacer* regresar; (捕虜などを本国へ) v. repatriar*. ◆捕虜を本国へ送還する v. repatriar* a los prisioneros de guerra.

そうかん 壮観 (壮大な眺め) f. vista grandiosa. ◆イグアスの滝の壮観 f. grandiosidad de las cataratas de Iguazú. ◆富士山頂で見た御来光は壮観でした El amanecer que vimos desde la cumbre del Monte Fuji fue un espectáculo grandioso.

ぞうかん 増刊 ◆増刊する v. publicar* un número extra. ◆雑誌レディーの夏季増刊号 m. número especial de verano de la revista Lady.

ぞうがん 象眼 f. incrustación. ◆象眼細工 f. obra de incrustación; (金銀の) m. damasquinado, f. ataujía.

そうがんきょう 双眼鏡 mpl. binoculares, 《口語》mpl. gemelos, mpl. anteojos; (携帯用小型の) mpl. prismáticos, mpl. gemelos. ◆双眼鏡で鳥を見る v. observar las aves con binoculares [prismáticos].

そうき 早期 f. fase inicial. ◆早期の adj. inicial, temprano, primero. ◆早期診断, 早期発見 f. detección y diagnosis temprana. ◆早期のがんは治る El cáncer se puede curar en sus「primeras fases [estadios iniciales].

そうぎ 争議 (労働争議) m. conflicto [f. disputa] laboral; (ストライキ) f. huelga, m. paro. ◆争議権を求めて交渉する v. negociar por el derecho a la huelga. ◆争議を起こす [²解決する] v. ¹iniciar [²solucionar] un conflicto. ◆賃上げを要求して争議が起こった El conflicto surgió por mayores salarios.

そうぎ 葬儀 *m.* funeral;（埋葬後の）*fpl.* pompas [《フォーマル》] *fpl.* honras] fúnebres,（教養語）*fpl.* exequias. ▶仏式の葬儀 *m.* funeral budista. ▶火災の犠牲者の合同葬儀 *m.* funeral en masa por las víctimas del incendio. ▶葬儀の¹参列者 [²しきたり] ¹*mpl.* asistentes al funeral [² *fpl.* costumbres fúnebres]. ▶葬儀の列 *f.* comitiva fúnebre. ▶葬儀に出る *v.* asistir a un funeral. ▶葬儀屋（店）*f.* funeraria;（人）*mf.* empresa*rio/ria* de "una funeraria [pompas fúnebres]. ♦彼の葬儀は厳粛に執り行なわれた Se celebró solemnemente su funeral.

ぞうき 臓器 *mpl.* órganos internos. ▶臓器移植 *m.* transplante de órganos.

ぞうきばやし 雑木林 *m.* bosquecillo, *f.* arboleda, *m.* soto.

そうきゅう 早急 ▶早急な(即座の) *adj.* inmediato;（敏速な）*adj.* presto, rápido;（行動がすばやい）*adj.* ágil, rápido. ▶早急な処置 *fpl.* medidas inmediatas.

―― 早急に →さっきゅうに.

そうきゅう 送球（野球）*m.* tiro (de pelota).

そうぎょう 創業（創立）*f.* fundación, *f.* creación;（設立）*m.* establecimiento, *f.* constitución. ▶創業者 *mf.* fundad*or/ora.* ▶創業する *v.* fundar; establecer*;（事業を始める）*v.* emprender un negocio. ▶来年我が社は創業10周年を祝う El año que viene nuestra empresa celebra el décimo aniversario de su fundación.

そうぎょう 操業 *m.* funcionamiento, *f.* operación. ▶操業する *v.* hacer* funcionar, 《フォーマル》operar;（工場などを動かす）*v.* funcionar. ▶操業時間 *fpl.* horas operativas [de funcionamiento]. ▶操業短縮 *f.* reducción operativa;（生産削減）*m.* corte de la producción. ▶操業率 *f.* tasa de funcionamiento. ▶操業を開始する *v.* empezar* [comenzar*, 《フォーマル》iniciar] el trabajo operativo. ▶沖合で操業中の漁船 *m.* pesquero que está faenando en alta mar. ♦工場は完全操業中です La fábrica está en pleno funcionamiento. ♦彼らは24時間操業をしている Trabajan las 24 horas.

ぞうきょう 増強（補強）*m.* refuerzo;（強化）*m.* fortalecimiento,（増大）*m.* aumento. ▶兵力を増強する *v.* reforzar* las tropas. ▶体力を増強する *v.* fortalecerse*. ▶生産力を増強する *v.* aumentar la producción ☞鍛える, 蓄える

そうきょくせん 双曲線 *f.* hipérbola, *f.* curva hiperbólica.

そうきん 送金 *m.* envío de dinero;（相当な額の）*f.* remesa;（送金額）*f.* cantidad de remesa. ▶送金する *v.* remitir [enviar*,《口語》mandar] (el) dinero;（為替で送る）*v.* girar. ▶送金小切手 *m.* cheque de remesa [envío]. ▶支払いを小切手で送金する *v.* remitir el pago por cheque. ♦私は時々息子にわずかの送金をしてやります A veces le remito algo de dinero a mi hijo.

ぞうきん 雑巾（ほこり用の）*m.* trapo「del polvo [de sacudir];（床用の）*f.* bayeta. ▶雑巾がけ

ぞうげん 765

する *v.* limpiar con un trapo, pasar la bayeta.

そうぐう ▶遭遇する(事故・困難・敵などに) *v.* encontrarse* 《con》. ♦彼は旅行中に事故に遭遇した Se encontró con un accidente en su viaje. ♦彼は多くの困難に遭遇しながら（=をものともせず）成功した Superando las muchas adversidades con que se encontró consiguió el éxito.

そうくずれ 総崩れ（壊滅的敗走）*f.* derrota;（崩壊）*m.* derrumbe. ▶総崩れになる *v.* ser* derrotado de forma aplastante;（敗走する）*v.* fugarse*, huir*;（崩壊する）*v.* derrumbarse completamente.

ぞうげ 象牙 *m.* marfil. ▶象牙色の *adj.* de marfil,《フォーマル》marfileño. ▶象牙色の皮膚 *f.* piel de color marfil. ▶象牙細工 *f.* obra de marfil. ▶象牙海岸 →コートジボワール. ▶象牙の塔に閉じこもる *v.* encerrarse* en una torre de marfil;（学究生活を送る）*v.* llevar una vida académica.

そうけい 総計 *m.* total, *f.* suma (total), *f.* cantidad global →合計;（総額・量）*f.* cantidad total. ♦経費は総計3万円になる El total de nuestros gastos suma [《フォーマル》asciende a] 30.000 yenes. ☞全部, 総額; 合わせる

そうけい 早計 ▶早計な (=性急な) 決定 *f.* decisión precipitada [prematura].

そうげい 送迎 ▶送迎デッキ (空港の) *f.* cubierta [*f.* plataforma] de (recepción y) despedida. ▶送迎バス *m.* autobús de recogida;（学校の）*m.* autobús escolar;（ホテルなどの）*m.* autobús de cortesía. ♦コンコースは送迎客でごったがえしていた El salón estaba lleno de gente que había venido a recibir o despedir a los pasajeros. ♦うちの事務所ではお客の送迎用に車を買った Nuestra empresa ha comprado un coche para recoger a nuestros clientes y llevarlos a casa.

ぞうけい 造形 *m.* modelado, *f.* plástica. ▶造形美術 *fpl.* artes plásticas.

ぞうけい 造詣 ▶彼はスペイン文学に造詣が深い「Tiene profundos conocimientos de [《フォーマル》Está muy versado en; Es un erudito en] literatura española.

ぞうげかいがん 象牙海岸 →コートジボワール

ぞうげしつ 象牙質（専門語）*f.* dentina.

そうけん 壮健 ▶壮健な（健康な）*adj.* sano. ♦ご壮健で何よりです Me alegro de「que goce usted de buena salud [《口語》saber que estás bien].

そうけん 双肩 ▶双肩に掛かっている *v.* pesar íntegramente《sobre》, depender totalmente《de》.

そうけん 送検 ▶容疑者を送検する (=裁判するために送る) *v.* enviar* [mandar] a un sospechoso a la fiscalía. ▶書類送検する *v.* enviar* los documentos de un caso a la fiscalía.

そうげん 草原 *m.* prado, *f.* pradera,『アルゼンチン』*f.* pampa.

ぞうげん 増減 *f.* subida o [y] *f.* bajada, *m.*

そうこ

aumento o [y] *f.* disminución. ▶増減する *v.* subir o [y] bajar; (変わる) *v.* variar*; (変動する) *v.* 《フォーマル》fluctuar*. ♦私の収入はここ数年増減がない En los últimos años mis ingresos no han variado.

そうこ 倉庫 *m.* almacén, *m.* depósito. ▶倉庫会社 *f.* compañía de almacenaje [depósitos]. ▶倉庫業 *m.* almacenaje. ▶倉庫業者 *mf.* almacenista. ▶倉庫係 *mf.* almacenero/ra. ▶倉庫に預ける[保管する] *v.* almacenar, guardar en un almacén.

•そうご 相互 ▶相互の *adj.* mutuo, recíproco. ▶相互に *adv.* mutuamente, recíprocamente. ▶相互扶助 *f.* ayuda mutua. ▶相互関係 *f.* relación recíproca. ▶相互貿易 *m.* comercio recíproco. ▶相互不可侵条約に調印する *v.* firmar un pacto mutuo de no agresión. ♦国際交流は国家間の相互理解に役立つ Los intercambios internacionales promueven「el entendimiento recíproco [la mutua comprensión]」 entre las naciones. ♦彼らは相互に助け合った Se ayudaron. / Se prestaron ayuda. ☞互い.

ぞうご 造語 (新語) *f.* palabra acuñada, 《フォーマル》*m.* término acuñado, 《教養語》*f.* acuñación, 《専門語》*m.* neologismo. ▶造語する *v.* acuñar, 《口語》inventar una palabra.

そうこう 草稿 (未完成の原稿) *m.* anteproyecto, *m.* borrador → 原稿; (手書き・タイプの原稿) *m.* borrador. ▶草稿を書く *v.* hacer* un borrador [anteproyecto] 《de》 ☞原稿, 下書き

そうこう ▶そうこうするうちに *conj.* mientras; *adv.* mientras tanto, entretanto. ♦式がだらだらと続いた. そうこうするうちに雨が降りだした La ceremonia se alargaba y mientras se puso a llover.

•そうごう 総合 *f.* síntesis. ▶総合科学 *f.* ciencia sintética. ▶総合病院 *f.* policlínica. ▶総合大学 *m.* estudio integral. ▶総合大学 *f.* universidad (con todo tipo de estudios). ▶総合商社 →総合商社. ▶総合職の女性 *f.* mujer de carrera administrativa. ▶総合優勝する *v.* ganar una competición combinada.

―― **総合する** *v.* sintetizar*; (総合して考える) *v.* juntar. ▶これらの要因を総合する *v.* juntar [reunir*] todos los factores. ♦彼の論文は総合すると(=全体として見ると)よくできている Su tesis es satisfactoria en general [conjunto].

―― **総合的な** *adj.* sintético; (全般的な) *adj.* general; (包括的な, 広範囲の) *adj.* integral, completo.

そうこうかい 壮行会 *f.* fiesta de despedida [《口語》adiós].

そうこうきょり 走行距離 *m.* kilometraje. ▶走行距離計 *m.* cuentakilómetros. ♦この車の走行距離はどれくらいですか ¿Cuántos kilómetros [¿Qué kilometraje] tiene [ha recorrido] este coche?

そうこうしゃ 装甲車 *m.* vehículo blindado.

そうごうしょうしゃ 総合商社 *f.* empresa [*f.* compañía] de comercio general.

そうこく 相克 ▶理性と感情の相克(=争い) *m.* conflicto entre la razón y el sentimiento. ▶相克する *v.* entrar en conflicto 《con》.

そうこん 早婚 *m.* matrimonio joven. ♦彼は早婚だ Se casó joven. → 結婚する.

そうごん 荘厳 *f.* solemnidad; *f.* grandiosidad; 《教養語》*f.* magnificencia. ▶荘厳な *adj.* solemne, grandioso → 厳粛; (高貴な) *adj.* sublime, majestuoso; (壮大な) *adj.* magnífico. ▶荘厳なミサ曲 *f.* misa solemne. ▶荘厳な¹美 [²景観] ¹*f.* belleza [²*m.* paisaje] solemne. ▶荘厳な宮殿 *m.* palacio magnífico.

そうさ 捜査 (犯罪などの) *f.* investigación (de la policía), *fpl.* pesquisas → 調査; (捜索) *m.* registro, *f.* búsqueda. → 捜査. ▶捜査する *v.* investigar*, hacer* pesquisas. ▶捜査員 *mf.* investigador/dora; (刑事) *mf.* detective. ▶捜査令状 *f.* orden de registro. ▶捜査本部 *f.* oficina de investigación. ▶(組織的な)犯人捜査 *v.* realizar* [《フォーマル》llevar a cabo] la búsqueda de un criminal. ▶捜査網をくぐり抜ける [¹歩く] *v.* ¹escaparse de [²tender*] una redada. ♦警察はまだその事件を捜査中である La policía sigue investigando el caso.

そうさ 操作 (機械などの) *m.* manejo, *f.* operación; (市場・株・機械などの巧みな) *f.* manipulación. ▶遠隔操作 *m.* control remoto. ▶操作の簡単な機械 *f.* máquina fácil de manejar. ▶株価の人為的操作 *f.* manipulación (artificial) de las acciones. ▶(車の)ハンドル操作を誤る *v.* perder* el control de un coche.

―― **操作する** *v.* manejar, operar, hacer* funcionar. ▶機械を操作する *v.* manejar una máquina. ▶エレベーターを操作する *v.* manejar un ascensor. ▶世論を操作する *v.* manipular la opinión pública

☞扱い, 運転; 扱う, 動かす

ぞうさ 造作 → 面倒. ♦それをするのは何の造作(=手数)もない No tengo ningún problema para hacerlo. / Lo puedo hacer sin ninguna dificultad.

そうさい 総裁 *mf.* president*e/ta*; (官庁・銀行などの) *mf.* gobernad*or/dora*. ▶自民党総裁 *m.* presidente del Partido Liberal Demócrata (PLD). ▶日銀総裁 *m.* gobernador del Banco de Japón.

そうさい 相殺 ▶相殺する *v.* compensar; neutralizar*. ♦賃金の増加分は物価の上昇で相殺されるだろう Las subidas salariales serán neutralizadas por el aumento de los precios.

そうさき 走査器 《専門語》*m.* escáner, 《専門語》*m.* digitalizador de imagen fija, 《専門語》*m.* buscador por rastreo.

そうさく 捜索 *f.* búsqueda 《de》; *m.* registro.

1《〜(の)捜索》▶行方不明の子供の捜索 *f.* búsqueda de un niño perdido. ▶湖の捜索を打ち切る *v.* suspender la búsqueda en el lago. ♦彼らはそのビルの捜索に出かけた Fueron a registrar el edificio. ♦彼は警察の家宅捜索を受けた La policía registró [hizo un registro de]

su casa.
2 《捜索＋名詞》捜索隊 m. equipo de búsqueda; (救助隊) m. equipo de rescate [salvamento]. ♦彼女は警察に(行方不明の)夫の捜索願いを出した Pidió a la policía que buscara a su marido desaparecido.

── **捜索する** v. buscar*; registrar. → 捜す. ♦警察は逃亡囚を追って町中を捜索している(=捜索中である) La policía está registrando la ciudad en busca del preso fugado.
☞ 捜査, 探索, 手配

そうさく 創作 (新しくつくること) f. creación; (執筆すること) f. escritura; (作品) f. creación; (独創的作品) f. obra original; (小説) f. novela; (つくりごと) f. ficción, f. invención. ▶創作する v. crear; (執筆する) v. escribir*; (でっちあげる) v. inventar(se). ▶創作意欲 f. ansia creadora, m. afán creativo. ▶創作活動 (創造的な) f. actividad creadora [creativa]; (小説の) f. creación de una novela. ▶創作ダンス m. baile creativo. ▶創作力 f. creatividad, f. capacidad creativa; (独創力) f. originalidad. ♦それは彼女の創作(=作り話)だろう Creo que se ha inventado la historia. / Son patrañas suyas.

ぞうさく 造作 (作り付けの設備) m. mueble fijo; (備品) mpl. accesorios. ▶家の造作をする(=部屋を増建する) v. añadir una habitación a la casa; (改装する) v. redecorar [reformar] una sala.

ぞうさつ 増刷 f. reimpresión. ▶千部増刷する v. reimprimir mil ejemplares, imprimir mil ejemplares más. ▶彼の小説は数回増刷された(=数刷まで行った) Su novela tuvo varias reimpresiones.

ぞうさない 造作ない ♦そんなことは造作ない(=まったく簡単だ) Eso es「muy fácil [《口語》facilísimo]. /《口語》Eso es coser y cantar. ♦(簡単にできる) Se puede hacer sin「ningún problema [ninguna dificultad].

ぞうざん 早産 m. parto prematuro. ▶早産児 m. bebé prematuro, mf. sietemesino/na. ▶早産で産まれる v. nacer* prematuramente.

ぞうさん 増産 m. aumento [《フォーマル》m. incremento] de la producción. ▶「自動車[²米]を増産する v. aumentar la producción de ¹automóviles [²arroz].

そうし 創始 ▶(学校を)創始する v. fundar (una escuela). ▶創始者 mf. fundador/dora, mf. creador/dora.

*そうじ 掃除** f. limpieza. ▶大掃除 f. limpieza general. ▶掃除機 f. aspiradora. ▶掃除道具 mpl. utensilios de limpieza. ▶掃除人 mf. limpiador/dora; (道路の) mf. barrendero/ra. ▶掃除婦 f. mujer de la limpieza. ▶じゅうたんに掃除機をかける v. pasar la aspiradora por la alfombra, limpiar la alfombra con la aspiradora. ▶掃除の行き届いた部屋 f. habitación limpia, f. cuarto limpio. ♦お母さんは午前中は掃除で忙しい Por la mañana mi madre está ocupada con la limpieza.

── **掃除(を)する** v. limpiar, hacer* la limpieza「(de); (掃いて) v. barrer; (ふいて・こすって) v. fregar*; (ほこりを取る) v. quitar el polvo,《フォーマル》desempolvar. ▶掃く, 拭く. ▶部屋を掃除する v. limpiar una habitación; (掃いて) v. barrer una habitación. ▶部屋をきれいに掃除する v. hacer* la limpieza de una habitación; (掃いて) v. barrer「una habitación [un cuarto]. ▶棚を(ほこりを払って)掃除する v. quitar el polvo de un estante. ♦彼女は一日がかりで家の掃除をした Pasó todo el día limpiando la casa. ♦寝室は掃除しないといけない Al dormitorio le hace falta una limpieza.

そうじ 相似 f. similitud. ▶相似形 f. figura similar. ♦この二つの３角形は相似であって合同でない Estos dos triángulos son similares y no congruentes.

ぞうし 増資 ▶(会社が)増資する v. aumentar el capital.

そうしき 葬式 m. funeral. → 葬儀.

そうじしょく 総辞職 f. dimisión colectiva [general, en bloque, en pleno]. ♦内閣は総辞職した El gabinete dimitió en bloque.

そうしそうあい 相思相愛 ▶相思相愛の仲である v. amarse profundamente, estar* profundamente enamorados uno de otro.

そうした tal..., ... así. → そんな.

そうしたら conj. y; adv. entonces, luego. ♦タクシーに乗りなさい．そうしたら時間内にそこに着きます Toma un taxi y llegarás allí a tiempo. /(もしタクシーに乗れば)Si tomas un taxi, llegarás allí a tiempo.

そうしつ 喪失 f. pérdida. ▶一時的に記憶喪失に陥る v. sufrir una pérdida temporal de la memoria,《フォーマル》padecer* amnesia temporal. ▶記憶を喪失する v. perder* la memoria.

*そうして** ♦彼は演奏し, 彼女は歌を歌い, そうして (=そして)私は切符を売った Él tocaba, ella cantaba y yo vendía las entradas. ♦そして. ♦彼は仕事を済ませ, そうして(=それから)外出した Acabó su trabajo y [y luego, y después] salió. ♦そして. ♦(この方法で)やってみなさい Ahora prueba en [de] ese modo. ♦そうして(=そのままにして)おきなさい Déjalo así.

そうじて 総じて (一般に) adv. en general, generalmente; (一般に言って) adv. por lo general. → 一般に.

そうしゃ 走者 mf. corredor/dora. ▶(リレーの)最終走者 mf. último/ma corredor/dora. → ランナー.

そうしゃ 奏者 mf. intérprete. ▶ジャズ奏者 mf. intérprete de música jazz. ▶フルート奏者 mf. flautista. ▶オルガン奏者 mf. organista.

そうしゃじょう 操車場 m. patio de maniobras, f. estación clasificadora.

そうじゅう 操縦 m. manejo, f. operación; m. pilotaje; (舵をとること) f. conducción, f. dirección. ▶トラクターの操縦 f. conducción de un tractor. ▶操縦士(飛行機の) mf. piloto. ▶操縦席(飛行機の) f. cabina de mando. ▶操縦ミス(飛行機の) m. fallo de pilotaje. ♦船は操縦がきかなくなって暗礁にぶつかった Se perdió el control del pilotaje y el barco se estre-

lló contra las rocas.
── 操縦する 【機械などを】(人・動力が) v. manejar, conducir*,《フォーマル》operar;(人が) v. manejar;(飛行機・船を) v. pilotar;【人・物を】(うまく) v. manipular;(物を巧みに動かす) v. maniobrar, hacer* maniobras. ▶機械をうまく操縦する v. manejar muy bien una máquina. ▶飛行機を操縦する v. pilotar un avión. ▶船を操縦する v. pilotar un barco. ◆彼は車をうまく操縦して車庫に入れた Metió el coche en el garaje maniobrando bien. ◆彼女は夫をうまく操縦している Maneja [Controla] bien a su marido.

そうじゅく 早熟 ▶早熟な adj.(ser) precoz, (estar) adelantado;(作物が) adj.(ser) temprano, (estar) adelantado. ▶早熟な子供 m. niño precoz. ◆少年は早熟だった(＝年の割に大人びていた) El niño "estaba muy adelantado para su edad [era precoz]".

そうしゅこく 宗主国 m. estado protector.
そうしゅん 早春 ▶ adv. al comienzo de la primavera. ◆早春であった Era al comienzo de la primavera.
そうしょ 双書[叢書] (一連の本) f. colección, f. serie;(同じ体裁でそろえた文庫) f. biblioteca. ▶双書として出版する v. publicar* una colección.
ぞうしょ 蔵書 (所蔵本の総体) f. biblioteca, f. colección de libros. ▶蔵書目録 m. catálogo de biblioteca. ▶蔵書印 m. sello de propiedad. ◆彼は13万冊の[たくさんの]蔵書を持っている ¹Tiene una biblioteca de 30.000 volúmenes [²Posee una rica biblioteca].
そうしょう 総称 m. nombre general,《フォーマル》m. término genérico. ▶総称用法《文法》m. uso genérico.
そうしょう 相乗 ▶相乗効果 m. efecto multiplicador;(おもに薬の使用について) m. efecto sinérgico. ▶相乗作用 f. sinergia.
ぞうしょう 蔵相 → 財務相.
そうしょく 装飾 f. decoración, m. adorno,《教養語》f. ornamentación,《文語》m. ornato. ▶装飾をする v. decorar, adornar,《文語》ornar. → 飾る. ▶室内装飾 f. decoración [m. decorado] interior. ▶室内装飾者 mf. decorador/dora de interiores. ▶装飾品 m. adorno, m. ornamento. → 飾り. ▶装飾品としてダイヤをちりばめる v. adornar [repujar] con diamantes. ▶装飾用の花びん m. jarrón decorativo.
そうしょく 僧職 m. sacerdocio,《フォーマル》m. orden sacerdotal. ▶僧職につく v. ordenarse sacerdote;(僧になる) v. hacerse* sacerdote.
そうしょく 草食 ▶草食(性)の動物 m. animal herbívoro.
ぞうしょく 増殖(増加) m. aumento《de》. ▶増殖する v. aumentar. ▶異常増殖 m. aumento anormal《de》. ▶高速増殖炉 m. reactor de reproducción rápida.
そうしれいぶ 総司令部 m. Cuartel General.
そうしん 送信 f. trasmisión. ▶送信機[器] m. trasmisor. ▶送信する v. trasmitir (un mensaje)《a》.

ぞうしん 増進(増加) m. aumento;(促進) m. fomento;(改善) f. mejora. ▶健康の増進 f. mejora de la salud. ▶学力を増進する v. elevar el nivel académico.
そうしんぐ 装身具 (特に婦人用の) m. accesorio, m. adorno → アクセサリー;(宝石入りの) fpl. joyas, fpl. alhajas.
ぞうすい 増水 f. crecida. ▶増水した川 m. río crecido. ▶大雨で川が増水した El río iba crecido por las intensas lluvias.
ぞうすい 雑炊 "zousui",《説明的に》f. sopa espesa de arroz con verduras y otros ingredientes. → かゆ.
そうすう 総数 m.(número) total. ◆出席者の総数は50人だった El (número) total de asistentes era de 50.
そうすかん 総すかん ▶総すかんを食う(＝皆から拒絶される) v. ser* rechazado por todos.
そうする 奏する ▶効を奏する(効果的である) v. ser* eficaz《en + 動詞, contra + 名詞》;(成功する) v.「tener* éxito [salir* bien]《en》. → 効果, 成功する.
そうすると (それでは) adv. entonces,《口語》así que, en ese caso, en tal caso;(もしそうならば) si es así. ◆そうするとすぐにそこへ行った方がいい En ese [tal] caso será mejor ir allí ahora mismo. ◆そうするとついでにならないのですね ¿Entonces [¿Así que] no vienes? ◆彼は忙しいというのか。そうすると別の人を探さなきゃ ¿Dices que él está muy ocupado? Entonces [En tal caso], tenemos que buscarnos otra persona. ◆そうするとこの問題は結局未解決のままだったということになりますね(＝そのことは…ということを意味する) Eso quiere decir que el asunto quedó después de todo sin solucionar. ☞じゃ, すると, それでは
そうせい 創生 ▶ふるさと創生 f. revitalización rural.
そうぜい 総勢 (全部で) adv. en total, en conjunto. ▶総勢20名のコーラス m. coro(con un total) de veinte voces. ◆私たちは総勢20人で洞穴の中の探検に出かけた En total veinte de nosotros entramos a explorar la cueva.
ぞうせい 造成(開発) f. urbanización. ▶宅地造成 f. urbanización de parcelas, f. parcelación urbanizable. ▶造成地 m. terreno urbanizado (para edificar). ▶造成する v. urbanizar*.
ぞうぜい 増税 f. subida de impuestos,《フォーマル》m. incremento fiscal. ▶増税法案 m. proyecto de ley para el incremento de impuestos. ▶増税する v. subir los impuestos,《フォーマル》aumentar la presión fiscal.
そうせいき 創世記 «El Génesis».
そうせいじ 双生児 (一卵性の) mf. gemelo/la;(二卵性の) mf. mellizo/za;(二人) mf. gemelos/las, mf. mellizos/zas,【メキシコ】mf. cuates.
そうせつ 創設 f. fundación. → 創立.
ぞうせつ 増設 ▶増設する(施設などを) v. instalar más;(電話を) v. instalar más. ◆高校を3校増設する v. fundar tres "escuelas secundarias más [nuevas escuelas secundarias]".

そうぜん 騒然 (混乱) f. confusión, m. desorden; (大騒ぎ) m. tumulto, m. alboroto,《口語》m. jaleo; (騒動) m. disturbio. ▶騒然とした adj. alborotado; (やかましい) (騒々しい) adj. ruidoso. ♦場内は騒然となった Se armó un alboroto en la sala. / La sala se alborotó.

ぞうせん 造船 f. construcción naval. ▶造船会社 f. compañía de construcción naval, m. constructor de buques. ▶造船所 m. astilleros. ▶造船業 f. industria naviera.

そうせんきょ 総選挙 fpl. elecciones generales. ▶次の総選挙は１年以内に行なわれるでしょう Dentro de un año habrá elecciones generales. / Las próximas elecciones generales son dentro de un año. → 選挙.

そうそう 早々 ❶【急いで】adv. de [con] prisa, apresuradamente; (すばやく) adv. rápidamente. ▶早々に立ち去る v. salir* apresuradamente; (すばやく去る) v. irse* rápidamente.

❷【...してすぐ】f. nada más《＋不定詞》; prep. justo [inmediatamente] después de, (早く) prep. a primeros de, a(l) principio de. ▶来月早々 adv. a primeros del mes que viene. ♦二人は新年早々結婚します Se casan a principio de año. ♦帰宅早々彼は勉強を始めた Se puso a estudiar nada más llegar a casa. / Tan pronto como volvió a casa se puso a estudiar. → すぐ, 間もなく.

そうそう 葬送 ▶葬送行進曲 f. marcha fúnebre.

*__そうぞう 想像__ f. imaginación; (気まぐれな) f. suposición, 《教養語》f. hipótesis. → 空想, 推測.

１《想像(の)＋名詞》▶想像上の怪物 m. monstruo imaginario. ▶想像力を働かせる →想像力. ▶想像の産物 m. producto de la fantasía.

２《想像が》♦彼の年齢はどのくらいか想像(＝見当)がつかない No tengo idea de su edad.

３《想像に》♦あとはご想像にお任せします El resto lo dejo a su imaginación.

４《想像を》▶想像をたくましくする v. dar* rienda suelta a la imaginación. ♦それは想像を絶する光景だった Era un espectáculo inimaginable. ♦どんなに想像をたくましくしてみても犯行の動機は不明だった Ni dando rienda suelta a la imaginación podíamos adivinar el móvil del crimen.

──── 想像する v. imaginar, 《強調して》imaginarse, figurarse,《口語》fantasear; (推測する) v. suponer*. ♦彼の驚きを彼女にどんなに驚いたかまあ想像してごらん Imagínate tu sorpresa. / Figúrate lo sorprendido que se quedó. ♦(仮に)彼が彼女だと想像してみてください Imagínate que él「es ella [está en el lugar de ella]. ♦彼が歌手だなんて想像できない No puedo imaginármelo como cantante. / Me resulta difícil imaginar que es cantante. ♦電気なしの生活を想像するのは難しい Es difícil imaginar una vida sin electricidad. 《会話》彼女がオートバイに乗っている光景など想像できますか─できません ¿Te la puedes imaginar en moto? ─ Pues no, no me la imagino. ♦彼は想像していたよりずっと親切だった Era mucho más amable de lo que había imaginado.
☞ 仮想, 考え, 推察; 思う, 考える

そうぞう 創造 f. creación. ▶(神の)天地創造 f. Creación. ▶創造性を[１養う [２生かす; ３抑圧する] v. ¹cultivar [²utilizar*; ³reprimir] la creatividad [(創造性) originalidad]. ▶創造力豊かな作品 f. obra creativa [original]. ▶新しいものを創造する v. crear algo nuevo [original]. ♦彼は創造性に富んでいる Es muy creativo. ♦作り出す, 作[造]る

*__そうぞうしい 騒々しい__ (雑音を出す) adj. ruidoso; (音の大きい) adj. bullicioso. → やかましい. ▶騒々しく adv. con ruido, ruidosamente. ▶騒々しい子供たち mpl. niños ruidosos. ♦われわれの住んでいるあたりは大変騒々しい Vivimos en un barrio「con mucho ruido [con mucho bullicio, muy ruidoso,《口語》con mucho jaleo]. ▶何て騒々しい音楽だ《口語》¡Qué música tan ruidosa! / ¡Qué jaleo de música! ☞ うるさい, 騒people

そうぞうたる 錚々たる (著名な) adj. eminente; (よく知られた) adj. bien conocido, famoso. ▶錚々たる学者 mpl. eminentes académicos.

そうぞうりょく 想像力 f. imaginación, f. capacidad [f. fuerza] imaginativa. ▶想像力を働かせる v. usar la imaginación. ▶想像力をかき立てる v. estimular (su) imaginación. ▶想像力を欠く v. no tener* imaginación. ▶想像力が豊かである v. tener* mucha imaginación, ser* muy imaginativo. ♦作曲には大変な想像力がいる Para componer música hace falta「una gran capacidad imaginativa [mucha imaginación].

そうぞく 相続 (遺産の) f. herencia; (継承) f. sucesión. ▶相続財産 f. herencia. ▶相続税 m. impuesto sucesorio [sobre las herencias]. ♦彼は父の財産を相続した Heredó「la propiedad de [a] su padre.

そうぞくにん 相続人 mf. heredero/ra《de》. ▶法定相続人 mf. heredero/ra forzoso/sa. ♦彼は莫大な財産の相続人¹である [²になった] ¹Hereda una gran fortuna [²Recibió una gran herencia]. → 跡取り.

そうそふ 曾祖父 m. bisabuelo.

そうそぼ 曾祖母 f. bisabuela.

そうそん 曾孫 m. bizinieto/ta.

*-**そうだ** ❶【...という話】「Se dice [Dicen]《que》. ♦彼らはこの春結婚するそうだ「Se dice [Dicen] que van a casarse esta primavera. / Van a casarse esta primavera según「he oído [dicen]. ♦日本の輸出額は今年はかなり減ったそうだ Dicen [Se dice] que el volumen de exportaciones japonesas ha descendido sustancialmente este año.

❷【...に見える・思える】(見える) v. parecer*. → らしい. ♦元気そうだ Tiene muy buen aspecto. / Parece muy bien. ♦その計画はおもしろそうだ Ese plan parece interesante. ♦彼は楽しそうに笑ったRió alegremente. ♦忙しそうにしているだけだ (＝忙しいふりをしている) Sólo「finge estar [《口語》se las da de] ocupado.

❸【可能性として…しそうだ】(たぶん…だろう) v. ser* probable 《que + 接続法》(…する寸前である) v. estar* a punto de 《＋不定詞》, estar* [ser*] casi 《＋形容詞》. ♦物価が上がり¹そうだ[²そうにない] ¹Es [²No es] probable que los precios suban. ♦彼女が沈みそうになったちょうどそのときに救助員が彼女をつかまえた Le llegó un salvavidas justo cuando estaba a punto de hundirse. ♦寝不足で死にそうだ《口語》Estoy「que me caigo [que me muero; casi muerto] de sueño.

そうたい 相対 ▶相対的 adj. relativo. ▶相対性理論 f. teoría de la relatividad.

そうたい 早退 ▶彼は学校を早退した(＝早く下校した) Se fue de la escuela antes de tiempo.

そうたい 総体 ▶総体的に(全体的に見て) adv. en general, en conjunto; (一般に) adv. generalmente, en general. ♦総体的に言えばあなたの仕事はよい En conjunto tu trabajo es bueno.

そうだい 壮大 f. grandiosidad, 《教養語》f. magnificencia. ▶山の頂上からの壮大な眺め f. vista grandiosa desde la cima de la montaña ❐豪壮, 荘厳

そうだい 総代 (代表者) mf. representante; (会議などに派遣される) mf. delegado/da; (卒業生総代) mf. alumno/na que da el discurso de despedida. ♦彼女は卒業生総代として別れの挨拶をした Pronunció un discurso de despedida en representación de los graduados.

ぞうだい 増大 m. aumento, 《フォーマル》m. incremento. ▶大幅な需要の増大 m. gran aumento [《フォーマル》incremento] de la demanda. ▶増大号 (雑誌の) m. número especial. ▶増大する v. aumentar; (大きくなる) v. crecer*. ▶勢力が増大する(増加しうる) v. tener* más poder*. ▶増大する危機 f. crisis galopante. ♦ガリレオ以来われわれの宇宙に関する知識は増大してきた Los conocimientos del espacio han aumentado desde Galileo. ❐増強, 高まり

そうだち 総立ち ▶大喚(かん)声とともに観衆は総立ちになった Todos los espectadores se pusieron de pie y ovacionaron estruendosamente.

そうだつ 争奪 (奪い合い) f. disputa 《por》. ▶争奪戦 f. pelea, 《フォーマル》m. conflicto 《por》. ▶争奪する v. disputarse [pelearse] 《por, para》.

そうたん 操短 (操業短縮) f. reducción de operaciones.

*そうだん** 相談 (話し合い) f. conversación, 《口語》f. charla; (専門家との) f. consulta; (重要問題に関する) f. conferencia; fpl. deliberaciones; (助言) m. consejo, m. asesoramiento; (申し出) f. oferta, f. propuesta; (取り決め) m. acuerdo, m. convenio. → 話.

1《～相談》▶身の上相談欄 m. consultorio sentimental.

2《相談＋名詞》▶相談相手[役] mf. consejero/ra, (専門的な) mf. consultor/tora, mf. asesor/sora, (会社の相談役) mf. asesor/sora administrativo/va. ▶児童相談所 m. consultorio infantil. ♦相談相手がだれもいない No tengo nadie「con quién consultar [al que pedir consejo].

3《相談が》▶相談がまとまる(＝合意に達する) v.「llegar* a [alcanzar*] un acuerdo. ♦正午に出発することで相談がまとまった Llegamos al acuerdo de salir a mediodía. / Convinimos en partir a mediodía.

4《相談の》▶相談の上で adv. después de consultar《con》, 《フォーマル》previa consulta《con》; (合意の上で) adv. por [de] común acuerdo.

5《相談に》▶相談に行く v. pedir* 《a + 人》consejo. ▶相談に乗る (忠告を与える) v. dar* 《a + 人》un consejo, ayudar 《a + 人》con consejos; (申し出に応じる) v. aceptar (su) propuesta. ♦相談に乗ってほしいのですが(買い物客が店員に) Tal vez pudiera usted aconsejarme. / Quisiera que me aconsejara usted.

6《相談を》▶相談をまとめる v. arreglar una deliberación 《para, sobre》.

―― 相談する (話し合う) v. pedir* (su) consejo 《sobre》. → 話す, 話し合う. ♦それについては父と相談しなければなりません Tengo que「consultar con [consultarle a] mi padre sobre eso. → 話す. ♦彼は契約書に署名する前に弁護士と相談した Antes de firmar el contrato pidió consejo a su abogado. / Se aconsejó con su abogado antes de firmar el contrato. ♦君に相談したいことがある Tengo que consultarte algo. / Hay una consulta que quiero hacerte.

《その他の表現》♦それはできない相談だ(＝無理な要求だ) Es una petición imposible. / Eso es inaceptable. / (法外な注文だ)《口語》Eso es pedir peras al olmo.

そうち 装置 (仕掛け) m. mecanismo, m. dispositivo, (考案品) m. sistema, m. artefacto, 《口語》m. aparato, 《スペイン》《口語》m. chisme; (専門語) f. unidad; (ある目的に用いる器具一式) m. dispositivo, (設備) m. equipo, m. equipamiento. ▶安全装置 m. dispositivo de seguridad. ▶防火装置 m. dispositivo contra incendios. ♦家に新しい照明装置をつける v. instalar en una casa un nuevo sistema de alumbrado. ♦リモコン装置のついたミサイル m. misil equipado con control remoto. ♦その装置のことは分からないが動かすことはできる No entiendo el mecanismo pero sé ponerlo en marcha. ♦彼らは船に新しいエンジンを装置した Equiparon al barco con [de] nuevos motores. ❐オーディオ, 仕掛け

ぞうちく 増築 (拡張) f. ampliación; (拡大) f. extensión. ▶家の増築 f. ampliación de una casa. ▶増築する (拡張する) v. ampliar una casa; (建て増しする) v. añadir (una sala) a la casa.

そうちょう 早朝 fpl. primeras horas de la mañana. ▶早朝の散歩 m. paseo temprano por la mañana. ▶早朝に adv. por la mañana temprano, temprano por la mañana;

(早い時刻に) adv. temprano. ▶土曜早朝にマドリッドをたつ v. salir* de Madrid a primera hora de la mañana del sábado. → 朝.

そうちょう 総長 (大学の) mf. rector/tora. → 学長. ▶国連事務総長 m. Secretario General de las Naciones Unidas.

そうちょう 荘重 f. solemnidad. ▶荘重な adj. solemne. → 厳粛, 荘厳. ▶荘重な口調で adv. con un tono solemne [grave].

ぞうちょう 増長 ▶増長する (思い上がる) v. engreírse*, volverse* fatuo, 《口語》 creerse* alguien. → 付け上がる.

そうっと → 相応しい.

そうてい 装丁 f. encuadernación. ▶美しい装丁の本 m. libro con una hermosa encuadernación. ▶皮で装丁された本 m. libro encuadernado en cuero. ▶この本は装丁がよい Este libro tiene una buena encuadernación. / Es un libro bien encuadernado.

そうてい 想定 m. supuesto. ▶仮定. ▶そのホテルで5階客室から火災が発生したことを想定して避難訓練が行なわれた En el hotel tuvo lugar un simulacro de incendio en una habitación del cuarto piso.

ぞうてい 贈呈 f. entrega (de un obsequio). ▶贈呈する v. obsequiar, galardonar,《フォーマル》donar. → 贈る. ▶賞の贈呈 f. donación de premios. ▶贈呈式《フォーマル》f. ceremonia de entrega de premios. ▶贈呈本 m. ejemplar de obsequio. ◆協会は彼女にメダルを贈呈した La asociación le obsequió una medalla.

そうてん 争点 (要点) m. punto [m. tema] (de discusión); (問題点) m. tema, m. asunto; m. punto litigante. ▶今度の選挙の争点 m. tema de las próximas elecciones. ◆彼の発言は争点をはずれている Sus observaciones andan descaminadas.

そうでん 送電 (1電気 [2電力] 供給) m. suministro de [1electricidad [2energía eléctrica]. ▶送電線 f. línea de transmisión eléctrica. ▶送電する v. transmitir [《口語》mandar] electricidad.

*__そうとう__ 相当な[の] ❶【かなりの】adv. bastante; adj. considerable; (並でない) adj. extraordinario,《なかなかりっぱな》adj. notable,《口語》decente. ▶相当な距離 f. buena distancia, f. distancia considerable. ▶相当な数の人 m. número considerable de personas. ▶相当な名医 mf. médico de considerable [notable] fama. ▶相当な生活をする v. vivir bastante bien, llevar una buena vida. ◆彼は株で相当の金をもうけた Hizo una cantidad notable de dinero en las acciones. ◆火事で相当な損害をこうむった El fuego le produjo pérdidas considerables. ◆それをするのには相当な勇気がいった Hacía falta mucho valor para hacer eso.

❷【適合・相応した】(ふさわしい) adj. correspondiente 《a》 →適当な; (妥当な) adj. apropiado, adecuado; (...の価値がある) prep. por valor de... ▶相当な処置をとる v. tomar medidas apropiadas. ▶1万円相当の贈り物 m. regalo por valor de diez mil yenes.

——**相当**(に) (ずいぶん) adv. bastante, considerablemente,《フォーマル》notablemente, suficientemente, mucho. → かなり, 大分, 相当に. ▶相当険しい坂 f. cuesta「bastante pronunciada (con mucha pendiente). ◆彼は昨年より相当やせている Está bastante más delgado que el año pasado. ◆今日は相当に暑い Hoy hace bastante calor.

——**相当する** (...に当たる) v. corresponder 《a》; (...にふさわしい) v. ser* apropiado 《para》,《フォーマル》adecuarse 《a》, estar* a la medida 《de》; (...に等しい) v. equivaler*, ser* equivalente 《a》; (受けるに値する) v. merecer*. ▶彼に相当した仕事 m. trabajo「apropiado para él [a su medida]. ◆ふさわしい, 適切. ◆スペインの議会は日本の国会に相当する Las Cortes en España corresponden a la Dieta en Japón. ◆1ドルは日本の円でいくらに相当しますか ¿Cuánto es un dólar en yenes? / ¿A cuántos yenes corresponde [equivale] un dólar? ◆彼はきびしい罰を受けるに相当する Merece un castigo severo.

☞少なからぬ, 同等; 大分, 大いに; 当たる, 該当,

そうどう 騒動 (社会的・政治的な) m. disturbio; (空騒ぎ) m. alboroto; (混乱) m. tumulto; (もめごと) m. problema; (紛争) m. conflicto;《フォーマル》f. revuelta, m. motín. → 騒ぎ, 騒乱. ▶お家騒動 mpl. problemas familiares. ▶学園騒動 m. disturbio estudiantil, m. alboroto en el campus. ▶つまらないことで大騒動をする v. armar un alboroto por una tontería,《口語》ahogarse* en un vaso de agua. ◆機動隊がその騒動を鎮圧した La policía antidisturbios sofocó la revuelta. ◆学生たちはキャンパスで騒動を起こした Los estudiantes provocaron un alboroto en el campus. ☞騒ぎ, 騒然, 騒乱

そうとう 贈答 m. intercambio de regalos [《フォーマル》obsequios]. ▶贈答品売り場 f. sección (de venta de regalos).

そうなめ 総なめ ▶町中を総なめにする (=全部を破壊する) v. arrasar toda la ciudad. ▶出場チームを総なめにする (=全部を負かす) v. derrotar [vencer*] a todos los equipos.

そうなん 遭難 (惨事) m. desastre; (とくに大きな) f. catástrofe; (事故) m. accidente,《フォーマル》m. siniestro. → 難破, 墜落. ▶遭難救助隊 m. equipo de salvamento. ▶遭難現場 m. lugar del accidente, f. escena de un desastre. ▶山の事故の遭難者 (=犠牲者) f. víctima de un accidente en la montaña. ▶遭難信号を送る v. enviar*「una señal de socorro [un SOS].

——**遭難する** v. tener* un accidente,《フォーマル》sufrir un siniestro; (事故で死ぬ) v. matarse en un accidente; (行方不明になる) v. perderse*; (船・船員などが) v. naufragar*. ◆昨夜スキーヤーの一行が山で遭難した Anoche un grupo de esquiadores tuvo un accidente en la montaña. ◆¹漁船 [²漁師] が室戸沖で遭難した ¹Un (barco) pesquero naufragó

ぞうに 雑煮 "zoni", 《説明的に》 f. sopa de verduras con tortas de arroz que suele tomarse en Año Nuevo.

そうにゅう 挿入 f. inserción. ▶挿入語句 m. paréntesis, m. inciso. ▶挿入モード《専門語》 m. modo de insertar. ▶挿入する《専門語》 v. insertar. ▶演説の中に戦時中のエピソードを挿入する v. 「hacer* un inciso sobre [introducir* un episodio de] la guerra en el discurso「折り込む, 差し込む

そうねん 壮年 ▶壮年(期) f. plenitud de la vida. ▶壮年期に[ある [²達する] v. ¹estar* en [²llegar* a] la plenitud de la vida.

そうは 走破 ▶走破する v. recorrer toda la distancia.

そうば 相場 ❶【市価】 (商品などの) m. precio [m. valor] de mercado, 《フォーマル》 f. cotización; (外国為替などの) m. tipo, m. valor; (株式などの相場表) f. cotización; (投機) f. especulación. ▶為替相場 m. tipo de cambio. ▶株式相場 f. cotización de la Bolsa. ▶相場で1ちもうけする [²に金を投資する] v. ¹hacer* grandes ganancias [²invertir*] en el mercado. ◆相場は¹安定 [²沈滞]している El mercado es ¹estable [²flojo]. ◆ダイヤモンドの相場が¹上がった [²下がった] El Mercado del diamante ha ¹subido [²caído]. ◆ベビーシッターの相場 (=現在の慣行料金)はいくらですか 「¿A cuánto está el cuidado de [¿Cuánto cuesta cuidar a] niños?
❷【一般評価】 ◆親は子供に甘いものと相場が決まっている (=一般的に考えられている) 「Los padres suelen ser [Se dice que los padres son] blandos con sus hijos.

そうはく 蒼白 → 真っ青.

ぞうはつ 増発 ◆JR 東海は東京・名古屋間の列車を増発した (=列車の数を増した) La línea JR (jota erre) Tokai ha aumentado el número de trenes en servicio entre Tokio y Nagoya. ◆ 冬は蔵王まで臨時バスが増発される (=臨時バスを走らせる) En invierno ponen en servicio más autobuses a Zao. ◆政府は国債を増発しようとしている (=追加発行する) El gobierno está contemplando la emisión de más bonos del Estado.

そうばな 総花 ▶総花的な (一律の) adj. 「complaciente con [favorable para] todos, en general. ▶総花的な予算編成 f. elaboración presupuestaria favorable para todos.

そうばん 早晩 adv. tarde o temprano, antes o después. → 遅かれ早かれ.

ぞうはん 造反 (反逆) f. rebelión; (裏切り) f. traición. ▶造反者 mf. rebelde, mf. traidor/dora. ▶造反する v. rebelarse 《contra》.

そうび 装備 ▶兵士の装備 m. equipo. ▶装備の equipamiento] de un soldado. ▶船に航海のための装備をする v. equipar un barco para una travesía. ▶その登山家は完全装備していた El/La alpinista 「estaba perfectamente equipado/da [tenía un equipo completo].

ぞうひしょう 象皮症 《専門語》 f. elefantiasis.

そうひょう 総評 (概評) m. comentario general 《de, sobre》.

そうびょう 躁病 《専門語》 f. manía.

そうふ 送付 ▶送付先 f. dirección. ▶送付する v. enviar*, 《口語》 mandar.

そうふう 送風 f. ventilación. ▶送風する v. ventilar, airear.

ぞうふく 増幅 f. amplificación. ▶増幅器 m. amplificador. ▶増幅する v. amplificar*.

ぞうへいきょく 造幣局 f. Casa de la Moneda.

そうへき 双璧 los dos mayores [grandes, gigantes]. ▶学界の双璧 los dos mayores eruditos del mundo académico.

そうべつ 送別 f. despedida, 《口語》 m. adiós. ▶送別の辞をのべる v. dar* 「《フォーマル》 pronunciar] un discurso de despedida. ▶彼の送別会を開く v. dar* [ofrecer*] 《a + 人》 una fiesta de despedida.

ぞうほ 増補 f. ampliación. ▶改訂増補版 f. edición revisada y ampliada.

そうほう 双方 los dos, pron. ambos. → 両方, 両者.

そうぼう 僧帽 ▶僧帽筋 《専門語》 m. trapecio. ▶僧帽弁 《専門語》 f. válvula mitral. ▶僧帽弁逸脱症候群 《専門語》 m. síndrome del prolapso de la válvura mitral. ▶僧帽弁狭窄 《専門語》 f. estenosis mitral. ▶僧帽弁閉鎖不全 《専門語》 f. regurgitación mitral.

そうほんざん 総本山 f. casa matriz, m. templo central.

そうむ 総務 (仕事) mpl. asuntos generales; (人) mf. director/tora de asuntos generales. ▶総務¹部 [²課] ¹ m. departamento [² f. sección] de asuntos generales. ▶総務省 m. Ministerio de Administraciones Públicas, Asuntos Domésticos, Correos y Telecomunicaciones. ▶総務大臣(日本の) m. Ministro de Administración General, Asuntos Internos, Correos y Telecomunicaciones.

そうめい 聡明 ▶聡明な (賢い) adj. prudente; (分別のある) adj. sensato; (知能の高い) adj. inteligente. → 賢い.

そうめん 素麺 "somen", 《説明的に》 mpl. fideos finos japoneses. → そば.

そうもくろく 総目録 m. catálogo general.

ぞうもつ 臓物 (鶏・家禽(キン)の) mpl. menudillos, 《メキシコ》 fpl. menudencias; (特に牛などの) fpl. vísceras; (はらわた) 《口語》 fpl. tripas.

ぞうよ 贈与 ▶贈与税 m. impuesto sobre donaciones. ◆彼は妻に全財産を贈与した (=与えた) Donó todas sus propiedades a su esposa. / Hizo donación a su esposa de todas sus propiedades.

そうらん 騒乱 (騒動) m. disturbio; (暴動) m. alboroto. → 騒動, 暴動. ▶騒乱罪を適用する v. aplicar* la ley antidisturbios 《contra》. ▶騒乱罪で逮捕される v. ser* detenido/da por alborot**ador/dora** [perturbar el orden público]. ▶騒乱を起こす v. provocar* alborotos.

そうり 総理 (総理大臣) mf. primer/mera ministro/tra. ▶首相, 総理大臣. ▶副総理 m. vice-primer ministro. ▶総理府(総務長官)→内閣府.

ぞうり 草履 "zori", 《説明的に》fpl. sandalias tradicionales japonesas originalmente de paja de arroz.

そうりだいじん 総理大臣 mf. prim*er/mera* ministro/tra. → 首相.

そうりつ 創立 f. fundación, f. creación. ▶新しい会社の創立 f. fundación de una nueva empresa. ▶創立者 mf. fund*ador/dora*. ▶会社の創立10周年(記念日)を祝う v. celebrar el décimo aniversario de la fundación de la empresa. ▶この学校は創立以来10年になります Han pasado diez años desde「la fundación [que se fundara] esta escuela. / Hace diez años que se fundó [creó, estableció] esta escuela.

—— 創立する v. fundar, crear, 《フォーマル》 constituir*; establecer*, instaurar. ▶大学を創立する v. fundar [crear, 《フォーマル》constituir*] una universidad ☞ 設置, 創業

そうりょ 僧侶 m. monje budista, m. bonzo. → 僧.

そうりょう 送料 (郵送料) m. franqueo; (貨物などの運送料) m. porte, mpl. gastos de transporte, m. flete. ▶送料1込み [2列] で千5百円 mpl. mil quinientos yenes ¹incluido [²excepto] el franqueo. ▶スペインへの書物の送料はいくらですか ¿Cuánto cuesta enviar [¿Cuál es el franqueo de] una carta a España? ♦ この本の送料は5百円です El porte de este libro es 500 yenes.

そうりょうじ 総領事 mf. cónsul general. ▶総領事館 m. consulado general.

そうりょく 総力 todas las fuerzas, el máximo esfuerzo. ▶総力戦 f. guerra total. ▶総力をあげて adv. con todas las fuerzas.

ぞうりん 造林 (植林) f. reforestación. ▶造林事業 mpl. proyectos de reforestación.

ソウル Seúl (☆韓国[大韓民国]の首都).

ソウル(ミュージック) f. música (英語) "soul". ▶ソウルの歌手 m. cantante de "soul".

それい 壮麗 f. grandiosidad, f. magnificencia → 壮大; (華麗) m. esplendor. ▶壮麗な宮殿 m. palacio grandioso.

それつ 壮烈 ▶壮烈な最期を遂げる(=英雄らしく死ぬ) v. morir* heroicamente, tener* una muerte heroica.

それつ 葬列 m. cortejo fúnebre.

そうろうしょう 早漏症 《専門語》f. prospermia.

そうろうしょう 早老症 《専門語》f. progeria.

そうろん 総論 (一般的所見) fpl. generalidades. ▶総論から各論へ進む v. ir* de lo general a lo particular.

そうわ 挿話 m. episodio.

そうわ 送話 (伝送) f. transmisión. ▶送話器 m. transmisor; (電話の送話口) m. micrófono.

ぞうわい 贈賄 (わいろ) m. soborno, 《フォーマル》 m. cohecho, [メキシコ]《口語》f. mordida, [ラ米] f. coima. ▶贈賄事件 m. escándalo de cohecho. ▶贈賄する v. sobornar, 《フォーマル》

そがい 773

cometer cohecho. ▶贈賄罪で逮捕される v. ser* deten*ido* por cohecho. ♦ 彼は贈賄で告発された Le acusaron de cohecho.

そえがき 添え書き (短い手紙) f. nota; (追伸) f. posdata; (一般に文章の) f. apostilla; (写真・挿し絵などの説明文) m. pie (de foto), f. leyenda, m. título.

*****そえる** 添える (添付する) v. acompañar [《フォーマル》adjuntar] 《a》; (付け加える) v. añadir [《フォーマル》agregar*] 《a》; (料理につまを添える) v. aderezar*. ▶書類に署名を添える v. añadir la firma al documento. ▶ビフテキにパセリを添える v. aderezar* un filete con perejil. ▶写真を添えて願書を出す v. presentar una solicitud「acompañada de [adjuntando] una foto. ♦ 彼らは飲み物にチーズとクラッカーを添えて出した Sirvieron quesos y galletas (saladas) además de bebidas. ♦ 彼は世界新記録を出して優勝に花を添えた Estableció una nueva marca mundial, lo cual realzó su victoria.

そえん 疎遠 m. distanciamiento, m. alejamiento; (ご無沙汰(ぶた)) m. largo silencio. ▶疎遠にする v. distanciar. ▶疎遠になる v. distanciarse. → 仲.

ソース ❶【調味料】f. salsa. ▶小エビのチリ・ソースあえ 【ラ米】mpl. camarones con salsa de chile, 【スペイン】fpl. gambas con salsa picante. ▶ソースをかける v. echar salsa.

❷【出所】f. fuente. ▶ニュースソースを明らかにする v. revelar la fuente de la información, 《口語》descubrir* el pastel.

❸【IT関連】《専門語》m. origen. ▶ソース・コード 《専門語》m. código fuente. ▶ソース・プログラム 《専門語》m. programa fuente.

ソーセージ f. salchicha. ▶ウインナーソーセージ f. salchicha vienesa.

ソーダ f. sosa. ▶洗濯用ソーダ f. sosa para lavar. ▶クリームソーダ m. helado con refresco [soda, selz]. ▶ソーダ水 m. refresco, f. soda, f. gaseosa.

ソート・キー 《専門語》f. tecla de ordenación [clasificación].

ソートする 《専門語》v. ordenar, clasificar.

ソーラー adj. solar. ▶ソーラーカー m. coche [ラ米] m. carro] solar. ▶ソーラー(ヒーティング)システム m. sistema de calefacción solar. ▶ソーラー電卓 f. calculadora (de energía) solar.

ゾーン f. zona.

そかい 疎開 f. evacuación forzosa. ▶疎開者 mf. evacu*ado/da*. ♦ われわれは戦時中大都市から田舎に疎開させられた Durante la guerra fuimos evacuados de la gran ciudad al campo.

そがい 疎外 f. alienación. ▶クラスで疎外感を持つ v. sentirse* alienado en la clase.

—— 疎外する (無視する) v. alienar, marginar; (事が人を遠ざける) v. alienar [alejar] 《de》.

そがい 阻害 (障害) m. impedimento, m. obstáculo, f. traba. ▶阻害する (妨げる) v. impedir*, estorbar, 《教養語》obstaculizar*; (成長を遅らせる) v. retardar; (完全な成長を妨げる)

そかく

v. impedir* el crecimiento 《de》. ▶作物の成長を阻害する v. impedir* el crecimiento del cultivo.

そかく 組閣 f. formación de un (nuevo) gabinete [gobierno]. ▶組閣する v. formar [organizar*] un (nuevo) gabinete.

-そく -足 ▶新しい靴 1 足 m. nuevo par de zapatos, m. par de zapatos nuevos. ▶長靴下 5 足 mpl. cinco pares de medias.

そぐ 削ぐ (けずり取る) v. recortar, raspar; (くじく) v. quitar 《a ＋ 人》 気[気力]をそぐ v. quitar 《a ＋ 人》 el entusiasmo, 《口語》enfriar* el ánimo.

ぞく 族 (家族) f. familia; (種族) f. tribu. ▶阿部一族 f. familia Abe. ▶印欧語族 f. familia de lenguas indoeuropeas.

ぞく 賊 ❶【泥棒】(こそ泥) mf. ladrón/drona; (強盗) m. atracador/dora. → 泥棒. ❷【反乱などの】mf. rebelde, m. traidor/dora. ▶賊軍 m. ejército rebelde. ▶国賊 mf. traidor/dora al país.

ぞく 俗 ▶俗な →俗っぽい. ♦あいつは俗に言うマザコンだ Es lo que se dice un "niño de mamá".

ぞく 続 (続き) f. continuación 《de》.

ぞく 属 (生物学の) m. género.

ぞくあく 俗悪 f. vulgaridad. ▶俗悪な adj. vulgar. ▶俗悪な番組 m. programa vulgar.

そくい 即位 f. coronación; (歴史上の) f. entronización. ▶即位式 f. ceremonia de coronación. ▶即位する v. 《フォーマル》subir al trono.

ぞくうけ 俗受け ▶俗受けする v. apelar al gusto popular.

そくおう 即応 ▶即応する (対処する) v. hacer* frente 《a》; estar* 「al tanto [《口語》a la altura] 《de》. ▶時代の流れに即応する v. estar* al tanto de la época.

ぞくご 俗語 (個々の) f. palabra [f. expresión] de jerga [argot], (専門語) m. vulgarismo. ▶俗語を使う v. emplear "la jerga [el argot]. ♦pasta o lana は「お金」の俗語である "Pasta" o "lana" son vulgarismos para significar el "dinero".

そくざ 即座 ▶即座に〔ただちに〕adv. de inmediato, inmediatamente, enseguida, en seguida, al instante, en el acto, ahora mismo, 《口語》ya. → すぐ, 間もなく. ▶即座に返答する v. contestar de inmediato; (迅速な) v. dar* una respuesta inmediata. ▶即座に 〔=その場で〕彼の招待を断る v. rechazar* su invitación en el acto. ♦即座に 〔=不用意には〕何とも言えない No puedo decir nada de improviso. / De momento no puedo hablar.
☞ 早急, 至急の, 迅速, 速やかな

そくし 即死 f. muerte instantánea. ▶即死する v. morir* [《口語》perecer*] en el acto; (事故で) v. matarse.

そくじ 即時 (すぐに) adv. inmediatamente, enseguida, ahora mismo → すぐ, 間もなく. (ただちに) adv. instantáneamente, 《即座に》adv. en el acto. ▶即時通告 m. aviso inmediato. ▶即時通話 f. comunicación directa. ▶即時払い m. pago inmediato [instantáneo]. ▶即時に行動を起こす v. tomar [《フォーマル》emprender] medidas inmediatas. ♦バルセロナに即時通話できますか ¿Puedo llamar inmediatamente [ahora mismo] a Barcelona?

ぞくじ 俗事 mpl. asuntos mundanos; (雑事) mpl. asuntos varios. ▶俗事に追われる v. estar* ocupado con asuntos mundanos.

そくじつ 即日 ▶即日に m. mismo día. ▶即日開票 m. recuento de votos el mismo día de la elección.

ぞくしゅつ 続出 ▶続出する (問題・困難などが) v. aparecer* sucesivamente [uno tras otro]; (事件などが) v. presentarse en serie. → 続発する. ▶質問が続出する v. tener* una pregunta tras otra.

そくしん 促進 (増進) m. progreso; f. mejora; (進歩させること) m. avance; (奨励) m. aliento. ▶公共の福祉の促進のために adv. por la mejora del bienestar social.
—— 促進する v. promover*, favorecer*, estimular, alentar*; (早める) v. acelerar, activar. ▶世界平和を促進する v. promover* [fomentar] la paz mundial. ♦化学肥料は植物の成長を促進する Los abonos químicos aceleran el crecimiento de las plantas.
☞ 奨励, 助長, 推進, 増進; 盛んになる[する], 進める

ぞくしん 俗信 (一般に信じられていること) f. creencia popular; (民間の迷信) fpl. supersticiones populares.

ぞくじん 俗人 f. persona mundana; (聖職者に対して) mf. laico/ca; (凡人) f. persona de la calle, mf. ciudadano/na「normal y corriente [《口語》de a pie], f. persona ordinaria.

ぞくする 属する (教会・クラブなどに) v. pertenecer* 《a》, ser* 《de》; estar* afiliado 《a》, ser* socio 《de》 →所属, 付属; (項目などに) v. estar* encuadrado 《en》, corresponder 《a》. ♦彼はそのテニスクラブに属している "Es miembro del [Pertenece al] club de tenis. ♦その本は文芸批評の部類に属する El libro 「se encuadra en el [pertenece al] género de la crítica literaria.

そくせい 促成 ▶促成栽培 m. cultivo forzado [acelerado]. ▶促成栽培のトマト m. tomate de cultivo forzado.

そくせい 速成 ▶速成法 m. método rápido. ▶(スペイン語の)速成科 m. curso intensivo (de español).

ぞくせい 属性 (本来備わっている性質) m. atributo; 《専門語》m. atributo.

そくせき 即席 ▶即席料理 m. plato instantáneo. ▶即席ラーメン mpl. fideos chinos instantáneos. ▶即席のスピーチをする v. improvisar un discurso, pronunciar un discurso improvisado [《口語》sobre la marcha].

そくせき 足跡 (足あと) f. huella, m. rastro. → 足跡(忠£); (業績) m. logro; (貢献) f. contribución. ▶彼の足跡を振り返る v. recordar* sus logros. ♦ダーウィンは生物学史に偉大な足跡を残した Darwin「ha dejado grandes huellas en [realizó una gran contribución a] la historia de la biología.

ぞくせつ 俗説 *f.* creencia popular. ▶俗説によれば *adv.* según la creencia popular.

そくせんしょう 塞栓症 《専門語》*f.* embolia.

ぞくぞくする ❶《寒さ・恐怖で震える》*v.* tiritar 《de》, tener* [sentir*] escalofríos 《de》, estremecerse* [temblar*] 《de》. → ぞっと. ◆外に出ると寒でぞくぞくした Cuando salí fuera me puse a tiritar de frío. ◆少し熱っぽくて背中がぞくぞくします Tengo algo de fiebre y siento escalofríos por la espalda. ❷【喜びなどでわくわくする】*v.* estar* emocionado 《de, por》→わくわく, 《喜びで震える》*v.* temblar* de alegría. ◆興奮でぞくぞくする *v.* temblar* de emoción. ◆私は彼を負かしてぞくぞくするほどうれしかった Fue emocionante haberlo[le] derrotado.

ぞくぞく(と) 続々と 《次々と》*adv.* uno tras otro, sucesivamente; en oleadas, en tropel. ◆最近外国の歌手が続々と来日している Últimamente han llegado a Japón「oleadas de cantantes extranjeros [numerosos cantantes extranjeros]. ◆礼状が続々と来た(=殺到した) Las cartas de agradecimiento llegaron en oleadas. ◆劇場から続々と人が出て来た Del teatro salía una riada de gente.

そくたつ 速達 *m.* correo urgente, *m.* correo de entrega inmediata, 〖表示〗Exprés, 〖北米〗Entrega Inmediata. ◆速達郵便 *f.* carta por「correo urgente [exprés]. ◆速達料金 *f.* tarifa de「correo urgente [exprés]. ◆速達で手紙を出す *v.* enviar* una carta por「correo urgente [exprés].

そくだん 即断 *f.* decisión inmediata. ▶即断する *v.* decidir en el acto.

そくだん 速断 ▶速断する(=早まった決定をする) *v.* tomar una decisión apresurada [precipitada].

ぞくっぽい 俗っぽい 《下品な》*adj.* vulgar, ordinario; 《世俗的な》*adj.* mundano. ◆あの男は何とも俗っぽい奴だ Es una persona muy ordinaria [vulgar].

そくてい 測定 *f.* medida, 《フォーマル》*f.* medición. ▶時間の測定 *f.* medición del tiempo. ▶測定する *v.* medir*. → 測る.

そくど 速度 *f.* velocidad.

1《〜(の)速度》▶最高速度 *f.* velocidad máxima. →全速力. ▶普通の速度で *adv.* a una velocidad normal. ▶高速道路の最低速度 *f.* velocidad mínima en una autopista. ▶光の速度 *f.* velocidad de la luz. ▶制限速度を超える *v.* superar el límite de velocidad. ◆その車は時速50キロの速度で走っている El coche corre a una velocidad de 50 kilómetros por hora.

2《速度＋名詞》▶速度制限 *m.* límite de velocidad. ▶速度計 *m.* velocímetro, *m.* cuentakilómetros. (☆cuentakilómetros は「走行距離計」としても用いられる). ◆速度計はちょうど50キロをさしている El velocímetro marca exactamente 50 kilómetros. ◆彼は(＝スピード)違反で2万円の罰金を取られた Lo [Le] multaron con veinte mil yenes por「exce-

そくばく 775

so de velocidad [《口語》correr demasiado].

3《速度が[は]》◆¹列車 [²生産]の速度が上がった ¹El tren [²La producción] aceleró [aumentó] la velocidad. ◆《会話》新幹線の速度はどれくらいですか—平均200キロです ¿A qué velocidad va el Shinkansen? – A una media de 200 kilómetros por hora. ◆その船の速度は15ノットです「La velocidad de ese barco es de [Ese barco navega a] quince nudos.

4《速度を》◆その車は時速50キロに速度を¹上げた [²下げた] El automóvil ¹aceleró [²redujo] la velocidad a 50 kilómetros por hora. ◆町を出ると列車は速度を上げ始めた Después de salir de la ciudad, el tren empezó a tomar velocidad. ◆スクールゾーンでは速度を落とせ Ve despacio en zonas escolares. ◆車は速度を落として¹止まった [²角を曲がった] El automóvil perdió velocidad ¹hasta pararse [²para doblar la esquina].

そくとう 即答 *f.* respuesta inmediata. ▶即答する *v.* dar* una respuesta inmediata, contestar en el acto.

そくどく 速読 *f.* lectura rápida. ▶速読する *v.* leer* (un libro) rápidamente.

ぞくに 俗に 《一般に》*adv.* comúnmente, generalmente; 《非専門的に》*adv.* vulgarmente. ▶俗に言われているように *adv.* como se dice comúnmente; 《ことわざにあるとおり》*adv.* como dice el refrán.

そくばい 即売 *f.* venta en el lugar. ▶即売する *v.* vender en el lugar. ◆展示即売会 →展示.

そくばく 束縛 《抑制, 拘束》*f.* restricción, *f.* sujeción; 《拘束物》*f.* atadura; 《足かせ》《強調して》*fpl.* cadenas. ▶¹病気 [²貧困]による束縛を脱する *v.* librarse de las ataduras de la ¹enfermedad [²pobreza]. ▶¹結婚 [²因襲]の束縛から逃れる *v.* romper* con las cadenas ¹del matrimonio [²de las convenciones]. ◆自由とは束縛がないことである La libertad es la ausencia de restricciones.

—— 束縛する 《抑制する》*v.* limitar; 《制限する》*v.* restringir*; 《縛りつける》《強調して》*v.* encadenar. ▶人を束縛する *v.* limitar a una persona. ▶言論の自由を束縛する *v.* restringir* la libertad de expresión. ◆私は一日中仕事に束縛されている(＝縛りつけられている) Estoy todo el día atado al trabajo. ◆私は束縛されるのはいやだ No quiero「ninguna atadura [estar atado a nada]. ◆この国の国民である限りは国の法律に束縛される En tanto seas un ciudadano de

最高速度40キロ
Máxima 40 km/h
(kilómetros por hora).
→速度

este país, estás sujeto a sus leyes. ☞拘束する, 縛る

ぞくはつ 続発 *f.* una sucesión 《de》, *m.* un encadenamiento 《de》. ◆事件が続発した Los incidentes se sucedieron [encadenaron]. / Hubo una sucesión de incidentes.

ぞくぶつ 俗物 *mf.* esnob. ▶俗物根性 *m.* esnobismo.

そくほう 速報 *f.* noticia inmediata. ▶ニュース速報（テレビ・ラジオなどの）*m.* boletín (informativo),《英語》*m.* "flash". ▶開票の結果を速報する *v.* informar de los resultados de las elecciones cada minuto, dar* una información actualizada de los resultados electorales.

そくめん 側面 *m.* lado; (一面) *m.* aspecto; (部隊の) *m.* flanco; (山の) *f.* ladera; (建物の) *f.* fachada; (身体の面の) *m.* costado. ▶技術的側面 *m.* aspecto [*m.* lado] técnico. ▶道の側面（＝わき）に立つ *v.* estar* a un lado de la carretera. ▶敵を左側面から攻撃する *v.* atacar* al enemigo por el flanco izquierdo. ▶彼を側面から（＝間接的に）援助する *v.* ayudarlo [le] indirectamente. ▶彼は酔っ払ったらふつうとは違った性格の側面を見せる Cuando se emborracha muestra un aspecto distinto de su carácter.

ソクラテス Sócrates. (☆前 470?-399, ギリシャの哲学者).

そくりょう 測量 (一般) *f.* medición; (土地の) *f.* agrimensura,《専門語》*m.* levantamiento,《専門語》*m.* apeo, *m.* levantamiento topográfico. ▶測量図 *m.* plano de levantamiento [apeo]. ▶測量技師 *mf.* agrimensor/sora. ▶測量機械 *m.* instrumento de agrimensura [levantamiento, apeo]. ▶(地形) 測量 *m.* levantamiento topográfico.

—— 測量する *v.* medir*,《ﾌｫｰﾏﾙ》apear; (水深を) *v.* sondar, sondear. ▶海の深さを測量する *v.* sondar la profundidad marina. ▶建設用地を測量する *v.* medir* [《ﾌｫｰﾏﾙ》apear] el lugar [sitio, solar] de construcción.

そくりょく 速力 *f.* velocidad. → 速度, 全速力.

そぐわない ◆彼女の帽子はドレスにそぐわない（＝釣り合わない）Su sombrero no「va bien [combina] con su vestido. ◆そのドレスはパーティーにそぐわない（＝ふさわしくない）Ese vestido no「es apropiado para [《口語》va con] la fiesta.

そけい 鼠径 鼠径部《専門語》*f.* región inguinal. ▶鼠径ヘルニア《専門語》*f.* hernia inguinal.

そげき 狙撃 狙撃兵 *mf.* francotirador/dora. ▶窓から彼を狙撃する *v.* dispararlo[le] desde la ventana.

ソケット *mpl.* portalámparas.

地域差	ソケット
〔スペイン〕	*mpl.* portalámparas
〔ラテンアメリカ〕《英語》	*m.* "sócket"
〔コロンビア〕	*f.* roseta
〔アルゼンチン〕	*mpl.* portalámparas

*__そこ__ 底 (最低部) *m.* fondo; (川・海・湖などの) *m.* fondo, *m.* lecho; (靴の) *f.* suela; (物の基底部) *f.* base. ◆このバケツは底が抜けている Se ha roto el fondo del cubo. / El fondo del cubo está roto.

1《〜底》▶川の底 *m.* fondo del río, (川床) *m.* lecho [*m.* cauce] (fluvial, del río). ▶ゴム底の靴 *mpl.* zapatos de suela de goma. ▶この箱は¹上げ [²二重] 底だ Esta caja tiene un ¹fondo elevado [²doble fondo].

2《底（の）＋名詞》▶底の厚いなべ *f.* sartén de base gruesa. ▶底なし沼 *m.* lago insondable [sin fondo]. → 底無し, 底値.

3《底が[に]》▶茶わんの底にお茶の葉が少し残っている Hay algunas hojas de té en el fondo de la taza. ▶船は海の底に沈んだ El barco se hundió [fue al fondo]. ◆靴の底に穴があいている Tengo un agujero en la suela del zapato. ◆靴はスプリングのきいた底がいい Me gusta el calzado de suela elástica.

《その他の表現》▶底の浅い（＝浅薄な）知識 *mpl.* conocimientos superficiales. ◆食料が底をついた（＝なくなった）Se nos「ha acabado la comida [《口語》han agotado los víveres].

そこ ❶【場所】(そこに［へ, で］) *adv.* ahí; (その場所) *m.* ese lugar. ◆彼の家はすぐそこです Su casa está por ahí. / (彼はそこに住んでいる) Vive ahí. 《会話》ここかい−そう。そこそこ, そこがかゆいのよ ¿Es aquí? − Ahí, ahí; ahí es donde me pica.

1《そこに［へ, で］》*adv.* ahí, por ahí. ◆そこに署名してください Firme usted ahí, por favor. 《会話》 私の本はどこ−そこにあるよ ¿Y mis libros? − Están ahí. ◆ボールはそこのいすの下にある La pelota está debajo de esa silla. ◆そこにいる人が君を捜しています「Ese hombre que está ahí [Ése de ahí] te busca. ◆そこには 10 軒の家があった Allí [《ﾗ米》Allá] había diez casas. 《会話》 そこにいるのはだれ−私です。花子です ¿Quién está ahí? − Soy yo, Hanako.

2《そこから》*adv.* de [desde] ahí. ◆そこから駅まで *adv.* de ahí a la estación.

❷《その点》eso; (そこまで) *adv.* hasta ahí, todo eso; (その時) *adv.* entonces; *m.* ese momento, *m.* ese instante. ◆そこが彼の長所です Ése es su punto fuerte. ◆そこまではまったく正しい Hasta ahí es correcto. ◆そこまで覚えていない No me acuerdo de tanto. / Eso no lo recuerdo. ◆そこへ彼が戻って来た Volvió justo「en ese instante [entonces]. ◆そこで言葉を切って彼はコーヒーをひと口飲んだ「En ese momento [Entonces], se interrumpió y tomó un poco de café.

そこいじ 底意地 ▶底意地が悪い *v.* tener* mala intención, ser* malicioso, tener* malicia.

そこう 素行 *f.* conducta, *m.* comportamiento. → 品行.

そこかしこ *adv.* aquí y allí, acá y allá. → あちこち.

そこく 祖国 *f.* patria. → 本国. ▶祖国愛 *m.* patriotismo.

そこしれない 底知れない *adj.* insondable.

そこそこ (せいぜい, 多くて) *adv.* como mucho [máximo], a lo sumo; (以下) *adv.* menos de. ◆私の出せるのは百万円そこそこです Como mucho [máximo] podré disponer de un millón de yenes. / (百万円以上は出せない)No podré disponer de más de un millón de yenes. ♦学校まで歩いて10分そこそこだ A la escuela no se tarda más de diez minutos a pie. / En menos de diez minutos se llega a la escuela. ♦彼は食事もそこそこにして出かけた Salió de casa poco después de una comida apresurada.

そこぢから 底力 (真の力) f. fuerza real, f. verdadera capacidad. ▶底力を発揮する v. mostrar* la fuerza real.

そこつ 粗忽 (不注意な) adj. descuidado; (軽率な) adj. atolondrado. ▶そこつ者 f. persona atolondrada.

そこで adv. (だから) por eso; entonces; (それから) adv. después, luego; (そして) conj. y. → だから. ♦この仕事は一人ではできない．そこで君に手伝ってもらいたい No puedo hacer este trabajo solo; por eso, quiero que me ayudes. ♦太郎がまずぼくをなぐったんだ．そこでぼくはなぐり返した Primero me pegó Taro y después lo [le] pegué yo.

そこなう 損なう (台無しにする) v. estropear, 《口語》echar a perder*, dañar, perjudicar*; (すっかりだめにする) v. arruinar; (傷つける) v. herir*, hacer* daño. ▶たくさんの目ざわりな建物で通りの美観が損なわれた Tantos edificios horrorosos arruinaron la belleza de las calles. ▶そんなきつい仕事をしていると健康を損ないますよ Ese trabajo tan pesado va a dañar [acabar con] tu salud. ♦彼女の機嫌[感情]を損なったようだ Me parece que le herido sus sentimientos.

-そこなう -損なう (失敗する) v. no lograr (＋不定詞), no alcanzar* a (＋不定詞); (機会を失う) v. perder*. ▶最終電車に乗り損なう v. perder* el último tren. ▶ハンドルを切り損なう v. perder* el control del coche.

そこなし 底無し ▶底無しの (底の無い) adj. insondable; (どうしようもない) adv. sin remedio. ▶底なしの不況 f. depresión insondable. ▶底なしの飲んべえ mf. borracho/cha sin remedio, 《口語》《ユーモアで》mf. cuba sin fondo.

そこぬけ 底抜け ▶彼は底抜けのお人好しだ Es más bueno que el pan. / Tiene un corazón de oro.

そこね 底値 m. precio más bajo.

そこねる 損ねる (健康などを) v. dañar, perjudicar*; (感情などを) v. herir*, hacer* daño. → 損なう.

そこはかとなく (何となく) adv. algo; (うっすらと) adv. débilmente. ♦そこはかとなく梅の香がただよっていた El aire estaba débilmente perfumado de flores de ciruelo.

そこびえ 底冷え ♦今夜は底冷えがする El frío de la noche me penetra hasta los huesos.

そこら ♦1年やそこらでスペイン語は習得できない En 'un año más o menos [un año o así] no se puede aprender español. 会話 彼が出かけてから1時間かそこら以上になるねーえっ, どのくらいですって Hace una hora o algo así [o por ahí] que se ha ido, ¿no? – ¿Cómo? ¿Cuánto (tiempo) dices? ♦どこかそこらで一服しよう Vamos a descansar 「por aquí [aquí cerca]. ♦そこらじゅうに (＝至る所に) ごみが散らかっていた Había por todas partes montones de basura. ♦そこらの (＝普通の) 人間といっしょにしないでほしいな No me gusta que me pongan con esa gente tan ordinaria.

そざい 素材 (材料) m. material; (小説などの) m. asunto, f. materia. → 材料. ▶執筆素材 f. materia de obra.

そざつ 粗雑 (注意の行き届かない) adj. descuidado, 《フォーマル》negligente; (大ざっぱな) adj. tosco; desmañado, 《口語》chapucero. → 雑.

そし ▶阻止する (中止させる) v. detener*; (計画などを妨害する) v. bloquear, obstaculizar*; (抑える) v. frenar; (起こらないようにする) v. impedir*; (進行などを遅らせる) v. estorbar, poner* obstáculos. ▶計画を阻止する v. bloquear [《フォーマル》obstruir*] el plan. ♦警察は街頭デモを阻止しようとした La policía intentó detener la manifestación de la calle. ♦それは科学の進歩を阻止するだろう Será 「un obstáculo [una traba] 「para el avance [en el camino] de la ciencia.

そじ 素地 (素質) f. estructura 《de》; (基礎) fpl. bases 《de》. ▶話し合いの素地を築く v. echar las bases de las negociaciones.

ソシアル adj. social. ▶ソシアルダンス m. baile de salón. ▶ソシアルワーカー mf. asistente/ta [mf. trabajador/dora] social.

***そしき 組織** (系統だった) m. sistema; (有機的な) f. organización. ▶政治組織 (形態としての) m. sistema de gobierno; (団体としての) f. organización política. ▶政治運動の組織化 f. organización de una campaña política. ▶(生物の)神経組織 m. tejido nervioso. ▶犯罪組織 m. sindicato criminal. ▶組織図 m. organigrama. ▶¹組織[²未組織]労働者 mpl. trabajadores ¹organizados [²no organizados]. ▶組織培養 m. cultivo de tejidos. ▶集められたデータを組織化する v. sistematizar* los datos recogidos.

―― **組織的(な)** adj. sistemático; organizado. ▶組織的でない adj. no sistemático. ▶組織的な研究をする v. realizar* un estudio sistemático.

―― **組織する** v. sistematizar*; organizar*. ▶生徒会を組織する v. organizar* una asociación de estudiantes

☞ 系統, 体制; 新設, 作[造]る

そしききゅうぞうしょくしょう 組織球増殖症 《専門語》f. histiocitosis.

そしつ 素質 (資質) m. potencial, m. material, 《口語》f. madera 《para》; (適性) m. talento, m. don, 《フォーマル》f. disposición 《para》; (特別優れた) m. genio 《para》. ▶素質に恵まれた子供 mf. niño/ña dotado/da. ▶音楽の素質がある v. tener* 「talento para la música [dotes musicales]. ▶彼はりっぱな作家になれる素質がある Tiene 「potencial para ser [《口語》madera de] un gran escritor.

☞ 資質, 素地

そして *conj.* y. ❶【並列】→-と, 又. ♦金と(そして)銀でできた時計 m. reloj de oro y plata. ♦われわれは一晩中飲んで, 歌って, そして踊り明かした Toda la noche estuvimos bebiendo, cantando y bailando. ♦私は音楽を聞いたり, そして散歩をしたりするのが好きだ Me gusta escuchar música y pasear. ♦母は読書, そして私は入浴していた Mi madre leía, mientras yo me bañaba. ♦彼はたばこは吸わないし, そして酒も飲まない No fuma, ni tampoco bebe. / Ni fuma ni bebe. → 又, -も. ❷【結果】♦船は沈んだ. そして, 10人が亡くなった El barco se hundió y hubo diez víctimas. / El barco se hundió perdiéndose diez vidas. ❸【順序】♦彼はドアをノックして, そして(=それから)入って来た Llamó a la puerta y (después) entró. → それから. ☞-が, すると, そこで, それで, -で

そしな 粗品 (ささやかな贈り物)《フォーマル》m. pequeño obsequio; (ほんのおしるし)《口語》m. regalito. ♦粗品ですがお受け取りください Por favor, acepte este pequeño obsequio.

そしゃく 咀嚼 (かみくだくこと) f. masticación; (かむこと) f. mascadura. ♦咀嚼する v. masticar*; (考えて理解する) v. rumiar.

そしゅう 蘇州 m. スーチョウ

そしょう 訴訟 (通例民事の) m. pleito, m. proceso, m. litigio, f. demanda; (行為, 手続き) m. acto procesal, fpl. actuaciones procesales; (訴訟事件) f. causa. ♦¹民事 [²刑事] 訴訟 m. pleito [m. proceso, m. litigio] ¹civil [²criminal]. ♦訴訟手続き fpl. diligencias, m. proceso. ♦訴訟人 mf. litigante, mf. demandante. ♦訴訟に勝つ [²負ける] v. ¹ganar [²perder*] un pleito. ♦訴訟を取り下げる v. retirar un pleito. ♦その会社を相手どって損害賠償を求める訴訟を起こす つ 「demandar [poner* pleito a, proceder contra] la empresa por daños y perjuicios. ♦離婚訴訟を起こす v. presentar una demanda de divorcio. ♦彼らはそのビルの建設中止を求める訴訟を起こした Presentaron una demanda para que se detuviera la construcción del edificio.

そしょく 粗食 (質素な食事) f. dieta sencilla; (粗末な食べ物) f. comida frugal. ♦粗食する v. tener* una dieta sencilla [frugal].

そしらぬ 素知らぬ ♦素知らぬ顔をする(無視する) v. ignorar, (知らないふりをする) v. fingir* ignorancia, 《口語》hacerse* el sueco.

そしり 謗 (非難) f. crítica. ♦大いに世間のそしりを受ける v. recibir muchas críticas de todo el mundo.

そしる 謗る (悪口を言う) v. hablar mal 《de + 人》, criticar* [《フォーマル》censurar] 《a + 人》, 《口語》poner* 《a + 人》verde → 悪口; (非難する) v. criticar*.

そせい 蘇生 f. resucitación; (生き返り) m. renacimiento. ♦口移し式蘇生法 f. resucitación boca a boca. ♦蘇生させる v. resucitar, renacer*.

ぜぜい 租税 m. impuesto, m. tributo.

そせいらんぞう 粗製乱造 (粗悪な商品の大量生産) f. producción masiva de artículos de baja calidad. ♦粗製乱造する v. fabricar* masivamente productos de baja calidad.

そせき 礎石 (すみ石) f. piedra angular; (定礎) f. primera piedra.

そせん 祖先 m. antepasado, 《フォーマル》m. ancestro. → 先祖. ♦祖先崇拝 m. culto a los antepasados. ♦人類の祖先 mpl. ancestros del ser humano. ♦オオカミは犬の祖先だ El lobo es el antepasado del perro

そそう 粗相 ♦粗相をする(大へまをする) v. cometer una torpeza, 《口語》meter la pata; (失礼な言動をとる) v. ser* descortés 《con + 人》; (大・小便をもらす) v. descuidarse [tener* un descuido] en la excreción. ♦この骨董品の扱いにはくれぐれも粗相のないように Maneja esta antigüedad con mucho cuidado.

そそぐ 注ぐ ❶【かける】v. verter* [《口語》echar]《en, a》; ((植物に)水をまく) v. regar*; (流し入れる) v. echar《en, a》. ♦彼は植物に水を注いだ Regó [Echó agua a] las plantas. ♦彼は水差しからコップに水を注いだ Echó agua de la jarra en el vaso. ❷【流れ込む】v. desembocar*. ♦太平洋に注ぐ利根川 El río Tone que desemboca en el Pacífico. ♦その川は海に注いでいる Ese río desemboca en el mar. ❸【集中する】(金・精力などを) v. concentrar, entregar*; (強調して) derramar; (注意などを) v. clavar, tener* clavado《en》. ♦息子に深い愛情を注ぐ v. derramar el afecto más profundo en su hijo, amar profundamente a su hijo. ♦彼は研究に全力を注いだ Concentró toda la energía en su investigación. ♦彼はドアに視線を注いだ Tenía la mirada clavada en la puerta. ☞掛[架]ける, 空[開]ける, 差す

そそぐ 雪ぐ (ぬぐい去る) v. limpiar; (取り除く) v. quitar. ♦汚名をそそぐ v. limpiar una deshonra.

そそくさ *adv.* con [de] prisa, apresuradamente. ♦彼女は仕事が終わるといつもそそくさと家に帰る Después del trabajo siempre vuelve a casa apresuradamente.

そそっかしい (不注意な) *adj.* descuidado; (思慮のない) *adj.* atolondrado; (軽率な) *adj.* imprudente; (早まった) *adj.* precipitado; (不器用な) *adj.* torpe. ♦彼女はそそっかしい Es atolondrada [descuidada].

そそのかす 唆す (誘惑する) v. instigar*, 《フォーマル》inducir*《a + 不定詞・名詞》; (扇動する) v. incitar. → 扇動. ♦彼をそそのかして宝石を盗ませる v. instigarle 「a robar [al robo de] una joya.

そそりたつ そそり立つ v. erguirse*. ♦その山は空高くそそり立っている《フォーマル》La montaña se yergue en el cielo.

そそる (かき立てる) v. despertar*, 《フォーマル》suscitar; (刺激する) v. estimular; (特に食欲を) v. abrir*. ♦興味をそそる v. despertar* interés.

そぞろ ♦気もそぞろ (落ち着かない) v. sentirse* inquieto. ♦そぞろに (=何となく) *adv.* de alguna manera, sin saber cómo [por qué].

そだいごみ 粗大ゴミ *f.* basura grande [voluminosa].

そだち 育ち ❶【発育, 生育】*m.* crecimiento. ♦育ち盛りの子供 *m.* niño en crecimiento. ♦今年は稲の育ちがよかった Este año el arroz ha crecido bien.

❷【養育】*f.* crianza; *f.* educación. ♦彼女は育ちのよい女性だ Es una mujer ⌈de buena crianza [con buena educación]⌉. ♦彼はまったく育ちが悪い（＝行儀を知らない）No tiene ninguna educación. ♦氏より育ち 《言い回し》El buey no es de donde nace, sino de donde pace. ♦彼は¹都会[²田舎]育ちだ Se crió en ¹la ciudad [²el campo].

・**そだつ** 育つ （大人になる）*v.* crecer*, desarrollarse; (育てられる) *v.* criarse* → 成長; (教育を受ける) *v.* formarse. ♦米は温暖な気候でよく育つ El arroz crece [《口語》se da] bien en climas cálidos. ♦彼女は仙台で育った ⌈Se ha criado [Ha crecido]⌉ en Sendai. ♦彼はりっぱな若者に育った Se ha convertido en un apuesto joven. ♦妹は¹母乳[²ミルク]で育った A mi hermana la criaron con ¹leche materna [²biberón].

・**そだてる** 育てる ❶【養育する】(人を) *v.* criar*; (人・動物を) *v.* criar*, cuidar; (作物などを) *v.* cultivar; (教育する) *v.* educar, formar; (大事に世話をする) *v.* cuidar. ♦子供を¹母乳[²ミルク]で育てる *v.* dar* el ¹pecho [²biberón] al bebé. ♦鉢植えの草花を育てる *v.* cultivar una planta en maceta. ♦彼女は5人の子供を女手一つで育てた Ha criado ella sola a sus cinco hijos. ♦彼の給料では子供を3人育てるのは無理だ Su salario no ⌈le da [es suficiente]⌉ para criar a sus tres hijos.

❷【養成する】(人を) *v.* formar, instruir*; (感情・思想などを) *v.* 《フォーマル》cultivar. ♦二人の友情を育てる（＝はぐくむ）*v.* cultivar una amistad entre los dos. ♦その学校は音楽家を育ててきた En esa escuela se han formado músicos.

そち 措置 *fpl.* medidas. ♦青少年の犯罪¹に対して[²を防止するために]必要な措置を取る *v.* tomar [《フォーマル》adoptar] las medidas necesarias ¹contra [²para impedir*] la delincuencia juvenil. ♦酔っ払い運転にきびしい措置を取る（＝取り締まる）*v.* tomar medidas enérgicas contra la conducción en estado de embriaguez.

・**そちら** ❶【そこ】*adv.* ahí, allí, allá; （その方向）*adv.* por allí [allá] → そこ, こちら; （相手のいる所に）ahí. ♦そちらへ行ってはいけない No vayas por allí. ♦2,3分したらそちらへ参ります Estaré ahí en unos minutos. → 行く.

❷【その(人)】*pron.* (ほぼは軽蔑的に) ese, esa; (あなた) usted, 《口語》tú. → こちら. ♦そちらはどなたですか(電話で) ¿Quién es? ／(より上品に)¿Con quién hablo? ♦もしもしこちら初子だけど，そちら健次？ ¿Oiga? Soy Hatsuko. ¿Eres Kenji? ♦そちらの今日の天候はいかがですか ¿Qué tal está el tiempo de hoy por allí? ♦そちらはいかがお過ごしですか ¿Están todos bien en su casa?

そつ ♦そつのない（＝抜け目のない）男 *m.* hombre sensato [prudente, 《フォーマル》juicioso]. ♦あの男は何事もそつがない Todo lo hace bien. ／ Es un hombre sensato en todo lo que hace.

そつう 疎通 ♦両者の意志疎通を図る（＝相互理解を促進する）*v.* ⌈promover* el mutuo entendimiento [llenar el vacío que hay]⌉ entre los dos. ♦彼らは意志疎通を欠いている Hay falta de comunicación [entendimiento] entre ellos. ／ No se comunican. ♦本校では先生と生徒の間の意志の疎通はよい En nuestra escuela la comunicación entre profesores y alumnos es buena.

ぞっか 俗化 *f.* vulgarización. ♦俗化した海辺の町 *f.* ciudad costera vulgarizada. ♦観光開発がなされてからその村はすっかり俗化してしまった（＝商業主義に毒されてしまった）El pueblo ha sido contaminado por el comercialismo desde que empezaron a desarrollar el turismo. ／（村の素朴な魅力が損なわれた）El encanto rural del pueblo ha quedado destruido desde que llegaron los turistas.

そっき 速記 *f.* taquigrafía, 《フォーマル》*f.* estenografía. ♦速記者 *mf.* taquígraf*o/a*, *mf.* estenógraf*o/fa*. ♦速記者兼タイピスト *mf.* taquimecanógraf*o/fa*, 《口語》 *mf.* taquimeca. ♦速記を習う *v.* aprender taquigrafía. ♦速記を普通の文に直す *v.* transcribir* taquigrafía. ♦彼は速記ができる Sabe taquigrafía.

── 速記する *v.* taquigrafiar*, estenografiar, tomar notas taquigráficas. ♦秘書は社長の話を速記した La secretaria taquigrafió lo que decía el presidente.

そっきゅう 速球 *f.* pelota rápida, *f.* bola rápida. ♦速球投手（野球）*mf.* lanzad*or/dora* de pelota rápida.

そっきょう 即興 *f.* improvisación. ♦即興曲 *f.* improvisación, *m.* impromptu. ♦即興詩人 *mf.* improvisad*or/dora*. ♦即興で演奏する *v.* improvisar, hacer* una improvisación. ♦即興で¹詩[²曲]を作る *v.* improvisar ¹un poema [²una melodía]. ♦即興で演説する *v.* dar* un discurso improvisadamente, improvisar un discurso.

・**そつぎょう** 卒業 *f.* graduación. ♦大学卒業者 *mf.* graduad*o/da* de universidad. ♦(大学)卒業記念の写真 *f.* foto de graduación. ♦卒業式を行なう *v.* celebrar una ceremonia de graduación. ♦卒業試験¹を受ける[²に合格する; ³に落ちる] *v.* ¹hacer* [²aprobar*; ³suspender] el examen de graduación. ♦卒業証書をもらう *v.* recibir el diploma de graduación. ♦メキシコの詩について卒業論文を書く *v.* escribir* una tesis sobre la poesía prehispánica de México. ♦彼は東都大学の法科の卒業生だ Es licenciado en Derecho de la Universidad Toto. ♦卒業見込みの者も応募可 Solicitud abierta a los alumnos del último curso.

── 卒業する（大学などを）*v.* graduarse* [licenciarse] en [por] una universidad, 【メキシコ】egresar. ♦苦学して大学を卒業する *v.* graduarse* pagándose sus estudios. ▶大学を卒業させる v. hacer* que se gradúe. ◆彼は東都大学の言語学科を優等で卒業した Se graduó con honores de lingüística en la Universidad Toto. ◆彼は昨年春に高校を卒業した La pasada primavera se graduó de la escuela secundaria. ◆どこの大学を卒業しましたか ¿En qué universidad te has graduado? ◆あの子はもういい加減こんないたずらは卒業してもいいころだ Ya es hora de que deje de hacer travesuras y termine la carrera.

|地域差| 卒業する
〔全般的に〕v. graduarse* 《en》
〔スペイン〕v. diplomarse 《en》, licenciarse 《en》, titularse 《en》
〔キューバ〕v. egresar 《de》, licenciarse 《en》, salir* 《de》, titularse 《en》
〔メキシコ〕v. egresar 《de》, recibirse 《en》, salir* 《de》, titularse 《en》
〔コロンビア〕v. salir* 《de》
〔アルゼンチン〕v. egresar 《de》, recibirse 《en》

⇨終える, 出る

そっきん 即金 (現金) m. dinero「en efectivo [contante]; (現金支払い) m. pago「en metálico [al contado, 《口語》《ユーモアで》contante y sonante]. ▶百万円を即金で払う v. pagar* al contado un millón de yenes. ◆即金ですか, 付けですか ¿Al contado o a crédito? ◆買い物はいつも即金で支払う Siempre pago al contado. / Todo lo que compro lo pago en efectivo.

そっきん 側近 (…に近い人々) mpl. allegados; (補佐役) mf. asistente, mf. ayudante. ▶大統領の側近たち mpl. allegados del presidente.

ソックス mpl. (un par de) calcetines, 【ラ米】fpl. medias. ⇨ハイソックス.

*そっくり ❶【そっくりそのまま】adj. igual, 《口語》igualito 《que》, tal 《como》, 《強調して》idéntico 《a》. ◆その町は10年前とそっくりそのままだ La ciudad está igual que hace diez años. ◆(それらは)そっくりそのままにしなさい Déjalos tal como están. ◆彼女は少女のころとそっくりそのままだ Está igual que cuando era una niña. ◆その地図をそっくり (=そのとおり) 写してほしい Quiero que「copies el mapa exactamente como es [hagas una copia fiel del mapa].

❷【そっくりみんな】adj. todo, la totalidad 《de》; adv. por entero, enteramente, por completo, completamente. ◆私はお金をそっくり (=まるごと) 盗られた Todo el dinero que tenía me lo robaron. ◆長男が父親の仕事をそっくり引き継いだ El hijo mayor ha sucedido al padre en el negocio. ◆彼はその提案をそっくり受け入れた Aceptó「la totalidad de [todas] las propuestas.

❸【似ている】v. parecerse* mucho, ser* idéntico 《a》, 《口語》parecerse* como dos gotas de agua, ser* la imagen 《de》. ◆彼女は母親そっくりだ Ella es idéntica a su madre. ◆その新型車は本の中の未来の車とそっくりです El nuevo modelo de automóvil es idéntico a un coche del futuro de un libro.

そっくりかえる 反っくり返る v. reclinarse. ▶ひじかけいすにそっくり返る v. repantigarse* en un sillón.

そっけつ 即決 (その場での決定) f. decisión inmediata. ▶即決する v. decidir inmediatamente [en el acto].

そっけない 素っ気ない (返事などが無礼なまでに短い) adj. brusco; (不愉快なまでにあからさまな) adj. cortante; (ぶっきらぼうな) adj. seco; (冷淡な) adj. frío. ▶そっけない返事をする v. dar* una respuesta brusca [cortante]. ▶そっけない態度で adv. de modo brusco, con brusquedad. ◆「ノー」と彼はそっけなく答えた "No", contestó bruscamente.

そっこう 即効 ▶即効薬 m. remedio [m. medicamento] de efecto inmediato 《contra》. ◆この薬は頭痛に即効がある Este medicamento「tiene un efecto inmediato [actúa inmediatamente] para el dolor de cabeza.

そっこう 速攻 m. ataque rápido.

そっこう 続行 f. continuación. ▶続行する v. continuar*, seguir*, proseguir*. ⇨続ける. ▶仕事を続行する v. continuar* 《con》 el trabajo. ◆試合は続行された El partido continuó.

そっこうじょ 測候所 f. estación meteorológica.

そっこく 即刻 ⇨すぐ, 間もなく. ▶即刻それをする v. hacerlo「de inmediato [en el acto, al punto, 【チリ】al tiro]. ▶即刻 (=猶予なく) 出発する v. salir* sin tardanza [demora]. ◆詳細が決まりましたら即刻連絡します Le informaremos sin tardanza cuando hayamos decidido los detalles.

ぞっこく 属国 (従属国) f. dependencia, fpl. posesiones; (保護国) m. protectorado.

ぞっこん (心から) adv. de todo corazón, de pies a cabeza, en cuerpo y alma. ▶ぞっこんほれている v. estar* locamente [perdidamente] enamorado 《de》. ◆彼は一目で彼女にぞっこんほれた Se enamoró locamente de ella a primera vista.

そっせん 率先 ▶率先して (=自発的に) その仕事をする v. hacer* el trabajo por propia iniciativa. ◆彼は率先して (=最初に) 救助隊に加わった Él fue el primero en unirse al equipo de rescate.

そっち (そこ) adv. ahí; allí, allá; (その方向) adv. por ahí; por allí [allá]. ⇨ そちら, そら.

そっちのけ ▶そっちのけにする v. dejar de lado; descuidar. ⇨無視する

そっちゅう 卒中 (の発作) 《専門語》f. apoplejía; (脳出血) m. derrame cerebral. ▶卒中を起こす v. sufrir「una apoplejía [un derrame cerebral].

*そっちょく 率直 f. franqueza, f. sinceridad.
—— 率直な adj. franco, sincero, abierto, natural, directo. ◆この件について君の率直な意見を聞きたい Quisiera saber tu sincera opinión sobre este asunto.
—— 率直に adv. francamente, sin rodeos,

《口語》yendo al grano, sin andarse por las ramas. ◆率直に言って君の計画はうまくゆかないよ Hablando francamente [sin rodeos], tu plan va a fracasar. ◆率直に言ってくださりがとうございます Aprecio tu franqueza. 会話 それ好きじゃないの？―率直に言うとそうなんだ ¿No te gusta? – Pues, francamente, no. ◆彼女は彼に好きではないと率直に言った Ella le dijo「sin rodeos [directamente] que no lo [le] quería. /《口語》No se anduvo por las ramas y le dijo que no lo [le] quería. ◆私には率直に話しなさい Háblame「con franqueza [francamente]. ◆あからさまな，開放する，気さくな，ざっくばらん，さっぱりしている，正直な；あからさまに，ありのままに，隠さ，正直に，ずばずば

*そっと ❶《静かに》adv. sin hacer ruido, silenciosamente; (平穏な) adv. tranquilamente, pacíficamente. ◆彼は引退後田舎でそっと暮らしている Después de jubilarse, vive tranquilamente en el campo. ◆彼女がまだ眠っていたので彼はそっとトイレに行った Caminó sin hacer ruido al cuarto de baño porque ella todavía dormía.
❷《密かに》adv. en secreto, secretamente, a hurtadillas,《フォーマル》furtivamente. ◆医者はそっと鎮静剤を飲み物に入れた A hurtadillas el médico echó en la bebida unos tranquilizantes. ◆彼女は私にそっと自分の電話番号を教えてくれた Me dijo su número de teléfono en secreto. ◆彼は二人だけで話ができるか私に聞いた Me pidió si podíamos hablar「en privado [a solas].
❸《じゃまをせずに》◆どうかそっとしておいて (=じゃまをしないでください) Quiero estar en paz, por favor. / No quiero que me molesten. ◆彼女をそっとしておいてくれないか (=一人にしてくれないか) Déjala「en paz [tranquila]. ◆君のその事は誰にも言わないでそっとしておきなさい Será mejor que no se lo digas a nadie.
❹《手荒でなく》(軽く) adv. ligeramente; (穏やかに) adv. suavemente; (優しく) adv. con cuidado. ◆そっと触れる v. tocar(lo)* suavemente. ◆私はその陶器をそっと扱うように言われた Me han dicho que maneje la cerámica con cuidado. ◆彼女はそっとドアを閉めた Cerró suavemente la puerta.
❺《気うかれないように》◆そっとキスをする v. robar un beso. ◆そっと出ていく v. irse* a hurtadillas, escabullirse*. ◆彼女は私の手にそっとメモをそっと渡して立ち去った Puso furtivamente una nota en mi mano y se fue.

ぞっと ◆ぞっとする《怖さなどで震える》v. temblar*, estremecerse*. ◆ぞっとするような (=おそろしい) 話 f. historia espeluznante [escalofriante, horripilante]. ◆寒くてぞっとする (=骨の髄まで冷える) v. sentir* escalofríos. ◆少女は血を見てぞっとした La niña tembló al ver la sangre. / La visión de la sangre hacía estremecerse a la niña. ◆サービスのひどいそのホテルに泊まらなはいけないと思っただけで彼はぞっとした Temblaba sólo de pensar que tenía que quedarse en el hotel con un servicio tan horrible. ◆その流血の場面に彼は背筋がぞっとした Al ver la sangrienta escena, un esca-

lofrío le recorrió la espalda. ◆私は体中にぞっと震えがきた Temblaba de pies a cabeza. ◆走っているネズミを見ると彼女はぞっとした「Sintió escalofríos [Se estremeció] al ver correr el ratón.
そっとう 卒倒 m. desmayo,《フォーマル》m. desfallecimiento. ◆卒倒する (気絶する) v. desmayarse, sufrir un desmayo; (倒れる) v. derrumbarse,《フォーマル》padecer* un síncope. ◆彼はショックのあまり卒倒した Se desmayó「del《英語》"shock" [de la impresión].
そっぽ ◆そっぽを向く (別の方を見る) v. mirar a otro lado; (目をそらす) v. desviar* [apartar] la vista; (無視する) v. ignorar. ◆私が話しかけたら彼女はそっぽを向いた Cuando le hablé, miró a otro lado. ◆彼らは私の意見にそっぽを向いた Ignoraron lo que dije.
そつろん 卒論 →卒業(→卒業論文).

そで 袖 (衣服の) f. manga; (舞台の) mpl. bastidores. ▶¹長袖 [²半袖]のシャツ f. camisa de manga(s) ¹larga(s) [²corta(s)]. ▶袖なしのドレス m. vestido sin mangas. ▶袖をまくる v. arremangarse, subirse las mangas. ▶袖にすがる v. agarrarse a (su) manga; (助けを求める) v. implorar (su) ayuda. ▶舞台の袖で(出番を)待つ v. esperar en los bastidores. ◆彼の上着は袖が少し長い Las mangas de su saco [《スペイン》chaqueta] son un poco largas. ◆彼が私の袖を引っ張った Me tiró de la manga.
《その他の表現》◆無い袖は振れぬ《ことわざ》Ninguno da lo que no tiene. ◆彼に袖の下をにぎらせようとしたが受け取らなかった Intenté pagarle bajo cuerda, pero no aceptó el dinero.
ソテー (一皿の) m. salteado. ◆ポークソテー m. salteado de cerdo [《ラ米》puerco].
そでぐち 袖口 m. puño (de manga).

**そと 外 ❶《外側》m. exterior. ▶家の外 m. exterior [adv. fuera] de la casa. ▶外の騒音 m. ruido exterior [de fuera]. ▶窓から外を見る v. mirar (afuera) por la ventana. ▶外へ出る v. salir* (a)fuera [al exterior]. ◆このドアは外からは開けられせん Esta puerta no se puede abrir「de(sde) fuera [《フォーマル》desde el exterior]. ◆門の外で待っています Estaré esperando fuera de la puerta. ◆外は寒くて風が強い Fuera hace frío y mucho viento. ◆このドアは外へ開きます Esta puerta se abre hacia afuera. ◆彼は外で庭いじりをしています Está fuera ocupado en el jardín. → 野外.
❷《家庭外》◆今晩は外で食事(=外食)をしよう Vamos a cenar fuera esta noche.
❸《外》◆彼はめったに感情を外に表わさない Casi nunca muestra [《フォーマル》exterioriza] sus emociones. ◆彼らは外目には幸せな夫婦であった Parecían [Tenían el aspecto de ser] un matrimonio feliz.
そとがわ 外側 m. exterior, f. parte externa. → 外部, 内側 (外見) m. aspecto. ◆輪になっていた女の子は外側に広がった Las chicas que estaban en el círculo se salieron fuera.
☞外部, 外

そとづら 外面 ♦彼は外面はいいが内面は悪い Es amable con todo el mundo fuera de casa.

そとまわり 外回り (家の回り) adv. alrededor de la casa; (外勤) m. trabajo de fuera; (環状線の) m. carril exterior.

そなえ 備え (準備) (物品などの) mpl. preparativos 《para》; (蓄えなどの) f. provisión 《para》 →備える; (設備) m. equipo; (防御手段) f. defensa. ♦備えがある (準備) v. estar* preparado 《para》; (防備) v. estar* armado [fortificado, con defensas] 《contra + 名詞, para + 不定詞》. ♦備えがない (準備) v. no estar* preparado [estar* desprevenido] 《para》. ♦戦闘に対する備え mpl. preparativos de guerra. ♦攻撃に対する備え f. defensa contra un ataque. ♦大雪に対する備えは十分だ Estamos bien preparados para una fuerte nevada. ♦私たちは最悪の場合に備えていなければならない「Debemos prepararnos [Hay que estar prevenido] para lo peor. ♦この船はレーダーの備えがない Este barco no está provisto de radar.

《その他の表現》♦備えあれば憂いなし 《ことわざ》Hombre prevenido vale por dos. / 《ことわざ》Prevenir es curar.

そなえつけ 備え付け ♦備え付けの (=用意して置いてある) 用紙 mpl. formularios preparados en la sala. ♦備え付けの (=作りつけの) 食器棚 m. aparador empotrado. ♦備え付けの (=固定した) 座席 mpl. asientos fijos.

そなえつける 備え付ける (設備などを) v. equipar; (必要なものを供給する) v. proporcionar, proveer*; (家具などを) v. amueblar; (装置などを取り付ける) v. instalar. ♦ぜいたくな家具を備え付けた部屋 f. sala lujosamente amueblada. ♦図書館に多くの辞書を備え付ける v. proveer* una biblioteca de numerosos diccionarios. ♦エアコンを部屋に備え付けてもらう v. hacer* que se instale aire acondicionado en la sala. ♦この工場は10台のベルトコンベヤーが備え付けられている Esta fábrica está equipada de diez correas [cintas] transportadoras.

そなえもの 供え物 f. ofrenda. ♦供え物をする v. hacer* [《フォーマル》presentar] una ofrenda 《a》, ofrendar 《a》.

そなえる 備える →備え. ❶【準備する】(蓄え・装備などを) v. proveer 《para》; precaverse 《contra》; (前もって必要な用意をする) v. prepararse, hacer* preparativos 《para》. ♦老後に備える v. proveer* para la vejez. ♦地震に備える v.「precaverse contra [prepararse para] un terremoto. ♦試験に備える v. prepararse para un examen. →準備する. ♦万一に備えて貯金する v. ahorrar en previsión de tiempos difíciles. ♦私は万一に備えて傘を持って行った Me llevé el paraguas「por si acaso [en previsión de la lluvia].

❷【設備する】v. equipar 《con, de》; (家具などを) v. amueblar 《con》; (必要・便利を予測して) v. proveer* 《de》; (器具・装置などを取り付ける) v. instalar. ♦その工場に最新の機械を備える v. equipar una fábrica con la maquinaria más moderna. ♦家に家具を備える v. amueblar una casa. ♦私は部屋に電話を備えた Me instalé un teléfono en mi habitación.

❸【有する】v. poseer*, tener*, estar* provisto 《de》; (生まれながら恵まれている) v. estar* dotado 《de》. ♦彼はすぐれた指導者に必要な要件をすべて備えている Poseía todas las condiciones para ser un buen líder. ♦彼は文才を備えている Está dotado de talento literario.

そなえる 供える (供え物を) v. ofrecer*; (置く) v. colocar*. ♦彼の墓に花を供える v. colocar* flores en su tumba.

ソナタ f. sonata. ♦ピアノソナタ f. sonata para piano. ♦ソナタ形式 f. forma de sonata.

そなわる 備わる (生まれつき持っている) v. estar*「dotado 《de》[《強調して》bendecido 《con》]; (備えつけてある) v. estar* provisto [equipado] 《con, de》. →備える.

* **その** adj. ese; 《フォーマル》en cuestión, 《フォーマル》al respecto. ♦机の上のその赤鉛筆 m. ese lápiz rojo sobre la mesa. ♦行ってその日のうちに(=同じ日に)帰る v. ir* y volver* el mismo día. ♦そのズボンは君に似合わない Esos pantalones no te sientan bien. ♦校門のところで背の高い男の人を見た. その人はサングラスをかけていた A la puerta de la escuela vi a un hombre alto. El [Ese] hombre llevaba gafas de sol. ♦その後私は家に帰った Después [Tras eso], me fui a casa. ♦彼は来ないかも知れません. その場合は私が議長をします Quizás no venga. En ese caso, ocuparé la presidencia. ♦「[1]その日の [2]その朝] はいい天気だった [1]Ese día [2]Esa mañana] hacía bueno. ♦市長は当時病気でしたが, そのことはだれにも知らされなかった Entonces el alcalde estaba enfermo; pero「eso no lo sabía nadie [《フォーマル》nadie tenía ninguna información al respecto]. ♦その点では君と同意見だ Sobre eso estoy de acuerdo contigo.

* **そのうえ その上** adv. además. →又, さらに. ♦彼女は頭はいいし, その上美人だ Es inteligente y además bonita. / Además de ser inteligente, es bonita [guapa]. ♦その家は小さかったし, その上値が高すぎた La casa era pequeña y además [《口語》encima, 《口語》para colmo] cara. / La casa era pequeña y cara. / No sólo era la casa pequeña, sino además cara. / Aparte de pequeña, la casa era cara. ☞さえ, さては, 更に, しかも, それに, そればかりか

そのうち ❶【間もなく】adv. pronto, dentro de poco, 《フォーマル》en breve; (近いうちに) adv. un día de estos, uno de estos días, a no tardar mucho, 《フォーマル》próximamente →いつか; (いつか) adv. algún día; (遅かれ早かれ) adv. tarde o temprano. ♦彼らの婚約はそのうちに発表されるであろう Su compromiso será anunciado「un día de estos [pronto, 《フォーマル》en breve, próximamente]. ♦彼もそのうち親の気持ちが分かるでしょう Tarde o temprano apreciará los sentimientos de sus padres. 《会話》君はいつかそのうちやってーえぇ. そのうちに ¿Vas a hacerlo? – Sí, lo haré un día de éstos.

❷【該当者の中で】◆10人の先生がその会に出席したが彼もそのうちの一人だった A la reunión asistieron diez profesores y él era uno de ellos. ◆彼には子供が4人いる。そのうち二人は学生だ Tiene cuatro hijos y dos son estudiantes.
☞今に、おいおい

そのかわり その代わり（代わりに）*prep.* en lugar [vez] de;（しかし）*conj.* en cambio, pero;（だから）*adv.* aun así. → 代わり. ◆とっさに何もいえなかった。その代わり図書券をくれた En lugar de dinero, mi padre me dio cupones para libros. ◆この布は質がよい。その代わり値段が高い Esta tela es de buena calidad, pero eso es cara.

そのかん その間 *adv.* mientras (tanto), entretanto. → 間(かん). ◆その間何をしていたのですか ¿Qué estabas haciendo「mientras tanto [entretanto]?

そのくせ（それでも）*adv.* sin embargo, aún así;（しかし）*conj.* pero;（それにもかかわらず）*adv.* con todo y con eso, así y todo. ◆私が正しいとみんなが知っていたが、そのくせだれも賛成してくれなかった Todos sabían que yo tenía razón; sin embargo, nadie me apoyó. ◆彼女は東京で寂しい思いをしたが、そのくせ故郷に帰る気にはなれなかった Se sentía sola en Tokio;「aún así [pero, con todo y con eso] no tenía ganas de volver a su pueblo.

そのくらい →それくらい

そのご その後（そのあと）*adv.* desde entonces, después (de eso), tras eso. ◆その後彼に会っていない No he vuelto a verlo desde entonces. ◆その後彼らは幸せに暮らした Y desde entonces vivieron siempre felices. ◆その後五日たって彼は私のもとにやって来た Cinco días después vino a verme. ◆その後いかがお過ごしか ¿Cómo le ha ido (desde entonces)? / ¿Qué tal ha estado usted?
☞後、それから

そのころ その頃（その当時）*adv.* por esos [aquellos] días, esos días, en ese tiempo;（その時）*adv.* (por) entonces, por aquel entonces. ◆その頃の学生 *mpl.* estudiantes de entonces [esos días]. ◆その頃日本には鉄道がなかった Por aquel entonces no había trenes en Japón. ◆私はその頃まだ学校に通っていた Por entonces yo aún iba a la escuela. ◆その頃には大学を卒業しているでしょう Entonces [Por esos días] me habré graduado de la universidad.

そのた その他（残り全部）el resto, *pron.* los demás. → 残り、他(ほか)、など. ◆その他の *adj.* otro(s). ◆生徒のうち10人が教室で勉強し、その他の者は外で遊んでいた En la clase había diez alumnos estudiando y los demás estaban fuera jugando.

そのため（その理由［目的］で）*adv.* por eso;（その結果として）*adv.* por consiguiente, consecuentemente,《フォーマル》en consecuencia.

そのつど *adv.* cada vez, siempre. ◆私は3回その小説を読んだが、そのつど何かためになることを学んだ He leído tres veces esa novela y siempre encuentro en ella algo instructivo. ◆会えばそのつど彼女は文句を言う Cada vez que la veo, se me queja de algo.

そのとおり その通り Así [Eso] es. / Correcto. /「Dice usted [Dices] bien. / Tiene usted [Tienes] razón. /「《フォーマル》Usted lo ha dicho. /《口語》¡Y usted que lo diga! /《口語》¡Sí, señor! ◆そのとおりにします Lo haré así [como usted me ha dicho]. ◆そのとおり。まったく賛成だ Así es. Estoy perfectamente de acuerdo. 《会話》ねえ、健さん、そのとおりでしょう―まったくそのとおりだ ¿Eh, Ken? ¿No es así? – Sí, así es. /（言われてみれば確かに）No cabe ninguna duda. 《会話》作家の田中二郎さんではないですか―ええ、そのとおりです ¿No es usted Jiro Tanaka, el escritor? – Sí, ese es. 《会話》なるほど、その方が街がよく見えるってわけね―そのとおり（＝分かってくれたね）Claro; así se ve mejor la ciudad, ¿verdad? – Exactamente. / Eso es.

そのとき その時 *adv.* entonces;（その当時）*adv.* (en) esos días, por entonces;（その瞬間）*adv.* en eso, en ese momento [instante];（特定の事が起こったその時）*adv.* en esa ocasión. ◆その時のメキシコの大統領 el entonces presidente de México. ◆私はその時名古屋に住んでいた Por entonces yo vivía en Nagoya. ◆ちょうどその時電話が鳴った Justo en ese momento sonó el teléfono. ◆私が外出しようとしていたちょうどその時彼が訪ねてきた「Justo en el instante en que iba a salir [A punto de salir], se presentó él. ◆その時以来彼から一度も便りがない Desde entonces no he vuelto a saber de él. ◆その時までにはこの小説を読み終えているでしょう Por entonces habré terminado de leer esta novela. ◆その時初めて我が国は真に自由になるであろう Entonces y no antes este país será verdaderamente libre. → 否や.
☞その頃、当時

そのば その場 ❶【場所】*m.* lugar;（場面）*f.* situación;（場合）*f.* ocasión. ◆その場しのぎの解決法 *f.* solución provisional. ◆その場を救う *v.* remediar la situación (inmediata),《口語》salvar los papeles. ◆その場に居合わせた人たち *mpl.* presentes en la ocasión. ◆たまたまその場に居合わせた Resultó que yo estaba en el lugar.
❷【即座】◆その場で決める *v.* decidir(lo) allí mismo [en el acto];（迅速［即座］に）*v.* tomar una decisión inmediata.

そのばかぎり その場限り（一時しのぎの）*adj.* provisional,《ラ米》provisor*io*;（口先だけの）*adj.* fácil. ◆その場限りのことを言う *v.* decir* algo para「salir* del paso [《口語》cubrir* el expediente].

そのひぐらし その日暮らし ◆その日暮らしをする *v.* vivir「al día [《口語》a salto de mata].

そのへん その辺 ❶【そのあたり】*adv.* por ahí, no lejos de ahí;（近くに）*adv.* en「los alrededores [las cercanías], cerca (de ahí);（どこかに）*adv.* en algún lugar [sitio]. ◆その辺に *adv.* por ahí (cerca). ◆その辺（＝途中）までご一緒しましょう Te acompaño un poco

[ahí cerca]. ◆子供は遠くへは行くはずがない.(どこかにかの辺にいるにちがいない El niño no puede haberse ido muy lejos. Debe estar por los alrededores. ◆彼は秋田かどこかその辺の出身だ Es de Akita o por ahí cerca. ◆正確な金額は分からないがその辺のところだ No sé exactamente cuánto, pero「por ahí anda [es eso más o menos].
❷【そういったこと】◆その辺のことはよく分からない No estoy del todo seguro.

そのほか その外 *mpl.* demás. → その他.

そのまま ❶【その状態で】(tal) como está [es]; (手をつけていない)*adj.* intacto. → まま. ◆古い家をそのまま保存する *v.* mantener* una casa vieja intacta [tal como era]. ◆机の上のものはさわるな, そのままにしておいてくれ No toques lo que hay en la mesa. Déjalo tal como está. 会話 このごみばこはどうしましょうかーそれがあった場所にそのまま置いておいて ¿Qué hago con esta papelera? – Déjala dónde estaba. 会話 せきがひどいんです一薬なんかのまないのが一番ですよ. そのまま(=成り行きにまかせて)おくんですね Tengo mucha tos. – Lo mejor es no tomar ninguna medicina. 「Déjalo así [Ya se te pasará]. ◆君が思うことをそのまま(=正確に)彼に話しなさい Dile exactamente lo que piensas.
❷【引き続き】*adv.* directamente. ◆彼はポストに手紙を入れると家には帰らずそのまま学校へ行った Salió a echar la carta y「sin volver a casa [directamente] se fue a la escuela.

そのもの その物 (当の物)*f.* cosa en cuestión; (それ自体)*adv.* en persona, en sí mismo. ◆彼は正直そのものだ Es la honradez en persona. / Es la personificación de la honradez. / Es la honradez personificada.

そのように *adv.* así. → そんな. ◆そのようにじろじろ私を見つめないでください No te quedes mirándome así. ◆そのようにして彼女はスペイン語を習得した Así es como aprendió español. ◆彼はチームのキャプテンなのだから, そのように(=それ相応に)ふるまうべきだ Él es capitán del equipo y así tiene que comportarse en consecuencia.

＊＊そば 側 →近く.
1《そばの》; (近くの)*adj.* cercano, próximo; (近所の)*adj.* vecino,《教養語》circundante; (すぐ近くの)*adv.* cerca 《de》,《フォーマル》en las proximidades 《de》,《フォーマル》próximo《a》, al lado de. ◆近くの川へ魚釣りに行く *v.* ir* de pesca a un río cercano. ◆私の家のそばの空き地 *m.* terreno desocupado「cerca de [próximo a] mi casa.
2《そばに[を]》; (かたわらに)*prep.* al lado de, junto a; (すぐ近くに)*adv.* cerca de, próximo《a》. ◆海岸のそばに公園がある Al lado de la playa hay un parque. / Hay un parque junto a la playa. ◆出火のとき一人もそばにいなかった No había nadie cerca cuando estalló el fuego. ◆彼は私のそばに座った Se sentó a mi lado. ◆新しい靴のそばにおくと古い靴はひどく形がくずれて見える Al lado de los zapatos nuevos, los viejos se ven en muy mal estado. ◆大学のそばを通って行った Pasé「por [al lado de] la universidad. ◆彼はいつも辞書をそばに(=手元に)置いておく Siempre tiene un diccionario「al lado [a mano].

そば (植物)*m.* trigo rubión [sarraceno], *m.* alforfón; (食品) "zarusoba", *mpl.* fideos de alforfón. ◆そば粉 *f.* harina「de alforfón [morena]. ◆さるそば (説明的に) *mpl.* fideos de harina morena servidos en un plato de bambú. ◆中華そば *mpl.* fideos chinos. ◆そば屋 (店)*m.* restaurante de soba; (屋台)*m.* puesto de soba.

そばかす *f.* peca. ◆彼女の顔はそばかすだらけだ Su cara está cubierta de pecas. / Tiene la cara muy pecosa.

そばだてる ◆耳をそばだてる(=音に気付いて聞き耳を立てる) *v.* estirar las orejas 《al + 不定詞》.

ソビエト (旧ソビエト連邦)*f.* Unión Soviética, (公式名)*f.* Unión de Repúblicas Socialistas Soviéticas,【略】la URSS. → ロシア. ◆ソビエトの *adj.* soviético. ◆ソビエト政府 *m.* gobierno soviético.

そびえる *v.* elevarse; (まわりと比べて非常に高い)《フォーマル》*v.* erguirse*. ◆私たちの上にそびえる大きながけ *mpl.* grandes acantilados que「se elevan [《フォーマル》se yerguen] sobre nosotros. ◆そびえ立つ山 *f.* montaña imponente. ◆高層マンションが海岸にそびえ立っている Los elevados bloques de apartamentos se alzan ante la playa.

-そびれる (機会を失う)*v.* perder* [dejar escapar] la ocasión 《de》. ◆お礼を言いそびれる *v.* dejar escapar la ocasión de dar* las gracias《a》.

＊そふ 祖父 *m.* abuelo. → おじいさん.

ソファー *m.* sofá. → 椅子.

ソフィア Sofía (☆ブルガリアの首都).

ソフト (ソフト帽)*m.* sombrero de fieltro; (柔らかい, 軽い)*adj.* blando.

ソフト(ウエア) (英語)(専門語)*m.* "software" (☆発音は[sóf(t)wer]), *m.* programa. ◆このソフトは私のコンピュータでは動かない Este programa de software no funciona en mi ordenador.

ソフトクリーム *m.* helado (cremoso)(de cono [cucurucho]),【ラ米】crema helada.

ソフトドリンク *m.* refresco, *f.* bebida no alcohólica.

ソフトボール (英語)*m.* "softball" (☆発音は[sóf(t)bol]).

＊そふぼ 祖父母 *mpl.* abuelos.

ソプラノ *f.* soprano. ◆ソプラノを[で]歌う *v.* cantar de soprano. ◆ソプラノ歌手 *f.* soprano. ◆ソプラノの声 *f.* voz de soprano.

そぶり 素振り (態度)*m.* ademán, *m.* aspecto; (様子)*m.* aire; (気配)*f.* señal, *mpl.* indicios; (顔つき)*f.* apariencia; (身振り)*m.* gesto; (ふるまい)*f.* conducta. ◆あいつのそぶりは妙だ Hay algo raro en su aspecto. / Tiene ademanes extraños. ◆彼は怒って[聞いて]いるそぶりは見せなかった No tenía ademán [aspecto] de [1]enfado [2]escuchar].

そぼ 祖母 f. abuela. → おばあさん.

そぼう 粗暴 (乱暴) f. brutalidad; f. violencia. ▶粗暴な adj. bruto, brutal, violento. ▶粗暴ふるまい f. conducta violenta.

そぼく 素朴 (純真) f. sencillez. ▶素朴な adj. sencillo, simple, llano; (気取らない) adj. natural; (無経験で好みの単純な) adj. sin complicaciones. ▶いなかで素朴な生活をする v. llevar una vida sencilla en el campo. ♦彼らは皆善良で素朴な人たちでした Eran todas personas buenas y llanas.

そまつ 粗末 ▶粗末な(質が悪い) adj. pobre; (質が悪くて粗野な) adj. tosco; (量が少ない) adj. frugal, modesto; (手入れをせず古びた) adj. miserable; (質素な) adj. humilde. → 貧弱. ▶粗末な食事 f. comida frugal [sencilla, pobre]. ▶粗末な家 f. casa modesta [humilde]. ♦彼は粗末な服を着ていた Iba pobremente vestido. / Llevaba vestidos pobres [miserables]. ♦粗末さまでした(食事の後などで)Espero que le haya aprovechado [gustado] la comida. / (講演などの後で)Muchas gracias por su atención.

── 粗末にする (むとんちゃくである) v. ser* descuidado 《con》; (むだに使う) v. malgastar; (世話などを怠る) v. desatender, descuidar; (人をひどく扱う) v. tratar 《a + 人》mal. ♦お金を粗末にする v. malgastar [derrochar, despilfarrar] el dinero. ♦命を粗末にする v. jugar* con la propia vida. ♦彼は親を粗末にしている Descuida [Desatiende, No atiende bien] a sus padres.

ソマリア Somalia; (公式名) f. República Democrática Somalí (☆アフリカの国、首都モガジシオ Mogadiscio). ▶ソマリアの adj. somalí.

そまる 染まる v. teñirse*, tintarse. → 染める. ▶青く染まる v. teñirse* de azul. ▶よく染まる v. teñirse* bien. ▶血に染まる v. mancharse de sangre. ▶悪に染まる v. hundirse en el vicio. ♦空は夕日で赤く染まっていた El cielo de la puesta de sol estaba teñido de rojo.

そむく 背く (人・命令などに) v. desobedecer*, ir* en contra 《de》, contrariar*; (約束などを破る) v. quebrantar, romper*, 《フォーマル》infringir*; (法律などを犯す) v. violar; (裏切る) v. traicionar. ▶社長の命令に背く v. desobedecer* la orden [del presidente [de la presidenta]. ▶約束に背く v. quebrantar una promesa. ▶法に背く v. violar [《フォーマル》infringir*] la ley. ▶国に背く v. traicionar [rebelarse contra] el país. ♦彼女は親の意に背いて彼と結婚した Desobedeció [Contrarió] a sus padres y se casó con él. / (親の反対にもかかわらず)Se casó con él contra [en contra de] la voluntad de sus padres. ♦彼ら私たちの期待に背かなかった(=期待に添った)《口語》Satisfizo nuestras esperanzas. / 《口語》Nos respondió.

そむける 背ける (顔[目など]を) v. apartar [desviar*] la vista; (特に目を) v. mirar a otro lado, volver* el rostro. ♦彼はその光景に耐えられなくて顔を背けた No pudo soportar esa visión y apartó la vista.

ソムリエ mf. sumiller.

そら 785

そめ 染め m. teñido; m. tinte, f. tintura; (色つけ) f. coloración. ▶布を赤く染める v. teñir* una tela de rojo. ▶染めが¹よい [²悪い] v. estar* ¹bien [²mal] teñido.

そめる 染める v. teñir*, tintar, aplicar* un colorante, colorear. ▶布を赤く染める v. teñir* una tela de rojo. ▶髪を赤く染める v. teñirse* el pelo de rojo. ▶手を血に染める v. mancharse [teñirse*] las manos de sangre. ▶つめを赤く染める(=塗る) v. pintarse las uñas de rojo. ♦夕日が空を赤く染めた La puesta de sol tiñó el cielo de rojo. ♦彼女ははおを赤く染めた Se puso colorada. / Se sonrojó.

ソモサ ソモサ(ガルシア)(アナスタシオ ~) Anastasio Somoza García (☆1896-1956, ニカラグアの大統領). ▶ソモサ(デバイレ)(ルイス ~) Luis Somoza Debayle (☆1922-67, ニカラグアの大統領). ▶ソモサ(デバイレ)(アナスタシオ ~) Anastasio Somoza Debayle (☆1925-1980, ニカラグアの大統領).

そもそも (最初の) adv. en primer lugar, para empezar; (第一に) adv. primero, primeramente; (根本的には) adv. básicamente. ♦そもそも彼を議長に選んだのが間違いだ(=最初で重大な間違いだった…) El primer y fatal error fue que lo [le] elegimos de presidente. / Para empezar nos equivocamos al elegirlo[le] de presidente. ♦そもそもなぜ彼女が彼と結婚したのか考えられない No tengo la menor idea de por qué se casó con él. ♦彼女はそもそもどうしてそこへ行かなければならないのか分からなかった No tenía la más mínima idea de por qué tenía que ir allí.

そや 粗野 ▶粗野な (下品な) adj. vulgar; (言動が) adj. tosco, grosero, basto; (洗練されていない) adj. ordinario; (無作法な) adj. rudo, rústico. ▶彼の粗野な話し方 f. su forma ruda [grosera, tosca] de hablar. ▶粗野な男 m. hombre tosco [rudo]. ☞ 荒い, 荒削り, 荒っぽい, 下品

そよう 素養 ♦彼はフランス語の素養がある Tiene conocimientos de francés. → 知識, 技術.

そよかぜ そよ風 f. brisa. → 風. ♦そよ風が吹いている Hay brisa.

そよぐ (さらさら音を立てる) v. temblar*, agitarse suavemente; (ゆらゆら揺れる) v. vibrar, oscilar. ♦木の葉が風にそよいでいた El viento agitaba las hojas. / Las hojas temblaban con el viento.

そよそよ ♦風がそよそよ吹いている「Hace un viento [Sopla una brisa] suave. ♦葉が風にそよそよ揺れる El viento mueve suavemente las hojas. ♦そよそよ吹く風が快適だった Sentía la caricia de la brisa. / La brisa soplaba dulcemente [suavemente].

そら interj. mira, fíjate, anda. → ほら.

**そら 空 (天) m. cielo.

1《~空》▶¹晴れた [²曇った]空 m. cielo ¹despejado [²nublado]. ▶星空 m. cielo estrellado. ▶アンダルシアの青い空 el cielo azul de Andalucía.

2《空~》▶空色 m. azul cielo [celeste]. ♦飛行機が空高く飛んでいる En el cielo hay un

786 そらおそろしい

avión muy alto. / El avión vuela muy alto en el cielo. ◆カモメは空高く舞い上がった La gaviota volaba alta por el cielo.
3《空は[が]》◆空は青く雲一つなかった En el cielo azul no había nubes. ◆空が[¹暗くなった [²晴れ上がった] El cielo se ha ¹oscurecido [²despejado]. ◆空(空模様)が怪しい El cielo está amenazante. / El cielo amenaza lluvia.
4《空の》◆空の旅を楽しむ v. disfrutar del vuelo (viaje aéreo). ◆明るい大西洋の空の下を航海する v. navegar* bajo el luminoso cielo del Atlántico.
5《空に》◆風船は空に上がった El globo se ¹elevó al cielo [fue volando por el aire]. ◆今夜は空に星が出ている Esta noche ¹es estrellada [hay estrellas en el cielo]. ◆東の空に星がいっぱいだ La parte oriental del cielo está llena de estrellas.
6《空を》◆私は空を見上げた Miré al cielo.
《その他の表現》◆彼はその詩をそらで朗唱した Recitó la poesía de memoria. ◆女心と秋の空(ことわざ) Mujer, viento y ventura, pronto se mudan.

そらおそろしい 空恐ろしい (不安に感じる) v. sentir* horror 《ante》.
そらす 反らす ◆体を後ろに反らせて (=曲げて) 床に手をつく v. arquearse [doblarse] hacia atrás y tocar* el suelo. ◆胸を反らす (=突き出す) v. sacar* [inflar] el pecho.
そらす 逸らす (方向を) v. apartar, desviar*; (注意などを) v. distraer*; (いやなものから目をそむける) v. apartar la mirada. ◆彼の怒りをそらす v. evitar su ira. ◆話をそらす (=話題を変える) v. cambiar de tema. ◆その仕事から彼の気をそらす v. distraer* su atención del trabajo. ◆人(の機嫌)をそらさない (=機転のきく)話し公みの discurso hábil [diplomático]. ◆彼女はその恐ろしい光景から目をそらした「Apartó la mirada [Desvió la vista] de esa terrible visión. ◆ボールから目をそらすな No apartes los ojos de la pelota.
そらぞらしい 空々しい adj. evidente, 《教養語》 obvio. → 白々しい.
そらなみだ 空涙 (不誠実な) fpl. lágrimas falsas [《口語》de cocodrilo]. ◆空涙を流す v. derramar [verter*] lágrimas de cocodrilo.
そらに 空似 ◆他人の空似 m. parecido casual [accidental].
そらまめ 空豆 f. haba, 『アルゼンチン』 f. chauchas.
そらみみ 空耳 ◆私の空耳に違いない He debido oír mal.
そらもよう 空模様 m. aspecto [《口語》f. pinta] del cielo. ◆空模様が怪しい Amenaza lluvia. / Parece que va a llover. ◆この空模様だと今夜はひと雨降るかもしれない Por el aspecto y esta noche, puede llover esta noche.
そり 橇 m. trineo. ◆その村へそりで行く v. ir* al pueblo en trineo. ◆斜面をそりで滑り降りる v. deslizarse* en trineo por una ladera.
そり 反り (板などの) m. alabeo, m. pandeo, f. curvatura. ◆反りが合わない (うまくやってゆけない) v. no congeniar [llevarse bien] 《con》.
ソリーリャ (ホセ〜) José Zorrilla (☆1817–1893, スペインの劇作家).
そりかえる 反り返る (板などが) v. alabearse, combarse, arquearse, curvarse; (人がいすなどに座って) v. estirarse hacia atrás (en posición de sentado).
ソリスト mf. solista. → ソロ.
そりゅうし 素粒子 f. partícula elemental.
そる 剃る (顔・頭などを) v. afeitar, 『ラ米』 rasurar, (《口語》 pelar; (ひげを剃り落とす) v. afeitarse. ◆¹頭 [²鼻の下, ³ひげ]をそる v. afeitarse ¹la cabeza [²debajo de la nariz, ³el bigote]. ◆きれいにひげをそった顔 f. cara bien afeitada. ◆きれいにひげをそった男 m. hombre bien afeitado. ◆ひげをそる[そってもらう] v. afeitarse. ◆男は毎朝ひげをそらなければならないんだ Los hombres tienen que afeitarse todas las mañanas.
そる 反る (板などが) v. alabearse, doblarse; (体の一部が) v. arquearse. ◆レコードを日の当たる所においておいたら反ってしまった El disco se dobló al quedar expuesto al sol.

それ ❶《物・人・事を指し示す(気持ちで)》 pron. 《しばしば軽蔑的に》 ése, ésa, eso. → これ. 会話 (写真をのぞいて)それだれ一この男の人のこと?—ええ、それそれ ¿Quién es ése? – ¿Te refieres a este hombre? – Sí, ése. ◆私が言いたいのはそれです Eso es lo que quiero decir.
❷《前述の物・事を表わす(代)名詞、文内容を受けて》 pron. lo, eso, lo cual. 会話 車を買ったよ—本当?でそれは何色 Me he comprado un coche? – ¿De veras? ¿Y de qué color lo has comprado? ◆彼は約束があると言ったがそれはうそだった Dijo que tenía una cita, «pero era mentira [lo cual era una mentira]. ◆それがどうした(と言うのだ) ¿Y qué?
❸【その時】 adv. entonces, en ese momento. ◆それ以来 adv. desde [a partir de] entonces, de entonces acá. → それから.
《その他の表現》◆それ以上近づくと撃つぞ Si te acercas más, disparo.
ソレアーレス fpl. soleares (☆アンダルシアの民謡・舞踊).

それから ❶【順序】(その後(すぐ))adv. (y) entonces; (その後)と、y después (de eso); (次で) adv. tras eso, más tarde, 《フォーマル》 posteriormente; (それ以来) adv. desde [a partir de] entonces; (次は) adv. luego, a continuación. → その後. ◆彼は夕食を食べて、すぐ寝た Cenó y después se acostó enseguida. / Cenó y luego no tardó en acostarse. ◆われわれはまず京都、それから奈良へ行った Primero fuimos a Kioto; después, a Nara. ◆彼はそれから1年後に上京した「Un año después [El año siguiente] se fue a Tokio. ◆彼は5月に横浜に行って、それから(というもの)ずっとそこにいる Se fue a Yokohama en mayo y desde entonces está allí.
❷【追加】◆われわれは京都と奈良、それから大阪にも行った Fuimos a Kioto, Nara y después a

Osaka. → そして. 会話 この家のセールスポイントは何ですか—ええ、まず場所が申し分ないし、それから値段が手ごろです ¿Qué ventajas tiene esta casa? – Bueno, primero el lugar es perfecto; y luego el precio es asequible. ♦で、それから(相手の話を促して) ¿Y después? / ¿Y entonces [luego]?

それくらい ♦私はそれくらいしか知りません No sé más que eso. / Eso es todo lo que sé. ♦私だってそれくらいのお金[2本]は持っている Yo también tengo esa cantidad de ¹dinero [²libros]. ♦その仕事はそれくらいにしておこう Vamos a dejar el trabajo así. ♦1か月かそれくらいでは速記技術の習得は無理です Es imposible dominar la taquigrafía en un mes o así. ♦それくらい(=取るに足りない)ことで腹を立てるな No te enfades por「tan poca cosa [una tontería así]. ♦それくらいの(=そんな簡単な)問題が解けないのか ¿No puedes solucionar un problema tan [así de] fácil?

それこそ ♦それこそ(=まさにその)私の欲しかった本です Éste es precisamente el libro que yo quería. ♦君おかなことをしたら、それこそ(=本当に)彼は怒るでしょう Si haces eso, se va a enfadar mucho.

それじゃ (それなら) adv. entonces; (じゃあ) adv. pues; (なるほど) interj. bueno; (さて) interj. bien; (じゃあね) interj. Hasta luego. ♦それじゃ、1時間ほどしたら電話するよ Hasta luego. Te llamaré dentro de una hora.

***それぞれ** f. cada (uno, una); (述べられた順に) adv. respectivamente. ♦学生はそれぞれ自分の意見を持っている Cada estudiante tiene su (propia) opinión. ♦彼らにそれぞれ5百円やった Les di a cada uno 500 yenes. ♦息子はそれぞれ18歳、15歳、12歳です Mis hijos tienen, respectivamente, 18,15 y 12 años de edad.

それだから adv. por eso, por lo tanto. → だから.

***それだけ** ❶[数量、程度] pron. todo eso, con eso, tanto (así); (それほど) adv. así; pron. eso. ♦それだけあれば間に合う Con eso basta. / Eso es suficiente. ♦1時間早く起きれば、それだけゆったりした気分にひたれますよ Si te levantaras una hora antes, te sentirías tanto mejor. ♦それだけ勉強すれば、たぶん試験に合格するでしょう Si estudiaras así [todo eso], probablemente aprobarías. ♦彼は欠点があるからそれだけ好きだ Me gusta tanto más por sus defectos. / Me gusta en tanto que tiene defectos. ♦はるばる彼に会いに出かけたのだが、それだけのことは(十分)あった Salí sólo para verlo[le], y así y todo mereció la pena. ♦もし首になれば別の仕事を見つけるよ、それだけのことさ Pues si me despiden, sencillamente me pondré a buscar otro trabajo. Eso es todo. ♦5万円はあげるけどそれだけよ Te doy cincuenta mil yenes y nada más. / Todo lo que voy a darte son cincuenta mil yenes.

❷[そのことだけ] ♦それだけが不安です Sólo eso me inquieta. / No me inquieta más que eso. ♦私が言いたいのはそれだけです No quiero decir más que eso. / Eso es todo lo que

quiero decir. 会話 他に何か—いや、それだけです ¿Algo más? – No,「eso es todo [nada más].

それ(っ) (物を投げて) ¡Ahí va! / ¡Tómalo! ♦それごらん、だから言わないことじゃない ¿No te lo dije? ¡Míralo!

それっきり ♦それっきり(=それ以来)彼から音沙汰(ざた)がない Desde entonces no sé nada de él. → それから. ♦審理はそれっきりになっている(=中断している) El juicio ha sido suspendido. ♦リンゴはもうそれっきりですか ¿Son éstas las últimas manzanas? ♦ぼくたちは大げんかして、それっきり(=永久に付き合わなくなった Tuvimos una fuerte discusión y rompimos para siempre.

***それで** (だから) adv. por (lo) tanto, 《フォーマル》por consiguiente, 《文語》por ende; (それから) adv. entonces; 《文語》conj. y. ♦だから。彼は勉強が嫌になった。それで学校をやめた Perdió el interés por el estudio.「Así que [Por eso] dejó la escuela. 会話 それで君はそのテニスクラブに行って楽しかったというわけだね—ええ、だからいつかまた行きたいわ Así que lo pasaste bien en el club de tenis, ¿verdad? – Pues sí, y por eso me gustaría volver. 会話 彼に電話をしたよ—それで彼は何と言った? Le he llamado. – ¿Y qué ha dicho? ♦彼はかつては京都に住んでいましたーで今はどこに住んでいるの? Antes vivía en Kioto. – ¿Y ahora dónde vives? 会話 それで言うことはおしまいですか—まあそうだね Entonces, ¿es tu última palabra? – Pues sí. 会話 途中で車がパンクしました—それで?—それで(=そういうわけで)先生の授業に遅刻しましたーなるほど、それで(=今)分かりました Tuve un pinchazo cuando venía. – ¿Y qué? – Por eso, llegué tarde a la clase. – Ya entiendo. ♦それで思い出したのだけど、彼女会社をやめたそうだ Eso me recuerda que ha dejado de trabajar en la compañía.

それでいて (それなのに) conj. pero, sin embargo. → それなのに、それでも.

それでは (そうすると) conj. así que; (ところで) interj. bueno, bien; (さて) interj. pues. → では. ♦それでは君は今夜来られないね Así que no puedes venir esta noche, ¿verdad? 会話 申し訳ないんだけど、私ココアはだめなの—それでは紅茶はいかが Lo siento pero no me gusta chocolate. – ¿Quieres entonces té? ♦それではぼつぼつ失礼しないと、明日学校があるから。Bueno, creo que debo irme. Mañana tengo clase.

それでも (しかし) conj. pero; (しかしながら) adv. aún así, así y todo, con todo, con todo y con eso; (それでもなお) adv. pese a todo, a pesar de eso. → しかし. ♦疲れていたがそれでも深夜まで働かねばならなかった Estaba cansado. Pero [Sin embargo, Aun así] me tuve que quedar trabajando en la noche hasta muy tarde. ♦それでもお興味があるのですか ¿Sigues interesado pese a todo? ♦私たちは反対したがそれでも彼はその計画を実行した Nos opusimos al plan, pero así y todo lo llevó a cabo. ▫そのくせ、それにしても

それどころか 会話 野球はお嫌いなんですね―(いいえ)それどころか大好きです ¿Odia usted el béisbol, ¿verdad? - "Al contrario [Lejos de eso, Todo lo contrario], me gusta mucho. ◆彼は試合に勝てると思っていたが、それどころか大敗した Esperaba ganar el partido, pero lejos de eso sufrió una fuerte derrota. → 反する. ◆霧はいっこうに晴れる気配はなかった. それどころかむしろ濃くなってさえいていた La niebla no daba señales de levantarse; antes bien, se iba haciendo más densa. / La niebla, lejos de disiparse, se hacía cada vez más densa. ☞ かえって, どうして

それとなく (間接的に) adv. indirectamente, (何気なく) adv. accidentalmente. ◆それとなくその事件に触れる v. referirse* indirectamente al suceso. ▶それとなく彼の方に目をやる v. echarle una mirada rápida. ◆彼はそれとなく辞任をほのめかした Insinuó que iba a dimitir. → ほのめかす.

それとも conj. o. → または. ◆あの人は君のお父さんそれともおじさんなの? ¿Es ese señor tu padre o tu tío?

それなのに (しかし) conj. pero, sin embargo; (けれども) adv. aun así, con todo, así y todo. → しかし, かかわらず. ◆彼は試験に落ちた. それなのに満足げな様子だった Suspendió pero parecía satisfecho. ◆彼にそれをするようくり返し言った. それなのにしなかった Le dije repetidamente que lo hiciera, pero aun así no lo hizo.

それなら (そういうわけなら) adv. entonces; (もしそうなら) adv. en ese caso, si es así, pues. → それでは. 会話 今日は休みです―それなら映画に行こう Hoy no trabajo. - Entonces, vamos al cine. ◆駅まで行くの?それなら車に乗せてあげる ¿Vas a la estación? En ese caso, te llevaré. 会話 すごく疲れたなあ―それならお休みなさい Estoy muy cansado. - Acuéstate, entonces. ◆それなら事は簡単だ Eso facilita las cosas.

それなり ❶【そのまま】adv. como está [estaba], tal cual. ◆その計画はそれなりになっている El plan se ha dejado "tal cual [como estaba]. /(まだ未決定だ) El plan sigue pendiente. ❷【それ相応に】adv. en cierto modo, a su manera. ◆それはそれなりに重要だ Tiene su importancia en cierto modo. ◆彼は大学まで出ているのだからそれなりの学問(=知識) はあるのだろう Sabrá lo suyo, 《口語》 pues no deja de ser un licenciado. / En cierto modo tendrá que tener bastantes conocimientos porque al fin y al cabo es un licenciado.

それに (その上) adv. 《強調して》además, adv. y lo que es más, 《口語》encima; (加えて) adv. y por si fuera poco, 《口語》 para colmo. ◆行きたくないんだ. それに時間も遅すぎない No quiero ir; además es demasiado tarde. → その上, 又. 会話 彼は試合に出たがらないかもしれないよ―それに彼が来るかどうかもわからないじゃないか Quizás no quiera jugar. - Y encima, ¿cómo sabemos si va a venir o no?

それにしても (それでも) adv. (pero) aun así, (pero) con todo (y con eso); (たとえそうでも) adv. incluso así, así y todo; (それにもかかわらず) adv. sin embargo, 《フォーマル》 no obstante. ◆彼はよく勉強する. それにしても成績があまり向上しない Estudia mucho, pero con todo y con eso apenas mejora las notas. ◆文句は言いたくないが, それにしてもここは暑い No quiero quejarme, pero aun así aquí hace calor.

それにつけても ◆それにつけても思いだされるのはあの痛ましい事故だ Eso me recuerda aquel trágico accidente.

*それは (本当に) adv. verdaderamente, 《口語》pero que muy; (非常に) adv. muy, sumamente. ◆彼女はそれはいい先生でした Era una profesora 《口語》 pero que muy buena.

それはかりか ◆そればかりか(=その上), 彼は私の宿題まで手伝ってくれた Además, incluso me ayudaba en mis tareas. → その上, 又. ◆今の仕事はおもしろいし, それにそれなりか(=それにまた) 将来の見込みもあるのだ Este trabajo es interesante y además tiene buenas perspectivas.

それはそうと (ところで) adv. por cierto, a propósito → ところで; (さて) interj. bien, bueno, pues. ◆それはそうと, 最近あの男に会いましたか Por cierto, ¿lo 《口》[le] has visto recientemente? ◆それはそうと, 今何時? Bueno, ¿y qué hora es?

それはそれは (非常に) adv. muy, sumamente. → それは.

それほど adv. tan (＋形容詞); adj. tanto, mucho. → そんなに. ◆それほど賢い少年 m. muchacho tan listo. ◆君はそれほど勉強しなくてもいい No hace falta que estudies tanto. ◆リンゴはそれほど高くないわ Las manzanas no son tan caras. 会話 君忙しい?―いや、それほどでもない ¿Estás ocupado? - Pues no, la verdad es que no mucho.

*それまで ❶【それまでずっと】adv. hasta entonces [ese momento]. →−まで. ◆それまではここにいます Hasta entonces estaré aquí. ❷【そのときまでに(は)】adv. para entonces [ese tiempo], antes. ◆それまでに(は)帰って来なさい Vuelve para entonces. / Regresa antes. ❸【それで終わり】◆やってみてだめならそれまでだ Si se intenta y no sale, pues no "pasa nada [tiene importancia].

それみろ ◆それみろ, 私の言ったとおりだろう ¿No te lo dije? / ¡Te lo dije! ¿O no?

それゆえ それ故 adv. por (lo) tanto; en consecuencia. → だから.

それる 逸れる (弾などがねらいがはずれる) v. no acertar*; (急に針路を変える) v. desviarse* 《de》; (軌道から脱線する) v. apartarse [salirse*] 《de》; (正道からそれる) v. extraviarse*; (注意などをそらす) v. distraerse*. ◆本通りから横道へそれる v. dejar la calle principal y tomar una secundaria. ◆論点からそれる v. salirse* del tema. ◆通常の飛行コースからそれる v. desviarse* de la ruta aérea habitual. ◆弾丸が的をそれた El disparo no dio en el blanco. /(大きく) Erró [Falló] el tiro. ◆その車はトラックを避けようと左にそれた El automóvil "se

ソれん ソ連 f. Unión Soviética. → ソビエト.

ソロ m. solo. ▶ソロで歌う v. cantar un solo.

ゾロアスター Zoroastro (☆前660 - 前583?, ペルシャの宗教家, ゾロアスター教の始祖).

そろい 揃い (一式) m. juego. → 揃(ぞろ)い. ▶ディナー用食器一そろい m. un juego de comedor. ▶新しい家具一そろい m. un nuevo juego de muebles. ▶そろいの服を着ている双子 mpl. mellizos vestidos igual. → お揃(そろ)い. ◆皆様おそろいでお出かけですか ¿Van a salir todos juntos? ◆皆さんおそろいでしたら会議を始めます Si estamos todos, daremos comienzo a la reunión. ◆彼らはそろいもそろって初心者ばかりだ Son todos principiantes. / No son más que un grupo [《軽蔑的に》hatajo] de principiantes.

-ぞろい -揃い ▶三つ揃いの服 m. terno, m. traje de tres piezas. ▶彼の娘たちは美人ぞろいだ Todas sus hijas son bonitas [《スペイン》guapas].

***そろう** 揃う ❶【一か所に集まる】v. juntarse, reunirse*. → 集まる. ◆証拠は十分そろっている Se han reunido [completado] suficientes pruebas. ◆正月休みには家族全員がそろう En las vacaciones de Año Nuevo nos juntamos toda la familia. ◆ぼくはそろって (=一緒に) 出かけた Salimos todos juntos. ◆この図書館には科学の本がかなりそろっている Esta biblioteca dispone de una buena colección de libros de ciencia. ◆この店にはシャツが豊富にそろっている En esta tienda tienen casi todo tipo de camisas.

❷【完全になる】v. completarse, estar* completo. ◆この1冊で全集がそろう Con este volumen se completa la colección [serie].

《会話》もうメンバーはそろったかい—今のところ二人足りないんだ ¿Ya está el equipo completo? - En este momento nos faltan dos personas.

❸【同じになる】(数量などが等しい) v. estar* igualado; (形などが均一である) v. ser* uniforme. → 同じ. ◆そろった歯 mpl. dientes igualados. ▶(スカートなどの) 丈がそろうようにすそを直す v. ajustar el dobladillo para que esté igualado. ◆それらのひもは長さがそろっている Esas cuerdas tienen「la misma longitud [《口語》el mismo largo]. ◆少女たちはそろって (=すべて) 青い目をしていた Todas las chicas tenían los ojos azules. ◆彼女の娘たちはそろいもそろって皆美人だ Sus hijas son todas [《強調して》a cual más] hermosas.

そろえる 揃える ❶【一か所に集める】v. juntar, reunir*, coleccionar; (準備する) v. preparar. ▶論文の資料をそろえる v. reunir* material para un artículo. ▶工作の材料をそろえる v. preparar los materiales para las artesanías. ▶ひざをそろえてすわる v. sentarse* con las rodillas juntas.

❷【全部整える】▶ゴルフクラブを全部1そろえている

そん 789

[²そろえる (=買う)] v. ¹tener* [²comprar] un juego completo de palos de golf. ▶数をそろえる v. completar el número.

❸【きちんと整える】v. poner* [colocar*] en orden, ordenar. ▶棚の本をそろえる v. ordenar los libros en la estantería. ▶靴をそろえる v. colocar* ordenadamente los zapatos.

❹【調和させる】▶声をそろえる¹ [²êる] v. ¹leer* [²contestar] a coro. ▶(彼と) 歩調をそろえる v. ir* a (su) paso. ▶かばんと靴の色をそろえる v. combinar el bolso con el color de los zapatos.

❺【同じにする】▶大きさをそろえる v. igualar en tamaño. ▶隣の家と垣の高さをそろえる v. igualar la altura de la valla con la de la puerta de la casa de al lado. ☞ 合わせる, 刈る

そろそろ ❶【ゆっくりと】adv. despacio, lentamente; (用心深く) adv. con cautela, cautelosamente. ▶通りをそろそろ歩いて渡る v. cruzar* andando despacio la calle. ◆彼は丸太の上をそろそろ歩いた Caminó cautelosamente sobre el tronco.

❷【程なく】adv. pronto, sin [a no] tardar mucho, 《フォーマル》en breve. ▶お父さんがそろそろ帰ってくる Papá estará pronto de vuelta. / Papá no tardará en regresar. ◆うちの息子はそろそろ独立である (= 独立するのに十分な) 年代だ Nuestro hijo ya tiene edad para ser independiente.

❸【もう (時間だ)】adv. ya. ◆そろそろ10時だ Ya son casi las diez. → 殆ど. ◆そろそろ帰らなければ Ya「va siendo [es] hora de irse.

ぞろぞろ ❶【多数が続くさま】▶子供たちがぞろぞろ学校から出てきた Los niños salían de la escuela en tropel.

❷【後に引きずるさま】▶ぞろぞろ引きずる v. arrastrar. ▶少女たちが長いスカートをぞろぞろ引きずって歩いてきた Las niñas vinieron arrastrando sus largas faldas.

そろばん 算盤 m. ábaco. ▶そろばんで計算する v. calcular con ábaco. ▶そろばんをはじく v. usar un ábaco; (打算的である) v. ser* calculador. ◆その仕事はそろばんが合わない (=もうからない) Ese trabajo no compensa [rinde].

ソロモンしょとう ソロモン諸島 fpl. Islas Salomón (☆南西太平洋メラネシアの諸島, 国, 首都ホニアラ Honiara).

そわそわ (落ち着きなく) adv. con inquietud; (神経質そうに) adv. nerviosamente. ▶そわそわする v. inquietarse, impacientarse. ▶間もなく生まれてくる赤ん坊の父親がそわそわして廊下を行ったりきたりしていた El intranquilo padre paseaba nerviosamente por el pasillo de un lado para otro. ◆彼は舞台に上がる前にはいつもそわそわする Antes de salir al escenario siempre se pone nervioso.

***そん** 損 ❶【損失】f. pérdida.

1《損は》 ◆よい物を買えば損はない (=割に合う) Comprar buenos productos compensa. /《言い回し》Lo caro sale barato.

2《損に》 ◆結局損になる v. resultar en pérdidas, tener* pérdidas como resultado. ▶自

ソン

分の損になることをする v. ir* contra el propio interés.

3《損を》損をする v. salir*「perdiendo (económicamente) [perjudic*ado*], perder* dinero. ♦彼は商売で大損をした Tuvo [Sufrió] grandes pérdidas en el negocio. ♦彼は商売で百万円損をした Tuvo pérdidas de un millón de yenes en el negocio. ♦親切にして損をすることはないだろう No pierdes nada siendo amable. ♦私は20ユーロ損をしてそれを売った Lo vendí con pérdidas de veinte euros. ♦この取り引きでは損さえしなければ (=収支がとんとんならば)よしとせねばなるまい Me「contento con no salir [consideraré con suerte si no salgo] perdiendo en esta transacción.

❷《不利》f. desventaja. → 不利. ♦彼はスペイン語を話せないので非常に損をしている Su incapacidad para hablar español es una gran desventaja. ♦長男は損だと思う Creo que uno sale perdiendo por ser el hijo mayor.

❸《むだ》f. pérdida, m. derroche. ♦やるだけ時間の損だ No es más que una pérdida de tiempo. / No vale ni el tiempo.

── 損な ❶《もうからない》adj. desventaj*oso*, desfavorable, 《フォーマル》no lucrativo. ♦損な商売 m. negocio desventajoso [no lucrativo], m. mal negocio.

❷《不利な》adj. desventajoso; (好ましくない) adj. desfavorable. ♦彼は損な立場にいる Está「con desventaja [en una posición desfavorable].

ソン m. son (☆キューバの民族音楽・舞踊).

*そんがい 損害 (物の破損) m. daño, m. perjuicio; (災害による) mpl. estragos; (利益の損失) f. pérdida; (事故などの死傷者) f. víctima; (戦争での死傷者) f. baja; (戦死者) mpl. caídos.

1《～損害》♦2百万円の損害 f. pérdida de dos millones de yenes.

2《損害+名詞》♦損害保険 m. seguro de「daños y perjuicios [accidentes]. ♦損害賠償 f. indemnización por daños; (金) f. indemnización. ♦彼は不当な解雇に対し会社に1千万円の損害賠償金を要求した Reclamó a la empresa una indemnización de diez millones de yenes por despido injusto [《フォーマル》improcedente].

3《損害が》♦洪水による損害は2千万円に¹達する [²見積もられている] Los daños causados por las inundaciones ¹ascienden a [²se estiman en] veinte millones de yenes.

4《損害を[も]》♦商売で大損害をこうむる v. sufrir grandes [cuantiosas] pérdidas en el negocio. ♦その損害を埋め合わせる v. compensar [indemnizar*] por las pérdidas. ♦会社は全損害を賠償した La empresa pagó [《フォーマル》indemnizó] por todos los daños. ♦あらしで作物は大きな損害を受けた La cosecha sufrió grandes estragos [daños] a causa de la tormenta. / (与えた)La tormenta causó grandes estragos [daños] en la cosecha. ♦きのう地震があったが実際には何の損害もなかった Ayer hubo un terremoto, pero en realidad no ocasionó ningún daño. ␣害, 打撃

そんきん 損金 f. pérdida financiera.

*そんけい 尊敬 (深い敬愛) m. respeto (a, por, hacia); m. aprecio, f. estima. ♦彼は老教授に深い尊敬の念を抱いている Tiene mucho [un gran] respeto por el anciano profesor. ♦彼は教師として皆の尊敬の的である (=皆が尊敬している) Todo el mundo lo [le] respeta como maestro. / Como maestro es respetado por todos. ♦彼の勇敢な行為は尊敬に値する Su valiente conducta merece todo respeto.

── 尊敬すべき (りっぱな) adj. admirable. ♦尊敬すべき行為 m. acción [m. acto] admirable.

── 尊敬する v. respetar, 《口語》tener* en mucho; (仰ぐ) v. admirar. ♦彼は近所の人たち皆から尊敬されている Es respetado por todos sus vecinos. ␣仰ぐ, 崇める, 重んじる, 尊ぶ

そんげん 尊厳 f. dignidad. ♦尊厳死 f. muerte digna, 《フォーマル》f. eutanasia. ♦労働の尊厳 f. dignidad del trabajo. ♦人間の尊厳を¹傷つける [²保つ] v. ¹lesionar [²mantener*] la dignidad humana.

そんざい 存在 f. existencia; (生命・感覚などが存在すること) m. ser; (そこにいること) f. presencia. ♦存在の理由 f. razón de ser. ♦幽霊の存在を疑う v. dudar de la existencia de los fantasmas. ♦神の存在を信じる v. creer en (la existencia de) Dios. ♦存在意義がある v. tener* sentido su existencia. ♦彼は私の存在には気づいていなかった No se había dado cuenta de mi presencia. ♦彼は口数は少ないが存在感のある人だった Era un hombre de pocas palabras pero de gran presencia.

── 存在する v. existir; ser*. ♦存在しない adj. inexistente. ♦そのようなものは本当に存在するか ¿Existe realmente eso? ♦この習慣は今もなお存在している Esta costumbre todavía pervive [existe, 《口語》se da]. ♦人間が地上に存在するようになってからどれくらいっただろうか ¿Cuánto hace que existe el ser humano en la tierra? / ¿De cuándo data la existencia humana en la tierra?
␣居る, 在・有る, 存する, 伴う

ぞんざい ぞんざいな (ぞさつな) adj. rudo, gros*ero*; (失礼な) adj. mal educado, descortés; (不注意な) adj. descuid*ado*, 《フォーマル》negligente, 《口語》chapuc*ero*. ♦彼は言葉遣いがぞんざいだ No cuida sus palabras. / Es grosero hablando. ♦彼女は仕事をぞんざいにする Es descuidada en el trabajo. / Trabaja con negligencia.

*そんしつ 損失 f. pérdida. ♦5百ユーロの損失 f. pérdida de 500 euros. ♦取り返しのつかない損失 f. pérdida irrecuperable. ♦損失を取り戻す v. compensar una pérdida. ♦社長の死は我が社には大きな損失である La muerte del presidente es una gran pérdida para la empresa. ♦敵軍は大きな損失を被った Las fuerzas del enemigo sufrieron grandes pérdidas. ♦その会社は株式市場で大きな[巨額の]損失を出した La compañía sufrió grandes pérdidas en「el mercado de valores [la bolsa]. ␣赤字, 穴, 欠損, 損

そんしょく 遜色 ◆遜色がない（太刀打ちできる）v. poder* ser* compar*ado* 《con》,《フォーマル》admitir comparación 《con》.

そんじる 損じる (人の体面などを傷つける) v. dañar,《口語》hacer* daño,《フォーマル》perjudicar; (人の感情を損ねる) v. ofender; (財産・時間などをむだに遣う) v. malgastar. ◆兄の機嫌を損じる v. ofender al hermano mayor. ◆彼はその不祥事で大いに名声を損じた Su fama「fue dañada mucho [sufrió grandes daños] por el escándalo.

ぞんじる 存じる ❶【思う】 me parece 《que》, (yo) creo 《que》. → 思う; (信じる) (yo) pienso 《que》. ◆山田さんは 50 歳を超えていると存じます「Me parece [Creo] que el Sr. Yamada tiene más de cincuenta años.
❷【知る】v. saber*. → 知る. 会話 彼はいつ帰ってきますか—存じません ¿Cuándo vuelve? – No lo sé.

そんする 存する (存在する) v. existir; (本質的にある) v. consistir [estar*,《フォーマル》estribar]《en》. ◆幸福は満足に存する La felicidad consiste en la satisfacción.

ぞんぞく 存続 (保持) f. duración; f. subsistencia,《フォーマル》f. pervivencia; (続くこと) f. continuación. ◆存続期間 m. período de duración. ◆存続する v. subsistir, continuar*; (持ちこたえる) v. durar; (困難にめげず) v. pervivir; resistir. → 続く.

そんだい 尊大 尊大な adj. arrogante, altivo. ◆尊大な態度 fpl. maneras arrogantes [altivas].

＊**そんちょう 尊重** m. respeto 《a, por》. ◆個人の権利の尊重は民主主義の基礎である El respeto a los derechos del individuo es la base de la democracia.
—— 尊重する v. respetar, considerar, apreciar, preciar, estimar; (高く評価する) v. valorar,《教養語》preciar,《口語》tener* en mucho. ◆彼の意見を尊重して adv. por respeto a su opinión. ◆長年の交友関係を尊重する v. valorar [preciar] una vieja amistad. ◆技術を非常に尊重する v.「tener* en alta estima a [respetar mucho] la tecnología. ◆彼は他人のプライバシーを尊重しない No respeta la intimidad [privacidad] de los demás.
☞惜しむ, 重んじる, 尊[貴]ぶ

そんちょう 村長 mf. alcalde/desa de un pueblo.

そんとく 損得 fpl. pérdidas y ganancias; (利害) m. interés. ◆損得を計算する v. calcular las pérdidas y ganancias; (利点を調べてみる) v. sopesar las ventajas 《de》. ◆損得は問題ではない No me importa「si gano o pierdo [ganar o perder].

＊**そんな** (今述べたような，これから述べるような) adj. tal, semejante; (その) adj. ese; (そんな種類の) adj. esa clase de. ◆私はそんなこと言った覚えはない Yo no he dicho semejante cosa. ◆そんな美しい花は見たことない Nunca he visto una flor「tan hermosa [de tal belleza]. ◆ハンバーガーとかホットドッグとか何かそんなものが食べたい Quiero comer una hamburguesa, un perro [perrito] caliente o algo [una cosa]

791

así. ◆そんな車が欲しい Me gustaría tener「un coche así [un coche como ése, tal coche]. ◆そんなの気にしないで No te preocupes por eso [una cosa así]. ◆彼はいつもそんなふうにふるまった Siempre se comportaba así. / Ésa era su forma de actuar. ◆そんなわけで彼は遅れて来ました Por eso llegó tarde. ◆そんな機械はもう使われていない「Máquinas así [Tales máquinas, Máquinas como ésas] ya no se usan más. / Ya no se usa ese tipo de máquinas. → 種類.

【その他の表現】 会話 私たちのこの 3 日間口もきかないのーまあそんなことってあるよね Hace tres días que no nos hablamos. – Pues sí,「esas cosas pasan [eso ocurre]. ◆あなたのことが嫌いとかそんなことじゃないの．ただ一人になりたいだけな の No es que me disgustes. Simplemente es que quiero estar sola. ◆世の中ってそんなものだ Así es la vida. / Son cosas que pasan. ◆そんなことだろうと思った (＝驚かない) No me extraña [sorprende]. / (前文の内容を受けて) Me lo imaginaba.

—— そんな 会話 首にされたよーそんな! Me han despedido. – ¡No es posible! 会話 ちょっと!ドアが開いてるわーそんな(はずがない) ¡Mira! La puerta está abierta. – ¿Cómo ha podido ocurrir eso?

＊**そんなに** (それほど(までに)) adv. tan; tanto. ◆どうしてそんなに遅くなったの ¿Por qué has llegado tan tarde? ◆つまらない事にそんなに騒ぐな No armes tanto ruido por una tontería así. ◆そんなに魚を釣ったの ¿Tantos peces has pescado? ◆彼女はそんなに歌がうまくない No canta tan bien. – No es tan buena cantante. 会話 ちえっ，奴に言うのを忘れちゃったーそれが，そんなに大変なことなの ¡Vaya,《俗語》¡Joder!! Se me ha olvidado decírselo a ese tipo. – ¿Tanto importa? [¿Tanta importancia tiene eso?] ◆トマトはまあまあの値段だけれども，レタスはそんなに安くない Los tomates son baratos, pero las lechugas no lo son tanto. ◆この問題はあなたが思うほどそんなに難しくない Este problema no es tan difícil como tú piensas.
会話 それは 1 万円以上したよーあら，そんなに (口語) Me costó más de diez mil yenes. – ¿Tanto? / ¿Tan caro? / ¡Dios mío! ¡Cuánto dinero! 会話 戻ってきてどのくらいになるの—そんなに (＝あまり)たってないよ ¿Cuánto hace que volviste? – No mucho [tanto]. ☞あれだけ, あれほど, このくらい

ぞんぶん 存分 ◆存分にスキーを楽しむ (＝心ゆくまで) v. disfrutar al máximo esquiando,《口語》esquiar* a sus [mis, tus] anchas; (とことん) v.《口語》pasarlo estupendamente esquiando. ◆存分に食べる (＝好きなだけ) v. comer hasta hartarse《フォーマル》la saciedad,《口語》más no poder*.

そんみん 村民 (全体) todo el pueblo, toda la aldea; (個人) mf. aldeano/na. ◆ハン 村人.

ぞんめい 存命 ◆母の存命中にこの仕事を完成した Terminé este trabajo mientras vivía mi madre.

た

た 田 *m.* arrozal, *m.* campo de arroz. → 田んぼ.

た 他 *pron.* otro(s). → 外(ほか).

-た ❶【過去の行為・できごと】(動詞の過去形を用いる). →(して)いる. ◆きのう雨が降った Ayer llovió. ◆もう夕食は食べました Ya hemos cenado. ◆駅へ着いたとき電車はもう出ていた Cuando llegué a la estación, el tren había salido. →(して)いた.

❷【結果としての現在の状態】(動詞の現在完了形を用いる). ◆あ ら、せりふを忘れたわ ¡Vaya!「Se me han olvidado [Me olvidé de] las frases. ◆わかりました He entendido. / Comprendido. ◆試験は終わった Los exámenes se han acabado.

❸【軽い命令】◆すぐに行きなさい ¡Fuera, fuera! / Vete ahora mismo.

-だ ❶【断定】◆彼はわがチームの主将だ Es el capitán del equipo. ◆君が行くんだ Debes irte.

❷【述語の内容を省いて言う言葉】◆ぼくはコーヒー Yo, café.

たあいない →たわいない.

ダークホース *mf.* participante desconocid*o/a*.

ターゲット *m.* objetivo;《専門語》*m.* destino.

タージマハール El Taj Mahal.

ダース *f.* docena. ▶1ダースの卵 una docena de huevos. ▶数ダースの鉛筆 unas docenas de lápices. ▶このグラスを14[2半]ダースください ¹Cuatro docenas de [²Media docena] de estos vasos, por favor. ◆卵はダース単位で売られている Los huevos se venden por [a la] docena.

ダーツ〈投げ矢遊び〉*m.* dardo. ▶ダーツをして遊ぶ (1ゲーム) *v.* jugar* una partida de dardos.

タートルネック〈とっくりえり〉*m.* cuello (de) vuelto [cisne]. ▶タートルネックのセーターを着ている *v.* llevar un suéter de cuello vuelto [cisne].

地域差 **タートルネック**
〔全般的に〕*m.* cuello vuelto
〔スペイン〕*m.* cuello alto, *m.* cuello de cisne, *m.* cuello largo, *m.* cuello subido
〔ラテンアメリカ〕*m.* cuello de tortuga
〔キューバ〕*m.* cuello alto, *m.* cuello tortuga
〔メキシコ〕*m.* cuello alto, *m.* cuello tortuga
〔ペルー〕*m.* cuello alto, *m.* cuello Jorge Chávez, *m.* cuello largo, *m.* cuello tortuga
〔コロンビア〕*m.* buzo, *m.* cuello alto, *m.* cuello tortuga
〔アルゼンチン〕*m.* cuello alto, *m.* cuello largo, *f.* polera

ターバン *m.* turbante. ▶ターバンを巻く *v.* llevar un turbante. ▶ターバンを巻いた *adj.* con turbante.

タービン *f.* turbina. ▶¹水力[²圧力]タービンを回す *v.* girar una turbina ¹hidráulica [²de presión].

ターボ *m.* turbo. ▶ターボチャージャー *m.* turbocompresor. ▶ターボエンジン *m.* motor turbo. ▶ターボ車 *m.* coche [[ラ米]*m.* carro] turbo,《口語》*m.* turbo. ▶ターボジェット機 *m.* turborreactor.

ターミナル《専門語》→端末.

ターミナル〈終着駅〉*f.* (estación) terminal. → 終点. ▶ターミナルビル *m.* edificio en la terminal [estación de tren]; (空港の) *f.* terminal aérea.

ターミネータ《専門語》*m.* terminador.

ターリエン 大連 《ピンイン》Dalian (☆中国の都市).

タール *m.* alquitrán. ▶柱にタールを塗る *v.* alquitranar un poste.

ターン *m.* giro, *m.* viraje. ▶右へターンする *v.* girar [hacer* girar, dar* un giro] a la derecha. ▶Uターンをする *v.* cambiar de sentido,「dar* una vuelta [girar] en U. ▶上手にターンする *v.* girar con habilidad, hacer* un buen giro [viraje].

ターンテーブル *f.* mesa giratoria,〖ラ米〗*f.* tornamesa; (鉄道の) *f.* plataforma giratoria.

たい 対 **❶**【対等】*f.* posición igualitaria. →対等.

❷【対する】(競技などでの A 対 B) A contra B; (A, B 間の) entre A y B. ◆日本対アルゼンチンのサッカーの試合 *m.* partido de fútbol entre Japón y Argentina. ▶貧者対富者の鋭い対立 *m.* agudo enfrentamiento entre pobres y ricos. ▶日本の対アジア外交 *f.* política exterior japonesa hacia [con] Asia. ◆日本の対米貿易は黒字だ El comercio de Japón con Estados Unidos está en números negros. / Japón tiene superávit en su comercio con Estados Unidos.

❸【比率】→比. ◆第1試合は2対1でわれわれが勝った Ganamos el primer partido (por) 2 a 1.

たい 鯛 *m.* besugo. → 魚.

たい 他意 ◆別に他意はない No tengo ninguna otra intención.

*-たい *v.* querer*,《強調して》desear; gustar; tener* ganas 《de》. ◆彼は俳優になりたいと思っている Quiere ser actor. ◆君に今すぐそこへ行ってもらいたい「Quiero que vayas [《フォーマル》Me gustaría que fueras] allí ahora mismo. / Esperaba que fueras. 会話 映画に行くんだけど, いっしょに行かない?—行きたいけど勉強があるの Voy al cine. ¿Quieres venir conmigo? – Me gustaría, pero tengo que estudiar. ♦来年は新しい家を建てたい Quisiera hacerme una casa el año que viene. ♦だれもが平穏無事な生活を送りたいと思っている Todo el mundo desea llevar una vida pacífica y tranquila. ♦あなたの誕生パーティーに出席したいと思っていたのに(行けなかった) Quería ir a tu fiesta de cumpleaños, pero no pude. / Había deseado ir a tu fiesta de cumpleaños, pero me fue imposible. / ¡Ojalá hubiera podido ir a tu fiesta de cumpleaños! ♦勉強のためぜひ海外に行きたい Estoy deseando ir a estudiar al extranjero. / ¡Ojalá vaya al extranjero a estudiar! ♦今は食べたくない Ahora no tengo ganas de comer. ♦家にいるより釣りに出かけたい Antes quiero [Prefiero] ir a pescar que quedarme en casa. → むしろ. 会話 あーたばこが吸いたい—だめここは禁煙よ Quiero fumar. – ¡Ni hablar! Aquí está prohibido fumar. ♦あのね, こんなこと言いたいのだけど君との約束だめなんだ Bueno, 「no quisiera tener que decirte esto [siento lo que voy a decirte], no me gusta decirte esto], pero no puedo cumplir mi promesa.

-たい -帯 »¹寒 [²温, ³熱]帯 f. zona ¹fría [²templada, ³tórrida].

タイ (同点) m. empate. »5 対 5 のタイ m. empate de cinco a cinco, mpl. empatados a cinco.

タイ Tailandia; (公式名) m. Reino de Tailandia (☆東南アジアの立憲君主国, 首都バンコク Bangkok). »タイ(語)の adj. tailandés. »タイ人 mf. tailandés/desa. »タイ語 m. tailandés.

*****だい 代** ❶【世代】f. generación; (人生の期間) f. vida → 一代; (時代) f. época, m. tiempo; (統治期間) m. reinado. »代を経るにつれて adv. a medida que pasa una generación. »私の父の代に adv. en 「el tiempo [la época] de mi abuelo. »桓武天皇の代に adv. en [durante] el reinado del Emperador Kanmu. »先代 f. generación anterior, f. última generación. »何代も前に adv. hace (muchas) generaciones. »彼の 5 代目の子孫 m. su descendiente de la quinta generación. »日本の次代をになう人々 f. generación venidera que forjará el futuro de Japón. ♦カトリック両王の代にコロンブスがアメリカ大陸を発見した En el reinado de los Reyes Católicos, Cristóbal Colón descubrió América. ♦彼の一家は何代にもわたってこの町に住んでいる Su familia ha vivido en esta ciudad por [durante] generaciones. → 代々.

❷【料金】(手数料, サービス料) f. comisión, m. servicio; (率で決まる料金) f. tasa; (乗車賃) f. tarifa; (家賃, 使用料) m. alquiler, m. arrendamiento, f. renta; (勘定) f. factura, f. cuenta; (代金) m. precio. → 料金. »電話代 (1 回の通話料) f. tarifa del teléfono; (料金) f. tarifa telefónica. »バス代 f. tarifa del autobús.

❸【代わりの】»代人 m. suplente, m. sustituto. »代案 m. plan alternativo. »代打 mf. bateador/dora suplente [de emergencia].

【その他の表現】 »10 代の少年[少女] mf. adolescente. ♦彼はまだ 20 代前半だ Aún no tiene más de veinte y pocos años.

*****だい 大** (大きい) adj. grande, gran, importante → 大きい; (広大な) adj. enorme, 《教養語》vasto; (重大な) adj. grave, serio.

1《～大》卵大の腫瘍(しゅよう) m. tumor 「del tamaño de [como, tan grande como] un huevo. »実物大の像 f. estatua de tamaño natural.

2《大＋名詞》»大企業 fpl. grandes empresas. »大問題 m. gran problema, m. problema grave [serio]. »大事業 f. gran empresa. »大損害 fpl. grandes pérdidas, mpl. daños graves. »大砂漠 m. enorme desierto. »大手術 f. operación seria [grave]. 会話 どんなサイズがありますか—大中小の三つがあります ¿Cuántas tallas tiene? – Tenemos tres tallas, pequeña, mediana y grande.

【その他の表現】 ♦だれでも大なり小なりうぬぼれはある Todo el mundo tiene su vanidad. / Todos somos más o menos vanidosos. ♦その失敗は彼の怠慢によるところが大である El fracaso es debido principalmente a su pereza.

*****だい 台** ❶【物をのせる】f. base, m. pie; (支柱) m. sostén, m. soporte; (銅像などの) m. pedestal; (宝石などの) m. engarce, m. engaste; (腰かけ) f. banqueta, m. taburete; (壇) f. tarima, m. estrado; (譜面台) m. atril; (指揮台) m. podio. »プラチナの台にダイヤをしらえる v. colocar* un diamante en un engarce [engaste] de platino.

❷【単位】»5 台の車 mpl. cinco automóviles.

❸【区切り】(到達の水準) m. nivel. »午前 7 時台 adv. 「entre siete y ocho [de las siete a las ocho] de la mañana. »スペイン語の成績で 90 点台をとる v. conseguir* 「noventa puntos y pico [más de noventa puntos] en español. ♦1 か月の売り上げが百万円台に達した Nuestras ventas mensuales [del mes] han alcanzado el nivel del millón de yenes. ♦9 時台はバスの便はよくない Entre las nueve y las diez no hay buen servicio de autobús.

*****だい 題** (本などの表題) m. título; (本などの章や節の見出し) m. encabezamiento; (主題) m. tema; (テーマ) m. tópico. ♦この劇の題は『人生は夢』です El título de esta obra es «La Vida es Sueño». ♦彼の本の題は何ですか ¿Cuál es el título de su libro? ♦『百年の孤独』という題の本を買った Compré el libro titulado «Cien Años de Soledad».

*****だい 第-** »憲法第 9 条 m. Artículo nueve [noveno] de la Constitución. »第五交響曲 La sinfonía quinta. »第一級の政治家 mf. estadista de primera [primer orden].

たいあたり 体当たり »強盗に体当たりする v. 「lanzarse* contra el [tirarse al] ladrón.

彼はドアに体当たりをしたがびくともしなかった Se lanzó contra la puerta, pero ésta no se movió.

タイアップ f. cooperación. ▶タイアップする v. cooperar 《con》.

ダイアログ 《専門語》m. diálogo. ▶ダイアログ・ボックス 《専門語》f. ventana [m. cuadro] de diálogo.

たいあん 対案 f. contraoferta.

だいあん 代案 m. plan alternativo, f. alternativa a un plan.

だいアンティルしょとう 大アンティル諸島 las Grandes Antillas (☆西インド諸島の島群).

たいい 大意 (要旨) f. idea principal; (骨子) lo esencial; (内容) f. sustancia; (概要) fpl. líneas generales; (要約) m. resumen; (論文などの要旨) 《教養語》f. sinopsis. ▶その話の大意を述べる v. dar* 《a + 人》un resumen de la historia.

たいい 退位 f. abdicación. ◆王は息子に位を譲るため退位した El rey abdicó en favor de su hijo.

たいいきはば 帯域幅 《専門語》m. ancho [f. anchura] de banda.

たいいく 体育 (知育・徳育に対する) f. educación [f. formación] física; (学科) f. gimnasia. ◆体育系のクラブ m. club de "educación física [gimnasia]". ◆体育館 m. gimnasio. ◆体育大会 f. competición de atletismo, fpl. competiciones atléticas. → 運動会. ◆体育の先生 mf. profesor/sora de educación física. ◆体育の日 m. Día del Deporte.

・だいいち 第一 ◆第一の adj. primero, 《強調して》número uno; (最も主要な) adj. primario, 《教養語》primordial; (先導的な) adj. principal; (先頭に立つ) lo fundamental; (全体の中で主な) adj. el/la más importante. ◆健康が第一だ Lo primero [más importante] es la salud.

《第一(の)＋名詞》▶第1課 f. Lección Primera. ▶第1章 m. Capítulo I [Primero]. ▶第一次世界大戦 f. Primera Guerra Mundial. ▶新聞の第1面 f. primera página de un periódico. ▶第一歩を踏み出す v. dar* el primer paso 《a, hacia》. ▶心臓病に関する第一人者 f. primera autoridad en afecciones [enfermedades] cardíacas. ◆彼の第一の目的はその機械を見ることでした Su objetivo primario era ver la máquina. ◆もしだれかが首になるとすれば第一候補は君だろう Serás el/la primero/ra en irte si hay que despedir a alguien. ◆彼は彼の仕事の分野では第一人者だ Es el primero [número uno] en su profesión. ◆これが私が行けない第一の理由です Ésta es la razón fundamental por la que [cual] no puedo ir.

── 第一(に) adv. en primer lugar, primeramente, para empezar; (何よりも先に) adv. (lo) primero de todo, antes que nada. ◆彼はまず第一にその仕事を片付けた Lo primero acabó el trabajo. ◆まず第一にそれは値が高すぎる。第二に私はそれが気に入らない Primero [En primer lugar] cuesta demasiado. Segundo [En segundo], no me gusta. ◆どこか旅行に行きたいが、暇はないし、第一(＝その上)そんな金がない Me gustaría hacer un viaje a algún lugar, pero「estoy muy ocupado y sobre todo no tengo dinero [lo primero no tengo dinero y tampoco tiempo].

☞ そもそも, とりあえず

だいいちぎ 第一義 ◆私は世界平和を第一義と考えている Considero la paz mundial como lo「más importante [fundamental, primero]. ◆彼の言っていることは第一義的(＝根本的)には正しい Lo que dice es básicamente cierto.

だいいっせん 第一線 f. primera línea, m. frente, f. vanguardia; (指導的立場) f. posición delantera. ▶第一線の作家たち mpl. escritores de primera línea. ▶第一線を退く v. retirarse de la「primera línea [vanguardia]. ▶研究の第一線にいる v. estar* [figurar, destacar*] en la vanguardia de la investigación. ◆彼女は第一線で活躍している女流ピアニストの中で最も優れている En el frente femenino es la pianista más brillante.

たいいん 退院 ▶退院している v. estar* fuera del hospital. ◆患者は退院した El/La paciente「salió del [abandonó el] hospital. / (退院を許された)El/La paciente fue dado/da de alta del hospital. / (帰宅を許された)El/A la paciente le permitieron volver a casa.

たいいん 隊員 mf. miembro de un grupo. ▶南極探検隊隊員 mf. miembro de la expedición a la Antártida.

たいいんれき 太陰暦 m. calendario lunar.

だいえいはくぶつかん 大英博物館 Museo Británico.

たいえき 退役 ▶退役する v. jubilarse [retirarse] del servicio activo. ▶退役軍人 m. militar jubilado [retirado], m. veterano. ▶退役将校 m. oficial jubilado.

ダイエット f. dieta, m. régimen. ▶ダイエットの相談 m. asesoramiento dietético. ▶ダイエットを¹している [²する] v. ¹estar* [²ponerse*] a dieta [régimen]. ▶ダイエットして体重を大いに減らす v. adelgazar* mucho con dieta. (会話) 直美、クッキー食べる？ーやめとくわ。今ダイエット中なの ¿Quieres una galleta, Naomi? – No, gracias. Estoy a régimen [dieta].

たいおう 対応 f. correspondencia, f. equivalencia. ▶対応策を講ずる v. tomar medidas 《contra》. →対策.

── 対応する (相当する) v. corresponder [equivaler*] 《a》; (対処する) v. hacer* frente 《a》. ▶そのスペイン語に対応する日本語 m. equivalente japonés de la palabra española. ◆日本語の「青」はスペイン語の'azul'に対応する "Ao" en japonés corresponde a "azul" en español. ◆彼はその事態に迅速に対応した No tardó en hacer frente a la situación.

だいおうじょう 大往生 ▶大往生をとげる v. morir* de muerte natural.

ダイオキシン f. dioxina.

たいおん 体温 f. temperatura. → 熱, 温度. ▶体温計 m. termómetro. ▶体温を計る v. tomar la temperatura 《@》; (自分の) v. tomarse la temperatura. ◆彼の体温は普通より¹高い[²低い] Su temperatura es ¹superior [²inferior] a la normal. ◆鳥類は哺(ほ)乳類より体温が高い Las aves tienen una temperatura más alta que la de los mamíferos.

たいか 大火 m. gran incendio. ◆その村は昨年大火に見舞われた El año pasado un gran incendio asoló [estalló en] el pueblo.

たいか 耐火 m. edificio 「a prueba de fuego [《教養語》ignífugo, refractario]. ◆耐火れんが m. ladrillo refractario.

たいか 退化 f. regresión, 《教養語》f. retrogresión; 《専門語》f. degeneración; (筋肉などの萎(い)縮)《専門語》f. atrofia. ◆退化する v. degenerar, 《専門語》atrofiarse.

たいか 大家 mf. (gran) maestro/tra → 巨匠; (権威) f. autoridad, f. eminencia, (専門家) mf. experto/ta, mf. perito/ta. ◆ピアノの大家 m. maestro pianista [del piano]. ◆あの人は物理学の大家です Es 「una autoridad [un experto] en física.

たいか 大過 ◆大過なく(=大きな失敗もなく)任務を果たす v. cumplir un deber sin errores graves.

たいが 大河 m. gran río. ◆大河小説 f. novela extensa, f. saga, 《口語》m. novelón.

だいか 代価 (費用) m. costo, m. coste; (値段) m. precio. ◆この勝利に対してわれわれは大変な代価(=犠牲)を払った Hemos pagado mucho por esta victoria. / Este triunfo nos ha costado mucho. ◆国民はどんな代価を払っても平和を得たいと望んでいる El pueblo desea la paz a cualquier costo.

たいかい 大会 (多人数の) m. congreso; (総会) f. reunión, f. asamblea general; (代表者の) f. convención; (政治・宗教的な) f. manifestación masiva. → 集会, 会. ◆党大会 f. convención del partido. ◆花火大会 f. gran exhibición de fuegos artificiales. ◆野球大会 m. torneo de béisbol.

たいかい 大海 m. océano. → 海. ◆大海の一滴 (=ごく少量) f. gota en el océano.

*・**たいがい 大概** ❶【だいたい】(一般に) adv. generalmente; (通常) adv. normalmente, habitualmente; (ほとんどの場合・大部分は) adv. principalmente, en su mayor parte; (ほとんど) casi. → 大抵. ◆放課後は大概テニスをして遊びます Generalmente juego [Suelo jugar] al tenis después de clase. ◆私の仕事は大概片づいた Mi trabajo casi ha terminado. / Casi he acabado el trabajo.

❷【多分】adv. probablemente. → 多分.

❸【度を越さない程度に】◆酒は大概にしておきなさい(=飲みすぎないようにしなさい) No bebas [「米」tomes] mucho. ◆冗談も大概にしろ No 「te pases con [lleves demasiado lejos]」 las bromas.

——**大概の**(大部分の) la mayoría [mayor parte] [de]; (ほとんどすべての) adj. casi todo [todos]. → ほとんどの. ◆大概の場合 adv. en la mayoría [mayor parte] de los casos. ◆大概の生徒は校則を守る La mayoría de los estudiantes observan las reglas de la escuela.

たいがい 対外 ◆対外的 adj. extranjero, exterior; (海外の) adj. de ultramar; (国際的) adj. internacional. ◆対外援助をする v. dar* ayuda a los países 「del exterior [extranjeros].

たいかく 体格 (体の造り) f. constitución, f. complexión (física), m. físico; (体質)《フォーマル》f. constitución. → 体(から). ◆彼は体格が¹いい[²貧弱だ] Tiene una complexión ¹robusta [²débil]. / Su físico es ¹fuerte [²débil]. ◆君のような体格ではサッカーはむりだ Con un físico como el tuyo el fútbol es imposible.

たいがく 退学 退学する(通例自主的に) v. dejar [abandonar] los estudios, dejar de estudiar, 《口語》colgar* los libros; (成績不良で) v. ser* expulsado de una escuela. ◆中途退学者 mf. alumno/na que ha dejado los estudios. ◆彼は19歳で大学を退学した A los diecinueve dejó de estudiar en la universidad. ◆彼は家の事情で息子を退学させた Por motivos familiares hizo que su hijo abandonara los estudios. ◆彼は盗みで退学させられた Lo [Le] expulsaron [《口語》echaron] de la escuela por robar.

*・**だいがく 大学** f. universidad, 《口語》f. uni.

1《〜大学》◆教員養成大学 f. Escuela Superior de Magisterio. ◆商科大学 f. Escuela Superior de Comercio. ◆¹国立 [²公立; ³私立]大学 f. universidad ¹nacional [²pública; ³privada]. ◆短期大学 m. colegio universitario. ◆¹有名 [²一流]大学 f. universidad ¹famosa [²prestigiosa]. ◆4年制大学 f. universidad de cuatro años. ◆放送大学 f. universidad a distancia. 《会話》彼はどこの大学ですか—東都大学です ¿A qué universidad va? – A la Universidad Toto.

2《大学+名詞》◆大学¹教授 [²講師] ¹ mf. catedrático/ca [² mf. profesor/sora] universitario/ria. ◆大学生 mf. universitario/ria; (大学院生に対して学部学生) mf. estudiante no graduado/da. ◆大学生活 f. vida universitaria. ◆大学教育 f. educación [f. formación] universitaria. ◆大学出[卒] mf. graduado/da universitario/ria. ◆大学入試 m. examen de ingreso a la universidad. ◆東都大学の入試を受ける v. tomar [hacer*] el examen de ingreso a la Universidad Toto. ◆大学病院 m. hospital universitario. ◆大学進学率 m. índice [f. tasa] de asistencia universitaria. ◆大学入試センター m. Centro Nacional de Exámenes de Ingreso a la Universidad. ◆彼は大学時代に京都に住んでいた Vivió en Kioto cuando era universitario. ◆大学生活はいかがですか ¿Te gusta la vida universitaria? / ¿Qué tal te va en la universidad?

3《大学は》◆大学はここから遠い La universidad está lejos de aquí.

4《大学の[に]》◆大学の友だち mpl. amigos de la universidad [《口語》uni]. ◆大学に進

学する v. ir* a la universidad. ▶大学に入る(入学する) v. entrar en la universidad; (大学で勉強を始める) v. empezar* los estudios universitarios. ▶彼は東都大学のスペイン文学の1学生 [2教授]です Estudia [2Enseña] literatura española en la Universidad Toto.
　5《大学を[で]》 ▶大学を卒業する v. graduarse* (de + 学科, en + 専門), licenciarse 《en》. ▶大学をやめる v. dejar [abandonar] la universidad. ▶大学で美術を学ぶ v. estudiar bellas artes en la universidad. ◆彼は大学を出たばかりです Acaba de terminar la universidad. ◆彼は大学で教えています Enseña en la universidad.

だいがくいん 大学院 *f.* escuela [*f.* facultad] de graduados [postgrado], *m.* doctorado. ▶大学院生 *mf.* graduad*o/a*, *mf.* postgraduad*o/da*. ▶大学院に進む[入る] v. ingresar en los cursos graduados. ▶大学院で研究する v. estudiar en la escuela de graduados, hacer* estudios graduados.

たいかくせん 対角線 *f.* (línea) diagonal. ▶対角線を引く v. trazar* una diagonal.

たいがびょう 胎芽病 (専門語) *f.* embriopatía.

たいかん 耐寒 ▶耐寒¹訓練 [²マラソン] ¹ *m.* entrenamiento [² *m.* maratón] contra el frío.

たいがん 対岸 *f.* orilla [*f.* ribera] opuesta, el otro lado del río.

たいかん 大寒 "daikan", 《説明的に》el período más frío del año, aproximadamente del 20 de enero al 4 de febrero.

たいかんしき 戴冠式 *f.* (ceremonia de) coronación. → 儀式.

だいかんみんこく 大韓民国 Corea; (公式名) República de Corea (☆アジアの国, 首都ソウル Seúl).

たいき 大器 ▶大器晩成 (言い回し) Lo bueno se hace esperar. ◆彼は大器晩成型だ Es una vocación tardía.

たいき 大気 *f.* atmósfera, *m.* aire. → 空気. ▶大気(中)の *adj.* atmosférico. ▶大気汚染 *f.* contaminación atmosférica. ▶大気圏 *f.* atmósfera; *f.* aerosfera. → 大気圏.

たいき 待機 ▶待機する(備えて待つ) v. esperar preparad*o* 《para》; (油断なく) v. estar* en alerta 《para》. ▶紛争に備えて待機する v. estar* preparad*o* para cualquier problema. ▶(すぐ応じられるよう)家で待機している v. esperar preparad*o* en casa.

たいぎ 大義 (主義) *f.* causa, *m.* motivo; (理由) *f.* razón. ◆平和という大義名分のために働く v. trabajar por [en pro de] la causa. ◆戦う大義名分が立たない(＝きちんとした理由がない) No tenemos razones [motivos] para luchar.

だいぎいん 代議員 (代表者) *mf.* representante; (会議などに派遣する) *mf.* delegad*o/da*. ▶派遣9代議員団 *f.* delegación.

たいきけん 大気圏 *f.* atmósfera; *f.* aerosfera. ▶大気圏内の核実験 *m.* ensayo nuclear atmosférico. ▶大気圏内への再突入に成功する v. regresar felizmente a la atmósfera. ▶大気圏外 (＝宇宙空間) *m.* espacio exterior.

だいぎし 代議士 (衆議院議員) *mf.* diputad*o/da*; (国会議員) *mf.* parlamentari*o/ria*. → 議員.

だいきぼ 大規模 ▶大規模の *adj.* de gran escala. ▶大規模に *adv.* en gran escala.

たいきゃく 退却 *f.* retirada; (撤退) *m.* repliegue. → 撤退. ▶最前線からの退却 *f.* retirada del frente. ▶退却を命じる v. ordenar la retirada. ▶退却する v. retirarse 《de》, hacer* una retirada 《de》. ◆軍隊は森の中へ退却 [²撤退]した Las tropas se ¹retiraron [²replegaron] al bosque. ↪後退, 退路.

たいきゅう 耐久 ▶耐久性 *f.* durabilidad. ▶耐久力(忍耐力) *f.* resistencia; (持久力) *m.* aguante, *f.* resistencia (física). ▶耐久性のある *adj.* duradero. ▶耐久消費財 *mpl.* bienes [*mpl.* artículos] de consumo duraderos. ▶耐久力テスト *f.* prueba de resistencia.

だいきゅう 代休 ▶代休をとる v. tomar un día libre [compensatorio] por haber* trabajado un día festivo.

たいきょ 退去 ▶退去命令 *f.* orden de expulsión.
―― 退去する (去る) v. salir*, abandonar; (危険地域などから) v. evacuar*; (住居から) v. desalojar; (軍隊が) v. retirarse 《de》. ▶退去させる(追放する) v. expulsar, 《口語》 echar; (望ましくない外国人を) v. deportar. ◆彼はその部屋から退去するように命じられた Le ordenaron que abandonara [saliera de] la sala. ◆その記者は国外に退去させられた Ese*/sa* periodista fue deportad*o/da* del país.

たいきょ 大挙 ▶大挙して(大勢で) *adv.* en masa, en tropel. ▶大挙してやって来る v. venir* [acudir] en masa. ▶大挙して押しかける[押し寄せる] v. acudir multitudinariamente [en tropel].

たいきょく 大局 ▶物事を大局的に見る v. "ver* las cosas [《フォーマル》juzgar*] en su totalidad". ▶(もっと)大局的視野に立って判断する v. juzgar* desde (más) amplia perspectiva. ▶大局を誤る v. enfocar* mal "la situación [《口語》las cosas]".

たいきょく 対局 *f.* partida de "go", "shogi" o ajedrez. ▶¹碁 [²将棋; ³チェス]の対局を行なう v. jugar* una partida de ¹"go" [²"shogi"; ³ajedrez].

たいきょくけん 太極拳 *m.* "taichi", 《説明的に》 *m.* ejercicio físico chino de movimientos pausados coordinados con la respiración.

だいきらい 大嫌い ▶大嫌い な. ▶大嫌いな虫 *m.* insecto detestable [odioso]. ◆ニンジンが大嫌いだ Detesto [Odio, Aborrezco] las zanahorias.

たいきん 大金 *m.* mucho dinero, *m.* dineral, *f.* gran suma de dinero. ◆百万円といえば私には大金だ Un millón de yenes es mucho [una pequeña fortuna] para mí. ◆彼はその事業に大金を投資した Invirtió en el negocio "un dineral [una gran suma de dinero]".

だいきん 代金 (値段) *m.* importe, *m.* precio; (費用) *m.* coste. ◆服の代金はいくらですか

¿Cuánto cuesta [《フォーマル》importa] el vestido? / ¿Qué importe tiene el vestido? ♦その代金は君が払わなくてはならないだろう Tendrás que pagarlo [pagar el importe]. ♦彼女に車の修理代金として3万円を請求した Le cobré 30.000 yenes por repararle el coche.

だいく 大工 *mf.* carpintero/ra. ♦腕のいい大工(=大工仕事の上手な人) *mf.* buen/na carpintero/ra. ♦日曜大工(人) *mf.* aficionado/da al bricolaje, 《口語》*mf.* manitas; (仕事) *m.* bricolaje. ♦日曜大工の店 *f.* tienda de bricolaje. ♦大工仕事 *f.* carpintería. ♦大工道具 *fpl.* herramientas de carpintero; (一そろい) un equipo de carpintero.

*****たいぐう** 待遇 (人などに対する処遇) *m.* trato; (給料) *f.* paga, *m.* salario; (ホテル・店などの客扱い) *m.* servicio; (接待) *f.* acogida, 《教養語》*f.* recepción.

1《待遇＋名詞》♦彼らは待遇改善を求めてストライキに入った Se pusieron en huelga para reclamar una mejora salarial [laboral].

2《待遇が》♦われわれの会社は待遇がよい Nuestra empresa paga bien. ♦パートは正社員より待遇が悪い(=給料が安い)ことが多い Generalmente a los trabajadores「a tiempo parcial [de medio tiempo]」se les paga menos que a los empleados fijos.

3《待遇を》♦従業員の待遇を改善する *v.* dar* mejor trato a los empleados; (給料を上げる) *v.* dar* 「una subida salarial [《フォーマル》una mejora salarial, un mejor sueldo] a los empleados; (労働条件を改善する) *v.* mejorar las condiciones laborales de los empleados. ♦彼は国賓としての待遇を受けた Le dieron trato de huésped del Estado.

☞ 扱い, 処遇; 扱う, 遇する.

*****たいくつ** 退屈 *m.* aburrimiento. ♦退屈しのぎにテレビを見る(=テレビを見て時間をつぶす)《口語》*v.* matar el tiempo viendo la tele.

—— 退屈な (おもしろくなくて) *adj.* aburrido; (長たらしくて) *adj.* 《教養語》tedioso, 《強調して》soporífero; (新鮮味のない) *adj.* insípido, sin color, 《教養語》anodino; (単調な) *adj.* monótono. ♦退屈な本 *m.* libro aburrido [《教養語》tedioso]. ♦退屈な田舎の生活 *f.* monótona vida del campo. ♦午後のスペイン語の授業は退屈だった。退屈で寝てしまった La clase de español de esta tarde fue aburrida. Me dormí de aburrimiento. ♦彼はまったく退屈な人だ Es un「tipo muy aburrido [《口語》muerto]. ♦退屈だなあ ¡Qué aburrimiento! / [《スペイン》] ¡Qué rollo! ♦彼は退屈そうだ Parece aburrido. ♦その演説は長すぎて退屈だった El discurso fue largo y aburrido.

—— 退屈する *v.* aburrirse 《de, con》. ♦彼女の話にはひどく退屈する Me aburre terriblemente lo que dice. / 《口語》《強調して》Sus palabras me matan de aburrimiento. ♦今夜の上演は失敗だった。観客が退屈そうに帰ってきた La actuación de esta noche fracasó [no fue bien recibida]. El público estaba aburrido. ♦彼は何もしないで退屈してきた Me aburro「sin hacer nada [cuando no hago nada, 《フォーマル》cuando estoy ocioso].

たいこう 797

☞ 味気ない, つまらない

たいぐん 大群 (蜂などの) *m.* enjambre; (鳥などの) *f.* bandada; (魚の) *m.* banco; (動物の) *f.* manada. → 群れ. ♦蜜蜂の大群 *m.* enjambre de abejas.

たいけい 体系 *m.* sistema. ♦給与体系 *m.* sistema salarial. ♦体系的に研究する *v.* hacer* [《フォーマル》realizar*] un estudio sistemático 《de》, estudiar sistemáticamente. ♦体系をたてる *v.* formular un sistema 《de》, sistematizar*. ♦彼のやり方は体系的でない Sus métodos「no son sistemáticos [carecen de sistema].

たいけい 体型 (体つき) *f.* figura, *m.* tipo, *f.* línea. ♦体型に合った服 *mpl.* vestidos ajustados a la figura. ♦体型を保つ *v.* guardar la línea. ♦体型が崩れる *v.* perder* 「la línea [el tipo].

だいけい 台形 *m.* trapezoide, *m.* trapecio.

たいけつ 対決 *m.* enfrentamiento [《フォーマル》*f.* confrontación] 《con》; (決着をつけるための) *f.* agarrada [《口語》*m.* agarrón] 《con》. ♦与野党間の対決 *f.* confrontación entre el partido en el poder y los partidos de la oposición. ♦彼らはテロリストと対決した Se les enfrentaron los terroristas.

たいけん 体験 *f.* experiencia. → 経験. ♦体験学習 *m.* aprendizaje por experiencia. ♦貴重な体験をする *v.* tener* una experiencia valiosa. ♦私は自分の体験から話しているのだ Hablo por (propia) experiencia. ♦祖父は戦時中の体験談を聞かせてくれた Mi abuelo me contó sus experiencias en la guerra.

—— 体験する *v.* experimentar, *v.* tener* la experiencia 《de》; (試練・変化などを) *v.* experimentar, pasar 《por》; (困難などを経る) *v.* pasar 《por》, sufrir. ♦あらゆる苦労を体験する *v.* experimentar [pasar por, sufrir] toda clase de dificultades.

たいげん 大原 →タイユアン.

たいげんそうご 大言壮語 *f.* fanfarronada, *f.* fanfarronería. ♦大言壮語する人 *mf.* fanfarrón/rrona. ♦大言壮語する *v.* fanfarronear.

たいこ 太古 ♦太古の(地球のできたころの) *adj.* antiguo, remoto; (原始的) *adj.* primitivo. → 原始. ♦太古の海 *mpl.* océanos primitivos.

たいこ 太鼓 *m.* tambor. ♦大太鼓 *f.* tambora, *m.* bombo. ♦小太鼓 *m.* tambor, *m.* tamboril. ♦太鼓腹 *f.* barriga, 《口語》*f.* panza. ♦太鼓をたたく[鳴らす] *v.* tocar* un tambor; (手で) *v.* tabalear; (小太鼓を) *v.* tamborilear. ♦太鼓に合わせて行進する *v.* desfilar al ritmo de un tambor. ♦太鼓が鳴り出した Empezó a sonar [oírse el redoblar de] un tambor. ♦彼の試験合格には太鼓判を押します(=保証する) Te apuesto a que aprueba el examen.

*****たいこう** 対抗 (競争) *f.* competencia 《con》; (張り合い) *f.* rivalidad. ♦1クラス [2大学]対抗試合 *m.* partido 1entre clases [2interuniversitario]. ♦日本キューバ対抗野球試合 *m.* partido de béisbol entre Japón y Cuba. ♦

対抗者 *mf.* oponente, *mf.* adversa*rio/ria*; (同じ目標をねらう) *mf.* rival.
── **対抗する** *v.* oponerse* 《a》; (匹敵する) *v.* igualar 《a》; 《教養語》 emular 《a》; (抵抗する) *v.* resistir 《a》; (競う) *v.* competir* 《con, contra》. ▶小田氏に対抗して立候補する *v.* presentarse como candida*to/ta* contra el Sr. Oda. ◆彼はスペイン語では彼女に対抗できない No puede compararse con ella en español. / En español él no es rival para ella. ◆力には力で対抗するのが彼の主義です Su principio es oponerse a la fuerza con la fuerza. ◆小さな商店は安売りでスーパーに対抗した Las tiendas pequeñas competían con el supermercado vendiendo barato.

たいこう 対向 ▶対向車 *m.* automóvil en dirección contraria. ▶対向車線 *m.* carril contrario.

たいこう 大綱 (基本原則) *mpl.* principios fundamentales; (大筋) *fpl.* directrices. ▶経済政策の大綱を定める *v.* establecer* 「los principios fundamentales [las directrices] de la política económica.

たいこう 退校 ▶退校する *v.* dejar「abandonar」la escuela. ▶退校させる(放校処分にする) *v.* expulsar 《a + 人》 de la escuela, (親が自発的に) *v.* sacar* 《a + 人》 de la escuela.

だいこう 代行 ▶学長代行 *mf.* rect*or/tora* inter*ino/na*. ▶校長の代行をする *v.* representar「al director [a la directora] de la escuela (en sus funciones).

だいこう 代講 ▶石井先生の代講で (=代わりとして) スペイン語を教える *v.* enseñar español「por el [en lugar del] profesor Ishii. ▶西教授の代講をする *v.* sustituir* al「dar* clases en lugar del」profesor Nishi.

たいこうぼう 太公望 *m.* aficionado a la pesca con caña.

たいこく 大国 (大きい国) *m.* país grande [extenso]; (主要国) *m.* país principal; (強国) *f.* gran potencia; (偉大な国) *f.* gran nación, *m.* gran país. ▶世界の1経済 [2軍事] 大国 *f.* potencia mundial [1]económica [[2]militar].

だいこくばしら 大黒柱 (柱) *m.* pilar central [maestro]; (中心となる人・物) *m.* puntal; (一家の) *m.* sostén de la familia. → 柱
☞ 稼ぎ, 中堅

だいごみ 醍醐味 (真の楽しみ) *m.* verdadero placer [encanto]. ▶旅の醍醐味 *m.* verdadero placer de viajar.

だいこん 大根 *m.* rábano japonés. ▶大根下ろし(食物) *m.* rábano rallado; (器具) *m.* rallador de rábano. ▶大根役者 *m.* mal actor, *f.* mala actriz, 《口語》 *mf.* act*or/triz* de tres al cuarto. ▶大根足 *fpl.* piernas gordas [《口語》 de tonel].

たいさ 大差 *f.* gran [mucha] diferencia. ▶(選挙で)大差で[1]勝つ [[2]負ける] *v.* [1]ganar [[2]perder*] por「un amplio margen [mucha diferencia]. ◆両者の間にはあまり大差がない No hay gran [mucha] diferencia entre los dos. / No se diferencian mucho. ◆どちらにしても大差はない De todos modos, no hay mucha [gran] diferencia. / Es prácticamente lo mismo.

たいざい 滞在 *f.* estancia, 《フォーマル》 *f.* permanencia; (客としての) *f.* visita. ▶1短い [23 週間の]滞在 *f.* estancia [1]corta [[2]de tres semanas]. ◆バルセロナ滞在中に彼に会った Durante mi estancia en Barcelona me encontré con él. ◆滞在中は楽しかったですか ¿Ha tenido una estancia agradable?
── **滞在する** *v.* quedarse 「estar*, 《フォーマル》 permanecer*」《en》; (短い期間) 《口語》 *v.* pasar 《por》. ▶長期滞在する *v.* quedarse mucho tiempo. ▶友達の家に滞在する 「quedarse con [estar* en casa de; alojarse en casa de]*un/una* amigo/ga. ▶横浜に1か月間滞在する *v.* quedarse un mes en Yokohama, estar* 《フォーマル》 permanecer*」en Yokohama un mes; (過ごす) *v.* pasar un mes en Yokohama. 《会話》 どのぐらいそのホテルに滞在するのですか──少なくとも週末はおります ¿Cuánto (tiempo) va a quedarse usted en ese hotel? ── Por lo menos hasta el fin de semana. ☞ 宿泊, 逗留, 泊まり; 居る, 在留

だいざい 題材 (資料) *m.* material, *mpl.* datos; (主題となる内容) *m.* tema 《de, para》. ▶随筆の題材 *m.* material para un ensayo.

たいさく 対策 *f.* medida, 《口語》 *m.* paso; (対抗策) *f.* contramedida. ◆政府は不況対策を講じることを約束した El gobierno ha prometido emprender medidas contra la depresión (económica).

たいさく 大作 (すぐれた作品) *f.* gran obra; (傑作) *f.* obra maestra; (大部の作) *f.* obra voluminosa.

たいざん 大山 ◆大山鳴動してねずみ一匹 《言い回し》 Mucho ruido y pocas nueces.

だいさん 第三 ▶第三の *adj.* tercero. ▶第三に *adv.* en tercer lugar. ▶第3問 *f.* tercera pregunta, *f.* pregunta tres. ▶第三世界 *m.* Tercer Mundo. ▶第三セクター *f.* empresa conjunta del gobierno local y de la empresa privada.

だいさんしゃ 第三者 (契約・事件などの) *mf.* terc*ero/ra*, *f.* tercera persona; (部外者) *f.* persona ajena. ◆他人．その契約をするときには第三者の立ち合いがなくてはならない Tiene que estar presente una tercera persona para formalizar el contrato.

たいし 大使 *mf.* embaja*dor/dora*; 〖呼びかけ〗 *f.* Su Excelencia. ▶駐日アルゼンチン大使 *mf.* Embaja*dor/dora* de Argentina (acredita*do/da*) en Japón. ▶特命全権大使 *mf.* embaja*dor/dora* extraordina*rio/ria* y plenipotencia*rio/ria*. ▶臨時代理大使(公使) *mf.* encargado de negocios, a.i. ▶大使会談を開く *v.* mantener* conversaciones a nivel de embajador [embajada]. ▶スペイン大使を6年間務める *v.* servir* seis años como [de] embajador en España.

たいし 大志 (野心) *f.* ambición; (強い願望) *f.* aspiración, (強調して) *m.* anhelo. ▶外交官になるという大志を抱いている *v.* tener* la ambición de hacerse* diplomáti*co/ca*.

たいじ 退治 (撲滅) m. exterminio; (征服) f. conquista. ▶害虫を退治する v. exterminar [《口語》acabar con] los insectos dañinos.

たいじ 胎児 (妊娠3か月以後の) m. feto, (妊娠3か月未満の胎芽) m. embrión. ▶胎児仮死《専門語》m. sufrimiento fetal. ▶胎児水腫《専門語》f. hidropesía fetal.

*__だいじ 大事__ ❶【重大事】m. asunto importante, m. tema de (gran) importancia; (危機) f. crisis. ▶国家の大事 f. crisis nacional. ◆火事は大事に至らず鎮火した El incendio se apagó [《フォーマル》extinguió] antes de agravarse. ◆彼は大事(=大変な面倒)を引き起こした Causó graves problemas.
❷【大事業】f. gran empresa [acción]. ◆彼は大事を成し遂げた Ha realizado grandes logros.

—— **大事な** ❶【重要な】adj. importante; (重大な) adj. grave, serio; (決定的な) adj. crucial, 《フォーマル》trascendental; crítico. → 大切な. ◆大事な話がある Tengo algo importante que decirte. ◆その貝はつまらないものだがその子にとっては大事なものだ La concha es algo insignificante, pero para el/la niño/ña tiene importancia. ◆交渉は大事な局面を迎えた La negociación ha entrado en una fase importante. ◆彼は大事な時にミスをしてしまった Cometió un error en un momento crucial. ◆大事なことはよいレポートを提出することです Lo importante es que presentes un buen informe.
❷【大切な】(貴重な) adj. valioso, precioso, 《教養語》inestimable; (いとしい) adj. querido, estimado, apreciado. ▶大事な時間をむだに遣う v. malgastar un tiempo valioso. ◆彼は私たちにとってとても大事な人だ Es muy precioso para [entre] nosotros. → 大切な.

—— **大事に** (注意深く) adv. cuidadosamente, con (mucho) cuidado, 《フォーマル》con precaución. 会話 それちょっと使ってもいい?—そうねえ, じゃ大事に扱ってよ ¿Lo puedo usar un momento? – Bueno, pero con mucho cuidado.

—— **大事にする** (気を配る) v. cuidar (bien), tratar bien. ◆(お体)お大事に Cuídese usted bien. / Que se mejore. 会話 カメラ貸してくれてありがとう—大事にしてください Gracias por prestarme la cámara. – Trátala con cuidado, ¿eh? ◆彼はその古い写真を大事にしている Guarda como un tesoro las fotos viejas.

【その他の表現】 大事をとって彼はすべて書類にしてもらった "Para ir sobre seguro [Para atar bien todos los cabos, 《口語》Por si las moscas], consiguió todo por escrito.
⇨労わる, 珍重

だいじ 題字 (本などの題目) m. título.

ダイジェスト (要約) m. resumen, 《フォーマル》m. compendio.

たいしかん 大使館 f. embajada. ▶マドリードの日本大使館 f. Embajada de Japón en Madrid. ▶大使館員(個人) mf. miembro de la embajada; (全体) m. personal de la embajada.

だいしきょう 大司教 (ローマカトリック教会の) m. arzobispo.

だいしぜん 大自然 f. naturaleza. ▶大自然の神秘 mpl. misterios de la naturaleza.

*__たいした 大した__ (多量の, 重要な) adj. mucho; (多数の) adj. muchos, 《フォーマル》numerosos → たくさん; (非常に) adj. muy; (本当に) adv. realmente; (偉大な) adv. gran 《+名詞》; (りっぱな人[こと]) pron. alguien [algo]. ◆彼女はたいした美人だ Es "realmente bella [una gran belleza, bellísima]. / Tiene una gran hermosura. ◆彼はたいした政治家だ Es un gran político. ◆それは実にたいした経験だったよ Aquello fue realmente una experiencia. ◆たいしたものだ ¡Qué maravilla! 会話 たばこやめましたーたいしたものですね He dejado de fumar. – Eso es admirable. ◆彼はそのうちにたいした人物になるだろう Uno de estos días va a ser realmente alguien. ◆「まあすてき, 坊ちゃん大したものですね」¡Qué bien! Tiene usted que estar orgulloso de su hijo.

【たいした…でない】no... extraordinario, no más que..., no mucho más que...; (多くない) no muchos más que... ◆彼はたいした歌手ではない No es un cantante extraordinario. / 《口語》No es nada del otro mundo cantando. ◆見た目はたいしたことないが彼は力(=影響力)のある政治家だ No "parece nada extraordinario, pero no deja de ser un político influyente. ◆それはたいした問題ではない No es un problema tan [muy] grave. / (重要でない[取るに足りない])Ese problema no es grave. /《口語》No deja de ser una tontería. ◆一日二日の仕事だ. たいした仕事じゃないよ Es uno o dos días de trabajo. "Nada demasiado importante [《口語》Nada del otro mundo]. 会話 何て気前のよかったこと!—やあ, でもたいしたことじゃないさ Has sido muy generoso. – ¡Ah, no! No "ha sido nada [tiene ninguna importancia]. ◆今日の観客数はたいしたことなかった Hoy no había muchos espectadores. /《フォーマル》Los espectadores no eran muy numerosos el día de hoy. → 多い. 会話 あの人, ころんで足をけがしたんですってーたいしたことなければいいけど Dicen que se cayó y se lastimó la pierna. – Espero que no haya "pasado de ahí [sido peor].

たいしつ 体質 (体の構造) f. constitución, f. complexión; (病気しやすい) f. disposición; (傾向) f. tendencia, 《フォーマル》f. propensión. ▶弱い [²虚弱な]体質の人 f. persona de constitución ¹débil [²enfermiza]. ▶太りやすい体質 f. tendencia a engordar. ▶体質を改善する v. mejorar la condición física. ◆彼は風邪をひきやすい体質だ Tiene propensión a acatarrarse. / Es propenso a los catarros. ◆彼は体質的に丈夫です "Tiene una [Es de] constitución fuerte [robusta]. ◆ビールは私の体質に合わない La cerveza no me cae bien.
⇨体, 質

*__たいして 大して__ (あんまり...でない) no tan, no demasiado, no muy; no... mucho [tanto]. → 大分. ◆この本はたいして役に立たない Este li-

800 たいしゃ

bro no es tan útil. ♦そんなことはたいして気にしていません No me importa demasiado. ♦新しい計画は前のとたいして違わない El nuevo plan no es muy distinto [se diferencia tanto] del viejo. ♦彼はたいして学のある男ではない No tiene tanta cultura. / No es tan culto. ♦お時間はたいして取らせませんから No le llevará mucho tiempo. / No le entretendré mucho.

たいしゃ 代謝 ▶新陳代謝 *m.* metabolismo. → 新陳代謝. ▶基礎代謝 *m.* metabolismo basal.

たいしゃ 退社 ▶退社する (退出する) *v.* salir* del trabajo [de la oficina]; (タイムレコーダーを押して) *v.* fichar [marcar* tarjeta] (al salir* del trabajo); (退職を〈通例定年で〉) *v.* jubilarse, retirarse (de una empresa); (仕事をやめる) *v.* dejar el trabajo. ♦きのうは何時に退社しましたか ¿A qué hora saliste ayer de la oficina?

たいしゃく 貸借 (簿記の貸方と借方) *m.* debe y *m.* haber. (☆貸方, 貸方の順); (貸し借り) *mpl.* préstamos y *mpl.* créditos. ▶貸借対照表 *m.* (hoja de) balance.

たいしゅう 体臭 *m.* olor corporal.

たいしゅう 大衆 *m.* público, *f.* gente; *fpl.* masas, *f.* multitud, *m.* pueblo.

1《〜大衆》♦日本の一般大衆は彼の政策を支持しているようだ La opinión pública de Japón [El pueblo japonés] parece estar de acuerdo con su política.

2《大衆(の)＋名詞》▶大衆運動 *m.* movimiento de masas; (草の根運動) *m.* movimiento (a nivel) de las bases. ▶大衆社会 *f.* sociedad de masas. ▶大衆向けの娯楽 *m.* entretenimiento de masas [popular]. ▶大衆芸術 *m.* arte popular. ▶大衆食堂 *m.* restaurante popular; (セルフサービスの) *f.* cafetería. ▶大衆車 *m.* coche popular. ▶大衆化したスポーツ *m.* deporte popular. ♦彼の演説は大衆の支持を得た Su discurso obtuvo el apoyo popular [del pueblo]. / (大衆に受けた)Su discurso apeló a la opinión pública. ♦その計画は大衆の抵抗という大きな壁に突き当たった El programa se estrelló contra la gran muralla de la resistencia popular. ♦その大衆紙は発行部数が多い Ese periódico popular tiene una enorme circulación.

***たいじゅう 体重** *m.* peso. ▶はかりで(自分の)体重を計る *v.* pesarse en una balanza [pesa, báscula]. (日常) 体重はどれくらいありますか―65キロです ¿Cuánto [Cuántos kilos] pesa usted? – Peso 65 kilos. ♦私は体重を減らしたい。少しオーバーしているから。 Quiero adelgazar. 「《口語》Peso más de la cuenta. [《口語》Estoy un poquito gor*do*.] ♦体重が(たくさん)増えた [²減った] He ¹engordado [²adelgazado] mucho. ♦彼は私と体重が同じだ Pesa lo mismo que yo. / Tenemos el mismo peso. / Él y yo pesamos igual [lo mismo].

たいしょ 対処 ♦困難な事態に対処する *v.* hacer* frente [enfrentarse] a una situación difícil □ 当たる, 処する, 処置する, 即応, 対応する

たいしょう 対照 *m.* contraste. ♦彼は二つの異文化の対照研究をした Hizo un estudio contrastivo de las dos culturas diferentes. ♦白い建物は黒い森と鮮やかな対照(＝コントラスト)をなしている El edificio blanco 「contrasta llamativamente [ofrece un vivo contraste] con el bosque oscuro. ♦次郎とは対照的に三郎はよい生徒だ En contraste con [A diferencia de] Jiro, Saburo es un buen estudiante. ♦彼らは大変対照的だ. 彼は背が高く太っていて彼女は小柄でやせている Ofrecen tal contraste: él es alto y gordo y ella baja y delgada.

── **対照する** *v.* contrastar《A con B》; confrontar《A con B》. ♦それを原文と比較対照しなさい Contrástalo con el original.

たいしょう 大将 (陸軍) *m.* capitán general; (海軍) *m.* almirante; (首領) *m.* jefe, *m.* líder. ▶お山の大将 *mf.* fantasioso/sa, (口語) *mf.* fantasmón/mona.

たいしょう 対称 (左右の釣り合い) *f.* simetría. ♦この壺は完全には左右対称をなしていない Esta vasija no es perfectamente simétrica.

たいしょう 対象 ❶【行為・思考・感情などの】 *m.* objeto《de》; (非難などの) *m.* blanco《de》. ▶研究の対象 *m.* objeto [*m.* tema] de estudio. ▶輸入制限の対象となっている食品 *m.* alimento sujeto a restricciones de importación. ♦彼のふるまいはしばしば非難の対象となった Su conducta era muchas veces el objeto [blanco] de críticas. / Su comportamiento atraía frecuentes críticas.

❷【目標】▶子供を対象とした本 *m.* libro destinado [orientado] a los niños, *m.* libro para niños. ♦この歴史書は高校生を対象に書かれている Este libro de historia se dirige [destina] a alumnos de secundaria.

たいしょう 大勝 *f.* gran victoria, *m.* triunfo absoluto, *f.* victoria decisiva [aplastante, perfecta]; (選挙の地滑り的な勝利) *f.* victoria abrumadora. ▶選挙で大勝する *v.* ganar unas elecciones de forma aplastante [abrumadora]. ♦私たちのチームは 10 対 0 で大勝した Nuestro equipo 「ganó aplastantemente por [obtuvo un triunfo aplastante de] 10 a 0.

たいじょう 退場 (俳優などの) *f.* salida, *m.* mutis.

── **退場する** (去る) *v.* irse* [marcharse] 《de》; (抗議して) *v.* abandonar; (俳優などが) *v.* salir*《de》, hacer* mutis. ▶急いで退場する *v.* salir*「a prisa [de prisa, apresuradamente]. ♦彼らは採決に抗議して退場した Abandonaron [Se fueron de] la reunión para manifestar su oposición al voto.

だいしょう 代償 (賠償) *f.* compensación, 《フォーマル》 *f.* reparación; (代価) *m.* coste. ▶…の代償として *adv.* en [como] compensación de [por]. ▶いかなる代償を払っても *adv.* a toda costa, a cualquier precio, cueste lo que cueste. ▶高価な代償を払って勝利を得る *v.* conseguir* la victoria a un gran precio,

pagar* mucho por la victoria.
だいしょう 大小 (大きさ) m. tamaño; (大きな物の) fpl. dimensiones. ▶大小により adv. según [de acuerdo con] el tamaño. ▶大小にかかわらず adv. sin importar el tamaño. ▶大小の差がある v. variar* de tamaño. ▶大小いろいろの靴 mpl. zapatos de diferentes tamaños [números].
****だいじょうぶ 大丈夫** (人・物事が申し分ない) adv. bien, de acuerdo, (英語)『ラ米』"O.K." (☆発音は [ókei]);『スペイン』vale, sin problema; (安全な) adj. seguro; (確信している) adj. claro, por supuesto; (事が可能な) adj. posible. ♦彼に任せておけばだいじょうぶ Si se lo dejas a él, todo estará bien. / (すべてを任せておくことができる)Puedes dejarle todo a su cargo. 会話 だいじょうぶですか?救急車を呼びましょうか―いえ、おかまいなく。自分でなんとかできますから ¿Está usted bien? Voy a llamar a una ambulancia. – No, no se moleste. Me las puedo arreglar solo. ♦この水は飲んでもだいじょうぶだ Esta agua se puede beber「con seguridad [sin problema]. / Esta agua es potable. 会話 きっと落ちちゃうねーだいじょうぶよ(=心配するな). 下を見なければまったくだいじょうぶよ Creo que me voy a caer. – No te preocupes. No pasará nada si no miras abajo. ♦だいじょうぶ, 彼は成功する Estoy seguro de「que va a tener (su) éxito. / Te aseguro que va a tener éxito. / Tendrá éxito, estoy seguro. 会話 では今日の午後はだいじょうぶでしょうか―ええ、お昼までには戻ってくるわ Bueno, ¿será posible esta misma tarde? – Sí, yo estaré de vuelta antes de mediodía.
【その他の表現】♦その患者はもうだいじょうぶだ(=危険を脱している) El paciente ya está fuera de peligro. ♦時間はだいじょうぶだ(=十分ある) Tenemos tiempo de sobra. ♦急げばだいじょうぶです(=間に合う) Si nos damos prisa, llegaremos a tiempo. ♦この辞書ならだいじょうぶだ(=役に立つ) Este diccionario sirve.
たいじょうほうしん 帯状疱疹 《専門語》f. herpes zóster.
たいしょうりょうほう 対症療法 f. terapia sintomática.
たいしょく 大食 f. glotonería. ▶大食漢 mf. glotón/tona; 《口語》mf. tragón/gona, 《口語》mf. comilón/lona, 《口語》mf. tragaldabas. ▶大食の adj. glotón. ▶大食する v. comer mucho.
たいしょく 退職 (通例定年による) f. jubilación; (退役) m. retiro; (辞職) f. dimisión. ▶退職金 f. prestación por jubilación; (会社の都合による中途退職時の) f. indemnización por cese. ▶退職者 mf. empleado/da retirado/da [jubilado/da].
—— **退職する** (定年などで) v. jubilarse 《de》; (軍人が) v. retirarse 《de》; (仕事をやめる) v. dejar el trabajo; (辞職) v. dimitir. ➔ 辞職. ▶彼は60歳でその会社を退職した Se jubiló de la empresa a los 60 (años). 会話 あの方そろそろ退職されるのですか―ええ、この夏で60歳になられるはずです ¿Va a jubilarse pronto? – Sí, creo que cumple sesenta este verano.

たいする 801

たいしん 耐震 ▶耐震性の (建物が) adj. sismorresistente, antisísmico; (免震性の) adj. a prueba de terremotos ➔ 免震; (時計が) adj. a prueba de golpes. ▶耐震の建物 m. edificio antisísmico [a prueba de terremotos].
たいじん 対人 ▶対人関係 fpl. relaciones personales [interpersonales].
たいじん 退陣 (辞任) f. dimisión. ➔ 辞職. ▶社長の退陣を要求する v. exigir* la dimisión「del presidente [de la presidenta].
****だいじん 大臣** (日本の) mf. ministro/tra; (メキシコの) mf. secretario/ria; (閣僚) mf. ministro/tra de gabinete. ▶外務大臣 mf. ministro/tra de Asuntos Exteriores. ▶大臣級の人 f. persona de rango ministerial. ▶外務大臣になる v. ser* nombrado/da ministro/tra de Relaciones [Asuntos] Exteriores. ♦彼は大臣をやめた (=内閣から退いた) Dimitió del gabinete (ministerial).
だいず 大豆 f. soja, f. soya. ▶大豆油 m. aceite de soja [soya].
たいすいせい 耐水性 ▶耐水性の adj. resistente al agua, impermeable, a prueba de agua; (専門的) hidrófugo. ▶防水.
だいすう 代数 f. álgebra. ▶代数¹式[²方程式]¹ f. expresión [² f. ecuación] algebraica. ▶代数の問題を解く v. solucionar un problema de álgebra.
だいすき 大好き ➔好き. ▶大好きな作家 mf. autor/tora muy favorito/ta [《教養語》predilecto/ta]. ♦リンゴが大好きだ Me gustan mucho las manzanas. / 《口語》Me encanta comer manzanas. ♦おじちゃん, 大好き Tío, te quiero mucho.
たいする 対する ❶【面する】v. enfrentarse 《a》, encarar.
❷【応対する】v. recibir.
—— **対して, 対する** ❶【真向かいに】prep. enfrente 《de》, frente 《a》. ♦彼は彼女に相対して座った Se sentó「enfrente de [frente a] ella.
❷【...に向かって】prep. hacia, a; (反対して) prep. contra; (利益・賛成などのために) prep. con; por; entre. ▶圧制に対して抗議する v. protestar contra la opresión. ▶学生に対して厳しい v. ser* estricto con los estudiantes. ♦彼に対して¹憎しみ[²愛情]を感じる v. sentir* ¹odio [²amor] hacia [por] él. ▶火に対して恐怖感を抱く v. tener* miedo del, temer el) fuego. ♦彼は先生に対して反抗的な態度を取った Adoptó una actitud rebelde hacia su profesora. ♦お年寄りに対しては親切にしてあげなさい Sé amable con las personas mayores. ♦彼はそれに対して何と言ったの ¿Qué dijo en respuesta a eso? / ¿Qué contestó a eso? ♦彼女に対して抱いている感情はどんなものですか ¿Qué sientes por [hacia] ella? / ¿Qué sentimientos tienes por [hacia] ella? ♦彼は詩に対して偏見を持っている Tiene prejuicios contra la poesía. ♦私は彼の親切に対して感謝した Le di las gracias por su

amabilidad. ♦それは彼に対する有益な教訓だ Es「una buena lección [un buen escarmiento] para él.
❸[関して]*prep*. sobre, a →関する;(おける)*prep*. en. ▶その問題に対して意見を述べる *v*. expresar la opinión「sobre el tema [《フォーマル》al respecto]. ▶その質問に対する彼の答え *f*. su respuesta a esa pregunta. ♦彼は言語学に対して強い関心を示した Mostró un vivo interés en la lingüística.
❹[備えて]*prep*. contra, para. ▶地震に対する備え *mpl*. preparativos contra un terremoto. →備える.
❺[比較・対照して]*prep*. con, en oposición a;*conj*. mientras que;*adv*. en cambio. ▶対(たい). ▶50に対して200の多数で再選される *v*. ser* reeleg*ido* por una mayoría de 200 contra 50. ▶話し言葉に対しての書き言葉 *f*. lengua escrita en「oposición a [contraste con] la hablada. ♦今月の売上高は先月の80万円に対して百万円に達する Las ventas de este mes ascienden a un millón de yenes, mientras que las del pasado fueron de ochocientos mil. ♦彼はスペイン語が得意なのに対して(＝一方)弟は数学が得意だ A él se la da bien el español y a su hermano las matemáticas. / Se le da bien el español, mientras que a su hermano se le dan bien las matemáticas. / Se le da bien el español. A su hermano, en cambio, las matemáticas.
❻[交換, 比例] ▶その本に対して千円支払う *v*. pagar* mil yenes por el libro. ▶千円に対して(＝につき)百円の手数料を払う [²支払う] *v*. ¹cobrar [²pagar*] una comisión de cien yenes por cada mil (yenes).

たいせい 態勢 (態度)*f*. actitud;(準備)*mpl*. preparativos;(状態)*m*. estado. ▶防御の態勢を取る *v*. ponerse* a la defensiva, tomar una actitud defensiva. ▶攻撃の態勢にある *v*. estar* prepar*ado* para el ataque. ▶新入生の受け入れ態勢を整える *v*. hacer* preparativos para aceptar nuevos estudiantes.

たいせい 大勢 (全般の状況)*f*. situación general;(一般的傾向)*f*. tendencia general;(時流, 風潮)*f*. corriente de la época. ▶大勢を把握する *v*. comprender la situación general. ▶大勢に従う *v*. seguir* la corriente [tendencia general]. ▶大勢を決する *v*. marcar*「la tendencia [la corriente, el rumbo]. ♦会議で大勢は彼と反対の意見に傾いた En la reunión la opinión general se inclinó en su contra.

たいせい 大成 ♦彼は学者として大成した Triunfó [Se realizó] como un gran erudito.

たいせい 体制 (組織)*m*. sistema;(構造)*f*. estructura;(権力機構)*m*. sector (≠ *m*. grupo) dominante, 《英語》*m*. "establishment". ▶政治体制 *m*. sistema político. ▶資本主義体制 *f*. estructura capitalista. ▶日本の経済体制 *f*. estructura económica de Japón. ▶救急医療体制 *m*. sistema de tratamiento médico de urgencia. ▶集団指導体制を強化する *v*. fortalecer* el sistema de dirección colectiva. ▶現体制を揺るがす *v*. trastornar el régimen actual. ♦彼は体制側だ「Pertenece al [Es del] grupo dominante. →反体制.

たいせい 胎生 (専門語)*f*. viviparidad. ▶胎生の 《専門語》vivíparo. ▶胎生動物 《専門語》*m*. animal vivíparo.

たいせい 退勢 (衰え)*f*. fortuna en ocaso. →挽回.

たいせい 体勢 (体の姿勢)*f*. postura;(体の平衡)*m*. equilibrio. ▶体勢をくずす *v*. perder* el equilibrio.

だいせいどう 大聖堂 *f*. catedral.

たいせいよう 大西洋 *m*. (Océano) Atlántico. ▶北大西洋条約機構 *f*. Organización del Tratado del Atlántico Norte, 《略》la OTAN (☆発音は [ótan]). ▶大西洋横断飛行 *m*. vuelo transatlántico.

たいせき 堆積 *f*. acumulación. ▶廃物の堆積 *f*. acumulación [《口語》*m*. montón] de basura. ▶堆積する(蓄積する)*v*. acumular;(山積する)*v*. amontonar, apilar.

たいせき 体積 *m*. volumen. ♦この箱の体積は3立方メートルです El volumen de esta caja es de tres metros cúbicos.

たいせき 退席 ▶退席する *v*. dejar [《フォーマル》abandonar] el asiento;(部屋を出る)*v*. dejar la sala.

＊＊たいせつ 大切 *f*. importancia, 《教養語》*f*. trascendencia. ▶健康の大切さを知る *v*.「darse* cuenta de la importancia de [valorar] la buena salud.

—— **大切な** (重要な)*adj*. importante, 《教養語》trascendente;(貴重な)*adj*. valioso, 《フォーマル》inestimable, precioso;(決定的な)*adj*. crucial, decisivo. →大事. ▶大切な行事 *m*. suceso importante. ▶大切な助言 *m*. consejo valioso. ▶大切な思い出 *mpl*. recuerdos preciosos. ▶大切な試合に負ける *v*. perder* un partido crucial. ♦この写真は私にとって最も大切な物です Esta fotografía es el objeto más valioso para mí. ♦それを試してみることは大切なことだ Es importante intentarlo. / (彼がそれを試してみることは大切なことだ) Es importante (para él) que lo intente. ♦これは私にはとても大切な問題です Es un asunto「muy importante [《フォーマル》de extrema importancia] para mí. / Para mí esto significa mucho.

—— **大切にする** (宝のように大事にする)*v*. cuidar muy bien. ♦父は大切にしていた絵を全部手放さねばならなかった Mi padre tuvo que deshacerse [separarse] de todos los cuadros que「tanto había cuidado [había guardado como tesoros]. ♦もっと体を大切にすべきだ Deberías [Tendrías que] cuidarte mejor. ♦あの花びんは高価なのよ. 大切にしてね(＝大切に扱って) Ese jarrón es muy valioso. Trátalo con mucho cuidado. ♦余暇を大切にしなさい No malgastes tu tiempo libre. / (むだにするな) No pierdas tu tiempo libre.

たいせん 大戦 *f*. gran guerra, 《教養語》*f*. conflagración;(世界戦争)*f*. guerra mundial. ▶第一次世界大戦 Primera Guerra Mundial. ▶第二次世界大戦 Segunda Guerra Mundial.

たいせん 対戦 ▶対戦する(試合をする) *v.* jugar un partido, disputar un juego《con, contra》; (競争する) *v.* competir*《con, contra》→試合; (ボクシングなどで戦う) *v.* luchar [pelear]《con, contra》. ▶対戦相手 *mf.* adversar*io/ria*, *mf.* contrincante. ▶AとBの対戦成績「*m.* historial deportivo [*f.* relación de victorias y derrotas] de A y B.

たいぜん 泰然 ▶泰然とした(落ち着いた) *adj.* sereno, imperturbable,《教養語》impertérrito. ▶泰然自若としている *v.* estar* sereno.

・たいそう 体操 (体育館で行なう) *f.* gimnasia; (運動) *mpl.* ejercicios físicos [de gimnasia]. → 体育. ▶準備体操 *mpl.* ejercicios de precalentamiento. ▶美容体操 *f.* calistenia; (健康のための) *mpl.* ejercicios de mantenimiento. ▶器械体操をする *v.* practicar*《口語》hacer*」gimnasia de aparatos. ▶体操選手 *mf.* gimnasta. ▶体操競技に出場する *v.* participar en una competición de gimnasia. ♦彼は毎朝ラジオ体操をする Todas las mañanas hace gimnasia por la radio.

たいそう 大層 (非常に) *adv.* muy, mucho; (すごく) *adv.*《口語》terriblemente; (極めて) *adv.* sumamente,《フォーマル》en (grado) extremo; (大いに) *adv.*《口語》muchísimo. → 非常に. ♦彼はそれをたいそう気に入っている Le gusta mucho. / Está muy satisfecho con eso. /《フォーマル》Le agrada en extremo. ♦今日はたいそう寒い Hoy hace「un frío terrible [《口語》muchísimo frío].

だいそうじょう 大僧正 *m.* arzobispo.

だいそつ 大卒 *mf.* gradua*do/da* universitar*io/ria*.

だいそれた 大それた (でたらめな) *adj.* absurdo, insensato, descabellado; (向こう見ずな) *adj.* atrevido; (自殺的な) *adj.* suicida; (思いもかけない, とっぴな) *adj.* extravagante; (無慮な) *adj.* irreflexivo, imprudente. ♦彼はだいそれた望みをいだいていた Mantenía una esperanza absurda. / Tenía una ilusión desmesurada. ♦何と大それたことをしてしまったのか ¡Qué vergüenza lo que has hecho!

たいだ 怠惰 ▶怠惰な *adj.* perezoso, haragán; (仕事をしていない) *adj.* ocioso. ♦怠惰な学生 *mf.* estudiante perez*oso/sa*. ♦怠惰な生活 *f.* vida ociosa ☞ 横着, 怠慢

＊＊だいたい 大体 (概要) *m.* resumen, *m.* bosquejo; (要点) *f.* esencia, *m.* quid. ♦その計画のだいたいを述べてください Dame un resumen general del proyecto. / Dime en qué consiste más o menos el plan.

— **だいたい** ❶【およそ】(約) *adv.* más o menos, aproximadamente; (ほとんど) *adv.* casi → ほとんど; (一般に) *adv.* en general, generalmente; (全体から見て) *adv.* en conjunto; (大部分は) *adv.* en su mayor parte; (大ざっぱに) *adv.* en números redondos; *adv.* unos. ♦私たちはだいたい同じ年だ Tenemos más o menos la misma edad. / Somos casi de la misma edad. ♦それはだいたい10キロメートルです Son unos [más o menos, en números redondos] 10 kilómetros. ♦宿題はだいたい終わった He acabado casi mi tarea. ♦彼らの意見はだいたい好意的であった Sus opiniones eran en general favorables. ♦だいたいにおいて計画はうまくいった En general el plan salió bien. ♦その村の人たちはだいたい親切だ La gente del pueblo es en general amable. /「La mayor parte de la gente del pueblo [La mayoría de los aldeanos] es amable. ♦試験はだいたいできた(=ほとんどすべての問題に答えた) Contesté「casi todas [la mayor parte de] las preguntas del examen.《会話》待遇はよかったですか―だいたいね ¿Te trataron bien? – Más o menos.

❷【強調】(絶対的に) *adv.* absolutamente; (本当に) *adv.* de verdad, realmente. ♦だいたい君は間違っている Estás absolutamente equivoca*do*. / (最初から) Te equivocas「desde el principio [《比喩的に》de pies a cabeza].

— **大体の** (一般の) *adj.* general; (大ざっぱな) *adj.* aproximado; (ほとんどの) *adv.* casi todo, la mayor parte de, mayormente. ▶だいたいの計画 *m.* plan general. ▶だいたいの見積もりをする *v.* hacer* un cálculo aproximado. ♦だいたいのものはスーパーで買います En el supermercado (lo) compro casi todo.

だいたい 代替 ▶代替の *adj.* alternativo. ▶代替エネルギー *f.* energía alternativa. ▶代替品 *m.* sustitutivo, *m.* sucedáneo.

だいたい 大隊 *m.* batallón; (空艇団の) *m.* escuadrón. ▶大隊長 *m.* jefe [*m.* comandante] de batallón [escuadrón].

だいたい 大腿 《専門語》*m.* muslo. ▶大腿骨《専門語》*m.* fémur. ▶大腿動脈《専門語》*f.* arteria femoral. ▶大腿部 *m.* muslo.

だいだい 橙 (色) *m.* (color) naranja; (果物) *f.* naranja amarga. ▶だいだい色のクレヨン *f.* pastel [*m.* lápiz de color] naranja.

だいだい 代々 (世代から世代へと) *adv.* de generación en generación; (何代にもわたって) *adv.* por generaciones. ♦この絵は代々我が家に伝わっている Este cuadro ha ido pasando de generación en generación en mi familia. ♦あの家は代々本屋を営んでいる Esa familia ha tenido una librería por [durante] muchas generaciones.

だいだいてき 大々的 ▶新車を大々的に(=広く)宣伝する *v.*「dar* amplia publicidad a [hacer* propaganda a gran escala de] un nuevo automóvil. ▶大々的に報道する *v.* ofrecer* una amplia cobertura《de》, informar ampliamente《sobre》.

だいたすう 大多数 *f.* inmensa mayoría. → 多数. ♦大多数の人はその提案に賛成だ La inmensa mayoría está a favor de la propuesta.

たいだん 対談 *f.* conversación, *f.* charla, *m.* diálogo; (会見) *f.* entrevista. ▶対談番組(有名人との) *m.* programa de entrevistas. ▶対

談する v. hablar ((con)), tener* ((una conversación [una entrevista, un diálogo])) ((con)).

だいたん 大胆 m. atrevimiento, f. audacia, ((フォーマル)) f. osadía.
── **大胆な** (勇敢で度胸のある) adj. atrevido; (冒険好きな) adj. audaz; (豪胆な) ((フォーマル)) adj. osado; (恐れを知らない) adj. temerario, ((教養語)) intrépido. ▶大胆な考え f. idea atrevida [audaz]. ♦それは本当に大胆な(=思い切った)デザインだ Es un diseño muy atrevido. ♦あんな険しい山を登るとは君もずいぶん大胆なことをする Has sido muy atrevido [audaz, valiente] por subir por esa escarpada montaña.
── **大胆に** adv. atrevidamente, con audacia; (恐れずに) adv. sin temor [miedo]. ♦彼は大胆にも男に戦いを挑んだ Tuvo la audacia de [Se atrevió a] desafiar al hombre fornido a una pelea. ♦強盗の手口が年々大胆になってきている Los ladrones cada año se están volviendo más atrevidos.
☞ 思い切った, 果敢

だいち 大地 (空に対しての) f. tierra; (地表, 地面) f. superficie de la tierra, m. suelo; (土地) f. tierra. ▶母なる大地 f. madre tierra.

だいち 台地 f. meseta; (高原) m. altiplano, ((フォーマル)) f. altiplanicie → 高原 (高台) m. terreno elevado, f. elevación.

たいちゅう 台中 Taichung, Taizhong (☆台湾の都市).

たいちょう 体調 m. estado (físico), f. forma (física). ▶体調が¹いい [²悪い] v. estar* en ¹buena [²baja] forma (física). ▶体調をくずす v. estar* fuera de forma. ♦レースに備えて体調を整える v. ponerse* en (buena) forma para la carrera. ♦欠かさずジョギングをして体調を取り戻す v. recuperar la forma corriendo [haciendo ((仏語)) "footing" (☆発音は[fútin])] regularmente.

たいちょう 隊長 m. capitán, m. líder, m. jefe; (軍隊などの) mf. comandante.

たいちょう 退潮 (衰え) f. decadencia. ▶退潮のきざしがみえる v. mostrar* señales de decadencia.

だいちょう 大腸 ((専門語)) m. intestino grueso. ▶大腸癌(がん) ((専門語)) m. cáncer de colon. ▶大腸菌 m. colibacilo.

タイツ mpl. leotardos. ▶綿のタイツをはく v. llevar leotardos de algodón.

**たいてい 大抵 ❶【たいがい】(一般に) adv. generalmente, en general; (通常) adv. normalmente; v. soler* ((+不定詞)); (大部分は) la mayor parte ((de)), la mayoría ((de)), adv. mayoritariamente; (ほとんど) adv. casi. → ほとんど. ▶たいてい毎朝6時に起きる Generalmente me levanto a las seis todas las mañanas. ♦この部屋の本はたいてい(=ほとんどすべての本を)読みました He leído casi todos los libros de esta sala. ♦彼の小説はたいていおもしろい「Sus novelas suelen ser [La mayoría de sus novelas son] interesantes. ♦私はたいていここにいるが時々外出することもある Casi todo el tiempo estoy aquí, pero de vez en cuando salgo.
❷【たぶん】adv. probablemente. ♦あしたはたいてい雨であろう Mañana probablemente llueva [va a llover, lloverá]. / Es probable que llueva mañana. → 多分.
❸【ほどほどに】→ 大概.
── **たいていの** (大部分の) adj. la mayor parte de, la mayoría de; (ほとんどすべての) adj. casi todos. ♦たいていの男の子は野球選手にあこがれる「La mayor parte de [Casi todos] los niños admiran a los jugadores de béisbol. ♦たいていの生徒は自転車で登校する「Casi todos los estudiantes van [La mayoría de los estudiantes va] a la escuela en bicicleta. ♦たばこを吸う習慣を断ち切るのは(並)たいていのことではない(=そんなに簡単ではない) No es fácil quitarse [acabar con] la costumbre de fumar.

•**たいど 態度** (心構え) f. actitud; (独特なやり方) mpl. modales, fpl. maneras; (ふるまい) f. conducta, m. comportamiento.
1《〜態度》▶りっぱな態度 mpl. buenos modales. ▶断固とした態度 f. actitud determinada ((hacia)) ((フォーマル)) con respecto a). ▶だらしない態度 f. conducta descuidada.
2《態度が[は]》♦私に対する彼の態度はよい Su actitud hacia mí es buena. / Tiene una buena actitud hacia mí. ♦彼は態度が大きい Tiene una actitud arrogante. / Su actitud es arrogante. ♦彼の態度が気に入らない No me gusta su actitud. ♦お前は食事中の態度が実に悪い Tus modales en la mesa son realmente malos [lamentables]. ♦ファンの態度はひどかった La conducta de los aficionados fue muy mala. / Los aficionados se comportaron muy mal. ♦彼は人前では態度が変わる En público se comporta diferente. / Su actitud cambia en público. ((会話)) 彼の態度はずっと最近ごろはとても思いやりがあるみたい ¿Cómo se está comportando? – Últimamente está siendo muy considerado.
3《態度に》♦彼は感情をすぐ態度に表わす Muestra fácilmente sus sentimientos con su actitud. / Su actitud refleja fácilmente sus sentimientos.
4《態度を》♦米国は¹日本 [²その問題]に対し強硬な態度をとった Estados Unidos tomó [((フォーマル)) adoptó] una firme actitud ¹hacia Japón [²sobre ese asunto]. ▶態度をはっきりさせろ Determina tu actitud. ♦彼は友人にひどい態度をとった「Se comportó mal con [Trató mal a] sus amigos. / (無礼なことをした)Fue grosero [descortés] con sus amigos. ♦もう態度を決めたか(=決心した) ¿Lo has decidido ya? ♦先生にそんな態度をとってはいけない No hay que comportarse así con el profesor.
5《態度で》▶ぞんざいな態度で adv. de modo maleducado, con mala educación
☞ 柄, 構え, 姿勢, 素振り, 態勢

たいとう 対等 f. igualdad; (対等の人) mf.

igual.
—— **対等の**《能力・体力・地位などが匹敵する》adj. igual 《a》; 《互角の》adj. igual, igualado. ♦ **対等の立場で** adv. en igualdad de condiciones, en una situación igualitaria. ♦ 彼女は男性と対等の条件で働いている Ella trabaja「en igualdad de condiciones [con las mismas condiciones]」que los hombres. ♦ 彼女は彼と能力の点で対等だ Ella es「igual a él [su igual]」en capacidad. / Ella le iguala en capacidad.

—— **対等に** adv. igualmente. ♦ 彼を対等に扱う v. tratarle「con igualdad [imparcialmente, 《口語》con equidad]」. ♦ 君は彼と対等には戦えないだろう。彼は強すぎる Nunca serás su igual. Es demasiado poderoso.

たいとう 台頭《出現》m. ascenso, 《教養語》m. encumbramiento. ♦ ナチスの台頭 m. ascenso del nazismo. ♦ 台頭する v. ascender*, encumbrarse, subir.

だいどうげい 大道芸 f. actuación en la calle. ♦ 大道芸人 mf. actor/tora callejero/ra; mf. saltimbanqui.

だいどうしょうい 大同小異《だいたい同じ》adv. casi igual, lo mismo 《que》. →同じ.

だいどうみゃく 大動脈 ♦ 大動脈弁狭窄《専門語》f. estenosis aórtica. ♦ 大動脈弁閉鎖不全《専門語》f. insuficiencia aórtica. ♦ 大動脈瘤《専門語》f. aneurisma aórtico.

だいとうりょう 大統領 mf. presidente/ta. ♦ 大統領の adj. presidencial. ♦ 副大統領 mf. vicepresidente/ta. ♦ 大統領官邸 m. palacio [f. residencia] presidencial; 《アメリカ》f. Casa Blanca. ♦ 大統領候補者 mf. candidato/ta a la presidencia. ♦ 大統領選挙 fpl. elecciones presidenciales. ♦ 大統領夫人 f. esposa del Presidente, la Primera Dama. ♦ 国民はゴメス氏を大統領に選んだ Eligieron al Sr. Gómez como presidente.

たいとく 体得 ♦ 体得する v. dominar 《por experiencia, practicando》.

たいどく 代読 ♦ 市長のメッセージを代読する v. leer* el mensaje en nombre del alcalde.

* **だいどころ 台所** f. cocina. ♦ 台所仕事 m. trabajo de cocina. ♦ 台所用品 mpl. utensilios [mpl. enseres, mpl. útiles] de cocina; f. batería de cocina. ♦ 彼女は時々台所で食事をする A veces come en la cocina.

タイトスカート f. falda ajustada [ceñida].

タイトル ❶《題名》m. título. → 題名. ♦ その本のタイトル m. título del libro.
❷《選手権》m. título. ♦ タイトルマッチ m. combate [f. pelea] por un título. ♦ タイトルを防衛する [失う] v. ¹defender* [²perder*] el título. ♦ 彼女は「ミス日本」のタイトルを取った Ganó [Obtuvo; Consiguió] el título de 《英語》"Miss" Japón.
❸《称号, 肩書き》m. título; m. título académico, f. titulación.

タイトル・バー《専門語》f. barra de título.

たいない 体内 ♦ 体内の adj. interno, interior. ♦ 体内時計 m. reloj interno [biológico]. ♦ 体内受精 f. fecundación interna.

たいない 胎内《子宮内》m. interior del útero.

だいのう 805

♦ 胎内の adj. uterino. ♦ 胎内で[に] adv. en el útero.

だいなし 台無し ♦ 台無しにする v. estropear, 《口語》echar a perder*; 《すっかり》v. arruinar; 《計画などを》v. trastornar, 《口語》romper*, 《口語》tirar por tierra. ♦ 台無しになる v. estropearse; 《失敗に終わる》v. quedarse en nada. ♦ 悪天候で¹休暇 [²計画]が台無しになってしまった El mal tiempo ¹estropeó nuestras vacaciones [²trastornó nuestro plan]. ♦ 私はコーヒーをこぼして彼女の新しい服を台無しにしてしまった Estropeé su vestido nuevo vertiendo café sobre él.

ダイナマイト f. dinamita. ♦ ダイナマイトで岩を割る v. dinamitar una roca, abrir* una roca con dinamita.

ダイナミック ♦ ダイナミックな《動的な, 活動的な》adj. dinámico; 《精力的な》adj. enérgico. ♦ ダイナミック HTML《専門語》m. HTML dinámico.

タイナン 台南 Tainan 《☆台湾の都市》.

* **だいに 第二** ♦ 第二の adj. segundo; 《二次的な》adj. secundario. ♦ 第二に adv. segundo, en segundo lugar; secundariamente. ♦ 第二 . ♦ 第二次世界大戦 f. Segunda Guerra Mundial. ♦ 第２章 m. capítulo segundo [dos], m. segundo capítulo. ♦ 第二アクセント《専門語》m. acento secundario. ♦ 第二の啄木 m. segundo Takuboku. ♦ 彼は定年後作家として第二の人生を踏み出した Cuando se jubiló inició una segunda vida como escritor.

たいにち 対日 ♦ 対日¹関係 [²貿易] ¹ fpl. relaciones [² m. comercio] con Japón. ♦ アメリカの対日政策 f. política de Estados Unidos hacia Japón. ♦ 悪い対日感情を持つ v. tener* [《フォーマル》abrigar*] hostilidad [antipatía] hacia Japón; ser* anti-japonés.

たいにん 退任《辞職》f. dimisión. → 辞職. ♦ 退任する v. dimitir.

たいにん 大任《大役》f. misión [f. tarea] importante. ♦ 大任を帯びる v. tener* una misión [tarea] importante.

ダイニングキッチン《台所兼食堂》f. cocina-comedor.

ダイニングルーム m. comedor. → 食堂.

たいねつ 耐熱 ♦ 耐熱性の adj. resistente al calor, 《フォーマル》termorresistente. ♦ 耐熱ガラス m. vidrio termorresistente [refractario].

だいの 大の ♦ 大の男 m. hombre adulto, 《口語》m. mayor. ♦ 大の《=熱烈な》野球ファン「mf. gran aficionado/da al [mf. entusiasta del] béisbol. ♦ 彼と私は大の仲よしだ Él y yo somos grandes [buenos] amigos.

たいのう 滞納 ♦ 滞納した《延滞の》adj. atrasado, retrasado; 《不払いの》adj. pendiente, 《フォーマル》no liquidado, por pagar. ♦ 滞納家賃 f. renta atrasada [pendiente [atrasada]]. ♦ 彼は税金を滞納している No ha pagado los impuestos. / Tiene impuestos pendientes [atrasados]. / Tiene atrasos en el pago de impuestos.

だいのう 大脳《専門語》m. cerebro. ♦ 大脳動脈

806 だいのじ

《専門語》f. arteria cerebral. ▶大脳半球《専門語》m. hemicerebro. ▶大脳皮質《専門語》f. corteza cerebral.

だいのじ 大の字 ▶大の字になって寝そべる(手足を伸ばして) v. tumbarse estirándose; (ぶざまに) v. tumbarse de「mala manera [forma poco elegante].

たいは 大破 ▶大破させる v. destrozar*, destruir*, hacer* mucho daño. ◆機体は大破した El avión quedó completamente destrozado [destruido].

たいはい 退廃 (道徳・芸術などの衰退) f. decadencia; (堕落) f. degeneración, f. corrupción. ▶退廃的 adj. decadente; degenerado, corrupto. ▶道徳の退廃 f. decadencia de la moral. ▶退廃的な生活を送る v. llevar una vida degenerada [corrupta]. ▶道徳を退廃させる v. corromper la moral. ▶退廃する v. decaer*, degenerar, corromperse.

たいはい 大敗 (完敗) f. derrota completa [aplastante]. ▶私たちの野球チームは10対0で大敗した Nuestro equipo de béisbol sufrió una derrota aplastante de 10 a 0.

たいばつ 体罰 m. castigo corporal [físico]. ▶ひどい体罰を加える v. imponer* un severo castigo corporal [físico] 《a + 人》.

たいはん 大半 ▶大部分. ▶人生の大半を外国で過ごす v. pasar [vivir]「casi toda [la mayor parte de] la vida en el extranjero. ◆私は1年の大半をそこで過ごした Pasé allí una gran parte del año.

たいばん 胎盤《専門語》f. placenta. ▶胎盤早期剥離《専門語》m. desprendimiento prematuro de placenta.

たいひ 対比 (比較) f. comparación; (対照) m. contraste. → 比較する. ▶二つの小説を対比する v. comparar [hacer* comparación entre] las dos novelas. ▶都会生活を田園生活と対比する v. comparar la vida urbana con la rural.

たいひ 待避 (避難) m. refugio. ▶待避線(側線) m. apartadero, f. vía muerta. ▶待避場所 m. refugio; (車の) f. área de reposo. ▶待避する v. refugiarse, ponerse* a cubierto.

たいひ 堆肥 (英語) m. "compost" (☆発音は [kompós]), 《フォーマル》m. abono orgánico. ▶堆肥の山 m. montón de "compost".

タイピスト mf. mecanógrafo/fa. ▶タイピスト学校 f. escuela [f. academia] de mecanografía.

だいひつ 代筆 ▶彼の手紙の代筆をする v. escribir* una carta「por él [en su lugar, 《口語》en vez de él].

たいびょう 大病 ▶大病する v. tener* [padecer*] una enfermedad grave. → 病気.

***だいひょう** 代表 (行為) f. representación; (人) (会議などに出席する) mf. delegado/da; (代表団) f. delegación.

1《〜(の)代表》▶比例代表制 f. representación proporcional. ▶従業員代表 m. delegado/da de los empleados. ▶ワシントン会議への日本代表 mpl. representantes de Japón en la Conferencia de Washington. ◆彼は私たちのクラスの代表です Es el delegado [representante] de nuestra clase.

2《代表＋名詞》▶代表作 la obra「más importante [maestra]. ▶《電話の》代表番号 m. número de la centralita, m. número clave. ▶代表権 m. derecho de representación. ▶代表取締役 mf. director/tora representativo/va. → 会社. ◆イギリス代表団が来日した La delegación inglesa ha llegado a Japón.

── 代表する v. representar; (代理を務める) v. actuar* en nombre [representación] 《de》; (典型である) v. ser* típico [característico] 《de》, 《教養語》tipificar*. ◆彼は日本を代表して会議に出席した Representó a Japón en la conferencia. ◆彼は委員会を代表している Actúa「en nombre del [representando al] comité. ◆彼女は級友を代表して話した Habló en nombre [《フォーマル》representación] de sus compañeros de clase. → 代わり. ◆これは16世紀のスペインの教会を代表する建物です Este edificio es típico de las iglesias españolas del siglo XVI.

── 代表的な (典型的な) adj. típico, característico. ▶代表的なスペイン人 mf. español/ñola típico/ca.

ダイビング m. buceo. ▶スカイダイビング m. paracaidismo deportivo [en la modalidad de caída libre]. ▶[1]スキン [2]スキューバダイビング m. buceo [1]sin [2]con escafandra. ▶ダイビングをする v. bucear (en el agua).

タイプ ❶《型》m. tipo; (種類) f. clase, f. especie. ▶新しいタイプの車 m. nuevo modelo de coche. → 型. ◆君は銀行家タイプではない No eres el tipo de banquero. ◆彼は私の好きなタイプではない No es「mi tipo [el tipo de hombre que me gusta]. 《会話》彼はどんなタイプの人ですか―好感のもてるタイプのやつだよ ¿Qué clase de persona es él? – Es de los tipos que caen bien.

❷《タイプライター》f. máquina de escribir. → タイプライター. ▶タイプミス m. error de mecanografía. ▶手紙をタイプで打つ v. escribir* una carta a máquina, 《フォーマル》mecanografiar* una carta. ◆彼女はタイプを打つのが[1]速い [2]とても上手だ Escribe a máquina [1]con rapidez [2]muy bien]. / Es una mecanógrafa [1]rápida [2]buena]. ◆彼はタイプに向かって仕事をしていた Estaba trabajando con la máquina de escribir. ⟹ 型[形], 典型

***だいぶ** 大分 (非常に) adv. bastante, muy, mucho → 非常に; (相当に) adv. considerablemente, 《フォーマル》notablemente. ◆彼はだいぶ疲れているようだ Parece muy [bastante] cansado. ◆私が予想していたのとだいぶ違う Esto es muy distinto [diferente] de lo que esperaba. ◆君のスペイン語はだいぶ上達したね Tu español ha mejorado mucho [《フォーマル》considerablemente]. / Tu español es mucho [bastante] mejor. ◆この前まだだいぶたびたび会えたHacía bastante [《口語》mucho] que no lo [la, le] veía. / ¡Cuánto tiempo sin verle!

昨夜は雪がだいぶ降った Anoche nevó mucho [bastante, 《フォーマル》considerablemente].

*たいふう 台風 *m.* tifón. ◆台風の¹中心 [²目] ¹*m.* centro [²*m.* ojo] de un tifón. ◆台風圏内にある *v.* estar* en el radio de acción de un tifón. ◆台風警報を出す *v.* dar* [《フォーマル》 emitir] una alarma de tifón. ◆台風が南太平洋に発生した Se ha formado un tifón en el Pacífico Sur. ◆台風は沖縄に上陸する (=を襲う)だろう El tifón va a azotar Okinawa. ◆台風10号は近畿地方に向かって進んでいる El tifón número 10 se dirige a la región de Kinki.

タイプ・スタイル 《専門語》 *m.* estilo de tipo.

だいぶつ 大仏 "daibutsu", 《説明的に》 *f.* estatua gigante de Buda. ◆奈良の大仏 *m.* Gran Buda de Nara.

*だいぶぶん 大部分 (ほとんど) la mayor parte, 《やや口語的》 casi todo [todos]; (大半) la mayoría. ◆人生の大部分を新潟で過ごす *v.* pasar *casi toda* [la mayor parte de] la vida en Niigata. ◆学生の大部分が寮生活をしている La mayoría de [Casi todos] los estudiantes viven en la residencia. / Los estudiantes viven principalmente [《フォーマル》mayoritariamente] en la residencia. ◆大部分の現代音楽は難解だ La mayor parte de la música moderna es difícil de entender.

——大部分(は) *adv.* casi todo, en su mayor parte, 《口語》 mayormente; (主に) *adv.* principalmente. ◆この雑誌の大部分は広告だ Casi toda esta revista es publicidad. / En esta revista casi no hay más que anuncios.

タイプライター *f.* máquina de escribir. → タイプ. ◆和文タイプライター *f.* máquina de escribir con caracteres japoneses. ◆¹電動式 [²携帯用]タイプライター *f.* máquina de escribir ¹eléctrica [²portátil].

だいブリテンとう 大ブリテン島 Gran Bretaña.

タイブレーク 《テニス》 *f.* muerte súbita.

たいへい 太平 *f.* paz. → 平和. ◆太平の世に *adv.* en tiempos de paz. ◆天下太平だ Todo el mundo está en paz. / La paz reina en el mundo.

たいべい 対米 ◆対米¹感情 [²政策] ¹*m.* sentimientos [² *f.* política] hacia Estados Unidos. ◆対米輸出 *fpl.* exportaciones a Estados Unidos. ◆対米貿易 *m.* comercio con Estados Unidos.

タイペイ 台北 Taipei, Taibei (☆台湾の首都).

たいへいよう 太平洋 *m.* Océano Pacífico. ◆¹南 [²北]太平洋 *m.* Pacífico ¹Sur [²Norte]. ◆太平洋沿岸諸国 *mpl.* países del Pacífico. ◆太平洋横断飛行 *m.* vuelo transpacífico. ◆太平洋戦争 *f.* Segunda Guerra Mundial. (☆ *f.* Guerra del Pacífico はチリとボリビア, ペルー間の戦争. 1879-1884.)

たいべつ 大別 ◆これらは二つに大別される Estos pueden ser clasificados [se pueden clasificar] en dos grupos principales.

*たいへん 大変 (非常に) *adv.* muy; (大いに) *adv.* mucho, (本当に) *adv.* verdaderamente, realmente, 《フォーマル》en verdad, en realidad; (すごく)《口語》 *adv.* muchísimo, enormemente; (極度に) *adv.* sumamente, en sumo grado, 《フォーマル》en grado extremo. ◆大変申し訳ありません Lo siento mucho [《口語》muchísimo]. ◆彼女は大変すばらしい女性だ Es una mujer 「verdaderamente formidable [《口語》estupenda]. ◆彼は歴史に大変興味がある Está 「muy interesado [interesadísimo, sumamente interesado] en la historia. ◆音楽会は大変楽しかった Realmente me ha gustado el concierto. ◆彼女の社会奉仕は市民に大変感謝された Su servicio social fue muy [enormemente, sumamente, verdaderamente] apreciado por los ciudadanos. ◆私たちはその教授を大変尊敬しています Respetamos mucho a "ese catedrático [esa catedrática].

会話 大変ご親切にありがとうございました—どういたしまして Ha sido muy amable por su parte. – Ha sido un placer.

—— 大変な ❶【程度が】 (ひどい) *adj.* terrible, espantoso; (重大な) *adj.* grave; (深刻な) *adj.* serio; (困難な) *adj.* duro, difícil. ◆大変な失敗をする *v.* cometer una grave equivocación. ◆大変な努力家 *mf.* trabaja*dor/dora* serio/ria [incansable]. 会話 太郎が交通事故にあったって聞いたか？—えっ本当. 太郎が交通事故にあった? ¿Te has enterado de que Taro ha tenido un accidente de tráfico? – ¿Ah, sí? Eso es terrible [espantoso]. / ¡Pero qué horror! ◆株式市場は今大変な状況にある La Bolsa se encuentra ahora en una grave situación. ◆彼を説得するのは大変な仕事だ Es 「muy difícil [un trabajo terrible] convencerlo[le]. ◆十代は多くの点で最も大変な時期です La adolescencia es el período más duro de la vida en muchos aspectos. ◆子供の世話をするには大変な忍耐が必要です Para cuidar niños hay que tener mucha paciencia.

❷【数量が】(多くの) *adj.* mucho, muchísimo; (ばく大な) *adj.* enorme; (数えきれない) *adj.* sinfín de, *adj.* innumerable. ◆大変な金 *m.* mucho [muchísimo] dinero, 《口語》 *m.* dineral, 《フォーマル》 *f.* gran cantidad de dinero. ◆毎冬大変な数のスキーヤーが蔵王を訪れる Son muchísimos los esquiadores que van a Zao todos los inviernos. ◆彼は大変な酒飲みだ(=たくさん飲む) Toma [Bebe] mucho.

【その他の表現】 ◆あの男は大変な(=勢力のある)政治家だ Es un líder político influyente [con influencia]. ◆大変だ(=ああ困った)いったいどうしたらよいだろうか ¡Dios mío! ¿Qué hago yo? / ¡Madre mía! ¿Qué debo hacer?

だいへん 代返 ◆(...の)代返をする *v.* contestar (en lugar de...).

だいべん 大便 → 排泄(½). ◆大便をする *v.* evacuar*, 《専門語》 hacer* deposiciones.

だいべん 代弁 ◆代弁者 *mf.* portavoz, 《ラ米》 *mf.* vocero/ra. ◆代弁する *v.* actuar* como portavoz 《de》.

たいほ 逮捕 *f.* detención, *m.* arresto. ◆逮捕状を出す *v.* dar* [《フォーマル》expedir*] una

たいほ orden 「de arresto. ♦ 彼に逮捕状が出ている Hay una orden judicial para detenerlo [le]. / Se ha ordenado su detención.
── 逮捕する v. detener*, arrestar; (追跡して捕まえる) v. capturar, prender; (一斉に) v. hacer* una redada 《en》. ♦ 彼は[1]密輸の罪[[2]殺人の容疑]で逮捕された Lo [Le] detuvieron por [1]contrabando [[2]sospecha de asesinato]. ♦ 警官は彼を窃盗の現行犯で逮捕した El agente de policía lo [le] detuvo 「cuando estaba robando [(フォーマル)en flagrante delito de robo]. ♦ 待て!逮捕する! ¡Alto! ¡Queda usted detenido! ♦ 犯人はまだ逮捕されずにこの辺にいる El/La delincuente 「sigue en libertad [todavía está suelto/ta] por aquí.

たいほ 退歩 (元の状態に戻ること)(教養語) f. retrocesión; (前より悪化すること) m. deterioro, (堕落) f. degeneración. ♦ 退歩する v. retrogradar, retroceder, (口語)ir* para atrás.

たいほう 大砲 m. cañón. ♦ 大砲の弾 m. bola de cañón. ♦ 大砲を撃つ v. disparar un cañón, dar* un cañonazo.

たいぼう 待望の adj. largamente [muy] esperado [(強調して)ansiado, deseado]. ♦ 彼女に待望の赤ちゃんができた Tuvo el bebé largamente esperado. ♦ 待望のスキーシーズンがやってきた La temporada de esquí, largamente esperada, ha llegado.

たいぼう 耐乏 f. austeridad. ♦ 耐乏生活をする v. llevar una vida austera.

たいほく 台北 →タイペイ.

たいぼく 大木 m. árbol gigante. ♦ カシの大木 m. roble gigante [majestuoso].

だいほっさ 大発作 (専門語) m. gran mal. ♦ 大発作てんかん (専門語) f. epilepsia gran mal.

だいほん 台本 (一般に) m. guión; (映画の) m. guión, (テキスト) m. texto de la obra; (歌劇の) m. libreto. ♦ その番組は台本なしだ No hay guión del programa.

たいま 大麻 m. cáñamo; (インド大麻・マリファナ) f. marihuana, f. mariguana, f. marijuana.

タイマー m. temporizador. ♦ タイマーを6時にセットしておく v. poner* el temporizador a las seis. ♦ オーブンにタイマーをかける v. poner* el horno con el temporizador.

たいまつ 松明 f. antorcha, f. tea, f. hacha.

たいまん 怠慢 (義務などを怠ること) m. descuido, f. negligencia, (教養語) f. desidia; (だらしなさ, むとんちゃく) f. negligencia. ♦ 職務怠慢で解雇される v. ser* despedido por 「negligencia en el cumplimiento del deber [descuido de las obligaciones]」.
── 怠慢な adj. descuidado, (フォーマル) negligente; (不注意な) adj. descuidado, poco cuidadoso; (怠惰な) adj. perezoso, haragán. ♦ 自転車を鍵もかけずに置くなんて君の怠慢だ「Has cometido un descuido al [Has sido imprudente por] dejar la bicicleta sin candado.

だいみょう 大名 m. "daimyo", (説明的に) m. señor feudal japonés.

タイミング ♦ タイミングのよい adj. oportuno. ♦ いいタイミングだ ¡Muy oportuno! ♦ 彼の発言はタイミングがよかった Lo que dijo fue muy oportuno. / Sus observaciones fueron de lo más oportuno.

タイム ❶ (所要)時間) m. tiempo. ♦ タイムカード →タイムカード. ♦ タイムスイッチ m. interruptor eléctrico automático. ♦ タイムカプセル f. cápsula del tiempo. ♦ タイムマシーン f. máquina de transporte a través del tiempo. ♦ タイムリミットを決める v. fijar 「un plazo [una fecha tope]. ♦ ランナーのタイムをとる v. cronometrar [tomar el tiempo de] un/una corredor/dora. ♦ 5千メートルを記録的なタイムで走る v. correr los 5.000 metros en un tiempo récord. ♦ 百メートルの私の最高タイムは11秒4だ Mi mejor tiempo en los cien metros lisos es de 11.4 (once segundos, cuatro décimas; once, cuatro) segundos. ❷ (競技の一時中断) m. tiempo muerto. ♦ (審判が)タイムを宣する v. pedir* tiempo muerto. ♦ タイムを要求して靴のひもを結ぶ v. pedir* tiempo muerto y atarse los zapatos. ♦ タイム! ¡Tiempo muerto!

タイム・アウト (専門語) f. desconexión por tiempo.

タイムアップ (宣言) Se ha acabado el tiempo. / Ya no tiempo.

タイムカード f. tarjeta registradora [[メキシコ] checadora]. ♦ タイムカードを押す v. fichar [marcar*, [メキシコ] checar*] (una tarjeta registradora).

タイムサービス f. venta por el tiempo limitado.

タイムシェアリング →時分割.

タイムトンネル m. túnel del tiempo.

タイムリー ♦ タイムリーヒットを放つ v. batear un sencillo a tiempo. ♦ 彼の到着はタイムリーであった Su llegada fue 「muy oportuna [de lo más oportuna, (口語) oportunísima].

タイムレコーダー m. reloj registrador [[メキシコ] checador]. ♦ タイムレコーダーを押して[1]出勤する[[2]退社する] v. fichar [marcar*, [メキシコ] checar] al [1]entrar [[2]salir*].

だいめい 題名 m. título. ♦ この作品の題名は「血の結婚」という題名です El título de esta obra es «Bodas de Sangre».

だいめいし 代名詞 m. pronombre.

たいめん 体面 (体裁) fpl. apariencias; (威信) m. prestigio, m. buen nombre; (名誉) m. honor, f. honra; (面目) f. dignidad, (口語) f. cara. ♦ 体面上 adv. para guardar las apariencias, por las apariencias. ♦ 体面を重んずる v. dar* importancia a las apariencias. ♦ 彼らはそれは彼のせいだと主張して体面を保とうとした Intentaron 「salvar las apariencias [poner a salvo su honor] diciendo que la culpa era de él. ♦ それでぼくの体面にかかわる Eso va a afectar mi honor [buen nombre]. / Mi honor quedará comprometido con eso. ♦ 彼の行為は学校の体面を汚した Su comportamiento 「deshonró a la escuela [manchó el buen nombre de la escuela]. ⇨体裁, 手前

たいめん 対面 *m.* encuentro, *f.* entrevista. ▶3年ぶりで彼と対面する *v.* verlo[le]* por primera vez en tres años.

たいもう 大望 (野心) *f.* ambición; (強い願望) *f.* aspiración, 《強調して》 *m.* anhelo. → 野心, 大志. ♦彼はメキシコ大統領になろうという大望を抱いていた「Tenía la ambición de [Ambicionaba] ser presidente de México. ☞志, 志望

だいもく 題目 (表題) *m.* título; (話題) *m.* tema.

タイヤ *m.* neumático, 『ラ米』 *f.* llanta, 《口語》 *f.* rueda. ▶1自動車の [2スペア] タイヤ *m.* neumático de 1automóvil [2repuesto]. ▶タイヤに(ポンプで)空気を入れる *v.* inflar un neumático. ▶タイヤを取り替える *v.* cambiar un neumático nuevo. ♦タイヤがパンクした He tenido un pinchazo. / Se me ha pinchado la rueda.

地域差 タイヤ(自動車の)
〔全般的に〕 *f.* cubierta
〔スペイン〕 *f.* cubierta, *m.* neumático
〔ラテンアメリカ〕 *f.* llanta
〔キューバ〕 *f.* goma, *m.* neumático
〔メキシコ〕 *m.* neumático
〔コロンビア〕 *m.* neumático
〔アルゼンチン〕 *f.* cubierta, *f.* goma, *m.* neumático

地域差 タイヤチューブ(自動車の)
〔スペイン〕 *f.* cámara
〔キューバ〕 *m.* neumático
〔メキシコ〕 *f.* cámara
〔ペルー〕 *f.* cámara
〔コロンビア〕 *m.* neumático
〔アルゼンチン〕 *f.* cámara, *f.* llanta

ダイヤ ❶【宝石】 *m.* diamante. ▶人造ダイヤ *m.* diamante「de imitación [artificial]」. ▶ダイヤの指輪 *m.* anillo de diamantes.

❷【トランプ】 *m.* diamante. ▶ダイヤの1エース [27] 1 *m.* as [2siete] de diamantes.

❸【列車】(時刻表) *m.* horario (de trenes). ▶大雪でダイヤが乱れた El horario de trenes fue alterado debido a la intensa nevada. / 《フォーマル》La intensa nevada provocó irregularidades en el horario ferroviario. ▶列車はダイヤどおりに運行している El tren cumple el horario.

たいやく 大役 *f.* misión [*m.* cometido, *f.* tarea] importante [de (mucha) responsabilidad]. ▶大役を果たす *v.* cumplir una misión importante.

だいやく 代役 *mf.* sustituto/ta; (映画の) *mf.* suplente. ▶代役を務める(一般に) *v.* sustituir*, hacer* de sustituto/ta 《por, en lugar de》; (俳優・役の) *v.* hacer* [actuar*] de sobresaliente《por》; (俳優の) *v.* suplir. ♦彼は私が休暇でいない間私の代役を務めた「Me sustituyó [Fue mi sustituto] mientras yo estaba de vacaciones.

ダイヤモンド *m.* diamante → ダイヤ; (野球) *m.* cuadro.

ダイヤル (電話の) *m.* disco; (ラジオの) *m.* dial; (計器の) *m.* cuadrante. ▶ダイヤル式電話 *m.* teléfono de disco. ▶ダイヤルトーン *m.* tono [*f.* señal] de marcar [『ラ米』discado]. ▶ダイヤルを回す(電話の) *v.* marcar* (un número de teléfono); (ラジオの) *v.* sintonizar* (una emisora de radio). ▶6725 番にダイヤルを回す *v.* marcar* el 6725 (seis, siete, dos, cinco). ▶ラジオのダイヤルを音楽番組に合わせる *v.* sintonizar* un programa de música.

タイユアン 太原 《ピンイン》Taiyuan 《☆中国の都市》

たいよう 耐用 ▶耐用年数(機械・道路などの) *f.* vida (útil). ♦この冷蔵庫の耐用年数は8年だ「La vida de esta nevera es [Este refrigerador tiene una vida] de 8 años.

たいよう 大要 (概略) *m.* resumen, *m.* compendio, *fpl.* líneas generales; (内容) *m.* contenido. ▶その計画の大要を説明する *v.* explicar*「las líneas generales del proyecto [el plan en resumen].

***たいよう** 太陽 *m.* sol.

1《～太陽》 ▶1熱帯 [2灼(しゃく)熱] の太陽 *m.* sol 1tropical [2abrasador].

2《太陽+名詞》 ▶太陽系 *m.* sistema solar. ▶太陽黒点 *f.* mancha solar. ▶太陽電池 *f.* célula [*f.* batería] solar. ▶太陽暦 *m.* calendario solar. ▶太陽エネルギー *f.* energía solar. ▶太陽エネルギー利用設備(＝ソーラーシステム) *m.* sistema de calefacción solar. ▶太陽熱 *m.* calor solar. ▶太陽熱温水器 *m.* colector solar, *m.* calentador solar de agua. ▶太陽熱発電 *f.* generación eléctrica solar.

3《太陽は[が]》 ♦太陽は東から昇り西に沈む El sol sale por el este [oriente] y se pone por el oeste [occidente]. ♦太陽は輝いていたが風は冷たかった Hacía sol, pero el viento era frío. ♦太陽は出ていなくて, 山には雨雲がかかっていた No hacía sol y en las montañas había nubes de lluvia.

4《太陽の》 *adj.* solar. ▶太陽の光線 *mpl.* rayos「del sol [solares]. ♦午前中の部屋には太陽の光がいっぱい差し込む Por la mañana da mucho sol en este cuarto. / Este cuarto es muy soleado por la mañana.

たいよう 大洋 *m.* océano. → 海. ▶大洋航路 *f.* ruta oceánica. ♦大洋州 *f.* Oceanía. ▶大洋を航海する *v.* navegar* por el océano.

だいよう 代用 *f.* sustitución, *f.* suplencia. ▶バターの代用品 *m.* sustituto [*m.* sucedáneo] de la mantequilla.

―― 代用(を)する (Bの代わりに A を使う) *v.* sustituir B con [por] A; (A を B として使う) *v.* usar A de [como] B. ▶ろうそくで懐中電灯の代用をする *v.* usar una vela como linterna, sustituir* una linterna con una vela. ▶この時計はストップウォッチにも代用できる Este reloj se puede usar también como cronómetro.

だいようりょうきおくそうち 大容量記憶装置 《専門語》 *m.* sistema de almacenamiento masivo.

たいら 平らな *adj.* llano, plano, (凹凸のない) *adj.* igualado, (なめらかな) *adj.* liso, (水平な) *adj.* nivelado. ♦平らな道が海岸へ続いている A la costa se llega por una carretera llana. ♦

810　たいらげる

テントを平らな場所に張った Montamos la tienda en「un lugar llano [una superficie plana]」. ♦サッカー場を平らにした Nivelamos el campo de fútbol. /(ローラーでならして)Apisonamos el terreno del campo de fútbol.

たいらげる 平らげる (全部食べる)v. comerse; (平定する)v. reprimir, someter. ▶自分の食べ物を全部平らげて皿を洗い、comerse toda la comida. ♦彼はラーメンを3杯も平らげた Se comió tres cuencos de fideos chinos. ♦彼はそのスパゲティを軽く平らげて皿を洗い、それからいつもの仕事に戻った Se comió los espaguetis, lavó los platos y volvió a su trabajo.

****だいり 代理** f. representación; (人) mf. agente; (会議などの) mf. representante; (職権を持つ) mf. delegado/da, mf. diputado/da; (投票などの) mf. apoderado/da; (劇中の代役) mf. substituto/ta, mf. suplente; (臨時の代役) mf. interino/na. → 代理人. ▶(代理の)議長 mf. presidente en funciones. ▶課長代理 mf. jefe/fa de sección interino/na.▶総代理人 mf. representante [mf. agente] general. ▶広告総代理店 f. agencia [f. representación] exclusiva de publicidad. ▶代理サーバー(専門語) m. servidor proxy. ▶代理母 f. madre suplente [(口語)de alquiler]. ▶私はここに病気の山田氏の代理で来ました Estoy aquí en representación del [(口語)lugar] del Sr. Yamada, que está enfermo. → 代わりに.

── **代理をする** (代表する)v. representar; (代行する)v. actuar* en nombre《de》; (代役を果たす)v. substituir, suplir, suplantar. ▶代わりをする. ♦私は会議で社長の代理をした(=務めた) En la asamblea actué en nombre [representación] del presidente.

だいリーガー 大リーガー m. jugador de las grandes ligas.

だいリーグ 大リーグ (アメリカンリーグとナショナルリーグ)fpl. grandes ligas (la Liga Americana y la Liga Nacional). ♦彼は大リーグの選手です Juega en las grandes ligas. / Es jugador de las grandes ligas.

****たいりく 大陸** m. continente. ▶大陸の adj. continental. ▶[1新 [2旧]大陸 m. [1]Nuevo [2]Viejo] Continente. ▶[1]アジア [2]ヨーロッパ]大陸 m. Continente [1]Asiático [2]Europeo]. ▶大陸横断旅行 m. viaje transcontinental. ▶大陸性気候 m. clima continental. ▶大陸棚 f. plataforma continental.

だいりせき 大理石 m. mármol. ▶大理石の像 f. estatua de [en] mármol. ♦彼は大理石の記念碑を作った Esculpió un monumento en [de] mármol.

たいりつ 対立 (反対)f. oposición; (意見などの衝突)m. conflicto, m. desacuerdo; (政治的・軍事的な)f. confrontación, m. enfrentamiento, m. antagonismo. ▶激しい利害[2]労使間]の対立 f. fuerte oposición [1]de intereses [2entre administración y trabajadores].

── **対立する** (対立している)v. estar* opuesto《a》; (衝突する)v. oponerse* 《a》; (意見が一致しない)v.「no estar* de acuerdo [estar* en desacuerdo]《con》. ▶対立した意見 fpl. opiniones opuestas [contrarias, (教養語)antagónicas]. ♦愛は憎しみと対立する El amor「es opuesto [se opone] al odio. ♦彼はその件に関してわれわれと対立していた En ese asunto se oponía a nosotros. / Estaba en desacuerdo con nosotros sobre ese tema.

だいりにん 代理人 m. agente; (代表者) mf. representante. ▶代理人を務める v. actuar* de [como] agente. ♦彼は日本における当社の代理人です「Es nuestro agente exclusivo [Sólo él representa a nuestra compañía] en Japón.

たいりゃく 大略 (概略) fpl. líneas generales; (要約) m. resumen. ▶講義の大略を示す v. hacer* [dar*, (フォーマル)ofrecer*] un resumen de la conferencia.

たいりゅう 対流 (熱・電気の)(専門語) f. convección. ▶対流の adj. convectivo. ▶対流圏 f. troposfera.

たいりょう 大漁 f. buena [gran] captura [redada]. ♦今日はサケの大漁だった Hoy hemos capturado [pescado] muchos salmones.

たいりょう 大量 f. gran cantidad, f. cantidad masiva. ▶大量の adj. mucho, (教養語)muchísimo. ▶大量に adv. en gran cantidad, en grandes cantidades, en cantidades industriales; (大口で) adv. en grandes cantidades; (大規模に) adv. en gran escala. ▶大量失業 m. desempleo masivo. ▶大量にアスピリンを飲む v. tomar aspirinas en gran cantidad. ♦大量の金(ﾈ)が見つかった Se halló una gran cantidad de oro.

たいりょうせいさん 大量生産 f. producción en masa, f. fabricación en serie. ▶バターを大量生産する v. producir* mantequilla en「grandes cantidades [cantidades industriales].

たいりょく 体力 f. fuerza (física), m. vigor; (持久力) f. resistencia (física), m. aguante. → スタミナ. ▶体力テスト f. prueba de fuerza (física). ▶体力の限界 m. límite de la fuerza física. ▶体力[1がつく [2をつける] v. [1]fortalecerse* [2desarrollar] la fuerza física. ♦彼はその山に登るだけの十分な体力がある「Tiene fuerza [Es lo bastante fuerte] para subir la montaña. ♦年とともに体力が衰えていくのが分かる Veo que「mi fuerza está decayendo [voy perdiendo fuerza] con la edad. ♦手術後彼はまだ体力が回復していない Después de la operación todavía no ha recuperado su fuerza. ♦彼は私より体力が「Es (físicamente) más fuerte [Tiene más fuerza (física)] que yo. ☞ 元気, 精, 力

たいりん 大輪 (花) f. corola (de la flor) grande. ▶大輪の朝顔 f. campanilla [m. dondiego de día] de corola grande.

タイル m. azulejo; (壁の) m. baldosín; (床の) f. baldosa. ▶タイル張りの浴室 m. cuarto de baño alicatado [cubierto de azulejos]. ▶(壁に)タイルを張る v.「cubrir* de azulejos [alicatar] (una pared).

ダイレクトメール *f.* publicidad por correo; *f.* propaganda por correo, *m.* buzón comercial.

だいれん 大連 →ターリエン

たいろ 退路 (退却) *f.* retirada. ▶敵の退路を断つ *v.* cortar la retirada del enemigo.

だいろっかん 第六感 *m.* sexto sentido; (予感) *m.* presentimiento, *f.* corazonada. ♦彼はそんなことに第六感がぬく Tiene un sexto sentido para esos temas.

たいわ 対話 *m.* diálogo, *f.* conversación. ▶[1野党と] [2労使間の]対話を持つ *v.* tener* [《フォーマル》sostener*] un diálogo [1con la oposición] [2entre mano de obra y administración].

たいわがた 対話型 《専門語》 *adj.* interactivo.

たいわん 台湾 Taiwán, Formosa. ▶台湾(人)の *adj.* taiwanés. ▶台湾人 *mf.* taiwanés/nesa. ▶台湾政府 *m.* gobierno de Taiwán.

たいんしょう 多飲症 《専門語》 *f.* polidipsia. ▶心因性多飲症 《専門語》 *f.* polidipsia compulsiva.

ダウ ▶ダウ平均指数 *m.* índice Dow Jones.

たうえ 田植え "taue", 《説明的に》 *m.* transplante de los plantones de arroz en el semillero al arrozal. ▶田植え時 *f.* época de transplantación del arroz. ▶田植えをする *v.* transplantar los plantones de arroz.

タウン *f.* ciudad. → 町. ▶ゴーストタウン *f.* ciudad fantasma. ▶タウンウェア(街着) *f.* ropa de calle. ▶ニュータウン *f.* ciudad nueva, *f.* urbanización.

ダウン (鳥の綿毛) *m.* plumón. ▶ダウンジャケット *f.* chaqueta [[ラ米] *m.* saco] de plumón. → 羽毛.

ダウンしょう ダウン症 《専門語》 *f.* enfermedad de Down. ▶ダウン症候群 《専門語》 *m.* síndrome de Down. ▶ダウン症児 *mf.* niño/ña con síndrome de Down.

ダウンする ▶働き過ぎてダウンする(＝参ってしまう) *v.* caer* rendido por el excesivo trabajo. ▶風邪でダウンする *v.* caer* (en cama) por efecto de un catarro. ♦彼は第1ラウンドでダウンした(＝打ち倒された)「Cayó a la lona [Lo [Le] tiraron] en el primer asalto.

ダウンタウン (繁華街) *m.* centro de la ciudad. ▶ダウンタウンのレストラン *m.* restaurante en el centro (de la ciudad).

ダウンロード ▶ダウンロードする 《専門語》 *v.* descargar*, bajar, bajarse.

たえがたい 堪え難い ▶【我慢できない】▶堪え難い痛み *m.* dolor insoportable [intolerable, inaguantable, insufrible]. ♦彼の無礼さは堪え難い Su mala educación me parece insoportable.

❷【圧倒的な】▶堪え難い悪臭 「*m.* mal olor [《教養語》 *m.* hedor] inaguantable [intolerable].

❸【抵抗できない】▶堪え難い誘惑 *f.* tentación irresistible.

だえき 唾液 *f.* saliva. ▶唾液腺 *fpl.* glándulas salivales.

たえしのぶ 耐え忍ぶ *v.* aguantar, soportar.

たえる 811

→ 我慢する. ▶つらさを耐え忍ぶ *v.* aguantar [soportar] el dolor.

＊たえず 絶えず （くり返し） *adv.* continuamente; (いつも) *adv.* todo el tiempo, siempre → いつも, 通例, 必ず, 普段; (変わりなく) *adv.* constantemente. ▶絶えず努力する *v.* hacer* esfuerzos constantes; (日夜努力する) *v.* hacer* esfuerzos día y noche. ♦彼は絶えず不平を言っている Está siempre quejándose. / No para [deja] de quejarse. ♦彼のことばが絶えず頭に浮かんでくるのです Sus palabras me vienen continuamente a la cabeza.

たえだえ 絶え絶え ▶息も絶え絶えである *v.* intentar tomar aliento; estar* sin aliento. ♦彼は息も絶え絶えにゴールに走り込んだ Llegó a la línea de meta sin aliento. / Llegó jadeante a la línea de meta.

たえなる 妙なる （美しい） *adj.* exquisito, delicado; (甘美な) *adj.* dulce. ▶妙なる笛の音 *mpl.* tonos delicados de una flauta.

たえま 絶え間 *f.* interrupción. ▶絶え間(の)ない *adj.* continuo, constante. ▶絶え間ない努力をする *v.* hacer* esfuerzos constantes. ♦絶え間なく彼らが訪ねるので彼はいらいらした Le irritaban sus continuas peleas. ♦絶え間なく雨が降り続いた Estuvo lloviendo sin cesar [interrupción]. / No dejó de llover todo el tiempo. → 絶えず.

たえる 絶える (死滅する) *v.* extinguirse*, desaparecer*, morir* → 絶滅; (止む) *v.* detenerse*, interrumpirse; (終わる) *v.* acabarse, llegar* al fin; (機能しなくなる) *v.* fallar; (尽きる) *v.* agotarse; (供給がとだえる) *v.* interrumpirse (el suministro). ♦息子からの[1消息 [2連絡]が絶えた [1Dejé de tener noticias de [2Perdí el contacto con] mi hijo. ♦石油の供給が絶えた Cortaron el suministro de petróleo. ♦彼は息が絶えた Murió. / 《フォーマル》Falleció. / Dio [《フォーマル》Exhaló] su último suspiro.

《その他の表現》 ♦私の母は苦労が絶えない Mi madre está siempre preocupada. ♦我が家はけんかが絶えない En mi familia「no paran de pelear [siempre se están peleando]. ♦この通りは交通が絶えない En esta calle hay un flujo continuo de vehículos. ♦アコンカグア山の頂上は一年中雪が絶えない La cima del Aconcagua está siempre cubierta [《強調して》coronada] de nieve.

＊たえる 耐[堪]える ❶【我慢する】(苦痛・悲しみなど重みに) *v.* aguantar; (ひるまず) *v.* soportar; sufrir; (長い間忍耐強く) *v.* aguantarse, resistir. → 我慢する. ♦彼女の愚痴には堪えられない No aguanto [puedo soportar] sus quejas. ♦人々が飢えに苦しむのは見るに堪えない No puedo soportar [aguantar] ver a la gente sufrir de hambre.

❷【持ちこたえる】(状況・検査に) *v.* soportar; (力・行為に) 《教養語》 *v.* tolerar; (検査・重圧・苦難に) *v.* aguantar; (抵抗する) *v.* resistir. ▶厳密な検査に堪える *v.* soportar un riguroso examen. ▶酒の誘惑に耐える *v.* resistir la tentación de beber. ▶あらし [²危機]に耐える(=切り抜ける) v. resistir una ¹tormenta [²crisis]. ◆そのガラスポットは摂氏120度の熱に耐えられる La olla de vidrio puede aguantar [tolerar] una temperatura de 120℃ (ciento veinte grados centígrados). / Esta olla de vidrio es termorresistente hasta 120℃. ◆その橋は大人2,3人の重さにも耐えられないだろう Ese puente apenas soporta el peso de dos o tres adultos a la vez.

❸【値打ちがある】v. merecer* 〖valer*〗 la pena 《de + 不定詞》;《適応力がある》v. ser* apto《para》, ser* capaz《de》. ◆その小説は二度読むには堪えない Esa novela no「vale la pena de leerse [merece ser leída] dos veces. → 価値. ◆彼なら社長の重責に堪えられる人だ Es 「apto para [capaz de cumplir (con)] las duras tareas de un presidente.

《その他の表現》▶¹感謝 [²遺憾; ³悲しみ]に堪えない v. estar* muy [sumamente] ¹agradecido, ²arrepentido, ³pesaroso
☞我慢する, 凌ぐ

だえん 楕円 f. elipse. ▶楕円(形)の adj. elíptico; oval, ovalado.

*たおす **倒す** ❶【転倒させる】v. derribar, hacer*《a + 人》caer* [《教養語》abatir]; 《当たって倒す》v. tumbar, 《口語》tirar《a + 人》al suelo; 《切り倒す》v. talar (un árbol); 《壊す》v. derrumbar; 《破壊する》v. destruir*; 《引っくり返す》v. volcar*. → 倒れる. ▶相撲を殴り倒す v. tumbar al rival. ▶古家を倒す(=壊す) v. derrumbar la vieja casa. ▶座席を倒す v. reclinar un asiento. ▶彼をアッパーカットで倒した De un gancho lo [le] tiré al suelo. ▶電気スタンドを倒さない(=当たってひっくり返さない)ように気をつけて Ten cuidado y no tires [hagas caer] la lámpara de la mesa.

❷【負かす】v. derrotar, vencer*, batir; 《転覆させる》v. volcar*; derrocar*; 《殺す》v. matar. ◆そのチームを倒す v. vencer* a ese equipo. ▶政府を倒す v. derrocar* el gobierno. ▶暴君を倒す(失脚させる) v. hacer* caer [derrocar*] al tirano; 《殺す》v. matar al tirano; 《暗殺する》v. asesinar al tirano. ◆独裁者を倒せ ¡Abajo [Fuera] el dictador! / ¡No queremos al dictador!

タオル f. toalla. ▶バスタオル f. toalla de baño. ▶(浴室の)タオル掛け m. toallero. ▶タオル地 f. (tela de) toalla, f. felpa. ▶タオルケット f. manta [f. cubierta] de felpa. ▶タオルで体をふく v. secarse* con una toalla. ◆手をふくタオルはここにあるよ Aquí hay una toalla para que te seques las manos.

たおれこむ 倒れ込む v. caerse*《en》. ◆庭に電柱が倒れ込んできた El poste de electricidad se cayó en el jardín.

*たおれる **倒れる** ❶【転倒する】v. caer(se)*; 《人が》v. tumbarse; 《建物が》v. derrumbarse; 《ぐらついて》v. volcarse*; 《崩れる》v. desfallecer*; 《破壊される》v. destruirse*; 《卒倒する》v. desmayarse. ▶地面に倒れる v. caer(se)* al suelo. ▶あお向けに倒れる v. caer* de espaldas. ▶ばったり倒れる v. caer* de repente; 《大の字に》v. caer* a todo lo largo. ▶倒れた木 m. árbol caído. ▶その子供は木の根につまずいて倒れた El niño tropezó en la raíz del árbol y se cayó. ◆その老婆はよろけて道に倒れた La anciana se cayó en la calle. ◆雪の重みで小屋が倒れた El cobertizo se derrumbó bajo el peso de la nieve. ◆村の大部分の家があらしで倒れた La mayoría de las casas del pueblo fue destruida [derrumbada] por la tormenta. ◆少女たちのうち数人が空腹で倒れた Varias chicas se desmayaron de hambre. ◆強風でたくさんの木が倒れた(=吹き倒された) Muchos árboles fueron abatidos por el vendaval. / El vendaval derrumbó numerosos árboles. ◆彼は人波に押されて倒れた Fue derribado por la multitud. ◆全身の力が抜けて彼は床に倒れ込んだ Al írsele la fuerza, se dejó caer en el suelo.

❷【病む, 死ぬ】《病気になる》v. caer* [ponerse*] enfermo → 病気; 《健康を害してぶっ倒れる》v. desfallecer* 《por》, 《教養語》sucumbir《ante, por》, 《死ぬ》v. morir*; 《殺される》v. ser* asesinado, caer* asesinado. ▶流感で倒れる v. caer* con gripe. ▶がんで倒れる(=死ぬ) v. morir* 〖《フォーマル》sucumbir〗 de cáncer. ▶戦闘で倒れる v. caer*「en [combate 《強調して》el campo de batalla]. ◆彼は過労で倒れた Cayó enfermo por exceso de trabajo. ◆2, 3週間休まないと彼は倒れてしまうよ Si no se toma dos o tres semanas de descanso, va a caer enfermo. ◆彼は凶弾に倒れた Cayó asesinado.

❸【滅びる】《崩壊する》v. caer*, hundirse; 《破産する》v. quebrar, 「ir* a [caer* en] la bancarrota; 《没落する》v. arruinarse, 《フォーマル》caer* en decadencia. ◆与党は経済政策の失敗で倒れた El partido dirigente cayó debido a una política económica equivocada. ◆その不景気の間にいくつかの銀行が倒れた Varios bancos quebraron durante la depresión. ☞ 転がる, 転ぶ, 卒倒, 倒壊

たか 鷹 m. halcón. ▶鷹匠 mf. halconero/ra. ▶鷹狩り f. cetrería. ▶鷹狩りをする v. cazar con un halcón.

たか 高 ▶たかが知れている(取るに足りない) v. no tener* razón para estar* orgulloso. ▶たかをくくる(甘く考える) v. pensar* con optimismo; no hacer*「caso《de》.

*だが → しかし. ◆きつい仕事だが, 楽しくやっています Es un trabajo duro, pero me gusta. / Aunque se trata de un trabajo duro, lo hago con gusto. / 「No obstante [A pesar de] ser un trabajo duro, lo hago con gusto. / 《口語》Duro y todo, el trabajo me gusta.

ダカール Dakar (☆アフリカ西部, セネガルの首都).

たかい **高い ❶【高さが】adj. alto; 《フォーマル》elevado. ▶高い天井 m. techo alto. ▶高い空の雲 f. nube alta. ▶高いビル m. edificio alto. ▶塀を1メートル高くする v. subir la pared un metro. ◆富士山は日本で一番高い山です El Monte Fuji es la montaña más alta de Japón. /《フォーマル》La altura del Monte Fuji es superior a la de cualquier otra montaña de Japón. ♦天井が高すぎて部屋がなかなか暖まらない Como el techo es demasiado alto, el cuarto no se calienta fácilmente. ♦彼女は姉と同じくらい背が高い Es tan alta como su hermana. ♦彼女は私より3センチ高い Es tres centímetros más alto que yo. / Me saca tres centímetros (de altura). /《フォーマル》Su altura es tres centímetros superior a la mía. ♦飛行機が空高く飛んでいた El avión volaba alto en el cielo. ♦どのくらい高い所から彼は落ちたのか ¿De qué altura se cayó? ♦もう7時なのに太陽はまだ高かった Eran las siete de la tarde, pero el sol todavía estaba alto.

❷【金額が】(値段が) adj. alto,《フォーマル》elevado; (品物が) adj. caro, costoso. ♦高い値段で1売る[2買う] v. 1vender [2comprar] caro [a precio alto]. ♦この本の値段は高すぎる El precio de este libro es demasiado alto. / Este libro「es demasiado caro [cuesta demasiado]. ♦東京は物価が高い Los precios son muy altos en Tokio. / La vida es cara en Tokio. / Tokio es「muy caro [una ciudad cara]. ♦彼女は高い給料をもらっている Tiene un salario [sueldo] alto. / Le pagan bien. ♦電車より飛行機で行く方が高くつく 「Es más caro [Cuesta más] ir en avión que en tren. ♦最近野菜が高くなった Las verduras han subido [《フォーマル》encarecido] recientemente. / Los precios de las verduras están más caros [altos] últimamente. 《会話》5千円でお分けしましょう―うわっ,それは高いわ Se lo dejo por cinco mil yenes. – ¡Oh! Es muy caro.

❸【地位・希望・程度などが】adj. alto; (高遠な)《フォーマル》adj. elevado,《強調して》sublime,《教養語》adj. excelso. ♦高い理想 mpl. ideales [elevados] ideales. ♦地位の高い人 f. persona de elevada posición. ♦程度の高い学校 f. escuela de grado alto. ♦程度の高いスペイン語コース m. curso de español avanzado. ♦彼は望みが高すぎる Sus objetivos「son demasiado altos [《口語》están por las nubes]. (大志を持つ)Es demasiado ambicioso. ♦彼は高い(=高い水準の)教養を身につけている Su nivel de cultura es alto. / Es un hombre culto. ♦彼の今度の小説は高く評価されている Su nueva novela es「altamente valorada [tenida en mucho]. / Tienen「muy buena [《フォーマル》alta] opinión de su nueva novela. ♦この数学の問題は普通の高校生には程度が高すぎる(=難しすぎる)Este problema de matemáticas es demasiado difícil para un estudiante normal de la escuela secundaria.

❹【温度・圧力などが】adj. alto, elevado. ♦この部屋の温度は高すぎる La temperatura de esta habitación es demasiado alta. ♦母は高い熱を出している Mi madre tiene fiebre alta. ♦興奮すると血圧が高くなる La excitación eleva [sube, pone alta] nuestra presión sanguínea. / Si nos excitamos, se nos sube [pone alta] la presión sanguínea.

❺【声・格調などが】(声・音が大きい) adj. alto; (かん高い) adj. chillón, de tono alto, agudo; (洗練された) adj. elevado, refinado. ♦高い声で話す v. hablar con voz alta [chillona]; (大きな声で) v. hablar en voz muy alta. ♦かん高い叫び声 m. grito agudo [en tono alto]. ♦声を高くする v. elevar la voz. ♦この曲はキーが高すぎて私には歌えない Esta pieza está afinada demasiado alta y no puedo cantarla. ♦彼は格調の高い文章を書く Escribe con un estilo elevado [refinado].

【その他の表現】♦お高く止まる(=ごう慢だ) v. ser* altanero [altivo],《口語》ser* estirado. ♦その経験は高くついた Fue una experiencia cara. / Esa experiencia me costó [《口語》salió] muy cara. ♦そんなことで鼻を高くする(=自慢する)な No te「pongas altanero [jactes] de eso.

たかい 他界 ♦他界する v. fallecer*, dejar este mundo.

*たがい 互 (互いの) adj. recíproco, mutuo. ♦互いに話し合う v. hablarse, hablar uno(s) con otro(s), hablar entre sí. ♦彼らは互いに尊敬し合っている Se respetan. / (相互に尊敬の念を持っている)Se tienen un respeto mutuo. / El respeto entre ellos es recíproco. ♦彼らは互いの長所を知っている Se saben sus puntos fuertes. ♦彼らはお互いにプレゼントを交換した Se intercambiaron regalos. ♦お互いに頑張ろう Vamos a「hacerlo lo mejor posible [esforzarnos]. ♦彼らはお互いに何を考えているか分かっている Cada uno sabe lo que piensa el otro. / Se conocen los pensamientos.

だかい 打開 ♦打開する(打ち破る) v. romper*; (突破口を開く) v. abrir* brecha 《en》; (打開策を見つける) v. hallar una solución 《a》. ♦行き詰まりを打開する v. romper* el punto muerto.

たがいちがい 互い違い ♦互い違いに adv. alternativamente, f. alternación. ♦互い違いにする[する] v. alternar 《con》, venir* [suceder, presentarse] alternativamente. ♦幸福と不幸は互い違いにやって来る La felicidad y la infelicidad se suceden alternativamente. / La dicha alterna con la desdicha. ♦その鉄塔には白と赤のペンキが互い違いに塗ってあった Pintaron la torre de acero de rayas alternativamente rojas y blancas.

たかが 高が →高. ♦たかが知れた(=ささいな)事 f. insignificancia, f. menudencia, f. pequeñez,《口語》f. tontería. ♦たかが百円くらいの金 f. cantidad tan insignificante como cien yenes. ♦たかがゲームだ. そんなにむきになるな No te excites tanto. No es más que un juego. ♦たかが本一冊のためにわざわざ来たのね Has venido solamente sólo a por el libro, ¿no?

たがく 多額 ♦多額の金 m. mucho dinero,《口語》m. dineral, f. gran suma de dinero. ♦多額の資金 f. gran cantidad de fondos.

たかくか 多角化 f. diversificación. ♦多角化する v. diversificar*. ♦経営を多角化する v. diversificar* los negocios. ♦われわれの工場はい

ろいろな市場での販売のために製品を多角化した Nuestra fábrica ha diversificado la gama de productos para venderlos [que se vendan] en diferentes mercados.

たかくけいえい 多角経営 *mpl.* negocios [*fpl.* operaciones] múltiples, *f.* administración múltiple. ◆多角経営の大会社（＝複合企業）*m.* conglomerado (de múltiples empresas). ◆多角経営をする *v.* diversificar* los negocios.

たかくてき 多角的 （多種多様の）*adj.* diversificado; （多国間の）*adj.* multilateral; （全面的な）*adj.* polifacético. ◆多角的農業 *f.* agricultura diversificada. ◆多角的貿易 *m.* comercio multilateral. ◆問題を多角的に（＝ろいろの角度から）見る *v.* ver* el problema desde diferentes ángulos.

*****たかさ** 高さ ❶【上下の高さ】*f.* altura, （山の）*f.* altitud. ◆1万メートルの高さを飛ぶ *v.* volar* a una altura 《フォーマル》altitud] de 10.000 metros. ◆これくらいの高さの像 *f.* estatua de esta altura [《口語》así de alta]. 《会話》あの塔の高さはどのくらいですか―333メートルです ¿Qué altura tiene aquella torre? – Tiene 333 metros de alta. → 高い. ◆この木は10メートル以上の高さになる Este árbol「alcanza una altura superior a [puede crecer más de] los 10 metros.
❷【声の高低】*m.* tono. ◆声の高さを変える *v.* variar* el tono de la voz.
❸【値段の高さ】◆東京の物価の高さに驚く *v.* sorprenderse de los altos precios de Tokio.

たかしお 高潮 *m.* maremoto. ◆高潮警報 *m.* aviso de alerta de maremoto.

たかだい 高台 *f.* altura, 《教養語》*f.* eminencia; （丘）*f.* loma, *m.* otero → 丘, 高原, 台地

たかだか 高々 ❶【せいぜい】（多くて）*adv.* a lo sumo, como mucho [máximo]; （たった）*adv.* solamente, sólo; （一番高くても）lo máximo. ◆その会合に出たのはたかだか30人くらいだった「A lo sumo había [No había más de] 30 personas en la reunión.
❷【高い様子】（空高く）*adj.* alto, 《フォーマル》elevado, 《強調して》sublime; （声高に）*adv.* ruidosamente, con voz muy alta. ◆旗を高々と揚げる *v.* izar* alta una bandera. ◆高々と笑う *v.* reírse* ruidosamente. ◆成功に鼻高々である *v.* estar* orgulloso del éxito conseguido.

だがっき 打楽器 （*m.* instrumento de）*f.* percusión. ◆ピアノは打楽器です El piano es un instrumento de percusión.

たかっけい 多角形 *m.* polígono. ◆多角形の *adj.* poligonal.

たかとび 高飛び ◆犯人は海外へ高飛びする寸前に捕えられた Detuvieron「al [a la] delincuente「justo antes de que huyera [cuando estaba a punto de escapar] al extranjero.

たかなる 高鳴る （どきどきする）*v.* latir, palpitar. ◆興奮で胸が高鳴った Mi corazón latía de emoción.

たかねのはな 高嶺の花 （手が届かない）*v.* estar* fuera de (su) alcance; 《フォーマル》ser* inaccesible 《para》. ◆あいつは高嶺の花だ Después de todo, está「fuera de mi alcance [demasiado alto para mí].

たかのぞみ 高望み ◆高望みをする *v.* apuntar demasiado alto 《arriba》, ser* demasiado ambicioso. → 高い.

たかは 鷹派 *f.* facción de línea dura; （タカ派の人）*m.* halcón, *m.* partidario de la línea dura. ◆タカ派政策 *f.* línea dura (de la política). ◆タカ派的発言 *f.* declaración de línea dura. ◆ハト派とタカ派(政治面で) *mpl.* liberales y conservadores.

たかびしゃ 高飛車 ◆高飛車な(高圧的な) *adj.* autoritario; despótico; （支配者などが傲（ご）慢な）*adj.* prepotente.

たかぶる 高ぶる （興奮する）*v.* excitarse, ponerse* nervioso.

たかまり 高まり （増大）*m.* aumento 《de》, *f.* subida 《de》; （感情・苦痛などの）《フォーマル》*m.* incremento 《de》. ◆緊張の高まり *m.* aumento de la tensión. ◆感情の高まり *f.* subida de la emoción.

たかまる 高まる （向上する, 感情などが強まる）*v.* subir, 《フォーマル》elevarse; （増大する）*v.* crecer*, desarrollarse; （増加する）*v.* aumentar, 《フォーマル》incrementarse. ◆高まる疑惑 *f.* sospecha en aumento. ◆彼の名声が高まった Su fama aumentó [creció]. ◆そこに近づくにつれて緊張が高まっていった La tensión aumentaba [crecía, 《フォーマル》se incrementaba] a medida que nos acercábamos. ／ Al acercarnos nos íbamos poniendo más y más nerviosos. ◆そのスキャンダルに国民の関心がますます高まっていった La gente se interesaba cada vez más por el escándalo.

たかみのけんぶつ 高見の見物 ◆高見の見物をする（何もしないで傍観する）*v.* mirar sin [y no] hacer* nada.

たかめる 高める （量・質を増す）*v.* aumentar; （水準・程度などを上げる）*v.* alzar*, elevar; （効果・速度などを強める）*v.* aumentar, realzar*; （改善する）*v.* mejorar; （才能・趣味などを養成する）《フォーマル》*v.* cultivar*. ◆¹安全性 [²能率]を高める *v.* aumentar la ¹seguridad [²eficacia]. ◆生活水準を高める *v.* mejorar [elevar] el nivel de vida. ◆効果を高める *v.* realzar* un efecto. ◆教養を高める *v.* mejorar [elevar] el nivel cultural. ◆趣味を高める *v.* cultivar el gusto. ◆これらの写真がこの本の価値を高めている Estas fotografías aumentan [realzan] el valor de este libro.

たがやす 耕す *v.* cultivar, 《口語》labrar; （鋤（すき）で）*v.* arar. ◆荒れ地を耕す *v.* cultivar tierras vírgenes. ◆畑を耕す *v.* cultivar el campo.

*****たから** 宝 （宝物）*m.* tesoro; （貴重なもの）*m.* objeto precioso, *f.* joya. ◆家の宝 *m.* tesoro familiar. ◆埋もれた宝を探す *v.* buscar* un tesoro escondido. ◆宝探し *f.* caza de tesoros. ◆宝船 *m.* barco cargado de tesoros. ◆彼はまさに会社の宝だ Es un tesoro para la empresa. ／ Verdaderamente es la joya de la

empresa.
【その他の表現】▶宝の持ち腐れ(使われていない宝) m. tesoro inútil; (才能) m. talento desperdiciado.

だから ❶【結果】(そういうわけで) adv. por eso, (y) así, así pues; consiguientemente, 《フォーマル》consecuentemente; conj. y. ◆山田先生は休みです。だから今日は数学の授業はありません El profesor Yamada no está; ［por eso [así pues] hoy no tenemos matemáticas. / El profesor Yamada no está y hoy no hay clase de matemáticas.］◆道路は凍結していた。だから徐行しなければならなかった La carretera estaba congelada y así [por lo tanto] tuvimos que conducir despacio. 《会話》それで中村を待っているのか―そう。だから彼がやって来たらすぐ部屋に通してくれ ¿Así que estás esperando a Nakamura? – Sí. Por eso, cuando llegue, hazlo[le] pasar inmediatamente. 《会話》だって彼はほんの子供じゃないの―だからどうっていうの Después de todo, no es más que un niño. – ¿Y qué? / ¿Y qué es eso?
❷【理由】…だから conj. porque, como, por + 不定詞, a causa de que, ya que,《フォーマル》debido a que. ◆彼はよく練習した。だから競走に勝った Ganó la carrera porque se había entrenado mucho. / Como se había entrenado mucho, ganó la carrera. /《フォーマル》Debido a que había entrenado mucho, ganó la carrera. /《フォーマル》Ganó la carrera por haberse entrenado mucho. ◆なぜ彼は今日欠席なの―病気だからです ¿Por qué no ha venido hoy a clase? – 「Porque está [《口語》Es que está, Por estar] enfermo. 《会話》彼らが仕事を仕上げるだけの時間はない―だからって仕事を始めない理由にはならないでしょう No tienen tiempo de acabar el trabajo. – Ésa no es una razón [causa] para no comenzarlo. /《口語》¿Y qué tiene que ver eso para que no empiecen? ◆その本にはミスプリントがある。だからといってつまらない本というわけではない El que tenga algunas erratas no quiere decir que el libro sea aburrido. / Hay algunas erratas en el libro, pero eso no significa que sea muy malo. ◆だから言ったでしょう Te lo dije, ¿no? / ¿No te lo había dicho? ☞ 従って, そこで, その代わり, それで

たからか 高らか ▶声高らかに歌う v. cantar en voz alta.

たからくじ 宝くじ f. lotería. ▶宝くじ(券)を買う v. comprar un cupón [billete] de lotería. ◆彼は宝くじで3千万円を当てた Ganó treinta millones de yenes en la lotería. / Le tocaron [《口語》cayeron] treinta millones de yenes en la lotería.

たからもの 宝物 m. tesoro. → 宝.

たかり 集り (行為) m. chantaje,《教養語》f. extorsión; (人) mf. chantajista,《教養語》mf. extorsionista. → ゆすり.

たかる 集る ❶【群がる】v. agruparse; (集まる) v. juntarse, reunirse*; (うようよする) v. apiñarse, pulular, revolotear; (込み合う) v. agolparse, aglomerarse. → 群がる. ◆子供た ちが地面に寝ころんでいる男の周りにたかった Los niños se agolparon alrededor del hombre que yacía en el suelo. ◆その食べ物にハエが真っ黒にたかっている Hay muchas moscas revoloteando alrededor de la comida.
❷【せびり取る】▶金をたかる(無理やり取る) v. chantajear,《教養語》extorsionar; (吸い取る) 《口語》chupar《a + 人》el dinero.

-たがる v. desear (querer*,《強調して》ansiar*,《強調して》anhelar, tener* ganas de］《十不定詞》→…たい; (思いこがれる, 熱望する)「tener* el deseo [estar* deseoso]《de + 不定詞》. ◆彼女は故郷に帰りたがっている「A ella le gustaría [Desea] volver a su lugar natal.

たかわらい 高笑い f. carcajada, f. risotada. ▶高笑いする v. soltar* una carcajada, reírse* ruidosamente.

たかん 多感 ▶多感な(感じやすい) adj. impresionable; (感傷的な) adj. sentimental, sensible, sensiblero. ▶多感な青春時代に adv. en los impresionables años de la juventud. ▶多情多感な(＝情熱的な)詩人 mf. poeta/tisa impresionable [sensible]. ▶多感な性質である v. tener* un temperamento sentimental.

たかんしょう 多汗症 《専門語》f. hiperhidrosis.

たき 滝 f. cascada, m. salto de agua; (大きい) f. catarata. ▶滝つぼ f. cuenca de una catarata. ▶滝に打たれる v. estar* de pie debajo de una cascada. ◆あの山の向こうに滝がある Detrás de esa montaña hay una cascada. ◆イグアスの滝は世界的に有名です Las Cataratas del Iguazú son famosas en todo el mundo. ◆この滝は数百メートル下に落ちている Esa catarata tiene varios cientos de metros de altura. ◆雨が滝のように降った Llovía「a cántaros [torrencialmente].

たき 多岐 ▶多岐にわたる(さまざまな) adj. varios; (多様な) adj. diversos.

たぎ 多義 f. polisemia. ▶多義語 m. vocablo polisémico.

だきあう 抱き合う v. abrazarse*. → 抱く, 抱き締める, 包擁する. ▶抱き合って泣く v. llorar abrazados.

だきあげる 抱き上げる v. alzar* en brazos. ▶赤ちゃんを抱き上げる v. alzar* [tomar] al bebé en brazos.

だきあわせる 抱き合わせる (別の品と抱き合わせで販売する) v. vender en lote con otro artículo. ▶抱き合わせ販売 f. venta en lote.

宝くじ Lotería primitiva. →宝くじ

だきかかえる 抱きかかえる v. sostener* en los brazos. ▶けが人を抱きかかえて救急車に運び込む v. llevar en brazos a un herido hasta la ambulancia.

たきぎ 薪 →薪(まき). ▶薪を拾う v. recoger* leña.

だきこむ 抱き込む (味方に引き入れる) v. atraer* 《人》a su lado [partido]; (計画などに巻き込む) v. involucrar 《a + 人》.

タキシード m. esmoquin.

だきしめる 抱き締める (愛情をこめて) v. abrazar*, estrechar entre los brazos. ▶抱く. ◆彼女は息子をしっかりと抱き締めた Abrazó estrechamente a su hijo. / Dio un estrecho [fuerte] abrazo a su hijo.

だきつく 抱き付く ▶彼に抱きつく(=しがみつく) v. abrazarse* a él; (腕の中に飛び込む) v. arrojarse en sus brazos. ◆赤ん坊はお母さんの首に抱きついた El bebé 「echó los brazos al cuello de su madre [rodeó el cuello de su madre con sus brazos].

たきつける 焚き付ける (そのかす) v. 《口語》azuzar* 《a + 人 para que + 接続法》; (扇動する) v. incitar 《a + 人》. ▶彼をたきつけて盗みをさせる v. incitarlo[le] al robo.

たきび たき火 f. hoguera. ▶たき火をする v. hacer* [encender*] una hoguera.

だきょう 妥協 m. compromiso; f. concesión. ▶妥協に達する v. 「llegar* a [alcanzar*] un compromiso. ◆この件に関しては妥協の余地はない En este asunto no hay lugar para compromisos [concesiones].

── **妥協する** v. comprometerse 《a, con》, hacer* un compromiso 《para, con》. ◆彼らは映画を見に行くことで妥協した 「Se comprometieron a [Llegaron al acuerdo de] ir al cine. ◆歩み寄り, 折り合い, 譲歩, 折衷; 歩み寄る, 折り合う, 折れる

たぎる (沸騰する) v. hervir*, bullir*. ▶怒りで血が煮えたぎる v. hervir* la sangre de rabia.

たく 炊く[焚く] 【煮る】 v. hervir*, cocer*. →煮る. ▶飯を炊く v. hervir* arroz; (加熱調理する) v. preparar [cocinar] arroz.

❷【燃やす】v. quemar; (火をおこす) v. hacer* fuego. ▶香をたく v. quemar incienso. ▶風呂をたく v. calentar* agua para el baño; (準備をする) v. preparar el baño.

タグ 《専門語》f. etiqueta.

だく 抱く ❶【両腕で抱える】v. tomar [coger*, sostener*] en brazos; (愛情をこめて抱きしめる) v. abrazar*. ▶その子を抱き上げる v. tomar [《スペイン》coger*] al niño en brazos. ◆彼女は赤ちゃんを抱いていた Llevaba al bebé en brazos. ◆恋人たちはかたく抱き合った Los amantes se abrazaron estrechamente. ◆小さいお子さんは必ず抱いて(連れて行って)ください A los niños pequeños hay que llevarlos en brazos.

❷【鳥が卵を】v. empollar, incubar. ◆めんどりが卵を抱いていた La gallina estaba empollando.

ダグアウト →ダッグアウト.

たくあん 沢庵 "takuan", 《説明的に》una especie de nabo en salmuera prensado. →漬物.

たぐいまれな 類まれな (比類のない) adj. incomparable, inigualable; (無類の) adj. sin par. ▶たぐいまれな美しさ f. belleza incomparable.

たくえつ 卓越 f. excelencia. ▶卓越した(優秀な) adj. excelente; (目立って優れた) adj. destacado, 《教養語》prominente; (他に抜きん出た) adj. sobresaliente; (著名な) adj. distinguido. ▶卓越する v. sobresalir* 《en》. ◆彼は雄弁家として卓越している Sobresale como orador. / Es un orador sobresaliente.

＊＊たくさん ❶【数・量が】adv. mucho, (口語》《強調して》muchísimo; (十分間に合うほど多くの) adv. en abundancia, abundantemente, 《教養語》copiosamente, en gran cantidad; (数が) adj. muchos, 《口語》《強調して》muchísimos, 《フォーマル》numerosos, un gran número de, en grandes cantidades; (量が) adj. mucho, gran [《強調して》enorme] cuantía de. →多い. ▶その森にはシカがたくさんいる En ese bosque hay muchos [numerosos, una gran cantidad de] venados. / Abundan los venados en ese bosque. / Ese bosque está lleno de venados. 《会話》荷物はたくさんありますか—はい, たくさんあります ¿Tiene usted mucho equipaje? – Sí, tengo mucho. ◆きょうはたくさん雪が降った Ayer 「nevó mucho [tuvimos mucha nieve]. ◆私にはあまりたくさん時間がない No tengo mucho tiempo. ◆しなければならないことがたくさんある Tengo muchas [muchas cosas] que hacer. / Son muchas las actividades que tengo que hacer. ◆彼女はなんとたくさんの卵を買ったんだろう ¡Cuántos huevos ha comprado! / ¡Ha comprado tantos huevos! ◆ケーキをたくさん食べすぎた Comí demasiado [demasiados trozos de] pastel. ◆非常にたくさん雨が降ったので外出できなかった Llovió tanto que no pudimos salir. / Tuvimos mucha lluvia y fue imposible salir. 《会話》リンゴをもう一つもらってもいい?—いいわよ. まだたくさん残っているから ¿Puedo tomar otra manzana? – Claro. 「Quedan muchas más [Todavía hay muchas]. ◆私は彼女よりたくさん[1]本 [2]お金]を持っている Tengo más [1]libros [2]dinero] que ella. ◆彼は3人のうちで一番たくさん[1]本 [2]お金]を持っている Es el que tiene más [1]libros [2]dinero] de los tres. ◆彼女はかなりたくさんの人形を持っている Tiene muchas [《口語》《強調して》muchísimas, una gran cantidad de, 《口語》un montón de] muñecas.

❷【十分】adv. bastante, 《ややフォーマル》suficiente. →十分. 《会話》もう一杯お茶はいかがですか—もうたくさんいただきました ¿Quiere otra taza de té? – No, gracias. Ya he tomado bastante. ◆心配事はもうたくさんだ Ya he tenido bastantes problemas. ◆ご忠告はもうたくさんです Ya tengo bastantes consejos de usted. / No necesito más consejos suyos. ◆千円あればたくさんだ Mil yenes será bastante [suficiente]. / (十分間に合う)Con mil yenes habrá bastante. / Bastará con mil yenes.

▷一杯, 多く, したたか, じゃんじゃん, たんまり

たくしあげる 捲し上げる (まくり上げる) v. arremangarse*. ▷そでをたくし上げる v. arremangarse* una manga.

・**タクシー** m. taxi. → 車.

　1《〜タクシー, タクシー＋名詞》▶個人タクシー m. taxi de propiedad privada. ▶無線タクシー m. radiotaxi. ▶タクシー運転手 mf. taxista. ▶タクシー乗り場 f. parada [m. puesto, 『メキシコ』m. sitio, 『コロンビア』▶『ペルー』paradero de taxis. ▶タクシー代[料金] f. tarifa de taxis. ▶タクシー代を払う v. pagar* al taxista.

　2《タクシーに》▶タクシーに乗る[乗り込む] v. subir a un taxi, (利用する) v. tomar [『スペイン』coger*, 『ラ米』agarrar] un taxi. ◆タクシーに乗って神戸まで行った Tomé un taxi para ir a Kobe.

　3《タクシーを》▶流しのタクシーを拾う v. tomar un taxi de la calle. ▶タクシーを呼ぶ(電話で) v. llamar un taxi, (合図して止める) v. parar un taxi haciendo señales. ◆彼は個人タクシーをしている Lleva su propio taxi. ◆タクシーを呼んでください ¿Me puede llamar un taxi, por favor?

　4《タクシーで》▶タクシーで行く v. ir* en taxi. ◆彼はタクシーで家へ帰った Él tomó un taxi para volver a casa.

たくじしょ 託児所 f. guardería. → 保育(→保育所).

たくじょう 卓上 (机上用の) adj. de mesa [escritorio]; (コンピューターなどが) m. de escritorio [sobremesa]. ▶卓上1スタンド[2カレンダー] 1 f. lámpara [2 m. calendario] de mesa.

たくす 託す (物・事を) v. encargar*, confiar*, 《フォーマル》encomendar*; (人・物を) v. dejar a (su) cuidado. ◆われわれは彼にその仕事を託した Le encargamos [hemos encargado] el trabajo a él. / Le confiamos esa tarea. ◆Dejamos el trabajo a su cuidado [cargo].

《その他の表現》▶将来に望みを託す v. mirar el futuro con esperanza. ▶留守中の家族のことを彼に託した Le pedí que cuidara a mi familia mientras yo estaba de viaje.

たくする 託する v. encargar*, 《フォーマル》encomendar*. → 託す.

たくち 宅地 (住宅用地) m. solar (para viviendas). ▶宅地分譲 f. venta de solares. ▶何軒分かの宅地に造成する v. hacer* solares de un terreno.

タクト f. batuta. ▶タクトをとる v. dirigir* (una orquesta).

たくはい 宅配 (戸口直送便) m. servicio 「de puerta en puerta [a domicilio]; (注文先への配達便) m. servicio de entrega a domicilio.

たくばつ 卓抜 ▶卓抜な(抜群の) adj. excelente. ▶たくばつな着想 f. idea excelente.

たくましい (頑強な) adj. robusto, vigoroso; (丈夫な) adj. fuerte, fornido; (筋骨が) adj. musculoso; (精神が) adj. con mentalidad fuerte. ▶たくましく adv. con vigor, vigorosamente. ▶たくましい青年 m. joven robusto [fornido]. ▶たくましい腕 mpl. brazos musculosos. ▶想像力がたくましい v. tener* una imaginación viva. ◆彼はたくましい体格をしている Es de complexión robusta. / Tiene un físico poderoso. ▶大柄の, 頑健, 屈強

たくみ 巧み ▶巧みな(上手な) adj. bueno, (熟練した) adj. hábil, diestro; (巧妙な) adj. ingenioso. ▶巧みな作品 f. obra [f. producción] hábil. ▶巧みな運転 f. conducción diestra. ▶巧みな言い訳をする v. poner* [《フォーマル》presentar] una excusa hábil.

—— 巧みに adv. hábilmente, con destreza, (如才なく) adv. ingeniosamente, con ingenio. ▶巧みに細工した指輪 m. anillo trabajado con destreza. ◆あの人はきわめて巧みに箸(はし)を扱う Usa los palillos「muy hábilmente [con mucha destreza]. / Es muy hábil con los palillos.

タクラマカンさばく タクラマカン砂漠 m. desierto de Takla Makán.

たくらみ 企み (陰謀) m. complot; (共同謀議) f. conspiración, 《教養語》f. confabulación; (悪だくみ) f. intriga, f. trama, 《教養語》f. maquinación; (計略) f. trampa. → 計画, 計略. ▶政府転覆の企み f. conspiración [m. complot] para derrocar el gobierno.

たくらむ 企む (陰謀を企てる) v. conspirar, 《教養語》confabular, 『ラ米』complotar, (共謀する) v. conspirar, 《口語》andar* detrás (de), 《口語》tener* entre manos. → 計画. ▶政府転覆を企む v. conspirar 『ラ米』complotar] para derrocar* el gobierno. ◆彼は何かよからぬ事を企んでいる Está tramando algo. / 《口語》Algo tiene entre manos.

だくりゅう 濁流 m. torrente cenagoso [fangoso].

たぐる 手繰る (綱などを引っぱる) v. tirar (de una cuerda); (記憶をたどる) v. hacer* memoria 《de》.

たくわえ 蓄え (貯蔵) fpl. reserva(s), fpl. provisiones; (貯金) mpl. ahorros. ▶食糧の蓄え fpl. reservas de alimentos. ▶(銀行に)多少の蓄えをしておく v. tener* unos pocos de ahorros (en el banco). ◆燃料の蓄えが底をついた Se han agotado las reservas de combustible.

たくわえる 蓄える ❶【ためる】(貯金する) v. ahorrar; (貯蔵する) v. almacenar, reservar; (財産などを蓄積する) v. acumular; (増強する) v. aumentar; fortalecer*. ▶家を買うためにお金を蓄える v. ahorrar dinero para comprar una casa. ▶サイロに干し草を蓄える v. almacenar heno en un silo. ▶知識を蓄える v. acumular conocimientos.

黄色のタクシー乗り場
Paradero, taxi amarillo.
→タクシー

❷《とっておく》 v. ahorrar, guardar. ▶まさかの時のためにお金を蓄える v. ahorrar dinero para tiempos difíciles.
❸《ひげを》 ▶口ひげを¹たくわえる [²たくわえている] v. ¹dejarse [²llevar] bigote.
☞ 貯 [溜] める, 蓄積, 貯金する, 貯蔵する

・**たけ 竹** m. bambú. ◆その家具は竹で出来ている Ese mueble es de bambú.
1《竹＋名詞》 ▶竹細工 m. trabajo en [de] bambú. ▶竹ざお m. poste de bambú. ▶竹垣 f. empalizada de bambú. ▶竹馬 → 竹馬.
2《竹の》 ▶竹の¹皮 [²節] ¹ f. vaina [² m. nudo] de bambú. ▶すだれ f. persiana de bambú.

たけ 丈 《身長》 f. altura, f. talla, f. estatura; 《長さ》 f. longitud. ◆スカートの丈を詰める v. acortar la falda. ◆丈が伸びる v. crecer* en altura. ◆このズボンは彼には丈が短か過ぎる Estos pantalones le están demasiado cortos.

＊-だけ ❶【限定】 (ただ…だけ) adv. sólo, solamente, 《強調して》 tan sólo, 《口語》 nada más, 《教養語》 únicamente. → ただ, しか. ▶A だけでなく B も adv. no sólo A, sino (también) B. ◆彼だけがその事実を知っている Sólo [《口語》 Solamente] lo sabe él. / Él es la única persona que lo sabe. /（彼を除いて）だれもその事実を知らない Nadie lo sabe excepto él. ◆彼の頭にあるのは仕事のことだけだ「No piensa más que [Tan sólo piensa] en el trabajo. / Piensa en el trabajo y nada más. 《会話》 お母さん, キャンデー食べてもいい? ーいいけど, 一つだけよ Mamá, ¿puedo comer alguna golosina? – Está bien, pero sólo una, ¿eh? 《会話》 何になさいますかーコーヒーだけお願いします ¿Qué desea, señorita? – Sólo [Nada más que] un café, por favor. ◆彼女はただ君に謝ろうとしていただけだった Solamente [Simplemente] quería pedirte perdón. 《会話》 どこに行くのー手紙を出しに行くだけさ ¿Adónde vas? – 「Sólo a [《口語》 Nada más que a] echar una carta. ◆それを食べるのかと思っただけで吐き気がした Me mareaba sólo de [con] pensar en comerlo. / La mera idea de comerlo me mareaba. ◆彼は運がよかっただけだ Simplemente tuvo suerte. / Tuvo suerte; eso es todo. ◆いつあなたと二人だけで会えますか ¿Cuándo puedo verlo[la, le] a solas? ◆旅行は私たちに楽しさを与えてくれるだけでなく経験を豊かにしてくれる Los viajes no sólo nos entretienen, sino que además nos enriquecen. 《会話》 あなたに負けたから彼機嫌が悪かったのよーそれだけのことかい Estaba enfadado porque perdió contigo. – ¿Sólo es eso? / ¿No es más que eso?

❷【…に比例して】 (…するにつれて) adv. al ＋ 不定詞, a medida que; cuanto más…, (tanto) más; (…すればするほど大きく) cuanto más… tanto …. ◆人口が増加するだけ需要が多くなる La demanda aumenta con la población. / Al aumentar la población, aumenta también la demanda. /《フォーマル》 Con el incremento demográfico, la demanda crece. ◆年をとればとるだけスペイン語の習得は難しくなる Cuanto más mayor se hace uno, (tanto) más difícil resulta aprender español. / A medida que te hagas mayor, te será más difícil aprender español.

❸【差異】 ◆彼は父より2センチだけ背が高い Le saca a su padre dos centímetros. / Es dos centímetros más alto que su padre. ◆バス料金が30円だけ値上げになった La tarifa del autobús ha subido treinta yenes.

❹【程度】 (これだけ) f. lo único que ..; (…だけ多く) pron. tanto cuanto, todo lo que; (十分な) adj. bastante, suficiente; (せめて…だけでも) adv. por lo menos, al menos. ◆これだけは確かだ。殺しは金目当てではなかった Lo único que se sabe es que el asesino no buscaba dinero. ◆これだけ言ってもまだわからないのか Después de todo lo que te he dicho, ¿sigues sin entenderme? ◆みんながどれだけ君のことを心配しているか分からないだろう Jamás sabrás lo preocupados que estamos todos por ti. ◆好きなだけ食べなさい Come 「todo lo que [tanto cuanto] quieras. 《会話》 二つ頂いていいですかーお好きなだけどうぞ ¿Puedo tomar dos? – Tome usted (todos) los que quiera [guste]. 《会話》 もうしばらく居てもいいかいーもちろんよ。居たいだけ居ていいよ ¿Me puedo quedar un poco más? – ¡Claro, hombre [mujer]! Quédate cuanto [todo el tiempo que] quieras. ◆みんなが座れるだけのいすがありますか ¿Hay bastantes sillas para todos? ◆みそ汁だけでも飲んでから出勤したほうがいいと思うけど Antes de ir al trabajo, tómate 「por lo menos [al menos] un cuenco de sopa de miso.

❺【価値, 評価】 ◆彼はがんばっただけあって（=おかげで）成績が大いに上がった Gracias a sus esfuerzos, sus notas mejoraron. ◆彼は苦労人だけあって（=だから）思いやりがある Como ha pasado por tantas dificultades, es una persona compasiva. ◆その本は読むだけの価値はある Es un libro que merece la pena leer. → 価値. ◆彼女は大統領夫人だけに（=にふさわしく）なかなかの社交家です Como cabría esperar de la esposa de un presidente, es una mujer muy sociable. →さえ, せめて

たげいたさい 多芸多才 （いろいろな才能がある） adj. polifacético, versátil. ▶多芸多才な役者 mf. actor/triz [mf. artista] versátil.

たけうま 竹馬 mpl. zancos (de bambú), "takeuma", 《説明的に》 un par de palos de bambú con estribos de madera para apoyar los pies. ▶竹馬に乗って歩く v. caminar [andar*] con zancos.

だげき 打撃 ❶【強く打つこと】 m. golpe; （精神的に） m. choque → ショック; （損害） m. daño, 《フォーマル》 m. perjuicio. ▶頭にひどい打撃をくらう v. recibir un fuerte golpe en la cabeza. ◆そのスキャンダルは彼の政治生命に致命的な打撃を与えた Ese escándalo fue un 「rudo golpe [golpe fatal] para su carrera política. ◆彼の事業はその地震で大きな打撃を受けた Su negocio 「fue seriamente perjudicado [sufrió mucho daño] por el terremoto.

❷【野球】 m. bateo. ▶打撃練習をする v.

practicar* el bateo. ◆そのチームは打撃がかなりいい El equipo está bateando bastante bien. / (打率が高い)El promedio de bateo del equipo es bastante alto.

たけだけしい 猛々しい (勇ましい) adj. valiente, bravo; (恥知らずな)《軽蔑的に》adj. descarado, sinvergüenza.

だけつ 妥結 (解決) f. solución; (協定) m. acuerdo. ◆交渉は妥結した Se alcanzó un acuerdo en las negociaciones.

*__だけど(も)__ →けれど(も), しかし. ◆彼女は美人だけど, 私は好きになれない Es guapa, pero no me gusta. / Aunque es guapa, no me gusta. ◆なるほど彼はすぐれた学者だけど, 教師には向かない Es verdad que es un buen erudito, pero no vale para la enseñanza. 《会話》やらないって言ってたじゃないか一だけど今になったらやりたいんだよ Dijiste que no lo harías. – Bueno, pero ahora sí que quiero hacerlo.

たけなわ ◆私がそこに着いたときには宴会はたけなわ(=最高潮)であった La fiesta estaba en su「mejor momento [momento álgido, apogeo] cuando yo llegué. ◆秋もさすがたけなわである(=最中である)Estamos en pleno otoño.

たけのこ 竹の子 m. brote de bambú. ▶雨後の竹の子のように出る《口語》v. aparecer* [crecer*] como hongos.

たけやぶ 竹やぶ m. soto de bambúes, f. espesura de bambúes.

だけれど(も) conj. aunque. → けれど(も), しかし.

たこ 胼胝 m. callo, 《フォーマル》f. callosidad. ▶足にたこが ¹できる [²できている] v. ¹criar* [²tener*] callos en el pie. ▶耳にたこができるほどその話を聞かされた (=聞くのがいやになった)「Me dolían los oídos [Estaba harto] de escuchar eso [esa historia].

たこ 蛸 m. pulpo. ▶たこつぼ f. nasa, f. trampa para pulpos. ◆たこの足は何本ですか ¿Cuántos tentáculos tiene un pulpo?

たこ 凧 f. cometa, 『ラ米』m. volantín. ▶凧揚げ m. juego de la cometa. ▶凧を揚げる v. hacer* volar* una cometa. ▶凧揚げ大会 m. concurso de cometas.

地域差	凧
(全般的に)	f. cometa
(キューバ)	f. chiringa, m. coronel, m. papagayo, m. papalote
(メキシコ)	m. papalote, f. güila
(アルゼンチン)	m. barrilete, m. volantín

だこう 蛇行 ▶蛇行する v. serpentear.

たこく 他国 (外国) m. (país) extranjero → 外国;(同国内の) f. otra provincia. ▶他国の adj. extranjero, exterior.

たこくせき 多国籍 ▶多国籍の adj. multinacional. ▶多国籍企業 f. (compañía) multinacional. ▶多国籍軍 fpl. fuerzas multinacionales.

タコス m. taco (☆トルティーヤに肉・野菜などをくるんで食べるメキシコ料理).

たごん 他言 ◆他言は無用 (=だれにも言うな)「Que no lo sepa [No se lo digas a] nadie. / (秘密をもらすな)No lo digas. / (秘密にしておけ)Es un secreto.

819

たさい 多才 ▶多才な作家 mf. escritor/tora polifacético/ca 《フォーマル》 versátil.

たさい 多彩 ▶多彩な(いろいろな) adj. diversos, varios. ▶多彩な行事 mpl. diversos actos.

たさく 多作 ▶彼は多作な作家だった Fue un escritor fecundo [《教養語》 prolífico]. / Escribió mucho.

ださく 駄作 f. obra mediocre, 《強調して》f. basura.

たさつ 他殺 m. asesinato, 《フォーマル》m. homicidio. ▶他殺死体 f. víctima de un asesinato.

ださん 打算 m. cálculo, m. interés. ▶打算的な(金銭面での) adj. interesado, (抜け目ない) adj. calculador; (利己的な) mf. egoísta. ▶打算的でない adj. sin interés ☞がっちり, ちゃっかり, ドライな.

たし 足し ▶足しになる v. servir*, ser* de utilidad. → 不足を補う. ◆何かの足しになるかもしれない Tal vez te sirva de algo. / Quizás pueda resultarte útil. ◆一切れのパンでは腹の足しにならない Una rebanada de pan no me basta para saciar el hambre.

だし 出し ❶【煮出し汁】m. caldo. ▶出しを取る v. hacer* [preparar] un caldo.

❷【口実】f. excusa, m. pretexto.

❸【手段】m. instrumento. ▶彼が出張を出しにして観光に行ったとはけしからん Es una vergüenza que usara el viaje de negocios como excusa para hacer turismo. ◆彼は私を出しにして(=利用して)その有力な政治家に近づいた Me utilizó para conocer [acercarse a] ese importante dirigente político.

だし 山車 m. paso, "dashi", 《説明的に》f. carroza vistosamente decorada que se utiliza en los desfiles festivos.

だしあう 出し合う (共同出資する) v. hacer* un fondo común 《para》. ▶金を出し合ってカメラを買う v. juntar el dinero para comprar una cámara. ◆その費用は出し合う (=共同分担する) v. compartir [ir* a medias en] los gastos.

だしいれ 出し入れ ◆このハンドバッグは小さくて物の出し入れに不便 Este bolso es demasiado pequeño para meter y sacar cosas.

だしおしむ 出し惜しむ (出ししぶる) v. escatimar, dar* a regañadientes. ▶寄付金を出し惜しむ v. escatimar un donativo.

**たしか 確か ❶【確信して】(主観的判断に基づいて) adj. seguro; (客観的事実に基づいて) adj. cierto; (強く確信して) adj. segurísimo. → 確信, きっと. 《会話》確かですかーもちろん確かだ ¿Estás segura? – Segurísima [Claro]. ◆それは確かだよ Estoy seguro de ello. / Es seguro. ◆(疑いの余地はない)No me cabe ninguna duda. ◆彼がその車を盗んだのは確かだ「Estoy seguro de [Seguro que robó el coche. / Tengo la certeza [seguridad] de que robó el coche. / No hay duda de que robó el coche.

❷【確実な】adj. seguro, cierto; (明確な) adj. evidente; (確定的な) adj. definitivo, concluyente. ◆その病気の確かな治療法 m. remedio seguro de la enfermedad. ▶確かな事実 *m.* hecho seguro. ▶確かな証拠事実 *f.* prueba segura. ▶確かな返事 *f.* respuesta definitiva.

❷【正確な】*adj.* exacto, 《フォーマル》preciso;(間違いのない) *adj.* correcto;(厳密に正確な) *adj.* exacto. → 正確. ▶計算が確かだ *v.* ser* exacto en los cálculos. ▶確かな時間を教えてくれ Dime la hora exacta.

❸【信頼できる】《教養語》*adj.* fidedigno, digno de crédito,(安心できる) *adj.* seguro;(信用できる) *adj.* confiable. ▶確かな筋からそれを聞く *v.* oírlo* de una fuente fidedigna. ♦それは確かな情報だ Esa información es segura.

❹【堅実な】*adj.* seguro;(堅固な) *adj.* firme. ▶確かな投資 *f.* inversión segura. ▶(理論などが)確かな基礎の上に立っている *v.* pisar suelo firme. ♦彼は気は確か(=正気)かしら Me pregunto si está en「su sano juicio [《口語》sus cabales].

《その他の表現》♦あの人の射撃の腕は確かなものだ(=上手な射手だ) Es muy buen tirador. / Tira [Dispara] muy bien.

── **確かに**(たしかに) *adv.*(確実に) *adv.* seguramente, ciertamente; no cabe duda → きっと;(疑いなく) *adv.* verdaderamente, indudablemente;(記憶では) *adv.* si no recuerdo mal [recuerdo bien], si no me falla la memoria. ♦確かに彼に以前どこかで会ったことがある Seguramente lo [le] he visto antes en alguna parte. /(自覚している)Podría jurar que lo [le] he visto antes en algún sitio. ♦彼は確かに幸せそうだ Ciertamente parece feliz. / No hay duda de que parece feliz. ♦それは確かに彼のカメラだ Indudablemente [No hay duda de que] esa cámara es suya. ♦確かに彼は若い、でも分別はある Verdaderamente es joven, pero sensato [discreto]. / Es joven, sin duda, pero también juicioso [discreto]. → なるほど. ♦確かに彼を招待したんだよね Lo [Le] invitaste tú, ¿no? ♦彼には確かに娘が3人いる Creo que tiene tres hijas. / Tiene tres hijas, si no recuerdo mal. ♦確か(=私の記憶では)以前はたばこをお吸いでしたね Antes fumaba, si no me falla la memoria. ♦確か(=私の記憶が正しければ)彼はその会に出席していた Si no me equivoco, estaba presente en la reunión. ♦このパレードは一番すごいね。これはどう見てもかつてないすごいパレードだ Este desfile debe(de) ser el más loco de todos, nunca ha habido un desfile tan impresionante como éste. ⌑いよいよ, きっと, さぞ, 絶対に, 断じて, 違いない, てっきり

たしかめる 確かめる (調べる)*v.* comprobar*, 《口語》ver*; (念のために)*v.* asegurarse, 《教養語》cerciorarse 《de que》, verificar*; (真偽を)*v.* confirmar. ▶自分の目で確かめる *v.* comprobar* con los propios ojos. ▶単語のつづりを辞書で確かめる *v.* verificar* la ortografía de una palabra en el diccionario. 会話 そこには入れないよーそうかい?確かめてみよう No puedes entrar ahí.

─¿Ah, no? Vamos a ver. ♦彼がもう到着したかどうか確かめてくれませんか ¿Puedes comprobar [《口語》ver, asegurarte de] si ya ha llegado? ♦電話をして彼があす来ることを確かめておこう Voy a llamar para asegurarme de que viene mañana. 会話 彼はすでに知っているよー彼に確かめたの? Ya lo sabe. - ¿Se lo has confirmado? ⌑当たる, 質す, 試す

タジキスタン Tayikistán;(公式名)*f.* República de Tayikistán(☆アジアの国, 首都ドゥシャンベ Dushanbé). ▶タジキスタンの *adj.* tayiko. ▶タジキスタン人 *mf.* tayiko/ka.

タシケント Tashkent(☆ウズベキスタンの首都).

たしざん 足し算(☆ウズベキスタンの首都) *f.* suma,《教養語》*f.* adición. ▶足し算をする *v.* sumar. → 足す.

たじたじ ▶たじたじする *v.* tambalearse, quedarse confuso. ▶たじたじさせる *v.* dejar estupefacto. ▶たじたじと後ろへ下がる *v.* tambalearse hacia atrás. ♦敗北のニュースに将軍はたじたじとなった El general se quedó confuso al enterarse de la derrota. ♦彼は彼女の強い態度にたじたじの体であった(=戸惑った) Quedó confuso ante la firme actitud de ella.

たじつ 他日(いつか) *adv.* algún día;(また別の) ¹日 [²時]に) *adv.* otro ¹día [²momento]. → いつか.

だしっぱなし 出しっ放し ♦水を出しっ放しにしておくな No dejes「correr el agua [el agua corriendo].

たしなみ 嗜み(趣味) *m.* gusto《por》; (心得) *m.* conocimiento《de》→心得, (礼儀(慎み) *f.* modestia;(言動のまとまさ) *m.* decoro,《強調して》*f.* decencia. ▶嗜みのある *adj.* modesto, decoroso. ♦彼女には女性としての嗜みがない Le falta modestia femenina.

── **嗜む** ♦彼は酒を少々嗜む(=飲む) Toma [《スペイン》Bebe] un poco.

たしなめる(いましめる)*v.*《フォーマル》censurar [reprochar, reprender]《a + 人》《por》;(慎ませる) aconsejar《a + 人》que no lo haga.

だしぬく 出し抜く *v.* adelantarse [anticiparse]《a + 人》, ser* más listo [《メキシコ》《口語》abusado]《que》. ▶警察を出し抜いて逃げる *v.* adelantarse a la policía y escapar.

だしぬけ 出し抜け ▶出し抜けに(唐突に) *adv.* bruscamente, 《口語》de golpe;(急に) *adv.* de repente,《教養語》súbitamente;(思いがけなく) *adv.* de improviso, inesperadamente. → 不意に.

だしゃ 打者(野球の) *mf.* bateador/dora. → バッター. ▶代打者 *mf.* bateador/dora de emergencia. ▶¹右 [²左]打者 *mf.* bateador/dora ¹diestro/tra [²zurdo/da].

だじゃれ 駄洒落(ごろ合わせ) *m.* juego de palabras mal hecho;(へたな冗談) *m.* mal chiste. → 洒落(しゃ).

たしゅ 多種 ▶多種多様な話題 *mpl.* muchos temas diferentes, *f.* gran variedad de temas, *m.* temario muy variado [《フォーマル》diverso].

たじゅうじんかく 多重人格《専門語》*f.* personalidad múltiple.

だじゅん 打順(野球) *m.* orden de bateo. ▶打

順4番 f. cuarta posición en el orden de bateo. ◆彼の打順は何番ですか ¿Dónde [Cuándo] batea?

たしょう 多少 (数の) m. número; (量の) f. cantidad; (金額などの) f. suma. ◆¹費用「²数]の多少は問題でない No importa ¹lo que cueste [²el número]. ◆金額の多少にかかわらず当銀行に預金してください Haga el favor de depositar su dinero en nuestro banco cualquiera que sea la suma [cantidad]. ◆多少にかかわらずご寄付願います Su contribución, 「por pequeña que sea [cualquiera que sea], será aceptada con agradecimiento.

── **多少の** adj. unos pocos, algunos, un poco de. → 少し. ◆彼には多少の友人がいる Tiene algunos amigos. ◆私は多少のスペイン語は話せる Puedo hablar un poco de [《口語》poquito] de español.

── **多少** adv. un poco, (いくぶん) adv. algo → 少し, かなり, (かなり) adv. bastante, 《フォーマル》 más bien. ◆今日は多少気分がよい Hoy me siento algo mejor. ◆彼は多少当惑したようだった Parecía algo [más bien] confundido.

たしょくしょう 多食症 《専門語》 f. polifagia.
たしょくずり 多色刷り (多色印刷) f. impresión「en colores [multicolor].
たじろぐ (しりごみする) v. acobardarse [retroceder] (ante). ◆激しい抵抗にたじろぐ v. acobardarse ante una fuerte resistencia.
だしん 打診 《専門語》 f. percusión. ▶打診する v. examinar por percusión; (...に探りを入れる) v. tantear, sondear.
たしんきょう 多神教 f. religión politeísta.
たす 足す ❶【加える】v. añadir, 《フォーマル》 agregar*, sumar, (教養語) adicionar*. → 加える. ▶スープにもう少し水を足す v. añadir un poco de agua a la sopa. ◆不足分を足す (＝埋め合わせる) v. compensar el déficit. ◆4足す5は9 Cuatro y [más] cinco son [suman] nueve. / La suma de cuatro y cinco es nueve.

❷【済ます】▶用を足す →用.

＊だす 出す ❶【外に出す】v. sacar* [poner*, echar] fuera; (突き出る) v. sacar*; ((手を前に)出す) v. alargar* [ofrecer*] (la mano). ▶舌を出す v. sacar* la lengua. ◆ゴミを出すのを忘れないでね No olvides sacar la basura. ◆草木が新芽を出した Las plantas han echado sus primeros brotes. ◆窓から顔を出すな No saques la cabeza por la ventana. / (身を乗り出すな) No te asomes por la ventana (sacando medio cuerpo). ◆彼は私に手を差し出した Me ofreció su mano.

❷【取り出す】v. sacar*, 《フォーマル》 extraer*; (しまっている所から) v. sacar*; (解き放す) v. soltar* (a ＋人). ◆彼はピストルを引き出しから出した Sacó una pistola del cajón. ◆彼は鳥をかごから出してやった Soltó los pájaros de la jaula. ◆私をここから出してくれ Sácame de aquí.

❸【見せる】v. enseñar, mostrar*; (露出する) v. descubrir, dejar ver*; (暴露する) v. exponer*, revelar. ▶肩を出す v. descubrir* los hombros. ▶感情を顔に出す v. revelar los sentimientos. ◆彼は怒るとすぐ顔に出す Muestra su enojo fácilmente. ◆彼はついにぼろを出した Por fin「ha dejado ver [《口語》se ha echado de ver] sus defectos. ◆その子供はお腹を出して寝ていた El niño dormía con el vientre destapado [al descubierto].

❹【送る】v. enviar*, 《口語》 mandar, 《フォーマル》 despachar; (手紙などを) v. enviar* [mandar] (por correo), echar al correo; (信号などを) v. dar*, hacer*. ▶小包を郵便で出す v. enviar* un paquete por correo. ◆私は彼に手紙を出した Le envié [mandé] una carta. / Le escribí una carta. ◆学校へ行く途中でこの手紙を忘れずに出してください No te olvides de echar esta carta al buzón en el camino a la escuela. ◆彼らに出発の合図を出した Les di la señal de salida. / Les hice la señal para que salieran.

❺【選出する】v. elegir*, escoger*; (候補者に指名する) v. nominar, 《口語》 poner*; (生み出す) v. producir*. ▶代議員の中から議長を出す v. elegir* presidente entre los diputados. ◆私たちは彼を市長候補として出した Le elegimos [《口語》 pusimos] como [de] alcalde. ◆この大学は多くのすぐれた学者を出した Esta universidad ha producido muchos y grandes eruditos. / (この大学の卒業生である) En esta universidad se han graduado numerosos y grandes eruditos. ◆この学校は毎年約5百人の卒業生を送り出す En esta escuela todos los años se gradúan unos 500 estudiantes.

❻【提供する】(与える) v. dar*, 《フォーマル》 ofrecer*; (支払う) v. pagar*; (供給する) v. proporcionar, suministrar; (飲食物を) v. servir*. ◆彼に資金を出す v. proporcionarle fondos. ◆新しい事業に金を出す (＝投資する) v. invertir* el dinero en un nuevo negocio. ◆先生は宿題をたくさん出した Nuestro/tra profesor/sora nos puso mucha tarea. ◆彼はその絵に1万円出した Pagó diez mil yenes por ese cuadro. ◆彼女は私たちにビールを出してくれた Nos sirvió cerveza.

❼【発表する】v. anunciar, dar* a conocer*; (公にする) v. publicar*, hacer* público; (話に出す) v. mencionar; (発令する) v. dar*, emitir; (出版する) v. publicar*; (部数を) v. tirar. ▶いくつかの命令を出す v. dar* varias órdenes. ▶声明(文)を出す v. emitir una declaración. ◆その本の改訂版を出した v. publicar* una edición revisada del libro. ▶CDを出す (＝発売する) v. poner* en venta un CD. ◆彼の死亡通知を親しい友人だけに出した Hemos anunciado su muerte sólo a algunos amigos. ◆お名前を出してもかまいませんか ¿Puedo mencionar [dar a conocer] su nombre? ◆この雑誌は毎週出されている Esta revista se publica semanalmente. / Es una revista semanal.

❽【展示する】v. exhibir, exponer*, presentar; (掲示する) v. poner* (a la vista), anunciar; (載せる) v. colocar*. ◆新聞に求人広告を

出す *v.* poner* un anuncio de oferta de empleo en el periódico. ◆彼女は草花品評会にバラを出した Presentó rosas en la exposición floral. ◆店の前に看板を出した Pusieron un letrero en frente de la tienda.
❾【提出する】(上位の者に) *v.* presentar, proponer*; (手渡す) *v.* entregar*; (送付する) *v.* enviar*, expedir*; (書類などを) *v.* presentar, entregar*. ◆大学に入学願書を出す *v.* presentar una solicitud de admisión en la universidad. ▶すばらしい案を出す (=提案する) *v.* proponer [presentar] un proyecto [plan] excelente. ◆このほかに今日の会議に出す議題はない No hay nada más para la reunión de hoy. ◆宿題は月曜日に出しなさい Entrega tu tarea el lunes.
❿【発する】(声などを) *v.* despedir*, 《口語》 echar, emitir; 《教養語》exhalar; (病気で熱を) *v.* tener* fiebre [calentura]. ▶大声を出す *v.* dar* [lanzar*] un gran grito. ▶声を出して本を読む *v.* leer* un libro en voz alta. ▶ひどい音を出す *v.* hacer* un ruido terrible. ▶微熱を¹出す [²出している] *v.* ¹presentar [²tener*] algo de fiebre. ◆その腐った卵はひどい悪臭を出していた El huevo podrido despedía [《口語》echaba; 《フォーマル》emitía] un olor terrible.
⓫【開始する】◆彼は銀座に店を出した (=開店した) Ha abierto una tienda en Ginza. ◆雨が降り出した "Se ha puesto [Ha empezado] a llover.

《その他の表現》▶1水道 [²ガス]を出す *v.* dejar correr el ¹agua [²gas]. ▶鼻血を出す *v.* tener* 《フォーマル》presentar* una hemorragia nasal, 《口語》echar sangre por la nariz. ▶臨時列車を出す (=運行させる) *v.* ofrecer* un servicio especial ferroviario, 《口語》poner* un tren especial. ▶元気を出せ ¡Anímate! / (=がっかりしないで) ¡No te desanimes! ◆その銀行は大阪に支店を出している Ese banco tiene una sucursal en Osaka. ◆彼は政治で十分実力を出した (=発揮した) Desplegó toda su capacidad en el mundo de la política. / Sobresalió al máximo en la política. ◆彼は全力を出して戸を押し開けた Se sirvió de toda su fuerza para abrir la puerta. / Abrió la puerta usando toda su fuerza. ◆私は時速100キロのスピードを出していた「Estaba haciendo [Iba a] 100 kilómetros por hora. ◆彼はパーティーに顔を出した Se presentó en la fiesta. ▶ちょっと待って,恵美子を電話口に出すからね Espera un momento. Va a hablar Emiko. / 《スペイン》Se pone Emiko.
☞立てる, 提起

*たすう 多数 (多くのもの・人) *mpl.* muchos, 《フォーマル》numeros*os*, 《大多数》*f.* mayoría, 《過半数》*f.* mayoría. → 大多数, 大部分.

1《～多数》▶安定多数 *f.* amplia mayoría. ▶150対20の¹圧倒的 [²絶対的]多数で勝つ *v.* ganar por una mayoría ¹abrumadora [²absoluta] de 150 a 20.

2《多数＋名詞》▶多数意見 *f.* opinión mayoritaria. ◆民主党が多数党である El Partido Democrático「forma la mayoría [es mayoritario].

3《多数の》*adj.* gran [《フォーマル》elevado] número de, 《フォーマル》numeros*os*. → たくさん. ◆多数の学生がアルバイトをしている「Hay muchos estudiantes que [《口語》Casi todos los estudiantes] tienen trabajos temporales. → 多く.

4《多数の》▶国会で3分の2の多数を占める *v.* tener* una mayoría de dos tercios en la Dieta. ◆その会合では若者が多数を占めた En la reunión, los jóvenes eran [《フォーマル》constituían] la mayoría.

たすうけつ 多数決 ▶多数決で決める *v.* decidir por mayoría [voto mayoritario]. ▶多数決に従う *v.* aceptar una decisión mayoritaria.

*たすかる 助かる ❶【救助される】 *v.* salvarse; (切迫した危険から) *v.* ser* rescat*ado* [sal*vado*]; (生き残る) *v.* sobrevivir; (回復する) *v.* recobrarse, recuperarse. ◆その航空機事故で助かったのは彼だけだった Sólo él ha sobrevivido en el accidente aéreo. / Ha sido el único superviviente del accidente del avión. ◆手術で彼の命は助かった La operación le salvó la vida. / Se salvó con la operación. → 助ける. ◆その病人は助からないだろう El/La enfermo/ma no se recuperará de su enfermedad. ◆もう助からないと(生存を)あきらめた Renuncié「a salvarme [la esperanza de vivir]. 会話 あっ,船が来るぞ―わあ,助かった ¡Mira, viene un barco! – ¡Ay! ¡Estamos salvados!

❷【助けになる】*v.* ser* útil [de ayuda], servir*; (労力などが省ける) *v.* ahorrar(se) [librarse] (de). ◆彼のおかげでとても助かった Me ha ayudado mucho. / Ha sido de「una gran ayuda [《フォーマル》un gran servicio] para mí. / Me ha ahorrado [librado de] muchos problemas. ◆君がそれをやってくれて助かった Muchas gracias por tu ayuda. / Tu ayuda me ha servido mucho. ◆それで大いに費用が助かった Eso me ahorró mucho dinero.

たすき 襷 "tasuki", 《説明的に》*m.* cordón usado para doblar las mangas del kimono.

タスク 《専門語》*f.* tarea. ▶タスク・バー 《専門語》*f.* barra de tareas. ▶タスク・マネージャ 《専門語》*m.* gestor de tareas. ▶タスク・リスト 《専門語》*f.* lista de tareas.

*たすけ 助け (助力) *f.* ayuda; (公的援助) *m.* auxilio, *m.* socorro; (救援, 救助) *m.* salvamento; (支援) *m.* apoyo. ▶助け合い (=相互扶助) *f.* ayuda mutua; (協力) *f.* cooperación. ▶歳末助け合い運動 *f.* campaña de beneficencia de fin de año. ▶助け船を出す *v.* ayudar, prestar 《a + 人》ayuda; (答えに窮した人に) 《口語》*v.* echar 《a + 人》una mano. ▶助けを求める *v.* pedir* ayuda; (大声で) *v.* pedir* socorro [ayuda] a gritos. ▶私には君の助けが必要だ Necesito「tu ayuda [que me prestes ayuda, 《口語》que me

eches una mano). ♦ 私はそれをだれの助けも借りないでやった Lo hice sin ayuda de nadie. ♦ 彼はちっとも助けにならない No es ninguna ayuda. / No me sirve de nada. ♦ よい辞書は言葉を勉強する上で大きな助けになる Un buen diccionario es una gran ayuda para el estudio de idiomas. ♦ 辞典の助けを借りてその本を読んだ Leí el libro「con ayuda del [ayudado por el] diccionario. ☞ 貢献, 頼り
たすけあう 助け合う v. ayudarse.
たすけだす 助け出す (救助する) v. salvar [rescatar, librar] 《de》. ♦ 消防士は彼を火事から助け出した El bombero lo [le] salvó [rescató, libró] del fuego.

**たすける 助ける ❶【助力する】(救援・救済する) v. venir* en ayuda《de》, auxiliar, socorrer, prestar auxilio, aliviar; (支援する) v. apoyar. ▶助け合う v. ayudarse. → 互いに. ▶助け起こす v. ayudar 《a + 人》. → 「ponerse* de pie [levantarse]. ▶アフリカ諸国を助ける (=援助する) v. dar* asistencia [prestar ayuda] a las naciones africanas. ▶ [1]貧しい人 [2]洪水の被災者を助ける (=援助する) v. auxiliar [aliviar, socorrer] a [1]los pobres [[2]las víctimas de las inundaciones]. ♦ 消化を助ける v. facilitar la digestión. ♦ 彼は市長を助けて市政を再建した「Prestó su ayuda [Ayudó; Asistió]「al alcalde [a la alcaldesa] en el restablecimiento del gobierno municipal. ♦ あなたには [1]家事を [2]子育てではずいぶん助けてもらいました Me has ayudado mucho en [1]las tareas domésticas [[2]el cuidado de los niños]. /「He recibido mucha ayuda de ti [Me has prestado una gran ayuda] en [1]el trabajo de la casa [[2]el cuidado de los niños].
❷【救助する】v. salvar; (差し迫った危険から) v. rescatar, socorrer, auxiliar; (手助けして) v. ayudar; (殺さない) v. dejar (vivo). → 救う. ▶ 彼の命を助ける (医者などが) v. salvar su vida; (殺さない) v. dejarlo[le] vivo. ▶船員を助けに行く v. acudir al rescate de los marineros. ♦ 助けてくれ (危険, 窮状に直面して) ¡Socorro! / ¡Auxilio!
たずさえる 携える (持ち歩く) v. llevar (consigo), ir* 《con》; (連れる) v. ir* acompaña*do* 《de [por]》. ▶ [1]手紙を [2]秘書を携えて彼のところへ行く v. ir* a ver*lo* [*le*]「con [1]una carta [[2]la secretaria]. ♦ 彼らは手を携えて (=協力して) その仕事をした Hicieron el trabajo tomados de la mano.
たずさわる 携わる (従事する) v. dedicarse* 《a》, ocuparse 《con, de, en》,《口語》andar* 《con, en》. ▶教育に携わる v. dedicarse* a la educación. ▶その辞書の仕事に携わっている v. 「estar* ocupa*do* con la compilación del [dedicarse* a compilar el] diccionario. ♦ 彼は広業業に携わっている "Se dedica a [《口語》Anda con] la publicidad.
ダスター (ダスターコート) m. guardapolvo; (ぞうきん, はたき) m. trapo del polvo,《アルゼンチン》m. trapo de sacudir,《アルゼンチン》f. franela, m. sacudidor (de polvo).
たずねびと 尋ね人 (行方不明者) f. persona perdida [《フォーマル》extraviada]; (新聞の個人消息欄) f. columna de「personas extraviadas ["Se Buscan"].

**たずねる 訪ねる v. visitar; (特定の目的で) v. hacer* una visita 《a + 人》, ir* [venir*] de visita (a casa de),「ir* a [ver*, visitar] 《a + 人》; (親しい人をぶらりと)《口語》pasar [asomarse] a ver* 《a + 人》. ♦ われわれはきのう田中氏を訪ねた Ayer visitamos al Sr. Tanaka. / Hicimos una visita al Sr. Tanaka ayer. ♦ 訪ねてくださったとき留守にしていてごめんなさい Siento [Perdón por] no haber estado cuando viniste a visitarme. ♦ おばが今日訪ねてくる Mi tía viene hoy de visita. ♦ 彼がゆうべ僕 [僕の家] をひょっこり訪ねて来た Anoche「se pasó por casa [pasó a visitarme a mi casa]. ♦ 当地にお出でになったら, お訪ねください Si está por aquí,「venga a verme [hágame una visita], por favor.

**たずねる 尋ねる ❶【質問する】v. preguntar;《フォーマル》interrogar*; (一連の質問を) v. hacer* 《a + 人》preguntas.
1《副詞とともに》▶ 案内所で尋ねる v. preguntar en información, pedir* información en recepción.
2《に尋ねる》♦ 判事は証人に尋ねた El juez interrogó al testigo.
3《を尋ねる》▶ 私は時刻を尋ねた Le pedí la hora. / Le pregunté qué hora era. / Le pedí que me dijera [diera] la hora. ♦ 彼らは私の名前を尋ねた Me preguntaron「mi nombre [cómo me llamaba].
4《…について [のこと] を尋ねる》▶彼女にその件について尋ねる v. preguntar*le* sobre ese asunto. ♦ 彼女は私たちの健康 (のこと) を尋ねた (=私たちに元気かと尋ねた) Preguntó por「nuestra salud [nosotros].
5《…かと尋ねる》▶彼女は私に部屋の掃除をしたかと尋ねた Me preguntó si había limpiado mi cuarto. / Me preguntó por la limpieza de mi cuarto. / Me preguntó: "¿Has limpiado tu cuarto?" ♦ 支配人はいないかと尋ねた Pregunté por el gerente.
❷【捜し求める】v. buscar*. → 捜す.
☞ 当たる, 伺う, 問い合わせる, 問う
タスマニアとう タスマニア島 Tasmania.
だせい 惰性; (習慣) f. costumbre → 習慣, 惰力; (慣性) f. inercia. ▶ 惰性でコーヒーを飲む v. beber café por [《強調して》por la fuerza de la] costumbre.
たそがれ 黄昏 f. caída de la tarde, m. crepúsculo,《フォーマル》m. ocaso. ▶たそがれ時に adv. al caer「la tarde [el día], al atardecer,《フォーマル》en el crepúsculo. ▶人生のたそがれ時 m. final de la vida, los años del crepúsculo de la vida. ♦ たそがれが迫ってきた Llegó el atardecer [《フォーマル》crepúsculo]. → 日暮れ.
だそく 蛇足 ♦ 蛇足ながら (そう言うのは余計なことだが) 「No hace falta [Es innecesario] decir

que...

ただ 唯 ❶【単に】(ただ...だけ) *adv.* sólo, solamente, 《強調して》tan sólo, 《フォーマル》únicamente,【メキシコ】《口語》no más; *adj.* único; (単純にただ) *adv.* simplemente. ♦町でただ一つのホテル *m.* único hotel de la ciudad. ♦その話をしたのはただ彼にだけです Sólo se lo conté a él y a nadie más. / Se lo conté solamente a él. / Es el único al que se lo conté. / No se lo he contado a nadie más (que a él). ♦そんな薬を飲めばただ病気になるだけよ Una medicina así 「sólo servirá [no servirá más que] para enfermarte. ♦ただ時間をきくためだけです No quería pedirte más que la hora. / Tan sólo quería pedirte la hora. ♦ただ意見が合わないというだけで彼は従業員を解雇した Despidió a su empleado sólo [《フォーマル》únicamente] por no estar de acuerdo con él. ♦ただ犬を見ただけで彼はこわがる Le da miedo sólo con [de] ver un perro. / Simplemente ver un perro le da miedo. ♦そんとこにただつっ立ってないで，手伝って No te quedes ahí (simplemente) para*do*. Ayúdame.
❷【ひたすら】(...しさえすればよい) *v.* no tener* que hacer* más que..; (...ばかりする) *v.* no hacer* más que... ♦君はただ一生懸命勉強しさえすればよい No tienes más que estudiar mucho. / Lo único que tienes que hacer es estudiar mucho. / Todo lo que debes hacer es estudiar mucho. ♦彼女はただ泣いてばかりいる No hace más que llorar. / Lo único que hace es llorar.
── ただの (単なる) *adj.* simple, mero; (ただの...もない) *adv.* ni siquiera. ♦それはただの偶然にすぎなかった Fue una simple [mera] coincidencia. ♦今ポケットにはただの一円も入っていない Ni siquiera me queda un yen en el bolsillo.
── ただ (だがしかし)《口語》lo que pasa es que... ♦行きたいんだが，ただお金がない Quiero ir. Lo que pasa es que no tengo dinero. / Quiero ir, si solamente tuviera dinero.

*****ただ** 只 ❶【普通の】*adj.* normal, ordinar*io*; (普通によく見られる) *adj.* común, frecuente; (通例の) *adj.* corriente. ♦ただの人 *f.* persona normal. ♦ただの風邪だ Es un catarro común. ♦ただならぬ事が彼に起きた Le ha ocurrido algo raro.
❷【無料の】(ただの) *adj.* gratuito. ♦ただの切符 *f.* entrada gratuita,【スペイン】*m.* billete gratuito.
── ただで (無料で) *adv.* gratis, sin pagar, de balde, gratuitamente,《口語》de gorra. ♦子供の入場料はただです La admisión es gratuita para los niños. / Los niños entran gratis. ♦《フォーマル》Los niños son admitidos gratuitamente. ♦何でもただでは手に入らない No se consigue nada gratis. / Todo cuesta algo. ♦このシャツはただみたいな値で買った Me compré esta camisa 「prácticamente gratis [《口語》casi de gorra].
《その他の表現》♦ぼくに口答えをしたらただでは済ま

ないよ Como me repliques, yo te voy a dar una lección. / Yo te enseñaré a no replicarme.

ただ 駄々 ♦ただをこねる (むずかる) *v.* ser* quej*oso* [fastidi*oso*]; (わがままを通そうとする)《口語》*v.* intentar salirse* con la suya; (聞き分けがない)だっ子 (甘やかされた子) *mf.* niño/*ña* mima*do/da* [malcria*do/da*,【メキシコ】consenti*do/da*]; (気むずかしい子) *mf.* niño/*ña* quej*oso/sa* [fastidi*oso/sa*].

ただい 多大 ♦多大の(量・程度の大きな) *adj.* grande, (重大な) *adj.* grave. ♦多大の労力を要する *v.* exigir* mucho trabajo. ♦あらしが作物に多大な損害を与えた La tormenta causó grandes [graves,《フォーマル》cuantiosos] daños a las cosechas.

***ただいま** 《会話》ただいま，お母さん―まあ，お帰り，楽しかった? ¡Mamá, ya estoy aquí! - ¡Hola, hijo! ¿Lo has pasado bien?
── ただ今 → 今．❶【現在】(目下) *adv.* ahora,《口語》ya; (将来はともかく今は) *adv.* en este momento, en la actualidad,【メキシコ】《口語》ahorita. ♦ただ今，パリに滞在中です Ahora estoy en París.
❷【少し前】*adv.* hace un momento [instante], justo ahora, ahora mismo; (...したところだ) *v.* acabar 《de＋不定詞》. ♦ただ今，手紙を書き終えたところです Acabo de terminar la carta. / He acabado la carta 「ahora mismo [hace un momento].
❸【近い未来】*adv.* en seguida, inmediatamente; (すぐに) *adv.*【コロンビア】【ペルー】《口語》ya,《口語》【メキシコ】【コロンビア】【ペルー】ahorita. → すぐ，間もなく. ♦ただ今参ります Voy en seguida. / Ahora mismo voy. / Ya voy.

たたえる 称える *v.* elogiar,《フォーマル》alabar,《文語》loar. → 褒める，賞賛する.

たたえる 湛える (満たす) *v.* llenar 《de》; (あふれそうになる) *v.* rebosar 《de》,《強調して》estar* rebosante 《de》. ♦笑みをたたえている *v.* tener* una sonrisa. ♦満面に笑みをたたえて *adv.* con el rostro iluminado por una sonrisa. ♦池は満々と水をたたえている El estanque 「está lleno [rebosa] de agua.

たたかい 戦[闘]い (戦争) *f.* guerra; (局地的な) *f.* batalla → 戦争; (格闘，戦闘) *f.* lucha, *m.* combate; (争い，衝突) *m.* conflicto; (奮闘) *f.* lucha, *f.* pelea.
1《~(の)戦い》♦貧困との戦い *f.* lucha contra la pobreza. ♦麻薬との戦い *f.* guerra contra la droga. ♦人種差別との戦い *f.* lucha contra 「el racismo [la segregación]. ♦自由を求める戦い *f.* lucha por la libertad. ♦母国を敵から解放するための戦い *f.* guerra para liberar a la patria del enemigo. ♦¹良心[²愛と憎しみ]との戦い *m.* conflicto ¹de conciencia [²entre el amor y el odio].
2《戦いは》♦戦いは朝早くに始まった La batalla empezó a primera hora de la mañana. ♦彼らの戦いは非常に激しかった Su combate fue 「muy encarnizado [terriblemente duro].
☞一戦，合戦

***たたかう** 戦[闘]う ❶【戦争する】*v.* luchar

[pelear, combatir, guerrear] 《con, contra》, hacer* la guerra 《a》; (開戦する) v. entrar en guerra 《con》. → 戦争. ♦ その領土をめぐって戦う v. luchar por el territorio. ♦ 彼らは夜明けまで激しく敵と戦った 「Libraron una fiera batalla [Combatieron encarnizadamente] contra el enemigo hasta el amanecer.

❷【競争する】v. competir*, rivalizar*, disputar; (争う) v. luchar 《con ＋ 人》《por ＋ 事》. ♦ 正々堂々と戦う v. jugar* limpio; luchar limpiamente. ♦ 私は彼と優勝をかけて戦った Disputé [Peleé] con él por el título. / (ボクシングなどで) Luché [Peleé] con él por el título.

❸【困難など】(奮闘する) v. luchar [pelear] 《con, contra》; (格闘する) v. combatir; (抵抗する) v. resistir. ♦ 困難と闘う v. luchar contra las dificultades. ♦ 誘惑と闘う v. 「luchar contra [resistir a] la tentación. ♦ 自由のために闘う v. luchar por la libertad. ♦ 彼女はがんと闘っている Está luchando contra el cáncer.

たたかわす 闘わす ♦ 議論を闘わす v. debatir [discutir] acaloradamente [con vehemencia].

たたきあげる 叩き上げる ♦ 努力してホテルのベルボーイから支配人になったたたき上げの人 v. 「labrarse un futuro [abrirse* camino] de [desde] botones a [hasta] director del hotel.

たたきうり 叩き売り f. liquidación, f. venta de saldo. ♦ 家具のたたき売り f. liquidación de muebles. ♦ 冬物のたたき売りをする v. vender en rebajas artículos de invierno.

たたきおこす 叩き起こす v. despertar* 《a ＋ 人》bruscamente; (むりやり) v. sacar* [《口語》echar] 《a ＋ 人》de la cama.

たたきおとす 叩き落とす (たたく) v. derribar, tirar [echar] por tierra. ♦ 彼の手からそれをたたき落とす v. echarlo por tierra de su mano.

たたきこむ 叩き込む ♦ 板にくぎをたたき込む v. clavar [meter (con un martillo)] un clavo en una tabla. ♦ ある考えを彼にたたき込む v. meterle una idea (en la cabeza), [figurado] inculcarle* una idea. ♦ 学生にスペイン文法をたたき込む(＝厳しく教え込む) v. 「machacar* la cabeza de los alumnos [llenarles a los alumnos la cabeza] con gramática española. ♦ そのことを頭へたたき込んでおいてくれ Métetelo en la cabeza.

たたきころす 叩き殺す v. matar a golpes.

たたきだい 叩き台 (試案) m. proyecto tentativo, (原案) m. plan inicial [original]. ♦ たたき台を作る v. elaborar un proyecto tentativo. ♦ ...をたたき台にする (＝...を議論の踏み台に使う) v. utilizar*... como punto de partida para la discusión.

たたきだす 叩き出す v. expulsar, 《教養語》expeler, 《口語》echar (fuera), 【ラ米】《口語》botar, 【メキシコ】《口語》correr. → 追い出す. ♦ その酔っ払った男を酒場からたたき出す (＝けって追い出す) v. echar a patadas al borracho del bar. ♦ その犬を家からたたき出す (＝打って追い出す) v. echar al perro de la casa.

たたきつける 叩きつける (物を投げる) v. arrojar, lanzar*; (激しく) v. tirar; (雨・風が激しくあたる) v. golpear, azotar. ♦ コップを壁にたたきつける v. arrojar un vaso contra la pared. ♦ 雨が激しく窓をたたきつけていた La lluvia azotaba con violencia las ventanas.

たたきなおす 叩き直す (徹底的に矯正する) v. corregir* [remediar] totalmente. ♦ 彼のひねくれた根性をたたき直す v. corregir* su carácter retorcido.

たたきのめす 叩きのめす v. derribar, tirar al suelo.

***たたく** 叩く ❶【打つ】v. golpear, dar* 「un golpe [golpes]」《a》; (ねらって強く) v. pegar*; (こぶしや固い物で) v. dar* un golpe 《a》; (続けざまに) v. batir; (軽く) v. dar* un golpecito 《a》; (手のひらで) v. dar* una palmadita 《a》; (どんどんと) v. aporrear; (どんと) v. golpetear, golpear con estrépito, dar* un golpetazo 《a》; (平手で) v. dar* una bofetada 《a》, abofetear; (手を) v. dar* palmadas 《a》; aplaudir. → 打つ. ♦ 手で彼をたたく v. golpearlo[le] con la mano. ♦ 太鼓をたたく v. golpear [redoblar] un tambor. ♦ 彼の背中をぽんとたたく v. darle* un golpecito en la espalda. ♦ 平手で彼の顔をたたく v. abofetearlo[le]. ♦ 手をたたく(拍手や人を呼ぶために) v. dar* palmadas; aplaudir; (神前で) v. juntar las manos para rezar*, poner* las manos juntas. ♦ ピアノの鍵(ｹﾝ)盤をたたく v. aporrear las teclas de piano. ♦ (がんがん) v. aporrear. ♦ 彼は私の頭をたたいた Me pegó [golpeó] en la cabeza. / Me dio un golpe en la cabeza. ♦ だれかが戸をたたいている Alguien está llamando a la puerta. ♦ 彼は指先でこつこつと机をたたいた Daba golpecitos en la mesa con los dedos. / Tamborileaba en la mesa con los dedos.

❷【攻撃する】v. atacar*; (非難する) v. criticar*, censurar. ♦ 首相の政策は新聞でたたかれた La política del Primer Ministro fue duramente criticada [atacada] en la prensa.

❸【値切る】v. sacar* 《por》. ♦ 彼は手袋の代金は5千円ですと言ったが、私は買いたいて4千円に値引きさせた Pedía 5.000 yenes por los guantes, pero se los saqué por 4.000.

《その他の表現》♦ 陰口をたたく v. hablar mal 《de ＋ 人》a sus espaldas. ♦ 大きな口をたたくな (＝生意気言うな) No seas tan fresco. ♦ 9番ホールで10もたたいてしまった(ゴルフで) Hice diez en el hoyo nueve.

ただごと ただ事 ♦ これはただ事ではない(＝普通の事ではない) Esto es algo fuera de lo corriente.

ただし 但し ❶【しかし】conj. pero, 《フォーマル》sin embargo. → しかし. ♦ もう寝てもよい。ただしあしたは早く起きなさい Te puedes acostar ya, pero mañana hay que madrugar.

❷【もし...ならば】conj. si (＋直説法), 「siempre que [con la condición de que, siempre y cuando]」(＋接続法). ♦ 私の車を使ってもいいです。ただし 5 日後には返してくれるならですが Puedes usar mi coche 「si me lo devuelves [siempre que me lo devuelvas]」antes de las cinco.

**ただしい 正しい *adj.* correcto; justo; exacto. ▶正しい時間 *f.* hora exacta. ▶正しい解答 *f.* respuesta correcta. ▶正しい箸(¿)の持ち方 *f.* forma correcta de sujetar los palillos. ◆彼がそうするのは正しい Hace bien en hacer eso. / Lleva razón en obrar así. ◆君の言うこと)が正しい Tienes [Llevas] razón (en lo que dices). / ¡Bien dicho! / ¡Correcto! / ¡Has acertado! /《口語》¡Bingo! ◆その問題に対する彼の判断はまったく正しかった「Tenía toda la razón en su opinión [Estaba completamente en lo justo, Estaba completamente en lo cierto] sobre ese asunto. ◆スープを飲むとき音を立てるのは行儀がよくない No es「de buena educación [educado] hacer ruido al tomar la sopa.

—— 正しく *adv.* bien, correctamente, justamente, con justicia, con corrección. ▶正しく行動する *v.* actuar* [obrar]「con justicia [justamente]. ◆彼は正しくスペイン語が話せる Sabe hablar español correctamente. / Habla un「buen español [español correcto]. → 合う; いい; きっちり, ちゃんと

ただしがき 但し書き (契約・条約などの)《専門語》*f.* condición. ▶ただし書きをつける *v.* añadir una condición. ▶…というただし書きで *conj.* con la condición de que (＋接続法).

ただす 正す *v.* corregir*, rectificar*, enmendar*. ▶誤りを正す *v.* corregir* errores [faltas]. ▶誤った考えを正す *v.* corregir* (sus) ideas erróneas. ▶行ないを正す (＝改善する) *v.* rectificar* [mejorar] la conducta, corregirse*; (改心する) *v.* reformarse. ▶服装を正す (＝きちんとする) *v.* arreglarse, componerse*. ▶姿勢を正す (＝体をまっすぐにする) *v.* enderezar*. ▶私のスペイン語作文の誤りを正してください Por favor, corríjame las faltas que tengo en mi composición en español. ◆悪は正さなければならない Hay que enmendar [corregir] las malas acciones.

ただす 質す (質問する) *v.* preguntar; (確かめる) *v.* asegurarse《de》, comprobar*. ▶彼に真意をただす *v.* preguntarle su verdadera intención.

たたずまい (雰囲気) *m.* ambiente, *f.* atmósfera; (外見) *m.* aspecto. ▶この町のヨーロッパ的なたたずまい *m.* ambiente europeo de esta ciudad.

たたずむ 佇む ▶街角にたたずんでいる *v.* estar* un rato de pie en una esquina de la calle.

ただただ ◆ただただ妻に感謝するばかりだ Todo lo que puedo hacer es dar las gracias a mi esposa.

ただちに 直ちに (すぐに) *adv.* de inmediato, inmediatamente, en seguida, sin tardanza [demora], al momento, en el acto. → すぐ, 間もなく. ◆その老婆は直ちに病院に運ばれた La anciana fue llevada al hospital「de inmediato [sin tardanza]. ◆これといった理由もなく体重が減ってきたら直ちに医者に診てもらうべきです Si estás adelgazando sin ninguna razón especial, debes consultar inmediatamente con tu médico. ◆おいそれとは、早急に、さっと、すぐ、即座、即時

だだっこ 駄々っ子 (甘やかされた子) *mf.* niño/ña mimad*o/da* [[メキシコ] consentid*o/da*]; (聞き分けのない子) *mf.* niño/ña caprichoso/sa [《フォーマル》 antojadiz*o/za*].

だだっぴろい だだっ広い (広すぎる) *adj.* demasiado espaci*oso* [ampli*o*]. → 過ぎる. ▶だだっ広いホール *f.* sala demasiado amplia [espaciosa]. ◆ぼくのおばあちゃんはだだっ広い家に一人で住んでいる Mi abuela vive sola en una casa muy espaciosa.

ただでさえ ◆彼はただでさえ不幸なところへ (＝不幸に加えて)恋人まで失ってしまった Para colmo de males, se quedó sin novia. ◆ただでさえ頭痛がするのに (＝さらに痛いことには) Me duele la cabeza y,《口語》para colmo [encima], también la garganta.

ただならぬ 徒ならぬ (普通ではない) *adj.* extraño, raro. ▶ただならぬ事 *adj.* algo raro [extraño]. ▶ただならぬ気配 *m.* signo extraño.

ただのり ただ乗り *m.* viaje sin pagar. ▶ただ乗り客 *mf.* pasajero/ra que viaja sin pagar. ▶電車にただ乗りする *v.* viajar en el tren「sin pagar* [《口語》de gorra].

たたみ 畳 "tatami",《説明的に》*f.* estera gruesa, de 1.80 por 90 centímetros que forma el suelo de la casa tradicional japonesa. ▶畳のへり *m.* borde de un "tatami". ▶畳の部屋 *f.* sala de "tatami". ▶畳を6枚敷く *v.* colocar* seis "tatamis". ▶畳表 *m.* revestimiento de un "tatami". ▶畳屋 *m.* fabricante de "tatamis". ▶四畳半の畳部屋 *f.* sala de cuatro "tatamis" y medio. ▶畳の表替えをする(自分で) *v.* revestir* un "tatamis"; (人に頼んで) *v.* encargar* que revistan un "tatamis".

たたみかける 畳み掛ける ▶彼にたたみかけて質問する (＝質問を浴びせる) *v.* acosarlo[le] con preguntas, hacerle* llover* preguntas.

たたむ 畳む (折って) *v.* doblar; (閉じて) *v.* cerrar*. ▶シーツをたたむ *v.* doblar las sábanas. ▶傘をたたむ *v.* cerrar* un paraguas. ▶店をたたむ (＝商売をやめる) *v.* cerrar* el negocio.

ただよう 漂う (風・波などに流されて) *v.* ir* [estar*] a la deriva, vagar*, ser* empujad*o* por la corriente; (浮かんで) *v.* flotar. ▶空を漂う雲 *fpl.* nubes「vagando por el cielo [pasajeras del cielo]. ▶流れのまにまに漂うイカだ *f.* balsa empujada por la corriente. ◆小船が川に漂っている Hay una barca a la deriva en el río. / En el río hay una barca a la deriva. → 流れる.

《その他の表現》 ◆花の香りが漂っている El perfume de las flores embriaga el aire. / El aire está perfumado por las flores. ◆教室にはなごやかな雰囲気が漂っていた Había un ambiente agradable en la clase.

たたり 祟り (のろい) *f.* maldición; (悪霊) *m.* mal espíritu. → 祟(た)る. ◆この家にはたたりがある Sobre esta casa pesa una maldición. / Esta casa está poseída de malos espíritus. ◆さわらぬ神にたたりなし《言い回し》No hay que tentar al diablo.

たたる 祟る (のろう) v. maldecir*, echar una maldición 《a》; (悪霊にとりつかれている) v. estar* perseguido por una maldición. ♦旅行中は悪天候にたたられた Tuvimos la maldición [mala suerte] del mal tiempo durante todo el viaje. ♦怠けたことがたたって落第した Suspendí por perezoso.

ただれる 爛れる (化膿(ホ)する) v. supurar. ▶ただれた (=放蕩(ホ)な)生活をする v. llevar una vida disipada [licenciosa], 《口語》ser* /una vividor/dora. ♦あいた傷口がただれてきた La herida abierta ha supurado.

たち 質 (性質) m. carácter; (体質) f. constitución. →性質, 体質. ▶たちの悪い(悪質な) adj. malo, 《強調して》perverso; (邪悪な) adj. maligno, 《教養語》pérfido; (質が劣る) adj. inferior. →悪性の, 悪質の. ♦彼は忘れっぽいたちです Es "de carácter propenso a olvidar [olvidadizo]. ♦彼は賭け事には向かないたちです (=生まれつき向いていない) No es apostador [apostante] por naturaleza. ♦そんなことをするとは彼もたちが悪い Es de su mal carácter hacer tal cosa. →悪い.

-たち -達 ▶子供たち mpl. niños. ▶動物たち mpl. animales.

たちあい 立ち会い (列席) f. presencia. ▶立会人 mf. testigo; (選挙での) mf. observador/ dora. ▶立ち会い演説 m. discurso de campaña. ▶山田氏立ち会いのもとで adv. en presencia del Sr. Yamada.

たちあう 立ち会う ▶何人かが開票に立ち会った Hubo "algunos testigos del [algunas personas presentes en el] recuento de los votos.

*****たちあがる** 立ち上がる ❶【起立する】v. levantarse, ponerse* en [de] pie, 《ラ米》pararse. ▶ぱっと [²よろよろと; ³やっと]立ち上がる v. levantarse ¹de un salto [²lentamente; ³a duras penas]. ▶いすから立ち上がる v. levantarse de la silla. ♦彼は立ち上がって客を迎えた Se levantó para recibir [dar la bienvenida] al invitado.
❷【行動を起こす】v. tomar medidas, actuar* →立つ; (決起する) v. levantarse [alzarse*] 《contra》; (始める) v. empezar*. ▶募金に立ち上がる v. empezar* a recaudar fondos. ▶戦災から立ち上がる (=復興する) v. recuperarse de los daños de la guerra. ♦彼らは¹独裁政治 [²独裁者]に対して武装して立ち上がった Se levantaron [alzaron] en armas contra ¹¹la dictadura [²el dictador]. ♦なぜ立ち上がって闘わないのか ¿Por qué no ponerse en pie y luchar?

たちふるまい 立ち居振る舞い mpl. movimientos. ♦彼女の立ち居ふるまいは優雅だ Sus movimientos son elegantes.

たちいりきんし ▶立入禁止 〖掲示〗 Prohibido el paso. / No pasar. / Se prohíbe el paso. ♦無用の者立入禁止 〖掲示〗 Prohibida la entrada a personas ajenas. ♦芝生へ立入禁止 〖掲示〗 No pisen el césped. / Prohibido pisar el césped. ♦立入禁止の看板があちらこちらのまわりに立てられていた Había señales de "prohibido el paso" por todos lados de la propiedad.

たちいる 立ち入る ❶【入る】v. entrar 《en, 《ラ米》a》; (侵入する) v. "entrar en [penetrar en, invadir] su terreno. →入る. ♦この部屋に立ち入るな No entres en este cuarto. ♦芝生に立ち入るべからず No pisen el césped.
❷【人事に干渉する】v. entrometerse [meterse] 《en》. ♦私事に立ち入らないでください No "te entremetas [《口語》metas las narices] en asuntos privados. ♦あまり(私事に)立ち入った話はやめよう No nos metamos en asuntos demasiado personales.

たちうお 太刀魚 (m. pez) f. cinta.

たちうち 太刀打ち ▶太刀打ちできる v. poder* compararse [rivalizar *, competir *] 《con》, 《フォーマル》admitir comparación 《con》. ▶太刀打ちできない v. no poder* compararse [competir*] 《con》, no poder* estar* a (su) altura 《en》. ▶料理では母に太刀打ちできない No "puedo compararme con [estoy a la altura de] mi madre como cocinera.

たちおうじょう 立ち往生 ▶立ち往生する →渋滞. ♦車は雪の中で立ち往生した El coche se quedó atascado en la nieve. ♦彼のあの質問で私はまったく立ち往生してしまった Su pregunta me dejó sin habla. / No supe qué decir ante su pregunta.

たちおくれる 立ち後れる →遅[後]れる. ▶スタートで立ち後れる v. retrasarse en la salida.

たちおよぎ 立ち泳ぎ ▶立ち泳ぎする v. flotar [sostenerse*] en el agua.

たちがれ 立ち枯れ ▶立ち枯れの木立 m. grupo de árboles secos, f. arboleda seca. ▶立ち枯れる v. secarse*, morir*. →枯れる.

たちぎえ 立ち消え ▶立ち消えになる(計画などが実現に失敗する) v. fracasar, caerse*; (むだに終わる) v. quedar abortado [en nada]; (火が) v. apagarse*, 《フォーマル》extinguirse*. ♦留学の計画は立ち消えになった Fracasó mi plan de estudiar en el extranjero.

たちぎき 立ち聞き ▶立ち聞きする v. escuchar (su conversación) a escondidas.

たちきる 断ち切る v. cortar, romper*. ▶(人との)関係を断ち切る v. cortar las relaciones 《con》, 《口語》romper* 《con》. →切る.

たちぐい 立ち食い ▶立ち食いする v. comer de pie.

たちこめる 立ちこめる (霧などがおおう) v. cubrir*, envolver*, invadir; (香りが) v. oler* 《a》. ♦空港に霧が立ちこめていた La niebla cubría el aeropuerto. / (空港は霧に包まれていた) El aeropuerto estaba envuelto en la niebla. ♦部屋中に魚を焼くにおいが立ちこめていた Toda la sala olía a pescado asado.

たちさる 立ち去る v. irse*, marcharse. ♦その場所を立ち去る v. irse* del lugar. ♦さよならも言わずに立ち去る v. irse* sin decir* adiós. ♦彼に立ち去れと命じる v. decirle* [pedirle*] que se vaya.

たちしょうべん 立ち小便 ▶立ち小便をする v. orinar fuera [en la calle]. →小便.

たちすくむ 立ちすくむ ▶恐怖でその場に立ちすくむ v. quedarse clavado en el suelo por el miedo; quedarse petrificado [《口語》de piedra] por el terror.

たちっぱなし 立ちっぱなし ▶立ちっぱなしである(座れなくて) v. tener* que estar* todo el tiempo de pie; (自分の意志で) v. estar* sin sentarse*.

たちどころに 立ち所に (すぐに) adv. en seguida; (一瞬のうちに) adv. en un momento, al instante. → たちまち. ▶立ちどころに (=その場で) 決心する v. decidirse「en seguida [al momento].

***たちどまる** 立ち止まる (足を止める) v. pararse, detenerse*; (一時的に) v. hacer* una pausa. ▶急に立ち止まる v. detenerse「de repente [súbitamente], parar bruscamente. ♦彼は立ち止まってたばこを吸った Se detuvo asombrado. ♦彼は立ち止まってたばこを吸った Se detuvo para fumar. / Se detuvo y fumó. ♦彼はちょっと立ち止まって, それから歩き出した Se detuvo un momento y después siguió andando.

たちなおる 立ち直る v. recuperarse 《de》. ♦彼女は母の死のショックからすぐに立ち直った No tardó en「superar el [recuperarse del] choque [shock] de la muerte de su madre.

たちならぶ 立ち並ぶ (一列に) v. estar* en fila; (通りに沿って) v. alinearse. ♦寺への道には多くの土産店が立ち並んでいた La calle del templo estaba bordeada de numerosas tiendas de regalos.

たちのき 立ち退き (移転) m. traslado; (法律の力による立ち退き) m. desalojo; (専門語) m. desahucio; (危険区域からの退避) f. evacuación. ▶立ち退き料 f. compensación por desahucio. ▶立ち退き通告 m. aviso de desahucio. ♦アパートの立ち退きを迫られた Me presionaron para que desalojara el apartamento.

たちのく 立ち退く (立ち去る) v. desalojar, irse*; (すばやく) 《口語》v. largarse*, 《口語》《ユーモアで》 ahuecar* el ala; (引っ越して行く) v. desalojar; (退避・撤退する) v. evacuar*.

── 立ち退かせる (法律的に) 《専門語》v. desahuciar. ▶彼をアパートから立ち退かせる v. desalojarlo [le] de un apartamento. ♦あす, この家を立ち退きます Mañana desalojo [me voy de] esta casa. ♦私たちは直ちにその地域から立ち退くように命じられた Nos ordenaron que「nos fuéramos de [abandonáramos] la zona inmediatamente.

たちのぼる 立ち上る v. subir, elevarse. ♦遠くに煙の立ち上るのが見える Se ve humo a lo lejos.

たちば 立場 ❶【地位, 境遇】(他人との関係できまる社会的位置) f. posición; (人の置かれている状況) f. situación; (立脚) f. posición, m. pie → 位置, 地位; (基盤) f. base, mpl. puntos. ▶対等の立場にある[に立つ] v. estar* en pie de igualdad. ▶共通の立場を見いだす v. encontrar* puntos en común. ♦ぼくの立場にもなってみてください Ponte en mi posición. ♦もし君が彼の立場だったらどうしますか¿Qué harías (si estuvieras) en su posición? ♦残念ながらあなたを援助できる立場にありません Me temo que no estoy en posición de ayudarte. / Siento no poder ayudarte. ♦私が今どんな立場にあるのかはよく分かってくれていると思う Conoces muy bien la situación [posición] en que estoy [me encuentro] ahora. ♦立場によって考えも違う La opinión varía según la posición. ♦そんなことになったら, ぼくの立場がない (=面目がつぶれる) Eso me pondría en una situación comprometida [embarazosa]. / Eso me pondría en un compromiso.
❷【見地】(観点) m. punto de vista; (見解) f. postura; (政治的立場) f. postura [f. posición] 《sobre》. ▶立場を明らかにする v. aclarar [definir] la posición [postura]. ♦お互いの立場を尊重する v. respetarse los puntos de vista. ▶立場を変えて見る v. considerar desde「varios puntos de vista [varios ángulos, varias perspectivas]. ▶その問題に現実論の立場を取る v. tomar una postura realista sobre esa cuestión ⇨ 柄, 観点

たちはだかる 立ちはだかる (人・困難などが人に) v. enfrentarse 《a》, afrontar; (直面する) v. encarar; (行く手のじゃまをする) v. salir* a (su) paso, 《口語》plantarse 《ante》; (障害物がふさぐ) v. tapar; (道をふさぐ) v. cortar el paso. ♦私たちの前に立ちはだかる難問 mpl. difíciles problemas que se enfrentan a nosotros. ♦見知らぬ人が私の前に立ちはだかった Me cortó el paso un extraño. / Un desconocido se plantó ante mí. ♦高いビルが立ちはだかって日照を妨げている El alto edificio tapa el sol.

たちばなし 立ち話 ▶立ち話をする v. hablar「de pie [《ラ米》parado].

たちふさがる 立ち塞がる ♦難問が彼の行く手に立ちふさがっていた Ante él había un difícil problema.

たちまち 忽ち (すぐに) adv. en seguida, de inmediato → たちどころに; (間もなく, すばやく) adv. rápidamente; (一瞬のうちに) adv. en un momento, al instante; (突然) adv. de repente, súbitamente, de improviso. ♦彼はそれをたちまちのうちにやり終えた Lo acabó en un momento. ♦たちまち空が暗くなった El cielo se oscureció de repente. ♦そのニュースはたちまち (=すばやく) 社内に広がった La noticia se extendió rápidamente [《比喩的に》voló] por la oficina.

たちまわる 立ち回る (行動する) v. obrar, actuar*; (身を処する) v. comportarse, 《フォーマル》conducirse*; (策略を用いる) v. maniobrar; (うまくやる) v. desenvolverse*, 《口語》apañárselas; (歩き回る) v. andar*. ♦彼は何事においてもうまく立ち回る「Obra en todo [Actúa siempre] con mucho tacto. /(処理をうまくやる) Se desenvuelve [《口語》las apaña] (bien).

たちみ 立見 ▶試合を立見する v. ver* el partido de pie. ▶立見客 mf. espectador/dora de pie. ▶立見席 f. sala sin asientos.

たちむかう 立ち向かう (敵・危険などに) v.「hacer* frente [enfrentarse] 《a》, 《フォーマル》confrontar; (困難などに勇気をもって対処する)v. encararse 《con》, afrontar; (抵抗する)v. resistir 《a》. ▶勇敢に敵に立ち向かう v. hacer* frente valientemente al enemigo. ▶危険に立ち向かう v. enfrentarse al peligro. ◆ドン・キホーテは邪悪な巨人と思われる風車に勇敢に立ち向かった Don Quijote se enfrentó valientemente a los molinos de viento que él creía que eran malvados gigantes. ◆彼に立ち向かって行かないと彼はいつまでも君を脅し続けるよ Si no le haces frente, seguirá intimidándote.

だちょう 駝鳥 m. avestruz.

たちよみ 立ち読み ▶その漫画を本屋で立ち読みした Estuve hojeando el cómico [tebeo] en una librería.

たちよる 立ち寄る (ひょっこり訪れる) v. pasar 《por》, visitar (de paso), detenerse* 《en》, acercarse* 《a》; (ちょっと寄る) v. parar [hacer* escala] 《en》. →寄る.

だちん 駄賃 (礼金) f. recompensa, f. propina. ▶お使いをしてくれたらお駄賃で千円あげよう Te daré una propina de mil yenes si me haces un mandado [recado].

****たつ** 経つ (経過する・時間が過ぎる) v. pasar, 《フォーマル》 transcurrir; (飛ぶように過ぎる) v. pasar volando, volar*. → 過ぎる. ◆時が経つにつれて彼のことは忘れ去られた Con el paso del tiempo, se olvidaron de él. ◆今日はなかなか時間が経たなかった Hoy el tiempo ha pasado lentamente [despacio]. ◆彼が死んで10年経った Han pasado [《フォーマル》 transcurrido] diez años desde「su muerte [que murió]. / Hace diez años que murió. / Murió hace diez años. ◆彼が出かけてからどのくらい経つの―10分かそこらよ ¿Cuánto tiempo hace que se ha ido? – Hará unos diez minutos.

1《...経って[たら]》;(未来について(現在・過去から見て))prep. dentro de, en, a. →-後. ◆彼は1週間経って帰って来た Volvió después [al cabo] de una semana. / Una semana después, regresó. /《口語》Volvió a la semana.

2《...経たないうちに》 ◆彼は1週間も経たないうちに(=以内に)帰って来るだろう Volverá [《口語》Estará de vuelta] antes [en menos] de una semana. / Antes de que pase una semana, habrá regresado. ◆3週間と経たないうちに沖縄は4回もひどい台風を経験した En menos de tres semanas, Okinawa fue azotada por cuatro terribles tifones.

【その他の表現】 ▶時間の経つのを忘れる v. olvidarse del paso del tiempo, no dar* cuenta del paso del tiempo, perder* el sentido del tiempo. ◆象牙(ゾウゲ)は年月が経つと(=年月とともに)黄色くなる El marfil amarillea con el (paso del) tiempo. ◆この家は建ってから少なくとも30年は経っている(=30年の古さだ) Esta casa tiene por lo menos 30 años. / Han pasado 30 años por lo menos desde que construyeron esta casa. ◆どちらが正しいかは時が経てばわかる El tiempo dirá cuál está bien.

****たつ** 立つ **❶**【人や動物が立つ】v. levantarse, 《ラ米》pararse, ponerse* de [en] pie, 《フォーマル》erguirse*, sostenerse* en pie; (立っている) v. estar* de [en] pie, 《ラ米》estar* parado. ▶窓の近くに立つ v. estar* de pie a [al lado de] la ventana. ▶片足で立つ v. sostenerse* sobre un solo pie. ▶転んだ子供を立たせる v. levantar [poner* en pie, ayudar a levantarse] a un niño caído. ◆男の子は母親のうしろに立っていた El niño estaba de pie detrás de su madre. ◆先生が教室に入って来ると皆立った Cuando el profesor entró en la clase, todo el mundo se levantó [puso de pie]. ◆私は彼が来るのを立って待っていた Estuve de pie esperándolo[le]. ◆私は上野駅までずっと立ち続けだった Tuve que estar de pie todo el trayecto hasta la estación de Ueno. → 続ける. ◆バスには立っている乗客のためにつり革がある El autobús tiene correas [《ラ米》agarraderas] para los pasajeros de pie. ◆彼は席を立った Se levantó de la silla. / (離れた)Dejó el asiento. ◆ぼうっと立っていないで働け Trabaja en lugar de estar por ahí de pie. ◆先生は(罰として)彼を隅に立たせた El profesor lo [le] mandó estar de pie en el rincón.

❷【物が立っている】v. estar* 《《フォーマル》 situado》; (存在する) v. haber*. ◆学校は町のはずれに立っている Nuestra escuela está 《《フォーマル》 situada》 en las afueras de la ciudad. ◆丘の頂上に天文台が立っている En lo alto de la colina hay un observatorio astronómico. / (天文台は丘の頂上に立っている)El observatorio astronómico está en lo alto de la colina. ◆たくさんの看板が駅前に立っていた Había muchos letreros [anuncios] enfrente de la estación.

❸【立ちのぼる】v. levantarse, formarse. → 立ちのぼる. ◆彼ははこりが立たないように庭に水をまいている Está regando el jardín para que no se levante polvo.

❹【行動を起こす】v. actuar*, tomar medidas, emprender acción; (反抗する) v. sublevarse [levantarse] 《contra》. → 立ち上がる. ▶市長選に立つ(=立候補する) v. presentarse「para alcalde/desa [como candidato/ta a la alcaldía]. ▶彼の証人に立つ v. atestiguar [testificar*] por él, ser* su testigo. ◆立つべき時がきた Es「la hora [el momento] de actuar [tomar medidas].

❺【立場・状態にある】 ▶議論で彼の側に立つ(=味方する) v. ponerse* de su lado [parte] en la discusión. ▶人の上に立つ(=人を指導する) v. guiar* a los demás. ◆彼は大金を失って苦境に立っている Tiene problemas porque ha perdido mucho [《フォーマル》 gran suma de] dinero.

❻【成り立つ】(論理に合う) v. ser* lógico, tener* lógica; (道理にかなう) v. ser* razonable; (計画などが) v. poder* realizarse*; (方針などが確立される) v. establecerse*, ser* determinando, estar* decidido [fijado]. ◆君の議論は筋道が立たない(=筋が通らない) Tu argumento「es ilógico [no tiene lógica]. ◆計画は立ちましたか ¿Has hecho un plan? ◆まだわれわれの方針は立っていません Nuestra política todavía no ha sido determinada. / Aún no hemos decidido nuestra política. ◆こんな少ない収入では暮らし(=生計)が立たない No puedo vivir con unos ingresos tan bajos.

❼【出発する】v. salir* [partir, irse*]《a, para, hacia》. ◆彼はあす東京へ立っていかれる Mañana se va a Tokio. ◆彼は日本を立ってアルゼンチンへ向かった Ha partido de Japón a Argentina.

【その他の表現】◆彼は筆が立つ Es un buen escritor. / Escribe bien. ◆彼は気が立っている(=興奮している) Está excitado [irritado]. ◆教壇に立ってから何年になりますか ¿Cuántos años lleva usted de profesor / sora? / ¿Cuánto hace que enseña usted? / ¿Desde cuándo es usted profesor/sora? ◆彼の学説は経験の上に立っている(=基づいている) Su teoría está basada en la experiencia. ◆火のない所に煙は立たない《ことわざ》 Cuando el río suena agua lleva. ◆立つ鳥跡を濁さず(=去る前に自分の身辺を整理すべきである) Antes de irte, deja todo en orden.

・たつ 建つ 《造られる》v. construirse*, edificarse*; 《像など》v. levantarse, 《フォーマル》erigirse*. ◆このあたりは新しい家がぞくぞく建っている En este barrio se están construyendo continuamente nuevas casas. ◆公園に記念碑が建った Han construido un monumento en el parque.

たつ 裁つ v. cortar. → 裁断. ▶スカートを作るために生地を裁つ v. cortar tela para una falda.

たつ 絶[断]つ ❶【断絶する】(関係などを) v. romper*, cortar; (人と) v. romper*「(口語) cortar]《con》. ◆日本はその国との外交関係を絶った Japón rompió las relaciones diplomáticas con ese país.

❷【断念する】v. dejar, abandonar; (誓って)v. jurar (no + 不定詞). → 止(°)める. ▶たばこを断つ v. dejar de fumar, dejar el tabaco; (誓ってやめる)v. 《口語》jurar no fumar.

❸【遮断する】v. cortar, incomunicar*; (中断する)v. interrumpir. ▶敵の退路を断つ v. cortar la retirada del enemigo. ◆その町は外部との通信がまったく断たれてしまった La ciudad había quedado totalmente incomunicada del [con el] exterior. ◆列車の運行が脱線のため断たれた Los servicios ferroviarios han sido interrumpidos por el descarrilamiento.

❹【命を奪う】▶自らの命を絶つ v. suicidarse, quitarse la vida; (自殺する)v. matarse. → 自殺.

❺【根絶する】▶悪の根を絶つ v. cortar el mal de raíz, 《フォーマル》erradicar* el mal. ▶悪習を絶つ v. librarse de una mala costumbre.

【その他の表現】◆彼は仕事に出かけたきり消息を絶っている(=消息を聞かない) Se fue a trabajar y desde entonces no se ha vuelto a saber nada de él. ◆選挙違反は後を絶たない(=終わりがない) Las violaciones a la ley electoral no tienen fin. ◆彼の政治生命は絶たれた Su vida política está acabada.

だつい 脱衣 ▶脱衣する v. quitarse la ropa, desvestirse*; desnudarse. ▶脱衣場 m. vestuario, m. vestidor, f. sala de vestir; (海水浴場などの) f. caseta, f. cabina.

ダッカ Dacca.

だっかい 脱会 ▶脱会する(やめる) v. dejar, abandonar. ▶医師会を脱会する v. dejar un colegio de médicos.

だっかい 奪回 ▶奪回する(取り戻す) v. recuperar, recobrar, ganar otra vez. ▶タイトルを奪回する v. recuperar [recobrar] el título. ▶政権を奪回する(=返り咲く) v.「recuperar el [volver* al] poder*.

たっかん 達観 (悟り) f. filosofía, f. sabiduría. ▶達観する v. ser* filosófico《sobre, acerca de》; (大観する) v. ver* las cosas filosóficamente. ▶達観して adv. filosóficamente, con sabiduría.

だっかん 奪還 ▶奪還する v. recuperar, recobrar.

たっきゅう 卓球 m. ping-pong, 《フォーマル》m. tenis de mesa. ▶卓球の1球 [²ラケット; ³台; ⁴選手] ¹f. pelota [¹f. bola; ²f. raqueta; ³f. mesa; ⁴mf. jugador/dora] de ping-pong. ▶卓球をする v. jugar* al ping-pong [《フォーマル》tenis de mesa].

だっきゅう 脱臼 f. dislocación, 《専門語》f. luxación. ▶脱臼する v. dislocarse*, 《専門語》tener* una luxación, desarticularse. ▶肩を脱臼する v. dislocarse* el hombro. ▶亜脱臼《専門語》f. subluxación. ◆外傷性脱臼《専門語》f. luxación traumática. ◆習慣性脱臼《専門語》f. luxación recidivante.

たっきゅうびん 宅急便 →宅配.

タック (縫いひだ) f. alforza, f. jareta; (細い) f. jaretita. ▶そでにタックを取る v. enjaretar [hacer* una jareta en] las mangas. ▶タックをおろす v. dejar jaretas.

ダッグアウト《野球》《英語》m. "dugout"(☆発音は [dogáu(t)]), m. banco.

ダックスフント《ドイツ語》m. "teckel"(☆発音は [tékel]), 《口語》m. perro salchicha.

タックル m. placaje, 《ラ米》m. tacle. ▶タックルする v. placar, 《ラ米》taclear.

たっけん 卓見 f. idea brillante. ▶卓見に富んだ論文 m. ensayo lleno de brillantes ideas.

だっこう 脱稿 ▶論文を脱稿する v. completar un artículo.

だつごく 脱獄 f. fuga [f. huida] de la cárcel, (教護語) f. evasión (de la cárcel). ▶脱獄囚 mf. fugitivo/va de la cárcel; (逃亡囚) mf. presidiario/ria huido/da. ▶脱獄する v. escapar de la cárcel, fugarse* (de prisión).

だつサラ 脱サラ ▶脱サラをする v. abandonar la vida de empleado/da, hacerse* (trabajador/dora) autónomo/ma.

だっしにゅう 脱脂乳 f. leche desnatada.

だっしふんにゅう 脱脂粉乳 f. leche en polvo

desnatada.

だつめん 脱脂綿 *m*. algodón hidrófilo.

たっしゃ 達者 ❶【壮健】▶達者な人 *f. persona sana* (con buena salud). ▶父は年をとっているが達者です Mi padre es mayor, pero 「tiene una salud de hierro [《口語》está como un roble].

❷【上手】▶口の達者な人 *mf. buen/buena conversador/dora.* ▶腕の達者な外科医 *mf. cirujano/na hábil.* ▶スペイン語を達者に話す *v.* hablar con facilidad [soltura] el español. ♦彼女は水泳が達者です(=得意です) Nada 「muy bien [《口語》como un pez]. / Es muy buena nadadora. ♦彼は芸達者(=多才な芸人)だ Es un hábil artista.

だっしゅ 奪取 ▶*f*. toma, *f*. captura. ▶奪取する(敵地などを) *v*. tomar, apoderarse 《de》, capturar. ▶城を奪取する *v*. tomar [apoderarse de, capturar] un castillo.

ダッシュ ❶【符号】*m*. guión (largo), *f*. raya.

❷【突進】*m*. arranque. ▶ダッシュする *v*. lanzarse*《hacia》, precipitarse*《a》.

だっしゅう 脱臭 ▶脱臭する *v*. quitar un mal olor, 《教養語》desodorizar*. ▶脱臭剤 *m*. desodorante.

だっしゅつ 脱出 ▶*m*. escape, *f*. salida, *f*. huida. ▶燃えている家から脱出する *v*. escapar de una casa en llamas. ▶国外に脱出する *v*. huir* a otro país.

ダッシュボード *m*. tablero de mandos, 『スペイン』*m*. salpicadero.

たつじん 達人(大家, 名人)*mf*. maestro/tra → 大家(たい), 名人; (専門家)*mf*. experto/ta. ▶柔道の達人 *mf*. maestro/ra de judo [yudo].

だっすい 脱水《フォーマル》*f*. deshidratación. ▶脱水機(洗濯機の)*m*. escurridor. ▶脱水する《フォーマル》*v*. deshidratar; (洗濯機で)*v*. escurrir. ▶脱水症状を起こして死ぬ *v*. morir* de deshidratación.

たっする 達する ❶【行き着く】(到達する)*v*. alcanzar*. → 着く, 及ぶ. ▶結論に達する *v*. alcanzar* [llegar* 《a》] una conclusión. ♦彼は時間どおりに目的地に達した Llegó a tiempo a su destino. ♦物音ひとつわれわれの耳に達しなかった A nuestros oídos no llegaba ningún sonido. ♦彼女の髪は腰に達している Su cabello le alcanza [llega a, desciende hasta] la cintura.

❷【数量が】(及ぶ)*v*. llegar* [alcanzar*]《a》; (総計...になる)*v*. ascender*《a》, 《フォーマル》totalizar*. ▶彼の負債は百万円に達した Sus deudas 「ascendieron a un [alcanzaron el] millón de yenes. ♦応募者は千人に達した El número de solicitantes 「llegó a [ascendió a, 《フォーマル》totalizó] mil. ♦彼は90歳に達した Alcanzó los noventa (años). / Llegó a la edad de noventa.

❸【達成する】*v*. lograr, conseguir*; (実現する)*v*. realizar*. ▶目的を達する *v*. lograr [conseguir*] su objetivo.

❹【ある状態・基準に】(到達する)*v*. alcanzar*; (努力して)*v*. alcanzar*, lograr; (習得する)*v*. dominar. ▶プロの域に達する *v*. alcanzar* un

---

タッチ 831

nivel profesional. ▶標準に1達する[2達しない] *v*. 1llegar* hasta [2no alcanzar*] el estándar. ♦劇はここでクライマックスに達する La obra llega aquí a su clímax. ☞及ぶ, 届く

だっする 脱する ▶難局を脱する *v*. salir* de una situación difícil. ▶危機を脱する(=乗り越える) *v*. superar una crisis. ▶生き埋めの危険を脱する(=逃れる) *v*. librarse de ser* enterrado vivo. ▶不況から脱する(=立ち直る) *v*. 「recuperarse de [superar] una recesión 取[捕, 採, 執]る, 取り除く

たつせ 立つ瀬 ▶それでは私の立つ瀬がない(=苦境に陥る) Eso me pondría en un aprieto [apuro]. / Eso sería un compromiso para mí.

たっせい 達成 *m*. logro, (並外れた目標の)《フォーマル》*f*. realización. ▶目標を達成する *v*. lograr un objetivo [propósito] ☞成就, 到達; 実現する, 達する

だつぜい 脱税 *f*. evasión [*m*. fraude] fiscal [de impuestos]. ▶脱税者 *mf*. evasor/sora fiscal [de impuestos]. ▶脱税する *v*. evadir impuestos, defraudar al fisco. ♦彼は脱税で告訴された Le acusaron de evasión fiscal.

だっせん 脱線 (列車の)*m*. descarrilamiento; (話の)《フォーマル》*f*. digresión, 《口語》*m*. paréntesis, (口語)*f*. divagación. ▶脱線する(列車が) *v*. descarrilar(se), salirse* de los raíles; (人が話で) *v*. hacer* desviar* del tema, divagar*, desviarse*.

だっそう 脱走 ▶*f*. huida. ▶脱走者 *mf*. fugitivo/va. ▶脱走兵 *mf*. desertor/tora. ▶刑務所を脱走する *v*. fugarse* de prisión, escapar de la cárcel. ♦兵士は軍を集団で脱走した Los soldados desertaron del ejército en grupo.

たった (ただ...だけ) *adv*. sólo, solamente; 《数・量が》(わずか...にすぎない)*adv*. no más de [que]; (ちょうど...だけ)《強調して》*adv*. tan sólo. ▶たった三日間 *mpl*. sólo [no más de] tres días. ▶たった1分のところで電車に間に合わない *v*. perder* el tren por tan sólo un minuto. ▶たった一人で行く *v*. ir* solo [《強調して》《口語》solito]. ♦彼にはたった一つ弱点がある. ギャンブルである「Sólo tiene [No tiene más que] una debilidad: el juego. ♦彼はたった2時間しか働かなかった「No trabajó más de [Solamente trabajó] dos horas. ♦彼はたった今到着したばかりです Acaba de llegar. / No ha hecho más que llegar. / Ha llegado 「ahora mismo [《強調して》justo ahora].

だったい 脱退 (会などからの)*f*. retirada. ▶脱退する *v*. apartarse 《de》; (去る) *v*. irse*. ▶文学会から脱退する *v*. apartarse de la sociedad literaria. ▶連盟から脱退する *v*. separarse [《教養語》secesionarse] de la federación.

タッチ ❶【競技】*m*. tocado. ▶タッチする *v*. tocar*. ▶タッチネットする *v*. tocar* la red.

❷【芸術的手法, キーや弦の調子】*m*. tacto. ▶1重い[2軽い]タッチのピアノ *m*. piano con el tacto 1duro [2suave]. ▶生き生きしたタッチで絵をかく *v*. pintar un cuadro con un toque vivo. ♦彼は軽快なタッチでピアノをひいた Tocó el

piano con suavidad. ❸【関係する】♦私はその問題にタッチしていません No tengo ninguna relación con ese asunto. /《口語》No tengo nada que ver con eso.
タッチ・スクリーン《専門語》f. pantalla táctil.
タッチライン《サッカー》f. línea de banda.
たって 達って ▶たって《=強いて》とおっしゃるなら si insiste usted tanto. ♦彼のたっての頼みでその本を彼に貸してやった Le presté el libro ante su fuerte insistencia. / Insistió tanto que le presté el libro.
-たって【接続助詞】❶【たとえ…しても】conj. aunque《+接続法》.→-ても。♦雨が降ったって出発します Saldré aunque llueva.
❷【どんなに…しても】conj. por mucho que《+接続法》, no importa cuanto [lo que, donde]《+接続法》.→-ても。♦彼はどんなにたくさん食べたって太らない「Por mucho que [No importa cuanto] coma, no engorda. ♦どこへ行ったって, 家はどいい所はないよ En ningún sitio se está mejor que en casa, 「vayas donde vayas [no importa donde vayas].
・だって adv. después de todo, al fin y al cabo;《なぜなら》conj. como, porque;《口語》es que.→なぜならば。♦その子はまだ歩けない. だってまだ10ヵ月だから Como sólo tiene diez meses, el bebé aún no sabe caminar.《会話》なぜそんなに楽しそうなの—だって今日はデートだから ¿Por qué pones esa cara tan contento? – Es que tengo una cita.《会話》何ぐずぐずしているの—だって靴が見当たらないのよ ¿Qué esperas? – Es que no encuentro mis zapatos.
-だって ❶【…でさえ】adv. hasta, incluso, ni.→-でも。♦小さい子供だってそんなこと知っている Hasta un niño pequeño lo sabe. ♦彼は何だってできる Puede hacer cualquier cosa. ♦びた一文だってやるものか No te daré ni un céntimo [[ラ米]]centavo].
❷【…もまた】adv. también, igualmente,《フォーマル》asimismo.→また。《会話》私はピアノがひける—私だってひける Yo sé tocar el piano. – Toma, y yo.《口語》じゃあそのことで腹を立てていたのか—ああ, 誰だって腹も立つよ Estabas enfadado por eso, ¿eh? – ¿Y quién no iba a estarlo?
❸【聞き返すとき】《会話》答えは6だって?—それじゃ間違ってる? ¿Dices que la respuesta es seis? – ¿Me he equivocado entonces?《会話》6時までにここに来るって彼言ってたわ—何時までにだって? Dijo que estaría aquí antes de las seis. – ¿Antes de qué hora? / ¿Dijo qué? /何だって—どうして聞いていないのよばかねえ ¿Cómo has dicho? / ¿Cómo? /《口語》¿Qué?– ¿Por qué no has escuchado bien, idiota?
たづな 手綱 fpl. riendas. ♦手綱を¹締める [²引く; ³ゆるめる] v. ¹apretar* [²tirar de; ³aflojar] las riendas.
たつのおとしご 竜の落とし子 m. caballito de mar,《専門語》m. hipocampo.
だっぴ 脱皮 f. muda de piel,《専門語》f. ecdisis. ♦彼は古い考え方から脱皮した Ha abandonado su vieja forma de pensar.
たっぴつ 達筆 ♦彼は達筆だ Tiene buena letra [《フォーマル》caligrafía]. / Escribe bien.
タップダンス m. claqué,《メキシコ》《英語》m. "tap",《アルゼンチン》m. zapateo americano,《フラメンコの》m. zapateado. ♦タップダンサー mf. bailarín/rina de claqué. ♦タップダンスを踊る v. bailar claqué ["tap"],《アルゼンチン》hacer* zapateo americano.
たっぷり ❶【いっぱい満ちて】(十分に)adv. en abundancia, abundantemente,《フォーマル》copiosamente,《教養語》profusamente, bastante, suficientemente; (気前よく) adv. generosamente. ♦雨の後で大地はたっぷり水を吸っていた La tierra quedó generosamente empapada de agua después de la lluvia. ♦彼は庭にたっぷり水をまいた Regó el jardín en abundancia. ♦彼女はトーストにマーマレードをたっぷりつけた Cubrió su tostada de abundante mermelada.
❷【十分に】adv. abundantemente,《フォーマル》de sobra,《教養語》con profusión.→十分, たくさん。♦彼らはお金はたっぷりある Tienen dinero suficiente [en abundancia,《口語》de sobra]. /《口語》No les falta el dinero. ♦そのシャツは横幅がたっぷりある Esa camisa es bastante ancha [amplia, holgada]. ♦われわれはたっぷり休んだ Hemos descansado bastante. / Hemos tenido un buen descanso. ♦私たちはたっぷり1時間は待った Esperamos una hora larga. ♦みんなでたっぷり(=心から)笑った Nos reímos todos mucho. ♦僕の祖父はほおがたっぷりしている(=肉付きがいい)Mi abuelo tiene la cara rellenita. ♦駅からたっぷり20キロも(=20キロは)ある 「No hay menos de veinte kilómetros [Hay veinte kilómetros largos] de aquí a la estación. ♦彼はたっぷり百キロはある(=百キロをかなり越えている)Pesa cien kilos por lo menos. ♦《口語》Pesa sus buenos cien kilos.
ダッフルコート f. trenca.
だつぼう 脱帽 ▶脱帽する v.「quitarse el sombrero [《フォーマル》descubrirse*]《ante》. ♦彼の勇気に脱帽する v. quitarse el sombrero ante su valor.
たつまき 竜巻 (陸上の) m. remolino, m. torbellino; (海上の) f. tromba.
だつもうしょう 脱毛症《専門語》f. alopecia. ♦円形脱毛症《専門語》f. alopecia areata.
だつらく 脱落 ▶脱落する(競争などで落後する) v. abandonar, retirarse《de》; (遅れる) v. quedarse atrás, rezagarse*; (文章などが漏れ落ちている) v. faltar, estar* omitido. ▶脱落者 f. persona que abandona (una actividad). ♦レースから脱落する v. abandonar [retirarse de] la carrera. ♦文中に1語脱落がある Falta una palabra en la oración.
・たて 縦 (長さ) f. longitud; (高さ) f. altura.→横。▶タオルを縦に折りたたむ v. doblar las toallas 「a lo largo [《フォーマル》longitudinalmente]. ♦縦(=垂直の)線を引く v. trazar* una línea vertical [verticalmente]. ♦この花壇は縦7メートル, 横1メートルです Este arria-

te mide siete metros de largo por uno [un metro] de ancho. / Este arriate es de siete metros de largo por uno de ancho. ♦ 子供たちは縦に1列に並んだ Los niños se alinearon [pusieron] uno detrás de otro. 【その他の表現】 首を縦に振る（＝同意する）v. asentir*, estar* de acuerdo, 《口語》decir* que sí, 《フォーマル》expresar la conformidad. ♦ 彼は縦から見ても横から見ても（＝あらゆる点で）紳士だ Es un perfecto caballero. /《口語》Es un caballero de los pies a la cabeza.

たて 盾 *m*. escudo; (円形の) *m*. broquel. ▶盾にとる *v*. utilizar(lo)* como escudo [excusa]. ▶ 1法律 [2校則] を盾に *adv*. con el escudo ¹de la ley [²del reglamento escolar]. ▶盾をつく *v*. desobedecer*; oponerse* 《a》.

-たて (...したばかり) *v*. acabar 《de ＋ 不定詞》 (自然の物) *adj*. fresco; (加工物) *adv*. recién 《＋過去分詞》; (新しい) *adj*. nuevo; (新たに) *adv*. recientemente, hace poco. ▶焼きたてのパン *m*. pan recién hecho [sacado del horno]. ▶大学出たての社員 *mf*. empleado/da recién salido/da de la universidad. ▶取りたてのイチゴ *fpl*. fresas frescas [recién cogidas]. ▶結婚したての夫婦 *f*. pareja de recién casados, *mpl*. recién casados.

たで 蓼 ♦たで食う虫も好きずき 《ことわざ》Sarna con gusto no pica. /《ことわざ》Sobre gustos no hay discusión [nada escrito]. /《ことわざ》Cada loco con su tema. → 好み.

だて 伊達 ♦彼はだて眼鏡をかけている Lleva gafas sólo por vanidad [afectación]. ♦彼はだてに（＝むだに）留学をしたわけではなかった No ha estudiado en el extranjero 「por capricho [para nada].

-たて -建て ▶3階建ての家 *f*. casa de tres pisos. ▶一戸建ての家 *f*. casa independiente [no adosada]. ▶2階建てバス *m*. autobús de dos pisos.

たたいた 立て板 ♦彼女の話し方は立て板に水だ（＝非常に流暢(りゅう)に話す）Habla con mucha soltura.

たてうり 建て売り ▶建て売り住宅 *fpl*. viviendas en venta. ▶簡易住宅群(の1軒) *f*. vivienda provisional. ▶建て売りする *v*. vender casas ya construidas.

たてかえる 立て替える ♦彼のタクシー代を立て替えた（＝貸してやった）Le presté dinero para el taxi. /（彼に代わって支払った）Pagué el taxi por él.

たてがき 縦書き *f*. escritura vertical. ▶縦書きにする *v*. escribir* verticalmente [de arriba a abajo].

たてかける 立てかける *v*. apoyar [poner*, sostener*] 《contra》. ♦彼は壁にはしごを立てかけた Apoyó la escalera contra la pared.

たてがみ (馬の) *fpl*. crines; (ライオンの) *f*. melena. ▶たてがみのある *adj*. con crines; con melena, melenudo.

たてかんばん 立て看板 *m*. letrero, *f*. pancarta. ▶文化祭の立て看板 *m*. letrero para la fiesta de la escuela.

たてぐ 建具 (家具) *mpl*. muebles; (作り付けの) *mpl*. elementos fijos; (建具) *fpl*. instalaciones fijas. ▶建具屋 *mf*. carpintero/ra.

たてこむ 立て込む (人で混雑する) *v*. estar* lleno [apiñado] 《de》. ♦彼は仕事が立て込んでいる Está muy ocupado [《口語》ocupadísimo] con el trabajo. / Está atado al trabajo.

たてこむ 建て込む ▶家が建て込んだ地域（＝市街地）*f*. zona 「llena de construcción [muy urbanizada].

たてこもる 立てこもる (家や部屋に) *v*. recluirse* [encerrarse*] en 「una casa [un cuarto].

たてつく 盾突く (公然と) *v*. desafiar*; (反抗する) *v*. desobedecer*. ♦党のリーダーに盾突く *v*. desafiar* a un dirigente del partido (político).

たてつけ 立て付け ♦この戸は立て付けが悪い（＝なめらかに動かない[開閉できない]）Esta puerta (se) cierra mal.

たてつづけに 立て続けに (連続して) *adv*. en sucesión, 《口語》uno detrás de otro. ▶立て続けに質問する *v*. hacer* preguntas seguidas [una detrás de otra]. ▶そのチームは立て続けに3回チャンピオンになった El equipo ganó el campeonato tres veces seguidas.

たてなおす 建て直す *v*. reconstruir*, reedificar*; (再建する・作り直す) *v*. rehacer*, restablecer*. ▶古い建物を建て直す *v*. reconstruir* una casa vieja. ▶その企業を建て直す *v*. rehacer* la empresa.

たてふだ 立て札 *m*. tablero [*m*. cartel] de avisos [anuncios]. ▶立て札を立てる *v*. colocar* un tablero de avisos.

たてまえ 建て前 (理屈) *f*. teoría; (原則) *m*. principio; (表向きの原則) *mpl*. principios públicos; (公の立場) *f*. posición oficial. ▶建て前では *adv*. en teoría, teóricamente; en principio. ♦建て前はそうだが、実際には不可能だ En teoría es así, pero en la práctica es imposible. ♦建て前と本音（＝言葉と実際の意図）は別だ Hay diferencia entre 「lo que se dice y lo que se hace [decir y hacer, las palabras y los hechos]. / Una cosa es la teoría y otra la práctica.

たてまし 建て増し *f*. ampliación. → 増築. ▶病院を建て増しする *v*. hacer* una ampliación al hospital, ampliar el hospital con un nuevo edificio.

***たてもの** 建て物 *m*. edificio, *f*. construcción. ▶高い建物 *m*. edificio alto. ♦建物全体の重量はこの4本の柱にかかっている Estos cuatro pilares reciben el peso de toda la construcción.

たてやくしゃ 立て役者 (中心となる俳優) *mf*. actor/triz principal, *mf*. protagonista; (中心人物) *f*. persona principal [clave].

たてゆれ 縦揺れ (船などの) *f*. cabezada; (地震の) *m*. temblor vertical. ▶縦揺れする *v*. subir y bajar; (船が) *v*. cabecear. → 揺れる.

たてよこ 縦横 *m*. largo y *m*. ancho, *f*. longitud y *f*. anchura.

****たてる** 立てる ❶【立て起こす】(立たせる) *v*. levantar, poner* de pie, 《フォーマル》erguir*, enderezar*, alzar*, elevar,

たてる

《フォーマル》ascender*; (旗を) v. izar*; (定位置に立てる) v. colocar*; (しっかり立てる) v. fijar. ▶テーブルにろうそくを立てる v. poner* velas en la mesa. ▶壁にはしごを立てかける v. colocar* [levantar] una escalera contra la pared. → 掛ける. ▶道路標識を立てる v. colocar* señales de tráfico. ▶地面にポールを立てる(=固定させる) v. levantar un poste en el suelo. ▶通りに旗が立てられた Por las calles se izaron banderas. ♦最初に K2 の頂上に旗を立てたのはだれでしょう ¿Quién fue el primero en izar una bandera en la cumbre de la montaña K2? ❷【発生させる, 出す】(ほこりなどを) v. levantar; (音などを) v. hacer*. ▶大きな音を立てる v. hacer* mucho ruido. ▶うわさを立てる v. propagar* un rumor. ▶その車はもうもうとほこりを立てて走り過ぎて行った El coche salió disparado levantando una nube de polvo. ▶スープを飲むときは音を立てるな No hagas ruido cuando tomes la sopa. ♦声を立てるな(=しっ!) ¡Chis! / ¡Silencio! /《口語》¡Cállate! ❸【計画・理論などを】(作成する) v. hacer*; (打ち立てる) v. establecer*, fijar; (確立する) v. establecer*. ▶夏休みの「2家を買う]計画を立てる v. hacer* planes para ¹las vacaciones de verano [²comprarse una casa]. ▶新しい理論を立てる v. establecer* [《フォーマル》formular] una nueva teoría. ▶新記録を立てる v. establecer* [batir] 「una nueva marca [un nuevo récord]. ▶政策を立てる v. establecer* [fijar] una política.

《その他の表現》 ♦彼を私の先輩として立てる(=尊敬する) v. respetarlo[le] por ser* mayor que yo. ♦顔を立てる v. salvar la dignidad. ♦医者として身を立てる v. establecerse* como médico. ♦大統領候補を立てる(=推薦する) v. proponer* un/una candidato/ta para la presidencia.

たてる 建てる v. construir, 《口語》hacer*, 《フォーマル》edificar*; (建設する) v. fundar, establecer*; (記念碑などを) v. levantar, 《フォーマル》erigir*. ▶丸太で小屋を建てる v. construir* una cabaña de troncos. ♦彼は新しい家を建てた Se construyó [《口語》hizo] una casa nueva. / Le construyeron una casa nueva. ♦家の近くに新しいスーパーが建てられている Cerca de mi casa están construyendo un nuevo supermercado. ♦その建物は固い地盤の上に建てられている El edificio está fundado en tierra dura [sólida]. ♦この記念碑はピカソに敬意を表して建てられた Este monumento se erigió en honor de Pablo Picasso.

たてわり 縦割り行政 f. estructura vertical de la administración.

だとう 打倒 ▶政府を打倒する(=転覆させる) v. derrocar* el [al] gobierno. ▶敵を打倒する(=負かす) v. derrotar [vencer*] al enemigo. ♦独裁政治を打倒せよ! ¡Muera el despotismo! / (...なんかから無い)¡No queremos déspotas!

だとう 妥当 ▶妥当な(適切な) adj. apropiado, adecuado; (正当な) adj. válido. → 適当. ▶妥当な措置をとる v. tomar las medidas apropiadas [adecuadas]. ▶妥当な結論 f. conclusión válida [razonable]. ▶妥当な(=手ごろな価格で adv. a un precio razonable ☞ 相応, 相当な[の], 手頃な

たどうし 他動詞 m. verbo transitivo.

*たとえ 例え (仮に...でも) adv. incluso, conj. aunque; (いかに...でも) v. no importa que 《＋接続法》. ♦たとえ忙しくてもそれをやります Aunque esté [estoy] ocupado, lo haré. / Incluso ocupado (como estoy), lo haré. / 「Ocupado como estoy [Por ocupado que esté,《フォーマル》No obstante lo ocupado que estoy], lo haré. ♦彼はとてもいい人のようだ. たとえそうでも本当に信用してはいない Por buena persona que parezca, yo no confío de verdad en él. / Aunque parece una buena persona, no acabo de confiar en él. ♦たとえ君が謝ったとしても許してあげない Ni disculpándote, te perdonaría. / Por mucho que te disculpes, no te perdonaré. ♦たとえ彼が何を言おうと, だれも本気にしない Por mucho que hable [diga], nadie 「se lo toma en serio [《フォーマル》no lo considera seriamente].

たとえ 譬え (直喩) m. símil; (隠喩) f. metáfora; (寓話) f. fábula, f. alegoría, f. parábola; (ことわざ) m. proverbio, f. sentencia; (知恵のある) m. refrán; (言い回し) m. dicho; (例) m. ejemplo; (例証) f. ilustración. ▶たとえを引いて理論を説明する v. explicar* la teoría con un ejemplo. ▶たとえに言うように adv. como 「dice el refrán [reza el dicho].

*たとえば 例えば (典型的・具体的には) adv. por ejemplo, (... のような) prep. como; (例を挙げれば)《口語》digamos. ▶野菜, 例えばニンジンやキュウリ verduras, por ejemplo, zanahorias y pepinos. 《会話》みやげ物をたくさん買ってきてあげたよ—例えばどんな Te he traído muchos regalos. —¿Ah sí? ¿Por ejemplo, qué? ♦ある都市, 例えば神戸や横浜は港で有名です Algunas ciudades, 「como Kobe y Yokohama [Kobe y Yokohama, por ejemplo], son famosas por sus puertos. ♦だれでも, 例えば幼稚園児でもそれを知っている Todos, 「por ejemplo [《口語》digamos], los niños de preescolar, lo saben.

たとえる 例える v. comparar A a [con] B. ▶人生をドラマにたとえる v. comparar la vida al teatro. ♦心臓はポンプにたとえることができる 「El corazón puede compararse [Podemos comparar el corazón] a una bomba.

《その他の表現》 ♦夕日があたたえようもないほど美しかった El sol del atardecer era indescriptiblemente bello. → 筆舌.

ただく 多読 f. lectura voraz. ▶多読する(多く読む) v. leer* 「muchos libros [mucho].

たどたどしい (つかえながらの) adj. titubeante, vacilante; (弱々しい) adj. titubeante; (よろめいた) adj. vacilante. ▶たどたどしいスペイン語で話す v. hablar en español chapurreado, 《口語》chapurrear el español. ▶たどたどしい足どりで歩く v. caminar con el paso vacilante.

たどりつく 辿り着く ▶目的地にたどり着く(=やっと到達する) v. llegar* por fin al destino.

たどる 辿る (沿って行く) *v.* seguir*; (跡をたどる) *v.* rastrear, remontar(se). ▶小道をたどって湖まで歩いて行く *v.* seguir* el sendero「hasta el [al] lago. ▶家路をたどる *v.* ir* a casa. ▶その語の語源をたどる *v.* remontarse al origen de la palabra. ▶記憶をたどる (=調べる) *v.* buscar* en la memoria. ▶一字一字たどりながら読む *v.* leer* letra por letra (de una oración). ◆彼女は母親と同じ運命をたどった Ella siguió los pasos de su madre. ◆旅行者は地図の上で自分たちの行程をたどった Los turistas siguieron su camino en un mapa. ◆旅客機は大型化の道をたどっている (=絶えずより大きくなっている) Los aviones de pasajeros son cada vez más grandes.

たな 棚 (全体) *f.* estantería; (個々の) *m.* estante; (岩棚) *m.* saliente; (壁から突き出た) *m.* anaquel; (暖炉の上の) *f.* repisa. → 吊(ˊ)り棚. ▶上の棚 *m.* estante de arriba. ▶棚に置く *v.* colocar* [poner*] en el estante. ▶(壁に)棚をつる *v.* hacer* una estantería, adosar [fijar] un estante (a la pared). ◆その本箱には8段ある Esa estantería [librería] tiene ocho estantes [anaqueles].

《その他の表現》▶自分の事を棚に上げて人の事を言う《言い回し》Ver la paja en el ojo ajeno y no ver la viga en el propio. ▶ Dijo la sartén al puchero: "Apártate que me tiznas". ◆突然の財産相続はまったく棚からぼたもちだった La inesperada herencia fue verdaderamente como llovida del cielo. → 棚ぼた.

たなあげ 棚上げ▶棚上げする *v.* archivar, aparcar*. ▶その計画は2年間棚上げされた El proyecto estuvo archivado dos años.

たなおろし 棚卸し *m.* inventario.

たなこ 店子 *mf.* inquilino/*na*, *mf.* arrendatario/*ria*.

タナナリブ Tananarive (☆アフリカ大陸南東方の島国マダガスカルの首都アンタナナリボの旧称).

たなばた 七夕 "tanabata", 《説明的に》*m.* Festival de las Estrellas; (織女星とけん牛星の祭り) el festival de las estrellas de Vega y Altair. ◆日本では子供たちは7月7日の夜、短冊や色紙で飾った竹を立てて七夕を祝います Los niños japoneses celebran el Festival de las Estrellas la noche del 7 de julio decorando ramas de bambú con tarjetas de poesías y con cintas de colores.

たなびく 棚引く▶後の方にたなびく煙が見えた A lo lejos se divisaba una columna de humo. ◆かすみが山にたなびいていた (=かかっていた) La bruma se extendía por las colinas. / Las colinas estaban cubiertas de bruma.

たなぼた 棚ぼた (意外な授かり物、特に遺産・幸運など) *m.* beneficio inesperado [《口語》llovido del cielo]. → 棚. ▶棚ぼた式のもうけ *f.* ganancia imprevista.

たなん 多難 ▶多難である(困難な) *adj.* difícil, 《口語》duro; (困難が多い) *v.* estar* lleno de dificultades. ▶多難な年 *m.* año difícil [duro]. ▶われわれの前途は多難だ Nuestro futuro está lleno [《強調して》plagado] de dificultades. / Tenemos delante muchas dificultades.

たね 835

*****たに** 谷 ❶【地理上の】*m.* valle; (小さな) *m.* vallejo; (深く狭く両側が切り立った谷) *f.* hondonada, *m.* barranco, 『ラ米』*f.* quebrada, *m.* cañón. ▶山あいの美しい谷 *m.* hermoso valle entre las montañas.

❷【気圧の】*f.* depresión (atmosférica), *f.* zona de bajas presiones. ◆気圧の谷が1近づいている [2通り過ぎた] Se ¹acerca [²ha alejado] una「depresión atmosférica [²zona de bajas presiones].

たに (虫) *f.* garrapata; (人から金銭などを絞り取る者) *mf.* parási*to/ta*, *mf.* sanguijuela; (社会に害を与える人々) 《フォーマル》*fpl.* personas indeseables, 《口語》*mpl.* parásitos.

たにがわ 谷川 *m.* arroyo (de montaña).

たにぞこ 谷底 *m.* fondo de una hondonada, 『ラ米』*f.* quebrada. ▶谷底に沈む *v.* hundirse en el fondo del valle.

たにま 谷間 ❶【谷あい】*m.* valle. → 谷. ◆その村は山の谷間にある El pueblo está en un valle de la montaña.

❷【取り残された所】*m.* lugar marginado, *m.* barrio bajo. ▶社会の谷間に住む人々 *mpl.* habitantes de un「lugar marginado [barrio bajo].

ダニューブがわ ダニューブ川 el Río Danubio (☆ドナウ川、ヨーロッパ南東部を流れる川).

たにょう 多尿 《専門語》*f.* poliuria.

*****たにん** 他人 *mf.* *otro/tra*, *f.* otra persona, *mf.* *prójimo/ma*; (血縁のない人) *f.* persona no emparentada; (知らない人) *mf.* *desconocido/da*; (部外者) *f.* persona ajena. ▶他人の手をわずらわす *v.* molestar a los demás. ▶他人任せにする *v.* dejar(lo) a los demás. ◆他人の助けは当てにならない No hay que contar con「la ayuda ajena [que te ayuden los demás]. ◆私たちは他人同士だ Somos desconocidos (uno para el otro). / No nos une ningún lazo (ni de sangre ni de conocimiento). ◆他人が横から口をはさむべきではない Las personas ajenas no deben meterse en lo que no les importa.

《その他の表現》▶他人の空似 *m.* parecido casual. ▶他人行儀にする *v.* mostrarse* distante 《con + 人》.

たにんごと 他人事 *mpl.* asuntos ajenos. → 人事(ᶻᶻ).

たにんずう 多人数 *m.* gran número de personas, *fpl.* numerosas personas.→たくさん.

たぬき 狸 *m.* tejón; (ずるい人) *f.* persona astuta, 《口語》*m.* viejo zorro. ▶たぬき寝入り *m.* sueño fingido. ▶たぬき寝入りをする *v.* fingirse* *dormido*. ▶取らぬたぬきの皮算用《言い回し》No hagas las cuentas de la lechera. / 《言い回し》No vendas la piel del oso antes de matarlo.

*****たね** 種 ❶【植物の】*f.* semilla, *f.* simiente; (リンゴ・ナシなどの小さな) *f.* pepita; (オレンジなどのやや大きな) *m.* pepo; (モモなどの大きな) *m.* hueso; (イチゴなどのとても小さな) *m.* grano; (ヒマワリ・カボチャなどの) *f.* pipa. ▶種なしブドウ *fpl.*

uvas sin pepitas. ▶畑に小麦の種をまく v. sembrar* trigo en el campo. → 種まき. ◆ヒマワリは種が多い Los girasoles tienen muchas pipas [semillas]. ◆植物は花が咲いた後種ができる Una planta produce semillas después de florecer. ◆庭にレタスの種をまいた He plantado semillas de lechuga en el jardín. ◆このリンゴは種から育てたものです Este manzano ha crecido de una semilla. ◆まいた種は刈らねばいけません 《ことわざ》Como siembres, así cosechas. / 《ことわざ》Siembra quien habla y recoge quien calla. ◆まかぬ種は生えぬ 《ことわざ》No se puede hacer una tortilla sin romper un huevo.

❷【動物の】▶種馬 m. toro semental. ▶種馬 m. caballo semental, (とくに中南米とアンダルシア地方で) m. garañón.

❸【原因】f. causa; (源) f. fuente. ▶けんかの種 f. causa [強調して] f. semilla] de la pelea. ◆彼は両親にとっていつも心配の種だった Era una fuente constante de preocupaciones para sus padres. ◆この庭は私の自慢の種だ Este jardín es una fuente de orgullo para mí.

❹【材料】(話題) m. tema; (題材) f. materia; (アイデア) f. idea; (料理の) m. ingrediente (de). → 種切れ. ◆すぐに話の種がつきた Pronto se nos acabaron los temas de conversación.

❺【秘密】m. secreto; (手品などの技術) m. juego de mano; (手品の仕掛け) m. truco. → 種明かしをする. ◆種を明かせば、彼が箱の中にいたのだ La verdad es que estaba en la caja.

たねあかし 種明かし ▶種明かしをする(秘密を明かす) v. revelar 《a + 人》 un secreto; (手品の種を明かす) v. revelar 《a + 人》 el truco de la magia.

たねぎれ 種切れ →種. ▶もう話は種切れだ Se me han acabado los temas de conversación.

たねほん 種本 (原典) m. libro de fuentes.

たねまき 種まき f. siembra. → 種. ▶種まき時 f. sementera, m. tiempo de siembra. ▶種まきをする v. sembrar*. ◆春は種まきに最適の季節だ La primavera es la mejor época para sembrar.

たねん 多年 mpl. muchos años. → 長年. ▶多年生植物 f. planta perenne [vivaz]. ◆彼は多年にわたってその問題を調査している Lleva muchos [largos] años estudiando el asunto.

-だの (物事を並べあげる) etc. (etcétera), y cosas así. →とか. ◆あの店では石けんだの歯みがきだの(=そういった種類の物)を売っている En esa tienda venden jabón, pasta de dientes y cosas así.

****たのしい 楽しい** (人を楽しませる) adj. divertido, entretenido; (人を満足させる) adj. agradable, ameno, 《教養語》《強調して》 adj. delicioso; (幸せな) adj. feliz; (陽気な) adj. alegre; (よい) adj. bueno, bonito. ◆楽しい我が家 m. hogar feliz, m. dulce hogar. 会話 京都へ一週間行ってきました—そう. で, 楽しかった?—とっても He pasado una semana en Kioto. – ¿Ah sí? ¿Y lo has pasado bien? – Muy bien. ◆ゴルフはとても楽しい Jugar al golf es muy divertido. / Se pasa muy bien jugando al golf. ◆パーティーは楽しかった Lo pasamos muy bien en la fiesta. / La fiesta 「estuvo muy bien [fue divertida, 《教養語》 fue deliciosa]. → 楽しむ. ◆彼と話していると楽しい Es agradable [ameno, divertido, entretenido] hablar con él. ◆今日はずいぶん楽しそうだね Te veo muy alegre hoy, ¿no? 会話 楽しい休暇を過ごしてね—あなたも! ¡Que lo pases bien en las vacaciones! / ¡Que tengas unas vacaciones divertidas! / ¡Felices vacaciones! – ¡Igualmente! 会話 この大学での勉強は楽しいですか—ええ とても楽しいです ¿Te gusta estudiar en esta universidad? – Sí, me gusta.

——楽しく (幸せに) adv. felizmente; (おもしろく) adv. alegremente. ◆余生を楽しく暮らしたい Deseo pasar felizmente el resto de la vida. / (楽しみたい) Quiero disfrutar el resto de mi vida. ◆私は京都で三日間楽しく過ごした Pasé tres días agradables [amenos] en Kioto. / Lo pasé bien los tres días que estuve en Kioto. ◆まだ宵のうちだ. 楽しくやろう Todavía la noche es joven. Vamos a divertirnos.

たのしませる 楽しませる v. entretener*; (愉快な気持ちにさせる) v. divertir*; (喜ばせる) v. agradar, 《フォーマル》 amenizar*, 《強調して》 encantar, v. deleitar. ▶目を楽しませる v. deleitar [recrear] los ojos 《de》. ◆彼は手品をして私たちを楽しませてくれた Nos entretuvo con juegos de magia. ◆彼のみごとな演技は観客を楽しませた Su brillante actuación encantó al público.

***たのしみ 楽しみ** ❶【愉快】(喜び) m. gusto, m. placer, 《強調して》《口語》 m. encanto; (満ち足りた喜び) m. gozo, m. disfrute; (大きな喜び) f. delicia, 《教養語》 m. deleite; (気晴らし) f. diversión, m. entretenimiento, f. distracción, m. pasatiempo, m. solaz, 《教養語》 f. recreación. → 喜び. ▶田舎の生活の楽しみ mpl. placeres de la vida rural. ▶読書から楽しみを得る v. disfrutar con la lectura, sacar* gusto a (la lectura de) los libros. ◆彼の主な楽しみは庭いじりである Trabajar en el jardín es su principal diversión. / Se entretiene sobre todo en el jardín. / (楽しみを見いだしている) Halla placer principalmente en la jardinería. ◆音楽を聴くのは彼には大きな楽しみであった Escuchar música era su gran distracción. / Se aficionó mucho a escuchar música. ◆私は楽しみで絵をかいている. まともに取り組んだことはない Pinto por gusto, pero nunca me lo he tomado muy en serio.

❷【望み】f. esperanza. ▶将来楽しみな(=有望な)若者たち mpl. jóvenes con un brillante porvenir [futuro]. ◆あなたの手紙を楽しみにしています(=待ち望んでいる) Espero con ilusión recibir tu carta. / (手紙をもらいたい) Me encantaría tener noticias tuyas.

◻遊び, 面白味, 娯楽, 興味.

***たのしむ 楽しむ** v. disfrutar; (喜びを見いだす) v. gozar* 《de, con》, 《口語》 sacarle* placer [gusto]《a》,《教養語》deleitarse《con》;（楽しくやる）v. divertirse*《con》;（楽しい時を過ごす）v. pasarlo bien;（遊んで）v. entretenerse*《con》. ♦人生を大いに楽しむ "disfrutar mucho [《口語》sacarle* mucho placer a] la vida. ♦ショーを見て楽しむ v. entretenerse* con un espectáculo. ♦パーティーでは大いに楽しんだ La fiesta fue muy divertida [agradable]. ♦彼は休日には小説を読むのを楽しむ Disfruta leyendo los días de fiesta. / Le gusta pasar los días de fiesta leyendo. / La lectura le entretiene los días de fiesta. ♦これはだれでも楽しめる本だ Es un libro "con el que todos se entretienen [que divierte a todo el mundo]. ♦少年たちがトランプをして楽しんだ Los muchachos "lo pasaban muy bien [se divertían mucho] jugando a las cartas. / Jugar a las cartas entretenía [divertía] mucho a los muchachos. 会話 ちょうどディズニーランドへ行くところなのだ一楽しんでいらっしゃいね Ahora mismo vamos a Disneylandia. – ¡Que se diviertan! ☞味わう, 遊ぶ, 謳歌, 堪能する

たのみ 頼み ❶【要請】f. petición,《フォーマル》m. ruego;（好意）m. favor. ♦頼みを聞く（=かなえる）v. acceder a la petición. ♦頼みを断わる v. rechazar la petición. ♦君にひとつだけの [ちょっと] 頼みがあるんだ Tengo un ¹gran [²pequeño] favor que pedirte. ♦君の頼みというのは何だ ¿Qué es lo que quieres? ♦父の頼みで大阪に行った Fui a Osaka a petición de mi padre. ♦小遣を上げてほしいという私たちの再三の頼みを父は聞き入れなかった Nuestro padre rechazó nuestra reiterada petición de más dinero. ❷【頼り】（信頼）f. confianza;（依存）f. dependencia. ♦頼みになる友 mf. amigo/ga seguro/ra [confiable]. ♦頼みの綱は君だけだ Tú eres mi única esperanza. / Sólo te tengo a ti.

たのみこむ 頼み込む（熱心に頼む）v. rogar* [《強調して》suplicar*, pedir*] encarecidamente. ♦彼に考え直してほしいと頼み込む v. rogarle que lo piense otra vez.

たのむ 頼む ❶【要請する】v. pedir. ♦彼に助言を頼む v. pedirle* consejo; pedir* su consejo. ♦彼に伝言を頼む v. pedirle* que de [deje] un mensaje. 会話 はいどうぞ. 頼まれた図書館の本よ—これは私が頼んだのじゃないわ Aquí tiene. El libro que has pedido a la biblioteca. – Pero éste no es el libro que yo pedí. ♦太郎に7時に起こしてくれと頼まれた Taro me pidió [rogó] que le despertara a las siete. ♦彼は彼女に助けてくれるよう頼んだ Le pidió (a ella) que le ayudara. / Él pidió "su ayuda [la ayuda de ella]. /《フォーマル》Le dirigió una petición de ayuda. ♦あなたに頼みたいことがあるのですが ¿Le puedo pedir un favor? / ¿Puede hacerme un favor? ♦彼女に頼まれて来たのです Vine a petición suya. ♦妻は私に頼むから勤めをやめないでくれと言った Mi esposa me suplicó que abandonara la idea de dejar el trabajo. ♦頼むから泣くのはやめて Te lo pido, por favor, deja de llorar. / Por Dios, deja ya de llorar.

❷【任せる】♦この荷物を頼みますよ（=めんどうをみてください）Te encargo este equipaje. – Cuídame el equipaje, por favor. ♦この件は彼に頼もう（=委任しよう）Voy a encargárselo [confiarle este asunto]. ♦彼にこの店を頼むことにした（=管理を任せる）He decidido 「ponerle a cargo de [encargarle] esta tienda.
❸【注文する】v. hacer* un pedido, encargar*;（予約する）v. reservar, hacer* una reserva. ♦窓のそばのテーブルを頼む v. reservar una mesa junto a la ventana. ♦タクシーを頼んでくれ Por favor, llámame un taxi.

たのもしい 頼もしい（頼りになる）adj. (digno) de confianza;（将来有望な）adj. prometedor, con futuro. ♦頼もしい父親 m. padre (digno) de confianza. ♦将来頼もしい学生 mf. estudiante prometedor/dora [con futuro, con porvenir]. ♦頼もしい（=希望に満ちた）言葉 fpl. palabras de esperanza.

たば 束 m. manojo,（紙幣などの）m. fajo,（長く細い物の）m. haz, f. gavilla. ♦木切れの束 m. haz de palos. ♦束にして [なって] adv. en paquete;（人が）adv. en grupo. ♦新聞を束にする v. empaquetar periódicos, hacer* un fajo [paquete] de periódicos, atar los periódicos en un paquete. →束ねる

だは 打破（敵などを負かす）v. vencer*, derrotar;（悪習などを取り除く）v. librarse 《de》.

*たばこ 煙草 m. tabaco;（紙巻き）m. cigarrillo, m. pitillo,《口語》m. cigarro;（葉巻）m. (cigarro) puro;（植物）f. planta de tabaco;（喫煙）m. acto de fumar.
1《～たばこ》 ♦かみ [2パイプ用] たばこ m. tabaco de ¹mascar [²pipa]. ♦寝たばこはやめなさい No fumes en la cama.
2《たばこ＋名詞》 ♦たばこ屋（店） f. tabaquería,《スペイン》m. estanco;（人） mf. tabaquero/ra, mf. estanquero/ra. ♦たばこ入れ（紙巻き用） f. pitillera,《スペイン》f. petaca.
3《たばこは》 ♦たばこは体に悪い El tabaco perjudica [daña, es perjudicial para, es nocivo para] la salud. ♦おたばこはご遠慮ください Se ruega no fumar. / No fumen, por favor. / Gracias por no fumar.
4《たばこの》 ♦たばこの煙 m. humo de tabaco. ♦たばこの吸い殻 f. colilla. ♦たばこの火をつける v. encender* un cigarrillo. ♦たばこの火を消す [もみ消す, 先をつぶして消す] v. apagar* un cigarrillo. ♦その火事の原因は彼のたばこの火の不始末だ La causa del incendio fue un descuido suyo con la colilla. ♦たばこの吸いすぎでのどが痛い Me duele la garganta 「de tanto fumar [porque fumo mucho].
5《たばこを》 ♦たばこを立て続けに吸う v. fumar un cigarrillo tras otro, fumar como "una chimenea [un carretero]. ♦たばこを吸う人 mf. fumador/dora. ♦たばこを吸わない人 mf. no fumador/dora. ♦たばこを口にくわえる v. ponerse* un cigarrillo en la boca. ♦彼はよくたばこを吸う Fuma mucho. / Es un gran fumador. ♦彼はついにたばこをやめた Por fin ha

dejado de fumar.
タバスコ(ソース)〖商標〗*m*. tabasco, *f*. salsa tabasco.
たはた 田畑 *mpl*. campos.
たばねる 束ねる *v*. atar, liar*, empaquetar. ▶廃品業者に出すように新聞を束ねる *v*. hacer* un paquete con los periódicos para el trapero. ▶小枝を三つに束ねる *v*. atar ramillas en tres gavillas. ▶家族を一つに束ねておく方法 *f*. forma de mantener unida la familia.

・**たび** 旅 (一般的に) *m*. viaje, *f*. excursión; (比較的長い) *m*. viaje; (旅をすること) *m*. viajar; (周遊の) *f*. gira, *m*. recorrido; (船旅) *m*. viaje「por mar [en barco]. → 旅行.

1《～から》▶船の旅 *m*. viaje「por mar [marítimo]. ▶空の旅 *m*. viaje por avión. ▶長い列車の旅 *m*. largo viaje en tren. ▶ヨーロッパの旅 *m*. viaje a Europa. ▶北海道周遊の旅をする *v*. hacer* un viaje por Hokkaido. ◆一人旅でもこわくない No tengo miedo de viajar solo.

2《旅(の)+名詞》▶旅先で(滞在先で) *adv*. donde uno está de viaje; (旅行中) *adv*. en el viaje. ▶旅人 *mf*. viajero/ra. ▶旅の僧 *m*. monje peregrino. ▶旅慣れている *v*. estar* acostumbrado a viajar [los viajes]. ◆今夜旅支度をしないといけない Esta noche tengo que hacer los preparativos para el viaje.

3《旅は》◆旅は身軽なのがいいですね Es mejor viajar ligero, ¿verdad?

—— 旅立つ *v*. salir* [partir]《para, a》. ◆彼はきのうローマへ旅立った Ayer salió para Roma.

—— 旅をする *v*. viajar, salir* de viaje. → 旅行する.

《その他の表現》◆かわいい子には旅をさせよ (ことわざ) Al niño y al mulo, en el culo.

・**たび** 度《～するたびに》▶この写真を見るたびに父のことを思い出す「Cada vez [Siempre] que veo esta foto, me acuerdo de mi padre. / (父のことを思い出さずにこの写真は見ない)Nunca veo esta foto sin acordarme de mi padre. / (この写真はいつも私に父のことを思い出させる)Esta fotografía siempre me recuerda a mi padre. ◆彼には¹三たび [²幾たび]会ったことがある Le he visto ¹tres [²varias] veces. → 一回. ◆彼は日曜日のたびに (=毎日曜日に)手紙を書く Siempre escribe「la correspondencia [cartas] los domingos. / Escribe「la correspondencia [cartas]「todos los domingos [cada domingo]. ◆彼は口を開くたびに言うことが違う Cada vez que habla [abre la boca] dice unas cosas distintas.

たび 足袋 "tabi",《説明的に》*mpl*. calcetines tradicionales japoneses en los que se introduce el dedo gordo separado de los otros cuatro dedos.
タピオカ *f*. tapioca (☆マンディオカ芋の澱粉).
たびかさなる 度重なる ◆彼は度重なる不幸にも屈しなかった Sigue adelante pese a las continuas adversidades. → 度重も.
たびじ 旅路 *m*. viaje. → 旅.
・**たびたび** 度々 *adv*. con frecuencia, frecuentemente, a menudo; (何回も) *adv*. muchas veces; (くり返して) *adv*.《フォーマル》repetidamente,《教養語》reiteradamente; (何度も何度も) *adv*. una y otra vez, repetidamente. ◆最近彼をたびたび見かけます Últimamente lo [le] he visto mucho [muchas veces]. ◆たびたび彼はその丘に登った Subía la colina a menudo. / Muchas veces subió la colina. ◆もっとたびたびそこへ行きたい Me gustaría ir allí「más a menudo [con más frecuencia, más veces]. ◆私は何と言ってよいか思いつかないことがたびたびあった「Muchas veces [Frecuentemente] no sabía qué decir.
タヒチ Tahití. ▶タヒチの *adj*. tahitiano.
ダビデ David. ▶ダビデ像 El David.
たびびと 旅人 *mf*. viajero/ra. → 旅行者.
ダビング (録画の) *m*. doblaje, *f*. copia; (録音の) *f*. copia. ▶ダビングする (録音する) *v*. hacer* una copia, copiar.
ダ・ビンチ Leonardo da Vinci.
タブ 《専門語》*f*. paleta,《専門語》*f*. lengüeta,《専門語》*f*. pestaña.
タブー (禁忌, 禁制) *m*. tabú. ◆その話題はタブーだ Es un tema tabú.
だぶだぶ (大きすぎる) *adj*. demasiado grande; (ゆるい) *adj*. flojo, suelto; (袋のようにふくれる) *adj*. amplio, muy holgado. ◆この上着は私にはだぶだぶだ「Esta chaqueta [〖ラ米〗Este saco] me está demasiado grande. ◆ぶかぶか. ◆彼はだぶだぶのズボンをはくのが好きだ Le gustan los pantalones holgados. ◆最近彼は太ってだぶだぶしてきた Recientemente se ha puesto gordo y fofo. ◆水を飲みすぎて腹がだぶだぶになった Tomé tanta agua que siento la tripa llena.
だぶつく ❶【大きくてだぶだぶしている】→だぶだぶ. ❷【供給過剰になっている】*v*. estar* saturado [《口語》inundado]《de》, haber* un exceso de oferta《de》. ◆市場には冬物衣料がだぶついている「El mercado está saturado [Hay un exceso de oferta] de ropa de invierno.
タフな *adj*. duro, resistente; (強い) *adj*. fuerte. ▶タフガイ *m*. tipo duro.
だふや だふ屋 *mf*. revendedor/dora de billetes [〖ラ米〗boletos, entradas].
ダブリュダブリュダブリュ WWW《専門語》*f*. telaraña [malla] mundial.
ダブリン Dublín (☆アイルランドの首都).
ダブる (部分的に重なる) *v*. coincidir en parte; (日程が) *v*. caer*《en》; (留年する) *v*. repetir* (curso). ▶ダブって見える *v*. ver* doble. ▶代金を誤ってダブって払う *v*. pagar* dos veces por error. ◆彼の仕事と私の仕事が一部ダブっている Su trabajo y el mío coinciden en parte. ◆今年は文化の日と日曜がダブる Este año el Día de la Cultura cae en domingo.
ダブル *m*. doble. ▶ダブルベッド *f*. cama doble. ▶ダブルの上着 *f*. chaqueta cruzada, 〖ラ米〗*m*. saco cruzado. ▶ダブルの部屋 *f*. habitación doble. ◆あごにダブルパンチを食わせる *v*. dar* 《a + 人》un puñetazo doble [un doble] en la mandíbula.
ダブル・クリックする 《専門語》*v*. hacer* doble clic.

ダブルス mpl. dobles. ▶混合ダブルス mpl. dobles mixtos. ▶ダブルスをする v. jugar* (en) dobles. ▶ダブルスで破る v. ganar《a + 人》en dobles.

ダブルプレー《野球》《英語》m. "doble play", f. doble jugada.

ダブルヘッダー《野球》m. dos encuentros consecutivos entre los mismos equipos, m. doble juego,《英語》m. "doble header".

タブレット《錠剤》f. pastilla,《専門語》f. tableta.

タブロイド《新聞》m. tabloide. ▶タブロイド版の adj. de formato reducido.

＊＊たぶん 多分《十中八九》adv. probablemente;《おそらく》adv. quizá(s), tal vez;『ラ米』《口語》quién sabe;《ひょっとすると》adv. posiblemente. ▶彼はたぶん今日電話をしてくるでしょう Muy probablemente me llamará hoy. / Es muy probable que hoy me llame. / Hay muchas probabilidades de que llame. / Creo que me va a llamar. / Es probable que me llame [llamará]. /《口語》A lo mejor me llama hoy. ▶たぶん彼は病気だろう Quizás está [esté] enfermo. / Puede que esté enfermo. ▶それはたぶん本当かもしれない Posiblemente sea cierto. / Puede ser [que sea] cierto. / Hay posibilidades de que sea cierto.《会話》泳ぎに来るの?―たぶん行かないዓ ¿Vienes a nadar? – Probablemente no. / No es probable.《会話》彼は生きているだろうか―たぶんね ¿Estará vivo? – ¿Quién sabe? ▶子供はたぶんそのことについて親が何も言わなくても知っているものです Es posible que el niño lo sepa antes de que los padres empiecen a hablar.《会話》コンサートのチケットは手に入るかね―たぶん大丈夫でしょう ¿Será posible conseguir una entrada para el concierto? – Probablemente sí.

たべかた 食べ方 ▶私はシカ肉の食べ方を知らない No sé cocinar la carne de venado. ▶彼は食べ方(=作法)を知らない No tiene modales en la mesa.

たべごろ 食べ頃 ▶このメロンは今が食べごろだ Este melón está en su punto. ▶この種の桃は8月が食べごろです Este tipo de melocotón madura [《口語》está en su punto] en agosto.

たべざかり 食べ盛り ▶うちには食べ盛りの(=成長期の)男の子が二人いる Tengo dos hijos en edad de crecer.

たべすぎ 食べ過ぎ mpl. excesos en la comida. ▶食べ過ぎる v. comer demasiado [en exceso],《フォーマル》cometer excesos en la comida, sobrecargar* el estómago. ▶食べ過ぎは健康によくない Comer demasiado no es bueno para la salud.

たべずぎらい 食べず嫌い ▶彼は食べず嫌いが多い(=多くの食べ物を毛嫌いしている) Hay muchas cosas que no le gustan sin ni siquiera probarlas.

タペストリー f. tapicería.

たべのこし 食べ残し《食事の残り物》fpl. sobras (de la comida);《残飯》mpl. restos.

・たべもの 食べ物《すぐに食べられる状態》f. comida;《材料の状態》m. alimento;《内容・栄養から見た食事》f. dieta; 《皿に盛った料理》m. plato. → 料理, 食糧.

1《～食べ物》▶動物質の食べ物 mpl. alimentos de origen animal. ▶犬の食べ物 (=ドッグフード) m. alimento canino [para perros]. ▶¹あっさりした [²こってりした] 食べ物 f. comida ¹sencilla [²muy condimentada]. ▶病人の食べ物 f. dieta de un/una paciente, f. comida para「un/una enfermo/ma. ▶コロッケは私の好きな食べ物の一つだ Las croquetas son unas de mis comidas favoritas.

2《食べ物[が]》▶食べ物が偏っている [²いない] v. tomar una dieta ¹desequilibrada [²equilibrada]. ▶冷蔵庫の中にはまだ少し食べ物がある Todavía queda algo de comida en「la nevera [el refrigerador]. ▶その食べ物は体によい Esa comida es buena para la salud. ▶何か温かい食べ物がほしい Me gustaría comer algo caliente.

3《食べ物に》▶夏は食べ物に気をつけなさい Ten cuidado con lo que comes en verano. ▶彼は食べ物に好き嫌いがある Es especial [delicado] para las comidas.

＊＊たべる 食べる【食べ物を食べる】v. comer, tomar.

1《食べる＋副詞》▶大皿からとって食べる v. comer de un gran plato. ▶彼はいつもむさぼるように食べる Siempre come con avidez. / Es un comedor voraz. ▶彼はよく食べる人だ Come mucho. /《大食家だ》Es un comilón [《口語》tragón].《会話》十分食べましたか―十二分に食べた ¿Has comido bastante? – He comido más que bastante. ▶よくかんで食べなさい Come masticando bien.

2《...を食べる》▶朝食を食べながら議論する v. discutir(lo)「en el desayuno [desayunando]. ▶夕食に魚を食べた「De cena [Para cenar] tomé [comí] pescado. / Cené pescado. ▶今は何も食べたくない Ahora no quiero comer nada.《会話》(母さん)アイスクリームをもう少し食べてもいい?―もうないわ. あなたがみんな食べてしまったんだもの Mamá, ¿puedo tomar más helado? – Ya no hay más. Si ya te has comido tú todo. ▶私は(出された)野菜を全部食べた Me comido todas las verduras servidas. ▶少年たちは昼食を腹一杯食べた Los muchachos「se tomaron un buen almuerzo [comieron hasta hartarse]. ▶煮豆をもう一口食べた「Tomé otro bocado [Probé otro poco] de alubias cocidas. ▶こんなおいしい料理を食べたことがない Nunca he comido [probado, tomado] nada tan sabroso [bue-

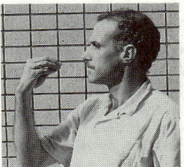

食べに行こう
Vamos a comer.
→食べる

840 だべる

no]．　会話 何か食べようよ．おなかがぺこぺこだ―そうしよう Vamos a comer algo. Me está entrando hambre. – Sí, vamos. ◆シカは牧場で草を食べていた El venado pacía en el prado. ◆牛は草を食べる Las vacas comen [se alimentan de] pasto. /（牧場で）Las vacas pacen.

3《…で食べる》【手段，場所】◆ナイフとフォークで食べる v. comer con cuchillo y tenedor. ◆外で食べる（=外食する） v. comer fuera. ◆この魚は¹生で[²煮て]食べる Este pescado se come ¹crudo [²cocinado].

❷【生活する】（食べて生きている） v. vivir [comer]《de》. → 生活する. ◆彼は食べてゆくだけのお金を稼いで十分 Para comer tiene dinero suficiente. ◆そこの原住民はジャガイモを食べている（=常食とする）Allí, los nativos viven de las papas [《スペイン》patatas].

【その他の表現】◆パブロさん，いかのさしみは食べられますか（=好きですか） Pablo, ¿te gustan los calamares crudos? ◆こんなには（=こんなにたくさんは）食べきれない No puedo comer tanto. / No me cabe tanto. / No puedo con más. /（これ全部は）Esto es más de lo que yo puedo comer. ◆彼は昼食を食べ残した Dejó su comida a medio comer. ◆ナシはもう食べあきた（たくさん食べて）Ya he comido bastantes peras. /（よく食べるので）Estoy harto [cansado] de (comer) peras. ◆あめを食べすぎると虫歯になるよ No tomes [comas] tantos caramelos o te saldrán caries. ◆この果物は食べられますか ¿Es comestible esta fruta? ◆このモモは熟しすぎて食べられない Este melocotón no se puede comer porque está "demasiado maduro [pasado]". ◆彼は妻子だけでなく自分の親も食べさせて（=養って）いる「Da de comer [Mantiene] no sólo a su esposa e hijos, sino también a sus padres.

☞食らう，取[捕，採，執]る，為る

だべる 駄弁る v. charlar (para pasar el rato)《con》.

たべん 多弁 ◆多弁な adj. charlatán,《フォーマル》locuaz. ◆多弁になる v. hacerse* charlatán.

だほ 拿捕 f. captura. ◆拿捕する v. capturar. ◆日本の漁船を拿捕する v. capturar un (barco) pesquero japonés.

たほう 他方 pron. otro. ◆他方では adv. por otro lado, por otra parte. → 一方.

・**たぼう 多忙** f. mucha ocupación. → 忙しい. ◆多忙である v. estar* muy ocupado, tener* mucho que hacer*. ◆ご多忙中おじゃましてすみません Perdón por haberlo[la, le] molestado estando tan ocupado. /（別れ際に）Siento haberlo[la, le] ocupado tanto.

たほうめん 多方面 fpl. muchas [diversas] direcciones. ◆多方面の(いろいろの) adj. diversos;（多くの） adj. muchos, numerosos,《教養語》múltiples;（多面的な） adj. multifacético, polifacético. ◆多方面で活躍する v. tener* múltiples actividades,《教養語》desplegar* una actividad muy diversa, ser* activo en muchos campos. ◆多方面にわたる

才能の持ち主 m. hombre polifacético [《教養語》versátil], f. mujer polifacética. ◆多方面にわたる問題 m. asunto multifacético.

タホがわ タホ川 el Río Tajo（☆スペインポルトガルの河川）．

だぼく 打撲（打つこと，たたくこと） m. golpe. ◆打撲傷 f. contusión, f. magulladura. ◆打撲を受ける v. darse* un golpe en la cabeza.

たま 玉（球状のもの） f. pelota,《口語》f. bola;（ガラス玉） m. abalorio, f. cuenta;（宝石） f. gema;（眼鏡の） fpl. lentes;（硬貨） f. moneda;（うどんなどの） m. bola (de fideos). ◆毛糸の玉 m. ovillo de lana. ◆玉にきず（=唯一の難点） m. único problema《con》;（=唯一の欠点） m. único defecto;（楽しみや価値をそぐ物事） m. único problema,《スペイン》《口語》f. única pega. ◆彼は顔に玉の汗をかいていた En su cara había gotas de sudor. ◆彼は頑固なのが玉にきずだ Su único defecto [problema] es que es muy terco.

・**たま 球**（球技・玉突きの） f. pelota;（打者への投球） m. lanzamiento;（送球） m. tiro;（電球）《スペイン》f. bombilla,《コロンビア》m. bombillo,《メキシコ》m. foco,《ラプラタ》f. bombita. ◆球を¹投げる[²受ける] v. ¹tirar [²recibir] una pelota. ◆難しい球を打ち返す（テニス） v. devolver* [《スペイン》restar] un difícil tiro. ◆電気の球が切れた Se ha fundido la bombilla.

・**たま 弾**（小銃弾） f. bala;（散弾） mpl. perdigones;（砲弾） m. proyectil, m. obús;（空気銃などの） f. bala;（充填（された弾） f. descarga;（発射された弾） m. disparo, m. tiro.

1《弾+名詞》◆弾傷 f. herida de bala, m. balazo.

2《弾が》◆腕に弾が当たった Tengo un balazo en el brazo. ◆この銃には弾が入っている Este rifle está cargado.

3《弾の》◆われわれは敵の弾の¹届く [²届かない] 所にいた Estábamos ¹al [²fuera del] alcance de las balas enemigas.

4《弾に》◆彼は流れ弾に当たった Fue alcanzado por una bala perdida.

5《弾を[で]》◆銃に弾を¹込める [²抜く] v. ¹cargar* [²descargar*] un arma de fuego. ◆弾を撃ち込む v. disparar una bala《a》. ◆弾を発射する v. disparar,《フォーマル》hacer* fuego. ◆弾で撃ち抜く v. atravesar* (una pared)「con una bala [de un balazo].

たまげる v. quedarse boquiabierto [《口語》pasmado], atónito,《教養語》estupefacto]. → 驚く．

・**たまご 卵，玉子** ❶【鳥・虫などの】 m. huevo;（魚類・貝類の） fpl. huevas, f. freza.

1《～卵》◆生みたての卵 m. huevo recién puesto. ◆¹新鮮な[²古い]卵 m. huevo ¹fresco [²pasado]. ◆生卵 m. huevo crudo. ◆ゆで[ゆい]，¹落とし]玉子 m. huevo ¹cocido [²revuelto; ³escalfado].

2《卵+名詞》◆卵酒 m. ponche de huevo. ◆玉子焼き f. tortilla;（目玉焼き） m. huevo estrellado. ◆卵形の顔 m. rostro ovalado.

3《卵が》◆卵からかえる Han salido los polluelos. ◆夏は卵が腐りやすい En verano los huevos se estropean fácilmente.

4《卵の》▸卵の殻 *f.* cáscara de huevo; (ひながかえるときの) *m.* cascarón. ▸卵の白身 *f.* clara del huevo. → 黄身.

5《卵を》▸卵を産む *v.* poner* un huevo; (魚・貝類が) *v.* desovar, frezar*. ▸卵をかえす *v.* romper* el cascarón. ▸玉子をかき混ぜる *v.* batir un huevo. ▸卵を抱く *v.* empollar, incubar. ▸玉子を焼く *v.* freír* un huevo. ▸ボウルに玉子を割る *v.* partir un huevo en un cuenco. ♦彼は朝食で玉子を少し食べ残した Se dejó algo de huevo en el desayuno. 会話 玉子をどんなふうに召し上がりますか—[1]半熟 [[2]かたゆで]にしてください ¿Cómo desea los huevos? – Los quiero [1]poco [[2]muy] cocidos.

❷【未熟者】▸外交官の卵 (＝駆け出しの外交官) *mf.* diplomático/ca novato/ta [de poca experiencia]. ▸詩人の卵 (＝新進の詩人) *mf.* poeta/tisa en ciernes; (近い未来の詩人) *mf.* futuro/ra poeta/tisa. ♦彼女はスターの卵だ Es una futura estrella.

***たましい 魂** (精神) *m.* espíritu; (霊魂) *f.* alma; *f.* ánima. ▸開拓者魂 *m.* espíritu pionero. ▸死者の魂 *fpl.* ánimas de los difuntos, *mpl.* espíritus de los muertos. ♦彼の肉体は滅びたが, 魂は天に昇った Su cuerpo murió, pero su alma subió al cielo. ♦彼は仕事に魂を打ち込んでいる Pone cuerpo y alma en el trabajo. → 全身全霊.

〖その他の表現〗♦彼は彼女の美しさに魂を奪われている Está cautivado con su belleza. / Su belleza lo [le] tiene hechizado.

だましとる 騙し取る *v.* estafar; (少額を) *v.* timar. → 騙(だま)す.

***だます 騙す** *v.* engañar, embaucar*, timar. ▸彼をだまして…を信じ込ませる *v.* engañarlo [la, le] para que crea que…, hacerle* creer* por engaño que… ▸彼をだまして金を取る *v.* estafarle [timarle] el dinero. ♦彼女の無邪気な顔つきにまんまとだまされた Me dejé engañar fácilmente por su aspecto inocente. / Su inocente aspecto me engañó fácilmente. ♦彼は彼女をだまし, その書類にサインさせた La engañó para que firmara los documentos. ♦彼にだまされないように気をつけなさい Ten cuidado y no te dejes engañar por él. / Cuidado con no dejarte embaucar por él.

〖その他の表現〗▸子供をだまして (＝なだめすかして) 寝かせる *v.* engatusar a un niño para que se duerma. ♦だまされたと思って (＝私の言葉を信じて) これをやってごらん Acepta mi palabra y hazlo. ☞ 偽る, かつぐ, ごまかす

ダマスカス Damasco (☆シリアの首都).

たまたま (偶然に) *adv.* por casualidad, casualmente, accidentalmente; (思いがけず) *adv.* de improviso, inesperadamente. ▸たまたま…する *v.* resultar [《フォーマル》dar* la casualidad] que. ♦私は上野駅で彼にたまたま会った Me encontré con él por casualidad en la estación de Ueno. / Dio la casualidad de que me encontré con él en la estación de Ueno. 会話 切符譲ってあげましょうか—たまたま (＝あいにく) もう買ってしまいました ¿Te vendo una entrada? – Resulta que ya tengo una.

たまつき 玉突き *m.* billar. ▸玉突きをする *v.* jugar* al billar. ▸玉突き台 *f.* mesa de billar. ▸玉突き衝突 《フォーマル》 *f.* colisión múltiple, *m.* choque en cadena. ♦凍結した路上で10台の車が玉突き衝突をした Diez coches chocaron en cadena en una carretera cubierta de hielo. /《フォーマル》La colisión múltiple afectó a diez automóviles en una carretera cubierta de hielo.

たまに (時たま) *adv.* de vez en cuando, de tarde en tarde, alguna que otra vez, ocasionalmente → 時々; (めったに…しない) *adv.* raramente, raras veces, pocas veces. ♦彼からたまに便りがある De tarde en tarde tengo noticias suyas. ♦われわれはたまに野球をする Jugamos al béisbol「alguna vez [ocasionalmente, de vez en cuando]. 会話 彼は大阪に来ることがありますか—ごくたまにね ¿Viene alguna vez a Osaka? – Sólo de vez en cuando. / Muy de tarde en tarde. ♦私はこのような光景をたまにしか見たことがない Pocas veces he visto una escena así.

たまねぎ 玉葱 *f.* cebolla. ▸タマネギの皮 *f.* piel de una cebolla. ▸タマネギスープ *f.* sopa de cebolla.

たまの 偶の (時々の) *adj.* ocasional; (まれな) *adj.* raro, poco frecuente,《フォーマル》infrecuente. ♦たまの休みなのでどこかへ行きたい Como no tengo con frecuencia un día libre, me gustaría ir a algún sitio. / Hace tanto que no tengo un día libre que me gustaría ir a alguna parte.

たまのこし 玉の輿 ♦彼女は玉の輿に乗った Se casó con alguien de una familia de más alto nivel social.

たまむしいろ 玉虫色 《教養語》*f.* iridiscencia. ▸玉虫色の *adj.* iridiscente; (あいまいな) *adj.* ambiguo. ▸玉虫色の答弁をする *v.* dar* una respuesta ambigua.

たまもの 賜物 (結果) *m.* resultado; (成果) *m.* fruto. ▸天の賜物 *m.* don de Dios, *m.* regalo del cielo. ▸努力の賜物 *m.* fruto del esfuerzo.

タマヨ (ルフィノ ～) Rufino Tamayo (☆1899–1991, メキシコの画家).

タマヨ・イ・バウス (マヌエル ～) Manuel Tamayo y Baus (☆1829–1898, スペインの劇作家).

たまらない 堪らない ❶【耐えられない】*adj.* insoportable, intolerable.

1《たまらない＋名詞》▸たまらない暑さ *m.* calor insoportable.

2《…でたまらない》▸悲しくてたまらない (とても悲しい) *v.* tener* una pena insoportable; (悲しみにうちひしがれる) *v.* estar* abrumado por la pena [《教養語》aflicción]. ▸心配でたまらない (＝死ぬほど心配だ) *v.* no aguantar tantas preocupaciones. ▸頭が痛くてたまらない *v.* tener* un dolor de cabeza insoportable. ♦暑くてたまらない El calor es insoportable. / (耐えられないほど暑い) Hace un calor insoportable. → 耐える. ♦おかしくてたまらなかった (＝笑わざ

るを得なかった) No pude aguantar la risa. ♦そんなことがあってはたまらない (=あり得ない) Eso es imposible. / No puede ser.

3《たまらなく》;(耐えられないほどに) *adv.* insoportablemente, inaguantablemente, intolerablemente; (非常に)《口語》*adv.* muchísimo. → 非常に. ♦それがたまらなく欲しい [欲しくてたまらない] Lo deseo vivamente. /《口語》Me muero por ello. / No puedo aguantar las ganas.

❷【切望する】*v.* estar* ansio*so* 《de》;(熱望する)*v.* desear vivamente;(待ち切れない)*v.* estar* muy impaciente 《por》, tener* muchas ganas 《de》;(死ぬほど欲しい)*v.*《口語》《比喩的に》morirse*《por》. ♦子供たちは外で遊びたくてたまらなかった Los niños「no podían aguantar [estaban muy impacientes por,《口語》se morían por] salir fuera a jugar. ♦(酒を)一杯飲みたくてたまらない《口語》《比喩的に》Me muero por tomar [beber] algo.

たまりかねる 堪り兼ねる (我慢できない)*v.* no poder* aguantar, perder* la paciencia 《con》. ♦彼の無作法にたまりかねて文句を言った No pude aguantar su mala educación y me quejé.

だまりこむ 黙り込む →黙る. ♦急に黙り込む *v.* quedarse call*ado* [en silencio] de repente.

たまりば 溜り場 ♦画家の溜り場 (=会合の場所) *m.* lugar favorito de pintores [artistas]. ♦暴走族の溜り場 (=集まる場所) *m.* lugar favorito [muy frecuentado] entre las pandillas de motoristas [《口語》moteros].

たまる 溜[貯]まる ❶【集まる】《口語》*v.* reunirse*;(自然に)*v.* juntarse;(長期にわたり積もる)*v.* acumularse;(とくに人が) congregarse*;(山積みになる)*v.* amontonarse. ♦ほこりが机の上にたまった En la mesa se ha acumulado polvo. ♦彼女の目には涙がたまっていた Sus ojos estaban llenos de lágrimas. /《あふれていた》Las lágrimas se le agolpaban en los ojos.

❷【とどこおる】(仕事などをやり残す) *v.* tener* (un montón de trabajo) por [sin] hacer*;(借金などをためる)*v.* acumularse sin pagar*. ♦宿題がたくさんたまっている Se me ha amontonado el trabajo de casa. / Tengo un montón de trabajo de casa por hacer. ♦あの店には付けがたまっている Se me han acumulado las deudas en esa tienda. ♦家賃が3か月もたっている Voy [Estoy] tres meses atras*ado* en el pago del alquiler.

❸【金が残る】*v.* quedar, acumularse. → 貯[溜]める. ♦百万円たまった「Ha quedado [He ahorrado] un millón de yenes.

タマル *m.* tamal (☆トウモロコシを挽いて肉などの具を練ったトウモロコシやバナナの皮で包んで蒸すメキシコ料理).

だまる 黙る ❶【話をしない】 (静かになる)*v.* dejar de hablar, callar(se),《口語》cerrar* la boca,《俗語》cerrar* el pico, (沈黙している)*v.* guardar [《フォーマル》observar] silencio. ♦怒った顔をして子供たちを黙らせた Con cara de enfado「impuso silencio [hizo callar,《教養語》silenció] a los niños. ♦黙りなさい (=静かに) ¡Silencio! / (話をやめろ) ¡Cállate! /《口語》¡A callar! / ¡Cierra la boca! ♦彼はそのことについて黙っていた「No dijo nada [Se quedó call*ado*] sobre eso. / (人に話さないでおいた) Guardó ese asunto para sí. / Se guardó el asunto.

❷【文句を言わない】(我慢する) *v.* aguantar, (大目に見る)*v.* pasar por alto, dejar pasar. ♦もうこれ以上君の文句に黙っていられない No aguanto [puedo tolerar] más tus quejas.

—— 黙って ❶【静かに】(無言で) *adv.* en silencio; silenciosamente; (一言もなく) *adv.* sin decir nada [palabra], (異議を唱えずに) *adv.* sin protestar [quejarse]. ♦黙って部屋を出て行く *v.* salir* del cuarto「sin decir* palabra [en silencio]. ♦黙って屈服する *v.* ceder sin protestar. ♦黙って彼の誤りを見逃す *v.* dejar pasar su error. ♦私たちは黙って座っていた Estábamos sentados en silencio.

❷【無許可・無届けで】 ♦親に黙って (=知らせずに) 学校をやめる *v.* dejar la escuela sin decir* nada a los padres. ♦黙って (=無届けで) 学校を休む *v.* faltar a clase sin avisar. ♦黙って (=許可なく) 私の車を使ったのはだれだ ¿Quién ha usado mi coche sin 「pedir (pedir) permiso?

たまわる 賜る *v.* ser* concedi*do* [otorg*ado*]. ♦拝謁を賜る *v.*「serle* concedida [obtener*] una audiencia.

たみ 民 (人民) *m.* pueblo; (共和国の) *m.* ciudadano; (君主国の) *m.* súbdito.

ダミー (専門語) *m.* simulador,《専門語》*mf.* doble,《専門語》*mf.* suplente. ♦ダミーの *adj.* falso, fantasma,《フォーマル》ficti*cio*. ♦ダミー会社 *f.* empresa fantasma.

だみごえ 濁声 (耳障りな[しゃがれた]声) *f.* voz ronca [áspera]. ♦だみ声で話す *v.* hablar con la voz ronca.

ダム *f.* presa, *f.* represa; *m.* embalse. ♦アスワンダム *f.* Presa de Asuán. ♦多目的ダム *f.* presa multiuso; *m.* embalse para muchos fines. ♦ダム建設用敷地 *m.* sitio [*m.* emplazamiento] de una presa. ♦川にダムを造る *v.* construir* una presa en un río.

たむろする 屯する (たまり場にする) *v.* reunirse*, juntarse. ♦中学生が駅でたむろしていた Había unos estudiantes de secundaria holgazaneando en la estación.

**ため 為 ❶【目的】(…のために) *prep.* para; por; (…するために) *prep.* para (+ 不定詞, que + 接続法); *conj.* a fin de 《que + 接続法》, con「(el) objeto [la finalidad] de 《que + 接続法》, con la intención de. ♦彼は生活のために懸命に働いた Trabajó duramente para vivir. ♦君は何のためにスペイン語を学ぶのですか ¿Para qué aprendes español? / ¿Con qué objeto [《フォーマル》finalidad] aprendes español? 《会話》君は謝るべきだ—謝るだって? いったい何のために ¿Tienes que disculparte. — ¿Disculparme yo? ¿Pero para qué? ♦彼は試験に合格するために最善を尽くした Hizo todo lo posible por [para] aprobar el examen. ♦武器は殺すためにある Las armas son para matar. ♦彼女はドイツ語にみがきをかけるためにドイ

ツに行く予定です Va a ir a Alemania para [a fin de] mejorar su alemán. / Con el interés [objeto] de mejorar su alemán, va a ir a Alemania. ♦ 彼らは私が入るために道をあけてくれた Se apartaron para que yo pudiera entrar [permitirme la entrada]. / Se apartaron a fin de que yo pudiera entrar. ♦ この詩を鑑賞するためには声を出して読むべきです Para apreciar esta poesía, hay que leerla en voz alta. ♦ 列車に遅れないためにいつもより早く家を出た Salí de casa antes de lo habitual para [a fin de,《フォーマル》con el objeto de] no perder el tren.
❷【原因,理由】(ので) *prep.* por 《＋不定詞・名詞》,《口語》con; *conj.* porque, a causa de 《＋不定詞・名詞, que ＋動詞》,《フォーマル》debido a [ya, a consecuencia de] que. →-ので, で. ♦ 6か月間病気だったため失業した Perdí el trabajo por haber [porque he] estado seis meses enfer*mo*. /《フォーマル》Por haber estado seis meses enfer*mo*, perdí el trabajo. /《口語》Como estuve seis meses enfer*mo*, perdí el trabajo. /《フォーマル》A consecuencia de una enfermedad de seis meses, perdí el trabajo. →-ので, で. ♦ 彼は風邪のため会社を休んだ Faltó al trabajo por un resfriado. /《フォーマル》A consecuencia de un resfriado no vino al trabajo. ♦ 彼は食べすぎため病気になった Enfermó por comer demasiado [porque comió en exceso]. / A causa de comer en exceso, se puso enfermo. ♦ 彼の不注意のために事故が起きた El accidente ocurrió por [a causa de] un descuido suyo. / El accidente fue debido a su negligencia. ♦ 彼の顔は怒りのため赤くなった Su cara se encendió por la ira. / Se puso rojo de ira. ♦ 彼は金を盗んだために罰せられた Lo [Le] castigaron por robar dinero.
❸【利益】(...のために) *prep.* por, para; (...の利益のために) *prep.* en favor de, en bien, interés, ventaja de. ♦ 平和のために戦う *v.* luchar por la paz. ♦ 彼の父親のために開かれたパーティー *f.* fiesta dada [organizada] en honor de [para] su padre. ♦ 健康のために毎朝散歩する Doy todas las mañanas un paseo en bien de mi salud. ♦ 彼のお金はすべて貧しい子供たちのために遣われた Todo su dinero se empleó por [en favor de] los niños pobres. ♦ 君のためなら何でもする Por ti hago todo [cualquier cosa].
【その他の表現】♦ 彼ははっきりと説明しなかった.そのためだれも分からなかった No lo explicó claramente, por lo tanto nadie lo entendió.

—— ため ▶ ためになる *adj.* bueno. ♦ その旅行は彼には(とても)ためになった Ese viaje le hizo bien [fue bueno para él]. ♦ 彼の授業はとてもためになった (＝教えられるところが多かった) Sus clases son muy instructivas [buenas].

・だめ 駄目 ▶ 駄目な ❶【役に立たない, むだな】*adj.* inútil, (教養語) fútil, (無益な) *adj.* vano, inútil, (間に合わない) *adj.* nulo, (口語) que no vale; (不十分な) *adj.* insuficiente. → 無駄. ♦ だめな言葉 *m.* mal papel. ♦ 彼を説得しようとしてもだめだ Es inútil intentar convencerlo[le]. / De nada vale tratar de convencerlo[le].

♦ このペンはだめだ Esta pluma no sirve [es inservible; no vale para nada, 《俗語》es una mierda]. ♦ 川を泳いで渡ろうとしたがだめだった Traté en vano de atravesar el río a nado. ♦ 一生懸命やったがだめだった Lo intenté seriamente, pero fue en vano. / (成功しなかった)Lo intenté seriamente, pero sin éxito [fracasé]. ♦ 私はスペイン語がだめだ (＝満足に話せない) Mi español es malo. / Hablo mal el español. ♦ 彼はだめな男だ (＝ろくでなしだ) Es un inútil. / No vale para nada. (会話) ちょうどいい大きさのネジが見つからないよ―こんじゃだめ? No puedo encontrar el tornillo de la medida exacta. – ¿No vale éste? ♦ それくらいの金ではだめだ Ese dinero no es bastante [es insuficiente]. (会話) あの教授にお願いするよ―あの教授にお願いしてもだめだよ Voy a pedírselo a ese profesor. – Es inútil que se lo pidas a ese profesor.
❷【不可能な】*adj.* imposible; (無能な) *adj.* incompetente, incapaz. ♦ この仕事を1日で終えるなんてとてもだめだ Me resultará imposible terminar este trabajo en un día. (会話) もう少しいられるでしょう?―申し訳ないけどだめなの ¿No se queda usted un poco más? – Lo siento, pero es imposible [no puedo]. ♦ 彼はだめな教師だ Es un profesor incompetente [incapaz]. / No tiene remedio como profesor. ♦ 私は数学がだめだ No tengo remedio para las [《口語》Soy malo en, Se me dan mal las] matemáticas. (会話) 月曜はどうしてもだめなんだ―火曜が方が都合がいい? El lunes me es imposible. – ¿Sería mejor el martes? (会話) どうして今朝はだめなの―一時間分はないよ ¿Por qué no se puede esta mañana? – Porque no da tiempo. ♦ 今日はだめです (＝空き時間がない) No tengo tiempo hoy. / (都合が悪い)Hoy no me viene bien. / (できない) No puedo hoy. ♦ その答えはだめだ La respuesta es incorrecta [《口語》mala]. / La respuesta está equivocada.
❸【望みがない】*adj.* desespera*do*, sin esperanzas, imposible, (間違った) *adj.* malo; (...できない) *v.* no poder*. ♦ あの患者はもうだめだ No hay ya esperanza para *ese*/*sa* paciente. / *Ese*/*sa* enfer*mo*/*ma* está desahucia*do*/*da*. ♦ もうだめだ (＝万事終わりだ) No hay esperanza. / No hay nada que hacer. /《スペイン》《俗語》Se jodió.
❹【禁止, 義務】(...してはいけない) *v.* no deber; (...すべきではない) *v.* no hay que 《＋不定詞》; (...できない) *v.* no poder*. → いけない, ならない. ♦ 泣いてはだめだ Llorar no sirve de nada. / (泣くのをやめろ) Deja de llorar. (会話) この本を持って行こう―だめよ. それは太郎のよ Voy a llevarme este libro. – ¡No! Ese libro es de Taro. (会話) わかった. 行くよ―今日来てくれる? それとも来週でないとだめ? Bien. Iré. – ¿Puedes venir hoy o debe ser la semana que viene? ♦ 宿題がすむまでテレビを見ちゃだめよ No puedes ver [se ve] la tele hasta que no acabes tu tarea. (会話) 入っていいですか―だめ!

844 ためいき

¿Puedo entrar? – iNo! → いい. ♦急がなくてはだめだ Hay que darse prisa. 　会話　もうこれ以上は食べたくない—だめ, お食べなさい Ya no quiero comer más. – Sí, tienes que comer. 　会話　このリンゴをどうぞ—もう一つだめ? Una manzana para ti. – ¿No me puedes dar otra? 　会話　ママ, 少しお金をくれない—だめだめ Mamá, ¿puedes darme un poco de dinero? – Claro que no. / De ningún modo. / (絶対だめ)La respuesta es un no rotundo. ── 駄目にする[なる]　(台無しにする)v. dañar, deteriorar, arruinar → 壊す.　(腐る)v. corromperse, pudrirse, pasarse, estropearse; (壊す)v. romper*, destruir*; (行事などを取り消す) v. anular, cancelar, suspender; (計画などを狂わす)v. trastornar, (口語)echar por tierra.　♦わがままをさせて子供をだめにするな No maleduques al niño consintiéndole todo. ♦あらしで作物はだめになった Las cosechas 「se estropearon [quedaron dañadas]」por la tormenta. ♦牛乳は冷やしておかないとだめになる La leche se estropea si no se la mantiene en un lugar fresco. ♦資金不足でその計画はだめになった La falta de fondos trastornó [dio en tierra con] el proyecto. ♦雨のため試合はだめになった (=延期された) La lluvia arruinó el partido. 《その他の表現》　▶だめを押す　v. asegurarse bien《de que》, comprobar* dos veces《que》. ♦健康でなくてはだめだ (=健康がいちばん大切だ) Sin salud no hay nada. ♦ぼくは血を見るとだめだ (=ひるむ) No aguanto ver sangre. / Ver la sangre me hace temblar. ♦彼は運転免許の試験だめだったそうだ He oído que le suspendión su examen de conducir. ♦またしてもだめか! iOtra vez otro fracaso!

ためいき ため息 *m.* suspiro. ▶ため息まじりに言う v. decir*「con un suspiro [entre suspiros, suspirando]. ▶ほっとしてため息をつく v. suspirar con alivio, respirar aliviado.

ダメージ (被害) *m.* daño. ▶ひどいダメージ (=大打撃)を受ける v. recibir mucho daño, quedar muy daña*do*. ▶ダメージを与える v. dañar, causar daño.

だめおし 駄目押し　▶駄目押しする　v. insistir《en》. ♦私は彼にあす来るようにだめ押しした Insistí en que viniera mañana.

ためこむ 溜め込む　(物を蓄える) v. amontonar, almacenar; (財宝・食料などをひそかに) v. acumular, juntar; acaparar; (貯金する) v. ahorrar. ♦アリは冬のために食料を溜め込む Las hormigas almacenan comida para el invierno. ♦彼は老後に備えて金を溜め込んだ Ahorraba dinero para cuando fuera viejo.

ためし 例し　(先例) *m.* precedente; (実例) *m.* ejemplo. ▶ここでは今までにそんな事が起こったためしがない Aquí nunca ha habido un precedente así. / Eso no ha ocurrido antes aquí. ♦彼女は怒ったためしがない Nunca la he visto enfadada. / No sabe lo que es enfadarse [enojarse].

ためしに 試しに *adv.* de prueba. ▶買う前に試しにその機械を使ってみる v. probar* la máquina antes de comprarla. ▶ギリシャ料理を試しに食べてみる v. probar* la comida griega. ▶試しにやってごらん Pruébalo. ♦彼は試しに新型のカメラを使ってみた Probó un nuevo modelo de cámara.　♦私は試しに帽子をいくつかかぶってみた Me probé varios sombreros.

・ためす 試す　(試してみる) v. probar*, 《教養語》 ensayar; tratar《de》, intentar; (性能などを試す) v. poner* a prueba, comprobar*; (確かめる) v. asegurarse de, confirmar. → 試験する. ▶力を試す v. probar* la fuerza. ♦もう一度試してごらん Prueba otra vez. / Vuelve a intentarlo. ♦この新しいローションを試してみます Voy a probar esta nueva loción. ♦どのくらい速く泳げるか試してみよう Vamos a ver [probar] lo rápido que sabemos nadar. ♦次の計算問題をもっと速くできるかどうか試してごらん Trata de hacer「la siguiente cuenta [el siguiente cálculo] más rápidamente.

ために 為に *prep.* para, por. → 為(に).

ためらい *f.* vacilación. ▶何のためらいもなく *adv.* sin vacilar. ▶ためらいがちに *adv.* con vacilación; (ためらって) *adv.* con titubeos.

ためらう v. vacilar [titubear, dudar]《en》; (選択に迷う) v. vacilar [titubear, dudar]《entre, en》; (思案する) v. estar* indeciso; (しり込みする) v. contenerse* [reprimirse]《de》; (後退する) v. retroceder《ante》. ▶ためらいがちに *adv.* con vacilación. ♦彼に会うのをためらう v. vacilar en verlo[le]*. ▶進むか戻るかためらう v. dudar [vacilar, titubear] entre seguir* o volver*. ♦彼はまだその受諾をためらっている Todavía duda [vacila] en aceptarlo. / Aún no sabe si aceptarlo. / Sigue indeciso sobre aceptarlo o no. ♦彼は少しもためらわずに援助を申し出た Ofreció ayuda sin vacilar. / Se ofreció resueltamente a ayudar. ♦ためらっていないでうまくどんどんやりなさい Haz lo que creas sin vacilar.　☞ 臆する, –兼ねる; おずおず, おどおど

・ためる 貯[溜]める　❶【蓄える】(金・労力などをとっておく) v. ahorrar; (大金を) v. amasar; (食料などを) v. almacenar; (少しずつ長期にわたって蓄積する) v. acumular, juntar. → 蓄える. ▶まさかの時に備えて金を貯める v. ahorrar (dinero) para tiempos difíciles. ▶貯めた金 *mpl.* ahorros. ▶水槽に水をためておく v. almacenar agua en el depósito. ▶財産をためる v. amasar una fortuna. ♦新車を買うためにお金を貯めている Estoy ahorrando para comprarme un coche nuevo.

❷【集める】 v. juntar, reunir*. → 集める, 溜める. ▶目に涙をためて *adv.* con los ojos llenos de lágrimas.

❸【とどこおる】→溜まる. ▶借金をためる v. acumular deudas. ▶ガス代をためる v. ir* acumulando la factura de gas; (未払いのままにしておく) v. dejar sin pagar* las facturas de gas.

ためんてき 多面的 *adj.* de muchos aspectos; (多才な) *adj.* multifacético, polifacético, 《教養語》 *adj.* versátil; (いろいろな) *adj.* diversos. ▶多面的な質問 *f.* pregunta con muchos aspectos. ▶多面的な才能のある芸術家 *mf.* artista versátil. ▶多面的に(=いろいろの角度から)人生を見る v. ver* la vida desde diversos ángulos.

たもうしょう 多毛症《専門語》f. hipertricosis.

たもくてき 多目的 ▶多目的的 adj. de muchas aplicaciones, multiuso; (あらゆる用途にかなう) adj. de fines múltiples. ▶多目的ダム f. presa multiuso; m. embalse para muchos fines.

***たもつ 保つ** (自分の支配下に置いて) v. mantener*, 《教養語》preservar; (一定の位置や状態に) v. sostener*. ▶一定の位置や状態に, 保存. ▶秩序を保つ v. mantener* [guardar, conservar, 《教養語》preservar] el orden. ▶バランスを保つ v. mantener* [guardar] el equilibrio. ▶一定の車間距離を保つ v. mantener* cierta distancia entre el propio coche y el de delante. ▶まっすぐな姿勢を保つ v. mantenerse* recto. ▶体面を保つ v. guardar las apariencias. ▶高い生活水準を保つ v. mantener* un alto nivel de vida. ◆彼は最後まで首位を保った Mantuvo la delantera hasta el final de la carrera.

たもと 袂 (着物の) f. manga. → 袖. ▶たもとに入れる v. meter(lo) en la manga. ▶彼と橋のたもとで(=そばで)会う v. encontrarse* con él en [al lado de] un puente. ◆われわれは彼らとたもとを分かち新しい党を結成した Rompimos con ellos y formamos un nuevo partido.

たやす 絶やす (家系などを) v. dejar extinguir*. ◆彼女はいつも笑顔を絶やさない Nunca deja de sonreír.

***たやすい** adj. fácil, sencillo, simple. → 易しい. ▶たやすい問題 m. problema fácil [sencillo].
── たやすく adv. fácilmente; (難なく) adv. sin dificultad; (すぐに) adv. inmediatamente. ▶たやすく引き受ける v. aceptar fácilmente [de buena gana]. ◆その本はたやすく読める Es un libro fácil de leer. / Ese libro se lee fácilmente. ☞ おいそれと, 軽々

たよう 多様 ▶多様な(種類がさまざまな) adj. varios; (異なって) adj. diversos, distintos, diferentes. → 色々. ▶多様性 f. variedad, f. diversidad. ▶多様化する v. variar*, 《フォーマル》diversificar*.

***たより 便り**(手紙) f. carta; (短信) f. nota; (消息) fpl. noticias. → 手紙. ▶彼から毎月定期的に便りがある Todos los meses tengo noticias de él. ▶近ごろ彼からとんと便りがない(=手紙がない) Últimamente no tengo noticias de él.
〖会話〗あすパリへたちます──着いたらちょっとお便りをください Mañana me voy a París. ─ Mándame [《口語》Ponme] unas líneas cuando llegues. ◆風の便り(=うわさ)によると彼は新しい仕事についたそうだ Dicen [Se dice] que ha conseguido un nuevo trabajo. / Al parecer ha conseguido un nuevo trabajo. / 「Corre el rumor de [Se rumorea] que ha conseguido un nuevo trabajo.

***たより 頼り**(信頼) f. confianza; (物質的依存) f. dependencia; (助け) f. ayuda; (生活を支える人) m. apoyo, m. sostén. → 頼る. ▶この町では君だけが頼りなんだ「No dependo más que [Sólo dependo] de ti en esta ciudad. / En

たらいまわし 845

esta ciudad sólo「te tengo a ti [《口語》puedo contar contigo]. ◆彼が他人を頼りにしているのは残念なことだ Da pena ver cómo depende de los demás. / Su dependencia de los demás es lamentable. ◆あの男は頼りになる Es un hombre「digno de confianza [en el que se puede confiar, del que se puede depender, con quien se puede contar]. ◆われわれは地図を頼りに宝を探しあてた Con la ayuda de un mapa hallamos el tesoro.

たよりない 頼りない(信頼のおけない) adj. no confiable, que no inspira confianza [seguridad]; (あいまいな) adj. indefinido, vago; (不十分な) adj. deficiente, 《口語》malo.
☞ おぼつかない, 心許ない

***たよる 頼る**(依存する) v. depender 《de ＋人・事　para ＋物》; (援助を求めて) v. recurrir [acudir] 《a》; (当てにする) v. contar* 《con》, apoyarse 《en》. ◆彼女は金銭面で息子に頼っている Depende de su hijo para el dinero. / Económicamente「depende de [cuenta con] su hijo. ◆彼には頼る身寄りが一人もいなかった No tuvo parientes「con quien contar [de quien depender]. ◆彼は気がめいるといつも酒に頼る Cuando está deprimido, siempre recurre a la bebida. ◆彼は親戚(㊥)を頼って福岡に来た Vino a Fukuoka contando con la ayuda de su pariente. ◆忙しくて料理できない場合は缶詰食品に頼ることが多い Cuando estoy demasiado ocupado para cocinar, a menudo recurro a la comida enlatada.
☞ 当てにする, 甘える, 依存, すがりつく, すがる

たら 鱈 m. bacalao. → 魚. ▶たら子 fpl. huevas de bacalao.

*──**たら** ❶【仮定，条件】(もし…ならば) conj. si 《＋直説法》→ もし; (…するときに) conj. cuando 《＋接続法》; (非現実的な仮定) conj. si《＋接続法過去》. ▶動いたら撃つぞ Si te mueves, te disparo. ◆もしフランス語が話せたら仕事はずっと楽になるんですが Si hablara francés, mi trabajo sería más sencillo. ◆車が故障しなかったら乗せてあげられたんだが Si mi coche no estuviera averiado, yo te habría llevado. ◆困ったら必ず私に連絡しなさい No dejes de avisarme,「cuando estés en apuro [si tienes problemas].
❷【軽い非難・賞賛の気持ちを表わす】◆彼女もう失礼ったらありゃしないのよ ¡Ay, si (esta mujer) fuera más amable! ◆彼ったら案外親切なのね ¿Él? Él es más amable de lo que imaginaba. ◆花子ったらまた長電話してるわ《口語》Esta Hanako... Otra vez se ha pasado un buen rato al teléfono. ◆この子ったら親の言うことなんか聞かないんだから「Lo que pasa con [El problema de] este niño es que no obedece a sus padres.
── たら【提案】◆彼に尋ねてみたら ¿Por qué no se lo preguntas a él? → どう.

たらい 盥 f. cuba; (洗濯用の) m. barreño, 〘ラ米〙f. tina (de lavar).

たらいまわし たらい回し(議長などの交替) f. rotación, m. turno. ▶たらい回しで役につく v.

だらく 堕落 (政治・道徳的腐敗) f. corrupción, 《強調して》f. depravación; (品位を落とすこと) f. degradación; (文芸などの退廃) f. decadencia. ▶警察の堕落 f. corrupción de la policía. ▶人格の堕落 f. depravación de una personalidad. ▶芸術の堕落 f. decadencia en el arte.

—— 堕落する v. corromperse, pervertirse*. ▶堕落させる v. corromper, pervertir*; (品位を下げる) v. degradar; (道を踏みはずす) v. descarriarse*; (退廃する) v. degenerar. ♦彼は都会の生活で堕落した La vida de la ciudad lo [le] pervirtió. / Se corrompió con la vida urbana. ♦権力はそれを持つ人を堕落させる El poder corrompe a los que lo tienen. ♦金のために結婚して身を堕落させるな No te degrades casándote por dinero.

—— 堕落した adj. corrupto, 《強調して》depravado, 《強調して》degradado; 堕落した政治家 mf. político/ca corrupto/ta. ▶堕落した女 f. mujer depravada. → 売春婦.

-だらけ (…でいっぱいの) adj. lleno 《de》; (…でおおわれた) adj. cubierto 《de》. ▶しわだらけのシャツ f. camisa llena de arrugas. ▶血だらけの手 f. mano [cubierta de sangre [ensangrentada]. ▶通りはごみだらけだった Las calles estaban llenas de basura. / (山のようにあった) Había montones de basura en las calles. ▶彼の車は泥だらけだった Su coche estaba todo sucio [cubierto de suciedad].

だらける (だらっとしている) v. estar* indolente [apático, desganado]; (怠けている) v. estar* perezoso [flojo]. ♦あまりの暑さにみんなだらけていた El intenso calor nos「privaba de energía [hacía indolentes].

たらこ 鱈子 fpl. huevas de bacalao, (塩漬けにした) fpl. huevas saladas de bacalao.

だらしない (服装・態度・言葉などが) adj. descuidado, 《フォーマル》negligente, (不品行な) adj. relajado, libertino, (口語) inmoral; (遠回しに) de manga ancha; (部屋など整理されていない) adj. desordenado, 《教養語》desaliñado, desarreglado; (無とん着な) adj. descuidado, poco cuidadoso, negligente. ▶だらしない行為《フォーマル》 f. conducta negligente; m. comportamiento inmoral [disoluto, 《フォーマル》libertino]. ▶だらしない身なり m. aspecto descuidado [《教養語》desaliñado]. ▶だらしない生活を送る v. llevar una vida disoluta. ♦そんなだらしない言葉を遣うな No uses ese lenguaje tan feo [sucio]. ♦彼は生来性格がだらしない Tiene un carácter relajado por naturaleza. ♦彼は服装がだらしない。もっときちんとするといいのに Viste con descuido. Debe vestirse decentemente. ♦彼は道徳的にみてだらしない Es un hombre inmoral. / Es moralmente relajado. ♦近頃の親は子供にだらしない (=厳格でない) Hoy día los padres son relajados en la educación de sus hijos. / A los padres de hoy les falta firmeza con sus hijos.

たらす 垂らす ▶床に水を垂らす (=ぽたぽた落とす) v. derramar [verter*, tirar] agua al suelo. ▶鼻水を垂らしている v. gotear 《a + 人》 la nariz. ▶幕を窓に垂らす (=ぶら下げる) v. echar [bajar, colgar*] la cortina en la ventana.

-たらず -足らず (…より (すこし) 少ない) adv. a [en] (poco) menos de; (以内) adv. dentro de; (多くても) adv. no más de. ▶1週間足らずで adv. en menos de una semana. ▶駅まで1キロ足らずです Está a menos de un kilómetro de la estación. / No hay más de un kilómetro.

たらたら → だらだら. ▶たらたらしずく [水滴] になって落ちる v. gotear. ▶たらたら細く流れ落ちる v. chorrear. ▶たらたら濡れた手から水がたらたら落ちていた Le chorreaba agua de sus manos mojadas. ▶血が[1]彼の額から [2その傷口から] たらたら流れた Le goteaba sangre 1por la frente [2de la herida].

《その他の表現》 ♦彼は上役にいつもお世辞たらたらだ Siempre está adulando a sus superiores. / 《スペイン》《口語》(軽蔑的に) Es un pelotas. ♦彼女はいつも不満たらたらです Siempre está quejando.

だらだら ❶ 【だらだら流れる】 (たれるように) v. gotear, (細い流れで) v. chorrear; (流れる) v. correr, 《フォーマル》 fluir*. → たらたら. ♦私は彼の顔から血がだらだら流れるのを見た Vi cómo le goteaba sangre de la cara.

❷ 【だらだら続く】 v. alargarse* (tediosamente), prolongarse* (sin interés). ♦彼の退屈な演説がだらだら2時間も続いた Su aburrido discurso se prolongó más de dos horas.

—— だらだらした (長すぎる) adj. demasiado largo; (長くて退屈な) adj. tedioso, aburrido, (延長された) adj. prolongado; (おそい) adj. lento; (人がのろまな) adj. parado, tardo; (だらしのない) adj. descuidado, desaliñado; (傾斜が) adj. suave. ▶だらだらした演説 m. discurso tedioso [aburrido]. ♦だらだらするんじゃない! ¡No te alargues! ♦私たちはだらだら坂を降りていった Bajamos por una suave pendiente.

タラップ (飛行機の); f. escalerilla, (船の) f. pasarela. ▶タラップを降りる v. bajar una escalerilla.

たらばがに 鱈場蟹 f. centolla, m. centollo, (アラスカ産の) m. cangrejo de Alaska.

タラベラ ▶タラベラの主席司祭 Arcipreste de Talavera (☆1398?~1470?, スペインの著述家).

だらりと ❶ 【物が】 ▶だらりと垂れる v. colgar* suelto [inerte, lánguido]. ♦彼は長い手を横にだらりとたらしていた Sus largos brazos le caían inertes por los costados. ♦若い女が帯を後ろにだらりとたれるようにしていた Una joven llevaba la faja con las puntas colgando sueltas.

❷ 【気持ちが】 ▶だらりと (ものうげに) adv. lánguidamente; (する事もなく) adv. ociosamente.

だらんと *adv.* lánguidamente, sin vida.

-たり ❶【動作・状態を並べあげる】*conj.* y; (ある時は…またある時は…) ahora [primero]…, después; bien…, 《フォーマル》bien…; tan pronto…, como…; no… ni…; (…やら…やらで) a ratos…, a ratos…; unas veces…, otras…, ♦彼は泣いたり笑ったりした Reía y lloraba. / Tan pronto reía como lloraba. ♦暑かったり寒かったりして天候が不順だ El tiempo es variable; primero hace calor, después frío. ♦きのうはテレビを見たり音楽を聞いたりして一日中家にいた Ayer me quedé todo el día en casa viendo la televisión y escuchando música. / A ratos viendo la televisión y a ratos escuchando música, ayer pasé todo el día en casa. ♦健康でいたければたばこを吸ったり食べすぎたりしてはいけません Si quieres conservar la salud, no tienes que fumar, ni comer demasiado. ♦一日中雨が降ったりやんだりしていた Todo el día ha estado lloviendo a intervalos.

❷【例としてあげる】♦木の枝を折ったりなどしてはいけない No rompas las ramas de los árboles ni nada así.

-だり →-たり

ダリ(サルバドル〜) Salvador Dalí (☆1904-1989, スペインの画家).

ダリア *f.* dalia.

ダリウス1世 Darío I [Primero] (☆アケメネス朝ペルシャの王, 在位前522-486).

ダリオ(ルベン〜) Rubén Darío (☆1867-1916, ニカラグアの詩人).

たりきほんがん 他力本願 (他人に頼る) *v.* depender de los demás; (他人に助けを求める) *v.* buscar* [acudir en busca de] ayuda ajena.

だりつ 打率 *m.* promedio de bateo. ♦今シーズンの彼の打率は3割5分4厘だった Esta temporada su promedio de bateo ha sido de .354 (punto tres cinco cuatro).

***たりない** 足りない ❶【十分でない】*v.* no bastar, no ser* bastante [suficiente] → 十分; (不足している) *v.* faltar [no tener* suficiente] 《para》, carecer* [《口語》quedarse corto] 《de》; (紛失している) *v.* estar* perdido, faltar. ♦その服を買うにはお金が足りない No tengo bastante [suficiente] dinero para comprarme el vestido. / Me falta dinero para el vestido. / 《会話》君に6箱残しておいたよ—それじゃ足りないよ Te he dejado seis cajas. – No es suficiente. ♦君は努力が足りない No trabajas bastante. / (もっと努力すべきだ) Tienes que trabajar más. / ♦彼のことはいくらほめてもほめ足りない Nos faltan elogios para él. / No podemos elogiarlo[le] bastante. ♦生産を上げるには人手が足りない Nos falta [No tenemos suficiente, 《教養語》Carecemos de] mano de obra para aumentar la producción. / ♦小遣いが足りないので彼から借金しなければならない Se me está acabando el dinero; así que tengo que pedirle que me preste algo. ♦2メートルに5センチ足りない Faltan cinco centímetros para los dos metros. ♦いすが三つ足りない Necesitamos 'tres sillas más [otras tres sillas]. ♦彼は経験がたりない No tiene bastante experiencia. / 「Le falta [《口語》Anda corto de] experiencia. / 《教養語》Carece de experiencia. / 《口語》Está verde. ♦この本は4ページ足りない Faltan cuatro páginas de este libro. ♦昨年は日照時間が足りないために米が不作だった Por falta de sol el año pasado, la cosecha de arroz no fue buena. / Como al año pasado no tuvimos bastante horas de sol, la cosecha de arroz fue escasa. ♦彼女は数学の力が足りない (=得意でない) Se le dan mal las matemáticas. / 《口語》Está floja en matemáticas. ♦2千円では電車賃にも足りない(=をまかなえない) Dos mil yenes no bastan [llegan, son suficientes] ni siquiera para el billete [《ラ米》boleto] del tren.

❷【価値がない】*v.* no valer* [merecer*] la pena (＋不定詞). →価値. ♦彼の提案は取るに足りない No vale la pena tener en cuenta su propuesta. / Su propuesta no merece [《フォーマル》es digna de] ser considerada.

❸【頭が悪い】*v.* ser* muy simple, ser* estúpido, 《口語》ser* duro de mollera. ♦あの娘は少し頭が足りない (=あまり賢明ではない) Es muy simple. / No es nada inteligente. / 《口語》Es dura de mollera.

たりょう 多量 *f.* gran cantidad 《de》. →たくさん. ♦オレンジは多量のビタミンCを含んでいる Las naranjas contienen mucha [una gran cantidad de, abundante] vitamina C. / La vitamina C abunda en las naranjas.

── **多量に** *adv.* mucho, 《強調して》muchísimo, en grandes cantidades, en mucho volumen, en abundancia, abundantemente, 《教養語》copiosamente. ♦日本は多量に石油を輸入している Japón importa petróleo en grandes cantidades. / Japón importa mucho petróleo. ♦食料が多量に(=十分に)ある Tenemos alimentos en abundancia. / Tenemos una abundante provisión de comida.

だりょく 惰力 (慣性・惰性) *f.* inercia. ♦惰力で回転するv. rodar* por su propia inercia.

***た(り)る** 足(り)る ❶【十分である】*v.* ser* bastante [suficiente], bastar. → 十分. ♦2千人の客を収容するにこ箱きなホテル *m.* hotel lo bastante grande para alojar a 2.000 huéspedes. ♦数日の旅行なら5万円あれば足りる Cincuenta mil yenes 「será bastante [bastará] para un viaje de varios días.

❷【価値がある】*v.* merecer* (＋不定詞), valer* [merecer*] la pena 《de ＋不定詞》, 《フォーマル》ser* digno 《de ＋不定詞》. ♦彼の理論は考慮するに足る Su teoría merece ser tenida en cuenta. / Vale la pena considerar su teoría.

たる 樽 (大だる) *m.* tonel, *f.* cuba, *m.* barril; (中型の) *f.* barrica. ▶酒だる *f.* cubeta. ▶ワインたる *m.* tonel de vino, *m.* carral. ▶ビールだる *m.* barril de cerveza. ▶たるの口をあける *v.* abrir* un barril (de "sake"). ▶たるに詰める *v.*

だるい 〖人が〗adj. flojo, lánguido; (無気力な) adj. lento; 〖手足などが〗adj. pesado. ▶だるそうに話す v. hablar lentamente. ♦この暑さで体がだるい Con este calor me siento flojo [perezoso]. ♦腕がだるい Siento los brazos pesados.

タルタルソース f. salsa tártara.

タルト f. tarta. ▶リンゴ入りタルト f. tarta de manzana.

だるま 達磨 (達磨大師) Bodhidharma; (人形) m. muñeco dharma. ▶目標を達成して達磨に目を入れる v. añadir [pintarle] un ojo a un muñeco dharma después de lograr un objetivo.

ダルマチア Dalmacia (☆クロアチアのアドリア海沿岸地帯).

たるみ 弛み (ロープなどの) m. aflojamiento. ▶ロープのたるみ(の箇所)をぴんと張る v. tensar una cuerda.

たるむ 弛む (綱などが) v. aflojar, relajarse; (筋肉などが) v. hundirse, caerse*. ▶その老人のたるんだほお fpl. hundidas mejillas del anciano. ♦そのロープはたるんでいる La cuerda está floja. / (たるみがある)La cuerda está algo floja. ♦彼の仕事ぶりは最近たるんでいる Últimamente se ha descuidado algo en su trabajo. ♦君はこのところたるんでいるんじゃないか Estos días estás desanimado, ¿no?

たれ 垂れ ❶【だらりと下がったもの】m. faldón. ▶垂れ幕 m. telón. ▶垂れ耳 m. lóbulo (de la oreja) alargado.
❷【料理の】(掛け汁) f. salsa; (肉汁) f. salsa hecha con el jugo de la carne asada.

＊＊だれ 誰 1《だれ, だれが》¿quién(es)? 会話 あの女の人は田中先生よ—田中先生ですって—私たちのスペイン語の先生よ ¿Quién es? – Es la Prof. Tanaka. – ¿Y quién es la Prof. Tanaka? – Es nuestra profesora de español. 会話 あらまあ, だれかと思ったら—ゃあ, 元気？ ¡Vaya! ¡Mira quién está aquí! – ¡Hola! ¿Cómo te va? 会話 (一体)だれが花びんをこわしたの—私じゃないわよ [²私です] ¿Quién ha roto el jarrón? – ¹Yo no [²He sido yo]. ♦隣の部屋でだれが話しているの ¿Quién está hablando en la habitación de al lado? 会話 (ドアのノックなどに)だあれ—私よ ¿Quién es [está ahí, es usted, eres tú]? – Soy yo. ♦(玄関に来た人は)だれだか行ってみよう. 帰ってもらうつもりだけど Voy a ver quiénes son y les diré que se vayan. ♦だれがこの絵をかいたか知らない No sé quién pintó este cuadro. ♦だれが私たちの担任になると思いますか ¿Quién crees que va a encargarse de nuestra clase? ♦この会合の出席者はだれがだれか分からない No sé quiénes están en esta reunión.
2《だれの》¿de quién(es)? 会話 あれはだれのボールですか—健のです ¿De quién es esa pelota? – Es de Ken.
3《だれに[を, と]》 ▶帰り道でだれに会ったの ¿A quién has visto al volver a casa? ♦だれといっしょに行きますか ¿Con quién vas a ir? 会話 彼女ね, 来月結婚するのよ—だれと? Ella se casa el mes que viene. – ¿Con quién?
4《だれに[を, と]...しよう》 ▶ʻquien sea [quienes sean], el [la] que sea, los que sean, las que sean, 《フォーマル》quienquiera que sea. ♦だれが援助を求めても彼女は助けてくれないだろう Quien sea que pida su ayuda, ella no lo [le] ayudará.

タレガ (フランシスコ ～) Francisco Tárrega (☆1855-1909, スペインの作曲家・ギタリスト).

＊＊だれか 誰か pron. alguien, alguno/na. ▶だれかの傘 m. paraguas de alguien. ▶だれかがドアをノックしている. だれだか見てきてくれ Está llamando alguien. Mira a ver quién es. ♦彼はだれかと話をしている Está hablando con alguien. ♦今日はだれか欠けていますか ¿Falta alguien hoy? ♦だれかクロスワードパズルやりたくない？ ¿Hay alguien que quiera hacer el crucigrama? ♦あそこでだれかとても背の高い人を見ました He visto por ahí a ʻalguien muy alto [uno/na muy alto/ta]. ♦それはだれか他の人のペンです. Esa pluma es de otro. Yo tengo la mía. ♦だれか男の子が走って逃げている ʻHay un muchacho que [Algún muchacho] está huyendo. ♦親たちの中でだれかやって来た人はいるの ¿Han venido algunos padres?

たれこめる 垂れこめる v. cubrir*, envolver*, colgar* bajo. ♦山には暗雲が垂れこめていた Había nubes que cubrían las montañas. / Las montañas estaban envueltas en nubes.

たれさがる 垂れ下がる v. inclinarse, encorvarse. ▶柳が池の上に垂れ下がっている El sauce se encorva sobre el estanque. ☞掛[架]かる, 垂れる

だれしも 誰しも (だれでも) pron. todos, 《口語》todo el mundo. ♦だれしもが詩人になれるわけではない No todos pueden ser poetas. → 誰でも.

＊＊だれでも 誰でも (どんな人でも) pron. cualquiera, adj. cualquier; (みな) pron. todos, 《口語》todo el mundo; (...の人はだれでも) pron. el/la que sea, 《フォーマル》quienquiera. ♦運転免許のある人ならだれでもそれに応募できる Cualquiera [Cualquier persona] con un permiso de conducir puede solicitarlo. / Lo puede pedir el [todo el mundo] que tenga licencia de conducir. ♦20歳以上の人はだれ(で)も選挙権がある Cualquiera con más de veinte años puede votar. / Todos los que tengan más de veinte años tienen derecho a voto. ♦だれでも作家になれるわけではない Ser escritor no está al alcance de cualquiera. / No todo el mundo puede ser escritor. ♦学生ならだれでもその仕事をすることができる Cualquier estudiante puede hacer ese trabajo. ♦来たい人はだれでも招待しなさい Invita a ʻtodos los que deseen [《口語》todo el mundo que quiera]

たれながし 垂れ流し (失禁)《専門用》 f. incontinencia; (排出) m. vertido; f. emisión. ▶有

毒廃水を川に垂れ流している v. verter* aguas residuales tóxicas「en el [al] río.

だれ(に)も 誰(に)も ❶【だれもみな】*pron.* todos, 《口語》todo el mundo; (どんな人も) *pron.* cualquiera, cualquier, *el/la* que sea, 《フォーマル》quienquiera → 誰でも, 誰か(の…) *adj.* todos. ♦だれもみなぐっすり眠った「Todos durmieron [《口語》Todo el mundo durmió] bien. ♦クラスのだれもが試験の準備に忙しい「Toda la clase está ocupados [Toda la clase está ocupada], preparando el examen. ♦彼はだれにも親切です Es amable con todo el mundo.
❷【だれ(に)も…ない】*pron.* nadie; ninguno/na. ♦部屋にだれもいない En el cuarto no hay nadie. ♦彼はだれにも会わなかった No vio a nadie. ♦だれも来なかった No 「ha venido [vino] nadie. / Nadie vino. ♦それをやりたがる人はだれもいないみたいだ No hay nadie que parezca muy interesado en hacerlo. 《会話》これ君にはやれない—だれもくれなんて頼んでないよ No te lo puedo dar. – ¿Quién te lo ha pedido? [Nadie te lo ha pedido.] ♦友達はだれも助けてくれなかった Ningún amigo mío me ayudó. / No me ayudó ninguno de mis amigos. 《会話》だれが誤解してたの—ぼくたちはだれも ¿Quién nos ha entendido mal? – Ninguno [Nadie] de nosotros. ♦だれもそれを知らないわけではない No es que nadie lo sepa. / (知っている人が少しはいる) Sólo lo saben muy pocos.
だれひとり 誰一人 (ただ一人も…ない) *f.* ninguna persona, *pron.* ninguno, ni uno; (だれも…ない) *pron.* nadie. ♦だれ一人遅刻しなかった No llegó tarde「ni uno [nadie]. / No hubo nadie impuntual [que llegara tarde]. ♦あいつらだれ一人人として何の役にも立たなかったよ Nadie [Ninguno de ellos] valía para nada. / No era bueno [capaz] ni uno. / Todos eran unos inútiles.
たれる 垂れる ❶【垂れ下がる】*v.* bajar; (ぶらりと) *v.* colgar*, pender; (うなだれるように) *v.* inclinarse; (液体がぽたぽたと) *v.* gotear; (ちょろちょろと) *v.* chorrear. ♦恥じて頭を垂れる *v.* bajar la cabeza avergonzado. ♦頭を垂れて(=うなだれて)立っている *v.* estar* de pie cabizbajo [con la cabeza baja]. ♦足をだらりと垂れてソファーに寝そべる *v.* tumbarse en el sofá con las piernas colgando. ♦彼の左目に髪が垂れていた Sobre su ojo izquierdo le caía un mechón. ♦水がパイプの継ぎ目から垂れている Está goteando agua de la junta de la tubería. ♦血が傷口から垂れた De la herida le chorreó sangre.
❷【示す】♦教訓を垂れる *v.* dar* 《a + 人》una lección. ♦彼は生徒に範を垂れた Dio ejemplo a sus estudiantes.
だれる (話・パーティーなどが) *v.* decaer*, perder* interés [animación]; (活動・動作などが) *v.* flojear; (人々のが) *v.* aburrirse, cansarse; (気分がものうくて) *v.* 《教養語》languidecer*. ♦この小説は途中でだれる Esta novela decae [flojea] en la mitad.
タレント ▶テレビタレント *mf.* artista de televisión.

-だろう

❶【推量】
1《動詞とともに》creo [pienso, supongo, imagino] 《que》; (望む) espero 《que》; (おそれる・心配する) me temo 《que》. ♦彼はもうすぐ帰って来るだろう Creo que volverá pronto. ♦彼の乗った列車は遅れないだろう No creo que「se retrasa [llegue con retraso] su tren. / Espero que「no se retrase su tren [su tren no llegue tarde]. 《会話》あす雨だと思う?—そうだろうね ¿Crees que va a llover mañana? – 「Creo [Me temo] que sí. ♦彼は時間どおりには来ないだろう Me temo que no llegará [va a llegar] a tiempo.
2《動詞の未来形・接続法で》♦あしたはたぶん晴れるだろう Mañana probablemente「hará bueno [habrá buen tiempo, tendremos buen tiempo]. ♦正午にはニューヨークに着くだろう A mediodía estaré en Nueva York. ♦明日の今ごろはこの仕事を終えているだろう Mañana a esta hora habré [tendré] acabado este trabajo. 《会話》電灯が切れた—ヒューズがとんだのだろう Se han apagado las luces. –「Se habrá [Quizás se ha] fundido un fusible. – 違いない。 《会話》彼は別のを買うかな—だろうね ¿Va a comprar otro? – Tal vez. ♦君は10時間以上眠っていたのだから眠くはないだろう No puedes tener sueño después de haber dormido más de diez horas. → はず.
3《副詞で》*adv.* tal vez, quizá(s), 《口語》a lo mejor, 《口語》quien sabe si, posiblemente; probablemente. → はず, たぶん. ♦その船はおそらくしけで沈没したのだろう Tal vez el barco se hundió en la tormenta. / Es probable que el barco se hundiera en la tormenta. ♦たぶん天気はよくなるだろう Quizás [Tal vez, Es posible que] mejore el tiempo. ♦1時間に7キロ歩くのはとても無理だろう No será posible que「recorras a pie [camines] siete kilómetros en una hora. / Será imposible que camines siete kilómetros en una hora. ♦おそらく土曜日まで待った方がいいだろう Sería [Probablemente es] más prudente esperar hasta el sábado.
❷【仮定の帰結として】《動詞の過去未来形で》. ♦太陽が照らなければ果物は熟さないだろう Si no hiciera sol, los frutos no madurarían. ♦君が私の忠告に従っていたら成功していただろう Si hubieras seguido mi consejo, habrías salido bien.
❸【念を押す】♦君は彼といっしょに行かないんだろう? No vas a ir con él, ¿verdad? ♦もっとよく勉強しなければならないと君に言っただろう ¿No te dije que tenías que trabajar más? / Te dije que debías trabajar más, ¿no?
❹【感嘆】♦これはなんと感動的な映画なんだろう ¡Qué película tan emocionante! ♦今日はなんて寒いのだろう ¡Qué frío hace hoy!
❺【思案】♦彼女はどうして来なかったのだろう ¿Por qué no habrá venido? ♦このラジオ番組はどれくらい聴取者がいるのだろう ¿Cuántos oyentes tendrá este programa de radio? / Me pregunto cuántos radioescuchas tendrá este

programa.
タワー f. torre. → 塔. ▶東京タワーにのぼる v. subir a la Torre de Tokio.
たわいない (つまらない) adj. simple, insignificante; (ささいな) adj. pequeño; (思慮のない) adj. tonto; (簡単に) adv. fácilmente, sin problemas. ▶たわいないことでけんかをする v. pelearse por una tontería [《教養語》insignificancia]. ▶たわいないやつ m. tonto, m. necio. ▶たわいなく負ける v. ser* derrotado fácilmente.
たわごと 戯言 (ばかげた話) f. tontería, 《口語》f. bobada, f. simpleza, 【スペイン】《俗語》f. gilipollez. ♦たわごとを言うな No digas tonterías.
たわし 束子 m. estropajo, 【ラ米】m. cepillo de fregar.
たわむ 撓む (曲がる) v. doblarse, encorvarse, curvarse; (下がる) v. caerse*, hundirse. ▶ニレ材のはりはたわみやすい Las vigas del olmo tienden a doblarse.
たわむれ 戯れ (ふざけ、楽しみ) f. diversión, f. entretenimiento; (冗談) f. broma, 《教養語》 f. chanza; (冗談で) adv. como broma; (本気でなく) adv. en broma; (必要からではなく楽しんで) adv. para divertirse.
たわむれる 戯れる (遊ぶ) v. divertirse* [jugar*]《con》→ 遊ぶ; (冗談を言う) v. bromear《con + 人》《sobre + 話題》. ▶子犬とたわむれる v. jugar* con un cachorro.
たわわ ▶実がたわわになったブドウの木 fpl. vides cargadas de racimos de uvas.
たん 痰 《専門語》f. flema, m. escupitajo, 《教養語》m. esputo. ▶痰がのどにからむ v. tener* flema en la garganta. ▶血痰が出る v. escupir flema con sangre.
たん 端 ▶端を発する(の結果として生じる) v. estar* causado《por》, tener* origen《en》. ▶つまらない誤解に端を発した争い f. pelea causada por un pequeño malentendido.
タン ▶牛タン f. lengua de ternera [res]. ▶タンシチュー →タンシチュー.
だん 壇 (地面より一段高い所) f. plataforma; (演壇) m. estrado, f. tribuna; (説教壇) m. púlpito; (台地) f. terraza, m. alto. ▶壇上に立つ v. estar* de pie en una plataforma.
だん 段 ❶【階段】fpl. escaleras; (移動できるはしご) f. escalera (de mano); (1段) un peldaño, un escalón, 《教養語》una grada. ▶段を¹上がる [²降りる] v. ¹subir [²bajar] las escaleras. ♦彼ははしごの踏み段に足をかけた Puso un pie en el travesaño de la escalera.
❷【重なりの一つ】(棚) m. estante; (棚・ケーキの層) m. escalón, m. nivel; (ロケットの) f. fase. ▶上の段の花びん m. florero en el estante de arriba. ▶2段式ロケット m. cohete de dos fases. ▶2段ベッド f. litera, 【コロンビア】【ペルー】f. cama camarote, 【アルゼンチン】f. cucheta.
❸【文章の段落】m. párrafo; (新聞の1段) f. columna. ▶5段抜きの見出し m. titular a cinco columnas. ♦その新聞は1ページが7段組みだ Ese periódico tiene siete columnas en cada página.
❹【段位】(柔道などの) m. "dan", m. grado, m. nivel. ▶段が上がる v. ser* ascendido a un "dan" superior [más alto]. ♦彼は柔道が5段だ "Es un [Tiene el] quinto 'dan' de 'yudo'".
❺【時, 場合】▶スペイン語を話す段になるといつも上がってしまう Cuando se trata de hablar español, siempre me pongo nervioso.
❻【程度】♦彼はテニスにかけては私とは段違いだ(=比較にならない) No soy rival para él en tenis.

-だん -団 (集団) m. grupo → 集団, 団体; (リーダーのいる) f. banda; (仲間同士の) f. pandilla; (派遣団) f. delegación; (任務を帯びた) f. misión. ▶記者団 m. grupo de periodistas. ▶窃盗団 f. banda de ladrones. ▶代表団の一員 m. miembro de la delegación. ▶調査団 f. misión investigadora.

だんあつ 弾圧 (権力による圧制) f. opresión, f. represión, f. política represiva. ▶弾圧的な支配者たち mpl. gobernantes opresivos. ▶弾圧の下に苦しむ v. sufrir bajo la opresión. ▶弱者を弾圧する v. oprimir [《強調して》 aplastar] a los débiles. ▶思想の自由を弾圧する v. reprimir la libertad de ideas.

・たんい 単位 ❶【長さ・熱量・貨幣などの】f. unidad; (貨幣の呼称としての) 《フォーマル》f. denominación. ▶貨幣の単位 f. unidad monetaria. ▶いろいろな単位の硬貨 fpl. monedas de diferentes denominaciones. ♦グラムは重さの単位である El gramo es una unidad de peso. ♦バターはポンド単位で売買される La mantequilla se vende por libras [unidades de libra]. ♦それらを5個単位で(=5個ずつ)包装した Los hemos empaquetado en unidades de cinco.
❷【全体の1構成分子を成す】f. unidad. ♦家族は社会の小さな単位である La familia es una pequeña unidad social.
❸【授業の】m. crédito, f. unidad; (科目) f. asignatura, f. materia, f. clase. ▶必修単位 mpl. créditos exigidos. ♦スペイン語を5単位取った Tomé cinco créditos de español. ♦卒業には最低125単位が必要です Se exige un mínimo de 125 créditos para graduarse. ♦単位を落とした(=その科目の試験に落ちた) Suspendí la asignatura.

たんいつ 単一 (たった一つの) adj. único, solo; (まとまった) adj. unitario. ▶単一通貨 f. moneda única. ▶単一民族 f. raza única. ▶単一国家 m. estado unitario.

だんいん 団員 mf. miembro. → 会員, 一団. ▶合唱団員 mf. corista, mf. miembro de un coro. ▶劇団員 mf. miembro de una compañía de teatro.

たんか 担架 fpl. angarillas; (病院で使う) f. camilla. ▶担架で運ぶ v. llevar《a + 人》en camilla [angarillas].

たんか 単価 (単位原価) m. precio por unidad. ▶単価10円で売る v. vender a 10 yenes la unidad. ♦このおもちゃの単価はいくらですか ¿Cuánto cuestan estos juguetes por unidad? / ¿Cuál es el precio por unidad de estos juguetes?

たんか 短歌 "tanka",《説明的に》m. poema de 31 sílabas. → 和歌.

たんか 啖呵 ▶啖呵を切る v. hablar con un tono incisivo.

たんか 檀家 mf. feligrés/gresa.

タンカー m. petrolero.

だんかい 段階 (発展過程の一時期・状態) f. etapa, f. fase;(能力・難易などの) m. grado. ▶段階的な adj. gradual. ▶段階的に adv. gradualmente, progresivamente, por etapas. ▶従業員を段階的に減らす v. reducir gradualmente [progresivamente] la mano de obra. ◆この計画は¹初期 [²最終] 段階だ El proyecto se encuentra en sus etapas ¹iniciales [²finales]. ◆交渉は重大な段階にあった Las negociaciones estaban en una etapa crucial. ☞ 級, 局面, 等, 等級

だんがい 断崖 (一般に) m. precipicio;(海岸の) m. acantilado; (山の) m. despeñadero. → 崖(⁽ᵉ⁾).

だんがい 弾劾《専門語》f. acusación. ▶弾劾裁判所 m. Tribunal de Acusaciones. ▶弾劾する v. acusar (por, de).

たんかくきゅうしょう 単核球症《専門語》f. mononucleosis.

たんかだいがく 単科大学 f. universidad de una sola facultad. → 大学.

たんかん 胆管 ▶胆管炎《専門語》f. colangitis. ▶胆管癌(⁽ᵃⁿ⁾) m. cáncer de las vías biliares. ▶胆管細胞癌(⁽ᵃⁿ⁾)《専門語》m. carcinoma colangiocelular. ▶胆管症《専門語》f. colangiopatía.

たんがん 嘆願 f. petición, f. solicitud;(請願) f. instancia. → 懇願. ▶嘆願書 f. petición, f. solicitud, f. súplica;(政府への) f. instancia. ▶彼の助命嘆願に心動かされる v. conmoverse* por sus súplicas para salvar su vida. ▶市長に学校の新設を嘆願する v. dirigir* 「al alcalde [a la alcaldesa] la solicitud de una nueva escuela.

だんがん 弾丸 (銃の) f. bala; (散弾) mpl. perdigones;(砲弾) m. proyectil, m. obús. ▶弾丸列車 m. tren bala;(新幹線) m. tren bala de Shinkansen.

たんき 短期 m. período breve [corto]. → 期間, 長期. ▶短期の adj. corto, de corta duración. ▶短期間の滞在 f. breve estancia. ▶短期講習 m. curso de corta duración. ▶短期契約 [²貸付] ¹m. contrato [² m. préstamo] a corto plazo. ▶短期大学 f. escuela universitaria. → 大学.

たんき 短気 (すぐかっとなる気性) f. impaciencia,《フォーマル》f. irascibilidad.
── 短気な adj. impaciente; irascible. ◆彼は短気だ Es una persona impaciente [irascible]. / 《ラʌク》enoja,《口語》altera] enseguida. ◆短気を起こすな No te impacientes. /《口語》¡Tranquilo!
《その他の表現》◆短気は損気《言い回し》La prisa es mala consejera. /《言い回し》La paciencia es la madre de la ciencia.

たんきゅう 探究 (研究) f. investigación; m. estudio,《強調して》f. indagación. ▶探究する v. investigar*, hacer* una investigación

---

だんご 851

《de》, estudiar,《強調して》indagar*.

たんきゅう 探求 f. búsqueda 《de》. ▶追求. ▶真理の探求 f. búsqueda de la verdad.

たんきゅうぞうかしょう 単球増加症《専門語》f. monocitosis.

たんきょり 短距離 f. distancia corta;(射程が) m. corto alcance. → 長距離. ▶短距離競走 f. carrera de velocidad [distancia corta]. ▶短距離選手 mf. velocista. ▶短距離弾道ミサイル m. misil balístico de corto alcance.

タンク (貯蔵用の) f. cisterna, m. depósito;(戦車) m. tanque, m. carro de combate. → 戦車. ▶タンク車(タンクローリー) m. camión cisterna.

タンクトップ f. camiseta sin mangas.

だんけつ 団結 (結合) f. unión; (一致) f. unidad;(共通の利害・目的による) f. solidaridad. ▶団結権 m. derecho de la asociación. ▶団結力 f. fuerza de la unidad. ▶団結が固い v. tener* un fuerte espíritu solidario [de unidad]. ◆団結は力なり《ことわざ》La unión hace la fuerza. ◆反対派が共通の旗のもとに団結するよう彼は訴えた Hizo un llamamiento a todos los grupos de la oposición para que se unieran bajo una bandera común.

*__たんけん__ 探検 f. expedición. ▶南極探検 f. expedición a la Antártida. ▶探検家 mf. explorador/dora. ▶探検隊 m. grupo expedicionario. ▶月の探検(旅行)に行く v. emprender una expedición a la luna.
── 探検する v. explorar. ▶その島を探検する v. explorar la isla.

たんけん 短剣 m. puñal, f. daga. ▶彼を短剣で刺し殺す v. matarlo[le] a puñaladas.

たんげん 単元 (学習の) f. unidad.

だんげん 断言 f. declaración, f. afirmación, f. aserción,《教養語》f. aseveración.
── 断言する (自分が正しいと強く主張する) v. afirmar;(言明する) v. declarar,《教養語》aseverar;(質問に対して) v. asegurar. ◆囚人は自分は無実だと断言した "El prisionero [La prisionera]「declaró que era inocente [afirmó su inocencia, se declaró inocente]. ◆危険はないと断言するよ Te aseguro [prometo, juro] que no hay peligro.

__たんご__ 単語 (個々の) f. palabra,《フォーマル》m. término, m. vocablo,《フォーマル》f. voz;(ある言語・個人などの用いる語全体) m. vocabulario; m. léxico. → 語. ▶スペイン語の単語帳 m. cuaderno de palabras españolas. ▶スペイン語の単語をたくさん知っている v. saber muchas palabras españolas;(語彙(⁽ⁱ⁾)が豊かだ) v. tener* un rico vocabulario inglés. ▶語彙(⁽ⁱ⁾). ◆単語の意味がわからない場合は辞典で調べなさい Cuando no sepas el significado de una palabra, consulta el diccionario.
☞ 語, 言葉

たんご 端午 ▶端午の節句 f. Fiesta de los niños.

タンゴ m. tango. ▶タンゴを踊る v. bailar el tango,『ｱﾙｾﾞﾝﾁﾝ』tanguear.

だんこ 断固 (決定的に) adv. decididamente;

(固く決心して)adv. resueltamente; (ゆるぎなく)adv. firmemente; (きっぱりと)adv. rotundamente, en redondo, categóricamente. ▶断固拒絶する v. rechazar* rotundamente. ▶断固［＝飽くまで］戦いぬく v. luchar「hasta el final [sin cejar]. ▶自らの潔白を断固証明する（＝固く決心している）v. estar* firmemente decidido a demostrar* la inocencia.
—— **断固とした**（決定的な）adj. resuelto; （ぐらつかない）adj. firme; （きっぱりした）adj. rotundo, categórico. ▶断固たる処置をとる v. tomar medidas enérgicas. ▶彼に断固たる態度をとる v. tomar [《フォーマル》adoptar] una firme actitud hacia él.

だんご 団子 m. "dango", 《説明的に》f. bola de masa de arroz o harina de trigo.

たんこう 炭鉱[坑] f. mina de carbón. ▶炭鉱労働者 mf. minero/ra del carbón. ▶炭鉱で働く v. trabajar en una mina de carbón.

だんこう 断行 ▶断行する v.「llevar a cabo [ejecutar] resueltamente. ▶政治改革を断行する v. llevar a cabo resueltamente una reforma política.

だんこう 団交 ▶団交を開く v. abrir* negociaciones colectivas.

だんこう 断交 ▶断交する（国交関係を絶つ）v. romper* las relaciones diplomáticas 《con》.

たんこうぼん 単行本 m. libro. → 雑誌. ▶単行本として出版する v. publicar(lo)「como libro [en forma de libro].

たんこぶ（打撲による）m. chichón; （打撲・病気による）m. bulto. ▶頭にたんこぶが1できる [2ある] v. ¹hacerse* [²tener*] un chichón en la cabeza. ◆田中さんは私にとってまさに目の上のたんこぶだ El Sr. Tanaka es para mí un verdadero quebradero [dolor] de cabeza.

だんこん 弾痕 f. marca [f. señal] de un balazo.

たんさ 探査 f. exploración, m. sondeo. ▶月探査機 f. sonda lunar. ▶月面を探査する v. investigar* la superficie lunar.

だんさ 段差 f. diferencia de nivel.

ダンサー mf. bailarín/rina. → 踊り子.

たんさいぼう 単細胞 f. única célula. ▶単細胞生物 m. organismo unicelular, f. mónada. ▶単細胞の adj. unicelular; （単純な）adj. simple.

たんさく 探索（捜索）f. investigación. ▶探索する（探す）v. investigar*. ▶その事件を探索する v. investigar* el caso.

タンザニア Tanzania; （公式名）f. República Unida de Tanzania（☆アフリカの連合共和国）. ▶タンザニアの adj. tanzano. ▶タンザニア人 mf. tanzano/na.

たんさん 炭酸 m. ácido carbónico. ▶炭酸ガス（二酸化炭素）m. gas carbónico, 《専門語》m. dióxido de carbono. ▶炭酸「¹ナトリウム [²カルシウム] m. carbonato ¹sódico [²cálcico]. ▶炭酸ソーダ m. carbonato de sosa. ▶炭酸水 f. agua carbonatada, f. (agua) gaseosa; （ソーダ水）f. agua de soda.

だんし 男子（男）m. hombre, 《フォーマル》m. varón, 《フォーマル》m. caballero → 男; （少年）m. muchacho, 《口語》m. chico. ▶男子学生 m. alumno. ▶男子校 f. escuela masculina. ▶紳士服 f. ropa de caballero.

タンジール Tánger（☆モロッコの地名）.

たんじかん 短時間 ▶短時間でその問題を解く v. solucionar en poco tiempo el problema.

だんじき 断食 m. ayuno; （断食期間）m. ayuno. → 絶食. ▶断食する v. ayunar.

タンジチュー m. guiso de lengua.

だんじて 断じて（絶対に）adv. de ningún modo, de ninguna manera; （確かに）adv. sin ninguna duda; a toda costa, cueste lo que cueste; （けっして...ない）adv. nunca, 《強調して》jamás; 《フォーマル》bajo ningún concepto. → 決して. 《会話》彼と付き合ってもいいですか—断じていかん ¿Puedo salir con él? – De ninguna manera [Jamás]. ◆断じて私は考えを変えません Jamás cambiaré de opinión. /《口語》No voy a cambiar de opinión por nada del mundo. ◆彼は断じて目的を達成すると言った Juró que lograría su propósito a toda costa.

たんしゃ 単車 f. motocicleta, 《口語》f. moto.

だんしゃく 男爵 m. barón. → 貴族. ▶男爵夫人 f. baronesa.

たんじゅう 短銃 f. pistola. → ピストル.

たんじゅう 胆汁 f. bilis, f. hiel. ▶胆汁(症)の adj. bilioso.

たんしゅく 短縮（縮小）f. reducción; （削減）f. disminución. ▶短縮する（時間・長さを短くする）v. acortar; （切り詰める）v. disminuir*, 《フォーマル》aminorar; （話・滞在などを切り上げる）v. abreviar; （大きさ・数量を減らす）v. reducir*, menguar*. ▶授業時間を短縮する v. reducir* el horario escolar. ▶操業を短縮する v. reducir* la operación. ▶滞在期間を三日に短縮する v. abreviar la visita a tres días. ▶a le を a el と短縮する v. contraer* "a el" en "al".

*たんじゅん 単純 f. simplicidad, f. sencillez.
—— **単純な** adj. simple, sencillo; （人について）adj. ingenuo, （しばしば軽蔑的に）simple. ▶単純な消費者 mpl. compradores ingenuos. ▶単純な間違い f. simple equivocación. ◆彼を信じるほど単純じゃないよ No soy tan simple [ingenuo] como para creerle.
—— **単純化する** v. simplificar*, hacer* sencillo. ▶その問題を単純化する v. simplificar* el problema ▶単細胞, 単なる, 短絡

*たんしょ 短所（欠点）m. defecto; （弱点）m. punto flaco, 《口語》m. talón de Aquiles; m. fallo, m. inconveniente, 『スペイン』《口語》f. pega, f. desventaja; （性格上の）f. falta. ▶その計画の長所と短所 fpl. ventajas y desventajas del proyecto. ▶短所を補う v. compensar los defectos. ▶彼の短所につけ込む v. aprovecharse de sus defectos. ◆彼女の短所には目をつぶってやれよ Tienes que cerrar los ojos a sus faltas.

たんしょ 端緒（糸口）f. pista, f. clave《en, para》; （発端）m. comienzo, m. inicio. ▶事件解決の端緒をつかむ v. encontrar* una clave en el caso. ▶端緒を開く v. empezar*, abrir* brecha 《en》.

だんじょ 男女 *mpl.* hombres y *fpl.* mujeres, *mpl.* dos sexos. ▶男女(の)関係 *fpl.* relaciones entre los sexos [hombre y mujer]. ▶男女差別 *f.* discriminación sexual [por el sexo]. ▶男女の役割 *m.* papel「masculino y femenino [de hombre y mujer]. ▶男女を問わず *adv.* sin distinción de sexo. ♦20人の男女がその会に出席した Había veinte personas entre hombres y mujeres.

たんじょう 誕生 *m.* nacimiento. ▶誕生石 *f.* joya del mes (de nacimiento). ▶誕生地 *m.* lugar de nacimiento. ▶誕生祝いに彼に時計をプレゼントする *v.* regalarle un reloj de cumpleaños.

—— 誕生する *v.* nacer* → 生[産]まれる; 《婉曲的に》 *v.* venir* al mundo.

だんしょう 談笑 ▶談笑する *v.* charlar [《メキシコ》 platicar*, 《フォーマル》conversar] amigablemente 《con》.

たんじょうび 誕生日 *m.* cumpleaños. ▶彼女の20歳の誕生日を祝う *v.* celebrar sus veinte años. ▶誕生日おめでとう ¡Feliz Cumpleaños! / ¡Felicidades! / (この日が何度もめぐってきますように) ¡Que cumplas muchos (más)! ♦私の誕生日は5月2日です Mi cumpleaños es el 2 de mayo. 会話 高雄の誕生日はいつ？—6月です ¿Cuándo es el cumpleaños de Takao? – En junio.

だんじょきょうがく 男女共学 *f.* coeducación. → 共学.

たんしょく 単色 *m.* solo color, *m.* monocromo; (単色画) *f.* pintura monocromática.

だんじょどうけん 男女同権 *f.* igualdad de derechos para hombres y mujeres.

たんしん 短針 (時計の) *f.* manecilla [*f.* aguja] pequeña del reloj.

たんしん 単身 ▶単身で *adv.* sólo, por sí mis*mo*. → 一人, 単独. ▶単身赴任者 *m.* trabajador que va de destino laboral sin la familia. ▶単身赴任する *v.* salir* s*o*lo para un nuevo destino (sin la familia). → 赴任.

たんしん 短信 *f.* nota, *m.* aviso; (新聞・雑誌などの) *m.* informe breve.

たんしんけいしょうがい 単神経障害 《専門語》 *f.* mononeuropatía.

たんす 箪笥 (洋服だんす) *m.* armario, *m.* ropero; (整理だんす) *f.* cómoda; (鏡つきの) *m.* tocador; (和だんす) *m.* armario para kimonos.

ダンス *m.* baile, 《フォーマル》 *f.* danza. → 踊り, 踊る. ▶(彼女と)ダンスをする *v.* bailar 《con ella》. ▶¹社交 [²フォーク]ダンス *m.* baile ¹de sociedad [²popular]. ▶ダンスホール *m.* salón de baile.

たんすい 淡水 *f.* agua dulce. ▶淡水魚 *m.* pez de agua dulce. ♦この魚は淡水にしか生息しない Este pez sólo vive en aguas dulces.

だんすい 断水 *m.* corte (en el suministro) de agua. ▶断水する (水を止める) *v.* cortar el (suministro de) agua.

たんすいかぶつ 炭水化物 *m.* carbohidrato, *m.* hidrato de carbono. ♦ジャガイモは炭水化物が多い Las papas [《スペイン》patatas] son ricas en carbohidratos.

たんそく 853

たんすう 単数 *m.* singular. ▶単数形 *f.* forma (en) singular.

ダンスパーティー *m.* baile. → 舞踏会. ▶ダンスパーティーに行く *v.* ir* al baile.

たんせい 丹精 (注意) *m.* cuidado. ▶丹精こめて (=できる限り注意深く) *adv.* con sumo [el máximo] cuidado.

たんせい 嘆声 ▶感嘆のため息 *m.* suspiro de admiración.

たんせい 端正 ▶端正な(整った) *adj.* noble. ▶端正な顔立ち *mpl.* rasgos (faciales) nobles.

だんせい 男性 *m.* hombre, 《フォーマル》 *m.* varón, 《スペイン》《口語》 *m.* tío; (紳士) *m.* caballero. ▶男性雑誌 *f.* revista「de hombres [masculina, de caballeros]. ▶男性美 *f.* belleza varonil [masculina]. ▶男性中心の社会 *f.* sociedad「dominada por el hombre [《軽蔑的に》machista].

—— 男性的な *adj.* masculi*no*, varonil, viril. → 男らしい. ▶男性的なスポーツ *m.* deporte de hombres. ▶男性的な声で *adv.* con voz varonil. ▶彼女は背が高くて男性的だ Es alta y varonil.

だんせい 男声 *f.* voz masculina. ▶男声合唱 *m.* coro masculino.

だんせい 弾性 *f.* elasticidad. ▶弾性の(ある) *adj.* elástico.

たんせき 胆石 *m.* cálculo [*f.* piedra] biliar. ▶胆石による痛み *m.* dolor de cálculo biliar. ▶胆石症《専門語》*f.* coleliatiasis.

だんぜつ 断絶 ▶断絶する (国交などを) *v.* romper* (las relaciones diplomáticas). → 国交. ▶世代間の断絶 *f.* brecha generacional, 《強調して》 *m.* abismo entre generaciones.

たんせん 単線 *f.* vía [*f.* línea] única. ▶単線の *adj.* de vía única. ▶単線運転する *v.* hacer* el servicio por vía única.

だんぜん 断然 (はるかに) *adv.* sin ninguna duda, indiscutiblemente, 《口語》con mucho; (きっぱりと) *adv.* rotundamente, categóricamente, en redondo. ▶断然それを拒否する *v.* negarse* en redondo, rechazar* categóricamente [rotundamente]. ♦彼は背の高さではクラスで断然一番だ Es「sin ninguna duda [indiscutiblemente] el más alto de la clase. / Es el más alto de la clase con mucho [mucha diferencia]. ♦私は断然 (=だれが反対しようと)行きます Iré a pesar de quien se oponga. / (どんな犠牲を払っても) Iré a toda costa.

たんそ 炭素 *m.* carbono. ▶一[二]酸化炭素 ¹*m.* monóxido [²*m.* dióxido] de carbono.

だんそう 断層 *f.* falla; (ずれ) *f.* dislocación. ▶断層線 *f.* línea de falla. ▶活断層 *f.* falla activa. ▶(X線)断層写真 *f.* tomografía.

たんそきん 炭疽菌《専門語》 *f.* bacteria de ántrax.

たんそく 嘆息 *m.* suspiro. → ため息, 嘆く.

たんそく 短足 *fpl.* piernas cortas. ▶短足の *adj.* de piernas cortas, 《口語》paticor*to*. ♦彼は胴長短足だ Tiene un tronco largo y

だんぞく 断続 断続的な *adj.* intermitente. ▶断続的に *adv.* a intervalos, intermitentemente. ◆終日雨が断続的に降った Ha estado todo el día lloviendo a intervalos.

だんそんじょひ 男尊女卑 (男性優位) *m.* predominio de los hombres sobre las mujeres; (男性優位主義) *m.* machismo. ▶男尊女卑の社会 (=男性支配の社会) *f.* sociedad machista.

たんだい 短大 *f.* escuela universitaria. → 大学. ▶短大に行く *v.* entrar en una escuela universitaria.

だんたい 団体 *m.* grupo, *m.* colectivo, 《フォーマル》*m.* cuerpo; (競技の) *m.* equipo; (組織体) *f.* organización, *f.* entidad, *m.* organismo. ◆グループ, 群れ.

　1《～(の)団体》▶圧力団体 *m.* grupo de presión. ▶¹研究 [²公共]団体 *m.* organismo ¹de investigación [²público]. ▶宗教団体 *f.* organización religiosa. ▶50名の団体 *m.* grupo de cincuenta (personas). ▶非営利団体 *f.* organización [*f.* entidad] sin fines lucrativos.

　2《団体＋名詞》▶団体生活 *f.* vida en grupo. ▶(旅行の)団体客 *m.* grupo de turistas. ▶団体競技(団体戦) *f.* competición de equipos, *m.* juego de equipo. ▶団体競技(団体スポーツ) *m.* deporte de equipo. ▶団体割引 *m.* descuento para grupos. ▶団体割引料金 *f.* tarifa de grupo. ▶(乗り物の) *f.* tarifa reducida para grupos. ▶団体行動をとる *v.* actuar* 「en grupo [colectivamente]. ▶団体旅行をする *v.* viajar en grupo. ▶団体交渉を行なう *v.* realizar* negociaciones colectivas.

　3《団体が》▶小学生の団体が中国へ行く予定です Un grupo de alumnos de la escuela primaria va a China.

　4《団体に[を]》▶団体を¹設立 [²解散]する *v.* ¹fundar [²disolver*] una organización. ◆彼はある宗教団体に入っている 「Es miembro de [Pertenece a] una organización religiosa. ◆クラブ, 結社

たんたん 坦々 ▶平ら. ▶坦々とした(=平らな)道 *m.* camino llano. ▶坦々とした(=波乱の少ない)生活 *f.* vida poco accidentada.

たんたん 淡々 ▶淡々とした(冷静な) *adj.* tranquilo, sereno ▶(無関心な) *adj.* indiferente 《a》. ▶淡々と *adv.* tranquilamente, con calma; (感情を交えず) *adv.* desapasionadamente, sin apasionamiento.

だんだん 段々 (階段) *fpl.* gradas, *mpl.* escalones; (屋内の) *fpl.* escaleras. → 階段. ▶段々畑 *mpl.* bancales, *fpl.* terrazas. ▶段々になった道 *m.* camino escalonado.

―― **だんだん** (徐々に) *adv.* gradualmente, 《フォーマル》paulatinamente, (少しずつ) *adv.* poco a poco, (ますます) *adv.* cada vez más, más y más, (相次いで) *adv.* uno tras otro, una tras otra. ▶だんだん知識を身につけていく *v.* adquirir* conocimientos poco a poco. ◆彼の健康はだんだん回復していた Su salud iba mejorando progresivamente. / Poco a poco se estaba poniendo mejor. ◆彼は彼女のことがだんだん好きになった Gradualmente le fue gustando. / Simpatizó más y más con ella. ◆麻薬問題はだんだん国際化してきた El problema de la droga se ha 「ido haciendo internacional [hecho cada vez más internacional]. ◆彼は仕事をするにつれてだんだん夢中になっていった A medida que trabajaba, era absorbido más y más por el trabajo. ◆だんだん暖かくなってきた La temperatura sube cada día más. ◆会葬者がだんだん帰って行った Los asistentes 「a los funerales [al duelo] se fueron 「uno tras otro [yendo].

たんち 探知 *f.* detección. ▶金属探知機 *m.* detector de metales. ▶探知する *v.* detectar.

だんち 団地 (アパート団地) *m.* conjunto urbanístico de apartamentos [《ラ米》departamentos]; (建て売り分譲住宅団地) *f.* urbanización de bloques, *m.* complejo urbanístico de viviendas. ▶団地族 *mpl.* residentes de bloques. ▶公営団地 *f.* urbanización pública [construida por una corporación pública].

だんちがい 段違い ▶段違い平行棒 *fpl.* barras paralelas asimétricas. ▶段違いである(差がない) *v.* no tener* rival; (並はずれて優れている) *v.* ser* muy superior 《a》, ser* mucho mejor 《que》, (口語) ser* *el/la* mejor con mucho. ◆このパソコンは古いのに比較すると段違いに(=ずっと)よい Este ordenador personal es 「mucho mejor que el [muy superior al] viejo.

たんちょう 単調 *f.* monotonía. ▶単調に *adv.* monótonamente, con monotonía.

―― **単調な** (変化のない) *adj.* monótono; (おもしろくない) *adj.* aburrido, 《口語》gris, (教養語) anodino; (色調・絵が) *adj.* uniforme, sin contraste. ▶単調なリズムで *adv.* con un ritmo monótono. ▶単調な生活をおくる *v.* llevar una vida monótona [aburrida]. ◆単調な田舎の生活も初めはなかなかよかったのだが、やがて飽きてきた Al principio la monótona vida rural me pareció bastante agradable, pero no tardó en cansarme.

たんちょう 短調 *m.* (tono) menor. → 長調.

だんちょう 団長 *mf.* jefe/fa [*mf.* líder] de un grupo.

だんちょう 断腸 ▶断腸の思いである *v.* tener* el corazón destrozado [desgarrado] 《de, por》. ▶断腸の思いで *adv.* con el corazón destrozado [desgarrado].

たんてい 探偵 (人) *mf.* detective; (事) *m.* servicio de detectives. ▶私立探偵 *mf.* detective priva*do/da*. ▶私立探偵社 *f.* agencia de detectives privados. ▶探偵小説 *f.* novela policíaca [policial]. ▶探偵につけられる *v.* ser* seguido por *un/una* detective. ▶探偵をつける *v.* hacer* que *un/una* detective investigue 《a ＋ 人》. ▶探偵ごっこをする *v.* jugar* a los detectives.

だんてい 断定 (結論) *f.* conclusión; (決定, 判断) *f.* decisión. ▶断定する *v.* concluir*, decidir. → 結論, 決定, 判断. ◆その絵はにせ物だと断

たんてき 端的 ▶端的な(明白な)*adj.* claro; (単刀直入の)*adj.* directo. ▶端的な事実 *fpl.* hechos claros [evidente]. ▶端的な表現 *fpl.* expresiones directas. ▶端的(=率直)に言えば *adv.* hablando francamente, para ser claro.

たんてき 耽溺 *f.* entrega, *m.* abandono, *f.* complacencia. ▶酒に耽溺する *v.* entregarse* al vino.

たんとう 担当 ▶担当者(=管理・責任者) *mf.* encarga*do/da*《de》. ▶彼にそのプロジェクトを担当させる *v.* encargarle* [confiarle*] ese proyecto, poner* ese proyecto a su cargo. ▶スペイン語を担当する(=教える) *v.* enseñar español. ▶政権を担当する(=権力の座にある) *v.* estar* en el poder*. ◆私は50人の生徒を担当している Estoy encarga*do* de cincuenta estudiantes. / Tengo cincuenta estudiantes a mi cargo. ◆担任.◆だれがその¹実験 [²部門](の責任)を担当するのですか ¿Quién va a encargarse del ¹experimento [²departamento]? ◆その販売員はこの地域を担当している Ese vendedor está encargado de esta zona. ☞受け持ち, 係

たんとう 短刀 *m.* puñal, *m.* daga.

たんどう 胆道 《専門語》*f.* vía biliar. ▶胆道癌(ガン)《専門語》*m.* cáncer biliar.

だんとう 暖冬 ▶今年は暖冬だった Este año hemos tenido un invierno suave [templado].

だんどう 弾道 *f.* trayectoria. ▶弾道弾 *m.* misil balístico. ▶大陸間弾道弾 *m.* misil balístico intercontinental,〖略〗MBIC.

だんとうだい 断頭台 *f.* guillotina. ▶断頭台に登る *v.* ir* a la guillotina.

たんとうちょくにゅう 単刀直入 ▶単刀直入に尋ねる *v.* preguntar「sin rodeos [directamente]. ▶単刀直入に(=率直に)言いなさい Habla francamene [《口語》sin rodeos].

たんどく 単独 ▶単独の(たった一つ・一人の) *adj.* solo, único; (独立した) *adj.* independiente; (別々の) *adj.* separado; (独占的な) *adj.* exclusivo; (一人で行なう) *adj.* individual; (一人で演じる) *adj.* solo. ▶単独内閣 *m.* gabinete formado por un solo partido. ▶単独行動をとる *v.* actuar* individualmente [por separado]; (任意の行動をとる) *v.* actuar* arbitrariamente. ▶単独会見をする *v.* tener* una entrevista exclusiva《con》. ▶単独飛行をする *v.* volar* en solitario. ▶単独犯 *m.* delito cometido「a solas [en solitario, sin cómplices].

——**単独で** (一人で) *adj.* solo; *adv.* en solitario; (独立して) *adv.* independientemente, (個々に) *adv.* por separado, individualmente. ▶単独で北極へ行く *v.* ir* al Ártico solo [en solitario]. ▶私たちめいめいは単独でその問題を処理した Cada uno de noso*tros/tras* resolvió el problema individualmente [por separado].

だんどり 段取り (手配) *mpl.* arreglos; (準備) *mpl.* preparativos. → 準備. ▶段取りをする[つける] *v.* hacer* preparativos《para》.

だんな 旦那 (家・店などの主人) *m.* amo, *m.* dueño, *m.* patrón, 《口語》*m.* jefe; (夫) *m.* marido; (男性への呼びかけ) *m.* señor; (主人の長男) *m.* joven amo; (大家の若者) *m.* joven caballero.

たんなる 単なる (ほんの) *adj.* simple,《教養語》mero; (単純な) *adj.* simple. ◆単なるうわさにすぎない Es un simple rumor. / No es más que un rumor. ◆それは単なる計算ミスだ Es un simple error [fallo] de cálculo.

たんに 単に ▶*adv.* sólo, solamente; (単純にただ) *adv.* simplemente. → 唯(タダ). ◆私はただ単に習慣からそれをしただけだ Lo hice sólo [simplemente] por costumbre.

たんにん 担任 →担当. ▶担任する [²している] *v.* ¹encargarse* [²estar* encarga*do*]《de》. ▶彼が担任している生徒 *mfpl.* alum*nos/nas* a su cargo. ◆私たちの学級担任は高橋先生です Nuestra clase está a cargo「del profesor [de la profesora] Takahashi. / El profesor [La profesora] Takahashi es「el encargado [la encargada] de nuestra clase. / (担任している) El profesor [La profesora] Takahashi está a cargo de nuestra clase. ◆彼は小川先生の担任です(=小川先生に担任してもらっている) Está a cargo「del profesor [de la profesora] Ogawa. / El profesor [La profesora] Ogawa「se encarga de él [es su encarga*do*].

だんねつざい 断熱材 *m.* aislante, *m.* material aislante.

たんねん 丹念 ▶丹念に(注意して) *adv.* cuidadosamente, con cuidado; (念入りに) *adv.* con esmero; (綿密に) *adv.* con detalle, minuciosamente. → 念入り.

だんねん 断念 ▶断念する *v.* renunciar《a》, abandonar. → 諦(アキラ)める. ▶断念させる *v.* hacer* desistir [《教養語》disuadir]《de＋不定詞》; convencer* [《教養語》persuadir]《de no＋不定詞》; (思いとどまらせる) *v.* convencer*《a＋人》,《フォーマル》persuadir《a＋人》《de no＋不定詞》. ◆われわれは中国旅行を断念した Renunciamos a (la idea de) ir a China. ◆父は私に大学進学を断念させた Mi padre me「convenció de no ir [hizo desistir a la universidad].

たんのう 胆嚢《専門語》*f.* vésicula biliar. ▶胆嚢炎《専門語》*f.* colecistitis. ▶胆嚢癌(ガン)《専門語》*m.* cáncer de vesícula biliar.

たんのう 堪能 ▶堪能な(上手な) *adj.* bueno《en》; (熟達した) *adj.* hábil, fuerte, diestro《en》. ▶ピアノに堪能である *v.* ser* buen/buena pianista, tocar* bien el piano. ◆彼はスペイン語が堪能だ「Habla bien el [Es bueno en] español. / Se le da bien el español.

——**堪能する** (満足する) *v.* estar* satis*fecho* [contento]《con》; (楽しむ) *v.* disfrutar; (¹料理 [²飲み物]に) *v.* ¹comer [²beber] hasta hartarse [la saciedad]. ▶よい音楽に十分堪能する *v.* disfrutar mucho la buena música,《フォーマル》derivar mucho placer de la buena música.

たんぱ　短波 *f.* onda corta. ▶短波¹受信機 [²ラジオ] ¹ *m.* receptor [² *f.* radio] de onda corta. ▶短波放送 *f.* transmisión [*f.* emisión] en onda corta. ▶短波で送信する *v.* enviar' [《フォーマル》emitir] un mensaje por onda corta.

たんぱく　淡泊な【食物が】*adj.* sencillo, poco graso; (消化のよい) *adj.* ligero, liviano; (体人用で刺激の少ない) *adj.* simple y「sin grasa [digerible]；【人が】*adj.* franco, sincero; (無関心な) *adj.* indiferente 《a》. ▶淡泊な味 *m.* sabor [*m.* gusto] sencillo. ▶淡泊な気性 *m.* carácter franco.

たんぱく　蛋白【蛋白質】*f.* proteína. ▶蛋白症 (専門語) *f.* proteinosis. ▶¹動物 [²植物]性蛋白質 *f.* proteína ¹animal [²vegetal]. ▶蛋白源 *f.* fuente de proteína.

タンバリン *f.* pandereta.

だんぱん　談判(交渉) *fpl.* negociaciones. ▶談判する *v.* negociar [《フォーマル》entablar negociaciones] 《con》; (売買条件のことで) *v.* negociar [regatear] 《con》. →交渉.

たんび　耽美 *adj.* estético. ▶耽美主義 *m.* esteticismo. ▶耽美主義者 *m.* esteta.

ダンピング(商品の投げ売り)(英語) *m.* "dumping" (☆発音は [dámpin]). ▶ダンピングする *v.* hacer* [《フォーマル》practicar*] el "dumping". ▶ダンピング症候群 (専門語) *m.* síndrome "dumping".

ダンプカー *m.* camión (de) volquete.

地域差 **ダンプカー**
［スペイン］*m.* camión basculante, *m.* camión (de) volquete, *m.* volquete
［キューバ］*m.* camión de volquete, *m.* camión de volteo, *m.* camión volcador, *f.* volqueta
［メキシコ］*m.* camión de volteo
［コロンビア］*f.* volqueta
［ペルー］*m.* volquete
［アルゼンチン］*m.* camión arenero, *m.* camión con volcadora, *m.* camión (de) volquete, *m.* camión de volteo, *m.* camión volcador, *m.* volquete

タンブラー *m.* vaso (grande).

たんぺん　短編(小説) *m.* cuento, *m.* relato breve; (小品) *f.* obra corta; (映画) *m.* cortometraje. ▶短編集 *f.* colección de cuentos, *mpl.* cuentos reunidos 《de》.

だんぺん　断片(こわれた) *m.* fragmento 《de》; (一片) *m.* trozo 《de》. ▶断片的知識 *m.* conocimiento fragmentario 《de》. ▶事故の断片的ニュース *fpl.* noticias fragmentarias [parciales] sobre el accidente.

たんぼ　田んぼ *m.* arrozal. ▶田んぼ道 *m.* sendero entre los arrozales. ▶田んぼを耕す *v.* arar un arrozal.

たんぽ　担保 *f.* garantía. →抵当. ▶借金の担保として *adv.* en garantía de préstamo. ▶担保を取って金を貸す *v.* prestar dinero con la garantía 《de》. ▶…を担保に¹取る [²入れる] *v.* ¹recibir [²poner*] ... como garantía
☞ 質, 抵当

だんぼう　暖房(装置) *f.* calefacción. ▶暖房費 *mpl.* gastos de calefacción. ▶暖房装置 *m.* sistema de calefacción; (器具) *f.* estufa, *m.* calentador. ▶暖房を¹入れる [²切る] *v.* ¹encender* [²apagar*] la calefacción. ▶暖房の入っていない列車 *m.* tren con calefacción. ◆私たちは暖房用に石油ストーブを使っている Usamos estufas de queroseno [keroseno] (como calefacción). ◆その部屋は暖房がきいている [²いない] Esa sala está ¹bien [²mal] caldeada.

だんボール　段ボール(紙) *m.* cartón ondulado; (箱) *f.* caja de cartón ondulado.

たんぽぽ *m.* diente de león.

たんまつ　端末(専門語) *m.* terminal (de ordenador). ▶端末エミュレーション (専門語) *f.* emulación de terminal. ▶端末サーバー (専門語) *m.* servidor de terminales.

だんまつま　断末魔(死の苦しみ) *f.* agonía de la muerte. ▶断末魔の叫び *m.* grito de agonía.

たんまり(たくさん) *adv.* mucho, 《口語》muchísimo. ▶たんまりもうける *v.* ganar mucho dinero.

たんめい　短命 ◆彼は短命だった Murió joven [《フォーマル》prematuramente].

だんめん　断面 ▶¹横 [²縦] 断面 *m.* corte ¹transversal [²vertical]. ▶(事件などが) 現代の一断面を示す *v.* ofrecer* una muestra representativa de nuestra época.

だんめんず　断面図 *m.* corte [*f.* sección] transversal 《de》, *m.* plano seccional 《de》.

たんもの　反物 *fpl.* telas, *mpl.* paños, *mpl.* géneros; (織物類) *f.* pañería, *fpl.* telas.

だんやく　弾薬 *f.* munición. ▶弾薬庫 *m.* almacén de pólvora, *m.* polvorín.

たんらく　短絡(電気のショート) *m.* cortocircuito. ▶短絡的(単純な) *adj.* simple, simplista. ▶短絡的な考え *m.* modo de pensar simplista. ▶短絡する *v.* hacer(se)* [《フォーマル》producir(se)*] un cortocircuito.

だんらく　段落 *m.* párrafo.

だんらん　団欒 ▶一家だんらんで楽しむ *v.* disfrutar de la intimidad familiar.

たんり　単利 *m.* interés simple.

だんりゅう　暖流 *f.* corriente cálida.

だんりょく(せい)　弾力(性)(伸縮性のある性質) *f.* elasticidad; (曲げられる性質) *f.* flexibilidad. ▶弾力(性)のある *adj.* elástico; flexible. ▶弾力的な規則 *f.* regla flexible. ◆ゴムは大変弾力性がある La goma「es muy elástica [tiene mucha elasticidad].

たんれん　鍛錬 ▶身体の鍛錬 *m.* entrenamiento físico. ▶心身を鍛錬する *v.* ejercitar el cuerpo y el espíritu. ▶足腰を鍛錬する *v.* entrenarse, ejercitarse.

だんろ　暖炉(壁に取り付けた) *f.* chimenea; (炉辺) *m.* hogar. ▶暖炉にあたる *v.* calentarse* en [al amor de] la chimenea.

だんわ　談話 *f.* conversación, 《口語》*f.* charla, *m.* comentario. ▶増税に関する首相の談話 *m.* comentario del Primer Ministro sobre un aumento de los impuestos. ▶(ホテルなどの) 談話室 *m.* salón.

ち

ち 血 ❶【血液】f. sangre.
1《血が[は]》▶切り傷から血が出ている Sale [《強調して》Mana] sangre de la herida. / La herida está sangrando. ◆血は体内を循環している La sangre circula por el cuerpo.
2《血の》▶血の跡 f. mancha de sangre; (かすかな跡) m. rastro de sangre. ▶血の海 mpl. ríos [m. mar] de sangre. ▶血のかたまり m. coágulo (de sangre). ▶血のついたシャツ f. camisa manchada de sangre. ▶血の気のない顔 f. cara pálida [sin color,《文章》exangüe].
3《血に》▶血に飢えた戦士 m. guerrero「sediento de sangre [sanguinario]. ◆上着は血に染まっていた La chaqueta estaba empapada de sangre.
4《血を》▶血(=出血)を止める v. detener* la hemorragia. ▶血を採る v. sacarle* [《フォーマル》extraerle*] sangre (☆sacarle「la sangre は「搾取する」という比喩的な意味がある). ▶血を吐く v. vomitar [《口語》echar] sangre; (せきをして肺などから) v. toser sangre, echar sangre por la boca. ◆兵士は祖国のために血を流した Los soldados derramaron la sangre por su patria.
❷【血統】▶私たちは血がつながっている Tenemos lazos de sangre. ◆和夫は血を分けた私の兄弟です Kazuo es mi hermano 「de sangre [verdadero]. ◆彼は王室の血を引いている Tiene sangre real. ◆私にはスペインの血が少し流れている Por mis venas corre un poco de sangre española. ◆血は水よりも濃い La sangre es más espesa que el agua. ◆血は争えないものだ La sangre no engaña.
《その他の表現》▶血も[が]凍るような光景 m. espectáculo espeluznante [horripilante]. ▶血も涙もない男 m. hombre desalmado [de sangre fría]. ▶血沸き肉踊る試合 m. partido apasionante [emocionante]. ▶血の通った(=人情味のある)政策を求める v. exigir* una política humanitaria (del gobierno). ▶会社に新しい血を入れる v. inyectar sangre nueva en la empresa. ▶血のにじむような努力をする v. sudar sangre [《口語》la gota gorda, tinta] [para]. ▶あの男は血の巡りが悪い(=理解が遅い) Tarda en entender las cosas. ◆大きな船を見て彼の血が沸いた La vista del gran barco le hizo bullir la sangre.

ち 地 (地球、大地) f. tierra; (地面) m. suelo; (場所) m. lugar; ▶天と地 m. cielo y f. tierra. ▶地の果てに着く v. llegar* 「a los confines de [hasta el último rincón de] la tierra. ▶しっかり足が地に着いている v. tener* los pies firmemente asentados en 「el suelo [la tierra]. ▶異国の地を踏む v. poner* el pie en 「suelo extranjero [tierra extranjera]. ▶安住の地を求める v. buscar* un lugar para vivir en paz.
《その他の表現》◆彼の信用は地に落ちた(=なくなってしまった) Su prestigio está hundido [por el suelo]. / Su fama ha caído por los suelos.

ち 知 f. sabiduría, 《フォーマル》m. saber. → 知恵.

チアガール → チアリーダー
チアノーゼ 《専門語》f. cianosis.
チアリーダー mf. animador/dora deportivo/va, 《メキシコ》mf. porrista.

ちあん 治安 m. orden público; (安全) f. seguridad. ▶治安を乱す v. alterar el orden público. ▶治安を維持する v. mantener* el orden (público). ▶町の治安を回復する v. restablecer* [restaurar] el orden de la ciudad. ◆この地域は夜は治安が悪い En este barrio no hay seguridad [Este barrio no es seguro] por la noche.

チアンシー 江西 Chiangsi, 《ピンイン》Jiangxi (☆中国の省).
チアンスー 江蘇 Chiangsu, 《ピンイン》Jiangsu (☆中国の省).

ちい 地位 m. lugar; (他との相対的な) f. posición; (持ち場) m. puesto; (身分) m. estatus, f. posición social; (位) m. rango, f. categoría. → 立場、境遇、身分. ▶地位の高い人 f. persona de categoría [posición]. ▶社会的地位が「高い [2低い] v. tener* [ocupar] una 1alta [2baja] posición social. ▶社長の地位につく v. ocupar「el puesto [la posición,《フォーマル》la dignidad] de presidente/ta. ▶人事部長の地位に1ついている [2任命される] v. 1ocupar el puesto de [2nombrarse] director/tora de personal. ▶女性の社会的地位を向上させる v. mejorar la condición social de la mujer. ◆彼はその会社で重要な地位を占めていた Ocupaba una alta posición en la compañía. ◆彼は軍隊での階級と地位が低かった Su rango en el ejército era inferior al mío. → 椅子、階級、格、座、序列、立場

ちいき 地域 f. zona, f. área; f. región; f. comarca, m. distrito. ▶地域の adj. regional, local, comarcal. → 地方. ▶商業地域 f. región comercial. ▶人口過密地域 f. región「muy poblada [《フォーマル》de alta densidad demográfica]. ▶地域社会 f. comunidad local. ▶地域の代表 mf. delegado/da local [del distrito]. ▶地域住民 mpl. residentes del lugar. ▶地域間隔差 fpl. diferencias regionales. ▶地域研究 mpl. estudios de área. ▶地域差 f. variación regional. ◆被害は広い地域に及んでいる Los daños afectan a una amplia zona. ◆湖をきれいにするには地域ぐるみの

取り組みが必要だ Para limpiar el lago todo el vecindario debe cooperar. ☞ -圏, 土地, -街

チーク (材) (f. madera de) f. teca. ▶チークで作った家具 mpl. muebles de teca.

チークダンス ▶チークダンスをする v. bailar mejilla contra mejilla.

ちいさい[な] 小さい[な] ❶【形状が】 adj. pequeño, (口語) chico; menudo, diminuto, (フォーマル) minúsculo, (口語) pequeñito. ▶小さい家 f. casa pequeña. ▶世界で一番小さい国 el país más pequeño del mundo. ▶大根を小さく切る v. cortar el rábano menudo [en trozos pequeños]. ▶小さいころ彼とよく遊んだものだ Cuando era pequeño [niño], jugaba con él. / De pequeño [niño] solía jugar con él. ▶その消しゴムはすぐに小さくなった El borrador pronto se redujo [hizo pequeño]. ▶その古い絵には無数の小さな亀裂(きっ)が入っていた El viejo cuadro estaba lleno de minúsculas grietas. ▶服が小さくなってしまったね Se te ha quedado pequeña [(口語) chica] la ropa.
(会話) 自転車に乗りたいな―まだ小さいからだめだ Quiero montar en bicicleta. – Nada de eso. Todavía eres pequeño.
❷ {数・程度・音・声などが} adj. bajo, pequeño. ▶小さい数 m. número bajo. ▶小さなパーティー f. pequeña fiesta. ▶小さい声で話す v. hablar en「voz baja [(口語) bajo]; (ささやき声で) v. hablar con un susurro. ▶ラジオの音 [²ガスの火]を小さくする v. bajar ¹el volumen de la radio [²el fuego del gas]. ♦騒音はだんだん小さくなりついにやんだ El ruido se fue「haciendo más y más pequeño [debilitando cada vez más] hasta apagarse.
❸ 【取るに足らない】(小さな) adj. pequeño, (ちょっとした) adj. sin importancia, trivial; (ささいな) adj. insignificante, (教養語) nimio; (わずかな) adj. imperceptible, leve. ▶小さな過ちを犯す v. cometer un pequeño error.
【その他の表現】▶気の小さい (=臆(は)病な) 人 f. persona tímida (encogida, (口語) corta). ▶小さくなる (=肩身の狭い思いをする) v. sentirse* pequeño [(口語) poca cosa]; (怖くてすくむ) v. encogerse* (ante).

チーズ m. queso. ▶粉チーズ m. queso rallado. ▶くん製チーズ m. queso ahumado. ▶チーズ一切れ f. loncha de queso. ▶はい、チーズ!(写真を写すとき) ¡Sonrían, por favor! / 【スペイン】(口語) ¡Patata! / ¡Pajarito!

チーター m. guepardo.

チーナン 済南 Chinan, 《ピンイン》Jinan (☆中国の都市).

チーフ mf. jefe/fa. → 主任.

チーム m. equipo. ♦ぼくはサッカーチームに入っている Estoy [²Ingresé] en el equipo de fútbol. → クラブ. ♦こんどの対戦チームは手ごわいぞ。左腕投手が二人いるんだ Nuestro siguiente rival es un equipo formidable. Hay dos zurdos.

チーリン 吉林 Chilin, 《ピンイン》Jiling (☆中国の省, 中国の都市).

・ちえ 知恵 (賢明さ) f. sabiduría; (頭脳) m. cerebro, 《口語》mpl. sesos; f. inteligencia, 《口語》f. cabeza; (思いつき) f. idea → 考え; (思慮分別) f. discreción, f. sensatez.
 1《~知恵, 知恵(の)+名詞》♦古人の知恵 f. sabiduría de los antiguos. ▶生活の知恵を身につける v. aprender a saber* vivir. ▶知恵遅れの子 mf. niño/ña mentalmente retrasado/da. ▶知恵比べ m. concurso de ingenio. ▶知恵者 (=知恵のある人) mf. sabio/bia. ▶知恵の輪 fpl. anillas mágicas. ▶知恵のないやり方 f. forma tonta [poco inteligente]. ♦だれの入れ知恵だい ¿Quién te ha dado esa idea?
 2《知恵が》♦彼はよく知恵が回る Es ingenioso. → 利口. ♦彼にはそれをするだけの知恵がない Le falta inteligencia [《口語》cabeza] para hacer eso. ♦人は年とともに知恵がつく Con los años nos hacemos más sabios. / Se aprende con la edad. ♦いい知恵が浮かばない No se me ocurre ninguna buena idea.
 3《知恵を》▶出世しようとない知恵を絞る 《口語》v. devanarse los sesos para promocionarse. ▶知恵を出し合う v. juntar las ideas. ▶知恵を働かせる v. usar la cabeza. ♦お知恵をお借りしたいのですが Me gustaría「pedirte un consejo [saber tu opinión].

チェアマン mf. presidente/ta.

チェーン f. cadena. ▶自転車のチェーン f. cadena de bicicleta. ▶チェーンソー f. sierra de cadena, f. motosierra.

チェーンストア f. tienda de una cadena.

チェーン・メール (専門語) m. correo electrónico en cadena.

チェコ Chequia; (公式名) f. República Checa (☆ヨーロッパの国, 首都プラハ Praga). ▶チェコ(人)の adj. checo. ▶チェコ人 mf. checo/ca. ▶チェコ語 m. checo.

チェコスロバキア Checoslovaquia (☆旧国名; 現在はチェコとスロバキア).

チェジュとう 済州島 f. isla de Jeju.

チェス m. ajedrez. ▶チェスのこま f. ficha de ajedrez. ▶チェス盤 m. tablero de ajedrez. ▶チェスをする v. jugar* al [una partida de] ajedrez.

ちぇっ interj. vaya, caramba (caray), vamos, 《俗語》maldita sea, 《俗語》joder. → くそ.

チェック m. cheque, 【スペイン】m. talón. ▶トラベラーズチェック (=小切手) m. cheque de viajero. ▶チェックポイント m. puesto de control; 《専門語》m. punto de comprobación. ▶チェックボックス 《専門語》f. casilla de control, 《専門語》f. casilla, 《専門語》m. cuadro. ▶チェック (=格子じま)の服 m. vestido de [a] cuadros. ▶チェックのはでなスカート f. falda de cuadros llamativos. ♦その数字をチェック (=点検)する v. comprobar* las cifras.

チェックアウト f. salida (de un hotel). ▶チェックアウトする v. salirse* [irse*, pagar* la cuenta y marcharse] de un hotel. ♦チェックアウトは何時ですか ¿A qué hora hay que desalojar?

チェックイン m. registro (en un hotel). ▶

チェックインする v. registrarse en un hotel.

チェリモヤ f. chirimoya, 《☆熱帯アメリカ産の果樹》.

チェロ m. violoncelo, m. violonchelo, 《口語》m. chelo. ▶チェロ奏者 mf. violoncelista. ▶チェロを弾く v. tocar* el violoncelo.

ちえん 遅延 →遅[後]れ.

チェンジ ▶イメージチェンジする v. cambiar de imagen. → イメージ. ▶チェンジコート m. cambio de lados. ▶チェンジコートをする v. cambiar de lado. ▶チェンジレバー (変速レバー) f. palanca de cambios.

チェンジアップ 《野球》m. cambio de velocidad.

チェンチョウ 鄭州 (ピンイン) Zhengzhou 《☆中国の都市》.

チェンバロ m. cémbalo. ▶チェンバロ奏者 mf. cembalista.

˚ちか 地下 m. subterráneo, m. piso [m. lugar] bajo tierra, m. sótano.

 1《地下+名詞》▶地下活動 fpl. actividades clandestinas. ▶地下街 m. centro comercial subterráneo. ▶地下茎 m. tallo subterráneo. ▶地下資源 mpl. recursos subterráneos. ▶地下水 fpl. aguas subterráneas. ▶地下組織 f. organización clandestina. ▶地下核実験 f. prueba nuclear subterránea. ▶地下11階 [22階] に adv. en el ¹primer [²segundo] piso del sótano. ▶地下10メートルのところに adv. a diez metros bajo tierra. → 地上.

 2《地下の》adj. subterráneo; (秘密の) adj. clandestino. ▶地下の勢力 fpl. influencias clandestinas. ▶地下の水流 f. corriente subterránea.

 3《地下に[で]》adv. bajo tierra, en el subsuelo; en la clandestinidad. ▶(秘密組織が) 地下にもぐる v. pasar a la clandestinidad. ♦ 炭坑夫は地下で働く Los mineros del carbón trabajan bajo tierra.

ちか 地価 m. precio de la tierra. ♦ ここ2年間で地価が倍になった El precio de la tierra se ha duplicado en los dos últimos años.

˚˚ちかい 近い →近く. ❶【距離】adj. cercano (próximo, inmediato, contiguo) 《a》; adv. "al lado [cerca] 《de》. ♦ 私たちの学校は駅に近い Nuestra escuela está cerca de la estación. → そば. ♦ 病院はここから近い El hospital está cerca de aquí. /(ほんの少し離れている) El hospital está 「muy cerca [《口語》cerquita] de aquí. ♦ 窓に一番近いところに来て座りなさい Ven [Acércate] y siéntate a la ventana. ♦ バス停へはこの道を行くのが一番近い Éste es el camino más corto a la parada de autobús.

 ❷【時間】adv. próximo, adj. próximo. ♦ 春は近い La primavera está cerca. / La primavera está 「a la vuelta de la esquina [《口語》a la vista]. ♦ もう1時に近い Ya falta poco para la una. / La una ya está cerca. / Ya es casi la una. 会話 近いうちに昼ごはんでもいっしょに食べようよ—それはいいいね Un día de estos vamos a comer juntos. – Muy bien. [Buena idea.] ♦ 石油がなくなる日は近い (=やがて来る) Se acerca el día en que no habrá petróleo. / El día en que no haya petróleo está cerca.

 ❸【関係, 程度】adj. cercano, próximo. ▶近い親戚(姓) m. pariente cercano [próximo]. ♦ 彼の回復は奇跡に近かった Su recuperación fue casi un milagro. ♦ 彼らがやろうとすることは不可能に近い Lo que intentan es casi imposible. ♦ 彼女のふるまいは狂気に近い (=狂気と紙一重だ) Sus actos 「están al borde de [rayan] la locura.

 ❹【数値】(ほとんど) adv. casi; (およそ, 約) adv. aproximadamente, 《口語》más o menos; adj. unos. ▶クラスには40人近い学生がいる Hay casi [unos, cerca de] 40 estudiantes en la clase. ♦ 祖母は90に近い La abuela tiene 「cerca de [casi] noventa años.

ちかい 地階 m. sótano, m. piso [f. planta] del sótano [subsuelo]. → 地下.

ちかい 誓い (神にかけての) m. juramento, 《フォーマル》f. jura; (公のまたは厳粛な) f. promesa, 《フォーマル》m. voto. → 宣誓. ▶フランスに対する忠誠の誓い m. juramento de lealtad a Francia. ▶誓いの言葉を交わす (結婚式で) v. intercambiar votos de fidelidad conyugal. ▶秘密厳守の誓いのもとに adv. 「con la promesa [《フォーマル》bajo juramento] de guardar el secreto. ▶誓いを¹守る [²破る] v. ¹mantener* [²romper*] 「la promesa [el juramento]. ▶誓いをたてる v. jurar, hacer* un juramento [《フォーマル》voto]. → 誓う.

˚ちがい 違い f. diferencia; (はっきりした区別・差別) f. distinción; f. divergencia, 《フォーマル》f. discrepancia. ▶年齢の違い f. diferencia de edad. ▶意見の違い f. diferencia de opinión. ▶生まれの違い fpl. diferencias de nacimiento [《フォーマル》cuna]. ♦ 値段はどれくらい違いますか ¿Qué diferencia hay en el precio? 会話 タクシーに乗るとしたらどうだろう—たいして違いはないよ ¿Y si tomáramos un taxi? – No hay ninguna diferencia. [Sería igual.] ♦ 野球とクリケットの違いが分からない (=区別ができない) No sé la diferencia que hay entre el béisbol y el críquet. ♦ 彼とは3歳違いです Entre él y yo hay una diferencia de tres años. / Nos llevamos tres años. ♦ 市長 (であること) と知事 (であること) では大違いだ Hay una gran diferencia entre ser alcalde y ser gobernador.

ちがいない 違いない (推量) v. deber 《de + 不定詞》, tener* 《que + 不定詞》; (確かに) adv. seguramente; adj. seguro 《que》; (確信している) estoy seguro 《que》, 《口語》ya verás cómo. ♦ 彼は刑事に違いない Seguro que es un detective. / 「Debe (de) [Tiene que] ser un detective. ♦ 彼はそれを知っていたに違いない Seguro que lo sabía. / Debía saberlo. ♦ 彼が試合に勝つに違いない 「Seguro que gana [Es seguro que va a ganar] el partido. / 「Tiene que [Debe] ganar el partido. / No hay duda de que va a ganar el partido. ♦ 彼はあす来るに違いない 「Seguro que [Estoy se-

ちがいほうけん 治外法権 f. jurisdicción extraterritorial, f. extraterritorialidad.

ちかう 誓う v. jurar, (強調して) hacer* un juramento, prometer; (神に) v. hacer* un voto. ♦忠誠を誓う v. jurar fidelidad. ♦彼は真実のみを語ることを誓った Juró [Prometió decir [que diría] la verdad. ♦彼は禁煙を心に誓った Juró no volver a fumar. / Prometió dejar el tabaco. / (固く決意した) Decidió dejar de fumar. ♦彼女は二度とそんなことはしないと誓った Juró no volverlo a hacer. / Prometió no hacerlo más. ♦彼は出生地は確かにイタリアであると誓った「Afirmó bajo juramento [Juró] que su lugar de nacimiento era Italia. ♦誓って言いますが、そのことは口外していません No se lo he dicho a nadie. / No se lo he dicho a nadie, lo juro.

ちがう 違う ❶【異なる】v. ser* diferente [distinto] 《(a, de)》, diferenciarse [distinguirse*] 《(de)》, 《フォーマル》 diferir* 《(de)》, 《フォーマル》 variar* 《(con respecto a)》; (似ていない) v. no ser* como. → 異なる. ♦人は皆違った考えを持っている Cada persona piensa de distinta forma. / Todo el mundo tiene ideas diferentes. ♦町に住むのと田舎に住むのとは大いに違う Vivir en una ciudad es totalmente diferente de vivir en el campo. / (大きな違いがある) Hay una gran diferencia entre vivir en la ciudad y en el campo. ♦これは私が思っていたのと違う Esto es diferente de lo que yo esperaba. / Lo que yo esperaba era diferente. ♦彼らの性格はあまり違わない Sus caracteres no son muy distintos [diferentes]. / No hay mucha diferencia entre su forma de ser. ♦彼は昔の彼とは違う Es diferente a como era antes. / Ha cambiado mucho. / Es otra persona. ♦偽物のダイヤと本物とはどう違うのか ¿Qué diferencia hay entre [En qué se distinguen] los diamantes auténticos y los de imitación? ♦これらの靴は大きさは違うが形は違わない Estos zapatos son diferentes en el tamaño, pero no en el modelo. ♦馬はロバと違う Los caballos「se diferencian de [son diferentes de] los burros. ♦その二人の兄弟は風采(ふうさい)がまったく違う Los dos hermanos「se diferencian mucho [son muy diferentes]. ♦姉と違って、花子は服装に無関心である A diferencia de su hermana mayor, a Hanako no le importa [interesa mucho] la ropa. ♦この仕事はデスクワークとはぜんぜん違います No se parece en nada al trabajo de oficina. ♦彼女は他の人とはひと味違う Tiene algo diferente. ♦知っていることと教えることは違う Saber y enseñar son dos cosas diferentes. / Una cosa es saber y otra (muy distinta) enseñar.

❷【一致しない】(人が意見などで) v.「no estar* de acuerdo [estar* en desacuerdo] 《con》. ♦その問題に関してはあなたと意見が違います Sobre ese tema no estoy de acuerdo con usted. / 《フォーマル》Discrepo con usted al respecto. ♦それでは契約と違う Eso no es (lo que dice) el contrato.

❸【間違っている】v. estar* equivocado; (思い違いをしている) v. estar* equivocado [en un error], no tener* razón. ♦違うバスに乗る v. equivocarse* de autobús. ♦私の言うことが違っていたら訂正してください Corríjame si me equivoco. ♦この手紙はあて名が違っている Esta carta tiene la dirección equivocada. / La dirección de esta carta「está mal [está equivocada, es errónea]. 《会話》(電話で)番号が違っています―御迷惑をかけました Se ha equivocado de número– Perdone la molestia. 《会話》あれ君の弟かい?―いや違うよ 《会話》君はあのネクタイが気に入らなかったって太郎が言ってたよ―それは違うよ. あれはすごく気に入ったよ Taro dijo que no te gustó la corbata. –"Eso no es cierto. [No es verdad. 《口語》Mentira.] Me gustó mucho.

・**ちかく** 近く ❶【距離】
1《近くの》adj. cercano [próximo] 《(a)》. ♦近くの店 f. tienda cercana. ♦彼は大阪の近くの小さな町に住んでいる Vive en una ciudad pequeña「cerca de [próxima a] Osaka.
2《近くに[まで]》adv. cerca 《(de)》; (すぐ近くに) adv. al lado 《(de)》, junto 《(a)》; (近辺に) adv. 《口語》por aquí (cerca), en los alrededores. ♦この近くに adv. cerca de aquí, por aquí (cerca). ♦近くに本屋はありませんか ¿Hay una librería cerca? ♦もっと私の近くにいらっしゃい Acérquese más. / Venga más cerca. ♦彼はいつも近くに (=手元に) 辞書を数冊置いている Siempre tiene cerca varios diccionarios. ♦近くまで来たので、ちょっと寄ろうかと思って(寄ったんだ) Como estaba cerca, se me ocurrió visitarte.
3《近くだ》♦それはすぐ近くだよ. 歩いて行こう Está「muy cerca [a la vuelta de la esquina]. Vamos a pie. ♦彼の家は駅のすぐ近くだ Su casa está「muy cerca [《口語》cerquita] de la estación.
4《近くから》♦その絵を近くから (=近距離で) 見てみよう Vamos a ver [desde] cerca el cuadro.

❷【時間】(まもなく) adv. pronto, dentro de poco, 《フォーマル》en breve; (じきに) adv. a no tardar mucho, 《フォーマル》próximamente; (近いうちに) adv. un día de estos. ♦彼は近く渡米する Pronto va a Estados Unidos. ♦彼は1時近くに (=1時ちょっと前に) 来た Vino poco antes de la una. / Vino casi a la una. ♦夕方近く雨が降り出した Se puso a llover hacia [cerca de] la noche.

❸【ほとんど】adj. casi, cerca de. → 近い. ♦父が死んで10年近くになる Hace casi diez años que murió mi padre.

☞ すぐ, その辺, そば, 手近

ちかく 知覚 (認知)《フォーマル》f. percepción; (感覚) f. sensibilidad, m. sentimiento. = 感覚. ♦知覚異常 (専門語) f. parestesia. ♦知覚の鋭い人 f. persona「muy perceptiva [de

gran percepción).▶物をはっきりした対象として知覚する v. percibir las cosas como objetos definidos.
ちかく 地殻 f. corteza (terrestre).
ちがく 地学 fpl. ciencias de la tierra;（地質学）f. geología;（天文学）f. astronomía;（海洋学）f. oceanografía;（気象学）f. meteorología.
***ちかごろ** 近頃（最近）adv. recientemente. → 最近, この頃(る).
—— 近頃の adj. reciente;（今日の）adj. actual, de hoy. ▶近頃の出来事 m. suceso reciente. ▶近頃の教育の傾向 fpl. actuales tendencias educativas. ♦近頃の子供は安心して道路で遊べない Los niños de hoy no pueden jugar con seguridad en la calle.
ちかしつ 地下室（建物の地階）m. sótano;（地下の貯蔵室）f. bodega.
ちかすい 地下水 →地下.
ちかちか ▶ちかちか光る v. parpadear;（かすかにとぎれて）v. brillar con luz trémula. ♦遠くにちかちかする光を見た A lo lejos vi una luz parpadear. ♦車のヘッドライトで目がちかちかした Los faros del coche me hacían parpadear.
ちかぢか 近々（間もなく）adv. pronto, dentro de poco, en breve,《フォーマル》próximamente. → 間もなく.
ちかづき 近づき ♦彼と近づきになる(知り合いになる) v. llegar a conocerlo[le]*;（友人になる）v. hacerse*「amigo/ga de él [su amigo/ga].
***ちかづく** 近づく ❶【場所などに】（近くなる）v. acercarse《a》;（近くへ動く）v. aproximarse《a》;（近寄る）v. arrimarse《a》. ▶私の方に近づいて来る足音 mpl. pasos que se「acercan detrás de mí [me acercan por detrás]. ♦彼らは私に近づいて来た Se acercaron a mí. / Se me acercaron. /（懇意になろうとした）Trató de「acercarse a mí [conocerme]. ♦船は岸に近づいた El barco se aproximó a la costa. ♦女の子が彼に近づいて来てサインを求めた Se le acercó una muchacha y le pidió un autógrafo. ♦水辺に近づいてはいけません No te acerques al agua. ♦あのグループには近づかない方がよい(=離れていた方がよい) Será mejor que no te acerques a ese grupo. /（係わらない方がよい）《口語》No te metas en ese grupo. ♦私には彼女は近づき難い感じがする Me parece inaccesible.
❷【時・行事などが】v. acercarse*[aproximarse]《a》;（すぐにやって来る）v. venir* pronto;（間近に迫っている）v. estar* muy cerca. ▶終わりに近づく v. estar* llegando a su fin. ♦出発の時間が近づいている Se acerca la hora de partir. ♦冬休みが近づいた Se acercan las vacaciones de invierno. /《口語》Las vacaciones de invierno están a la vuelta de la esquina.
—— 近づける（近くに移動させる）v. acercar*, poner* cerca;（近くへ来るのを許す）v. permitir《a + 人》acercarse* [que se acerque]. ▶本を目に近づけて見る v. acercar* un libro a los ojos. ♦いすを机にもっと近づけなさい Acerca más la silla a la mesa. ♦子供たちをその場所に近づけるな No dejes que se acerquen los niños a ese lugar. /（遠ざけておけ）Mantén a los niños alejados de ese lugar.

ちがった 違った adj. diferente;（別の）adj. otro;（誤った）adj. equivocado. → 違う, 異なる. ♦カーテンを替えると部屋の感じが違ったように見える Después de cambiar las cortinas, este cuarto parece diferente.

ちかてつ 地下鉄 m. metro, m. subterráneo,『アルゼンチン』《口語》m. subte. ▶地下鉄の駅 f. estación de metro [『アルゼンチン』subte]. ▶地下鉄で行く v. tomar el metro; ir* en metro. → 鉄道.

ちかどう 地下道（道路横断用の）m. paso subterráneo [inferior].

ちかみち 近道 m. atajo;（一番近い道）m. camino más corto. ▶近道する v. tomar [ir* por] un atajo《a》. ♦この道を行こう. 学校への近道だ Vamos por aquí. Se llega antes a la escuela. / Vamos a tomar este atajo para ir a la escuela. ♦これが駅までの一番の近道です Éste es el camino más corto a la estación. ♦成功への近道はない No hay ninguna fórmula mágica para el éxito.

ちかよりがたい 近寄り難い adj. inaccesible, inabordable, difícil de abordar.

ちかよる 近寄る v. acercarse*, aproximarse. → 近づく. ♦建物に近寄るな（=から離れていろ）. 爆発するかもしれない No te acerques a ese edificio. Puede explotar.

****ちから** 力 m. poder, f. fuerza, m. vigor, f. energía. ❶【体力】f. fuerza física.

1《力＋名詞》▶力仕事 m. trabajo pesado;（肉体労働）m. trabajo físico [manual]. ▶力わざ m. alarde de fuerza. ▶力持ち mf. forzudo/da,《口語》mf. fortachón/chona. → 力一杯, 力比べ, 力こぶ.

2《力が》▶力がつく[出る] v. cobrar fuerza. ♦力が尽きる v. agotar todas las fuerzas;（疲れ切る）v. quedarse sin fuerzas. ♦彼にはその病気を乗り切るだけの力がある Tiene fortaleza para sobreponerse a la enfermedad. ♦その馬はもう生きる力がない Al caballo no le quedan fuerzas para seguir viviendo. ♦その家具を動かすのに大変な力がいった Hacía falta mucha fuerza para mover el mueble. ♦彼は私より力が強い Tiene más fuerza que yo.

3《力の[で]》▶力のない声で adv. con la voz sin fuerza. ▶あらん限りの力で(=力いっぱい) adv. con toda(s) la(s) fuerza(s). → 全力. ♦彼は知恵の足りない分は力で補った Lo que le faltaba de inteligencia, lo compensaba con su fuerza.

4《力を》▶力を出す v. sacar* [exhibir] la fuerza. ▶力をつける v. desarrollar la fuerza. ▶肩の力を抜く v. aflojar [quitar fuerza a] los hombros.

❷【精神力】f. fuerza, m. vigor; m. poder, f. capacidad;（元気）f. energía. ▶意志の力 f. fuerza de voluntad. ▶力のこもった演説 m. discurso vigoroso. ▶力が出る v. animarse. → 元気づく. ▶力を落とす v. desanimarse. →

落胆する.

❸【物理的な力】 m. poder, f. potencia, f. fuerza. ▶蒸気の力 f. potencia del vapor. ▶自然の力 m. poder de la naturaleza. ♦この機械は電気の力で動く Esta máquina funciona con electricidad.

❹【行動力】 m. poder; f. energía;【能力】 f. capacidad → 能力;【努力】 m. esfuerzo.

1《～(の)力》▶読む力 f. capacidad de lectura. ▶自分の力で adv. con [por] sus propias fuerzas, con su propio esfuerzo, por sí mismo. → 独力, 自力.

2《力が[は]》♦彼はスペイン語の力がめきめきついてきた Su dominio del español ha aumentado rápidamente. / Ha progresado [adelantado] mucho en español. ♦私にはその仕事をひとりで仕上げる力がありません No puedo acabar yo solo el trabajo. / Yo solo no tengo la capacidad de terminar el trabajo. ♦自分の力が足りないことは十分わかっている Tengo plena conciencia de mi incapacidad. ♦彼のフランス語の力はすばらしい Tiene un buen dominio del francés. / Domina bien el francés.

3《力の》▶力のある(=有能な)人 f. persona capaz. ▶力のない人 f. persona incapaz. ▶力の及ぶ限り努める v. intentar con todas las fuerzas, hacer* todo lo posible, emplearse al máximo,《フォーマル》realizar* el máximo esfuerzo posible. ♦力の限りその仕事をするつもりだ Haré el trabajo lo mejor que pueda.

4《力に》▶力に余る v. superar la capacidad, estar* más allá de las posibilidades, estar* fuera del alcance. ♦その仕事は彼の力に及ばない Esa tarea「supera su capacidad [es imposible para él; está más allá de sus posibilidades].

5《力を》▶力をつける v. adquirir* fuerza [capacidad]《para》. ▶力を発揮する v. mostrar* la capacidad. ▶力を注ぐ v. concentrar los esfuerzos, poner* el empeño《en》. ♦彼らは力を合わせてそれを仕上げた「Trabajaron juntos [Juntaron sus fuerzas] para acabarlo. → 協力する. ♦彼は美術品の収集に大いに力を入れた Puso todos sus esfuerzos en coleccionar obras de arte.

❺【効力, 威力】 f. potencia;（影響力）f. influencia, f. fuerza;（権力）m. poder, f. autoridad.

1《～の力》▶世論の力 m. poder de la opinión pública. ▶親の力で adv. por influencia de los padres. ▶政府の力で adv. por [《フォーマル》en virtud de] la autoridad del gobierno.

2《力が》♦大統領は法案を拒否する力がある El presidente tiene la autoridad de vetar los proyectos de ley.

3《力の》▶力のある政治家 mf. político/ca poderoso/sa [influyente]. ▶力のない adj. impotente.

4《力を》▶力を持っている v. tener* [《強調して》gozar* de] influencia [poder*]《con, ante, en》. ▶力を振るう v. emplear [《フォーマル》ejercer*] la influencia《con》.

❻【助力】 f. ayuda, m. apoyo,《フォーマル》f. asistencia. → 助け, 力添え. ▶...の力(添え)で adv. con la ayuda《de》. ▶力になる[力を貸す] v. ayudar, apoyar,《フォーマル》asistir;（支援する）v. respaldar《a + 人》. ▶力を借りる v. pedir* su ayuda [apoyo]. ▶人の力を借りずにする v. hacer(lo)* sin ayuda;（まったく独力でする）v. hacer(lo)* por sí mismo. ▶力にする(=力と頼む) v. depender《de》.

❼【強調, 重視】 f. importancia, m. relieve, m. hincapié, m. énfasis. ♦その学校は実学に特に力を入れている La escuela da mucha importancia「a la ciencia práctica [al estudio práctico].

❽【資力】 mpl. recursos, mpl. medios. ♦私には車を買う力がない(=余裕がない)「Me faltan recursos [No tengo medios] para comprar un coche. ☞ 勢い, 勢力

ちからいっぱい 力一杯 adv. con toda la fuerza. → 全力.

ちからくらべ 力比べ m. concurso [f. competición] de fuerza. ▶力比べをする v. comparar la fuerza《con》, medir* la fuerza.

ちからこぶ 力こぶ m. bíceps,《口語》f. bola. ▶腕を曲げて力こぶを作る v. doblar el brazo y sacar*「el bíceps [《口語》la bola].

ちからずく 力ずく ▶力ずくで adv. por [a] la fuerza. ▶力ずくで戸を開ける v. abrir* la puerta por [a] la fuerza. ♦警察は力ずくでデモ行進を阻止した La policía empleó [recurrió a] la fuerza para reprimir la manifestación. ♦彼は力ずくで(=むりやり)彼女に署名させた La obligó a firmar. ♦ほかに手段がなければ力ずくでやろう(=力に訴えよう) Si no hay otra solución, recurriremos al uso de la fuerza.

ちからぞえ 力添え（援助）f. ayuda, m. apoyo,《フォーマル》f. asistencia,《口語》m. mano,《フォーマル》《文語》m. concurso. ▶妻の力添えで adv. con la ayuda de mi esposa. ▶力添えする v. ayudar, prestar《a + 人》ayuda,《口語》echar《a + 人》una mano. ▶彼の事業に力添えする v. ayudarle en la empresa.

ちからだめし 力試し（体力）f. prueba de fuerza;（能力）f. prueba de capacidad. ▶力試しをする v. probar* la fuerza [capacidad]《en》.

ちからづける 力付ける v. animar, alentar*. → 励ます.

ちからづよい 力強い（強力な）adj. fuerte, poderoso, vigoroso;（議論などが）adj. vigoroso;（気強い）adj. alentador. ▶力強い主張 m. argumento poderoso. ▶力強い文体 m. estilo vigoroso. ♦彼の演説の力強さ m. su poderoso modo de discurso [hablar]. ▶力強く思う v. sentirse* animado.

ちからなく 力なく adv. sin aliento,《口語》con la moral baja.

ちからまかせ 力任せ ▶力任せに adv. con toda la fuerza. → 全力.

ちかん 痴漢（変質者）mf. pervertido/da [mf. acosador/dora]《sexual》.

ちき 知己 (知人) *mf.* conocido/da ➡ 知り合い, 友達; (友人) *mf.* amigo/ga. ▶百年の知己を得る *v.* hallar «en + 人» a un verdadero amigo.

*ちきゅう 地球 (惑星としての) *f.* Tierra, *m.* globo (terrestre); (人間の生活の場としての) *m.* mundo. ▶地球物理学 *f.* geofísica. ▶地球上のすべての人々 *mpl.* todos los hombres de la Tierra. ▶地球上で一番強い男 *m.* hombre más fuerte del mundo. ▶地球人 *m.* terrestre, «フォーマル» *m.* terrícola. ▶全地球的規模の問題 *m.* problema mundial. ♦彼らは月に行って無事地球 (=地上) に帰った Fueron a la luna y regresaron sanos y salvos a la Tierra. ♦われわれは船で地球を一周した Hemos dado la vuelta al mundo en barco. ☞世界, 地

ちきゅうぎ 地球儀 *m.* globo terráqueo [terrestre].

ちぎょ 稚魚 *m.* alevín, *m.* pececito.

ちきょう 地峡 *m.* istmo. ▶パナマ地峡 *m.* istmo de Panamá.

ちぎる (紙などを引き裂く) *v.* romper*, rasgar*; (パンなどを) *v.* partir; (摘む) *v.* arrancar*; (もぐ) *v.* coger*, arrancar*.

ちぎれぐも ちぎれ雲 (ばらばらの雲) *mpl.* jirones de una nube.

ちぎれる (破れる) *v.* romperse*, desgarrarse, rasgarse*; (とれる) *v.* desprenderse. ♦その紙は容易にちぎれなかった Ese papel no se rompió fácilmente. ♦耳が寒さでちぎれるほど痛かった (=ひりひりと痛んだ) 《比喩的に》Tenía las orejas congeladas.

チキン *m.* pollo. ▶フライドチキン *m.* pollo frito. ▶チキンライス *m.* plato de arroz con pollo.

ちく 地区 (境界の不明確な) *f.* zona. ➡地帯, 地方, 地域. ▶この地区では *adv.* en esta zona [región]. ▶文教地区 *f.* zona escolar. ▶スペイン人地区 *m.* barrio español. ▶農業地区 *f.* región [*f.* comarca] agrícola. ▶地区の野球大会 *m.* torneo regional de béisbol.

ちくいち 逐一 (何もかも) *adj.* todo; (詳細に) *adv.* con detalle, detalladamente, con pormenores, «口語» con pelos y señales. ▶逐一報告する *v.* informar con detalle.

ちくご 逐語 ▶逐語訳 *f.* traducción literal. ▶逐語訳をする *v.* traducir* literalmente [«口語» palabra por palabra].

ちくざい 蓄財 (貯蓄) *f.* acumulación de dinero, «強調して» *m.* atesoramiento. ▶蓄財する *v.* ahorrar [acumular] dinero.

ちくさん 畜産 *f.* ganadería. ▶畜産物 *mpl.* productos ganaderos.

ちくじ 逐次 ▶それらを逐次 (=一つ一つ) 調べる *v.* examinarlos uno a uno. ▶その4巻ものの辞書は逐次 (=次々と) 刊行された Los cuatro tomos del diccionario se publicarán uno a uno.

ちくしょう 畜生 【獣】*m.* bruto, *f.* bestia, *m.* animal ➡動物; 【ののしり】¡maldita sea! / «俗語» ¡joder! / «俗語» ¡idios! / «人に向かって» «俗語» ¡vete a la mierda! / «俗語» ¡vete a tomar por culo! / «俗語» ¡hijo de puta! / «俗語» ¡cabrón! 会話「畜生, おれは行かないぞ」と彼は口汚く言った "¡Que no voy, joder!", juró. / "¡Maldita sea! He dicho que no voy", juró.

ちくせき 蓄積 *f.* acumulación. ▶知識の蓄積 *f.* acumulación de conocimientos [saber]. ▶蓄積する (長期にわたり少しずつためる) *v.* acumular, amontonar; (蓄える) *v.* almacenar ☞堆積, 積み重ねる

ちくたく ▶時計のちくたくいう音 *m.* tictac del reloj. ▶時計がちくたくいう El reloj hace tictac.

ちくちく ▶(刺すように) ちくちくする [させる] *v.* picar*, pinchar. ♦とげがちくちくした Me he pinchado con una espina. ♦この布はちくちくする Esta tela me pica [«フォーマル» produce picazón].

ちくでんち 蓄電池 *m.* acumulador.

ちくのうしょう 蓄膿症 (専門語) *f.* empiema.

ちぐはぐ ちぐはぐな (一貫していない) *adj.* discordante; incoherente; (相容れない) *adj.* incompatible «con». ▶ちぐはぐである (調和してない) *v.* no "ir" bien [combinar, casar] «con». ♦彼の言う事はちぐはぐです Lo que dice no tiene sentido. ♦この赤いかばんはスーツとはちぐはぐだ Esta bolsa roja no va bien con el traje.

ちくばのとも 竹馬の友 (幼友達) *mf.* amigo/ga de la infancia.

ちくび 乳首 (女性の) *m.* pezón; (男性の) *f.* tetilla.

チグリスがわ チグリス川 *m.* río Tigris.

ちくりと ▶(虫・植物が) *v.* pinchar; (虫・植物が) *v.* picar*. ♦私は針で指をちくりと刺した Me he pinchado con una aguja. ♦虫にちくりと刺された Me ha picado el bicho [insecto]. ♦彼の言葉が私の良心にちくりときた Sus palabras han pinchado mi conciencia. ♦彼女は彼にちくりといやみを言う Le dice cosas punzantes. / Le hace comentarios hirientes.

ちけい 地形 (地表などの形状) *m.* relieve; (一地方の地勢) *f.* topografía; (自然の地形) *f.* configuración natural. ▶地形学 *f.* topografía. ▶地形図 *m.* mapa topográfico. ▶地形測量 ➡測量.

チケット *m.* billete, *m.* tique, *f.* entrada. ➡切符, 券.

地域差	チケット(映画館の)
[スペイン]	*f.* entrada
[キューバ]	*m.* tiquete
[メキシコ]	*m.* boleto
[ペルー]	*m.* boleto, *f.* entrada
[コロンビア]	*m.* tiquete
[アルゼンチン]	*m.* boleto, *f.* entrada

*ちこく 遅刻 *f.* tardanza, *f.* demora, *m.* retraso. ▶遅刻者を調べる *v.* investigar* a los retrasados.

── 遅刻する *v.* llegar* tarde [con retraso] «a». ▶1学校 [2会社; 3¹時間目] に30分遅刻する *v.* llegar* [treinta minutos tarde [con un retraso de 30 minutos] ¹a clase [²al trabajo; ³a la primera hora]. ♦彼は遅刻してやって来た Llegó tarde. / Se retrasó.

ちこつ 恥骨 (専門語) *m.* hueso púbico.

ちし 致死 ▶致死の *adj.* mortal, «フォーマル» le-

ちじ 知事 *mf.* gobernador/dora. ▶佐賀県知事 *m.* gobernador de la Prefectura de Saga. ▶知事選に出馬する *v.* presentarse como candidato/ta a gobernador/dora.

・ちしき 知識 (学習・経験による) *m.* conocimiento, *f.* idea; *mpl.* conocimientos, *f.* información; (他から与えられる) *f.* información; (体験による) *m.* conocimiento.

　1《〜知識》▶¹深い [²浅い]知識 *mpl.* conocimientos ¹profundos [²superficiales] 《de》. ▶広い知識 *mpl.* amplios conocimientos. ▶限られた知識 *mpl.* conocimientos limitados. ▶完全な知識 *mpl.* conocimientos completos [《フォーマル》exhaustivos].

　2《知識＋名詞》▶知識階級 *fpl.* clases intelectuales; *f.* intelectualidad. ▶知識人 *mf.* intelectual; (学のある) *mf.* erudito/ta, *f.* persona de [con] conocimientos; (教養豊かな) *f.* persona culta. ◆彼は知識欲が旺(ｵｳ)盛だ Tiene「una gran sed [un gran afán] de saber.

　3《知識が[は]》▶彼は法律についてかなりの知識がある Sabe mucho de derecho. / Tiene「un buen conocimiento [grandes conocimientos] de derecho. ◆私は物理の知識がまったくない No tengo ningún conocimiento de física. / No sé nada de física. / (まったく無知だ) Tengo una absoluta ignorancia de física. ◆彼のドイツ語に関する知識はたいしたことはない Su conocimiento del alemán es bastante deficiente. / Sabe poco de alemán.

　❹《知識を》▶知識を得る *v.* adquirir* conocimientos [sabiduría]. ▶知識を吸収する *v.* absorber conocimientos. ▶スペイン語の知識を¹向上させる [²生かす; ³ひけらかす] *v.* ¹mejorar [²utilizar*; ³hacer* alarde de] los conocimientos de español. ◆この本はラテンアメリカについての役に立つ知識を与えてくれる Este libro da información útil sobre América Latina. ☞学, 見聞, 心得

ちしつ 地質 (土質) *f.* naturaleza del suelo. ▶地質学 *f.* geología. ▶地質学者 *mf.* geólogo/ga. ▶地質図 *m.* mapa geológico. ▶地質調査 *m.* estudio geológico.

ちしままれっとう 千島列島 Islas Kuriles (☆太平洋北西部, 太平洋とオホーツク海を分ける).

・ちじょう 地上 (地面) *m.* suelo, *f.* tierra; (地表) *f.* superficie de la tierra.

　1《地上＋名詞》▶地上管制 *m.* control de tierra. ▶地上権 *mpl.* derechos de superficie. ▶(空港の)地上整備員 *m.* personal de tierra. ▶地上戦 *f.* batalla terrestre. ▶¹地上 [²地下]2百メートルの所に *adv.* a 200 metros ¹sobre [²por debajo de] tierra. ▶地上10階地下2階のビル *m.* edificio de diez pisos sobre tierra y dos subterráneos.

　2《地上の》; (この世の) *adj.* terrestre; (宗教的な意味で) *adj.* terrenal. ▶地上の楽園 *m.* paraíso terrenal.

　3《地上に[を]》▶多数の死体が地上に横たわっていた En el suelo había un montón de cadáveres. ◆傷ついた鳥が地上に落ちた El pájaro herido cayó a tierra.

ちじょく 恥辱 *f.* humillación. → 屈辱.

ちじん 知人 *mf.* conocido/da. → 知り合い. ☞顔見知り, 知己

・ちず 地図 *m.* mapa, *m.* plano; (航海・航空の) *f.* carta; (地図帳) *m.* atlas.

　1《〜(の)地図》▶世界地図 *m.* mapa del mundo, *m.* mapamundi. ▶東京の市街地図 *m.* plano de Tokio. ▶道路地図 *m.* mapa de carreteras [《フォーマル》la red vial]. ▶5万分の1の地図 *m.* mapa a escala de 1:50.000 (un cincuenta milésimo). ▶地下鉄の地図はたいていのホテルでもらえる En casi todos los hoteles se puede conseguir un plano del metro.

　2《地図の[を]》▶地図をたよりに *adv.* con ayuda del mapa. ◆彼は私にそのあたりの地図を描(ｶ)いてくれた Me dibujó un mapa de la zona. ◆彼は地図の見方が上手だ Se le da bien leer mapas. / Lee bien los mapas.

　3《地図で[に]》▶地図でその場所を捜す *v.* buscar* [《フォーマル》localizar*] el lugar en un mapa; (見つけるために地図を調べる) *v.* consultar el lugar en un mapa. ◆この地図にはその小さな町は出ていない En este mapa no aparece ese pueblo pequeño.

ちすい 治水 (洪水調節) *m.* control de inundaciones. ▶治水事業 *m.* proyecto de control de inundaciones.

ちすじ 血筋 *f.* sangre, 《フォーマル》*m.* linaje, 《フォーマル》*f.* estirpe, 《フォーマル》*f.* familia, (比喩的に) *f.* cuna. → 家柄, 血. ▶日本人の血筋を引くアメリカ人 *mf.* norteamericano/na con sangre japonesa. →一系. ◆彼は音楽家の血筋だ「Es de familia [Viene de un linaje] de músicos. ◆彼は貴族の血筋を引いている Es de familia aristócrata [de noble cuna]. ◆血筋は争えないものだ「言い回し) La sangre no engaña. / (ことわざ) De tal palo, tal astilla.

ちせい 治世 *m.* reinado. → 代.

ちせい 知性 (感情・意志に対して)《フォーマル》*m.* intelecto; (知能) *f.* inteligencia; (良識) *m.* buen sentido, *f.* sensatez. ▶知性的な人 *f.* persona inteligente. → 知的. ▶知性に訴える *v.* apelar a la inteligencia 《de ＋ 人》. ▶知性に欠ける *v.* no tener* inteligencia ☞頭, 知力

ちせい 地勢 (地形) *f.* topografía.

ちせつ 稚拙 ▶稚拙な(未熟な) *adj.* inmaduro, infantil. ▶稚拙な作品 *fpl.* obras inmaduras.

ちそう 地層 *m.* estrato, 《口語》*f.* capa. ▶地層学 *f.* estratigrafía. ▶地層学者 *mf.* estratígrafo/fa.

ちたい 地帯 (環状の) *f.* zona; (細長い) *m.* cinturón, *f.* franja; (ある区域) *f.* área; (地方) *f.* región, *f.* comarca. → 地方, 地域. ▶非武装地帯 *f.* zona de seguridad. ▶非武装地帯 *f.* zona desmilitarizada. ▶¹砂漠 [²森林]地帯 *f.* región ¹desértica [²forestal]. ▶工業地帯 *m.* zona industrial. ▶豪雪地帯 *f.* región de fuertes nevadas.

チタン *m.* titanio. ▶チタンの *adj.* de titanio,

titánico. ▶チタン合金 f. aleación de titanio.

ちち 父 ❶【男親】m. padre,《文語》m. progenitor; (父であること) f. paternidad. ▶お父さん. ▶父の日 m. Día del Padre. → 母. ▶父親らしい adj. paternal. ▶父の愛 m. amor paterno. ▶父親のない気の毒な子供 mf. pobre huérfano/na de padre. ▶妻の父 (=舅) m. suegro. ▶父親としての責任を果たす v. cumplir las responsabilidades de la paternidad. ▶私にはよい父親だった Fue un buen padre para mí. ▶彼は太郎には父親のような人だった Ha sido (como) un padre para Taro. ❷【開祖】mf. fundador/dora. ▶ラテンアメリカ独立の父たち mpl. padres de la independencia latinoamericana. ▶メンデルは遺伝学の父だ Mendel es el padre de la genética.

ちち 乳 (乳汁) f. leche; (母乳) f. leche de madre; (牛乳) f. leche de vaca; (乳房) m. pecho, f. mama. ▶赤ちゃんに乳を与える (=授乳する) v. dar [el pecho [de mamar] al bebé. ▶この牛は乳があまり出ない Esta vaca no se puede ordeñar. ▶赤ん坊が母の乳を吸っている El bebé está mamando del pecho de su madre.

ちち 遅々 ▶彼のスペイン語は遅々として進歩しない Apenas progresa [avanza] en español. / Su progreso en español es muy lento.

チチェン・イツァ Chichén-Itzá (☆メキシコのマヤ文化の遺跡).

ちちかた 父方 m. lado paterno. ▶父方の祖母 f. abuela paterna.

ちちこまる 縮こまる (縮み上がる) v. encogerse*; (寒くて) v. acurrucarse*. ▶隅の方で縮こまる v. encogerse* en un rincón.

ちちばなれ 乳離れ ▶乳離れする (離乳する) v. destetarse; (自立する) v. hacer* independiente. ▶彼はまだ乳離れできないでいる Todavía no es independiente.

ちちまる 縮まる (縮む) v. encogerse*; (短くなる) v. acortarse; (せばまる) v. estrecharse.

ちちみあがる 縮み上がる (恐怖・寒さなどで身を縮める) v. encogerse*, achicarse*; (おびえさせる) v. asustar, espantar. ▶恐怖で縮み上がる v. encogerse* de [por el] miedo. ▶強盗に縮み上がって後ずさりする v. echarse atrás ante un ladrón. ▶不気味な音を聞いて彼は縮み上がった Al oír el extraño ruido se asustó. ☞畏縮, 縮こまる

ちちむ 縮む (布などが) v. encogerse; (筋肉・金属・ゴムなどが) v. contraerse*; (短くなる) v. acortarse; abreviarse. ▶ウールは熱い湯で洗うと縮む La lana (se) encoge cuando es lavada con agua caliente. ▶この金属は冷えても縮まない Este metal no se contrae al ser enfriado. ▶仕事の無理がたたって彼の寿命は20年も縮んだ El duro trabajo le acortó la vida en 20 años.

【その他の表現】▶恥ずかしくて身の縮む思いがした Me sentí tan humillado que quería que me tragara la tierra.

ちちめる 縮める (長さ・時間を) v. acortar, reducir → 短縮する; (話などを約する) v. condensar. ▶命を縮める v. acortar la vida. ▶滞在を二日縮める v. acortar dos días la estancia.

チチャ f. chicha (☆南米産のトウモロコシ酒).
チチャロン m. chicharrón (☆豚の皮の空揚げ).
ちちゅう 地中 ▶地中の[に] adj. subterráneo. ▶地中寒暖計 m. termómetro subterráneo. ▶それを(地中に)埋める v. enterrarlo* (bajo tierra).

ちちゅうかい 地中海 m. (Mar) Mediterráneo (☆ヨーロッパ・アフリカ・アジアに囲まれる海). ▶地中海貧血症《専門語》f. talasemia.

ちぢれげ 縮れ毛 m. pelo [《フォーマル》m. cabello] rizado.

ちぢれる 縮れる v. rizarse*, encresparse. ▶葉が霜で縮れた Las hojas se rizaron con la helada. ▶彼女は縮れた髪をしている Tiene el pelo rizado.

ちつ 膣《専門語》f. vagina. ▶膣の adj. vaginal. ▶膣炎《専門語》f. vaginitis. ▶膣疾患《専門語》f. vaginosis.

ちつじょ 秩序 m. orden.

1《〜秩序》社会秩序 m. orden público [social]. ▶法と秩序 la ley y el orden.

2《秩序〜》秩序立った adj. ordenado; (組織的な) adj. sistemático. ▶秩序正しいデモ隊 mpl. manifestantes ordenados. ▶秩序整然と行進する v. desfilar「con orden [de forma ordenada]. ▶彼らは常に何事も秩序立てて行なう Hacen todo「con orden [ordenadamente, sistemáticamente]. / Son ordenados en todo lo que hacen.

3《秩序が》軍隊の秩序が乱れていた Había desorden en el ejército. / (規律を欠いていた) Al ejército le faltaba orden.

4《秩序を》秩序を¹確立 ²回復 する v. ¹establecer* [²restablecer*] el orden. ▶町の秩序を保つ(統治者が命じて) v. mantener* [conservar] el orden de la ciudad; (被治者が) v. estar* en orden. ▶秩序を乱す v. alterar [perturbar] el orden.

ちっそ 窒素 m. nitrógeno. ▶窒素肥料 m. abono nitrogenado. ▶窒素酸化物 m. óxido de nitrógeno.

ちっそく 窒息 (酸素不足で) f. asfixia, m. sofoco; (食べ物で) m. atragantamiento. ▶窒息死する v. morir* asfixiado [por asfixia]. ▶まくらで赤ん坊を窒息させる v. asfixiar un niño con una almohada. ▶もちがつまってもう少しで窒息死するところだった He estado a punto de morir atragantado por el pastel de arroz.

——— 窒息¹する [²させる] v. ¹asfixiarse [²asfixiar]; ¹sofocarse* [²sofocar*]. ▶煙にまかれてもう少しで窒息するところだった El humo me asfixiaba. / Casi me moría de asfixia por el humo.

ちっとも (少しも…でない) adv. en absoluto, lo más mínimo, nada de nada, ni tanto así, 《口語》f. ni una pizca, adj. ninguno; (けっして)adv. nunca, jamás; (何も…ない)adv. no... nada. ▶一向に. ▶私はちっとも驚かなかった No me sorprendí lo más mínimo. / No me resultó absolutamente nada extraño. 会話 腹がすいていないかね—ええ、ちっとも ¿No tienes hambre? – En absoluto. ▶あ一

あ, 芝生はちっとも刈り終わらないよ ¡Oh, no voy a acabar nunca de cortar el césped! ▶ (会話) あらおかしいまた間違っちゃった―そんなのちっとも自慢することじゃないよ ¡Qué raro! Otra vez me he equivocado. – No es ningún motivo de orgullo. (会話) それ, まだお借りしたままですみません―ちっとも(=まったく)かまいませんよ. 特に急いでいるわけではないですから Perdón por no haberlo devuelto antes. – "No tiene ninguna importancia [No importa absolutamente nada]. No tenía prisa.

チップ ❶ 【心付け】 f. propina, f. gratificación. ▶ (ウェーターに)チップを1ユーロやる v. dar* (al camarero) un euro de propina. ▶ チップをはずむ v. dar* (a + 人) una generosa propina. ◆ ウェーターにチップを置いてきた Le dejé una propina al camarero. ◆ (タクシーの)運転手に50ペソのチップを渡した Le di cincuenta pesos de propina al taxista. ◆ 彼女はいつもチップをけちる Es muy tacaña con las propinas.
❷ 【コンピューターの】 《英語》 《専門語》 m. "chip".

ちてき 知的 ▶ 知的な(生来知能にある) adj. inteligente; (知力を錬磨した) adj. intelectual. ▶ 知的能力 f. capacidad intelectual; (精神的能力) m. poder mental. ▶ 知的な(=知能指数の高い)子 mf. niño/ña inteligente. ▶ 知的生活を楽しむ v. disfrutar una vida intelectual. ▶ あの人は知的だ Es intelectual. ◆ 彼女の目は知的で輝いていた Tenía unos ojos vivos e inteligentes.

ちてん 地点 (特定の) m. lugar; (一点の) m. punto. ▶ 出発地点 m. punto de partida. ▶ 交通に便利な地点 m. lugar favorable para el transporte público. ▶ この地点で道路は北へ向かう En este punto la carretera gira al norte. ◆ ここはあの事故のあった地点です Este es el lugar del accidente. ◆ 事故はこの地点で起きた El accidente tuvo lugar en este punto [lugar].

ちどうせつ 地動説 f. teoría heliocéntrica.

ちどめ 血止め 止血剤 m. hemostático, 《専門語》 m. estíptico. ▶ 血止めの adj. hemostático, 《専門語》 estíptico.

ちどり 千鳥 m. chorlito, 《ラ米》 m. frailecito. ▶ 通りを千鳥足で行く v. andar* por la calle 「haciendo eses [tambaleándose].

ちなまぐさい 血なまぐさい adj. sangriento. ▶ 血なまぐさい戦い f. batalla sangrienta.

ちなみに 因みに (ついでながら) adv. por cierto, a propósito; (これに関連して) adv. en relación con esto; 「a este [en] respecto. ◆ その本は実によい. ちなみに値段は千円です Es un libro de verdad bueno. Por cierto, cuesta 1.000 yenes.

ちなむ 因む v. asociarse. ▶ 未(ひつじ)年にちなんだ絵 m. cuadro asociado al año del carnero. ◆ 彼はおじの名にちなんで太郎と名づけられた Le pusieron "Taro" por el nombre de su tío.

ちねつ 地熱 f. geotermia. ▶ 地熱の adj. geotérmico. ▶ 地熱発電 f. producción geotérmica de electricidad.

ちのう 知能 f. inteligencia, 《フォーマル》 m. intelecto; (知的能力) f. facultad mental [intelectual]. ▶ 知能検査を行なう v. hacer* un 《英語》 "test" de inteligencia. ▶ 知能犯(事) m. crimen inteligente; (人) mf. criminal inteligente. ▶ 知能の高い子 mf. niño/ña de gran inteligencia. ▶ 彼より知能が優れている v. superarlo[le] [aventajarlo[le], ganarle] en inteligencia. ▶ 知能を発達させる v. desarrollar la 「facultad mental [inteligencia]. ▶ 知能の遅れた子供たちの世話をする v. cuidar a los niños retrasados mentales. ◆ 彼は年齢の割に知能が高い Es inteligente para su edad. ☞ 知性, 知力

ちのうしすう 知能指数 m. cociente intelectual, 【略】 C.I. ▶ 知能指数130 m. cociente intelectual de 130. ▶ 知能指数が高い v. tener* un cociente intelectual alto.

ちのけ 血の気 ▶ 血の気の多い男 m. hombre temperamental. ◆ その知らせを聞いて彼の顔から血の気がうせた "Se puso pálido [Perdió el color] con la noticia.

ちのみご 乳飲み子 (赤ん坊) mf. bebé.

ちのり 地の利 ▶ 地の利を¹得る [²得ている] v. ¹obtener* [²tener*] una ventaja geográfica.

ちばしる 血走る v. inyectarse de sangre (los ojos). ▶ 血走った目 mpl. ojos rojos [inyectados de sangre]. ◆ 彼は酒を飲むと目が血走る Cuando bebe se le inyectan los ojos de sangre.

ちび (小さい人) 《口語》 f. persona bajita, 《軽蔑的に》 mf. enano/na. ▶ うちのちび mf. nuestro/tra pequeño/ña.

ちびちび adv. poco a poco, 《口語》 poquito a poco; (惜しむように) adv. en pequeñas cantidades, con moderación. ▶ ちびちび飲む v. tomar a pequeños sorbos. ▶ ちびちびかじる v. mordisquear. ▶ ちびちび金を貯める v. ahorrar dinero poco a poco. ◆ 彼はブランデーをちびちびやるのが好きです Le gusta tomarse el brandy a pequeños sorbos. ◆ ネズミはチーズをちびちびかじる Los ratones mordisquean el queso.

ちひょう 地表 f. superficie terrestre. ☞ 大地, 地上

ちびる 禿びる v. gastarse, desgastarse. ▶ ちびた(=使い古してすり減った)靴 mpl. zapatos gastados. ◆ この鉛筆は先がちびている Este lápiz no 「tiene punta [está afilado]. ◆ 錐(きり)の先がちびている La punta de la barrena está desgastada.

ちぶ 恥部 (陰部) fpl. partes pudendas [íntimas]; (恥ずかしい部分) m. motivo de vergüenza; (恥となる物事) f. vergüenza 《para》.

ちぶさ 乳房 mpl. pechos, 《フォーマル》 m. seno, 《俗語》 fpl. tetas. ☞ おっぱい, 乳

チフス (腸チフス) f. (fiebre) tifoidea; (発疹チフス) m. tifus; (パラチフス) f. (fiebre) paratifoidea.

ちへいせん 地平線 m. horizonte. → 水平線.

チベット Tíbet. ▶ チベット(人)の adj. tibetano. ▶ チベット人 mf. tibetano/na. ▶ チベット語 m. tibetano.

ちほ 地歩 (足掛かり) f. posición, m. lugar de

apoyo. ▶地歩を築く[占める] v.「alcanzar* una posición [conseguir* una base]《en》. ▶(...としての)地歩を固める(＝確立する) v. establecerse*《como...》.

・**ちほう** 地方 ❶【広い地域】f. región, m. territorio, f. zona;（部分）f. parte.

1《～地方》▶山岳地方 f. región montañosa. ▶その国の南部地方 f. región sur del país. ▶沿岸地方 f. región costera, m. litoral. ◆東北地方の冬は大変厳しい En la región de Tohoku el invierno es muy riguroso.

2《地方(の)～》▶地方の(ある一地方に関係のある) adj. local, regional, provincial;（自治州の）adj.《スペイン》autonómico. ▶地方自治体 m. gobierno regional. ▶地方公共団体 m. organismo público regional. ▶地方公務員 mf. funcionario/ria f.「del gobierno regional [《スペイン》autonómico]. ▶地方行政 f. administración regional [《スペイン》autonómica]. ▶地方紙 m. periódico regional. ▶地方版 f. edición local. ▶地方税 m. impuesto regional [《スペイン》autonómico]. ▶地方選挙 fpl. elecciones regionales [《スペイン》autonómicas, municipales]. ▶地方色 f. característica regional; pron.《口語》algo típico del lugar. ▶地方記事 fpl. noticias locales. ▶地方の習慣 f. costumbre regional [local]. ▶地方裁判所 m. tribunal [m. juzgado] de distrito. ▶地方検察庁 f. fiscalía de distrito. ▶地方病《専門語》f. endemia.

3《地方は[に]》▶この地方は雨が多い En esta región llueve mucho. ◆祭りは地方によって異なる Las fiestas populares varían de una región a otra.

❷【中央に対して】(田園地帯) m. campo;（大都市から離れた田舎）f. provincia. ▶地方の町 f. población rural. ▶地方のなまり m. acento local. ▶地方独特の風習 fpl. costumbres provincianas [locales, regionales]. ▶地方に住む v. vivir en「el campo [provincia].

ちほう 痴呆 (精神薄弱) f. imbecilidad, f. idiotez.▶痴呆(症)《専門語》f. demencia.▶痴呆(症)にかかった adj. demente.▶老人性痴呆症 f. demencia senil;（アルツハイマー病）f. enfermedad de Alzheimer.

ちまき 粽 (説明的に) pastel de arroz, cocido al vapor envuelto en hoja de bambú, que se come especialmente el Día de los Niños (5 de mayo).

ちまた 巷 (世間) m. público.▶巷の声を聞く v. prestar atención a la opinión pública.◆巷のうわさでは増税になる(＝意図している)ようだ Según el rumor popular, el gobierno va a subir los impuestos.

ちまなこ 血眼 ▶血眼になって(必死になって) adv. frenéticamente.▶彼女の子供をそこらじゅう血眼になって捜す v. buscar* frenéticamente a su hijo por todas partes.

ちまみれ 血まみれ ▶血まみれの(血痕(え)の付いた) adj. manchado,[《文語》tinto] de sangre;（血だらけの）adj. ensangrentado.▶血まみれのワイシャツ f. camisa manchada de sangre.◆男は血まみれになって倒れていた El hombre yacía en un charco de sangre.

ちまめ 血まめ f. ampolla de sangre.▶手に血まめができる v. producirse* ampollas de sangre en la mano.

ちまよう 血迷う (正気を¹失う[²失っている]) v. ¹perder* la razón [²estar* loco, ²《口語》haber* perdido la cabeza].

ちみつ 緻密 (精密) f. precisión;（正確）f. exactitud.▶緻密な adj. preciso, exacto;（綿密な）adj. minucioso;（細心な）adj. detallado;（念の入った）adj. elaborado;（注意深い）adj. cuidadoso.▶緻密な観察 f. observación precisa.▶緻密な計画 m. plan detallado;（よく考えぬいた）m. plan meticulosamente calculado.

ちみどろ 血みどろ ▶血みどろの(血まみれの) adj. sangriento.▶血みどろの顔 [²戦] ¹f. cara [² f. batalla] sangrienta.

チムール Tamerlán (☆1336-1405, チムール帝国の創始者).

ちめい 地名 m. nombre de lugar,《フォーマル》m. topónimo.▶地名辞典 m. diccionario geográfico [de topónimos].

ちめいしょう 致命傷 f. herida mortal [fatal, mortífera]. → 負傷.◆彼は事故で致命傷を受けた Recibió [Sufrió] una herida mortal [fatal] en el accidente. / Resultó fatalmente [mortalmente] herido en el accidente. ◆彼の失策は昇進にとって致命傷になった Su error garrafal resultó fatal para su ascenso. / El craso error le costó la promoción.

ちめいてき 致命的 adj. fatal, mortal.▶致命的な重傷 f. herida fatal [mortal].▶致命的な失敗をする v. cometer una equivocación fatal.

ちめいど 知名度 ▶彼は作家として知名度が高い(＝よく知られている) Es famoso como escritor.

・**ちゃ** 茶 ❶【飲料】m. té.

1《～茶》▶紅茶 m. té negro.▶抹茶 m. té verde en polvo.▶ウーロン茶《中国語》m. té "oolong".▶ほうじ茶 m. té tostado.▶麦茶 m. té de cebada.▶¹薄い [²濃い]お茶1杯 f. taza de té ¹ligero [² ¹cargado].

2《茶＋名詞》▶お茶会 f. reunión para el té;（茶道の）f. reunión para realizar la ceremonia del té.▶茶器 mpl. utensilios para el té. ▶茶こし m. colador de té.▶茶室 f. sala de ceremonia de té.

3《茶の》▶お茶のけいこをする v. tomar clases de ceremonia de té.◆お茶の時間ですよ ¡Hora del té!

4《茶に》▶お茶にする(＝休憩する) v. tener* un descanso para tomar té [café].◆彼女は私をお茶に招いてくれた Me invitó a tomar té.

5《茶を》▶お茶を摘む v. recolectar té.▶お茶をつぐ v. servir*《a ＋人》té.▶お茶を1杯飲む v. tomar un [una taza de] té.▶お茶を熱いうちに出す ²[飲む] v. ¹servir* [²tomar] el té caliente.◆お茶をもう1杯いかがですか ¿Quiere usted otra taza de té?

❷【色】《スペイン》m. marrón, m. castaño, 《メ

キシコ] m. café, 【コロンビア】 m. carmelito. ▶1こげ [2薄] 茶 m. marrón 1oscuro [2claro]. ▶茶色のコート m. abrigo marrón [café, castaño].

チャーター ▶チャーター機 m. avión fletado. ▶チャーター便 m. vuelo fletado [chárter]. ▶社内旅行にバスをチャーターする v. fletar un autobús para la excursión de la empresa.

チャート (専門語) m. gráfico.

チャーハン m. arroz salteado (chino).

チャーミング (魅力的な) adj. encantador, 【ラ米】 lindo; (外から見て) adj. atractivo. → 魅力.

チャイナ (中国) China. ▶チャイナタウン(中国人街) m. barrio chino.

チャイム m. repique (de campanas), f. campanilla. ♦チャイムは1時間ごとに鳴る Las campanas dan cada hora.

ちゃいろ 茶色 m. marrón, 【メキシコ】 m. café, 【コロンビア】 m. carmelito, m. pardo, m. castaño. ▶1薄 [2赤] 茶色 m. marrón 1claro [2rojizo]. ▶茶色の髪 m. cabello marrón [castaño]. ♦彼の顔はまっ茶色に(＝板チョコみたいに茶色に)日焼けしていた Su rostro estaba tan moreno como una barra de chocolate.

地域差 茶色(髪)	
[全般的に]	moreno
[スペイン]	adj. castaño
[キューバ]	adj. trigueño
[メキシコ]	adj. café
[コロンビア]	adj. marrón, adj. pelicastaño
[アルゼンチン]	adj. castaño

地域差 茶色(目)	
[全般的に]	adj. castaño
[スペイン]	adj. marrón
[メキシコ]	adj. café
[ペルー]	adj. marrón
[コロンビア]	adj. marrón
[アルゼンチン]	adj. marrón

ちゃがし 茶菓子 m. pastel para el té.

ちゃかす 茶化す (冗談にしてしまう) v. hacer* un chiste (con sus palabras); (からかう) v. burlarse 《de》; (ふざけて真意を曲げる) v. hacer* un juego (con sus palabras).

ちゃかっしょく 茶褐色 ▶茶褐色(の) m. / adj. marrón oscuro.

ちゃきちゃきの (生っ粋の) adj. castizo, auténtico, 《口語》 de pies a cabeza. ▶ちゃきちゃきの江戸っ子 mf. tokiota castizo/za.

-ちゃく -着 ❶【到着】→到着. ▶14日[24時]神戸着の船 m. barco con llegada a Kobe 1el día cuatro [2a las cuatro]. ♦この列車の東京着は何時ですか ¿A qué hora llega este tren a Tokio?
❷【着物】▶ズボン1着 m. par de pantalones. ▶洋服10着 mpl. diez trajes.
❸【着順】♦彼はそのレースで1着になった Ocupó el primer lugar en la carrera. / Terminó el primero en la carrera.

ちゃくがん 着眼 ▶着眼点(観点) m. punto de vista; (見地) m. punto de vista, m. ángulo. → 着目. ♦さすが彼だけあって着眼点が独創的だ Es un punto de vista original que sólo podría ocurrírsele a él.

ちゃくし 嫡子 (跡取り息子・娘) mf. hijo/ja heredero/ra; (嫡出子) mf. hijo/ja legítimo/ma.

ちゃくじつ 着実 f. firmeza, f. constancia.
—— **着実な** (堅実な) adj. firme, constante; (健全な) adj. seguro, en buenas condiciones; (信頼できる) adj. digno de confianza, 《フォーマル》 fidedigno. ▶着実な生活水準の向上 f. firme mejora del nivel de vida.
—— **着実に** adv. con regularidad, constantemente; (一歩一歩) adv. paso a paso. ♦彼は着実に学業が進歩している Está progresando constantemente en sus estudios. ♦われわれは着実に知識を身につけていた Adquirimos conocimiento paso a paso. ☞ 堅実, 地道; こつこつ, じわじわ

ちゃくしゅ 着手 (始める) v. ponerse* 《a ＋ 不定詞》, comenzar* [empezar*] 《a ＋ 不定詞》; (取りかかる) v. emprender una tarea. ▶仕事に着手する v. ponerse* a trabajar. ▶内閣改造に着手する v. ponerse* a remodelar el gabinete, iniciar la remodelación del gabinete. ▶新しい事業に着手する v. emprender un nuevo negocio ☞ 掛[架]かる, 仕掛ける, 手掛ける

ちゃくしょく 着色 f. coloración, 《フォーマル》 f. pigmentación. ▶人工着色料 m. colorante artificial. ▶着色する v. colorear, colorar, 《フォーマル》 pigmentar.

ちゃくすい 着水 m. acuatizaje, m. amerizaje, m. amarizaje, m. amaraje. ▶着水する v. acuatizar*, amerizar*, amarizar*, amarar.

ちゃくせき 着席 ▶着席順に adv. en el orden de los asientos. ▶着席する v. sentarse*, 《フォーマル》 tomar asiento. → 座る.

ちゃくそう 着想 f. idea, 《フォーマル》 f. concepción. → 考え. ♦その計画は着想がすばらしい Ese plan 「está brillantemente concebido [tiene una concepción brillante]. ☞ 工夫, 考案, 構想

ちゃくち 着地 (着陸) m. aterrizaje. ▶着地する v. aterrizar*.

ちゃくちゃく 着々 ▶研究が着々(＝着実に)進む v. progresar regularmente en el estudio. ▶着々と仕事を続ける v. seguir* trabajando progresivamente.

ちゃくにん 着任 ▶神戸に着任する v. entrar en funciones en Kobe.

ちゃくふく 着服 ▶着服する(横領する) v. malversar; (自分のものにする) v. apropiarse 《de》.

ちゃくもく 着目 ▶着目する (気づく) v. notar, fijarse 《en》; (観察して) v. observar; (注意を払う) v. prestar atención 《a》. → 注目, 着眼.

ちゃくよう 着用 ▶背広を着用する v. ponerse* un traje → 着る; (着用している) v. llevar un traje. ▶シートベルトを着用する v. abrocharse el cinturón de seguridad.

ちゃくりく 着陸 m. aterrizaje. ▶着陸場 m. campo de aterrizaje. ▶空港の着陸用滑走路 f. pista de aterrizaje de un aeropuerto. ▶

着陸地点 m. punto de aterrizaje. ▶月面着陸 m. alunizaje. ▶湖に緊急着陸をする v. realizar* un amerizaje de emergencia en el lago. ▶パリから東京で無着陸飛行をする v. realizar* un vuelo "sin escalas [directo (de] París a Tokio. ♦この飛行場では毎年数十万回という離着陸が行なわれている En este aeropuerto todos los años se realizan varios cientos de miles de despegues y aterrizajes.
—— **着陸する** v. aterrizar*, 《フォーマル》realizar* un aterrizaje, tomar tierra. ▶羽田空港に無事着陸する v. aterrizar* con seguridad en el Aeropuerto de Haneda. ▶月面に着陸する v. alunizar*. ▶飛行機をパリに着陸させる v. hacer* aterrizar* un avión en París. ▶飛行機を強制着陸させる v. obligar* a aterrizar* a un avión.

ちゃさじ 茶さじ f. cucharilla (de té). ▶紅茶にちゃさじ2杯の砂糖を入れる v. añadir dos cucharadillas de azúcar en el té.

ちゃち ▶ちゃちな (安っぽい) adj. barato; (貧弱な) adj. pobre; (みすぼらしい) adj. miserable, (見せかけだけの) adj. de muy mala calidad; (作りの簡単な) adj. rudimentario, tosco. ▶ちゃちな時計 m. reloj barato. ▶ちゃちな家 f. casa pobre. ▶ちゃちな (=浅薄な) 議論 mpl. argumentos endebles [poco sólidos]. ▶ちゃちなモデルガン f. pistola de juguete rudimentaria. ♦その店は作りがちゃちだ Esa tienda 「tiene una construcción muy mala [está muy mal construida].

チャチャチャ m. chachachá (☆キューバの早いリズムの舞踊曲).

ちゃっかり ▶ちゃっかりした (打算的な) adj. calculador; (賢い) adj. astuto, listo, 《メキシコ》abusado; (抜け目のない) adj. astuto, vivo. ♦お金の事になると彼はちゃっかりしている Es calculador 「cuando se trata [en cuestión] de dinero. ♦彼は自分の利益に関する事ならちゃっかりしている (=決してしくじらない) Cuando se trata de sus intereses, jamás vacila.

チャック f. cremallera, m. cierre, 『ラ米』m. zíper. ▶かばんのチャックを1開ける [2閉める] v. ^{1}abrir* [^{2}cerrar*] la cremallera de la bolsa. ▶背中のチャックを1上げる [2下ろす] v. ^{1}subir [^{2}bajar] la cremallera del vestido. ♦このズボンはきつすぎて、チャックがこわれてしまった Estos pantalones me están estrechos y se me ha roto la cremallera.

ちゃっこう 着工 ♦その橋の建設は来年着工の予定です La construcción del puente comienza el año que viene.

チャット (英語) 《専門語》m. "chat", 《専門語》f. tertulia, 《専門語》f. conversación, 《専門語》f. charla, 《専門語》f. plática.

チャド Chad (☆アフリカの国, 首都ヌジャメナ N'Djamena).

チャネル 《専門語》m. canal.

ちゃのま 茶の間 m. cuarto [m. salón, f. sala] de estar.

ちゃのみ 茶飲み ▶茶飲み茶わん f. taza de té. ▶茶飲み友達 (親しい仲間) mf. amigo/ga íntimo/ma, mf. viejo/ja amigo/ga. ▶茶飲み話をする v. hablar tomando té.

ちゃばん 茶番 (笑劇・ばかげたこと) f. farsa. ♦会議はとんだ茶番だった La reunión resultó una perfecta farsa.

チャプルテペク Chapultepec (☆メキシコ, メキシコシティーの西部にある公園).

チャペル (礼拝堂) f. capilla. ▶チャペル (での礼拝) に遅刻する v. llegar* tarde a la capilla.

ちやほや ▶ちやほやする (甘やかす) v. mimar, consentir*; (お世辞を言う) v. adular, 《口語》hacer* la pelota. ▶ちやほやして (=お世辞を言って) adv. lisonjeramente, con adulación. ♦子供をちやほやしすぎると, 先で困るよ Si mimas demasiado al niño, tendrá problemas en el futuro. ♦彼は上役にちやほやするのがうまい 《口語》Se le da bien hacer la pelota a sus jefes. /《フォーマル》Le gusta adular a sus superiores.

ちゃめ 茶目 ▶お茶目な (陽気に戯れる) adj. juguetón; (いたずら好きな) adj. travieso. ▶お茶目な小犬 m. perrito juguetón. ♦彼は茶目っ気たっぷりだ Es muy divertido. ♦あの娘はとても茶目だ (=こっけいなことをするのが大好きだ) Le gusta juguetear [hacer cosas graciosas].

ちゃらちゃら ▶ちゃらちゃら音を出す [立てる] (硬貨など) v. resonar*, sonar*, tintinear, producir* un sonido metálico. ♦彼が歩くとポケットの中でコインがちゃらちゃらいった Al caminar las monedas le sonaban en el bolsillo.

チャランゴ m. charango (☆アルマジロの甲羅を胴にした小さな弦楽器).

チャリティー チャリティー-1ショー [2コンサート] ^{1}m. espectáculo [^{2}m. concierto] benéfico.

ちゃりん ▶ちゃりんと adv. con ruido, tintineando. ▶ちゃりんと音がする [音をさせる] v. hacer* [producir*] un ruido metálico. ♦硬貨が石の床に落ちてちゃりんといった Al caer al suelo de piedra la moneda hizo ruido.

チャレンジ (挑戦) m. reto, m. desafío. ▶チャレンジする (試みる) v. intentar, tratar (de); (挑戦する) v. retar, desafiar*. → 挑む.

チャレンジャー mf. aspirante.

ちゃわん 茶わん (湯飲み) f. taza de té; (食事用の) m. cuenco (de arroz). ▶茶わん1杯のご飯 un cuenco de arroz. ▶茶わんにご飯を盛る v. servir* arroz en un cuenco.

チャンシャー 長沙 Chanscha, 《ピンイン》Changsha (☆中国の都市).

チャンス f. ocasión, f. oportunidad, 『ラ米』《英語》"chance"(☆発音は [tʃanθe]). → 機会. ▶絶好のチャンス f. gran [excelente] ocasión, f. oportunidad de oro. ▶一生に一度の [千載一遇の] チャンス f. ocasión de la vida. ▶チャンスがある v. tener* la oportunidad [ocasión] (de). ▶チャンスをつかむ [得る] v. aprovechar la ocasión. ▶チャンスを逃がす v. perder* la ocasión. ♦君にもう一度チャンスを与えよう Voy a darte otra oportunidad. ♦あなたには才能があるもの, きっといつかチャンスがめぐってくるわ Tiene tanto talento. Estoy segura de que algún día triunfará. 《会話》成功のチャンスはどのくらいか―40パーセント以上ですが, 5分より低いです ¿Qué posibilidades hay de éxito? –

Más del 40%, pero menos del 50%.

チャンチュン 長春 《ピンイン》 Changchun (☆中国の都市).

＊ちゃんと ❶【正式に】adv. formalmente; 〔上品に〕adv. respetablemente, decentemente; 〔きちんと〕adv. bien, correctamente; 〔口語〕como debe ser. ▶ ちゃんとすわる v. sentarse* bien. ♦ その晩さん会には、ちゃんとした服装で行かなければいけない Para ir a esa cena, hay que ir con vestido formal. ♦ ちゃんとした服装でなかったら、面接はうまくいかないよ Si no vas bien vestido, la entrevista no te saldrá bien.

❷【確実に】〔間違いなく〕adv. sin falta; 〔正確に〕adv. exactamente; 〔時間通りに〕adv. puntualmente. ♦ 彼は家賃を毎月ちゃんと払います Todos los meses paga sin falta su alquiler. ♦ 言われた通りちゃんとやりなさい Haz exactamente lo que te digan. ♦ 彼はちゃんと9時に来ます Llega puntualmente a las nueve. ♦ 道はちゃんと分かっているのですか (= 確かですか) ¿Estás seguro que conoces bien el camino?

❸【申し分なく】〔完全に〕adv. a la perfección, perfectamente, completamente, del todo; 〔正しく〕adv. correctamente; 〔満足に〕adv. satisfactoriamente. ♦ 彼女はちゃんとその問題が解けます Ella puede solucionar a la perfección el problema. ♦ 彼女はちゃんとフランス語が話せます Sabe hablar francés satisfactoriamente.

《その他の表現》 ▶ ちゃんとした人 f. persona respetable [decente, honorable]. ♦ ちゃんとしなさい (母親が子供をたしなめて) Compórtate.

チャンネル m. canal, f. cadena. ▶ テレビのチャンネルを変える [回す] v. cambiar de canal. ▶ テレビのチャンネルの取り合いをする v. pelearse 《con + 人》 por el mando de la televisión. ♦ 10チャンネルに変えていいかい ¿Puedo cambiar el canal 10? ♦ 2チャンネルで野球をやっている En el canal 2 se puede ver el partido de béisbol.

ちゃんばら m. combate 「de espadachines [con espada]. ▶ ちゃんばら映画 f. película de samurais [espadachines].

チャンピオン mf. campeón/ona. ▶ ヘビー級の世界チャンピオンになる v. llegar* a ser* el campeón del mundo de pesos pesados. → 選手.

ちゃんぽん f. mezcla, 《しばしば軽蔑的に》 f. mezcolanza. ▶ ちゃんぽんにする v. mezclar (A y B). ▶ スペイン語と日本語をちゃんぽんで話す v. hablar una mezcolanza de español y japonés.

ちゆ 治癒 〔傷などの〕f. curación; 〔病気の〕f. cura. ▶ 治癒する v. curar, sanar.

ちゅう 宙 〔空中に〕adv. en el aire. ▶ 宙に浮く v. flotar en el aire; 〔未決定である〕v. estar (suspendido) en el aire.

ちゅう 注 f. nota, m. comentario, f. anotación → 注釈; 〔脚注〕f. nota al pie (de la página).

ちゅう 中 〔平均〕m. promedio, f. media; 〔中位〕m. medio; 〔上中下3部作の〕f. segunda parte (de una serie de tres partes). ▶ 中型 (= Mサイズ) m. tamaño medio. ▶ 中規模の会社 f. empresa media. ♦ 私の成績は中1以上 [2以下]だ Mis notas están por [1]encima [2]debajo) de la media. → 平均.

＊-ちゅう -中 ❶【期間】(…の間に) prep. durante, en, en el curso [《フォーマル》transcurso] de; (…の間中ずっと) prep. durante todo, a lo largo de; (…以内に) prep. dentro de; (…までに) prep. antes de, para. ♦ 私たちは戦時中苦しい目にあった Sufrimos muchas penalidades en [durante] la guerra. ♦ 私はメキシコ滞在中にスペイン語を覚えた Aprendí español en [durante] mi estancia en México. / Aprendí español estando en México. ♦ 数日中に仕上げます Lo acabaré en [dentro de] unos días. ♦ クリスマス[休暇]中は家にいます En [1]Navidad [las vacaciones] me quedaré en casa. ♦ 先月中彼女に5回会った La vi cinco veces el mes pasado. ♦ 午前中に彼がやって来た Vino por [en, durante] la mañana. ♦ 旅行中はずっと彼といっしょでした Durante todo el viaje estuve con él. ♦ 今月中に仕上げてください Acábalo, por favor, antes de fin de mes.

❷【従事, 状態】▶ 勤務中 v. estar* 「de servicio [en el trabajo]. ▶ [1]工事 [2]がんの治療]中 v. estar* [1]en construcción [2]bajo tratamiento de cáncer]. ▶ 検討中 adv. en estudio. ▶ 売出中 adv. en venta. ♦ 授業中は注意を集中せよ Está atento en clase. ♦ 彼は食事中に眠ってしまった Se quedó dormido en [durante] la cena. ♦ 彼は今食事中です Está a la mesa. ♦ その本は印刷中だ El libro está en imprenta. ♦ パーティーは進行中だ La fiesta está en marcha. ♦ 外出中におじが訪ねてきた Mi tío vino a verme 「en mi ausencia [mientras yo estaba fuera, cuando no estaba].

❸【…のうちで】♦ 十中八九彼が勝つよ Probablemente ganará. / 《口語》 Diez a uno a que gana. ♦ 20人中5人が試験に合格した Aprobaron cinco de veinte.

❹【場所】(中に) prep. en, a; (全域にわたって) adv. en [por] todo. ♦ 空中に浮かぶ気球 m. globo que flota en el aire. ♦ 海中に飛び込む v. saltar al mar. ▶ 日本中を旅行する v. viajar por todo Japón. ▶ 市中を案内する v. enseñar 《a + 人》 toda la ciudad.

＊＊ちゅうい 注意 ❶【留意】f. atención. ▶ 注意力 f. atención. ▶ 注意書き (説明書き) fpl. instrucciones (para, de); (注釈) fpl. notas. ▶ 注意事項 fpl. indicaciones, fpl. observaciones, fpl. notas. ▶ 注意

300メートル先急カーブ注意 Atención, curva peligrosa a 300m (metros). → 注意

喚起する v. llamar (su) atención. ▶注意をそらす v. distraer* (su) atención 《de》. ▶注意を向ける v. prestar [dirigir* la] atención 《a》. ◆彼は私の注意を払わなかった No prestó atención a mi consejo. / No atendió [hizo caso de] mi consejo. ◆そのおもちゃは彼の注意を引いた El juguete "atrajo su [le llamó la] atención. ◆あの病院は患者に対する注意がよく行き届いている En ese hospital se atiende muy bien a los pacientes. / Es hospital que una buena atención a los pacientes. ◆勉強に注意を集中しなさい Concéntrate en el estudio. / (全精力を傾けなさい) Aplica toda la energía a tu estudio.

❷【用心】m. cuidado, f. atención, f. prudencia, 《フォーマル》f. precaución; (感嘆文などで) interj. 《口語》ojo. ◆それには特別な注意が必要だ Necesita 「una atención [un cuidado] especial. ◆彼は要注意人物だ Hay que tener cuidado con él. / No podemos perderle de vista. / (ブラックリストに載っている) Está en la lista negra (de la policía). ◆君はスペリングに注意がたりない No 「pones cuidado en [prestas atención a] la ortografía. ◆君は火の扱いに注意がたりない No tienes cuidado con el fuego.

❸【忠告】m. consejo, f. advertencia, 《文語》f. admonición; (警告)《フォーマル》f. amonestación. ▶ 1洪水 [2強風]注意報 m. aviso de 1inundaciones [2tormenta]. ◆辞書の選択に関してひとこと注意を与えておきます Voy a darles un consejo sobre cómo elegir un diccionario. ◆こうなったのは先生の注意を無視したからですよ Esto ha sido por no hacer caso del consejo de tu profesor. ◆駐車違反で警官に注意を受けた El agente de policía me amonestó por aparcamiento ilegal. / Fui amonestado por el policía por aparcar ilegalmente.

—— 注意する ❶【留意する】v. prestar [poner*, dar*] atención 《a》, atender* 《a》; (注目する) v. hacer* caso 《a, de》, 《口語》tomar nota 《de》, tener* en mente. ◆先生のおっしゃることをよく注意して聞きなさい Tienes que 「prestar atención [hacer caso] a lo que dice tu profesor. ◆通りを横断する際には信号によく注意しなさい Presta mucha atención al semáforo cuando cruces la calle. ◆その単語のつづり字に注意しなさい Pon atención a la ortografía de esa palabra.

❷【用心する】v. tener* cuidado 《con ＋ 不定詞・名詞, de ＋ 名詞, en ＋ 不定詞, al ＋ 不定詞》, ser* prudente 《con》, 《フォーマル》tener* precaución 《con》; (気をつける) v. tener* cuidado 《con》, 《口語》andar* con mil ojos. ◆花びんを割らないように注意しなさい「Ten cuidado [Cuidado] en no romper el jarrón. ◆健康に注意しなさい Cuídate. / Ten cuidado con la salud. / 《口語》Ojo a la salud. ◆彼は彼女の感情を害さないように注意した Tuvo cuidado en no ofenderla. ◆犬に注意せよ Cuidado con el perro. ◆その通りはよくよく注意して渡りなさい「Ten mucho cuidado [Sé muy prudente] al cruzar la calle. / 《口語》

Anda con mil ojos cuando cruces la calle. ◆言葉に注意しなさい「Ten cuidado [Cuidado] con 「lo que dices [tus palabras]. ◆足もとに注意しなさい ¡Ándate con tiento! / ¡Anda con cuidado! ◆頭上に注意しなさい ¡Peligro arriba! ◆冬山では雪崩(なだれ)に注意しなさい Atención a las avalanchas en las montañas durante el invierno.

❸【忠告する】v. aconsejar; (警告する) v. advertir*, 《フォーマル》amonestar. ◆医者に酒をやめるように注意されました El médico me aconsejó [advirtió] que dejara de beber. ◆彼は子供たちにその川で泳いではいけないと注意した Advirtió [Avisó] a los niños que no nadaran en el río. / Les dijo a los niños que no se bañaran en el río. ◆ドアに錠をかけるのを忘れていたら注意して(＝思い起こさせて)ください Recuérdeme cerrar la puerta con llave.

—— 注意深い (慎重な) adj. cuidadoso, cauteloso, prudente, precavido; (油断のない) adj. vigilante; (気を配る) adj. atento. ◆彼は君ほど注意深くない No 「tiene tanto cuidado [es tan cuidadoso] como tú. ◆彼女の運転はとても注意深い Es una conductora muy cuidadosa [prudente]. / Ella conduce 「con mucho cuidado [muy precavidamente]. ◆注意深い読者なその誤植に気がつくであろう Un lector atento advertirá esta errata.

—— 注意深く adv. cuidadosamente, con cuidado; prudentemente, cautelosamente; atentamente, con atención. ◆その荷物をもっと注意深く包みなさい Envuelve el paquete con 「el máximo [sumo] cuidado.

☞ 気, 気配り, 慎重, 注目, 了察; 構う, 止[留]める; 細心, 緻密, 丁寧な; 大事に, 丁寧に, 篤と

チューインガム m. chicle, f. goma de mascar. ▶チューインガムをかむ v. mascar* chicle.

*ちゅうおう 中央 (真ん中) m. centro, f. mitad, m. medio; (中心部) m. corazón, m. centro; m. meollo.

1《中央＋名詞》▶中央アジア Asia Central. ▶中央集権 f. centralización del poder. ▶中央処理装置《専門語》f. unidad central de proceso. →CPU. ▶中央政府 m. gobierno central. ▶中央分離帯 f. mediana.

2《中央の》adj. central, medio.

3《中央に》▶部屋の中央に立つ v. estar* en el medio de la sala. ◆銀行は市の中央にある El banco está en el centro de la ciudad.

ちゅうおうアフリカ 中央アフリカ África Central, Centroáfrica; (公式名) f. República de Centroáfrica [África Central], República Centroafricana (☆アフリカ中央の国, 首都バンギ Bangui).

ちゅうおうアメリカ 中央アメリカ América Central, Centroamérica. (☆北アメリカ大陸のうちメキシコ以南の地域).

ちゅうおうヨーロッパ 中央ヨーロッパ (中欧) Centroeuropa.

ちゅうか 中華 ▶中華料理 f. comida china; (料理法) f. cocina china. ▶中華料理店 m. restaurante chino. ▶中華なべ f. sartén china,

《中国語》 m. "wok".

ちゅうかい 仲介 (仲裁) f. mediación. ▶仲介者 mf. mediador/dora, mf. intermediario/ria; (仲立ち) mf. intermediario/ria. ▶仲介する v. mediar, hacer* de intermediario 《entre》. ▶仲介の労をとる[に立つ] v. actuar* [servir*] de mediador/dora 《entre》.

ちゅうがえり 宙返り f. voltereta, m. salto mortal; (飛行機) m. rizo. ▶宙返りをする v. dar* un salto mortal, dar* volteretas; (飛行機が) v. rizar* el rizo. ▶飛行機が宙返りをして人々を楽しませた El avión rizó el rizo para entretener a la multitud.

ちゅうかく 中核 (中心) f. esencia, m. núcleo 《de》; (核心) m. meollo 《de》. ▶近代思想の中核 f. esencia del pensamiento moderno.

*_ちゅうがく_ 中学 → 中学校, 中学生. ◆彼は中学1年生です Está en el primer curso de la escuela secundaria inferior.

ちゅうかくけっそんしょう 中隔欠損症 《専門語》 m. defecto del tabique.

ちゅうがくせい 中学生 mf. estudiante de secundaria. → 生徒.

ちゅうかそば 中華そば mpl. fideos chinos.

ちゅうがた 中型 ▶中型[形]の adj. de tamaño mediano [medio].

ちゅうがっこう 中学校 f. escuela secundaria inferior. → 学校. ▶女子中学校 f. escuela secundaria inferior femenina.

ちゅうかん 中間 (真ん中) m. medio.

── 中間(の) (位置が真ん中の) adj. medio; (学期が中間の) adj. de la mitad de un trimestre; (時期が) adj. provisional; (場所・時間などが) adj. mediano, intermedio; (仲介の) adj. intermediario; (中庸の) adj. moderado. ▶中間試験 m. examen intermedio. ▶中間報告 m. informe provisional [intermedio]. ▶中間色 m. color neutro [intermedio]. ▶進化の中間段階に adv. en un estado intermedio de evolución. ▶中間的な意見 f. opinión moderada [media]. ▶中間地点 m. punto intermedio [a medio camino].

── 中間に (中途に) adv. a medio camino. ◆その市は京都と大阪の中間にある Esa ciudad está a medio camino entre Kioto y Osaka.

ちゅうき 中期 (中ごろ) m. medio. ▶江戸時代中期に adv. en el medio de la era 《de》 Edo.

ちゅうぎ 忠義 (忠節) 《フォーマル》 f. lealtad 《a》; (忠実) f. fidelidad 《a》. ▶忠義な adj. 《フォーマル》 leal 《a》; fiel 《a》.

ちゅうきゅう 中級 ▶中級の adj. intermedio, medio. ▶中級スペイン語講座 m. curso intermedio de español.

ちゅうきんとう 中近東 m. Medio y Próximo Oriente.

ちゅうぐらいの 中位の 【大きさ・質などが並の】 adj. mediano; (背丈などが中程度の) adj. medio; (平均の) adj. normal, promedio; (あまりよくない) adj. mediocre; (程度などが適度の) adj. moderado, discreto. ▶中ぐらいの大きさの卵 mpl. huevos de tamaño medio. ▶中ぐらいの才能の人 f. persona de capacidad media.

◆彼は中ぐらいの背の高さです Es de estatura media. ◆ステーキは中ぐらいに焼いたのが好きだ Me gusta la carne 「en un punto medio [medio hecha]. ◆彼は中ぐらいです Sus notas [《フォーマル》calificaciones] son normales [comunes].

ちゅうけい 中継 (放送) f. retransmisión; (放送局間の) f. retransmisión en cadena. ▶中継器 《専門語》 m. repetidor. ▶中継局 f. estación retransmisora. ▶実況中継 f. retransmisión en directo [vivo]. ▶衛星中継 f. retransmisión vía satélite. → 衛星. ◆この番組は中継放送でお届けしています Este programa llega a ustedes por retransmisión.

── 中継する v. retransmitir, hacer* [《フォーマル》 realizar*] una retransmisión. ▶全国にテレビ中継する v. retransmitir en cadena a todo el país. ◆そのコンサートはロンドンから衛星中継された El concierto fue retransmitido desde Londres vía satélite. → 衛星.

ちゅうけん 中堅 (中心勢力) m. eje, f. columna vertebral; (大黒柱) m. pilar, m. puntal. ◆彼らは中堅社員である 《フォーマル》 Constituyen el eje de la empresa.

ちゅうげん 中元 (7月15日) m. quince de julio. → お中元.

ちゅうこ 中古 ▶中古の adj. de segunda mano. ▶中古品 mpl. productos de segunda mano. ▶中古車を買う v. comprar un automóvil de segunda mano.

ちゅうこうねん 中高年 (年齢) f. edad madura, f. mediana edad; (人) fpl. personas maduras [de cierta edad].

ちゅうこうねんれいそう 中高年齢層 m. grupo de edad madura.

ちゅうこく 忠告 (助言) m. consejo; (専門的な) 《フォーマル》 m. asesoramiento; (警告) f. advertencia. ▶忠告に従う v. seguir [obedecer*] un consejo. ◆彼は父の忠告に従って[²を聞かないで]働き続けた Continuó trabajando ¹siguiendo el [²en contra del] consejo de su padre.

── 忠告する (助言する) v. aconsejar, dar* un consejo 《 a ＋ 人》; (警告する) v. advertir*, 《フォーマル》 amonestar. ◆彼は私に何も忠告してくれなかった No me dio ningún consejo. / No me aconsejó nada. ◆医者は彼に少し休養をとるように忠告した El médico le aconsejó que descansara [reposara] un poco. ◆先生は生徒たちにカンニングをしてはいけないと忠告した La profesora advirtió a los alumnos que no copiaran en el examen.

☞意見, 注意; 言う, 意見する, 勧める, 注意する

*_ちゅうごく_ 中国 China; (公式名) f. República Popular 《de》 China (☆中華人民共和国:アジアの国, 首都北京 Pekín). ▶中国(人・語)の adj. chino. ▶中国語 m. chino; (北京官話) m. mandarín. ▶中国人(個人) mf. chino/na; (国民全体) mpl. chinos, el pueblo chino. ▶中国共産党 m. Partido Comunista Chino.

ちゅうごく 中国地方 f. región de Chugoku.

ちゅうごし 中腰 f. postura de cuerpo medio incorporado.

ちゅうざ 中座 ▶会の途中で中座する v. ausentarse [retirarse] en mitad de una reunión. ▶パーティーを中座させてもらう *v.* disculparse por no quedarse hasta el final de la fiesta.

ちゅうさい 仲裁 (紛争などの裁定) *f.* arbitración; (調停) *f.* mediación, *f.* conciliación, *f.* tercería; (調停者) *mf.* media*dor/dora*, *mf.* concilia*dor/dora*. ▶争議を仲裁に付する *v.* someter el conflicto a arbitraje [mediación]. ▶紛争の仲裁をする *v.* arbitrar [mediar] en un conflicto. ▶会社と組合の仲裁をする *v.* arbitrar [《フォーマル》mediar] entre la empresa y el sindicato. ▶その労使紛争は彼の仲裁により解決した El conflicto laboral fue resuelto por su mediación [《専門語》arbitraje]. ▶その紛争は仲裁に付された El conflicto fue sometido a arbitraje. ⇨仲介, 調停

ちゅうざい 駐在 *f.* estancia [*f.* residencia, 《フォーマル》*f.* permanencia]《en》. ▶駐在する *v.* residir [permanecer*, 《口語》estar*]《en》. ▶駐在所 *m.* puesto de policía. ▶海外駐在員 *mf.* representante en el extranjero. ▶ベルリン駐在の特派員 *mf.* corresponsal residente en Berlín. ▶東京での3年間の駐在中に *adv.* durante una estancia de tres años en Tokio.

ちゅうさんかいきゅう 中産階級 *f.* clase media, *f.* burguesía.

ちゅうし 注視 *f.* mirada fija [clavada]. ▶注視する (一心に見つめる)*v.* mirar fijamente [atentamente]; (注意して見守る) *v.* observar cuidadosamente, 《フォーマル》*v.* escrutar; (視線を据える)*v.* tener* la vista [mirada] clavada《en》. ▶注視発作《専門語》*f.* crisis oculogira.

***ちゅうし** 中止 (継続していたものを) *m.* cese, *f.* interrupción, 《フォーマル》*f.* discontinuación; (一時的)*f.* suspensión. ▶生産中止 *f.* discontinuación [*m.* cese] de la producción.

—— 中止する (止める)*v.* cesar, detener*; (継続していたものを) *v.* interrumpir, 《フォーマル》discontinuar*; (一時的に)*v.* suspender; (取り消す)*v.* cancelar, anular. ▶エアコンの生産を中止する *v.* dejar de producir* acondicionadores de aire. ♦野球の試合を中止する *v.* cancelar un partido de béisbol. ♦彼女はパリ旅行をやむなく中止した Canceló de mala gana su viaje a París.

ちゅうじ 中耳《専門語》*m.* oído medio. ▶中耳炎《専門語》*f.* otitis media.

ちゅうじつ 忠実 *f.* fidelidad; (誠実) *f.* lealtad. → 誠実. ▶職務に対する忠実さにかけてはだれにも負けない En temas de fidelidad al deber, no estoy por debajo de nadie.

—— 忠実な *adj.* fiel; (誠実な) *adj.* leal; (職務に徹した) *adj.* profesional. ▶忠実な犬 *m.* perro fiel. ▶¹国 [²主義]に忠実である *v.* ser* fiel ¹al país [²a una causa]. ♦彼女は¹夫 [²約束]に忠実である Es fiel a su ¹marido [²palabra]. ♦その翻訳は原文に忠実だ La traducción es fiel al original.

—— 忠実に *adv.* fielmente. ♦彼は私の忠告に忠実に従った Siguió fielmente mi consejo. ⇨節操, 忠義; 甲斐甲斐しい, 神妙

***ちゅうしゃ** 注射 *f.* inyección. ▶注射器 *f.* jeringa, 《ラ米》*f.* inyectadora. ▶静脈注射 *f.* inyección intravenosa. ▶皮下注射 *f.* inyección subcutánea [hipodérmica]. ▶彼に抗生物質の注射をする *v.* ponerle* [darle*] una inyección de antibióticos. ▶その病気を注射で治す *v.* curar la enfermedad con inyecciones. ▶彼女の尻にペニシリンを注射する *v.* inyectarle [ponerle* una inyección de] penicilina en el culo. ♦海外に出かける前に医者に数回注射してもらった Antes de ir al extranjero el médico me puso varias inyecciones.

ちゅうしゃ 駐車 *m.* aparcamiento, 《ラ米》*m.* estacionamiento. ▶駐車場 *m.* aparcamiento. ▶駐車違反 *f.* infracción de aparcamiento. ▶駐車してある車 *m.* coche aparcado. ▶駐車禁止 [標識] Prohibido aparcar. / No aparcar. ♦その通りは狭くて駐車は難しかった Era difícil aparcar en esa calle tan estrecha. ♦ここは駐車禁止です No se permite aparcar aquí. ♦彼は私の家の前に駐車した Aparcó 「frente a [delante de] mi casa. ♦路上にたくさん車が駐車してある Hay muchos "coches aparcados [《ラ米》carros estacionados] en la calle. ♦駐車場はいっぱいだった El aparcamiento estaba lleno. ♦ホテルの駐車場に止めて[入れて]おいたらいいでしょう Puede usted dejar su vehículo en el aparcamiento del hotel. ♦そのデパートはお客用に無料の駐車場を備えています Esos grandes almacenes proporcionan aparcamiento gratuito a sus clientes.

|地域差| 駐車場
〔スペイン〕 *m.* aparcamiento, 《英語》*m.* "parking" (☆発音は [párkin])
〔キューバ〕 *m.* parqueo
〔メキシコ〕 *m.* estacionamiento
〔ペルー〕 *f.* cochera, *f.* playa
〔コロンビア〕 *m.* parqueadero
〔アルゼンチン〕 *m.* garaje, *f.* playa de estacionamiento

|地域差| 駐車する
〔全般的に〕 *v.* estacionar
〔スペイン〕 *v.* aparcar*
〔ラテンアメリカ〕 *v.* parquear
〔ペルー〕 *v.* cuadrar
〔コロンビア〕 *v.* cuadrar

ちゅうしゃく 注釈 *f.* nota, *m.* comentario, 《文語》*f.* glosa. ▶注釈付きの本 *m.* libro con notas, 《フォーマル》*m.* libro anotado. ▶注釈を加える *v.* añadir notas al libro《sobre, de》.

教師用駐車場
Estacionamiento para profesores ➡駐車

▶注釈する《専門語》v. anotar, comentar ☞ 解説, 書き込み, 注意

ちゅうしゅう 中秋 ◆今夜は中秋の名月だ Esta noche es la luna llena de la cosecha de otoño. → 月.

ちゅうしゅつ 抽出 《フォーマル》f. extracción 《de》; (見本の) m. muestreo. ▶無作為抽出 m. muestreo al azar. ▶エキスを抽出する v. extraer* la esencia.

ちゅうじゅん 中旬 ▶中旬に adv. a mediados de mes, en la mitad del mes. → 上旬.

ちゅうしょう 抽象 f. abstracción. ▶抽象画 m. cuadro abstracto. ▶抽象概念 f. idea abstracta, f. abstracción. ◆君の説明は抽象的すぎる Tu explicación es demasiado abstracta. ◆この絵は現代社会の不安を抽象的に表現している Este cuadro representa abstractamente [de manera abstracta] las inquietudes de la sociedad moderna.

ちゅうしょう 中傷 (言葉による) f. calumnia 《《フォーマル》f. difamación》《contra, sobre》; (文書による)《教養語》m. libelo [m. escrito difamatorio] 《contra, sobre》. ◆彼の発言は1私への[2会社に対する]中傷だ Lo que ha dicho es una calumnia contra ¹mí [²la empresa]. ◆彼はよく君のことを中傷する Te calumnia mucho. /《口語》Siempre te está poniendo verde [a parir].

ちゅうしょうきぎょう 中小企業 fpl. pequeñas y medianas empresas, 〖略〗〖スペイン〗 fpl. pymes (☆発音は [pímes]) →企業; (漠然と大企業に対し) fpl. empresas más pequeñas.

__ちゅうしょく 昼食__ f. comida, 〖ラ米〗 m. almuerzo, m. 食事, 夕食. ▶昼食時に adv. a la hora de comer [almorzar]. ▶昼食会を催す v. dar ¹una comida [un almuerzo]. ▶昼食をとる v. comer, almorzar*. ◆あす昼食でもいかがですか ¿Qué le parece si comemos mañana?

地域差	昼食
〔スペイン〕	comida
〔ラテンアメリカ〕	m. almuerzo
〔メキシコ〕	f. comida

*__ちゅうしん 中心__ (真ん中) m. centro; (中心部) m. medio; (中心部, 核心) m. corazón; (興味・議論などの中心) m. foco, m. núcleo.

1《〜の中心》▶円の中心 m. centro de un círculo. ▶台風の中心[目] m. ojo del tifón. ▶運動の中心となる (=中心的役割を演じる) v. jugar* un papel central en el movimiento. ▶パリは世界のファッションの中心だ París es el centro de la moda del mundo.

2《中心+名詞》▶中心角 m. ángulo central. ▶中心¹点 [²部] ¹m. punto [²f. parte] central [principal]. ▶中心人物 f. figura central [clave, fundamental]. ▶中心街 m. centro comercial. ◆校長は学校の中心的存在だ El director es el alma [personaje central] de la escuela.

3《中心に》▶中心に線を引く v. dibujar una línea en el centro. ◆彼は大阪の中心に住んでいる Vive en el centro de Osaka. ◆今度の選挙のことが話題の中心になった Las próximas elecciones fueron el foco de la conversación. / (話題が集中した) La conversación se centró en las próximas elecciones. ☞ 中核, 中枢; 奥, 心臓, 中央, 中心, 中部, 一街

ちゅうすいえん 虫垂炎 (盲腸炎)《専門語》f. apendicitis.

ちゅうすう 中枢 (中心) m. centro; (活動の中心) m. foco, m. núcleo. ▶中枢神経系 m. sistema nervioso central. ▶産業の中枢 m. foco industrial.

ちゅうせい 中性 (化学上の) f. neutralidad; (文法上の) m. (género) neutro. ▶中性洗剤 m. detergente neutro. ▶中性子爆弾 f. bomba de neutrones. ◆働きアリは中性だ Las hormigas obreras son asexuadas [asexuales].

ちゅうせい 中世 (f. era) medieval, m. medievo, f. Edad Media. ◆中世ヨーロッパ Europa en la época medieval [el Medievo]. ▶中世史 f. historia medieval. ▶中世の建造物 fpl. edificaciones medievales.

ちゅうせい 忠誠 (特に国家・君主に対する) f. lealtad 《f. fidelidad》《a》. ▶忠誠を尽くす v. ser* fiel 《a》. ▶忠誠の誓い m. juramento de lealtad. ◆彼は王に忠誠を誓った Juró lealtad al rey. ☞ 信義, 忠実

ちゅうせつ 忠節 f. lealtad. → 忠誠.

ちゅうぜつ 中絶 (妊娠の) m. aborto. ▶中絶する v. abortar.

ちゅうせん 抽選 (行為) m. sorteo, f. rifa; (富くじ) f. lotería. ▶抽選券 m. billete [m. cupón] de lotería. ▶抽選する v. sortear, rifar. → くじ. ▶抽選に当たる v. sacar* un número premiado, tocar* la lotería. ▶抽選で順番を決める v. decidir el orden por sorteo.

ちゅうぞう 鋳造 f. fundición; f. acuñación. ▶鋳造する v. fundir, (貨幣を) v. acuñar. ▶鋳造所 f. fundición; (貨幣の) f. casa de la moneda. ▶青銅で鐘を鋳造する v. fundir una campana de bronce. ▶百円硬貨を鋳造する v. acuñar monedas de 100 yenes.

ちゅうたい 中退 ▶中退する (退学する) v. dejar [abandonar] los estudios, 《口語》colgar* los libros, dejar la carrera (universitaria). ▶中退者 f. persona que ha abandonado los estudios. ▶¹高校 [²大学] 中退者 mf. estudiante que ha abandonado la ¹escuela secundaria [²universidad]. ◆彼女は大学を中退して貿易商社に就職した Dejó la universidad y ¹encontró trabajo [se colocó] en una empresa de comercio. ◆彼女は田中さんと結婚するために卒業する前に中退した Dejó la carrera antes de graduarse para casarse con el Sr. Tanaka.

ちゅうだん 中断 m. cese; f. interrupción; f. suspensión; f. discontinuación. ▶中断する (止める) v. detener*, cesar; (妨げる) v. interrumpir; (継続しているものを) v. discontinuar; (一時的に) v. suspender; (打ち切る) v. cortar, romper*. ▶平和交渉を中断する v. romper* las negociaciones de paz. ◆その番組は臨時ニュースのために中断された El programa fue interrumpido por un avance informativo especial. ☞ 折る, 絶[断]つ, 途切れる,

途絶える, 止[留]まる

ちゅうちゅう ▶(赤ん坊が)母親のおっぱいをちゅうちゅう吸う v. mamar de la madre. ▶ネズミがちゅうちゅう鳴く El ratón chilla. ▶彼女はジュースをストローでちゅうちゅう吸った Chupaba ruidosamente de la paja para beber el zumo [[ラ米] jugo]. ▶母親は赤子のほおにちゅうちゅうキスした La madre le dio a su bebé unos besos sonoros en la mejilla.

ちゅうちょ 躊躇 f. vacilación, m. titubeo; (気乗りしないこと) f. renuncia; (良心のとがめ) 《フォーマル》m. escrúpulo; (遠慮) f. reserva; (優柔不断) f. indecisión. ▶ちゅうちょなく adv. sin vacilación; (いやがらずに) adv. de buena gana; (平気で) adv. sin ningún escrúpulo; 《口語》ni corto ni perezoso; (遠慮なく) adv. sin ninguna reserva. ▶ちゅうちょする v. vacilar, dudar, titubear. → ためらう. ♦彼女はドアをノックする前一瞬ちゅうちょした Antes de llamar a la puerta vaciló un instante. ☞ 遠慮する, 渋る

ちゅうづり 宙吊り ▶宙吊りになる v. suspenderse en el aire.

ちゅうと 中途 ▶中途(で[の]) adv. a medio camino. ▶中途退学する v. dejar los estudios en la mitad. ▶旅の中途で引き返す v. regresar en mitad del viaje. → 途中 ▷ 間, 中間に

ちゅうとう 中等 ▶中等の adj. medio, mediano. ▶(後期)中等教育 f. educación secundaria (superior).

ちゅうとう 中東 Medio Oriente.

ちゅうどう 中道 ▶中道の(穏健な) adj. del medio, centrista, de una posición central. ▶中道主義者 mf. centrista.

ちゅうどく 中毒 m. envenenamiento, 《フォーマル》f. intoxicación; (麻薬などの常用) f. adicción; f. dependencia. ▶中毒症 《専門語》f. toxicosis. ▶麻薬中毒 f. drogadicción; f. drogodependencia. ▶テレビ中毒 f. adicción a la televisión. ▶麻薬中毒患者 mf. drogadicto/ta. ▶食中毒にかかる v. sufrir una intoxicación alimenticia. ▶ガス中毒になる v. intoxicarse* [envenenarse] por el gas. ▶麻薬中毒にかかっている v. ser* drogadicto, 《フォーマル》tener* drogodependencia. ▶(ガス)中毒死する v. morir* envenenado (por el gas). ▶彼は仕事中毒だ Es un adicto al trabajo.

ちゅうとはんぱ 中途半端 ▶中途半端な (事が) adj. medio hecho; (未完成の) adj. inacabado, sin terminar, 《口語》a medias tintas; (不完全な) adj. a medias; (人・答えなどが) adj. indeciso; (なまぬるい) adj. tibio. ▶中途半端な仕事をする v. hacer* un trabajo a medias. ▶中途半端な態度をとる v. adoptar una postura tibia (hacia). ▶物事を中途半端にしておいてはいけない No hay que dejar nada a medio acabar.

ちゅうとん 駐屯 ▶駐屯地 f. guarnición; (特に遠隔地の) m. destacamento, m. estacionamiento. ▶駐屯する(配置される) v. estar* en guarnición, estar* estacionado.

チューナー m. sintonizador.

ちゅうにかい 中二階 m. entresuelo.

ちゅうにくちゅうぜい 中肉中背 ▶中肉中背の人 (中位の背と体格の人) f. persona de complexión media; (平均的な身長と体重の人) f. persona de estatura y peso medio.

ちゅうにち 駐日 ▶駐日アメリカ大使 m. embajador de Estados Unidos en Japón.

ちゅうにゅう 注入 f. inyección. ▶注入する(注ぐ) v. poner* [dar*] una inyección, 《フォーマル》inyectar.

チューニング (音合わせ) f. sintonización.

ちゅうねん 中年 f. edad media [mediana, madura]. ▶中年の男 m. hombre de edad mediana, m. hombre maduro. ▶中年である v. estar* en edad mediana, ser* maduro. ▶中年太りになる [²である] v. ¹echar barriga [²tener* la curva de la felicidad].

チューバ f. tuba. ▶チューバを吹く v. tocar* la tuba.

ちゅうばん 中盤 (将棋などの) f. etapa media de un juego. ♦選挙は中盤(戦)に入った La campaña electoral ha entrado en su etapa intermedia.

ちゅうび 中火 (中くらいの炎) f. llama media; (中くらいの熱) m. calor medio. → 弱火.

ちゅうぶ 中部 (中心部) m. centro, f. parte [f. zona] central; (中央部分) f. parte del medio. ▶中部地方 f. región Chubu [central de Japón]. ▶(日本の中部) m. centro [f. zona central] de Japón.

チューブ m. tubo; (タイヤの) f. cámara. ▶チューブ入りの絵の具 mpl. colores de tubo. ▶チューブ入り歯みがき m. tubo de pasta dentífrica. ▶チューブから絞り出す v. sacar* (pintura) del tubo. ♦タイヤだけでなくチューブも破れている No sólo el neumático está roto sino también la cámara.

ちゅうふく 中腹 ▶山の中腹で彼にばったり出会う v. encontrarse* con él de improviso a medio camino en la montaña. ▶山の中腹に小屋があってそこで休憩した Descansamos en una cabaña en medio camino en la montaña.

ちゅうぶらりん 宙ぶらりん ▶猿は木に宙ぶらりんぶら下がっている El mono está suspendido del árbol. ▶その件を宙ぶらりん(＝未決定)にしておくな No dejes ese asunto pendiente.

ちゅうべい 中米 (中央アメリカ) América Central, Centroamérica. → 中央アメリカ. ▶中米の adj. centroamericano.

ちゅうべい 駐米 ▶駐米日本大使 m. embajador japonés en Estados Unidos.

ちゅうへん 中編 (小説) f. novela corta, m. cuento. → 小説.

*__ちゅうもく__ 注目 f. atención, m. interés; (注意) f. atención. ▶注目に値する本 m. libro digno de interés [atención], m. libro notable. ♦その選手は今や人々の注目の的だ El atleta es ahora el centro de atención del público. ♦彼の新しい小説は一般大衆の注目をひいた Su nueva novela atrajo la atención del público.

—— 注目する (注意を払う) v. prestar [poner*] atención 《a》; (気にとめる, 関心を寄せる) v. poner* [tener*] interés 《a, en》; (注意して見守

る) v. observar. ▶授業中先生の方を注目する v. prestar [poner*] atención al profesor. ▶当時批評家たちはだれもこの詩人を注目していなかった En aquel tiempo ningún crítico「prestaba atención a [tenía interés en] este poeta. ▶日本式経営法が今外国から注目されている El sistema de gerencia japonés es ahora el centro de interés del resto del mundo. ▶世間が君に注目している Eres el centro de atención del mundo.

ちゅうもん 注文 ❶【あつらえ】m. pedido, m. encargo 《de + 物, a + 人》.

1《～注文》▶本屋への注文をする v. encargar* [hacer*] un pedido de un libro a una librería. ▶大口 [小口]の注文 m. pedido ¹grande [²pequeño]. ▶急ぎの注文 m. pedido urgente. ▶追加注文する v. hacer* un pedido suplementario.

2《注文＋名詞》▶注文書 f. nota de pedidos. ▶注文仕立てのスーツ m. traje「de encargo [a la medida]. ▶注文住宅 f. casa hecha de encargo. ▶その本は注文中だ Tengo el libro pedido [encargado]. / He pedido ese libro.

3《注文が[は]》▶この工場には多数のロボットの注文が来ている Esta fábrica ha recibido muchos pedidos del robot. / A esta fábrica le han encargado muchos robots. ▶その辞書に注文が殺到している Hay「una avalancha de [numerosos] pedidos de ese diccionario. ▶ご注文はお決まりでしょうか(レストランで) ¿Puedo tomar su pedido, señor/ñora? / ご注文はお聞きしておりますでしょうか ¿Le están atendiendo, señor/ñora? ▶ほかにご注文は? ¿Algo más, señor/ñora?

4《注文の》▶彼の注文の品を届ける v. entregar* su pedido. ▶注文の品 (=注文したもの)がまだ届かない Mi pedido todavía no ha llegado. 会話 ご注文の本が入りました一分かりました. 取りに寄ります Han llegado los libros que usted pidió. - Muy bien. Me pasaré a recogerlos.

5《注文に》▶注文に応じる v. aceptar un pedido.

6《注文を》▶注文を取る v. aceptar (su) pedido. ▶注文を聞く v. preguntar「qué se va a pedir* [por el pedido]. ▶海外から注文を受ける v. recibir pedidos del extranjero. ▶電話での注文を受け付ける v. aceptar pedidos por teléfono. 会話 ご注文をお伺いします一ローストビーフとビールをください ¿Puedo tomar su pedido, por favor? - Voy a tomar「carne asada [rosbif] y cerveza.

❷【依頼，要求】(要請) f. petición; (お願い) m. ruego, 《口語》 m. favor; (強い要求) f. demanda, f. exigencia; (条件) f. condición. ▶彼に無理な注文をするな No le pidas demasiado. ▶君に一つ注文(=お願い)がある Tengo algo que pedirte. / Quiero que me hagas un favor. / Tengo una petición para ti. / ▶それは無理な注文だ Eso es pedir demasiado. / Es una petición excesiva. / (難しい要求だ) Eso es mucho pedir. ▶ぼくに翻訳をしろというのは無理な注文だ Es demasiado pedirme que haga yo la traducción. ▶何の注文 (=条件)もつけません No pongo ninguna condición.

—— 注文する ❶【注文する】v. encargar*, pedir*, hacer* un pedido [encargo]. ▶酒屋にビールを2ダース注文する v. encargar* dos docenas de cervezas de la tienda, hacer* un pedido a la tienda de dos docenas de cervezas. ▶ビフテキを3人前注文する v. encargar* [pedir*] tres raciones de bistec. ▶電話で注文する v. encargar* por teléfono. ▶母は私に夏物の背広を注文してくれた Mi madre me ha encargado un traje de verano. ▶私たちは(ウエーターに)紅茶とコーヒーを注文した Hemos pedido (al camarero) té y café. ❷【依頼・要求する】(依頼する) v. pedir*, 《フォーマル》 solicitar; (要求する) v. exigir*, demandar ⇨オーダー, 御用; 頼む, 取[捕, 採, 執]る, 取り寄せる

ちゅうや 昼夜 →日夜. ▶彼らは昼夜交代で働いた Trabajaban por turnos de día y noche. ▶彼は¹一昼夜 [²二昼夜]働きづめだった Estuvo trabajando continuamente ¹veinticuatro horas [²dos días y dos noches].

ちゅうゆ 注油 ▶注油する v. lubricar*, engrasar.

ちゅうよう 中庸 f. moderación. ▶中庸を得た (=穏健な)意見の持ち主 f. persona de ideas moderadas. ▶中庸を守る v. ser* moderado.

ちゅうよう 中葉 《専門語》 m. lóbulo intermedio.

ちゅうようとっき 虫様突起 《専門語》 m. apéndice vermiforme.

ちゅうりつ 中立 f. neutralidad. ▶中立政策 f. política de neutralidad. ▶中立主義 m. neutralismo. ▶中立主義者 mf. neutralista. ▶中立国 m. país neutral. ▶中立を守る v. mantenerse* neutral, 《フォーマル》 observar neutralidad. ▶その問題に中立的な態度をとる v. tomar una actitud neutral hacia el problema. ▶その地域を中立化する v. neutralizar* [hacer* neutral] el territorio.

チューリッヒ Zurich 《☆スイスの都市》.

チューリップ m. tulipán.

ちゅうりゅう 中流 ❶【川の】m. curso medio (de un río) → 上流; (川幅の中ほど) m. medio「de la corriente [del río]. ▶その川は中流は浅い El río es poco profundo en su curso medio.

❷【社会の】▶中流階級 f. clase media. ▶中流の(家庭) f. familia de la clase media. ▶戦後国が豊かになったということは, 今や, 多くの家族が中流の生活を楽しめるということなのだ La prosperidad del país durante la postguerra significa que numerosas familias pueden ahora llevar una vida de clase media.

ちゅうりゅう 駐留 ▶駐留する (配置される) v. estar* estacionado 《en》; (居残る) v. permanecer* 《en》. ▶駐留軍(占領地の) fpl. fuerzas de ocupación. ▶在日米軍駐留軍 fpl. fuerzas norteamericanas estacionadas en Japón.

チューロ m. churro 《☆スペインの揚げ菓子》.

ちゅうわ 中和 f. neutralización; (毒などの) f. contraactuación. ▶中和する v. neutralizar*; (薬などで) v. contraactuar*.

チュニジア Túnez; (公式名) f. República de Túnez (☆アフリカの共和国, 首都チュニス Túnez). ▶チュニジアの adj. tunecino.

チュニス Túnez (☆アフリカ北部, チュニジアの首都).

ちゅんちゅん ▶スズメが庭でちゅんちゅん鳴いている Los gorriones están trinando en el jardín.

-ちょ —著 prep. de, por. ▶小西良行著『生態学入門』«Introducción a la Ecología», de Yoshiyuki Konishi.

ちょいちょい adv. a veces. → 時々.

ちょう 蝶 f. mariposa. ▶アゲハチョウ f. mariposa de alas traseras ahorquilladas. ▶モンシロチョウ f. mariposa blanca de la col. ▶ちょうネクタイ f. pajarita. → 蝶ネクタイ.

ちょう 腸 mpl. intestinos, 《口語》fpl. tripas. → おなか. ▶大 [2小] 腸 m. intestino ¹grueso [²delgado]. ▶腸うっ血《専門語》f. enterostasis. ▶腸炎, 腸の炎症《専門語》f. enteritis. ▶腸カタル《専門語》m. catarro intestinal. ▶腸疾患《専門語》f. enteropatía. ▶腸重積症《専門語》f. intususcepción. ▶腸チフス《専門語》f. fiebre tifoidea. ▶腸捻(ねん)転《専門語》m. vólvulo intestinal. ▶腸捻転を起こす v. tener* una torsión intestinal [《口語》de tripas]. ▶腸閉塞《専門語》m. íleo. ▶腸瘤(りゅう)《専門語》m. enterocele. ♦腸が悪い Tengo un trastorno intestinal.

ちょう 長 ❶【かしら】mf. jefe/fa, mf. director/tora; (政治的な) mf. dirigente; (リーダー)《口語》mf. líder; (政治・軍事的な) mf. cabecilla; (ファシズムなど政治的なニュアンスで) m. caudillo. ▶一家の長 m. cabeza de familia; (かせぎ手) m. sostén de la familia, 《口語》el [la] que gana el pan. ♦彼はグループの長だ Es el jefe del grupo.
❷【長所】m. mérito. ␣主任, 首脳

ちょう 丁 m. número par. ▶とうふ 1 丁 m. bloque de "tofu". ▶はさみ 2 丁 fpl. dos tijeras.

ちょう 兆 ❶【数】▶1 兆 m. billón, m. millón de millones. ▶10 兆円 mpl. diez billones de yenes.
❷【きざし】▶吉兆 m. buen augurio [agüero].

ちょう 超 ▶超大型タンカー m. superpetrolero. ▶超自然的存在 mpl. seres sobrenaturales. ▶超近代的設備 m. equipo ultramoderno. ▶超大国 f. superpotencia.

ちょう 庁 f. agencia. ▶経済企画庁 f. Agencia de Planificación Económica.

-ちょう –朝 (時代) f. era, m. período, f. época; (治世) m. reinado; (王朝) f. dinastía. ▶平安朝 f. época Heian. ▶ハプスブルグ朝 f. dinastía Habsburgo, la Casa de Austria.

ちょうあい 寵愛 ▶寵愛を受ける v. ser* el/la favorito/ta《de》, 《文語》gozar* de la gracia《de》, ser* favorecido《por》. ▶王の寵愛を失う v. perder* el favor real. ▶寵愛する(特に愛する) v. favorecer*, 《口語》dar* trato de favor.

ちょうあん 長安(西安の旧称) Changán.

ちょうい 弔意《フォーマル》fpl. condolencias, m. pésame. ▶弔意を表わす v. dar* el pésame, 《フォーマル》expresar las condolencias《a》.

ちょういちりゅう 超一流 ▶超一流の adj. de primerísima calidad, de calidad extra. ▶超一流のスター f. superestrella.

ちょういん 調印(署名) f. firma. ▶調印式 f. ceremonia de firma. ♦平和条約が両国政府によって署名・調印された El tratado de paz fue firmado (y sellado) por ambos gobiernos. → 印鑑.

ちょうえい 町営 ▶町営の adj. municipal. ▶町営のプール f. piscina [《ラ米》alberca] municipal.

ちょうえき 懲役 f. prisión con trabajos forzados. ♦彼は 3 年の懲役に処せられた Le condenaron a tres años de trabajos forzados.

ちょうえつ 超越 ▶超越する(限界を) v. 《フォーマル》trascender*; (域を越える) v. elevarse por encima《de》; (離れている) v. estar* por encima [más allá]《de》. ▶人知を超越する v. trascender* el conocimiento humano. ▶世俗を超越する v. elevarse por encima del mundo.

ちょうおんそく 超音速 f. velocidad supersónica. ▶超音速飛行 m. vuelo supersónico. ▶超音速航空機 m. avión supersónico. ▶超音速旅客機 m. avión de transporte supersónico. ♦このジェット機は超音速で飛ぶ Este avión a reacción vuela a velocidades supersónicas.

ちょうおんぱ 超音波 fpl. ondas supersónicas; (医療用の) f. ecografía, m. ultrasonido. ▶超音波の adj. supersónico; ultrasónico. ▶超音波検査 f. prueba supersónica. ▶超音波スキャナー m. ecógrafo.

ちょうか 超過 m. excedente, m. exceso; 《専門語》m. superávit.
1《～の超過》▶輸出に対する輸入の超過 m. excedente de las importaciones sobre las exportaciones. ♦お支払い金額の超過分はお返しいたします Si paga usted más de lo necesario, el excedente le será devuelto [《フォーマル》reembolsado].
2《超過の(の)＋名詞》▶超過額 m. excedente. ▶超過勤務 fpl. horas extras. ▶超過勤務手当 m. premio por horas extras. ▶週に 12 時間の超過勤務をする v. trabajar [《口語》hacer*] doce horas extra(s) a la semana. ▶制限重量超過の手荷物に対して超過料金を払う v. pagar* por exceso de equipaje.

――**超過する**(限度などを) v. exceder, superar, rebasar, 《...以上である》v. pasar《de》, tener* ... de más, sobrepasar. ▶制限時間を超過する v. superar el límite de tiempo. ♦費用は予算をはるかに超過した Costó mucho más de lo que esperábamos. ♦輸出は輸入を 10 億ドル超過している Las exportaciones superan a las importaciones en mil millones de dólares. ♦その小包は重量が 3 キロ超過している Ese paquete「tiene tres kilos de más [《口語》se pasa tres kilos]. / En ese paquete hay un exceso de peso de tres kilos.◆そのバスは定員を超過している Ese autobús va sobrecargado. ☞ 越[超]す, 出る, 突破する

ちょうかい 町会 (町民会) *m.* concejo municipal de vecinos; (町議会) *m.* concejo municipal. ▶町会議員 *mf.* concejal/jala.

ちょうかく 聴覚 *m.* (sentido del) oído,《フォーマル》*f.* audición,《専門語》*m.* sentido auditivo. ▶聴覚障害《専門語》*f.* sordura. ▶聴覚が鋭い *v.* tener* un「buen oído [oído agudo]. ▶聴覚テスト *f.* prueba de audición. ▶聴覚を失う *v.* perder*「el oído [《フォーマル》la audición].

ちょうかん 長官 (官庁の長) *m.* direct*or/tora* general. ▶防衛庁長官 *m.* Director General de la Agencia de Defensa. ▶ ¹国務 [²商務] 長 *mf.* Secret*ario/ria* de ¹Estado [²Comercio]. ▶最高裁判所長官 *m.* Presidente「del Tribunal Supremo [de la Corte Suprema].

ちょうかん 腸管 《専門語》*m.* tracto intestinal.

ちょうかんず 鳥瞰図 (*m.* plano a) *f.* vista de pájaro.

ちょうかんまく 腸間膜 《専門語》*m.* mesenterio. ▶腸間膜炎《専門語》*f.* mesenteritis.

ちょうき 長期 *m.* período [*m.* plazo] largo. → 期間. ▶長期の *adj.* a [de] largo plazo; (射程の長い) *adj.* a [de] largo alcance. ▶長期欠席 *f.* larga ausencia. ▶長期予報 *f.* previsión meteorológica a largo plazo. ▶長期計画 *f.* plan a largo alcance. ▶長期「契約 [²協定]*m.* contrato [²m. acuerdo] a largo plazo. ▶(映画などが)長期興行[公演]を続けている *v.* llevar en cartel largo tiempo. ◆その会談は長期に及んだ Las conversaciones「se prolongaron mucho tiempo [duraron un largo período].

ちょうきょう 調教 (馬などの) *m.* entrenamiento. ▶調教師 *mf.* entrena*dor/dora*. ▶調教する *v.* entrenar.

ちょうきょり 長距離 *f.* larga distancia, *m.* largo recorrido [trayecto]; (長い射程距離) *m.* largo alcance. ▶長距離電話 *f.* llamada [*f.* conferencia] de larga distancia. ▶長距離列車 *m.* tren de larga distancia. ▶長距離輸送 *m.* transporte [*m.* acarreo] de largo recorrido. ▶長距離「競走 [²選手] *f.* carrera [*f. m.* corre*dor/dora*] de fondo. ◆ブエノスアイレスへ長距離電話をお願いします(交換手に) Quisiera poner una conferencia a Buenos Aires, por favor.

ちょうけし 帳消し ▶帳消しにする (相殺する) *v.* cancelar, liquidar; (なくす) *v.* anular, enjugar*. ▶借金を帳消しにする *v.* cancelar una deuda.

ちょうこう 聴講 ▶聴講を許可する *v.* conceder《a + 人》la admisión, admitir《a + 人》. ▶聴講する *v.* seguir* [asistir] (a una clase). ▶聴講生 *mf.* oyente. ▶聴講料 *f.* entrada, *f.* tarifa de admisión.

ちょうこう 兆候 *m.* indicio, *f.* señal; (病気や悪いことの) *m.* síntoma. ▶インフルエンザの兆候が現れる *v.* presentar síntomas de gripe. ◆戦争終結の兆候がはっきり出ている Hay indicios ciertos de que la guerra se acabará pronto. ◆くしゃみは風邪の兆候であることが多い El estornudo indica frecuentemente resfriado. / El estornudo es una frecuente señal de resfriado. ☞ 表われ, 気配

ちょうごう 調合 ▶調合する *v.* preparar un medicamento. ▶薬剤を調合して(=混合して)消化剤を作る *v.* preparar una medicina para favorecer* la digestión. ▶処方の薬を調合する *v.* preparar una receta.

ちょうこうそう 超高層 ▶超高層ビル *m.* rascacielos.

ちょうこく 彫刻【彫刻術】*f.* escultura; (彫る, 彫って作る) *f.* talla; (表面に彫る) *m.* grabado; 【彫刻品】(像) *f.* escultura; (小像, 装飾品) *f.* talla; (浮き彫り) *m.* relieve. ▶(象牙などへの)装飾彫刻 *f.* escultura decorativa. ▶古代彫刻 *f.* escultura antigua. ▶木の彫刻品 *f.* talla (en madera). ▶石の彫刻品 *f.* escultura (en piedra). ▶彫刻家(像の) *mf.* escult*or/tora*; (彫り物の) *mf.* graba*dor/dora*. ▶彫刻刀 *m.* escoplo.

—— 彫刻する *v.* esculpir; tallar; grabar. ▶彫刻してある柱 *f.* columna esculpida [tallada]. ▶石を彫刻して像を作る *v.* esculpir una estatua en piedra.

・ちょうさ 調査 *m.* estudio, *m.* examen, *f.* investigación, *f.* encuesta, *m.* sondeo; (アンケートなどによる) *f.* encuesta; (学術的による) *f.* investigación → 研究; (統計・測量などによる) *f.* inspección.

1《〜の調査》▶市場調査 *m.* estudio [*f.* investigación] de mercado. ▶その事故の原因調査 *f.* investigación de la causa del accidente.

2《調査 + 名詞》▶調査委員会 *m.* comité de investigación. → 委員会. ▶調査員[官] *mf.* investiga*dor/dora*. ▶調査報告書 *m.* informe de investigación. ▶調査(=アンケート)用紙 *m.* cuestionario. ▶調査中の事柄 *m.* asunto bajo investigación.

3《調査が〜》◆何人の人がその製品を使用しているか調査が行なわれた Se realizó una investigación [encuesta] para saber cuántas personas usaban el producto.

—— 調査(を)する *v.* examinar, investigar*, hacer*「una encuesta [un sondeo]; (世論などを) *v.* sondear. → 研究する. ▶その事実を調査する *v.* examinar los hechos. ▶その殺人事件を調査する *v.* investigar* el caso de asesinato. ▶ヘリコプターからその土地を調査する *v.* reconocer* la tierra desde un helicóptero. ◆警察はその火事の原因を調査している La policía está investigando la causa del incendio. ◆更に調査を続けた結果, 彼はいわるを受け取っていたことが明らかになった Investigaciones posteriores del caso revelaron que había sido

sobornado.
▷ 調べ, 追及, 追究, 取り調べ; 解明, 調べる
ちょうさ 長沙 →チャンシャー.
ちょうざい 調剤 ▶調剤する v. preparar un medicamento;(処方箋(%)どおりに) v. preparar una receta.
*ちょうし** 調子. ❶《状態, 具合》m. estado, f. condición. → 具合.

1《調子が/は》▶調子が¹よい [²悪い] v. estar* en ¹buen [²mal] estado. / (体調が)¹よい [²悪い] v. tener* ¹buena [²mala] salud, sentirse* ¹bien [²mal]; (機械が) v. funcionar ¹bien [²mal]. ▶調子が戻る v. volver* ¹al estado [a la condición] normal. ▶調子がでる v. coger* el ritmo; (仕事などに慣れて自分のペースでできるようになる) v. coger* [⁽ ⁾米] agarrar] el ritmo. ▶彼の調子はしだいによくなってきた Su estado (de salud) está mejorando poco a poco. ♦ 最近どうも体の調子がよくない Estos días no 「me encuentro [estoy] bien. ♦ そのためにすっかり体の調子が狂ってしまった Eso me ha trastornado completamente. ♦ 調子はいいですか (体の) ¿Qué tal vas [andas]? / ¿Cómo estás? / (商売の) ¿Cómo van las cosas? ▶ 選手たちは最高の調子がよかった Los jugadores estaban en plena [perfecta] forma. 〈会話〉あの選手の調子はいいですか―最近調子を落としています ¿Está en forma ese jugador? – Últimamente no ha estado en forma. ♦ 機械の調子はどうですか ¿Qué tal funciona la máquina? ♦ 車の調子がおかしい Mi coche 「[⁽口語⁾] no anda bien [funciona mal]. / Algo no va bien en mi coche. 〈会話〉 学校の調子はどう―どうも調子がでないわ ¿Cómo van esos estudios? – Más bien regular. [Pues nada bien.]

2《調子を》▶体の調子を崩す v. tener* mala salud. ▶機械の調子を整える v. mantener* la máquina en buen funcionamiento. ♦ その試合に備えて調子を整えておきなさい 「Ponte en forma [Prepárate] para el partido. ♦ 体の調子をよくしたかったら, もっと運動をしないとだめだよ Si quieres ponerte en forma, tienes que hacer más ejercicio.

❷《音調, 口調》(音色, 口調) m. tono. ▶調子の ¹高い [²低い] adj. de tono ¹alto [²bajo]; (音が調和のとれた) adj. armonioso; (律動的な) adj. rítmico; (旋律の美しい) adj. melodioso.

1《調子が》▶調子が¹合っている [²外れている] v. estar* ¹entonado [²desentonado]. ▶彼の演説の調子が突然変わった El tono de su discurso cambió de repente.

2《調子を [に]》▶(楽器の)調子を合わせる v. afinar. ▶声の調子を¹上げる [²落とす] v. ¹subir [²bajar] el tono. ▶調子を変える (声の) v. modular la voz; (話の) v. cambiar de tono. ▶音楽に調子を合わせて踊る v. bailar al ritmo de la música. ♦ その新聞は政府攻撃の調子を和らげた El periódico bajó el tono de su ataque al gobierno. ♦ 彼女の声は問いただすような調子になった Su voz adquirió un tono inquisitivo.

3《調子で》▶¹怒ったような [²穏やかな]調子で adv. con el tono ¹irritado [²suave]. ▶命令するような調子で adv. con [en] tono imperativo. ▶一本調子で話す v. hablar monótona-

ちょうしょ 879

mente. ▶¹正しい調子で [²調子はずれで]歌う v. cantar ¹entonado [²fuera de tono].
❸《やり方》 m. modo, f. manera, f. forma. ▶いつもの調子で（＝いつもやるように）adv. del modo habitual, como siempre. ▶こういう調子でそれをやりなさい Hazlo de este modo. ♦ 彼はいつもあんな調子だ Así lo hace siempre. / Es su manera.
❹《態度》▶(人と)調子を合わせる (仲よくやっていく) v. llevarse bien 《con》; (表面上うまく合わせる) v. ir* bien 《con》.
〖その他の表現〗♦ 調子のよい（＝口先のうまい）セールスマン mf. vendedor/dora adulador/dora. ♦ 彼はすぐ調子に乗る（＝調子者だ） Pierde el control fácilmente. ♦ この調子ではすまでに仕事が終わらないだろう A este paso [ritmo], no seremos capaces de acabar mañana el trabajo. ♦ その調子, その調子 Así es. / Bien hecho. / Así se hace. /《口語》¡Sí, señor/ñora! / (そのまま)Sigue así. → 具合, 呼吸

ちょうじ 弔辞 m. mensaje de condolencia; (追悼演説)《フォーマル》《文語》f. alocución fúnebre. ▶弔辞を述べる v. dar* 《a + 人》el pésame,《フォーマル》ofrecer* 《a + 人》las condolencias. ▶(彼の母の死に)弔辞を送る v. enviarle* un mensaje de condolencia (por la muerte de su madre).

ちょうじ 寵児 (花形) m. personaje de moda. ▶文壇の寵児 m. personaje de moda en el mundo literario.

ちょうしぜん 超自然 ▶超自然的な adj. sobrenatural. ▶超自然(現象) lo sobrenatural.

ちょうしゅ 聴取 ▶ラジオ聴取 mf. oyente, mf. radioyente, mf. radioescucha. ▶証言を聴取する v. escuchar [oír*] un testimonio.

ちょうじゅ 長寿 ▶長寿の,《フォーマル》 f. longevidad. → 長生き. ▶長寿の秘訣(½) m. secreto de la longevidad. ♦ 彼は長寿を保った Tuvo [《フォーマル》Gozó de] una larga vida. / Alcanzó la longevidad.

ちょうしゅう 聴衆 m. público, m. auditorio, f. audiencia;（出席者数）f. asistencia, f. concurrencia. ▶耳がよく肥えた聴衆 m. público muy apreciativo. ♦ 聴衆は彼女の歌に聞きほれた El público estaba encantado con su canción. ♦ 会場には¹2千人 [²多く]の聴衆がいた En la sala había ¹dos mil personas [²un numeroso público]. ♦ 彼の演説は全国各地で多くの聴衆を魅了した Su discurso fascinó a numerosos auditorios en todo Japón.

ちょうしゅう 徴収 ▶徴収する v. cobrar, recaudar, percibir. ♦ 彼から税金を徴収する v. recaudar un impuesto de él.

ちょうしゅん 長春 →チャンチュン.
*ちょうしょ** 長所 (人の) f. cualidad, lo bueno; (物の) fpl. ventajas; (価値) m. mérito; (美徳) f. virtud; (有利な点) f. ventaja. ▶彼女の長所と短所 fpl. sus cualidades y mpl. defectos. ♦ 彼女の長所はどういうところですか ¿Qué cualidades tiene él? ♦ その計画の長所はどういうところですか ¿Cuáles son las ventajas del plan? ♦ 能

弁は政治家としての彼の長所の一つだ La elocuencia es una de sus cualidades como político. ◆この機械の長所はほとんど修理がいらないことだ「El mérito [Lo bueno] de esta máquina es que「cuesta muy poco [casi no cuesta] repararla. ☞身上, 長, 特長

ちょうしょ 調書 (訴状) f. demanda, f. petición; (報告書) m. informe. ▶支払調書 m. certificado de pago. ▶供述調書 m. atestado de un testigo, m. escrito de declaración. ▶調書を取る(取り調べる) v. tomar declaración 《a + 人》.

ちょうじょ 長女 f. hija mayor, 《フォーマル》 f. primogénita. → 長男.

ちょうしょう 嘲笑 (冷かし) m. ridículo, f. burla, 《フォーマル》 f. mofa, f. risa burlona. ▶嘲笑の的になる v.「hacer* el [exponerse* al] ridículo. ◆嘲笑を招くようなことをしてはいけない No debes hacer nada que te ponga en ridículo. ◆彼は私を嘲笑した Se rió [burló] de mí. → 嘲 《動》.

***ちょうじょう** 頂上 (山の) f. cima, 《口語》 lo alto, f. cumbre; (とがった山の) m. pico. ▶山の頂上に adv. en la cima de una montaña. ▶頂上(=首脳)会談 f. (conferencia) cumbre. ◆彼らはついにエベレストの頂上をきわめた Por fin escalaron [《強調して》 conquistaron] la cima del Monte Everest. ◆頂上は霧でおおわれていた La cumbre de la montaña estaba envuelta en niebla. ◆彼の人気は今が頂上だ Ahora se encuentra en el cenit de la popularidad. ☞絶頂, 頂点

***ちょうしょく** 朝食 m. desayuno. → 食事, 夕食. ▶朝食にトーストと玉子を食べる v. desayunar tostada y huevos, comer tostada y huevos「de desayuno [para desayunar]. ▶急いで朝食をとる v. desayunar(se) rápidamente, tomar un desayuno rápido.

ちょうじり 帳尻 (収支勘定) m. balance. ▶帳尻を合わせる v. hacer* el balance; (収支を合わせる)v. equilibrar gastos e ingresos. ◆帳尻が合わない No salen las cuentas.

ちょうしん 長針 (時計の) m. minutero, f. aguja larga.

ちょうしん 長身 (背の高い) adj. alto, de gran [mucha] estatura.

ちょうじん 超人 m. superhombre, f. supermujer. ▶超人的な記憶力の持ち主 f. persona de memoria sobrehumana.

ちょうしんき 聴診器 m. fonendoscopio, m. estetoscopio. ▶聴診器を当てる v. aplicar* 《a + 人》 el fonendoscopio.

ちょうせい 調整 m. ajuste, m. arreglo; f. regulación. → 調節. ▶(税金の)年末調整 m. ajuste de impuestos de fin de año.

——調整する (適合させる) v. ajustar; (望む状態にする) v. regular; (機械を) v. ajustar. ▶時計を調整する (時刻を合わせる) v. ajustar un reloj; (専門家が) v. regular un reloj. ▶意見の違いを調整する v. ajustar las diferencias de opinión. ▶テレビの画像を調整する v. ajustar la imagen de la televisión. ◆車を調整してもらっている Me están revisando el coche.

ちょうせつ 調節 m. ajuste; f. regulación; m. control. → 調整. ▶調節のできる座席 m. asiento ajustable. ▶音声調節つまみ m. control [m. regulador] de volumen. ▶自動調節のエアコン m. aire acondicionado autorregulable.

——調節する (適合させる) v. ajustar; (望む状態にする) v. regular, regularizar*; (制御する) v. controlar. ▶ラジオの音量を調節する v. ajustar el volumen de una radio. ▶室温を調節する v. regular la temperatura de una habitación. ▶機械の速さを調節する v. regular la velocidad de una máquina. ▶声を調節する v. modular la voz 《a》. ◆彼は座席を自分の高さに調節した Ajustó el asiento a su altura.

ちょうせん 朝鮮 Corea. ▶北朝鮮 Corea del Norte. ▶(公式名)朝鮮民主主義人民共和国 f. República Popular Democrática de Corea (☆アジアの国名, 首都ピョンヤン Pyongyang). ▶南朝鮮 Corea del Sur. ▶(公式名)大韓民国 f. República de Corea. ▶朝鮮人 mf. coreano/na. ▶朝鮮語 m. coreano, f. lengua coreana. ▶朝鮮人参 《中国語》 m. "ginseng" (☆発音は [yinsén]).

ちょうせん 挑戦 m. desafío, 《強調して》 m. reto, (試み) m. intento, 《強調して》 f. tentativa. ▶挑戦者(選手権に対する) mf. desafiador/dora, mf. retador/dora; (クイズ番組などの) m. aspirante. ▶挑戦に応じる v. aceptar (su) desafío, 《文語》 recoger* el guante.

——挑戦的(な) (攻撃的な) adj. agresivo; (権力などに挑戦的な) adj. desafiante. ▶挑戦的態度をとる v. adoptar una actitud desafiante 《hacia, ante》.

——挑戦する (試みる) v. intentar, probar*; (戦いを挑む) v. retar; (公然と反対する) v. desafiar*. ▶難しい仕事に挑戦する v. intentar hacer* un difícil trabajo. ▶世界記録に挑戦する v. intentar establecer* una marca mundial. ▶チャンピオンに挑戦する v. retar al campeón. ▶世論に挑戦する v. desafiar* la opinión pública. ◆港南大学の入試に再度挑戦します「Volveré a intentar [Intentaré otra vez] aprobar el examen de ingreso a la Universidad Konan. ◆彼は競走しようと挑戦してきた Me desafió a una carrera. ☞アタック, チャレンジ

ちょうぜん 超然 ▶超然とした(人と交わらない) adj. distante; (私情におぼれず冷静な) adj. distante, indiferente, despreocupado, desapegado. ▶超然とした人 f. persona desapegada. ▶超然として語る v. hablar con un aire de desapego [indiferencia]. ▶他のみんなから離れて超然としている v. estar* desapegado [despreocupado] de los demás. ▶世間に超然としている v. desapegarse* del mundo, estar* por encima de lo mundano.

ちょうせんはんとう 朝鮮半島 f. Península Coreana.

ちょうぞう 彫像 f. estatua (esculpida).

ちょうそく 長足 ▶長足の進歩を遂げる v. hacer* [《フォーマル》 realizar*] un rápido progreso 《en, con》.

ちょうだ 長蛇 ▸長蛇の列 f. larga cola [fila].
ちょうだ 長打 m. golpe largo. ▸長打者 mf. bateador/dora de golpe largo. ▸ライト線に長打を放つ v. batear un golpe largo a la línea del campo derecho.
ちょうだい 頂戴 ❶【もらう】v. recibir. ◆ご親切なお手紙をちょうだいし、ありがとうございます Muchas gracias por su amable carta. ◆あなたがちょうだいと言ってたの、このバッグでしょ Ésta es la bolsa que tú pedías, ¿verdad? ◆あちらに着いたらお便りをちょうだいね Ponme unas letras cuando llegues allí.
❷【食べる、飲む】v. comer, tomar. ◆ありがとう、もう十分ちょうだいいたしました Ya he comido bastante, muchas gracias. ◆母さん、お水ちょうだい Mamá, agua, por favor.
❸【...してください】(どうか) por favor. ◆(...してくださいますか) ¿Podría usted 《＋不定詞》? → 下さい. ◆ちょっと待ってちょうだい Espera un momento, por favor. / ¿Puedes esperar un minuto? ◆窓を開けてちょうだい ¿Puedes abrir la ventana?
ちょうたいこく 超大国 f. superpotencia.
ちょうたつ 調達 ▸調達する (手に入れる) v. conseguir*, 《フォーマル》obtener*; (集める) v. recaudar. ▸資金を調達する v. conseguir* [《フォーマル》recaudar] dinero 《de》.
ちょうたんぱ 超短波 f. muy alta frecuencia, 《専門語》fpl. ondas métricas (banda 8), VHF. ▸極超短波 f. frecuencia ultra alta, 《専門語》fpl. ondas decimétricas (banda 9), UHF.
ちょうちょう 長調 m. tono mayor. ▸長調で adv. en tono mayor. ▸ホ長調交響曲 f. sinfonía en E mayor.
ちょうちょう 町長 mf. alcalde/desa (de una ciudad).
ちょうちょう 蝶々 f. mariposa. → 蝶. ▸ショパンの『蝶々』f. «Mariposa» de Chopin. ▸蝶々夫人 (オペラ) «Madame Butterfly».
ちょうちん 提灯 m. farolillo, m. farol de papel. ▸提灯行列 m. desfile con farolillos. ▸提灯持ち(提灯携帯者)《フォーマル》m. adulador, 『スペイン』《口語》m. pelotas, 《俗語》m. lameculos. ▸提灯持ちの記事 m. artículo adulador. ▸提灯を¹つける [²消す] v. ¹encender* [²apagar*] un farolillo. ▸提灯持ちをする(携帯する) v. llevar un farolillo, (ほめそやす) v. adular 《a ＋人》, 『スペイン』《口語》hacer* 《a ＋人》la pelota, dar* 《a ＋人》coba.
ちょうつがい 蝶番 m. quicio, m. gozne, f. bisagra. ▸戸に蝶番をつける v. poner* los quicios a una puerta. ▸戸の蝶番が外れている [²外れた] La puerta ¹está desquiciada [²se ha desquiciado]. ▸蝶番で開閉する La puerta gira en las bisagras.
ちょうてい 調停 f. mediación; (仲裁)《フォーマル》m. arbitraje. ▸調停者 m. intermediario/ria, mf. mediador/dora. ▸調停案 m. plan de mediación. ▸調停に乗り出す v. ¹ofrecerse* como [²hacer* de] mediador. ▸争いを調停により解決する v. resolver* [《フォーマル》dirimir] un conflicto a través de la mediación. ▸調停は不調に終わった La mediación

ちょうない 881

fracasó.
━━**調停(を)する** v. mediar, hacer* de intermediario/ria; (仲裁する) v. 《フォーマル》arbitrar. ▸停戦の調停をする v. mediar una suspensión de fuego. ▸ストライキの調停をする v. mediar en una huelga. ▸労使間の調停をする v. mediar [arbitrar] entre empresarios y trabajadores.
ちょうてん 頂点 (3角形などの) m. vértice; (頂上) f. cima, f. cumbre, m. pico; (最高潮) m. clímax, m. punto culminante; (名声などの絶頂) m. cenit. ▸3角形の頂点 m. vértice de un triángulo. ▸名声の頂点に達する v. alcanzar* la cima de la fama. ▸彼はこの分野での頂点をきわめた En este campo ¹llegó al cenit [²alcanzó la cima].
ちょうでん 弔電 m. telegrama de pésame [《フォーマル》condolencias].
ちょうでんどう 超電導 f. superconductividad. ▸超電導の adj. superconductivo. ▸超電導体 m. superconductor.
＊＊ちょうど 丁度 ❶【きっちり】(ちょうど、正確に) (正確に) adv. justo, justamente; (正確に) adv. exactamente, precisamente. ▸ちょうど定刻に来る v. llegar* justamente a tiempo. ▸彼はちょうど7時に起きた Se levantó exactamente [justo] a las siete. 《会話》浜田さんのお宅はどちらでしょうか―ちょうど真向かいになります ¿Puede usted indicarme dónde viven los Hamada? ― Justo enfrente [al otro lado de la calle]. ◆このロープはちょうど十分な長さです Esta cuerda ¹tiene justo el largo [²《口語》da justo el largo]. ◆ちょうど今暇です En este momento estoy libre. ◆ちょうど外出しようとしていたとき彼が来た Llegó precisamente [justo] cuando yo iba a salir. / Justamente iba a salir cuando llegó él. ◆この帽子は私にちょうどよい(＝ぴったり合う) Este sombrero es justo de mi talla. / Este sombrero me viene perfecto [《口語》como un guante]. ◆これは私がちょうど読みたいと思っていた本です Éste es precisamente el libro que quería leer. / Este libro es justo el que yo quería leer.
❷【まるで】◆あの男はちょうど猿のように木に登る Ese hombre trepa por los árboles ¹《口語》igualito que [²exactamente como] un mono. → まるで.
ちょうとうは 超党派 ▸超党派的な adv. más allá de partidismos. ▸超党派外交 f. diplomacia suprapartidista [no partidista].
ちょうとっきゅう 超特急 m. (tren) superexpreso; (弾丸列車) m. tren bala.
ちょうどひん 調度品 m. mueble; (備品) f. instalación fija.
ちょうない 町内 (地域社会) f. comunidad; (四街路に囲まれた街区) f. manzana, 『ラ米』 f. cuadra; (通り) f. calle; (区域) f. zona. → 町(ま). ▸町内会 f. asociación de vecinos. ▸町内会の人々 mpl. miembros de la asociación de vecinos; (全員) toda la calle, todos los vecinos, todo el vecindario. ◆彼らは同

じ町内です Viven en「el mismo barrio [la misma zona]」. /(近所の人です)Son vecinos.

ちょうなん 長男 *m.* hijo mayor,《文語》*m.* primogénito. ◆これが長男の太郎です Éste es Taro, mi hijo mayor.

ちょうにん 町人 (商人)*mf.* comerciante;(職人)*mf.* artesano/na.

ちょうネクタイ 蝶ネクタイ *f.* corbata de lazo.

地域差 蝶ネクタイ
〔スペイン〕*f.* pajarita, *m.* lazo
〔キューバ〕*m.* bigote de gato, *f.* corbata de cuello, *f.* corbata de lacito, *f.* corbata de lazo, *f.* paratita
〔メキシコ〕*f.* corbata de moñito, *m.* moño
〔ペルー〕*f.* corbata michi, *m.* michi
〔コロンビア〕*m.* corbatín
〔アルゼンチン〕*f.* corbata de moño, *m.* moñito, *m.* moño

ちょうのうりょく 超能力 *mpl.* poderes sobrenaturales.

ちょうは 長波 *f.* onda larga.

ちょうば 帳場 (旅館の)*f.* recepción;(商店の)*f.* caja.

ちょうはつ 挑発 *f.* provocación,《フォーマル》*f.* incitación. ▶挑発にのってそれをする *v.* hacerlo* bajo provocación. ▶挑発する *v.* provocar*,《フォーマル》incitar. ▶彼は挑発されて彼らとけんかをした Fue provocado a luchar con ellos. ◆彼の言葉は挑発的だった Sus observaciones fueron bastante provocativas. ◆彼女の態度は挑発的だった Ella fue bastante provocativa. ⇨ おもわせぶり, 刺激的な[の強い]

ちょうはつ 長髪 *m.* pelo《フォーマル》*m.* cabello」largo. → 髪. ▶私たちの学校は長髪は禁止になっている En nuestra escuela está prohibido el pelo largo.

ちょうばつ 懲罰 (罰)《フォーマル》*f.* sanción, *m.* castigo. ▶両議院は院内の秩序を乱した議員を懲罰することができる Cada Cámara puede sancionar a sus miembros por alterar el orden.

ちょうふく 重複 (くり返し)*f.* repetición;(部分的に重なること)*f.* coincidencia en parte;(余分)*f.* redundancia. ▶重複した *adj.* repetido,《フォーマル》redundante. ▶重複した(=よけいな)語を削る *v.* eliminar las palabras redundantes.

── 重複する *v.* coincidir;(くり返し)*v.* repetir*. ▶重複するようで申し訳ありませんが... A riesgo de repetirme.../ Aunque me repita... ◆歴史と政治は互いに重複することが多い La historia y la política a menudo coinciden.

ちょうへい 徴兵 *m.* reclutamiento, *f.*《米》*f.* conscripción. ▶徴兵拒否者(逃亡などによる)*mf.* prófugo/ga, *mf.* insumiso/sa;(自己の良心などによる)*m.* objetor/tora de conciencia. ▶徴兵制度 *m.* sistema de reclutamiento. ▶徴兵をまぬがれる *v.* evadir [eludir] el servicio militar. ▶彼は18歳で軍に徴兵された A los dieciocho años fue llamado「al ejército [a filas].

ちょうへん 長編 (詩・小説・映画などの)*f.* obra larga. ▶長編小説 *f.* novela (larga).

ちょうぼ 帳簿 *mpl.* libros (de cuentas, de contabilidad), *m.* registro. ▶帳簿係《フォーマル》*m.* tenedor/dora de libros,《口語》*mf.* contable. ▶帳簿をつける *v.* llevar「los libros [la contabilidad,《口語》las cuentas]. ▶帳簿を締める(=決算する) *v.* cerrar*「los libros [la contabilidad]. ▶帳簿に記入する *v.* realizar* un asiento en「los libros [el registro]. ▶帳簿をごまかす *v.* falsificar*[《口語》amañar] las cuentas.

ちょうほう 重宝 ▶重宝な(便利な)*adj.* conveniente;(手ごろな)*adj.* manejable, práctico;(有用な)*adv.* útil. ▶重宝な道具 *f.* herramienta útil [manejable]. ◆車はとても重宝なものです El automóvil es una máquina muy útil. ◆その缶切りはとても重宝だった El abrelatas resultó muy útil [práctico].

ちょうほう 諜報 *f.* inteligencia, *f.* información (secreta). ▶諜報活動 *m.* espionaje. ▶諜報機関 *m.* servicio de inteligencia [información secreta];(国家の)*m.* servicio secreto;(組織)*f.* organización de inteligencia. ▶諜報(部)員 *mf.* agente「de inteligencia [secreto/ta]; *mf.* espía.

ちょうぼう 眺望 ▶眺望 *f.* vista, *f.* perspectiva;(全景)*m.* panorama. → 眺め.

ちょうほうけい 長方形 *m.* rectángulo. ▶長方形の *adj.* rectangular.

ちょうほんにん 張本人 (暴動などの首謀者)*mf.* autor/tora, *mf.* instigador/dora,《フォーマル》*m.* promotor/tora, *mf.* cabecilla. ▶そのいたずらの張本人 *mf.* autor/tora de la travesura. ▶この暴動の張本人はだれだ ¿Quién ha promovido [sido el promotor de] este alboroto?

ちょうまんいん 超満員 ▶超満員である(入りすぎている)*v.* estar* lleno [abarrotado, atestado]《de》;(収容能力以上である)*v.* estar* lleno por encima de su capacidad.

ちょうみりょう 調味料 *m.* condimento, *m.* aliño; *m.* saborizante. ▶化学(=人工)調味料 *m.* saborizante artificial.

ちょうみん 町民 *mpl.* habitantes de una ciudad, *mpl.* vecinos de un pueblo. ◆彼はここの町民です Vive en esta ciudad.

-ちょうめ -丁目 ◆南落合7丁目 Minamiochiai, 7 chome. ◆栄町6丁目14-21 Sakaemachi 6-14-21.

ちょうめい 長命 → 長生き, 長寿. ◆カメは長命だ Las tortugas viven「muchos años [largo tiempo].

ちょうめん 帳面 (ノート)*m.* cuaderno. → ノート, 帳簿. ▶帳面うらを合わせる *v.* hacer* el balance de cuentas;(ごまかす)*v.* falsificar*[《口語》amañar] las cuentas.

ちょうもん 弔問 ▶弔問する *v.* hacer*《a + 人》una visita para「darle* el pésame [《フォーマル》expresar las condolencias]《a + 人》(por la muerte de ...). ▶弔問客 *m.* visitante para dar el pésame.

ちょうもんかい 聴聞会 ▶聴聞会を開く *v.* celebrar una audiencia.

ちょうやく 跳躍 *m.* salto. ▶第1回目の跳躍で世界新記録を出す *v.* establecer* una marca mundial con el primer salto. ▶跳躍台 m. trampolín. ▶跳躍する v. saltar. → 飛[跳]ぶ.

ちょうらく 凋落 (衰え) f. decadencia. ▶凋落する v. decaer*; (落ちぶれる) v. caer* en la ruina.

ちょうり 調理 f. cocina. ▶調理師 mf. cocinero/ra. ▶調理台 f. mesa de cocina. ▶調理する v. cocinar, hacer* la comida. → 料理.

ちょうりつ 調律 f. afinación. ▶(ピアノの)調律師 mf. afinador/dora (de piano). ▶ピアノを調律する v. afinar un piano.

ちょうりつ 町立 ▶町立の adj. municipal. ▶町立病院 m. hospital municipal.

ちょうりゅう 潮流 f. corriente (marina). ▶時代の潮流に¹逆らう [²従う] v. ¹ir* contra [²seguir*] la corriente de los tiempos.

ちょうりょく 聴力 f. audición. ▶ f. capacidad auditiva. ▶聴力検査 f. prueba de audición. ▶右耳の聴力を失う v. perder*¹ el oído [《フォーマル》la audición del oído¹ derecho. ▶聴力が衰えてきている Mi oído「cada vez está peor [está empeorando].

ちょうるいびょう 鳥類病 《専門語》 f. ornitosis.

ちょうれい 朝礼 f. reunión de mañana.

ちょうろう 長老 (年長者) mpl. ancianos, 《フォーマル》 mayores, (文語》《強調して》 mpl. patriarcas, (政界の) m. político veterano. ▶彼は村の長老だ Es uno de los ancianos del pueblo.

• **ちょうわ** 調和 f. armonía; (釣り合い) m. equilibrio. ▶調和して adv. armoniosamente, en armonía 《con》.

1《～調和》 ▶色の調和 f. armonía「de colores [《フォーマル》cromática]. ▶心身の調和 f. armonía [m. equilibrio] entre mente y cuerpo. ▶自然と人間との調和 f. armonía entre el ser humano y la naturaleza.

2《調和の》 ▶調和のとれた色の組み合わせ fpl. combinaciones armoniosas [armónicas] de colores. ▶自然と調和のとれた生活をする v. vivir en armonía con la naturaleza.

3《調和する》 ▶調和を欠く v.「no tener* [carecer* de] armonía. ▶調和を損なう v. romper* la armonía.

── 調和する v. armonizar* [guardar armonía]《con》; (似合う)v. combinar [hacer* juego,《口語》ir* bien]《con》. →合う. ▶調和して¹いる [²いない] v. estar* en ¹armonía [²desarmonía]《con》. ▶調和させる v. armonizar* 《A con B》. ▶この絵の色は(互いに)よく調和している Los colores de este cuadro armonizan [combinan] muy bien. ▶《口語》Los colores de este cuadro hacen muy buen juego. ▶カーテンはじゅうたんとよく調和している Las cortinas armonizan [《口語》van bien] con las alfombras. / Las cortinas y las alfombras armonizan [combinan, 《口語》van] bien. ── 合う, ība 「写[映]る.

チョーク f. tiza, 《メキシコ》 m. gis. ▶黄色のチョーク2本 fpl. dos tizas amarillas. ▶何本かの色チョーク fpl. tizas de colores. ▶チョークの粉 m. polvo de tiza. ▶チョークで黒板に字を書く v. escribir* letras en la pizarra con la tiza.

チョーチアン 浙江 Chechiang, 《ピンイン》Zhejiang (☆中国の省).

ちよがみ 千代紙 "chiyogami", 《説明的に》 m. papel de colores de vistosos diseños y que es utilizado para hacer "origami". → 折り紙.

• **ちょきん** 貯金 (貯蓄) mpl. ahorros; (預金) m. depósito. → 預金. ▶郵便貯金 m. ahorro postal. ▶貯金通帳 f. libreta de ahorros. ▶貯金箱 f. hucha, 『ラ米』 f. alcancía. ▶貯金を引き出す v. retirar [《口語》sacar*] los ahorros (del banco). ▶銀行に貯金をする v. depositar [《口語》meter] dinero en un banco. ▶彼女には銀行に多額の貯金がある Tiene [Guarda] 「mucho dinero [muchos ahorros] en el banco. ▶貯金を5万円預金口座から引き出した He sacado cincuenta mil yenes de mi cuenta de ahorros. ▶なけなしの貯金をはたいて自転車を買った Me compré una bicicleta con los pocos ahorros que tenía.

── 貯金する (蓄える) v. ahorrar; (銀行などに預ける) v. depositar. → 預金. ▶明日香銀行に百万円貯金する v. depositar un millón de yenes en el Banco Asuka. ▶もしもの時のために貯金する v. ahorrar (dinero) para [《フォーマル》en previsión de] tiempos difíciles. ▶彼は車を買うために貯金をしている Está ahorrando para comprar un coche.

☞蓄える, 溜め込む, 積み立てる

ちょきん(ちょきん) ▶彼ははさみで少女の髪をちょきん(ちょきん)と切った Cortó de una vez el pelo de la niña con unas tijeras.

ちょくえい 直営 f. administración directa, m. control directo. ▶政府直営の事業 f. empresa bajo control directo del gobierno. ▶このホテルは全日空直営です Este hotel está bajo la administración directa de ANA. / Este hotel es administrado directamente por ANA.

ちょくげき 直撃 m. golpe directo. ▶地震の直撃 (=大打撃)を受ける v. ser* ¹directamente afectado por un terremoto. ▶その弾丸は彼の頭を直撃した La bala le dio directamente en la cabeza.

ちょくご 直後 (時間的に) adv. inmediatamente después 《de》; (位置的に) adv. justo detrás 《de》. ▶彼は帰国した直後に亡くなった Falleció 「inmediatamente después de volver [tan pronto como volvió, al volver] a Japón. ▶バスの直前直後で道路を横断してはいけません No cruces la calle directamente delante o detrás de un autobús.

ちょくし 直視 ▶死を直視する v. mirar a la muerte cara a cara, encarar la muerte. ▶人を直視する v. mirar 《a + 人》 a los ojos.

ちょくしゃ 直射 ▶直射する(太陽・明かりなどが) v. caer* [dar*] directamente [《スペイン》dar*] a plomo. ▶それは直射日光を受けていた El sol le 「daba directamente [《口語》caía a plomo]. → 日光.

ちょくしん 直進 ▶直進する v. ir* derecho [directamente, en línea recta]. ▶光は直進する (=まっすぐ伝わる) La luz viaja en línea recta.

ちょくせつ 直接 ▶直接の *adj.* directo, inmediato; (自らの) *adj.* personal. ▶直接の原因 *f.* causa directa [inmediata]. ▶直接税 *m.* impuesto directo. ▶直接選挙 *f.* elección directa.

—— **直接(に)** *adv.* directamente, directo; inmediatamente; (自らが) *adv.* en persona, personalmente; (伝聞でなくじかに) *adv.* de primera mano. ▶(どこへも寄らずに)直接マドリーへ行く *v.* ir* directamente [directo] a Madrid. ♦災害の様子を直接罹(り)災者から聞く *v.* saber* [enterarse de] la catástrofe de primera mano de boca de las víctimas. ♦会合のことは彼に直接伝えておきました Le informé personalmente de la reunión. ♦直接彼に会った方が早い Es más rápido verlo[le] en persona. ♦私だって信じられなかったけど, 当の本人から直接聞いたのよ Yo tampoco me lo creía, pero「lo supe directamente de él [me lo dijo él mismo; lo oí de sus propios labios].

ちょくせん 直線 *f.* línea recta [derecha, directa]. ▶直線距離 *f.* distancia en línea recta. ▶直線運動 *m.* movimiento en línea recta. ▶直線を引く *v.* trazar* una línea recta. ▶直線コースを走る *v.* correr una pista derecha. ♦直線 A, B は C で交わる La línea A y la B se tocan en C. ♦ここから新宿までは直線距離にして10キロだ En línea recta de aquí a Shinjuku hay diez kilómetros.

ちょくぜん 直前 (時間的に) *adv.* inmediatamente [《口語》justo] antes 《de》; (位置的に) *adv.* justo delante 《de》. ▶試験の直前に *adv.* justo [inmediatamente] antes del examen. ♦私の車の直前にタクシーが割り込んだ Un taxi se me puso justo delante.

ちょくぞく 直属 (直接の監督のもとに) *adv.* bajo la supervisión directa [inmediata] 《de》. ▶直属の上司 *mf.* supervis*or/sora* direct*o/ta* [inmediat*o/ta*]. ▶政府直属の機関 *m.* organismo bajo el control directo del gobierno. ♦彼は戸田氏の直属の部下です Está bajo la supervisión directa del Sr. Toda.

ちょくちょう 直腸《専門語》*m.* recto. ▶直腸炎《専門語》*f.* proctitis. ▶直腸癌(がん)《専門語》*m.* cáncer rectal [del recto].

ちょくちょく ▶彼はちょくちょく(=しばしば)遊びに来ます Viene a verme「con frecuencia [a menudo]. ♦彼女はちょくちょく(=ときどき)外国に行きます De vez en cuando viaja al extranjero.

ちょくつう 直通 ❶【乗り物】*m.* servicio directo [sin escalas]. ▶直通列車 *m.* tren directo [sin paradas]. ♦ここから空港まで直通バスがあります Hay un autobús directo de aquí al aeropuerto. ♦この列車は大阪へ直通します Este tren「va directo [es directo] a Osaka. → 直行.

❷【電話】▶彼女に直通電話をかける *v.* llamarla [telefonearla] directamente, dirigirse* directamente a ella por teléfono. ♦大臣同士は直通電話を持っている Los ministros mantienen comunicación telefónica directa. / (即時直通電話で結ばれている) Los ministros están comunicados directamente por teléfono.

ちょくばい 直売 (直接販売) *f.* venta directa. ▶直売店 *f.* tienda de venta directa. ♦このリンゴは産地直売です(=直接売られている) Estas manzanas son vendidas directamente por los productores. ♦この会社は製品を直売している Esta empresa vende sus productos directamente al consumidor.

ちょくめん 直面 ▶直面する(困難などに) *v.* afrontar, enfrentarse 《a》, hacer* [estar*] frente 《a》,《強調して》encarar. ♦われわれは新たな問題に直面している Estamos frente a un nuevo problema. ♦私たちはみないつの日かこのような問題に直面しなくてはならない Tarde o temprano todos tenemos que afrontar esta clase de problema. ♦多くの危険に直面して彼の勇気もくじけてしまった Su valor se debilitó al hacer frente a tantos peligros.

ちょくやく 直訳 *f.* traducción literal. ▶直訳調[的表現] *m.* literalismo. ▶直訳する *v.* traducir* literalmente [palabra por palabra].

ちょくゆにゅう 直輸入 *f.* importación directa. ▶スペインからワインを直輸入する *v.* importar vino directamente desde España.

ちょくりつ 直立 ▶直立した(垂直の) *adj.* vertical; (まっすぐ立っている) *adj.* derecho, erguido; (まっすぐな) *adj.* recto. ▶直立する *v.* elevarse, levantarse. ▶直立不動(=気をつけ)の姿勢をとる *v.* estar* firme(s); (軍隊で) *v.* cuadrarse.

ちょくりゅう 直流 *f.* corriente directa.

ちょこちょこ ▶ちょこちょこ歩く(幼児が) *v.* dar* los primeros pasos; (小またで) *v.* andar*「con paso menudo [《口語》a pasitos》. ♦小さい子供がちょこちょこ歩いて私の方へ来た Un niño pequeño se me acercó con paso incierto. ♦彼はちょこちょこ(=ちょくちょく)私の家に来ます A menudo se pasa por mi casa.

ちょこまか ▶(子供が)ちょこまか歩く *v.* dar* los primeros pasos, caminar [andar*] con paso incierto. ♦ちょこちょこ. ♦彼女は一日中ちょこまか動き回っている Anda todo el día de acá para allá. / Está ajetreada todo el día. /《口語》No para en todo el día.

チョコレート *m.* chocolate. ▶板チョコ *f.* tableta de chocolate; (小さな) *f.* chocolatina. ▶チョコレート1箱 [2本] una [1]caja de chocolates [[2]barra de chocolate]. ▶チョコレート色の建物 *m.* edificio de color chocolate.

ちょこんと ▶(鳥が枝に)ちょこんととまる *v.* posarse (en una rama). ▶ちょこんとおじぎする *v.* hacer* una pequeña inclinación 《ante》. ♦バス停に少年がちょこんと一人立っていた En la parada de autobús había sólo un muchacho.

ちょさくけん 著作権 *mpl.* derechos de autor [reproducción], *f.* propiedad literaria;《専門語》*m.* derecho de copia. ▶著作権の侵害 *f.* violación de los derechos de reproducción. ▶著作権使用料 *mpl.* derechos de autor. ▶著作権を侵害する v. infringir* los derechos de autor. ▶著作権を得る v. registrar los derechos de autor (de un libro). ▶その本の著作権を所有している v. tener* los derechos de autor del libro.

ちょしゃ 著者 mf. autor/tora; (執筆者) mf. escritor/tora. ▶著者目録 m. catálogo de autores. ▶著者不明の書 m. libro anónimo. ♦彼女がその物語の著者です Es la autora de la historia. / Fue ella la que escribió la historia. ☞原作, 作者

ちょじゅつ 著述 (書くこと) m. escrito; (著書) m. libro. ▶著述家(作家) mf. escritor/tora; (著者) mf. autor/tora. ▶著述業 f. profesión literaria.

ちょしょ 著書 (本) m. libro; (努力・活動の所産としての著作) f. obra. → 全集. ♦彼には著書が多い Ha escrito muchos [《フォーマル》numerosos] libros.

ちょすい 貯水 ▶貯水池 m. depósito [f. reserva] de agua, m. embalse. ▶貯水槽 m. tanque de agua. ▶貯水量 f. capacidad del depósito de agua.

ちょぞう 貯蔵 (備蓄) m. almacenamiento; (保存) f. conservación. ▶貯蔵物 mpl. artículos almacenados; fpl. provisiones; fpl. reservas. ▶貯蔵庫 m. depósito, m. almacén. ▶冷凍貯蔵 m. almacenamiento en frío. ▶貯蔵状態のよい adv. en buen estado de conservación.

—— 貯蔵する (蓄える) v. almacenar; (保存する) v. conservar, guardar. ▶納屋に食糧を貯蔵する v. guardar [almacenar] comida en un granero. ▶野菜を塩漬けにして貯蔵する v. conservar las verduras con sal.
☞収納, 蓄える

ちょちく 貯蓄 (金) mpl. ahorros → 貯金, 預金; (行為) m. ahorro, f. economía. ▶貯蓄する v. ahorrar. ▶財形貯蓄 f. cuenta de ahorros, m. depósito laboral para hacer bienes exento de impuestos. ▶会員の貯蓄を奨励する v. estimular el ahorro entre los socios. ♦車を買うだけの貯蓄がない No tengo suficiente dinero ahorrado para comprarme un coche. / Mis ahorros no me alcanzan [llegan, bastan] para un coche. ☞蓄財, 貯金

ちょっか 直下 ▶直下型地震 m. terremoto exactamente [justo] encima de su epicentro. ▶橋の直下に (=ちょうど下に) exactamente [justo] debajo del puente. ▶私たちの船は今赤道直下にいる (=ちょうど赤道にいる) Nuestro barco se encuentra ahora exactamente [justo] en el ecuador. ♦訴訟は急転直下解決した El pleito se ha resuelto de repente.

ちょっかい ▶ちょっかいを出す[かける] (干渉する) v. entrometerse [meterse, 《口語》meter las narices] 《en》; (女性に) v. insinuarse* 《a》.

ちょっかく 直角 m. ángulo recto. ▶直角3角形 m. triángulo rectángulo. ▶直角になる v. formar [hacer*] un ángulo recto 《con》. ♦その柱は床と直角になっていない Esa columna no está en escuadra [ángulo recto] con el suelo. ♦その2直線は直角に交わっている Las dos líneas se cruzan en un ángulo recto.

ちょっかつ 直轄 ▶文部科学省直轄の機関 f. institución bajo el control directo del Ministerio de Educación, Cultura, Deportes, Ciencia y Tecnología.

ちょっかん 直感 f. intuición; (直感に基づく考え) m. presentimiento. ▶直感で真相をつかむ v. captar la verdad por intuición. ▶直感が当たる (=正しく言い当てる) v. acertar*, adivinar. ▶危険を直感する (=感知する) v. sentir* el peligro, detectar el peligro. ♦私は彼が正しいと直感的に思った Mi intuición me decía que tenía razón.

チョッキ m. chaleco. ▶防弾チョッキ m. chaleco antibalas.

ちょっきゅう 直球 《野球》f. bola recta rápida.

ちょっきり ▶ちょっきり1時間 f. exactamente una hora. ▶ちょっきり1時に adv. 《口語》a la una en punto. → ちょうど.

ちょっけい 直系 f. línea directa. ▶直系の子孫 mf. descendiente directo 《de》. ▶直系会社 f. empresa de filiación directa.

ちょっけい 直径 m. diámetro. ▶直径10センチの天体望遠鏡 m. telescopio espacial de diez centímetros de diámetro. 《会話》直径はいくらですか—5 センチです ¿Cuánto「tiene de [mide el] diámetro? – Cinco centímetros.

ちょっけつ 直結 ▶直結している v. estar* conectado directamente 《con》.

ちょっこう 直行 ▶《マドリード》直行便(飛行機の) m. vuelo directo [sin escala] (a Madrid). → 直通. ♦彼の所へ直行するつもりだ Me dirigiré directamente a él.

＊ちょっと ❶【少し】(程度が) adv. un poco; algo; (もう少しで...すると ころ) adv. casi. → 少し. 《会話》疲れた?—ほんのちょっと ¿Estás cansado? – Sólo un poco. [Algo. / 《口語》Un poquito solamente.] ♦スペイン文学についてちょっと知識がある Sé algo de literatura española. ♦この本はちょっと難しすぎる Este libro es un poco demasiado difícil. ♦ちょっと風邪をひいている Tengo un ligero resfriado. / Estoy algo resfriado. ♦もうちょっとで車にひかれるところだった Casi me atropella un coche. / Ha faltado muy poco para que me atropellara un coche. / 《口語》No me ha atropellado un coche por los pelos. ❷【少しの間】m. rato, 《口語》m. ratito; (瞬間的) m. momento, m. instante, m. minuto, m. segundo. → 少し. ▶途中ちょっと京都へ寄る

ちょっとだけ Un poquito.
→ちょっと

v. hacer* de paso una corta visita a Kioto. ▶ちょっとお待ちください Espere un momento, por favor. / Un minuto, por favor. ▶彼はちょっと考えてから答えた Contestó tras pensar un momento. / Después de pensar un instante, respondió. ▶町はちょっとの間でだいぶ変わった La ciudad ha cambiado mucho en poco tiempo. ▶ちょっとのところで(=1分の差で)汽車に乗り遅れた Perdí el tren「por un minuto [《口語》por los pelos].
❸【かなり】adv. bastante, un poco, más bien, 《フォーマル》considerablemente. → かなり. ◆今日はちょっと寒い Hoy hace bastante [más bien] frío. ◆ちょっと時間がかかりますが Creo que va a tardar un poco.
❹【容易に】adv. fácilmente. ◆ちょっとやそっとではこの仕事はできないよ No es un trabajo tan fácil. / Ese trabajo no se hace tan fácilmente. ◆彼の話はちょっと信じられない(=信じるのは難しい) Lo que dice es difícil de creer. / Cuesta trabajo creerse lo que dice. ◆彼が何を考えているのかちょっと分からない(=少しも分からない) No tengo「ni la menor [la más mínima] idea de lo que está pensando.
❺【呼びかけ】(失礼ですが) Perdone. / Perdón;(ねえ、おい) Oye, 《口語》Eh, 《口語》Amigo. ◆ちょっとすみませんか今何時でしょうか Perdone, ¿me puede decir la hora? ◆ちょっと、君 ¡Oye! / 《俗語》¡Eh, tú!
《その他の表現》▶ちょっと彼のところ[彼の家]に立ち寄る v. pasarse [dejarse caer*] por su casa. ▶ちょっと新聞に目を通す v. echar una ojeada al papel. ▶ちょっと見た(=一見した)ところでは adv. a primera vista. ▶ちょっとお尋ねしたいのですが ¿Le puedo preguntar algo? ◆ちょっとこれを見てごらん Echa una ojeada a esto.
《会話》ああ、うるさいな...; ―私がうるさいだって、ちょっとそれどういう意味 ¡Vaya, cómo molestas! – ¿Qué yo molesto? ¿Oye, qué quieres decir con eso? ◆私はちょっと見ただけで彼女が泣いていたことが分かった De un vistazo me di cuenta de que había estado llorando. ◆ちょっと聞いたんだけど君仕事をやめるんだって Bueno, me han dicho que vas a dejar el trabajo. 《会話》会議は上の階の会議室でやります―あそこじゃちょっと狭くない? La reunión es en la sala de conferencias de arriba. – ¿No va a ser algo pequeña esa sala?

ちょっとした 一寸した ❶【わずかの】▶ちょっとした風邪 m. ligero resfriado. ▶ちょっとした(=ささやかな)親切 f. pequeña amabilidad. ▶ちょっとした(=取るに足らない)事に腹を立てる v. enfadarse por「simples tonterías [pequeñeces]. ◆それはほんのちょっとした問題だ No es más que un problema menor. ◆彼はちょっとした学者だ Tiene una punta de erudito. ◆彼の話にはちょっとした皮肉があった Había「un tono [una punta] de ironía en sus palabras.
❷【かなりの】=相当な.

ちょっぴり ▶ちょっぴり(=少し)風邪気味だ Tengo un ligero resfriado. / Estoy ligeramente resfria*do*. / He cogido [《ラ米》agarrado] algo de frío.

ちょとつもうしん 猪突猛進 ▶猪突猛進する(=まっしぐらに突進する) v. tirarse de cabeza (a).

ちょびひげ m. bigotito, m. pequeño bigote.

ちょめい 著名 ▶著名な(有名な) adj. famoso, célebre; (傑出した) adj. distingui*do*, 《フォーマル》eminente. → 有名. ➔ 傑出, 錚々たる, 卓越

チョリーソ m. chorizo (☆香辛料を効かしたポークソーセージ).

ちょろちょろ ▶蛇口から水がちょろちょろ流れている Del grifo sale un hililllo [chorrillo] de agua. ◆小道に沿って細い流れがちょろちょろ流れている Por el sendero corre una pequeña corriente.

ちょろまかす ▶店の金をちょろまかす v. hurtar [ratear] dinero de la tienda.

チョンチン 重慶 Chungching, 《ピンイン》Chongqing (☆中国の都市).

チョントゥー 成都 Chengtu, 《ピンイン》Chengdu (☆中国の都市).

ちらかす 散らかす ▶(物を) v. dejar tirado [desparra*mado*]; (場所を) v. dejar en desorden, desordenar; (がらくたなどで) v. tirar, desparramar. ◆おもちゃを部屋中に散らかす v. dejar los juguetes tirados por todo el cuarto. ▶机の上を書類で散らかす v. dejar papeles desparramados por la mesa. ▶台所を散らかして(=乱雑にして)おく v. dejar la cocina en desorden. ◆部屋を散らかすな No desordenes el cuarto. ◆何という散らかしようなの。さっさとかたづけなさい ¡Ordénalo enseguida! ◆ごめんなさい。こんなに散らかしていて Perdón por el desorden.

ちらかる 散らかる ▶(まき散らかされている) v. estar* desparra*mado*, (紙切れなどが) v. estar* ti*rado*, (部屋などがめちゃくちゃな状態である) v. estar* desorde*nado* [en desorden]. ▶散らかった部屋 f. habitación desordenada. ◆床には紙切れが散らかっていた Por el suelo había papeles desparramados. ◆私の部屋は今ひどく散らかっている Mi cuarto ahora está「muy desordenado [en perfecto desorden, 《口語》hecho una jaula de monos].

ちらし 散らし ▶(手で配る) m. folleto, m. volante; (通りで配る) f. hoja volante; (折りたたまれた) m. prospecto, m. folleto. ▶ちらしを配る v. repartir folletos. ▶ちらしを拾う v. recoger* un folleto.

ちらす 散らす ▶暴徒を散らす(=四散させる) v. dispersar [《フォーマル》disgregar*] a los alborotadores. ▶はれものを散らす(=消散させる) v. resolver* un tumor. ▶気を散らす(=そらす) v. distraer* la atención 《de》, entretener* 《a + 人》.

ちらちら ❶【花びらなどが】▶ちらちら舞う v. mecerse*, agitarse. ◆桜の花びらが春風にちらちら落ちている Una brisa primaveral mece los pétalos del cerezo. / Los pétalos del cerezo se están agitando con la brisa de la primavera.
❷【光などが】▶ちらちら光る v. titilar, parpadear. ◆遠くで赤い光がちらちら光っている A lo lejos está titilando una luz roja. ◆ヘッドライト

の光で目がちらちらした Los faros me deslumbraron.
❸【人の面影などが】◆父の怒った顔が心にちらちらした La cara irritada de mi padre「cruzó mi mente［目に浮かんだ］se me apareció ante mis ojos］.
《その他の表現》◆彼のことをちらちら（＝時々）耳にする A veces me llegan noticias suyas. / De vez en cuando sé de él. ◆行ったり来たりしている警察官の姿がちらちら見える Se puede distinguir [vislumbrar] el ir y venir de los policías.

ちらつく（光がかすかに）v. brillar con luz trémula, （明滅する）v. vacilar, parpadear, titilar. ◆テレビの画面がちらついている La imagen de la televisión parpadea. ◆昨夜小雪がちらついていた Anoche hubo [cayó] una ligera nevada. ◆彼の顔がいまだに目の前にちらついて（＝私にとりついている）Su cara todavía se me aparece. ◆彼女に会ったときのことが頭にちらついた Cuando la vi, me cruzó [pasó] eso por la mente.

ちらっと ◆ちらっと見る v. echar [dar*]「una ojeada [un vistazo]. ◆ちらっと見ただけで adv. de un vistazo, con una sola mirada. ◆彼女は私の方をちらっと見た Me echó una ojeada. / Me lanzó una mirada rápida. ◆彼はちらっと見てその家がいい家だと分かった De un vistazo pudo ver que la casa era buena. ◆車で通り過ぎるとき彼女の姿がちらっと見えた Al adelantar con el coche conseguí verla.

ちらばる 散らばる（散乱している）v. estar* desparramado [esparcido]; （紙くずなどが散らかっている）v. estar* tirado. ◆テーブルに書類が散らばっていた Había papeles desparramados [esparcidos] por toda la mesa. / La mesa estaba llena de papeles tirados. ◆私たちの親戚（⚪）は全国に散らばっている Tenemos parientes dispersos por todo el país. ◆足もとに気をつけて、壊れたガラスがそこらじゅうに散らばっているから Cuidado dónde pisas, que hay cristales rotos por todas partes.

ちらほら ◆ちらほら（＝ここかしこに）桜の花が咲き始めている Las flores de los cerezos han empezado a abrirse por aquí y por allá. ◆山腹に新緑がちらほら（＝点在するのが）見える En la ladera de la montaña se ven las pinceladas de las hojas nuevas de la primavera. ◆彼女が離婚するかもしれないといううわさはちらほら（＝時々）聞きます He oído「una y otra vez [rumores de] que tal vez se divorcie.

ちらりと →ちらっと.

・**ちり** 地理 f. geografía. ◆地理的条件 fpl. condiciones geográficas. ◆¹人文 [²自然] 地理学 f. geografía ¹humana [²física]. ◆地理学者 mf. geógrafo/fa. ◆地理情報システム《専門語》m. sistema de información geográfica. ◆この辺の地理に明るい v. conocer* esta zona「muy bien [《口語》como la palma de la mano]. ◆ぼくはこの辺の地理に暗い No conozco bien esta zona. /《口語》En esta zona estoy perdido.

・**ちり** 塵 （ほこり）m. polvo; （ごみ）f. basura, f. porquería. → 埃（ほこり）, ごみ. ◆細かいちり m. polvo fino. ◆ちりにまみれる v. cubrirse* de polvo. ◆ちり一つない部屋 m. cuarto sin una mota de polvo. ◆彼は本箱のちりを払った Limpió [Sacudió] el polvo de la estantería (para libros).
《その他の表現》◆彼には誠実さなどちりほどもない No tiene ni「tanto así [un gramo] de sinceridad. ◆ちりも積もれば山となる（ことわざ）Un grano de trigo no hace granero, pero ayuda al compañero. /《言い回し》Muchos granos de arena hacen una montaña.

チリ Chile;《公式名》f. República de Chile （☆南アメリカの国，首都サンティアゴ・デ・チレ Santiago de Chile). ◆チリの adj. chileno. ◆チリ人 mf. chileno/na.

ちりがみ ちり紙（鼻紙）m. pañuelo de papel; （トイレ用）m. papel higiénico.

チリ（ソース）m. chile.

ちりちり ◆（肉が）ちりちりになる［する］v. achicharrarse, arrugarse*; encogerse*. ◆ベーコンがフライパンの中でちりちり焼けている El tocino está achicharrándose en la sartén. ◆彼女の赤ん坊は頭の毛がちりちりだ Su bebé tiene el pelo rizado. ◆毛糸が焼けてちりちりに（＝巻いて）縮んだ Un trozo de lana se encogió al arder.

ちりぢり 散り散り ◆散り散りの雲 fpl. nubes dispersas. ◆群衆は銃声を聞いてちりぢりに（＝ばらばらに）なった La multitud se dispersó al oírse un disparo.

ちりとり 塵取り m. recogedor (de polvo).
ちりばめる 散りばめる v. tachonar, （はめ込む）v. engastar; （象眼する）v. incrustar; （金銀を）v. embutir. ◆金をちりばめた箱 f. caja engastada [con engastes; con ataujía] de oro. ◆星をちりばめた空 m. cielo estrellado,《文語》m. cielo tachonado de estrellas. ◆王冠にはダイヤモンドがちりばめられていた La corona estaba engastada de diamantes.

ちりはらい 塵払い ◆塵払いをする（ほこりを払う）v. sacudir el polvo, desempolvar.

ちりょう 治療 (手当する) m. tratamiento (médico), f. atención médica, mpl. cuidados médicos, （完全治療）f. cura, （治療法）m. tratamiento, f. cura,《専門語》f. terapia. ◆外科治療 m. tratamiento quirúrgico. ◆放射線治療 f. radioterapia. ◆集中治療室 [病棟] f. unidad de cuidados intensivos,《略》UCI, uci. ◆がんの新しい治療法 m. nuevo tratamiento para el cáncer. ◆治療を受けている v. estar* bajo tratamiento médico. ◆患者に治療を施す v. dar* al paciente tratamiento《para》. ◆その医者の治療で回復する v. recuperarse bajo el tratamiento del médico. ◆彼女は２年前に胃がんの治療を受けた Hace dos años recibió [estuvo en] tratamiento para un cáncer de estómago. ◆彼は治療のために入院した [Ingresó en un hospital [Fue hospitalizado] para seguir un tratamiento.

―― 治療する (手当する) v. tratar, someter《a ＋ 人》a tratamiento; (完全に治す) v. curar, sanar. → 治す. ◆彼の¹病気 [²けが] を治療

する v. tratar su ¹enfermedad [²herida], 《フォーマル》 someter su ¹enfermedad [²herida] a tratamiento. ◆その心臓病の患者を治療する v. tratar al paciente con enfermedad cardíaca. ◆虫歯の治療をしてもらう v. recibir tratamiento para una caries dental ☞ 医療, 処置, 診療

ちりょく 知力 f. capacidad mental [intelectual]; (知性) f. mente, 《教養語》 m. intelecto; (知能) f. inteligencia; (理解力) m. (capacidad de) entendimiento, f. (facultad) intelectiva; (頭脳) f. cabeza, 《口語》 mpl. sesos ☞ 頭脳, 精神

ちりんちりん ♦ちりんちりんと音を出す v. tintinear; sonar* una campanilla. ▶風鈴のちりんちりんという音 m. tintineo de una campanilla colgante. ◆物売りが小さいベルをちりんちりん鳴らして通っていった Pasó un/una vended*or/ora* ambulante haciendo sonar su campanilla.

チリンドロン m. chilindrón (☆野菜を炒めて煮たソース).

* **ちる** 散る ❶【花・葉などが】(落ちる) v. caerse*; (散在する) v. dispersarse; (ひらひらと) v. caer* volando. ◆風で桜の花が散った El viento deshojó las flores del cerezo.
❷【群衆などが分散する】(解散する) v. disgregar*; (四方に散る) v. dispersar, esparcir* → 散らす; (雲などが消散する) v. dispersarse. ◆デモ隊は警察が到着すると散っていった Los manifestantes se dispersaron al llegar la policía.
❸【気が】(人の注意をそらす) v. distraer* 《de》. ◆街ების騒音のために気が散って本が読めなかった El ruido de la calle me distrajo de la lectura. / Me distraje de la lectura con el ruido de la calle.

チルド adj. refriger*ado*. ▶チルド食品 m. alimentos refrigerados. ▶チルドビーフ f. carne refrigerada.

チロシンけっしょう チロシン血症 《専門語》 f. tirosinemia.

チロル ▶チロル地方 Tirol.

チワワ m. chihuahua.

ちんあげ 賃上げ m. aumento de sueldo. ▶賃上げを要求する v. exigir* una subida salarial.

ちんあつ 鎮圧 f. represión. ▶鎮圧する v. reprimir. ◆反乱はすぐに鎮圧された La rebelión fue reprimida rápidamente. → 火事. ☞ 押さえ付ける, 抑える

ちんか 鎮火 ◆火事はすぐに鎮火した El incendio fue apagado [《フォーマル》extinguido] rápidamente. → 火事.

ちんか 沈下する (一般に沈む) v. hundirse. ▶地盤沈下 m. hundimiento del suelo. ◆その建物は基礎が弱いために徐々に沈下している El edificio se está hundiendo poco a poco a causa de la debilidad de los cimientos.

ちんがし 賃貸し ◆賃貸 ▶賃貸しする(長期間土地・家などを) v. alquilar, dejar en alquiler, rentar.

ちんがり 賃借り ▶賃借りする(長期間土地・家などを) v. alquilar, rentar → 貸す; (短期間ボート・車などを) v. alquilar. → 借りる.
[地域差] 賃借りする
〔全般的に〕 v. alquilar
〔メキシコ〕 v. rentar
〔コロンビア〕 v. arrendar*

チンギス・ハン [ジンギス・カン(成吉思汗)] Gengis Kan (☆1167頃-1227, モンゴル帝国の始祖).

* **ちんぎん** 賃金 (労賃) m. salario, m. sueldo. → 給料.
1 《〜賃金》 ▶¹最低 [²基本]賃金 m. salario ¹mínimo [²básico].
2 《賃金＋名詞》 ▶賃金格差 《フォーマル》 fpl. diferencias salariales. ▶賃金カット m. recorte [f. reducción] salarial. ▶賃金凍結 f. congelación salarial. ▶賃金体系 m. sistema salarial [de pagos]. ▶賃金労働者 mf. asalari*ado/da*. → サラリーマン. ◆男女の賃金格差は大きい Hay una「amplia desigualdad [gran diferencia] entre el sueldo de los hombres y el de las mujeres. ◆賃金交渉で組合は1万円の賃上げを獲得した El sindicato obtuvo un aumento de 10.000 yenes tras las negociaciones sobre reivindicaciones salariales. ◆この産業の賃金水準は高い En este sector industrial el nivel salarial es alto [《フォーマル》elevado].
3 《賃金が[は]》 ▶今年賃金がかなり上がった Este año el salario ha aumentado mucho. ◆賃金は消費者物価にスライドすることになっている El salario debe variar en proporción con los precios de consumo.

ちんこんきょく 鎮魂曲 m. réquiem.

ちんしもっこう 沈思黙考 f. meditación; f. reflexión, 《フォーマル》 f. cavilación. ▶沈思黙考する (深く考える) v. meditar, reflexionar, 《フォーマル》 cavilar, pensar* profundamente; (深く物思いに沈んでいる) v. estar* sum*ido* en pensamientos [《フォーマル》 cavilaciones].

ちんしゃ 陳謝 ▶陳謝する v. presentar disculpas, 《フォーマル》 hacer* una apología, excusarse 《de》. → 詫(ゎ)びる, 謝る. ▶彼に遅れたことを陳謝する v.「presentar disculpas [excusarse ante él] por haber* llegado tarde.

ちんじゅつ 陳述 f. declaración, 《専門語》 m. alegato. ▶陳述を取り消す v. retirar una declaración. ▶虚偽の陳述をする v. declarar en falso. ▶陳述書を提出する v. presentar una declaración escrita.

ちんじょう 陳情(書) f. petición, f. solicitud. ▶陳情者 mf. peticion*ario/ria*, mf. solicitante. ▶政府に陳情書を提出する v. presentar una solicitud al gobierno. ▶高校増設の陳情書には5万人が署名していた La solicitud de una nueva escuela secundaria contaba con 50.000 firmas.

—— 陳情する v. solicitar, pedir*. ◆われわれは市長に新しい道路を造ってほしいと陳情した Solicitamos al alcalde「la construcción de [que se construyera] una nueva carretera.

ちんせい 沈静 ▶沈静する v. reducirse*. ◆地価の上昇が沈静化して来た La subida de los precios de la tierra ha empezado a reducirse.

ちんせいざい 鎮静剤 m. sedante; (精神安定剤) m. tranquilizante.

ちんたい 賃貸 ▶賃貸契約(書) m. contrato de alquiler [arrendamiento]. ▶賃貸契約期間 f. duración de un contrato de alquiler [arrendamiento]. ▶賃貸人(＝貸し主) mf. arrend*ador/dora*. ▶賃貸料(土地・建物などの) f. renta, m. alquiler. ▶賃貸マンション f. apartamento de alquiler. ▶５年間の賃貸契約で家を借りる v. alquilar una casa por cinco años. ▶不動産の賃貸で収入を得る v. tener* ingresos por alquileres, vivir de las rentas.

ちんたい 沈滞 m. estancamiento; (不活発) f. inactividad. ▶沈滞した adj. estanc*ado*, (口語) par*ado*; (活気のない) adj. inactivo, flojo. ▶沈滞する v. estancarse*, pararse. ◆市況は沈滞している Los negocios están parados. / Hay inactividad comercial.

チンタオ 青島 Chintao, 《ピンイン》Qingdao (☆中国の都市).

ちんちゃく 沈着 (平静) f. calma, f. tranquilidad, f. serenidad. ▶沈着な adj. tranqu*ilo*, sereno. ▶彼の沈着な顔 m. su rostro sereno. ◆彼の沈着な行動のおかげでその子の命は助かった Gracias a su sangre fría se salvó la vida del niño.

ちんちょう 珍重 ▶珍重する (大事にする) v. valorar mucho, 《口語》 tener* en mucho. ▶そのつぼを珍重する v. apreciar mucho el jarrón.

ちんちょうげ 沈丁花 m. rododafne.

チンチラ f. chinchilla (☆南米の齧歯(ﾁｭ)類の動物).

ちんちん ❶[鐘や囃子(ﾊﾔｼ)の音] ▶ちんちん音がする v. tintinear, cascabelear. ▶路面電車がちんちんと音を出しながら走っていった Un tranvía corría produciendo un tintineo.
❷[湯沸かしが鳴る音] ▶やかんがちんちん沸いている La tetera está silbando.
❸[犬の芸] ▶(犬に命令して)ちんちんしなさい ¡Ponte de manos!

ちんつう 沈痛 ▶沈痛な (悲しい) adj. triste; (悲嘆に暮れる) adj. afligi*do*, dolori*do*; (深刻な) adj. grave; (死を悼む) adj. de profunda tristeza, acongoj*ado*; lastim*ero*. ◆彼女は沈痛な面持ちだった Parecía triste.

ちんつうざい 鎮痛剤 m. analgésico. ▶鎮痛剤を飲む v. tomarse un analgésico.

ちんでん 沈殿 ▶沈澱する v. depositarse, precipitarse, posarse; (沈澱している) v. estar* deposit*ado*. ▶沈澱物 m. depósito; m. sedimento. ◆コップの中に何か柔らかいものが沈澱している Hay algo blando que se ha posado en el vaso.

ちんれつ 889

ちんどんや ちんどん屋 "chindonya", 《説明的に》 f. banda de música callejera con fines comerciales.

ちんにゅうしゃ 闖入者 (乱入者) mf. intruso/sa.

チンハイ 青海 Chingjai, 《ピンイン》Qinghai (☆中国の省).

チンパンジー m. chimpancé.

ちんぴら mf. gambe*rro/rra*.

ちんぴん 珍品 f. rareza. ▶逸品, 絶品

ちんぷ 陳腐 ▶陳腐な (使い古した) adj. gast*ado*, trill*ado*, mani*do*; (ありふれた) adj. ordinario, común; (古くさい) adj. viejo, pasado de moda, desfasado. ▶陳腐な表現 f. expresión gastada. ▶陳腐な冗談 m. chiste「pasado de moda [muy visto]. ▶陳腐なことばかり言っている政治演説 m. discurso político lleno de lugares comunes ◆在り来たりの, 月並み

ちんぷんかんぷん ▶物理は私にはちんぷんかんぷんだ (＝まったく理解できない) No entiendo nada de física. / Para mí la física es un puro galimatías. /《口語》No entiendo ni jota de física.

ちんぼつ 沈没 ▶沈没する v. hundirse, irse* a pique. → 沈む. ▶タイタニック号の沈没 m. hundimiento del Titanic. ▶沈没船 m. barco hundido. ◆敵軍は我が軍の艦船を多数沈没させた El enemigo nos hundió numerosos barcos.

ちんみ 珍味 (おいしい物) f. exquisitez; (風味のよい食物) f. comida exquisita; (ごちそう) m. banquete, f. comilona. ▶季節ごとの珍味 fpl. exquisiteces de la temporada. ▶山海の珍味 fpl. exquisiteces de todo tipo.

*__ちんもく 沈黙__ m. silencio. ▶沈黙した adj. silencioso; call*ado*. ▶沈黙して adv. en silencio. ▶沈黙を守る v. guardar silencio; callarse. ▶(その)沈黙を破る v. romper* el silencio. ▶沈黙する v. callarse, quedarse call*ado*. ▶(議論などでやっと)沈黙させる v. hacer* (a ＋ 人) callar. ◆¹長い [²気まずい]沈黙が続いた Hubo un ¹largo [²incómodo] silencio.

ちんれつ 陳列 f. exposición, f. exhibición; f. presentación, f. muestra. ▶陳列台 f. mesita de presentación. ▶陳列棚 m. escaparate, f. vitrina. ▶陳列品 m. artículo expuesto [exhibido].

―― **陳列する** (はっきり見えるように並べる) v. exponer*; (一般の人に公開する) v. exhibir. → 展示する. ▶ショーウインドーに商品を陳列する v. exhibir los artículos en un escaparate. ▶店頭に新刊書が陳列してある En el escaparate de la librería se exponen los libros nuevos.

つ

ツアー (団体旅行)《仏語》*m.* "tour" (☆発音は [túr]), *m.* viaje en grupo, (パック旅行) *m.* paquete turístico. → 旅行.

ツアーコンダクター *mf.* guía turístico/ca.

つい 対 *m.* par. ▶対になる *v.* hacer* [formar] un par. ▶一対の本棚 *m.* par de estanterías; (同形の二つの) *m.* juego de estanterías. ♦それは対になっている。彼が片方を、私がもう片方を持っている Es un par. Él tiene uno y yo tengo el otro.

***つい** ❶【時間・距離について】(ほんの) *adv.* sólo, solamente,《強調して》tan sólo; (ちょうど) *adv.* justo, precisamente; (たった今) *adv.* en este momento, hace un momento. ♦彼らが引っ越したのは¹つい三日前 [²最近] のことだ Se cambiaron ¹hace sólo tres días [²recientemente]. ♦つい今しがた彼女から手紙を受け取った Acabo de recibir una carta suya [de ella]. ♦つい先日彼のお父さんに会った Justo el otro día vi a su padre. ♦学校はつい目と鼻の先にある La escuela está「precisamente a la vuelta de la esquina [muy cerca de aquí]. ♦つい最近まで京都に住んでいた Hasta hace muy poco vivía en Kioto. → 最近.

❷【うっかりして】(不注意に) *adv.* sin la debida atención; (間違って) *adv.* por error [equivocación]; (思わず) *adv.* involuntariamente, sin querer; (偶然) *adv.* accidentalmente, por casualidad; (意図せずに) *adv.* sin intención. ♦ついうっかりして彼のかばんを持って行ってしまった He tomado su maleta por descuido. ♦つい腹を立ててしまった Me enojé involuntariamente [a mi pesar]. ♦いらいらしていたのでそのことをつい忘れてしまった Estaba tan irritado que se me olvidó. ♦つい口を滑らしてしまった Se me fue la lengua. ♦(言うまいと思っても) つい死んだ子のことが口に出ます No puedo evitar hablar de mi hijo fallecido.

ツィード《英語》*m.* (tela de) "tweed" (☆発音は [twí(d)]). ▶ツィードの服[スーツ]を着た男 *m.* hombre con ropa de "tweed".

ついおく 追憶 *m.* recuerdo,《文語》*f.* reminiscencia. ▶追憶にふける *v.* recordar* el pasado. ♦老人は追憶にふけりがちだ A las personas mayores les gusta recordar el pasado. /《文語》Los ancianos tienden a sumirse en los recuerdos.

ついか 追加 (つけ足すこと) *f.* adición; (補足) *m.* suplemento. ▶職員の5名追加 *m.* suplemento de cinco empleados al personal. ▶条文への追加 *m.* suplemento de un artículo. ▶追加料金 *m.* recargo, *m.* pago adicional; (特別のサービスに対する) *m.* suplemento. ▶追加予算 *m.* presupuesto suplementario. ♦コーヒーを三つ追加注文した Pedí tres cafés más.
—— 追加する *v.* añadir [agregar*] (A a B). →加える, 補う. ▶表に欄を一つ追加する *v.* añadir un espacio a la lista.

ついかんばん 椎間板《専門語》*m.* disco intervertebral. ▶椎間板炎《専門語》*f.* disquitis. ▶椎間板ヘルニア《専門語》*f.* hernia discal.

ついき 追記 (手紙の) *f.* postdata, (本の) *m.* epílogo; (一般に) *m.* añadido. ▶追記する *v.* añadir una postdata.

ついきゅう 追及 (調査) *f.* investigación; (尋問) *m.* interrogatorio. ▶追及する (非難する) *v.* acusar; (調査する) *v.* investigar*; (尋問する) *v.* interrogar*, hacer* preguntas. ♦彼らはその事故に対する彼の責任を追及した Le acusaron de ser responsable del accidente.

ついきゅう 追求 *f.* búsqueda, *f.* persecución. ▶富の追求 *f.* búsqueda de la riqueza. ▶真理の追求 *f.* búsqueda de la verdad. ▶幸福を追求する *v.* buscar* la felicidad. ▶犯人の行方を追求する (=捜査する) *v.* buscar* el paradero del criminal.

ついきゅう 追究 (調査) *f.* investigación. ▶追究する *v.* investigar*.

ついく 対句 (意味上対立する) *f.* antítesis; (2行で韻を踏む) *m.* pareado,《文語》*m.* dístico. ▶対句をなす *v.* formar una antítesis.

ついげき 追撃 *f.* persecución, *f.* caza. ▶追撃する *v.* perseguir*. ▶敵を追撃する *v.* perseguir* al enemigo.

ついしけん 追試験 *m.* examen de recuperación [《スペイン》(口語) repesca]. → 試験.

ついしん 追伸,【略】PD. (手紙に追伸をつける *v.* añadir una postdata a una carta.

ついずい 追随 ▶...に追随する (=例にならう) *v.* seguir*「los pasos [la huella]《de》. ▶他の追随を許さない (=群を抜いている) *v.* superar a los demás《en》.

ツイスト《英語》*m.* "twist" (☆発音は [twís(t)]). ▶ツイストを踊る *v.* bailar el "twist".

ついせき 追跡 *f.* persecución,《強調して》*f.* caza. ▶追跡者 *mf.* perseguidor/dora. ▶追跡調査 *f.* investigación de seguimiento. ▶追跡の手を逃れる *v.*「escapar a [librarse de] la persecución.
—— 追跡する *v.* perseguir*, ir* a la caza 《de》, seguir*「la pista [las huellas]《de》. →追う. ▶泥棒を追跡する *v.*「perseguir* [ir* a la caza de] un ladrón. ▶スピード違反の車を追跡する *v.* perseguir* a un automóvil con exceso de velocidad. ▶銀行強盗を追跡して捕える *v.* perseguir* y atrapar a *un/una* atracador/dora de bancos.

ついそう 追想 *m.* recuerdo,《文語》*f.* reminiscencia. ▶追想にふける v. recordar* el pasado.

ついたいけん 追体験 ▶追体験する(後で自分でも経験する) v. experimentar en persona.

ついたち 一日 el primer día del mes, el uno de un mes. ▶1月1日 el uno [primero] de enero.

ついちょう 追徴 (追加の徴収) f. recaudación suplementaria, m. recargo. ▶追徴金 m. recargo, m. dinero recaudado suplementariamente, (罰としての) m. castigo, f. multa. ▶追徴税 m. impuesto por sanción.

―― **追徴する** v. recaudar suplementariamente, recargar*. ▶税を追徴する v. recaudar「impuestos suplementarios [recargos]. ▶彼は百万円追徴された Le pusieron un recargo de un millón de yenes.

＊＊ついて ❶【関して】*prep.* de, sobre, acerca de, con relación a, a propósito de, en cuanto a, 《フォーマル》por lo que respecta a, 《フォーマル》por lo que concierne a. ▶日本についての本 m. libro de [sobre] Japón. ▶社会福祉についての論文 m. documento [f. tesis] sobre el bienestar social. ▶その事故について話をする v. hablar del [sobre el, acerca del] accidente. ▶税制改革について意見を述べる v. expresar una opinión sobre la reforma del sistema tributario. ▶その件について質問はありませんか ¿No hay preguntas「sobre este tema [《フォーマル》al respecto]? ◆それについてはすべて知ってるよ Lo sé todo. / Sé todo de eso. ◆あなたはそれについてどう思いますか ¿Qué piensa usted de eso. / (それについてご意見はどうですか)¿Cuál es su opinión「sobre eso [《フォーマル》al respecto]? ◆彼は鳥について¹話をした[²講演をした] ¹Habló [²Dio una conferencia] acerca de las aves. ◆彼らはささいなことについて議論した Discutieron de [sobre] tonterías. ◆彼はスペイン語はできないが数学について言えば、クラスで一番です El español no se le da bien, pero en [en cuanto a las] matemáticas no hay quien le gane.

❷【ごとに】*prep.* por; *adj.* cada. →つき.
❸【ともに】*prep.* con. →一緒に.
❹【後に】*prep.* después de. →後(ﾆﾞ).
❺【下(ﾓﾄ)で】*prep.* bajo. →下(ﾓﾄ).

―― **ついては** *conj.* así que, por eso, 《フォーマル》por lo tanto. ▶車が故障した。ついては駅まで乗せてくれませんか Se me ha averiado el coche, así que, ¿puedes llevarme a la estación?

ついで ◆彼に電話したついでに(=ときに)彼女のことを聞いてみた Cuando hablé con él por teléfono, le pregunté por ella. ◆駅に行くついでに(=途中で)花を買った Compré unas flores de camino a la estación. ◆アイロンをかけているついでにぼくのズボンも頼むね Ya que estás planchando, ¿podrás plancharme, por favor, mis pantalones? / (口語) Puedes planchar mis pantalones mientras que estás en ello, ¿no? ◆返事はついでの折で結構です Devuélveis cuando te venga bien. ◆(ほんの)話のついでに彼は家族のことにふれた Mencionó su familia sólo de paso [pasada].

ついで 次いで *prep.* después de, a continuación de. →次. ◆われわれのクラスで次郎は太郎に次いで足が速い En nuestra clase, Jiro es el que corre más rápido después de Taro. ◆スペイン語に次いで私の好きな学科は物理だ Después de español, mi asignatura favorita es (la) física. ◆彼に次いで(=引き続いて)私が立ち上がった「Seguí su ejemplo [Hice como él] y me levanté.

ついていく ついて行く (後に続く) v. seguir*; (いっしょに行く) v. ir* 「con] →行く (同伴する) v. acompañar; (...に遅れないように) v. seguir*. ◆その子は父親の後について行った El niño「iba detrás de [seguía a] su padre. ◆彼が東京へ行くときには私がついて行きます Cuando vaya a Tokio, 「le acompañaré [iré con él; iremos juntos]. ◆彼は非常に速く走ったのでついて行けなかった Corría tanto que no pude seguirle. ◆その授業はついて行くのが大変ですか ¿No es duro seguir el ritmo de esa clase?

ついている *adj.* con suerte, afortunado. →運, 幸運. ◆彼はすることなすことみなついている Tiene suerte en todo. ◆私はついていた Tenía suerte. / La suerte me sonreía. (会話) 君が1等賞をとったぞ―信じられないぐらいついてるわ Has ganado el primer premio. – ¡Qué [¡Vaya] suerte! ◆今日はついてないよ Hoy no es mi día (de suerte).

ついてくる ついて来る (後に続く) v. seguir*; (いっしょに来る) v. venir* (con, junto a), venir* juntos → 来る; (ぴったりと、呼ばれないのに) v. seguir*, acompañar, (...に遅れないように) v. seguir*. ◆その子は私について来た El niño venía detrás de mí. ◆一生懸命勉強してついて来てください Tienes que estudiar más para poder seguirnos.

ついとう 追悼 (哀悼) *m.* luto. ▶追悼する v. dolerse* por la muerte, 《強調して》llorar la pérdida 《de》. ▶死んだ友を追悼する v. dolerse* por「un amigo muerto [la muerte de un amigo]. ▶故田中氏の追悼会(=追悼の式)を催す v. realizar* un「rito fúnebre [servicio de difuntos] en memoria del Sr. Tanaka. ▶死者の霊に追悼の辞を述べる v. pronunciar una alocución fúnebre por *un/una* difun*to/ta*.

ついとつ 追突 *f.* colisión trasera. ▶車に追突する(後ろから突き当たる) v. chocar* [《フォーマル》colisionar] contra un coche por atrás, dar* un golpe trasero a un coche. ▶私の車はトラックに追突された Mi automóvil fue golpeado atrás por un camión.

＊ついに 遂に *adv.* por fin, finalmente, al fin, al final; *v.* acabar (por + 不定詞). ◆彼は何度か試験を受けて、ついに合格した Hizo el examen varias veces y「por fin [al fin, finalmente] lo aprobó. / Hizo el examen varias veces hasta que lo aprobó. ◆ついに春が来た Por fin ha llegado la primavera. / La primavera ha acabado por llegar. ◆ついにその計画は失敗した Al final el proyecto fracasó. / El proyecto acabó fracasando [en fracaso, por fracasar]. ◆ついに彼はその会に姿

ついにん

を見せなかった Al fin y al cabo no vino a la reunión. / Acabó por no presentarse a la reunión. ☞ いよいよ, とうとう

ついにん 追認 ▶追認する(後から承認する) v. aprobar*, confirmar. ◆現状を追認する v. aprobar* la situación actual.

ついばむ 啄む (鳥が) v. picotear. ◆おんどりが穀物をついばんだ Un gallo picoteaba el grano.

ついほう 追放 (国外への) m. destierro; (政治的理由による) m. exilio; (不法外国人などの) f. deportación; (党・宗派などからの) f. purga; (排除) f. eliminación. ▶追放の身である v. estar exiliado [en el exilio]. ▶追放の身となる v. exiliarse, exilarse.

—— **追放する** v. desterrar*; exiliar; deportar; (政治的に) v. purgar*; (地位・職場などから)〔フォーマル〕 v. destituir*,〔口語〕echar,〔メキシコ〕〔口語〕correr. ◆大統領を追放する v. destituir*〔口語〕echar「al presidente [a la presidenta]. ◆この通りから車を追放する(=締め出す) v. sacar*[desalojar] los vehículos de esta calle. ◆彼は大逆罪で本国から追放された Fue desterrado del país por alta traición. ◆多数の不法入国者が追放された Numerosos emigrantes ilegales han sido deportados. ➡ 追い出す, 追う, 退去する

ついまひ 対麻痺〔専門語〕f. paraplejía.

• **ついやす 費やす** (金・時などを遣う) v. gastar, emplear; (むだに) v. malgastar, derrochar, despilfarrar; (費用を) v. costar*. ◆たくさんのお金を本に費やす v. gastarse mucho dinero en libros. ▶つまらないことに時間を費やす v. perder* el tiempo en tonterías. ◆彼は1日3時間ローマ史の研究に費やしている Se pasa tres horas al día estudiando la historia de Roma. ◆彼はこの辞書を完成するのに20年を費やした Dedicó veinte años a completar este diccionario. / Empleó veinte años en la terminación de este diccionario. ➡ 掛ける, 掛かる. ◆彼はその寺院を建てるのに10億円費やした Le costó mil millones de yenes construir el templo. ☞ 掛[架]ける, 使[遣]う, 消費する, 投じる, 取[費, 採, 執]る

ついらく 墜落 (飛行機などの) f. caída. ▶墜落現場 m. lugar de la caída. ▶飛行機の墜落で死ぬ v. matarse en un「accidente aéreo [〔メキシコ〕avionazo].

—— **墜落する** v. estrellarse 《en, contra》, chocar*, caer*; (急に落下する) v. precipitarse 《a》. ▶ヘリコプターが[1]山中 [[2]海上]に墜落した Un helicóptero [1]se estrelló en las montañas [[2]se precipitó al mar].

ツイン adj. gemelo. ▶ツインベッド(片方) f. cama gemela; (両方) f. camas gemelas. ▶ツインルーム f. habitación doble.

つう 通 (権威者) f. autoridad 《en》; (専門家) mf. experto/ta, mf. técnico/ca 《en》; (物知り) mf. entendido/da, mf. conocedor/dora 《de》, f. persona con muchos conocimientos 《de》. ▶財政通である v.「ser* una autoridad en [tener* muchos conocimientos de] las finanzas.

-つう -通 ▶手紙3通 fpl. tres cartas. ◆この契約書を3通作成してください Haga el favor de sacar tres copias de este contrato.

つうか 通貨 f. moneda; (金) m. dinero. ▶外国通貨 fpl. divisas, fpl. moneda extranjera. ▶国際通貨 f. moneda internacional. ▶国際通貨基金 m. Fondo Monetario Internacional,〔略〕FMI. ▶[1]強い[[2]弱い; [3]安定した]通貨 f. moneda [1]fuerte [[2]débil; [3]estable].

つうか 通過 m. paso ➡ 通行; (法案などの) f. aprobación. ▶法案の通過(=可決) f. aprobación de un proyecto de ley.

—— **通過する** v. pasar, atravesar* 《por》, sobrevolar. ➡ 通る. ▶京都の上空を通過する v. sobrevolar[volar* sobre] Kioto. ◆急行が間もなく当駅を通過します Pronto pasará por esta estación un (tren) expreso. ◆予算案は議会を通過した El proyecto de ley fue aprobado por la Dieta. ☞ 過ぎる, 通り過ぎる

つうかい 痛快 ▶痛快な(たいそう愉快な) adj. emocionante. ◆私たちのチームが最後の一分でゴールを決めて勝つのを見て痛快である Fue muy emocionante ver cómo nuestro marcó el gol de la victoria en el último minuto.

つうがく 通学 ▶自宅通学の学生 mf. alumno/na que viaja desde su domicilio hasta la escuela.

—— **通学する** v.「ir* a [asistir] la escuela; (定期券で) v. viajar hasta la escuela con abono. ▶徒歩で通学する v. ir* a la escuela a pie, caminar hasta la escuela. ▶自転車で通学する v. ir* en bicicleta a la escuela.

つうかん 痛感 ▶痛感する v. sentir* vivamente, darse* vivamente cuenta 《de》. ▶タンゴを習得する難しさを痛感する v. sentir* vivamente la dificultad de aprender a bailar bien el tango. ◆私は毎日練習する必要性を痛感した Me di vivamente cuenta de la necesidad de practicar todos los días.

つうかん 通関 ▶通関する[通関手続きを済ませた] v. pasar por la aduana. ▶通関手続き mpl. trámites de aduana. ▶通関申告書 f. declaración de aduanas.

つうきせい 通気性 ▶通気性がよい v. tener* una buena「permeabilidad de aire [transpiración]; (衣類が) v. ser* transpirable.

つうきん 通勤 m. desplazamiento al trabajo, f. ida y f. vuelta del trabajo. ▶通勤定期券 m. abono para ir al trabajo. ▶通勤手当 m. complemento para desplazarse al lugar de trabajo. ➡ 定期(乗車)券. ▶通勤者 f. persona que se desplaza al trabajo. ▶通勤電車 m. tren para ir al trabajo y volver. ➡ 行く. ▶通勤ラッシュ f. hora punta. ◆私の通勤時間は約1時間です Tardo una hora en ir al trabajo.

—— **通勤する** (定期券で通う) v. desplazarse* hasta el trabajo; (仕事に行く・来る) v. ir* y venir* del trabajo, ir* a trabajar y volver* 《 de 》, v. vivir fuera. ◆彼は浦和から東京へ列車で通勤している Se desplaza de Urawa a Tokio para ir a trabajar. / Va y viene de Urawa a Tokio por el trabajo. ♦彼らは自転車で通勤する Va a trabajar en bicicleta.

つうこう 通行 f. circulación, m. paso; (乗り物の往来) m. tráfico, 《ラ米》m. tránsito. ▶一方通行の道路 f. calle de dirección única. ▶通行人 mf. transeúnte, 《フォーマル》mf. viandante; (歩行者) mf. peatón/tona. ▶(車の)通行料金 m. peaje. ♦この道路の車両の通行は禁止されている Está prohibida la circulación de vehículos en esta calle. ♦ここは車の通行はほとんどない Aquí apenas hay circulación [tráfico]. ♦左側通行【掲示】Circulación por la izquierda. ♦この通りは通行量が多い En esta calle hay mucho tráfico. / Por esta calle pasa mucho tráfico ♦その橋は補修のため通行止めになっています Ese puente está cerrado al tráfico por obras. ♦通行止め Prohibido el paso. / Calle cortada.

つうこく 通告 f. notificación, m. aviso. → 通知. ▶通告する v. notificar*, avisar. ♦5か月間の一時解雇を通告された 「Me notificaron [Recibí la notificación de]」que estaría cinco meses sin trabajo.

つうこん 痛恨 ▶…は痛恨の極みである《フォーマル》Es muy deplorable [lamentable] 《que + 接続法》.

つうさん 通算 m. total. ▶通算して 20 年この市に住む v. vivir en esta ciudad un total de veinte años. ▶通算する v. hacer* [sacar*] el total. ▶通算して 5 度目の優勝をする v. ganar cinco victorias en total.

つうさんしょう 通産相 →経済産業相.
つうさんしょう 通産省 →経済産業省.
つうさんだいじん 通産大臣 (経済産業大臣) m. Ministro de Economía, Comercio e Industria.

つうじて 通じて ❶【…中】(…の間中) prep. durante todo, a lo largo de. ▶1 年を通じて adv. (durante) todo el año, a lo largo del año. ▶全国を通じて adv. en [por] todo el país. ▶一生を通じて adv. en [durante] toda la vida. ▶年間を通じて(=四季の中で)私は夏が一番好きだ De entre todas las estaciones, la que más me gusta es el verano.
❷【仲介】(…を通じて) prep. por (medio de), a través de. ▶ラジオを通じて講演する v. dar* una conferencia por la radio. ▶あらゆる機会を通じて adv. en todas las ocasiones. ♦私は彼を通じて彼女を知った La conocí a través de él.

つうしょう 通商 m. comercio. ▶通商条約 m. tratado de comercio.

つうしょう 通称 ▶通称名 m. nombre común. ▶寅次郎, 通称トラ Torajiro, llamado (comúnmente) Tora.

つうじょう 通常 (習慣的にいつも) adv. normalmente, habitualmente; (普通程度に) adv. de ordinario, ordinariamente; (一般に) adv. generalmente, en general; (概して) adv. por lo general [regular]. → 普通, いつも, 大概, 普段. ▶通常の(いつもの) adj. habitual; (標準の) adj. normal; (ありふれた) adj. común; (規則に合った) adj. regular; (一般的な) adj. general. ▶通常

つうじる 893

会員 m. miembro ordinario [regular, de número]. ▶通常国会 f. sesión ordinaria [regular] de la Dieta. ▶通常 (=伝統的)兵器 f. arma convencional. ▶通常郵便 m. correo ordinario. ♦営業時間は通常 9 時から 5 時までです Normalmente estamos abiertos de nueve a cinco. ☞いつも, 大概, 大抵

__つうじる__ 通じる ❶【道路・交通機関などが】(道路などが) v. llevar [ir, conducir*]《a》; (乗り物が運行する) v. ir*; (ドア・部屋などが) v. dar*《a》; (鉄道が敷設される) v. estar* tendido; (開通する) v. estar* abierto. ♦海岸に通じている道路 f. carretera que va a la costa. ▶庭に通じているドア f. puerta (que da) al jardín. ♦すべての道はローマに通ず《ことわざ》Todos los caminos llevan a Roma. ♦この道はどこへ通じているのですか ¿A dónde va [conduce] esta carretera? ♦伊東から下田まで鉄道が通じている Hay un ferrocarril [tren] que va de Ito a Shimoda. / (鉄道が伊東と下田をつないでいる) Un ferrocarril conecta Ito con Shimoda. / (伊東と下田が鉄道でつながっている) Ito y Shimoda están comunicadas por el tren. ♦両市間に高速道路がまもなく通じるだろう Pronto habrá [se construirá, se abrirá] una autopista que una las dos ciudades. ♦大雪で道が通じない(=ふさがれている) La carretera está bloqueada por una fuerte nevada. / (交通が不通である)El tráfico está paralizado por la fuerte nevada.
❷【電話・電流などが】(電話で連絡をつける) v. comunicarse* [contactar]《con》; (電力を供給する) v. suministrar energía eléctrica. ▶電流の通じている[ない]電線 m. alambre [m. cable] ¹con [²sin] corriente. ♦田中さんに電話が通じなかった No he podido comunicarme con el Sr. Tanaka. ♦電話が通じない El teléfono está desconectado [cortado]. / (話し中だ)Está ocupado [《スペイン》comunicando]. ♦その村にはまだ電気が通じていない En ese pueblo todavía no hay electricidad.
❸【了解される】(理解される) v. ser* comprendido [entendido]; (自分の意思をわからせる) v. hacerse* entender*; (意思を通じ合う) v. comunicarse*《con》; (考えなどを理解させる) v. hacer* entender*《a + 人》. ▶意味の通じない文 f. oración ininteligible. ♦パリでは私のフランス語が通じなかった En París no pude「hacerme entender [comunicarme]」en francés. ♦われわれはなんとか意思が通じ合えた Hemos logrado comunicarnos [hacernos entender]. ♦ぼくの言わんとしていることが彼女には通じないようだ Parece que no entiende lo que intento decir. ♦彼には冗談は通じない No entiende [capta; 《スペイン》《口語》coge] los chistes. ♦スイスでは何語が通じますか (=話されていますか) ¿Qué lengua se habla en Suiza?
❹【精通する】(熟知している) v. conocer* bien, estar* 「al corriente [bien informado]」《de》→精通する; (見聞・知識が広い) v. estar* muy 「informado《sobre》[al corriente 《de》]. ♦彼は数か国語に通じている Domina va-

894 つうしん

rios idiomas. / Conoce bien varias lenguas.
❺【こっそり関係する】▶人妻と通じる（＝情事を持つ）v.「tener* relaciones amorosas ［《口語》entenderse*］ con una mujer casada. ▶ひそかに敵と通じる（＝意を通じ合う）v. comunicarse* secretamente ［clandestinamente］ con el enemigo; (接触している) v. estar* en contacto con el enemigo.
《その他の表現》♦これは教員全体に通じる（＝共通する）問題だ Este problema es「corriente entre ［común a］ todos los profesores.♦ここは1年を通じて気候が穏やかだ Aquí el clima es suave todo el año. →-じゅう.♦私たちは彼を通じて（＝介して）知り合った Nos conocimos a través de él. ♦あらゆる機会を通じて（＝捕えて）彼に会った Aprovechaba todas las ocasiones para verle. ☞至る, 続く

*つうしん 通信 (文通) f. correspondencia; (交信) f. comunicación; f. telecomunicaciones.

　1《～通信》▶商業通信 f. correspondencia comercial. ▶衛星通信 fpl. comunicaciones por satélite. ▶データ通信 f. comunicación de datos. ▶パソコン通信 fpl. comunicaciones basadas en computadoras personales. ▶光ファイバー通信 fpl. comunicaciones por fibra óptica. ▶フランス通信 fpl. noticias de Francia.

　2《通信＋名詞》▶通信員(特派員) mf. corresponsal; (報道記者) mf. reporter*o/a*. ▶通信衛星《専門語》m. satélite de comunicación. ▶通信回線《専門語》f. línea de comunicación. ▶通信システム《専門語》m. sistema de comunicación. ▶通信社 f. agencia「de noticias ［《ラ米》noticiosa］. ▶通信制¹大学［²学校］f. universidad ［²f. escuela］ a distancia ［por correspondencia］. ▶通信装置(無線機など)一式 m. sistema de comunicaciones. ▶通信ソフト《専門語》m. software de comunicaciones. ▶通信網 f. red de comunicaciones. ▶通信販売 f. venta por correo. ▶通信販売会社 f. compañía de venta por correo. ▶通信プロトコル《専門語》m. protocolo de comunicaciones. ▶通信教育で翻訳講座を受講する v. tomar un curso por correspondencia de traducción. ♦その¹商店［²会社］は通信販売もしています Esa ¹tienda ［²compañía］ también tiene servicio de venta por correo.

　3《通信が》▶飛行機からの通信がとだえている El avión está fuera de la radiocomunicación. / El avión está incomunicado.

――**通信する** (手紙・口頭・身振り・電話などで) v. comunicarse* «con»; (手紙などで) v.「mantener* correspondencia ［cartearse］《con》 ☞交信, 電報

つうしんえいせい 通信衛星 m. satélite de comunicaciones. ▶通信衛星による音楽会の生放送 f. transmisión en directo de un concierto vía satélite de comunicaciones.

つうしんきかん 通信機関 mpl. medios de comunicación, fpl. comunicaciones; (報道機関) mpl. medios de comunicación, 《口語》 mpl. medios.

つうしんぼ 通信簿 m. informe escolar, 『スペイン』《口語》 fpl. notas. → 通知表.

つうせつ 痛切 ▶運動の必要性を痛切に感じる v. sentir*「vivamente la necesidad ［necesidad imperiosa］ de hacer* ejercicio. ♦都市の住宅不足は痛切な（＝深刻な）問題である La escasez de la vivienda en la ciudad es un grave ［serio］ problema. ☞しみじみ, つくづく

つうせつ 通説 f. idea generalizada, f. teoría comúnmente aceptada. ♦たばこが健康に悪いというのは通説になっている Es una idea generalizada que el tabaco perjudica la salud.

つうぞく 通俗 ▶通俗的な(大衆向けの) adj. popular; (一般的な) adj. corriente, común, 『やや軽蔑的に』 ordinari*o*; (ありふれてつまらない) adj. 《軽蔑的に》 vulgar, lleno de tópicos. ▶通俗小説 f. novela popular ［vulgar］. ▶通俗的な考え方 f. forma corriente de pensar. ♦彼の演説は大変通俗的だった Su discurso「estaba lleno de tópicos ［era manido］.

つうたつ 通達 (通知) m. aviso; (正式の通告)《フォーマル》 f. notificación. ▶県教育委員会からの通達 f. notificación oficial de la Junta Prefectural de Educación. ♦政府当局は次のように通達した El gobierno nos notificó lo siguiente.

つうち 通知 m. aviso, m. anuncio; (正式の)《フォーマル》《専門語》 f. notificación. ▶追って通知があるまで adv. hasta「un siguiente aviso ［una próxima notificación］. ♦彼が到着するという通知を受けた Recibí aviso de「su llegada ［que llegaría］.

――**通知する** ▶新しい住所を通知する v.「informar《a ＋ 人》de ［hacer* saber*《a ＋ 人》］ la nueva dirección. ▶彼に法廷に出頭せよと通知する《フォーマル》 v. notificarle* que debe comparecer* en juicio. ☞案内, 通達, 届け

つうちひょう 通知表 m. boletín de calificaciones ［notas］.

つうちょう 通帳 (銀行の) f. libreta de banco ［depósitos］; (普通預金の) f. libreta de ahorros. ▶通帳を作る（＝普通預金口座を開く）v. abrir* una cuenta de ahorro (en un banco).

つうどく 通読 ▶通読する(読み通す) v. leerse* todo, leer*「de principio a fin ［《口語》de cabo a rabo］.

ツートンカラー ▶ツートンカラーの車 m. coche ［《ラ米》 m. carro］ de dos tonos.

つうねん 通念 f. idea generalizada. ▶社会通念 f. idea socialmente aceptada.

ツーバイフォー ▶ツーバイフォー工法 m. método de dos por cuatro.

ツーピース m. (vestido de) dos piezas.

つうふう 痛風《専門語》 f. gota. ▶痛風を患う v. padecer* ［sufrir de］ la gota.

つうふう 通風 (風通し) f. ventilacicón, f. aireación. ▶通風孔 m. agujero de ventilación; (ビルなどの) m. respiradero. ▶通風のよい

部屋 m. cuarto bien ventilado, f. habitación con buena ventilación.

つうぶん 通分 ▶通[公]分母 m. común denominador.♦2/3と3/4を通分しなさい Reduce 2/3 y 3/4 a un común denominador.

つうほう 通報 f. información, m. aviso; (内報)《口語》m. soplo,《口語》m. chivatazo.▶気象通報 m. boletín meteorológico.♦そのことを警察に通報する v. informar a la policía sobre eso; (密告する) v. denunciar (《口語》darle* el soplo) sobre eso a la policía.

・**つうやく** 通訳 (事) f. interpretación; (人) mf. intérprete.♦アルゼンチン大使館の通訳を務める v. hacer* [actuar*] de intérprete para la Embajada de Argentina.♦彼女はロシア語の同時通訳がうまい Es una buena intérprete simultánea al ruso.
── 通訳する v. interpretar.♦スペイン語から日本語に通訳する v. interpretar español al japonés.♦私はフランス語が話せないので彼が通訳してくれた Como yo no hablo francés, él me hizo de intérprete.

つうよう 通用 (有効) f. validez; (使用) m. uso, f. utilización.▶通用期間 m. plazo [m. límite] de validez.▶通用口[門] f. puerta de servicio.
── 通用する (有効である) v. ser* bueno, ser* válido; (法的に) v. ser* válido,《フォーマル》tener* validez; (使用されている) v. estar* en uso; (受け入れられる) v. ser* aceptado; (流通している) v.《フォーマル》tener* curso legal; (…で通る) v. pasar (por).♦その理論は今でも通用する Esa teoría es válida incluso ahora.♦その紙幣は今はもう通用しない Ese billete (de banco) ya no「es de curso legal [tiene validez].♦その考え方は世間では通用しない Ese modo de pensar es inaceptable [no será aceptado] en el mundo.♦彼女はドイツ語がとても上手でドイツ人としても通用するぐらいだ Habla alemán tan bien que podría pasar por alemana.

ツーリスト mf. turista.

ツール ▶ツール・バー《専門語》f. barra de herramientas.▶ツール・ボックス《専門語》f. caja de herramientas.

ツールーズ Tolosa (☆フランスの都市).

つうれい 通例 (一般に) adv. generalmente, en general; (通常は) adv. normalmente; (概して) adv. por regla general. → 普通, 通常.♦通例仕事は5時に終わる Generalmente terminamos [acabamos] el trabajo a las cinco. ─ 当たり前の, 只

つうれつ 痛烈 ▶痛烈な (言葉などが辛らつな) adj. mordaz, cáustico; (打撃などが) adj. duro, violento.♦痛烈な皮肉 f. ironía mordaz.♦痛烈なびんたを1発くらう v. recibir una violenta bofetada en la mejilla.♦痛烈にその劇を批判する v. criticar* duramente [mordazmente] el drama.

つうろ 通路 m. paso, m. pasaje; (狭い) m. pasadizo; (道) m. camino, f. vía; (バス・劇場などの) m. pasillo.▶(列車・劇場などの) 通路 [2窓]側の席 m. asiento 1al lado del pasillo [2junto a la ventanilla].♦両方の家の間には

つかいかた 895

狭い通路が通っている Hay un paso estrecho entre las dos casas.

つうわ 通話 f. llamada (telefónica). → 電話.▶市内通話 f. llamada urbana [local].▶市外通話 f. llamada de larga distancia, f. conferencia (interurbana).▶国際ダイヤル通話 f. llamada directa internacional.▶通話料 m. importe de la llamada.▶指名通話 f. llamada de persona a persona.▶料金受信人払い通話 f. llamada de cobro revertido.▶クレジット通話 f. llamada con tarjeta de crédito.♦1通話3分間の料金は10円です Las llamadas locales cuestan diez yenes los [cada] tres minutos.♦今通話中です La línea está ocupada. /《スペイン》Está comunicando.

つえ 杖 m. bastón.▶魔法の杖 f. varita mágica.▶杖を携える v. llevar un bastón.▶杖にすがる v. apoyarse en un bastón.▶杖をついて歩く v. caminar con bastón.♦彼は足が治るまで杖をつかなければならなかった Hasta que le mejoró la pierna tenía que usar un bastón.♦転ばぬ先の杖 (=よく見てから跳べ)《ことわざ》Quien adelante no mira, atrás se queda.

つか 柄 m. mango, f. empuñadura. → 柄(え).

つか 塚 m. montículo.▶貝塚 m. montículo de conchas.▶アリ塚 m. hormiguero (en forma de montículo).▶一里塚 m. mojón; m. hito, m. jalón.

つかい 使い ❶【用件】m. recado, m. mandado.▶使い走り(をする) mpl. (hacer) recados; mf. recadero/ra.▶子供を(郵便局まで)使いにやる v. enviar* al niño (a Correos) a un recado.♦使いに行ってくれませんか ¿Me puedes hacer un recado?
❷【人】(使者) mf. mensajero/ra,《口語》mf. recadero/ra; (持参人)《フォーマル》mf. portador/dora; (会社などが雇う) mf. recadero/ra, mf. mandadero/ra, m. chico de los recados.▶使いをやる v. enviar* [mandar] un/una mensajero/ra (a).♦この使いの者にご返事をください Haga el favor de enviarme su respuesta con el/la portador/dora de este aviso.♦忘れ物を取りにだれか使いの人を事務所までよこしてくださいませんか ¿Puede usted mandar a alguien a la oficina para que recoja lo que usted se ha dejado?♦彼女への伝言を持たせて彼を使いに出した Le he mandado con un recado para ella.
❸【用いる人】▶ライオン使い (=調教師) mf. domador/dora de leones.▶蛇使い mf. encantador/dora de serpientes.

つがい 番 f. pareja.▶3組のつがいの白鳥 fpl. tres parejas de cisnes.▶つがいになる v. formar pareja.

つかいかけ 使いかけ ▶使いかけの (=一部使用された)ノート m. cuaderno parcialmente usado.

つかいかた 使い方 ▶動詞"hacer"の使い方 (=用い方) m. uso del verbo "hacer".♦余暇の賢明な使い方を知っている人は少ない Son pocas las personas que saben usar bien su tiempo

つかいこなす 使いこなす (物を) v. manejar; (十二分に利用する) v. sacar* el máximo rendimiento 《a, de》; (スペイン語を) v. tener* un buen dominio (del español).

つかいこむ 遣い込む (公金などを横領する) v. malversar, desfalcar*. ♦彼は会社のお金1千万円を遣い込んで解雇された Fue despedido por malversar diez millones de yenes de la empresa.

つかいこむ 使い込む ▶使い込んだペン f. pluma 「muy usada [de largo uso].

つかいすて 使い捨て ▶使い捨て紙コップ m. vaso de papel desechable. ▶使い捨てる v. desechar (después de su uso), tirar, 【ラ米】botar.

つかいで 遣い出 ▶当時1万円はつかいでがあった En aquel tiempo diez mil yenes「duraban mucho 《《口語》》 daban mucho de sí». / Entonces con diez mil yenes se podían comprar muchas cosas.

つかいはしり 使い走り (用事) m. recado, m. mandado; (人) m. chico de los recados 《de》. →使. ▶彼の使い走りをする v. hacerle* recados.

つかいはたす 使[遣]い果たす (資金・精力などを) v. gastar, 《フォーマル》agotar. ▶むだな努力に精力を使い果たす v. gastar [agotar] en vano toda la energía. ♦彼はその金をすっかり遣い果した Agotó todo el dinero. /(すべての金を遣った) Gastó todo el dinero.

つかいふるし 使い古し ▶使い古しのパソコン m. ordenador muy usado.

つかいふるす 使い古す v. gastarse. ▶使い古した生地 m. material muy gastado. ▶使い古された(＝古くておもしろくない)冗談 m. chiste muy visto [viejo]. ▶使い古された文句 m. cliché, f. frase「muy usada [manida].

つかいみち 使[遣]い道 (用途、使用法) m. uso, f. utilización, m. empleo, f. aplicación. ♦この機械は使い道が多い Esta máquina tiene múltiples usos. / Es una máquina multiuso. /(多くの目的に使用される) Esta máquina se puede utilizar [usar, emplear] para muchos fines. ♦この辞書はもう使い道がない(＝役に立たない) Este diccionario ya「no vale [se ha vuelto inservible]. ♦正しいお金の遣い道を知らなければならない Hay que aprender a usar [gastar] bien el dinero.

つかいもの 使い物 ▶使い物にならない v. no valer*, ser* inútil [inservible].

つかいわける 使い分ける (正しく) v. usar bien [correctamente]; (必要に応じて) v. usar según la necesidad.

つかう 使[遣]う ❶《物を》v. usar, 《フォーマル》hacer* uso 《de》, utilizar*, emplear; manejar; servirse* 《de》. ♦このこぎりを上手に使う v. manejar con habilidad una sierra. ▶スプーンを使ってスープを飲む v. usar una cuchara para tomar la sopa. ▶つぼを花びん代わりに使う v. utilizar* un jarrón como florero. → 代用. ▶土地をうまく使う v. hacer* buen uso de la tierra. ▶台所を共同で使う v. compartir la cocina 《con ＋人》. 金話君の自転車を使っていいかい？－パンクしてしまって今使えないんだ ¿Puedo usar tu bicicleta? – Está pinchada y no se puede usar. ♦その紙は何に使うのですか ¿Para qué sirve [se emplea] ese papel? ♦このクリーナーは銀食器に使えますか ¿Se puede usar este detergente para la platería [plata]? ♦この機械の使い方を知っていますか ¿Sabes cómo se usa esta máquina? ♦石油を全部使ってしまった Hemos agotado todo el petróleo. ♦地下室はよく食料や燃料を貯えるのに使われる El sótano se usa muchas veces como almacén de alimentos y combustible. ♦羅針盤はいつごろから使われるようになりましたか ¿Cuándo「se puso en uso [empezó a usarse]」la brújula? ♦この型のバスはもう今は使われていない Este tipo de autobús ya no se emplea. ♦その砂糖あんまり使うなよ. それだけしかないんだから「Usa con cuidado el [No gastes mucho] azúcar. Es todo lo que nos queda. ♦トラベラーズチェックは使えますか(店での買い物時に) ¿Admite usted cheques de viajero? ♦この自動販売機は1万円札が使えます Esta máquina vendedora admite billetes de diez mil yenes. ♦それは古いけどまだ使える Está viejo, pero todavía sirve [se puede usar].

❷《金・時間を》(費やす) v. gastar; (むだに使う) v. malgastar, derrochar; (有効に利用する) v. hacer* uso 《de》, usar, (時間を) v. pasar. ▶多くのお金を本に遣う v. gastar mucho dinero en libros. ▶余暇をピアノの練習に遣う v. pasar el tiempo libre practicando piano. ▶時間を有効に遣う v. hacer* un buen uso del tiempo. ♦どのようにお金を遣うか決めなさい Decide cómo vas a gastar el dinero. ♦つまらない物にお金を遣ってはいけません No te gastes el dinero「en tonterías [a lo tonto].

❸《人を》(雇う) v. emplear; (利用する) v. usar, utilizar*. → 利用. ▶人を使うのがうまい v. tener* habilidad para manejar a la gente. ♦あの会社は多くの外国人を使っている Esa empresa emplea a muchos extranjeros.

❹《気を》♦彼はまわりの人に気を遣った Era atento con los que lo [le] rodeaban. ♦(私のことで)そんなに気を遣わないでください No se preocupe [moleste] usted tanto por mí.

❺《言葉を》(話す) v. hablar; (自由に使いこなす) v. tener* un buen dominio (del español). ▶ていねいな言葉を遣う v. hablar con cortesía, emplear el habla de la cortesía.

❻《策を》▶きたない手を使う v. jugar* una mala pasada 《a》. ▶二枚舌を使う v. decir* mentiras.

❼《乗り物を》v. usar; (乗って行く) v. coger*, tomar, 【ラ米】agarrar. → 利用.

つかえる 仕える v. servir* 《a ＋人》, estar* al servicio 《de》, trabajar 《para》; (仕えて世話する) v. servir* 《a ＋人》, (仕えて世話する) v. servir* 《a ＋人》, (仕えて世話する) v. servir* ¹a Dios [²al amo]. ▶王に仕える v. servir* a un rey. ▶ゴメス将軍に仕える v.

servir* bajo el general Gómez ⇨付[点]く, 勤める

つかえる 支える ❶【人・物が多い】♦1道［2入り口］は車がつかえていてなかなか進めない Hay tantos coches 1en la calle [2a la entrada] que apenas puedo avanzar. → 渋滞. ♦私は仕事がつかえている Tengo demasiado trabajo. / (《口語》) Estoy de trabajo hasta el cuello. → 塞(ふさ)がる.
❷【引っ掛かる】(大きすぎて入らない) v. ser* demasiado grande para entrar; (刺さる) v. clavarse 《en》. ♦そのたんすはドアにつかえて部屋に入らない El armario es demasiado grande 「para caber [y no cabe] por la puerta. ♦彼は魚の骨がのどにつかえた Se le ha clavado una espina en la garganta. / (のどにつかえて息苦しくなった) Se atragantó con una espina. ♦その部屋は天井が低かったので頭がつかえた El cuarto tenía el techo tan bajo que「me daba en la cabeza [no podía ponerme de pie].
❸【塞(ふさ)がる】v. ser* bloqueado. → 塞(ふさ)がる, 詰まる.
【その他の表現】♦言葉がつかえて出て来なかった Se me hacía un nudo en la garganta. / (驚き・怒りなどで) Me faltaban las palabras.

つかえる 痞える ♦胸がつかえる v. sentir* el estómago pesado, hacer* una mala digestión. ♦悲しみで胸がつかえた Sentía mucho dolor. / (強調して) (比喩的に) Tenía una espada clavada en el corazón. ♦彼のやさしいひと言で胸につかえていたものが (=心から重荷が) 取れた Sus amables palabras me quitaron un peso de encima.

つかつか ♦つかつかと歩く v. caminar directamente 《hacia》.

つかぬこと 付かぬ事 ♦付かぬ事をお尋ねしますが(唐突な質問で失礼ですが) Perdone mi pregunta tan brusca, pero... / (話題を転換して) Por cierto... / A propósito...

つかのま 束の間 (瞬間) m. momento. ♦束の間の adj. momentáneo; (短い) adj. breve; (すばやく過ぎる) adj. pasajero, transitorio; (はかない) adj. fugaz; (短命の) adj. 《教養語》 efímero, fugaz; (一時的な) adj. temporal. ♦束の間の平和 f. paz transitoria. ♦束の間の幸せ f. felicidad pasajera [efímera]. ♦束の間のうちに adv. en un momento. ♦束の間もくつろげない No puedo descansar ni un momento. ♦われわれの幸福な生活も束の間だった Nuestra vida feliz 「duró poco [fue corta].

つかまえる 捕［摑］まえる ❶【捕らえる】(追跡・罠などで) v. capturar, atrapar, cazar, 《スペイン》 coger*, 《ラ米》 agarrar. → 逮捕. ♦網でチョウを捕まえる v. atrapar [cazar*, 《スペイン》 coger*] una mariposa con un cazamariposas. ♦私の猫はネズミを2匹捕まえた Mi gato atrapó dos ratones. ♦警官はそのどろぼうを捕まえた La policía capturó al ladrón. ♦その囚人は刑務所から脱走しようとしたところを捕まえられた El/La preso/sa fue capturado/da cuando intentaba fugarse de la cárcel. ♦そいつを捕まえろ!財布をとられたぞ! 《スペイン》 Detenedle [《ラ米》 Deténganlo]! ¡Me ha robado la cartera!

【握る】(動くものを急に) v. 《スペイン》 coger*, 《ラ米》 agarrar; (自分の手で) v. tomar; (しっかりと) v. apoderarse 《de》, capturar. → 摑(つか)む. ♦彼は私の腕をつかんだ Me 《スペイン》 cogió [《ラ米》 agarró] del brazo. ♦彼は私をつかまえて放そうとはしなかった Me agarró y no me soltaba.
❸【呼び止める】♦タクシーをつかまえる(呼び止める) v. llamar un taxi; (つかまえる) v. tomar un taxi.
❹【居所をつかむ】(タイミングよく会う) v. 《スペイン》 coger*, 《ラ米》 agarrar; (連絡する) v. pillar. ♦彼が帰宅するところをうまくつかまえた Le pillé justo cuando volvía a su casa.
❺【相手にする】♦事もあろうに親をつかまえて「おい」とは何だ Pero, ¿cómo te atreves a decir "eh" a tu propio padre?

つかまる 捕［摑］まる ❶【捕らえられる】(一般に) v. ser* capturado [atrapado, 《スペイン》 cogido, 《ラ米》 agarrado]; (逮捕される) v. ser* detenido. → 逮捕, 捕まえる. ♦彼は何もしていないのに捕まった Fue detenido sin haber hecho nada. ♦その車はスピード違反でパトカーに捕まった (=停止させられた) 「El coche fue detenido por la policía [La policía detuvo al coche] por exceso de velocidad.
❷【しっかりつかむ】v. agarrarse 《a》, agarrar, 《フォーマル》 asir*; (武器を) v. empuñar. → 摑(つか)む. ♦私は手すりにしっかりとつかまっていた Me agarraba [asía] con fuerza a la barandilla. ♦このロープにつかまれ, 引っ張り上げるから Agárrate a esta cuerda y yo te subiré tirando.
❸【見つかる】v. sorprender, 《口語》 pillar. → 捕[摑]まえる. ♦彼は自転車を盗んでいるところを捕まった Le sorprendieron [《口語》 pillaron] robando la bicicleta.
❹【引きとめる】♦中田さんに2時間もつかまってしまった Fui detenido [entretenido] dos horas por el Sr. Nakata.

つかみあい 摑み合い (取っ組み合い) f. lucha cuerpo a cuerpo, 《口語》 m. agarrón; (争い) f. pelea. ♦彼とつかみ合いをする v. tener* un agarrón con él.

つかみどころ 摑み所 ♦摑み所のない(分かりにくい) adj. evasivo; (あいまいな) adj. vago; (当てにならない) adj. que no es de fiar.

つかむ 摑む ❶【手でつかむ】v. 《スペイン》 coger, 《ラ米》 agarrar, tomar. ♦彼は私の手をつかんだ Me tomó (de) la mano. / Tomó mi mano. ♦この魚はぬるぬるしていてつかめない Este pez se me resbala de las manos y no lo puedo coger. ♦おぼれる者はわらをもつかむ (言い回し) Hombre que se ahoga se agarra a un clavo ardiendo. ♦彼は落ちないようにロープをつかんだ Se agarró de la cuerda para no caer. ♦彼は私のかばんをつかんで逃げた Se apoderó de mi bolso y salió corriendo. ♦強盗は私のかばんをつかもうとしなかった El ladrón no soltaba mi bolso.
❷【入手する】v. conseguir*, 《フォーマル》 obte-

898 つかる

ner*; (発見する)v. encontrar*. ▶大金をつかむ v. conseguir* mucho dinero. ▶機会をつかむ v. aprovechar la oportunidad [ocasión]. ▶手がかりをつかむ v. encontrar* una pista (para).

❸【理解する】v. comprender, entender*, 【スペイン】【口語】coger*, 【ラ米】【口語】agarrar; (把握する) v. captar, entender*. ▶話の要点をつかむ v. comprender [【スペイン】【口語】coger*] lo principal del discurso. ◆彼は早口でしゃべるので話の内容がつかめない Habla tan rápido que no puedo comprender [【スペイン】【口語】coger; 【ラ米】agarrar] nada de lo que dice.

つかる 漬かる (水浸しになる)v. inundarse, anegarse*; (水中に沈む)v. sumergirse* debajo del agua, hundirse en el agua; (漬物にする) v. estar* sazonado [encurtido], (熱い風呂に)漬かる(=体を浸す) v. meterse [sumergirse*] en un baño caliente. ◆中庭は水に漬かった El patio estaba inundado. ◆首までの水に漬かって立っていた Estaba de pie con el agua hasta las rodillas. ◆このキュウリはよく漬かっている Estos pepinos están bien encurtidos.

つかれ 疲れ (過労・運動などによる)m. cansancio, f. fatiga; (体力・意欲のなくなった)m. agotamiento. →疲労. ▶肉体的[2精神的]な疲れ f. fatiga ¹física [²mental]. ▶疲れを感じる v. sentirse* cans*ado*, 《フォーマル》sentir* fatiga. ▶疲れを知らない男 m. hombre incansable. ▶眠って疲れを取る v. quitarse el cansancio durmiendo. ▶旅の疲れをいやす v. descansar del viaje, aliviar la fatiga del viaje. ▶ひどい疲れのために倒れる v. desfallecer* de cansancio, caerse* por la fatiga. ◆彼は疲れがたまって病気になった Se puso enfermo por exceso de fatiga. ◆長旅の疲れが出た Siento el cansancio del largo viaje. ◆疲れが取れない No puedo quitarme la fatiga.

つかれはてる 疲れ果てる v. estar* cans*ado* [fatig*ado*, exhaust*o*, 《フォーマル》agot*ado*]. ▶飛行機の旅で疲れ果てる v. cansarse del viaje en avión. ◆身も心も疲れ果てた Estoy cans*ado* mental y físicamente.

つかれめ 疲れ目 f. fatiga visual; (疲れた目)f. vista cansada. ◆この目薬は疲れ目に効きます Estas gotas son buenas para la vista cansada.

**つかれる 疲れる v. cansarse [《フォーマル》fatigarse*, agotarse] (de, por). →疲れ, 疲労. ▶疲れる仕事 m. trabajo fatigoso. ▶疲れた顔をしている v. parecer* (tener* aspecto) cansado. ▶疲れた足取りで階段を上る v. subir las escaleras con paso cansado. ◆彼は疲れやすい Se cansa fácilmente. ◆彼は¹仕事で[²長く歩いたので]非常に疲れていた Estaba muy cansado del ¹trabajo [²largo paseo]. ◆家の掃除で疲れた Me he cansado de limpiar la casa. ◆まったくくたくたに疲れた 《口語》Estoy muert*o* de cansancio. /《口語》Estoy cansadís*imo*. / Estoy rend*ido* /《教養語》exhaust*o*, agot*ado*]. ◆一日中あの子たちのお守りをするなんてさぞかし疲れたことでしょうね Debe ser terriblemente cansado estar cuidando niños todo el día. / Cuidar todo el día niños tiene que ser agotador.

つかれる 憑かれる ▶悪霊につかれる v. estar* pose*ído* (de un mal espíritu). ▶つかれたように勉強する v. estudiar como un/una poseso/sa.

*つき 月 ❶【空の】f. luna.

1《～月》▶明るい月 f. luna brillante. ▶満月 f. luna llena. ▶下弦の月 m. cuarto menguante. ▶半月 f. media luna. ▶上弦の月 m. cuarto creciente. ▶新月 f. luna nueva.

2《月+名詞》▶月ロケット m. cohete a la luna. ▶月夜 f. noche de luna. ▶月旅行をする v. viajar [hacer* un viaje] a la luna. ▶月見をする →月見.

3《月が》▶月が¹出た[²沈んだ] ¹Ha salido [²Se ha puesto] la luna. ▶月は日ごとに¹満ち[²欠け]てゆく La luna ¹crece [²mengua] día tras día. ◆月が明るく輝いている La luna brilla mucho. / Hay mucha luna. ◆月が¹雲間から現われた[²雲に隠れた] La luna ¹apareció [²desapareció] detrás de las nubes. ◆今夜は月が¹出ている[²出ていない] Esta noche ¹hay [²no hay] luna.

4《月の》adj. lunar. ▶月の軌道 f. órbita lunar. ▶月の出 f. salida de la luna. ▶月のない夜 f. noche sin luna. ▶月の光を浴びて(=月に照らされて) adv. a la luz de la luna, en un claro de luna.

《その他の表現》◆彼は兄と比べると月とスッポンだ No se puede comparar con a su hermano.

❷【暦の】m. mes. →年(ᠠ).

1《～月》▶ひと月前に(今から) adv. hace un mes; (過去のある時から) adv. un mes antes. ▶(生後)ふた月の赤ん坊 m. bebé de dos meses. ▶ひと月で[²以内に] adv. ¹dentro de [²en (menos de)] un mes. ▶来る月も来る月も adv. mes tras mes. ◆2月は一番短い月だ Febrero es el mes más corto.

2《月～》▶月々の平均収入 mpl. ingresos medios mensuales. ▶月遅れの雑誌 m. número [m. ejemplar] atrasado de una revista. ▶月払いで借りる v. alquilar(lo) por meses. →月決め.

3《月に》▶月に¹[²2; ³3]度 f. ¹una vez [²dos veces; ³tres veces] al mes. ▶月に1度の会合 f. reunión mensual. ▶月に20万円かせぐ v. ganar 200.000 yenes al mes. →週.

つき 付き ❶【付着】▶この紙はインクの付きが¹よい[²悪い] Este papel imprime ¹bien [²mal]. ◆この木は火の付きがよい[²悪い] Esta madera se prende ¹bien [²mal].

❷《運》f. suerte. ▶つきが¹続く[²落ちた; ³回って来た] La suerte ¹dura [²se ha acabado; ³ha llegado].

❸【付属】▶社長付き秘書 mf. secretario/ria del presidente. ▶大使館付き通訳 mf. intérprete de la embajada. ▶3食付きの部屋代 m. alquiler de un cuarto con tres comidas (diarias). ▶時計付き (=時計が組み込まれた) ラジオ f. radio con un reloj incorporado. ▶家具付きのアパート m. apartamento amueblado.

つき 突き（突き刺すこと）f. estocada. ♦剣で一突きする v. dar* una estocada.

-つき -付き ❶【単位】(…ごとに) prep. al [a la], por. ♦1日に付き50ドルを支払う v. pagar* cincuenta dólares al [por] día. ♦間違い1個につき3点減点する Resto tres puntos por cada falta.
❷【理由】prep. por, a causa de. ♦雨天につきテニスの試合はとりやめます Se cancela el partido de tenis por la lluvia.
❸【関して】prep. sobre, de, con relación a, 《フォーマル》con respecto a. →関して. ♦その件につき君と話し合いたい Me gustaría hablar contigo sobre [《フォーマル》con respecto a] eso.

・つぎ 次 adj. siguiente; próximo.
1《次は》♦次はどなたですか ¿Quién es el siguiente? (☆「次ぎの方(どうぞ)」と促すときは ¡El siguiente, por favor!) ♦次は(=次回は)何をしましょうか Qué haremos la próxima vez?

2《次の》；(時間・順序の点で) adj. próximo; siguiente; (現在から見て) adj. que viene,《文語》veniderｏ; (後に続く) adj. siguiente, que sigue. ♦その次の日の夕方に adv. por la tarde del día siguiente. ♦¹次の駅 [²次の次の駅]で降りてください Bájese en la ¹próxima estación [²estación después de la siguiente]. ♦次の土曜日に来てください Por favor venga el 「sábado que viene [próximo sábado]. ♦次の世代の人たちはいったい何を考えているのだろうか Me pregunto qué pensará la siguiente generación. ♦次の二つの章を声を出して読みなさい Lean en voz alta los dos capítulos siguientes. ♦規則は次のとおりです Las reglas son las siguientes:… ♦この町に来て，次の日彼女の両親に会った Conocí a sus padres un día después de llegar a su ciudad.

3《次に》adv. luego, después; (それから) adv. entonces; (2番目に) adv. en segundo lugar; (続けて) adv. a continuación. ♦次に到着する列車は大阪行きです El próximo tren (que llegue) va a Osaka. ♦一番便利なのは車，次に便利なのは電車です El mejor modo es por coche; después, por tren. ♦スペイン語の次に好きな科目は何ですか ¿Qué materia te gusta más después del español? ♦赤ん坊はまずはえるようになり，次に歩けるようになる Los bebés aprenden primero a gatear y después a caminar. ♦まず第一に値が高すぎる．次にその色が気に入らない Lo primero, cuesta demasiado; y luego [además], no me gusta su color. ♦その小説，あなたの次に読ませていただけるかしら ¿Puedo leer esa novela después de ti? ♦次に会ったとき彼は大学生でした La siguiente vez que lo [le] vi era universitario.

【その他の表現】♦不幸が彼の身に次から次へと起こった Las desgracias le llegaban una tras otra. / No dejaban de caerle desgracias.
⇨明るる-, 後, 来たるべき, この次, 今度の, 左記, 次期

つぎ 継ぎ m. remiendo. ♦かかとの継ぎの当たった靴下 mpl. calcetines con remiendos en los talones. ♦彼のズボンに継ぎを当てる v. remendarle* [ponerle* un remiendo en] sus pantalones.

つきあい 付き合い (人間関係) f. relación; (同伴) f. compañía; (人付き合いがよい(社交的である)) adj. sociable; (人付き合いが悪い(社交的でない)) adj. insociable; (複数の人にうまくとけ込む [とけ込まない]) v. ¹relacionarse [²no relacionarse] bien 《con》. ♦わずかな付き合いで結婚する v. casarse poco después de conocerse*. ♦太郎とは10年来の付き合いです Taro y yo「nos conocemos [somos conocidos] desde hace diez años. ♦われわれは会ったら話をする程度の付き合いです Nos conocemos sólo a nivel de comunicación superficial. / Nuestro trato es simplemente verbal. ♦彼女との付き合いは長くは続かなかった Mi relación con ella no「duró mucho [fue muy larga]. ♦当方は暴力団との付き合いはない No tenemos trato con la banda mafiosa. / (暴力団員に知人[友人]はいない) No tenemos conocidos entre los miembros del grupo mafioso. ♦彼との付き合いはうんざりだ Estoy cansado [harto] de su compañía. ♦この近所は付き合いが難しい En esta vecindad las relaciones sociales son difíciles. / (付き合いにくい) La gente de esta vecindad「es difícil de tratar [tiene un trato difícil]. → 付き合う. ♦我が家は近所の人と親しい付き合いをしています Mi familia「se trata bastante [mantiene buenas relaciones] con los vecinos. ♦君は人との付き合いをもっとよくすべきです Tienes que ser más sociable [amable, abierto] (con la gente). ♦付き合いで彼と酒を飲みに行った Salí con él a tomar una copa sólo por「obligación social [compromiso]. ♦みなさん，最後までお付き合いください 【演説】No se vayan, señoras y señores. / Quédense hasta el final.

つきあう 付き合う (社交として) v. tratar 《a, con》,「tener* trato [tener* relaciones, relacionarse]《con》; (男女間で) v. salir* 《con》; (しばしば会って) v. ver* 《a》; (相手をする) v. frecuentar la compañía 《de》. ♦ああいうやつと付き合うな No tengas trato con él. / No lo [le] trates. / (近づくべきではない) No te acerques a él. ♦彼女は他のみんなとうまく付き合える Ella se relaciona bien (con los demás). ♦ぼくは彼女と付き合っています Salgo con ella. ♦結婚するまでにいろいろな人と付き合うべきだ Antes de casarte tienes que conocer a gente diferente. ♦彼女との付き合いをやめました (=絶交した) He roto (las relaciones) con ella. ♦太郎の勉強に付き合って図書館にいました Mientras Taro estudiaba, yo estaba haciéndole compañía en la biblioteca. 【会話】その人, どんな人なの？—付き合い(=仲よくやってゆき)¹やすい [²にくい]感じよ ¿Cómo es esa persona? – Parece una persona ¹fácil [²difícil] de tratar. / Parece una persona ¹tratable [²intratable]. ♦彼は付き合っているうちに(=親しくなるにつれて)いい人だということが分かってきた A medida que lo [le] conozco mejor, descubro que es una buena persona. / Cuanto

900 つきあかり

más lo [le] conozco, más le estoy valorando. ▶今晩!食事を [2一杯] 付き合って(いらっしゃいませんか ¿No quieres [Te gustaría] acompañarme a ¹cenar [²tomar una copa] esta noche?♦デパートに行くところなんだけど付き合って(=いっしょに来て)くれない Voy a los grandes almacenes. ¿Quieres acompañarme [venir conmigo]?

つきあかり 月明かり *f.* luz de luna, *m.* claro de luna. ▶月明かりで読書をする *v.* leer* ⌈a la luz de la luna [al claro de luna]⌉. ▶月明かりの夜に *adv.* en una noche de luna.

つきあげ 突き上げ (圧力) *f.* presión ⟨de⟩. ▶突き上げを食う *v.* ser* sometido a la presión ⟨de⟩. ▶下部組織からの突き上げ *f.* presión de una organización subordinada. → 突き上げる.

つきあげる 突き上げる (圧力をかける) *v.* presionar, ejercer* [⟨フォーマル⟩ someter a] presión. ▶組合の幹部を突き上げる *v.* presionar a los dirigentes sindicales.

つきあたり 突き当たり *m.* final. ▶廊下の突き当たりの部屋 *m.* cuarto al final del pasillo. ♦私の家はこの道の突き当たりです Mi casa está al final de esta carretera.

つきあわせる 突き合わせる (照合する) *v.* cotejar [confrontar] ⟨con⟩; (比較する) *v.* comparar ⟨con⟩. ▶コピーを原文と突き合わせる *v.* cotejar [confrontar] la copia con el original.

つきおくれ 月遅れ ▶月遅れの雑誌 (1か月前の雑誌) *f.* revista ⌈del mes pasado [de un mes atrasado]⌉. ▶月遅れの正月 (旧暦の正月) *m.* Año Nuevo del calendario lunar.

つきおとす 突き落とす ▶谷へ突き落とす *v.* arrojar [tirar] al fondo del valle de un empujón. ▶岩をがけから突き落とす *v.* precipitar [despeñar] una roca por el acantilado. ▶彼女を汽車から突き落とす *v.* arrojarla [tirarla] del tren. ▶権力の座から突き落される(=追い出される) *v.* ser* derroc*ado* del poder*, ⟨フォーマル⟩ ser* desposeído del poder*.

つきかえす 突き返す (受け取りを拒む) *v.* rechazar*, ⟨フォーマル⟩ rehusar*; (送り返す) *v.* enviar* de vuelta, reenviar*. ▶書類を突き返す *v.* rechazar* los documentos.

つきかげ 月影 *m.* claro [*f.* luz] de luna. ▶月影さやかな *f.* noche de mucha luna.

つぎき 接ぎ木 *m.* injerto. ▶バラの木を病気に強い台木に接ぎ木する *v.* injertar un rosal en un patrón resistente a las enfermedades.

つきぎめ 月極め ▶月ぎめの *adj.* mensual. ▶月ぎめの購読者 *mf.* subscrip*tor/tora* mensual. ♦月ぎめで給料をもらっている Me pagan mensualmente [cada mes, al mes].

つききり 付き切り ▶彼女は彼をつきっきりで看病している Lo [Le] cuida constantemente [día y noche]. / Está siempre a su lado.

つぎこむ 注ぎ込む (液体を) *v.* echar, verter*; (金・時間・精力などを) *v.* poner*, invertir*, ⟨口語⟩ echar; (やたらと) *v.* gastar. ▶魔法びんに水をつぎ込む *v.* echar agua en un termo. ♦彼は自分の事業に全財産をつぎ込んだ Invirtió toda su fortuna en su propio negocio.

つきささる 突き刺さる *v.* clavarse ⟨en⟩; (突き通す) *v.* atravesar*, penetrar, agujerear. ♦ピンが指に突き刺さった Se me ha clavado un alfiler en el dedo. ♦くぎが自転車のタイヤに突き刺さった Un clavo ha agujereado el neumático de mi bicicleta. / Se me ha pinchado la bicicleta con un clavo. ♦大きな矢が彼の腕に突き刺さっていた Una gran flecha ⌈le había penetrado [se le había clavado]⌉ en el brazo.

つきさす 突き刺す (針・フォークなどを) *v.* clavar, pinchar; (刃物などを) *v.* apuñalar, dar* una puñalada; (ぐさりと) *v.* hundir, clavar profundamente. → 刺す. ▶針刺しに針を突き刺す *v.* clavar una aguja en ⌈una almohadilla [un acerico]⌉. ♦その男は彼の脚をナイフで突き刺した El hombre ⌈la apuñaló [le dio una puñalada]⌉ con un cuchillo en la pierna.

つきずえ 月末 *m.* final de mes. → 月末(^{げつまつ}).

つきすすむ 突き進む (押し分けて) *v.* abrirse* paso ⟨entre, por entre⟩. ▶破滅に向かって突き進む *v.* precipitarse a la ruina. ♦彼は人込みの中を突き進んだ Se abrió paso entre la multitud.

つきそい 付き添い (行為) *f.* asistencia [*mpl.* cuidados] (de una persona enferma); (人) *mf.* acompañante (de una persona enferma); (護衛人) *mf.* escolta. ▶付き添い看護師 *mf.* enferm*ero/ra* acompañante. ▶患者の付き添いをする(=世話をする) *v.* cuidar a un paciente. ♦よくなるまで彼女が私の付き添いをします Es la que me cuida hasta que me ponga bien.

つきそう 付き添う (世話する) *v.* cuidar, prestar cuidados, atender* ▶ 付き添い; (同行する) *v.* acompañar, ir* ⟨con⟩; (護衛する) *v.* escoltar. ♦彼女には二人の¹看護師 [²侍女] が付き添っていた Tenía dos ¹enfermeras [²sirvientas] que la cuidaban. / Estaba atendida [cuidada] por dos ¹enfermeras [²sirvientas].

つきたおす 突き倒す *v.* derribar, ⟨口語⟩ tirar, hacer* caer*, echar [a + 人] a tierra.

つきだす 突き出す (身体などの一部を) *v.* sacar*, asomar; (引き渡す) *v.* entregar* ⟨a⟩. ▶窓から顔を突き出す *v.* sacar* [asomar] la cabeza por la ventana. ♦彼女を警察に突き出す *v.* entregarla* a la policía
☞ 突き出す, 突き付ける

つぎたす 継ぎ足す (加える) *v.* añadir, ⟨フォーマル⟩ agregar*; (広げる) *v.* ampliar, agrandar; (長くする) *v.* alargar*. ▶そのスカートを継ぎ足して大きくする *v.* alargar* la falda. ▶廊下を継ぎ足す *v.* alargar* el pasillo.

つきたてる 突き立てる *v.* clavar con violencia. ▶ナイフを突き立てる *v.* dar* una puñalada, acuchillar.

つきづき 月々 (毎月) *adv.* todos los meses, cada mes. ▶彼は月々50万円の給料をもらっている Todos los meses gana 500.000 [medio millón de] yenes. / (彼の月給は50万円です)Su salario mensual es de quinientos mil yenes. ♦自動車の月々の支払い金は5万円です Los plazos mensuales por mi coche

son de cincuenta mil yenes.
- **つぎつぎ(に) 次々(に)** adv. uno tras otro; (連続して) adv. sucesivamente, uno tras otro. → 相次いで ▶少年たちは次々と水中に飛び込んだ Los muchachos saltaban al agua uno tras otro. ♦不幸が次々起こった Las desgracias no venían solas. / Venía una desgracia tras otra. ♦仕事が次々たまっていった El trabajo me iba amontonando. ⇨ 相次いで, じゃんじゃん, 順々に, 続々と, 続け様に

つきつける 突き付ける (銃などを向ける) v. apuntar, encañonar; (突き出す) v. arrojar, tirar. ▶ピストルを彼に突き付ける v. apuntarlo [le] con una pistola. ▶被告人に証拠を突き付ける v. tirar a la cara「del acusado [de la acusada] una prueba. ▶辞表を上司に突き付ける v. presentar en la cara del jefe la dimisión.

つきつめる 突き詰める ▶突き詰めて(=徹底的に)考える v. reflexionar a fondo (sobre el asunto), profundizar* (sobre un tema). ▶突き詰めた(=極端な)言い方をすれば adv. hablando en términos extremos, yendo al fondo del asunto.

つきでる 突き出る v. sobresalir*, salir* fuera, resaltar, colgar* 《sobre》, avanzar* 《hacia》. ♦2センチのくぎが板から突き出ていた Había un clavo de dos centímetros que sobresalía de la tabla. ♦巨大な岩が川から突き出ていた Una gran roca sobresalía de la orilla del río. ♦彼は腹が突き出ている《口語》Tiene panza [barriga]. / Tiene el vientre saliente.

つきとおす 突き通す (貫く) v. atravesar*, traspasar; clavar, pinchar. → 突き刺す ▶彼の体に剣を突き通す v. atravesarlo[le]* con una espada.

つきとばす 突き飛ばす ▶彼を突き飛ばす v. darlo [le]* un empujón. ▶彼を突き飛ばして倒す v. derribarlo[le] [hacerlo[le]* caer*] de un empujón.

つきとめる 突き止める (見つけ出す) v. descubrir*, averiguar*; (跡をたどって) v. localizar*, encontrar*; (場所・原因などを) v. localizar*, averiguar*. ▶真相を突き止める v. descubrir* la verdad. ▶そのうわさの出所を突き止める v. encontrar* el origen del rumor. ▶犯人の所在を突き止める v. localizar* al [a la] delincuente. ▶故障の原因を突き止める v. localizar* el origen de la avería.

つきなみ 月並み ▶月並みな(ありふれた)adj. corriente, (陳腐な) adj. ordinario, común. ▶月並みな文句を避ける v. evitar clichés [frases comunes].

つきぬける 突き抜ける v. atravesar*, traspasar. → 貫く.

つぎはぎ 継ぎはぎ (継ぎ) m. remiendo. ▶継ぎはぎ細工 f. labor de retazos. ▶継ぎはぎの(寄せ集めの) adj. con remiendos [retazos]; (継ぎを集めた) adj. remendado. ▶継ぎはぎだらけのズボン mpl. pantalones remendados [con remiendos].

つきはじめ 月初め m. comienzo del mes. → 上旬.

つきはなす 突き放す (押しのける) v. apartar; (強く) v. alejar a empujones; (かまわないでおく) v. desatender*.

つきばらい 月払い f. mensualidad, m. pago mensual; (月賦) m. plazo mensual, f. mensualidad. ▶月払いで adv. a [por] mensualidades [plazos mensuales].

つきひ 月日 (年月) mpl. años; (時) m. tiempo. ▶寂しい月日(=生活)を送る v. llevar una vida solitaria. ♦月日がたつにつれて彼の怒りはやわらぎ Su ira se enfrió con el paso del tiempo. ♦月日のたつのは早いものだ El tiempo vuela [pasa volando]. → 光陰.

つきまとう 付きまとう (想念などが心から離れない) v. obsesionar; (人・動物などが人に) v. seguir* (a + 人), 《口語》pisar los talones. ▶死の恐怖につきまとわれる v. ser* perseguido por el miedo a la muerte, me obsesiona la muerte. ♦彼女がどこに行っても子供がつきまとう Vaya donde vaya, me los van pisando los talones. ⇨ 追い回す, 付け回す

つきみ 月見 f. admiración [f. apreciación] de la belleza de la luna. ▶9月の中ごろに月見をする v. disfrutar viendo la luna llena de mediados de septiembre.

つきみそう 月見草 f. fucsia, m. onagrácea.

つぎめ 継ぎ目 f. junta; (板・布の) f. costura. ▶パイプの継ぎ目の漏れ m. escape [f. fuga] en la junta de una tubería. ▶テーブルの継ぎ目のない天板 m. tablero sin costura de la mesa.

つきもの 付き物 (…を伴う) v. ir* 《con》, acompañar, estar* acompañado 《de》. ♦お祝いに酒は付き物だ El "sake" va con una celebración japonesa. / (必須である) El "sake" es esencial en una celebración japonesa.

つきやぶる 突き破る (突破する) v. romper*, abrirse* paso; (強行突破する) v. romper* [abrirse* paso] forzadamente, (突き進む) v. lanzarse*. ▶敵の防御線を突き破る v. romper* las líneas enemigas, abrirse* paso entre los enemigos.

つきゆび 突き指 m. dedo torcido. ▶ボールで突き指をする v. torcerse* el dedo con una pelota.

つきよ 月夜 ▶月夜に f. noche de luna. ♦なんて美しい月夜だ ¡Qué hermosa noche de luna!

つきる 尽きる (無くなる) v. acabarse, 《フォーマル》v. agotarse; (使い尽くされる) v. terminarse; (資源・体力などが) v. estar* agotado [exhausto]; (終わる) v. acabar. ♦われわれの食料が尽きた Se nos ha acabado la comida. / 《フォーマル》Los víveres se han agotado. ♦紙が尽きた Se ha acabado el papel. ♦力が尽きた「No me quedan [Se me han acabado las] fuerzas. ♦いつまでも話が尽きなかった Hablamos incansablemente. / No paramos de hablar. ♦精根尽き果てた Estoy totalmente agotado. → 果てる. ♦この本には尽きない魅力がある Este libro tiene un atractivo inagotable. ♦道はそこで尽きる El sendero acaba [muere] allí. ♦それはばかばかしいの一言に尽きる (=まったくばかばかしい) No son más que tonterías.

つく 着く ❶【到着する】v. llegar* (a), 《強調して》alcanzar*, 〖ラ米〗arribar (a). →到着する. ▶1駅［2家］に着く v. llegar* a 1la estación [2casa]. ▶東京から着く v. llegar* de Tokio. ◆人類が月に着いた El hombre llegó a la Luna. ◆この列車は何時にパリに着きますか ¿A qué hora llega este tren a París? / ¿A qué hora es la llegada a París de este tren? / 《口語》¿A qué hora se le espera a este tren en París? ◆ガルシアさんはいつ着きますか ¿Cuándo llega [va a llegar, llegará] el Sr. García? ◆1時間ほど歩いたらこの小さな村に着いた Una caminata de una hora me ha traído a este pueblecito. ◆あら, もう飛行機が着いたの. すぐ迎えに行くわ ¡Oh! ¡Ya ha llegado tu avión? En seguida voy a recogerte. ◆あなたの手紙は今日着きましたよ Tu carta ha llegado hoy. / （受け取った）He recibido tu carta hoy. 《会話》彼らはこの前の金曜日にブエノスアイレスを発ったんだよ―じゃあああしたにならなければここに着かないでしょうね Salieron de Buenos Aires el viernes pasado. ‒ Entonces no llegarán hasta mañana, ¿no es eso? ◆さあ, 上野駅に着きましたよ Bueno, hemos llegado a la Estación de Ueno. 《会話》間に合うように着くかしら―時間前に着くだろうよ ¿Llegaremos a tiempo? ‒ Llegaremos antes de tiempo.
❷【届いて触れる】（届く）v. alcanzar*, llegar* (a); （触れる）v. tocar*. ◆天井が低いので私の頭は天井につきそうだった El techo era tan bajo que mi cabeza casi lo tocaba. ◆ドアのてっぺんに手がつきますか ¿Puedes alcanzar [llegar a] lo alto de la puerta?
❸【身を置く】（座る）v. sentarse*, 《フォーマル》tomar asiento. ◆食卓に1つく［2ついている］v. 1sentarse* [2estar* sentado] a la mesa. ◆正餐の卓につく v. sentarse* a cenar [comer]. ◆席について（＝着席して）ください Siéntese, por favor. / 《フォーマル》Tome asiento, por favor. / ¿Quiere usted sentarse?
☞行く, 届く, 行き着く

つく 付[点]く ❶【付着する】（粘着する）v. pegarse* (a); （べったりつく）v. pegarse* [adherirse*] fijamente (a) →くっつく; （しみがつく）v. mancharse (con, de); （油などで汚れる）v. untarse (de, con). ◆血の付いたワイシャツ f. camisa「manchada de [con] sangre. ◆ぬれたドレスが彼女の体にぴったり付いていた El vestido mojado estaba pegado a su cuerpo.
❷【付属する】（持っている）v. tener*; （持って歩く）v. llevar; （付属している）v. pertenecer* (a); （備わっている）v. estar* [ir*] provisto 《de》, constar 《de》;【備えつけられている】(器具・装置など) v. estar* equipado 《de, con》; (家具が) v. estar* amueblado 《de》. ◆ポケットの1付いた［2付いていない］コート m. abrigo 1provisto de [2sin] bolsillos. ◆この列車は寝台車が付いている Este tren tiene「un coche cama [literas]. ◆やっと家に電話が付きました Por fin el teléfono está instalado en la casa. / （備え付けてもらった）Nos han instalado [《口語》puesto] por fin un teléfono en la casa. ◆この本には索引が付いている El libro tiene un índice. ◆この自動車にはスノータイヤが付いている El coche está equipado de neumáticos para la nieve. ◆そのアパートは家具が付いていますか ¿Está amueblado el apartamento? ◆そのダイニングセットにはいすが四つ付いている El juego de comedor「consta de [lleva] cuatro sillas.
❸【随従する】（看護する, 付き添う, 仕える）v. atender*; （給仕する）v. servir*; （同伴する）v. acompañar; （いっしょに行く［2来る］）v. 1ir* [2venir*] 《con》; （後について行く）v. seguir*. ◆二人の看護師が患者に付いている Dos enfermeras atienden [cuidan] al paciente. ◆彼は両親に付いて旅行した Se fue de viaje con sus padres. ◆君が先に行ってくれれば私は後から付いて行きます Te seguiré si tú vas delante. ◆他の学生について行くのに一生懸命勉強しなければならなかった Tuve que estudiar [trabajar] mucho para estar a la altura de los demás estudiantes.
❹【所属する】v. pertenecer* (a), ser* (de); （味方する）v. ponerse*「de parte [del lado] (de), tomar partido (por), （他の派に転向する）v. pasarse (a). ▶敵側に付く v. pasarse al enemigo. ◆そのふたあのジャーに付いている Esa tapadera「pertenece a [es de] aquel tarro. ◆彼は経営者側についた Se puso de parte de la administración. ◆彼はいつも貧しい者や弱い者の側に付いている Siempre está del lado de los débiles y pobres. / Está siempre con los pobres y débiles.
❺【生じる】（実を結ぶ）v. fructificar*, dar* fruto; （収穫・利子などより）v. dar*, producir*; （根がつく）v. echar raíces, arraigar*, 〖スペイン〗《口語》coger; （(病後)体力が付く（＝増す））v. ganar [coger*] fuerza. ▶ぜい肉が付く（＝体重が増える）v. engordar. ◆悪い癖が付く v. desarrollar una mala costumbre, 《口語》coger* una manía. ◆スペイン語の力が付く v. adelantar [progresar, hacer* progresos] en español. ◆この木はたくさん実が付きますか ¿Produce [Da] mucha fruta este árbol? ◆その債券には6分の利子が付く Esos bonos producen un interés del seis por ciento.
❻【火・電気がつく】▶火がつく v. arder, prenderse, encenderse*. ◆日本の木造家屋は火がつきやすい Las casas japonesas de madera arden [prenden] fácilmente. ◆マッチも火がつかない No se puede encender. / （マッチが）La cerilla no se puede encender. ◆明かりが1ついた［2ついていた］ 1Encendieron [2Estaban encendidas] las luces. ◆火のついたたばこを捨てるな No tires al suelo cigarrillos encendidos. → 付ける. ◆車のライトがつかない No「se encienden [《口語》van] las luces del coche.
❼【値がつく】（費用がかかる）v. costar*, valer*; （値段がつけられている）v. 《フォーマル》estar* valorado 《en》. ◆カメラは日本で買う方が1高く［2安く］つく Las cámaras cuestan 1más [2me-

nos] en Japón. ♦あの失敗はわれわれには高くついた Esa equivocación nos costó caro [mucho]. ♦そのコートは1高い[２１０万円の]値段がついていた Ese abrigo [1]tenía un precio alto [2 《フォーマル》]estaba valorado en 100.000 yenes].

《その他の表現》 ♦スペイン語はそう簡単には身につかない El español no es tan fácil de dominar. ♦もう決心がつきましたか ¿Te has decidido ya? ♦彼らのいさかいにやっと片がついた Su disputa quedó por fin resuelta.

つく 就く ❶【地位などに】v. ocupar, tener*; (職業に従事する) v. dedicarse《a》, ocuparse 《de》. ♦法律関係の職につく v. conseguir* un puesto en la profesión jurídica. ♦王位につく v. subir al trono. ♦彼は会社でいい地位についている Ocupa [Tiene] un buen puesto en la empresa.
❷【始める】♦床につく(=寝る)v. acostarse*. ♦帰途につく v. volver* a casa. ♦席につく v. 《フォーマル》tomar asiento; (座る) v. sentarse*. ♦彼は流感でここ一週間床についている Está guardando cama [Ha sido retenido] una semana por la gripe.
❸【師事する】(加藤教授指導のもとで研究する) v. estudiar《bajo la guía de》(la profesora Kato); (レッスンを受ける) v. tomar (sus) clases.

つく 突く ❶【突き刺す】v. apuñalar, acuchillar; (針で) v. pinchar, punzar*; (槍(ﾔﾘ)で) v. alancear, (ヤギなどが頭で) v. dar* una cornada, cornear, embestir*; (動物が角・牙(ｷﾊﾞ)で) v. atravesar*, traspasar. ♦彼の心臓をナイフで突く v. apuñalarlo[le] en el corazón con un cuchillo. ♦彼は短刀で背中を突かれた Lo [Le] apuñalaron por la espalda. ♦針で指を突いてしまった Me he pinchado con una aguja.
❷【押す】v. empujar, dar* un empujón; (ひじで) v. dar* un codazo. ♦彼の胸を突く v. darle* un empujón en el pecho. ♦彼をひじで突いて押しのけた v. apartarlo[le] de un codazo.
❸【地面などに当てる】♦机の上にひじをついて座る v. sentarse* con los codos en la mesa. ♦両ひざをついて哀れみを請う v. ponerse* de rodillas y suplicar* clemencia.
❹【打ち当てる】v. tocar*; (ボールをはずませる) v. botar. ♦鐘をつく v. tocar* la campana. ♦バスケットボールをつく v. botar la pelota de baloncesto. ♦彼は球をつくのが上手だ(玉突きなどで) Se le da bien pegar《a》la pelota.

つく 突[衝]く ❶【攻める】v. atacar*,《フォーマル》agredir. ♦敵の背後をつく v. atacar* al enemigo por detrás. ♦不意をつく v. sorprender《a + 人》, coger*《a + 人》desprevenido. ♦彼の弱点をつく(=つけ込む) v. aprovecharse de su punto flaco; (痛い所をつく) v. pegarle* donde le duele. ♦君の言ったことは核心をついている[2ないに] Lo que has dicho [1]es apropiado [2está fuera de lugar].
❷【ものともしない】♦あらしをついて出発する v. salir* pese a la tormenta. ♦やみをついて進む v. avanzar* en las tinieblas.
❸【感覚を強く刺激する】♦鼻をつく(=不快な)におい m. olor desagradable, m. hedor. ♦ドアを開けたとたん, 悪臭が鼻をついた Al abrir la puerta, me asaltó un olor desagradable.

つく 憑く v. obsesionar; (悪霊・想念などが) v. poseer*. ♦ ~憑かれる. ♦ある考えに取りつかれている v. estar* obsesionado con una idea.

つぐ 次ぐ ❶【次に位する】♦横浜は東京に次ぐ大都市です Yokohama es la ciudad más grande después de Tokio. / (人口の)Después de Tokio, Yokohama es la ciudad más grande en población. ♦スペイン語に次いで私の好きな学科は物理です Después del español, mi asignatura favorita es la física. ♦このトンネルは長さでは六甲トンネルに次ぐものだ Este túnel es el más largo después del Rokko.
❷【次に続く】♦彼は成功に次ぐ成功に大喜びだった Estaba encantado de un éxito tras otro. → 続く.

つぐ 継ぐ ❶【受け継ぐ】v. suceder《a》; (仕事・責任などを) v. hacerse* cargo《de》, 《フォーマル》asumir; (伝統などを) v. seguir*; (相続する) v. heredar. ♦父の仕事を継ぐ v. suceder al padre en el negocio, 《フォーマル》heredar el negocio paterno. ♦家の伝統を継ぐ v. seguir* la tradición familiar. ♦彼は安倍氏のあとを継いで会長になった Sucedió al Sr. Abe 「en la presidencia [como presidente]. ♦彼は父親の志を継いで医者になった Siguió los pasos de su padre y se hizo médico.
❷【継ぎ足す】v. añadir; (燃えるものを) v. continuar*. ♦炉に炭を継ぐ v. añadir carbón (vegetal, de leña) al horno. ♦「それに楽しかったよ」と彼は言葉を継いだ "Y me lo pasé bien", añadió.

つぐ 注ぐ (流し入れる) v. verter* [echar]《en》; (満たす) v. llenar《de》. ♦コップにミルクを注ぐ v. echar leche en un vaso, llenar un vaso de leche. ♦ビールを注ぎましょうか ¿Te echo cerveza? / ¿Lleno tu vaso de cerveza?

つくえ 机 m. escritorio, f. mesa (de despacho). ♦彼は机に向かって(勉強[仕事]をして)いる Está trabajando en su mesa.

つくし 土筆 m. tallo de cola de caballo.

つくす 尽くす ❶【ある限り出す】♦食べ尽くす v. comerse (toda) la comida. ♦手(=手段)を尽くす v. probar [ensayar] todos los medios; (何でもやってみる) v. intentarlo todo. ♦論議を尽くす v. discutir(lo) completamente; (あらゆる角度から) adv. desde todos los ángulos [puntos de vista]. ♦彼は全力を尽くして私を助けた Me ayudó con todas sus fuerzas. / (最善を尽くした)Hizo todo lo que pudo para ayudarme. / (できる限りのことをした)Hizo todo lo posible para ayudarme. /《口語》Se dejó la piel. ♦私はその事件を知り尽くしている Sé todo sobre ese suceso. ♦その意味は一言では言い尽くせない Ese significado no se puede expresar en una palabra.
❷【ささげる】v. dedicarse*[《強調して》consagrarse]《a》; (奉仕する) v. servir*,《フォーマル》rendir* un servicio《a》. ♦障害者のためによく

尽くす(=多くのことをする) v. hacer* mucho por los discapacitados. ◆国家に尽くす v. servir* al país. ◆彼は世界平和(の促進)のために尽くした(=一生をささげた)「Consagró su vida [Se dedicó] a promover la paz mundial.

つくだに 佃煮 "tsukudani", 《説明的に》 m. marisco o pescado menudo o algas hervido en salsa de soja y azúcar.

つくづく (まったく) adv. por completo, completamente, del todo, totalmente; (心から) adv. sinceramente, de todo corazón; (念入りに) adv. con mucha atención; (熱心に) adv. atentamente; (痛切に) adv. vivamente. ◆人生がつくづくいやになった v. cansarse completamente de la vida. ◆その絵をつくづくと眺める v. mirar con mucha atención al cuadro. ◆試験勉強がつくづく(=心底から)いやになる v. estar* hasta「《口語》la coronilla「《俗語》los huevos」de estudiar para los exámenes. ◆健康のありがたさがつくづく身にしみる Me doy cuenta vivamente del valor de la salud. ◆私は彼女の親切をつくづく(=心の底から)ありがたく思った Le agradecí de todo corazón su amabilidad.

つぐない 償い f. compensación, f. indemnización; f. expiación. ◆…の償いとして adv. en [como] compensación (por). → 賠償. ◆過去の過ちの償いをする v. compensar《フォーマル》resarcirse* de」un error anterior. → 償う.

つぐなう 償う (埋め合わせる) v. compensar, reparar; (補償する) v. compensar, 《フォーマル》resarcir*, indemnizar*; (道徳的に) v. expiar*; (賠償する) v. hacer* reparaciones (por). ◆損失を償う v. compensar las pérdidas. ◆損害を償う v. reparar [compensar por] el daño. ◆出費を償う v. cubrir* los gastos. ◆彼は自分の罪を償った Expió su pecado.

つぐみ 鶫 m. tordo.

つぐむ 噤む (口を閉じる) v. cerrar*「la boca [《俗語》el pico]」; (しゃべらない) v. mantenerse* callado [en silencio]; (意図的に人と口をきかない) v. guardar [mantener*] silencio. ◆しばらくの間口をつぐんでくれよ《口語》Ten un rato la boca cerrada, ¿eh? /《口語》¿No podrás quedarte un ratito callado? ◆彼はその政治的(不詳)事件について口をつぐんでいた Mantuvo silencio sobre el escándalo político. ◆彼は突然口をつぐんだ Se quedó callado de repente.

つくり 作[造]り (構造) f. construcción; (構成) f. estructura; (服の) f. hechura; (工芸品の) f. manufactura; (頑丈な作り(=体格)の男 m. hombre de complexión fuerte. ◆最高級の作りのバイオリン m. violín de「excelente manufactura [primera clase]」. ◆造りがしっかりとした家 f. casa「de sólida construcción [sólidamente construida]」. ◆レンガ造りの建物 f. casa de ladrillos. ◆オランダ風の造りの家 f. casa de estilo holandés.

つくりかえる 作り替[変]える (作り直す) v. rehacer*; (服・建物などを) v. remodelar; (建物を) v. reconstruir*; (転換する) v. convertir*, transformar; (脚色する) v. adaptar. ◆その物語を子供向けに作り変える v. adaptar la historia a los niños. ◆物置小屋は大きな遊び部屋に作り替えられた El almacén ha sido transformado en una amplia sala de juego.

つくりごと 作りごと, (作り話) f. historia inventada, f. fabulación; (虚構) f. ficción ☞ 偽り, 芝居, 作り話

つくりだす 作り出す (生み出す) v. producir*; (創造する) v. crear; (考え出す) v. inventar; (作る) v. hacer*. ◆新しい流行を作り出す v. crear una nueva moda.

つくりつけ 作り付け ▶作り付けの(=組み込みの) 棚 m. estante empotrado [de obra]. ◆私の書斎の壁に本棚が作り付けになっている Las estanterías están empotradas en las paredes de mi estudio.

つくりばなし 作り話 (でっちあげ話) f. historia inventada; (作り事) f. invención, (虚構) f. ficción; (教養語) f. fabulación; (ごっこ遊び・芝居など) f. simulación, m. fingimiento. ▶作り話をする v. inventarse「una historia [un cuento]」. ◆それはまったくの作り話だ Eso es「pura fábula [《口語》cuento chino]」.

つくりわらい 作り笑い 作り笑い f. sonrisa forzada [falsa]. → 笑い. ◆作り笑いする v. forzar* una sonrisa; v. reír* forzadamente.

＊＊つくる 作[造]る ❶【製造・加工する】v. hacer*; fabricar, manufacturar; producir*. ▶玉子を使ってケーキを作る v. hacer* un pastel con huevos. ◆パンは小麦から作る El pan se hace del trigo. ◆この箱はガラスで作られている Esta caja está hecha de vidrio. 《会話》取っ手は何で作るつもりなの一木さ ¿De qué vas a hacer el mango? – De madera. ◆彼女は私にスカートを作ってくれた Me ha hecho una falda. ◆スーツを作りたいのですが Quisiera que me hicieran un traje. ◆あの会社は何を作っているのですか ¿Qué produce [hace] esa empresa?

❷【建設する】v. construir*, 《口語》levantar, 《フォーマル》edificar; (創造する) v. crear. ▶家を造る v. construir* una casa. ◆この橋は石でじょうぶに造られている Este puente tiene una sólida construcción de piedra. ◆神が世界を造ったと彼は信じている Cree que Dios creó el mundo.

❸【組織する】v. organizar*; (設立する) v. fundar, establecer*, 《フォーマル》instaurar; (形作る) v. formar. ▶大学を作る v. fundar [establecer*] una universidad. ▶列を作る v. formar [hacer*] cola. ◆そのコーチは11人で野球チームを作った El entrenador organizó un equipo de béisbol de once miembros. ◆人間は社会を作る Los seres humanos forman una sociedad. ◆私はこの会社を一から作り上げた Esta empresa yo la levanté de la nada.

❹【創作する】v. hacer*; (文・詩・曲などを書く) v. escribir*; componer*; (映画などを) v. producir* [hacer*]. ▶映画を作る v. hacer* una película. ▶詩を作る v. escribir* una poesía. ▶文学作品を作る v. componer* obras literarias.

❺【栽培する】v. cultivar. ◆彼は趣味としてトマトを作っている Cultiva tomates como pasatiempo.

❻【作成する】(文書などを) v. redactar,《フォーマル》formular; (書類・請求書・表などを) v. preparar, (草稿などを) v. preparar. ▶志願者リストを作る v. hacer* una lista de aspirantes. ▶¹演説の原稿 [²試験の問題] を作る v. preparar un ¹discurso [²examen]. ◆私たちは契約書を作らねばならない Debemos redactar el contrato.

❼【形成する】v. formar, desarrollar,《文語》configurar. ◆スポーツは青年の人格をつくる Los deportes forman el carácter de los jóvenes. ◆若い間によい習慣を作っておきなさい Trata de cultivar buenos hábitos mientras que eres joven. ◆りっぱな先生は子供の性格をだんだん作りあげる手助けをする Un buen maestro ayuda a desarrollar el carácter de un niño.

❽【虚構する】(でっちあげる) v. inventar(se). ▶うまい口実を作りあげる v. inventarse una buena excusa.《会話》もっともな理由がないんだよ—じゃあ一つ作りなさいよ No tengo ninguna excusa. – Pues, inventátela.

❾【調理する】(用意する) v. preparar; (加熱して) v. guisar, cocinar. ▶サラダを作る v. hacer* [preparar] una ensalada. ◆母は朝食を作ってくれた La madre nos preparó el desayuno.

❿【苦心して用意する】(金を調達する) v. recaudar; (集める) v. juntar, reunir*; (時間を割く) v. conceder. ▶その事業の資金を作る v. recaudar fondos para la empresa. ◆私のために5分時間を作ってくれますか《フォーマル》¿Me concede usted cinco minutos? / ¿No tendrá usted cinco minutos?

⓫【化粧する】(自分の顔を) v. pintarse, maquillarse; (人の顔を) v. maquillar
☞ 形作る, こしらえる, 製作, 製造, 作り出す

つくろう 繕う ❶【修理する】v. reparar, arreglar → 修理する; (かばって) v. zurcir*; (当て布をして) v. remendar, poner* un remiendo (a). ▶靴下を繕う v. zurcir* un calcetín. ◆上着のほころびを繕う v. remendar* un desgarrón en la chaqueta. ◆ほころびた縫い目を繕う (=縫う) v. coser la costura descosida.

❷【取り繕う】体裁を繕う v. guardar las apariencias. ◆その場を取り繕う v. arreglar las cosas provisionalmente.

つけ 付け (勘定書) f. factura; (食堂などの) f. cuenta; (掛け売り) f. venta a crédito. ▶つけを払う v. pagar* una cuenta [factura]. ▶つけで買う v. comprar a crédito. ◆私のつけにしておいてくれ Cárguenlo [Pónganlo] a mi cuenta. ◆あの店はつけがきく En esa tienda nos dan crédito. ◆今怠けていると、後でつけが回ってくる Si ahora malgastas el tiempo, tendrás que pagarlo después.

-づけ -付け ▶3月5日付けの手紙 f. carta fechada el 5 de marzo.

つけあがる 付け上がる (うぬぼれる) v. engreírse*,《フォーマル》envanecerse*,《口語》hincharse; (厚かましくなる) v. ponerse* insolen-

つけめ 905

te [altanero]; (付け込む) v. aprovecharse (de).

つけあわせ 付け合わせ (料理の添え物) f. guarnición; (飾りの) m. aderezo; (量のある) f. guarnición. ▶ニンジンとトマトを付け合わせに使う v. usar zanahorias y tomates de guarnición. ▶パセリを付け合わせたステーキ m. bistec [m. filete] aderezado de perejil.

つけかえる 付け替える (取り替える) v. cambiar, reemplazar*, sustituir* (A por B); (新しくする) v. renovar*; (表紙を付け替える) v. volver* a forrar. ◆その磨滅したタイヤは新しいものと付け替えなければならないよ Tienes que cambiar la llanta gastada por una nueva. / Debes cambiar la llanta vieja por una nueva. ◆オーバーのボタンを付け替えてもらった Me han cambiado los botones del abrigo.

つげぐち 告げ口《フォーマル》f. delación, m. soplo, (口語) m. chivatazo. ▶告げ口をする人 mf. soplón/plona. ▶彼らのことを先生に告げ口する v. delatarlos ante "el profesor [la profesora],《口語》ir* con el soplo de ellos "al profesor [a la profesora]. ◆ぼくが遅刻したってだれがボスに告げ口したんだ《口語》¿Quién le ha soplado al jefe que he llegado tarde?

つけくわえる 付け加える v. añadir,《フォーマル》agregar*. ▶その文に1語付け加える v. añadir una palabra a la oración. ▶その語の前に冠詞を付け加える v. anteponer* un artículo a la palabra. ▶「楽しかったわ」と彼女は付け加えた "Lo he pasado bien", añadió ella ☞ 添える, 付[点]ける

つけこむ 付け込む v. aprovecharse (de). ▶彼の¹弱味 [²人のよさ]に付け込む v. aprovecharse de su ¹debilidad [²buena voluntad].

つけたす 付け足す v. añadir [《フォーマル》agregar*] ☞ 付け加える.

つけとどけ 付け届け (贈り物) m. regalo,《フォーマル》m. obsequio.

つけね 付け根 (舌・耳・指・毛などの) f. raíz; (指・耳・鼻などの) f. base; (関節) f. articulación. ▶耳の付け根まで赤くなる v. sonrojarse hasta la raíz del cabello. ◆私の肩の付け根 f. articulación de mi hombro. ◆彼女の指は付け根のところが細っそりしている Sus dedos son más finos en la base.

つけねらう 付け狙う (尾行する) v. perseguir*, seguir* (a); (ひそかにねらう) v. acechar. ▶彼女の命を付け狙う v. acechar su vida.

つけひげ 付け髭 ▶付けひげをする v. tener* un bigote postizo.

つけまつげ 付け睫毛 ▶付けまつげをする v. tener* pestañas postizas.

つけまわす 付け回す (ついて回る) v. seguir*, perseguir*; (つきまとう)《口語》v. pisar los talones (a). ◆私の後を付け回すのはやめて Deja de seguirme.

つけめ 付け目 (目当て) m. objetivo; (利用できる点) f. ventaja. ▶金が付け目で彼と結婚する v. casarse con él por dinero. ◆彼の人のよさはこちらの付けめだ Su buen carácter es nuestra ventaja.

906　つけもの

つけもの　漬物　"tsukemono",《説明的に》*fpl.* verduras en salmuera. ▶ナスの漬物　*f.* berenjena encurtida.

つけやきば　付け焼き刃　(見せかけ) *m.* barniz; (借り物の知識)《口語》*f.* falsa sabiduría.

＊＊つける　付[点]ける　❶【取り付ける】 *v.* poner*; (固定する) *v.* fijar; (付属品を本体に付ける) *v.* pegar*, 《フォーマル》adherir*; incorporar; (装置などを備え付ける) *v.* instalar;【接合する】*v.* colocar*, poner*. ▶シャツにボタンを付ける *v.* poner* botones a una camisa. ▶壁に鏡を(取り)付ける *v.* fijar un espejo a la pared. ▶耳にイヤリングを付ける *v.* ponerse* un pendiente en la oreja. → 着ける. ▶商品に一つずつ値札を付ける *v.* pegar* la etiqueta del precio a cada producto. ▶荷車に馬を付ける *v.* colocar* un caballo delante del carro. ▶本箱を壁に付ける (=壁によせて置く) *v.* poner* una estantería en la pared. ◆彼女はジャケットにバラの造花を付けていた (=ピンで留めていた) Llevaba (prendida) una rosa falsa en su chaqueta. ◆新居に水道とガスを付けてもらった Nos instalaron agua y gas en la casa nueva. ◆彼女はジョッキに唇を付けると一息に飲みほした Se puso la copa en los labios y la vació de un trago.

❷【塗る】　(一面に塗る) *v.* extender*, untar; (薬品など塗布する) *v.* aplicar*; (上にのせる) *v.* poner* (en, sobre); (油・ペンキなどを塗る) *v.* untar; (しみをつける) *v.* manchar《de, con》; (身につけている) *v.* llevar, tener* (puesto). ◆彼はパンにバターを付けた Untó [Extendió; Puso] mantequilla en el pan. ◆彼はいすにジャムをつけて汚した Manchó la silla de mermelada. ◆彼は傷口に薬を付けた Aplicó el medicamento a la herida. ◆彼女はアイシャドーを付けすぎている Tiene [Se ha puesto] demasiada sombra de ojos.

❸【付け加える】*v.* añadir《a》. ▶その本に注を付ける *v.* añadir notas al libro. ▶条件をつける *v.* poner* [imponer*] condiciones《a》. ▶(5%の)利子を付けて金を返す *v.* devolver* el dinero con (el 5% de) interés. ▶そのメロディーに歌詞を付ける *v.* poner* letra a la melodía.

❹【生まれるようにする】体力を付ける (=増す) *v.* ganar fuerza. ▶知恵を付ける (=獲得する) *v.* adquirir* inteligencia.

❺【付き添わせる】▶その男に見張りを付ける *v.* vigilar [poner* vigilancia] a ese hombre. ◆病気の父に看護婦を付けた Puse a una enfermera con [para que atendiera a] mi padre enfermo. ◆君のお供に彼を付けよう Te lo enviaré.

❻【跡をつける】　(後ろからついて行く) *v.* seguir*, ir* detrás《de》; (跡をたどる) *v.* seguir* la huella《de》, rastrear; (尾行する) *v.* perseguir*, 《口語》pisar los talones. ▶トラの足跡をつける *v.* seguir* la pista de un tigre. ▶私たちは跡をつけられているように思う Me parece que nos sigue alguien. / Creo que nos están persiguiendo.

❼【記入する】　(日記・帳簿などを続けてつける) *v.*

llevar; (書き留める) *v.* anotar; (書く) *v.* escribir*; (名前・金額などを記載する)《フォーマル》*v.* inscribir*, apuntar. ▶出納簿をつける *v.* llevar un libro de cuentas. ▶会計簿にその金額を付ける *v.* apuntar la suma en el precio de libro de cuentas. ◆注文したい品目に印を付けなさい Haz una señal al lado de los artículos que quieres encargar. ◆今は払いません. 付けて(=付けにして)おいてください No lo pago ahora. Póngamelo [《フォーマル》Apúntelo] en mi cuenta, por favor.

❽【値段を決める】　(売り手が値を付ける) *v.* poner* [fijar] un precio, valorar《en》. ◆付く; (価格を出そうと言う) *v.* ofrecer*. ▶その商品に安い値を付ける *v.* poner* [fijar] un precio bajo al artículo. → 安い. ▶その本に5千円の値段を付ける *v.* fijar el libro en cinco mil yenes. ◆彼はその花びんに200ユーロの値を付けた Ofreció 200 euros por el jarrón.

❾【点火・点灯する】*v.* encender*, prender; (ラジオ・明かりなどを) *v.* poner*, encender*; (スイッチをひねって明かり・ラジオ・テレビなどを) *v.*《フォーマル》conectar; (放火する) *v.* prender fuego《a》, incendiar. ▶¹たばこ [²ローソク]に火をつける *v.* encender* ¹un cigarrillo [²una vela]. ▶マッチで火をつける *v.* encender* fuego con un fósforo; (マッチをする) *v.* encender* un fósforo. ◆電灯をつけてください Encienda la luz, por favor. ◆だれかが家に火をつけた Alguien [prendió fuego a [incendió] la casa. ◆ラジオを1つけても [²つけていても]かまいませんか ¿No le importa que ¹ponga [²deje encendida] la radio. ◆テレビをつけたままにしておくな No dejes la televisión encendida. ◆ラジオをつけたまま眠るな No duermas con la radio encendida.

つける　着ける　❶【身につける】*v.* ponerse*; (身につけている) *v.* llevar (puesto). → 着る. ▶ドレスを身につける *v.* ponerse* un vestido. ◆制服をつけた警官 *mpl.* policías「con el uniforme (puesto) [uniformados]. ◆彼女は髪にリボンをつけていた Llevaba una cinta en el pelo. ◆彼女は魔よけのためにそのお守りを身につけていた Llevaba un talismán para ahuyentar a los malos espíritus. ◆この犬は首輪をつけていない Este perro no「tiene collar [lleva un collar puesto]. ◆彼女は上着に花をつけて部屋に入ってきた Entró en la sala con una flor en su chaqueta.

❷【船・車などを】(岸に上げる) *v.* atracar* en tierra; (横付けにする) *v.* amarrar (un barco); (寄せて止める) *v.* estacionar, 《スペイン》aparcar*. ▶ボートを岸に着ける *v.* atracar* un bote. ◆彼は船を岸壁に着けた Amarró el barco al「costado del muelle [atracadero]. ◆運転手は車を門の前に着けた El conductor puso el coche frente a la puerta.

つける　漬ける　(物を液体に浸す) *v.* remojar [bañar], meter en agua; (漬物にする) *v.* adobar. ▶牛肉を塩で漬ける *v.* adobar carne de res [vaca, ternera] en sal. ▶足を水たまりに漬ける *v.* mojarse el pie en un charco. ◆彼はシャツをお湯にしばらくの間浸けた Dejó remojando [en remojo] la camisa en el agua caliente un rato.

つげる 告げる (知らせる) v. decir*, informar; (公表する) v. anunciar. ▶別れを告げる v. decir* 《a + 人》 adiós, despedirse* 《de + 人》. ▶それをだれにも告げないでおく (= 自分の胸にしまっておく) v. guardárselo. ▶この情報はだれにも告げないでくれたね No le cuentes esta noticia a nadie. ▶召し使いが一行の到着を告げた El sirviente anunció la llegada del grupo. ▶彼女は名前を告げずに立ち去った Se fue sin decir su nombre.
《その他の表現》▶時計が5時を告げた El reloj dio las cinco. ▶厚い雲が嵐の接近を告げていた Espesas nubes anunciaban una tormenta inminente. ☞ 説明する, 伝える

***つごう 都合** ❶【便宜】 f. conveniencia. → 好都合, 不都合. ▶都合よく adv. favorablemente. ▶都合悪く adv. desfavorablemente.
 1《都合が[は, の]》▶都合がよい v. ser* conveniente, v. ser* bueno 《para + 人》; (ふさわしい) v. ser* adecuado 《para》; (有利な) v. ser* favorable 《para》. ▶テントを張るのに都合のよい場所 m. lugar favorable [conveniente; bueno; adecuado] para montar una tienda. ▶都合のよい情勢 fpl. circunstancias favorables. ▶都合がつき次第 adv. tan pronto cuando le venga bien, cuando le 「sea conveniente [convenga], cuando pueda, lo antes que le venga bien. ▶ 1仕事 [2スケジュール]の都合がつき次第 adv. tan pronto como lo permita el 1trabajo [2horario]. ▶あなたの都合のよいときに adv. cuando le venga bien, cuando le convenga, cuando guste, cuando le sea posible. ▶あすの都合はいいですか ¿Está bien mañana? / ¿Qué le parece mañana? / ¿Mañana le va bien? / (暇ですか) ¿Está usted libre mañana? ▶何時が一番都合がよろしいですか ¿Qué hora es la mejor para usted? 《会話》今日は都合が悪い, あすにしてくれないか―いいよ. 明日何時がいい？―君のいちばん都合のいいときなら何時でもいいよ Hoy no me va bien. ¿No sería posible mañana? - Sí, claro. Mañana, ¿a qué hora? - A hora que mejor te venga. ▶月曜日にお越しいただきたいのですがご都合はよろしいですか ¿Le viene [va] a usted bien presentarse el lunes? ▶スーパーマーケットが近くにあるのでとても都合がいい Es muy cómodo tener [que tengamos] un supermercado tan cerca. ▶このカメラは持ち運びに都合がよい Esa cámara es fácil de llevar. ▶その件はご都合のよいようにしてください Solucione el asunto como mejor le convenga a usted. ▶都合の悪いときに客が来た Tuvimos una visita「en un momento inoportuno [a una hora inoportuna]. ▶彼は子供のころスペインに住んでいたので, スペイン語の勉強には大変都合がよかった (= 有利だった) Vivió en España de niño, lo que le vino muy bien para que aprendiera español. / Vivir en España siendo niño fue una gran ventaja para aprender español.
 2《都合を》先方の都合を聞く v. preguntarle cuándo le viene bien. ▶彼に今夜の都合を聞く v. preguntarle si esta noche le viene bien.

 3《都合で》adv. por conveniencia. ▶こちらの都合で君にはやめてもらうことになった Se ha decidido tu despido por conveniencia nuestra.
❷【場合, 事情】 fpl. circunstancias; (理由) m. motivo, f. razón. ▶一身上 [2財政上]の都合で adv. por circunstancias 1personales [2financieras]. ▶都合により adv. por ciertos motivos. ▶都合次第では, 式は延期になるかもしれない Dependiendo de las circunstancias, la ceremonia podría ser aplazada. ▶彼の都合でわれわれの出発が遅れた Nuestra salida se retrasó por circunstancias suyas.
❸【首尾】▶都合よく adv. afortunadamente, por fortuna. ▶都合悪く adv. desafortunadamente, por desgracia. ▶都合よく汽車は混んでいなかった Por fortuna, el tren no estaba lleno de gente. ▶万事都合よく行っています Por mí todo va bien.
❹【やりくり】 (手配, 準備) mpl. preparativos, mpl. arreglos. ▶都合をつける, 都合する v. hacer* preparativos, preparar; (何とかやりくりする) v. arreglarse 《para》; (調達する) v. recaudar. ▶5時に出発できるよう都合をつけられますか ¿Puedes hacer los preparativos para salir a las cinco? ▶お困りなら少しは(金を)ご都合できます Yo te puedo prestar dinero si tienes problemas.
❺【全部で】 adv. en total. → 合計.

つじ 辻 (四つ辻) m. cruce; (街角) f. esquina; (街路) f. calle.

つじつま 辻褄 ▶辻褄の合った (首尾一貫した) adj. coherente, consecuente. ▶信条とつじつまの合わない (= 一致しない) 行動 fpl. acciones inconsecuentes con los propios principios. ▶つじつまの合わない説明 f. explicación incoherente.

つた 蔦 f. hiedra, f. yedra. ▶ツタのからまった塀 f. valla cubierta de hiedra.

-づたい -伝い ▶土手 [2線路]伝いに歩く v. caminar por 1la orilla de un río [2la vía férrea].

つたう 伝う ▶ロープを伝って 1上がる [降りる] v. 1subir [2bajar] por una cuerda. ▶川を伝って (= 伝いに)進む v. avanzar* por un río.

つたえきく 伝え聞く v. saber* de oídas, 《口語》tener* entendido. ▶それを伝え聞いて知っているだけです Sólo lo sé de oídas.

***つたえる 伝える** ❶ 【告げる】 v. decir*; (知らせる) v. 《フォーマル》notificar*, comunicar*. → 知らせる. ▶彼に私が言ったとおりに伝えてくれ Díselo como te dije. ▶われわれは彼にその知らせをただちに伝えた Le dimos [comunicamos; 《フォーマル》informamos] la noticia inmediatamente. ▶彼にそう (= それを)伝えます Se lo diré. ▶何か彼に伝えることはありませんか ¿Quieres que le diga algo? / (伝言あるか) ¿Tienes algún recado para él? ▶その会合のことは彼に直接伝えておきました Yo le informé personalmente de la reunión. ▶彼に折り返し電話をするようお伝えください ¿Puede decirle que me llame? ▶1時間たったら戻ると彼に伝えてくれ Dile

que estaré de vuelta en una hora. ♦ 母親の死をまだ彼女に伝えていないんだな ¿Todavía no le has "dicho a ella que su madre ha muerto [informado a ella de la muerte de su madre]? ♦ 自分の気持ちは言葉では伝えられない Mis sentimientos no pueden expresarse en palabras. ♦ 彼らに会議は2週間延期すると伝えてくれたまえ Infórmales que la reunión queda pospuesta dos semanas. ♦ 伝言は忘れずに彼に伝えます No me olvidaré de darle el mensaje. ♦ 新聞の伝えるところによれば首相は内閣改造を行なうらしい "En la prensa se informa [Dicen los periódicos] que el Primer Ministro va a remodelar su gabinete.
❷【伝授する】v. enseñar*; (後世に残す) v. tra(n)smitir, pasar; (導入する) v. introducir*. ♦ その陶芸家は技術を息子に伝えた Ese alfarero trasmitió [enseñó] la técnica a su hijo. ♦ これらの習慣は何百年も前から父から子へと伝えられてきたものである Estas costumbres han sido pasadas de generación en generación a lo largo de los siglos. / Son costumbres transmitidas secularmente. ♦ 1543年にポルトガル人が鉄砲を日本に初めて伝えた Los portugueses introdujeron las armas de fuego en Japón en 1543.
❸【送る】v. enviar*; (光・音などを) v. conducir*. ♦ その情報はすべての営業所へファクシミリで伝えられた La información fue enviada por fax a todas las oficinas. ♦ 金属は熱をよく伝える El metal conduce bien el calor. / El metal es un buen conductor térmico.
つたない 拙い (へたな) adj. malo; (未熟な) adj. poco hábil, torpe. ▶ つたないスペイン語で話す v. hablar mal español. ▶ つたない弁解 f. excusa torpe. ▶ つたない芸 f. actuación poco hábil [torpe].
•**つたわる** 伝わる ❶【うわさなどが】広まる】v. divulgarse*, difundirse, transmitirse, extenderse*; (意図・考えなどが) entenderse*; v. hacer* entender* (al público). ♦ その殺人事件のニュースはすぐに町中に伝わった La noticia del asesinato se divulgó rápidamente por la ciudad. ♦ 著者の意図がはっきりと伝わってこない La intención del escritor no se manifiesta claramente. ♦ そのことは会長に伝わってると思っていたよ Creí que el presidente había sido informado de eso. → 伝える.
❷【後世に残る】v. ser* leg*ado*, tra(n)smitirse; (導入される) v. introducirse*, ser* introduc*ido*. ♦ これは2百年前から我が家に伝わる宝物である Este tesoro ha sido legado a mi familia desde hace dos siglos. ♦ 鉄砲は1543年に日本に伝わった Las armas de fuego se introdujeron en Japón en 1543.
❸【光・音などが】進む】v. viajar; ((電気などが)送られる) v. tra(n)smitirse, ser* tra(n)smitido. ♦ 光は音より速く伝わる La luz viaja más rápida que el sonido.
《その他の表現》▶ ロープを伝わって地面に降りる v. descender* por una cuerda hasta el suelo.

•**つち** 土 ❶【土壌】(地層の一部としての) f. tierra; (植物生育のための) m. suelo; (靴などについた) f. suciedad; (泥土) m. barro; (粘土) f. arcilla; (地面) m. suelo. ▶ やせた土 f. tierra estéril. ▶ 土臭い (= 田舎びた) adj. rústico. ▶ 土のにおい m. olor "de la tierra [a tierra]. ▶ 土のついた指 mpl. dedos manchados de tierra. ▶ 土に埋める v. enterrar(lo)* en la tierra. ▶ 土を耕す v. cultivar [labrar] la tierra. ▶ 土を掘り返す v. voltear la tierra. ▶ コートの土を払い落とす v. sacudirse la suciedad de la chaqueta. ♦ 小麦栽培にはよい土 [²肥沃な土壌] が必要です El cultivo de trigo exige ¹una buena tierra [²un suelo fértil].
❷【国土】f. tierra, m. territorio nacional. ▶ 異国の土となる v. morir* en tierra extranjera. ♦ 彼は10年ぶりに故郷の土を踏んだ Puso el pie en su tierra natal por primera vez en diez años.
つち 槌 (金属製) m. martillo; (両手で使う大うち) f. almádana, f. almádena; (木製) m. mazo; (議長が使う) m. martillo.
つちいろ 土色 m. color terroso; (顔が青白い) adj. pálido. ♦ 彼の顔は疲労で土色だった Su cara estaba pálida por el cansancio.
つちかう 培う (養う) v. cultivar. ▶ 健全な精神を培う v. cultivar una mente sana.
つちけむり 土煙 f. nube de polvo. ▶ 土煙をあげる v. levantar una nube de polvo.
つちふまず 土踏まず m. arco del pie.
つつ 筒 (円筒) m. cilindro, m. tubo; (銃身) m. cañón. ▶ 竹筒 m. tubo de bambú.
-**つつ** ❶【二つの動作の同時進行】→ ながら. ♦ 彼女は歩きつつ歌うのが好きだ Le gusta cantar mientras pasea.
❷【進行中の動作】♦ 彼女は回復しつつある Está mejorando. / Está en vías de recuperación. ♦ 私たちは勝利に近づきつつある "Estamos en el camino a [Caminamos hacia] la victoria. ♦ その法案を阻止する動きが進みつつある Hay una iniciativa para bloquear la proposición de ley.
つづいて 続いて adv. a continuación; después. → 次, 続く.
つつうらうら 津々浦々 ▶ 津々浦々に adv. en [por] todo el país, a lo ancho y largo del país, en todos los rincones del país; (口語) de cabo a rabo del país.
つっかいぼう 突っかい棒 (支柱) m. soporte, m. puntal. ▶ 突っかい棒をあてる v. colocar* [poner*] un soporte 《a》, apuntalar. ▶ ...に突っかい棒をする v. sostener* con un palo.
つっかえる (ふさがる) v. estar* bloque*ado* [obstru*ido*]. → 支(②)える.
つっかかる 突っ掛かる (毒舌をあびせる) v. descargar* 《contra》; (くってかかる) v. meterse 《con》. ▶ だれにでもつっかかる v. "descargar* contra [《口語》meterse con] todo el mundo.
つっかけ 突っ掛け fpl. sandalias.
つつがむしびょう 恙虫病 (専門語) f. trombiculosis.
つづき 続き (継続, 続く [続ける] こと, 中断後の再開) f. continuación, (フォーマル) f. continui-

dad; (連続)f. sucesión; (一連)f. serie ➔ 連続. ▶物語の続き f. continuación de un relato; (続編)《口語》lo siguiente de un relato. ▶続き物 f. serie. ▶続き柄 f. relación (familiar). ▶続き部屋《英語》f. "suite" (☆発音は [swí(t)]), fpl. habitaciones seguidas [contiguas]. ◆不作続きで米の値段が上がった Una serie de malas cosechas provocó la subida del precio del arroz. ◆長い間日照り続きだ Hemos tenido una 「larga racha de sequía [《フォーマル》sequía persistente]. ◆話の続き(=残り)を聞こう Vamos a oír la continuación del relato. / Sigamos escuchando el relato.

つつく (とがった物で) v. picar*, pinchar, 《メキシコ》punzar*; (鳥がくちばしで) v. picotear, picar*. ▶氷をつついて穴をあける v. hacer* [abrir*] un agujero en el hielo pinchándolo. ◆なべをみんなでつつく Todos comían de la sartén [olla, cazuela]. ◆彼は私のわき腹をひじでつついた Me dio un codazo en las costillas. ◆小鳥は穀物をつついていた El pájaro picoteaba en el grano. ◆食べ物を(いやそうに)つつくのをやめてちゃんと食べなさい Deja de picar en la comida y come. ◆人につつかれない(=文句を言われない)ようにしなさい Que nadie tenga que llamarte la atención.

・**つづく 続く** ❶【単一の出来事などが】(継続する) v. continuar*, (続く)seguir*, 《フォーマル》proseguir*; (持続する) v. durar; (長く続く) v. prolongarse*. ◆晴天が1週間続いた El buen tiempo siguió [《フォーマル》prosiguió] una semana. ◆その番組はニュースの後も続いた El programa continuó después de las noticias. ◆会合は夕方まで続いた La reunión continuó [《フォーマル》siguió] hasta la noche. ◆その慣習は今日も続いている Esa costumbre continúa [《フォーマル》perdura; se mantiene] hoy. ◆演説は何時間もえんえんと続いた Los discursos 「se prolongaron por horas [《口語》siguieron horas y horas]. 会話 ストはいつまで続くのだろうか－そう長くは続くまい ¿Cuánto va a durar la huelga? – No durará mucho. ◆10月の中旬にひとしきり晴天が続いた Hacia mediados de octubre tuvimos 「varios días de buen tiempo [una sucesión de días buuenos]. ◆雨は三日間降り続いている Lleva lloviendo tres días. / Desde hace tres días no deja de llover. ◆(次号に)続く Continuará. ◆5ページ¹に[²より]続く Continúa ¹en [²de] la página 5. ◆裏面に続く Sigue al dorso.

❷【土地などが】v. seguir*, continuar*; (延びる) v. extenderse*; (通じる) v. llevar 《a》, conducir* 《a》. ◆彼の農場は川まで続いた Su finca se extiende hasta el río. ◆この廊下は会議室に続いている Este pasillo lleva al salón de conferencias. 会話 この道はどこまで[どれくらい]続いているのですか－国境まで続いています ¿Hasta dónde sigue esta carretera? – Llega hasta la frontera.

❸【連続する】◆ひっきりなしに続く¹訪問客 [²交通の流れ] f. riada de ¹visitas [²coches]. ◆最近自動車事故が続く Últimamente hemos te-

つっこむ 909

nido una serie de accidentes de automóvil. ◆(次々と起こる)Los accidentes automovilísticos se han sucedido uno tras otro.

❹【類似の物が並ぶ】◆その道には車の長い列が続いていた En la calle había una larga fila de coches.

❺【後に続く】v. seguir*. ◆彼の言葉のあとに気まずい沈黙が続いた Sus palabras fueron seguidas de un embarazoso silencio. ◆柩(ひつぎ)の後には会葬者の長い列が続いた El féretro iba seguido de un largo cortejo.

❻【隣接する】v. estar* junto 《a》, estar* al lado 《de》, 《フォーマル》ser* contiguo 《a》. ◆われわれの庭は彼らの庭と続いている Nuestro jardín está junto al suyo.

つづけざま(に) 続け様(に) (次々と) adv. uno tras otro, continuamente; (続けて) adv. en sucesión, sucesivamente, sin interrupción [cesar, 《口語》parar]. ◆彼は続け様にヒット曲を出した Las canciones fueron una sucesión [cadena] de éxitos. / Los éxitos de sus canciones iban 「uno detrás de otro [en cadena]. ◆続け様に三日間雪が降った Nevó tres días seguidos [consecutivos]. ◆交通事故が続け様に起こった Los accidentes de tráfico se sucedieron sin cesar.

・**つづける 続ける** v. continuar* (＋名詞, 現在分詞), 《口語》seguir*, 《フォーマル》proseguir*; 《フォーマル》reanudar (＋名詞). ◆努力を続ける v. esforzándose. ◆沈黙を続ける v. continuar* en silencio, seguir* callado, guardar silencio. ▶図書館に通い続ける v. continuar* visitando la biblioteca. ◆彼は雪をものともせずに運転し続けた Siguió conduciendo pese a la nieve. / 《フォーマル》A pesar de la nieve, prosiguió conduciendo. ◆物価が上がり続けている Los precios siguen subiendo. / Continúa la subida de los precios. ◆中断の後彼は続けてその話をした Después del descanso, siguió contando [con] la historia. ◆おもしろそうですね。(お話を続けてください) Parece interesante. Siga, por favor. ◆電車でずっと立ち続けていた(＝立っていなければならなかった)のでとても疲れた Estaba de verdad cansado porque en el tren tuve que estar [seguir] de pie todo el viaje. → 立つ. ◆彼は5時間続けて勉強をした Estuvo 《口語》Se tiró] estudiando cinco horas seguidas [sin parar, consecutivas]. → 連続, ぶっ通し.

つっけんどん ▶つっけんどんな adj. cortante, brusco, seco. ▶つっけんどんに adv. bruscamente, secamente.

つっこむ 突っ込む ❶【激しい勢いで進む】(突進する) v. lanzarse* [precipitarse, abalanzarse*] 《contra, a》; (突入・衝突する) v. chocar* 《con, contra》; (激突する) v. atropellar, colisionar; (水中などに) v. sumergirse* 《en》; (落ちる) v. caer* 《en》. ◆敵陣にいきなり突っ込む v. lanzarse* contra el [las líneas del] enemigo. ▶頭から溝に突っ込む v. caer* de cabeza en una zanja. ♦車が登校中の子供の列に突っ込んだ Un automóvil atropelló a unos niños que caminaban en fila a la escuela. ♦バスが川に突っ込んだ El autobús se precipitó en el río. ❷【中に入れる】《フォーマル》introducir*》《en》. ♦彼はポケットに手を突っ込んで鍵(ﾆ)を取り出した Metió [《口語》Se metió] la mano en el bolsillo y sacó una llave. ❸【問題の詳細に迫る】♦その件についてもっと突っ込んだ話し合いをする v. examinar [discutir]「con más detalle [más a fondo, 《フォーマル》más exhaustivamente] ese asunto. ❹【関わる】♦他人の事に首を突っ込むな No te metas en lo que no te importa. /《口語》No metas tus narices en asuntos ajenos.

ツツジ f. azalea.

つつしみ 慎み (控えめ) f. modestia; (遠慮) f. reserva. ♦慎み深い(控えめな) adj. modesto; (遠慮した) adj. reservado ☞ 奥床しい, 淑やか

・つつしむ 慎む ❶【用心する】v. tener* cuidado; (分別がある) v. ser* prudente [discreto]. ♦言葉[口]を慎め Ten cuidado con lo que dices. / Cuida tu lenguaje. ♦彼はいつも行ないを慎んでいる Su conducta es siempre discreta [prudente]. ❷【控える】v. estar* alejado 《de》, abstenerse* 《de》, 《フォーマル》contenerse* 《de》; (やめる) v. dejar, abandonar; (量を減らす) v. reducir*. ♦医者は私にたばこを慎むように言った El médico me「dijo que dejara [《フォーマル》aconsejó que me abstuviera] de fumar. / El médico me aconsejó que no fumara. ♦私はアルコールは慎むようにしている Trato de「no beber [《フォーマル》abstenerme] del alcohol.

つつしんで 謹んで adv. respetuosamente, con respeto. ♦お父様のご逝去を謹んでお悔やみ申し上げます「Le doy mi más sentido pésame [Por favor,《フォーマル》acepte mis más sinceras condolencias] por el fallecimiento de su padre.

つったつ 突っ立つ v. estar* de pie. ♦何もしないで突っ立っている v. estar* de pie sin hacer* nada.

つつぬけ 筒抜け ♦筒抜けになっている(秘密などが漏れる) v. filtrarse, divulgarse*, saberse*. ♦隣の部屋の音が筒抜けに聞こえる Podemos oír todo el ruido del cuarto de al lado.

つっぱしる 突っ走る (突進する) v. lanzarse*, precipitarse, abalanzarse* 《hacia, a》; (まっしぐらに) v. ir*「todo derecho [en línea recta, sin volver*] para nada la cabeza] (hacia). ♦ゴールめがけて突っ走る v. lanzarse* hacia「la meta [el gol].

つっぱねる 突っぱねる (拒絶する) v. rechazar*; (きっぱりと辞退する) v. rechazar*「en redondo [rotundamente]. ♦援助の申し出を突っぱねる v. rechazar* el ofrecimiento de ayuda.

つっぱる 突っ張る ♦屋根を木の柱で突っ張る(=支える) v. sostener* el techo con un puntal, apuntalar el techo con un poste de madera. ♦自分の意見を突っ張る(=固執する) v. persistir en su opinión. ♦彼はちょっとつっぱっている(=反抗的な)ところがある Hay en él algo de desafiante. /(多少不良がかっている)Tiene un aire de rebelde. / Hay en él un aire de rebeldía.

つつましい 慎ましい (控えめな) adj. modesto; (質素な) adj. sencillo. → つましい. ♦彼女はとても慎ましい女性です Es una mujer muy modesta.

つつみ 堤 m. dique, m. terraplén. → 土手.

つつみ 包み (しっかり包装した物、郵送用の小包) m. paquete, m. envoltorio; (束ねたもの) m. fardo, m. bulto. → 荷物. ♦大きな本の包み m. paquete grande de libros. ♦包み紙 m. papel de envolver. ♦包みをあける v. abrir* un paquete. ♦プレゼントの包みを解く(紙の包みを) v. desenvolver* un regalo; (箱を) v. desempaquetar un regalo. ♦彼女は買い物包みをいっぱい抱えて店を出た Salió de la tienda con un montón de paquetes. ♦一包みの毛布が罹(ﾘ)災地に送られた Se despachó a la zona afectada un fardo de mantas.

つつみ 鼓 "tsuzumi",《説明的に》una especie de tamboril colgado del hombro y tocado con las puntas de los dedos.

つつみかくす 包み隠す v. ocultar, esconder; (悪事などをおおい隠す) v. encubrir*,《口語》tapar; (秘密にしておく) v. esconder un secreto《a + 人》. → 隠す. ♦身分を包み隠す v. ocultar la identidad. ♦自分の罪を包み隠す v. encubrir* su culpa. ♦警察に自分の罪を包み隠さず述べる(=白状する) v. confesar* el delito a la policía. ♦包み隠さず(=率直に)彼にすべてを打ち明ける v. contárselo* todo francamente,《口語》abrirle* el pecho y decírselo* todo.

・つつむ 包む (紙・布で) v. envolver*, cubrir*; (プラスチックなどの材料で) v. envasar; (木で) v. embalar; (箱で) v. empaquetar; (すっぽりと覆う) v. encerrar*. ♦それをハンカチに包む v. envolverlo* en un pañuelo. ♦彼女はプレゼントを赤い紙[包装紙]で包んだ Envolvió el regalo con papel rojo. ♦このかばんを贈り物用に包んでください ¿Puede usted envolverme este bolso para regalo, por favor? ♦山の頂上は霧に包まれていた La cumbre de la montaña estaba cubierta por la niebla. ♦その事件はなぞに包まれている El asunto está envuelto en el misterio. ♦スタンドは熱気に包まれていた Los graderíos estaban invadidos [llenos] de entusiasmo. ♦家は炎に包まれていた La casa estaba「en llamas [ardiendo].

つづり 綴り (単語の) f. ortografía; (正字法) f. ortografía. ♦つづりの間違いだらけの手紙 f. carta llena de faltas de ortografía. ♦つづりを間違える v. cometer una falta de ortografía, escribir* mal (una palabra). ♦彼のつづりは正確だ Su ortografía es correcta [buena].

つづりかた 綴り方 (単語の) m. deletreo; (作文) f. composición, f. redacción.

つづる 綴る (文字を) v. deletrear; (文章を) v. escribir*. ♦お名前はどうつづるのですか ¿Me puede deletrear su nombre, por favor? / ¿Cómo se deletrea su nombre, por favor? ♦hombre は h でつづります La palabra "hombre" se escribe con hache. ♦彼は正しく字をつ

うれない Tiene mala ortografía. ◆彼らの歴史は血と涙でつづられてきた Su historia ha sido escrita con sangre y lágrimas.

つて 伝 〘縁故〙*mpl.* contactos, *fpl.* relaciones; (人に対する影響力) *f.* influencia, 〘口語〙 *f.* palanca 《con》, 〘スペイン〙〘口語〙*m.* enchufe 《con》; (仲介者) *mf.* intermedi*ario/ria*. ◆つてで就職する *v.* conseguir* un empleo por influencias [contactos, 〘口語〙palanca]. ◆つてを探す *v.* buscar* contactos [influencias]. ◆彼は有力なつてがあってその地位を得た Tenía buenos contactos y consiguió el puesto.

つど 都度 ◆私は何度も食事に誘われたがそのつど (=毎回) ていねいに断わった Me invitaron muchas veces a cenar, pero yo siempre me disculpaba con buenas palabras. →-度⁽⁵⁾.

つどい 集い ◆青少年の集い *f.* reunión de jóvenes.

つどう 集う 〘集団で〙*v.* reunirse*, 〘フォーマル〙 congregarse*, 〘口語〙juntarse.

つとまる 務まる 〘耐えられる〙*v.* tener* aptitud [capacidad]《para》, ser* a*p*to《para》. ◆議長の役が務まる *v.* tener* aptitud para la presidencia. ◆君はそれでよく仕事が務まるものだ Siendo así, me extraña que puedas seguir trabajando.

*****つとめ** 勤め (仕事) *m.* trabajo. → 仕事, 勤務. ◆勤め人 *mf.* oficinista. ◆勤め口 *m.* empleo, *m.* puesto, 〘フォーマル〙*m.* cargo, *f.* colocación. → 仕事の口, 職. ◆勤め先 *m.* lugar de trabajo. → 勤め先. ◆勤めに出る *v.* ir* al trabajo. ◆勤めから(家に)帰る *v.* volver* del trabajo (a casa). ◆勤めを変える *v.* cambiar de trabajo. ◆勤め(=仕事)を辞める *v.* dejar el trabajo. → 辞める. 〘会話〙お勤めはどちらですか——ABC 銀行です——そこでどんなお仕事をしていらっしゃるのですか——出納(すいとう)係です ¿Dónde trabaja usted? – En el banco ABC. – ¿Y de qué trabaja en el banco? – Soy caj*ero/ra*.

つとめ 務め (義務, 本分) *m.* deber; (任務, 職務) *m.* deber, *f.* obligación. ◆子孫に対するわれわれの務めを果たす *v.* cumplir con nuestros deberes para la posteridad. ◆務めを怠る *v.* desatender* [descuidar] el deber. ◆医師の[としての]務め *mpl.* deberes de médico. ◆市民を守るのが警察官の務めだ El deber de un policía es proteger a la gente. ◆彼は任された困難な務めをりっぱに果たした Cumplió bien con las difíciles obligaciones que se le habían encomendado.

つとめあげる 勤め上げる ◆父は昨年銀行員として40年間を無事勤め上げて退職した El año pasado mi padre puso fin a sus servicios de cuarenta años en ese banco. / Mi padre se jubiló el año pasado después de haber trabajado cuarenta años en ese banco.

つとめて 努めて (できるだけ) todo lo posible; *adv.* en la medida de lo posible; (最大限努力)*v.* hacer* todo lo posible, hacer* el máximo. ◆努めて運動するようにしている *v.* tratar de [intentar] hacer* todo el ejercicio posible. ◆努めて平静を保とうとする *v.* tratar por todos los medios de mantener* la calma.

つとめる 勤める *v.* trabajar 《en, para》; (雇われている)*v.* estar* empleado《en》; (仕える)*v.* servir*《en》. ◆その会社で秘書として勤める *v.* trabajar de secretaria en la empresa. ◆官庁に勤める *v.* estar* empleado en la administración pública; (公務員として)*v.* trabajar de funcion*ario/ria*. ◆学校に勤める *v.* enseñar en una escuela, trabajar de prof*esor/sora*. ◆彼は石油会社に勤めています Trabaja [Está empleado] en una compañía petrolífera.

*****つとめる** 務める (職などの任務を果たす) *v.* hacer*《de》; (役目を果たす) *v.* actuar*《de, como》. ◆議長を務める *v.* hacer* de presidente. ◆代議士を10年務める *v.* trabajar diez años como diput*ado/da*. ◆委員を務める *v.*「estar* en [formar parte de] un comité. ◆パーティーの主人役を務める *v.* hacer* de anfi*trión/triona* en una fiesta. ◆劇で主役を務める *v.* actuar* de [como] protagonista en una obra, protagonizar* una obra.

つとめる 努める (やってみる) *v.* tratar《de》, intentar, 〘フォーマル〙procurar; (努力する)*v.* 「hacer* un esfuerzo [esforzarse*]《por》. →努力する. ◆期日までにそれを完成するよう努めます「Haré lo posible por [《口語》Procuraré] acabarlo a tiempo. ◆全力をあげて宿泊客のサービスに努めた「Hizo todo lo posible [Se esforzó] por [para] ofrecer a sus huéspedes el mejor servicio. ◆彼女は息子の看病に努めた(=専念した) Se entregó [dedicó] al cuidado de su hijo enfermo.

つながる 911

*****つな** 綱 *f.* cuerda, *m.* cordel, *m.* cordón, *f.* soga. ◆命綱 *f.* cuerda salvavidas [de salvamento]. ◆綱を張る *v.* tender* [echar, 〘口語〙tirar] una cuerda《entre》. ◆綱を引っ張る *v.* tirar de una cuerda [soga]. ◆綱を伝って降りる *v.* bajar por una cuerda. ◆洗濯物を干し綱にかける *v.* colgar* la ropa de una cuerda.

【その他の表現】 ◆頼みの綱が切れた Mi última esperanza se ha desvanecido.

ツナ *m.* atún, 〘キューバ〙*f.* tuna.

つながり *m.* enlace, *m.* lazo, 〘フォーマル〙*m.* vínculo; (関係) *f.* relación. ◆血のつながり *f.* consanguinidad, *mpl.* lazos de sangre. → 血縁. ◆つながりがある *v.* estar* relacion*ado*《con》, estar* vincul*ado*《a, con》. →関係.

つながる 繋がる ❶〘結びつく〙(連結する) *v.* conectarse [comunicarse*]《con》; (結合・接合する) *v.* unirse [〘フォーマル〙vincularse, ligarse*]《con》. ◆この部屋は廊下で食堂とつながっている Esta sala se comunica con el comedor por un pasillo. ◆この道はずっと先で16号線につながっている Esta carretera「se comunica con [se une a] la Carretera 16 más adelante. ◆雁がつながって(=列をなして)飛んでいく Los gansos vuelan alineados [unidos en una línea].

❷〘関係する〙◆彼は私の家と血がつながっている

(＝血縁がある) Está relacionado con mi familia por lazos de sangre. / (親戚(৻)Es un consanguíneo de mi familia. ♦貧困は犯罪と密接につながっている La pobreza está íntimamente「relacionada con［ligada a,《フォーマル》vinculada a］la delincuencia. ♦この二つの事実はどこかでつながっているにちがいない Estos dos hechos deben estar correlacionados de algún modo.
❸【電話が】♦やっと電話が彼につながった Por fin me he comunicado con él. ♦ニューヨークにつながっています「Tiene usted línea［Está usted comunicad*o*］con Nueva York.

つなぎ 繋ぎ (連絡) *f*. relación, *m*. lazo,《フォーマル》*m*. vínculo,《一時しのぎ》*m*. recurso［*f*. medida］provisional,《フォーマル》*m*. expediente,《口語》*m*. tapagujeros,《口語》*m*. parche. ♦つなぎ予算 *m*. presupuesto provisional［《フォーマル》para cubrir el expediente］. ♦次の幕までのつなぎに (＝幕間に)手品をする *v*. matar el tiempo del intervalo con trucos de magia, amenizar* el intervalo haciendo trucos de magia. ♦つなぎに玉子を少々加える *v*. añadir algo de huevo para ligar*.

つなぎとめる 繋ぎ止める ♦かろうじて命をつなぎ止める *v*. librarse por poco［《口語》los pelos］de la muerte. ♦こんな安給料では彼をつなぎ止めておけない Un sueldo tan bajo no podría impedirle que se fuera.

つなぎめ 繋ぎ目 (ひもなどの結び目)*m*. nudo; (接合箇所) *f*. junta. ♦ガス管のつなぎめを締める *v*. apretar* las juntas de las tuberías del gas. ♦ロープのつなぎめがゆるんできた Se ha aflojado el nudo de la cuerda.

つなぐ 繋ぐ ❶【結びつける】(ひも・ロープなどで)*v*. atar; (しっかりと固定する)*v*. fijar; (しっかりくくりつける) *v*. amarrar; (犬などを革ひもでつなぐ)*v*. atar (con una traílla); (鎖で)*v*. encadenar; (船を)*v*. amarrar. ♦犬を木につなぐ *v*. atar un perro a un árbol. ♦犬を革ひもでつなぐ *v*. atar un perro con una traílla. ♦馬を柱につなぐ *v*. atar un caballo a un poste. ♦ブイにつながれたボート *m*. bote amarrado a una boya. ♦その犬を恐がらなくていい. つないであるから No tengas miedo del perro; está atado.
❷【連結する】*v*. unir, juntar, empalmar; comunicar*, unir. ♦ホースを蛇口につなぐ *v*. empalmar［unir］una manguera al grifo. ♦2枚の板をつなぐ *v*. juntar［unir］dos tablas. ♦この道路は八王子市と豊田市をつないでいる Esta carretera comunica［une］la ciudad de Hachioji con la ciudad de Toyoda. ♦この橋はその島と本土をつないでいる Este puente une la isla con tierra firme.
【その他の表現】♦手をつないで歩く *v*. caminar (tomados) de la mano. ♦トースターをコンセントにつなぐ *v*. enchufar el tostador. ♦その方法に最後の望みをつなぐ *v*. poner* [cifrar] las últimas esperanzas en ese método. ♦山田さんにつないでください Haga el favor de comunicarme［《スペイン》《口語》ponerme］con el Sr. Yamada. ♦つながりました Tiene usted línea［comunicación］. / Está usted comunicad*o*.《金銭》(電話で)山田さんにお願いします—はい, 今おつなぎします Con el Sr. Yamada, por favor. – Sí, ahora le comunico［［《スペイン》《口語》pongo］.

つなひき 綱引き ♦綱引きをする *v*. jugar* al juego de la cuerda.

つなみ 津波 《フォーマル》*m*. maremoto, *m*. "tsunami",《説明的に》*f*. ola gigantesca causada por un maremoto. ♦津波を引き起こす *v*. causar un "tsunami". ♦津波が海岸を襲った Un maremoto azotó la costa.

つなわたり 綱渡り *m*. funambulismo. ♦綱渡り師 *mf*. funámbulo/la. ♦綱渡りをする *v*. caminar por la cuerda floja.

つね 常 → いつも, 通例, 必ず, 普段. ♦彼は早起きを常としている「Tiene la costumbre de［Está acostumbrado a］madrugar. → 必ず. ♦(通例早く起きる)Generalmente madruga［se levanta temprano］. / Es madrugador. ♦若者の常として (＝若者が普通そうであるように)彼も冒険好きである Le gusta la aventura como a casi todos los jóvenes. ♦それは世の常だ Así es「el mundo［la vida］.

つねづね 常々 (いつも)*adv*. siempre → いつも; (かねてから)*adv*. desde hace tiempo.

•つねに 常に *adv*. siempre. → いつも. ♦常になく *adv*. excepcionalmente, extraordinariamente.

つねる 抓る *v*. pellizcar* 《a ＋人》, dar* 《a ＋人》un pellizco. ♦夢でないことを確かめるためにほおをつねってみた Me pellizqué para asegurarme que no estaba soñando.

つの 角 (牛・ヤギ・羊・サイなどの) *m*. cuerno; (シカの) *f*. asta; (集合的に) *f*. cornamenta; (触角) *f*. antena; (カタツムリの) *m*. tentáculo.
【その他の表現】♦角笛 *m*. cuerno. ♦角の「ある［ない］動物 *m*. animal [1]con [2]sin cuernos. ♦角で突く *v*. cornear. ♦雄羊には角がある「生えている］El carnero tiene cuernos. ♦カタツムリが角を1出した [2]引っ込めた］ El caracol ha [1]sacado [2]metido］ sus tentáculos.
【その他の表現】♦帰りが遅いと女房が角を出す (＝怒る) Mi esposa se pone furiosa［《口語》hecha un basilisco］cuando trasnocho.

つのる 募る ❶【高じる】*v*. crecer*; (増す)*v*. aumentar, intensificarse*. ♦つのる不満 *m*. descontento creciente. ♦彼は彼女への思いをつのらせた Crecía su amor hacia ella. ♦それに対する私の好奇心はつのる一方だった Cada vez sentía más curiosidad por eso. / Mi curiosidad por eso aumentaba. ♦その患者の病状はつのる (＝悪くなる)ばかりだ El paciente「se está poniendo peor［se está agravando, está cada vez peor］. ♦彼の心に不安がつのってきた Le han crecido las preocupaciones. ♦風が吹きつのってきた El viento arreció.
❷【募集する】(事務員などを)*v*. reclutar (empleados); (寄付金を)*v*. recaudar (contribuciones). → 募集する.

•つば 唾 (唾(৻)液) *f*. saliva,《フォーマル》*m*. esputo, *m*. salvajo,《俗語》*m*. escupitajo. ♦手につばをつける *v*. escupirse la mano. ♦1彼の顔 [2]彼］につばをかける *v*. escupirle [1]en la cara

[2a él]). ♦道路につばを吐く v. escupir en la calle. ♦その男の子はケーキを見るとつばが出てきた Al ver el pastel, al niño se le hizo la boca agua.

つばき 椿 f. camelia. ♦椿油 m. aceite de camelia.

つばさ 翼 f. ala. ♦翼を¹広げる [²ばたばたさせる] v. ¹extender* [²batir] las alas.

つばぜりあい 鍔迫り合い（接戦）f. reñida carrera 〈con〉.

つばめ 燕 f. golondrina. ♦イワツバメ m. avión.

ツバル Tuvalu (☆オセアニアの国, 首都フナフチ Funafuti).

・つぶ 粒（穀物・砂などの）m. grano;（水の一滴）f. gota. ♦一粒の米 m. grano de arroz. ♦大粒の雨 mpl. goterones de lluvia. ♦粒の¹あらい [²細かい]砂 f. arena de grano ¹grueso [²fino]. ♦粒状の薬 m. medicamento granulado [en gránulos]. ♦大粒の雨が降り始めた Empezó a llover a goterones.
《その他の表現》 ♦このねり粉はまだ粒々（＝かたまり）がある Esta masa todavía tiene gránulos. ♦生徒の粒がそろっている（＝一様に良い） Todos los alumnos son igualmente buenos. ♦このミカンは粒がそろっている（＝大きさが同じだ） Todas estas naranjas「tienen el [son del] mismo tamaño.

つぶさに ♦つぶさに（＝注意深く）観察する v. observar cuidadosamente [minuciosamente]. ♦計画をつぶさに（＝詳しく）説明する v. explicar* el plan「con todo detalle [detalladamente,《口語》con pelos y señales].

つぶし 潰し ♦経理士はつぶしがきく El contador puede hacer otras tareas.

・つぶす 潰す ❶【外部からの力で】（押しつぶす）v. aplastar, estrujar,《口語》espachurrar;（ぺちゃんこに）v. aplastar;（ばらばらに壊す）v. romper*;（粉々に）v. machacar*;（いもなどをすりつぶす）v. triturar, moler*. ♦飛び乗ってボール箱をつぶす v. aplastar un cartón saltando sobre él. ♦靴をはきつぶす v. gastar los zapatos. ♦にきびをつぶす v. reventar*「un grano [una espinilla]. ♦彼の車はトラックに押しつぶされてぺちゃんこになった Su coche quedó aplastado por el camión.
❷【失う】身代をつぶす v. arruinarse;（破産する）v. quebrar*, ir* a la bancarrota. ♦チャンスをつぶす v. perder* una ocasión. ♦彼は私の顔をつぶした（＝面目を失わせた）《口語》Me sacó los colores. /（面くらわせた）Me hizo pasar vergüenza. / Me puso en evidencia.
❸【空いた時間をつぶす】v. matar [pasar] el tiempo [rato];（時間をむだにする）v. perder* el tiempo. ♦テレビを見て時間をつぶす v. matar el tiempo viendo la televisión. ♦われわれは車中での時間をつぶすために雑誌を何冊か求めた Compramos varias revistas para matar el rato en el tren.

つぶやく 呟く（低い声で言う）v. susurrar;（不平や侮辱の言葉を低い声で言うの）v. musitar, murmurar;（くりかえし）v. rezongar*. ♦ひとりつぶやく v. murmurar para sí. ♦彼の名をつぶやく v. murmurar su nombre.

つぼ 913

つぶより 粒選り ♦粒選りの（精選した）adj. escogido,《フォーマル》seleccionado. ♦粒選りのリンゴ fpl. manzanas seleccionadas [de la mejor calidad]. ♦粒選りの登山家 mfpl. alpinistas escogidos/das [seleccionados/das].

つぶら ♦つぶらな瞳（たま）mpl. bonitos ojos redondos.

つぶる（閉じる）v. cerrar*. ♦目をつぶって音楽を聴く v. escuchar música con los ojos cerrados. ♦彼の無作法に目をつぶる（＝大目に見る）v.「cerrar" los ojos [《口語》hacer* la vista gorda] a su mala conducta.

・つぶれる 潰れる ❶【壊れる】（強く押されて）v. estrujarse,《口語》espachurrarse;（ぺちゃんこになる）v. aplastarse;（ばらばらに壊れる）v. romperse*, quedar roto;（粉々になる）v. hacerse* añicos;（倒産する）v. quebrar*;（建物などが破壊される）v. destruirse*, hundirse, derrumbarse. → つぶす. ♦箱は彼の重みでつぶれた La caja se aplastó bajo su peso. ♦卵はすぐつぶれる Los huevos se rompen fácilmente.
❷【役に立たなくなる】 ♦目がつぶれる（視力を失う）v. perder* la vista;（盲目になる）v. quedar ciego. ♦顔がつぶれる v. pasar vergüenza,《フォーマル》sufrir una afrenta. ♦あまり大声で叫んだため声がつぶれてしまった Me he quedado sin voz por [de] tanto gritar. /（声をからした）Tanto gritar me ha dejado ronco. ♦雨のためにわれわれの計画はつぶれた La lluvia estropeó nuestro plan. ♦その会社はつぶれてしまった（＝廃業した）La compañía quebró [se fue a la bancarrota],《フォーマル》se declaró en quiebra. ♦客の入りが悪くなったため、その店はつぶれてしまった（＝閉鎖した）No había más negocio, así que la tienda cerró.
❸【むだに使われる】 ♦くだらない仕事で¹多くの時間 [²1日の大半]がつぶれた（＝取られた） Un trabajo tan tonto nos ha llevado ¹mucho tiempo [²lo mejor del día].

つべこべ ♦つべこべ言う v. quejarse, protestar, rezongar*. ♦つべこべ言わずに私の言うとおりにしろ Deja de quejarte y haz lo que te digo. ♦彼女は何かつべこべ言わずには仕事をしない Siempre se queja cuando hace algo. / Jamás hace un trabajo sin quejarse.

ツベルクリン f. tuberculina. ♦ツベルクリン¹検査 [²反応] ¹f. prueba [² f. reacción] tuberculínica. → 陽性.

つぼ 坪 "tsubo",（説明的に）f. antigua medida japonesa de superficie equivalente a unos 3,3 metros cuadrados.

つぼ 壺 ❶【容器】m. tarro, m. pote, m. jarrón, m. jarro;（花びん）m. florero. ♦ジャムを壺にいれて保存する v. echar mermelada en un pote, conservar mermelada en un pote.
❷【図星】 ♦思うつぼにはまる（自分の）v. salir* como se esperaba;（相手の）v. caer* en la trampa.
❸【針灸・指圧での】m. punto específico de presión (de masaje).
❹【急所】♦つぼを押える v. ir*「al grano [a lo esencial].

つぼみ

- **つぼみ** 蕾 *m.* brote, *f.* yema, *m.* botón. ▶ふくらんだバラのつぼみ *m.* brote hinchado rosal. ▶つぼみのうちに摘み取る《比喩的に》*v.* cortar de raíz. → 摘む. ♦桜のつぼみはまだ固い Los brotes de los cerezos están todavía tiernos. ♦つぼみがほころびかけている「Los brotes [Las yemas] están abriéndose. ♦木々に(花の)つぼみが¹ふくらんでいる[²出始めた]Los árboles ¹tienen [²están echando] brotes.

つぼむ（花が閉じる）*v.* cerrarse*;（つぼみを持つ）*v.* echar un capullo.

- **つま** 妻 *f.* esposa,《スペイン》《口語》*f.* mujer.
  1《〜妻》▶幼な妻 *f.* esposa muy joven. ▶新妻 *f.* novia, *f.* recién casada [《フォーマル》desposada]. ▶（別れた）前の妻(=先妻) *f.* ex esposa, *f.* esposa anterior;（亡くなった）*f.* difunta esposa. ▶正式の妻(=正妻) *f.* esposa legítima. ▶内縁の妻 *f.* concubina, *f.* conviviente.
  2《妻が[は]》▶私には妻がいる Estoy casado. / Tengo esposa.
  3《妻の》▶妻のつとめ *mpl.* deberes de una esposa. ▶妻の(らしい)気遣い *fpl.* atenciones de una esposa,《フォーマル》*f.* solicitud conyugal.
  4《妻に》▶もと子を妻にする(=と結婚する) *v.* casarse con Motoko, tomar a Motoko por esposa, desposarse con Motoko, [《フォーマル》contraer* matrimonio con Motoko. ♦彼女は彼のよい妻になった Fue para él una buena esposa. ♦2年前に彼女は妻に死なれた(=妻を亡くした) Perdió a su esposa hace dos años. / Su「esposa falleció [《口語》mujer murió] hace dos años.
  5《妻を》▶妻(となる人)を捜す *v.* buscar* mujer [esposa] ☞家, 奥様[さん]

つまさきだつ つま先立つ *v.* ponerse* de puntillas.

つまされる ♦彼女の話を聞いて身につまされた Me conmovió mucho lo que contó.

つましい *adj.* frugal; económico. ▶つましい主婦 *f.* ama de casa económica. ▶つましい生活をする *v.* llevar una vida frugal, vivir con sencillez [frugalidad]. → 質素

つまずき（失敗）*m.* fracaso, *m.* traspié〈en〉;（後退）*m.* retroceso〈en〉. ▶仕事上のつまずき *m.* fracaso en los negocios.

つまずく ❶【物に】*v.* tropezar*, dar* un traspié. ▶石につまずいて倒れる *v.* tropezar* con una piedra y caerse*. ♦暗がりでつまずかないように No tropieces en la oscuridad.
❷【失敗する】*v.* tener* un tropiezo [tropezón], tener* un contratiempo;（人が計画などで）*v.* sufrir un revés [contratiempo]. ▶人生につまずく *v.*「tener* un tropiezo [《口語》dar* un traspié] en la vida.

つまはじき 爪弾き（のけ者）*mf.* paria, *mf.* marginado/da. ▶社会のつまはじき *mf.* marginado/da de la sociedad. ▶つまはじきにする(遠ざける) *v.* marginar〈a〉, excluir*〈a〉.

つまびく 爪弾く（ギターなどを）*v.* puntear (la guitarra);（へたに鳴らす）*v.* rasguear.

つまみ（取っ手）*m.* pomo, *m.* tirador;（スイッチ）*f.* llave, *m.* conmutador;（レバー）*f.* palanca;（酒の）*f.* tapa.

つまみぐい つまみ食い ❶【指でつまんで】▶つまみ食いをする *v.* comer con los dedos.
❷【盗む】▶シュークリームをつまみ食いする(=こっそりとって食べる) *v.* comer a escondidas un pastel de crema [《スペイン》nata]. ▶政党の基金をつまみ食いする(=着服する) *v.* malversar [apropiarse de] los fondos del partido.

つまみだす つまみ出す（力ずくで追い出す） *v.* echar,《ラ米》botar,《メキシコ》correr,《フォーマル》expulsar. ♦彼は部屋からつまみ出された Le echaron de la sala.

つまむ（はさんで拾う）*v.* pinzar*. ▶ピンセットでガラスの破片をつまむ *v.*「coger* con las pinzas [pinzar] fragmentos de vidrio. ▶鼻をつまむ *v.* pellizcarse* el puente de la nariz. ▶（悪臭のため）鼻をつまむ *v.* taparse la nariz. ♦アリを指でつまみ上げた Agarré la hormiga con los dedos.

つまようじ 爪楊枝 ▶爪楊枝を使う *v.* limpiarse los dientes con un palillo.

- **つまらない** ❶【おもしろくない】*adj.* sin [《フォーマル》desprovisto de] interés;（退屈な）*adj.* aburrido, soso;（うんざりさせる）*adj.* aburrido, tedioso. ▶つまらない本 *m.* libro aburrido. ♦昨夜見た劇はつまらなかった La obra que vimos anoche「no tuvo ningún interés [no fue nada interesante, fue aburrida]. ♦とてもつまらなそうですね Pareces [Te veo] muy aburrido. ♦一人で酒を飲んでもつまらない(=楽しくない)「Es aburrido [No es nada interesante] beber solo.
❷【取るに足りない】(重要でない) *adj.* sin importancia, insignificante;（ささいな）*adj.* insignificante,《フォーマル》trivial;（愚かな）*adj.* tonto, absurdo. ♦彼はつまらないことを気にしすぎる Se preocupa demasiado de [por]「cosas absurdas [《口語》cosillas de nada]. / Da demasiada importancia a tonterías. ♦つまらないことにいったいなんて騒ぐんだ ¡Tanto ruido por una tontería! ♦彼はつまらない間違いをして首になった Le despidieron por un error insignificante [muy tonto]. ♦つまらないものですがどうぞ Es un「*f.*《フォーマル》pequeño obsequio para usted [《口語》regalito para ti].
☞しかない, たわいない

- **つまり** ❶【すなわち】*conj.* es decir, o sea,《文語》a saber;（わかりやすく言えば）*conj.* o;（言い換えれば）*adv.* en otras palabras, dicho de otro modo. ▶獣医つまり動物の医者 *m.* veterinario, es decir, médico de animales. ♦私のふるさとは日本の首都つまり東京です Mi ciudad natal es la capital de Japón, o sea Tokio. ♦彼は財布を落とした。つまり無一文になった Perdió la cartera,「dicho de otro modo [en otras palabras, es decir], no tiene nada de dinero. 会話 版権って?ーええ, つまりこういうことです ¿Derechos de publicación? – Sí, en otras palabras, eso es.
❷【要するに】*adv.* en resumen, resumiendo;（一言で言えば）*adv.* en una palabra;（実際に）*adv.* en realidad, de hecho. ♦つまりその

事故は君の責任だ A fin de cuentas, *el/la* responsable del accidente eres tú. ◆彼は自分は人道主義者だと言っているがつまりは偽善者にすぎない Dice que es humanitario, pero en realidad no es más que un hipócrita.

つまる 詰まる ❶【いっぱいである】*v.* estar* lleno《強調して》replet*o*《de》→詰める，詰め込む．▸お札のいっぱい詰まった財布 *f.* cartera llena de billetes. ◆今週は予定が詰まっている Esta semana tengo una agenda llena [muy apretada].

❷【つかえて通じなくなる】(小さな穴などが)*v.* estar* tapad*o*；(鼻などが)*v.* taparse；(管・煙突などが)*v.* estar* tapad*o* [bloquead*o*,《フォーマル》obstruid*o*], atascarse*,《メキシコ》atorarse；(息の部分的または完全に)*v.* atragantarse．▸もちがのどに詰まって死ぬ *v.* morir* atragantad*o* comiendo "mochi" [pastel de arroz]. ◆風邪で鼻が詰まった Tengo la nariz tapada por un catarro. ◆流しによく炊事のごみが詰まる El fregadero de la cocina se atasca [《メキシコ》atora] a menudo por la basura. ◆彼女は涙で声が詰まった Las lágrimas ahogaban su voz.

❸【窮する】→困る．▸返事に詰まる *v.* no saber* cómo contestar, no tener* palabras. ▸金に詰まる *v.* estar* apurad*o* (de dinero),《口語》andar* mal de dinero.

❹【要約される】▸詰まるところ *adv.* en resumen. → つまり．

・**つみ 罪** (宗教・道徳上の) *m.* pecado；(法律上の) *m.* crimen, *m.* delito；(規則違反などに対する) *f.* infracción；(失敗などに対する責め) *f.* culpa；(有罪) *f.* culpabilidad. ◆罪と罰(書名)《Crimen y Castigo》．

1《～罪》▸重大な罪 *m.* crimen [*m.* delito] grave；*m.* pecado capital.

2《罪が[は]》◆彼には罪がない (=無実である) Es inocente. / No tiene culpa. ◆それは事故だったのだから，だれにも罪はない Ha sido un accidente y「no se puede culpar a nadie [nadie tiene la culpa].

3《罪(の)》▸罪のある(宗教的に) *adj.* pecaminoso；(有罪の) *adj.* culpable．▸罪のない (=無邪気な)子供の寝顔 *m.* rostro inocente de un niño dormido. ▸罪のないうそ *f.* mentira piadosa. ▸罪の意識(=罪悪感)を持つ *v.* sentirse* culpable《de》, tener* remordimientos de conciencia. ◆彼には罪の意識がない No tiene conciencia de su culpa.

4《罪に》◆彼は殺人の罪に問われた Le acusaron [culparon] de asesinato. ◆私は無実の罪に問われている Me acusan de un delito「que no he cometido [del que soy inocente]. ▸夜間ライトをつけずに運転するのは罪になりますか ¿Es una infracción (de tráfico) conducir por la noche sin faros?

5《罪を》▸罪を犯す *v.* cometer un delito；(宗教上の) *v.* pecar*. ▸警察に罪を自白する *v.* confesar* un delito a la policía. ▸(道徳上の)罪を許す *v.* perdonar (los, sus) pecados. ▸罪(=有罪)を認める *v.* admitir la culpabilidad. ▸(被告が法廷で) *v.* declararse culpable. ◆彼は無実の罪を着せる(無実の罪を負わせる) *v.* lanzar* una acusación falsa contra él,《口語》echarle un crimen falso；(不当な責任を負わせる) *v.* echarle a él la culpa. ◆彼は恋人の罪をかぶった「Cargó con la culpa [《フォーマル》Se atribuyó el delito] de su novia.

6《罪》◆うそをつくのは罪だ Mentir es un pecado.

-づみ -積み ▸5トン積みのトラック *m.* camión de cinco toneladas.

つみあげる 積み上げる *v.* amontonar, apilar. → 積む．▸テーブルに皿を高く積み上げる *v.* amontonar los platos en la mesa ☞ 重ねる, 積む

つみおろし 積み降ろし ▸積み降ろしをする *v.* cargar* y descargar*；(船の) *v.* embarcar* y desembarcar*.

つみかさね 積み重ね (蓄積) *f.* acumulación．

つみかさねる 積み重ねる *v.* amontonar, apilar, acumular. → 積む, 重ねる．▸知識を積み重ねる(=蓄積する) *v.* acumular conocimientos. ▸実験を積み重ねる *v.*「llevar a cabo [realizar*] una serie de experimentos.

つみき 積み木 *mpl.* cubos (de madera).

つみこむ 積み込む *v.* cargar*. ▸1車 [2トラック]に荷物を積み込む *v.* cargar* un ¹vehículo [²camión] de [con] mercancías, cargar* las mercancías en un ¹vehículo [²camión]. → 積む, 荷物を積み込む *v.* embarcar*.

つみたて 積み立て (お金をためること) *f.* acumulación. ▸積立準備金(会社の) *m.* fondo de reserva. ▸積立定期預金 *m.* depósito a plazo fijo de reserva [acumulación].

つみたてる 積み立てる (貯金する) *v.* ahorrar；(金をたくわえる) *v.* guardar, ahorrar；(預金する) *v.* hacer* un depósito,《フォーマル》depositar. ▸月々3万円を積み立てる *v.* ahorrar 30.000 yenes al mes. ▸銀行に金を積み立てる *v.*「hacer* un depósito [depositar] en un banco. ◆彼女は給料の3分の1を海外旅行のために積み立てている Está ahorrando una tercera parte de su sueldo para viajar al extranjero.

つみとる 摘み取る (一つ一つ摘む) *v.* recoger*；(はさみ取る) *v.* cortar. ▸綿花を摘み取る *v.* recoger* algodón.

つみに 積み荷 *m.* cargamento, *f.* carga；(大量に遠距離を運ぶ貨物) *f.* carga, *fpl.* mercancías. → 荷. ▸積み荷をおろす *v.* descargar* las mercancías. ◆トラックから積み荷が落ちた Al camión se le cayó la carga.

つみほろぼし 罪滅ぼし《フォーマル》*f.* expiación, *f.* reparación. ▸罪滅ぼしに *adv.* en desagravio《por》, como expiación《por》. ▸罪滅ぼしをする *v.*《フォーマル》expiar*《por》；(埋め合わせをする) *v.* compensar, reparar《por》.

・**つむ 積む** ❶【上に重ねる】(積み上げる) *v.* amontonar, apilar, acumular,《口語》recoger* en un montón；(敷く) *v.* poner*, colocar*. ▸れんがを積む(積み重ねる) *v.* amontonar ladrillos；(きちんと敷く) *v.* colocar* ladrillos. ▸干し草を高く積む *v.* recoger* el heno en un montón alto. ▸机の上には本が山のように積んである Sobre la mesa hay un montón de

916 つむ

libros. / Los libros están amontonados en la mesa.
❷【荷を載せる】v. cargar*. ▶1トラックに [2車に]本を積む v. cargar* un ¹camión [²vehículo] con libros, cargar* los libros en un ¹camión [²vehículo]. ◆船は鉄鉱石を積んでいた El barco estaba cargado de mineral de hierro.
【その他の表現】▶もっと練習を積む v. practicar* bien. ▶経験を積む v. acumular experiencia 《de》. ◆どんなに金を積んでも幸福は買えない Por mucho dinero que acumule no puede comprar la felicidad. / La felicidad no se compra con dinero.

つむ 摘む ▶花を摘む v. coger flores. ▶イチゴを摘む v. recoger* fresas. ◆私たちはその陰謀の芽を摘んだ Cortamos el complot de raíz.
☞ 採取, 取[捕, 採, 取り入れる, 執]る

つむ 詰む ▶字の詰んだ（＝間隔が密集した）印刷 f. impresión ajustada [fina]. ◆もう1手で詰むよ En otra jugada te doy (jaque) mate.

つむぐ 紡ぐ v. hilar. ▶糸を紡ぐ v. hilar, hacer* hilo. ▶綿を紡いで糸を作る v. hilar algodón.

つむじ 旋毛 m. remolino en el cabello.
【その他の表現】▶つむじ曲がり（＝つむじ曲がりの人）f. persona perversa [《口語》torcida]. ◆彼は生まれつきつむじ曲がりだ Tiene una naturaleza perversa [maniática]. ◆彼女は彼の言葉につむじを曲げた Lo que dijo la puso rabiosa.

つむじかぜ つむじ風 m. remolino;（大きな）m. torbellino.

つむる → つぶる. ▶目をつむる v. cerrar* los ojos.

つめ 爪 ❶【人の手足の】f. uña. ▶つめあと, m. arañazo, m. rasguño. → 爪跡 ▶つめ切り m. cortauñas;（はさみ）f. tijeras cortauñas. ▶つめをかむ v. morderse las uñas. ▶つめの手入れをする v. hacerse* la manicura. ▶つめを切らなければいけない Tienes que cortarte las uñas. ◆彼のつめは長く伸びていた Se dejó (crecer) las uñas. / Tenía las uñas largas.
❷【鳥や獣などの】f. garra, f. zarpa;（猫の）f. uña;（鶏のけづめ）m. espolón,（ワシなどの猛鳥の）f. garra. ▶つめを立てる v. hincar* las garras《en》. ▶つめを隠す（＝ひっこめる）v. esconder las garras. ▶つめをとぐ v. afilar [aguzar*] las garras. ▶つめで穴を掘る v. abrir* un agujero con las garras.
❸【琴・ギターなどの】f. púa,《フォーマル》m. plectro.
【その他の表現】◆彼にはつめのあかほども（＝少しも）誠意がない No tiene ni pizca de sinceridad. ◆彼のつめのあかをせんじて飲んで（＝手本を得て）, もっと分別をわきまえなさい Debes「seguir su ejemplo [《口語》aprender de él]. ◆能ある鷹（たか）はつめを隠す《言い回し》El águila sagaz no muestra las garras. ◆一家はつめに火をともすように暮らしていた Llevaban una vida miserable. / Vivían en la miseria.

つめ 詰め ❶【最終段階】f. última fase, f. etapa final. ◆詰めが甘かった（＝最終段階で慎重でなかった）Me faltó prudencia en la última fase. / Al final fallé.
❷【将棋】m. jaque mate. ▶詰め¹碁 [²将棋] m. problema de ¹"go" [²ajedrez].

-づめ -詰め ❶【...詰められた】▶ぶどう酒をびん詰めにする v. embotellar vino. ▶クッキーを箱詰めにする v. empaquetar galletas. ▶箱詰めのりンゴ fpl. manzanas envasadas. ▶4百字詰めの原稿用紙 f. hoja manuscrita con 400 caracteres [letras].
❷【(継続して)...し通し】▶働き詰める v. seguir* trabajando, no dejar de trabajar. ◆満員バスで立ち詰めだった Me tocó estar todo el tiempo de pie en un autobús lleno.
❸【...勤務の】▶国会詰めの記者 mf. corresponsal en「el parlamento [la Dieta]. ◆彼は本社詰めだ Trabaja en la oficina central.

つめあと 爪跡（ひっかいた跡）m. rasguño, m. arañazo. ◆その災害の爪跡がまだ残っている Todavía quedan las cicatrices [señales] del desastre.

つめあわせ 詰め合わせ（各種取り合わせたもの）m. surtido. ▶詰め合わせの adj. surtido, variado. ▶チョコレートの詰め合わせを一箱彼女に送る v. enviarle* una caja de chocolates surtidos.

つめえり 詰め襟（立ち襟）m. cuello alzado [levantado].

つめかえる 詰め替える（再び満たす）v. rellenar, volver* a llenar;（詰め直す）v. empaquetar de nuevo, volver* a empaquetar,《フォーマル》reenvasar.

つめかける 詰めかける（わんさと押しかける）v. juntarse en masa, acudir en tropel, aglomerarse,《フォーマル》congregarse*;（取り囲む）v. cercar*, sitiar. ◆数万人の観客が野球場に詰めかけた Decenas de miles de espectadores acudieron en masa al estadio de béisbol. ◆コンサートホールにはあふれるほど若者が詰めかけていた（＝定員まで混んでいた）La sala de conciertos estaba abarrotada [atestada] de jóvenes. / Los jóvenes se aglomeraban en la sala de conciertos.

つめきり 爪切り m. cortauñas.

つめこみ 詰め込み ▶詰め込み教育 m. sistema educativo de llenarse [《口語》atracarse] de conocimientos. ▶試験前に詰め込み教育をする v. darse* un atracón de conocimientos ante un examen, prepararse apresuradamente para un examen,『スペイン』《口語》empollar para un examen. ▶詰め込み主義 m. método de llenar [atestar] de conocimientos (al niño).

つめこむ 詰め込む v. empaquetar 《en》, atestar*;（無理やり）v. llenar a la fuerza;（ぎっしり）v. atiborrar [atestar]《de, con》;（押し込む）v. llenar, abarrotar. → 詰める, 押し込む. ▶食物を腹いっぱい詰め込む v. llenarse [atiborrarse,《口語》darse* un atracón] de comida. ▶頭に知識を詰め込む v.「llenarse la cabeza [atiborrarse] de conocimientos. ◆彼はスーツケースに衣類を詰め込んだ Llenó la maleta de ropa. ◆50名の生徒が小教室に詰め込まれた La pequeña clase estaba atiborrada [atestada] con cincuenta alumnos. / Cincuenta alumnos llenaban la pequeña clase.

つめたい 冷たい ❶【温度が】adj. frío; (凍りつくほど) adj. glacial; (氷のように) adj. helado, (教養語)《強調して》gélido, 《強調して》glacial. ▶冷たい水 f. agua fría. ▶冷たいレモネード f. limonada fría. ▶冷たいコーヒー (=アイスコーヒー) m. café frío [helado, con hielo]. ▶氷のように冷たい風 m. viento helado. ▶北風は身を切るように冷たい El viento del norte es cortante [glacial, gélido]. ▶冷たい物でもどうですか ¿Tomamos algo fresco?
❷【態度などが】(冷淡な) adj. frío, distante; (平然とした) adj. frío, impasible; (愛情の冷たい) adj. frío, insensible. ▶冷たい歓迎を受ける v. ser* recibido「con frialdad [fríamente]. ▶冷たい目で見る v. mirar (a + a) fríamente. ♦彼は心の冷たい人だ Es un hombre frío [insensible]. ♦なんて冷たいことを言うの ¡Qué crueldad decir algo así! ♦彼女は初めて出会ったとき私にとても冷たかった Al principio de conocernos, 「me trató con mucha frialdad [fue muy fría conmigo].

── 冷たくなる (熱が冷める) v. enfriarse*, volverse* [ponerse*] frío; (愛情がなくなる) v. enfriarse* el amor → 冷める; (死ぬ) v. morir*. ♦彼は私に冷たくなってきた Se ha vuelto fría conmigo.

つめばら 詰め腹 ▶詰め腹を切らされる (=むりに辞職させられる) v. verse* obligado a dimitir.

つめもの 詰め物 (包装用) m. relleno, f. borra; (歯の) m. empaste; (料理用の鳥などの) m. relleno. ▶詰め物をする v. rellenar. ♦彼らはガラス食器を保護するためにたくさん詰め物をした Usaron muchos rellenos para proteger la cristalería. ♦彼はサンタクロースらしく見えるようにおなかに詰め物をした Se puso sobre el abdomen material de relleno para parecer Santa Claus.

つめよる 詰め寄る ▶返事しろと彼に詰め寄る (=返事を迫る) v. apremiarlo[le] para que responda.

* **つめる** 詰める ❶【容器・空所を】v. envasar, empaquetar; (満たす) v. llenar; (急いで乱雑に) v. meter deprisa [sin orden]; (狭い場所にぎっしり) v. hinchar, atiborrar, atestar* 《de, con》; (穴などをふさぐ) v. tapar, (栓で) v. llenar. → 詰め込む. ▶弁当を詰める v. envasar (su) comida. ▶虫歯を詰めてもらう v. empastar 「una muela [un diente]. ▶冷蔵庫に食物を詰めずぎる v. llenar la nevera con demasiados alimentos. ▶壁の割れ目にしっくいを詰める v. tapar con yeso una grieta de la pared. ♦彼は箱にリンゴを詰めた Llenó la caja de manzanas. ♦男はかばんに紙幣を(あふれるほど)詰めて逃げた Llenó [hinchó] la cartera de billetes y salió corriendo. ♦ドアで指を詰めた Me he pillado el dedo con la puerta.
❷【間隔を】(席などを詰める) v. moverse* [apartarse, correrse] a un lado; (列などで間を詰める) v. estrecharse, juntarse; (乗り物などで入り口から奥に進む) v. moverse* [ir*] al fondo. ▶詰めて書く v. escribir* junto [con la letra apretada]. ▶詰めてくださってありがとう Gracias por apartarse a un lado. ♦列の前の

つもる 917

方へ詰めてください Avancen al frente de la fila, por favor.
❸【休みなく続ける】▶根を詰めて (=休憩をとらずに)働く v. trabajar sin parar [descanso]; (仕事に集中する) v. concentrarse en el trabajo.
❹【短くする】(丈などを) v. acortar, rebajar, 《口語》meter. ▶スカートのウエストを少し [22センチ]詰めてもらった Me acortaron 「《口語》metieron] ¹un poco [²dos centímetros] la falda.
❺【出費を減らす】v. reducir* (los gastos). → 切り詰める.
❻【出かけて勤務する】▶夜でも常に二人の医師が詰めています (=任務についている) Incluso por las noches hay siempre dos médicos de guardia.
❼【議論などを】▶問題をもっと詰める (=より詳しく論じる) v. tratar el asunto con más detalle.

* **つもり** ❶【意図】f. intención; (目的) m. objetivo, 《フォーマル》m. propósito.
1 《〜のつもり》▶それは冗談のつもりだった No era más que una broma. / No tenía más intención que una broma. ♦この絵は私を描いたつもりですか ¿Acaso ha intentado usted pintarme a mí en este cuadro?
2 《つもりで》♦彼は君を手伝うつもりでここへ来た Vino aquí con la intención de ayudarte. / Su intención [objetivo, 《フォーマル》propósito] al venir aquí era ayudarte. ♦どういうつもりでそんなことを言うのか ¿Qué quieres decir con eso? / ¿Qué significa eso?
3 《するつもりである》v. 「ir* a [tener* la intención de, querer*]《+不定詞》. ♦来年スペインに行くつもりです El año que viene 「voy a [tengo la intención de] ir a España. ♦今晩は外で食事をするつもりです Esta noche voy a cenar fuera. ♦彼は大きくなったら教師になるつもりだ Cuando sea mayor, 「va a [quiere] ser profesor. ♦彼は彼女に会うつもりだった Iba a verla. / Su intención era verla. / Había querido verla. ♦あなたの感情を傷つけるつもりはなかった Mi intención no era herirte. / No quería [deseaba] hacerte daño. ♦もしごいっしょくださるおつもりでしたらお宅へお迎えにあがります Si quiere [está decidido a] venir con nosotros, le recogeremos en su casa.
❷【思い込み】♦彼女は自分では美人のつもりでいる Se cree bonita. / Cree que es bonita. ♦あの子は怪物のつもりだった (=ふりをしている) Ese niño 「hace como que es [simula ser] un monstruo.

* **つもる** 積もる ❶【雪・ほこり・借金などが】(...の状態にある) v. quedarse; (積み重なる) v. amontonarse, apilarse; (堆積する) v. acumularse; (総計...になる) v. alcanzar*, ascender* 《a》. ♦雪が2メートルほど積もった La nieve ha alcanzado dos metros de espesor. ♦この雪は積もるでしょう La nieve cuaja [se acumula]. ♦床にほこりが厚く積もっていた El suelo estaba cubierto de polvo. / El polvo cubría

el suelo. ♦彼の借金は積もり積もって百万円を越えた Sus deudas ascendieron a más de un millón de yenes.
❷【話・恨みなどが】▶積もる話がある v. tener* mucho de qué hablar. ♦彼に積もる恨みがある Tengo un profundo resentimiento hacia él.
❸【見積もる】v. calcular. → 見積もる.

つや 艶 ❶【光沢】m. lustre, m. brillo; (金属の) m. bruñido; (木の) m. pulimento. → 光沢.
1《つや+名詞》▶つや出し m. pulido; (金属の) m. bruñido; (光沢剤) m. brillo. ▶つや消しガラス m. vidrio deslustrado. ▶つや消し写真 f. fotografía (en) mate. ▶つや消しする(ガラス・金属などを) v. deslustrar, poner* mate, esmerilar.
2《つやが》♦彼女の髪には美しいつやがある Su cabello tiene un「bonito lustre [hermoso brillo]. ♦真鍮(しんちゅう)はよく磨くとつやが出る Con el bruñido el latón brilla. ♦うちの猫は病気になると毛のつやがなくなる Cuando nuestro gato se pone enfermo, su piel pierde lustre.
3《つやの[を]》▶つやのない色 m. color apagado [mate]. ▶つやを出す(磨いて) v. dar* [sacar*] brillo 《a》; (金属を) v. lustrar, bruñir*, pulimentar; (光沢剤を塗って) v. dar* una lustrada 《a》.
❷【若々しさ】▶つやのある(=豊かで美しい)声 f. voz suave [melosa]. ▶つやのない(=血色の悪い)顔 f. cara cetrina, f. mala cara.
❸【おもしろ味】▶つや消し(=一座の興をそぐ人) mf. aguafiestas. ▶つや消しなことを言う v. deslucir* una historia. ▶話につやをつける(=粉飾する) v. adornar una historia, embellecer* una historia.

つや 通夜 ▶通夜を営む v. velar a un/una muerto/ta. ♦田中氏の通夜は月曜日午後7時から東光寺にて執り行なわれます El velatorio por el Sr. Tanaka se celebrará en el Templo Toko el lunes a las siete de la tarde.

つやつや (光沢のある様子) m. lustre, m. brillo. ▶新車のつやつや m. brillo de un coche nuevo. ▶つやつやした髪 m. cabello lustroso. ▶つやつやした肌をしている v. tener* una tez lustrosa.

つゆ 梅雨 f. estación [f. temporada] de lluvias. ▶空梅雨 f. estación de lluvias seca [sin mucha agua]. ▶梅雨入り [2明け]¹ m. inicio [² m. fin] de la estación de lluvias. ▶梅雨晴れ f. racha de buen tiempo en la estación de lluvias. ♦梅雨はいつ始まりますか ¿Cuándo empieza la estación de lluvias? ♦梅雨が明けた Ha acabado la estación de lluvias.

つゆ 露 m. rocío; (露のしずく) f. gota de rocío. ♦早朝には露がおりる「El rocío cae [Rocía] de madrugada. ♦草に露がおりていた La hierba tenía [estaba cubierta de] rocío. ♦草[芝生]はまだ露でぬれている La hierba sigue húmeda por el rocío.
【その他の表現】▶それについては露ほども知らなかった No tenía ni la más mínima idea de eso.

つゆ 汁 f. sopa. →汁(しる). ▶そばつゆ f. salsa de "soba".

つよい 強い adj. fuerte, potente, poderoso, vigoroso, robusto.
1《強い+名詞》▶強い国 m. país poderoso. ▶強いロープ f. cuerda resistente. ▶強い風 m. viento fuerte [violento]. ▶強い光 f. luz intensa. ▶強い酒 f. bebida fuerte. ▶強い信念 f. creencia firme. ▶強い布地 f. tela resistente [fuerte, durable]. ▶強い地震 m. intenso [fuerte, violento] terremoto. ▶強いドイツなまりで話す v. hablar con un fuerte acento alemán.
2《…が[の]強い》▶責任感が強い v. tener* firme sentido de la responsabilidad. ▶度の強い眼鏡をかけている v. llevar lentes gruesos. ♦君の相手は腕っぷしがとても強そうだ Tu rival parece muy fuerte. ♦彼は意志の強い人だ Es un hombre de voluntad firme. / Tiene una voluntad de hierro. ♦今夜は風が強い Esta noche sopla un viento fuerte. / Hace mucho viento esta noche. ♦君は運が強い Tienes mucha suerte.
3《…に強い》▶歴史に強い(=歴史が得意だ) v. ser* fuerte en historia. ▶寒さに強い(=抵抗力がある) v. resistir bien el frío. ▶さびに強い金属 m. metal「resistente a la oxidación [antioxidante]. ♦彼は酒に強い(=大酒飲みだ) Es un gran bebedor. / (すぐには酔わない) No se emborracha fácilmente. ♦この建物は地震に強い(=耐震だ) Este edificio es「resistente a los terremotos [《フォーマル》antisísmico].
—— 強く adv. con fuerza, fuertemente, vigorosamente; (激しく) adv. violentamente, duramente; (強固に) adv. firmemente, con firmeza; (強調して) adv. con énfasis. ▶強く殴る v. golpear 《a + 人》con fuerza. ♦彼らはその計画¹を支持した [²に反対した] ¹Apoyaron firmemente el [²Se opusieron firmemente al] proyecto.
—— 強くなる v. fortalecerse*, ponerse* fuerte, reforzarse*; (雨・風が) v. arreciar. → 強まる. ♦風が強くなった El viento「ha arreciado [se ha intensificado].
—— 強くする v. fortalecer*, hacer* más fuerte, fortificar*, reforzar*, intensificar*; (つまみなどをひねって) v. poner* más fuerte, 《口語》subir. ♦運動は筋肉を強くする El ejercicio fortalece los músculos. ♦クーラーを強くしてください Ponga más fuerte el acondicionador de aire, por favor.
☞ 頑健, 強固, 丈夫な, タフな

つよがり 強がり (はったり) f. fanfarronada, 《口語》m. farol; (虚勢) f. bravata; (負け惜しみ) 《口語》fpl. uvas verdes. ▶強がりを言う v. fanfarronear, alardear, 《口語》decir* que están verdes; (大胆な態度を装う) v. dárselas* de audaz [intrépido].

つよき 強気 ▶強気の (積極的な) adj. agresivo, emprendedor; (強硬な) adj. firme, intransigente; (くじけない) adj. animado, intrépido; (楽天的な) adj. optimista, 《口語》positivo. ♦彼は何事にも強気だ 《口語》Pisa fuerte en todo lo que hace.

つよさ 強さ (力・権力・能力などの) m. poder, f. potencia, m. poderío; (肉体・精神・物の) f. fuerza, f. fortaleza; (光・調子・感情などの) f. intensidad, f. vehemencia. ▶筋肉の強さ f. potencia muscular. ▶アメリカ経済の強さ m. poderío económico de Estados Unidos. ▶日差しの強さ f. intensidad [f. fuerza] de la luz solar. ▶ロープの強さを調べる v. probar la resistencia [fuerza] de la cuerda. ▶非常時に冷静でいられる精神の強さを持つ v. tener* la fuerza mental de permanecer* en calma en una emergencia. ♦力の強さでは彼の右に出る者はいない「Nadie le iguala [No tiene rival] en fuerza. / Es el más fuerte.

つよび 強火 (強い炎) m. fuego vivo; (強い熱) m. calor máximo. → 弱火.

つよまる 強まる (強くなる) v. hacerse* más fuerte, reforzarse*, fortalecerse*; (暑さ・痛みなどが) v. intensificarse*, arreciar; (勢いを強める) v. cobrar fuerza [potencia]. ♦北風が午後から強まった El viento del norte arreciaba [se hacía más violento] por la tarde. ♦暑さは一日一日強まってきた Cada día hace más calor. / Está aumentando [arreciando] el calor「día tras día [por días]. ♦彼に対する愛情がだんだん強まってきた El amor por él se hacía cada vez más fuerte en mí. / Mi amor hacia él crecía más y más.

つよみ 強み m. punto fuerte, (口語) m. fuerte; (利点) f. ventaja. ▶…という強みがある v. tener* la ventaja 《de》. ♦スペイン語が彼の強みだ El español es su (punto) fuerte.

つよめる 強める v. fortalecer*, reforzar*; (程度を) v. intensificar*; (信念を) v. confirmar; (強調する) v. enfatizar*, hacer* hincapié《en》. ♦故郷へのあこがれを強めた v. aumentar la nostalgia por su pueblo natal. ▶語気を強めて命令を繰り返す v. repetir* una orden con más fuerza. ▶石油ストーブの火を少し強める v. subir un poco la calefacción de queroseno [keroseno]. ♦私たちは労働組合との結びつきを強めたい Queremos fortalecer nuestras relaciones con el sindicato.

つらあて 面当て m. despecho. ♦彼女は私への面当てに別の男と結婚した Se casó con otro por despecho hacia mí.

*__つらい 辛い__ (困難な) adj. duro, difícil, penoso, amargo, (俗語) jodido ≡ 苦しい; (苦痛な) adj. doloroso; (耐えがたい) adj. insoportable, intolerable, inaguantable; (胸が張り裂けそうな) adj. desgarrador.

1《つらい+名詞》つらい生活を送る v. llevar una vida dura [penosa, (俗語) jodida]. ♦こんなつらいことは生まれて初めてだ Es la experiencia más dura [amarga] que he tenido en mi vida. / Jamás había tenido una experiencia peor.

2《…はつらい》♦早起きはつらい Es duro madrugar. ♦彼女と別れるのはつらかった Fue penoso separarme de ella. / (残念だった)Sentí mucho separarme de ella. ♦貧乏はつらい (=耐えがたい) La pobreza es penosa [amarga]. / No aguanto la pobreza. 《会話》それでどっちとデートするつもりなの？—迷ってるのよ—まったくつらいところね Entonces, ¿con quién de los dos vas a salir? – No estoy segura. – Es difícil decidir, ¿verdad?

―― つらく つらく当たる (=厳しく扱う) v. tratar 《a + 人》「con dureza [ásperamente].

―― つらさ m. dolor, f. pena, f. amargura. ▶別れのつらさ f. pena de la despedida [separación].

つらがまえ 面構え (顔付き) m. aspecto; f. cara, 《フォーマル》 m. semblante, f. fisonomía. ▶不敵な面構え m. aspecto intrépido.

つらなる 連なる ▶遠く連なる山々 f. cordillera lejana. ♦山脈が南北に連なっている (=伸びている) La cordillera corre [se extiende] de norte a sur.

つらぬく 貫く ❶【貫通する】 v. penetrar; (とがった先で穴をあける) v. agujerear, perforar; (通り抜ける) v. pasar 《por》. ♦弾丸が彼の胸を貫いた La bala le penetró el pecho. ♦1本の川がその町を貫いて流れている Por la ciudad corre un río.

❷【貫徹する】▶意志を貫く v. llevar a cabo su propósito. ▶主義を貫く (=固守する) v. mantenerse* firme en sus principios.

つらねる 連ねる (沿って並ぶ) v. ponerse* en fila, formar fila; (名を載せられている) v. estar* en la lista 《de》. ♦有名店が通りに軒を連ねている La calle está flanqueada de famosas tiendas. / Tiendas famosas bordean la calle.

つらのかわ 面の皮 ▶面の皮をはぐ (=正体を暴く) v. desenmascarar. ♦彼は面の皮が厚い Es un sinvergüenza. / No tiene vergüenza. → 厚かましい. ♦いい面の皮だ ¡Le está bien empleado! / ¡Lo tiene [tienen] bien merecido!

つらよごし 面汚し (不名誉となる人) f. vergüenza. ♦彼らは学校の面汚しだ Son una vergüenza para la escuela.

つらら 氷柱 m. carámbano. ♦軒先につららができている Se han formado carámbanos en el alero del tejado.

つられる 釣られる (その気にさせられる) v. estar* tentado《de, a》. ♦値段の安さにつられてその服を買った Estuve tentada de comprarme el vestido porque no era caro.

*__つり 釣り__ ❶【魚釣り】 f. pesca; (釣りさおによる) f. pesca con caña.

1《〜釣り》▶磯 [沖；海；川] 釣り f. pesca 1en la costa (rocosa) [2de mar; 3de mar; 4de río]. ▶夜釣り f. pesca nocturna. ▶アユ釣りに出かける v. ir* a pescar* "ayu".

2《釣り+名詞》♦釣り糸 m. sedal. ▶釣り具 mpl. avíos [mpl. aparejos] de pesca. ▶釣りざお f. caña de pescar. ▶釣り仲間 mf. compañero/ra de pesca. → 仲間. ▶釣り針 m. anzuelo. ▶釣り人 mf. pescador/dora. ▶釣り舟 m. barco de pesca, m. pesquero. ▶釣り堀 m. estanque para pescar. ▶よい釣り場 m.

920 つりあい

buen lugar para pescar.
3《釣りが》◆彼は釣りがうまい Pesca bien. / Se le da bien pescar. ◆彼は釣りが趣味です Le gusta la pesca. / Su afición es la pesca.
4《釣りに[から]》◆釣りから帰る v. volver* a casa de la pesca. ◆川に釣りに行こう Vamos al río a pescar.
5《釣りを》◆一日中川でマス釣りをしたが1匹もつれなかった Estuve todo el día en el río intentando pescar truchas y no pesqué ni una.
❷【釣り銭】 m. cambio, f. vuelta. → 釣り銭.
[地域差] 釣り銭
〔全般的に〕m. cambio, f. vuelta.
〔ラテンアメリカ〕m. vuelto
〔メキシコ〕f. feria, m. menudo
〔コロンビア〕f. devuelta

つりあい 釣り合い m. equilibrio, f. proporción. → 調和, バランス. ◆栄養面で釣り合いのとれた食事 f. dieta equilibrada. ◆体の釣り合いを1うつ [2失う] v. ¹mantener* [²perder*] el equilibrio. ◆力の釣り合いを崩す v. alterar [trastornar] el equilibrio de poder*. ◆つま先で立って体の釣り合いをとる v. mantener* el equilibrio de puntillas.

—— 釣り合う (平衡を保つ) v. equilibrarse [estar* equilibrado] 《con》; (比例している) v. estar* en proporción 《con, a》; (似合う) v. combinar [ir*, hacer* juego, armonizar*] 《con》. → 調和する, 合う. ◆今月の出費は収入と釣り合った Los ingresos y los gastos de este mes están equilibrados. ◆その犬の短い足は長い胴体と釣り合っていなかった Las patas cortas del perro no guardaban proporción con su largo tronco. ◆そのシャンデリアとロココ風の家具はよく釣り合っている Esa araña「combina bien [va bien, hace juego] con los muebles rococó. ◆彼女はうちの息子には釣り合わない Ella no「le conviene a [es un buen partido para] nuestro hijo.
☞ 均衡, 重心, 調和

つりあげる 吊り上げる (上げる) v. levantar; (まゆなどを) v. arquear [enarcar*] (las cejas); (価格などを) v. subir [aumentar] (los precios). ◆不当に価格をつり上げる v. subir injustamente los precios.

つりあげる 釣り上げる v. pescar*, sacar* del agua. ◆サケを釣り上げる v. pescar* un salmón.

つりがね 釣り鐘 f. campana (colgante).
つりかわ つり革 f. correa. ◆つり革につかまる v. sujetarse a una correa.
つり (銭) 釣り(銭) m. cambio, f. vuelta, 〔ラ米〕m. vuelto. ◆彼に5百円釣り銭を出した Le di quinientos yenes de cambio. ◆このお釣りまちがってるみたい Creo que se ha equivocado「en el cambio [al darme el cambio]. ◆釣り銭おことわり【掲示】Pague el importe exacto. / No se devuelve cambio.

つりだな 吊り棚 (天井からつり下げた棚) m. anaquel [m. estante] colgante del techo; (ぶら下がった棚) m. estante colgante.

つりばし 釣り橋 m. puente colgante.
つりびと 釣り人 mf. pescador/dora.

つる 吊る v. colgar*, 〔フォーマル〕suspender, 〔メキシコ〕guindar; (上からぶら下げる) v. suspender. ◆ランプを鎖で天井からつる v. colgar* una lámpara del techo con una cadena. ◆クリスマスツリーにつられた飾り物 mpl. adornos colgados en el árbol de Navidad. ◆木の間にハンモックをつる v. colgar* una hamaca entre los árboles. ◆棚をつる (=壁に取りつける) v. sujetar una estantería a la pared. ◆首をつる v. ahorcarse*, colgarse*.

•**つる** 釣る ❶【魚を】v. pescar*, coger*. → 釣り. 《会話》釣れますか―釣れませんな ¿Pescas algo? – No, no pesco nada. 《会話》釣れたかい―たくさん釣れたよ ¿Has pescado algo? – Sí, he pescado mucho. ◆その湖はマスがよく釣れる Se le da bien pescar truchas en el lago.
❷【さそう】v. tentar*, seducir*, 《フォーマル》inducir*. ◆広告に釣られてそれを買った El anuncio me tentó a comprarlo.

つる 攣る (こむら返りを起こす) v. tener* un calambre (en la pierna).

つる 鶴 f. grulla. ◆彼の鶴の一声で計画は中止された Una palabra suya y el proyecto se detuvo.

つる 蔓 (巻きひげ状の) m. zarcillo; (ぶどうの) f. tijereta; (サツマイモなど地面をはう) m. sarmiento; (つる植物) f. planta trepadora; (眼鏡・壁などをはう) f. enredadera; (眼鏡の) f. patilla (de las gafas).

つるしあげ 吊るし上げ (いんちき裁判) m. tribunal irregular y desautorizado [arbitrario]. ◆吊るし上げをくう v. ser* sometido a un tribunal desautorizado. ◆吊るし上げる v. formar un tribunal desautorizado para juzgar* 《a + 人》; (厳しく詰問する) v. interrogar* 《a + 人》severamente.

つるす 吊るす v. colgar*. → 吊(°)る.

つるつる ❶【滑りやすい】adj. resbaladizo, 〔ラ米〕resbaloso. ◆床はつるつるだ El suelo「está muy resbaladizo [resbala mucho].
❷【肌などがすべすべしている】adj. suave, sedoso. ◆彼女の肌はつるつるしている Tiene un cutis sedoso [suave].
❸【油っこく】adj. bien lubricado [engrasado]; (ワックスを塗った) adj. encerado. ◆滑る前にスキーを(ワックスで)つるつるにする Los esquíes se enceran bien antes de usarse.
❹【はげて】adj. calvo. ◆彼は頭はつるつるだ Es calvo [pelón].
❺【うどんなどを飲み込む音】◆日本ではうどんをつるつる音を立てて食べるのは許される En Japón no es de mala educación sorber los fideos haciendo ruido.

つるはし 鶴嘴 m. zapapico, 《口語》m. pico.
つるりと ❶【滑るさま】◆つるりと滑る v. resbalarse, escurrirse. ◆つるりとしている (=滑りやすい) adj. resbaladizo, 〔ラ米〕resbaloso. ◆コメディアンはバナナの皮を踏んでつるりと滑った El humorista se resbaló con una cáscara de plátano.
❷【皮などが大きくむけるさま】◆トマトの皮はゆでるとつるりとむける Los tomates se pelan bien si

つれ 連れ (人)mf. acompañante,《口語》mf. compañero/ra, f. compañía. → 仲間. ▶連になる v. hacerse* (su) compañía. → 一緒. ▶お連れ様は何人ですか(一行の人数を尋ねて)¿Cuántas personas son ustedes, por favor?

-づれ -連れ (同伴して)prep. con. ▶夫婦二人連れ m. matrimonio, f. pareja casada. ▶子供連れで旅行する v. viajar con los niños.

つれこ 連れ子 mf. hijo/ja de un matrimonio anterior.

つれこむ 連れ込む (連れて[1]行く [[2]来る])v. [1]llevar [[2]traer*] (a un hotel, a un cuarto).

つれさる 連れ去る v. llevarse; (誘拐する)v. raptar, secuestrar.

つれだす 連れ出す v. sacar*. ▶彼を[1]散歩 [[2]昼食]に連れ出す v. sacarle* [1]de paseo [[2]a comer]. ▶馬を馬小屋から連れ出しなさい Saca los caballos del establo.

つれだつ 連れ立つ ▶連れ立って(…といっしょに)prep. con; (いっしょに)adv. juntos,《フォーマル》conjuntamente. → 一緒に.

-つれて →従って. ▶春が近づくにつれて adv. a medida que se acerca la primavera. ▶月日がたつにつれて(時間) adv. con el paso del tiempo; (年月) adv. según pasan los años, con los años. ▶彼は年をとるにつれて優しくなった Con 「la edad [los años], se ha vuelto más amable. / Cuanto más mayor, más amable se hacía.

つれていく 連れて行く v. llevar. → 連れる.
つれてかえる 連れて帰る v. traer* a casa, volver* (con). → 連れる.
つれてくる 連れて来る v. traer*. → 連れる.

つれない (不親切な)adj. poco amable; (冷淡な)adj. frío; (冷たい心の)adj. insensible, frío de corazón. ▶彼がマリアとのデートを申し込んだとき彼女はつれなく(＝そっけなく)断わった Al pedirle una cita a María, ella 「se mostró poco amable [le dio calabazas].

つれにいく 連れに行く ▶子供を学校に連れて行った Fui a la escuela a 「por el niño [traerme a mi hijo].

つれにくる 連れに来る ▶父が連れに来てくれることになっている Viene mi padre a 「por mí [llevarme].

つれる 釣れる v. pescar*, coger*; atrapar. → 釣る.

***つれる** 連れる ▶その子は母親に連れられて公園に行った El niño fue al parque acompañado de su madre. / La madre llevó [acompañó] al niño al parque. ❶【連れている】(いっしょにである)v. estar* (con); (同伴している)v. estar* acompañado (de). ▶彼がだれか連れていましたか、それとも一人でしたか ¿Había [¿Estaba] alguien con él o estaba solo?

❷【連れて行く】v. llevar; (警察などに)v. llevarse《a》; (案内する)v. llevar, guiar*. ▶彼を急いで病院に連れて行く v. llevarlo[le] rápidamente al hospital. ▶太郎をいっしょに[1]コンサート [[2]ピクニック; [3]ドライブ]に連れて行ってはどうですか ¿Por qué no (te) llevas a Taro [1]al concierto [[2]de picnic; [3]de paseo en coche] contigo? ▶彼は私たちを旅行に連れて行ってくれた Nos llevó de viaje. ▶パーティーには弟を連れて行っていいですか(電話で) ¿Puedo llevar [¿No te importa si llevo] a mi hermano a la fiesta? → 行く. ▶強盗はつかまって警察へ連れて行かれた El ladrón fue capturado y llevado a la policía.

❸【連れて来る】v. traer*, venir* 《con》, traerse*. ▶どうぞぜひ奥さんもパーティーに連れて来てください Por favor, 「venga con [traiga a] su esposa a la fiesta. ▶私は大急ぎで医者を連れて来た Fui corriendo y 「me traje [vine con] un médico.

❹【連れて帰る】(連れて帰って来る[行く])v. volver* [regresar]《con》, traer* a casa. ▶弟を連れて行ってもいいが早く家に連れて帰らなければけません Te puedes llevar a tu hermano, pero debes volver con él pronto.

つわもの (武士)m. guerrero; (猛者(もさ))m. tipo duro.

つわり 悪阻 fpl. náuseas del embarazo,《専門語》f. hiperemesis. ▶つわりがひどい v. sentir* [tener*] náuseas terribles (del embarazo).

つんざく (音・声を)v. penetrar,《文語》herir*. ▶あたりをつんざく v. penetrar [《文語》herir*] el aire. ▶耳をつんざくような悲鳴が聞こえた Se oyó un penetrante grito.

つんつん ▶つんつんしている(お高くとまった)adj.《口語》estirado; (よそよそしい)adj. frío, distante. ▶つんつんしている女性 f. mujer engreída [《口語》estirada].

つんと ❶【つんとすました】adj. estirado,《口語》creído; (うぬぼれた)adj. engreído. ▶彼女はつんとした様子で話しにくい Es demasiado engreída para ser comunicativa.

❷【においなどがきつい】(刺すように刺激する)adj. penetrante, punzante; (悪臭で鼻をつく)adj. fétido, maloliente, rancio. ▶(わさびなどが)鼻につんとくる v. punzar* la nariz. ▶実験室にはつんとする薬品のにおいがした En el laboratorio había un penetrante olor a sustancias químicas. ▶その場所はつんと鼻にくる腐った魚のにおいで満ちていた En ese lugar olía a rancio por el pescado podrido.

ツンドラ (凍土帯) f. tundra.

つんのめる ▶前につんのめる(ほとんど前に転びそうになる) v. estar* a punto de caer* hacia adelante; (前に傾く) v. inclinarse hacia adelante.

て

て **手** ❶【人間・動物の手】(手首より先の部分) *f.* mano; (腕) *m.* brazo; (肘から手首まで) *m.* antebrazo; (手のひら) *f.* palma; (指) *m.* dedo = 指; (動物の) *f.* pata (delantera); (猫などのかぎつめのある) *f.* garra, *f.* zarpa. ◆犬にクリートよ, お手! ¡La patita [manita], Currito!

1《〜手》◆優雅な手 *f.* mano delicada. ▶ほっそりした手 *f.* mano fina. ▶短くてぼってりした手 *f.* mano regordeta. ▶節くれ立った手 *f.* mano nudosa. ◆かさかさした手 *f.* mano áspera. ▶がさがさの手 *f.* mano ruda. ▶つるつるした手 *f.* mano suave.

2《手が》◆左手が痛い Me duele la mano izquierda. ◆あそこになっているリンゴに手が届きますか ¿Llegas con la mano a esa manzana en el árbol?

3《手の》◆手の甲 *m.* dorso de la mano. → 掌(しょう). ◆薬類は子供たちの手の届かない所に置いておきなさい Mantén todos los medicamentos fuera del alcance de los niños.

4《手に》◆彼はその本を手に¹取った [²持っていた] ¹Tomó [²Tenía] el libro en la mano. 〖会話〗 何ておいしいイチゴなんでしょう―手にいっぱいお取りなさい ¡Qué fresas tan sabrosas! ― Toma un puñado. 〖会話〗 私のハンドバッグがどこにも見当たらないのさてえね, 最後に手にしたのはいつなの No puedo encontrar mi cartera en ningún sitio. ― Vamos a ver, ¿cuándo la tenías la última vez que la viste?

5《手を》◆両手をポケットに入れて *adv.* con las manos en los bolsillos. ◆両手をしっかり握りしめて *adv.* con las manos apretadas firmemente. ▶手を取り合って歩く *v.* pasear de la mano 《con》. ▶手をつなぐ(=取り合う) *v.* ir* de la mano 《con》. ▶手をひっこめる *v.* retirar la mano. ▶彼の手を取る *v.* tomar [〖スペイン〗 coger*] su mano, tomarlo[le] de la mano. ▶老女の手をひいて通りを渡る *v.* ayudar a una anciana a cruzar* la calle tomándola de la mano. ▶手を合わせる(=合掌する) *v.* juntar las manos. ▶額(ひたい)に手をかざす *v.* ponerse* la mano en la frente (a modo de visera). ◆生徒たちは手を上げて「はい先生」と言った Los alumnos alzaron sus manos y dijeron: "Sí, profesora". ◆彼はたたみの上に手をついて深くお辞儀をした Puso sus manos en el "tatami" e hizo una profunda inclinación [reverencia]. ◆彼はつまずいて手をついた Tropezó y se cayó de manos. ◆彼らは歌に合わせて手をたたいた Daban palmadas al ritmo de la canción. / Seguían la canción con las palmas. ◆彼女は不安そうに私の手を握りしめた Me tomó de la mano angustiosamente. ◆紹介されると彼は立ち上がって私の方へ手を差し出した Cuando me lo presentaron, se levantó y me alargó la mano. ◆その箱に手を触れるな No toques la caja. / Aparta las manos de la caja. ◆彼は棚の上の箱を取ろうと手を伸ばした Alargó la mano para coger la caja del estante. ◆彼は友達にさよならと手を振った Dijo adiós a sus amigos con la mano. ◆彼のコートから手を離せ Suelta mi abrigo. / Quita tu mano de mi abrigo. ◆彼は食事に手をつけなかった Dejó la comida sin probar.

6《手で》◆衣類を手で洗う *v.* lavar la ropa a mano. ▶手でつまんで肉を食べる *v.* comer la carne con los dedos. ◆猫がネズミを手で引っ掛けた El gato cazó un ratón con sus uñas.

❷【物の】(取っ手) *m.* mango, *f.* asa. ◆水差しの手が取れた [欠けた] Se ha desprendido el mango de la jarra.

❸【人手】*f.* mano de obra, *f.* ayuda,《フォーマル》*f.* colaboración, *mpl.* brazos.

1《手が》◆手が足りない No tenemos「mano de obra [personal] suficiente. / Nos faltan brazos. ◆もっと手が欲しい Queremos más ayuda [mano de obra]. ◆今日は手があいています Hoy estoy libre. / (何もすることがない)No tengo nada que hacer. ◆その仕事に手が回らない(=時間の余裕を取つけられない) Me falta tiempo para hacer ese trabajo. ◆今仕事で手が離せない(=拘束されている) Ahora mismo estoy ata*do* por mi trabajo. / Ahora no puedo dejar el trabajo.

2《手を》◆子供たちはそのテーブルを運ぶのに手を貸してくれた Los niños me echaron [《フォーマル》prestaron] una mano para llevar la mesa. / Los niños me ayudaran a llevar la mesa.

❹【手間, 手数】*m.* problema; *f.* molestia; (世話) *m.* cuidado.

1《手が》◆そうすれば手が大いに省けるだろう Eso nos ahorrará muchos problemas. ◆時間がなくて細かいところまで手が回らなかった(=気配りできなかった) Estaba demasiado apremia*do* por el tiempo para prestar atención a los detalles.

2《手の》◆手のかかる(=骨の折れる)仕事 *f.* tarea laboriosa [trabajosa]. → 手のこんだ.

3《手を》◆手をかけたごちそう *f.* cena de mucho trabajo. ◆親の手を離れる(=独立する) *v.* independizarse* de los padres. ◆父は手をかけてバラを育てた Mi padre se tomó muchas molestias para cultivar rosas.

❺【手段, 方法】(手段) *m.* medio, *m.* recurso; (方法) *f.* manera; (術策) *m.* truco, *f.* trampa. ◆きたない手を使う *v.* recurrir al juego sucio, hacer* trampas.

1《手は[を]》◆その手は食わない(=だまされない)

No voy a caer en esa trampa. ♦今となっては もう打つ手がない Por ahora no hay nada más que podamos hacer. ♦打つべき手はみな打って ある Hemos hecho todo lo que estaba en nuestra mano.
2《手の》♦この情勢では手のつけようがない(＝絶望的だ) Es una situación desesperada. /(何もできない)No hay nada que podamos hacer en esta situación. /(どう扱ってよいのか分からない)No sabemos qué hacer ante esta situación.
3《手に》♦彼の手にまんまと乗った(＝だまされた) Me engañó [《口語》la pegó] completamente.
4《手を》♦犯罪防止の手を打つ(＝対策を講ずる) v. tomar medidas para prevenir* la delincuencia. ♦手を替え品を替え彼女を説得しようとする v. tratar de convencerla* por todos los medios. ♦彼は前にもその手を使おうとしたことがあるのよ．だから気をつけて Intentó antes ese truco. Así que ten cuidado.
❻《将棋・相撲などの》(将棋の)f. jugada; (相撲の)f. técnica; (トランプの)f. mano. ♦いい手 f. buena jugada. ♦相撲の48手 fpl. cuarenta y ocho técnicas del sumo.
❼《制御》m. control; (能力)f. capacidad. ♦その暴動は手がつけられなくなった La revuelta 「está fuera de control [《口語》se ha ido de la mano]. ♦その火事は私たちの手に負えなかった No pudimos controlar el fuego.
❽《種類》♦その手の¹音楽[²人]は好きでない No me gusta esa clase de ¹música [²gente]. → 種類.
❾【方向】♦舞台の上手(＝(英米では)客席の方に向かって左)から登場する v. aparecer* por la izquierda del escenario. ♦流れはその地点でふた手に分かれる La corriente se ramifica en ese punto. ♦大きな岩が行く手を遮っている Hay una gran roca que nos tapa el paso.
❿【所有】(所有権)fpl. manos, m. poder, f. posesión. ♦その土地は彼の手に渡った La tierra cayó en 「sus manos [su poder]. ♦その家は人の手から手へと渡った Esa casa ha cambiado de manos varias veces. ♦例のコーヒーはどこで手に入るのですか ¿Dónde puedo adquirir el café? ♦その本は手に入りにくい Ese libro es difícil de conseguir [obtener, 《フォーマル》adquirir]. ♦彼は賭(か)け事で大金を手に入れた(＝獲得した). Ganó mucho dinero con el juego. ♦その演奏会の切符はこの窓口で手に入ります En esta ventanilla se consiguen [compran] entradas para el concierto.
⓫【関係】f. relación, f. conexión. ♦彼と手を切る(＝関係を絶つ) v. romper* la relación con él; (絶交)する v. romper* con él. ♦彼と手を組む(＝提携)する v. cooperar [aliarse*] con él; (味方する)v. ponerse* de su lado. ♦事業に手を出す(＝始める) v. comenzar* [emprender*] un negocio. ♦株に手を出す(＝投機する)v. especular con las acciones. ♦彼は殺人に手を貸していることが分かった Se descubrió que estaba implicado en el asesinato. ♦かかわりたくなかったのでそれから手を引いた No quería estar implicado, así que me desligué

-で 923

del asunto.
〖その他の表現〗
1《手が》♦そんな高級車にはとても手がでない(＝買う余裕がない) No puedo darme el lujo de comprar un coche tan lujoso. ♦彼には警察の手が回っている(＝警察が追跡している) La policía ya le sigue la pista.
2《手の》♦手の裏を返す(＝すっかり態度を変える) v. cambiar completamente de actitud. → 手の内.
3《手に》♦手に汗を握る(＝はらはらさせる)自動車レース f. carrera de coches《口語》emocionantísima [《口語》que quita la respiración]. ♦手に汗を握って見る v. ver* con 「el alma en un hilo [《口語》la respiración cortada]. ♦非常に心配で仕事が手につかない(＝仕事をする気がしない) Estoy tan preocupado que no tengo ganas de trabajar. ♦その報告書を読むと事故の様子が手に取るように分かる El informe nos da una imagen clara del accidente.
4《手を》♦彼の作文に手を入れる(＝訂正する)v. corregir* [enmendar*] su composición. ♦彼の案に少々手を入れる(＝変更する) v. cambiar ligeramente sus planes. ♦1千万円で手を打つ(＝売買契約をする) v. llegar* a un acuerdo por diez millones de yenes. ♦手をこまねいて見ている(＝傍観して何もしない) v. estar* 「sin hacer* nada [de brazos cruzados, con las manos en los bolsillos]. ♦この問題は難しくてどこから手をつけたら(＝始めたら)いいか分からない Este problema es tan difícil que no sé por dónde empezar. ♦そのいたずらっ子「彼のいたずら]にまったく手を焼いている Ese niño tan travieso 「se me escapa de las manos [me causa muchos problemas, 《口語》me da mucha guerra]. ♦それで手を打とう(＝話は決まった) Hemos llegado a un acuerdo. / ¡Trato hecho! → 決まり. ♦あの子に手を上げたことは一度もない Jamás he levantado la mano al niño.
-て (そして) conj. y. ♦彼らは一晩中飲んで歌って踊った Toda la noche estuvieron bebiendo, cantando y bailando.
で出 ❶【出身】(血統)mpl. orígenes; (前歴)mpl. antecedentes. ♦大学出の人 mf. titulado/da universitario/ria. ♦東京の出である v. ser* de Tokio. ♦出がいい v. venir* de buena familia. ♦彼は貴族の出だ Es de familia noble. / Tiene orígenes de la nobleza.
❷【出具合】♦出がよい(品物が) v. venderse bien; (水などが)v. salir* bien; (茶などが)v. soltar* buen sabor.
❸【出現】f. aparición; (出番)m. turno. ♦月の出に adv. al salir la luna. ♦(役者が)出を待つ v. esperar el turno para salir* a escena. ♦リンゴの出が早い Las manzanas han llegado pronto.

-で 《場所》 prep. en. →-に. ♦軽井沢で夏休みを過ごす v. pasar las vacaciones de verano en Karuizawa. ♦大阪で列車を乗り換える v. cambiar de tren en Osaka. ♦駅で

彼女を待っていた Estuve esperándola en la estación. ◆その事故は交差点で起こった El accidente ocurrió [tuvo lugar] en el cruce. ◆¹パーティーで[²バスで]彼女に会った La vi en ¹la fiesta [²el autobús]. ◆本社で至急君に用事がある Se te reclama a toda prisa en la oficina central. ◆私は小さな村で一人住んでいます Vivo solo en un pueblecito. ◆子供が何人か¹公園で[²通りで]遊んでいた Había unos niños jugando en ¹el parque [²la calle]. ◆彼は箱根の宿で静養しているおじを訪ねた Visitó a su tío que descansaba en un hotel en Hakone. ◆彼らは結婚後農場で働く予定です Cuando se casen van a trabajar en una granja.
❷【時間】*prep*. a; en; dentro de; (以内に) en, en un plazo de, en menos de; antes de. →-に, までに, まで. ◆そのデパートは7時で閉まる Esos grandes almacenes cierran a las siete. ◆おばは昨年74歳で亡くなった Mi tía murió el año pasado a los 74 años. / Mi tía murió el año pasado, de edad de setenta y cuatro. ◆彼らは1時間で空港に到着します Llegarán al aeropuerto dentro de una hora. ◆今度の4月でこの会社に勤めてから6年になります El próximo mes de abril llevaré seis años trabajando en esta empresa. / En abril habré estado seis años trabajando en esta empresa. ◆たった1週間で私たちは大の仲よしになった「Después de [En, Al cabo de] una semana nos hemos hecho grandes amigos. ◆ここ10年間でいちばん寒い日だった Fue el día más frío en diez años.
❸【手段, 方法】*prep*. en, con, por. ◆ハンカチでそれを包む v. envolverlo* en [con] un pañuelo. ◆低い声で話す v. hablar en voz baja, hablar bajo. ◆手紙を¹ワープロ[²タイプライター]で書く v. escribir* una carta con ¹procesador de textos [²máquina de escribir*]. ◆¹手紙 [²E メール] で adv. por ¹carta [²correo electrónico]. ◆徒歩で学校へ行く v. ir* a la escuela「a pie [caminando]. ◆電話で彼と話をする v. hablar con él por teléfono. ◆電話でそれをキャンセルする v. cancelarlo por teléfono. ◆顕微鏡でそれを調べる v. examinarlo con [por, a, bajo el] microscopio. 《会話》 この花はスペイン語で何というの―Girasol (ヒマワリ)と言います ¿Cómo se llama esta flor en español? - Se llama "girasol". ◆だれかが石で窓ガラスを割った Alguien rompió la ventana de [con] una piedra. 《会話》 君はふだんは何で学校へ行きますか―バスです Generalmente, ¿cómo vas a la escuela? - En autobús. 《会話》 どうして切ったの―ナイフで ¿Cómo te has cortado? - Con el cuchillo. ◆彼は列車で旅行するのが好きです Le gusta viajar en [por] tren. ◆彼は安月給で生活している Vive con [de] un pequeño salario. 《会話》 お支払いは現金でそれともカードでないますか―ビザカードで払います ¿Va a pagar usted「en efectivo [al contado] o con tarjeta (de crédito)? - Voy a pagar con tarjeta Visa.
❹【原因, 理由】*prep*. por, de, con; a causa de, debido a, 《フォーマル》con motivo de. ◆ローマは史跡で有名です Roma es famosa por sus lugares históricos. ◆その運転手はスピード違反で逮捕された El/La conductor/tora fue detenido por exceso de velocidad. ◆彼は¹肺がん[²過労]で死んだ Murió ¹de cáncer de pulmón [²por exceso de trabajo]. → 死ぬ. ◆母は不眠症で困っています Mi madre sufre [padece] de insomnio. ◆その事故は彼の不注意で起こった El accidente ocurrió por (a causa de] un descuido suyo. ◆その少年は寒さと飢えで震えていた El muchacho temblaba de frío y hambre. ◆彼女は風邪で寝ていた Estaba en la cama con [por] un catarro. ◆長い病気で彼は今は無理をして働けない Ahora no puede trabajar mucho「debido a [a causa de, por] su larga enfermedad. / Como ha estado enfermo mucho tiempo, ahora no puede trabajar mucho. ◆建物の大半は昨夜の地震で破壊された La mayoría de los edificios quedaron destruidos por el terremoto de anoche. ◆彼女は¹同情心[²親切心; ³悪意]でそれをした Lo hizo por ¹compasión [²amabilidad; ³mala intención].
❺【材料, 原料】*prep*. de, con, 《フォーマル》a partir de. ◆それは何でできていますか ¿De qué está hecho eso? / ¿De qué es eso? ◆この家は木でできている Esta casa está hecha de madera. ◆パンは小麦粉で作られる El pan se hace de harina. / Con [A partir de] la harina se hace el pan. ◆子供たちは砂で山を作った Los niños hicieron una montaña de [con la] arena.
❻【基準, 割合, 金額】(基準) *prep*. por; (割合) *prep*. a. ◆肉はグラム単位で売られる La carne se vende por gramos. ◆¹時間給[²日給]でもらっている Me pagan por ¹hora [²día]. ◆その鉛筆は1ダース千円で売っている Los lápices se venden a 1.000 yenes la docena. ◆その本を5千円で買った Compré el libro por [a] 5.000 yenes. / (本に5千円支払った)Pagué 5.000 yenes por el libro. ◆車は全速力で走っていた El coche iba a toda velocidad. ◆私はいつもワイン3杯でやめることにしてきました Siempre me he parado a los tres vasos de vino. ◆他人を外見で判断するのは危険です Es peligroso juzgar a los demás por su apariencia.
❼【事情, 状態】*prep*. en, con; a. ◆彼はまったくくつろいでいた Estaba completamente en paz [sosiego]. ◆大急ぎで仕事を終えた Acabé el trabajo a toda prisa. ◆そういう事情でそこには行けません En esas circunstancias no puedo ir allí. ◆彼は腕を組んで座っていた Estaba sentado「con los [de] brazos cruzados. ◆食べ物を口にほおばったままで物を言ってはいけません No hables con la boca llena. ◆電灯をつけたままで外出してはいけません No salgas con [dejando] la luz encendida. 《会話》 吉田さんは間に合わないと思うよ―吉田さんがいないでどうやって切り抜けるうか Creo que el Sr. Yoshida no va a llegar a tiempo. - ¿Y cómo nos arreglaremos sin él?
❽【話題, 論題】*prep*. de, sobre, acerca de. → ついて. ◆会社じゅうそのうわさでもちきりだ En

toda la compañía se habla de eso. ♦つまらないことで文句を言ったりけんかしたりするものではありませんよ No debes quejarte o reñir de [sobre] cosas pequeñas. ♦彼は「メキシコ革命」という題で講演した Dio [《フォーマル》Impartió] una conferencia sobre la Revolución Mexicana. ♦この投資[²妻への贈り物]のことで相談にのってください Por favor, déme algún consejo sobre ¹inversiones [²qué regalar a mi esposa].

-で ❶【そして】conj. y. ♦あれが学校で, こちらが町役場です Eso es una escuela y esto es「el ayuntamiento [la municipalidad]. ♦お茶を飲んでお菓子を食べた Tomamos té y comimos pasteles. / Después de tomar té, tomamos pasteles. ♦彼は政治家で, 弟は芸術家だ Es político [estadista] y su hermano artista.
❷【それで】conj. y, bueno. ♦で, どうしたの Y [Bueno], ¿qué hiciste?

であい 出会い m. encuentro, m. conocimiento. ♦私と真知子との出会いはこんな具合でした Mi primer encuentro con Machiko fue así. ♦この本との(偶然の)出会いが私の人生を変えた El conocer [conocimiento] de este libro cambió mi vida. ♦出会う。♦外国旅行をすると興味ある人々との出会いがあるものだ Viajar al extranjero nos permite [da la ocasión de] conocer gente interesante.

であいがしら 出会い頭 ♦2台の乗用車が交差点で出会いがしらに(=交差点に入ったとたんに)衝突した Dos coches chocaron al entrar en el cruce. ♦二人は出会いがしらに(=すれ違いざまに)どんとぶつかった Chocaron (los dos) al pasar.

*-**であう 出会う**〈人・物などに〉v. encontrar*; (偶然に) v. encontrarse* [tropezarse*, toparse, 《口語》dar*] ⟨con⟩. →会[遭]う。♦困難に出会う v. encontrar* dificultades. ♦私たちはきのう通りで出会った Nos encontramos ayer en la calle. ♦駅で先生にばったり出会った Me encontré [tropecé] con mi profesor en la estación. ♦多くの分からない単語に出会った Me encontré con muchas palabras que no comprendía.

てあか 手垢 f. mancha [f. suciedad] de las manos. ♦手垢をつける v. dejar las manchas de las manos ⟨en⟩.

てあし 手足 〈腕と脚〉mpl. brazos y fpl. piernas, mpl. miembros, fpl. extremidades; (手の先と足の先) fpl. manos y mpl. pies. ▶手足のない死体 m. cadáver desmembrado [sin miembros]. ▶手足の長い猿 m. mono de largos miembros. ▶手足ががたがた震える v. temblar* de pies a la cabeza. ♦彼の手足を縛る v. atarle las manos y los pies [los miembros]. ♦手足を伸ばす v. estirarse. ▶手足となって上司に仕える v. trabajar mucho para el jefe.

であし 出足 〈スタート〉m. arranque, f. arrancada; (人の出) f. concurrencia, f. participación. ▶出足のよい車 m. coche con buena arrancada. ♦彼の商売の出足は快調だった Su negocio「tuvo un buen comienzo [《口語》despegó bien]. ♦選挙の出足は悪かった Hubo poca participación en las elecciones. / Las elecciones estuvieron poco concurridas.

てあしくちびょう 手足口病 《専門用》f. enfermedad mano-pie-boca.

てあたりしだい 手当たり次第 (無計画に) adv. al azar, a la ventura, 《口語》a la buena de Dios. ♦彼は手当たり次第本を読む Lee todo lo que cae en sus manos. / Lee al azar.

てあつい 手厚い (温かい) adj. cariñoso, caluroso, cálido; (真心のこもった) adj. cordial, cariñoso; (もてなしのよい) adj. hospitalario. ▶手厚いもてなしを受ける v. recibir una cordial bienvenida, ser* tratado con gran hospitalidad. ▶手厚く(=うやうやしく)遺体を葬る v. enterrar* el cuerpo「por medio de una sentida ceremonia [respetuosamente]. ♦彼女は手厚く(=優しく)病気の友人を看病した Cuidó [Atendió] a su amigo/ga enfermo/ma solícitamente [con cariño]. ♦日本の農業は政府によって手厚く保護されている La agricultura de Japón está muy protegida por el gobierno.

てあて 手当 (給与) f. paga, m. salario; (定期的に一定額が支給される金) m. complemento, f. asignación complementaria; (臨時の一時金) f. gratificación, f. bonificación, f. paga extra; (保険・年金などの給付金) m. subsidio. ▶¹家族 [²住宅] 手当 m. complemento por ¹familia [²vivienda]. ▶年末手当 f. gratificación [f. paga extra] de fin de año. ▶失業手当 m. subsidio de desempleo. ♦私は月 2 万円の扶養手当をもらっている Me dan una asignación mensual de 20.000 yenes por persona a cargo.

てあて 手当て (通例医師による直接の) m. tratamiento (médico); (病院での) f. asistencia [f. atención] médica. ♦彼に応急手当てを施す v. prestarle [darle*] los primeros auxilios. ♦彼女は病院で脚の骨折の手当てを受けた Le trataron la pierna rota en el hospital. ♦彼はその病院で手厚い手当てを受けている Está recibiendo una excelente atención en ese hospital. ♦母親は子供の傷の手当てをした La madre trató [curó] la herida del niño.

てあみ 手編み ♦手編みをする v. tejer a mano. ♦彼女は手編みの帽子をかぶっていた Llevaba un gorro tejido a mano.

てあらい 手荒い adj. brusco, rudo; (乱暴な) adj. brutal, violento. ♦パソコンを手荒に扱わないでください No trates bruscamente「el ordenador [《ラ米》la computadora].

てあらい 手洗い (個人の家の便所) m. cuarto de baño, m. baño; (ホテル・劇場などの) mpl. aseos, m. servicio, 《英語》m. "water" (☆発音は [báter]), m. lavabo, 《口語》m. retrete. → 便所.

*-**である** ❶ v. ser*. →-です。♦彼は大阪大学の学生である「Estudia en [Es estudiante de] la Universidad de Osaka.
❷【同格】▶作家である私の父 m. mi padre que es escritor.

であるく　出歩く (外出する) v. salir*; (歩き回る) v. pasear, callejear. ♦夜は一人で出歩いてはいけません No debes callejear solo por la noche.

-であれ (何であれ) pron. lo que sea, adv. sea lo que sea; (だれであれ) pron. quien sea, adv. sea quien sea, no importa quien sea; (…であろうと…であろうと) conj. sea... o ... ♦それが何であれ開けないでくれ No lo abras, sea lo que sea. ♦犬であれ猫であれ動物をいじめてはいけない No debes maltratar a ningún animal, sea un perro o un gato.

てい　体 ▶ほうほうの体で逃げ出す v. huir* [escaparse] a toda costa. → 体よく. ♦彼は疲労困憊(ぱい)の体だった Tenía el aspecto totalmente exhausto.

-てい　-邸 f. residencia. ♦官邸 f. residencia oficial. ▶山田邸 f. residencia del Sr. Yamada.

ディアス ▶ディアス(バルトロメー〜) Bartolomé Dias (☆1450 頃-1500, ポルトガルの航海者、喜望峰を発見した). ▶ディアス(ポルフィリオ 〜) Porfirio Díaz (☆1830-1915, メキシコの軍人・政治家).

ていあん　提案 (控えめな) f. sugerencia; (積極的な) f. propuesta, f. proposición. ♦その川に橋をかけようという提案があった Se propuso que construyéramos un puente sobre el río. / Hubo la propuesta de construir un puente sobre el río. ♦それをするために多くの提案がなされた Hubo [Se hicieron] numerosas propuestas para realizarlo.

―― **提案する** v. proponer* [sugerir*]《que ＋ 接続法》, hacer* la propuesta《de ＋ 不定詞, de que ＋ 接続法》. ♦積極策を委員会に提案する v. proponer* un plan agresivo al comité. ♦彼は私にこの家を買ってはどうかと提案した Propuso que yo comprara la casa. / Me hizo la propuesta de comprar [que yo comprara] la casa. ♦私は朝に出発することを提案します Sugiero [Propongo] que salgamos por la mañana. / Mi propuesta es salir [que salgamos] por la mañana.

☞ 案, 進言, 勧め, 提唱; 言い出す, 言う

ティー m. té. → 茶. ▶ティーカップ f. taza de té. ▶ティーポット f. tetera. ▶アイスティー m. té helado [con hielo]. ♦3時に15分間のティーブレイクをとる v. descansar quince minutos para tomar un té a las tres. ♦レモンティーをください Un té con limón, por favor.

ディーエーへんかん　D/A 変換 《専門語》f. conversión de digital a análogo.

ディーエヌエー　DNA m. ADN, m. ácido desoxirribonucleico.

ティーエフティー　TFT 《専門語》m. transistor de película delgada.

ディーケーオー　DK ▶3DK のマンション m. piso [m. apartamento] de tres habitaciones con cocina y salón comedor. → マンション.

ティーケーオー　TKO m. KOT, m. KO técnico.

ティーシーピー／アイピー　TCP/IP 《専門語》m. protocolo de control de transmisión, m. protocolo internet.

ディージェー　DJ mf. pinchadiscos, 《英語》mf. "disc jockey".

ティーシャツ f. camiseta.

地域差 ティーシャツ
〔全般的に〕m. camiseta
〔メキシコ〕m. playera
〔アルゼンチン〕m. remera

ディーゼルエンジン m. (motor) diesel.

ディーティーピー　DTP 《専門語》f. autoedición, 《専門語》fpl. publicaciones de escritorio.

ティーバッグ f. bolsita de té.

地域差 ティーバッグ
〔全般的に〕f. bolsa de té, f. bolsita de té
〔スペイン〕m. sobre de té, m. té en bolsa
〔キューバ〕m. sobre de té, m. saquito de té
〔メキシコ〕m. té en bolsa
〔ペルー〕fpl. bolsas filtrantes, m. té filtrante
〔コロンビア〕m. sobre de té, m. té en bolsa
〔アルゼンチン〕m. saquito de té, m. sobre de té

ディーピーイー　DPE m. procesamiento fotográfico, m. revelado, f. impresión y f. ampliación.

ティーピーオー　TPO f. hora, m. lugar y f. ocasión; m. momento y f. ocasión. ♦ティーピーオーにふさわしい服装をする v. vestirse* de acuerdo con la ocasión.

ディーブイディー　DVD m. disco de vídeo digital.

ディーラー mf. vendedor/dora. ▶自動車のディーラー mf. vendedor/dora de coches.

ティールーム f. salón de té. → 喫茶店.

ていいん　定員 ❶【規定の人数】m. número fijo (de personas); (制限人数) m. límite numérico, m. número de plazas, f. capacidad. ♦志願者の数は定員を超えた El número de solicitantes superó el número de plazas.

❷【収容力】f. capacidad. ▶定員(＝座席数)3百名の劇場 m. teatro「con capacidad para [que tiene un aforo de] 300 personas. ♦その列車の定員は5百名です El tren tiene una capacidad de 500 plazas [asientos]. ♦そのバスは1定員以上 [2定員の2倍も] 乗せていた El autobús iba lleno [1]por encima de [[2]del doble de] su capacidad.

ティーンエージャー mf. adolescente. ♦彼女はティーンエージャーだ Es una adolescente. / Está en la adolescencia.

ていえん　庭園 m. jardín; (大邸宅の) m. parque. → 庭. ▶[1]屋上 [[2]山水式]庭園 m. jardín [1]de azotea [[2]paisajístico].

ティエンチン　天津 Tientsin, 《ピンイン》Tianjin (☆中国の都市).

ていおうせっかい　帝王切開 f. (operación) cesárea. ♦帝王切開で子を産ませる v. dar* a luz (un bebé) por cesárea. ♦帝王切開で産まれる v. nacer* con (la) cesárea.

ていおん　低音 (音) m. sonido bajo; (調子) m. tono bajo; (声) m. bajo. ▶低音で歌う v. can-

ていおん 低温 *f.* baja temperatura. ▶低温で保存する *v.* conservar a baja temperatura.

ていか 低下 (下がること) *f.* caída; (急に) *f.* bajada, 《強調して》*m.* bajón; (衰え) *m.* descenso, 《フォーマル》*f.* disminución; (質の悪化) *m.* empeoramiento. ▶人気の低下 *m.* descenso en popularidad. ▶品物の質の低下 *m.* empeoramiento de la calidad de las mercancías.

—— **低下する** (下がる) *v.* caer*; (急に) *v.* dar* un bajón; (衰える) *v.* empeorar, 《フォーマル》deteriorarse; (健康などが衰える) *v.* debilitarse; (程度などを落とす) *v.* bajar; (量が減る) *v.* disminuir*, menguar*; (価値などが減る) *v.* aminorar, reducirse*. ▶温度が急に低下した La temperatura ha bajado bruscamente [dado un bajón]. ♦学生の学力が低下した El nivel académico de los alumnos ha descendido. ♦視力がめっきり低下した Estoy perdiendo mucha vista. / Mi vista se está deteriorando mucho.

ていか 定価 *m.* precio fijo; *m.* precio de lista. ▶定価票 (値札) *f.* etiqueta del precio. ▶それを定価で売る *v.* venderlo a precio fijo. ♦私はその品を定価の1割引で買った Compré ese artículo con un descuento del 10% sobre el precio fijo [de lista].

ていがく 定額 *f.* cantidad [*f.* suma] fija. ▶定額預金 *m.* depósito de suma fija.

ていがく 停学 *f.* expulsión temporal de la escuela (por mala conducta). ▶彼はカンニングで1週間停学させられた Por copiar en un examen, estuvo una semana expulsado de la escuela.

ていがくねん 低学年 *mpl.* cursos inferiores. → 学年.

ていかんし 定冠詞 *m.* artículo determinado.

ていガンマグロブリンしょう 低ガンマグロブリン症 《専門語》*f.* hipogammaglobulinemia.

ていき 定期(的) *adj.* regular, periódico. ▶定期刊行物 *f.* publicación periódica. ▶定期検診 *f.* revisión médica periódica. ▶定期券 → 定期乗車券. ▶定期昇給 *f.* subida salarial periódica. ▶定期試験 *m.* examen periódico. ▶定期便 (飛行機) *m.* servicio regular de avión; (船, 飛行機) *m.* transporte de línea [servicio] regular. ▶定期預金 *m.* depósito (a plazo) fijo. ▶定期購読 *f.* suscripción.

—— **定期(的)に** *adv.* con regularidad, regularmente, periódicamente. ▶機械を定期的に検査する *v.* inspeccionar regularmente una máquina. ▶定期的に報告書を出す *v.* presentar un informe regularmente, hacer* un informe con regularidad. ♦朝会は月1回定期的に開かれる Tenemos nuestra reunión regular por la mañana una vez por mes.

ていき 提起 ▶提起する (持ち出す) *v.* plantear, presentar; (出す) *v.* sacar*, 《フォーマル》aducir*. ▶いくつかの問題を提起する *v.* plantear algunos problemas.

ていぎ 定義 *f.* definición. 《会話》成人というのはどう定義しますか—20歳以上の人と定義します「¿Cuál es su definición de [¿Cómo define usted a] un adulto? – Lo defino como una persona de 20 o más años. ♦鯨は定義上哺(ﾕｳ)乳類だ La ballena es un mamífero por definición.

ていきあつ 低気圧 *f.* baja presión (atmosférica), *f.* depresión, *m.* ciclón. → 気圧. ▶熱帯性低気圧 *m.* ciclón tropical.

ていきけん 定期(乗車)券 *m.* billete [《ラ米》*m.* boleto] de tique] para viajar regularmente, *m.* pase, *m.* abono. ▶3か月のバス通勤定期券 *m.* pase de autobús de tres meses, *m.* pase de tres meses para viajar en autobús. ▶定期券で通勤する *v.* realizar* diariamente el mismo trayecto al trabajo con un abono. ▶定期券通勤者 *f.* persona que se desplaza regularmente con un abono (al trabajo).

ていきせん 定期船 *m.* barco de servicio regular.

ていきゅう 低級 *f.* clase baja; *f.* calidad baja. ▶低級な (下品な) *adj.* vulgar, de mal gusto. ▶低級な趣味 *m.* mal gusto, 《強調して》*m.* gusto pésimo. ▶低級な番組 *m.* programa vulgar [de bajo nivel].

ていきゅう 庭球 *m.* tenis. → テニス.

ていきゅうび 定休日 *m.* día fijo de descanso (comercial). ♦このスーパーは月曜日が定休日だ Este supermercado cierra los lunes.

ていきょう 提供 *f.* oferta. ▶食料の提供 *f.* oferta de alimentos. ▶(商品の)特別提供 *f.* oferta especial. ▶情報提供者 *mf.* informante, *mf.* informador/dora; (警察などへの) *mf.* delator/tora, 《口語》*mf.* soplón/lona. ♦全商品割引き価格で提供中です Ofrecemos todos los artículos a precios rebajados. ♦泥棒に関する情報提供者には千ユーロの賞金を出します Se concede una gratificación de mil euros a cualquiera que dé información sobre los ladrones.

—— **提供する** *v.* ofrecer*; (供給する) *v.* suministrar, abastecer*; (必要な物を) *v.* proveer*, proporcionar; (与える) *v.* dar*. ▶労力を提供する *v.* ofrecer* los servicios (a). ♦アメリカはイスラエルに武器を提供した Estados Unidos suministró armas a Israel. ♦その百科事典は有益な情報を提供してくれる Esa enciclopedia ofrece información útil. ☞ 与える, 供する, 勧める, 出す

テイクオフ *m.* despegue. → 離陸.

ディクテーション (書き取り) *m.* dictado. ▶新入生にスペイン語のディクテーションをさせる *v.* dar* un dictado de español a los alumnos de primer curso.

ていけい 提携 (タイアップ) *f.* asociación; (協力) *f.* colaboración, *f.* cooperación. ▶技術提携 *f.* cooperación [*f.* colaboración] técnica.

—— **提携する** *v.* asociarse (a); (協力する) *v.* colaborar [cooperar] (con). ♦我が社はスペインの商社と提携している Nuestra compañía está asociada a una empresa española.

ていけい 定形 (標準の大きさ) *m.* tamaño normal [estándar]; (一定の形) *f.* forma fija. ▶

定形郵便物 m. correo de volumen normal [estándar].

ていけつ 締結 f. conclusión, f. firma. ◆平和条約の締結 f. conclusión [f. firma] de un tratado de paz. ◆[1]米国と[23 国間で]条約を締結する v. concertar* [firmar] un tratado [1con Estados Unidos [2entre los tres países].

ていけつあつ 低血圧 f. baja presión arterial, 《専門語》 f. hipotensión. ◆低血圧症《専門語》 f. hipotensión.

ていけっとうしょう 低血糖症 《専門語》 f. hipoglucemia.

・ていこう 抵抗 f. resistencia 《a》; (反対) f. oposición 《a》.

1《～に抵抗》◆空気抵抗 f. resistencia del aire. ◆銅は鉛より電気抵抗が少ない El cobre tiene menos resistencia eléctrica que el plomo.

2《抵抗＋名詞》◆抵抗運動 m. movimiento de resistencia. ◆抵抗者 mf. resistente. ◆その子は病気に対し抵抗力がほとんどない Ese niño apenas tiene resistencia a la enfermedad. ◆これらのネズミは毒に対して抵抗力がついている Estas ratas son resistentes al veneno.

3《抵抗に》◆敵からの激しい抵抗にあう v. encontrarse* con una fuerte resistencia enemiga.

4《抵抗を》◆この計画を提案するのに抵抗を感じる (＝気乗りがしない) No [estoy dispuesto a [quiero] proponer este plan.

—— 抵抗する v. resistir [resistirse] 《a》, oponer* resistencia 《a》; (屈せず耐える) v. soportar; (反対する) v. oponerse* 《a》. ◆我が軍は敵の攻撃に頑強に抵抗した Nuestro ejército「resistió tenazmente el [opuso una tenaz resistencia al] ataque enemigo. ◆彼は警察に逮捕されまいと抵抗した Opuso resistencia al ser detenido por la policía. / Se resistió a la policía.

【その他の表現】◆彼は私の提案を何の抵抗もなく(＝無条件に[喜んで])受け入れた Aceptó mi propuesta incondicionalmente [gustosamente]. ☞ 逆らう, じたばた, 対抗する, 戦[闘]う

ていこく 定刻 (予定の時刻) f. hora prevista; (約束の時刻) f. hora señalada [determinada]; (一定の時刻) f. hora fijada. ◆会議は定刻に開かれた La reunión comenzó a la hora prevista. ◆(時間を厳守して始まった)La reunión empezó puntualmente. ◆列車は定刻に着いた El tren llegó「a la hora [según el horario]. ◆バスは定刻より 5 分 1 遅れて[2早く]出た El autobús salió [1con cinco minutos de retraso [2cinco minutos antes] de la hora fijada. ◆彼女は定刻にやって来た Vino a la hora fijada. ◆私は毎日定刻に家を出る Todos los días salgo de casa a la hora fijada.

ていこく 帝国 m. imperio. ◆[1]大英[2ローマ]帝国 m. Imperio [1Británico [2Romano]. ◆帝国の adj. imperial. ◆(反)帝国主義 m. (anti)imperialismo. ◆(反)帝国主義者 mf. (anti)imperialista. ◆帝国主義的(な) adj. imperialista.

ていさい 体裁 (外見) f. apariencia, m. aspecto; (体面, 世間体) fpl. apariencias; (見苦しくないこと) f. decencia, 《フォーマル》 f. respetabilidad; (形式) m. forma; (本の) m. formato.

1《体裁～》◆体裁上 adv. por decencia. ◆体裁よく着飾る v. vestirse* con decencia.

2《体裁が》◆この飾りは体裁がよい Este adorno tiene buen aspecto. ◆彼に謝るのは体裁が悪かった Me sentí incómodo al disculparme ante él.

3《体裁の》◆体裁のよい服装で adv. con ropa decente [presentable]. ◆体裁のよい(＝もっともらしい)言い訳をする v. dar* una excusa plausible.

4《体裁を》◆体裁を繕う v. guardar las apariencias. ◆お体裁を言う v. hablar con elocuencia [《口語》 pico de oro]. ◆彼女は体裁は気にしない No le importan las apariencias. ◆この本は論文集という体裁を取っている Este libro tiene la forma de colección de tesis.

—— 体裁ぶる (かっこよく見せる)v. darse* importancia, 《フォーマル》 jactarse, 《口語》 pavonear(se), alardear; (もったいぶる)v. 《口語》 darse* aires. ◆そんなに体裁ぶるのはよせよ ¡Vamos, deja de darte aires! ☞ 外聞, 体面

ていさつ 偵察 (敵状の) f. exploración, 《専門語》 m. reconocimiento. ◆偵察する v. explorar, 《専門語》 reconocer* [ir* de reconocimiento]. ◆偵察員 mf. explorad*or/dora*. ◆偵察機 m. avión de reconocimiento.

ていさんそしょう 低酸素症 《専門語》 f. hipoxia.

ていし 停止 f. parada, f. detención; (一時的に) f. suspensión, f. interrupción. ◆生産の停止 f. suspensión de la producción. ◆[1営業 [2発行]停止 f. suspensión de la [1actividad comercial [2publicación]. ◆一時停止標識 f. señal de alto (para el tráfico). ◆停止信号(交通の赤信号) f. luz roja.

—— 停止する (動いているもの・活動が[を])v. parar, detener*; (続いている動作・状態が[を])v. cesar; (一時的に)v. suspender, interrumpir. → 止まる, 止(こ)める. ◆小切手の支払いを停止する v. suspender el pago de un cheque. ◆戦闘を停止する v. cesar [suspender] el fuego. ◆ガスの供給を停止する v. cortar el suministro de gas. ◆信号でいったん停止する v. parar [detenerse*] en el semáforo. ◆30 日間運転免許を停止する v. serle* suspendido el permiso de conducir* durante 30 días. ◆エンジンが停止した Se ha parado [calado] el motor. ◆彼はビデオを停止した Paré el video [《スペイン》vídeo]. ◆彼は出場を停止されている Está sancionado y no puede jugar.

ていじ 提示 f. presentación, f. muestra. ◆提示する(見せる) v. mostrar*, 《口語》 enseñar; (取り出して) v. sacar*; (差し出す) v. presentar. ◆パスポートを提示する v. mostrar* [presentar] el pasaporte.

ていじ 定時 f. hora fijada; (予定の時間) f. hora programada. ◆定時に(＝時間通りに)

adv. a la hora (prevista), según el horario (previsto).

ていしきそ 低色素《専門語》*f.* hipocromia.

ていしせい 低姿勢 *f.* actitud reservada. ▶低姿勢をとる *v.* comportarse reservadamente. ▶低姿勢の政治家 *mf.* político/ca que actúa reservadamente.

ていじせい 定時制 *m.* curso de tiempo parcial. ▶定時制高校 *f.* escuela secundaria de tiempo parcial.

ていしゃ 停車 *f.* parada. ▶各駅停車の列車 (=普通列車) *m.* tren local. ▶停車中の列車 *m.* tren en espera. ▶停車時間 *m.* tiempo de parada. ◆停車禁止《標識》Prohibido parar.

—— **停車する** *v.* parar [《フォーマル》detenerse*], hacer* una parada. → 止める. ▶各駅に停車する *v.* parar en todas las estaciones. ▶急停車する *v.* parar(se)「de repente [bruscamente]. ◆この列車は当駅で3分間停車します El tren「hace una parada de [para] tres minutos en esta estación. ◆次に停車するのはどこですか ¿Cuál es la siguiente parada? / ¿Dónde va a parar el tren ahora? ◆彼の車は信号で一時停車した Su coche「se paró [hizo una parada] en el semáforo.

—— **停車する** *v.* parar [detener*] un coche. → 止める.

ていしゃじょう 停車場 *f.* estación. → 駅.

ていしゅ 亭主 ❶【夫】*m.* marido. → 夫. ▶亭主持ち *f.* (mujer) casada. ▶亭主をしりに敷く *v.* dominar al marido. ◆彼の(家)は亭主関白だ《口語》Es un marido muy mandón. / Es un machista.
❷【客に対する】*m.* anfitrión. → 主人.

ていしゅう 鄭州 → チェンチョウ

ていじゅう 定住 *f.* establecimiento, *m.* asentamiento. ▶定住地 *m.* domicilio fijo. ▶パリに定住する *v.* establecerse* [afincarse*; asentarse*; fijar la residencia] en París.

ていしゅうは 低周波 *f.* baja frecuencia. ▶低周波の *adj.* de baja frecuencia.

ていしゅつ 提出 *f.* presentación.

—— **提出する** (書類・答案などを) *v.* presentar; (議案などを) *v.* presentar, introducir*; (抗議・異議などを)《フォーマル》 *v.* formular; (問題を) *v.* plantear; (証拠を) *v.* presentar, aportar. ▶請願書を市長に提出する *v.* presentar [《フォーマル》formular] una solicitud「al alcalde [a la alcaldesa]. ▶辞表を主に提出する *v.* presentar la dimisión「al jefe [a la jefa]. ▶法案を議会に提出する *v.* proponer* un proyecto de ley en la Dieta. ◆授業の終わりに宿題を提出しなさい Presenten sus tareas al final de la clase. ◆学期末レポートは火曜日の朝に提出しないといけない El martes por la mañana tengo que presentar el trabajo escrito exigido al finalizar el trimestre.
☞ 差し出す, 出す

ていしょう 提唱 (提案) *f.* propuesta,《フォーマル》《専門語》*f.* proposición. ▶提唱者 *mf.* defensor/sora 《de》. ▶提唱する *v.*「abogar* por [proponer*] (un plan). → 唱える.

ディジョージしょうこうぐん ディジョージ症候群《専門語》*m.* síndrome de DiGeorge.

ていしょく 定職 (決まった) *m.* trabajo fijo [regular]. ▶定職に就く *v.* conseguir* un trabajo fijo [regular].

ていしょく 定食 *m.* menú (del día), [メキシコ] *f.* comida corrida, *m.* cubierto.

ていしょく 停職 *f.* suspensión del cargo. ▶1か月間停職になる *v.* ser* suspend*ido* de cargo durante un mes.

ていしょく 抵触 ▶法に抵触する (=反する) *v.* infringir* la ley.

ていしょとく 低所得 ▶低所得者 *f.* persona con pocos ingresos; (集合的) *m.* grupo de renta baja. → 高額.

でいすい 泥酔している[状態である] *v.* estar* totalmente borrac*ho*,《口語》estar* (borracho) como una cuba.

ていすう 定数 ❶【一定の数】*m.* número fijo. ▶定数に満たない *v.* no alcanzar* el número fijo.
❷【定数】《専門語》 *m.* constante.

ディスカウント *m.* descuento, *f.* rebaja. → 割引. ▶ディスカウントストア *f.* tienda de descuento.

ディスカッション *f.* discusión. → 討論.

ディスク《専門語》 *m.* disco. ▶ディスク・エラー《専門語》 *m.* error de disco. ▶ディスク・オペレーティング・システム《専門語》 *m.* sistema operativo en disco. ▶ディスク・スペース《専門語》 *m.* espacio de disco. ▶ディスク・ドライブ《専門語》 *f.* unidad de discos.

ディスクジョッキー《英語》*mf.* "disc jockey", *mf.* presentad*or/dora* de discos, *mf.* pinchadiscos.

ディスケット《専門語》 *m.* disquete,《専門語》 *m.* disco flexible.

ディスコ *f.* discoteca. ▶ディスコ音楽 *f.* música de disco.

ディズニーランド Disneylandia.

ディスプレー (展示) *f.* exposición, *f.* exhibición; (コンピュータの)《英語》 *m.* "display", *f.* pantalla.

ていする 呈する ▶深刻な様相を呈する (=帯びる) *v.* presentar un aspecto serio. ▶泥沼の様相を呈する (=困難な状況に陥る) *v.*《口語》quedar empantana*do*. ▶活況を呈する (株式などが) *v.* ponerse* activ*o*.

ていせい 訂正 *f.* enmienda, *f.* corrección. ◆訂正は赤インクでしなければいけない Las correcciones hay que hacerlas en [con] tinta roja. ◆その翌日に訂正記事を載せたよ。その写しを君に送ってもいいよ El día siguiente publicamos una enmienda [corrección]. Puedo enviarte una copia.

—— **訂正する** *v.* corregir*, enmendar*, rectificar*,《口語》ponerl*o** bien. → 正す. ◆つづりが間違っていれば訂正してください Si me equivoco, corrígeme la ortografía, por favor. ◆その誤植は次の刷りで訂正された La errata de imprenta fue corregida en la siguiente impresión. / En la siguiente impresión quedó corregida la errata.

ていせい 帝政 *m.* imperialismo; (特に旧ロシア

の) m. zarismo. ▶帝政ロシア f. Rusia zarista.
ていせつ 定説 (学問的な)《フォーマル》f. teoría establecida; (一般に認められた意見) f. opinión común [generalmente admitida].
ていせつ 貞節 f. fidelidad. ▶貞節な adj. fiel (a).
ていせん 停戦 m. cese del fuego, m. alto el fuego; (通例一時的な) f. tregua, 《フォーマル》m. armisticio, 《強調して》f. suspensión de hostilidades. ▶停戦会議 f. conferencia para llegar a un armisticio. ▶停戦協定 m. pacto de cese del fuego, f. tregua. ▶停戦する v. cesar el fuego, hacer* una tregua, 「llegar* a [《フォーマル》concertar*] un armisticio.
ていそ 提訴 ▶提訴する (裁判にかける) v. llevar a los tribunales [a juicio]; (告訴する) v. demandar, poner* [entablar] pleito 《a》; (訴える) v. apelar a [ante]. ▶その事件を提訴する v. llevar el caso a los tribunales. ▶労働側はILOに提訴した Los trabajadores apelaron a la Organización Internacional del Trabajo.
ていそう 貞操 f. castidad. ▶貞操を¹守る [²失う] v. ¹defender* [²perder*] la castidad.
ていそく 低速 f. baja velocidad. ▶低速で運転する v. conducir* a baja velocidad.
ていぞく 低俗 (俗悪) f. vulgaridad. ▶低俗なテレビ番組 m. programa de televisión vulgar ⇨ 汚い, 下品
ていそくすう 定足数 《ラテン語》《フォーマル》m. "quórum" (☆発音は [kuórum]). ▶定足数に達する v. constituir* el "quórum", hay "quórum". ◆会議は定足数に足りず延期された La reunión fue aplazada 「por falta de [porque no hubo] "quórum".
ていたい 手痛い adj. doloroso; (厳しい) adj. serio, duro, fuerte; (深刻な) adj. grave. ▶手痛い打撃を与える v. dar* [asestar] 《a + 人》un 「duro golpe [強調して] golpe demoledor]. ▶手痛い失敗をする v. cometer un 「grave error [error fatal]. ▶彼女から手痛い批判を受ける v. ser* duramente criticado por ella, recibir una dura crítica de ella.
ていたい 停滞 ▶停滞している (止まっている) v. quedar parado [cortado], (遅れている) v. estar* retrasado, tener* atraso, (沈滞している) v. estar* estancado [paralizado]. ◆その事故のため交通は完全に停滞した El tráfico quedó parado debido a ese accidente. ◆景気が停滞している La actividad comercial está parada [floja].
ていたいおん 低体温 《専門語》f. hipotermia.
ていたく 邸宅 f. mansión, m. palacete, f. casa grande.
ていたんさんしょう 低炭酸症 《専門語》f. hipocapnia.
ていち 低地 fpl. tierras bajas.
ていちゃく 定着 ▶従業員の定着(=安定)を図る v. mejorar la estabilidad 「del personal [de la mano de obra].

—— 定着する (確立される) v. establecerse*, fijarse; (根づく) v. arraigar*, echar raíces; (一般に受け入れられるようになる) v. quedarse, asentarse*. ◆その習慣は私たちの間に定着した Esa costumbre ha arraigado entre nosotros. ◆資本主義はその国に深く定着した El capitalismo ha arraigado profundamente en ese país.
ていちょう 丁重 (礼儀正しさ) f. cortesía, 《フォーマル》f. urbanidad. ▶丁重な adj. cortés, atento; (敬意を表する) adj. respetuoso. ▶丁重な手紙 f. carta cortés [atenta]. ▶客を丁重に扱う v. tratar cortésmente 「al invitado [a la invitada]. ▶その申し出を丁重に断る v. rechazar* cortésmente la oferta. → 断わる. ◆彼は目上の人に丁重だ Es cortés con sus superiores.
ていちょう 低調 ▶低調な (活気がない) adj. bajo, 《口語》parado; (不振な) adj. flojo; (不活発な) adj. inactivo. ▶低調な市況 m. mercado flojo. ◆彼女の成績は低調だ (=低い) Saca 「malas notas [notas bajas]. ◆彼は打撃が低調だ (=スランプに陥っている) Está teniendo una mala racha con el bate.
ティッシュ(ペーパー) m. pañuelo de papel, 《商標》Kleenex. ▶ティッシュ1箱 una caja de pañuelos de papel.
ていっぱい 手一杯 ▶手一杯である (手がふさがっている) v. estar* inundado [agobiado] 《口語》hasta el cuello 《de》; (とても忙しい) v. estar* 「muy ocupado [《口語》ocupadísimo] 《con》. ◆宿題で手一杯だ Estoy 「inundado de trabajo [ocupadísimo con deberes].
ティティカカこ ティティカカ湖 m. Lago Titicaca (☆ボリビア西部からペルー南東部にかけての湖).
ていでん 停電 (電灯が消えること) m. apagón; (電力供給の停止) m. corte de electricidad [luz]. ▶あす午後8時から10時まで停電になります《フォーマル》El fluido eléctrico quedará cortado de las ocho de la tarde a las diez de la noche mañana. / No habrá luz entre las ocho y las diez de la noche mañana. ◆台風のため停電した El tifón provocó un apagón [corte de luz]. ◆ショートして停電した Hubo un apagón por un cortocircuito.
＊ていど 程度 ❶(程度の度合い) (程度の段階) m. grado, m. nivel, m. punto; (能力・許容量などの範囲・限度) f. amplitud, m. alcance, f. extensión. ▶程度の問題 f. cuestión de alcance. ▶それぞれの程度の差はみな満足している v. quedar satisfecho en variados grados. ◆その報告はある程度本当だ El informe es verdad 「hasta cierto punto [en cierta medida]. ◆そのことについてどの程度ご存知ですか ¿Hasta qué punto sabes del asunto? / ¿Cuánto sabes de eso? ◆彼はそのことについてある程度知識がある Tiene ciertos conocimientos del tema. / Conoce el tema 「hasta cierto punto [《口語》más o menos]. ◆君が言いたいことはある程度分る Más o menos entiendo lo que dices.

❷[水準] (知的・道徳的・社会的水準) m. nivel; (比較・評価の基準) f. norma. ▶大学程度の学生 mf. estudiante de nivel universitario. ▶日本の高い教育の程度 *m.* alto nivel educativo de Japón. ▶程度の低い番組 *m.* programa de bajo nivel. ◆この動物たちは知能の程度がかなり高い Estos animales poseen un nivel de inteligencia bastante alto. ◆この問題は君には程度が¹高 [²低] すぎる El nivel de esta pregunta es demasiado ¹alto [²bajo] para ti. ◆彼の知能程度は私と同じだ Su nivel intelectual está a nivel con el mío. ◆その国は生活程度が高い Ese país tiene un alto nivel de vida.

❸【限度】*m.* límite. ◆なんでもものには程度がある Hay un límite en todo. / Todo tiene un límite.

❹【およそ】▶5千円程度の損をする *v.* perder* unos cinco mil yenes.

《その他の表現》▶教育の程度にもよるが, 大部分のスペイン人は1万語から2万語の単語を知っている Según su nivel educativo, la mayoría de los españoles conoce de 10.000 a 20.000 palabras. ☞域, 加減, 度, 等級

ていとう 抵当 (通例不動産の) *f.* hipoteca; (担保) *f.* garantía, *f.* seguridad. ▶抵当に入っている家 *f.* casa hipotecada. ▶抵当権 *f.* hipoteca. ▶財産を抵当に入れて銀行から5百万円借りる *v.* hipotecar* la propiedad al banco por cinco millones de yenes. ◆その土地は5千万円の抵当に入っている 「Ese terreno está gravado con [Sobre ese terreno pesa, Ese terreno tiene] una hipoteca de cincuenta millones de yenes. ◆彼は家を抵当に入れてお金を借りた Hipotecó la casa para conseguir dinero. / Le dieron un préstamo hipotecario sobre la casa.

ていとく 提督 (司令長官) *m.* almirante.

ディナー *f.* cena. → 夕飯.

ていねい 丁寧 (礼儀正しさ) *f.* (buena) educación, *f.* cortesía; 《文語》*f.* urbanidad; (注意) *f.* atención, 《フォーマル》*f.* solicitud.

── 丁寧な ❶【礼儀正しい】*adj.* (bien) educado, cortés, 《文語》urbano; (礼儀正しくて思いやりのある) *adj.* atento, fino; (敬意を表する) *adj.* respetuoso. ▶丁寧な返事 *f.* respuesta cortés. ◆彼は丁寧な言葉遣いをする Cuando habla usa un lenguaje cortés. / Habla con cortesía. ◆そんなに早く返事をくれるとは彼はなんて丁寧な人なんでしょう ¡Qué persona tan atenta! / ¡Qué rápido me ha contestado! ◆彼は丁寧だが親しめない Es cortés sin ser amable.

❷【注意深い】(物・仕事が) *adj.* cuidado; (人が) *adj.* cuidadoso, (綿密な) *adj.* minucioso, detallista; (徹底的な) *adj.* completo, 《フォーマル》exhaustivo. ▶丁寧な字 (＝きちんとした字体) *f.* letra cuidada. ◆その大工は仕事が丁寧だ Ese carpintero es cuidadoso en su trabajo.

── 丁寧に ❶【礼儀正しく】*adv.* con cortesía [educación], cortésmente; (うやうやしく) *adv.* con respeto, respetuosamente. ▶彼に丁寧におじぎする *v.* inclinarse ante él con respeto. ▶老人に丁寧に接する *v.* tratar cortésmente a 「los ancianos [las personas mayores].

❷【注意深く】*adv.* con cuidado, cuidadosamente; (綿密に) *adv.* con detalle, minuciosamente, 《口語》con pelos y señales; (徹底的に) *adv.* completamente, 《フォーマル》exhaustivamente. ▶高価な花びんを丁寧に扱う *v.* manejar un jarrón caro con cuidado. ▶彼の歯を丁寧に診察する *v.* examinar su dentadura minuciosamente.

《その他の表現》㊥ 結果を電報で知らせてあげましょう―それはご丁寧にどうも (＝ご親切に) Te comunicaré los resultados de la firme reputación por telegrama. – ¡Oh, muy amable! ☞慇懃, 体よく

ていねん 定年 *f.* (la edad de) jubilación, *m.* límite de edad. → 退職. ▶定年制 *m.* sistema de jubilación obligatoria. ▶定年になる *v.* llegar* a la jubilación [edad límite]. ▶定年で退職する *v.* jubilarse. ◆あの会社の定年は何歳ですか ¿A qué edad se jubilan [¿Cuál es la edad de jubilación] en esa compañía?

ていはく 停泊 *m.* anclaje. ▶停泊所 *m.* fondeadero, *m.* ancladero. ▶停泊中の船 *m.* barco anclado [fondeado] (en el puerto de Kobe).

── 停泊する *v.* anclar, echar el ancla. ◆われわれの船は湾内に停泊した Nuestro barco ancló [echó el ancla] en la bahía. ◆横浜港に今, 大きな船が2隻停泊している Ahora hay dos grandes buques anclados en el puerto de Yokohama.

ていひょう 定評 *f.* reputación [*f.* fama] firme [establecida], *m.* buen nombre, *m.* prestigio. → 評判. ▶その業界で一番という定評のある会社 *f.* empresa con la firme reputación de ser la primera del sector. ◆その出版社はすぐれた辞書の出版で定評がある Esa editorial 「tiene la fama de [es famosa por] publicar buenos diccionarios.

ディフェンス *f.* defensa.

ていベータリポたんぱくしょう 低βリポ蛋白症 《専門語》*f.* hipobetalipoproteinemia.

ディベート *m.* debate.

ていへん 底辺 (3角形などの) *f.* base. ▶社会の底辺にいる人々 *f.* población en 「la base de la pirámide social [las capas más bajas de la sociedad].

ていぼう 堤防 *m.* dique, *f.* ribera alta; (人工の) *m.* terraplén; (通例土でできた) *m.* dique. ◆川は増水し堤防を越えてはんらんした El río se desbordó 「por los diques [de madre].

ていほん 定本 (標準となる本) *m.* texto estándar; (決定版) *f.* versión definitiva.

ていめい 低迷 ▶低迷している (成績などが) *v.* no mejorar; (株価などが) *v.* no avanzar*; (市況などが) *v.* estar* [《口語》andar*] flojo.

ていよく 体よく (ていねいに) *adv.* con cortesía; (如才なく) *adv.* con tacto, 《口語》diplomáticamente; (遠回しに) *adv.* con rodeos.

ていらく 低落 (下落) *f.* bajada, *f.* baja, *f.* caída, 《フォーマル》*m.* descenso. ◆彼の人気は低落傾向にある Está perdiendo popularidad.

ティラナ Tirana (☆アルバニアの首都).

ていり 定理 *m.* teorema, *f.* proposición.

ていり 低利 *m.* interés bajo. ▶低利融資 *m.* préstamo a bajo interés. ▶低利で金を借りる *v.* pedir* dinero a un bajo interés.

でいり 出入り ❶【出たり入ったり】*f.* entrada y *f.* salida.
❷【訪問】▶うちの出入りの洗濯屋 *f.* lavandería de nuestra [mi] casa. ♦あの家は人の出入り(＝客)が多い Es una casa「muy frecuentada [con muchas visitas]. / En esa casa entra y sale mucha gente. ♦彼らはその博物館に出入りを許されている Tienen libre acceso al museo.
❸【収支】▶金の出入りを記録しておく *v.* registrar ingresos y salidas (de dinero).
── 出入りする ▶窓から出入りするな No estés entrando y saliendo por la ventana. ♦彼が私の家に出入りする(＝訪れる)ことを禁じた「dije que no viniera a [he prohibido frecuentar] mi casa.

でいりぐち 出入り口 (建物・部屋の)*f.* entrada; (戸口)*f.* puerta; (塀・囲いの)*f.* puerta, *f.* entrada. ▶出入り口に立つ *v.* estar* de pie en [a] la entrada [puerta].

ていりゅう 底流 *m.* trasfondo, *f.* corriente subyacente; (海の)*f.* corriente submarina. ♦この問題の底流には人種偏見がある(＝人種偏見が根底にある) La raíz del problema está en los prejuicios raciales. /《フォーマル》Los prejuicios raciales subyacen en esta cuestión.

ていりゅうじょ 停留所 *f.* parada [《ラ米》*m.* paradero] (de autobús). → 駅.

ティルソ・デ・モリナ Tirso de Molina (☆ 1583?-1648, スペインの劇作家).

*****ていれ 手入れ** ❶【修繕, 世話】(修理)*f.* reparación, *m.* arreglo; (主に衣類の)*m.* remiendo; (世話)*m.* cuidado; (庭木などの)*m.* cuidado; (整備)*m.* mantenimiento. ♦その車は手入れが「よい [²悪い] El coche está en ¹buen [²mal] estado. ♦この家は手入れが必要だ Esa casa necesita ser reparada. ♦その庭は手入れが行き届いている Ese jardín「está bien cuidado [《フォーマル》tiene un buen mantenimiento]. ♦君の髪の手入れは行き届いている Tu pelo está bien cuidado.
❷【警察の】(急襲)*f.* incursión; (検挙)*f.* redada. ▶賭(か)博場の手入れを行なう *v.* hacer* una redada en una casa de juego.
── 手入れする (修繕する)*v.* reparar, arreglar → 修理する; (世話する)*v.* cuidar, 《口語》mirar 《por》; (刈り込む)*v.* podar. ♦上着を手入れする *v.* remendar「una chaqueta [《ラ米》un saco]. ♦バラの木を手入れする *v.* cuidar los rosales. ♦古城はよく手入れされていた El viejo castillo estaba「en buen estado [en buenas condiciones, bien cuidado]. ♦公園はずっと手入れされていない El parque「no está cuidado [está desatendido] desde hace mucho tiempo.

ていれい 定例 (定期的な)*adj.* ordinario, regular. ▶定例会 *f.* reunión [*f.* junta] ordinaria.

ディレクター *mf.* director/tora.

ディレクトリ 《専門語》*m.* directorio. ▶ディレクトリ名《専門語》*m.* nombre de directorio.

ティレニアかい ティレニア海 Mar Tirreno (☆地中海中部, イタリア半島・コルシカ島・サルデーニャ島・シチリア島に囲まれる).

ティワナコ Tiahuanaco (☆ティティカカ湖東岸のボリビアの遺跡).

ティンパニー *m.* timbal. ▶ティンパニー奏者 *mf.* timbaler*o/ra*.

てうす 手薄 ♦会場の警備が手薄だった(＝不十分だった) El lugar de la reunión no estaba bien [suficientemente] guardado.

テークアウト *f.* comida preparada [para llevar].

テーゼ *f.* tesis.

データ *mpl.* datos; (情報)*f.* información. ▶データ処理《専門語》*m.* procesamiento de datos. ▶データを送信する《専門語》*v.* enviar* datos. ▶データをとる *v.* tomar datos 《de, sobre》. ♦すべてのデータをコンピューターに入れる *v.*「meter en [meter a, pasar a]「un ordenador [《ラ米》una computadora] todos los datos. ♦このデータは役に立つ Estos datos son útiles.

データ・バンク 《専門語》*m.* banco de datos.

データベース 《専門語》*f.* base de datos. ▶データベースからデータを取り出す *v.* sacar* datos de la base de datos.

デート *f.* cita. ▶デートに出かける *v.* salir* [ir* a una cita]《con》. ▶彼女とデートをする *v.* tener* una cita con ella, 《口語》quedar con ella; (誘い出す)*v.* invitar《a ＋ 人》salir* juntos. ▶デートを申し込む *v.* pedir*《a ＋ 人》una cita. ♦初めてデートに誘われたとき, イエス, ノーの決め手は何でしょうか Cuando alguien te pide una cita por primera vez, ¿qué te hace decir sí o no? ♦円山公園は人気のあるデートコースです El Parque Maruyama es un lugar「popular para citarse las parejas [《口語》frecuente para quedar].

*****テープ** *f.* cinta; (接着用の)*f.* cinta adhesiva [de pegar]; (透明の)*m.* rollo de celo; (磁気テープ)*f.* cinta magnetofónica; (見送り・装飾用の)*f.* tira de papel), *f.* serpentina.
1《～テープ, テープ＋名詞》▶45 分テープ(録音用)*f.* cinta magnetofónica de cuarenta y cinco minutos. ▶新品テープ(未収録テープ)*f.* cinta virgen. ▶テープ 1 巻 un rollo. ▶テープデッキ *f.* platina, *f.* pletina.
2《テープに[を]》▶番組をテープに録音する *v.* grabar un programa en una cinta. ▶テープをかける(再生する)*v.* poner* una cinta. ▶テープを¹早送りする [²巻き戻す] *v.* ¹avanzar* (rápido) [²rebobinar] la cinta. ▶テープを切る(陸上競技で)*v.* tocar* [romper*] la cinta; (開通式などで)*v.* cortar la cinta. ♦歌手にテープを投げる *v.* arrojar serpentinas a un cantante.
3《テープで》▶テープでくくる *v.* atar con una cinta. ▶包みをテープでくくる *v.* atar [cerrar*] un paquete con una cinta. ♦荷物に配達伝票をテープでとめる *v.* pegar* una etiqueta en

un paquete con una cinta adhesiva.

テーブル *f.* mesa. → 食卓. ▸テーブルを囲んで座る *v.* sentarse* alrededor de la mesa. ▸テーブルに皿を though *v.* poner* los platos en la mesa. ♦テーブルについている人々が皆笑った Toda la mesa se rió. / Todos los que estaban a la mesa se rieron.

テーブルクロス *m.* mantel.

テーブルスピーチ *m.* discurso de sobremesa.

テーブルマナー *mpl.* modales [*f.* educación] en la mesa.

テーブル・ルックアップ 《専門語》*f.* búsqueda en tabla.

テープレコーダー *f.* grabadora (de cinta), *m.* magnetófono, 《商標》*m.* magnetofón. ▸テープレコーダーで録音する *v.* grabar (música) en la grabadora.

テーマ (主題) *m.* tema, *m.* asunto; (話題) *m.* tópico. → 主題. ▸私の研究テーマ *m.* tema de mi estudio. ▸テーマ曲 *m.* tema musical, *f.* música de un programa.

ておい 手負い ▸手負いのクマ *m.* oso herido.

デオキシリボかくさん デオキシリボ核酸 →ディーエヌエー (DNA).

ておくれ 手遅れ ▸手遅れである(人) *v.* no tener* remedio; (事が) *v.* ser* demasiado tarde. ♦手後れにならないうちに彼に手術を施した Le operaron antes de que fuera demasiado tarde. ♦がんと分かったときには手遅れだった Era demasiado tarde cuando se dieron cuenta de que era un cáncer.

ておけ 手桶 *m.* cubo, 『メキシコ』*f.* cubeta. → 桶(ホホ).

ておち 手落ち (過失) *f.* falta, *m.* fallo; (誤り) *m.* error, *f.* equivocación. ♦私はそれを手落ちのないように（=非常に注意深く）した Lo hice「con sumo cuidado [cuidadosamente].

テオティワカン Teotihuacán (☆メキシコの古代遺跡都市).

てがかり 手掛かり (事件などの糸口) *f.* pista, *m.* indicio, 《フォーマル》*m.* vestigio, *f.* señal; (解決のかぎ) *f.* clave; (犯人などの痕(*)跡) *f.* pista; (臭跡) *f.* huella. ♦警察は彼の居所の手がかりをつかんだ La policía descubrió una pista de su paradero. ♦犯人は何も手がかりを残さなかった El criminal no dejó ninguna señal [huella]. ♦問題解決の手がかりはない No hay clave para solucionar el problema. ♦ついにわれわれはその事件の手がかりを得た Por fin estamos sobre la pista del caso. ☞暗示, 糸口

てがき 手書き *f.* letra, *f.* escritura. ▸手書きの *adj.* manuscrito, escrito a mano. ▸手紙や日記の類の手書きの資料 *mpl.* materiales manuscritos como cartas y diarios. ▸手書きする *v.* escribir* a mano.

***てがける** 手掛ける (扱う, 処理する) *v.* tratar [de], tener* entre manos; (着手する) *v.* emprender. ▸失業問題を手掛ける *v.* tratar del problema del desempleo. ▸工事を手掛ける *v.* poner* manos a la obra [construcción].

でかける 出掛ける (外出する) *v.* salir*; (出発する) *v.* salir*, partir, irse*, marcharse. → 出発する. ▸散歩に出かける *v.* salir* de paseo. ▸旅行に出かける *v.* irse* de viaje. ♦われわれは夕方地元のカラオケ喫茶に好んで出かけます Por la noche nos gusta salir a la sala de "karaoke" del barrio. 《会話》彼女傘を持っていくのを忘れたわ—そうね, すごく急いで出かけていったもの Ha olvidado su paraguas. – Claro, se fue con tanta prisa. ♦父は8時過ぎに出かけました（=家を出ました）Mi padre salió de casa después de las ocho. 《会話》どこに出かけるの—医者に行くんだ. すぐに戻るよ ¿Adónde vas? – Al médico. En seguida vuelvo. ♦私がそこに着いたときにはもう彼は出かけて（=行って）しまっていた Cuando yo llegué allí, él ya se había ido. ♦彼女は買い物に出かけています Ha salido de compras. ♦家族が出かけている間に家の掃除をした Mientras mi familia estaba fuera, yo limpié la casa.

てかげん 手加減 ▸手加減をする（=大目に見る）*v.* tratar con miramientos [indulgencia] (a). → 手心.

でかせぎ 出稼ぎ ▸出稼ぎする *v.* trabajar lejos de casa. ▸東京に出稼ぎに行く *v.* ir* a Tokio a trabajar. ▸出稼ぎ（=季節）労働者 *mf.* temporero/ra; （外国への）*mf.* obrero/ra emigrante.

てがた 手形 ❶《為替手形》*f.* letra (de cambio), 《フォーマル》*m.* efecto bancario. ▸不渡り手形 *f.* letra rechazada [denegada]. ▸10万円の手形を振り出す *v.* girar [librar] 《a + 人》una letra por 100.000 yenes. ▸手形を¹割り引く [²落とす] *v.* ¹descontar* [²aceptar] una letra. ▸手形を現金に替えてもらう *v.* cobrar una letra. ▸手形で支払う *v.* pagar* con una letra.
❷《手の押し形》*f.* huella de la mano. ▸赤ん坊の手形をとる *v.* tomar las huellas de la mano de un bebé.

でかた 出方 ▸彼の出方をうかがう *v.* esperar a ver* su actitud. ♦相手の出方一つだ Depende de su actitud.

てがたい 手堅い (確実な) *adj.* seguro; (堅実な) *adj.* firme; (信頼できる) *adj.* fiable, 《フォーマル》 *adj.* fidedigno. ▸手堅い方法 *m.* método fiable [seguro]. ▸手堅い人 *f.* persona fiable.

てかてか ▸彼は頭をポマードでいつもてかてかにしている Su pelo siempre reluce [resplandece] por la brillantina. ♦学校の男子生徒たちはズボンのおしりがてかてかしている Los alumnos tienen relucientes los fondillos [『ラ米』fundillos] de los pantalones.

でかでかと ♦彼らの結婚のニュースは一面にでかでかと書き立てられた（=はでに扱われた）La noticia de su boda apareció en grandes titulares en primera plana.

***てがみ** 手紙 *f.* carta, 《文語》*f.* misiva, (短い) *f.* nota, 《口語》*fpl.* cuatro líneas [《口語》letras]; (郵便物) *m.* correo. → 郵便. ♦お手紙ありがとう Gracias por「su carta [escribirme].
1《〜手紙》▸置き手紙 *m.* mensaje dejado. ▸

934 てがみ

いやがらせの手紙 f. carta de insultos y amenazas. ▶ 4月8日付けの手紙 f. carta fechada el 8 de abril.

2《手紙が[は]》♦ 彼女から手紙が来ましたか ¿Has recibido carta de ella? / ¿Has tenido noticias de ella? → 返事. ♦ 今朝私に手紙（=郵便）は来ていませんか ¿Ha habido correo para mí esta mañana? 会話 彼への手紙はどこへ(あてて)出せばいいのですか—原宿へ出せばいい—それはご自宅の住所ですか ¿Sabes dónde puedo escribirle? – Escríbele a Harajuku. – ¿Es ahí「donde vive [su dirección]? ♦催しの詳細を問い合わせる手紙がたくさんきた「Ha escrito mucha gente [Hubo muchas cartas] preguntando por los detalles de la reunión.

3《手紙の》♦ 私はすぐに手紙の返事を書いた Contesté de inmediato la carta. → 返事. ♦ この手紙の送料はいくらですか ¿Qué sello necesita [《口語》¿Cuánto lleva] esta carta?

4《手紙に》♦ 手紙によると彼は近くヨーロッパにたつということだ Dice en la carta que pronto se irá a Europa.

5《手紙を》♦ 私は彼に長い手紙を書いた Le escribí una larga carta. ♦ ロンドンへ手紙を出した Mandé [Envié] una carta a Londres. 会話 お手紙を出しておきましょうか—ええ、よろしかったらお願いします ¿Le mando [pongo en correo] estas cartas? – Sí, por favor. ¿Es usted tan amable. ♦ 着いたら簡単な手紙をください Cuando llegues,「escribe unas líneas [《口語》ponme cuatro letras].

6《手紙で》♦ ご返事は手紙（=書面）でお願いします Por favor, conteste por carta. ♦ 彼は手紙でいつ来るかと尋ねてきた Me ha escrito [mandado una carta] preguntando cuándo llegaré. ♦ 彼女は手紙でまもなく結婚すると知らせてきた En su carta decía que iba a casarse pronto. / Me escribió (en su carta) que se casaría pronto. ☞ 書面, 便り

てがら 手柄 m. mérito, 《強調して》f. hazaña;（手柄となる行為）f. proeza. ♦ 私はそれをすべて自分の手柄としない（=手柄を一人占めしない）No todo el mérito es mío. ♦ それは彼の手柄だ El mérito es「de él [suyo]. ♦ 彼はいつも手柄話をする（=自分の行動を自慢する）Siempre se atribuye méritos. ♦ お手柄お手柄（=よくやった）¡Bravo! / ¡Bien hecho!

てがる 手軽(さ) f. facilidad, f. comodidad.
—— **手軽な** （容易な）adj. fácil; （簡単な）adj. sencillo, （便利な）adj. cómodo.
—— **手軽に** （容易に）adv. fácilmente; （喜んで）adv. de buena gana, con mucho gusto. ▶ パンとコーヒーで手軽に朝食をすませる v. tomar un ligero desayuno de café y pan. ♦ 手軽にその仕事を引き受ける v. aceptar「sin ceremonias [fácilmente, de buena gana] el trabajo. ▶ 手軽に買い物のできる店 f. tienda cómoda.

デカルト Descartes.

てかんせつ 手関節〖専門語〗f. articulación de la muñeca.

***てき 敵** mf. enemigo/ga;（競技などの相手）mf. adversario/ria, mf. rival, mf. oponente →

相手;（敵軍, 敵艦隊）m. enemigo.

1《～(の)敵》♦ 共通の敵 m. enemigo común. ▶ 政敵 m. enemigo [m. rival] político. ♦ 核兵器は人類の敵だ Las armas nucleares son enemigas de los seres humanos.

2《敵＋名詞》♦ 敵兵 mf. enemigo/ga. ▶ 敵陣 m. campo enemigo. ▶ 敵側 m. lado enemigo. ▶ 敵艦 m. barco enemigo. ▶ 敵機 m. avión enemigo. ▶ 敵対 f. hostilidad; m. antagonismo. ▶ 敵国 m. país enemigo. ▶ 敵味方に分かれる（戦争などで）v. dividirse en amigos y enemigos, （試合などで）v. dividirse en equipos rivales [contrincantes].

3《敵が[は]》♦ 彼は敵が多い [2ない] ¹Tiene muchos [²No tiene] enemigos. ♦ 敵(軍)は敗れた El enemigo fue derrotado.

4《敵の》♦ 敵の攻撃 m. ataque enemigo. ▶ 敵のピッチャー mf. lanzador/dora del equipo rival.

5《敵に》♦ 敵に立ち向かう v.「enfrentarse al [volverse* contra el] enemigo. ▶ 敵につく（寝返る）v. pasarse [desertar] al enemigo; （味方になる）v. ponerse* al lado del enemigo. ♦ 彼を敵に回したくない No quiero hacerme su enemigo. /（議論などで）No lo [le] quiero de enemigo. ♦ あの男は味方にすれば頼もしいが, 敵に回せば恐ろしいやつだ Es bueno para amigo y malo para enemigo.

6《敵を》♦ 彼の高圧的態度は多くの敵を作った Su actitud arbitraria le creó muchos enemigos. / Con sus modales prepotentes hizo muchos enemigos.

《その他の表現》♦ 彼は向かうところ敵なしだ Se lleva al mundo por delante. / No se le opone nada ni nadie. ♦ 彼は将棋では敵なしだ「No tiene rival [Nadie le iguala] en "shogi".

-てき -滴 f. gota. ▶ 1滴の水 f. gota de agua. ▶ 2, 3滴たらす v. dejar caer* dos o tres gotas. ▶ ミルクを最後の一滴まで飲む v. beber hasta la última gota de leche.

でき 出来 ❶【（試験・競技などの）結果・成績】 m. resultado. ▶ 出来のよい [悪い] 学生 m. ¹buen [²mal] estudiante. ♦ 彼はスペイン語の出来が¹よい [²悪い] Es ¹bueno [²malo] en español. 会話 試験の出来はどうだった—あまりよくなかったよ ¿Qué tal hiciste el examen? – No「lo hice [《口語》se me dio] muy bien. ♦ 試験の出来不出来は運にもよる El resultado [éxito] de un examen puede depender de la suerte. ♦ 上出来! ¡Muy bien! / ¡Bravo! / ¡Estupendo! ♦ 彼はクラスで一番出来が悪い Es el peor estudiante de la clase.

❷【出来ばえ】（製品の）f. hechura, f. factura. → 出来栄え. ♦ このテーブルの出来はすばらしい Esta mesa está muy bien hecha. 会話 プラシド・ドミンゴを聞いたよ—すばらしい出来だったでしょ He oído a Plácido Domingo. – ¡Qué espléndida [formidable, magnífica] interpretación!, ¿verdad?

❸【収穫】f. cosecha. ♦ 今年の米は出来はよい Este año la cosecha de arroz es buena.

できあい 出来合い ♦ 出来合いの adj. hecho; （服の）adj. de confección, confeccionado. →

既製. ▶出来合いのサイズ *f.* talla estándar [normal].

できあい 溺愛 ▶孫を溺愛する *v.* querer* con locura al nieto; (盲目的に愛する) *v.* querer* ciegamente al nieto.

できあがる 出来上がる （仕上がる） *v.* acabarse, terminar*o*; (完成される) *v.* 《フォーマル》 quedar finaliz*ado* → 完成する; (用意できる) *v.* estar* prepar*ado* [《口語》list*o*]. ◆その記事の原稿は来週出来上がる La semana que viene terminaré de escribir el manuscrito del artículo. ◆服はいつ出来上がりますか ¿Cuándo estará listo mi traje? ◆この写真はうまく出来上がった Esta foto ha quedado muy bien.

てきい 敵意 *f.* hostilidad, *f.* enemistad. ▶¹あらわな [²隠された] 敵意 hostilidad ¹abierta [²encubierta]. ▶敵意のある態度 *f.* actitud hostil. ▶彼に敵意を抱く *v.* sentir* hostilidad hacia él ☞ 遺恨, 敵対

テキーラ *mf.* tequila.

てきおう 適応 *f.* adaptación. ▶適応性に富む *v.* ser* adaptable [flexible] 《a》, 《フォーマル》 tener* capacidad de adaptación.

—— 適応する (環境などに) *v.* adaptarse 《a》; (努力して) *v.* amoldarse 《a》; (曲がりなりに) *v.* acomodarse 《a》; (体制・規則などに) *v.* ajustarse [someterse] 《a》. → 順応する. ◆恐竜は気候の急激な変化に適応できなかったので絶滅した Los dinosaurios se extinguieron「al no saber [porque no pudieron] adaptarse a los rápidos cambios climáticos. ◆彼は何とか新しい生活に適応した De una forma u otra se ha amoldado a su nueva vida.

てきおん 適温 *f.* temperatura apropiada.

てきかく ▶的確な (＝正確な) 描写をする *v.* dar* [ofrecer*] una descripción exacta [precisa] 《de》, describir* exactamente [con precisión]. → 正確. ▶的確な (＝適切な) 答え *f.* respuesta exacta [precisa].

てきかく ▶適格な *adj.* calific*ado*. ▶適格者 (＝資格のある人) *f.* persona calificada. ◆彼はその地位に適格だ「Está calificado [Es apto] para ese puesto. ◆彼は教師に適格だ Está calificado para ser profesor.

てきぎ 適宜 (自分の判断で) *adv.* según la conveniencia; (随意に) *adv.* libremente, con libertad. ▶適宜帰宅する *v.* ir* a casa cuando se quiera.

てきごう 適合する (ぴったり合う) *v.* ajustarse 《a》; (満たす) *v.* satisfacer*. ◆君の理論は事実に適合していない Tu teoría no se ajusta a la realidad. ☞ 合わせる, 併せる, 調整する, 調節する

できごころ 出来心 (衝動) *m.* impulso. ◆出来心で金を盗んだ Lo robé「por el impulso del momento [llevado por el impulso].

できごと 出来事 *m.* suceso, (重大な) *m.* acontecimiento, 《教養語》*m.* acontecer; (付随的な) *m.* incidente; (世間に知られた) *m.* caso, *m.* asunto; (偶発的かつ好ましくない) *m.* accidente. ▶よくある [日常の] 出来事 *f.* cosa de todos los días. ▶世の中の出来事 lo que acontece [《口語》 pasa] en el mundo. ▶2004年の主な出来事 *mpl.* principales sucesos de 2004. ▶

てきせい 935

ちょっとした出来事 *m.* incidente sin importancia. ◆彼は日々の出来事を日記に書いている Escribe en su diario los aconteceres cotidianos. ◆月面着陸は歴史的な出来事です El「alunizaje del hombre [primer paso del hombre en la luna] fue un acontecimiento histórico. ◆その列車事故はおそろしい出来事でした El accidente ferroviario fue un caso terrible. ◆それは一瞬の出来事だった (＝一瞬に起こった) Sucedió en un abrir y cerrar de ojos. ☞ 事件, 事故

てきざい 適材 ◆その仕事には彼が適材だ Es la persona indicada [adecuada] para ese trabajo. / Ese es el trabajo que le corresponde. ◆私たちは適材適所に人員配置をした Dimos el trabajo a la persona indicada.

テキサス Tejas.

てきし 敵視 ▶彼を敵視する (＝敵と見なす) *v.* tenerlo[le]* [considerarlo[le]*] como enemigo; (敵意を抱いている) *v.*「ser* hostil [sentir* hostilidad] hacia él. → 敵意.

できし 溺死 *m.* ahogo, 《フォーマル》*m.* ahogamiento. ▶溺死体 *m.* cuerpo ahogado. ▶溺死する *v.* ahogarse*, morir* ahog*ado*. → 溺(ぼ)れる.

てきしゃせいぞん ▶適者生存の世界 *m.* mundo de la supervivencia de los mejores adaptados.

てきしゅつ 摘出する *v.* extraer*, 《口語》 sacar*; 《専門語》 extirpar. ▶腫瘍(しゅよう)の摘出 (＝を摘出する手術) *f.* operación para extirpar un tumor.

テキスト *m.* libro de texto, *m.* manual, *m.* método; (教科書) *m.* libro de texto → 教科書; (文章) *m.* texto.

テキスト・エディタ 《専門語》 *m.* editor de texto.

テキスト・ファイル 《専門語》 *m.* archivo de texto.

テキスト・ボックス 《専門語》 *m.* cuadro de texto.

てきする 適する *v.* ser* adecu*ado* [apropi*ado*, indic*ado*] 《a, para》, ir* [《口語》 quedar] bien 《para》. →適当. ▶結婚式に適した服 *m.* vestido adecuado [apropiado] para la boda. ▶病人に適した食事 *fpl.* comidas apropiadas [indicadas] para un/una enfermo/ma. ▶釣りに適した日 *m.* buen día de pesca, *m.* día indicado para pescar. ◆彼女のその仕事には適していない No es la persona adecuada para ese trabajo. / Ese trabajo no le conviene. ◆彼は医者には適していない No vale para médico. ◆この水は飲料水には適していない Esta agua no es「buena para beber [potable]. ◆湿度の多いここの気候はぼくに適していない El clima húmedo de aquí no「me conviene [《口語》 va conmigo]. ◆このやせた土地がおいしいジャガイモの生育に最も適している「Este suelo pobre es muy adecuado para [A esta tierra pobre le va muy bien] el cultivo de sabrosas patatas.

てきせい 適性 *f.* aptitud, 《フォーマル》*f.* ido-

936　てきせい

neidad. → 素質. ▶職業適性検査 m. "test" de aptitud vocacional. ▶適性がある v.「tener* aptitud [ser* 《フォーマル》 idóneo] (para).

てきせい　適正 ▶適正(な)価格 m. precio justo [razonable]. ▶適正な(＝公正な)分配 m. reparto justo. ▶適正な判断をする v. dar* [《フォーマル》 emitir] un juicio justo 《sobre》.

てきせつ　適切 ▶適切な(必要を満たした) adj. relevante, 《フォーマル》 pertinente. → 適当, ふさわしい. ▶適切な助言をする v. dar* un「buen consejo [consejo adecuado]. ▶彼の演説はその場に適切なものではなかった Su discurso「no fue oportuno [no fue apropiado, estuvo fuera de lugar]. ◆彼は適切な答えをした Dio una respuesta adecuada [que convenía]. / Respondió bien. ◆(適切に答えた)Contestó adecuadamente. / (的を射た)Su respuesta fue a propósito. ◆彼らはその後あと適切な(＝正しい)処置を取った Hicieron lo correcto [que tenían que hacer] después del accidente. 〓穏当, 正式, 妥当, 適当

できそこない　出来損ない　(失敗作) m. fracaso, 《口語》 f. chapuza; (役立たず) mf. inútil. ▶出来損ないの(出来ばえの悪い) adj. mal hecho, defectuoso.

てきたい　敵対　(敵意) f. hostilidad. ▶アメリカに敵対行為をとる v. emprender acciones hostiles contra Estados Unidos. ▶敵対する v. ser* hostil 《contra》; (反対する) v. oponerse* 《a》; (手向う) v. volverse* 《contra》. ◆なぜその子は親に敵対するのだろう ¿Por qué se vuelve ese niño contra sus padres?

できだか　出来高　(産出高) f. producción; (株などの) m. volumen (de negocios). ▶出来高払い m. pago「a destajo [por producción].

できたて(の)　出来立て(の)　(食べ物が) adj. fresco; (あつあつの) adj. caliente; (服などが) adj. flamante. ▶できたてのパン m. pan recién hecho [sacado del horno].

できちゃったこん　出来ちゃった婚 ▶出来ちゃった婚をする v. casarse de penalti.

てきちゅう　的中 ▶的中する (的に当たる) v. dar* en el blanco, acertar*; (正しいと分かる) v. acertar*, resultar cierto; (実現する) v. hacerse* realidad. ◆魚雷が的中した El torpedo dio en el blanco. ◆彼の経済予測が的中した Sus predicciones sobre la economía resultaron ciertas.

てきど　適度 ▶適度の (節度があってほどよい) adj. moderado, mesurado; (目的・状況などにかなって適切な) adj. apropiado, adecuado. ▶適度の運動をする v. hacer* ejercicio moderado [sin exceso, con mesura]. ▶適度に暖かい部屋 f. sala no demasiado caliente 〓穏やかな, 適当な; いい加減な, 手頃な

***てきとう　適当　適当な ❶【適切な】** adj. adecuado [conveniente, bueno, favorable, indicado, apropiado, 《フォーマル》 idóneo, pertinente] 《para》; (時が) adj. oportuno; (値段が) adj. razonable. → 適する, 適切. ▶適当な(＝妥当な)値段で売る v. vender a un precio razonable. ◆この役に適当な人を捜しているんです Busco a alguien indicado [adecuado, apto] para este papel. / (ぴったりの) Estoy buscando a una persona que valga para este papel. ◆本当に彼はあんまり適当じゃないよ Te digo que él no「es la persona indicada [《口語》 vale]. ◆こういった服装は正式の結婚式には適当でない Esa ropa no es adecuada [《口語》 indicada] para una boda formal. / Ese no es vestido para una boda. ◆最も適当と思うものを選びなさい Elige el que「más te convenga [mejor te parezca]. ◆この家は6人家族には適当だ Esta casa es apropiada para una familia de seis. ◆君は適当な(＝少し)運動が必要だ Tienes que hacer algo de ejercicio. / (適度な)Hay que hacer ejercicio moderado.

❷【いいかげんな】(無責任な) adj. irresponsable; (あいまいな) adj. vago. ◆彼は本当に適当な男だ Es un tipo verdaderamente irresponsable.

―― 適当に ◆お任せしますから，適当にやってください Te lo dejo (encargado). Haz, por favor, lo que mejor te parezca. ◆二言三言適当に答えておいたよ No le di más que respuestas vagas [evasivas]. ◆適当に(＝好きなように)やっていただいた結構です Puedes hacer「lo que te parezca [como quieras; 《口語》 lo que te dé la gana]. ◆彼はそのセールスマンを適当に(＝如才なく)あしらった Trató diplomáticamente [con tacto] al vendedor.

てきにん　適任 ▶適任な[の] (ぴったりの) adj. perfecto, muy indicado; (必要を満たした) adj. apto, 《フォーマル》 idóneo. → ふさわしい, 適切. ◆彼はその役に適任だ Es perfecto para ese papel. / 《口語》 Ese papel le viene como anillo al dedo. / Le va muy bien ese papel.

できばえ　出来栄え　(製品の) f. hechura, 《フォーマル》 f. factura; (仕事などの) f. realización; f. representación. ▶見事な出来栄えの品々 mpl. artículos「muy bien hechos [de hechura superior]. ◆その映画はすばらしい出来栄えだった Esa película estaba muy bien realizada. ◆彼の出来栄えにはぼくたちみんな目を見張った Todos quedaron asombrados de su magnífica representación.

てきぱき　❶【活発に】 adv. activamente, con vivacidad. ◆魚市場では人々がてきぱき働いている La gente trabaja activamente en el mercado de pescados.

❷【効率よく】 adv. eficazmente, con eficacia. ▶てきぱきした秘書 f. secretaria eficaz. ◆彼はいつも物ごとをてきぱきと片付ける Siempre hace todo「con eficacia [eficazmente].

❸【素早く】 adv. rápidamente; (迅速に) adv. pronto. ◆てきぱきしないと遅れるよ Date prisa o llegarás tarde.

てきはつ　摘発 f. revelación, f. denuncia. ▶摘発する v. revelar, descubrir*, denunciar. ▶汚職を摘発する v. revelar la corrupción.

てきびしい　手厳しい adj. riguroso, severo. ▶手厳しい批判 f. crítica rigurosa. ▶手厳しく批判される v. ser* criticado con rigor.

てきめん ▶効果てきめんである(すぐ効く) v. tener* un efecto inmediato 《en, sobre》, actuar*

inmediatamente.

できもの 出来物 m. bulto, f. hinchazón; (おでき) m. grano; (腫瘍(ﾋﾞｮｳ)) m. tumor. ♦赤ん坊の首の後ろにできものができている El bebé tiene un bulto en la parte de atrás del cuello.

てきやく 適役 ♦適役の(適している) adj. indicado, apropiado; (ふさわしい) adj. apto, (フォーマル) idóneo. ♦彼女はこの仕事には適役でない No es indicada [apta] para este trabajo. / Para este trabajo ella no vale.

てきよう 適用 f. aplicación. ♦適用する v. aplicar* 《A a B》. ♦適用できる adj. aplicable. ♦法律の適用 f. aplicación de la ley (al caso). ♦この規則は外国人には適用できない No podemos aplicar esta regla a los extranjeros. / (当てはまらない)Esta regla no 「se puede aplicar [es aplicable] a los extranjeros. ♦彼は雇用保険の適用を受けている Está cubierto por el seguro de desempleo. ☞ 当てはまる, 該当

てきりょう 適量 f. cantidad adecuada; (薬が) f. dosis correcta. ♦適量を超す v. tomar demasiado [en exceso]; (飲酒で) v. beber en exceso.

**できる 出来る ❶(能力がある) v. poder* 《+不定詞》, saber* 《+不定詞》, 「ser* capaz [(フォーマル)tener* la capacidad] de 《+不定詞》, (可能である) es posible 《+不定詞》, es posible que 《+接続法》. ♦そのホテルは 8 百人収容できる「En ese hotel pueden alojarse [Ese hotel puede alojar] 800 personas. ♦彼は容易に救出できない No se le puede rescatar fácilmente. ♦あす彼に会うことができたらその本を渡しておきます Si mañana puedo verlo[le], le daré el libro. / Si mañana pudiera verlo[le], le daría el libro. ♦彼は若いときはフランス語を話すことができた Cuando era joven, sabía hablar francés. ♦ついに彼は試験に合格することができた Por fin pudo aprobar el examen. / Por fin fue capaz de aprobar el examen. / Por fin aprobó el examen. ♦彼はスキーができる Sabe esquiar. ♦私はあしたの会合に出席できるでしょう Mañana podré [puedo] asistir a la reunión. ♦私は 1 週間でその仕事をすることができる En una semana puedo [podré] hacer ese trabajo. / Ese trabajo puedo hacerlo en una semana. ♦やっとちゃんとできたよ Por fin pude hacerlo bien. / (口語)Al fin me salió bien. ♦のこぎりがあればそれは簡単にできるのだが Podría hacerlo si tuviera una sierra. ♦私はいいプレゼントを見つけることができなかった No pude [fui capaz de] encontrar un buen regalo. ♦彼の講義は難しすぎて私には理解できない Su conferencia es tan difícil que no puedo entenderla. / Me resulta imposible entender su conferencia. ♦彼女はスケートができるようになった Ha aprendido a patinar. ♦そんな高い本を買うことはできません(=買う余裕はありません) No puedo (darme el lujo de) comprar un libro tan caro. ♦その事実を否定することはできない Ese hecho no se puede negar. / Es un hecho innegable. / Es imposible negar ese hecho. ♦彼にはその仕事はできない Ese trabajo está por encima de su capacidad. / No está a la altura de ese trabajo. / No puede hacer ese trabajo. ♦彼女はそれを入手できるはずだ「Tiene que [Debe (de)] ser capaz de] conseguirlo.

―― 出来る ❶[上手である]v. hacer* bien, ser* fuerte 《en》, (口語)darse* 《a + 人》bien, tener* capacidad [facilidad] 《para》. ♦できる生徒(利口な) mf. alumno/na [mf. estudiante] inteligente [brillante]; (理解の早い) mf. alumno/na despierto/ta; (有能な) mf. alumno/na capaz. ♦よくできた人(=人格者) f. gran persona, (口語) m. gran tipo. ♦大工仕事ができる Se le da bien la carpintería. ♦彼はスペイン語ができる Es bueno en español. / Se le da bien el español. / Habla bien español. (会話) 試験はどうだった ― 今度は前よりよくできたよ ¿Qué tal el examen? – Esta vez 「lo hice [me salió] mejor que antes.

❷【作られる】v. ser* 《de》, estar* hecho 《de, con, a partir de》; (建造される) v. construirse*; (設立される) v. establecerse*, formarse; (組織される) v. organizarse*. ♦よくできている箱 f. caja bien hecha. ♦たくさんの玉子からできたケーキ m. pastel de [hecho con] muchos huevos. ♦新しくできた委員会 m. comité recién [recientemente] formado. ♦この机はオーク材でできている Esta mesa es [está hecha] de roble. ♦ワインはブドウからできる El vino se hace de uvas. / (ブドウを主語にして) Las uvas son la base del vino. ♦そのビルは 5 年前にできた Ese edificio 「se construyó [fue construido] hace cinco años.

❸【仕上がる】v. acabar, terminar; (用意が) v. estar* preparado [(口語)listo]. ♦絵は¹すばらしくよくできている [²まだ半分しかできていない] El cuadro está ¹espléndidamente acabado [²todavía acabado a medias]. ♦論文はもうできましたか ¿Has acabado tu tesis (tesina)? / ¿Está tu trabajo listo? ♦夕食(の用意)ができましたよ La cena está preparada [lista]. (会話) 車は今修理しているところです 一分かりました. じゃあ引き取りに行けばいいのですか―4 時にお立ち寄りください. その頃には確実にできていますから El automóvil está siendo ahora reparado. – Entiendo. ¿Y cuándo podré pasar a recogerlo? – Venga a las cuatro. Estoy seguro de que para entonces ya estará listo.

❹【生まれる】v. nacer*; 【発生する】(現われる) v. aparecer*, surgir*; (でき物などが) v. salir*. ♦彼女に赤ちゃんができた(=産まれた) Ha tenido un hijo. ♦太郎ができて, 夫は大変喜んでくれました Cuando me quedé embarazada de Taro, mi marido se puso muy contento. ♦顔に湿疹(ｼﾝ)ができた Me ha salido un sarpullido [(専門語) eccema]. ♦君は胃にかいようができている Tienes [Te ha salido] una úlcera gástrica [de estómago]. ♦用ができたので出かけないといけない Ha surgido algo, así que me tengo que ir.

❺【育つ】v. crecer*; (産出する) v. producir*;

(作物ができる)《口語》v. darse*. ▶今年できた(=収穫された)米 m. arroz cosechado este año. ♦北海道ではジャガイモができる En Hokkaido las papas [《スペイン》patatas] se producen [cultivan]. ♦今年はリンゴがよくできた Este año ha habido una buena cosecha de manzanas. /《口語》Las manzanas se han dado bien este año.
【その他の表現】♦4名をそちらに回せばこちらがひどく人手不足になります。2名で何とかできませんか(=なんとかやってハませんか) Si te doy [cedo] a cuatro personas, me quedo muy escaso de mano de obra. ¿No te puedes arreglar con dos? ♦ココアできますか(喫茶店で) ¿「Tiene usted [Hay] chocolate?

できるだけ adv. cuanto, al máximo; (todo) lo posible. ♦できるだけ早くここへ来なさい Ven aquí「cuanto antes [lo antes posible, lo antes que puedas]. ♦私はできるだけ多くの1時間 [2助手]が必要なのです Necesito ¹todo el tiempo posible [²todos los ayudantes posibles]. ♦できるだけたくさん食べなさい「Come todo lo que [Come cuanto] puedas. ♦試験に合格するようできるだけのことはしなさい「Haz todo lo posible [Esfuérzate al máximo] para aprobar. /「Trata de [Intenta] aprobar por todos los medios. ♦できるだけのことはやってみましょう Haré「todo lo que [cuanto] pueda. / Haré todo lo posible [que esté en mi mano]. ▭ 極力, 精一杯, 精々, 努めて

てきれい 適例 m. buen ejemplo.

てきれいき 適齢期 f. edad casadera [《口語》de merecer,《文語》núbil]. ▶適齢期の娘 f. hija casadera [《口語》en edad de merecer].

できれば si es posible, a poder ser, de ser posible. ♦できれば電話してもらいたい Si es posible, me gustaría que me llamaras. / A poder ser, quiero que me llames. / Quizás puedas llamarme. ♦できれば(=せずにすむものなら)その仕事はしたくない「Si puede ser, no quisiera [Preferiría no] hacer ese trabajo. ♦できればスペイン語圏の国でスペイン語を学びたいものだ、できればスペイン、それもトレドで Me gustaría aprender español en un país hispanohablante, si es posible España y preferiblemente en Toledo.

てぎわ 手際 (能率) f. eficiencia; (腕前) f. habilidad, f. destreza. ▶手際のよい adj. diestro; hábil. ▶手際がよい v. ser* diestro [hábil]《en》. ▶手際よく adv. hábilmente, con destreza. ▶手際よく物ごとを片付ける v. conseguir* que se hagan las cosas eficientemente.

テグシガルパ Tegucigalpa (☆ホンジュラスの首都).

テクスチャ《専門語》f. textura.

てぐち 手口 (犯罪の) m. procedimiento,《ラテン語》《フォーマル》m. "modus operandi"; (方法) m. método, m. sistema; (策略) m. truco, f. treta. ▶巧妙な手口 m. método [《ラテン語》《フォーマル》m. "modus operandi"] inteligente.

•**でぐち** 出口 f. salida. ▶劇場の出口 f. salida del teatro. ♦出口がふさがっている La salida está bloqueada [《口語》tapada,《フォーマル》obstruida].

てくてく ♦バスがなかったのでてくてく歩かなければならなかった Como no había servicio de autobuses, no me quedó más remedio que「ir a pie [caminar] todo el trayecto.

テクニカルターム m. tecnicismo.

テクニカルノックアウト →ティーケーオー

テクニック f. técnica. → 技術.

テクノロジー f. tecnología.

てくび 手首 f. muñeca. ▶手首を捕える v. agarrar《a + 人》por la muñeca. ♦バッティングでは手首の使い方が最重要だ Lo importante en el bateo es el movimiento de muñeca.

でくわす 出くわす v. encontrar* por casualidad《a》, tropezarse*《con》→会《遭》う.

てこ 梃 f. palanca. ▶てこで¹持ち上げる [²動かす] v. ¹levantar [²mover*] con una palanca. ▶てこの原理を応用する v. emplear apalancamiento, apalancar*. ♦這はこうと言い出したらてこでも動かない Jamás cede. /《口語》No cambia de opinión ni aunque lo [le] maten. /《口語》Es testarudo como una mula.

てこいれ 梃入れ ▶てこ入れをする(補強する) v. reforzar*, revigorizar*; (支援する) v. apuntalar, sostener*. ▶衰退きみの経済にてこ入れをする v. revigorizar* una economía en declive.

デコードする《専門語》v. decodificar*, descifrar.

てごころ 手心 (酌量) f. indulgencia; (考慮) m. miramiento, f. consideración. ▶手心を加える(大目に見る) v. tratar con indulgencia [miramiento(s)]. → 斟酌(しんしゃく); (手加減する) v. moderarse《con》.

てこずる (手を焼く) v. tener* problemas [dificultades]《con》. ♦彼のわがままにさんざんてこずった Tuve muchos problemas a causa de su egoísmo. / Su egoísmo me acarreó muchas dificultades.

てごたえ 手応え (反応) f. reacción; (効果) m. efecto. ▶手応えのある学生たち mpl. estudiantes receptivos/vas. ♦彼女に手紙を出しても何の手応え(=反応)もなかった Le escribí pero ella no me contestó. / Ella no respondió a mis cartas. ♦今日の彼の演説には相当手応え(=効果)があった Su discurso de hoy「provocó bastantes reacciones [tuvo considerable efecto] en el público.

でこぼこ 凸凹 ▶でこぼこの adj. desigual, áspero, escabroso; (こぶだらけの) adv. con chichones. ▶でこぼこのゲレンデ f. pista de esquí áspera. ▶その道はでこぼこだった La carretera tenía baches.

デコレーション (飾り) m. adorno, f. decoración. ♦クリスマスのデコレーション mpl. adornos navideños. ▶デコレーションケーキ f. tarta decorada.

てごろ 手頃 ▶手頃な (扱いやすい) adj. manejable; cómodo; (便利な) adj. conveniente; (必要条件を満たした) adj. adecuado, apropiado;

(妥当な)adj. razonable; (適度な)adj. moderado. ▶手ごろな大きさの箱 f. caja de un tamaño cómodo. ♦この手帳は持ち歩くのに手ごろだ Esta agenda es fácil de llevar. ♦会合のための手ごろな場所を探しています Estamos buscando un lugar conveniente para nuestra reunión. ♦値段が手ごろだったので買った Como el precio era razonable, lo compré. ♦(家賃の)手ごろなマンションを探しています Estamos buscando un apartamento a un precio (de alquiler) razonable.

てごわい 手強い (扱いにくい)adj. duro, fuerte; (恐るべき)adj. formidable, temible. ▶手強い交渉相手 m. negociador duro. ▶手強い政敵 m. rival político formidable. ♦あの子の今度のボーイフレンドは太郎にとっては手ごわい相手だなあと思う Me parece que su nuevo novio va a ser un duro rival para Taro.

デザート m. postre. ▶デザートを出す v. servir* 《a + 人》postre. ♦デザートにアイスクリームを食べた De postre tomé helado.

てざいく 手細工 f. artesanía, m. trabajo a mano. ▶手細工品 fpl. artesanías.

デザイナー mf. diseñador / dora, mf. modisto/ta. ♦彼女はその店の(服飾)デザイナーをしている Trabaja de diseñadora en esa tienda.

デザイン m. diseño. ▶デザインする v. diseñar (un vestido). ♦この家具はデザインがとても現代的だ Este mueble tiene un diseño muy moderno.

でさかり 出盛り v. ser* de temporada. ♦果物は出盛りが安い La fruta de temporada es barata.

てさき 手先 ❶【指先】(手)fpl. manos; (指)mpl. dedos. ♦彼は手先が器用だ Es hábil con 「las manos [los dedos]. / Tiene manos muy diestras. → 無器用.

❷【手下】m. instrumento. ♦彼は警察の手先だ La policía lo [le] usa de instrumento. ♦彼は私を手先に使った Me usó de instrumento.

でさき 出先 (これから行く所)m. destino; (行っている所)m. lugar de permanencia. ▶出先機関(庁内の) f. agencia local del gobierno; (会社の支社) f. sucursal (de una empresa). ▶出先で風邪をひく v. agarrar un resfriado en donde se está de viaje.

てさぎょう 手作業 f. operación [m. trabajo] manual.

てさぐり 手探り ▶手探りで捜す v. buscar* a tientas. ▶手探りでドアの方に進む v. avanzar a tientas [ciegas] hacia la puerta.

てさげ 手提げ (婦人用)m. bolso; (書類用)f. cartera. → 鞄(E).

てざわり 手触り m. tacto. ♦この布は手触りがいい(=なめらかだ)Esta tela es suave al tacto. ♦この布は絹のような手触りがするEsta tela 「es sedosa al tacto [parece seda al tocarla].

でし 弟子 (個人指導の)mf. alumno/na; (学生)mf. estudiante; (学説・教義などの信奉者)mf. discípulo/la, mf. seguidor/dora; (見習い工)mf. aprendiz/diza. ▶まな弟子 mf. alumno/na favorito/ta. ▶(...に)弟子入りする v. hacerse* discípulo/la 《de》, aprender 《bajo》. ▶弟子をとる v. aceptar un/una estudiante. ♦彼は野田教授の弟子だ Es un alumno [discípulo] del Prof. Noda.

てしお 手塩 ▶手塩にかけて育てる v. criar* con ternura [amor].

てしごと 手仕事 f. artesanía. ▶手仕事が得意である v. 「ser* hábil [tener* habilidad] con las manos.

てした 手下 (手先)m. peón; (部下)《フォーマル》mf. subordinado/da.

デジタル adj. digital. ▶デジタル時計 m. reloj digital. → 時計. ▶デジタル化《専門語》f. digitalización. ▶デジタル化する《専門語》v. digitalizar. ▶デジタル署名《専門語》f. firma digital.

てじな 手品 f. prestidigitación, f. magia; (個々の手品の芸)m. juego [m. truco] de magia. ▶手品師 mf. prestidigitador/dora, mf. mago/ga. ▶トランプの手品をする v. hacer* un truco de cartas, hacer* prestidigitación con las cartas. ▶手品で帽子からウサギを出す v. hacer* aparecer* un conejo de un sombrero por arte de magia.

でしゃばり ▶でしゃばりな(干渉好きな) adj. entrometido, 【メキシコ】metiche ▶おこがましい, 差し出がましい

でしゃばる (干渉する)v. meterse 《en》. → 出過ぎる. ♦私のことにでしゃばらないでくれ No 「te metas [metas las narices] en mis asuntos. / (自分のことをしっかりやれ)No te metas en lo que no te importa. ♦でしゃばるつもりはないが言いたいことがある No quiero entrometerme [meterme en lo que no me importa], pero tengo algo que decir. ♦年長者に対してでしゃばった態度をとってはいけない No debes ser demasiado atrevido con los mayores.

てじゅん 手順 f. manera 「de trabajar; m. procedimiento, m. trámite 《para》; (工程)m. proceso. ▶正しい手順に従う v. seguir* el procedimiento regular. ♦手順よく(=すらすらと)仕事を進めた Hizo el trabajo metódicamente [siguiendo el orden]. ☞ 順序, 手続き

てじょう 手錠 (un par de)fpl. esposas. ▶手錠をかける v. esposar《a + 人》, poner*《a + 人》las esposas.

-でしょう me parece; supongo. → だろう, -です.

***-です** ❶【断定】→ -だ ♦彼女はとても活発です Es muy activa.

❷【推量】♦彼はすぐ来るでしょう Vendrá pronto. / Me parece que va a venir pronto. / (多分)Probablemente vendrá pronto. ♦痛かったでしょう Te dolió, supongo.

❸【ていねいさを添える】♦ご協力いただければ幸いです Apreciaría mucho su colaboración.

てすう 手数 (面倒, 迷惑) f. molestia, f. incomodidad. → 手間. ♦その機械でわれわれの手数がずいぶん省けるだろう Esa máquina nos ahorrará 「muchas molestias [mucho trabajo]. ♦これは手数のかかる(=面倒な)仕事だ Es un trabajo molesto.

—— 手数をかける v. molestar, causar molestias, incomodar. ♦お手数をかけてすみませんが、その写真をお送りください Siento mucho molestarlo[la, le], pero, ¿podría enviarme la foto? ♦あなたにそんなに手数をおかけしたくありません No quiero causarte tantas molestias. ☞ 苦労, 手, 手間

てすうりょう **手数料** (サービス料) m. servicio, mpl. derechos; (委託に対する歩合) f. comisión. ▶5ユーロの手数料を払う v. pagar* cinco euros de derechos. ♦住民票交付の手数料は2百円です Cobran 200 yenes (de derechos) por dar la tarjeta de residente. ♦彼女は売上高に対してすべて1割の手数料(＝歩合)を取っている Por todas las ventas realizadas recibe un 10% de comisión. ♦彼は手数料(＝手間賃)として千円請求した Me facturó mil yenes「de derechos [por el servicio]. ☞ コミッション, 代

ですが conj. pero. → けれど(も), だが.

ですから conj. por eso [lo tanto]. → だから.

てすき **手すき** ▶あなたのお手すきの折に(＝暇な時に) adv. 《口語》cuando puedas [te venga bien],《フォーマル》a su conveniencia,《フォーマル》cuando usted tenga tiempo.

てすぎる **出過ぎる** ❶【出しゃばる】♦出過ぎたまねをするな No seas tan atrevido. / No te metas a hacer lo que no te corresponde. ❷【程度を超える】♦彼の腹は出過ぎている Tiene demasiada panza 《俗語》barriga]. ♦このお茶は出過ぎている(＝濃過ぎる) Este té sabe demasiado fuerte.

デスク (机) f. mesa, m. escritorio; (新聞の編集部) f. redacción (de periódico); (新聞編集者) mf. redactor/tora. ▶デスクワーク m. trabajo de oficina.

デスクトップ・コンピュータ 《専門語》m. ordenador [《ラ米》f. computadora] de sobremesa [escritorio].

デスクトップパブリッシング →DTP.

ですけど conj. pero. → だけど, けれど(も).

テスト ❶【学校などの試験】m. examen, f. prueba,《英語》m. "test". → 試験. ▶学力テスト f. prueba de conocimientos escolares. ▶実力テスト m. examen de capacidad (académica). ▶ペーパーテスト(＝筆記試験) m. examen escrito. ▶ただいまマイクのテスト中 →試験. ❷【実験】▶テスト飛行 →試験飛行. ▶テストパイロット mf. piloto de pruebas. ▶テストケース(＝先例となるもの) m. ejemplo de ensayo.

てすり **手すり** (階段・廊下などの) m. pasamano (s), f. barandilla, m. barandal; (窓の) m. antepecho. ▶手すりを両手でつかむ v. agarrarse con las dos manos al pasamanos.

てせい **手製** ▶手製の(手で作った) adj. hecho a mano,(自家製の) adj. casero, hecho en casa,《フォーマル》 de fabricación doméstica; (手編みの) adj. tejido a mano. ♦これは手製のセーターです Este suéter está hecho a mano.

てぜま **手狭** (狭い) adj. pequeño; (窮屈な) adj. estrecho. ▶手狭な部屋 m. cuarto pequeño. ▶手狭になる v. resultar pequeño.

てそう **手相** fpl. rayas de la mano. ▶手相見 mf. quiromántico/ca. ▶手相を見る v. leer* la mano. ▶手相がよい v. tener* unas rayas en la mano que prometen buena suerte.

でぞめしき **出初め式** "dezomeshiki",《説明的に》m. desfile de Año Nuevo del Cuerpo de Bomberos.

てだし **手出し** (かかわり合い) f. participación, f. implicación. ▶手出しをする(かかわる) v. participar [implicarse] 《en》; (干渉する) v. meterse [entrometerse] 《en》; (殴る) v. golpear 《a + 人》. ♦私はその件には手出しはしたくなかった No quise meterme [implicarme] en ese asunto.

でだし **出だし** m. comienzo, m. principio. ▶出だしがいい [²悪い] v. tener* un ¹buen [²mal] comienzo.

てだすけ **手助け** f. ayuda. → 助け, 手伝う.

てだて **手立て** (方法) m. medio, m. modo, f. manera; (手段) f. medida. ▶手立てがない v. no hay medio [modo, manera] 《de》. ▶手立てを講じる v. tomar [《フォーマル》adoptar] medidas 《para》.

でたて **出たて** ▶大学を出たての若い人たち mpl. jóvenes recién graduados de la universidad. ▶出たての本 m. libro recién publicado.

でたとこしょうぶ **出たとこ勝負** ▶出たとこ勝負でやる(臨機応変にする) v. improvisar.

テタニー 《専門語》f. tetania.

てだま **手玉** ▶彼を手玉にとる(＝自由に操る) v. manejarlo[le] a (su) antojo; (扱い方を心得ている) v. saber cómo manejarlo[le].

でたらめ (意味のないこと) m. disparate. ▶でたらめな(成り行き任せの) adj. al azar, hecho al azar; (無責任な) adj. irresponsable; (信頼できない) v. no fiable. ▶でたらめな(＝でまかせの)返答 f. respuesta hecha al azar. ▶でたらめな人間 mf. irresponsable. ▶でたらめに(＝手当たり次第に)選ぶ v. escoger* 「al azar [a la buena de Dios,《口語》al buen tuntún]. ▶でたらめをいう v. decir* disparates, hablar a lo loco. ♦彼の話はまったくでたらめだ No dice más que tonterías [disparates]. / (でっちあげて)Todo lo que dice es 「una historia inventada [un puro cuento]. ♦彼の仕事ぶりはまったくでたらめだ Trabaja「sin orden ni concierto [《口語》a la buena de Dios]. ☞ いい加減な, 大それた

てちか **手近** ▶手近な (よく知られた) adj. conocido, familiar; (近くの) adj. cercano. ▶手近な例をあげる v. poner* un ejemplo familiar [conocido]. ▶手近なレストラン m. restaurante cercano. ▶ペンと手帳を手近に(＝手元に)置いておく v. tener* una pluma y un cuaderno 「a mano [al alcance].

てちがい **手違い** m. error, f. equivocación, m. desacierto. → 過失, 誤って. ♦計画に手違いが生じた El plan fracasó [salió mal]. ♦何かの手違いで彼はまだ京都に着いていない Por algún percance [error] todavía no ha llegado a Kioto.

てちょう **手帳** f. agenda, f. libreta, m. cuadernillo. 《会話》来週の金曜空いてる？—ちょっと待ってね、手帳みてみるから ¿Estás libre el viernes de la semana que viene? – Un momento. Voy a ver mi agenda.

* **てつ** 鉄 *m.* hierro, 『ラ米』*f.* fierro; (鋼鉄) *m.* acero. ▶酸化鉄 *m.* óxido de hierro. ▶くず鉄 *f.* chatarra. ▶粗鉄 *m.* arrabio. ▶鋳鉄 *m.* hierro fundido [colado]. ▶鉄鉱 *m.* mineral de hierro. ▶鉄格子 *m.* barrote [*f.* barra] de hierro. ▶鉄材 *m.* material de hierro. ▶鉄板 *f.* lámina [*f.* placa] de hierro; (薄板) *f.* plancha de hierro. ▶鉄のなべ *f.* olla de hierro. ▶そのなべは鉄でできている Esa olla es de hierro. ▶彼の意志は鉄のように強い Tiene una voluntad férrea. / Es un hombre de hierro. ▶鉄は熱いうちに打て《ことわざ》Al hierro caliente, batir de repente.

てっかい 撤回 *f.* retirada, 《フォーマル》*f.* retracción. ▶辞表を撤回する *v.* retirar la dimisión. ▶前言を撤回する *v.* desdecirse* 《de》, 《フォーマル》retractarse de lo dicho.

てっかく 的確 ▶的確な *adj.* preciso, exacto.
→ 的確(ﾃｷｶｸ), 適格(ﾃｷｶｸ).

* **てつがく** 哲学 *f.* filosofía. ▶カント哲学 *f.* filosofía 「de Kant [kantiana]. ▶ギリシャ哲学 *f.* filosofía griega. ▶道徳哲学 *f.* filosofía moral. ▶¹経験 [²実践] 哲学 *f.* filosofía ¹empírica [²práctica]. ▶哲学者 *mf.* filósofo/*fa*. ▶哲学博士 *mf.* doctor/tora en filosofía. → 博士.「控えめに考えていれば失望することもない」というのが彼の(人生)哲学です Su filosofía es "no te hagas ilusiones y no sufrirás desilusiones".

てづかみ 手づかみ ▶魚を手づかみにする *v.* atrapar un pez a mano. ▶手づかみで魚を食べる *v.* comer el pescado con los dedos.

てっかん 鉄管 *m.* tubo de hierro.

てつき 手つき ▶器用な手つきで *adv.* hábilmente, con destreza. ▶無器用な手つきで *adv.* torpemente. ▶慣れた手つきで靴を包む *v.* atarse los zapatos con habilidad.

てっき 鉄器 *mpl.* objetos de hierro; (金物類) *f.* ferretería. ▶鉄器時代 La Edad de Hierro.

デッキ (船の) *f.* cubierta. ▶彼はデッキで日光浴を楽しんでいた Estaba en cubierta tomando el sol.

デッキチェア *f.* silla plegable.

|地域差| **デッキチェア**
〔全般的に〕*f.* silla plegable, *f.* silla de playa
〔スペイン〕*f.* hamaca, *f.* tumbona
〔キューバ〕*m.* catre, *f.* silla de extensión, *f.* silla reclinable
〔メキシコ〕*f.* hamaca, *f.* silla plegadiza, *f.* silla [*m.* sillón] reclinable
〔ペルー〕*f.* hamaca, *f.* perezosa, *f.* silla reclinable
〔コロンビア〕*f.* perezosa, *f.* silla de extensión
〔アルゼンチン〕*f.* hamaca, *f.* playera, *f.* reposera

てっきょ 撤去 *f.* retirada, *m.* desmantelamiento. ▶撤去する *v.* retirar, quitar; desmantelar. ▶バリケードを撤去する *v.* quitar las barricadas.

てっきょう 鉄橋 (鉄道の) *m.* puente de ferrocarril; (鉄製の) *m.* puente de hierro. → 橋.

てっきり (確かに) *adv.* con seguridad [certeza]; (疑いなく) *adv.* sin duda, indudablemente. ▶てっきり彼は成功すると思っていた「Estaba seguro [Tenía la certeza de] que triunfaría. ◆てっきり彼女は有罪だと思った (=確信した)「Estaba convencido [Tenía la certeza] de que era culpable. ◆てっきり (=当然) 君がその事を知っていると思った Daba por supuesto que lo sabías.

てっきん 鉄筋 *fpl.* barras de refuerzo [armadura]. ▶鉄筋コンクリート(の建物) *m.* (edificios de) hormigón [『ラ米』concreto] armado.

てづくり ▶手作りの(手製の) *adj.* hecho a mano, (自家製の) *adj.* casero, hecho 「en casa [《フォーマル》de fabricación doméstica]. → 手製.

てつけ(きん) 手付け(金) *m.* depósito. ◆彼女はスペイン旅行に20万円の手付け(金)を払った Hizo un depósito de 200.000 yenes para un viaje a España.

てっこう 鉄鋼 *m.* hierro y *m.* acero. ▶鉄鋼業 *f.* industria siderúrgica.

てっこうじょ 鉄工所 *f.* herrería, *f.* fundición de hierro. ▶鉄工所で働く *v.* trabajar en una herrería.

てっこつ 鉄骨 (鉄材) *m.* armazón [*f.* estructura] de hierro. ▶鉄骨プレハブ住宅 *f.* casa prefabricada con la estructura de hierro.

デッサン *m.* esbozo; (略画) *m.* apunte. → 絵.

てつじょうもう 鉄条網 *f.* alambrada de púas.

てっする 徹する (専念する) *v.* entregarse* [dedicarse*, 《強調して》consagrarse] en cuerpo y alma 《a》; (忠実に done) *v.* ser* fiel a su principio. ▶金もうけに徹する *v.* entregarse* en cuerpo y alma a ganar dinero. ▶安全第一に徹する *v.* ser* fiel al principio de la "seguridad es lo primero.". ▶夜を徹して話す *v.* pasarse hablando toda la noche.

てっそく 鉄則 *f.* regla invariable, *f.* norma inmutable. ▶鉄則を守る *v.* observar una regla invariable.

てったい 撤退 *f.* retirada, (占領地などからの) *f.* evacuación. ▶軍隊の撤退 *f.* retirada de las tropas (de un lugar). ▶撤退する *v.* retirarse 《de》, evacuar*. ▶撤退させる *v.* retirar, evacuar*. ▶軍隊はその地域から撤退した El ejército se retiró de la zona. ⇨後退, 退却.

* **てつだい** 手伝い (行為) *f.* ayuda, 《フォーマル》*f.* asistencia; *m.* auxilio → 助け; (人) *mf.* ayudante, 《フォーマル》*mf.* asistente. ▶左官手伝い *m.* ayudante [*m.* peón] de albañil. ▶お手伝いさん(通いの)(しばしば軽蔑的に) *f.* criada, *f.* asistente doméstica. ▶あなたは家の手伝いをよくしますか ¿Ayudas con frecuencia a tu madre en casa? → 手伝う.

* **てつだう** 手伝う *v.* ayudar, prestar 《a + 人》ayuda, (口語) echar 《a + 人》una mano; (援助する) *v.* auxiliar, prestar auxilio, soco-

でっちあげ

▶助ける. ▶洗濯を手伝う v. ayudar「a lavar [en el lavado]. ▶彼の仕事を手伝う v. ayudarlo[le] a hacer* su trabajo, 「prestarle ayuda [《口語》echarle una mano] en su trabajo,《フォーマル》asistirlo[le] en su trabajo. ▶彼がコートを着るのを手伝う v. ayudarlo[le]「con el abrigo [a ponerse* el abrigo]. ▶私は彼女が指輪を探すのを手伝った La ayudé a encontrar su anillo. ◆(ちょっと)君たち，たんすを動かすのを手伝ってくれ ¡Eh, muchachos! ¡Echad [《ラ米》Echen] una mano para mover este armario! 《会話》何か手伝いましょうかーええ，さしつかえなければその食料品の袋を上へ運んでいただけますかーいいですとも，喜んで手伝わせていただきます ¿Puedo ayudarlo[la, le] en algo? [¿En qué puedo ayudarlo[le]?] – Sí, por favor. ¿Le importaría subir arriba estas bolsas de comestibles? – De ningún modo. Con mucho gusto lo [la, le] ayudo ahora mismo. ◆母に少し手伝ってもらってこの服を作りました Hice este vestido con「un poco de ayuda [《口語》la ayudita] de mi madre.

でっちあげ でっち上げ (人を罪に陥れる) f. invención,《口語》f. pura fábula; (容疑の) f. falsa acusación,《フォーマル》f. calumnia; (話の)《口語》m. cuento chino.

でっちあげる でっち上げる (人を犯人などに) v. inventar,《口語》sacarse* de la manga; (容疑などを) v. falsificar*; (話・アリバイなどを) v. inventarse. ▶話をでっち上げる v. inventarse una historia. ▶彼を逮捕するために窃盗の容疑をでっち上げる v. calumniarlo[le] por robo para que lo arresten.

* **てつづき** 手続き (手順) m. procedimiento, m. trámite; (法律などに基づく正式な) fpl. formalidades,《フォーマル》fpl. diligencias; (訴訟の) m. procedimiento; (要件) mpl. requisitos. ▶正規の手続きを踏まずにビザを取得する v. obtener*「un visado [《ラ米》una visa] no cumpliendo [sin cumplir] las formalidades debidas. ▶輸出手続きを済ませる v.「pasar por [cumplir con] los trámites de exportación. ◆彼女は手続き上の不備で選考から漏れた Fue eliminada por no cumplir los requisitos.

* **てってい** 徹底 f. minuciosidad, f. perfección.

—— **徹底する** ❶【中途半端でない】v. quedar completo, ser* perfecto. ◆彼は何事においても徹底している Hace todo perfectamente. / Es una persona minuciosa en todo. ◆彼女の仕事は徹底している Su trabajo「está completo [queda perfecto].

❷【十分に行き届く】◆交通ルールを子供たちに徹底させる v. inculcar* en los niños las reglas de tráfico. ◆その命令は下部組織に徹底しなかった La orden no llegaba a la unidad más pequeña.

—— **徹底的な, 徹底した** (完全な) adj. completo, total; (完ぺきな) adj. perfecto; (余すところのない) adj.《フォーマル》exhaustivo; (根本的な) adj. radical; (手段などが思い切った) adj. drástico. ▶徹底した反戦主義者 m. pacifista a ultranza. ▶徹底的な改革を行なう v. hacer* una reforma drástica.

—— **徹底的に** adv. completamente, por completo, del todo, perfectamente, cien por cien,《口語》de cabo a rabo, a fondo,《フォーマル》de manera exhaustiva; radicalmente, drásticamente. ▶徹底的に打ち負かす v. derrotar 〈a + 人〉completamente. ▶徹底的に戦う v. luchar hasta「el final [la muerte]. ▶警察は事件を徹底的に調査した La policía investigó exhaustivamente el caso. / La policía realizó una investigación a fondo del caso. ☞ 精密な, 丁寧な; 散々, しらみ潰しに, 隅々, 丁寧に

* **てつどう** 鉄道 m. ferrocarril; f. vía férrea.

1〈～鉄道〉▶私営 [国営]鉄道 m. ferrocarril ^{1}privado [^{2}estatal]. ▶高架鉄道 m. ferrocarril elevado.

2〈鉄道＋名詞〉▶鉄道員 mf. ferroviario/ria, mf. empleado/da de ferrocarriles,《ラ米》mf. ferrocarrilero/ra. ▶鉄道運賃 f. tarifa ferroviaria; (貨物の) fpl. tarifas de transporte ferroviario. ▶鉄道公安官 mf. policía de ferrocarril. ▶鉄道ストライキ f. huelga de ferrocarriles. ▶鉄道工事(修理) f. reparación ferroviaria; (建設) fpl. obras ferroviarias. ▶鉄道輸送 m. transporte ferroviario [por tren]. ▶鉄道事故にあう v. tener* [sufrir] un accidente ferroviario. ▶鉄道会社で働く v. trabajar en「los ferrocarriles [una compañía ferroviaria]. ◆その国は鉄道網が高度に発達している En ese país la red ferroviaria está muy desarrollada.

3〈鉄道が[を]〉▶鉄道を敷く v. construir* un ferrocarril. ▶通勤に鉄道を利用する v.「tomar el [desplazarse* en] tren para ir* al trabajo. ◆大雨のため鉄道が一部不通になった Los servicios ferroviarios fueron parcialmente suspendidos por la intensa lluvia.

てっとうてつび 徹頭徹尾 (初めから終わりまで) adv. de principio a fin, de una punta a otra, de un extremo a otro,《口語》de cabo a rabo; (あくまで) adv. firmemente. ◆彼はその案には徹頭徹尾反対した Puso reparos al proyecto de principio a fin.

デッドヒート ▶デッドヒートを演じる v. disputar una reñida carrera 《con》.

デッドボール 《野球》m. golpe por la bola lanzada. ▶デッドボールで1塁に出る v. ser* golpeado por un lanzador y ganar la primera (base).

デッドライン (締切り) f. fecha límite [tope]; m. plazo de entrega.

てっとりばやい 手っ取り早い (早い) adj. rápido; (簡単な) adj. sencillo; (容易な) adj. fácil. ▶手っ取り早く言えば adv. en resumen, en una palabra,《口語》en dos palabras, en suma. ◆フランス語をマスターする一番手っ取り早い方法はフランス人に恋をすることだ El método más rápido de dominar el francés es enamorándose de alguien de Francia. ◆手っ取り早く片づけてしまおう Acabemos pronto.

でっぱ 出っ歯 *mpl.* dientes salientes. ▶出っ歯の少女 *f.* chica de dientes salientes,《口語》*f.* muchacha dientuda.

てっぱい 撤廃 (廃止) *f.* abolición; (除去) *f.* supresión, *f.* eliminación. ▶奴隷制度の撤廃 *f.* abolición de la esclavitud. ▶差別を撤廃する *v.* suprimir [abolir] la discriminación. ▶米の統制を撤廃する *v.* eliminar [levantar] el control del arroz.

でっぱなし 出っ放し ▶水が出っ放しになっている Se queda abierto [el grifo [la llave].

でっぱる 出っ張る *v.* sobresalir*, resaltar. ▶木の枝が通りに出っ張っていた Una rama del árbol sobresalía en la calle.

てっぱん 鉄板 *f.* lámina [*f.* plancha] de hierro [acero]. ▶鉄板焼き "teppanyaki",《説明的に》*m.* plato consistente en lonchas finas de carne y verduras asadas a la plancha.

でっぷり (太った) *adj.* gordo,《フォーマル》obeso; (かっぷくのよい) *adj.* corpulento. ▶でっぷりしたおじさん *m.* anciano obeso,《口語》*m.* viejo gordito.

てっぷん 鉄分 *m.* hierro. ▶鉄分が多い v.「tener* mucho [ser* rico en] hierro; (多くの鉄分を含む) *v.* contener* mucho hierro.

てっぺい 撤兵 *f.* retirada de tropas. ▶撤兵する *v.* retirar las tropas《de》.

てっぺん 天辺 *m.* alto; (山頂) *f.* cumbre, *f.* cima. ▶木のてっぺんに *adv.* en「la copa [lo alto] de un árbol. ▶頂上. ▶塔のてっぺんまで登る *v.* trepar hasta lo alto de la torre. ▶私の頭のてっぺんから足のつま先までじろじろ見る *v.*「mirarme fijamente [quedarse mirándome]「de pies a cabeza [de arriba abajo].

てつぼう 鉄棒 (鉄の棒) *f.* barra de hierro; (体操用の鉄棒) *f.* barra fija. ▶鉄棒を練習する *v.* hacer* ejercicios en las barras.

てっぽう 鉄砲 *m.* fusil; (狩猟用の) *f.* escopeta. → 銃. ▶鉄砲を撃つ *v.* disparar una escopeta. ▶鉄砲を向ける *v.* apuntar con la escopeta《a》. ▶鉄砲水 *f.* riada.

てづまり 手詰まり (行き詰まり) *m.* "impasse", *m.* estancamiento. ▶八方手詰まりである *v.* estar* totalmente parado [estancado].

*****てつや** 徹夜 ▶徹夜する *v.* pasar la noche en vela, pasar toda la noche (＋現在分詞); (とくに戸外で) *v.* trasnochar; (看病・通夜で) *v.* velar. ▶徹夜で勉強する *v.* estudiar toda la noche, pasarse la noche estudiando. ▶徹夜で会議をする *v.* tener* una conferencia toda la noche. ♦彼と徹夜でその問題を議論した Me pasé toda la noche discutiendo el asunto con él.

てづる 手づる (つて)《口語》*m.* enchufe; (縁故) *mpl.* contactos, *fpl.* relaciones; (影響力) *f.* influencia.

でてくる 出て来る *v.* salir*. → 出る.

でどころ 出所 (源) *m.* origen, *f.* fuente. ▶そのうわさの出所 *m.* origen del rumor. ♦金の出所 (＝だれが金を出したか) が分からない Desconozco el origen del dinero. / No sé de dónde salió el dinero.

てどり 手取り *m.* salario [*m.* sueldo] neto,《口語》*mpl.* ingresos limpios. ♦税金を引くと彼の手取りは少なかった Descontados los impuestos, su salario era bajo. ♦月収は手取りで 20 万円だ Gano al mes 200.000 yenes netos [《口語》en limpio].

てとりあしとり 手取り足取り ♦彼は手取り足取り泳ぎ方を教えてくれた Me tomó de la mano y me enseñó a nadar punto por punto.《会話》まだ答えを教えてもらってないよーいったい手取り足取り教えなくちゃいけないのかい Todavía no me has respondido. –《口語》¿Es que tengo que dártelo todo mascado [en cucharón]?

テナー *m.* tenor; (声) *f.* voz de tenor; (人) *m.* tenor.

てなおし 手直し (修正) *f.* modificación; (改良) *f.* mejora; (原稿などの) *f.* revisión; (微調整) *m.* reajuste, *m.* retoque. ▶手直しする *v.* modificar*; mejorar; revisar; reajustar, retocar*.

でなおす 出直す (再び来る) *v.* volver*; (再出発する) *v.* empezar* de nuevo, volver* a empezar*. ♦頭を冷やして出直して来い Será mejor que te calmes y vuelvas después.

てなげだん 手投げ弾 *f.* granada de mano.

てなずける 手なずける (飼いならす) *v.* domar, domesticar*; (説得して味方に引き入れる) *v.* ganarse《a》; (親しくする) *v.* hacerse* amigo *de*《de》. ♦ライオンを手なずけるには忍耐が要る Para domar un león hay que tener paciencia. ♦あの委員会を手なずけるのは大変だよ Tendremos muchas dificultades en ganarnos al comité.

てならい 手習い (学習) *m.* aprendizaje; (習字) *f.* caligrafía. ▶六十の手習い《言い回し》Nunca es tarde para aprender. /《ことわざ》El saber no ocupa lugar.

てなれた 手慣れた (熟練している) *adj.* experto, diestro. ▶手慣れた手つきでタマネギをスライスする *v.* cortar una cebolla con destreza. ♦彼女は教えることは手慣れている Es una experta profesora. / (十分経験を積んでいる) Tiene mucha experiencia en la enseñanza. / (慣れている) Está acostumbrada a enseñar.

テナント (商業が目的の賃借人) *mf.* inquilino/na. ▶テナント募集《掲示》Se alquila.

*****テニス** *m.* tenis. ▶軟式テニス *m.* tenis de pelota blanda. ▶テニス「コート [ラケット] ¹*f.* cancha [²*f.* raqueta] de tenis. ▶テニス選手 *mf.* tenista, *mf.* jugador/dora de tenis. ▶テニスの試合 *m.* partido [*m.* torneo] de tenis. ▶テニス部員 *mf.* socio/cia de un club de tenis. ▶テニスをする *v.* jugar* al tenis. ♦彼はテニスがとても上手です Juega muy bien al tenis. / Es muy buen jugador de tenis. / Se le da el tenis muy bien.

デニム *f.* mezclilla, *f.* tela vaquera, *m.* dril de algodón. ▶デニムのジーンズ《スペイン》*mpl.* vaqueros,《ラ米》《英語》*mpl.* "jeans" (☆発音は [yíns]), *mpl.* tejanos.

てにもつ 手荷物 *m.* equipaje de mano. → 荷物. ▶手荷物預り所 (ホテル・劇場などの) *m.* guardarropa; (特に駅の) *f.* consigna, *f.* oficina

てぬかり　手抜かり (誤り) m. error, m. descuido; (見落とし) m. descuido f. omisión. ♦調査にいくつか手抜かりがあった Había algunos errores en la investigación.

てぬき ▶手抜きをする(仕事をぞんざいにする) v. escatimar [descuidar] el trabajo; (経費・時間・手間を切り詰める) v. economizar* esfuerzos o dinero. ▶工事に手抜きをする v. escatimar en una obra de construcción.

てぬぐい　手拭い (ぬれた手をふく) f. toalla (de mano), m. paño, 《口語》f. toallita. → タオル

てぬるい　手ぬるい (過酷でない) adj. blando, 《フォーマル》indulgente. ▶手ぬるい処罰 m. castigo indulgente [poco severo].

テネリフェ Tenerife (☆スペイン, カナリア諸島の最大の島).

てのうち　手の内を見せる v. poner* las cartas sobre la mesa. ▶手の内を見せない v. no dejar ver* las cartas, ocultar la intención.

テノール m. tenor. ▶テノールを[で]歌う v. cantar de [como] tenor. ▶テノール歌手 m. tenor.

てのこんだ　手のこんだ細工(作品) m. trabajo elaborado; (技) f. destreza en el trabajo elaborado.

てのひら　掌 f. palma (de la mano). ▶コインをてのひらに隠す v. guardarse una moneda en la mano. ▶てのひらを返すように(=急激に)考えを変える v. cambiar de repente de opinión.

デノミ f. devaluación. ▶デノミを実施するv. devaluar* (el dólar).

-ては ▶そうおだてられては君の申し出を断われない No puedo rechazar tu oferta después de tantos halagos.

*では (話題を変えて) interj. bien, bueno, pues (bien); (よろしく次を) muy bien, de acuerdo, 《スペイン》《口語》vale; (注意を促して) vamos a ver, veamos, vamos, 《スペイン》《口語》venga, 《スペイン》《口語》hala; (話題を引きついで) adv. entonces, en ese [tal] caso. ♦それでは. ♦では今日はここまで Bien, eso es todo por hoy. 会話 田中に頼んでもむだだよ―では大塚さんの方がよいでしょう No sirve de nada pedírselo a Tanaka. - Bueno [Pues, Entonces], ¿y si se lo pidiéramos al Sr. Otsuka? ♦では本題に入りましょう De acuerdo, vamos a pasar al tema principal. ♦ではいっしょに歌いましょう Bien, vamos a cantar juntos. ♦ではお休みなさい Bien [《スペイン》Hala], buenas noches. 会話 スポーツは好きではないんですが何が好き. 音楽かい No me gustan los deportes. - ¿Qué te gusta entonces, la música? 会話 いいえ, 私が欲しいのはそれではありません―う, ではあなたが思っていたのはこれですか No, no es ése el que quiero. - Entonces, ¿es éste el en el que estás pensando?

*-では ❶【関して】(…ということになると) prep. por lo que se refiere a, por lo que respecta a, 《フォーマル》en lo que concierne a; (…に関する限り) prep. en [por] lo que se refiere 《a》; (…については) 《スペイン語では彼女のクラスで一番です En [Por lo que se refiere al] español, es el primero de la clase. ♦この点では私が間違っていました Me equivoqué en este punto.

❷【判断】(…から判断して) prep. a juzgar por; (…の考えでは) prep. en opinión de; (…によれば) prep. según, de acuerdo con; (基準) prep. por. ♦この空模様ではまもなく雨だろう Ese cielo tiene aspecto como si fuera a llover. / A juzgar por el cielo, parece que va a llover. ♦時刻表では列車は5時30分に出る Según el horario, el tren sale a las 5:30. ♦私の考えでは君は大学に進学すべきだ En [Según] mi opinión debes ir [pasar] a la universidad. → 意見. ♦私の時計ではちょうど6時です Por mi reloj son exactamente las seis. ♦この雨ではバスが遅れるだろう Con esta lluvia el autobús vendrá con retraso.

❸【対比, 強調】(場所) prep. en → で; (手段) prep. por; (時) prep. a. ♦きのうの静岡では晴れだったが大阪では雨だった Ayer hizo 「buen tiempo [un buen día] en Shizuoka, pero en Osaka llovió. ♦バスでは時間に間に合わない En autobús es imposible que llegues a tiempo. ♦修理は1週間かかります. 三日ではできません Se tarda una semana en arreglarlo. En tres días es imposible. ♦これでは足りない(=十分でない) No es bastante. / No basta.

1《AではなくB》adv. no A sino B. ♦その案に反対したのは私ではなく中村だ No fui yo sino Nakamura 「el que [quien] se opuso al plan. / Fue Nakamura y no yo quien se opuso al plan. / Al plan se opuso Nakamura y no yo. / Al plan no me opuse yo sino Nakamura. ♦人間は四つんばいではなくまっすぐ立って歩く Los seres humanos caminan erectos y no a cuatro patas.

2《ではないのに》♦馬ではないのに(=馬じゃあるまいし)ニンジンの生なんか食えるか No soy un caballo para comer zanahorias crudas. ♦彼はどうしてあんなに女の子にもてるのかしら. 別にいい男だというわけではないのに Me pregunto por qué es tan popular con las chicas. Después de todo, no es tan apuesto.

*デパート mpl. (grandes) almacenes. ♦彼女はそのデパートに1買い物に行った [2で買い物をした] 1Fue de compras a [2Hizo compras en] esos almacenes.

地域差 デパート
〔全般的に〕mpl. grandes almacenes
〔コロンビア〕m. almacén grande
〔メキシコ〕f. tienda departamental [de departamento]

てはい　手配 ❶【準備, 用意】mpl. preparativos 《para》, mpl. arreglos 《para》; f. preparación. ♦結婚式の手配は万端整っています Se han realizado todos los preparativos para la boda.

❷【警察の】(捜索) f. búsqueda 《de》. ♦犯人の手配をする v. iniciar la búsqueda de un/una delincuente.

—— 手配する v. disponer*, arreglar, 《フォーマル》 tomar disposiciones; (準備する) v. hacer* preparativos, preparar. ◆彼があなたを空港に出迎えるように手配する v. disponer* para que él te reciba en el aeropuerto. ◆車を手配する v. preparar el coche. ◆その旅行社は私たちのヨーロッパ旅行の手配を一から十までやってくれた La agencia de viajes 「arregló todo [hizo todos los preparativos] para nuestro viaje a Europa. ◆君が仕事に就けるよう手配しよう Haré [Dispondré las cosas de modo] que consigas trabajo. ☞ 段取り, 都合, 手回し

ではいり 出入り f. entrada y f. salida. → 出入(で)り

てはじめ 手始め ◆手始めに(まず始めに) adv. antes que nada, lo primero de todo, en primer lugar. ◆手始めにこの小説を読もう「Antes que nada [Lo primero de todo], leeré esta novela.

てはず 手筈 f. preparación; (具体的な) mpl. preparativos, (計画) m. plan; (予定) m. programa. ◆パーティーの手はずを整える v. preparar [hacer* los preparativos para] la fiesta; (計画を立てる) v. hacer* planes para la fiesta. ◆式の手はずはついている La ceremonia está preparada. / Todo está dispuesto para la ceremonia. ◆君が支配人に会えるよう手はずを整えてあげよう Haré que veas al director. ☞ 企画, 準備, 取り決め, 取り計らい

デバッグする 《専門語》 v. depurar, eliminar fallas.

でばな 出鼻 ◆彼の一言で私は出鼻(=やる気)をくじかれた Con una palabra suya me echó un jarro de agua fría.

てばなし 手放し ◆その知らせに手放しで喜ぶ v. 「expresar abiertamente la alegría [《口語》《比喩的に》reventar* de gozo] al saber* la noticia. ◆彼女は自分の息子を手放しでほめた Elogió sin reservas a su hijo.

てばなす 手放す (手の動きで) v. deshacerse* 《de》, desprenderse 《de》; (売る) v. vender. ◆家を手放す v. deshacerse* de la casa. ◆彼は息子を手放したくく(=遠ざべやりたくう)ない Le sentó muy mal separarse de su hijo. ◆作文にはこの辞書は手放せない(=必需品である) Este diccionario es esencial para una redacción. / (…なしですませない)Es imposible prescindir de este diccionario para escribir una composición.

てばやい 手早い adj. rápido. ◆手早く adv. rápidamente. ◆仕事が手早い v. hacer* rápidamente el trabajo. ◆食卓を手早く片付ける v. limpiar rápidamente la mesa.

ではらう 出払う v. estar* todos fuera, haber* salido todos. ◆家族の者は皆出払っています Toda la familia está fuera. / Han salido todos.

でばん 出番 (順番) m. turno, f. vez; (舞台に登る時間) m. momento de aparecer en escena. ◆出番を待つ v. esperar el turno. ◆君の出番だよ Es tu turno. / Ahora te toca a ti. ◆私の出番はなかった No tenía ningún papel. / No me tocaba actuar.

てびき 手引き (指導, 案内) f. guía, f. orientación; (紹介) f. presentación, f. introducción; (案内者) mf. guía. ◆手引書 f. guía; (入門書) m. manual. ◆彼の手引きでこの要職を得る v. conseguir* este puesto por él. ◆手引きする v. guiar*, llevar. → 導く.

デビットカード f. tarjeta de débito.

デビュー m. debut. ◆歌手としてデビューする v. debutar [hacer* el debut] como cantante.

てびょうし 手拍子 ◆手拍子を取る v. marcar* el compás con las palmas.

てびろく 手広く → 広い。◆手広く(=大規模に)商売している v. hacer* negocios a gran escala.

でぶ mf. gordo/da, 《口語》 mf. gordito/ta.

デフォルトの 《専門語》 adj. por omisión [defecto].

てぶくろ 手袋 mpl. guantes; (ミトン) mpl. mitones; fpl. manoplas. ◆暖かい手袋の一対 un par de cálidos guantes. ◆ゴム手袋 mpl. guantes de goma. ◆手袋をはめる [²脱ぐ] v. ¹ponerse* [²quitarse] los guantes. ◆手袋をはめている v. llevar puestos, tener* puestos los guantes. ◆手袋をはめて[はめたままで] adv. con guantes; adj. 《文語》 enguantado. → 着る. ◆手袋を片方なくした He perdido un guante.

でぶしょう 出無精 f. persona hogareña [casera].

てぶら 手ぶら ◆手ぶらで(=手みやげを持たないで)彼の家に行く v. ir* a su casa sin llevar un regalo. 《会話》 君手ぶら?-うん, 今日は塾へ行かなかったからね ¿No llevas nada? - No, es que hoy no he ido a la academia preparatoria. 《会話》 パーティーに何か飲み物を持っていくねーありがとう. でも本当に気を使わないで, 手ぶらで来て Llevaré a tu fiesta algo de beber. - Gracias, pero no hace falta que te molestes.

てぶり 手振り (手の動き) m. ademán, m. movimiento de la mano; (仕草) m. gesto. ◆大げさな身振り手振りで adv. con gestos exagerados.

デフレーション f. deflación. ◆デフレ政策 f. política deflacionaria. → インフレ.

テヘラン Teherán (☆イランの首都).

てべんとう 手弁当 ◆手弁当で(=自費で) adv. a propia costa, de su bolsillo.

てほどき 手解き (秘伝などの) f. iniciación 《a》. ◆彼に商売の手ほどきをする v. iniciarlo [le] en los negocios.

てぼり 手彫り f. talla. ◆手彫りの盆 f. bandeja tallada.

＊てほん 手本 (模範) m. modelo; (例) m. ejemplo; (習字の) m. cuaderno (de muestras). ◆彼久いに手本を示す v. darle* buen ejemplo. ◆これは彼らが見習うべきいい手本になる Esto será un buen modelo [ejemplo] a seguir para ellos. / Esto les servirá bien de modelo. ◆彼女は母親の行儀を手本にした Tomó a su madre como ejemplo de sus modales. → 模範. ◆この手本どおりに書くようにしなさい Intenta

946 てま

escribir como esta muestra. / Trata de seguir este modelo.

てま 手間 (時間) *m*. tiempo; (手数) *f*. molestia; (努力) *m*. esfuerzo; (労力) *m*. trabajo. ♦この機械のおかげですいぶん手間が省ける Esta máquina nos ahorra mucho tiempo [trabajo]. ♦この仕事にはずいぶん手間取った (=時間を取った) Este trabajo me ha llevado mucho tiempo. / He tardado mucho en hacer este trabajo. ♦お手間を取らせてすみません Gracias por「su tiempo [las molestias que le he causado]. / (申し訳ありません)Siento [Perdón por] molestarle. ♦彼は手間ひまをかけてその絵を描いた Dedicó mucho tiempo [trabajo, esfuerzo] a pintar ese cuadro. / Ese cuadro le costó mucho trabajo. ♦こんなに遅れてすみません．途中交通渋滞で手間取った (=遅れた)のです Siento llegar tan tarde. El tráfico me detuvo un buen rato cuando venía aquí.

デマ (うそのうわさ) *m*. rumor infundado [falso, sin fundamento]. → 噂(うゎさ), スキャンダル. ♦デマを飛ばす *v*. propagar* [hacer* correr] un rumor falso. ♦…のデマが飛んでいる Corre el falso rumor de que... / Se dice sin ningún fundamento que... ♦そのうわさはとんでもないデマだ Ese rumor es completamente infundado [carece por completo de fundamento].

てまえ 手前 ❶【こちら側，前の方】 仙台より一つ手前 (=前の)駅で降りる *v*. bajarse del tren en una estación antes de Sendai. ♦銀行の手前を右に回る *v*. doblar [girar] a la derecha antes del banco. ♦その公園は川の1手前 [2向こう側]にある El parque está ¹a este lado [²al otro lado] del río. ♦手前 (=最前列)に立っているその女の人が彼の奥さんです(写真などで) La señora que está de pie en primer plano es su esposa. ♦私たちは目的地の手前数キロのところにいた Nos faltaban algunos kilómetros para nuestro destino. ❷【体面】 ♦世間の手前 (=体裁上) *adv*. por guardar las apariencias. ♦子供の手前 (=前では) *adv*. ante [《フォーマル》en presencia de] los niños.

でまえ 出前 ♦出前する (=注文によって食事[料理]を配達する) *v*. servir* (comidas) a domicilio; (宴会などの料理とサービスを提供する) *v*. encargarse* del servicio de comida y bebida para fiestas, etc. ♦出前持ち *m*. repartidor. ♦ソバを出前してもらった Encargué soba (a domicilio). ♦あの店は出前をしている Ese restaurante sirve a domicilio.

てまえがって 手前勝手 ♦手前勝手な *adj*. egoísta.

てまえみそ 手前みそ *m*. auto elogio (alabanza). ♦手前みそを言う *v*. alabarse [elogiarse] a uno mismo.

でまかせ 出任せ ♦出任せの (=行き当たりばったりの)発言 *m*. disparate, *m*. absurdo. ♦出任せの (=無責任な)返事をする *v*. responder disparatadamente, (口語)contestar「sin ton ni son [a la buena de Dios]; (考えずに返事する) *v*. contestar「sin pensar* [《フォーマル》irreflexivamente].

てまちん 手間賃 (賃金) *m*. salario; (一般に給料) *f*. paga. → 手数料.

でまど 出窓 *f*. ventana saledita [en saliente].

てまどる 手間どる →手間.

てまねき 手招き *f*. seña con la mano. ♦¹もっと近くに来るよう [²中に入るよう]彼に手招きする *v*. hacerle* una señal con la mano para que ¹se acerque [²entre].

てまわし 手回し (用意) *mpl*. preparativos (para); (手配) *m*. arreglo. ♦何事にも手回しがいい *v*. preparar bien las cosas, no olvidarse de nada.

てまわりひん 手回り品 (持ち物) *fpl*. pertenencias, *fpl*. cosas personales; (身の回り品)《フォーマル》*mpl*. efectos personales; (手荷物) *m*. equipaje.

でまわる 出回る (市場に出る) *v*. salir* al mercado; (出盛りだ) *v*. estar* de temporada. abundar. ♦この地方ではリンゴは10月に出回る En esta región, las manzanas salen [están de temporada] en octubre. 《会話》ところで果物はどうしよう－ナシがなかい出回っている (=豊富にある)わ ¿Y qué hay de fruta? – Bueno,「las peras están ahora de temporada [ahora abundan las peras]. ♦模造真珠が出回っている (=売られている)「Han salido [Se venden] las perlas de imitación.

てみじか 手短 ♦手短な *adj*. breve. ♦手短に言えば *adv*. en resumen. → つまり. ♦筋を手短にまとめる *v*. resumir el argumento ☞ 簡潔，ざっ

でみせ 出店 (支店) *f*. (tienda) sucursal; (露店) *m*. puesto.

てみやげ 手土産 *m*. regalo, 《フォーマル》 *m*. obsequio. ♦手土産を¹持って [²持たないで]彼の家を訪ねる *v*. visitarlo[le] ¹llevando [²sin llevar] un regalo.

でむかえ 出迎え →出迎える.

でむかえる 出迎える (出向いて合う) *v*. salir* a recibir, ir* [venir*] a buscar*; (歓迎する) *v*. dar* la bienvenida, acoger*; (挨拶・動作とともに歓迎する) *v*. saludar. ♦姉が松江駅まで出迎えに来てくれた Mi hermana salió a recibirme a la estación de Matsue. ♦われわれは首相の出迎えを受けた Fuimos recibidos por el primer ministro. ♦彼女は玄関で客を出迎えた Saludó a sus invitados a la entrada.

でむく 出向く *v*. ir* [venir*, acudir] (a); (訪問する) *v*. visitar.

テムズがわ テムズ川 *m*. (río) Támesis (☆イギリスの川，ロンドンを流れる).

デメリット *f*. desventaja, *m*. demérito.

*–ても ❶【たとえ…としても】 aunque 《+接続法》, aun 《+現在分詞》. ♦君が倍の速さで走っても彼には追いつけないだろう 「Aunque corras [Aun corriendo] el doble de rápido, no podrás alcanzarlo[le]. ♦今さら彼にそう言ってもしようがない Aunque se lo digas ahora, no servirá de nada. / Ni diciéndoselo ahora

servirá para algo.
❷【どんなに…であっても】*adv.*「por muy《+形容詞》[por mucho《+名詞》]… que《+接続法》(sea) quien sea. ♦いくら疲れていても授業中に居眠りをしてはいけない「Por muy cansado que estés [Aunque estés cansado], no debes dormirte en la clase. ♦だれがそう言っても結果は同じだろう「Lo diga quien sea [Sea quien sea quien lo diga, Quienquiera que lo diga], el resultado será el mismo. ♦彼は何をやってもうまくやるだろう Haga [No importa] lo que haga, le saldrá bien.

❸【けれども】*prep.* pese a, *conj.* a pesar de que, aunque, pero. ♦彼に声をかけても知らん顔だった Pese a llamarle, fingió no reconocerme. / Le llamé pero no me reconoció.

*でも (しかし) *conj.* pero. → しかし, けれど(も). ♦私はそのパーティーに出席したいのです. でも行けません Me gustaría ir a la fiesta, pero no puedo. / Aunque no puedo, quisiera ir a la fiesta. ♦私はそのことはあまりよく知らない. でも, 彼の言ったことは信じられない No sé mucho de eso, pero [sin embargo] no puedo creerlo[le] [creer lo que dijo].

-でも　♦どんなに健康でも, 暴飲暴食は慎むべきだ Por mucho que se esté, 「no hay que cometer excesos [hay que tener moderación] en la comida y la bebida. →でも. ♦これは日本語ででも(=すら)うまく表現できない No lo puedo expresar ni siquiera en japonés. ♦お茶でも(=何か)いかが ¿Quiere té (o alguna otra cosa)?

デモ　f. manifestación. ♦学生デモ f. manifestación estudiantil. ♦デモ参加者 *mf.* manifestante. ♦¹消費税反対[²賃上げ]のデモをする *v.* manifestarse* 「hacer* una manifestación] ¹contra el impuesto de consumo [²en favor de una subida salarial]. ♦人々は抗議のため街頭デモをした La gente salió a la calle a manifestarse.

デモクラシー　f. democracia.

てもち　手持ちの商品 *fpl.* existencias, *mpl.* artículos disponibles, *m.* surtido. → 在庫. ♦手持ちの金がなくなった Me gasté todo el dinero que llevaba. /《口語》Me he quedado con las manos limpias.

てもちぶさた　手持ち無沙汰　♦今は手持ち無沙汰です(=何もすることがない) Ahora no tengo nada que hacer. /(時間をもて余している)Tengo mucho tiempo. / Tengo tiempo de sobra.

てもと　手元(に) (手近に) *adv.* a mano; al alcance de la mano; (持ち合わせて) *adv.* en (la) mano; (家に) *adv.* en casa. ♦彼はいつもその辞書を手元に置いている Siempre tiene el diccionario a mano. ♦手元に現金はない No tengo dinero en efectivo encima. /《フォーマル》No dispongo ahora de dinero contante. ♦彼女は一人息子を手元に置いておきたかった Quería tener a su hijo único「en casa [a su lado,《口語》pegado a sus faldas]. ♦それ手元に置いておくの, それとも売るの? ¿Te quedas con ello o lo vendes? ♦手元が狂って当たらなかった No di en el blanco. / No he acertado el blanco.

てりつける 947

デモンストレーション　(実演, 示威運動) f. demostración. ♦新型機械のデモンストレーション(=実演説明)をする *v.* 「demostrar* el funcionamiento [ofrecer* una demostración] de la nueva máquina. → デモ.

デュエット　m. dúo. ♦デュエットをする *v.* cantar a dúo.

てら　寺 m. templo (budista). ♦寺の鐘 f. campana de un templo. ♦寺参りをする *v.* ir* a rezar* a un templo, hacer* oración en un templo.

てらい　衒い (気取り) f. afectación,《口語》*mpl.* aires; f. presunción; (見せかけ) f. ostentación. ♦何のてらいもなく *adv.* con naturalidad, sin afectación.

てらう　衒う (気取る) *v.* afectar; presumir [《口語》darse* aires,《フォーマル》jactarse]《de》; (見せかける) *v.* ostentar. ♦奇をてらう *v.* presumir de originalidad,《口語》darse* aires de original.

てらしあわせる　照らし合わせる (照合する) *v.* chequear [cotejar]《A con B》; (比較する) *v.* comparar《A con B》. ♦原文と翻訳を照らし合わせる *v.* cotejar la traducción con el original.

*てらす　照らす　❶【光などが】(照らす) *v.* alumbrar; (光を当てる) *v.* iluminar, arrojar luz《sobre》; (照明する) *v.* iluminar; (明るくする) *v.* dar* más luz《a》. ♦ぼんやりと照らされた廊下 m. pasillo débilmente iluminado. ♦日の光が彼女の髪を照らした El sol iluminó su cabello. ♦月が水面を照らしている La luna alumbra [ilumina] la superficie del agua. ♦多くの電球がステージを照らした Muchas luces iluminaron la escena.

❷【比較する】*v.* comparar《con》; (照合する) *v.* cotejar [chequear]《con》. ♦照らし合わせる *v.* cotejar [chequear]《con》. ♦規則に照らしてその件を処置すべきだ　Hay que decidir el caso「de acuerdo con [conforme a] las reglas. ♦過去に照らして現在を研究しなければならない Se debe estudiar el presente a la luz del pasado.

テラス　f. terraza. ♦テラスハウス(1戸分) f. casa adosada. ♦テラスに出る *v.* salir* a la terraza.

デラックス　(高級な) *adj.* lujoso, de lujo. → 豪華な. ♦デラックスなホテル m. hotel lujoso [de lujo].

テラバイト《英語》《専門語》*m.* terabyte.

デリー　Delhi (☆インドの都市).

デリートする《専門語》*v.* suprimir, borrar.

てりかえし　照り返し (¹光[²熱]の反射) m. reflejo ¹de la luz [²del calor].

てりかえす　照り返す (反射する) *v.* reflejar.

デリカシー　f. delicadeza. ♦デリカシーに欠ける人 f. persona sin delicadeza.

デリケート　♦デリケートな肌 f. piel sensible; (顔の) m. cutis delicado. ♦デリケートな神経 m. corazón sensible. ♦デリケートな(=微妙な)問題 f. cuestión delicada.

てりつける　照り付ける　♦太陽が照りつけていた El sol「nos abrasaba [era abrasador,《口語》《強調して》nos aplastaba].

テリトリー〖領域〗 m. territorio.
テリア〖英語〗 mf. "terrier".
てりやき 照り焼き "teriyaki", 〘説明的に〙 m. pescado [f. carne] a la brasa después de marinarse con salsa de soja, "sake" dulce de condimento, sake y azúcar.
てりゅうだん 手榴弾 f. granada de mano.
てりょうり 手料理〖自家製の〙 m. plato casero. ♦彼女は自分の手料理で彼をもてなした Le regalaba con platos preparados por ella misma.
てる 照る〖輝く〙 v. brillar, refulgir*; 〘天気が晴れる〙 v. aclarar, despejarse. ♦太陽が頭上でさんさんと照っていた El sol brillaba. / Hacía sol.

**でる 出る ❶〖外へ出る〙〖出て行く〙〖出てくる〙 v. salir*; 〘去る〙 v. irse*, marcharse; 〘場所から出る〙 v. alejarse, salir*; 〘転宅して行く〙 v. irse*, cambiarse, mudarse. → 引っ越す. ♦庭に¹出る [²出てくる; ³出ている] v. ¹salir* al [²salir* a; ³ estar* en el] jardín. ♦買い物に出る v. salir* de compras. ♦散歩に出る v. salir* a dar* un paseo. ♦前へ出る(=進み出る) v. adelantarse, dar* un paso adelante. ♦彼は黙って部屋を出た "Se fue [Salió] de la sala sin decir nada. 〖会話〗つまんない映画だな―じゃあ出ましょうよ Es una película aburrida. — Pues, vámonos. ♦主人は勤めに出ました(=行きました) Mi marido se ha ido al trabajo. ♦出て行け ¡Sal! / ¡Vete! /〘口語〙¡Largo! ♦彼は昼食に出ています Ha salido a comer. ♦地下鉄の駅を出たところで彼女は新聞売りに道を聞いた En la salida de la estación del metro, preguntó por el camino a un vendedor de periódicos.
❷〖出発する〙〖場所を去る〙 v. irse*, marcharse; 〘動き出す〙 v. partir; 〘列車が駅を〙 v. salir*. → 出る. ♦旅行に出る v. salir* de viaje. ♦彼は東京を出てパリに向かった Partió de Tokio para París. ♦私はいつも5時に会社を出る Siempre salgo de la oficina a las cinco. ♦この列車は8時15分に出る El tren sale [parte, 〘口語〙 se va] a las ocho y cuarto. ♦電車はちょうど出るところだった El tren estaba a punto de salir. ♦船は航海に出て十日たっていた El barco estuvo en el mar diez días.
❸〖現れる〙〖現われる, 出演する〙 v. aparecer*; 〘出てくる〙 v. salir*; 〘隠れていたものが〙 v. salir*, aparecer*; 〘物が偶然見つかる〙 v. ser* encontrado, aparecer*; 〘見える〙 v. mostrarse*, verse*. ♦人前に出る v. "salir* en [aparecer* en, mostrarse* ante el] público. ♦ジョン・ウェインの出ている西部劇 Una película del Oeste con John Wayne. ♦このごろ彼はめったに ¹テレビ [²舞台] に出ない Estos días apenas [casi nunca] sale ¹en la televisión [²a escena]. ♦その映画にはだれが出ていますか ¿Quién sale en esa película? ♦星が¹出た [²出ている] ¹Han salido las [²Hay] estrellas. ♦太陽が出た(=昇った) Ha salido el sol. ♦クマが穴から出てきた De la cueva salió un oso. / Un oso apareció de la cueva. ♦心配するな. 指輪はきっと出てくる No te preocupes. Ya aparecerá el anillo. ♦スリップが出ているよ Se te ve la combinación. ♦はしかが彼の体中に出た Le han salido granos de sarampión por todo el cuerpo. / Tiene todo el cuerpo lleno de granos por el sarampión. ♦この城には幽霊が出るそうだ Dicen que 「este castillo está encantado [hay un fantasma en este castillo].
❹〖突き出る〙〖突出する〙 v. sobresalir*, destacar*; 〘伸びる〙 v. sobrepasar. ♦彼は前歯が出ている Tiene los dientes (delanteros) salidos. ♦枝がへいの外に出すぎている Las ramas sobrepasan la valla.
❺〖流れ出る〙〖鼻水が〙 v. gotear; 〘血が〙 v. sangrar; 〘涙などが〙 v. correr, derramarse. ♦¹鼻血 [²鼻] が出ているよ Te ¹sangra [²gotea] la nariz. → 鼻血. ♦彼女の目から涙が出ました Le salieron lágrimas de los ojos. / Por sus mejillas corrían lágrimas.
❻〖出版・掲載される〙 v. aparecer*; 〘出版される〙 v. publicarse, 〘口語〙 salir*; 〘発行される〙 v. ser* publicado; emitirse; 〘表・名簿に〙 v. figurar. ♦そのニュースはどの新聞にも出ている Esa noticia sale [se publica, aparece, 〘口語〙 viene] en todos los periódicos. ♦彼の本は来春出るしょう Su libro saldrá [〘フォーマル〙 será publicado] la primavera que viene. ♦この語はこの辞書には出ていない Esta palabra no sale [aparece; figura; se encuentra] en este diccionario. ♦まもなく新しい切手が出る Pronto saldrán nuevas emisiones de sellos. /〘フォーマル〙Próximamente se emitirán nuevos sellos.
❼〖出席する〙 v. asistir 《a》, tomar parte 《en》; 〘試合・劇などに〙 v. presentarse 《para》. ♦あなたはその式に出ましたか ¿Fuiste a [¿Estuviste en; ¿Asististe a] la ceremonia? ♦彼は百メートル競走に出る決心をした Decidió 「participar en la carrera de [presentarse para] los 100 metros lisos. ♦彼女はテニスの決勝戦に出た "Se clasificó para [Estuvo en] la final de tenis. ♦彼は知事選に出る(=立候補する)ことにした Decidió presentarse para gobernador.
❽〖由来する〙 v. venir* [ser*; proceder; 〘フォーマル〙 derivarse] 《de》. ♦この語はラテン語から出ている Esta palabra viene [procede, es] del latín. ♦彼の家は平家から出ている Su familia procede del clan de Heike. ♦この習慣は異教徒の祭りから出たものである Esa costumbre viene [se deriva, procede] de un festival pagano. / (...に端を発した)Esa costumbre se originó de un festival pagano.
❾〖生じる〙〖結果として生じる〙 v. surgir* [venir*] 《de》, ser* el producto [resultado] 《de》; 〘突発的に〙 v. sobrevenir*, estallar; 〘偶発的に〙 v. ocurrir, tener* lugar. ♦憎悪はしばしば誤解から出てくる El odio es con frecuencia producto de malentendidos. / A menudo el odio surge de malentendidos. ♦火事は台所から出た El incendio estalló [empezó; Se declaró] en la cocina. ♦近所にコレラ患者が出た Ha estallado un caso de cólera en el vecindario. ♦強い風が

出てきた Se está levantando mucho aire. / Se está formando un viento fuerte.

❿【与えられる, dar*】(食卓に供される)v. servir*. ♦それをする許可が出た Me dieron permiso para [Fui autorizado a] hacerlo. ♦お昼にサンドイッチが出た En la comida sirvieron emparedados [sándwiches]. ♦この前の試験にどんな問題が出ましたか ¿Qué preguntas pusieron en el último examen? ♦ボーナスはいつ出ますか ¿Cuándo nos dan la 「paga extra [《フォーマル》gratificación]?

⓫【卒業する】v. graduarse*《en + 学科, por [de] + 学校》,【メキシコ】egresarse《de + 学校》. ♦東京大学の法学部を出る v. graduarse* en Derecho por la Universidad de Tokio. ♦大学を出たばかりの女性 f. mujer recién graduada de una universidad. ♦彼は去年高校を出た Acabó [Se graduó de] la escuela secundaria el año pasado.

⓬【売れる】v. venderse. ♦この車はとてもよく出る Este coche 「se vende bien [tiene buena salida]. / (需要が多い)Es un coche de mucha demanda.

⓭【生み出される】(産出される)v. darse*, producirse*; (利益などが)v. dar*. ♦この県からは政治家がたくさん出る Esta provincia ha dado muchos estadistas. /（この県の出身である）Numerosos estadistas [líderes políticos] han salido de esta prefectura. ♦この地域には銅が出る En esta región se produce cobre. ♦あらゆる努力をしてみたがよい結果は出なかった Todos mis esfuerzos juntos no dieron buen resultado. / Intenté esforzarme pero no tuve un buen resultado.

⓮【至る】(ある場所にやってくる)v. llegar*《a》; (道が通じる)v. ir*[conducir*]《a》. ♦まもなく湖に出た Pronto llegamos al lago. ♦この道を行くと海に出る Este camino lleva [va, conduce] al mar.

⓯【超過する】v. pasar《de》, superar, 《フォーマル》exceder. ♦費用は3万円を出ないでしょう El gasto no pasa de treinta mil yenes. ♦彼は60歳を出ている Pasa de los sesenta años.

⓰【電話・玄関に応対する】v. contestar, responder. ♦玄関に出る v. abrir*[contestar] la puerta. ♦彼は今電話に出ています Ahora está al teléfono. 会話 電話が鳴っていますよ― 私が出ましょう Suena el teléfono. ― Yo lo contesto. ♦(相手の方が)お出になりました. 今おつなぎします『交換手の発話』Ya está al habla (su interlocutor). Le paso. ♦申し訳ありませんがお出になりません『交換手の発話』Lo siento, pero no hay respuesta. ♦彼に電話したがだれも出なかった Le llamé, pero nadie contestó [no hubo ninguna respuesta].

⓱【熱・せきなど】 ♦高い熱が出た Tuve mucha fiebre. ♦ひどいせきが出て困った Me entró 《口語》dio una tos terrible. ♦玉のような汗が彼の額に出ていた Por su frente resbalaban gotas de sudor. / El sudor le caía de la frente.

⓲【茶がせんじ出される】 ♦このお茶はよく出る De este té sale mucho sabor. ♦お茶が出すぎないうちにつぎなさい Sirve el té antes de que se ponga demasiado fuerte.

テレビ 949

⓳【提出される】v. presentarse; (問題が持ち出される)v. mencionarse, 《文語》aducirse*. ♦彼の辞表はまだ出ていない Su dimisión todavía no ha sido presentada. ♦これらの問題が委員会に出た Estos asuntos fueron presentados ante el comité. ♦きのうの会合では事故のことは話に出なかった No se mencionó el accidente en la reunión de ayer.

《その他の表現》♦世に出る v. salir*「al mundo [a la sociedad]; (出世する)v. tener* éxito social. ♦強気に出る(攻撃的な態度をとる) v. tomar [adoptar] una actitud agresiva; (攻勢に出る)v. tomar [ponerse* a] la ofensiva. ♦試験の結果はいつ出る(＝発表される)のですか ¿Cuándo se anunciarán [publicarán] los resultados del examen? ♦イチゴがそろそろ出るころだ(＝出盛りとなる) Pronto habrá [estarán de temporada las] fresas. ♦お前の出る幕じゃない(＝君の知ったことではない) Eso no es asunto tuyo. /（関係がない）No tiene nada que ver contigo. ♦車は途中からスピードが出た El automóvil 「fue cobrando velocidad [cobró velocidad] con la marcha.

デルタちたい デルタ地帯 (f. región de) m. delta.

てるてるぼうず 照る照る坊主 "teruteru-bozu", 《説明的に》m. pequeño muñeco de papel o tela colgado al exterior para pedir buen tiempo. ♦天気になるようその男の子は軒下に照る照る坊主をつるした El muchacho colgó un muñeco debajo del alero para pedir que hiciera buen tiempo.

てれかくし 照れ隠し ♦照れ隠しに笑う v. sonreír* para ocultar la turbación [vergüenza].

てれくさい 照れ臭い (きまりが悪い) v. tener* vergüenza, estar* turbado. ♦彼女は照れ臭そうに笑った Sonrió vergonzosamente [con timidez].

テレサ (聖 ～)（聖人の名）Santa Teresa de Ávila (☆1511–1582).

テレタイプ m. teletipo. ♦テレタイプで送信する v. mandar un (mensaje por) teletipo.

テレックス m. télex. ♦テレックスで送る v. enviar*[mandar] por télex, enviar* un télex.

でれでれ ♦でれでれした(だらしない) adj. desaliñado, desordenado; (女性に甘い) adj. acaramelado, 《口語》dulzón《con》.

テレパシー f. telepatía. ♦彼女の気持ちはテレパシーで分かる Por telepatía sé lo que ella está sintiendo.

***テレビ** (放送) f. televisión, 《口語》 f. tele; (テレビ受像器) m. televisor, m. aparato de televisión.

1《～テレビ》♦¹カラー[²白黒]テレビ f. televisión en ¹color [²blanco y negro]. ♦有線テレビ f. televisión por cable. ♦25インチテレビ m. televisor de 25 pulgadas. ♦高品位テレビ f. televisión de alta definición.

2《テレビ(の)＋名詞》♦テレビ映画 f. película

de televisión, m. telefilm. ▶テレビ会議《専門語》f. teleconferencia. ▶テレビカメラ f. cámara de televisión, f. telecámara. ▶テレビゲーム m. videojuego. ▶テレビショッピング f. telecompra. ▶テレビ視聴者 f. televidente, mf. telespect*ador/dora*; (集合的) f. audiencia de televisión. → 視聴者. ▶テレビ局 f. estación [f. emisora] de televisión. ▶テレビタレント mf. artista de televisión. ▶テレビドラマ m. teledrama, 《スペイン》《口語》 m. culebrón. ▶テレビ番組 m. programa "de televisión [televisivo]; (長時間の慈善番組) m. teletón, 《説明的》m. programa de larga duración para recaudar fondos con fines benéficos. ▶テレビ放送 f. transmisión televisiva [de televisión]. ▶テレビ放送網 f. red de televisión. ▶テレビの映像 f. imagen de televisión. ▶テレビの画面 f. pantalla de televisión.
 3《テレビは》◆このテレビは映りがよい Esta televisión se ve bien. / Este televisor tiene buena imagen.
 4《テレビ[に]》▶テレビの音を¹小さく [²大きく] する v. ¹bajar [²subir] el volumen de la televisión. ▶テレビに出る v. salir* [aparecer*] en la televisión; (ゲストで) v. salir* de invit*ado* en la televisión. ▶テレビにかじりつく v. estar* peg*ado* a la pantalla [《口語》tele].
 5《テレビを》▶テレビを見る v. ver* la televisión. ▶テレビでボクシングを見る v. ver* boxeo por [en] televisión. ▶テレビを¹つける [²消す] v. ¹poner* [²apagar*] la televisión. ▶テレビをつけっ放しにしておく v. dejar puesta la televisión. ◆毎日何時間テレビを見ますか ¿Cuántas horas al día ves la televisión?
 6《テレビで》◆私はきのうテレビで「ドラえもん」を見た Ayer vi por [en] televisión los dibujos animados de "Doraemon". ◆そのテニスの試合は来週テレビで放送されるだろう La semana que viene televisarán [《フォーマル》emitirán por televisión] ese partido de tenis.

テレホン m. teléfono. ▶テレホンカード f. tarjeta telefónica [de teléfono].
テレマーク 《スキー》f. telemarca.
てれや 照れ屋 f. persona vergonzosa [tímida]. ▶照れ屋の adj. vergonzoso, tímido.
てれる 照れる (恥ずかしがる) v. avergonzarse*, ser* tímido; (きまりが悪い) v. sentir* vergüenza [《フォーマル》turbación]. ▶照れたようにちょっと笑う v. sonreír* tímidamente [con vergüenza]. ◆若い女性と話をするのは照れくさい Me da vergüenza hablar con una chica. ◆授業中先生にとてもほめられて照れくさかった Tuve vergüenza cuando fui tan elogi*ado* por el profesor en la clase.
てれわらい 照れ笑い (当惑した笑い) f. sonrisa vergonzosa [tímida]; (はにかんだ笑い) f. risilla [f. risita] vergonzosa.
てんてくだ 手練手管 fpl. artimañas, mpl. trucos. ▶恋の手練手管 fpl. artimañas del amor. ▶手練手管を¹弄(ろう)する [²たけている] v. ¹recurrir a [²saberse*] todos los trucos del libro.
テロ →テロリズム ▶自爆テロ m. bombardeo [m. atentado] suicida.
テロップ m. subtítulo.
テロリスト mf. terrorista.
テロ(リズム) m. terrorismo, m. terror. ▶政治的手段としてテロ行為を行なう v. recurrir al terrorismo como medio político.
てわけ 手分け ◆私たちは手分けして仕事をした(=仕事を分けた) Nos repartimos el trabajo. ◆彼らは手分けしてその男を捜した Se dividieron [repartieron] en grupos para buscar al hombre. / Se separaron en grupos y buscaron al hombre. ◆私たちは手分けして部屋を掃除した Cada uno limpió su parte en la sala. / Limpiamos la sala a medias.
てわたし 手渡し →手渡す.
てわたす 手渡す v. entregar*, dar*, 《口語》pasar. ◆彼にその本を手渡してくれませんか ¿Puedes pasarle el libro?
・**てん** 点 **❶**【印・記号としての】(小さな点) m. punto, 《口語》m. puntito; (スポーツなどの得点) m. tanto, m. tanteo; (小数点) m. punto decimal, f. coma, 《ラ米》m. punto; (句読点) mpl. signos de puntuación; (斑(はん)点) f. mancha, f. mota. ▶点線を引く v. trazar* una línea punteada [de puntos]. ▶jに点を打つ v. poner* el punto sobre una "jota". ▶3.15 tres punto uno cinco. ◆飛行機は遠くて点のように見えた El avión era como un punto en la lejanía. ◆空には一点の雲もなかった No había ni una mota de nubes en el cielo.
❷【評価】(得点) f. nota, 《フォーマル》f. calificación, f. marca; (評価点) f. puntuación. ▶よい点を取る v. sacar* una buena nota. ▶彼の数学に満点を与える v. darle* la「nota más alta [《フォーマル》máxima calificación] en matemáticas. 《会話》スペイン語の試験で何点取ったの―80点だった ¿Qué nota has sacado en español? – He sacado un ochenta. ◆私たちのスペイン語の先生は点が¹甘い [²辛い] Nuestro profesor de español da ¹buenas [²malas] notas. / 《スペイン語》Nuestro profe de español es un ¹barco [²hueso].
❸【競技の】(得点) m. punto, m. tanto; (総得点) m. tanteo, m. tantos; f. puntuación; (クリケット・野球などの) f. carrera; (フットボールなどの) m. gol. ▶6点リードしている v. ir* ganando [por delante] por seis puntos [carreras]. 《会話》いま点はどうなっているの―5対2で勝っています ¿Cómo está el marcador? – Vamos ganando cinco a dos.
❹【問題点, 観点】m. punto; (見地) m. punto de vista; (様相) m. aspecto; (箇所, 細目) m. sentido, m. concepto; (方面) f. manera, m. modo. ▶多くの点で adv. en muchos aspectos. ◆その点で間違っていた Estaba equivocado en ese punto. ◆私たちはその問題を純粋科学の点(=観点)から議論した Discutimos el tema desde el punto de vista de la ciencia pura. ◆あらゆる¹点 [²角度]からその問題を考えると, この方法は最善のようだ Considerado [Visto, Si consideramos] el problema desde

todos los ¹aspectos [²ángulos], este método parece ser el mejor. 会話 それで刺身はひどくまずかったのか―そうなんだよ。でもその他の点ではまあまあだったよ Así que el "sashimi" estaba horrible, ¿no? – Sí, pero lo demás no estaba tan mal. 会話 本当に彼女が好きなのかい―いくつかの点ではね ¿Te gusta? – En ¹algunos aspectos [cierto sentido], sí. ♦品質の点ではこの品物があれよりもすぐれている En (cuanto a) calidad, este artículo es superior a ése otro. ♦そこが問題の点です「Ahí está [Esa es] la cuestión. /《口語》Ahí le duele. ♦彼の行動には遺憾な点が多い Su conducta deja mucho que desear.

❺《品物の数》f. pieza; (衣類の) f. prenda. ▶陶器5点 fpl. cinco piezas de cerámica. ▶昨夜衣類を15点盗まれた Anoche me robaron quince prendas de vestir.

*てん 天 ❶《空》m. cielo, (教養語) m. firmamento, 《文語》f. bóveda celeste. → 空. ♦変な物が天からふってきた Del cielo cayó un extraño objeto.

❷《神》m. Dios; (天国) m. cielo, m. Cielo, m. paraíso. ▶天の声 f. voz del cielo. ▶天の助けをこう v. pedir* la ayuda del Cielo. ▶すべてを天に任せる v. dejar todo en las manos de Dios [la providencia]. ♦天にましますわれらの父 Nuestro Padre Celestial. ♦天(地神明)に誓って, 私は彼に会ったことがない Juro por Dios que jamás lo [le] he visto. ♦私は成功を天に祈った Pedí a Dios el éxito.

《その他の表現》▶天は自ら助くるものを助く《ことわざ》A Dios rogando y con el mazo dando. / Ayúdate y Dios te ayudará. ♦私は競走に勝って天にも昇る心地だった《口語》Después de ganar la carrera, me sentía en el séptimo cielo.

-てん -展 (展覧会) f. exposición, f. exhibición; (展示会) f. muestra, f. salón. ▶現代彫刻展 f. exposición de escultura moderna. ▶ゴッホ展 f. exposición de Van Gogh. ▶洋ラン展 f. exposición de orquídeas. ▶手塚治虫回顧展 f. muestra retrospectiva de la obra de Osamu Tezuka.

-でん -伝 ▶フェリーペ2世伝 (=伝記) f. vida de Felipe II. ▶偉人伝 fpl. vidas de grandes personajes.

でんあつ 電圧 m. voltaje, f. tensión (eléctrica). ▶電圧計 m. voltímetro. ▶電圧を¹上げる[²下げる] v. ¹subir [²bajar] el voltaje. ♦電圧が¹高 [²低]すぎる El voltaje es demasiado ¹alto [²bajo].

てんあんもんひろば 天安門広場 f. Plaza de Tiananmen.

てんい 転移 (変化) m. cambio; (がんなどの) f. propagación; 《専門語》f. metástasis. ▶がんの転移 f. propagación del cáncer, 《専門語》f. metástasis cancerosa. ▶転移する v. propagarse* (por metástasis), 《専門語》metastatizar*.

てんいしょう 転位症《専門語》f. ectopia.

てんいん 店員 mf. dependiente/ta, mf. empleado/da de una tienda.

でんえん 田園 (田舎) m. campo. ▶田園地帯 f. zona rural, f. campiña. ▶田園生活 f. vida rural [pastoral], 《文語》bucólica. ▶田園風景 m. paisaje rural, 《文語》f. escena bucólica. ▶田園都市 f. ciudad jardín [rural].

てんか 点火 m. encendido, 《専門語》f. ignición. ▶点火する v. encender*; (花火などを) v. pegar* fuego (a). ♦エンジンはけたたましく始動しかかったが点火はしなかった El motor se movía violentamente, pero no se encendía.

てんか 天下 ❶《世の中》(世界) m. mundo; (全国) m. país entero; (公共) m. público. ▶天下を取る(政権を握る) v. obtener* [tomar] el poder*; (政権を握っている) v. tener* [《フォーマル》detentar] el poder*; (全国を征服する) v. conquistar [apoderarse de] todo el país. ▶天下分け目の(=決定的な)戦い f. batalla crucial. ♦彼の発明品は天下に知れ渡っている Sus inventos son famosos en todo el mundo. ♦金は天下の回りもの El dinero "no tiene dueño [cambia de manos]. ♦彼らは天下晴れて(=法律上正式に)夫婦になった Se casaron legalmente.

❷《思うままにふるまうこと》▶夏の海辺はかっぱたちの天下だ(=海辺で十分楽しめる) En verano los buenos nadadores lo pasan muy bien en el mar. ♦彼の家はかかあ天下だ En su casa la que manda es su mujer. /《口語》Quien lleva los pantalones es su mujer. /《口語》Ella es la que pinta en casa. / (彼は妻の尻に敷かれている)《口語》《軽蔑的に》Es un calzonazos [bragazas].

てんか 転嫁 ▶責任を他人に転嫁する v. pasar la culpa a los demás, echar la culpa al prójimo. → 擦(す)り付ける.

てんか 転化 m. cambio. ▶転化する v. cambiar [convertirse*, transformarse] (en). → 変化する, なる.

でんか 殿下 Su Alteza (Imperial). ▶皇太子殿下 Su Alteza Imperial, el Príncipe Heredero. ▶三笠宮殿下 Su Alteza Imperial, el Príncipe Mikasa.

でんか 電化 f. electrificación. ▶電化製品(=電気器具) mpl. aparatos eléctricos. ▶電化する v. electrificar*. ♦数年前にその鉄道は電化された El ferrocarril fue electrificado hace algunos años.

てんかい 展開 (進展) m. desarrollo, f. evolución; (拡大) f. expansión. ♦事件は新たな展開を見せている El caso presenta un nuevo desarrollo.

―― 展開する (進展する[させる]) v. desarrollar (se), evolucionar; (徐々に明らかにする[なる]) v. desplegarse*. ▶理論を展開する v. desarrollar una teoría. ♦物語は意外な結末へと展開した La historia evolucionó a un final inesperado. ♦雄大な景色が眼下に展開し始めた Bajo los ojos empezó a desplegarse [extenderse] un paisaje magnífico.

てんかい 転回 f. vuelta, f. revolución, 《フォーマル》f. revolución. ▶言語理論におけるコペルニクス的転回 f. revolución copernicana de la teoría lingüística. ▶転回する v. dar* 「una

てんかぶつ 添加物 m. aditivo. ▶食品添加物 mpl. aditivos alimenticios. ▶添加物の入っていない食品 mpl. alimentos sin aditivos.

てんかん 転換 m. cambio,《フォーマル》f. modificación;(質)f. transformación. ▶車の方向転換をする v. dar* la vuelta al coche, hacer* un giro en "U" con el coche. ▶180度の転換をする v. cambiar radicalmente (de postura). ▶転換期(転換点) m. momento decisivo [crucial];(過渡期) m. período de transición. ◆発想を転換する必要がありそうだ Tendremos que modificar por completo nuestra forma de pensar.

てんかん 癲癇《専門語》f. epilepsia. ▶てんかんの人 f. persona epiléptica. ▶てんかんの発作を起こす v. tener* [sufrir] un ataque epiléptico. ▶欠神てんかん《専門語》f. ausencia epiléptica.

てんき 転機 m. momento [m. punto] crucial [decisivo, trascendental]. → 分かれ道, 分かれ目. ▶転機に立つ v. estar* en un momento crucial 《de, en》. ▶この出来事が彼の人生の転機になった Este suceso「cambió crucialmente [supuso un punto crucial en] su vida. ◆彼女は人生の転機が訪れていると思った Le pareció que「algo crucial iba a cambiar en su vida [su vida iba a dar un giro completo].

**てんき 天気 m. tiempo,《フォーマル》m. estado atmosférico. → 天候, 空模様.

1《〜天気》 ◆いい天気ですね「Hace buen tiempo [Hace bueno, ¡Qué buen tiempo hace!], ¿verdad? ◆山の天気は変わりやすい El tiempo「cambia mucho [es muy variable] en la montaña. ◆散歩するにはもってこいの(=申し分のない)天気だ El tiempo es ideal para dar un paseo. ◆このいやな天気はいつまで続くのだろうか ¿Cuánto más va a durar「ese mal tiempo [este tiempo horroroso]?
会話 あすの天気はどうですか―テレビでは晴れだって ¿Qué tiempo hará [¿Qué tiempo tendremos; ¿Cómo será el tiempo] mañana? – Según la televisión「hará bueno [habrá buen tiempo].

2《天気＋名詞》 ▶天気概況 fpl. condiciones atmosféricas [meteorológicas] generales. ▶天気図 m. mapa meteorológico. ▶天気相談所 f. Agencia de Información Meteorológica. ▶天気予報 → 天気予報. ▶お天気屋 → お天気屋.

3《天気は[が]》 ▶あした天気がよければ(=天候が許せば)この町を見物しよう Si mañana hace bueno [buen tiempo],「haré turismo en [pasearé por] esta ciudad. ◆天気は相変わらずぐずついている El tiempo sigue tan inestable como siempre. ◆まもなく天気がくずれるだろう El tiempo「va a empeorar pronto [no tardará en ponerse peor]. ◆天気が次第によくなってきた El tiempo「está mejorando [《口語》se está arreglando].

4《天気の》 ◆こんなに天気のよい日には外で遊びなさい Juega fuera en un día tan bueno como hoy.

5《天気に[で]》 ◆どんな天気であろうとあした出発します "Sea como sea el tiempo [Haga el tiempo que haga], saldré mañana.,（晴雨にかかわらず)Mañana salgo, llueva o haga sol. ◆体育大会は幸いよい天気に恵まれた Tuvimos suerte de disfrutar de buen tiempo el día de deportes. ◆雨が降りそうだと思ったが, 結局よい天気になった Creí que iba a llover, pero resultó un buen día.

6《天気を》 ▶天気を予報する v. pronosticar* [predecir*] el tiempo.

・てんき 電気 f. electricidad,《口語》f. luz;(電流)f. corriente eléctrica;《フォーマル》m. fluido eléctrico;(電灯)f. luz eléctrica;(電力)f. energía eléctrica. ▶電気の adj. eléctrico.

1《電気＋名詞》 ▶電気あんか m. calentador de pies eléctrico. ▶電気毛布 f. manta eléctrica. ▶電気回路 m. circuito eléctrico. ▶電気がま[炊飯器] f. olla eléctrica de arroz. ▶電気かみそり f. máquina de afeitar, 『ラ米』m. rasurador eléctrico. ▶電気機関車 f. locomotora eléctrica. ▶電気器具 mpl. aparatos eléctricos. ▶電気(器具)店 f. tienda [m. almacén] de aparatos eléctricos. ▶電気技師 mf. electricista, mf. ingeniero/ra electrotécnico/ca. ▶電気工学 f. ingeniería eléctrica. ▶電気スタンド(卓上) f. lámpara de mesa;(床上) f. lámpara de pie. ▶電気洗濯機 f. máquina de lavar, f. lavadora. ▶電気掃除機 f. aspiradora. ▶電気抵抗 f. resistencia eléctrica. ▶電気のこぎり [²ドリル] ¹f. sierra [² f. taladradora] eléctrica. ▶電気料金 f. tarifa eléctrica.

2《電気が》 ◆その電線には電気が通じていなかった El cable「no tenía [estaba sin] corriente. ◆電気がぴりっときた Recibí [Me dio]「una descarga eléctrica [《口語》un calambre]. ◆ヒマラヤのこの村には電気はない En este pueblo de los Himalayas no hay luz [corriente eléctrica, electricidad]. ◆ゆうべからずっと彼の部屋の電気がついている Desde anoche ha estado encendida la luz en su cuarto.

3《電気を》 ▶電気を起こす v. generar [producir*] electricidad. ▶電気(=電灯)を¹つける [²消す] v. ¹encender* [²apagar*] la luz. ▶電気を¹入れる [²切る] v. ¹conectar [²desconectar] la corriente (eléctrica). ▶家に電気を引く v.「instalar electricidad [《口語》poner* luz] en una casa. ▶電気を¹節約 [²むだ遣い]する v. ¹ahorrar [²malgastar] luz [《フォーマル》electricidad]. ▶電気(=電灯)をつけたまま寝る v. dormir* con la luz dada [encendida]. ◆プラスチックは電気を通さない El plástico no conduce la electricidad. ◆彼らは電気代を払わなかったので電気を止められた Como no pagaban sus facturas, les cortaron「la luz [《フォーマル》el fluido eléctrico].

4《電気で》 ▶電気で動く窓 fpl. ventanas automáticas [de funcionamiento eléctrico]. ◆この機械はすべて電気で動いている Todas estas máquinas「funcionan con electricidad [son eléctricas].

でんき 伝記 *f*. biografía. ▶伝記作家 *mf*. biógraf*o/fa*. ▶安藤氏の伝記を読む *v*. leer* la biografía del Sr. Ando.

でんきゅう 電球 〖スペイン〗*f*. bombilla. ▶裸電球 *f*. bombilla desnuda. ▶百ワットの電球 *f*. bombilla de 100 vatios. ▶電球を¹取り替える [²つける] *v*. ¹cambiar [²poner*] una bombilla. ▶電球が切れた Se ha fundido la bombilla.

地域差 電球
〔スペイン〕*f*. bombilla
〔メキシコ〕*m*. foco
〔キューバ〕*m*. bombillo, *f*. lámpara
〔ペルー〕*m*. bombillo
〔コロンビア〕*m*. bombillo
〔アルゼンチン〕*f*. bombita, *f*. lamparita

てんきょ 転居（引っ越し）*f*. mudanza, *m*. cambio de domicilio;（住所を変えること）*m*. cambio de dirección [domicilio]. ▶転居先（＝新しい住所）*f*. nueva dirección, 《フォーマル》*m*. nuevo domicilio. ▶転居を通知する *v*. avisar del cambio de domicilio;（転居通知を送る）*v*. enviar* una tarjeta de cambio de domicilio.

—— 転居する *v*. cambiarse [mudarse, trasladarse]《a》. →引っ越す. ▶ニューヨークへ転居する *v*. cambiarse [mudarse] a Nueva York. → 移転. ▶下記に転居しました Nos hemos cambiado al domicilio abajo mencionado.

てんきょ 典拠（出典）*f*. fuente;（権威のある）*f*. autoridad. ▶聖書を典拠にして *adv*. con la autoridad de la Biblia. ▶すべての引用文の典拠を示す *v*. mencionar las fuentes de todas las citas.

てんぎょう 転業 ▶転業する *v*. cambiar de ocupación [trabajo].

でんきょく 電極 *m*. electrodo.

てんきよほう 天気予報 *f*. predicción [*m*. parte] del tiempo, *f*. información meteorológica. ▶長期天気予報 *f*. predicción del tiempo a largo plazo. ▶天気予報官《口語》*m*. hombre [*f*. mujer] del tiempo, *mf*. pronosticad*or/dora* meteorológic*o/ca*. ▶ラジオの天気予報を聞く *v*. escuchar el parte del tiempo por la radio. ▶きのうの天気予報は¹当たった [²当たらなかった] Ayer ¹acertaron [²se equivocaron] en la predicción del tiempo. ◆ 京都のあしたの天気予報は晴れのち曇りだ「Se predice que [Según la predicción meteorológica] mañana en Kioto hará buen tiempo y que después estará nublado.

てんきん 転勤 *m*. traslado, *f*. transferencia. ▶転勤希望 *f*. solicitud de traslado. ◆ 彼は神戸支店に転勤した Le trasladaron a la sucursal de Kobe. ◆ このたび名古屋支社から転勤してこられました Quiero presentarles a Kazuo Matsui. Acaba de ser trasladado de la oficina de Nagoya.

でんきん 殿筋《専門語》*m*. glúteo.

てんぐ 天狗 "tengu",《説明的に》*m*. duende japonés de cara roja y larga nariz;（自慢家）*mf*. orgullos*o/sa*. ▶天狗の面で人を脅かす *v*. asustar《a ＋ 人》con la máscara de un "tengu". ▶天狗になる *v*. volverse* orgulloso, enorgullecerse*.

デングねつ デング熱《専門語》*m*. dengue.

でんぐりがえる でんぐり返る *v*. dar* una voltereta.

てんけい 典型（タイプ）*m*. tipo;（模範）*m*. ejemplo, *m*. modelo;（見本）*m*. espécimen（☆複数は especímenes）. ▶典型的な *adj*. típico;（模範的な）*adj*. ejemplar. ◆ 彼は典型的な日本人だ Es un japonés típico.

てんけん 点検 *f*. revisión, *f*. inspección. → 検査. ▶車を総点検する *v*. revisar detenidamente el coche,《フォーマル》hacer* una inspección exhaustiva del automóvil. → 調べる, 検査する.

でんげん 電源（電力の源泉）*f*. fuente de energía [alimentación] eléctrica;（電力の供給）*m*. suministro eléctrico [de energía eléctrica];（スイッチ）*m*. interruptor, *f*. llave de la luz;（電気プラグ）*f*. toma de corriente,《ラ米》*m*. tomacorrientes,《スペイン》*m*. enchufe. ▶電源開発 *m*. desarrollo de las fuentes de energía eléctrica. ▶電源を切る *v*. cortar [interrumpir] el suministro de energía;（プラグをはずす）*v*. quitar la toma de corriente, desenchufar. ▶電気ミシンを電源につなぐ（＝プラグをコンセントにつなぐ）*v*. conectar [enchufar] la máquina de coser. ◆ 照明の電源を入れてください Enciende la luz, por favor. ◆ 点検する前には電源が切ってあるか確認してください Antes de probarlo, haga el favor de asegurarse de que está desenchufado.

てんこ 点呼 *f*. lista, *f*. llamada. ▶点呼をとる *v*. pasar lista (de los alumnos). ▶点呼に遅れないように戻る *v*. volver* antes de pasar lista.

てんこう 天候 *m*. tiempo,《フォーマル》*m*. estado atmosférico. → 天気. ▶悪天候 *m*. mal tiempo. ▶不順な天候 *m*. tiempo inestable [anormal, variable]. ▶天候が許せばいつでも出発できます Si el tiempo no impide, estamos listos para partir cuando sea. → 天気. ⟼ 時候, 時節

てんこう 転校 *m*. cambio de escuela. ▶転校生 *mf*. alumn*o/na* cambiad*o/da* (de escuela). ▶転校する *v*.「cambiar de [pasar a otra] escuela. → 移る.

てんこう 転向（主義などの）*f*. conversión. ▶転向する *v*. convertirse*《a, en》;（…になる）*v*. hacerse*. ◆ 社会主義者に転向する *v*. convertirse* al socialismo;（プロゴルファーに転向する *v*.「hacerse* profesional [profesionalizarse*]（en el golf).

でんこう 電光（電気の光）*f*. luz eléctrica;（稲妻）*m*. relámpago, *m*. rayo. ▶電光掲示板 *m*. tablero eléctrico [iluminado]. ▶電光ニュース *fpl*. noticias iluminadas. ▶電光石火(いっか)のように *adv*. como (si fuera) un relámpago. ▶電光石火の速さで *adv*. con la velocidad del rayo; veloz [《文語》raudo] como el rayo.

てんごく

てんごく 天国 *m.* cielo; (宗教的な意味で)*m.* Cielo(s); (天国のようなすばらしい場所・状態) *f.* gloria, *m.* santuario; (楽園) *m.* paraíso, 《文語》 *m.* edén [Edén]. ▶天国の「のような」 *adj.* celestial; paradisíaco. ▶歩行者天国 *m.* paraíso para los peatones. ▶天国に行く[召される] *v.* ir(se)*「al cielo [a la gloria]. ◆おじいさんは天国にいると彼は信じている Cree que su abuelo está en el cielo. ◆アフリカは野生動物の天国だ África es un santuario de animales salvajes. ➡極楽, 天

でんごん 伝言 (言付け) *m.* mensaje, *m.* recado. ▶伝言板 *m.* tablón de mensajes. ◆彼女にすぐ家に帰るようにという伝言を残す *v.* dejarle a ella el recado (de) que vuelva pronto a casa. ◆伝言をうけたまわりましょうか 〘電話で〙 ¿Me quiere dar usted el recado [mensaje]? / ¿Quiere usted「dejar un recado [que tome yo el recado]? ◆伝言をお願いしたいのですが〘電話で〙 ¿Puedo dejar un mensaje? ◆あなたの伝言を彼に伝えます Le daré su mensaje [recado]. ◆彼からあなたに伝言があります Tengo un mensaje suyo para usted.

てんさい 天災 *f.* calamidad [*m.* desastre] natural. → 災害. ◆天災は忘れたころにやってくる Las calamidades naturales se presentan cuando menos las esperamos.

てんさい 天才 (人) *m.* genio [*m.* prodigio, *m.* talento] 《en, de》; (才能) *m.* genio [*m.* talento]《para》. ◆数学の天才 *m.* genio de las matemáticas. ◆天才的選手 *mf.* jugad*or/dora* genial. ▶天才少年 *m.* niño prodigio. ◆彼は友達をつくることにかけては天才だ Tiene talento para hacer amigos. / Es un genio haciendo amigos. ◆彼女は天才(=生まれながらの)ピアニストだ Tiene talento [genio] para el piano.

てんさい 転載 ▶転載する (複製する) *v.* reproducir*. ◆本書のいかなる部分も出版社の許可なく転載できない Se prohíbe la reproducción total o parcial de este libro sin la autorización expresa de la editorial.

てんざい 点在 ▶点在する *v.* salpicar*, tachonar, estar* esparcidos. ◆丘の斜面に春の花が点在していた La falda de la colina estaba salpicada [《文語》 tachonada] de flores de primavera.

てんさく 添削 *f.* corrección. ▶添削する *v.* corregir*. ◆私は先生に作文を添削してもらった Mi profesor me corrigió la composición.

でんさん 電算 ▶電算機 *f.* computadora, *m.* computador, 《スペイン》 *m.* ordenador. → コンピュータ(ー). ▶電算機論 *f.* informática. ▶電算機で処理する, 電算化する *v.* informatizar*.

てんし 天使 *m.* ángel. ▶白衣の天使 *m.* ángel de vestido blanco. ◆その子供は天使のように見えた(=ように見えた) El niño parecía un ángel [《口語》 angelito]. / Era un niño angelical.

てんじ 展示 *f.* exposición; *f.* muestra. ▶展示場 *f.* sala de exposiciones. ▶展示品 *fpl.* obras expuestas; *mpl.* artículos expuestos. ▶人形の展示即売会 *f.* exposición y venta de muñecas. ▶展示会を開く *v.* celebrar una exposición.
—— 展示する (公開する) *v.* exhibir; (陳列する) *v.* exhibir, exponer*; (見せる) *v.* mostrar*, enseñar; poner*「en exposición [a la vista]. → 陳列する. ◆生徒の作品を教室に展示する *v.* exponer*「las obras [los trabajos] de los estudiantes en un aula. ◆その美術館では彼の絵が展示されている En esa galería「se exponen [están expuestos] sus cuadros. ➡公開する, 出す

てんじ 点字 *m.* braille, *m.* Braille. ▶点字の本 *m.* libro en braille. ▶点字印刷物〘郵便物の上書きで〙 *m.* impresos para ciegos. ▶点字を読む *v.* leer* braille. ▶点字で書く *v.* escribir* en braille. ▶点字を打つ *v.* transcribir* en braille (una historia).

でんし 電子 *m.* electrón. ▶電子の *adj.* electrónico. ▶電子オルガン *m.* órgano electrónico. ▶電子顕微鏡 *m.* microscopio electrónico. ▶電子工学 *f.* electrónica, *f.* ingeniería electrónica. ▶電子レンジ *m.* horno microondas, *m.* microondas. ▶電子掲示板 《専門語》 *m.* tablón de anuncios electrónico. ▶電子雑誌《専門語》 *f.* revista electrónica. ▶電子出版《専門語》 *f.* publicación electrónica. ▶電子ブック《専門語》 *m.* e-libro, 《専門語》 *m.* libro electrónico. ▶電子メール《専門語》 *m.* correo electrónico, 《専門語》 *m.* emilio, 《英語》 《専門語》 *m.* "e-mail". → イーメール. ▶電子メール・アドレス《専門語》 *f.* dirección de correo electrónico.

でんけいさんき 電子計算機 → コンピュータ(ー)

でんしゃ 電車 (車両の2 両以上連結された) *m.* tren (eléctrico); (市街電車) *m.* tranvía. → バス. ▶通勤電車 *m.* tren que se usa para ir y volver del trabajo. ▶満員電車 *m.* tren lleno. ▶電車の駅 *f.* estación「de tren [ferroviaria, de ferrocarril]; (市街電車の停留所) *f.* parada de tranvía. ▶電車賃 *f.* tarifa de tren.

テンシャンさんみゃく 天山山脈 la Cordillera Tian Shan (☆カザフスタン・キルギス・中国の国境地帯にある山脈).

てんしゅ 店主 *mf.* tender*o/a*; (店の所有者) *mf.* dueñ*o/ña*〘《フォーマル》*mf.* propietari*o/ria*〙 de una tienda.

てんじゅ 天寿 ▶天寿を全うする *v.* morir* a una edad avanzada de muerte natural.

でんじゅ 伝授 (手ほどき) *f.* iniciación 《en》. ◆彼に秘伝を伝授する *v.* iniciar 《a + 人》en los secretos 《de》.

てんしゅかく 天守閣 *m.* torreón.

てんしゅつ 転出 ▶転出する *v.* mudarse 《de, a》.

てんじょう 天井 (部屋の) *m.* techo; (屋根の内側) *m.* tejado. ▶天井の「高い [²低い]部屋 *f.* sala de techo ¹alto [²bajo]. ▶天井の電灯 *f.* lámpara (colgada) del techo. ◆天井にハエがとまっている Hay una mosca en el techo. ◆天井裏で変な音がした He oído un ruido extraño bajo el tejado.

でんしょう 伝承 (言い伝え) *f.* tradición; (民間

てんじょういん 添乗員 *mf*. guía de grupo (de viaje). ◆彼女はヨーロッパ旅行に添乗員として付き添った Fue la guía「de la gira europea [del viaje por Europa]. / (添乗員を務めた) Hizo de guía del grupo europeo.

てんじょうしゅっけつ 点状出血 《専門語》*f*. petequia.

てんしょく 転職 *m*. cambio de empleo [trabajo], *m*. cambio profesional. → 職業. ◆転職する *v*. cambiar de empleo [trabajo]; (取り替える) *v*. cambiar de profesión; (新しい職につく) *v*. tomar un trabajo nuevo; (別の仕事を見つける) *v*. encontrar* otro trabajo.

てんしょく 天職 ◆教職は私の天職だ. 単なる仕事ではない Para mí la enseñanza es una vocación, no un simple trabajo.

でんしょばと 伝書鳩 *f*. paloma mensajera.

てんじる 転じる (変える) *v*. cambiar; (向ける) *v*. girar. ◆攻勢に転じる *v*. pasar「a la ofensiva [al ataque]. ◆話題を転じる *v*. cambiar de tema. ◆海の方に目を転じる *v*. volver* la vista al mar.

てんしん 転身 ◆彼はサラリーマンから小説家に転身した Es un novelista que antes era empleado.

てんしん 天津 →ティエンチン

でんしん 電信 *m*. telégrafo. → 電報. ◆電信機 *m*. telégrafo, *m*. aparato [*m*. equipo] telegráfico. ◆電信符号 *m*. código telegráfico. ◆電信術 *f*. telegrafía. ◆電信で *adv*. por telégrafo. ◆被災地との電信は不通になっている Están cortadas las comunicaciones telegráficas con la región afectada. → 通信.

でんしんばしら 電信柱 *m*. poste de electricidad. → 電柱.

てんしんらんまん 天真爛漫 (無邪気) *f*. inocencia; (うぶ) *f*. ingenuidad, *m*. candor, *f*. candidez. → 純真. ◆天真爛漫な *adj*. inocente; ingenuo, candoroso, cándido; (子供のように) *adj*. infantil.

てんすう 点数 (成績) *m*. punto, *m*. grado; (競技の) *m*. tanto, *m*. punto. → 点.

てんせい 天性 *f*. naturaleza. → 性質. ◆天性の画家 *mf*. pintor/tora innato/ta [de nacimiento]. ◆天性の怠け者 *v*. ser* perezoso de nacimiento. ◆ピアノを弾くことは今や彼にとって第二の天性となっている Tocar el piano se ha convertido ahora en su segunda naturaleza.

でんせつ 伝説 *f*. leyenda; (言い伝え) *f*. tradición; (民間伝承) *m*. folklore. ◆伝説上の英雄 *m*. héroe [*f*. heroína] legendario/ria [de leyenda]. ◆伝説によればこの湖は竜が住んでいたそうだ Según la leyenda, en este lago vivía un dragón.

てんせん 点線 *f*. línea punteada [de puntos], *m*. punteado; (ミシン目の入った) *f*. línea perforada. ◆点線を引く *v*. trazar* una línea punteada. ◆点線のところで切り取りなさい Corte por los puntos. / (用紙の指示書き) Se separa por la línea perforada.

でんせん 伝染 (空気・水・昆虫などを介する) *f*. infección; (接触による) *m*. contagio. → 伝染病. ◆伝染性の *adj*. infeccioso; contagioso. ◆水による伝染 *f*. infección por el agua. ◆伝染を防ぐ *v*. prevenir* el contagio. ◆あくびは伝染する El bostezo es contagioso.

でんせん 電線 *f*. línea eléctrica; (電話線) *f*. línea telefónica. ◆新築の家に電線を引く *v*. instalar la línea eléctrica en una casa nueva.

でんせん 伝線 *f*. carrera. ◆新しいストッキングに伝線がいく *v*. tener* una carrera en las medias nuevas.

でんせんびょう 伝染病 (空気感染による) *f*. enfermedad infecciosa, *f*. infección; (接触感染による) *f*. enfermedad contagiosa; (短期間に広い地域に広がる) *f*. epidemia. ◆法定伝染病 *f*. enfermedad declarada infecciosa por la ley. ◆伝染病患者 *m*. caso infeccioso [contagioso, de epidemia]. ◆伝染病にかかる《スペイン》*v*. coger* [《ラ米》agarrar] un mal infeccioso; ser* contagiado. ◆その伝染病は発生してまもなく町中に広がった La epidemia se extendió por toda la ciudad poco después de brotar.

てんそう 転送 *m*. reenvío, 《専門語》*f*. transferencia. ◆転送先 *f*. dirección de reenvío. ◆その手紙を彼「の新居]に転送する *v*. reenviar* [reexpedir] la carta a su nueva dirección.

でんそう 電送 *f*. 電送写真 *f*. telefoto. ◆(写真を)電送する *v*. transmitir (una foto).

でんそうそくど 伝送速度 《専門語》*f*. velocidad de transmisión.

てんたい 天体 *m*. astro, *m*. cuerpo celeste. ◆天体観測 *f*. observación astronómica. ◆天体図 *m*. mapa astral. ◆天体物理学 *f*. astrofísica. ◆天体望遠鏡 *m*. telescopio astronómico.

でんたく 電卓 *f*. calculadora (de bolsillo).

でんたつ 伝達 *f*. comunicación, *f*. tra(n)smisión. ◆ジェスチャーによる意思の伝達 *f*. comunicación de ideas por gestos. ◆伝達する *v*. comunicar* 《a + 人》, 《フォーマル》trasmitir 《a + 人》información. → 伝える.

てんち 転地 ◆熱海へ転地(療養)に行く *v*. ir* a Atami para cambiar de aires.

てんち 天地 ❶【天と地】*el* cielo y la tierra; (宇宙) *m*. universo. ◆神は天地を創造した Dios creó el cielo y「la tierra [el universo]. ◆ハイドンの「天地創造」《La Creación》de Haydn.

❷【人間の住む世界】(世界) *m*. mundo; (国土) *f*. tierra. ◆人々は新「2日目の]天地を求めて大西洋を渡った La gente cruzó el Atlántico [1]en busca de otro mundo [[2]buscando la libertad]. ◆ここはまったくの別天地だ Esto es realmente otro mundo. / Es un mundo verdaderamente distinto.

《その他の表現》◆天地の開きがある「Hay todo un mundo [La diferencia es abismal]《entre A y B》. ◆天地神明に誓う→天. ◆天地無用『掲示』No dar la vuelta.

でんち

でんち 電池 f. pila; (バッテリー) f. batería. ▶乾電池 f. pila seca. ▶蓄電池 m. acumulador. ▶太陽電池 f. batería solar. ▶1単 1 [2単 2; 3単 3] 電池 f. pila 1"D" [2"C"; 3"AA"]. ▶電池を充電する v. cargar* una batería. ◆このおもちゃは電池で動く Este juguete「funciona con [va a] pilas. ▶電池で動くおもちゃ m. juguete de pilas. ◆電池が切れている Las pilas están agotadas.

でんちゅう 電柱 m. poste de electricidad; (電灯線用の) m. poste de la luz; (電話線用の) m. poste telefónico; (電信用の) m. poste telegráfico.

てんちょう 店長 mf. gerente de una tienda. ▶新しい店の店長 mf. gerente de una nueva tienda.

てんてき 点滴 f. gota a gota, f. intravenosa, (専門語) f. instilación (por vía intervenenosa). ▶点滴を1受ける [2施す] v. 1poner* [2administrar] 《a ＋ 人》 una intravenosa.

てんてき 天敵 m. enemigo natural.

てんてこまい ▶てんてこ舞いの adj. muy ocupado, ajetreado. → 忙しい. ◆子供が5人もいるので毎日てんてこまいです Tengo cinco hijos y me tienen muy ocupada todos los días.

でんてつ 電鉄 (電気鉄道(会社)) f. compañía ferroviaria [[ラ米] ferrocarrilera] eléctrica. ▶西武電鉄 f. Compañía Ferroviaria Eléctrica Seibu.

てんてん 点々 ▶点々と (あちこちに) adv. aquí y allí, 【ラ米】 acá y allá. ◆公園の中に点々と桜が植えられている El parque está salpicado「punteado] de cerezos. ◆血がその傷口から点々と落ちていた Goteaba sangre de la herida.

てんてん 転々と ▶職を転々と変える v. andar* cambiando de trabajo. ▶各地を転々とする v. ir* [vagar*, errar*, 《口語》 andar* yendo] de un lugar a otro.

てんでんばらばら (無秩序な) adj. desordenado; (さまざまな) adj. distintos. ▶てんでんばらばらな意見 fpl. distintas opiniones. ▶てんでんばらばらなことをする (＝好き勝手なことをする) v. hacer* sólo lo que gusta. ◆一家はてんでんばらばらになった (＝違うところに住むようになった) Cada miembro de la familia ha acabado viviendo en un lugar diferente.

テント f. tienda (de campaña); (サーカスの) f. carpa (de circo). ▶テント生活 f. acampada (en tienda). ▶テント村 m. poblado de tiendas. ▶テントを張る v. montar [armar, poner*] una tienda. ▶テントをたたむ v. desmontar [desarmar, quitar] una tienda. ▶酸素テントを作る(医療で) v. hacer* una tienda de oxígeno.

地域差 (キャンプの)テント
〔全般的に〕 f. tienda de campaña
〔ラテンアメリカ〕 f. carpa
〔キューバ〕 f. casa de campaña
〔メキシコ〕 f. casa de campaña

でんと (不動に) adv. sin moverse, inmóvil, inmutablemente; (堂々と) adv. imponentemente; (ひるまずに) adv. inquebrantablemente. ◆山頂に巨大な石がでんと座っていた Sobre la cumbre se asentaba inmóvil una peña.

てんとう 転倒 ▶転倒する (転ぶ) v. caer(se)*, volcarse*. → 転ぶ, 倒れる, 動転.

てんとう 店頭 ▶店頭株 fpl. acciones en venta fuera de la Bolsa. ▶店頭に並ぶ[並んでいる] (＝販売される[されている]) v. estar* en venta. ▶店頭で売られる v. venderse en la tienda.

てんとう ▶点灯する v. encender* la luz.

*でんとう 伝統 (慣習) f. tradición; (歴史) f. historia.

1《伝統が》◆我が校の野球部は長い伝統がある (＝歴史が長い) Nuestro club de béisbol tiene una larga tradición [historia].

2《伝統の》◆彼は伝統のある (＝創立の古い) 大学を卒業した Se graduó de una universidad「de tradición [de historia].

3《伝統を》◆古い日本の伝統を1受け継ぐ [2重んじる; 3守る] v. 1heredar [2valorar; 3mantener*] la antigua tradición japonesa. ◆我が校の偉大な伝統 (＝名声) を守ってゆくつもりです Mantendremos la gran tradición de nuestra escuela.

── 伝統的な adj. tradicional. ▶伝統的な中国の祭り m. festival tradicional chino. ◆人々は伝統的な衣装をまとっていた La gente iba「con vestidos tradicionales [vestida con la indumentaria tradicional].

── 伝統的に adv. tradicionalmente. ◆花嫁は伝統的に白い衣装をまとう La novia va tradicionalmente de blanco. / Es una tradición que la novia lleve un vestido blanco.

でんとう 電灯 f. luz [f. lámpara] eléctrica. → 電気. ◆この部屋にはもっと明るい電灯が必要だ Necesitamos una luz「más brillante [de más iluminación] para este cuarto. ◆すべての家や店には電灯がついていた Todas las casas y tiendas estaban iluminadas. / Había luz en todas las casas y tiendas.

でんどう 伝道 (伝道の仕事) fpl. misiones, f. evangelización. ▶伝道師 (宣教師) mf. misionero/ra. ▶伝道に従事する v. dedicarse* a la evangelización. ▶キリスト教を伝道する v. predicar* el cristianismo.

でんどう 殿堂 (聖域) m. templo, m. santuario; (会館) m. salón, f. sala. ▶学問の殿堂 m. santuario「del saber [de la ciencia]. ▶野球殿堂 m. Salón de la Fama del Béisbol.

でんどう 伝導 f. conducción. ▶伝導性 [率] f. conductividad. ▶伝導性のある adj. conductivo. ▶伝導体 m. conductor. ▶伝導する v. conducir*.

でんどう ▶電動の adj. eléctrico.

てんどうせつ 天動説 m. sistema geocéntrico [ptolemaico].

てんとうむし 天道虫 f. mariquita.

地域差 テントウムシ
〔全般的に〕 f. mariquita
〔メキシコ〕 f. catarina
〔アルゼンチン〕 f. vaquita de San Antonio

てんとりむし 点取り虫 (ガリ勉) 【スペイン】 《口語》

てんにゅう 転入 大阪から東京に転入する v. mudarse [cambiarse] de Osaka a Tokio. ♦ 彼は転入生だ（＝この学校に転校してきた）Lo [Le] han cambiado a esta escuela.

てんにょ 天女 f. ninfa celestial.

てんにん 転任 m. traslado. → 転勤.

てんねん 天然 f. naturaleza. → 自然. ▶ 天然の adj. natural; (手を加えていない) adj. no artificial; (金属などの) adj. nativo; (野生の) adj. salvaje, bravío. ▶ 天然ガス m. gas natural. ▶ 天然現象 m. fenómeno natural. ▶ 天然色 m. color natural. ♦ その国は天然資源が豊かです Ese país es rico en recursos naturales.

てんねんきねんぶつ 天然記念物 f. especie rara protegida por la ley, m. monumento [m. tesoro] natural. ▶ 天然記念物に指定する v. designar (el ave) como una especie protegida por la ley.

てんねんとう 天然痘《専門語》f. viruela.

てんのう 天皇 mf. emperador/triz. ▶ 天皇の adj. imperial. ▶ 明治天皇 m. emperador Meiji. ▶ 天皇ご一家 f. familia imperial. ▶ 天皇制 m. sistema imperial (japonés). ▶ 天皇杯 m. trofeo del Emperador. ▶ 天皇誕生日 m. cumpleaños del Emperador. ▶ 天皇陛下 Su Majestad el Emperador. ／ (呼びかけ) Su Majestad.

てんのうせい 天王星 m. Urano.

でんぱ 電波 f. onda de radio, f. onda radioeléctrica. ▶ 電波探知機 m. radar. ▶ 電波望遠鏡 m. radiotelescopio. ▶ 電波障害 f. interferencia de radio, f. radiointerferencia. ▶ 電波妨害 fpl. interferencias intencionadas. ▶ 電波に乗る v. transmitirse, salir* al aire.

でんぱ 伝播 (普及) f. propagación, f. difusión; (広まり) f. extensión. ▶ 新しい思想の伝播 f. propagación de nuevas ideas. ▶ 伝播する v. propagarse*, difundirse, extenderse*.

てんばい 転売 f. reventa. ▶ 転売禁止 f. prohibición de reventa. ▶ 転売する v. revender.

てんばつ 天罰 m. castigo divino [del cielo], 《フォーマル》f. retribución divina. ♦ きっと天罰がくる Dios te va a castigar.

てんぴ 天日 mpl. rayos solares, 《口語》m. sol. ▶ 天日で乾かす v. secar* al sol.

てんびき 天引き (控除) f. deducción. ▶ 給料から天引きする v. deducir* del salario.

でんぴょう 伝票 (商取引の) f. nota, m. volante, m. recibo, 『アルゼンチン』f. boleta. ▶ 入金 [²支払] 伝票 f. nota [m. volante] de ¹recibo [²pago]. ▶ 入金伝票 m. recibo de depósito. ▶ 引き出し伝票 m. recibo de retiro. ▶ 伝票を切る v. dar* [《フォーマル》extender*] un recibo.

てんびん 天秤 f. balanza. ▶ A と B を天秤にかける v. comparar A con B. ▶ 天秤座 Libra. → 乙女座. ▶ 天秤座 (生まれ) の人 mf. Libra.

てんぷ 添付 m. documento adjunto. ▶ 添付ファイル《専門語》m. archivo adjunto. ▶ 添付する v. adjuntar. ▶ 注文用紙に小切手を添付する v. adjuntar [acompañar] un cheque al pedido.

てんぷ 天賦 ▶ 天賦の才 m. don, m. talento. ▶ 音楽に天賦の才がある v. tener* talento para la música.

てんぷく 転覆 (乗り物の) m. vuelco; (政府などの) m. derrocamiento, m. derribo. ▶ 政府を転覆させる v. derrocar* al gobierno. ▶ ボートは風で転覆した El viento hizo volcar al bote. → 引っくり返る.

てんぷら 天ぷら "tempura", 《説明的に》mpl. alimentos rebozados y fritos.

テンプレート《専門語》f. plantilla.

てんぶん 天分 m. don, m. genio, fpl. dotes; (努力によって伸びる) m. talento. ▶ 天分のある人 f. persona dotada [con talento]. ▶ 音楽の天分に恵まれる v. tener* don [dotes] para la música, estar* dotado para la música.

でんぷん 澱粉 f. fécula, m. almidón. ▶ 澱粉質の食べ物 mpl. alimentos feculentos.

テンペラ ▶ テンペラ画 f. pintura al temple, f. témpera.

てんぺんちい 天変地異 m. cataclismo, f. calamidad natural.

てんぽ 店舗 f. tienda. → 店. ▶ 仮店舗 f. tienda provisional.

テンポ m. ritmo, m. tempo; (拍子) m. compás, m. ritmo; (歩調) m. paso; (速度) f. velocidad. → 歩調. ▶ 速いテンポの曲 f. melodía de tempo rápido. ▶ 都市生活の速いテンポ m. ritmo rápido de la vida urbana. ▶ 生産のテンポを上げる v. aumentar la velocidad de producción. ▶ 片足でテンポを取る v. llevar el ritmo con el pie. ♦ 彼のテンポにはついていけなかった No podía seguirle el ritmo.

てんぼう 展望 (眺め) f. vista, f. perspectiva, m. panorama; (将来の見通し) f. perspectiva (de). ▶ 長期的展望に立ったエネルギー政策 f. política energética a largo plazo. ▶ 展望台 m. mirador, f. plataforma de observación. ▶ 展望車 m. vagón [m. coche] panorámico. ♦ 丘の頂上からの町の展望はすばらしい Desde lo alto de la colina se domina una vista espléndida. ／ El panorama es magnífico desde la cima de la colina. ♦ 経済の展望は ¹明るい [²暗い] Las perspectivas de la economía son ¹brillantes [²sombrías]. ♦ 思い切った改革を行なわない限り, 新しい展望 (＝成功の可能性) は開けない A menos que se realicen cambios drásticos, no se abrirán nuevas perspectivas.

—— 展望する v. examinar, estudiar. ▶ 政治情勢を展望する v. hacer* un estudio de la situación política.

*__でんぽう__ 電報 (電文) m. telegrama, m. texto [m. mensaje] de un telegrama; (海外電報) m. cablegrama; (通信方式・機構) m. telégrafo; (通信) f. comunicación telegráfica.

1《電報＋名詞》▶ 電報為替 m. giro telegráfico; (銀行の電信扱い) f. transferencia telegráfica. ▶ 電報料 (金) f. tarifa [m. precio] de telegrama. ▶電報用紙 m. impreso de telegrama. ▶電報業務 mpl. servicios telegráficos.

2《電報を》♦お母さんに電報を打ちましたか ¿Has enviado [mandado,『スペイン』《口語》puesto] un telegrama a tu madre? / ¿Ha telegrafiado usted a su madre? ♦母から父が重病だという電報を受け取った「Recibí un telegrama de mi madre [Mi madre me telegrafió] diciendo [con el mensaje de] que mi padre estaba muy enfermo. ♦兄にすぐ帰るよう電報を打った Telegrafié a mi hermano para que viniera lo antes posible.

3《電報で》♦結果は電報で知らせてください Por favor, comunícame el resultado por telegrama. / Por favor, envíame un telegrama con el resultado.

てんぽうそう 天疱瘡《専門語》m. pénfigo.

テンポラリ・ファイル《専門語》m. archivo temporal.

デンマーク Dinamarca; (公式名) m. El Reino de Dinamarca (☆ヨーロッパの国, 首都コペンハーゲン Copenhague). ▶デンマーク(人[語])の adj. danés. ▶デンマーク人 mf. danés/nesa. ▶デンマーク語 m. danés.

てんまつ 顛末 (一部始終) todo (lo ocurrido); (詳細) todos los detalles, mpl. pormenores al completo. ▶事件の顛末を話す v. contarlo* todo, 《口語》decir* todo con pelos y señales.

てんまど 天窓 f. claraboya, m. tragaluz. ▶天窓のある部屋 m. cuarto con claraboya [tragaluz].

てんめい 天命 (運命) m. destino,《文語》m. sino; (神の配慮)《専門語》f. providencia. → 人事. ▶天命に従う v. resignarse al destino.

てんめつ 点滅 ♦点滅する v. destellar, encenderse* y apagarse* la luz; (遠くの明かりが) v. parpadear. ▶点滅させる v. apagar* y encender* (una luz).

てんもんがく 天文学 f. astronomía. ▶天文学者 m. astrónomo/ma. ▶天文学の adj. astronómico. ▶天文学的な数字 fpl. cifras astronómicas.

てんもんだい 天文台 m. observatorio astronómico.

てんやく 点訳 ♦(本を)点訳する v. poner* [《フォーマル》transcribir*] en braille (un libro).

てんよう 転用 m. destino, f. aplicación. ▶転用する v. destinar《a》. ▶その金を他の目的に転用する v. destinar ese dinero a otros fines.

電話 Teléfonos
→電話

電話ボックス
Locutorio telefónico
→電話

でんらい 伝来 (伝承) f. transmisión; (渡来) f. introducción. ▶先祖伝来の財産 f. reliquia familiar. ♦この刀は先祖伝来のものだ Esta espada es un legado de mis antepasados. ♦仏教は6世紀に中国から日本に伝来した El budismo fue introducido a Japón desde China en el siglo VI.

てんらく 転落 (落下) f. caída; (破滅(の原因)) f. perdición. ▶馬から転落する v. caerse* de un caballo. ♦彼はまっさかさまに川に転落した Se cayó de cabeza en el río. ♦彼は出世するのが早すぎた。それが彼の転落のもとであった El éxito le llegó demasiado pronto. Eso ocasionó su caída.

てんらんかい 展覧会 f. exposición, f. exhibición. ▶展覧会場 f. sala [m. salón] de exposiciones. ▶美術展覧会を開く v. celebrar [montar, organizar*] una exposición de bellas artes. ▶展覧会に出品する v. exponer* [exhibir] (la obra) en una exposición.

でんりそう 電離層 f. ionosfera.

でんりゅう 電流 f. corriente eléctrica,《フォーマル》m. fluido eléctrico. ▶1高[2低]圧電流 f. corriente de 1alta [2baja] tensión. ▶1直流 [2交流] 電流 f. corriente 1directa [2alterna]. ▶電流計 m. amperímetro. ▶電流の通じている [2いない]電線 f. cable 1con [2sin] corriente, m. alambre 1cargado [2no cargado]. ▶電流を切る v. desconectar [《口語》quitar] la corriente. ▶電流を通す v. conectar [《口語》dar*] la corriente. ♦この電線には強い電流が流れている Por este cable pasa [corre] una potente corriente eléctrica.

でんりょく 電力 f. energía eléctrica, f. electricidad. ▶電力会社 f. compañía eléctrica. ▶電力供給 m. suministro de「energía eléctrica [electricidad]. ▶電力計 m. vatímetro; (家庭に取り付ける) m. contador eléctrico. ▶電力料金 f. tarifa eléctrica. ▶電力消費(量) m. consumo eléctrico.

でんわ 電話 m. teléfono; (通話) f. llamada (telefónica),《フォーマル》f. comunicación (telefónica); (回線) f. línea. ♦お電話ありがとう Gracias por「la llamada [llamarme por teléfono].

1《～電話》♦公衆電話 (一般に) m. teléfono público; (コイン式の) m. teléfono de pago; (カード式の) m. teléfono de tarjeta. ▶親子[共同加入]電話 f. teléfono compartido. ▶1いやがらせ [2脅迫; 3いたずら; 4間違い]電話 f. llamada 1molesta [2amenazante; 3traviesa; 4equivocada]. ▶市内電話 f. llamada local. ▶長距離電話 f. llamada de larga distancia,《口語》f. conferencia. ▶国際電話(通話) f. llamada internacional; (業務) m. servicio de llamadas internacionales. ▶内線電話(回線) f. extensión telefónica; (電話機) m. teléfono de extensión. ▶長電話 f. larga conversación telefónica [por teléfono], f. llamada larga. ▶長電話をする v. tener* una larga conversación por teléfono. ♦姉はいつも長電話だ Mi hermana siempre「se pasa mucho tiempo [《口語》se pega] al teléfo-

【関連】▶ダイヤル式電話 m. teléfono de disco. ▶ボタン式電話 m. teléfono de teclado [botones]. ▶コードレス電話 m. teléfono inalámbrico. ▶携帯(用)電話 m. (teléfono) móvil [《ラ米》celular]; (無線電話) m. radioteléfono, m. inalámbrico. ▶テレビ電話 m. videófono, m. videoteléfono. ▶留守番電話 m. contestador (telefónico).

2《電話＋名詞》▶電話交換手 mf. telefonista. ▶電話交換台 f. centralita (de teléfono). ▶電話線 f. línea telefónica. ▶電話局 f. central telefónica [de teléfonos]. ▶電話ボックス f. cabina telefónica [de teléfonos]. ▶電話料金 fpl. tarifas telefónicas. ▶視聴者電話参加番組 m. programa de radio o TV en el que el público participa por teléfono.

3《電話が》♦電話が鳴っている Suena [Está sonando] el teléfono. / ¡Una llamada! ♦君にお母さんから電話がかかっているよ Te llama tu madre. / Una llamada de tu madre. 〈会話〉ぼくに電話がなかった?—ええ、だれからも ¿Me ha llamado alguien? [¿Alguna llamada para mí?] – No, nadie [ninguna]. ♦田中から電話があったとお伝えください Por favor, dígale que ha llamado Tanaka. ♦建築事務所から彼女に電話があった Le llamaron (por teléfono) [telefonearon] de la oficina del arquitecto. ♦うちの事務所には2台しか電話がない Nuestra oficina sólo tiene dos teléfonos. ♦ロンドンに電話が通じない No me puedo comunicar con Londres. ♦ニューヨークへの電話が皆ふさがっていた(＝話し中だった) Todas las líneas a Nueva York estaban ocupadas [comunicando].

4《電話の》♦電話の調子がとても悪いんだ. もっと大きな声で話してくれ「La comunicación es muy mala [Se oye muy mal]. ¿No puedes hablar más alto?

5《電話に》♦電話に出てくれませんか ¿Puedes contestar, por favor? ♦彼は別の電話に出ています Está hablando por el [al] otro teléfono. ♦彼は今電話に出られません En este momento no「puede contestar [《スペイン》《口語》se puede poner]. ♦彼を電話に出てくれませんか ¿Puede llamarlo[le] [《スペイン》decirle que se ponga] al teléfono?

6《電話を》▶電話をする→電話する. ▶電話をとる v. descolgar*, contestar el teléfono. ▶電話を切り換える v. pasar la llamada. ▶電話をしてタクシーを呼ぶv. llamar a un taxi, pedir* un taxi por teléfono. ♦電話をお借りしてよろしいでしょうか ¿Puedo [《フォーマル》¿Me permite] usar su teléfono? → 借りる. ♦引っ越して来たばかりでまだ電話を引いていません Acabamos de mudarnos y aún no nos han instalado el teléfono. ♦うん、分かった. じゃあ、もう電話を切るよ Bien, bien, ya cuelgo, ¿eh? ♦しばらく電話を切らずにお待ちください「Espere un momento [No cuelgue], por favor. ♦後で折り返し電話をします Llamaré después [más tarde]. / Vuelvo a llamar. ♦だれが彼らの電話を受けたんだ ¿Quién recibió su llamada? ♦内線23の田中さんに電話をつないでください ¿Me puede comunicar [《スペイン》poner] con el Sr. Tanaka en la extensión 23, por favor? / Páseme al Sr. Tanaka en la extensión 23, por favor. ♦さっき病欠の電話を入れた Acabo de llamar para decir que estoy enfer*mo*.

7《電話で》♦昨夜彼と電話で話した Anoche hablé con él por teléfono.

── **電話する** v. llamar (por teléfono), telefonear, hacer* una llamada (telefónica), 《口語》dar* un telefonazo. ▶202-1422に電話する v.「llamar al [marcar* el] 202-1422 (dos, cero dos, catorce, veintidós). ▶案内係[2日本]に電話する v. llamar a ¹la telefonista [²Japón]. ♦あす会社に電話してください Por favor, llámeme mañana a la oficina. ♦会社から彼に電話したが留守だった Le llamé [telefoneé] desde la oficina, pero no estaba. ♦私は(彼に)数分遅れるかもしれないと電話した Le llamé para decir que llegaría [iba a llegar] tarde unos minutos. 〈会話〉手紙じゃ間に合わないよ—それなら彼に電話してみたら La carta no llegará a tiempo. – Entonces,「intenta llamarlo[le] por teléfono [trata de contactar con él por teléfono].

でんわちょう 電話帳 f. guía telefónica [de teléfonos], m. directorio telefónico. ▶電話帳で医者を探す v. buscar* a un médico en la guía de teléfonos [telefónica].

|地域差| **電話帳**

[全般的に] f. guía telefónica
[スペイン] f. guía telefónica
[キューバ] m. directorio telefónico, f. guía de teléfono, f. libreta de teléfono
[メキシコ] m. directorio telefónico
[コロンビア] m. directorio telefónico
[アルゼンチン] f. agenda de teléfonos, f. guía de teléfono

でんわばんごう 電話番号 m. número de teléfono, 《口語》m. teléfono. ▶電話番号案内に電話する v. llamar a Información (de Teléfonos). ▶電話(番号)570-1938 内線610 el número「570-1938 (cinco, setenta, diecinueve, treinta y ocho), extensión 610 (seis, uno, cero). ♦電話番号は何番ですか ¿Cuál es tu número de teléfono? / 《口語》¿Qué teléfono tienes? / 《口語》Dame tu teléfono. 〈会話〉フアンの新しい電話番号が分からないんだ. 引っ越したばかりで—(電話)番号案内に聞けば分かると思うよ No sé el número [teléfono] nuevo de Juan. Como se ha cambiado... – Bueno, puedes conseguirlo llamando a Información.

と

- **と 戸** f. puerta; (引き戸) f. puerta corredera; (雨一) f. contraventana. → 玄関.
  - **1** 《～の戸》 ¹表 [²裏] の戸 f. puerta ¹delantera [²trasera]. ◆車の戸 f. portezuela [f. puerta] de un coche. ◆戸棚の戸 f. puerta de un armario.
  - **2** 《戸が》 ◆戸が少し開いている La puerta está entreabierta. ◆戸がひとりでに閉まった La puerta se ha cerrado sola.
  - **3** 《戸を》 ◆戸を開ける v. abrir* la puerta; (押して) v. abrir* la puerta empujando; (鍵で) v. abrir* la puerta con llave. ◆戸を閉める v. cerrar* la puerta. ◆彼は戸を閉めて出ていった Al salir [Cuando salió] cerró la puerta. ◆だれかが戸をノックしています Llaman [Alguien llama] a la puerta.

- **と 都** (東京都) f. ciudad [《文語》 f. metrópoli] de Tokio, f. municipalidad [f. prefectura] de Tokio. ◆都営バス m. autobús municipal [metropolitano] de Tokio. ◆都議会議員 mf. conce*jal/jala* [mf. miembro del concejo metropolitano] de Tokio. ◆都知事 mf. el/la goberna*dor/dora* de Tokio. ◆都知事選挙 f. elección para el gobernador de Tokio. ◆都庁 f. municipalidad [m. gobierno metropolitano] de Tokio. ◆都道府県 Tokio, Hokkaido y todas las demás prefecturas.

- **-と** ❶【随伴】 prep. con. ◆ぼくはガールフレンドと映画を見に行った Fui al cine con mi novia. / Mi novia y yo fuimos al cine. ❷【対象, 対立】(…と) prep. con; (…に対して) prep. contra. ◆敵と戦う v. luchar contra [con] el enemigo. ◆マリアと組んでB組とテニスをする v. jugar* al tenis con [al lado de] María contra la pareja B. ◆彼は店の入口で友達と話をしていた Estaba hablando con un amigo en la entrada de la tienda. ◆昔はよく弟とけんかしたものです Antes「me peleaba [discutía] a menudo con mi hermano. ◆将来は多くの困難と戦わねばならないだろう Tendremos que luchar contra muchas dificultades. ◆悪いけどこのあと健さんと会うことになってるのよ Lo siento pero voy a「reunirme con [ver a] Ken más tarde. ❸【比較】 ◆この辞書をあの辞書と比較してみたが, あまり違いは認められなかった Comparé este diccionario con ese otro, pero no había gran [mucha] diferencia. ◆私は数学では彼には比べものにならない No「puedo compararme con él [llego a su altura] en matemáticas. ❹【結果】 →-に ◆夜半から雨は雪となった A medianoche la lluvia se convirtió en nieve. ◆彼は3年後りっぱな選手となった A los tres años se hizo un buen jugador. ❺【思考の内容, 引用】(…ということ) conj. que. 会話 君の案は大変おもしろいと思うよ—ということは採用していただけるのでしょうか Creo que tu idea es muy interesante. – ¿Quiere decir eso que van a adoptarla? ◆-と言う. ◆あすは雨じゃないかと思う Creo [Me temo] que mañana va a llover. / 《口語》Mañana lloverá, creo. ◆きっと事態は好転すると思う Creo que las cosas van a mejorar. ◆掲示には「試験は午前9時開始」と書いてある El aviso dice que [《口語》En el anuncio pone que, Según el anuncio], El examen empieza a las nueve de la mañana. → 言う. ❻【動作が行なわれる様子】 ◆遊覧船はゆっくりと方向転換をした El barco turístico giró lentamente. ◆子供たちが次々へと行進していった Los niños fueron yéndose uno tras otro. ❼【並置】 conj. y. ◆輸入と輸出 fpl. importaciones y fpl. exportaciones. ◆私たちは田中さんと中村さんと鈴木さんにお礼を言いたい Queremos dar las gracias a los Sres. Tanaka, Nakamura y Suzuki. ❽【以上】 ◆私の家は駅から歩いて10分とかからないところにある De mi casa a la estación no hay [se tarda] más de diez minutos a pie.

- **-と** ❶ 【…するとき】 conj. cuando, prep. al 《+不定詞》 → 時; (…するやいなや) conj. en cuanto, tan pronto como → すぐ; (…につれて) conj. a medida que; (…すると必ず) conj. siempre [cada vez] que. ◆窓から外を見ると子供が庭で一人遊んでいた「Cuando miré [Al mirar] por la ventana, vi un niño jugando en el jardín. ◆彼女は私を見るとわっと泣き出した「Al verme [Tan pronto como me vio], echó a llorar. ◆年を取ると記憶が鈍る A medida que envejecemos, nuestra memoria empeora. ◆私は酒を飲むと気分が悪くなります Cuando [Siempre que] bebo, me pongo malo. → 必ず. ❷ 【もし…ならば】 conj. si. ◆5時までには家を出ないとコンサートに遅れるよ Si no sales de casa antes de las cinco, llegarás tarde al concierto. ❸ 【たとえ…でも】 conj. aunque 《+接続法》, si bien 《+直説法》; (…だろうとなかろうと) 接続法 + o no + 接続法. ◆たとえ音楽は嫌いだろうとこのコンサートは楽しめるだろう Aunque no te guste la música, disfrutarás este concierto. ◆雨が降ろうと降るまいと出発しよう Llueva o no llueva, vamos a salir. / Saldremos aunque llueva. / Vamos a salir, llueva o haga bueno. ◆どこへ行こうと親切な人はいる「Vayas donde vayas [Dondequiera que vayas], te encuentras con gente amable.

- **と 度** ❶ 【温度・角度などの】 m. grado. ◆30度の角度をなして adv. a un ángulo de treinta grados. ♦気温が摂氏 35 度に上昇した La temperatura subió a 35 grados centígrados. ▶180 度の転換をする v. dar* [hacer*] un giro de 180 grados. ♦この市は北緯 42 度 41 分にある Esa ciudad está situada a cuarenta y dos grados, cuarenta y un minutos de latitud norte. ▶(気温が)何度ありますか(体温は) ¿Cuántos grados tienes? / (気温が)¿Qué temperatura hay?

❷【眼鏡の】度の強い眼鏡 *mfpl.* lentes [《スペイン》*fpl.* gafas] de cristales gruesos. ▶15 度の眼鏡 *mpl.* lentes [《スペイン》*fpl.* gafas] de 15 grados. ▶眼鏡の度を合わせてもらうため眼科病院に行ってきた He ido al oculista a que me adaptara los lentes.

❸【程度, 節度】(程度)*m.* grado, (限度)*m.* límite; (節度) *f.* moderación. ▶酒の度を過ごさない(=適度に飲む) v. beber [tomar] con moderación. ▶度を失う v. perder* [los nervios [el dominio de sí]; (あわてる) v. quedarse perplejo. ▶その問題に対する関心度は人によってさまざまだ El grado de inquietud en torno a ese problema varía de una persona a otra. ♦冗談も度が過ぎよう Es una broma demasiado pesada. / Estás llevando la broma demasiado lejos. ♦日光浴も度を越すと危険だ Tomar demasiado el sol puede ser peligroso.

❹【回数】*f.* vez. → 回. ▶1度 *f.* una vez. → 一度. ▶2度 *fpl.* dos [un par de] veces. → 二度. ▶3度に1度は *adv.* una vez cada tres veces. ♦1週間に2度[2週間に1度]映画を見に行きます Voy al cine [1]dos veces por semana [2]cada dos semanas]. ♦来日するのは今回が3度目です Es mi tercera visita a Japón.

ど- ▶どけち *adj.* muy tacaño. ▶どえらい(=ひどい)事件 *m.* terrible incidente. ▶ど根性(=気力)のある男 *m.* hombre de valor con agallas [《俗語》cojones]. ▶大都会のど真中(=ちょうど真中) *adv.* justo en el centro de la gran ciudad.

ドア *f.* puerta. → 戸. ▶[1]アコーディオン[[2]回転; [3]自動]ドア *f.* puerta [1]plegable [[2]giratoria; [3]automática]. ▶ドアマン *m.* portero.

とい 樋 *m.* canalón, *m.* tubo [*m.* caño] de desagüe, *f.* bajante.

とい 問い *f.* pregunta, *f.* investigación, 《フォーマル》 *f.* indagación. → 質問, 問題.

といあわせ 問い合わせ *f.* petición [《フォーマル》 *f.* solicitud] de información; (情報) *f.* información; (人物照会) *fpl.* referencias. → 照会. ▶問い合わせの手紙 *f.* (carta de) petición de información. ♦お問い合わせは 001-1233 へ Para información, llámese al 001-1233. / Infórmese llamando al 001-1233.

といあわせる 問い合わせる (尋ねる) v. preguntar 《por, sobre, acerca de》; informarse 《de, sobre》; pedir* [《フォーマル》*v.* solicitar] información 《de》; (照会する) v. dirigirse* 《a + 人》en busca de información. → 尋ねる. ▶航空運賃のことを v. preguntar por la tarifa aérea en (la mesa de) información. ▶その本はないかと本屋に問い合わせる v. preguntar si tienen el libro en una librería. ♦彼は[1]列車の時刻表のことで[[2]何時に列車が出たか]旅行社に問い合わせた Se informó en la agencia de viajes sobre [1]el horario de trenes [[2]la hora en que había salido del tren]. ♦詳細は総務部へお問い合わせください Para más información, diríjase al departamento de asuntos generales.

-という ▶田中さんという男の人 *m.* hombre llamado con el nombre de Tanaka. ▶タケシという名で通っている v. pasar [ser* conocido] por el nombre de Takeshi. ▶宇宙飛行士になりたいという彼の夢 *m.* su sueño de ser astronauta. ▶百万円という(=のような)大金 *f.* suma tan elevada como un millón de yenes, 《口語》 nada menos que un millón de yenes. ♦窓という窓は壊された Todas las ventanas fueron rotas. ♦彼女が結婚したということ[ニュース]を聞きました Me he enterado de que se ha casado. / Ha llegado a mí la noticia de que se ha casado. ♦次の日曜に遊びに行くという手紙が彼から来た Me escribió una carta diciéndome que vendría a visitarme el próximo domingo.

-というのに (けれども) *conj.* aunque; (しかし) *conj.* pero, 《フォーマル》sin embargo. → が, しかし. ♦彼は病気だというのに仕事に行った Aunque estaba enfermo, fue a trabajar.

-というのは (なぜなら) *conj.* porque; (という訳は) *conj.* pues, que. → なぜなら(ば). ♦遅い時間に違いない. というのはここに長くいるから Debe de ser tarde porque llevo aquí mucho rato.

-というのも → というのは.

-というども (けれども) *conj.* aunque. → かかわらず, しかし. ♦難しい仕事といえども楽しかった Aunque era un trabajo difícil, me gustó.

-といえば -と言えば *adv.* hablando de (flores).

といかえす 問い返す (聞き返す) v. volver* a preguntar, preguntar otra vez, responder con otra pregunta; (反問する) v. devolver* la pregunta.

といかける 問い掛ける v. hacer* [《フォーマル》formular] 《a + 人》una pregunta, preguntar 《a + 人》.

といき 吐息 (ため息) *m.* suspiro. ▶青息吐息である(困り果てている) v. estar* afligido 《por》.

といただす 問い質す (質問する) v. hacer* 《a + 人》una pregunta; (尋問する) v. preguntar 《a + 人, sobre》. → 尋問.

*ドイツ Alemania; (公式名) *f.* República Federal de Alemania (☆ヨーロッパの国, 首都ベル

電動ドア
Puertas eléctricas
→ドア

962 -といった

リン Berlín). ▶ドイツ(人[語])の *adj.* alemán. ▶ドイツ人 *m.* alemán. ▶ドイツ語 *m.* alemán. ▶ドイツの統一 *f.* unificación alemana.

-といった ◆わが国にはこれといった天然資源がない Nuestro país carece de recursos naturales que merezcan la pena.

といつめる 問い詰める *v.* interrogar*, apremiar 《a ＋ 人》con preguntas.

トイレ(ット) *m.* servicio, *m.* cuarto de baño, *m.* lavabo, *m.* retrete. → 便所. ◆トイレをお借りできますか ¿Puedo usar el servicio?

トイレットペーパー *m.* rollo de papel higiénico. ▶トイレットペーパー 2 個 dos rollos de papel higiénico.

*とう 等 ❶【等級】*f.* clase; (段階) *m.* grado, *m.* nivel; (質) *f.* calidad; (賞) *m.* premio. ▶ 1 等[船室 [2車] ¹ *m.* camarote [² *m.* vagón] de primera clase. ▶特等席 *m.* asiento especial. 会話 何等で旅行しますか－2 等です ¿En qué clase viajas? – En segunda. ◆私はコンテストで 1 等になった Gané el primer premio del concurso.

❷【…など】etcétera, y así sucesivamente. → など.

❸【等しい】*adj.* igual, regular, 《フォーマル》uniforme. ▶等間隔に *adv.* a intervalos regulares.

*とう 問う ❶【尋ねる】*v.* preguntar; (尋問する) *v.* interrogar*; pedir* [(フォーマル) solicitar] información. → 尋ねる, 質問する. ▶彼の安否を問う *v.* preguntar por su seguridad. ▶その案の賛否を問う *v.* someter la propuesta a votación. ▶世に問う (＝世間に判断を求める) *v.* pedir* la opinión pública 《sobre》. ◆いま彼の力量が問われている Ahora su capacidad está en duda.

❷【問題にする】(気にかける) *v.* importar. ◆事の成否は問わない No me importa el éxito o el fracaso. / El que te salga bien o mal, no tiene importancia.
《…を[は]問わず》 ▶男女を問わず *adv.* 「sin importar el [independientemente del] sexo. ◆協会は金額の多少を問わず寄付を募った La asociación solicitó contribuciones [donaciones], grandes o pequeñas. ◆晴雨を問わず私は行きます Iré llueva o haga sol. / Sea como sea el tiempo, iré. ◆彼は行き先を問わず (＝どこへ行こうと) いつもカメラを持って行く Vaya donde vaya, siempre lleva una cámara. ◆経験は問わず (＝不要) No se requiere experiencia.

❸【追及する】◆彼は贈賄の罪に問われている Está acusado de soborno. ◆彼はその事故の責任を問われた 「Lo [Le] acusaron [Fue acusado] de causar el accidente.

とう 当 ❶【当＋名詞】▶当(われわれの[この])ホテル *m.* nuestro [este] hotel.

❷【当の】◆当の本人 (＝問題になっている人)に尋ねる *v.* preguntar a la persona en cuestión; (本人に) *v.* preguntar a la persona misma. ◆当の本人 (＝彼[彼女]自身) は気にしていない A él mismo [ella misma] no le importa.

❸《当を得た》; (ふさわしい) *adj.* 「a propósito [oportuno] 《para》; (目的にぴったりの) *adj.* apropiado, adecuado, (口語) al pelo; (理にかなった) *adj.* sensato, juicioso. ◆彼のスピーチは当を得た (＝その場に適した) ものだった Su discurso 「fue a propósito [fue oportuno, (口語) vino al pelo]. ◆彼は当を得た助言をした Dio un buen consejo. / (要を得た)Su consejo fue sensato.

とう 党 *m.* partido. → 政党, 与党, 野党, 保守, 革新. ▶党員 *m.* miembro [*m.* afiliado, *m.* socio] del partido. ▶党役員 *m.* oficial del partido. ▶党首 *mf.* dirigente [*mf.* líder] del partido. → 党首. ▶党大会 *m.* congreso [*f.* conferencia] del partido. ▶党を結成する *v.* formar [constituir*] un partido. ▶党に入る *v.* afiliarse a un partido. ▶党を脱退する *v.* dejar [abandonar] un partido. ◆その党の党員数は 3 千だ El partido cuenta con 3.000 socios.

とう 塔 *f.* torre; (城に隣接した太い) *m.* torreón; (教会などの尖[とが]塔) *f.* aguja; (東洋風の多層の塔) *f.* pagoda, (イスラム教寺院の) *m.* minarete, *m.* alminar; (記念塔) *m.* monumento. ▶テレビ [²給水]塔 *f.* torre de ¹televisión [²un depósito de agua]. ▶エッフェル塔 La Torre Eiffel. ▶五重の塔 *f.* pagoda de cinco pisos. ▶象牙(ぞうげ)の塔 *f.* torre de marfil.

とう 籐 *f.* mimbre. ▶籐いす *f.* silla de mimbre.

とう 糖 (糖分) *m.* azúcar. ▶尿に糖がでる *v.* tener* azúcar en la orina.

とう 薹 (花の軸) *m.* tallo, 《専門語》 *m.* pedúnculo. ▶とうが立つ(種ができる) *v.* granar; ajarse; (盛りを過ぎる) *v.* pasar lo mejor de la vida.

-とう -頭 *f.* cabeza. ▶牛 40 頭 *f.* cuarenta cabezas de vacuno. ▶3 頭の馬 《フォーマル》*fpl.* tres cabezas de ganado caballar, *mpl.* tres caballos.

*どう ❶【方法】*interrog.* cómo. ◆どうしたらこの戸は開くのだろう ¿Cómo se abre esta puerta? / (教えてください) ¿Puede decirme cómo se abre esta puerta? ◆どう答えていいか分からなかった No supe [sabía] cómo [qué] contestar.

❷【意見・好みなど】(どのような) *interrog.* qué tal, *interrog.* cómo, (何) *interrog.* qué. 会話 映画どうだった－良かったよ ¿Qué tal estuvo [¿Cómo fue] la película? – ¡Estupenda! [¡Me encantó!] 会話 最初の授業はどうだった－なかなかおもしろかったよ．君の方はどうだった－こっちもおもしろかった ¿Cómo estuvo [¿Qué

トイレ Servicios higiénicos
→トイレ

tal te fue en] la primera clase? – Fue bastante interesante. ¿Y la tuya? – La mía también interesante. 会話 紅茶はどうしましょう―ミルクを入れてください「¿Cómo toma [quiere] usted el té? – Con leche, por favor. ♦この計画をどう思いますか「¿Qué piensa usted de [¿Cuál es su opinión sobre] este plan? / ¿Qué「te parece [《口語》piensas de] este plan? ♦もし彼が来なかったらどうする[なる] ¿Y si no viene?

❸【体調・暮らしぶりなど】interrog. cómo, qué, cuál. ♦どうしているの. お元気？《口語》¿Que tal (vas)? / ¿Cómo estás? / 《親しい人に》¿Qué hay (de nuevo)? ♦どうなさいました（医者が患者に）¿Qué le pasa? / ¿Cuál es su problema? ♦かぜの具合はどうですか―¹たいしたことありません [²だいぶ良いです] ¿Qué tal tu resfriado? – ¹No demasiado mal [²Mucho mejor], gracias. ♦（手は）どうしたんですか ¿Qué te pasa (en la mano)? / ¿Te pasa algo (en la mano)? ♦宿題はどうしたの（先生が生徒に）¿Qué tal tus deberes [tu tarea]?

❹【勧誘・提案】♦…はどうですか《口語》¿Y si 《＋直説法現在，接続法過去》?; （提案する）v. sugerir* 《＋接続法》. 会話 ケーキをもう一つどうですか―『いィえ結構です』¿Le gustaría otro trozo de tarta? – ¹Con mucho gusto [²No gracias]. ♦次の日曜日いっしょにピクニックに行くってのはどうかな「¿Qué tal un; 《口語》¿Y si vamos de] picnic el domingo que viene? /《フォーマル》¿Estarías interesado en ir de picnic el domingo que viene? 会話 それはいけないね．薬飲んだらどうー¹もう飲んだの．でも効果がないのーじゃ，すぐ医者にみてもらったらどうかしらーええ，そうするわ Eso no está bien. ¿Por qué no tomas una medicina? – Ya la he tomado, pero no ha servido de nada. – Bueno, me parece un buen consejo. 「Voy a seguirlo [Eso voy a hacer]. ♦明日もう一度やってみてはどうですか ¿Por qué no lo vuelves a intentar mañana? / Sugiero que vuelvas a intentarlo mañana.

【その他の表現】♦どう見ても[考えても]彼は正しい Parece (ser) que tiene razón. / Al parecer está en lo cierto. ♦彼はどう見ても（＝よくても）二流の作家だ「A lo sumo [Como mucho, En el mejor de los casos], es un escritor secundario. ♦それがどうした．私には関係ないよ ¿Y qué?「A mí no me importa [《口語》No tiene nada que ver conmigo]. ♦失敗したってどうってことないよ No tiene ninguna importancia que te salga mal. / El que no te salga bien, no tendrá importancia. ♦そんな損害くらいは金持ちにはどうってことはない Para un rico, esos desperfectos no significan nada. 会話 それは名案だと思わないーさあどうでしょうかね No me parece una buena idea? – Bueno, no estoy del todo seguro. ♦《そこまで言う気はない》Bueno, yo no diría tanto.

どう 胴 （人の）m. tronco; （胴体）m. cuerpo; （衣類の）m. cuerpo; （婦人服の）m. corpiño; （船の）m. casco; （飛行機の）m. fuselaje; （ギターの）m. caja. ▶胴回りが80センチある v. tener * una cintura de 80 centímetros. ♦彼は胴が¹長い [²太い] Tiene un ¹largo [²grueso] tronco.

どう 銅 m. cobre. ▶銅貨 f. moneda de cobre. ▶銅メダル f. medalla de bronce.

どう- 同- ▶同日（＝同じ日）に m. mismo día, m. ese día. ▶同上（＝前述の）証人《口語》el ese/sa mismo/ma testigo, 《フォーマル》mf. mencionado/da testigo, 《専門語》mf. testigo susodicho/cha.

どうあげ 胴上げ ▶監督を胴上げする v. lanzar* al aire al director en señal de triunfo. (☆スペインでは勝利を祝うときには肩車をする:llevar al director a [en] hombros).

とうあつせん 等圧線《専門語》f. isobara.

とうあん 答案 （用紙）m. (papel de) examen, f. hoja de respuestas; （解答）f. contestación, f. respuesta. ▶答案を出す v. entregar* un examen. ▶スペイン語の答案を¹添削する [²採点する] v. ¹corregir* [²puntuar*] exámenes de español.

どうい 同意 （話し合い・説得による）m. acuerdo; （熟慮の上での）f. aprobación, 《教養語》f. aquiescencia. ▶うなずいて同意を示す v. asentir* [《口語》decir* que sí] con la cabeza. ▶同意を求める v. pedir* (su) aprobación. ▶同意を得る v. conseguir* (su) aprobación [consentimiento]. ♦彼は両親の同意を得て彼女と結婚した Se casó con ella con el consentimiento de sus padres.

—— 同意する v. estar* de acuerdo 《con + 人》《en + 不定詞，名詞》, acordar* 《+不定詞，con + 人》《＋接続法》; asentir* a [acceder a, consentir* en] 《＋不定詞，名詞》; （よいと認める）v. aprobar*. ▶その提案に同意する v. aprobar* [consentir* en] la propuesta. ♦彼の意見に同意する v. estar* de acuerdo con él [su opinión]. ♦彼らは彼を援助することに同意した Acordaron ayudarlo[le]. ♦父は私の外国留学にどうしても同意してくれなかった Mi padre no quería consentir en que yo estudiara en el extranjero. ⇨一致，結構，賛成，承認，満足；受け入れる，賛成する，承知する

どういう （何(の)) interrog. qué; （どんな方法で）interrog. cómo. → どんな. ♦君の言う「愛」とはどういう意味ですか ¿Qué quieres decir con la palabra "amor"? 会話 健，私のことは忘れて―そういうことなんだい Ken, olvídame. – ¿Qué quieres decir con eso? ♦どういうわけか私は彼が信用できない No sé por qué, pero no 「confío en [me fío de] él.

どういご 同意語 m. sinónimo. ♦bonito は lindo の同意語です "Bonito" es sinónimo de "lindo".

・どういたしまして ❶【「ありがとう」に答えて】De nada. / No hay de qué. /《フォーマル》Ha sido un placer. → ありがとう. 会話 迎えにきてくれてありがとう―どういたしまして．ご旅行はいかがでしたか Gracias por venir a recibirnos. – De nada. ¿Qué tal el viaje?

❷【「すみません」に答えて】Está bien. / No se

preocupe. / 《口語》No te preocupes. / (気にしないでください)No importa. → すみません.

とういつ 統一 (単一性, まとまり) *f.* unidad; (一つにまとめること) *f.* unificación; (一様であること) *f.* uniformidad; (標準化, 画一化) *f.* estandarización; (首尾一貫性) *f.* coherencia; (集中) *f.* concentración. ▶国家の統一 *f.* unidad nacional. ▶アラブ諸国の統一 *f.* unificación de los países árabes. ▶精神統一 *f.* concentración mental. ▶¹統一 [²非統一]国家 *m.* país ¹unificado [²dividido]. ▶統一一(団結した)行動 *f.* acción unida (conjunta). ▶多様の中に統一を見いだす *v.* encontrar* unidad en la variedad. ♦彼の考えは統一を欠く A sus ideas le falta consistencia.
—— **統一する** *v.* unificar* → 統合する; (標準に合わせる) *v.* uniformar, estandarizar*. ▶価格を統一する *v.* uniformar los precios
☞一本化, 統合

どういつ 同一(の) *adj.* mismo; igual; (寸分違わぬ) *adj.* idéntico. → 同じ. ▶まったく同一の人物 *f.* misma persona, *f.* idéntica persona. ▶同一性 *f.* identidad. ▶自分を映画の主人公と同一視する *v.* identificarse* con "el héroe [la heroína] de la película. ▶同一労働に対する同一賃金 *f.* misma paga por el mismo trabajo.

どういん 動員 *f.* movilización. ▶総動員 *f.* completa movilización 《de》. ▶動員令 *fpl.* órdenes de movilización. ▶動員する(軍隊などを)《フォーマル》 *v.* movilizar*.

トゥールーズ Tolosa (☆フランスの都市).

とうえい 投影 *f.* proyección; *f.* sombra. ▶投影図 *f.* proyección. ▶投影する *v.* proyectar. → 反映 ☞ 写[映]す, 写[映]る

ドウエロがわ ドゥエロ川 el Río Duero (☆スペインとポルトガルを流れる川).

とうおう 東欧 Europa del Este, Europa Oriental. ▶東欧諸国 *mpl.* países de 「Europa del Este [Europa Oriental].

どうおんいぎ 同音異義 *f.* homonimia. ▶同音異義語 *m.* homónimo, *m.* homófono.

とうか 灯火 *f.* luz; (灯火の明かり) *f.* luz de lámpara. ▶灯火の下で読書する *v.* leer* a la luz de una lámpara. ♦灯火親しむ候よたかって Estamos en la mejor estación para leer.

とうか 投下 ▶都市に爆弾を投下する *v.* bombardear [arrojar bombas sobre] una ciudad. ▶ばく大な資本を新しい企業に投下する *v.* invertir* un gran capital en un nuevo negocio. ▶投下資本 *m.* capital invertido.

*どうか ❶【どうぞ】por favor. → どうぞ.
❷【...かどうか】si... o ..., que + 接続法 o no. ♦そこへ行くべきかどうか分からない No sé si ir o no. / No sé qué hacer, si ir o quedarme. ♦それは彼が来るかどうかにかかっている Depende de 「que venga o no [si viene o no]. ♦問題はわれわれが君を助けられるかどうかである La cuestión es si podemos ayudarte o no. / Que podamos ayudarte o no, ésa es la cuestión.
《その他の表現》♦君は最近どうかしているよ Estos días no pareces *el/la mismo/ma*. / Te pasa algo últimamente. / (君らしくない)Estás *raro* estos días. ♦どうかしましたか ¿Qué (te) ha pasado? / ¿Qué tienes? / ¿Cuál ha sido el problema? ♦それはどうかと思う No me parece que 「esté bien [sea bueno]. / 《フォーマル》Dudo de la conveniencia.

どうか 銅貨 *f.* moneda de cobre.

どうか 同化 *f.* asimilación. ▶同化する *v.* asimilar. ♦アルゼンチンは多くの国からの移民を同化している Argentina ha asimilado inmigrantes de numerosos países. ♦その釣り人の姿は風景と同化していた El pescador (de caña) parecía estar integrado al paisaje.

どうが 動画 (人形や物が動く映画) *f.* animación, *f.* película de dibujos animados. → アニメ(-ション).

とうかい 倒壊 *f.* derrumbe, *m.* desmoronamiento. ▶倒壊する(つぶれる) *v.* derrumbarse, desmoronarse; (倒れる) *v.* caer(se)*; (破壊される) *v.* ser* derrumbado. ▶倒壊家屋 *f.* casa derrumbada. ▶倒壊寸前である *v.* estar* al borde del derrumbe, estar* para caer*. ♦地震でそのビルが倒壊した El edificio se derrumbó por el terremoto.

とうがい 当該 ▶当該の(関係ある) *adj.* en cuestión, (専門語)competente. ▶当該官庁 *fpl.* autoridades competentes. ▶当該人物 *f.* persona en cuestión.

とうかく 頭角 ▶頭角を現わす(きわだっている) *v.* destacar(se)*, distinguirse*; (異彩を放つ) *v.* lucir*, brillar; (目立つ) *v.* distinguirse* [destacarse*] 《por, en》. ♦彼は政治家として頭角を現わし始めた Empezó a destacar(se) como político.

とうかく 倒閣 *m.* derrocamiento del gabinete. ▶倒閣する *v.* derrocar* al gabinete.

どうかく 同格 ▶同格である *v.*「ocupar el mismo rango [ser* del mismo nivel]《que》.

どうかせん 導火線 (火薬の) *f.* mecha; (起爆剤の) *f.* espoleta; (事件などの誘因) *f.* causa, (強調して) *f.* chispa. ▶導火線に点火する *v.* prender una mecha. ♦それが反乱の導火線となった 「Esa fue la chispa de [Eso encendió] la revuelta.

とうかつ 統轄 (監督) *f.* supervisión; (管理) *m.* control. ▶計画を統轄する *v.* supervisar el proyecto. ♦ポソ氏の統轄のもとに *adv.* bajo la supervisión del Sr. Pozo.

とうがらし 唐辛子 (薬味) *m.* pimiento rojo (picante en polvo), *f.* pimienta, *m.* pimentón.

とうかん 投函 ▶投函する *v.* echar al buzón. ▶手紙を投函する *v.* echar una carta al buzón.

どうかん 同感 ▶私はあなたと同感です Estoy de acuerdo con usted. / (共鳴する)Comparto su opinión. / Yo tengo el mismo parecer. 《会話》実にけしからん――まったく同感だ ¡Qué desastre! – Absolutamente de acuerdo.

どうがん 童顔 (子供らしい顔) *f.* cara aniñada; (赤ん坊みたいな顔) *m.* rostro de niño. ▶童顔の青年 *m.* joven de cara aniñada.

とうき 冬期[季] *m.* invierno. ▶冬季オリンピック *mpl.* Juegos Olímpicos de Invierno.

とうき 騰貴 (値段の) *f.* subida, *m.* aumento,

m. encarecimiento; (不動産・株などの)《フォーマル》*f.* apreciación. ▶物価の騰貴 *f.* subida de precios. ▶土地の騰貴 *f.* apreciación [*m.* encarecimiento] del precio del suelo. ▶騰貴する *v.* subir, encarecer*, 《フォーマル》apreciarse. ♦地価が騰貴している Los precios del suelo están subiendo. / (急騰している)Los precios del suelo se están disparando [《口語》poniendo por las nubes].

とうき 陶器 *f.* cerámica, *f.* loza; (素焼き, 土器)*m.* bizcocho, *f.* loza sin barnizar; (磁器)*f.* porcelana. ▶陶器商(店) *f.* tienda de cerámica, *f.* cacharrería; (人)*m.* vende*dor/dora* de cerámica. ▶陶器職人 *mf.* alfare*ro/ra*; (陶芸家) *mf.* ceramista. ▶陶器製造所 *f.* alfarería, *m.* alfar. ▶陶器の花びん *m.* jarrón de cerámica. ▶陶器の作り方を習う *v.* aprender a hacer* cerámica. ♦あの店は陶器類を売っている En esa tienda venden cerámica.

とうき 投機 *f.* especulación. ▶土地投機を抑制する *v.* frenar la especulación en terrenos. ▶株に投機する *v.* especular「en la bolsa [con las acciones].

とうき 登記 *m.* registro, *f.* inscripción. ▶登記簿 *m.* registro. ▶(不動産)登記所 *f.* oficina del registro de「bienes raíces [la propiedad inmobiliaria]. ▶登記料 *mpl.* derechos de registro. ▶登記する *v.* registrar, inscribir*.

とうき 投棄 ▶投棄する(投げ捨てる) *v.* tirar, 【ラ米】botar; (ごみなどを)*v.* tirar (a la basura). ▶ごみを不法に投棄する *v.* tirar [【ラ米】botar] a la basura ilegalmente, realizar* un vertido ilegal de desechos [《フォーマル》residuos].

とうぎ 討議 (議論)*f.* discusión; (賛否対立の正式な)*m.* debate, *f.* deliberación. → 討論, 審議. ♦その問題は上院で熱心に討議された El tema fue debatido acaloradamente en el senado.

どうき 動機 *m.* motivo; *m.* móvil. ▶[1卑劣[2利己的; 3個人的]な動機から *adv.* por un motivo 1ruin [2egoísta; 3personal]. ♦研究を始められた動機は何ですか ¿Cuál fue el motivo de empezar sus estudios? ♦彼には犯行の動機がない No tiene ningún móvil para cometer el delito. ♦子供たちがこれを学びたくなるように動機づけをしなければならない Tenemos que motivar a los niños para que deseen aprender esto.

どうき 動悸 *m.* latido, 《専門語》*f.* palpitación. ▶動悸がする *v.* latir, palpitar. ♦心臓が激しく動悸を打った El corazón me latía [palpitaba] con fuerza [violencia]. / 《専門語》Tenía fuertes palpitaciones.

どうき 同期 《専門語》*f.* sincronización. ♦私たちは同期です(=同級だった) Estábamos en la misma clase. / (同級生)Fuimos compañe*ros/ras* de clase. / (同期卒業生だ)Nos graduamos el mismo curso.

どうぎ 同義 *f.* moralidad, *f.* moral, 《フォーマル》*f.* ética. ▶道義心の強い人 *f.* persona de gran sentido moral [ético]. ▶道義的な責任

どうぐ 965

がある *v.* tener* una responsabilidad moral, ser* moralmente responsable. ♦彼の行為は道義上許せない Su comportamiento es moralmente inadmisible. ♦それは道義に反する Eso va en contra de la moral.

どうぎ 動議 *f.* moción. ▶緊急動議 *f.* moción urgente. ▶休会の動議を出す *v.* presentar [proponer*]「una moción de suspensión [aplazamiento] de la reunión. 会話 議長, 即時採決を動議します―動議に賛成の方ははられますか「Sr. Presidente [Sra. Presidenta], propongo que procedamos de inmediato a la votación. – ¿Alguien desea apoyar la moción?

どうぎご 同義語 *m.* sinónimo 《de》. → 同意語.

とうきゅう 等級 *f.* clase; (段階)*m.* grado, *m.* rango; (程度)*f.* categoría. ▶等級別で売れる *v.* venderse por grados. ▶卵を大きさで等級に分ける *v.* clasificar* los huevos por el tamaño ☞階級, 級, クラス, 等

とうきゅう 投球 *m.* tiro, *m.* lanzamiento. ▶よくねらった投球をする *v.* lanzar* con puntería. ▶投球する *v.* lanzar* [tirar] la pelota. ▶投球フォームがよい *v.* tener* una buena forma de lanzamiento.

とうぎゅう 闘牛 *m.* toreo; (一試合)*f.* corrida de toros. ▶闘牛場 *f.* plaza de toros, 《フォーマル》*m.* ruedo (taurino). ▶闘牛士 *mf.* torero/ra; (牛にとどめを刺す主役)*m.* matador; (騎馬闘牛士)*m.* picador.

どうきゅう 同級 ▶和子と私は同級です(=同じクラスにいる) Kazuko y yo estamos en la misma clase. / (同級生だ)Kazuko y yo somos「compañe*ros/ras* de clase [《フォーマル》condiscípu*los/las*].

どうきょ 同居 ▶同居人を置く *v.* aceptar *un/una* inquili*no/na*. ♦息子一家は私たちと同居している Nuestro hijo y su familia viven con nosotros.

とうきょう 東京 Tokio.

どうぎょうしゃ 同業者 (商人・職人などの)*mf.* compañe*ro/ra* de negocio; (医者・弁護士などの)*mf.* profesional. ▶同業者組合 *m.* gremio, *f.* asociación profesional. ♦同業者の(=同業である)田辺さん El Sr. Tanabe, que「es colega [tiene el mismo negocio].

とうきょく 当局 *fpl.* autoridades. ▶関係当局 [当局者] *fpl.* autoridades competentes. ▶1学校 [2市]当局 *fpl.* autoridades 1escolares [2municipales].

***どうぐ** 道具 ❶【用具】*f.* herramienta; *mpl.* útiles; *m.* instrumento, *m.* instrumental; (用具一式)*m.* juego de herramientas. ▶大工道具 *fpl.* herramientas de carpintero. ▶園芸道具 *fpl.* herramientas [*mpl.* útiles] de jardinería. ▶台所道具 *mpl.* utensilios [enseres] de cocina. ▶ひげそり道具 *m.* juego de afeitar. ▶釣り道具 *mpl.* aparejos de pesca [pescar]. ▶道具箱 *f.* caja de herramientas. ▶道具を使う *v.* usar una herramienta. ❷【手段】*m.* instrumento. → 手段. ♦他人を

道具に使う v. usar a los demás como instrumentos, manipular a los demás. ◆教科書は教師の商売道具だ Los libros de texto son las herramientas *del/de la* profes*or/sora*.

どうくつ 洞窟 f. cueva; (小さな) f. gruta; (大規模な) f. caverna.

とうげ 峠 ❶ [山道の] m. paso [m. puerto] (de montaña); (頂上) f. cima. ◆大菩薩峠 el Paso de Daibosatsu. ◆峠を越える v. pasar un puerto.

❷ [絶頂] m. apogeo; 【危機】f. crisis. ◆夏の暑さも峠を越した Ha pasado「el apogeo [lo peor] del calor de verano. ◆その患者の(病気)は峠を越して快方に向かっている El paciente ha superado la crisis y está mejorando. ◆この仕事も峠を越した Hemos pasado [superado] la parte más difícil de este trabajo.

どうけ 道化 【人】m. bufón; (サーカスなどの) m. pay*aso/sa*; (昔の王侯・貴族にかかえられた) m. bufón; 【事】fpl. payasadas, f. bufonería. ◆道化芝居 f. farsa.

とうけい 統計 fpl. estadística(s). ◆統計学者 mf. estadístic*o/ca*. ◆統計表 f. tabla estadística. ◆統計学 f. estadística. ◆統計(学)の adj. estadístico. ◆ ¹人口 [²離婚] 統計 f. estadística ¹demográfica [²de divorcios]. ◆去年の自殺の統計(数値) f. estadística de suicidios del año pasado. ◆統計(学)上意味のある差異 f. variación estadísticamente significativa. ◆統計をとる v. hacer* las estadísticas (de, sobre). ◆統計によると, 年々自動車の数が増加している Según [De acuerdo con] la estadística, el número de automóviles aumenta año tras año.

とうけい 東経 f. longitud este. ◆東経135度10分にある v. estar* situado a 135 grados y 10 minutos de longitud este.

とうけい 闘鶏 (闘い) f. pelea de gallos; (鶏) m. gallo de pelea. ◆闘鶏場 f. gallera, m. reñidero, [メキシコ] m. palenque.

とうげい 陶芸 f. cerámica; f. alfarería. ◆陶芸家 mf. ceramista, mf. alfar*ero/ra*.

どうけい 憧憬 ◆フアン・カルロス国王を憧憬する (=賛美する) v. admirar al rey Juan Carlos. ◆外国に憧憬を抱く (=あこがれる) v. suspirar por los países extranjeros. → 憧(あこが)れる.

どうけい 同系 ◆同系の (血統などが同じ) adj. de la misma sangre; (同血族の, 同性質の) adj.《フォーマル》consanguíneo, empar*entado*; (会社などが) adj. afiliado; (同じような) adj. parec*ido*. ◆同系色 m. color parecido. ◆王家と同系の家族 f. familia emparentada con la familia real. ◆多くの同系会社を経営する v. dirigir* numerosas compañías afiliadas. ◆これらの民族はすべて同系だ Todas estas razas tienen un tronco común.

どうけし 道化師 (サーカスの) mf. pay*aso/sa*; (昔の王侯・貴族にかかえられた) m. bufón.

とうけつ 凍結 (水・財産などの) f. congelación. ◆凍結する v. congelar. ◆凍結した道 f. carretera helada. ◆凍結財産 m. activo congelado. ◆賃金と物価の凍結を解除する v. descongelar precios y salarios. ◆川は凍結していた El río estaba helado. ◆(ドライバーに対して)新潟に入ると道路が凍結している恐れがある En Niigata, los conductores pueden encontrarse con carreteras heladas. ◆世代は凍結すべきだ El alquiler de terrenos debe congelarse.

とうけつしゅ 頭血腫 《専門語》f. cefalohematoma.

とうけつしょう 糖血症 《専門語》f. glicemia.

どうけつせつ 洞結節 《専門語》m. nódulo sinusal.

とうけん 闘犬 f. pelea de perros; (犬) m. perro de pelea.

どうけん 同権 mpl. mismos derechos. ◆男女同権 mpl. mismos derechos para hombres y mujeres, 《フォーマル》f. igualdad de derechos para ambos sexos.

とうげんきょう 桃源郷 (地上の楽園) m. paraíso terrenal, m. edén.

とうげんびょう 糖原病 《専門語》f. glicogenosis.

とうこう 登校 ◆登校する v. ir* a la escuela. ◆登校拒否 f. negativa a ir a la escuela. ◆登校の途中で彼女は交通事故にあった Tuvo un accidente de tráfico cuando iba a la escuela.

とうこう 投稿 f. colaboración. ◆投稿者 mf. colabor*ador/dora*. ◆投稿欄 fpl. colaboraciones del lector, fpl. cartas al director. ◆おもしろい投稿が満載されている雑誌 f. revista llena de interesantes colaboraciones. ◆雑誌に俳句を投稿する v. colaborar con "haikus" en una revista. ◆彼はその新聞によく投稿する Colabora frecuentemente en ese periódico. / Es un colaborador habitual de ese diario.

とうこう 陶工 mf. alfar*ero/ra*, mf. ceramista.

とうごう 統合 (部分・要素などの全体への) f. integración; (結合して一体にすること) f. unidad; (統一) f. unificación; (会社などの合併整理) f. fusión. ◆いろいろな企画の統合 f. integración de varios proyectos. ◆民族の統合 f. unidad del pueblo. ◆統合の象徴 m. símbolo de unidad. ◆二つの会社の統合 f. fusión [f. integración] de dos empresas en una. ◆統合ソフトウエア《専門語》m. software integrado.

—— 統合する v. integrar; unificar*; fusionar; (いっしょにする) v. juntar. ◆AをBに統合する v. integrar a A en B. ◆AとBを統合する v. integrar a A con B. ◆負債を統合する v. consolidar las deudas. ◆二つの小学校を一つに統合する v. integrar dos escuelas primarias en una.

どうこう ◆同行する v. acompañar, ir* (con). ◆同行者 mf. compañ*ero/ra* (de viaje). ◆東京まで同行します Te acompañaré hasta Tokio. ◆警察まで同行願います Tengo que pedirle que me acompañe hasta la comisaría. ☞ 付き添う, 伴う

どうこう 動向 (傾向) f. tendencia, f. corriente; (事態の成り行き) m. movimiento. ◆経済の動向 f. tendencia de la economía. ◆世論の動向 f. tendencia de la opinión pública.

時代の動向 f. corriente de los tiempos.

どうこう (どうのこうの) *pron.* esto o lo otro. ▶ どうこう言える立場ではない *v.* no estar* en situación de decir* esto o lo otro.

どうこう 瞳孔 *f.* pupila (del ojo). ▶ 瞳孔不同《専門語》*f.* anisocoria.

どうこう 同好 ▶《=同じ興味[趣味]を持っている人たち》*fpl.* personas que comparten「la misma afición [los mismos gustos]」.

どうこうかい 同好会 *m.* club, *f.* sociedad. ▶ テニス同好会 *m.* club de tenis. ▶ 音楽同好会を作る *v.* formar un club de amantes de la música.

とうごうしっちょうしょう 統合失調症 《専門語》*f.* esquizofrenia.

とうこうせん 等高線 (地図) *f.* línea de nivel; (気象) *f.* curva de nivel. ▶ 等高線地図 *m.* mapa de línea de nivel.

とうごく 投獄 *m.* encarcelamiento, *f.* prisión. ▶ 投獄する *v.* encarcelar 《a + 人》, meter 《a + 人》en「la cárcel [prisión,《口語》chirona, 《口語》el bote]」. → 刑務所.

とうさ 踏査 (正式の詳細な調査) *m.* estudio, *m.* reconocimiento; (探検, 実地踏査) *f.* exploración; (徹底的な調査・研究) *f.* investigación. ▶踏査する *v.* explorar, investigar*, hacer* un reconocimiento. ▶その島を実地踏査する *v.* hacer* un estudio sobre el terreno de la isla.

とうざ 当座 ❶【差し当たり】*adv.* de [por el] momento; (当分の間) *adv.* por ahora; (仮に) *adv.* temporalmente. ▶当座のしのぎに (=仮の手段として) *adv.* como medida provisional [provisoria, temporal],《フォーマル》con recurso provisorio. ▶10万円あれば当座は間に合う Cien mil yenes bastarán「de momento [provisionalmente]」.
❷【しばらく間】 ◆ここへ来たって当座は何を見ても珍しかった Cuando llegué aquí, todo me parecía extraño durante algún tiempo.
《その他の表現》◆百万円当座預金にする *v.* depositar un millón de yenes en una cuenta corriente.

・**どうさ** 動作 *m.* movimiento → 動き; (身ぶり) *m.* ademán, *m.* gesto. ▶驚いた動作をする *v.* hacer* un movimiento de sorpresa. ◆彼は動作 (=身のこなし) が実に素早い Sus movimientos son muy rápidos. ◆彼はわれわれに部屋から出るよう動作で示した Nos hizo ademán para que saliéramos de la sala.

とうさい 搭載 (搭載する(持つ)) *v.* tener*; (積んでいる) *v.* llevar; (装備している) *v.* estar* provisto 《de》, disponer* 《de》. ◆この車は新型エンジンを搭載している Este automóvil tiene [dispone de] un motor nuevo.

とうざい 東西 ❶【東と西】*m.* este y *m.* oeste, *m.* oriente y *m.* occidente, *m.* levante y *m.* poniente. ▶東西南北 *m.* norte, *m.* sur, *m.* este y *m.* oeste (☆北南東西の順にいう); (羅針盤の4方位) *mpl.* cuatro puntos cardinales. ◆その島は東西に横たわっていた Esa isla se extendía de este a oeste.
❷【東洋と西洋】Este-Oeste. ▶東西間の¹緊張

とうし 967

[²関係] ¹ *fpl.* tensiones [² *fpl.* relaciones] Este-Oeste. ▶古今東西の歌 *fpl.* canciones universales [de todas partes y épocas]. ▶洋の東西を問わず *adv.* (en, por) todo el mundo, (a) lo largo y ancho del mundo.

とうさく 盗作 *m.* plagio, 《口語》*f.* copia. ▶盗作者 *mf.* plagiario/ria,《口語》*mf.* copión/piona. ▶(彼の小説を)盗作する *v.*《フォーマル》plagiar, copiar, [メキシコ]《口語》fusilar (su novela).

とうさく 倒錯 *f.* perversión. ▶倒錯した愛情 *m.* afecto pervertido. ▶性的倒錯者 *mf.* pervertido/da sexual.

どうさつ 洞察 *f.* perspicacia,《フォーマル》*f.* penetración. ▶洞察力のある人 *f.* persona perspicaz. ▶深い洞察力がある *v.* ser* muy perspicaz, tener* una gran perspicacia. ▶洞察する (=見通す) *v.* penetrar (en el futuro). ▶洞察を得る *v.* adquirir* perspicacia 《en》. ◆彼の講演は私にその問題に対する洞察を与えてくれた Su conferencia me permitió「comprender mejor [penetrar en] el asunto.

どうさつりょく 洞察力 →洞察.

とうさん 倒産 *f.* quiebra, *f.* bancarrota. ▶倒産する *v.* quebrar, hacer* quiebra, ir* a la quiebra, ir* a la bancarrota, arruinarse. ◆中小企業の倒産が相次いだ Hubo una cadena de quiebras de pequeñas y medianas empresas. / Muchas empresas pequeñas y medianas fueron a la quiebra una detrás de otra.

どうさん 動産 *f.* propiedad mobiliaria, *mpl.* bienes muebles. ▶動産保険 *m.* seguro de propiedad [bienes muebles].

とうし 投資 *f.* inversión. ▶投資家 *mf.* inversor/sora, *mf.* inversionista. ▶公共投資 *f.* inversión pública. ▶投資信託 *m.* fondo [*f.* sociedad, *m.* fideicomiso] de inversión. ▶国債への投資 *f.* inversión en bonos nacionales. ◆君の将来の教育は将来への投資だ Tu formación es una inversión en tu futuro.
── 投資する *v.* invertir* 《en》. ◆彼はその会社に百万円投資した Invirtió [《口語》Metió] un millón de yenes en la compañía.

とうし 闘志 *f.* combatividad, *m.* espíritu combativo; (軍隊などの士気) *m.* ánimo de lucha. ▶闘志が¹ない [²を失う] *v.* ¹no tener* [²perder*] espíritu combativo. ▶闘志を見せる *v.* mostrar* espíritu combativo. ◆彼はまだ闘志満々だ Sigue teniendo una gran combatividad. ▯頑張り, 根性, 士気

とうし 凍死 *f.* muerte de frío. ▶凍死する *v.* morir* de frío [congelado].

とうし 闘士 ▶組合活動の闘士 *mf.* luchador/dora en actividades sindicales, (活動家) *mf.* militante [*mf.* activista] sindical. ▶女性の権利の(擁¹)護を求める)闘士 *mf.* campeón/peona de los derechos de la mujer.

とうし 透視 (X線による) *f.* fluoroscopia. ▶透視する *v.* ver* (el pecho) por el fluoroscopio; (見抜く) *v.* adivinar,《口語》calar. ▶透

視画法 f. perspectiva.

とうじ 当時 (その時) adv. entonces, por (aquel) entonces; (その時代に) adv. en「aquel tiempo [aquella época]. ♦当時パリに滞在中だったEntonces estaba en París. ♦終戦当時生活はきびしかった La vida era dura en la postguerra.
── 当時の ▶当時の首相 el/la entonces Primer/mera Ministro/tra. ▶当時の思い出にふける v. entregarse* al recuerdo de aquel tiempo, ensimismarse en el recuerdo de entonces.

とうじ 冬至 m. solsticio de invierno.

とうじ 湯治 m. tratamiento termal [de aguas termales]. ▶湯治 (=湯治場) の客 mf. bañista de aguas termales, m. huésped de un balneario. → 温泉. ♦彼は湯沢に湯治に行った Fue a Yuzawa a un tratamiento termal.

とうじ 答辞 m. discurso de respuesta. ▶卒業式で答辞を述べる v. pronunciar un discurso de respuesta en una ceremonia de graduación.

どうし 動詞 m. verbo. ▶動詞の adj. verbal. ▶ ¹規則 [²不規則] 動詞 m. verbo ¹regular [²irregular].

どうし 同志 (労組・政党などの) mf. camarada, mf. compañero/ra (de partido); (志を同じくする人たち) fpl. personas de「mismas ideas [ideas afines]. ▶同志宮田 m. camarada Miyata.

-どうし -同士 ▶学生同士 mpl. compañeros de colegio, 《フォーマル》mpl. condiscípulos. ▶親戚(⅜)同士のもめごと mpl. roces [fpl. fricciones] entre parientes. ♦彼らは仲間同士で言い争った Discutieron entre sí. ♦彼らは長年の友達同士である (=お互いに仲がよい) Ellos son amigos íntimos muchos años. ♦われわれはいとこ同士だ Somos primos.

*__どうじ__ 同時 ▶同時の adj. simultáneo.
── 同時に adv. al mismo tiempo; (まったく同時に) adv. simultáneamente; (偶然同時に) adv. casualmente al mismo tiempo; (いっせいに) adv. juntos, a la vez. ♦同時に話さないでくれ No hablen al mismo tiempo. ♦そのオペラは FM と 12 チャンネルで同時に放送された La ópera fue transmitida simultáneamente en FM y por el Canal 12.
── 同時に ❶ 【…とともに】(B だけでなく A も) A tanto como B; (…だがまた同時に) adv. al mismo tiempo, a la vez; (他方) adv. por「otro lado [otra parte]; (…の一方で) si bien… también… ♦それは彼にとっては有利であると同時に不利でもある Va en su favor y también en su desventaja. / Le favorece tanto como le desfavorece. ♦山登りは楽しい、だが同時に危険だ El montañismo es tan divertido como peligroso. /《フォーマル》El montañismo si bien es divertido, también tiene peligro.
❷【ちょうどその時に】conj. justo cuando; (…するとすぐに) conj. tan pronto como, apenas, al (＋不定詞); (…の後じきに) adv. poco después. ♦外へ出ると同時に雨が降りはじめた「Tan pronto como [Cuando, En el momento en que] salimos, se puso a llover. / No habíamos hecho más que salir cuando empezó a llover. / Al salir, empezó a llover. → すぐ. ♦彼は卒業と同時に就職した Nada más graduarse, encontró trabajo. / Al graduarse, encontró trabajo.

とうじき 陶磁器 f. cerámica; f. porcelana.

とうじきっぷ 通し切符 m. billete [《ラ米》m. boleto] directo.

どうじく 同軸 ▶同軸ケーブル《専門語》m. cable coaxial.

とうじしゃ 当事者 (関係者) mf. interesado/da; (利害関係者) f. parte interesada. ▶¹訴訟 [²事故]の当事者 f. parte ¹demandante [²afectada en un accidente]. ♦当事者同士の話し合い Las conversaciones entre los interesados.

どうじだい 同時代 f. misma época, 《文語》f. coetaneidad. ▶われわれと同時代の人々 mpl. nuestros contemporáneos. ▶同時代の adj. contemporáneo, coetáneo. ▶夏目漱石は森鴎外と同時代の人だった Soseki Natsume fue coetáneo de Ogai Mori.

とうじつ 当日 (その日) adv. ese día; (まさにその日) el mismo día; (定められた日) m. día señalado. ▶当日 (=公演の日で売られる)券 f. entrada vendida para el día de la actuación. ♦当日はひどい雪だった Ese mismo día nevó mucho. ♦試験の当日病気になった El mismo día del examen me puse enfermo. ♦通用当日 (=発行日)限り《切符の表示》Sólo vale el día de su emisión.

どうしつ 同質 (同じ品質) f. misma calidad; (同種) f. homogeneidad. ▶同質の文明 f. civilización homogénea.

どうじつうやく 同時通訳 (事) f. interpretación simultánea; (人) mf. intérprete simultáneo/a. ▶同時通訳をする v. hacer* una interpretación simultánea, interpretar simultáneamente.

*__どうして__ ❶【どんなふうにして】interrog. cómo, de qué modo [manera]. ▶そんな少ない収入でどうして暮らしていたの ¿Cómo te las arreglas con ingresos tan bajos? ♦どうしてその問題を解かれたのか教えてください Dime, por favor, cómo solucionaste el problema. ♦それをどうして説明したらよいのか分からない No sé cómo [de qué modo] explicarlo.
❷【なぜ】interrog. por qué, cómo → なぜ. ▶今日はどうして遅くなったの ¿Por qué hoy has llegado tarde? 会話 彼は機嫌が悪いよ―どうしてーパーティーに招かれなかったんだーどうしてなの Está de mal humor. – ¿Por qué? – No lo [le] han invitado a la fiesta. – ¿Por qué no? [¿Cómo ha sido eso?] 会話 あれは次郎のせいなのよ―どうして分かる La culpa es de Jiro. – ¿Cómo lo sabes? [¿Quién te lo ha dicho?] 会話 彼女はフランスにいるんだと思ってたよ―どうしてそんなふうに考えたの Creía que estaba en Francia. – ¿De dónde has sacado esa idea? [¿Quién te ha dicho tal cosa?]

—— どうして ❶【それどころか】*adv.* al [por el] contrario, lejos de eso. 会話 外は寒いよーどうして, 寒いどころか暑いよ Hace frío fuera. – 「Al contrario [《口語》No, no], hace calor. ¿Cómo? ¡Pero si hace calor!」

❷【いやはや】*adv.* verdaderamente, en verdad. ♦たいしたやつだよ Verdaderamente es un gran hombre.

* **どうしても**【どんな犠牲を払っても】*adv.* cueste lo que cueste, a toda costa; 【どんな手段に訴えても】*adv.* por todos los medios. ♦どうしても核戦争だけは防止しなければならない Cueste lo que cueste, debemos impedir una guerra nuclear. / Hay que impedir una guerra nuclear a toda costa. ♦どうしても彼の居所をつきとめられなかった No pude encontrar su dirección「de ninguna manera [por más que lo intenté]. ♦この計画はどうしてもやりとげてみせる Voy a llevar a cabo este plan「cueste lo que cueste [por todos los medios]. / Nada ni nadie me va a impedir realizar este proyecto. ♦どうしても彼の名前が思い出せない Por más que lo intento no puedo recordar cómo se llama.

《その他の表現》♦彼はどうしても自分の思うようにやろうとする Se saldrá con la suya. ♦彼女はどうしてもそうしようとはしない No lo hará「de ningún modo [《口語》ni aunque la maten]. ♦ドアはどうしても開かなかった La puerta no se abría en absoluto. ♦月曜までにはどうしても用意できないでしょう Será absolutamente imposible estar preparados para el lunes. ♦息子はどうしても行くといってきかない Mi hijo「insiste por todos los medios en ir [quiere ir a toda costa]. →語意 これ頂いてもいいーどうしてもっていうならいよ ¿Puedo tomarlo? – Si insistes tanto. 会話 火曜日はどうしてもだめなんだ一そんな!いつもうんとは言ってくれないのね El martes es absolutamente imposible. – ¡Vamos! ¡Nunca me dices que sí!

とうしゅ 投手（野球の）*mf.* lanzad*or/dora*,《英語》*mf.* "pitcher"（☆発音は[pítʃer]）. →ピッチャー. ▶ジャイアンツの投手陣 *mpl.* lanzadores de los Gigantes. ▶投手を務める *v.* hacer* de lanzad*or/dora* en el equipo. ▶投手を交替する *v.* cambiar de lanzad*or/dora*.

とうしゅ 党首 *mf.* dirigente [*mf.* líder] de un partido. ▶四党首会談 *f.* conferencia de los líderes de los cuatro partidos políticos.

どうしゅ ▶同種のリンゴ *fpl.* manzanas de la misma especie. → 種類.

とうしゅう 踏襲 ▶踏襲する（従う）*v.* seguir*. → 継ぐ. ▶前例を踏襲する *v.* seguir* un precedente.

とうしょ 投書 *f.* carta (al director, al responsable). ▶投書箱 *m.* buzón de sugerencias. ▶投書欄 *f.* sección [*f.* columna] de cartas al director. ▶[1]新聞 [2]警察に投書する *v.* escribir* (una carta) [1]al periódico [2]a la policía].

とうしょ 当初 ▶当初の計画 *m.* plan original. ▶当初から *adv.* desde el principio.

とうしょ 凍傷 *f.* congelación; *mpl.* sabañones. ▶重度の凍傷 *f.* congelación grave. ▶彼の指は凍傷に[1]かかっていた [2]かかった] Sus dedos [1]estaban congelados [se congelaron]. / [1]Tenía [2]Le salieron] sabañones en los dedos.

とうじょう 登場 *f.* entrada en escena, *f.* aparición en las tablas. ▶登場人物 *m.* personaje;（配役）*m.* reparto. ▶新製品の登場 *f.* aparición de un nuevo producto.

—— **登場する**（現れる）*v.* aparecer*,《口語》salir*;（舞台に）*v.* entrar [aparecer*] en escena. ♦彼女は第1幕で登場する Sale en el primer acto.

とうじょう 搭乗 *m.* embarque, *m.* embarco. ▶搭乗券 *f.* tarjeta de embarque. ▶搭乗員（一人）*mf.* tripulante;（全体）*f.* tripulación. ▶搭乗者名簿 *f.* lista de pasajeros. ▶搭乗手続 *f.* inscripción [《ラ米》*m.* chequeo, *m.* registro, *f.* facturación. ▶搭乗手続きをする *v.* inscribirse*（en el aeropuerto）. ▶福岡行きボーイング747に搭乗する *v.*「embarcarse* en el [subir a bordo del] Boeing 747 con destino a Fukuoka. ▶JAL541便にご搭乗のお客様は12番ゲートからお入りください Todos los pasajeros del vuelo JAL541 diríjanse, por favor, a la Puerta 12.

* **どうじょう 同情** *f.* compasión,《フォーマル》*f.* conmiseración, *f.* simpatía,《強調して》*f.* piedad. → 情け. ▶同情者 *mf.* simpatizante. ▶同情票 *m.* voto de compasión [lástima]. ▶同情心をそそる *v.* despertar* (su) compasión. ▶彼に同情の意を表わす *v.* expresarle simpatía. ▶同情を寄せる *v.* extender* la compasión《a ＋ 人》. ♦彼は同情よりも援助を必要としていた Necesitaba más ayuda que compasión. ♦同情の気持ちから彼に金を貸してやった Le presté dinero por compasión [lástima]. / Compadecido, le dejé dinero. ♦同情などしてほしくない No quiero tu compasión. / No me compadezcas. ♦彼には同情心がない No tiene compasión [piedad]. / No es compasivo.

—— **同情する** *v.* tener* compasión《de, por ＋ 人》, compadecer*《a ＋ 人》, compadecerse*《de ＋ 人》, tener* simpatía《por ＋ 人》;（あわれむ）*v.* apiadarse《de, por ＋ 人》. ▶すぐ同情する人 *f.* persona compasiva [de corazón compasivo]. ▶同情すべき状態 *f.* situación lastimosa [《口語》que da pena]. ♦彼女はその孤児に同情した「Tuvo compasión [Se compadeció] del huérfano. ♦私は彼らにまったく同情しません. 自業自得だから No tengo ninguna compasión por ellos. Se lo tienen merecido.

—— **同情的な** *adj.* compasivo. ▶同情的な言葉 *fpl.* palabras compasivas. ♦彼は彼女の不幸に同情的だった Tuvo compasión de [Compadeció] su desgracia.

どうじょう 同上（上と同じ）lo mismo (que arriba), lo arriba [《フォーマル》anteriormente] mencionado, ídem, id, como queda dicho, ya dicho [mencionado]. ▶同上の

(=上記の)目的で adv. con el objetivo antes mencionado.

どうじょう 道場 m. gimnasio de artes marciales. ▶柔道の道場 m. gimnasio de "judo".

どうじょうみゃくきけい 動静脈奇形《専門語》f. malformación arteriovenosa. ▶動静脈瘻(ろう)《専門語》f. fístula arteriovenosa.

どうしょくぶつ 動植物 mpl. animales y vegetales, f. fauna y f. flora; (万物) toda la naturaleza. ▶動植物界 m. reino animal y vegetal.

とうじる 投じる ❶【投げる】v. tirar, arrojar, lanzar*, 《メキシコ》aventar*. → 投げる. ▶湖水に1身［2石］を投じる v. ¹tirarse［²tirar una piedra］al lago. ❷【費やす】v. gastar;（支払う）v. pagar*;（投資する）v. invertir*. ▶大金を骨董(こっとう)品に投じる v. gastar mucho dinero en antigüedades. ▶全財産をその計画に投じる v. invertir* toda la fortuna en el proyecto. ❸【票を】v. dar*,《フォーマル》emitir. ▶彼に1票を投じる v. darle* su voto, votar［《フォーマル》emitir el voto］por él. ❹【仲間に入る】v. pasarse (a). ▶過激派に身を投じる v. pasarse a los radicales.
《その他の表現》▶現状に一石を投じる（＝論争をおこす）v. provocar* polémica en la situación actual. ▶仕事に身を投じる v. dedicar* toda la energía al trabajo.

どうじる 動じる（動転する）v. alterarse［perder* los nervios］《por》. ▶物事に動じやすい（＝すぐ興奮する）v. perder* fácilmente los nervios, alterarse fácilmente. ▶彼は何事にも動じない Jamás pierde「la sangre fría［《口語》los estribos］.

とうしん 答申（報告）m. informe. ▶答申書 m. informe. ▶答申案 m. borrador de un informe. ▶（...に）A について答申する v. presentar un informe de A《a》.

どうしん 童心 m. corazón infantil, m. candor infantil. ▶童心を傷つける(感情を害する) v. herir* el corazón infantil;（無邪気さを砕く）v. destruir* la inocencia infantil. ▶彼は童心に帰って（＝また子供になり）, 子供たちといっしょに遊んだ Recobró el corazón infantil y jugaba con los niños.

どうじん 同人（趣味などが同じ仲間）m. círculo. ▶文学同人 m. círculo［m. grupo］literario. ▶同人誌 f. revista de un círculo literario.

とうしんじさつ 投身自殺（断崖から投身自殺をする v. suicidarse「arrojándose desde un precipicio［despeñándose］. → 身投げする, 飛び込む.

とうしんだい 等身大 ▶等身大の肖像画 m. retrato de tamaño natural.

とうすい 陶酔 m. arrobamiento, m. embelesamiento, f. enajenación. ▶自己陶酔 m. narcisismo. ▶彼は勝利の喜びに陶酔していた La victoria le tenía embelesado. / Estaba arrobado con el triunfo.

*・**どうせ**《会話》彼は君の誕生会には来れないかもしれないよ―どうせ（＝どっちみち）来るとは思ってなかったわ Quizás no pueda venir a tu fiesta de cumpleaños. ―「De todos modos［De cualquier forma, Al fin y Al cabo］, no lo [le] esperaba. ♦どうせだめだ（＝どういうふうにしてもできない）De todas formas［maneras］, no puedo. / Bueno, pues no puedo. ♦彼はどうせ（＝きっと）失敗するさ Estoy seguro de que le va a salir mal. → きっと, 結局. ♦どうせ（＝少なくとも）その本は読まなくてはならない Al menos, me tengo que leer ese libro. / De todas formas, debo leerme ese libro. ♦そのことは後で彼と話そうよ. どうせ（＝だって）彼もそこへ行くんだろう Después hablaremos de eso con él. Después de todo, él va a estar también allí, ¿no?《会話》君もそそっかしいなあ―どうせ俺はそそっかしいよ Eres un descuidado. ―Pues sí, soy un descuidado.

1《どうせ…なら》♦どうせ買うのならいちばん高いのにしなさい「Si lo compras de todas formas［Puesto que vas a comprarlo］, deberías comprar el más caro.

2《どうせ…しても》;（たとえ…しても）conj. aunque（＋subjuntivo）. ♦どうせ彼の家へ行っても彼はいないよ Aunque vayas a su casa, seguro que no está.

とうせい 統制（権力などによる管理）m. control;（規則などによる取り締まり）f. regulación, f. reglamentación. ▶思想統制 m. control de ideas. ▶統制品 mpl. artículos「bajo control del［regulados por el］gobierno. ▶物価統制を¹課する［²緩和する, ³強化する］v. ¹imponer*［²aflojar, ³hacer* más estricto］el control de los precios. ▶貿易に対する政府の統制を撤廃する v. levantar el control del gobierno en el comercio. ▶その国は現在軍の統制下にある El país está ahora bajo el control del ejército.
―― 統制する v. controlar, regular, reglamentar. ▶生産をきびしく統制する v. controlar estrictamente la producción, ejercer* un estricto control de la producción. ▶産業を統制する v. controlar las industrias

とうせい 当世（今日(こんにち)）adv. hoy;（現代）f. actualidad. ▶当世の女の子 fpl. jóvenes de hoy［estos días］. ▶当世風の（＝現代的な)ホテル m. hotel moderno［a la moda, de moda］. ▶当世向きの（＝最新流行の)服装 mpl. vestidos a la última moda, f. ropa de moda.

どうせい 動静（行動）mpl. movimientos;（推移）m. desarrollo. ▶敵の動静を¹うかがう［²探る］v. ¹observar［²espiar*］los movimientos del enemigo.

どうせい 同姓（同じ姓）m. mismo apellido. ▶同姓同名の人 fpl. personas con el mismo nombre y apellido,《フォーマル》mpl. homónimos. ▶私は彼女と同姓です Tengo el mismo apellido que ella.

どうせい 同棲（未婚の男女の）f. vida de pareja,《フォーマル》m. concubinato,《フォーマル》《専門語》f. cohabitación. ▶同棲の相手 f. su pareja. ▶同棲する v. hacer* vida de pareja,《フォーマル》vivir en concubinato,《専門語》

cohabitar;（いっしょに生活する）v. vivir juntos.

どうせい 同性 m. mismo sexo. ♦同性なのでみなさんの気持ちはよくわかります Somos del mismo sexo y sé muy bien cómo se sienten.

どうせいあい 同性愛 f. homosexualidad;（女性の）m. lesbianismo. ♦同性愛の人 mf. homosexual;（女性の）f. lesbiana,《軽蔑的に》f. tortillera. ♦同性愛の adj. homosexual.

とうせき 投石 ♦暴徒たちは警官に投石した La multitud「arrojaba piedras [apedreaba] a la policía.

とうせき 透析 f. diálisis. ♦人工透析 f. diálisis artificial. ♦透析療法 f. diálisis. ♦透析を受ける v. tener*［《フォーマル》someterse a］una diálisis. ♦私はもう何年も透析を受けている He estado con diálisis varios años.

どうせき 同席 ♦同席する（出席する）v. asistir《a》, estar* presente《en》;（...と座る）v. sentarse*《con》. ♦彼もその会に同席していた Él también estaba presente en la reunión. /（出席者の一人だった）「Estaba entre los presentes [Era uno de los presentes]」en la reunión.

どうせだい 同世代 f. misma generación. ♦そう思うのも同世代だからだ Pensamos así porque pertenecemos a la misma generación.

とうせん 当選（選挙での）f. elección;（懸賞などでの）m. premio. → 入選. ♦当選者（選挙の）mf. candidato/ta elegido/da,（懸賞などの）mf. ganador/dora del premio. ♦当選券 m. boleto de la suerte. ♦当選番号 m. número de la suerte. ♦当選の（＝当選する）見込みがある v. tener* muchas probabilidades de ganar [ser* elegido]. ♦彼の大統領当選は確実だ Seguro que va a ser elegido presidente. / Es el ganador seguro de las elecciones presidenciales. / Seguramente va a ganar las elecciones a presidente.

—— **当選する**（選挙で）v. ser* elegido;（選挙に勝つ）v. ganar unas elecciones;（懸賞などで）v. ganar un premio. → 入選する. ♦（佐賀県選出の）国会議員に当選する v. ser*「miembro de la Dieta [como diputado/da]」de la Prefectura Saga. ♦宝くじで１等に当選する v. ganar el「primer premio [《スペイン》《口語》gordo]」en la lotería.

*****とうぜん 当然**（もちろん）interj. claro, adv. desde luego,《口語》de cajón, por supuesto;（不思議ではない）v. no es raro que（＋接続法）;（疑いもない）adv. sin duda, indudablemente;（当然のこととして）adv. normalmente, por costumbre;（自然の成り行きとして）adv. naturalmente;（正当に）adv. justamente. ♦彼が中村と絶交するのは当然だ No es raro que rompa con Nakamura. / Es natural「《口語》de cajón, inevitable, de esperar」que rompa con Nakamura.《会話》木村は運転免許の試験だめだったよ―当然だわ Kimura suspendió el examen de conducir. – Claro. [Es natural. /《口語》Eso es de cajón.] ♦（驚かないか）No me extraña.《会話》彼は今来たがっているんだよ―当然（＝もちろん）そうでしょうね。で

もだめなの Desea venir ahora. – Claro, ¿verdad? Pero no puede.《会話》失礼なことをしてほんとうに申し訳なく思っています―当然ですよ Siento haber sido tan grosero. – Claro que lo fuiste. ♦あいつは首になって当然だよ（＝首に値する）《口語》A ese tipo merece que lo pongan en la calle.

—— **当然の[な]** adj. natural. ♦怠慢の当然の結果 m. resultado natural de un descuido. ♦それは当然なことだ Es algo natural. ♦私たちは言論の自由を当然のことと思っている「Damos por natural la [Es natural que tengamos]」libertad de expresión. ♦彼は当然の報いを受けた Se lo tiene merecido.

とうぜん 陶然 ♦彼はグラス１杯のシェリーで陶然としていた La copa de jerez lo [le]「puso a tono [produjo una deliciosa sensación]」. ♦私はその美しい調べに陶然として聞きほれていた Estaba extasiado [arrobado, embelesado] escuchando esa hermosa música. / El encanto de esa música me tenía cautivado.

どうぜん 同然 adv. casi, prácticamente, adj. igual《a, que》, conj. como si（＋接続法過去）. ♦彼は死んだも同然だ Está casi muerto. /（実質的には）Está prácticamente muerto.《口語》en las últimas]. ♦われわれは仕事を終えたも同然だ（＝ほとんど終えた）Hemos casi terminado nuestro trabajo. ♦その家は納屋も同然だった La casa「era como si fuera [no era más que]」un granero.

*****どうぞ** ❶【要請】adv. por favor. → 下さい. ♦どうぞこの手紙を出してください Por favor, echa en el buzón esta carta. / Échame esta carta en el buzón, por favor. / ¿Me haces el favor de echar esta carta? ♦どうぞ（お入りください）Adelante. ♦どうぞんなことは言わないでください「Por favor [《口語》Vamos], no digas eso. / No digas eso, por favor. ♦どうぞ行儀よく願いますす Haz el favor de portarte bien. ♦どうぞよろしく Mucho gusto.

❷【勧誘, 提供, 希望】《会話》なんておいしいケーキだこと―もう一切れどうぞ ¡Qué pastel tan sabroso! – ¡Vamos! Otro trozo, por favor. ♦コーヒーをどうぞ Aquí tiene [está] su café. / Su café.《会話》ちょっとライターを貸してくださいーはいどうぞ ¿Tiene un encendedor? – Tome. [Aquí está. / Aquí lo tiene.] ♦どうぞよいご旅行を Que tenga buen viaje. / ¡Buen viaje!

❸【承諾, 許可】adv. naturalmente, claro, cómo no. → 是非.《会話》ここに座ってもいいですかーどうぞ ¿Puedo sentarme aquí? – Naturalmente [Cómo no; Claro que sí;《フォーマル》Adelante, siéntese usted]. / ¿Le importa que me siente aquí? – "En absoluto. [Claro que no.]《会話》もう一つ質問があるのですがーどうぞ Todavía tengo una pregunta. –「Adelante. Hágala. [Pregunte, por favor.]

とうそう 凍瘡（{とうそう}）《専門用語》m. sabañón.
とうそう 痘（{とう}）瘡《専門用語》f. variola.

とうそう 闘争 (闘い) f. pelea; (苦闘) f. lucha; (衝突) m. conflicto; (ストライキ) f. huelga. ◆激しい権力闘争 f. encarnizada lucha por el poder. ◆階級闘争 f. lucha de clases. ◆武力闘争 m. conflicto armado. ◆会社に対して「賃上げ」[男女雇用差別撤廃]闘争を行なう v. llevar a cabo una lucha con la empresa ¹por una subida salarial [²contra la discriminación sexual en el empleo].

とうそう 逃走 f. huida, f. fuga, f. escapada. ◆逃走経路 m. camino de la fuga. ◆逃走者 mf. fugitivo/va. ◆逃走用の車 m. vehículo de la fuga. ◆逃走する v. huir*, fugarse*, escaparse. → 逃げる. ◆その犯人はまだ逃走中だ El delincuente sigue escapado [fugitivo].

どうそう 同窓 ◆私たちは同窓です(＝同じ学校に通った) Fuimos a la misma escuela. / (同じ学校の卒業生だ) Nos graduamos de la misma escuela. → 同窓会, 同窓生.

どうぞう 銅像 f. estatua de bronce.

どうそうかい 同窓会 (組織) f. asociación [m. club] de antiguos alumnos; (会合) f. reunión de antiguos alumnos.

どうそうせい 同窓生 mf. antiguo / gua alumno/na.

とうぞく 盗賊 (こそ泥) mf. ratero/ra; (おいはぎ) mf. bandido/da; (強盗) mf. asaltante, mf. atracador/dora; (泥棒) mf. ladrón/drona.

どうぞく 同族 (身内 ¹部族 [²家族]) f. misma ¹tribu [²familia]. ◆同族会社 f. empresa familiar. ◆同族結婚 f. endogamia.

とうそつ 統率 m. mando, f. dirección, m. liderazgo. ◆統率する v. mandar, liderar, dirigir*, 《文語》《強調して》regir*. ◆彼は統率力がある Tiene capacidad de mando [liderazgo]. / Es un buen líder [jefe].

とうた 淘汰 f. selección. ◆[¹自然 [²人為]淘汰 f. selección ¹natural [²artificial].

——**淘汰する** v. seleccionar; (削減する) v. reducir*; (取り除く) v. eliminar. ◆無能な役人を淘汰する v. eliminar a los funcionarios incompetentes.

とうだい 灯台 m. faro. ◆灯台守 mf. farero/ra, mf. torrero/ra.

とうだい 当代 (現代) f. actualidad, f. edad contemporánea. ◆当代の(＝当今の)作家 mpl. escritores actuales [contemporáneos]. ◆彼は当代随一の作曲家だ Es uno de los mejores compositores de la actualidad.

どうたい 胴体 (人の) m. tronco; (体) m. cuerpo; (飛行機などの) m. fuselaje; (腹) f. panza. ◆男の胴体と手足 el tronco y las extremidades de un hombre. ◆胴体着陸する v. aterrizar* de panza.

どうたい 動態 ◆種族の動態(＝動き)を調査する v. investigar* el movimiento de las razas.

とうたつ 到達 (到着) f. llegada, (達成) m. logro, f. realización, (教養語) f. consecución. ◆到達する v. llegar* (a), alcanzar*; (努力の末) v. conseguir*. ◆ある結論に到達する v. llegar* a una conclusión. ◆山頂に到達する v. alcanzar* la cima de la montaña. ◆完成の域に到達する v. alcanzar* [conseguir*] la perfección. ⌐達する, 届く

とうち 統治 (権力による支配) m. dominio; (政治的な統治) m. gobierno. → 支配. ◆統治者 mf. gobernante. ◆統治する v. gobernar*, regir*. → 治める.

とうち 当地 adv. aquí; (この場所) m. este lugar. ◆¹町 [²市; ³国] ¹ m. pueblo [² f. ciudad; ³ m. país]. ◆ご当地 m. su lugar = pueblo, ciudad, país). ◆当地は初めてです Soy un extraño aquí.

とうち 倒置 f. inversión.

•とうちゃく 到着 f. llegada. ◆到着時刻 f. hora de llegada. ◆到着ホーム m. andén de llegada. ◆到着順に adv. por orden de llegada. ◆悪天候で飛行機の到着が遅れた El avión llegó tarde debido al mal tiempo. / La llegada del avión se retrasó por el mal tiempo. / El mal tiempo retrasó [demoró, atrasó] la llegada del avión. → 延着.

——**到着する** v. llegar* [arribar] (a). ◆着く. ◆到着次第 adv. al llegar, cuando se llegue. ◆列車は午後1時に駅に到着します El tren llega a la estación a la una de la tarde. ◆夜遅くそこに到着した Llegamos allí「anoche tarde [avanzada la noche de ayer]. ◆何年も苦労した後, 彼は南極に到着した Al cabo de años infructuosos, 「llegó al [conquistó el] Polo Sur. ⌐到達, 到来; 着く, 届く

とうちょう 盗聴 f. escucha clandestina [ilegal]. ◆盗聴器 (会話の) m. micrófono oculto; (電話の) m. aparato de escucha clandestina. ◆電話を盗聴する v. intervenir* [《口語》pinchar] un teléfono, escuchar clandestinamente una conversación. ◆私は電話が盗聴されているように思う Creo que「mi teléfono ha sido intervenido [《口語》me han pinchado el teléfono].

とうちょう 登頂 ◆モンブランに登頂する v.「llegar* a [alcanzar*, conquistar] la cima del Mont Blanc. ◆冬のチョモランマ(エベレスト)登頂に成功する v. conseguir* conquistar en invierno el Monte Everest.

とうちょう 登庁 ◆登庁する v. ir* a la oficina de gobierno.

どうちょう 同調 ◆同調者 mf. simpatizante, mf. partidario/ria.

——**同調する** (共感する) v. simpatizar* 《con》; (まねる) v. seguir* (a). ◆彼の考えに同調する v. simpatizar* con él [su idea]; (本来の意見を変えて) v. seguir* su idea. ◆彼が会社をやめたとき私も同調した Cuando dejó la compañía, yo le seguí.

とうちょく 当直 ◆当直医 m. médico de guardia. ◆今夜は当直だ Esta noche estoy de servicio.

とうてい 到底 (どうしても…できない) v. ser* imposible 《＋不定詞, de ＋不定詞, que ＋接続法》, no poderse*; (まったく) adv. completamente, del todo. ◆君の夢はとうてい実現できないだろう Tu sueño「no se puede realizar [es imposible de realizarse]. / El tuyo es un sueño irrealizable. ♦その結果はとうてい満足できるものではなかった Los resultados 「no eran nada [estaban lejos de ser] satisfactorios. – 決して. ♦それはとうてい私の力ではできない Está totalmente fuera de 「mi capacidad [mis manos]. / No puedo hacer absolutamente nada. ♦今日中にはとうていそこには着けないよ—君が考えてるほど遠くはないよ Hoy es imposible llegar [que lleguemos] allí. – No está tan lejos como tú crees.

どうてい 童貞 f. virginidad. ▶童貞を失う v. perder* la virginidad. ▶童貞の人 m. virgen.

どうてき ▶動的(な) adj. dinámico.

どうでもよい (気にしない) v. no preocuparse 《de》; (重要でない) v. no importar, 《口語》 dar* igual [lo mismo]. ♦そんなことはどうでもよい Eso no me preocupa. / No me importa. / 《口語》 Me importa un pimiento. ♦人が何と思おうと私にはどうでもよい 「No me importa [Me da igual; 《口語》Me trae al fresco] lo que piensen los demás de mí. ♦彼が勝っても負けても私にはどうでもよい / Gane o pierda, me 「tiene sin cuidado [da lo mismo].

どうてん 動転 f. alteración. ▶動転させる v. alterar, afectar. ♦その悲しい知らせで彼女はすっかり動転した Esa triste noticia la alteró mucho.

どうてん 同点 (得点・得票などの) m. empate. ▶同点決勝戦 《英語》 m. "play off", m. partido de desempate. ▶同点ホームランを打つ v. empatar el partido con un jonrón. ▶同点になる v. empatar 《con》. ♦彼と同点で首位を分け合う v. 「compartir con él [empatar con él en] el primer puesto. ♦ドラゴンズはジャイアンツと同点になった Los Dragones empataron con los Gigantes. ♦その得点で同点になった Con ese tanto 「punto] 「quedaron empatados [empataron]. ♦野球の試合の結果は同点だった El partido de béisbol acabó en empate.

とうとい 貴[尊]い (貴重な) adj. precioso; (価値のある) adj. valioso; (高貴な) adj. noble; (神聖な) adj. santo; sagrado. ♦人の命は何よりも貴い La vida humana es el don más precioso. / No hay nada más valioso que la vida humana.

とうとう (ついに) adv. por fin, en fin; (最終的に) adv. finalmente; (最後には) adv. al final, al fin; (結局) adv. al fin y al cabo, después de todo. → 遂に.

とうとう 滔々 ▶滔々と述べる v. hablar con elocuencia [fluidez]. ♦その川はとうとうと(=勢いよく)流れている El río corre impetuosamente.

どうとう 同等 f. igualdad. ▶同等の adj. igual 《a, que》; (相当の) adj. equivalente 《a》, 《教養語》 homólogo. ▶同等の人 mf. igual. ▶同等の物 m. equivalente. ▶同等の条件で adv. con las mismas condiciones. ▶彼らを同等に扱う v. tratarlos con igualdad.

どうどう 堂々 ▶堂々とした(りっぱな) adj. grandioso; (威圧するような) adj. imponente; (威厳のある) adj. digno, noble; majestuoso. ▶堂々

とうなん 973

とした大邸宅 f. mansión imponente. ♦彼は堂々とした老紳士だ Es un anciano caballero con el aire digno. ♦顔を上げて堂々としていなさい Alza la cabeza y saca el pecho.

—— 堂々と ❶【りっぱに】adv. grandiosamente, magníficamente. ♦日本選手は堂々と入場行進した Los jugadores japoneses hicieron su desfile inaugural dignamente por el terreno de juego.
❷【恐れずに】(勇敢に) adv. valientemente, con valor; (公正に) adv. con justicia, imparcialmente; (自信を持って) adv. con confianza [seguridad]. ♦彼は敵と堂々と戦った Luchó valientemente [heroicamente] contra el enemigo. ♦堂々と自分の意見を述べなさい Di con confianza tu opinión.

どうどうめぐり 堂々巡り ▶堂々巡りをする(考えなどが) v. estar* en un círculo vicioso, razonar sin llegar* a conclusiones. ▶堂々巡りの議論をする v. caer* en un círculo vicioso, hablar dando vueltas sin llegar* a conclusiones. ♦それじゃ堂々巡りだ Es un círculo vicioso. ♦彼の頭の中では同じ考えが堂々巡りするばかりだった Daba vueltas incesantemente al mismo asunto en su cabeza.

* **どうとく** 道徳 (社会的行動・慣習の基準) f. moral; m. civismo; (道義) f. moralidad; (特定の集団・職業の) f. ética. → 倫理. ▶反道徳 f. inmoralidad. ▶交通道徳 mpl. modales de circulación [tráfico]. ▶公衆道徳を守る v. respetar la moral pública. ▶道徳教育 f. educación ética. ▶道徳家 mf. moralista. ▶道徳律 m. código moral, 《フォーマル》 fpl. normas éticas. ♦彼は道徳観念がない No tiene sentido moral. / No tiene ética ninguna. ♦このごろでは商道徳が特に低下している La ética comercial está especialmente baja estos días. ♦道徳は時代とともに変化する La moralidad cambia con el tiempo.

—— 道徳的 ▶道徳的(な) adj. moral; (倫理的な) adj. ético. ▶道徳的退廃 f. decadencia moral. ♦あなたの行為は道徳的観点からすれば[道徳的に]正しくない Desde el punto de vista moral tu acción no es correcta. / Tu acción 「es inmoral [va contra la ética].

とうとつ 唐突 ▶唐突な(=不意の)質問 f. cuestión inesperada. ♦唐突に(=不意に)その話を切り出す v. presentar inesperadamente [de improviso] el tema ☞ いきなり, 出し抜け

とうとぶ 尊[貴]ぶ (尊敬する) v. respetar; (尊敬して仰ぎ見る) v. admirar; (尊重する) v. valorar, estimar.

とうどり 頭取 mf. presidente / ta, mf. director / tora; (銀行の頭取 mf. presidente / ta [mf. director / tora] de un banco.

とうなん 盗難 (窃盗) m. robo, m. hurto; (強奪) m. atraco; (不法侵入) m. robo (con escalamiento). ▶盗難品 m. objeto robado. → 盗品. ▶盗難事件 m. (caso de) robo. ▶盗難被害者 f. víctima de robo. ▶警察に盗難を届ける v. denunciar el robo de un coche a la policía. ▶盗難にあう(物が) v. ser* robado,

とうなん 東南 《フォーマル》ser* la víctima de un robo; (人・場所が) v. ser* atracado; (場所が) v. ser* robado.

とうなん 東南 m. sureste. → 東, 北西. ▶東南アジア m. Sureste Asiático [de Asia]. ▶東南アジア諸国連合 La Asociación de Naciones del Sureste Asiático.

とうに adv. hace mucho (tiempo). → とっく(に).

どうにいる 堂に入る ◆彼の幼児教育は堂に入ったものだ(=幼児教育のベテランだ) Es un experto en pedagogía infantil. ◆彼女のフランス語は堂に入ったものだ(=実にうまい) Domina muy bien el francés. / Su dominio del francés es impresionante.

どうにか (なんらかの方法で) adv. de algún modo, de una u otra forma, más o menos, 《口語》así o asá ▶なんとか; (かろうじて) adv. apenas, justo. ◆どうにか(して)あすまでにそこへ行こう Me las arreglaré de algún modo para ir allí para mañana. ◆どうにか家に帰る金がある「Apenas me llega el dinero [Tengo justo el dinero] para volver a casa.

どうにも ◆私はどうにも(=まったく)それが理解できない No puedo entender nada. / No lo comprendo en absoluto. / 《口語》No me cabe en la cabeza. ◆人間の力ではどうにもならない El ser humano no puede controlarlo. / No hay más remedio. ◆どうにもやりきれない(気持ちだ) Eso es insoportable para mí. ◆彼の病気はどうにもならない(=治す方法がない) No hay modo de curar su enfermedad. / (どうしようもない)No hay nada que pueda sanarlo[le]. ◆(治る見込みがない) Es un enfermo incurable.

とうにゅう 投入 ◆その事業に多額の資金を投入する v. invertir*, 《口語》meter) mucho dinero en la empresa. ▶紛争地域に軍隊を投入する v. concentrar tropas en la zona de conflicto.

どうにゅう 導入 f. introducción. ▶数学教育へのコンピューターの導入 f. introducción de ordenadores en la enseñanza de las matemáticas. ▶農業に新しい科学技術を導入する v. introducir* nueva tecnología en la agricultura ⇨伝える, 取り入れる; 伝わる, 渡来

とうにょう 糖尿 《専門語》f. glucosuria.

とうにょうびょう 糖尿病 《専門語》f. diabetes. ▶糖尿病患者 mf. diabético/ca. ▶糖尿病の adj. diabético. ▶インスリン依存性糖尿病 《専門語》f. diabetes mellitus insulinodependiente (DMID). ▶インスリン非依存性糖尿病 《専門語》f. diabetes mellitus no insulinodependiente (DMNID). ▶若年性糖尿病 《専門語》f. diabetes juvenil.

とうにん 当人 ▶当人(=当事者)同士で話し合う v. hablar (del asunto) entre los interesados. ▶当人の(=その人自身の)意向を尊重する v. respetar sus propios deseos. ◆彼が問題の当人です Es la persona en cuestión. ◆当人(=同一人物)にまちがいないか ¿Estás seguro que se trata de la misma persona?

どうねん 同年 m. mismo año; (同じ年齢) f. misma edad. → 同(じ)年. ▶同年4月に adv. en abril del mismo año.

とうの 当の ▶ ⇨ とう.

どうのこうの ◆彼の作品にどうのこうのとケチをつける v. poner* reparos [《フォーマル》objeciones, 《口語》pegas] a su trabajo.

とうは 党派 (政党) m. partido; (派閥) f. facción, f. secta, m. clan. ▶党派を組む v. establecer* un partido, formar una facción. ▶党派に分かれる v. dividirse en facciones. ▶超党派外交 f. diplomacia suprapartidista.

とうは 踏破 ▶アフリカ大陸を踏破する v. viajar a pie por el continente africano.

どうはい 同輩 (仕事の) mf. colega; (政治的な) mf. camarada; (同等の人) mf. compañero/ra, mf. igual.

__とうばん 当番__ (順番) m. turno, f. vez; (義務) m. servicio [m. deber] (de hacer). ▶当番表 f. lista de turnos. ▶当番制で炊事をする v. cocinar [hacer la comida] por turno. ▶当番についている(警官・看護師などが当直で) v. estar* de servicio. ◆私は炊事当番を忘れていた Olvidé que me tocaba a mí cocinar. ◆あした私は戸締まりの当番だ Mañana me toca cerrar las puertas.

とうばん 登板 ▶登板する v. lanzar*, 《キューバ》pichear; (交替で) v.˚ocupar el [subir al] montículo (del lanzador). ◆彼は30試合に登板した Ha lanzado [《キューバ》picheado] en 30 partidos.

どうはん 同伴 ▶同伴する v. acompañar. ▶同伴者 mf. compañero/ra; 夫人同伴で adj. acompañado [en compañía] de su esposa. ◆彼女は彼に同伴して東京に行った Le acompañó a Tokio. ▶同伴の, 付[点]く

どうはんが 銅版画 f. pintura de grabado en cobre.

とうひ 当否 (正しいか否か) adv. bien o mal; (適切さ) f. conveniencia, 《フォーマル》f. idoneidad. ◆その措置の当否は疑問だ Dudo de la conveniencia de la medida. / No sé (estoy seguro) si la medida va a servir.

とうひ 逃避 f. huida, f. fuga, f. evasión. ▶現実逃避者 mf. escapista. ▶逃避文学 f. literatura de evasión. ▶逃避主義 m. escapismo. ▶不快な現実から逃避する v. evadirse de una realidad desagradable.

*__とうひょう 投票__ m. voto, m. sufragio; (無記名の) f. papeleta; (選挙での) f. votación.

1《～投票》▶記名[無記名]投票 f. votación ¹pública [²secreta]. ▶無効投票 m. voto nulo. ▶¹信任[²不信任]投票 m. voto de ¹confianza [²desconfianza]. ▶不在者投票 m. voto por correspondencia (de persona ausente).

2《投票＋名詞》▶投票日 f. fecha de votación. ▶投票箱 f. urna (electoral). ▶投票用紙 f. papeleta [f. boleta] electoral. ▶投票所記入所 f. cabina [f. casilla] electoral. ▶婦人の投票権 m. derecho de voto de mujeres. ▶投票所 m. centro [m. colegio] electoral. ◆総選挙の投票率は¹高[²低]かった La participación electoral fue ¹alta [²baja] en las elecciones generales. / Votó ¹mucha [²poca] gente en las elecciones generales. ◆投票結果は真夜中までには判明するだろう El resultado de las elecciones se conocerá antes de medianoche.

3《投票に[を, で]》▶第1回目の投票で *adv.* en la primera votación. ▶投票(=投票所)に行く *v.* ir* ¹a las urnas [al centro electoral]. ◆その議案は投票に付された El proyecto de ley fue votado [《フォーマル》sometido a votación]. ◆彼らは新しいキャプテンを選ぶために投票を行なった Votaron para elegir un nuevo capitán. ◆その問題は投票で決められるだろう El asunto será sometido a votación. / Los votos decidirán ese asunto.

——— 投票する *v.* votar, dar* un voto. ▶議案について投票する *v.* someter la propuesta de ley a votación. ▶動議に¹賛成 [²反対]投票する *v.* votar en ¹favor [²contra] de la moción. ▶投票してその決議案を否決する *v.* rechazar* la resolución por votación. ◆彼は加藤氏に投票した Votó「por el [en favor del] Sr. Kato. /「Dio su voto al [Su voto fue para el] Sr. Kato. ◆彼らは投票して会議の延期を決定した Decidieron por votación [votos] aplazar la reunión.

とうびょう 闘病 ▶闘病生活を送る *v.*「luchar contra [combatir] la enfermedad, vivir bajo tratamiento médico.

どうひょう 道標 (道路標識) *f.* señal de tráfico; (案内標識) *m.* poste indicador, *m.* letrero.

とうひん 盗品 (集合的) *mpl.* objetos robados; (一つの) *m.* artículo robado.

とうふ 豆腐 "tofu", 《説明的に》*f.* cuajada de soja. ▶豆腐1丁 un pastel de "tofu". ▶¹生 [²焼き; ³揚げ] 豆腐 "tofu" ¹cocido [²asado; ³frito]. ▶高野豆腐 *m.* "tofu" liofilizado. ▶豆腐屋 *mf.* fabricante de "tofu"; *mf.* vended*or/dora* de "tofu".

とうぶ 東部 *m.* este, *m.* oriente, *m.* levante; (東の地方) *f.* parte oriental [del este]; (スペインのレバンテ地方) *m.* Levante. ⇒ 南部.

とうぶ 頭部 ▶頭部にけがをする *v.* tener* una herida en la cabeza.

どうふう 同封する *v.* adjuntar, 《教養語》 anexar, incluir*. ▶同封物 *m.* anexo, *m.* envío adjunto. ▶同封の写真 *f.* foto adjunta. ◆写真を1枚同封します Adjunto [Incluyo] una fotografía (en esta carta). / Le adjunto [remito en la presente] una foto.

どうぶつ 動物 *m.* animal.

1《〜動物》▶愛がん動物 *f.* mascota, *m.* animal de compañía. ▶¹肉食 [²草食]動物 *m.* animal ¹carnívoro [²herbívoro]. ▶野生動物 *mpl.* animales salvajes. ▶¹下等 [²高等]動物 *mpl.* animales ¹inferiores [²superiores]. ◆人間は言葉を遣う唯一の動物だ El hombre es el único animal que habla.

2《動物(の)+名詞》▶動物の習性 *m.* comportamiento de los animales. ▶動物園 →動物園. ▶動物学 *f.* zoología. ▶動物学者 *mf.* zoólogo/ga. ▶動物性食品 *m.* alimento animal.

▶動物的本能 *m.* instinto animal. ▶動物的な欲望 (=肉欲) *m.* apetito animal. ▶動物の謝肉祭(曲名) *m.* «Carnaval de los Animales».

どうぶつえん 動物園 *m.* parque [*m.* jardín] zoológico, *m.* zoo. ▶上野動物園 *m.* Zoo de Ueno. ▶動物園へ行く *v.* ir* al zoo.

とうぶん 当分 (当分の間) *adj.* de [por el] momento; (今のところは) *adv.* por ahora; (しばらくの間) *adv.* por algún [cierto] tiempo. ◆当分は働かなくても食っていける De momento me puedo pasar sin trabajar. ◆当分雪は降るまい No va a nevar por cierto tiempo.

とうぶん 等分 ▶等分する *v.* dividir en partes iguales. ▶利益を等分する *v.* dividir las ganancias en partes iguales, 《フォーマル》dividir equitativamente los beneficios. ▶財産を2等分する *v.* dividir la fortuna en dos partes iguales.

とうぶん 糖分 *m.* azúcar. ▶糖分を控える (=の量を減らす) *v.* reducir* el consumo de azúcar. ▶糖分抜きのダイエットをする *v.* estar* a dieta sin azúcar. ◆糖分の取りすぎはよくない No es bueno tomar demasiado azúcar.

とうぶんのあいだ 当分の間 *adj.* de momento. ☞ 今のところ, 差し当たり, 差し詰め, 当座, 当分, とりあえず

とうへき 盗癖 《専門語》*f.* cleptomanía. ▶盗癖のある人 《専門語》*mf.* cleptomaní*aco/ca*. ◆彼は盗癖がある 《専門語》Es un cleptomaníaco. / Le gusta demasiado lo ajeno. /《口語》 Tiene las uñas muy largas.

とうべん 答弁 *f.* respuesta, *f.* contestación, 《強調して》*f.* réplica. ▶答弁する *v.* responder, contestar. ▶答弁に窮する *v.* no saber* cómo responder. ▶答弁を求める *v.* pedir* [《強調して》exigir*] una respuesta.

とうほう 当方 ▶当方には (=私どもに関する限り)異存はない Por nuestra parte, no hay [tenemos] ninguna objeción.

とうほう 東方 ▶当方 *m.* este, *m.* oriente, *m.* levante. ▶東方の風 *m.* viento del este. ▶東方へ向かう道 *f.* carretera al este. ▶東方へ旅する *v.* viajar「al este [en dirección a oriente]. ▶東方見聞録(書名) «El Libro de Marco Polo». ◆彼は京都の東方およそ10キロの所に住んでいる Vive unos diez kilómetros al este de Kioto.

とうぼう 逃亡 *f.* fuga, 《フォーマル》*f.* evasión, *f.* huida. ▶逃亡者 *mf.* fugitiv*o/va*; (脱獄者) *mf.* fugad*o/da*. ▶逃亡中の脱獄囚 *mf.* prisioner*o/ra* fugad*o/da* [en plena fuga]. ▶刑務所から逃亡する *v.* fugarse* de la cárcel, evadirse de la prisión. ▶西側へ逃亡する (=亡命する) *v.* exiliarse a Occidente. ▶戦線から逃亡する *v.* desertar del frente.

どうほう 同胞 (同国民) *mf.* compatriota. ▶海外の同胞 *mpl.* compatriotas en el extranjero.

どうぼうブロック 洞房ブロック 《専門語》 *m.* bloqueo sinoauricular.

とうほく 東北 *m.* noreste, *m.* nordeste. ▶東北地方 *f.* región de Tohoku.

とうほんせいそう 東奔西走
▶東奔西走する(忙しく動く) v. estar* ocupado [atareado] 《con》, trajinar 《con》; (しじゅう動いている) v. estar* [andar*] siempre「de un lado para otro 《口語》de la ceca a la meca」.

どうみゃく 動脈
《専門語》f. arteria. ▶大動脈 f. arteria principal, f. aorta. ▶動脈管《専門語》m. conducto arterioso. ▶動脈血《専門語》f. sangre arterial, f. sangre roja. ▶動脈硬化(症)に悩む v. sufrir de「endurecimiento de las arterias [《専門語》arterioesclerosis]. ▶動脈は血液を心臓から体の各部に運ぶ Las arterias transportan la sangre del corazón a las otras partes del cuerpo.

《動脈の病気》▶多発性動脈炎《専門語》f. poliarteritis. ▶動脈炎《専門語》f. arteritis. ▶動脈硬化症《専門語》f. arteriosclerosis. ▶動脈硬化性疾患《専門語》f. cardiopatía arterioclerótica. ▶動脈周囲炎《専門語》f. periarteritis. ▶動脈症《専門語》f. arteriopatía. ▶動脈瘤(りゅう)《専門語》f. aneurismo. ▶動脈瘤様骨嚢腫《専門語》m. quiste óseo aneurismático. ▶閉塞性動脈硬化症《専門語》f. arteriosclerosis obliterante.

とうみん 冬眠
f. hibernación. ▶冬眠動物 m. animal hibernante. ▶冬眠する v. hibernar, invernar*. ▶冬眠からさめる v. despertar* de la hibernación.

とうみん 島民
mf. isleño/ña; (島の人々) mpl. isleños.

とうめい 透明
f. transparencia. ▶透明度 m. grado de transparencia. ▶透明な adj. transparente; (澄んだ) adj. cristalino. ▶半透明の adj. translúcido. ▶透明なガラス m. vidrio transparente. ▶透明な水 f. agua cristalina. ▶透明(=目に見えない)人間 f. persona invisible.

どうめい 同盟
f. alianza, f. liga. ▶日墨同盟 f. alianza mexicano-japonesa. ▶12国 [23国]同盟 f. alianza ¹dual [²triple]. ▶同盟国 m. (国)aliado. ▶非同盟国 m. país no aliado. ▶同盟を結ぶ v. aliarse* 《con》, formar [entrar en] una alianza 《con》.

とうめん 当面
(差し当たって) adv. de momento, por ahora. → 当分.
—— 当面の ▶当面の(=現在の)問題 m. problema presente (de ahora, actual), 《フォーマル》f. cuestión que afrontamos. ▶当面の(=差し迫った)仕事 f. tarea apremiante [urgente].

*どうも
❶【非常に】adv. muy; mucho; (本当に) adv. de verdad, realmente; (まったく) adv. completamente, del todo. ♦どうもすみません Lo siento mucho. 《会話》うちのパーティーにいらっしゃいませんか—それはどうも. 喜んでお伺いします ¿Le gustaría venir a nuestra fiesta? - ¡Oh, muchas gracias! Me encantaría. ♦どうもご親切さま Ha sido usted muy amable. / ¡Qué amable por su parte! ♦どうもあきれたやつだ Está completamente loco. / Está loco de atar. ♦どうも困った Tengo de verdad un problema. / 《口語》Estoy metido en un buen lío. 《会話》すてきなお宅ですね—どうも(=気に入っていただいてうれしいです) ¡Qué casa tan bonita! - Me alegro (de) que le guste. 《会話》郵便局ですか、よく分からないんです. すみません—いや、どうも ¿Correos? Lo siento, no estoy muy seguro. - Bueno, gracias.
❷【なんとなく】♦どうも時計の調子がよくない Algo no va en el reloj. ♦どうも彼にはおかしなところがある Tiene algo raro. / Hay algo extraño en él. ♦どうも雨になりそうだ(おそらく) Parece que va a llover. / Probablemente llueva. / Me temo que va a llover. 《会話》私たちも遅刻でしょうか—どうもそのようです ¿Vamos con retraso? - 「Me temo [Creo; Me parece] que sí. 《会話》学校の調子はどう—どうもあまり調子が出ないわ ¿Qué tal va la escuela? - No acaban de salirme bien las cosas. [Bueno, no bien del todo.]
❸【どういうわけか】adv. de algún modo, de una forma u otra; la verdad es que... ♦どうも彼女が好きになれない No acaba de caerme bien. / (あまり好きではない)La verdad es que no me gusta. ♦どうもそのことについては自信があリません No estoy tan seguro de ello. /《口語》No las tengo todas conmigo.
❹【どうしても】♦どうもしかたがない No hay más remedio. ♦どうも(=いかに努力しても)うまくできない Por mucho que lo intento, no me sale bien. / No me sale bien.

どうもう 獰猛
f. ferocidad. ▶どうもうな(荒々しい) adj. fiero; (血に飢えたような) adj. feroz; (残忍な) adj. salvaje. ▶どうもうなトラ m. tigre feroz.

とうもろこし
m. maíz. ▶トウモロコシ2本 fpl. dos mazorcas de maíz.

|地域差| トウモロコシ
〔全般的に〕m. maíz
〔キューバ〕f. mazorca
〔メキシコ〕m. elote
〔ペルー・アルゼンチン〕m. choclo

とうやく 投薬
▶投薬する v. dar* [《フォーマル》administrar] una medicina a un paciente, 《専門語》medicar* a un paciente; (処方する)《フォーマル》v. prescribir* una medicina a un paciente.

どうやら
❶【どうにかして】adv. de algún modo, de una u otra manera. ♦どうやら間に合った Pude [《口語》Me las arreglé para] estar allí a tiempo.
❷【はっきりしないがたぶん】♦どうやら雨になりそうだ Parece que va a llover. ♦その顔つきからすると、どうやら試合に負けたようだね(=負けたと推察する) Por tu cara, veo que has perdido el partido, ¿verdad?

とうゆ 灯油
m. queroseno, 《チリ》f. parafina.

とうよ 投与
f. medicación. → 投薬.

*とうよう 東洋
m. Este, m. Oriente.
❶《東洋+国》▶東洋人 mpl. orientales. ▶東洋諸国 mpl. países orientales [de Oriente]. ▶東洋文明 f. civilización oriental. ▶東洋美術 m. arte oriental. ▶東洋風(趣味) m. orientalismo. ▶東洋的な考え方 f. mentalidad oriental.

2《東洋の》 *adj.* oriental. ▶ 東洋の風俗 *fpl.* costumbres orientales. ▶ 東洋の神秘 *m.* misterio de Oriente.

とうよう 登用 (任用) *m.* nombramiento. ▶ 彼を支配人に登用する *v.* nombrarlo[le] gerente; (昇進させる) *v.* promocionarlo[le] 「a la gerencia [al puesto de gerente]. ▶ 若い人材を登用する(=雇う) *v.* emplear a jóvenes talentos.

とうよう 盗用 (文章などの) *f.* copia, 《フォーマル》 *m.* plagio; (他人の金などの) *f.* apropiación indebida. ▶ 盗用する *v.* copiar, 《フォーマル》plagiar; apropiarse. ▶ 会社の資金を盗用する *v.* apropiarse de fondos de la empresa. ▶ 彼の論文の一部は私の論文からの盗用だ Plagió parte de su tesis de la mía.

どうよう 童謡 (子供向けの歌) *f.* canción infantil, *f.* canción de niños.

＊どうよう 同様 (同じ) lo mismo. → 同じ. ♦ 病人(の容体)は1週間前とほとんど同様です El paciente está casi igual que hace una semana. ♦ 私も同様です Yo lo mismo. /《口語》 Yo igual. / Lo mismo. 〈会話〉 スペインでは職業を持つ女性が増えています―日本でも同様です Cada vez hay más mujeres que trabajan en España. ― En Japón, igual [lo mismo]. ♦ 父はスポーツが好きですが, 私も同様です Mi padre tiene afición a los deportes, y 「yo igual [lo mismo] to. ▶ 又. ♦ 彼は酒もたばこもやりません. 私も同様です No bebe ni fuma; y yo tampoco [lo mismo]. ♦ 彼は兄たちと同様頭がよい Es tan inteligente como sus hermanos. / (劣らず同様)No es menos inteligente que sus hermanos. / (兄たちだけでなく彼も)Es igual [lo mismo] de inteligente que sus hermanos. ♦ 私はお前と同様にばかでない No soy tan to*nto* como tú. ♦ 家内も私も同様それとても気に入ってます A mi mujer le gusta (tanto) como a mí. ♦ まだ7キロしか走っていないからその車は新品同様(=実質的には新品)です Con sólo mil kilómetros recorridos, el automóvil es prácticamente nuevo.

1《同様の》; (同一の) *adj.* mis*mo*, igual; (似ている) *adj.* parecid*o*, semejante, 《教養語》similar. → 同じ. ▶ 同様の仕方で *adv.* del mismo modo. ▶ 同様の境遇にいる *v.* estar* en una situación parecida. ♦ 同様のことが多くの他の学生についてもいえる Lo mismo puede decirse de muchos otros estudiantes.

2《同様に》; (同じように) *adv.* igualmente, de forma semejante; (…のように) *prep.* como; (等しく) *adv.* con igualdad; (同じ方法で) *adv.* del mismo modo, de la misma manera. ♦ 外国語を学ぶのは容易ではない. 同様に外国の風習になじむのには時間がかかる Aprender una lengua extranjera no es fácil. Igualmente, lleva tiempo el familiarizarse con las costumbres de otro país. ♦ 彼は孤児を自分の子同様に世話した Cuidaba del huérfano como [igual que] a su hijo. / (まるで自分の子みたいに)Cuidaba del huérfano 「como si fuera [igual que si se tratara de] su propio hijo. ♦ 生徒はみな同様に扱いなさい Trata a los alumnos 「con igualdad [《教養語》equitati-

どうり 977

vamente].

どうよう 動揺 (社会・心をかき乱すこと) *f.* agitación, *f.* perturbación; (不満足・怒りなどによる) *f.* inquietud, *m.* desasosiego. ▶ 政治的動揺を招く *v.* producir* agitación política. ▶ 心の動揺を静める *v.* calmarse, sosegarse*. ▶ 動揺病 《専門語》 *f.* cinetosis.

―― **動揺する** (突然心の平静を失う) *v.* estremecerse*; (平安を乱される) *v.* perturbarse, agitarse; (取り乱す) *v.* perder* la calma. ♦ 彼はその知らせにひどく動揺した Se agitó mucho con la noticia. / La noticia lo [le] agitó mucho. / Quedó muy perturbado al enterarse de la noticia.

―― **動揺させる** *v.* estremecer*, sacudir; agitar, perturbar.

トゥラ Tula (☆メキシコの遺跡).

とうらい 到来 (来ること) *f.* venida; (到着) *f.* llegada; (特に重要な事柄・人などの) 《教養語》 *m.* advenimiento 《de》. ▶ 春の到来 *f.* llegada de la primavera. ▶ 新時代の到来 *f.* llegada de una nueva era. ▶ 時節の到来を待つ *v.* esperar la ocasión. ♦ 好機到来だ「Ésta es la [Aquí está nuestra] ocasión.

とうらく 当落 ▶ 当落(=選挙の結果)はすぐ判明するでしょう Los resultados de las elecciones se sabrán pronto. ♦ 彼の当落(=当選か落選か)はまだ分かっていない Todavía no se sabe de su triunfo o fracaso electoral.

どうらく 道楽 ❶【放蕩(*とう*)】《フォーマル》 *m.* libertinaje, 《教養語》 *f.* disipación. ▶ 道楽者 *m.* calavera, 《フォーマル》 *m.* libertino, 《口語》 *mf.* perdido/da, 《教養語》 *m.* viva la Virgen. ▶ 道楽息子 → どら息子. ▶ 道楽をする(=放蕩の生活をする) *v.* darse* a los vicios, 《フォーマル》llevar una vida disoluta; (若気の至りで)《口語》correrla.

❷【趣味】 *f.* afición, 《英語》 *m.* "hobby"; (時間つぶしの娯楽) *m.* pasatiempo, *m.* entretenimiento. ▶ 道楽に切手収集をする *v.* coleccionar sellos por afición. ♦ 私の道楽は料理と魚釣りです Mis aficiones son la cocina y la pesca.

どうらん 動乱 *m.* disturbio, *f.* sublevación. ▶ イランの動乱 *mpl.* disturbios de Irán. ▶ 動乱のアジア Asia devastada [arrasada] por la guerra.

＊どうり 道理 (理屈) *f.* razón, *f.* lógica → 理屈; (思慮分別) *m.* sentido.

1《道理に》 ▶ 道理に合った *adj.* razonable, sensa*to*. ▶ 道理に反した *adj.* irrazonable, sin sentido. ▶ 道理に合う *v.* ser* razonable [lógico], ajustarse a la razón, tener* sentido. ▶ 道理に反する *v.* ser* irrazonable, ir* contra 「la razón [lo razonable]. ♦ 彼の言ったことはある意味で道理にかなっている Lo que dijo, en cierto modo, tiene sentido. / Sus palabras son razonables en cierto sentido

2《道理を》 ▶ 道理を聞き分ける *v.* avenirse* a razones. ♦ 彼は物の道理をわきまえている(=何が大切であるかが分かっている) Es un hombre sensato. /《口語》Sabe lo que se dice. / (道理を

わきまえた人だ)Es una persona razonable. ♦少しは道理をわきまえましょう Sé razonable, por favor. / ¿Por qué no eres razonable?

3《道理で》♦道理で彼は忙しいわけだ(＝それが理由を説明してる) Ahora comprendo [veo],《フォーマル》me explico por qué está tan ocupado. / Eso explica que esté tan ocupado. ♦道理で(＝当然)テレビがうつらないはずだ. 電源につながってないんだもの Claro que la televisión no funciona. ¡Cómo que no está enchufada! / Es lógico que no funcione la televisión. No está conectada.

4《道理だ》♦彼女が怒るのも道理だ(＝十分な理由がある) Es lógico que esté enfadada. / Tiene toda la razón en [para] enfadarse. /(もっともだ)Tiene motivos para enfadarse.

とうりつ 倒立 f. vertical. ▶倒立する v. hacer* la vertical,《メキシコ》pararse de manos,《スペイン》hacer* el pino.

とうりゅう 逗留 (滞在) f. estancia. ▶逗留する v. permanecer* ,《フォーマル》realizar* una estancia》(en).▶伊豆の宿屋に長逗留する v. permanecer* largo tiempo en un hotel de Izu.

とうりゅうもん 登竜門 f. puerta al [del] éxito. ♦芥川賞は文壇への登竜門だ El Premio Akutagawa es la puerta del éxito en el mundo literario japonés.

どうりょう 同僚 mf. compañero/ra de trabajo; (主に専門職の)m. colega. → 仕事, 仲間. ♦こちらが同僚の磯崎でございます Ésta es la Srta. Isozaki, una compañera de trabajo.

どうりょく 動力 f. fuerza motriz. ▶動力芝刈機 m. cortacésped mecánico. ▶太陽電池を動力として使う v. usar baterías solares para generar fuerza motriz.

とうるい 盗塁 (盗塁) m. robo (de una base); (盗塁の事実)f. base robada. ▶盗塁する v. robar (una base). ▶二塁へ盗塁する v. robar la segunda base.

どうるい 同類 (同じ種類) m. semejante, el mismo tipo, la misma clase; (仲間)mf. colega, mf. colegiado/da; (共謀者)mf. cómplice. ♦こんな犯罪で君の同類になりたくない No quiero ser tu cómplice en un delito así.

ドゥルサイナ f. dulzaina (☆ガリシア地方などの木管楽器).

とうれい 答礼 m. saludo de respuesta. ▶答礼する v. devolver* [responder a] un saludo. ▶彼を答礼訪問する v. devolverle* la visita.

どうれつ 同列 (同じ等級) el mismo nivel [rango]. ♦私をあんなやつらと同列に考えないでくれ No me pongas al mismo nivel que esa gente.

*****どうろ** 道路 f. carretera; (街路)f. calle; (都市を結ぶ幹線道路)f. carretera troncal,《フォーマル》f. arteria. → 道. ▶舗装道路 f. carretera pavimentada. ▶有料道路 f. carretera de peaje [《メキシコ》cuota]. ▶¹合流 [²交差]する道路 fpl. carreteras que ¹confluyen [²se cruzan]. ▶道路工事(修理) f. obra vial,《フォーマル》f. mejora vial; (建設)f. construcción de carretera. ▶道路工夫 m. caminero, m. peón caminero. ▶道路地図 m. mapa de carreteras; (市街地図) m. mapa urbano, m. plano de la ciudad. ▶道路標識 f. señal de tráfico [circulación]. ▶道路沿いの建物 m. edificio ⌈a un lado de la [en la] carretera. ▶道路を作る[建設] v. construir* una carretera. ▶道路を横断する v. cruzar* [atravesar*] una carretera [calle]. ▶道路の右側を歩く v. caminar por el lado derecho de la carretera. ♦最新の道路網が主要工業地帯を結んでいる La red vial de modernas autopistas une los principales centros industriales. ▶道路が¹開通した [²閉鎖された] La carretera se ¹abrió [²cerró] al tráfico.

とうろう 灯籠 f. linterna, (庭の)f. linterna de jardín. ▶石灯籠 f. linterna de piedra.

とうろく 登録 f. registro, f. inscripción, f. matrícula; (帳簿・表などへの記入)f. inscripción, m. asiento.

1《～(の)登録》▶住民登録 m. registro de residentes. ▶クラスの登録 f. matrícula de una clase. ♦住所氏名の登録が必要です Se exige la inscripción del nombre y la dirección.

2《登録＋名詞》▶登録者 f. persona inscrita. ▶登録商標 f. marca registrada. ▶登録制 m. sistema de registro. ▶登録番号 m. número de registro [matrícula, inscripción]. ▶登録簿 m. registro. ▶登録料 mpl. derechos de matrícula [inscripción]. ♦登録済み《表示》Registrado.

—— **登録する** v. registrar, inscribir*, matricular. ▶特許局に登録する v. registrar(lo) en la Oficina de Patentes. ▶履修する科目を登録しなければなりません Tienes que matricularte de los cursos que vayas a tomar. ♦彼は医者として登録されている Está registrado como médico.

とうろん 討論 (賛否対立の正式な)m. debate; (議論) f. discusión. → 議論. ▶テレビ討論会 m. debate televisivo [televisado]. ▶パネル討論会《スペイン》f. mesa redonda,《コロンビア》m. panel, m. debate. ▶公開討論会を打ち切る v. cerrar* un foro. ▶討論(会)を行なう v. tener* un debate 《sobre》. ♦新空港を建設すべきか否かをめぐって激しい討論が戦わされた Se debatió acaloradamente ⌈el construir o no [la construcción de] un nuevo aeropuerto.

—— **討論する** v. debatir, discutir. ▶その問題について彼と討論する v. debatir [discutir] ese problema con él.

トゥロン(ヌガー) m. turrón (☆アーモンド, クルミ, 糖蜜などで作る菓子. とくにクリスマスに食べる).

どうわ 童話 (おとぎ話) m. cuento de hadas; (子供向きの話) m. cuento infantil. ▶童話作家 mf. escritor/tora de cuentos infantiles.

とうわく 当惑 f. confusión,《フォーマル》f. perplejidad,《文語》f. estupefacción, m. aturdimiento. ▶当惑の種 f. perplejidad, f. turbación. ▶当惑の表情を浮かべている v. tener* ⌈el aire perplejo [la expresión aturdida], parecer* desconcertado.

―― **当惑する**（理解できなくて）v. desconcertarse*, estar* perplejo; (考えが混乱して) v. confundirse, aturdirse; (気まずくて, 恥ずかしくて) v. turbarse 《por》. ♦私はいくぶん当惑して彼を見た Me quedé mirándolo[le] algo perplejo. ♦彼女は彼の態度にひどく当惑していた Estaba muy confundida con su actitud. ♦どう答えてよいか当惑した No supe qué contestar. ⇨ 困る, 戸惑う

トゥンホワン 敦煌 《ピンイン》Dunhuang (☆中国の都市).

とえい 都営 ♦都営の adj. metropolitano (de Tokio). ♦都営バス m. autobús metropolitano de Tokio.

とお 十 num. diez. → 三つ.

とおあさ 遠浅 ♦海は遠浅になっている（＝岸から相当の距離浅い）El mar es poco profundo (a una buena distancia desde la costa).

**とおい 遠い ❶【距離】adj. lejano, alejado, apartado, distante, 《教養語》remoto. ♦遠い国 m. país lejano, 《口語》m. país lejos, 《強調して》m. remoto país. 金語 事務所はここから遠いのですか――いいえ遠くはありません ¿Está la oficina lejos de aquí? ― No, no está lejos. ♦私の家は駅から遠い Mi casa está lejos de la estación. / Hay mucha distancia de mi casa a la estación. / Mi casa está a gran [mucha] distancia de la estación. / Entre mi casa y la estación hay una gran distancia. ♦月は地球から遠い La Luna「está alejada「《フォーマル》dista mucho」 de la Tierra. ♦東京は京都より遠い Tokio está más lejos [distante] que Kioto.

❷【時間】adj. distante, remoto. ♦遠い過去に adv. en un pasado lejano. ♦彼が大統領に選ばれるのもそう遠いことではないでしょう《フォーマル》No está lejos el día en que sea elegido presidente. ♦（近い将来に）No「tardará mucho en [pasará mucho antes de]」ser elegido presidente.

❸【関係, 程度】♦彼女は私の遠い親戚(しんせき)だ Es una parienta lejana. ♦彼は幸福にはほど遠い Está lejos de estar feliz. / No está nada feliz. / 《口語》De feliz no tiene nada. → 少しも. ♦彼の説明は真実には程遠い Su explicación「está lejos [《フォーマル》dista] de la verdad.

とおえん 遠縁 m. parentesco lejano. ♦彼女は私の遠縁に当たる Está emparentada débilmente conmigo. / Es una parienta lejana mía.

とおか 十日 ♦十日間 adv. durante [en] diez días. ♦十日間の休暇 fpl. vacaciones de diez días. ♦4月10日に adv. el (día) 10 de abril.

とおからず 遠からず (間もなく) adv. pronto, 《フォーマル》en breve, dentro de poco, a no tardar mucho. → 間もなく. ♦新しい幹線道路は遠からず完成するでしょう La nueva autopista estará「pronto terminada [《フォーマル》concluida en breve]. / No tardará mucho en quedar terminada la nueva autopista.

*とおく 遠く ❶【距離が】f. gran distancia. → 遠い.

1《遠く(の)》; (場所が) adj. lejano, distante, 《強調して》remoto. ♦遠くの村 m. pueblo lejano 《強調して》remoto. ♦私は眼鏡がないと遠くの物が見えない Sin lentes no puedo ver los objetos lejanos.

2《遠くに[へ, で, まで]》♦両親は遠くに住んでいます Mis padres viven lejos. ♦学校はここから遠くにある La escuela está「lejos de aquí [a mucha distancia de aquí]. ♦（はるか）遠くに明かりが見えた「A lo lejos [En la distancia, En la lejanía] vi una luz. ♦彼はできるだけ遠くへ逃げた Huyó「lo más lejos posible [todo lo lejos que pudo]. ♦どこか遠くで犬の鳴く声がしていた A lo lejos ladraba un perro.

3《遠くから》♦遠くからいらしたのですか ¿Viene usted de lejos? ♦塔は遠くから見えた La torre podía verse desde lejos.

❷【程度が】♦テニスでは彼に遠く及ばない En tenis es mucho mejor que yo.

トークばんぐみ トーク番組 m. programa de entrevistas, 《英語》m. "talk-show", 《説明的に》m. programa de radio o televisión en que los personajes invitados son entrevistados y conversan entre sí.

トーゴ Togo (☆アフリカの国, 首都ロメ Lomé).

とおざかる 遠ざかる ❶【離れていく】v. alejarse, apartarse, (車・船が) v. alejarse, apagarse; (音が) v. apagarse, 《フォーマル》extinguirse*. ♦彼の姿は暗やみの中へ遠ざかっていった Se alejó hasta desaparecer [perderse] en las tinieblas. ♦車の音は遠ざかって聞こえなくなった El ruido del automóvil se apagó a lo lejos.

❷【近寄らない】v. mantener* alejado 《de》; (かかわりを持たないでいる) v. quedarse fuera 《de》. ♦悪友から遠ざかっている v. alejarse de las malas compañías. ♦練習から遠ざかっている v. dejar de hacer* ejercicios. ♦私はここしばらく数学から遠ざかっている He estado un tiempo alejado de las matemáticas.

とおざける 遠ざける (近寄らせない) v. alejar [mantener*] 《a + 人》alejado, distanciar. ♦人を遠ざけて（＝秘密で話をする） v. hablar「en privado [a solas]. ♦彼を都会生活から遠ざける（＝疎遠にする） v. distanciarlo[le] de la vida urbana. ♦あの連中を遠ざけておきなさい Aléjate [Manténte alejado] de ellos. / (避けよ)Evítalos.

-どおし -通し (…し続ける) v. seguir* 《＋現在分詞》, no dejar [cesar] de 《＋不定詞》, estar* 《＋現在分詞》(todo/da…); (いつも…ばかりしている) v. estar* siempre 《＋現在分詞》. ♦夜通し看護する v. no dejar de cuidarlo[le, la] toda la noche, estar* cuidándolo[le, la] toda la noche. ♦彼は死ぬまで働き通しだった Siguió trabajando hasta la muerte. ♦電車がとても混んでいたので3時間立ち通しでした El tren estaba tan lleno que tuve que ir [estar] tres horas de pie. ♦彼女は愚痴の言い通しだった Siempre estaba quejándose.

*とおす 通[透]す ❶【通らせる】(通過させる) v. pasar 《por, a través de》; (穴・門などを) v. pasar 《por》, 《教養語》franquear; (道をあける)

v. dejar pasar, dar* paso《a》. ◆針(の穴)に糸を通す v. pasar un hilo por el ojo de una aguja, enhebrar una aguja. ◆上着のそでに手を通す v. pasar los brazos por las mangas de una chaqueta. ◆通してください Déjeme pasar, por favor. / ¿Me permite pasar, por favor? / ¿Me permite? ◆群衆は救急車を通すために道をあけた La multitud「dejó pasar [hizo paso a] la ambulancia.
❷【通わせる】 A・B間にバスを通す(=運行させる) v. poner* un servicio de autobuses entre A y B. ◆床下にパイプを通す(=伸ばす) v. pasar las cañerías por el [debajo del] suelo. ◆森に新しい道を通す v. hacer* pasar una nueva carretera por un bosque.
❸【無事に通過させる】 v. aprobar*,《口語》pasar. ◆議案を通す v. aprobar* una propuesta; (反対などにもかかわらず) v. hacer* que pase una propuesta. ◆試験官は応募者全員を通した El tribunal aprobó a todos los solicitantes.
❹【案内する】 v. hacer* pasar. → 入れる. ◆お客様をお通ししなさい Haz pasar a los invitados. ◆彼は居間へ通された Lo [Le] hicieron pasar al salón [《ラ米》living].
❺【入り込ませる】 v. dejar pasar, meter,《フォーマル》introducir*; (熱・電気などを伝える) v. conducir*. ◆部屋に風を通す v. airear [ventilar] un cuarto. ◆この布は水を通さない Esta tela no deja pasar el agua. ◆Esta tela es impermeable. → 漏る. ◆この窓は十分光を通す Esta ventana「deja pasar bastante luz [《フォーマル》permite el paso de luz suficiente]. ◆銅は電気を通す El cobre「deja pasar [conduce] la electricidad.
❻【終わりまで続ける】 (…のままでいる) v. quedarse [mantenerse*] (+形容詞・過去分詞). → 通し. ◆会議中沈黙を通す v. quedarse callado toda la reunión. ◆書類に目を通す v. repasar todo el documento. ◆仕事をやり通す v. llevar a cabo el trabajo. ◆彼は30代まで独身で通した Se quedó soltero hasta los treinta y tantos años. ◆私はその本を読み通した Me he leído todo el libro. ◆He leído el libro「de principio a fin [《口語》de cabo a rabo].
❼【思いどおりにする】 ◆我を通す(=自分の思うようにする) v.《口語》salirse* con la suya. ◆意見を通す(=固執する) v. mantenerse* firme en su opinión. ◆君は行動に筋を通さねばならない(=首尾一貫していなければならない) Tienes que ser coherente con tus actos.
❽【手段・道具などを介して】 ◆スペイン語を通して理解し合う v. entenderse* con [mediante] el español. ◆望遠鏡を通して月を見る v. observar la Luna「por el [a través del] telescopio. ◆友人を通して就職する v. conseguir* un trabajo por [con la ayuda de, a través de,《フォーマル》mediante] un amigo. ◆その音は壁を通してかすかに私の耳に届いた El sonido me llegó débilmente por la pared. ◆彼はテレビを通して国民に訴えた Apeló a la nación por la televisión.

トースター m. tostador. ◆オーブントースター m. tostador-horno. ◆トースターでパンを焼く v. tostar* pan en un tostador.

トースト f. tostada, m. pan tostado. ◆(パンを)トーストにする v. tostar* (pan). ◆朝食にトーストを2枚食べた Me tomé dos tostadas「de desayuno [para desayunar].

とおせんぼう 通せん坊 ◆両手を広げて通せん坊する v. cerrar* el paso con los brazos en cruz.

トータル (合計) m. total, f. suma. → 合計.

とおで 遠出 f. excursión,《口語》f. salida. ◆今度の日曜日はどこか遠出したい Nos gustaría hacer una excursión a algún sitio este [el próximo] domingo.

トーテム m. tótem. ◆トーテムポール m. tótem. ◆トーテム信仰 m. totemismo.

ドーナ(ッ)ツ【商標】 m. "donut"(☆発音は [dónu(t)]), f. rosquilla. ◆ドーナツ盤(=イービー盤レコード) m. disco sencillo. ◆ドーナツ現象(都市人口) m. fenómeno "donut".

トーナメント m. torneo (de golf). ◆トーナメントで優勝する v. ganar un torneo.

とおのく 遠のく ❶【遠ざかる】(音などが) v. apagarse*,《フォーマル》extinguirse*, desvanecerse*. ◆凍てついた道をたどる足音が遠のいていった El sonido de las pisadas en el camino helado fue desvaneciéndose. ◆このところの4連敗でそのチームの優勝の可能性はごく(=いっそう少なくなった) Sus cuatro derrotas consecutivas han reducido las posibilidades de que el equipo gane el campeonato.
❷【疎遠になる】 ◆彼の足が遠のいた Sus visitas「se hicieron cada vez menos frecuentes [fueron escaseando].

ドーバー ◆ドーバー海峡 m. Paso de Calais (☆イギリスとフランスの間の海峡).

ドーピング m. dopaje. ◆ドーピング検査《英語》m. "test" [m. análisis] de dopaje. ◆彼はドーピングでレースの出場資格を失った Le descalificaron de la carrera「debido al resultado del [por haber dado positivo en el] "test" de dopaje.

とおまき 遠巻き ◆その男を遠巻きにする(=距離を置いて囲む) v. rodear a ese hombre desde lejos.

とおまわし 遠回し ◆遠回しに言う v. decir* [《口語》soltar*] una indirecta; (それとなく言う) v. insinuar*, hacer* una alusión《a》; (なかなか要点に触れない) v. andarse* con rodeos,《口語》irse* por las ramas,《教養語》hablar con circunloquios. ◆彼は彼女がうそをついていると遠回しに言った Insinuó que ella estaba mintiendo. ⌐ 婉曲, 体よく

とおまわり 遠回り m. rodeo, f. vuelta. ◆遠回りして帰る v. volver* a casa dando un rodeo. ◆彼は繁華街を避けて遠回り(=回り道)した Dio [Hizo] un rodeo para evitar la bulliciosa calle.

ドーム f. cúpula. ◆福岡ドーム球場 m. Estadio「de la Cúpula de Fukuoka [Fukuoka Dome].

とおめ 遠目 ◆遠目が利く v. poder* ver* desde lejos. ◆島は遠目には(=遠方から見ると)平和その

ものに見えた La isla parecía muy tranquila desde lejos.

ドーラン *m.* maquillaje teatral. ▶ ドーランで化粧する *v.* maquillarse para el teatro, aplicarse* maquillaje teatral.

とおり 通り ❶【街路】*f.* calle; (大通り) *f.* avenida; (本通り) *f.* carretera. → 道, -街. ▶ ¹混雑した ［²人気のない］通り *f.* calle ¹bulliciosa ［²desierta］. ▶ 通りを歩く *v.* pasear por la calle. ▶ 通りで遊ぶな No juegues en la calle. → 道. ▶ 彼の家はにぎやかな通りに面している Su casa da a una calle animada. ▶ その店は通りの向こう側にある Esa tienda está "al otro lado de la calle ［en la otra acera］. ▶ メリアホテルは何通りにありますか ¿En qué calle está el Hotel Meliá? ▶ アルカラ通りのどこにありますか—アルカラ通り 214 番地にあります ¿En qué número de ［¿Dónde en］ la calle Alcalá? – En el 214 de la calle Alcalá. ❷【人・車の往来】*m.* tráfico, circulación. → 往来.
❸【水・空気などの流通】 ▶ 下水の通りをよくする *v.* drenar ［desaguar*］ bien. ▶ この排水管は通りが悪い Este tubo de desagüe no drena ［《口語》corre］ bien. ▶ この部屋は風の通りがよい Este cuarto tiene buena ventilación.
❹【声の】▶ 彼女の声は通りがいい Su voz se oye muy bien. / Tiene una voz clara.
❺【種類, 方法】▶ それには二通りのやり方がある Hay dos modos de hacerlo. / (二通りのやり方ですることができる)Lo puedes hacer de dos modos.
❻【評判, 通用】▶ 彼は世間の通りが¹よい ［²悪い］ Tiene ¹buena ［²mala］ fama. ▶ そう言った方が通りがよい Es mejor decir eso.
☞ 往来, -街

-とおり -通り (...のように) *conj.* como, igual que; (...に従って) *prep.* según, de acuerdo con. ▶ その通り. ▶ 計画のとおりにそれをする *v.* hacerlo* como ［según］ estaba planeado. ▶ 思ったとおり彼は来なかった Como yo pensaba, no vino. ▶ 言われたとおりにしなさい(目下の者へ) Hazlo como te han dicho. 会話 彼はきっぱりと断わったよ—私が言ったとおりでしょう Se negó en redondo. – ¿No te lo dije yo? ［¿Te lo dije?］, ¿no?

-どおり -通り ❶【...のように】(...に従って) *conj.* según, como, ..一通り(時)り. ▶ 約束どおり彼に時計を買ってやる *v.* comprarle un reloj como ［según, tal como］ se le había prometido.
❷【...程度】▶ 建物は 9 分通りできた El edificio está casi completado. / El noventa por ciento del edificio ha sido terminado.

とおりあめ 通り雨 (にわか雨) *m.* chaparrón, *m.* chubasco. ▶ 雨があがったらしいからもう帰りになって? No es más que un chaparrón. ¿No se puede quedar un poco más?

とおりいっぺん 通り一遍 ▶ 通り一遍の (皮相的な) *adj.* superficial, somero; (形式的な) *adj.* formal; (何気ない) *adj.* frívolo, sin importancia; (おきまりの) *adj.* convencional; (言動などが) *adj.* mecánico, de trámite. ▶ 通り一遍のあいさつを交わす *v.* intercambiar saludos convencionales. ▶ 通り一遍の返事をする *v.* dar* una respuesta de trámite. ▶ 通り一遍のことを言う *v.* hacer* observaciones superficiales. ▶ 航海については通り一遍の知識しかない No tengo más que unos conocimientos superficiales de navegación.

とおりがかり 通り掛かり ▶ 通りがかりの人 (=通行人) *mf.* transeúnte. ▶ 通りがかりのタクシーを拾う *v.* llamar a un taxi que pasa; (呼び出れる) *v.* llamar a un taxi. ▶ 通りがかりに (=途中で)この手紙を忘れずに出してください Por favor, no deje de echarme esta carta de pasada. ▶ お通りがかりの節は (=たまたまこちらに来られるときは) お立ち寄りください Visítame, por favor, "cuando pases por aquí ［《口語》si le viene de paso］.

とおりかかる 通り掛かる (そばを通る) *v.* pasar ［transitar］(por). ▶ 彼は通りかかった村人に助けられた Fue salvado por un aldeano que pasaba (por allí). ▶ ちょうどその時警官が通りかかった "En ese momento ［Justo entonces］ pasó a nuestro lado un agente de policía.

とおりこす 通り越す (通り過ぎる) *v.* pasar; (越えて行く) *v.* pasar de largo; (範囲を越える) *v.* dejar atrás, ir* más allá (de). ▶ 駅を通り越す *v.* pasar la estación. ▶ 危機を通り越す *v.* "dejar atrás ［superar, acabar con］ una crisis. ▶ 彼の言葉は冗談を通り越している Sus palabras van más allá de una broma. ▶ ヘリコプターが頭上を通り越していった Un helicóptero "nos pasó por encima ［voló por encima de nuestras cabezas］. ☞ 追い越す, 越[超]す

とおりすがり 通りすがり ▶ 通りすがりの人に道を尋ねる *v.* preguntar la dirección a un transeúnte.

とおりすぎる 通り過ぎる (通過する) *v.* pasar (de largo); dejar atrás. ▶ 田中さんのそばを通り過ぎた Le pasé al Sr. Tanaka por la calle. ▶ 彼は急いで通り過ぎていった Pasó (de largo) con prisa. ▶ 私は彼女が門の前を走って通り過ぎるのを見た La vi pasar corriendo por la puerta. ☞ 行き過ぎる, 追い越す, 追い抜く, 素通り, 通り越す

とおりぬけ 通り抜け ▶ 通り抜け禁止 【掲示】 Se prohíbe pasar. / Prohibido el paso.

とおりぬける 通り抜ける *v.* atravesar*, cruzar*, pasar 《por》. ▶ 町を通り抜ける *v.* atravesar* ［cruzar*］ una ciudad. ▶ トンネルを通り抜ける *v.* pasar por un túnel. ▶ 私たちはやぶの中を通り抜けた Atravesamos por los matorrales. ☞ 潜り抜ける, 貫く, 通[透]る

とおりま 通り魔 (殺人者) *mf.* asesino/na de transeúntes; (刃物を使った人) *mf.* acuchillador/dora que ataca a los transeúntes. ▶ 彼の犯行は通り魔的なものだった (=特に理由もなく犯罪を犯した) Cometió un delito indiscriminado sin ninguna razón en especial.

とおりみち 通り道 (道筋) *m.* camino; (通過する道) *m.* paso. ▶ 倒木がほこらへの通り道をふさいでいた El árbol caído bloqueaba el paso de la capilla. ▶ 九州は台風の通り道だ Los tifones asolan Kyushu con mucha frecuencia.

とおる 通[透]る

❶【通行する】v. pasar; (車が) v. transitar [circular] 《por》. ▶郵便局のそばを通る v. pasar por correos. ▶門を通る(=通り抜ける) v. pasar por la puerta. ▶野原を通って森へ駆けて行く v. pasar corriendo por el campo hacia el bosque. ▶私の[1]後[2]前を通る v. pasar por [1]detrás [2]delante de mí. ▶本通りを通って行こう「Vamos a pasar [Pasemos] por la calle principal. ♦この道は車がよく通る Por esta carretera circulan muchos automóviles. / (交通量が多い)Hay mucho tráfico [《メキシコ》tránsito] en esta carretera. ♦トラックが通る(=通り過ぎる)たびに少年たちは道をあけた Los chicos se apartaban cada vez que pasaba un camión. ♦その道路は通れない(=通行止めだ) Por esta carretera no se puede pasar. / Esta carretera está cerrada al tráfico.

❷【交通機関が運行する，道が通じている】v. pasar, circular; atravesar*. ♦ここは 30 分ごとにバスが通っている Por aquí pasa [circula] el autobús cada treinta minutos. ♦この道は森を通っている Esta carretera 「pasa por [atraviesa] el bosque.

❸【無事に通過する】v. aprobar*, pasar. ▶試験に通る v. aprobar* un examen. ▶[1]検閲 [2]税関を通る v. pasar la [1]censura [2]aduana. ♦法案が議会を通った El proyecto de ley ha pasado por la Dieta. / La Dieta aprobó el proyecto de ley.

❹【通用する】v. pasar 《por, como》; (知られる) v. ser* conocido 《como》; (評判である) v. tener* fama 《de》; (受け入れられる) v. ser* aceptado. ▶変人で通っている v. pasar por un/una excéntrico/ca. ▶名の通った(=有名な)画家 mf. pintor/tora famoso/sa. ♦彼は中国語がとても上手なので中国人といっても通るだろう Habla el chino tan bien que podría pasar por chino. ♦彼は長年ルイスという名で通っていた Mucho tiempo pasó por el nombre de Ruiz. ♦彼女はけちで通っている Pasa por ser tacaña. / Tiene fama de tacaña. ♦そんな言い訳は通らない Esa excusa no se puede pasar. / Ese pretexto es inaceptable.

❺【開通する】v. abrirse*. → 開通する.

《その他の表現》♦彼女の声はよくとおる Su voz 「se oye bien [es penetrante]. / Tiene una voz clara. ♦この肉はよく火が通っている [2いい] Esta carne está [1]bien [2]poco hecha. ♦彼の言うことは筋が通っている(=理にかなっている) Lo que dice es lógico [razonable]. ♦この文章は意味が通らない Esta oración no tiene sentido. ♦ベルリンを通って(=経由して)マドリードに行った Fuimos a Madrid vía [pasando por] Berlín.

トーン m. tono. → 調子. ▶トーンを[1]上げる[2]下げる] v. [1]subir [2]bajar] el tono (de voz).

-とか ▶(例として並べて示して)バナナとかオレンジのような果物が好きだ Me 「gusta la fruta [gustan frutas] como plátanos y naranjas. ▶キャンプに行くときは地図とかランプとかを持って行きなさい Cuando vayas de acampada debes llevar objetos como un mapa, una linterna, etcétera [y cosas así].

とかい 都会 f. ciudad, 《教養語》f. urbe, f. población. → 都市, 町. ▶大都会 f. gran ciudad, 《教養語》f. metrópoli. ▶都会に住んでいる v. vivir en una ciudad. ▶都会[1]へ行く [2を離れる] v. [1]ir* a [2]salir* de] la ciudad. ▶都会の adj. urbano. ▶都会化 f. urbanización. ▶都会生活 f. vida urbana. ▶都会の人 mf. habitante de la ciudad, mf. ciudadano/na; (集合的に) f. gente de la ciudad. ♦彼は都会育ちだ Nació y se crió en la ciudad.

どがいし ▶度外視する(考慮に入れない) v. no tener* en cuenta, no hacer* caso 《de》, no tomar en consideración, 《フォーマル》desconsiderar; (無視する) v. ignorar; (軽視する) v. menospreciar, prestar poca atención 《a》. ♦彼らは採算(=利益)を度外視してその鉄道工事を始めた Emprendieron la construcción del ferrocarril sin tener en cuenta los beneficios. ♦費用を度外視して(=費用にかまわずに)作ってみましょう Lo haré 「cueste lo que cueste [sin consideración de los gastos].

とがき ト書き ▶ト書き. acotación.

とかく ❶【ややもすれば】(…する傾向がある) v. tener* tendencia [《フォーマル》propensión] 《a》, tender* [《教養語》propender] 《a》, ser* propenso [inclinado] 《a》, soler* 《+不定詞》. ♦彼はとかく短気をおこす「Tiene tendencia [Es propenso] a perder los nervios. ♦われわれはみなとかく過ちをおかしがちである Todos nosotros somos propensos a equivocarnos. ♦過度の飲酒はとかく肝臓障害をおこす Beber en exceso suele causar trastornos hepáticos. ♦世間はとかくうるさいものだ La gente 「suele murmurar [tiene la tendencia [a] criticar].

❷【あれこれ】♦彼にはとかくのうわさがある Corren varios rumores sobre él. ♦彼はとかくするうちに戻って来た Entretanto, regresó.

とかげ 蜥蜴 ▶とかげ m. lagarto. ▶小とかげ f. lagartija.

とかす 溶[解]かす (固体を熱で) v. derretir*; (固体を液体の中で) v. disolver*, desleír*; (凍った物を) v. deshelar*; (金属などを) v. fundir*; (液化する) v. 《フォーマル》licuar*. → 溶[解]ける. ▶砂糖を紅茶に溶かす v. disolver* el azúcar en el té. ▶湯をかけて凍結したポンプを解かす v. deshelar* una bomba con agua caliente.

どかどか ❶【うるさい足音を立てて】adv. con pisadas ruidosas. ♦多くの警官がどかどかと部屋に入ってきた Muchos policías entraron en la sala con pisadas ruidosas. / Muchos policías entraron ruidosamente en la sala.

❷【急にたくさん】♦昼食時にはお客さんがどかどか来る Hacia la hora de comer se presenta un montón [tropel] de clientes.

-とがめる 咎める ❶【責める】(責任があるとして) v. echar la culpa, culpar 《a》; (怒りよりも失望して) v. reprochar; (怒ったり非難して)《フォーマル》v. censurar. ▶彼の不注意をとがめる v. culparle por ser* descuidado. ▶私は君が遅れたことをとがめないよ No te echo la culpa por llegar tarde.

❷【問いただす】♦警官にとがめられる v. ser* interrog*ado* por un policía.
❸【心が】♦私は良心がとがめる（＝良心が痛む） Me remuerde la conciencia. ♦彼に言葉を返していなくて気がとがめる（＝やましく思う） Me 「remuerde la conciencia [siento culpable] por no haberle devuelto el libro.

とがらす 尖らす ♦棒の先を尖らす v. sacar* punta a un palo. ♦彼女はすぐに口を尖らす Por cualquier cosa hace un mohín. ♦彼は急に顔を尖らせた Me puso nervios*o* lo que ella hizo.

とがる 尖る （鋭くなる） v. aguzarse*, ponerse* puntiag*udo*. ♦先の尖った棒 m. palo de punta afilada. ♦鉛筆の先が尖りすぎた La punta del lápiz ha quedado demasiado puntiaguda. ♦「君の名前は何ていうの」私は腹が立っていたので声も尖っていた ¿Cómo te llamas? Yo estaba irrit*ado* y mi voz era cortante.

どかんと ♦どかんという音を立てて adv. con estrépito, con un "bang". ♦どかんという音を立てる（爆発して） v. estallar, explotar; （激しく打って） v. golpear, hacer* "bang"; （落雷など） v. tronar*; （激突して） v. dar* un golpetazo 《contra, a》. ♦花火が夏の夜空にどかんと何度も鳴った Los fuegos artificiales estallaban una y otra vez en el cielo de la noche de verano.

とき 時 ❶【時間】 m. tiempo; （経験としての） f. hora.
1《時が[は]》♦時がたつのは早い El tiempo corre 「vuela (como una flecha)」. → 光陰. ♦時がたつにつれて，彼の決意は固くなった Con el paso del tiempo, su decisión se hizo más firme. ♦時がたてば彼の無実がわかるでしょう El tiempo 「probará su inocencia [demostrará que es inocente]. ♦時はあらゆる傷をいやす 《言い回し》 El tiempo todo lo cura. ♦時は金なり 《ことわざ》 El tiempo es oro.
2《時の》♦時の記念日 m. Día Conmemorativo del Tiempo. ♦彼は読書に夢中になっていて時のたつのを忘れた La lectura lo 「le] tenía tan absorbido que 「perdió la conciencia [no se dio cuenta del paso] del tiempo.
3《時を》♦彼は時をたがえず（＝時間どおりに）やって来た Llegó 「a tiempo [puntualmente]. / Fue puntual. ♦私たちはパーティーで楽しい時を過ごした Lo pasamos bien [Nos divertimos] en la fiesta. ♦不幸は時を選ばずやって来る La desgracia se presenta a cualquier hora. ♦警察は時を移さず彼らの救援に向かった Sin pérdida de tiempo la policía se apresuró a rescatarlos[les].

❷【時期，場合】（特定の時） m. tiempo, m. momento; （ある局面における一定の時） m. momento; （行事などの） f. ocasión; （場合） m. caso.
1《〜時》♦そのころが私の人生の最良の時でした Fue el momento más feliz de mi vida. ♦その時あなたは何をしていましたか ¿Qué estabas haciendo en ese momento? ♦その時以来彼から便りがない Desde entonces no he sabido nada de él. ♦月曜日は私は一番忙しい時（＝日）です El lunes es cuando estoy más ocupado. ♦どんな時でも希望を失うな No pierdas la esperanza en ningún momento.
2《時が[は]》♦私に感謝する時が来るでしょう Algún día me darás las gracias. / 《フォーマル》 Tiempo vendrá en que me lo agradezcas. ♦どうしたらいいのか分からない時がある Hay momentos [veces, ocasiones] en que no sé qué hacer. / 「A veces [En algunos momentos] no sé qué hacer. ♦私はフラメンコに夢中になっていた時があった Hubo 「un tiempo [una época] en que estaba loco por el flamenco. → 昔. ♦あの時は物価はもっと安かった Los precios estaban entonces más bajos. / 「En aquel tiempo [Aquellos días] los precios eran más baratos. ♦私たちはある時は励まし合い，またある時はけんかもしました 「Había momentos en que [A veces] nos dábamos ánimos y 「otros en que [a veces] discutíamos.
3《時の》♦時の（いま話題の）人 「el hombre [la mujer] del momento [día]. ♦時の（その当時の）政府 m. gobierno de entonces. ♦私たちが初めて会った時のことをおぼえていますか ¿Recuerdas cuando [la ocasión en que] nos conocimos?
4《時に(は)》♦彼の結婚式の時に adv. en ocasión de su boda. ♦彼が死ぬ時に adv. en el momento de su muerte, al morir. ♦彼はちょうどよい時に来た Llegó justo 「a tiempo [en el mejor momento]. ♦火事の時はこのレバーを引きなさい En caso de incendio tira de esta palanca. ♦うちでは特別な時にだけ上等の器を使います Utilizamos las vajillas buenas sólo en ocasiones especiales. 《会話》 でもあの映画もう見ちゃったのよ—そういう時には見てないっていう顔をしてろよ Pero esa película ya la he visto. – En ese caso, 「haz como si no la hubieras [finge no haberla] visto.

❸【好機】（適した時） m. momento [m. tiempo]《para》; （機会）f. ocasión [f. oportunidad]《de, para》. →機会. ♦今晩はその秘密を彼女に打ち明けるよい時だ Esta noche es un buen momento para decirle el secreto. ♦今こそ行動すべき時です Ahora es el momento de actuar. ♦そろそろその問題について話し合う時だ Ya es hora de que discutamos ese problema. ♦時を見てそのことを彼と相談しましょう Hablaré de eso con él 「en su momento [cuando halle ocasión].

❹【時代】 m. tiempo, f. época, m. período. ♦時の流れに逆らう v. nadar contra la corriente del tiempo. ♦明治天皇の時に adv. en el tiempo del emperador Meiji.

【その他の表現】♦それは時と場合による Depende del tiempo y lugar. / Todo depende. ♦彼の警告は時を得ていた Su advertencia fue oportuna.

—— ...する時 conj. cuando, prep. al 《＋不定詞》. ♦私は通りを歩いている時先生に出会った Encontré a mi profes*or/sora* cuando 「mientras] paseaba por la calle. / Mientras [Cuando] paseaba, me encontré con mi

とき

profesor/sora. ♦道を横切っている時に私の犬はひき殺された Al atravesar la carretera, 「mi perro murió atropellado [mataron a mi perro en un atropello]. ♦私がそこへ着いた時にはすでに彼は出発していた Cuando llegué allí [Al llegar allí, 《フォーマル》A mi llegada], me encontré con que él ya se había ido. ♦彼は子供の時京都に住んでいた「De niño [Cuando era niño, Durante su infancia], vivía [《フォーマル》residía] en Kioto. ♦彼女がテレビを見ている時私は新聞を読んでいた Mientras [Al tiempo que] ella veía la televisión, yo leía el periódico. ♦私がちょうど出ようとしている時彼が来た Vino justo [precisamente] cuando yo me iba. / Precisamente al salir yo, llegó él. ♦彼がそこへ行く時はいつも雨が降る Siempre [Cada vez] que va allí, llueve. ♦当日彼が行けない時は (=とすれば)私が代わりに行きます Si ese día él no puede ir, iré yo. ♦今度やる時はもっと注意しなさい「Ten más cuidado [Pon más atención] la siguiente [próxima] vez que lo hagas. ♦あなたが帰国する時までにはこの仕事を終えておきましょう「Cuando vuelvas [A tu regreso], habré acabado este trabajo. →まで. ▱歳月, 時間, 時分, -過ぎ, 月日, 所, 年月

とき 朱鷺 m. ibis.

どき 土器 f. vasija de barro, 《口語》 m. cacharro. ▶土器のつぼ m. pote de barro.

どき 怒気 f. ira, 《フォーマル》 f. cólera. ▶怒気を顔に表わす v. mostrar* la ira, mostrarse* irritado. ▶怒気を含んで抗議する v. protestar airadamente.

ときおり 時折 adv. alguna vez, de vez en cuando, 《フォーマル》 ocasionalmente. →時々.

トキソプラスマしょう トキソプラスマ症 《専門語》 f. toxoplasmosis.

ときたま 時たま adv. alguna vez, de vez en cuando, 《フォーマル》 ocasionalmente. →時々.

-ときたら -と来たら ♦息子はいつも部屋をきちんとしているが, 娘ときたらもう散らかしっぱなしです Mi hijo siempre tiene su cuarto limpio y ordenado, pero mi hija lo tiene「en un desorden total [《口語》 hecho un desastre]. →たら.

どぎつい (色・衣服などが) adj. estridente; (いやにぎらぎらする) adj. llamativo; (けばけばしい) adj. chillón; (音などが) adj. discordante; (化粧などが) adj. exagerado. ▶どぎつい色 m. color chillón [llamativo]. ▶どぎついことを言う v. emplear un lenguaje chocante [crudo].

どきっと ▶どきっとする v. asustarse, tener* un sobresalto. ♦そのニュースを聞いてどきっとした Esa noticia me「dio un susto [《口語》 asustó]. / El corazón me dio un vuelco al oír esa noticia.

**ときどき 時々 (ときには) adv. de vez en cuando, a veces; (ときたま) adv. alguna que otra vez, de cuando en cuando, ocasionalmente [《フォーマル》 en ocasiones]. ♦ときどき彼はわれわれを訪ねてくれる A veces nos visita. ♦私はときどきおじに将棋で勝てることがある A veces le gano a mi tío al ajedrez. ♦ときどきどうしてよいか分からないことがある「Hay veces en que [A veces] no sé qué hacer. 会話 彼女にはときどき会うの—はい, ときどき ¿Es que la ves a veces? – Sí, 「A veces [de cuando en cuando]. ♦ときどきテレビを見ますよ. でもたいていはあまりに忙しすぎてねえ De vez en cuando veo la televisión, pero generalmente estoy demasiado ocupado para verla. ♦彼はときどき自分の行く道を地図で確かめた De vez en cuando, comprobaba su ruta en el mapa. ♦ときどき稲妻が走った De vez en cuando relampagueaba. ♦曇り, ときどき雨「天気予報などで」Nuboso con lluvias ocasionales. ▱折々, ともすると

どきどき ▶どきどきする (心臓などが) v. latir [palpitar] con fuerza (el corazón); (人がわくわくする) v. emocionarse (con, de). ♦彼女は外国に行けると思っただけでどきどきした El corazón 「le latía con fuerza [《口語》 parecía saltarle del pecho] sólo pensando en que podría ir al extranjero. ♦舞台にあがるときどきしてしまって (=ひどくあがって), せりふを忘れそうになる Cuando estoy en el escenario, el corazón se me pone a latir con fuerza y casi me olvido del papel. ♦結果を待っている間私は心臓がどきどきしていた Mientras esperaba el resultado, sentía cómo me latía el corazón.

ときとして 時として adv. a veces; (ある場合には) adv. en 「algunos casos [algunas ocasiones]. ♦時として困難な問題にぶつかる「Hay ocasiones en que [A veces] nos encontramos con dificultades.

ときならぬ 時ならぬ ▶時ならぬ (=季節はずれの)雪 f. nevada「fuera de estación [《教養語》 extemporánea]. ♦われわれは彼の時ならぬ (=不意の)訪問に驚いた Su inesperada [repentina] visita nos sorprendió.

ときに 時に (ときには) adv. a veces →時々; (ところで) adv. bueno (y ahora), por cierto, a propósito. ♦時に彼の名前を思い出せないことがある A veces no puedo acordarme de su nombre. ♦時に皆よく聞いてくれ Bueno y ahora escuchen todos. ♦時にその映画はごらんになりましたか Por cierto, ¿ha visto usted la película?

ときには 時には adv. a veces, unas veces, alguna que otra vez. →時々. ♦私は時には自炊し, また時には外食する Unas veces me hago la comida y otras (veces) como fuera. ▱時々, 時に

ときふせる 説き伏せる v. convencer*, persuadir. ▱説得する.

どぎまぎ ▶どぎまぎする (心が混乱する) v. desconcertarse*, aturdirse; (気が転倒する) v. trastornarse, alterarse; (きまり悪く思う) v. sentirse* avergonzado; (おどおどする) v. mostrarse* tímido. ♦その悪い知らせを聞いてどぎまぎした La mala noticia me alteró. / Al enterarme de la mala noticia, me quedé desconcertado. ♦一瞬どぎまぎして口がきけなかった Desconcertado, no supe qué decir. / Me quedé tan aturdi*do* por un momento, que no pude hablar. ♦ 人前で話をするといつもどぎまぎする Siempre que hablo en público me pongo nervioso.

ときめき (心臓の鼓動) m. latido; (興奮) m. entusiasmo; (興奮のための震え) fpl. palpitaciones. ▶胸のときめきを感じる v. sentir* el corazón latir con fuerza 《por》.

ときめく ♦ 私の胸は喜びでときめいた (=鼓動した) El corazón me palpitaba con fuerza de alegría [《フォーマル》júbilo].

どぎも 度肝 ♦ 彼の発言には度肝を抜かれた (=びっくり仰天した) Lo que dijo me asombró [《教養語》dejó estupefa*cto*, 《口語》dejó hela*do*].

ドキュメンタリー m. documental. ▶ドキュメンタリー映画 m. documental.

ドキュメンテーション《専門語》f. documentación.

ドキュメント (記録) m. documento.

どきょう 度胸 (勇気) m. valor, f. valentía; (決断)《口語》mpl. hígados, fpl. agallas,《俗語》mpl. cojones,《俗語》mpl. huevos. ▶度胸を試す v. probar* el valor. ▶度胸をすえる v. resolverse*. ▶度胸のない男 m. hombre cobarde. ♦ 彼は度胸のある男だ Es un hombre valiente. / Tiene mucho arrojo [valor]. ♦ 私はそれをやってみるだけの度胸がない No tengo valor [《口語》hígados, cojones,《俗語》huevos] para intentarlo. /「No soy lo bastante valiente [Me falta valentía] para intentarlo.

どきょう 読経 f. recitación de "sutras". ▶読経する v. recitar un [una] "sutra".

どきりと → どきっと

とぎれとぎれ 途切れ途切れ ▶とぎれとぎれの眠り m. sueño entrecortado [intermitente]. ▶とぎれとぎれに話す v. hablar entrecortadamente [《口語》a trompicones]. ♦ 会話がとぎれとぎれに聞こえた (=会話の断片が聞こえた) Oímos parte de su conversación.

とぎれる 途切れる ▶途切れることなく続く車の列 f. fila interminable de coches, f. caravana de coches. ♦ 彼の声は感情が高まって途切れがちであった Su voz estaba entrecortada por la emoción. ♦ 彼の演説はしばしば野次で途切れた (=中断された) Su discurso era a menudo interrumpido por abucheos. / Los abucheos interrumpían frecuentemente su discurso. ♦ 話が途切れた (=間があいた) Hubo una pausa en la conversación. ♦ 突然音楽が途切れた De repente cesó la música.

どきんと ♦ 胸がどきんとした El corazón me latió [palpitó] con violencia. → どきどき.

とく 溶く v. disolver*, desleír*. ▶溶かす v. 粉を水で溶く v. disolver* el polvo en agua.

とく 徳 f. virtud. ▶徳を養う v. cultivar la virtud. ▶徳の高い人 f. persona virtuosa [de gran virtud]. ♦ 正直は徳(目の一つ)だ La honradez es una virtud.

とく 説く (説明する) v. explicar; (説教する) v. predicar*; (提唱する) v.《フォーマル》exponer*, abogar* 《por》; (説得する) v. persuadir; convencer* 《para [de] que + 接続法, de + 名詞》. ▶仏教を説く v. predicar(nos) el budismo. ▶新説を説く v. exponer* una nueva doctrina. ▶彼に道理を説いて誤りをさとす v. razonar con él sobre su error. ▶読書の価値を熱心に説く (=力説する) v. poner* de relieve el valor de la lectura. ♦ 彼を説いて (=説得して)それをさせた Le convencí para que lo hiciera. ♦ 彼は教育の重要性を説いた「Explicó lo importante que es [《フォーマル》Expuso la importancia de] la educación. / Señaló la importancia de la educación.

とく 解く ❶【ほどく】(結んだものを) v. desatar; (包んだものを) v. deshacer; (縛ったものを) v. desatar, desamarrar; (包み・荷物などを解いて中身を出す) v. desempaquetar; (ゆるめる, ほどく) v. aflojar. ▶小包のひもを解く v. desatar un paquete. ▶ロープの結び目を解く v. deshacer* el nudo de una cuerda. ▶ロープを解く v. desatar una cuerda. ♦ 彼はその包みを解いた Deshizo [Abrió] el paquete.

❷【解決する】(問題・なぞなどを解明する) v. solucionar, resolver*; (なぞ・疑いなどを明らかにする) v. aclarar; (疑い・誤解などを追い払う) v. despejar, disipar; (取り除く) v. quitar, eliminar; (怒りなどを静める) v. aplacar*. ▶方程式を解く v. solucionar una ecuación. ▶なぞを解く v. resolver* [aclarar] un misterio. ▶彼の疑いを解く v. despejar sus dudas. ♦ 私はその数学の問題が解けなかった No「pude solucionar el [di con la solución del] problema de matemáticas. 《会話》それ自分で解けないの? —ねえ、答えはどうなるのさ ¿No lo puedes solucionar so*lo*? – ¡Vamos! ¿Cuál es la solución?

❸【解除する】(封鎖・包囲などを) v. levantar, alzar*; (職務・重荷などから解放する) v. liberar [librar] 《a + 人》《de》; (解雇する) v. cesar [《教養語》eximir] 《a + 人》《de》. ▶包囲を解く v. levantar un cerco. ▶戒厳令を解く v. levantar la ley marcial. ▶彼の任務を解く v. liberarle [《教養語》eximirle] de su obligación. ♦ 彼は職を解かれた Fue cesado [《教養語》eximido] de su puesto. / Lo [Le] despidieron [cesaron] de su puesto.
☞解決する, 片付ける

とく 梳く ▶髪をとく v. peinarse.

*とく 得 (利益) f. ganancia, m. provecho; (恩恵) m. beneficio,《フォーマル》m. lucro; (有利) f. ventaja; (有益) f. utilidad. → 利益.

1《得が》▶そこへ行って何の得があるのか ¿De qué sirve [¿Qué ventaja tiene] ir allí?

2《得に》▶そんなことをしても少しも得にならない Haciendo eso no ganarás [ganas] nada. / Hacer eso no「te trae ningún beneficio [sacarás ningún provecho]. ♦ そんなことを話して(いったい)何の得になるんだ ¿Pero qué provecho tiene [《俗語》¿Para qué demonios vale] hablar de eso?

3《得を》♦ 彼はその取り引きでかなり得をした Hizo [《フォーマル》Realizó] una considerable [《口語》bonita] ganancia en ese trato. ♦ 将来そのことで得をするでしょう Eso te aprovechará en

とぐ 研ぐ v. afilar, sacar* filo, amolar*; (鋭くする) v. aguzar*. ▶砥石でおのを研ぐ v. afilar un hacha en una piedra de amolar*.

どく 退く ▶どいてくれ(=じゃまにならないようによける) Apártate. / (行く手をふさぐな)No te pongas en mi camino. / (場所をあけてくれ)Déjame sitio. / (わきに寄れ)Ponte [Échate] a un lado.

***どく 毒** ❶【有害物】*m.* veneno, *f.* ponzoña, 《専門語》*m.* tóxico.
1《毒+名詞》▶毒入りチョコ *m.* chocolate tóxico [envenenado]. ▶毒キノコ *m.* hongo venenoso, *f.* seta venenosa. ▶毒虫 *m.* insecto venenoso. ▶毒ガス *m.* gas tóxico. ♦彼は妻を毒殺した Mató a su mujer con veneno. / Envenenó a su esposa.
2《毒が》▶毒が回った El veneno surtió efecto. ♦このキノコは毒がある Este hongo es venenoso.
3《毒に》 ♦彼はキノコを食べて毒にあたって死んだ Murió por comer una seta venenosa. / 《フォーマル》Falleció por ingestión de un hongo venenoso.
4《毒を》▶毒を消す v. contrarrestar (el efecto de) un veneno. ▶毒を飲んで自殺する v. envenenarse, suicidarse con veneno. ♦彼は彼女の飲み物に毒を入れた[盛った] Envenenó [Puso veneno en] su bebida. ♦毒をもって毒を制す《言い回し》Un clavo se saca con otro clavo.
❷【悪影響】♦食べ過ぎは体に毒だ(=有害だ)

はさみ研ぎます Se afilan tijeras. →研ぐ

Comer en exceso es perjudicial. ♦この本は毒にも薬にもならない(=よくも悪くもない) Este libro no es ni bueno ni malo. / Es un libro que《口語》ni pincha ni corta.

***とくい 得意** ❶【自慢】(誇り, 自負) *m.* orgullo; (勝ち誇り) *m.* triunfo. ▶自分の庭を大そう得意げに眺めろ v. mirar el jardín con mucho orgullo. ♦彼は数学で満点をとって得意顔で家に帰った Sacó la calificación máxima en matemáticas y volvió a casa「lleno de orgullo [con el aire de triunfo].
❷【上手】得意である v. ser* (muy) bueno (en), estar* fuerte (en). ▶歴史はあまり得意じゃない[とはいえない] v. no ser* muy bueno en historia. 《会話》君の得意の科目は?―数学と物理. 君は? ¿En qué materias estás más fuerte? – En matemáticas y física. ¿Y tú?
❸【顧客】(店のお客) *mf.* cliente; (集合的に) *f.* clientela; (レストランなどの常連) *m.* cliente, 《口語》*mf.* parroquiano/na; (取引先) *m.* cliente, *m.* contacto. ▶上得意[得意客] *m.* buen cliente. ▶常得意 *mf.* cliente/ta regular. ▶長年のお得意様 *m.* viejo/ja cliente/ta. ▶新しいお得意ができる v. conseguir* nueva clientela. ▶あのレストランのお得意たち「los clientes [(口語)la parroquia] del restaurante. ♦あの店は得意先が多い Esa tienda tiene「muchos clientes [una gran clientela]. ♦あの会社は南米にお得意が多い Esa compañía tiene numerosos contactos en América del Sur.

―― 得意な ❶【誇りにみちた】*adj.* orgulloso; (勝ち誇った) *adj.* triunfante. ▶彼の得意な顔を見る v. mirar su rostro triunfante.
❷【上手な】*adj.* bueno; (有能な) *adj.* fuerte; (気に入りの) *adj.* favorito.
❸【繁栄した】*adj.* próspero; (栄光ある) *adj.* glorioso. ▶得意な(=全盛)時代に *adv.* en sus días prósperos.

―― 得意がる (誇る) v.「estar* orgulloso [tener* orgullo, 《フォーマル》enorgullecerse*]《de, por》; (うぬぼれる) v. presumir「mostrarse* orgulloso, 《フォーマル》jactarse」《de》. ♦彼は息子が成功したので得意がっている「Está orgulloso del [Tiene orgullo por el] éxito de su hijo. / Se jacta「del éxito de su hijo [de que su hijo ha triunfado]. ♦彼は成功してもけっして得意がったりしなかった Jamás presumió [se mostró orgulloso] por su éxito. /《口語》El éxito nunca se le subió a la cabeza.

とくい 特異 ▶特異な(=比類のない)存在 *m.* ser único [singular]. ▶特異性 *f.* singularidad, *f.* peculiaridad. ♦彼は豚肉に対する特異体質(=アレルギー体質)がある「Tiene alergia [Es alérgico] a la carne de cerdo.

とくいく 徳育 ▶徳育に重きを置く v.「poner* de relieve [subrayar] la「educación moral [cultura ética].

どくえん 独演 ▶独演する v. dar* un recital. ▶独演会を開く(音楽会の) v. celebrar un recital; (演芸などの) v. dar* [celebrar] una función recreativa en solitario.

どくがく 独学 *f.* autodidáctica, 《文語》*f.* autodidaxia, *m.* estudio por sí mis*mo* [solo]. ▶独学で得た知識 *m.* conocimiento autodidacta. ▶独学する *v.* estudiar「por sí mis*mo* [sin maestro]. ▶彼はほとんど独学で植物学者になった Como botánico es en gran parte un autodidacta. / Sus conocimientos de botánica son principalmente autodidactas.

とくぎ 特技 →才能. ♦彼女の特技はジャム作りだ Su especialidad es hacer mermelada.

どくご 読後 ▶その本の読後感を記す *v.* anotar las impresiones del libro.

どくさい 独裁 (独裁政治) *f.* dictadura; *m.* despotismo, 《教養語》 *f.* autocracia. ▶独裁的な *adj.* dictatorial, despótico, 《教養語》 autocrático. ▶独裁者 *m.* dictad*or/dora*, *mf.* déspota, *mf.* autócrata.

とくさく 得策 *f.* política prudente. ♦黙っていた方が得策だろう（＝賢いだろう） Sería más prudente no hablar. / Callar es más sabio.

とくさんぶつ 特産物 *f.* especialidad, *m.* producto especial. → 名産.

とくし 特使 *mf.* enviad*o/da* especial. ▶首相の特使として彼を中国に派遣する *v.* enviarlo [le]* a China como enviado especial del Primer Ministro.

どくじ 独自 (独自性(個性)) *f.* individualidad; (独創性) *f.* originalidad. ▶彼独自の理由で *adv.* por sus propias razones. ▶独自の見解を発表する *v.* expresar su「opinión personal [propio parecer*]. ▶独自の (＝他に類のない) 文体で書く *v.* escribir* con un estilo singular [propio]. ▶われわれはその事件を独自に調査した Realizamos nuestra propia investigación del incidente. ▶独特の, 特有の

とくしか 篤志家 (慈善心のある人) *f.* persona caritativa; (博愛家) *mf.* filántrop*o/pa*; (奉仕活動家) *mf.* voluntari*o/ria*.

とくしつ 特質 *f.* característica →特徴; (物の) *f.* propiedad; (その人(物)たるための) *f.* cualidad. ♦強いのが鋼鉄の(一つの)特質です La fuerza es una propiedad del acero.

とくしつ 得失 *fpl.* ganancias y *fpl.* pérdidas; (功罪) *mpl.* méritos y *mpl.* deméritos; (長所と短所) *fpl.* ventajas y *fpl.* desventajas, 《口語》 *mpl.* pros y *fpl.* contras. ▶その問題の得失を論ずる *v.* debatir sobre las ventajas y desventajas de ese asunto.

とくしゃ 特赦 (個人の) *m.* indulto especial; (政治犯などの) *f.* amnistía. ▶政治犯に特赦を行なう *v.* dar* [《フォーマル》 conceder] una amnistía a los prisioneros políticos, amnistiar* [indultar] a los criminales políticos. ▶特赦を発表する *v.* anunciar una amnistía (para). ▶特赦で釈放される *v.* beneficiarse de una amnistía.

どくしゃ 読者 *mf.* lect*or/tora*; (新聞・雑誌の定期購読者) *mf.* suscript*or/tora*, *mf.* abonad*o/da*; (読書界) el público lector, los lectores. ▶「一般の [²熱心な]読者 *m.* lector ¹general [²ávido]. ▶読者¹数 [²層](新聞・雑誌などの) *f.* número [². *f.* clase] de lectores. ▶読者欄 *f.* columna de lectores. ♦この新聞は多くの読者を持っている（＝広く読まれている）Este diario「tiene muchos lectores [se lee mucho]. / Este periódico tiene mucha circulación.

とくしゅ 特殊(な) (特別な, 普通でない) *adj.* especial; (特定の) *adj.* particular; (風変わりでないの) *adj.* peculiar, singular; (比類のない) *adj.* único. →特別. ▶特殊事情 *fpl.* circunstancias especiales. ▶特殊訓練を受けた警官 *mf.* agente de policía especialmente adiestrado. ▶単語の一般的な意味と特殊な意味 *mpl.* significados general y particular de una palabra. ▶真実をゆがめてしまう特殊(＝特異)な才能を持っている *v.* tener* un talento especial para falsear la verdad. ▶特殊な経験をする *v.* tener* una experiencia única [singular].

とくしゅう 特集 ▶オリンピック特集号を出す *v.* publicar* un (número) especial sobre la Olimpíada. ▶特集記事 *m.* artículo especial; (雑誌の) *m.* tema de portada. ▶特集番組 *m.* (programa) especial.

—— 特集する (雑誌・新聞が) *v.* presentar [dar*, tener*] un especial (sobre). ♦この雑誌は政界の汚職事件を特集している Esta revista tiene (artículos) especiales sobre escándalos de corrupción en los círculos políticos. ▶テレビは南極大陸を (＝特別番組を放映した) La televisión「emitió un especial [《フォーマル》 ofreció un programa especial] sobre la Antártida.

どくしゅう 独習 ▶スペイン語を独習する *v.* estudiar español「por sí mis*mo* [sin profesor, a solas]. ▶独習書 *m.* manual sin maestro; (とらの巻) *m.* libro de soluciones.

*__**どくしょ** 読書 *f.* lectura. ▶熱心な読書家 *mf.* lector/tora voraz; (多読の) *f.* persona「muy leída [de mucha lectura]; 《口語》 *m.* ratón de biblioteca. ▶読書会 *m.* círculo [*m.* club] de lectores. ▶読書界 el público lector, los lectores. ▶読書室(図書閲覧室) *f.* sala de lectura. ▶読書力を養う *v.* mejorar la capacidad de lectura. ♦私は読書が好きだ Me gusta leer [la lectura].

—— 読書する *v.* leer* (libros). ▶読書しながらうたた寝してしまう *v.*「dar* cabezadas [adormilarse] con el libro abierto. ▶今どきの子供はあまり読書しない Hoy los niños no leen mucho. / (多くの時間を使わない)Los niños actuales no pasan mucho tiempo leyendo.

とくしょう 特賞 *m.* primer premio, 《フォーマル》 *m.* máximo galardón. ♦彼の絵は展覧会で特賞を¹取った [²受けた] Su cuadro ¹obtuvo [²fue galardonado con] el primer premio en la exposición.

とくじょう 特上 ▶特上の【食物などが】 lo mejor, 《口語》 lo mejor de lo mejor; 【飛び切り立派な】 *adj.* magnífico, espléndido. ▶【品物などが】(極上の) *adj.* extra, de calidad superior; (特に肉が) *adj.* de primera. ▶特上の果物 *fpl.* mejores frutas, *f.* fruta de calidad superior. ▶特上の小麦粉 *f.* harina superfina [extrafina]. ▶特上牛肉 *f.* carne de vaca

988 どくしょう

[[ﾗﾍﾞﾙ]res] de primera.

どくしょう 独唱 m. solo. ▶ソプラノ独唱 m. solo de soprano. ▶独唱する v. cantar「un solo [de solista]. ▶独唱会 m. recital de solista.

とくしょく 特色 (一般に) f. característica, m. rasgo, m. carácter distintivo; (目立った特徴) f. característica; (独特の性質) f. peculiaridad, 《フォーマル》 f. singularidad; (固有の性質) f. propiedad; (区別) f. distinción. → 特徴. ▶特色のある(=すぐれた特徴をもつ)学校 f. escuela con características propias. ▶本来の特色を失う [²保つ] v. ¹perder [²conservar] las características originales. ♦日本の景色の特色は何ですか「¿Qué características tiene [¿En qué se distingue] el paisaje japonés? ♦ 金(ﾞﾝ)には多くの優れた特色がある El oro posee「muchas características [muchos rasgos] que lo distinguen.

とくしん 得心 (納得) f. convicción; (満足) f. satisfacción. ▶彼の議論に得心がいく v. quedar satisfecho [convencido] con su razonamiento; (了解する) v. comprender su razonamiento.

どくしん 独身 ▶独身の adj. soltero, 《フォーマル》 célibe. ▶独身者 mf. soltero/ra, 《口語》 mf. solterón/rona. ▶独身貴族 mf. soltero/ra envidiable [de buena vida]. ▶独身生活を送る v. vivir soltero, llevar una vida de soltero/ra. ▶一生独身で過ごす v. quedarse soltero/ra toda la vida, pasar toda la vida soltero/ra; (とくに女性が)《ユーモアで》 v. quedarse para vestir* santos.

どくする 毒する v. envenenar. ♦彼は都会の生活に毒されていた La vida urbana lo [le] había envenenado.

とくせい 特製 ▶特製の adj. de fabricación especial. ▶特製品 m. artículo de fabricación especial, m. producto fuera de serie. ▶特製本 m. libro de encuadernación especial. ♦ これはその会社特製の旅行かばんです Es un bolso de viaje fabricado especialmente para esa empresa.

とくせい 特性 (特徴) f. característica; (固有の特性)《フォーマル》 f. propiedad. ♦金銭に対する執着はこの民族の特性である El amor al dinero es característico de este pueblo. / Este pueblo se caracteriza por su amor al dinero. ♦ソーダには汚れを落とす特性がある La soda tiene la propiedad de eliminar la suciedad.

どくせい 毒性 (専門語) f. toxicidad. ▶毒性のある adj. venenoso, 《フォーマル》 tóxico. ▶毒性の強いガス m. gas tóxico. ♦このキノコは毒性がある Este hongo es venenoso.

どくぜつ 毒舌 (悪く言うこと) f. lengua viperina, f. mala lengua; (辛辣な観察)《教養語》 f. observación mordaz, 《教養語》 f. cáustica. ▶毒舌家 f. (persona de) lengua viperina. ▶毒舌を吐く v. hablar mordazmente (de).

とくせん 特選 ▶特選(=えり抜きの)品 mpl. artículos de primera [superior calidad]. ▶特選(=極上の)メロン m. melón de「calidad extra [primera]. ♦彼は美術展で特選(=特賞)になった Ganó el primer premio en la exposición de arte.

どくせん 独占 m. monopolio. ▶独占価格 m. precio monopolizado. ▶独占禁止法 f. ley antimonopolio. ▶独占会見 f. entrevista exclusiva. ♦その会社は石油販売の独占権を持っている(=独占している) Esa compañía tiene [ejerce] el monopolio de [sobre] la venta de petróleo.

── 独占する v. monopolizar*, ejercer* monopolio《sobre》; (専有する) v.「hacer* exclusivo [guardar] para sí mismo. ▶¹独占 [²彼の愛]を独占する v. monopolizar* ¹el poder* [²su amor].

どくぜんてき 独善的 (一人よがりの) adj. con pretensiones de superioridad moral, farisaico. ♦彼はとても独善的だ Es una persona muy autosuficiente.

どくそ 毒素 f. toxina, f. sustancia tóxica.

とくそう 特捜 (特別捜査) f. investigación especial. ▶特捜部 m. departamento de investigación especial.

どくそう 独奏 m. solo. ▶独奏者 mf. solista. ▶ピアノの独奏会を開く v. dar* un recital de piano. ▶ピアノの独奏をした Tocó [Interpretó] un solo de piano.

どくそう 独創 f. originalidad; (創造性) f. creatividad. ♦彼の作品は独創性にあふれている Sus obras muestran gran originalidad.

── 独創的な adj. original, ocurrente; (創造的な) adj. creativo; (発明の才のある) adj. inventivo, ingenioso. ▶独創的な¹考え [²作家] ¹f. idea [² mf. escritor/tora] original
□個性, 創意, 独自; 斬新, 独特

どくそう 独走 ▶独走する(他を引き離す) v. dejar muy atrás a los demás; (自分勝手に行動する) v. hacer* lo que le da《a + 人》la gana.

とくそく 督促 f. carta de apremio, m. aviso. ▶借金の返済を私に督促する(=催促する) v. apremiarme a que pague las deudas.

ドクター (医師) mf. médico/ca; (博士) mf. doctor/tora. ▶ドクターストップ f. prohibición del médico《de + 不定詞》.

とくだい 特大 ▶特大の(特に衣服が) adj. de talla gigante. ▶特大品 m. artículo de tamaño excepcional. ▶特大の衣服 f. prenda de talla muy grande. ▶特大の帽子 m. sombrero de tamaño super grande. ▶特大号 m. número excepcional.

とくたいせい 特待生 mf. becario/ria de honor. ♦彼はマドリード大学で特待生になった Consiguió una beca de honor en la Universidad de Madrid.

とくだね 特種 (記事) f. noticia sensacional (y exclusiva), 《口語》 m. notición; (独占記事) f. exclusiva; (材料) m. material para una noticia exclusiva. ♦これは我が社(=新聞)の特種だ Es la exclusiva [notición] de nuestro periódico.

どくだん 独断 (自分勝手な決断) f. decisión arbitraria; (独断的態度) f. actitud dogmática, m. dogmatismo. ▶独断的な(勝手な) adj.

arbitrario; (自説を押しつける) adj. dogmático. ▶独断で決める v. decidir arbitrariamente [dogmáticamente].

どくだんじょう 独壇場 ◆バイオリンの演奏にかけては彼の独壇場だった (=競争相手がいなかった) No tenía rival como violinista.

とぐち 戸口 f. puerta, f. entrada. → 玄関. ▶戸口から戸口へ adv. de puerta en puerta. ▶彼を戸口まで見送る v. acompañarlo[le] hasta la puerta. ◆戸口に立っていた Estaba [Se quedaba] de pie en「la entrada [el umbral de la puerta].

*とくちょう 特徴 f. característica, 《フォーマル》 f. particularidad, (特に目立ったところ) f. característica, m. rasgo; (特に人格の) m. rasgo distintivo, f. característica, (一風変わった独特の) f. peculiaridad, (固有の性質) f. cualidad. ▶特徴的な[のある] adj. característico, distintivo; (一風変わった) adj. peculiar; (典型的な) adj. típico, (目立つ) adj. destacado, que llama la atención. ◆彼の声には特徴がある Tiene una voz característica [peculiar]. 《会話》男の顔に何か特徴(=目印となるもの)はありましたか — そうですねえ, めがねをかけていたと思いますが ¿Algún rasgo distintivo en su cara? – Bueno, pues... creo que llevaba gafas.

【〜の特徴】▶この辞典の特徴 fpl. características de este diccionario. ▶その地方の気候の特徴 fpl. características climáticas de la región. ▶その¹男 [²車]の特徴を言う v. describir* ¹el hombre [²las características de] ese automóvil. ◆寛容さが彼の特徴の一つであるLa generosidad「es una de sus cualidades [es típica en él]. ◆長い鼻が象の特徴だ La larga trompa es una peculiaridad del elefante. ◆そういった行動は今日の学生の特徴だ Esa clase de conducta es característica [típica] de los estudiantes de hoy.

とくちょう 特長 (長所) f. cualidad, m. punto fuerte; (取り柄) m. mérito, f. cualidad. ▶特長を十分生かす v. sacar* el máximo rendimiento a los propios méritos. ◆この新型車の最大の特長は燃費効果がよいことです El punto más fuerte de este nuevo modelo es la economía de su consumo.

とくてい 特定(の) adj. determinado; (特別の) adj. especial; (決まった) adj. particular, específico. ▶特定郵便局 m. correo especial. ▶特定する v. determinar, 《フォーマル》 especificar*.

とくてん 得点 ❶【競技の】(総得点) m. tanto, m. punto, m. tanteo, f. puntuación; (得点板) m. marcador. → スコア; (野球など) f. carrera; (サッカー・ホッケーなどの) m. gol; (その他) m. punto. ▶相手チームを無得点におさえる v. mantener*「la propia puerta imbatida [el marcador a cero], avanzar al equipo opuesto sin conceder ni「un gol [una carrera]. ◆地元チームは4対3(の得点)で勝った El equipo de casa ganó el partido por 4 a 3. ◆今得点はどうなっている? ¿Cómo está el marcador? ◆バレーの試合の最終得点はいくらでしたか「¿Cuál fue [¿Cómo quedó] el marcador al final del partido de voleibol [balonvolea]. ◆彼は6点の得点をあげた Marcó seis carreras [puntos, goles, tantos]. ◆日本の体操選手たちは平均 9.6 という高得点をあげた Los gimnastas japoneses consiguieron una alta puntuación media de 9,6.

❷【試験の】(得点) f. nota, f. puntuación; (ラ米) m. puntaje, 《フォーマル》 f. calificación. ▶テストで最高得点をとる v. sacar* la「nota más alta [《フォーマル》 máxima calificación] en el examen ☞ 点

とくてん 特典 (特権) m. privilegio; (恩典) f. ventaja, m. beneficio. ▶良い会社の(給与外の)特典 fpl. ventajas de una buena compañía. ◆運動設備利用の特典は会員に限られる Sólo los socios tienen el privilegio de utilizar las instalaciones deportivas.

とくと 篤と (注意深く) adv. cuidadosamente, con cuidado; (十分に) adv. perfectamente, 《フォーマル》 exhaustivamente.

とくとう 特等 (特賞) m. primer premio → 特賞; (特に宝くじの)(口語) m. gordo; (特別の等級) f. clase especial [extra]. ▶特等室 f. sala especial. ▶特等席 m. asiento especial; (劇場などの) m. palco especial. ▶福引きで特等を当てる v. sacar* el「primer premio [《口語》 gordo] en la lotería.

とくとく 得々と (誇らしげに) adv. con orgullo, orgullosamente; (意気揚々と) adv. con aire de triunfo, triunfalmente. → 得意, 意気揚々.

*どくとく 独特の (特有の) adj. particular, 《フォーマル》 peculiar; (類のない) adj. único; (独創的な) adj. original, (特別の) adj. especial; (独自の) adj. propio, individual; (特質を示す) adj. característico, típico. ▶ガルシア・マルケス独特の文体 m. estilo peculiar de García Márquez. ▶彼独特のやり方で問題を解く v. solucionar el problema a su manera [《口語》 aire]. ▶彼女独特の笑みをたたえて adv. con su particular sonrisa. ◆自己の独特の才能を発達させるように努めなさい Intenta desarrollar tu capacidad propia [particular]. ◆そのような事柄には彼独特のやり方がある En esos asuntos tiene una forma de hacer las cosas propia de él. ◆彼は独特の歌い方をする Tiene un estilo de cantar único [propio].

どくどく ▶傷から血がどくどく流れ出た La sangre le「salió a borbotones [chorreaba] de la herida.

どくどくしい 毒々しい (けばけばしくて嫌な) adj. vistoso, llamativo, 《口語》 chillón. ▶毒々しいメークをしている v. llevar un vistoso maquillaje.

*とくに 特に adv. especialmente, en especial; particularmente, en particular; sobre todo, más que nada; específicamente. ▶その問題に特に注意をはらう v. prestar atención especial a ese problema. ◆この本は特に若い読者のために書かれた Este libro fue escrito especialmente [sobre todo] para los jóvenes. / Los destinatarios en espe-

cial de este libro eran los jóvenes. ♦私は京都が好きだ．特に春がいい Me gusta Kioto, especialmente [en especial] en primavera. ♦この本は特におもしろいというわけでもない Este libro no「es especialmente interesante [tiene ningún interés especial]. / No es un libro particularmente interesante. ♦特にその作家には批判に敏感だ Ese escritor especialmente es sensible a las críticas. ♦これは特に重要な問題だ Es un asunto especialmente importante. ♦今日特にすることはありません Hoy no tengo「que hacer nada en especial [nada especial que hacer]. ♦私は特に招かれてはいない A mí no me han invitado específicamente. ☞改めて，ことさら，殊に，取り立てて，とりわけ

どくは 読破 ▶1日1冊を読破する v. leerse* un libro entero en un día.

とくばい 特売 fpl. rebajas, f. venta especial. ▶特売価格で買う v. comprar(lo) en las rebajas. ▶下着の特売品をあさる v. buscar* ropa interior en las rebajas. ♦(本日)特売日〖掲示〗Grandes Rebajas / Venta Especial. ♦あの店は今カメラの特売をやっている En esa tienda「tienen ahora rebajas en las cámaras [ahora venden cámaras a precio de saldo]．♦このかばんは特売で安く買ったのです Compré esta maleta en las rebajas.

とくはいん 特派員 mf. corresponsal (especial). ▶NHKメキシコ特派員 mf. corresponsal de la NHK en México.

とくひつ 特筆 f. mención especial. ▶特筆すべき出来事 m. suceso digno de「mención especial [ser especialmente mencionado].

とくひょう 得票 m. número de votos obtenidos; (票) m. voto. ▶法定得票数 mpl. (el número mínimo de) votos legalmente exigidos. ♦その候補者の得票数は２千票だった El candidato ganó [obtuvo] dos mil votos.

*とくべつ 特別 ▶彼は特別(＝例外)だ Es una excepción.
── 特別(の[な]) adj. especial; particular, concreto, específico; (例外的な) adj. excepcional; (異常な) adj. extraordinario, anormal; (余分の) adj. extra; (固有の) adj. peculiar. ▶特別急行列車 m. tren expreso especial. ▶特別国会 f. sesión extraordinaria [especial] de la Dieta. ▶テレビの特別番組 m. (programa) especial de televisión. ▶特別機で日本に来る v. venir* a Japón en un avión especial. ▶彼に特別の注意を払う v. prestarle una atención especial. ▶特別な場合を除いて adv. excepto [salvo] en ocasiones [casos] especiales. ▶特別な目的のためにそれをする v. hacerlo* con un objetivo especial [concreto]. ▶特別の理由もなく adv. sin ninguna razón especial [particular]. ▶特別な事例を引用する v. citar casos específicos. ▶特別(＝増刊)号 m. número extra.
── 特別(に) adv. especialmente, en especial; (格別に) adv. particularmente, en particular; (異常に) adv. extraordinariamente; (例外的に) adv. excepcionalmente. ▶特別製のカメラ f. cámara「de fabricación especial [fabricada especialmente]. ▶特別才能のすぐれた少年 m. muchacho「especialmente inteligente [con un talento excepcional]. ▶特別に興味ある問題 m. asunto de especial interés, f. cuestión especialmente interesante. ▶特別上等のぶどう酒 m. vino de calidad extra. ♦彼女は私のため特別に歌ってくれた Cantó especialmente [en especial] para mí. ♦その庭は特別大きかった Era un jardín especialmente [particularmente] amplio. ♦今日は特別暑い Hoy hace especialmente calor. / Hoy en especial hace calor. / (例外的に)Hoy es un día excepcionalmente caluroso.
☞これという，特殊な；格別の，特定の，独特の

どくへび 毒蛇 f. serpiente venenosa.

どくぼう 独房 f. celda (solitaria). ▶独房に監禁される v. ser* confinado en una celda.

とくほん 読本 (教科書) m. libro de texto; (リーダー) m. libro de lectura.

とくめい 特命 ▶特命(＝特別な使命)を帯びて派遣される v. ser* enviado 〖(フォーマル)despachado〛en una misión especial. ▶特命全権大使 mf. embajador/dora extraordinario/ria y plenipotenciario/ria.

とくめい 匿名 m. anonimato. ▶匿名FTP〖専門語〗m. FTP anónimo. ▶匿名のメール〖専門語〗m. correo anónimo. ♦私は匿名の手紙を受け取った Recibí una carta anónima. ♦彼は匿名である記事を書いた Escribió un artículo anónimo [sin firma]. / (匿名が条件で)Escribió un artículo a condición de que no apareciera su nombre.

とくやく 特約 ▶特約を結ぶ v. hacer* un contrato especial. ▶…との特約により adv. por acuerdo [contrato] especial 《con》; (特約店(特別代理店)) f. agencia especial; (チェーン店) f. tienda de [que pertenece a] una cadena.

どくやく 毒薬 m. veneno. → 毒. ▶毒薬を飲んで自殺する v. envenenarse, suicidarse con veneno.

とくゆう 特有 ▶特有の(固有の) adj. peculiar; (特性を示す) adj. característico, específico; (独自の) adj. propio. ♦彼特有の癖 f. costumbre particular suya. ♦人間特有の本能 m. instinto propio [característico] de los seres humanos. ♦日本の文物は特有の美を備えている Los objetos japoneses poseen una「peculiar belleza [belleza propia]．♦その美しさは彼の作品に特有のものです Esa belleza es

特売品 Gangas →**特売**

característica de sus obras. ♦ 彼女はスペイン人ではないと思う。アルゼンチン特有のなまりがあるから No puede ser española. Tiene un peculiar acento argentino. ☞固有, 独特の

とくよう 徳用 ▶徳用の *adj.* económico. ▶徳用品 *m.* producto económico. ▶徳用びん *f.* botella de tamaño económico.

*__**どくりつ**__ 独立 *f.* independencia; (自活) *f.* independencia económica. ▶独立の *adj.* independiente; autónomo; (自立の, 自活の) *adj.* autofinanciado. ▶独立して *adv.* independientemente; (自分で) *adv.* por sí mismo. ▶独立国 *m.* país independiente, *m.* estado soberano. ▶独立記念日 *m.* Día de la Independencia. ▶独立戦争 *f.* guerra de independencia. ▶独立心に欠ける *v.* 「carecer* de [no tener*] espíritu independiente」. ▶独立心のある女性 *f.* mujer con mentalidad independiente. ▶独立を宣言する *v.* declarar la independencia. ♦ 彼は独立独歩の人だ Es muy independiente.

—— 独立する *v.* independizarse*, hacerse* independiente; (自活する) *v.* autofinanciarse, valerse* por sí mismo. → 自立する. ♦ キューバは1898年スペインから独立した Cuba se independizó de España en 1898. ♦ 彼はまだ若いので独立して生計を立てることができない Todavía es demasiado joven para 「ser económicamente independiente [ganarse él solo la vida]」. ♦ 彼は独立して商売を始めた Inició un negocio independiente. / Montó su propio negocio. / (独立で店を開いた) Abrió 「una tienda [un negocio] por 「sí mismo [《口語》 su cuenta]」.

《その他の表現》♦ 彼は独立採算制でホテルチェーンを経営している Dirige una cadena de hoteles a base del sistema de autonomía financiera.

どくりょう 読了 ▶小説を読了する *v.* acabarse (de leer) una novela.

どくりょく 独力 ▶独力で *adv.* solo, 《口語》 solito; (自力のために) *adv.* por sí mismo [solo]. ♦ 彼はそれをまったく独力でやった Lo hizo todo 「él solo [por sí mismo, 《口語》 solito]」. ♦ 彼女は独力で世界一周の航海を計画している Tiene el plan de 「navegar alrededor del mundo sin ayuda de nadie [dar la vuelta al mundo por sí misma]」.

トグルキー 《専門語》 *m.* tecla de conmutación binaria.

とくれい 特例 (例外) *f.* excepción; (特別の場合) *m.* caso especial. ▶規則に特例を設ける *v.* hacer* una excepción a la regla.

とくれい 督励 *m.* ánimo, *m.* aliento, 《フォーマル》 *m.* estímulo. ▶計画を遂行するように彼を督励する (=激励する) *v.* animarlo[le] [alentarlo[le]*, 《フォーマル》 estimularlo[le]*] a realizar* el plan.

とぐろ ▶蛇がとぐろを1巻いた [2巻いていた] La serpiente 1se enroscó [2estaba enroscada].

とげ 刺 (植物の茎にもの, (鉄条網などの) *f.* púa, 《口語》 *m.* pincho; (動物・植物などの) *m.* aguijón; (木などの破片) *f.* astilla, *f.* esquirla. ▶とげのある *adj.* espinoso; (言葉などが) *adj.* punzante, hiriente, cortante. ▶バラのとげ *fpl.* espinas de la rosa. ▶指のとげを抜く *v.* sacarse* una espina del dedo. ♦ 手のひらにとげが刺さった Se me clavó una astilla en la palma de la mano. ♦ 彼の言葉にはとげがある Habla con aspereza. / Sus palabras son hirientes. ♦ 彼女はとげを含んだ声でまた尋ねた Volvió a preguntar con la voz cortante.

とけあう 溶け合う ▶これらの二つの色は溶け合って青になる Estos dos colores se funden en el azul.

*__**とけい**__ 時計 *m.* reloj.

1《～時計》▶掛け時計 *m.* reloj de pared. ▶置き時計 *m.* reloj de mesa; (腕時計) *m.* reloj de pulsera; (懐中時計) *m.* reloj de bolsillo. ▶目覚まし時計 *m.* (reloj) despertador. → 目覚まし時計. ▶自動巻き時計 *m.* reloj automático. ▶¹デジタル [²アナログ]時計 *m.* reloj ¹digital [²analógico]. ▶¹振子 [²電気]時計 *m.* reloj ¹de péndulo [²eléctrico].

2《時計(の)＋名詞》▶時計仕掛け *m.* mecanismo de relojería. ▶時計台 *f.* torre de reloj, 《口語》 *m.* campanario. ▶時計屋(人) *mf.* relojero/ra. ▶時計屋(店) *f.* relojería. ▶時計回りに *adv.* en el sentido de las agujas del reloj, en sentido del reloj. ▶時計と逆回りに *adv.* en sentido contrario a [de] las agujas del reloj. ▶時計のバンド *f.* pulsera; (革の) *f.* correa de reloj. ▶時計のちくたくという音 *m.* tic-tac de un reloj.

3《時計が[は]》♦ 君の時計は何時ですか ¿Qué hora 「tiene usted [marca su reloj]? ♦ その時計は正確だ Ese reloj 「es exacto [marca bien la hora; va bien]. ♦ その時計は狂っている Ese reloj no funciona [《口語》 anda; marcha]. ♦ この時計は5分¹進んでいる [²遅れている] Este reloj está cinco minutos ¹adelantado [²atrasado]. ♦ 私の時計は1日に10分¹進む [²遅れる] Mi reloj se ¹adelanta [²retrasa] diez minutos al día. ♦ 時計が2時を打った [²指していた] El reloj ¹dio [²marcaba] las dos.

4《時計を》▶時計を¹はめる [²はずす] *v.* ¹ponerse* [²quitarse] el reloj. ▶時計を巻く *v.* dar* cuerda al reloj. ▶ラジオの時報に時計を合わせる *v.* poner* el reloj en hora por la radio, ajustar la hora del reloj a la señal horaria de la radio. ▶時計を9時に合わせる *v.* poner* el reloj a las nueve. ♦ 彼は時計を10分¹遅らせた [²進めた] ¹Atrasó [²Adelantó] su reloj diez minutos.

《その他の表現》♦ その仕事を終えるのに時計とにらめっこでやっている Estoy trabajando contra reloj para acabar ese trabajo.

とけこむ 溶け込む ❶【溶けて入り込む】*v.* fundir (en). → 溶ける.

❷【なじんで一体となる】*v.* adaptarse [《口語》 hacerse*] (a). ▶都会の生活に溶け込めない *v.* no poder* adaptarse a la vida urbana. ♦ 彼はすぐに新しい環境に溶け込んだ Se adaptó pronto al nuevo entorno.

どげざ 土下座 (ひれ伏すこと) 《教養語》 *f.* postración. ▶土下座する v. ponerse* de rodillas, 《教養語》 postrarse. ▶土下座して謝る v. pedir* perdón de rodillas.

とげとげしい ▶とげとげしい（=辛らつな）言葉 fpl. palabras ásperas [cortantes]. ▶とげとげしい（=荒々しい）態度で adv. con un ademán violento [agresivo].

とける 解ける （なぞ・問題などが解明される） v. resolverse, solucionarse; （結ばれた物がほどける） v. desatarse; （疑いなどが晴れる） v. disiparse, aclararse; （封鎖・禁令などが撤廃される） v. levantarse, alzarse*. → 解く, 溶[解]ける. ◆この数学の問題はどうしても解けない Me resulta absolutamente imposible resolver este problema de matemáticas. ◆靴ひもが解けた Se me han desatado los cordones del zapato. ◆誤解は解けた He aclarado el malentendido. ◆彼の怒りは解けた（=消え去った） Su ira 「se disipó [desapareció].

とける 溶[解]ける （固体が熱で） v. derretirse; （固体が液体の中で） v. disolverse*; （凍結した物が） v. deshelarse, deshacerse*; （金属など）v. fundirse. ◆解けてなくなる v. deshacerse*, derretirse*. ◆解けて水になる v. licuarse* en agua, hacerse* agua. ◆太陽が出ると雪は解けはじめた La nieve empezó a derretirse [deshacerse] cuando salió el sol. ◆導管の凍結が解けた La tubería se ha deshelado. ◆雪は夜中ごろやんだ．そして朝にはすっかり解けてしまっていた Dejó de nevar hacia medianoche y por la mañana se había derretido por completo. ◆塩は水に溶ける La sal 「se disuelve [es soluble] en agua. ◆銅と錫(ｽｽﾞ)が溶けてブロンズができる El cobre y el estaño se funden para hacer bronce. / La aleación de cobre y estaño produce el bronce.

とげる 遂げる ❶【高い目標に到達する】 v. alcanzar*, llegar*; （苦難の末獲得する） v. conseguir*, lograr; （努力の末成就する） v. realizar*, cumplir. ▶目的を遂げる v. alcanzar* [conseguir*] el objetivo. ▶思いを遂げる v. realizar* un deseo.

❷【結果となる】▶自殺を遂げる v. suicidarse, 《口語》matarse. ▶¹著しい [²長足の] 進歩を遂げる v. hacer* un ¹notable [²rápido] progreso.

どける 退ける ▶庭からその石をどける（=取り除く） v. quitar esa piedra del jardín. ▶雪をどける v. apartar la nieve. ◆そのオートバイをどけてくれ（=じゃまにならない所に置け） 「Quita de en medio [Aparta] esa moto.

どけん 土建 ▶土建業 f. construcción e f. ingeniería civil. ▶土建会社 f. compañía de construcción e ingeniería civil. ▶土建業者 m. contratista de construcción e ingeniería civil.

*とこ 床 f. cama, 《フォーマル》 m. lecho. → ベッド.

1《床+名詞》▶床擦れ f. escara, 《専門語》 f. úlcera de decúbito.

2《床に》▶床につく v. acostarse*, ir(se)* a la cama; （病気で） v. guardar cama. ▶床についている（=寝ている） v. estar* acostado [en la cama]; （病気で） v. guardar cama, 《メキシコ》 v. estar* encamado. ▶風邪で床についている v. guardar cama por un resfriado. ▶子供を床に寝かしつける v. acostar* a un niño.

3《床を》▶床を整える v. hacer* la cama. ▶床を上げる v. levantar la cama. ▶床を離れる v. levantarse de la cama; （床から出る） v. salir* de la cama. / （病床から）; v. dejar 「la cama [el lecho de enfermo].

****どこ** ❶【場所】 interrog. dónde; （どの方向） interrog. a dónde, adónde, hacia dónde, en qué dirección; por dónde. ◆市役所はどこですか ¿Dónde está 「el Ayuntamiento [《ﾏﾒ》 la Municipalidad]? / （教えてください）¿Puede decirme dónde [en qué dirección] está [《ﾌｫｰﾏﾙ》 se encuentra] el Ayuntamiento? ◆ここは東京のどこですか En qué parte de Tokio estoy? → ここ. (会話) エジプトの首都はどこですかーカイロです ¿Cuál es la capital de Egipto? – El Cairo. (会話) （写真を見て）まあすてき．どこですかーインドよーインドのどこ ¡Oh, qué bonito! ¿Dónde es? – En la India. – ¿Dónde en [¿En qué parte de] la India? ◆いちばん近い地下鉄の駅はどこですか ¿Dónde está la estación de metro más cercana?

1《どこ+名詞》 (会話) その時計はどこ製ですか—日本製です ¿De dónde es ese reloj? [¿Dónde está hecho [fabricado] ese reloj?] – En Japón. ◆あの列車はどこ行きか知っていますか ¿Sabe usted dónde [adónde] va ese tren?

2《どこが》 interrog. dónde; （何が） interrog. qué, cuál. ◆その種をまくのはどこが一番いいだろう ¿Cuál es el mejor lugar para [¿Dónde es mejor] plantar las semillas? ◆その機械のどこが故障ですか ¿Qué le pasa a la máquina? (会話) それはとてもできないよーどこがそんなに難しいの Eso no puedo hacerlo. – ¿Dónde está la dificultad? [¿Qué tiene eso de difícil?] (会話) どこが試合をやっていたのードラゴンズとジャイアンツよ ¿Quiénes jugaban? – Los Dragones y los Gigantes.

3《どこの》 interrog. dónde, de dónde; （何） interrog. qué; （どちらの） cuál. ▶どこ（=だれ）の家の ¿de quién? / ¿en la casa de quién? ◆どこの出身ですか ¿De dónde eres [《ﾌｫｰﾏﾙ》 es usted]? / （どこで生まれたか） ¿Dónde has nacido? / （何高校） ¿En qué [¿De qué] escuela secundaria te has graduado? ◆それどこの劇場でやってるの ¿En qué teatro la representan? (会話) 彼が窓を割ったよーどこの家の窓 Ha roto la ventana. – ¿Qué ventana? [¿La ventana de qué casa?]

4《どこに[へ, で]》 interrog. dónde [en dónde]. ◆彼らはどこにいるの ¿Dónde están? ◆彼に花びんを置けばよいか聞いてください Pregúntele dónde [en dónde] se pone el jarrón. ◆それをどこで見つけたの ¿Dónde lo has encontrado? (会話) どこにお勤めですかーソニーです ¿Dónde [¿En dónde] trabaja? – En Sony. / ¿Para qué compañía trabaja? – Para [Trabajo en] Sony. (会話) 彼床に腰をおろしていたよーどこにですって Estaba sentado en el suelo. – ¿Dónde [En dónde]? (会話)

どこへ行くの―大阪へ ¿Dónde [¿A dónde] vas? - A Osaka. → どちら.

5《どこから》♦ どこから電話しているの ¿De dónde llamas? ♦ どこからか(＝どこかある所から)どかいにおいがしてきた De algún sitio llegaba un mal olor. ♦ 彼はどこからともなくやって来た No se sabe de dónde ha venido. /《口語》¿Quién sabe de dónde vino? ♦ どこから始めていいものやら Me pregunto por dónde empezar. / ¿Por dónde de empiezo?

6《どこまで》*interrog.* hasta dónde. 会話 どこまで新幹線で行くのですか―京都までです ¿Hasta dónde vas [《フォーマル》va usted] en el Shinkansen? - Hasta Kioto. → まで. ♦ 彼はどこまで信用できるのか分からない No sé hasta qué punto puedo confiar en él. 会話 この前の授業ではどこまでやりましたか―30 ページの 7 行目で終わりました ¿Dónde nos quedamos en la última clase? - En la línea 7 de la página 30.

7《どこへ[に]...しても》(...の所はどこでも) *adv.* donde (sea), (a) dondequiera; (どの場所でも) *adv.* en cualquier parte [sitio, lugar], por todas partes, (《文語》) por doquier. ♦ どこへ行っても親切な人がいます 「Vayas donde vayas [Vayas donde sea /《フォーマル》Dondequiera que vayas], te encontrarás con gente amable. ♦ 彼はどこへ行くにもカメラを持って行った Llevaba la cámara 「a todas partes [donde iba]. ♦ それをこの部屋のどこに置いてもよい Puedes ponerlo donde sea [en cualquier sitio] de este cuarto.

8《どこに[へ]も...ない》*adv.* en ningún sitio [lugar], en ninguna parte. ♦ 休み中特にどこへも行かなかった En las vacaciones no fui a ningún sitio en particular.

❷【どの点】*interrog.* qué. ♦ その本のどこ(＝どの部分)がおもしろかったですか ¿Qué parte del libro te pareció interesante? 会話 それじゃあまりに大きすぎるよ―大きすぎる？ どこが Es demasiado grande. - ¿Demasiado grande? ¿En qué sentido? ♦ 彼はどこもいい所がない No tiene nada bueno. ☞どちら, どっち

とこう 渡航 (船・飛行機で) *m.* viaje; (船で) *f.* travesía. ♦ 渡航者 *mf.* pasaje*ro/ra*; (集合的に)《フォーマル》*m.* pasaje. ♦ キューバに渡航する *v.* hacer* un viaje a Cuba. ♦ 「hacer* un viaje [viajar] al extranjero. ♦ 渡航手続きをする *v.* pasar los trámites para viajar al extranjero.

どごう 怒号 *m.* rugido [*m.* grito, *m.* bramido] (de rabia). ♦ 怒号する *v.* rugir* (de rabia); (怒りでわめく) *v.* bramar (de rabia).

どこか ❶【場所】*f.* alguna parte, *m.* algún sitio [lugar]; (どこかある...) *f.* cualquier parte, *m.* cualquier sitio [lugar], *m.* lugar cualquiera. ♦ どこか[1]この辺[[2]他の場所]で彼の帽子を見た He visto su sombrero en [1]alguna parte cerca de aquí [[2]otra parte]. ♦ ここは寒い. どこか暖かい所へ行こう Aquí hace frío. Vamos a 「algún sitio cálido [cualquier otro lugar que no haga frío]. ♦ どこか景色のよい所へ行きたい Quiero visitar algún lugar paisajístico. ♦ どこか具合が悪いの. しんどそうだよ ¿Te pasa algo? - Tienes mala cara.

《どこかへ[で, に, の]》♦ あすどこかへ行きますか ¿Va usted mañana a algún sitio? / ¿Sales mañana? 会話 どこかでお目にかかったような気がするのですが―さあ, そうでしたらしら Creo que nos hemos visto en alguna parte. - ¿Ah sí? Bueno, yo no estoy tan segura. ♦ 私はその本を本箱のどこかに入れた Coloqué el libro en algún lugar de la estantería (para libros). ♦ 彼は東京のどこか[東京かどこか]に住んでいるのですか ¿Vive él ¹en algún lugar de Tokio [²en Tokio o en otro lugar]? ♦ どこかにいいレストランはないでしょうか ¿Sabe usted dónde hay un buen restaurante? ♦ どこかのばかがこんなとこに自転車を置きやがって Algún idiota ha dejado aquí su bicicleta.

❷【ある物, ある事】♦ 彼はどこか人を引きつけるところがある Tiene algo atractivo. / Tiene no sé qué de atrayente. ♦ このテレビはどこか故障ですか ¿Le pasa algo a esta televisión?

とこしえ 永え *f.* eternidad, (《フォーマル》《専門語》) *f.* perpetuidad. ≒ 永遠, 永久.

とこずれ 床擦れ ♦ 床擦れができる *v.* decentarse.

どこでも (どの１か所でも) *adv.* en cualquier parte [lugar, sitio]; (どこもすべて) *adv.* en todas partes, (《文語》) por doquier; (...の所はどこでも) *adv.* donde sea, dondequiera. ♦ どこでも好きな所に座りなさい Siéntate donde quieras. ♦ どこでも君といっしょに行くよ Iré contigo 「adonde sea [a cualquier lugar, 《口語》al fin del mundo]. 会話 どこへ行きたい―どこでもいいよ ¿Adónde quieres ir? - 「Adonde sea [A cualquier parte; No me importa]. ♦ その本はどこでも買える Ese libro lo puedes comprar en cualquier parte [librería].

どことなく (どういうわけか) *adv.* de algún modo, de alguna manera, de alguna forma; algo, de una forma u otra, sin saber cómo; (何らかの点で) *adv.* en cierto sentido. ♦ どことなく彼は虫が好かない Hay algo que no me gusta de él. /《口語》No sé por qué, pero no me cae bien. ♦ 彼女はどことなく私の母に似ている Se parece 「en algo [de algún modo] a mi madre. /《口語》Tiene un aire de mi madre. ♦ 彼にはどことなく変わったところがある Tiene un aire extraño.

とことん ♦ とことん戦う *v.* luchar hasta el final. ♦ 政府の政策をとことん追及する *v.* investigar* 「a fondo [《フォーマル》exhaustivamente] la política gubernamental.

とこなつ 常夏 *m.* eterno verano.

とこのま 床の間 "tokonoma", (《説明的に》) *m.* espacio donde se muestra un rollo colgante ilustrado y que está situado en el salón de una vivienda japonesa.

とこはる 常春 *f.* eterna primavera.

どこまでも (果てしなく) *adv.* sin fin, ilimitadamente. ♦ どこまでも論争する *v.* discutir sin fin. ♦ どこまでも続く砂漠 *m.* desierto 「sin fin [ilimitado]. ♦ 彼を尊敬していてどこまでも付いて行く(＝忠実に従う) *v.* respetarlo[le] y seguirlo[le]* fielmente. ♦ 彼はどこまでも潔白だと言い張った

どこも Insistió en「su inocencia [que era inocente].

どこも【いたる所】 *adv*. en todas partes; todos los rincones;（どの）*adj*. todos. ♦家の中はどこ(もかしこも)きれいでした La casa estaba limpia en todas partes. / Todos los rincones de la casa estaban limpios. ♦店はどこも閉まっていた Todas las tiendas estaban cerradas. ♦この車はどこも故障していない A este coche no le pasa nada. / Este automóvil no tiene ningún problema.

とこや【床屋】（店）*f*. peluquería;（人）*mf*. peluquero/ra.

ところ【所】 ❶【場所】*m*. lugar, *f*. parte, *m*. sitio;（特定の地点）*m*. punto;（都市・建物などのあった跡，建築予定地）*m*. sitio, *m*. emplazamiento,【ラ米】*f*. ubicación;（田舎の）*m*. paraje;（建物の外観）*m*. local;（事故の現場）*m*. lugar, *m*. escenario;（活動の所在地・中心地）*f*. sede, *m*. centro. ♦古い城のあった所 *m*. emplazamiento de un viejo castillo. ♦魚のよく釣れる所 *m*. buen sitio para pescar. ♦京都には見るところがたくさんある En Kioto hay muchos lugares que ver. / Hay mucho que ver en Kioto. ♦交通の便利な所に住みたい Quiero vivir en un lugar bien comunicado. ♦我が家にまさる所はない No hay mejor lugar que casa. / En ningún sitio se está mejor que en casa. ♦ここは私たちが最初に会った所です「Aquí es donde [En este lugar] nos conocimos」. ♦昔池があった所に公園が作られている「Donde había un [En el emplazamiento del] estanque están construyendo un parque」. ♦好きな所にはどこへでも行って よい Puedes ir dónde quieras. ♦所もあろうに（＝数ある場所の中で），こんな所に住もうなどとは思わなかった Nunca imaginé que viviría aquí [en este lugar]. ♦その本を元の所に戻しなさい Devuelve el libro a「su sitio [donde estaba]」. ♦それをあそこの空いている所に置きなさい Ponlo en el sitio vacío de allí. ♦ここが事故のあった所です Éste es el lugar del accidente. ♦大学は学問する所だ La universidad es el lugar del estudio. ♦駅は家から歩いて20分の所にある La estación está a veinte minutos a pie de mi casa. ♦角を曲がったところにスーパーがある Hay un supermercado a la vuelta de la esquina. ♦入り口のところで太郎に会った Vi a Taro a la puerta.

❷【余地】（人・物が入れるだけの場所）*m*. espacio, *m*. lugar, *m*. sitio. ♦我が家の裏庭には車を止めておく所がない En nuestro patio trasero no hay espacio para dejar el coche.

❸【家】（建物としての）*f*. casa;（住所）*f*. dirección, *m*. domicilio. ♦封筒に所書きを書く *v*. poner* la dirección en un sobre. ♦私の所は郵便局の近くです Mi casa está cerca de correos. ♦彼は住む所がない No tiene (casa) donde vivir. ♦今夜はおじの所にいる Vive con [en casa de,《口語》en] mi tío. ♦帰りにあなたの所に寄りますよ Pasaré por tu casa en mi camino de vuelta. ♦彼の所と名前を教えてください Dame su nombre y dirección. 《会話》ぼくレストランで働いているんだ—ほんとう？—うん，おじのところでね Trabajo en un restaurante. – ¿De verdad? – Sí,「en el de mi tío [trabajo para mi tío]」.

❹【場合，時】（ふさわしい時機・場合）*f*. ocasión;（瞬間）*m*. momento. ♦ここは君が音頭をとるべきところだ Ésta es la ocasión para que tú tomes la delantera. / Aquí es donde debes ponerte delante. ♦彼女はちょうどよいところへやって来た Ha llegado en el momento justo. ♦ちょうど私が外出しようとしたところへ彼が到着した Llegó justo cuando yo salía. / Cuando yo iba a salir, él llegó. ♦今日のところはそれでおしまい Eso es todo por hoy. / Con eso hemos terminado hoy.

❺【点，部分，関係】（点）*m*. punto;（部分）*f*. parte;（文の1節）*m*. pasaje. ♦これが彼の¹よい[²悪い]所だ Éste es su punto ¹bueno [²malo]. ♦（1長[²短]¹所だ）Éste es su punto ¹fuerte [²flaco]. ♦ここが四つの街路が交差する所（＝地点）です Éste es el punto de intersección de [En este punto se cruzan] las cuatro calles. ♦彼の中国に関する論説はあちこち間違っている所がある En su artículo sobre China hay partes que están equivocadas. ♦この小説には難しい所がたくさんある En esta novela hay muchos pasajes [lugares] difíciles. /《フォーマル》Se trata de una novela con dificultad en numerosos pasajes. ♦彼にはどことなく人をひきつける所がある Tiene algo [un aire que le hace] atractivo. ♦彼の言葉にはちょっと辛らつな所がある En sus palabras hay un poquito de mordacidad. ♦この本を読むと教えられる（＝学ぶべき）所が多い En este libro hay mucho que aprender. / De este libro se puede aprender mucho.

❻【事】♦彼の言うところから判断すると，仕事がかなりきついようだ Por lo que dice, el trabajo parece resultarle bastante duro. 《会話》もし健が手伝ってくれれば簡単さ—でも手伝ってくれるの？そこがはっきりしないところのよ Será fácil si Ken nos ayuda. – ¿Pero, nos ayudará? Eso es de lo que no estoy segura.

❼【範囲】♦私の知るところでは彼は無罪だ「Por lo que sé [Hasta donde llegan mis conocimientos], es inocente」. ♦私の聞いたところでは，彼は外国にいるということだ「Por lo que he oído [Según me han dicho], está en el extranjero」. ♦今までのところ私たちはうまくいっている「Hasta ahora [Por ahora], las cosas nos han salido bien」. ♦新聞の伝えるところによれば新潟に大雪が降ったそうだ Según [Por lo que dice] el periódico「en Niigata nevó mucho [hubo una gran nevada en Niigata]」.

❽【...するところだ】（心つもりとして）*v*. ir* (a ＋不定詞), estar* a punto 《de ＋不定詞》;（...したところだ）*v*. acabar 《de ＋不定詞》;（もう少しで...のところだ）*adv*. casi, por poco;（...している最中だ）*v*. estar* (＋現在分詞). ♦買い物に行くところだ Estoy a punto de ir de compras. / En este momento me disponía a ir de compras. 《会話》荷物を取ってきてくださってありがとう—気にしないで．どっちみち駅へ行くところだった

んですもの Gracias por traerme el paquete. – No tiene importancia. De todas formas, tenía que ir a la estación. ♦例の新刊の旅行記を読んだところだ Acabo de leer ese nuevo libro de viajes. ♦公園へ花見に行ってきたところです Acabo de estar en el parque viendo las flores de cerezo. ♦実家へ母に会いに行って戻ってきたところです Acabo de visitar a mi madre en su casa. ♦今仕事を探しているところです Estoy buscando trabajo. ♦あやうくおぼれ死ぬところだった Estaba a punto de ahogarse.
《その他の表現》 ♦あの人は所構わず(=どこにいても)大声で話す Habla a gritos donde esté. / No importe donde esté, habla demasiado alto. ♦彼はその犬を所構わず(=至る所)棒でたたいた Le dio una paliza al perro por todas partes con el palo. ♦彼はよく君のいない所で(=陰で)悪口を言っている「Detrás de ti [A tus espaldas], te critica a menudo. / Cuando tú no estás, 《口語》se mete mucho contigo. ♦母のいる所で(=面前で)その話をしないでくれ No hables de eso delante [《フォーマル》en presencia] de mi madre. / Cuando mi madre esté allí, no hables de eso.
(会話) 彼女にできるのはせいぜいこんなところだろう—もう じょうしゅうしそうな気がするよ Nunca podrá superar eso. – Pues yo creo que sí que lo hará un poco mejor. ♦まあそんなところでしょう(=正しい)Yo creo que está bien así. ♦所変われば品変わる《ことわざ》En cada tierra, su uso, y en cada casa, su costumbre.
-どころ ♦当時はとても生活が苦しくて海外旅行どころではなかった(=は思いもしなかった)Tenía tantas dificultades entonces, que nunca se me ocurrió viajar al extranjero. ♦彼はばかどころではない No es ningún tonto. / No tiene nada [《口語》un pelo] de tonto.

ところが (しかし) conj. pero; (しかしながら)《フォーマル》 adv. sin embargo; (...だけれども) conj. aunque, 《フォーマル》 si bien; (だが一方)《フォーマル》 conj. mientras que... → しかし, けれど(も). ♦彼女を訪ねた。ところが留守だった La visité, pero no estaba. ♦ Aunque la visité, estaba ausente. ♦この国は天然資源に富む。ところが我が国は乏しい Este país es rico en recursos naturales, pero el nuestro es pobre. / 《フォーマル》Mientras que este país es rico en recursos naturales, el nuestro es pobre.
-どころか ❶【...とは反対に】♦私は彼の作品がすばらしいと思うどころか、大きらいだ Lejos de admirar sus obras, las detesto. / No sólo no admiro sus obras, sino que las odio. ♦彼は金持ちどころか、まったく貧乏だ Lejos de ser rico, es completamente pobre. / No es rico;「más bien [antes bien], es completamente pobre. (会話) 今度の仕事は楽しいですか—それどころか。まったくつまらんよ ¿Estás contento con tu nuevo trabajo? – Al contrario, es muy aburrido. ♦その家具は役に立たないどころかじゃまになった Ese mueble no sólo era inservible, sino un estorbo.
❷【...は言うまでもなく】♦彼は車どころか、軽飛行機も持っている Tiene un avión ligero, por no mencionar [hablar de] un coche. / (車だけでなく軽飛行機も持っている)No sólo tiene un coche, sino también un avión ligero. → のみならず. ♦彼はスペイン語新聞どころかやさしいスペイン語で書かれた教科書も読むことができない No puede leer un libro de texto escrito en un español sencillo,「cuanto menos [mucho menos] un periódico español. → まして.

ところせましと 所狭しと ♦その部屋には骨董(こっとう)品が所狭しと置いてあった La sala estaba abarrotada de antigüedades.
ところで (話は変わるが) adv. pues, bien, pues bien, ahora bien, ahora; (では) adv. por cierto, a propósito. ♦ところでもう一つ質問があります Bien [《口語》Vamos a ver], tengo una pregunta más. ♦さて行きましょう—ところで道はちゃんと分かっているの Bueno, ¿nos vamos? – Por cierto, ¿estás seguro del camino? ♦うん。元気だよ。ところでこの週末はどうするつもり Sí, estoy bien, gracias. Oye [Pues], ¿qué vas a hacer este fin de semana? (会話) すばらしい結婚式ですねええ花子さんはきれいな花嫁さんね—ところで太郎君と花子さんはどんなふうにして知り合ったの ¡Qué boda tan bonita! ¿verdad? – Sí, Hanako está guapísima de novia. – A propósito, ¿cómo se conocieron Taro y ella? ☞じゃ, それでは, それはさておき, 時に
-ところで (たとえ...でも) conj. aunque 《+接続法》; (だれが...しても) conj. por mucho que 《+接続法》, no importa (dónde, qué, cuándo) 《+接続法》. →しても. ♦先生がそう言ったところで彼は聞きはしまい Aunque el profesor se lo diga, no hará caso. ♦どこへ行ったところで人生は厳しい「No importa donde [Vayas donde] vayas, la vida es dura. ♦それについて不平を言ったところで仕方がない No sirve de nada quejarse de eso. / Por mucho que te quejes de eso, no conseguirás nada.
ところどころ 所々 adv. en algunas partes, a trechos; (あちこち) adv. aquí y allí, acá y allá. ♦白壁がところどころはげていた La pintura blanca de la pared se había desprendido en algunas partes. ♦雪がところどころ残っている Hay nieve a trechos.
ところにより 所により adv. en algunas partes, de forma dispersa. ♦関東地方は所により雨ですが寒くはないですよ En la región de Kanto lloverá「de forma dispersa [en algunas partes], pero no hará frío. ♦だいたいは晴れでしょう。所により日の差すこともあるでしょう En general, hará buen tiempo siendo probable que salga el sol de forma dispersa.
とさか 鶏冠 f. cresta.
どさくさ (混乱) f. confusión, m. alboroto, 《口語》m. jaleo; (騒ぎ) m. disturbio, m. desorden. ♦どさくさに紛れてうまいことをする v. pescar* en aguas revueltas. ♦彼はどさくさに紛れて店の主人の金を持ち逃げした En medio de la confusión huyó con el dinero del tendero. / (混乱を利用して)Aprovechando la confusión del momento, huyó con el dinero del tendero.

996 とざす

とざす 閉ざす ❶【閉める、閉じる】v. cerrar*. → 閉める. ♦援助を求めるあらゆる訴えに耳を閉ざす v.「cerrar* los oídos [hacer* oídos sordos] a todas las peticiones de ayuda. ♦口を堅く閉ざしている v. mantener* la boca firmemente cerrada.
❷【閉じ込められる】(雪で) adj. cerrado [bloqueado] por la nieve; (氷で) adj. cerrado [bloqueado] por el hielo. ♦氷に閉ざされた港 m. puerto bloqueado por el hielo. ♦その村は1週間雪に閉ざされていた El pueblo estuvo bloqueado una semana por la nieve.

どさっと adv. de golpe, pesadamente. ♦彼は重い袋を床の上にどさっと置いた De un golpe puso el pesado saco en el suelo. / Dejó caer pesadamente el saco sobre el suelo. ♦彼はいすにどさっと座った Se「dejó caer pesadamente [desplomó] en la silla.

とざま 外様 (よそ者) mf. forastero/ra. ♦外様大名 "tozama daimio", 《説明的に》m. señor feudal que no era vasallo hereditario de la familia Tokugawa.

どさまわり どさ回り (地方興行) m. espectáculo ambulante. ♦どさ回りをする(地方巡業である) v. ir「de pueblo en pueblo [de ciudad en ciudad], estar* de gira. ♦どさ回りの一座 f. compañía de teatro ambulante, f. farándula.

どさりと adv. de golpe, pesadamente. → どさっと.

とざん 登山 (山に登ること) m. montañismo; (高山の) m. alpinismo. ♦登山家 mf. montañero/ra, mf. alpinista. ♦登山靴 fpl. botas de alpinista. ♦登山¹クラブ [²隊] ¹m. club [²m. grupo] de montañismo [alpinismo]. ♦登山熱 f. manía [f. locura] por el alpinismo. ♦絶好の登山日和 m. buen tiempo para el alpinismo. ♦登山に行く v. ir* de montañismo [alpinismo], ir* a escalar una montaña, subir [escalar] una montaña.

**とし 年 ❶【年齢】f. edad → 年齢, -歳; (老齢) f. (mucha) edad, f. edad avanzada.
1《～年》♦彼らは同じ年だ「Son de [Tienen] la misma edad. ♦彼はまだ学校へ行く年ではない「No tiene edad [Es demasiado pequeño] para ir a la escuela.
2《年～》♦年相応に見える v. aparentar [representar] la edad. ♦年相応にふるまう v. comportarse según [de acuerdo con] la edad. → 年上, 年甲斐, 年子, 年頃, 年下.
3《年が[は]》♦年が30 くらいの女性 f. mujer de unos [por los] treinta (años), 《フォーマル》f. mujer de edad de treinta años aproximadamente. ♦私たちはずいぶん年が違う Tenemos una edad muy diferente. / Somos de edades muy diferentes. ♦彼はかなり年がいっている Es bastante mayor [《口語》viejo]. / Tiene「bastantes años [《フォーマル》una edad algo avanzada]. / 《フォーマル》Es bastante entrado en años. 《会話》彼の年はいくつ

ですか―25です ¿Cuántos años tiene? [¿Qué edad tiene?] / 《フォーマル》¿Cuál es su edad? ―「Tiene 25 [25 años].
4《年の》♦君ぐらいの年の少年 m. muchacho más o menos de tu edad. → 年頃. ♦君ぐらいの年のころにはたくさん本を読んだものだ A tu edad, yo leía mucho. ♦年のせいで物覚えが悪くなった Mi memoria va fallando con los años. / La edad me ha disminuido la memoria. ♦体が弱ってきた。年(のせい)だね Me he vuelto débil. Es la edad. [Son los años.] 《会話》あなたのとった処理が適切だったと医者が言ってたよ―それは年の功ってやつさ El médico dijo que hiciste bien [lo debido]. ― Esa es la sabiduría que viene con los años.
5《年に》♦15 の年に adv. a la edad de quince años, a los quince años. ♦この年になって adv. a esta edad. ♦彼は年に似合わず現実的だ Es realista pese a su edad.
6《年を》♦年を取る v. hacerse* mayor, envejecer*, hacerse* viejo. → 年取る. ♦一つ年を取る v. cumplir un año más, hacerse* un año mayor. ♦彼は見かけよりも年を取っている Es mayor de lo que parece. / (年の割に若く見える)Parece joven para su edad. / (実際より若く見える)Aparenta muchos años de los que en realidad tiene. ♦いい年をしてそんなばかなことはするものではない (=君の年ならもっと分別があってしかるべきだ) A tu edad ya deberías saberlo mejor. / Ya eres lo bastante mayor para entender las cosas mejor. ♦彼女は年を取らない。いつ会っても同じだ Por ella no pasan los años. Está como siempre.
7《年で》《会話》首にされたよ―そのお年で! Me han despedido [《口語》echado,《メキシコ》corrido]. ― ¡Pero, hombre, a su edad!
❷【暦年, 1年】m. año. → 年月. ♦年の¹始め [²暮れ]に adv. a ¹principio [²fin] de año. ♦来る年も来る年も v. año tras año, año tras otro. ♦年がたつにつれて adv. con el paso de los años. ♦年とともに変わる v. cambiar con los años. ♦年が明けた Ha empezado un nuevo año. ♦年が改まると同時に寒くなった Con la entrada del año, ha venido el frío. ♦彼がイタリアにいた年に父が死んだ Su padre murió el año en que él estaba en Italia. ♦借金なしで何とか年を越した Conseguimos pasar el año sin deudas. ♦どうぞよいお年を ¡Feliz [¡Próspero] Año Nuevo!

*とし 都市 f. ciudad, 《文語》f. urbe.
1《～都市》♦学園都市 f. ciudad universitaria. ♦田園都市 f. ciudad jardín. ♦近代 [²地方]都市 f. ciudad ¹moderna [²de provincia]. ♦¹工業 [²商業, ³観光]都市 f. ciudad ¹industrial [²comercial; ³turística]. ♦¹国際 [²過密, ²衛星]都市 f. ciudad ¹cosmopolita [²superpoblada; ³satélite]. ♦姉妹都市 f. ciudad hermana [hermanada 《con》]. ♦主要都市 f. metrópoli(s). ♦神戸は人口が百万を越える大都市だ Kobe es una gran ciudad con una población superior al millón de habitantes.
2《都市(の)+名詞》♦都市の adj. municipal, urbano. ♦都市化 f. urbanización. ♦都市ガス

m. gas municipal. ▶都市開発 *m.* desarrollo urbano. ▶都市銀行 *m.* banco municipal. ▶都市計画 *m.* urbanismo. ▶都市交通 *m.* transporte municipal [urbano]. ▶都市生活 *f.* vida urbana. ▶都市部 *m.* zona urbana. ▶都市問題 *m.* problema urbano.

どじ どじな (=ばかな)奴 *mf.* estúp*ido/da*; (大ばか者)*mf.* idiota. ◆どじを踏む(ばかな間違いをする)*v.* cometer una estúpida equivocación; (大失敗をする)*v.*《口語》meter la pata,《口語》tirarse una plancha.

としあけ 年明け ▶年明けに *adv.* a principios [comienzos] de año nuevo; (正月早々に)*adv.* por Año Nuevo.

としうえ 年上 (年長者, 先輩)*mf.* mayor. ◆彼は私より3歳年上です Él es tres años mayor que yo. ◆君とフアンとではどちらが年上ですか ¿Quién es mayor, tú o Juan? ◆お兄さんはあなたより何歳年上ですか ¿Cuántos años te saca tu hermano? / ¿Cuántos años es mayor tu hermano que tú?

としがい 年甲斐 ◆彼は年がいもなく(=その年齢にもかかわらず)かんかんになって怒った Se puso furioso a pesar de su edad. / (年に似合わない)《フォーマル》Su furia fue impropia de su edad.

としご 年子 ◆その姉妹は年子だ Las hermanas sólo se llevan un año. ◆ぼくと兄とは年子だ Sólo soy un año menor [más joven] que mi hermano.

としこしそば 年越しそば "toshikoshi soba", *mpl.* fideos de [que se acostumbra comer en] Nochevieja.

とじこみ 綴じ込み *m.* archivo. ▶とじ込みの付録 *m.* suplemento inserto (en la revista).

とじこむ 綴じ込む *v.* archivar (una carta, unos documentos).

とじこめる 閉じ込める *v.* encerrar*, [《フォーマル》recluir*, confinar]《en》. ◆彼は子供を納戸に閉じ込めた Encerró al niño en el armario. ◆誘拐された子供は1週間その家の中に閉じ込められていた El niño secuestrado estuvo una semana encerrado [《フォーマル》confinado] en la casa.

とじこもる 閉じ籠もる *v.* encerrarse* [《フォーマル》recluirse*, confinarse]《en》. ◆彼は部屋に閉じこもって考えた Se encerró en su cuarto para reflexionar. ◆彼女は自分の殻に閉じこもって人と話さなかった Se encerró en sí misma y no hablaba con nadie.

としごろ 年頃 (年齢)*f.* edad → 年(とし), 年齢; (結婚適齢期)*f.* edad casadera,《教養語》*f.* nubilidad. ▶年ごろの娘 *f.* hija en edad casadera [《口語》de merecer]. ◆私には君と同じ年ごろの息子がある Tengo un hijo más o menos de tu edad.

としした 年下 (年下の者, 後輩)*mf.* menor. → 年上. ◆彼は私より3歳年下だ Es tres años menor [más joven] que yo. / Yo le llevo [saco] tres años.

としつき 年月 *mpl.* años; (時)*m.* tiempo. → 年月(ねんげつ).

*-**として** ❶【立場, 資格, 機能】*prep.* como,《文語》en calidad de; (代金・報酬など)*prep.* por. ▶作家として有名である *v.* ser* famoso como escritor. ▶たるをいすとして使う *v.* usar un barril de taburete. ◆彼は善良な人として通っている Pasa por un hombre bueno. ◆ぼくはどうしたらいいか，友人として助言してくれないか Como amigo, ¿qué me aconsejarías que hiciera? ◆彼は知事として発言した Habló como [《フォーマル》en calidad de] gobernador. ◆ぼくは高校生さんだから高校生として扱ってほしい Soy un estudiante de bachillerato y deseo ser tratado como tal. ◆彼は本の代金として千円払った Pagó mil yenes por el libro. ❷【《強調して》】▶一人としてその誤りに気づかなかった Ni una persona se dio cuenta del error. / Nadie se apercibió de la equivocación.

-としては (関して)*prep.* en cuanto a, respecto a; (関する限り)*prep.* por[en] lo que se refiere a; (…の割には)*prep.* para. ◆私としてはとても満足です "Por lo que a mí se refiere [En cuanto a mí], estoy muy satisfe*cho*. 《会話》ごたついていてごめんなさい—あなたとしてはどうしようもなかったわよ Perdona este lío [problema]. - Pero tú, por tu parte, no podías evitarlo. ◆ぼくはそう思うけど Supongo que sí. / A mí por lo menos me parece así. ◆彼女はバスケット選手としては背が低い Es baja para ser jugadora de baloncesto.

どしどし (遠慮せずに)*adv.* sin reservas, abiertamente; (ためらいなしに)*adv.* sin vacilar, resueltamente; (自由に)*adv.* libremente. ▶どしどし(=次から次へと)逮捕する *v.* detener(los) uno tras otro. ▶どしどし(=好きなだけ)やる *v.* actuar* abiertamente. ◆記者たちはどしどし大統領に質問した Los periodistas le hicieron preguntas sin reservas al presidente.

*-**としとる** 年取る *v.* envejecer*, hacerse* mayor [《口語》viejo],《フォーマル》entrar en años. ▶年取った *adj.*《口語》viejo,《フォーマル》mayor,《フォーマル》anciano, entrado en años, de edad avanzada. ▶年取った男の人 *m.* hombre mayor,《フォーマル》*m.* anciano,《口語》*m.* viejo. ◆年取って忘れっぽくなった Con la edad me olvido de las cosas.

としなみ 年波 ◆寄る年波に腰が曲がっている *v.* estar* encorvado por la edad. ◆だれも寄る年波には勝てない Nadie puede luchar contra la edad.

とじまり 戸締まり ▶戸締まりをする *v.* cerrar* [echar la llave a] la puerta. ◆外出の前に戸締まりを確かめよ Asegúrate de cerrar la puerta antes de irte.

どしゃ 土砂 *f.* tierra y *f.* roca.

どしゃくずれ 土砂くずれ *m.* derrumbamiento [*m.* desprendimiento] de tierras, *m.* alud. ◆土砂くずれでぼくの家が埋まった Mi casa quedó enterrada por un desprendimiento.

どしゃぶり 土砂降り (大雨)*m.* aguacero; (豪雨)*f.* lluvia torrencial; (ざあざあ降り)*m.* chaparrón. ◆土砂降りだ《口語》Está lloviendo a cántaros.

としょ 図書 (総合的に) *mpl.* libros. → 本. ▶参考図書 *mpl.* libros de referencia. ▶推薦図書 *mpl.* libros recomendados. 《フォーマル》 *f.* bibliografía recomendada. ▶図書室 *f.* biblioteca. ▶図書閲覧室 *f.* sala de lectura. ▶図書目録 *m.* catálogo de libros.

としょう 途上 ▶発展途上にある (=興盛している) 事業 *m.* negocio próspero [en expansión]. ▶途上国 *m.* país en (vías de) desarrollo; (低開発国) *m.* país subdesarrollado.

どじょう 泥鰌 *f.* locha. ▶ドジョウすくい *f.* pesca de lochas. ▶(踊り)*m.* baile imitando la pesca de lochas. ▶ドジョウひげ *m.* bigote de estilo mandarín (chino).

どじょう 土壌 *m.* suelo. ▶肥沃な土壌 *m.* suelo fértil.

*****としょかん 図書館** *f.* biblioteca. ▶¹公立 [²学校] 図書館 *f.* biblioteca ¹pública [²escolar]. ▶国会図書館 *f.* Biblioteca Nacional de la Dieta; (米国の)*f.* Biblioteca del Congreso. ▶巡回図書館 *m.* bibliobús, *f.* biblioteca ambulante. ▶図書館員 (司書) *mf.* bibliotec*ario/ria.* ▶図書館長 *mf.* bibliotec*ario/ria* jefe. ▶図書館学 *f.* biblioteconología. ▶本を1借りに [²返しに] 図書館に行った Fui a la biblioteca a ¹pedir [²devolver] un libro. ♦これは図書館の本です Este libro「es de [pertenece a] la biblioteca.

*****としより 年寄り** (老人) 《フォーマル》 *mf.* anciano/*na*, 《口語》 《しばしば軽蔑的に》 *mf.* viejo/*ja*, 《フォーマル》 *f.* persona mayor. → 老人. ▶年寄りじみている *v.* estar* avejentado, parecer* viejo. ♦あの男は年でもないのに年寄りじみた歩き方をする Camina como un viejo, aunque no lo es.

*****とじる 閉じる** *v.* cerrar*. → 閉まる, 閉める. ▶窓を閉じる *v.* cerrar* la ventana. ▶口を閉じなさい Cállate. / Cierra「la boca [《俗語》el pico]. / ¡A callar! ▶会を閉じる *v.* poner* fin a la reunión. ♦さあ目を閉じて眠りなさい Ahora cierra los ojos y a dormir. ♦私は読んでいた本を閉じた Cerré el libro que leía. ☞ 閉[締, 絞]める, つぶる, 閉ざす

とじる 綴じる (綴じ込んで整理する)*v.* archivar; (本を)*v.* encuadernar. ▶手紙を綴じる *v.* archivar las cartas. ▶雑誌を綴じておく *v.* archivar las revistas.

としん 都心 *m.* centro de una ciudad. ▶都心に行く *v.* ir* al centro (de Tokio). ♦彼は都心に住んでいる Vive en el centro (de la ciudad).

どしんと ▶どすんと

トス *m.* tiro, *m.* lanzamiento. ▶ボールを彼にトスする *v.* tirarle la pelota [bola].

どすう 度数 (回数)*m.* número de veces; (頻度)*f.* frecuencia; (温度・角度の)*m.* grado. ▶(電話の)度数料金 *fpl.* tarifas de llamadas (telefónicas). ▶(電話の)度数制 *m.* sistema de tarifas (telefónicas).

どすぐろい どす黒い ▶どす黒い血 *f.* sangre negruzca. ▶どす黒い肌をしている *v.* tener* una piel negruzca.

どすんと (重い物が落下して)*adv.* de golpe, de un golpetazo. ♦彼は重いかばんをどすんと置いた Soltó de golpe su pesada maleta. ♦彼女は床にどすんとしりもちをついた Se dio una nalgada [《スペイン》culetada] contra el suelo. / 《スペイン》Se cayó en el suelo de culo. ♦ボートはどすんと川岸にぶつかった El bote (se) chocó contra la orilla del río.

どせい 土星 *m.* Saturno. ▶土星の環 *mpl.* anillos de Saturno.

とぜつ 途絶 (停止)*f.* parada; (一時中止)*f.* suspensión; (中断)*f.* interrupción. ▶輸出の途絶 *f.* interrupción de las exportaciones. ▶途絶する *v.* interrumpirse, quedar suspend*ido* [paraliz*ado*, interrump*ido*]; (断れる)*v.* cortarse. → 途絶える.

とそう 塗装 (ペンキなどを塗ること)*f.* pintura; (ペンキなどの上塗り)《フォーマル》 *m.* revestimiento; (塗料)*f.* pintura. ▶塗装工 *mf.* pi*ntor/tora* (de brocha gorda). ▶塗装材料 *mpl.* materiales de pintura [revestimiento]. ▶門を白く塗装する *v.* pintar la puerta de blanco. ♦板べいの塗装がはげ始めた La pintura de la valla de madera ha empezado a desprenderse.

どそう 土葬 (埋葬) *m.* entierro, *m.* enterramiento, 《フォーマル》 *m.* sepelio. ▶死体を土葬する *v.* enterrar* [《口語》dar* tierra a, 《フォーマル》inhumar] un cadáver.

どそく 土足 ▶土足で(靴をはいたままで) *adv.* calzado, con los zapatos puestos. ♦土足厳禁 『掲示』 Es obligatorio descalzarse. / Prohibido entrar calzado.

どだい 土台 (基礎) *f.* base, *m.* fundamento; (建物の) *mpl.* cimientos. ▶将来の生活の土台を築く *v.* establecer* la base [echar las bases] de una vida futura. ▶長い経験を土台にした知識 *m.* conocimiento basado en una larga experiencia. ♦この建物は土台がしっかりしている Este edificio tiene [está construido sobre] sólidos cimientos. ☞ 大本, 基礎, 根底, 根本

どだい ▶どだい(=まったく)むりな要求 *f.* demanda absolutamente irrazonable. ♦君はどだい(=根本的に)間違っている Estás básicamente equivoc*ado*.

とだえる 途絶える ♦衛星通信はしばらく途絶えた (=中断された) Las comunicaciones por satélite quedaron momentáneamente interrumpidas. / Por un momento se cortó la comunicación por satélite. ♦このところ彼女からの便りが途絶えている (=こない) Últimamente no he sabido nada de ella. ♦通りはすっかり人通りが途絶えた (=なくなった) Las calles se quedaron completamente desiertas.

ドタキャン ▶ドタキャンする *v.* cancelar en el último momento.

とだな 戸棚 (食器の) *m.* armario, 『アルゼンチン』《仏語》 *m.* "placard" (☆発音は[plakár]; 壁にはめこまれた) *f.* alacena, *m.* aparador, 『ラ米』 *m.* clóset; (寝室の) *m.* armario ropero.

どたばた ▶どたばた(=騒々しく)*adv.* ruidosamente, con ruido. ♦(足を踏み鳴らして)どたばた歩く *v.* andar* haciendo ruido. ▶どたばたする

(=騒ぎたてる) v. hacer* ruido, alborotar, armar jaleo [《口語》bulla]; (子供がはね回る) v. armar ruido [alboroto]. ◆子供たちはどたばたしていたので Riñeron a los niños por hacer ruido. ◆彼はどたばたと階段を上がった Subió las escaleras haciendo ruido.

とたん 途端 →すぐ、間もなく. ◆家を出たとたんに雨が降り出した Se puso a llover tan pronto como salimos [en el momento de salir] de casa. ◆見たとたん、彼と分かった Nada más verlo[le] lo [le] reconocí. / Tan pronto como lo [le] vi, lo reconocí. ◆そのとたん爆弾が爆発した En ese momento explotó la bomba.

トタン m. hierro galvanizado; (波形の) f. chapa de zinc, m. hierro ondulado, 《ペルー》f. calamina. ◆トタン屋根 m. tejado de cinc [zinc].

どたんば 土壇場 (最後の瞬間) m. último momento [minuto, instante]; (もうこれ以上待てないぎりぎりの時間)《口語》f. última hora; (食うか食われるかの状況) f. situación de vida o muerte. ◆土壇場に追い込まれる v. estar* [al borde del abismo [con la espada sobre la cabeza]; (窮地に) v. estar* metido en「una situación crítica [un callejón sin salida]. ▶土壇場で逃げる v. librarse [escapar] en el último momento; (危ないところで逃げる)《口語》v. escapar por los pelos. ◆その計画は土壇場で変更になった El plan fue modificado「en el último momento [《口語》a última hora].

*__**とち** 土地__ ❶【地所】 m. terreno; (所有地) f. propiedad, f. posesión; (広い敷地) f. finca; (小区画地) f. parcela; (土地の一区画) m. solar. ◆どうです、中々いい土地でしょう? ¿Qué te parece? Un buen terreno, ¿verdad?

1《土地+名詞》 ▶土地所有者 mf. propietario/ria (de tierra), mf. terrateniente. ▶土地家屋 mpl. terrenos y mpl. edificios, (不動産) fpl. fincas, mpl. bienes raíces [《フォーマル》inmobiliarios]. ▶土地開発 f. urbanización. ▶土地収用 f. expropiación de tierras. ▶土地改革 f. reforma agraria. ◆有効な土地利用 m. uso efectivo de la tierra. ▶3百平方メートルの土地付きの家を買う v. comprar una casa en「una parcela [un terreno] de tres cientos metros cuadrados.

2《土地が》 ▶土地は高くないが家が高い La casa no es cara, pero la tierra sí.

3《土地の》 ▶土地の値段 m. precio「del terreno [de la tierra]. ▶この土地の広さはどのぐらいですか ¿Cuánto mide [¿Qué extensión tiene] el terreno?

4《土地に》 ▶土地に投資する v. invertir* en terreno [fincas].

5《土地を》 ▶土地を遊ばせておく v. dejar la tierra sin utilizar*. ▶土地を買う v. comprar un terreno. ▶この土地を安い値段で売る v. vender la tierra barata [a la baja, a un precio bajo]. ◆彼は田舎に広大な土地を持っている Tiene「El propietario de] una gran finca en el campo.

❷【耕作地】 f. tierra, m. terreno; (土壌) m.

どちら 999

suelo. ▶¹やせた [²肥えた]土地 m. suelo ¹estéril [²fértil]. ▶土地改良 f. mejora del suelo. ▶土地を耕す v. cultivar la tierra. ◆そこにはあまり耕作できる土地がない Allí no hay muchas tierras「de cultivo [arables, cultivables].

❸【場所】 m. lugar, m. sitio, m. local; (地域)《フォーマル》f. localidad. ▶初めての土地 m. lugar extraño. ▶何かその土地の名物 (=食べ物) を買う v. comprar alimentos del lugar. ▶土地勘がある v. conocer* bien el lugar. ◆この土地は初めてです Soy un extraño aquí.

☞地所、地盤、大地

どちゃく 土着 ▶土着の adj. nativo, natural. ▶土着の人 mf. nativo/va, mf. natural. ▶土着民 mpl. nativos, mpl. naturales, mpl. indígenas, mpl. aborígenes; f. gente del lugar.

*__**とちゅう** 途中__ ❶【行き帰りの】 adv. en el camino《a, de》, a mitad de camino, a medio camino. ▶¹途中で [²家へ帰る途中で]雨に降られる v. ser* sorprendido por la lluvia ¹de camino [²a mitad de camino a casa]. ◆学校へ行く途中で彼女に会った Me encontré con ella yendo [de camino] a la escuela. ◆東京から帰る途中、名古屋に寄った「Al volver [De vuelta], de camino [de vuelta] de Tokio, me detuve en Nagoya. ◆彼らは映画を見に行く途中だった Iban [Estaban de camino] al cine. ◆途中まで君と行こう Te acompañaré hasta mitad de camino. ◆彼は途中で引き返した Se volvió a mitad de camino. ◆どこか途中で鍵(ぎ)をなくした Perdí las llaves en el camino.

❷【旅などの】 ▶旅行の途中ロンドンに立ち寄る v. pararse [hacer* una parada] en Londres. ◆京都で途中一泊した Hice una parada (de mitad de camino) en Kioto. ◆散歩の途中で (=散歩をしている間に) これを見つけた Me lo encontré cuando estaba paseando [en mitad de mi paseo].

❸【ものごとの】(半ば) adv. a [en] la mitad; (中程で[に]) adv. a medias; (最中に) adv. en el medio《de》; (中途半端に) adv. por la mitad, a medias. ◆途中で研究をやめるなよ No dejes el estudio a medias. ◆彼は話の途中で言葉を切った Hizo una pausa en medio de la conversación. ◆仕事を途中ではったらかして (=中途半端にして)はいけません No hagas el trabajo a medias. / No dejes el trabajo「a medio acabar [sin acabar, inacabado]. ◆映画は途中から見たくない No「me gusta [quiero] ver una película「a medias [desde la mitad]. ◆お話の途中で (=お話中) 申し訳ありませんが、今何時か教えてください Perdona que te interrumpa pero, ¿qué hora es, por favor? ◆電話が途中で切れた Se cortó la comunicación.

*__**どちら**__ ❶【どれ】 interrog. cuál, qué; (二つのうちの一つ) pron. alguno (de los dos); (どちらも、どちらか) pron. ninguno (de los dos); (両方) pron. los dos, ambos; (どちらを...しようと) adj. que sea, cualquiera.

1 《どちらの[が]》*interrog.* cuál; quién. ♦ どちらが君の1バッグ[2手袋]ですか ¿Cuál es tu maleta? [¿¿Cuáles son tus guantes?] ♦ どちらが正しいのか分からない No sé cuál「es el que está bien [es el correcto]. ♦ 君と彼とどちらがその仕事に向いているかしら—どっちともちょっと言えないよ ¿Quién te parece mejor para ese trabajo, él o yo? – Es difícil decidirse por uno de los dos. ♦ 君たちのどちらが窓をこわしたんだ ¿Quién de [《スペイン》 vosotros [《ラ米》 ustedes] ha roto la ventana?

2 《どちらの…しようとも》*adj.* que sea, cualquiera. ♦ どちらの(服)を着るか決めないといけない Tienes que decidir cuál vestir. ♦ あなたがどちらを選んでも私はかまいません No me importa cualquiera [el que] que elijas. / Escojas el que sea, no me importa.

3 《どちらか》*conj.* o … o …; 《フォーマル》o bien… o, *pron.* uno de los dos. ♦ その責任は彼か私かのどちらかにある「O él o yo somos responsables [Uno de los dos es responsable] de ese acto. / O es él responsable o lo soy yo de ese acto. ♦ 彼は遅れて来るかもう来ないかのどちらかだ O llega con retraso o no viene. 《会話》どちらに聞いてもむだだよ—いや、どちらかが答えを知っているにちがいない Es inútil preguntarles. – No. Uno de los dos tiene que saber la respuesta.

4 《どちら(の)も…だ》*pron.* los dos, uno y otro, 《フォーマル》ambos. ♦ その川はどちらの岸にも木が植えてあった Había árboles en「los dos lados [ambos lados, un lado y otro] del río. ♦ 私たちはどちらも釣りが好きです A los dos nos gusta la pesca. / A uno y otro nos gusta la pesca. ♦ 彼はピアノもギターもどちらもひきます Toca「tanto el piano como la guitarra [el piano y la guitarra; los dos instrumentos, el piano y la guitarra]. ♦ 二人の子供はどちらも泳ぐのがうまい Los dos niños nadan bien. / A uno y otro niño se les da bien la natación.

5 《どちら(の…)も…ない》*pron.* ninguno (de los dos), ni uno ni otro. ♦ どちらの話も本当ではない Ninguna de las historias es verdad [cierta]. / No es verdad ni una historia ni otra. ♦ 私の両親はどちらもコーヒーを飲まない Ninguno de mis padres toma café. / Ni mi padre ni mi madre toman café. 《会話》どちらが好きですか—どちらも好きでない ¿Cuál prefieres? – No me gusta ninguno. [《強調して》Ni uno ni otro me gustan.] ♦ 彼も彼のお父さんもどちらも家にいなかった Ni él ni su padre estaban en casa. / Ninguno estaba en casa, ni su padre ni él.

6 《どちら(の…)でも》*pron.* cualquiera de los dos; (…のどちらでも) *pron.* cualquiera que sea. ♦ 火曜日か水曜日に来なさい. どちらの日でもよい Ven el martes o miércoles. Los dos están bien. / Cualquiera de los dos está bien. ♦ どちらでも君のすすめる方を買います Compraré el [cualquiera] que me recomiendes.

❷【どこ】*interrog.* dónde; (どの方向) *interrog.* por dónde. → どこ. ♦ どちらでこれを買いましたか ¿Dónde lo compró [《口語》compraste]? 《会話》(空港で)今日は. どちらまで(ご旅行)ですか—一週末をちょっとで北海道で. で君はどちらへ?—ぼくは沖縄です Hola. ¿A dónde va usted? – Voy a Hokkaido a pasar el fin de semana. ¿Y tú? – Yo, a Okinawa. ♦ 交番はどちらですか ¿Por dónde hay un puesto de policía? ♦ あなたの自宅のだはどちらですか ¿Cuál es su dirección? / ¿Dónde vive usted?

❸【どなた】*interrog.* quién. ♦ どちら様でしょうか ¿Cómo se llama usted, por favor? / ¿Puede decirme su nombre, por favor? ♦ (電話で) ¿Quién llama, por favor? / ¿Con quién hablo? / ¿Quién es? → どなた. 《会話》(電話で)どなた—三郎だよ—三郎さん?どちらの—もちろん森三郎だよ ¿Quién es? – Soy Saburo. – ¿Saburo? ¿Qué Saburo? – Saburo Mori, naturalmente.

どちらかといえば どちらかと言えば yo diría (que); (むしろ…したい) *adv.* preferiblemente, de ser posible elegir. ♦ どちらかと言えば, 以前より幸福そうだ Yo diría que parece más feliz que antes. ♦ どちらかと言えば, 家でテレビを見ていたい Prefiero ver la televisión en casa. ♦ あの人は親切というよりどちらかと言えば交際上手なのです Yo diría que más que amable es sociable. 《会話》7 歳にしてはやや小柄でないですか—どちらかというとそうですな ¿No está más bien pequeño para (tener) siete años? – Yo diría que sí.

どちらにしても (いずれにせよ) *adv.* de todos modos, aún así; (2 者のうちどちらの場合でも) *adv.* en todo [cualquier] caso, de cualquier manera. → どっちみち. ♦ どちらにしても, 君はその会に出席しなければならない De todos modos, tienes que ir a la reunión.

とちる (間違える) *v.* equivocarse*, cometer un error. ♦ せりふをとちる *v.* equivocarse* en el papel.

とっか 特価 (特別価格) *m.* precio especial; (値引き値段) *m.* precio rebajado [reducido]; (安売り値段) *m.* precio de saldo, 《口語》*f.* ganga. ♦ 特価でカメラを買う *v.* comprar una cámara rebajada [a un precio especial, con descuento]. → 特売.

どっかい 読解 *f.* lectura y *f.* comprensión. ♦ 生徒の読解力をつける *v.* mejorar la capacidad de los alumnos「para leer* y comprender [de comprensión de lectura, de comprensión escrita]. ♦ その生徒の読解力をテストする *v.* dar* [poner*] a los alumnos un examen de lectura y comprensión.

どっかり ♦ 大男がどっかり(=重々しく)ひじ掛けいすに座った El corpulento hombre se dejó caer pesadamente en el sillón. ♦ 広い居間にグランドピアノがどっかり(=堂々と)置いてあった El piano de cola destacaba imponente en el espacioso salón.

とっかん ♦ 突貫工事 *m.* trabajo urgente. ♦ 突貫工事で(=短期間で)家を建てる *v.* construir* una casa urgentemente [a toda prisa].

とっき 突起 *m.* saliente, *f.* protuberancia,

とっきゅう 特急 m. (tren) rápido. ▶特急券 《スペイン》 m. billete 《ラ米》 m. boleto de un rápido.

とっきゅう 特級 (最高の品質) f. calidad extra [superior, de primera, superespecial]. ▶特級酒 m. "sake" de primera [extra, superespecial]. ▶特級品 m. artículo de primera calidad [clase], m. producto de clase extra [superior]. → 極上.

とっきょ 特許 (発明・考案の) f. patente. ▶特許権所有者 mf. poseedor/dora [mf. titular] de una patente. ▶特許品 m. artículo patentado. ▶特許庁 f. Oficina de Patentes. ▶特許を取った機械 f. máquina patentada. ▶特許を申請する v. solicitar una patente. ▶発明品に特許する v. patentar [conseguir*] la patente de] un invento.

ドッキング m. acoplamiento. ▶ドッキングする v. acoplar. ▶二つの意見をドッキングさせる v. juntar [reunir*] dos opiniones. ♦ソユーズがサリュートとうまくドッキングした El Soyuz fue acoplado con éxito con [en] el Salyut.

とつぐ 嫁ぐ (結婚する) v. casarse [《フォーマル》contraer*] matrimonio, 《文語》desposarse] 《con》. ▶山田家へ嫁ぐ v. casarse con un hijo de los Señores Yamada. ▶娘を嫁がせる v. casar a la hija 《con》.

ドック m. dique (de carena). ▶¹乾 [²湿; ³浮き] ドック m. dique ¹seco [²mojado; ³flotante]. ▶船をドックに入れる v. poner* [meter] un barco en dique. ♦船はドックにはいっている El barco está en el dique (seco).

とっく（に） (ずっと以前に) adv. hace mucho (tiempo), hace tiempo, (ya) hace bastante, 《口語》hace siglos; (すでに) adv. ya; (かなり) adv. bastante. ♦彼はその大学をとっくに卒業しました Se graduó de la universidad hace mucho. ♦昼食の時間はとっくに過ぎている Ya hace bastante que ha pasado la hora de comer. ♦彼女はとっくに30を過ぎている Ya hace tiempo que ha pasado los treinta. / Tiene treinta y bastantes [《口語》muchos]. ♦宿題はとっくに（＝すでに）終わったよ Ya he acabado mis deberes [tareas].

とっくみあい 取っ組み合い (つかみ合い) f. lucha cuerpo a cuerpo, m. cuerpo a cuerpo; (激しい) m. forcejeo, 《ラ米》《口語》m. agarrón. ▶取っ組み合う v. luchar cuerpo a cuerpo 《con》, tener* [un cuerpo a cuerpo [《ラ米》《口語》un agarrón] 《con》.

とっくり 徳利 f. botella de "sake". ▶とっくり（首）のセーター m. suéter de cuello alto [《アルゼンチン》《スペイン》de cisne].

とっくん 特訓 (特別な訓練) f. formación especial; (集中的な) f. formación intensiva; (特別な授業) f. lección especial; (集中的な) f. clase intensiva; (学習者のための) m. curso intensivo. ▶水泳選手を特訓する v. dar* un entrenamiento especial [intensivo] a nadadores. ▶スペイン語の特訓を受ける v. tomar [recibir] un curso intensivo de español. ♦あの予備校では今受験生を特訓中です En esa escuela preparatoria los alumnos reciben clases intensivas para los exámenes de ingreso.

どっけ 毒気 (悪意) f. maldad, 《フォーマル》f. malevolencia; (意地悪) f. malicia, f. maldad. ▶毒気を含んだ批評 f. crítica malévola [con mala intención]. ▶毒気を抜かれる v. quedarse abatido, desanimarse.

とつげき 突撃 m. ataque, f. carga; (突進) f. acometida, f. embestida. ▶突撃ラッパを鳴らす v. dar* la señal de ataque. ▶突撃を撃退する v. rechazar* el ataque. ▶敵をめがけて突撃する v. 「cargar* contra el [acometer al, embestir* al] enemigo.

とっけん 特権 m. privilegio, 《フォーマル》《専門語》f. prerrogativa. ▶特権階級 fpl. clases privilegiadas. ▶特権を¹行使 [²乱用; ³停止] する v. ¹ejercer* [²abusar de; ²suspender] un privilegio. ▶特権を与える v. dar* [《フォーマル》conceder] un privilegio. ♦彼にはそうする特権がある Tiene el privilegio de hacerlo.

どっこいしょ (どすんと) adv. de golpe [《強調して》golpetazo]. ▶どっこいしょといって腰をおろす v. 「sentarse* de golpe [dejarse caer*] en la silla; (ほら、どっこいしょと言って座る) v. sentarse* con un suspiro diciendo "¡Ay!" con alivio. ▶重い買い物バッグをどっこいしょと床に置く v. dejar caer* de golpe en el suelo la pesada bolsa de la compra. ▶どっこいしょと（＝全力を尽くして）かごを持ち上げて棚に上げる v. alzar* el cesto hasta el estante con todas las fuerzas.

どっこいどっこい ▶どっこいどっこいである v. ser* más o menos igual. → 似たり寄ったり.

とっこうやく 特効薬 m. medicamento [m. fármaco] milagroso, f. panacea, 《口語》f. mano de santo, 《口語》m. sanalotodo, m. (fármaco) específico 《contra》. ♦青少年非行に対する特効薬 m. remedio especial contra la delincuencia juvenil. ♦その薬は結核の特効薬だ Es un medicamento específico contra la tuberculosis.

とっさ 咄嗟 (咄嗟の/迅速な) adj. rápido, veloz; (予期しない) adj. inesperado, improvisado; (即時の) adj. instantáneo. ▶とっさの機転に adv. improvisadamente. ♦とっさの質問に答えられなかった La pregunta fue tan inesperada que no supe contestar. / 《口語》No pude responder así de repente. ♦それはとっさの出来事だった Ocurrió「de repente [en ese instante, en el acto].

—— **とっさに** (すばやく) adv. rápidamente; (一瞬に) adv. en el acto, 《口語》en un abrir y cerrar de ojos; (突然) adv. de repente, repentinamente, de improviso. ▶とっさに身をかわして落石をよける v. apartarse en el acto del desprendimiento de rocas. ♦「それは私ではない」と彼はとっさに答えた "Yo no fui", "respondió en el acto [se apresuró a replicar].

どっさり ❶【おおいに】adv. mucho, 《口語》

ドッジボール

muchísimo, 《口語》un montón 《de》. ◆彼女はどっさり野菜を食べますよ Come mucha verdura. ◆彼は若いときどっさり苦労をした = (金銭的に大変苦しかった) Tuvo muchas dificultades de joven. / 《フォーマル》Pasó pobreza en su juventud.
❷【たくさんの】*adj.* muchos, 《フォーマル》numerosos, 《口語》muchísimos, 《口語》un montón de, 《口語》una pila de. ◆彼はどっさり本を持っている Tiene muchos libros. ◆彼は品物をどっさり持ってきた Trajo un montón de artículos.

ドッジボール *m.* balón prisionero. ▶ドッジボールをする *m.* jugar al balón prisionero.

とっしゅつ 突出 (突き出ること) *m.* saliente; (顕著) *f.* prominencia. ▶突出する *v.* sobresalir*, destacarse*. ▶突出した *adj.* saliente, 《フォーマル》prominente. ▶半島が海に突出している La península se adentra en el mar.

とつじょ 突如 (突然) *adv.* de repente, de improviso, 《フォーマル》súbitamente. → 突然.

どっしり (重々しく) *adv.* pesadamente; (量感にみちて) *adv.* masivamente; (威厳をもって) *adv.* dignamente, majestuosamente; (安定して) *adv.* firmemente. → どっかり. ▶どっしりした建物 *m.* edificio imponente. ▶どっしりした人 *f.* persona majestuosa. ▶庭の真ん中に大きい岩がどっしりと置かれていた En el jardín se erguía imponente una gran roca.

とっしん 突進 (突進する) *f.* embestida, *f.* acometida. ▶突進する *v.* abalanzarse*, lanzarse*, embestirse* 《hacia》. ◆彼は席を取ろうと突進した「Se abalanzó [Corrió] hacia el asiento.
☞ ダッシュ, 突撃, 突っ込む, 突っ走る

とつぜん 突然 *adv.* de repente, repentinamente, 《フォーマル》súbitamente, inesperadamente, de improviso, bruscamente. ◆突然そのドアが開いた De repente se abrió la puerta.

《突然(の)+名詞》▶突然の *adj.* repentino, 《フォーマル》súbito; (思いがけない) *adj.* inesperado; (不意の) *adj.* brusco, 《フォーマル》abrupto. ▶突然変異(現象, 生物)《専門語》*f.* mutación; (生物) *m.* mutante. ◆われわれは彼の突然の死に驚いた Su muerte repentina [súbita] nos sorprendió [《口語》dejó helados]. / (青天の霹靂(へきれき)だった)La noticia de su muerte fue absolutamente inesperada. ◆彼の辞職はまったく突然のことだった Su dimisión「fue muy repentina [ocurrió de repente].
☞ 一挙に, 急, こつぜん, 忽ち, とっさに, 突如, とみに; いきなり, さっと; 思いがけない, 鋭い

とったん 突端 ▶みさきの突端 *f.* punta de un cabo.

どっち (どれ) *interrog.* qué, cuál; (どこ) *interrog.* dónde. → どちら.

どっちつかず どっちつかずの (当たりさわりのない) *adj.* evasivo, que no se compromete a nada; (中立的な) *adj.* neutral; (両意に取れる) *adj.* ambiguo, 《フォーマル》equívoco; (逃げ口上の) *adj.* evasivo; (あいまいな) *adj.* ambiguo, indefinido. ▶どっちつかずの返事をする *v.* dar* una respuesta ambigua [equívoca]. ▶どっちつかずの立場をとる *v.* adoptar una postura neutral [indefinida]. ▶どっちつかずの意見を述べる *v.* expresar una opinión 「que no compromete [neutral]. ◆彼の態度はどっちつかずだ Su actitud es indefinida [neutral, indecisa].

どっちみち (とにかく) *adv.* de cualquier modo [forma], de una forma 「u otra [o de otra]; (結局) *adv.* después de todo. ◆君はどっちみち時間に合わないよ De todos modos no llegarás a tiempo. 《会話》かばんを取ってきてくださってありがとう — いや気にしないで. どっちみちもう一度教室に行くところだったんですもの Gracias por traerme el bolso. – Bueno, de cualquier modo tenía que volver a la clase. ◆どっちみちそんなことは私にとって大した問題ではない「De una forma u otra [Al fin y al cabo] no me importa mucho. / Me da igual de un modo u otro. ◆どっちみち彼は事業に失敗するでしょう Después de todo fracasará en el negocio. ◆どっちみち (=遅かれ早かれ)何もかも元どおりに納まるでしょう Tarde o temprano todo volverá a salir bien.

とっつき 取っ付き ▶取っ付き (=初め)から *adv.* de principio (a fin). ▶取っ付きに (=初めは) *adv.* al principio [comienzo]. ▶右側の取っ付き (=一番手前)の部屋 *m.* primer cuarto 「a la derecha [a mano derecha]. ▶取っ付きにくい人 *f.* persona 「difícil de abordar [inabordable, inaccesible].

とって 取っ手 (握り) *f.* asa, *m.* mango, *f.* empuñadura; (ドア・引き出しなどのつまみ) *m.* tirador; (丸い) *m.* pomo; (引き手) *m.* agarradero; (水差しなどの) *f.* asa ☞ つまみ, 手

-とって (には) *prep.* para. ◆彼にとって大きな驚き *f.* gran sorpresa para él. ◆その数学の試験は私にとっては¹やさしい [²難し]かった El examen de matemáticas me resultó ¹fácil [²difícil]. ◆彼の援助は私にとって非常に重要だ Su ayuda me es [resulta] muy importante. / Su ayuda es muy importante para mí.

とってい 突堤 *m.* rompeolas, 『ラ米』*m.* malecón; (小規模な) *m.* espigón.

とっておき 取って置き ▶取って置きの(最もよい) *adj.* mejor; (取っておいた) *adj.* reservado; (貴重な) *adj.* valioso. ▶取って置きの服を着て出かける *v.* salir* con la 「mejor ropa [ropa del domingo]. ◆彼は取って置きのぶどう酒をあけた Abrió una botella 「de su mejor vino [del vino reservado para las ocasiones especiales]. ◆彼は彼女に取って置きの笑顔を見せた Le dedicó su mejor sonrisa. / Le sonrió de 「un modo especial [una forma reservada para ella].

とっておく 取って置く ❶【保持・保留する】*v.* guardar, quedarse 《con》; (腐らないように) *v.* conservar; (ホテルなど)予約する) *v.* reservar. ▶魚を塩漬けにして取って置く *v.* conservar el pescado en sal. ▶彼のために座席を取って置く *v.* reservarle un asiento; (確保する) *v.* guardarle un asiento. ◆彼女にそのワインを取って置きます Reservaré ese vino para ella. ◆おつりは取って置いていいよ Quédese con el cambio. ♦この肉はあしたまで取って置けますか(=もちますか) ¿Se conservará esta carne hasta mañana? ❷【別にして置く】(金や品物などを取って置く) v. apartar; (金などを特別の目的で) v. poner* a un lado; (金などをたくわえる) v. ahorrar. ♦そのケーキの残りをあした食べようと取って置く v. apartar el resto del pastel para mañana. ♦万一に備えて金を取って置く v. ahorrar dinero para los「tiempos difíciles [años de las vacas flacas]. ♦昼食に1時間取っておく v. reservar una hora para la comida. 会話 このプリンとってもおいしいわね—少しは私に取って置いて ¡Qué flan tan delicioso! – Déjame algo.

とってかえす 取って返す (戻る) v. volver*, regresar; (引き返す) v. dar* la vuelta, volver*. ♦急いで取って返す v. volver* apresuradamente.

とってかわる 取って代わる (…の代わりをする) v. ocupar el lugar de, sustituir*; (入れ替える) v. reemplazar*, sustituir*. ♦この市ではバスが市電に取って代わった En esta ciudad los autobuses han「ocupado el lugar de [reemplazado] los tranvías.

とってくる 取って来る v. traer*, venir* 《con》. ♦取って来い(犬に) Tráelo. / Ve a traerlo. ♦彼にいすを取ってきてあげなさい Tráele una silla. / Ve a [por, y trae] una silla para él. / Tráete una silla para él.

とってつけた 取って付けた (ような) (不自然な) adj. poco natural; forzado; (わざとらしい) adj. artificial. ♦彼はあなたは料理がうまいと取って付けたようなお世辞を言った Hizo un cumplido sobre la comida, pero「pareció forzado [no pareció sincero].

とっても adv. muy. → とても.

どっと ❶【人や物が急にある状態になる】♦どっと…する v. echarse [《フォーマル》romper*] a (+不定詞). ♦聴衆はどっと笑った El público se echó a reír. ♦少女はわっと泣き出した La muchacha「se puso [se echó, rompió] a llorar. ♦少年たちはどっと走り出した Los muchachos echaron a correr. ♦人々はどっと部屋に入ってきた La gente se precipitó en la sala. ♦彼女の目に涙がどっとあふれてきた Se le llenaron los ojos de lágrimas. ❷【大勢押し寄せる】(群がる) v. llenar, atestar*; (殺到する) v. inundar. ♦野球場にその試合を見るためどっと押し寄せた La gente「llenó el [entró en tropel al] estadio de béisbol para ver el partido. ♦問い合わせの手紙がどっときた Hubo una avalancha de cartas pidiendo información. ❸【急激に】adv. de repente, repentinamente. ♦彼は仕事を終えるとどっと寝こんだ De repente se puso enfermo después de haber terminado el trabajo. ♦彼は長いきつい一日の仕事の後どっと疲れを感じた Tras el largo y duro día de trabajo le inundó el cansancio.

ドット 《専門語》m. punto. ♦ドット・コム《専門語》m. puntocom. ♦ドット・マトリクス《専門語》f. matriz de puntos. ♦ドット印字装置《専門語》f. impresora de puntos.

とつとつ 訥々 ♦とつとつと(=口ごもりながら)話す v. balbucear, hablar entrecortadamente. ♦とつとつと説明する v. balbucear una explicación, dar* una explicación entrecortada.

とっとと ♦とっとと出て行け! ¡Vete de aquí! /《口語》¡Fuera! /《口語》¡Largo!.

とつにゅう 突入 ♦敵陣に突入する(=勢いよく突っ込む) v. acometer al enemigo; (突撃する) v. lanzarse* contra el enemigo. ♦ストに突入する v. lanzarse* a la huelga.

とっぱ 突破 (妨害・難関の) f. superación (de barrera). ♦突破口 f. brecha; (城壁などの) f. ruptura, m. rompimiento.
—— **突破する** v. romper*; (困難などを乗り切る) v. superar, dominar; (超過する) v. exceder 《de》, sobrepasar. ♦敵陣を突破する v. romper* la línea [defensa] enemiga. ♦赤信号を突破する v. pasarse [saltarse] un semáforo rojo. ♦多くの苦難を突破する v. superar muchas dificultades. ♦入試の難関を突破する v. superar el obstáculo de un examen de ingreso; (難しい入試に合格する) v. aprobar* un examen difícil de ingreso. ♦この大学の志願者は1万人を突破した El número de candidatos a entrar en esta universidad ha sobrepasado los 100.000.

とっぱつ 突発 m. estallido. ♦突発する v. estallar, ocurrir de improviso; (突然起こる) v. suceder [ocurrir] de repente. ♦突発的な(=予期せぬ)事件 m. suceso imprevisto, m. imprevisto. ♦突発的に adv. inesperadamente; de repente.

とっぴ 突飛 ♦突飛な(現実離れした) adj. fantástico; (向こう見ずな) adj. disparatado, insensato; (異常な) adj. extraordinario,《口語》rarísimo; (常軌を逸した) adj. excéntrico; (過度な) adj. extravagante. ♦突飛な考え f. idea fantástica [extravagante],《口語》m. disparate. ♦突飛な計画 m. plan disparatado. ♦突飛な値段で adv. a un precio desorbitado [irrazonable].

とっぴょうしもない 突拍子もない ♦突拍子もない(=無益な)考え m. disparate, f. idea disparatada. ♦突拍子もない(=異質な)事を言う v. decir* disparates [cosas extravagantes].

トップ (首位の) m. primer puesto. → 先頭. ♦トップ会談 f. conferencia cumbre. ♦トップニュース fpl. noticias de「primera plana [portada]. ♦トップバッター m. primero al bate. ♦トップランナー(リレー競走の第1走者) mf. primer/mera relevo; (一流の走者) mf. corredor/dora de primera categoría. ♦(ある分野・職業の)トップレディー f. primera dama 《de》. ♦トップクラスのホテル m. hotel de primera clase. ♦トップの座を守る v. estar* en「la cabeza [lo más alto,《口語》la pomada]. ♦彼は成績はいつもクラスのトップだ Siempre es el primero de la clase. ♦彼はその競走でトップを切ってゴールした Llegó el primero a la meta en la carrera. / Acabó la carrera「el primero [en cabeza].

とっぷう 突風 f. ráfaga de viento. → 風.

とっぷり ♦その小屋にたどりつくまえうちに日がとっぷり暮れた Antes de llegar a la casita「se hizo muy de noche [anocheció completamente]. / Era noche cerrada cuando llegué a la casita.

どっぷり (深く) *adv.* profundamente, hasta el fondo; (ずっと進んで) *adv.* mucho, muy. ♦彼女は肉片をどっぷりソースの中に浸した Mojaba trozos de carne hasta el fondo de la salsa. ♦彼はどっぷりその陰謀にかかわっていた Estaba muy metido en la conspiración.

トップレス ▶トップレスの[の衣装を身に着けた] *adj.* 《英語》"topless", sin nada arriba. ▶トップレスの¹水着 [²女性] 1 *m.* monoquini [2 *f.* mujer con el busto desnudo].

とつべん 訥弁 ▶訥弁である (=しゃべり方がへただ) *v.* ser* 「poco elocuente [《フォーマル》 *mal/mala* orad*or/ora*].

とつレンズ 凸レンズ *f.* lente convexa. ▶凸レンズ1対 un par de lentes convexas.

-とて (であっても) *adv.* incluso, hasta, ni siquiera. ♦君とてそうするだろう Incluso tú lo harías así. ♦子供とてそうすることは許されるはずがない Ni siquiera a un niño se le puede permitir hacer eso; (…としても) *conj.* incluso si 《+直説法》, por 《+形容詞》 que 《+接続法》, aunque 《+接続法》. ♦金があるからとて何でも買えるわけではない「Por rico que seas [Aunque seas rico, Incluso si eres rico], no puedes comprar todo.

どて 土手 (川・湖の) *f.* ribera, *f.* orilla, *m.* ribazo; *m.* dique; (堤防) *m.* terraplén, *m.* muro de contención; (土手道) *m.* paso elevado.

とてつもない *adj.* irrazonable. → 途方(→途方もなく).

***とても** ❶【非常に】*adv.* muy + 形容詞; 動詞 + mucho; (ひどく) *adv.* sumamente, 《フォーマル》 extremadamente, 《フォーマル》 en grado extremo, 《フォーマル》 en alto grado; (たいそう) *adv.* urgentemente, con toda urgencia, mucho. ♦彼の講義はとても興味深い Sus conferencias son muy [《口語》muy, sumamente, 《フォーマル》extremadamente] interesantes. / Tengo mucho [《口語》 muchísimo] interés en sus conferencias. /「Estoy sumamente interesado por [Me interesan mucho] sus conferencias. ♦パーティーはとても楽しかった Lo pasé「muy bien [《口語》estupendamente, 《口語》 de maravilla, 《スペイン》《口語》guay, 《メキシコ》《口語》 bien padre] en la fiesta. / Disfruté mucho [《口語》muchísimo, 《口語》 a rabiar] en la fiesta. / La fiesta fue realmente [muy] divertida. ♦今朝はとても寒い Esta mañana hace mucho frío. ♦彼はその金がとても欲しかった Necesitaba mucho [urgentemente] el dinero. ♦彼女はとても親切なので級友に大変好かれている Como es tan amable, a sus compañeras 《口語》les cae bien. / Es una chica muy [sumamente] amable, y por eso les gusta a sus compañeras de clase.

❷【どうしても…ない】(まったく…ない) *adv.* nada, en absoluto, de ninguna manera, *v.* ser* imposible 《que + 接続法》. ♦彼はとても勤勉とは言えない Es todo menos diligente. / Dista mucho de ser diligente. ♦とても成功の望みがない No tengo ninguna esperanza de triunfar. / Es imposible que me salga bien. ♦彼女はとても天才とはいえないわ No es ningún genio. ♦私はとてもそれをすることができない No puedo「en absoluto [de ninguna manera] hacer eso. / Me resulta absolutamente imposible hacer tal cosa. ♦そんなことはとても (=いずれにせよ) 無理だろう Eso es absolutamente [totalmente] imposible. / Eso no se puede de ningún modo. ♦彼女はとても結婚しているようには見えない No parece nada una mujer casada [que esté casada]. 《会話》 彼, 本当に婚約したんだよーとても信じられないし─とても信じられないわ Es verdad es que está comprometido. – ¡No me digas! [¡No puede ser! / ¡Eso es imposible!]

とどう 徒党 (囚人などの群れ) *f.* banda, *f.* pandilla; (派閥) 《フォーマル》 *f.* facción, *m.* grupo; (陰謀者) *mf.* conspirad*or/ora*. ▶徒党を組む *v.* formar una banda, conspirar.

どとう 怒濤 (荒れ狂う波) *fpl.* olas furiosas [embravecidas]. ▶怒濤のように押し寄せる(群集などが) *v.* entrar en oleadas [tropel] (en); (感情などが) *v.* inundar.

・**とどく 届く** ❶【着く】(到着する) *v.* llegar* 《a》; (到達する) *v.* alcanzar* ♦ 着く. ▶小包はきのう届いた El paquete llegó ayer. / (小包は配達された)El paquete fue entregado ayer. ♦今朝彼から手紙が届いた (=手紙を受け取った) Esta mañana recibí una carta suya [de él]. / Una carta suya me llegó esta mañana. ♦今朝書類かばんを電車に置き忘れたんですが, 届いていないでしょうか No sé si「alguien lo habrá entregado [habrá sido entregada].

❷【達する】(手が届く) *v.* alcanzar*; (物が届く) *v.* llegar* 《a》. ▶…の手が届く [²届かない] ところに *adv.* ¹al [²fuera del] alcance de. ▶すぐ手の届くところに (=手元に) *adv.* a mano, al alcance de la mano. ♦彼は背が高いので天井に手が届く Es tan alto que「alcanza el [llega al, puede tocar el] techo con la mano. ♦そのはしごは窓まで届かない La escalera no「llega a [alcanza] la ventana. ♦目の届くかぎり海が広がっていた El mar se extendía fuera [más allá] del alcance de nuestra vista. / El mar se extendía hasta perderse de vista. ♦その薬は子供の手の届かない所に置いておきなさい Mantén esa medicina「fuera del alcance de [dónde no puedan llegar] los niños. ♦その車は私の給料ではまったく手が届かない Ese automóvil está totalmente fuera del alcance de mi salario. ♦その女優の声は劇場の後列まではっきりと届いた La voz de esa actriz llegaba con claridad hasta las filas últimas del teatro.

【その他の表現】 ♦彼はもう 50 に手が届く (=ほぼ 50 歳だ) Ronda [Le falta poco para] los cincuenta. ◆弾丸は的に届かなかった La bala no alcanzó el blanco.

とどけ 届け (報告(書)) *m.* informe, *m.* reporte, *f.* relación; (通知) *m.* aviso; (登録) *m.* registro, *f.* inscripción, *f.* matriculación. ▶欠席届を出す *v.* enviar* un aviso de ausencia. ▶警察に被害届を出す *v.* informar de los daños a la policía. ▶¹出生 [²死亡] 届をする *v.* registrar un ¹nacimiento [²fallecimiento]. ▶届け先 (=受取人の住所) *f.* dirección del destinatario.

***とどける 届ける ❶**【渡す】 (送る) *v.* enviar*, mandar, (フォーマル) despachar; (配達する) *v.* entregar* [repartir, servir*] a domicilio; (持って行く) *v.* llevar; (持って来る、相手のところへ持って行く) *v.* traer*. ▶小包を郵便で届ける *v.* enviar* un paquete por correo. ▶品物を客に届ける *v.* entregar* los artículos a un cliente en su domicilio. ▶この伝言を彼に届けてくれませんか ¿Puede enviarle usted este mensaje? ◆あすお届けにあがります Mañana se lo llevo. ◆彼らはその金を警察に届けた (=引き渡した) Entregaron el dinero a la policía.
❷【報告する】 *v.* informar, (フォーマル) notificar*, avisar; (正式に通知する) *v.* (フォーマル) notificar*, avisar, *v.* registrar, inscribir*. ▶彼の失踪(ら)を警察に届ける *v.* informar a la policía de su desaparición. ◆彼は赤ん坊の出生を区役所に届けた Registró el nacimiento de su hijo en el Ayuntamiento.

とどこおり 滞り ▶滞りなく (=遅れずに) 支払う *v.* pagar* 「sin retraso [puntualmente]. ◆会合は滞りなく (=すらすらと) 終わった La reunión transcurrió 「con toda normalidad [sin ninguna novedad].

とどこおる 滞る ▶滞った (未納の) *adj.* no pagado, atrasado; (期限の過ぎた) *adj.* vencido (en el pago); (未完成の) *adj.* inacabado. ▶彼は(3カ月も)家賃が滞っている El pago de su alquiler está atrasado tres meses. / Lleva tres meses de retraso en el pago del alquiler. ⇨貯[溜]める、溜[貯]まる

ととのう 整[調]う (用意ができる) *v.* estar* preparado [listo] (para). ➔用意; (完了する) *v.* quedar terminado [acabado]; (まとまる) *v.* disponerse*, prepararse. ▶準備はすべて整った Todo está preparado [listo, a punto]. ◆二人の縁談が調った Se les ha preparado el matrimonio.
—— **整った** (きちんとした) *adj.* ordenado, limpio; (こざっぱりした) *adj.* aseado, limpio; (形などがまともな) *adj.* decente. ▶整った部屋 *m.* cuarto ordenado. ▶服装が整っている *v.* estar* vestido 「con gusto [pulcramente]. ▶整った顔をしている *v.* ser* bien parecido; (目鼻立ちの) *v.* tener* rasgos regulares.

ととのえる 整[調]える ❶【きちんとする】 *v.* limpiar, asear; ordenar, poner* en orden; (並べる) *v.* arreglar, adecentar. ➔整理する. ▶部屋を整える *v.* ordenar [limpiar] un cuarto. ▶髪を整える *v.* arreglarse el pelo. ◆彼女は外出の前に身なりを整えた Se arregló antes de salir.

❷【用意する】 *v.* preparar(se), hacer* los preparativos (para), 準備する、準備する; (手配して) *v.* hacer* arreglos, tomar medidas (para); (配置する) *v.* poner*, disponer*. ▶旅の準備を整える (出発直前に) *v.* prepararse para el viaje; (前もって) *v.* hacer* los preparativos del [para el] viaje. ▶葬儀の手はずをすべて整える *v.* hacer* todos los preparativos para el funeral. ▶来客用にテーブルを整える *v.* poner* una mesa para los invitados.
❸【とりそろえる】(買う) *v.* comprar; (設備する) *v.* instalar. ➔ 整備、調達する.
《その他の表現》 ▶(運動選手が)体調を整える *v.* poner* en forma, preparar. ▶呼吸を整える *v.* recuperar el aliento.

とどまる 止まる ❶【残る】 *v.* (フォーマル) permanecer*. ▶現職にとどまる *v.* quedarse en el puesto actual. ◆彼は家にとどまった Se quedó en casa.
❷【限定される】 *v.* limitarse (a). ▶損害は百万円程度にとどまった La pérdida 「se limitó a un [no superó el] millón de yenes. ◆その計画に反対しているのは彼だけとどまらない La oposición no está sólo limitada a él.

とどろき 轟き (ごう音) *m.* fragor; (雷などの) *m.* estruendo; *m.* estrépito, *m.* retumbo; (うなり) *m.* bramido, *m.* estruendo. ▶大砲 [²地]のとどろき ¹*f.* detonación de los cañones [² *m.* fragor de las olas]. ▶雷のとどろき *m.* retumbo de un trueno. ▶胸のとどろき *mpl.* latidos del corazón.

とどろく 轟く ❶【大砲・雷鳴・海などが】 (大砲が) *v.* tronar*; (機械が) *v.* rugir*; (雷鳴・飛行機が) *v.* retumbar; (海・風が) *v.* bramar. ◆稲妻が光ってすぐ雷鳴がとどろいた Un instante después del relámpago, 「retumbó un [se oyó el estruendo del] trueno.
❷【広く知られる】➔響く.
—— **とどろかす** ▶飛行機が爆音をとどろかせて飛び去った El avión se alejó retumbando. ◆彼は天下に名をとどろかせた Hizo 「sonar su nombre [que su nombre sonase] en todo el mundo.

ドナー *mf.* donante.

とない 都内 ▶都内に (=首都(の)地域に)住む *v.* vivir en la zona metropolitana de Tokio.

ドナウ ▶ドナウ川 el Danubio. ▶美しく青きドナウ (曲名) «El Danubio Azul».

となえる 唱える ❶【くり返し言う】(祈とう文などを) *v.* salmodiar; (暗唱する) *v.* recitar. ▶呪文(%)を唱える *v.* pronunciar 「palabras mágicas [un hechizo]. ▶修道士たちは祈りの言葉を唱えていた Los monjes recitaban sus oraciones.
❷【主張する】(意見などを提出する) *v.* proponer*, presentar; (反対などを持ち出す) *v.* formular, hacer*. ◆ダーウィンは新しい進化論を唱えた Darwin propuso una nueva teoría de la evolución. ◆彼はその計画に異議を唱えた Presentó [Puso] una objeción al plan.

トナカイ *m.* reno.

-となく ▶昼となく夜となく（=昼も夜も）働く v. trabajar (sin parar) día y noche; (一晩中) v. trabajar toda la noche.

どなた interrog. quién. → だれ. ♦どなたですか（名前を尋ねて）¿Me dice su nombre, por favor? / Perdone, ¿cómo se llama usted? / ¿Con quién tengo el gusto (de hablar)? / （電話で）¿Quién llama, por favor? / ¿Con quién tengo el gusto de hablar? / （ドアのノックなどに）¿Quién es?

トナディーリャ f. tonadilla (☆短い歌曲, 劇音楽).

＊＊となり 隣（隣の家）f. casa vecina [《口語》 de al lado], 《フォーマル》contigua, 《強調して》colindante; (隣の家の人) mf. vecino/na (de al lado); (隣の席) m. asiento "de al lado [《フォーマル》contiguo]. ♦お隣へ行って砂糖を借りてきます Voy a pedirle "al vecino [a la vecina] un poco de azúcar.

1《～隣》▶うちの1右 [2左] 隣は郵便局です El siguiente edificio a mi ¹derecha [²izquierda] es correos.

2《隣＋名詞》▶隣近所（隣人たち）mpl. vecinos, 《フォーマル》f. vecindad; (付近) m. barrio; m. vecindario. ♦私たちは隣同士です Somos vecinos. / Vivimos al lado. ♦スペインとフランスは隣国同士です España y Francia son países vecinos. ♦私たちは隣り合わせに座った Nos sentamos al lado. ♦¹右 [²左] 隣に座る v. sentarse* a la ¹derecha [²izquierda]. ♦私の席は彼と隣り合わせです Mi asiento está a su lado.

3《隣の》▶隣の家の女の子 f. chica de al lado. ▶隣の町まで車で行く v. ir* en coche a la ciudad vecina. ♦隣の部屋の声が聞こえる Se oyen voces en el cuarto de al lado. ♦私の隣の席は空いていた El asiento "de al lado [a mi lado] estaba desocupado. ♦すぐ隣の家に泥棒が入った Han atracado en la casa de los vecinos. ♦隣の人とおしゃべりをやめなさい（先生が生徒に）Deja de hablar con "el de al lado [tu compañero].

4《隣に[と]》▶彼は私の家の隣に住んでいる Vive "al lado de mi casa [en la casa al lado de la mía]. ♦うちの会社の隣にレストランがある Hay un restaurante al lado de mi oficina. 《会話》彼らの店はどこですか—駅のすぐ隣です ¿Dónde está su tienda? – "Al lado de [Junto a] la estación.

となりあう 隣り合う →隣接. ▶隣り合って住む v. vivir al lado. ▶隣り合って座る v. sentarse* al lado. ▶隣り合う家 fpl. casas contiguas [colindantes].

どなる 怒鳴る （大声で叫ぶ）v. gritar, vociferar, vocear, exclamar. ▶怒ってどなる v. rugir* de rabia. ▶遅刻して上司にどなられる v. recibir un grito del jefe por llegar* tarde. ▶そうどなるな No me grites. ♦ああいうふうに人の前でどなるのはよくない No es educado「ponerse a gritar así [dar esos gritos] en un lugar público. ♦彼らは列車が遅れたと言って駅長室にどなり込んだ（=怒って突入した）Entraron gritando en la oficina del jefe de estación para quejarse del retraso del tren.

ドニエプルがわ ドニエプル川 m. Dniéper.

とにかく adv. de todos modos, de cualquier manera. → ともかく.

トニック f. tónica (☆清涼飲料水).

＊＊どの ❶【どれ】interrog. cuál, cuáles. 【何の】interrog. qué; 【だれ】interrog. quién, quiénes. → どちら. ♦どの季節が一番好きですか ¿Cuál es tu estación favorita? / ¿Qué estación del año te gusta más? ♦どのテレビ番組が見たいの ¿Qué programa de televisión quieres ver? ♦どの男の子がぼくの妹をたたいたの ¿Quién le ha pegado a mi hermana?

❷【どの…も】adj. cada, todo; (どんな…も) adj. cualquier(a), (どの…ない) adj. ninguno. ♦どの生徒も個性を持っている Cada estudiante tiene su propia personalidad. / Todos los estudiantes tienen su propia personalidad. → 皆. ♦ほとんどどの車もゆっくり走っていた Casi todos los coches iban despacio. ♦どの本を読んでもよろしい Puedes leer「cualquier libro [todos los libros, el libro que quieras]. ♦彼の本はどの本も読んでいない No he leído「ningún libro suyo [ninguno de sus libros]. ♦どの先生も今日は試験をしないでしょう Ningún profesor va a poner hoy examen. / Hoy no habrá ningún profesor que ponga examen. / Ninguno de nuestros profesores pondrá hoy examen. ♦彼はクラスのどの男の子よりも力が強い Es más fuerte que cualquier otro niño de la clase. / Es el más fuerte de la clase. / No hay otro niño más fuerte que él en la clase.

どのう 土のう m. saco terrero [de tierra]. ▶川の土手に土のうを積む v. formar un dique en el río con sacos terreros, poner* sacos terreros en la orilla del río.

＊＊どのくらい interrog. cómo, qué, cuál. ❶【数】interrog. cuántos; (量) interrog. cuánto. ♦どのくらい蔵書を持ちですか ¿Cuántos libros tienes? ♦この市の人口はどのくらいですか ¿Qué población [¿Cuántos habitantes] tiene esta ciudad? 《会話》あなたの体重はどのくらいですか—50 キロです ¿Cuánto pesas [¿Cuál es tu peso]? – Cincuenta kilos. 《会話》休暇はどのくらい取れるの—3 週間だと思うよ ¿Cuántos días [¿Cuántas semanas] de vacaciones tienes? – "Creo que tres semanas. [《口語》Tres semanas, espero]. ♦給料はどのくらいお望みですか ¿Cuánto? ♦彼はあなたよりどのくらい年上ですか ¿Cuántos años te saca? 《会話》3 メートルの差をつけて勝ったよ—どのくらいの差で Gané por tres metros. – ¿Por cuánto [qué distancia]? 《会話》もっと要るだろうなあ—あとどのくらい Necesitaré más. – ¿Cuánto más?

❷【距離】interrog. a qué distancia, cuántos (metros, kilómetros), cuánto hay; (頻度) f. cada cuándo [cuánto], con qué frecuencia. 《会話》ここから君の学校までどのくらいありますか—歩いて約 10 分です ¿Cuánto se tarda para ir a tu escuela de aquí? / ¿Cuánto hay de aquí a tu escuela? – A pie, se tarda unos diez minutos. 会話 どのくらいの頻度で図書館へ行くの—普通は毎週よ ¿Vas mucho [¿Cada cuánto tiempo vas] a la biblioteca? – Generalmente, todas las semanas. ❸【期間, 時間】cuánto tiempo, cuánto hay [se tarda]. 会話 日本に来てからどのくらいになりますか—かれこれ10年です ¿Cuánto (tiempo) llevas en Japón? / ¿Llevas aquí mucho? / ¿Hace mucho que estás aquí? – Casi diez años. 会話 新潟から上野までのどのくらいかかりますか—上越新幹線を使えばわずか2時間です ¿Cuánto se tarda de Niigata a Ueno? – En el Joetsu Shinkansen (se tarda) sólo dos horas. ◆そこにはどのくらい早く着いたの？10時？ ¿Llegaste muy pronto allí? ¿A las diez? 会話 あとどのくらいしたら劇が始まりますか—あと2,3分よ ¿A qué hora empieza el teatro? – En dos o tres minutos. 会話 待っててくださいね—どのくらいで戻るの Espérame, ¿de acuerdo? – ¿Cuánto vas a tardar? ❹【高さ】cuánto mide de alto, qué altura tiene, cómo es de alto;【大きさ】cómo es de grande, qué tamaño tiene;【幅】cómo es de ancho, cuánto mide de ancho, qué anchura tiene;【年齢】cuántos años. あなたの身長はどのくらいありますか—170センチあります ¿Cuánto mides? [¿Qué estatura tienes?] – Uno setenta. ◆あの山の高さはどのくらいですか ¿Qué altura tiene esa montaña? ◆その運動場の広さはどのくらいですか ¿Qué tamaño [dimensiones] tiene ese campo de juegos? 会話 彼女と住むには狭すぎるです？君のアパートはどのくらいの広さなの—ほんの一部屋のアパートです ¿Demasiado pequeño para vivir con ella? Pues, ¿cómo es tu apartamento de grande? – No tiene más que una habitación. ❺【程度】会話 君が森君と試合をするんだってね—彼はどのくらいの腕なの He oído que vas a jugar con Mori. – ¿Qué nivel tiene? [¿Es bueno?] ◆あなたの車はどのくらい損傷を受けていますか ¿Cómo ha quedado de dañado tu coche? ◆彼女はどのくらいピアノが弾けますか [²スペイン語が話せますか] ¿Qué tal ¹toca el piano [²habla español]? ◆彼女がどのくらい一生懸命勉強したかあなたは知っていますか ¿Sabes si estudió mucho? ◆その番組は, どのくらい人気があっても, すぐ中止すべきだ El programa, ¹por popular que sea [²no importa la popularidad que tenga], debería ser suspendido de inmediato.

とのさま 殿様 (封建領主) m. señor (feudal). ▶ 殿様のようにふるまう v. actuar* como un señor feudal.

-とは ❶【ある物事を取り立てて】◆青春とは生命の爆発である La juventud es una explosión de la vida.

❷【意外なことを表わして】◆彼女が夜一人で外出するとは愚かだった Fue una locura que saliera sola por la noche. / ¡Qué tonta, salir sola por la noche! ◆はるばる君がやってくるとは ¡Es increíble que hayas venido hasta aquí! → なんて.

とはいうものの とは言うものの *conj.* pero, aunque. → とは言え.

とはいえ とは言え (しかし) *conj.* pero, *adv.* así y todo; (けれども) *adv.* aun así. → けれども. 会話 彼自転車を何台も持っているんだよー—とは言え彼貸してくれる気があるかしらね Tiene muchas bicicletas. – 「Sí, pero [Aun así,] ¿estará dispuesto a prestarlas?

とばく 賭博 *m.* juego. → 賭(か)け. ▶とばく師 *mf.* jugad*or/dora*, 《軽蔑的に》 *mf.* ta*húr/hura*. ▶とばく場 *f.* casa de juego, *f.* timba, *f.* garito. ▶とばく場 *m.* casino. ▶とばくをする *v.* jugar*, apostar* dinero 《a》. ▶野球とばくをする *v.* apostar* en los partidos de béisbol.

とばす 飛ばす ❶【空中へ上げる】(飛行機などを飛ばす) *v.* hacer* volar*, volar*. → 吹き飛ばす; (ロケットなどを打ち上げる) *v.* lanzar*; (弾丸・矢などを発射する) *v.* disparar, tirar; (吹き飛ばす) *v.* arrebatar, volar*. → 吹き飛ばす. ▶ハトを飛ばす *v.* soltar* [hacer* volar*] una paloma. ▶人工衛星を飛ばす *v.* lanzar* un satélite artificial. ▶的をめがけて矢を飛ばす *v.* tirar una flecha al blanco. ◆ライト兄弟は史上はじめて飛行機を飛ばした Los hermanos Wright fueron los primeros hombres de la historia que hicieron volar un aeroplano. ◆風で帽子を(吹き)飛ばされた Mi sombrero se voló por el viento. / (風が) El viento me arrebató el sombrero.

❷【速く走らせる】(車・馬などを) *v.* ir* a toda velocidad; (馬を) *v.* hacer* galopar; 【速く走る】(車で) *v.* acelerar; (馬に乗って) *v.* galopar, ir* a galope tendido. ▶馬に乗って野原を飛ばして行く *v.* atravesar* el campo a galope tendido. ◆時間がなかったので駅まで¹かなりの速さ [²全速力] で車を飛ばした Tenía mucha prisa, así que conduje a la estación ¹a alta velocidad [²a toda velocidad]; ² 《口語》 a toda pastilla].

❸【ページ・行などを飛ばす】*v.* saltarse. ▶数ページを飛ばして読む *v.* saltarse unas páginas. ▶雑誌を飛ばし読みをする *v.* hojear una revista, leer* una revista saltándose partes. ◆この課は飛ばしてもよい Esta lección se puede saltar [omitir]. ◆出席をとるとき先生は私の名前を飛ばした El profesor se saltó mi nombre al pasar lista.

《その他の表現》 ▶デマを飛ばす (=広める) *v.* hacer* correr* un falso rumor. ▶冗談を飛ばす *v.* decir* [soltar*] una broma. ▶私に水を飛ばすな (=はね散らすな) No me 「salpiques de [eches] agua.

とばっちり ◆私は彼らのけんかのとばっちりを食った (=けんかに巻き込まれた) Me metieron en su pelea.

とび 鳶 *m.* milano. ▶とび職 *mf.* obrero/*ra* de la construcción. ▶とびが鷹(たか)を生む 《ことわざ》 De padre diablo, hijo santo. / 《ことわざ》 Hasta una gallina negra pone un huevo blanco.

とびあがる 飛[跳]び上がる ❶【はね上がる】*v.* saltar, dar* [《口語》pegar*] un salto, dar*

とびあるく

saltos, brincar*; (大きく) v. saltar, dar* un salto. ▶その知らせに跳び上がって喜ぶ v. saltar de alegría al oír* la noticia. ▶テーブルの上に跳び上がる v. saltar sobre la mesa. ♦彼はいすから跳び上がった Saltó de la silla.
❷【空中に】v. levantar [alzar*] el vuelo, 《フォーマル》remontarse [elevarse] (hasta el cielo).

とびあるく 飛び歩く v. ir* volando [corriendo, a toda prisa]. → 駆け回る.

とびいしれんきゅう 飛び石連休 (断続的な休日) f. serie de días festivos con días laborales entremedio, 《口語》m. puente.

とびいり 飛び入り (自由参加の) adj. abierto. ♦このテニスの試合は飛び入り自由です(=プロ, アマを問わずだれでも参加できる) Este partido de tenis está abierto a todos. / Es un partido de tenis abierto. ♦彼はその競技に飛び入りした(=エントリーしないで)参加した Participó en la competición sin inscripción previa.

とびうお 飛び魚 m. pez volador.

とびうつる 飛び移る ▶枝から枝へと飛び移る(鳥が) v. saltar de rama en rama. ▶船からボートに飛び移る v. saltar del barco al bote.

とびおきる 跳[飛]び起きる v. saltar [dar* un salto] de la cama.

とびおりる 飛び降りる v. bajar de un salto 《de》, saltar a tierra 《de》. → 飛[跳]ぶ. ▶電車から地面へ飛び降りる v. bajar del tren de un salto, saltar del tren. ▶2階の窓から飛び降りる v. saltar por la ventana del piso de arriba. ▶橋から飛び降り自殺をする v. suicidarse saltando [arrojándose] desde un puente.

とびかう 飛び交う (鳥などが) v. volar*; (すいすい・ひらひらと) v. revolotear, 《口語》mariposear. ▶花から花へと飛び交うちょう fpl. mariposas revoloteando de flor en flor. ♦怒声が飛び交った Se cruzaban voces airadas.

とびかかる 飛び掛かる v. saltar 《a, sobre》; (急に) v. abalanzarse* 《contra, sobre》; (獲物などに) v. arrojarse [lanzarse*] 《sobre》; (急に襲いかかる) v. tirarse 《a, contra》; (身を投げつける) v. lanzarse* [arrojarse] 《contra, sobre》. ♦その犬は彼ののどをめがけて飛びかかった El perro se le lanzó a la garganta. ♦少年たちは泥棒に飛びかかった Los muchachos se arrojaron [abalanzaron, lanzaron] sobre el ladrón. ♦猫はいすから犬に飛びかかった El gato se abalanzó desde la silla sobre el perro. ♦ライオンは調教師に飛びかかった El león saltó sobre el domador.

とびきり 飛び切り (例外的に) adv. excepcionalmente; (並はずれた) adv. extraordinariamente; (断然) adv. con mucho, sumamente. ▶飛び切り上等のワイン el mejor vino con mucho, m. vino de la mejor calidad. ♦彼は飛び切りの秀才だ Es extraordinariamente brillante.

とびこえる 飛[跳]び越える v. saltar 《sobre》. → 飛[跳]び越す.

とびこす 飛[跳]び越す ▶垣根(の上)を跳び越す v. saltar una valla; (少しも触れずに) v. salvar [saltar por encima de] una valla. ▶水たまりを跳び越す v. saltar (sobre) un charco. ♦跳び越すには川の幅が広すぎる Este arroyo es demasiado ancho para saltarlo.

とびこみ 飛び込み (水泳の) m. salto de palanca, 『ラX』 m. clavado. ▶優雅な飛び込みを披露する v. saltar al agua con elegancia. ▶飛び込み競技 f. competición de saltos. ▶飛び込み台(板) m. trampolín; (高飛び込みの) f. plataforma de saltos. ♦彼は飛び込みが上手だ Es muy bueno saltando al agua. / Salta muy bien al agua. / Se zambulle muy bien.

とびこむ 飛び込む ❶【水の中へ】v. tirarse [saltar] al agua, zambullirse*;【部屋などの中へ】v. precipitarse 《en》, entrar precipitadamente 《en》;【鳥・石などが飛んで入る】v. entrar volando 《en》. ▶彼女を救おうとその川に飛び込む v. tirarse [saltar] al río para salvarla. ▶頭から水に飛び込む v. zambullirse* [saltar] de cabeza. ▶足から飛び込む v. zambullirse* con los pies. ♦ここは浅すぎて飛び込めない El agua no es lo bastante profunda para zambullirse. ♦その少年は部屋に飛び込んで来た El muchacho entró precipitadamente en la habitación.
❷【飛び込み自殺する】▶¹電車 [²川]に飛び込む v. tirarse al ¹tren [²río].

とびさる 飛び去る v. irse* volando.

とびだす 飛び出す (飛んで出る) v. saltar 《de》; (走り出る) v. salir* corriendo, 《口語》 salir* disparado; (急いで) v. salir* precipitadamente, abalanzarse* (fuera de); (破って出る) v. salir* rompiendo. ▶¹ベッド [²窓]から飛び出す v. saltar ¹de la cama [²por la ventana]. ▶家を飛び出す(=家出する) v. escaparse de casa. ♦彼は(教室から)運動場へ飛び出した Salió corriendo de la clase al patio. ♦¹うさぎ [²野うさぎ]が茂みから飛び出すのを見た Vi ¹un conejo [²una liebre] saltar de los matorrales.

とびたつ 飛び立つ (鳥が飛び去る) v. echar a volar*, irse* volando; (飛び上がる) v. levantar [alzar*] el vuelo; (飛行機が) v. despegar*; (ロケットなどが) v. despegar*. → 離陸. ♦ツバメが巣から飛び立った Las golondrinas han salido 「volando del [(巣立つ)abandonado el] nido.

とびつく 飛び付く v. saltar 《a》; (獲物などに急に襲いかかる) v. lanzarse* [arrojarse] 《sobre》. ▶鉄棒に飛びつく v. saltar a una barra fija. ▶¹申し出 [²チャンス]に飛びつく v. aprovechar [aceptar] una ¹oferta [²ocasión] al vuelo.

トピック m. tópico, m. tema. → 話題.

とびでる 飛び出る → 飛び出す, 目玉.

とびとび 飛び飛び (あちこちに) adv. aquí y allí, por un sitio y por otro; (間をあけて) adv. a intervalos [trechos], de trecho en trecho. ▶雑誌を飛び飛びに読む v. hojear una revista, 《口語》leer* una revista saltándose la mitad.

とびぬけて 飛び抜けて ▶クラスで飛び抜けて背が高

い v. ser* con mucho [gran diferencia] el más alto de la clase. ♦彼は飛び抜けて音楽が上手だ En música sobresale [《フォーマル》 descuella] con「mucho [gran diferencia]. / Deja a los demás muy pequeños en música.

とびのく 飛び退く (後ろに) v. saltar hacia [para] atrás; (横に) v. saltar a un lado, apartarse de un salto.

とびのる 飛び乗る ▶馬 [2バス] に飛び乗る v. saltar ¹sobre un caballo [²al autobús], montar ¹a caballo [²al autobús] de un salto. ▶タクシーに飛び乗る v. subir a un taxi a toda prisa, meterse en un taxi de un salto. ⇒ 乗る.

とびばこ 跳び箱 (跳馬) 《スペイン》《口語》 m. potro, 《ラ米》 m. cajón, 《フォーマル》 m. plinto. ▶跳び箱を跳ぶ v. saltar el potro.

とびはねる 跳びはねる v. saltar, dar* un salto, 「《口語》 pegar*」 un brinco [retozar*] (de alegría); (水などが) v. salpicar*. → 跳ねる. ♦水があたりに跳びはねた El agua salpicaba por todas partes.

とびひ 飛び火 ❶【火, 炎】(飛び散る火の粉) fpl. chispas, fpl. pavesas; (飛び移る炎) fpl. llamas. ▶花火の飛び火で出火した Unas chispas de los fuegos artificiales provocaron el incendio. ♦火事は川向こうに飛び火した Las llamas cruzaron el río. ♦汚職事件は数人の同僚にも飛び火した (=巻き込まれた) El escándalo salpicó a algunos ministros.
❷【医学】《専門》 m. impétigo.

とびまわる 飛び[跳び]回る ❶【空中で】 v. dar* vueltas volando, volar* dando vueltas, 《教養語》 circunvolar; (羽ばたいて) v. revolotear.
❷【跳ね回る】 v. brincar, saltar, retozar*. → 跳ね回る.
❸【奔走する】 v. hacer* todo lo posible. → 駆け回る.

どひょう 土俵 《英語》 m. "ring" [f. cancha] de "sumo". ▶土俵際で adv. al borde del "ring"; (時間ぎりぎりに) adv. en el último momento. ▶土俵を割る(相撲で) v. ser* sacado del "ring" de un empujón; (人に屈する) v. rendirse*. ▶土俵入り f. ceremonia de entrada al "ring".

とびら 扉 f. puerta. → 戸; (門) f. entrada; (本の) f. portada.

トビリシ Tbilisi (☆グルジアの首都).

***とぶ** 飛[跳]ぶ ❶【空中を飛ぶ】(鳥・飛行機などが) v. volar*; (滑るように) v. planear; (表面をすれすれに) v. rastrear, volar* a ras de; (高く舞い上がる) v. remontarse, elevarse; (鳥・チョウなどが乱れ飛ぶ) v. revolotear; (羽をばたつかせて) v. revolotear; (吹き飛ぶ) v. volarse*. ♦カモメが¹空を [²空中をすうっと; ³波間を]飛んでいる Las gaviotas están ¹volando en el aire [²planeando en el aire; ³volando a ras de las olas]. ♦たくさんの風船が空中を飛んでいた Había muchos globos 「en el aire [volando por el aire]. ♦私たちの飛行機はモスクワへ直通で飛んだ Nuestro avión voló directamente a Moscú. ♦彼は太平洋を飛行機で飛んだ Sobrevoló [Voló sobre] el Pacífico. ♦チョウがひらひらと花から花へ飛んでいる Una mariposa revolotea de flor en flor. ♦書類は風で飛んだ Los papeles se volaron.
❷【飛ぶように行く】(飛ぶように走る) v. ir* volando, volar*; (急いで行く) v. darse* prisa, correr; (大急ぎで) v. darse* mucha prisa. ▶家へ飛んで帰る v. ir* volando a casa. ♦彼を助けに飛んで行く v. correr 「《強調して》 volar*」 en su ayuda. ▶現場へ飛んで行く v. volar* al lugar. ♦彼はにこにこして私のところへ飛んで来た Vino volando hacia mí con una sonrisa. ♦休暇は飛ぶように過ぎる Las vacaciones pasan volando.
❸【跳ねる】 v. saltar, brincar*, dar* [《口語》 pegar*] saltos, hacer* cabriolas. → 跳ねる. ▶上下に跳ぶ v. dar* saltos. ♦2メートル跳ぶ (垂直・水平方向に) v. saltar dos metros; (走り高跳びで) v. salvar la barra a dos metros. ▶溝を跳んで渡る v. saltar (por encima de) un foso. → 飛[跳]び越す. ▶縄跳びで何回跳べますか ¿Cuántas veces puedes saltar a la comba [cuerda]?

【その他の表現】 ▶話題があちこち飛ぶ v. saltar [pasar] de un tema a otro. ♦犯人は国外へ飛んだ (=逃亡した) El delincuente se fugó del país. ♦新製品は飛ぶように (=ものすごく) 売れている El nuevo producto 「se está vendiendo muy bien [《口語》 está haciendo furor]. ♦この本は8ページ飛んでいる (=抜けている) A este libro le faltan ocho páginas. / Faltan ocho páginas de este libro.

どぶ f. zanja; (排水溝) m. desagüe; (道路沿いの) f. cuneta. ▶どぶをさらう v. limpiar una zanja.

とぶくろ 戸袋 m. cajón para las puertas corredizas.

とべい 渡米 ▶渡米する v. visitar Estados Unidos, ir* de visita a Estados Unidos; (出発する) v.「salir* 「en 《フォーマル》 emprender una」 visita a Estados Unidos. ▶渡米中である v. estar* de visita en Estados Unidos.

どべい 土塀 f. tapia.

とほ 徒歩 ▶徒歩で adv. a pie, andando. ▶徒歩旅行に出かける v. ir* de excursión a pie, hacer* una caminata. ♦私は毎日徒歩通学する A diario camino [voy a pie; voy andando] a la escuela.

とほう 途方 ♦彼はどうしてよいか途方に暮れた No sabía lo que tenía qué hacer. / No sabía qué hacer. / Estaba perdido [《口語》 hecho un lío]. / 《フォーマル》 Estaba perplejo.
—— 途方もない (途は脱それた) adj. extraordinario; (ばかばかしい) (理屈に合わず) adj. absurdo; (こっけいで) adj. ridículo; (値段・要求などが法外な) adj. irrazonable, exorbitante; (とてもありえない) adj. imposible, descabellado; (信じられない) adj. increíble. ▶途方もない人 f. persona con [de] un genio extraordinario. ▶途方もないことを言う v. decir* disparates [cosas absurdas]. ▶途方もない値段をふっかける v. pedir* un precio exorbitan-

1010 どぼく

te. ▶途方もない¹旅行 [²奴] ¹ m. viaje [² f. persona] imposible. (会話) 彼女の衣装はかなり風変わりだったね—途方もなかったわよ Su ropa era bastante rara, ¿verdad? – ¿Rara? Era increíble. ♦ 彼の足は途方もなく大きい Tiene unos pies extraordinariamente grandes.

どぼく 土木(工事) fpl. obras públicas; f. ingeniería civil. ▶土木技師 mf. ingeniero/ra civil. ▶土木工学 f. ingeniería civil.

とぼける (知らぬふりをする) v. disimular, fingir* ignorancia; (無実のふりをする) v. fingirse* inocente. ▶とぼけた表情 (=無表情な顔つき) f. cara「de bobo [inmutable].

とぼしい 乏しい (数・量・貯えなどが不十分な) adj. pobre; (供給が一時的に不十分な) adj. escaso; (必要な数・量などがまったく不十分な) adj. insuficiente, exiguo, 《教養語》parco; (不足している) adj. (andar) escaso de, (tener) poco. ▶乏しい収穫 f. cosecha pobre. ▶乏しい収入 mpl. ingresos escasos [pobres,《強調して》miserables]. ▶日本は天然資源に乏しい Japón es pobre en recursos naturales. ♦ 戦時中バターは乏しかった Durante la guerra la mantequilla escaseaba [era escasa]. ♦ 彼は知力が乏しい「Le falta [Carece de] inteligencia. ♦ 彼は資金が乏しくなってきた Se le está acabando el dinero. / Anda escaso de fondos. ♦ 彼はスペイン語を教えた経験が乏しい「Tiene escasa [Tiene poca, Apenas tiene] experiencia como profesor de español. /《フォーマル》Carece de experiencia en la docencia del español.

— 乏しさ ▶資源の乏しさ f. escasez de recursos.

とぼとぼ ▶とぼとぼ歩く v. caminar con (aire de) cansancio, andar* lenta y pesadamente; (つらそうに) v. caminar con dificultad. ♦ 一日のつらい仕事が終わって、労働者はとぼとぼ家へ帰る Los obreros vuelven a sus casas con aire de cansancio después de una dura jornada de trabajo. ♦ 子供たちは山道をとぼとぼ下りて行った Los niños bajaron con dificultad por el sendero de la montaña.

どま 土間 m. suelo de tierra, m. piso terrero.

トマス・モーア Santo Tomás Moro (☆ 1478–1535, イギリスの思想家・政治家).

トマト m. tomate,『メキシコ』m. jitomate. ▶トマトジュース m. jugo de tomate.

とまどい 戸惑い (困惑) m. desconcierto, f. confusión; (まごつき) f. turbación. ▶戸惑いを感じる v. estar* confuso [turbado]. ▶戸惑い

止まれ Pare. →止まる

を¹見せる [²隠す] v. ¹mostrar* [²ocultar]「el desconcierto [la confusión].

とまどう 戸惑う (当惑する) v. desconcertarse*,《口語》no saber* qué hacer*; (困惑する) v.《フォーマル》quedarse perplejo; (まごつく) v. turbarse《por, de》. ♦ 私はどうしたものかとまどってしまった No supe [sabía] qué hacer. / Estaba desorientado sobre qué hacer. ♦ 彼は彼女の態度にとまどった Su actitud le desconcertó.

とまり 泊まり (宿泊) m. alojamiento. → 宿泊; (滞在) f. estancia, f. permanencia; (宿直) m. turno de noche, f. guardia. ▶泊まり客 mf. huésped. ▶一晩泊まりで日光へ行く v. visitar Nikko pasando la noche. ♦ 今晩は泊まり(=宿直)です Esta noche estoy de guardia. / Hoy me toca el turno de noche. ♦ 彼は泊まりがけで遊びに来た Vino a quedarse [pasar unos días] con nosotros.

とまりぎ 止まり木 (鳥の) f. percha. ♦ 鳥が止まり木にとまっていた Un pájaro estaba posado en la percha.

・**とまる** 泊まる v. hospedarse, alojarse, quedarse. ▶ホテルに泊まる v. alojarse en un hotel; (記帳して泊まる) v. registrarse en un hotel. ▶友達の家に泊まる v.「quedarse con [pasar la noche en casa de] un amigo. ▶一晩泊まる v. pasar la noche,《教養語》pernoctar. ▶¹日曜 [²日曜—¹日]泊まる v. quedarse ¹hasta el domingo [²el domingo]. →—まで. ♦ どこに泊まるのですか ¿Dónde vas a quedarte? (どこのホテルに泊まるのですか)《フォーマル》¿En qué hotel se va a alojar? ♦ そのホテルには5百人泊まれる Ese hotel puede acoger [alojar a] quinientas personas. / En ese hotel se pueden hospedar quinientas personas. / (収容できる) Es un hotel con capacidad para quinientas plazas [camas].

**とまる 止まる 留まる ❶【停止する】(意図して) v. parar; (意図せずに) v. pararse,《フォーマル》detenerse*; (駐車している) v. estar*『ラ米』estacionado [『スペイン』aparcado]. ▶¹急に [²すうっと; ³完全に]止まる v. detenerse* [pararse] ¹de repente [²suavemente; ³por completo]. ♦ 信号で車が止まった Un coche se detuvo ante el semáforo. ♦ この列車は¹各駅に止まります [²盛岡まで止まりません] Este tren ¹para en todas las estaciones [²no se para hasta Morioka]. ♦ バスが停留所に止まっている El autobús está detenido en la parada. ♦ 工場の生産が¹止まった [²止まっていた] ¹Se ha detenido [²Estaba detenida] la producción de la fábrica. ♦ 噴水は今日は止まっていた La fuente hoy no corría.

❷【やむ】(続いていたものが) v. parar, cesar. ♦ 腕の痛みが止まった El dolor en el brazo ha cesado [parado]. / No me duele más el brazo. ♦ 血が止まらない La sangre no para de salir. ♦ 心臓が止まるほどびっくりした Tuve tanto miedo que el corazón casi se me paró. / Del susto el corazón casi se me paró. ♦ 彼は笑いが止まらなかった No podía parar de reír.

❸【中断する】v. cortar, suspender; (一時的に) v. ser* interrumpido [paralizado]. ♦ 水

道が止まった Han cortado el (suministro de) agua. ♦大雪のためすべての交通が止まった Cortaron todo el tráfico debido a la fuerte nevada. / Todo el tráfico fue interrumpido [paralizado] por la intensa nevada.

❹【鳥などが】(止まり木に) v. posarse [pararse], (降りて留まる) v. posarse (en). ♦スズメは枝に¹留まった [²留まっていた] El gorrión ¹se posó [²estaba posado] en la rama. ♦ハエが天井に留まっている Hay una mosca en el techo.

《その他の表現》 ♦彼の作文は先生の目に留まった Su composición atrajo el interés del profesor. → 目.

どまんなか ど真ん中 ▶東京のど真ん中に住む v. vivir en el「centro de [corazón de,『メキシコ』『口語』mero] Tokio.

とみ 富 (財産) f. riqueza, f. fortuna, mpl. bienes → 財産; (資源) mpl. recursos. ▶海の富 mpl. recursos marinos. ▶富を作る m. hacer* [labrarse] una fortuna. ▶巨万の富を築く v. amasar grandes riquezas. ♦彼の富は意欲と勤勉の結果だった Su riqueza fue el fruto de su ambición y de mucho trabajo.

とみに (突然) adv. de repente; (急速に) adv. rápidamente. ▶彼女は近ごろとみに美しくなった Se ha puesto muy guapa últimamente.

ドミニカ Dominica (☆西インド諸島の島国, 首都ロザー Roseau).

ドミニカきょうわこく ドミニカ共和国 f. República Dominicana (☆西インド諸島の島国, 首都サントドミンゴ Santo Domingo). ▶ドミニカ(人)の adj. dominicano.

とみん 都民 mf. ciudadano/na de Tokio. → 市民.

とむ 富む ❶【財産が多い】v. ser* rico [《口語》ricachón], 《口語》《ユーモアで》 nadar en la abundancia. → 金持ち, 裕福.

❷【豊富である】(場所が) v. ser* rico (en); (...でいっぱいである) v. abundar (en), tener* mucho. ▶経験に富む人 f. persona con experiencia. ▶示唆に富む意見 m. comentario sugestivo. ♦この国は天然資源に富む Este país「es rico [abunda] en recursos naturales. / Los recursos naturales abundan en este país. ♦この湖は魚に富む En este lago「abundan los [hay muchos] peces. / Es un lago rico en peces.

とむらう 弔う (死者を悼む) v.「hacer* duelo [guardar luto]《por》; (冥福を祈る) v. rezar* [《フォーマル》orar]《por》. ▶死者を弔う v.「rezar* por [《フォーマル》orar por el alma de] los difuntos. ▶弔い合戦をする v. librar una batalla de venganza.

ドメイン 《専門語》m. dominio. ▶ドメイン・ネーム・サーバー《専門語》m. servidor del sistema de nombres de dominio.

とめがね 留め金 (かばん・ネックレスなどの) m. cierre, m. broche; (ドアなどの) m. pestillo, m. cierre.

ドメスティック ▶ドメスティックバイオレンス →家庭 (→家庭内暴力).

とめどなく 止めどなく (際限なく) adv. sin cesar [parar, fin]; (ひっきりなしに) adv. incesante-

mente. ▶止めどなくしゃべる v. hablar sin cesar. ♦止めどなく涙が出た (=流れ落ちた) Las lágrimas me salían incesantemente. / (涙を抑えられなかった) No pude aguantar las lágrimas.

＊＊とめる 止[留]める ❶【停止させる】(動いているものを) v. parar, 《フォーマル》detener*; (駐車させる) v. estacionar, 《スペイン》aparcar*. ♦彼は信号で車を止めた Paró el coche ante el semáforo. ♦警官はその車をスピード違反で止めた El agente de policía detuvo el coche por exceso de velocidad. ♦車をどこに止める (=駐車する) ことができますか《口語》¿Dónde puedo dejar el coche? / ¿Dónde se puede《スペイン》aparcar [『ラ米』estacionar]? ♦彼はブレーキをかけて車を止めた Frenó y paró el coche. ♦彼はタクシーを呼び止めて, それに乗って行った Paró [Llamó a] un taxi y partió.

❷【出なくする】 v. cortar, interrumpir; 【こらえる】(あくびなどを) v. reprimir, aguantar; (息を) v. contener*; 【除く】(痛みなどを) v. quitar, suprimir. ▶ひどい出血を止める v. cortar una gran hemorragia. ▶あくびを止める (=かみ殺す) v. reprimir [ahogar*] un bostezo. ▶息を止める (水中などで) v. contener* la respiración. ▶痛みを止める v. quitar [suprimir] el dolor. ▶せきを止める v. contener* la tos. ♦大きく息を吸って, そして止めて Inspira profundamente y contén la respiración. / Toma mucho aire y aguántalo.

❸【消す】(テレビなどを) v. apagar*, 《口語》quitar, 《フォーマル》desconectar; (水・ガスなどを) v. cortar, cerrar*; (エンジンなどを) v. parar. ▶ラジオを止める v. apagar* la radio. ▶ガスを止める v. cortar [cerrar*] el gas. ▶エンジンを止める v. parar el motor. ▶ベルを止める v.「apagar* el [quitar el sonido al] timbre.

❹【中止・断念させる】 v. impedir*《que + 接続法》; (説得して) v. convencer(lo[la, le] para que no lo haga). ♦私は彼らのけんかを止めた Impedí「su pelea [que se pelearan]. ♦私は彼が映画に行くのを(引き)止めた Le impedí que fuera al cine. / Le convencí [《教養語》persuadí] para que no fuera al cine. ♦医者は彼の酒を止めた El médico le prohibió beber [la bebida, que bebiera]. / (やめるよう助言した) El médico le aconsejó dejar [que dejara] la bebida. ♦このテニスコートの使用は止められている「Está prohibido [Se prohíbe] el uso de esta cancha de tenis. / (許されていない) No se (nos) permite usar esta cancha de tenis.

❺【抑える】v. parar, detener*; (防ぐ) v. impedir*. ▶経済成長を止める v. detener* el crecimiento económico. ▶破裂したパイプの水もれを止める v. parar la salida de agua del tubo reventado. ▶さびを止める v. impedir* la oxidación.

❻【固定する】v. sujetar, fijar; (びょうで) v. clavar con tachuelas [chinchetas]; (ピンで) v. prender; (くぎで) v. clavar; (テープで) v. pe-

gar* con cinta; (ボタンで) v. abotonar. ▶¹ピン[2ピン]で絵を壁に留める v. colgar* un cuadro en la pared con ¹alfileres [² chinchetas]. ◆彼女は髪をヘアバンドで留めている Se sujeta el pelo con una cinta.
❼【注意する】 ▶気にも留めない v. no hacer* caso ⟨de⟩. ▶新聞の小さなコラムに目を留める (=気づく) v. reparar en una pequeña columna del periódico. ◆それを心に留めておきましょう Lo tendré「en cuenta [presente].

とめる 泊める (宿泊させる) v. alojar, dar* alojamiento [《口語》cama] ⟨a⟩, hospedar; (短期間有料で) v. alojar, hospedar. → 泊まる. ▶一晩泊める v. alojar ⟨a + 人⟩ una noche, dar* ⟨a + 人⟩ cama una noche. ◆その民宿は週末われわれを泊めてくれた Nos alojamos en esa pensión el fin de semana. / En esa pensión nos dieron alojamiento el fin de semana.

とも 友 mf. amigo/ga. → 友達, 仲間.

とも 供 (付添人) mf. acompañante. → お供.

*–**とも** ❶【両方とも】 los dos, 《フォーマル》ambos; (A, Bとも) A y B, 《強調して》tanto A como B; (A, Bとも...ない) ni A ni B. ◆その包みは二つとも私のです Los dos paquetes son míos. ◆彼には娘が二人いて, 二人とも十代初めです Tiene dos hijas y las dos son adolescentes. ◆彼も私も両方ともその事故に責任はない Ni él ni yo somos responsables del accidente. ◆一郎が私の髪を引っ張ったの—まあ二人ともおよしなさい Ichiro me tiró del pelo. – Estén quietos los dos. ◆店は5軒とも休みだった Las cinco tiendas estaban cerradas. / Ninguna de las cinco tiendas estaba abierta.
❷【...を含めて】adj. incluido; adv. inclusive, incluyendo ⟨a⟩; prep. con. ◆これは税金ともの値段ですか ¿Este precio incluye los impuestos? / ¿Está incluido el impuesto? ◆私ともで (=を入れて) 10人がその行事に参加した「Incluido yo [《口語》Conmigo], éramos diez los participantes en ceremonia.

—**とも** ❶【たとえ...だとしても】aunque [《フォーマル》aun cuando] ⟨+接続法⟩; (どんなに...であろうとも) por + 形容詞・副詞 que + 接続法. —ても. ◆天候がたとえ荒れていようとも私は行きます Iré, aunque el tiempo sea malo. / Por muy mal tiempo que haga, iré. ◆どんなことがあろうとも動いてはいけません Pase lo que pase, no debes moverte.
❷【断言】(もちろん) adv. naturalmente; interj. 《口語》claro; adv. por supuesto, desde luego; (結構です) adv. ciertamente. 《会話》電話を借りていいですか—ええええいいですとも ¿Puedo usar su teléfono? – Naturalmente. 《会話》ごいっしょしてもかまいませんか—いいですとも ¿No le importa si le acompaño? – Claro que no. ◆もちろん行きますとも Claro que voy. 《会話》山田太郎を知っていますか—知ってますとも. 彼は義理の兄でもルので ¿Conoces a Taro Yamada? – Claro que sí. Es mi cuñado. 《会話》長くはかからなかったでしょう—かかりましたとも No tardaste mucho, ¿no? – Pues sí, tardé.
❸【およその限界】(遅くとも) adv. a más tardar; (少なくとも) adv. al [por lo] menos. ◆遅くとも10時までには帰ります Estaré de vuelta「a más tardar a las diez. ◆少なくとも千円はかかるだろう Eso costará al menos 1.000 yenes.

–**とも** (けれども) por ⟨+形容詞・副詞⟩que《+接続法》, ... ◆彼は大男といえども気が小さい Por grande que sea, es tímido. ◆行けども行けども雪野原だ Sigues y sigues, pero no se ve más que nieve.

ともあれ adv. de todos modos. → ともかく.

–**ともあろうものが** ▶–ともあろう者が (人もあろうに) adv. de toda la gente, entre todos. ◆総理大臣ともあろう者が汚職事件に関係していたとは Es increíble que de toda la gente sea el primer ministro el implicado en el escándalo de corrupción. / (他でもない総理大臣が) Es increíble que nada menos que el primer ministro haya sido el implicado en el escándalo de corrupción.

*****ともかく** ❶【いずれにしても】 adv. de todos modos, de todas maneras, de cualquier forma [modo, manera]; (どんな事情にせよ) adv. en cualquier caso, en todo caso, en un caso u otro. ◆ともかく計画を進めよう De cualquier forma, seguiremos con nuestros planes. ◆雨かもしれないがともかく行きます Quizás llueva, pero de todos modos yo iré. / Llueva o no llueva, iré. 《会話》ともかく (=少なくとも) 彼は謝ったよ—当たり前だよ Por lo menos, se disculpó. – ¡Que menos! [Era de esperar.]
❷【別として】adv. además [aparte] de. ◆冗談はともかく, それをどうするつもりですか Bromas aparte, ¿qué vas a hacer con eso?
❸【まだしも】▶謝るならともかく (=大目に見てもらえるだろうが) 彼は反省している様子もない Si se disculpara, podríamos ser indulgentes, pero no da señales de sentirlo. ◆ほかの人ならともかく私にうそをつくなんてひどいよ ¡Mira que mentirme a mí, de entre todos! / De entre todo el mundo, ¡ir a mentirme a mí! ◆彼の外見はともかく (=結構だが), 性格が気に入らない El aspecto no está mal, pero no me gusta su carácter.
❹【どうであろうとも】接続法 + o + 接続法; con independencia de 《+名詞》, sin pensar 《en + 名詞》. ◆勝ち負けはともかく正々堂々と戦わねばならない Se gane o se pierda, hay que jugar limpio. / Hay que jugar deportivamente con independencia del resultado. ◆結果はともかく精一杯努力することが大切だ Es importante que te esfuerces al máximo sin pensar en el resultado.

ともぐい 共食い【動物の】 m. canibalismo; 【人間の】(相互に害を及ぼす競争) f. competencia mutuamente perjudicial; (食うか食われるかの) f. competencia implacable [despiadada]. ◆ある種のアリは共食いをする (=共食いをする動物である) Hay algunas hormigas que「practican el 《フォーマル》canibalismo [se devoran entre sí].

ともす 灯す ▶明かりをともす(ランプを) v. encender* una luz [lámpara]. ▶一晩中明かりをともしておく v. mantener* la luz encendida toda la noche.

ともすると (しがちである) v. tender* 《a＋不定詞》; (時々) adv. a veces. ▶子供はともするといたずらをする Los niños tienden a ser traviesos. ◆彼はともすると家に帰らないことがあった A veces no volvía a casa.

ともだおれ 共倒れ ▶共倒れする v. arruinarse los dos; (会社が倒産する) v. quebrar* juntos. ◆このままでは私たちは共倒れになってしまう Si seguimos así, nos arruinaremos los dos. ◆建築会社が数社共倒れした Varias constructoras quebraron juntas.

*__ともだち__ 友達 mf. amigo/ga, 〖スペイン〗《口語》mf. amiguete, 〖メキシコ〗《口語》mf. cuate. → 仲間.

1《～(の)友達》▶親しい[仲のいい]友達 mf. amigo/ga íntimo/ma, mf. buen/buena amigo/ga. → 親友. ▶男[女]友達 mf. novio/via, mf. amigo/ga. ▶昔からの友達 (＝旧友) mf. viejo/ja amigo/ga. ▶仕事上の友達 mf. amigo/ga de negocios. ▶クラスの友達 mf. compañero/ra de clase. ▶飲み友達 mf. amigo/ga de taberna.

2《友達の＋名詞》▶彼と友達うきあいをしている v. ser* su amigo/ga, tener* amistad con él. ▶彼との友達うきあいをやめる v. romper* la amistad con él, dejar de ser* amigo. ◆こちらは友達の田中太郎君です Te presento a Taro Tanaka, un amigo. / Es un amigo mío. Se llama Taro Tanaka.

3《友達が》▶彼は友達が多い Tiene muchos [《口語》un montón de] amigos. ◆彼はすぐ友達ができる Hace amigos enseguida.

4《友達に》▶彼と友達になった Nos hemos hecho amigos. / Me he hecho「su amigo [amigo de él]. ▶友達になってくれない (＝仲よくしましょう) Seamos amigos. ◆彼らは子供の友達になるよう犬を買ってやった Le compraron un perro al niño para que se hiciera su amigo.

5《友達と》▶友達とスキーに行った Fui a esquiar con「un amigo [unos amigos].

6《友達で》▶友達とは高校時代からの友達だ Somos amigos desde la escuela secundaria. / Desde la escuela secundaria es amigo mío. ◆彼はぼくの友達では[なんかでは]ない No es amigo mío.

ともども (に) adv. juntos. → 一緒に.

*__ともなう__ 伴う ▶**❶**《共に起こる・存在する》v. ir* juntos, ir* de la mano, acompañar [llevar] 《a》; (必ず含む) v. implicar*; (変化などを引きおこす) v. conllevar, provocar*. ◆貧困にはよく犯罪が伴う La delincuencia suele「acompañar a [conllevar] la pobreza. / La delincuencia y la pobreza van muchas veces de la mano. ◆この手術には多少の危険が伴う La operación no carece de riesgo. / Hay cierto riesgo en la operación. / Es una operación que conlleva cierto riesgo. ◆物価上昇に伴って (＝つれて) 生活が苦しくなってきた Con los precios subiendo como están, la vida se está poniendo difícil.

❷【いっしょに連れて行く】v. llevar; (同行する) v. acompañar. ◆社長は秘書を伴って出張した En el viaje de negocios el jefe「llevó consigo a su [《口語》se llevó a la] secretaria.

-ともなく ▶聞くともなく (＝ぼんやりと) ラジオを聞く v. escuchar distraídamente la radio.

ともに 共に ▶❶**【いっしょに】adv. juntos, juntamente, 《フォーマル》conjuntamente; (…といっしょに) prep. con, en compañía de. → 一緒に. ◆彼と食事をともにする v. comer juntos. ◆私は彼とともに働いた Trabajamos juntos. / Trabajé con él. / Colaboramos en el trabajo. ◆公害は貧困とともに現代の重要問題の一つである Junto con la pobreza, la contaminación ambiental [del medio ambiente] es uno de los principales problemas de nuestra época.

❷【両方とも】los dos A y B, 《強調して》tanto A como B, 《フォーマル》ambos; (否定) ni A ni B; (また同時に) adv. y también, igualmente, 《フォーマル》asimismo; a la vez, al mismo tiempo. → 両方, また. ◆母子ともに健康だ La madre y el niño están (los dos) bien. / Tanto la madre como el niño se encuentran bien. ◆君も彼もともに正しくない Tú no tienes razón ni él tampoco. / 《フォーマル》Ambos están equivocados. ◆うれしく感じるとともに光栄にも思う Me alegro y también [a la vez] me siento honrado.

❸【つれて】prep. conj. a medida que. ◆彼は年とともに慈悲深くなった Con「los años [la edad] se hizo más compasivo.

《その他の表現》▶¹運命 [²喜び] をともにする v. compartir [¹el destino ²la alegría] 《con》. ▶利害をともにする (＝共通の利害をもつ) v. tener* intereses comunes 《con》.

ともばたらき 共働き ▶共働き家庭 f. familia con「doble ingreso [dos nóminas]. ◆彼の両親は共働きだ (＝両方とも仕事をもっている) Sus padres trabajan.

どもり 吃り (どもること) m. tartamudeo; (人) mf. tartamudo/da. → 吃(ᡬ)る.

ともる 灯る v. estar* encendido [〖メキシコ〗prendido]. ◆彼の部屋に明かりが灯っている Su cuarto está encendido. / Hay luz en su cuarto.

どもる 吃る v. tartamudear; (特に習慣的に) v. balbucear, farfullar. ▶どもりながらあやまる v. tartamudear una disculpa. ▶どもりながら答える v. contestar tartamudeando. ◆彼は¹ひどく[²少し] どもる Tartamudea ¹mucho [²ligeramente].

とやかく ▶とやかく言う (＝あれこれ言う) v. decir* esto y lo otro, 《口語》andar* diciendo cosas 《de》, criticar*, 《口語》meterse 《en, con》. ◆他人事にとやかく口を出すな (＝干渉するな) No te metas en asuntos ajenos. ◆彼女の服装をとやかく言うな (＝あら捜しをするな) No「critiques tanto [te metas con] la ropa que lleva. ▶とやかく言わずに (＝不平を言わずに) 仕事をしろ Haz tu trabajo sin quejarte.

どやどや ▶人々がどやどやと部屋に入ってきた La

1014 どよう

gente entró en la sala haciendo mucho ruido. /(部屋をいっぱいにした)La sala se llenó de gente. ◆会合に多くの人がどやどや押しかけた(＝押し合うようにしてやってきた)La gente entró en tropel a la reunión.

どよう 土用 f. canícula (del verano). ▶土用波 m. oleaje que sigue a la canícula.

*****どよう(び)** 土曜(日) m. sábado. → 日曜(日).

どよめき (騒ぎ) m. revuelo; (大騒動) f. conmoción; (興奮) f. agitación. ▶心のどよめきを静めるv. calmar la agitación. ▶その知らせを聞いて群衆にどよめきが起こった La multitud se agitó al escuchar la noticia. / Hubo un revuelo entre la multitud cuando se supo la noticia.

どよめく (響き渡る) v. retumbar, resonar*.

とら 虎 m. tigre; (雌) f. tigresa. ▶虎の子 m. cachorro de tigre; (貴重な貯金) mpl. ahorros, 《口語》m. baúl del tesoro. ▶張り子の虎 m. tigre de papel. ▶とらになる(＝ひどく酔う) v. emborracharse como una cuba. ▶虎の威を借るきつね m. burro con piel de león. ◆彼はとら刈りにされた Tiene el pelo cortado irregularmente a cepillo.

どら 銅鑼 m. gongo, m. gong, m. batintín. ▶銅鑼を鳴らす v. tocar* el gongo.

とらい 渡来 (訪問) f. visita (a, de) →伝来; (導入) f. introducción (del extranjero). ▶渡来する(やって来る) v. venir* (a), visitar; (導入される) v. introducirse* [presentarse] 《en, de》.

トライ (ラグビーの) m. ensayo. ▶トライをあげる v. marcar* un ensayo.

ドライアイス m. hielo carbónico, m. hielo seco.

トライアスロン m. triatlón.

トライアングル m. triángulo. ▶トライアングルを鳴らす v. tocar* el triángulo.

ドライカレー m. arroz frito al curry.

ドライクリーニング f. limpieza en seco → クリーニング; (店) f. tintorería. ▶ドライクリーニングする v. limpiar en seco (ropa).

ドライな (事務的な) adj. formal, serio; (実際的な) adj. práctico, realista; (打算的な) adj. calculador; (感情的でない) adj. sin sentimientos, frío.

ドライバ 《英語》《専門語》m. driver, 《専門語》m. manejador, 《専門語》m. programa instalador.

ドライバー (運転者) mf. conductor/tora, mf. automovilista, m. chófer, 【ラ米】m. chofer; (ねじ回し) m. destornillador; (ゴルフ用具)《英語》m. "driver" (☆発音は [dráiber]), f. madera número 1.

ドライブ m. paseo en coche; 《専門語》f. unidad de disco. ▶神戸1まで [2と] ir* a dar* un paseo en coche 1a [2por] Kobe, ir* a Kobe en coche, conducir* 1a [2por] Kobe. ▶彼女をドライブに連れていった La llevé en el coche a dar un paseo.

ドライブイン 《英語》m. "drive-in", (説明的に) m. restaurante al borde de la carretera.

ドライブウエー (ドライブ用観光道路) m. recorrido turístico, f. carretera turística; (高速道路) f. autopista.

ドライブスルー ▶ドライブスルーの adj. de paso para vehículos.

ドライフラワー f. flor seca.

ドライフルーツ f. fruta seca.

ドライヤー (髪の) m. secador de pelo [《フォーマル》 cabello]; (衣類の) f. secadora (de ropa).

|地域差| ドライヤー(髪用)
〔全般的に〕m. secador
〔キューバ〕m. secadora
〔メキシコ〕m. pistola, m. secadora
〔ペルー〕m. secadora

トラウマ (心的外傷) m. trauma.

とらえどころ 捕らえ所 ▶捕らえ所のない(＝当てにならない)人 f. persona que no es de fiar, m. tipo escurridizo. ▶捕らえ所のない(＝あいまいな)話 fpl. palabras ambiguas [vagas, elusivas, equívocas].

*****とらえる** 捕らえる ❶(捕まえる、握る) →捕(ﾂ)まえる.
❷[抽象的事項] (五感・知性で) v. atrapar, captar, 《教養語》aprehender; (把握する) v. agarrar, 【スペイン】v. coger*; (魅了する) v. encantar, cautivar; (見つける) v. avistar, divisar. ▶意味をとらえる v. captar el significado 《de》. ▶機会をとらえる v. aprovechar la ocasión. ▶真相をとらえる v. descubrir* [averiguar*] la verdad. ▶彼の心をとらえる v. robarle [cautivarle] el corazón. ◆この絵は彼の特徴をよくとらえている Este cuadro ha captado sus rasgos distintivos. ◆彼女の歌は若者の心をとらえて離さなかった Sus canciones seguían encantando a la juventud.
❸[頭の中で] →考える, 認識する, 判断する.

ドラキュラ m. Drácula.

トラクター m. tractor.

トラコーマ トラコーマ《専門語》m. tracoma. ▶トラコーマ症《専門語》f. tracomatis.

トラスト (企業合同)《英語》m. "trust" (☆発音は [trast]), m. consorcio. ▶トラスト禁止法 f. ley antimonopolio.

トラック ❶[貨物自動車] m. camión; (小型の) f. camioneta. ▶長距離トラック m. camión de larga distancia. ▶2トントラック m. camión de dos toneladas. ▶トラック運送(業) f. industria del transporte por carretera. ▶トラック運転手 mf. camionero/ra. ▶トラックで品物を運ぶ v. transportar mercancías en un camión.
❷[競走路] f. pista (de atletismo). ▶トラック競技 m. atletismo en pista. ▶トラック競技の選手 mf. atleta de pista.
❸[IT関連] f. pista.

ドラッグストア f. farmacia, f. droguería.

ドラッグする 《専門語》v. arrastrar. ▶ドラッグ・アンド・ドロップする《専門語》v. arrastrar y soltar*.

トラック・ボール 《専門語》f. seguibola, 《専門語》f. esfera de pista.

トラップ 《専門語》f. interrupción sincrónica.

とらのまき 虎の巻 (語学書などの) fpl. solucio-

ねs, *fpl*. respuestas; *f*. clave. ▶スペイン語教科書の虎の巻 *fpl*. soluciones a un libro de texto de español.

トラフィック《専門語》*m*. tráfico.

ドラフト ▶ドラフト制 *m*. sistema de designación. ▶ドラフトで1位に指名される *v*. ser* designa*do* primero [en primer lugar].

トラブル *m*. problema,《口語》*m*. lío → 悶(もん)着. ▶[1]女性[[2]金銭]問題でトラブルに巻き込まれる *v*. meterse en problemas [1]con las mujeres [[2]por cuestiones de dinero]. ▶トラブル・シューティング《専門語》*m*. resuelveproblemas.

トラベラーズチェック *m*. cheque de viaje (ro).

ドラマ *m*. drama, *f*. obra dramática [de teatro] → 劇. ▶ラジオドラマ *f*. radionovela, *m*. drama radiado, 『米』*f*. comedia. ▶テレビドラマ *m*. drama de televisión, *f*. telenovela. ▶(テレビやラジオの)連続ドラマ *m*. serial, *f*. serie. ▶ホームドラマ *f*. telenovela,『スペイン』《口語》*m*. culebrán,『スペイン』《口語》*m*. dramón. ▶小説をテレビドラマ化する *v*. escenificar* una novela para [llevar una novela a] la televisión.

ドラマー *mf*. batería, *mf*. baterista.

ドラマチック(劇的な) *adj*. dramático. → 劇的.

ドラム *m*. tambor. → 太鼓. ▶ドラム奏者 *mf*. batería, *mf*. baterista, *mf*. tamborilero/ra. ▶ドラムをたたく *v*. tocar* el tambor.

ドラムかん ドラム缶 *m*. bidón, *m*. barril.

地域差	ドラム缶
〔スペイン〕	*m*. bidón, *m*. depósito, *m*. tanque
〔キューバ〕	*m*. bidón, *m*. latón, *m*. tanque, *f*. tanqueta, *m*. tonel
〔メキシコ〕	*m*. bidón, *m*. bote, *m*. tambo, *m*. tanque, *m*. tanque, *m*. tonel
〔ペルー〕	*m*. cilindro, *m*. tanque
〔コロンビア〕	*f*. caneca, *m*. tanque
〔アルゼンチン〕	*m*. bidón, *m*. tacho, *m*. tambor, *m*. tanque

どらむすこ どら息子(道楽息子) *m*. hijo libertino [mal criado]; (聖書の中で悔い改めた) el hijo pródigo; (甘やかされた) *m*. hijo mimado [『メキシコ』consentido].

トラヤヌス(マルクス・ウルピウス 〜) Marco Ulpio Trajano (☆53–117, スペイン生まれ, ローマ皇帝, 在位98–117).

とられる 取[盗]られる → 取る. ▶あっけに取られる *v*. quedarse boquiabiert*o* [mu*do* de asombro]. ▶彼はロープに足をとられてころんだ Se enredó el pie en las cuerdas y se cayó. ▶彼は財布を盗られた Le robaron la cartera. / Su cartera fue robada. → 盗む.

とらわれる 捕らわれる ❶[捕まえられる] *v*. ser* 『スペイン』cogi*do* [captura*do*, atrapa*do*]; (捕虜になる) *v*. ser* h*e*ch*o* [toma*do*] prisioner*o*; (逮捕される) *v*. ser* arresta*do* [deteni*do*]. ♦その泥棒は警察に捕らわれた El ladrón fue detenido por la policía. / La policía detuvo al ladrón. ♦彼は敵に捕らわれた Fue hecho prisionero por el enemigo.

❷【とりこになる】(恐怖などに取り付かれる) *v*. estar* domina*do* [poseí*do*]《por》; (…の奴隷になる) *v*. ser* *un*/*una* esclavo/va《de》; (執着する) *v*. apegarse*《a》, ser* fiel《a》; (左右される) *v*. tambalearse《de》. ♦恐怖に捕らわれる *v*. ser* presa del pánico. ▶目先の利益に捕らわれる *v*. estar* poseí*do* [cega*do*] por el deseo de la rápida ganancia. ♦彼は因習に捕らわれている Es un esclavo de la tradición. / (縛り付けられている)Está atado a la tradición. / (執着している)Es fiel a la tradición. ♦われわれはよく感情に捕らわれる Con frecuencia nos dejamos dominar por los sentimientos. ♦捕らわれた(＝因習的な)考えは捨てよ Líbrate de "ideas convencionales [prejuicios]. ♦彼は何事にも捕らわれない心を持っている Tiene una mente libre. / (しきたりに捕らわれない)Está libre de convencionalismos. / (偏見がない)「No tiene [Carece de] prejuicios.

トランク (かばん) *m*. baúl; (小型の) *f*. maleta; (車の) *m*. maletero.

地域差	トランク(車の)
〔スペイン〕	*m*. maletero
〔キューバ〕	*m*. baúl, *f*. maleta
〔メキシコ〕	*f*. cajuela
〔ペルー〕	*f*. cajuela, *f*. maletera
〔コロンビア〕	*f*. cajuela, *f*. maleta
〔アルゼンチン〕	*f*. baulera, *m*. baúl

トランクス *m*. calzón, *mpl*. calzoncillos.

トランザクション《専門語》*f*. transacción. ▶トランザクション処理《専門語》*m*. proceso de transacciones.

トランシーバー *m*. transmisor-receptor, *m*. transceptor; (携帯用)《英語》*m*. "walkie-talkie".

トランジスター *m*. transistor. ▶トランジスターラジオ *f*. radio transistor, *m*. transistor.

トランス *m*. transformador.

トランスレータ《専門語》*m*. traductor.

トランプ (トランプの札) *f*. carta, *m*. naipe; (トランプ遊び) *fpl*. cartas, *mpl*. naipes. ▶一組のトランプ *f*. baraja. ▶トランプをする *v*. jugar* a las cartas, echar una partida de cartas. ▶トランプを切る *v*. barajar las cartas. ▶トランプを配る *v*. repartir [dar*] las cartas.

トランペット *f*. trompeta. ▶トランペット奏者 *mf*. trompetista,《口語》*mf*. trompetero/ra. → ラッパ.

トランポリン *m*. trampolín.

＊とり 鳥 (小さな) *m*. pájaro; (大きな) *f*. ave; (鶏) (若鶏) *m*. pollo; (雌) *f*. gallina; (雄) *m*. gallo. ▶鳥肉 *f*. carne de ave; (家禽の肉)(鶏の肉) *m*. pollo; (七面鳥の肉) *m*. pavo. ▶鳥の鳴き声[さえずり声] *m*. canto de un pájaro, *m*. trino. ▶鳥の一群 *f*. banda de pájaros. ▶鳥を飼う(小鳥を) *v*. tener* un pájaro [ave canora] (como mascota); (鶏・アヒルなどを) *v*. criar* aves. → 飼う. ♦鳥が群れをなす Los pájaros forman bandadas. ♦林の中で鳥が鳴いている Los pájaros trinan [cantan, gorjean] entre los árboles. ♦その鳥は秋には南へ飛んで行きます Las aves vuelan al sur en otoño.

とりあい 取り合い f. pelea, f. lucha. ▶席の取り合いをする v. pelear por un asiento; (けんか腰で) v. luchar por conseguir* un asiento; (必死になって) v. apresurarse para coger* un asiento.

とりあう 取り合う ❶【互いに取る】▶手を取り合う v. tomarse [《スペイン》cogerse* de] las manos. ▶手を取り合って泣く v. tomarse las manos y llorar, llorar juntos. ▶手を取り合って(=協力して)仕事をする v. trabajar tomando de la mano.
❷【奪い合う】v. disputarse, disputar 《por》. ◆選手はボールを取り合った Los jugadores se disputaban la pelota.
❸【相手になる】▶取り合わない(無視する) v. no hacer* caso, 《フォーマル》ignorar, 《教養語》desconsiderar; (注意を払わない) v. no prestar atención; (耳を貸さない) v. hacer* oídos sordos 《a》. ◆彼は私の警告を取り合わなかった No hizo caso de [Hizo oídos sordos a, Ignoró] mi advertencia.

とりあえず ❶【直ちに】adv. de inmediato, inmediatamente, enseguida, ahora mismo, 《口語》ya; (...するとすぐに) conj. tan pronto como. → すぐに, 急いで. ◆とりあえず彼に礼状を出した Le envié de inmediato una carta de agradecimiento. ◆その知らせを受けると彼は(取るものも)とりあえず東京へ向かった Tan pronto como supo la noticia, se dirigió a Tokio. ◆彼女はとりあえず夫のところに駆けつけた Se fue rápidamente [corriendo] a su marido.
❷【当分の間】adv. de momento, por el momento; (今のところ) adv. por ahora, ahora. ◆とりあえず彼との部屋を使うことにした De momento decidí compartir con él el cuarto.
❸【第一に】adv. en primer lugar, primeramente. ◆とりあえずもっとスペイン語を勉強しなさい En primer lugar tienes que estudiar más español.

***とりあげる 取り上げる** ❶【手に取る】v. recoger* [tomar] 《de》. ▶受話器を取り上げる v. agarrar [《スペイン》coger*] un auricular.
❷【奪う】v. quitar 《a + 人, +物》, 《フォーマル》privar 《a + 人, de + 物》; (私有物を権限により) v. confiscar*; (権利・財産などを) v. privar 《a + 人, de + 物》; (免許などを無効にする) v. anular. ◆彼からナイフを取り上げる v. quitarle el cuchillo. ◆彼から財産を取り上げる v. quitarle su propiedad; confiscarle su propiedad. ▶判事の資格を取り上げられる v. ser* 「descalificado como [privado del título de] juez. ◆先生は私が授業中漫画を読んでいるのを見つけて取り上げた El profesor me sorprendió leyendo un cómic en la clase y me lo quitó. ◆スピード違反で運転免許を取り上げられた Me anularon el permiso de conducir por exceso de velocidad.
❸【採用する】v. adoptar; (受け入れる) v. aceptar; (議題にして論じる) v. tomar [admitir] como tema; (書物などで論じる) v. tratar 《de》; (報道する) v. informar, cubrir*; (大々的に) v. presentar. ▶その本で取り上げられた(=扱われた)問題 m. tema tratado [del que se trató] en ese libro. ◆この問題はたびたび国会で取り上げられた Este asunto ha sido tratado a menudo en la Dieta. ◆私の提案は取り上げられなかった No aceptaron mi sugerencia. / (拒否された) Mi sugerencia fue rechazada. ◆その汚職事件は新聞で大々的に取り上げられた El escándalo de soborno 「fue publicado [apareció] con grandes titulares en los periódicos.
❹【助産する】v. partear, asistir en el parto. ▶五つ子を無事取り上げる v. partear felizmente a quintillizos.

とりあつかい 取り扱い (物の) m. manejo, f. manipulación, m. manipulación; (人・物の) m. trato, m. tratamiento; (客の) m. servicio. ▶取り扱い時間 fpl. horas de servicio. ▶取り扱い店(代理店) f. agencia, f. casa representante. ▶取り扱い人 mf. agente. ▶親切な取り扱いを受ける v. recibir un trato amable. ◆彼は機械の取り扱いがうまい「Se le da bien manejar [Es bueno en el manejo de] las máquinas. ◆このホテルは客の取り扱いが悪い En este hotel 「dan un mal servicio [no tratan bien a los clientes]. / Tratan mal a los clientes en este hotel. ◆取り扱い注意〖掲示〗Manéjese con cuidado. / Manejar con cuidado.

***とりあつかう 取り扱う** (待遇する) v. tratar; (扱う) v. manejar, manipular; (処理する, 扱う) v. tratar 《de》; (商品を売買する) v. comerciar 《en》; (電報などを受け付ける) v. aceptar. → 扱う. ▶ガラスを注意して取り扱う v. manejar con cuidado el vidrio [《スペイン》cristal]. ◆彼はよく子供を手荒に取り扱う Trata muchas veces mal a sus hijos. ◆この本はこの前の戦争を取り扱っている Este libro trata [se ocupa de] la pasada guerra. ☞ 扱う, 応対

とりい 鳥居 "torii", (説明的に) f. entrada a un santuario sintoísta.

とりいそぎ ▶取り急ぎ...する v. apresurarse 《a》, darse* prisa 《en》. ◆新規事業に関するお手紙をいただき取り急ぎお礼申し上げます Me apresuro a agradecerle su carta sobre el nuevo negocio.

とりいる 取り入る (人の機嫌を取って好かれるようになる) v. ganarse 「《フォーマル》granjearse] el favor 《de + 人》; (気に入られるようになる) v. tratar de congraciarse 《con + 人》, dar* coba [《スペイン》《口語》hacer* la pelota], 《俗語》lamer el culo 《a + 人》. ▶贈り物をして先生に取り入ろうとする v. intentar 「ganar el favor del [ganarse al] profesor con regalos. ◆彼は政治家に取り入るのがうまい Tiene habilidad para atraerse el favor de los políticos. ◆あの男はいつも上役に取り入ろうとしている Siempre está 「tratando de ganarse el favor del [《口語》queriendo hacer la pelota al] jefe.

とりいれ 取り入れ f. cosecha, f. recolección; (ブドウの) f. vendimia. → 収穫.

とりいれる 取り入れる ❶【中に入れる】v. recoger*. ▶洗濯物を取り入れる v. recoger* la ropa tendida.

❷《収穫する》v. cosechar, recolectar; 《摘む》v. recoger*. ▶畑の作物を取り入れる v. cosechar los campos. ▶リンゴを取り入れる v. recolectar manzanas. ◆農民たちは作物を取り入れた Los campesinos recogieron sus cosechas.

❸《採用する》v. adoptar; 《受け入れる》v. aceptar; 《導入する》v. introducir*; 《考えなどを組み入れる》v. incorporar. ▶新説を取り入れる v. adoptar una nueva teoría. ◆新しい考えを仕事に取り入れよう Vamos a introducir nuevas ideas en la empresa. ☞収穫する, 取り込む

とりインフルエンザ 鳥インフルエンザ 《専門語》f. gripe aviaria.

とりえ 取り柄 m. mérito; 《すぐれた点》m. (punto) fuerte; 《欠点を補うよい点》lo bueno, f. ventaja. → 長所. ◆彼［2この方法］にはこれといった取りがない Él [²Este método] no tiene ningún mérito en particular. ◆彼はじょうぶなの（だけ）が取り柄だ Tiene el mérito de ¹estar sano [²la salud]. / Lo bueno de él es su salud. ☞救い, 特長

トリオ m. trío.

とりおこなう 執り行なう 《催す》v. celebrar; 《公式に行なう》v. celebrar, realizar*. ▶国葬を執り行なう v. celebrar un funeral de estado. ▶進水式を執り行なう v. celebrar una ceremonia de botadura [lanzamiento] ☞取（捕, 採, 執）る

とりおさえる 取り押える v. atrapar, 『スペイン』coger*; 《逮捕する》v. arrestar, detener*. ▶泥棒を取り押える v. atrapar al ladrón.

とりかえ 取り替え m. cambio. → 交換.

とりかえし 取り返し f. recuperación. ▶取り返しのつかない（取り戻せない）adj. irreparable, irrecuperable. ▶取り返しのつかない（=致命的な）失敗をする v. cometer un error irreparable. ▶彼はその言葉を口走ったことを後悔したが, もう取り返しがつかなかった Lamentó sus palabras, pero ya no había remedio. ◆済んだことは取り返しがつかない（ことわざ）A lo hecho, pecho.

とりかえす 取り返す v. recuperar; 《損失などを》v. recobrar; 《仕事などの遅れを》v. ponerse* al día (en el trabajo), recuperar (el trabajo perdido). → 取り戻す. ▶彼から金を取り返す v. recuperar el dinero de él.

***とりかえる** 取り替［換］える 《交換する》v. cambiar, intercambiar, canjear → 交換する; 《置き換える》v. sustituir*, reemplazar*, reponer*; 《新しくする》v. renovar*. ▶花びんの水を取り替える v. cambiar el agua del florero. 【会話】このセーター取り換えてもらえませんか—どうしてですか, どこかお気に召さないところでも—いいえ, サイズが違うんです ¿Puedo cambiar este suéter, por favor? – ¿Qué pasa con él? – Es que no es mi talla. ☞置き換える, 交換する, 付け替える

とりかかる 取り掛かる v. ponerse* 《a＋不定詞》; 《熱心に》v. emprender 《＋事》; 《始める》v. empezar* [comenzar*] 《a＋不定詞》. ▶必要なデータの収集に取りかかる v. ponerse* a reunir* la información necesaria. ▶建設工事に取りかかる v. empezar* las obras de construcción. → 掛ける.

とりかご 鳥籠 f. jaula, f. pajarera.

とりかこむ 取り囲む v. rodear, 《フォーマル》circundar. → 囲む.

とりかわす 取り交わす v. intercambiar, 《フォーマル》canjear. → 交換する.

とりきめ 取り決め 《協定》m. acuerdo, 《フォーマル》m. convenio; 《手はず》m. arreglo; 《約束》f. promesa; 《決定》f. decisión. ▶取り決めを¹守る［²破る］v. ¹respetar [²violar] el acuerdo ☞打ち合わせ, 相談

とりきめる 取り決める 《日取りなどを定める》v. fijar, 《フォーマル》determinar; 《打ち合わせる》v. arreglar; 《合意の上決定する》v. ponerse* de acuerdo 《sobre》; 《締結する》v. concluir*. ▶次の会の時間と場所を取り決める v. fijar [ponerse* de acuerdo sobre] la hora y el lugar de la próxima reunión.

とりくみ 取り組 《試合》m. partido, m. encuentro; 《相撲・ボクシングなどの》m. combate. ▶好取り組 m. buen encuentro, m. partido interesante.

とりくむ 取り組む 《問題に対処する》v. trabajar 《en》; 《格闘する》v. luchar 《con, contra》, 《口語》vérselas 《con》; 《つかみ合う》v. luchar cuerpo a cuerpo. ▶難問に取り組む v. trabajar en un problema difícil; 《正面からまともに取り組む》v. abordar un problema difícil; 《真剣に取りかかる》v. enfrentarse a un difícil problema. ◆彼は回顧録の執筆に取り組んでいる（＝従事している）Trabaja en sus memorias.

とりけし 取り消し 《約束・行事などの》f. cancelación, 《契約の》f. anulación; 《免許・命令などの》f. revocación; 《前言・訴訟などの》《フォーマル》《専門語》f. retractación. ▶運転免許の取り消し f. revocación de un permiso de conducir. ▶取り消しのできない決定 f. decisión irrevocable. ▶前言の取り消しを要求する v. exigir* que se retracte [desdiga] de lo dicho. ◆注文の取り消しをしてもよいですか ¿Puedo cancelar el pedido?

とりけす 取り消す 《予約・注文・約束などを》v. cancelar, anular; 《契約などを》v. rescindir; 《許可・命令などを》v. revocar*; 《発言などを》v. desdecirse* [《フォーマル》retractarse] 《de》, 《口語》echarse atrás, 《口語》recoger* velas; retirar. ▶¹予約［²注文］を取り消す v. cancelar ¹una reserva [²un pedido]. ▶前言を取り消す v. desdecirse* [retractarse] de lo dicho, desmentir* sus palabras. ◆私は運転免許を取り消された Me revocaron el permiso de conducir. ☞解除する, 中止する

とりこ 虜 《捕虜》mf. prisionero ⁄ ra, mf. preso ⁄ sa, 《文語》mf. cautivo ⁄ va. → 捕虜. ▶恋のとりこ m. prisionero del amor. ◆彼は彼女の美しさのとりこになった（＝魅惑された）Su belleza lo [le] cautivó. / Se quedó prisionero de su belleza.

とりこしぐろう 取り越し苦労 ▶取り越し苦労をする（将来について心配する）v. preocuparse demasiado por el futuro. ◆取り越し苦労をするな No te preocupes tanto por el futuro. / (先

のことは成り行きに任せておけ)Deja que el mañana se ocupe de sí mis*mo*. ♦取り越し苦労かもしれないが,また世界大戦が起こるような気がする Tal vez me preocupo excesivamente, pero me temo que puede estallar otra guerra mundial.

とりこみ 取り込み ▶今取り込み中なので忙しくしておりますので,後で電話します Ahora estoy muy ocup*ado*. Te llamo después.

とりこむ 取り込む ❶【取り入れる】v. recoger*, meter, guardar. ♦風が強く吹かないうちに洗濯物を取り込んでください Por favor, recoge la ropa antes de que se levante mucho aire. ❷【ごたごたしている】(忙しい)v. estar* ocup*ado*; (混乱している)v. estar* revuelto [con problemas, 《口語》hecho un lío]. ♦今は取り込んでいますので,あす来てください Ahora estoy muy ocup*ado*, así que ven mañana, por favor. ♦家の中は取り込んでいる《口語》Mi casa anda revuelta. / (家庭のもめ事がある)Tengo problemas familiares.

トリコモナスしょう トリコモナス症《専門語》f. tricomoniasis.

とりごや 鳥小屋 (小鳥の) f. jaula, f. pajarera; (鶏の) m. gallinero.

とりこわし 取り壊し m. derribo,《フォーマル》f. demolición. → 取り壊す. ▶建築物取り壊し業者 f. empresa de derribo. ▶取り壊し作業 fpl. obras de derribo. ♦古い博物館の取り壊し(＝取り壊しの計画)を中止した Renunciaron a la idea de derribar el viejo museo.

とりこわす 取り壊す (人が建物を)v. derribar, demoler*, derruir*. ♦新築するために古い家が取り壊された La vieja casa fue derribada para construir una nueva. ☞解体する, 取り払う

とりさげる 取り下げる v. retirar. ♦彼女への告訴を取り下げる v. retirar la acusación contra ella. ▶辞表を取り下げる v. retirar la dimisión [renuncia].

とりざた 取り沙汰 (うわさ) m. rumor, f. voz (que corre). ♦世間ではいろいろ取り沙汰されている(＝広まっている) Corren rumores por esl.

とりさる 取り去る ▶不純物を取り去る v. eliminar las impurezas. ▶不必要な語を取り去る (＝除く)v. eliminar [quitar] las palabras innecesarias ☞片付ける, 取[捕, 採, 執]る, 取り除く, 取り外す

とりしきる 取り仕切る v. controlar, dirigir*. ▶自分の担任のクラスも取り仕切れないダメ教師 mf. mal/mala profesor/sora incapaz de controlar su clase.

とりしまり 取り締まり (規制) f. reglamentación, m. control; (権力による) m. control; (管理) f. dirección, f. gestión; (監督) f. supervisión; (違法行為に対する) f. control. ▶取り締まり規則 fpl. normas, fpl. reglas. ▶賭(と)博の一斉取り締まり f.pl. medidas enérgicas contra las casas de juego. ▶暴力に対する取り締まりを強化する v. fortalecer* la normativa contra la violencia.

とりしまりやく 取締役 mf. director/tora. →重役. ▶取締役会 f. junta directiva, m. consejo de dirección.

とりしまる 取り締まる (統制する)v. controlar; (規制する)v. reglamentar; (管理する)v. dirigir*; (監督する)v. supervisar; (調べる)v. comprobar*; (違法行為(者)に断固とした処置をとる)v. tomar medidas enérgicas [represivas]《contra》. ▶過激派を厳重に取り締まる v. mantener* bajo estricto control a los radicales. ▶酔っ払い運転をきびしく取り締まる v. tomar medidas enérgicas contra los conductores ebrios ☞抑える, 締め付ける

とりしらべ 取り調べ (警察の捜査) f. investigación; (問い合わせ, 調査) f. pesquisa,《フォーマル》f. indagación; (尋問) fpl. preguntas, m. interrogatorio; (長時間にわたる徹底的な) m. interrogatorio. ▶(警察の)取り調べ室 f. sala de interrogatorios. ♦その殺人事件は目下取り調べ中 El/La asesino/na está「siendo investig*ado/da* [bajo investigación]. ♦彼は数時間にわたって警察の厳しい取り調べを受けた Fue interrogado varias horas por la policía. / La policía lo[le] interrogó varias horas.

とりしらべる 取り調べる v. investigar* → 取り調べ; (尋問する)v. interrogar*. ♦彼を殺人の容疑で取り調べる v. investigarlo[le]* por asesinato.

トリスタン ♦ワグナー作のトリスタンとイゾルデ《Tristán e Isolda》de Wagner.

とります 取り澄ます v. parecer* frío [insensible]. → 澄ます.

トリソミー《専門語》f. trisomía.

とりそろえる 取り揃える ♦その店には婦人靴が各種取り揃えてある「Esa tienda tiene [En esa tienda hay]「un amplio surtido [una gran variedad] de zapatos de señora.

とりだす 取り出す ❶【中から外へ出す】v. sacar*. ▶かばんから本を取り出す v. sacar* un libro del bolso. ❷【抽出する】♦その岩石から金を取り出す v. extraer* [sacar*] oro de las rocas. ❸【選び出す】♦彼女は気に入ったドレスを1着選び出した Escogió el vestido que le gustaba. ☞取[捕, 採, 執]る

とりたて 取り立て ▶税金の取り立て《フォーマル》《専門語》f. recaudación tributaria. ▶取り立て金 m. dinero recaudado.

—— 取り立ての (新鮮な) adj. fresco; adv. recién (＋過去分詞); (新しく摘んだ) adj. recién recolectado. ▶取り立ての野菜 fpl. verduras frescas [recién recolectadas]. ▶取り立てのサケ1匹 m. salmón fresco [recién pescado]. ♦この桃は取り立てだ Los melocotones están recién cogidos.

とりたてて 取り立てて (特に) adv. en particular, particularmente. ♦その行為っていうほどの手柄ではない Su logro no es particularmente notable.

とりたてる 取り立てる ❶【金などを】(強制的に) v. cobrar,《フォーマル》percibir; (集金する) v. recaudar. ▶彼から税金を取り立てる v. cobrarle impuestos.

❷【よい地位に】(任命する) v. nombrar; (昇進させる) v. ascender* 《a》. ◆彼をマネジャーに取り立てた Le nombraron gerente.
とりちがえる 取り違える　(別のものと間違える) v. entender mal, equivocarse*; (混同する) v. confundir (A con B) → 間違える; (誤解する) v. malinterpretar, cometer un malentendido. ◆彼は私が言った意味を取り違えた Me entendió mal. / Malinterpretó mis palabras.
とりつ 都立　▶都立病院 m. hospital metropolitano. → 公立, 県立.
とりつぎ 取り次ぎ　(仲介・代理をすること) f. mediación; (代理店, 取り次ぎ店) f. agencia; (代理人) mf. agente; (玄関番) m. portero. ▶朝日新聞の取り次ぎ店 f. agencia del diario Asahi. ▶海外旅行の取り次ぎをする v. hacer* de agente de viajes al extranjero. ▶玄関に取り次ぎに (=応対に) 出る v. contestar「el timbre [la puerta].
とりつく 取り付く　❶【すがる】v. agarrarse [aferrarse] 《a》. ▶窓の出っぱりに取り付く v. agarrarse al borde de una ventana. ▶取り付く島もない v. quedarse indefenso 《a merced de》.
❷【考え・悪霊などが】v. apoderarse [tomar posesión] 《de》. ▶取り付かれる v. estar* poseído 《por》. ▶1 下心 [2 悪魔] に取り付かれている v. estar* poseído por ¹la ambición [²el demonio]. ▶恐ろしい病気に取り付かれていた (=犠牲になる) v.「caer* víctima de [《フォーマル》contraer*] una enfermedad fatal. ▶彼はあやしげな考えに取り付かれていた「Se apoderó de él [Fue poseído por] una extraña idea. / Una extraña idea「le dominó por completo [se enseñoreó de él].
トリック　m. truco. → 計略. ▶トリック¹映画 [²写真] ¹f. película [²f. fotografía] trucada. ▶まんまとトリックに引っ掛かる v. ser* engañado fácilmente.
とりつぐ 取り次ぐ　❶【伝える】v. decir*. ▶私は田中さんから電話があったことを彼に取り次いだ Le dije que le había llamado el Sr. Tanaka. ◆伝言を取り次ぎましょうか ¿Puedo dejar un recado? / (伝言をなさいますか) ¿Desea usted dejar un recado?
❷【仲介する】v. mediar; (代理人をする) v. hacer* [actuar*] de agente [intermediario] 《de》. → 取り次ぎ.
とりつくろう 取り繕う　(体裁を) v. guardar [salvar] las apariencias; (うまくごまかす) v. disimular, encubrir*; (機敏に対処して) v. arreglar superficialmente, (《口語》) lavar la cara; (修繕する) v. remediar; (継ぎを当てて) v. solucionar provisionalmente, (《口語》) poner* un parche 《a》. ▶失敗を取り繕う v. disfrazar* las faltas. ▶体裁を取り繕うため高価な服を買う v. comprar ropa cara para guardar las apariencias. ◆彼はその場をなんとか取り繕った Consiguió salvar la situación de momento.
とりつけ 取り付け　❶【銀行の】m. pánico (bancario), f. corrida bancaria. ◆その銀行が取り付けにあった En ese banco cundió el pánico. / El banco sufrió el asedio de cuentacorrentistas que querían retirar el dinero.
❷【据(ｽ)え付け】f. instalación. → 取り付ける.
❸【買いつけ】▶取り付けの酒屋 f. tienda habitual [favorita] de licores.
とりつける 取り付ける　❶【備え付ける】(固定させる) v. instalar　→備え付ける; (合わせる) v. acomodar, fijar, poner*; (装置などを) v. instalar, colocar*; (水道・ガスなど) v. instalar. ▶棚を壁に取り付ける v. colocar* [fijar] un estante en la pared. ▶暖房装置を部屋に取り付ける v. instalar calefacción en la sala. ◆新しい錠をドアに取り付けてもらった Nos instalaron una nueva cerradura en la puerta.
❷【同意などを得る】▶彼の同意を取り付ける v. conseguir* su consentimiento.
とりで 砦　(人工的に築造された) m. fuerte; (要塞(ｻｲ)) f. fortaleza; (砦, 要塞) m. bastión.
とりとめが[の]ない 取り留めが[の]ない　(筋の通らない) adj. incoherente; (まとまりのない) adj. poco sistemático; (要領を得ない) adj. desatinado, sin sentido. ▶とりとめのない事を言う v. hablar 《口語》「sin ton ni son [《口語》a tontas y a locas], 《フォーマル》hacer* observaciones desatinadas. ▶とりとめのない会話 f. conversación deshilvanada [sin orden ni concierto]. ▶昔のことをとりとめなく話す v. revolver* a ciegas el pasado, divagar* sobre el pasado.
とりとめる 取り留める　◆彼は一命を取り留めた (=危うく死を免れた) Le faltó muy poco para morir. / 《口語》Se libró de la muerte por los pelos.
とりなおす 取り直す　気を取り直す v. recobrar el ánimo, rehacerse*. ▶相撲を取り直す v. luchar el combate otra vez.
とりなす 執り成す　▶2 国間をとりなす (=調停する) v. intervenir* [mediar] entre los dos países. ◆彼は社長に私のことを執り成してくれた Intervino [《フォーマル》Intercedió] por mí ante el presidente.
とりにがす 取り逃がす　(つかまえそこなう) v. dejar escapar, perder*; (機会などを逸する) v. perder* (una ocasión). → 逃す. ▶犯人を取り逃がす v. dejar escapar [a la] delincuente.
トリニダード・トバゴ　Trinidad y Tobago (☆カリブ海の国, 首都ポートオブスペイン Puerto España).
トリノ　Turín (☆イタリアの都市).
とりのこす 取り残す　v. dejar atrás. ▶ひとり取り残される v. quedarse solo 《atrás》. ▶時代(の進歩)に取り残される v. quedarse anticuado [regazado] en el tiempo.
とりのぞく 取り除く　(取り去る) v. eliminar, quitar, suprimir; (道を開ける) v. despejar, dejar libre; (いやなものを除く, 脱する) v. librarse [deshacerse*] 《de》. ▶道路から雪を取り除く v. quitar la nieve de la carretera; despejar la carretera de nieve. ▶彼の苦痛を取り除く v. eliminarle [aliviarle] el dolor. ◆医者は彼女に食事から塩分を取り除くよ

うにと言った El médico le dijo que eliminara toda la sal de su dieta. ⇨ 消し去る, 退ける, 雪ぐ, 淘汰する, 解く, 取[捕, 採, 執]る, 取り外す

とりはからい 取り計らい (手はず) m. preparativo, m. arreglo; (裁量) m. criterio, m. juicio. ♦彼の取り計らいで万事うまく運んだ Todo salió bien gracias a「sus buenos oficios [los preparativos que él hizo]. → 取り計らう

とりはからう 取り計らう (処理する) v. ocuparse 《de》, tratar; (手はずを整える) v. arreglar, disponer*; (配慮する) v. ver* 《que + 接続法》,《口語》arreglárselas para 《que + 接続法》. ♦適当に問題を取り計らってください Por favor, ocúpate del asunto como mejor te parezca. ♦旅行社がわれわれのメキシコ旅行のすべてを取り計らってくれた El agente de viajes arregló todo sobre nuestro viaje a México.

とりはずし 取り外し (できる) adj. desmontable, separable. ♦取り外しのできるフード m. capuchón separable. ♦取り外す。♦このたなは取り外しができます Este estante es desmontable. / Este estante se puede desmontar.

とりはずす 取り外す (取り去る) v. desmontar, quitar; (設備などを) v. desmantelar. ♦雨戸を取り外す v. desmontar las puertas correderas. ♦びんのふたを取り外す v. quitar el tapón de la botella. ♦その古い家から屋根と壁を取り外す v. desmantelar la vieja casa de su tejado y paredes. ▶テントを取り外す (= 取り除く) v. desmontar una tienda.

とりはだ 鳥肌 f. carne de gallina,【メキシコ】m. cuero enchinado. ♦その蛇を見たとき体中に鳥肌が立った Al ver la serpiente 「se me puso la carne de gallina [se me pusieron los pelos de punta,【メキシコ】se me enchinó el cuero].

トリパノソーマしょう トリパノソーマ症 (専門語) f. tripanosomiasis.

とりはらう 取り払う v. quitar; (取り壊す) v. derribar,《フォーマル》demoler*. ♦古い建物が取り払われて代わりにオフィスビルが建つことになっている El viejo edificio va a ser derribado para poder construir un edificio de oficinas. → 取り除く.

とりひき 取り引き ❶【商行為】(売買) m. trato, m. negocio,《フォーマル》f. transacción; (商売) m. comercio; (取り引き関係) mpl. negocios, fpl. relaciones; (貿易) m. comercio; (取り引き内容) m. contrato de compraventa; (不正売買) m. tráfico (ilícito).

1《〜取り引き》▶現金[²信用]取り引き fpl. transacciones ¹monetarias ²crediticias). ▶株式市場での取り引き fpl. transacciones en el mercado de valores. ▶国内取り引き m. comercio nacional [interno]. ▶麻薬取り引き m. narcotráfico, m. tráfico de drogas.

2《取り引き + 名詞》▶取り引き銀行 m. banco habitual. ▶取り引き先(顧客) mf. cliente; (商売の関係者) fpl. relaciones comerciales. ▶取り引き契約を結ぶ v. concertar* un negocio, cerrar* un trato. ♦その店と取り引き関係がある Tenemos relaciones comerciales con esa tienda.

3《取り引きが》▶その会社との取り引きがまとまった Hemos「concertado un negocio [cerrado un trato]」con esa compañía. ♦その銀行とは取り引きがあります (= 口座を持っている) Tengo cuenta en ese banco.

4《取り引きを》▶取り引きをする (= 取り引き関係がある) v. tener* negocios, tratar, negociar, tener* relaciones comerciales,《フォーマル》comerciar 《con》; (契約を交わす) v. hacer* [cerrar*] un trato 《con》. ♦あの会社と穀物の取り引きをしている Tenemos negocios con esa compañía de cereales.

5《取り引きで》♦彼はその取り引きでかなりの利益をあげた Ese negocio le reportó grandes beneficios.

❷【駆け引き】m. trato. ♦その法案をめぐって自民党は民主党と取り引きしようとしている Los demócratas liberales están intentando「hacer un trato [llegar a un acuerdo]」con el Partido Demócrata a propósito del proyecto de ley.

トリプル m. triple.

ドリブル 《英語》m. "dribble", m. regate,《英語》m. "dribbling" (☆発音は [driblin]). ▶ドリブルする v. driblar, regatear, hacer* dribbling.

トリプルプレー 《英語》m. "triple play" (béisbol).

とりぶん 取り分 (利益などの) f. parte (de las ganancias); (歳入などの割り当て) f. porción, f. parte.

トリポリ Trípoli.

とりまき 取り巻き (軽蔑的に) mf. parásito/ta, (軽蔑的に) mf. adlátere; (政治家・やくざなどの子分) mf. partidario/ria,《軽蔑的に》mf. compinche; (信奉者) mf. seguidor/dora. ▶取り巻きに囲まれた政治家 m. político rodeado de sus adláteres.

とりまく 取り巻く (周りを囲む) v. rodear → 囲む; (周りに群がる) v. hacer* un corro (alrededor de). ♦群衆はバスの事故現場を取り巻いた La multitud rodeó la escena del accidente de autobús. ♦彼を取り巻く状況はすべて彼に不利であった Todas las circunstancias que le rodeaban eran desfavorables para él.

とりまぜる 取り混ぜる (混ぜ合わせる) v. mezclar; (各種取りそろえる) v. combinar, hacer* un surtido. ♦オレンジを大小取り混ぜて売る v. vender naranjas grandes y pequeñas juntas; (いろいろの大きさの) v. vender naranjas de diferentes tamaños. ▶いろいろ取り混ぜたキャンデー mpl. dulces surtidos. ▶百円玉, 10円玉取り混ぜて 3 百円 m/pl. trescientos yenes en monedas de cien y de diez (yenes).

とりみだす 取り乱す (気が動転する) v. perturbarse, trastornarse 《por》; (ひどく) v. perder* 「la compostura [los nervios, la calma]. ▶¹事故のことで [²悲報を聞いて] 取り乱す v. perturbarse por ¹un accidente [²una noticia triste]. ▶取り乱さないでふるまう v. comportarse「con calma [sin perder el sosiego]」 ⇨ おたおた, 動揺する

トリミング *mpl.* recortes. ▶写真をトリミングする *v.* recortar una fotografía.

とりもつ 取り持つ (仲を)*v.* actuar* de media*dor/dora* [intermedi*ario/ria*]; (客を)*v.* entretener*.

とりもどす 取り戻す *v.* recobrar; (回復する)*v.* recuperar; (元に戻す)*v.* restablecer*, restaurar. ▶意識を取り戻す *v.* recuperar el conocimiento,《口語》volver* en sí, recobrar el sentido. ▶社会の秩序を取り戻す *v.* restaurar el orden público. ▶勉強の遅れ [2睡眠不足]を取り戻す *v.* recuperar el ¹estudio [²sueño]. ▶彼女の気持ちを取り戻す *v.* reconquistarla [su amor]. ▶彼女は彼に貸した金を取り戻した Recobró el dinero que le había prestado. ▶彼は仕事のピッチをあげて遅れを取り戻した (=むだに過ごした時間を埋め合わせた) Recuperó el tiempo perdido trabajando a un mayor ritmo. ▶回収する, 巻き返し, 盛り咲く, 取り戻す

とりもなおさず 取りも直さず ▶彼の釈放は取りも直さず民主主義の勝利である(=意味する) Su liberación significa [no es sino] una victoria de la democracia.

とりものちょう 捕物帳 *f.* historia de detectives.

とりやめる 取り止める ▶会議を取り止める *v.* cancelar [suspender] la reunión. → 止(°)める.

トリュフ *f.* trufa.

とりょう 塗料 *f.* pintura. ▶塗料店 *f.* tienda de pinturas. ▶塗料を塗る *v.* pintar (de blanco una valla).

どりょう 度量 *f.* generosidad, *f.* magnanimidad, *f.* tolerancia. ▶度量の大きい [広い] *adj.* generoso, tolerante.

どりょうこう 度量衡 *mpl.* pesos y *fpl.* medidas. ▶度量衡器 *mpl.* instrumentos de medida [medición].

*****どりょく** 努力 *m.* esfuerzo, *m.* empeño; (頑張り)*m.* mucho [duro] trabajo; (骨折り)*mpl.* trabajos,《フォーマル》*fpl.* fatigas. ▶努力家 *mf.* gran trabaja*dor/dora*. ▶努力の賜物 *m.* fruto del esfuerzo. ▶努力を惜しまない *v.* no ahorrar [《フォーマル》escatimar] esfuerzos 《para》. ▶それをするには多くの時間と努力を要するだろう Llevará mucho tiempo y trabajo hacer eso. ▶彼はそれを自分自身の努力でやった Lo hizo con sus propios esfuerzos. ▶私たちは彼を助けようとあらゆる努力をした 「Nos esforzamos al máximo [Hicimos todos los esfuerzos posibles],《口語》Nos dejamos la piel] para ayudarlo[le]. ▶彼を更正させようとするわれわれの努力はうまくいかなかった Nuestros esfuerzos de reformarlo[le] 「resultaron baldíos [no dieron resultado].

── **努力する** *v.* hacer* 「un esfuerzo [un esfuerzo], esforzarse*; (やってみる)*v.* intentar, empeñarse《en》; (一生懸命働く)*v.* trabajar mucho《para》; (骨を折る)*v.* pasar fatigas《para》,《フォーマル》procurar. ▶私は今月の終りまでにその仕事を終えようと非常に努力した Hice grandes [muchos] esfuerzos para acabar el trabajo antes del fin de este mes. ▶締め切りに間に合うよう努力します 「Me esforzaré por [Intentaré] cumplir el plazo. / (最善を

とる 1021

尽くす)Haré todo lo posible por cumplir el plazo. ☞頑張り, 苦労, 試み, 尽力, 手間; 心掛ける, 努める.

とりよせる 取り寄せる (注文する)*v.* pedir*, hacer* un pedido. ▶見本を取り寄せる *v.* pedir* una muestra. ▶もしその本の在庫がないなら東京から取り寄せます Si el libro no está en existencias, podemos pedirlo a Tokio.

ドリル ❶〖きり〗*m.* taladro, (大きな)*f.* taladradora. ▶ドリルで板に穴をあける *v.* hacer* 「un taladro en [taladrar] una tabla.
❷〖練習〗*m.* ejercicio.

とりわけ 取り分け (特に)*adv.* especialmente, en especial, (格別に)*adv.* en particular, particularmente, (何にもまして)*adv.* sobre todo, especialmente. → 特に, 殊に. ▶私はハイキングに行くのが好きだ, とりわけ秋がよい Me gusta ir de excursión, especialmente en (el) otoño. ▶彼は強く, 勇敢で, とりわけ正直だ Es fuerte, valiente y, sobre todo, honrado. ▶あのレストランのテンプラがとりわけ好きです Me gusta la "tempura", en especial en ese restaurante.

とりわける 取り分ける ❶〖選別する〗*v.* separar. ▶不良品を取り分ける *v.* separar los productos defectuosos de los buenos.
❷〖分け取る〗(食事で)*v.* servir*; (盛り分ける)*v.* repartir.

とる 録る *v.* grabar. → 録音.

とる 撮る (写真を)*v.* sacar* [tomar] (una foto); (スナップ写真を)*v.* 《口語》tirar una foto [instantánea]; (映画を)*v.* rodar*, filmar. → 撮影. ▶その風景の写真を何枚も撮る *v.* sacar* muchas fotos del paisaje. ▶写真を撮ってもらった Me sacaron una foto.

*****とる** 取[捕, 採, 執]る ❶〖手で取る・選ぶ〗*v.* tomar, 〖スペイン〗coger*, 〖ラ米〗agarrar → 取って来る. ▶彼女の手を取る (=つかむ)*v.* tomarla de la mano, tomar su mano. ▶1棚から [²戸棚から]コップを取る *v.* tomar un vaso del ¹estante [²aparador]. ▶片手で [²両手で]ボールを取る (=受けとめる) *v.* coger* [〖ラ米〗agarrar] la pelota con ¹una mano [²ambas manos]. ▶彼は受話器を手に取った Tomó [Levantó] el auricular. ▶彼は帽子を取りに帰った Volvió a por su sombrero. ▶私が取ります(電話・ベルなどに応答するとき) Yo contesto. / 〖スペイン〗Yo lo cojo. ▶棚の花びんを取ってください ¿Me puede alcanzar [dar, pasar] el jarrón que hay en el estante, por favor? / Alcánceme el jarrón del estante, por favor. 会話 塩を取って(=回して)くださいませんか─はいはい, どうぞ─ありがとう 「¿Puede pasarme la sal, por favor? - Aquí tiene. - Gracias. 会話 チケットはいつ取りに行けばよろしいですか─水曜日にお立ち寄りください ¿Cuándo puedo retirar [recoger] los billetes? - Venga el miércoles, por favor. 会話 ご注文の本が入りました─分かりました. 取りに寄ります Ha llegado su libro, señor. - Muy bien, iré a buscarlo [por él].
❷〖奪う〗(奪い去る)*v.* quitar; (こっそり盗む)*v.*

robar; (力ずくで奪う) v. atracar, 《フォーマル》despojar (a ＋ de) 《(de ＋ 物)》. ▶子供からおもちゃを取る v. quitarle el juguete al niño. ▶老女から金を取る v. robarle el dinero a la anciana; (だまし取る) v. timarle dinero a la anciana.
❸【取り除く】(身につけているものなどを取り去る) v. quitar(se), (取り出す) v. sacar*; (除去する) v. quitar, sacar*; (いやなものを除く, 脱ぐ) v. deshacerse* ((de)), (省く) v. omitir; (削除する) v. suprimir, eliminar. ▶じゅうたんのしみを取る v. quitar [eliminar] una mancha de la alfombra. ▶芝生の雑草を取る (＝引き抜く) v. arrancar* [quitar] malas hierbas del césped. ▶寝て疲労を取る v. quitarse el cansancio durmiendo. ▶帽子を取りなさい Quítate el sombrero. / Descúbrete. ▶この語は取ってしまった方がよい Esa palabra debería quitarse [suprimirse, ser borrada, quedar omitida]. ▶彼は熱がとれた Se le ha quitado la fiebre. / La fiebre ha desaparecido.
❹【得る】(所有するようになる) v. obtener*, conseguir*; (努力・計画して) v. 《フォーマル》obtener*, lograr; (賞などを獲得する) v. ganar; (受け取る) v. tomar; (金を) v. cobrar; (差し出されて) v. recibir, aceptar. ▶学位を取る v. conseguir* [obtener*] un título. ▶彼らからわいろを取る v. aceptar de ellos un soborno, dejarse sobornar por ellos. ▶1等賞を取る v. ganar el primer premio. ▶運転免許を取る v. conseguir* ⌈el permiso [[ラ米] la licencia] de conducir⌉. ▶11日[21か月]休暇を取る v. tomarse [cogerse*, [ラ米] agarrarse] un ¹día libre [²mes de vacaciones]. ▶彼はスペイン語のテストで満点を取った Ha sacado la nota máxima [más alta] en el examen de español. ▶彼は40万円の月給を取っている Gana [Cobra; Le pagan] 400.000 yenes al mes. 《会話》あの仕事取れたよ—それはよくやった ¡Conseguí el trabajo! – ¡Bravo! 《会話》休暇はどのくらい取れるの—3週間ぐらいだと思うよ ¿Cuánto tiempo tendrás [vas a tomar] de vacaciones. – Creo que tres semanas.
❺【買う】v. comprar, 《フォーマル》adquirir*; (注文する) v. pedir*, hacer* un pedido → 取り寄せる; (定期的に購読する) v. subscribirse* ((a)). ▶私はあの店からしょう油をとっている (＝買う) Yo compro la salsa de soja en esa tienda. / (配達してもらう) De esa tienda me entregan a domicilio la salsa de soja. 《会話》何新聞をとっていますか—朝日新聞です ¿A qué diario estás suscri*to*? – Al Asahi.
❻【採取する】(摘む) v. coger*, recoger*; (集める) v. reunir, juntar; (エキスなどを抽出する) v. extraer*, sacar*; (捕獲する) v. prender, capturar, apresar; (抵抗・困難を克服して) v. 《フォーマル》capturar. ▶花を取る v. recoger* flores. ▶ブドウから汁を採る v. sacar* [extraer*] [[スペイン]] [ラ米] jugo, mosto] de las uvas. ▶川へ魚を捕りに[²山へキノコを採り]に行く v. ir* a ¹pescar* al río [²coger* setas al monte]. ▶きのう何匹魚を捕りましたか ¿Cuántos peces pescaste ayer? / ¿Cuántas piezas cobraste en la pesca de ayer?
❼【採用する】(人・手段・態度などを) v. tomar, [[スペイン]] coger*; (方針などを) v. adoptar; (態度を) v. 《フォーマル》asumir; (選ぶ) v. elegir, escoger*; (選んでとる) v. tomar; (好むり) v. preferir* 《(a)》. ▶新しい方法を取る v. adoptar un nuevo método. ▶彼に対して誠実な態度をとる v. adoptar una actitud sincera hacia él. ▶新卒を5人採る v. tomar [emplear, contratar] a cinco nuevos graduados. ▶一番好きなケーキを取りなさい Toma [Escoge] el pastel que más te guste. 《会話》二つ取っていいですか—好きなだけお取りなさい ¿Puedo coger dos? – Coge todas las que quieras. ▶私は今年六つの科目を取っている (＝履修している) Este año ⌈estoy tomando [[スペイン]]《口語》me he cogido⌉ seis clases [asignaturas]. ▶この行は聖書から取られている (＝引用されている) Este pasaje está tomado [citado] de la Biblia.
❽【記録をとる】(書き留める) v. tomar; registrar, anotar, apuntar; (計る, 測る) v. medir*. ▶彼の脈をとる v. tomarle el pulso. ▶私は教授の話をノートに取った Anoté en mi cuaderno lo que decía *el/la* profesor/*sora*.
❾【摂取する】(食べる) v. tomar(se), comer. ▶朝食をとる v. tomar el desayuno, desayunar. ▶睡眠を十分とる v. dormir* bien [bastante].
❿【解する】(受け取る) v. tomar(se); (解釈する) v. interpretar; (理解する) v. comprender, entender*; (なんとか) v. entender* de un modo o de otro. ▶彼の冗談をまじめに取る v. tomarse su broma en serio; (みなす) v. dar* importancia a su broma. ▶彼の言葉をよく取る v. tomar sus palabras ⌈a bien [en el buen sentido, con su buena intención]⌉. ▶こっちが何をいってもいつも悪い方に取る Cada vez que le digo algo, se lo toma a mal. / Siempre toma a mal mis palabras. ▶この文章の意かわかりますか ¿Comprendes [¿Sabes] lo que quiere decir esta frase? ▶ぼくが君のことを怒っているとは取らないで (＝思わないで) ほしいんだ Espero que no pienses que estoy enfadado contigo.
⓫【要する】(費やす) v. tardar 《en ＋ 不定詞》; (場所を要す) v. ocupar; (時間を要す) v. pasar 《＋ 現在分詞》, llevar(se); (占める) v. ocupar, llenar; (割く) v. dedicar*. ▶彼は夕食に多くの時間を取る Tarda mucho en cenar. / Pasa [Se lleva] mucho (tiempo) cenando. ▶このテーブルは場所を取り過ぎる Esta mesa ocupa demasiado espacio. ▶その仕事に時間の大半を取られている Casi todo mi tiempo ⌈es para el [está dedicado al]⌉ trabajo. ▶忙しくて読書する時間が取れない Estoy demasiado ocupa*do* para dedicar tiempo a la lectura.
⓬【要求する】(料金を) v. cobrar; (費用を要す) v. costar*; (罰金を科する) v. multar. ▶スピード違反で10ユーロの罰金を取られる v. ser* multa*do* con diez euros por exceso de velocidad. ▶この店では配達料を5百円取られる En esta tienda nos cobran 500 yenes por la

entrega. ♦この帽子に1万円取られた「Me cobraron [Pagué] diez mil yenes por este sombrero. / Este sombrero me costó diez mil yenes.
⓭【取っておく】(蓄える) v. ahorrar; (ある目的のためにとっておく) v. apartar; (ずっと持っている) v. mantener*; (目的のために) v. reservar, hacer* una reserva (予約する) v. 《フォーマル》reservar; (余裕をみておく) v. dejar, permitir. → 取って置く. ♦ホテルに部屋を取る v. reservar una habitación en un hotel, hacer* la reserva de un hotel. → 予約. ♦不時の用意にすこし金を取ってある Tengo algunos ahorros guardados「en caso de necesidad [《スペイン》《口語》por si las moscas]. ♦私は今までの日記を全部取ってある Tengo guardados todos mis diarios.
⓮【執り行なう】v. hacer*, realizar*, 《フォーマル》ejecutar; (労を) v. tomarse. ♦事務を執る v. hacer* [《フォーマル》realizar*] el trabajo de oficina. ♦職務を執る v. cumplir sus deberes. ♦仲介の労を取る v. tomarse la molestia de hacer* [actuar*] de intermediario. ♦彼女はこの会社で事務を執っている Es secretaria en esta empresa.
【その他の表現】♦連絡を取る v. ponerse* en contacto 《con + 人》. ♦彼はいくつになっても年を取らない Siempre se mantiene joven. 会話 サラダをテーブルの真ん中に置こう. お取りしましょうか—いえ, いいです. 自分で取りますから Pondré la ensalada en el medio de la mesa. ¿Les sirvo yo? – No, gracias. Yo me sirvo solo. ♦彼はおじいさんの名を取ってフアンと名づけられた Le pusieron Juan como su abuelo. ♦これは取るにたらない (=重要でない) 問題だ No es más que un problema secundario.

ドル m. dólar. ♦ドル相場 m. tipo de cambio del dólar, f. cotización del dólar. ♦15 [210] ドル紙幣 m. billete de ^{1}cinco [^{2}diez] dólares. ♦この服は5ドル50セントです Este vestido cuesta cinco dólares con [y] cincuenta. ♦10ドル札を5枚, 5ドル札を10枚ください (両替するとき) Cinco billetes de diez y diez de cinco, por favor. ♦観光がこの町のドル箱である El turismo es una mina de oro para esta ciudad.
トルクメニスタン Turkmenistán; (公式名) f. República de Turkmenistán (☆アジアの国, 首都アシガバット Ashgabat). ♦トルクメニスタン (人)の mf. turcomano/na.
トルコ Turquía; (公式名) f. República de Turquía (☆南西アジアの国, 首都アンカラ Ankara). ♦トルコ(語)の adj. turco. ♦トルコ人 mf. turco/ca. ♦トルコ語 m. turco, f. lengua turca. ♦トルコ行進曲(曲名) «Marcha Turca». ♦トルコ石 f. turquesa.
トルストイ Tolstói (Liev Nikoláievich ～).
トルティージャ f. tortilla (☆メキシコの伝統的な主食, トウモロコシ粉の円い薄焼き).
トルティーリャ f. tortilla (☆フライドポテト入りのスペイン風オムレツ).
トルネード m. tornado.
トルヒジョ (ラファエル ～) Rafael Trujillo (☆ 1891-1961, ドミニカ共和国の独裁者・大統領,

ドレッサー 1023

在任 1942-1952).
トルヒリョ Trujillo (☆スペインの都市; ホンジュラスの都市; ベネズエラの都市; ペルーの都市).
どれ interrog. cuál, cuáles, qué. ♦どの車が君の[どれが車]ですか ¿Cuál es tu coche? ♦きのうどれ[服はどれ]を着たの ¿Qué vestido te pusiste ayer? 会話 母はそのグリーンの壁紙が好きなの—あなたはどれが好きなの A mi mamá le gusta el papel verde de empapelar. – ¿Y a ti cuál te gusta? ♦どれを買えばよいか決められない Me cuesta decidir cuál elegir. 会話 どれがどれやら—その青いのがあなたのよ ¿Cuál es 「el mío [cuál]?" – El azul es el tuyo. 会話 その缶を開けてください—どれ(=何)で Ábreme ese bote, por favor. – ¿Con qué?
【どれでも】(どんな...でも) pron. cualquier 《a》, el que sea. ♦どれでも好きなおもちゃを買ってよろしい Puedes comprar 「cualquier juguete [el juguete que sea]. ⇨ どちら, どっち, どの
どれい 奴隷 mf. esclavo/va; (身分) f. esclavitud. ♦奴隷解放 f. libertad [《フォーマル》 f. emancipación, 《文語》 f. manumisión] de los esclavos. ♦奴隷廃止 f. abolición de la esclavitud. ♦奴隷のように働く v. trabajar como un esclavo. ♦リンカーンは奴隷を解放した Lincoln liberó a los esclavos.
トレーシングペーパー m. papel de calcar [calco].
トレースする 《専門語》 v. rastrear.
トレード ♦トレードマーク f. marca de fábrica, f. marca registrada. ♦その1塁手をタイガースにトレードし, 交換にその投手を採る v. traspasar al jugador de primera base a los Tigres a cambio del lanzador.
トレーナー (運動選手などの着るシャツ) f. sudadera, 【アルゼンチン】 m. buzo, 【スペイン】 m. chandal, 【ペルー】 m. buzo; (運動などの指導者) mf. entrenador/dora.
トレーニング m. entrenamiento. → 練習, 訓練. ♦トレーニングウェア 【スペイン】 m. chandal, 【ペルー】 m. buzo, 【アルゼンチン】 m. "jogging" (☆発音は [yógin]), 【コロンビア】 f. sudadera, 【メキシコ】《英語》 m. "pants". ♦トレーニングパンツ mpl. pantalones de 【スペイン】 chandal 【ペルー】 buzo, 【コロンビア】 sudadera].
トレーラー m. remolque.
ドレス m. vestido. → 洋服.
ドレスアップ ♦ドレスアップする v. vestirse* de etiqueta, 《口語》 arreglarse.
ドレスデン Dresde (☆ドイツの都市).
トレス・ナロ (バルトロメ ～) Bartolomé Torres Naharro (☆1476?-1531?, スペインの詩人・劇作家).
とれだか 取れ高 (捕獲高) f. captura, f. pesca, f. caza; (収穫高) f. cosecha. → 収穫.
とれたて 取れ立て ♦取れ立ての果物 f. fruta fresca [recién cogida del árbol]. ♦取れ立ての魚 m. pescado fresco, m. pez recién pescado. → 取り立て.
ドレッサー (化粧台) m. ropero.
|地域差| ドレッサー

〔全般的に〕 m. ropero
〔スペイン〕 m. tocador
〔キューバ〕 f. cómoda
〔ペルー〕 f. cómoda
〔コロンビア〕 f. cómoda
〔アルゼンチン〕 f. cómoda

ドレッシーな adj. elegante, que le gusta ir arreglado.

ドレッシング (サラダ用の) m. aliño (para ensaladas). ▶ (サラダに)ドレッシングをかける v. aliñar (la ensalada).

トレド Toledo (☆スペインの県・県都).

トレビのいずみ トレビの泉 f. La Fuente de Trevi.

どれほど どれ程 (どのくらい) interrog. cuánto, cómo, en qué grado [medida]; (どんなに…でも) conj. por mucho … que. → どのくらい, どんなに. ▶彼女がどれほど君を愛しているか君は分かっていない Tú no sabes cuánto te quiere ella.

＊＊どれも【すべて】pron. todos, la totalidad (de); 【どの一つも】 pron. cada uno; (否定文で) pron. ninguno. ♦彼の作品はどれもすばらしい Cada una de [Todas] sus obras son maravillosas. ♦彼の小説はどれも読みたくない No quiero leer ninguna de sus novelas. ♦これらの本はどれもおもしろくない Ninguno de estos libros es interesante. / No hay ningún libro de estos que sea interesante.

トレモリノス Torremolinos (☆スペインの観光都市).

とれる 取[撮]れる ❶【得られる】(獲得される) v. sacarse*, 《フォーマル》obtenerse*; (生産される) v. criarse*, producirse*; (捕えられる)《スペイン》v. cogerse*, 《ラ米》agarrarse; (見いだされる) v. encontrarse*, hallarse. ♦海草から沃(ょぅ)素がたくさん取れる El yodo se saca de las algas marinas. ♦このあたりはジャガイモがたくさん取れる Por aquí se crían [cultivan; producen] muchas《ラ米》papas [《スペイン》patatas].
❷【はずれる】(ボタン・柄などが取れる) v. desprenderse, quitarse, saltarse. ♦背広のボタンが取れた Se ha desprendido [saltado, caído] un botón de mi traje. ♦ワイシャツのボタンが一つ取れている Uno de los botones de la camisa está desprendido.
❸【除去される】v. quitarse, suprimirse, eliminarse; (痛みなどが去る) v. desaparecer*, 《口語》irse*. ♦このインクのしみは取れないと思う No creo que se quiten estas manchas de tinta. ♦その痛みはもう取れましたか ¿Ya ha desaparecido [se ha ido] el dolor? ♦前夜の疲れがすっかり取れた El cansancio de la noche anterior se me quitó por completo. / Estoy totalmente recuperado de la fatiga de la noche anterior.
❹【解釈される】♦彼の沈黙はいやだという意味に取れる Su silencio se puede interpretar como desagrado.
❺【写真が】♦この写真はよく撮れている Esta foto ha salido bien. / Has salido bien en esta foto.

トレンチ(コート) f. trinchera, m. impermeable.

トレンディ(な) adj. de moda.

とろ 吐露 ▶真情を吐露する (＝考えを正面きって述べる) v. decir* lo que se piensa, 《口語》hablar a pecho descubierto.

とろ (マグロのあぶら身) f. parte más grasa del atún.

＊どろ 泥 m. barro, 《フォーマル》m. lodo, 《フォーマル》m. fango; (沼・川の) m. cieno; (土) f. tierra, m. suelo. ▶泥水 f. agua lodosa; ▶泥よけ (車・自転車などの) m. guardabarros, 《メキシコ》f. salpicadera, 《ペルー》m. tapabarros. ♦彼の靴は泥まみれだった Tenía los zapatos llenos de barro. ♦道は泥だらけだった Había mucho barro en la carretera. ♦あの車が私[私のズボン]に泥をはねかけた El coche me salpicó de barro (en los pantalones). ♦彼は体中泥んこになった Se llenó todo de barro. ♦象は泥に足をとられて動けなかった El elefante se quedó atascado en el barro.

《その他の表現》▶泥を吐く (＝罪を白状する) v. confesar*. ▶泥をかぶる (＝責任を取る) v. echarse la culpa, dar* la cara 《por + 人》. ♦親の顔に泥を塗るようなことをしてはいけない No debes deshonrar a tus padres.

とろい (頭の鈍い) adj. torpe, lerdo; (愚かな) adj. tonto, estúpido; (勢いが弱い) adj. lento. → のろい.

トロイ Troya. ▶トロイ戦争 La Guerra de Troya.

とろう 徒労 ♦私たちの努力は徒労に終わった Todos nuestros esfuerzos 「han sido en vano [no han servido de nada]. / Ninguno de nuestros esfuerzos ha dado fruto.

トロール (底引き網) f. red de arrastre.

どろくさい 泥臭い (洗練されていない) adj. tosco, basto. ♦彼には泥臭いところがある Tiene modales algo toscos.

とろける 蕩ける ❶【溶ける】v. derretirse*. ♦チョコレートが口の中でとろけた El chocolate se derritió en la boca.
❷【うっとりする】(魅惑される) v. estar* hechizado [fascinado, cautivado, encantado]《por, con, ante》. ♦青年は彼女のえも言われぬ美しさに身も心もとろける思いがした El joven estaba hechizado [cautivado, fascinado] por su exquisita belleza.

どろじあい 泥試合 (政治運動などでの中傷) mpl. insultos, 《フォーマル》fpl. injurias, 《文語》m. vilipendio. ▶泥試合をする (＝お互い中傷して泥をぶっけ合う) v. insultarse, intercambiar insultos, enzarzarse* en un intercambio de injurias.

トロッコ f. vagoneta.

どろっとした ♦どろっとした液体 m. líquido espeso.

ドロップ (菓子) m. dulce.

ドロップ・ダウン・メニュー 《専門語》m. menú desplegable.

どろどろ どろどろしている (泥状の) adj. fangoso, lodoso, con barro; (濃くて) adj. espeso; (パルプ状で) adj. pulposo; (糊(のり)のように) adj. pegajoso; (コロイド状の) adj. coloidal. ♦どろどろの道

f. carretera fangosa. ▶どろどろのスープ *f.* sopa espesa. ▶どろどろになったごはん *m.* arroz caldoso [pasado, demasiado cocido]. ◆トマトがどろどろになるまで煮なさい Cuece los tomates hasta que se pongan pulposos.

どろなわ 泥縄 ◆泥縄式で受験勉強をしたってむだですよ De nada vale atascarse de conocimientos unos minutos antes del examen de ingreso.

どろぬま 泥沼 *f.* ciénaga, *m.* pantano, fangal, *m.* lodozal, （ぬかるみ）*m.* fango, lodo. ▶泥沼の地面 *m.* suelo pantanoso [enfangado]. ▶泥沼にはまり動きがとれなくなる *v.* quedarse empantanado [enfangado, atascado en el lodo]. ◆交渉は泥沼に陥った Las negociaciones están empantanadas [metidas en un atolladero].

とろび とろ火 *m.* fuego lento. ▶なべをとろ火にかける *v.* poner* la sartén a fuego lento. ▶(スープを)とろ火で煮る (沸騰点ぎりぎりで) *v.* cocer* a fuego lento (la sopa); (くつくつと) *v.* hervir* (el estofado) a fuego lento.

トロピカル *adj.* tropical.

トロフィー *m.* trofeo.

・**どろぼう 泥棒 【人】** *mf.* ladrón/drona, 《口語》 *mf.* caco, 《スペイン》《俗語》 *mf.* chorizo; (武器を持った) *mf.* atracador/dora; (こそ泥) *mf.* ratero/ra; (すり) *mf.* carterista; **【行為】** *m.* robo, 《フォーマル》 *m.* hurto; *m.* atraco; (道路・家屋に) *m.* asalto. ▶自動車泥棒 *mf.* ladrón/drona de vehículos. ▶火事場泥棒 *mf.* ladrón/drona 「de incendios [que cometen pillaje durante los incendios]. ▶泥棒をつかまえる *v.* atrapar [detener*] a un ladrón. ▶泥棒を働く *v.* cometer un robo [atraco]; (盗む) *v.* robar 《a + 人》, (奪い取る) *v.* atracar*, asaltar. → 盗む. ◆泥棒!(逃げる泥棒に対して) ¡Al ladrón, al ladrón! / (他の人に助けを求めて) ¡Detengan al ladrón! / ¡Alto, un ladrón, alto! ◆泥棒が私のハンドバッグを盗んだ Un ladrón me robó el bolso. / Me robaron el bolso. ◆昨夜私の家に泥棒が入った Anoche asaltaron [entró un ladrón en] mi casa.

地域差 《口語》**泥棒**
[スペイン] *mf.* chorizo/za
[キューバ] *mf.* afanador/dora
[ペルー] *mf.* choro/ra
[ペルー・アルゼンチン] *mf.* choro/ra, *mf.* chorro/rra

□賊, 盗賊

どろまみれ 泥まみれ ▶泥まみれの長靴 *fpl.* botas con [llenas de] barro. ◆彼らは雨の日ラグビーをして全身泥まみれになった Se 「llenaron de barro [embarraron] jugando al "rugby" en un día lluvioso.

とろみ とろ味 ▶とろ味のある (=濃い)スープ *f.* sopa espesa. ▶スープに粉を加えてとろ味をつける *v.* espesar la sopa con harina.

トロリーバス *m.* trolebús. ▶トロリーバスで *adv.* en trolebús.

ドロンゲーム *m.* empate.

どろんこ 泥んこ ▶泥んこの *adj.* con barro, fangoso, enlodado, lodoso. ▶泥んこ道 *m.* camino 「de barro [fangoso, enlodado]. ◆子供たちが道で泥んこ遊びをしている En la calle los niños están jugando con barro.

トロント Toronto (☆カナダの都市).

トロンボーン *m.* trombón. ▶トロンボーン奏者 *mf.* trombón, *mf.* trombonista.

どわすれ 度忘れ ◆彼の名前を度忘れしてしまった. Ahora no 「me sale su nombre [se me viene su nombre a la cabeza]. → 忘れる.

トン *f.* tonelada; (船・船荷の) *m.* tonelaje. ▶5 トン積みのトラック *m.* camión de cinco toneladas. ▶砂糖10トン *fpl.* diez toneladas de azúcar. ▶総トン数 *m.* tonelaje bruto. ▶5千総トンの船 *m.* barco de 5.000 toneladas brutas. ◆その船のトン数は1万5千トンだ Ese barco 「tiene un tonelaje de [desplaza] 15.000 toneladas.

ドン *m.* jefe.

トンガ Tonga (☆南太平洋の王国, 首都ヌクアロファ Nukualofa).

どんかく 鈍角 *m.* ángulo obtuso. ▶鈍角3角形 *m.* triángulo obtusángulo.

とんカツ 豚カツ *m.* filete de cerdo rebozado. → カツレツ.

ドンがわ ドン川 el río Don.

どんかん 鈍感な (頭・感覚が) *adj.* torpe; duro; (感受性が) *adj.* insensible; (批判などに) *adj.* insensible. ▶耳が鈍感だ *v.* ser* duro de oído. ▶美に鈍感だ *v.* ser* insensible a la belleza. ▶鈍感でうぬぼれの強い男 *m.* hombre insensible y vanidoso.

どんき 呑気《専門語》*f.* aerofagia.

どんき 鈍器 (殺人に用いた堅いもの) *f.* arma contundente.

ドンキホーテ 『架空の名』Don Quijote (☆セルバンテス作の小説の主人公). ▶ドンキホーテ流の *adj.* quijotesco.

トンキンわん トンキン湾 *m.* Golfo de Tonkín (☆ベトナムと中国・海南島に挟まれた湾).

どんぐり *f.* bellota. ▶どんぐり眼の *adj.* de ojos saltones. ◆どんぐりの背比べだ Uno no es mucho mejor que otro. / 《口語》 Son tal para cual.

とんこう 敦煌 → トゥンホワン

どんこう 鈍行 (鈍行列車(各駅停車)の) *m.* tren que para en todas las estaciones, *m.* tren lento.

とんそう 遁走 ▶遁走する *v.* 《フォーマル》 evadirse. ▶遁走曲 *f.* fuga.

どんぞこ どん底 (一番深い所) *m.* fondo, lo más hondo, (強調して) *m.* abismo, *fpl.* profundidades, 《口語》 lo más profundo. ▶どん底生活を送る *v.* vivir en extrema pobreza. ◆彼は不幸のどん底に落ちた Cayó en lo más hondo de la miseria.

とんだ (大変な, ひどい) *adj.* terrible, 《口語》 horrible; (思いもよらない) *adj.* inesperado, imprevisto; (重大な) *adj.* grave, serio; (取り返しのつかない) *adj.* fatal. → とんでもない. ▶とんだ目にあう *v.* tener* [pasar por] una terrible experiencia. ▶とんだ災難を受ける *v.* sufrir una inesperada desgracia. ▶とんだ間違いをす

とんち

とんち 頓知 ▶頓智がきく v. ser* ingenioso, 《口語》tener* chispa.

とんちゃく 頓着 ♦彼は金には頓着しない(＝無関心だ) No le importa el dinero. / Es indiferente al dinero. ♦私は人のうわさなどに頓着しない(＝気にしない) No me importa lo que digan los demás. / La opinión ajena no me preocupa. ♦彼は人の気持ちなどに頓着しない(＝配慮がない) No「se preocupa [hace caso]」de los sentimientos de los demás. / No muestra ninguna consideración por los demás. → 無頓(む)着.

どんちゃんさわぎ どんちゃん騒ぎ ▶どんちゃん騒ぎをする(酒を飲んで) v. correr [armar] una juerga [[メキシコ]《口語》pachanga]; (祝って，喜んで) v. armar jolgorio.

とんちんかん(な) (ばかげた) adj. absurdo, descabellado; (的外れの) adj. disparatado, bárbaro; (無関係の) adj. inconexo, no relacionado. ▶とんちんかんな質問をする v. hacer* 《a ＋人》una pregunta absurda. ▶とんちんかんなことを言う v. decir* un disparate, 《口語》soltar* una barbaridad.

どんつう 鈍痛 m. dolor sordo.

とんでもない ❶【思いがけない】 adj. inesperado, imprevisto; (取り返しのつかない) adj. irremediable, irreparable; (途方もない) adj. extraordinario, extravagante; (ひどい) adj. terrible. → とんだ. ▶とんでもない誤解[2誤り] m. grave ¹malentendido [²error]. ▶とんでもない失敗 m. fracaso [m. fallo] irremediable. ▶とんでもない事故が起こった Ha ocurrido un terrible accidente.

❷【強い否定】 会話 あなたは先生ですか—先生だって，とんでもない ¿Es usted profesor/sora? – ¿Profesor/sora yo? ¡Nada de eso! ¡Qué va! 会話 彼があなたの車運転できるわ—とんでもない．彼にできっこないよ Sabe conducir tu coche. – Naturalmente [《口語》Por supuesto] que no sabe. No digas tonterías. 会話 あなた彼のことうそつきだって言ったの？—とんでもない．言うもんか ¿Lo [Le] has llamado mentiroso? – ¡De ninguna manera! ¡Dios me libre! / ¡Claro que no! 会話 ホウレンソウは好きじゃないと思ってたわ—とんでもない．大好きだよ Creía que no te gustaban las espinacas. – Al contrario. Me gustan mucho. ♦歩くのもやっとなんだから走るなんてとんでもない Apenas podía caminar, cuanto menos correr. 会話 手伝ってくれてありがとう—とんでもない(＝たいしたことはない) Gracias por su ayuda. – De nada. [No tiene importancia.]

どんてん 曇天 m. tiempo nublado [nuboso]. → 曇り．

どんでんがえし どんでん返し ▶どんでん返し(＝意外な結末)のある物語 f. historia con un final inesperado.

とんと (完全に) adv. completamente, por completo; (まったく...ない) adv. en absoluto. ♦そのことはとんと忘れていた Se me ha olvidado completamente el asunto. / Me he olvidado completamente del asunto. ♦彼の言うことがとんと分からない No tengo la más mínima idea de lo que quiere decir.

どんと ▶ピストルがどんと鳴った Hubo un pistoletazo. ♦彼は倒れて壁にどんとぶつかった Se cayó y dio un golpe contra la pared.

とんとん ❶【とんとん(という音)】 m. golpe; m. golpecito, f. palmadita; (軽い) m. golpecito, m. golpe seco. ▶とんとんたたく v. golpear; (すばやく) v. dar* golpecitos. ♦ドアをとんとんたたく音がした Llamaron a la puerta con un golpecito. ♦だれかがドアをとんとんたたく音を聞いた Oí que alguien golpeaba [llamaba] suavemente la puerta. ♦父親が息子にこった肩をとんとんたたくよう頼んだ El padre le pidió a su hijo que le diera golpecitos en sus hombros rígidos.

❷【同じ程度であること】 ▶とんとん(＝五分五分)である v. estar* igualado [equilibrado] 《con, a》, estar* igual 《que》, estar* a la par 《con》. ♦二人の選手の実力はとんとんだ Los dos contendientes tienen igual fuerza. ♦昨年は収支はとんとんだった El año pasado las pérdidas y las ganancias estuvieron igualadas [equilibradas, a la par].

***どんどん** ❶【どんどん打つ】(どんと音を立てて) v. golpear. ♦ホセはこぶしで机をどんどんたたいた José dio [pegó] un puñetazo en la mesa. ♦花火が夏の夜空にどんどん鳴り続けた En el cielo de la noche de verano los fuegos artificiales no dejaban de estallar. ♦彼は太鼓をどんどん(＝激しく)たたいた Golpeó el tambor ruidosamente [con violencia]. ♦聴衆は床をどんどん踏み鳴らした El público [auditorio] daba patadas en el suelo.

❷【勢いよく】(早く) adv. rápidamente, (元気に) adv. con vigor, vigorosamente; (活発に) adv. activamente. ♦都市部の人口がどんどん増えている La población urbana está creciendo rápidamente [sin cesar]. ♦彼はわれわれの先をどんどん歩いていった Caminaba vigorosamente por delante de nosotros. ♦夏になると彼は午前中にどんどん仕事をした En verano trabajaba con vigor por la mañana.

❸【遠慮せずに】 adv. sin reservas, francamente; (話す) adv. 《口語》sin pelos en la lengua; (行動する) adv. 《口語》alegremente; (ためらわずに) adv. sin vacilar [titubear]; (自由に) adv. libremente. ♦彼は年上の人にも(自由に)どんどん言いたい事を言う Dice sin miramientos a los mayores lo que piensa. / 《口語》No tiene pelos en la lengua a la hora de hablar a sus superiores. ♦彼女は母親の金をどんどん服に遣った Se gastó「sin vacilación [limpiamente]」en ropa el dinero de su madre. ♦どんどんこの部屋をお使いください Por favor, disponga a su gusto de esta sala.

❹【次から次と】 adv. uno tras otro, sucesivamente; (ひっきりなしに) adv. continuamente,

sin interrupción. ♦彼女はイチゴをどんどん食べた Se comía las fresas una tras otra. / No dejaba de comerse las fresas. ♦彼についての苦情がどんどん来ています Hemos tenido quejas de él continuamente. ♦港には船がどんどん入ってきた Los barcos entraron en el puerto「en sucesión [uno tras otro].
❺[ますます]♦状況はどんどんひどくなる La situación va de mal en peor. ♦コンピューターはどんどん安くなってきている El precio de「los ordenadores [[ラ米]las computadoras] no hace más que bajar.

とんとんびょうし とんとん拍子▶とんとん拍子で(速く) adv. rápidamente; (支障なく) adv. sin ningún problema, 《口語》 como la seda. ▶とんとん拍子に出世する v. ascender* [promocionarse] rápidamente (en el trabajo). ▶すべてとんとん拍子に進んだ《口語》Todo fue como la seda.

どんな ❶[どのような]▶(何, 何の) interrog. qué; (どんな種類の) interrog. qué clase [tipo, género] [de]; (どのようにして) interrog. cómo. ♦どんなご用件でしょうか(電話で) ¿De qué se trata? ♦孤独がどんなものかご存知ですか ¿Sabes lo que es estar solo? ♦どんな車を持っているの ¿Qué clase de coche tienes? ♦彼はどんな人? ¿Cómo es? / (外見だけを聞く場合)¿Qué aspecto tiene? / ¿Cómo es físicamente? ♦どんなふうにしてその問題を解いたの ¿Cómo has solucionado el problema? ♦どんな理由で(=なぜ)遅れたんだ ¿Por qué [¿Cómo es que] has llegado tarde?
❷[いかなる](どんな...も) pron. cualquier; (どの...も) pron. todos/das; (すべての) adj. todo. → どの. ♦どんな子供でもそれくらいは知っているよ Cualquier niño sabe eso. ♦彼はどんなスポーツも好きです Le gusta todo tipo de deportes. / Cualquier deporte le gusta. / Le gustan todos los deportes. ♦どんなことをしても彼に会いたい Deseo verlo[le] a toda costa. ♦宇宙飛行士はどんな時でも(=常に)冷静でなければならない Los astronautas deben estar tranquilos en cualquier momento.
❸[たとえ...でも] v. no importa lo que《+接続法》, 《接続法+》lo que《+接続法》. ♦どんなことがあっても私はそこへ定刻に行きます "No importa lo que ocurra [Pase lo que pase], estaré allí puntualmente. ♦どんな反対にあっても私はあなたと結婚します Me casaré contigo「se oponga quien se oponga [sea cual sea la oposición que tengamos]. ♦どんなことがあってもそれを手放すんじゃないよ「Hagas lo que hagas [No importa lo que hagas], no te separes de eso.

どんなに ♦健康にはどんなに注意してもしすぎることはない Nunca es bastante el cuidado a nuestra salud. ♦どんなに忙しくても, 故郷の両親に月に1回は手紙を出した方がよい "Por ocupado que estés [Por muchas ocupaciones que tengas, No importa lo ocupado que estés], tienes que escribir a tus padres al menos una vez al mes. ♦彼女がどんなに喜んでいるかあなたは分からないでしょう No te imaginas lo feliz que está. ♦みなさんどんなにほっとなさってることでうよね! ¡Qué alivio tenéis que sentir todos!

トンネル ❶[山・地下・海底を貫く] m. túnel. ▶海底トンネル m. túnel submarino. ♦恵那山トンネル m. Túnel de Enasan. ▶山にトンネルを掘る v. abrir* [perforar, construir*] un túnel a través de la montaña. ♦列車はトンネルを通り抜けた[抜け出た] El tren pasó [atravesó] un túnel.
❷[野球で]▶トンネルをする v. dejar un roletazo pasar por entre las piernas.
《その他の表現》 ▶トンネル会社 f. compañía falsa [de paja]. ♦景気はトンネルを抜けた(=不況から立ち直った) La situación económica se ha recuperado de la recesión.

とんび 鳶(鳥) m. milano. ▶鳶に油揚げをさらわれたような顔をして adv. con una expresión estúpida de sorpresa, con la cara en blanco por el asombro. ▶鳶に油揚げをさらわれる v. ser* arrebatado algo bonito cuando menos no lo espera uno.

ドンファン Don Juan.

どんぶり 丼 m. cuenco, f. escudilla. ▶どんぶり飯 m. arroz servido en un cuenco. ▶親子どんぶり m. arroz con pollo y un huevo servido en un cuenco.

とんぼ 蜻蛉 m. caballito del diablo, 『アルゼンチン』 m. alguacil, 《専門語》 f. libélula. ▶赤とんぼ m. caballito del diablo rojo.

とんぼがえり とんぼ返り (宙返り) f. voltereta, 《口語》 m. salto. ▶連続12回[23回]のとんぼ返り f. voltereta ¹doble [²triple]. ▶とんぼ返りする v. dar* una voltereta, (水泳で) v. hacer* un giro completo dando una voltereta; (急いでもどる) v. volver* rápidamente (a).

ドンマイ No importa.

とんや 問屋 (人) mf. mayorista, mf. comerciante al por mayor; (店) f. tienda al por mayor; (商売) m. comercio al por mayor, m. mayoreo. ♦食料雑貨問屋(人) mf. mayorista [mf. comerciante al por mayor] de comestibles. ▶問屋街 m. barrio de mayoristas. ▶そうは問屋がおろさない Esperas demasiado. /《口語》Eso es pedir peras al olmo.

どんよく 貪欲 f. avaricia, f. codicia. ▶貪欲な人 mf. avaro/ra, f. persona codiciosa [avarienta]. ▶真理を貪欲に探求する v. buscar* ávidamente la verdad.

どんより どんよりした (鉛色をした) adj. plomizo; (暗い) adj. sombrío; (灰色の) adj. gris, grisáceo; (陰うつな) adj. oscuro, lúgubre. ▶どんよりした (=輝きのない) 目 f. mirada apagada, unos ojos「sin brillo [deslustrados]. ▶どんよりした空 m. cielo gris. ♦空は一面にどんよりした雲でおおわれていた El cielo estaba lleno de sombrías nubes. ♦昨日は一日中どんよりしていた Ayer estuvo todo el día cubierto [nublado].

な

な 名 ❶【名前】 *m*. nombre, *m*. apellido (☆スペイン語圏では, 名, 第一(父方の)姓, 第二(母方の)姓の順になる). → 名前. ♦ 彼の名はカルロスだがカルリートスという名で通っている「Su nombre es [Se llama] Carlos, pero le llaman Carlitos. ♦ 彼は私の名を呼んだ Llamó mi nombre. / Me llamó por mi nombre. ♦ 彼女は庭の花の名を全部言った Dijo [Enumeró] los nombres de todas las flores del jardín.
❷【名声】 *f*. fama, *m*. renombre, *m*. nombre; (評判) *m*. prestigio, *f*. reputación, *f*. celebridad. ▶ 名もない作家 *mf*. escritor/tora sin fama. ♦ 彼は歌手として名をなした[あげた]「Se hizo un nombre. [Ganó fama; Se hizo famoso] como cantante. ♦ 彼は画家として名が高い[名が通っている](=有名だ) Tiene mucha fama como pintor. / Es un pintor muy famoso. ♦ 彼は当校の名を汚した「Manchó el buen nombre de [Deshonró] nuestra escuela. ♦ 名に恥じないように行動しなさい Tienes que ser di*gno* de tu nombre. / No debes desmerecer tu fama.
❸【名目】 ♦ 彼は名ばかりの医者です Es médico sólo de nombre. / Es un médico nominal. ♦ 名を捨てて実を取る《言い回し》De la fama no se vive. /《ことわざ》Honra sin provecho, anillo en el dedo.
❹【口実】 ♦ 彼は社会奉仕の名のもとに私腹を肥やした「Con el pretexto de hacer [En nombre de] un servicio social, sacó buen provecho. → 名目.

《その他の表現》♦ 彼の勇気は歴史に名をとどめた(=記録された) Su valor "quedó inmortalizado [pasó a la posteridad]. / Ganó fama eterna de valiente.

な 菜 (野菜) *fpl*. verduras. ▶ 菜の花 *f*. flor de colza.

-な ❶【禁止, 命令】 ♦ 騒ぐな iQue no hagas ruido! / iVamos [iVenga], no hagas ruido! / (静かにしろ)Está*te* quie*to*. / Cállate. ♦ けっして最後まであきらめるな No te rindas nunca hasta el final. ♦ 彼は私にそんなことはするなと言った Me dijo que no hiciera eso. ♦ そんなやり方をするなーじゃあどうやるの iQué así no se hace! - ¿Pues, cómo, entonces? ♦ そんなこと心配するなよな iVamos! No te preocupes por eso.
❷【確認】 ♦ 君はそれあんまり上手じゃないんだよな No se te da bien, ¿a que no? [¿verdad?]
❸【願望, 思案】 ♦ もっとスペイン語が上手に話せたらいいのに iAy, ojalá hablara mejor español! 会話 サーモンステーキにしようよ. おいしそうだから一私もそれにしようかな Voy a probar el filete de salmón. Parece sabroso. - iBien, pues yo también! [iPues yo también, sí señor!]

なあ Oye; Mira. → ねえ.

—なあ ❶【願望】 *interj*. ojalá [quién, si]《+接続法》♦ 金持ちだったらなあ Ojalá fuera rico. / iQuién fuera rico! ♦ 彼が来るとよいのになあ(可能性は薄いが) Ojalá hubiera venido. / iSi hubiera venido...!
❷【感嘆】 *interj*. qué. ♦ かわいい娘だなあ iQué guapa [[ラ米] linda] es! / ¿Verdad que es guapa?

ナース *f*. enfermera. ▶ナースステーション *m*. puesto de enfermeras. ▶ナースコール *m*. botón para llamar a la enfermera.

なあに *interj*. bueno, oh. → 何(に). 会話 遅くなってすみません, いいんですよ Siento haber llegado tarde. / Bueno [Oh], no importa.

-ない ❶【打ち消し】 *adv*. no. ♦ 学生はだれ一人としてその問題が解けなかった Ningún estudiante pudo [supo] solucionar el problema. / No había ningún estudiante que supiera resolver el problema. ♦ そのうわさは本当ではない Ese rumor no es cierto. ♦ 彼はその娘と結婚したいと思っていない No quiere casarse con la chica. ♦ 人々はもはやその事実に目をつぶることはできない La gente ya no puede seguir con los ojos cerrados ante ese hecho. / La gente no puede ya seguir dando la espalda a la realidad. → できる. ♦ 何も私を押すことはないでしょう No hace falta empujarme. ♦ 遅れないようにと彼女に言った Le dijo que no llegara tarde. ♦ そんなに怒らないで. ほんの冗談よ No te enfades [[ラ米] enojes]. No era más que una broma. ♦ 君は私の妻に会ったことがないと思う Creo [Me parece] que no conoces a mi mujer. 会話 たばこ何本あるーー本もないよ ¿Cuántos cigarrillos tienes? - Ni uno. ♦ あす彼女は来ますかーいや, 来ないと思う ¿Va a venir mañana? -"Creo que no. [Me parece que no. / No lo creo.] ♦ 彼は一日中家にいたわけではない No es que estuviera en casa todo el día. → 必ず. ♦ だれもそんなこと言えないよ ¿Quién va a decir algo así? / Nadie "puede decir [dirá] tal cosa. ♦ 次郎に頼んだらどう一彼にはとても頼む気にはなれないね ¿Y si preguntamos a Jiro? - Bueno, es el último al que yo preguntaría. ♦ 私の車はここからあまり遠くない所に駐車してあります Mi coche está aparcado no lejos de aquí. / Tengo el coche cerca.

1《...(で)もないし, ...(で)もない》 ♦ その野菜はおいしくもないし栄養もない Esa verdura no tiene sabor ni alimento. / Esa verdura no es ni sabrosa ni nutritiva.
2《...ではない...である》 ♦ 彼は私の父ではない. 兄です No es mi padre. Es mi hermano. / No

es mi padre, sino mi hermano. ♦ 私はそれが欲しくないのではない。買えないのです No es que no lo quiera, sino que no puedo comprarlo. ♦ 彼はけちではないが、やや締まり屋であることは確かだ Es muy ahorrativo, si no tacaño.

3【…ほどよいものはない】♦ 寒い夜の温かいふろほどよいものはない No hay nada como un baño caliente en una noche fría.

❷【存在しない】♦ 今朝はあなたあての手紙はなかった Esta mañana no tuvimos「había」ninguna carta para ti. 会話 まああなた!私へなをしてしまったわ—うろたえることはないよ ¡Santo Cielo! [¡Dios mío! / 《俗語》¡Joder!] Vaya un lío que he hecho [formado]. – ¡Vamos! No hay por qué ponerse así. ♦ それはなかったことにしよう Vamos a hacer como si no hubiera pasado nada. ♦ あー、困った。パスポートがない ¡Vaya! [¡Anda! / ¡Dios mío!] No tengo el pasaporte. ♦ その時ソ連はもはやなくなっていた Entonces, ya no existía la Unión Soviética.

❸【欠けている】v. no tener*, 《フォーマル》carecer* 《de》. ♦ 彼は常識がない No tiene [Carece de] sentido común. ♦ その家には電気も水道もなかった La casa「no tenía [estaba sin]」electricidad ni agua corriente.

❹【願望】(…ならいいのだが) interrog. ojalá《＋接続法》. ♦ はやく晴れないかなあ Ojalá haga bueno pronto.

❺【依頼, 命令, 禁止】→ ーないか.

ナイアガラのたき ナイアガラの滝 *fpl.* Cataratas de Niágara (☆アメリカ合衆国とカナダの国境の滝).

ナイーブ (感じやすい) *adj.* sensible; (世間知らず) *adj.* ingenuo.

ないえん 内縁 ♦ 内縁の妻 *f.* concubina, *f.* mujer ilegítima. ♦ 内縁関係を結ぶ *v.* vivir en concubinato, mantener* relaciones ilícitas.

ないか 内科 (病院の) *m.* departamento de medicina interna; (内科学) *f.* medicina interna. ♦ 内科医 *mf.* (médico/ca) internista.

-ないか **1**【依頼・命令・禁止】♦ …してくれませんか ¿No puedes [te importa]《＋不定詞, que ＋ 接続法》? / 《口語》¿Por qué no...? / (…するな)No《＋接続法》. ♦ 少しお金を貸してくれないか ¿No me prestas [puedes prestar] algo de dinero? ♦ テーブルにひじをつくのはやめないか Quita [Fuera] el codo de la mesa. / No apoyes el codo sobre la mesa.

❷【勧誘】♦ 映画を見に行かない? ¿Por qué no vamos al cine? / ¿Qué tal [te parece] si vamos a ver una película?

❸【同意を求めて】♦ なかなかいい本じゃないか ¡Pero, qué buen libro es! / ¿No es un gran libro? ♦ やあ太郎じゃないか ¡Pero, si es Taro!

ないかい 内海 *m.* mar interior. ♦ 瀬戸内海 Mar Interior de Seto.

ないがい 内外 (内部と外部) ♦ 家の内外をきれいにする *v.* limpiar la casa por dentro y por fuera. ♦ 空港の内外を巡視する *v.* patrullar por dentro y fuera del aeropuerto. ♦ その建物は内外ともぼろぼろになっている Ese edificio está estropeado por dentro y por fuera.

❷【国内と国外】♦ 内外の事情 *mpl.* asuntos「internos y externos [del interior y del exterior]」. ♦ 内外のニュース *fpl.* noticias「nacionales y extranjeras [del interior y del exterior]」. ♦ その作家は国の内外で有名である Ese escritor es famoso「en el país y en el extranjero [dentro y fuera del país]」.

❸【およそ】♦ それは 10 ドル内外はするでしょう Costará「unos diez dólares [diez dólares o así]」.

ないかく 内閣 *m.* gabinete (ministerial), *m.* gobierno.

1《〜内閣》♦ 小泉内閣 *m.* gabinete [*m.* gobierno] de Koizumi. ♦ 内閣を組織する *v.* formar [《フォーマル》constituir*] un nuevo gabinete.

2《内閣＋名詞》♦ 内閣改造 *f.* remodelación del gabinete. ♦ 内閣官房長官 *m.* secretario en jefe del gabinete. ♦ 内閣総辞職 *f.* dimisión en pleno [bloque] del gabinete. ♦ 内閣総理大臣 *mf.* primer/mera ministro/tra, 『スペイン』 *mf.* presidente/ta de gobierno; (ドイツなどの) *m.* canciller. ♦ 内閣府 *f.* Oficina del Gabinete. ♦ 内閣が総辞職した Todos los「miembros del gabinete [ministros]」dimitieron.

ないがしろ ♦ ないがしろにする (軽視する) *v.* menospreciar, prestar poca atención《a》; (無視する) *v.* no hacer* caso《de》, ignorar. → 軽んじる.

ないき 内規 (会社などの) *f.* norma, *m.* reglamento; (団体内の) *m.* reglamento interno. ♦ これは会社の内規に定められている / これは会社内の規律の一つだ / Eso está en el reglamento de la compañía.

ないこうてき 内向的 *adj.* introvertido. ♦ 彼は内向的だ Es introvertido. / (内向的な人だ) Es una persona introvertida. / (人と交際しない) Es insociable. 《口語》Se guarda las cosas. / (内気だ) Es tímido.

ないし (または) *conj.* o; (…から…まで) *prep.* de... a...; (…と…の間) *prep.* entre... y.... ♦ 私は月に 3 回ないし 4 回映画を見に行く Voy al cine tres o cuatro veces al mes. ♦ 参加者は 30 人ないし 40 人でしょう Habrá entre treinta y cuarenta participantes.

ないじ 内示 *m.* anuncio privado [extraoficial], 《フォーマル》 *f.* notificación oficiosa. ♦ 新工場の工場長に昇進させるとの内示があった Me enteré oficiosamente de que me iban a ascender a gerente de la nueva planta.

ないじ 内耳 《専門語》 *m.* oído interno. ♦ 内耳炎 《専門語》 *f.* otitis interna. ♦ 内耳神経 《専門語》 *m.* nervio acústico.

ナイジェリア Nigeria; (公式名) *f.* República Federal de Nigeria (☆アフリカの連邦共和国, 首都アブジャ Abuja). ♦ ナイジェリア(人)の *adj.* nigeriano.

ないじえん 内耳炎 *f.* otitis interna.

ないしきょう 内視鏡 《専門語》 *m.* endoscopio.

ないしつ 内質 《専門語》 m. endoplasma.
ないじつ 内実 ▶adv. de hecho, realmente; (実際は) adv. en realidad. → 実.
ないしゃし 内斜視 《専門語》 f. esotropía.
ないじゅ 内需 f. demanda interna [nacional, doméstica]; (国内消費) m. consumo interno [nacional, doméstico]. ▶内需拡大 f. expansión de la demanda interna; (増加) m. aumento de la demanda interna.
ないしゅっけつ 内出血 f. hemorragia interna. ▶内出血をする v. tener* una hemorragia interna, sangrar internamente.
ないしょ 内緒 m. secreto. → 秘密.
　1《内緒+名詞》▶内緒事 m. secreto. ♦内緒話 →2. ♦私たちには内緒事は何もない No tenemos secretos 「uno para el otro [una para la otra].
　2《内緒の》; (秘密の) adj. secreto; (秘密に語られる・書かれる・行なわれる) adj. confidencial. ▶内緒(の)話をする v. tener* una conversación secreta, hablar confidencialmente 《con》; (ひそひそ話をする) v. hablar 「al oído [cuchicheando] 《con》. ♦これは内緒の話だよ(=ここだけの話だよ) Esto debe quedar entre tú y yo, ¿eh? / Esto es entre nosotros, ¿de acuerdo?
　3《内緒に》▶内緒にする v. guardar... en secreto. ♦みんなには内緒にしておきましょう Esto no debe saberlo nadie. / Esto es un secreto nuestro. / (だれにも言わないでおきましょう) No hay que decírselo a nadie.
　4《内緒で》; (こっそりと) adv. en secreto, confidencialmente; (知らせずに) adv. sin que (él) lo sepa, a (sus) espaldas.
ないじょう 内情 (実情) f. realidad, f. situación real; (内幕) f. situación interna. → 内幕. ▶経済界の内情に通じている v. conocer* la situación interna del mundo económico. ▶内情に詳しい者の犯行 m. delito cometido por alguien 「que conoce el lugar de un crimen [de dentro]. ♦その国の内情はだれにも分からない Nadie conoce la verdadera situación del país.
ないしょく 内職 (副業) m. trabajo suplementario → アルバイト; (出来高仕事) m. trabajo a destajo. ♦彼の妻は彼の収入を補うために内職をしている Su mujer trabaja en casa para complementar sus ingresos.
ないじょのこう 内助の功 ♦彼は妻の内助の功によって出世した 「Con la ayuda de su mujer [《フォーマル》《強調して》Gracias a los buenos oficios de su esposa] triunfó en la vida.
ないしん 内申 ▶内申書(学業成績証明書) m. certificado académico [de calificaciones]; (推薦状) f. recomendación escolar.
ないしん 内心 ❶【心の中】(心中) mpl. pensamientos íntimos, 《フォーマル》m. fuero interno, m. fondo del alma [《フォーマル》 corazón]; (心) m. corazón, f. alma; (真意) f. verdadera intención. ♦政治家はけっして内心を見せない Los políticos jamás revelan 「el fondo de su corazón [sus pensamientos íntimos, su fuero interno].
　❷【幾何】lo más dentro [interior, profundo], 《強調して》fpl. entrañas.
　── 〜に(は) (心の中で) adv. interiormente, 《フォーマル》en su fuero interno, 《口語》para sus adentros, por dentro, 《強調して》en sus entrañas. ♦彼女はうわべは平静だったが内心は怒っていた Exteriormente estaba tranquila, pero 「por dentro [interiormente] estaba furiosa.
ナイス ▶ナイスショット(ゴルフ, テニスで) m. buen tiro.
ないせい 内政 (内情) mpl. asuntos internos. ▶日本の内政に干渉する v. interferir* en los asuntos internos de Japón. ♦それはこの国の内政問題だ Es un asunto interno [de política interna] de este país.
ないせん 内戦 f. guerra civil.
ないせん 内線 (電話の) f. extensión. ▶内線電話 m. teléfono de extensión; (会社・飛行機などの) m. interfono. ▶内線番号 (m. número de) f. extensión. ♦内線の120番をお願いします Por favor, con la extensión 「uno dos cero [ciento veinte].
ないそう 内装 f. decoración [m. decorado] de interiores.
ないぞう 内蔵 ▶コンピュータを内蔵した (=組み込んだ)カメラ f. cámara con una computadora incorporada.
ないぞう 内臓 fpl. vísceras, mpl. órganos internos, fpl. entrañas; (生命に不可欠の器官) mpl. órganos vitales. ▶内臓疾患 f. enfermedad interna. ♦どこか内臓の具合が悪い 「Tengo algo que no va bien [《フォーマル》Padezco cierta enfermedad] en mis órganos internos.
ナイター m. partido nocturno (de béisbol).
ないだく 内諾 ▶内諾する v. dar* el consentimiento informal [oficioso, a título privado].
ないち 内地 (本国) m. país natal, f. patria; (本土) m. territorio de un país. ▶内地の(=国内の) adj. nacional, local. ▶内地勤務 m. servicio nacional [interno].
ないてい 内定 (非公式の決定) f. decisión oficiosa [informal]. ♦彼は昇進が内定している Se ha decidido oficiosamente su ascenso. / A título privado su ascenso ha quedado decidido.
ないてんきん 内転筋 《専門語》 m. aductor.
ナイトガウン m. camisón, m. camisa de dormir.
ないどくけっしょう 内毒血症 《専門語》 f. endotoxemia.
ナイトクラブ m. club nocturno [de noche].
ナイトテーブル f. mesita de noche, f. mesa de noche (☆ベッドの横におく小テーブル).

地域差	ナイトテーブル
[全般的に]	f. mesita de noche, f. mesa de noche
[スペイン]	f. mesilla de noche, f. mesita
[キューバ]	f. mesa de luz
[メキシコ]	m. buró

〔ペルー〕f. mesilla de noche, m. velador 〔コロンビア〕m. nochero 〔アルゼンチン〕f. mesa de luz, f. mesita de luz, m. velador

ないない 内々 ▶内々で (秘密に) adv. en secreto, secretamente; (内密に) adv. en privado, privadamente; (非公式に) adv. a título informal, informalmente, oficiosamente, (オフレコで) adv. 《口語》 bajo cuerda. ▶内々の adj. secreto; privado; informal, no oficial, oficioso. ▶内々で彼と会う v. verlo[le]* 「en secreto [privadamente]. ▶彼女と内々の話をする v. hablar 「en privado [confidencialmente] con ella. ▶内々の訪問をする v. hacer* una visita privada [no oficial]. ♦このことは内々にしてください Mantenga esto en secreto, por favor. / (人に話さないでください) Que esto no salga de usted.

ないはんそく 内反足 《専門語》f. talipes varus.

＊**ナイフ** m. cuchillo; (折りたたみ式の小型ナイフ) f. navaja, m. cortaplumas; (折りたたみ式の) f. navaja; (食卓用の) m. cuchillo de mesa. ▶飛び出しナイフ f. navaja automática [〘メキシコ〙de resorte]. ▶ペーパーナイフ m. abrecartas. ▶ジャックナイフ f. navaja. ▶ナイフをとぐ v. afilar [sacar* filo a] un cuchillo. ▶ナイフを¹開く [²たたむ] v. ¹abrir* [²cerrar*] la navaja. ▶ナイフとフォークで食べる v. comer con cuchillo y tenedor. ♦このナイフはあまり切れない Este cuchillo no corta bien. / (刃が鈍い) Este cuchillo no está (bien) afilado. → 鈍い. ♦このナイフには刃が4枚と栓抜きがついている La navaja consta de cuatro hojas y un abrebotellas.

ないぶ 内部 (内側) m. interior, f. parte de adentro; (内輪に) m. interior. ▶建物の内部 m. interior de un edificio. ▶内部の者 f. gente de dentro, 《口語》los de dentro. ♦彼は内部事情に通じている Tiene información interna. → 内情. ♦これは内部の者の仕業にちがいない Este trabajo ha debido ser hecho por alguien de dentro. ☞内, 奥

ないふくやく 内服薬 f. medicina interna [oral].

ないふん 内紛 (内部のいざこざ) f. discordia [f. querella] interna [〘《文語》intestina].

ないぶんぴつ 内分泌 f. secreción interna. ▶内分泌腺 《専門語》f. glándula endocrina.

ないみつ 内密 m. secreto. → 内緒, 秘密.

ないめん 内面 m. interior, 《口語》m. fondo; (内側) lo interior, lo de dentro. ♦人間は外面ではなく内面によって価値を計られるべきだ A las personas hay que valorarlas「por su interior y no por su aspecto [por lo que son y no por lo que parecen]. ♦あなた方二人は外見は似ているが内面はとても違っている Ustedes parecen iguales pero en el fondo son muy distintos.

ないもうこ 内蒙古 →ネイモンクー.

ないものねだり 無い物ねだり ♦その子はいつも無い物ねだりをしている《口語》Ese niño siempre pide la luna.

ないや 内野 m. cuadro, m. diamante. ▶内野¹安打 [²ゴロ; ³フライ] ¹《英語》m. "hit" [² m. roletazo; ³《英語》m. "fly"] en el cuadro. ▶内野席 fpl. gradas [mpl. graderíos] del cuadro. ▶内野手 mf. jugador/dora de cuadro.

＊**ないよう** 内容 (容器などの中身) m. contenido, f. materia; (意味内容) m. contenido, m. significado; (実質) f. su(b)stancia; (質) f. calidad. ▶箱の内容 m. contenido de una caja. ▶形式と内容 f. forma y m. contenido. ▶内容の¹充実した [²乏しい] 話 m. discurso con ¹mucha [²poca] sustancia. ▶内容が¹豊富 [²貧弱] だ v. ser* ¹rico [²pobre] en el contenido. ▶教育の内容を改善する v. mejorar la calidad de la educación. ♦なるほどその論文の形式には結構だが内容には賛成しかねる Verdaderamente la forma del artículo es buena, pero no apruebo el contenido. ♦彼の演説には内容がない Su discurso carece de sustancia. ♦会議の内容を教えてください Dígame de qué trataron en la reunión. ♦彼はその計画に反対だという内容 (＝趣旨) の手紙をよこした Me escribió una carta diciéndome que se oponía al plan. → 大意, 大要

ないらん 内乱 (内戦) f. guerra civil; (反乱) f. rebelión, f. insurrección, f. revuelta. → 反乱.

ないりく 内陸 m. interior, f. tierra adentro. ▶内陸地方 f. región interior [sin acceso al mar]. ▶内陸国 m. país interior.

ないリンパ 内リンパ 《専門語》f. endolinfa. ▶内リンパ管 《専門語》m. conducto endolinfático.

ナイルがわ ナイル川 m. (río) Nilo (☆アフリカの川).

ナイロビ Nairobi.

ナイロン m. nailon, m. nilón, 《英語》m. "nylon" (☆発音は [nilón]). ▶ナイロン製品 mpl. artículos [mpl. géneros] de nailon. ▶ナイロンのストッキング 1足 m. un par de medias de nailon. ♦ナイロンは合成繊維です El nailon es una fibra sintética.

なう 綯う ▶縄をなう v. hacer* una cuerda. ▶わら縄をなう v. hacer* una cuerda con pajas.

ナウル Nauru (☆太平洋, 赤道直下の島国, 首都ヤレン Yaren).

なえ 苗 m. plantón; (樹木の) m. árbol joven. ▶苗床 m. semillero, f. almáciga. ▶稲の苗 mpl. plantones de arroz. ▶苗を植える v. plantar [〘《口語》poner*] un plantón.

なえぎ 苗木 m. árbol joven.

なえる 萎える (しおれる) v. marchitarse → しおれる; (力を失う) v. perder* fuerza; (弱くなる) v. debilitarse. ♦足が萎えてきた Se han debilitado las piernas.

＊**なお** ❶【いまだ】adv. todavía, aún; v. seguir* (＋名詞, ＋形容詞). →まだ. ♦私の祖父は今もなお丈夫です Mi abuelo 「está todavía bien de salud [sigue bien de salud; es todavía joven]. ♦彼の顔はそのときなお怒りで真っ赤であった Su rostro aún estaba [seguía] rojo por la ira.

1032　なおさら

❷【一層】(さらに多く) adv. más; (さらに一層) adv. aún [todavía] más. → なおさら. ♦なお一層悪いことには adv. y lo que es peor,《口語》y para colmo. ♦なお一層健康に注意しなさい Hay que cuidar más de la salud. / Ten más cuidado con tu salud. ♦彼は背が高いが、兄はなお高い Es alto, pero su hermano lo es todavía más. ♦あなたはなおよくその件を調べなければならない Tienes que examinar el asunto mejor [todavía más]. ♦立つのもやっとなのですから歩くのはなおのことです Apenas [Ni siquiera] puedo sostenerme, cuanto menos caminar. ♦この仕事には英語が絶対必要です。スペイン語も少し分かればなお有利です (=それだけいっそうよい) Para este trabajo, el inglés es esencial; y, si sabes un poco de español, tanto mejor.

なおさら (なおさら…でない) adv. mucho [cuanto] menos, todavía peor. ♦私はその子に短所があるためなおさらかわいい El niño es tanto más gracioso cuanto que tiene faltas. ♦その患者は薬を飲んだためになおさら悪くなった El paciente se puso todavía peor tomando la medicina. ♦彼女は自転車にも乗れない、オートバイならなおさらだめです Ni siquiera sabe montar en《口語》bici, mucho [cuanto] menos en moto. 《会話》彼はきのうはあまりうまくなかったね―今日はなおさらへだったよ Ayer no estaba muy bien. – Pues mucho peor (está) hoy. ♦人は持てば持つほどなおさら欲しくなる Cuanto más tenemos, más queremos. ☞いやが上にも, かえって

なおざり ♦なおざりにする (捨ておく) v. no hacer* caso《de》, descuidar; (軽視する) v. menospreciar, tener* en poco. ♦¹家族 [²仕事] をなおざりにすべきではない No debemos descuidar a ¹la familia [²nuestras funciones].

***なおす** 治す (病気を) v. curar (su enfermedad); (傷を) v. sanar; (治療を施す) v. tratar; (取り除く) v. quitarse; aliviar. → なおる. ♦傷を治す v. curar una herida. ♦その¹医者 [²薬] は彼の病気を治した ¹El/La médico/ca [²La medicina] le curó de su enfermedad. ♦彼は頭痛を治すためにアスピリンを飲んだ Se tomó una aspirina para quitarse [aliviar] el dolor de cabeza.

***なおす** 直す ❶【修理する】v. reparar, arreglar. → 修理する, 修繕する. ♦車を直す v. reparar un coche. ♦靴下を直す (=繕う) v. zurcir* unos calcetines. ♦私は時計を直してもらった Me repararon el reloj.
❷【矯正する】v. corregir*,《フォーマル》enmendar*; (フォーマル) v. rectificar*; (除く) v. quitar(se). ♦欠点を直す v. corregir* los defectos. ♦子供の悪い癖を直す v. corregir* a un niño de sus malos hábitos, quitar los malos hábitos de un niño. ♦行儀を直す v. mejorar los modales.
❸【訂正する】v. corregir*. ♦この文章を直してくれませんか ¿Me puedes corregir esta frase? ♦間違えたらその場で直してください Por favor corrígeme sobre la marcha si me equivoco.

❹【作り変える】(衣服などを) v. modificar*, rehacer*. ♦この服を私に合うよう〔仕立て〕直してくれませんか ¿Puedes arreglarme este vestido para que me quede bien?
❺【換算する】v. cambiar [convertir*]《en》. ♦ユーロを円に直す v. cambiar euros en yenes. ♦1マイルをメートル法に直すといくらになりますか ¿Cuántos metros tiene una milla?
❻【翻訳する】v. traducir*[《フォーマル》verter*]《a, en》. ♦その文を日本語からスペイン語に直す v. traducir* la frase del japonés al español. ♦どうぞこれをスペイン語に直してください Por favor, traduzca esto al [en] español.
❼【調整する】v. ajustar,【整える】(服装・髪などを) v. arreglarse. (整理する) v. ordenar. ♦ ¹髪 [²化粧] を直す v. arreglarse el ¹pelo [²maquillaje]. ♦彼は鏡の前に立ち止まってネクタイを直した Se detuvo ante el espejo para arreglarse la corbata. ♦絵の位置を直しなさい。傾いている Pon bien el cuadro. Está torcido.
❽【片付ける】(元に戻す) v. poner* en su sitio [lugar]; (しまう) v. guardar. ♦彼女は服をたんすに直した Ha guardado la ropa en el cajón del armario.
❾【再びする】♦やり直す v. hacer* otra vez, volver* 《a + 不定詞》, rehacer*, repetir*, empezar* de nuevo. ♦考え直す v. pensar* otra vez, volver* a pensar*.

***なおる** 治[直]る ❶【病気・けがなどが】v. curarse [recuperarse,《フォーマル》restablecerse*, recobrarse]《de》; (よくなる) v. sanar,《口語》ponerse* bueno; (病気が) v. curarse; (傷が) v. sanar. → 治[直]す. ♦治りかけの切り傷 f. cortadura [m. corte] que está curándose. ♦治りにくい皮膚病 f. persistente enfermedad cutánea. ♦病人はすぐに治った El paciente「se recuperó rápidamente [《フォーマル》tuvo un rápido restablecimiento]. ♦風邪はもう治りました Ya se me ha curado el catarro. /《口語》El catarro ya se me ha pasado. ♦病気は一向に治りそうにもない Parece que no me estoy recuperando. ♦その傷は数日もすれば治るだろう Esa herida se curará en unos días. ♦その病気は治らない Esa enfermedad「es incurable [no tiene cura]. / No hay remedio para esa enfermedad.《会話》お医者さんに診てもらったら?—そのうち治ると思うわ ¿Por qué no vas al médico? – No, ya me pondré bien.
❷【癖・故障などが】(取り除く) v. librarse [deshacerse*]《de》; (修理される) v. repararse, arreglarse. → 直す. ♦悪い癖は直らない v. librarse de una mala costumbre. ♦その時計はもう直らない Ese reloj no se puede reparar.

**なか 中 ❶【物の内側】m. interior. ♦自動車の中 m. interior de un automóvil. ♦その家の中は暗かった El interior de la casa estaba oscuro. / Había oscuridad dentro [en el interior] de la casa.

1《中に[で, へ, を]》prep. dentro de, en,《フォーマル》en el interior de; (内部に) adv. adentro, dentro. ♦部屋の中で遊ぶ v. jugar* dentro de la sala. ♦封筒の中を確かめる v. ver* lo que hay dentro [《フォーマル》en el interior] del sobre. ♦中へ入ろう Vamos dentro. ♦彼女は部屋の中に入り、明かりを全部つけた Entró en el cuarto y encendió todas las luces. ♦彼はそれをくずかごの中に投げ捨てた Lo tiró a la papelera. ♦彼はあらしの間家の中にいた Se quedó en [dentro de] casa durante la tormenta. ♦時々電車の中で彼に出会うよ A veces me lo encuentro en el tren.

❷《中から》 ♦部屋の中から出て行く v. salir* de la sala. ♦彼女はケースの中から時計を取り出した Sacó un reloj del estuche. ♦ドアは中から(=内側から)鍵(ぎ)がかかっていた La puerta estaba cerrada desde [por] dentro.

❷《真ん中》 m. medio, m. centro. → 真ん中. ♦中3日おいて(=3日経って)彼を訪ねる v. visitarlo[le] después [dentro, al cabo] de tres días. ♦中の(=2番目の)兄 m. segundo hermano mayor. ♦湖の中ほどに小島がある En el centro del lago hay un islote.

❸《範囲内》 ♦三つの中から一つを選ぶ v. elegir* uno entre [de] los tres. ♦群衆の中に彼女を見つけた La encontré en [en medio de, entre] la multitud. ♦彼は家族[みんな]の中でいちばん早起きだ Es el primero que se levanta de [entre los de] la familia. ♦四季の中で夏がいちばん好きだ De [Entre] las cuatro estaciones la que más me gusta es el verano. ♦¹中には[²学生の中には]読書好きの者もいる Hay ¹personas a las [²estudiantes en el que] les gusta leer libros. ♦これはこれまでに見た中でいちばんいい映画だ Es la mejor película que jamás he visto.

❹《最中》 prep. en; (…のさなかに) prep. en medio de. ♦豪雨の中を歩く v. andar* [caminar] bajo [en medio de] una intensa lluvia. ♦あらしの中で道に迷った Me perdí en medio de la tormenta.

なか 仲 (交際上の) fpl. relaciones,《フォーマル》mpl. términos; (関係) f. relación. → 間柄. ♦仲のよい夫婦 f. pareja "que se lleva bien [bien avenida]. ♦仲のよい友達 mf. amigo/ga íntimo/ma, mf. gran amigo/ga. ♦仲をとりもつ v. mediar [entre]; (男女間の) v. poner* (a) en 「buenas relaciones [buenos términos]. ♦彼は彼女と仲がよい 「Se lleva bien [Mantiene buenas relaciones] con ella. / Es un buen amigo [suyo, de ella]. ♦彼らは恋仲になった Se enamoraron. ♦彼は口論して友達との仲が悪く(=疎遠に)なった Se disputó 「lo[le] alejó de [rompió sus relaciones con] sus amigos. ♦戦争が二人の仲を引き裂いた La guerra los separó. ♦両家は犬猿の仲である Las dos familias se llevan 「muy mal [《口語》como el perro y el gato,《口語》a matar].

ながあめ 長雨 f. lluvia continua [persistente].

**ながい 長い (時間・距離などが) adj. largo, prolongado. ♦長い旅 m. largo viaje. ♦長い説教 m. largo sermón. ♦この橋はあの橋より10メートル長い Este puente 「es diez metros más largo que ése [tiene diez metros más que ése]. ♦長い沈黙が続いた Hubo un largo silencio.

1《長い間、長く》m. mucho [largo] tiempo. ♦長い間の苦労 mpl. muchos [largos] años de penalidades. ♦長い間行方不明になっている妻 f. esposa hace mucho perdida. ♦長い間そこにいる Lleva mucho [largo tiempo] allí. ♦ここには長くいられません。長くても3時間です No me puedo quedar mucho aquí. 「Como mucho [A lo sumo, Como máximo], tres horas. ♦彼は長くは働かなかった No estuvo trabajando mucho tiempo. / No se quedó mucho trabajando. (会話) チェスやれる?—かつてはやれたよ。でももう長いことやってないんだ ¿Sabes jugar al ajedrez? – Antes sabía, pero hace mucho que no juego. ♦できるだけ長くここにいたい Me quiero quedar aquí 「todo el tiempo que pueda [cuanto pueda]. ♦彼女の幸せは長くは続かなかった Su felicidad no 「duró mucho [《フォーマル》se prolongó mucho tiempo]. (会話) ぼくはもうあまり長くないかもしれない—何てことを言うの Quizá no me quede mucho más tiempo. – Vamos, no hables así. [Venga, no digas eso.]

2《長くする[なる]》 ♦ズボンを2センチ長くする v. alargar* dos centímetros los pantalones. ♦だいぶ日が長くなってきた Los días 「se han hecho mucho más largos [se están alargando bastante].

3《長くかかる》 ♦図書館ができるまでには長くかかるでしょう Pasará mucho antes de que hagan la biblioteca. ♦長くはかかりません(=すぐ戻ります) No tardaré en volver. / No pasará mucho (tiempo) antes de que vuelva. ♦その仕事を終えるのにそう長くはかからなかった No tardé mucho en acabar el trabajo. / No pasó mucho antes de que acabara el trabajo.

4《長い目で》 ♦長い目で彼の将来を見るべきだ Hay que considerar su futuro 「con perspectiva [a largo plazo]. ♦長い目で見れば君は大学に行く方がよいだろう A la larga te conviene ir a la universidad.

《その他の表現》 ♦気の長い(=根気強い)人 f. persona paciente. ♦本を長いことありがとうござ

仲がいい Se llevan muy bien. →仲

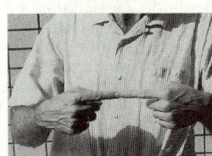

仲が悪い Se llevan muy mal. →仲

いました Muchas gracias por dejarme tanto tiempo el libro. ◆長いものには巻かれろ（＝目上の人と争ってもむだだ）〔言い回し〕De nada vale discutir con los que saben más. /〔言い回し〕No te opongas a la sabiduría.

ながい 長居 *f.* visita larga. ▶長居する *v.* quedarse demasiado tiempo [rato];（他の客よりも）*v.* quedarse más tiempo que. ◆長居をいたしました Creo que me he quedado demasiado rato. ◆彼はよく長居して嫌われる Se queda tanto tiempo que no es bienvenido.

ながいき 長生き *f.* vida larga,《フォーマル》*f.* longevidad. ◆女性はたいてい男性より長生きする Las mujeres「suelen vivir más que [casi siempre sobreviven a] los hombres. ◆君は私より10年は長生きするだろう Vivirás diez años más que yo. ◆私は長生き（＝長寿）の家系だ En mi familia todos han sido longevos. ◆まだ70じゃないの、まだまだ長生きしますよ No tiene usted más que setenta años y aún le queda mucho por delante.

ながいす 長椅子（背もたれ・ひじかけ付きの）*m.* sofá;（二人用の）*m.* canapé, *m.* diván. → 椅子.

なかがい 仲買（仲買業務）*m.* corretaje, *f.* correduría. ▶株式取引仲買人 *mf.* corredor/*dora* [*mf.* agente] de bolsa. ▶仲買手数料 *f.* comisión de corretaje, *m.* corretaje. ▶株の仲買をする *v.* actuar* de corred*or*/*dora* de bolsa.

なかがわ 中側 *m.* interior. → 内側.

ながく 長く → 長い.

ながぐつ 長靴 *fpl.* botas. → 靴. ▶長靴を¹はく [²脱ぐ] *v.* ¹ponerse* [²quitarse] las botas.

なかごろ 中頃 *prep.* a mediados de. → 中旬.

***ながさ** 長さ（物・時間の）*f.* longitud,《口語》*m.* largo. ▶長さ百メートルの船 *m.* barco de cien metros de longitud [largo]. → 幅. ▶そのテープを5センチの長さに切る *v.* cortar la cinta en cinco centímetros de longitud. 会話 そのロープの長さはどのくらいですか—20メートルです ¿Cuánto mide la cuerda? – Veinte metros. / ¿Cuál es la longitud [¿Qué longitud tiene] la cuerda? – Veinte metros. ◆このボートとあのボートは同じ長さです Este bote tiene「la misma longitud [el mismo largo] que ése. / Este bote mide lo mismo que ése.

ながされる 流される *v.* ser* barrido [llevado];（吹き流される）*v.* ser* arrastrado. ▶情に流される *v.* ser* arrastrado por los sentimientos. ▶時流に流される *v.* ser* barrido por la corriente de los tiempos. ▶洪水で橋が流（さ）れた El puente fue arrastrado por la riada. / La riada se llevó el puente.

ながし 流し（台所の）*m.* fregadero. ▶流しのタクシー *m.* taxi que circula en busca de clientes. ▶流しの芸人 *m.* músico callejero [ambulante]. →

地域差 流し（台所の）
〔全般的に〕*m.* fregadero
〔スペイン〕*f.* pila
〔ペルー〕*m.* caño, *m.* lavadero, *m.* lavatorio
〔アルゼンチン〕*m.* lavatorio, *f.* pileta

ながしこむ 流し込む ▶パンを紅茶で流し込む *v.* tragarse* el pan con el té. ◆作業員は生コンを枠組みに流し込んだ Los obreros vertieron el hormigón fresco en los encofrados.

ながしめ 流し目 ▶流し目で見る（横目で）*v.* mirar《a ＋ 人》「de reojo [con el rabillo del ojo, de soslayo];（色目で）*v.* mirar《a ＋ 人》amorosamente [con ojos enamorados].

なかす 泣かす *v.* hacer* llorar. → 泣かせる.

なかす 鳴かす *v.* hacer* cantar (pájaros).

***ながす** 流す ❶【水などを】*v.* hacer* correr;（勢いよく）*v.*「tirar de [《メキシコ》jalarla a] la cadena;（排水する）*v.* desaguar*,《口語》tirar*. ▶下水（溝）に水を流す *v.* verter* agua en la alcantarilla. ◆水を流しっぱなしにするな No dejes correr el agua. ◆入浴後湯を流しておきなさい Vacía [Desagua] la bañera después de bañarte.

❷【血・涙を】*v.* derramar,《フォーマル》verter*;（血を）*v.* sangrar. ▶（国のために血を流す（＝死ぬ、負傷する）*v.* derramar [dar*] la sangre (por el país). ◆彼女は涙を流した《強調》Derramó lágrimas. / Le salieron lágrimas. / Lloró. ◆彼は額から血を流して地面に倒れた Le salía sangre de la frente y cayó al suelo.

❸【浮かべて流す】*v.* hacer* flotar, poner* a flote;（水の力で押し流す）*v.* hacer* arrastrar [llevar] por agua. ▶丸太を川に流す *v.* hacer* flotar un tronco en un río. ▶背中を流す *v.* lavar《a ＋ 人》la espalda. ▶汗を流す（汗をかく）*v.* sudar;（ふろなどで）*v.* lavarse el sudor.

❹【音楽を】*v.* tocar*;（放送を）《口語》*v.* poner*, emitir,《フォーマル》difundir, transmitir;（うわさ等を）*v.* hacer* correr [circular] (un rumor). ◆FM放送局はよい音楽だけでなくニュースも流している Las estaciones de FM no sólo emiten buena música, sino también noticias.

❺【タクシーが】*v.* recorrer (las calles);（芸人が）*v.* ir* (de un bar a otro).

-なかせ -泣かせ ▶乗客泣かせのストライキ *f.* huelga perjudicial para el pasajero. ◆あの子は親泣かせだ（＝親を悲嘆にくれさせる）Es un sufrimiento para sus padres. /（やっかい者だ）Es una gran molestia para sus padres.

なかせる 泣かせる *v.* hacer* llorar,《強調して》arrancar* lágrimas,《俗語》conmover* mucho [hasta las lágrimas]. ▶泣かせる（＝感動的な）話 *f.* historia conmovedora. ◆だれがあの子を泣かせたの？ ¿Quién ha hecho llorar a ese niño? ◆その映画には泣かされた Esa película me「hizo llorar [conmovió hasta las lágrimas]. ◆彼女は結構男を泣かせてるんじゃないの Me parece que ha「hecho llorar a más de un hombre [destrozado muchos corazones].

ながそで 長袖 *fpl.* mangas largas. ▶長袖のシャツ *f.* camisa de manga larga.

なかたがい 仲たがい（口論）*f.* disputa, *f.* altercado, 《口語》f. pelea; (不和) f. discordia, 《フォーマル》f. desavenencia; (疎遠) m. distanciamiento, m. alejamiento. ▶仲たがいする v. enemistarse [desavenirse*, 《口語》pelearse] 《con》. ♦彼らは仲たがいしている Están enemistados [《フォーマル》desavenidos, 《口語》peleados].

なかだち 仲立ち (調停) f. mediación; (調停人) mf. mediad*or/dora*; (仲介) f. intermediación, f. intervención; (仲介人) mf. intermedi*ario/ria*. ▶仲立ちをする v. hacer* de intermediario, intervenir* 《entre》.

ながたらしい 長たらしい adj. prolongado, 《フォーマル》prolijo. → 長々と.

なかだるみ 中弛み ▶シーズン中の中だるみ m. estancamiento [《フォーマル》m. bajón] de mitad de temporada. ♦下半期に入ると景気が中だるみになった Después de la primera mitad del año, 「la actividad comercial se estancó [los negocios se estancaron]. ♦会議は途中で中だるみになった (=不活発になった) La reunión se desanimó a la mitad.

なかつぎ 中継ぎ (仲介) f. mediación; (代替) m. relevo. ▶中継ぎ貿易 m. comercio intermediario. ♦中継ぎをする v. actuar* de intermediario [mediad*or/dora*] 《para》.

-なかったら (…でなければ) si no …; (…がないならば) si no hubiera sido por… ♦君の助けがなかったら私はその仕事ができないだろう Si no me ayudaras, no podría hacer ese trabajo. / Si no fuera por tu ayuda, no podría hacer ese trabajo. / Sin tu ayuda, no podría hacer ese trabajo. ♦彼のアドバイスがなかったら私は大損するところだった「De no haber sido por sus consejos [Sin sus consejos], habría perdido mucho dinero.

ながつづき 長続き 長続きする v. durar mucho (tiempo). ♦このよい天気は長続きしないだろう Este buen tiempo no durará 「va a durar」 mucho. → 持つ. ♦彼は何をしてもあまり長続きしない (=最後まで行い通すことができない) No dura mucho en nada. / Se cansa pronto de todo. / (一つの職に)No dura mucho en un trabajo. / Le duran poco los trabajos.

なかでも 中でも (とりわけ) adv. sobre todo, más que nada; (ほかにもいろいろある中で特に) adv. entre otros. ♦彼は中でも音楽が好きだ Le gusta 「sobre todo [más que nada]」 la música.

なかなおり 仲直り f. reconciliación 《entre》. —— 仲直りする v. reconciliarse [《口語》hacer* las paces, 《口語》arreglarse] 《con》; (けんかを一時的におさめる) v. reconciliar provisionalmente. ▶AとBを仲直りさせる v. reconciliar a A con B. ♦彼と仲直りしたらどうですか ¿Por qué no 「te reconcilias [《口語》haces las paces]」 con él? ♦どうも二人は仲直りしそうにない No parecen que vayan a reconciliarse. 《会話》たぶんあなたが彼に謝った方がいいわ。そうすれば仲直りできるかもしれないわよ—なるほどね Tal vez sería bueno que te disculparas. Eso arreglaría las cosas. – Sí, es una buena idea.

***なかなか 中中** ❶【たいへん】→かなり, 大分, 相当に. ▶なかなかかわいい少女 f. chica bastante guapa. ♦今日はなかなか暖かい Hoy hace bastante calor. 《会話》彼の作品どう思う~なかなかいいよ ¿Qué te parece su trabajo? – Bastante bueno. 《口語》No está nada mal. ♦彼はなかなかの詩人だ Es bastante buen poeta. / 《口語》No está nada mal como poeta.

❷【なかなか…しない】(すぐに[容易に]…しない) adv. no… bien, 《口語》apenas; algo; (どうしても…しない) adv. lejos de… → まだまだ. ♦その問題はなかなか解けなかった No pude solucionar bien el problema. / (解くのに長く時間がかかった)Tardé algo [bastante tiempo] en solucionar el problema. / (解くのに難儀した) Tuve 「cierta dificultad [algunas dificultades]」en solucionar el problema. ♦このドアはなかなか開かない Esta puerta no se abre bien. ♦彼はなかなか借金を払わなかった Tardaba algo en pagar. ♦パラシュートはなかなか開かなかった El paracaídas se tardó en abrirse.

ながなが と 長々と ❶【長い間】m. mucho (tiempo), m. largo tiempo; (くどく) adv. por extenso, largamente, 《教養語》dilatadamente, 《フォーマル》prolongadamente. ♦彼は長々と演説した Su discurso duró mucho [largo tiempo]. / (長たらしい演説をした)Pronunció un largo discurso. ♦彼は私たちに長々と身の上話をした Contó 「por extenso [largamente]」la historia de su vida. / Se extendió contándonos su vida.
❷【身体を長々と】▶長々と芝生の上に寝そべる v. tumbarse todo a lo largo sobre la hierba.

なかには 中には ♦中にはとてもおもしろい本もある 「Hay libros [Algunos libros son]」 muy interesantes. → 中.

なかにわ 中庭 m. patio.

ながねん 長年 mpl. muchos años; (長い間) m. largo [mucho] tiempo. ▶長年の研究 mpl. muchos años de investigación, f. investigación de muchos años. ▶長年の(=古くからの)友人 mf. viejo/ja amigo/ga, mf. amigo/ga de muchos años. ♦彼女は教師としては長年の経験がある Lleva muchos años de profesora. / 《フォーマル》Tiene muchos años de experiencia docente. ♦長年ここに住んできました He vivido aquí muchos años.

なかば 半ば ❶【半分】f. mitad; adj. medio; (中途で) adv. a medias. → 半分. ♦私の仕事は半ば終わった Mi trabajo está a medio acabar. / Tengo el trabajo medio hecho. ♦彼は半ば口を開けたまま眠っていた Dormía con la boca entreabierta. ♦半ば無意識にそう言った Lo dije 「medio inconsciente [semiinconciente]」.
❷【真ん中あたり】prep. en medio [mitad] de, a mediados de. ♦通りの半ばで adv. en mitad [medio] de la calle. ♦6月の半ばに adv. a mediados de junio. ▶1週[21年]の半ばに adv. a mediados de ^{1}la semana [^{2}del año]. ♦学期半ばで退学する v. dejar la escuela a la mitad de curso. ♦開発半ばの国 m. país medio desarrollado. ♦彼女は彼の演説の半ば

で(=最中に)席を立った Ella abandonó su asiento en mitad de la conferencia (de él). ♦彼女は40歳の半ばで死んだ Murió en la mitad de sus años cuarenta. /《口語》Se murió con cuarenta y tantos.

❸【一部分】(一部分は) adv. en parte, algo, 《口語》medio, 《フォーマル》parcialmente; (部分的に) adv. parcialmente; (ほとんど) adv. casi. ▶半は頭のはげた男 m. hombre algo [《口語》medio, 《フォーマル》parcialmente] calvo. ♦彼の成功は半はわれわれの援助のおかげだ En parte lo logró con nuestra ayuda. ♦太陽は半は沈んでいた El sol casi se había puesto.

ながばなし 長話 f. larga charla [conversación]. ▶彼女はボーイフレンドと長話をしていた「Tuvo una larga conversación [Habló largamente] con su amigo.

ながびく 長引く ▶長引く病気 f. larga enfermedad. ♦あいさつは10分ほど長引いた Su discurso se alargó unos diez minutos. ♦その本の出版は長引いた El libro tardó (mucho) en publicarse. / La publicación del libro「se alargó [llevó] mucho tiempo. → 掛かる. ♦彼は3日でできる仕事を1週間に長引かせた Su trabajo de tres días se alargó [prolongó] una semana.

なかほど 中程 ▶中程で(中間・中途で) adv. a medio camino, 《口語》en pleno camino; (位置・時間の) prep. en medio de, en la mitad de. ▶討論の中程で adv. en mitad [medio] de la discusión, en plena discusión. ▶丘の中程で彼にばったり会う v. encontrarse* con él en medio de la「subida a [bajada de] la colina. ▶教会は私の家とあなたの家の中程にあります La iglesia está a medio camino entre mi casa y la tuya. ♦中程へお進み[お詰め]ください(列車・バスの乗客に対して) Pasen adelante, por favor.

・**なかま** 仲間 mf. compañer*o/ra*. → 友達.

1《~仲間》▶楽しい仲間 f. compañía agradable. ▶仕事仲間(同じ職場の) mf. compañer*o/ra* de trabajo; (専門職・重役などの) mf. colega; (共同出資の) mf. soci*o/cia*, mf. asociad*o/da*. ▶音楽愛好者仲間 mf. compañer*o/ra* aficionad*o/da* a la música. ▶犯罪者仲間 mf. cómplice. ▶あの人たちは釣り仲間です Ellos son mis compañeros de pesca. / Somos compañeros de pesca. ♦彼は会社の仲間です Es mi compañero de oficina. / Trabaja en la misma oficina. ♦ぼくはクラブの仲間とよくマージャンをする Suelo jugar al "mahyong" con otros miembros del club.

2《仲間＋名詞》▶仲間意識 m. compañerismo. ▶仲間入りする v. unirse [juntarse] al grupo. ♦彼は仲間はずれにされた Se quedó fuera del grupo.

3《仲間に》▶彼らの仲間に入る v. unirse al grupo, ir* con ellos. ▶ゲームの仲間に入る v. participar en un juego. ▶悪い仲間に¹入っている[²入る] v. ¹andar* con [²entrar en] malas compañías. ▶仲間に入れる v. 「meter《a＋人》en el [hacer*《a＋人》del] grupo. ▶仲間に入らない v. quedarse fuera del grupo. ♦彼は仲間に人気がある Es popular entre sus amigos.

4《仲間だ》▶彼もその仲間だ Es uno「de ellos [del grupo]. ♦オオカミは犬の仲間だ El lobo「es de [pertenece a] la familia de los perros.

《その他の表現》▶仲間割れ f. división [m. rompimiento] del grupo. ▶仲間割れをする v. dividirse, 《フォーマル》escindirse (en grupos por un asunto). ♦彼らは仲間うちで口論を始めた Se pusieron a discutir entre ellos. / El grupo empezó a discutir.

なかみ 中身 m. contenido. → 内容. ▶中身のない男 m. hombre vacío. ♦かばんの中身を拝見します Por favor, permítame ver el contenido de su bolso.

ながめ 眺め f. vista, m. paisaje, m. panorama, 《フォーマル》f. perspectiva; 【景色】(個々のまとまった) m. paisaje; (ある土地全体の) m. paisaje, f. vista. → 風景. ▶眺め(=見晴らし)のよい部屋 m. cuarto con buenas vistas. ▶美しい日没の眺め f. hermosa vista de la puesta de sol. ♦山頂からの海の眺め(=見晴らし)がいい Desde el alto de la montaña hay una buena vista. / La cumbre de la montaña domina un buen paisaje. → 見晴らす. ♦ビルのために眺めが妨げられている La vista está oculta por el edificio. / El edificio impide la vista. ☞ 景観, 景色, 光景, 情景, 展望

・**ながめる** 眺める (見る) v. mirar; (動いているものをじっと) v. observar; (凝視する) v. contemplar, mirar con fijeza; (じろじろと) v. mirar fijamente, quedarse mirando (de hito en hito); (景色などを見渡す) v. dominar, echar una mirada alrededor. → 見晴らす. ▶星を眺める v. contemplar las estrellas. ▶彼の顔をじっと眺める v. mirarle fijamente la cara. ▶望遠鏡で星を眺める v. observar las estrellas por un telescopio. ▶湖の眺められる部屋 m. cuarto con vista(s) al lago. ♦彼はぼんやりと窓の外を眺めていた Miraba por la ventana con la mirada perdida. ♦私は彼女を冷淡に眺めた La miré fríamente. / La observé con frialdad. ♦彼は女の子たちがテニスをするのを眺めていた Miraba a las chicas jugar al tenis. ♦丘から海の美しい景色が眺められる Desde la colina「hay una magnífica vista al [se divisa espléndidamente el] mar. → 見晴らす.

ながもち 長持ち ▶長持ちする (もちがよい) v. ser* duradero; (長くもつ) v. durar mucho tiempo; (長い使用に耐える) v. resistir el uso prolongado; (食べ物が) v. conservarse bien (mucho tiempo). → 持ち. ♦このてのシャツはきれいだがあまり長持ちしない Esa clase de camisas son bonitas pero duran poco.

なかやすみ 中休み m. descanso, f. pausa; (学校の休み時間) m. recreo. ▶仕事の中休み m. descanso (para tomar café [té]). ▶中休みする v. tomarse un descanso, hacer* una pausa.

なかゆび 中指 m. dedo corazón [medio]. → 指.

なかよく 仲良く (楽しく) adv. felizmente; (平

穏)に) *adv.* en paz, pacíficamente. ♦彼らは仲よく暮らしている Viven juntos felizmente [en paz, en armonía]. / (仲よくやっている)Se llevan muy bien.

—— 仲良くする (仲良くしている) *v.* llevarse bien, mantener* relaciones amistosas, 《フォーマル》estar* en buenos términos 《con》; (友達になる) *v.* hacerse* amigo/ga 《de》; (親しい関係を保つ) *v.* tener* buenas [íntimas] relaciones 《con》. ♦隣人と仲よくしなさい Trata de 「mantener buenas relaciones [llevarte bien] con tus vecinos. ♦パーティーでスペインの少女と仲よくなった Me hice amigo/ga de una chica española en la fiesta. ♦いつもけんかばかりして, 仲よくできないの? No 「《スペイン》hacéis [《ラ米》hacen] más que discutir. ¿No 「《スペイン》podéis llevaros [《ラ米》pueden llevarse] bien?

なかよし 仲良し *mf.* buen/buena [《強調して》gran] amigo/ga, *mf.* amigo/ga íntimo/ma. → 親友. ♦大の仲良し *m.* gran amigo. ♦仲良し (=友達)になる *v.* hacerse* amigo/ga (suyo/ya). ♦その子供たちは仲良しだ Esos niños 「son buenos amigos [se llevan bien].

＊-ながら ❶【...しつつ】*conj.* cuando..., mientras..., al tiempo que... ♦彼はご機嫌で口笛を吹きながら歩いていた Silbaba alegremente mientras [cuando] caminaba. / Caminaba silbando alegremente. / Al caminar silbaba alegremente. ♦彼らはコーヒーを飲みながら休暇中の旅行のことを話し合った Hablaron de su viaje de vacaciones tomando un café. / Mientras tomaban un café, hablaban de su viaje de vacaciones. ♦しばらくの間ふるえながら立っていた Me quedé temblando un rato. ♦やさしくほほえみながら彼女は客を迎えた Recibió a los invitados sonriendo cariñosamente.

❷【...にもかかわらず】*prep.* a pesar de, pese a, 《フォーマル》no obstante; (...ではあるが) *conj.* aunque, 《口語》*prep.* con. ♦彼は重い病気でありながらその会合に出席した A pesar de 「su grave enfermedad [que estaba muy enfermo], asistió a la reunión. / Asistió a la reunión aunque estaba muy enfermo. / Gravemente enfermo y todo, asistió a la reunión.

ながらく 長らく ♦彼とは長らく会っていない Hace mucho tiempo que no lo [le] veo. → 長く, 長い.

＊ながれ 流れ ❶【気体・水などの】《専門語》*m.* flujo, *f.* circulación, *m.* curso (de agua). ♦水の流れ *f.* corriente de agua. ♦流れの速い川 *m.* río de corriente rápida. ♦流れにさからって [2そって]泳ぐ *v.* nadar 1contra [2con] la corriente, *v.* nadar río 1arriba [2abajo]. ♦流れを1上る [2下る] *v.* ir* 1contra [2a favor de] la corriente, ir* aguas 1arriba [2abajo]. ♦その川は流れが1速い [2遅い] Ese río corre 1rápido [2lento]. / La corriente del río es 1rápida [2lenta].

❷【人・車・言葉などの】*f.* circulación, *m.* flujo. ♦ひっきりなしに続く車の流れ *f.* circulación constante de vehículos. ♦車の流れに (注意深く)割り込む *v.* meterse en el tráfico de vehículos. ♦車の流れが速くなってきた La circulación es cada vez más rápida. ♦早朝からの寺の参拝者の流れが絶えない Desde primeras horas de la mañana ha habido un flujo constante de visitantes del templo.

❸【血統】*f.* sangre, *f.* familia, *m.* linaje; (流派) *f.* escuela. ♦名門の流れをくむ *v.* venir* de una buena familia. ♦ロマン派の流れをくむ *v.* pertenecer* a la escuela romántica.

《その他の表現》♦時の流れ *m.* paso [*m.* transcurso] del tiempo. ♦流れ弾 *f.* bala perdida. ♦その事件が歴史の流れ(=経過)を変えた Ese suceso cambió el transcurso de la historia. ♦彼のホームランが試合の流れ(=形勢)を変えた Su jonrón cambió la situación del partido.

ながれこむ 流れ込む *v.* verter* 《en》; (群がって) *v.* inundar; (川が) *v.* desembocar*. ♦この川は日本海に流れ込んでいる Este río desemboca en el Mar de Japón. ♦難民がどっとその都市に流れ込んだ Los refugiados inundaron la ciudad.

ながれさぎょう 流れ作業 *f.* cadena de montaje, *f.* línea de producción. ♦流れ作業で大量生産する *v.* 「fabricar* en gran escala [producir* en serie] en una línea de producción.

ながれだま 流れ弾 ♦流れ弾にあたる *v.* ser* alcanzado por una bala perdida.

ながれぼし 流れ星 *f.* estrella fugaz; (流星, 隕(い)石) *m.* meteorito, *m.* aerolito. ♦あっ, 流れ星だ ¡Mira! Una estrella fugaz.

ながれもの 流れ者 *m.* hombre [*f.* mujer] errante; (放浪者) *mf.* vagabundo/da; (よそ者) *mf.* extraño/ña, *mf.* forastero/ra.

ながれる 流れる ❶【川・水などが】 *v.* correr, pasar (por), 《文語》fluir*; (液体が) *v.* correr; (なめらかに絶え間なく) *v.* fluir*; (速く勢いよく) *v.* precipitarse 《a》; (一度にどっと) *v.* verter* 《en》; (少しずつ) *v.* gotear. ♦流れる水の音 *m.* rumor del agua corriente. ♦信濃川は北に流れて日本海に注いでいる El río Shinano va por el norte hasta desembocar en el Mar de Japón. ♦今日は川の流れが速い Hoy el río 「tiene mucha corriente [va rápido]. ♦桂川は京都を流れている El río Katsura pasa por Kioto. ♦彼の目から涙が流れた Sus ojos estaban llenos de lágrimas. / Las lágrimas le corrían por las mejillas. ♦パイプが詰まって水が流れなかった Como la tubería estaba atascada [《メキシコ》atorada], el agua no corría.

❷【人々・物事が】*v.* circular, fluir*; (続くと) *v.* discurrir; (どっと) *v.* salir* de golpe, 《フォーマル》afluir*; (時が) *v.* pasar, transcurrir, discurrir. ♦経つ. ♦会話 [2車]はスムーズに流れた 1La conversación [2El tráfico] discurría con fluidez. ♦試合後球場から人が続々と流れ出ていた Una franja de gente salía del estadio después del partido.

❸【浮かび漂う】*v.* flotar, ir* a la deriva; (押

チェスでなみいる強豪をなぎ倒した (=打ち負かした) Derrotó a un poderoso adversario tras otro en ajedrez.

なきだす 泣き出す *v*. echarse [ponerse*] a llorar, 《フォーマル》prorrumpir en sollozos; (取り乱す) *v*. perturbarse, perder* el control. ◆わっと泣き出す *v*. romper* a llorar, estallar en llanto. ◆彼女は今にも泣き出しそうだった Estaba a punto de echarse a llorar.

なきつく 泣きつく (懇願する) *v*. pedir* encarecidamente, 《フォーマル》implorar. ◆彼は先生に助けてくれと泣きついた Le rogó al profesor que lo [le] ayudara. / Suplicó la ayuda del profesor.

なきっつら 泣きっ面 (泣いている顔) *f*. cara llorosa, 《文語》*m*. rostro lacrimoso, (涙ぐんだ) *f*. cara llorosa. ◆泣きっ面に蜂(は)で (=さらに悪いことには) 夫も病気になった Para colmo de desgracias, su marido también cayó enfermo. ◆A perro flaco, todos son pulgas. → 降る.

なきどころ 泣き所 (弱点) *m*. punto flaco [débil], 《フォーマル》*m*. tendón de Aquiles. ◆人の泣き所を突く *v*. aprovecharse de la debilidad ajena. ◆彼は実力のある政治家だが学歴のないのが泣き所だ Es un poderoso dirigente político, pero「la falta de formación académica es su punto flaco [su tendón de Aquiles está en su falta de formación académica].

なきねいり 泣き寝入り ▶泣き寝入りする (泣きながら寝入る) *v*. dormirse* llorando. ◆その会社は倒産したので, 債権者は泣き寝入りするしかなかった La empresa quebró y por eso los acreedores tuvieron que resignarse a su destino. ◆このような不当な処置に泣き寝入りしてはいけない No debemos resignarnos a tal injusticia.

なきのなみだ 泣きの涙 ▶泣きの涙で (=涙ながらに) *adv*. con lágrimas en los ojos, con los ojos llenos de lágrimas.

なきふす 泣き伏す *v*. perder* el control y echarse a llorar. → 泣き崩れる.

なきべそ 泣きべそ ▶泣きべそをかく (子供が) *v*. lloriquear, gimotear; (今にも泣きそう) *v*. estar*「a punto de llorar [al borde de las lágrimas]. ▶泣きべそをかいている *v*. estar* lloriqueando.

なきまね 泣き真似 (そら涙)《口語》*fpl*. lágrimas de cocodrilo; (にせの涙)*fpl*. lágrimas falsas [mentirosas]. ▶泣き真似をする *v*. verter* lágrimas de cocodrilo, fingir* las lágrimas.

なきむし 泣き虫 *mf*. llorón/rona, *mf*. llorica.
なきやむ 泣き止む *v*. dejar de llorar. → 泣く.
なきわらい 泣き笑い ▶泣き笑いする *v*. reír* con lágrimas en los ojos. ◆人生は泣き笑いだ La vida está salpicada de lágrimas y risas.

＊なく 泣く *v*. llorar, 《フォーマル》derramar [verter*] lágrimas, 《文語》planir*. ▶痛くて泣く *v*. llorar de dolor. ▶大きな声で泣く *v*. llorar ruidosamente. ▶うれしくて泣く *v*. llorar de alegría [gozo]. ▶思い切り [おいおいと] 泣く *v*. llorar a lágrima viva. ▶同情して泣く (=もらい泣きする) *v*. llorar compa-

---

1038 ながわずらい

し流される) *v*. ser* arrastrado [llevado, barrido]. → 流す. ◆ボールが川を流れている Hay una pelota flotando río abajo. ◆流木が潮に乗って流れていった La marea se llevó la madera flotante. ◆音楽がホールから流れてきた La música nos llegaba desde la sala.
❹【中止になる】*v*. suspenderse, cancelarse, anularse. → 中止.
《その他の表現》◆星が流れた ¡Una estrella fugaz! ◆町中にうわさが流れた El rumor se extendió por toda la ciudad. ◆その一家には学者の血が流れる (=学者の血筋だ) En esa familia se lleva la ciencia [sabiduría] en la sangre.

ながわずらい 長患い ▶長患いする *v*. padecer* una larga enfermedad, llevar enfermo mucho tiempo.

なき 亡き *adj*. muerto, difunto, 《フォーマル》fallecido. ▶亡き父 *m*. mi difunto padre. ▶今は亡き田中氏 el difunto Sr. Tanaka. ▶田中氏亡き後 *adv*. después de muerto [《フォーマル》fallecido] el Sr. Tanaka.

なぎ 凪 *f*. bonanza, *f*. calma. ▶¹朝 [²夕] 凪 *f*. calma de la ¹mañana [²tarde], 《文語》*f*. bonanza ¹matutina [²crepuscular].

なきおとす 泣き落とす *v*. convencer* (a + 人) con lágrimas 《para + 不定詞, para que + 接続法》.

なきがお 泣き顔 *f*. cara llorosa. ▶泣き顔を隠す *v*. ocultar las lágrimas.

なきくずれる 泣き崩れる (取り乱して泣く) *v*. romper* a llorar, estallar en llanto; (わっと泣き出す) *v*. 《強調して》anegarse* en lágrimas. ◆彼女はベッドに泣きくずれた Cayó a la cama「anegada en lágrimas [presa del llanto].

なきごえ 泣き声 (泣く声) *m*. llanto; (すすり泣き) *m*. sollozo; (涙声) *f*. voz llorosa. ▶少年の泣き声 *m*. llanto de un niño. ▶泣き声で話す *v*. hablar con la voz llorosa, hablar entre sollozos, hablar con la voz ahogada por las lágrimas.

なきごえ 鳴き声 *m*. grito, *f*. voz; (鳥・虫の短い) *m*. canto, *f*. gimoteo, (鳥のさえずり) *m*. trino, *m*. gorjeo. → 声, 鳴く.

なきごと 泣き言 (不平) *f*. queja, *m*. lamento. ◆彼はいつも給料が安いと泣き言ばかり言っている Siempre「se está quejando de [《口語》anda llorando por] su bajo salario.

なぎさ 渚 (波打ち際) *f*. playa, (岸) *f*. orilla, *f*. costa; (水辺) *f*. costa, *f*. rivera.

なきさけぶ 泣き叫ぶ *v*. llorar; (金切り声で) *v*. chillar, dar* un alarido. → 泣く.

なきじゃくる 泣きじゃくる (すすり泣く) *v*. sollozar*; (子供などがおおいおい泣く) *v*. lloriquear, 《口語》llorar a moco tendido; (鼻をすすって泣く) *v*. gimotear. ▶泣きじゃくりながら悩みを語る *v*. desahogar* sus penas llorando. ◆かわいそうな少女は泣きじゃくりながら寝てしまった La pobre niña se durmió sollozando.

なぎたおす なぎ倒す *v*. segar*, cortar. ▶草をなぎ倒す *v*. segar* [cortar] la hierba. ◆彼は

deciendo ⟨a + 人⟩. ♦悲報を聞いて泣く v. llorar por la triste noticia. ♦彼の死を悲しんで泣く v. llorar [⟨フォーマル⟩ deplorar] su muerte. ♦泣きたくなる v. sentir* ganas de llorar. ♦泣きながら言う v. decir* ⌈con lágrimas [entre sollozos]. ♦泣きながら寝入る v. dormirse* llorando [entre sollozos]. ♦泣くのをこらえる v. contener* [aguantar, ⟨口語⟩ tragarse*] las lágrimas. ♦泣き止む v. dejar de llorar. ♦赤ん坊はミルクを欲しがって泣いていた El bebé lloraba pidiendo leche. ♦手を振って別れを告げた彼女は泣いていた Lloraba cuando me despedí de ella con la mano. ♦泣いても笑っても試験まであと3日しかない Te guste o no, te quedan sólo tres días para el examen.

なく 鳴く 【鳥・虫が】(歌うように) v. cantar; (鳥がさえずる) v. trinar, gorjear; 【犬が】(わんわんと) v. ladrar; (くんくんと) v. gemir, gimotear; 【猫が】v. maullar*. ♦小鳥が木々の間で鳴いている Los pájaros cantan en los árboles. ♦子犬は1腹をすかして [2ミルクをねだって] くんくん鳴いた El cachorro gemía 1de hambre [2pidiendo leche].

なぐ 凪ぐ (海が) v. estar* en calma; (風が) v. amainar. ♦1海が [2風が](一時的に)ないだ El 1mar [2viento] estaba en calma.

なぐさみ 慰み (楽しみ) m. entretenimiento, f. distracción, ⟨フォーマル⟩ m. solaz; (気晴らし) f. diversión; (娯楽) m. pasatiempo. ♦慰みにギターを弾く v. tocar* la guitarra ⌈por distracción [para entretenerse]. ♦彼女は詩を作ることに慰みを見いだした ⌈Se entretenía [⟨フォーマル⟩ Hallaba solaz] escribiendo poesía. ♦テニスは私の唯一の慰みです El tenis es mi única distracción.

なぐさめ 慰め m. consuelo, f. consolación. ♦彼女にちょっと慰めの言葉をかける v. decirle* a ella ⌈unas palabras de consuelo [unas palabras consoladoras], reconfortarla con unas palabras. ♦音楽に慰めを見いだす v. hallar consuelo en la música. ♦彼女がいてくれるのが彼には大きな慰めであった Su presencia ⌈le consolaba mucho [era un gran consuelo para él].

なぐさめる 慰める v. consolar, ⟨フォーマル⟩ reconfortar, animar. ♦泣いている子供を慰めようとしたがむだだった Intenté consolar al niño que lloraba, pero fue imposible. ♦私は彼女が私を愛していたのだと考えて自分を慰めた Me consolé pensando que me había amado. / Me sirvió de consuelo pensar que me había querido.

なくす(る) 亡くす(る) (失う) v. perder*. → 死ぬ. ♦夫を亡くした妻 f. mujer que ha perdido a su marido, ⟨フォーマル⟩ f. esposa desconsolada. ♦彼は交通事故で息子を亡くした Perdió a su hijo en un accidente de tráfico. / (奪われた)Un accidente de tráfico le robó a su hijo. ♦両親を亡くしたのは大きな痛手だった La pérdida de mis padres fue un duro golpe para mí.

なくす(る) 無くす(る) (失う) v. perder → 失う, 紛失する; (望ましくないものを除く・捨てる) v. deshacerse* [librarse] ⟨de⟩; (制度などを廃止する) v. abolir, derogar*, suprimir. ♦死刑をなくする v. abolir la pena de muerte. ♦彼はそれに対してすっかり興味をなくしてしまった Ha perdido todo su interés en eso. ♦なまりをなくすのは難しい Es difícil quitar un acento (regional). ♦私は借金をなくすのに苦労した Tuve muchas dificultades para librarme de las deudas. ♦警察は犯罪をなくそうと努めている La policía está tratando de eliminar [erradicar] la delincuencia.

-なくて (…なしで) prep. sin; (…の欠乏のため) prep. por falta de; (…でなくて…の) adv. no …, sino … ♦田舎に住んでいると車がなくてやっていけません Cuando vivimos en el campo, no ⌈podemos estar sin [nos puede faltar un] coche. / (車は不可欠である)Un coche es indispensable [necesario] cuando se vive en el campo. →無しで. ♦この花は水がなくて枯れた Estas flores se han marchitado por falta de agua. ♦あの方は俳優でなくて監督です No es actor, sino director. ♦こんないい天気の日は家にいるのではなくてどこかへ行きたい Me gustaría ir a alguna parte en lugar de quedarme en casa en un día tan bueno.

なくてはならない adj. indispensable; esencial; absolutamente necesario. → ぜひ, 必要な. ♦それは私にはなくてはならない物です Es indispensable para mí. ♦(それがなくてはやっていけない)No puedo estar sin eso.

なくなく 泣く泣く adv. de mala gana, a disgusto. → 嫌々.

なくなる 無くなる ❶【消え去る】v. irse; (消える) v. desaparecer* → 消える; (紛失する) v. perder*; perderse*; (行方不明である) v. estar* desaparecido. ♦戻ってみると自転車がなくなっていた Cuando volví, ⌈mi bicicleta había desaparecido [⟨口語⟩ me faltaba la bici]. ♦ぼくの時計がなくなった Mi reloj ha desaparecido. / (失った)He perdido el reloj. ♦頭痛がなくなった Se me ha ido el dolor de cabeza. ♦1時間捜したあげく, それはなくなったものとあきらめた Al cabo de una hora de búsqueda, desistimos de seguir buscando.

❷【尽きる】v. acabarse, agotarse; (不足する) v. faltar. → 尽きる. ♦時間がなくなってきた Se ha acabado el tiempo. / Ya no tenemos más tiempo. ♦借金はもうなくなった He acabado con mis deudas. / Las deudas han acabado. ♦口をきく元気もなくなった ⌈Se me ha acabado la [Ya no tengo] energía para hablar. ♦一度にそんなにチョコレートを食べてはだめよ. すぐなくなってしまうわ No te comas tanto chocolate de una vez. Pronto se te acabará.

【その他の表現】♦やがてこの町から公害がなくなるだろう Pronto se acabará la contaminación en esta ciudad. / Esta ciudad estará libre de contaminación a no tardar mucho. ♦11時を過ぎるとバスがなくなる(=止まる) El autobús deja de circular después de las once. / A partir de las once ya no pasan autobuses. ♦いよいよという時になって彼は勇気がなく

なった En el último momento, le faltó valor.

なくなる 亡くなる v. morir*, 《フォーマル》fallecer*. → 死ぬ.

なぐりあい 殴り合い (殴打の交換) f. pelea, m. intercambio de golpes; (けんか) f. riña, f. querella; (素手での殴り合い) f. pelea de puñetazos. ◆彼と殴り合いになった Me puse a pegarme con él. / Vine a las manos con él.

なぐりがき なぐり書き 《口語》m. garabato. ◆なぐり書きのメモ f. nota con garabatos. ◆このなぐり書きは何と書いてあるのかわからない No puedo entender estos garabatos.

なぐる 殴る v. golpear, pegar*; (こぶしで) v. dar* un puñetazo, (平手で) v. dar* una bofetada, abofetear. → 打つ, 叩(た)く. ◆彼を棒でひどく殴る v. darle* un bastonazo [《口語》palo] con fuerza, golpearlo[le] fuertemente con un bastón. ◆彼の頭を殴る v. golpearlo[le] [darle* un golpe] en la cabeza. ◆彼を殴り殺す v. matarlo[le] a golpes. ◆彼を殴り倒す v. derribarlo[le] a golpes. ◆彼を殴って気絶させる v. dejarlo[le] inconsciente de un golpe. ◆平手で彼女の顔を殴る v. darle* (a ella) una bofetada. → 叩(た)く. ◆彼が先に殴ったんです。ぼくは殴り返しただけです Él me dio primero. Yo sólo le devolvía los golpes. ◆(その)ボクサーは相手に殴りかかったが、殴りそこねた El boxeador quiso golpear a su rival, pero falló el golpe. ◆その少年はあざができるほど殴られた Al muchacho le dieron golpes y le salieron cardenales en el cuerpo. ◆鼻面を一発殴ってやった Le di un puñetazo en la nariz. → パンチ. ◆殴られて彼は頭にこぶができた El golpe le levantó [hizo] un chichón en la cabeza. ☞ 食らわす, 手出し

なげうつ 擲つ (地位などを放棄する) v. renunciar 《a》; (公職などを正式に辞する) v. dimitir; (仕事などをやめる) 《口語》v. dejar. ◆大臣の地位をなげうつ v. renunciar al puesto de ministro/tra. ◆命をなげうって (=犠牲にして) adv. sacrificando [con sacrificio de] la vida. ◆彼は仕事をなげうって病人を救うためアフリカに行った Renunció a su trabajo y se fue a África a ayudar a los enfermos.

なげうり 投げ売り m. saldo, f. liquidación; (蔵払い) f. liquidación. ◆夏物の投げ売りをする v. hacer* una liquidación de ropa de verano. ◆石油を市場に投げ売りする (=ダンピングする) v. abaratar anormalmente el petróleo en el mercado, practicar* el "dumping" de petróleo en el mercado.

なげかける 投げ掛ける v. plantear 《a, ante》, arrojar, echar. ◆問題に疑問を投げかける v. plantear una duda sobre la cuestión. ◆その研究に光を投げかける (=解明を助ける) v. dar* luz a la investigación. ◆彼に軽蔑(さ)のまなざしを投げかける v. echarle una mirada desdeñosa.

なげかわしい 嘆かわしい (遺憾に思う) adj. lamentable, 《フォーマル》deplorable. ◆嘆かわしい事態 f. situación lamentable [《フォーマル》deplorable, triste]. ◆あの人がそんなばかなことをしたとは嘆かわしい限りだ Es una verdadera pena que hiciera una tontería así.

なげき 嘆き f. aflicción, f. pena. → 悲しみ.

なげキス 投げキス ◆投げキスをする v. lanzar* [tirar] un beso.

なげく 嘆く (悲嘆する) v. lamentar, afligirse* [dolerse*] 《por》, 《フォーマル》deplorar. → 悲しむ. ◆人の死を嘆く v. lamentar la muerte de una persona; (惜しむ) 《フォーマル》v. deplorar el fallecimiento de una persona. ◆暴力行使を嘆く v. deplorar el uso de la violencia. ◆失敗を嘆いても仕方がない「De nada sirve [Es inútil]「lamentar el fracaso [que lamentes tu fracaso].

なげこむ 投げ込む ◆石を池に投げ込む v. arrojar una piedra al estanque. ◆ごみを川に投げ込む (=どさっと投棄する) v. verter* basura al río.

なげすてる 投げ捨てる v. lanzar*, arrojar, tirar, 《フォーマル》botar, echar. → 捨てる, 投げる.

なげだす 投げ出す (放り出す) v. arrojar, lanzar*, echar; (下へ) v. tirar (hacia abajo); (放棄する) v. dejar, abandonar. ◆窓から古雑誌を投げ出す v. arrojar revistas viejas por la ventana. ◆本を地面に投げ出す v. tirar el libro al suelo. ◆馬から投げ出される v. ser* derribado de un caballo. ◆足を床に投げ出す v. estirar las piernas sobre el suelo. ◆自由のため命を投げ出す (=犠牲にする) v. sacrificar* la vida por la libertad. ◆仕事を途中で投げ出すな No dejes el trabajo a medias.

なげつける 投げつける (目がけて投げる) v. tirar; (乱暴に投げる) v. arrojar, lanzar*; (投げ倒す) v. echar por tierra, derribar. → 投げる. ◆バットを地面に投げつける v. tirar el bate al suelo.

なけなし ◆なけなしの金 (=持っているわずかな金全部) をはたいて辞書を買った Me gasté el poco dinero que tenía en el diccionario.

なげやり 投げ遣り (怠慢) m. descuido, 《フォーマル》f. negligencia. ◆職務に投げやりをする v. ser* negligente con las obligaciones; (不注意だ) v. ser* descuidado en el deber. ◆仕事を投げやりにする v. trabajar negligentemente [con descuido, 《フォーマル》con negligencia], 《口語》hacer* una chapuza; (中途半端にしておく) v. dejar el trabajo a medio hacer*.

**なげる 投げる ❶【(主に) 手で物を投げる】v. tirar, arrojar, 【メキシコ】aventar*, lanzar*, 《口語》echar; (人を投げる) v. derribar, 《口語》tirar; (身を投げる) v. arrojarse, tirarse, lanzarse*. ◆《野球》v. lanzar*; (送球する) v. tirar. ◆犬に石を投げる v. tirarle una piedra al perro. ◆本を投げ散らかす v. arrojar los libros todo alrededor. ◆ボールを投げ返す v. devolverle* la pelota. ◆そのタオルを投げてくれ (=放って) くれ Tírame esa toalla, por favor. ◆彼女は怒って手紙をくずかごに投げ入れた Tiró [【ラ米】Botó] furiosamente la carta a la papelera. ◆その爆発で空中に投げ飛ばされた Saltó por los aires a causa de la explosión. ◆彼女はがけから海に身を投げた Se despeñó [arrojó] desde el acantilado al mar.

❷【視線・疑問などを投げる】v. echar. ◆私に一

瞥(ご)を投げる v. echarme una mirada. ▶疑問を投げる v. sembrar* una duda 《en》. ▶影を投げる v. proyectar una sombra 《en, sobre》.
❸【あきらめる】v. abandonar, renunciar 《a》. ▶試合を投げる v. abandonar un juego.

-**なければ**(…なしでは) prep. sin; (もし…でなければ) si no 《＋直説法》; (…でない限り) conj. a menos que [a no ser que] 《＋接続法》; (もし…でないならば) prep. de [a no ser por, de [a] no haber sido por. →-なかったら, もし. ▶水がなければ生きられない No podemos vivir sin agua. ▶必要でなければタクシーを使わない「Si no es necesario [Sin necesidad] no tomo [uso] el taxi. ▶あなたの援助がなければ, 私たちは何もできないでしょう「Sin tu ayuda [A no ser por tu ayuda], no podríamos hacer nada. ◆彼でなければ(=彼以外のだれも)この問題は解けない「Sólo él [《強調して》Nadie excepto él] puede solucionar este problema. ◆たばこをやめなければ死んでしまうよ Morirás a no ser que dejes de fumar. / Si no dejas de fumar, vas a morirte.

-**なければならない** →ならない

なこうど 仲人 *mf.* intermedi*ario/ria*, *mf.* mediad*or/dora*, (遺物) (フォーマル) *mf.* casamenter*o/ra*. ▶頼まれ仲人 *mf.* intermedi*ario/ria* invitad*o/da*. ▶(AとBの)仲人をする *v.* concertar* un matrimonio 《entre A y B》. ◆彼らは青山夫妻の仲人で(=世話して)結婚した Se casaron「por mediación de [gracias a buenos oficios de] los Sres. Aoyama.

なごむ 和む ▶その子供たちの幸せそうな姿を見て心がなごんだ「Era reconfortante [Mi corazón se calmó al] ver la alegría de los niños. ◆彼のジョークで会場の雰囲気がなごんだ(=緊張をほぐした) Su broma quitó tensión a la atmófera que había en la sala.

なごやか 和やか (友好的な) *adj.* amistoso; acogedor, (温和な) *adj.* simpático; (愛想のよい) *adj.* amable, afable. ▶なごやかな表情 *m.* aspecto simpático. ▶なごやかな態度で *adv.* de manera afable, con afabilidad. ▶なごやかな集い *f.* reunión amistosa [de amigos]. ◆会談は終始なごやかなムードで行なわれた La conferencia se celebró en una atmófera amistosa.

なごり 名残 ❶【痕(え)跡】*m.* rastro, 《フォーマル》*m.* vestigio; (遺物) (フォーマル) *f.* reliquia; (戦争・天災などの) *fpl.* secuelas. → 余波. ▶昔の風習のなごり *f.* reliquia de viejas costumbres. ◆この町は少しも昔のなごりをとどめていない La ciudad no conserva「ningún rastro [ni un solo vestigio] de días pasados.
❷【別離】▶なごりの言葉 *fpl.* palabras de despedida. ▶なごりを惜しむ *v.* sentir* tener* que despedirse* 《de》. ◆ここでお別れとはおなごり惜しいわ Siento mucho tener que despedirme [decirte adiós].

-**なさい** (命令). ◆答えは鉛筆ではっきり書きなさい Escriba claramente las respuestas con lápiz. ◆君たち, 静かにしなさい ¡Estaos quietos! ◆行ってもいいけど夕飯前に帰って来なさい Pueden irse, pero deben estar de vuelta para la cena.

なさけ 情け (同情) *f.* compasión, *f.* simpatía; (哀れみ) *f.* piedad, 《フォーマル》*f.* clemencia; (深い思いやり) *f.* compasión, *f.* piedad, (悲) *f.* misericordia, *f.* caridad, (親切) *f.* amabilidad; (愛情) *m.* amor. ▶お情けであの男を雇う *v.* darle* trabajo por compasión. ◆情け知らずの暴君 *m.* tirano despiadado. → 情け知らず. ▶情け容赦もなく罰する *v.* castigar* 《a ＋ 人》sin piedad. ◆彼の情けにすがる *v.* implorar su compasión, 《強調して》echarse a sus pies. ◆彼は先生のお情けで試験に及第した Su profesor le aprobó por compasión. / Aprobó gracias a la caridad de su profesor. ◆困っているときは人の情けが身にしみる Cuando tenemos serios problemas, agradecemos de verdad la amabilidad de los demás.

なさけしらず 情け知らず (無慈悲な) *adj.* despiadado; (残酷な) *adj.* cruel; (無情な) *adj.* inhumano, sin corazón; (冷淡な) *adj.* frío, indiferente. ▶情け知らずの暴君 *m.* tirano despiadado. ▶情け知らずの仕打ち *m.* trato cruel.

なさけない 情けない (みじめな) *adj.* miserable, desgraciado, desdichado, 《フォーマル》vil; (恥ずべき) *adj.* vergonzoso, 《フォーマル》infame, (文語) *adj.* abyecto, (嘆かわしい) *adj.* lamentable, 《フォーマル》deplorable. ▶情けない奴 *m.* tipo miserable. ▶情けない行為 *f.* conducta vergonzosa. ▶情けない境遇にいる *v.* hallarse en una situación desgraciada. ◆どうしてそんな情けない顔をしているの ¿Qué te pasa que llevas esa cara de desgraciado? ◆彼がこんなことをしたとは情けない Es lamentable que hubiera hecho una cosa así. ◆何と情けない ¡Qué vergüenza [desgracia]! ◆約束を破るなんて情けない(=恥じるべきだ) Tiene que darte vergüenza faltar a tu palabra. / Debes avergonzarte por romper tu promesa. / ¿No te da vergüenza faltar a tu palabra?

なさけぶかい 情け深い (思いやりのある) *adj.* compasivo, 《フォーマル》clemente; (慈悲深い) *adj.* misericordioso, caritativo; (親切な) *adj.* amable, (心の優しい) *adj.* cariñoso, bondadoso. ▶情け深い人 *f.* persona compasiva. ▶情け深い判事 *mf. juez/jueza* compasiv*o/va*.

なさけようしゃ 情け容赦 ▶情け容赦もなく罰する *v.* castigar* 《a ＋ 人》sin compasión [piedad]. ◆兵隊たちは捕虜に情け容赦をしなかった Los soldados「no mostraron piedad [fueron despiadados] con los prisioneros.

なざし 名指し ▶名指しで批判する(一人の人を) *v.* criticar* 《a ＋ 人》por su nombre; (複数の人を) *v.* criticar(los) dándoles nombre.

ナザレ Nazaret (☆イスラエル北部, キリスト教の聖地).

なし 梨 *f.* pera. ▶ナシの木 *m.* peral. ▶ナシ畑 *f.* peraleda. ◆あれ以来彼からは梨のつぶてだ(=音沙汰(まだ)なし) Desde entonces「no tengo noticia de él [parece que se le ha tragado la tierra].

1042 なし

なし 無し ▶種なし干しブドウ *fpl*. pasas sin semilla. ♦何も言うことなし Sin comentarios(s). ♦彼の演奏は文句なしだった Su interpretación musical fue impecable [perfecta].

なしくずし 済し崩し ▶なしくずしに(＝少しずつ)借金を払う *v*. pagar* poco a poco las deudas.

-なしで **-無しで** *prep*. sin. ▶砂糖なしでコーヒーを飲む *v*. tomar el café sin azúcar. ♦彼は彼女なしでは生きていけない No puede vivir sin ella. ♦車を買うだけの金がなければ、なしで済まさなければならないよ Si no tienes dinero para un coche, pues tendrás que arreglártelas sin él. 会話 チーズバーガーを二つください―タマネギは入れますか、入れませんか―なしで結構です Dos hamburguesas de queso, por favor. – ¿Las quiere con o sin cebolla? – Sin, por favor.

なしとげる 成し遂げる *v*. realizar*, cumplir, lograr, (実行する)*v*. llevar a cabo, realizar*. → やり遂げる. ♦努力なしでは何事も成し遂げられない Sin esfuerzo no se puede realizar nada. ♦彼はついに世界一流の指揮者になりたいという大望を成し遂げた Por fin cumplió su ambición de ser un director (de orquesta) de talla [categoría] mundial.

なじみ(の) 馴染み(の) (よく知っている)*adj*. bien conocido; (好みの)*adj*. preferido, favorito; (常連の)*adj*. habitual, acostumbrado. ▶なじみの店 *f*. tienda preferida. ♦私にはなじみが¹薄い[²深い]*v*. ser* ¹menos [²muy] conocido por mí.

なじむ 馴染む ❶【慣れる】*v*. acostumbrarse [habituarse*] 《a》; (順応する)*v*. adaptarse [aclimatarse] 《a》; (慣れ親しむ)*v*. familiarizarse* 《con》; (愛着を持つ)*v*. aficionarse 《a》. ♦彼はなじみやすい(＝仲よくしやすい)人だ Es fácil hacerse amigo/ga suyo/ya. ♦彼は新しい生活にすぐになじんだ Pronto se acostumbró a su nueva vida. ♦生徒たちはすぐ先生になじんだ Los alumnos ⌈no tardaron en aficionarse [pronto se adaptaron]⌉ al nuevo profesor [a la nueva profesora].
❷【合う】♦この上着は着ているうちになじんできた Este abrigo ⌈se adaptó mejor [resultó más cómodo]⌉ con el uso. ♦その壁紙は床の色とはなじまない(＝合わない) Ese color de papel de pared no combina [hace juego] con el del suelo.

ナショナリズム *m*. nacionalismo.

なじる 詰る (責任の所在を問題にして)*v*. culpar, reprochar, (欠点を指摘し)*v*. criticar*; (悲嘆・失望して)*v*. recriminar, 《フォーマル》censurar. ▶怠慢をなじる *v*. culpar 《a + 人》de negligencia.

なす 茄子 *f*. berenjena; (茄子畑)*m*. berenjenal.

なす 成す ❶【やり遂げる】*v*. realizar*, cumplir; (作る)*v*. hacer*. ♦大事をなす *v*. realizar* una gran empresa. ♦彼は石油産業で財をなした Hizo una fortuna en la industria del petróleo. ♦彼は小説で名をなした Ganó fama con sus novelas.
❷【形作る】*v*. formar, 《フォーマル》constituir*. ♦この随筆は彼の本の一部をなしている Este ensayo forma parte de su libro.

なす 為す (行う)*v*. hacer*, 《フォーマル》realizar*. → 為(な)る. ♦なすべきことをなす *v*. hacer* lo que hay que hacer*; (義務を果たす)*v*. cumplir (con) el deber. ♦彼のなすに任せる *v*. dejarle hacer* lo que quiera. ♦益[害]をなす *v*. ¹beneficiar [²perjudicar*] (la cosecha). ♦私はなすすべを知らなかった No sabía qué hacer. ♦自然に対してなすすべもなった Éramos impotentes ante la naturaleza. ♦老女は犯人のなすがままだった La anciana estaba a merced ⌈del [de la]⌉ delincuente.

ナスカ Nazca (☆ペルーの都市).

なすりつける 擦り付ける ❶【こすりつける】*v*. frotar; (油などを塗りつける)*v*. untar; (塗料などを)*v*. embadurnar. ♦クリームを顔になすりつける *v*. untarse la cara de crema, 《フォーマル》aplicarse* crema en la cara. ▶カンバスに絵の具をなすりつける *v*. embadurnar un lienzo con pintura.
❷(責任・罪を)*v*. echar la culpa 《a》, culpar, 《フォーマル》inculpar. ♦彼は自分の失敗の責任を私になすりつけた Me echó a mí la culpa de su error. / Me culpó [《フォーマル》inculpó] de su equivocación a mí. / (転嫁した) Me pasó a mí la culpa de su error.

**なぜ (理由を尋ねて)*interrog*. por qué, cómo es que, 《口語》cómo, 《口語》y eso. ♦どうして. ♦なぜそこへ行ったのですか ¿Por qué fuiste allí? / ¿Para qué fuiste allí? / (一体なぜ)《俗語》¿Por qué demonios fuiste allí? / (問い詰める感じ)¿Cómo es que fuiste allí? ♦なぜその本を買うべきなのかを知りたい Quiero saber por qué debo comprar ese libro. ♦彼になぜそんなことを言ったのかたずねた Le pregunté la razón por la que dijo eso. 会話 きのう富山に行ったんだ―なぜ? Ayer fui a Toyama. – ¿Por qué? [《口語》¿Y eso?] 会話 このじゅうたんは好きじゃないんだ―じゃあなぜ替えないのよ No me gusta esta alfombra. – ¿Por qué no cambiarla, entonces? ♦なぜ彼を招待するの. は来ないよ ¿Para qué invitarlo[le] si nunca viene? 会話 まゆ子の電話番号は何番?―なぜぼくが知ってるんだい ¿Cuál es el número de teléfono de Mayuko? – ¿Y yo qué sé? [¿Y por qué tengo que saberlo yo?] ♦なぜそんなばかなことが言えるの ¿Cómo puedes decir una tontería así?

なぜか *adv*. por alguna razón, por algún motivo. ♦なぜか彼は黙っていた Por alguna razón se quedó callado.

なぜなら(ば) *conj*. porque; (…なので)*prep*. a causa de que, 《フォーマル》debido a que, 《フォーマル》ya que, 《フォーマル》puesto que, por (＋名詞, 不定詞). →だから. ♦私は今日はバスで通勤しました. なぜなら鉄道がストだったからです Hoy fui al trabajo en autobús porque había huelga ferroviaria. / Debido a una huelga ferroviaria, hoy fui al trabajo en autobús. 会話 どうして行ってはいけないの―なぜならばまだ小さすぎるからよ ¿Por qué no puedo ir? – Porque eres demasiado joven.

なぞ 謎 ❶【不可解な事】*m*. misterio; *m*.

enigma. ▶謎を解く v. solucionar un misterio [enigma]. ▶謎を解く手がかりを見つける v. encontrar* una pista para descifrar el enigma. ◆彼の死は謎に包まれている Su muerte está envuelta en el misterio. / Su muerte fue misteriosa. / (依然として謎である)Sigue siendo un enigma cómo murió. ▶どのようにしてその情報を手に入れたか謎 Cómo consiguió la información es un misterio.

❷ [なぞなぞ] f. adivinanza, m. acertijo. ▶なぞを解く v. solucionar una adivinanza. ◆彼がなぞ(なぞ)を出したが答えられなかった Propuso una adivinanza, pero no pude descifrarla.

❸ [ほのめかし] f. insinuación. ▶なぞをかける v. hacer* 《a ＋ 人》 una insinuación.

── 謎の[めいた] adj. misterioso, enigmático. ▶謎の人物 f. persona misteriosa. ▶謎めいたことを言う v. decir* algo misterioso, hablar enigmáticamente (《フォーマル》 crípticamente). ▶謎めいた微笑 f. sonrisa enigmática. ◆彼は謎の失踪(きそう)をとげた Desapareció misteriosamente.

なぞなぞ 謎々 m. acertijo, f. adivinanza. → 謎(⑤).

なぞらえる 準える (たとえる) v. comparar 《con》; (似せる) v. copiar [imitar]《a》. ◆人生はよく旅になぞらえられる (=たとえられる) La vida suele ser comparada a un viaje. ◆この寺の庭は宇宙になぞらえて造られている El jardín de este templo 「imita el [es una copia del] universo.

なぞる v. calcar*. ▶手本をなぞって字の練習をする v. practicar* caligrafía calcando el modelo.

なた 鉈 f. hacha, f. hachuela.

なだかい 名高い (よい事で有名な) adj. famoso, conocido, 《フォーマル》célebre; (悪い事で有名な) adj. de mala fama. ◆有名. ◆彼女は世界に名高い学者だ Es una erudita 「mundialmente famosa [famosa en todo el mundo]. / Es una erudita de fama mundial. ◆チリはワインで名高い Chile es famoso por su vino.

なたね 菜種 f. semilla de colza. ◆菜種油 m. aceite de colza.

なだめる 宥める (怒り・興奮・心配などを和らげる) v. tranquilizar*, sosegar*; (落ち着かせる) v. calmar; (静かにさせる) v. hacer* callar, tranquilizar*; (うまい言葉で説得する) v. engañar, engatusar. ▶彼をなだめすかして入院させる v. engañar[le] para llevarlo[le] al hospital. ◆彼女は泣いている子供をあめをやってなだめた Tranquilizó al niño que lloraba dándole un caramelo. ◆彼女は彼の怒りをなだめようとした Intentó calmar su ira. ◆何とかして彼をなだめくちゃならない Tengo que tranquilizarlo[le] de un modo u otro.

なだらか (ゆるやかな) adj. suave. ▶なだらかな坂を降りる v. bajar una pendiente suave.

なだれ 雪崩 f. avalancha, m. alud. ▶表層なだれ f. avalancha de superficie. ▶なだれにあう v. encontrarse* con una avalancha. ▶なだれにあって死ぬ v. perecer* en una avalancha. ◆

なづける 1043

群衆が「1会場へ [2グラウンドに]なだれ込んだ La muchedumbre se abalanzó 「1a la sala [2al terreno de juego].

ナチ(ス) (政党) mpl. nazis; (主義) m. nazismo. ▶ナチス党員 mf. nazi.

*__**なつ**__ 夏 m. verano, 《文語》 m. estío. ▶1暑い [2長い]夏 m. verano 1caluroso [2largo]. → 春. ▶夏には adv. en verano. ▶中学2年の夏に adv. en el verano del segundo curso de la escuela secundaria. ▶夏の盛りに adv. a mediados del verano; en pleno [el medio del] verano. ▶夏負けする → 夏ばて. ▶夏やせする v. adelgazar* en verano. ◆夏は当地はとても暑い En verano aquí hace mucho calor. ◆今年の夏はどこへ行く予定ですか ¿Dónde va usted este verano? ◆京都の夏は祇園祭りとともに始まる En Kioto el verano empieza con el Festival de Gion.

なついん 捺印 m. sello. ▶書類に捺印する v. poner* [estampar] el sello en el documento, sellar el documento.

なつかしい 懐かしい (昔なつかしい) adj. añorado, nostálgico; (いとしい) adj. querido; inolvidable, de grata [dulce, feliz] memoria, de feliz [dulce] recuerdo. ▶懐かしい昔 mpl. días añorados [de grata memoria]. ▶懐かしい故郷 m. querido pueblo. ▶懐かしい歌を歌う v. cantar inolvidables canciones. ▶学生時代を懐かしむ (=懐古の情で)思い出す v. 「recordar* con nostalgia [echar de menos] los días de estudiante. ◆祖母にまつわる懐かしい思い出がある Guardo un dulce recuerdo de mi abuela.

── 懐かしく思う[懐かしい] (思い焦がれる) v. añorar, anhelar; (あこがれる) v. añorar, desear con ansia; (人がいなくて[ものがなくて]寂しい) v. echar de menos. ◆だれでも故郷を懐かしく思う Todos sentimos nostalgia de [por] nuestro lugar natal. ◆小学校の先生たちのことが懐かしい 「Recuerdo con nostalgia [Echo de menos] a mis maestros de la escuela primaria.

なつかしむ 懐かしむ ▶故郷を懐かしむ v. sentir* nostalgia [añoranza] de su tierra natal. → 懐かしい.

なつく 懐く (好きになる) v. encariñarse 《con》; (愛着を抱く) v. tomar cariño [afecto]《a, por》. ◆この男の子は彼にとてもなついている Este niño está muy encariñado con él. ◆トラは人になつかない Los tigres no se encariñan con las personas.

ナックルボール f. bola 《英語》 "knuckle".

なづけおや 名付け親 (代父) m. padrino; (代母) f. madrina; (代父母) mpl. padrinos. ▶子供の名付け親 1代父; 2代母になる v. 1apadrinar [2amadrinar] a un niño, ser* 1el padrino [2la madrina] de un niño.

なづける 名付ける v. nombrar, poner* [dar*] 《a》 el nombre 《de》, 《フォーマル》 denominar; (呼ぶ) v. llamar. ◆彼はその子犬をコロと名付けた Al perrito le 「puso el nombre de [llamó] Koro. ◆ボリビアはシモン・ボリバルの名を

ナッツ（木の実）f. nuez.
ナット f. tuerca.
なっとう 納豆 "natto",《説明的に》f. soja fermentada en paja de arroz y cocida al vapor.
なっとく 納得 （了解）f. comprensión, m. entendimiento;（同意）m. consentimiento;（満足）f. satisfacción,（確信）f. convicción. ▶双方納得ずくで adv. de mutuo consentimiento. ◆納得がいく説明しましょう Daré una explicación convincente [satisfactoria]. ◆演説を聞いて納得がいけば（＝説得力があれば）支援しましょう Si tus palabras son convincentes, te apoyaremos.

—— 納得する（了解する）v. comprender, entender*;（満足する）v. satisfacerse* [contentarse, saciarse]《con》;（確信する）v. convencerse* [《フォーマル》persuadirse]《de》. ◆その説明では納得できない No puedo comprender la explicación. / Esa explicación no me convence [satisface]. ◆それが真実であることを納得した Me convencí [quedé convencido] de que era verdad. ◆彼に自動車でなく電車で行くよう納得させた Le convencí para que tomara el tren en lugar del coche. ☞丸まる、聞き分ける

なつば 夏場 m. verano, f. época veraniega. ▶夏場は観光客でこむ v. estar* lleno de turistas en (el) verano.
なっぱ 菜っ葉 fpl. verduras, fpl. hortalizas.
なつばて 夏ばて（夏の無気力）m. letargo veraniego, m. debilitamiento por el calor veraniego. ▶夏ばてする v. sufrir el calor del verano. ◆夏ばてしない（＝夏の暑さに勝つ）ためにはしっかり食べてよく眠ることがいちばんです Come y duerme bien para combatir mejor el calor del verano.
ナップザック f. mochila.
なつみかん 夏蜜柑 f. cidra china.
なつやすみ 夏休み fpl. vacaciones「de verano [《フォーマル》estivales]; m. veraneo. → 休暇. ▶夏休みの宿題 mpl. deberes para las vacaciones de verano. ◆私たちは7月21日から夏休みになる Nuestras vacaciones de verano empiezan el 21 de julio. ◆私たちは今夏休みです Estamos en las vacaciones de verano. ◆夏休みに北海道へ行った Fuimos a Hokkaido a pasar las vacaciones de verano. / Veraneamos en Hokkaido.
なでおろす なで下ろす ▶胸をなでおろす（＝安心する）v. respirar aliviado, dar* un gran suspiro de alivio.
なでがた なで肩 ▶なで肩の adv. con los hombros caídos.
なでしこ 撫子 f. clavellina.
なでつける 撫で付ける v. alisarse (el pelo con pomada). ▶髪の毛をなでつける v. alisarse el pelo.
なでる 撫でる （やさしく）v. acariciar;（こする）v. frotar. ▶あごひげをなでる v. acariciarse la barba. ▶あごをなでる v. frotarse la barbilla. ◆彼女は子猫をなでていた Acariciaba el gatito. ◆彼は子供の頭をなでた Acarició la cabeza de su hijo. ◆涼しい風がほおをなでた Una suave brisa me acariciaba las mejillas. ☞さする、しごく

・など ❶《例として示す》（…など）etcétera, etc., y así, y「otras cosas [otros objetos] por el estilo;（たとえば…のような）como…, tales como…;（たとえば）como, por ejemplo, … ▶本や辞書など libros, diccionarios, etcétera [y así, y otros objetos por el estilo]. ▶時計・カメラなどの精密機械 mpl. instrumentos de precisión, como relojes, cámaras, mpl. relojes, fpl. cámaras y mpl. otros instrumentos de precisión. ▶月・星などの天体 mpl. cuerpos celestes, como la luna, las estrellas. ◆彼は私に名前、住所などを聞いた Me preguntó el nombre, la edad, la dirección, etc. [etcétera].
❷《否定の意味を強調》▶今日は雨の心配など少しもありません Hoy no tendrás que preocuparte de la lluvia ni nada de eso. ◆この本を1週間で読み終えることなど私にはとてもできそうにない Me va a resultar imposible leerme todo este libro en una semana.
《その他の表現》◆彼は私などには見向きもしない Gente como yo no le interesa.

ナトー NATO （北大西洋条約機構）f. OTAN, f. Organización del Tratado del Atlántico Norte.
ナトリウム m. sodio. ▶炭酸ナトリウム m. carbonato sódico.
・なな 七 num. siete; （7番目の）adj. séptimo. → 三.
ななかいき 七回忌 m. sexto aniversario (de su muerte).
ななころびやおき 七転び八起き ◆人生は七転び八起きだ La vida está llena de altibajos.
・ななじゅう 七十 num. setenta; （70番目の）adj. setenta,《フォーマル》septuagésimo. → 二十、五十.
ななつ 七つ num. siete. ▶七つの海 mpl. siete mares. ▶七つ目の階段 f. séptima escalera. ▶七つ道具 m. juego de herramientas.
ななひかり 七光り ▶親の七光り（＝影響力）で（うまく）地位につく v. triunfar en la vida gracias a la influencia de sus padres, aprovecharse del nombre de sus padres para triunfar.
ななふしぎ 七不思議 ▶世界の七不思議 Las Siete Maravillas del Mundo.
ななめ 斜め
1《斜めの》;（傾斜している）adj. inclinado, ladeado,《フォーマル》oblicuo, sesgado;（対角に斜めの）adj. diagonal. ▶斜めの線を引く v. trazar* una línea oblicua [diagonalmente, en diagonal].
2《斜めに》▶板を斜め（＝ははすかい）に置く v. colocar* una tabla inclinada [《フォーマル》oblicuamente]; （傾斜させる）v. inclinar [ladear] una tabla. ▶野原を斜めに歩いて行く v. caminar diagonalmente por el campo, cruzar* el campo en diagonal. ▶斜めになった床 m. suelo inclinado [en declive]. ◆壁

絵が斜めに掛かっている El cuadro está inclinado [《口語》torcido] en la pared.
【その他の表現】♦親方は今朝はご機嫌斜めだ El jefe "tiene mal humor esta mañana [《口語》está de malas pulgas esta mañana].

**なに 何 interrog. ¿qué? ♦ ヲレって、それ何? ¿El DELE? ¿Qué es eso?

1〖何が〗;（何は...しようと）f. sea lo que sea. ♦何があったの ¿Qué ha pasado? ♦何が目的でそんなことしたの ¿Por [¿Para] qué hiciste eso? ♦箱の中には何が入っていますか ¿Qué hay en la caja? ♦映画は何が見たいですか ¿Qué película quieres ver? ♦考えは変えるな No cambies de parecer, 「pase lo que pase [ocurra lo que sea].

2〖何を〗;（何にでも）adj. todo. ♦あの電話は何についてだったの ¿Sobre qué era esa llamada? ♦(注文は)何になさいますか ¿Qué va a tomar? ♦そんな大金を何に遣ったんだ ¿En qué has gastado tanto dinero?

3〖何を〗;（何は...しようと）sea lo que sea. ♦何を見ているの ¿Qué miras? 会話（仕事は何をしてるの?)—秘書をしています ¿A qué te dedicas? – Soy secretaria. ♦彼女の誕生日プレゼントに何を買おうかな ¿Qué le regalaré a ella para su cumpleaños? ♦私が何を言っても彼は聞こうとしません Diga lo que diga no me 「hace caso [escucha]. 会話 町へ何をしに行ったの—一銀行に用足しに行くんだ—Al banco, para arreglar unos asuntos.

4〖何で〗interrog. con qué;（どのように）interrog. cómo. ♦何で書けばよろしいですか ¿Con qué escribo? 会話 何で通学しているの—自転車で ¿Cómo [¿En qué] vas a la escuela? – Voy en bicicleta.

5〖何から〗♦何から始めればよいか (=最初に何をすべきか) 言ってください Dime qué hago primero. ♦何から何で (=すべてに) 反対だ「Estamos en contra de [Nos oponemos a] todo.

【その他の表現】♦空き缶を集めて何になる (=役に立たない) No sirve de nada recoger latas vacías. → 無駄. 会話 あいつを訴えてやる—そんなことして何になる Voy a denunciarlo[le]. – ¿De qué sirve? ♦何言ってるんだ (=ばかなことを言うな) ¿Qué dices? / （ばかを言うのはやめろ) No digas tonterías. / ¡Tonterías!

── なに → 何(𝑜). 会話 君の傘は何色—赤です ¿De qué color es tu paraguas? – Rojo.

── なに（聞き返し）♦（驚き・怒りを表わして) ¡Mira! 何?何?と言ったの ¿Qué? ¿Qué has dicho? ♦何、もう(夜の)12時だ ¡Oh, ya es medianoche! ♦何とも奇妙な帽子をかぶってるわね—なによ! ¡Vaya sombrerito tan raro que llevas! – ¿Qué, 何, 何, この散らかしようは ¡Uy! ¡Mira qué desorden! ¿Qué es esto? ☞ どう、どういう、どこ

•**なにか 何か pron. algo. ♦ドアのそばに何かがある Hay algo a la puerta. ♦何か(暖かい)飲み物が欲しい Quiero beber algo (caliente). ♦何か変なものが飛んでいる Hay algo extraño volando. ♦そのことについて何か言いましたか ¿Ha dicho algo sobre eso? ♦もし何か必要なら言ってください Si ne-

なにくそ 1045

cesitas algo, dímelo por favor. ♦何か困ったことがあれば言ってください Si 「te ocurre algo [tienes algún problema], dímelo por favor. 会話 ほかに何かやることありますか—それでおしまいよ ¿Hay que hacer algo más? – No, eso es todo. ♦彼は雑誌か何かを買った Se compró una revista o algo así. ♦彼は銀行の頭取か何かで大変なお金持ちです Es muy rico. Es presidente de un banco o algo así. 会話 すみません—はい、何か(受付などで) Disculpe, señorita. – ¿Sí? Dígame.

**なにがし 何がし ♦カルロス何がしという名の学生 m. estudiante que se llama Carlos 「de tal y cual [lo que sea; no sé qué]. ♦何がしか (=いくらか)の金 pron. algo de dinero; (ある金額の) f. cierta cantidad de dinero. ▶ 1 万何がし(か)の金 mpl. diez mil yenes y pico [algo].

**なにかしら 何かしら (何か) pron. algo, f. alguna cosa. ♦彼はいつも何かしらぶつぶつと独り言を言っている Siempre está [《口語》anda] diciendo algo entre dientes.

**なにかと 何かと (あれこれやで) adv. con una cosa u otra;（いろいろな点で）adv. de una forma u otra [varias formas]. ▶何かと忙しい v. estar* ocupado con una cosa u otra. ♦外国での一人暮しは何かと不自由であろう Será incómodo de una forma u otra vivir solo en el extranjero.

**なにがなんでも 何が何でも adv. a toda costa, cueste lo que cueste, de una forma u otra. → 何としても. ♦何が何でもそこへ行きたい Quiero ir allí a toda costa. 会話 君はこれまで何度もやってみるっていうのためしがあった、今度は何が何でもうまくやってみせる Lo has intentado muchas veces antes y nunca te ha salido. – Ya lo sé, pero de una forma u otra esta vez va a salirme.

**なにかにつけ 何かにつけ (いろいろな点で) adv. por una u otra razón, a la más mínima ocasión, de una u otra forma, de varios modos. → 何かと. ♦彼女は何かにつけ (=機会があるたびに)彼の古傷を持ち出す A la más mínima ocasión, le gusta abrir sus viejas heridas. ♦私たちは何かにつけ (=ほんのちょっとしたことがあると)彼女の家に集まっては彼女のひくピアノに合わせて歌った Cualquier pretexto era bueno para reunirnos en su casa y cantar mientras ella tocaba el piano. ♦彼は何かにつけ (=あれこれ理由をさげる) 仕事をさぼる「Con una excusa u otra [Por una u otra razón] falta mucho al trabajo. → 何の彼(𝑘)のと.

**なにからなにまで 何から何まで ♦あの店は何から何まで売っている En esa tienda venden de todo. /《口語》Venden todo lo habido y por haber en esa tienda. ♦彼は何から何まで (=すべての点で)彼と違っている Eres distinto de él en todos los sentidos.

**なにくそ 何くそ ♦何くそという気持ちで働く (=専心する) v. aplicarse* al trabajo; (全力を尽くして働く) v. trabajar con toda el alma. ♦何くそ (=えいくそっ)、こんなことで負けるもんか ¡Maldita sea! [《俗語》¡Diablos!] ¡A ver quién gana!

なにくわぬかお 何食わぬ顔 (罪を犯していない様子) m. aire de inocencia, m. aspecto inocente; (何も知らない様子) f. expresión de ignorancia. ◆何食わぬ顔をして会に出席する v. asistir a la reunión con「un aire de inocencia [una expresión candorosa]. ◆何食わぬ顔をする (＝何食わぬふりをする) v. hacerse el/la inocente, fingir* ignorancia, 《口語》hacerse* el/la sueco/ca [tonto/ta], dárselas de inocente.

なにげない 何気ない (気まぐれな) adj. involuntario, inconsciente; (何も気にかけない) adj. despreocupado 《sobre》; (無関心の) adj. indiferente 《a》. ◆そのことに何気ないさまを装う v. fingir* despreocupación sobre eso. ◆彼の何気ない一言が彼女のプライドを傷つけた Su involuntaria observación hirió su orgullo.

—— 何気なく adv. sin querer, sin intención, involuntariamente, inconscientemente; (故意でなく) adv. accidentalmente. ◆何気なく雑誌を開く v. abrir* la revista sin intención. ◆何気なく彼らの話を立ち聞く v. oírlos [les] hablar sin querer*; (偶然) v. acertar a oírlos [les].

なにごと 何事 ❶【何】 interrog. qué; (何かあること) pron. algo. → 何, 何か, 何も. ◆何事だ (＝何が起こったのか) ¿Qué pasa [ha ocurrido; hay]? ◆彼は何事かささやいた Susurró algo. ◆文化祭は何事もなく終わった (＝順調にいった) La fiesta de la escuela transcurrió「con normalidad [sin incidentes]. ❷【すべて】 pron. todo; (どんな事でも) pron. cualquier cosa, todo lo que. ◆何事にも最善を尽くす v. esforzarse* al máximo en todo. ❸【とがめて】◆うそをつくとは何事だ (＝いったいなぜうそをついたか) ¿Pero por qué tuviste que mentir?

なにしろ 何しろ (とにかく) adv. de cualquier modo, de una manera u otra; (なぜなら) conj. porque, el caso es que; (ご存知のように) adv. como ve usted, como sabe usted. ◆なにしろ今日は暑い De cualquier modo, hoy hace calor. ◆あの子のいたずらは許してやりなさい, なにしろまだ小さいのだから「Como ves [El caso es que] es todavía un niño y hay que perdonarle su travesura. ◆なにしろ今は景気が悪いのでね Tenemos tiempos difíciles, como sabes.

なにとぞ 何とぞ adv. por favor, si es usted tan amable. → どうぞ.

何もない Yo no tengo nada. →何も

なにびと 何人 mpl. todos, todo el mundo; pron. nadie. ◆何人も人をなぐる権利はない Nadie tiene derecho a golpear a los demás.

なにぶん 何分 (どうか) adv. por favor; (ともかく) adv. de cualquier modo [forma, manera]; (1ご存知 [2ご覧] のように) adv. como ¹sabe [²ve] (usted). ◆何分. その件はなにぶんよろしくお願いいたします Lo dejo enteramente a su discreción. → よろしく.

なにも 何も ❶【何...ない】 pron. nada. ◆その事について彼は何も言わなかった No dijo nada sobre [de] eso. ◆新聞には目新しいことは何も出ていない No hay nada nuevo en el periódico. ◆君が留守の間何も変わったことはなかった No ha ocurrido nada「en tu ausencia [mientras estabas fuera]. 会話 あなた, それ私にくれるって言ったわよ—そんなこと何も言わなかったよ Dijiste que me lo darías. – No dije nada de eso. ◆驚いて何も言えなかった De la sorpresa no pude decir nada. ◆父は何もしていないのに警察に捕まった Metieron preso a mi padre「sin haber hecho nada [por algo que no ha hecho]. 会話 それについて何か疑念を抱いているのか—何 (に) も, まったく何 (に) も ¿Tienes alguna duda? – Ninguna en absoluto. [Ni una.] ◆正夫からは何も言ってこないよ Ni una palabra de Masao.

❷【強調】◆何もなぐらなくてもいいだろう (＝なぐる理由 [必要] はない) No tienes ningún motivo para pegarme. ◆何も彼が間違っていると言っているのではない No estoy diciendo que él esté equivocado.

なにもかも 何も彼も (どれもみな) pron. todo; (すべての物) pron. absolutamente todo, 《口語》todo todo. ◆彼は何もかもを失った Lo perdió todo. / Perdió todo lo que poseía. ◆何もかもうまくいった Todo salió bien. ◆まったく何もかも思いどおりに行かなかった Nada marchó bien. / 《口語》Todo salió mal. / No hubo nada que marchara bien.

なにもの 何者 (だれ) interrog. quién; (ある人) pron. alguien. ◆君は何者 [es] ?

なにやかや 何や彼や (あれやこれや) una cosa u otra, 《口語》tal y cual, entre unas cosas y otras; (何かかんか) esto o lo otro. ◆何やかやで忙しい Ando ocupado con esto o lo otro. ◆彼女はいつも何やかや文句を言っている De una cosa u otra siempre se está quejando. / 《口語》Siempre anda quejándose de tal y cual. ◆何やかやで彼に会ったのは夕方でした Entre unas cosas y otras, era de noche cuando nos encontramos. ◆登山帽や登山靴やその他何やかや (＝いろいろ) 買った Compré un sombrero tirolés, botas de alpinismo y quién [《口語》Dios] sabe qué más.

なにやら 何やら (何か) pron. algo. ◆何やら焦げるにおいがする Huele a algo quemado.

なにより 何より ◆私はアイスクリームが何よりも好きだ「Por encima de todo [Ante todo, En primer lugar] me gustan los helados. / Lo que más me gusta es el helado. ◆健康が何より (＝最も大切) だ La salud es lo「más importante [primero]. ◆暑い日には冷たいビールが何よりだ No hay nada como una cerveza fría en un día caluroso. ♦何よりの(=すばらしい)贈り物ありがとう Gracias por el estupendo regalo. ♦皆さまお元気で何よりです(=聞いてとてもうれしい) Me alegro mucho de saber que están todos bien. ♦何よりもまず(=まず第一に)十分に休養をとることだ「En primer lugar [Antes que nada], debes descansar bien.

なのか 七日 ▶七日間 *mpl.* siete días. ▶7月7日 el 7 de julio.

-なのだ ♦事態は急を要するのだ(=本当に切迫している) La situación es verdaderamente urgente. ♦彼の企てはすべて失敗したのだ(=完全に失敗した) Todos sus intentos fracasaron por completo.

-なので *conj.* porque, ya que, como. →-から, -ので. ♦雨なので外出しませんでした No salí porque llovía. / Como llovía, no salí. / 《フォーマル》No salí puesto que estaba lloviendo. ♦彼はクリスマスなので実家へ帰った Por Navidades se fue a casa, naturalmente.

なのに *conj.* pero. → それなのに, それでも.

なのはな 菜の花 *f.* flor de colza.

なのり 名乗り ▶名乗りをあげる(立候補する) *v.* presentarse 《a》; (本人だと申し出る) →名乗り出る. ▶市長選に名乗りをあげる *v.* anunciar la candidatura a la alcaldía.

なのりでる 名乗り出る ▶彼はその犯人と知り合いだと名乗り出た Afirmó [Declaró] que conocía al delincuente.

なのる 名乗る ❶【名前を告げる】*v.* presentarse 《como》, dar* el nombre 《de》. ♦彼は阿部と名乗った Dio el nombre de Abe. / (阿部と自己紹介した)Se presentó como Abe. ❷【名前を使う】♦彼は妻の姓を名乗った Utilizaba el apellido de su esposa.

ナバス・デ・トロサ Navas de Tolosa (☆スペイン南部ハエン県の町, 1212年ここでキリスト教徒軍がイスラム軍を破った).

ナバラ Navarra (☆スペインの地方, 自治州).

なびく ❶【草木・旗などが】(曲がる) *v.* doblarse, doblegarse*; (おじぎをする) *v.* inclinarse; (はためく) *v.* temblar*, 《文語》tremular, agitarse; (波動する) *v.* ondear. ▶稲が風になびいていた Las plantas de arroz se doblaban por el viento. ▶旗が微風になびいている La bandera ondea con la brisa.
❷【人心などが】(屈服する) *v.* ceder 《ante》, ser* conquistado 《por》, rendirse* 《a》. ▶金の力になびく *v.* ceder ante (su) dinero; (買収される) *v.* ser* comprado (sobornado). ♦彼はついに彼女になびいた Al final cedió ante ella. ♦(誘惑に負けて)Al final fue conquistado por ella.

ナビゲーター *mf.* navegante.

ナプキン (食卓用) *f.* servilleta; (生理用) *f.* compresa, *m.* paño higiénico. ▶紙ナプキン *f.* servilleta de papel. ▶ひざにナプキンを掛ける *v.* extender* la servilleta sobre las rodillas. ▶ナプキンで口をふく *v.* limpiarse la boca con la servilleta.

なふだ 名札 (胸に付ける) *f.* tarjeta [(金属製の) *f.* chapa] "de identificación [con el nombre]; (表札) *f.* placa con el nombre, (席の) *f.* etiqueta de asiento; (荷物の) *f.* etiqueta de equipaje. ♦彼は胸に(=上着のえりの折り返し)に名札を付けている Lleva "el nombre [una tarjeta con su nombre] en la solapa.

ナフタリン *f.* naftalina.

なぶりごろし なぶり殺し ▶敵兵をなぶり殺しにする *v.* torturar hasta la muerte a un soldado enemigo.

なぶる (ばかにする) *v.* burlarse [hacer* burla] 《de》; (ばかにして笑う) *v.* reírse* [《フォーマル》mofarse] 《de》.

*なべ 鍋 (両手つき) *f.* cacerola; (片手つき) *f.* olla; (長い柄のついた) *m.* cazo. ▶シチューなべ *f.* olla de guisar. ▶中華なべ《中国語》*m.* "wok", *f.* sartén china (cóncava). ▶なべかま類 *mpl.* cacharros. ▶なべぶた [²うる] ¹ *f.* tapadera [² *m.* mango]. ▶なべ物 *f.* comida servida en la olla. ▶なべをこんろにかける *v.* poner* la cacerola en el fuego. ▶なべで煮る *v.* cocer* (el pescado) en la olla.

ナホトカ Nájodka.

ナポリ Nápoles (☆イタリアの都市). ▶ナポリの(人) *adj. / mf.* napolitano/na.

ナポリタン *adv.* a la napolitana. ▶スパゲッティナポリタン *mpl.* espaguetis a la napolitana.

ナポレオン1世 Napoleón (Bonaparte), Napoleón I [Primero] (☆1769-1814, フランスの皇帝, 在位1804-1814).

なまあたたかい 生暖かい *adj.* templado. ▶生暖かい風 *m.* viento templado.

なまいき 生意気 *m.* descaro; *f.* insolencia; *f.* impertinencia.
── 生意気な (子供などが) *adj.* descarado, fresco, 《口語》caradura, insolente; (目上・年配者などに対して) *adj.* impertinente. ▶生意気な子供 *mf.* niño/ña insolente. ♦生意気なことをいう(=出しゃばる)ようですが... Perdone la insolencia, pero... ♦そんなに飲んじゃいけないよ—お前こそ父親に向かって生意気な口をきくじゃない ¡No debes beber tanto! – ¡Y tú no debes ser tan insolente con tu padre! ♦彼の生意気な態度には頭に来た Su frescura [insolencia] me enfureció. ♦そんな事を言うとはおまえは生意気だ Es una insolencia decir eso [una cosa así]. ♦彼は生意気にも私にあんな口のきき方をした Tuvo el descaro de dirigirse a mí de ese modo.
⟹ 僭越, 厚顔; おこがましい, こましゃくれた

**なまえ 名前 (人・動物・物などの) *m.* nombre; (姓) *m.* apellido. → 名.
〈会話〉お名前を聞かせていただけますか—小西良行です Me dice su nombre [¿Su nombre / ¿Cómo se llama], por favor? – (Me llamo) Yoshiyuki Konishi. ♦エロイ・パディーリャさんとお目にかかる約束をしています—お見えになったことをお伝えしますが, (失礼ですが)お名前を伺わせてください Tengo una cita para ver al Sr. Eloy Padilla. – Le diré que está usted aquí. ¿A quién anuncio [¿Cómo se llama, por favor]? 〈会話〉失礼ですが, もう一度お名前を?—フアン・アルバレスです. フアン・アルバレスと申します Perdón, ¿cómo dijo que se llamaba? – Álvarez, Juan Álvarez. ♦あの花の名前は何と

1048　なまかじり

いうのですか ¿Cómo se llama esa flor? / ¿Qué nombre tiene esa flor? ◆私は彼のことは名前しか知らない Sólo lo [le] conozco de nombre. ◆顔は知っているが名前は知らない Lo [Le] conozco de vista, no de nombre. ◆さちこという名前の婦人が訪ねてみえましたよ Una señora llamada [con el nombre de] Sachiko vino a verlo [la, le] ayer. 会話 赤ちゃん産まれたら何て名前にするの―とも子よ，もし女の子だったらね「¿Cómo vas a llamar [¿Qué nombre vas a poner] al niño? – Si es una niña, Tomoko. 会話 最初の子供にどんな名前をつけましたか―私のおばにちなんで広子という名前をつけました ¿Qué nombre pusiste a tu primera hija? – La pusimos Hiroko, por mi tía. ◆彼の名前でホテルの予約をした Hice una reserva de hotel a su nombre. ◆野生の草花の名前を何種類言えますか ¿Cuántas flores silvestres pueden nombrar? / ¿Cuántos nombres de flores silvestres te sabes?

なまかじり 生囓り ◆なまかじりの学問 mpl. conocimientos incompletos, m. conocimiento superficial. ◆フランス語はなまかじりの知識（＝限られた知識）しかない No sé más que un poco de francés. / Mi conocimiento de francés no es más que superficial.

なまがわき 生乾き ◆(生干しの) m. medio seco;（木材などが未乾燥の）adj. verde. ▶生乾きのイカ mpl. calamares medio secos. ▶生乾きの木材 f. madera verde; (乾燥していない) f. madera no estacionada [seca]. ◆このシャツは生乾きだ（＝まだ湿っている）Esta camisa está húmeda.

なまきず 生傷 f. herida;（打撲傷）f. contusión. ◆彼は生傷が絶えない Siempre tiene heridas y contusiones.

なまぐさい 生臭い (魚臭い) v. oler* a pescado; (血生臭い) adj. sangriento. → 血生臭い. ▶生臭い（＝道徳的に腐った）坊主 m. sacerdote corrupto. ◆この食品は生臭いにおいがする Esta comida huele a pescado. ◆この美談の裏には生臭い（＝うさんくさい）ものが感じ取られる Algo me huele mal en esta bonita [conmovedora] historia.

なまけもの 怠け者 f. persona perezosa, mf. vago/ga, mf. holgazán/zana, mf. haragán/gana, 《口語》mf. gandul/dula. ◆彼はクラスでいちばん怠け者だ Es el más perezoso de la clase.

ナマケモノ m. perezoso（☆南米に住むほ乳類）.

なまける 怠ける v. estar* ocioso, holgazanear; (怠る) v. descuidar, desatender*. ▶勉強を怠ける v. desatender* los estudios. ▶学校を怠ける（＝ずる休みする）v. faltar a clase. ▶怠けて時間を過ごす v. perder* [malgastar] el tiempo. ▶怠け癖がつく v. caer* en la pereza. ◆怠けるな No seas perezoso. / (一生懸命¹働け [²勉強せよ])¹Trabaja [²Estudia] duramente. ◆私は怠けてなんかいられない No puedo darme el lujo de estar ocioso.

なまこ 鯰 m. cohombro de mar.

なまごみ 生ごみ f. basura orgánica [de cocina]. ▶生ごみ処理機 f. procesadora de basura orgánica.

なまじっか ❶【中途半端】(生半可に) adv. a la ligera;（軽率に）adv. irreflexivamente, a lo loco. ▶そんななまじっかなことではその試験には通れない No aprobarás el examen si continúas estudiando tan a la ligera. ◆なまじっか知っていたがために仇(あだ)となった Sus conocimientos superficiales le resultaron una desventaja.

❷【少しでも】adv. no… nada; (一度も...ない) adv. nunca, jamás. ◆なまじっか彼に会わなければよかった No deberías haberle conocido.

なまず 鯰 m. siluro, m. bagre.

なまちゅうけい 生中継 (番組) f. emisión en directo [vivo]. → 生, 放送. ◆このレポートはオリンピック会場から衛星生中継でお伝えしております Nuestro reportaje llega en directo vía satélite desde la sede de los Juegos Olímpicos.

なまなましい 生々しい (鮮明な) adj. vivo, 《フォーマル》vívido; (新鮮な) adj. fresco. ▶記憶に生々しい v. estar* vivo en el recuerdo.

なまにえ 生煮え ▶生煮えの adj. medio cocido [hecho, crudo], mal cocido. ▶生煮えのニンジン fpl. zanahorias medio cocidas [crudas]. ▶生煮えの肉 f. carne medio cruda.

なまぬるい 生温い (温度が) adj. tibio → 温い;(手ぬるい) adj. poco severo, blando,《フォーマル》indulgente;（中途半端で）adj. a medias. ▶なまぬるい湯 f. agua tibia. ▶なまぬるい処置 f. medida tibia [blanda]. ◆そこで出されたスープはなまぬるかった La sopa que se servía allí estaba tibia.

・なま(の) 生(の) ❶【煮ていない】(自然のままの) adj. crudo; (調理していない) adj. sin cocer; (生煮えの) adj. medio cocido; (沸かしていない) adj. sin hervir; (冷凍でない) adj. fresco. ▶生魚 m. pescado crudo. ▶生卵 m. huevo crudo. ▶生水 f. agua no hervida. ▶生クリーム f. nata fresca; (ケーキなどに使う) f. nata batida. ▶生物 mpl. alimentos frescos [naturales]; (腐りやすい食品) mpl. alimentos perecederos. ▶生野菜 fpl. verduras frescas. ▶生ビール f. cerveza de barril. → 生ビール. ▶生ごみ f. basura orgánica, mpl. desechos orgánicos. → 生ごみ. ◆日本人は魚を生で食べる Los japoneses comen pescado crudo. ◆生水を飲まないようにしなさい No bebas agua「no hervida [sin hervir].

❷【直接の】(録音・録画でない) adj. en directo, en vivo. ▶生¹演奏 [²放送] ¹ f. interpretación [² f. transmisión] en directo [vivo]. ◆ボクシングの試合はスタジアムから生放送された El combate de boxeo fue transmitido en directo desde el estadio.

《その他の表現》◆彼は住民の生の（＝率直な）声を聞いた Escuchó las opiniones francas [abiertas] de la gente del lugar.

なまはんか 生半可 ▶生半可の[な]（うわべの）adj. superficial,《フォーマル》somero;（浅薄な）adj. incompleto, a medio hacer,《口語》a medias tintas; (気乗りのしない) adj. tibio, sin entusiasmo. ▶生半可な知識 mpl. conocimientos superficiales [escasos]. ▶生半可

議論 *m.* argumento superficial. ♦生半可な試み *f.* tentativa tibia [poco enérgica,《口語》a medias tintas]. ♦彼には生半可な人生観しかない No tiene más que「un concepto [una filosofía] superficial de la vida. ♦そんな生半可な計画では実行に移せない Un plan「tan incompleto [《口語》a medias tintas] no se puede poner en marcha. ♦何事も生半可に(＝中途半端)にしてはいけない No hay que hacer nada a medias.

なまビール 生ビール *f.* cerveza de barril.

なまびょうほう 生兵法 ♦生兵法は大けがのもと Nada es más peligroso que el saber a medias.

なまへんじ 生返事 (気乗りのしない) *f.* respuesta tibia; (あいまいな) *f.* contestación vaga [elusiva]. ♦生返事をす *v.* contestar tibiamente [de forma vaga].

なまみ 生身 ❶【生きている体】*m.* ser viviente; (血の通った人間) *f.* persona de carne y hueso. ♦これは生身の人間にはとても耐えられない No hay ser humano que aguante esto. ♦これまでに多くの過ちをおかしてきた. 生身の(＝ただの)人間だった He cometido muchos errores. Soy de carne y hueso.
❷【魚などの】*f.* carne cruda. → 生(恭). ♦サケの生身 *m.* salmón crudo.

なまめかしい 艶めかしい (異性を引きつける)《英語》*adj.* "sexy", atractivo; (肉感的な) *adj.* voluptuoso, provocativo. ♦なまめかしい目付きで見る *v.* echar《a ＋ 人》una mirada provocativa.

なまもの 生物 (食品) *mpl.* alimentos crudos [sin cocer]; (腐りやすい) *mpl.* alimentos perecederos; (魚) *m.* pescado crudo.

なまやけ 生焼け (ものの)(肉などが) *adj.* medio hecho, a medio hacer; (パンなどが) *adj.* medio cocido, medio crudo.

なまやさしい 生易しい (容易な) *adj.* fácil; (簡単な) *adj.* sencillo, simple. ♦映画スターになるのは生易しいことではない No es tan fácil ser estrella de cine.

なまり 鉛 *m.* plomo. ♦鉛色の *adj.* plomizo. ♦(体などが)鉛のように重い *v.* ser* pesado como el plomo.

なまり 訛り *m.* acento, (少々の) *m.* dejo; (方言) *m.* dialecto. ♦地方なまりをなおす(＝取り除く) *v.* librarse del acento regional. ♦¹なまりのない [²ひどい日本語なまりの]スペイン語を話す *v.* hablar español ¹sin acento [²con un fuerte acento japonés]. ♦私の言葉には¹なまり [²関西なまり]がある Tengo [Hablo con] ¹acento [²acento de Kansai].

なまる 訛る *v.* hablar con acento → 訛り; (転訛(ホ)する) *v.* corromperse, estar* corrupto [corrompido].

なまワクチン 生ワクチン *f.* vacuna viva.

・**なみ** 並 ♦並の (普通の) *adj.* ordinario, corriente; (平凡な) *adj.* común; (平均的な) *adj.* medio, mediano; (大きさ・程度などが中間の) *adj.* mediano, regular. ♦並の人間 *f.* persona ordinaria [mediana]. ♦並の人間 *m.* hombre de estatura media. ♦並のホテル *m.* hotel de nivel medio. ♦今年の小麦の収穫は並でした La cosecha de trigo de este año ha sido más o menos normal. ♦彼は並外れた才能の持ち主だ Tiene un talento「nada ordinario [extraordinario]. → 並外れた.

・**なみ** 波 *f.* ola, *m.* oleaje,《文語》*f.* onda.
1《波(の)＋名詞》♦波頭 *f.* cresta de una ola. ♦波の音 *m.* rumor de las olas. ♦波乗りをする *v.* hacer*《英語》"surfing"[《英語》"surf"].
2《波が》♦波が高い Hay「olas altas [mucho oleaje]. / Las olas están encrespadas. ♦波が静まった Se han calmado las olas. / (海が) Se ha calmado el mar. ♦波が岸に打ち寄せた Las olas reventaron [se rompieron, golpearon] contra la costa. ♦さざ波がひたひたと浜辺を洗っていた Las olas lamían la playa.
3《波に》♦波にもてあそばれる *v.* estar* a merced de las olas. ♦波に「¹揺れる [²漂う] *v.* ¹mecerse* [²flotar] en las olas. ♦子供が押し寄せた波にさらわれた El niño fue arrastrado por las encrespadas olas.
4《波を》♦荒波をけたてて進む《文語》*v.* surcar* las embravecidas olas.
《その他の表現》♦移民の波 *f.* oleada de inmigrantes. ♦人の波にまぎれて見えなくなる *v.* desaparecer* entre la multitud. ♦人気の波に乗る *v.* cabalgar* en la ola de la popularidad. ♦時代の波に乗る *v.* ir* con la corriente de los tiempos. ♦好景気の波に乗る *v.* subir en la cresta de la bonanza.

—— **なみ** (旗が) *v.* ondear; (草原などが) *v.* ondular. ♦波打つ(＝波立つ)海 *m.* mar ondulado. ♦稲田が風に波打った El arrozal se ondulaba con el viento.

-**なみ** -並み ♦世間並みの(＝普通の)生活 *f.* vida normal [ordinaria]; (生活水準) *m.* nivel de vida normal. ♦彼を家族並みに(のように)扱う *v.* tratarle como a un miembro de la familia. ♦人並みの(＝平均的)知能 *f.* inteligencia normal. ♦彼女はスペイン人並みに(＝であるかのように)流暢にスペイン語を話す Habla español con soltura como si fuera de España.

なみうちぎわ 波打ち際 *f.* playa. → 浜辺.

なみかぜ 波風 (風/波) *m.* viento y *fpl.* olas;《比喩的に》*m.* problema, *m.* roce. ♦激しい波風 *mpl.* fuertes vientos y altas olas. ♦そんなことをしたら家庭に波風が立つよ Si haces eso, causarás problemas en tu casa.

なみき 並木 *f.* fila [*f.* hilera] de árboles. ♦並木道 *f.* carretera bordeada de árboles; (並木のある大通り) *f.* avenida con árboles. ♦ポプラ並木の(＝で縁どられた)道 *f.* carretera flanqueada [bordeada] de álamos.

・**なみだ** 涙 *f.* lágrima.
1《涙＋名詞》♦涙声で *adv.* con la voz llorosa. ♦お涙ちょうだいもの *f.* historia lacrimosa [sentimental]. ♦彼は悲しくて涙声になった Su voz se quebró por la tristeza. ♦彼女は涙もろい(＝すぐ心を動かされる)Llora fácilmente. / Tiene las lágrimas a flor de piel. / (非常に感傷的だ) Verdaderamente es muy sentimental.

2【涙が】♦彼の目に涙が浮かんだ「Se le saltaron [A sus ojos asomaron] las lágrimas. ♦彼女の目には涙が浮かんでいた Había lágrimas en sus ojos. / Tenía los ojos llorosos. ♦その煙で目から涙が出た Mis ojos estaban llorosos por el humo. ♦涙が彼女の目にあふれた(=わき出た) Se le llenaron [arrasaron] los ojos de lágrimas. ♦涙が彼女のほおを伝って流れた Las lágrimas le caían [corrían] por las mejillas.

3【涙に】♦涙にむせぶ v. ahogarse* en lágrimas. ♦彼の顔は涙にぬれていた Su rostro estaba húmedo por las lágrimas. ♦彼女は息子の死で涙に暮れた(=ひどく悲しんだ)「Lloraba a lágrima viva [Estaba hecha un mar de lágrimas, Estaba bañada en llanto] por la muerte de su hijo. / (毎日泣いてばかりいた) Se pasaba el día y la noche llorando por la muerte de su hijo.

4【涙を】♦涙を流す v. derramar [《フォーマル》verter*] lágrimas, (泣く) v. llorar; (しくしく泣く)《強調して》v. derramar llanto. ♦涙をのむ v. contener* [《強調して》tragarse*] las lágrimas. ♦涙をふく (泣く) v. secarse* [enjugarse*] las lágrimas. ♦目に涙を浮かべて(=涙ぐんで)身の上話をする v. contar* la historia de la vida con lágrimas en los ojos. ♦その光景を見て涙を抑えることができなかった Al ver eso no pude aguantar las lágrimas. ♦その悲しい話に私は涙を催した(=涙ぐんだ) La triste historia me hizo llorar [derramar lágrimas].

なみたいてい 並大抵 ♦司法試験に合格するのは並大抵ではない No es nada fácil aprobar el examen de abogacía. ♦(大変な勉強が必要だ) Para aprobar el examen de abogacía hay que estudiar mucho. ♦彼の才能は並大抵のものではない Tiene un talento excepcional [extraordinario].

なみだぐましい 涙ぐましい ♦涙ぐましい(=感動的な)光景 m. espectáculo conmovedor [emocionante, patético]. ♦涙ぐましい(=苦しくつらい)努力をする v. realizar* dolorosos [denodados] esfuerzos 《para》.

なみだぐむ 涙ぐむ ♦(=涙を催す) →涙. ♦涙ぐんだ目で adv. con los ojos llorosos. ♦彼の目は涙ぐんでいた Sus ojos estaban「llenos de [húmedos por las] lágrimas.

なみだつ 波立つ (大きくうねる) v. hincharse, henchirse*; (三角波が立つ) v. encresparse. ♦海は波立っていた El mar estaba encrespado [agitado].

なみなみ 並々 ♦並々ならぬ (並外れた) adj. extraordinario; (非凡な) adj. nada común. ♦並々ならぬ才能の女性 f. mujer con un talento「nada común [extraordinario]. ♦並々ならぬ(=大きな)努力をする v.「hacer* grandes [《フォーマル》realizar* denodados] esfuerzos.

なみなみ ♦なみなみと(ふちまで) adv. hasta rebosar [el borde]; (あふれるほど) adj. rebosante. ♦酒をグラスになみなみとつぐ v. llenar hasta rebosar el vaso de "sake"; (一杯に満たす) v. rebosar el vaso con "sake".

なみのり 波乗り 《英語》m. "surfing" (☆発音は [súrfin]), m. "surf" (☆発音は [súr(f)]). →サーフィン.

なみはずれた 並外れた adj. extraordinario; (非凡な) adj. nada común; (普通でない) adj. excepcional.
—— 並外れて adv. extraordinariamente,《口語》increíblemente,《フォーマル》excepcionalmente. → 異常. ♦並外れて背の高い男 m. hombre extraordinariamente alto. ♦彼は並外れて手先が器用だ Es extraordinariamente habilidoso con las manos.
▫型破りの, 絶世, 途方もない

ナミビア Namibia;(公式名) f. República de Namibia (☆アフリカの国, 首都ウィントフーク Windhoek). ♦ナミビアの adj. namibio. ♦ナミビア人 mf. namibio/bia.

なめくじ 蛞蝓 f. babosa, f. limaza.

なめしがわ 鞣し革 m. cuero curtido. → 革.

なめす 鞣す ♦子牛の皮をなめす v. curtir piel [cuero] de becerro.

なめつくす なめ尽くす ♦火は森林5百ヘクタールをなめ尽くしてやっと下火になった Antes de poder ser extinguido, el incendio destruyó quinientas hectáreas de bosque.

•**なめらか** 滑らか ❶【物の表面が】adj. suave; (凹凸がない) adj. liso, terso, (平らな) adj. plano, llano; (柔らかい) adj. blando. ♦絹のように滑らかである adj. suave como la seda. ♦彼女の肌は滑らかだ Tiene un cutis fino. ♦木材の表面を滑らかにするのにサンドペーパーを使った Utilizamos papel de lija para alisar la madera. ❷【動きなどが】adj. ágil, suelto; (流暢(りゅう)な) adj. fluido. ♦滑らかな手の動き m. ágil movimiento de los brazos. ♦彼はスペイン語を滑らかに話した Habló el español con soltura.

なめる ❶【舌で】v. lamer; (動物がぴちゃぴちゃなめて飲む) v. dar* lengüetadas; (味わう) v. probar*. ♦唇をなめる(=湿らせる) v. humedecerse* los labios. ♦犬は彼の顔をなめた El perro le lamió la cara. ♦彼女は指についたジャムをなめて取った Quitó la mermelada que había en sus dedos a lengüetazos. ♦子猫は皿のミルクをなめて飲んでしまった El gatito se bebió toda la leche del plato a lengüetadas.
❷【経験する】v. experimentar; (味わう) v. probar*. ♦世の中の辛酸をなめる v.「experimentar las penalidades [probar* las amarguras, probar* el sabor agridulce] de la vida.
❸【みくびる】v. no tomarse en serio, tener* en poco, menospreciar,《フォーマル》subestimar. ♦試験をなめてかかる v. no tomarse en serio el examen. ♦相手をなめてかかるな No subestimes a tu rival. /(簡単に打ち負かせると思うな) No creas que podrás derrotar fácilmente a tu rival.

なや 納屋 m. granero; m. establo; (物置小屋) m. cobertizo, m. depósito.

なやましい 悩ましい《英語》adj. "sexy",《フォーマル》voluptuoso, provocativo, incitante. ♦彼女の悩ましい肢体 f. su voluptuosa figura. ♦彼女の歩き方はとても悩ましい Tiene una ma-

* **なやます 悩ます** v. molestar, fastidiar, 《フォーマル》importunar; preocupar, inquietar. ▶不平を言って悩ます v. molestar 《a + 人》 con quejas. ▶質問をして悩ます v. molestar 《a + 人》 con preguntas. ▶頭を悩ます (=知恵を絞る) v. devanarse los sesos 《sobre》. ◆心を悩ます →悩む. ◆今日のこの暑さに悩まされている El calor me ha estado fastidiando hoy. ◆騒音に悩まされて一晩眠れなかった El ruido me molestaba [fastidiaba] tanto que no pude dormir nada. / El ruido me mantuvo toda la noche en vela.

* **なやみ 悩み** (気をもむこと) f. preocupación; (困ること) f. dificultad; (苦悩) f. pena, m. dolor; (迷惑) m. fastidio; (迷惑なこと) f. molestia, 《スペイン》《口語》f. lata → 迷惑; (問題) m. problema. ◆あなたの悩みは何なのですか ¿Qué es lo que te preocupa? / (何があなたを悩ませているのですか) ¿Cuál es tu problema? / ¿Qué te molesta? / (何について悩んでいるのですか) ¿De qué estás preocupado [fastidiado]? ◆人生には悩みが多い La vida está llena de problemas. ◆あの子供は両親にとって悩みの種 Ese/sa niño/ña es una fuente constante de preocupaciones para sus padres.

* **なやむ 悩む** (明確な原因・理由なしに) v. preocuparse [estar* preocupado] 《de, por》; (病気など特定の原因・理由で) v. sufrir 《con, de》, tener* problemas 《con》, 「pasar dificultades [《強調して》 atormentarse]」《por》. →悩ます. ◆悩むことは何もない No hay 「de qué preocuparse [ningún motivo de preocupación]. ◆将来のことでとても悩んでいる Estoy muy preocupado por el futuro. / El futuro me tiene muy preocupado. ◆悩んでいる様子ですね，どうかしたんですか Pareces preocupado. [Te veo preocupado.] 《口語》¿Hay algo mal? [¿Qué te pasa?] → 何か. ◆彼は長年リューマチで悩んでいる Hace muchos años que sufre con el reumatismo. / El reumatismo le ha 「hecho sufrir [fastidiado] muchos años. ◆目下，食糧不足に悩んでいる国は多い En este momento hay muchos países que sufren [padecen] de falta de alimentos.

なよなよした ▶なよなよした (=ほっそりした) 姿 f. figura esbelta. ◆柳の枝がなよなよと (=ゆるやかに) 風になびいていた Las ramas del sauce se mecen suavemente por el viento.

** **-なら** (...に関しては) prep. por, en cuanto a; (...と言えば) si es..., hablando de... ◆私らから彼の提案に全面的に賛成です 「Por mí [Por lo que a mí se refiere], estoy totalmente de acuerdo con su propuesta. ◆野球なら三度の飯より好きだ 「Hablando del [En cuanto al] béisbol, es lo que más me gusta. ◆山田君とは気が合わないんだ．でも彼の妹ならすごく好きだよ Con Yamada no voy bien, pero si es su hermana, me gusta mucho.
(会話) たばこを吸ってもいいですか—廊下でなら (=に限って) いいですよ ¿Se puede fumar? – Si es en el pasillo, sí.

なら̲す 1051

— **-なら** (仮定，条件) conj. si; (...の条件で) conj. con la condición de que (+接続法). →もし. ◆気分が悪いのならすぐ帰りなさい Si te sientes mal, puedes irte a casa ahora mismo. ◆銀座が東京の中心なら，大阪の中心はどこですか Si Ginza es el centro de Tokio, ¿cuál es el centro de Osaka? ◆私が君なら仕事を変えるのだが 「Si yo fuera tú [Yo que tú], cambiaría de trabajo. ◆田中，君ならどうする ¿Y tú, Tanaka, qué harías? ◆逃げないのなら放してやってもよい Te suelto con la condición de que no intentes escapar.

ならい 習い (個人の習慣) f. costumbre, 《フォーマル》 m. hábito; (慣習) f. tradición. ◆それが世の習い (=世間のやり方) だ El mundo es así. ◆習い性となる (ことわざ) La costumbre es una segunda naturaleza.

* * **ならう 習う** (学んで身につける) v. aprender; (レッスンを受ける) v. tomar clase 《de》; (勉強する) v. estudiar. ◆私はディアスさんにスペイン語を習っています Estoy aprendiendo español con la Srta. Díaz. ◆彼女にピアノを習っています 「Estoy tomando clases de [Aprendo] piano con ella. / Ella me está enseñando piano. ▶柔道 [空手] を習う v. aprender ¹judo [²kárate]. ◆今学校でフランス革命を習っている Ahora en la escuela estamos estudiando la Revolución Francesa. ◆今日授業で4億人の人々がスペイン語を話していることを習った En la clase de hoy hemos aprendido que 400 millones de personas hablan español. ◆だれにスペイン語を習っていますか ¿Quién te enseña español? / ¿Con quién aprendes español? / ¿Quién es tu profesor de español? ◆習うより慣れよ (ことわざ) La práctica hace al maestro.

ならう 倣う ❶【そっくりまねる】v. imitar, copiar; (従う) v. seguir*; (倣って作る) v. seguir* el modelo [ejemplo] 《de》, 《フォーマル》 conformarse 《con》. ▶～に倣う v. seguir* (su) ejemplo; (仕事などを継ぐ) v. seguir* (sus) pasos. ▶パリに倣って都市を設計する v. planificar* una ciudad imitando [siguiendo el modelo de] París.
❷【整列する】◆右へならえ! ¡Alinearse a la derecha!

ならす 鳴らす ❶【鐘・警笛・警報などを】v. tocar*, sonar*; (ベル・鈴などを) v. tocar*, llamar; (笛・汽笛・サイレンなどを) v. tocar*, pitar. ▶どらを鳴らす v. tocar* un gong. ▶ラッパを鳴らす v. tocar* la trompeta. ◆用があったらベルを鳴らしてください Toque el timbre si necesita algo. ◆クラクションをしつこく鳴らすな Deja de tocar 「la bocina [el claxon]. ◆だれかが玄関でベルを鳴らしている Llaman a la puerta. / Están tocando el timbre. ◆小銭をじゃらじゃら鳴らす v. hacer* sonar* las monedas. ▶舌をちっと鳴らす v. chasquear la lengua. ◆彼は私に向かってぱちんと指を鳴らした Me chasqueó los dedos. / Se dirigió a mí chasqueando los dedos.
❷【評判になる】◆彼は高校時代，名選手として鳴

らした Cuando era alumno de la secundaria, era tenido por un buen jugador.

ならす 慣らす v. acostumbrar [habituar*] 《a》→慣れる;（訓練する）v. adiestrar. ▶暗やみに目を慣らす v. acostumbrar los ojos a la oscuridad. ▶耳をスペイン語に慣らす v. adiestrar los oídos oyendo español. ▶新しい靴をはき慣らす v. domar [ablandar] unos zapatos nuevos.

ならす 馴らす （飼いならす）v. domar [amaestrar] (un león);（家畜化する）v. domesticar*.

ならす 均す （平らにする）v. nivelar, allanar, aplanar. ▶地面をローラーでならす v. allanar la tierra con una apisonadora.

ならずもの ならず者 （暴力団員）m. gángster;（悪党）mf. bribón/bona;（ごろつき）mf. pillo/illa, mf. truhán/hana, mf. granuja,《英語》m. "hooligan".

-ならでは ▶それは彼ならでは（＝彼以外だれも）できないことだ Nadie más que él puede hacerlo. /（できる唯一の人だ）Él es el único que lo puede hacer. /（彼だけが）Sólo él podría hacerlo.

**-ならない ❶【義務,必要】(...しなければならない) v. deber [tener* que;（主語を特定없다）hay que, es necesario]《＋不定詞》. ▶あなたは9時までに来なければならない「Tienes que [Debes] venir antes de las nueve. ▶応募者は30歳未満でなければならない Los solicitantes deben tener menos de treinta años. ▶私はいつも朝早く起きなければならない Tengo que madrugar todas las mañanas. / Siempre debo madrugar. 《会話》彼に会わなければなりませんか―ええ, そうしなさい [いいえ, その必要はありません] ¿Debo verlo [le]? – ¹Sí, es necesario [²No, no es necesario].《会話》君はすぐに謝らなくちゃならない―どうして謝らなくちゃならないのか分からないね Tienes que disculparte enseguida. – No veo porqué [la razón]. ▶もう帰らなければならないのですか ¿Tienes que irte ahora? / ¿Es necesario que te vayas ahora?《会話》まだ行かないでちょうだい―本当に行かなくちゃならないのよ No te vayas todavía, por favor. – Pero de verdad que me tengo que ir. ▶あした彼に謝らなければならない Mañana tendré que「pedirle perdón [disculparme ante él]. ▶私はきのう東京へ行かなければならなかった Ayer tuve que ir a Tokio. ▶花に水をやらなければならない「Hay que [Es necesario] regar las flores. / Las flores tienen que regarse. → 必要. ▶だれかが残って手伝わなくちゃならない Alguien tiene que quedarse detrás y ayudar. ▶きのう君は彼女に電話をかけなければならなかったのに（しなかった）「Tenías que [Deberías] haberla llamado ayer. ▶やらなきゃならないことがこんなにたくさんあるんだ Tengo tantas cosas que hacer.

❷【禁止】(してはいけない) v. no deber《＋不定詞》. ▶君はそんなにたばこを吸ってはならない No debes fumar tanto.

❸【仕方がない】v. no poder* evitar《＋不定詞》. ▶私はそれが心配でならない No puedo evitar (el) estar preocupado. /（とても心配だ）Estoy muy preocupado por eso.

ならび 並び f. fila, f. hilera;（同じ側）m. lado. ▶本屋の並びにあるカメラ屋 f. tienda de cámaras en el lado de la librería.

ならびに 並びに ▶コンサートは東京並びに大阪（＝東京と大阪の両方）で行われた El concierto tuvo lugar「en Tokio y en Osaka [《強調して》tanto en Tokio como en Osaka]. → そして, 及び, 両方, 又.

・ならぶ 並ぶ ❶【列を作る】（列を作ってずらっと並ぶ）v. ponerse* en fila,《口語》hacer* cola,《フォーマル》alinearse;（一列に並ぶ）v. formar fila. ▶並んで歩く（横に）v. caminar al lado (de),《口語》caminar codo con codo;（縦に）v. caminar en fila (india). ▶3列に並ぶ v. alinearse en tres filas. ▶彼女と並んで座る v. sentarse*「a su lado [al lado de ella]. ▶多くの人がバスを待って並んでいた Había mucha gente「haciendo cola [en fila] esperando el autobús. ▶スペイン国王夫妻を見ようと群衆が舗道に並んだ La multitud bordeaba la carretera para ver a los reyes de España. ▶図書館の壁には本棚が並んでいる Las paredes de la biblioteca están cubiertas de estanterías. ▶あそこにロッカーが並んでいるだろう. どれを使ってもいいよ Allí hay una fila de taquillas. Puedes usar la que quieras. ▶その通りには有名店がずらりと並んでいる（＝有名店でいっぱいだ）La calle está bordeada [《フォーマル》flanqueada] de tiendas famosas.

❷【匹敵する】v. competir*;（比肩する）v. rivalizar*;（同等である）v. igualar, ser* igual. → 匹敵する. ▶スペイン語では彼女に並ぶ者はいない Nadie puede igualarla en español. / No tiene rival en español.

ならべかえ 並べ替え《専門語》f. ordenación, f. clasificación.

ならべたてる 並べ立てる → 並べる②.

・ならべる 並べる ❶【配列する】（配列よく並べる）v. colocar*;（一列に並べる）v. alinear, poner* en fila;（物を一列に置く）v. poner*...en línea;（位置を定めて）v. colocar* en línea;（隣り合わせに置いて）v. poner* uno al lado del otro;（陳列する）v. exhibir, mostrar*;（展示する）v. exponer*, exhibir. ▶棚に本をきちんと並べる v. colocar* los libros en la estantería. ▶名前をアルファベット順に並べる v. poner* sus nombres en orden alfabético. ▶少年たちを点呼のために1列に並べる v. alinear los niños para pasar lista. ▶机を12列「2丸く」並べる v. colocar* las mesas en ¹dos filas [²un círculo]. ▶食卓に料理を並べる v. colocar* los platos en la mesa, poner* la mesa. ▶いすを並べ替える v. redistribuir [volver* a colocar*] las sillas;（並べ方を変える）v. cambiar la disposición [colocación] de las sillas. ▶商品がショーウインドーに並べられている En el escaparate están expuestos los artículos.

❷【列挙する】（例をあげる）v. citar, mencionar. ▶例を多数並べ立てる v. citar numerosos ejemplos. ▶私の誤りを並べ立てる v. enumerar mis faltas. ▶愚痴を並べる v. mencionar una

serie de quejas.
【その他の表現】♦スペイン語力では彼と肩を並べる者はいない No hay nadie que lo[le] iguale en español. ♦並ぶ.

ならわし 習わし (慣習) f. costumbre; (しきたり) f. convención, m. uso; (伝統) f. tradición. ▶地元の習わしに従う [2を破る] v. ¹seguir* [²romper*] una costumbre [tradición] local. ♦スペインではキリストの公現日（1月6日）にプレゼントを貰うのが習わしである En España es tradicional que los niños reciban regalos el Día de Reyes, es decir, el 6 de enero.

-なり ❶【自己流のやり方で】*adv.* a su modo [manera]. ♦君のやり方で仕事をしなさい Haz tu trabajo a tu modo. ♦だれにでもその人なりのやり方がある「Cada persona [Todo el mundo, Cada cual] tiene su manera de hacer las cosas.
❷【...するとすぐ】*conj.* tan pronto como, en cuanto. ♦夜が明けるなり私たちは出発した Salimos tan pronto como amaneció.
❸【...まま】♦帽子をかぶったなりで人にあいさつするのは失礼だ Es de mala educación saludar a los demás con el sombrero puesto.
❹【A, Bのいずれか】*conj.* o A o B, A o B. ♦電話なり手紙なりで結果を知らせてください Por favor comuníquele el resultado o por teléfono o por carta.

なりあがり 成り上がり ▶成り上がり(者)（軽蔑的に）*mf.* advenedizo/za; (成り金) →成り金.

なりきん 成り金 (成り上がり者)（軽蔑的に）*mf.* advenedizo/za; (にわか成り金) *mf.* nuevo/va rico/ca. ▶¹戦争 [²土地] 成り金（= 不当利得者）*mf.* logrero / ra por la ¹guerra [²tierra]. ▶成り金になる *v.* hacerse* rico「de repente [《口語》《比喩的に》de la noche a la mañana].

なりたち 成り立ち (起源) *m.* origen; (歴史) *f.* historia; (組織) *f.* formación, (構造) *f.* estructura. ▶近代日本の成り立ち *f.* historia del Japón moderno. ▶文の成り立ち *f.* estructura de una oración.

なりたつ 成り立つ ❶【構成される】*v.*「estar* form*ado* [form*arse*]《de》, consistir《en》, constar《de》, estar* compues*to* [componerse*]《de》. ♦野球のチームは9人から成り立つ Un equipo de béisbol está formado de nueve jugadores. ♦水は酸素と水素とから成り立つ El agua consta de oxígeno e hidrógeno.
❷【存立する】♦このインフレでは商売も成り立たない（= やっていけない）Con esta inflación los negocios no pueden sostenerse. ♦君の言い分は成り立たない（= 妥当でない）Tu reclamación no tiene validez.

なりて なり手 ♦家政婦のなり手がない（= だれもなりたくない）Nadie quiere ser asistenta doméstica.

なりひびく 鳴り響く (高らかに響く) *v.* sonar*; (反響する) *v.* resonar*, retumbar. ➡響く. ▶鐘の音が町中に鳴り響いた La campana sonó por toda la ciudad. ♦彼の名は国中に鳴り響いた Su「nombre resonó en [fama ha llegado a] todo el país.

なりふり 形振り ▶なりふりかまわず働く *v.* trabajar sin consideración a「las apariencias [la opinión de los demás]. ▶なりふりかまわぬ生き残り作戦 *f.* operación de salvamento sin consideración a las apariencias.

なりものいり 鳴り物入り ▶鳴り物入りで新車を宣伝する *v.* anunciar un nuevo modelo de automóvil 《口語》 a bombo y platillo [con gran fanfarria].

なりゆき 成り行き (経過) *m.* curso, *m.* rumbo; (進展) *m.* desarrollo (de los acontecimientos); (進行) *m.* progreso (del asunto); (結果) *m.* resultado (de la situación). ▶事の成り行き次第では *adv.* según el rumbo [curso] de los acontecimientos. ▶事の成り行きを見守る *v.* observar el desarrollo del asunto; (結果を待つ) *v.* esperar al resultado del asunto; (静観する) 《口語》 *v.* esperar a ver* qué pasa. ▶成り行きに任せる(自然の成り行き) *v.* dejar que la naturaleza siga su curso; (事の成り行き)《口語》*v.* dejar las cosas a su aire. ♦彼は事態の成り行きに満足していなかった No estaba satisfecho con la marcha de los asuntos. ♦今は手の打ちようがない. 成り行きを見るほかないだろう No hay nada que podamos hacer excepto esperar a ver qué pasa. ☞勢い, 帰結

なりわたる 鳴り渡る *v.* resonar*. ➡鳴り響く.

＊＊なる 為る *v.* hacerse*, llegar* a ser*《＋名詞》, ponerse*《＋形容詞》,《教養語》devenir*. ❶【人がある身分・地位などになる】*v.* ser*, hacerse*, llegar* a ser*. ♦私は医者になりたい Yo quiero ser médico. ♦彼はチームの主将になった Llegó a ser capitán del equipo. ♦君は大人になったら何になるつもりかね ¿Qué vas a ser cuando seas mayor? ♦彼女は大きくなって美しい女性になった Se hizo [convirtió en] una hermosa mujer. ♦彼女は(彼のいい奥さんになるだろう Será una buena esposa. / Será una excelente esposa (para él). ♦彼は裏切り者になった Resultó ser un traidor. / Se volvió un traidor.
❷【人・物・事がある状態・性質などになる】*v.* quedarse [volverse]《＋形容詞》. ♦怖くなる *v.* volverse* miedoso. ♦病気がよくなる *v.* recuperarse, 《口語》ponerse* bue*no*,《フォーマル》restablecerse*. ♦目が見えなくなる *v.* quedarse ciego, perder* la vista. ♦彼はすぐに有名になった Se hizo famoso pronto. / No tardó en adquirir fama. ♦彼は無理をして病気になった Ha「caído enfermo [enfermado] por trabajar tanto. ♦病気になるとだれでも不安になる Todo el mundo se intranquiliza al caer enfermo. ♦暗くなってきた Está oscureciendo. ♦涼しくなってきた Ha refrescado. / El tiempo「ha refrescado [se ha vuelto fresco]. ♦このシャツは着られないほど大きくなった Ha crecido tanto que ya no puede ponerse esta camisa. ♦秋には木の葉が赤くなる Las hojas se ponen [vuelven] rojas en otoño. / Las hojas enrojecen en otoño. ♦彼は知らせを聞いて青くなった Al oír la noticia, se puso

pálido. ♦パンは固くなった El pan se ha "puesto duro [endurecido]. ♦私の夢が現実のものとなった Mi sueño se ha vuelto realidad. ♦その知らせで彼女はうれしくなった Esa noticia la puso feliz. ♦彼の一言で私の気持ちが楽になった Sus palabras me tranquilizaron [dejaron tranquila]. ♦あの音を聞いていると気が変になりそうだ Ese ruido me está volviendo loco/ca. 《会話》 熱があってのどが痛いんだー本当？ いつからなったの Tengo fiebre y me duele la garganta. – ¿De veras? ¿Y cuándo empezó? [¿Desde cuándo?]

❸【...に変化する】v. convertirse* [《フォーマル》transformarse](en), cambiarse(en), ponerse* 《+形容詞》. ♦雪はまもなく雨になった La nieve se cambió [convirtió] pronto en lluvia. ♦信号が青になってから進みなさい Avanza cuando el semáforo se ponga verde. → 信号. ♦信号が赤から青になった El semáforo cambió de rojo a verde. ♦毛虫は美しいチョウになった La oruga se convirtió [《フォーマル》transformó] en una hermosa mariposa. ♦その村は大きな町になった El pueblo se ha convertido en [ha llegado a ser] una gran ciudad. ♦それからどうなったの ¿Y qué pasó después?

❹【年齢・時などが...になる】♦君も50歳[2私と同じ歳]になればが分かるよ「Te darás cuenta de eso [Lo comprenderás] cuando tengas 150 años [2mi edad]. ♦春になった Ha llegado [entrado] la primavera. / La primavera está aquí. ♦遅くならないうちに（＝遅くなる前に）それを仕上げてしまおう Vamos a acabar antes que sea demasiado tarde. ♦来日してどのくらいになりますか ¿Cuánto hace que está usted en Japón? ♦彼が死んで10年になる Han pasado diez años desde 「que murió [su muerte]. /《フォーマル》Diez años han transcurrido desde su fallecimiento. ♦1時にならないと（＝1時まで）昼食の用意はできません La comida no estará lista hasta la una.

❺【結果が...となる】（...であると分かる）v. resultar, salir*；（...に終わる）v. acabar 《en》, quedar；（...に至る）v. llevar 《a》. ♦そのうわさは本当になった El rumor "resultó verdadero [salió cierto]. ♦万事思いどおりになった Todo salió como se esperaba. ♦投票の結果はどうなりましたか ¿Cuál fue el resultado de la votación? / ¿Cómo acabó la votación? ♦試合は引き分けになった El partido acabó en empate. ♦ファンは試験で2番になった Juan ha quedado el segundo en el examen. ♦そんなことをすると身の破滅になるぞ Eso te llevará a la ruina. ♦彼はどうなりましたか ¿Qué ha "sido de [pasado con] él? ♦どうしてそこへ行くことになったのですか（＝何があなたを促したのか）¿Qué te impulsó a ir allí? / （なぜあなたは決意したのか）¿Qué te decidió ir allí?

❻【...するようになる】v. empezar* [comenzar*]《a + 不定詞》, llegar*《a+不定詞》, ponerse*《a+不定詞》. ♦どうして好きになったのか聞かせてよ Dime cómo te empezó a gustar él. ♦彼は以前より上手に泳げるようになった Ya sabe nadar mejor que antes. ♦いつから車を運転するようになったの ¿Cuándo empezaste a conducir (un coche)? → 始める.

❼【数量・金額が...になる】v. llegar* 《a》, 《フォーマル》ascender* 《a》, salir* 《por》, sumar. ♦ホテルの勘定が1万円になった La factura del hotel llegó a diez mil yenes. ♦それはいくらになりますか―1万円になります ¿A cuánto sale? – Son diez mil yenes, por favor.

❽【役目を果たす】（...の役を務める）v. hacer* 《de》, actuar* 《como》, servir* 《de》；（役に立つ）v. servir* 《de》. ♦私が通訳になろう Actuaré como intérprete. / Haré de tu intérprete. ♦この岩はテーブルになる（＝テーブルとして使える）Esta roca se puede usar de [como] mesa. / Esta roca servirá [hará] de mesa. ♦私はハムレット(の役)になった Hice [Actué] de Hamlet.

❾【...する予定である】v. ir*a《+不定詞》, 現在形, 未来形. ♦彼は来年大学を卒業することになっている El año que viene se gradúa de la universidad. ♦6時にトーマスに会うことになっている "Veré a [He quedado con] Tomás a las seis.

❿【...に決める】v. decidir；（日時・場所などを）v. fijar, 《口語》poner*. ♦私たちは6月に結婚することになりました Hemos decidido casarnos en junio. ♦会議は10日になりました La reunión fue fijada para el día diez.

《その他の表現》♦それはいい薬（＝教訓）になった Eso me sirvió de escarmiento. / Eso fue una lección. ♦なるようになる Las cosas se arreglarán por sí mismas. / Todo se arreglará. / （時が来ればそうなるだろう）Todo se hará a su tiempo. ♦どなったってどうにもならないよ Gritar no sirve de nada. / Es inútil gritar. ♦スペイン語を話すということになると彼がクラスで一番だ「Cuando se trata de la conversación española [En la conversación española], es el mejor de la clase. ♦失礼ですがこの通りは駐車してはいけないことになっているのです Perdone, pero no se puede estacionar [《スペイン》aparcar] en esta calle. / No se permite estacionar en esta calle. / Gracias por no estacionar en esta calle.

なる 鳴る ❶【音が出る】v. sonar, dar*, doblar；（ちりんちりんと）v. tintinear；（電話・ベルなどが）v. sonar*；（時計が打つ）v. dar*；（目覚まし時計が）v. sonar*；（雷が）v. retumbar；（サイレンが）v. tocar*, sonar*. ♦この笛はよく鳴る Este silbato pita [suena] muy bien. ♦私の車はクラクションがよく鳴らない La bocina de mi coche no suena bien. ♦電話が鳴っている「Suena el [Llaman por] teléfono. ♦そら、鐘が鳴っているよ「Tocan a l [Suena el] timbre. ♦10時が鳴った「Han dado [El reloj ha dado] las diez. ♦目覚まし時計が鳴って飛び起きた Al sonar el despertador, salté de la cama. ♦雷がずっと遠くで鳴った A lo lejos retumbó un trueno. ♦正午のサイレンが今鳴った Acaba de sonar la sirena de mediodía. ♦ベルが鳴ったら書き始めなさい Cuando oigan el timbre, empiecen a escribir. ♦ドアがかちっと鳴って閉まった La puerta hizo ruido al cerrarse. ♦ひどい風

で雨戸ががたがた鳴った La fuerza del viento hacía crujir las puertas correderas. ◆新しい靴はきゅっと鳴った Los zapatos nuevos crujían [hacían ruido].
❷【世間によく知られた】→響く④.

なる 成る ❶【出来上がる】(完成する) v. acabarse, terminarse; (口語) lograrlo. ◆新装なった体育館 m. gimnasio renovado. ◆事がなった Lo hemos logrado. / Hemos triunfado. ◆彼の優勝はならなかった No pudo ganar el campeonato. ◆彼は作家としてはなっていない Como escritor「es un fracaso [no es bueno].
❷【作られる】v. ser* hecho (por). ◆チジーダの手になる彫刻 f. escultura hecha por Chillida.
❸【構成されている】v. estar* formado 《por》, constar 《de》. →成り立つ. ◆スペイン語圏は21の国からなる El mundo hispanohablante está formado por 21 naciones.

なる 生る (植物が実を結ぶ) v. dar* [《フォーマル》 producir*] fruto; (実がつく) v. tener* fruto. ◆実のなる木 (=果樹) m. frutal, m. árbol que produce fruta. ◆この木は実がよくなりますか ¿Da mucho fruto este árbol? ◆金のなる木があるわけではない El dinero no crece en los árboles. ◆枝もたわわに桃がなっている Las ramas están cargadas de melocotones.

ナルシシズム m. narcisismo.
ナルシスト mf. narcisista.

なるべく 成るべく ❶【できる限り】(形容詞, 副詞＋) posible, lo posible, lo más que [de lo que]《＋poder の接続法》. ◆なるべく早く来てください Por favor, ven「lo antes posible [cuanto antes]. ◆なるべく本は読まないようにしなさい Lea lo menos posible. / Cuantos menos libros lea, mejor.
❷【できるなら】adv. si es posible, si no hay「más remedio [《口語》 otra salida]. ◆私は日頃なるべくタクシーに乗らないようにしている Si es posible, no tomo taxis. / Hago lo posible por no tomar un taxi. / Siempre que sea posible no tomo taxis. / Sólo cuando no hay más remedio, tomo taxi. ◆なるべくならこにいたい Si es posible, me gustaría quedarme aquí. ◆なるべく外食しないことにしている No salgo a comer si no tengo más remedio.

*__なるほど 成る程__ (本当に) adv. verdaderamente, en efecto, realmente, efectivamente; (まったく) adv. completamente, totalmente, del todo, muy. ◆なるほどこの本はおもしろい Este libro es verdaderamente [en verdad] interesante. ◆なるほど君の言うとおりだ Estoy completamente de acuerdo contigo. ◆なるほど君がそう考えるのももっともだ Es muy [perfectamente] natural que pienses así. 【なるほど…だがしかし】「es verdad [claro, ya veo), eso (es)] que..., pero; naturalmente..., pero. ◆なるほどそれはよい計画だが, 実行は難しい Naturalmente [Claro que] es un buen plan, pero difícil de realizar.

── **なるほど** (あいづち). 《会話》 交通渋滞で遅くなってしまった―なるほど He llegado tarde porque había mucho tráfico. ‒ Ya veo. [Claro. / Ya.] 《会話》 彼女はちっとも決断しようとしないのよ―なるほど. じゃあ君が決めてやりなさい No acaba de llegar a una decisión. ‒ Bien; decide tú por ella, entonces. 《会話》 ペンギンは飛べないけれど, その代わりに泳げます―なるほど (＝いい所に気がついた) Los pingüinos no vuelan, pero saben nadar. ‒「Eso es [Es verdad. / Tienes razón.] いかにも, それじゃ

なれ 慣れ (いつもやっていること) f. práctica; (経験) f. experiencia. ◆慣れでこれが分かる Lo sé por experiencia. ◆こういう仕事は理屈より慣れですよ Para hacer bien este trabajo la práctica vale más que la teoría.

なれあい 馴れ合い (共謀) f. conspiración, f. complicidad; (手を結ぶこと) 《フォーマル》 f. connivencia; (心地よい関係) f. relación agradable. ◆なれ合う v. estar* en connivencia; tener* una relación agradable. ◆当局と馴れ合いで adv. en complicidad con las autoridades. ◆なれ合いの (＝共謀になる) 協定 m. contrato「previamente acordado [《フォーマル》 colusorio]. ◆なれ合いの (＝八百長) 試合 m. partido previamente acordado [《口語》 amañado].

ナレーション f. narración; (映画, ラジオの) m. comentario.
ナレーター mf. narrador/dora; (映画, ラジオの) mf. comentarista.

なれそめ 馴れ初め ◆そもそものなれ初めは? ¿Cómo empezó a conocerse?

なれっこ 慣れっこ →慣れる. ◆苦労には慣れっこになっている Estoy hecho [acostumbrado] a las dificultades.

なれなれしい 馴れ馴れしい adj. demasiado familiar [libre]; (無遠慮すぎる) adj. atrevido. ◆なれなれしい態度で見知らぬ人に話しかける v. dirigir* la palabra a un/una desconocido/da con demasiada libertad. ◆知らない人にはなれなれしするな No te tomes confianzas con los desconocidos. ◆彼は先輩になれなれしすぎる Se toma demasiadas confianzas con sus superiores. ◆なれなれしくしないでよ No te tomes confianzas conmigo, ¿eh?

なれのはて 成れの果て f. ruina [f. sombra] (de lo que fue). ◆彼は百万長者の成れの果てだ Es una sombra del millonario que fue.

__なれる 慣れる__ v. acostumbrarse [《フォーマル》 habituarse, 《口語》 hacerse*]《a》, familiarizarse*《con》; (順応する) v. adaptarse [aclimatarse]《a》. ◆慣れた (いつもの) adj. de siempre; (経験を積んだ) adj. experimentado [con experiencia, 《口語》 ducho]《en》; (練習を積んだ) adj. experimentado [muy entrenado]《en》. ◆彼はすぐに新しい環境に慣れた No tardó en acostumbrarse [habituarse 《フォーマル》 hacerse] al nuevo ambiente. / Se adaptó pronto a la nueva situación. ◆父は朝早く起きるのに慣れている Mi padre está acostumbrado a [tiene la costumbre de] madrugar. ◆彼女はそのことにすっかり [よく] 慣れている Está perfectamente [completamente] acostumbrada a eso. ♦ 私は東京の満員電車に慣れることができない No puedo acostumbrarme a los trenes llenos de gente que hay en Tokio. 《会話》新しい職場に慣れてきましたか――ええ、なんとか、まだ慣れないこともありますけど ¿Cómo te vas adaptando [aclimatando] al nuevo lugar de trabajo? – Pues, todavía no estoy del todo adapt*ado*, pero bueno. ♦ 私はこの種の商売には慣れていない(未経験である) No tengo experiencia [práctica] en este tipo de negocios. / No estoy acostumbrad*o* a esta clase de negocios. / (あまり経験がない)Me falta experiencia en negocios de esta clase. ♦ 彼は ¹慣れた [²慣れない] 手つきではしを使った Usaba los palillos ¹diestramente [²incómodamente].

なれる 馴れる (人になれる) v. ser* dom*ado*, amansarse; (ペットなどが飼いならされる) v. ser* domestic*ado* [amaestr*ado*]. ▶よくなれた犬 m. perro domesticado. ♦ スズメはなかなか人になれない Los gorriones no son domesticables. ♦ 彼のペットのタカはとても人になれている「Su halcón está [Tiene el halcón] completamente amaestrado.

＊なわ 縄 (太い) f. soga; (細い) m. cordel. → 綱. ▶縄ばしご f. escalera de cuerdas. ▶縄をかける v. atar con una cuerda; (逮捕する) v. detener*. ▶縄を解く v. desatar; (解放する) v. dejar 《a + 人》libre. ♦ 私たちは彼を縄で木に縛りつけた Le atamos al árbol con una cuerda. ♦ 警察は殺人現場を縄で囲った La policía acordonó la escena del asesinato.

なわとび 縄跳び m. salto「《スペイン》 de la comba [《コロンビア》del lazo, 《メキシコ》de la reata]; (縄) f. cuerda de saltar. ▶縄跳びをする v. saltar「a la comba [《コロンビア》al lazo, 《メキシコ》a la reata].

なわばり 縄張り (人・動物などの) m. territorio; (官庁などの管轄範囲) f. jurisdicción; (勢力範囲) f. zona [f. esfera] de influencia. ▶縄張り争いをする v. disputar 《con》por la「propiedad del territorio [territorialidad]. ▶縄張りを荒らす v. invadir (su) territorio. ♦ 動物は本能的に自分の縄張りを守る Los animales defienden instintivamente su territorio. ♦ その新顔のセールスマンが私の縄張りに割り込んできた El nuevo vendedor invadió [se metió en] mi territorio.

なん 難 ❶【困難】f. dificultad; (面倒) m. problema; (不足) f. escasez, f. carencia. ▶就職難 f. dificultad de conseguir un trabajo, f. escasez de puestos de trabajo. ▶住宅難に悩む v. sufrir la escasez de viviendas. ♦ 難なくそのホテルを見つけた Encontré el hotel sin ninguna dificultad. / No tuve problemas en encontrar el hotel.
❷【災難】m. accidente; (危険) m. peligro. ▶路上で難にあう v. tener* un accidente en la calle. ▶難の所に難を逃れる v. buscar* refugio en él. ▶小屋 [木陰] に難を逃れる v. cobijarse ¹en una cabaña [²bajo un árbol]. ♦ 危ういところで難を免れた Escapé del peligro apuradamente. / 《口語》Me libré por los pelos.
❸【欠点】m. defecto. ♦ 彼には性格的に難がある Tiene un defecto en su carácter.

＊なん- 何-【なに】interrog. qué. → 何(に).
♦ 彼は君に何と言ったの Qué te dijo [ha dicho]? ♦ 何のためにその箱を買ったの(なぜ) ¿Por qué compraste la caja? / (＝何の目的で)¿Para qué compraste la caja? 《会話》髪は何だ. 高校生のする格好か――うるさいなあ, パーマぐらいで ¿Pero ese peinado es propio de *un/una* estudiante de secundaria? – ¿Qué pasa? No es más que la permanente. ♦ 彼らが何と言おうと君は正しい Tienes razón, digan lo que digan. 《会話》ちょっと君に用があるんだ――何でしょう Tengo que hablar contigo un momento. – ¿De qué se trata? ♦ 私の口から言うのも何だけど, 妻は頭のいい女です Está mal que lo diga yo, pero mi esposa es una mujer inteligente.

―― **なん-** ❶【なに】interrog. qué, cuál. → 何時, 日(に), 月, 年, 曜日. ♦ 今日は何日ですか――5 月 11 日です ¿Qué día es hoy? – Once de mayo. ♦ 彼は何日に来ますか ¿Qué día viene? ♦ 一番短い月は何月ですか ¿Cuál es el mes 「con menos días [más corto]? ♦ 今年は何年ですか ¿En qué año estamos? ♦ 何曜日にピアノのレッスンを受けていますか ¿Qué día de la semana es [tomas; tienes] la clase de piano? ♦ 何曜日が一番いいと思いますか ¿Qué día crees que es el mejor? / ¿Cuál día te parece mejor?
❷【どれくらい】interrog. cuántos. ♦ 君のクラスの生徒は何人ですか ¿Cuántos alumnos hay en tu clase? ♦ 毎日何時間勉強しますか ¿Cuántas horas estudias al día? 《会話》11 番よ――何番だって Es el número once. – ¿Cuál?
❸【ある数の】(数個・数人もの) adj. varios, unos; (少数の) adj. unos pocos, algunos; (...より少し多くの) ... y algo; (...何とか) pron. algo, ... y pico [《口語》tan*tos*]. ▶10 何年か前 adv. hace algo más de diez años, 《口語》hace diez años y pico. ▶1900 何年に adv. en mil novecientos y algo [《口語》tan*tos*]. ♦ 先月は何日か雨の日があった El mes pasado tuvimos varios [unos] días lluviosos. ♦ テストは難しかったが何人かの学生は合格した El examen era difícil, pero algunos [unos pocos] estudiantes aprobaron. ♦ 机の上に何冊かスペイン語の本が置いてあった En la mesa había algunos libros de español.
❹【多数の】adj. muchos, numerosos, una gran cantidad de, 《口語》un montón de. ▶何時間もの間 fpl. muchas horas; (長い間) m. mucho tiempo. ▶何十 [二何百; ²何千; ²何万通もの] 手紙 ¹ fpl. docenas [² mpl. cientos; ³ mpl. miles] de cartas. ♦ 彼は何年も前に名古屋に引っ越した Se mudó a Nagoya hace muchos años. 《会話》長いこと待たなきゃならなかったの？――何週間もだよ ¿Has esperado mucho? – Semanas y semanas. ♦ 私はもう何年も電車に乗ったことがない Hace años que no tomo un tren. ♦ 何日もこの痛みが続いているんだ Hace días [bastantes días] que「tengo este dolor

[me duele aquí]. ♦私はこの本を何回も読んだ Ese libro me lo he leído muchas [《口語》un montón de] veces. ♦試験までにはまだ何日もある「Faltan muchos días [Falta mucho] para el examen. ♦その事故で何人もの人が死んだ「Mucha gente murió [《フォーマル》Numerosas personas perecieron] en el accidente.

なんい 南緯 f. latitud sur, 『略』lat.S. ▶南緯20度15分ぐらいの所に a unos 20 grados 15 minutos de「latitud sur [lat.S].

なんい 難易 (難しさ)f. dificultad. ▶仕事の難易により adv. dependiendo de [según] la dificultad del trabajo.

なんおう 南欧 Europa del Sur.

なんか 南下する v. ir* al sur.

なんか 何か interrog. qué. → 何(に)か, など.

なんか 軟化 (態度の) m. ablandamiento, f. suavización; (相場の) m. debilitamiento. ▶軟化症《専門語》f. malacia. ▶軟化する(態度が) v. ablandarse, suavizarse*, 《フォーマル》conciliarse; (相場が) v. debilitarse. ♦私に対する彼女の態度が軟化し始めた Su actitud hacia mí empezó a suavizarse [ser más conciliadora].

なんが 南画 f. escuela sureña [del Sur] de pintura china.

なんかい 難解 ♦この本はとても難解だ Este libro es「muy difícil de entender [《フォーマル》de muy difícil comprensión].

なんかい 何回 (回数を尋ねて) interrog. cuántas veces, (何度も) adv. muchas veces, repetidamente, 《フォーマル》reiteradamente, una y otra vez, 《口語》mucho. 会話 何回そこへ行きましたか—11[23]回行きました ¿Cuántas veces ha estado usted allí? – He estado ¹una vez [²tres veces]. ♦京都へ何回も行ったことがあります He estado muchas veces en Kioto. ♦彼には「muy a menudo [mucho] Kioto. 会話 彼には何回か頼んだわよ—何回? Se lo he pedido muchas veces – ¿Cuántas veces? ♦何回もやってみたが, 彼はスペイン語の合格点が取れなかった Lo intentó「una y otra vez [muchas veces, 《フォーマル》reiteradamente], pero siempre suspendía en español. ♦彼は注意を引こうとして何回も大声で呼んだ Llamó repetidamente [una y otra vez] intentando atraer la atención.

なんかん 難関 (困難なこと) f. dificultad; (乗り越えるべき障壁) m. obstáculo, 《比喩的に》m. escollo. ▶難関にぶつかる v. encontrarse* con dificultades. ▶入試の難関を突破する v. superar la dificultad del examen de ingreso. ♦彼は入試で競争率が10倍の難関に挑んだ Tomó un examen de ingreso sumamente competitivo en el cual sólo aprueba uno de cada diez.

なんぎ 難儀 (困難) f. dificultad; (苦労, 面倒) m. problema; (苦難) fpl. penalidades, fpl. dificultades. → 苦労, 苦しみ. ▶難儀な (=困難な)仕事 m. trabajo difícil [《フォーマル》dificultoso, laborioso, molesto]. ▶難儀する v. pasar [tener*] dificultades 《para》▶困る, (つらい目にあう) v.「pasarlo mal [tener* proble-

---

なんじ 1057

mas] 《+現在分詞》, tener* una experiencia amarga;(患っている) v. padecer* 《de》.

なんきゅう 軟球 f. pelota「de goma [blanda].

なんぎょうくぎょう 難行苦行 ▶難行苦行の末 (=とても苦労して)その計画を達成する v. llevar a cabo el plan「con mucha dificultad [con grandes dificultades, 《フォーマル》《強調して》en medio de enormes dificultades]. → たくさん.

なんきょく 難局 (困難な状況) m. apuro, f. situación difícil; (困難) f. dificultad; (危機) f. crisis. ▶難局に立つ v. estar* en una situación apurada [muy difícil], encontrarse* en apuros. ▶難局に¹直面している [²当たる] v. ¹pasar un apuro [²enfrentarse a una situación difícil]. ▶その難局を乗り切る v. superar [vencer*] la dificultad [crisis].

なんきょく 南極 m. Polo Sur [Antártico]. → 北極. ▶南極の adj. antártico. ▶南極大陸 f. Antártida, m. Continente Antártico. ▶南極点 m. polo sur geográfico.

なんきん 軟禁 (非公式の監禁) f. reclusión informal; (自宅的に) m. arresto domiciliario. ♦彼は自宅に軟禁されている Está bajo arresto domiciliario.

ナンキン 南京 《ピンイン》Nanjing → ナンチン. ▶南京錠 m. candado. ▶南京虫 m. chinche.

なんくせ 難癖 ♦彼女はいつも夫に難癖をつけている Siempre está criticando [poniendo tachas] a su marido, 《口語》Siempre está metiéndose con su marido.

なんこう 軟膏 f. pomada, m. ungüento; (筋肉痛などに用いる) m. linimento. ▶傷口に軟膏を塗る v. aplicarse* una pomada sobre la herida.

なんこう 難航 ❶【荒天の中の航海】m. viaje azaroso [difícil]. ❷【交渉などがはかどらないこと】▶難航する (=遅く進む) v. avanzar* lentamente, progresar lentamente. ♦和平交渉は難航している Las negociaciones de paz avanzan despacio. / El progreso es lento en las negociaciones de paz. / (きびしい進行状況だ)Las negociaciones de paz se enfrentan con una situación difícil. / (行き詰まっている)Las negociaciones de paz continúan estancadas.

なんこうがい 軟口蓋 《専門語》m. paladar blando.

なんこつ 軟骨 《専門語》m. cartílago, 《口語》f. ternilla. ▶軟骨形成不全《専門語》f. acondroplasia. ▶軟骨石灰化《専門語》f. condrocalcinosis. ▶軟骨軟化症《専門語》f. condromalacia. ▶軟骨発育不全《専門語》f. condrodistrofia. ▶軟骨無発生症《専門語》f. acondrogénesis.

なんざん 難産 《専門語》f. distocia; (難しいお産) m. parto difícil. ♦彼女は難産だった Tuvo un parto difícil. ♦この辞書の編纂(え)はなかなかの難産だった Tuvimos muchas dificultades compilando este diccionario.

*****なんじ** 何時 interrog. qué hora; (いつ) interrog. cuándo. 会話 今何時ですか―11[22]時です。¿Qué hora es? [[メキシコ]¿Qué horas son? / ¿Tienes la hora?] - Tengo ¹la una [²las dos]. / ¿Me dices la hora, por favor? - ¹Es la una [²Son las dos]. ◆何時に学校へ行きますか ¿A qué hora vas a la escuela? ◆何時に出発したらよいか教えてください Dígame, por favor, a qué hora se sale. ◆何時までにレポートを提出しなければいけませんか ¿Hasta qué hora se pueden entregar los informes [trabajos de clase]? ◆何時の航空便にしましょうか ¿Qué [[ラ米]¿Cuál] vuelo tomamos? 会話 (閉店時間を気にして)何時まで開いてるかしら―そうね、8時までだと思うわ ¿Sabe usted hasta qué hora está abierto? - Creo que hasta las ocho. 会話 開ս時間は何時から何時までですか―9時から5時です―一週末も同じですか―まったく同じです ¿A qué hora abren? - Abrimos de nueve (de la mañana) a cinco (de la tarde). - ¿Y los fines de semana? - Los fines de semana tenemos el mismo horario.

なんしき 軟式 ◆軟式テニス m. tenis de pelota blanda. ◆軟式野球 m. béisbol de pelota de goma. → 硬式.

なんじゃく 軟弱 ◆軟弱な adj. débil; (柔らかい) adj. blando; (《めめしい》《口語》) adj. blandengue, afeminado, 《俗語》amaricado. ◆軟弱な性格 m. carácter débil. ◆軟弱な地盤 m. terreno blando [poco firme]. ◆軟弱外交 f. diplomacia pusilánime [conciliadora].

なんしょ 難所 (危険な場所 [2峠]) ¹m. punto [² m. paso] peligroso. ◆この山の最大の難所 m. sitio más difícil de esta montaña. ◆工事は難所(=難しい段階)にかかっている Las obras están llegando a su fase「más difícil [de mayor dificultad].

なんしょう 南昌 →ナンチャン

なんしょく 難色 ◆その計画に難色を示す(=認めない) v. 「desaprobar* el [oponerse* al] plan. ◆彼はわれわれの申し出の受け入れに難色を示した Estaba poco dispuesto a aceptar nuestra oferta.

なんすい 軟水 f. agua delgada [blanda]. ◆硬水を軟水にする v. ablandar [descalcificar*] el agua gorda.

なんせい 南西 m. suroeste, 《略》SO. → 東, 北西.

なんせいげかん 軟性下疳 《専門語》m. chancroide.

ナンセンス m. disparate, 《口語》f. tonterías. ◆彼の提案はまったくナンセンスに思える Su propuesta parece「un perfecto disparate [un completo absurdo, 《口語》una perfecta tontería].

なんぞくしゅ 軟属腫 ◆伝染性軟属腫 《専門語》 m. molusco contagioso.

なんだ 何だ ◆(驚き・失望など) interj. ah, oh, vaya, caramba, hombre, 《俗語》joder. ◆(気にしない) ¿y qué?; bueno, ¿y qué pasa, 《俗語》qué cojones. ◆何だ、健二、お前か ¡Hombre! [¡Caramba! / ¡Vaya!] ¡Si eres tú, Kenji! ◆雨ぐらい何だ ¿Y qué pasa porque llueva? / La lluvia, ¿y qué? ◆何だ、どうした(=何が起こったのだ) ¡Vaya! ¿Qué ha ocurrido? ◆何だと、もう一度言ってみろ ¿Cómo?, ¿Qué? → 何と.

なんだい 難題 (難問) m. problema difícil. ◆難題(=不当な要求)をふっかける v. hacer* una petición imposible [irrazonable], pedir* demasiado.

なんたいどうぶつ 軟体動物 m. molusco.

なんだか 何だか ❶【何であるか】【疑問】 pron. qué. ◆それが何だかわからない No sé qué es. ❷【どういうわけか】 adv. por 「alguna razón [algo], por no sé qué motivo. / (理由はわからないが) No sé por qué, pero... ◆何だかその考えは気にいらない No sé por qué motivo, pero la idea no me atrae. ◆何だかエンジンが変だ(=エンジンに異常なところがある) Hay algo que va mal con el motor. / Algo funciona mal en el motor. ◆何だかすごくうれしそうですね No sé qué será pero「te veo [se te ve] muy feliz.

なんだって 何だって ¿Qué?, ¿Que qué? → なぜ.

なんたん 南端 m. extremo sur.

なんちゃくりく 軟着陸 m. aterrizaje suave. ◆軟着陸する v. hacer* [《フォーマル》realizar*] un aterrizaje suave 《en, sobre》.

ナンチャン 南昌 《ピンイン》Nanchang (☆中国の都市).

なんちょう 難聴 ◆あの子は難聴だ Ese niño「oye mal [《フォーマル》tiene problemas de audición, es duro de oído].

ナンチン 南京 Nankín, 《ピンイン》Nanjing (☆中国の都市).

-なんて ◆彼が死んだなんて信じられない「Es increíble [No puedo creer] que haya muerto. ◆そんなことをするなんて彼は何てばかなんでしょう ¡Qué tonto es por atreverse a hacerlo! ◆一日中一人で家にいるなんて退屈ったらありゃしない ¡Es tan aburrido pasarse todo el día solo en casa! 会話 お久しぶりですね―しかもまあよりによってこんな所でお会いするなんて! ¡Hace siglos que no te veía! - ¡Imagínate, con lo grande que es el mundo, vernos aquí! [¡Verdaderamente el mundo es un pañuelo!] ◆まあすてき!ベッドで朝食なんて! ¡Estupendo! ¡El desayuno en la cama! ◆殺したのは実の父親だったんてね ¡Imagínate! Resulta que el asesino era el verdadero padre de la víctima. 会話 さっきから君たち何を言い合っていたの―何も言い合いなんてしていないわ ¿Sobre qué han estado discutiendo todo este rato? - ¡Pero si no hemos discutido!

なんで 何で interrog. por qué. → なぜ.

＊なんでも 何でも ❶【どれでも】 f. cualquier cosa; (どれもみな) pron. todo; (...は何でも) pron. todo lo que. ◆知っていることは何でも話します Te diré todo lo que sé. ◆いさかいかとなれば何でもありだ En caso de pelea, vale todo. ◆彼は野球のことなら何でも知っている Sabe todo de béisbol. / Tiene un conocimiento total sobre béisbol. ◆音楽なら何でも関心があります Estoy interesado en cualquier tipo de música. / Me interesa cualquier [todo tipo de] música. 会話 ど

んな映画が好きなの─何でもいい，だけど特に西部劇が好きです ¿Qué cine [tipo de películas] te gusta? – Cualquiera, pero especialmente las películas del oeste. ❷【どうやら】(…と聞いている) dicen que…, se dice que…, se comenta que…, he oído que…,《口語》al parecer…. ♦でも彼は近く結婚するそうだ Dicen [Se dice] que va a casarse pronto.
❸【何でもない】(とるに足りないこと) pron. nada, no… nada; (苦にしない) v. no tener* ninguna importancia; no ser* nada difícil, ser*《口語》facilísimo [muy fácil,《口語》cosa de niños]. 会話 どうしたの─何でもないよ─でもないようには見えないけど ¿Qué pasa? – No es nada. – No me parece que sea nada. ♦あなたのに比べると私の苦労なんてありません Mi sufrimiento「no es nada [《口語》es cosa de niños] comparado con el suyo. ♦徹夜の仕事など何でもありません No es nada difícil [《口語》del otro mundo] estar toda la noche trabajando. 会話 でもどうやってそれをやってのけたんだい─何でもなかったさ，簡単だよ ¿Cómo te las arreglaste? – Pues, nada. Fue lo más fácil del mundo. 会話 また外出！ですまないね─かまわないよ．何でもないもの Siento hacerte salir otra vez. – No tiene ninguna importancia. No pasa nada.
【その他の表現】♦彼は何でも屋だ「Hace de [Vale para] todo.
なんてん 難点 (欠点) m. punto flaco; (難しい点) m. punto difícil, m. tendón de Aquiles.

なんと 何と interrog. cómo, qué, cuál, cuánto/ta. ♦この魚は何と言いますか ¿Cómo se llama este pez? / ¿Cuál es el nombre de este pez? ♦スペイン語で「さようなら」は何と言いますか Cómo se dice "sayonara" en español? / ¿Cuál es「la palabra española para decir [el equivalente español de] "sayonara"? 会話 どこにお住いなの─何と言ったの─お住いはどこかと言ったの ¿Dónde vives? –¿Cómo has dicho? [¿Perdón?] – "Que dónde vives [He dicho dónde vives]. ♦彼は何と足が速いんだろう ¡Qué corredor tan rápido! / ¡Cómo corre de rápido ese corredor! / ¡Cuánto corre ese corredor! ♦何と暑いこと ¡Qué [¡Cuánto] calor (hace)! / ¡Vaya calor (que hace)! /《メキシコ》¡Híjole qué calor! ♦何と多くの人だ ¡Cuánta gente! / ¡Qué cantidad [montón] de gente! ♦そんなことをするなんて彼は何とばか者だ ¡Qué tonto/ta es por hacer una cosa así! ♦何と大きくなっただろう ¡Pues sí que ha crecido! / ¡Vaya si ha crecido!
【その他の表現】♦何と言っても彼は君の弟なのだから「Al fin y al cabo [Después de todo], es tu hermano. ♦何ということを言うの No deberías decir eso. / ¿Cómo puedes decir eso?
なんど 何度 ❶【回数】(何回) interrog. cuántas veces,《フォーマル》en cuántas ocasiones, con qué frecuencia. ♦何度スペインへ行きましたか─3度です ¿Cuántas veces ha estado en España? – Tres veces. ♦何度言えば分かる

なんとかして 1059

んだ ¿Cuántas veces tengo que decírtelo? ❷【幾度もくり返して】adv. muchas veces, una y otra vez, repetidamente,《フォーマル》reiteradamente; (しばしば) adv. con frecuencia, frecuentemente, a menudo. ♦何度も失敗した後 adv. después de repetidos fracasos. ♦私は彼に何度もそこへ行かないように頼んだ Le solicité「una y otra vez [repetidas veces,《フォーマル》reiteradamente] que no fuera allí. ♦私は京都に何度も行きました Visitaba Kioto「con mucha frecuencia [muy frecuentemente]. / Muchas veces iba a Kioto. ♦彼には何度か会ったことがある Le he visto varias veces.
❸【度数】 会話 この角は何度ですか─30度です ¿Cuántos grados tiene este ángulo? – Tiene 30 grados. ♦寒暖計は何度ですか ¿Qué temperatura marca [¿Cuántos grados hay en] el termómetro? ♦ブエノスアイレスの緯度は何度ですか ¿Qué latitud tiene [¿Cuál es la latitud de] Buenos Aires?
なんど 納戸 (物置) m. trastero, m. almacén; (衣類・道具類などを入れておく) m. ropero, m. armario.
なんとう 南東 m. sureste, m. sudeste,【略】SE. → 東, 北西.

*なんとか 何とか ❶【…する】v. arreglárselas [apañárselas]《para ＋ 不定詞》; (どうにかして) adv. de algún modo u otro, de una manera u otra, de una forma u otra, mal que bien, bien que mal. → mal, bien. ♦私は何とか車の運転試験に合格した「Me las arreglé para aprobar [De una forma u otra aprobé] el examen de conducir. ♦出来る. ♦何とか正午までに戻って来ます「Me las arreglaré para estar de vuelta [De algún modo u otro volveré] antes de mediodía. ♦父の給料で何とかやっていますが，楽ではありません Nos las arreglamos con el sueldo de nuestro padre, pero no es fácil. ♦1万円なら何とかならないだろうか Necesito diez mil yenes. ¿Me los puedes prestar [¿No podrás prestármelos]? 会話 この箱は重いや─一人で何とかできる？ Esta caja es pesada. ¿Te las puedes arreglar solo [sin ayuda]? 会話 火曜日何とか都合つけてもらえないかな─悪いなあ，火曜日はだめなんだよ．その日は人と会う約束があるんだ ¿Sería posible que fuera el martes? [¿Podría ser el martes de alguna forma?] – Imposible. El martes no puedo. Ese día he quedado con alguien. ♦愛情があれば何とかなる El amor se sale con la suya.
❷【…なにがし】pron. algo, adv.《口語》como sea; (何とか言う人) m. fulano, fulanito,《口語》como se llame. ♦何とかいう老人と話をする v. hablar con《口語》un fulano viejo [《フォーマル》ese señor mayor como se llame]. ♦彼の名前は山田何とかです Se llama Yamada no sé qué.
なんとかして 何とかして (何らかの方法で) adv. de un modo u otro; a cualquier precio, sea como sea; arreglárselas para《＋不定詞》. ♦

何とかして 8 時までにそこへ参ります Estaré allí antes de las ocho de una forma u otra. / (どうにかして)Me las arreglaré para estar allí antes de las ocho. ◆何とかして(=何らかの方法で)それを月曜日までに仕上げなくてはならない De un modo u otro tengo que terminarlo para el lunes. ◆何とかして留学したい Quiero estudiar en el extranjero「a cualquier precio [de uno u otro modo]. ◆(熱望している)Deseo vivamente estudiar「en el exterior [fuera del país].

なんとかする 何とかする (どうにかやってゆく) v. arregláselas 《para + 不定詞》; (引き受ける) v. ocuparse 《de》, atender 《a》; (何か手を打つ)v. intentar [hacer*] algo. ◆援助なしで何とかする v. arreglárselas sin ayuda. ◆その件は私が何とかしましょう Me ocuparé del asunto. ◆(私に任せておけ)Déjamelo a mí. / Yo me encargo del asunto. ◆あなたちょっと太りすぎよ.何とかしたら Pesas un poquito demasiado. ¿Por qué no haces algo?

なんとしても 何としても (いくら犠牲を払っても) adv. a toda costa, cueste lo que cueste, a cualquier precio; (何があっても) adv. pase lo que pase. ◆何としても彼を手に入れなければならない Tengo que conseguirlo「como sea [a toda costa]. ◆私は何としてもそこへ行きます Iré allí「sea como sea [de una manera u otra]. ◆何としても彼にうんと言わせるわ Voy a convencerlo[le]「a toda costa [cueste lo que cueste, sea como sea].

なんとなく 何となく (どういうわけか) adv. de algún modo, de alguna manera; (漠然と) adv. curiosamente, sin razón especial, sin saber bien por qué. ◆何となく泣きたい気持ちになった Sin saber por qué, quería llorar. ◆みんな何となくあなたが好きなのよ A todo el mundo curiosamente le caes bien. ◆そのことを何となく覚えている Tengo un vago recuerdo de eso. ◆何となくあとをつけられているような感じがする No sé pero tengo la sensación de que me están siguiendo. ◆あの男は何となく(=どこか)変わったところがある Tiene un aire extraño. / De algún modo hay algo raro en él.

なんとなれば conj. porque. → なぜなら(ば).

なんとはなし 何とはなし adv. de algún modo. → 何となく.

なんとも 何とも ❶【強調】(とても) adv. muy, muchísimo; sumamente. ◆何とも美しい花 fpl. flores muy hermosas. ◆何とも申し訳ありません Lo siento muchísimo. ◆何とも難しい状況だなあ La situación es sumamente [de lo más] difícil.

❷【否定】

1《何とも...ない》→何でもない. ◆私は転んだけれど何ともない(=だいじょうぶだ) Me he caído, pero「estoy bien [no ha pasado nada]. ◆彼は一晩に 10 万円遣うのを何とも思っていない Para él no「es nada [tiene ninguna importancia] gastarse en una noche cien mil yenes.

2《何ともできない》◆それは何ともできない No me las puedo arreglar. / No puedo hacer nada. ◆ちょっと何とも約束できないよ Me temo que no te puedo prometer nada.

3《何とも言えない》◆あすそこへ行けるかどうか何とも言えない(=分からない) No「estoy del todo seguro [sé muy bien] si podré ir mañana allí. ◆今のところ何とも言えない En este momento no se puede decir nada. ◆だれが優勝するかだれも何とも言えない Nadie puede decir quién va a ganar el campeonato. / ¿Quién sabe el que ganará el campeonato?

なんなら 何なら (それでは) adv. pues, entonces; (よかったら) adv. si quieres, si te gusta; (いやでなければ) adv. si no te importa; (できれば) adv. 「si es [de ser] posible; (必要なら) adv. si es necesario [preciso]. ◆何ならそれはよしなさい Pues [Entonces], no lo hagas. ◆何なら、来てください Si no te importa, ven, por favor. / Ven, por favor, si「es posible [puedes, te viene bien]. ◆何ならその会に彼を出席させなさい Déjalo[le] ir a la reunión si es necesario.

なんにも 何にも →何も. ◆君が来ても何にもならない(=役に立たない)「No sirve de nada [Es inútil] que vengas. ◆私たちの努力は結局何にもならなかった Nuestros esfuerzos「no sirvieron de nada [resultaron infructuosos, fueron inútiles].

ナンニン 南寧 (ピンイン)Nanning (☆中国の都市).

なんねい 南寧 →ナンニン.

なんの 何の ❶【疑問】interrog. qué; cómo, para [de, en] qué; (どんな種類の) interrog. qué clase de.... ◆これは何の花ですか ¿Qué flor es ésta? / (名前は何ですか)¿Cómo se llama esta flor? ◆これは何の薬ですか ¿Para qué sirve [¿Qué utilidad tiene] este medicamento? / ¿Qué medicina es ésta? ◆何の(=何について)話をしているのですか ¿De qué estás hablando? ◆何のご用ですか(店員などが客に) (フォーマル)¿En qué le puedo ayudar? ◆何のためにそうしたのですか ¿Por [¿Para] qué hiciste eso?

❷【否定文で】(どんな...も) adj. ningún; (まったく) adv. en nada, de ningún modo, totalmente, del todo, por entero; (少しも) adv. en absoluto, nada (de nada), en lo más mínimo. ◆何の苦労もなく育つ v. crecer* [criarse*] sin ninguna dificultad. ◆何のお手伝いもできませすみません Lo siento, pero no puedo ayudarlo[le, la] en nada. / Siento mucho no haberlo[le, la] podido ayudar. ◆彼は音楽には何の興味もない No está「en absoluto [nada] interesado en la música. (会話) 何か変な音聞こえなかった—全然何の音もしなかったよ ¿No oyeron ruido extraño? — Nadie oyó「nada de nada [el más mínimo ruido]. ◆彼に援助をしても何の役にも立たない「No sirve de nada [Es totalmente inútil] ofrecerle ayuda. ◆友子からはまだ何の音沙汰(ぎた)もない Ni「una sola [la más mínima] palabra de Tomoko todavía. ◆寒さなんて何のその(=平気だ) No me importa [en absoluto [lo más mínimo] el frío. ◆彼は何の役にも立たない No vale absolutamente

para nada. / Es un perfecto inútil.
《その他の表現》♦寒かったの何のって Hacía un frío increíble. ➾どういう, どの
なんのかの 何の彼の(と)(あれやこれやで) *pron*. esto y lo otro, *f*. una cosa u otra. ♦何のかのと言って仕事を怠ける *v*. eludir el trabajo por una u otra excusa. ♦何のかのと文句を言う *v*. quejarse de esto y lo otro.
なんぱ 難破 *m*. naufragio. ♦難破船 *m*. barco naufragado. ♦[1]われわれの船 [2]われわれは四国沖で難破した [1]Nuestro barco naufragó [2]Naufragamos a poca distancia de la costa de Shikoku.
なんぱ 軟派(男)《英語》*m*. "playboy", *m*. chico mujeriego; (女)《英語》*f*. "playgirl", *f*. chica ligera. ♦軟派する(異性をひっかける) *v*. conquistar [《口語》ligar*] (a una chica, a un chico); (異性と遊び回る) *v*. flirtear.
ナンバー *m*. número → 番号; (自動車の) *m*. número de matrícula [《メキシコ》placa]. ♦ナンバープレート【スペイン】*f*. matrícula, 【メキシコ】*f*. placa. ♦大阪ナンバーの車 *m*. automóvil con matrícula de Osaka. ♦チームでナンバーワンの選手 *m*. jugador estrella del equipo. ♦雑誌のバックナンバー *m*. número atrasado de una revista. ♦あなたの車のナンバーは? ¿Cuál es su número de matrícula?

地域差	ナンバープレート(自動車の)
[全般的に]	*f*. placa
[スペイン]	*f*. matrícula
[キューバ]	*f*. chapa, *f*. matrícula
[ペルー]	*f*. matrícula
[アルゼンチン]	*f*. chapa, *m*. patente

なんぴ[び]と 何人 →何人(^{なん}).
なんびょう 難病(難しい病気) *f*. enfermedad grave [de difícil curación]; (治すことのできない病気) *f*. enfermedad [*m*. mal] incurable. ♦難病にかかる *v*.「caer* víctima de [《フォーマル》contraer*] una enfermedad incurable. ♦難病を克服する *v*.「recuperarse de [superar] una enfermedad grave.
なんぴょうよう 南氷洋 *m*. Océano Antártico.
なんぶ 南部 *m*. sur, *m*. mediodía; (南の地方) *f*. región del sur, *f*. zona meridional [sureña]. ♦一家は東京の南部に住んでいる La familia vive en el sur [la zona sur] de Tokio.
なんべい 南米 América del Sur, Sudamérica. → 南アメリカ. ♦南米の(人) *adj*. / *mf*. sudamerican*o/na*.
なんぽう 南方 *m*. sur. ♦南方の *adj*. sureño, 《フォーマル》meridional, del sur. ♦南方に行く *v*. ir* al sur. ♦インドの南方にある島 *f*. isla al sur de la India. → 北方.
なんぼく 南北 *m*. norte y *m*. sur. ♦南北戦争(アメリカの) *f*. Guerra de Secesión (de Estados Unidos). ♦幹線道路が南北に走っている La autopista va de norte a sur.
なんまくえん 軟膜炎《専門語》*f*. leptomeningitis.
なんみん 難民 *mf*. refugiad*o/da*. ♦海上難民 *mpl*. refugiados del mar. ♦難民キャンプ *m*. campo de refugiados.
なんもん 難問 *f*. cuestión [*m*. asunto] difícil, *m*. problema complicado [espinoso],《口語》*m*. problemón. ♦難問に取り組む *v*. tratar una difícil cuestión. ♦難問を出す *v*. plantear (a + 人) una difícil cuestión.
なんら 何ら(何も…でない) *adv*. no…nada; (少しも…でない) *adv*. en absoluto, nada de nada. ♦君はそのことについて何ら心配する必要はない No tienes que preocuparte de nada de eso.

に

***に** 二 *num*. dos; (2番目の) *adj*. segundo.
に 荷 (積み荷) *f*. carga; (大量の) *m*. cargamento; (飛行機・船の) *m*. flete. ♦[1]軽い [2]重い荷 *f*. carga [1]ligera [2]pesada]. ♦10トンの荷 *m*. cargamento de diez toneladas, diez toneladas de carga. ♦船荷 *m*. flete [*m*. cargamento] marítimo. ♦荷主 *mf*. consignad*or/dora*, *mf*. expedid*or/dora*. ♦本の荷を解く *v*. desempaquetar los libros. ♦荷を積む *v*. cargar(*). ♦船に荷を積む *v*. cargar* un barco. ♦肩に重い荷をかつぐ *v*. llevar una pesada carga sobre los hombros. ♦そのトラックは荷を満載していた El camión「iba completamente cargado [estaba lleno] de cargamento.
《その他の表現》♦この仕事は彼には荷が重すぎる Este trabajo「no es de su competencia [supera su capacidad]. ♦これで肩の荷が降りた ¡Qué alivio haberme quitado esa carga!

***-に** ❶【場所】*prep*. en; a, junto a. → **-で**. ♦ようやく[1]成田空港 [2]東京に着いた Por fin llegamos [1]al Aeropuerto de Narita [2]a Tokio. ♦彼はアルカラ通り80番地に住んでいる Vive en el número 80 de la calle Alcalá. ♦彼女は空き地に駐車した Aparcó el coche en un espacio libre. ♦一人の少女が戸口に立っていた Había una chica a [en] la puerta. ♦街には人がたくさん出ていた Había mucha gente en la calle. ♦[1]天井 [2]壁にハエがとまっていた Hay una mosca en [1]el techo [2]la pared]. ♦その南米の国に金がたくさん埋蔵されている En ese país sudamericano hay una gran cantidad de oro. ♦彼は川に飛び込んだ Se tiró [lanzó] al río. ♦彼女の髪が私の顔にかかった Su cabello me daba en la cara.
❷【方向】*prep*. a, hacia, en dirección a, rumbo a. → **-へ**. ♦ドアの方に歩いて行く *v*. caminar hacia la puerta. ♦次の角を右に曲がりな

さい Gire [Doble, Tuerza] a la derecha en la primera esquina. ♦少年が犬に石を投げていた Había un muchacho arrojando piedras al perro. ♦一行は関空をたってロンドンに向かった El grupo salió del Aeropuerto de Kansai a [en dirección a, rumbo a] Londres.
❸【時間】(1)【時間】*prep.* a, en, por. →—で, —から. ♦7時に朝食をとった Desayuné a las siete. ♦彼は昭和34年1月15日に生まれた Nació el 15 de enero de 1959. → 平成. ♦5月5日の朝に彼と会う予定だ Le veré el 5 de mayo por [en] la mañana. / Le veré la mañana del 5 de mayo. ♦次の月曜日に本をお返しします Te devolveré el libro el lunes próximo. ♦彼は1980年の6月 [2春] にローマへ行った Fue a Roma en ¹junio [²la primavera] de 1980. ♦多くの大事業が21世紀に完成されるであろう En el siglo XXI se llevarán a cabo grandes proyectos.
(2)【期間】*prep.* en, durante, 《強調して》en el transcurso de. →間(あいだ). ♦夏休みに北海道へ行った Fui a Hokkaido en [durante] las vacaciones de verano. ♦過去3年間に10回彼と会った Le vi diez veces en [durante] los últimos tres años.
❹【目的】*prep.* a (＋不定詞); para, por. →ため. ♦彼は川へ泳ぎに行った Se fue al río a nadar. / Fue a nadar al río. ♦子供のころよく忘れ物を取りに帰ったものだ De niño muchas veces tenía que volver a casa「por mis cosas [porque me olvidada de mis cosas]. ♦そんなものに千円も出したくない No voy a pagar mil yenes por eso.
❺【動作の対象】*prep.* a, para. ♦世論に訴える v. apelar a la opinión pública. ♦君に手紙がきているよ Hay una carta para ti. / Tienes una carta. ♦この花を君にあげよう Esta flor es para ti. / Te doy esta flor. ♦彼は娘に新しい洋服を作ってやった Le hizo a su hija un vestido nuevo. ♦京都に住んでいるめいにプレゼントを買ってきた Le compré un regalo a mi sobrina que vive en Kioto. ♦彼は級友によくいじめられた Era frecuentemente intimidado [hostigado] por sus compañeros. / Sus compañeros lo[le] intimidaban [hostigaban] con frecuencia. ♦老人に昔話を聞くのが好きだ Me gusta oír las antiguas historias que cuentan los viejos.
❻【原因】*prep.* de. ♦彼は今でもリューマチに苦しんでいる Todavía sufre [padece] de reuma. ♦かわいそうに少年たちは恐ろしさに震えていた Los pobres niños temblaban de miedo. ♦彼女はあまりのうれしさに泣き出した Estaba tan feliz que se puso a llorar. / Se echó a llorar de alegría.
❼【変化の結果】*prep.* en; a. ♦水が氷に変わる El agua se transforma en hielo. ♦豆をひいて粉にする Las alubias se muelen en harina. ♦信号が黄から赤に変わった El semáforo ha cambiado de amarillo a rojo.
❽【割合】*prep.* en, a; *adj.* cada. ♦彼は月に1, 2度私に会いに来る Viene a verme una o dos veces al mes. ♦彼は三日に1度しかふろに入らない Sólo se baña una vez cada tres días. ♦男子4人に女子3人の割で進学した A la universidad van tres chicas por cada cuatro chicos. ♦毎朝10人に一人の生徒が遅刻する Un alumno de cada diez llega con retraso por la mañana.

にあい 似合い ♦あの夫婦は似合いのカップルだ Forman [Hacen, Son] una pareja bien avenida. ♦彼らは似合いの夫婦になるだろう Harán una buena pareja.

・にあう 似合う ❶《服装などが》*v.* ir*, sentar*, quedar, parecer*, combinar, hacer* juego, ir* bien, 《フォーマル》armonizar*. → 合う. ♦その青いドレスはあなたにとてもよく似合っている Ese vestido azul te va [sienta, queda] muy bien. /《ラ米》Te ves muy bien con ese vestido azul. ♦彼女には長い髪が一番似合う Le queda [sienta] mejor el pelo largo. / Con el pelo largo está [se ve] mejor. ♦このセーターに似合うスカーフを探しているのです Busco una bufanda que combine [vaya bien] con este suéter. ♦彼女の短いドレスが長い脚によく似合っていた Su vestido corto le quedaba muy bien en sus piernas largas.
❷【行動など】♦君に似合わないことをする Es impropio de ti hacer eso. ♦彼は年に似合わず (＝割りには)よく働く Trabaja mucho para su edad. ─調和する, 釣り合う.

ニアミス *f.* casi una colisión, *m.* cuasi accidente, 《英語》《専門語》*m.* "near miss" (☆発音は [njamís]).

にい 二位 *m.* segundo puesto [lugar], *f.* segunda posición. ♦《競技などで》2位の1人 [²チーム] ¹ *mf.* segund*o/a* [² *m.* equipo segundo]. ♦競走で2位になる *v.* ser* [acabar, llegar*] segund*o* en la carrera. ♦彼は弁論大会で2位になった Ganó el segundo premio del concurso de oratoria. ♦彼はクラスで2位を占めている Es la segunda de la clase.

にいさん 兄さん *m.* hermano mayor. → 兄.

ニース Niza (☆フランスの都市).

ニーズ *mpl.* requisitos, *fpl.* necesidades. ♦ニーズを満たす *v.* satisfacer* los requisitos.

にいんせいど 二院制度 *m.* sistema bicameral, 《専門語》*m.* bicameralismo.

にえきらない 煮え切らない 《優柔不断な》*adj.* indeciso; 《どっちつかずの》*adj.* evasivo, que no compromete nada. ♦煮え切らないやつ *m.* (hombre) indeciso. ♦政府の煮え切らない (＝不確かな)態度 *f.* indecisa posición [*f.* postura ambigua] del gobierno 《acerca de》.

にえくりかえる 煮え繰り返る 《湯などが》*v.* hervir* a borbotones; 《怒りで》*v.* estar* muy furios*o*, 《強調して》hervir* de cólera. → 腹わた.

にえたぎる 煮えたぎる ♦煮えたぎっている *v.* estar* en plena ebullición.

にえゆ 煮え湯 *f.* agua hirviendo. ♦煮え湯を飲まされる (＝裏切られてひどい目にあう) *v.* ser* traicion*ado* miserablemente.

にえる 煮える 《液状の物が》*v.* hervir*; 《固形の物が》*v.* cocerse*. ♦「豆 [²やかんの湯]が煮えている ¹Las alubias se están cociendo. [²El agua de la tetera está hirviendo].

***におい 匂(臭)い** m. aroma, 《フォーマル》f. fragancia, 《香水》perfume; (悪臭) m. mal olor, 《フォーマル》m. hedor. ▶いい [²悪い; ³強い]におい m. ¹buen [²mal, ³fuerte] olor. ▶料理のにおい m. olor de [a] comida. ▶バラのかすかなにおい f.「suave fragancia [m. delicado perfume] de las rosas. ▶腐った肉のいやなにおい m. mal olor [m. hedor] de la carne podrida. ▶いいにおいのユリ m. lirio fragante [aromático]. ▶スープのにおいをかぐ v. oler* la sopa.

── **匂(臭)いがする** (においを放つ) v. oler* 《a》; (悪臭を放つ) v. oler* mal, dar* [tener*] mal olor, 《フォーマル》heder*, 《強調して》apestar 《a》. → 匂[臭]う. 《会話》腐った卵はどんなにおいがしましたか―ひどいにおいがした ¿Cómo olían [¿Qué olor daban] los huevos podridos? – Olían muy mal. [Hedían.] ♦部屋に薬のにおいがぶんぷんしている Huele mucho a medicina en la sala. / Hay un fuerte olor a medicinas en la sala. 《会話》それはどんなにおいがしますか―生ごみのようなにおいです ¿A qué huele? – Huele a basura. ♦台所でガスの[²何かが焦げる]においがした En la cocina olía a ¹gas [²quemado]. ♦この事件には犯罪のにおいがする Este caso me huele a delito. / Hay cierto olor a delito en este caso.

*・**におう 匂(臭)う** v. oler*, dar* [despedir*, 《フォーマル》exhalar] olor → 匂[臭]い; (ひどく) v. 《フォーマル》heder*, 《口語》apestar; (においを感じる) v. (poder*) oler*. ▶この肉がにおい始めた La carne empezó a「dar olor [oler mal, apestar]. ♦何かにおわないか ¿No te da olor? / No te huele a nada?

におわす 匂わす ❶【においを発する】v. oler* 《a》, dar* [despedir*, 《フォーマル》exhalar] olor 《a》; (芳香で満たす) v. perfumar, aromatizar*. ▶彼はニンニクのにおいを匂わせていた Olía [Daba olor] a ajo.
❷【ほのめかす】v. insinuar*, dar* a entender*; (暗示する) v. sugerir*. ▶彼に対する疑いをそれとなく匂わす v. insinuar(se)* la sospecha contra él. ♦彼は辞職を匂わせた Insinuó su dimisión. / Dio a entender que dimitiría. ♦彼の口ぶりは何か不吉な事を匂わせていた Su tono insinuaba algún mal presagio.

*・**にかい 二階** el primer piso, la primera planta. ▶2階建ての家 f. casa de dos pisos. ▶2階の部屋 f. habitación [m. cuarto] de arriba. ▶2階に上がる v. subir, ir* arriba. ▶2階から降りる v. bajar, ir* abajo. ▶2階建てバス m. autobús de dos pisos. ♦彼の事務所はそのビルの2階にあります Su oficina está en el primer piso del edificio. → 地下. ♦彼は2階にいます Está arriba [en el piso de arriba].

にかい 二回 fpl. dos veces; m. doble; m. un par. → 二度. ▶1日に2回薬を飲む v. tomar la medicina dos veces al día. ♦そこへ2回はど行ったことがあります He estado allí un par de veces. ♦1,2回彼に会ったことがある Le he visto una o dos veces. ♦私が中国へ来たのはこれが2回目です Es la segunda vez que vengo a China. / Es mi segundo viaje a China.

*・**にがい 苦い** adj. amargo; (つらい) adj. duro, amargo; (気難しい) adj. agrio, desabrido, 《口語》avinagrado. ▶苦い茶 m. té amargo. ▶苦い経験をする v. tener* [pasar, sufrir] una amarga experiencia. ▶苦い顔をする v. poner* 「mala cara [el gesto agrio]. ♦良薬は口に苦し (言い回し) Las buenas medicinas saben amargas.

にがおえ 似顔絵 (肖像画) m. retrato. ▶似顔絵画家 mf. retratista. ▶似顔絵を描く v. retratar [hacer* el retrato 《de》].

にがす 逃がす ▶鳥を逃がす(自由にしてやる) v. liberar un pájaro; (放してやる) v. dejar libre a un pájaro. ♦みんな、あいつを追いかけろ。逃がすな ¡Todos a por él! Que no escape.

*・**にがつ 二月** m. febrero, 《略》feb.

にがて 苦手 ▶苦手な(不得手な) adj. débil [flojo]《en》; (困難な) adj. difícil, duro. ▶苦手な科目 m. punto flaco [débil]. ♦簿記は苦手だ No se me da bien la contabilidad. / La contabilidad es mi punto flaco. ♦悪いけどココアは苦手なんです (=嫌いです) Lo siento, pero no me va [gusta] el cacao. → 弱い. ♦彼女は金のやりくりは苦手だった No era buena administrando el dinero. / No se le daba bien administrar el dinero.

にがにがしい 苦々しい (いやな) adj. desagradable, fastidioso; (恥ずべき) adj. vergonzoso. ▶苦々しく adv. con desagrado, desagradablemente, con fastidio. ♦彼の態度は苦々しい限りだ Su actitud es desagradable. / (むかむかする) Me desagrada [fastidia] su actitud. / (俗語) Su actitud me jode.

にがみ 苦み (味の) m. amargor, 《比喩的に》f. amargura; (苦い味) m. sabor amargo.

にがむし 苦虫 ▶私に苦虫をかみつぶしたような顔をする v. ponerme「mala cara [mal gesto, 《口語》cara de vinagre, 《口語》cara de pocos amigos]; (しかめ面をする) v. mirarme con desagrado.

ニカラグア Nicaragua; (公式名) República de Nicaragua (☆中央アメリカ中央の国、首都マナグア Managua). ▶ニカラグア(人)の adj. nicaragüense.

にかわ 膠 f. cola. ▶にかわでつける v. pegar* con cola.

にがわらい 苦笑い f. sonrisa amarga. → 笑う. ▶苦笑いする v. sonreír* 「con amargura [amargamente].

にきび m. grano, 《口語》f. espinilla, 《専門語》m. acné. ▶にきびだらけの顔 f. cara con granos. ▶にきびをつぶす v. reventar* los granos. ▶顔中にきびだらけである v. tener* la cara llena de granos, 《専門語》tener* acné en la cara. ♦顔ににきびができた Me han salido granos en la cara.

地域差 にきび	
〔全般的に〕	m. grano
〔スペイン〕	f. espinilla
〔メキシコ〕	m. barro
〔コロンビア〕	m. barro, f. espinilla

にぎやか

〖ペルー〗 m. barrito

・**にぎやか 賑やか** ❶【人出が多く活気(のある)】adj. animado, alegre, bullicioso; (混み合った) adj. concurrido, lleno de gente. ♦にぎやかな通り f. calle animada. ♦街は観光客でにぎやかだった Las calles「rebosaban de [estaban animadas con] turistas. → 賑(ぎ)わう.
❷【繁盛する】adj. próspero, floreciente. ♦このあたりも昔はにぎやかだった Aquí [Este lugar por aquí] era próspero antes.
❸【陽気な】《フォーマル》adj. jovial; (快活な) adj. alegre, animado, divertido; (騒がしい) adj. bullicioso. ▶にぎやかな人 f. persona jovial. ▶にぎやかな宴会 f. fiesta animada. ▶小さな子供たちのにぎやかな笑い声が聞こえた Se oía la risa divertida [alegre] de los niños. / Podía oírse el bullicio de las alegres risas de los niños. ♦彼らはにぎやかに飲み食いしていた Comían y bebían alegremente [con mucha animación]. / Estaban animados comiendo y bebiendo.

にぎり 握り (取っ手) m. mango, f. asa → 取っ手; (ドアの) m. tirador, m. pomo; (剣の) f. empuñadura, m. puño. ♦握り飯 f. bola de arroz. ▶一握りの砂 m. puñado de arena.

にぎりこぶし 握りこぶし m. puño. ▶握りこぶしを作る v. apretar* los puños.

にぎりしめる 握り締める v. agarrar [asir*] con fuerza, 《フォーマル》empuñar; (ぎゅっと握る) v. apretar*; (こぶしを) v. apretar*. ▶ペンを握りしめる v. agarrar la pluma con fuerza, agarrarse a la pluma. ▶彼女の手をぎゅっと握りしめる v. agarrar su mano con fuerza, apretarle* a ella la mano. ▶こぶしを握りしめる v. apretar* el puño.

にぎりつぶす 握り潰す (手で) v. aplastar en la mano; (提案などを) v. aplastar, enterrar*; (法案などを否決する) v.「echar abajo [rechazar*] (una propuesta de ley). ▶われわれの要望を握りつぶす v. ignorar [no contestar] nuestra solicitud.

・**にぎる 握る** ❶【つかむ】(しっかりと) v. agarrar, (強調して) agarrarse 《a》, asir*, 《スペイン》coger*, 《フォーマル》empuñar, (強調して) aferrarse 《a》; (突然に力をいれて) v. agarrar, asir*; (ぐいとつかんで離さない) v. tener* firmemente agarrado, estrechar, apretar*; (手に持つ) v. tomar, 《スペイン》coger*. → 掴(⊃)む.
▶ロープを両手で握る v. agarrar una cuerda con las manos. ▶右手に傘を握る v. agarrar el paraguas con la mano derecha. ♦彼はこわがって私の手をぎゅっと握った Me agarró la mano de miedo. ♦彼女は私の両手をしっかり握って会えてよかったと言った Me tomó las manos y me dijo que se alegraba de verme. → 握り締める. ♦彼らは手を握り合ってベンチに座っていた Estaban sentados en un banco con las manos cogidas.
❷【支配する】v. dominar, controlar. → 牛耳る. ▶政権を握る v. tener* [controlar] el poder* político, estar* en el poder*.

【その他の表現】▶秘密を握っている[握る] v. saber* (su) secreto. ▶寿司を握る v. hacer* [preparar] "sushi". ♦私たちはその試合に手に汗を握った(=興奮した) Nos entusiasmamos con el partido.

にぎわい 賑わい (活気) m. bullicio, f. animación; (人出) f. concurrencia. → 賑わう. ♦にぎわいのある通り fpl. calles bulliciosas. ♦国際見本市は大変な[かなりの]にぎわいだった「Hubo una gran concurrencia en [Asistió mucho público a] la feria internacional de comercio.

にぎわう 賑わう ❶【人出が多い】v. estar* 「muy concurrido [con mucha gente]; (活気がある) v. estar* animado [activo]. ♦商店街は買い物客でにぎわっていた La calle comercial estaba muy concurrida de público. / (ごった返して)El barrio comercial era un hervidero de clientes. ♦町中がお祭り気分でにぎわっていた Toda la ciudad está「de fiesta [animada].
❷【繁盛する】v. prosperar, 《口語》ir* bien. ♦あの店はいつでもにぎわっている Esa tienda「está siempre próspera [va bien]. / (客で混雑している)Esa tienda está siempre llena de clientes.

・**にく 肉** ❶【人間・動物の】f. carne. ♦彼は、どちらかといえば、肉つきのいい方 Yo diría que más bien es entrado en carnes.
 1《〜肉》▶腹の肉 f. panza, 《口語》f. barriga, 〖スペイン〗《口語》mpl. michelines. ▶焼き肉店 f. casa [m. restaurante] de chuletas. / (彼は豚肉が大好きだ) Le gusta mucho la carne de cerdo [〖メキシコ〗puerco].
 2《肉+名詞》▶肉色(=肌色) m. color carne. ▶肉食動物 m. (animal) carnívoro.
 3《肉が》♦彼はうんと肉がついてきた(=体重が増えた) Ha engordado mucho. / Ha echado carnes. / (特にやせていた人が)Ha aumentado mucho de peso.
 4《肉の》▶肉のしまった男 m. hombre musculoso. ▶肉のない(=やせた)腕 m. brazo delgado.
 5《肉に》▶ひもが肉にくいこんだ La cuerda le apretaba mucho la carne.
❷【食用の】f. carne, 〖スペイン〗(幼児語) f. chicha.
 1《〜肉》▶鶏肉 (f. carne de) m. pollo. ▶牛肉 (f. carne de) m. res [f. vaca]. ▶魚肉 m. pescado. ▶羊肉 (f. carne de) m. cordero. ▶ひき肉 f. carne picada. ▶細切れの肉 mpl. pequeños trozos de carne.
 2《肉+名詞》▶肉牛 m. ganado vacuno para carne. ▶肉汁 f. salsa [m. jugo] de la carne. ▶肉屋(人) mf. carnicero/ra; (店) f. carnicería. ▶肉料理 m. plato de carne.
 3《肉は[が]》▶肉はどのように焼きましょうか ¿Cómo le gusta de hecha la carne? ♦この肉は¹堅い[²柔らかい] Esta carne está ¹dura [²tierna].
 4《肉を》▶肉をきつね色に焼く v. dorar la carne. ▶〜焼く v. asar. ▶肉を切る v. partir [cortar] la carne. ▶客に肉を切り分ける v. cortar [trinchar] la carne para los invitados. ▶いろいろな肉を売っている v. vender distintos tipos de

carne.
❸【植物の果肉】f. carne; （柔らかい）f. pulpa. ▶肉の多い実 f. fruta pulposa, m. fruto carnoso.

にくい 憎 adj. odioso, aborrecible, 《フォーマル》abominable. ▶憎いやつ m. tipo odioso. ♦犯人が憎い「Detesto al [Siento aversión por el] criminal [delincuente]. → 憎む.

*-**にくい** (困難である) adj. difícil, dificultoso. ♦その質問には答えにくい Esa pregunta es difícil de contestar. / Contestar esa pregunta 「es difícil [no es fácil]. ♦ちょっと賛成しにくい Me resulta difícil estar de acuerdo con eso. / Bueno, pues no sé si estar de acuerdo. ♦彼の字は読みにくい Su letra es 「difícil de leer [casi ilegible]. ♦予約はとりにくいかもしれませんよ Será difícil que consigas una reserva.

【その他の表現】♦言いにくいことだが君は間違っていると思う Siento decírtelo, pero creo que no tienes razón. ♦このシャツはよごれにくい Esta camisa 「es difícil de manchar [no se mancha fácilmente].

にくがしゅしょう 肉芽腫症 《専門語》 f. granulomatosis. ▶肉芽組織《専門語》 m. tejido de granulación.
にくがん 肉眼 f. simple vista. ♦それは肉眼では見えない No 「puede verse [es visible] a simple vista.
にくかんてき 肉感的 ▶肉感的な adj. sensual, 《フォーマル》voluptuoso, 《口語》《英語》"sexy". ▶肉感的な[1]女性 [2]唇 [1] f. mujer [2] m. labio sensual ["sexy"].
にくぎゅう 肉牛 m. ganado vacuno.
にくしみ 憎しみ m. odio, f. aversión, 《フォーマル》 m. aborrecimiento. ▶憎しみを買う v. despertar* el odio, provocar* aversión [《フォーマル》aborrecimiento]. ▶愛と憎しみ m. amor y m. odio. ♦彼は親に憎しみを抱いている Odia [Detesta] a sus padres.
にくしゅ 肉腫 m. tumor, 《専門語》 m. sarcoma.
にくしょく 肉食 (肉の食事) f. dieta de carne. ▶肉食をする(人が) v. comer [alimentarse de] carne; (動物が) v. comer carne. ▶肉食動物 m. (animal) carnívoro.
にくしん 肉親 mf. consanguíneo / nea; los de la misma carne y sangre, los suyos [míos, tuyos]. ▶肉親の情 m. sentimiento de consanguinidad, m. afecto entre parientes carnales. ▶肉親をさがす v. buscar* los parientes [familiares]. → 親戚(芩).
にくせい 肉声 f. voz (natural). ♦彼の電話の声は肉声とだいぶ違う Su voz al teléfono suena muy diferente de su voz natural.
***にくたい** 肉体 m. cuerpo; (精神に対して) f. carne. ▶肉体の adj. corporal, físico; (精神に対して) carnal. ▶肉体美 f. belleza 「del cuerpo [física, corporal]. ▶肉体労働 m. trabajo físico; (手でする) m. trabajo manual. ▶肉体労働者 mf. obrero/ra, mf. trabajador/dora. ▶肉体的欠陥 m. defecto físico. ▶肉体的な危害を加える v. hacer* [causar, 《フォーマ

ル》 infligir*] un daño físico 《a》. ▶肉体関係がある v. tener* 「relaciones sexuales [trato carnal] 《con ＋ 人》. ♦健全な肉体に健全な精神が宿る（ことわざ）Cuerpo sano en mente sana (☆ Mens sana in corpore sano というラテン語が使われることが多い).
にくたらしい 憎たらしい (憎むべき) adj. odioso, detestable, aborrecible, 《フォーマル》abominable; (悪意に満ちた) adj. malo, malicioso, rencoroso; (しゃくにさわる) adj. provocativo. ▶憎たらしい顔つき f. mirada odiosa [de odio]. ▶憎たらしい事を言う v. decir* algo provocativo, hablar con malicia.
にくだんご 肉団子 (ミートボール) f. albóndiga.
にくづき 肉付き ▶肉付きのよい(＝太った)顔 f. cara llena [carnosa]. ▶肉付きのよい牛 f. vaca bien cebada.
にくはく 肉薄 ▶肉薄する (包囲の輪を縮める) v. cercar*, rodear; (近くまで押し進む) v. acosar. ♦敵軍が(我々に)肉薄してきた El ejército enemigo empezó a cercarnos.
にくばなれ 肉離れ m. desgarro muscular. ▶肉離れを起こす v. tener* un desgarro muscular.
にくひつ 肉筆 m. autógrafo, f. propia letra. ▶肉筆で書く v. escribir* de puño y letra.
にくぐち 憎まれ口 (悪意に満ちた言葉) fpl. palabras maliciosas [mordaces], 《口語》 f. mala lengua, 《文語》 f. lengua viperina. ♦彼はよく憎まれ口をたたく Con frecuencia dice palabras maliciosas. / Habla mucho con malicia.
にくまれっこ 憎まれっ子 m. niño travieso [malo]; (嫌われている) m. niño odiado. ♦憎まれっ子世にはばかる(＝皮肉にも嫌われている人は世間で幅を利かすものだ) (ことわざ) Mala hierba, nunca muere.
にくまれやく 憎まれ役 ▶憎まれ役になる v. hacer* de malo.
***にくむ** 憎む v. odiar, tener* odio, sentir* odio, detestar, 《フォーマル》aborrecer*, 《教養語》abominar. ▶この世の不正を憎む v. odiar [detestar] las injusticias de este mundo. ▶憎むべき犯罪 m. detestable delito, m. crimen odioso. ♦彼は約束を破ったことで私を憎んでいる Me odia por haber roto mi promesa.
にくめない 憎めない ♦彼はよく利用されるんだけどなぜか憎めない Se aprovecha a menudo de mí, pero no lo[le] odio.
にくらしい 憎らしい adj. odioso; (腹の立つ) adj. provocador, provocativo. ▶憎らしげに adv. con odio, odiosamente; (悪意に満ちて) adv. con malicia, maliciosamente. ▶憎らしい態度 f. conducta odiosa [detestable]. ▶憎らしい男 m. hombre odioso [detestable, 《強調して》abominable]. ▶憎らしいほど落ち着いている v. estar* provocadoramente tranquilo.
にぐるま 荷車 m. carro, f. carreta. ♦荷車を [1]引く [2]押す v. [1]tirar de [2]empujar un carro.
にぐん 二軍 (野球の) m. equipo de reservas. ▶二軍に回される v. enviarse* [ser* enviado]

al equipo de reservas.

ニケ ▶(サモトラケの)ニケ La Victoria de Samotracia (☆ギリシャ神話).

にげおくれる 逃げ遅れる v. no escapar a tiempo, no poder* huir*. ♦火事のときもう少しで逃げ遅れるところだった Escapé「por poco [《口語》por los pelos] de la casa incendiada.

にげこうじょう 逃げ口上 (口実) m. pretexto, f. excusa; (言い逃れ) f. evasiva. ▶逃げ口上を使う v. poner* excusas, dar* evasivas.

にげごし 逃げ腰 ▶逃げ腰になる(=逃げる用意をする) v. estar* preparado para huir*, estar* dispuesto a escapar. ▶その新しい事業から逃げ腰になる(=手を引こうとする) v.「intentar volverse* atrás [tratar de librarse] de la nueva empresa.

にげば 逃げ場 ▶火の中で逃げ場を失う(=逃げ道を断たれる) v. perder* toda posibilidad de escaparse del incendio; (出口を失う) v. no poder* encontrar* la salida para huir* del incendio; (閉じ込められる) v. quedar atrapado en el incendio.

にげまわる 逃げ回る v. ir* de un lugar a otro tratando de escapar, andar* huyendo de acá para allá. ♦彼はその仕事を引き受けるのがいやで逃げ回っている Está tratando de evitar encargarse del trabajo.

にげみち 逃げ道 f. salida, f. escapatoria. ▶逃げ道を絶たれる v. tener* cortada la salida [escapatoria], no tener* escapatoria [camino para huir*]. ▶孤独な生活からの逃げ道はなかった No había forma de escapar de la vida solitaria. / Era imposible huir de la soledad.

にげる 逃げる ❶【逃亡する】(逃げ去る) v. huir*, escaparse, fugarse*,《スペイン》《口語》 largarse*「pirárselas」; (鳥が) v. escaparse; (車が[で]) v. irse* en coche; (現場からあるいはうまく捕まらずに) v. escaparse 《de》,《フォーマル》《de》, conseguir* irse*; (逮捕・束縛などから) v. escaparse 《de》; (急いで逃げる) v. huir*, escaparse,《フォーマル》darse* a la fuga. ▶国外へ逃げる v. huir* al extranjero; (亡命する) v. exiliarse, expatriarse. ▶一目散に逃げる v. huir* [escaparse] a toda velocidad. ▶刑務所から逃げる v. fugarse* de la cárcel. ▶寮からこっそり逃げる v. escabullirse* de la residencia. ▶逃げおおせる v. lograr huir*, conseguir* escaparse. ♦犬が逃げそう。つかまえて Que se escapa el perro. ¡Atrápenlo! ♦支配人は大金を持って逃げた El director huyó con mucho dinero. ♦運転手は事故現場から逃げた El/La conductor/tora se dio a la fuga del lugar del accidente. ♦人々は洪水を避けて高い所へ逃げた La gente corrió [escapó] a un sitio alto huyendo de la inundación. ♦彼につかまえられて逃げられなかった Me agarró y no podía escaparme. ♦彼女は過去から逃げられないことは知っていた Sabía que jamás podría librarse del pasado.
❷【回避する】(巧みに逃れる) v. esquivar, eludir; (避ける) v. evitar. ♦彼は私の質問をうまく逃げた Esquivó hábilmente mis preguntas. 《その他の表現》♦彼は妻に逃げられた(=見捨てられた) Su mujer lo abandonó. / Fue abandonado por su mujer. / (妻が)Su mujer「lo dejó [《口語》le dejó plantado].

ニコシア Nicosia (☆キプロスの首都).

にごす 濁す (泥で水などを) v. enturbiar. →濁る. ♦彼女は言葉を濁した(=あいまいな返事をした) Dio una respuesta vaga [ambigua]. / (言質を与えなかった)No se comprometió.

ニコチン f. nicotina. ▶ニコチン中毒 m. nicotinismo, m. nicotismo.

にこにこ ▶にこにこ笑う v. sonreír*, sonreír* risueñamente,《口語》sonreír* de oreja a oreja. ♦彼らはにこにこしながらわれわれをもてなしてくれた Nos atendieron con una sonrisa. ♦彼女は満足してにこにこしていた Sonreía de satisfacción. ♦彼女は幸せでにこにこしていた Sonreía de felicidad.

にこむ 煮込む (いっしょに煮る) v. cocer* todo junto; (よく煮る) v. cocer* bien; (とろ火でゆっくりと) v. guisar. ▶肉を煮込む v. guisar la carne.

にこやかに adv. con una sonrisa, sonriente, risueñamente. ▶にこやかに笑う v. sonreír* lleno de alegría.

にこり →にっこり ♦彼女はにこりとして認めてくれた Me dio su aprobación con una sonrisa. ♦彼女はにこりともしなかった Ni siquiera dejó ver una sonrisa.

にごる 濁る (水が泥で) v. enturbiarse, ponerse* turbio; (液体が) v. enturbiarse, perder la transparencia. ♦台風のあとで川が濁っていた Después del tifón el río estaba turbio.

にさん 二三 num. dos o tres. ▶2, 3日したら adv. en dos o tres días, en unos días, en un par de días o así. ▶2, 3人の少年たち mpl. dos o tres niños. ▶2, 3度 fpl. / adv. dos o tres veces.

にさんかたんそ 二酸化炭素 m. dióxido de carbono, m. anhídrido carbónico.

にし 西 m. oeste,《略》O, m. poniente, m. occidente. →東.
1《西(の)+名詞》adj. del oeste, occidental. ▶西側の部屋 m. cuarto al [que da al] oeste.
2《西に》(西方に) adv. al oeste; (西部に) adv. en el oeste; (西側に接して) adv. al oeste. ♦日は西に沈んだ El sol se ha puesto en el oeste.
3《西へ(向かって)》adv. al [hacia el] oeste.

にじ 虹 m. arco iris. ▶虹の七色 mpl. siete colores del arco iris. ▶雨上がりの空に美しい虹がかかった Después de la lluvia apareció en el cielo un hermoso arco iris.

にじ 二次 ▶二次の(2番目の) adj. segundo; (二次的な) adj. secundario. ▶二次会 f. segunda fiesta. ▶第二次世界大戦 f. Segunda Guerra Mundial. ▶二次産業 f. industria secundaria. ▶2次方程式 f. ecuación cuadrática [de segundo grado].

にしインドしょとう 西インド諸島 Indias Occidentales (☆中央アメリカの東方の諸島).

ニジェール Níger; (公式名) f. República del Níger (☆アフリカの国, 首都ニアメ Niamey). ▶

ニジェールの adj. nigerino.

にしかぜ 西風 m. viento del oeste, m. poniente, m. oeste. → 東風.

にしがわ 西側 m. (lado) oeste, m. lado occidental. ▶西側陣営 m. bloque occidental, m. Occidente.

にしサハラ 西サハラ Sahara Occidental (☆旧スペイン領).

にしサモア 西サモア Samoa Occidental (☆現在のサモア独立国). → サモア.

-にしては (...の割には) prep. para; (考慮すると) adv.「teniendo en cuenta [considerando] (que)」. ▶5月にしては暑い Hace calor para (ser) mayo. ♦初心者にしては彼はスキーがうまい「Para (ser) [Considerando que es] un principiante, esquía bien. ♦これが太郎の絵は—6歳にしてはけっこう上手だね Lo ha pintado Taro, fíjate. – Está muy bien para su edad de seis años, ¿no?

-にしても conj. aunque, aun cuando. → しても.

にじます 虹鱒 f. trucha arco iris.

にじむ 滲む (色・染料・インクなどが) v. correrse, emborracharse; (インクが) v. manchar; (血が) v. rezumar, salir*; (汗が) v. sudar, rezumar. ♦インクがにじんだ Salía tinta. / La tinta se corría. ♦血が傷口からにじみ出ている Le salía sangre de la herida. ♦涙がにじんでよく見えなかった Las lágrimas empañaban mis ojos. / Tenía los ojos empañados por las lágrimas.
《その他の表現》▶血のにじむような努力をする v. esforzarse* mucho, 《口語》dejarse la piel (en), (比喩的に)《強調して》sudar sangre, 《フォーマル》realizar* denodados esfuerzos. ♦彼の体から思いやりがにじみ出ていた Irradiaba「buena voluntad [bondad]」.

にしゃたくいつ 二者択一 f. alternativa, f. disyuntiva. → 択一.

・にじゅう 二重 ▶二重(の) (二つが重なった) adj. doble; (二つの部分から成る) adj. dual. ▶二重あご f. papada. ▶二重価格 mpl. precios dobles. ▶二重国籍 f. doble nacionalidad. ▶二重唱[奏] m. dúo. ▶二重人格者 f. persona「de doble personalidad [con dos caras distintas]」. ▶二重写し(重なり合うこと) f. superposición; (二重露出) f. doble exposición. ▶二重橋 El Puente Doble (☆皇居の). ▶二重丸 m. doble círculo. ▶二重窓 f. doble ventana. ▶二重の生活をする v. llevar una vida doble, 《フォーマル》vivir con duplicidad. ♦彼の言葉には二重の意味がある(=裏がある) Sus palabras tienen doble sentido.
—— 二重に (2度) adv. dos veces; (二つに) adj. doble. ▶その小包を二重に包む v. envolver* el paquete dos veces. ▶その勘定を二重に払う v. pagar* la factura dos veces. ▶ドアは二重にロックすべきだ La puerta debe estar con doble cerrojo. ♦ものが二重に見えるので医者へ行った Como veía doble, fui al médico.

・にじゅう 二十 num. veinte; (20番目の) m. veinte, 《フォーマル》adj. vigésimo. ▶20代の青年 m. joven veinteañero [en sus veinte], 《口語》m. hombre de unos veintitantos

---

にせる 1067

años. ▶20世紀に adv. en el siglo XX. ▶20世紀の20年代の「初期 [後半; 半ば]」に書かれた本 m. libro escrito ¹a principios [²a finales; ³a mediados] (de la década) de los años veinte del siglo XX.

にしょく 二色 mpl. dos colores. ▶2色刷り f. impresión a dos colores, 《専門語》m. bicromía.

-にしろ ▶行くにしろ行かないにしろ金は払います Pagaré vaya o no vaya.

にしん 鰊 m. arenque. ▶ニシンの薫製 m. arenque ahumado.

にしんすう 2進数 《専門語》m. número binario.

にしんほう 二進法 m. sistema binario, f. escala binaria; 《専門語》f. notación binaria.

ニス m. barniz. ▶ニスを塗る v. barnizar* [dar* barniz a, dar* una capa de barniz a] una mesa. ▶ニスを塗ったテーブル f. mesa barnizada.

-(に)すぎない (に)過ぎない (ただ単に) adv. sólo, solamente, tan sólo; (...以外の何ものでもない) v. no ser (nada) más que. ♦それは作り話に過ぎない No es más que「una historia [《口語》un cuento chino, 《フォーマル》una ficción)」. / Es sólo una historia. ♦私は一介の銀行員に過ぎない No soy más que un/una empleado/da bancario/ria.

にせ 偽 (模造品) f. imitación; (偽造品) f. falsificación. → 偽物.
—— 偽(の) (本物でない) adj. falso; (見せかけの) adj. falso, fingido, 《口語》de pacotilla; (偽造の) adj. falsificado, falso. ▶にせ情報 f. información falsa, mpl. datos falsos. ▶にせダイヤ m. diamante falso. ▶にせ電話 f. falsa llamada. ▶にせ札 m. billete falso. ▶にせ(=捏)造した手紙 f. carta falsificada [falsa]. ♦彼はにせ医者だ Es un médico falso.

にせい 二世 ❶【日系ペルー人】mf. peruano/na de padres japoneses, mf. "nisei", mf. "nikkei". → 日系.
❷【二代目】▶フェリーペ2世(国王) Felipe II. ▶フアンロペス2世(ジュニア) Juan López, hijo [junior].

にせもの 偽物[者] (模造品) f. imitación; (まがい物) f. falsificación; (偽造品) f. falsificación; (まやかし物) m. objeto falsificado [falso]; (文書・芸術品の) f. falsificación, 《スペイン》《口語》m. chanchullo. ▶にせ者 mf. farsante, 《フォーマル》m. impostor/tora, 《スペイン》《口語》m. fantasma. ▶ピカソのにせ物 m. Picasso falso. ♦にせ物にご注意[広告・掲示]「Cuidado con [No se deje engañar por] las imitaciones. ♦この絵はにせ物だ Este cuadro「es falso [está falsificado]」.

-にせよ →にしろ

にせる 似せる (BにならってAを作る) v. hacer* A a imitación de B; (模範としてまねる) v. imitar, reproducir*, copiar; (偽造する) v. falsificar*. ▶父親の筆跡に似せる v. imitar la letra del padre. ▶署名を似せて作る v. falsificar* (su) firma. ▶絹に似せて作った化学繊維

にそう 尼僧 f. monja, 《フォーマル》f. religiosa; (カトリックの) f. hermana, f. sor. ▶尼僧院 m. convento (de monjas).

にそくさんもん 二束三文 ▶二束三文の[で] adj. muy barato, 《口語》《軽蔑的に》baratucho. ◆彼は本を二束三文で売った Malvendió [Vendió muy baratos] sus libros.

にそくのわらじ 二足の草鞋 ▶二足のわらじをはく (二つの職業についている) v. llevar dos oficios. ◆彼は教師と画家の二足のわらじをはいている (=をして生計をたてている) Vive de la enseñanza y de la pintura.

にたき 煮炊き f. cocción. ▶煮炊き(を)する v. cocer*. → 料理.

にたつ 煮立つ v. hervir*, ponerse* [echar] a hervir*, 《フォーマル》entrar en ebullición. ◆やかんの湯が煮立っている Hierve [la tetera. / Está hirviendo el agua de la tetera. ◆それが煮立ったら塩を加えなさい Cuando empiece a hervir, añade sal.

にたてる 煮立てる ▶湯を煮立てる v. hacer* hervir* el agua, poner* el agua a hervir*. → 煮立つ.

にたにた ▶にたにた笑う v. quedarse sonriendo [con la sonrisa en los labios]. ◆彼は私たちを見てにたにたと笑った Nos miró 「por encima del hombro con una sonrisita [con una sonrisa de desdén]. ◆彼は彼女に意地悪そうににたにた笑った Le dirigió una sonrisa desdeñosa [malévola].

にたもの 似た者 ▶あの二人は似た者夫婦だ《ことわざ》A tal marido, tal esposa. / Dos que duermen en el mismo colchón, bailan al cabo al mismo son.

にたりよったり 似たり寄ったり ▶その兄弟は学校の成績が似たり寄ったりです (=ほぼ互角だ) El expediente escolar de los hermanos es más o menos igual. ◆両者は似たり寄ったりだ (=あまり差がない) No hay mucha [《口語》gran] diferencia entre los dos. / Los dos son más o menos igual. / Por allá se andan. ◆政治家ってみな似たり寄ったりだよ (=同じだ) Los políticos 「se parecen bastante [son muy parecidos]. / No hay diferencia entre los políticos.

にだんベッド 二段ベッド f. litera.

地域差 **二段ベッド**

[スペイン]	f. (cama) litera, f. cama nido
[キューバ]	f. (cama) litera
[メキシコ]	f. cama duplex, f. (cama) litera
[ペルー]	(f. cama) m. camarote
[コロンビア]	(f. cama) m. camarote
[アルゼンチン]	f. cama cucheta, f. cama marinera, fpl. camas marineras, fpl. cuchetas

*__にち__ 日 m. día. ◆彼は2, 3日で回復するでしょう En dos o tres días se pondrá bueno [bien]. ◆今日は何日ですか ¿Qué día [fecha] es hoy? / ¿Á cuántos estamos hoy? ◆5月は何日ありますか ¿Cuántos días tiene el mes de mayo? ◆この何日間か彼に会っていない Hace varios días que no lo[le] veo. ◆4月16日の土曜日は出社しなければならない El sábado, 16 de abril, tengo que trabajar.

にちえい 日英 Japón y Gran Bretaña. ▶日英(間)の adj. anglo-japonés. ▶日英通商 m. comercio anglo-japonés.

にちじ 日時 f. fecha y f. hora 《de》. ▶次の会合の日時を決める v. fijar la fecha y hora de la próxima reunión.

にちじょう 日常 (毎日) adv. todos los días; (1日単位で) adv. a diario, diariamente; (通常) adv. generalmente, habitualmente; (常に) adv. siempre. → 普段, 毎日, いつも, いつも. ▶日常生活 f. vida diaria [cotidiana, de cada día]. ▶日常の仕事 m. trabajo diario [cotidiano]; (お決まりの退屈な) m. trabajo rutinario. ▶日常卑近な (=ありふれた) 例 m. ejemplo común [corriente]. ▶平穏な日常を送る v. vivir cada día en paz, llevar una vida de paz día a día. ◆今日の日本では交通事故は日常茶飯事だ En el Japón de hoy los accidentes de tráfico son 「sucesos cotidianos [《口語》el pan de cada día].

にちどく 日独 Japón y Alemania. ▶日独(間)の adj. germano-japonés.

にちふつ 日仏 Japón y Francia. ▶日仏関係 fpl. relaciones franco-japonesas.

にちべい 日米 Japón y Estados Unidos. ▶日米(間)の adj. japonés-estadounidense, norteamericano-japonés, americano-japonés. ▶日米安全保障条約 m. Tratado de Seguridad entre Japón y Estados Unidos. ▶日米貿易を促進する v. promover* el comercio japonés-norteamericano [entre Japón y Estados Unidos].

にちぼつ 日没 f. puesta de sol. ▶美しい日没 f. hermosa puesta de sol. ◆われわれは日没1時 [2前, 3ごろ] にそこに到着するだろう Llegaremos allí 1con [2antes de, 3hacia] la puesta de sol.

にちや 日夜 (昼も夜も) adv. día y noche; (24時間休みなく) adv. durante las 24 horas; (常に) adv. siempre; (絶えず) adv. constantemente, continuamente. ◆彼は日夜勉強に励んでいる Estudia mucho día y noche.

*__にちよう__ 日曜(日) m. domingo. ▶日曜大工(人) mf. aficionado/da al bricolaje, mf. carpintero/ra 「de domingos [dominguero /ra]. ▶日曜学校 f. escuela dominical. ▶(新聞の)日曜版 m. suplemento dominical. ▶日曜日に el domingo, los domingos. ▶ある晴れた日曜日の朝に adv. una hermosa mañana de domingo. ▶1この前[2次]の日曜日に adv. el 1pasado [2próximo] domingo. ▶1先週[2来週]の日曜日に adv. el domingo 1de la semana pasada [2que viene]. ◆日曜日には洗濯をする 「El domingo [Los domingos] lavo la ropa. ◆日曜日にアルバイトをすれば小遣いに困らない Trabajando los domingos, 「me las arreglaré [no tendré problemas].

会話 1月12日はどこにいたの—1月12日？—え

え, 日曜日だったわよ ¿Dónde estabas el 12 (doce) de enero? – ¿El 12 de enero? – Sí, era domingo.

にちようひん 日用品 *fpl.* necesidades cotidianas [diarias].

にちろ 日露 Japón y Rusia. ▶日露戦争 La Guerra Ruso-Japonesa (de 1904-1905).

-について (関して) *prep.* de, sobre, acerca de, en torno a. → ついて.

にっか 日課 (学業, 授業) *f.* clase diaria; (仕事) *m.* trabajo diario. ▶生徒に日課を課す *v.* dar* tareas diarias a los alumnos. ▶日課を終える *v.* acabar el trabajo diario. ♦私は少なくとも1日に10語はスペイン語の単語を覚えることを日課としている Todos los días aprendo por lo menos diez palabras de español.

につかわしい 似つかわしい *adj.* apropiado, adecuado. → ふさわしい, 適し.

にっかん 日刊 ▶日刊の *adj.* diario, 《フォーマル》 cotidiano. ▶日刊紙 *m.* diario.

にっかん 日韓 Japón y Corea del Sur. ▶日韓の *adj.* japonés-coreano. ▶日韓のあつれき *m.* roces entre Japón y Corea del Sur.

にっかんてき 肉感的 →肉(て)感的.

につき 付き *prep.* por. → 付き.

*****につき** 日記 *m.* diario. ▶日記帳 *m.* diario. ▶それを日記に書いておく *v.* escribirlo* [anotarlo, guardarlo] en un diario. ▶スペイン語で日記を書く *v.* escribir* [llevar] un diario en español. ♦私は日記をつけている Llevo un diario. / Todos los días escribo en mi diario.

にっきゅう 日給 *m.* jornal. ▶週給. ▶日給いくらで働く *v.* trabajar a jornal.

にっきょうそ 日教組 (日本教職員組合) *m.* Sindicato de Docentes de Japón.

ニックネーム *m.* apodo. → あだ名.

にづくり 荷造り *m.* embalaje, empaquetado. ▶本を荷造りする *v.* empaquetar los libros.

にっけい 日系 ▶日系米人 *mf.* norteamericano/na japonés/nesa [de ascendencia japonesa, oriundo japonés]. ▶日系[1一世 [2二世] *mf.* oriundo/da japonés/nesa de [1primera [2segunda] generación.

にっけいれん 日経連 (日本経営者団体連盟) *f.* Federación Japonesa de Asociaciones de Empresarios, la *Nikkeiren*.

ニッケル *m.* níquel; (めっきの) *adj.* niquelado.

にっこう 日光 *f.* luz solar, *f.* luz de sol; *mpl.* rayos solares. ▶焼けつくような日光 *m.* sol abrasador. ▶ふとんを日光消毒する *v.* desinfectar el colchón exponiéndolo al sol. ▶日光浴をする *v.* tomar el sol, solearse. ▶日光のよく当たる部屋 *m.* cuarto soleado [con mucho sol]. ▶日光を[1入れる [2させない] *v.* dejar que [1entre [2no entre] el sol. ▶シャツを日光で乾かす *v.* secar* la camisa al sol. ♦この薬を直射日光に当てはいけない No expongas este medicamento al sol. El sol no debe darle a esta medicina. ♦木々の間から日光が差し込んだ Los rayos de sol han entrado entre [《文語》 La luz solar se filtró por] las ramas.

にっこり →にこり. ♦少女は私を見てにっこり笑ったLa joven me dirigió una amplia sonrisa. / La joven me sonrió alegremente [《口語》 de oreja a oreja]. ♦その受付嬢はお客に接するときはいつもにっこりする La recepcionista siempre saluda a los clientes con una amplia [alegre] sonrisa.

にっさん 日産 *f.* producción diaria.

にっし 日誌 *m.* diario. ▶学級日誌 *m.* diario escolar. ▶日誌をつける(習慣として) *v.* llevar un diario; (日誌に記入する) *v.* escribir* [anotar] en el diario.

にっしゃびょう 日射病 (専門語) *f.* insolación. ▶日射病にかかる[かかっている] *v.* tener* [《強調して》 sufrir] una insolación.

にっしょう 日照 *f.* luz solar. ▶日照時間 *fpl.* horas de sol. ▶日照権 *m.* derecho a la luz solar, el derecho a la luz.

にっしょうき 日章旗 *m.* (bandera del) Sol Naciente, *f.* bandera nacional japonesa.

にっしょく 日食 *m.* eclipse solar [de sol]. ▶[1皆既 [2部分]日食 *m.* eclipse [1total [2parcial] de sol.

にっしんげっぽ 日進月歩 *m.* progreso rápido [continuo]. → 進歩. ♦科学の発展は日進月歩である La ciencia avanza [progresa] rápidamente [a pasos acelerados].

にっすう 日数 *mpl.* (el número de) días; (期間) *m.* término, *m.* período. ♦その仕事は日数がかかる Hacer ese trabajo lleva「mucho tiempo [muchos días]. / Ese trabajo tarda mucho.

にっせい 日西 Japón y España.

にっソ 日ソ Japón y la Unión Soviética. ▶日ソ協会 *f.* Sociedad Japonés-Soviética. ♦日ソ漁業条約 El Tratado de Pesca entre Japón y Unión Soviética.

にっちもさっちも ♦交渉はにっちもさっちもいかなくなっている(＝行き詰っている) Las negociaciones「se hallan estancadas [se encuentran en un impasse]. ♦株価暴落して彼にはにっちもさっちもいかない(＝窮地に立っている) La baja de los mercados le ha puesto「en una situación complicada [《口語》 entre la espada y la pared].

にっちゅう 日中 Japón y China. ▶日中平和友好条約 *m.* Tratado Japonés-Chino de Paz y Amistad; (正式) *m.* Tratado de Paz y Amistad entre Japón y la República Popular de China.

にっちゅう 日中 *m.* día, *m.* pleno día. ♦森の中は日中でさえ暗かった Incluso en pleno día había oscuridad en el bosque. ♦彼らは日中(＝日盛りに)休まず働いた Trabajaron sin descansar「durante el día [a pleno día].

にっちょく 日直 *m.* servicio diurno [de día]. ▶日直である *v.* estar* de servicio diurno.

にってい 日程 (仕事などの) *m.* programa del día; (旅の) *m.* plan [*m.* programa] de viaje; (議事の) 《フォーマル》 *m.* orden del día, *f.* agenda. ▶旅の日程をたてる *v.* hacer* el itinerario de viaje. ▶議事日程に上げる *v.* incluir* (el tema) en el orden del día. ♦今日は日程が詰まっている Tengo el día completo hoy. /《口語》Hoy estoy a tope. ♦今日の日程は? ¿Qué programa tienes (para) hoy? → スケジュール.

ニット *m.* (géneros de) punto. ▶ニットのスカート *f.* falda de punto.

にっとう 日当 (1日の手当) *m.* jornal, *f.* dieta. ▶日当をもらう *v.* recibir un jornal. ♦日当1万円出します. El jornal es de 10.000 yenes. / Pagamos diez mil yenes diarios [al día, de dieta].

にっぽん 日本 → 日本(ほん).
にっぽんじん 日本人 → 日本人(にちん).
にっぽんばれ 日本晴れ → 日本(ほん)晴れ.

にと 二兎 ▶二兎を追うものは一兎をも得ず《ことわざ》Galgo que muchas liebres levanta, ninguna mata. / Quien todo lo quiere todo lo pierde.

***にど** 二度 (二回) *fpl.* dos veces,《口語》*m.* un par de veces;（二度目）*f.* segunda vez;（再度）*f.* otra vez, *adv.* de nuevo, nuevamente. ▶週に二度 *adv.* dos veces a la semana, *m.* un par de veces semanales. ▶1, 2度 una o dos veces. ▶2, 3度 unas dos o tres veces. ▶二度続けて *fpl.* dos veces seguidas. ♦までにその映画を二度見た Esa película la he visto un par de veces. ♦二度見る必要はない No hace falta que mires dos veces. ♦（一度見れば十分）Con una mirada basta. ♦二度に(分けて)やれ Hazlo dos veces. ♦二度あることは三度ある Lo que pasa dos veces, pasa tres. /《言い回し》Las desgracias nunca vienen solas. ♦《言い回し》No hay dos sin tres.

1《二度と》▶よく聞いて、二度と言いませんから Escucha, no lo「diré más veces [volveré a repetir]. ♦彼は二度とない機会を逸した Desaprovechó la ocasión de su vida.

2《二度目の[に]》▶彼の二度目の留学 *f.* su segunda estancia de estudios en el extranjero. ♦彼は二度目に試験に合格した Aprobó el examen「a la segunda [al segundo intento]. ♦ここへ来たのはこれで2度目だ. Es la segunda vez que he estado aquí. /《口語》Es mi segunda vez.

にとう 二等 (乗り物の) *f.* segunda clase;（客船などの特別2等）*f.* clase de camarotes;（競技などでの）*m.* segundo lugar [puesto]. ▶2等の *adj.* de segunda clase. ▶2等客車 *m.* vagón de segunda (clase). ▶2等で行く *v.* viajar en segunda clase,《口語》ir* en segunda. ▶（競技で）2等になる *v.* acabar segundo, terminar en segundo lugar. ▶弁論大会で2等（＝2等賞）になる *v.*「ganar el segundo premio [quedar segundo] en el certamen de oratoria. → 二位.

にとうぶん 二等分 ▶二等分する *v.* dividir(lo) en dos partes iguales. ▶リンゴを二等分する（＝半分に切る）*v.* partir la manzana por la mitad. ▶円を二等分する《専門語》*v.* bisecar* el círculo. ▶二等分線《専門語》*f.* bisectriz, *m.* bisector. ▶二等分探索《専門語》*f.* búsqueda binaria.

にとうへんさんかくけい 二等辺三角形《専門語》*m.* triángulo isósceles.

-にとって (に対して) *prep.* de, sobre;（には）*prep.* de, acerca de. → とって.

にどと 二度と ▶あんな所へは二度と行かない No iré más a un lugar así. /《強調して》Jamás [Nunca] volveré allí.

ニトロ(グリセリン) *f.* nitroglicerina.

にないて 担い手 ▶一家の担い手 *el/la* que mantiene la familia. → 担う.

になう 担う ❶【引き受ける】*v.* asumir, aceptar,《口語》echarse sobre los hombros. ▶重要な役割を担う *v.* asumir [aceptar] un importante papel. ♦日本は国際的な責任を担うべきだ Japón debe asumir responsabilidades internacionales. ♦日本の将来は君たちが担っている El futuro de Japón está「en vosotros [sobre vuestros hombros]. ♦彼は私たちの期待を担っている Nuestras esperanzas están (depositadas) en él.

❷【背負う】*v.* llevar(lo) sobre los hombros.

ににんさんきゃく 二人三脚（競技）*f.* carrera de dos personas con「tres piernas [una pierna atada]. ▶二人三脚で…をする *v.* colaborar estrechamente, trabajar en un equipo unido.

ににんせい 二年生 ❶【生徒】*mf.* estudiante de segundo año. → 学生, 児童.

❷【植物】*f.* planta bienal.

にのあし 二の足 ▶彼はそのパーティーに参加することに二の足を踏んでいる「Está dudando si ir [No está seguro si irá] a la fiesta. → ためらう.

にのく 二の句 ▶あきれて二の句がつげない（びっくりして口がきけない）*v.* quedarse boquiabierto [《フォーマル》estupefacto,《口語》de piedra];（あぜんとする）*v.* quedarse mudo de asombro.

にのつぎ 二の次 (第2位の) *adj.* secundario; (2次的に重要な) *adj.* de importancia menor [secundaria]. ♦その問題は二の次だ Ese asunto no tiene tanta importancia. /（延期できる）Ese asunto puede aplazarse. ♦彼女は自分の時間をまず育児と家事に使い、自分の楽しみのために使うことはいつも二の次になってしまう En primer lugar se ocupa de cuidar a sus niños y la casa y sólo en segundo lugar, y cuando puede, dispone de tiempo para sí.

にのまい 二の舞 (同じ失敗) *m.* mismo error. ♦彼の二の舞いを演じた He cometido [《フォーマル》incurrido en] el mismo error que él. ♦（くり返した）He repetido su error.

-には (...に対して) *prep.* para; hacia, con;（...の時には）*prep.* en;（...の場所には）*prep.* en. ♦休暇にはどこに行くの ¿Adónde vas de vacaciones? ♦野球をやるには寒すぎる Hace demasiado frío para jugar al béisbol. ♦ダブルスをやるには一人足りない Andamos faltos de dobles. ♦この本を読むのは私には難しい Para mí este libro es difícil de leer. / Encuentro difícil la lectura de este libro. ♦彼は老人には親切だ Es amable con la gente mayor. ♦雨の日には野球の試合は中止されます Los partidos de béisbol se cancelan「cuando llueve [en días lluviosos).◆太郎は7時には家に戻ってきます Taro estará en casa a las siete (a más tardar).◆運動場には多くの少年少女がいた En el patio había muchos niños y niñas. 会話 それはすぐにはできないな—それには好きなだけ時間をかけろよ Ahora mismo eso no lo puede hacer. – Tómate entonces todo el tiempo que quieras.◆おじさんにはいくつか欠点があるがそれでも私は彼が好きだ Con sus faltas y todo, quiero a mi tío. / Quiero a mi tío a pesar de sus faltas.

にばい 二倍 *m.* doble. → 倍.

にばん 二番 *mf.* segundo/da, el/la número dos.◆(競技・競争で)2番の人 *mf.* segundo/da (en una competencia), *mf.* subcampeón/ona.◆右から2番目の少年 *m.* segundo niño de la derecha.◆日本で2番目の大都市 *f.* segunda ciudad mayor de Japón.◆2番目の妹 *f.* hermana segunda.◆下から2番目の弟 *m.* hermano segundo más joven.◆彼は2番目に来た Fue segundo. / Era el segundo.◆彼はそのマラソンで2番だった Fue [Quedó] segundo en el maratón. / Acabó segundo en el maratón.◆彼女は3年生の中で2番です Es la segunda mejor de los alumnos "de tercero [de tercer curso]. / (2位を占める)Es la segunda de tercero.

にばんせんじ 二番煎じ (お茶の) *m.* segundo cocimiento del té; (意見・作品などの)《口語》*m.* refrito.

ニヒリスト *mf.* nihilista.
ニヒリズム *m.* nihilismo.
ニヒルな *adj.* nihilista.

にぶい 鈍い (動作が) *adj.* desanimado; (人が) *adj.* torpe; aburrido, apagado,《口語》soso; (痛み・音が) *adj.* sordo; (刃先などが) *adj.* desafilado, romo, embotado; (光が) *adj.* apagado, sin brillo,《フォーマル》opaco, débil; (動作などが) *adj.* lento, lerdo.◆切れ味の鈍いナイフ *m.* cuchillo desafilado.◆鈍い音を立てて *adv.* con un sonido sordo.◆頭の鈍い子 *m.* niño torpe [apagado].◆ランプの鈍い光を放っていた La lámpara emitía una luz débil.◆胃に鈍い痛みを感じます Tengo un dolor sordo en el estómago.

にぶがっしょう 二部合唱 *m.* doble coro.◆ホワイトクリスマスを二部合唱する *v.* cantar «Blanca Navidad» a doble coro.

にふだ 荷札 *f.* etiqueta. → 札(ふ).◆旅行かばんに荷札を張りつける *v.* poner* una etiqueta en la maleta.

にぶる 鈍る (刃物などが) *v.* embotarse, desafilarse; (弱まる) *v.* debilitarse, entorpecerse*.◆このナイフは切れ味が鈍った Este cuchillo "se ha embotado [ha perdido el filo]. → ナイフ.◆彼女は年のせいで聴覚が鈍ってしまった Su audición [oído] se ha debilitado con la edad.◆その手紙を読んだら決心が鈍った Esa carta debilitó mi resolución. / Mi resolución vaciló con esa carta.◆テニスの腕が鈍ってしまった Mi tenis se ha vuelto torpe.

にぶん 二分 (二つの部分に分けること) *f.* división en dos partes. (2分の1) *f.* mitad.◆二分する *v.* partir por la mitad, dividir en dos.◆仕事を二分する *v.* dividir el trabajo en dos partes.◆二分探索《専門語》*f.* búsqueda binaria.◆10の2分の1は5「La mitad [Un medio] de diez es cinco.

にべもない◆にべもない(=そっけない)返事をする *v.* responder bruscamente [con sequedad].◆にべもなく(=きっぱりと)断わられた Me lo negaron categóricamente [en redondo, rotundamente]. / (あからさまに)Me dieron "un no rotundo [una negativa categórica].

＊にほん 日本 Japón (☆el Japón ということもある; 首都東京 Tokio).◆日本人 *mf.* japonés/nesa.◆日本語 el japonés, la lengua japonesa (=日本[人]語)の *adj.* japonés,《教養語》nipón.◆日本化する *v.* japonizar*,《教養語》niponizar*.◆日本の文物 lo japonés, *fpl.* cosas japonesas.◆日本の経済は急激な円高に苦しんでいる La economía japonesa está sufriendo la fuerte apreciación del yen.◆日本は景色の美しい国です Japón es un país de "bellos paisajes [《フォーマル》belleza paisajística].

1《日本+社会的・文化的な語》◆日本語 el japonés, la lengua japonesa, el idioma japonés.◆日本画 *f.* pintura japonesa.◆日本学 *f.* japonología.◆日本学者[研究家] *mf.* japonólogo/ga.◆日本三景 los tres paisajes más célebres de Japón.◆日本史 *f.* historia japonesa [de Japón].◆日本酒 *m.* vino japonés, "sake".◆日本製品 *mpl.* productos japoneses [hechos en Japón].◆日本刀 *f.* espada japonesa.◆日本脳炎《専門語》*f.* encefalitis japonesa.◆日本びいき(人) *mf.* japonófilo/la.◆日本間 "nihonma",《説明的に》*m.* cuarto de estilo japonés.

2《日本+地理名・組織名》◆日本海 *m.* Mar del Japón. → 日本海.◆日本医師会 *m.* Colegio Japonés de Médicos.◆日本芸術院 *f.* Academia Japonesa de Arte.◆日本放送協会 *f.* Corporación Radio Televisora del Japón, la NHK.◆日本列島 *m.* archipiélago japonés.

にほんかい 日本海 *m.* Mar del Japón.

＊にほんじん 日本人 (一人) *mf.* japonés/nesa,《教養語》*mf.* nipón/pona; (全体) *mpl.* japoneses, el pueblo japonés.◆日本人の *adj.* japonés.◆彼の名前は日本人にはなじみ深い Su nombre es conocido entre [para] los japoneses.◆この町には日本人がたくさん住んでいる《フォーマル》En esta ciudad habitan numerosos japoneses.◆日本人は平和を愛する国民です El pueblo japonés ama la paz.◆Los japoneses son una nación amante de la paz.◆私は彼が日本人だとは知らなかった No sabía que fuera [era] japonés.

にほんだて 二本立 (興行などの) *m.* programa doble.◆あの劇場でチャップリンの2本立てをやっている En ese cine están dando un programa doble de Chaplin.

にほんばれ 日本晴れ *m.* tiempo ideal, *m.* cielo claro y despejado. → 快晴.◆今日は日本

晴れだ. 空には雲一つない Hoy hace bueno, sin una nube en el cielo.

にまいじた 二枚舌 ♦ 私は二枚舌を使う人には我慢できない No puedo aguantar las personas hipócritas [con dos caras, que juegan con dos barajas].

にまいめ 二枚目 (役) m. papel de galán; (美男) m. galán, 《口語》《ユーモアで》m. guaperas.

にもかかわらず adv. pese a eso, aún así. → かかわらず, しかし.

* **にもつ 荷物** ❶【手荷物】m. equipaje; m. bulto; (持ち物) fpl. pertenencias; (積み荷) f. carga, (貨物) m. cargamento → 荷; (包み) m. paquete. ♦ 荷物をまとめる(＝荷造りする) v. hacer* el equipaje, empaquetar las pertenencias. ♦ 重い荷物を肩にかついで運ぶ v. transportar un bulto pesado sobre los hombros. ♦ 荷物にしっかりひもをかける v. atar firmemente un paquete. ♦ 荷物を解く v. deshacer* el equipaje; desatar un paquete. ♦ 荷物を調べられた Me inspeccionaron「el equipaje [las maletas]. ♦ お荷物はどのくらいありますか ¿Cuántos bultos lleva usted? / ¿Lleva usted mucho equipaje? ♦ 荷物が多くなければ地下鉄で来たらいいでしょう Si no llevas mucho equipaje, puedes venir en metro.
❷【負担】f. carga. → 重荷. ♦ 彼は家族のお荷物になりたくなかった No deseaba ser una carga para su familia.

にゃあにゃあ ♦ にゃあにゃあ鳴く v. maullar*, 《口語》hacer* miau. ♦ 猫はおなかがへるとにゃあにゃあ鳴く Los gatos maúllan cuando tienen hambre. ♦ 彼は猫が戸の外でにゃあにゃあと鳴く声を聞いた Oyó「el maullido de un gato [maullar un gato] fuera de la puerta.

にやく 荷役 (船荷のあげおろし) f. carga y f. descarga; (人) m. estibador.

にやけた (男が変にしゃれた) adj. cursi, melindroso; (女々しい) adj. 《フォーマル》afeminado, 《口語》amaricado, 《俗語》marica. ♦ にやけた若者 m. hombre cursi [afeminado], m. pisaverde.

にやにや ♦ にやにやする(歯を見せて笑う) v. sonreír* nerviosamente [burlonamente]; (得意げに笑う) v. sonreír* con suficiencia [desdén]. → にたにた.

にやりと ♦ 彼は私ににやりと笑った Me sonrió nerviosamente. / Me dirigió una amplia sonrisa.

ニュアンス (語の意味の微妙な違い) m. matiz; (言葉の含み) f. insinuación, f. sugestión. ♦ 彼は演説の微妙なニュアンスは分からなかった No captó la sutileza de matices del discurso. ♦ この二つの語はニュアンスが少し違う Estas dos palabras tienen matices ligeramente distintos. ♦ 彼の言ったことは私の言ったこととはややニュアンスが異なる Entre lo que dijo él y lo que dije yo hay algunos matices diferentes.

にゅういん 入院 f. hospitalización. ♦ 入院加療 m. tratamiento hospitalario. ♦ 入院を申し込む v. solicitar ser* internado en un hospital, pedir* ser* hospitalizado. ♦ 入院患者 mf. paciente hospitalizado/da [interno/na]. ♦ 彼は入院していた Ha estado hospitalizado.

── **入院する** v. hospitalizarse*, ser* hospitalizado, quedar internado en un hospital. 《会話》彼は脚を折って入院しているのよ―本当?何てことでしょう! Está hospitalizado con una pierna rota. - ¿De verdad? ¡Qué horror! ♦ 彼女をすぐ入院させた La hospitalizaron de inmediato. / (入院させられた)Inmediatamente fue internada en el hospital.

にゅうえき 乳液 (化粧用の) f. loción lechosa.

ニューオーリンズ Nueva Orleans (☆アメリカ合衆国の都市).

にゅうか 入荷 f. llegada de mercancías. ♦ 入荷する v. llegar*.

にゅうかい 入会 (仲間に加わること) m. ingreso 《en》; (入ること) f. entrada 《a, en》; (入会許可) f. admisión 《a, en》. ♦ 入会金 f. entrada, f. cuota de ingreso. ♦ クラブへの入会を申し込む v. solicitar「ser* admitido [el ingreso] en un club.

── **入会する** (加わる) v. ingresar 《en》; (入会を許可される) v. ser* admitido 《a, en》, (会員になる) v. hacerse* miembro [socio] 《de》; (特に政党の) v. afiliarse 《a》. ♦ 彼は去年スペイン語研究会に入会した El año pasado ingresó [fue admitido] en un círculo de estudios lingüísticos de español.

にゅうかく 入閣 ♦ 入閣する v.「ingresar en el [formar parte del, hacerse* miembro del] gabinete.

* **にゅうがく 入学** (入ること) m. ingreso [f. entrada] 《en, a》; (入学許可) f. admisión 《a, en》; (登録) f. matrícula [f. inscripción] 《en》. ♦ 入学試験 → 入学試験. ♦ 大学入学 m. ingreso a la universidad. ♦ 入学願書 f. solicitud de admisión. ♦ 入学志願者数 m. número de solicitantes de admisión en la escuela. ♦ 入学金を払う v. pagar* los derechos de matrícula. ♦ 入学式を行なう v. celebrar una ceremonia de admisión. ♦ 入学を志願する v. solicitar「ser* admitido [la admisión]《en》. ♦ あなたはトレド大学の法学部に入学を許可されたことをお知らせいたします『合格通知』Tengo el gusto [placer] de informarme que ha sido usted admitido en la Facultad de Derecho de la Universidad de Toledo.

── **入学する** (学校に入る) v. ingresar, 《フォーマル》matricularse, 《口語》entrar en una escuela; (入学を許可される) v. ser* admitido

荷物の一時預かり所 Guardaequipaje → 荷物

《en》;《小学校に》*v.* ingresar en la escuela primaria;《登録される》*v.* inscribirse* 《en》. ♦彼は昨年9月にこの学校に入学した Ingresó en esta escuela en septiembre del año pasado. ♦今日ではどの学校にも女子が入学できる Hoy día todas las escuelas admiten mujeres.

にゅうがくしけん 入学試験 *m.* examen de admisión. ♦彼は東都大学の入学試験を¹受けた [²に合格した, ³に落ちた] ¹Tomó [²Aprobó; ³Suspendió] el examen de admisión a la Universidad Toto.

ニューカレドニア Nueva Caledonia (☆オーストラリア東方の島).

にゅうがん 乳癌《専門語》*m.* cáncer de mama, *m.* cáncer de pecho. ▶乳癌にかかっている *v.* tener* [padecer*] cáncer de pecho.

ニューギニア Nueva Guinea (☆オーストラリアの北方の島).

にゅうぎゅう 乳牛 *f.* vaca lechera.

にゅうきょ 入居《占有》*f.* ocupación. ▶入居者 (居住者) *mf.* ocupante;《借家人》*mf.* inquilino/na. ▶入居する (住んでいる) *v.* ocupar;《引っ越して来る》*v.* instalarse (en una casa). ♦入居者募集中【掲示】Se alquila.

にゅうきん 入金《お金の受け取り》*m.* recibo,《支払い》*m.* pago. ▶入金伝票 *f.* nota de recibo, *m.* recibo. ▶入金する (受け取る) *v.* recibir dinero;《支払う》*v.* pagar*;《振り込む》*v.* enviar* un giro, girar. ♦彼の当座預金に百ユーロ入金する *v.* ingresar 100 euros a su cuenta corriente.

にゅうこう 入港 *f.* entrada en puerto. ▶入港料 *mpl.* derechos de entrada en puerto. ▶入港中の船 *m.* barco en puerto.

── 入港する *v.* entrar en puerto,《専門語》atracar*, llegar* a puerto. ♦船はあす神戸港に入港の予定だ Mañana el barco debe entrar en el puerto de Kobe.

にゅうこく 入国 (国に入ること) *f.* entrada 《en, a》;《外国からの移住》*f.* inmigración. ▶入国管理局 *f.* Dirección de Inmigración,【スペイン】 *f.* Dirección General de Inmigración,【スペイン】*f.* Dirección Regional de Inmigración,【キューバ】*f.* Dirección de Inmigración y Extranjería,【ペルー】*f.* Dirección General de Migración y Naturalización. ▶入国許可書 *m.* permiso de inmigración. ▶入国ビザ *m.* visado【ラ米】*f.* visa) de entrada. ▶入国手続き *mpl.* trámites de entrada. ♦不法入国 *f.* entrada ilegal. ♦彼はスペインに入国した Entró en España. /《入国を認められた》Fue admitido en España. /《移住した》Inmigró a España.

にゅうさつ 入札 *f.* licitación, *f.* subasta. ▶入札価格 *m.* precio de licitación. ▶入札者 *mf.* licitador/dora, *mf.* postor/tora. ▶入札を募る *v.* sacar* a licitación [subasta pública]. ♦入札は百万円から始まった El precio de licitación inicial se fijó en un millón de yenes.

── 入札する *v.* hacer* una licitación《por》. ▶新空港の建設に入札する *v.* hacer* una licitación por un nuevo aeropuerto.

にゅうさん 乳酸 *m.* ácido láctico. ▶乳酸飲料 *f.* bebida de ácido láctico. ▶乳酸菌 *f.* bacteria de ácido láctico. ▶乳酸アシドーシス《専門語》*f.* acidosis láctica.

にゅうし 乳歯 *m.* diente de leche;《専門語》*m.* diente primario.

にゅうし 入試 →入学試験.

にゅうじ 乳児 *mf.* lactante, *mf.* niño/ña de pecho;《赤ん坊》*m.* bebé. ▶乳児食 *m.* alimento para lactantes.

ニュージーランド Nueva Zelanda (☆南太平洋にある島国, 首都ウェリントン Wellington). ▶ニュージーランド人 *mf.* neozelandés/desa.

にゅうしゃ 入社 ▶入社する *v.* ingresar en una compañía. ▶入社試験 →就職試験) ▶その会社の入社試験 (=勤め口) に応募する *v.* solicitar un trabajo en la compañía.

ニュージャージー Nueva Jersey (☆米国の州).

にゅうしゅ 入手 *f.* adquisición, *f.* obtención. ▶入手する *v.* obtener*, conseguir*;《長期間かけて自分の力で》*v.* adquirir*;《努力して》*v.* obtener*. ▶情報を入手する *v.* conseguir* información《de》. ♦今夜のショーの切符を入手しましたか ¿Has conseguido una entrada para el espectáculo de esta noche? ♦この雑誌は大きな書店ならどこででも入手できます Esta revista se puede adquirir en cualquier gran librería.

にゅうしょう 入賞 ▶入賞する *v.* ganar un premio. ▶入賞者 *mf.* ganador/dora de un premio, *f.* laureado/da. ♦彼はそのレースで2位に入賞した Ganó el segundo premio en la carrera. / Acabó segundo en la carrera.

にゅうじょう 入場 (ある場所に入ること) *f.* entrada [《フォーマル》*m.* ingreso]《en》;《入場の許可》*f.* admisión《a, en》. ▶入場行進 *m.* desfile inaugural. ▶入場式 *f.* ceremonia inaugural [de inauguración]. ▶入場券 *f.* entrada,《スペイン》*m.* billete [《ラ米》*m.* boleto] de entrada《para》;《駅の》*m.* billete de andén. ▶入場者 *mf.* visitante;《観客》*mf.* espectador/dora;《聴衆》*f.* audiencia, *m.* auditorio;《出席者総数》*f.* asistencia, *f.* concurrencia. ▶¹有料 [²無料] 入場者 *mf.* visitante ¹que paga [²de entrada gratis]. ▶2000円の入場料 *f.* entrada de 2.000 yenes. ♦入場お断わり【掲示】Prohibida la entrada. ♦入場無料【掲示】Entrada gratis. ♦入場料はお払いするのですか [必要ですか] ¿Hay que pagar entrada? ♦その劇場の入場料はいくらですか ¿Cuánto cuesta la entrada al teatro? ♦彼は博物館への入場を許可された「Le dejaron entrar en el [《フォーマル》Fue admitido al] museo. / Le fue permitida la entrada al museo.

── 入場する (入る) *v.* entrar [hacer* la entrada] 《en》;《許可される》*v.* ser* admitido 《a》. ♦我がチームは堂々と入場した Nuestro equipo hizo su entrada orgullosamente en el estadio. ♦この券で二人入場できる Esta entrada es para dos personas.

にゅうしょく 入植 *m.* asentamiento;《外国からの移民》*f.* inmigración. ▶入植者 *mf.* colono/na, *mf.* inmigrante. ▶入植地 *m.* asentamiento, f. colonia. ▶ブラジルに入植する v. asentarse* [afincarse*] en Brasil.

・ニュース (情報) fpl. noticias [fpl. informaciones] 《de, sobre》; (放送) m. boletín de noticias, m. boletín informativo, [ラ米] m. noticiero.

地域差 ニュース(ラジオ・テレビの)
[スペイン] fpl. noticias, m. boletín de noticias
[キューバ] m. reporte
[メキシコ] fpl. noticias, m. noticiero
[コロンビア] m. noticiero
[アルゼンチン] m. noticiero

1《～ニュース》▶海外ニュース fpl. noticias del exterior [extranjero]. ▶¹国内 [²ローカル; ³スポーツ] ニュース fpl. noticias ¹nacionales [²locales; ³deportivas]. ▶十大ニュース fpl. diez grandes noticias.
2《ニュース+名詞》▶ニュース速報 →速報. ▶ニュースキャスター mf. locutor/tora, mf. presentador/dora. ▶ニュース¹解説 [²解説者] ¹m. comentario [² mf. comentarista] de noticias. ▶ニュースバリュー m. interés periodístico. ▶ニュースソース f. fuente de información. ▶ニュース記事 f. noticia. ▶ニュース映画 m. noticiario [ラ米] m. noticiero (cinematográfico), m. documental de actualidades.
3《ニュースが[は, を, で]》◆今日はいいニュースがあまりなかった Hoy (casi) no ha habido buenas noticias. ◆その地震のニュースを聞きましたか ¿Has oído la noticia [¿Te has enterado del terremoto? ◆第1面のニュースは何ですか ¿Cuál es el titular de las noticias? / ¿Qué aparece en la primera página de las noticias? ◆10時のテレビのニュースを見ましたか ¿Has visto 「las noticias de televisión [el telediario] de las diez? → テレビ, ラジオ. ◆ワシントンからの最新のニュースをお伝えいたします A continuación las últimas noticias desde Washington. ◆そのことは昨夜ニュースで知った Me enteré de eso en las noticias de anoche.

ニュースグループ 《専門語》 m. grupo de noticias. ▶ニュースグループにアクセスする 《専門語》 v. acceder a grupos de noticias.
にゅうせいひん 乳製品 mpl. productos lácteos.
にゅうせき 入籍 f. inscripción del matrimonio en el registro civil. ▶入籍する v. inscribirse* en el registro civil, casarse por lo civil.
にゅうせん 入選 ▶入選作品 f. obra premiada [galardonada]. ▶入選者 mf. premiado/da, mf. galardonado/da, 《フォーマル》 mf. laureado/da.
── **入選する** v. ganar un premio, ser* galardonado. ▶(作品が)展覧会で入選する v. ser* seleccionado para una exposición. ◆彼の絵はコンクールで1等に入選した Su pintura fue galardonada [premiada] con el primer premio del concurso. / Su cuadro ganó el primer premio del certamen.
にゅうせん 乳腺 《専門語》 f. glándula mamaria. ▶乳腺炎 《専門語》 f. mastitis.
にゅうたい 入隊 m. alistamiento, m. reclutamiento. ▶入隊する(志願して) v. alistarse en 「el ejército [(海軍) la marina, (空軍) la fuerza aérea]. (徴兵されて) v. ser* reclutado (para el ejército).
にゅうだん 入団 ▶彼はボーイスカウトに入団した Se hizo explorador [《英語》 "boyscout" (☆発音は [boiesкáut])].
ニューデリー Nueva Delhi (☆インドの首都).
にゅうとう 入党 ▶彼は日本共産党に入党した Se 「afilió al [hizo miembro del] Partido Comunista de Japón.
にゅうとう 乳頭 《専門語》 f. papila. ▶乳頭腫症 《専門語》 f. papilomatosis.
にゅうどうぐも 入道雲 f. masa de nubes, 《専門語》 m. cumulonimbo.
にゅうねん 入念 ▶入念な(注意深い) adj. cuidadoso, atento; (綿密な) adj. minucioso; (精巧な) adj. esmerado. ─ 念入り. ▶その機械の入念な検査 m. cuidadoso examen de la máquina. ▶入念に練った計画 m. plan minuciosamente elaborado. ▶入念な準備 f. preparación minuciosa [esmerada].
にゅうばい 入梅 m. comienzo de la estación de lluvias. ─ 梅雨(ǎ).
にゅうはくしょく 乳白色 ▶乳白色の adj. lechoso, blanco como la leche.
にゅうぶ 入部 ▶野球部に入部する v. 「asociarse a [afiliarse a; hacerse* miembro de] un club de béisbol.
ニューファンドランド Terranova (☆カナダの島).
ニューフェース (芸能界での) f. nueva estrella; (新入生) mf. uno/una nuevo/va, mf. estudiante de primer curso, [コロンビア] 《口語》 mf. primíparo/ra, [スペイン] 《口語》 mf. pipiolo/la; (新参者) mf. recién llegado/da, m. nuevo miembro; (新顔) f. nueva cara.
ニューメキシコ Nuevo México (☆合衆国の州・州都 Santa Fe).
ニューモシスティス 《専門語》 f. neumocistis.
にゅうもん 入門 ❶【弟子入り】▶彼は有名な音楽の先生のところに入門した (= 弟子になった) Se hizo discípulo del famoso músico.
❷【初歩】▶言語学入門 f. Introducción [m. Un curso de iniciación] a la lingüística.
にゅうよう 入用 f. necesidad. → 必要.
にゅうようじ 乳幼児 mpl. niños y lactantes. ▶乳幼児突然死症候群 《専門語》 m. síndrome de muerte súbita del lactante.
ニューヨーク (市) (f. ciudad de) Nueva York; (州) m. estado de Nueva York (☆アメリカ合衆国の州・都市). ▶ニューヨーク(の人) mf. neoyorquino/na.
にゅうよく 入浴 m. baño. ▶入浴する v. tomar [darse*] un baño, bañarse. ▶入浴中である v. estar* en el baño. ▶赤ん坊を入浴させる v. bañar [dar* un baño] al niño.
にゅうりょく 入力 (電算機の) f. entrada; (電気の) f. entrada de tensión [energía eléctrica]. ▶電算機のデータを入力する v. entrar datos en 「un ordenador [[ラ米] una computadora].

ニュールック f. nueva imagen. ▶ニュールックの服 f. ropa de última moda.

にゅうわ 柔和 f. dulzura. ▶柔和な adj. apacible, dulce. ▶柔和な目 mpl. ojos dulces.

ニュルンベルク Nuremburgo 《☆ドイツの都市》.

にょう 尿 f. orina. ▶尿検査 m. examen de orina. → 検尿.

にょうかん 尿管《専門語》m. conducto urinario.

にょうしょう 尿症 ▶キサンチン尿症《専門語》f. xantinuria. ▶グリシン尿症《専門語》f. glicinuria. ▶ヒスチジン尿症《専門語》f. histidinuria. ▶ホモシスチン尿症《専門語》f. homocistinuria. ▶ミオグロビン尿症《専門語》f. mioglobinuria. ▶高カルシウム尿症《専門語》f. hipercalciuria. ▶高シュウ酸尿症《専門語》f. hiperoxaluria. ▶細菌尿症《専門語》f. bacteriuria.

にょうせいしょくき 尿生殖器《専門語》m. órgano genitourinario.

にょうどう 尿道《専門語》f. uretra. ▶尿道炎《専門語》f. uretritis.

にょうどくしょう 尿毒症《専門語》f. uremia. ▶溶血性尿毒症症候群《専門語》m. síndrome hemolítico urémico.

にょうへい 尿閉《専門語》f. iscuria.

にょうぼう 女房《フォーマル》f. esposa,《口語》《ユーモアで》f. media naranja. ▶女房役(片腕となる人) f. mano derecha; (男の) m. brazo derecho.

にょうろ 尿路 ▶尿路感染症《専門語》f. infección del tracto urinario. ▶尿路結石症《専門語》f. urolitiasis.

にょきにょき ▶にょきにょきと立つ(急に現れる) v. brotar [salir*] de repente; (キノコのように次々と出てくる) v. surgir* [《口語》salir*] como setas. ▶新開発地域に高いビルがにょきにょきと建ち始めた En la nueva urbanización los edificios altos empezaron a surgir como setas.

にょろにょろ ▶蛇はにょろにょろと草むらの中へはいっていった Una serpiente se movía sinuosamente por la hierba.

にら 韮 m. puerro.

にらみ 睨み (権威) f. autoridad; (影響力) f. influencia. ▶にらみがきかなくなる v. perder* la autoridad. ▶その先生は生徒ににらみが¹きく [²きかない] El profesor ¹tiene autoridad [²no tiene autoridad] sobre los estudiantes. ♦あの実業家は政界ににらみがきく Ese hombre de negocios tiene [《強調して》 ejerce] una gran influencia en círculos políticos.

にらむ 睨む ❶【見つめる】(怒って) v. mirar severamente, mirar con malos ojos, contemplar airadamente; (じっと) v. fijar 「la mirada [la vista]」 (en),《強調して》 quedarse mirando. ▶にらみ合う v. mirarse fijamente [airadamente],《強調して》 apuñalarse con la mirada; (対立する) v. estar* enfrentados. ♦彼は少年をこわい眼でにらんだ Miró severamente al niño. ♦彼は少年をにらみつけて黙らせた Hizo callar a los niños con la mirada. /《教養語》Con los ojos conminó a los niños al silencio.

❷【疑う】v. sospechar《de》. ♦警察は彼を殺人犯だとにらんだ La policía sospechó 「que él era el asesino [de él como asesino]」.

❸【目をつける】v. no apartar los ojos 《de》, vigilar; (監視する) v. vigilar, custodiar. ♦私は先生ににらまれている El profesor no me aparta los ojos. /(ブラックリストに載っている)《口語》Estoy en la lista negra del profe.

❹【考慮に入れる】データをにらみ合わせて adv.「a la luz de [teniendo en cuenta; considerando] los datos.

にらめっこ 睨めっこ m. juego de mirarse a ver quién ríe primero. ▶時計とにらめっこで朝食を用意する v. preparar el desayuno contrarreloj [contra reloj].

にりつはいはん 二律背反 f. antinomia.

にりゅう 二流 ▶二流のホテルに泊まる v. alojarse en un hotel de 「segunda clase [dos estrellas]」.

にりんしゃ 二輪車 m. vehículo de dos ruedas; (自転車) f. bicicleta.

***にる 煮る** v. cocer*; (とろ火で沸騰寸前までぐつぐつと) v. cocer* hasta que hierva a fuego lento; (加熱して料理する) v. guisar, cocinar. → 料理. ▶野菜を煮すぎる v. hacer* hervir* demasiado las verduras. ▶シチューを煮る v. hacer* hervir* el guisado. ▶砂糖水を半分の量になるまで煮つめる v. hacer* hervir* hasta reducir* el azúcar y el agua a la mitad de su volumen. ♦スープを30分ほどことこと煮なさい Deja que la sopa hierva a fuego lento unos treinta minutos.

***にる 似る** (性質・外観が) v. parecerse* [《フォーマル》asemejarse] 《a》; (親family血縁者と) v.《口語》salir* 《a》,《強調して》 ser* 「el vivo retrato [la viva imagen]」《de》; (部分的に) v. ser* parecido [semejante,《フォーマル》similar] 《a》,《口語》《強調して》 ser* igualito 《que》; (外観が) v. tener* [guardar] parecido [semejanza] 《con》. ♦彼は父親と容貌がよく似ている「Se parece mucho [Es muy parecido]」a su padre. /《口語》Sale mucho a su padre. / Es 「la viva imagen [el vivo retrato,《口語》《比喩的に》la viva estampa] de su padre. / Es igualito que su padre. ♦君はお母さんより父さんに似ている「Te pareces más [《口語》Sales más] a tu padre que a tu madre. ♦この岩は何に似ていますか ¿A qué se parece esta roca? ♦彼は父親と似ても似つかぬ人だ No se parece en nada a su padre. / No ha 「salido en nada a [sacado nada de]」 su padre. ♦彼女のドレスは色が私のと似ている El color de su vestido se parece al mío. / El color de su vestido y el mío son parecidos. ♦これらのよく似た2枚の絵を注意して見てください Mira, por favor, atentamente estos dos cuadros tan parecidos. ♦彼女は母親に似て美人だ Es guapa como su madre. / Ha sacado la belleza de su madre. ♦彼らは好みが似ている Tienen gustos parecidos [semejantes]. / Se parecen en sus gustos. ♦兄に似ず私はスペイン語が得意でない A diferencia de mi hermano, no se me

にるい

da bien el español. ♦彼と私は少し似たところがある（＝共通点がある）Él y yo tenemos puntos en común [nos parecemos un poco].

にるい 二塁 f. segunda (base). → セカンド. ▶二塁手 mf. (jugador/dora de) segunda base. ▶二塁打を打つ v. batear un《英語》"hit" doble. ▶二塁を¹守る[²に盗塁する] v. ¹jugar* de [²robar la] segunda base.

にれ 楡 m. olmo. ▶ニレ材 f. madera de olmo.

*****にわ 庭** m. jardín;（中庭）m. patio.

1《～庭》▶前庭 m. jardín delantero. ▶裏庭（芝生などを植えた）m. patio trasero.

2《庭＋名詞》▶庭1木 [²石] ¹ m. árbol [² m. roca] de jardín. ▶庭師 mf. jardinero/ra. ▶庭造りをする v. hacer* un jardín. ♦彼は日曜日はいつも庭いじりをする Los domingos se entretiene [practicando la jardinería [arreglando el jardín]. / Practica la jardinería los domingos.

3《庭の[を, で]》▶庭の草むしりをする v. desyerbar un jardín. ▶庭の手入れをする（＝芝などを刈り込む）v. cortar el césped de un jardín;（手入れをして維持する）v. cuidar [mantener*] un jardín. ▶庭を造る v. diseñar un jardín. ♦彼女は自分の庭で野菜を栽培している Cultiva verduras en el patio trasero de su casa. ♦お宅の庭の広さはどのくらいですか ¿Cómo es de grande tu jardín?

4《庭に》▶庭に野菜を植える v. plantar verduras en el jardín.

にわか 俄か（突然の）adj. repentino,《フォーマル》súbito;（唐突な）adj. brusco,《フォーマル》abrupto;（予期しない）adj. inesperado, imprevisto. ▶にわか雨 m. chaparrón, m. aguacero. ▶にわか作りの舞台 m. escenario improvisado. ▶にわか作りのチーム m. equipo improvisado. ♦にわか仕込みの知識は実際上何の役にも立たない Un conocimiento adquirido a toda prisa no sirve para nada.

―― かに adv. de repente, de improviso, repentinamente,《フォーマル》súbitamente. → 突然. ♦にわかに天気が変わった El tiempo cambió de improviso. / Hubo un cambio repentino de tiempo. ♦にわかには（＝今すぐには）決められない No me puedo decidir así de improviso.

*****にわとり 鶏** m. pollo;（成長した鶏（雄））m. gallo;（雌の）f. gallina;（ひな）m. pollo, m. pollito. ▶鶏の肉 f. carne de pollo. ▶鶏を飼う v. tener* [criar*] gallinas. ▶鶏が鳴いた（雄）Cantó un gallo. /（雌の）Cloqueó [Cacareó] una gallina. ♦それは鶏が先か卵が先かを問うようなものだ Eso es como preguntar qué es antes, la gallina o el huevo.

にん 任（職）m. cargo;（地位）m. puesto, f. posición;（任務）f. tarea, m. trabajo, m. deber;（責任）f. responsabilidad. ▶任にある v. ocupar el cargo. ▶任を果たす v. desempeñar [《フォーマル》llevar a cabo] el deber. ▶任に耐える v. valer* para el trabajo. ♦社長は私の任ではない No valgo [estoy capacitado] para el cargo [puesto] de presidente.

にんい 任意 ▶任意の（選択自由の）adj. opcional, libre;（自発的な）adj. voluntario,《フォーマル》facultativo;（独断的な）adj. arbitrario. ▶任意に adv. voluntariamente, libremente, a voluntad,《フォーマル》facultativamente;（好きなように）adv. al gusto, al propio antojo [capricho], como uno quiera. ▶任意保険 m. seguro facultativo. ▶任意出頭 f. presentación voluntaria. ▶任意の寄付 fpl. contribuciones voluntarias. ▶任意の解釈 f. interpretación arbitraria. ▶任意に選ぶ v. elegir* libremente, hacer* una libre elección. ♦出席は任意です La asistencia es facultativa.

にんか 認可（承認）f. aprobación,《フォーマル》f. autorización;（許可）m. permiso, f. licencia;（公認）f. autorización,（権威筋による認可）《専門語》f. sanción, f. aprobación. → 承認, 許可. ▶認可する v. autorizar*, permitir,《専門語》sancionar. ♦あの橋の建設計画を認可する v. autorizar* [aprobar*] el proyecto de construcción del puente. ▶認可を得る v. obtener*「la autorización [el permiso, la aprobación, la licencia]《de》. ♦ビル建設に関する市長の認可がおりた La construcción del edificio fue autorizada por el/la alcalde/desa. / El/La alcalde/desa autorizó la construcción del edificio.

*****にんき 人気** f. popularidad, m. favor popular. ▶人気（のある）歌手 mf. cantante popular,《口語》《強調して》m. ídolo de la canción. ▶人気上昇中のスター f. estrella「en alza [de creciente popularidad]. ▶人気投票 m. concurso de popularidad. ▶（スターなどが）人気におぼれる v. emborracharse de éxito. ▶人気取りをする v. buscar* la popularidad;（大向こう受けをねらった行為をする）v. actuar* de manera ostentosa. ▶人気を博する v. ganar [adquirir*] popularidad,（一般の人に受ける）v. atraerse* el favor popular. ♦彼はあまり人気がない No es muy popular. ♦ゴメス教授は学生に人気がある El profesor Gómez「es muy popular [goza de gran popularidad] entre sus estudiantes. ♦彼はクラスの人気者の1人だ Es uno de los estudiantes más populares de la clase. ♦サッカーはラテンアメリカで大変人気のあるスポーツです El fútbol es el deporte más popular en América Latina. ♦そのCDは最近人気が出てきた Ese disco compacto se está「haciendo popular [ganando popularidad] estos días. / La popularidad de ese disco compacto está empezando a aumentar estos días. ♦その男子の転校生はクラスの女子の人気をさらった（＝注目の的になった）El estudiante que vino [llegó] de fuera era el foco de atención de las alumnas de la clase. ♦50年代のロックに再び人気が出てきた（＝流行しだした）La música《英語》"rock" de los años cincuenta ha「vuelto a ponerse de moda [vuelto a hacerse popular, recuperado la popularidad]. ☞信望, 人望

にんき 任期 m. mandato. ▶任期（として）4年の任期を務める v. ejercer* un mandato de cuatro años (como alcalde/desa). ♦大統領とし

て(2回目)の任期中に *adv.* durante su (segundo) mandato como presiden*te/ta*. ▶任期終了前に *adv.* antes de que expire el mandato. ♦ 大統領の任期は4年である El mandato del presidente es de cuatro años.

にんぎょ 人魚 *f.* sirena.

*****にんぎょう 人形** *f.* muñeca, *m.* muñeco; (あやつり人形) *m.* títere, *f.* marioneta. ▶縫いぐるみ人形 *f.* muñeca de trapo. ▶ろう人形 *f.* muñeca de cera; (等身大で有名人をかたどった) *f.* figura de cera. ▶指人形 *m.* títere (de guante). ▶人形劇 *m.* teatro de marionetas [títeres]. ▶人形遣い *mf.* titiritero/*ra*. ▶人形ごっこをする *v.* jugar* a las muñecas. ▶ 人形をあやつる *v.* manejar las marionetas, mover* los títeres.

*****にんげん 人間** ❶【人】*m.* ser humano, *m.* hombre, *f.* persona; (人類) *f.* humanidad, *m.* humano, *m.* género humano. → 人, 人類. ▶警官と言えども人間だ. クリスマスぐらいゆっくりしなくっては Los policías son también seres humanos y las Navidades deberían pasarlas igualmente con tranquilidad.

 1《人間〜》▶人間関係 *fpl.* relaciones humanas. ▶人間性(人間としての性質)*f.* naturaleza humana, (人間としての徳性)*f.* humanidad, *f.* naturaleza humana; (人間性に反する) *v.* ir* contra la humanidad. ▶人間らしく生きる *v.* vivir con dignidad humana. ▶人間味のある人 *f.* persona humanitaria [afectuosa]. ▶ 1《人間味あふれる[2人間味のない〕話 *f.* historia ¹llena [²carente] de humanidad. ▶人間ドックに入る *v.* someterse a「una revisión médica [《ラ米》un chequeo médico] total. ♦ それは人間わざとは思えない Eso parece「humanamente imposible [sobrehumano, por encima de la capacidad del hombre]. ♦ 彼は人間嫌いだ Odia「a la gente [《フォーマル》al género humano]. / Es un misántropo.

 2《人》▶人間はだれでも自由に生きる権利がある「Todo ser humano tiene [Todas las personas tienen] el derecho de vivir con libertad. ♦ 人間は環境に適応してきた El género humano ha venido adaptándose al medio ambiente. ♦ 人間は結局は死ぬものである El hombre es mortal.

 3《人間の》; (人間に備わる, 人間の性質を持つ) *adj.* humano; humanit*ario*; (人間全体の) *adj.* de la humanidad. ▶人間の1体 [²脳] ¹*m.* cuerpo [² *m.* cerebro] humano. ▶人間の尊厳 *f.* dignidad humana. ▶人間の姿をした神 *m.* dios「con forma humana [《フォーマル》antropomórfico]. ▶人間の歴史 *f.* historia de la humanidad. ♦ そうすることが人間の義務だ Es el deber de cualquier persona hacer eso.

 4《人間に》▶人間に似た動物 *m.* animal parecido al hombre. ♦ このことは人間にも当てはまる Esto es también válido para las personas.

 ❷【人格】*m.* carácter, *f.* personalidad. → 人物, 人格, 人柄, 人. ▶人間のできた人(人格者) *m.* hombre de bien; (いい人) *f.* buena persona. ▶人間(=心)の¹大きい²[小さい]人 *f.* persona con mentalidad ¹abierta [²estrecha]. ▶人間的に成長する *v.* crecer* como persona.

ニンシア 寧夏 Ningsia, 《ピンイン》Ningxia(☆中国の回族自治区).

にんしき 認識 (理解) *f.* comprensión, *m.* entendimiento, (専門語) *f.* cognición; (知識) *mpl.* conocimientos. ♦ われわれの認識を深める *v.* profundizar* nuestro(s) conocimiento(s). ♦ この問題については彼は認識不足だ Entiende muy poco de esto. / 《フォーマル》Su comprensión de este asunto es muy limitada. ♦ 私は婦人解放運動に対する認識を新たにした(=新たな観点で見た) He visto el Movimiento de Liberación Femenina bajo una nueva luz. / He cambiado totalmente de idea del Movimiento de Liberación Femenina.

—— **認識する** (理解する) *v.* comprender, entender*. → 分かる, 認める. ▶実態を正しく認識する *v.*「comprender bien [entender* correctamente] la situación real, tener* una comprensión correcta de la verdadera situación. ♦ 政府はその問題の重要性を認識し始めた El gobierno ha empezado a comprender la importancia del problema.
 ☞ 悟る, 知る

にんじゃ 忍者 "ninja", 《説明的に》*m.* espía japonés de la época feudal.

にんしょう 認証 *f.* certificación, *f.* sanción, *f.* ratificación, 《専門語》*f.* autentificación, 《専門語》*m.* certificado. ▶認証局 《専門語》*fpl.* autoridades de certificado. ▶認証する *v.* certificar*, sancionar, ratificar*.

にんじょう 人情 (親愛の情) *m.* corazón, (人間的感情) *mpl.* sentimientos humanos; (人間性) *f.* humanidad, *m.* humanismo. ▶人情家 *f.* persona humana [de buen corazón, 《口語》con el corazón de oro]. ▶人情味 *m.* toque humano. ▶人情味のある話 *f.* historia llena de humanidad [sentimientos humanos]. ▶人情の機微が分かる *v.* ver*「los secretos [las sutilezas] del corazón humano. ▶ 人情(=思いやり)を持って捕虜に接する *v.* cuidar a los prisioneros con humanidad. ♦ だれでも出世したいと思うのは人情(=自然のことだ) Es perfectamente humano que todo el mundo quiera destacar [tener* éxito social]. ♦ そのような行為は人情にもとる(=非人間的だ) Esa conducta es inhumana.

—— **人情のある** (親切な) *adj.* amable; (人間味のある) *adj.* humano, de buen corazón; (心が暖かい) *adj.* de buenos sentimientos. ♦ 彼は人情の厚い人だ Tiene un「buen corazón [《口語》《強調して》corazón de oro]. / Es muy amable. ♦ 彼女は人情の薄い[ない]人だ No tiene corazón. / Tiene el corazón duro. / Es inhumana.

にんじる 任じる ❶【任命する】*v.* nombrar. ▶彼女を会長に任じる *v.* nombrarla presidente.

❷【自任する】v. considerarse, 《口語》dárselas 《de》. ♦ 彼は専門家をもって任じている Se 「considera un [《口語》las da de] experto.

にんしん 妊娠 m. embarazo, f. preñez, 《専門語》f. gestación, 《フォーマル》f. gravidez. ▶ 妊娠中毒症《専門語》f. toxicosis de embarazo. ▶ 妊娠中に風邪をひく v. resfriarse* durante el embarazo. ▶ 妊娠中絶をする v. abortar, tener* un aborto. ♦ 妻は妊娠 4 か月です Mi esposa está embarazada de cuatro meses.
── 妊娠する v. quedarse embarazada. ♦ 彼女は妊娠しています Está embarazada [encinta, en estado; (主に動物が) preñada]. / (まもなく子供が産まれる) Va a tener un niño [bebé]. / Espera un hijo. ♦ 《比喩的に》Está en estado de buena esperanza.

にんじん 人参 f. zanahoria. ♦ 朝鮮ニンジン m. ginseng.

にんずう 人数 m. número [f. cantidad] de personas [gente]. → 数(㋕). ▶ 1多 [2少]人数 f. ¹mucha [²poca] gente, fpl. ¹muchas [²pocas] personas. ▶ 野球に必要な人数をそろえる v. reunirse*「gente bastante [el número suficiente de personas] para jugar al béisbol. ♦ 会場の人数をかぞえる v. contar* 「el número de personas [cuánta gente hay] en la sala. ♦ その仕事をするには人数が足りない (＝もっと多くの人が必要だ) Necesitamos más gente para hacer ese trabajo. ♦ 私たちのクラスは人数が多すぎる Nuestra clase está demasiado llena de gente. / El número de personas en nuestra clase es excesivo.

にんそう 人相 （顔つき）fpl. facciones, mpl. rasgos, f. fisonomía; (容貌(㋕), 美貌) m. aspecto; f. belleza; (目鼻立ち) fpl. características físicas. ▶ 人相の悪い男 m. hombre de 「aspecto malvado [facciones siniestras]. ▶ 人相を見る v. leer* 「(su) fisonomía, deducir* el carácter por (sus) rasgos. ♦ 容疑者は新聞記事にある人相書きに一致する El sospechoso responde a la descripción física que se da en el periódico.

にんそうみ 人相見 mf. fisonomista.

にんたい 忍耐 f. paciencia. → 我慢, 辛抱, 根気. ▶ 忍耐強い人 f. persona paciente. ▶ 忍耐と寛容をもって adv. con paciencia y tolerancia. ▶ 忍耐力を養う v. cultivar la paciencia. ♦ その仕事には大変な忍耐がいる Ese trabajo exige mucha paciencia. ♦ 彼女には赤ん坊の世話をするだけの忍耐力がない「No tiene bastante [Carece de] paciencia para cuidar al bebé. ♦ それは彼の忍耐の限度を越えている Eso está por encima de su paciencia. / Su paciencia no aguanta tanto. ☞我慢, 堪忍, 根気

にんち 認知 f. 《フォーマル》legitimación, m. reconocimiento (de legitimidad). ▶ 認知障害《専門語》f. deficiencia cognitiva. ♦ その子を認知する v. reconocer* [《フォーマル》legitimar] al niño como hijo.

にんてい 認定 ▶ 認定する (正式に認可する) v. autorizar*, dar* validez; (資格を与えて) v. capacitar; (承認する) v. reconocer*; (評決を下す)(専門語) v. declarar, fallar. ▶ 認定証 (=免許状) m. certificado, m. diploma. ♦ この教科書は文部科学省から認定された Este libro de texto está autorizado por el Ministerio de Educación y Ciencia. ♦ 彼は水俣病患者として公式に認定された「Le reconocieron oficialmente como un paciente de [Comprobaron oficialmente que padecía] la enfermedad de Minamata. ♦ 陪審員は彼を無罪と認定した El jurado lo [le] declaró inocente.

にんにく (球根, 香辛料) m. ajo. ▶ ニンニク 1 片 m. diente de ajo. ▶ ニンニクの球根 f. cabeza de ajo. ▶ ひとつなぎのニンニク una ristra de ajos.

にんぷ 妊婦 f. embarazada, f. mujer encinta [en estado].

にんぷ 人夫 m. peón; (荷物運び人) mf. porteador/dora.

にんまり ▶ にんまり (＝満足そうに)笑う v. sonreír* con satisfacción.

にんむ 任務 （義務）m. deber, f. obligación; (課せられた仕事) f. tarea, 《フォーマル》m. cometido; (目的のために派遣されてする仕事) f. misión. ▶ 国会議員の任務 fpl. obligaciones de un/una diputado/da. ♦ 任務を果たす v. cumplir con el deber, llevar a cabo la tarea. ♦ 任務に就く v. emprender una tarea, 《口語》ponerse* manos a la obra. ♦ 特別な任務を帯びて米国へ派遣される v. ser* enviado a Estados Unidos en una misión especial. ♦ 秘書の任務の一つは手紙をタイプすることだ Uno de los deberes de una secretaria es 「escribir cartas a máquina [mecanografiar cartas]. ♦ 首相は彼にインフレを抑える (=と戦う)という任務を与えた El Primer Ministro le encomendó [encargó, dio la tarea de, 《フォーマル》asignó el cometido de] combatir la inflación. ♦ 諸君の任務は山の遭難者を救出することだ Vuestra [《ラ米》Su] misión es rescatar a los alpinistas perdidos en la montaña.
☞仕事, 職, 職務, 勤め

にんめい 任命 （任用）m. nombramiento, f. designación.
── 任命する v. nombrar, designar. ♦ 首相は彼を自分の後任に任命した El Primer Ministro lo [le] nombró su sucesor. ♦ 彼は校長に任命された「Lo [Le] nombraron [Fue nombrado] director de la escuela.
☞指名する, 据える, 取り立てる

にんめんけん 任免権 ▶ (大臣の)任免権がある v. tener* 「el derecho [la facultad] 「para nombrar y destituir* [de nombramiento y destitución 《de》] (ministros del gabinete).

にんよう 任用 m. nombramiento. → 任命.
☞選任, 登用

ぬ

ぬいあわせる 縫い合わせる v. coser, 《専門語》suturar, dar* puntadas 《a》. ▶布切れを縫い合わせる v. coser uniendo retales. ▶傷口を縫い合わせる v. suturar una herida.

ぬいぐるみ 縫いぐるみ (綿など詰め込んだもちゃ) m. juguete de trapo [felpa]. ▶縫いぐるみ人形 f. muñeca de trapo. ▶クマの縫いぐるみ m. osito de trapo. ▶犬の縫いぐるみ (＝犬の衣装)を着る v. vestir* a un perro.

ぬいとり 縫い取り (刺繍(ししゅう)) m. bordado. ▶縫い取りをする v. bordar [hacer* un bordado de] (rosas). → 刺繍.

ぬいばり 縫い針 f. aguja (de coser).

ぬいめ 縫い目 f. costura; (傷口の(縫合)) f. sutura. ▶縫い目をほどく v. deshacer* una costura. ▶ほころんだ縫い目をつくろう v. coser [dar* unas puntadas a] un descosido. ▶ドレスの縫い目がほころびた Se me ha descosido el vestido. / La costura del vestido se me ha roto.

ぬいもの 縫い物 fpl. labores, f. costura. → 裁縫.

__ぬう__ 縫う v. coser, dar puntadas 《a》, 《専門語》suturar. ▶上手に縫う v. coser bien. ▶スカートをミシンで [2手で]縫う v. coser una falda ¹a máquina [²con la mano]. ▶スカートのほころびを縫う v. coser un roto en la falda. ▶シャツにボタンを縫いつける v. coser un botón a la camisa. ▶傷口を5針縫う v. dar* cinco puntos a una herida, suturar una herida con cinco puntos. ♦彼女は私にドレスを縫ってくれた Me hizo un vestido. / (ドレスのほころびを) Me cosió un vestido.

【その他の表現】▶人込みを縫って進む v. abrirse* paso entre la multitud. ▶家事の合間を縫って adv. en los ratos libres de trabajo casero.

ヌード m. desnudo. ▶ヌードの adj. desnudo. ▶ヌード写真 m. desnudo fotográfico, f. foto de desnudo. ▶ヌードモデル mf. modelo de desnudo. ▶ヌードで歩く v. caminar desnudo [en cueros]. → 裸.

ヌードル m. fideos.

ぬか 糠 m. salvado de arroz. ▶ぬかみそ →糠味噌(ぬかみそ). ♦そんなことをしたってぬかにくぎだ (＝砂地を耕すようでまったくむだ)《口語》Es predicar en desierto. / 《口語》Es dar palos de ciego. / Es del todo inútil. ▶先生の忠告も彼にはぬかにくぎだった (＝何の効果もなかった) El consejo de su profesor/sora no le sirvió de nada.

ぬかす 抜かす (わざと・うっかり省略する) v. omitir, dejar, 《口語》saltarse, pasar por alto; (飛ばす) v. saltarse 《sin》. ▶その章を抜かす v. omitir [saltarse] el capítulo. ▶朝食を抜かす v. pasarse sin desayunar. ▶文の中のコンマを抜かす v. omitir una coma en la oración.

ぬがせる 脱がせる v. quitar (la ropa); desnudar. ▶彼の服を脱がせる v. quitarle la ropa, desnudarlo[le]. ♦妻が私に手を貸して外とうを脱がせた Mi mujer me ayudó a quitarme el abrigo.

ぬかみそ 糠味噌 "nukamiso", 《説明的に》m. salvado de arroz salado para conservar verduras. ▶キュウリのぬかみそ漬け m. pepino adobado en salvado de arroz salado.

【その他の表現】♦なみ, (歌うのを)やめろ, ぬかみそが腐るから Naomi, deja de cantar que va a llover.

ぬかよろこび 糠喜び f. alegría efímera.

ぬかり 抜かり ▶抜かりなく (注意深く) adv. cautelosamente; (抜け目なく) adv. con astucia, sagazmente; (必ず) adv. sin falta. ♦彼の仕事はまった〈抜かりがない (＝完璧(かんぺき)だ) Su trabajo es perfecto, «no tiene ningún fallo [es impecable]. ♦彼女はやることに抜かりがない Todo lo hace bien [a la perfección]. / Es impecable en todo. ♦(自分のやっていることを心得ている) Sabe lo que hace.

ぬかるみ m. barro, m. lodo. → 泥沼. ▶ぬかるみの道 m. camino lleno de barro.

ぬきあし 抜き足 ▶抜き足で(こっそり) adv.《フォーマル》a pasos furtivos; (つま先で) adv. de puntillas. ▶抜き足でその部屋に入る v. entrar furtivamente [de puntillas] en el cuarto.

ぬきうち 抜き打ち (突然の) adj. imprevisto, inesperado; (通知なしで) adv. sin avisar, de improviso. ▶抜き打ちテスト m. examen sorpresa.

ぬきさしならない 抜き差しならない ▶抜き差しならない状態にある [2陥る] v. ¹estar* [²caer*] en un apuro [aprieto, atolladero, 《口語》callejón sin salida].

ぬぎすてる 脱ぎ捨てる ((服などを)投げるように脱ぐ) v. quitarse bruscamente (la ropa); (靴などを脱いで) v. descalzarse* bruscamente; → 脱ぐ. ▶長靴を脱ぎ捨てる v. quitarse bruscamente las botas. ♦彼は服を脱ぎ捨て川に飛び込んだ Se quitó bruscamente la ropa y se lanzó al río.

ぬきずり 抜き刷り f. separata, f. tirada aparte.

ぬきだす 抜き出す (選ぶ) v. sacar*, 《フォーマル》extraer*. ▶カードを1枚抜き出す v. sacar* una tarjeta.

ぬきて 抜き手 f. natación al estilo tijera. ▶抜き手を切って泳ぐ v. nadar al estilo tijera.

ぬきとり 抜き取り ▶抜き取り検査 f. inspección por muestreo.

ぬきとる 抜き取る (引っぱり出す) v. sacar*, arrancar*, 《フォーマル》extraer*; (引き抜く) v.

ぬきんでる 抜きん出る（きわ立つ）v. sobresalir* [distinguirse*, descollar*] (de, entre); (まさる) v. superar, (フォーマル) exceder. ▶数学では他のどの生徒よりも抜きん出ている v.「sobresalir* de [superar a] los demás estudiantes en matemáticas.

・**ぬく** 抜く ❶【引いて抜く】v. sacar*; (力をこめて) v. arrancar*; (フォーマル) extraer*; (取り除く) v. quitar, eliminar. ▶彼の指のとげを抜く v. sacarle* una astilla del dedo. ▶虫歯を抜いてもらう v. sacarse* un diente picado. ▶くぎ抜きでくぎを抜く v. sacar* un clavo con unas tenazas. ▶さやから剣を抜く v. sacar* [(フォーマル) desenvainar] una espada. ▶一組のトランプから1枚抜く v. sacar* una carta de la baraja. ▶ワインのコルク栓を抜く v. descorchar [abrir*] una botella de vino. ▶彼のためにもう1本ビールの栓を抜く v. abrirle* otra botella de cerveza. ▶庭の雑草を抜く v. desherbar* [《ラ米》desmalezar, 《アルゼンチン》sacar* los yuyos] de un jardín, quitar las malas hierbas de un jardín.

❷【中の気体・液体などを出す，取り除く】▶タイヤの空気を抜く v. sacar* el aire de un neumático. ▶ふろの水を抜く v. vaciar* [desaguar*] una bañera. ▶ワイシャツのしみを抜く v. quitar la mancha de una camisa.

❸【無しで済ませる】▶朝食を抜く v. pasarse sin desayunar. ▶(仕事などで)手を抜く v. chapucear.

❹【追い抜く】(人・車などを) v. pasar; (車などを) v. adelantar, rebasar; (より速く走る) v. correr más rápido que; (事業・競走などで) v. dejar atrás. ▶前の走者を抜く v. pasar al que corre adelante. ▶発行部数で競合紙を抜く v. 「dejar atrás [superar] a su rival en tirada [circulación].

❺【徹底的にする】▶それを最後までやり抜く v. llevar a cabo hasta el final, concluir*. ▶最後まで戦い抜く v. luchar hasta el final. ▶その問題を考え抜く v. pensar* detenidamente en el asunto. ▶二つの世界大戦を生き抜く v. sobrevivir dos guerras mundiales.

❻【抜きん出る】▶みんな泳ぎがうまいが中でも健は群を抜いている Todos son buenos nadadores, pero Ken los「aventaja con mucho a todos [supera con diferencia].

・**ぬぐ** 脱ぐ（身につける物全般を） v. quitarse (la ropa), desnudarse; (脱ぎ捨てる) v. desvestirse* [《文語》despojarse] (de). ▶服も脱がずに眠り込む v. quedarse dormido con la ropa puesta. ▶帽子を脱ぎなさい Quítate el sombrero. / Descúbrete. ▶《強調して》Fuera del sombrero. ▶服を脱いでパジャマを着た Me desnudé [desvestí, quité la ropa] y me puse el pijama. ▶おぼれている少年を救うために彼は上着を脱いで川に飛び込んだ Se quitó la chaqueta y saltó al río para salvar al niño que se ahogaba. ▶彼女がコートを脱ぐのを手伝った Le ayudé a ella a quitarse el abrigo.

【その他の表現】▶私のために一肌脱いでくれないかい ¿No me puedes echar una mano?

ぬぐう 拭う（軽くこすってふく） v. limpiar(se); (ふいて取る) v. enjugar(se)*; (乾かす) v. secar(se)*. → 拭(ふ)く. ▶額の汗をぬぐう v. enjugarse* [secarse*] el sudor de la frente. ▶口をぬぐう v. limpiarse la boca. ▶心からある考えをぬぐい去る v. borrar una idea de la cabeza.

ぬくぬく (居心地よく) adv. cómodamente, confortablemente; (雨風の心配なく) adv. al abrigo [de]; (暖かく) adv. cálidamente; (安心して) adv. con seguridad. ▶猫が暖炉のそばでぬくぬくと寝ている El gato está cómodamente tumbado al lado de la chimenea.

ぬくもり 温もり f. tibieza, m. ligero calor. ▶ふとんの中にはまだ彼の肌のぬくもりが少し残っていた La cama todavía conservaba algo del calor de su cuerpo.

ぬけあな 抜け穴（秘密の通路）m. pasadizo, m. paso secreto; (地下道) m. paso subterráneo; (法規などの抜け道) f. laguna jurídica, f. fisura legal. ▶法の抜け穴を見つける v. encontrar* una laguna jurídica.

ぬけがら 抜け殻（セミなどの脱皮） f. muda; (蛇などの) f. camisa.

ぬけげ 抜け毛 m. pelo caído. ▶抜け毛がひどい Se me está cayendo mucho pelo.

ぬけだす 抜け出す ▶部屋を抜け出す (=こっそり出る) v. salir* [irse*] sigilosamente de una sala. ▶経済危機から抜け出す v. escapar de una crisis económica; (立ち直る) v. recuperarse de una crisis económica.

ぬけぬけと (厚かましくも) adv. con descaro [insolencia], descaradamente, 《口語》con frescura; (恥知らずにも) adv. con desvergüenza [insolencia], con todo descaro. ▶ぬけぬけとうそをつく v. mentir* descaradamente. ▶彼はぬけぬけとそのパーティーに顔を出した Se presentó en la fiesta con todo descaro. / 《口語》El muy fresco se presentó en la fiesta. ▶よくぬけぬけとそんなことが言えるな ¿No te da vergüenza decir una cosa así?

ぬけみち 抜け道（間道，わき道） f. carretera secundaria [de circunvalación], m. camino apartado; (秘密の通路) m. pasadizo, m. paso secreto; (法律などの) f. laguna jurídica, f. fisura legal; (口実) m. pretexto, f. excusa.

ぬけめ 抜け目 ▶抜け目がない (利にさとい) adj. astuto, 《フォーマル》sagaz; (用心深い) adj. alerta, 《メキシコ》abusado; (頭がよい) adj. listo; (計算的な) adj. calculador; (周到な) adj. atento, cauteloso. ▶金もうけに抜け目がない v. ser* astuto para hacer* dinero. ▶抜け目のない返答をする v. responder sagazmente [con inteligencia]. ▶あの人は抜け目のない商売人だ Es un astuto hombre de negocios. ▶彼は何事にも抜け目がない (=どんなことも見逃さない) Es un lince [águila] en cualquier caso. /《口語》Nunca mete aguja sin sacar reja. ☞しっ

かりした，打算

ぬける 抜ける ❶【離れて取れる】(髪・歯などが) v. caerse*; (歯・くぎなどが) v. desprenderse, salirse*; (底が) v. caerse*; (崩れ落ちる) v. caerse*, hundirse, derrumbarse, desplomarse. ♦ダンボールの底が抜けた Se ha caído el fondo de la caja de cartón. ♦床が抜けた El suelo se ha desprendido [hundido]. ♦彼女は腰が抜けた Sus rodillas la dejaron caer. ／Se desplomó al cederle las rodillas.
❷【あったものが無くなる・消える】(しみなどが) v. quitarse, eliminarse; (風邪・悪習などが) v. librarse [desembarazarse, zafarse] (de). ♦悪習から抜ける v. librarse de una mala costumbre. ♦疲労が抜けない (=まだ疲労を感じる) v. sentirse* cansado todavía. ♦風邪がどうも抜けない No me puedo librar del catarro. ♦風船の空気が抜けた El globo se ha desinflado. ♦このビールは気が抜けている Esta cerveza ha perdido「la efervescencia [el gas].♦腕がまひして力が抜けていくのを感じた Sentí que el brazo se me dormía y perdía toda su fuerza.
❸【あるべきものが無い】v. faltar, no figurar. ♦この本は8ページ抜けている A este libro le faltan ocho páginas. ♦彼の名前が名簿から抜けている Su nombre no figura en la lista. ／No está incluido su nombre en la lista.
❹【愚鈍である】v. ser* tonto [estúpido]. ♦あの男は少し抜けている Es un poco tonto.
❺【組織だから離れる】v. retirarse (de), dejar. ♦会の途中で抜ける v. retirarse a mitad de la reunión. ♦部員が数名チームから抜けた Varios miembros「se retiraron del [dejaron el] equipo.
❻【通り抜ける】♦森を通り抜ける v. atravesar* [pasar por] un bosque. ♦公園を抜けて(=横切って)近道をする v. tomar un atajo a través de un parque. ♦(車で)町を抜けて郊外に出る v. conducir* de la ciudad a las afueras. ♦トンネルを抜けると海が見えてきた Al salir del túnel, se me apareció el mar.
❼【透き通る】♦抜けるような青空 m. cielo azul y despejado. ♦肌の色が抜けるように白い v.「tener* la [ser* de] tez muy clara.

ぬげる 脱げる (はずれる) v. salirse*; (するっと) v. resbalarse, caerse*. ♦このズボンはなかなか脱げない Estos pantalones no se quitan fácilmente. ／No es fácil quitarse estos pantalones. ♦帽子がするっと脱げた Se me cayó el sombrero.

ぬし 主 (主人) mf. amo/ma; (守り神) m. espíritu guardián; (所有者) mf. dueño/ña, 《フォーマル》mf. propietario/ria. ♦主のいない犬 m. perro vagabundo [sin amo].

ぬすみ 盗み m. robo; (小さな物の)《口語》hurto, 《文語》m. latrocinio. ♦盗みを働く v. robar, 《フォーマル》hurtar, cometer un robo. → 盗む.

ぬすみぎき 盗み聞き ♦彼らの話を盗み聞きする v. escuchar「a hurtadillas [clandestinamente] su conversación. → 盗聴.

ぬすみみ 盗み見 ♦盗み見する v. mirar furtivamente, echar miradas furtivas.

ぬすみみる 盗み見る v. mirar「a escondidas [a hurtadillas, de reojo].

ぬすむ 盗む ❶【窃盗する】v. robar, 《フォーマル》cometer un robo; (大金を) v. estafar 《だまし て金を》 v. timar, 《口語》quitar, 《口語》mangar*; (ささいな金品を) v. sisar, hurtar, ratear, 【スペイン】《俗語》choricear. ♦¹彼[²金庫]から金を盗む v. ¹robarle dinero [²robar dinero de una caja fuerte]. ♦盗んだ物 m. objeto robado. ♦彼が喫茶店から盗んできたスプーン f. cuchilla que robó de un salón de té. ♦私はカメラを盗まれた Me han robado [《口語》quitado] la cámara.

地域差 |《口語》盗む
〔スペイン〕v. birlar, choricear, chorizar, limpiar, mangar*
〔キューバ〕v. afanar
〔メキシコ〕v. clavar, volar
〔ペルー〕v. chorear
〔アルゼンチン〕v. afanar, birlar, chorear

❷【強盗する】v. robar; (凶器をもって) v. atracar*; (家に忍び込んで) v. desvalijar. ♦私は泥棒に財布を盗まれた El ladrón me robó la cartera. ／Me han robado la cartera. → 強盗.
❸【盗作する】♦彼からアイデアを盗む v. copiarle una idea. → 盗作.
《その他の表現》♦人目を盗んで(=こっそりと)デートをする v.「salir* secretamente [verse* a escondidas]《con ＋ 人》. ♦暇を盗んで釣りに行く v. escaparse de pesca en el tiempo libre. ♦彼は先生の目を盗んで(=先生に見られずに)カンニングした Copió en el examen sin que le viera「el profesor [la profesora]. ／Engañó「al profesor [la profesora] en el examen. ☞ 掠める，失敬，泥棒.

ぬの 布 f. tela, m. tejido. ♦布2枚 fpl. dos telas. ♦多くの種類の布 fpl. muchas telas. ♦布で包む v. envolver* con una tela. → 包む.

ぬのじ 布地 f. tela; (織布) m. tejido, m. género textil. → 布.

ぬま 沼 (沼地) m. pantano; (海岸に近い沼地) f. marisma; (低湿地) f. ciénaga; (湖) m. lago; (潟) f. albufera.

ぬらす 濡らす v. mojar(se); (ちょっと湿らせる) v. humedecer*; (ちょっと浸す) v. empapar. ♦彼女は髪をぬらしてシャンプーを振りかけた Se mojó el pelo para ponerse champú.

ぬらぬら(した) adj. 【スペイン】resbaladizo, 【ラ米】resbaloso. → ぬるぬる.

ぬり 塗り f. mano, f. capa. ♦¹ペンキ[²ニス]の塗り f. mano de ¹pintura [² barniz]. ♦ペンキを2度塗りする v. dar* dos manos de pintura. ♦机にペンキの¹下[²中,³上]塗りをする v. dar* al escritorio la ¹primera [²segunda, ³última] mano de pintura. ♦このテーブルは¹ニス[²漆]の塗りがよい (＝よく塗られている) Esta mesa está bien ¹barnizada [²laqueada].

ヌリア Nuria (☆スペイン中北部，ソリア市郊外の遺跡).

ぬりかえる 塗り替える v. volver* a pintar, pintar otra vez, repintar. ♦記録を塗り替える v. batir「una marca [un récord].

1082 ぬりかためる

ぬりかためる 塗り固める ▶壁をしっくいで塗り固める v. enlucir* las paredes.

ぬりぐすり 塗り薬 (軟こう) f. pomada, m. ungüento; (液状の薬) m. linimento. ▶塗り薬をすり傷につける v. aplicar* un ungüento al rasguño, untar el rasguño con una pomada.

ぬりたて 塗り立て ▶ペンキ塗り立てのドア f. puerta recién pintada. ▶塗り立ての壁 (1しっくい [2石 灰]) f. pared recién ¹enyesada [²encalada]. ▶ペンキ塗り立て [掲示] "Recién pintado".

ぬりつぶす 塗り潰す ▶この壁を白色で塗りつぶす v. blanquear totalmente esta pared, pintar [recubrir*] toda esta pared de blanco.

ぬりもの 塗り物 (うるし細工) (m. objetos de) f. laca. ▶塗り物師 mf. lacador/dora.

ぬる 塗る (ペンキ・絵の具を) v. pintar; (クレヨン・鉛筆で) v. colorear; (バターやジャムなどを) v. untar; (油などでとくものを) v. embadurnar; (薬などを) v. poner, 《フォーマル》aplicar*; (おしろいを) v. empolvarse; (紅を) v. ponerse* colorete; (うるしを) v. lacar*; (ニスを) v. barnizar*; (しっくいを) v. enlucir*, enyesar; (ワックスを) v. encerar. ▶天井にペンキを塗る v. pintar el techo; (上塗りする) v. recubrir* el techo de pintura. ▶塀を白く [²明るい色に] 塗る v. pintar la valla de ¹blanco [²un color brillante]. ▶クレヨンでさし絵を塗る v. colorear el dibujo con lápices de color. ▶トーストにジャムを塗る v. untar la tostada con mermelada, extender* [poner*] mermelada sobre la tostada. ▶傷口にヨーチンを塗る v. ponerse* tintura de yodo en una cortadura. ▶顔にクリームを塗る v. ponerse* crema en la cara; (すり込む) v. tratarse el cutis con crema. ▶車にワックスを塗る v. encerar un automóvil. ▶ほおにおしろいを塗る v. empolvarse las mejillas. ▶この壁には2度青いペンキを塗った He dado dos manos de (pintura) azul a esta pared. 〖その他の表現〗▶彼は私の顔に泥を塗った Me ha deshonrado. / Me ha cubierto de oprobio. / Ha arrastrado por el suelo mi nombre.

*ぬるい 温い adj. tibio, templado. → 生温い. ▶ぬるいふろに入る v. tomar un baño en agua tibia.

ぬるぬる ▶ぬるぬるしている(滑りやすい) adj. 〖スペイン〗resbaladizo, 〖ラ米〗resbaloso; (何かぬめるしたものがついている) adj. viscoso; (油がついて) adj. grasiento. ▶ぬるぬるした魚をつかまえるのは難しい El pez es difícil de atrapar a causa de su resbaladiza [viscosa] piel.

ぬるまゆ ぬるま湯 f. agua tibia [templada]. ▶ぬるま湯に入る v. tomar un baño en agua tibia. ▶彼のぬるま湯的な態度 f. su「actitud tibia [tibieza].

ぬれぎぬ 濡れ衣 (間違った非難) f. acusación falsa [injusta]. ▶ぬれぎぬを着せる =罪(をきせる). ▶彼は殺人のぬれぎぬを着せられた Fue injustamente acusado de asesinato. / Le achacaron el asesinato.

ぬれて 濡れ手 f. mano mojada. ▶ぬれ手で粟(あわ)をつかむ (=苦労せずにもうける) v. hacer* dinero fácilmente [〖口語〗con la gorra], 〖スペイン〗〖口語〗dar* un pelotazo; (一攫千金) v. hacer* mucho dinero de una sola vez.

ぬれねずみ 濡れ鼠 ▶濡れ鼠 (=びしょぬれ) である v. estar* empapado [〖口語〗calado hasta los huesos]. → びしょ濡れ.

ぬれる 濡れる v. mojarse; (湿る) v. humedecerse. ▶びしょびしょにぬれる v. empaparse, 〖口語〗calarse. → びしょ濡れ. ▶雨にあてっ放しだったので洗濯物はまだぬれている La ropa tendida sigue húmeda por haberse mojado con la lluvia. ▶紙袋はぬれるとすぐに破れる Las bolsas de papel se rompen fácilmente si se mojan. ▶彼女の目は涙でぬれていた (=うるんでいた) Sus ojos estaban humedecidos por las lágrimas. ☞潤う, 湿る; じとじと, じめじめしている, 湿っぽい

ね

ね 値 (値段) m. precio; (費用) m. coste, m. costo. → 値段.

  1《~値》▶やみ値 m. precio del mercado negro. ▶べらぼうな高値 m. precio desorbitado [〖口語〗por las nubes]. ▶買い値 m. precio de compra. → 売り値, 底値. ▶彼は言い値で買った Lo compró al precio pedido.

  2《値が》▶その絵は将来値が出るだろう El precio del cuadro va a subir en el futuro. ▶あちらのコートはこちらのより値が張ります Ese abrigo 「es más caro [tiene un precio mayor] que éste.

  3《値を》▶値をつける v. poner* [〖フォーマル〗fijar] precio. 〈会話〉お望みの額は?—値をつけてください ¿Cuánto pide usted? –「Diga usted un precio [Hágame usted una oferta].

  4《値で》▶その中古のカメラはいい値で売れた Vendí la cámara a un buen precio.

*ね 根 ❶ 【植物の】f. raíz.

  1《~根》▶花の根 fpl. raíces de una flor.

  2《根が》▶そのバラはすぐに根がついた Los rosales arraigaron [prendieron, echaron raíz] fácilmente. ▶この雑草は根が深い Estas malas hierbas arraigan mucho [profundamente].

  3《根を》▶(植物の)根を抜く v. arrancar* (una planta) de raíz, desarraigar* (una planta).

❷ 【根元】f. raíz. ▶1歯 [²毛髪; ³舌; ⁴耳]のつけ根 f. raíz ¹de un diente [²de un cabello;

³de la lengua; ⁴del oído). ♦根の深い偏見 m. prejuicio arraigado. ♦犯罪の根を絶つ v. arrancar* de raíz las causas del delito.
❸【根源】(根拠) f. base, m. fundamento; (本質) m. corazón. → 根っから. ♦根も葉もないうわさ m. rumor completamente infundado [sin ninguna base]. ♦彼は根はいい人です Es una persona profundamente buena. / Es bueno de los pies a la cabeza.
《その他の表現》♦彼はまだそのことで私に根を持っている(＝恨んでいる) Todavía me guarda rencor por aquello. ♦彼は根が生えたように動かなかった No se movía como si festuviera clavado al suelo [hubiera echado raíces en la tierra]. ♦新しい考え方が根をおろす(＝定着する)にはいつも時間がかかる Las ideas nuevas siempre tardan mucho en arraigar.

ね 音 (鐘などの) m. sonido, m. son; (楽器の) m. tono, f. nota; (虫などの) m. canto; (鳥の) m. trino. ♦澄んだ鐘の音 m. limpio sonido de una campana. ♦美しい笛の音 mpl. dulces tonos de una flauta. ♦虫の音に耳を澄ます v. escuchar atentamente el canto de los insectos.
《その他の表現》♦彼はついに音を上げた Por fin se rindió.

-ね ¿no?, ya sabes. → ねえ.

ねあか ♦ねあかである(性格が明るい) v. tener* un carácter alegre, ser* jovial; (楽天家な) v. ser* optimista.

ねあがり 値上がり f. subida [f. alza, 《フォーマル》m. incremento] del precio, 《フォーマル》m. encarecimiento. ♦石油がまた値上がりした Han vuelto a subir los precios del petróleo. / Otra vez ha subido el petróleo. ♦ガソリンが10円値上がりした (El precio de) La gasolina ha subido 10 yenes.

ねあげ 値上げ f. subida [m. aumento] del [en el] precio, 《フォーマル》m. encarecimiento. ♦¹食料品 [²電気代] の値上げ f. subida del precio de ¹los alimentos [²la tarifa eléctrica]. ♦家賃を値上げする v. subir el alquiler. ♦郵便料金が値上げになった Las tarifas postales han subido.

ねあせ 寝汗 ♦寝汗をかく v. sudar [《フォーマル》transpirar] por la noche.

ねいか 寧夏 →ニンシア

ねいき 寝息 ♦ベビーベッドで知子の静かな寝息がしていた Se oía la respiración tranquila de Tomoko en la cuna.

ネイティブ mf. adj. nativo/va. ♦《スペイン語の》ネイティブスピーカー mf. hablante nativo/va (de español). ♦ネイティブチェック f. comprobación por un nativo.

ネイモンクー 内蒙古 《ピンイン》Neimenggu (☆中国の自治区).

ねいりばな 寝入り端 ♦寝入りばなに地震で起こされた Acababa de dormirme cuando me despertó un terremoto.

ねいる 寝入る v. dormirse*, quedarse dormido. ♦赤ん坊はぐっすり寝入っている El bebé está profundamente dormido.

ねいろ 音色 m. tono. → 音(²).

ねうち 値打ち m. valor. → 価値. ♦お金の値打ち m. valor del dinero. ♦彼にとってそれは¹大変な値打ちがある [²ほとんど値打ちがない; ³何の値打ちもない] Eso tiene ¹mucho [²poco; ³nulo] valor para él. ♦これは将来きっと値打ちが出るだろう Estoy seguro que aumentará de valor en el futuro. / El futuro le hará tener ciertamente más valor. / Su valor será con seguridad mayor en el futuro. ♦この本は読む値打ちがある Vale [Merece] la pena leer este libro. / Es un libro que vale la pena (ser leído). ♦それは一文の値打ちもない No tiene ningún valor. / No vale nada. /《口語》No vale un higo. ♦50ユーロでお買いなさいよ. それだけの値打ちは十分ありますよ Cómpralo por 50 euros. Vale cada céntimo. 《会話》この指輪はいくらぐらいの値打ちのものでしょうか―百万円はどのものです ¿Qué valor tiene este anillo? – Está valorado en aproximadamente un millón de yenes. ♦彼がその値打ちを本当に分かっていると思いますか ¿Crees de verdad que le 「da valor [aprecia]? ♦そんなことを言うと君の値打ちが下がる Creo que diciendo algo así pierdes categoría.

ねえ 【注意喚起】《口語》oye,《口語》mira;【呼びかけ】《口語》pero bueno,《口語》vamos a ver,《口語》hombre,《口語》mujer,《口語》venga,《懇願》por favor;【表現をやわらげて】¿entiendes? ♦ねえ, その口のきき方はないだろ ¡Oye, no puedes decir una cosa así! ♦ねえ, どうしたの ¡Pero bueno! ¿Qué pasa contigo? ♦ねえ, やめて ¡Venga, déjalo ya! ♦ねえ, あなたは医者にみてもらわないとだめよ Oye, creo que deberías ir al médico. ♦ねえ, 泳ぎに行こうか ¡Oye! ¿Vamos a nadar? ♦ねえあなた [君] (夫婦間などで) ¡Oye, cariño [amor mío, corazón, cielo]!

―**ね(え)** ❶【相手の同意を求めて】¿verdad?, ¿a que sí?,『ラプラタ』¿no es cierto?, ¿de acuerdo?, ¿entendido?,『スペイン』¿vale?; (否定文の後で) ¿a que no? ♦それはおもしろいね Es divertido, ¿verdad? / ¿No es divertido? / ¿A que es divertido? → なんと. ♦今日は学校へ行かなかったんだね Hoy no fuiste a la escuela, ¿no? / ¿A que hoy no fuiste a la escuela? ♦それで彼はあなたに電話したんだね (＝そうだろう) Así que entonces te llamó por teléfono, ¿verdad? / Te llamó por teléfono, ¿no es eso [así]?
❷【相手に確かめて】¿no?, ¿verdad?, creo [me parece] que... ♦彼はフアンの弟ですねね Es el hermano de Juan, ¿no? / Me parece que es el hermano de Juan. ♦昔ここに城がありましたね Aquí antes había un castillo, ¿no? [¿verdad?] ♦花子に会うのははじめてでしたね Creo que no conoces a Hanako. / No conoces a Hanako, ¿verdad? 《会話》この仕事にはずいぶん時間がかかったのでしょうね―いやそんなことありませんでした ¿Has debido tardar mucho tiempo en hacer este trabajo, ¿no? ―No, no he tardado nada. → か. ♦お便り待ちこがれていました. 試験勉強でお忙しかったのですね Estaba deseando saber de ti. Creo que

has estado muy ocupado con tus exámenes, ¿verdad?

ねえさん 姉さん f. hermana mayor.
ネーブル f. naranja nável.
ネーム m. nombre. ▶ネームプレート(=標札), placa con el nombre. ▶ネームカード(=名刺) f. etiqueta (identificativa). → 名札. ◆彼なら作家としてのネームバリューがある(=名が通っている) Es un 「escritor con nombre [autor famoso]」.
ねおき 寝起き ▶寝起き(=生活)を共にする v. vivir juntos [bajo el mismo techo], 《フォーマル》cohabitar. ◆彼は寝起きがよい(=気分よく目覚める) Se despierta con buen pie.
ネオン (元素) m. neón. 《ネオンサイン》m. anuncio [m. letrero] de neón. ▶ネオン灯 f. luz [f. lámpara] de neón.
ネガ m. negativo. → 写真.
ねがい 願い ❶【願望】m. deseo 《de》; (欲望) m. anhelo [f. ansia, m. afán] 《de》; (希望) f. esperanza 《de》. → 希望. ▶願いの井戸に硬貨を投げ入れて息子のことで願い事する v. tirar una moneda en un pozo (de los deseos) y pedir* un deseo para un hijo.
 1《願いが》▶願いがかないましたか ¿Se te ha cumplido tu deseo?
 2《願いを》▶願いをかなえる v. cumplirse un deseo. ◆彼は田舎に住みたいという願いを持っている「Tiene el deseo de [Desea] vivir en el campo. ◆彼は名声を得たいという願いを持っている Desea [Anhela] la fama. / Tiene el ansia de fama. → 願う.
❷【要請】f. petición 《《フォーマル》f. solicitud》《de》. → 頼み. ◆彼は本人の願いにより他の部署に転属された Lo [Le] cambiaron de posición 「según había pedido [de acuerdo con su petición]. ◆市長は私たちの願いを聞き入れてくれた El/La alcalde/desa concedió [《フォーマル》accedió a] nuestra solicitud. ◆彼は私の転勤願いを退けた Negó mi petición de traslado.
❸【祈願】f. oración; (懇願) m. ruego, 《強調して》f. súplica. ◆神は彼の願いにこたえた Dios atendió a sus oraciones.
❹【申請】f. solicitud. → 申請.
 《その他の表現》◆最後まで話を聞いて、お願いだから Escúchame, 「te lo ruego [por favor te lo pido]. ◆お願いだからちょっと静かにしていてよ Por favor [《強調して》favor te lo ruego, Dios, 《強調して》Dios Santo], estate quie*to* un minuto. ◆コーヒーを二つお願いします Dos cafés, por favor. / Haga el favor de dos cafés. 《会話》お願いがあるんですが‐はい、何でしょう 「Tengo un favor que pedirte. [Hay un favor que quisiera pedirte. / ¿No me podrías hacer un favor?]」‐ Bien, ¿de qué se trata?

ねがいでる 願い出る ▶教頭に 3 日の休暇を願い出る(=求める) v. pedir* al subdirector tres días de permiso, (申し出る) v. dirigir* [《フォーマル》presentar] al subdirector una solicitud de permiso de tres días. ▶校長に辞職を願い出る(=辞表を提出する) v. presentar la dimisión 「al director [a la directora]」.

ねがう 願う ❶【願望する】v. querer*; (強く切望している) v. estar* desea*o*so [ansio*so*]《de + 不定詞》. ◆われわれは彼の成功を願っている Deseamos [Esperamos] su éxito. ◆あなたが来られることを願っています《口語》Ojalá puedas venir. ◆私は一刻も早く両親に出会えることを願っています Quiero [Deseo] ver a mis padres 「cuanto antes [lo antes posible]」. ◆彼にすぐに来てほしいと彼女は願っている Desea que él venga enseguida. / El deseo de ella es que él venga de inmediato. / Suspira por su pronta venida. ◆お静かに願います Silencio, por favor.
❷【依頼する】v. pedir* [solicitar, 《教養語》impetrar]《a + 人》《que + 接続法》→頼む; (懇願する) v. rogar*, 《フォーマル》suplicar*, 《教養語》implorar. → 懇願する. ◆お手伝い願いたいのですが 《フォーマル》Quisiera pedirle su ayuda. /《口語》Quiero que me ayudes. / Me gustaría que me ayudaras. ◆あすの会議に出席願います《フォーマル》Se solicita su asistencia en la reunión de mañana.
❸【祈願する】v. rezar*, 《フォーマル》orar.

ねがえり 寝返り ▶寝返りを打つ v. darse* la vuelta en la cama; (何度も) v. dar* vueltas en la cama.

ねがえる 寝返る (寝返りを打つ) v. darse* la vuelta; (裏切る) v. traicionar; (敵方につく) v. pasarse al enemigo.

ねがお 寝顔 f. cara dormida, m. rostro dormido. ◆彼女の寝顔は美しい Es bello su rostro cuando está dormida.

ねかす 寝かす ❶【眠らせる】▶10 時に寝かす v. (hacer*) dormir*《a + 人》a las diez; (寝かせる) v. acostar*《a + 人》[mandar《a + 人》a la cama] a las diez. ▶子供を寝かしつける v. dormir* a *un/una* niño/*ña*. ▶歌をうたって子供を寝かす v. arrullar 「al niño [a la niña]」para que duerma.
❷【横にする】v. acostar*. ▶負傷した兵士を担架に寝かす v. acostar* al soldado herido en la camilla. ▶箱を寝かせて v. poner* una caja de costado. ▶もう 10 分寝かせておいてくれよ Déjame en la cama diez minutos más.
❸【金・商品などを】v. dejar (dinero, productos) sin utilizar*. ▶「土地 [2資本」を使わないで寝かしておく v. dejar 「1la tierra [2el capital]」sin utilizar*.
❹【酒・こうじなどを】v. añejar (el vino); hacer* fermentar (la malta de arroz).

ねかせる 寝かせる → 寝かす.

ねがったりかなったり ▶願ったり叶ったり ◆それは願ったりかなったりだ(=まさに自分が欲していることです) Eso es justo lo que yo deseaba. / Me viene caí*do* [llovido] del cielo.

ねがってもない 願ってもない ▶願ってもないことだ Es justo lo que yo quería. ◆それは願ってもないお話です Muchas gracias por su amable oferta. / (反語的に) Es una oferta irrechazable.

ねぎ 葱 f. cebolleta; (ニラネギ) m. porro.

[地域差] 葱
〔全般的に〕*m.* porro
〔スペイン〕*m.* puerro
〔メキシコ〕*m.* poro
〔ペルー〕*m.* poro
〔コロンビア〕*m.* puerro
〔アルゼンチン〕*m.* puerro

ねぎらう 労う ◆彼は従業員の労をねぎらった（＝礼を言った）Agradeció a sus empleados el trabajo que habían hecho. ◆彼は彼女の功労を（ほうびを与えて）ねぎらった La recompensó por sus servicios.

ねぎる 値切る *v.* regatear, discutir el precio. ◆彼と値切るために交渉する *v.* negociar con él para que baje el precio; (値段について)*v.* regatear con él por el precio. ◆私はじゅうたんを1万円に値切った Regateé el precio de la alfombra hasta conseguirla por 10.000 yenes. ◆のみの市では値切るのがおもしろいのです En un「mercado de pulgas [rastro], lo más divertido es regatear.

ねぐせ 寝癖 ◆寝癖が悪い（＝寝ている間に転げ回る）*v.* moverse*[dar* vueltas] en sueños. → 寝相. ◆髪に寝癖がついた Se me enredó el pelo mientras dormía.

ネクタイ *f.* corbata. ◆蝶(ちょう)ネクタイ *f.* pajarita, *f.* corbata de lazo. ◆ネクタイピン *m.* alfiler de corbata, [メキシコ]*m.* fistol. ◆ネクタイをつける *v.* ponerse* una corbata. ◆ネクタイをゆるめる[取る] *v.* ¹aflojarse [²quitarse] la corbata. ◆ネクタイを¹結ぶ[²解く] *v.* ¹anudarse [²desanudarse] la corbata. ◆ネクタイをまっすぐにする *v.* enderezarse* la corbata. ◆彼は緑のネクタイをしている Lleva una corbata verde.

ねくら 根暗 ◆ねくらである(性格が暗い) *v.* ser* una persona sombría, 《口語》ver* siempre las cosas negras, (物事を悲観的にみる)*v.* ser* pesimista.

ねぐら (木の枝など鳥が夜宿る所) *f.* percha, *m.* palo; (巣) *m.* nido; (動物の) *f.* guarida, (家) *m.* hogar, *f.* casa. ◆ねぐらにつく *v.* ir* al nido. ◆ねぐらに帰る *v.* volver* al nido. ◆ねぐらを離れる *v.* dejar el nido.

ネグリジェ *m.* camisón.

ねぐるしい 寝苦しい ◆昨夜はむし暑くて寝苦しかった（＝よく寝られなかった）Anoche hacía tanto bochorno que no pude dormir bien.

***ねこ** 猫 *m.* gato. ◆雌猫 *f.* gata, 《口語》 *mf.* minino/na, *mf.* michino/na. ◆三毛猫 *m.* gato de color carey. ◆黒猫 *m.* gato negro. ◆猫いらず *m.* raticida, *m.* matarratas. ◆猫を飼うか *v.* voz zalamera. ◆外で猫の鳴き声が聞こえた Fuera se oía el maullido de un gato. / 我が家の猫はネズミをとるのがうまい Nuestro gato es「un buen cazador de ratones [bueno murando]. / Tenemos un gato murador. ◆猫にゃあにゃあと鳴く Los gatos maúllan. ◆猫がのどをごろごろ鳴らす El gato ronronea.

《その他の表現》 ◆猫の額ほどの土地 *m.* solar [*m.* terreno] minúsculo. ◆猫なで声で（＝ご機嫌とりの声で）*adv.* con voz zalamera. ◆彼は借りてきた猫のようだ Es manso como un corderito. ◆それは猫に小判だ《言い回し》Es como echar margaritas a los cerdos. ◆猫の手も借

ねさげ 1085

りたいほど忙しい Estoy sumamente ocupa*do*. /《口語》No tengo tiempo ni de arrascarme. ◆彼の心は猫の目のように変わる（＝風見(かざみ)のように移り気である）Cambia de parecer como una veleta. ◆どうして猫も杓(しゃく)子も大学に入ろうとするのだろうか ¿Por qué será que todo el mundo quiere ir a la universidad? ◆その女の子は父親の前では猫をかぶっている Sólo es buena cuando su padre está delante. ◆父は末っ子の幸子を猫かわいがりにかわいがっている Papá mima mucho a Sachiko, la más pequeña. / Sachiko, la más pequeña, es la mimada [[メキシコ] consentida] de papá.

ねごこち 寝心地 ◆このふとんは寝心地が¹よい [²悪い] Este "futón" [colchón] es ¹cómodo [²incómodo] para dormir. ◆そのベッドでは寝心地はいかがですか ¿Cómo「te sientes [estás] en esa cama?

ねこじた 猫舌 ◆私は猫舌です（＝熱いものが食べられない）No puedo tomar alimentos calientes. / (舌が熱に敏感だ) Mi lengua es muy sensible a lo caliente.

ねこぜ 猫背 *m.* encorvamiento. ◆猫背の人 *f.* persona cargada de espalda. ◆彼の猫背はひどくなった Está más encorvado.

ねこそぎ 根こそぎ ◆雑草を根こそぎにする *v.*「arrancar* de raíz [desarraigar*] por completo] las malas hierbas. ◆多くの家が洪水で根こそぎ流された La riada se llevó muchas casas. ◆《フォーマル》Numerosas casas fueron arrastradas por las inundaciones.

ねごと 寝言 ◆寝言を言う *v.* hablar en sueños. ◆寝言（＝たわ言）を言うな No digas tonterías [disparates].

ねこみ 寝込み ◆警察は彼らの寝込みを襲った La policía los atacó mientras dormían. / Fueron sorprendidos en pleno sueño por la policía.

ねこむ 寝込む (寝入る)*v.* quedarse dormi*do*, dormirse*; (眠っている)*v.* estar* profundamente dormi*do*, (病床につく・ついている)*v.*「estar* en [guardar] cama, [ラ米] estar* encama*do*. ◆本を読んでいる間に寝込んでしまう *v.* quedarse dormi*do* leyendo. ◆彼女は先週から病気で寝込んでいる Lleva una semana enferma en la cama. / Desde hace una semana guarda cama por enfermedad. ◆彼は事故の後寝込んでいる El accidente le ha postrado en la cama. /「Está encamado [Guarda cama] a causa del accidente.

ねこやなぎ 猫柳 *m.* sauce blanco.
ねころぶ 寝転ぶ *v.* tumbarse, acostarse*, echarse. ◆横になる.
ねさがり 値下がり *f.* baja [*f.* bajada] de precio, *m.* abaratamiento. ◆野菜がひどく値下がりした Las verduras han bajado drásticamente de precio. / Se han abaratado mucho las verduras.

ねさげ 値下げ *f.* rebaja, *m.* descuento, *f.* reducción [*f.* bajada] de precio. ◆衣類を大幅に値下げする *v.*「rebajar mucho [hacer* una gran rebaja en] el precio de la ropa.

ねざす 根差す（根付く）v. enraizar* [en]; (起因する) v. originarse [tener* sus orígenes] [en].

ねざめ 寝覚め ♦ 二人でやたらと飲んだあとの事故死だろう. 寝覚めが悪いといったらありゃしない（＝気分がひどくよくない）Me remuerde la conciencia cuando pienso que falleció después de haber estado los dos「bebiendo tanto [メキシコ] tomando mucho].

ねじ m. tornillo. ♦ねじぶた m. tapón de rosca. ♦ねじの頭 f. cabeza de tornillo. ♦ねじを1締める [2ゆるめる] v. 1apretar* [2aflojar] un tornillo. ♦ねじを抜く v. desenroscar* [la tapa]. ♦時計のねじを巻く v. dar* cuerda al reloj. ♦ねじで留める v. atornillar la tapa. ♦ねじがゆるんでいる El tornillo está [[口語] anda] suelto. ♦ねじを抜くのにねじ回しがいる Me hace falta un destornillador para sacar el tornillo.

地域差	ねじ回し
[全般的に]	m. destornillador
[メキシコ]	m. desarmador
[ペルー]	m. desarmador

ねじくぎ ねじ釘 (ねじ) m. tornillo; (締めくぎ) m. tornillo, m. perno. ♦ドライバーでねじ釘を締める v. apretar* un tornillo con un destornillador. ♦箱のふたをねじ釘で留める v. atornillar la tapa de una caja.

ねじける 拗ける ❶【曲がりくねる】v. estar* torcido [alabeado, pandeado]. ♦熱でねじけた木材 f. madera alabeada [con alabeo] por el calor.
❷【心がゆがめられる】(ひねくれる) v. volverse* retorcido [avieso, perverso]. ♦心のねじけた子 m. niño retorcido [perverso]. ♦あの人は性格がねじけている Tiene una personalidad retorcida.

ねじこむ 捻じ込む ❶【突っ込む】v. meter con fuerza [en]. ♦彼のポケットにチップをねじ込む v. meterle una propina en el bolsillo.
❷【抗議する】v. protestar.

ねしずまる 寝静まる v. quedarse dormido. ♦真夜中の皆が寝静まるときまで私は待った Esperé hasta medianoche a que todos estuvieran profundamente dormidos.

ねじふせる 捩じ伏せる ♦泥棒をねじふせる（＝腕をねじって押し倒す）v. sujetar al ladrón torciéndole el brazo.

ねじまげる 捩じ曲げる v. torcer*; (ねじって曲げる) v. doblar retorciendo; (曲解する) v. retorcer*. ♦針金をねじ曲げる v. retorcer* un alambre. ♦彼の言葉をねじ曲げて取る v. deformar [falsear] sus palabras. ♦彼は車の後ろの席から体をねじ曲げて私に手を振った Se giró en el asiento trasero del coche para decirme adiós con la mano.

ねしょうべん 寝小便【専門語】f. enuresis nocturna. ♦寝小便をする人 v. orinarse [[口語] hacerse* pis, 《俗語》mearse] en la cama. ♦寝小便をする人 f. persona que「se orina [[口語] hace pis] en la cama, 《口語》mf. meón/ona.

ねじる（よじる）v. torcer*; (強力に) v. retorcer*; (回す) v. enroscar*. ♦彼の腕をねじる v. torcerle* el brazo. ♦びんのふたをねじって1開ける [2閉める] v. 1desenroscar* [2enroscar*] el tapón de una botella, 1abrir* [2cerrar*] a rosca una botella.

ねじれる v. torcerse*, retorcerse*.

ねすごす 寝過ごす v. quedarse dormido, 《口語》pegarse* las sábanas. ♦今朝寝過ごして学校に遅れた「Me quedé dormido [[口語] Se me pegaron las sábanas] y llegué tarde a la escuela.

ネスト【専門語】m. nido.

ねずのばん 寝ずの番 ♦寝ずの番をする v. vigilar en vela. ♦寝ずの番をする人 m. vigilante nocturno.

・ねずみ 鼠 f. rata; (ハツカネズミ) m. ratón. ♦ドブネズミ f. rata de alcantarilla. ♦野ネズミ m. ratón de campo. ♦ネズミ捕り(わな) f. ratonera; (薬) m. raticida. ♦(スピード取り締まり) m. control de velocidad. ♦ねずみ算式にふえる v. multiplicarse* como conejos. ♦ネズミはちゅうちゅう鳴く Los ratones chillan. ♦彼は警官にビルに追い詰められて袋のねずみであった La policía le tenía acorralado en el edificio.

ねずみいろ 鼠色 adj. gris (oscuro). ♦ねずみ色の帽子 m. sombrero gris oscuro.

ねぞう 寝相 ♦彼は寝相が悪い（＝寝ている間に転げ回る）「Se mueve mucho [Da vueltas] cuando duerme. / Es inquieto cuando duerme.

ねそびれる 寝そびれる ♦昨夜は寝そびれてしまった（＝寝つくことができなかった）Anoche no pude dormir. / (目が覚めていた) La pasada noche la pasé en vela.

ねそべる 寝そべる（横たわる）v. tumbarse; (大の字になって(床に)) v. tenderse* [echarse] todo lo largo [en el suelo]; (ぶざまに手足を伸ばして(ソファーに)) v. tumbarse de forma poco elegante (en el sofá).

ねた（新聞などの）m. material informativo, f. información; (小説などの) m. material; (証拠) f. prueba, f. evidencia. ♦小説のねたを集める v. reunir* material para una novela. ♦その話をねたにして小説を書く v. escribir* una novela de esa historia, novelar esa historia. ♦お前のねたは上がっているのだ「Hemos encontrado [Tenemos] pruebas en tu contra.

ねたきり 寝たきり ♦寝たきり老人 mf. anciano/na postrado/da en cama. ♦彼はそれ以来ずっと寝たきりです Desde entonces está postrado en cama. / Guarda cama a partir de entonces.

ねたましい 妬ましい (うらやましがる) adj. envidioso → うらやましがる; (反感を持って) adj. celoso; (人をうらやましがるような) adj. envidiable. ♦ねたましいほどの財産 f. fortuna envidiable. ♦彼女の才能がねたましい Tengo envidia de su talento.

ねたみ 妬み（せん望）f. envidia;（しっと）mpl. celos. → 妬む. ▶ねたみからそうする v. hacerlo por envidia. ▶ねたみ深い女 f. mujer envidiosa [celosa].

ねたむ 妬む v. envidiar, tener* [sentir*] envidia《de》. ▶彼女の成功を妬む v. envidiar su éxito, 「envidiarla por [sentir* envidia de] su éxito. ♦妬んで彼の悪口を言うな No hables mal de él por envidia.

ねだる（しきりと）v. importunar, pedir* 「con insistencia [insistentemente], apremiar;（うるさく）v. molestar,《口語》dar* la lata,『メキシコ』《口語》fregar*;（へりくだって）v. rogar*, suplicar*. ♦彼は母親に小遣をねだった Pidió insistentemente dinero a su madre. / Importunó a su madre para que le diera algo de dinero. ♦彼は父にねだって（＝うまく取り入って）腕時計を買ってもらった Importunó a su padre para que le comprara un reloj.

*__ねだん 値段__（価格）m. precio;（代価）m. costo, m. coste;（金銭的価値）m. valor.

1《～値段》▶卵は1高い [2安い; 3割引; 4手ごろな] 値段で売られている Los huevos se venden a un precio ¹alto [²bajo; ³reducido; ⁴razonable]. ♦そんな値段では買わない A ese precio no lo compro. ♦肉がいい値段じゃないの! ¡Qué precio (tan bueno) tiene la carne!

2《値段(の)＋名詞》▶値段表 f. lista de precios. ▶値段の高い時計 m. reloj caro [《フォーマル》de un elevado precio].

3《値段が[は]》▶それは値段が高すぎる El precio es demasiado alto [《フォーマル》elevado]. / Es demasiado caro [costoso]. ♦その外車はエンジンの性能がいい，少々値段ははるが El coche extranjero tiene un motor potente, pero su precio es alto. → 値. ▶この店の肉の値段は他より¹高い [²安い; ³手ごろだ] El precio de la carne es más ¹alto [²bajo; ³razonable] en esta tienda. ♦(¹高い [²安い; ³手ごろな] 値段が付いている)La carne está más ¹cara [²barata; ³razonable] en esta tienda. ♦リンゴの値段が¹上がった [²下がった] Han ¹subido [²bajado] las manzanas. / Las manzanas han ¹subido [²bajado] de precio. ♦ このスーツの値段はいくらですか―20万円です ¿Cuánto cuesta [¿Qué precio tiene] este traje? – (Su precio es) 200.000 yenes. ♦ 値段なら相談にのりますよ．いくらならいのですか―5千円でしたら A lo mejor podemos negociar el precio. ¿Cuánto ofrece? – Le doy 5.000 yenes.

4《値段＋》▶値段を¹上げる [²下げる] v. ¹subir [²bajar] el precio. ♦全部の商品に値段を付けた He puesto el precio a todos los artículos. ♦値段を比較して一番安いのを買うつもりだ Voy a comparar los precios y comprar el 「menos caro [más barato].

⇨価格, 代価, 代金

ねちがえる 寝違える ♦寝違えてしまった He agarrado una tortícolis mientras dormía.

ネチケット《専門語》f. etiqueta de la red,《専門語》f. ciberetiqueta,《専門語》f. ciberurbanidad.

ねちねち ねちねちしている（粘着性のある）adj. pegajoso;（糊(のり)のように）adj. glutinoso, pegajoso;（しつこい）adj. persistente,《口語》pesado, molesto,『メキシコ』《口語》encimoso. ▶歯にねちねちする v. pegarse* a los dientes. ♦この樹脂はねちねちしている Esta resina se queda pegada mucho tiempo. ♦彼女はねちねちしている人が好きでない No le agradan las personas pesadas.

*__ねつ 熱__ ❶《物理的な》m. calor. ▶太陽の熱 m. calor solar [del sol]. ♦われわれに熱と光を与えてくれる El sol nos da calor y luz. ♦熱はたいていの金属を溶かす El calor derrite casi todos los metales.

❷《体温》f. temperatura;（発熱）f. fiebre, f. calentura. ▶熱痙攣《専門語》m. calambre por calor. ♦彼女は高い熱があった[出た] Tenía mucha fiebre. ♦彼は少し熱があるようだ Parece que tiene algo de fiebre. ♦彼女は風邪で熱っぽかった Tenía fiebre por el resfriado. ♦彼女は熱が¹出て [²熱がとれるまで] 寝ていた Estuvo en cama ¹con fiebre [²hasta que se le quitó la fiebre]. ♦彼の熱は今朝になって¹(平熱に)下がった [²(平熱より)上がった] La fiebre se le ha ¹bajado [²subido] esta mañana. ♦熱がないか計ってごらんなさい 「Ponte el termómetro [Mídete la temperatura] a ver si tienes fiebre. ♦熱はすっかり引いた Se me ha quitado completamente la fiebre. / Me ha desaparecido la fiebre.

❸《熱中》m. entusiasmo《por》;（情熱）f. pasión《por》;（熱烈さ）m. ardor, f. fiebre;（熱狂）f. manía [f. locura]《por》. ♦日本の少年たちの間では野球熱が盛んだ Entre los niños japoneses hay mucho entusiasmo por el béisbol. ♦最近の学生たちは勉学に熱がはいらないようだ Los estudiantes de hoy no parecen tener entusiasmo por el estudio. ♦ほとんどの子供たちはコンピュータゲーム熱に浮かされている Casi todos los niños 「tienen manía por [son maníacos de] los juegos con ordenador. ♦彼女はその歌手に熱を上げている 「Es una entusiasta de [《口語》Siente locura por] ese cantante. ♦恋人に対する彼の熱が冷めてしまった Se le ha enfriado la pasión por la novia. ♦彼らは教育問題について熱のこもった議論をした Sostuvieron una acalorada discusión sobre los problemas educacionales. ♦彼は熱をこめて生徒たちに話しかけた Habló a los estudiantes con 「gran ardor [mucho entusiasmo].

ねつあい 熱愛 ▶¹妻 [²子供] を熱愛している v. amar con locura a ¹la esposa [²los hijos].

ねつい 熱意《熱狂》m. entusiasmo《por》;（熱心）f. pasión《por》. ♦熱意をもって仕事をする v. trabajar 「con entusiasmo [apasionadamente]《en》. ♦彼は歴史の研究に大変な熱意を示している Es un gran entusiasta de la historia. / 「Siente un gran [Tiene mucho] entusiasmo por la historia. / Le 「entusiasma mucho [《口語》apasiona con locura] la historia. ⇨意気込み, 意欲

ねつえん 熱演 ▶熱演する v. interpretar [《フォー

マル〕desempeñar] su papel con pasión [entusiasmo].

ネッカチーフ m. pañuelo (para el cuello).
ねっから 根っから ▶根っからの(＝生まれながらの)商人 m. comerciante nato. ▶根っからの(＝徹頭徹尾)紳士 m. caballero de los pies a la cabeza. ▶根っからの(＝生まれつきの)善人 f. persona buena por naturaleza. ▶根っから(＝まったく)知らない v. no saber* nada de nada 《sobre》, no tener* ni idea 《de》. →まったく.
ねつき 寝つき ▶寝つきがいい adj. de fácil dormir, que se queda fácilmente dormido. ▶寝つきが悪い v. no poder* dormir* fácilmente. → 寝っく.
ねっき 熱気 【高い温度】m. calor; (熱い空気) m. aire caliente; 【熱気ごみ】m. entusiasmo; (熱烈) f. fiebre, m. ardor; (興奮) f. excitación; (激高) f. pasión. ▶熱気でむんむんする v. estar* caliente y sofocante. ◆彼の話し振りは次第に熱気(＝情熱)を帯びてきた Su discurso era cada vez más ferviente [ardoroso, apasionado].
ねっきょう 熱狂 (熱中) m. entusiasmo 《por》; (興奮) f. excitación.
── **熱狂的な** adj. entusiasta [《口語》loco] 《de, por》; (狂信的な) adj. fanático; (興奮した) adj. excitado, 《フォーマル》 enfervorizado. ▶熱狂的なジャズファン mf. entusiasta del "jazz" (☆発音は[yás]), 《口語》 mf. loco/ca por el "jazz". ▶熱狂的な女性解放運動家 mf. exaltado/da militante feminista. ▶熱狂的な声援を送る v. animar [ovacionar] entusiásticamente.
── **熱狂する** v. entusiasmarse [《口語》volverse* loco, 《フォーマル》enfervorizarse*] 《por》; apasionarse [exaltarse, excitarse] 《con, por》. ◆彼はスキーに熱狂している Es un entusiasta del esquí. / Le entusiasma [《口語》vuelve loco] el esquí. ◆私たちはその試合に熱狂した Nos exaltamos mucho con el partido. / El partido nos apasionó mucho. ◆その歌手は聴衆を熱狂させた El cantante volvió loco al público.
ねつく 寝つく (寝入る) v. dormirse*; (病気で) v. guardar cama. ◆その子はすぐ寝ついた El niño se durmió enseguida. ◆朝の4時ごろまで寝つけなかった No me pude dormir hasta casi las cuatro de la mañana.
ネック (首) m. cuello; (障害・隘路) m. obstáculo. ▶ボトルの ── m. cuello de botella, m. obstáculo. → 障害. ▶Vネックのセーター m. suéter con cuello en V. ◆その開発計画の最大のネックは市民の反対運動である El obstáculo más importante para el proyecto de desarrollo está en el movimiento de oposición de los ciudadanos.
ねづく 根付く v. arraigar*, echar raíz. ▶バラは根付きやすいですか ¿Arraigan fácilmente los rosales?
ネックレス m. collar. ▶真珠のネックレスをしている [する] v. llevar un collar de perlas.
ねっけつかん 熱血漢 (血気にはやる人) f. persona muy apasionada [ardiente]; (情熱的な人) f. persona apasionada.

ネッシー m. monstruo del lago Ness (☆スコットランド, ネス湖に生息するという怪獣).
ねつじょう 熱情 →情熱. ▶愛国的な熱情に燃える v. arder de fervor patriótico. ▶宗教的熱情にあふれている v. estar* lleno de fervor religioso. ▶ベートーベンの「熱情」ソナタ f. sonata «Apasionada» de Beethoven.
・ねっしん 熱心 (ひたむきな熱意) m. fervor, m. ardor.
── **熱心な** adj. 《フォーマル》fervoroso; (敬けんな) adj. devoto, piadoso.
  ❶《熱心な～》▶熱心な学生 mf. estudiante aplicado/da [trabajador/dora, entusiasta]. ▶熱心な聴衆 m. público entusiasta. ▶熱心な支持者 mf. partidario/ria entusiasta [apasionado/da]. ▶熱心なクリスチャン mf. cristiano/na ferviente [devoto/ta].
  ❷《熱心である》▶スポーツに熱心である v.「ser* un/una entusiasta de [《口語》estar* loco por] los deportes. ▶研究熱心である v. ser* aplicado [diligente] en el estudio. ◆彼は切手集めに熱心である Es un apasionado coleccionista de sellos. / 《フォーマル》Muestra un gran celo por la filatelia.
── **熱心に** (一生懸命に) adv. aplicadamente, con aplicación; (真剣に) adv. seriamente, con seriedad; (注意深く) adv. atentamente, con atención; (一心に) adv. con todo el corazón, en cuerpo y alma; (熱烈に) adv. con entusiasmo, apasionadamente. ▶演説を熱心に聴く v. escuchar ávidamente [muy atentamente] el discurso. ◆彼は熱心に勉強する Es muy aplicado en sus estudios. ◆君が熱心にそう言うから一晩よく考えてみるよ Lo pensaré, ya que insistes.
⇨あくせく, 切に, しきりに, つくづく
ねっする 熱する (熱を加える) v. calentar*; (熱くなる) v. calentarse*, acalorarse; (熱中する) v. entusiasmarse; (興奮する) v. excitarse. ◆その水を90度まで熱した Calenté el agua a 90 grados.
ねっせん 熱戦 (激しい競争) m. concurso [f. competencia] reñido/da; (接戦) m. juego [m. partido] reñido; (興奮させるような試合) m. partido apasionante [excitante]; (格闘技の激しい試合) m. combate feroz. → 接戦, 激戦. ◆私は彼とテニスの熱戦を展開した Sostuve con él un reñido partido de tenis.
ねつぞう 捏造 (偽造) f. falsificación; (でっち上げ) f. invención, f. mentira. ▶文書を捏造する v. falsificar* un documento.
ねったい 熱帯 f. zona tropical [《専門語》tórrida]. ▶熱帯の adj. tropical. ▶熱帯地方 mpl. trópicos, fpl. regiones tropicales. ▶熱帯雨林 f. pluviselva tropical. ▶熱帯性低気圧 m. ciclón tropical. ▶熱帯性気候 m. clima tropical.
ねっちゅう 熱中 f. absorción 《en》, m. ensimismamiento 《en》; (熱狂) m. entusiasmo 《por》.
── **熱中する** **❶**【心を奪われている】v. estar* absorbido [ensimismado, metido] 《en》, estar* entregado 《a》. →夢中, 病みつき. ◆

はチェスに熱中していて彼女が出て行くのに気づかなかった Estaba tan absorbido en el juego del ajedrez que no se dio cuenta de su salida. / Tan entregado estaba en el ajedrez que no se enteró cuándo ella salió.

❷【情熱を傾けている】v. estar* entusiasm*ado* (por, con); (夢中になっている) v. 《口語》estar* loco (por); (献身する) v. dedicarse* [entregarse*]《a》. ♦ 彼は新しい薬品の開発に熱中している Está entusiasmado por el desarrollo de un nuevo producto químico. ♦ あのころロックンロールに熱中していた《口語》Entonces yo estaba loco por el "rock".

ねっちゅうしょう 熱中症《専門語》m. ataque de fiebre.

ねっぽい 熱っぽい → 熱. ♦ 熱っぽい議論 f. discusión acalorada. ♦ 私は熱っぽいのです Siento un calor febril.

ねっぽく 熱っぽく (情熱的に) adv. con pasión, apasionadamente; (熱烈に) adv. fervientemente, con ardor.

ねつてんしゃ ♦ 熱転写プリンタ《専門語》f. impresora térmica de transferencia de cera.

ネット f. red; 《専門語》f. red. ♦ ネットプレー f. jugada a la red. ♦ ネットを張る v. instalar una red (en la cancha). ♦ 髪にネットをする v. llevar una redecilla en el pelo. ♦ ネット裏から野球を見る v. ver* un partido de béisbol desde detrás de la red (para retener* la pelota). ♦ 彼は (1テニスで; 2バレーボールで) ボールをネットに当てた Envió [Lanzó] 1la pelota [2el balón] contra la red.

ねっとう 熱湯 f. agua hirviendo. → 湯.

ねっとり ♦ ねっとりしている(くっつく) adj. viscoso; (糊 (のり) の) adj. pegajoso. ♦ ねっとりした樹液 f. savia viscosa. ♦ ねっとりするまで, 粉と水を練りながい Mezcla y amasa la harina y el agua hasta lograr una pasta viscosa.

ネットワーク f. red. ♦ テレビ [2ラジオ] のネットワーク f. red de emisoras de 1televisión [2radio].

ネットワーク・コンピュータ《専門語》m. ordenador [f. computadora] de red.

ねっぴょう 熱病《専門語》f. fiebre. ♦ 熱病にかかる v. contraer* fiebre. ♦ 彼女は熱病で死んだ Murió de fiebre.

ねっぷう 熱風 m. viento caliente; (強い一吹き) f. ráfaga de aire caliente.

ねつべん 熱弁 (情熱を込めた演説) m. discurso apasionado [ferviente]. ♦ 国会で熱弁をふるう v. pronunciar un discurso apasionado [ferviente] en la Dieta; (長々と非難をまじえて) v. pronunciar una arenga en la Dieta.

ねつぼう 熱望 m. anhelo, f. ansia.

—— 熱望する v. anhelar, ansiar*; (実現について不安を覚えながら) v. estar* ansioso《por》. ♦ われわれは平和と自由を熱望する Anhelamos la paz y la libertad. ♦ 多くの学生が野田教授の指導を熱望している Hay muchos estudiantes que anhelan estudiar con el/la profesor/sora Noda. ♦ 焦る, 堪らない

ねづよい 根強い adj. profundamente arraig*ado*. ♦ 根強い偏見 m. prejuicio profundamente arraigado《contra》. ♦ 根強く adv.

ねばる 1089

firmemente, tenazmente.

ねつりょう 熱量 f. cantidad de calor; (単位) f. caloría. ♦ パン一切れの熱量は約90カロリーです Una rebanada de pan tiene unas 90 calorías.

ねつれつ 熱烈 ♦ 熱烈な (燃えるような) adj. ardiente; (情熱的な) adj. apasion*ado*; (熱狂的な) adj. entusiasta; (火のような) adj. fogoso. ♦ 文学の熱烈な愛好家である v. ser* un/una apasion*ado/da* amante de la literatura. ♦ 熱烈な演説をする v. pronunciar un discurso fogoso. ♦ 彼らはわれわれを熱烈に歓迎してくれた Nos recibieron con entusiasmo. / Nos dieron una entusiasta bienvenida. ♦ 盛ん, 切なく

ねどこ 寝床 f. cama → ベッド, 床; (船や列車の) f. litera, 『米』 f. cucheta. ♦ 寝床につく v. irse* a la cama, acostarse*. ♦ 寝床を整える v. hacer* la cama.

ねとねと ♦ ねとねとしている(物にくっつくように) adj. pegajoso. ♦ 体が汗でねとねとする Tengo el cuerpo pegajoso de sudor.

ねとまり 寝泊り ♦ 寝泊まりする v. habitar, vivir 《en》; alojarse《en》. ♦ おじの家に寝泊りする v. vivir en la casa de su tío, quedarse [estar*] con el tío.

ネパール (el) Nepal; (公式名) m. República Democrática Federal de Nepal (☆南アジアの国, 首都カトマンズ Katmandú). ♦ ネパール(人[語])の adj. nepalés. ♦ ネパール人 mf. nepalés/lesa. ♦ ネパール語 m. nepalés.

ねばつく 粘つく v. ser* pegajoso.

ねばならない v.「tener* que [deber]《+不定詞》. → ならない.

ねばねば ♦ ねばねばしている(くっつく) adj. pegajoso. ♦ ねばねばした手でさわるな No lo toques con tus manos pegajosas.

ねばり 粘り ❶【粘着性】f. pegajosidad; f. adherencia. ♦ 粘りのある adj. pegajoso; (粘着性の) adj. adhesivo.

❷【根気】f. tenacidad. ♦ スペイン語の勉強には粘り強さが必要です Para estudiar español hay que「ser tenaz [tener constancia].

ねばりけ 粘り気 ♦ 粘り気のある adj. pegajoso. → 粘り.

ねばりづよい 粘り強い (忍耐強い) adj. perseverante, paciente; (不屈の) adj. persistente, pertinaz; (着実な) adj. constante; (頑強な) adj. terco, obstinado; (執拗 (しつよう) な) adj. tenaz. ♦ 粘り強い人 f. persona perseverante [tenaz]. ♦ 粘り強い努力をする v. hacer* esfuerzos constantes [persistentes]. ♦ 粘り強い抵抗にあう v. encontrarse* con una resistencia tenaz.

ねばる 粘る ❶【ねばねばする】v. pegarse*, ser* pegajoso; (粘着性がある) v. ser* adhesivo; (くっつく) v. pegarse* [adherirse*]《a》.
❷【根気よく続ける】(仕事などを) v.「no cejar [persistir, aguantar]《en》; aferrarse《a》; (交渉・勝負事などで) v. insistir [obstinarse]《en》. ♦ 粘って最後までその仕事をした「No cejé [Persistí] en el trabajo hasta terminarlo.

♦労働者たちは賃上げを要求して粘っている Los trabajadores insisten [persisten] en su reclamación de salarios más altos.

ねびえ 寝冷え ▶寝冷えする(=寝ている間に風邪を引く)v. resfriarse* durante el sueño.

ねびき 値引き m. descuento, f. rebaja. → 割引. ▶10パーセント値引きする v.「hacer* un descuento del [descontar*el] 10%. ♦定価から千円値引きする v.「hacer* un descuento de [rebajar] 1.000 yenes sobre el precio fijo. ♦全商品値引き特価で提供中 Todos los artículos「están rebajados [tienen descuento].

ねびく 値引く v. descontar*, hacer* un descuento. → 値引き.

ねぶかい 根深い (信念・感情などが)adj. profundamente arraigado; (態度・状況・考えなどが)de raíces profundas. ▶根深い不信感 f. desconfianza profundamente arraigada.

ねぶくろ 寝袋 m. saco de dormir.

ねぶそく 寝不足 f. falta de sueño. ▶寝不足で病気になる v. enfermar por falta de sueño.

ねふだ 値札 f. etiqueta (del precio). → 正札.

ねぶみ 値踏み (価格をつけること)f. valoración; (価値を見積もること)f. tasación. ▶その家を1億円と値踏みする v. valorar [《フォーマル》tasar] la casa en cien millones de yenes.

ネブリハ 《エリオ・アントニオ・デ～》 Elio Antonio de Nebrija (☆1441-1522, スペインの文法学者).

ネフロン 《専門語》f. nefrona.

ねぼう 寝坊 mf. dormilón/lona. ▶寝坊する(寝過ごす)v. quedarse dormido, 《口語》pegarse* las sábanas; (遅く起きる)v. levantarse tarde. ▶朝寝坊.

ねぼける 寝ぼける ▶寝ぼけている(目覚めたばかりで頭がぼんやりしている)v. estar* como sonámbulo; (半分眠っている)v. estar* 「medio dormido [adormilado]. ▶寝ぼけ¹まなこ [²顔]で adv. con ¹los ojos somnolientos [²la cara dormida]. ♦寝ぼけたこと(=ばかげたこと)を言う No digas más disparates. / Deja de decir tonterías.

ねほりはほり 根掘り葉掘り ▶根掘り葉掘り(=詳細のすべてを)聞く v. preguntar [por todos los detalles [《口語》por pelos y señales]. ♦近所の人は私たちのすることを根掘り葉掘り知りたがる Nuestros vecinos son muy curiosos de lo que hacemos.

ねまき 寝巻き f. ropa de dormir; (パジャマ)m. pijama ; 《パジャマ》 ; (ネグリジェ)m. camisón ; (長シャツ型で男性用の)f. camisa de dormir [noche].

ねまわし 根回し ▶根回しする(木を)v. cavar alrededor de la raíz (de un árbol); (事前工作する)v. realizar* operaciones previas.

ねみみにみず 寝耳に水 ♦その知らせは寝耳に水だった(=まったく突然のことでひどく驚いた) Esa noticia fue una campanada [gran sorpresa].

*****ねむい** 眠い adj. somnoliento, que tiene sueño; (うとうとして)adj. somnoliento, soñoliento. ♦今朝は早く起きたので眠い Tengo sueño porque esta mañana he madrugado. ♦彼は1眠たい声で [2眠いそぶりをしながら]返事をした Contestó ¹con la voz soñolienta [²frotándose sus ojos soñolientos]. ♦彼女は起きたばかりでまだ眠いようだ Acaba de despertarse y todavía tiene la expresión soñolienta. ♦その映画を見ていたら眠くなった Me「entró sueño [entraron ganas de dormir] mientras veía esa película. / Esa película me dio sueño.

ねむけ 眠気 m. sueño, f. soñolencia; (快い)m. somnolencia, m. sopor. ♦眠気を催す v. tener* sueño [ganas de dormir*]. → 眠い. ▶眠気を誘うような天気 m. tiempo que invita al sueño, m. tiempo soporífero. ♦眠気ざましにコーヒーを1杯飲んだ Me tomé una taza de café para quitarme [sacudirme, alejar] el sueño.

ねむらせる 眠らせる (子供を)v. dormir* (a un niño). ♦その赤ん坊は私を一晩中眠らせてくれなかった El niño 「me tuvo en vela [no me dejó dormir en] toda la noche.

ねむり 眠り m. sueño; (うたた寝)《口語》 m. sueñecito, 《口語》 f. cabezada; (昼間の)f. siesta. ▶¹深い ²浅い, ³ひと眠り m. sueño ¹profundo [²ligero]; ³m. un sueñecito. ▶眠りにつく v. dormirse*. ▶すごやかな眠りに落ちる v. caer* en un profundo sueño, 《口語》dormir* como un tronco. ♦永遠の眠りにつく v. dormir* el sueño eterno, dormirse* para siempre. ♦その悲鳴で眠りから覚めた El grito me despertó del sueño.

*****ねむる** 眠る ❶【睡眠をとる】v. dormir*; (寝入る)v. dormirse*, quedarse dormido, (強調して)conciliar el sueño, 《文語》《ユーモアで》caer* en los brazos de Morfeo; (寝つく)v. dormirse*, quedarse dormido; (とくに否定文で)《口語》pegar* ojo; descansar; (うたた寝する)v. adormilarse, dormitar, 《口語》dar* una cabezada. ▶10時間眠る v. dormir* diez horas. ♦まだ半分眠っている v. estar* medio dormido [desvelado]. ♦眠って頭痛を直す v. curarse el dolor de cabeza durmiendo. ♦地震に気づかず眠る v. no darse* cuenta del terremoto y seguir* durmiendo. ♦太郎, おはよう. 眠れましたか ¡Buenos días, Taro! ¿Has dormido bien? ♦昨晩はよく眠れた Anoche dormí bien [《口語》como un tronco, 《口語》como un lirón, 《口語》como una marmota]. ♦彼はぐっすり眠っていた Estaba profundamente dormido. ♦眠っている子供を起こしてはいけません No hay que despertar a un niño dormido. ♦車の往来の音が耳について眠れなかった No pude dormir a causa del ruido del tráfico. / El tráfico 「no me dejó dormir [me tuvo en vela]. ♦そのことが心配でまったく眠れなかった Por esa preocupación no pude pegar ojo toda la noche. ♦眠ろうとしているときに音がすると眠れない El ruido molesta cuando uno intenta dormir [conciliar el sueño]. ♦本を読んでいる間に眠ってしまった Me quedé dormido leyendo [mientras leía]. ❷【永眠する】v. dormir* el sueño eterno, dormirse* para siempre. ◆彼は故郷の墓地に眠っている Reposa en el cementerio en su pueblo. ◆彼の魂が安らかに眠りますように ¡Descanse en paz!

❸【使われないである】(設備などが) v. no estar* usado, estar* ocioso. ▶眠っている機械 fpl. máquinas「no usadas [paradas]. ▶難破船内に眠っている (=手つかずに放置されている) 財宝 m. tesoro intacto en el barco naufragado. ◆大量の原油が海底下に眠っている (=開発されずのままある) Bajo el lecho marino yace intacta una ingente cantidad de petróleo.

ねむれるもりのびじょ 眠れる森の女 (書名) «La Bella Durmiente».

ねもと 根元 f. raíz. ▶雑草を根元から引き抜く → 根こそぎ. ▶悪を根元から絶つ v. arrancar* el mal de raíz. ▶木を根元から切り倒した Corté el árbol de raíz.

ねものがたり 寝物語 ▶寝物語をする(男女が) v. charlar íntimamente en la cama.

ねゆき 根雪 fpl. nieves persistentes.

ねらい 狙い ❶【銃や弓でねらうこと】f. puntería; (標的) m. blanco. ◆彼はねらいがひどく狂ったので的が20センチ外れた Tuvo tan mala puntería que se alejó veinte centímetros del blanco. ◆彼はそのトラにしっかりねらいを定めた「Tomó cuidadosamente puntería [Apuntó cuidadosamente] al tigre con una escopeta.

❷【目的】(はっきりとした具体的な) m. fin,《フォーマル》f. finalidad; (確固たる) m. propósito; (個人の願望・必要性によって決められた) m. objeto, m. objetivo; (意図) f. intención; (目標) m. objetivo, f. meta, (要点) m. punto esencial. ▶この会のねらい m. fin de esta reunión. ▶彼の上京のねらい m. fin de su visita a Tokio. ◆君のねらいはいいんだが Tus fines son buenos, pero... ◆君のねらいは何ですか ¿Qué propósito tienes? / ¿Qué es lo que pretendes? / ¿Cuál es tu intención?
☞ 見当, 照準

・**ねらう 狙う** ❶【的に向かって構える】v. apuntar [dirigir* la puntería]《a》. ▶よくねらう v.「apuntar bien [tomar buena puntería]《a》. ◆彼はトラを銃でねらった Apuntó (con) el rifle al tigre. / Dirigió la puntería del rifle al tigre. ◆彼は獲物をねらった Acechó a su presa. ◆彼は私をねらって (=目がけて) 石を投げつけた Me apuntó y me lanzó una piedra.

❷【目標とする】(人・本・会社などが) v. aspirar《a》, pretender. ◆彼は優勝をねらった Aspiraba a la victoria.

❸【得ようとする】v. buscar*, perseguir*, ir* detrás《de》. ▶金をねらって (=を目当てに)彼女と結婚する v. casarse con ella por dinero. ◆君は警察にねらわれている (=追われている) Te busca la policía. ◆彼が本当にねらっているのは彼女の遺産だ「Lo que él busca [《口語》Detrás de lo que anda] es su herencia. ◆彼はふと自分の命がねらわれていると思った De repente se dio cuenta de que buscaban su vida.

❹【うかがう】(機会など) v. acechar, esperar (una ocasión). ◆彼は私を殺す機会をねらっている Está acechando la ocasión para matarme.

ねりあるく 練り歩く v. desfilar. ▶町中を練り歩く v. desfilar por el medio de la ciudad.

ねりなおす 練り直す ▶案を練り直す (=再考する) v. reconsiderar el plan.

ねる 練る (粉・粘土などを) v. amasar; (文体などを) v. pulir, refinar; (計画・案を) v. refinar, perfeccionar; (入念に) v. elaborar. ▶¹練り粉 [²粘土] を練る v. amasar la ¹masa [²arcilla]. ▶スペイン文を練る v. pulir el estilo en español. ▶劇の構想を練る v. perfeccionar la trama de un drama. ▶計画の細部を練る v. elaborar los detalles del plan.

＊＊ねる 寝る ❶【眠る】v. dormir*; (寝入る) v. dormirse*, quedarse dormido; (寝つく) v. acostarse*, irse* a dormir*; (ついうとうとと) v. dormirse*, echar una cabezada. → 眠る. ▶新しいベッドで寝る v. dormir* en una cama nueva. ▶寝ている v. estar* dormido; estar* en la cama. ▶寝て¹頭痛 [²二日酔い] を治す v. dormir* para quitar ¹el dolor de cabeza [²la borrachera, ²《口語》la mona]. ◆私は毎晩8時間寝る Todos los días duermo ocho horas. ◆テレビを見ているうちに座ったまま寝てしまった Me dormí en una silla mientras veía la televisión. /《口語》Sentado en una silla me quedé dormido viendo la tele. ◆昨晩は頭が痛くてどうしても寝られなかった Anoche el dolor de cabeza no me dejó dormir. / Anoche no「pude dormir [《口語》pegué ojo] por un dolor de cabeza. ◆その日は午前中ずっと寝て過ごした Ese día me pasé toda la mañana durmiendo [en la cama]. ◆このベッドにはだれかが寝ていた形跡がある Parece que alguien ha dormido en esta cama. → ベッド. ◆彼は寝ているの起きているの ¿Está dormido o despierto? ◆寝ても覚めても彼はその企画のことだけを考えていた En sueño o en vigilia no hacía más que「darle vueltas al [pensar en el] proyecto.

❷【床につく】v. ir(se)* a la cama, acostarse*. ▶¹早く [²遅く] 寝る v. acostarse* ¹temprano [²tarde]. ▶寝る前にワインを1杯飲む v. beber un vasito de vino antes de acostarse*. 《会話》あなたはいつも何時に寝ますか―12時です ¿A qué hora suele usted acostarse? – A las doce. ◆寝る時間だよ Es hora de acostarse [ir a la cama, que te vayas a la cama]. 《会話》ぼく, もう寝なさい―お休みな

もう寝る
Me voy a dormir.
→寝る

い, ママ Niño, a la cama. – Buenas noches, mamá. ♦ 12 時過ぎまであなたの帰りを寝ないで待っていた Me quedé esperándote hasta pasada medianoche.

❸【病気で寝ている】v. guardar cama, estar* encama*do*. ♦ 彼は風邪をひいて寝ている Guarda cama por un resfriado. / Un resfriado le tiene en cama.

❹【横たわる】v. acostarse*, echarse, tumbarse, 《フォーマル》《文語》 yacer*. ♦ 芝生の上に寝ろう tumbarse en la hierba. ♦ 彼は¹あおむけに [²うつぶせに; ³ひじをついて] 寝てブドウを食べていた Estaba tumbado ¹boca arriba [²boca abajo; ³acodado] comiendo uvas.

❺【商品などが】♦ 倉庫に寝ている商品 *fpl.* mercancías ociosas en un almacén. ♦ ¹土地 [²資本] を使わないで寝かしておく v. dejar ¹la tierra ociosa [²el capital inactivo].

ネルダ (パブロ〜) Pablo Neruda (☆ 1904– 1973, チリの詩人, 1971 年ノーベル文学賞受賞).

ねれた 練れた ♦ 円熟した人 *f.* persona blanda. ♦ 彼は年とともに人物が練れてきた Se ha ablandado con la edad.

ネロ Nerón (☆ 37–68, ローマ皇帝, 在位 54– 68).

ねん 念 ❶【感じ】*m.* sentido; (気持ち) *m.* sentimiento. ♦ 深い感謝の念を表わす v. expresar un profundo sentido de gratitud. ♦ 不快の念 (=感情) を示す v. mostrar* el sentimiento de insatisfacción. ♦ 彼に尊敬の念を抱く v. tenerle* respeto, respetar[le]. ♦ 自責の念に駆られる v. tener* remordimientos de conciencia. ♦ 彼女は不安の念に駆られた La invadió un sentimiento de inquietud.

❷【配慮】*m.* cuidado, *fpl.* atenciones, 《フォーマル》 *m.* esmero. → 注意. ♦ 念を入れて *adv.* cuidadosamente, con atención. → 念入り. ♦ 念の入った *adj.* cuidadoso, atento; (手の込んだ) *adj.* meticuloso, escrupuloso. ♦ 彼女の化粧は念が入っている Pone mucho cuidado [Se esmera mucho] en su maquillaje.

❸【確認】♦ ホテルに予約の念を押す (=再確認する) v. reconfirmar la reserva de un hotel. ♦ 彼にそうしないよう念を押す (=くり返し言う) v. decirle* repetidamente que no lo haga. ♦ 彼にあす来るように念を押したか ¿Te has asegurado de que vendrá mañana? / (思い出させたか) ¿Le has recordado que venga mañana?

＊ねん 年 ❶【1年】*m.* año.

1《年〜》♦ 年内に *adv.* (en) este año, antes de fin de año. → 一年.

2《数詞＋年》♦ 5か年計画 *m.* plan《フォーマル》 quinquenal [de cinco años]. ♦ 20 年の研究の成果 *m.* fruto de ¹veinte años de estudio [un estudio de veinte años]. ♦ 4 年前に (今から) *adv.* hace cuatro años; (過去のある点から) *adv.* cuatro años atrás. ♦ ここ 3 年の間 *adv.* en los últimos tres años. ♦ (更に) 10 年たてば *adv.* dentro de diez años, de aquí a diez años. ♦ 5 年ぶりに *adv.* después de un intervalo de cinco años. ♦ ここへ引っ越して 3 年になる 「Hace tres años [Han pasado tres años desde] que nos cambiamos aquí. ♦ 20 年は長い Veinte años es mucho tiempo. ♦ 2,3 年前まで京都支店は駅前にありました La sucursal de Kioto estaba enfrente de la estación hasta hace dos o tres años. ♦ あなたは何年にその車を買ったのですか ¿En qué año compraste ese coche? / (何年前に) ¿Cuántos años hace que compraste ese coche?

3《年に》♦ 年に 2 回 *adv.* dos veces al año. ♦ 2 年に 1 度 *adv.* una vez cada dos años. ♦ 年に 1 度の行事 *m.* suceso [*m.* acto] anual. → 週.

❷【年号】♦ 2004 年に *adv.* en (el año) 2004. ♦ 平成 8 年に *adv.* en el ¹octavo año [²año ocho] de Heisei. (☆特別な場合の他は西暦 en 1996 を使う).

❸【学年】*m.* curso, *m.* año (académico). → 学年.

ねんいり 念入り ♦ 念入りな (注意深い) *adj.* cuidadoso, atento; (綿密な) *adj.* minucioso, exhaustivo; (精巧な) *adj.* escrupuloso, elaborado. ♦ 念入りな作品 *f.* obra minuciosa. ♦ 念入りに調べると *adv.* a examinar exhaustivamente [a fondo]. ♦ 念入りに家宅捜索する v. 《フォーマル》 realizar* minuciosamente un registro domiciliario, buscar* por todos los rincones de la casa ⇨ 丹念, つくろく

ねんえき 粘液 *f.* mucosidad, *m.* moco, *m.* mucus. ♦ (性格などが) 粘液質の《専門語》 *adj.* flemático.

ねんが 年賀 → 新年, 年始. ♦ 年賀のあいさつを交わす v. intercambiar felicitaciones de Año Nuevo. ♦ 年賀に行く v. hacer* la visita de Año Nuevo.

ねんがく 年額 *f.* anualidad, *f.* suma anual. ♦ 年額百万円を支払う v. pagar* un millón de yenes al año.

ねんがじょう 年賀状 ♦ 年賀状を¹書く [²出す; ³もらう] v. ¹escribir* [²enviar*; ³recibir] una tarjeta de felicitación de Año Nuevo.

ねんがっぴ 年月日 *f.* fecha.

ねんがらねんじゅう 年がら年中 *adv.* todo el año, a lo largo del año; (1 年中ずっと) todo el año.

ねんかん 年間 (1 年間) *adv.* durante un año; (1 年につき) *adv.* al [por] año; (一年中) *adv.* todo el año. ♦ 大正年間に *adv.* en [durante] el período Taisho. ♦ 1999 年から 2003 年の 5 年間に *adv.* en los cinco años de 1999 a 2003. ♦ 彼は 2 年間マドリードに滞在した Se quedó dos años en Madrid. ♦ 年間百万人もの人がそこを訪れる No menos de un millón de personas al año visitan ese lugar. ♦ 物価は過去 30 年間上がり続けている Los precios ¹han estado subiendo [²no han dejado de subir] en los últimos treinta años.

—— **年間の** (1 年間の) *adj.* anual. ♦ 年(間)収(入) *m.* ingreso anual. ♦ 年間の予定 *m.* programa anual.

ねんかん 年鑑 *m.* anuario, *m.* almanaque. ♦ 学生年鑑 *m.* anuario estudiantil.

ねんかん 年刊 *f.* publicación anual. ♦ 年刊で *adv.* al año, anualmente. ♦ この雑誌は年刊

す Esta revista「es anual [se publica anualmente].

ねんがん 念願 (心からの願い) *m*. anhelo; (長年の望み) *m*. deseo largamente anhelado; (夢) *m*. sueño. ♦ 念願がついにかなった Mi sueño se ha realizado. / Mi deseo largamente anhelado se ha cumplido.

ねんき 年季 ▶年季奉公 *m*. aprendizaje (de un oficio). ▶(息子を大工の)年季奉公に出す *v*. colocar* (al hijo) de aprendiz (de carpintero). ▶(大工の, 地方企業の)年季があける *v*. terminar el aprendizaje (de carpintero, en una empresa local). ♦ 彼は年季の入った (=経験を積んだ)外交官だ Es un diplomático con mucha experiencia.

ねんきん 年金 (政府・会社などが支給する) *f*. pensión, 《フォーマル》 *f*. anualidad. ▶ ¹老齢[²養老]年金 *f*. pensión de ¹vejez [²jubilación]. ▶終身年金 *f*. pensión anual vitalicia [de por vida]. ▶年金制度 *m*. plan de pensiones. ♦ われわれは65歳から年金がもらえる Tenemos derecho a recibir una pensión a los 65 años. ♦ 彼は65歳で退職し年金生活に入った Se jubiló con pensión a los 65 años. ♦ 彼は年金で暮らしている Vive de su pensión. / Es pensionista.

ねんげつ 年月 *mpl*. años; (時) *m*. tiempo. ▶苦難の年月を過ごす *v*. pasar años de dificultades. ♦ 年月がたった Han pasado años y años. ♦ その仕事を完成するのに多くの年月を要した Nos ha costado muchos años terminar el trabajo. ☞歳月, 月日

ねんこう 年功 (長い経験) *f*. larga experiencia. ▶年功序列 *m*. sistema de antigüedad. ▶年功を積む *v*. tener* muchos años de experiencia. ▶この会社では年功ではなく功績によって昇進する En esta empresa, las promociones están basadas más en méritos que en antigüedad.

ねんごう 年号 ♦ 年号が平成と改まった El nombre de la era se cambió a Heisei.

ねんごろ 懇ろ ▶懇ろに (心からの) *adv*. cordialmente; (温かい) *adv*. calurosamente; (ていねいに) *adv*. atentamente, cortésmente; (親切に) *adv*. amablemente. ♦ 彼の亡骸(なきがら)はねんごろに (=彼にふさわしい儀式をもって)葬られた Su cuerpo fue sepultado con「la debida ceremonia [toda dignidad]. ▶彼女とねんごろ (=男女の関係)になる *v*. intimar con ella.

ねんざ 捻挫 *m*. esguince, *f*. torcedura; 《専門語》 *f*. distorsión. ▶足首をねんざする *v*. tener* un esguince de tobillo.

-ねんさい -年祭 *m*. aniversario. ▶50年祭 *m*. cincuenta aniversario. ▶シュヴァイツァー生誕百年祭を執り行なう *v*. celebrar el centenario del nacimiento de Schweitzer. ▶2百年祭 *m*. bicentenario. ▶3百年祭 *m*. tricentenario. ▶5百年祭 *m*. quinto centenario. ▶千年祭 *m*. milenario.

ねんさん 年産 *f*. producción anual. ♦ この工場は年産70万台のテレビを生産する Esta fábrica「produce al año [tiene una producción anual de] 700.000 televisores.

ねんし 年始 *m*. Año Nuevo. → 年賀. ▶年始客 *f*. visita de Año Nuevo. ▶年始に回る *v*. hacer* una visita de Año Nuevo 《a》.

ねんじ 年次 (の) (1年の, 年1回の) *adj*. anual. ▶年次(有給)休暇 *fpl*. vacaciones (pagadas) anuales. ▶年次総会 *f*. asamblea general anual. ▶年次報告 *m*. informe anual. ♦ われわれは2005会計年度の年次計画を立てた Hemos hecho el programa anual del ejercicio de [para el] 2005.

ねんしゅう 年収 *mpl*. ingresos anuales. ♦ 彼は年収1千万ある Ingresa 《[フォーマル] Percibe》 diez millones de yenes al año. / Tiene unos ingresos anuales de diez millones de yenes.

ねんじゅう 年中 (一年中) *adv*. todo el año; (年がら年中) *adv*. a lo largo de todo el año, todos los días del año; (いつも) *adv*. siempre, todo el tiempo. ▶年中行事 *mpl*. actos anuales. → 年中行事. ▶ここは年中天気がいい Aquí hace bueno [buen tiempo] todo el año. ♦ 彼女は年中愚痴をこぼしている Siempre está quejándose. / Se queja todos los días del año. ♦ 彼女は二人の子供の世話で年中暇なしだ Sus dos hijos la mantienen todo el tiempo ocupada. ▶年中無休『掲示』Abierto todo el año.

ねんじゅうぎょうじ 年中行事 (毎年の行事) *m*. evento [*m*. suceso, *m*. acontecimiento] anual. ▶私たちの市では市民陸上大会が年中行事となった El Certamen Municipal de Atletismo se ha convertido en un evento anual en nuestra ciudad.

ねんしゅつ 捻出 ▶捻出する (なんとか準備する) *v*. conseguir* preparar(se), 《口語》 arreglárselas 《para》. ▶旅費を捻出する *v*.「conseguir* prepararse para cubrir* 《[口語] arreglárselas para poder* cubrir*》 los gastos de viaje.

ねんしょ 念書 ▶念書をとる *v*. obtener* un documento de acuerdo.

ねんしょう 燃焼 *f*. combustión. ▶燃焼時間 *m*. tiempo de combustión. ▶¹完全[²不完全]燃焼 *f*. combustión ¹perfecta [²imperfecta]. ▶燃焼する *v*. quemarse, 《フォーマル》 inflamarse. → 燃える.

ねんしょう 年少 ▶年少の (年下より下の) *adj*.「más joven [menor]《que》. → 年長. ▶年少者(年下の者) *mf*. *uno/una* más joven, *mf*. *uno/una* menor. ▶年少組(幼稚園の) *f*. clase de menores (un curso inferior). ♦ 彼はその仕事の志願者の中で最年少だ Es el más joven de los que han solicitado el trabajo.

-ねんせい -年生 ❶ ▶~学年. 会話 君何年生? — 3年生です ¿En qué curso estás? — "Estoy en tercero [Soy de tercer curso]". ♦ 彼は10歳の時5年生に編入された A los diez años empezó quinto curso.
❷【植物】▶1— [²二; ³多]年生植物 *f*. planta ¹anual [²bienal; ³perenne].

ねんだい 年代 ❶ 《世代》 *f*. generación → 世代; (年齢) *f*. edad. ▶私の年代の人々 *f*. gente de mi generación. ♦ 彼は私とほぼ同年代だ Es

ねんちゃく 粘着 f. adherencia, f. adhesión. ▶粘着テープ f. cinta adhesiva.

ねんちょう 年長 ▶年長の(より年上の) adj.「más viejo [mayor]《que》. ▶年長組(幼稚園の) f. clase de mayores [curso superior]. ♦彼はその中では一番の年長者だ(=最年長の娘だ) Es el mayor「del grupo [de todos]. ♦彼は私より2歳年長だ Es dos años mayor que yo. / Me saca dos años. ⇨年上, 年上

ねんど 年度 (会計年度) m. año「(《フォーマル》m. ejercicio] fiscal; (学校の) m. curso académico, m. año escolar. ▶2005 会計年度 m. año [m. ejercicio] fiscal 2005. ▶学年度末 m. fin del「año escolar [curso académico]. ▶会計年度末に adv. al final del año fiscal. ▶来年度予算案 m. proyecto de presupuesto para el próximo año fiscal. ▶2002年度の芥川賞受賞者 mf. ganador/dora de los Premios Akutagawa de 2002.

ねんど 粘土 f. arcilla. ▶粘土質の adj. arcilloso. ▶粘土細工 f. obra de arcilla. ▶粘土で人形を作る v. hacer* una muñeca de arcilla.

ねんとう 念頭 ▶その言葉を念頭に置く(=心の中に留めておく) v. tener* 「presente esas palabras, tener* esas palabras en cuenta」. ▶その事故が彼の念頭を去らなかった El accidente「no se apartaba de su mente [estaba constantemente en su recuerdo]. ♦もしかしたらという気持ちが念頭から離れなかった La posibilidad estaba presente en mi mente. ♦彼は自分の安全など念頭になかった(=気にかけなかった) No le inquietaba su seguridad.

ねんとう 年頭 (年の初め) m. comienzo del año; (新年) m. Año Nuevo. ▶年頭教書(米国大統領の) m. mensaje de Año Nuevo (del presidente sobre el estado de la nación al Congreso).

ねんない 年内 ▶年内に(年の終わる前に) adv. antes de fin de año, dentro del año.

ねんね ❶【眠る】♦坊や、ねんねの時間ですよ ¡Vamos! Es hora de acostarse [ir a la cama]. ❷【まったくの世間知らず】♦彼女はもう二十七なのにまるっきりねんねだ Aunque tenga veintisiete años, sigue siendo una niña.

ねんねん 年々 adv. todos los años, cada año, 《ユーモアで》《口語》un año sí y otro también. ▶年々após年に「(=毎年)同じことをくり返す v. hacer* los mismo todos los años. ♦その店は年々(=毎年)大きくなる La tienda「es cada año mayor [aumenta de año en año, se hace más grande de año en año].

ねんのため 念の為 ❶【確認のため】adv. para asegurarse [estar seguro]. ▶念のため確かめる v. asegurarse, confirmar. ♦念のため契約を文書にした Hicimos un contrato por escrito para asegurarnos. ♦念のため数えてください Para asegurarnos, cuéntalos, por favor.
❷【用心のため】adv. por si acaso, 《口語》por si las moscas. ▶念のため傘を持って行けば Llévate el paraguas「por si acaso [no sea que llueva, en caso de que llueva]. 《会話》いすは 40 で足りないかい—念のためもう一つ二つ持って行ってくれ ¿No bastará con cuarenta sillas? – Añade una o dos más,「por si acaso [《口語》por si las moscas].
❸【注意のため】♦動物園は月曜が休園だよ, 念のため No olvides que el zoo está cerrado los lunes.

ねんぱい 年配 (年齢) f. edad. ▶年配の(=かなり高齢の)紳士 m. caballero「entrado en años [de cierta edad, ya mayor]. ♦彼は私とほぼ同年配だ Tiene más o menos mi edad. /《口語》Es de mi tiempo. ♦彼は私より五つ年配(=年上)だ Tiene cinco años más que yo. / Me saca [lleva] cinco años.

ねんぴ 燃費 m. gasto de combustible; m. consumo de combustible; (燃料消費率) m. consumo específico de combustible; (走行距離) m. kilometraje por litro, 《略》km/L. ▶燃費のよい車 m. automóvil de bajo consumo (de combustible); (低燃費車) m. coche de bajo consumo de combustible. ▶君のこの車の燃費はどれぐらいですか ¿Cuántos kilómetros puede correr por litro tu coche? / ¿Cuánto consume tu coche?

ねんぴょう 年表 ▶日本史年表 f. tabla cronológica de la historia japonesa.

ねんぶつ 念仏 ▶念仏を唱える v. rezar* a Buda. ♦彼に忠告しても馬の耳に念仏だ(=耳を貸さない)「Hace oídos sordos a [No hace caso de; Desoye] nuestro consejo.

ねんぽう 年俸 m. salario [m. sueldo] anual. ▶年俸 3 億円の野球選手 m. jugador de béisbol de 300 millones de yenes. ▶年俸...する v. ganar「(seis millones de yenes) al año [un salario anual (de seis millones de yenes)]. → いくら.

ねんまく 粘膜 f. membrana mucosa.

ねんまつ 年末 m. fin de año. → 暮れ. ▶年末調整 m. ajuste de fin de año (de impuestos).

ねんらい 年来 ▶年来の(=長年未決定の)懸案 f. cuestión「de mucho tiempo [《フォーマル》largamente pendiente], f. vieja cuestión. ▶年来の(=長い間望んでいた)¹希望 [²夢] ¹f. esperanza [² m. sueño] de mucho tiempo, m. viejo ¹anhelo [²sueño]. ▶私の年来の友 m. viejo amigo mío. ♦10 年来の大雪だ Es la nevada más fuerte [intensa] en diez años.

ねんり 年利 m. interés anual. → 利子. ▶年利 5% で銀行から百万円借りる v. pedir* préstamo de un millón de yenes al banco con un interés anual del 5%.

ねんりき 念力 m. poder mental, 《専門語》f. psicoquinesis. ▶念力で(=精神力で)戸を開け

る v. abrir* la puerta con「el poder* [la fuerza] mental.

*ねんりょう 燃料　(一般的に) m. combustible; (内燃機関の) m. carburante. ▶¹固形 [²液体; ³気体] 燃料 m. combustible ¹sólido [²líquido; ³gaseoso]. ▶核燃料 m. combustible nuclear. ▶燃料油 m. petróleo combustible, m. fuelóleo. ▶燃料タンク m. depósito [m. tanque] de combustible. ▶燃料費 mpl. gastos de combustible. ♦燃料が切れかかっている Se nos está acabando el combustible. ♦石炭やまきは安い燃料だ El carbón y la madera son combustibles baratos. ♦飛行機はサンフアンに立ち寄って燃料を補給した El avión hizo escala en San Juan (de Puerto Rico) para repostar [abastecerse de combustible]. ♦故障は燃料系統だ La avería está en la línea de combustible.

ねんりん 年輪　(木の) mpl. anillos de un árbol.

*ねんれい 年齢　f. edad. ▶年齢による差別 f. discriminación por razones de edad.

1《～年齢》♦平均年齢 f. edad media [promedio]. ▶本当の年齢 f. edad real. ▶彼の精神年齢は10歳以上だ Tiene una edad mental superior a la de diez años. ♦私が君の年齢のころにはテレビがなかった Cuando yo tenía tu edad no había televisión.

2《年齢＋名詞》▶年齢制限を (40 歳に) もうける v. fijar el límite de edad (a los 40). ▶20 から30歳の年齢層 m. grupo de edad entre 20 y 30 años. ▶年齢別に分ける v. clasificar(los) por edad.

3《年齢は [が]》♦年齢はいくつですか ¿Qué edad [¿Cuántos años] tiene usted? / ¿Cuál es su edad? / ¿Su edad, por favor? ♦最近結婚する女性の平均年齢が上がってきた La edad media del primer matrimonio de las mujeres está aumentando recientemente.

4《年齢の》♦どの年齢の子供も漫画が好きだ A los niños de「cualquier edad [todas las edades] les gustan los cómics [tebeos]. ♦彼は年齢の割に若く見える Aparenta menos años. / Parece [Se ve] joven para su edad.

5《年齢に》♦年齢・性別に関係なくその仕事に応募できる Todo el mundo, sin importar edad o sexo, puede solicitar el trabajo.

6《年齢だ》♦彼はもっと分別があってよい年齢だ Ya tiene edad para saberlo bien.
☞ 年, 年頃

-の 1095

の

の 野　m. campo; (平野, 平原) f. llanura, f. planicie, m. llano. ▶野に咲く花 f. flor silvestre. ▶野へ狩りに行く v. ir a cazar* al campo. ♦後は野となれ山となれ 《言い回し》Después de mí, el diluvio.

-の　❶【所有, 所属】prep. de. ▶今日の新聞 m. periódico de hoy. ▶日本の将来 m. futuro de Japón. ▶私の息子の写真 (特定の) f. foto de mi hijo. ▶彼の両親の車 m. automóvil de sus padres. ▶その子供たちのおもちゃ mpl. juguetes de esos niños. ▶ペドロとパブロの部屋 m. cuarto de Pedro y Pablo. ▶鳥の卵 m. huevo de un pájaro. ▶家の窓 fpl. ventanas de la casa. ▶私の何人かの友人 mpl. amigos míos, algunos de mis amigos. ▶だれか他の人の車 m. coche ajeno [de otro]. ▶社長の秘書 f. secretaria del presidente. ▶表玄関の鍵 (ｶｷﾞ) f. llave de la puerta principal. ▶あの茶色の髪の女の子 f. esa chica del pelo castaño [[メキシコ] café]. 会話 あれはだれのバッグですか―私 [²私の姉] のです ¿De quién es esa bolsa? – Es ¹mía [²de mi hermana]. ♦彼はその会社の社長です Es el presidente de la compañía. ♦彼は京都大学の講師です Es un profesor de la Universidad de Kioto. ♦もしもし. イベリアのルイス・ガルシアと申します Oiga. Me llamo Luis García, de Iberia.

❷【場所】prep. de, en. → に. ▶劇場の切符売り場 f. ventanilla del teatro. ▶トレドの通り fpl. calles de Toledo. ▶壁の絵 mpl. cuadros de la pared. ▶顔の傷跡 f. cicatriz en la cara. ▶農場の小屋 f. casita en la granja. ▶海辺の別荘 m. chalet en la costa.

❸【時間】prep. de, en, para. → に. ▶8時15分の汽車 m. tren de las ocho y cuarto. ▶9時のニュース fpl. noticias de las nueve. ▶日曜日の買い物 fpl. compras del domingo. ▶朝の散歩 m. paseo「de la mañana [《文語》matutino]. ▶二日間の旅行 m. viaje de dos días. ▶夏休みの計画 mpl. planes de [para] las vacaciones de verano. ▶15世紀のペルー el Perú del siglo XV. ▶2003 年度のノーベル物理学賞 m. premio Nobel de física del 2003. ▶5時の約束に遅れる v. llegar* tarde a la cita de las cinco.

❹【部分】prep. de. ▶その少年たちの多く mpl. muchos de esos niños. ▶その問題の一部 f. una parte del problema. ♦生徒 [²彼ら] の半数がその試験に落ちた La mitad de ¹los alumnos [²ellos] suspendieron el examen.

❺【分量】prep. de. ▶コップ 1 杯のミルク un vaso de leche. ▶さじ 1 杯の塩 una cucharada de sal. ▶1 ポンドのバター una libra de mantequilla. ▶1 合の米 un puñado de arroz. ▶3 足の靴下 mpl. tres pares de calcetines.

❻【材料, 手段】(...で作った) prep. de; (...を使って) prep. en. → から. ▶スチール製の机 f. mesa de acero. ▶大理石の建物 m. edificio de mármol. ▶フランス語の手紙 f. carta en francés.

❼【同格】(A という B) B de A. ♦古い都のローマ f. ciudad vieja de Roma. ♦私の友人のカルメン f. mi amiga Carmen. ♦スペイン文学教授の安部氏 El Sr. Abe, profesor de literatura española. ♦病院長の山田先生 m. Dr. Yamada, director del hospital.

❽【動作の主体】♦彼の両親の同意 f. aprobación de sus padres, 《フォーマル》m. consentimiento paterno. ♦政府の決定 f. decisión del gobierno. ♦列車の到着 f. llegada del tren. ♦ボルヘスの作品 fpl. obras de Borges. ♦君が読んでいた漱石のあの本の名前は何ですか ¿Cómo se titula el libro de Soseki que estabas leyendo?

❾【動作の目的】prep. de. ♦子供の教育 f. educación de niños.

❿【対象】(...のための) prep. de, para; (...へ) prep. de. ♦女子の大学 f. universidad femenina [de mujeres]. ♦子供の病院 m. hospital infantil [de niños]. ♦遺産の相続 f. sucesión de herencia. ♦成功の鍵(鍵) f. llave del éxito.

⓫【...に関する】prep. de, sobre, en. ♦料理の本 m. libro de [sobre] cocina. ♦物理学の権威 f. autoridad en física. ♦世界史の試験 m. examen de historia universal.

── -の (終助詞). ❶【質問】♦どこへ行くの? ¿Adónde [¿Dónde] vas? ♦あの本が読みたいの? ¿Quieres leer ese libro?

❷【命令】♦静かにするの! ¡Cállate! / ¡Estate quieto!

❸【周知のこと】♦そんなことしないの Todos saben que eso no se hace.

ノアのはこぶね ノアの箱舟 f. arca de Noé.
ノイズ（騒音, 雑音）m. ruido.
ノイローゼ f. neurosis. ♦ノイローゼ患者 mf. neurótico/ca. ♦彼はノイローゼだ Tiene [《フォーマル》Padece] neurosis. / Es neurótico.
のう 能（能力）f. capacidad. → 能力. ♦彼は働く以外能がない (=働いてばかりいる) No sabe más que trabajar. ♦一生懸命勉強するだけが能ではない (=すべてではない) Estudiar mucho no es todo. ♦能ある鷹(たか)は爪(つめ)を隠す《ことわざ》El águila sagaz sus uñas esconde. / Disimular, buen medio para lograr.
のう 脳（専門語）m. encéfalo, (知力)m. cerebro → 頭脳; (動物の) mpl. sesos. ♦脳外科 f. neurocirugía. ♦脳外科医 mf. neurocirujano/na. ♦脳死 f. muerte cerebral. → 脳死. ♦脳細胞 f. célula cerebral. ♦脳波 f. onda cerebral. ♦脳の手術を行なう v. operar del cerebro.

【脳の病気】♦脳貧血（専門語）f. isquemia cerebral. ♦一過性脳虚血発作（専門語）m. ataque isquemático cerebral transeúnte, AIT. ♦脳血管障害（専門語）f. encefalomiopatía. ♦脳血管性痴呆（専門語）f. demencia multiinfarto. ♦脳梗塞(こうそく)（専門語）m. infarto cerebral. ♦脳挫傷(ざしょう)（専門語）f. contusión cerebral. ♦脳出血（専門語）f. hemorragia intracerebral. ♦脳症（専門語）f. encefalopatía. ♦脳障害（専門語）m. trastorno cerebral. ♦脳心筋炎（専門語）f. encefalomiocarditis. ♦脳神経障害（専門語）f. neuropatía craneal. ♦脳振盪(しんとう)（専門語）f. conmoción cerebral. ♦脳性麻痺（専門語）f. parálisis cerebral. ♦脳脊髄(せきずい)炎（専門語）f. encefalomielitis. ♦脳脊髄障害（専門語）f. encefalomielopatía. ♦脳卒中（専門語）f. apoplejía cerebral. ♦脳軟化症（専門語）f. encefalomalacia. ♦脳溢(いっ)血（専門語）f. hemorragia cerebral. ♦脳炎（専門語）f. encefalitis. ♦亜急性硬化性全脳炎（専門語）f. panencefalitis esclerosante subaguda. ♦脳ヘルニア（専門語）m. encefalocele.

のう 能 "Noh",《説明的に》m. teatro clásico japonés con empleo de la danza y la música.
のうえん 農園 f. granja. → 農場.
のうか 農家（家）f. casa de granjero [agricultor]. ♦米作農家は今一番忙しい時期です Ahora es cuando están más ocupados los agricultores de arroz. / Esta es la temporada más atareada de los arroceros.
のうがく 能楽 f. representación [m. teatro, f. danza] de "Noh". → 能.
のうがく 農学 f. agronomía, f. agricultura.
のうがくぶ 農学部 f. facultad de agronomía [agricultura].
のうかん 脳幹（専門語）m. tronco del encéfalo.
のうかんき 農閑期 f. temporada de poca actividad de los agricultores.
のうき 納期（金銭の）f. fecha de pago; (物品の)f. fecha de entrega; (税金の)f. fecha de pago de impuestos.
のうきぐ 農機具 f. maquinaria agrícola; fpl. herramientas agrícolas; (農具一式) mpl. aperos de labranza.
のうきょう 農協（農業協同組合）f. cooperativa agrícola.
のうきょう 膿胸（専門語）m. piotórax.
*のうぎょう 農業** f. agricultura, f. industria agrícola. ♦¹集約 [²粗放]農業 f. agricultura ¹intensiva [²extensiva]. ♦集団農業 f. agricultura colectiva. ♦農業大学 f. escuela superior de agricultura, f. facultad de agronomía. ♦農業国 m. país agrícola. ♦農業用地 fpl. tierras de labranza. ♦彼は農業をやっています Es agricultor. / Se dedica 「a la agricultura [《口語》al campo].
のうぐ 農具 → 農機具.
のうけっせん 脳血栓 f. trombosis cerebral.
のうこう 濃厚 ♦濃厚な (味・色などが) adj. fuerte, intenso; sustancioso; (牛乳が) adj. cremoso; (ワインが) adj. generoso; (食事が) adj. pesado; (体・液体などが) adj. espeso, denso; concentrado; (密度が) adj. denso. → 濃い. ♦濃厚な牛乳 f. leche cremosa. ♦濃厚なスープ f. sopa espesa. ♦濃厚なオレンジジュース m. zumo [[ラ米] m. jugo] de naranja concentrado. ♦我がチームの敗色は濃厚である Probablemente nuestro equipo pierda el partido.
のうこう 農耕（農業）f. agricultura; (農場経営)f. administración de granja; (耕作) m.

のうこん 濃紺 m. azul marino.
のうさぎ 野兎 f. liebre.
のうさぎょう 農作業 m. trabajo agrícola, fpl. faenas del campo. ▶農作業をする v. trabajar en el campo, 《フォーマル》realizar* faenas agrícolas.
のうさくぶつ 農作物 mpl. productos agrícolas [del campo]; (作物) f. cosecha.
のうさつ 悩殺 ▶悩殺する(うっとりさせる) v. embrujar, hechizar*, fascinar, cautivar, encantar 《a + 人》, 《口語》hacer* 《a + 人》 perder* la cabeza.
のうさんぶつ 農産物 mpl. productos agrícolas. → 農作物.
のうし 脳死 f. muerte clínica [cerebral]. ▶脳死状態である v. estar* clínicamente [cerebralmente] muerto.
のうしゅく 濃縮 f. concentración. ▶濃縮する v. concentrar, condensar. ▶濃縮ジュース《スペイン》m. zumo [《ラ米》m. jugo] concentrado. ▶濃縮ウラン m. uranio enriquecido.
のうしゅっけつ 脳出血 f. hemorragia cerebral.
のうしゅよう 脳腫瘍 m. tumor cerebral.
のうじょう 農場 f. granja, f. finca, 《メキシコ》m. rancho, (大規模な) f. hacienda, 《アルゼンチン》f. estancia, f. plantación, (特定の家畜や果樹の)《ラ米》f. finca (de pollos). ▶試験農場 f. granja experimental. ▶酪農場 f. granja lechera. ▶農場労働者 mf. campesino/na, mf. gañán/ñana. → 農夫. ▶農場を経営する v. dirigir* [《フォーマル》llevar] una granja. ▶農場で働く v. trabajar en una granja.
のうしんとう 脳振盪 f. conmoción cerebral. ▶軽い脳振盪を起こす v. tener* una ligera conmoción cerebral.
のうぜい 納税 m. pago de impuestos [contribución]. ▶納税者 mf. contribuyente. ▶納税申告をする v. hacer* [《フォーマル》cumplimentar*] la declaración de la renta. ◆私たちは納税の義務がある Pagar impuestos es una obligación ciudadana. / Todos tenemos que [la obligación de] pagar impuestos. ◆今年の納税額はどれぐらいですか ¿Cuánto paga de impuestos este año? ◆納税期限は3月15日です La fecha límite para el pago de impuestos es el 15 de marzo.
のうせい(しょうに)まひ 脳性(小児)麻痺 f. parálisis cerebral (infantil).
のうそっちゅう 脳卒中 ▶脳卒中になる v. tener* un derrame cerebral, 《専門語》sufrir una apoplejía cerebral.
のうそん 農村 m. poblado agrícola; (地域社会) f. comunidad rural [agraria]; (田園地帯) f. comarca [f. zona] rural. ▶農村地帯 f. comarca agrícola.
のうたん 濃淡 (明るい部分と影の部分) m. claro y f. sombra, m. claroscuro. ▶絵に濃淡をつける v. oscurecer* un cuadro.
のうち 農地 fpl. tierras de labranza, m. terreno agrícola. ▶農地の開発 m. desarrollo de tierras de labranza. ▶農地を開拓する v. cultivar un terreno agrícola.

のうちゅうしょう 嚢虫症 《専門語》f. cisticercosis.
のうど 濃度 ▶(液体などの)(化学) f. concentración; (物理) f. densidad. ▶その海水中の塩分の濃度 f. concentración de sal en el agua de mar. ▶高い濃度の塩分を含んでいる v. contener* altas concentraciones de sal. ◆現在大気中の二酸化炭素の濃度が高くなって来ている La concentración del dióxido de carbono atmosférico es ahora más alta (que antes).
のうないしゅっけつ 脳内出血 f. hemorragia intercerebral.
のうなし 能なし ▶彼は能なし(=何の役にも立たない)だ Es「un inútil [《フォーマル》incompetente].
のうなんかしょう 脳軟化症 m. reblandecimiento cerebral, 《専門語》f. encefalomalacia.
のうにゅう 納入 (支払い) m. pago; (配達) f. entrega; (供給) m. suministro. ▶納入する v. pagar; entregar*; suministrar ☞ 入(容)れる, 納める
のうのう ▶のうのうとしている(何も気持ちを動かさずに) adj. despreocupado; (無関心に) adj. indiferente. ▶のうのうと adv. con despreocupación, indiferentemente. → のんびり. ◆その少年は先生にひどくしかられたのにのうのうとしてみえた El muchacho parecía despreocupado cuando el profesor le reprendió severamente.
ノウハウ 《英語》m. "know-how" (☆ 発音は[nóu háu]), mpl. conocimientos técnicos. → ノーハウ.
のうはんき 農繁期 f. temporada de más trabajo「en el campo [para los agricultores].
のうひしょう 膿皮症 《専門語》f. pioderma.
のうひんけつ 脳貧血 ▶脳貧血を起こす v. tener* un ataque de anemia cerebral.
のうふ 農夫 m. agricultor, m. labrador; (小作農) mf. arrendatario/ria; (作男) m. jornalero, 《軽蔑的に》m. gañán, 《ラ米》m. peón. → 農民.
のうふ 納付 (金の支払い) m. pago.
のうべん 能弁 f. elocuencia. ▶能弁な adj. elocuente. ▶能弁に adv. con elocuencia.
のうほう 嚢胞 (専門語) m. quiste. ▶多発性嚢胞腎 《専門語》f. enfermedad renal poliquística (ERP). ▶嚢胞性線維症 《専門語》f. fibrosis quística.
のうみそ 脳味噌 (脳) m. cerebro, 《口語》mpl. sesos. ◆お前は脳味噌が足りない Te falta cabeza. /《口語》Te faltan sesos.
*****のうみん** 農民 mf. agricultor/tora, mf. labrador/dora; (小作農) mf. arrendatario/ria; mf. mediero/ra, mf. aparcero/ra; (全体に) m. campesinado. ▶農民一揆 f. revuelta de los agricultores. ▶農民運動 m. movimiento de los agricultores.
のうむ 濃霧 f. niebla densa, f. bruma espe-

sa. → 霧.

のうやく 農薬 mpl. productos químicos para agricultura, fpl. pesticidas agrícolas. ▶農薬(空中)散布 f. fumigación [f. pulverización] de pesticidas.

のうり 脳裏(心) f. mente; (記憶) f. memoria. ▶脳裏に焼き付く v. quedarse grabado [impreso] en la memoria. ▶脳裏をかすめる v. pasarse por la mente, venirse* a la cabeza.

__のうりつ__ 能率 f. eficacia, 《フォーマル》f. eficiencia. ▶能率給 mpl. salarios por rendimiento, f. remuneración por rendimiento [《フォーマル》R.P.R.]. ▶作業能率 f. eficiencia en el trabajo. ▶仕事の能率を上げる v. promover la eficacia en el trabajo. ▶非常に能率よく仕事をする v. trabajar con mucha eficacia, rendir* mucho en el trabajo. ♦この機械はわれわれの目的に能率的でない Esta máquina「es ineficiente [no es eficiente] para nuestros fines. ♦読書は語彙(¹)を増やす能率的な方法です La lectura es un método eficaz para aumentar el vocabulario. / Leer ayuda mucho al léxico. ♦彼がいないと仕事の能率が上がらない(=仕事がはかどらない) Nuestra eficacia se queda muy reducida sin él. / Sin él no rendimos mucho.

のうりょう 納涼 ▶納涼大会 f. fiesta veraniega para tomar el fresco. ▶納涼客 f. gente que sale a tomar el fresco en las noches veraniegas.

*__のうりょく__ 能力 f. capacidad 《para, de》, 《フォーマル》f. aptitud [f. disposición] 《para》; (巧みさ) f. habilidad 《para》.

1《～能力》▶潜在能力 f. capacidad latente. ▶創造的な能力 f. capacidad creativa. ▶生産能力 f. capacidad de producción. ▶言語能力 f. facultad de habla. ▶視覚能力 f. facultad visual [de vista], f. capacidad de ver. ▶教師としての能力 f. competencia como profesor/sora. ▶超能力 m. poder sobrenatural.

2《能力＋名詞》▶能力別クラス編成 f. agrupación por competencias, mpl. estudiantes agrupados según su capacidad.

3《能力が》▶彼にはその仕事をする能力がある「Tiene la capacidad [Es capaz] de hacer ese trabajo. /《フォーマル》Es apto para (realizar) ese trabajo. / Puede hacer ese trabajo. / Vale para ese trabajo. → できる. ♦彼にはその仕事をする能力がない「No tiene la capacidad de [Es incapaz de;《フォーマル》Carece de la aptitud para] hacer ese trabajo. / Ese trabajo está「por encima [más allá] de su capacidad.

4《能力の》▶能力のある男 m. hombre capaz [con capacidad, con aptitudes].

5《能力を》▶能力を1伸ばす [2引き出す] v. ¹desarrollar [²sacar*] (su) talento. ♦彼女は音楽に非常な能力を発揮した Demostró「mucho talento para la música [una gran aptitud musical]. ☞実力, 性能, 手

のうりんすいさん 農林水産 ▶農林水産省 m. Ministerio de Agricultura, Silvicultura y Pesquería. ▶農林水産大臣 mf. Ministro/tra de Agricultura, Silvicultura y Pesquería.

ノー (否定) no. ♦はっきりノーと言わない日本人が多い Son muchos los japoneses que no saben decir "no" claramente.

ノー- (ない) adv. no, prep. sin. ▶ノーカーボン紙 m. papel de copias sensible a presión. ▶ノースリーブの服 m. vestido sin mangas. ▶ノーブランド商品 mpl. productos sin marca, mpl. artículos cuneros. ▶ノーシードの選手 mf. jugador/dora que no es cabeza de serie. ▶ノーカットの映画 f. película「sin cortes [sin censura, íntegra]. ▶ノーアイロンのワイシャツ f. camisa「de lava y pon [de lavar y poner, 【商標】lavilisto]; f. camisa que se seca rápidamente sin arrugas al colgarse. ▶ノークラッチ(装置) f. (coche de) transmisión automática. ♦ぼくはノーマネーだ No tengo dinero. ♦広島・阪神戦は雨のためノーゲームになった(=中止になった) El partido de las Carpas contra los Tigres fue cancelado por la lluvia. ♦私はその計画にはノータッチです(=関与していない) A mí ese plan no me afecta. /《口語》No me va ni me viene ese plan.

ノーカウント ▶今のはノーカウントだ Esto no cuenta [vale].

ノークラッチ →ノークラッチの adj. de transmisión automática.

ノーコメント Sin comentarios.

ノーサイド (ラグビー)《英語》m. "no side".

ノースモーキング adj. de no fumadores. ▶ノースモーキングエリア f. zona de "no fumadores [prohibido fumar].

ノート (帳面) m. cuaderno, m. bloc. ▶ルーズリーフのノート m. cuaderno de anillas, f. carpeta, 【コロンビア】《英語》m. "folder". ▶ノートに自分の名前を書く v. anotar el nombre en el cuaderno.

❷【筆記すること】m. apunte, f. nota. ▶講義のノートを取る v. tomar apuntes [notas] en la conferencia.

ノード 《専門語》m. nodo.

ノートパソコン 《専門語》m. computador [m. ordenador] portátil, m. ordenador tipo cuaderno.

ノートブック(型)パソコン →ノートパソコン

ノーハウ 《英語》m. "know-how" (☆発音は[nóu háu]), mpl. conocimientos (técnicos). ▶それをするノーハウ m. saber hacerlo, mpl. conocimientos para hacerlo. ▶経営のノーハウを身につける v. aprender muchos conocimientos de administración.

ノーベル(アルフレッド～) Alfredo Nóbel (☆ 1833-1896, スウェーデンの化学者・技術者).

ノーベルしょう ノーベル賞 m. Premio Nobel. ▶ノーベル賞受賞者「mf. ganador/dora del [《フォーマル》mf. galardonado/da con el] Premio Nobel. ▶ノーベル物理学賞が彼に与えられた「Le dieron [Ganó] el Premio Nobel de Física.

ノーマル (正常な) adj. normal.

ノーラン (野球で無得点) adj. sin carreras.

のがす 逃す ▶好機を逃す v. perder* una buena oportunidad, fallar [desaprovechar] una ocasión. ♦優勝を逃す v. perder* la ocasión de ganar el campeonato. ♦ぼくの番を逃しちゃったよ Se me ha pasado el turno.

ノカルジアしょう ノカルジア症《専門語》f. nocardiosis.

のがれる 逃れる ❶【逃げる】(束縛・苦痛などから脱出する) v. escapar(se)《de》;(逃げ去る) v. huir*《de》→逃げる;(逃げる) v. librarse《de》. ▶追っ手から逃れる v. escapar de los perseguidores. ▶都会の喧噪から逃れる v. huir* del tumulto de la ciudad. ▶[2借金]から逃れる v. librarse de 1un problema [2una deuda]. ♦彼らは戦火を逃れて来た Escaparon del incendio de la guerra. ❷【免れる】(危険・災難などを未然に免れる) v. salvarse [librarse]《de》;(責任などをうやむやに回避する) v. eludir, esquivar;(巧みにかわす) v. eludir, evadir. ♦彼は危うく死を逃れた Se libró [《口語》salvó] de la muerte por los pelos. ♦彼はやっと責任を逃れた Consiguió eludir [evitar] su responsabilidad.

のき 軒 m. alero. ▶軒下に[で] adv. bajo el alero. ♦つららが家の軒から下がっていた Los carámbanos (de hielo) colgaban del alero de la casa. ♦映画館が軒を並べている Los cines se suceden uno tras otro.

のきさき 軒先 ▶軒先に巣を作っている鳥 mpl. pájaros que anidan bajo los aleros.

のきなみ 軒並み (家の並び) f. fila [f. hilera] de casas. ▶列車は風雨のため軒並み(=すべて)遅れた Todos los trenes tuvieron retrasos por la tormenta.

のく 退く v. apartarse, echarse a un lado. → 退(ど)く.

ノクターン m. nocturno.

のけもの 除け者 mf. paria, f. persona excluida por los demás. ♦僕は近所の子供たちからのけ者にされた「Estaba excluido [Fui dejado al margen] por los otros niños del barrio. → 仲間はずれ.

のける 退[除]ける (除く) v. apartar;(有害なものを) v. quitar, eliminar;(じゃまにならないように) v. poner* [echar] a un lado;(片づける) v. retirar, alejar;(省く) v. omitir. ▶その障害物をのける v. apartar el obstáculo. ♦その椅子をのけてくれ Aparta las sillas. / Pon las sillas a un lado.

のこぎり 鋸 f. sierra;(手鋸) m. serrucho, f. sierra (de mano);(丸鋸) f. sierra circular;(金のこ) f. sierra de arco (para metales). ▶鋸くず m. serrín. ▶鋸の歯 m. diente de sierra. ▶鋸の目立てをする v. afilar los dientes de una sierra, triscar* una sierra. ▶鋸で板を切る v. serrar* una tabla, cortar una tabla con una sierra. ♦このステーキ用ナイフは刃が鋸状になっている Este cuchillo de carne es serrado.

*****のこす** 残す ❶【去ったあとに】 v. dejar;(遺産を) v. dejar (в + 人)「una herencia [un legado];(伝統などを) v. transmitir. ▶借金を残して死ぬ v. dejar detrás una deuda. ▶後世に名を残す v. dejar su nombre a la posteridad. ▶妻を残して死ぬ v. dejar [abandonar] a la esposa. ▶彼に書き置きを残す v. dejarle una nota. ▶母が残してくれた指輪 m. anillo que me dejó mi madre. ♦彼は息子に一財産残して死んだ Le dejó una fortuna a su hijo. → 与える. ❷【余す】 v. dejar;(節約して) v. ahorrar;(予備に) v. reservar. ▶仕事を残しておく v. dejar el trabajo inacabado [a medio terminar]. ▶あすのために精力を残しておく v. reservar la energía para mañana. ▶旅行のためにいくらかお金を残す v. ahorrar dinero para un viaje. ♦ケーキを少し残しておいてください Déjame algo [un poco] de pastel. → 買う. 《会話》でもそのチーズは好きじゃないんだもの―いいこと。残さず食べなさいよ No me gusta nada el queso. ― ¡Vamos! ¡Cómetelo!

❸【残留させる】(罰として) v. retener*. ♦彼は放課後1時間残された Fue retenido una hora después de acabada la escuela.

のこのこ ♦彼はパーティーにのこのこ(=恥ずかしげもなく)やって来た Se presentó descaradamente en la fiesta. / Tuvo 「el descaro [la frescura,《口語》la cara] de aparecer en la fiesta.

のこらず 残らず →全部. ▶その魚を残らず食べる v. comerse todo el pescado. ▶金を残らず遣う v. gastarse todo el dinero. ♦それについて知っていること残らず(=すべて)彼に話してやった Le he dicho todo lo que sabía de eso. ♦彼らは一人残らずその提案に同意した Todos [《強調して》 Hasta el último hombre] estuvieron de acuerdo con la propuesta.

*****のこり** 残り m. resto, lo demás, lo restante;(残ったもの) lo que queda;(食事の) fpl. sobras, mpl. restos;(余剰) m. excedente, m. remanente;(残金) m. resto, lo restante.

1《～の残り》▶借金の残り m. resto de la deuda. ▶夕飯の残り →残り物. ▶試合の残り時間はあと3分しかない「Sólo faltan [No quedan más que] tres minutos para acabar el partido. / Sólo hay tres minutos para el fin del partido.

2《残りは》▶ほしいものを取って残りは全部捨てなさい Toma lo que quieras y tira [《ラ米》bota] el resto. ♦その事故で5人が死亡し、残りは重傷を負った En el accidente murieron cinco personas y los demás quedaron gravemente heridos. ♦残り(の金)(=釣り銭)はとっておきなさい Quédese con el cambio. ♦20から5を引けば残りは15だ Cinco de veinte restan [quedan] quince. / Veinte menos cinco son quince. → 引く.

3《残りの》adj. restante;(余剰の) adj. excedente. ▶残りの半分 f. mitad restante. ♦残りの1バナナ [2肉]は全部腐っていた 1Los plátanos restantes [que quedaban] estaban podridos [2El resto de la carne estaba podrida].

《その他の表現》♦砂糖が残り少なくなってきた Se nos está acabando el azúcar. → 不足する. ♦今年も残り少なくなった Falta poco para acabar el año. / El año está llegando a su fin. ▶残り時間《専門語》m. tiempo restante.

のこりもの 残り物 mpl. restos, fpl. sobras; (残飯) m. resto; (売れ残り) m. resto, f. mercancía no vendida. ▶夕食の残り物 mpl. restos [fpl. sobras] de la cena. ♦今晩は残り物で済ませます Hoy para cenar tenemos restos.

のこる 残る ❶【とどまる】v. quedarse, 《フォーマル》permanecer*; (人の去ったあとに) v. quedarse detrás. ▶卒業後大学に残る v. quedarse en la universidad después de la graduación. ▶彼に質問をするためあとに残る v. quedarse detrás para hacerle* una pregunta. ♦私たちはマドリッドに向かったが彼はまだバルセロナに残っていた Salimos hacia Madrid, pero él「permaneció todavía [se quedaba aún] en Barcelona.
❷【余る】v. quedar(se); sobrar, restar, faltar 《por + 不定詞》. ♦売れ残る v. quedarse sin vender, quedar sin ser* vendido. ♦冷蔵庫にはほとんど食料が残っていない Casi no queda nada de comida en la nevera. / En el refrigerador no hay casi nada de comida. ♦お金はいくら残っていますか ¿Cuánto dinero queda [sobra]? ♦彼には選択の余地が残っていなかった No le quedó ninguna alternativa. / No podía elegir. ♦10から3を引けば7が残る Diez de tres restan siete. / Diez menos tres「igual a [son] siete. / Si a diez le quitas tres, te quedan siete.
❸【残存する】v. quedar, faltar; (まだ消えずに) quedar(se), 《フォーマル》pervivir, resonar, seguir grabado. ▶歴史に残る v. pasar a la historia. ♦その問題についてはまだ言うことがたくさん残っている「Falta todavía [Queda aún]mucho por decir sobre eso. / (付け加えることがたくさんある) Hay que decir más sobre ese asunto. ♦彼の言葉はまだ耳に残っている Sus palabras siguen resonando en mis oídos. ♦その風習はいくつかの国では今も残っている Esa costumbre「aún pervive [todavía queda] en algunos países. ♦たくさんの土地が開墾されたためにパンダは残っている地域に押し込められたまま餓死している Debido al gran aumento de las tierras de cultivo, los pandas, atrapados en las regiones restantes, se mueren de hambre.
☞ 余る, 止まる

のさばる (思いどおりにする) v. salirse* con la suya [tuya, mía]; (横暴にふるまう) v. dominar, imponerse*. ♦もうこれ以上わくざをのさばらせておくわけにはゆかない Ya no podemos permitir que la banda「se salga con la suya [imponga su voluntad].

のしあがる 伸し上がる ▶重役にのし上がる v. abrirse* paso hasta llegar* a ser* ejecutivo/va; (昇進する) v. ser* ascendido/da a ejecutivo/va. ♦日本は自動車王国にのし上がった Japón se ha abierto paso hasta convertirse en una de las potencias automovilísticas del mundo.

のしかかる 伸し掛かる ♦その問題が彼に重くのしかかった El problema le abrumaba mucho.

のじゅく ▶野宿する v. dormir* 「al aire libre [al raso, bajo las estrellas].

ノスタルジア f. (sentir) nostalgia 《por》. → 郷愁.

ノズル (筒口) f. boquilla; (ロケットの) f. tobera (en un cohete).

**のせる 乗せる ❶【人・物を積む】(車に同乗させる) v. llevar, 《メキシコ》《口語》dar* un aventón; (乗り物が乗客を乗せる, 人を車で迎えに行って乗せる, 途中で乗せる) v. recoger*; (荷物・客を積む) v. cargar*; (運ぶ) v. llevar, transportar. ▶彼を肩に乗せる v. llevarlo[le] a hombros. ▶10人以上乗せたエレベーター m. ascensor que transporta a más de diez personas. ▶車に荷物を乗せる v. cargar* el equipaje en el coche. ▶彼に手を貸してタクシーに乗せてやる v. ayudarlo[le] a subir [montar] en un taxi. ♦彼女を町まで乗せてやった La llevé (en el coche) hasta la ciudad. ♦だれか乗せてほしい人いる？ ¿Alguien quiere que lo [la, le] lleve? ♦バスは止まって乗客を乗せた El autobús se detuvo para「llevar a los pasajeros [que los pasajeros subieran]. ♦その船はたくさんの客を乗せていた El barco llevaba numerosos pasajeros a bordo. ♦そのバスは50人の乗客を乗せられる (=収容できる) El autobús「puede llevar a [《フォーマル》tiene capacidad para] cincuenta pasajeros.
❷【欺く】v. engañar, 《口語》pegársela*. ♦ずる賢い政治家に乗せられてはいけない Que no te engañen los astutos políticos.
《その他の表現》♦その活動に私も一口乗せて (=参加させて) ください Por favor, déjame participar en esa actividad.

のせる 載せる ❶【上に置く】v. colocar, poner*, 《フォーマル》depositar → 置く; (A (テーブル・容器など) に B をどっさり載せる・積む) v. cargar* A con [de] B. ▶花びんを棚にのせる v. colocar* [poner*] un florero en un estante. ▶子供をひざにのせる v. llevar al niño en el regazo. ▶コップを盆にのせて運ぶ v. llevar los vasos en una bandeja. ♦クリスマスのごちそうが (いっぱい) のせてあるテーブル f. mesa cargada de platos de Navidad. → 乗せる. ♦彼は頭を切り株の上にのせて眠った Puso la cabeza en el tocón y se echó a dormir.
❷【記載する】(新聞などが記事などを) v. incluir*, contener*, 《口語》llevar, 《フォーマル》insertar; (人が記事・広告を) v. publicar*. ▶新聞に広告を載せる v. publicar* [《口語》poner*, 《フォーマル》insertar] un anuncio en un periódico. ▶雑誌に小説を載せる v. publicar* una novela en una revista. ♦その新聞は批判的な社説を載せていた El periódico incluía [contenía] editoriales críticos. ♦この辞書は何語載せていますか ¿Cuántas entradas hay [se incluyen, se contienen] en este diccionario?

のぞかせる 覗かせる ▶ハンカチを胸のポケットからちょっとのぞかせて adv. con un pañuelo sobresaliendo del bolsillo superior. ♦この本は古代ギリシャの生活の一端をのぞかせてくれる Este libro da alguna idea de la vida en la anti-

gua Grecia.
のぞき 覗き *mf.* mirón/rona, *mf.* curioso/sa.
▶のぞきをやる *v.* hacer* de mirón, curiosear.
▶のぞき穴 *f.* mirilla. ▶のぞき趣味 *m.* mirón.
のぞきこむ 覗き込む *v.* mirar, 《フォーマル》atisbar. → 覗(%)く.
のぞきみ 覗き見 覗き見する *v.* mirar, curiosear, echar un vistazo, mirar a hurtadillas. ▶生け垣のすきまから覗き見をする *v.* mirar por una rendija de la valla.

* **のぞく 覗く** ❶【穴・高所などから見る】*v.* mirar; observar; (興味をもって)*v.* curiosear; (遠くから)*v.* divisar, (隠れて)*v.* mirar a escondidas [hurtadillas]. ▶¹谷底 [²井戸]をのぞく *v.* mirar ¹al valle [²por el pozo]. ▶冷蔵庫をのぞく *v.* curiosear en la nevera. ▶彼女の¹目²[²顔]をのぞき込む *v.* observar ¹sus ojos [²su rostro]. ▶顕微鏡をのぞいて植物細胞を見る *v.* observar las células de la planta por el microscopio. ▶鍵(⁂)穴から中(にいる彼)をのぞいて見る *v.* mirarlo [le] por el ojo de la cerradura. ▶窓からのぞく *v.* mirar por la ventana. (顔を出して見る) *v.* asomar [se] por la ventana. ▶彼の日記をのぞく *v.* curiosear en su diario. ♦彼女はよく鏡をのぞく Se mira mucho ¹en el [²al] espejo.
❷【ちょっと立ち寄る】*v.* asomarse 《por, a》, detenerse* 《en》, 《口語》acercarse* un momento 《a》, 《口語》dejarse caer* 《en, por》. ♦帰りがけにちょっと彼のところをのぞいてみます Me asomaré [dejaré caer] por su casa al volver.
❸【一部が見える】*v.* asomar 《de, por》, (見える)*v.* dejarse [ver*, aparecer*] 《por》; (突き出る)*v.* sobresalir* 《de, por》. ♦胸ポケットから赤いハンカチがのぞいていた Del bolsillo superior le asomaba [sobresalía] un pañuelo rojo.

* **のぞく 除く** (取り除く)*v.* quitar; (有害なものを除く, 脱する)*v.* librarse 《de》; (不要な要素・部分を)*v.* dejar fuera, sacar*. ▶心配の原因を除く *v.*「librarse [quitar, eliminar] la causa de la angustia. ▶名簿から彼の名前を除く *v.* quitar [borrar, suprimir, 《フォーマル》excluir*] su nombre de la lista, dejarlo [le] fuera de la lista. ♦われわれは彼の負担を除いてやった Le quitamos la carga. / Lo [Le] desembarazamos [aliviamos] de la carga. ♦運転手を除いてバスには 10 人の人がいた En el autobús había diez personas, quitando [sin contar, 《フォーマル》excluyendo] al conductor. 〈会話〉田中家を除きたくないー一招待しなくちゃならないと思うんなら, じゃあそうしてもいいよ No quisiera excluir a los Tanaka. – Bueno, pues entonces invítalos, si te parece que no se los puede dejar fuera.

〘...を除いて[除けば]〙 (...は別として) *prep.* aparte de, sin contar a, a no ser por, quitando a, 《フォーマル》excluyendo a, 《フォーマル》con exclusión de. → ほか. ♦彼を除いてはだれもその問題が解けなかった Nadie, excepto él, podía solucionar el problema. ♦彼女は¹午前中 [²買い物に行っているとき]を除けばいつも家にいる A no ser ¹por la mañana [²cuando está de compras], siempre está en casa. ♦つづりの間違いが少しあることを除けば君の作文はよくできている Tu redacción es buena「aparte de [a no ser por, salvo] unas pocas faltas de ortografía. ♦彼にわかっているはスペイン語の先生であることを除けば何も知らない No sé nada de él, excepto [salvo] que es profesor de español.

のぞましい 望ましい (勧められる)*adj.* deseable; (勧められる)*adj.* aconsejable; (よい)*adj.* bueno. → 好ましい. ▶望ましい日米関係 *fpl.* relaciones deseables entre Japón y Estados Unidos. ▶望ましくない人 *f.* persona indeseable. ♦あすは制服で来ることが望ましい Es deseable que mañana vengas de [en] uniforme. ♦子供がテレビを見過ぎるのは望ましくない No es bueno [recomendable] que los niños vean mucho la televisión.

* **のぞみ 望み** ❶【願望】*m.* deseo《de + 名詞, de + 不定詞, de que + 接続法》; (強い願望)《フォーマル》*m.* anhelo, *m.* ansia, *m.* capricho; (希望)*f.* esperanza; (夢)*m.* sueño; (意志)*f.* voluntad. → 希望.

1《〜望み》 ♦私は生きる望みを失った He perdido el deseo de vivir.

2《望み〜》 ♦何もかも望みどおりになった Todo salió「según mi deseo [tal como yo lo había deseado]. ♦行くもとどまるも君の望み次第だ Puedes irte o quedarte, como desees [quieras].

3《望みが[は]〜》 ♦とうとう私の長年の望み (=希望)がかなった → 希望の用例. ♦私の望みは世界旅行することだ Mi deseo es viajar por todo el mundo. ♦父の会社が倒産したとき, 彼の望みは断たれた Cuando quebró la compañía de su padre, comprendió que era el fin de su sueño. / La quiebra de la compañía de su padre significó el final de sus esperanzas. ♦君は望みが高すぎる (=要求しすぎる) Estás pidiendo demasiado.

4《望みを〜》 ♦望みをかなえてやる *v.* satisfacer* su deseo; (望むものを与える)*v.* darle* lo que desea, satisfacer* su capricho. ♦救助されるという望みを捨てるな No renuncies a la esperanza de ser salva*do*. ♦彼女はかつては高い望みを抱いていたに違いない Alguna vez tuvo que tener altas esperanzas. ♦彼は医者になりたいという望みを持っている Su deseo es hacerse médico. / Tiene el deseo [sueño] de hacerse médico.

❷【見込み】*f.* posibilidad; *f.* oportunidad; (期待)*f.* esperanza, *f.* expectativa; (展望)*f.* perspectiva; (可能性)*f.* probabilidad. → 見込み.

1《望みが[は]〜》 ♦われわれには勝てる望みが十分ある Tenemos「bastantes posibilidades de [una buena oportunidad de] ganar. ♦彼が回復する望みは¹十分ある [²まったくない]「Tiene todas las probabilidades [No tiene ninguna probabilidad] de recuperarse. ♦君の成功の望みは薄い [ほとんどない] Las perspectivas de tu éxito son muy escasas. / No hay mucha esperanza de que tengas

éxito.
❷《望みを》 ♦彼は最終レースに望みをかけた Puso su última esperanza en la carrera final.
❸《選択》 f. elección, f. selección. ♦望みのものを選びなさい Toma lo que gustes [quieras]. ♦望みのものは何でもあげよう Te daré todo lo que desees [quieras]. / Satisfaré todos tus gustos. ⇨志望, 楽しみ

のぞみうす 望み薄 →望み.

**のぞむ 望む ❶《欲する》 v. querer* 《+不定詞, que + 接続法》; (希望する) v. esperar 《+不定詞, que + 接続法》; (願う) v. desear, 《フォーマル》anhelar, 《フォーマル》ansiar* 《+不定詞, que + 接続法》; (期待する) v. esperar 《+不定詞, que + 接続法》; (楽しみに待つ) v. esperar con ansia 《+不定詞, que + 接続法》. →欲しい. ♦諸君が全力を尽くすことを望みます Espero que "se esfuercen al máximo [hagan todo lo posible]. ♦われわれは幸福を望む Queremos [Deseamos] la felicidad. / Queremos [Deseamos, Anhelamos] ser felices. ♦私は世界旅行ができるを望む ¡Ojalá pudiera viajar por todo el mundo! / Desearía tanto viajar por todo el mundo. ♦これ以上望むべきことは何もない (=申し分ない) No hay nada que pudiéramos desear más que eso. / ¿Podríamos desear algo más que eso? ♦よい仕事の口など望むべくもない (=期待できない) No puedes esperar un buen trabajo. ♦日本人は国際感覚を身につけることが望まれている Es de desear que los japoneses adquieran una visión internacional. ♦彼にこれ以上何を望むのですか ¿Qué más deseas de él? ♦テニスしないか-望むところだ ¿Jugamos al tenis? – Me encantaría.
❷《見晴らす》 v. mirar desde lo alto; (人が) v. abarcar con la vista; (場所が) v. dominar. ♦その丘から港が望める Desde la colina se abarca [domina] el puerto con la vista. / El puerto se extiende bajo la colina.
❸《好む》 v. gustar. → 好む.

のぞむ 臨む ❶《出席する》 v. asistir 《a》. ♦開会式に臨んであいさつする v. asistir a la ceremonia de inauguración y dar* un discurso; (開会式において) v. 《フォーマル》pronunciar un discurso inaugural.
❷《面する》 v. dar* 《a》; (見おろす) v. mirar 《a》. ♦そのホテルは海に臨んでいる El hotel da al mar.
❸《事に当たる》 ♦厳しい態度で臨む (=態度をとる) v. tomar [《フォーマル》adoptar] una firme actitud 《ante》. ♦彼は難局に臨んでも (=直面しても)冷静だった Estaba tranquilo ante las adversidades. / (冷静に立ち向かった) Se enfrentó con calma a las adversidades.

のたうちまわる のた打ち回る v. retorcerse* [torcerse*] (de dolor).

のたれじに 野垂れ死に ♦野垂れ死にする v. morir* como un perro.

のち(に) 後(に) ❶《あと》(その後) adv. más tarde, después; (...の後に) adv. luego; (今から...後に) prep. en, a, al cabo de → 後(ご); (以来今までずっと) prep. desde; adj. pasados (unos, unas) 《+名詞 de tiempo》. ▶数日後に adv. a los pocos días, unos días después [más tarde]; (その時から) adv. al cabo de pocos días, después de unos días; (これから) adv. pasados unos (pocos) días. ▶朝食の後に散歩に行く v. dar un paseo después del desayuno. ▶今行けば,君は後に後悔するでしょう Si vas ahora, lo lamentarás después. ♦晴, のち雨【天気予報で】 Despejado ahora, lluvioso después. ♦その後10年にわたって彼と文通している「Llevo diez años carteándome [Hace diez años que me escribo] con él.
❷《将来》 ▶後の世 m. mundo futuro. ▶後々のため adv. por el futuro.

のちほど 後程 adv. luego, más tarde, después. ♦後はどお目にかかりましょう Hasta luego. / Te veo「más tarde [después]. ♦後はどそれをあなたに説明しましょう Luego te lo explico.

ノック f. llamada 《m. golpeteo》 a la puerta. ♦ドアを激しくノックする音がした「Llamaron violentamente [Dieron golpes violentos] a la puerta. ♦彼はドアをノックした Llamó a la puerta.

ノックアウト 《英語》m. "knock out" 《☆発音は[nokáu(t)]》, m. fuera de combate, 『ラ米』m. noqueo, 《口語》m. kao (K.O.). ♦ノックアウトパンチ m. puñetazo de fuera de combate, m. golpe que derriba. ♦相手をノックアウトする v. 「poner* fuera de combate [noquear] al adversario.

ノックダウン f. caída. ♦ノックダウンする v. derribar.

のっそり ♦のっそり (=ゆっくり) 立ち上がる v. ponerse* lentamente en pie, levantarse a duras penas.

ノット m. nudo. ▶20ノットの船 m. barco de [que navega a] 20 nudos. ▶時速30ノットで進む v. navegar* a 30 nudos por hora.

のっとり 乗っ取り (飛行機などの) m. secuestro aéreo; (会社などの) m. tiburoneo. ▶乗っ取り犯 m. secuestrador.

のっとる 乗っ取る ❶《会社などを》 ♦会社を乗っ取る v. adueñarse [apoderarse] de una compañía.
❷《乗り物などを》 v. secuestrar. ▶ ¹飛行機 [²船] を乗っ取る v. secuestrar un ¹avión [²barco].

のっとる 則る (従う) v. seguir*; (規則などに) v. conformarse 《a, con》. ♦会の規則にのっとって adv. 「conforme a [《フォーマル》en conformidad con, de acuerdo con, siguiendo] las reglas del club. ♦先例にのっとり, 判事はその事件に判決を下した El juez 《フォーマル》dictó [pronunció] una sentencia sobre el caso 「en conformidad con [《フォーマル》teniendo en cuenta] los precedentes.

のっぴきならぬ[ない] (避けられない) adj. inevitable. ♦のっぴきならぬ用事で adv. a causa de un asunto inevitable. ♦のっぴきならぬ事情で adv. debido a circunstancias inevitables.

のっぺらぼう ♦のっぺらぼうの顔 (=凹凸がなく表情にも乏しい顔) f. cara plana [sin expresión]; (目・鼻・口のないおばけの顔) m. rostro plano

sin ojos, boca o nariz.
のっぺり ▶のっぺりした顔 m. rostro anodino, f. cara de facciones poco pronunciadas.
のっぽ f. persona muy alta, 《口語》mf. larguirucho/cha.

＊-ので conj. porque, ya que, 《フォーマル》a causa de que, 《フォーマル》debido a que, 《口語》como. → から, だから. ♦雨が降り出したので出かけなかった No salí porque se puso a llover. / No salí 「a causa de [debido a] la lluvia. / 《フォーマル》No salí 「a causa de [debido a] que se puso a llover. / 《口語》Como se puso a llover, no salí. / No salí por la lluvia. ♦彼は父親の財産を引き継いだので今は大変な金持ちです Por haber heredado la fortuna de su padre, ahora es muy rico. / Ahora es muy rico, porque [ya que] ha heredado la fortuna de su padre. ♦彼は非常に疲れていたのでそれ以上歩けなかった 「Estaba tan cansado que [Como estaba tan cansado] ya no podía caminar más. / Estaba demasiado cansado para seguir caminando.

＊のど 喉 ❶【器官】f. garganta, 《口語》《ユーモアで》m. gaznate. ▶のど笛 f. tráquea. ▶のど仏 f. nuez (de Adán), m. bocado de Adán, 《ラ米》f. manzana de Adán. ♦彼は男ののどにナイフを突きつけた Apuntó con el cuchillo a la garganta del hombre. ♦彼の名前がのどまで(=舌の先まで)出かかっていた Tenía su nombre en la punta de la lengua. ♦のどまで出かかっていた怒りのことばをぐっとこらえた Me tragué las palabras irritadas que tenía en la garganta.

1《のどが》風邪でのどが痛い Me duele la garganta por el resfriado. ▶のどがかわいた Tengo sed. / (ひどく)《比喩的に》Me muero de sed. / Tengo muchísima sed. ♦その老人はもちでのどが詰まった El anciano se ahogó con el pastel de arroz.

2《のどに》骨がのどに引っかかった Se me atravesó un hueso en la garganta. / Casi me ahogo con un hueso.

3《のどを》♦彼女ののどを絞める v. oprimirla el cuello; (絞め殺す) estrangularla. ▶ビールでのど(=渇き)をうるおす v. apagar* [ahogar*] la sed con una cerveza. ♦心配のあまり食事がのどを通らなかった(=食欲をなくした) Estaba tan preocupado que no me quitaron las ganas de comer. / La preocupación me quitó el apetito. ♦猫がのどをごろごろ鳴らした El gato ronroneaba.

❷【歌う声】▶喉自慢大会に出る v. cantar en un concurso de canto para aficionados. ♦彼女はいいのどを聞かせてくれた Nos cantó con una dulce voz.

【その他の表現】▶のどから手が出るほどパソコンが欲しい Deseo vivamente un ordenador. / 《比喩的に》《口語》Me muero por un ordenador. → 喉元.

のどか ▶のどかな(平和な) adj. tranquilo, sereno, (穏やかな) adj. apacible, plácido, suave. ▶のどかな田園風景 m. tranquilo [apacible] paisaje rural. ▶のどかな春の日 m. plácido día de primavera.

のどもと 喉元 f. garganta. → 喉(❷). ▶のど元すぎれば熱さを忘れる El peligro pasado, voto olvidado. / 《ことわざ》Nos acordamos de Santa Bárbara sólo cuando truena.

＊-のに ❶【にもかかわらず】conj. aunque, a pesar de que, pese a que, si bien, 《フォーマル》no obstante; 【しかし】conj. pero. ♦彼はよく練習したのに試合に負けた Aunque [A pesar de que, Pese a que, 《フォーマル》Si bien] se entrenó mucho, perdió el partido. / 「《フォーマル》No obstante [A pesar de] entrenarse mucho, perdió el partido. / Se entrenó mucho, pero perdió el partido. ♦だめだと言ったのに彼は私の車を使った Utilizó mi coche, 「pese a decirle [aunque le dije] que no lo hiciera. ♦彼は息子に厳しいのに娘には甘すぎる Con su hijo es riguroso, aunque es blando con la hija. 《会話》彼, あのソナタをけっこう上手に弾いたね—きっととちると思ってたのにねえ Tocó la sonata bastante bien. –¡Y yo que creía que lo iba a hacer tan mal!

❷【なのに】conj. si, cuando; 【一方】prep. con; conj. mientras. ♦十分な給料があるのになぜ残業をするのですか ¿Por qué haces horas extras de trabajo si es suficiente para vivir? 《会話》彼何て言ってるの—あなたがそんなに大騒ぎしているのに聞こえるわけないでしょう ¿Qué dice? – ¿Cómo me puedo enterar con todo el ruido que estás haciendo? ♦彼女は活発で話し好きなのに, 妹は物静かで控えめだ Es animada y charlatana, mientras que su hermana menor es tranquila y reservada.

❸【ために】prep. para [《フォーマル》a fin de]《＋不定詞》. ▶外国へ行くのにビザを申請する v. solicitar un visado [《ラ米》una visa] para ir* al extranjero. ♦私は旅行するのに金が必要だ Necesito dinero para viajar.

❹【希望】(…だとよいのに) ¡ojalá《＋接続法》! (すべき) debería(s)《＋不定詞》. ♦雨がやめばいいのに ¡Ojalá dejara de llover! ♦もう5分待っていたらあなたは彼女に会えたのに Si hubieras esperado otros cinco minutos, la habrías visto. ♦よせばいいのに彼は競馬に夢中だ Está loco por las carreras de caballos. Debería dejarlo. ♦その本を買っておけばよかったのに(買わなかった)《口語》Deberías haberte comprado el libro, hombre.

ののしる 罵る (悪態をつく) v. jurar; insultar, 《フォーマル》injuriar, 《口語》decir* [soltar*] palabrotas; (悪態をついでののしる) v. maldecir*; (侮辱するような暴言を吐く) v. ofender. ♦彼は店員に態度が横柄だとののしった Insultó al dependiente por ser arrogante.

-のは ❶【述部・文の主題化】♦雨に濡れるのは風邪のもとです El mojarse con la lluvia es una causa de resfriados. ♦彼がスペイン生まれだというのは本当ではない No es verdad que haya nacido en España. ♦君がその問題を解くのはやすいことだ Para ti es fácil solucionar el

のばす

problema. ❷【文の強調部分以外の主題化】es. ◆彼らに本当に必要なのは精神的な支えです Lo que realmente necesitan es apoyo moral. ◆悪いのは私の方で、あなたではない La culpa es mía, no tuya. / El culpable soy yo, no tú. ◆京都が一番美しいのは秋です Kioto cuando más bello está es en otoño. / En en otoño cuando Kioto está más bello. ◆私が事故にあったのはちょうどここです Aquí es exactamente donde tuve el accidente. / Fue en este punto donde tuve el accidente. ◆列車が大幅に遅れたのは大雨のためでした Fue「debido a [a causa de] la intensa lluvia que el tren tuvo un considerable retraso.

のばす 伸[延]ばす ❶【長さ・距離などを】(ある点まで)v. prolongar*;(引っ張って)v. estirar;(長さを)v. alargar*;(幅を)v. ensanchar. → 伸(延)びる. ◆鉄道を国境まで延ばす v. alargar* [prolongar*] el ferrocarril hasta la frontera. ◆ゴムをいっぱいに伸ばす v. estirar la goma al máximo. ◆そでを2センチ伸ばす v. alargar* dos centímetros las mangas. ◆寿命を延ばす v. prolongar* la vida. ◆彼は足を伸ばして(=旅行を延長して)京都まで行った Extendió su viaje a Kioto. ◆彼は髪を(長く)伸ばしている Lleva el pelo largo. / (伸ばしている途中だ) Se deja largo el pelo.
❷【時間・期間を】v. prolongar*, ampliar, posponer*, aplazar*. → 延期. ◆滞在期間を(予定より)2週間延ばす v. prolongar* la estancia dos semanas más. ◆ローンの返済をもう1か月延ばしていただけませんか ¿Me pueden ampliar el préstamo otro mes? ◆我が痛くて我慢できなくなるまで歯医者へ行くのを延ばした Aplazó la visita al dentista hasta que el dolor se hizo insoportable.
❸【まっすぐにする】(手足・体・たるんだものを)v. estirar, extender*;(曲がったものを)v. enderezar*;(しわを)v. alisar. ◆手を伸ばす v. estirar el brazo. ◆手を伸ばして棚の[から]本を取る v. estirar el brazo para coger* el libro del estante. ◆芝生の上で体を思い切り伸ばす v. estirarse en la hierba. ◆背筋を伸ばす v. enderezar* la espalda. ◆コートのしわを伸ばす v. alisar las arrugas del abrigo. ◆アイロンをかけて伸ばす v. planchar las arrugas. ◆それは君が手を伸ばせば届くところにある Está al alcance de tu mano. / Está fácilmente a tu alcance.
❹【能力などを】(発達させる)v. cultivar, desarrollar, aumentar, incrementar;(向上させる)v. mejorar. ◆子供の能力を伸ばす v. desarrollar [mejorar] la capacidad del niño. ◆個性を伸ばす v. cultivar la individualidad. ◆売り上げを伸ばす(=増やす) v. aumentar las ventas.
❺【広げる】(一面に)v. untar;(引っ張って)v. estirar;(勢力を)v. extender*;(写真を)v. ampliar, agrandar. → 拡大, 拡張. ◆バターをパンの上に伸ばす v. untar mantequilla en el pan. ◆彼は連勝記録を12に伸ばした Amplió a doce la serie ininterrumpida de victorias.

のばなし 野放し ◆家畜を野放しにする(=放牧する)v. dejar pastar el ganado. ◆犬を野放しにしておく v. dejar un perro suelto. ◆不法入国を野放しにする(=取り締まらないでおく) v. dejar sin controlar la entrada ilegal.

のはら 野原 m. campo;(平原) f. llanura, m. llano, f. planicie. → 野. ◆広々とした野原 m. campo abierto.

のばら 野ばら f. rosa silvestre.

ノパルサボテン m. nopal (☆メキシコ産, 食用).

のび 伸[延]び ❶【成長】m. crecimiento. ◆経済の伸び m. crecimiento de la economía. ◆伸び率 f. tasa de crecimiento. ◆アジア諸国の人口の伸び m. crecimiento de la población de los países asiáticos.
❷【手足を伸ばすこと】◆日の光を浴びながら伸びをするのは気持ちがいい ¡Qué bien estirarse al sol!
❸【おしろいなどの】v. extenderse*. ◆このおしろいは伸びがいい Estos polvos para el cutis se extienden bien.

のびあがる 伸び上がる ◆伸び上がって(=首を長くして)よく見ようとする v. estirar el cuello para ver* mejor;(つま先で立って) v. ponerse* de puntillas para ver* mejor. ◆伸び上がって(=上方へ手を伸ばして)棚の本を取る v. alcanzar* el libro del estante.

のびざかり 伸び盛り ◆伸び盛りの子供たち mpl. niños en crecimiento. ◆息子は今伸び盛りです Mi hijo está en edad de crecimiento.

のびちぢみ 伸び縮み (伸縮性) f. elasticidad. ◆伸び縮みする v. ser* elástico, contraerse* y expandirse.

のびなやむ 伸び悩む v. avanzar* poco;(停滞する)v. llegar* a un período de estancamiento;(横ばいになる)v. estabilizarse*. ◆アフリカからの輸出が伸び悩んでいる Las exportaciones a África han「llegado a un nivel estable [aumentado poco].

のびのびと 伸び伸びと(自由に)adv. a su gusto,《口語》a sus anchas,《口語》a su aire, libremente, libre de todo cuidado;(心配なく) despreocupadamente, sin ningún problema. ◆動物たちが農場をのびのびと駆け回っていた Los animales correteaban libremente [a su gusto] en la granja. ◆夫が家にいないとのびのびとした気持ちになる(=ほっとする) Yo me siento a mis anchas cuando mi marido no está en casa. ◆子供たちはのびのびと(=苦労知らずに)育った Los niños han crecido「libres de todo cuidado [despreocupadamente]. ◆彼女はのびのびとした字を書く Tiene una caligrafía desembarazada [libre]. / Su letra es libre.

のびのび 延び延び ◆会議が延び延びになった(=繰り返し延期された) La reunión fue aplazada repetidamente. / (長時間遅れた) La reunión「se atrasó por mucho tiempo [sufrió un largo retraso].

のびる 伸[延]びる ❶【長さが長くなる】v. alargarse*, prolongarse*, estirarse, extenderse*;(衣服が) dar de sí; extenderse; crecer. ◆このゴムはよく伸びる Esta goma「se estira muy bien [es muy elástica]. ◆このセーターは伸びてすっかり型くずれしている Este suéter 「está dado de sí [ha sido estirado demasiado]. ◆砂浜が遠くまで伸びている Una playa de arena se extiende a la distancia. 「この道路は海岸まで伸びている Esta carretera 「se prolonga [llega] hasta la costa. ◆日本人の平均寿命が延びている El promedio de vida de los japoneses 「se está alargando [está aumentando, está creciendo]. ◆彼は今年3センチ背が伸びた Ha crecido tres centímetros este año. / Este año su estatura ha aumentado tres centímetros. ◆髪が伸びた Me ha crecido el pelo. ◆山脈は東西に連なって延びている Las montañas se extienden al este y al oeste. / La cordillera corre de este a oeste.

❷【期間が延長される】v. ampliarse; (長引く) v. prolongarse*;【延期される】v. aplazarse*, posponerse*,《教養語》diferirse* → 延期;【遅れる】v. retrasarse. ◆私の大阪滞在は5月まで延びた Mi estancia en Osaka 「se ha ampliado [ha sido prolongada] hasta mayo. ◆試合は来週まで延びた El partido fue aplazado para la próxima semana. ◆彼の病気のため出発が1か月延びた A causa de su enfermedad nuestra salida fue retrasada [aplazada] un mes.

❸【能力などが】(進歩する) v. progresar,《フォーマル》realizar* progresos, avanzar*; (向上する) v. mejorar. ◆スペイン語の力が大いに伸びたよ Has progresado mucho en español. / Tu español ha avanzado mucho. / Has realizado grandes progresos en el español. ◆その会社は大いに伸びるだろう(=将来性がある) Esa empresa 「tiene un brillante futuro [promete mucho].

❹【疲れ切る】v. agotarse,《フォーマル》extenuarse*;【気を失う】(特に頭を打って) v. aturdirse; (気絶する) v. desmayarse, perder* el conocimiento. ◆頭に一撃くらって彼は伸びてしまった Se quedó aturdido por un golpe en la cabeza. / Un golpe en la cabeza le aturdió.

❺【まっすぐになる】v. enderezarse*; (しわが) v. alisarse.

ノブ (取っ手) m. pomo (de una puerta).

のべ 延べ m. número total. ◆延べ床面積 f. superficie total. ◆卒業生は延べ10万人に達した El número total de graduados ascendió a 100.000.

のべつ ◆彼はのべつまくなしに(=どんどん続けて)しゃべった Habló 「sin parar [continuamente,《フォーマル》ininterrumpidamente]. / No paraba de hablar. → 絶えず, ひっきりなし.

のべる 述べる (言い表わす) v. expresar; (話す) v. decir*, hablar; (陳述する) v. declarar, alegar*; (記述する) v. describir*; (言及する) v. mencionar, aludir [referirse]* (a). ◆先に述べたとおり adv.《フォーマル》como se ha indicado más arriba. ◆自分の考えを述べる v. expresar la opinión, expresarse. ◆礼を述べる v. 「dar* las gracias [《フォーマル》expresar el agradecimiento,《口語》decir* gracias] (a). ◆真実を述べる v. decir* la verdad. → 話す. ◆事故の様子を詳しく述べる v. describir* el accidente con detalle, dar* una descripción detallada del accidente. ◆彼は自分がそれをしたと述べた Dijo que lo había hecho él. /《フォーマル》Afirmó haberlo hecho él.

のほうず 野放図 《フォーマル》野放図な(=始末におえない)奴 f. persona intratable [ingobernable]. ◆野放図に(=果てしなく)金を使う v. derrochar [gastar] dinero 「con desenfreno [sin parar].

のぼせあがる のぼせ上がる →のぼせる. ◆彼は彼女にのぼせ上がっている(=夢中だ) 「Está loco [Ha perdido la cabeza] por ella. ◆昇進してのぼせ上がっている(=うぬぼれている) El ascenso se le ha subido a la cabeza.

のぼせる (上気してくらくらする) v. marearse,《口語》subirse a la cabeza; (夢中になる)《口語》v. 「estar* loco [perder* la cabeza] (por); (思い上がる) v. estar* engreído [《口語》en las nubes]. ◆彼のお世辞に彼女はのぼせあがった Sus cumplidos se le han subido a la cabeza. ◆当時多くの若者がビートルズにのぼせあがっていた En aquellos días 「muchos jóvenes estaban locos [una gran parte de la juventud estaba loca] por los Beatles.

*・**のぼり** 上[登]り (上ること) f. subida; (上り坂, 勾配) f. cuesta, f. pendiente; (急な) f. rampa; (登ること) f. ascensión; (エレベーターなど) adj. de subida. ◆上りの列車 → 上り列車. ◆階段を上り下りする v. subir y bajar las escaleras. ◆その道は5度の上り勾配である La carretera tiene 「una pendiente en subida de cinco grados [rampas de hasta cinco grados]. ◆険しい登りに4時間かかった Se tardó cuatro horas en subir la fuerte pendiente.

── 上り(の) (列車などの) adj. de ascendente; (上り坂の) f. cuesta; (上り坂の) f. cuesta arriba. ◆上り列車 m. tren 「en dirección ascendente [que se dirige a Tokio]. ◆上り線ホーム m. andén para trenes en dirección ascendente. ◆急な上り坂 → 急な上(のぼ)り坂.

《その他の表現》◆お上りさん mf. provinciano/na que visita a una gran ciudad,《軽蔑的に》mf. paleto/ta,《軽蔑的に》mf. palurdo/da.

のぼり 幟 (旗) f. bandera; (吹き流し, 長旗) f. banderola, f. serpentina. → 旗.

のぼりおり 上り下り ◆階段を上り下りする v. subir y bajar las escaleras.

のぼりざか 上り坂 f. subida, f. cuesta, f. pendiente, f. rampa. → 下り坂. ◆急な上り坂 f. cuesta empinada, f. fuerte pendiente. ◆数分上り坂を歩く v. subir varios minutos. ◆道はここからずっと上り坂だ El camino sube [va en cuesta] desde aquí. ◆上り坂にさしかかった Llegamos a una cuesta. / La carretera se hizo ascendente.

のぼりつめる 登[上]り詰める (頂上まで登る) v. alcanzar* la cumbre [cima] de la montaña. ◆官僚の最高の地位まで上り詰める v. subir al puesto más alto de la burocracia.

***のぼる** 上[登, 昇]る ❶【高い所へ行く】◆丘に上る v. subir una colina. →

上がる。♪山頂へ登る v. subir a la cima de la montaña. ♪木に¹登る [²登っている] v. subir a [²estar* arriba en] un árbol. ♪壇に登る v. subir al estrado. ♪階段を駆け上る v. subir corriendo las escaleras. ♪川を上る(ボートで) v. remar río arriba. ♦高く登れば登るほど寒くなってきた A medida que subíamos, hacía más frío. ♦ケーブルカーで六甲山に登った Subimos el Monte Rokko en teleférico. ♦丘を上ったところに湖がある Hay un lago en lo alto de la colina. ♦この道を上ると湖に出る (=湖まで上り坂になっている) Este sendero sube hasta el lago. / Por este sendero se sube [《フォーマル》asciende] al lago.

❷【上昇する】v. elevarse, subir, ascender*. ♦太陽は東から昇る El sol sube [se eleva] por el este. ♦気温が30度に上った La temperatura subió a 30℃. ♦煙が煙突からもくもくと立ち上った El humo se elevaba por la chimenea formando una densa humareda.

❸【ある数量に達する】(...に及ぶ) v. llegar* [alcanzar*, ascender*, 《フォーマル》elevarse] 《a》. →合計. ♦海外からの観光客の数は2百万に上るものとみられた El número de turistas extranjeros se esperaba que ascendería a dos millones. ♦彼の借金は1千万円に上った Sus deudas ascendieron a los diez millones de yenes.

❹【昇進する】(出世する) v. ascender*, subir; (昇進する) v. promocionarse → 昇進する; (...になる) v. llegar* a ser*. ♦王位に上る v. subir [《フォーマル》ascender*] al trono.

❺【話題・うわさなどに】♦彼の家族がうわさに上った (=話題にされた) Su familia era la comidilla de la gente. / (世間の人々はうわさした) La gente hablaba de su familia. / Su familia estaba en los labios de todo el mundo.

《その他の表現》♪都へ上る v. subir a la capital. ♦伊勢エビの蒸し焼きがタルタルソースをつけて食膳(ぜん)に上った (=出された) Sirvieron langosta cocida con salsa tártara. ♦天にも昇る気持ちだった (=有頂天になっていた) Me sentía「《口語》como en la nubes [《口語》como si estuviera] en el séptimo cielo.

のませる 飲ませる v. hacer* beber, dar*; (動物に水を) v. dar* de beber 《a》, abrevar. ♪その薬を病人に飲ませろ v. dar* [hacer* tomar] la medicina a un/una enfermo/ma. ♪馬に水を飲ませる v.「dar* de beber a [abrevar] un caballo. ♪冷たい水を一杯飲ませてください ¿Podría darme un vaso de agua fresca?

のまれる 飲[呑]まれる ♦彼は湖水に飲まれてしまった Fue devorado por las aguas del lago. ♦雰囲気に呑まれては (=圧倒されては) いけない「No te dejes vencer por [Que no te intimide] el ambiente.

のみ 蚤 f. pulga. ♪蚤の市 m. mercado de cosas viejas, 《アルゼンチン》m. mercado de las pulgas, 《スペイン》m. rastro. ♪ノミに食われる v. ser* picado por una pulga.

のみ 鑿 (石用) m. cincel; (木材用) m. formón, m. escoplo.

-のみ adv. solamente, sólo, 《フォーマル》únicamente. →-だけ. ♦医者のみそうすることができる Sólo un/una médico/ca puedo hacerlo. ♦金のみが人生の目的でない El dinero no es el único fin de la vida. ♦この用紙には氏名のみ記入のこと En este impreso「no tiene que aparecer más que [solamente debe figurar] el nombre.

のみあるく 飲み歩く v. copear, ir* de bares [tabernas], hacer* la ronda de copas, ir* de bar en bar.

のみくい 飲み食い (el) comer y (el) beber.

のみぐすり 飲み薬 f. medicina de「vía oral [uso interno].

のみくだす 飲み下す ♪水といっしょに丸薬を飲み下す v. tragarse* [tomar] la píldora [pastilla] con un poco de agua.

のみこみ 飲み込み ♪飲み込みが¹早い [²悪い] v. tener* un entendimiento ¹rápido [²lento], ser* ¹ágil [²lerdo] de mente. → 分かり.

のみこむ 飲み込む ❶【液体・固形物を】(飲みおろす) v. tragar*; (一気に飲む) v. engullir*. ♦食べ物を飲み込む v. tragar(se) la comida; (あわてて) v. engullir* la comida. ♦蛇がそのカエルを飲み込んだ La serpiente engulló a la rana. ❷【理解する】v. comprender, entender* (把握する) v. captar, 《口語》agarrar, 《スペイン》《口語》coger*. ♪一目で状況を飲み込む v. comprender la situación de una ojeada. ♦あなたの言うことが飲み込めない No「puedo comprender [《スペイン》《口語》cojo, 《ラ米》《口語》agarro] lo que quieres decir.

のみち 野道 f. vereda, f. senda, f. trocha.

のみならず ❶【AだけでなくBもまた】no sólo A sino también B, A al igual que B, A así como B, tanto A como B. → 又, -も. ♦彼のみならず私もそこへ行く No sólo él, sino también yo iré allí. ♦彼は日本のみならず香港でも働いた Trabajó en Hongkong así como en Japón. ♦彼はその映画で主演のみならず、監督もした No sólo protagonizó la película, sino que también la dirigió. / Fue el protagonista de la película, así como su director.
❷【その上】♦彼は私を励ましてくれた. のみならずお金まで貸してくれた Me animó y, además, me prestó dinero. / No sólo me animó, sino que también me prestó dinero. → その上, 又.

ノミネート ♪オスカー賞にノミネートする v. nombrar 《a + 人》para el Oscar.

のみほす 飲み干す v. beberse; (一気に) v. beber(se) de un trago, (強調して) beber [《フォーマル》apurar] hasta la última gota; (容器をからにする) v. vaciar*. ♪ミルクを飲み干す v. beberse la leche. ♪グラスを飲み干す v. beberse [《フォーマル》apurar] hasta la última gota del vaso, dejar el vaso vacío, vaciar* el vaso. ♦彼は1リットルのビールを一気に飲み干した Se bebió un litro de cerveza de un trago. ♦彼はコーヒーの残りを飲み干した Se「bebió el resto del [terminó el] café.

のみみず 飲み水 f. agua potable. ♪飲み水に困る (=不足する) v. estar* [andar*] escaso de agua potable. ♦その水は飲み水に適している Esa agua es potable.

のみもの 飲み物 f. bebida; (冷たい) m. refresco. ♦冷たい飲み物をいただけますか ¿Podría beber algo fresco? ♦彼は私に飲み物をすすめた Me ofreció 「de beber [una bebida]. 会話 お飲み物のご注文はございますか―ビールを3本お願いします ¿Desean algo para [de] beber? ―Tres botellas de cerveza, por favor.

のみや 飲み屋 (酒場) m. bar, f. taberna, 「ラ米」f. cantina; (上品な) m. lugar de copas. → バー.

****のむ** 飲む ❶ 【液体を】v. beber, tomar. →飲み込む, なめる. ♦お茶を飲みながら話す v. hablar tomando un té. ♦飲み食いする v. comer y beber. ♦飲んで憂さを忘れる v. ahogar* [matar] las penas con la bebida. ♦お父さんは夕ごはんの前にいつもビールを1本飲む Mi padre suele tomar [beber] una botella de cerveza antes de cenar. ♦ミルクを飲んでしまいなさい Bébete la leche. ♦彼女はいつもミルクを熱くして飲む Siempre toma la leche caliente. ♦この水は飲めますか ¿Se puede beber esta agua? 会話 頭がとても痛いのだったらアスピリンを少し飲んだら Tengo un terrible dolor de cabeza. – ¿Por qué no te tomas una aspirina? 会話 何を飲みますか―コーヒーでもしようかな ¿Qué toma [va a tomar, va a beber]? – Un café, creo. [Bueno, pues un café.] ♦コーヒーをもう一杯飲みませんか ¿No toma otra taza [《口語》tacita] de café? ♦どこかで一杯飲もうよ Vamos a beber en algún lugar. 会話 コーヒーでも飲みに行こう―うん, 行こう Vamos a tomar un café. – Sí, vamos.

❷【たばこを】v. fumar. ♦私はたばこも酒ものみません No fumo ni bebo 「ラ米」nada. ♦彼は一日にたばこを20本のむ Fuma 20 cigarrillos al día.

のむ 呑む ❶【受け入れる】v. aceptar; 【同意する】v. 《フォーマル》acceder 《a》, estar* de acuerdo 《en, con》. ♦条件をのむ v. aceptar las condiciones. ♦賃上げ要求はのめない No podemos aceptar [estar de acuerdo en] la demanda de una subida salarial.

❷【軽く見る】♦彼は最初から相手をのんでかかっていた Subestimó a su rival desde el principio.

❸【押しこらえる】♦涙をのむ v. ahogar* [tragarse*] las lágrimas.

のめりこむ のめり込む (夢中になる) v. estar* absorbido 《en, por》. →夢中. ♦彼はすっかり金もうけにのめり込んでいる Está absorbido en hacer dinero.

のめる 飲める (飲用に適する) v. ser* potable [《フォーマル》apto para el consumo], poderse* beber; (人が酒を) v. beber. ♦この水は飲めますか ¿Es potable [¿Se puede beber] esta agua?

のめる (前へ倒れる) v. caer(se)* de bruces; (つまずいて) v. tropezar*. →つまずく.

のらいぬ 野良犬 m. perro vagabundo.

のらくら のらくらと adv. sin hacer nada, ociosamente, perezosamente; (目標もなく) adv. sin objeto [norte]. ♦彼は普通週末はのらくらと過ごす Se pasa el fin de semana sin hacer nada. / (何もしないで過ごす) Suele pasar ocioso los fines de semana. ♦彼は若いときのらくらしたのを後悔した Lamentó haber perdido el tiempo cuando era joven.

のらねこ 野良猫 m. gato vagabundo.

のらりくらり adv. ociosamente, sin hacer nada; (言葉など捕まえどころがなく) adv. elusivamente, 《口語》por las ramas. →のらくら. ♦のらりくらりと時間を過ごす v. pasar el tiempo sin hacer* nada, 《口語》matar el rato. ♦その政治家は質問にのらりくらり応じた El político respondió elusivamente [de manera esquiva], 《口語》andándose por las ramas].

のり 海苔 "nori", 《説明的に》f. alga comestible desecada; (アマノリ) f. ova; (海草) f. alga (marina); (食品) f. (hoja de) ova desecada. ♦1味つけ [2焼き] 海苔 f. ova desecada y 1condimentada [2tostada].

のり 糊 ❶【接着用】(小麦粉と水でできた) m. engrudo; (合成糊) m. pegamento, f. cola. ♦それぞれの隅にのりをつける v. 「poner* pegamento en [untar de pegamento] cada esquina. ♦そのドアにステッカーをのりで張る v. poner* una pegatina en la puerta.

❷【洗濯用】m. almidón. ♦のりのきいたシャツ f. camisa bien almidonada. ♦衣服をのりづけする v. almidonar la ropa. ♦私はのりの1利いた [2あまり利いていない] シャツがいい Me gustan mis camisas 1muy [2poco] almidonadas.

-のり -乗り ♦5百人乗りのエアバス m. aerobús con capacidad para 500 pasajeros. ♦彼のスポーツカーは4人乗りです Su coche deportivo es de cuatro plazas [asientos].

のりあげる 乗り上げる ♦(船が)浅瀬に乗り上げる v. encallar, varar. ♦(船が)暗礁に乗り上げる v. encallar en un escollo. →座礁. ♦計画が暗礁に乗り上げた(=行き詰まった) El proyecto quedó estancado.

のりあわせる 乗り合わせる ♦電車に乗り合わせる v. coincidir en el mismo tren.

のりいれる 乗り入れる (車を) v. conducir* 《hasta》, meterse 《en》, subirse 《a》; (馬を) v. montar 《en》; (線路などを延長する) v. ampliar [extender*] 《hasta, a》. ♦車を歩道に乗り入れてはならない No debes subirte con el coche a la acera. ♦その私鉄は都心へ乗り入れる計画を立てている La compañía ferroviaria privada tiene el proyecto de ampliar su línea hasta el centro de la ciudad.

のりうつる 乗り移る ❶【乗り換える】v. cambiar [tra(n)sbordar] 《a》. →乗り換える.

飲みに行こうよ
Vamos a tomar algo.
→飲む

❷【霊が】 v. estar poseído《por》, meterse《en》. ♦彼女は悪魔が乗り移っているようだ Parece estar poseída por el demonio. /《口語》El demonio parece que se le ha metido en el cuerpo.

のりおくれる 乗り遅れる ❶【乗り物に】v. perder*. ♦私は1分違いで終電車に乗り遅れた Perdí el último tren por un minuto.
❷【時流などに】v. perder* la marcha del tiempo, quedarse atrás de la época.

のりおり 乗り降り ♦この駅は乗り降りの客が少ない Esta estación ˚es muy poco concurrida [tiene poco tránsito de personas].

のりかえ 乗り換え m. tra(n)sbordo, m. cambio. → 乗り換える. ♦乗り換え駅 f. estación de tra(n)sbordo [empalme], (連絡駅) m. empalme. ♦乗り換え切符 m. billete [[ラ米]] m. boleto] de tra(n)sbordo. ♦この電車に乗り遅れたら、大阪での乗り換えに間に合わない Si se retrasa este tren, no podremos hacer tra(n)sbordo en Osaka. ♦ここからは地下鉄で乗り換えなしに(=直接)家まで帰れます Desde aquí puedo regresar directamente a casa en metro.

*__**のりかえる 乗り換える**__ v. cambiar (de autobús), tra(n)sbordar [hacer* tra(n)sbordo] (de autobús a tren). ♦東京駅で(急行から)普通列車に乗り換える v. cambiar [tra(n)sbordar] (de un expreso) a un tren local en la estación Tokio. ♦中野駅で¹中央線 [²三鷹行き]に乗り換える v. cambiar [hacer* tra(n)sbordo] ¹a la Línea Chuo [²al tren para Mitaka] en la estación de Nakano.

のりかかる 乗りかかる (乗ろうとする) v.「ir* a subir al [estar* a punto de tomar el] (tren); (着手する) v. empezar* [ponerse*]《a》. ♦乗りかかった船だ。今さら後へは引けない(=こんなに遠くまで来たのだからもう戻れない) Hemos llegado demasiado lejos para ahora volver atrás.

のりき 乗り気 (熱意) m. entusiasmo《por》; (興味) m. interés《en》. ♦彼はその新しい計画にあまり乗り気でなかった Mostró poco entusiasmo por el plan. / Estaba poco entusiasmado por el plan.

のりきる 乗り切る (乗り越える) v. superar, vencer*; (人に困難を乗り切らせる) v. aguantar,《口語》capear; (切り抜ける) v. librarse《de》. ♦難局を乗り切る v. superar las dificultades,《口語》capear el temporal. ♦あらしを乗り切る (船が) v. librarse [ponerse* a salvo] del temporal. ♦これだけの食糧があれば冬を乗り切るのに十分だろう Con solo estos alimentos será suficiente para aguantar [《口語》capear] el invierno.

のりくみいん 乗組員 mf. tripulante, m. miembro de la tripulación. ♦乗組員は全員救出された Se salvó toda la tripulación. ♦その船には乗組員が¹多い [²百人以上] El barco tiene ¹una numerosa tripulación [²100 tripulantes].

のりこえる 乗り越える (柵(ミ)を乗り越える v. pasar [saltar] por encima de una cerca. ♦多くの困難を乗り越える v. superar [vencer*] muchas dificultades.

のりごこち 乗り心地 ♦この車は乗り心地がいい Este coche es cómodo. / Se va bien en este coche.

のりこし 乗り越し ♦乗り越し切符 (=運賃精算票) m. billete de suplemento. ♦乗り越し (=超加)料金 f. tarifa「de exceso [extra].

のりこす 乗り越す v. pasarse. ♦二駅乗り越す v. pasarse dos estaciones. ♦大阪から神戸まで乗り越す v. pasar Osaka para ir* a Kobe. ♦話に夢中になっていて次の駅まで乗り越した (=連れて行かれた) Estaba tan absorbido en la conversación que me pasé de estación.

のりこむ 乗り込む ❶【乗り物に乗る】(乗用車などに) v. subir《a》, montarse《en》; (列車・バス・船・飛行機などに) v. subir《a》,《フォーマル》abordar, embarcarse《en》→乗る. ♦彼はタクシーに乗り込んだ Subió al taxi.
❷【威勢よく行く】(到着する) v. llegar*《a》; (軍隊などが) v. entrar《en》.

のりすてる 乗り捨てる (降りる) v. bajarse [apearse]《de》; (放っておく) v. dejar; (捨て去る) v. abandonar. ♦タクシーを街角で乗り捨てる v. bajarse del taxi en la calle. ♦自転車を駅で乗り捨てる v. dejar la bicicleta en la estación.

のりそこねる 乗りそこねる v. perder*. → 乗り遅れる.

のりだす 乗り出す ❶【着手する】(始める) v. empezar*, iniciar; (取りかかる) v. empezar*《a》,《口語》meterse《en》; (活動・計画などに) v. ponerse*《a》, emprender; (新[難]事業などに) v. lanzarse*《a》,《フォーマル》aventurarse《a》. ♦新しい事業に乗り出す v. emprender [lanzarse*] a,《口語》meterse en] un nuevo negocio. ♦政界に乗り出す (=入る) v.「dedicarse* a la [《口語》meterse en] política,《フォーマル》emprender una carrera política. ♦彼らの説得に乗り出した Empezamos a convencerlos [les].
❷【身を乗り出す】♦窓から身を乗り出す v. asomarse a [por] la ventana. ♦テーブルに身を乗り出す v. inclinarse sobre la mesa.
❸【出帆する】v. zarpar, hacerse* a la vela. ♦荒波に乗り出す v. hacerse* a un mar agitado [encrespado].

のりつぐ 乗り継ぐ (連絡する) v. cambiar [hacer* un tra(n)sbordo]《de》. ♦その駅で時間待たしに列車を乗り継ぐことができる Podemos cambiar de tren en esa estación sin tener que esperar.

のりつぶす 乗り潰す (車を) v. utilizar* (un vehículo) hasta dejar(lo) inservible.

のりにげ 乗り逃げ ♦だれかがうちの子の自転車を乗り逃げした Se han llevado la bicicleta [《口語》bici] de mi hijo. ♦彼はタクシーを乗り逃げした (=料金を払わずに逃げた)「Se fue [Ha escapado] sin pagar (pasaje) al taxista.

のりば 乗り場 (バス発着所) m. terminal de autobús; (バス停) f. parada de autobús; (タクシーの) f. parada de taxis,【メキシコ】m. sitio; (船の) m. embarcadero.

のりまわす 乗り回す v. dar* una vuelta, pasear《en》. →乗る. ♦馬を乗り回す v. dar* una vuelta en caballo. ▶車で市内を乗り回す v. pasear [dar* una vuelta] en coche por la ciudad.

のりもの 乗り物 m. vehículo → 航空機; (輸送手段)《フォーマル》m. medio de transporte (público). ▶どの乗り物にまず乗ってみたいの―ジェットコースター ¿En qué quieres montar primero? – ¿Qué te parece la montaña rusa?

のる 乗る ❶【乗り物に】v. tomar,《ラ米》agarrar,《スペイン》coger*; (列車・バスなどに) v. subir(se) (a), montar(se) (en); (車・タクシーなどに) v. subir (a); (自転車などに) v. montar (en), subir (a); (馬などに) v. montar (a),《フォーマル》cabalgar* (en); (船・飛行機などに) v. embarcarse* (en), abordar; (車を運転する) v. conducir*,《メキシコ》manejar; (車を拾う)《スペイン》v. coger*,《ラ米》agarrar; (エレベーターに) v. subir (en). ▶飛行機に乗ってパリへ行く v. ir* a París en avión, volar* a París. ▶船に乗る v. embarcarse* (en un barco), abordar [subir a] un barco. ▶きのうのバスに乗って公園へ行った Ayer tomé el autobús para ir al parque. / Ayer fui al parque en autobús. ▶銀座に行くにはどの地下鉄に乗ればよいのですか ¿En qué metro puedo [¿Qué metro debo tomar para] ir a Ginza? / ¿Cuál es el metro para Ginza? ▶タクシーに乗って帰ろうよ Vamos a casa en taxi. / Tomemos un taxi para volver a casa. ▶私はいつも大阪駅から電車に乗ります Siempre tomo [《ラ米》agarro,《スペイン》cojo] el tren en la estación de Osaka. ▶彼女は車に乗ってエンジンをかけた「Subió al [Se metió en el] coche y arrancó. ▶彼は馬に乗り走り去った「Montó en el [Subió al] caballo y se alejó. ▶(彼女が乗っているはずの)バスが来たが、彼女は乗っていなかった Vino el autobús, pero ella no estaba. ▶9時の飛行機に乗らなくてはならない Debo tomar el vuelo de las nueve. ▶その船には50人が乗っていた A bordo del barco había cincuenta personas. ▶7時の電車に乗るために今朝は早く起きた Esta mañana madrugué para tomar el tren de las siete.《会話》このバスは京都駅に行きますか―ええ行きますよ。乗ってください ¿Va este autobús a la estación de Kioto? – Sí. Puedes subir.《会話》(私の車に)乗りませんか―いやけっこうです。ありがとう ¿Quiere que lo [le, la] lleve? [¿Desea subir?] – No, gracias, prefiero caminar. → 乗せる. ▶君の乗るバスは新宿から出るよ Tu autobús sale de Shinjuku. ▶このエレベーターには何人乗れますか ¿Cuántas personas caben en este ascensor?

❷【物の上に】(上に上がる) v. subirse (a); (上を足で踏む) v. pisar; (飛び乗る) v. saltar (a), subir de un salto; (上に座る) v. sentarse* (en). ▶踏み台に乗る v. subirse a una banqueta.

❸【加わる】▶そんな愚かな計画に乗るな(=参加するな) No tomes parte en una idea tan absurda. ▶この問題について相談に乗って(=助言を与えて)くれませんか ¿Puede aconsejarme sobre este problema? ▶彼はその話に乗ってこな

かった No mostró ningún interés en la oferta. / La oferta no le interesó nada.

❹【だまされる】v. ser* engañado, dejarse engañar,《口語》caer* (en). ▶私は彼女の甘言に乗ってしまった Sus palabras dulces me engañaron. ▶その手には乗りませんよ(=効き目がない) Con ese truco a mí no se me engaña. / (わなには乗らない) No voy a caer en esa trampa. ▶彼はおだて[調子]に乗りやすい Se anima fácilmente. / Es fácil animarlo[le].

《その他の表現》▶彼の事業は今油が乗っている(=最高潮だ) Sus negocios ahora「están en pleno desarrollo [《口語》van viento en popa]. ▶今日は仕事に乗る気が乗らない Hoy no「tengo ganas de trabajar [me concentro en el trabajo].

のる 載る ❶【上に位置する】▶一冊の本がテーブルの上に載っていた Había un libro en la mesa. ❷【掲載される】(雑誌などに出る) v. estar*, aparecer*, figurar; (新聞記事が記事を載せる) v. publicar*, insertar; (報じる) v. informar; (含む) v. contener*. ▶地図に載っている v. estar* en el mapa. ▶彼の名がその¹新聞 [²名簿]に載っている Aparece su nombre en ¹el periódico [²la lista]. ▶この辞書にはその語が載っていない Este diccionario no tiene [incluye] esa palabra. ▶この本には役立つ情報がたくさん載っている Este libro contiene una gran cantidad de información útil. ▶すべての新聞にその飛行機事故のことが載っていた Todos los periódicos informaron sobre el accidente aéreo.

ノルウェー Noruega; (公式名) m. Reino de Noruega (☆ヨーロッパの国, 首都オスロ Oslo). ▶ノルウェー(人[語])の adj. noruego. ▶ノルウェー人 mf. noruego/ga. ▶ノルウェー語 m. noruego, f. lengua noruega.

のるかそるか 伸るか反るか triunfe o fracase, gane o pierda,《口語》salga o no salga. → 一か八か. ▶のるかそるか彼はその1レースに全財産をかけた Apostó toda su fortuna en esa carrera, para ganar o para perder.

ノルディック adj. nórdico. ▶ノルディック(複合)種目 fpl. pruebas nórdicas. (☆クロスカントリー m. esquí de fondo, ジャンプ m. salto con esquís など).

ノルマ f. cantidad asignada de trabajo, f. parte, f. cuota. ▶生産ノルマ 「f. cantidad asignada [f. cuota] de producción. ▶ノルマを果たす v. cumplir el trabajo asignado. ▶ノルマを課す v. imponer* [fijar]《a + 人》una cuota.

ノルマンディー Normandía (☆フランスの地方).

のれん 暖簾 "noren",《説明的に》f. cortina partida que cuelga de la entrada de una tienda o de un cuarto; (評判) f. reputación, f. fama. ▶のれん分けをする(=店の独立を助ける) v. ayudar《a + 人》a abrir* otra tienda usando el mismo nombre de la antigua tienda. ▶店ののれんを傷つける(=汚す) v. manchar la fama de una tienda. ▶それはのれんに腕押しだ(=努力[時間]のむだだ) Es un esfuerzo [tiempo, trabajo] perdido. / Es una pérdida de esfuerzo [tiempo, trabajo].

のろい 鈍い *adj.* lento, tardo, lerdo. → 遅い. ▶足が鈍い *v.* caminar [andar*] despacio. ▶話し方が鈍い *v.* hablar despacio [con lentitud]. ♦彼は計算が鈍い Tarda en calcular.

のろい 呪い *f.* maldición, 《文語》*f.* imprecación. ▶彼に呪いをかける *v.* maldecir* (a + 人). ▶敵に呪いの言葉を吐く *v.*「maldecir* al [lanzar* una maldición contra el] enemigo.

のろう 呪う *v.* maldecir*, soltar* [lanzar*] una maldición, 《文語》imprecar*. ▶呪われた人 *f.* persona maldita.

のろける 惚気る (自慢そうに話す)*v.* hablar con orgullo 《de》; (愛情を込めて語る)*v.* hablar cariñosamente [con afecto] 《de》. ♦彼は恋人のことでよくのろける Habla de su novia con cariño.

のろし 狼煙 (合図の火) *m.* fuego de señal; (かがり火) *f.* almenara. ▶のろしを上げる *v.* encender*「un fuego de señal [una almenara]. ♦女性が禁酒運動ののろしを上げた (＝始めた) Las mujeres lanzaron una campaña contra el alcoholismo.

のろのろ (ゆっくりと)*adv.* lentamente, con lentitud, 《口語》a paso de tortuga, 《口語》pisando huevos; (緩慢に)*adv.* pausadamente, despacio; (怠惰に)*adv.* perezosamente, de mala gana. ♦子供たちがのろのろと歩いている Los niños están caminando lentamente [a paso de tortuga]. ♦支配人は部下がのろのろ働くのをいやがった Al gerente no le gustó ver a sus hombres trabajar de mala gana. ♦夕方のラッシュで車はのろのろ運転だった (＝はうように進んだ) Los coches se movían lentamente durante la hora punta de la tarde.

のろま (ばかなやつ) *mf.* tonto/*ta*, *mf.* estúpi*do*/*da*, 【メキシコ】*mf.* menso/*sa*, *f.* persona lerda. → のろい. ♦それを信じるとは君ものろまだなあ ¡Qué ton*to* fuiste por creerlo!

・**のんきな** 呑気な (気楽な)*adv.* sin problemas; (楽天的な) *adj.* optimista; (あくせくしない) *adj.* tranqui*lo*; (心配のない) *adj.* libre de cuidados; (成り行きまかせの) *adj.* despreocupado. ♦彼はのんきな人だ Es una persona despreocupada [sin problemas]. /《口語》Se toma todo a la ligera. ♦彼はのんきに暮らしている Lleva una vida despreocupada [libre de cuidados]. ♦彼はどんな場合でものんきにしている Está tranquilo y optimista ante cualquier situación.

ノンストップ *adv.* sin paradas, directo; (飛行機が) *adj.* sin escalas. ♦この列車は大阪までノンストップです Este tren no para hasta Osaka. / Es un trayecto directo [sin paradas] hasta Osaka.

のんだくれ 飲んだくれ ▶飲んだくれる *v.* emborracharse, 《フォーマル》embriagarse* ☞ 大酒飲み, 酒飲み

のんびり (平穏に) *adv.* tranquilamente; (経済的に) *adv.* con holgura; (悠然と) *adv.* placenteramente; (ゆっくり) *adv.* despacio. ▶のんびり屋 (＝あくせくしない人) *f.* persona despreocupada. ▶のんびり旅行する *v.* hacer* un viaje pausado. ♦退職後は田舎でのんびり暮らしたい Cuando me jubile me gustaría llevar una vida tranquila [despreocupada] en el campo. ♦その当時は何事ものんびりしていた「Por entonces [Esos días] todo iba bien. ♦休暇をとってしばらくのんびりしたらどうかしら Tal vez debieras tomarte unas vacaciones y descansar una temporada.

ノンフィクション *f.* no ficción.

ノンプロ ▶ノンプロの *adj.* no profesional. ▶ノンプロ選手 *mf.* jugad*or*/*dora* no profesional.

のんべんだらり ▶のんべんだらりと暮らす (＝怠惰な生活を送る) *v.* llevar una vida ociosa; (時間を空費する) *v.* matar el tiempo, no hacer* nada; (何もしないで暮らす) *v.* vivir sin hacer* nada.

は

は 歯 ❶【人間などの】 m. diente; (奥歯) f. muela; (集合的に) f. dentadura, 《専門語》 f. dentición. ▸犬歯 m. canino. ▸知恵歯 f. muela del juicio. → 親知らず. ▸乳歯 m. diente de leche. ▸門歯《フォーマル》 m. incisivo. ▸永久歯 m. diente definitivo. ▸義歯 m. diente postizo ☞ 歯医者.

1〖歯～〗 ▸歯ブラシ m. cepillo de dientes. ▸歯磨き (練り) f. pasta「de dientes [dentífrica]. → 歯磨き. ▸歯医者 mf. dentista, 《フォーマル》 mf. odontólogo/ga. → 歯医者. ▸歯ぐき fpl. encías. ▸歯ぎしりする v. rechinar los dientes. ▸彼は歯並びが悪い Tiene「los dientes mal formados [una dentadura irregular]. ▸彼女がにっこりすると白いきれいな歯並びが見えた Sonrió mostrando sus hermosos y blancos dientes.

2〖歯が〗 ▸歯が痛い Tengo dolor de muelas. / Me duele una muela. ▸彼は歯がいい [悪い] Tiene una ¹buena [²mala] dentadura. ▸上の歯が抜けた Se me ha caído「un diente [una muela] de arriba. ▸前歯が1本折れた [欠けた] Se me ha ¹roto [²roto un trocito de] un diente. ▸この子は歯が生えだした Este bebé está echando los dientes. ▸歯が浮いている (=ぐらぐらしている) 「Se me mueve [《口語》Me baila] un diente. ▸その赤ちゃんは歯がない El bebé no tiene [《口語》ha echado los] dientes.

3《歯の》 adj. dental, 《専門語》 odontológico. ▸歯の治療 m. tratamiento dental [《専門語》odontológico]. ▸歯の抜けた老人 m. anciano desdentado. ▸犬に手をかまれて歯の跡がついた El perro me mordió「marcándome los [y me hizo una marca con sus] dientes.

4〖歯に[を]〗 ▸歯をみがく v. limpiarse [cepillarse] los dientes. ▸歯を矯正する v. corregir* una dentadura irregular. ▸冷たい水を飲むと歯にしみます Me da dentera cuando bebo agua fría. ▸歯医者に行って歯を1本抜いてもらった Fui al dentista a que me sacaran una muela. ▸この歯に大きな穴があいているので詰めないといけません「Tiene usted una gran caries en esta muela [《口語》Su muela está muy picada] y hay que【スペイン】empastarla [【メキシコ】taparla, 【アルゼンチン】emplomarla, 【コロンビア】ponerla una calza]. ▸猿は怒って歯をむいた (=むき出した) El mono mostró sus dientes con rabia. ▸彼は歯をくいしばって仕事をやり続けた Apretó los dientes y siguió haciendo el trabajo. ▸君は歯をくいしばって我慢しなければならない Debes aguantarte [《口語》apretar los dientes].

❷【器具などの】(くし・のこぎりの) m. diente; (歯車の) m. piñón, f. rueda dentada; (げたの) m. apoyo. ▸くしの歯 mpl. dientes [fpl. púas] de un peine. ▸歯が数本欠けている古いくし m. peine viejo sin algunos dientes. ▸このこぎりは歯が数本欠けている A esta sierra le faltan algunos dientes.

《その他の表現》 ▸ぎしぎしこする音を聞くと歯が浮く Ese ruido de rascar me está poniendo los nervios de punta. ▸この問題は私には歯が立たない Este problema「está fuera de mi alcance [es superior a mis fuerzas]. ▸テニスでは彼には歯が立たない (=競争相手にならない) En tenis no soy rival para él. ▸彼は歯に衣(きぬ)を着せない No anda con rodeos. / No se anda con muchas vueltas. / 《口語》No tiene pelos en la lengua. / 《口語》No se muerde la lengua. / (ずけずけ物を言う)Dice lo que piensa. / No se queda callado.

* **は 葉** (1枚の) f. hoja; (集合的に) m. follaje. ▸木の葉 mpl. hojas de un árbol. ▸レタスの葉 fpl. hojas de lechuga. ▸草の葉 fpl. hojas de la hierba. ▸四つ葉のクローバー m. trébol de cuatro hojas. ▸葉の¹茂った [²ない] adj. ¹frondoso [²sin hojas, ² 《文語》 desnudo de hojas]. ▸木々に葉が¹出た [²出ている] Los árboles ¹han echado [²tienen] hojas. ▸木の葉がすっかり落ちた Se han caído las hojas de los árboles. ▸秋になってモミジの葉が [²赤くなった] En otoño las hojas del arce ¹han cambiado de color [²se han vuelto rojas].

は 派 (グループ) m. grupo, m. bando; (学派, 流派) f. escuela, m. círculo; (分派・派閥) f. facción; (教派) f. confesión, f. secta. ▸白樺派の文学 f. literatura del círculo de Shirakaba. ▸¹賛成 [²反対]派 m. grupo de ¹apoyo [²oposición]. ▸ロマン派の詩人 m. poeta「de la escuela romántica [del romanticismo]. ▸自民党の主流派 f. principal facción del Partido Demócrata Liberal. ▸新教諸派 fpl. confesiones [fpl. sectas] protestantes. ▸真宗大谷派 f. secta Otani de Shinshu. ▸戦後 [戦前]派 (=世代) f. generación de la ¹postguerra [²preguerra].

は 刃 (刃物の) m. filo, m. corte; (刀身) f. hoja (de espada); (かみそりの刃) f. cuchilla (de afeitar). ▸鈍い刃 m. filo romo [embotado]. ▸鋭い刃 m. filo agudo [cortante]. ▸かみそりの刃を取り換える v. cambiar la cuchilla de afeitar. ▸刃をとぐ v. afilar, aguzar* el filo 《de》. ▸その包丁の刃はよく切れる (=鋭い刃をしている) El cuchillo de la cocina tiene un filo agudo.

は → は(あ)

-は ❶【話題の提示】♦この絵は田中氏がかいたものです Este cuadro lo pintó el Sr. Tanaka. / Tanaka pintó este cuadro. ♦象は鼻が長い Los elefantes tienen una larga trompa. / La trompa del elefante es larga. ♦京都が一番美しいのは秋です Es en otoño cuando Kioto está más hermoso. / Cuando Kioto está más hermoso es en el otoño. ♦彼がアメリカ生まれだというのは本当ではない No es verdad que naciera en Estados Unidos. ♦君がその問題を解くのはたやすいことだ Para ti es fácil resolver el problema.
❷【対照的に示す】♦コーヒーはだめだが紅茶は飲めるよ Puedes tomar té, pero no café. ♦彼は体は大きいが力は弱い El, aunque es grande, es débil. / Por grande que sea, es débil. 《会話》ゴルフなさいますか（が最近はしません）¿Juegas al golf? – Antes sí que jugaba.
❸【確かさを表わして】《会話》テニスはお好きですかーええ、好きですとも。週に一度はやります ¿Te gusta jugar al tenis? – Sí, mucho. De hecho, juego por lo menos una vez a la semana.

ば 場 (場所) *m.* lugar; (特定の) *m.* sitio; (余地) *m.* espacio; (現場) *m.* lugar (del suceso); *m.* sitio (de la obra); *m.* escenario (del accidente); (分野) *m.* campo, *f.* rama; (場合) *m.* caso, *f.* ocasión → 場合; (劇などの場面) *f.* escena. ▶よい釣り場 *m.* buen lugar [sitio] para pescar. ▶公の場で *adv.* en un lugar público. ▶場を取る（＝場所を広く占める）*v.* ocupar mucho espacio [lugar, sitio]. ▶政治の場に出る（＝政界）に出る *v.* entrar en la escena política. ▶「ハムレット」の第1幕第2場で *adv.* en el acto I, escena II, de Hamlet. ♦負けた人はその場で金を払わないといけなかった Los perdedores tuvieron que pagar en el acto. ♦私はたまたまその場に居合わせた Dio la casualidad de que yo estaba presente en ese lugar. → もし, なら, たら.

*-ば ❶【仮定，条件】*conj.* si. ♦あした雨が降ればピクニックは中止です Si mañana llueve, el picnic será cancelado. / Si mañana lloviera, el picnic sería cancelado. ♦君はやる気があればできるのに Podrías si quisieras.
❷【…すると】*conj.* cuando. ♦このボタンを押せばふたが開きます Cuando aprietas este botón, se abre la tapadera.

は(あ) (応答) *interj.* bueno → はい; (なるほど) ya veo; (笑い，疑い) *interj.* ja, ja. ▶はは(笑い声) *interj.* ja, ja. ♦はあ、なるほど Sí, ya veo. ♦は、かしこまりました Sí, señor. / Entendido, señor. ♦は、何とおっしゃいました Perdón, ¿cómo ha dicho? → えっ.

バー ❶【酒場】*m.* bar, *f.* taberna, *f.* cantina, *m.* lugar de copas（☆スペインの bar は酒類や清涼飲料水が出される。日本の「バー」と異なり子供も入れる）.
❷【運動競技の横木】*m.* listón. ♦現在バーの高さは 2 メートルです El listón está ahora a dos metros.
バー 《ゴルフ》*m.* par. ♦彼はこのホールをパーで終了した Ha conseguido un par en este hoyo.

ハーアルピン 哈爾浜 Jarbin,《ピンイン》Harbin（☆中国の都市）.

*ばあい 場合 (事例) *m.* caso; (事情) *fpl.* circunstancias; (時機) *f.* ocasión; (時) *f.* hora. ▶そのような場合には *adv.* en ese [tal] caso, entonces. ▶場合によっては *adv.*「según el [dependiendo del] caso, de acuerdo con las circunstancias. ♦努力が報われない場合があるHay casos en los que nuestros esfuerzos no son recompensados. ♦それは時と場合による Todo [Eso] depende (de las circunstancias). ♦どのような場合にもお金の貸し借りはいけない「En ningún caso [Bajo ninguna circunstancia] debes prestar dinero o pedirlo prestado. ♦笑っている場合（＝笑い事）ではない No es「ninguna broma [para reírse]. ▶【…する[の, な]場合】(もし…なら) *conj.* si（＋直説法現在, 接続法 過去）, en caso de（＋名詞）, en el caso de que《＋接続法》; (…のとき) *conj.* cuando《＋接続法》. →もし, 時. ♦もし火事の場合には消防署に電話しなさい En caso de incendio [que haya incendio], llama「a los bomberos [《スペイン》al parque de bomberos]. ♦万一雨の場合はタクシーで帰ります Si lloviera, tomaríamos un taxi. / Si llueve, tomaremos un taxi. ♦必要な場合はすぐそこへ行くべきだ Si se presenta la ocasión, tienes que ir allí de inmediato. ♦学校を欠席の場合はご通知ください Por favor, infórmenos cuando no vaya a clase. ♦マリアの場合には事情が違うEs distinto en el caso de María. / El caso de María es diferente con María. / El caso de María es diferente. ☞折, ケース, 事, 事情, その場, 都合, 時, 時期.

パーカッション *f.* percusión, *m.* instrumentos de percusión. ▶パーカッションを演奏する *v.* tocar* la percusión.

パーキング (駐車)《スペイン》*m.* aparcamiento,《ラ米》*m.* estacionamiento; (駐車場)《スペイン》*m.* aparcamiento,《ラ米》*m.* estacionamiento. ▶パーキングメーター *m.* parquímetro.

パーキンソンびょう パーキンソン病《専門語》*f.* enfermedad de Parkinson.

はあく 把握 ▶その意味を把握する *v.* captar [comprender] el significado. → 理解 ☞摑む, 捕らえる.

ハーグ La Haya（☆オランダの都市）. ▶ハーグ裁判所 *m.* Tribunal de La Haya.

ハーケン *f.* pitón.

バーゲン (特売) *fpl.* rebajas, *f.* (venta de) liquidación, *mpl.* saldos; (特売品) *mpl.* saldos. ▶春のバーゲン(セール) *fpl.* rebajas de primavera. ▶バーゲン価格 *m.* precio「de saldo [rebajado]. ▶バーゲンで買う *v.* comprar en las rebajas. ▶バーゲンをする *v.* tener* rebajas, liquidar, saldar. → 特売, 売り出し.

地域差 バーゲンセール
〔全般的に〕*f.* (*fpl.*)oferta(s), *f.* liquidación, *fpl.* rebajas
〔スペイン〕*mpl.* descuentos, *m.* saldo
〔メキシコ〕*f.* barata, *mpl.* descuentos, *m.* remate
〔ペルー〕*f.* realización, *m.* remate, *m.* sal-

do
〔キューバ〕*mpl.* descuentos
〔コロンビア〕*mpl.* descuentos, *f.* promoción, *f.* realización
〔アルゼンチン〕*m.* remate, *m.* saldo

バーコード *m.* código de barras. ▶バーコードリーダー〔専門語〕*m.* lector del código de barra.

パーコレーター *m.* percolador, *f.* cafetera de filtro.

パーサー *mf.* sobrecargo/ga.

バージニア Virginia (☆米国の州).

バージャーびょう バージャー病〔専門語〕*f.* enfermedad de Buerger.

バージョン *f.* versión. ▶バージョンアップ *m.* mejoramiento de versión. ▶バージョンアップする *v.* hacer* [fabricar*] versión.

バージン *f.* virgen. ▶バージンの *adj.* virginal, virgen.

バースコントロール *m.* control de la natalidad.

バースデー *m.* cumpleaños. ▶バースデー[1]パーティー [[2]プレゼント; [3]ケーキ] [1] *f.* fiesta [[2] *m.* regalo; [3] *m.* pastel] de cumpleaños.

バーゼル Basilea (☆スイスの都市).

パーセンテージ *f.* porcentaje.

パーセント por ciento, (百分率) *m.* porcentaje. ▶現金払いには10パーセント割引する *v.* descontar* un 10% pagando en efectivo. ▶私の給料の15パーセントが所得税にとられる El quince por ciento de mi salario es para pagar el impuesto sobre la renta. ♦貴校では何パーセントの学生が大学に進みますか ¿Qué porcentaje de sus estudiantes va a la universidad? ♦収入が10パーセント減った [2増えた] Mis ingresos han [1]descendido [[2]aumentado] el 10%. ♦この織物はウール50パーセント化繊50パーセントです Este tejido es lana y sintético al cincuenta por ciento.

パーソナリティー (テレビタレント) *m.* personaje [*f.* figura] de la televisión [《口語》tele]; (ディスクジョッキー担当者)《スペイン》 *m.* pinchadiscos; (テレビショーなどの司会者) *mf.* present*ador*/*dora*, *mf.* anim*ador*/*dora*.

バーター (物々交換) *m.* trueque. ▶バーター貿易 *m.* comercio de trueque.

ばあたり 場当たり ▶場当たりの (行き当たりばったりの) *adj.* sin orden ni concierto, incoherente. ▶場当たり政策 *f.* política provisional [incoherente]. ▶場当たり的 *adv.* de modo caprichoso, sin ningún orden ni concierto. ▶場当たりを(=大衆の受け)をねらう *v.* actuar* para la galería.

バーチャル *adj.* virtual. ▶バーチャルリアリティ(仮想現実感) *f.* realidad virtual.

パーツ *m.* pieza, *mpl.* componentes, *fpl.* partes; *mpl.* repuestos. → 部品.

バーディー (ゴルフ)《英語》 *m.* "birdie". ▶バーディーパット *m.* putt para hacer un 《英語》"birdie".

パーティー ❶【会合，集まり】*f.* fiesta, (友人たちの) *m.* guateque; (歓迎・祝賀の公的な) *f.* recepción. ▶[1]誕生 [[2]カクテル]パーティー *f.* fiesta de [1]cumpleaños [[2] *m.* cóctel]. ▶パーティーを開く *v.* dar* [celebrar] una fiesta; dar* una recepción. ▶パーティーに出席する *v.* asistir a una fiesta. ▶彼女をパーティーに招待する *v.* invitarla a la fiesta. ♦昨晩パーティーを楽しんだ Lo pasé muy bien en la fiesta de anoche.

パーティション〔専門語〕*f.* partición.

バーテン(ダー)《英語》 *m.* "barman" (☆発音は [bárman]), *mf.* camarero/ra.
地域差 バーテン(酒場の)
〔全般的に〕《英語》 *m.* "barman"
〔キューバ〕《英語》 *m.* "bartender" (☆発音は [barténder]), *m.* cantinero
〔メキシコ〕 *m.* cantinero
〔ペルー〕 *m.* copetinero
〔コロンビア〕 *m.* cantinero

ハート (心臓) *m.* corazón. ▶ハート型のチョコレート *m.* chocolate en forma de corazón. ▶(トランプの)ハートの[1]10 [[2]クイーン] [1]el diez [[2]la reina] de corazones. ▶ハートの[1]ある [[2]ない]人 *f.* persona [1]con [[2]sin] corazón. ▶彼女のハート(=愛, 心)を射止める *v.* conquistar su corazón.

ハード *adj.* duro; (ハードウェア)《英語》 *m.* "hardware" (☆発音は [hár(d)wér]), *m.* soporte físico. ▶ハードカバーの本 *m.* libro "de tapa dura [en cartoné]. ▶ハードな (=激しい)運動をする *v.* hacer* ejercicios enérgicos.

パート ❶【部分】▶三つのパートに分かれた小説 *f.* novela de [en] tres partes.
❷【音楽の】▶ソプラノのパート *m.* papel de la soprano.
❸【パートタイム】(勤務制度) ▶パートの[で] *adj. adv.* a tiempo parcial, de medio tiempo; (仕事をする人) *mf.* emple*ado*/*da* ⌈a tiempo parcial [de medio tiempo]. ▶パートの仕事 *m.* trabajo ⌈a tiempo parcial [por horas]. ♦彼女はその店でパートで働いている Trabaja ⌈a tiempo parcial [por horas] en esa tienda.

ハードウエア《英語》〔専門語〕*m.* "hardware" (☆発音は [hár(d)wér]),《専門語》 *m.* soporte físico.

バードウォッチング *f.* observación de las aves.

ハードスケジュール *m.* horario completo [《口語》a tope].

パートタイマー *mf.* trabaj*ador* / *dora* ⌈a tiempo parcial [[[ラ米]de medio tiempo]. → パート.

パートタイム ▶パートタイムの[で] *adj. / adv.* a tiempo parcial, de medio tiempo. → パート.

ハードディスク *m.* disco duro.

ハードトップ *m.* coche no descapotable.

パートナー *mf.* compañ*ero* / *ra*, *mf.* socio/cia. ▶パートナーになる *v.* hacerse* compañero [socio]. ▶パートナーを1組む [2組んでいる] *v.* [1]asociarse (con) [[2]ser* socio (de)].

ハードル (障害物) *f.* valla, *m.* obstáculo; (競技) *f.* carrera de vallas. ▶ハードル選手 *mf.* corred*or*/*dora* de vallas. ▶ハードルを跳び越す

はあはあ

はあはあ ▶はあはあという(激しい動きなどの後で) *v.* jadear, estar* sin aliento [respiración]; (大きく)*v.* jadear, 《口語》estar* con la lengua fuera. ▶彼ははあはあいって駆け戻ってきた Volvió corriendo y jadeando. / Regresó corriendo y「sin aliento [《口語》con la lengua fuera]. ▶彼ははあはあいいながら，ありがとうと言った Dijo gracias「《口語》con la lengua fuera [《フォーマル》entrecortadamente, jadeando].

ハーフ ▶ハーフタイム *m.* descanso (a la mitad del partido), *m.* medio tiempo. ◆彼は中国人とアメリカ人のハーフだ Es medio chino y medio estadounidense.

ハーブ (薬用植物) *f.* hierba medicinal.

ハープ *f.* arpa. ▶ハープ奏者 *mf.* arpista. ▶ハープを弾く *v.* tocar* el arpa.

パーフェクトゲーム *m.* partido perfecto.

ハープシコード *m.* clavicordio.

バーベキュー *f.* barbacoa. ▶バーベキューパーティーを開く *v.* tener* una barbacoa.

バーベル *f.* barra con pesas, *f.* haltera.

パーマ *f.* permanente. ▶パーマをかける *v.* hacerse* la permanente (en el cabello). ◆彼女の髪は天然パーマです Los rizos de su pelo son naturales.

パーマネント →パーマ

パーミッション 《専門語》*m.* permiso. ▶パーミッション拒否 《専門語》*m.* permiso denegado.

バーミンガム Birmingham (☆イギリス，イングランドの都市).

ハーモニー *f.* armonía.

ハーモニカ *f.* armónica. ▶ハーモニカを吹く *v.* tocar* la armónica.

地域差 ハーモニカ
[全般的に] *f.* armónica
[スペイン] *f.* filarmónica
[キューバ] *f.* filarmónica
[メキシコ] *m.* órgano de boca
[ペルー] *m.* rondín
[コロンビア] *f.* dulzaina
[アルゼンチン] *f.* flauta

パーラー (特殊な業種の店) *m.* salón, *f.* sala. ▶アイスクリームパーラー *f.* heladería.

パール *f.* perla. → 真珠.

バーレーン Bahrein; (公式名) *m.* Estado de Bahrein (☆中東の島国，首都マナマ Manama). ▶バーレーン(人)の *adj.* bahreiní.

ハーレム *m.* harén.

* **はい** ❶ [質問に対して] *adv.* sí. → いいえ.
  《会話》あれは太郎ですか—はい，そうです

肉と魚のバーベキュー Parrilla, carnes y pescados →バーベキュー

¿Es Taro? – Sí, eso es. [Pues sí]. 《会話》泳げないんですか—はい ¿No sabes nadar? – No, no sé. (☆このような否定文の質問に日本語では「はい」と答える場合，スペイン語では"No"と答える) 《会話》あなたの予約は月曜日でしたね—はい，そうです Tu cita es para el lunes que viene, ¿verdad? – Sí, eso es. 《会話》コーヒーでもいかが—はい，いただきます ¿Qué tal un café? – Sí, por favor.

❷ [承諾して] *adv.* de acuerdo, bien, bueno, [スペイン] 《口語》vale, venga, 《英語》《口語》"okey". ◆はい，承知しました Con mucho gusto, Encantado. / (客や上位の人に)Naturalmente, señor. 《会話》この原稿，タイプしてくれないー—はい ¿Me puedes pasar esta carta a máquina? – De acuerdo. [Muy bien.] 《会話》忘れずに手紙を投函してねー—はい 《口語》No olvides echar la carta. – No. [¡Tranquilo!]

❸ [返事] Sí. / (出欠の)Sí, Presente. 《会話》中村君—はい ¡Nakamura! – ¡Presente!

❹ [相手の注意を引く] ◆はい，これ Aquí tienes. / Aquí está. ◆はい，始めましょう Vamos a empezar. / ¡A empezar! / ¡Manos a la obra!

—— はい Sí ◆彼女は「はい」と答えた Dijo que sí. / Contestó afirmativamente.

* **はい** 灰 *f.* ceniza, *fpl.* cenizas. ▶たばこの灰 *f.* ceniza de tabaco. ▶火山灰 *fpl.* cenizas volcánicas. ▶死の灰(＝放射性降下物) *fpl.* cenizas radioactivas. ◆手紙は燃えて灰になった Las cartas quedaron reducidas a cenizas.

はい 肺 《専門語》*m.* pulmón. → 肺炎, 肺癌(ﾞ), 肺結核, 肺病. ▶肺の *adj.* pulmonar. ▶肺静脈 《専門語》*f.* vena pulmonar. ▶肺動脈 《専門語》*f.* arteria pulmonar. ▶肺葉 《専門語》*m.* lóbulo pulmonar. ▶肺が悪い *v.* tener* [《フォーマル》padecer*] un trastorno pulmonar, sufrir una dolencia pulmonar. ◆喫煙は肺に悪い El tabaco perjudica [es perjudicial para] los pulmones.

《肺の病気》▶肺うっ血 《専門語》*f.* congestión pulmonar. ▶肺炎 《専門語》*f.* neumonía, *f.* pulmonía. ▶肺癌(ﾞ) 《専門語》*m.* cáncer de pulmón. ▶肺気腫 《専門語》*f.* enfisema pulmonar. ▶肺結核 《専門語》*f.* tuberculosis pulmonar. ▶肺水腫 《専門語》*f.* edema pulmonar. ▶肺性高血圧 《専門語》*f.* hipertensión pulmonar. ▶肺線維症 《専門語》*f.* fibrosis pulmonar. ▶肺塞栓(ｿｸ)症 《専門語》*f.* embolia pulmonar. ▶肺動脈閉鎖症 《専門語》*f.* atresia pulmonar. ▶肺動脈弁狭窄(ｷｮｳ) 《専門語》*f.* estenosis pulmonar. ▶肺不全 《専門語》*f.* insuficiencia pulmonar. ▶カリニ肺炎 《専門語》*f.* neumonía carinii. ▶原発性非定型性肺炎 《専門語》*f.* neumonía atípica primaria.

はい 杯 ▶ビール2杯 *mpl.* dos vasos de cerveza. ▶お茶を2杯飲む *v.* tomar(se) dos tazas de té. → 一杯.

* **ばい** 倍 ❶ [2倍] *adj.* doble; *fpl.* dos veces. ▶人の倍働く *v.* hacer* el doble de trabajo, trabajar el doble. ▶通常料金の倍額を払う *v.* pagar* el doble de la tarifa usual. ◆4の倍は8である El doble de cuatro es ocho. /

Ocho es el doble de cuatro. / Dos cuatro es ocho. ◆今朝はいつもより倍近くも時間がかかった Esta mañana he tardado el doble del tiempo habitual. ◆物価は5年前に比べて倍になっている Los precios「son el doble de hace [se han duplicado en] cinco años. ◆彼の収入は5年で倍になった Sus ingresos se duplicaron en cinco años.

❷【...倍】*fpl.* veces. ▶12[23, 34, 45] 倍 *adj.* ¹doble [²triple; ³《フォーマル》cuádruple; ⁴《フォーマル》quíntuple]. ◆この箱はあの箱の3倍の大きさです Esta caja es "tres veces mayor [el triple de grande]" que ésa. 会話 メキシコ市の人口はマドリードの人口の何倍ですか─約3倍だ ¿En cuántas veces la población de la Ciudad de México es mayor que la de Madrid? — Alrededor del triple. ◆彼女は私の10倍多くスペイン語の単語を知っている Conoce diez veces más palabras de español que yo.

パイ *m.* pastel,『スペイン』*f.* tarta. ▶ミートパイ *m.* pastel de carne. ▶アップルパイを焼く *v.* cocer* un pastel de manzana.

はいあがる 這い上がる *v.* trepar, subir trepando. ▶急な斜面をはい上がる *v.* trepar por una cuesta empinada. ▶どん底から最高の地位にはい上がる *v.* trepar desde abajo hasta arriba de la escalera. ◆ツタが壁をはい上がっている La hiedra trepa por el muro.

バイアスロン *m.* biatlón.

はいあん 廃案 *f.* propuesta de ley rechazada. ◆三つの法案が廃案になった Fueron「rechazadas tres propuestas [rechazados tres proyectos] de ley.

*◆**はいいろ** 灰色 *f.* gris.
── 灰色の ❶【色】*adj.* gris,《文語》ceniciento. ▶灰色の目 *mpl.* ojos grises. ▶灰色の空 *m.* cielo gris [nublado]; (濃い灰色の) *adj.* plomizo. ▶灰色がかった色 *m.* color grisáceo.
❷【比喩的に】(暗い) *adj.* gris; (わびしい) *adj.* deprimente; (陰気な) *adj.* sombrío. ▶灰色の人生 *f.* vida gris.

はいいん 敗因 *f.* causa de la derrota. ◆練習不足が我がチームの敗因だ La derrota de nuestro equipo es por falta de práctica.

ばいう 梅雨 *f.* estación [*f.* temporada] de lluvias. → 梅雨(⇨). ▶梅雨前線 *m.* frente estacional de lluvias.

ハイウエー (高速道路)*f.* autopista, *f.* carretera,『スペイン』*f.* autovía.

はいえい 背泳 *f.* (natación f. de) espalda. ▶背泳選手 *mf.* nada*dor/dora* de espalda. ▶背泳をする *v.* nadar de espalda(s).

はいえき 廃液 *fpl.* aguas residuales [『ラ米』negras,『アルゼンチン』servidas]. ◆その化学工場は大量の廃液を海に流している La planta química vierte al mar una gran cantidad de aguas residuales.

はいえつ 拝謁 *f.* audiencia. ◆国王は彼に拝謁を許した El rey le concedió audiencia.

ハイエナ *f.* hiena.

バイエルン Baviera (☆ドイツの地方).

はいえん 肺炎 *f.* pulmonía. ▶急性肺炎 *f.* pulmonía aguda. ▶SARS (重症急性呼吸器症候群) *f.* pulmonía atípica, *m.* Síndrome Respiratorio Agudo Severo. ▶肺炎になる *v.* contraer* [《口語》agarrar] una pulmonía. ◆赤ん坊は風邪がこじれて肺炎になった El resfriado del bebé se convirtió en pulmonía.

ばいえん 煤煙 (煙) *m.* humo; (すす) *m.* hollín; (スモッグ) *m.* esmog, *f.* niebla contaminada con humo. ▶工場の煤煙 *m.* humo industrial. ▶煤煙の多い都市 *f.* ciudad con mucho humo [esmog].

ハイオク (ハイオクタンのガソリン)*f.* gasolina de alto octanaje.

バイオ(テクノロジー) *f.* biotecnología.

パイオニア *mf.* pionero/ra《en》.

バイオリズム *m.* biorritmo. ◆彼女は自分のバイオリズムにいつも気を遣っている Siempre cuida su biorritmo.

バイオリニスト *mf.* violinista. → バイオリン.

バイオリン *m.* violín. ▶バイオリン奏者 *mf.* violinista. ▶バイオリン¹協奏曲 [²ソナタ] *m.* concierto [² *f.* sonata] de violín. ▶バイオリンを弾く *v.* tocar* el violín. ◆彼はその管弦楽団の第1バイオリンです Toca el primer violín de la orquesta. ◆それをバイオリンで弾けますか ¿Sabes tocarlo al violín?

はいか 配下 (支持者)*mf.* segui*dor/dora*, *mf.* partida*rio/ria*; (部下) *m.* subordina*do/da*. ▶彼の配下となって働く *v.* trabajar [servir*] a sus órdenes.

はいが 胚芽 *m.* embrión. → 胚芽米.

ハイカー *mf.* excursionista.

はいかい 徘徊 ▶通りを徘徊する(＝歩き回る) *v.* vagar*,《フォーマル》deambular; (ひやかして歩く) *v.* andar* mirando artículos sin comprar nada, recorrer las tiendas sin comprar; (盗賊などが) *v.* merodear (por las calles).

ばいかい 媒介 (仲介) *f.* mediación, *f.* intervención; (斡旋)《フォーマル》*mpl.* buenos oficios. ▶媒介者(仲介者) *mf.* media*dor/dora*; (周旋人) *mf.* agente; (仲人) *mf.* media*dor/dora*, *mf.* intermedia*rio/ria* (en un casamiento). ▶媒介物(媒介物) *m.* medio; (伝達手段) *m.* vehículo; (病原菌の) *mf.* porta*dor/dora*. ◆音は空気の媒介により伝わる El sonido se desplaza「a través del aire [usando el aire como medio]. ◆不純な飲料水は病気の媒介となりうる El agua potable impura puede ser portadora [vehículo] de enfermedades.

── 媒介する (仲介する) *v.* mediar, hacer* de media*dor/dora*《entre》. ▶伝染病を媒介する

ハイウエー Autovía → ハイウエー

はいガス 排ガス → 排気ガス.

はいかつりょう 肺活量 *f.* capacidad pulmonar.

はいがまい 胚芽米 *m.* arroz con germen.

バイカルこ バイカル湖 *m.* Lago Baikal.

はいかん 廃刊 *m.* cese de publicación. ▶新聞を廃刊する *v.* dejar de publicar* [cesar la publicación de] un periódico. ◆その雑誌は廃刊になった Esa revista ha dejado de publicarse [ser publicada].

はいかん 拝観 ▶拝観する (見る) *v.* ver*, mirar; (眺める) *v.* contemplar; (参拝する) *v.* visitar. ▶大聖堂を拝観する *v.* visitar la catedral. ▶拝観者 *mf.* visitante. ▶拝観料 *m.* precio de entrada.

はいかん 配管 *f.* tubería, *f.* cañería. ▶配管する *v.* instalar una cañería. ▶配管工 *mf.* fontanero/ra. ▶配管工事 *f.* fontanería.

はいがん 肺癌 *m.* cáncer de pulmón.

はいき 廃棄 (廃止)《制度・慣習などの》《フォーマル》 *f.* abolición, *f.* derogación; (法律などの正式の) *f.* revocación; (条約などの)《専門語》 *f.* abrogación, 《専門語》 *f.* derogación; (放棄)*m.* abandono. ▶廃棄物 *m.* desperdicio, *m.* desecho, *m.* residuo. ▶工場廃棄物 *mpl.* desperdicios [*mpl.* residuos] de la fábrica. ▶¹産業 [²放射性; ³核]廃棄物 *mpl.* residuos ¹industriales [²radiactivos; ³nucleares].

—— 廃棄する (不用品など) *v.* tirar, desechar; (撤廃する) *v.* anular, abolir; (法律などを) *v.* revocar*, 《専門語》 abrogar*. → 廃止する. ▶古い車を廃棄して新しいのを買った Desechamos el coche usado y compramos uno nuevo.

はいきガス 排気ガス *mpl.* gases de escape. ▶排気ガス規制 *m.* control de los gases de escape.

ばいきゃく 売却 ▶売却益 (土地・株などの) *fpl.* ganancias de capital. ◆彼は伊豆の別邸を売却した Vendió su casa de campo de Izu.

はいきゅう 配給 (統制品などの) *m.* racionamiento; (供給) *m.* suministro, *m.* abastecimiento; (配布) *f.* distribución. ▶砂糖の配給量 *f.* ración de azúcar. ▶水害被災者への食料の配給 *f.* distribución de comida a las víctimas de la inundación. ▶(映画などの)配給会社 *m.* distribuidor, *f.* agencia de distribución. ◆戦時中米は配給だった「El arroz estaba racionado [Había racionamiento de arroz]」 durante la guerra.

—— 配給する (統制などで一定の量を) *v.* racionar; (供給する) *v.* suministrar, abastecer*《de》; (配る) *v.* distribuir*. ◆彼らは被災者に毛布を配給した Distribuyeron mantas entre la gente afligida.

はいきょ 廃墟 *fpl.* ruinas, *mpl.* restos. ▶廃墟となった城 *m.* castillo en ruinas. ◆その大地震でかつてにぎわったその町も廃墟と化した El gran terremoto dejó en ruinas lo que había sido una próspera ciudad.

はいぎょう 廃業 ▶廃業する (商売をやめる) *v.* cerrar* el negocio; (¹店 [²工場]を閉じる) *v.* cerrar* la ¹tienda [²fábrica]; (医師などが) *v.* dejar [《フォーマル》 abandonar] el ejercicio de una profesión; (力士や役者が) *v.* retirarse 《de》,《口語》 tirar la toalla.

はいきりょう 排気量 *f.* cilindrada. ▶排気量 2,000cc の車 *m.* automóvil con una cilindrada de 2.000 cc.

ばいきん 黴菌 *m.* microbio, *f.* bacteria. → 細菌. ◆傷口にばい菌が入った La herida se infectó.

ハイキング *f.* excursión (a pie), *m.* senderismo. ▶ハイキングコース *f.* ruta [*m.* sendero] de excursión. ▶日曜日に子供をハイキングに連れて行く *v.* llevar a los niños de excursión el domingo. ◆週末はよく六甲山にハイキングに出かける Muchos fines de semana voy de excursión al Monte Rokko.

バイキング (料理)*m.* bufete escandinavo; (北欧の海賊) (一人の) *m.* vikingo; (全体) *mpl.* vikingos.

はいく 俳句 "haiku",《説明的に》 *f.* composición poética en forma de terceto con cinco, siete y cinco sílabas cada verso y con referencia a una estación de año. ▶俳句を作る *v.* escribir* un "haiku".

バイク *m.* moto,《フォーマル》 *f.* motocicleta. → オートバイ. ▶ミニバイク *m.* escúter,《商標》 *m.* vespino; (ペダル付きの) *m.* ciclomotor, *m.* bicimoto; (小型の) *m.* minibici. ▶(スポーツジムなどの)エアロバイク *f.* bicicleta fija.

はいぐうしゃ 配偶者 (夫)*m.* marido, 《フォーマル》 *m.* esposo; (妻)《フォーマル》 *f.* mujer, 《フォーマル》 *f.* esposa; (夫または妻)《フォーマル》 *mf.* cónyuge. ▶配偶者控除 *f.* deducción por cónyuge. ◆彼女はよい配偶者を得た Tiene un buen marido.

ハイクラス ▶ハイクラスの(レストランなど) *adj.* de lujo.

はいけい 背景 ❶ 《後景》 *m.* fondo, *m.* segundo plano, *m.* segundo [último] término. ▶背景画像《専門語》 *f.* imagen de fondo. ◆写真の背景に木が写っている En「el fondo de la foto [segundo plano de la foto]」hay unos árboles. ◆青空を背景に富士山がくっきり見える Se ve claramente el Monte Fuji al fondo de un cielo azul.
❷ 《舞台の》*m.* paisaje; *m.* escenario, *m.* decorado. ▶背景幕 *m.* telón de fondo. ▶背景を描く *v.* pintar paisajes. ▶背景を変える *v.* cambiar el escenario.
❸ 《背景的事情》 *m.* origen, *mpl.* antecedentes, *m.* trasfondo. ▶その事件の¹社会的 [²歴史的]背景 *m.* origen ¹social [²histórico] del suceso. ◆この犯罪の背景には何があったのか ¿Cuál es el origen de este delito?

はいけい 拝啓 ❶ 《個人あて》 Muy señor mío, Muy señora mía.
❷ 《会社・団体あて》 Muy señores míos [nuestros].

はいけっかく 肺結核 *f.* tuberculosis (pulmonar), *f.* tisis. ▶肺結核にかかる [²かかっている] *v.* ¹contraer* [²tener*,《フォーマル》 padecer*] tuberculosis (pulmonar).

はいけつしょう 敗血症《専門語》 *f.* septicemia.

はいけん 拝見 ▶拝見する(手に取って見る) v. ver*; (見る) v. mirar, echar una ojeada [mirada]. ◆切符を拝見します(車掌が) Los billetes [『ラ术』boletos], por favor. ◆免許証を拝見させてください(警官が) Su permiso de conducir, por favor. ◆お手紙とても楽しく拝見しました(=読みました) Disfruté mucho leyendo su carta. / Fue un placer leer su carta. / (お手紙ありがとう)Muchas gracias por su carta.

はいご 背後 (後部) f. espalda, f. parte de atrás [detrás]. ◆敵の背後を襲う v. atacar* al enemigo por la retaguardia. ▶事件の背後関係を調べる v. investigar* lo que hay detrás del caso.

—— **背後に** (後方に) prep. detrás de, tras. → 後ろ。◆彼の背後に政治家がいる Tiene un político detrás [que le cubre la espalda]. / (支持されている)Cuenta con el respaldo de un político. ☞ 奥、陰

はいご 廃語 f. palabra (caída) en desuso. ▶廃語になりかかっている言葉 f. palabra que cae en desuso.

はいこう 廃校 m. cierre de una escuela. ◆移転のためこの学校は廃校になる予定です Esta escuela será cerrada por reubicación.

はいごう 配合 (組み合わせ) f. combinación; (配合されたもの) f. mezcla; (配列) f. disposición, f. ordenación. ▶配合する v. mezclar, combinar. ▶色の配合 f. combinación de colores. ◆配合 [¹飼料] [²肥料] ¹m. pienso [²m. abono] compuesto. ◆この薬は¹ビタミンAとビタミンB12[²いろいろな成分]が配合されている Este medicamento está compuesto de ¹vitamina A y vitamina B12 [²varios ingredientes]. → 調合.

はいざら 灰皿 m. cenicero; (スタンドつきの) m. cenicero de pie.

はいし 廃止 (制度・習慣などの) f. abolición; (法令の) 《専門語》 f. revocación. ◆奴隷制度の廃止 f. abolición de la esclavitud.

—— **廃止する** (公的にやめる) v. abolir, suprimir, acabar (con); (終わらせる) v. poner* fin 《a》; (法令を) 《専門語》 v. revocar. ◆制服を廃止する v. suprimir los uniformes. ◆死刑を廃止せよ Abolid la pena de muerte.

はいしゃ 歯医者 f. dentista, 《専門語》 mf. odontólogo/ga. ▶歯医者へ行く v. ir* al dentista. ▶6時に歯医者に予約をする v. hacer* una cita a las seis con el dentista.

はいしゃ 敗者 mf. perdedor/dora, mf. vencido/da. ▶敗者復活戦 m. partido de consolación. ◆その試合の敗者 mf. derrotado/da en un partido.

はいしゃ 配車 (車の割当て) f. distribución de vehículos. ◆配車係 m. distribuidor de vehículos.

はいしゃ 廃車 ▶廃車にする v. retirar un vehículo del servicio.

はいしゃく 拝借 ▶拝借する v. pedir* prestado un momento. → 借りる。◆¹傘 [²電話]を拝借できますか ¹¿Me puede prestar su paraguas un momento [²¿Podría usar su teléfono]? – Naturalmente, señorita. ◆ちょっとお耳を拝借 ¿Me permite dos palabras? 会話 どなたか10円玉を一つ拝借できますか(=貸してくれますか)—はいどうぞ ¿Quién me puede prestar una moneda de 10 yenes? – Aquí tienes.

ばいしゃく 媒酌 f. mediación con fines matrimoniales. ▶近藤夫妻の媒酌で adv. gracias a la mediación de los señores Kondo. ▶媒酌人 mf. casamentero/ra; 《軽蔑的に》 f. celestina. ▶媒酌する v. concertar*, mediar en un matrimonio; (仲人する) v. hacer* de casamentero/ra.

ハイジャック m. secuestro (de avión). ▶ハイジャック犯人 mf. secuestrador/dora. ▶飛行機をハイジャックする v. secuestrar un avión.

ハイジャンプ (競技) m. salto de altura. ▶ハイジャンプの選手 mf. saltador/dora de altura.

ばいしゅう 買収 (土地などの) f. adquisición, f. compra; (会社などの乗っ取り) f. adquisición, (口語) m. tiburoneo; (贈賄) m. soborno, 《フォーマル》 m. cohecho, 《メキシコ》《口語》 f. mordida. ▶買収にのる(=わいろを受け取る) v. aceptar un soborno, dejarse sobornar, (口語) untar.

—— **買収する** ❶［買い取る］ v. comprar, 《フォーマル》 adquirir*. ◆彼の店を買収する(乗っ取る) v. adquirir* su negocio; (買い取る) v. comprarle el negocio.

❷［贈賄する］ v. sobornar, 《フォーマル》 cohechar, 《口語》 untar la mano. ▶彼を買収して黙らせる v. comprar su silencio.

はいしゅつ 輩出 ▶輩出する v. presentarse masivamente, aparecer* en gran número. ◆スペインは多くの偉大な画家を輩出した España ha producido un gran número de grandes maestros de la pintura.

はいしゅつ 排出 ▶排出口 f. salida, m. desagüe. ◆そのパイプで廃物を川に排出する Por ese tubo se vierten [expulsan] los residuos al río.

ばいしゅん 売春 f. prostitución. ▶売春婦 f. prostituta, (俗語) f. puta, f. ramera, 《フォーマル》 f. mujer pública, (口語) f. fulana, (口語) f. cualquiera. ▶売春行為をする v. prostituirse*.

はいじょ 排除 f. exclusión, f. eliminación; (不法占拠などの) m. desalojo, 《専門語》 m. desahucio.

—— **排除する** (締め出す) v. excluir*, eliminar; (取り除く) v. quitar; (不法占拠者などを) v. desalojar, 《専門語》 desahuciar; (有害物・不要物を) v. deshacerse* 《de》; (不要物を完全に) v. eliminar; (じゃま物を場所から) v. quitar. ▶この町から暴力を排除する v. eliminar [expulsar] la violencia de esta ciudad. ▶学生を講堂から排除する v. desalojar a los estudiantes del auditorio. ▶あらゆる障害を排除する(進路から取り除く) v. quitar de en medio todos los obstáculos. (打ち勝つ) v. vencer* todos los obstáculos.

ばいしょう 賠償 f. compensación, 《フォーマル》 f. indemnización. ▶損害賠償 f. compensación por un daño, f. indemnización por [de] un perjuicio. ▶賠償金(損害・けがなどの)

はいしょく 配色 f. combinación de colores. ▶独創的な配色 f. original combinación de colores.

はいしょく 敗色 f. probabilidad de derrota. ◆わがチームは敗色が濃い (＝勝ち目がない) Es muy probable que nuestro equipo pierda el partido. / (たぶんゲームを失う) Es probable que perdamos el partido.

はいしん 背信 (信頼に背くこと) m. abuso de confianza; (裏切り) f. traición. ▶私に背信行為をする (＝誓いを破る) v. abusar de mi confianza; (私の信頼を裏切る) v. traicionarme.

はいじん 俳人 mf. poeta/tisa de "haiku".

はいじん 廃人 f. persona discapacitada.

ばいしん 陪審 (制度) m. sistema de jurado. ▶陪審員 m. miembro del jurado. ◆陪審は無罪の評決をした El jurado emitió su veredicto de inculpabilidad.

はいすい 排水 (水はけ) m. drenaje, m. desagüe; (排水設備) m. alcantarillado. ▶排水管 f. cañería [m. conducto] de desagüe; (下水管) m. desagüe; (下水本管) f. alcantarilla, f. cloaca. ▶排水溝 m. sumidero, 【メキシコ】f. coladera; (下水溝) f. alcantarilla. ▶排水工事 fpl. obras de desagüe. ▶その宅地の排水設備 m. sistema de desagüe de un bloque de viviendas. ◆この土地は排水が¹よい [²悪い] Esta tierra tiene ¹buen [²mal] drenaje. / Esta tierra drena ¹bien [²mal]. ◆その船は排水量5千トンである Ese barco 「tiene un desplazamiento de [desplaza] 5.000 toneladas.

── 排水する v. evacuar* el agua, drenar; (ポンプで) v. sacar* el agua con una bomba. ▶排水するため溝を掘る v. cavar zanjas de drenaje.

はいすい 配水 m. abastecimiento de agua. ▶配水管 f. tubería [f. cañería] de agua. ▶配水する v. abastecer* de agua.

はいすいのじん 背水の陣 ▶背水の陣を敷く v. quemar las naves (como Cortés).

ハイスクール m. colegio, f. escuela secundaria [【メキシコ】preparatoria]. → 高校.

ハイスピード ▶ハイスピードで adv. a alta [toda] velocidad, 【スペイン】(口語) a toda pastilla.

はいせき 排斥 f. expulsión, f. exclusión; m. boicoteo, m. boicot.

── 排斥する (人などを追放する) v. expulsar, 【スペイン】(口語) echar, 【メキシコ】(口語) correr, 【アルゼンチン】(口語) botar; (拒絶する) v. rechazar*; (集団で製品などを) v. boicotear. ▶軍国思想を排斥する v. rechazar* el militarismo. ▶異端者を教会から排斥する v. expulsar de la iglesia a los herejes. ◆その国では日本製品を排斥する運動が起こっている Hay un movimiento para boicotear los productos japoneses en ese país.

はいせつ 排泄 (専門語) f. excreción; (ガスなどの) f. evacuación. ▶排泄器官 m. órgano excretor. ▶排泄物 (糞(ﾌﾝ))《フォーマル》 mpl. excrementos, (専門語) fpl. heces (fecales). ▶排泄する v. evacuar*, (専門語) excretar.

はいぜつ 廃絶 (核兵器などの) f. abolición. ▶核兵器を廃絶する v. abolir las armas nucleares. ◆核兵器の廃絶 f. abolición de armas nucleares.

はいせん 敗戦 f. pérdida de una batalla; (敗北) f. derrota. ▶敗戦国 m. país vencido. ▶敗戦投手 m. lanzador derrotado.

はいせん 配線 m. cableado, f. instalación eléctrica. ▶欠陥配線 m. cableado defectuoso. ▶家の電気の配線をやりなおす v. corregir* el cableado de una casa. ◆この古い配線を取り換えなければならない Hay que renovar este cableado viejo. ◆その家はもう配線工事がすんでいますか ¿Tiene esa casa ya la instalación eléctrica?

ばいせん 焙煎 m. tostado, f. torrefacción. ▶コーヒー豆を焙煎する v. tostar* [torrefactar] los granos de café.

ハイセンス m. buen gusto. → センス.

はいそ 敗訴 f. causa perdida. ◆その事件は君の敗訴になるかもしれません Puedes perder 「la causa [el proceso].

はいそう 配送 (配達) f. entrega, m. reparto. ▶配送車 f. camioneta de reparto. ▶配送センター m. centro distribuidor [de reparto]. ▶配送する v. repartir.

はいそう 敗走 f. fuga, f. huida, f. escapada. ▶敵を敗走させる v. 「hacer* huir* [poner* en fuga] al enemigo. ◆敵は敗走した El enemigo huyó.

ばいぞう 倍増 ▶倍増する v. duplicarse*, doblarse. ◆¹所得 [²志願者数]が倍増した ¹Mis ingresos [²Los candidatos] se han duplicado.

はいぞく 配属 ▶(経理部に)配属する v. destinar 《a ＋人》(al departamento de contabilidad).

ハイソサエティー (上流社会) f. alta sociedad.

ハイソックス mpl. calcetines largos, fpl. calcetas.

はいた 歯痛 m. dolor de muelas. → 歯. ▶歯痛である v. tener* dolor de muelas.

はいたい 敗退 m. derrota. ▶敗退する v. ser* derrotado [vencido], perder*. ▶初戦で敗退する v. 「sufrir una derrota en [perder*] el primer partido.

ばいたい 媒体 m. medio. ◆空気は音を伝える媒体である El aire es el medio del sonido.

はいたつ 配達 m. servicio [m. reparto, f. entrega] a domicilio. ◆配達うけたまわります [掲示] Servimos a domicilio.

1〈～配達〉▶商品配達 m. reparto de mercancías [artículos]. ▶¹郵便 [²無料]配達

reparto ¹de correos [²gratuito]. ▶新聞配達をして金を稼ぐ v. ganar dinero repartiendo periódicos; (担当区域を) v. hacer* la ruta de reparto de periódicos y ganar dinero.
　2《配達＋名詞》▶配達区域 f. zona de reparto. ▶配達先 (届け先) f. dirección; (受け取り人) mf. destinatario/ria. ▶配達証明書 m. certificado de entrega. ▶配達人 m. repartidor; (郵便の) mf. cartero/ra. ▶配達料 m. porte, f. tarifa de entrega.
　──配達する v. servir* [repartir, entregar*] a domicilio. ▶手紙 [²商品] を彼のところに配達する v. entregarle* las ¹cartas [²mercancías] en su domicilio. ▶無料で配達してもらう v. recibir(lo) "franco de porte [sin tarifa de entrega]". ◆配達していただけますか ¿Tienen ustedes servicio a domicilio? ☞納める, 届ける

はいたてき 排他的 (組織・制度などが) adj. exclusivo. ▶排他的集団 m. grupo exclusivo. ▶よそ者に排他的な態度をとる (＝不親切にする) v. no ser* amable con los desconocidos.

バイタリティー f. vitalidad. ▶バイタリティーにあふれる青年 m. joven de gran [mucha] vitalidad. ◆彼はバイタリティーがない Le falta vitalidad.

はいち 配置 (配列, 整とん) f. disposición, f. colocación; (所定の位置) f. posición; (部署) m. puesto. ▶居間の家具の配置を変える v. variar* la posición de los muebles del salón. ▶社員の配置転換 (＝人事異動) を行なう v. realizar* una recolocación del personal. ◆ダンサーが配置につくと幕が上がった Cuando los bailarines ocuparon sus puestos, se alzó el telón.
　──配置する v. disponer*; (特定の場所に置く) v. colocar*, ubicar*; (部署につかせる) v. situar*, apostar*; (軍隊・核兵器などを) v. desplegar*. ▶机を教室に配置する v. situar* [colocar*] las mesas en la clase. ▶ヨーロッパにミサイルを配置する v. desplegar* misiles en Europa. ◆すべての出口に見張り番が二人ずつ配置されている Están apostados dos guardias en cada salida.

ハイチ Haití; (公式名) f. República de Haití (☆中央アメリカ, 西インド諸島中央の共和国, 首都ポルトープランス Puerto Príncipe). ▶ハイチの adj. haitiano.

ハイツ (高台) mpl. altos; (アパート) m. bloque de apartamentos.

ハイティーン ▶ハイティーンの少女 m. joven al final de su adolescencia.

ハイテク f. alta tecnología. ▶ハイテクの adj. de alta tecnología.

ハイデルベルグ Heidelberg (☆ドイツの都市).

はいてん 配点 m. puntaje. ▶配点する v. poner* el puntaje.

はいてん 配転 (人事異動) m. cambio de destino. → 異動. ▶配転を希望する v. esperar ser* destinado [cambiado]《a》. ▶支店へ配転される v. ser* destinado [cambiado] a una oficina sucursal.

はいでん 配電 m. suministro de electricidad. ▶配電線 f. línea eléctrica. ▶配電盤 m. panel [m. cuadro] de control [distribución]. ▶配電する v. suministrar electricidad.

ばいてん 売店 m. puesto, m. tenderete; (食べ物・飲み物の) 《口語》m. chiringuito, (新聞・軽食などの) m. kiosko, m. quiosco; (縁日などの屋台店) f. caseta. ▶駅の売店 m. kiosko de estación. ▶新聞の売店 m. puesto de periódicos. ▶学校の売店 f. tienda de la escuela.

バイト　❶ m. trabajo "por horas [de tiempo parcial]", m. puesto temporal. → アルバイト.
❷《英語》m. "byte" (☆発音は [bái(t)]), m. octeto (☆情報量の単位).

はいとう 配当 (割り当て) f. repartición, m. reparto; (株の) m. dividendo; (分け前) f. participación. ▶1株年5円の配当を受ける v. obtener* un dividendo anual de 5 yenes por acción. ▶利益の配当にあずかる v. compartir los beneficios.

はいとく 背徳 (不道徳) f. inmoralidad. ▶背徳行為 f. conducta inmoral; m. acto inmoral.

ばいどく 梅毒 《専門語》f. sífilis. ▶梅毒にかかる v. tener* [《フォーマル》padecer*] sífilis.

パイナップル f. piña.

バイナリ(の) 《専門語》adj. binario. ▶バイナリ・ファイル《専門語》m. archivo binario.

ハイナン 海南 (ピンイン) Hainan (☆中国の省).

はいにち 排日 ▶排日の[的] adj. anti-japonés. ▶排日運動を起こす v. iniciar un movimiento anti-japonés. ▶排日感情を起こさせる v. despertar* sentimientos anti-japoneses.

はいにょうしょうがい 排尿障害 《専門語》f. disuria.

はいにん 背任 (背信) m. abuso de la confianza, 《フォーマル》f. prevaricación; (公務員の不正行為) f. (caso de) prevaricación. ▶(特別) 背任罪に問われる v. ser* acusado de abuso de confianza [《フォーマル》prevaricación] (especial).

ハイパー ▶ハイパーテキスト《専門語》m. hipertexto. ▶ハイパーメディア《専門語》f. hipermedia. ▶ハイパーリンク《専門語》m. hipervínculo, 《専門語》m. nexo, 《フォーマル》m. hiperenlace.

•ばいばい 売買 f. compraventa; (取り引き) m. comercio, 《フォーマル》fpl. transacciones. ▶売買手数料 f. comisión de venta. ▶売買契約を結ぶ v. concluir* un contrato de compraventa (de productos con él). → 契約. ◆彼は株の売買をしている (＝扱っている) Se dedica a la compraventa de acciones. / Negocia en la Bolsa.

バイバイ interj. adiós, 《ラ米》chao. ◆バイバイ, じゃまた木曜日 ¡Hasta luego! Te veo el jueves.

バイパス m. desvío. ▶バイパスを通る v. tomar un desvío.

はいび 配備 (軍の配置) m. despliegue. ▶軍隊をベルリンに配備する v. desplegar* [realizar*

ハイヒール mpl. zapatos de tacón alto.

ハイビジョンテレビ（高品位テレビ）f. televisión de alta definición.

はいびょう 肺病 f. tuberculosis (pulmonar). → 結核.

はいひん 廃品 mpl. trastos viejos,《口語》mpl. cachivaches, m. material reciclable;（がらくた）m. trasto. → 屑(♀), ごみ. ▶廃品回収業者 m. trapero,『ラ米』m. ropavejero, m. chatarrero. ▶廃品を回収［再生利用］する v. reciclar objetos de desecho.

はいふ 配布 m. reparto,《フォーマル》f. distribución. ▶配布する（手渡す）v. repartir;（配る）v. entregar*;（分け与える）v. distribuir*. ▶解答用紙をクラスの全生徒に配布する v. repartir las hojas de respuestas a todos los alumnos de la clase.

パイプ（管）m. tubo; f. pipa;（刻みたばこの）f. boquilla;《専門語》f. canalización. ▶パイプにたばこをつめる v. llenar [cargar*] la pipa. ▶パイプに火をつける v. encender* la pipa. ▶パイプをくわえて adv. con la pipa en la boca. ▶パイプをふかす v. fumar una pipa. ▶石油をパイプ輸送する v. transportar petróleo por oleoducto (a un puerto). ♦排水パイプが詰まった El conducto de desagüe se atascó. ♦彼は労使間のパイプ役（＝仲介役）を果たした Actuó de canal [mediador] entre la administración y los trabajadores.

ハイファイ f. alta fidelidad. ▶ハイファイ装置 m. equipo de alta fidelidad. ▶ハイファイ¹ステレオ［²ビデオ］ ¹m. estéreo [²m. vídeo] de alta fidelidad.

パイプオルガン m. órgano de tubos [cañones].

はいふく 拝復（7月10日のお手紙の返事として）adv. en respuesta a su carta del 10 de julio. → 拝啓.

はいぶつ 廃物 m. material de desecho, mpl. desperdicios. → 廃品. ▶廃物利用 m. reciclaje de materiales de desecho.

ハイフネーション《専門語》f. división de palabras.

パイプライン（石油の）m. oleoducto,（ガスの）m. gasoducto. ▶パイプライン処理《専門語》m. procesamiento por entubamiento.

ハイブリッド（混種の）adj. híbrido. ▶ハイブリッドカー m. coche [『ラ米』m. carro] híbrido [de energía múltiple].

パイブル（聖書）f. Biblia;（特定分野の権威書）f. biblia. → 聖書. ♦これは釣り人のバイブルだ Esto es como la biblia para un pescador.

ハイブロー mf. intelectual. → インテリ. ▶ハイブローの adj. intelectual.

ハイフン m. guión. ▶ハイフンでつなぐ v. unir con un guión. ▶ハイフンでつながれた語 f. palabra con guión.

はいぶん 配分 f. participación. ▶利益の配分にあずかる v. tener* una participación en los beneficios. ♦走者はペース配分を誤った El corredor no pudo controlar bien su marcha.

── 配分する（権威者が分配量を決めて）v. repartir, hacer* distribución [de];（分散したものに）v. distribuir*;（共有し合って）v. compartir. ▶難民に食物や衣料を分配する v. distribuir* comida y ropa entre los refugiados. ▶利益を均等に配分する v. participar con igualdad en los beneficios.

はいべん 排便 f. evacuación. ▶排便する v. evacuar* (el vientre).

はいほう 肺胞《専門語》m. alveolo pulmonar. ▶肺胞炎《専門語》f. alveolitis. ▶肺胞嚢《専門語》m. saco alveolar.

ハイボール m. jaibol,《英語》m. "highball".

はいぼく 敗北 f. derrota. ▶敗北者 mf. perdedor/dora. ▶敗北を認める v. admitir la derrota. ▶戦いは彼らの敗北に終わった La batalla acabó en su derrota. ♦彼は選挙で敗北した「Fue derrotado [Sufrió una derrota] en las elecciones.

はいほん 配本 f. distribución de libros. ▶配本する v. distribuir* libros. ▶漱石全集の第1回配本 m. primer volumen para distribuir de las Obras Completas de Natsume Soseki.

ハイミセス f. ama de casa de edad mediana.

ハイメ ハイメ1世征服王 Jaime I [Primero, el Conquistador]（☆1208-76, アラゴン王, 在位1214-76）.

ばいめい 売名（自己宣伝）f. auto propaganda;（知名度を高めること）f. publicidad. ▶売名行為 m. truco publicitario. ♦彼は売名のために老人ホームに1千万円を寄付した Contribuyó a la casa de ancianos con diez millones de yenes en un gesto de autopropaganda.

ハイヤー m. coche de alquiler. ▶ハイヤーを雇う（＝運転手つきで車を借りる）v. alquilar un coche con chófer;（タクシーを頼む）v. alquilar un taxi.

バイヤー mf. comprador/dora.

はいやく 配役 m. reparto (de papeles). ▶劇の配役を決める v. decidir el reparto de una obra de teatro. ♦配役はプログラムに載っている El reparto aparece en el programa. ♦その映画の配役は¹まずい［²よい］ El reparto de los actores de la película ¹no es bueno [²es bueno].

ばいやく 売薬 m. medicamento (que se puede comprar) sin receta.

ばいやくずみ 売約済み［掲示］Vendido.

・はいゆう 俳優 mf. actor/triz. → 役者. ▶映画俳優 mf. actor/triz de cine, mf. artista de cine. ▶舞台俳優 mf. actor/triz de teatro. ▶俳優養成所［学校］f. escuela de arte dramático.

ばいよう 培養（微生物や組織の）m. cultivo. ▶培養液 m. caldo de cultivo. ▶細菌を培養する v. cultivar microbios.

ハイライト（ひときわ目だつ部分）lo más destacado. ▶今週のニュースハイライト fpl. noticias destacadas de la semana.

ばいりつ 倍率 ❶［レンズなどの］《専門語》f. potencia de aumento. ▶倍率2百倍の望遠鏡

m. telescopio con 200 aumentos de potencia. ◆このレンズの倍率はいくらですか ¿Qué potencia tiene esta lente?

❷【競争率】◆毎年この大学の入試は倍率が高い Todos los años hay mucha competencia por entrar en esa universidad.

はいりょ 配慮 (思いやり) *fpl*. atenciones, 《フォーマル》*f*. solicitud; (心遣い)《フォーマル》*f*. consideración; (注意) *f*. atención; (骨折り) *f*. molestia. ◆彼は病気がちな妻への配慮が欠けている No 「es muy atento [tiene muchas atenciones] hacia su enfermiza esposa. ◆いろいろご配慮いただきありがとうございます Muchas gracias por todas las molestias que se ha tomado por mí. ◆上記の件につきご配慮のほどお願いいたします Gracias por su atención a este asunto.

―― 配慮する (思いやる) *v*.「ser* atento [tener* atenciones, mostrarse* solícito]《con》; (考慮に入れる) *v*.「ser* considerado [tener* consideración]《hacia》; (手配する) *v*. disponer*; (気をつける, 取り計らう) *v*. molestarse, tomarse molestias. ◆彼の気持ちを配慮する *v*. tener* en consideración sus sentimientos. ◆判決を下す際に彼の若さを配慮する *v*. tener* en cuenta su juventud al dictar sentencia. ◆迎えの車が来るよう配慮ください Por favor, disponga que venga a recogerme un coche. ☞ 気, 気配り, 構う, 取り計らう

バイリンガル *mf*. bilingüe. ◆バイリンガルの *adj*. bilingüe.

はいる 入る ❶【中へ】*v*. entrar [meterse, penetrar,《フォーマル》introducirse*]《en》; (場所に) *v*. internarse [adentrarse]《en》; (小さな物が) *v*. insertarse《en》. ◆彼が部屋に入ってきた Entró en el cuarto. ◆どうぞお入りください Entre [Adelante], por favor. ◆横の入り口から入りましょうか ¿Entro por la puerta lateral? ◆だれもそこには入れない Ahí no puede entrar nadie. ◆列車はトンネルに入った El tren se metió en el túnel. ◆彼は窓から中へ入った Entró por la ventana. ◆彼はこっそり部屋に入った「Se introdujo a escondidas [《口語》Se coló] en la sala. ◆靴に水が入った Se me ha metido agua en los zapatos. ◆泥棒が裏口から入った (＝押し入った) El ladrón se introdujo en la casa por la puerta trasera.

❷【着く】*v*. llegar*; (駅・港などに) *v*. entrar. ◆列車が3番ホームに入ってきた El tren llegó al andén 3. ◆あす2隻の船がこの港に入る Mañana llegarán a este puerto dos barcos. ◆注文していた部品は入りましたか ¿Ha llegado la pieza que pedí?

❸【会などに】◆[1]実業界 [[2]政界] に入る *v*. meterse en [1]los negocios [[2]política]. ◆新しい局面に入る *v*. entrar en una nueva fase. ◆宇宙時代に入る *v*. entrar en la era espacial. ◆彼はハーバード大学に入った Fue aceptado en la Universidad de Harvard. ◆この券で二人美術館に入れます Con este billete se admite a dos personas al museo (de Bellas Artes). ◆どんな[1]クラブ [[2]会社] に入るつもりですか ¿En qué [1]club [[2]compañía] vas a entrar? ◆ぼくはテニス部に入っている「Soy socio del [Pertenezco al] club de tenis.

❹【入れることができる】(場所・容器が) *v*. caber*, contener*,《フォーマル》acoger*; (場所・乗り物が) *v*. admitir. ◆このホールは千人入る「El salón puede acoger a [En el salón caben] mil personas. ◆スペースが小さすぎて本箱が入らない (＝収まらない) El espacio es demasiado pequeño y la estantería no cabe. ◆荷物は座席の下に入らなかった El equipaje no entró [cupo] debajo de mi asiento.

❺【中に持っている】*v*. tener*, contener*, haber*; (全体の一部として含む) *v*. incluir*. ◆ポケットに何が入っているの ¿Qué tienes en el bolsillo? ◆このタンクにはどのくらい水が入っていますか ¿Cuánta agua cabe en este depósito? ◆この本にはたくさんの写真が入っている Este libro tiene muchas fotografías. ◆その料金にはサービス料が入っている En el precio está incluido el (recargo de) servicio. ◆それは同じ部門に入る Está incluido en la misma categoría.

❻【ある時期・状態になる】◆例年より早く梅雨に入った La estación de lluvias ha venido [llegado, entrado] antes de lo normal. / Se ha adelantado la estación de lluvias. ◆当地は今雨期に入っている Estamos ahora en la estación de lluvias. ◆もう10月に入ろうとしていた Era casi el principio de octubre. ◆今イチゴは最盛期に[1]入っている [[2]入った] Las fresas [1]están ahora de [[2]han entrado en la] temporada. ◆われわれすぐに討議に入った (＝を始めた) No tardamos 「en ponernos a discutir [en entrar en discusión].

❼【手に入る】*v*. tener*, conseguir*, llegar a mis [tus, sus] manos, estar* en mi [tu, su] poder*; (手に入れる)《フォーマル》obtener*; (差し出されて受け取る) *v*. recibir. ◆結局その宝石はわれわれの手に入った Finalmente,「la joya llegó a nuestras manos [conseguimos la joya]. ◆彼は月に千ドル入ります Tiene un sueldo de mil dólares al mes.

❽【取り付ける】*v*. instalar. ◆この家にはいつ電話が入りますか ¿Cuándo instalarán teléfono en esta casa?

《その他の表現》◆競走で3位に入る *v*. llegar* *el/la* tercero/ra a la meta, entrar *el/la* tercero/ra en la carrera, acabar en tercera posición. ◆火災保険に入る *v*. hacerse* un seguro contra [de] incendio. ◆芝生に入るべからず《掲示》No pisar el césped. ◆私の傘にお入りなさい Ponte debajo de mi paraguas. ◆早くふろに入りなさい Date prisa y báñate. ◆入ってます (トイレで) Está ocupado. / Un momento, por favor. ◆私の家はその通りを少し入ったところです Mi casa está un poco alejada de la calle. ◆あの家は今だれも人が入っていない (＝空いている) La casa está vacía. / No hay nadie en la casa. ◆我がチームは最終回で5点入った (＝得点した) En la última entrada nuestro equipo hizo cinco carreras. → 点. ◆仏教は朝鮮から日本に入った (＝伝わった) El budismo fue「importado a [introducido

1122 ハイレグ

en] Japón desde Corea. ◆目に何か入った Se me ha metido algo en el ojo. ◆彼は酒が入るとけんかっぱやくなる Se vuelve agresivo cuando bebe [『ラ米』toma]. ◆お茶が入りました Ya está el té. /(お茶の用意ができました)El té está preparado.

ハイレグ ▶ハイレグの水着 m. traje de baño de corte subido.

はいれつ 配列 f. colocación; 《専門語》f. formación, 《専門語》f. tabla, 《専門語》f. matriz. ▶机の配列を変える v. cambiar la colocación de las mesas. ▶コインを大きさの順に配列する v. colocar* las monedas por [según su] tamaño.

ハイレベル ▶ハイレベル(=レベルの高い)の問題 m. problema de alto nivel. → レベル.

パイロット mf. piloto. ▶ジェット機のパイロット mf. piloto de avión a reacción. ▶パイロットランプ(=表示灯) m. piloto, f. lámpara piloto. ▶パイロットプラント f. planta piloto.

パイン(パイナップル)f. piña.

バインダー(文房具)f. carpeta;(農機)f. agavilladora.

バインド ▶バインドする《専門語》v. vincular.

はう 這う ❶【虫・動物・人が】v. arrastrarse, ir* a rastras. ▶四つんばいではう v. andar* a gatas. ◆蛇ははって動く Las serpientes reptan. ◆赤ん坊が部屋の中をはいまわった El bebé gateaba por la habitación. ◆私のアパートはゴキブリがはいまわっている(=うようよしている) Mi apartamento está lleno de cucarachas. ◆こわれた自動車からけがをした男がはい出してきた El herido consiguió salir del coche accidentado arrastrándose. ❷【ツタなどが】v. trepar. ◆ツタが柵(%)にはい始めた La enredadera está empezando a trepar por la valla.

ハウス(家)f. casa;(温室)m. invernadero. ▶ハウス栽培のトマト mpl. tomates de invernadero.

パウダー m. polvo.

ハウツーもの ▶ハウツーもの本(ビデオ) m. libro [m. vídeo,『ラ米』video] guía (sobre).

バウンド m. rebote, m. bote,『ラ米』m. pique. ▶バウンドしたボール f. bola de rebote. ▶ワンバウンドでボールを取る v. atrapar la bola al primer bote. ▶バウンドする v. rebotar, botar,『ラ米』picar*. ◆ボールがバウンドして[1ネットを越えた2壁から返って来た]La bola 1botó sobre la red [2rebotó en la pared]. ◆ボールはショートの前でイレギュラーバウンドした La bola botó mal enfrente del paracorto. → 弾む.

馬鹿を言うな
Déjate de tonterías. → 馬鹿

パウンド(ポンド)f. libra.
パウンドケーキ m. bizcocho.

*****はえ** 蠅 f. mosca. ▶ハエたたき m. matamoscas. ▶ハエをたたく v. matar una mosca. ▶ハエを取る v. atrapar una mosca. ◆その部屋にはハエがぶんぶん飛び回っていた Había moscas zumbando en la sala. ◆ハエがごみの山にたかっていた Sobre el montón de basura había una nube de moscas.

パエーリャ f. paella (☆米・魚介類・肉・野菜などにサフランの香りをつけたスペイン風米料理).

はえぎわ 生え際 f. línea del nacimiento del pelo. ◆彼は生え際が少し後退している Tiene algo de entradas (en el pelo).

はえなわ 延縄 m. palangre, m. espinel. ▶はえなわ漁業 f. pesca de palangre. ▶はえなわ漁船 m. barco de pesca de palangre.

はえぬき 生え抜き ▶生え抜きの(=最初から外交を職業としている)外交官 mf. diplomático/ca「de carrera [de carta cabal,《口語》de pura cepa,《口語》con todas las de la ley]. ▶生え抜きの(=生(*)っ粋の)江戸っ子 mf. tokiota auténtico/ca [《口語》de pura cepa,《口語》con todas las de la ley,《口語》por los cuatro costados]. → 生粋.

パエリェーラ f. paellera (☆パエーリャ用の平鍋).

はえる 映える(輝く)v. brillar;(照り輝く)v. resplandecer*, refulgir*. ▶夕日に映える山々 fpl. montañas resplandecientes por la puesta de sol. ◆彼女がそのドレスを着ると映える(=きれいに見える)Con ese vestido está maravillosa. / Ese vestido le sienta de maravilla.

*****はえる** 生える(成育する)v. crecer*, salir*;(芽を出す)v. brotar;(歯が)v. salir*, echar. ◆雑草はどこにでも生える Las malas hierbas brotan por cualquier sitio. ◆うちの子供に最初の歯が生えた(=を生やした) A nuestro bebé se le ha salido el primer diente. ◆雑草が家の一面に生えている El jardín está lleno [cubierto] de malas hierbas.

はおる 羽織る ▶コートを羽織る(=着る) v. ponerse*[《口語》echarse] sobre los hombros un abrigo.

*****はか** 墓 f. tumba,《フォーマル》f. sepultura, m. sepulcro;(集合的に)m. panteón,(霊廟)《文語》m. mausoleo. ▶墓石 f. lápida funeraria [sepulcral]. ▶墓場 m. cementerio, m. camposanto. ▶一族の墓 m. panteón familiar. ▶墓を掘る v. excavar una tumba. ▶古代の王の墓を発掘する v. excavar una antigua tumba real. ▶墓参りをする v. visitar (su) tumba. ◆彼の遺体はこの墓に眠って[埋葬されて]いる Sus restos 1descansan [2están enterrados] en esta sepultura.

*****ばか** 馬鹿 ❶【愚かな人】mf. tonto/ta,『メキシコ』mf. menso/sa,《口語》mf. bobo/ba, mf. necio/cia, mf. idiota, mf. imbécil, mf. cretino/na, mf. estúpido/da, mf. zote, mf. lerdo/da, mf. zopenco/ca; mf. mentecato/ta, mf. necio/cia, mf. insensato/ta, mf. torpe. ◆彼はばかではない No es nada tonto. /《口語》No tiene ni un pelo de tonto. ◆このばかめ ¡Tonto! ◆そんな間違いをするなんて彼は何てば

かなんだ ¡Qué equivocación tan estúpida! / ¡Qué idiota ha sido por haberse equivocado! / ¡Qué imbécil, equivocarse así! ◆ 私はつまらないことに金を浪費するようなばかではない No soy tan idiota para「gastar el dinero en tonterías [malgastar tontamente el dinero]. ◆ ばかにつける薬はない Los tontos no tienen remedio. / La idiotez no tiene cura. ◆ どこのばかがこんなことをしたんだ ¿Quién ha sido el idiota que ha hecho esto?

❷《愚かなこと》*f.* tontería, *f.* estupidez, *f.* idiotez,《口語》*f.* bobada;（まったく意味をなさないこと）*m.* absurdo, *f.* ridiculez. ▶ 彼のばかかげんにあきれる *v.* asombrarse de su estupidez. ◆ 彼を信じてばかを見た Me sentí como un tonto por haber confiado en él.

—— 馬鹿な *adj.* estúpido, tonto, bobo,【メキシコ】menso; idiota, imbécil; loco, absurdo, disparatado; ridículo, increíble, insensato, necio, mentecato. → 馬鹿馬鹿しい, 馬鹿げた, 馬鹿らしい. ▶ ばかな男 *m.* hombre loco [estúpido, idiota]. ▶ ばかな考え *f.* idea estúpida [absurda]. ▶ ばかなことをする *v.* hacer*「una tontería [un disparate], cometer una idiotez,《フォーマル》realizar* algo absurdo, hacer*」el ridículo. ◆ ばかなことを言うな No digas tonterías [idioteces]. / No hables más tonterías. / Déjate de bobadas. ◆ 二重にお金を払うなんて彼はばかだ Es una tontería [estupidez] que pague dos veces. / ¡Qué tonto, pagar dos veces! /《口語》¡Pagar dos veces! ¡Hay que ser tonto! / Es ridículo [absurdo, idiota] que「vuelva a pagar [pague dos veces]. 金語 彼は君のせいだと言ってるよ―そんなばかな Dice que es tu culpa. – ¡Qué tontería [idiotez, estupidez, majadería]!

—— 馬鹿に → 馬鹿に.

—— 馬鹿にする（笑いものにする）*v.* burlarse 《de》, reírse*《de》. ◆ ばかにするな No te rías de mí. ◆ 彼はみんなにばかにされたくなかった No le gustó que「le pusieran en ridículo [se rieran de él, hicieran un hazmerreír de él].

《その他の表現》◆ このねじはばかになっている Este tornillo no aprieta [va, sirve].

ばか‐ 馬鹿‐ ▶ ばか力 *f.* fuerza descomunal. ▶ ばかていねい *f.* excesiva cortesía. ▶ ばか話《口語》*f.* cháchara. ▶ ばか正直 *f.* honradez excesiva. ▶ 彼はばか正直だ Es demasiado honrado.

•はかい 破壊 *f.* destrucción;（環境破壊）*f.* destrucción medioambiental [del medio ambiente]. ▶ 破壊的な *adj.* destructivo. ▶ 破壊力 *f.* capacidad destructiva.

—— 破壊する（完全に破壊する）*v.* destruir* → 壊す;（部分的に壊す）*v.* dañar, perjudicar*;（使いものにならなくする）*v.* estropear;（めちゃくちゃにする）*v.* destrozar*. ▶ ビルを破壊する *v.* destruir* un edificio,（古い建物などを取り壊す）*v.* demoler* [derribar] un edificio. ▶ 開発751名のもとに自然を破壊する *v.* destruir*「la naturaleza con「el pretexto [la excusa] de realizar* un proyecto de desarrollo

ばかに 1123

▷ 荒らす, 一掃, 崩す, 壊す

•はがき 葉書 *f.* postal, *f.* tarjeta (postal). ▶ 往復はがき *f.* postal de respuesta. ▶ はがきを書く *v.* escribir* una postal. ▶ はがきを出す *v.* enviar*《a + 人》una postal. ▶ はがきをもらう *v.* recibir una postal 《de》.

はかく 破格 ▶ 破格の *adj.* extraordinario;（前例のない）*adj.*《フォーマル》sin precedentes;（例外的な）*adj.* excepcional;（特別の）*adj.* especial. ▶ 破格構文《専門語》*m.* anacoluto. ▶ 破格の昇進をする *v.* conseguir* una promoción excepcional. ▶ 破格の待遇を受ける *v.* recibir un tratamiento excepcional [extraordinario]. ▶ 破格の安値で買う *v.* comprar(lo) a un precio extraordinariamente bajo.

ばかげた 馬鹿げた *adj.* tonto, estúpido. → 馬鹿(な).

はがす 剥がす（裂くように）*v.* desprender [despegar*]《de》;（こすって）*v.* raspar. → 剥(は)ぐ. ▶ 壁のペンキをはがす *v.* raspar la pintura de la pared.

ばかす 化かす *v.* hechizar*, embrujar. ▶ キツネに化かされる *v.* ser* hechizado por un zorro.

ばかず 場数 ▶ 彼は場数を踏んでいる（＝長い実地経験がある）Tiene mucha experiencia. / Es muy experimentado.

はかせ 博士 *mf.* doctor/tora;（物知り）*f.* persona con muchos conocimientos,《フォーマル》*f.* persona docta. → 物知り. ▶ 文学博士 *m.* doctor en literatura [letras]. ▶ 1理[医]学博士 *mf.* doctor/tora en 1ciencias [2medicina]. ▶ 湯川博士 *m.* Dr. (doctor) Yukawa. ▶ 博士論文 *f.* tesis doctoral. ▶ 博士号 *m.* título [*m.* grado] de doctor, *m.* doctorado. ▶ 京都大学から[で]法学の博士号を取る *v.* conseguir* el título [grado] de doctor en Derecho por la Universidad de Kioto. ▶ 博士課程を終える *v.* terminar el「programa doctoral [curso de doctorado].

はかどる 捗る ▶ いっこうにはかどらない *v.* no hacer* progreso《en, con》;（何の成果も得られない）*v.* no conseguir* nada《en》. ▶ 仕事ははかどっていますか ¿Vas progresando en tu trabajo? / ¿Cómo [¿Qué tal] marcha [va] el trabajo? / ¿Y el trabajo「va avanzando [sigue adelante]?

はかない（空しい）*adj.* vacío, vano;（つかの間の）*adj.* fugaz, pasajero, transitorio;（短命の）*adj.* efímero. ▶ はかない夢 *m.* sueño vano. ▶ はかない人生 *f.* vida pasajera. ▶ はかない幸福 *f.* felicidad efímera. ▶ 人生にはかない望みを持つ *v.* tener* vanas esperanzas de la vida.

はかなむ ▶ 世をはかなんで（＝生きていく上での希望を失って）自殺する *v.* suicidarse habiendo perdido toda esperanza;（絶望して）*v.* suicidarse desesperado [de desesperación]. ◆ 私は世をはかなんで（＝絶望して）僧になった Me desengañé del mundo y me hice sacerdote.

ばかに 馬鹿に（ひどく）*adv.* terriblemente;（法

はがね 鋼 m. acero. ▶はがね色 m. azul acero.

はかばかしい 捗々しい（急速な）adj. rápido, veloz;（満足のいく）adj. satisfactorio. ♦状況にはかばかしい進展がない No hay una mejora rápida de la situación. / La situación no mejora rápidamente. ▶（あまり進展がない）La situación no mejora mucho. ♦彼ははかばかしい返事をしなかった Su respuesta no fue satisfactoria. ♦商売ははかばかしくない（＝順調でない）El negocio no marcha [va] bien. /（振るわない）El negocio anda flojo.

ばかばかしい 馬鹿馬鹿しい（常識はずれで）adj. absurdo;（思慮不足で）adj. estúpido;（こっけいな）adj. ridículo. ▶ばかばかしい話 f. conversación estúpida. ▶ばかばかしいほどの高値 m. precio ridículamente elevado. ♦ばかばかしい iQué tontería [disparate]! ♦つまらないことでけんかをするのはばかばかしい Es absurdo discutir por tonterías. 会話 おうむじゃあるまいし、彼のあとについて読むなんてばかばかしく一分かるわ Es absurdo repetir como un papagayo lo que ha leído él. − Sí, lo sé.

はかま 袴 "hakama",《説明的に》una especie de falda-pantalón plegado usado sobre todo en ocasiones ceremoniales. ▶はかまをはく v. ponerse* la "hakama".

はがゆい v. estar* impaciente. → じれったい、いらいら.

はからい 計らい（尽力）f. mediación,《フォーマル》mpl. buenos oficios. ♦彼の計らいでこの仕事を得た He conseguido este trabajo gracias a su mediación.

はからう 計らう（…するよう気をつける）v. procurar《que ＋接続法》;（手はずをととのえる）v. disponer*《que ＋接続法》. → 取り計らう. ♦いいように計らいなさい Procura que vaya todo bien.

ばからしい 馬鹿らしい（無益な）adj. inútil;（常識はずれで、ばかげた）adj. absurdo;（愚かな）adj. tonto, bobo. → 馬鹿馬鹿しい.

はからずも 図らずも（思いがけなく）adv. inesperadamente;（偶然に）adv. por casualidad. ♦図らずも私は重役に昇進した Me hicieron director/tora inesperadamente. ♦図らずも（＝偶然）通りで彼に会った「Dio la casualidad [Sucedió] que me lo encontré en la calle.

はかり 秤 f. balanza, f. báscula;（てんびん）f. balanza, f. romana. ▶1さお [2台; 3はこ; 4台所用]ばかり f. balanza de 1viga [2plataforma; 3muelles; 4cocina]. ▶（肉をはかりにかける（＝重さを計る）v. pesar (la carne) en la balanza;（比較する）v. sopesar「los pros y los contras [las ventajas y las desventajas].

＊−ばかり
❶【およそ】（約）adj. unos; adv. aproximadamente, más o menos;（おおざっぱに）adv. alrededor de, en torno a, hacia, sobre. → ほど. ♦風邪で三日ばかり学校を休みました Un resfriado me tuvo ausente de clase unos tres días. ♦この大学には5千人ばかりの学生がいる En esta universidad hay unos 5.000 estudiantes. / Hay aproximadamente 5.000 estudiantes en esta universidad.

❷【…のみ】（唯一の）adv. sólo, solamente; no [nada]… más que… ♦彼らは彼女にばかりつらく当たった Sólo eran rigurosos con ella. / Eran rigurosos nada más que con ella. ♦その子は泣くばかりで何も言わなかった El niño no hacía más que llorar y permanecer callado. ♦彼の語ることは昔の話ばかりだ No habla más que del pasado. ♦計画はできた. 後は実行に移すばかりだ El proyecto está terminado y sólo falta ponerlo en práctica. ♦君ばかりでなく私も彼の無実を確信している No sólo tú sino también yo estoy seguro de su inocencia. → のみならず. ♦しかもそればかりじゃないよ. えらく費用がかかるんだ Y no sólo eso, sino que además es terriblemente caro.

❸【…して間もない、…した了】（ちょうど今）v. acabar de《＋不定詞》, no haber* hecho más que《＋不定詞》; recién《＋過去分詞》;（最近に）adv. recientemente. → 今. ♦彼は今ここへ着いたばかりだ Acaba de llegar aquí. / No ha hecho más que llegar. / Ha llegado「en este momento [ahora mismo]. ♦あれは最近建ったばかりの家です Es una casa「recién hecha [de reciente construcción].

❹【もっぱら】（常に）adv. siempre;（たえず）adv. constantemente, continuamente. ♦彼女は私の事におせっかいばかりしている Siempre está metiendo sus narices en mis asuntos. ♦彼女は一年中海外旅行ばかりしている「Continuamente está viajando [No hace más que viajar] al extranjero todo el año. ♦彼は毎日毎日本ばかり読んでいる No hace más que leer día tras día. ♦こう毎日雨ばかりではいやになる Esta lluvia continua todos los días me pone enfermo.

❺【原因、理由】（ただ…のために）prep. sólo por《＋不定詞, 名詞》,《フォーマル》únicamente por《＋不定詞, ＋名詞》. ♦彼らの脅迫にノーと言ったばかりにひどい目にあった Tuve una amarga experiencia sólo por negarme a su amenaza.

❻【今にも…しそうな】v. estar* a punto《de＋不定詞》, estar*《por＋不定詞》, ir*《a＋不定詞》de un momento a otro. ♦飛行機は離陸せんばかりであった El avión estaba「a punto de despegar [por salir]. / El avión iba a despegar de un momento a otro. ♦今にも雨が降り出さんばかりだ Puede ponerse a llover en cualquier momento.

❼【用意ができて】v. estar* listo [preparado] para《＋不定詞》. ♦温かい料理を出すばかりにしておいた He preparado comida caliente lista para ser servida. ♦彼らは荷作りもして旅行に出かけるばかりとなっている Han hecho las maletas y están listos para salir de viaje.

❽【まるで…のように】conj. como si《＋接続法

過去). →まるで. ♦彼は出て行けと言わんばかりにドアを指さした Me señaló la puerta como si me dijera que me fuera.

❾【まった く】 (金民) 勝夫の番ですからねーぼくの番だとばかり思っていたよ Es el turno de Katsuo, ¿sabes? - ¡Ah! Yo creía que era el mío.

はかりごと 〔計略〕 *m.* plan, *m.* proyecto, (もくろみ) *f.* trama, *f.* estratagema, (教養語) *f.* maquinación. → 計画, 計略.

はかりしれない 計り知れない (計算できない) *adj.* incalculable, insondable. ♦損失は計り知れない La pérdida es absolutamente inconmensurable. ♦近代美術に対する彼の影響は計り知れない Su influencia en el arte moderno es inmensa [insondable].

はかる 図る ❶【企てる】(計画する) *v.* planear, proyectar, (陰謀を) *v.* tramar, conspirar, 《フォーマル》maquinar; (試みる) *v.* tratar 《de + 不定詞》, intentar; (求める) *v.* perseguir*, buscar*; (ねらう) *v.* 《フォーマル》procurar; (努める) *v.* esforzarse* [afanarse] 《por + 不定詞》. ▶両国の和睦(ぼく)を図る *v.* planear la reconciliación entre los dos países. ▶政府の転覆を図る *v.* conspirar para derrocar* el gobierno. ▶再起を図る *v.* tratar de restablecerse*. ▶自殺を図る *v.* intentar el suicidio, tratar de suicidarse. ▶私利を図る *v.* perseguir* [buscar*] el propio interés. ▶会社の発展を図る *v.* procurar el desarrollo de la empresa. ▶公益を図る *v.* afanarse por el bien público.

❷【便宜を】便宜を図る → 便宜.

❸【考える】 ▶あに図らんや (=案に相違して) → 案.

*はかる 計[測, 量]る (長さ・大きさなどを) *v.* medir*, tomar la medida (de); (重さなどを) *v.* pesar, tomar el peso (de); (水深などを) *v.* medir* la profundidad (de), 《フォーマル》sondear; (所要時間を) *v.* tomar el tiempo, cronometrar; (評価方法) *v.* calcular, 《フォーマル》estimar; (計測値を) *v.* medir*; calibrar. ▶私の息子の身長を測る *v.* medir* la estatura de mi hijo. ▶服を作るために彼の寸法を測る *v.* tomarle las medidas para un traje. ▶体重計で体重を量る *v.* pesarse en la balanza. ▶体温を計る *v.* tomarse [medirse*] la temperatura. ▶山の高さを測る *v.* calcular [medir*] la altura de una montaña. ▶海の深さを¹正確に [²誤って] 測る *v.* medir * ¹exactamente [²equivocadamente] la profundidad del mar. ▶時間は時・分・秒で計る El tiempo es medido por horas, minutos y segundos. ▶彼はマラソンでの彼女のタイムを計った Cronometró su tiempo en la maratón.

【その他の表現】 ▶他人を¹己をもって [²財産によって] 計ってはいけない No hay que juzgar a los demás ¹con la medida de uno [²por su riqueza]. ▶未来の事は測りがたい No podemos predecir lo que ocurrirá en el futuro.

はがれる 剥がれる *v.* desprenderse, despegarse*, descharcharse, 《口語》saltar.

バカンス *fpl.* vacaciones. → 休暇.

はき 破棄 (条約・法令などの) 《専門語》*f.* abrogación, *f.* derogación; (法律・契約契約などの無効) *f.* casación; (契約などの取り消し) *f.* cancelación, *f.* anulación; (約束などの違反) *m.* incumplimiento; (判決などの逆転) 《専門語》*f.* revocación. ▶婚約破棄で彼を告訴する *v.* demandarlo[le] por incumplimiento de la promesa de matrimonio.

— 破棄する *v.* 《専門語》abrogar*, revocar*; cancelar, romper*. ▶条約を破棄する *v.* abrogar* [revocar*, romper*] un tratado. ▶契約を破棄する (取り消す) *v.* anular [romper*, derogar*] un contrato. ▶一審の判決を破棄する *v.* anular [revocar*] la sentencia del primer juicio. ▶文書を破棄する (=破り捨てる, 燃やす) *v.* destruir* un documento; (処分する) *v.* deshacerse* de un documento.

はき 覇気 (元気) *f.* energía, *m.* vigor; (積極性) *m.* dinamismo, *m.* brío; (野心) *f.* ambición. ♦あの男には(まるで)覇気がない Le falta energía. / Carece de ambición. ♦あの男は覇気がある Está lleno de vigor [energía].

はきけ 吐き気 *f.* (*fpl.*)náusea(s), 《口語》*m.* asco, *f.* (*fpl.*)basca(s), *f.* (*fpl.*)arcada(s), *f.* repugnancia. ▶吐き気のするようなにおい *m.* olor nauseabundo [asqueroso, repugnante]. ▶吐き気がする *v.* sentir* náuseas [el estómago revuelto]. ♦その光景を見て吐き気を催した Me dio asco al verlo. / «Me dieron [Sentí] náuseas [ganas de vomitar] al verlo. / Esa visión me repugnó [hizo tener ganas de vomitar].

はきごこち 履き心地 ▶このソックスははき心地がよい Estos calcetines son cómodos de llevar.

はぎしり 歯ぎしり ▶歯ぎしりする *v.* rechinar los dientes. ♦刑事は泥棒を捕り逃して歯ぎしりしてやしがった Al agente de policía le rechinaron los dientes de rabia por no poder atrapar al ladrón.

パキスタン Pakistán 《☆南アジアの国, 首都イスラマバード Islamabad》; (公式名) *f.* República Islámica de Pakistán. ▶パキスタンの *adj.* paquistaní. ▶パキスタン人 *mf.* paquistaní.

はきすてる 吐き捨てる *v.* escupir; espetar. ♦彼は私に向かって吐き捨てるようにそう言った Se dirigió a mí espetando sus palabras.

はきだす 吐き出す (食べたものなどを) *v.* vomitar, 《口語》devolver*; (つば・たんなどを) *v.* escupir; espetar, (煙などを) *v.* eruptar. ♦食べたものを吐き出す *v.* vomitar lo que se había comido. ▶怒りを吐き出す *v.* vomitar la rabia. ♦彼はたんをぺっと路上に吐き出した Escupió en la calle. ♦彼は私に向かってののしりの言葉を吐き出すように言った Se dirigió a mí espetándome maldiciones. ♦煙突が黒い煙をもくもくと吐き出していた La chimenea vomitaba una humareda negra.

はきだめ 掃き溜め *m.* basurero, *m.* vertedero. ▶掃き溜めに鶴《言い回し》Una perla en un muladar [basurero].

はきちがえる 履き違える ❶【履物を】(他人のものと) *v.* confundirse de calzado, ponerse* los zapatos de otro por error; (左右を) *v.* equivocarse* de zapato.

1126 はぎとる

❷【考え違いをする】 v. entender* mal, confundirse; (取り違えをする) v. confundir una cosa por [con] otra. ▶自由(の意味)をはき違える v. tener* una idea equivocada de la libertad, confundir libertad con libertinaje.

はぎとる 剝ぎ取る (ものをむりに) v. arrancar*, quitar (de); (ペンキなどを) v. raspar (de). ▶本からそのページをはぎ取る v. arrancar* una página del libro. → 剝(ハ)ぐ. ♦(泥棒に)身ぐるみはぎとられた Me robaron todo lo que llevaba encima.

はきはき ▶はきはきしている(はっきりした) adj. claro, conciso; (あいまいさがない) adj. decisivo, resuelto; (意見をはっきり述べる) adj. directo, (《口語》) sin pelos en la lengua; (活発な) adj. activo, dinámico. ♦先生が生徒にはきはき返答するように注意した El/La profesor/sora dijo a los alumnos que「respondieran claramente [fueran claros en sus respuestas].♦あの人ははきはきした人だ Es una persona que「dice lo que piensa [《口語》no se muerde la lengua,《口語》no tiene pelos en la lengua].

はきもの 履物 m. calzado.

はきゅう 波及 ▶波及する(及ぶ) v. propagarse*, extenderse (a); (影響する) v. afectar (a), influir* (en). ♦その運動は一部の大学にも波及した El movimiento se propagó a algunas universidades.

バキュームカー m. camión「aspirador de excremento [limpiador de pozos ciegos].

はきょく 破局 f. catástrofe, m. desastre. ▶破局をくいとめる v. prevenir* una catástrofe. ♦その事件は結婚生活の破局(=崩壊)を招いた Ese incidente les significó una catástrofe matrimonial.

はぎれ 歯切れ ▶歯切れの悪い(=言い逃れの)答弁をする v. contestar evasivamente [de forma poco clara]. ♦彼女は歯切れのいい話し方をする Su forma de hablar es clara y precisa.

*__はく 掃く__ v. barrer. ▶床をほうきで掃く v. barrer el suelo con una escoba. ▶部屋をきれいに掃く v. barrer [limpiar] un cuarto. ▶枯れ葉を掃いて集める v. barrer las hojas secas; (熊手で) v. rastrillar las hojas secas. ▶掃いてほこりを取る(=取り去る) v. barrer la basura.

__はく 履[穿]く__ (動作) v. ponerse, calzarse*; (状態) v. llevar [tener*] (puesto). → 着る. ♦彼女はブーツをはいた Se puso las botas. / Se calzó las botas. / (急いで)Se「puso rápidamente [《口語》enfundó] las botas. ♦彼は赤いズボンをはいている Lleva unos pantalones rojos. / Tenía (puestos) unos pantalones rojos. ♦新しいジーンズを買ったばかりなんだけどはけないの。♦Acabo de comprarme unos vaqueros y no me los puedo poner porque me están demasiado estrechos. ♦彼は白い靴をはいて出かけた Salió en zapatos blancos. / Llevaba puestos los zapatos blancos cuando salió. ♦私はその靴をはきつぶした Tengo gastados los zapatos. ♦この靴をはいてみなさい Pruébate [Ponte] estos zapatos. ♦靴ははき慣らさないとはき心地がよくならない Los zapatos, si no se adaptan al pie con el uso, no resultan del todo cómodos.

*__はく 吐く__ **❶【吐き出す】**(口の中のものを) v. escupir; (胃の中のものを) v. vomitar, 《口語》devolver*. ▶地面につばを吐く v. escupir en el suelo. ▶スイカの種を吐く v. escupir las pipas [semillas] de la sandía. ▶大量の血を吐く v. escupir mucha sangre. ♦吐きそうだ Tengo ganas de vomitar. / Quiero vomitar. / Voy a devolver. ♦彼はむかついて吐き始めた「Le dieron arcadas [Tuvo náuseas] y se puso a vomitar. ♦彼女は食べたものを全部吐いてしまった Ha vomitado todo lo que había comido.

❷【煙などを】(送り出す) v. echar, 《フォーマル》emitir, exhalar. ▶たばこの煙を吐く v. expeler el humo de tabaco. ▶あの山は昔は煙を吐いていた Esa montaña echaba 《フォーマル》emitía] nubes de humo. ♦大きく息を吸ってゆっくり吐きなさい Aspira profundamente y exhala lentamente.

❸【言葉・意見を】 v. presentar, dar*; (吐き出すように言う) v. decir*, 《教養語》espetar, 《フォーマル》proferir*. ▶正論を吐く v. dar* [espetar] una buena razón. ▶のろいの言葉を吐く v. proferir* maldiciones. ♦泥を吐け Escupe todo.

はく 箔 **❶【金属の薄片】** f. lámina (de metal); (金銀などの) m. pan. ▶金箔 m. pan de oro.

❷【比喩的に】(名声) m. prestigio. ▶はくをつける v. dar* brillo (a su nombre). ▶はくがつく v. ganar prestigio (como erudito).

-はく -泊 ▶マドリードで1泊する v. pasar una noche en Madrid. ▶車中泊する v.「pasar una noche [《フォーマル》pernoctar] en el tren. ▶2泊3日の旅に出る v. hacer* un viaje de tres días y dos noches (a). ▶京都で3泊した Pasé tres noches en Kioto. ♦そのホテルでは1泊2食で2万円だった En ese hotel pagué veinte mil yenes por noche con dos comidas.

はぐ 剝ぐ (むりに引き裂く) v. arrancar*, quitar 《de》; (むき取る) v. despegar*, pelar 《de》; (人・物から服やおおいなどをすっかり取る) v. arrancar*, despojar 《de》; (動物の皮をむく) v. desollar*, despellejar; (木の皮をむく) v. descortezar*; (果物の皮をむく) v. pelar. ▶ポスターを壁からはぐ v. arrancar* [quitar, despegar*] un cartel [póster] de la pared. ▶木の皮をはぐ v. descortezar* un árbol. ▶ふとんをはぐ(=めくる) v. tirar de (su) manta. ♦彼はサラ金に身ぐるみはがされた(=全財産をとられた) Los prestamistas le despojaron de toda su fortuna.

バグ 《専門語》m. error, 《専門語》m. gazapo.

はくあ 白亜 f. caliza, f. creta; (白色) m. blanco. ▶白亜紀 m. período cretáceo. ▶白亜質の adj. calizo. ▶白亜の殿堂 m. salón blanco.

はくあい 博愛 《フォーマル》f. filantropía; (慈愛)

f. beneficencia. ▶博愛(主義)の《フォーマル》*adj.* filantrópico, benéfico. ▶博愛行為《フォーマル》*m.* acto filantrópico. ▶博愛主義《フォーマル》*f.* filantropía, 《フォーマル》*m.* filantropismo. ▶博愛主義者《フォーマル》*mf.* filántropo/pa.

はくい 白衣 *m.* vestido blanco; (医者などの) *f.* bata blanca. ▶白衣を着た医者 *m.* médico con la bata blanca. ▶白衣の天使 *f.* enfermera de blanco, 《口語》*m.* ángel blanco.

バクー Bakú (☆アゼルバイジャンの首都).

ばくおん 爆音 (爆発音) *f.* explosión, *m.* estallido; (飛行機などのごう音) *m.* estampido, *m.* estrépito. ▶飛行機の爆音 *m.* zumbido de un avión. ◆洞窟(どう)の中で大きな爆音がした En la cueva se produjo una gran explosión. ◆飛行機が爆音をたてて飛び去った El avión salió volando con un estampido.

ばくが 麦芽 *f.* malta.

はくがい 迫害 (宗教的・政治上の) *f.* persecución; (権力による圧迫) *f.* opresión. ▶迫害する *v.* perseguir*; oprimir. ▶迫害者 *mf.* perseguidor/dora, *mf.* opresor/sora. ▶キリスト教徒はローマ人から迫害を受けた Los cristianos fueron perseguidos por los romanos.

はくがく 博学 (大変な学識) *f.* gran cultura, *f.* erudición. ▶博学な人 *m.* erudito, 《強調して》*f.* eminencia, *f.* persona de gran cultura, (百科事典的な) *f.* persona de grandes [vastos] conocimientos, 《フォーマル》*f.* persona docta, 《口語》《比喩的に》*m.* pozo de ciencia.

はくがんし 白眼視 ▶白眼視する (非難を込めて…を見る) *v.* mirar con desaprobación, (冷たい目で見る) *v.* mirar fríamente, (偏見を抱く) *v.* tener* prejuicios 《contra》.

はぐくむ 育む (育てる) *v.* criar*, formar. ▶道徳心を育む *v.* cultivar el sentido moral. ◆ウィーンが彼女の音楽的才能を育んだ Viena estimuló su talento musical. ◆その本が学生の批判精神を育んだ(＝促進した) El libro animó a los estudiantes a desarrollar una mente crítica.

ばくげき 爆撃 *m.* bombardeo. ▶爆撃機 *m.* bombardero. ▶爆撃する *v.* bombardear. ◆東京は何回かひどい爆撃を受けた Tokio fue terriblemente bombardeado varias veces.

ばくげきほう 迫撃砲 *m.* mortero (de trinchera).

はくさい 白菜 *f.* col china.

はくし 白紙 (何も書いていない紙) *m.* papel [*f.* hoja] en blanco. ▶白紙委任 *f.* (dar) carta blanca. ▶白紙の投票をする *v.* votar en blanco. ▶白紙に戻す *v.* comenzar* "de nuevo [desde el principio]", 《口語》hacer* tabla rasa. ◆彼の答案用紙は白紙だった Su hoja de examen estaba en blanco. ◆それはまだ白紙の状態だ Todavía no se ha decidido nada.

はくし 博士 *mf.* doctor/tora. → 博士(はかせ).

はくしき 博識 ▶博識な人 *mf.* erudito/ta, 《フォーマル》*f.* persona docta, *f.* persona de grandes [vastos, profundos] conocimientos, 《強調して》*f.* eminencia, 《口語》《比喩的に》*m.* pozo de ciencia.

はくしゃ 拍車 *f.* espuela. ▶馬に拍車をかける *v.* espolear un caballo. ◆彼に拍車をかけて一層努力させる *v.* espolearle para que haga mayores esfuerzos, estimularle a esforzarse* más. ◆その国は工業の発達に拍車がかかった El progreso industrial del país fue acelerado [espoleado].

はくしゃく 伯爵 *m.* conde. ▶伯爵夫人 *f.* condesa.

はくじゃく 薄弱 ▶薄弱な *adj.* débil, endeble. ▶薄弱な理由 *f.* razón endeble [débil]. ▶意志薄弱な *v.* tener* una voluntad débil.

*****はくしゅ** 拍手 *f.* palmada; (拍手かっさい) *m.* aplauso. ▶万雷の拍手 *mpl.* aplausos atronadores. ◆観客は彼の演技に拍手をおくった El público "aplaudió su actuación [lo[le] aplaudió por su actuación]". ◆さあ彼らに大きな拍手をおくりましょう Vamos a aplaudirlos[les] mucho 《口語》a rabiar》. ◆そのピアニストは演奏が終わると「あらしのような[総立ちの]拍手かっさいを受けた El pianista recibió una "gran salva de aplausos [ovación en pie]" al acabar su interpretación.

── 拍手する *v.* aplaudir, dar* aplausos. → 叩(たた)く. ◆聴衆は熱狂的に拍手した El público aplaudió con entusiasmo.

はくしょ 白書 *m.* libro blanco. ▶経済白書 *m.* libro blanco de la economía.

はくじょう 白状 *f.* confesión, *f.* admisión, *m.* reconocimiento.

── 白状する *v.* confesar*, declarar; (ついに認める) *v.* admitir, (しぶしぶ認める) *v.* reconocer*. ◆自分の罪を警察に白状する *v.* confesar* [reconocer*, declarar] ante la policía todo el delito, hacer* una confesión completa del delito a la policía. ◆彼は金を盗んだことを白状した Confesó "que había robado [haber robado] el dinero. / Admitió [Reconoció, Declaró] que había robado el dinero.

はくじょう 薄情 ▶薄情な(冷淡な) *adj.* frío, insensible; (無情な) 《口語的に》*adj.* sin corazón; (容赦しない) *adj.* despiadado; (残酷な) *adj.* cruel; (不親切な) *adj.* poco amable, duro. ▶薄情な男 *m.* hombre inhumano [despiadado]. ▶薄情な事を言う *v.* hablar con crueldad. ▶彼に薄情なことをする *v.* ser* cruel con él; (つらくあたる) *v.* tratarlo[le] inhumanamente [con crueldad].

ばくしょう 爆笑 *f.* explosión [*m.* estallido] de risa. ◆会場に爆笑が起こった Una explosión de risa recorrió la sala. → 笑う.

はくしょく 白色 *m.* blanco. ▶白色人種 *f.* raza blanca, *mpl.* caucásicos. ▶白色の *adj.* blanco. ▶白色種《専門語》*m.* albino.

はくしょん ¡achís! (☆くしゃみをした人に, ¡Salud!, ¡Jesús!「お大事に」と言うのが礼儀である. それに対して ¡Gracias!「ありがとう」と言う).

はくしん 迫真 ▶迫真の(＝現実味のある)演技 *f.* interpretación realista [natural]. ◆彼の演技は迫真力に欠けている Su interpretación no es natural. / Le falta naturalidad a su interpretación.

はくじん 白人 *mf.* blanco/ca, *mf.* caucásico

/ca/, (人種)mpl. blancos, f. raza blanca. ▶白人だけの学校 f. escuela para blancos.

ばくしん 驀進 (突進) m. abalanzamiento. ▶…に向かってばく進する v. abalanzarse*, lanzarse* 《a》. ▶彼は出世街道をばく進している Sigue ascendiendo con rapidez en el mundo.

ばくしんち 爆心地 m. centro de la explosión; (原爆の) m. hipocentro.

はくする 博する v. ganar, lograr. → 得る. ▶世界的名声を博する v. ganar reputación mundial. ▶その小説は大好評を博した La novela「ganó gran popularidad [fue un gran éxito].

はくせい 剝製 《フォーマル》f. disecación; f. taxidermia. ▶ライオンのはく製 m. león disecado. ▶はく製標本 m. espécimen disecado.

はくせん 白癬 《専門語》f. tiña.

ばくぜん 漠然 ▶漠然とした(はっきりしない) adj. impreciso, vago; (意味不明瞭の) adj. oscuro; (意味のあいまいな) adj. ambiguo. → 曖昧.

—— 漠然と adv. vagamente, oscuramente; (目的なしに) adv. sin finalidad, sin objeto. ▶漠然と本を読む v. leer* un libro sin finalidad. ♦彼のことは漠然としか覚えていない Tengo un vago recuerdo de él. / Lo recuerdo vagamente.

ばくだい 莫大 ▶莫大な(非常に大きい) adj. enorme; (法外に大きい) adj. ingente; (計り知れないほどの) adj. inmenso. ▶莫大な金額 f. enorme suma de dinero. ▶莫大な財産を作る v. hacer* una fortuna enorme [fabulosa].

はくだつ 剝奪 f. privación. ▶公民権の剝奪 f. privación de los derechos civiles. ♦彼は公民権を剝奪された Le privaron [《フォーマル》desposeyeron] de sus derechos civiles.

バグダッド Bagdad (☆イラクの首都). ▶バグダッドの(人) adj. bagdadí.

***ばくだん** 爆弾 f. bomba. ▶時限爆弾 m. bomba de tiempo [relojería]. ▶橋に爆弾を仕掛ける v. colocar* una bomba en el puente. ♦昨夜この町に爆弾が落とされた Anoche bombardearon [lanzaron una bomba contra] la ciudad.

【その他の表現】▶爆弾宣言をする v. hacer* una declaración explosiva, 《口語》《比喩的に》soltar* una bomba.

はくち 白痴 mf. idiota, mf. imbécil.

ばくち 博打 m. juego (apostando). ▶ばくちを打つ v. jugar* (apostando). ▶ひどいばくち打ち mf. jugador/dora empedernido/da, mf. tahúr. ▶ばくちで身上をつぶす v. perder* la fortuna en el juego. ▶大ばくちを打つ(＝大きな危険を冒す) v. correr muchos riesgos.

ばくちく 爆竹 m. petardo. ▶爆竹を鳴らす v. estallar petardos.

はくちゅう 伯仲 ▶伯仲する v. igualar, ser* igual (en), 《フォーマル》equipararse. ♦両者は¹実力 [²勢力]伯仲だ Los dos están igualados en ¹capacidad [²influencia].

はくちゅう 白昼 ▶白昼堂々と現金輸送車が襲われた Un camión que transportaba dinero fue atacado en pleno día.

はくちゅうむ 白昼夢 m. ensueño, f. ilusión. ▶白昼夢を見る v. soñar* despierto 《con》.

はくちょう 白鳥 m. cisne. ▶白鳥の湖(バレエ曲) m. «Lago de los Cisnes». ▶白鳥座 m. Cisne.

ばくつく ▶黒パンをばくつく(＝むさぼり食う) v. engullir* [devorar] pan negro.

ぱくっと ▶ぱくっと開いた(＝裂けている)傷 f. herida abierta. → ぱくり.

バクテリア f. bacteria.

はくないしょう 白内障 《専門語》f. catarata.

はくねつ 白熱 (高温発光)m. calor [m. rojo] blanco, f. incandescencia. ▶白熱電球 f. lámpara incandescente. ▶白熱した adj. acalorado, reñido. ▶白熱した議論 f. discusión acalorada. ♦野球の試合はだんだん白熱してきた El partido de béisbol se está poniendo cada vez más reñido.

ばくは 爆破 ▶爆破する v. volar*, (hacer*) estallar; (岩などを) v. volar*. ♦彼らが列車を爆破を Volaron el tren.

バグパイプ f. gaita. ▶バグパイプで演奏する音楽 f. música de gaita. ▶バグパイプを吹く v. tocar* la gaita.

ぱくぱく ▶ぱくぱく食べる(むさぼる) v. devorar, engullir*; (音を立て口を大きく動かして) v. masticar*, mascar*; (ぱくりとかみつくり) v. morder*. ♦犬がぱくぱくえさを食べた El perro devoró la comida. ♦金魚がときどき口をぱくぱくさせた De vez en cuando el pez dorado [de colores] abría y cerraba la boca.

はくはつ 白髪 fpl. canas, mpl. pelos blancos [canosos]. → 白髪(しらが).

***ばくはつ** 爆発 f. explosión, f. detonación; (火山の) f. erupción. ▶ダイナマイトの爆発 f. explosión de la dinamita. ▶怒りの爆発 fpl. explosiones de ira. ▶火山の爆発 f. erupción volcánica. ▶人口の爆発的増加 f. explosión demográfica. ▶爆発物 m. explosivo, m. detonante. ♦炭鉱でガス爆発が起こった Hubo una explosión de gas en la mina de carbón.

—— 爆発する[させる] (爆発物などが[を])v. explotar, estallar, detonar; (火山が) v. 「entrar en [hacer*] erupción. ▶そのガスタンクが爆発した Explotó el depósito de gas. ♦飛行機に仕掛られた爆弾が爆発した Explotó una bomba colocada en el avión. ♦彼らは列車に仕掛けた爆弾を爆発させた Hicieron explotar la bomba colocada en el tren. ♦その火山は去年また爆発した El volcán volvió a entrar en erupción el año pasado. ♦ついに彼の怒りが爆発した《口語》Por fin explotó de cólera.

はくはんしょう 白斑症 《専門語》f. leucodermia.

はくひしょう 白皮症 《専門語》m. albinismo.

はくひょう 薄氷 m. hielo delgado. ▶薄氷を踏むような交渉 fpl. negociaciones en la cuerda floja. ♦薄氷を踏む思いだ Me siento como si anduviera en una cuerda floja.

はくひょう 白票 ▶白票を投じる (賛成)v. votar [《フォーマル》emitir*] un voto en blanco.

ばくふ 幕府 *m.* shogunato. ▶徳川幕府 *m.* shogunato de Tokugawa.

ばくふ 瀑布 (滝)*f.* catarata; (より小さな)*f.* cascada. → 滝.

*__**はくぶつかん 博物館**__ *m.* museo. ▶¹科学[²歴史]博物館 *m.* museo de ¹ciencias [²historia]. ▶近代美術博物館 *m.* museo de arte moderno. ♦マドリードのアメリカ大陸博物館で一日中過ごした Pasé el día entero en el Museo de América en Madrid.

はくぼ 薄暮 (たそがれ)*m.* anochecer, 《文語》*m.* crepúsculo; 《口語》*adv.* entre dos luces. ▶薄暮ゲーム *m.* partido de anochecer.

はくまい 白米 *m.* arroz blanqueado.

ばくまつ 幕末 ▶幕末に *adv.* al final del shogunato de Tokugawa.

はくや 白夜 *f.* noche blanca.

ばくやく 爆薬 *m.* explosivo, *m.* detonante. ▶爆薬をしかける *v.* poner* un explosivo.

はくらい 舶来 ▶舶来の *adj.* extranjero; (外国製の)*adj.* de fabricación extranjera, 《口語》hecho fuera; (輸入した)*adj.* importado. ▶舶来品 *mpl.* productos importados.

はぐらかす ▶質問をはぐらかす(=うまく逃げる) *v.* esquivar [eludir, sortear] una pregunta.

*__**はくらんかい 博覧会**__ *f.* exposición, 《口語》*f.* expo; (商業的な)*f.* feria. ▶博覧会場 *m.* recinto de la exposición. ▶万国博覧会を開く *v.* celebrar una exposición [feria] internacional.

ばくり ▶ばくりとかみつく[食べる] *v.* morder*. ▶(傷などが)ばくりと口を開く *v.* abrirse* (una herida). ▶ばくりと(音を立てて) *adv.* secamente; con un mordisco. ♦犬がばくりと彼にかみついた El perro le[lo] mordió.

はくりたばい 薄利多売 *m.* pequeñas ganancias con rápido rendimiento.

はくりょく 迫力 *m.* vigor, *f.* potencia, *m.* poder, *f.* energía, *f.* fuerza. ▶迫力のある *adj.* vigoroso, poderoso. ▶迫力のある演説 *f.* interpretación vigorosa [enérgica]. ♦彼の演説は迫力がなかった Su discurso no fue muy vigoroso. / Le faltó vigor [energía] a su discurso.

はぐるま 歯車 *f.* rueda dentada; *m.* engranaje. ▶歯車の歯の一つ(=組織の重要でない人) *f.* pequeña pieza del engranaje. ▶歯車が狂う *v.* desengranarse.

はぐれる 逸れる (連れから離れる)*v.* perderse*, extraviarse* 《de》; (見失う)*v.* perder* de vista 《a》; (迷子になる)*v.* perderse*. → 迷う. ♦その女の子は人込みの中で母親からはぐれた La niña se perdió de su madre en medio de la multitud.

ばくろ 暴露 *f.* divulgación, 《フォーマル》*f.* revelación. ▶新聞による彼の私生活の暴露 *f.* divulgación que hizo el periódico de su vida privada.

――― **暴露する** (人の正体)・悪事などを) *v.* poner* al descubierto, sacar* a la luz; (秘密などを) *v.* divulgar*, descubrir*, destapar; (明るみに出す) *v.* sacar* a la luz; (自然に、うっかり) *v.* revelar. ▶脱税行為を暴露する *v.* divulgar* una evasión fiscal. ▶陰謀を暴露する *v.* descubrir* [una conspiración [un complot]. ▶警察に彼の名前を暴露する *v.* revelar su nombre a la policía
☞明かす、さらけ出す、素っ破抜く、出す

はけ 刷毛 *f.* brocha. → ブラシ. ▶ペンキ用のはけ *f.* brocha para pintar.

はげ 禿げ *f.* calvicie, 《専門語》*f.* alopecia; (はげた部分) *f.* calva; (人) *mf.* calvo/va, *m.* hombre calvo, *f.* mujer calva. ▶はげの治療 *f.* cura de la calvicie. ▶はげかかった¹頭[²男性] *f.* cabeza [²*m.* hombre] de incipiente calvicie.

はげあたま 禿げ頭 *f.* cabeza calva.

はけぐち 捌け口 (水・感情の) *f.* salida, 《比喩的に》*f.* válvula de escape; (商品の) *m.* mercado. ▶はけ口のない池 *m.* estanque sin desagüe [salida]. ▶感情のはけ口を見つける *v.* encontrar* una salida [válvula de escape] a los sentimientos. ▶製品のはけ口を捜す *v.* buscar* mercado para los productos. ♦彼はうっ憤のはけ口をスポーツに求めた Utilizaba el deporte como una válvula de escape a sus frustraciones.

*__**はげしい 激しい**__ *adj.* violento, intenso; riguroso, duro; fuerte, furioso; vehemente, apasionado.

1《激しい+名詞》▶激しい風 *m.* viento violento, *m.* fuerte viento. ▶激しい雨 *f.* lluvia torrencial [violenta]; (どしゃ降り) *m.* aguacero. ▶激しい地震 *m.* intenso [violento] terremoto. ▶激しい訓練 *m.* entrenamiento intenso [riguroso] (de deporte). ▶激しい感情 *m.* sentimiento vehemente [ardiente], *f.* pasión violenta. ▶激しい恋 *m.* amor apasionado [tempestuoso]. ▶激しい運動 *m.* ejercicio intenso [duro]. ♦胃に激しい痛みを感じた Sentí un agudo [intenso] dolor en el estómago.

2《…が激しい》▶気性が激しい *v.* poseer* un temperamento fogoso. ▶映画界では各社の競争が激しい Hay una encarnizada [furiosa] competencia entre las compañías de la industria cinematográfica. ♦この道路は交通が激しい El tráfico es muy intenso en esta carretera. / En esta carretera hay mucho tráfico.

――― **激しく** *adv.* con violencia, violentamente, furiosamente; con rigor, duramente. ▶激しく攻撃する *v.* atacar* 《a + 人》「con furia [encarnizadamente]. ▶激しくたたく *v.* golpear(lo) violentamente. ▶激しく(=激しい口調で)非難する *v.* criticar* 《a + 人》「con rigor [duramente, severamente]. ▶激しく議論する *v.* tener* una apasionada [vehemente] discusión 《sobre》. ▶雨が激しく降った Llovió intensamente. / (どしゃ降りだった) 《口語》Llovió a cántaros. ♦気温が激しく(=急激に)変化した Hubo un agudo cambio de temperatura. / La temperatura cambió rápida y violentamente.

――― **激しくなる** *v.* intensificarse*, cobrar violencia; arreciar; enfurecerse*. ♦風が激しく

なった Arreció el viento. / El viento sopló más fuerte.
—— **激しさ** f. violencia; f. intensidad; f. furia; m. rigor; f. vehemencia ☞ 荒い、荒っぽい、凄まじい、がんがん、きつく、散々、したたか、強く

*バケツ m. cubo, 《メキシコ》f. cubeta. ▶バケツ1杯の水 m. cubo de agua. ▶バケツに水をくむ v. llenar un cubo de agua.

|地域差| バケツ
〔全般的に〕m. balde
〔スペイン〕m. cubo, m. pozal
〔キューバ〕m. cubo
〔メキシコ〕f. cubeta, f. tina
〔ペルー〕m. cubo
〔コロンビア〕f. cubeta
〔アルゼンチン〕m. tacho

パケット《専門語》m. paquete.

ばけのかわ 化けの皮 ▶あの男の化けの皮をはいでやる Voy a desenmascarar [arrancarle la máscara] a ese hombre.

はげます 励ます ▶仕事をしている人を励ます v. animar en su trabajo; (これからするように) v. animarle 《a ＋ 不定詞》; (元気づける) v. alentar, dar* ánimos 《a ＋ 人》; (支援する) v. apoyar. ▶病人を励ます v. animar a un/una enfermo/ma. ◆彼にもう一度やってみるよう励ました Le animé a intentarlo otra vez. ☞ 刺激する, 声援

はげみ 励み(奨励) m. ánimo, m. aliento; (刺激) m. estímulo, (誘因) m. incentivo 《para ＋ 不定詞, 名詞》. ◆彼の昇進は私に励みになった Su ascenso「me dio ánimos [me animó, fue un estímulo para mí].

はげむ 励む(一生懸命働く) v. trabajar mucho 《para ＋ 不定詞》; (努力を集中する) v. concentrarse 《en》; (傾注する) v. aplicarse 《a》; (努力する) v. esforzarse* 《en》; (懸命にやってみる) v. afanarse 《por》. ◆勉学に励みなさい Aplícate [Concéntrate] en el estudio. / Estudia mucho.

ばけもの 化け物(怪物) m. monstruo; (小鬼) m. duende, m. trasgo; (幽霊) m. fantasma; (おどけて)《フォーマル》m. espectro. ▶化け物屋敷 f. casa encantada. ◆彼は化け物に追いかけられている夢を見た Soñó que lo[le] perseguía un monstruo.

はげやま 禿げ山 f. montaña pelada.

はける 捌ける ❶【水が流れる】v. desaguar*, correr, fluir*.
❷【よく売れる】v. venderse bien. ◆その品物はよくはけている Esos artículos se están vendiendo bien.

はげる 剥[禿]げる(塗料などが) v. desconcharse; despintarse; (塗料・化粧が) v. desprenderse, despegarse*. → 褪(ｱ)せる; (色をあせる) v. perder*, descolorearse, desteñirse*; (人が禿げ頭になる) v. quedarse calvo [sin pelo], enrarecerse* (el pelo). → 禿(ﾊｹﾞ)げる. ▶頭が禿げた人 f. persona calva. → 禿(ﾊｹﾞ)げ頭. ▶禿げ上がった額[はえぎわ] f. frente con entradas. ◆壁 [2壁紙]が剥げかかっている 1La pared [2El papel de la pared] se está desprendiendo. ◆ラッカーの上塗りがすっかりはげて（＝すり減って）しまった La capa de laca se ha desprendido del todo.

ばける 化ける(別の姿になる) v. transformarse [convertirse*]《en》, tomar la forma 《de》; (変装する) v. disfrazarse*《de》. → 変装.

はけん 派遣(軍隊・使者などの) m. envío, 《フォーマル》m. despacho. ▶使者の派遣 m. envío de un mensajero. ▶派遣する v. enviar*, 《フォーマル》despachar. ◆政府は文化使節団をフランスに派遣した El gobierno despachó una delegación [misión] cultural a Francia.

はけん 覇権(他国に対する指導権) f. hegemonía; (支配権) f. supremacía, m. dominio, 《フォーマル》 f. hegemonía 《en》; (選手権) m. campeonato. ◆その国に対して覇権を握る v. mantener* la supremacía en el país.

ばけん 馬券 m. billete de apuesta (a un caballo). ▶馬券売り場 f. sala de apuestas. ▶場外馬券売り場 f. sala de apuestas fuera del hipódromo.

**はこ 箱 f. caja. ▶マッチ箱 f. caja de cerillas. ▶弁当箱 f. caja de comida, f. fiambrera. ▶宝石箱 m. joyero. ▶マッチ一箱 f. caja de cerillas. ▶一箱 m. paquete de cigarrillos. ▶本を箱に入れる v. poner* los libros en una caja. ▶トマトを箱で買う v. comprar tomates por cajas. ▶箱入り娘 →箱入り娘.

はごいた 羽子板 f. paleta para el juego del volante.

はこいりむすめ 箱入り娘《口語》f. niña de sus ojos.

はごたえ 歯応え ▶歯応えの1ある[2ない]肉 f. carne 1correosa [2blanda]. ▶歯応えのあるスパゲッティ mpl. espaguetis 《イタリア語》"al dente". ▶歯応えのある（＝かりかりに焼けた）クラッカー fpl. galletas crujientes. ▶歯応えのある（＝読む価値のある）本 m. libro digno de leerse. ◆この仕事は歯応えがある Este trabajo es estimulante.

はこづめ 箱詰め ▶リンゴを箱詰めにする v. meter manzanas en una caja. ▶箱詰めの魚 m. pescado envasado [encajonado].

はこにわ 箱庭 m. jardín en miniatura.

はこび 運び(進行) f. marcha, m. progreso; (段階) f. fase, f. etapa. ◆体育館の建造はほぼ完成の運びになった El gimnasio está casi terminado.

はこびこむ 運び込む v. transportar 《en》. → 運ぶ.

**はこぶ 運ぶ ❶【物を移動させる】v. transportar, llevar. → 輸送. ▶テーブルを2階へ[2部屋の中に; 3家の外へ]運ぶ v. llevar una mesa 1al piso de arriba [2a un cuarto; 3fuera de la casa]. ▶箱を肩にかついで運ぶ v. cargar* [llevar] una caja a hombros. ▶箱を車のところまで運ぶ v. llevar una caja al coche. ◆彼らはけが人を病院まで車で運んだ Llevaron [Transportaron, Trasladaron] al herido en coche hasta el hospital.
❷【物事が進む】v. ir*, salir*; (進歩する) v. progresar, avanzar*; (進行する) v. avan-

zar*, seguir*; (手はずを整える) v. disponer*, llevar. ♦万事うまく運んだ Todo fue [salió] bien. ♦事は順調に運んでいる Las cosas marchan sin problemas. ▶どのように事を運んだらよいだろうか ¿Cómo podemos llevar este asunto?

《その他の表現》♦ 彼はわざわざ私の家まで足を運んでくれた Se tomó la molestia de venir hasta mi casa. → 行く, 来る.

はこぶね 箱舟 》ノアの箱舟 f. Arca de Noé.
はこべ f. pamplina.
バザー m. bazar. ▶チャリティーバザー m. bazar benéfico.
はざいき 端境期 (収穫前の品薄のころ) m. período anterior a la cosecha, (閑散期) m. período fuera de temporada; f. temporada baja.
ばさばさ ▶ばさばさの髪 m. cabello reseco y despeinado.
ぱさぱさ ▶ぱさぱさのパン m. pan reseco.
はさまる 挟まる (間に押し込まれる) v. estar* [quedarse] atrapado 《entre》; (はさまれる) v. ser* agarrado 《pillado, 【スペイン】cogido》《en》, estar* metido 《en》; (間に入る) v. estar* 《entre》; (間に横たわる) v. estar* (situado) 《entre》. ♦バスで二人の太った男性にはさまれてほとんど身動きできなかった En el autobús me quedé atrapado entre dos gordos y apenas podía moverme. ♦車のドアにスカートがはさまった La falda se me quedó pillada en la puerta del coche. ▶ボリビアはチリ, ペルー, アルゼンチン, パラグアイとブラジルにはさまれている Bolivia está situada entre Chile, Perú, Argentina, Paraguay y Brasil.

***はさみ** 鋏 fpl. tijeras; (金属用) fpl. cizallas; (園芸用の) fpl. podaderas, fpl. tijeras de podar; (大型の) fpl. pinzas; (切符用の) f. perforadora. ▶はさみを入れる(=はさみで切る) v. cortar(lo) con las tijeras; (庭木に) v. recortar (las ramas de un árbol) con las tijeras de podar; (切符などに) v. picar*, 【メキシコ】punchar, taladrar un billete. ♦はさみを ¹とぐ [²使う] v. afilar [²usar] las tijeras. ♦このはさみはよく切れない Estas tijeras no「cortan bien [están bien afiladas]. 会話 はさみが要るんだけど — はいどうぞ Necesito unas tijeras. – Aquí están.

はさみうち 挟み打ち ▶敵を挟み打ちにする v. atacar* al enemigo por ambos lados [flancos].

***はさむ** 挟む ❶【間に置く】v. meter [poner*, 《フォーマル》insertar] 《entre》, intercalar. ♦ 彼は本にしおりをはさんだ Metió un marcador (de páginas) entre las páginas del libro. ♦ 私の町は山と山の間にはさまれている Mi ciudad está metida entre dos montañas. ♦ 彼らは机をはさんで(=間に置いて)向かい合って座った Se sentaron cara a cara separados por la mesa. ♦ 彼は耳にたばこをはさんで立っていた Estaba de pie con un cigarrillo metido detrás de su oreja.

❷【指などをつめる】v. pillar(se), 【スペイン】coger(se)*, atrapar(se); (つねる) v. pellizcar*; (カニなどがはさむ) v. picar*. ♦彼はドアに指をはさんだ Se pilló el dedo con la puerta. ♦カニに指をはさまれた Me picó un cangrejo.

❸【落ちないようにつかむ】v. sostener*. ♦はしでそれをはさめますか ¿Puedes sostenerlo con tus palillos?

❹【中断させる】v. interrumpir. ♦彼は私たちの話に口をはさんだ Nos cortó en medio de nuestra conversación.

《その他の表現》♦ 彼はそのことに異議をはさんだ(=唱えた) Presentó [Nos cortó con] una objeción. ♦ それには疑いをはさむ余地がない No cabe ninguna duda. ♦ 彼は彼女のうわさを小耳にはさんだ(=たまたま聞いた) Dio la casualidad que oyó un rumor sobre ella.

はさむ 鋏む ▶枝を鋏む(=はさみで切る) v. recortar las ramas con una podadera.

はさん 破産 f. quiebra (financiera), f. bancarrota; (返済不能)《フォーマル》 f. insolvencia. → 倒産. ♦破産の危機にひんする v. estar* al borde de la quiebra. ♦破産を宣告する v. declararse en bancarrota [bancarrota]. ♦破産宣告を受ける v. ser* declarado en quiebra [bancarrota]. ♦店が火事になり彼は破産した Después del incendio de la tienda,「hizo quiebra [quebró, se arruinó]. ☞ 倒れる, 潰す.

***はし** 橋 m. puente.

1《〜橋》アーチ橋(きょう) m. puente en forma de arco. ▶日本橋 Puente Nihon [Nippon]. ▶両国間のかけ橋となる v. mediar [hacer* de intermediario] entre los dos países. → 石橋, 鉄橋, 吊り橋.

2《橋(の)+名詞》橋げた f. viga de un puente. ♦橋の欄干 fpl. barandillas de un puente. ♦橋のたもと(=そば)で彼女に会った Me reuní con ella cerca del puente.

3《橋が》▶その川にはたくさんの橋がかかっている Hay muchos puentes sobre ese río. ♦新しい橋がきのう開通した Ayer inauguraron un nuevo puente.

4《橋を》▶川に橋をかける v. tender* [construir*] un puente sobre el río. ▶橋を渡る v. cruzar* [atravesar*] un puente. 会話 どこか紳士靴のいい店はないでしょうか — シプリ靴店なんかどうでしょうか. 橋を渡って左側の最初の店です ¿Me puede recomendar una buena zapatería para caballeros? – Sí, vaya a Zapatos Cipri, pasando el puente, a la izquierda.

《その他の表現》▶危ない橋を渡る(=薄氷を踏む) v. andar* en la cuerda floja.

はし 箸 mpl. palillos. ▶はし1ぜん un par de palillos. ▶はし置き m. posapalillos. ▶はしをつける v. ponerse* a comer. ▶はしをつけない v. dejar (la comida) sin comer. ▶はしを置く v. dejar de comer. ♦彼ははしをじょうずに使う Maneja [Se le dan] bien los palillos. ♦はしにも棒にもかからないやつだ(=役立たずだ) No vale para nada. / Es un inútil. / (祈ってやっても改心の見込みはない)No tiene remedio.

***はし** 端 (末端) m. extremo,《フォーマル》 f. extremidad; (先端) f. punta, (とくに縄の) m.

cabo; (縁)*m*. borde, (とくに紙の)*m*. margen; (わき)*m*. lado, *f*. orilla; (すみ)*m*. rincón. ▶橋の向こうの端 *f*. otra punta del puente. ▶島の北の端 adv. en el extremo norte de la isla. ▶道路の端に adv. al lado del camino. ▶テーブルの端に座る(端の席に) *v*. sentarse* en la punta de la mesa; (表面の端に) *v*. sentarse* en el borde de la mesa. ▶ページの端を折る *v*. doblar la esquina [punta] de la página. ▶本を端から端まで読む *v*. leerse* un libro「de principio a fin [de cabo a rabo]. (読み通す) *v*. leerse*「todo el libro [《口語》el libro enterito]. ♦彼はその道を端から端まで捜した Buscó por toda la calle. / Registró por la calle「de una punta a otra [《口語》de cabo a rabo]. / (くまなく)Buscó a fondo por toda la calle.

***はじ** 恥 *f*. vergüenza; (屈辱) *f*. humillación; (不名誉) *f*. deshonra, *m*. deshonor, *f*. infamia, *f*. afrenta, 《フォーマル》*m*. oprobio, 《文語》*m*. baldón; ((口語》(たつが悪いこと) *f*. vergüenza, *m*. bochorno. → 恥ずかしい. ♦試験が0点で恥をかいた「Me dio vergüenza [Sentí vergüenza por] haber sacado un cero en el examen. ♦皆に笑われて恥をかいた Todos se rieron de mí y me sentí humillado. ♦そんなうそをつくとは恥を知れ ¡Vergüenza debe darte [¡Qué vergüenza] decir tal mentira! ♦貧乏はけっして恥ではない Ser pobre no es ninguna deshonra. ♦彼は一家の恥(さらし)だ Es la deshonra [vergüenza] de la familia. ♦私は恥を忍んで彼に金を請うた Me tragué la vergüenza y le pedí dinero. ♦こんなことぐらい知らないと恥だぞ (= 当然こんなことは知っておくべきだ) Es una vergüenza no saber esto.

《その他の表現》恥も外聞もなく (= 世間体を顧みずに) adv. sin ninguna vergüenza.

パジェットびょう パジェット病 《専門語》*f*. enfermedad de Paget.

はしか 麻疹 《専門語》*m*. sarampión. ▶はしかにかかる 《スペイン》coger* 《ラ米》agarrar, contraer*] el sarampión.

はしがき 端書き *m*. prólogo, *m*. prefacio. → 序文.

はじく 弾く ❶ 【指・つめではね飛ばす】 *v*. dar* un capirotazo; tirar al vuelo con los dedos, 《メキシコ》aventar* con los dedos. ▶硬貨を指ではじく *v*. tirar una moneda a「《スペイン》cara o cruz [《ペルー》cara o sello, 《アルゼンチン》cara o ceca], echar un vistazo. ❷【はねかえす】 *v*. repeler. ♦この布地は水をはじく Esta tela repele el agua.

はじ 艀 *f*. barcaza, *f*. gabarra, *f*. lancha. ▶はしけの船頭 *m*. lanchero.

はじける 弾ける (ぱっと開く) *v*. abrirse* de golpe; (音を立てて開く) *v*. rajarse; (割れて開く) *v*. reventar*. ♦エンドウ豆のさやが弾ける音が聞こえる時がある Hay veces en que se oye cómo se revienta la cáscara de los guisantes.

はしご 梯子 *f*. escalera (de mano); (脚立) *f*. escalera de tijera. ▶縄ばしご *f*. escala de cuerda [soga]. ▶避難用はしご *f*. escalera de emergencia. ▶はしごの段 *m*. palo de escalera. ▶はしごを塀に掛ける *v*. apoyar la escalera contra la pared. ▶はしごを上る[登る] *v*. subir [trepar] por la escalera. ▶はしごを降りる *v*. bajar por la escalera. ▶はしごを支える *v*. sujetar una escalera.

《その他の表現》はしご酒をする *v*. ir* de copas de bar en bar, hacer* la ronda de bar en bar.

はじしらず 恥知らず ♦彼は恥知らずだ Es un sinvergüenza. / No tiene vergüenza. ☞厚かましい, 図々しい, 猛々しい

はしたがね はした金 *f*. pequeña suma de dinero, 《口語》*f*. calderilla, 《メキシコ》《口語》*f*. feria.

はしたない (みっともない) *adj*. indiscreto; (慎みのない) *adj*. indecente; (不名誉な) *adj*. vergonzoso. ♦はしたないるまいはするな No seas indiscreto. / No te portes indecentemente.

ばじとうふう 馬耳東風 ♦彼の忠告を馬耳東風と聞き流す *v*.「hacer* oídos sordos [no prestar oídos] a sus consejos.

はじまり 始まり (開始) *m*. principio, 《フォーマル》*m*. inicio, *m*. comienzo; (原因) *f*. causa; (起源) *m*. origen. ♦地球上の生命の始まり *m*. origen de la vida en la tierra. ♦うそつきは泥棒の始まり Mentir es el comienzo del robo. / Se empieza a robar mintiendo.

はじまる 始まる ❶ 【開始される】 *v*. empezar*, comenzar*, 《フォーマル》iniciarse; (会などが) *v*. inaugurarse, abrirse*; (戦争などが) *v*. estallar. → 始める. ♦5月1日から始まる1週間のスケジュール *m*. horario de la semana que empieza el [a partir del] 1 de mayo. ♦学校は9時 [2 el 1 de abril, 3 en abril]. ♦私たちが会場に着いたときコンサートはもう始まっていた Cuando llegamos a la sala, el concierto ya había empezado. ♦朝の礼拝は賛美歌で始まった El servicio religioso de la mañana comenzó con un himno. ♦会議は午前10時に始まる La reunión empieza 《フォーマル》se inicia] a las diez de la mañana. ♦雨季が始まった La estación de lluvias ha empezado. / Hemos entrado en la época de lluvias. ♦スペイン内乱は1939年に始まった La Guerra Civil Española estalló [empezó] en 1936. ❷【起源がある】 *v*. originarse, comenzar*, iniciarse, 《フォーマル》tener* sus orígenes; (時期が) *v*. datar 《de》. ♦文芸復興はイタリアで始まった El Renacimiento se inició [se originó, tuvo sus orígenes] en Italia. ♦日本の農耕は弥生時代に始まる La agricultura de Japón data del período Yayoi.

《その他の表現》今さら泣いても始まらない (= むだである) 《言い回し》A lo hecho pecho. / Ya no vale lamentarse. ♦それは今に始まったことではない (= 古い話だ) Es「el mismo cuento [la misma historia] de siempre. /《口語》La eterna canción.

*はじめ 初 *m*. principio, *m*. comienzo, *f*. apertura, *f*. inauguración → 冒頭; (起源) *m*. origen; (一番初めのもの) *m*. primero.

1《～初め》▶新学期の初めに *adv.* al principio de un nuevo curso, el día de la apertura del nuevo curso. ▶昭和の初めに (＝早い段階に) *adv.*「al principio [en la primera parte] de la era Showa.

2《初めが》▶何事も初めが大事 Un buen comienzo prepara un buen final.

3《初めの[は]》▶初めの2ページ *f.pl.* primeras dos páginas. ▶初め(＝元)の計画 *m.* plan original. ▶初め(＝最初)は好きになれなかった Al principio a mí no me gustó él. ▶その物語は初め(のうち)は(＝初めの部分は)退屈だ La historia es aburrida en un principio.

4《初めに》▶初めに国立人類学博物館に行った Primero [Para empezar] fui al Museo Nacional de Antropología. ▶彼ははずまず初めに自己紹介をした Para empezar se presentó. / Empezó presentándose.

5《初めから》▶もう一度初めから読みなさい Vuelve a leerlo desde el principio. ▶私は彼の話を初めから終わりまで聞いた Escuché su discurso「de principio a fin [《口語》de cabo a rabo]. ▶初めから彼がそれをやったのだと分かっていた Desde el principio supe que fue él quien lo hizo. / Sabía desde el comienzo que lo hizo él.

《その他の表現》▶ガイドを初め (＝含めて)7人が死んだ Perecieron siete personas incluyendo el guía. 《関連》最初,初,序,滑り出し

* **はじめて** 初めて *adv.* por primera vez, la primera vez. 《会話》ご主人に初めてお会いになったのはいつですか―3年前です ¿Cuándo「viste a tu marido por primera vez [conociste a tu marido]? – Hace tres años. ▶富山に来たのはこれが初めてです Es la primera vez que estoy [he venido] a Toyama. / Es mi primera visita a Toyama. / No había venido antes a Toyama. ▶初めて京都に行ったとき,金閣寺を見に行った La primera vez que fui a Kioto, visité el Templo (de) Kinkakuji. ▶私は生まれて初めて富士山を見た Vi el Monte Fuji por primera vez en toda mi vida. / Fue la primera vez en mi vida que vi el Monte Fuji. ▶君があんなに怒ったのを初めて見たよ (＝今まで一度も見たことがない)「Nunca te he visto [Fue la primera vez que te vi] tan enfada*do*. ▶大航海時代を始めたのはポルトガルが初めてだ De todos los países, Portugal fue el primero en iniciar la época de las grandes navegaciones.

《その他の表現》▶きのうになって初めてそれを知ったNo lo supe hasta ayer. / Hasta ayer no lo sabía. / Sólo lo supe ayer.

はじめまして 初めまして Encantad*o*. / Mucho gusto. / 《フォーマル》 Encantad*o* de conocerle. / 《フォーマル》 Mucho gusto en conocerle [conocerla]. / Es un placer. / 《口語》 Hola. / ¿Qué tal?

** **はじめる** 始める *v.* empezar*, comenzar*, 《フォーマル》dar* comienzo, 《フォーマル》iniciar; (取りかかる) *v.* poner*se**《a＋不定詞》; (重要なことを) *v.* emprender. ▶その仕事を始める *v.* empezar* [emprender] el trabajo. ▶交渉を始める *v.* iniciar [《フォーマル》abrir*] las negociaciones.

▶雨が降り始めた Empezó [Comenzó; Se puso] a llover. ▶先生が話し始めると皆おしゃべりをやめた *El/La* profes*or/sora* comenzó a hablar y todos se callaron. ▶[1]簡単な事[[2]10ページ;[3]前の授業の復習]から始めよう Vamos a empezar [1]con algo fácil [[2]en la página 10; [3]repasando la última lección]. ▶みなさん,おはようございます。では始めましょうか(会議などで) Buenos días a todos. Vamos a empezar. ▶いつチェスを始めたのですか ¿Cuándo empezaste con el ajedrez? 起こす,掛[架]かる,立ち上がる,着手,就く,取り掛かる

はしゃ 覇者 (征服者) *mf.* conquistad*or/dora*; (優勝者) *mf.* campeón*/ona*; (勝者) *mf.* vencedor*/dora*, *mf.* ganad*or/dora*.

ばしゃ 馬車 (乗用の) *m.* carruaje, *m.* carro, *m.* coche; (豪華な) *f.* carroza; (乗り合いの) *f.* diligencia; (小さな1頭立ての) *f.* berlina, *f.* calesa; (荷馬車) *f.* carreta. ▶2頭立ての馬車 *m.* carruaje de dos caballos [tiros]. ▶駅馬車 *f.* diligencia. ▶馬車馬のように働く *v.* trabajar como「un esclavo [《口語》una mula].

はしゃぐ (子供などが飛び回る) *v.* retozar*, saltar de alegría [alborozo]; (浮かれ騒ぐ) *v.* armar jolgorio. ▶はしゃぎ過ぎる *v.* alegrarse demasiado《por》. ▶その子供ははしゃいでいた (＝うれしくて興奮していた) El niño retozaba de alegría.

パジャマ *m.* pijama.

地域差 パジャマ
[スペイン] *m.* pijama
[キューバ] *f.* payama
[メキシコ] *f.* pijama, *f.* piyama
[ペルー] *m.* pijama
[コロンビア] *f.* piyama
[アルゼンチン] *m.* pijama, *m.* piyama

ばじゅつ 馬術 *f.* equitación, *f.* habilidad en el manejo del caballo. ▶馬術競技 *f.* equitación, 《フォーマル》 *f.* hípica, *f.* doma.

はしゅつじょ 派出所 (警察の) *m.* puesto de policía.

* **ばしょ 場所** ❶【所】 *m.* lugar, *m.* sitio, *m.* local; (しっかりとした) *f.* posición, 『ラ米』 *f.* ubicación; (建物の)《フォーマル》 *m.* emplazamiento; (特定の地点) *m.* punto, *m.* sitio; (事件などの現場) *m.* lugar, *f.* escena. → 所. ▶次から次へと場所を変わる *v.* cambiar de un lugar a otro. ▶絶えず紛争の起こる場所 *m.* punto problemático, *m.* punto negro. ▶ここはあの事故のあった場所です Aquí fue donde tuvo lugar el accidente. / Esta es la escena del accidente. ▶この場所は座り心地がよい Este lugar es cómodo para sentarse. ▶ここは若者に人気のある場所です Este es un lugar popular entre la juventud. 《会話》ごらん,衛兵の交代をやってるよ―早く!いい場所をとろう ¡Mira! ¡El cambio de guardia! – ¡Rápido! Vamos a coger un buen sitio. ▶ひげそり道具を置く場所はあるかな(スーツケースを詰めていて) ¿Hay algún sitio dónde poner mis cosas de afeitar?

❷【位置】 *m.* lugar, 《フォーマル》 *m.* emplaza-

1134　はしょうふう

miento, 《位置関係が》 *f.* posición, *f.* ubicación, 《フォーマル》 *f.* localización. ▶新しい工場に好適の場所 *m.* lugar [*m.* emplazamiento] adecuado para una nueva fábrica. ▶行方不明の息子がいる場所を突き止める *v.* "localizar" a [hallar el paradero de] un hijo perdido. ♦そのホテルは海を見渡すすばらしい場所にある 《フォーマル》 Ese hotel ocupa un magnífico emplazamiento dominando el mar. ♦警官は地図で学校の場所を教えてくれた El policía me mostró la posición de la escuela en el mapa. ❸【余地】 *m.* espacio, *m.* lugar, *m.* sitio. → 所. ♦私の家にはグランドピアノを置く十分な場所がありません En mi casa no hay espacio para un piano de cola. ♦私の座る場所をあけてください Por favor, hazme sitio. ♦この家具は場所を取りすぎる Este mueble ocupa demasiado espacio.
❹【座席】 *m.* asiento. ▶列車の場所を取っておく（＝席を予約する） *v.* reservar un asiento en un tren. ♦君の場所に戻りなさい Vuelve a tu asiento. ♦場所を替わってくださいませんか ¿Me puede cambiar el asiento, por favor?
❺【相撲】 ▶ 1 春 [2 名古屋] 場所 *m.* Torneo de Sumo de 1la Primavera [2Nagoya]. ▶大相撲初場所 *m.* Gran Torneo de Sumo de Año Nuevo ▼その場、地、所、土地

はしょうふう　破傷風　*m.* tétano(s).

ばしょがら　場所柄　▶場所柄（＝自分がどこにいるか）をわきまえない *v.* no conocer* el lugar. ▶場所柄（＝その場所から予想されるとおり）外国人客が多い Como cabe esperar de tal lugar, abundan los clientes extranjeros.

はしょる　（すそを折る） *v.* arremangar*; （短縮する） *v.* acortar, abreviar. ▶長い説明をはしょる *v.* abreviar una larga explicación. ▶その本の 2, 3 章をはしょって読む（＝飛ばし読みをする） *v.* saltarse algunos capítulos del libro. ▶はしょって話せば *adv.* resumiendo, para abreviar, 《口語》en cuatro palabras.

*__はしら　柱__　*m.* pilar, *f.* pilastra; （支柱） *m.* puntal, *m.* soporte, *m.* sostén; （円柱） *f.* columna; （テント・家などの） *m.* poste. ▶火柱 *f.* columna de fuego [llamas]. ▶柱時計 *m.* reloj de pared. ▶柱を立てる *v.* levantar un pilar. ▶屋根は多くの柱で支えられている El tejado está sostenido por numerosos pilares. ♦彼らは一家の柱（＝大黒柱）を失った Han perdido al principal sostén de la familia.

はじらい　恥じらい　*f.* timidez; （ばつが悪いこと） *f.* vergüenza; （赤面） *m.* rubor, *m.* sonrojo. ▶彼の言葉に彼女は恥じらいを示した（＝赤面した） Sus palabras la hicieron sonrojar. / Se ruborizó con sus palabras.

はじらう　恥じらう　*v.* avergonzarse* 《de》, estar* avergonza*do* 《por》. → 恥ずかしい.

はしり　走り　❶【走ること】 *f.* marcha, *f.* carrera. ♦あの車いい走りしてるねえ Ese coche marcha estupendamente [a la perfección].
❷【初物】 *fpl.* primicias. ▶マツタケの走り *m.* primer "matsutake" de la temporada. ▶走りの果物 *f.* fruta temprana, *fpl.* primicias.

はしりがき　走り書き　*m.* escrito「a la carrera [《口語》a mata caballo], （《口語》 *m.* (*mpl.*) garabato(s). ▶ 2, 3 行走り書きする *v.* "escribir* a la carrera [garabatear] unas líneas.

はしりたかとび　走り高跳び　*m.* salto de altura.

はしりつかい　走り使い　（用事） *m.* recado, 《メキシコ》 *m.* mandado; （人） *m.* chico de los recados, *mf.* mandader*o/a*. ▶走り使いをする *v.* hacer* 《a + 人》un recado.

はしりはばとび　走り幅跳び　*m.* salto de longitud.

はしりよみ　走り読み　▶（報告書を）走り読みする（ざっと読む） *v.* leer* (un informe) 「con prisa [《フォーマル》apresuradamente], 《口語》a la carrera, 《口語》de prisa y corriendo]. ▶新聞を走り読みする（＝ざっと目を走らせる） *v.* "hojear el [echar un vistazo al] periódico.

*__はしる　走る__　❶【人・動物が】 *v.* correr, echar una carrera, corretear. ▶家から走り出す *v.* salir* corriendo de casa. ▶全速力で走る *v.* correr lo más rápido posible. ♦彼は走るのが速い Corre muy rápido. / Es un corredor muy rápido. ♦早[速]い. ♦彼は駅から走ってきた Vino de la estación corriendo. ♦先生のところへ走って行きなさい Corre hasta donde está *el/la* profesor*/sora*. ♦彼は道路を走って渡った Cruzó la calle corriendo. ♦私はバスに乗ろうとして走った Eché「a correr [una carrera] para coger [tomar] el autobús. ♦彼は百メートルを 12 秒で走った Corrió 100 metros en 12 segundos. / Tardó 12 segundos en recorrer los 100 metros. ♦バス停まで走って 3 分です「Es una carrera de [Corriendo se tarda] tres minutos hasta la parada de autobuses.
❷【乗り物などが】 *v.* correr, ir*, marchar, andar*, moverse*, rodar*. ♦この車はよく走る Este coche corre [marcha] bien. ♦ヨットが速く走っている El yate va muy rápido. ♦電車はとてもゆっくり走っていますね El tren「se mueve [va, marcha] muy despacio. ♦車は時速 50 キロで走った El coche iba [corría] a unos 50 kilómetros por hora. ♦このバスは東京大阪間を走っている Este autobús hace el trayecto Tokio-Osaka. ♦道は川添いに走っていた La carretera iba por el río.
── 走らせる　*v.* hacer* correr; （車を） *v.* conducir*, 【メキシコ】manejar. ▶車を走らせる *v.* conducir* un coche. ♦先生は私たちに百メートル走らせた *El/La* profesor*/sora* nos dijo que corriéramos 100 metros. ♦AとBの間に 1 日 10 本の急行を走らせることは難しい Es difícil que 10 trenes vayan entre A y B en un día.

はじる　恥じる　*v.* avergonzarse*, tener* [sentir*] vergüenza [bochorno]. → 恥, 恥ずかしい. ▶恥ずべき行為 *f.* conducta vergonzosa. ▶無知を恥じる *v.* avergonzarse* de ser* ignorante. ▶良心に恥じない [2恥じる] *v.* tener* la conciencia 1limpia [2sucia]. ▶名声に恥じない（名声に答える） *v.* estar* a la altura de su reputación; (名に値する) v.「ser* dig*no* del [merecer* el] nombre. ♦私はうそをついたことを恥じた Me dio vergüenza el haber mentido. / Me avergonzó haber dicho una mentira. ♦彼は紳士たるに恥じない (＝紳士たる名に値する) Merece el nombre de caballero.

はしわたし 橋渡し (仲介)f. mediación; (仲介者)mf. mediad*or*/dor*a*, mf. intermediari*o*/ ri*a*; (仲介する)v. mediar, hacer* de intermediario《entre》. →仲介. ▶二つの文明の橋渡しをする (＝ギャップを埋める) v. salvar el abismo entre dos civilizaciones distintas.

はす 蓮 m. loto. ▶蓮の花 f. flor del loto.

はす 斜 ▶はすに (＝斜めに)ベレー帽をかぶっている v. llevar la boina ladeada. → 斜め.

＊＊はず (当然) v. tener* que 《＋不定詞》, deber 《＋不定詞》, deber de 《＋不定詞》, hay que 《＋不定詞》, haber* de 《＋不定詞》, ¡A 《＋不定詞》!. ❶【...である[する]はずだ】♦今たまには正午までにはそこへ着くはずだ Si salimos ahora, llegaremos allí antes de mediodía. / Saliendo ahora, debemos estar allí antes de mediodía. ♦彼はもうすぐ来るはずだ Tiene que llegar en unos minutos. / Llegará en unos minutos. ♦バスは10時に着くはずだ El autobús llegará [debe llegar] a las diez. 会話 太郎は部屋にいますか―いるはずです「Está Taro en su cuarto?－Sí, 「tiene que [debe de] estar. / (いるはずなのにいない)「Tendría que [Debería] estar, pero de hecho no está. ♦彼女は今ごろはもう仕事を終えたはずだ Por ahora tiene que haber terminado el trabajo. ♦彼らは8時30分に到着するはずだった Deben haber llegado a las ocho y media.

❷【...である[する]はずがない】v. no poder* 《＋不定詞》, es imposible 《que ＋ 接続法》. ♦そんなはずはない Eso no puede ser verdad. / ¡Es imposible! ♦あの店はそんなに込んでいるはずはない「Esa tienda no puede estar [Es imposible que esa tienda esté] tan llena. ♦子供はまだ幼いのでそんなことをするはずがない Todavía es muy joven, por eso estoy seguro que no podrá hacerlo. ♦彼がそんなばかなことをしたはずがない「No puede haber [Es imposible que haya] hecho una tontería así. → 可能性.

会話 手伝ってくださる―断わるはずがないだろう ¿No ayudas? ¿Cómo voy a negarme?

＊＊バス ❶【乗合バス】m. autobús.

1《〜バス》▶観光バス m. autocar. ▶市内バス m. autobús urbano. ▶スクールバス m. autobús escolar. ▶長距離バス m. autobús interurbano, m. autocar. ▶通勤バス m. autobús de tránsito. ▶2階建てバス m. autobús de dos pisos. ▶空港バス f. limusina de aeropuerto.

地域差 バス
〔全般的に〕m. autobús, m. bus
〔キューバ〕f. guagua, m. ómnibus
〔メキシコ〕m. camión
〔ペルー〕m. ómnibus
〔コロンビア〕f. buseta, m. colectivo
〔アルゼンチン〕m. colectivo, m. micro, m. ómnibus

2《バス(の)＋名詞》▶バスガイド mf. guía de autobús. ▶バスの事故 m. accidente de autobús. ▶バスレーン m. carril de autobús. ▶バスターミナル(大規模の) m. terminal de autobuses. ▶バス代 f. tarifa de autobús. ▶バス停(留所) f. parada de autobús. ▶バス路線 f. ruta de autobús. ▶バス旅行をする v. hacer* un viaje en autobús 《a》. ♦ここはバスの便がよい Aquí hay un buen servicio de autobuses. ♦きのうバスの中で田中君に会った Ayer vi al Sr. Tanaka en el autobús.

3《バスが[は]》▶ほら, バスが来たよ ¡Mira, ya viene el autobús! ♦彼は次のバスはいつ来るかと尋ねた Preguntó cuándo llegaba el siguiente autobús. ♦駅から大学まではバスが15分ごとに通っている Hay un servicio de autobús cada quince minutos entre la estación y la universidad. 会話 このバスはどこ行きですか―東京駅(行き)です ¿Adónde va este autobús?－A la estación de Tokio. ♦このバスは大阪駅に行きますか ¿Va este autobús a la estación de Osaka? / ¿Es éste el autobús de [que va a] la estación de Osaka? 会話 次のバスはあと何分くらいで来ますか―あと15分くらいで来ます ¿Cuándo viene [llega, pasa] el siguiente autobús?－Dentro de unos quince minutos.

4《バスに[から, を]》▶バス¹に乗る [²から降りる] v. ¹subirse al [²bajarse del] autobús《en》. ▶バスを乗り¹違える [²違えている] v. ¹equivocarse* [²estar* equivoca*do*] de autobús. ▶8時30分のバスに間に合う v. llegar* a tiempo para el autobús de las ocho y media. ♦今朝がたバスに乗り遅れた Esta mañana perdí el autobús. ♦市バスの36番に乗って次のバス停で降りて5番のバスに乗り換えなさい Toma el autobús municipal 36, baja en la primera parada y cambia al autobús 5.

5《バスで》▶バスで学校へ行く v. ir* a la escuela en autobús, tomar el autobús para ir* a la escuela. ♦ここからその町までバスで3時間です De aquí a la ciudad se tarda tres horas en autobús. / Es un viaje de tres horas en autobús de aquí a la ciudad.

❷【低い声】m. bajo. ▶バスを[で]歌う v. cantar de bajo. ▶バス歌手 m. bajo.

❸【風呂(は)】m. baño. → 風呂. ▶バスタオル f. toalla de baño. ▶バスローブ f. bata de baño, m. albornoz. ▶バスルーム m. cuarto de baño. ♦(ホテルの予約などで)その部屋はバス・トイレ付きですか ¿La habitación tiene cuarto de baño privado?

地域差 バスタブ
〔全般的に〕f. tina, f. bañera
〔スペイン〕f. bañera
〔キューバ〕f. bañadera
〔アルゼンチン〕f. bañadera, f. pileta

パス (無料入場・乗車券) m. pase, m. pase libre; (定期券) m. (billete de) abono; (ボールの) m. pase; (トランプ) m. pase; 《専門語》 m. paso, 《専門語》 m. camino, 《専門語》 f. localiza-

ción. ▶パスボール f. bola pasada.
—— v. pasar. → 通る. ▶ボールをパスする v. pasar la pelota [bola] (a). ▶試験にパスする v. aprobar* [pasar] el examen. ◆パスします (トランプで) Paso.

はすう 端数 f. fracción. ▶端数を切り捨てる v. redondear las fracciones. ◆その靴 2 足とも買ってくださるなら端数の 430 円を値引きします Le redondeo el precio y le quito los 430 yenes si se lleva usted los dos pares de zapatos.

ばすえ 場末 ◆彼女は場末の飲み屋で働いている Trabaja en un bar de una pequeña calle en el centro de la ciudad.

はすかい 斜交い ▶はすかいの adj. ladeado, adj. torcido. → 斜(ﾅﾅ).

・**はずかしい 恥ずかしい** (恥ずかしく思う) v. avergonzarse* (de). →恥. ▶恥ずかしくて顔を赤らめる v. "ponerse* colorado [sonrojarse] de vergüenza. ▶恥ずかしそうな顔をする v. parecer* tímido [vergonzoso]. ▶恥ずかしそうに話す v. hablar con timidez. ▶恥ずかしげもなく adv. sin vergüenza [timidez], resueltamente. ◆私はうそをついたことをとても恥ずかしく思う Me avergüenza el haber dicho una mentira. / Siento vergüenza por haber mentido. ◆それは何も恥ずかしいことではない No hay nada de qué avergonzarse. ◆お恥ずかしい話です (=恥ずかしくて言いにくい)が私はスピード違反で捕まったのです Me avergüenza confesarlo, pero me detuvieron por exceso de velocidad. ◆人前で話すのは恥ずかしい Me da vergüenza hablar en público. ◆道路で転んで本当に恥ずかしかった ¡Qué vergüenza cuando me caí en la calle! / Me dio mucha vergüenza caerme en la calle. ◆恥ずかしくて人前でそんなことはできない Me da mucha vergüenza hacer algo así en público. ◆彼は恥ずかしがり屋だ Es muy vergonzoso. ◆恥ずかしがらずに話しなさい No tengas vergüenza de hablar conmigo. ◆出席者で女性は私ひとりだったので恥ずかしかった Yo era la única mujer presente y sentía cierta vergüenza. ◆彼女はいつも恥ずかしくない (=きちんとした)身なりをしている Va siempre vestida con decencia.

はずかしめる 辱める (面目を傷つける) v. deshonrar, humillar, (教養語) afrentar, (文語) mancillar; (恥じ入らせる) v. avergonzar*; (侮辱する) v. insultar. ◆彼の悪行が[1]学校の名 [2]家名を辱めた Su mala conducta「deshonró a [fue una deshonra para] [1]la escuela [2]su familia. / (汚された)El buen nombre de la [1]escuela [2]familia fue deshonrado por su mala conducta.

ハスキー adj. ronco. ▶ハスキーな声で話す v. hablar con la voz ronca.

バスケット (かご) f. cesta; (小さな) m. cesto. ▶バスケット一杯のリンゴ f. cestada de manzanas.

バスケットボール m. baloncesto, 『ラ米』 m. básquetbol.

バスコンガダス las Vascongadas (☆スペインのバスク地方).

・**はずす 外す** ❶【取り外す】(取り去る) v. quitar, apartar; (ボタンなどを) v. desabrochar(se); (鎖を) v. desencadenar. ▶カーテンを外す v. quitar una cortina. ▶上着のボタンを外す v. quitarse los botones de un abrigo. ▶その門の錠をはずして押し開けた v. abrir* la puerta y empujarla. ▶入れ歯を外す (=取り出す) v. quitarse la dentadura postiza. ◆サングラスを外しなさい Quítate las gafas de sol. → 取る.
❷【避ける】(さっと) v. evitar, eludir; (巧みに) v. evadir. ▶[1]攻撃を[2]質問を外す v. eludir [1]un ataque [2]una pregunta). ◆彼はチームから外された (フォーマル) Fue excluido del equipo. ◆集まっておしゃべりするときは私を外さないでね No me dejes fuera cuando se reúnan a charlar.
❸【席を離れる】v. dejar el asiento. ◆彼はしばしば席を外した Dejaba su asiento con frecuencia. ◆彼は今席を外しています En este momento no está en su mesa. / (外出中です) Ahora no está. ◆ちょっと席を外してもよいでしょうか Con permiso, ¿Me permiten un momento?
❹【逃す】v. perder*, desaprovechar. ▶機会を外す (=失う) v. perder* una ocasión. ▶的を外す v. "no dar* en [errar]* el blanco. ▶投手は一球外した El lanzador lanzó una bola fuera de la zona de [(英語) "strike" (☆発音は [estraí(k)]).

バスストップ f. parada [『ラ米』paradero] de autobús [『メキシコ』camión, 『アルゼンチン』ómnibus].

パスタ f. pasta.

バスタオル f. toalla de baño.

パステル m. pastel. ▶パステル画 m. dibujo al pastel. ▶パステルカラー m. tono [m. color] al pastel.

バスト m. busto. ▶バストの小さい女性 f. mujer con poco busto. ◆彼女のバストは 84 センチです 「De busto mide [Su anchura de pecho es de] 84 centímetros.

パスポート m. pasaporte. → 旅券. ▶日本政府発行のパスポートを使って旅行する v. viajar con pasaporte japonés. (会話) パスポートを見せてください—はい，これです ¿Su pasaporte, por favor? – Aquí tiene.

バスマット f. estera (de baño).

はずみ 弾み m. impulso, m. ímpetu. ▶はずみがつく v. tomar [cobrar] impulso. ◆その条約は東洋と西洋の文化交流にはずみをつけるだろう Ese tratado dará ímpetu a los intercambios culturales entre Oriente y Occidente.

【その他の表現】▶何かのはずみで (=思いがけなく) adv. por casualidad. ◆もののはずみでそう言ってしまった Lo dije「al primer impulso [por el ímpetu del momento, en un pronto]. ◆バスをよけようとしたはずみに転んだ Tropecé al intentar evitar el autobús.

はずむ 弾む ❶【はね返る】v. rebotar, (フォーマル) repercutir. → 跳ねる. ▶このボールはよくはずむ Esta pelota 「rebota bien [tiene buen rebote]. ◆ボールははずんで[1]柵(ﾅ)をこえた [2]部屋から飛び出した] La pelota rebotó [1]por encima de la valla [2]fuera del cuarto].

❷【活気づく】(心が) v. saltar, brincar*; (話が) v. animarse; excitarse. ▶はずんだ(=興奮した)声で adv. con la voz excitada. ♦彼女はうれしくて心がはずんだ Su corazón saltó de alegría. ♦話がはずんだ Tuvimos una animada conversación. / La conversación fue animada.

《その他の表現》♦彼は速く走った後で息をはずませていた Después de correr tan rápido, estaba sin aliento. ♦彼にチップをはずんだ Le di una propina generosa.

パズル m. rompecabezas, 《英語》m. "puzzle" (☆発音は [púsle]). ▶ 1ジグソー[2クロスワード] パズルをする v. hacer* un 1rompecabezas [2crucigrama].

バスルーム m. cuarto de baño. → 便所.

はずれ 外れ ❶【端】▶村の外れに adv. en las afueras del pueblo. ♦彼はその町の外れ(=郊外)に住んでいる Vive en「las afueras [la periferia] de la ciudad.

❷【当たらないこと】▶外れのくじを引く v. no tocar* el premio, sacar* un número no premiado.

・**はずれる 外れる** ❶【離れる】(ふた・取っ手などが) v. desprenderse, soltarse*; (障子などが) v. salirse* (del marco); (関節などが) v. dislocarse*. ♦なべの柄が1外れた [2外れかかっている; 3外れている] El mango de la sartén 1se ha desprendido [2se está desprendiendo; 3está desprendido]. ♦障子がいつも外れてばかりいる La puerta corredera de papel siempre está saliéndose del marco. ♦滑ってひざの関節が外れた Al resbalar, me disloqué la rodilla. ♦第1ボタンがどうしても外れない El botón de arriba no sale [se puede quitar]. ♦受話器が外れているのかもしれない El auricular quizás esté「mal puesto [fuera de su sitio]」. ♦ドアのちょうつがいが外れた La puerta se ha desgoznado.

❷【それる】(声の調子などが) v. estar* fuera de tono; (軌道などを) v. salirse* de órbita, desorbitarse; (逸脱する) v. desviarse* [salirse*] 《de》. ♦彼の歌は調子が外れている Está cantando fuera de tono. ♦宇宙船は月を回る軌道を外れている La nave espacial está fuera de órbita alrededor de la luna. ♦飛行機は針路を外れて飛んだ El avión voló desviándose de su rumbo. ♦彼は自分の主義からけっして外れることはなかった Jamás se desviaba de sus principios.

❸【当たらない】(的などを) v. errar*, no acertar*; (予報など) v. fallar, equivocarse*. ▶矢が的を外れた La flecha erró el blanco. ♦今日の天気予報は外れた El pronóstico del tiempo de hoy ha fallado.

❹【そむく、反する】▶規則に外れている v. ir* en contra de las reglas.

《その他の表現》♦当て[期待]が外れた(=がっかりした) Fallaron mis expectativas. / Fallé en mis expectativas. ♦目算が外れた(=期待以下だった) No estuvo a la altura de mis expectativas.

パスワード 《専門語》f. contraseña [f. clave] de acceso. ♦パスワードを入れてください Escriba su contraseña, por favor.

はぜ 沙魚 m. gobio.

パセ m. pase (☆ムレータを闘牛にくぐらせる技).

はせい 派生 f. derivación. ▶派生語 m. derivado. ▶多くのスペイン語の単語はアラビア語から派生している Un gran número de palabras españolas derivan del árabe.

パセリ m. perejil.

パソコン 〚スペイン〛m. ordenador personal, 〚ラ米〛m. computador [f. computadora] personal, 《専門語》m. pc. → コンピュータ(ー).

地域差 パソコン
〔全般的に〕《英語》m. "PC" (☆発音は [pePé])
〔スペイン〕m. ordenador personal, m. PC
〔メキシコ〕f. computadora personal
〔アルゼンチン〕f. computadora personal

パソドブレ m. pasodoble (☆闘牛士の入場時などに奏される2拍子の行進曲).

はそん 破損 m. daño, 《フォーマル》m. perjuicio, f. rotura, 《フォーマル》m. desperfecto; (機械的の) f. avería. ▶破損する(物が被害を受ける) v. dañarse, averiarse, 《フォーマル》sufrir un desperfecto; (二つ以上に割れる) v. romperse*. → 壊れる. ▶水道管の破損箇所 f. parte averiada en la cañería de agua. ▶車の破損箇所を修理する v. reparar la avería del coche. ♦その車は事故でひどく破損した El coche「sufrió graves daños [《フォーマル》tenía muchos desperfectos]」por el accidente.

・**はた 旗** f. bandera; (小さな) f. banderita.

1《~旗、旗+名詞》▶1白 [2赤]旗 f. bandera 1blanca [2roja]. ▶旗ざお f. asta. ▶国旗 f. fiesta nacional. ♦彼らは自由の旗のもとに戦った Lucharon bajo「la bandera [el estandarte]」de la libertad.

2《旗(を)》▶旗を揚げる (上に) v. izar* una bandera; (旗ざおに) v. enarbolar una bandera; (窓や戸口から出す) v. desplegar* una bandera. ▶旗を下ろす v. bajar [arriar*] una bandera. ▶旗を振る v. ondear la bandera. ♦旗が風にはためいていた La bandera ondeaba al viento. ♦その船はパナマ1の旗を揚げていた [2船籍だった] El barco 1izaba bandera panameña [2era de pabellón panameño].

《その他の表現》♦彼は一旗揚げようとヨーロッパへ行った Fue a Europa para hacer fortuna.

はだ 肌 ❶【皮膚】f. piel; (特に顔の) f. cutis. → 皮膚. ▶肌色(顔色) f. tez. ▶肌をこする v. frotarse la piel. ▶肌を刺すような寒さ m. frío penetrante. ▶肌を脱ぐ v. desnudarse hasta la cintura; descubrir* los hombros. ▶1柔らかい [2褐色の]肌をしている f. piel 1suave [2oscura]. ▶肌ざわりがよい [2悪い] v. ser* 1suave [2áspero] al tacto. → 肌ざわり.

❷【物の表面】f. superficie. → 山肌、木目.

❸【気質】♦彼は1学者肌 [2芸術家肌]である Tiene madera de 1erudito [2artista]. ♦あなたは彼とは肌合いが違う No tiene una personalidad de tu tipo. /《口語》No es tu tipo. ♦私は彼とは肌が合わない(=うまくやっていけない) No puedo llevarme bien con él. / No nos

llevamos bien.
【その他の表現】♦私は彼のために一肌脱いだ Le eché una mano. ♦私はその雰囲気を肌で(=しかに)感じた De una ojeada comprendí el ambiente.

バター f. mantequilla. ▶1天然［2人造］バター f. mantequilla ¹natural [²artificial]. ▶バター入れ f. mantequillera. ▶バターナイフ m. cuchillo de mantequilla. ▶バター1ポンド una libra de mantequilla. ▶バター付きのパン m. pan con mantequilla. ▶パンにバターを塗る v. untar mantequilla en el pan.

バター (ゴルフの)《英語》m. "putter". (☆発音は[púter]).

はたあげ 旗揚げ ♦旗揚げする(挙兵する) v. reunir* un ejército; (事業を始める) v. emprender un nuevo negocio.

パターン m. modelo, m. patrón. ▶パターン認識《専門語》m. reconocimiento de patrones. ▶一定のパターンに従う v. seguir* un modelo fijo. ♦彼は新しい生活のパターン(=型)に慣れた Se acostumbró al nuevo modelo de vida.

・**はだか 裸** (裸体) f. desnudez; m. (cuerpo) desnudo.
1《裸+名詞》▶裸電球 f. bombilla desnuda. ▶裸馬 m. caballo「sin silla [《口語》a pelo].
2《裸の》adj. desnudo/dora. ▶裸の海水浴客 mf. nadador/dora desnudo/da. ▶裸のまま(=何も身につけないで)寝る v. dormir* desnudo [sin nada de ropa].
3《裸に》▶上半身裸になる v. desnudarse hasta la cintura, desnudar el torso. ▶裸にする v. desnudar, 「quitar (a + 人)［《フォーマル》despojar (a + 人) de] la ropa. → 丸裸. ♦医者は私に裸になって(=衣服を脱いで)下さいと言った El médico me dijo que me desnudara. ♦公園の木々を一晩で(丸)裸になった En una sola noche los árboles del parque se quedaron desnudos.
4《裸で》(素っ)裸である v. estar* 「completamente desnudo [en cueros, 《ユーモアで》como Dios le trajo al mundo]. ▶裸で泳ぐ v. bañarse desnudo. ♦火事になったとき彼は裸だった No llevaba nada puesto cuando se declaró el incendio.
【その他の表現】▶裸一貫からたたき上げた男 m. hombre que empezó de la nada. ▶裸一貫(=ゼロ)から財を作る v. hacer* una fortuna de la nada. ▶裸の付き合いをする v. tener* una relación íntima 《con》.

はたき 叩き m. plumero, mpl. zorros, m. sacudidor. ▶はたきをかける v. sacudir, quitar el polvo (de la estantería).

はだぎ 肌着 f. ropa interior; (アンダーシャツ) f. camiseta.

はたく 叩く (平手で) v. dar* una bofetada; (ほこりを) v. sacudir el polvo 《de》, desempolvar. ▶コートのほこりをはたく v. sacudir el polvo de un abrigo. ♦彼女は有り金をはたいてその宝石を買った(=財布の中身を空にした)《口語》Quedó limpia su cartera para comprar la joya. / (有り金を全部遣った)Se gastó todo el dinero en la joya.

バタくさい バタ臭い (西洋かぶれした) adj. occidentalizado; (西洋風の) adj. occidental.

・**はたけ 畑 ❶**［耕作地］m. campo; (野菜・果物などの) m. huerto; (huerto より大きな) f. huerta; (花などの) m. jardín; (単一作物の小区画) m. bancal. ▶小麦畑 m. trigal, m. campo de trigo. ▶段々畑 m. bancal. ▶花畑 (=花園) m. jardín (de flores). ▶コーヒー畑 m. cafetal. → 農場. ▶リンゴ畑 m. pomar. ▶野菜畑 m. huerto. ▶キャベツ畑 m. huerto de coles. ▶イチゴ畑 m. fresal. ▶ミカン畑 m. campo de mandarinos. ▶茶畑 m. campo de té. ▶ブドウ畑 f. viña. ▶畑でとれたもの mpl. productos agrarios [del campo]. ▶畑仕事をする v. trabajar en el campo. ▶畑へ出る v. salir* al campo. ▶畑を耕す v. cultivar un campo; (土を耕す) v. cultivar la tierra. ▶畑に小麦の種をまく v. sembrar* un campo de trigo. ♦この野菜は畑から取ったばかりです Estas verduras están recién sacadas del huerto.
❷［専門の分野］m. campo, f. área; (得意な分野) f. especialidad, f. rama. ▶実業畑の人 m. hombre de negocios; (女の) f. mujer de negocios. ♦それは畑違いです Eso no es de mi especialidad.

はだける 胸をはだける(=露出する) v. descubrir* 「el pecho [los pechos]. ▶胸をはだけて寝る v. dormir* con el pecho desnudo.

パタゴニア Patagonia (☆アルゼンチンとチリの南部の地方).

はだざむい 肌寒い adj. fresco. → 寒い.

はだざわり 肌ざわり m. tacto. ▶肌ざわりが¹よい [²悪い] v. ser* ¹suave [²áspero] al tacto.

はだし 裸足 adj. descalzo. ▶裸足の少年 m. niño descalzo. ▶裸足で芝生を歩く v. caminar descalzo [con los pies descalzos] por la hierba. ♦彼らはいつも裸足でいる Siempre van descalzos.

はたして 果たして (予想どおりに) adv. como esperaba, como era de esperar; (確かに) adv. efectivamente, (本当に) adv. de verdad, realmente. ♦果たして彼は現われなかった Como esperaba [me temía], no se presentó. ♦雨が降ると思っていたが, 果たしてそのとおりになった Estaba seguro que llovería, como de hecho ocurrió. ♦果たしてそれは本当ですか ¿Puede ser verdad? ♦果たしてまた会えるだろうか ¿Nos volveremos a ver?

・**はたす 果たす ❶**［成し遂げる］v. realizar*; (苦難の末成し遂げる・勝ち取る) v. conseguir*; (遂行する) v. cumplir, llevar a cabo, materializar*; (行なう) v. ejecutar. ▶目的を果たす v. realizar* un objetivo, cumplir un propósito. ▶義務を果たす v. cumplir las obligaciones. ▶望みを果たす v. cumplir las esperanzas. ▶約束を果たす v. cumplir una promesa. ♦心臓は重要な機能を果たす El corazón ejecuta una importante función.
❷［使《遣》い果たす］v. gastar, consumir. ♦私は有り金を全部遣い果たした Me he gastado todo el dinero.

はたせるかな 果たせるかな como era de esperar, como cabía suponer. ♦ 果たせるかなパーティーは大成功だった La fiesta fue un gran éxito, como era de esperar.

はたち 二十(歳) ♦ 彼は二十だ Tiene veinte años. ♦ 彼はまだ二十前だ Todavía no tiene veinte años.

はたと ❶【打ちあたる音】▶はたとひざを打つ(なにかを思い出して) v. golpearse la rodilla.
❷【考えなどが急に浮かぶ】♦彼はある考えをはたと思いついた Se le ocurrió una idea de repente. / De pronto tuvo una idea.
❸【急に言葉が詰まる】♦彼ははたと言葉に詰まった De repente "se quedó sin palabras [no supo qué decir]".
❹【にらみつける】♦彼は私をはたとにらみつけた Se me quedó mirando fijamente.

はたはた ▶はたはた揺れる[なびく] (大きく) v. dar* aletazos, batir; (小刻みに早く) v. ondear, sacudir, agitarse. ♦風に帆がはたはた揺れていた La vela era sacudida por el viento.

ばたばた ❶【大きな音を立てる】(大きく上下または左右に) v. dar* aletazos, batir; (小刻みに早く) v. agitarse, sacudir, ondear. ♦旗が風でばたばたなびいている La bandera ondea al viento. ♦タカが誇らしげに羽をばたばたさせた El halcón batía sus alas orgullosamente. ♦捕まえられた鶏が羽をばたばたいわせた El gallo cautivo "daba aletazos [batía sus alas]".
❷【(足音などを)ばたばたさせる】♦彼はいつもばたばた足音を立てて歩いてくる Siempre camina haciendo ruido.
❸【あわただしく…する】(あわてて急ぐ) v. darse* prisa precipitadamente; (急いで行く) v. marcharse corriendo; (忙しい) v. estar* ocupado [atareado]. ▶一日中ばたばたする v. tener* un día ajetreado [frenético]. ♦にわか雨で歩行者は軒下にばたばた駆けていった Un repentino chaparrón hizo correteor a los peatones en busca de cobijo. (会話) もう行かないと遅れるんだ。こんなにばたばたして悪いなあ—いいんだよ。あとで電話するよ Debo ponerme ahora en marcha o llegaré tarde. Siento salir corriendo de esta forma. – No te preocupes. Te llamaré más tarde. ♦その問題はばたばたと解決した El asunto quedó rápidamente solucionado.
❹【次から次へと】adv. uno tras otro. ♦彼はばたばたと相手を倒していった Derribó a sus rivales uno tras otro.

バタフライ (蝶) f. mariposa; (泳法) f. brazada a (estilo) mariposa. ▶バタフライ泳者 mf. nadador/dora de estilo mariposa. ▶バタフライで泳ぐ v. nadar a estilo mariposa.

はだみ 肌身 ♦彼女は聖書を肌身離さず持っている (=持ち歩く) Siempre lleva consigo una Biblia.

はため 傍目 (他人) los demás, los otros; (世間) m. mundo; (部外者) fpl. personas "de fuera [ajenas]"; (傍観者) mpl. espectadores, mpl. curiosos. ♦彼女は何をするにも傍目を気にしすぎる Se preocupa demasiado de los demás en todo lo que hace.

はためいわく 傍迷惑 (他人に迷惑なこと) f. molestia para los demás. ♦彼女はいつも近所の人のゴシップをまき散らしている。なんとはた迷惑な Siempre anda criticando a los vecinos. ¡Qué molestia! ♦彼女は好き勝手なことをして、はた迷惑だ Por hacer lo que le da la gana, molesta a todo el mundo.

はためく (風に) v. ondear, flamear (al viento).

はたらかせる 働かせる v. hacer* 《a + 人》trabajar. → 働く.

*****はたらき 働き** (仕事) m. trabajo, f. labor, f. tarea, f. faena, f. actividad; (機能) f. función; (作用) f. operación, m. funcionamiento; (役目) m. papel.
 1《～の働き》▶心臓の働き f. actividad del corazón. ▶心の働き m. funcionamiento "de la mente [del corazón]". ♦彼は頭の働きが少し鈍い No es ningún genio. / No es muy inteligente.
 2《働き+名詞》▶働き手 mf. trabajador/dora, m. obrero/ra; (一家の) m. sostén de la familia. ▶働き者 f. persona trabajadora. ▶働き口 m. empleo, m. puesto, f. colocación. ▶働きぶり f. forma de trabajar. ▶働き過ぎ m. trabajo excesivo, m. exceso de trabajo. ♦彼は今が働き盛りだ Ahora se encuentra en la plenitud de su vida laboral.
 3《働きが[の, に, を]》▶働きのある人(能力) f. persona capaz; (稼ぎ) mf. buen/buena trabajador/dora. ▶働きに出る (=出勤する) v. ir* al trabajo. ♦コンピューターは日常生活において重要な働きをしている "Los ordenadores [《ラ米》Las computadoras]" tienen una importante función en nuestra vida diaria. ♦彼女は夫の働きが悪い(=かせぎが少ない)といって文句を言っている Siempre está criticando a su marido por no trabajar [ganar bastante]. ⇨ 動き, 作用

はたらきかける 働き掛ける ♦そのプロジェクトについて社長に働きかけてくれないか ¿No puedes convencer "al presidente [a la presidenta]" acerca del proyecto? ♦彼は辞職するように働きかけられた(=圧力をかけられた) Lo [Le] presionaron para que "dimitiera del trabajo [presentara la dimisión]".

******はたらく 働く** ❶【労動する】v. trabajar, (教養語) laborar, 《メキシコ》《口語》chambear, 《スペイン》《口語》currar, 《強調して》bregar*. → 仕事. ▶働いている v. estar* trabajando [en el trabajo]. ▶働きすぎる v. trabajar demasiado, 《口語》pasarse en el trabajo, 《フォーマル》trabajar en exceso. ▶昼も夜も働く v. trabajar día y noche. ▶働きながら大学を出る v. graduarse* en la universidad trabajando. ▶彼の(指揮の)もとで働く v. trabajar "a sus órdenes [con él]". ♦この工場の労働者は1日8時間働く Los obreros de esta fábrica trabajan ocho horas diarias. ♦彼らは身を粉にして働く Trabajan mucho [duramente, como esclavos, 《口語》como mulas].
❷【勤務する】v. trabajar 《en》. → 勤める.

❸【機能する】v. funcionar, 《口語》marchar, operar. ♦頭がうまく働かなかった Mi cerebro no funcionó bien. ♦心臓は眠っている間も働いている El corazón funciona continuamente, incluso mientras uno/una está dormido. ♦その形容詞は副詞として働く Ese adjetivo funciona como adverbio.

❹【悪事を行なう】v. cometer (un delito), 《フォーマル》delinquir*. ♦盗みを働く v. robar, cometer un robo.

── 働かせる (人を) v. hacer* (a + 人) trabajar; (物・能力を) v. emplear, utilizar*; (機械などを) v. poner* en funcionamiento, operar; (能力などを) v. ejercitar. ♦頭を働かせる v. usar la cabeza. ♦¹想像力 [²分別; ³勘]を働かせる v. usar la ¹imaginación [²discreción; ³intuición]. ♦視力を働かせる v. ejercitar la vista. ♦なぜ彼らは彼をそんなに働かせるのか ¿Por qué le hacen trabajar tanto?

ばたりと ♦ばたりと倒れる v. caer* 「con un ruido sordo [pesadamente]. ♦ばたりと (=突然) 雨がやんだ De repente dejó de llover.

はたん 破綻 (計画・事業などの失敗) m. fracaso; (破産) f. quiebra, f. bancarrota; (人間関係の) m. rompimiento. ♦破綻した外交政策 f. política exterior en quiebra. ♦事業に破綻をきたした El negocio fracasó. ♦彼らの結婚は1年で破綻した Su matrimonio se rompió al año.

はだん 破談 ♦縁談を破談にする (=関係を絶つ) v. cancelar [romper*] un compromiso.

ばたん ♦ばたんと音を立てて adv. con 「un golpe [estrépito]; (にぶく重い音) adv. con un ruido sordo. ♦戸をばたんと閉める v. dar* un portazo, cerrar* la puerta de golpe. ♦彼女は床にばたんと倒れた Se cayó al suelo de golpe. ♦窓がばたばたんと鳴り続けた La ventana no dejaba de 「hacer ruido [traquetear] por el viento.

ばたんきゅう ♦いやあ疲れたなあ.この分じゃばたんきゅうだよ Estoy muy cansado. Creo que caeré dormido tan pronto como me acueste.

ばたんと ♦机のふたをばたんと閉じる v. bajar de golpe la tapa del pupitre. ♦ドアがばたんと閉まった La puerta se cerró de golpe. → ばたん. ♦子供が床にばたんと倒れた El niño se cayó al suelo de golpe.

はち 蜂 (ミツバチ) f. abeja; (スズメバチ) f. avispa; (大形の) m. avispón. ♦¹女王 [²働き]バチ f. abeja ¹reina [²obrera]. ♦(ミツバチの)雄バチ m. zángano. ♦ハチの巣 m. panal (de miel); (巣箱) f. colmena; (集合的) m. colmenar. ♦ハチの巣をつついたような騒ぎになる (人々・催し物などが) v. convertirse en 「《口語》una casa de locos [un manicomio, un mar de confusión]. ♦ハチがぶんぶんいっている Las abejas están zumbando. ♦数人の子がハチに刺された A unos niños les picaron las abejas.

はち 八 num. ocho; (8番目の) adj. octavo. → 三. ♦8時間労働 f. jornada laboral de ocho horas. ♦額に八の字を寄せる v. fruncir* el ceño [entrecejo].

はち 鉢 (どんぶり) m. tazón, m. bol; (植木鉢) f. maceta, m. tiesto; (水盤) f. bandeja para colocar flores. ♦バラを鉢に植える v. plantar un rosal en una maceta. → 鉢植え.

ばち 罰 (天罰) m. castigo 「del cielo [de Dios]; (懲罰) m. castigo; m. escarmiento. → 罰(⁵). ♦彼の失敗はあんなに怠けた罰だ Su fracaso es un castigo por haber sido tan perezoso. / Merece el fracaso por haber sido tan perezoso. ♦そんなものに金を浪費していては罰が当たるよ El cielo te castigará por gastar el dinero en cosas así.

ばち 撥 (ギター・三味線などの) m. plectro, 《口語》f. púa; (太鼓などの) m. palillo, f. baqueta.

はちあわせ 鉢合わせ ♦鉢合わせする (頭と頭を) v. darse* un golpe en la cabeza; (偶然出会う) v. encontrarse* por casualidad, darse* de narices 「con. ♦街角で旧友と鉢合わせた En la esquina de la calle me tropecé con un/una viejo/ja amigo/ga.

はちうえ 鉢植え ♦f. planta en maceta. ♦鉢植えのシュロ m. palmito en maceta.

ばちがい 場違い ♦場違いな (=その場にふさわしくない) 発言 fpl. palabras 「fuera de lugar [impropias]. ♦場違いである v. estar* fuera de lugar, ser* impropio / 《フォーマル》inapropiado.

*はちがつ 八月 m. agosto, 【略】ago. ♦8月に adv. en agosto.

バチカン El Vaticano. ♦バチカン宮殿 m. Palacio del Vaticano. ♦バチカン市国 (公式に) m. Estado de la Ciudad del Vaticano; (俗に) f. Ciudad del Vaticano (☆イタリア, ローマ市の一地区を占めるローマ法王が統治する独立国).

はちきれる はち切れる (いっぱいになる) v. estallar, rebosar, 《口語》reventar*. ♦食べ過ぎておなかがはち切れそうだ Voy a estallar de tanto comer. ♦その娘たちは若さではち切れんばかりだ Esas muchachas rebosan de juventud. ♦彼のかばんははち切れんばかりに詰め込んであった Su bolsa parecía estallar de tantos libros que contenía.

はちくのいきおい 破竹の勢い f. fuerza irresistible. ♦その若い会社は破竹の勢いであった La joven empresa tenía una fuerza irresistible.

ぱちくり ♦目をぱちくりさせる v. parpadear (de asombro). ♦彼女は私に向かって目をぱちくりさせた Se me quedó parpadeando.

はちじゅう 八十 num. ochenta.

ハチドリ 蜂鳥 m. colibrí.

ぱちぱち ❶【ぱちぱち拍手をする】v. aplaudir, dar* palmadas, batir palmas. ♦聴衆はその女優が現われるとぱちぱち拍手をした El público aplaudió al aparecer la actriz. ❷【続けて小さめの音がぱちぱちする】v. restallar, crepitar. ♦乾いた小枝がぱちぱち音を立てて燃えた Las ramitas secas restallaban al quemarse. ♦彼はむちをぱちぱち鳴らした Hizo restallar el látigo. ❸【目をぱちぱちさせる】v. parpadear; pestañear.

はちまき 鉢巻き "hachimaki", 《説明的に》f. toalla ceñida en torno a la cabeza. ▶鉢巻きを¹する [²している] v. ¹ponerse* [²llevar] "hachimaki" en la cabeza.

はちみつ 蜂蜜 f. miel.

はちみり 八ミリ (映画) f. película de 8 milímetros. ▶(映写機) m. proyector para películas de 8 milímetros. ▶(カメラ) f. cámara para películas de 8 milímetros.

ばちゃばちゃ ▶ばちゃばちゃと水を飛ばす v. chapotear, salpicar*. ▶ばちゃばちゃさせて adv. con chapoteos. ♦子供たちが水たまりをばちゃばちゃ駆け抜けた Los niños corrían por el charco chapoteando.

ばちゃん →ばちゃばちゃ

はちゅうるい 爬虫類 mpl. reptiles. ▶爬虫類時代 f. era de los reptiles.

はちょう 波長 f. longitud de onda. ▶スペインの対外放送に波長を合わせる v. sintonizar* con Radio Exterior de España. ▶われわれは波長が合わない 《口語》No「estamos en la misma onda [tenemos la misma sintonía].

ぱちん ▶ぱちんと音を立てて adv. con un chasquido [clic, ruido seco]. ♦彼女はスーツケースをぱちんといわせて閉じた Cerró la maleta con un clic. ♦そのふたはぱちんと閉まった La tapa se cerró de golpe. ♦クルミがぱちんと割れた La nuez「chasqueó y se abrió [se partió con un chasquido].

ぱちんこ (石などを飛ばす玩具) m. tirachinas, m. tirador.

> [地域差] ぱちんこ
> [スペイン] m. gomero, f. tirabalas, m. tirachinas, m. tirador, m. tirapiedras
> [ラテンアメリカ] f. honda
> [キューバ] m. tirapiedras
> [メキシコ] m. charpe, f. hulera, f. resortera, f. tiradora
> [ペルー] f. cachita
> [コロンビア] f. cauchera
> [アルゼンチン] f. gomera

パチンコ "pachinko", 《説明的に》m. juego con máquinas popular en Japón. ▶パチンコ店 f. sala de "pachinko". ▶パチンコ玉 f. bola de "pachinko". ▶パチンコをする v. jugar* al "pachinko".

はつ 初 (最初の) adj. primero. →初めて. ▶初雪 f. primera nevada del invierno.

-はつ -発 ▶上野7時20分発の青森行き特急 m. expreso de las siete y veinte procedente de Ueno y con destino a Aomori. ▶パリ発通信 m. mensaje fechado en París. ♦午前10時30分発の列車に乗る予定だ Voy a tomar el tren de las diez y media de la mañana. ♦その手紙はブエノスアイレス発3月20日の日付になっている La carta está fechada en Buenos Aires, el 20 de marzo.

・ばつ 罰 m. castigo, 《フォーマル》f. sanción; (刑罰) f. pena. ▶¹重い [²軽い] 罰 m. castigo ¹pesado [²ligero]. ▶厳罰 m. castigo riguroso. ▶体罰 m. castigo corporal [físico]. ▶罰をのがれる v. librarse del castigo. ♦罰を¹受ける [²受けにすむ] v. ¹sufrir [²librarse] del castigo 《por》. →罰する. ♦不正行為をした罰として彼は停学になった Lo sancionaron con una suspensión temporal. / Lo expulsaron temporalmente del colegio. ♦この罪に対する罰は懲役5年である La pena por este delito son cinco años de trabajos forzados en prisión.

ばつ (ばつ印) f. cruz. ▶その場所にばつ印をつける v. indicar* el lugar con una cruz. ▶大きなばつ印をつける v. hacer* [poner*] una gran cruz.

ばつ ▶ばつが悪い (気恥ずかしい) v. sentirse* violento [mal, incómodo]; (気まずく思う) v. tener* vergüenza. ▶ばつの悪い沈黙 (のひと時) m. silencio embarazoso [violento]. ♦彼にほめられてばつが悪かった Sus cumplidos me「pusieron incómodo [hicieron sentir mal].

ばつ 閥 (排他的な集まり) f. camarilla; (大グループの一派) f. facción. →派閥. ▶学閥 f. camarilla académica.

はつあん 発案 (提案) f. sugerencia, f. iniciativa. ▶発案する (提案する) v. sugerir*; (考案する) v. idear*. ▶彼の発案で adv. por su iniciativa, siguiendo su sugerencia. ♦その計画の発案者はだれですか ¿Quién sugirió el plan? ♦それは彼の発案による La idea salió de él. / (彼の考えだ) Fue su idea. / La idea fue suya.

はついく 発育 (成長) m. crecimiento; (発達) m. desarrollo.

1 《発育+名詞》 ▶発育異常 《専門語》 f. anormalidad de crecimiento. ▶発育不全 《専門語》 f. hipoplasia. ♦発育盛りの子供が3人いる Tengo tres hijos en pleno crecimiento.

2 《発育が》 ▶発育が¹早い [²遅い] v. crecer* ¹rápidamente [²lentamente]. ♦この男の子は発育が¹よい [²悪い] Este niño está ¹muy crecido [²no ha crecido bien].

3 《発育を》 ♦この種の遊びは子供の発育を助けるだろう Este tipo de juego desarrollará el crecimiento del niño.

—— 発育する v. crecer*, desarrollar(se). →育つ.

*はつおん 発音 f. pronunciación; f. articulación. ▶スペイン語の発音 f. pronunciación española. ▶発音器官 m. órgano fonador. ▶発音記号 (個々の) m. símbolo [m. signo] fonético; (全体) m. alfabeto fonético. ▶発音辞典 m. diccionario fonético. ▶君の発音は¹とてもよい [²よくなってきた] ¹Es muy buena [²Está mejorando] tu pronunciación. ♦この語には二つの発音がある Esta palabra「tiene dos pronunciaciones [se pronuncia de dos maneras]. ♦彼は発音が不明瞭(ふめいりょう)だ Su pronunciación no es clara. / No pronuncia claramente.

—— 発音する v. pronunciar, 《フォーマル》articular. ♦単語をまちがって発音する v. pronunciar mal una palabra. ♦語を強く発音する (= に強勢をおく) v. acentuar* una palabra. ▶発音しにくい音 m. sonido difícil de pronunciar. ♦この単語はどう発音しますか ¿Cómo se pronuncia esta palabra? / ¿Qué pronunciación tiene [《フォーマル》presenta] esta pa-

はつか 二十日 ▶二十日間旅をする v. viajar veinte días, hacer* un viaje de veinte días. ▶5月20日に adv. el día 20 de mayo. ▶二十日ネズミ m. ratón. → 二十鼠(はつか).

はつか 薄荷 f. menta. ▶はっか入りのガム m. chicle de [con sabor a] menta.

はつか 発火 m. encendido, 《フォーマル》 f. ignición; (燃焼) f. combustión. ▶発火点《フォーマル》 m. punto de ignición. ▶発火する v. encenderse*; inflamarse; (火がつく) v. prender fuego, prenderse; (燃え始める) v. echar a arder. ◆その火事は自然発火によるものであった El incendio se inició por combustión espontánea.

はつが 発芽 (種子の) f. germinación. ▶発芽する v. germinar. (地下茎などが) v. brotar.

ハッカー 《専門語》 mf. intruso/sa informático/ca, 《専門語》 m. pirata informático.

はっかい 白海 Mar Blanco (☆ロシアの海).

はっかく 発覚 m. descubrimiento, 《フォーマル》 f. detección. ▶発覚する (人の正体などが) v. ser descubierto [《フォーマル》detectado]; (陰謀などが) v. revelarse, ser* revelado; (明るみに出る) v. descubrirse, salir* a la luz.

はっかく ▶八角(形) m. octágono. m. octógono. ▶8角形の adj. octagonal, octogonal.

はつかねずみ 二十日鼠 m. ratón.

はっかん 発刊 f. publicación. → 出版. ▶新しい雑誌の発刊 f. publicación de una nueva revista. ▶発刊する v. publicar*.

はっかん 発汗 m. sudor, 《フォーマル》 f. transpiración, 《専門語》 f. diaforesis. ▶発汗剤《専門語》 m. diaforético. ▶発汗する v. sudar, 《フォーマル》 transpirar.

はつがん 発癌 f. formación de un cáncer, 《専門語》 f. carcinogénesis. ▶発がん物質 f. sustancia cancerígena, 《専門語》 m. carcinógeno. ▶発がん性の adj. cancerígeno, 《専門語》 carcinógeno.

はっき 発揮 ▶発揮する v. demostrar*, desplegar*, alardear (de). ▶才能を発揮する v. demostrar* la capacidad, revelar [desplegar*] un talento. ◆君たちが力を発揮すれば勝てると思う Si desplegáis vuestras fuerzas, podréis ganar.

はつぎ 発議 (提案) f. propuesta, f. iniciativa, f. sugerencia. → 提案(する). ▶父の発議で adv. a propuesta [iniciativa] del padre. ▶発議する v. proponer*, sugerir*.

はっきゅう 薄給 m. salario bajo, m. mal sueldo, 《口語》 m. sueldo de muerte, 《フォーマル》 f. remuneración escasa. → 給料.

はっきょう 発狂 ▶発狂する v. enloquecer(se)*, volverse* loco. ◆彼は恐怖で発狂せんばかりであった Parecía casi loco de miedo.

***はっきり ❶【形・音・記憶などが】** adj. claro, evidente; (画像などが) adj. nítido; (記憶・色が) adj. vívido; cierto, inconfundible; (事実が) 《フォーマル》 adj. inequívoco. ▶はっきりした映像 f. imagen clara. ▶窓から四国の山々がはっきり見えた Desde la ventana podían verse claramente las montañas de Shikoku. ◆うるさくて彼の声がはっきり聞き取れなかった 「No podía oírle claramente [Su voz no se oía bien] a causa del ruido. ◆今でもそのときのことをはっきり覚えている Todavía recuerdo claramente [vívidamente] lo que ocurrió entonces.

❷【事実などが】 (明らかな) adj. claro, cierto; (疑いの余地のないほど明白な) adj. evidente, patente, palmario, 《教養語》 adj. obvio; (単純でわかりやすい) adj. sencillo, simple; (他と際立ってはっきりした) adj. inconfundible; (確定的で明らかな) adj. definido; (正確な) adj. preciso, exacto, certero. ▶太郎がその窓を割ったのははっきりしている Evidentemente, Taro rompió la ventana. / No cabe duda de que Taro rompió la ventana. ◆そのことを読者が分かるようにはっきり書くべきだ Hay que escribir「con claridad [claramente, con sencillez] de forma que los lectores lo entiendan. ◆彼の住所をはっきりは知らない No sé con certeza su dirección. / No conozco bien dónde vive. / No sé exactamente su dirección. ◆彼の動機がはっきりしない No están claros sus motivos. / El motivo que tuvo no está aclarado. ◆彼が無実だということをはっきりさせる必要があるTenemos que aclarar [demostrar] que es inocente. ◆彼からはっきりした返事はもらえなかった No pude conseguir de él ninguna respuesta clara. / No me respondió claramente. ◆それら二つの単語にはっきりした意味の違いがありますか ¿Hay alguna diferencia clara [evidente] de significado entre esas dos palabras?

❸【態度などが】 (率直な) adj. franco, claro; (ずけずけものを言う) adj. directo, abierto. ◆はっきり言ってそれは彼の責任です Francamente [La verdad es que, Para ser franco contigo]「ha sido su culpa [la culpa es de él]. ◆彼は何のことでもはっきりとものを言う Es claro [franco] sobre todo lo que opina. / Sus opiniones son siempre francas [abiertas].

《その他の表現》 ◆朝から天気がはっきりしない Desde esta mañana el tiempo「ha estado revuelto [no se ha aclarado]. ◆彼はしばらく意識がはっきりしなかった Estuvo un rato inconsciente. / Pasó inconsciente un rato. ◆熱い緑茶を一杯飲んで頭がはっきりした Me sentí refrescado con una taza de té verde caliente. / Una taza de té verde caliente me aclaró [despejó] la mente.
☞ 鮮やかに, ありありと, 定か, すっきり

はっきん 白金 m. platino.

はっきん 発禁 f. prohibición comercial [de venta]. → 発売. ▶発禁本 m. libro prohibido. ▶発禁する v. prohibir* la venta (de). ▶この雑誌は発禁になった Esta revista fue prohibida.

ばっきん 罰金 f. multa; (料科) f. multa menor [leve]; (過料) 《フォーマル》 f. sanción; (反則金) f. multa, f. penalización. ▶彼に罰金を科す v. ponerle* [《フォーマル》imponerle*] una multa, multarlo[le]. ▶スピード

違反で（5万円の）罰金を払う *v.* pagar* una multa (de cincuenta mil yenes) por exceso de velocidad. ◆彼は駐車違反で1万円の罰金を取られた「Fue multado [Le pusieron una multa de] diez mil yenes por infracción de aparcamiento [《ラ米》estacionamiento]. ◆遅刻したら千円の罰金だ La penalización por el retraso es de mil yenes.

パッキング *m.* empaquetado, *m.* embalaje. → 荷造り.

*__バック__ (うしろ) *f.* parte trasera [posterior, de atrás]; (背景) *m.* fondo, *m.* trasfondo; (後援者) *mf.* seguidor/dora; (金銭面での) *m.* partidario/ria, *mf.* patrocinador/dora; (後衛) *f.* defensa; (テニスなどの逆手打ち) *m.* revés. → バックハンドストローク; (背泳) *m.* estilo espalda. ▶バックで泳ぐ *v.* nadar de espaldas [《メキシコ》dorso]. ▶車をバックさせる *v.* dar* marcha atrás, hacer* retroceder, 《スペイン》《口語》recular.

地域差 バック(自動車の)
〔全般的に〕*f.* marcha atrás
〔スペイン〕*f.* marcha atrás
〔キューバ〕*f.* marcha atrás
〔メキシコ〕*f.* marcha reversa
〔ペルー〕*f.* marcha reversa
〔コロンビア〕*f.* marcha atrás, *f.* marcha reversa, *m.* reverso
〔アルゼンチン〕*f.* marcha atrás

バッグ *m.* bolso. → 鞄(かばん), 袋.

パック (1包み) *m.* paquete, *m.* envoltorio. → 包み. ▶真空パックのコーヒー豆 *mpl.* granos de café envasados al vacío. ▶牛乳ワンパック *m.* cartón de leche. ▶美顔パック *f.* mascarilla (de facial).

バックアップ *m.* apoyo, *m.* respaldo; 《専門語》*f.* copia de respaldo [seguridad], 《英語》《専門語》*m.* "back-up". ▶バックアップする *v.* apoyar, respaldar. ◆彼らはその計画をバックアップしてくれた「Apoyaron el [Dieron su apoyo al] plan. → 支援.

バックグラウンド *m.* fondo, *m.* trasfondo, *mpl.* antecedentes. → 背景.

バックグラウンドミュージック *f.* música de fondo.

バックスキン *f.* piel de ante.

バックスクリーン *f.* pantalla de fondo.

バックストレッチ (競走路の) *f.* pista opuesta a la recta de meta.

はっくつ 発掘 *f.* excavación. ▶発掘する *v.* excavar; (人材などを) *v.* descubrir*. ◆古代の都市の遺跡を発掘する *v.* excavar las ruinas de una antigua ciudad.

パックツアー → パッケージツアー

バックナンバー (雑誌などの) *m.* número [*m.* ejemplar] atrasado.

バックネット *f.* red [*f.* valla] de retención. ◆ボールはバックネットを越えた La pelota [bola] se fue por encima de la red de retención.

バックハンド *m.* revés. ▶バックハンドストローク *m.* golpe de revés.

バックボーン *m.* espinazo, *f.* columna vertebral.

バックミラー *m.* (espejo) retrovisor.

ぱ(っ)くり ▶ぱっくり開く[開ける] *v.* abrirse de par en par. ▶ぱっくりかみつく[食べる] *v.* dar* un gran mordisco. ▶ぱっくり開いた傷口 *f.* herida abierta. ◆少年は口をぱっくり開けて私を見ていた El muchacho「me miró [se me quedó mirando] boquiabierto.

バックル *f.* hebilla.

ばつぐん 抜群の (傑出した) *adj.* destacado, sobresaliente; (すぐれた) *adj.* excelente; (匹敵するもののない) *adj.* 《フォーマル》sin parangón. ◆彼の成績は抜群だった Su historial académico era sobresaliente [excelente]. ◆彼女はスポーツが抜群だ No「tiene rival [hay quien la gane] en los deportes. ◆彼はクラスの中では抜群にスペイン語がうまい Es con mucho quien mejor habla español de la clase.

パッケージ *m.* paquete; (動作) *m.* empaquetado.

パッケージツアー (パック旅行) *m.* (hacer) viaje organizado.

はっけっきゅう 白血球 *m.* glóbulo blanco, 《専門語》*m.* leucocito. ▶白血球減少症《専門語》*f.* leucopenia. ▶白血球増多症《専門語》*f.* leucocitosis.

はっけつびょう 白血病《専門語》*f.* leucemia. ▶急性前骨髄性白血病《専門語》*f.* leucemia promielocítica aguda. ▶急性リンパ性白血病《専門語》*f.* leucemia linfocítica aguda.

*__はっけん 発見__ *m.* descubrimiento, *m.* encuentro, *m.* hallazgo. ▶科学上の発見をする *v.* realizar* un descubrimiento científico. ◆その文書はとても貴重な発見だ Ese documento es un hallazgo sumamente valioso.

—— **発見する** (存在が知られていなかった場所・事実などを) *v.* descubrir*; (紛失物などを偶然または意図して) *v.* encontrar*, hallar; (見つけ出す) *v.* 《フォーマル》detectar. ▶その病気の治療法を発見する *v.* hallar un remedio de [a] la enfermedad. ▶テロリストのアパートで爆弾を発見する *v.* descubrir* una bomba en el apartamento [《ラ米》departamento] de los terroristas. ◆彼らはその病気が蚊によって伝染することを発見した Descubrieron que la enfermedad era transmitida por los mosquitos [《ラ米》zancudos]. ◆彼は森の中で死体で「無事]発見された Le encontraron ¹muerto [²sano y salvo] en el bosque.
☞掴む, 気付く, 知る

はつげん 発言 (意見) *f.* opinión, 《口語》*fpl.* palabras, *m.* parecer; (所見) *f.* observación; (陳述、申し立て) *f.* afirmación, 《フォーマル》*f.* declaración; (論評) *m.* comentario. ▶発言権 *m.* derecho de hablar, *f.* palabra, 《フォーマル》*f.* voz. ▶発言者 *mf.* orador/dora. ▶誤った発言をする *v.* hacer* una observación falsa [un comentario falso]. ▶その決定に発言権がある *v.* tener* voz en la decisión. ◆公的な集まりであのような個人的な発言は不適切だった「Esa opinión personal estaba fuera de lugar [Esas palabras personales eran impropias] en una reunión formal. ◆彼の発言は無視された Ignoraron「su opinión

[lo que dijo].
— **発言する** (話す) v. hablar [《フォーマル》tomar la palabra, 《フォーマル》pronunciarse]《sobre》; (言う) v. decir*, declarar, 《フォーマル》realizar* una declaración. ♦ 言う。 ♦ その件に関して発言する v. hablar sobre el tema; (意見を述べる) v. expresar la opinión [《フォーマル》pronunciarse] sobre el asunto. ♦ 彼女は会議で何度も発言したが彼らは耳を貸さなかった Habló una y otra vez en la reunión, pero no la escucharon. ♦ 彼女は会議で一言も発言しなかった「No dijo una palabra [Permaneció callada] en la reunión.

バッケンレコード (ジャンプ台の最長不倒記録) m. récord en salto con esquí. ♦ 彼は白馬のノーマルヒルのバッケンレコードを破った Rompió el récord en Normal Hill de Hakuba.

はつこい 初恋 m. primer amor. ▶ 初恋に破れる v. perder* el primer amor.

はっこう 発行 f. emisión, (出版) f. publicación, f. edición. ▶ 発行物 f. emisión; (出版物) f. publicación, f. edición. ▶ 発行所 f. editorial, f. editora. ▶ 発行日 f. fecha de publicación [edición, emisión]. ▶ ¹新札 [²債券] の発行 f. emisión de ¹nuevos billetes de banco [²bonos]. ♦ この新聞は発行部数が3百万部である Este diario tiene una tirada de tres millones.

— **発行する** (切手・通貨・雑誌などを) v. emitir; (書物を) v. publicar*, editar → 出版する; (印刷して) v. imprimir*. ♦ 新しい紙幣は近々発行される Pronto「se emitirán [serán emitidos, estarán en circulación] los nuevos billetes. ♦ その雑誌は週1回発行される Esa revista se publica semanalmente.

はっこう 発効 ▶ 発効する v. entrar en vigor [vigencia].

はっこう 発光 (放出)《フォーマル》f. emisión de luz; (放射) f. irradiación [f. radiación] de luz. ▶ 発光体 m. cuerpo luminoso. ▶ 発光塗料 f. pintura luminosa. ▶ 発光する v. irradiar [dar*,《フォーマル》emitir] luz, iluminar.

はっこう 発酵 f. fermentación. ▶ 発酵する v. fermentar.

ばっさい 伐採 f. tala, m. corte de árboles; m. desmonte, 《フォーマル》f. deforestación.

— **伐採する** (樹木を) v. talar, cortar árboles; (森林を) v. deforestar. ♦ 無計画に木を伐採することは禁じられている Está prohibida la tala indiscriminada de árboles.

はっさく 八朔 "hassaku",《説明的に》f. toronja [m. pomelo] de piel gorda.

ばっさり(と) (抜本的に) adv. de raíz, 《口語》de cuajo, drásticamente; (きっぱりで) adv. de una vez por todas, para siempre; (ばっさり音を立てて) adv. de golpe. ♦ 庭師が枯れた枝をばっさり切り落とした El jardinero cortó las ramas secas. ♦ 今年は教育援助費の多くがばっさり切られている Este año han cortado [eliminado] muchos de los subsidios para educación.

はっさん 発散 (熱・光・音・においなどの) f. emisión,《フォーマル》f. emanación; (熱・光などの) f. irradiación; (気体・液体などの) f. difusión, f. exhalación; (蒸気の) f. evaporación. ▶ 太陽の光の発散 f. radiación solar.

— **発散する** (主ににおい・香り・熱を)《口語》v. dar*, emitir, irradiar,《フォーマル》exhalar, emanar; (主に光・熱を) v. irradiar,《フォーマル》difundir; (放射する) v. radiar, irradiar. ♦ この腐った卵はひどいにおいを発散している Este huevo podrido da [《フォーマル》emite] un olor terrible. ♦ 彼は猛烈に太鼓をたたいてエネルギーを発散させた「Descargó su energía [Se desahogó] tocando [aporreando] el tambor como un loco.

ばっし 抜糸 ▶ 抜糸する v. quitar los puntos.
ばっし 抜歯《フォーマル》f. extracción de「una muela [un diente]. ▶ 2本抜歯する必要がある v. necesitar dos extracciones. ▶ 1本抜歯する v. sacar* [《フォーマル》extraer*]「una muela [un diente].

バッジ f. insignia, f. chapa. ▶ バッジをつける v. llevar una insignia [chapa]. ▶ 「非暴力」という標語を書いたバッジを買う v. comprar una insignia de la "No Violencia".

はっしゃ 発射 m. disparo, m. tiro, m. lanzamiento. ▶ 発射する (弾丸などを) v. disparar, tirar; (ロケットなどを) v. lanzar*. ▶ 発射台 f. plataforma [f. rampa] de lanzamiento. ▶ ライフルを彼に向けて発射する v. dispararle con un rifle. ▶ 弾を2発発射する v. disparar dos balas. ▶ 月ロケットを発射する v. lanzar* un cohete a la Luna. ▶ ミサイルを発射する v. lanzar* [disparar] un misil.

はっしゃ 発車 f. salida. ▶ 発車ホーム m. andén de salida. ♦ 発車のベルが鳴っていますよ Ha sonado el timbre de salida.

— **発車する** (出発する) v. salir* (de), partir, ponerse* en marcha,《フォーマル》iniciar la salida,《口語》arrancar*. → 出発する. ▶ 7番線から発車する v. salir* del andén 7. ♦ 東京行きの列車は当駅を10分ごとに発車します El tren a Tokio sale de esta estación cada diez minutos. ♦ 汽車は今発車したところです El tren acaba de salir. ♦ 発車いたします『駅のアナウンス』¡Viajeros al tren!

はっしょう 発祥 f. cuna, m. origen. → 起源. ♦ アンダルシアはフラメンコ発祥の地だ Andalucía es la cuna del flamenco.

はつじょう 発情 m. celo. ▶ 発情期 f. época de celo; (シカなどの) f. brama. ▶ 発情中である v. estar* en celo.

はっしん 発疹 m. sarpullido, f. erupción;《専門語》m. exantema. → 発疹(ほっしん). ▶ 突発性発疹《専門語》m. exantema súbito.

はっしん 発信 m. envío, m. despacho. ▶ 発信地 m. lugar de envío. ▶ 発信局 f. oficina remitente. ▶ 発信者《専門語》mf. remitente. ▶ 発信人(差出人) mf. remitente. ▶ 発信する v. enviar*, despachar, remitir, 《フォーマル》expedir*.

はっしん 発進 ▶ 発進する (飛行機が) v. despegar*; (自動車が) v. arrancar*.

はっしんすう 8進数《専門語》m. número oc-

ばっすい 抜粋 《フォーマル》 *m.* extracto 《de》; (要点の) *m.* resumen [《フォーマル》 *m.* compendio]《de》;(選集)*f.* antología [*f.* selección]《de》. ▶本からの抜粋 *mpl.* pasajes [*fpl.* partes] de un libro. ▶その本から数箇所抜粋する *v.* extraer* unos pasajes de ese libro. ▶論文の要点を抜粋する *v.* hacer* un resumen [compendio] de una tesis, resumir la tesis.

はっする 発する ❶【におい・光・熱などを出す】(主に光・熱を)*v.* dar*, irradiar;(主ににおい・香りを) *v.* dar*, despedir*, soltar*, exhalar;(光・熱を放射する) *v.* irradiar, 《フォーマル》emitir. ◆太陽は光と熱を発する El sol irradia luz y calor. ◆バラはよい香りを発する Las rosas dan [《フォーマル》exhalan] un agradable olor.

❷【音・声などを】*v.* dar*; (叫び声・言葉などを) *v.* lanzar* (un grito), 《フォーマル》proferir*; (発令する) *v.* emitir. ▶警告を発する *v.* advertir* [dar* un aviso] 《a + 人》. ◆彼は苦痛の叫びを発した Dio [Lanzó] un grito de dolor. ◆彼は驚いて一言も発することができなかった No pudo pronunciar ni una palabra de la sorpresa.

❸【起こる】(川などが源を発する)*v.* nacer* [originarse, comenzar*]《en》; (事が) *v.* originarse《en》; (事故などが) *v.* ocurrir. ◆アマゾン川はペルーに源を発する El Amazonas nace en Perú. ◆その戦争は両国間の競争に端を発した La guerra se originó por la rivalidad entre los dos países.

ばっする 罰する *v.* castigar*, poner* un castigo, 《フォーマル》sancionar; (罰を科す)《フォーマル》 *v.* infligir* un castigo; (規律のために) *v.* disciplinar; (競技で)《フォーマル》 *v.* penalizar*. ◆彼はうそをついた息子を罰した Castigó a su hijo por haber mentido. ◆彼女は厳しく罰せられた La castigaron rigurosamente. / Fue rigurosamente castigada. /《フォーマル》Le infligieron un riguroso castigo.

ハッスルする (頑張る) *v.* trabajar mucho 《para》, hacer* lo mejor que uno/na puede.

はっせい 発生 (事件などの) *f.* aparición; (戦争・災害などの) *m.* estallido; (誕生) *m.* nacimiento, 《フォーマル》*f.* génesis. ▶事件の発生 *f.* ocurrencia de un hecho. ▶マラリアの発生 *m.* brote de paludismo [malaria]. ▶文明の発生 *m.* nacimiento [《文語》*mpl.* albores] de la civilización.

── **発生する** (事件などが) *v.* ocurrir, aparecer*; (突然に) *v.* estallar, declararse; (問題などが) *v.* producirse, surgir* → 生じる; (生物が) *v.* crecer*; (動物が) *v.* reproducirse*, engendrarse; nacer*; (霧などが) *v.* originarse; (電気, 味などが) *v.* generarse. ◆昨夜ひどい列車事故が発生した Anoche ocurrió un terrible accidente de tren. ◆火災が発生したときだれもが建物から外へ飛び出した Todo el mundo salió corriendo del edificio cuando se declaró el incendio. ☞生殖, 成立; 起こる, 出来る

ばったり 1145

はっせい 発声 *f.* articulación, *f.* emisión de voz. ▶発声器官 *mpl.* órganos articulatorios. ▶発声障害 (専門語) *f.* disfonía. ▶発声練習 *mpl.* ejercicios vocales, *f.* vocalización. ▶発声練習を(する) *v.* vocalizar*.

はっそう 発想 *f.* idea. ▶(…から)おもしろい発想を得る *v.* sacar* una idea interesante《de…》. ▶発想が豊かである *v.* estar* lleno de ideas, abundar en ideas. ◆日本人的発想 (= 考え方) *f.* mentalidad japonesa. → 考え.

はっそう 発送する (品物を) *v.* enviar*, 《口語》mandar, despachar, remitir, 《フォーマル》expedir*; (郵送物を) *v.* enviar*, 《口語》mandar por correo. ◆その小包は明日の午後発送します Mañana por la tarde enviaré el paquete.

ばっそく 罰則 *m.* código penal, *fpl.* regulaciones penales; (競技の) *m.* castigo, 《フォーマル》*f.* penalización, 《フォーマル》*f.* sanción,《英語》*m.* "penalty".

ばった *m.* saltamontes, 《口語》*m.* saltón.

バッター (野球) *mf.* bateador/dora. → 打者. ▶1番バッター *mf.* primer/mera bateador/dora. ▶バッターボックス *m.* cajón [*f.* caja] del bateador. ◆彼は3番バッターです Es el tercer bateador en la alineación.

****はったつ 発達** (成長) *m.* crecimiento; (進歩) *m.* progreso, *m.* avance. → 進歩. ▶身体の発達 *m.* desarrollo [*m.* crecimiento] físico. ▶科学知識の発達 *m.* desarrollo del conocimiento científico. ▶¹生物[²人間]工学における最近の発達 *m.* reciente desarrollo de la ¹biotecnología [²ergonomía]. ◆その国の産業の発達は大変すばらしい El progreso industrial de ese país es extraordinario.

── **発達する** *v.* desarrollarse; (進歩する) *v.* progresar, hacer* progresos, avanzar*, hacer* avances; (成長する) *v.* crecer*. ▶よく発達した鉄道網 *f.* red ferroviaria sumamente desarrollada. ◆科学技術はここ20年間で著しく発達した En los últimos veinte años la tecnología se ha desarrollado considerablemente. / Ha habido un considerable avance [desarrollo, progreso] de la tecnología en los últimos 20 años. ◆熱帯低気圧が台風に発達した Las bajas presiones tropicales de la atmósfera se han desarrollado en un tifón.

── **発達させる** *v.* desarrollar, avanzar*. ▶筋肉を発達させる *v.* desarrollar un músculo.

はったり *m.* farol, 〖アルゼンチン〗*f.* mula, 〖メキシコ〗〖コロンビア〗《口語》*m.* blof. ▶人を射止めるためのはったり *m.* farol para conquistarla. ▶彼はわれわれにはったりをかけて自分が富豪であると信じ込ませた 〖スペイン〗Se marcó el farol de [〖アルゼンチン〗Nos metió la mula de, 〖メキシコ〗〖コロンビア〗Blofeó con] que era millonario ☞虚勢, 強がり

ばったり (急に) *adv.* de repente, repentinamente; (思いがけなく) *adv.* inesperadamente, de improviso, sin pensar. ▶ばったり倒れ

ぱったり

ぱったり *adv.* caer(se) de repente, desplomarse; (どさっと音を立てて) *v.* caer* de golpe; (平らに伏して) *v.* caerse* (en) redondo. ♦「うわぁ、いかん」という叫び声を最後に飛行機からの交信はぱったり途絶えた Nada más acabar de oírse un "ioh, no!", se interrumpió de repente la comunicación con el avión. ♦ 私はばったり彼に出会った Me lo encontré de repente [《口語》sopetón]. ♦ 彼はぱったり(＝これを最後にきっぱり)たばこを吸わなくなった Dejó el tabaco de una vez por todas.

ぱったり → はったり

パッチ 《専門語》 *m.* lote. ▶パッチ・ファイル《専門語》*m.* archivo por lotes. ▶パッチ処理《専門語》*m.* procesamiento por lote.

はっちゃく 発着 ▶列車の発着 *fpl.* llegadas y salidas de trenes. ▶列車発着時刻表 *m.* horario de trenes. ▶発着する *v.* llegar* y salir*.

はっちゅう 発注 ▶発注する *v.* pedir*, hacer* un pedido 《de》. → 注文. ▶その本を本屋に発注する *v.* pedir* [hacer* un pedido de] un libro a la librería.

ぱっちり ▶目をぱっちり開けて *adv.* con los ojos bien abiertos. ▶ぱっちりした (＝丸い) 目 *mpl.* ojos muy grandes. ▶赤ん坊が目をぱっちり開けた El bebé abrió bien los ojos.

パッチワーク《英語》 *m.* "patchwork", *f.* labor de retazos [retales].

バッティング *m.* bateo. ▶バッティングアベレージ (＝打率) *m.* promedio de bateo. ♦ 彼はバッティングがうまい Es un buen bateador.

ばってき 抜擢 *f.* elección, *f.* selección. ▶抜擢する *v.* elegir*, seleccionar. ♦ 彼は校長に抜擢された「Fue elegido [Le eligieron] director de la escuela. / (昇進した)Fue ascendido a director de la escuela. → 校長.

バッテリー (電池・野球の) *f.* batería. ▶バッテリー・バックアップ《専門語》*f.* batería de seguridad. ▶小田と田中のバッテリーで *adv.* con una batería de Oda y Tanaka. ♦ 車のバッテリーが上がっている La batería del coche se ha descargado.

*__はってん__ 発展 (発達, 進展) *m.* desarrollo; (成長) *m.* crecimiento; (進歩) *m.* progreso, *m.* avance. → 進歩. ▶日本の経済的発展 *m.* desarrollo económico de Japón. ▶めざましい発展を遂げる *v.* conseguir* un desarrollo sorprendente. ▶発展途上国 *m.* país en (vías de) desarrollo.

── 発展する *v.* desarrollarse; (進歩する) *v.* progresar, hacer* progresos, avanzar*, hacer* avances; (成長する) *v.* crecer*; (拡大する) *v.* ampliarse [extenderse*] 《a》. ▶発展させる *v.* desarrollar; (拡大させる) *v.* ampliar. ▶¹事業[²考え]を発展させる *v.* desarrollar ¹una empresa [²una idea]. ♦ その町は大都市に発展した La ciudad creció hasta hacerse una gran urbe. ♦ 中国の工業は著しく発展している La industria china está consiguiendo un notable progreso. / La industria china está desarrollándose notablemente. ♦ 議論は新しい方向に発展した La discusión tomó un nuevo derrotero [cariz].

はつでん 発電 *f.* generación eléctrica, *f.* producción de electricidad. ▶発電機 *m.* generador, *m.* dinamo. ▶発電所 *f.* planta [*f.* central, *f.* estación] de energía, *f.* central eléctrica. ▶¹水力[²火力; ³原子力]発電所 *f.* central [*f.* estación] ¹hidroeléctrica [²térmica; ³nuclear]. ▶発電する *v.* producir* [《口語》generar] electricidad. ▶10万キロワット発電する *v.* generar 100.000 kilovatios de energía.

はっと ❶【急に】*adv.* de repente, repentinamente, 《フォーマル》súbitamente. ♦ 新しい考えがはっと私の心に浮かんだ「Se me ocurrió [Me vino] una nueva idea de repente. ♦ 私ははっと約束を思い出した Me acordé de la cita de repente.
❷【はっと驚かす】*v.* sobresaltar, asustar. ▶はっとするような美人 *f.* sorprendente belleza. ♦ 彼が私の肩を急にたたいたので, 私ははっとした Me asusté cuando me tocó de repente en el hombro. ♦ その物音に少女ははっとした El ruido asustó a la niña. / La niña se asustó con el ruido. ♦ 彼女はその物音にはっとして立ち上がった El ruido la hizo saltar del asiento.
❸【はっと息をはく】*v.* soplar, dar* un soplo. ♦ 彼女ははっと息を吐いてろうそくを消した Apagó con un soplo la vela.
❹【はっと息をのむ】▶恐ろしさにはっと息をのんだ El miedo me quitó el aliento. / Me quedé sin respiración por el terror. → 息.

バット《野球》 *m.* bate. ▶バットを振る *v.* batear. ▶バットでボールを打つ *v.* golpear [dar* a] la pelota con un bate, batear la pelota.

ぱっと ❶【突然に】*adv.* de repente, repentinamente, 《フォーマル》súbitamente. ♦ 部屋がぱっと暗くなった De repente el cuarto se quedó a oscuras.
❷【素早く】*adv.* rápidamente; (即座に) *adv.* como un relámpago. ♦ その知らせは国中にぱっと広がった Esa noticia se propagó rápidamente [《口語》como la pólvora] por todo el país. ♦ 彼はぱっと後へ下がった De repente dio un paso atrás.
❸【急にある状態に変わる】▶少年はぱっと母親の手からぱっと離れていった El muchacho se zafó「de repente [en un instante] de la mano de su madre. ♦ 火がぱっと燃え上がった Estalló en llamas. ♦ 名案がぱっと彼の心に浮かんできた Como un relámpago, una feliz idea le cruzó por la mente.
《その他の表現》♦ あの選手は最近ぱっとしない Recientemente ese jugador no lo está haciendo bien. ♦ 商売がぱっとしない Los negocios andan flojos.

パット *f.* hombrera, *m.* relleno. ♦ 彼女のジャケットは肩パットが入っている Su chaqueta tiene [lleva] hombreras.

はつどう 発動する (法律などに訴える) *v.* 《専門語》invocar*, apelar 《a》; (権力などを行使する) *v.* ejercer*. ▶拒否権を発動する *v.* ejercer* [usar] el veto. ▶強権を発動する (＝強硬手段をとる) *v.* tomar enérgicas medidas 《contra》.

はつどうき 発動機 (モーター) *m.* motor; (エンジン) *m.* motor. → エンジン

ハットトリック 《英語》 *m.* "hat trick", *mpl.* tres goles (en un partido). ◆ラウルはその試合でハットトリックを達成した Raúl marcó「un "hat trick" [tres goles] en ese partido.

はつに 初荷 *m.* primer cargamento del año.

はつねつ 発熱 *m.* acceso de fiebre. ▶発熱する *v.* tener* fiebre. ◆発熱で床についている *v.* estar* en la cama con fiebre.

バッハ Bach.

はつばい 発売 *f.* venta; (発行) *f.* publicación; (レコード・本などの) *f.* aparición. ▶その本の発売を禁止する *v.* prohibir* la venta del libro. ◆100インチプラズマテレビが近々発売される Pronto saldrán a la venta los televisores con pantalla plasma de 100 pulgadas.

ハッピーエンド *m.* final feliz. ▶ハッピーエンドで終わる小説 *f.* novela con final feliz. ▶ハッピーエンドになる *v.* tener* un final feliz, acabar bien.

はつひので 初日の出 *m.* primer amanecer del año, *f.* salida de sol del Año Nuevo.

はつびょう 発病する (病気になる) *v.* ponerse* [caer*] enfermo, enfermar; (症状が現われる) *v.* presentar síntomas 《de》.

***はっぴょう 発表** *m.* anuncio, 《フォーマル》 *f.* declaración; (公開・上演などによる) *f.* presentación. ▶ニューモデルの発表 *f.* presentación de un nuevo modelo. ▶これに関する重大 [²正式]発表 *m.* anuncio ¹importante [²oficial] sobre el asunto.

—— **発表する** (ニュース性のあるものを公式に) *v.* anunciar, 《フォーマル》 declarar; (公にする) *v.* hacer* público; (活字にして) *v.* publicar*; (言葉で表現して) *v.* expresar, 《フォーマル》 manifestar*; (論文を口頭で) *v.* presentar, leer* (una tesis). ▶結果を発表する *v.* anunciar [hacer* públicos] los resultados. ▶その雑誌に小説を発表する *v.* publicar* una novela en la revista. ▶政見を発表する *v.* expresar la opinión política. ▶研究発表する *v.* presentar una comunicación [ponencia]. ◆岡氏が後任だと発表された Se anunció que el Sr. Oka sería el sucesor. / El Sr. Oka fue declarado el sucesor. ◆ノーベル賞受賞者が新聞に発表された Los periódicos anunciaron los nombres de los Premios Nobel. ☞収める, 出す

はっぷ 発布 *f.* promulgación, *f.* proclamación. ▶新憲法の発布 *f.* promulgación de una nueva constitución. ▶法令を発布する *v.* promulgar* [proclamar] un decreto.

バッファ 《専門語》 *m.* búfer, 《専門語》 *f.* memoria intermedia.

はつぶたい 初舞台 *m.* debut, *f.* primera aparición, *m.* estreno. ◆彼は日比谷劇場で初舞台を踏んだ「Hizo su debut [Debutó] en el Teatro Hibiya.

はっぷん 発奮 ▶発奮する (鼓舞される) *v.* inspirarse 《en》, (刺激を受ける) *v.* estimularse 《de》, (感情をかき立てられる) *v.* animarse 《a》.

◆彼はその老人の身の上話を聞いて大いに発奮した Se inspiró mucho en la vida del anciano.

はっぽう 発砲 *m.* disparo, *m.* tiro. ▶発砲する *v.* disparar, tirar, abrir* fuego. ▶発砲事件 *m.* tiroteo, 《ラ米》 *f.* balacera. ▶強盗に対して発砲する *v.* disparar contra el atracador.

はっぽう 八方 (すべての方向に) *adv.* en todas (las) direcciones [partes], (en) todos lados. → 四方八方. ▶八方美人 *m.* hombre de mil caras. ▶八方美人の *adj.* afable con todos. ◆鉄道はここから八方に伸びている Desde aquí salen las líneas ferroviarias en todas direcciones. ◆八方ふさがりだ Me siento cercado por todas partes. / (すべてが私に不利になる)Todo está en mi contra. / (選択の幅がない)No tengo más remedio.

はっぽうスチロール 発泡スチロール 〖商標〗《英語》 "Styrofoam"; *f.* espuma de poliestireno.

ばっぽんてき 抜本的 ▶抜本的な (思い切った) *adj.* radical, drástico. ▶抜本的処置を取る *v.* tomar medidas radicales [drásticas]. ▶抜本的改革を行なう *v.* llevar a cabo reformas radicales ☞大幅, 思い切った

はつみみ 初耳 ◆それは私には初耳だ No lo sabía. / Es la primera vez que lo oigo. / Eso sí que es una noticia para mí.

***はつめい 発明** *f.* invención; (発明品) *m.* invento. ▶発明者[家] *mf.* inventor/tora. ◆蓄音機はエジソンの最も重要な発明の一つであった El fonógrafo fue uno de los inventos más importantes de Edison. ◆宇宙ロケットの発明に多くの年月を要した Se tardó muchos años en inventar un cohete espacial. ▶必要は発明の母 → 母.

—— **発明する** *v.* inventar. ◆だれが電話を発明したのですか ¿Quién inventó el teléfono?

はつもうで 初詣で "hatsumode", (説明的に) *f.* primera visita del año a un santuario.

はつもの 初物 *el/la* primero/ra「del año [de la temporada]. ◆初物のイチゴを食べた He comido las primeras fresas del año.

はつゆき 初雪 *f.* primera nevada (del año). → 降る.

はつゆめ 初夢 *m.* primer sueño del año. ▶初夢を見る *v.* tener* el primer sueño del año.

はつらつ 溌剌 *f.* viveza, *f.* animación. ▶はつらつとした (生き生きとした) *adj.* vivo, 《口語》 vivaracho, animado; (活力にあふれた) *adj.* vigoroso, con brío; (活動的な) *adj.* activo. ◆彼は元気はつらつとしている Está rebosante de vida. / 《口語》La vida le sale por los ojos.

はつれい 発令 (公式発表) *m.* anuncio oficial. ▶発布. ▶発令する *v.* anunciar; (命令などを) *v.* dar*. ▶人事異動を発令する *v.* anunciar cambios de personal. ▶暴風警報を発令する *v.* dar* la alarma de tormentas.

はつろ 発露 ◆それは彼らの愛国心の発露 (=表れ)であった Fue una expresión [《フォーマル》manifestación] de su patriotismo.

はて 果て (終わり) *m.* fin, *m.* final; (限界) *m.* límite; (端) *m.* confín, *m.* término. ▶地の果て *mpl.* confines de la tierra. ▶北の果て *fpl.*

はで

límites más septentrionales 《de》. ♦ 1見渡す限り [2彼の欲望には] 果てがない 1Hasta la lejanía no hay [2Su ambición no tiene] límites [término, fin].

—— **果てのない**（終わりのない）*adv.* sin fin [término]; （際限のない）*adj.* ilimitado, sin límites; （広大な）*adj.* inmenso, interminable, insondable. ♦ 果てしない彼の野望 f. su ilimitada ambición. ♦ 果てしない要求をする *v.* presentar exigencias ilimitadas. ♦ 私たちはそれについて果てしない議論をした Discutimos interminablemente sobre eso. / Nuestras discusiones sobre eso no tenían fin.

—— **果てしなく** *adv.* sin fin, ilimitadamente. ♦ ニューヨークとは異なって東京は果てしなく市域を広げていく A diferencia de una ciudad como Nueva York, Tokio se extiende casi「sin fin [ilimitadamente].

はで 派手 （下品さを示して） *f.* vistosidad, *f.* ostentosidad; *f.* espectacularidad; （ぜいたく） *m.* lujo. ♦ その車はでではさけないが信頼性は高い Ese coche no es llamativo, pero es muy seguro.

—— **派手な** ❶【衣服・色などが】（人目を引く） *adj.* llamativo; （色・柄が下品な） *adj.* chillón, aparatoso; （安上かの） *adj.* ostentoso; （装飾的な） *adj.* elaborado; （あざやかな） *adj.* brillante. ▶はでな[1]ドレス [2柄] [1] *m.* vestido [2 *m.* dibujo] llamativo [ostentoso, 《口語》 chillón]. ▶はでな人 *f.* persona llamativa. ▶はでな色 *mpl.* colores llamativos [chillones]. ▶はでな色のスカーフ *f.* bufanda de color brillante. ❷【生活などが】（ぜいたくな） *adj.* lujoso, de lujo(s), 《口語》 de campanillas. ▶はでな生活をする *v.* llevar una vida de lujos.

—— **派手に** （大げさに） *adv.* llamativamente; （ぜいたくに） *adv.* lujosamente, 《口語》 a lo grande; （気前よく）《口語》 *adv.* derrochonamente, 《フォーマル》 pródigamente. ▶はでに遊ぶ [＝豪遊する] *v.* derrochar, malgastar. ♦ はでに金を遣う Malgasta mucho. / Es un manirroto [《口語》 derrochón].

バティスタ（フルヘンシオ 〜）Fulgencio Batista （☆1901-1973, キューバ大統領, 在任 1940-1944, 1955-1958）.

はて(な)（驚き、疑い）*interj.* bueno, vamos; （思案） *interj.* esto, pues, vamos a ver. ♦はてな、眼鏡をどこへ置いたかな ¡Vamos a ver! ¿Dónde he puesto mis gafas? ♦はて妙な ¡Qué raro [extraño]!

はてる 果てる （終わる） *v.* acabar, llegar* al fin; （死ぬ） *v.* morir*. ♦宴はいつ果てるともしれなかった El banquete parecía interminable. /「Era impredecible el fin del [No se podía decir cuándo acabaría el] banquete. ♦もう疲れ果てた Estoy muerto de cansancio. / No me tengo en pie del cansancio. → 尽きる.

ばてる（口語）力仕事ですっかりばてて（＝疲れ果てて）しまった《口語》 Estaba muerto por el duro trabajo. / El duro trabajo me había agotado de verdad.

はてんこう 破天荒 ▶破天荒の（並ぶもののない）《口語》 *adj.* fenomenal, formidable; （途方もない） *adj.* monumental, colosal.

パテント *f.* patente. → 特許. ▶新しい発明品のパテントを[1]出願する [2取る] *v.* [1]solicitar [2]obtener*] una patente para un nuevo invento.

＊**はと** 鳩 *f.* paloma. ▶雄バト *m.* palomo. ▶子鳩 *m.* pichón. ▶伝書バト *f.* paloma mensajera. ▶ハト小屋 *m.* palomar. ♦ハトを飼う *v.* tener* [criar*] palomas. → 飼う. ♦はと時計 *m.* reloj de cuco [cucú]. ♦はと胸 *m.* pecho saliente. ♦はとが豆鉄砲を食らったような（＝ぽかんとした）顔をしている *v.* quedarse atónito [boquiabierto, 《口語》 pasmado, 《口語》 de piedra, 《口語》 perplejo, 《口語》 pasmarse. ♦ハトは平和の象徴だ La paloma es un símbolo de la paz. ♦トレドの大聖堂にはたくさんのハトがいる Hay muchísimas palomas en la catedral de Toledo.

ばとう 罵倒 （公然の非難）*f.* crítica violenta, 《文語》 *f.* diatriba; （悪口） *m.* insulto, *f.* injuria, 《フォーマル》 *m.* ultraje. ▶罵倒する *v.* injuriar, abusar de palabra 《de》, 《フォーマル》 ultrajar, 《口語》 poner* verde 《a》, criticar* violentamente.

パトカー *f.* coche patrulla, *m.* patrullero.

地域差 パトカー	
〔全般的に〕	*f.* patrulla
〔スペイン〕	*m.* coche de policía, *m.* coche patrulla
〔キューバ〕	*m.* auto [*m.* carro] de policía, *m.* carro patrulla, *m.* patrullero
〔メキシコ〕	*m.* carro de policía
〔ペルー〕	*m.* patrullero
〔コロンビア〕	*m.* auto de la policía, *m.* carro patrulla
〔アルゼンチン〕	*m.* auto [*m.* coche] de policía, *m.* patrullero

はとこ *m.* primo segundo, *f.* prima segunda. → またいとこ.

はとば 波止場 *m.* embarcadero; （桟橋） *m.* muelle. ♦船が波止場に停泊している Hay un barco atracado en el embarcadero.

バドミントン *m.* bádminton. ▶バドミントンをする *v.* jugar* al bádminton.

はどめ 歯止め （ブレーキ） *m.* freno. ♦際限のない防衛費のふくらみに歯止めをかけるべきだ Hay que poner freno a los gastos siempre crecientes en defensa.

ハドリアヌス（プブリウス・アエリウス〜）Publio Elio Adriano （☆76-138, スペイン生まれのローマ皇帝, 在位 117-138）.

パトロール *f.* patrulla. ▶パトロール中の警官 *mf.* policía de patrulla. ♦警察が（街を）パトロールしている La policía está patrullando [de patrulla] （por las calles）.

パトロールカー *m.* coche patrulla. → パトカー.

パトロン *mf.* patrón/trona, 《口語》 *m.* padrino, *f.* madrina; （援助者） *mf.* patrocinador/dora.

ハトロンし ハトロン紙 *m.* papel de estraza. → 紙（かみ）.

バトン 〔リレー競技の〕 m. testigo; 〔バトントワラーの〕 m. bastón. ▶バトンガール[トワラー] f. bastonera. ▶バトンパス f. entrega del testigo. ▶バトンタッチする〔リレーの〕 v. pasar 《a + 人》el testigo; 〔仕事などを〕 v. dar* 《a + 人》el relevo, pasar 《a + 人》el mando, pasar 《a + 人》el trabajo.

はな 洟〔鼻水〕 f. mucosa (nasal). → 鼻.

＊**はな** 鼻 f. nariz. → 鼻風邪, 鼻紙, 鼻糞, 鼻声, 鼻血, 鼻つまり; 〔犬・猫・馬などの〕 m. hocico; 〔象の〕 f. trompa; 〔豚の〕 f. jeta.

1《～鼻》▶低い鼻〔ぺちゃんこの〕 f. nariz chata; 〔低くて上向きの〕 f. nariz respingona y chata. ▶赤鼻〔風邪などによる〕 f. nariz colorada; 〔酒飲みの〕 f. nariz de borracho. ▶鼻筋の通った鼻 f. nariz recta. ▶わし[かぎ]鼻 f. nariz aguileña [《文語》aquilina]. ▶上を向いた鼻 f. nariz respingona. ♦彼は高い鼻をしている Tiene una nariz grande [larga]. / 《口語》Es un narizotas. / 《口語》彼は大きな鼻をしている Tiene unas buenas napias.

2《〈鼻(の)+名詞〉》▶鼻の穴 f. ventana nasal [de la nariz]. ▶鼻水が出ているよ 《口語》Tienes moquita. / Tienes catarro nasal. / Te gotea la nariz.

3《〈鼻が〉》▶鼻がきく v. tener「una buena nariz [un buen olfato]. ▶鼻が出ている (→2). ▶風邪にかかって鼻がつまった Tengo la nariz atascada por el catarro.

4《〈鼻に[の]〉》▶鼻にかかった話し方をする v. hablar por la nariz, tener* un habla gangosa. ▶鼻の下にひげをはやしている v. tener* bigote. ♦彼女はほんの少し鼻にかかった声をしていた Tenía una voz「algo nasal [un poco gangoso].

5《〈鼻を〉》▶ティッシュで鼻をかむ v. sonarse* la nariz con un pañuelo. ▶鼻をきつくつまむ v. sujetar por la nariz. ▶指で鼻をほじくる v. hurgarse* la nariz, meterse el dedo en las narices. ♦「ほら, 鼻をふきなさい」と言って彼女は子供にハンカチを渡した "Toma, límpiate la nariz", dijo entregándole un pañuelo al niño. ♦彼女は人指し指で自分の鼻を指した Se señaló a su propia nariz con el dedo.

【その他の表現】♦鼻高々と〔高慢に〕 adv. con orgullo, orgullosamente; 〔勝ち誇ったように〕 adv. con aire de triunfo, triunfalmente. ▶鼻を明かす〔=出し抜く〕《口語》 v. bajar 《a + 人》los humos, 《口語》cortar 《a + 人》las alas. ▶鼻を(へし)折る v. poner* 《a + 人》en su sitio [lugar]. ♦彼は1等をとって鼻高々だった Al ganar el primer premio, se hinchó de orgullo. ♦彼は鼻持ちならない Me apesta (por su orgullo). ♦彼は秀才の息子を持って鼻が高い Está orgulloso de su brillante hijo. ♦彼女は自分の才能を鼻にかけている「Está orgullosa [Se ufana, Se jacta] de su talento. / Su talento la llena de orgullo. ♦彼らは私の警告をふんと鼻であしらう〔=あざ笑う〕だけだった Sólo se tomaron a broma mi advertencia.

＊**はな** 花 ❶《植物》 f. flor.

1《〈花+名詞〉》▶花かご m. cesto de flores. ▶花売り娘 f. florista. ▶花言葉 m. lenguaje de las flores. ▶花柄 m. diseño floral. ▶花畑 m. jardín [m. campo] de flores. ▶《桜の》花吹雪 f. lluvia de pétalos de flores (de cerezo). ▶花屋 〔店〕 f. floristería, f. florería; 〔人〕 mf. florista. → 花束, 花びら, 花見, 花輪.

2《花が[は]》▶花が散った Se han pasado [marchitado] las flores. ♦桜の花は今が盛りだ Los cerezos se encuentran ahora en plena floración. ♦晴天続きで花はしおれてしまった Debido a una temporada de buen tiempo, las flores se han secado.

3《花の》▶花の adj. florido, floral. ▶花の咲くころ f. estación florida [de las flores]. ▶花の咲く草木 f. planta que da flores.

4《花に[を]》▶花に水をやる v. regar* las flores. ▶花を¹植える〔²育てる〕 v. ¹plantar [²cultivar] flores. ▶花を摘む v. coger* flores.

❷【生け花】 m. arreglo floral. ▶花をいける v. hacer* un arreglo floral. ▶お花を習う v. tomar clases de arreglo floral.

❸【精華】 f. flor (y nata). ▶社交界の花 f. flor y nata de la sociedad. ♦彼女は職場の花だ Es la flor de la oficina. ♦若いうちが花だ La juventud es la flor de la vida. ♦彼もあのころが花だった Entonces estaba en「la flor [lo mejor] de su vida.

── 《花が咲く》 v. florecer*, estar* en flor [《フォーマル》floración]. ♦この植物の花が咲き始めた Esta planta ha empezado a florecer [estar en flor]. ♦庭にチューリップの花が咲いている Los tulipanes del jardín están en flor. ♦リンゴの木は今花が咲いている Los manzanos ahora están「en flor [en floracion, florecidos]. ♦うちの庭は春になるとたくさんの花が咲く En primavera tenemos muchas flores en el jardín. / Nuestro jardín está muy florido en primavera.

【その他の表現】♦そのことで話に花が咲いた Charlamos animadamente sobre eso. ♦彼に花を持たせてやった Le dimos a él todo el mérito. / 《口語》Dejamos que todas las flores fueran para él. ♦彼の出席はそのパーティーに花をそえた Su presencia añadió [añadió brillo] a la fiesta. ♦言わぬが花 Mejor será callarse. ♦花より団子〔ことわざ〕De lo feo a lo hermoso, deme Dios lo provechoso. / No flores, sino dones.

バナー 《専門語》 f. anuncio, 《専門語》 m. faldón, 《専門語》 f. pancarta, 《専門語》 f. viñeta.

はないき 鼻息 m. 鼻息が荒い〔=やる気[闘志]満々である〕 v. respirar confianza, rebosar de buen ánimo. ▶鼻息をうかがう〔=人を怒らせないように気を遣う〕 v. cuidar [cuidarse de] no ofender 《a + 人》; 〔人の顔色を見る〕 v. preocuparse por (su) estado de ánimo. ♦彼は部下には鼻息が荒い〔=ごう慢だ〕Es arrogante [altanero, prepotente] con sus subordinados.

はなうた 鼻歌 m. tarareo. ♦彼は鼻歌を歌っていた Estaba tarareando una canción.

はなかぜ 鼻風邪 ▶鼻風邪をひいている v. tener*

1150 はながた

catarro nasal.
はながた 花形 *f.* estrella, *f.* figura. ▶花形選手 *mf.* jugador/dora estrella. ▶花形産業 *f.* estrella de la industria, *f.* industria floreciente.
はながみ 鼻紙 *m.* pañuelo (de papel). → ちり紙.
はなくそ 鼻糞 《口語》*m.* moco(s), 《フォーマル》*f.* mucosidad seca. ▶鼻くそをほじる *v.* hurgarse* 「la nariz [《口語》los mocos].
はなごえ 鼻声 *f.* voz nasal (gangosa); (鼻にかかる音・話し方) *m.* gangueo. ▶鼻声でしゃべる *v.* hablar por la nariz, ganguear.
はなざかり 花盛り →満開. ▶桜は今が花盛りだ Las flores del cerezo están en plena floración.

**はなし 話 ❶【話すこと】*f.* conversación, *f.* charla, 【メキシコ】*f.* plática, 《口語》*f.* cháchara, 《口語》*m.* parloteo; (対話) *m.* diálogo; (演説) *m.* discurso, *f.* conferencia, 《敬老語》*f.* alocución, (説法) *f.* homilía, *m.* sermón; (短くくだけた) *f.* charla.

1《〜(の)話》▶商売の話 *f.* charla de negocios. ▶世間話 (=雑談)をする *v.* tener* una conversación frívola [superficial]. ▶内緒話をする *v.* hablar [conversar] en privado. ♦ここだけの話だが (=内緒の話だが)このダイヤはにせものなんだ Este diamante, dicho sea entre nosotros, es de imitación.

2《話が[の]》▶話の種 *m.* tema de conversación. ▶話がはずむ *v.* tener* [sostener*] una 「animada charla [conversación animada] (sobre). ♦ちょっとお話があるのですが ¿Puedo hablar con usted un momento? / ¿Me permite 「un minuto [dos palabras]?

3《話を》▶話をする (物を言う) *v.* hablar, 【メキシコ】platicar*, 《フォーマル》charlar, conversar, dialogar*, relatar, contar* → 話す; (話し合う) *v.* hablar [tener* una conversación] 《con》; (演説する) *v.* dar* [《フォーマル》pronunciar] un discurso (ante el público sobre el tema). ▶商売の話をする *v.* hablar de negocios. ▶話を始める *v.* ponerse* [empezar*] a hablar, iniciar la conversación; (緊張をほぐす) *v.* romper* el hielo. ♦私たちはそのことについて長い間話をした Hablamos sobre eso largo rato. / Hablamos 「mucho tiempo [largo y tendido] de eso. ♦パーティーではお互いに仕事の話をしないでおきましょう En la fiesta no hablemos [vamos a hablar] del trabajo.

❷【話す内容】lo que dice, sus palabras; (報告しての話) *f.* historia, *m.* relato; (物語) *fpl.* noticias, (物語) *f.* historia. ▶彼の話によると *adv.* según 「lo que dice [sus palabras]. ▶早い話が (=手短にいえば) *v.* abreviar [acortar] una historia. ▶話を合わせる (同意するように) *v.* fingir* estar* de acuerdo 《con》; (口裏を合わせる) *v.* ponerse* de acuerdo con (sus) palabras. ▶話のつじつまを合わせる *v.* ajustar las palabras a los hechos. ♦彼はピカソの話をしてくれた Nos habló [contó] de Picasso. 《会話》ちょっといい話があるんだ―本当, 何なの―課長に昇進したよ―それはよかった Tengo 「buenas noticias [algo bueno que contarte]. – ¿De veras? – ¿De qué se trata? – Me acaban de ascender a jefe de departamento. – ¡Qué bien! [Me alegro mucho.]

❸【話題】*m.* tema, *m.* tópico; (話の核心) *m.* quid, *m.* meollo. ▶話をそらす (=変える) *v.* cambiar de tema. ▶話をもとに戻す *v.* volver* al tema anterior. ▶話は違うが [変わる]が, 今日は家にいますか Cambiando de tema, ¿vas a pasar hoy en casa? / Por cierto, ¿vas a quedarte hoy en casa? ♦彼の提案は話にならない (=話題にする[本気で考える]価値がない) De su propuesta no vale la pena hablar [tratar]. / Su propuesta no vale ni para tratarse. ♦話をそらさないでください Por favor, no cambies de tema. ♦旅行の話と言えば, マチュピチュに行ったことがありますか Hablando de viajes, ¿has estado en Machu Picchu?

❹【相談】*f.* consulta; (申し出) *f.* oferta; (交渉) *f.* negociación, *m.* trato; (約束) *f.* promesa; (合意) *m.* acuerdo, (協定) *m.* convenio; (了解) *f.* comprensión, *m.* entendimiento. ▶うまい話 (心が動く申し出) *f.* oferta tentadora; (もうけ話) *f.* oferta lucrativa. ▶話がつく (=決まる) *v.* 「llegar* a un [ponerse* de] acuerdo 《con》. ▶話をつける [まとめる] (取り決める) *v.* convenir* 「llegar* a un acuerdo 《con》; (解決する) *v.* arreglarse 《con》. ♦その件で話 (=相談) があるのですが Me gustaría hablar del asunto con usted. ♦その話はうますぎる Esa oferta parece demasiado buena para ser cierta. ♦それでは話が違う (話した内容) Eso no es lo que dijo. / Esas no fueron sus palabras. / (了解) Nosotros no lo entendimos [interpretamos] así.

❺【うわさ】*m.* rumor. ♦彼はパリへたつという話だ 「Se dice [Dicen] que se va a París. / 「He oído [Se oye, Se rumorea, Corre el rumor de] que se va a París.

❻【事柄, 事情, わけ】▶よくある話だ (=これまでもそうだった) Es lo mismo de siempre. / 《スペイン》《口語》Siempre el mismo rollo. / (しょっちゅう起こる) Como siempre. / (仕方がない) Lo de siempre. ♦君は本気でわれわれの計画に乗る気はあるのかい。それなら話は別だ (=事情は違ってくる) ¿Estás de verdad interesa*do* en nuestro proyecto? Entonces es otra cosa. ♦彼は話の分かる [話せる] 人だ Es muy comprensivo.

-ぱなし –放し ❶【…したまま】→まま. ▶電気をつけっぱなしにする *v.* dejar la luz encendida. ▶ゆうべは窓を開けっぱなしにして眠った Anoche dormí con la ventana abierta.

❷【ずっと続ける】→続ける. ♦このところうちのチームは勝ちっぱなしだ Nuestro equipo no ha dejado de ganar en los últimos partidos.

はなしあい 話し合い *f.* (tener) una conversación 《con》→相談; (会談, 会議) *f.* (celebrar) una conferencia [reunión]; (交渉) *fpl.* (entablar) negociaciones 《con》. ▶当面の難局を話し合いで解決することを勧める《フォーマル》*v.* exhortar a que solucione la actual crisis por medio de negociaciones. ♦これ以

上話し合いを重ねてもむだだ No hace falta seguir hablando. / No hay necesidad de hablar más. / ¿Para qué hablar más? ♦長い話し合いのあと彼らは合意に達した Llegaron a un acuerdo tras largas negociaciones. ☞交渉, 審議, 相談

はなしあいて 話し相手 ♦話し相手がほしい Quiero alguien con quien hablar. / Necesito un interlocutor. → 相談.

***はなしあう** 話し合う 議論, 議論。♦次に何をしようかと話し合った「Hablamos de lo que [Se habló sobre lo que, Discutimos qué] haríamos después. ♦このことなど十分に話し合った Hablé [Traté] con mi padre de [sobre, acerca de] esto. / Tuve una conversación sobre esto con mi padre. ☞会談, 相談する

はなしがい 放し飼い m. pastoreo. ▶羊を放し飼いにする (=放牧する) v. pastorear las ovejas; hacer* pastar a las ovejas. ♦犬を放し飼いにする (=つながないでおく) v. dejar suelto el perro.

はなしかける 話し掛ける v. dirigirse* [dirigir* la palabra] (a). ♦私は電車の中で知らない人に話しかけられた「Un desconocido se dirigió a mí [Fui abordado por un desconocido] en el tren.

はなしごえ 話し声 f. voz. → 声. ♦2階で数人の話し声が聞こえた Oí voces [gente hablando] (en el piso de) arriba.

はなしことば 話し言葉 f. lengua hablada. ☞言語, 口語

はなしこむ 話し込む (長い間話す) v. hablar [charlar] largamente [largo y tendido, mucho rato]; (話に夢中になる) v. estar* absorto en la conversación. ▶夜遅くまで話し込む v. hablar hasta bien entrada la noche. ♦彼女は彼の仕事のことで彼と話し込んだ「Tuvo una larga conversación [Habló largamente] con él sobre su trabajo.

はなしじょうず 話し上手 mf. buen/buena hablante, 《口語》 m. pico de oro, mf. buen/buena conversador/dora [interlocutor/tora].

はなしずき 話し好き ♦話し好きな adj. charlatán, hablador, 《教養語》 gárrulo. ♦しゃべり. ▶とても話し好きな女性 f. mujer charlatana.

はなしちゅう 話し中 ♦(電話が)お話し中です La línea está ocupada. / 《スペイン》Está comunicando. ♦彼は今はかの電話で話し中です Está hablando por otra línea. ♦お話し中失礼いたしますが... Siento interrumpirlo [le, la], pero...

はなして 話し手 mf. conferenciante, 《フォーマル》m. orador/ora.

はなしぶり 話しぶり f. (su) forma [f. manera] de hablar. → 口ぶり. ♦話しぶりで彼女が京都出身だとわかった Por su forma de hablar, me di cuenta de que era de Kioto.

はなしべた 話し下手 mf. mal/mala hablante, mf. mal/mala conversador/dora. → 話し上手.

****はなす** 話す v. hablar; decir*, conversar, dialogar*, contar*, 『メキシコ』 platicar*. → 言う, しゃべる. ♦犬は話すことができない Los perros no hablan. ♦試験中は話してはいけません En el examen no se habla [puede hablar].

1《副詞＋話す》▶大声で話す v. hablar en 「voz alta [alto]. ▶スペイン語で話す v. hablar en español. ▶電話で話す v. hablar por teléfono.

2《...と話す》; (話をする, 話しかける) v. hablar 《con, a》; (伝える) v. decir* → 5. 【会話】 どうして私に話してくれなかったのか教えてよ ¿Por qué no me lo dijiste? - Te lo dije. ♦君に話し(＝伝え)たいことがある Tengo algo que decirte. ♦これが昨日わたしが話していた本です Este es el libro del que te hablé ayer. → 5.

3《...のことを話す》v. hablar 《de》, 《教養語》 departir 《sobre》; (言葉・事実などを) v. hablar; (物語・真実などを) v. contar*, relatar; (少しふれる) v. mencionar. ▶物語を話す v. contar* una historia. ♦スペイン語を話せますか ¿Habla usted español? ♦彼女は2か国語を話せる Habla dos lenguas. / Es bilingüe. ♦彼は家族のことは何も話さなかった Nunca hablaba [decía nada] de su familia. ♦何のことを話しているのですか ¿De qué estás hablando?

4《AにBを話す》v. decir* B a A. ♦彼に真相を話す(＝打ち明ける) v. decirle* la verdad. ♦彼女は私に二言三言話した Me dijo unas palabras.

5《AにBについて[のことを]話す》v. decir* [contar*] de [sobre] B a A, 《フォーマル》 disertar. ♦その問題について聴衆に向かって話す(＝演説する) v. hablar [《フォーマル》disertar] de ese tema ante un público. ♦スペインのことについてもっとわたしたちに話して(＝教えて)ください Cuéntenos más cosas de España.

6《...と話す》v. hablar 《con, a》. ♦彼女はだれと話しているのですか ¿Con quién está hablando ella? ♦ちょっとあなたと話したいことがあるのですが Tengo algo que decirte [contarte].

【その他の表現】♦話せば長くなります Es largo de contar. / Es una historia larga.

☞明かす, 言う, 語る, 語り合う

***はなす** 離す (引き離す) v. separar, apartar (una cosa de otra) → 引き離す; (引き離しておく) v. mantener*... separado 《de》. ♦机を窓から(もう少し)離す v. separar (un poco más) una mesa de la ventana. ♦母親を赤ん坊から引き離すのは残酷だ Es cruel separar a una madre de su bebé. ♦この子から目を離すな No le quites los ojos al niño. / No apartes la vista del niño. / (見張っていなさい)Vigila al niño. ♦種を5センチずつ離して植えなさい Pon las semillas separadas [a intervalos de] cinco centímetros. ♦私が目を離したすきに彼は逃げた Se fue corriendo cuando no le estaba vigilando.

【その他の表現】♦私は眼鏡を手元から離せない(＝なしですませない) No me puedo separar de las gafas. / (いつも手元に置く)Siempre tengo las gafas a mano. ♦彼はその写真を肌身離さず持っている No se separa de la foto. / Siem-

pre lleva encima la foto.
- **はなす 放す**（つかんでいる物を放す）v. soltar*;（解き放す）v. dejar ... suelto;（束縛などから解放する）v. dejar ... libre [sueltо], poner* en libertad, liberar. ♦手を放して! ¡Suéltame! / ¡Déjame! / ¡Quítame las manos de encima! ♦彼はロープから手を放した Dejó suelta la cuerda. ♦犬を放さないで No sueltes al perro. ♦彼女はかごを開けてその鳥を放してやった Abrió la puerta de la jaula y soltó al pajarillo.

《その他の表現》今手が放せない Ahora tengo las manos ocupadas. /（忙しい）Ahora "estoy ocupado [no puedo atenderte]."

はなせる 話せる ❶【話すことができる】 ♦スペイン語の話せる秘書 f. secretaria con dominio del español.

❷【話の分かる】adj. comprensivo. → 話.

はなぞの 花園 m. jardín de flores.

はなたば 花束 m. ramo de flores, m. ramillete. → 束. ♦彼女にバラの花束を贈る v. regalarle a ella un ramo de rosas.

はなぢ 鼻血 f. hemorragia nasal. ♦昨夜ひどく鼻血が出た Anoche me salió mucha sangre por las narices. / Tuve una fuerte hemorragia nasal anoche.

はなつ 放つ ❶【光・熱・においなどを】v. dar*, emitir,《フォーマル》proyectar;（におい・熱などを）v. exhalar,《フォーマル》despedir*;（光・熱などを）v. irradiar. ♦このランプは強い光線を放つ Esta lámpara da [《フォーマル》emite] "mucha luz [《教養語》un poderoso haz de luz]."

❷【矢・弾丸などを】v. tirar, disparar. ♦矢を放つ v. tirar [disparar] una flecha. ♦礼砲を放つ v. disparar una salva.

❸【動物などを】v. soltar* (un perro);（解放する）v. soltar* (un pájaro). → 放す.

はなっぱしら 鼻っ柱 ♦鼻っ柱の強い（小生意気な）adj. impertinente;（我を張る）adj. seguro de sí mismo; obstinado. ♦鼻っ柱をへし折る v. reducir* (su) orgullo,《口語》bajar (a ＋ 人) los humos,《口語》dar* (a ＋ 人) en la cresta,《フォーマル》abatir (su) orgullo.

はなつまみ 鼻つまみ（実にいやな奴）f. persona fastidiosa,《軽蔑的に》《口語》mf. pelmazo/za,《軽蔑的に》《口語》mf. pelma,【スペイン】《軽蔑的に》《口語》mf. plasta;（厄介者）mf. pesado/da,《口語》mf. plomo.

はなづまり 鼻づまり ♦鼻づまりがしている Tengo la nariz tapada [atascada,【メキシコ】atorada].

*バナナ（1 本の）m. plátano,【コロンビア】【アルゼンチン】f. banana;（一房の）m. racimo de plátanos. ♦バナナの木 m. banano. ♦バナナの皮 f. piel del plátano. ♦バナナの皮をむく v. pelar un plátano. ♦子供はバナナが好きだ A los niños les gustan los plátanos.

はなはだ 甚だ（非常に）adv. muy;（大いに）adv. en gran medida;（すごく）adv.《口語》terriblemente;（過度に）adv. excesivamente, demasiado;（極度に）adv. sumamente, extremadamente,《フォーマル》en grado extremo. → 非常に. ♦彼の態度がはなはだ気にくわない Estoy muy [sumamente] disgustado con su actitud.

はなはだしい 甚だしい（重大な）adj. grave, serio;（強烈な）adj. intenso;（非常に大きな）adj. tremendo, enorme;（極端な）adj. extremo,《フォーマル》sumo;（誤りなどが目立つ）adj. que salta a la vista. ♦はなはだしい誤解 m. grave malentendido. ♦はなはだしい相違 f. diferencia tremenda [enorme]. ♦はなはだしい損失 f. enorme [terrible] pérdida. ♦はなはだしい例をあげる v. citar un caso extremo. ♦はなはだしい誤りをする v. cometer un error tremendo [manifiesto].

はなばなしい 華々しい（輝かしい）adj. magnífico;（みごとな）adj. espléndido;（壮観な）adj. espectacular. ♦彼はその試合で華々しい活躍をした "Tuvo una actuación magnífica [Jugó espléndidamente]" en el partido. ♦彼女は女優として華々しい生涯を送った Realizó una espectacular [brillante] carrera como actriz. ♦開会式は華々しく行なわれた La ceremonia inaugural fue magnífica.

はなび 花火 mpl. fuegos artificiales,《口語》cohetes. ♦仕掛け花火 mpl. castillos de fuegos artificiales. ♦花火大会に行く v. ir* a (ver) los fuegos artificiales. ♦花火を上げる v. hacer* fuegos artificiales, lanzar* [《口語》disparar] cohetes.

はなびら 花びら m. pétalo. ♦バラの花びら m. pétalo de rosa.

パナマ Panamá;（公式名）República de Panamá (☆中央アメリカの国, 首都パナマシティ Ciudad de Panamá). パナマ(人)の adj. panameño. ♦パナマ運河 Canal de Panamá.

はなみ 花見 m. espectáculo de "los cerezos en flor [《フォーマル》la floración del cerezo]." ♦公園に花見に出かける v. ir* al parque a ver* los cerezos en flor.

はなみずき 花水木 m. cornejo.

はなみち 花道（劇場などの）m. pasillo (elevado). ♦ほら, 横綱が花道をやって来る Mira, por el pasillo viene el campeón de sumo.

はなむけ 餞 m. regalo de despedida. ♦はなむけの言葉 fpl. palabras de despedida.

はなむこ 花婿 m. novio, m. 新郎.

はなもちならない 鼻持ちならない（実にいやな）adj. repugnante, asqueroso, maloliente,《フォーマル》nauseabundo.

はなや 花屋 → 花.

はなやか 華やか（豪華な美しさ）m. esplendor;（はで）f. vistosidad.

—— **華やかな**（豪華な）adj. espléndido, magnífico;（はでな）adj. vistoso, llamativo. ♦華やかな衣装 m. vestido espléndido. ♦会場は華やかな《＝陽気で楽しい》雰囲気だった En el salón hubo un ambiente espléndido.

—— **華やかに**（豪華に）adv. espléndidamente. ♦彼女は華やかに着飾っていた Iba espléndidamente vestida.

はなやぐ 華やぐ v. resplandecer*, iluminarse, brillar. ♦その女優がステージに姿を現わすと会場の雰囲気はぱっと華やいだ Al aparecer la actriz en el escenario, la atmósfera del teatro pareció iluminarse de repente.

はなよめ 花嫁 f. novia. ▶(将来)花嫁になる人 f. futura novia. ▶花嫁衣装一式 m. ajuar de una novia. ▶花嫁修業 f. formación doméstica [para futuras amas de casa]. ▶花嫁姿[衣装]の娘 f. joven「en traje de novia [vestida de boda].

はならび 歯並び f. dentadura. → 歯.

はなれ 離れ m. anexo.

ばなれ 場慣れ (経験) f. experiencia. ▶よく場慣れした講演者 mf. orad*or/dora* con experiencia [experiment*ado/da*,《口語》duch*o/cha*]. ▶彼の仕事は多少場慣れが必要だ Su trabajo exige cierta experiencia.

—— 場慣れする (1舞台 [2演壇]に立つことに慣れる) v. acostumbrarse 1al escenario [2a la tribuna, 2al estrado]; (あがらなくなる) v. superar el miedo escénico.

-ばなれ -離れ ▶金離れがよい v. ser* pród*igo [liberal] con el dinero. ▶映画離れの傾向 f. tendencia a no ir al cine.

はなれこじま 離れ小島 m. islote.

はなればなれ 離れ離れ (ちりぢりの) *adj.* separado, aislado; (ちりぢりの) *adj.* disperso. ▶離れ離れに *adv.* separadamente; (独立して) *adv.* independientemente. ♦彼の家族は離れ離れになった Su familia se separó [disperó].

*•**はなれる** 離れる ❶【分離する, 去る】 v. separarse [apartarse, distanciarse]《de》; (去る) v. dejar, abandonar; (去って行く) irse [alejarse]《de》. ▶そのグループから離れる v. dejar el grupo. ▶親元から遠く離れて暮らす v. vivir lejos de los padres; (別々に) v. vivir separ*ado* de los padres; (独立している) v. ser* [estar*] independiente de los padres. ▶列から離れる v.「separarse de [romper*] la fila. ▶故郷を離れて 5 年になる Hace cinco años que dejé mi hogar [pueblo natal]. ♦船は桟橋を離れていった El barco se fue alejando del muelle. ♦ぼくから離れていた方がいいよ. 風邪をひいているから No te acerques mucho a mí, pues tengo un resfriado. ♦離れないでついてきて (=くっついていなさい) No te separes [apartes] de mí. ♦彼の友人たちは一人ずつ離れていった Sus amigos le fueron dejando uno tras otro. / Sucesivamente sus amigos se le fueron distanciando.

❷【位置・距離】 ▶離れて (あちらに) *adv.* lejos [a una distancia, a intervalos, con una separación]; (わかれて) *adv.* aparte《de》; (遠く離れて) *adv.* muy [bastante] lejos《de》. ▶1 キロ離れて *adv.* a un kilómetro de distancia. ▶16 キロ離れて *adv.* a una distancia de 16 kilómetros. ▶3 メートルずつ離れて (=の間隔で)並ぶ v. alinearse a intervalos de tres metros. ♦離れろ (=近寄るな) ¡Fuera [Apártate, Quita]! / ¡No te acerques!《会話》町は(ここから)どのくらい離れていますか―5 キロほど離れている ¿「A cuánto está [Cuántos kilómetros hay hasta] la ciudad? – A unos cinco kilómetros. ♦その湖はここから遠く離れている El lago está muy lejos de aquí. / Desde aquí hay una gran distancia hasta el lago. ♦ 遠い. ♦彼の家は駅から 8 キロ離れた所にある Su casa「está a [dista] ocho kilómetros de la estación. ♦その村と学校は約 3 キロ離れている El pueblo y la escuela están separados unos tres kilómetros. / Hay unos tres kilómetros entre la escuela y el pueblo. / (村と学校間の距離は約 3 キロある)La distancia entre el pueblo y la escuela es de unos tres kilómetros. ♦ベースから離れすぎるな No te separes mucho de la base.

【その他の表現】 ♦彼らは年齢がかなり離れている (=年齢に大きな差がある) Hay una gran diferencia en sus edades. / Les separan muchos años. ♦君のことが片時も心を離れない (=気にかかっている) Todo el tiempo has estado en mis pensamientos. / No te has apartado de mi mente ni un momento. ♦彼女の心はもう君から離れているよ Ya no te quiere. / Ha dejado de amarte. ♦ Su corazón se ha distanciado [apartado] del tuyo.

はなれわざ 離れ業 (みごとな) f. hazaña,《フォーマル》f. proeza. ▶複雑な計算を一瞬のうちにするという離れ業を演じる v. realizar* la hazaña de una complicada operación de cálculo en un instante. ▶高いぶらんこの上で勇敢な離れ業を演じる v.「hacer* una valiente proeza [realizar* una acrobacia extraordinaria] en un alto trapecio.

はなわ 花輪 (祝儀・葬儀用の) f. corona de flores; (装飾用の) f. guirnalda.

はにかみ f. vergüenza; (生来内気) f. timidez. ▶はにかみ屋 f. persona vergonzosa [tímida]. → 内気.

はにかむ v. ser* tím*ido*, mostrar* timidez, tener* vergüenza. → 照れる. ♦彼女ははにかみ屋だ Es una muchacha tímida.

パニック m. pánico. ▶パニックにおそわれる v. ser* presa del pánico, aterrorizarse*《de》. ♦その事件で町中がパニックに陥った Toda la ciudad fue presa del pánico a causa del incidente. / El incidente sembró el pánico en toda la ciudad.

バニラ (植物) f. vainilla.

はにわ 埴輪 "haniwa",《説明的に》 f. imagen de arcilla que se encuentra en las excavaciones de las tumbas de la antigüedad japonesa.

バヌアツ Vanuatu (☆オセアニアの国, 首都ポートビラ Port Vila).

*•**はね** 羽 ❶【羽毛】 f. pluma; (特に大きく華やかな) m. plumón. ▶赤い羽運動 f. campaña de colecta pública de la Pluma Roja. ▶羽のついた帽子 m. sombrero con plumas. ♦その鳥はきれいな羽をしている El ave tiene un espléndido plumaje. / Las plumas del ave son espléndidas.

❷【鳥や飛行機などの翼, 昆虫の羽】 f. ala. → 翼. ▶羽を1広げる [2たたむ; 3はばたかせる] v. 1extender* [2plegar*; 3aletear] las alas.

❸【羽根】 (バドミントン・羽根突きの) m. volante, m. rehilete → 羽根突き; (プロペラ・扇風機などの) m. paleta.

【その他の表現】 ♦その夜は父親がいなかったので子供たちは羽を伸ばしていた (=自由に楽しんだ)《口

1154 はね

語) Como su padre no estaba en casa esa noche, los niños lo pasaron en grande.

はね 跳ね (はねた泥) fpl. salpicaduras de barro. ◆ズボンの後ろにはねが上がっているよ Tienes los pantalones salpicados de barro. / Tus pantalones están manchados de barro.

はね 羽根 (バドミントンのシャトルなど) m. volante.

ばね m. muelle, m. resorte. ◆はねばかり f. balanza de muelle. ◆このネズミ取りはばね仕掛けです Esta trampa para ratones「es de [funciona con] muelle.

はねあがる 跳ね上がる (跳び上がる) v. dispararse; (急に上がる)《口語》v. ponerse* por las nubes. ◆ガソリンの価格が最近はね上がった Últimamente el precio de la gasolina se ha disparado.

はねおきる 跳ね起きる (ぱっと立ち上がる) v. levantarse「ponerse* de pie] de un salto; (寝床から) v. saltar de la cama.

はねかえす 跳ね返す (ボールなどを) v. rebotar; (拒絶するように) v. rechazar*, negar*, rehusar*.

はねかえる 跳ね返る v. rebotar 《en》. →跳ねる. ◆ボールが壁に当たってはね返った La pelota rebotó en la pared. ◆悪業は我が身にはね返る La mala conducta se vuelve contra uno/na mismo/ma.

はねかかる 跳ね掛かる v. salpicar*. ◆泥水が車のフロントガラスにはねかかった El agua con barro salpicó en el parabrisas del coche.

はねかける 撥ね掛ける (水しゃんと、ぱっと) v. salpicar*. ◆バスが私の服に泥水をはねかけた El autobús me salpicó la ropa de agua con barro.

はねつき 羽根突き m. volante. ◆羽根つきをする v. jugar* al volante.

はねつける 撥ね付ける (断固として激しく) v. rechazar*,《フォーマル》rehusar*; (きっぱりと) v. negar*, →断る. ◆申し出を頭からはねつける v. rechazar* una oferta「en redondo [rotundamente, categóricamente]. ◆その計画をはねつける v. rechazar* el plan.

はねとばす 跳ね飛ばす (水・泥などを) v. salpicar*. →跳ねる.

はねのける 撥ね除ける (押しのける) v. desechar, echar a un lado; (取り除く) v. quitar, eliminar. ◆ふとんをはねのける v. apartar el edredón. ◆箱詰めする前に傷のある桃をはねのける v. desechar los melocotones macados antes de empaquetarlos.

はねぶとん 羽布団 m. edredón de plumas.

はねまわる 跳ね回る v. dar* saltos, brincar* →飛ぶ, 跳ねる; (遊び騒ぐ) v. corretear (jugando), retozar*. ◆子供たちは部屋中をはね回っている Los niños están correteando por la habitación.

ハネムーン f. luna de miel. ◆ハネムーンでスペインに行く v. ir* a España de luna de miel; (新婚旅行期間を過ごす) v. pasar la luna de miel en España.

パネラー (パネルディスカッションの一員) mf. miembro「del panel [de un grupo de discusión],《ラ米》mf. panelista.

パネリスト →パネラー

・はねる 跳ねる ❶(跳び上がる) v. saltar, dar* [《口語》pegar*] saltos, brincar*; (水平方向に) v. saltar; (ぴょんぴょんと) (1 回) v. botar; (何度も) v. rebotar. → 飛[跳]ぶ, 弾む. ◆トランポリンの上ではねる v. saltar en un trampolín. ◆魚が水面ではねた Un pez saltó del agua. ◆¹ウサギ [²カエル]が小道をぴょんぴょんはねて通った ¹Un conejo [²Una rana] iba saltando por el camino.

❷(飛び散らす) v. salpicar*. ◆車がわれわれに泥をはねた El coche nos salpicó de barro. ◆壁に料理の油がはねた El aceite de cocinar salpicó en la pared. ◆フライパンからぽんとはねた熱い油でやけどをした La grasa caliente saltó de la sartén y me quemó.

はねる 撥ねる (採用を断るとき) v. rechazar*, rehusar*; (不適当なので削除する) v. eliminar, suprimir. ◆不良品をはねる v. rechazar* los productos defectuosos. ◆彼は就職試験の面接ではねられた Fue rechazado en la entrevista de trabajo.

《その他の表現》◆上前をはねる v. cobrar una comisión abusiva e injusta. ◆王は首をはねられた Decapitaron al rey. / Al rey le cortaron la cabeza. ◆彼は車にはねられた「Le atropelló [Fue atropellado por] un coche.

パネル m. panel, m. grupo de personas, f. mesa redonda. ◆パネルディスカッションを開く v. iniciar [abrir*] un panel de discusión.

ハノイ Hanoi (☆ベトナムの首都).

パノラマ m. panorama. ◆パノラマ写真 f. foto (grafía) panorámica. ◆山頂からのみごとなパノラマ「f. magnífica vista panorámica [m. magnífico panorama] desde lo alto de la montaña.

・はは 母 ❶《女親》f. madre; (母であること) f. maternidad. → 父.

1《~(の)母》◆3人の子の母 f. madre de tres hijos. ◆義理の母 f. suegra,《フォーマル》f. madre política. ◆未婚の母 f. madre soltera.

2《母の》adj. materno, maternal. ◆母の日 m. día de la madre. → 母の日. ◆母方のおじ m. tío materno. ◆母(親)のような女性 f. mujer maternal. ◆母のない子 mf. huérfano/na de madre.

3《母に》(子を生んで)母になる v. hacerse* madre. ◆彼女は優しい母になるだろう Será una buena madre.

❷《起源》f. madre. ◆必要は発明の母《ことわざ》La necesidad es la madre de la ciencia.

・はば 幅 ❶《横の長さ》f. anchura,《口語》m. ancho. ◆幅10メートルの通り f. calle de 10 metros de ancho. ◆幅の狭い「²広い]川 m. río ¹estrecho [²ancho]. ◆肩幅が広い v. tener* (los) hombros anchos. 《会話》この道の幅はどのくらいですか―11メートルです ¿Qué anchura tiene「Cuál es el ancho de] esta carretera? – Once metros. / Tiene once metros de ancho. ◆この船は長さ90メートル, 幅20メートルだ Este barco tiene 90 metros de largo [eslora] y [por] 20 de ancho [manga]. ◆幅6メートル奥行き4メートルの部

屋 m. cuarto de「seis metros de ancho y cuatro de largo [《口語》seis por cuatro]」.
❷【ゆとり】♦ 彼は人間に幅が出てきた（＝心が広くなった）Se ha vuelto tolerante. /《口語》Ahora tiene la manga ancha. ♦ その言葉の解釈にはかなりの幅が持たせてある Esa palabra se puede interpretar「muy libremente [《口語》con manga ancha]」.
❸【開き】♦ 賃金の値上げ幅は大きくなかった No ha sido grande la subida salarial. ♦ 彼は歩幅が大きい Camina a grandes pasos.
《その他の表現》♦ 彼は政界ではなかなか幅がきく（＝影響を及ぼしている）Es un hombre de mucha [Tiene una gran] influencia en los círculos políticos.

パパ m. papá. → お父さん.
パパイヤ f. papaya,《キューバ》f. fruta bomba.
ははおや 母親 f. madre. → 母.
ははかた 母方 m. lado maternal. → 父方. ♦ 私の母方のいとこ m. primo por línea materna.
はばかる 憚る （ためらう）v. vacilar, titubear《en ＋ 不定詞》;（遠慮する）v.《フォーマル》abstenerse*《de ＋ 不定詞》. ♦ はばからずに（＝率直に）意見を述べる v. expresar la opinión sin reservas, no vacilar en expresarse. ♦ 彼はそれはおれのものだと言ってはばからない No vacila en「reclamar su propiedad [insistir en que es suyo]」. ♦ パリでは恋人たちがはばかることなく人前でキスしているのを見た En París vi cómo los amantes se besaban abiertamente en público.
はばたき 羽ばたき m. aleteo, m. batir de alas, m. aletazo. → 羽ばたく. ♦ 茂みの中で羽ばたきが聞こえた Oímos un aleteo entre los arbustos.
はばたく 羽ばたく （ばたばたと）v. aletear;（小刻みに早く）v. batir las alas. ♦ その鳥は必死にはばたいたが飛べなかった El pájaro aleteaba desesperadamente, pero no podía volar.
はばつ 派閥 f. facción. ♦ 党内派閥 fpl. facciones internas de un partido. ♦ 派閥争い f. lucha entre facciones. ♦ 派閥を解消する v. eliminar las facciones. ♦ その党は三つの主要派閥に分かれている Ese partido está dividido en tres facciones principales. ☞党派
はばとび 幅跳び ♦ 走り幅跳び m. salto de longitud. ♦ 幅跳びの選手 mf. saltador/dora de longitud.
ハバナ La Habana (☆キューバの首都). ♦ ハバナの adj. habano.
ハバネラ f. habanera (☆キューバの舞踊, 音楽).
ははのひ 母の日 m. Día de la Madre.
はばひろい 幅広い ♦ 幅広い知識を持つ v. tener* grandes [vastos, extensos] conocimientos《de》. ♦ 幅広い（＝広範囲な）論議 f. discusión「de gran alcance [muy extensa]」.
バハマ Bahamas, (公式名) Mancomunidad de las Bahamas (☆中央アメリカ, 西インド諸島の国, 首都ナッソー Nassau). ♦ バハマ諸島 Islas Bahamas (☆キューバ島の北の諸島).
はばむ 阻む （妨げる）v. impedir*《a ＋ 人》《＋ 不定詞 [que ＋ 接続法]》, estorbar,《フォーマル》obstaculizar* → 妨げる. ♦ 軍隊の前進を阻む v. impedir* el avance del ejército, impedirle* al ejército avanzar*. ♦ 地元住民の強い反対で原子力船の寄港が阻まれた La fuerte oposición de los habitantes del lugar impidió「que el barco de energía nuclear anclara en el puerto [anclar al barco de energía nuclear]」. ♦ 監視員が彼の逃亡を阻んだ Los guardias le impidieron escapar. ♦ 濃霧がドライバーの視界を阻んだ La densa niebla impedía la visibilidad「del conductor [de la conductora]」. ♦ 私たちに大きな岩に行く手を阻まれた「Un peñasco [Una gran roca]」nos bloqueaba el camino.
パパラッチ (有名人を追い回すフリーのカメラマン)《イタリア語》mpl. paparazis.
ババロア f. gelatina bávara.
ハバロフスク Jabarovsk.
はびこる （雑草などが生い茂る）v. abundar, crecer*《en abundancia》;（覆い広がる）v. dominar,《フォーマル》pulular;（害虫・病気などが横行する）v. infestar, estar* plagado《de》;（広く行き渡る）《フォーマル》v. prevalecer*;（まん延する）v. propagarse*, extenderse*. ♦ ネズミのはびこっている家 f. casa infestada [plagada] de ratones. ♦ 雑草が庭一面にはびこっている Las malas hierbas abundan en el jardín. / El jardín está plagado de malas hierbas. ♦ 昔肺病が坑夫の間にはびこっていた Las afecciones pulmonares abundaban [dominaban] entre los mineros.
パビリオン m. pabellón.
パピルス (植物・紙) m. papiro.
ハブ《専門語》(IT) m. concentrador.
パフ f. borla para empolvarse.
パプアニューギニア Papuasia y Nueva Guinea (☆オセアニアの国, 首都ポートモレスビー Port Moresby). ♦ パプアニューギニア人 mf. papú.
パフェ m. postre helado (a base de crema o mantecado).
パフォーマンス (一般の人の歓心を買うための演技) f. actuación para la galería.
パフォーマンス《専門語》(IT) m. rendimiento.
・**はぶく** 省く【除く】(削除する) v. suprimir,《口語》tachar;（除外する）v. excluir*;（名簿・グループから）v. omitir [excluir*]《de》;（省略する）v. suprimir, omitir,《口語》quitar;【節約する】(労力・費用などを) v. ahorrar;（切り詰める）v. rebajar, reducir*;（縮小する）v. reducir*, disminuir*. ♦ 名簿から彼女の名前を省く v.「omitir su nombre [excluirla*]」de la lista. ♦ 詳しい説明を省く v. omitir una explicación detallada. ♦ 私たちは経費を省かなければならない Tenemos que reducir los gastos. ♦ 機械のお陰でわれわれの手間と時間がうんと省ける Las máquinas nos ahorran mucho tiempo y trabajo.
ハプニング m. (suceso) imprevisto.
はブラシ 歯ブラシ m. cepillo de dientes.
はぶり 羽振り ♦ 彼は会社で羽振りがよい（＝勢力がある）「Tiene influencia [Es influyente]」en

パブリシティ f. publicidad.

パブリック・ドメイン《専門語》m. dominio público.

バブル f. burbuja. ▶日本のバブル経済の崩壊 m. colapso de la economía de "burbuja" de Japón. ▶バブル・ジェット・プリンタ《専門語》f. impresora de inyección de burbujas. ▶バブル・ソート《専門語》f. ordenación por burbuja.

はへい 派兵 ▶イラクに派兵する（＝軍隊を送る）v. enviar[despachar] tropas a Irak.

バベルのとう バベルの塔 f. Torre de Babel.

はへん 破片 m. fragmento, m. trozo; mpl. añicos; (木の) f. astilla; (石などの) f. esquirla. ▶ガラスの破片 f. esquirla de vidrio.

はま 浜 f. playa → 浜辺.

はまき 葉巻 m. puro.

はまぐり 蛤 f. almeja. ▶ハマグリの殻 f. concha de almeja.

はまべ 浜辺 (海・湖・川の) f. playa → 海岸; (海辺の) f. costa; (砂浜の) f. playa. ▶彼は浜辺で日光浴をしている Está tumbado al sol en la playa.

はまゆう 浜木綿 m. crino.

はまりやく はまり役 ▶彼はその仕事にはまり役だ Es la persona adecuada[ideal] para ese trabajo. ▶カルメンは彼女のはまり役だ Es ideal para el papel de Carmen. / El papel de Carmen le viene a su medida.

はまる ❶【ぴったり入る】v. encajar (en); ajustarse. ▶窓がうまくはまらない La ventana no encaja (en el marco).
❷【はまり込む】▶池にはまる v. caer* en un estanque. ▶車がぬかるみにはまって動けなくなった El coche se quedó atascado en el barro.
❸【だまされる】▶敵のしかけたわなにはまる v. caer* en「la trampa[manos] del enemigo.

はみがき 歯磨き (練り状の) f. pasta「de dientes[《フォーマル》 dentífrica]; (粉の) m. polvo dental; (行為) m. cepillado dental. ▶歯磨きをする v. cepillarse, limpiarse los dientes.

はみだす はみ出す ❶【突き出る】▶彼の足がふとんからはみ出していた Las piernas le salían [rebasaban] del colchón. ▶彼のポケットから何かはみ出している（＝外に垂れている）Algo le cuelga del bolsillo.
❷【押し出される】▶われわれはエレベーターからはみ出した Nos sacaron del ascensor a empujones.
❸【超える】▶予算からはみ出す v. pasarse del presupuesto.

バミューダしょとう バミューダ諸島 fpl. Islas Bermudas (☆イギリス領, 北大西洋の諸島).

ハミング ▶ハミングで歌を歌う v. tararear, canturrear una canción.

ハム ❶【肉】(f. loncha de) m. jamón. ▶ハムサラダ f. ensalada de jamón. ▶ハムサンド《英語》 m. "sandwich" de jamón. ▶ハムエッグ mpl. huevos con jamón. ▶ヨークハム m. jamón de York. ▶セラーノハム[生ハム] m. jamón serrano.
❷【アマチュア無線家】mf. radioaficionado/da.

ハムスター m. hámster.

ハムラビほうてん ハムラビ法典 m. Código de Hamurabi.

はめ 羽目 ▶苦しい羽目に陥る → 窮地に陥る. ▶辞職する羽目になる v. verse* obligado a dimitir, presentar la dimisión por la fuerza; (結果として) v. acabar dimitiendo. ▶食べて, 飲んで, 羽目をはずす v. comer, beber y pasarlo bien. ▶仕事の難しい部分は彼がやる羽目になった Le dejaron la parte del trabajo más difícil. ▶羽目をはずしてよい時と悪い時がある Hay que saber cuándo relajarse y cuándo controlarse.

はめこむ はめ込む（ぴったり合わせて入れる）v. instalar, fijar. ▶ガラスを窓枠にはめ込む v. instalar [fijar] el vidrio en la ventana. ▶指輪には小さなダイヤがたくさんはめ込まれていた El anillo estaba engastado de muchos diamantes. / Había numerosos diamantes engastados en el anillo.

はめつ 破滅 f. ruina, f. perdición; f. destrucción. ◆際限のない野望が彼の破滅を招いた Su ilimitada ambición le llevó a la ruina [perdición].

—— 破滅する v. perderse*, arruinarse, irse* a la ruina; (破壊される) v. destruirse*; aniquilarse. ◆人類はいつか環境破壊によって破滅するかもしれない Algún día la especie[raza] humana podría quedar aniquilada por los abusos medio ambientales.

・はめる ❶【ぴったり入れる】v. encajar [ajustar] (en); insertar (en); (小さな物を) v. incrustar (en); (革や木に) v. embutir (en). ▶びんにふたをはめる v. encajar un tapón en la botella. ▶錠に鍵(*)をはめる v. insertar una llave en la cerradura. → はまる. ▶上着のボタンをはめる v. abotonarse la chaqueta.
❷【身につける】（映画・劇などの）v. ponerse*; (身につけている) v. llevar, tener* (puesto). ▶手袋をはめる v. ponerse* los guantes. ▶指輪をはめている v. llevar un anillo, tener* un anillo puesto.
❸【計略にかける】(策略を用いて) v. engañar (con),《口語》 dárselas* [pegársela*](a). ◆まさか私をはめるつもりではないでしょうね No vas a engañarme, ¿verdad? ◆私は彼の話[計略]にはめられた Me engañó con sus ¹palabras [²trampas].

ばめん 場面（映画・劇などの）f. escena; (光景) f. vista. → 場. ▶見逃せない一場面 m. escena「que hay que ver[《口語》 para no perdérsela]. ▶昨夜のテレビの決闘の場面を見たかい ¿Viste anoche en televisión la escena del duelo? ☞ 景色, 情景, その場

はもの 刃物 m. instrumento cortante, m. cuchillo, f. arma blanca. ▶刃物師 mf. cuchillero/ra.

はもん 波紋 f. onda, m. rizo (en el agua). ▶水面に波紋を描く v. rizarse* la superficie del agua. ▶水面に波紋が広がった Las ondas recorrían el agua. ◆彼の報告は学生の間に大きな波

紋(=騒ぎ)を引き起こした Su informe「tuvo una gran repercusión [causó un gran impacto] entre los estudiantes.

はもん 破門 (弟子・会員の) f. expulsión; (宗教上の) f. excomunión. ◆破門する v. expulsar; excomulgar*. ◆画壇から破門される v. ser* expulsado del círculo de pintores.

ハモンドオルガン m. órgano Hammond.

**はやい 早[速]い ❶【時期】 adj. temprano, pronto. ◆夕食を早く食べた Cené temprano. / Tomé la cena pronto.

〖…が早い〗◆電車は到着が5分早かった El tren llegó cinco minutos antes. / El tren se adelantó cinco minutos. ◆話すのはまだ早い Todavía es pronto [temprano] para decirlo. / (まだできない) Todavía no se puede decir. ◆8時では早すぎる Las ocho es demasiado temprano. ◆終末は予期したより早かった El fin llegó antes de lo previsto. / El final se adelantó.

❷【速度】 adj. rápido, veloz, 《強調して》 acelerado; (歩き方など体の動きが) adj. ligero, 《文語》 raudo, (教養語) pronto. ◆速い馬 m. caballo veloz. ◆速い列車 m. (tren) rápido. ◆病気の早い回復 m. rápido restablecimiento. ◆早い返答をする v. dar* una respuesta rápida, responder rápidamente [con prontitud]. ◆この時計は3分早い Mi reloj「adelanta tres minutos [va tres minutos adelantado]. ◆あの投手はとても速い球を投げる Ese/sa lanzador/dora arroja pelotas muy rápidas. ◆彼は呼吸も脈も速かった Su respiración era rápida y el pulso acelerado. 《会話》 手紙全部書きちゃった よ—全部だって! 早かったなあ! ¡Ya están todas las cartas escritas! – ¿Todas? ¡Qué rapidez! ◆タクシーで行くより歩いた方が早いよ「Se llega antes [Es más rápido] a pie que en taxi.

〖…が早[速]い〗◆¹計算 [²決断] が早い v. ser* rápido「con los cálculos [²en tomar decisiones]. 《会話》 どちらの道を行くのが早いですか—あまり変わりません ¿Por dónde se llega antes [más rápido]? – Más o menos igual. ◆車で行くよりも歩いて行く方が早いでしょう「Puede ser más rápido ir [Quizá se llegue antes] a pie que en coche. ◆彼は覚えが早い Es agudo. / Aprende rápido [con rapidez, con prontitud]. /《口語》 Las caza al vuelo. ◆彼は耳が早い Tiene el oído rápido. ◆彼は¹歩く [²話す] のが速い ¹Camina [²Habla] rápido. ◆彼は仕事が早い Trabaja rápidamente. / Es un trabajador rápido. ◆竹は生長が早い El bambú crece con rapidez. ◆川はこのあたり流れが速い Por aquí el río corre rápido aquí.

〖その他の表現〗◆…するが早いか (…するとすぐ) → すぐ. ◆早ければ早いほどよい Cuanto antes [más pronto] mejor. / Lo antes mejor. 《会話》 明朝何時にうかがいましょうか—一早ければ早いほどよいよ ¿A qué hora vengo mañana? – Cuanto antes mejor. ◆早い話が, 彼の言うことは信用できないということですね Para decirlo pronto, no se puede creer lo que cuenta. ◆早いもの勝ち El primero tiene prioridad. ◆月日のたつのは早い

《ことわざ》 El tiempo vuela.

—— 早[速]く ❶【時期】 adv. pronto, temprano; enseguida, ahora mismo, inmediatamente, de inmediato. ◆早く来てください No tardes en venir. / Ven pronto. ◆彼は朝早く起きる Se levanta temprano. / Es un madrugador. ◆疲れていたので早く寝た Estaba tan cansado que me acosté temprano [pronto]. ◆彼は1時間早く来た Vino una hora antes. ◆仕事は思ったより早く終わった Acabé el trabajo antes [más pronto] de lo que esperaba. ◆早く行け Ve enseguida [rápido, rápidamente].

❷【速度】 adv. rápido, rápidamente, 《フォーマル》 velozmente, con prontitud [rapidez]; enseguida, ahora mismo, 〖メキシコ〗《口語》 ahorita. ◆早く食べなさい Come rápido. / Date prisa en comer. ◆このリンゴは早く食べないと腐る Hay que comer pronto esta manzana o se estropeará. ◆早くしなさい Date prisa. / Apresúrate. /《口語》 ¡Vamos, ligero! /《口語》 Espabila. / (ぐずぐずしな) No tardes. ◆冬の日は速く暮れる En invierno anochece rápido. / La noche「cae pronto [《口語》 se echa enseguida] en invierno. ◆彼はあまり速く話すので言うことがよく分からなかった Hablaba tan rápido que no podía seguirlo[le]. ◆時間が驚くほど早くたった Fue increíble cómo pasó el tiempo.

〖その他の表現〗◆遅かれ早かれ本当のことが分かるだろう Tarde o temprano, se sabrá la verdad. ◆できるだけ早く来ない Ven「cuanto antes [lo antes posible, lo antes que puedas]. / Ven lo más pronto que te sea posible. ◆虫歯はできるだけ早く詰めてもらうのがよい Es recomendable que te empastes los dientes「cuanto antes [lo antes posible]. ◆建設には早くても1年はかかるだろう La construcción tardará un año「por lo menos [《口語》 como poco]. ◆《口語》 いつ来られる—早くともあしたの午前中だな ¿Cuándo puedes venir? – Mañana por la mañana,「como muy pronto [lo antes posible]. ◆仕事は予定より早く進んでいる Llevamos el trabajo adelantado.

—— 速さ f. rapidez, f. prontitud, 《教養語》 f. presteza, 《文語》 f. celeridad; (速度) f. velocidad. ◆光の速さより速く進むことはできない No podemos viajar más rápido que la velocidad de la luz. ◆彼のスペイン語の上達の速さには驚いた Estoy sorprendido de「la rapidez con que ha progresado [su rápido progreso] en español.

—— 早[速]まる (軽率なことをする) v. actuar* apresuradamente [con prisas]; (繰り上がる) v. adelantarse, anticiparse. ◆早まったことをする v. precipitarse, actuar* precipitadamente. ◆早まって adv. precipitadamente. ◆家を買うときは早まってはいけない No te precipites en comprar una casa. ◆会の時間が早まった Adelantaron la hora de la reunión.

—— 早[速]める ❶【時期】 v. adelantar, anticipar. ▶死期を早める (不幸などが) v. acelerar [adelantar] la muerte. ▶出発を1土曜日から金曜に[21週間だけ]早めた Adelantamos la salida [1]del sábado al viernes [[2]una semana].

❷【速度】v. aligerar, acelerar, 《フォーマル》aumentar la velocidad. ▶足を速める v. aligerar el paso. ▶仕事を速める v. acelerar el trabajo. ♦列車は速度を速めてきた El tren empezó a acelerar [cobrar velocidad].

はやうまれ 早生まれ ▶早生まれ(=1月1日から4月1日生まれ)の子 mf. niño/ña nacido/da entre el uno de enero y el uno de abril. → 遅生まれ.

はやおき 早起き (事) f. madrugada; (人) mf. madrug*ador/dora*. ▶早起きする v. madrugar*, levantarse temprano,《強調して》darse* un madrugón. ▶早寝早起き → 早寝. ▶早起きは三文の得 《ことわざ》「Al que [A quien] madruga, Dios le ayuda.

はやおくり 早送り f. avance rápido. ▶ビデオを早送りする v. avanzar* rápido la cinta de vídeo.

はやがてん 早合点 ▶早合点する v. concluir* precipitadamente.

はやく 早[速]く adv. rápido, rápidamente. → 早[速]い.

はやく 端役 m. papel secundario [menor]. ▶端役を演じる v. jugar* [tener*] un papel secundario [menor].

はやくち 早口 ▶早口に[で]話す v. hablar rápido (ligero). ▶早口ことば m. trabalenguas.

はやさ 速さ f. rapidez, f. velocidad,《文語》f. celeridad. → 早[速]い.

はやざき 早咲き ▶早咲きの adj. de floración temprana [precoz]. ♦このバラは早咲きだ Esta rosa florece pronto. / Es una rosa temprana [precoz].

*はやし 林 (森) m. bosque; (木立) f. arboleda; (雑木林) m. soto, m. bosquecillo. → 森. ▶松林 m. pinar.

はやじに 早死に ▶早死にする v. morir* joven, 《フォーマル》tener* una muerte precoz.

ハヤシライス 《説明的な》m. arroz guisado en salsa con rebanadas de carne y cebolla.

はやす 生やす v. dejar crecer*. ▶あごひげを1生やす[2生やしている] v. [1]dejarse [2]tener*] barba. ▶雑草を庭に生やしたままにする v. dejar crecer* las malas hierbas en el jardín.

はやす 囃す v. abuchear, burlarse (de). ♦その政治家ははやし立てられて(=あざけられて)演壇を降りた El político fue abucheado cuando abandonó el estrado.

はやてまわり 早手回し ▶早手回しに(=必要以上に早く)ホテルの予約をする v. reservar hotel muy pronto.

はやね 早寝 ▶早寝する v. acostarse* temprano [pronto]. ▶早寝早起きする v. acostarse* y levantarse temprano.

はやのみこみ 早呑み込み →早合点.

はやばや 早早と ❶【早く】 adv. temprano, pronto, rápido. → 早[速]い(→早[速]く).

❷【速く】adv. rápidamente, pronto.

はやばん 早番 m. turno de mañana.

はやびけ 早引け ▶(1時間)早引けする (学校) v. irse* de la escuela (una hora) antes; (職場) v. dejar el trabajo antes de tiempo [la hora]; (会社) v. irse* de la oficina antes de la hora.

はやまる 早まる → 早[速]い.

はやみち 早道 m. atajo. → 近道.

はやみみ 早耳 ▶君は早耳だね Estás siempre al corriente. / Te enteras de todo antes que nadie.

はやめ 早目に (定刻より早く) adv. poco antes, algo más temprano, ligeramente antes, adv. poco pronto. → 早[速]い(→早[速]く). ♦彼はいつもより少し早目に来た Llegó un poco antes que de costumbre. ♦早目に予約しないと切符が手に入りません No se consiguen billetes a menos que los reserves con algo de anticipación [antelación]. 《金曜》それは土曜日に持っていくよ—もう少し早目に渡してもらえないかなぁ Te lo traeré para el sábado. — ¿No podría ser un poco antes?

はやめる 早[速]める → 早[速]い(→早[速]く).

はやり 流行 f. moda, f. popularidad, f. boga. ▶はやりの adj. de moda, en boga; (人気のある) adj. popular. → 流行(りゅうこう), 人気.

はやる 流行る ❶【流行する】v. ponerse de moda, popularizarse*, entrar en boga; (人気がある) v. tener* popularidad. → 流行, 人気. ▶はやっている歌 f. canción popular. ♦ロングスカートがまた[1]はやってきた[2]はやっている] Las faldas largas han vuelto a [1]ponerse [2]estar] de moda. ♦このヘアスタイルは今ははやっていない Este peinado 「está pasado de moda [está fuera de moda, ya no está de moda]. ♦今はどんな衿がはやっていますか ¿Qué clase de cuello está ahora de moda? ♦週末を田舎で過ごすのがはやっている Está de moda pasar el fin de semana en el campo.

❷【繁盛する】(繁盛する) v. prosperar, (口語) marchar bien, (口語) ir* viento en popa → 繁盛する; (商売がうまくいっている) v. hacer* buen negocio, vender bien. ▶はやっている店 f. tienda próspera [《教養語》floreciente, que vende bien, con éxito]. ♦この食料雑貨店ははやっている. Esta tienda de comestibles 「está prosperando [está haciendo un buen negocio, vende bien]. / (得意客が多い)Esta tienda de comestibles 「tiene mucha clientela [atrae a muchos clientes]. ♦あの医者ははやっている La consulta de ese médico 「es muy numerosa [tiene mucha aceptación].

❸【病気が広まる】v. propagarse*, extenderse*; (広く行き渡っている) v.《教養語》ser* prevalente. ▶関東地方に流感がはやっている La gripe se está propagando [extendiendo] por [en] la región de Kanto. /《強調して》En la región de Kanto la gripe está haciendo estragos.

はやる 逸る (興奮する) v. excitarse, agitarse; (あせる) v. no poderse* contener*, impacientarse*, estar* impaciente. ▶はやる気持ち

を抑える v. controlar la impaciencia. ♦彼は パーティーのことを考えると心がはやった Cuando se acordaba de la fiesta se ponía agitado.

はやわざ 早業 m. movimiento rápido, m. juego de manos realizado rápidamente. ♦あまりの早業でトリックを見破れなかった No pude comprender el truco porque lo hizo con [a] la velocidad del rayo.

はら 原 (野原) m. campo; (平原) f. llanura.

*****はら** 腹【腹部】❶ m. vientre, 《フォーマル》m. abdomen, 《口語》f. tripa, m. estómago; (ぽんぽん)《幼児語》f. tripa. ♦腹八分にしておけ (=食べすぎるな) No comas tanto.

1《～腹》♦太鼓腹 f. panza,《口語》f. barriga. ♦ビール腹 f. barriga cervecera.

2《腹が》♦腹が痛い Tengo dolor de vientre. / Me duele 「el vientre [《口語》la tripa]. ♦腹が一杯だ Estoy lleno. / Ya no puedo más. / No me cabe más. / (十分食べてる)Ya he comido bastante. ♦彼は背が高くどっしりとし, 腹が出ていた Era alto y corpulento, con barriga. ♦腹が張る Me siento lleno. ♦腹が空いて 「el vientre hinchado. ♦腹がへったらこれを食べてください Cuando tengas hambre, cómete esto, por favor. ♦腹がへっているときに酒を飲んではいけない No es bueno tomar alcohol con 「el estómago vacío [《口語》las tripas vacías].

3《腹に》♦この食物は腹にもたれた Esta comida 「no la digerí bien [se me quedó mucho tiempo en el estómago].

4《腹を》♦彼の腹をなぐる v. golpearle en el vientre, darle* un golpe bajo. ♦腹を切る (切腹する) v. suicidarse abriéndose el abdomen, hacerse* el "harakiri"; (手術を受ける) v. tener* una operación en el abdomen. ♦腹をこわしている Tengo problemas en el vientre. /《フォーマル》Tengo trastornos abdominales. /《口語》Tengo diarrea. /《口語》Ando suelto. ♦彼女は妊娠して大きな腹をしている《フォーマル》Su embarazo está muy avanzado. / (婉曲的)Pronto va a dar a luz. ♦男の子は腹をすかして帰ってきた El niño llegó a casa con hambre.

❷【物の中央】(内部の空洞) f. cavidad, m. hueco. ♦船の腹 m. casco de un barco.

❸【考え, 心】(理性的な心) f. mente; (情緒的な心) f. alma; m. corazón.

1《腹が[は]》♦彼の話し方に腹が立った Su manera de hablar me puso furioso. /《口語》Me puse negro con su modo de hablar. /《フォーマル》Su forma de hablar me encolerizó [irritó]. ♦彼は腹が太い(㊟)(=心が広い) Tiene un gran corazón. / Es muy generoso. / (根性がある) Tiene mucho valor. /《俗語》Tiene un par de cojones. ♦その知らせで動揺したが, すぐ腹がすわってきた (=気を静めた) La noticia me agitó, pero me controlé [mantuve sereno] en seguida.

2《腹の》♦腹の中を見せない v. ocultar la verdadera intención; (本性を現わさない) v.《口語》no mostrar* las cartas. ♦腹のすわった(=毅㊟然とした)人 f. persona resuelta [decidida]; (度胸のある人) m. hombre [f. mujer] valiente,《俗語》f. persona con los huevos [cojones] bien puestos. ♦腹の中で笑う v. reírse* para 「sus adentros [su coleto]. ♦彼は腹の中(=心)は親切な人だ Tiene un 「alma buena [buen corazón]. / Es un hombre de buenos sentimientos. ♦あの男の腹の中(=考え)は分からない No puedo leer su corazón [alma]. ♦それでは彼の腹の虫がおさまらない(=気持ちを静められない)だろう《比喩的に》Eso no va a consolarlo[le]. / Sus sentimientos no tendrán ningún alivio con eso. /《比喩的に》Eso no será ningún bálsamo para sus heridas.

3《腹に》♦彼の傲(㋤)慢さは私にすえかねる Su arrogancia me revuelve el estómago. / No aguanto [puedo con] su arrogancia.

4《腹を》♦腹を立てる v. enfadarse [enojarse]《con, contra》, enfurecerse* 《《フォーマル》encolerizarse*》《con, contra; de, por》. ♦彼を支持しようと腹を決める v. decidirse 《resolverse*》 a apoyarlo[le]. ♦(腹をくくっている) v. estar* muy decidido《a + 不定詞》. ♦腹を割って話し合う v. hablar francamente [con el corazón en la mano]《con》, tener* una conversación 「a pecho descubierto [《口語》de hombre a hombre]《con》. ♦彼女がうそを言うので腹を立てている Estoy enfadado [《ラ米》enojado], furioso〉 con ella por haber mentido [dicho una mentira]. ♦あなたはけっして腹を立てないのね Jamás pierdas los nervios. ♦彼は利口じゃないよ. だからという腹を立てちゃ(=我慢しないと)いけないよ No es muy inteligente; así que sé paciente con él. ♦その問題について彼の腹を探った Le tanteé sobre ese asunto. / Traté de sondear sus intenciones sobre ese problema.

*****ばら** 薔薇 (花) f. rosa; (木) m. rosal. ♦バラのつぼみ m. capullo de rosa. ♦バラのとげ f. espina de una rosa. ♦バラの花束 m. ramo de rosas. ♦バラのように赤い唇 mpl. labios 「como rosa [《文語》de rubí]. ♦彼の未来はばら色だ Tiene un futuro de color rosa. ♦人生はいつもばら色 (=楽しい, 楽)とは限らない La vida no es siempre un lecho de rosas.

ばら ♦ばらの adj. suelto. ♦ポケットのばら銭をじゃらつかせる v. hacer* sonar* las monedas sueltas en el bolsillo. ♦ばらで adv. de uno en uno, por separado, por unidades. ♦鉛筆をダースでではなくばらで買いたい Quiero comprar los lápices por unidades, no por docenas.

バラード f. balada.

はらい 払い (支払い) m. pago → 支払い; (請求書) f. factura; (勘定書) f. cuenta. ♦現金払い m. pago en metálico. ♦一括払い m. pago único [a tanto alzado]. ♦分割払い m. pago a plazos. ♦1年[2年]払いにする v. pagar* [1]mensualidades [[2]anualidades]. ♦今月は酒屋の払いが多い Este mes hay muchos pagos pendientes de "sake".

はらいおとす 払い落とす ♦雪を外とうから払い落とす v. sacudirse la nieve del abrigo. ♦たばこの灰を払い落とす v. tirar la ceniza del cigarri-

はらいこむ　払い込む（支払う）v. pagar*; （金などを預ける）v. depositar. ▶銀行に金を払い込む v. 《フォーマル》depositar dinero en un banco. ◆私は彼の口座に百万円払い込んだ Deposité un millón de yenes en su cuenta.

はらいさげる　払い下げる（民間に売り渡す）v. enajenar (la propiedad del Estado a una empresa privada); （処分する）v. disponer 《de》, vender, enajenar. ◆政府は大会社に国有林を一部払い下げた El gobierno vendió a las grandes compañías una parte del bosque estatal.

はらいせ　腹いせ ▶腹いせをする v. desahogar* la ira 《en》. → 八つ当たり.

はらいのける　払い除ける ▶棚の上のほこりを払いのける（ブラシや手で）v. sacudir el polvo de la estantería. ▶批判を払いのける（＝一掃する）v. rechazar* las críticas. ▶手を払いのける（＝振り払う）v. rechazar* [rehusar*] (su) mano.

はらいもどし　払い戻し m. reembolso, m. reintegro, 《フォーマル》f. restitución, 《税金などの》f. devolución.

はらいもどす　払い戻す v. devolver* (el dinero), reembolsar, 《フォーマル》restituir*, reintegrar. → 返金. ▶1運賃［2千円］を払い戻してもらう v. recibir un reembolso de la tarifa [2mil yenes]. ◆試合が雨で流れ, 入場料は払い戻された Se devolvió el importe al ser suspendido el partido por la lluvia. ◆予約キャンセルの場合, 料金の払い戻しは行なわれません En caso de cancelación, no se devuelve el dinero.

ばいろ　ばら色 m. color rosa. ▶ばら色の adj. rosa, de color rosa, rosado. → 薔薇(ば).

パラインフルエンザ《専門語》f. parainfluenza.

＊＊はらう　払う ❶【支払う】v. pagar*, 《フォーマル》abonar; （返済する）v. devolver*, reembolsar, 《フォーマル》restituir*; saldar, liquidar, 《口語》apoquinar, 《口語》rascarse* el bolsillo, 《フォーマル》desembolsar. ▶1勘定［2借金］を払う v. ¹pagar* una cuenta [²saldar las deudas]. → 支払う. ▶《彼に借入金を払う v. devolverle* el préstamo. ◆その本の代金を払う v. pagar* el libro. ◆つけておいて, 後で払います Abónemelo en mi cuenta y lo pagaré después. ◆君のお金をあすまでに払います Te pago ese dinero antes de mañana. ◆あなたにいくら払えばいいですか（＝借りがありますか）¿Cuánto le pago [debo]? ◆ここは私に払わせてください Déjame que pague yo. / Esto lo quiero pagar yo. / Me gustaría pagar yo. 《会話》それいくら？―私たちが払えない額よ ¿Cuánto cuesta? – Más de lo que podemos pagar. ◆その テーブルにいくら払いましたか―1万円払いました ¿Cuánto te costó la mesa? – Pagué diez mil yenes.

❷【取り除く】（手・ブラシなどでほこりなどを）v. quitar, sacudir, cepillar; （ほこりを払う）v. quitar [limpiar] el polvo; （枝を切り落とす） v. cortar, podar. ▶いすのほこりを払う v. quitar el polvo de la silla. ◆彼女はブラウスのほこりを払い落とした Se sacudió el polvo de la camisa. ◆私たちは木の枝を払った Cortamos algunas ramas del árbol.

❸【注意・敬意を】v. prestar; （敬意を）v. mostrar*. ▶だれも彼の助言に注意を払わなかった Nadie prestó atención a su consejo. ◆その子供たちは先生に敬意を払った Los niños mostraban respeto a su maestro. / Los niños respetaban a su maestro.

❹【売却する】v. vender; （処分する）v. deshacerse* 《de》. ▶古新聞をくず屋に払う v. vender periódicos viejos al trapero.

はらう　祓う（厄払いをする）v. echar los malos espíritus, exorcizar*; （清める）v. purificar*. ▶お経をあげて家から悪霊をはらう v. exorcizar* la casa recitando oraciones.

バラエティー fpl. variedades, fpl. atracciones. ▶バラエティーショー m. espectáculo de variedades. ▶バラエティーに富む v. tener* muchas variedades.

パラオ Palaos （☆北太平洋南西部, ミクロネシアの国, 首都マルキョク Malekeok）.

パラグアイ Paraguay; （公式名）f. República del Paraguay （☆南アメリカの国, 首都アスンシオン）. ▶パラグアイ(人)の adj. paraguayo. ▶パラグアイ人 mf. paraguayo/ya.

パラグライダー（器具・スポーツ）m. parapente; （人）mf. parapentista.

パラグラフ m. párrafo.

はらぐろい　腹黒い（人が）adj. astuto, ladino; （計略をねる）adj. intrigante, maquinador; （悪意を持った）adj. malévolo; （考え・計画などが）adj. siniestro. ▶腹黒い人 f. persona intrigante [siniestra].

はらげい　腹芸 ▶腹芸を使う v. usar el lenguaje sin palabras.

はらける（列などが）v. desintegrarse, romperse; （髪が）v. alborotarse, despeinarse.

はらごなし　腹ごなし f. digestión. ▶腹ごなしの散歩 m. paseo para favorecer la digestión.

パラシオ・バルデス（アルマンド ～）Armando Palacio Valdés （☆1831–1906, スペインの小説家）.

パラシュート m. paracaídas. → 落下傘.

はらす　晴らす（追い払う）v. alejar 《de》, 《フォーマル》ahuyentar; （明らかにする）v. aclarar. ▶うさを晴らす v. desahogarse*. ▶疑惑を晴らす v. disipar una duda. ▶積年の恨みを晴らす v. ajustar [《教養語》dirimir] viejas cuentas 《con》.

ばらす（分解する）v. desmontar, descomponer*; （殺す）v. matar; （暴露する）v. revelar, 《口語》destapar, descubrir*. ▶彼の秘密をばらす v. revelar su secreto. ◆このエンジンをばらして調べなさい Desmonta el motor y revísalo.

パラソル m. quitasol, m. parasol, f. sombrilla. → 傘.

パラダイス m. paraíso 《de, para》, 《文語》m. Edén.

はらだたしい　腹立たしい（いら立たせる）adj. exasperante, irritante → いら立つ; （しゃくにさわる）adj. ofensivo, insultante.

はらだち 腹立ち *f.* irritación, *f.* exasperación; *f.* furia, *m.* furor. ♦腹立ちまぎれに彼をどなりつけた Le grité irritado [en un acceso de furia].

はらちがい 腹違い ▶腹違いの弟[妹] *mf.* medio/dia hermano/na, *mf.* hermanastro/tra.

パラチフス *f.* paratifoidea.

ばらつき *f.* variedad, *f.* diversidad,《教養語》*f.* heterogeneidad → ばらつく. ♦生徒の成績にばらつきがある Hay variedad [diversidad] en los logros académicos de los estudiantes. / Los logros académicos de los estudiantes son variados [diversos].

ばらつく (まちまちである) *v.* variar* (en); (差が大きい) *v.* haber* gran diversidad; (大粒の雨が) *v.* caer* un chaparrón.

バラック *f.* choza, *m.* chozo, *f.* casucha; (木造の) *f.* cabaña; (わら葺の) *f.* barraca; (都市のスラムの) *f.* chabola.

ぱらつく (雨などが) *v.* lloviznar. ♦小雨がぱらついている Está llovizando.

パラドックス *f.* paradoja.

ばらばら ❶【砂や雨など小粒の物が続けて落ちる様子】♦雨がばらばら降ってきた La lluvia ha golpeteado.

❷【分散した状態】♦子供がばらばら散っていった Los niños se dispersaron por todas direcciones. ♦破産して家族はばらばらになった La quiebra desbandó [desintegró] la familia. ♦私は箱がばらばらにならないようひもでしっかり結んだ Até fuertemente la caja para que no se deshiciera. ♦彼は自転車を直すため部品をばらばらにした Desmontó la bicicleta para arreglarla. ♦彼女はその花びんを落としてばらばらに壊してしまった Se le cayó el florero y quedó hecho añicos. ♦夫婦の気持ちは間もなくばらばらになっていった El matrimonio no tardó en romperse.

❸【乱れた状態】*adj.* desordenado, en desorden,《口語》hecho un lío. ♦部屋には彼の持ち物がばらばらといっぱいあった En el cuarto estaban sus pertenencias「todas desordenadas [en perfecto desorden]. ♦子供がそろえて置いてあるカードをばらばらにした El niño desordenó las tarjetas arregladas.

❹【統一のない状態】▶ばらばらの (=一貫しない) 記述 *f.* descripción incoherente [contradictoria]. ♦委員会はばらばらの見解を公表した El comité hizo públicas sus diferencias de opinión.

《その他の表現》ばらばら死体 *m.* cuerpo desmembrado [despedazado]. ♦値段が店によってばらばらだ Los precios varían según la tienda.

ぱらぱら ❶【粒状のものが続けて落ちる様子】♦料理に塩をぱらぱらふりかける *v.* echar sal en la comida. ♦大粒の雨がぱらぱら降り始めた Empezaron a caer goterones [gruesas gotas] de lluvia.

❷【本などをめくる様子】♦本のページが風でぱらぱらめくれた Hubo un ruido de páginas a causa del viento. ♦彼は本をぱらぱらめくった「Hojeó el [Pasó las páginas del] libro.

❸【まばらな様子】♦会合の出席者はぱらぱらだった Había sólo un grupo de gente dispersa en la reunión. / (数が少なかった) A la reunión asistió poca gente. ♦その駅の周りには家がぱらぱら (=散在して) ある Hay casas diseminadas [dispersas] en torno a la estación.

はらはら (と) ❶【散り落ちる様子】♦桜の花びらがはらはらと落ちている Los pétalos de las flores del cerezo se mecen hasta caer sobre el suelo. ♦涙が彼女のほおをはらはらと流れ落ちた Las lágrimas surcaban blandamente sus mejillas.

❷【気をもむ様子】♦母親は赤ん坊がよちよち歩くのをはらはらして見ていた La madre observaba con inquietud los pasos vacilantes de su bebé.

—— はらはらする (不安である) *v.* inquietarse, estar* inquieto,《口語》tener* el alma en un hilo, temblar* de emoción,《教養語》estar* con el corazón en vilo [un puño]. ▶はらはらする試合 *m.* partido excitante. ♦その映画は私をはらはらさせた La película me tuvo en suspense [vilo].

パラフィン *f.* parafina.

ハラベ・タパティーオ *m.* jarabe tapatío (☆メキシコ・グアダラハラの民族音楽・舞踊).

パラボラアンテナ *f.* antena parabólica.

はらまき 腹巻き ♦ *f.* faja.

ばらまく ばら撒く (四方に) *v.* dispersar, desparramar, esparcir*. → 撒(ま)く. ♦灰を凍った道路にばらまく *v.* desparramar [《口語》echar] cenizas en una carretera helada. ♦うわさをばらまく (=広める) *v.* hacer* correr un rumor. ♦選挙で金をばらまく (=ばく大な金を配る) *v.*「gastarse una gran cantidad de dinero [《口語》repartir a diestro y siniestro muchísimo dinero] en la campaña electoral. ♦多量のちらしがばらまかれた (=配られた) Se distribuyó una gran cantidad de folletos [volantes].

はらむ 孕む (子を宿す) *v.* quedarse embarazada; (風を受けてふくらむ) *v.* hincharse con el viento; (含む) *v.* implicar*, conllevar; (伴う) *v.* acompañar. ♦この事業は失敗すれば全財産を失う危険性をはらんでいる Este proyecto implica el riesgo de perder todo mi dinero.

パラメータ《専門語》*m.* parámetro.

はらもち 腹持ち ♦働く人は腹持ちのいいものを食べたがる Los trabajadores desean comer algo sustancioso (que les permita aguantar el trabajo).

パラリンピック Los Juegos Paralímpicos.

パラレル《スキー》*m.* paralelo. ♦パラレルで滑る *v.* esquiar* en paralelo.

はらわた 腸 (大・小腸) *mpl.* intestinos,《口語》*fpl.* tripas, *fpl.* entrañas; (腸の全体) *fpl.* vísceras. → 腸(ちょう). ♦魚のはらわたを抜く *v.* sacar* las vísceras de un pescado, destripar [limpiar] un pescado. ♦あの男ははらわたが腐っている (=心が堕落している) Su corazón está podrido [corrupto]. ♦その話を聞いてはらわたが煮えくり返った Esa historia「hizo que me hirviera la sangre [me puso a punto de estallar de rabia].

はらん 波乱 (もめごと) m. problema, m. trastorno; (社会的な騒動) m. disturbio, m. tumulto; (盛衰) mpl. altibajos, 《フォーマル》fpl. vicisitudes. ▶政治的波乱を巻き起こす v. causar [provocar*] disturbios políticos. ▶波乱に富んだ[波乱万丈の]一生を送る v. llevar una vida llena de altibajos; (出来事の多い一生を送る) v. llevar una vida「muy accidentada [《強調して》tempestuosa].

バランス m. equilibrio. → 釣り合い. ▶アンバランス m. desequilibrio. → 不均衡. ▶バランスのとれた [²とれない] 食事 f. dieta ¹equilibrada [²desequilibrada]. ▶需要供給のバランス m. equilibrio de la oferta y la demanda. ▶片足でバランスをとる v. mantener* el equilibrio sobre una pierna. ▶仕事と遊びのバランスをとる v. guardar [mantener*] un equilibrio entre el trabajo y el placer. ▶バランスを失ってはしごから落ちて Perdí el equilibrio y me caí de [por] la escalera. ▶(一国の)輸入と輸出はバランスが取れていなくてはならない Las importaciones y exportaciones de un país「deben guardar equilibrio [han de estar equilibradas].

• **はり 針 ❶【**裁縫・注射・レコード用などの**】**f. aguja; (計器の) m. indicador, f. aguja; (時計の) f. manilla; (留め針) m. alfiler; (ホッチキスの) f. grapa; (釣り針) m. anzuelo; (虫の) m. aguijón; (植物のとげ) f. espina, m. pincho; (縫合の一針) m. punto (de sutura).

　1《～針》 ▶¹編物 [²縫い]針 f. aguja de ¹hacer punto [²coser]. ▶針と糸 f. aguja e m. hilo. ◆磁石の針は北を指す La aguja del compás apunta al norte. ◆彼は腕の傷口を5針縫った Hubo que darle cinco puntos para cerrarle [《専門語》suturarle] la herida.

　2《針(の)＋名詞》 ▶針の先 f. punta de la aguja. ▶針仕事 f. costura, fpl. labores de aguja. → 裁縫. ▶針箱 m. costurero, m. cestillo de labores. ▶針刺し m. acerico, m. alfiletero.

　3《針に》 ▶針(の穴)に糸を通す v. enhebrar una aguja. ▶針にえさをつける v. cebar [poner* el cebo en] el anzuelo.

　4《針で》 ▶(指を)針で刺す v. pincharse [punzarse*] (en el dedo) con una aguja; (虫が) v. picar*(le en el cuello). ▶チョウを針(＝ピン)で留める v. prender una mariposa con un alfiler. ▶足に針で刺すような痛みを感じた Sentí un dolor punzante en la pierna.

張り紙禁止 Prohibido fijar carteles. →張り紙

❷(《比喩(ʰ)的に》とげ) ▶針を含んだ言葉 fpl. palabras punzantes [hirientes, 《教養語》lacerantes].

❸【はり治療】f. acupuntura.

はり 張り →張り合う. ▶張りのある声 f. voz vigorosa.

はり 梁 f. viga.

-ばり -張り ▶皮張りのいす f. silla (forrada) de cuero. ▶バルザック張りの小説 f. novela escrita al estilo de Balzac.

パリ París (☆フランスの首都). ▶パリ市民[パリっ子] mf. parisino/na, mf. parisiense.

はりあい 張り合い ▶張り合いのある(＝やりがいのある)仕事 m. trabajo gratificante [que vale la pena]. ▶張り合いのない(＝退屈な)人生を送る v. llevar una vida gris [aburrida, 《フォーマル》anodina]. ▶(目的のない) v. llevar una vida sin sentido. ▶生きる張り合いがない v. no tener* ninguna razón para vivir, vivir sin sentido. ▶朝目が覚めても彼女が(そばに)いないのでは張り合いがない(＝何もかもうとましく思える) Las cosas no parecen tener sentido cuando me despierto y no la encuentro (a mi lado).

はりあう 張り合う (競争する) v. competir* [disputarse, rivalizar*, 《教養語》contender*] (por). ◆彼らは商売上ライバル会社と激しく張り合っている Están compitiendo reñidamente contra su compañía rival en comercio. ◆二人は社長の地位につこうとお互いに張り合った Los dos「se disputaban [competían por] la presidencia.

はりあげる 張り上げる (声を) v. alzar* [subir] la voz; (叫ぶ) v. gritar, dar* voces. ▶大声を張り上げてしゃべる v. hablar a gritos [voz en cuello].

バリアフリー ▶バリアフリーの adj. desprovisto/ta de barreras [obstáculos].

バリウム m. bario. ▶バリウムを飲ませる v. dar* 《a ＋ 人》papilla de bario (antes de sacar* una radiografía de estómago).

はりえ 貼り絵 (《仏語》) m. "collage" (☆発音は [kolátʃ]). ◆彼女は色紙を使って貼り絵を作った Hizo un "collage" de [con] papel de colores.

バリエ・インクラン (ラモン ～) Ramón Valle-Inclán (☆1869?–1936, スペインの小説家・劇作家・詩人).

はりがね 針金 m. alambre. ▶針金で縛る v. atar(los) con un alambre.

はりがみ 張り紙 【掲示用**】**(手書き・印刷による) m. anuncio, m. aviso; (印刷した小さな) m. letrero, m. indicador; (死亡通知) f. esquela (de defunción); (ポスター) m. cartel, 『アルゼンチン』 m. afiche, m. póster; 【表示用】(のり付きの) f. pegatina, (ラベル) f. etiqueta. ▶「指名手配」の張り紙 m. anuncio de captura. ▶音楽会の張り紙 m. anuncio de concierto. ▶張り紙お断り『掲示』Prohibido fijar carteles. ◆箱の横に「割れ物」の張り紙がついていた En un lado de la caja había [estaba pegado] un letrero de "FRÁGIL".

バリカン f. maquinilla para cortar el pelo.

ばりき 馬力 ❶【馬力**】** m. caballo (de fuer-

za, de potencia). 会話 このエンジンは何馬力ですか—20馬力です ¿Cuántos caballos [¿Qué potencia] tiene este motor? – Tiene 20 caballos. ◆もっと馬力のある車がほしい Deseo un coche de más potencia.
❷【精力】 *f.* energía. ▶馬力がある *v.* ser* enérgico. ◆馬力を出す(＝全精力を出す) *v.* dedicar* toda la energía 《a》. ▶馬力をかけて仕事をする *v.* trabajar mucho.
❸【荷馬車】 *m.* carro, *f.* carromato.

はりきゅう 鍼灸 *f.* acupuntura y *f.* moxa [*f.* moxibustión],《説明的に》*f.* terapia china basada en la inserción de agujas en el cuerpo y en quemar moxa sobre la piel.

はりきる 張り切る《頑張る》*v.* trabajar mucho [con ardor, con entusiasmo]《en》;《元気でいる》*v.* ser* enérgico [vigoroso];《熱中している》*v.* estar* entusiasmado《por, con》, estar* lleno de entusiasmo《por》;《心がはやっている》*v.* estar* lleno de ardor《por》.

バリケード *f.* barricada;《道路の》*f.* barricada en la calle. ▶机で入り口にバリケードを築く *v.* levantar una barricada con mesas en la entrada. ▶彼らを入れないようにバリケードを築く *v.* levantar barricadas para que no entren.

ハリケーン *m.* huracán.

はりこのとら 張り子の虎 *m.* tigre de papel.

はりこみ 張り込み *f.* operación de vigilancia;《待ち伏せ》*f.* emboscada;《監視》*f.* vigilancia. ▶張り込み中である *v.* estar* 「de vigilancia [al acecho]. → 張り込む.

はりこむ 張り込む ❶【監視する】*v.* mantener bajo vigilancia, vigilar; estar* al acecho. ◆警官が彼のアジトを張り込んでいる La policía「mantiene bajo vigilancia [está vigilando] su guarida.
❷【奮発する】*v.* agasajar《a + 人》;《自分のことで》*v.* darse* el lujo《de》,《口語》tirar la casa por la ventana. ◆加藤氏は妻とのスペイン旅行を張り込むことにした El Sr. Kato decidió darse el lujo de irse de vacaciones a España con su esposa.

はりさける 張り裂ける ◆悲しみのために彼は胸が張り裂けそうであった Su corazón parecía estar desgarrado por la tristeza.

パリジェンヌ *f.* parisina, la parisiense.

はりしごと 針仕事 *f.* costura, *fpl.* labores de aguja. → 裁縫.

パリジャン → パリ(→パリ市民).

はりたおす 張り倒す《ぶちのめす》*v.* tirar《a + 人》[derribar《a + 人》] de un golpe;《平手で殴り打つ》*v.* dar*《a + 人》una bofetada.

はりだす 張[貼]り出す ❶【掲示する】*v.* fijar,《口語》poner*. → 張[貼]る.
❷【出っ張る】《せり出す》*v.* sobresalir*;《頭上に》*v.* colgar* por encima de;《上方に横たわる》*v.* yacer*《sobre》. ◆高気圧が北海道上空に張り出している Las altas presiones atmosféricas se están desplazando sobre Hokkaido.

はりつけ 磔 *f.* crucifixión. ◆キリストの磔 *f.* Crucifixión (de Jesucristo). ▶はりつけにする *v.* crucificar*, poner* en una cruz. ▶はりつけになる *v.* ser* crucificado.

はりつける 張り付ける ▶壁にポスターを張りつける *v.* pegar*「[fijar] carteles en la pared. ◆ロッククライマーが岩壁に身を張りつけて(＝へばりついて)いた El/La escalador/dora estaba como pegado/da a la pared del acantilado.

ぱりっと ▶ぱりっとしている《身なりがりっぱで》*v.* estar* elegante (con el abrigo), vestirse* con elegancia → ぱりぱり;《紙などが》*adj.* rígido, seco.

はりつめる 張り詰める ❶【氷が】*v.* helarse* totalmente [por completo, del todo]. ◆湖には氷が張り詰めている El lago está totalmente helado.
❷【緊張する】*v.* estar* tenso, tener* tensión,《口語》tener* los nervios a flor de piel. ▶張り詰めた(＝厳粛な)雰囲気 *m.* ambiente tenso [solemne]. ◆式典の間中大変気が張り詰めていた Estuve tenso durante toda la ceremonia. ◆降伏をラジオで聞いたとき, 私は張り詰めていた気が抜けてぼんやり立ちつくした Al oír por la radio la noticia de nuestra rendición, perdí la tensión y me quedé como aturdido.

パリティ パリティ・ビット《専門語》*m.* bit de paridad. ▶パリティ検査《専門語》*f.* comprobación de paridad.

バリとう バリ島 *m.* Bali.

バリトン《声域》*m.* barítono;《歌手》*m.* barítono. ▶バリトンで歌う *v.* cantar de barítono. ◆彼はすばらしいバリトンの声をしている Tiene una magnífica voz de barítono.

ハリネズミ *m.* erizo.

ばりばり ❶【かみ砕く音】▶ライオンがばりばり骨をかみ砕いた El león ronzó [royó] los huesos.
❷【強い力で引き裂く[はがす]様子】◆帆が強風でばりばり破れた Las velas fueron arrancadas por una ráfaga de viento.
《その他の表現》▶ばりばり働く *v.* trabajar mucho [como una mula]. ▶ばりばりの現役である *v.* ser* muy activo en primera línea.

ぱりぱり ❶【新しく張りがある様子】▶ぱりぱりのお札 *m.* billete de banco nuevo y reluciente. ▶ぱりぱりの新しいシャツ *f.* camisa nueva y almidonada,《糊⑸がよくきいている》*f.* camisa nueva bien almidonada. ◆レタスの葉は新鮮でぱりぱりしていた Las hojas de la lechuga estaban frescas y crujientes.
❷【裂けたり砕けたりする音】▶氷を踏むとぱりぱりと砕けた El hielo crujió al pisar en él. ◆彼はビスケットをぱりぱり食べた Comía galletas haciéndolas crujir.

はりめぐらす 張り巡らす《囲む》*v.* rodear,《教養語》circundar;《ロープで》*v.* tender* cuerdas;《網などを》*v.* establecer*, instalar. ◆刑務所は高い壁が張り巡らされている La prisión está rodeada de altos muros. ◆彼らは世界中に情報網を張り巡らした Establecieron una red de información por todo el mundo.

バリャドリード Valladolid (☆スペインの県・県都).

**はる 春 *f.* primavera. ▶春の *adj.* primaveral. ▶ある年の春に *adv.* en primavera. ▶毎年春になると adv. todas las primaveras, cada primavera. ▶ある春の日に adv. un día de primavera. ▶春がすみ f. bruma de primavera. ▶春一番 m. primer vendaval de primavera. ▶春物 f. ropa de primavera, mpl. vestidos primaverales. → 春風, 春雨(ぼ), 春休み. ♦ここは春には大勢の人でにぎわう En primavera mucha gente visita este lugar. / Numerosas personas visitan aquí por primavera. ♦今年の春は例年になく寒かった Esta primavera ha sido más fría de lo común. / Ha hecho más frío de lo normal esta primavera. ♦父は去年の春亡くなった Mi padre falleció「la pasada primavera [(en) la primavera del año pasado]. ♦うちの息子は今度の春大学へあがる Mi hijo ingresa en la universidad「esta primavera [la primavera que viene]. ♦すっかり春めいて来たね El tiempo se ha vuelto bastante primaveral, ¿verdad? / Ya vamos entrando en primavera, ¿verdad? ♦もう春も終わりです La primavera ya está acabando. ♦冬は過ぎ, 今は春です El invierno se ha ido y ha entrado la primavera. / Se fue el invierno y estamos en primavera. ♦今年の北海道は春の訪れが遅い Este año la primavera llega tarde a Hokkaido. 《その他の表現》▶我が春を謳(歌)する v. disfrutar el apogeo [cenit]「de la prosperidad [de la popularidad, del poder*].

はる 張[貼]る (くっつける) v. poner, fijar; (のりで) v. pegar*; (こう薬を) v. aplicar* (un emplasto) 《a》; (障子を) v. empapelar. ▶切手を封筒に貼る v. pegar*「[《口語》poner*] un sello en el sobre. ▶壁にポスターを張る v. pegar* un letrero [cartel] en la pared. ♦その写真はアルバムに張りました He pegado la foto en el álbum.

はる 張る ❶【伸び広がる】(伸びる, 広がる) v. extenderse, estirarse. ♦その木の枝は四方に張っている Las ramas del árbol se extienden「en todas direcciones [por todos lados]. ♦その草は根が張っている Las hierbas「están muy arraigadas [se han extendido mucho, han echado mucha raíz].
❷【一面におおう】♦湖一面に氷が張った El hielo se ha extendido por todo el lago. / El lago está completamente helado.
❸【ふくらむ】♦お乳が張っている Siento los pechos llenos de leche. ▶腹がガスで張っている Tengo el vientre lleno de gases.
❹【突き出る】♦彼はあご(骨)が張っている Tiene una [la] mandíbula cuadrada.
《その他の表現》▶気の張る(＝堅苦しい)パーティー f. fiesta formal. ▶気が張る(＝緊張する) v. estar* nervioso, sentirse* tenso. → 張りつめる. ♦肩が張る(＝凝る) v. sentir*「rígidos los hombros [rígido el cuello]. ▶値の張る(＝高価な)家具 mpl. muebles caros. ♦値が張る v. ser* caro, costar* mucho.

── はる ❶【引っ張り渡す】(綱などを伸ばす, 渡す) v. tender*; (ぴんと張る) v. tensar; (ひも・電線などを張り渡す) v. tender*; (ギターの弦を) v. encordar*; (警察が事件現場に) v. acordonar; (ネックレスに真珠を) v. enhebrar; (たまねぎやにんにくを) v. enristrar. ▶綱をぴんと張る v. tensar una cuerda. ▶針金を2本の柱の間に張る v. tender* un alambre entre dos postes. ▶ギターに弦を張る v. encordar* una guitarra. ▶綱を張って囲う v. acordonar (el lugar).
❷【広げる】v. extender*, desplegar*, tender*. ▶幕を張る v. extender*「una cortina [un telón]. ▶帆を張る v. desplegar* velas. ▶(木の)枝を張る v. extender* (sus) ramas. ▶カンバスを枠にぴんと張る v. tender* [tensar] un lienzo sobre el bastidor. ▶テントを張る v. montar una tienda de campaña. ▶テニスコートにネットを張る v. tender* la red de la cancha de tenis. ▶[1]畑の周囲に [2]窓に]金網を張る v. instalar [poner*] una tela metálica [1]alrededor de un campo [2]en el marco de una ventana].
❸【突き出す】▶ひじを張る v. sacar* los codos. ▶胸を張る (自信・自慢で) v. sacar* pecho, hinchar el pecho; (姿勢正しく) v. echar atrás los hombros.
❹【平手で打つ】▶彼の横っ面を張る v. darle* una bofetada, abofetearlo[le].
❺【おおいをつける】▶壁に新しい壁紙を張る v.「empapelar nuevamente [poner* papel nuevo en] una pared. ▶床にタイルを張る v. embaldosar [enlosar] un suelo.
《その他の表現》▶ふろに水を張る v. llenar la bañera de agua. ▶宴を張る v. dar*「[《フォーマル》celebrar] un banquete. ▶勢力を張る v. extender* la influencia (sobre una región). ▶論陣を張る v. argumentar [dar* razones]「(賛成して) en favor de, (反対して) en contra de). ▶相場を張る v. jugar* a la bolsa. ▶意地を張る v. ser* terco [obstinado]. ▶見えを張る v. hacer* ostentación 《de》.

*はるか 遙か ❶【距離】(遠くに) adv. (a lo) lejos, a mucha [gran] distancia, en la lejanía. → 遠い. ♦はるかかなたに稲妻が光るのが見えた Vi un relámpago「a lo lejos [a mucha distancia]. ♦私の家ははるか山の上にある Mi casa está muy arriba en la montaña. ♦アインシュタインは時代のはるか先を行く人でした Einstein se adelantó mucho a su época.
❷【時間】▶はるか1千年の昔に adv. allá por el año 1000. ♦それははるか昔の出来事だった Es un incidente muy lejano [viejo]. / (ずっと前に起こった) El incidente tuvo lugar hace mucho tiempo.
❸【程度】adv. con (en) mucho. ♦彼の車は私のよりはるかによい Su coche es「mejor que el mío con mucho [mucho mejor que el mío]. 《会話》後半の方がよかったよね――ええ, はるかによかったわ Fue el mejor segundo tiempo, ¿no es eso? - Sí, con mucho [gran diferencia]. ♦二人のうちでは彼女の方がはるかに若い Es con mucho la más joven de los [las] dos.

はるかぜ 春風 f. brisa de primavera; 《文語》m. céfiro.

バルカン ▶バルカン諸国 Balcanes (☆ヨーロッパの

諸国).▶バルカン半島 Península de los Balcanes,.

バルキー ▶バルキーセーター m. jersey gordo [grueso].

バルコニー m. balcón. ▶バルコニーへ出る v. salir* al balcón. ◆バルコニーに洗濯物を干してはいけないことになっています No se permite tender la ropa en el balcón.

はるさき 春先 ▶春先に adv.「a principios [al inicio, en los comienzos] de primavera.

はるさめ 春雨 f. lluvia de primavera.

パルス《専門語》m. pulso. ▶パルス符号変調《専門語》f. modulación de código de pulso.

バルセロナ Barcelona (☆スペインの県, 県都; ベネズエラの都市).

ハルツーム Jartum (☆スーダンの首都).

バルトかい バルト海 m. Mar Báltico.

パルド・バサン (エミリア 〜) Emilia Pardo Bazán (☆1852–1921, スペインの女流小説家).

バルバドス Barbados (☆中央アメリカ, 西インド諸島の島国, 首都ブリッジタウン Bridgetown).

はるばる 遙々 adv. de [desde] tan lejos (como). ◆彼は北海道からはるばる上京した Vino a Tokio desde tan lejos como Hokkaido.

はるぴん 哈爾浜 ▶→ハーアルピン

バルブ (弁) f. válvula.

パルプ (製紙原料) f. pulpa, f. pasta de papel. ▶パルプ材 f. madera para pasta de papel. ▶パルプにする v. hacer* pulpa.

バルボア (バスコ・ヌニェス・デ 〜) Vasco Núñez de Balboa (☆1475–1517, スペインの探検家・植民地統治者).

はるまき 春巻 m. rollito [m. rollo] de primavera.

はるめく 春めく ◆だんだん春めいてきた El tiempo se ha vuelto primaveral.

バルメス (ハイメ 〜) Jaime Balmes (☆1810–1848, スペインの哲学者).

はるやすみ 春休み fpl. vacaciones de primavera.

* はれ 晴れ m. buen tiempo; (いい天気) m. tiempo despejado [con sol]. → 天気. ◆あすは晴れでしょう Mañana el tiempo será bueno. / Hará buen tiempo mañana. / (晴れ上がるでしょう)Mañana estará despejado. / (フォーマル)Mañana dominarán los cielos despejados [sin nubes]. / Hará sol mañana. ◆今朝のテレビの天気予報では, 「晴れ後曇り」だそうです El pronóstico del tiempo de esta mañana por televisión ha sido de "Despejado y después nublado".

—— 晴れの (格式ばった) adj. oficial, solemne, ceremonioso, de etiqueta; (公開の) adj. público. ▶晴れの舞台 f. escena pública. ▶晴れの場所で adv. en un lugar público, en una ocasión solemne. ▶晴れの身となる (=疑いが晴れる) v. disiparse la sospecha.

はれ 腫れ f. hinchazón, f. inflamación. ◆その薬ではれが引いた La hinchazón ha bajado con el medicamento. ◆冷湿布をすると足首のはれが引くでしょう Una compresa fría te quitará la hinchazón del tobillo.

▶はれが引く v. despejarse. → 晴れる.
◆空はすっかり晴れ上がった El cielo se ha despejado.

バレアレスしょとう バレアレス諸島 Islas Baleares (☆スペイン, 地中海の諸島).

バレエ《仏語》m. "ballet" (☆発音は [balé]). ▶バレエダンサー (男性) m. bailarín (de ballet); (女性) f. bailarina (de ballet). ▶バレエ曲 m. ballet. ▶バレエ団 f. compañía de ballet. ▶バレエのけいこをする v. practicar* el ballet. ◆彼女はとてもバレエが上手だ Es una gran bailarina (de ballet).

ハレーション《専門語》f. halación.

パレード m. desfile. ▶行進. ◆サーカスの一団が町中をパレードした Hubo un desfile del circo por la ciudad.

バレーボール m. voleibol, m. balonvolea. ▶バレーボールをする v. jugar* al voleibol.

はれがましい 晴れがましい (公式の) adj. solemne, ceremonioso; oficial; (すばらしい) adj. de gala. ▶晴れがましい場所で話す v. hablar en una ocasión solemne.

はれぎ 晴れ着 ▶晴れ着を着ている v. estar* con ropa de fiesta [domingo], estar* vestido de domingo,《口語》estar* endomingado.

パレスチナ Palestina (☆南西アジアの地方). ▶パレスチナ(人)の adj. palestino. ▶パレスチナ人 mf. palestino/na.

*はれつ 破裂 m. reventón, m. estallido; (爆弾などの) f. explosión; (血管などの)《専門語》f. ruptura. ▶タイヤの破裂 m. reventón (de neumático). ▶水道管の破裂箇所 f. rotura en la cañería de agua. ▶血管の破裂 f. ruptura [f. rotura] de un vaso sanguíneo. ▶破裂音 m. sonido explosivo, f. explosión; (音声) m. explosiva.

—— 破裂する[させる] (中からの圧力で破裂する) v. reventar(se)*, estallar; (爆発する) v. explotar; (血管などが) v. romper*. ▶破裂してこなごなになる v. estallar en mil pedazos. ▶タイヤ[²風船]を破裂させる v. reventar* un ¹neumático [²globo]. ▶かんしゃく玉を破裂させる v. explotar un petardo; (激怒して) v. estallar de rabia,《俗語》reventar*. ◆この冬凍結で水道管が破裂した Las cañerías de agua reventaron con las heladas de este invierno. ◆ボイラーは大きな音を立てて破裂した La caldera estalló con un gran ruido. ◆爆弾が破裂した Estalló una bomba.

パレット f. paleta.

パレットナイフ f. espátula.

はればれ 晴れ晴れ ▶晴れ晴れする(気分が) v. sentirse* alegre [de buen humor, radiante]. ▶晴れ晴れした天気 m. buen tiempo, m. tiempo despejado. ▶晴れ晴れした顔をする v. tener* un aspecto alegre [radiante]. ▶気分が晴れ晴れしない (=憂うつだ) v. sentirse* triste [deprimido]. ▶晴れ晴れとした気分で外出する v. salir* 「de buen humor [con mucho optimismo, radiante].

はれま 晴れ間 (雲の切れ間) m. claro (en el cie-

ハレム *m*. harén. → ハーレム.

はれもの 腫れ物 (はれ) *f*. hinchazón, *f*. inflamación; (とくに奥歯の) *m*. flemón; (できもの) *m*. furúnculo, *m*. forúnculo; (腫瘍(しゅ)) *m*. tumor. ▶はれものにでもさわるように扱う [口語] *v*. tratar 《a + 人》 con pinzas [con algodones]. ♦ 彼は首にはれものができている Se le ha hinchado el cuello. / Tiene el cuello hinchado. / 顔にはれものができた Me ha salido un furúnculo en la cara.

はれやか 晴れやか ▶晴れやかな微笑を浮かべる *v*. sonreír* alegremente [con la cara radiante]. → 晴れ晴れ. ▶晴れやかに(=華美に)装う *v*. estar* vestido de gala; (正装する) *v*. vestirse* [de etiqueta [bien].

バレラ (フアン ～) Juan Valera (☆1824-1905, スペインの小説家).

バレリーナ *f*. bailarina. → バレエ.

*はれる 晴れる ❶【天気が】(空が晴れ上がる) *v*. despejarse, aclarar; escampar; (霧が) *v*. aclarir; (上がる) *v*. disiparse; (消散する) *v*. dispersarse. ♦よく晴れた青空 *m*. despejado cielo azul. ♦まもなく晴れそうだ Pronto se va a despejar (el cielo). ♦空が晴れて星が出ている El cielo está despejado y han salido las estrellas. ♦正午までには霧は晴れるだろう La niebla se disipará antes de mediodía. ♦晴れた日にはここから富士山が見える Desde aquí se puede divisar el Monte Fuji los días despejados.

❷【気分が】(一新する) *v*. despejarse, refrescarse*; (元気うく) *v*. animarse, ponerse* de buen humor. ♦海外旅行でもすれば気が晴れるよ Viajar al extranjero te despejará.

❸【疑いが】(消える) *v*. disiparse, desaparecer*; (身の証が立てられる) *v*. estar* despejado 《de》; (ぬぐい去られる) *v*. desvanecerse*, dispersarse. ♦その容疑者に対する私の疑いはやっと晴れた Por fin se me han disipado [despejado] las dudas sobre *el/la* sospechoso/sa.

はれる 腫れる (ふくれる) *v*. hincharse; (炎症を起こす) *v*. inflamarse. ▶腫れた目 *mpl*. ojos hinchados. ▶(真っ赤に)腫れた傷口 *f*. herida inflamada. ♦けがをした足首が腫れた El tobillo lesionado se me ha hinchado.

ばれる (明るみに出る) *v*. aparecer*, revelarse, descubrirse*; (人(の正体)が) *v*. ser* descubier*to*, quedar manifies*to*. → 発覚する. ♦今までのところその秘密はばれていない Hasta ahora no se ha revelado su secreto. ♦彼が金を盗んだのがばれた Se descubrió que el dinero lo había robado él.

バレル (容量の単位) *m*. barril.

ハレルヤ *f*. aleluya.

パレンケ Palenque (☆メキシコの都市遺跡).

バレンシア Valencia (☆スペインの都市; ベネズエラの都市).

バレンタインデー *m*. día de San Valentín.

はれんち 破廉恥 *f*. desvergüenza, 《フォーマル》 *f*. infamia. ▶破廉恥な(人が) *adj*. sinvergüenza; (行為が) *adj*. vergonzoso, 《フォーマル》 infame.

はろう 波浪 *fpl*. olas. ▶波浪1注意報 [2警報] *m*. aviso [*f*. advertencia de peligro] de mar gruesa.

ハロウィーン *f*. víspera de Todos los Santos.

ハロゲン *m*. halógeno. ▶ハロゲンランプ *f*. lámpara halógena.

バロック *m*. barroco; *m*. barroquismo. ▶バロック1音楽 [2建築] 1*f*. música [2*f*. arquitectura] barroca. ▶バロック様式の建物 *m*. edificio barroco.

パロディー *f*. parodia (de).

バロハ (ピオ ～) Pío Baroja (☆1872-1956, スペインの小説家).

バロメーター *m*. barómetro. ♦体重は健康のバロメーターと言われている El peso del cuerpo es llamado el barómetro de la salud.

パワー *m*. poder, *f*. energía. → 力. ▶学生パワー *m*. poder estudiantil. ▶パワーシャベル *f*. (máquina) excavadora. ▶パワーアップする [2させる] *v*. 1hacerse* [2hacer* 《a + 人》] más poderoso.

パワー・ユーザー (専門語) *mf*. usuario/*ria* avanzado/*da* [calificado/*da*].

ハワイ Hawai. ▶ハワイの(人) *adj*. hawaiano; (ハワイ諸島) *m*. Archipiélago de Hawai.

ハワイアン *mf*. hawaiano/*na*; (音楽) *f*. música hawaiana. ▶ハワイアンギター *f*. guitarra hawaiana.

*はん 半 (半分) *m*. medio, *f*. media, *f*. mitad. → 半分. ▶8時半は *adv*. a las ocho y media [treinta]. ▶半時間 *f*. media hora. ▶半時間ごとに *f*. cada media hora. ▶鉛筆を半ダース買う *v*. comprar media docena de lápices. ♦1か月半が過ぎた Ha pasado mes y medio.

はん 版 (本の)(改訂・増補を加えた) *f*. edición; (改訂などを加えない) *f*. impresión; (印刷すること, 発行部数) *f*. impresión. ▶1初 [2再; 第3]版 *f*. 1primera [2segunda; 3tercera] edición. ▶1改訂 [2増補; 3縮約]版 *f*. edición 1corregida [2ampliada; 3abreviada]. ▶重版 *f*. segunda impresión, *f*. reimpresión. ♦その本の第5版は数回版を重ねた La quinta edición del libro tuvo varias impresiones.

はん 判 (印鑑) *m*. sello (personal); (ゴム印) *m*. sello (de goma). ▶判を押す *v*. sellar, poner* [estampar] un sello. ♦彼は保証人として書類に署名し判を押した Firmó y selló los documentos en calidad de fiador.

はん 班 (組) *m*. grupo; (分隊) *f*. cuadrilla, *m*. equipo. → 班長.

はん 藩 (領土) *m*. señorío, *m*. feudo; (一族) *m*. clan (feudal). ▶彦根藩 *m*. señorío [feudo] de Hikone.

はん– 反– anti-, contra-. ▶反共産主義 *m*. anticomunismo. → 反共. ▶反日感情 *mpl*. sentimientos antijaponeses 《教養語》japonófobos. ▶反主流派 *f*. facción antimayoritaria [contra la corriente dominante].

反社会的行為 *m.* acto antisocial. ▶反核の集会 *f.* reunión antinuclear. ▶反作用 *f.* reacción.

ばん 番 ❶《順番, 順序》《順番》*m.* turno;《配列》*m.* orden. ▶くじ引きの番を待つ *v.* esperar el turno para sacar* un boleto de lotería. ▶番を狂わせる *v.* perturbar el orden [turno]. 《会話》次はだれの番だい―私よ ¿A quién le toca? – A mí. / ¿Quién es el siguiente? – Yo. ▶私の番だ Es mi turno. / Me toca a mí. ♦今度はわれわれが行く番だ Nos toca ir a nosotros. 《会話》パパ, もう1回やってみてもいい?―太郎の番がすんだらやってもいいよ Papá, ¿puedo intentar otra vez? – Después de Taro, te tocará a ti. ♦代わり番こに車の運転をしましょう Vamos a turnarnos para conducir. / Vamos a conducir "por turno [a turnos]. ♦彼は自分の番でないのに演説した Habló cuando no le tocaba. / Se equivocó de turno al hablar. ♦彼は2番目に来た Vino en segundo lugar. / Era el segundo. ♦左から3番目が彼の息子さんです El tercero por la izquierda es su hijo. ♦日本で5番目に大きな都市はどこですか ¿Cuál es la quinta ciudad mayor [más grande] de Japón. 《会話》彼はクラスで何番ですか―2番です ¿Qué lugar ocupa en la clase? – El segundo. ♦三宮はここから何番目の駅ですか ¿Cuántas estaciones hay de aquí a Sannomiya?

❷《試合の回数》《野球・サッカーなどの一勝負》*m.* partido;《チェス・ゴルフなどの一勝負》*f.* partida;《ボクシングなどの》*m.* combate. ▶3番勝負 *m.* partido a tres juegos. ▶相撲で連続3番勝つ *v.* ganar tres combates seguidos en el torneo de sumo. ♦チェスを1番やろう Vamos a jugar al [una partida de] ajedrez.

❸《見張り》*f.* guardia;《監視, 警戒》*f.* vigilancia;《見張り番》*mf.* guarda, *m.* guardia, *mf.* guard*ián/diana*;《守る人》*mf.* guarda. ▶工場の番をする *v.* guardar [vigilar] la fábrica. ▶店番をする *v.* atender* la tienda. 《会話》かばんの番をしててね―いいよ ¿Me guardas el bolso? – De acuerdo.

❹《番号》*m.* número. ▶14番のバス *m.* autobús número 14. ▶《電車などが》3番ホームから出る *v.* salir* del andén número 3. 《会話》あなたの電話番号は何番ですか―242-0175番です ¿Cuál es su número de teléfono? – El dos cuatro dos, cero uno siete cinco. ♦図書目録は923局2540番にご請求ください Llámenos al número 923-2540 (nueve, veintitrés, veinticinco, cuarenta) y pida nuestro catálogo de libros. ♦警察は110番です Para llamar a la policía, marque el número uno uno cero. ♦座席に1番から10番まで番号をつけてください Por favor, numeren los asientos del número 1 al 10.

***ばん** 晩《日没まで》*f.* tarde;《日没から日の出まで》*f.* noche. → 夜(信). ▶晩ご飯 *f.* cena. → 夕食. ♦彼は東京の7時に出発した Salió de Tokio a las siete de la tarde. ♦晩方になりそうです Se puede nevar por la noche. ♦金曜日の晩車で町に出かけよう Vamos a la ciudad en coche el viernes por la noche. → 朝. ♦私は彼の所に三晩泊まった Me quedé tres noches en su casa. ♦一晩中眠れなかった No pude dormir en toda la noche.

-ばん -版 *f.* edición. ▶《限定[²廉価; ³普及; ⁴豪華; ⁵海賊]版 *f.* edición ¹limitada [²barata; ³popular; ⁴de lujo; ⁵pirata]. ▶〜版. ▶¹ポケット[²ペーパーバック; ³ハードカバー; ⁴卓上]版 *f.* edición ¹de bolsillo [²en rústica; ³de tapa dura; ⁴de mesa]. ▶1950年版 *f.* edición de 1950. ▶《新聞の》地方版 *f.* edición regional (de un periódico).

バン《自動車の》*f.* furgoneta, *f.* camioneta. ▶ライトバン *f.* furgoneta de reparto.

***パン**《パン一般》*m.* pan;《種々の形の小型パン》*m.* pancito, 《スペイン》*m.* pancillo;《菓子パン》*m.* bollo. ▶大型パン1本[一塊り] *f.* barra de pan. ▶フランスパン *m.* pan francés, *f.* barra de pan. ▶パン2枚[二切れ] *fpl.* dos rebanadas de pan. ▶バター[²ジャム]付きパン *m.* pan con ¹mantequilla [²mermelada]. ▶パン粉[くず] *fpl.* migas de pan. ▶パンの皮[耳] *f.* corteza. ▶パン屋 *f.* panadería;《焼く人》*mf.* panader*o/ra*;《パン焼きもするパン屋》*f.* panadería, *f.* tahona. ▶パンを焼く(作る) *v.* hacer* el pan;《トーストにする》*v.* tostar* (una rebanada de) pan. ▶パンをちぎる *v.* partir en trozos el pan con la mano. ▶古い(固くなった)パン *m.* pan "no fresco [duro]. ▶あんパン *m.* pan relleno de pasta dulce de alubias. ▶ロールパン *m.* bollo, *m.* panecillo. 《会話》パンはどこで買っているの―角のパン屋さんよ ¿Dónde compras el pan? – En la panadería de la esquina.

パンアメリカン・ハイウエー *f.* Carretera Panamericana;(☆南北アメリカを結ぶ道路網, 総延長約 26,000km).

***はんい** 範囲《及び得る可能性の》*m.* ámbito;《能力の》*m.* alcance → 分野, 広範囲;《勢力・効力などの》*f.* esfera;《権力・知力などの》*m.* alcance.

1《〜範囲》▶活動範囲 *m.* campo de actividades. ▶勢力範囲 *f.* esfera de influencia. ♦その原理は適用範囲が広い Ese principio tiene 「un gran ámbito [una amplia variedad] de aplicaciones. ♦彼は交際範囲が広い Tiene un amplio círculo de amistades [conocidos]. ♦数学の試験範囲は50ページから80ページまでです El examen de matemáticas cubre de la página 50 a la 80.

2《範囲(内)[外]で》♦検査結果はすべて正常値の範囲内である Los resultados del test están todos dentro de los límites normales. ♦この問題は科学の扱う範囲外である Este problema「está fuera del alcance [se sale del campo]」de la ciencia. ♦温度は10℃ から20℃ の範囲で上下した La temperatura oscilaba de 10℃ (diez grados centígrados [Celsius]) a 20℃. ♦経費は予算の範囲内では収まらなかった Los gastos superaron los límites del presupuesto. ♦自分の出来る範囲で(=できる限り)しましょう Lo haré「lo mejor que pueda [《フォーマル》dentro de los límites de mis posibilidades].

3《範囲を》 ▶調査の範囲を1広げる [2限定する] v. 1ampliar [2limitar] la esfera de la investigación. ◆その質問は生徒たちの知識の範囲を超えていた Esa cuestión estaba fuera「del ámbito [de la esfera] de conocimiento de los estudiantes.

はんいご 反意語《専門語》m. antónimo. ⚠語 'arriba' は 'abajo' の反意語です "Arriba" es el antónimo de "abajo". / "Abajo" y "arriba" son antónimos.

はんえい 繁栄 f. prosperidad, 《フォーマル》m. florecimiento. ◆繁栄する v. prosperar,《フォーマル》florecer*. → 栄える.

はんえい 反映 v. reflejo. ◆この記事は世論を反映している Este artículo refleja [es el reflejo de] la opinión pública.

はんえいきゅうてき 半永久的 adj. casi permanente,《フォーマル》semipermanente.

はんえん 半円 m. semicírculo. ▶半円の adj. semicircular.

はんおん 半音 m. semitono. ▶半音1上げる [2下げる] v. 1subir [2bajar] un semitono.

はんが 版画 m. grabado; (木版画) m. grabado en madera,《フォーマル》f. xilografía; (石版画) f. litografía; (アクアチント版画) m. grabado en cobre a aguatinta; (メゾチント版画) m. grabado en cobre a mediatinta. ▶版画家 mf. grabador/dora.

ばんか 挽歌 f. elegía. ▶(死者に)挽歌を捧げる v. dedicar* una elegía (a un difunto).

ハンガー percha. ▶上着をハンガーに掛ける v. colgar* un abrigo de [en] la percha.

地域差	ハンガー
〔全般的に〕	m. percha
〔スペイン〕	m. perchero
〔ラテンアメリカ〕	m. gancho
〔キューバ〕	m. colgador
〔ペルー〕	m. colgador

バンカー ❶〔ゴルフで〕《英語》m. "bunker" (☆発音は [búnker]).
❷〔銀行家〕mf. banquero/ra.

ハンガーストライキ f. huelga de hambre.

はんかい 半壊 ▶半壊する v. destruirse* parcialmente. ▶半壊家屋 f. casa medio destruida.

ばんかい 挽回 (取り戻すこと) f. recuperación; (復活) f. restauración. ▶挽回する v. recobrar, recuperar, restablecer*. ▶名誉の挽回を図る v. restablecimiento del honor. ▶退勢の挽回を図る v. intentar restablecer* la tendencia declinante. ▶勢力を挽回する v. recuperar el poder*.

ばんがい 番外 m. extra, m. suplemento. ▶番外の余興 f. atracción extra.

はんかがい 繁華街 m. centro (de la ciudad). ▶繁華街1へ [2の] adv. 1al [2del] centro de la ciudad ☞盛り場, ダウンタウン

はんかく 半角 ▶半角文字《専門語》m. carácter de tamaño medio.

はんがく 半額 (定価などの) f. mitad de precio; (運賃などの) f. media tarifa; (総額の) f. mitad de la suma. ▶半額にする v. rebajar [reducir*] el precio a la mitad. ▶半額で買う v. comprarlo「a mitad del precio [a un 50% (cincuenta por ciento) de su precio]. ◆12歳未満の子供たちの運賃は半額です Los niños de menos de 12 años viajan a mitad de precio.

•**ハンカチ(ーフ)** m. pañuelo (de bolsillo),《口語》m. moquero; m. pañuelo de la cabeza. ▶胸ポケットにのぞかせるハンカチ m. pañuelo de adorno de bolsillo. ▶ハンカチを押し当てて泣く v. ahogar* las lágrimas en el pañuelo. ▶ハンカチで汗をふく v. secarse* el sudor con el pañuelo. ▶ハンカチを振る v. despedirse* 《de + 人》con el pañuelo, agitar el pañuelo.

ハンガリー Hungría (☆ヨーロッパの共和国, 首都ブダペスト Budapest); (公式名) f. República de Hungría. ▶ハンガリー(人・の) mf. / adj. húngaro/ra. ▶ハンガリー語 m. húngaro, f. lengua húngara. ▶ハンガリー人 mf. húngaro/ra.

バンガロー (山小屋) f. cabaña (de montaña), m. refugio.

はんかん 反感 (悪感情) f. antipatía,《フォーマル》f. aversión. ▶彼に反感を抱いている v. tenerle* antipatía, sentir* antipatía hacia él. ▶原住民の反感を買う v. provocar* la antipatía de la gente del lugar,《フォーマル》suscitar la aversión de los lugareños.

はんかんはんみん 半官半民 ◆この法人は半官半民である(=政府の財政支援を受けている) Esta empresa funciona con cierto apoyo del gobierno.

はんがんびいき 判官びいき f. simpatía por el más débil. ▶判官びいきをする v. simpatizar* con el más débil.

はんき 半旗 f. bandera a media asta. ▶国王の死を悼んで半旗を掲げる v. izar* la bandera a media asta en señal de duelo por la muerte del rey.

はんき 反旗 ◆政府に反旗を翻す v. rebelarse contra el gobierno.

はんぎゃく 反逆 f. traición; (小規模な反乱) f. insurrección; (大規模で組織的な反乱) f. rebelión. → 反乱. ▶反逆行為 m. acto de traición. ▶反逆者 mf. rebelde; (裏切り者) mf. traidor/dora. ▶反逆する v. rebelarse 《contra》.

はんきゅう 半球 m. hemisferio. ▶1東 [2西] 半球 m. Hemisferio 1Oriental [2Occidental].

はんきょう 反響 (音の) m. eco → 響き; (反応) f. respuesta; (大評判) f. sensación. ▶反響する v. repercutir, tener* eco. → 響く. ▶大きな反響を呼ぶ v. crear una gran sensación. ◆私たちの運動には何の反響もなかった Nuestro movimiento no tuvo respuesta.

はんきょう 反共 (主義) m. anticomunismo. ▶反共主義者 mf. anticomunista. ▶反共政策 f. política anticomunista.

ばんきん 板金 m. metal en planchas [chapas].

パンク m. pinchazo,『メキシコ』f. ponchadura; (破裂) m. reventón; (パンクしたタイヤ) m.

neumático pinchado, 【メキシコ】 *f.* llanta ponchada. ▶パンクを修理してもらう *v.* hacer* reparar un pinchazo. ♦途中でタイヤがパンクした Pinchamos [Tuvimos un pinchazo] a mitad de camino. / Se nos ¹pinchó el neumático [²ponchó la llanta] en el camino. ♦彼の自転車に乗ってたらパンクしてしまった Se me pinchó el neumático de su bicicleta.

地域差	パンクする（自動車が）
〔スペイン〕	*v.* explotar, reventarse*
〔キューバ〕	*v.* poncharse
〔メキシコ〕	*v.* poncharse, reventarse*
〔ペルー〕	*v.* desinflarse, reventarse*
〔コロンビア〕	*v.* pincharse, reventarse*
〔アルゼンチン〕	*v.* pincharse

ハング(アップ)する《専門語》*v.* colgar*.
ハンググライダー *f.* ala delta.
*•**ばんぐみ 番組** (一般に) *m.* programa; (集合的に) *f.* programación; (ショー) *m.* (¹programa) espectáculo. → 放送. ▶子供向けのラジオ[テレビ]番組 *m.* programa infantil ¹de radio [²de televisión]. ▶2時間番組 *m.* programa de dos horas. ▶(電話での)視聴者参加番組 *m.* programa de pedidos [llamadas]. ▶深夜番組を見る[聞く] ²¹ver* [²escuchar] un programa de últimas horas de la noche. ♦今日の¹テレビ[²ラジオ]番組はどんなのがありますか ¿Qué programación [programas] hay hoy en la ¹televisión [²radio]?
【関連】▶番組の種類: 映画番組 *m.* programa de cine. ▶ドキュメンタリー *m.* documental. ▶スポーツ番組 *m.* programa deportivo. ▶インタビューもの *m.* programa de entrevistas. ▶クイズ番組 *m.* programa (de) concurso. ▶歌謡番組 *m.* programa musical. ▶芸能ニュース *fpl.* noticias del mundo del espectáculo.
バングラデシュ Bangladesh; (公式名) *f.* República Popular de Bangladesh 《☆南アジアの国, 首都ダッカ Dacca》. ▶バングラデシュ(人・の) *mf.* / *adj.* bangladesí.
ハングリーせいしん ハングリー精神 *f.* fuerte motivación, *f.* ambición agresiva.
ばんくるわせ 番狂わせ *f.* derrota inesperada, *m.* resultado sorprendente; (意外な結果) *m.* resultado inesperado; (思いがけないこと) *f.* sorpresa. ♦彼が横綱を負かすという番狂わせがあった El gran campeón sufrió una sorprendente derrota a manos de él. / Derrotó inesperadamente al gran campeón.
はんけい 半径 *m.* radio. ▶学校から半径8キロ以内に[の所に] *adv.* en un radio de 8 kilómetros de la escuela. ▶半径5センチの円をかく *v.* dibujar un círculo de un radio de 5 centímetros. ♦この円の半径はどのくらいですか ¿Qué radio tiene este círculo?
パンケーキ *m.* panqueque, 【メキシコ】 *f.* crepa.
はんげき 反撃 *m.* contraataque. ▶反撃する *v.* contraatacar*. ▶3点入れて反撃に出る(野球で) *v.* ¹contraatacar* con [lanzar¹ un contraataque de] tres carreras.
はんけつ 判決 (一般に) *m.* juicio; (裁判所の裁定) 《専門語》 *m.* fallo; (決定) *f.* decisión; (判事による判決の宣告) *f.* sentencia; (陪審員の評決) 《専門語》 *m.* veredicto. ▶判決をくつがえす *v.* revocar* ¹"la sentencia [《専門語》el veredicto]. ▶彼に判決を言い渡す *v.* pronunciar [《フォーマル》dictar] sentencia sobre él. ♦法廷は彼に¹不利[²有利]の判決を下した El tribunal ¹emitió su juicio [dictó sentencia, dio su veredicto] en ¹contra [²favor] de él. ♦彼は死刑の判決を受けた Le sentenciaron a muerte [la pena capital]. ♦そのスパイは¹有罪[²無罪]の判決を受けた Le declararon al espía ¹culpable [²inocente].
はんげつ 半月 *f.* media luna; (半月形) *m.* semicírculo. ▶半月形の *v.* semicircular.
はんけっきゅうげんしょうしょう 汎血球減少症 《専門語》 *f.* pancitopenia.
はんけん 半券 *f.* contraseña [*m.* resguardo] (de "ticket"); (小切手の) 《スペイン》 *f.* matriz [【ラ米】*m.* talón] (de cheque).
はんけん 版権 *mpl.* derechos de reproducción [autor], 《英語》 *m.* "copyright" 《☆発音は [kópirai(t)]》. ▶版権侵害 *f.* violación del copyright. ▶版権を¹獲得[²出願, ³登録]する *v.* ¹asegurar [² solicitar, ³registrar] un copyright. ♦だれが君の本の版権を持っているの ¿Quién posee los derechos de reproducción de tu libro?
はんげん 半減 ▶半減する *v.* reducir(se)* ¹a la [en una] mitad. ▶出費を半減する *v.* reducir* los gastos a la mitad. ♦この機械でその仕事が半減する Esta máquina reduce el trabajo a la mitad.
ばんけん 番犬 *m.* perro guardián.
はんこ 判こ (印鑑) *m.* sello personal. → 印鑑.
はんご 反語 ❶【表面とはうらはらの皮肉】*f.* ironía. ▶反語的な *adj.* irónico. ▶反語的に *adv.* con ironía, irónicamente.
❷【修辞疑問】*f.* pregunta retórica.
❸【反対語】*m.* antónimo.
*•**はんこう 反抗** (抵抗) *f.* resistencia 《a》; (反対) *f.* oposición 《a》; (命令などへの不従順) *f.* desobediencia [*f.* insumisión] 《a》; (権威などへの反発) *f.* rebelión 《contra》, *f.* insubordinación 《a, hacia》; (挑戦的態度) *m.* desafío, *m.* reto. ▶反抗心 *m.* espíritu rebelde. ♦親への反抗は成長の過程である La resistencia a los padres está en el curso del crecimiento. ♦彼は反抗期だ Está en la edad de la rebeldía.
── **反抗的な** (不服従な) *adj.* desobediente, 《フォーマル》 insumiso; (反発する) *adj.* rebelde, 《フォーマル》 insubordinado; (挑戦的な) *adj.* desafiante. ♦彼は反抗的な子供だ Es un niño desobediente. ♦彼は上司に反抗的な態度を示した Adoptó una actitud insubordinada [desafiante] hacia su jefe.
── **反抗する** (抵抗する) *v.* resistir; (反対する) *v.* oponerse* 《a》; (言うことを聞かない) *v.* desobedecer*; (反発する) *v.* rebelarse [*v.* insubordinarse] 《contra》; (公然と挑戦する) *v.* desafiar*. ♦彼は母親に反抗した Desobedeció a su madre.
はんこう 犯行 *m.* delito, *m.* acto delictivo. → 犯罪. ▶犯行現場 *f.* escena del delito. ▶犯

行を¹自供 [²否認] する v. ¹confesar* [²negar*] el delito.

はんこう 反攻 m. contraataque 《contra》. ▶反攻に転じる v. ir* al contraataque. → 反撃.

はんごう 飯盒 (携帯用食器) f. olla portátil.

***ばんごう** 番号 m. número. ▶番号! 【号令】¡Número!

1《～(の)番号》 ▶¹大きい [²小さい] 番号 m. número ¹alto [²bajo]. ▶通し (一連の) 番号 mpl. números en serie. ▶座席番号 m. número de asiento. ◆君の部屋の番号は何番ですか ¿Qué número tiene tu cuarto?

2《番号+名詞》 ▶番号札 f. ficha de número. ▶カードを番号順に並べる v. poner* las tarjetas por orden numérico. ▶番号違いですよ (電話で) Creo que se ha equivocado.

3《番号[を]》 ▶座席に1から100の番号をつける v. numerar los asientos del 1 al 100. ◆すべての製品に番号がついている Todos los productos están numerados. ☞ 号, ゼッケン

ばんこく 万国 ▶万国の adj. internacional; universal; mundial. ▶万国旗 fpl. banderas de todos los países. ▶万国博(覧会) f. feria mundial, f. exposición mundial [internacional].

バンコク Bangkok 《☆タイの首都》.

はんこつ 反骨 ▶反骨(精神) m. espíritu rebelde.

はんごろし 半殺し ▶彼はその男をなぐって半殺しの目にあわせた Dejó a ese hombre medio muerto de golpes. / Lo [Le] golpeó hasta casi matarlo[e].

ばんこん 晩婚 m. matrimonio tardío. → 結婚. ▶彼は晩婚だ Se casó tarde. /《フォーマル》 Contrajo un matrimonio tardío.

はんざい 犯罪 (法律違反行為) m. crimen, m. delito, 《フォーマル》 m. acto delictivo; (一般に違反行為) f. infracción. → 罪.

1《～犯罪》 ▶軽い犯罪 m. delito leve [《専門語》menor]. ▶重い犯罪 m. delito grave [《専門語》mayor]. ▶少年犯罪 f. delincuencia juvenil.

2《犯罪+名詞》 ▶犯罪行為(犯行) m. delito criminal; (犯罪の行為) m. acto criminal. ▶(戦争)犯罪人 mf. criminal de guerra. ◆その男にはずいぶん犯罪歴(＝前科)があった Ese hombre tenía muchos antecedentes criminales.

3《犯罪が》 ▶犯罪が増加しつつある La delincuencia está en aumento. / Aumenta la delincuencia. /（犯罪率が）El índice de delincuencia está creciendo.

4《犯罪を》 ▶彼は犯罪を犯した Ha cometido un delito.

5《犯罪だ》 ▶窃盗は犯罪だ El robo es un delito.

ばんざい 万歳 viva, hurra. ▶万歳三唱 tres vivas《a》. ▶万歳を唱える v. dar* [lanzar*] vivas《a》, vitorear《a》. ◆万歳!(テストに)合格したぞ ¡Viva! ¡He aprobado el examen! ◆国王陛下万歳 ¡Viva el rey!

ばんさく 万策 ▶万策尽きた Todos los recursos están agotados. / Hemos probado todo y ya no sabemos qué más hacer.

はんざつ 煩雑 ▶煩雑な (＝複雑な) adj. complicado; (わずらわしい) adj. molesto.

ハンサム ▶ハンサムな adj. guapo, apuesto, atractivo, bien parecido. ▶ハンサムな青年 m. joven guapo, 《フォーマル》m. apuesto joven.

はんさよう 反作用 f. reacción.

ばんさん 晩餐 f. cena. ▶晩餐会 m. banquete. ▶¹晩餐 [²晩餐会] に招く v. invitar《a + 人》a ¹cena [²banquete]. ▶晩餐会をする v. ofrecer* ¹una cena [un banquete]. ◆大統領の誕生日を祝って盛大な晩餐会が催された En honor del presidente y con motivo de su cumpleaños, se ofreció un magnífico banquete.

はんじ 判事 mf. juez/jueza. → 裁判官. ▶¹首席 [²陪席] 判事 m. juez ¹presidente [²asesor]. ◆最高裁の判事 m. juez de la Corte Suprema. ▶判事席 m. asiento de juez. ▶判事補 m. juez asistente.

ばんじ 万事 m. todo. ◆万事オーケーだ Todo está bien. ◆万事は終了した Todo ha terminado (para mí). ◆万事よろしく頼むよ Le dejo todo. ◆万事うまくいった Todo salió bien.

パンジー m. pensamiento.

***はんしゃ** 反射 (光・熱・音などの) f. reflexión, 《教養語》 f. reverberación; (行動) m. reflejo; (能力) mpl. reflejos. ▶乱反射 f. reflexión difusa. ▶光の反射 f. reflejo de la luz. ▶条件反射 m. reflejo condicionado. ▶反射運動 m. movimiento reflejo. ▶反射鏡 m. espejo reflector. ▶反射熱 m. calor reflejado. ▶反射望遠鏡 m. telescopio reflector. ▶反射作用 m. (acto) reflejo. ▶反射神経が¹いい [²おそい] v. tener* ¹buenos reflejos [²reflejos lentos]. ▶反射的に頭をひょいと下げる v. agachar la cabeza「como un acto reflejo [(本能的に) instintivamente].

── 反射する v. reflejar(se),《教養語》 reverberar. ◆地面に積もった雪に日光が反射した La nieve en el suelo reflejó la luz solar.
☞ 写[映]す, 写[映]る, 照り返す

はんしゃく 晩酌 ▶晩酌をする v. beber ("sake") a la hora de la cena.

はんしゅう 半周 ▶(トラックを)半周する v. dar* una media vuelta (en una pista).

ばんしゅう 晩秋 ▶晩秋に adv.「a finales del [al acabar el] otoño.

はんじゅく 半熟 ▶半熟の (卵の) adj. pasado por agua; (食物の) adj. medio cocido. ▶卵は半熟にしてください(レストランで) Me gustan los huevos pasados por agua. → ゆでる.

はんしゅつ 搬出 ▶搬出する v. sacar* [llevar] fuera.

ばんしゅん 晩春 ▶晩春に adv.「a finales de [al acabar] la primavera.

ばんしょ 板書 ▶板書する v. escribir* en la pizarra. ▶板書を写す v. copiar lo escrito en la pizarra.

はんしょう 反証 f. prueba de refutación, 《専門語》m. testimonio en contra. ▶彼のアリバイについて反証をあげる v. desmentir* [refutar] su coartada.

はんじょう 繁盛 f. prosperidad. ▶繁盛する v. prosperar, 《教養語》florecer*. → 栄える. ▶繁盛している(=患者の多い)医者 mf. médico/ca con「muchos pacientes [una abundante consulta]. ◆彼の商売は繁盛している Su negocio es próspero [floreciente].

ばんじょう 万障 ◆次回の会合には万障お繰り合わせの上御出席ください Realmente「nos gustaría que usted asistiera [《フォーマル》esperamos que usted nos honre asistiendo] a la próxima reunión.

ばんしょう 晩鐘 m. toque de vísperas; (絵画名) 《El Angelus》.

バンジョー m. banyo.

はんしょく 繁殖 (動物が子を生むこと) f. reproducción, (動植物の増殖)《フォーマル》f. propagación de la especie; (どんどん増えること) f. multiplicación. ▶繁殖する v. reproducirse*, 《フォーマル》propagarse*, multiplicarse*. ▶繁殖期 f. época de reproducción. ▶繁殖力の強い(=多産な)動物 m. animal fecundo [《フォーマル》prolífico]. ◆ネズミは繁殖が早い Los ratones se reproducen con rapidez.

はんしん 半身 (上下の) f. mitad de cuerpo; (左右の) m. costado. → 上半身, 下半身. ▶¹左 [²右] 半身 m. costado [m. lado] ¹izquierdo [²derecho]. ▶半身像(=胸像) m. busto. ▶半身麻痺 《専門語》f. hemiplejía. ◆彼は半身不随だ Está paralizado de un costado [lado].

はんしんはんぎ 半信半疑 ▶ニュースを半信半疑(=疑わしげに)聞く v. escuchar las noticias「con reservas [con incredulidad, 《口語》sólo con una oreja] → 疑わしい. ◆その話に対して半信半疑だった Creí a medias esa historia. / Sólo me creí la mitad de la historia. / (全面的には信じられなかった)No di mucho crédito a esa historia.

はんすう 半数 f. mitad 《de》. ◆そのミカンの半数は腐っている La mitad de las mandarinas están podridas. ◆合格者は半数¹を越えた [²もいなかった] ¹Más [²Menos] de la mitad de los candidatos han aprobado.

はんすう 反芻 ▶反芻する v. rumiar. ◆彼の忠告を反芻してみる Estoy「reflexionando mucho sobre [《口語》rumiando] su consejo.

ハンスト f. huelga de hambre. → ストライキ, スト.

パンスト fpl. medias panti(e)s, fpl. 《メキシコ》pantimedias. → パンティーストッキング.

はんズボン 半ズボン mpl. pantalones cortos.

はんする 反する (正反対である) v.「ser」contrario [oponerse*, ser* opuesto] 《a》; (背く) v. ir*「estar*] en contra 《de》; (規則などに違反している) v. estar* en contra [oposición] 《a》. ◆彼の話は事実に反する Lo que dijo「era contrario a [iba en contra de] los hechos. ◆その政策はわれわれの利益に反する Esa política「es opuesta [se opone] a nuestros intereses. ◆君の行いは校則に反する Tu conducta va en contra del reglamento escolar. ◆自分の¹意志[²良心]に反して行動する No actúes contra tu ¹voluntad [²conciencia]. ◆私の期待に反して彼は今度の選挙で落選した「En contra de lo que yo esperaba [《フォーマル》Contrariamente a mis expectativas], perdió en las últimas elecciones. ◆彼は私の警告に反して(=警告にもかかわらず)一人で山登りに行った Se fue a escalar sólo「en contra [《フォーマル》a pesar y todo] de mis advertencias. / Contraviniendo mi advertencia se fue a escalar sólo.

***はんせい 反省** (熟考する) f. reflexión, 《教養語》f. ponderación; (再考) f. reconsideración; (後悔) m. arrepentimiento. ▶自分の行いについて彼に反省を求める v. pedirle* que reflexione sobre su comportamiento. ◆これは反省の材料になる Esto me servirá「de reflexión [para reflexionar]. ◆彼には反省の色がまったくなかった No dio la menor señal de arrepentimiento.

—— **反省する** (熟考する) v. reflexionar 《sobre》, 《教養語》ponderar; (再考する) v. reconsiderar; (悪かったと悔やむ) v. lamentar, sentir* pesar 《por》. → 後悔する. ▶反省してみると adv. al reflexionar 《sobre》. ◆自分のしたことを反省しています Estoy reflexionando sobre lo que hice y lo lamento. / Siento pesar por lo que hice. / He reconsiderado lo que hice. ☞ 顧[省]みる, 考える

はんせい 半生 f. mitad de la vida; (現在までの人生) f. vida (pasada). ▶半生を振り返る v. reflexionar sobre el pasado, 《フォーマル》considerar retrospectivamente el pasado.

はんせん 帆船 m. velero, m. barco de vela; (大型の) m. buque de vela.

はんせん 反戦 f. oposición a la guerra. ▶反戦¹運動 [²デモ] ¹m. movimiento [² f. manifestación] antibelicista.

はんぜん 判然 ▶判然とした(明らかな) adj. claro; (はっきりとした) adj. evidente, nítido; (確定の) adj. cierto. ▶判然とした相違 f. clara diferencia. ◆この意味が判然としない Este significado「no está claro [es ambiguo]. ◆彼がなぜ来なかったかその理由が判然としなかった No veo claramente por qué no vino.

ばんせん 番線 (鉄道の) m. andén. ▶3 番線で adv. en el andén 3. ▶3 番線から出る v. salir* del andén 3.

ばんぜん 万全 万全を期するために(=念には念を入れて) v. asegurarse doblemente. ▶万全の(=最も確実な)策を取る v. tomar las medidas más seguras.

ハンセンびょう ハンセン病 《専門語》f. enfermedad de Hansen, f. lepra.

はんそう 帆走 f. navegación de vela. ▶ヨットで帆走する v. navegar* a vela en un yate.

ばんそう 伴奏 m. acompañamiento. ▶伴奏者 mf. acompañante. ▶ピアノの伴奏で歌う v. cantar con acompañamiento de piano.

—— **伴奏(を)する** v. acompañar 《a》. ◆彼はピアノで彼女の伴奏をした La acompañó al piano. / Tocó el piano acompañándola.

ばんそうこう 絆創膏 (バンドエイド【商標】) m. esparadrapo, 《ラ米》f. curita, 《スペイン》f. tirita; (包帯など固定用の) f. venda [f. banda, f.

1172 はんそく

cinta] adhesiva. ▶傷口に絆創膏を張る v. poner* un esparadrapo sobre una herida. ▶包帯を絆創膏で止める v. sostener* un vendaje con cinta adhesiva.

【地域差】絆創膏
〔スペイン〕m. esparadrapo, f. tirita
〔ラテンアメリカ〕f. curita
〔キューバ〕m. esparadrapo
〔メキシコ〕f. curita
〔コロンビア〕f. cura
〔ペルー〕f. curita, f. vendita
〔アルゼンチン〕f. curita

はんそく 反則 (規則違反) f. violación de las reglas; (特に競技の) f. falta, m. juego sucio. ▶反則をする v. hacer* una falta, violar [infringir*] las reglas, jugar* sucio. ♦それは反則だ Eso es una falta. / Va contra la reglas.

はんそで 半袖 ▶半袖のドレス m. vestido de「media manga [manga corta].

パンダ m. (oso) panda. ▶¹ジャイアント[²レッサー]パンダ m. panda ¹gigante [²pequeño].

ハンター mf. cazador/dora. → 猟師.

***はんたい** 反対 ❶【抵抗】f. oposición 《a》; (異議) 《フォーマル》f. objeción 《a》. ▶反対者 mf. oponente, mf. contrar*io*/r*ia*, mf. antagonista. ♦そのダムは人々の強い反対にもかかわらず建設された La presa se construyó「muy en contra de la gente [a pesar de una fuerte oposición popular]. ♦彼はわれわれの考えに反対の意を表わした Puso objeciones a nuestras ideas. /「Habló para oponerse a [Se manifestó en contra de] nuestras ideas. ♦私の両親はその考えに大反対だった Mis padres estaban totalmente en contra de la idea.

❷【逆】lo contrario [opuesto, inverso], m. revés. → 逆. ▶反対勢力 f. fuerza opuesta. ▶反対尋問 f. repregunta. ▶それを反対側から見る v. mirarlo desde el lado opuesto [contrario]. ♦「右」は「左」の反対です "Derecha" es lo contrario de "izquierda". /"Derecha" e "izquierda" son contrarios. ♦彼女はやせているが私はまったく反対だ Ella es delgada y yo justamente lo contrario. ♦私が何を言っても彼女は反対を言う Me lleva la contraria a todo lo que digo. / Diga lo que yo diga, ella dice lo contrario [opuesto]. ♦名簿の順序が反対だ Los nombres de la lista están en orden contrario.

―― 反対の adj. opuesto [contrario, 《フォーマル》inverso]《a》. ♦車は反対の方へ行った El coche iba en「dirección contraria [la otra dirección]. ♦演奏会は彼の期待とは反対のものだった El concierto「fue lo contrario [resultó lo opuesto] de lo que él esperaba.

―― 反対に ❶【方向・位置などが】(方向が) adv. al [por el, por lo] contrario,《口語》al revés; (位置が) adj. opuesto《a》; (裏表が) adv. al revés; (上下が) adv. boca abajo, al revés; (左右が) adv. al「otro lado [parte], al revés. ♦私の家はバス停の反対側 (=向かい側)

にある Mi casa está enfrente de la parada de autobús. ♦シャツを裏表[前後]反対に着ているよ Llevas la camisa al [del] revés. ♦彼はグラスを反対にした (=伏せた) Dio la vuelta al vaso. / Puso el vaso「al revés [boca abajo]. /《フォーマル》Invirtió la posición del vaso.

❷【内容が】(それどころか逆に) adv. al [por el, por lo] contrario, antes bien; (そうする代わりに) adv. en cambio; (しかし一方では) adv. por「otro lado [otra parte]. ♦私は彼女は彼が好きになると思っていたら反対に嫌ってしまった Creí que le gustaría, pero, al contrario [en cambio], le disgustó. ♦彼に文句を言ったら反対に文句を言われた Me quejé ante él y, por el contrario, él me quejó ante mí. 《連語》山田はいつも遅れるんだよ―反対に君はいつも早いね Yamada siempre llega tarde. – Tú,「en cambio [por el contrario], siempre llegas pronto.

―― 反対する v. oponerse* [llevar la contraria]《a》; (異議を唱える) v. 《フォーマル》hacer* objeciones《a》,《文語》objetar; (意見が合わない) v.「no estar* de acuerdo [estar* en desacuerdo]《con》; (とくに言葉が) v. contradecir*; (意見が) v. contraponer*, declararse en contra《de》; (…に反対している) v. ser* contrar*io*《a》; (命令に) v. contravenir*. ♦彼はわれわれの計画に反対した "Se opuso a [Estaba en contra de] nuestro plan. / Se mostró contrario [opuesto] a nuestro plan. ♦彼は私のアイデアは非現実的だと言って反対した Puso la objeción de que mi idea no era práctica. ♦あなたの意見には反対です Estoy en desacuerdo contigo. /「Me opongo a [Estoy en contra de] tu opinión. ♦野党は与党の政策に真っ向から反対した (=立ち向かった) Los partidos de la oposición se declararon en contra de la política del partido del gobierno. ⇨ 抗議, 対立, 抵抗; 逆らう, 抵抗する, 敵対

はんたいせい 反体制 ▶反体制の adj. contrario al sistema político establecido, antisistema. ▶反体制作家 mf. escritor/tora contrar*io*/r*ia* al sistema establecido. ▶反体制主義者 mf. oponente del sistema establecido.

パンタグラフ m. pantógrafo.

バンタムきゅう バンタム級 (ボクシング(等級, 選手)) m. peso gallo.

***はんだん** 判断 m. juicio, m. parecer,《口語》m. entender; (決定) f. decisión; (結論) f. conclusión; (解釈) f. interpretación.

1《判断が》♦答えが正しいのかどうか判断がつかない No puedo juzgar si la respuesta es correcta o no.

2《判断に》♦ご判断に任せます Lo dejo a su juicio [entender].

3《判断を》♦判断を下す v. formar un juicio. ▶健全な判断を示す v. mostrar* un buen juicio. ▶判断を誤る v. juzgar* mal, equivocarse* en el juicio《sobre》. ▶判断力を発揮する v. usar el juicio《para》.

4《判断では》♦私の判断 (=意見) では彼は間違っ

ている A [Según] mi juicio [《口語》parece], él está equivocado.
── 判断する v. juzgar*, estimar, apreciar, entender*; (決定する) v. decidir; (結論を下す) v. concluir*; (解釈する) v. interpretar.

1《副詞＋判断する》◆自分で判断しなさい Júzgate a ti mismo.

2《...で[から]判断する》◆¹第一印象で[²外見で]判断する v. juzgar* 《a ＋ 人》por ¹la primera impresión [²las apariencias]. ◆彼の手紙から判断すると、だいぶ元気になっているようだ A juzgar por sus cartas, mamá parece sentirse mucho mejor.

3《...だと判断する》◆彼女は彼を 30 歳ぐらいだと判断した Calculó que tendría unos treinta años. ／《口語》Le echó unos treinta años. ◆彼の口ぶりから私の意見に賛成ではないと判断した Por lo que dijo, juzgué [《口語》me pareció] que no estaba de acuerdo conmigo. ◆彼は彼女の言葉を脅迫だと判断した Interpretó [Juzgó, Entendió] sus palabras como una amenaza.

☞ 考え, 裁断, 裁量, 断定; 思う

ばんち 番地 (地番) m. número de terreno; (各戸の家屋番号) m. número de casa; (通りの番号) m. número de calle; (住所) m. domicilio, f. dirección, 《口語》fpl. señas. ◆北町 1 丁目 5 番地 2 号に住んでいる v. vivir en Kita-machi 1-5-2

パンチ ❶《ボクシングで》m. puñetazo. ◆パンチを受ける v. recibir un puñetazo. ◆パンチを応酬する v. darse* puñetazos. ◆彼のあごにパンチを食らわせる v. darle* un puñetazo en la barbilla. ◆パンチのきいた歌 f. canción incisiva [《口語》con garra]. → 迫力.

❷《ハサミ》f. perforadora. ◆パンチカード f. tarjeta perforada [picada, 【メキシコ】ponchada]. ◆切符にパンチを入れる v. picar* [perforar, 【メキシコ】ponchar] un ticket.

ばんちゃ 番茶 "bancha", (説明的に) m. té verde de calidad ordinaria.

パンチャー f. perforadora.

はんちょう 班長 mf. jefe/fa de grupo. ◆3 班の班長 mf. jefe/fa del grupo 3.

パンチョ・ビージャ Pancho Villa (☆1877–1923, メキシコ革命の指導者).

パンツ (下着) mpl. calzoncillos; (短い) mpl. pantalones cortos. ◆海水パンツ m. bañador, m. traje de baño.

地域差 パンツ (男性の下着)
〔全般的に〕mpl. calzoncillos
〔キューバ〕f. trusa
〔メキシコ〕f. trusa
〔ペルー〕f. trusa
〔コロンビア〕mpl. pantaloncillos, mpl. calzoncillos, f. pantaloneta
〔アルゼンチン〕mpl. calzoncillos

ばんづけ 番付 (順位表) f. lista; (演技などの) m. programa. ◆初場所の番付 m. "ranking" [f. clasificación] de luchadores del Gran Torneo de Sumo de Año Nuevo.

はんてい 判定 (判断) m. juicio; (決定) f. decisión; (権限のある者の裁定) m. fallo, f. decisión. ◆審判の判定に従う v. obedecer* el juicio 「del árbitro [de la árbitra]. ◆判定「勝ち [²負け]する(競技で) v. ¹ganar [²perder] por decisión [puntos]. ◆判定する v. juzgar*, decidir ☞ 鑑定, 審査

パンティー fpl. bragas, fpl. calzones.

地域差 パンティー
〔スペイン〕fpl. bragas, m. (mpl.) panti(s)
〔ラテンアメリカ〕fpl. calzones
〔キューバ〕《英語》m. "blumer(s)" (☆発音は [blúmer(s)]), m. (mpl.) panti(s), 《英語》m. "short(s)"
〔メキシコ〕m. calzón, f. pantaleta, m. (mpl.) panti(s)
〔ペルー〕m. calzón, f. trusa
〔コロンビア〕m. (pl.) "short(s)"
〔アルゼンチン〕f. bombacha, m. calzón, m. calzoncillos, f. trusa

パンティーストッキング fpl. medias panti(e)s, fpl. pantimedias.

ハンディーな adj. manejable; portátil.

ハンディ(キャップ) 《英語》m. "handicap" (☆発音は [hándikap]); f. desventaja. ◆ハンディ 3 のゴルファー mf. jugador/dora de golf con un "handicap" de tres. ◆弱視は彼にとって大きなハンディだ Su mala vista es una gran desventaja para él.

バンデリーリャ f. banderilla (☆牛の首・肩に刺す飾り付きのもり).

バンデリリェーロ m. banderillero (☆バンデリーリャを使う闘牛士).

はんてん 斑点 f. mancha; (小さな) f. pinta; (鳥や昆虫の) m. ocelo. ◆布の上の斑点 f. mancha en la ropa. ◆茶色の斑点のある犬 m. perro con manchas pardas. → まだら.

はんてん 反転 ◆反転する (ひっくり返る) v. dar* la vuelta; (元の方向へ戻る) v. invertir* el rumbo, 《口語》dar* media vuelta; (逆回転をする) v. darse* la vuelta.

ハンド 《サッカー》f. mano.

バント 《野球》m. toque (de bola). ◆バントヒット m. toque de sorpresa.

バンド ❶ (ひも) (輪状の) f. cinta, f. banda; (締め具付きの) f. correa. ◆ゴムバンド f. gomita. ◆ヘアバンド f. diadema. ◆腕時計のバンド f. pulsera de reloj.

❷【洋服の】m. cinturón; (とくに男性の) m. cinto. → ベルト.

❸【楽団】f. banda. ◆バンドマン m. músico de banda. ◆¹ジャズ[²ロック; ³ブラス]バンドを結成する v. formar una banda de ¹"jazz" [²"rock"; ³instrumentos de metal].

はんドア 半ドア ◆半ドアの adj. medio abierto. → 半開き.

はんとう 半島 f. península. ◆能登半島 f. península de Noto.

はんどう 反動 f. reacción. ◆反動勢力 fpl. fuerzas 「de la reacción [reaccionarias]. ◆新しい思想に対する反動 f. reacción contra las nuevas ideas. ◆反動的政策 f. política reaccionaria (《軽蔑的に》retrógrada). ◆バスの急な動きの反動で倒れる v. caerse* en reacción al repentino movimiento del autobús.

はんどうたい 半導体 *m.* semiconductor.
はんとうめい 半透明　▶半透明の *adj.* translúcido, semitransparente.
バンドエイド【商標】*m.* esparadrapo,【スペイン】*f.* tirita,【ラ米】*f.* curita. → 絆創膏.
はんどく 判読　♦彼の筆跡は判読に苦しむ Me resulta difícil leer su letra. / Su letra es difícil de leer.
はんとし 半年　(学期などで) *m.* medio año, *m.* semestre. ♦ その雑誌は半年ごとに発行される Esta revista se publica semestralmente [cada seis meses, dos veces al año].
バンドネオン *m.* bandoneón (☆アルゼンチン音楽で用いられるアコーディオンの一種).
ハンドバッグ *m.* bolso (de mano), *f.* cartera.

地域差	ハンドバッグ
[全般的に]	*f.* cartera
[スペイン]	*m.* bolso (de mano)
[キューバ]	*f.* bolsa, *m.* bolso
[メキシコ]	*f.* bolsa (de mano)
[ペルー]	*m.* bolso
[コロンビア]	*m.* bolso
[アルゼンチン]	*m.* bolso de mano

ハンドブック *m.* manual. → 便覧(べんらん).
ハンドボール *m.* balonmano.
パントマイム *m.* mimo, *f.* pantomima, *f.* mímica,《フォーマル》*m.* mimodrama. ▶パントマイム俳優 *m.* mimo. ▶パントマイムで道化を演じる v. hacer* la mímica de un payaso.
パンドラのはこ パンドラの箱 *f.* caja de Pandora. ▶パンドラの箱を開く v. abrir* la caja de Pandora.
ハンドル (自動車の) *m.* volante,【ラ米】*m.* timón; (自転車・オートバイの) *m.* manillar,【ラ米】*m.* manubrio; (ドアの) *m.* tirador, *m.* pomo. ▶右ハンドルの車 *m.* automóvil con el volante a la derecha. ▶車のハンドルを握る(=運転する) v. ponerse* al volante, sentarse* detrás del volante. ▶車のハンドルを左に切る v. girar [hacer* un giro, doblar] a la izquierda. ▶ぬかるむ道で¹自転車 [²車]のハンドルをとられる v. perder* el control ¹de la bicicleta [²del coche] en una carretera con barro. ♦みごとなハンドルさばきですね Conduces muy bien. / Se te da muy bien conducir.

地域差	ハンドル(自動車の)
[全般的に]	*m.* volante
[キューバ]	*m.* timón
[メキシコ]	*f.* dirección
[ペルー]	*m.* timón
[コロンビア]	*f.* cabrilla, *f.* dirección, *m.* timón

ハンドル・ネーム【専門語】*m.* apodo.
ばんなん 万難　▶万難を排する v. superar「todas las dificultades [todos los obstáculos]. ♦ 核戦争は万難を排して(=どんな犠牲を払っても)回避しなければならない Hay que evitar una guerra nuclear「a toda costa [cueste lo que cueste].
はんにち 半日　*m.* medio día; *f.* media jornada.

はんにち 反日　▶反日の *adj.* antijaponés. ▶反日感情 *m.* sentimiento antijaponés,《文語》*f.* japonofobia.
ハンニバル Aníbal (☆前 247-183, カルタゴの将軍).
はんにゅう 搬入　▶搬入する v. llevar [transportar] (＋物)《dentro de》.
はんにん 犯人 (犯罪人) *mf.* delincuente, *mf.* culpable; (法律違反者)【専門語】*mf.* autor/tora del delito [crimen]; (容疑者) *mf.* sospechoso/sa, *mf.* presunto/ta autor/tora. ▶殺人犯人 *mf.* asesino/na. ▶窃盗犯人 *mf.* ladrón/drona. ▶誘拐犯人 *mf.* secuestrador/dora. ▶犯人を逮捕する v. detener* al delincuente. ▶犯人を投獄する v. enviar* al delincuente a prisión. ♦ 彼らは彼が犯人ではないかと疑っている Sospechan que él es el criminal. ♦だが犯人か ¿Quién es el culpable?
ばんにん 万人　*m.* todo el mundo, *f.* toda la gente, *pron.* cualquiera. ▶万人の認める真理 *f.* verdad universal. ♦ この小説は万人に理解される Esta novela es inteligible para todo el mundo. ♦ この小説は万人向きだ(=万人の好みを満足させる) Esta novela「agrada a cualquiera [satisface a todo el mundo]. / (万人が気に入る)A todos les gusta esta novela.
ばんにん 番人　(見張り番) *mf.* guardia, *mf.* guardián/diana, *mf.* vigilante. ▶番人を付ける v. poner* un/una guardia《en》.
はんにんまえ 半人前　▶半人前の *adj.*《口語》verde; (経験不足の) *adj.* sin experiencia, inexperto; (未熟な) *adj.* inmaduro. ♦ 彼は半人前の仕事しかできない Sólo puede hacer la mitad del trabajo que hacen otros.
はんね 半値　*f.* mitad de precio. ▶半額. ▶半値に下げる v. rebajar el precio a la mitad, poner* a「mitad de precio [medio precio]. ▶半値に負ける v. rebajar el precio a la mitad, dar* un 50% (cincuenta por ciento) de descuento. ♦ この本を半値で買った Compré este libro a mitad de precio.
ばんねん 晩年　*adv.* en los últimos años de la vida, al final de la vida.
***はんのう** 反応　*f.* reacción, *m.* efecto, *f.* respuesta. → 反響. ▶ツベルクリン [²化学; ³連鎖]反応 *f.* reacción ¹de tuberculina [²química; ³en cadena]. ▶酸に対する鉄の反応 *f.* reacción del hierro al ácido. ▶刺激に対する反応 *f.* reacción [*f.* respuesta] a un estímulo. ♦ 私たちの提案にはほとんど反応がなかった Nuestras propuestas tuvieron escasa respuesta. ♦ 彼らは私たちの訴えに何の反応も示さなかった No「dieron ninguna respuesta [reaccionaron] a nuestra llamada.

── 反応する v. reaccionar [responder]《a》. ♦ 彼は¹その知らせ [²君の招待]にどう反応しましたか ¿Cómo reaccionó [Cuál fue su reacción] a ¹la noticia [²tu invitación]?
はんのう 万能の (多才な) *adj.* polifacético,《フォーマル》versátil; (全能の) *adj.* todopoderoso,《教養語》omnipotente. ▶万能選手 *mf.* jugador/dora [*mf.* atleta] versátil [que vale para todo]. ▶万能薬 *f.* panacea,《口語》*m.* curalotodo. ▶万能の神 el Todopode-

roso, el Omnipotente. ▶万能の天才 m. genio universal. ▶万能クレンザー m. limpiador multiuso [de uso múltiple].

はんば 飯場 m. barracón [f. barraca, f. caseta] para obreros.

はんぱ 半端 (半端物) m. artículo suelto [descabalado]; (がらくた) fpl. cachivaches, mpl. trastos; (端数) f. fracción; (不完全) lo incompleto. → 中途半端. ▶(残りの)半端な金 m. dinero sobrante. ▶半端仕事をする v. hacer* trabajos sueltos, 《スペイン》《口語》hacer* chapuzas. ▶半端な(=断片的な)知識 mpl. conocimientos incompletos. ♦その品は半端では売れません (=セットを崩して売ることはできません) No podemos desparejarlos [romper la pareja].

バンパー (自動車の) m. parachoques, 《ラ米》m. paragolpes.

地域差 バンパー (自動車の)	
〔全般的に〕	m. parachoques
〔スペイン〕	f. defensa
〔キューバ〕	f. defensa
〔メキシコ〕	f. defensa
〔コロンビア〕《英語》	m. "bomper", f. defensa
〔アルゼンチン〕	m. paragolpes

ハンバーガー f. hamburguesa.

ハンバーグ(ステーキ) f. hamburguesa.

***はんばい** 販売 f. venta.

1《～販売》現金販売 f. venta en metálico [efectivo]. ▶信用販売 f. venta a crédito. ▶自動販売機 m. máquina expendedora (automática).

2《販売＋名詞》販売代理店 m. agente de ventas. ▶販売価格 m. precio de venta. ▶販売政策 f. política de ventas. ▶販売店 (店) f. tienda → 店; (駅・街頭の売店) f. puesto; (新聞の) m. agente de reparto. ▶販売員 [係] mf. vend*edor/dora*. ▶販売促進運動を始める v. lanzar* una campaña de ventas.

3《販売を》▶販売を促進する v. promover* las ventas. ▶未成年者に対する酒類の販売を禁止する v. prohibir* la venta de bebidas alcohólicas a menores.

── 販売する v. vender; poner* en venta. → 売る. ♦この店は靴を販売している Venden zapatos en esta tienda. ♦この品物はどこでも販売されている Estos artículos「están en venta [se venden] en todas partes.

はんぱつ 反発 (嫌悪, 反発作用) m. rechazo, 《フォーマル》f. repulsión; (反感) f. antipatía; (抵抗) f. resistencia; (反対) f. oposición; (反抗) f. reacción, (権威などに対する) f. rebelión. ▶彼に反発を感じる v. sentir* rechazo [antipatía] hacia él. ♦彼の発言は組合の強い反発を買った Sus observaciones fueron「enérgicamente rechazadas por el [recibidas con gran oposición por parte del] sindicato.

── 反発する v. rechazar*, reaccionar en contra《de》; rebatir, refutar. ♦若者は1年配の人たち[2古い価値観]に反発した Los jóvenes reaccionaron contra 1sus mayores [2los viejos valores]. ♦磁石の同じ極は反発する Los polos magnéticos iguales se rechazan [repelen].

はんはん 半々 ▶利益を半々に分ける v. dividir las ganancias「por la mitad [mitad y mitad]. ▶水とミルクを半々に入れる v. añadir agua y leche a partes iguales. ♦彼の生死の見込みは半々だ Tiene un cincuenta por ciento de posibilidades de seguir vivo.

ぱんぱん ♦腕がぱんぱんに張っている Siento los brazos muy duros [tensos]. ♦少年は風船をぱんぱんにふくらませた El niño hinchó totalmente el globo. ♦花火がぱんぱんと鳴った Los fuegos artificiales estallaron con estrépito.

はんびょうにん 半病人 f. persona enfermiza.

はんびらき 半開き ▶半開きの adj. entreabierto, medio abierto. ♦ドアが半開きだ La puerta está entreabierta.

はんぴれい 反比例 f. proporción inversa. → 比例. ♦気温は高さに反比例する La temperatura está en proporción inversa a la altitud.

はんぷ 頒布 (配布) f. distribución; (流通) f. circulación. ▶頒布する v. distribuir*.

はんぷく 反復 f. repetición,《教養語》f. reiteración. ▶反復する v. repetir*, volver* a hacer*,《教養語》reiterar. ▶(何度も)反復して adv. repetidamente, repetidas veces, una y otra vez. ♦スペイン語を学ぶには反復練習が大事だ Es importante practicar repetidamente [otra vez] para aprender español.

パンプス mpl. zapatos de salón.

ばんぶつ 万物 pron. todo; fpl. todas las cosas; (神が創造した世界) f. creación, lo creado. ▶万物の霊長 m. señor de la creación. ♦万物は原子で構成されている Todo está compuesto de átomos.

ハンブルク Hamburgo (☆ドイツの都市).

パンフレット (仮とじの小冊子) m. folleto, m. panfleto, m. prospecto; (政治的な) m. panfleto. ▶海外旅行のパンフレット m. folleto de viajes al extranjero.

パンプローナ Pamplona (☆スペインの都市).

***はんぶん** 半分 (2分の1) f. mitad, m. medio, f. media. ▶ケーキの半分「f. mitad de un [m. medio] pastel. ♦8の半分は4です La mitad de ocho es cuatro. ♦リンゴの半分は腐っている La mitad de las manzanas están podridas. ♦その子供たちの半分は日本人で, 残りの半分は中国人だ La [Una] mitad de los niños son japoneses y la otra mitad, chinos. ♦サンドイッチがあるんだけど半分食べてもいいよ Tengo unos sandwiches. Puedes comer la mitad. / (半分ずつしよう)Vamos a dividir los sandwiches por la mitad. ♦そのリンゴを半分に切りなさい Corta la manzana「por la mitad [en dos mitades, por el medio]. ♦彼は生徒数を半分(だけ)減らした Redujo el número de estudiantes a la mitad.

── 半分の adj. medio. ▶半分の分け前 f. media parte. ▶半分の紙 f. media hoja de papel.

── 半分 (中途で) adv. a medias; a medio

はんべい

camino. ♦私の仕事は半分終わった Tengo el trabajo「medio hecho [a medio hacer]. / Me falta la mitad para terminar el trabajo. ♦びんには水が半分入っている La botella está medio llena de agua. ♦私は彼の半分しか1本[2金]を持っていない No tengo más que la mitad 1de los libros [2del dinero] que tiene él. ♦(山を)だいたい半分くらい登ったね Estamos a media cuesta hacia la cumbre.

はんべい 反米 ♦反米の *adj.* anti(norte)americano, antiestadounidense. ♦反米感情 *m.* sentimiento antiamericano, 《教養語》 *f.* americanofobia.

ばんぺい 番兵 *m.* centinela. ♦番兵小屋 *f.* garita. ♦番兵に1つ立つ [2に立っている] *v.* 1hacer* [2estar* de] guardia. → 歩哨(ほしょう).

はんべつ 判別 *f.* distinción. ♦区別. ♦2語の意味の相違を判別する *v.* distinguir* [reconocer*] la diferencia de significado entre las dos palabras.

はんぼう 繁忙 ♦繁忙をきわめている *v.* estar* muy ocupado (con), tener* presión en el trabajo.

ハンマー *m.* martillo. ♦ハンマー投げ *m.* lanzamiento de martillo. ♦ハンマー投げの選手 *mf.* lanzador/dora de martillo. ♦ハンマーでくさびを打つ *v.* clavar [meter] una cuña con el martillo.

パンムンジョム 板門店 Panmunjom.

はんめい 判明 ♦判明する(明らかになる) *v.* aclararse, esclarecerse*; (知られる) *v.* saberse*; (結局...であることがわかる) *v.* resultar 《que》; (同一人[物]と確認される) *v.* ser* identificado. ♦その事故の原因が判明した Se ha aclarado la causa del accidente. ♦その報道は誤報であることが判明した Resultó que la noticia era falsa. / Resultó ser falsa la noticia. ♦分かる. ♦選挙結果はいつ判明しますか ¿Cuándo「se conocerán [serán publicados] los resultados de las elecciones? ♦その死体の身元はまだ判明していない El cadáver todavía no ha sido identificado.

ばんめし 晩飯 *f.* cena. → 夕食.

はんめん 反面 ♦反面教師 *m.* ejemplo negativo. ♦彼女は口が悪い反面(=しかし一方では)情のある人です Es una mujer murmuradora, pero por「otra parte [otro lado] tiene un buen corazón. ♦「ドンキホーテ」は風刺的な小説である反面(=しかし同時に)、現実的でもある «El Quijote» es una novela satírica y al mismo tiempo realista. / (一方では)A la vez que satírica, «El Quijote» es una novela realista.

はんめん 半面 (一方の面) *m.* un lado; (もう片方の面) *m.* otro lado. → 一面.

はんも 繁茂 ♦繁茂する *v.* crecer* frondoso [denso]. → 茂る.

はんもう 半盲 《専門語》 *f.* hemianopsia.

はんもく 反目 (反感) *f.* rivalidad, *m.* antagonismo; (敵対) *f.* hostilidad, *f.* enemistad. ♦彼と反目している *v.* ser* su rival, tener* enemistad hacia él, estar* en su contra. ♦彼らは互いに反目するようになった Se enemistaron. / Se pusieron uno contra otro.

ハンモック *f.* hamaca. ♦ハンモックをつるす *v.* colgar* una hamaca. ♦ハンモックに寝る *v.* dormir* en una hamaca.

はんもん 煩悶 (悩み) *m.* sufrimiento. ♦煩悶する *v.* afligirse* [angustiarse, 《フォーマル》 acongojarse, sufrir] 《por》.

はんもん 反問 ♦反問する *v.* devolver* la pregunta, responder a una pregunta con otra.

はんもんてん 板門店 →パンムンジョム

ばんゆういんりょく 万有引力 ♦万有引力の法則 *f.* ley de la gravitación universal.

はんよう 汎用 ♦汎用コンピュータ 《専門語》 *f.* computadora de propósito general.

はんら 半裸 ♦半裸の *adj.* medio desnudo.

はんらん 反乱 (大規模の) *f.* rebelión, *m.* alzamiento, *f.* insurrección, *f.* sublevación; (小規模の) *f.* insubordinación, *f.* revuelta; (船内や軍隊内の) *m.* motín. ♦反乱軍 *m.* ejército rebelde, *fpl.* fuerzas insurgentes, *fpl.* tropas insurrectas. ♦反乱を起こす *v.* rebelarse [alzarse*, levantarse, sublevarse] 《contra》. ♦(政府に対する)反乱を鎮める *v.*「reprimir una rebelión [aplastar una revuelta] (contra el gobierno). ♦反乱が起こった Ha estallado una rebelión.

はんらん 氾濫 *f.* inundación, *f.* riada; (供給過剰) *m.* suministro excesivo.

―― **氾濫する** *v.* desbordarse; inundarse. ♦台風の後その川ははんらんした Después del tifón,「el río se desbordó [hubo un desbordamiento de ese río]. ♦書店には婦人雑誌がはんらんしている Las librerías están inundadas de revistas femeninas. / Hay una inundación de revistas femeninas en las librerías. ♦ラジオ、テレビ、映画などで英語がはんらんしている Se oye mucho el inglés en la radio, la televisión, el cine, etc.

ばんりのちょうじょう 万里の長城 *f.* Gran Muralla (de China).

はんりょ 伴侶 → 連れ. ♦人生の伴侶 *mf.* compañero/ra de la vida.

はんれい 凡例 (本などの) *f.* nota preliminar [de explicación]; (辞書の) *f.* guía para el uso (de diccionario); (地図などの) *f.* leyenda.

はんれい 判例 《専門語》 *mpl.* precedentes (jurídicos), *f.* jurisprudencia. ♦判例に1従う [2従わない] *v.* 1seguir* [2no seguir*] los precedentes. ♦判例に基づいて *adv.* de conformidad con los precedentes.

はんろ 販路 (市場) *m.* mercado; (販売店) *f.* tienda, *m.* distribuidor. ♦(製品の)販路を開拓する *v.* abrir* un nuevo mercado (para los productos). → 市場(しじょう).

はんろん 反論 (反対意見) *m.* argumento 《contra》; (論ばくし) *f.* refutación, 《教養語》 *f.* impugnación. ♦反論する *v.* argüir* 《contra》; refutar, 《教養語》 impugnar.

ひ

ひ 火 ❶【火炎】*m.* fuego;（炎）*f.* llama.
1《火は[が]》♦火はまだ燃えている[²もう消えた] ¹Sigue ardiendo [²Ya se ha apagado] el fuego. ♦紙は火がつきやすい El papel se enciende [prende] fácilmente. ♦火はたちまち家々に燃え広がった El fuego se propagó rápidamente de casa en casa. ♦火が燃え尽きないうちにそこを離れてはいけない No te vayas antes de que el fuego se haya apagado. ♦これらのマッチは火がつかない Estas cerillas no encienden [《メキシコ》prenden].
2《火の》♦火のついたマッチを捨てる *v.* arrojar una cerilla encendida. ♦火の鳥→火の鳥. ♦強風が吹いて火の回りが速かった Hacía mucho viento y el fuego se extendió rápidamente.
3《火に》♦その建物は一面火に包まれた El edificio quedó envuelto en llamas.
4《火を》♦家に火をつける *v.* prender [《口語》pegar*] fuego a una casa, incendiar una casa. ♦火打ち石で火を打ち出す *v.* encender* fuego con un pedernal. ♦マッチでたばこに火をつける *v.* encender* un cigarrillo con una cerilla. ♦たいていの動物は火を恐れる Casi todos los animales temen el fuego. ♦ちょっと(たばこの)火を貸してください Déme fuego, por favor. / ¿Tiene usted fuego?

❷【火事】*m.* incendio, *m.* fuego. → 火事. ♦火の用心をする *v.* tener* cuidado con el fuego. ♦火のふた[《揭示》]Cuidado con el incendio. ♦彼の家から火が出た El incendio se originó en su casa.

❸【たき火・暖炉・炊事用などの】*f.* lumbre, *m.* fuego, *f.* hoguera. ♦火を消す *v.* apagar* [《フォーマル》extinguir*] una lumbre. ♦火をおこす *v.* encender* una lumbre. ♦火にまきをくべる *v.* echar leña al fuego. ♦部屋を暖かくするために火をたいた Encendió una lumbre para calentar la habitación. ♦なべを火にかけなさい Pon la sartén al [sobre el] fuego. ♦こちらへ来て火にあたりなさい Acércate a calentarte a [《口語》al amor de] la lumbre. ♦彼は炉に火を入れた Encendió「la chimenea [el hogar].

❹【火熱】*f.* calefacción. ♦火の気のない部屋 *m.* cuarto sin calefacción. ♦部屋に火の気がある *v.* tener* calefacción en el cuarto. ♦彼女はスープに火を通した Se calentó algo de sopa. ♦豚肉はよく火を通さないといけない La carne de puerco debe estar bien cocinada [hecha].

❺【砲火】*m.* fuego; *mpl.* disparos; *f.* descarga. ♦火を吹かせる（=発砲する）*v.* abrir* fuego. ♦銃が火を吹いた El rifle hizo fuego.

《その他の表現》♦火遊びをする(子供が) *v.* jugar* con el fuego. ♦火のない所に煙は立たない(ことわざ) No hay fuego sin humo. / Cuando el río suena, agua lleva. ♦わが家の台所はいつも火の車だ La economía doméstica siempre está apretada. ♦その子供は犬を見ると火がついたように泣き出した El niño se echó a llorar furiosamente al ver al perro. ♦恥ずかしさで顔から火が出る思いだった La cara se me encendió de vergüenza. ♦彼の成功は火を見るよりも明らかである Su éxito es tan claro como la luz del día. ♦その町を訪れたとき火が消えたような寂しさだった La ciudad que visitamos parecía「estar extrañamente triste [una casa desierta].

ひ 日 ❶【太陽】*m.* Sol;（日光）*f.* luz solar;（光束）*mpl.* rayos solares. ♦日は東から昇り西に沈む El Sol sale por el Este y se pone por el Oeste. ♦日がさんさんと輝いていた Hacía mucho sol. / El Sol brillaba con fuerza. ♦彼は日が沈んでからここを出発した Se fue de aquí después de la puesta del sol. ♦私の部屋は日がよく当たる En mi cuarto da mucho sol. / Mi cuarto es muy soleado. → 日当たり. ♦君は少し日に当たらないといけない Necesitas sol. ♦その箱は日の当たる[²当たらない]所に置いておきなさい Pon la caja ¹en un lugar soleado [²donde no la dé el sol, a la sombra].

❷【日中】*m.* día. ♦冬は日が短い En invierno los días son cortos. ♦夏が近づくにつれて日が長くなる Los días se alargan a medida que se acerca el verano. ♦日差しの強い日はサングラスをかけます Los días de sol llevo gafas de sol. ♦もうすぐ日が暮れる Pronto「se irá el sol [anochecerá, se hará de noche].

❸【1日】*m.* día;（期日）*f.* fecha. ♦次の日(に) *adv.* el [al] día siguiente, un día después. ♦ある[¹寒い[²晴れた]日に *adv.*（en）un día ¹frío [²despejado]. ♦結婚式の日（=日取り）を決める *v.* decidir「el día [la fecha] de la boda. ♦日がたつにつれて彼は息子のことがだんだん心配になってきた A medida que pasaban los días, aumentaba la inquietud por su hijo. / Se inquietaba por su hijo con el paso de los días. ♦郵便は日に2回配達される El correo se reparte dos veces al día. ♦日を改めて（=別の日に）お電話差し上げます Lo [Le, La] llamaré「otro día [en otro momento]. ♦日に日に寒くなってきた Cada día hace más frío. / De día en día se nota más frío. ♦来る日も来る日もその仕事を続けた Día tras día proseguía con su trabajo. ♦ある日おじの家へ遊びに行った Un día fui a ver a mi tío. ♦締め切りの日が近づいている「Se está aproximando [Falta poco para] la fecha límite.

❹【日数】♦中間試験までもうあまり日がない No

tenemos más que unos días para el examen de mitad de curso. ◆彼はこの会社に入社してからまだ日が浅い No hace mucho que entró en esta empresa.

❺【時，時代】(時) *m.* tiempo, *f.* época; (時代) los días. ◆若き日の楽しい思い出を話す *v.* hablar de los bonitos recuerdos de los días de la juventud. ◆遊んで日を過ごす *v.* perder* el tiempo, pasar los días ociosos. ◆休日はいつも読書をして日を過ごす Los días de vacaciones los paso leyendo. ◆世界から戦争がなくなる日が間もなくやって来るだろう Algún día no habrá guerras en el mundo. / Llegará un día en que en el mundo no habrá guerra.

《その他の表現》▶やっとその日を暮らす(＝その日暮らしをする) *v.* vivir「al día [《口語》a salto de mata, de forma precaria]. ▶日の当たらない人々(＝不幸な人々) *mpl.* desgraciados.

ひ 比 ❶[比率] *f.* proporción. → 比率. ▶ ¹正比 [²反比] *f.* proporción ¹directa [²inversa]. ▶二つの容器の容積の比は 3 対 1 です Hay una proporción de 3 a 1 entre el volumen de los dos contenedores. ◆3 対 5 の比は3:5と書かれる La proporción de 3 a 5 se escribe 3:5 (tres, dos puntos, cinco).

❷[匹敵] *m.* igual, *m.* rival. ◆私はスペイン語では君の比ではない No soy rival para ti en español.

ひ 非 (過失) *m.* error, *f.* equivocación. ▶自分の非を認める *v.* admitir el error. ◆非は私にある Ha sido「culpa mía [mi error]. ◆君のスペイン語は非の打ちどころがない Tu español「no tiene errores [es perfecto, es intachable].

ひ 灯 *f.* luz. → 明かり.

ひ 妃 *f.* princesa. → 妃殿下.

ひ 碑 (記念碑) *m.* monumento.

-ひ -費 (経費) *mpl.* gastos, (支出) *m.* costo, *m.* coste. ▶旅費 *mpl.* gastos de viaje. ▶防衛費 *m.* costo de defensa (nacional). → 費.

***び 美** (美しさ) *f.* belleza. ▶ ¹男性 [²女性]美 *f.* belleza ¹masculina [²femenina]. ▶自然の美 *f.* belleza de la naturaleza. ▶美的感覚 [美意識] *m.* sentido「de la belleza [《フォーマル》estético].

ひあい 悲哀 *f.* pena, *f.* aflicción, *f.* tristeza; (みじめさ) *f.* miseria. ◆人生の悲哀をなめる *v.* pasar [sufrir] las penas de la vida.

ひあがる 干上がる (完全に乾く) *v.* secarse*. ◆この川は夏干上がる Este río se seca en verano.

ピアス ▶ピアスする *v.* agujerear, 《口語》pinchar; (イヤリング) *m.* pendiente, *m.* arete. ◆このピアスはつけられないわ．だって耳に穴を開けてないんだもの No puedo llevar estos pendientes porque mis orejas no tienen agujero.

ひあそび 火遊び ▶火遊びをする *v.* jugar* con cerillas [fuego] (☆後の方は「危険なまねをする」の意).

ひあたり 日当たり (日光) *m.* sol, *f.* luz solar. → 日. ◆この部屋は日当たりが ¹よい [²悪い] Este cuarto ¹es [²no es] soleado. / A este cuarto le da ¹mucho [²poco] sol.

ピアツーピアつうしん ピアツーピア通信 《専門語》*f.* comunicación entre iguales.

ピアニスト *mf.* pianista.

***ピアノ** (楽器の) *m.* piano; (竪型の) *m.* piano vertical; (グランドピアノ) *m.* piano de cola; (ピアノ演奏) *m.* piano. ▶ピアノ(弱く, 弱音で) *adv.* piano.

❶《ピアノ＋名詞》▶ピアノ¹曲 [²協奏曲; ³ソナタ] ¹ *f.* pieza [² *m.* concierto; ³ *f.* sonata] para piano. ▶ピアノ演奏会 *m.* recital de piano.

❷《ピアノが》◆彼女はピアノが上手だ Toca muy bien el piano. / Es muy buena pianista.

❸《ピアノに[で]》▶ピアノに合わせて歌う *v.* cantar al piano. ▶ピアノで伴奏する *v.* acompañar (su canción) al piano. ◆彼は その歌をピアノで弾いた Tocó esa canción al piano.

❹《ピアノを》▶ピアノを弾く *v.* tocar* el piano. ▶ピアノを弾きながら歌う *v.* cantar tocando al piano. ▶ピアノを練習する *v.* practicar* el piano. ▶ピアノを ¹教える [²習う] *v.* ¹dar* [²tomar] clases de piano, ¹enseñar [²aprender] piano.

ヒアリング (聴解) *f.* audición; (公聴会) 《専門語》 *f.* audiencia pública. ▶ヒアリングテスト *m.* examen de comprensión auditiva [de audición].

ピーアール PR (広報) *fpl.* relaciones públicas, 《略》R.P; (宣伝) *f.* publicidad, *m.* anuncio, 《ラ米》 *m.* comercial. → 宣伝. ▶ピーアール映画 *f.* película de relaciones públicas. ▶ピーアールする *v.* dar* publicidad, anunciar. → 宣伝する.

ピーアイエム PIM 《専門語》 *m.* gestor de información personal.

ピーエイチエス PHS *m.* Sistema de Comunicación Personal.

ピーエイチディー Ph.D. *m.* doctorado. → 博士.

ビーエスイー BSE →ウシ海綿状脳症.

ピーエム (午後) *adv.* p.m., 《ラテン語》post meridiem ＝ después de mediodía. → 午前.

ビーカー 《専門語》 *m.* vaso de precipitación.

ひいき 贔屓 (愛顧) *m.* favor, 《口語》 *m.* enchufe, (教養語) *f.* privanza ≠ えこひいき; (店などへの) *m.* patrocinio, 《フォーマル》 *m.* auspicio.

❶《～びいき》▶日本びいきの政治家 *mf.* político/ca projaponés/nesa. ◆彼はカラヤンびいきだ Es un aficionado de Karajan.

❷《ひいき＋名詞》▶ひいき客 (常連客) *mf.* cliente regular; (後援者) *mf.* patrocinador/dora; (ファン) *mf.* aficionado/da. ◆どんなにひいき目に見ても(＝せいぜい)二流の物書きだ Como mucho es un escritor de segunda clase.

❸《ひいきの》 *adj.* favorito. ◆御ひいきの映画俳優はだれですか ¿Quién es tu actor favorito?

❹《ひいきに》◆その店をひいきに *v.* ser* cliente de esa tienda. ◆当店をごひいきにしていただきありがとうございます Gracias por la preferencia「que nos muestra [con que nos honra]. ◆彼はこの旅館をひいきにしている(＝お気に入りだ) Ésta es su pensión [fonda] favorita.

―― ひいきする *v.* favorecer*, preferir*. → えこ

ひいき. ▶弱い者をひいきする v. favorecer* al débil [desamparado].

ピーク (絶頂) m. punto culminante [máximo]. ▶(1交通量・2電力消費の)ピーク時(=最高時) fpl. horas ¹punta [²de mayor consumo]. ▶ピークを越える v. pasar un punto culminante. ♦朝は交通の混雑がピークに達する Las retenciones de tráfico alcanzan un punto culminante en las horas punta de la mañana.

ピーケー PK m. penalti, m. tiro de penal, 《英語》m. "penalty".

ビーシー B.C. adv. A.C., antes de Cristo.

ビージーエム BGM 《専門語》f. música de fondo.

ビーシーシー BCC (で) 《専門語》adv. con copia oculta.

ビーズ f. cuenta, m. abalorio. ▶一連のビーズ f. sarta de cuentas. ▶ビーズ細工[飾り] f. artesanía de abalorios. ▶ビーズのバッグ m. bolso de abalorios.

ピース (セットの中の一品) f. pieza. ▶6ピース1セットのスプーン m. juego de cucharas de seis piezas.

ヒーター m. calentador, f. estufa. → ストーブ.

ビーだま ビー玉 fpl. canicas, fpl. bolas (bolitas).

地域差 ビー玉(遊技)
〔スペイン〕 mpl. boliches
〔ラテンアメリカ〕 fpl. bolitas
〔ペルー〕 f. troya
〔アルゼンチン〕 fpl. bolillas

ビーチパラソル f. sombrilla, m. parasol [m. quitasol] (de playa).

ビーチバレー m. voley-playa, m. voleibol-playa.

ピーティーエー "PTA", f. asociación de padres y maestros.

ピーディーエー PDA →けいたいじょうほうたんまつ.

ピーディーエフ PDF 《専門語》m. formato de documento portable.

ひいては (同様に) adv. también, 《教養語》asimismo. ♦核兵器廃絶はその国のためひいては世界平和のためになる La abolición de las armas nucleares beneficia al país y también a la paz del mundo.

ひいでる 秀でる v. aventajar (en). →優れる. ▶スペイン語で他に秀でる v. sobresalir* en español sobre los demás. ▶一芸に秀でる v. ser* un maestro en un arte ☞ 傑出, 優[勝]秀.

ビート m. tiempo; m. compás, m. ritmo. ▶強烈なビートのロック f. música rock de potente ritmo. ▶ビート族 mf. "beatnik". ▶ビート板 m. flotador.

ビートルズ Beatles.

ビーナス Venus, Afrodita. ▶ミロのビーナス f. Venus de Milo. ▶ビーナスの誕生(絵画名) m. «Nacimiento de Venus».

ピーナ(ッ)ツ m. cacahuete, 〖メキシコ〗 m. cacahuate, 〖キューバ〗m. maní. ▶ピーナ(ッ)ツバター f. mantequilla [f. crema] de cacahuete(s).

地域差 ピーナ(ッ)ツ
〔スペイン〕 m. cacahuete
〔ラテンアメリカ〕 m. maní
〔メキシコ〕 m. cacahuate

ひいひい ▶(苦しくて)ひいひい言う v. gritar (de dolor). ▶ひいひい泣く v. gemir*. ♦赤ん坊はひいひい泣き始めた El bebé se puso a gemir.

ぴいぴい ▶ぴいぴい鳴らす v. piar*. ♦ひな鳥が母鳥を求めてぴいぴい鳴いた Los pollitos piaban en busca de su madre. ♦彼のラジオがぴいぴい雑音を立てた Su radio hizo「un ruido como de piar [un ruido agudo]. ♦彼は金がなくぴいぴいしている Anda muy mal de dinero.

ビーピーアイ BPI 《専門語》《英語》mpl. "bits" por pulgada.

ピーピーエム (百万分の...) p.p.m 《☆partes por millón の略》.

ビーフ (牛肉) f. ternera, f. carne de vaca [〖ラ米〗res]. ▶ビーフシチュー f. estofado [m. guisado] de carne de vaca [res].

ビーフステーキ m. bistec, m. biftec, m. filete.

ピーマン m. pimiento verde [dulce].

地域差 ピーマン
〔全般的に〕 m. pimiento morrón
〔スペイン〕 m. pimiento
〔ペルー〕 m. pimentón
〔コロンビア〕 m. pimentón rojo, m. pimentón verde

ひいらぎ 柊 m. acebo.

*ビール f. cerveza. ▶生ビール f. cerveza de barril. ▶冷やしたビール f. cerveza fría. ▶¹びん[²缶]入りのビール f. cerveza ¹embotellada [²enlatada]. ▶気の抜けたビール f. cerveza pasada. ▶新種のビール m. nuevo tipo de cerveza, f. nueva cerveza. ▶ビール1杯 un vaso de cerveza, 〖スペイン〗〖口語〗una caña; (ジョッキ1杯) una jarra de cerveza. ▶ビール瓶 f. botella de cerveza; (小びん) m. botellín; (中びん) f. botella; (大びん) f. litrona. ▶ビール腹(の人) f. barriga cervecera. ♦ビールを2杯ください Dos cervezas, por favor.

ビールス →ウイルス

ヒーロー m. héroe. → 英雄.

ビーンボール 《野球》《英語》m. "bean ball".

ひうちいし 火打ち石 m. pedernal, m. sílex.

ひうん 悲運 f. desgracia, f. mala suerte. →不運, 不幸. ▶悲運の英雄 m. héroe desgraciado [trágico].

ひえいせい 非衛生 f. insalubridad. → 不衛生.

ひえいり 非営利 ▶非営利団体 f. organización sin fines lucrativos.

ひえこむ 冷え込む ♦今夜はひどく冷え込みそうだ Esta noche va a hacer mucho frío. ♦あすは一段と冷え込むでしょう Mañana hará mucho más frío.

ひえしょう 冷え性 ♦彼女は冷え性だ(=血液の巡りが悪い) Su circulación sanguínea no es buena. / No está [anda] bien de la circulación.

ピエタ f. Piedad 《☆キリストの遺体を抱く聖母マリア像》.

ひえびえ 冷え冷え ◆今朝は冷え冷えする Esta mañana hace fresco.

ひえる 冷える (冷たくなる) (天候が) v. hacer* más frío → 寒い; (物が) v. enfriarse*; (冷やされる) v. enfriarse*, refrescarse*; (冷たく[寒く]感じる) v. sentir* [tener*] frío. ▶よく冷えたビール f. cerveza「muy fría [helada]. ◆今夜はよく冷える Esta noche hace mucho frío. ◆体のしんまですっかり冷えてしまった Tenía frío hasta en los huesos.

ピエロ (道化師) mf. payaso/sa.

びえん 鼻炎 f. inflamación nasal, 《専門語》f. rinitis.

ビエンチャン Vientiane (☆ラオスの首都).

ビエンナーレ f. (exposición) bienal. ▶ヴェネチアビエンナーレ f. Bienal de Venecia.

ビオラ f. viola.

ひか 皮下 ▶皮下の adj. subcutáneo, 《専門語》hipodérmico. ▶皮下脂肪 f. grasa subcutánea. ▶皮下注射 f. inyección subcutánea [《専門語》hipodérmica]. ▶皮下骨折 《専門語》f. fractura cerrada. ▶皮下脂肪組織炎《専門語》f. paniculitis. ▶皮下組織 《専門語》m. tejido hipodérmico.

びか 美化 ▶美化する(理想化する) v. idealizar*; (実際よりよく見せる) v. ensalzar*, 《教養語》glorificar*; (掃除して) v. limpiar; (飾って) v. embellecer*, hermosear. ▶校内美化運動 f. campaña de limpieza del campus. ▶戦争を美化する v. ensalzar* la guerra.

*****ひがい 被害** (物への害) m. daño; (災害による) mpl. estragos; (損失) f. pérdida. → 害, 損害. ▶被害者 f. víctima; (災害の) 《フォーマル》mf. damnificado/da; (死傷者) mpl. muertos y heridos; (戦争の) f. baja. ▶被害を及ぼす v. hacer* [causar, 《教養語》perpetrar] daños 《a》. ▶被害を免れる v. escapar del daño, 《フォーマル》salir* incólume 《de》. ▶その被害を最小限にとどめる v. minimizar* los daños. ▶盗難にあって大きな被害を受ける v. sufrir muchos daños por un robo. ▶被害が最もひどかった地域 f. zona más dañada. ◆この地方は毎年台風が来るたびに大きな被害を受ける Todos los años cuando llega un tifón, esta región sufre「muchos estragos [grandes daños]. ◆その地震による建物への被害は甚大だった Los daños que causó el terremoto a los edificios fueron cuantiosos. ◆うちの家は火事で被害を受けなかった Nuestra casa no「fue dañada [recibió ningún daño] en el incendio. / Nuestra casa salió ilesa del incendio. 会話 衝突で車は何か被害を受けましたか—バンパーがひどく壊れましたね ¿Tuvo tu coche algún daño en el accidente? – El parachoques quedó muy dañado. 会話 火事の被害(= 損害)はいくらでしたか—2 千万円でした ¿A cuánto se elevaron las pérdidas por el incendio? – A 20 millones de yenes. ☞ 害毒, ダメージ

ひがいち ぴか一の el/la mejor con mucho; (人が) 《口語》m. as. ▶スペイン語を話すことにかけては彼は学校でぴか一だ Es con mucho el mejor que habla español de la escuela.

ひかえ 控え (覚え書き) f. nota, m. apunte; (写し) f. copia, m. duplicado. ▶控えをとる(メモする) v. tomar notas 《de》; (写しを取る) v. hacer* [sacar*] una copia 《de》. ▶控え室 f. sala de espera. ▶控え選手 mf. suplente, mf. reserva. ◆補欠.

ひかえめ 控え目 ▶控えめな(度を越えない) adj. moderado; (謙虚な) adj. modesto. ▶控えめな人 f. persona modesta [reservada, discreta]. ▶控えめな要求 f. petición modesta. ▶控えめの見積もり adv. calculando moderadamente [《口語》por lo bajo]. ◆彼は態度がたいへん控えめだ Su conducta es muy modesta.

—— **控えめに** adv. moderadamente, con moderación, con mesura; con modestia. ▶控えめに言って adv. hablando con moderación. ▶控えめに食べる v. comer con moderación; (習慣として) v. ser* moderado en el comer; (いつもより) v. comer menos de lo normal. ▶控えめに言っても君は無作法だったよ Fuiste grosero, por「decirlo moderadamente [《口語》no decir otra cosa].

━━内輪, 遠慮, 慎み; しおらしい, 渋い, 地味な, 慎ましい

ひがえり 日帰り ▶日帰り旅行 m. viaje de「un día [una jornada]. ▶東京へ日帰り出張をする v. realizar* un viaje de negocios en el mismo día a Tokio. ▶北海道へは日帰りで行けますか ¿Es posible ir a Hokkaido y volver en「el mismo día [un solo día]? ◆彼は息子と日帰りの予定で出かけています Hoy va a estar todo el día fuera con su hijo.

*****ひかえる 控える** ❶ [抑制する] (慎む) v. contenerse*, 《フォーマル》abstenerse* 《de》; (判断などを差し控える) v. reservar, guardar; (体によくないものの量を減らす) v. reducir*, moderar; (度を越さない) v. ser* moderado [moderarse] 《en》. ▶酒を控える v. abstenerse*「de la bebida [del alcohol], ser* moderado en la bebida; (飲み過ぎない) v. no beber en exceso. ▶判断[意見]を控える v. reservarse ¹el juicio [²la opinión]. ▶感想を言うのを控える v.「contenerse* de [evitar] hacer* comentarios. ◆医者は当分外出を控えるように(=家にいるように)と言った El médico me aconsejó que de momento me「quedara en casa [abstuviera de salir].

❷ [書き留める] v. apuntar, anotar. ▶彼の住所を控える v. apuntar su dirección. ▶その車のナンバーを控えておく v. anotar la matrícula del coche.

❸ [近くにある, 近くで待つ] ▶隣の部屋で控える (= 待つ) v. esperar en la sala de al lado. ◆私たちはお正月を前に控えてとても忙しい Estamos muy ocupados「en vísperas del Año Nuevo [con el Año Nuevo a la vuelta de la esquina]. ◆私の学校は北に海を控えている (=海に面している) Mi escuela da al mar por el norte. ◆彼の背後にはある有力な政治家が控えている Tiene「detrás de él a [apoyándolo] un político influyente. ◆彼はブラジルへの出発を二日後に控えている Está esperando para salir a Brasil dentro de un par de días. /(出

発まであと二日ある) Le quedan dos días para irse a Brasil. ☞ 抑える, 慎む

•**ひかく** 比較 f. comparación.
1《比較＋名詞》▶比較文学 f. literatura comparada. ▶比較研究 m. estudio comparativo [contrastivo]. ▶比較級《専門語》 m. (grado) comparativo.
2《比較に》▶彼の作品と彼女の作品では比較 (=比べもの) にならない No hay comparación entre las obras de ella y las de él. / El trabajo de él no se puede comparar con el de ella.
3《比較的》adv. comparativamente, en comparación; relativamente. ▶この店は比較的安い Esta tienda es relativamente barata.
—— 比較する v. comparar (A con [y] B), hacer* una comparación (entre A y B), (対比・対照する) v. contrastar [cotejar] (A con B) → 比べる. ▶その二つを比較する v. comparar [hacer* una comparación de] los dos. ▶都会生活と田舎の生活を比較する v. comparar la vida urbana y la rural. ▶私は何事にせよ彼と比較されるのは好きではない No me gusta que me comparen con él. ♦ フアンと比較するとパブロの方が客観的だ Comparado [En comparación] con Juan, Pablo es más objetivo. / Pablo es más objetivo si se le compara con Juan. ☞ 合わせる, 併せる, 参照する, 突き合わせる, 照らし合わせる, 照らす

ひかく 非核 ▶非核三原則 mpl. tres principios antinucleares.

ひかく 皮革 m. cuero. → 革.

ひかく 皮角《専門語》m. cuerno cutáneo.

ひがく 美学 f. estética.

ひかげ 日陰 f. sombra. → 陰. ▶日陰で休む v. descansar a la sombra. ▶日陰に置いておく v. guardarlo a la sombra, protegerlo* del sol. ▶日陰者(過去のある) f. persona con un pasado oscuro; (社会она のの のけ者) mf. marginado/da, mf. paria social; (目立たない) f. persona oscura. ♦ その木立はよい日陰になっている Esos árboles dan [hacen,《教養語》proyectan] una buena sombra.

ひがさ 日傘 f. sombrilla, m. quitasol, m. parasol. → 傘.

ひがし 東 m. este, (☆Eと略される); (地方の) m. oriente, levante.
1《東(の)＋名詞》adj. este, del este, de levante; oriental. ▶東風 m. viento del este. → 東風, 北. ▶東口から駅を出る v. salir* de la estación por la salida este. ▶東側→東側.
2《東は [に]》;(東方に) adv. al Este; (東部に) adv. en este o en oriente; (東側に接して) adv. en la parte este [oriental]. → 東側. ♦ 東はどちらの方向ですか ¿Cuál es [En qué dirección está] el Este? ▶この町は1大阪 [2ここ] から 30 キロ東にある La ciudad está a unos 30 kilómetros al este de ¹Osaka [²aquí]. ♦ 私はこの市の東 (=東部) に住んでいます Vivo en el este [la zona este] de la ciudad. ♦ 私の部屋は東に向いている (=東向きだ) Mi cuarto da al Este [a oriente].
3《東へ(向かって)》adv. al [hacia el] este, al [hacia] oriente. ▶東へ向かう列車 m. tren

「con destino [hacia el] este. ♦ 船は東へと向かった El barco zarpó hacia el este.
4《東から》▶太陽は東から昇る El sol sale por el Este. ♦ その鳥たちは東の方から飛んできた Las aves volaron del este.

ひがしいんどしょとう 東インド諸島 Indias Orientales (☆アジア大陸とオーストラリア大陸の間の諸島).

ひがしかぜ 東風 ▶風は東風だ Tenemos levante [viento del este]. / El viento viene [es] del este. / El viento sopla del este. → 風, 東.

ひがしがわ 東側 el lado este [oriental], la parte oriental. ▶東側陣営 el bloque oriental. ▶丘の東側にある湖 m. lago al Este de la colina. ▶彼の家は私の家の東側にある Su casa está al este de la mía. ♦ ペルーの東側はブラジルと接している Perú limita al este con Brasil.

ひがしシナかい 東シナ海 Mar de la China Oriental (☆中国東方の海域).

ひかぜい 非課税 ▶非課税の adj. libre [《教養語》exento] de impuestos. ▶非課税で買う v. comprar(lo) libre de impuestos. ▶非課税である v. estar* libre de impuestos. → 免税.

ピカソ (パブロ～) Pablo Picasso (☆1881-1973, スペインの画家).

ひがた 干潟 f. playa en bajamar.

ぴかっと → ぴかぴか.

ひかつどうせい 非活動性 ▶慢性非活動性肝炎《専門語》f. hepatitis inactiva crónica.

ぴかぴか (明るく) adv. con brillo. ▶ぴかぴか光る v. brillar, (ぬれた表面のように) v. relucir*; (まばゆいほど) v. deslumbrar; (光を放つように) v. resplandecer*, relumbrar; (火花を発するように) v. destellar; (床をぴかぴかにする) v. abrillantar, hacer* brillar el suelo. ♦ 星が空にぴかぴか輝いていた Las estrellas destellaban [《フォーマル》emitían destellos] en el cielo. ♦ 新車がぴかぴか光っている El coche nuevo resplandece del brillo. ♦ 彼女は銀のスプーンをぴかぴかに磨いた Sacó brillo a las cucharas de plata. ♦ ダイヤモンドの指輪が彼女の指でぴかぴか光っている。El anillo de diamantes relumbra en su dedo.

ひがみ 僻み (偏見) m. prejuicio; (ねたみ) f. envidia; mpl. celos; (劣等感) m. complejo de inferioridad. ▶ひがみ根性 m. carácter envidioso. ♦ 彼のひがみが不幸を招いた Sus prejuicios le acarrearon infelicidad [la desgracia].

ひがむ 僻む (ねたんでいる) v. tener* envidia 《de》, envidiar 《a ＋人》; (劣等感をもつ) v. tener* [sentir*] complejo de inferioridad (con respecto); (偏見をもっている) v. tener* prejuicio(s) 《contra》. ♦ 友人たちの出世が早いので彼はひがんでいる Tiene complejo de inferioridad con respecto a sus amigos porque están triunfando rápidamente.

ひからす 光らす v. sacar* [dar*] brillo, abrillantar; (みがいて) v. pulir, lustrar. ▶目を光らす (=警戒する) v. vigilar estrechamente 《a》. ♦ 自動車にワックスをかけて光らす v.

ひからびる 干からびる (すっかり涸(*)れる) v. secarse*; (しなびる) v. marchitarse, 《文語》agostarse.

・ひかり 光 ❶【光明】f. luz, m. rayo, 《教養語》m. haz (de luz), m. resplandor, m. brillo, m. destello, m. fulgor. ▶薄暗い光 f. luz débil. ▶稲妻の光 m. resplandor del relámpago. ▶ダイヤモンドの光 m. resplandor [m. fulgor] de un diamante. ▶¹月 [²太陽]の光 f. luz ¹de la luna [²del sol]. ▶星の光 f. luz estelar [de las estrellas]; (ぴかぴか光る) m. centelleo [《文語》m. titilar] de las estrellas. ▶蛍の光 m. resplandor de una luciérnaga. ▶光¹通信 [²ファイバー] 《専門語》¹f. comunicación [² f. fibra] óptica. ▶光ディスク《専門語》m. disco óptico. ▶光を当てる v. dar* [《フォーマル》proyectar] luz. ▶ろうそくの光で読書する v. leer* a la luz de una vela. ▶光は秒速30万キロの速さで伝わる La luz viaja a 300.000 kilómetros por segundo. ▶雲の間から日の光が差し込んできた Un rayo de luz ha entrado por las nubes. ◆その物体は鈍い光を放っていた El objeto estaba emitiendo una luz débil.

❷【希望】▶その問題に新たな光を投げかける v. proyectar [arrojar] una nueva luz sobre el problema. ◆その患者にはまだ希望の光(=かすかな望み)が残っていた Al paciente todavía le quedaba un rayo [atisbo] de esperanza.

ひかりかがやく 光り輝く v. relucir*; (まぶしく) v. refulgir*; (火花のように) v. relumbrar; (反射して) v. destellar. → 光る.

ぴかりと ▶ひかりと光る v. resplandecer*. ◆光が暗やみにぴかりと走った Una luz resplandeció en la oscuridad. ◆猫の目がやみにぴかりと光った Los ojos del gato relampaguearon en las tinieblas. ◆彼女が笑うと白い歯がぴかっと光った Su sonrisa mostró la blancura brillante de sus dientes.

・ひかる 光る ❶【光を出す】v. brillar; relucir*, relumbrar; resplandecer*; destellar; centellear; refulgir*. ▶宝石は光を受けて光る Las joyas brillan a la luz. ◆ワックスをかけると床がぴかぴか光る La cera「hace brillar el [da brillo al] suelo. ◆夜空に星がきらきら光っている Las estrellas centellean [《文語》titilan] en el cielo de la noche. ◆遠くに明かりが光っているのが見えた A lo lejos divisé una luz trémula. ◆たった今稲妻が光った Acaba de relampaguear. / Ahora mismo ha relampagueado. ◆彼の顔は汗で光っていた Su cara brillaba de sudor. / El sudor brillaba en su rostro. ◆光るものすべてが金ではない (ことわざ) No es oro todo lo que reluce. ◆窓ガラスが光って(=太陽を反射して)まぶしい Las ventanas reflejan el sol y me deslumbran.

❷【傑出する】(優れる) v. brillar 《sobre》《en》; (際立っている) v. sobresalir* 《de》. ◆彼は作家たちの中でも光っていた Brillaba sobre los demás escritores. ◆彼は数学では光っている「Es brillante [Sobresale] en matemáticas.

ひかれる 引かれる (心引かれる) v. estar* atraído 《por》; (魅せられる) v. fascinarse [encantarse] 《por, con》. → 魅して, 引く.

ひかん 悲観 m. pesimismo; (失望) f. decepción, f. desilusión. ▶悲観論[主義] m. pesimismo. ▶悲観論[主義]者 mf. pesimista. ▶悲観的な adj. pesimista. ▶悲観する v. ser* pesimista 《sobre, por》, ver* las cosas con pesimismo, 《口語》verlo* todo negro; sentirse* pesimista; 《口語》(がっかりする) v. desilusionarse, decepcionarse 《de》. ◆結果についてそんなに悲観的になるな No seas tan pesimista por tus resultados.

ひかん 避寒 ▶避寒のために adv. para evitar el frío. ▶避寒地 m. centro turístico de invierno, m. invernadero.

ひがん 彼岸 f. semana del equinoccio. ▶彼岸の中日 m. equinoccio. → 春分, 秋分. ▶彼岸の入り m. comienzo de la semana del equinoccio. ▶彼岸花 f. amarilis. ◆暑さ寒さも彼岸まで Ni el frío ni el calor duran hasta el equinoccio.

ひがん 悲願 ▶悲願を達成する v. cumplir un deseo largamente acariciado.

びかん 美観 f. vista hermosa, m. bello panorama. ▶美観を添える v. añadir [sumar] belleza 《a》. ▶街の美観をそこなう v. estropear 「la belleza [el aspecto] de las calles.

びがんじゅつ 美顔術 ▶美顔術を施す v. darse* tratamiento de belleza facial.

-ひき -匹 ▶5匹の猫 mpl. cinco gatos. ▶数百匹の豚 mpl. centenares de cerdos.

ひきあい 引き合い ▶引き合いに出す(=言及する) v. mencionar, hacer* referencia [mención] 《a》; (引用する) v. citar, hacer* una cita 《de》. → 引用. ▶ドン・キホーテの一節を引き合いに出す v. citar un pasaje de El Quijote. ◆その製品に関して外国からいくつか引き合い(=問い合わせ)があった Hemos recibido del extranjero varias peticiones de información sobre ese producto.

ひきあう 引き合う ❶【引っ張り合う】v. tirar ... de ambos lados. → 引く.
❷【元が取れる】v. compensar, remunerar. ◆¹この取り引きは [²犯罪は]引き合わない ¹Este negocio [²La delincuencia] no compensa. ◆値引きすると引き合わない No compensa rebajar los precios.

ひきあげ 引き上[揚]げ (物価・賃金などの) f. subida, m. aumento, 《フォーマル》m. incremento; (難破船の) m. salvamento. ▶石油価格の25%の引き上げ f. subida del 25% en el precio del petróleo. ◆彼は上司に15%の賃金の引き上げを求めた Pidió a su jefe un aumento salarial del 15%.

ひきあげる 引き上[揚]げる (引っ張り上げる) v. tirar hacia arriba, alzar*, levantar, sacar* 《de》; (撤退する) v. retirar(se) 《de》; (立ち去る) v. irse*, marcharse, (本国へ送還される) v. ser* repatriado 《de》; (沈没船を) v. salvar (un barco naufragado). ▶川でおぼれている人を川から引き上げる v. sacar* a un ahogado de un río. ▶(リールで)魚を引き上げる v. sacar* un pez del agua (enrollando el sedal). ♦軍隊は最前線から引き揚げた Las tropas se retiraron de la primera línea. ♦彼は戦後中国から引き揚げてきた Fue repatriado de China después de la guerra.

ひきあわせる 引き合わせる ((彼・あなたに彼女を)紹介する) v. presentar(le a ella); (照合する) v. cotejar [comprobar*] 《con》. (比べる) v. comparar (A con [y] B).

ひきいる 率いる (連れて行く) v. llevar; (指揮・統率する) v. mandar, dirigir*, encabezar*; (楽団を) v. dirigir*, guiar*, mandar, conducir*; (軍隊を) v. estar* al mando 《de》. ♦将軍に率いられた軍隊 m. ejército bajo el mando de un general.

__ひきうける__ 引き受ける ❶【受け入れる】(仕事・責任などを) v. aceptar, 《フォーマル》asumir, encargarse [hacerse* cargo, responsabilizarse*] 《de》. ♦その¹地位 [²注文]を引き受ける v. aceptar ¹el puesto [²la orden]. ♦これ以上仕事を引き受けられない No puedo aceptar ningún trabajo más. ♦鳥にえさをやるのはぼくが引き受けよう Yo me encargaré de dar de comer a los pájaros. ♦彼は議長役を引き受けた Asumió las funciones de presidente. ❷【世話をする】v. cuidar [encargarse*] 《de》. ♦彼の弁護を引き受ける (=担当する) v. encargarse* de su defensa. ♦おばが子供たちの世話を引き受けてくれることになった Mi tía aceptó「encargarse de [cuidar a] mis hijos. ❸【保証する】v. garantizar*. ♦彼の借金の返済を引き受ける v. garantizar* el pago de sus deudas ☞当たる, 負う, 抱え込む, 抱える

ひきうつし 引き写し (物) f. copia, m. calco.

ひきうつす 引き写す v. copiar; (図面などを) v. calcar*. ☞写す.

ひきおこす 引き起こす v. causar, provocar*; (...に通じる) v. conducir* 《a》; (もたらす) v. causar, provocar*; (誘発する) v. inducir*. ♦その事故は欠陥ブレーキによって引き起こされた El accidente fue causado por 「un fallo en los frenos [los frenos defectuosos]. ☞起こす, 生じる

ひきおとす 引き落とす v. cobrar. ♦(銀行)口座から千円を引き落とす v. cobrar 1.000 yenes de la cuenta (bancaria). ♦(銀行口座から)引き落とされている v. ser* pagado (de la cuenta bancaria).

ひきおろす 引き下ろす v. bajar, descender*; (引きずって) v. bajar a la fuerza. → 下[降]ろす.

ひきかえ 引き換え ▶ ...と引き換えに prep. a cambio de → 交換. ▶ 引き換え券(手回り品などの) m. recibo; (景品などの) m. cupón. ▶品物を代金引き換え渡しで注文する v. hacer* un pedido de artículos contra reembolso. ♦彼らは人質と引き換えに大金を要求してきた Exigieron una gran suma de dinero a cambio de la vida de los rehenes. ♦姉にひきかえて(=と比べて)彼女はとても親切だ Comparada con su hermana mayor, es muy amable. ♦彼は背が高い, それにひきかえ(=一方)息子は低い Es alto,「mientras que [en cambio] su hijo es bajo. → 一方, 逆.

ひきかえす 引き返す (方向を変えて) v. volver* atrás, regresar, regresarse, desandar*; (口語) darse* la vuelta; (帰って来る・行く) v. volver*, regresar. ▶途中から引き返す v. volver* a medio camino. ♦来た道を(出発点へ)引き返そう Vamos a volver a donde empezamos. / 《口語》Vamos a desandar lo andado. ☞折り返す, 取って返す

ひきかえる 引き換える (交換する) v. intercambiar [cambiar, 《教養語》trocar*] 《por》. ▶当たり券と賞品を引き換える v. intercambiar un premio por un billete ganador.

ひきがえる m. sapo.

ひきがたり 弾き語り ▶ピアノで弾き語りをする v. cantar acompañándose al piano.

ひきがね 引き金 m. gatillo; m. detonante. ▶小鳥をねらって引き金を引く v. apretar* el gatillo contra un pistón. ♦彼の暗殺が戦争の引き金となった Su asesinato desencadenó [fue el detonante que hizo estallar] la guerra.

ひきげき 悲喜劇 f. tragicomedia.

ひきこむ 引き込む (中に引き入れる) v. tirar hacia dentro; (導いて) v. hacer* entrar 《en》; (魅力で引き付ける) v. fascinar, encantar, cautivar.

ひきこもごも 悲喜こもごも ▶私にとっては悲喜こもごもの一年だった Este año 「he tenido experiencias felices y tristes [me han ocurrido sucesos de felicidad y tristeza]. ♦結果については悲喜こもごも(=悲しみと喜びが入りまざった気持ち)というところだ Del resultado tengo sentimientos mezclados de felicidad y tristeza.

ひきこもり 引き籠もり m. encerramiento.

ひきこもる 引き籠もる ▶田舎に引きこもる v. retirarse al campo. ♦彼は一日中家に引きこもっていた Se quedó (encerrado) en casa todo el día. ♦彼はクリスマス以来風邪で引きこもっている(=寝込んでいる) Desde Navidad「un catarro lo ha tenido en cama [guarda cama a causa de un catarro].

ひきころす 轢き殺す ♦彼は犬をひき殺してしまった Atropelló a un perro y lo mató.

ひきさがる 引き下がる (退く) v. retirarse (a la habitación). ♦彼は強い反対にあいとなしく引き下がった(=自分の主張を引っ込めた) Se retiró ante la enconada oposición. ♦こんなに侮辱されておめおめと引き下がれない No puedo pasar por alto este insulto. /《口語》Este insulto no va a quedar así.

ひきさく 引き裂く (紙などを) v. desgarrar, romper*; (ぐいと強く) v. rajar; (人と人とを) v. separar, cortar (una relación) → 裂く; (統一集団を) v. dividir, desgarrar. ▶手紙をずたずたに引き裂く v. desgarrar [romper*] una carta.

ひきさげる 引き下げる (価格・率などを) v. reducir*, hacer* bajar, rebajar; (賃金・価格などを削減する) v. reducir*. ▶品物の値段を引き下げる v. rebajar el precio de los artículos. ♦彼の賃金を5百円引き下げる v. reducir* 500 yenes su salario.

ひきざん

ひきざん 引き算 f. resta, 《フォーマル》f. substracción. ▶引き算をする v. restar, 《フォーマル》substraer*. → 引く.

ひきしお 引き潮 f. bajamar, m. reflujo. → 潮. ▶引き潮に乗って出帆する v. zarpar en bajamar.

ひきしまる 引き締まる ▶引き締まった体格 m. cuerpo atlético [musculoso]. ▶引き締まった顔つき mpl. rasgos firmes. ▶身の引き締まった肉 f. carne firme. ▶引き締まった口元 f. boca apretada. ▶身が引き締まるような朝の空気 m. aire vigorizante de la mañana. ▶これから引き受ける責務の重さに身の引き締まる思いです Me estoy preparando para las grandes responsabilidades que voy a asumir.

ひきしめる 引き締める 《ロープ・予算などを》v. apretar*; 《気を》v. concentrarse, mentalizarse* 《para + 不定詞》; 《えりを正す》v. entrar en vereda. ▶手綱を引き締める v. apretar* las riendas. ▶金融を引き締める v. emprender una política (financiera) de austeridad, 《口語》apretar* las riendas (de la economía). ▶口元を引き締める v. tener* los labios apretados. ▶私は彼に会う前に気を引き締めた Me concentré [mentalicé] bien antes de encontrarme con él. ☞ 閉[締, 絞]める

ひぎしゃ 被疑者 mf. sospechoso/sa. → 容疑.

ひきすう 引(き)数 《専門語》m. argumento.

ひきずりこむ 引きずり込む v. hacer* 《a + 人》entrar 《en》(a la fuerza). ▶戦争に引きずり込まれる v. verse* involucrado en la guerra.

ひきずりだす 引きずり出す 《むりやり》v. hacer* 《a + 人》salir* con fuerza.

ひきずりまわす 引きずり回す 《むりやり》v. llevar, arrastrar 《por》. ▶東京の名所めぐりで友人を引きずり回す v. llevar a un amigo por Tokio a hacer* turismo.

ひきずる 引きずる 《重い物を》v. arrastrar, llevar a rastras; 《軽い物・服のすそなどを》v. arrastrar, llevar arrastrando. ▶引きずり¹上げる [²降ろす] v. tirar [arrastrar] hacia ¹arriba [²abajo], ¹subir [²bajar] por fuerza. ▶長いスカートを引きずる v. arrastrar la larga falda. ▶引きずり¹込む [²出す] v. arrastrar 《a + 人》¹dentro [²fuera]. ▶彼は右足を引きずって歩いた Caminaba arrastrando su pie derecho.

ひきだし 引き出し ❶【机などの】m. cajón; 《小さな》f. gaveta. ▶引き出し一杯の書類 mpl. papeles que llenan un cajón. ▶引き出しの奥に adv. en el fondo del cajón. ▶引き出しを¹開ける [²閉める] v. ¹abrir* [²cerrar*] un cajón.
❷【預金などの】f. retirada. → 引き出す.

ひきだす 引き出す v. sacar*, 《フォーマル》extraer*; 《預金などを》v. retirar 《de》. ▶銀行から金を引き出す v. retirar [《口語》sacar*] dinero del banco. ▶これらの資料からその結論を引き出す v. deducir* [sacar*] la conclusión de estos datos. ▶コンピュータが一瞬のうちにその大学についての全情報を引き出す El ordenador saca en un instante toda la información relativa a la universidad. ▶彼のいいところを引き出すようにしなさい Intenta sacarle lo mejor.

ひきたつ 引き立つ ❶【よりよく見える】v. parecer* mejor; 《目立つ》v. realzar*, resaltar. ▶そのブローチをつけると彼女のドレスが引き立った Su vestido「pareció mejor [resaltó] con ese broche. ▶その黒いドレスで彼女の白い肌は引き立った El vestido negro realzó [resaltó] su cutis blanco.
❷【元気づく】v. animarse, cobrar ánimo. ▶朗報で彼の気持ちは引き立った Se animó con la buena noticia. / La buena noticia le animó [hizo cobrar ánimo].

ひきたて 引き立て 《引き立てるもの・人》m. contraste; 《愛顧》m. favor, m. apoyo; 《商店などのひいき》m. patrocinio; 《推薦》f. recomendación. ▶彼女は美しい姉の引き立て役だった「Hizo resaltar a [Sirvió de contraste a] su hermosa hermana. ▶一層のお引き立てをお願いします Esperamos seguir contando con su apoyo. ▶「毎度お引き立てありがとうございます」(店主などが) Gracias por su apoyo [patrocinio].

ひきたてる 引き立てる ❶【よく見せる】v. realzar*, destacar*, resaltar, poner* de relieve. ▶額縁がその絵をかなり引き立てている El marco realza [pone de relieve] el cuadro. / El marco hace que el cuadro parezca mejor.
❷【鼓舞する】《気を》v. animar. ▶その言葉は私の気を引き立てた Esas palabras me animaron.
❸【目をかける】v. favorecer*, apoyar, prestar apoyo 《a + 人》; 《得意客となる》v. patrocinar. → 引き立て, ひいき.

ひきちぎる 引きちぎる ▶《物を》引きちぎる v. arrancar* (por la fuerza). ▶その雑誌の写真を引きちぎる v. arrancar* la foto de la revista.

ひきつぎ 引き継ぎ ▶転勤が真近になったので私は後任者に仕事の引き継ぎをした Como me iban a transferir, le expliqué a mi sucesor/sora todo sobre el trabajo.

ひきつぐ 引き継ぐ 《人から》v. suceder 《a + 人》《en + 仕事》; 《人に》v. traspasar 《+仕事》《a + 人》.

ひきつけ 引き付け ▶引き付けを起こす v. convulsionarse, ser* presa de convulsiones.

ひきつける 引き付ける 《磁力などが物を》v. atraer*; 《人を魅了する》v. encantar, cautivar, fascinar, 《口語》enganchar; 《人の心に訴える》v. atraer*, seducir*. ▶人を引きつける(＝魅力的な)人 f. persona atractiva. ▶磁石は鉄を引きつける El imán atrae el hierro. ▶彼女の微笑に引きつけられた Su sonrisa me cautivó [fascinó]. ▶その絵は私の心をとても引きつけた Ese cuadro me atrajo enormemente.

ひきつづき 引き続き ▶引き続き同じクラスを担任する v. continuar* encargándose de la misma clase. ▶総会に引き続き分科会があった La reunión general fue seguida de reuniones departamentales. ▶彼はちょっと一息つき、それから引き続き話を続けた Hizo una pausa un momento y después prosiguió [reanudó, continuó con] su historia. → 続ける.

ひきつづく 引き続く v. seguir*, continuar*. → 続く. ▶引き続くインフレ f. inflación continuada [sostenida]. ▶引き続いて, 引き続き adv. seguidamente, sucesivamente. → 次, 引き続き.

ひきつる 引きつる （筋肉が）v. tener* "un calambre [una rampa], crisparse → 痙攣(けいれん); （顔などが）v. crisparse. ▶足が引きつる v. tener* un calambre en la pierna. ♦彼の顔は怒りで引きつった Su cara se le crispaba de rabia.

ひきて 引き手 m. mango, f. asa; （ドアの）m. pomo; （戸などの）m. tirador.

ひきでもの 引き出物 m. regalo, 《フォーマル》m. obsequio.

ひきとめる 引き止める v. detener*, parar → 止(と)める. ♦あなたが本当に行きたいのならこれ以上引き止めはしませんよ No voy a detenerte más si de verdad quieres irte. ♦どうか引き止めないで Por favor, no me detengas. /（行かせてください）Déjame ir, por favor.

ひきとる 引き取る ❶【返してもらう】v. retirar, recuperar. ▶（店などが）不良品[欠陥商品]を引き取る v. retirar los artículos defectuosos. ❷【受け入れる】v. acoger*; （世話をする）v. encargarse* 《de》. ♦彼女はその男の子を引き取って育てた Acogió al niño y lo crió. ❸【立ち去る】v. irse*, marcharse; （出て行く）v. salir*. ❹【息を】v. morir, 《フォーマル》fallecer*.

ビキニ ❶【地名】▶ビキニ（環礁）Bikini. ❷【水着】m. bikini. ▶ビキニを着た女性 f. mujer en bikini.

ひきにく 挽き肉 f. carne picada.

ひきにげ ひき逃げ m. delito de fuga y abandono de una víctima atropellada. ▶ひき逃げした¹車 [²運転手] ¹m. vehículo [²mf. conductor/tora] que se dio a la fuga tras atropellar 《a＋人》. ▶ひき逃げされる v. ser* atropellado y abandonado.

ひきぬく 引き抜く （物を）v. sacar*; （雑草・木などを根ごと）v. arrancar*, desarraigar* → 抜く; （人材を）v. cazar* ☞ 搔きむしる, 取[捕, 採, 執]る

ひきのばす 引き伸[延]ばす （写真を）v. ampliar, agrandar; （ゴムなどを）v. estirar → 引き伸す. ▶写真を引き伸ばしてもらう v. hacer* que amplíen una foto. ▶会議を引き延ばす v. alargar* la reunión.

ひきはなす 引き離す （分離する）v. apartar; separar; （競走で差を大きくあける）v. distanciarse, dejar 《a＋人》atrás. ▶彼は取っ組み合いのけんかをしている少年たちを引き離した Apartó a los muchachos que se estaban peleando. ♦彼は2位の走者を大きく引き離してゴールインした Cruzó la línea de meta "muy distanciado [a mucha distancia] del segundo.

ひきはらう 引き払う （去る）v. dejar, retirarse 《de》; v. desalojar; （立ち退く）《フォーマル》v. evacuar*.

ひきまわす 引き回す （綱・幕などを）v. correr, tirar; （あちこち連れて行く）v. llevar 《a＋人》de un sitio a otro; （人を指図する）v. mandar 《a＋人》de acá para allá, 《口語》tener* 《a

＋人》al retortero.

ひきもどす 引き戻す （引いて戻す）v. tirar 《a＋人》hacia atrás; （連れ戻す）v. hacer* retroceder, retirar.

ひきもの 引き物 → 引き出物.

ひきやぶる 引き破る v. desgarrar, romper*. → 引き裂く.

ひきょう 卑怯 （臆(おく)病）f. cobardía. ▶卑怯な（不公正な）adj. injusto; （憶病な）adj. cobarde. ▶卑怯者（＝臆病者）mf. cobarde, 《口語》m. gallina. ♦彼は卑怯なやり方でレースに勝った Ganó la carrera "de malos modos [injustamente]. ♦相手の弱点につけこむとは卑怯だ "No es justo [Es injusto] que te aproveches de la debilidad del rival.

ひきょう 秘境 fpl. regiones inexploradas [《フォーマル》no holladas por el hombre]. → 未踏.

ひきよせる 引き寄せる v. arrimar 《a》, atraer* 《hacia》. ▶いすをテーブルの方へ引き寄せる v. arrimar una silla a la mesa. ♦彼は彼女を引き寄せた La atrajo hacia sí. ☞集める, 吸い付ける

ひきより 飛距離 《ゴルフ》《英語》m. "carry". ▶3百ヤードの飛距離 m. carry de 300 yardas.

ひきわけ 引き分け m. empate, （引き分け試合）m. partido [m. juego] empatado [en empate]. ♦その試合は5対5の引き分けに終わった El partido acabó en empate a cinco. ♦彼とは引き分けだった He empatado con él. / Estamos empatados.

ひきわける 引き分ける （試合）v. empatar, acabar en empate. → 引き分け. ♦両チームは5対7で引き分けた Los equipos empataron a 5 [5 a 5].

ひきわたす 引き渡す （商品などを）v. entregar*; （財産などを）v. traspasar, ceder. ♦彼らはおたずね者を警察へ引き渡した Entregaron al hombre buscado a la policía.

ひきん 卑近 ▶卑近な（身近な）adj. conocido, familiar; （日常的な）adj. de la vida diaria, cotidiano; （ありふれた）adj. corriente, común; （分かりやすい）adj. sencillo, fácil. ▶卑近な例をあげる v. poner* un ejemplo sencillo.

ひきんぞく 非金属 m. no-metal. ▶非金属元素 m. elemento no metálico.

ひく 弾く （楽器・曲を）v. tocar, interpretar. ▶ギターを弾く v. tocar* la guitarra. ♦あなたはバイオリンが弾けますか ¿Sabes tocar el violín? ♦彼女はピアノでショパンの曲を弾いた Interpretó [Tocó] a Chopin al piano. ♦何か楽しい曲を弾いてくれませんか ¿Puedes tocar para mí algo alegre? ♦彼はギターを弾きながら歌った Cantó acompañándose 《a sí mismo》a la guitarra.

**ひく 引く ❶【引っ張る】v. tirar 《de》, 《ラ》jalar 《de》; （急に引っ張る）v. dar* un tirón, 《口語》pegar* un tirón; （力を入れてやっとの思いで）v. arrastrar, llevar a rastras; （ぐっと）v. tirar 《de》; （船・車などを）v. remolcar*. → 引っ張る. ▶綱を引く v. tirar de una cuerda. ▶（注意を引くために）彼女はそでを引く

ひく

v. tirarle de [por] la manga. ▶引き金を引く *v.* apretar* el gatillo. ▶弓を引く *v.* tensar un arco. ▶カーテンを引く (=閉める) *v.* correr [echar] una cortina. ▶手綱をぐいと引く *v.* tirar de las riendas. ▶丸太を引く *v.* arrastrar troncos. ♦火事のときはこのレバーを引きなさい En caso de incendio, tira de esta palanca.

❷【引っこめる】(引き上げる) *v.* retirarse, evacuar*. ▶あごを引く *v.* recoger* la barbilla. ♦敵は国境から兵を引いた Los soldados enemigos se retiraron de la frontera.

❸【導く】(手を取って) *v.* llevar (de la mano). ▶老人の手を引いて道路を横断する *v.* ayudar a un anciano a cruzar* la calle llevándole de la mano.

❹【注意・関心などを】*v.* atraer*; (引きつける) *v.* atrapar, 《フォーマル》capturar*. ▶人々の同情を引く *v.* atraer* la simpatía de los demás. ♦彼は彼女の気を引こうとした Intentó atraer su atención. ♦なぜか彼に心が引かれる Siento cierta atracción por él.

❺【辞書を引く】*v.* consultar un diccionario, buscar* (una palabra) en un diccionario, 《フォーマル》*v.* referirse* al diccionario (para entender* una palabra). ♦単語の意味が分からなければ辞書を引きなさい Si no entiendes el significado de una palabra, 「consúltala en [consulta] un diccionario. ♦辞書の引き方が分からない No sé cómo usar un diccionario.

❻【電話・水道などを】(取り付ける) *v.* instalar (un teléfono); (架設する) *v.* hacer* [realizar*] (una instalación eléctrica). ♦彼は家に電話を引いた Le instalaron el teléfono en su casa. ♦ガスはまだ引いていない Todavía no nos han instalado el gas. / No nos han conectado el gas todavía.

❼【線を】*v.* trazar*. ▶定規を使って直線を引く *v.* trazar* una línea recta con una regla. ▶紙に罫(::)を引く *v.* trazar* líneas en el papel.

❽【減じる】(数を) *v.* restar, quitar, 《フォーマル》su(b)straer; (税金などを) *v.* descontar*, 《フォーマル》deducir*; (値段を) *v.* rebajar, reducir*. ▶10から4を引けば6残る Si a 10 le quitas [restas] 4, quedan 6. ▶ Diez menos cuatro son seis. ♦給料から税金と保険料が引かれる Del salario se descuentan los impuestos y los seguros. ♦値段を1割引きましょう Voy a rebajar el precio en un 10%. / Le haré un descuento del 10%.

❾【風邪を】*v.* 《スペイン》coger* 《ラ米》agarrar, 《強調して》atrapar] un resfriado. ♦私は風邪を引きやすい Cojo resfriados fácilmente, Soy propenso a los resfriados. ♦私は風邪を引いている Estoy resfriado. / Tengo un catarro.

❿【下がる】(熱・はれなどが) *v.* bajar, descender*, 《フォーマル》remitir; (潮が) *v.* bajar, retroceder; (洪水などが) *v.* retirarse, ceder. ♦熱が引いた La fiebre ha bajado [remitido]. / (熱はもうない)La fiebre ha desaparecido. ♦はれが引いた La hinchazón ha cedido [bajado, disminuido]. ♦潮が引いている La marea está bajando. ♦洪水がしだいに引いた Las inundaciones poco a poco fueron cediendo.

⓫【引用する】*v.* citar, hacer* una cita. → 引用する. ♦彼の本から1節を引く *v.* citar un pasaje de su libro. ▶過去の例を引く *v.* citar ejemplos pasados.

⓬【受け継ぐ】(血筋を) *v.* descender* [《口語》venir*, ser* *un/una* descendiente] 《de》. ♦彼は貴族の血を引いている Desciende de una familia noble. / Es de estirpe noble. / Sus antepasados eran nobles.

⓭【選び出す】*v.* sacar*. ▶おみくじを引く *v.* sacar* un papel de suerte. ▶カードを引く *v.* sacar* una carta.

⓮【塗る】(床に油を) *v.* engrasar (el suelo); (ろうを) *v.* encerar (el suelo); (フライパンに) *v.* engrasar (una sartén).

《その他の表現》▶手を引く →手. ▶引く手あまた →引っ張り凧(℠). ♦あの事故は彼の後の人生に尾を引いていた Aquel accidente dejó huella en su vida. ♦私は一歩も後へ引か(=譲ら)なかった No cedí ni un ápice [milímetro]. / (主張を曲げなかった)Me mantuve firme. / 《口語》Aguanté el tipo. ♦約束してしまったのだから今となっては引くに引けない Una vez que he prometido algo, no 「me echo atrás [me desdigo, 《口語》doy marcha atrás].

ひく **轢く** (車が人などを) *v.* atropellar, arrollar. ♦彼は車にひかれた Le atropelló un coche. → 轢(℠)き殺す.

ひく **挽[碾]く** (のこぎりで) *v.* serrar*, aserrar*; (うすで) *v.* moler*. ▶丸太を板にひく *v.* serrar* un tronco en tablas. ▶小麦をひいて小麦粉にする *v.* moler* el trigo en harina. ▶ひきたてのコーヒー *m.* café recién molido.

ひく **退く** *v.* retirarse, jubilarse. → 退(ℓ)く, 引退する.

びく (魚籠) *f.* nasa.

*ひくい **低い** ❶【高さが】*adj.* bajo; (鼻が) *adj.* chato. ♦低い天井 *m.* techo bajo. ♦日照りで川の水位が低い El (nivel del) río está bajo por la sequía. ♦彼はクラスで一番背が低い Es el muchacho más bajo de su clase. ♦彼女は鼻が低い Es chata. / Tiene la nariz chata. ♦この場所は海面より低い Este lugar se encuentra por debajo del nivel del mar.

❷【程度・地位・声などが】(程度・声などが) *adj.* bajo; (地位が) *adj.* humilde, modesto. ▶低い声で話す *v.* hablar en 「voz baja [un tono bajo], hablar bajo [quedo]. ▶声を低くする *v.* bajar la voz. ▶低い生活水準 *m.* bajo nivel de vida. ▶低い収入で暮らす *v.* vivir con bajos ingresos. ▶低くなる →下がる. ♦夏でもここは気温が低い La temperatura aquí es baja incluso en verano. ♦この国は教育水準が低い La educación se halla en un nivel bajo en este país. ♦彼は社会的地位が低い Es un hombre de posición humilde [modesta]. ♦封建時代は身分の低い小作人は軽視されることが多かった Los humildes campesinos a menudo eran 「tenidos en poco [menospreciados] en la época feudal. ◆彼は見知らぬ人にも腰が低い(=礼儀正しい)「Muestra cortesía [Es cortés] incluso con los extraños.

ピクセル [コンピュータ] m. píxel.

ひくつ 卑屈 (奴隷根性) m. servilismo; (盲目的に従うこと) f. sumisión ciega. ◆卑屈な態度をとるな No te muestres servil. / No caigas en el servilismo.

びくっと ▶びくっとさせる v. asustar, sobresaltar. ▶びくっとする v. asustarse, sobresaltarse. ▶びくっとして adv. con un susto, sobresaltado. ◆私はその叫び声を聞いてびくっとした Me asusté al oír el grito. / Cuando oí el grito me llevé un susto. ◆彼はびくっとして後ろに下がった Retrocedió sobresaltado.

ぴくっと ▶ぴくっとする(無意識に) v. temblar*, 《教養語》tremular; (ぐいと押す「引く])v. dar* [[口語]pegar*] un tirón [[メキシコ]jalón] 《de》. ◆釣りざおの先端にぴくっと例のあたりの感じがあった La punta de la caña de pescar dio un tirón como si hubiera picado un pez.

ひくて 引く手 ◆彼は有能なので多くの会社から引く手あまただ Es tan competente que se lo disputan [《口語》rifan] muchas compañías.

びくともしない (まったく動かない)v. no pestañear, no mover* un músculo de la cara, no turbarse, estar* [quedarse] en perfecta calma. ◆敗北の知らせにびくともしないでいる v. oír* la noticia de la derrota「sin pestañear [sin mover* un músculo de la cara, 《フォーマル》con absoluta imperturbabilidad]. ◆その岩はびくともしない Esa roca no se mueve ni un milímetro [ápice].

ビクトリア ▶ビクトリア湖 m. Lago Victoria.

ピクニック 《英語》m. "picnic". ▶ピクニックに行く v. ir* [salir*] de picnic《a》. ◆私たちは浜でピクニックをした Estuvimos de picnic en la playa. ◆春はピクニックをするのに最もよい季節です La primavera es la mejor época para ir de picnic.

ぴくぴく ◆私はほおの筋肉がぴくぴくするのを感じた Sentí que se me movió un músculo de la cara. ◆ウサギがその草をひくひくかいだ Un conejo olisqueaba la hierba.

びくびく ▶びくびく動く v. moverse*, agitarse, temblar*. ▶びくびくきつる f. mirada nerviosa. ▶耳をびくびく動かす v. mover* las orejas. ◆何匹かの魚はまだびくびくしていた Algunos peces todavía se movían.

びくびく(して) (小心に)adv. con timidez, tímidamente; (気が落ち着かず)adv. nerviosamente; (心配で)adv. con inquietud. ◆彼女はびくびくしながらドアをノックした Llamó tímidamente a la puerta. ◆彼はびくびくして(=用心しながら)そのもろい橋を渡った Cruzó el frágil puente con cuidado.

── **びくびくする** (恐れる)v. tener* miedo《de, a》, temer《a》, estar* asustado《de》. ◆蛇にそんなにびくびくするな No tengas tanto miedo de las serpientes. ☞ **おずおず, 恐る恐る**

ひぐま 羆 m. oso pardo.

ひぐらし f. cigarra [f. chicharra].

ピクルス mpl. encurtidos; mpl. escabechados. ▶キュウリのピクルス mpl. pepinillos encurtidos.

ひぐれ 日暮れ (日没)f. puesta de sol, 《フォーマル》m. ocaso; (たそがれ)m. anochecer, 《教養語》m. crepúsculo; (夕方)m. final de la tarde, f. tarde. ▶日暮れごろに adv. al atardecer, al caer la tarde, en la última hora del día, 《口語》entre dos luces. ◆私たちは日暮れ時に家路を急いだ Nos dimos prisa en llegar a casa con la puesta del sol. ◆彼らは日暮れ前に山小屋に着いた Llegaron「al refugio [a la cabaña] de la montaña antes de「la puesta de sol [que anocheciera].

ひけ 引け ❶【終業時】→引け時.
❷【負け】▶引けを取る v. estar* por detrás 《de》; (劣っている)v. ser* inferior《a》, estar* por debajo《de》. ◆彼の作品は一流の作家のものと比べても引けを取らない(=見劣りしない) Sus obras no son inferiores a las de escritores de primera clase. ◆彼はテニスではクラスの誰にも引けを取らない(=断然まさっている) No lo [le] aventaja nadie en tenis en su clase.

***ひげ 髭・髯・鬚** ❶【男性の】《口ひげ》m. bigote, 《口語》m. mostacho; (あごひげ)f. barba, f. perilla; (はおひげ)f. patillas.

1 《〜ひげ, ひげ+名詞》▶¹薄い [²長い]ひげ m. bigote ¹ligero [²largo]. ▶ちょびひげ m. pequeño bigote. ▶付けひげをしている v. llevar un bigote postizo. ◆赤ひげの男 m. hombre con barba y bigote rojo. ▶ひげ面(無精ひげの)f. cara sin afeitar; (長いひげの) m. rostro barbudo. ▶ひげそり道具 mpl. avíos de afeitar.

2 《ひげを》▶ひげをそる(習慣として) v. afeitarse, 【ラ米】rasurarse, (顔の)v. afeitarse la cara; (床屋でそってもらう)v. afeitarse, 【ラ米】rasurarse. ▶ひげをきれいにそった顔 f. cara bien afeitada. ▶ひげをはやす [²はやしている (=たくわえている)] v. ¹dejarse [²tener*] bigote [barba]. ◆彼は二日間ひげをそっていないので, あごの無精ひげが見苦しい Como no se ha afeitado en dos días, los pelos de la barbilla no le quedan nada bien.

❷【動物の】(猫・ネズミなどの)mpl. bigotes; (魚の)mpl. barbillones.

ひげ 卑下 ▶卑下する v. humillarse. ▶卑下して adv. humildemente, con humildad.

ピケ (隊・隊員)m. (miembro de un) piquete. ▶工場にピケをはる v. formar un piquete frente a una fábrica; (ピケ隊を置く)v. instalar [《口語》poner*] piquetes enfrente de una fábrica. ▶ピケを突破する v. romper* la línea de piquetes.

ひげき 悲劇 f. tragedia. ▶悲劇俳優 m. actor trágico, f. actriz trágica. ▶悲劇的な事件 m. suceso trágico. ▶悲劇的な死を遂げる v. morir* trágicamente, tener* una muerte trágica.

ひけつ 否決 (却下)m. rechazo. ▶否決する(提案などを)v. rechazar*; (議案などを投票で)v. rechazar* (por votación). ◆6対5で法案は否決された El proyecto de ley fue rechazado por 6 votos a 5.

ひけつ 秘訣 m. secreto《de, para》. ▶私の成功の秘訣 m. secreto de mi éxito. ▶…する秘訣を知っている v. tener* maña (para hacerlo*). ♦健康を保つ秘訣は早起きすることです El secreto de una buena salud está en madrugar. → こつ.

びけつまくえん 鼻結膜炎《専門語》f. rinoconjuntivitis.

ひけどき 引け時 f. hora de cierre.

ひけめ 引け目 ▶数学で彼に引け目を感じる v. sentirse* inferior a él en matemáticas. ▶彼女の前では引け目を感じる v. sentirse* pequeño en su presencia.

ひけらかす（得意げに）v. presumir (de), pavonearse [《フォーマル》alardear] (de). ▶知識をひけらかす v. presumir de lo que se sabe.

ひげんじつてき 非現実的 ▶非現実的な adj. no realista; (実用的でない) adj. no práctico.

ひご 庇護 f. protección. ▶庇護する v. proteger*. ▶徳川幕府の庇護のもとで adv. bajo la protección del "shogunato" de Tokugawa.

ひご 卑語（卑猥(ひわい)な語）f. palabra vulgar [malsonante],《専門語》m. vulgarismo; (俗語) f. palabra de jerga.

ひこう 非行 ▶青少年非行 f. delincuencia juvenil. ▶非行少年[少女] mf. delincuente juvenil. ▶非行に走る v. caer* en la delincuencia juvenil.

ひこう 飛行（1回の）m. vuelo, (飛ぶこと) f. aviación, f. navegación aérea. ▶夜間飛行 m. vuelo nocturno. ▶飛行士（＝操縦士）mf. piloto. ▶飛行時間 fpl. horas [f. duración] de vuelo. ▶試験飛行する v. hacer* un vuelo de prueba. ♦彼は北[ブエノスアイレス]へ向けて飛行中です Ahora está volando ¹al norte [²a Buenos Aires]. ♦彼はアマゾン川上空を飛行した「Voló sobre [Sobrevoló] el Amazonas. → 飛ぶ.

ひごう 非業 ▶非業の死を遂げる v. tener* [encontrar*] una muerte violenta.

びこう 尾行 ▶尾行者 mf. perseguidor/dora oculto/ta,《口語》f. sombra. ▶彼に尾行をつけて v. hacer* que alguien le persiga ocultamente,《口語》ponerle* una sombra. ♦スパイの容疑者は探偵に尾行されていた El/La espía sospechoso/sa estaba siendo perseguido/da secretamente por los detectives.

びこう 備考（覚え書き）f. nota; (簡単な所見) f. observación; (参照) f. referencia. ▶備考欄 fpl. notas; f. columna de notas.

びこう 鼻腔《専門語》f. cavidad nasal.

ひこうかい 非公開（の秘密の）adj. secreto, oculto; (部外者を閉め出した) adv. a puerta(s) cerrada(s). ▶非公開の計画 m. plan secreto. ♦その裁判は非公開で行なわれた El juicio se celebró a puerta cerrada.

***ひこうき 飛行機** m. avión, m. aeroplano; (すべての航空機の総称) m. aparato de aviación. → 航空機.

1《～飛行機》▶軽飛行機 m. avión ligero. ▶水上飛行機 m. hidroavión. ▶¹模型[²おもちゃの]飛行機を飛ばす v. hacer* volar* ¹un aeromodelo [²un avión de juguete].

2《飛行機(の)＋名詞》▶飛行機代（＝航空運賃）f. tarifa aérea. ▶飛行機の切符 m. billete [《ラ米》boleto] de avión. ▶飛行機の事故 m. accidente aéreo. ♦ロビーで会ったばかりの男の人が飛行機の中で私の隣に座った El hombre que acababa de ver en el aeropuerto se sentó a mi lado en el avión. ♦二人はスペインへ向かう飛行機の中で知り合った Los dos se conocieron en un avión a España.

3《飛行機が[は]》▶飛行機が¹離陸[²着陸; ³墜落; ⁴不時着]した El avión ¹despegó [²aterrizó; ³se estrelló; ⁴realizó un aterrizaje forzoso]. ♦彼の乗った飛行機は遅れた Su vuelo [avión] se ha retrasado.

4《飛行機に[を, から]》▶飛行機に乗る v.「subir a [abordar] un avión. ▶飛行機から降りる v. bajar de un avión. ▶飛行機に酔う v. marearse en el avión. ▶飛行機を操縦する v. pilotar un avión. ▶太平洋航路に飛行機を就航させる v. operar un avión en la ruta del Pacífico.

5《飛行機で》▶飛行機でスペインへ行く v. ir* a España en avión, tomar un avión para ir* a España, volar* a España. ♦飛行機で旅行をしたことがない Nunca he viajado en avión. / En mi vida he tomado un avión.
【会話】彼らはどうやって行くのかな―ニューヨークまではたぶん飛行機で行くつもりでいるよ ¿Cómo viajarán? [¿En qué van a viajar?] – Parece que hasta Nueva York viajarán en avión.

ひこうしき 非公式 ▶非公式な（公でない）adj. no oficial, extraoficial; (略式の) adj. informal. ▶非公式に adv. extraoficialmente, informalmente. ▶非公式に訪問する v. hacer* [《フォーマル》realizar*] una visita「no oficial [(私的な) privada]《a》.

ひこうじょう 飛行場 m. aeropuerto; (小規模もしくは軍用) m. aeródromo; (小さな) m. campo de aviación. → 空港.

ひこうしん 粃糠疹《専門語》f. pitiriasis.

ひこうせん 飛行船 f. aeronave, m. dirigible.

ひこうてい 飛行艇 m. hidroavión.

ひごうほう 非合法 f. ilegalidad. ▶非合法活動 fpl. actividades ilegales. ♦アメリカでも銃の所持は非合法化されるべきである La tenencia de armas debería ser prohibida [ilegal] en Estados Unidos también.

ひこく 被告 mf. acusado/da,《専門語》mf. demandado/da. ▶被告席 m. banquillo [m. banco] de los acusados. ▶被告側弁護人 mf. abogado/da defensor/sora.

ひこくみん 非国民 mf. antipatriota; (売国奴) mf. traidor/dora (a la patria).

ひこつ 腓骨《専門語》m. peroné.

びこつ 尾骨《専門語》m. cóccix.

ひごと 日ごと ▶日ごとに涼しくなってきた Cada día hace más fresco.

ひごろ 日頃 ▶日頃（＝昔から）の恨みを晴らす v. saldar viejas deudas. ♦京都は日ごろ（＝長い間）私が行きたいと思っていたところだ Kioto es el lugar que siempre quise visitar. ♦私は日ごろから（＝常に）健康には気をつけている Siempre cuido de mi salud. ◆大事なのは日ごろの（=毎日の）勉強だ Lo que cuenta es「el estudio diario [estudiar diariamente]. → 普段.

***ひざ 膝**（ひざがしら）*f*. rodilla; （座ったときの）*m*. regazo.

1《膝＋名詞》◆ひざ掛け *f*. manta de viaje. ◆ひざ当て *f*. rodillera. ◆ひざ関節《専門語》*f*. articulación de la rodilla. ◆彼女のひざ枕で眠った Me quedé dormido con la cabeza en su regazo.

2《膝が》◆ひざががくがくした（=震えた）Me temblaron las rodillas. ◆彼のズボンはひざ（の部分）がふくれている Sus pantalones están abombados a la altura de las rodillas.

3《膝に》◆彼女はひざの上に赤ん坊をのせていた Sostenía al bebé sobre sus rodillas. ◆彼はひざ（の上）にアタッシュケースをのせて座っていた Estaba sentado con un maletín en las rodillas.

4《膝を》◆片ひざをつく *v*. arrodillarse, ponerse＊［《強調して》hincarse＊］ de rodillas. ◆ひざを¹曲げる［²立てる，³かかえ込む］ *v*. ¹doblar［²levantar，³rodear con los brazos］ las rodillas. ◆ひざを組む *v*. cruzar＊ las piernas. ◆ひざをついて祈る *v*. arrodillarse para rezar＊，《フォーマル》postrarse en oración. → ひざまずく. ◆彼は転んでひざをすりむいた Se raspó las rodillas en una caída. ◆彼女はひざをついてベッドの下を掃除していた Estaba arrodillada limpiando por debajo de la cama. ◆彼はひざをたたいて大笑いした Se dio una palmada en la rodilla y「soltó una carcajada [rompió a reír]. ◆彼は私にひざをくずす（=もっと楽な姿勢をとる）ようすすめた Me pidió que me「sentara de forma más relajada [pusiera más cómodo].

5《膝まで［より］》◆ひざまで水につかって立っている *v*. estar＊ de pie teniendo el agua hasta las rodillas. ◆ひざまでのブーツをはいている *v*. llevar unas botas hasta la rodilla. ◆ミニスカートは丈がひざよりも上だ La minifalda「deja descubiertas [no cubre] las rodillas.

【その他の表現】◆ひざ詰め談判（=直接交渉）をする *v*. mantener＊ negociaciones directas 《con》. ◆敵の前にひざを屈する *v*. rendirse＊［someterse］al enemigo. ◆ひざを乗り出す *v*. arrimarse con interés. ◆彼とひざを交えて（=親しく）話し合う *v*. hablar con él íntimamente, 《口語》tener＊ una conversación íntima con él. ◆刑事はひざ詰めで容疑者を問いただした El detective interrogó al/a la sospechoso/sa「con mucho apremio [insistentemente].

ビザ *m*. visado, 〖ラ米〗*f*. visa. ◆フランスへのビザを申請する *v*. solicitar un visado para ir＊ a Francia. ◆¹観光［²就労］用ビザで入国する *v*. entrar en el país con un visado de ¹turismo［²trabajo］. ◆私のビザは今年で切れる Mi visado expira este año. ◆まだビザがおりません Todavía no se me ha concedido visado〖ラ米〗visa].

ピザ ◆ピザの斜塔 *f*. torre inclinada de Pisa.

ピザ → ピザパイ

ひさい 被災 *f*. catástrofe. ◆地震の被災地 *f*. zona damnificada por un terremoto. ◆被災者 *mpl*. damnificados［*fpl*. víctimas］（de un terremoto）. → 罹(⁰).

びさい 微細 ◆微細な変化 *mpl*. cambios minúsculos. ◆微細に記述する *v*. dar＊［ofrecer＊］una descripción meticulosa《de》; （詳細に）*v*. describir(lo)＊ minuciosamente [con sus más mínimos detalles].

ひざこぞう 膝小僧 *f*. （膝のさら）*f*. rótula. ◆ひざ小僧を出す *v*. enseñar las rodillas.

ひさし 庇 （家の）*m*. alero; （帽子の）*f*. visera.

ひざし 日差し （陽光）*m*. sol; *mpl*. rayos del sol; （日光）*f*. luz solar. → 日光. ◆暖かい春の日差し *m*. tibio sol primaveral. ◆日差しが強くなった El sol se ha hecho cada vez más fuerte. ◆私は暑い日差しの中を２キロ歩いた Anduve dos kilómetros a pleno sol.

ひさしい 久しい ◆彼が亡くなって久しい Hace mucho que murió. ◆久しく（=長い間）彼とは会っていない Hace mucho que no le veo.

*****ひさしぶり 久しぶり** *adv*. después de mucho (tiempo), tras「un largo silencio [una larga ausencia, una prolongada separación]. ◆彼女から久しぶりに電話があった Recibí una llamada suya tras un largo silencio. ◆あんなに魅力のある人に会うのは久しぶりだ Hacía mucho que no conocía una persona tan encantadora. ◆久しぶりに最高のニュースを聞いたよ Es la mejor noticia que he oído en mucho tiempo. ◆久しぶりだね ¡Cuánto [Tanto] tiempo sin verte! /「Hace mucho [《口語》Hacía siglos] que no te veía. /《メキシコ》¡Qué milagro [《口語》milagrazo]! /《口語》¡Vaya una sorpresa! / ¡Llevaba tanto sin verte!

ひざづめだんぱん 膝詰め談判 ◆膝詰め談判¹をする［²を始める］ *v*. mantener＊［²entablar］ negociaciones directas《con》.

ピザ（パイ）《イタリア語》*f*. "pizza" （☆発音は [pitsa]）. ◆ピザ専門店 *f*. pizzería （☆発音は [pitsería]）.

ひざまずく （尊敬・祈りのために）*v*. arrodillarse, ponerse＊ de rodillas, hincarse＊ de rodillas, caer＊ de rodillas, 《文語》ponerse＊ de hinojos. ◆ひざまずいて祈る *v*. arrodillarse para rezar＊，《フォーマル》postrarse en oración. ◆彼女は彼の足もとにひざまずいて許しを請うた Se arrodilló a sus pies y le pidió perdón.

ひさめ 氷雨 *f*. lluvia fría.

ひざもと 膝元 ◆ストーブをひざ元に引き寄せる *v*. atraer＊ el calentador hacia sí. ◆親のひざ元を離れる *v*. dejar la casa paterna, independizarse＊ de los padres. ◆その事件は幕府のおひざ元で起こった El incidente ocurrió en las proximidades de la sede del "shogunato".

ピサロ（フランシスコ～） Francisco Pizarro （☆1475?-1541, インカ帝国の征服者）.

ひさん 悲惨 （みじめさ）*f*. miseria; （惨事）*f*. tragedia; （残酷）*f*. crueldad. ◆戦争の悲惨さ *fpl*. miserias [*f*. tragedia] de la guerra. ◆悲惨な生活 *f*. vida miserable. ◆悲惨な事故（恐ろし

い) *m.* accidente horrible [terrible]; (悲惨的な) *m.* trágico accidente. ▶悲惨な最期を遂げる *v.* tener* [encontrar*] una muerte trágica [cruel].

ビザンチンようしき 　▶ビザンチン様式の *adj.* bizantino.

ひじ 肘 　*m.* codo. ▶ひじ関節 《専門語》*f.* articulación del codo. ▶ひじを張る *v.* abrir* los codos. ▶彼をひじで横へ押しのける *v.* darle* un codazo, apartarlo[le] de un codazo. ▶いすのひじ掛け *m.* brazo de un sillón. ▶彼にひじ鉄砲を食わす *v.*《口語》hacerle* el vacío. → ひじ鉄. ▶テーブルにひじをつくな No apoyes los codos en la mesa. /¡Fuera codos de la mesa! ▶彼の上着はひじがすり切れていた Su abrigo estaba desgastado por los codos. ▶彼は人込みをひじで押し分けて進んだ Se abrió paso a codazos entre la multitud.

ビジー(の) 《専門語》*adj.* ocupado.

ひじかけいす 肘掛け椅子 *m.* sillón.

[地域差] 肘掛け椅子
　〔全般的に〕*f.* silla de brazos
　〔スペイン〕*m.* sillón
　〔キューバ〕*f.* butaca
　〔メキシコ〕*f.* silla con coderas
　〔アルゼンチン〕*m.* sillón

ひしがた 菱形 *m.* rombo.

ひしせん 皮脂腺 《専門語》*f.* glándula sebácea.

ビジター(チーム)〖スポーツ〗*m.* equipo visitante.

ひしつ 皮質 《専門語》*f.* corteza.

ひしっと ▶ぴしっと折れる *v.* chasquear, restallar. ▶ぴしっと鞭を鳴らす *v.* chasquear un látigo. ▶君のスーツ姿はぴしっと決まっている Con ese traje estás《口語》elegantísimo.

ひてつ ひじ鉄 ▶ひじ鉄を食う *v.* ser* rechazado,《口語》recibir el vacío. ▶ひじ鉄を食わす *v.* rechazar*, hacer* (a + 人) el vacío.

ビジネス *m.* negocio; *m.* comercio; *f.* actividad empresarial; *f.* economía. → 仕事. ▶ビジネススーツ *m.* traje de oficina. ▶ビジネスマン(会社員) *m.* empleado, *m.* oficinista, (実業家) *m.* hombre de negocios, *m.* industrial. ▶ビジネスホテル *m.* hotel para personas de negocios. ▶ビジネススクール *f.* escuela [*f.* academia] de comercio. ▶ビジネス街 *m.* barrio [*m.* centro] comercial. ▶ビジネスクラス (航空機などの) *f.* clase preferente,《英語》*f.* "business class".

ひしひし ▶ひしひしとこたえる *v.* sentir* vivamente [en carne viva],《口語》hacer* mella. ▶貧乏の辛⑵さをひしひしと感じた Sentí en carne viva los rigores de la pobreza. ▶彼の先生の助言の重みがその後の人生で彼にはひしひしと感じられた El peso de los consejos de su profesor le hizo mella más adelante en su vida.

ぴしっと (厳しく) *adv.* con mucho rigor, muy rigurosamente, con mucha dureza. ▶ぴしぴし取り締まる *v.* tratar con mucha dureza. ▶新人たちはそのクラブでぴしぴし鍛えられた Los novatos recibían un riguroso entrenamiento en el club. ▶騎手が馬にぴしぴしむちを当てた El jinete fustigaba con mucha dureza a su caballo.

ひしめく *v.* aglomerarse, apretujarse. ▶店は買い物客でひしめき合っていた Los clientes se apretujaban en la tienda. / La tienda estaba abarrotada de clientes.

ひしゃく 柄杓 (大きいスプーン型の) *m.* cucharón (de madera). ▶ひしゃくで水をくむ *v.* echar cucharones de agua.

びじゃく 微弱 ▶微弱な *adj.* débil, delicado. ▶微弱な震動 *m.* temblor débil.

ひしゃたい 被写体 *m.* objeto (de una fotografía).

ぴしゃりと ❶《強く閉めたりする様子》(戸などを閉めるとき) *adv.* de [con] un portazo, de golpe [《口語》un porrazo]; (平手打ちなどのとき) *adv.* de [con] "una bofetada [un bofetón]. → ぴしゃんと. ▶彼のほおをぴしゃりと打つ *v.* darle* una bofetada. ▶彼は引き出しをぴしゃりと閉めた Cerró el cajón de un golpe.

❷《断固として》(堅く) *adv.* firmemente, categóricamente; (明確に) *adv.* definitivamente; (きっぱりと) *adv.* en redondo, rotundamente. ▶彼女は彼の求婚をぴしゃりと断わった Rechazó en redondo su propuesta de matrimonio.

❸《正確に合致して》*adv.* perfectamente, exactamente.

ぴしゃんと ▶彼らは私の鼻先で戸をぴしゃんと閉めた Me dieron un portazo en la punta de la nariz. /《口語》Me dieron un portazo con la puerta en las narices.

ひじゅう 比重 *m.* peso específico, *f.* gravedad específica, *f.* densidad relativa; (重要性) *m.* peso, *f.* importancia. ▶鉄の比重は7.86である La「gravedad específica [densidad relativa] del hierro es de 7,86 (siete coma ochenta y seis). ▶学校生活でクラブ活動の占める比重は大きい En la vida escolar「tienen mucho peso [se da mucha importancia a] las actividades del club.

ひしゅだい 脾腫大 《専門語》*f.* esplenomegalia.

ひじゅつ 秘術 *m.* misterio de un arte, *f.* técnica secreta. ▶秘術を伝授する *v.* transmitir (a + 人) los secretos de un arte. ▶秘術を尽くして戦う *v.* luchar「lo mejor posible [con sus artes más secretas].

***びじゅつ** 美術 *fpl.* bellas artes, *m.* arte. ▶美術の *adj.* artístico. ▶美術的に *adv.* artísticamente. ▶美術に興味がある *v.* estar* interesado en el arte. ▶美術は選択科目です El arte es una materia optativa.

1《～美術》▶造形美術 *fpl.* artes plásticas. ▶近代美術 *m.* arte moderno. ▶大学で東洋 [²西洋]美術を研究する *v.* estudiar el arte ¹oriental [²occidental] en la universidad.

2《美術＋名詞》▶美術学校 *f.* escuela de arte, *f.* facultad de bellas artes. ▶美術館 *m.* museo de arte, *f.* galería de arte. ▶美術工芸 *mpl.* artes y *fpl.* artesanías. ▶美術書 *m.* libro de arte. ▶美術商 *mf.* marchante (de arte). ▶美術品 f. obra de arte. ▶美術専攻の学生 mf. estudiante de arte.

ひじゅん 批准 f. ratificación. ▶批准書 m. instrumento de ratificación. ▶批准する v. 《フォーマル》ratificar*. ▶条約を批准する v. ratificar* un tratado.

ひしょ 秘書 mf. secretario/ria. ▶秘書学校 f. academia de secretariado. ▶秘書課[室] f. secretaría. ◆彼女は社長秘書を務めた Fue [Trabajó de] secretaria del/de la presidente/ta.

ひしょ 避暑 ▶避暑客 mf. veraneante. ▶避暑地, 避暑地 m. centro veraniego, m. lugar de veraneo. ◆私たちは北海道に避暑に行くつもりです Vamos a veranear [pasar el verano] en Hokkaido.

びじょ 美女 f. mujer bella, f. belleza. → 美人. ▶美女と野獣(物語名)《La Bella y la Bestia》.

ひじょう 非常 (非常の場合) f. emergencia. ▶非常階段 f. escalera de emergencia; (火災時の) f. escalera de incendios. ▶非常食 fpl. raciones de reserva. ▶国家の非常時 m. estado de emergencia [crisis] nacional. ▶非常口から出る v. salir* por la salida de emergencia. ▶非常の場合に備える v. prepararse para「cualquier emergencia [lo peor]. ▶非常手段を講じる v. tomar [《フォーマル》adoptar] medidas「de emergencia [excepcionales]. ▶非常ブレーキ m. freno de emergencia. ◆非常の場合にはこの番号に電話をかけてください Llame a este número de teléfono en caso de emergencia. /「En caso de urgencia [《フォーマル》Para cualquier eventualidad] póngase en contacto con este teléfono. ◆非常の場合に備えて貯金しておかなければならない Hay que ahorrar dinero「ante cualquier emergencia [《口語》por si las moscas].

ひじょう 非情 =無情, 冷酷. ▶非情の人 f. persona despiadada [cruel, insensible].

びしょう 微笑 f. sonrisa. ▶口元に微笑を浮かべて adv. con una sonrisa en los labios. → 笑い.

ひじょうきん 非常勤 ▶非常勤の adj. por horas, de tiempo parcial. ▶非常勤講師 mf. profesor/sora de tiempo parcial.

びしょうけっかんしょうがい 微小血管障害 《専門語》f. microangiopatía.

ひじょうしき 非常識な adj. absurdo, disparatado; (法外な) adj. irrazonable; (思慮のない) adj. insensato. ▶非常識である v. no tener* sentido común. ◆そんなことを言うなんて非常識だ Es absurdo que digas algo así. / ¡Qué disparate dices!

ひじょうじたい 非常事態 (非常の場合) f. emergencia; (状態) m. estado de emergencia. ▶非常事態が起きたとき v. en caso de emergencia. ▶非常事態にある v. estar* en estado de emergencia. ▶非常事態を宣言する v. declarar el estado de emergencia.

ひじょうせん 非常線 m. cordón policial [de policías]. ▶その一帯に非常線を張る v. acordonar una zona. ▶警察の非常線を突破する v. romper* el cordón de policías.

ひじょうな 非常な (程度が大きい) adj. grande (☆単数名詞の前では gran となる); (極端な)《教養語》adj. extremo, sumo; (ものすごい)《口語》adj. terrible; (強烈な) adj. intenso; (普通でない) adj. fuera de lo común, raro; (並はずれた) adj. extraordinario; (異常な) adj. anormal. ▶非常な驚き f. sorpresa grande [total, perfecta]. ▶非常な暑さ m. calor extremo [intenso]. ▶非常な興味を示す v. mostrar* un gran [enorme] interés, mostrar* un interés extraordinario

ひじょうに 非常に adv. muy, mucho, sumamente, 《フォーマル》en grado extremo, de lo más (＋形容詞),《口語》terriblemente. ▶非常におもしろい本 m. libro「muy interesante [interesantísimo, de lo más interesante, sumamente interesante]. ◆今日は非常に寒い Hoy hace un frío terrible. / Hoy hace mucho frío. / Es un día muy frío. ◆私は彼が非常に好きだ Él me gusta mucho [muchísimo, 《フォーマル》en sumo grado]. ◆彼はその知らせを聞いて非常に喜んだ Se alegró mucho con la noticia. / La noticia lo [le] alegró mucho. / La noticia lo [le] puso sumamente [muy] alegre. ◆彼女は非常に親切なのでみんなに好かれている A todo el mundo le gusta, por ser una muchacha tan buena. ☞ 大分, 大いに, 極く, 極めて, 実, 実に, 随分, すごく, それは, それはそれは, 大した, 大層, 大変, 堪らなく, どうも, とても

びしょく 美食 (うまい食べ物) f. comida deliciosa,《フォーマル》m. bocado de cardenal, m. manjar; (栄養分) f. dieta nutritiva. ▶美食家(食通)《仏語》mf. "gourmet" (☆発音は [gurmé]), mf. gastrónomo/ma ☞ 食道楽, 食通

びしょぬれ びしょ濡れ ▶その服脱ぎなさい, びしょぬれじゃない ¡Quítate la ropa! Estás chorreando [toda empapada]. ◆彼らは雨でびしょぬれになった Se empaparon [mojaron] hasta los huesos con la lluvia. / Con la lluvia se han calado hasta los huesos. ◆シャツは汗でびしょぬれだって Mi camisa estaba empapada [《強調して》chorreando] de sudor.

びしょびしょ (したたるほど) adv. chorreando; adj. muy mojado; (しみ通って) adj. empapado; (浸たるほど) adj. calado. → びしょ濡れ, ずぶ濡れ. ◆私は雨でびしょびしょにぬれた Me calé hasta los huesos con la lluvia. ◆水があふれて床がびしょびしょになった El agua rebosó e inundó el suelo.

ビジョン f. visión. ▶ビジョンのある (＝先見性のある, 想像力豊かな)リーダー m. líder [mf. dirigente] con visión de futuro.

ぴしり ▶ぴしりと(閉まったり, 下ろしたりして, 音を立て) adv. de un portazo, ▶ぴしゃりと; de un golpetazo; (むちの音や物がはじける音がして) adv. con un chasquido; (拒絶などはっきりと) adv. rotundamente. ▶ドアをぴしりと閉める v. cerrar* la puerta de un portazo. ◆そのライオン使いむちを何度もぴしりと鳴らした El domador de leones hizo chasquear el látigo varias

veces.
びじれいく 美辞麗句 *fpl.* palabras floridas [bonitas]. ▶美辞麗句の多い演説 *m.* discurso florido.
びじん 美人 *f.* mujer hermosa, 《口語》*f.* guapa, 《フォーマル》*f.* belleza. ▶美人コンテスト *m.* certamen [*m.* concurso] de belleza. ▶目を見張るような美人 *f.* belleza deslumbrante.
ひしんけい 皮神経 《専門語》*m.* nervio cutáneo.
ひすい 翡翠 (宝石)*m.* jade.
ビスケット *f.* galleta.
ヒステリー 《専門語》*f.* histeria. ▶ヒステリーを起こす *v.* tener* un ataque de histeria. ▶ヒステリーを起こしている *v.* estar* histérico/ca, estar* en un estado de histeria. ▶ヒステリー神経症《専門語》*f.* neurosis histérica.
ヒステリック ▶ヒステリックな *adj.* histérico. → ヒステリー.
ヒストプラズマしょう ヒストプラズマ症 《専門語》*f.* histoplasmosis.
ピストル *f.* pistola; (回転弾倉の)*m.* revólver; (自動の)*f.* pistola automática; (銃器)*f.* arma de fuego. → 銃. ▶ピストル強盗(人)*mf.* atracador/dora「armado/da de pistola [《メキシコ》empistolado/da]; (事件)《フォーマル》*m.* atraco a mano armada. ▶ピストルで撃つ *v.* disparar con una pistola 《a, sobre》. ▶ピストルを向ける *v.* apuntar con una pistola 《a》. ◆人質はピストルを突きつけられて手を挙げた Los rehenes levantaron las manos a punta de pistola.
ピストン *m.* émbolo, *m.* pistón. ◆駅とコンサート会場の間をバスがピストン輸送している Hay un servicio de enlace de autobuses entre la estación y la sala de conciertos.
ひずみ 歪み (板などの)*m.* pandeo, *m.* alabeo; (機械などの)*f.* deformación; (音の)*f.* distorsión. ▶板は歪みができていた *m.* pandeo en una tabla. ▶経済のひずみ(=不均衡) *m.* desequilibrio económico.
—— 歪む *v.* pandearse, combarse, alabearse.
びせいぶつ 微生物 *m.* microbio, *m.* microorganismo. ▶微生物学 *f.* microbiología.
ひぜに 日銭 *mpl.* ingresos diarios.
ひせんきょけん 被選挙権 *f.* elegibilidad. ▶被選挙権がある *v.* ser* elegible 《para》. ◆彼は市長の被選挙権がある Es elegible「para alcalde [en las elecciones a la alcaldía]. ◆知事の被選挙権は30歳からである Para ser elegible a gobernador de prefectura hay que tener al menos treinta años.
ひせんきょにん 被選挙人 *f.* persona elegible para elección.
ひそ 砒素 *m.* arsénico.
ひそう 悲壮 ▶悲壮な(=断固とした)決意で *adv.* con una determinación trágica, (哀れをさそう)*adv.* con decisión patética. ▶悲壮な(=悲劇的な)最期を遂げる *v.* morir* trágicamente.
ひそう 皮相 ▶皮相な *adj.* superficial; (表面的な)*adj.* superficial, de la superficie. ▶皮相的な見方 *m.* punto de vista superficial.
ひぞう 秘蔵 ▶秘蔵の(お気に入りの) *adj.* favorito; (大事な)*adj.* precioso. ▶彼の秘蔵っ子 *m.* su hijo favorito. ▶秘蔵の品 *m.* tesoro. ▶(刀を)秘蔵する *v.* guardar (una espada) como un tesoro.
ひぞう 脾臓 *m.* bazo.
ひそか 密か ▶密かな(人目を避けた) *adj.* secreto; (内輪の)*adj.* privado, personal; (こっそりとした) *adj.* furtivo; cauteloso; (隠された)*adj.* oculto, escondido. ▶密かな会談 *f.* reunión secreta; (陰謀をたくらむ)《教養語》*m.* conciliábulo. ▶密かな願望 *m.* deseo secreto. ▶歌手になりたいという密かな望みを抱く *v.* tener* la ambición secreta de ser* cantante.
—— 密かに *adv.* en secreto, secretamente, en privado, furtivamente, a hurtadillas, 《口語》bajo cuerda, clandestinamente; (心の中で)*adv.* para sus adentros, en el corazón. ▶密かに出かける *v.* salir* furtivamente. ▶心中密かにほくそえむ *v.* reírse* para sus adentros. ▶心中密かに期するものがある Mi corazón sabe que he tomado una firme decisión. / He tomado una firme decisión en mi corazón. ⌘こそこそ, こっそり
ひぞく 卑俗 *f.* vulgaridad, *m.* mal gusto. ▶卑俗な *adj.* vulgar.
ひそひそ (ささやくように)*adv.* al oído, en cuchicheo; (低い声で)*adv.* en voz baja; (秘密にして)*adv.* en secreto. ▶ひそひそ話 *m.* cuchicheo, *f.* conversación al oído. ▶ひそひそ何かたくらむ *v.* conspirar, tramar. ◆彼らはよく隅でひそひそ話をしている Están muchas veces cuchicheando en un rincón.
ひそむ 潜む ❶【潜在する】*v.* estar* latente; (背後に)*v.* acechar, estar* al acecho. ◆うまい話には危険が潜んでいる En una oferta tentadora acechan algunos peligros.
❷【身を隠す】*v.* esconderse, ocultarse; (待ち伏せし)*v.* acechar. → 隠れる.
ひそめる 潜[顰]める (身を)*v.* ocultarse; (声を)*v.* bajar (la voz); (まゆを)*v.* fruncir* (el entrecejo).
ひだ 襞 (折りひだ)*m.* pliegue; (スカートなどの広い)*f.* tabla. ▶厚いカーテンのひだ *mpl.* pliegues de las gruesas cortinas. ▶ひだスカート *f.* falda plisada. ▶ひだの広いスカート *f.* falda tableada. ▶ひだをつける *v.* plegar*, plisar; (広い)*v.* tablear.

*****ひたい** 額 *f.* frente; (眉(⌢)間)*m.* entrecejo. ▶しわの寄った額 *f.* frente arrugada. ▶額の切り傷 *m.* corte en la frente. ▶額をこする *v.* frotarse la frente. ▶額を集めて相談する *v.* juntar las cabezas para deliberar. ▶額にしわを寄せる *v.* fruncir* el ceño, arrugar* la frente. ▶額に汗して働く *v.* trabajar con el sudor de la frente. ▶額(=目)に手をかざす *v.* usar la mano de visera. ◆彼は広い額をしている Tiene una frente ancha.
ひだい 肥大 (肥満)*f.* corpulencia; (極端な肥満)*f.* obesidad; (器官や組織の肥大)《専門語》*f.* hipertrofia. ▶肥大した心臓 *m.* corazón hi-

pertrófico.

ひたいちもん ひた一文 un céntimo, un centavo, una blanca, un real,《口語》una perra, un cuarto. ▶ ひた一文1払わない [2出さない] v. no 1pagar* [2dar*] ni un céntimo.

ピタゴラス Pitágoras (☆前590?–510?, ギリシャの数学者・哲学者).

ひたす 浸す (ちょっと) v. remojar; (完全に) v. mojar, empapar,《フォーマル》sumergir*; (体の部分を) v. bañar.

ひたすら (ただ) adv. sólo, solamente; (熱心に) adv. seriamente, sinceramente; (懸命に) adv. por entero; en cuerpo y alma, con [de] todo corazón. → 一生懸命. ◆彼はひたすらがん細胞の研究に打ち込んだ Se entregó「por entero [en cuerpo y alma] al estudio de las células cancerosas. / 母は息子の無事をひたすら祈った Su madre rezó con todo el corazón por la seguridad de su hijo.

ひたはしる ひた走る (ひたすら走る) v. correr a más no poder*; (必死に走る) v. correr desesperadamente. ◆彼らは敵から逃げ出すためひた走った (=必死に走った) Escaparon del enemigo corriendo a más no poder. /《口語》Se salvaron del enemigo por las piernas.

ひたひた ❶【着実に迫って】adv. continuamente, inexorablemente; (威嚇するように) adv. amenazadoramente. ◆大群衆がひたひた寄せてきた Una gran multitud se iba acercando inexorablemente.

❷【水などが静かにふれる】v.《文語》lamer. ◆小波が岸辺にひたひた寄せていた Las pequeñas olas lamían la playa.

ひだまり 日だまり m. lugar soleado.

ビタミン f. vitamina. ▶ ビタミン A f. vitamina A. ▶ビタミン剤(=錠剤)f. tableta de vitaminas; (丸薬) f. píldora de vitaminas. ▶ビタミンの欠乏による病気 f. enfermedad por falta de vitaminas. ▶ビタミン過剰症《専門語》f. hipervitaminosis. ▶ビタミン欠乏症《専門語》f. avitaminosis. ▶この野菜はビタミンが豊富だ Esta verdura「contiene muchas [es rica en] vitaminas.

ひたむき ▶ひたむきな(=熱心な) adj. entregado; ferviente, fervoroso; (一つの目的を持った) adj. determinado, resuelto. ▶ひたむきに adv. entregadamente, con fervor. ▶ひたむきな態度 f. actitud entregada. ▶仕事にひたむきである v. entregarse* al trabajo, trabajar con determinación [fervor].

**ひだり 左 f.(左側, 手, 方) f. izquierda. → 右.

1《左の(+)名詞》adj. izquierdo. ▶左足 m. pie izquierdo. ▶左の人 pierna izquierda. ▶左ききの人 mf. zurdo/da,《口語》mf. zocato/ta.

2《左に[へ]》adv. a la [mano] izquierda, al lado izquierdo. ▶左へ曲がる v. doblar [girar, torcer*] a la izquierda. ▶左に見える v. verse* a la izquierda.

❷【左翼】(個人) mf. izquierdista,《口語》《軽蔑的に》m. rojo; (人々, 集団) la izquierda. ▶左(寄り)の adj. izquierda.

ぴたり (正確に) adv. justo, exactamente. →

ぴったり. ◆彼はぴたりと当てた Acertó. ◆車がぴたり彼女の前に止まった Un coche paró justo [exactamente] delante de ella. ◆矢がぴたりと的の中心を射た La flecha dio justo [exactamente] en el blanco.

ひだりうちわ 左うちわ ◆彼は左うちわだ Vive con desahogo [comodidad, holgura].

ひだりがわ 左側 m. lado izquierdo, f. mano izquierda. → 右側. ▶左側通行【揭示】Vaya por la izquierda. ◆スペイン語圏ではすべて車は左側通行である En todo el mundo hispanohablante los vehículos circulan por la izquierda.

ひだりて 左手 f. (mano) izquierda, f. zurda; (左側) m. lado izquierdo, f. izquierda. ▶左手で持つ v. sostener(lo)* con la mano izquierda. → 左側.

ひだりまえ 左前 ▶左前である(=金銭面で困っている)v. pasar apuros (económicos), estar* en una situación apurada.

ひたる 浸る (浸水する) v. ser* [estar*] inundado → 漬かる. (思索・空想などにふける) v. estar* ensimismado [embebido]《en》;(酒・悲しみなどに)v. entregarse*《a》; (勉強・仕事などに没頭する) v. estar* absorto《en》. ▶喜びに浸る v. entregarse* al placer《de》; (我を忘れる) v. estar* fuera de sí de alegría. ▶絶望に浸る v. entregarse* a la desesperación.

ひだるま 火達磨 (炎のかたまり) f. masa de llamas. ◆その男は火だるまになって地面に倒れ込んだ El hombre cayó al suelo envuelto en llamas.

ひたん 悲嘆 f. pena, f. aflicción. → 悲しみ.

びだん 美談 f. historia laudable.

びだんし 美男子 m. guapo, m. hombre apuesto [bien parecido].

びちく 備蓄 (大量の) f. reserva《de》. ▶石油の備蓄 fpl. reservas de petróleo. ▶缶詰製品を備蓄する v. tener* reservas de alimentos enlatados; (大量に) v. almacenar alimentos enlatados.

ぴちぴち ❶【元気よく】adv. enérgicamente, con vivacidad, animadamente. ▶ぴちぴちした女の子 f. joven rebosante de vida. ◆魚がぴちぴちはねている Los peces saltan con vivacidad.

❷【勢いよく当たる様子】◆雨が窓にぴちぴちはね返っていた La lluvia golpeaba contra la ventana.

ぴちゃぴちゃ ❶【ぴちゃぴちゃしぶきを上げる】v. chapotear. ◆子供は水をぴちゃぴちゃするのが好きだ A los niños les gusta chapotear en el agua.

❷【口などを】▶ぴちゃぴちゃいわせる v. relamerse. ◆少年はケーキを見ると口をぴちゃぴちゃならした El niño se relamía al ver el pastel.

❸【主に犬や猫などが舌をならして飲む様子】v. tomar a lengüetadas [lengüetazos]. ◆子猫たちがぴちゃぴちゃミルクを飲み続けた Los gatitos tomaban la leche a lengüetadas.

びちゅうかく 鼻中隔 《専門語》m. tabique nasal.

ひつう

ひつう 悲痛 f. pena, f. aflicción, m. dolor. ▶悲痛な叫び m. grito doloroso. ▶悲痛な面持ち f. expresión dolorida [de pena]. ▶悲痛な (=哀れな)光景 m. espectáculo penoso.

ひっかかる 引っ掛かる ❶【物が】(かかって離れない)v. atraparse [engancharse] 《en》; (捕られる)v. quedar atrapado [enganchado] 《en》, enredarse 《en》. ▶クモの巣に引っ掛かる v. quedarse atrapado en una telaraña. ▶たこが¹木に[²枝の先に]引っ掛かった La cometa se quedó enganchada ¹en el árbol [²en la punta de una rama]. ▶骨がのどに引っ掛かった (=突き刺さった) Tengo [Se me ha enganchado] una espina en la garganta. ♦留め金がうまく引っ掛からない El gancho no agarra bien. ♦ちょっと引っ掛かることがある (=心配事がある) Hay algo que「me está dando vueltas en la cabeza [no me cuadra].

❷【だまされる】▶彼の策略に引っ掛かる v. dejarse「engañar por [caer* en] su trampa, quedar enganchado [enredado] en sus trampas.

❸【かかわり合う】▶悪い女に引っ掛かる v. estar* enredado con una mala mujer.

ひっかきまわす 引っ掻き回す (場所をかき回して捜す)v. revolver*, 《口語》poner* patas arriba; (混乱させる)v. provocar* confusión; (かき乱す)v. perturbar. ▶引き出しを引っ掻き回して鍵を捜す v. revolver* el cajón en busca de una llave. ▶クラスを引っ掻き回す v. perturbar el orden de la clase.

ひっかく 引っ掻く v. arañar. ▶猫が私の(顔)をひっかいた El gato me arañó (la cara). ▶彼はバラで手をひっかいた Se arañó la mano con una rosa.

ひっかける 引っ掛ける ❶【くぎなどに】v. engancharse. ▶彼女はドレスをくぎに引っ掛けた Se le enganchó el vestido en un clavo.

❷【つるす】v. colgar*; (急いで着る)v. ponerse* rápidamente. ▶コートを掛けくぎに引っ掛ける v. colgar* el abrigo de la percha.

❸【だます】v. engañar, 《口語》caer* en la trampa; (金をだまし取る)estafar; (小額のお金を)timar; (誘惑する)v. seducir*, 《口語》camelar. ▶彼らは彼をうまく引っ掛けて大金を巻き上げた Le estafaron una gran suma de dinero.

ひっき 筆記 ▶筆記試験 m. examen escrito. ▶筆記用具 mpl. artículos de escritorio. ▶筆記体で書く v. escribir* en letra cursiva. ▶講義を筆記する (=書き留める) v. tomar apuntes [notas] de una conferencia. → 書き留める.

ひつぎ 柩 m. ataúd, 《フォーマル》m. féretro, 《口語》f. caja. → 棺.

ひっきりなし ▶ひっきりなしの (=絶え間のない)騒音 m. ruido incesante. ▶ゆうべからひっきりなしに (=連続的に)雪が降っている Desde anoche ha estado nevando「sin parar [incesantemente]. ▶今日はひっきりなしに (=次々と)来客があった Hoy「he tenido una visita detrás de otra [no he dejado de tener visitas]. / Las visitas hoy se han sucedido sin parar. → 絶えず.

ビッグ (大きい, 重大な) adj. grande (☆単数名詞の前では gran となる). ▶ビッグイベント m. gran suceso. ▶ビッグニュース f. gran noticia, 《口語》m. notición.

ピックアップ ❶【選択】♦読みたい本を5冊ピックアップした (=選んだ) Escogí cinco libros que quería leer.

❷【小型トラック】f. camioneta.

❸【車で迎える】▶あした 10 時にピックアップしてくれますか ¿Me puedes recoger mañana a las diez?

ビッグバン【宇宙爆発起源】《英語》m. "big bang", f. gran explosión. ▶ビッグバン理論 f. teoría del big bang.

***びっくり** f. sorpresa. → 驚き.

── びっくりする v. sorprenderse, asombrarse, 《フォーマル》maravillarse, 《口語》(比喩的に)quedarse de piedra; (おびえる)v. asustarse, espantarse; (不安になる)v. alarmarse; (衝撃を受ける)v. sobresaltarse; (驚嘆する)《フォーマル》v. admirarse. → 驚く. ♦びっくりするじゃないか ¡Cómo me has sorprendido! ♦彼は結婚すると言って私たちをびっくりさせた Nos「dio la sorpresa [asombró] al decirnos que se iba a casar. ♦彼女の悲鳴にびっくりした Su grito me asustó. ♦あの地震にはびっくりした El terremoto me espantó. ♦彼の腕前にはびっくりする「Estamos sorprendidos [Nos sorprendemos] de lo hábil que es.

《その他の表現》♦びっくりして目が覚めた Me desperté sorprendido. ♦君がびっくりすることがある Te tengo una sorpresa.

── びっくりするような adj. sorprendente, asombroso, 《口語》increíble; (おびえる) adj. alarmante; (驚嘆する) adj. maravilloso. ♦びっくりするような速度で adv. a una velocidad asombrosa.

ひっくりかえす 引っくり返す (裏返す, 転がす)v. volcar*, dar* la vuelta 《a》, 【メキシコ】voltear; (上下を逆にする)v. poner* al revés, poner* boca (上向きに) arriba [(下向きに) abajo]; (傾けて倒す)v. volcar*, derribar; (転覆させる)v. volcar*, echar abajo. → 引っくり返る. ▶レコードを引っくり返す v.「dar* la vuelta a [【メキシコ】voltear] un disco. ▶コップを引っくり返す v. poner* un vaso boca abajo. ♦犬がいすを引っくり返した El perro volcó [echó abajo] la silla. → 倒す. ♦彼は部屋中を引っくり返したが財布は見つからなかった Revolvió el cuarto pero no pudo encontrar la cartera.

ひっくりかえる 引っくり返る (裏返しになる, 転がる)v. volcarse*, 【メキシコ】voltearse; (転覆する)v. echar abajo, trastocarse*; (倒れる)v. caerse*; (勢いよく)v. darse* la vuelta; (逆転する)v. ponerse* al revés. ▶いすにつまずいて引っくり返る v. tropezarse* con una silla y caerse*. ▶船があらしの中で引っくり返った El barco volcó en la tormenta. / La tormenta hizo volcar [【メキシコ】voltearse] al barco. ♦いすに深く腰を掛けすぎたのでいすが引っくり返った Como me senté demasiado atrás, se cayó la silla.

ピックルス mpl. encurtidos. → ピクルス.

ひっくるめる 引っくるめる v. incluir*. ◆この車は付属品を引っくるめて2百万円だ Este coche cuesta dos millones de yenes, 「incluyendo accesorios [con los accesorios incluidos].

ひづけ 日付 f. fecha.

1《〜日付》▶¹正しい[²正確な]日付 f. fecha ¹correcta [²exacta]. ▶5月3日の日付の手紙を受け取る v. recibir (su) carta del [con fecha del, fechada el] 3 de mayo.

2《日付＋名詞》▶(国際)日付変更線を越える v. traspasar la línea (internacional) de cambio de fecha.

3《日付は[が]》◆この手紙の日付は2004年5月1日となっている Esta carta「está fechada el [tiene fecha del] 1 de mayo de 2004. ◆この領収書には日付がない Este recibo「está sin fecha [no tiene fecha].

ひっけい 必携 ▶スペイン語教師必携の本 m. libro indispensable [imprescindible] para los profesores de español. ▶国文法必携（＝便覧）m. manual de gramática japonesa. ▶雨具必携のこと No te olvides del paraguas o la gabardina.

ピッケル 《仏語》m. "piolet" (☆ 発音は [pjolé(t)]), f. piqueta.

ひっこし 引っ越し f. mudanza; (住所変更)m. cambio de domicilio, m. traslado. ▶新居への引っ越し f. mudanza a la nueva casa. ▶引っ越しトラック m. camión de mudanzas. ▶引っ越し屋(会社) f. empresa de mudanzas; (業者)m. negocio de mudanzas. ▶引っ越しの費用を払う v. pagar* los gastos de mudanza. ▶新居引っ越しパーティー f. fiesta para celebrar el traslado a una casa. ◆私は引っ越しで忙しかった Estaba ocupada con la mudanza. ◆引っ越しは重労働だ Las mudanzas son un trabajo duro. / Es trabajoso mudarse. ◆引っ越し先（＝新しい住所）を教えてください《フォーマル》Por favor, infórmeme de su nuevo domicilio. → 引っ越す. ☞ 移転, 転居

ひっこす 引っ越す v. mudarse; cambiarse (de casa), trasladarse. ◆東京から田舎へ引っ越す v. mudarse de Tokio al campo. ◆アパートから新築の家へ引っ越す v. cambiarse de un apartamento a una casa nueva. ◆私たちは次の日曜日に引っ越すことになっている El domingo que viene nos mudamos [cambiamos]. ◆いつルイスのところに引っ越してくる予定ですか ¿Cuándo vas a cambiarte a la casa de Luis? ☞ 移る, 越[超]す

ひっこみ 引っ込み ▶(引き下がること) f. retirada, m. retroceso. ◆もう引っ込みがつかない Es demasiado tarde para retirarse [volver, retroceder]. / He avanzado demasiado para retroceder.

ひっこみじあん 引っ込み思案 (内気)f. timidez, f. reserva, m. retraimiento. ◆彼女はあまりにも引っ込み思案だ Es demasiado tímida y reservada.

ひっこむ 引っ込む ❶【退く】(移動して) v. retroceder; (引き下がる)v. retirarse [recogerse*]《a》,《強調して》encerrarse*《en》. ▶田舎に引っ込む v. retirarse al campo. ▶奥の部屋へ引っ込む v. recogerse* en un cuarto interior. ▶家に引っ込んでいる v. estar* [quedarse] en casa. ◆お前は引っ込んでいろ（＝お前の知ったことではない）No es asunto tuyo. / No te metas en lo que no te importa.

❷【くぼむ】▶引っ込んだ目 mpl. ojos hundidos.

❸【後方にある】◆教会は通りから引っ込んだ所にある La iglesia está recogida [apartada] de la calle.

ひっこめる 引っ込める ❶【引っ込ませる】v. meter, retraer*, retirar. ▶腹を引っ込めておく v. retraer* [meter] el estómago. ◆ちょっとさわるとカメは首を引っ込めた Al tocarla, la tortuga escondió [retrajo] la cabeza.

❷【撤回する】v. desdecirse*, retirar,《フォーマル》retractarse. ◆彼女について言ったことは引っ込める気持ちはない No「me desdigo [《フォーマル》retracto] de lo que dije de ella.

ピッコロ m. flautín,《イタリア語》m. "piccolo".

ひっし 必死 ▶必死の adj. desesperado; (狂気のような) adj. frenético. ▶岸にたどりつこうと必死の努力をする v. hacer* esfuerzos desesperados para alcanzar* la costa, intentar frenéticamente llegar* a la costa.

—— 必死で[に] adv. desesperadamente, con desesperación; (命がけで, 力一杯)a. muerte, a vida o muerte. ▶必死で警察に電話する v. llamar a la policía desesperadamente. ▶必死で助けを求める v. pedir* auxilio con desesperación. ◆彼らは最終バスに乗ろうとして必死で走った Corrieron desesperadamente [《俗語》como demonios] para coger [《ラ米》tomar] el último autobús.
☞ 一目散, がむしゃら

ひっし 必至 ▶必至の(避けられない) adj. inevitable,《フォーマル》ineludible; (確実な) adj. seguro, cierto. ◆石油不足は必至だ La escasez de petróleo es inevitable. ◆彼の勝利は必至だろう Su victoria parece segura.

ひつじ 羊 f. oveja; (雄の) m. carnero; (1歳までの子羊) mf. cordero/ra; (1歳から2歳までの) mf. borrego/ga; (十二支の) m. Año de la Oveja. ▶羊の群れ m. rebaño de ovejas. ▶羊飼い mf. pastor/tora. ▶羊の肉 (f. carne de) m. carnero; (子羊の) (f. carne de) m. cordero.

ひっしゃ 筆者 (執筆者) mf. escritor/tora; (著者) mf. autor/tora; (書家) mf. calígrafo/fa; (自分を称して) este/ta escritor/tora, el/la autor/tora, nosotros.

ひっしゅう 必修 (義務的な) adj. obligatorio. ▶必修科目 f. materia obligatoria.

ひつじゅひん 必需品 f. necesidad. ▶生活必需品 → 生活.

ひっしょう 必勝 ◆彼は今度のレースでの必勝を期している Está convencido de que esta vez va a ganar la carrera.

びっしょり ▶びっしょり濡(ぬ)れる v. empaparse,《口語》calarse hasta los huesos. → びしょ濡れ. ◆彼女は暑い所にいてびっしょり汗をかいた El calor la hizo empaparse de sudor. / Sudó mucho con el calor.

びっしり（密に）*adv.* densamente. ◆その地域には人がびっしり住んでいる Esa comarca está densamente poblada. ◆劇場には人がびっしり入っていた El teatro estaba abarrotado [atestado, lleno] de gente.

ひっす 必須 ◆必須の *adj.* esencial, indispensable. ◆必要な. ◆必須条件 *f.* condición indispensable. ◆必須科目 →必修.

ひっせき 筆跡 *f.* letra, *f.* escritura. ◆筆跡鑑定 *m.* análisis de la letra [《フォーマル》grafológico]. ◆その筆跡を鑑定する *v.* analizar* la escritura [letra]. ◆筆跡鑑定家 *mf.* experto/ta en grafología, *mf.* grafólogo/ga. ◆斉藤氏の筆跡の手紙 *f.* carta con la letra del Sr. Saito.

ひつぜつ 筆舌 ◆その景色の美しさは筆舌に尽くし難い Es indescriptible la belleza del paisaje. / El paisaje es demasiado hermoso para describirse.

ひつぜん 必然（避けられないこと）*f.* inevitabilidad;（必要性）*f.* necesidad. ◆必然の[的な] *adj.* inevitable; necesario;（当然の）*adj.* natural. ◆必然的に *adv.* inevitablemente, necesariamente;（当然の結果として）*adv.* como resultado natural, como consecuencia lógica. ◆彼は父親が死んだので必然的に就職しなければならなかった「No le quedó más remedio que [Le resultó inevitable] buscar un trabajo al morir su padre. ◆彼らが離婚したのは必然の結果だった Fue inevitable que se divorciaran. / Tenían que divorciarse. ◆彼がそこへ行かなければほならない必然性（＝絶対的な必要性）がない No es absolutamente necesario que él vaya hasta allí. / No tiene por qué ir él hasta allí.

ひっそり *adv.* tranquilamente, en calma;（独處に）*adv.* en solitario, solitariamente;（平穏に）*adv.* pacíficamente, en paz;（密かに）*adv.* en secreto, secretamente. ◆その登山家は山小屋にひっそり住んでいる El alpinista lleva una vida solitaria en una cabaña de montaña. ◆その将軍は退役後ひっそり余生を送った El general, después de su jubilación, vivió retirado el resto de su vida.

—— **ひっそり** *adj.* tranquilo; *adv.* en calma;（不活発な）*adj.* inactivo. ◆商店は平日はひっそりしている Las tiendas están tranquilas los días entre semana. ◆海辺は9月にはひっそりしていた（＝人影がなくなっていた）En septiembre la playa estaba desierta.

ひったくり 引ったくり（行為）*m.* tirón;（人）*mf.* ratero/ra. ◆引ったくりに注意【掲示】Cuidado con los rateros [ladrones]. / Cuidado con los bolsos.

ひったくる 引ったくる *v.* arrebatar, quitar violentamente [por la fuerza]. ◆引ったくられる *v.* ser* arrebatado. ◆彼は彼女の手からバッグを引ったくろうとした Le trató de arrebatar [quitar] la cartera de un tirón. / Le dieron el tirón.

・**ぴったり** ❶【急に】*adv.* de repente, repentinamente,《フォーマル》súbitamente. ◆列車が急にぴったり止まった El tren se detuvo de repente. → ぴたり.
❷【密着して】（きつく）*adj.* ceñido, apretado;（密に）*adj.* muy cerca [pegado]. ◆体にぴったり合うスカート *f.* falda muy ceñida [apretada]. ◆このシャツはあまりぴったりしすぎている Esta camisa「me aprieta demasiado [está demasiado ceñida]. ◆彼は先頭グループにぴったりついて走っている Corre muy cerca del primer grupo.
❸【正確に】*adv.* justo, exactamente,《口語》justo y cabal. ◆彼はぴったり線にそって木を切った Cortó la madera justo por la línea. ◆小包はぴったり5キロあった El paquete pesaba「cinco kilos justos [exactamente cinco kilos]. ◆彼は彼女の歳をぴったり当てた Adivinó exactamente su edad. → ぴたり.
❹【申し分なく】*adv.* perfectamente,《口語》como anillo al dedo,《口語》a pedir de boca;（理想的に）*adv.* idealmente. ◆このクラスは初心者の要求にぴったり合っている Esta clase「se adapta perfectamente [《口語》viene como anillo al dedo] a las necesidades de los principiantes. ◆これは寒い冬の日などにはぴったりの料理だ Este plato es ideal para un frío día de invierno.

ひつだん 筆談 ◆筆談する *v.* comunicarse* por escrito.

ひっち 筆致（文字の）*f.* escritura, *f.* letra;（文章の）*m.* estilo;（絵画の）*m.* toque. ◆軽妙な筆致のエッセー *m.* ensayo de estilo ligero.

ピッチ（速力）*f.* velocidad, *m.* ritmo;（歩み）*m.* paso;（音の高さ）*m.* tono. ◆急ピッチで *adv.* a ritmo rápido. ◆仕事のピッチを上げる[落とす]*v.* ¹acelerar [²reducir*] el ritmo del trabajo.

ヒッチハイク（仏語）*m.* "autostop". ◆ヒッチハイクする *v.* hacer* "autostop" [《口語》dedo].

地域差 ヒッチハイクする
［スペイン］*v.* hacer* "autostop" [dedo]
［キューバ］*v.* pedir* botella
［メキシコ］*v.* pedir* aventón ["ride" (☆発音は [rái(d)])]
［ペルー］*v.* hacer* "autostop", hacer* dedo, pedir* aventón [una jalada]
［コロンビア］*v.* echar dedo, hacer* autostop, tirar dedo
［アルゼンチン］*v.* hacer* "autostop" [dedo]

ピッチャー ❶【野球の】*m.* lanzador,《英語》*m.* "pitcher"（☆発音は [pítʃer]）→投手. ◆ピッチャープレート *m.* montículo del lanzador.
❷【水差し】*m.* jarro.

ひっちゃく 必着 ◆応募原稿は2月15日必着のこと Los manuscritos deben llegar antes del 15 de febrero.

ピッチング *m.* lanzamiento. ◆ピッチングマシーン *f.* lanzadora, *f.* máquina de lanzar.

ひってき 匹敵（対等）*f.* igualdad.

—— **匹敵する**（対等である）*v.* igualarse (a);（互角である）*v.* poder* competir* (con), ser* digno rival (para);（肩を並べる）*v.* rivalizar* (con), poderse* comparar;（同列に

る)v. estar* [figurar]《entre》.♦テニスでは彼に匹敵する者はいない Nadie se le iguala en tenis. / No tiene rival en tenis.♦この大学はアメリカの一流大学に匹敵する Esta universidad está al nivel de las mejores de Estados Unidos. ☞及ぶ, 対抗する

ヒット ❶【野球で】(塁打)m. golpe,《英語》m. "hit"; (1単[22塁, 33塁]打)m. golpe [hit] ¹sencillo [²doble; ³triple].♦ヒットを打つ v. hacer* un golpe ["hit"].♦ヒット5本で3点をあげる v. marcar* tres carreras en cinco golpes.

❷【大当たり】(的中)m. éxito; (成功)m. triunfo.♦(映画などが)大ヒットする v. ser* [tener*] un gran éxito.♦石川さゆりのヒットアルバムを持っています Tienen ustedes algún álbum con「las canciones de éxito [los "hits", los éxitos] de Sayuri Ishikawa?

❸【IT関連】m. acceso, m. impacto.

ビット《英語》《専門語》m. bit,《専門語》m. bitio.♦ビット/秒《英語》《専門語》mpl. bits por segundo.♦ビット・ストリーム《専門語》m. flujo de bits.♦ビットマップ・フォント《専門語》f. fuente de mapa de bits.

ひっとう 筆頭 (表の一番)m. primero de la lista; (長)mf. cabeza.♦戸籍筆頭者 mf. cabeza de familia.♦前頭(まえがしら)筆頭 mpl. primeros luchadores de "sumo" de la categoría Maegashira.

ひつどく 必読♦学生の必読書 fpl. lecturas obligatorias para los estudiantes, mpl. libros de obligada lectura para los alumnos.

ひっぱく 逼迫した adj. tenso, difícil.♦金融がひっ迫している La situación monetaria es difícil.♦私たちの財政はひっ迫している Estamos en una situación apurada. / Tenemos dificultades financieras.

ひっぱたく (平手で)v. dar* una bofetada, abofetear.♦彼のほおをひっぱたく v. darle* una bofetada en la mejilla.♦尻をひっぱたく v. darle* unas palmadas en las nalgas, idem.

*ひっぱる 引っ張る** ❶【引く】(手前に)v. tirar,『メキシコ』jalar; (軽くなめらかに)v. tirar; (強く)v. tirar 《de》; (急に)v. dar* un tirón [『メキシコ』jalón]《de》; (重い物を引きずる)v. arrastrar; (車・船などを綱[鎖]で)v. remolcar*. → 引く.♦ロープを引っ張る v. tirar [『メキシコ』jalar] de la cuerda; (引っ張る)v. tensar la cuerda.♦彼のそでを引っ張る v. tirarlo[le] de la manga.♦そりを引っ張って丘を上る v. arrastrar un trineo cuesta arriba.♦彼をベッドから引っ張り出す v. arrastrarlo[le] de la cama.♦網を引っ張る(=たぐる) v. tirar de la red (hacia sí).♦髪をそんなに引っ張らないで No me tires tanto del pelo.♦ドアがかたくて引っ張っても開かない La puerta se ha atrancado y aunque tire (de ella) no puedo abrirla.♦君の車は違法駐車でレッカー車に引っ張られていったよ Se han llevado tu coche a remolque por estacionamiento ilegal.♦腰に巻いたロープが引っ張られる感じがした Sentí un tirón en la cuerda alrededor de la cintura.

❷【連行する】(連れて行く)v. llevar; (連れて来

ひつよう **1197**

る)v. traer*.♦その泥棒を警察へ引っ張っていく v. llevar al ladrón a la comisaría.♦彼をここへ引っ張ってきたまえ Tráelo[le] aquí contigo.

《その他の表現》♦会社を引っ張っていくような社長が必要だ Necesitamos un/una president*e/ta*「que tenga tirón [《口語》con un fuerte liderazgo].

ヒッピー《英語》mf. "hippie" [mf. "hippy"] (☆発音は[hípi]).

ヒップ (腰回り)fpl.(anchura de) caderas; (ヒップのサイズ)f. medida de caderas; (尻(しり))fpl. nalgas,《口語》m. trasero,《俗語》m. culo. →しり.♦彼女はヒップが大きい Tiene「mucha cadera [unas caderas anchas]. / Es ancha de caderas.

ひづめ 蹄 m. casco,『アルゼンチン』m. vaso, f. pezuña.

***ひつよう 必要** (欲しいものが欠けている状態)f. necesidad《de》.

1《必要＋名詞》♦必要悪 m. mal necesario.♦必要経費 mpl. gastos necesarios.♦必要条件 f. condición necesaria,《フォーマル》m. requisito indispensable.♦必要メモリ《専門語》m. tamaño de memoria necesario.♦彼女は必要以上に子供の世話をする Cuida a sus hijos más de lo necesario.

2《...する必要がある》♦v. necesitar [ser* necesario, hacer* falta]《+不定詞, +que 接続法》; (しなければならない)v. tener* que《+不定詞》, deber《+不定詞》, hay que《+不定詞》,《文語》haber* de《+不定詞》.♦彼はもっと勉強する必要がある Necesita estudiar más. / Es necesario que estudie más. /「Tiene que [Debe] estudiar más.♦君の時計は修理する必要がある Tu reloj「necesita ser reparado [precisa reparación, tiene que repararse].♦ここにいてほしいのが必要なんだ Es necesario que esté [Tiene que estar] aquí.♦もし必要があれば(=必要なら)私が行きましょう Iré si es necesario. / Si hace falta, iré.

3《...する必要はない》v. no hace falta《+不定詞, +que 接続法》, no「es necesario [se necesita] hacer*...♦君は急ぐ必要はないよ No hace falta que te des prisa. / No necesitas [tienes que] darte prisa. / No hay necesidad de que te des prisa.♦君は行く必要はなかった No「tuviste que [necesitaste] ir. / No「hizo falta [fue necesario] que fueras.

4《必要を[に]》♦彼らの最低の必要を満たす v. cubrir* sus necesidades más elementales.♦休養の必要(性)を感じる v. sentir* la necesidad de un descanso.♦¹読書[²休養]の必要(性)をさとる v. darse* cuenta de la necesidad「de la lectura [del descanso].♦この町には新しいバス路線が必要になってきた Hay una necesidad creciente de nuevas rutas de autobuses en esta ciudad.♦彼は必要にせまられて家を売った Vendió su casa apremiado por la necesidad. / La necesidad lo [le] empujó [obligó] a vender su casa. →やむを得ない.

5《...が必要である》(→ ...を必要とする).

1198 ビデ

6《...に必要(なもの)である》(→ 必要な).

— **必要とする** v. necesitar, 《フォーマル》precisar, estar* 《口語》andar* 〔necesitado 《de》,《強調して》verse* [encontrarse*, estar*] en la necesidad《de》;(時間・労力など)v. exigir*. → 掛ける. ♦われわれは君の援助を必要としている Necesitamos tu ayuda. / Tu ayuda nos es necesaria. ♦この町が本当に必要としているものは図書館です Lo que esta ciudad necesita [precisa] de verdad es una biblioteca. ♦この仕事は多少の技術を必要とする Este trabajo exige cierta habilidad.

— **必要な** adv. necesario [preciso] 《para》; (ある目的を達成するために) adv. indispensable 《para》. ♦この仕事に必要な技能 f. habilidad necesaria [exigida] para este trabajo. ♦十分な睡眠とバランスのとれた食事は健康の維持には絶対に必要なものである(=必要だ) Dormir bien y mantener una dieta equilibrada son「factores absolutamente necesarios [dos necesidades indispensables] para preservar la salud. ♦彼女はケーキを作るのに必要なものを買いに行った Salió a comprar lo que necesitaba para hacer la tarta.

ビデ m. bidé.

***ひてい 否定** (否認) f. negación 《de》;(否定の返答[語]) f. negativa. ▶二重否定 f. doble negativa. ▶否定的[的な] adj. negativo. ▶否定文 f. oración negativa.

— **否定する** v. negar*, desmentir*,《フォーマル》denegar*; (いやと言う)《口語》v. decir* que no; (否定的に答える) v. contestar negativamente, dar* una respuesta negativa 《a + 人》. ♦彼は私の言うことを否定した Negó lo que yo dije. / Desmintió mis palabras. ♦彼は彼女にコカインを手渡したということについては否定した Negó haberle [que le hubiera] pasado cocaína. ♦彼が偉大な科学者であるという事実は否定できない「No se puede negar [Es innegable] que es un gran científico.

びていこつ 尾てい骨 m. coxis.

ビデオ (録画) m. vídeo, 《ラ米》m. video; (録画装置) m. aparato [f. grabadora] de vídeo. ▶ビデオショップ f. tienda de vídeo, m. vídeo tienda; (レンタルの) f. tienda de alquiler de vídeos. ▶ビデオ・アダプタ《専門語》m. adaptador de vídeo. ▶ビデオ・カード《専門語》f. tarjeta de vídeo. ▶ビデオ・キャプチャ《専門語》f. captura de vídeo. ▶ビデオ・キャプチャー・ボード《専門語》f. placa de captura de vídeo. ▶ビデオ・ゲーム《専門語》m. videojuego. ▶ビデオ・サーバー《専門語》m. servidor de vídeo. ▶ビデオ・ボード《専門語》f. placa de vídeo. ▶ビデオに録画する v. grabar (un programa de televisión) en [por] vídeo. ♦彼女の結婚式のビデオを見る v. ver* su boda por vídeo. ♦ビデオを10時に(動くように)セットする Programar el vídeo para las 10:00.

ビデオカセット m. vídeo [《ラ米》video]《仏語》"cassette" (仏語) ☆発音は [kasé(t)],《メキシコ》f. videocasetera. ▶ビデオカセットレコーダー f. grabadora de vídeo [《ラ米》video].

▶ビデオテープ f. cinta de vídeo, f. videocinta. ▶ビデオテープレコーダー f. grabadora de vídeo. ▶ビデオテープ録画 f. grabación de vídeo.

ビデオデッキ m. (aparato de) vídeo [《ラ米》video].

ビデオテックス《専門語》m. vídeotex.

びてき 美的 美的(な) adj. estético. ♦美的価値 m. valor estético. ▶美的センスがある v. tener* sentido estético [de la belleza].

ひでり 日照り (干ばつ) f. sequía, m. tiempo seco; f. sequedad. ♦日照り続きで作物が駄目になった La cosecha ha sido mala por la larga [《教養語》pertinaz] sequía. ♦日照りが3か月続いた La sequía se prolongó tres meses.

ひでん 秘伝 m. secreto. → 秘伝の.

びてん 美点 (長所) f. cualidad; (価値ある点) m. mérito, f. ventaja; (美徳) f. virtud. → 長所.

ひでんか 妃殿下 Su Alteza (Real, Imperial). → 殿下.

***ひと 人** ❶【一人の人間】(男女ともに) f. persona, m. ser humano, m. hombre; (だれそれ, 名前を知らない人)《口語》m. fulano; (男性) uno; (女性) una. → 人間.

1《〜人》♦目上の人 m. superior. ♦時の人 f. persona de actualidad. ▶意志の強い [²行動力のある, ³約束を守る]人 f. persona ¹con voluntad [²de acción, ³de palabra]. ♦普通の人 f. persona normal [《口語》del montón]. ♦大勢の人 f. multitud de gentes, m. gentío. ♦彼は実に変わった人だ Realmente es un excéntrico [《口語》tipo raro]. ♦どんな人でもこの法に従わねばならない Todo el mundo tiene que obedecer este ley. 会話 あの男の人がだれだか知ってる？―どの人―白いズボンをはいてる人 ¿Conoces a ese tipo? - ¿A quién? - A ése de los pantalones blancos. 会話 スペインの人たちには好感を持ったかい―私が出会った人々はほとんどがすてきな人たちだったわ ¿Te gustó la gente de España? - La mayoría de la gente que me encontré me resultó encantadora. 会話 その映画はそんなに人気があるのですか―映画館はいつもものすごい人ですよ ¿Tan popular es la película? - 《口語》El cine está siempre llenísimo de gente. ♦彼は滋賀県の人です Es de la prefectura de Shiga.

2《人は[が]》♦この人はだれですか ¿Quién es「este señor [esta señora]? / ¿Quién es「este caballero [esta señora]. ♦岸田さんという人がお見えです Hay un tal [señor con el nombre de] Kishida que quiere verlo[le, la]. ♦人は自らの欠点に気がつかない Uno es ciego con sus propias faltas. ♦毎年どれくらいの人がここを訪ねますか ¿Cuántas personas visitan este lugar cada año? ♦音楽を愛する人は幸福である La gente que ama la música es feliz. ♦人は見かけによらない No hay que juzgar a la gente por su aspecto. / No se debe juzgar por las apariencias.

3《人は》♦人の一生 f. vida (humana). ♦それが人の世の常だ El mundo es así. / Así es la gente.

4《人に[で]》♦ 人によって異なる v. ser* diferente de una a otra persona. ♦今夜人に会う約束がある Esta tarde debo ver a alguien. / Tengo una cita esta tarde. ♦ホールは人でいっぱいだった La sala estaba llena de gente.

5《人を》 会話 ここで何をしてるの—人を待ってるんです ¿Qué estás haciendo aquí? – Estoy esperando a alguien. ♦人(=私)をばかにするにもほどがある ¡Se están burlando de mí! ♦あいつはいつだって人を待たせるんだから Siempre nos hace esperar ese tipo.

❷【他人】los demás [otros], el prójimo, el otro; (他人の人々) f. gente. → 他人.

1《人が》 ♦ 人が何と言おうと私はそれをやる Lo haré digan lo que digan.

2《人の》♦人の上に立つ v. guiar* a「los demás [la gente]. ♦人の弱みにつけこむ v. aprovecharse de la debilidad ajena. ♦人の金に手をつける v. tomar el dinero「del prójimo [ajeno].

3《人に[も]》♦人に頼る v. depender de los demás. ♦このことは人に言うな v. no decírselo* a nadie. ♦姉はスタイルがいいとよく人に言われる A mi hermana le dicen a menudo que tiene un buen tipo. /「La gente suele decir [Dicen, Se dice] que mi hermana tiene un buen tipo. ♦人もあろうに彼がそう言ったのだ Fue a él a quien se le ocurrió decirlo. / Increíblemente, fue él quien lo dijo.

4《人を》♦人を介して adv. por otra persona, por un tercero. ♦人をやって医者を呼ぶ v. mandar a por un médico. ♦人を食ったことを言う v. abusar* importancia, fanfarronear. ♦人を人とも思わない(=高慢な)態度 f. actitud arrogante [altanera].

❸【人柄】(生まれつきの) f. naturaleza; (他人から見た印象を総合した) f. personalidad; (道徳的性質としての) m. carácter. ♦人が悪い adj. malicioso; de carácter avieso. ♦彼は人がいい Es bondadoso. / Tiene un buen carácter. /《口語》Es más bueno que el pan. / (だまされやすい) Es crédulo. ♦彼は人を見る目がある [²ない] ¹Sabe [²No sabe] juzgar a la gente. ♦彼は人が変わった Ha cambiado mucho. / Es una persona nueva.

❹【有能な人材】f. persona capaz. → 人材, 人手.

❺【人類】f. humanidad; (動物と区別した人間) mpl. seres humanos, mpl. hombres, f. especie [f. raza] humana. → 人類, 人間.

❻【客】f. visita. ♦ 今人(=来客)が来ている Ahora tenemos visita.

❼【大人】mf. adulto/ta. → 大人.

ひとあし 一足 m. paso. ♦一足ごとに adv. a cada paso. ♦一足違いで(=わずかの差で) adv. por un segundo. ♦一足(=一歩)前に出る v. dar* un paso adelante. ♦病院まではほんの一足です El hospital está「muy cerca [《口語》a cuatro pasos]. ♦すみません。一足お先に Perdón, tengo que irme.

ひとあたり 人当たり ♦ 彼はだれにでも人当たりがよい Es amable [afable] con todo el mundo.

ひとあめ 一雨 (1回の雨降り) f. lluvia; (にわか雨) m. chaparrón. ♦ 夜の間にひと雨降った Cayó un chaparrón por la noche. ♦ひと雨そうだ Va a caer un chaparrón.

***ひどい** ❶【激しい】(自然現象・行為が) adj. fuerte, violento; (天候・病気などが) adj. terrible, riguroso, 【強烈な】(光・温度などが) adj. intenso; (風・光・色・香りなどが) adj. fuerte, intenso; (はなはだしい) adj. terrible, espantoso, horrible, tremendo. ♦ひどい暑さ m. calor terrible. ♦ひどい風 m. fuerte viento. ♦ひどい雨(=大雨) f. lluvia violenta. ♦ひどい寒さの中で adv. en medio de un riguroso [intenso, terrible] frío. ♦ひどい頭痛がする v. tener* un fuerte [horrible] dolor de cabeza. ♦ひどい誤りを犯す v. cometer una grave [terrible] equivocación, cometer un tremendo error. ♦ひどいせきが出る v. tener* 「una fuerte tos [《口語》tos horrible]. ♦ひどい傷を負う v. ser* herido gravemente, recibir una herida grave. ♦ひどい暑さだ El calor es terrible [《口語》horroroso]. ♦なんてひどい天気だ ¡Qué horrible tiempo! ♦ひどい人込みだこと ¡Cuánta gente! / ¡Qué horror de multitud!

❷【むごい】adj. cruel; despiadado; (つらい) adj. duro; penoso; amargo. ♦ひどい仕打ち m. trato cruel. ♦ひどい目にあう v. tener* una penosa [amarga] experiencia; (よけいなことをして) v. quemarse los dedos. ♦ひどい目にあわせる v.《口語》hacér(se)lo pasar mal. ♦このためにきっとひどい目にあうぞ Pagarás por esto. ♦自分の子供を虐待するなんてなんてひどい女なんだ Es cruel por tratar así a su hijo/ja.

❸【悪い】adj. malo, horrible, horrendo, horroroso, miserable, 《教養語》infame; (恥知らずの) adj. vergonzoso. ♦ひどい道 f. carretera horrible [《教養語》infame]; (でこぼこの) f. carretera con baches. ♦試験でひどい点を取る v. sacar* malas notas en el examen. ♦ひどい(=みじめな)生活をする v. llevar una vida miserable [《口語》de perros]. ♦こんなひどい映画は見たことがない Es la peor película que he visto (en mi vida). / No he visto una película más horrorosa. ♦彼はほとんどの科目はまずまずの出来だが、数学はまったくひどいものだ En la mayoría de las materias es aceptable, pero en matemáticas es un desastre. 会話 なんだこれは。ひどいじゃないか。この鍋物はひえきっているぜ—本当だ？つっ返しなさいよ ¿Pero qué es esto? ¡Qué vergüenza! La olla está fría como una piedra. – ¿De veras? Pues, devuélvela a la cocina.

❹【過度の】adj. exagerado,《フォーマル》excesivo; (法外な) adj. disparatado; (値段などが) adj. irrazonable, escandaloso; (不当な) adj. injusto. ☞ あくどい, 粗末, 言語道断, 大変な

ひといき 一息 ❶【一呼吸】m. aliento, m. respiro, m. inspiración. ♦深く一息つく v. tomar「mucho aliento [una profunda inspiración]. ♦ほっと一息つく(=安心する) v. respirar aliviado [con alivio]. ♦一息入れる(=一休みする) v. tomarse un respiro [reposo, descanso]. ♦一息にその理由を説明する v. ex-

plicar* 《a + 人》 el motivo de un tirón. ▶ 一息に (=一飲みで) 1杯飲む v. beberse de un trago un vaso de cerveza.
❷【少しの努力】もう一息で合格だ Un esfuerzo más y aprobarás el examen.

ひといきれ 人いきれ ♦ その部屋は人いきれでむっとしている El aire de la habitación está viciado [cargado].

ひといちばい 人一倍 ♦ 彼は人一倍本を読む Lee más libros que nadie. ♦ 彼女は人一倍健康に注意する Cuida de su salud más de lo normal. / Se preocupa mucho de su salud.

びとう 尾灯 f. luz trasera.

びどう ▶ 微動だにしない v. no moverse* un ápice [milímetro], permanecer* firme como una roca.

ひとえに 偏に (まったく) adv. sólo, 《フォーマル》únicamente; (ひたすら) adv. sinceramente, 《教養語》 encarecidamente. ♦ 彼の成功はひとえに努力のおかげだ Su éxito es debido enteramente a sus esfuerzos. ♦ ひとえにおわび申し上げます Le pido sinceramente perdón.

ひとおもいに 一思いに (ためらわず) adv. sin vacilar, resueltamente; (きっぱりと) adv. de una vez por todas, con decisión; (大胆に) adv. intrépidamente. → 思い切って. ♦ いっそ一思いに百合子への愛を告白したい De una vez por todas voy a confesarle mi amor a Yuriko.

ひとがき 人垣 f. mucha gente, m. gentío, m. tropel. ♦ 沿道は女王陛下のパレードを見ようとする人たちが人垣を作っていた Había mucha [un tropel de] gente agolpada para ver pasar a la reina.

ひとかげ 人影 (人の姿) f. figura humana; (人の影) f. silueta. ♦ 遠くに黒い人影が見えた Vimos una oscura figura humana a lo lejos. ♦ 人影が障子に映った En la puerta corrediza de papel se proyectó una silueta humana. ♦ 公園にはほとんど人影がなかった 《口語》 En el parque no había ni un alma. / El parque estaba casi desierto.

ひとかたならぬ (多大の) adv. muy mucho; adj. grande, (単数名詞の前で) gran. ♦ ひとかたならぬ親切ありがとうございました Muchas gracias por toda su amabilidad. ♦ あの人にはひとかたならぬお世話になりました A esa persona yo le estoy sumamente agradecido. / Tengo una gran deuda con esa persona. ♦ 彼はその知らせを聞いてひとかたならず (=非常に) 喜んだ Se alegró mucho de escuchar la noticia.

ひとかど ♦ 彼はひとかどの人物だ Él es alguien. / Es una persona de importancia. ♦ 彼はひとかどの学者だ Ciertamente es un erudito. / Claro que es un erudito.

ひとがら 人柄 f. personalidad. ♦ 彼は人柄がいい Tiene una buena personalidad. ♦ 彼女はどんな人柄 (=どんな人) ですか ¿Qué clase de persona es ella?

ひとぎき 人聞き ♦ そんなふうに言わないで、人聞きが悪いよ No hables así. ¿Qué diría la gente si te oyeran?

ひときわ 一際 ▶ ひときわ (=異常に) 大声で話す v. hablar con voz excepcionalmente alta. ♦ 彼の仕事は他の人のよりひときわ目立つ (=抜きん出ている) Su trabajo destaca evidentemente de los demás. / Su trabajo es con mucho el mejor.

*****ひどく** (非常に) adv. muy, mucho, 《口語》《強調して》形容詞 + ísimo, terriblemente, atrozmente; (極度に) adv. mucho; sumamente; (激しく) adv. seriamente, duramente, con rigor. ▶ ひどくしかられる v. ser* reprendido mucho [con rigor]. ♦ 今日はひどく疲れた Hoy estoy muerto (de cansancio). / Estoy sumamente cansado hoy. / 《口語》《強調して》 Estoy cansadísimo hoy. → 全く. ♦ 彼がいなくてひどく寂しい Le echo de menos mucho [muchísimo]. ♦ 今日はひどく寒い Hoy hace un frío terrible [atroz, espantoso]. / Hace muchísimo frío hoy. ♦ 彼女はそれをひどく欲しがっている Lo desea mucho. ♦ 彼は その自動車事故でひどくけがをした Quedó seriamente herido en el accidente de automóvil. ♦ 彼の死を聞いてひどく悲しい Estoy sumamente apenado por su muerte. ♦ 雨がひどく降った Ha llovido mucho [muchísimo].

びとく 美徳 f. virtud. ▶ 謙譲の美徳を発揮する v. mostrar* la virtud de la modestia. ♦ 親切は美徳だ La amabilidad es una virtud.

ひとくいじんしゅ 人食い人種 (一人) f. caníbales; (一人) m. caníbal, 《フォーマル》 mf. antropófago/ga.

ひとくち 一口 ❶【食べ物，飲み物】(一口分の量) m. bocado; (食べ物の一口) m. mordisco, 《口語》 m. mordisquito; (ぐいと一飲み) m. trago; (一すすり) m. sorbo, 《口語》 m. sorbito. ▶ もう一口食べる v. tomar [comer] otro bocado. ▶ ウィスキーを1ちびりと [2ぐいっと] 一口飲む v. tomar un ¹sorbo [²trago] de whisky [güisqui]. ♦ それを一口で食べる v. comerlo de un bocado. ♦ ビールを一口で飲み干す v. beberse [tomarse] la cerveza de un trago. ♦ そのスープを何とか一口飲んだがそれ以上はだめだった Conseguí pasar [tragar] un sorbo de la sopa, pero nada más. ♦ 満腹です。もう一口も入りません Estoy lleno. No puedo comer ni un bocado más.

❷【一言】 f. palabra. ♦ 一口に言えば彼の答えは「ノー」です Su respuesta en una palabra es no. / (要するに) Resumiendo, su respuesta es no.

❸【割り当て・分け前・寄付などの一口】 f. participación, f. parte. ♦ われわれの計画に一口乗り (=参加し) ませんか ¿No quieres 「tomar parte en [sumarte a]」 nuestro proyecto?

《その他の表現》▶ 一口話 f. historieta. ▶ 一口に絵画についていろいろある (=あらゆる種類の絵がある) Hay toda clase de pinturas.

ひとけ 人気 ▶ 人気のない通り f. calle sin un alma, f. calle desierta [desolada]. ♦ 人気 (=人のいる気配) がする Hay señales de vida. → 気配.

ひどけい 日時計 m. reloj de sol, m. cuadrante.

ひとごこち 人心地 ▶ 人心地つく (ほっとする) v. tomar aliento; respirar aliviado; (さっぱりする) v. reanimarse, refrescarse*.

ひとこと 一言 f. (sola) palabra. ◆一言で言えば adv. en una palabra; (手短に) adv. para acabar pronto; (かいつまんで) adv. en suma [resumen,《口語》resumidas cuentas]. ◆一言も言わずに立ち去る v. irse* sin「decir* palabra [《口語》decir* oxte ni moxte,《口語》despegar* los labios, decir* esta boca es mía」. ◆彼女はフランス語は一言も話せな No sabe una palabra de francés. ◆私に一言わせてください Sólo una palabra, por favor. / Quiero decir algo. ◆彼は驚いて一言も話せなかった Se quedó mudo de la sorpresa. / No pudo pronunciar ni palabra por la sorpresa.

ひとごと 人事 ◆人事とは思えない (=自分の事のように思える) v. sentir* como propio [suyo]. ◆人事のように言うな No hables como si no「fuera cosa tuya [te afectara, fuera contigo」.

ひとこま 一駒 f. escena; (映画の) f. toma, m. fotograma; (テレビの) m. cuadro. ◆日常生活のひとこま f. escena (tomada) de la vida cotidiana.

ひとごみ 人込み (群衆) f. aglomeración, f. multitud, m. gentío,《フォーマル》f. muchedumbre. ◆人込みを避ける v. evitar las aglomeraciones. ◆人込みをかきわけて進む v. abrirse* paso en la multitud. ◆人込みに紛れて姿を消す v. desaparecer* en la multitud.

ひところ 一頃 (一時期) adv. (en) un tiempo; (以前) adv. antes, en otro tiempo. ◆昔。ひところよく川に魚釣りに行った Un tiempo solía ir a pescar al río.

ひとごろし 人殺し【行為】(故意の) m. asesinato; (過失の) 《専門語》m. homicidio sin premeditación; (故意・過失の) 《フォーマル》m. homicidio;【人】mf. asesino/na,《フォーマル》mf. homicida. ◆人殺しをする v. asesinar, matar, cometer un asesinato.

ひとさしゆび 人指し指 m. (dedo) índice. → 指。

ひとざと 人里 ◆人里離れた所 m. lugar retirado [apartado].

ひとさらい 人さらい (行為) m. secuestro; (人) m. secuestrador/dora. → 誘拐。

ひとさわがせ 人騒がせな (人の心をかき乱す) adj. inquietante, perturbador; (不安・恐怖心をかきたてる) adj. alarmante, inquietante. ◆何とも人騒がせな話 f. noticia inquietante. → ニュース。◆人騒がせをする v. crear [《フォーマル》sembrar*] inquietud; (何でもないことに大騒ぎする)《口語》v. ahogarse* en un vaso de agua; dar* [crear] una falsa alarma.

・ひとしい 等しい【同一物でないが、数量・程度・大きさなどが等しい】adj. igual 《a》; (同一物あるいは別のものの程度・大きさなどが内容的に同じ) el mismo, la misma, lo mismo 《que》; (価値・数量・意味などが同等の) adj. equivalente 《a》; (…も同然で) adv. prácticamente, casi. ◆二つの等しい部分 fpl. dos partes iguales. ◆その二つのボールは重さが等しい Las dos pelotas「pesan lo mismo [son del mismo peso, tienen un peso equivalente」. ◆この 2 文は意味が等しい Estas dos frases「significan lo mismo [son de igual significado, son equivalentes en significado」. ◆1 坪は 1 平方メートルに等しいとはいえない Un "tsubo" no equivale a un metro cuadrado. / No se puede decir que un "tsubo" equivalga a un metro cuadrado. ◆無謀運転は自殺行為に等しい Conducir temerariamente equivale a querer suicidarse.

――等しく (平等に) adv. igualmente, por igual; (同様に) adv. igual, del mismo modo, igualmente; (…もまた) adv. igualmente, también,《フォーマル》asimismo. ◆万人を等しく遇する v. tratar igual a todos. ◆仕事量を等しくする v. igualar la carga laboral. ◆その金は兄弟の間で等しく分けられた El dinero fue dividido en partes iguales entre los hermanos. ◆彼も等しく (=また)望郷の念に駆られた Él igualmente [también] echaba de menos su casa. ☞ 当たる, 同じ, 及ぶ, 五分。

ひとしお 一入 (なおさら一層) adv. tanto más; (特に) adv. particularmente, especialmente. ◆見知らぬ町の喧しい騒がしさがひとしお身にしみた El ajetreo de la ciudad desconocida me hizo sentir tanto más solo.

ひとしきり ◆彼女は私とひとしきり (=しばらくの間) しゃべった Habló un rato conmigo.

ひとじち 人質 mf. rehén. ◆人質に取る v. tomar [tener*]《a + 人》como rehén.

ひとしれず 人知れず (秘かに) adv. en secreto, secretamente; (心の中で) adv. para sus [mis, tus] adentros.

ひとしれぬ 人知れぬ adj. inadvertido; (秘密の) adj. secreto; (隠れた) adj. oculto; (内心の) adj. interno.

ひとずき 人好き ◆人好きのする女性 f. mujer atractiva [agradable].

ひとすじ 一筋 ◆彼女はバレー一筋に生きてきた (=ひたすら打ち込んできた) Se ha entregado por completo al ballet.

ひとすじなわ 一筋縄 ◆彼は一筋縄ではいかない (=扱いにくい) Es difícil de tratar. / (手ごわい相手だ)Es「un tipo difícil de tratar [《口語》duro de pelar」.

ひとそろい 一揃い (道具などの) m. juego, m. conjunto, f. colección, f. serie; (服の上下) m. traje (completo). → 一式。◆百科事典一そろい una serie de una enciclopedia. ◆上下一そろいの服 un juego de vestidos.

ひとだかり 人だかり ◆店の前は黒山の人だかりだった Había「mucha gente [una gran multitud」frente a la tienda.

ひとだすけ 人助け f. buena acción, f. ayuda. ◆人助けをする v. ayudar.

ひとたび 一度 f. vez. → 一旦(いったん)。

ひとたまり ◆ひとたまりもなく (簡単に) adv. muy fácilmente; (抵抗もなく) adv. sin ninguna resistencia; (どうしようもなく) adv. sin poder hacer nada. ◆そのチームはひとたまりもなく負かされた El equipo fue derrotado muy fácilmente.

ひとちがい

ひとちがい 人違い ▶人違いする（＝だれか他の人と間違える）v. tomar《a ＋人》por otra persona;（人を間違えて話しかける）v. dirigir* la palabra equivocadamente《a》.〖会話〗失礼ですが、田中先生ではありませんか―いいえ、ちがいます。人違いですよ Perdone, ¿no es usted el Sr. Tanaka? – No. Debe haberse usted confundido de persona.

ひとつ 一つ ❶【1個】pron. uno, una. ♦リンゴは十のうち一つが腐っていた Una de cada diez manzanas estaba podrida. ♦ロサンゼルスの世界でスペイン語を話す人が最も多い都市の一つです Los Ángeles es una de las ciudades del mundo con más hispanohablantes. ♦私は時計を2種類持っています。一つは腕時計でもう一つは懐中時計です Tengo dos relojes. Uno es de pulsera y el otro de bolsillo. ❷【一体, ひとまとまり】▶一つに（＝一体と）なって行動する v. actuar*「en grupo [《口語》haciendo piña]. ▶持ち物を一つにまとめる v. empaquetar [recoger*] las pertenencias. ♦彼らはその問題を解決するために一つになった「Se unieron [Se hicieron uno] para solucionar el problema.

— 一つ(の) ❶【1個の】adj. un, una; pron. uno, uno solo, el único. ♦彼のたった一つの夢 m. su único sueño. ♦テーブルの上にリンゴが一つある Hay una manzana en la mesa. ♦一つだけリンゴが残っている Queda una manzana sola. / Sólo queda una manzana. ♦一つよいニュースを君に教えてやろう Te daré una buena noticia. ♦彼の作文には一つの間違いもない En su composición no hay una sola falta. ♦ひとりは日本から、他の人はみなラテンアメリカから来た Uno es de Japón y los otros de América Latina. ♦その人たちのうちのひとりは日本から来ています「De esas personas hay uno [De todos esos hay uno] que es de Japón. ❷【同じ】el mismo, la misma, lo mismo. ▶一つ屋根の下に住む v. vivir「bajo el mismo techo [en la misma casa].

— ひとつ ❶【1個, 1件】（一つにつき）pron. cada uno, adv. individualmente,《フォーマル》la unidad;（一つには）adv. primero, en primer lugar;（一つ一つ）adv. uno a [por] uno. ♦それは一つ百円で Cuesta cien yenes「cada uno [la unidad]. ♦私はたばこをやめました。一つにはたばこは体によくないのと、もう一つには妻がたばこの煙を嫌うからです Dejé de fumar. Primero, porque no es bueno para la salud; y segundo, porque a mi mujer no le gusta el humo del tabaco. ♦彼はその問題を一つずつ処理した Resolvió los problemas uno a uno. ❷【ちょっと】adv. sólo,《メキシコ》no más; un poco, algo;（1回）una vez. ♦一つ彼に聞いてみてください Sólo tienes que preguntarle. /《メキシコ》No más pregúntale. ♦一つやってみようか Sólo voy a probar [intentarlo].

〖その他の表現〗▶服を脱いでパンツ一つになる v. quitarse la ropa y quedarse nada más en calzoncillos. ♦彼は自分の名前一つ書けない Ni siquiera sabe escribir su nombre. ♦彼らはケーキを一つ残らず平らげた Se comieron todos los pasteles. ♦何事も努力一つだ（＝次第だ）Todo depende nada más que de sus esfuerzos. ♦彼女は女手一つで（＝まったく独力で）二人の子供を大学にやった Ella sola「mandó a sus dos hijos a la universidad [dio educación universitaria a sus dos hijos].

ひとつおき 一つ置きの（交互の）adv. alternativamente. ♦この並びの家は一つ置きに黄色に塗装されている En esta fila las casas están pintadas de amarillo alternativamente.

ひとつおぼえ 一つ覚え ▶馬鹿の一つ覚え〖ことわざ〗El que sabe poco, mucho lo repite. ♦馬鹿の一つ覚えみたいに同じことを言うな No lo repitas como si no supieras más que eso. /《口語》Pareces un disco rayado.

ひとつかい 人使い ▶人使いが荒い v. hacer* trabajar mucho. ♦彼は(部下の)人使いが荒いという評判だ Tiene fama de que hace trabajar mucho a sus subordinados.

ひとつかみ 一握み m. puñado. ♦彼は彼ら一人一人に一つかみずつコイン [2米] を与えた Dio a cada uno un puñado de [1monedas [2arroz].

ひとつきあい 人付き合い v. tratar con la gente, ser* sociable,《口語》alternar. → 付き合い. ♦彼は会社をやめてからほとんど人付き合いをしなくなった Desde que se jubiló de la compañía,「alterna poco [no ve a casi nadie, trata poco con la gente].

ひとっこひとり 人っ子一人 ▶通りには人っ子一人いなかった La calle estaba completamente desierta. /《口語》No había ni un alma en la calle.

ひとつずつ 一つずつ adv. uno a [por] uno;（各々）pron. cada uno/na. ♦彼女はイヤリングを一つずつ外してサイドテーブルに置いた Se quitó los pendientes uno a uno y los puso en la mesita de noche.

ひとづて 人伝 ▶人伝てに（受け売りの）adv. de segunda mano;（口伝えに）adv. de oídas;（うわさで）adv. por lo que dicen. ♦彼女が結婚すると人伝てに聞いています「Sé de oídas [He oído] que va a casarse. / Se va a casar según dicen.

ひとっぱしり → 一(2)走り.

ひとつひとつ 一つ一つ（一つずつ順番に）adv. uno a [por] uno;（各々）pron. cada uno; adv. individualmente. ♦卵を一つ一つ数える v. contar* los huevos uno a uno. ♦桃を一つ一つ紙で包んであった Cada melocotón estaba envuelto en papel. → 一つずつ.

ひとつぶ 一粒（穀物・砂・塩などの）m. grano;（液体の）f. gota. → 一粒(2). ▶一粒の砂に世界を見る v. ver* el mundo en un grano de arena. ▶一粒の雨 f. gota de lluvia. ▶一粒種 mf. hijo/ja único/ca.

ひとづま 人妻 f. mujer「de otro [del prójimo],《フォーマル》f. esposa ajena;（既婚女性）f. mujer casada.

ひとつまみ ▶一つまみ(の)（指先でつまんだ量）una pizca《de》;（ごく少数の）un puñado《de》, unos pocos. ▶一つまみの金持ちたち un puñado de ricos.

ひとつも 一つも ▶一つも…ない adj. ningun*o*, (男性単数名詞の前で) ningún; (何も…ない) pron. nada; adj. ni un solo. → ♦. ♦彼らは事態の改善にひとつも努力しなかった No hizo ningún esfuerzo para mejorar la situación. ♦彼に有利な証拠はひとつもない No existe ni una sola prueba a su favor.

ひとで 人手 ❶【動員可能な人員数】f. mano de obra; (手助け, 人夫) mpl. brazos; (援助) f. ayuda. ▶人手不足 f. escasez de mano de obra. ▶人手を借りる v. pedir* ayuda《a＋人》. ♦人手が足りない Estamos faltos de mano de obra. / Nos faltan brazos. ♦配管工は今人手不足だ(＝不足している) Ahora faltan fontaneros. / Actualmente hay escasez de fontaneros.
❷【他人の手】▶人手に渡る v. pasar a［caer* en］otras manos. ▶人手にかかる(＝殺される) v. ser* asesinado.

ひとで 人出 (群衆) f. aglomeración, m. gentío; (人の数) m. número de personas. ♦通りは大変な人出だった Había una gran aglomeración de gente en la calle. / La calle estaba llena de gente.

ひとで 海星 f. estrella de mar.

ひとでなし 人でなし mf. canalla; (冷酷な人) f. persona cruel［despiadada］; (恩知らず) mf. ingrat*o/ta*, mf. mal nacid*o/da*. ♦この人でなし ¡Qué canalla!

ひととおり 一通りの ❶【全体のだいたいのところ】(全般的な) adj. general; (全部の) adj. todos. ▶日本語を一通り知っている v. tener* conocimientos generales del japonés. ▶そこの本を一通り読む v. leerse* todos los libros de allí. ▶教科書を一通り(＝一そろえ)買う v. comprar un conjunto de libros de texto. ▶その事を一通り(＝手短に)彼に話す v. decírselo brevemente. ▶その書類に一通り(＝ざっと)目を通す v. echar una ojeada a los documentos, mirar los papeles por encima.
❷【普通】▶一通りの心配ではない v. estar* sumamente preocupa*do* de eso. ♦辞書を編集する苦労は一通りではない Compilar un diccionario requiere un trabajo extraordinario.

ひとどおり 人通り ▶人通りのない通り f. calle vacía. ♦この通りは人通りが多い Esta calle está「llena de［concurrida por］peatones. / Esta calle tiene un intenso tráfico. ♦その通りは人通りが少ない La calle está casi desierta. / Apenas hay gente en esa calle.

ひととなり 人となり (人柄) f. personalidad; (生まれつきの性質) m. carácter. ♦私が彼を尊敬するのはその人となりのためで財産のためではない Lo［Le］respeto no por lo que tiene, sino por lo que es.

ひととび 一飛び ▶大阪から香港まではほんの一飛びだ De Osaka a Hong Kong el vuelo es corto.

ひとなつ(っ)こい 人懐(っ)こい adj. agradable; (友好的な) adj. sociable; (話しかけやすい, 親しみやすい) adj. afable, simpático. ▶人懐っこい笑顔 f. sonrisa agradable. ♦その犬は人懐っこい Es un perro que se hace querer. / El perro es cariñoso.

ひとなみ 人並み ▶人並みの (平均的な) adj. normal, medi*o*, mediano, regular; promedio; (普通の) adj. ordinari*o*; (ありふれた) adj. común, corriente,《口語》común y corriente;《まあまあの》《口語》adj. decente. ▶人並みの背の高さの人 f. persona de estatura normal; (中位の) f. persona de estatura media. ▶人並みの生活をしている v. disfrutar de un nivel de vida normal［regular,《口語》decente］. ▶人並みはずれた大男 m. hombre extraordinariamente alto, m. gigante. ♦人並みに風邪をひく v. agarrar un resfriado como「la mayoría de gente［todo el mundo］. ▶人並み以上に働く v. trabajar「más de lo normal［por encima de la media］. ♦彼の学校での成績は人並み以上だ Sus notas académicas están por encima del promedio. ♦彼には人並みに情にもろいところもある Él es tan emotivo como cualquier persona.

ひとなめ 一なめ f. lamida, m. lengüetazo. ▶アイスクリームをひとなめする v. lamer un helado. ♦火が山々をひとなめした El fuego devoró las montañas.

ひとにぎり 一握り m. puñado《de》. →一掴(っか)み. ▶一握りの土地 f. pequeña parcela de terreno. ♦一握りの人しか会合に来なかった A la reunión「no asistieron más que unas cuantas personas［no asistió más que un puñado de personas］.

ひとねむり 一眠り f. siesta; (居眠り)《口語》f. cabezada. ▶一眠りする (仮眠する) v. dormir* un rato, echarse una siesta,《口語》descabezar* el sueño.

ひとはしり 一走り f. carrera corta. ▶一走りする v. correr un rato, dar* una carrera corta. ▶公園を一走りしに行く v. ir* a correr al parque. ▶一つ遣いに行く v. ir* a hacer* un recado［《メキシコ》mandado］.

ひとはだ 一肌 ▶君のためならいつでも一肌脱ぐよ Estoy dispuesto a ayudarte en cualquier momento.

ひとばん 一晩 f. noche. ♦彼は友人の家で一晩泊った Pasó la noche en casa de su amigo. ♦彼らは一晩中語り明かした Pasaron toda la noche hablando. ♦一晩待ってください, よく考えた上で決めたいと思います Por favor, espera que pase una noche. Voy a pensarlo bien.

ひとびと 人々 f. gente. →人. ♦多くの人々が負傷した Mucha gente resultó herida.

ひとまえ 人前 (人の集まり) f. compañía; m. trato humano. ▶人前に出ることを嫌う v. evitar「la compañía［el trato］; (はにかみ屋である) v. ser* un/una introvertid*o/da*, no ser* sociable. ▶人前(＝体裁)をつくろう v. guardar las apariencias. ▶人前をはばからず(＝公然と)泣く v. llorar abiertamente. ▶人前をはばかって(＝体裁上) adv. por decencia.
『人前で』(他人・公衆の面前で) adv. delante de la gente; (他人, 特にお客がいるところで) adv. en compañía. ♦人前で話すのは難しい Es difícil hablar en público. ♦人前でそ

1204 ひとまかせ

んな話をするな No digas eso「en público [delante de otros].
ひとまかせ 人任せ ▶彼はいつでも自分がすべきことを人任せにする Siempre deja「que otro le haga su trabajo [su trabajo a otro].
ひとまとめ 一纏め（ひと束）*m.* fardo, *m.* lío, *m.* atado, *m.* haz;（小さな包み）*m.* paquete. ▶ひとまとめにする（一か所に集める）*v.* hacer* un fardo [atado];（束ねる）*v.* liar* en un paquete. ◆これらの本はみなひとまとめにして彼の部屋に運んでください Haga el favor de llevar todos estos libros en un fardo a su habitación.
ひとまね 人まね *f.* imitación; *f.* mímica. → 物まね.
ひとまわり 一回り（一周）una vuelta, una ronda;（大きさ）una talla;（12 年）*mpl.* doce años. ▶一回りする *v.* dar* un rodeo, rodear (el estanque);（大きく）*v.* dar* una vuelta. ▶（人間的に）一回り成長する *v.* hacerse* mentalmente maduro, madurar. ◆これよりもう一回り1大きな [2小さな] 靴が欲しい Me gustarían unos zapatos de una talla ¹mayor [²menor]. ◆彼は奥さんより一回り年上だ Le lleva a su mujer doce años. → 年上.
ひとみ 瞳 *f.* pupila, *f.* niña (del ojo). ▶瞳を凝らす *v.* mirar de hito en hito;（目を凝らして）*v.* aguzar* la vista «en dirección a».
ひとみしり 人見知り ▶人見知りする *v.* ser* tímido (con extraños). ▶人見知りしない（= 外向的・社交的な）人 *f.* persona sociable [abierta, extrovertida]. ▶その赤ちゃんは人見知りしない Ese bebé no extraña a nadie.
ひとむかし 一昔（長い間）*mpl.* años, *m.* mucho tiempo,（口語）*m.* siglo;（10 年）*f.* década. ◆彼が大学を卒業したのは一昔前になる Hace「mucho tiempo [[口語] siglos」que se graduó de la universidad.
ひとめ 人目 *f.* atención de la gente, *f.* curiosidad pública. ▶人目を忍ぶ恋人たち *mpl.* amantes furtivos. ▶人目をひく *v.* atraer* la atención «de». ▶人目を避ける *v.* evitar ser* visto, pasar desapercibido, eludir las miradas ajenas. ▶人目を忍んで *adv.* furtivamente, a escondidas. ◆彼女の派手な服装は人目をひいた Su llamativo vestido「no podía pasar desapercibido [atraía la mirada de todo el mundo].
ひとめ 一目（見ること）*f.* mirada;（ちらりと）*f.* ojeada, *m.* vistazo;（目撃）*f.* vista. ▶彼女をちらっと一目見る *v.* echarle「un vistazo [una mirada rápida]. ▶彼女に一目ぼれする *v.* enamorarse a primera vista de ella. ◆彼の喜びようが一目で分かった「De una ojeada [A simple vista] supe lo contento que estaba.」/（容易に見てとれた）Su placer era evidente. ◆ここから市が一目で見える（= 市全体を見ることができる）Desde aquí「se puede ver [se tiene una vista de]」toda la ciudad.
ひとめぐり 一巡り una vuelta, una ronda. ▶一巡りする *v.* dar* una vuelta → *f.* vuelta;（遊行する）*v.* hacer* un viaje «alrededor de»;（循環する）*v.* circular. ◆季節が一巡りしてきた春

が来た Las estaciones han dado la vuelta y ahora vuelve a ser primavera.
ヒトめんえきふぜんしょう ヒト免疫不全症《専門語》*f.* inmunodeficiencia humana.
ひとやく 一役 *m.* papel, *m.* rol. ▶一役1買う [2買って出る] *v.* ¹jugar* [²ofrecerse* a jugar*] un papel «en».
ひとやすみ 一休み（休息）*m.* descanso, *m.* reposo;（小休止）*m.* alto. ◆ここで一休みしましょう Vamos a tomarnos un descanso ahora.
＊ひとり 一人, 独り（一人）*pron.* uno, una; *f.* persona, *m.* individuo;（各人）*pron.* cada uno. ▶彼らを一人一人調べる（どの人もみな調べる）*v.* examinar cada uno de ellos;（一人ずつ調べる）*v.* examinarlos「uno por uno [de uno en uno]. ◆友人の一人がアルゼンチンにいた Uno de mis amigos/gas se ha ido a Argentina. ◆男の子は彼一人で, 妹が二人いた Era el único hijo varón y tenía dos hermanas. ◆本校の学生の 4 人に 1 人が車を持っている Uno de cada cuatro estudiantes tiene su propio coche. / En nuestra universidad, un estudiante de cada cuatro dispone de coche propio. ◆友人は一人も会いに来ない Ninguno de mis amigos viene a verme. / Nadie de mis amigos viene a verme. ◆通りには一人もいなかった En la calle「no se veía a nadie [no se veía un alma].

── **一人 · 独り(の)**（一人一人）*pron.* uno, una;（たった一人の）el/la único/ca, *pron.* uno solo;（一人ぼっちの）*adj.* solo, solitario;（たった一人の, 独身の）*adj.* soltero, individual. ▶一人息子 *m.* único hijo. ▶一人旅 *m.* viaje en solitario, *m.* viaje en solitario. ▶一人部屋 *m.* cuarto individual. ▶一人暮らし → 一人暮らし. ◆彼女はまだ独り身だ Sigue soltera. / No está casada.

── **一人 · 独り(で)**（一人一人）*pron.* cada uno, *adv.* por cabeza [persona,（とくに男性に）barba];（単独で）*pron.* uno solo;（独力で）*adv.* por sí mismo, *adj.* solo,《口語》*adj.* solito, *adv.* a solas. ◆私は彼らに一人 2 ユーロずつやった A cada uno tes de dos euros. / Les di「a cada uno dos euros [dos euros por cabeza]. ◆パパ, ぼくって一人で塗ったんだよ Lo he pintado yo solo [《口語》solito], papá. ◆彼が一人だけ試験に合格した Sólo él aprobó el examen. → だけ. ◆お願い, 一人にしておいて Por favor, déjame sola. ◆私はただ一人でそこへ行った Fui allí yo solo [por mí mismo]. ◆たった一人で, 彼は小さなヨットで太平洋を横断したのだった Él solo cruzó el Océano Pacífico en un pequeño yate.

【その他の表現】 ◆彼らは一人残らず射殺された Mataron hasta la última persona. /《口語》No dejaron vivo ni a un alma. ◆この車にもう一人も乗れません En este coche ya no queda sitio para nadie más. / No cabe nadie más en este coche.
ひどり 日取り *f.* fecha;（日程）*m.* calendario, *m.* programa, *f.* agenda. ▶会合の日取りを決める *v.* fijar la fecha de la reunión. ▶旅行の日取りを決める *v.* fijar el calendario del viaje.

ひとりあるき 独り[一人]歩き ▶独り[一人]歩きする(=一人で歩く) v. caminar solo [sin compañía]; (外出する) v. salir* solo; (幼児が独立して歩く) v. hacer* pinitos; (独立する) ➔ 独り[一人]立ち. ▶その国の間違った印象だけが独り歩きしている La gente se lleva una impresión falsa de ese país.

ひとりがち 一人勝ち ▶ゆうべのポーカーでは彼が一人勝ちした Fue el único ganador de los juegos de 《英語》"poker" (☆発音は [póker]) de anoche.

ひとりがてん 一人合点 ▶一人合点する v. convencerse* por sí mismo 《de que》; (性急に結論を出す) v. saltar [precipitarse] a una conclusión.

ひとりぐらし 一人暮らし ▶一人暮らしをする (独居する) v. vivir solo [a solas, en soledad, sin compañía], llevar una vida solitaria; (独身生活を送る) v. llevar una vida de soltero.

ひとりごと 独り言 ▶独り言を言う v. hablar「consigo (mismo) [para sí], hablar solo [a solas], 《フォーマル》tener* un soliloquio. ▶ぶつぶつ独り言を言う v. murmurar para sí. 会話 何か言った-いや、独り言だよ ¿Qué has dicho? – Nada,「hablaba solo [hablaba conmigo mismo, hablaba para mí, pensaba en voz alta].

ひとりじめ 独り占め ▶独り占めする[している] v. acaparar, monopolizar*.

ひとりだち 独り立ち ▶独り[一人]立ちする v. independizarse*, hacerse* independiente.

ひとりっこ 一人っ子 mf. hijo/a único/ca.

ひとりでに 独りでに (自然に) adv. solo, por sí solo, 《口語》solito; (自発的に) adv. por su propia iniciativa, espontáneamente; (自動的に) adv. automáticamente. ▶戸がひとりでに開いた La puerta se abrió sola. ▶彼女はひとりでに(=思わず)口元はほころんだ Sonrió espontáneamente [sin querer].
☞ 自然に, 自ら

ひとりぼっち 独りぼっち ▶独りぼっちの(ただ一人の) adj. solo, 《口語》solito; (仲間がなく一人の) adj. solitario ➔ 孤独; (独りで寂しい) adj. solitario. ▶独りぼっちの老人 m. anciano solitario. ♦彼は独りぼっちだった Estaba completamente solo. / Vivía en completa [perfecta] soledad.

ひとりむすこ 一人息子 m. hijo único, m. único hijo. ♦健は彼の一人息子である Ken es「hijo único [su único hijo, el único hijo que tiene].

ひとりむすめ 一人娘 f. hija única. ➔ 一人息子.

ひとりも 一人も pron. ni (siquiera) uno. ➔ 一人.

ひとりもの 独り者 mf. soltero/ra. ➔ 独身.

ひとりよがり 独り善がり (自己満足) f. satisfacción de sí mismo, f. autocomplacencia; (独善) fpl. pretensiones de superioridad moral, 《口語》mpl. aires, 《教養語》m. fariseísmo. ▶独り善がりの考え方 f. mentalidad autosuficiente.

ひな 雛 f. cría de ave; (鶏などの) m. pollo; (卵からかえったばかりの) m. pollito. ♦ひなが5羽かえった Cinco pollitos nacieron del huevo.

ひながた 雛型 (見本・模型) f. maqueta, m. modelo; (小型模型) f. miniatura; (見本書式) f. muestra de fórmula.

ひなぎく 雛菊 f. margarita.

ひなた 日向 f. solana. ▶日なたで乾かす v. secar* al sol. ▶日なたで遊ぶ v. jugar* al sol. ♦彼は庭で日なたぼっこしていた Estaba tomando el sol [Se sentaba al sol] en el jardín.

ひなだん 雛壇 f. estantería para colocar las muñecas.

ひなにんぎょう 雛人形 f. muñeca de exposición (en la Fiesta de las Niñas).

ひなびた adj. rural; rústico. ▶ひなびた温泉 m. balneario rústico.

ひなまつり 雛祭り "hinamatsuri",《説明的に》f. Fiesta de las Muñecas [Niñas] que tiene lugar el 3 de marzo.

ひなん 非難 (批判) f. crítica; (厳しい) 《フォーマル》f. reprobación, f. censura; (言葉や文章による攻撃) m. ataque, f. acusación. ▶非難を免れる v. escapar a las críticas. ▶彼らの非難の的になる v. ser* el objeto de sus críticas [acusaciones]. ▶世間のごうごうたる非難にさらされる v.「exponerse* a [atraerse*] una furiosa censura pública. ♦そんなことをすると他人の非難を招くよ Si haces eso, 「conseguirás que la gente te critique [recibirás críticas, 《フォーマル》incurrirás en las críticas de la gente]. ♦首相はその政策で非難(=攻撃)を[1]受けている [2]受けた] El primer ministro [1]es [2]fue]「objeto de críticas [criticado] por esa política. ♦そんな非難がましい顔しないでよ No tengas esa expresión tan reprobatoria. / No me mires con reproche.

—— 非難する (人・行為を) v. criticar*; (権威者が厳しく) 《フォーマル》censurar, 《文語》《強調して》vituperar; (人を) (責任があるとして) v. culpar, echar la culpa; (穏やかに) v. reprochar, lanzar* acusaciones 《contra》; (公然と) v. denunciar; (攻撃する) (厳しく) v. atacar*, acusar; (非とする) v. reprobar*, desaprobar*. ♦彼女は夫のことをだらしないと言っていつも非難している Siempre está「criticando a [《口語》metiéndose con] su marido por su negligencia. ♦君が悪いことをしたといって非難しているのではないのだ No te estoy culpando [reprochando] por lo que hiciste mal. ♦新聞は激しく政府の政策を非難した La prensa criticó [censuró, atacó] fuertemente [enérgicamente] la política del gobierno.
☞ 攻撃する, 責める, 誹る, 叩く, 追及

ひなん 避難 (風雨・危険などからの一時的避難) f. evacuación; (避難所) m. refugio, 《フォーマル》m. abrigo. ▶避難者 (国外への) mf. refugiado/da; (危険地域からの) m. evacuado/da. ▶[1]火事 [2]地震] の避難訓練の simulacro de [1]incendio [2]terremoto]. ▶避難訓練をする v. hacer* las prácticas de evacuación. ▶避難する v. refugiarse, ponerse* a cubierto, guarecerse* 《de + 物 en + 場所》; (立ち退く) v. evacuar*. ▶通りから住民を避難させる v.

ビニール evacuar* a los residentes de una calle. ♦船はあらしを避けて入り江に避難した El barco「se refugió [buscó abrigo] de la tormenta en una cala.

ビニール m. vinilo. ▶ビニール袋 f. bolsa de plástico. ▶ビニールハウス m. invernadero (de plástico). ▶ビニールのレインコート m. impermeable (de plástico).

ひにく 皮肉 (人を傷つける辛らつな) m. sarcasmo; (笑いをさそうような) f. ironía. → 皮肉屋. ▶痛烈な皮肉 m. sarcasmo mordaz, 《フォーマル》 f. mordacidad, 《文語》 f. causticidad. ▶運命の皮肉によって adv. por ironías del destino. ▶皮肉な笑い (=冷笑) f. sonrisa sarcástica; (心の中を隠す笑い) f. sonrisa irónica; (相手の欠点をからかう笑い) f. risa sardónica. ▶皮肉を言う v. decir* [hablar] con sarcasmo (de), mostrar* sarcasmo, ser* sarcástico (sobre). ♦「何と思いやりのあること」と彼女は皮肉って言った "¡Qué generoso eres!", dijo ella con sarcasmo. ♦皮肉にも消防署が全焼した Irónicamente, el parque de bomberos quedó destruido completamente por un incendio.

ひにくや 皮肉屋 f. persona sarcástica.

ひにくる 皮肉る → 皮肉(→皮肉を言う).

ひにょうき 泌尿器 mpl. órganos urinarios. ▶泌尿器科 f. urología.

ひにん 否認 f. negativa, 《フォーマル》 f. denegación. ▶否認する v. negar*, 《フォーマル》 denegar*, desmentir*. → 否定.

ひにん 避妊 f. anticoncepción, f. contraconcepción; (産児制限) m. control de natalidad. ▶避妊薬 m. anticonceptivo.

ひねくれもの ひねくれ者 f. persona retorcida.

ひねくれる (心をゆがめる) v. retorcerse*, deformarse; (性質がねじれる) v. volverse* retorcido [falso]. → ねじける. ▶長年いじめにあったため彼の性格はひねくれた Los muchos años de sufrir intimidaciones retorcieron su personalidad. / Su personalidad se hizo retorcida por los muchos años de intimidaciones.

びねつ 微熱 f. fiebre ligera. ♦私は微熱がある Tengo「una fiebre ligera [un poco de fiebre].

ひねる ❶ (右か左へ回す) v. torcer*, girar; (激しくねじる) v. retorcer*; (スイッチなどを) v. poner*, encender, girar un botón; apagar*, cortar. ▶蛇口を左へひねる v. girar el grifo a la izquierda. ♦彼はサッカーをしていて足をひねった (=ねんざした) Se torció「la pierna [el pie, el tobillo] mientras jugaba al fútbol. ♦彼はテレビの前に座ってスイッチをひねった Se sentó ante la televisión y la puso [encendió].

❷ (考えをめぐらす) ▶頭をひねる (熱心に考える) v. pensar* mucho (en); ingeniarse, 《口語》 sacarse* de la cabeza; (頭を悩ます) v. estar* desconcertado (por), cavilar, (頭をはる) v. 《口語》 devanarse los sesos, 《口語》 romperse* la cabeza pensando (en). ▶妙案をひねり出す (=考え出す) v. ingeniarse, 《口語》 sacarse* de la cabeza una buena idea. ▶ひねった問題 f. pregunta retorcida [que induce a engaño, compleja]. ▶ (俳句を) 一句ひねる v. componer* un haiku.

【その他の表現】♦苦しい家計の中からお金をひねり出す v. sacar* dinero de un apretado presupuesto familiar. ♦なぜ彼女があんな男と結婚したのか皆首をひねった Todos「nos quedamos maravillados de [《口語》 nos rompimos la cabeza pensando] por qué se había casado con un hombre así.

びねんまく 鼻粘膜 (専門語) f. mucosa nasal.

ひのいり 日の入り f. puesta de sol, 《フォーマル》 m. ocaso, 《文語》 m. crepúsculo.

ひのき 檜 m. ciprés japonés.

ひのきぶたい 檜舞台 ▶ひのき舞台を踏む (俳優が) v. actuar* en un teatro de primera clase; 《口語》 estar* en el candelero (del mundo de la política).

ひのけ 火の気 (火) m. fuego → 火; (火の形跡) f. señal de fuego. ▶火の気のない部屋 m. cuarto sin calefacción. ♦火の気のない山で火事が発生するときがある A veces se inicia un incendio en montañas en donde no hay nada de fuego.

ひのこ 火の粉 f. chispa, f. centella. ♦燃えている建物が崩壊したとき火の粉が空中に飛んだ Al derrumbarse el edificio en llamas saltaban chispas al aire.

ピノッキオ Pinocho.

ひので 火の手 (火事) m. incendio, m. fuego; (炎) f. llama. → 火事. ♦火の手はその工場から上がった El incendio se originó en la fábrica.

ひので 日の出 f. salida de sol, m. amanecer. ▶日の出を見る v. ver* la salida de sol. ♦われわれは日の出とともに出発した Salimos al amanecer.

ひのとり 火の鳥 (バレエ曲) 《El Pájaro de Fuego》.

ひのまる 日の丸 f. bandera del Sol Naciente.

ひのめ 日の目 ▶日の目を見る v. ver* la luz (del día), salir* a luz, aparecer*; (実現する) v. realizarse*. ▶日の目を見ることのない原稿 mpl. manuscritos destinados a no「ver nunca la luz [ser publicados]. ♦彼の映画は日の目を見る(=一般に公開される)ことがなかった Su película no fue proyectada en público.

ひのもと 火の元 (火) m. fuego. ▶火の元に気をつける v. tener* cuidado con el fuego.

ひばいひん 非売品 [揭示] No se vende. ♦この絵は非売品です Este cuadro no está en [a la] venta. / Este cuadro no se vende.

ひはかいけんさ 非破壊検査 f. inspección no destructiva.

ひばく 被爆 ▶被爆する v. sufrir una bomba atómica. ▶被爆者 f. víctima de la bomba atómica, mf. superviviente del bombardeo atómico. ▶被爆地区 f. zona afectada por la bomba atómica, f. zona bombardeada atómicamente.

ひばち 火鉢 (説明的に) f. especie de brasero tradicional japonés.

ひばな 火花 *fpl.* chispas. ◆燃える木から火花が上がった Saltaban chispas de las maderas ardientes. ◆切れた電線は火花を飛び散らした「Del cable roto saltaban [El cable roto echaba] chispas.

ひばり 雲雀 *f.* alondra.

ビバルディ Vivaldi (Antonio~).

*ひはん 批判 *f.* crítica, *m.* juicio crítico, *f.* opinión crítica; (厳しい)(フォーマル) *f.* censura; (論評) *m.* comentario. → 批評. 自己批判 *f.* autocrítica; (反省) *m.* autoexamen. ▶批判票 *m.* voto de censura. ◆批判の余地がある [2ない] *v.* [1ser* abierto a [2estar* al margen de] las críticas. ◆その作品に専門的な批評を2, 3加える *v.* dar* [(文語) emitir] algunas opiniones críticas especializadas sobre esa obra. ◆建設的な批判を受け入れる *v.* aceptar una crítica constructiva. ◆私たちは日本に対する海外の批判をもっと謙虚に受けとめるべきだ Debemos aceptar con más humildad las críticas contra Japón que llegan del extranjero.

── 批判する *v.* criticar*, dar* [(文語) emitir] una opinión crítica 《de》; (論評する) *v.* comentar 《sobre》. ◆彼はわいろを受け取ったと厳しく批判された Lo [Le] criticaron fuertemente [Fue duramente criticado] por aceptar sobornos. / Su aceptación de sobornos fue duramente criticada.

── 批判的な *adj.* crítico. ◆彼に批判的な態度を取る *v.* tomar [(フォーマル) adoptar] una actitud crítica hacia él. ◆批判的な目で (=批判的に)あらゆる物事を見ている *v.* mirar todo con espíritu [ojo] crítico. ◆政府に対して批判的である *v.* ser* crítico con el gobierno.

ひばん 非番 ●非番で[1ある [2になる] *v.* ¹no estar* [²librar] de servicio. ●非番の日 *m.* día libre [de descanso, que se libra]. ●非番の警官 *mf.* policía fuera de servicio.

ひひ 狒狒 *mf.* babuino/na.

ひび 日々 (毎日) *adv.* cada día, diariamente, a diario, todos los días; (来る日も来る日も) *adv.* día tras otro, día tras día; (日ごとに) *adv.* día a día. ▶日々努力する *v.* hacer* [(フォーマル) realizar*] esfuerzos diarios [constantes]. ◆忙しい日々 (=生活)を送る *v.* llevar una vida diaria ocupada [ajetreada].

ひび *f.* grieta, *f.* raja, *f.* hendidura, *f.* fisura; (あかぎれ) *fpl.* grietas. ▶ひびが入る *v.* agrietarse, rajarse. ▶壁のひび *f.* grieta en la pared. ▶ひびの入った茶わん *f.* taza agrietada. ◆その出来事で彼らの友情にひびが入った Su amistad 「quedó agrietada por [(フォーマル) sufrió una brecha a causa de] ese incidente.

ひひーん (馬が鳴く声) *m.* relincho. ◆馬が牧場でひひーんと鳴いていた Los caballos relinchaban en el prado. ◆馬が時折りひひーんと鳴いて駆けている Los caballos corren de un lado para otro relinchando de vez en cuando.

ひびき 響き ❶【音響】*m.* sonido. → 音. ◆この鐘は響きがよい Esta campana 「suena bien [tiene un buen sonido]. ◆教会の鐘が響き渡った Resonó el sonido de las campanas de la iglesia.

❷【反響】*m.* eco, *f.* resonancia; (音響効果) *f.* acústica. → 木霊(だま). ◆このホールは響きがよい Esta sala tiene una buena acústica.

❸【振動】*f.* vibración. ▶地響き *mpl.* temblores de tierra.

❹【音の感じ】*m.* tono. ◆彼の言葉には真実の響きがあった Sus palabras tenían un tono de sinceridad. / Había un tono de verdad en sus palabras.

*ひびく 響く ❶【音が伝わる】*v.* sonar*; resonar*, repercutir. → 鳴り響く. ◆彼の怒声が家中に響いた Su voz irritada resonó en la casa.

❷【反響する】*v.* retumbar, producir* [tener*] eco. ◆ごう音がトンネル内に響いた Un estruendo ensordecedor retumbó en el túnel.

❸【悪影響を及ぼす】*v.* repercutir 《en》, afectar. ◆連日の残業が体に響いてきた El trabajo diario de las horas extra(s) está empezando a 「repercutir en [afectar] mi salud.

❹【広く知られる】*v.* ser* famoso, tener* renombre. ◆彼の名は日本中に響き渡った 「Llegó a ser renombrado [Adquirió renombre; Se hizo famoso] en todo Japón.

ひびたる 微々たる *adj.* mínimo, minúsculo, insignificante; (程度の) *adj.* ligero, leve. ▶微々たる変化 *m.* cambio mínimo [insignificante]. ◆われわれのもうけは微々たるものだった Hacíamos muy poco dinero. / Nuestros beneficios eran mínimos.

*ひひょう 批評 *f.* crítica; (批評記事) *f.* reseña; (論評) *m.* comentario. → 批評. 批評家 *mf.* crítico/ca. ◆新しい劇の批評を読む *v.* leer* la crítica de una nueva obra de teatro. ◆その本について批評を書く *v.* escribir una reseña [crítica] del libro, reseñar el libro. ◆その映画は好意的な批評を受けた La película 「recibió una crítica favorable [fue favorablemente criticada], tuvo una buena acogida].

── 批評する *v.* criticar*, hacer* [escribir*] una crítica [reseña], reseñar; (論評する) *v.* escribir* un comentario [comentar] 《sobre》. ◆私の小説を読んで批評してくださいませんか ¿Le importaría leer y hacer una crítica de mi novela? ◆私は批評されるのはいやだ No me gusta que me critiquen.

びひん 備品 *m.* equipo, *m.* mueblaje, *mpl.* accesorios, *mpl.* muebles, *m.* mobiliario, *m.* moblaje; (設備) *m.* equipo 《para, de》. ▶台所の備品 *m.* accesorio de cocina. ▶事務備品 *m.* equipo de oficina. ◆この本は学校の備品 (=所有物)です Este libro es propiedad de la escuela. □造作, 調度品.

*ひふ 皮膚 *f.* piel; (とくに顔の) *m.* cutis.

1《皮膚(の)+名詞》▶皮膚科(学) *f.* dermatología. ▶皮膚科医 *mf.* dermatólogo/ga. ▶皮膚病 *f.* enfermedad de la piel; (専門用語) *f.* dermatosis. ▶皮膚の色 *m.* color de piel; (顔色) *f.* tez. ▶皮膚炎を起こす *v.* tener* 「infla-

ひぶ

mación de la piel [《専門語》dermatitis]. ▶皮膚炎《専門語》f. dermatitis. ▶接触性皮膚炎《専門語》m. dermatitis de contacto. ▶皮膚癌(がん)《専門語》m. cáncer cutáneo. ▶皮膚筋炎《専門語》f. dermatomiositis. ▶皮膚疾患《専門語》f. dermatosis. ▶皮膚症《専門語》f. dermopatía.

2《皮膚が》▶彼らは皮膚が¹白い [²黒い] Tienen la tez ¹clara [²morena]. ♦彼女は皮膚が¹すべすべしている [²強い; ³弱い] Tiene un cutis ¹suave [²fuerte; ³delicado]. ♦彼女は皮膚が荒れている Tiene la piel áspera.

ひぶ 日歩 m. interés diario; (率) m. tipo de interés diario.

びふう 美風 f. buena costumbre.

びふう 微風 f. brisa. → そよ風.

ひぶそう 非武装 m. desarme; (地域の) f. demilitarización. ▶非武装中立 f. neutralidad desarmada (sin armas). ▶非武装地帯 f. zona desmilitarizada.

ビフテキ m. filete (de ternera, de res), m. bistec. → ステーキ.

ひぶん 碑文 f. inscripción; (墓碑名) m. epitafio.

びぶん 微分 f. diferencial. ▶微分学 m. cálculo diferencial.

ひへい 疲弊 ▶疲弊する (人・国が) v. estar* agotado [《フォーマル》extenuado]; (国・土地が) v. estar* empobrecido [pobre].

びへい 鼻閉 《専門語》f. rinostenosis.

ビベス（フアン・ルイス ～）Juan Luis Vives (☆ 1492–1540, スペインの哲学者).

ひほう 悲報 ▶悲報に接する v. recibir la triste [funesta] noticia (de).

ひほう 秘宝 《フォーマル》m. (preciado) tesoro. → 宝.

ひほう 誹謗 (ののしり) m. insulto, f. calumnia, 《文語》f. infamación. ▶誹謗する v. insultar, calumniar, 《フォーマル》denigrar, 《文語》infamar.

びぼう 美貌 (美しい顔立ち) f. buena presencia; ((女性の美しさ) f. belleza; ((男性の美しさ) f. apostura. ▶美貌を鼻にかける v. presumir de guapo/pa. ▶彼女の美貌に迷わされる v. quedar fascinado por su belleza. ▶美貌の婦人 f. mujer hermosa [guapa].

ひぼし 日干し ▶日干しにする v. secar* al sol. ▶日干しレンガ m. adobe.

ひぼん 非凡な (並はずれた) adj. extraordinario, (めったにない) adj. poco común [frecuente]; (普通でない) adj. fuera de lo común, raro, (注目すべき) adj. notable. ♦彼は音楽に非凡な才がある Tiene un talento extraordinario para la música. / "Es un genio de [Tiene genio para] la música.

***ひま** 暇 ❶【時間】m. tiempo. → 時間, 余暇. ♦彼は暇さえあればテレビを見ている Cuando está libre, pasa el tiempo viendo la televisión. / (暇な時はいつも)Ve la televisión siempre que está libre.

1《暇が》《会話》今日は暇がないんだ—じゃあいつ暇があるのHoy no tengo tiempo. – ¿Cuándo lo tendrás, entonces? ♦忙しくて読書の暇がない No tengo tiempo para leer por lo ocupado que estoy. / (時間を割くことができない) Estoy tan ocupado que no encuentro tiempo para leer. ♦彼は暇がありすぎる Tiene demasiado tiempo libre. / Le sobra tiempo. / (暇をもて余している)No sabe cómo matar el tiempo. / No sabe qué hacer con el tiempo. ♦こういうことは暇がかかるものだ Estas cosas llevan [requieren] (mucho) tiempo.

2《暇に [を]》▶暇をつぶす v. 《口語》matar el tiempo [rato]. ▶彼がテレビを見ている暇に (=間)私は宿題をすませた Mientras él veía la televisión, yo terminé los deberes. ♦彼は暇に飽かせて (=ゆっくり時間をかけて)散歩した Se dio un paseo tranquilamente [sin ninguna prisa].

3《暇な》(仕事がない) v. estar* libre [ocioso]; (忙しくない) v. no estar* ocupado; (手が空いている) v. estar* desocupado. ▶暇な時間を有効に使う [利用する] v. aprovechar bien el tiempo libre, sacar* partido del ocio. ▶暇なときにこの書類に目を通しておいてください "Cuando estés libre [Cuando tengas tiempo, En algún rato libre, 《口語》Cuando te vague], echa una ojeada a estos documentos.

❷【休暇】▶¹暇 [²1 日暇; ³1 週間暇; ⁴あす暇]をとる v. tomarse ¹un rato [²un día, ³una semana, ⁴mañana] libre. ♦私は1週間暇をもらって国へ帰った Me dieron una semana libre [de permiso] y me fui a casa.

❸【解雇】▶暇を出す (=首にする) v. 《フォーマル》despedir*. ♦その店員は遅刻したため暇を出された El/La empleado/da fue despedido/da por llegar frecuentemente tarde.

❹【閑散】▶暇な (不景気な) adj. flojo, inactivo; (振るわない) adj. sin movimiento. ♦お盆休みの頃はたいていの商売が暇な時期です Las fiestas de "obon" son unos días flojos para casi todos los negocios. ♦その店は午後2時から4時までが最も暇です Las horas más flojas de la tienda son entre dos y cuatro de la tarde.

ひまご 曾孫 mf. biznieto/ta, mf. bisnieto/ta.

ひましに 日増しに (毎日) f. cada día; (日ごとに) adv. de día en día, día tras otro. ♦日増しに寒くなってきた Cada día hace más frío. / Aumenta el frío con el paso de los días.

ひまつぶし 暇つぶし ♦暇つぶしによく推理小説を読む A menudo leo novelas policíacas para matar el tiempo.

ヒマラヤ (山脈) Himalayas, fpl. Montañas [f. Cordillera] de los Himalaya(s). ▶ヒマラヤ杉 m. cedro del Himalaya.

ひまわり 向日葵 m. girasol.

ひまん 肥満 f. gordura; (病的な) f. obesidad, 《専門語》f. adiposis. ▶肥満(体)の adj. gordo, 《フォーマル》obeso; (太りすぎの) adj. con exceso de peso, con sobrepeso. ▶肥満児 mf. niño/ña obeso/sa. ▶肥満になる v. engordar, ponerse* gordo. → 太る. ▶肥満細胞症《専門語》f. mastocitosis.

びみ 美味 ▶美味な *adj.* delicioso. → おいしい.

・びみつ 秘密 (事) *m.* secreto; (状態) *m.* secreto, *m.* sigilo; (私的な秘密) *f.* privacidad, *f.* intimidad; (なぞ) *m.* misterio, *m.* enigma, 《文語》 *m.* arcano.

1《〜(の)秘密》▶企業秘密 *m.* secreto industrial. ▶¹国家の[²商売上の]秘密 *m.* secreto de ¹estado [²comercio]. ▶厳重な秘密 *m.* secreto estricto. ▶公然の秘密 *m.* secreto abierto [《口語》a voces]. ▶彼の出生の秘密 *m.* misterio de su nacimiento. ▶君とぼくの間の秘密 *m.* secreto entre nosotros dos. ▶信書の秘密を侵す *v.* violar la confidencialidad de la correspondencia. ♦あなたの活力の秘密は何ですか¿Cuál es el secreto de tu energía?

2《秘密(の)＋名詞》*adj.* secreto; misterioso; (私的な) *adj.* personal, privado; (特に文書・話に関する) *adj.* confidencial; (隠された) *adj.* oculto. ▶秘密の情報 *f.* información confidencial [clasificada]. ▶秘密文書 *mpl.* documentos confidenciales. ▶秘密の宝 *m.* tesoro secreto [escondido]. ▶秘密協定 *m.* acuerdo secreto. ▶秘密結社 *f.* sociedad secreta [clandestina]. ▶秘密漏洩(ﾛｳｴｲ) *f.* filtración [*f.* divulgación] de un secreto. ▶秘密の話(＝密談)をする *v.* tener* una charla confidencial, hablar en secreto. ▶秘密謀報員 *mf.* agente secreto/ta, *m.* espía. → スパイ. ▶秘密主義 *m.* secretismo. ♦彼は個人的な事柄に関しては秘密主義だ Guarda mucha reserva sobre sus asuntos personales. ♦ここだけの秘密の話だが, 彼は肺がんらしい「Dicho sea entre nosotros [Que quede entre tú y yo, pero] parece que tiene cáncer de pulmón.

3《秘密は[が]》♦秘密が漏れた El secreto se filtró [divulgó]. ♦私たちの間には何も秘密はない Entre nosotros no hay secretos. / Nosotros no tenemos secretos. ♦この件に関しては秘密は厳important に守るべきだ Sobre este asunto hay que guardar「la más absoluta reserva [el mayor secreto].

4《秘密に》*adv.* en secreto, secretamente, confidencialmente; (内々に) *adv.* en privado, privadamente. ▶ひそかに, こっそり, 内々に. ▶秘密にしておくと誓う[約束する] *v.* jurar [prometer] guardar el secreto. ♦彼は妻にはそれを秘密にしていた Lo mantuvo en secreto de su mujer. 会話 このことは秘密にしておいてください. お願いします－分かったわ. 秘密は守るわ Por favor, mantenlo en secreto. – Entendido.「No se lo diré a nadie [《口語》Seré una tumba].

5《秘密を》▶¹彼[²新聞]に秘密を漏らす *v.* filtrar un secreto a ¹él [²la prensa]. ▶秘密を打ち明ける *v.* revelar [descubrir*, decir*, divulgar*] un secreto, decir*《a＋人》un secreto. ▶秘密を守る *v.* guardar [respetar, mantener*] un secreto. ♦ぜひ私に秘密を教えてよ ¡Vamos, dime el secreto!

びみょう 微妙な (慎重さを要する) *adj.* delicado, sutil, fino. ▶微妙な立場にある *v.* estar*「en una posición delicada. ♦これらの語の微妙な相違を見分ける *v.* ver* [detectar] una delicada [sutil] diferencia de significado entre estas palabras.

ひめ 姫 *f.* princesa. ▶ヒメナ姫 *f.* princesa Jimena.

ひめい 悲鳴 *m.* grito, *m.* chillido, *m.* alarido. → 叫び声. ▶悲鳴をあげて逃げる *v.* huir* con un grito. ▶恐ろしくて悲鳴をあげる *v.* gritar aterrorizado, dar* un grito de terror. → 叫ぶ. ♦私は忙しくて悲鳴をあげたい気持ちだ(＝助けを求めたい) Estoy tan ocupado que hasta tendría ganas de gritar pidiendo ayuda.

びめい 美名 *m.* buen nombre. ♦平和のためという美名に隠れて多くの核実験が続けられてきている Se han llevado a cabo numerosas pruebas nucleares bajo el pretexto del buen nombre de la paz.

ヒメネス 《ファン・ラモン〜》 Juan Ramón Jiménez (☆1881-1958, スペインの詩人, 1956年ノーベル文学賞受賞).

ひめる 秘める (隠す) *v.* ocultar, esconder; (人に話さないでおく) *v.* guardar para sí [sus adentros]; (心に強く持つ) *v.* tener* [guardar] en el fondo del corazón. ▶秘められた財宝 *m.* tesoro oculto. ▶その思い出を胸に秘めておく *v.* guardar el recuerdo「para sí [en el corazón]. ♦彼は強い意志を内に秘めている En el fondo de su corazón tiene una fuerte voluntad.

ひめん 罷免 *m.* despido. ▶罷免する *v.* despedir*《a＋人》《de》. → 免職.

・ひも 紐 ❶【ものを縛る】*m.* cordón, *f.* cuerda; (靴ひも) *m.* cordón de zapatos. ▶ひもを結ぶ [²ほどく] *v.* ¹atar [²desatar] una cuerda. ▶靴のひもを¹結ぶ [²解く] *v.* ¹atarse [²desatarse] los zapatos. ♦彼はその箱をひもで縛った Ató la caja con una cuerda. ♦靴のひもがほどけた Se me ha desatado el cordón de los zapatos.

❷【条件】*fpl.* condiciones. ▶ひも付きの[²でない]金 *m.* dinero ¹condicionado [²no condicionado].

❸【売春婦の】 *m.* rufián, 《口語》 *m.* chulo, 《フォーマル》 *m.* proxeneta.

ひもと 火元 *m.* origen de un fuego. ♦火元は応接室だった El fuego se originó en la sala. ♦火元に注意せよ Ten cuidado con el fuego.

ひもとく 繙く ▶歴史をひもとく(＝歴史の本を読む) *v.* leer* un libro de historia.

ひもの 干物 (1魚の [²目の)) ¹ *m.* pescado [² *m.* marisco] seco.

ひやあせ 冷や汗 ♦彼女は多数の聴衆の前で上がって冷や汗をかいていた Le corría un sudor frío a causa del miedo escénico ante el numeroso público.

ビヤガーデン *m.* cervecería.

ひやかし 冷やかし (からかい) *f.* broma, *f.* burla, 《口語》 *f.* tomadura de pelo; (店で見るだけ) *m.* acto de mirar escaparates [[ラ米] vidrieras [[ラ米] vitrinas]. ▶冷やかし半分で *adv.* en [de] broma, en son de burla. ▶冷やかしの客 *mf.* mirón/rona de escaparates.

ひやかす 冷やかす (軽くいじめて) v. gastar "una broma [bromas] ((a＋人)), bromear ((con＋人)), (口語) tomar el pelo ((a＋人)); (からかう) v. burlarse 《de＋人》. ◆彼は婚約を友達に冷やかされた Sus amigos le gastaron bromas por su compromiso matrimonial.

ひやく 飛躍 ❶【急激な進歩】m. progreso rápido. ◆科学は飛躍的に進歩した La ciencia ha "realizado rápidos progresos [progresado rápidamente].
❷【活躍】f. 政界に飛躍する v. jugar* un papel activo en los círculos políticos.
❸【論理・語などの】m. salto. ◆論理の飛躍 m. salto en "la lógica [el razonamiento]. ◆話題の飛躍 m. salto de un tema a otro.

※※ひゃく 百 num. cien; (次に続く10, 1の位の数字があるとき) num. ciento; (百番目の) adj. centésimo. ◆100分の1 m. un centésimo, m. un centavo. ◆100分の3 fpl. tres centésimas. ◆何百と adv. a centenares, cientos y cientos. ◆百年 m. siglo, 《フォーマル》f. centuria. ◆百メートル競走 f. carrera de (los) cien metros lisos. ◆およそ550人の学生がその子モに参加した Unos quinientos cincuenta estudiantes participaron en la manifestación. ◆数百人の乗客がその事故でけがをした Cientos de pasajeros resultaron heridos en el accidente. ◆そのことは百も承知だ Lo sé perfectamente. / Soy muy consciente de eso.

びゃく 媚薬 m. afrodisíaco.

ひゃくがい 百害 ◆百害あって一利なし Te hace mucho mal y nada bien. / No te hace más que daño.

ひゃくしょう 百姓 mf. agricultor/tora; (小作農) m. campesino/na. → 農民. ◆百姓仕事 f. agricultura. ◆百姓家 f. casa "rural [de la branza]. ◆百姓をする v. dedicarse* a la agricultura, hacerse* agricultor/tora.

ひゃくてん 百点 (得点) mpl. cien puntos; (満点) f. puntuación máxima. → 満点. ◆試験で百点を取るのは難しいものだ Es difícil conseguir los cien puntos en un examen. ◆彼のやり方は百点満点だ (＝申し分ない) Su manera de actuar es impecable [perfecta].

ひゃくとおばん 110番 ◆110番する v. marcar* al ciento diez, llamar a la policía.

ひゃくにちぜき 百日咳 f. tos ferina;《専門語》f. pertussis.

ひゃくにちそう 百日草 f. zinnia, f. cinia.

ひゃくにんいっしゅ 百人一首 "hyakuninisshu",《説明的に》f. antología de cien poemas breves compuestos por cien famosos poetas clásicos. (カルタ)《説明的に》f. cartas tradicionales japonesas basadas en cien famosos poemas "tanka"; (ゲーム) m. juego de cartas de los Cien Poemas.

ひゃくねんさい 百年祭 m. centenario.

ひゃくぶん 百聞 ◆百聞は一見にしかず《ことわざ》Ver es [para] creer.

ひゃくぶんりつ 百分率 m. porcentaje. → パーセント.

ひゃくまん 百万 m. millón. ◆2百50万 mpl. dos millones y medio. ◆3百万冊の本 mpl. tres millones de libros. ◆数百万の人々 mpl. millones de personas. ◆百万長者 m. millonario/ria.

びゃくや 白夜 f. noche blanca. → 白夜(ᵇゃくゃ).

ひやけ 日焼け (ひりひりして痛い) f. quemadura de sol, [メキシコ] m. asoleado; (健康的な) m. bronceado. ◆日焼けする (赤く痛くなるほどに) v. tostarse*, quemarse al sol, [メキシコ] asolearse; (こんがりと) v. broncearse, ponerse moreno. ◆日焼け止めクリーム (紫外線を遮断する) f. crema contra las quemaduras del sol; (小麦色に焼く) f. crema bronceadora. ◆彼の日焼けした顔 m. su rostro bronceado por el sol. ◆きれいな小麦色に日焼けする v. tostarse* hasta conseguir* un bonito bronceado. ◆彼女はすぐ日焼けする Su piel se broncea fácilmente. ◆娘たちはこんがりと日焼けして帰って来た Mis hijas han vuelto con un bonito bronceado en la piel.

ヒヤシンス m. jacinto.

ひやす 冷やす v. enfriar*, refrescar*; (氷で) v. enfriar* con hielo. ◆冷蔵庫でビールを冷やした Enfrié la cerveza en la nevera. ◆お茶を氷で冷やしなさい Ponla al hielo. ◆ひざを冷やさないようにしなさい (＝いつも温かい状態にしておきなさい) Que no se te enfríen las rodillas.
《その他の表現》◆頭を冷やす v. refrescar* (su) cabeza; (冷静にする) v. mantener* la calma. ◆私はその恐ろしい光景を見て肝を冷やした (＝ぞっとした) Me quedé helado [de hielo] al ver ese terrible espectáculo.

ひゃっかじてん 百科事典 f. enciclopedia. → 事典, 辞書.

ひゃっかてん 百貨店 mpl. grandes almacenes. → デパート. ◆ひまわり百貨店 Los grandes almacenes (de) Himawari.

ひやっと ◆飛行機がひどく揺れたときはひやっとした Sentí un escalofrío cuando el avión dio una fuerte sacudida. ◆その光景に背すじがひやっとした Se me heló la sangre [un escalofrío me recorrió la espalda]. ◆森に入るとひやっとした Al entrar en el bosque sentí la frescura del aire. ◆夜気がひやっとした El aire de la noche era fresco.

ひゃっぱつひゃくちゅう 百発百中 ◆百発百中する v. hacer* siempre diana; dar* en el blanco diez veces de diez tiros; no fallar nunca.

ひやとい 日雇い (人) mf. jornalero/ra. ◆彼は日雇いだ Es jornalero. / (日雇いで働く) Trabaja a jornal.

ひやひや 冷々冷やする ❶【怖がる】v. tener* miedo 《de, de que＋接続法》, temer; (身震いして) v. sentir* escalofríos, temblar*. ◆母親は自分の子供が自転車に乗って事故を起こすのではないかとひやひやしている La madre tiene miedo de que su hijito pueda sufrir un accidente en bicicleta. ◆綱渡りを見て観衆はひやひやした Los espectadores sentían escalofríos al ver al funámbulo andar por la cuerda.
❷【冷たく感じる】→ひやっと.

ビヤホール f. cervecería.

ひやむぎ 冷麦 "hiyamugi", 《説明的に》 mpl. fideos que se comen en agua con hielo y remojados en salsa de soja.

ひやめし 冷や飯 m. arroz frío. ♦彼は会社で冷や飯を食わされている Se le trata con frialdad en la compañía.

ひややか 冷ややか ▶冷ややかな(冷淡な) adj. frío; (肌に冷たい) adj. fresco, frío. ▶冷ややかな態度をとる v. adoptar una actitud fría (hacia). ▶人を冷ややかに迎える v. recibir 《a ＋ 人》 con frialdad, dar* 《a ＋ 人》 una acogida fría [seca].

ひやりと →ひやっと

ヒヤリング f. audición. → ヒアリング.

ひゆ 比喩 (言葉のあや) m. tropo, f. figura retórica (☆直喩 m. símil, 隠喩 f. metáfora などの総称); (寓(ら)話) f. fábula, f. alegoría. ▶比喩的に adv. figuradamente; metafóricamente. ▶その語は比喩的な意味で用いられている Esa palabra está usada figuradamente [en sentido figurado].

ビューア 《専門》 m. visualizador.

ヒューズ m. fusible. ▶ヒューズが飛んだので取り換えなくてはならない Se ha fundido el fusible y tengo que cambiarlo.

ヒューストン Houston.

ビューティコンテスト m. concurso [m. certamen] de belleza.

ビューティサロン m. salón de belleza.

ぴゅうぴゅう ▶冬には北風がぴゅうぴゅう吹く El viento del norte brama [aúlla] en invierno. ▶汽船が何度もぴゅうぴゅう汽笛を鳴らしながら港を出て行った El vapor salió del puerto pitando muchas veces. ▶戦場では弾丸がぴゅうぴゅう飛び交った En el campo de batalla las balas pasaban silbando.

ヒューマニスト (人道主義者) mf. humanitario/ria, f. persona humanitaria; (人文主義者) mf. humanista.

ヒューマニズム (人道主義) m. humanitarismo; (人本主義) m. humanismo.

ヒューマン m. humano. → ヒューマンドキュメント f. historia [m. registro] de una vida, m. documento humano.

ピューリツァーしょう ピューリツァー賞 m. Premio Pulitzer.

ヒュッテ m. refugio de montaña, f. cabaña alpina.

ビュッフェ (駅などの立食式の食堂) m. bar (en una estación); (列車食堂) m. vagón restaurante, m. coche comedor.

ひょいと ❶ 【思いがなく】 adv. inesperadamente; (突然に) adv. de repente. ♦私はひょいと外国に行きたくなった De repente me entraron ganas de ir al extranjero. ♦彼がひょいと訪ねてきた Me visitó inesperadamente. / Su visita fue una sorpresa. ♦彼はひょいと会社を辞めたくなった Tuvo el repentino deseo de dejar la empresa.
❷ 【急な動作を示して】 ▶かばんをひょいと網棚に上げる v. poner* 「sin esfuerzo [ágilmente] un bolso en el portaequipajes. ♦彼はひょいと頭を上げて私の方を見た Alzó la cabeza y me miró. ♦彼はひょいと子供を肩に乗せた Puso ágilmente al niño sobre sus hombros.
❸ 【苦もなく】 adv. fácilmente; (軽々と) adv. ágilmente. ♦彼はその石をひょいと持ち上げた Levantó la piedra fácilmente [con facilidad, 《口語》 como uno nada]. ♦少年は自転車からひょいと降りた El muchacho se bajó de la bici de un ágil movimiento.

ひょいひょい ♦彼はひょいひょい(＝身軽に)岩から岩へ跳んだ Saltaba ágilmente de piedra en piedra. ♦彼女はひょいひょい(＝何度となく)外国へ出かける 《口語》 Cada dos por tres va al extranjero. / Va al extranjero con bastante frecuencia. ♦彼はひょいひょい(＝思いがけなく)変わったことを言う Dice cosas raras inesperadamente.

*ひよう **費用** (出費) m. gasto, m. coste, m. costo.
1 《〜費用》 ▶結婚式の費用 m. gasto(s) [m. coste] de la boda. ▶訴訟費用 fpl. costes [mpl. gastos] del pleito.
2 《費用が[は]》 ▶セントラルヒーティングを取り付けるのは大変費用がかかる「Cuesta mucho [Es muy costosa, 《フォーマル》 Supone un considerable gasto] la instalación de calefacción central. / Cuesta demasiado [《口語》 una fortuna] instalar calefacción central. ♦思ったより費用がかかった Mis gastos fueron mayores de lo que había calculado. / Mis gastos excedieron mis cálculos. ♦家を新築する費用はどのくらいですか ¿Cuánto cuesta construir una casa nueva? / ¿Cuáles son los costes de construcción de una nueva casa?
3 《費用を》 ▶会社が旅行の費用を払ってくれる La empresa cubre [paga; se hace cargo de] los gastos [costes] de viaje [desplazamiento]. / (会社の費用で旅行する)Viajamos a expensas [cuenta] de la empresa. ♦私たちは家の修理の費用を出し合った Compartimos los gastos [costes] de reparación de la casa. / Compartimos lo que costó reparar la casa.
4 《費用で》 ▶百ドルの費用で adv. al costo de cien dólares. ♦それはわずかな費用で完成した Se acabó a un pequeño coste. ☞ 経費, コスト, 代価, 代金

*ひょう **表** (縦横の二つの軸による一覧表) f. tabla, m. cuadro; (項目を羅列した一覧表) f. lista. ▶上の表に示したように adv. como se indica en la「tabla anterior [lista precedente]. ▶表に出ている v. estar* en una lista, aparecer* listados; figurar en「el cuadro [la tabla]. ▶実験結果を表にする v. indicar* en una tabla los resultados del experimento. ▶学生の必読書を表にする v. hacer* una lista de los libros que deben leer* los estudiantes. ▶税率は表に示されている Los tipos de impuesto figuran en la tabla.

ひょう 票 m. voto. ▶[1]浮動 [2]組織; [3]保守; [4]同情] 票 m. voto [1]flotante [[2]organizado; [3]conservador, [4]de simpatía]. ▶提案に対する [1]賛成 [[2]反対] 票 m. voto 「[1]a favor [[2]en con-

1212　ひょう

tra」 de la propuesta. ▶票集めの方針 *f.* política de captación de votos. ▶大量票を獲得する *v.* conseguir* [reunir*] muchos votos. ▶票を読む（＝票読みをする）*v.* hacer* [realizar*] el recuento de los votos. ▶私は彼に清き一票を投じた Le di mi voto limpio. ◆法案は10票対8票で可決された El proyecto de ley fue aprobado por 10 votos a 8.

ひょう　雹　*m.* granizo, 《口語》*f.* piedra. ➡あられ.

ひょう　豹　*m.* leopardo, *f.* pantera (negra).

ひょう　評　（批判）*f.* crítica; （本・演劇などの）*f.* reseña, *f.* crítica; （論評）*m.* comentario. ➡批判. ▶（好意的な）映画評を書く *v.* escribir* una crítica favorable a una película.

びよう　美容　（容姿を美しくすること・術）*m.* tratamiento de belleza [cosmética]. ▶美容院 *m.* salón de belleza. ▶美容学校 *f.* academia de cosmética. ▶美容師 *mf.* esteticista; （髪専門の）*mf.* peluquero/ra. ▶美容体操 *f.* calistenia. ▶美容整形 *f.* cirugía estética (リフティング)《英語》*m.* "lifting" (☆発音は [liftin]), *m.* estiramiento (facial). ▶美容と健康によい *v.* ser* bueno para la salud y belleza.

＊びょう　秒　*m.* segundo. ➡分(ふん). ▶百メートルを11秒で走る *v.* correr [hacer*] los 100 metros en once segundos. ▶20秒間目をつぶる *v.* cerrar* los ojos durante veinte segundos. ▶10秒の遅れを出す *v.* retrasarse diez segundos. ▶毎秒50メートル動く *v.* moverse* 50 metros por segundo. ▶ものの数秒かたたないうち *adv.* en cosa de segundos, en un instante. ▶今1時4分23秒です Es la una y cuatro minutos y veintitrés segundos.

びょう　鋲　（金属板用の）*m.* remache, *m.* roblón; （紙・敷物などの）*f.* tachuela, *f.* chincheta, 【ラ米】*m.* chinche; （靴底の）*f.* tachuela. ▶鋲を打つ *v.* clavar una chincheta. ▶鋲で留める *v.* fijar (un papel) con chinchetas. ➡画鋲.

ひょういもじ　表意文字　*m.* ideograma.

＊びょういん　病院　*m.* hospital.

　1《～病院, 病院＋名詞》▶¹私立 [²国立; ³総合; ⁴救急] 病院 *m.* hospital ¹privado [²nacional; ³general; ⁴de urgencias]. ▶近藤病院 *m.* Hospital Kondo. ▶病院長 *mf.* director/tora del hospital.

　2《病院に》▶けがをした人たちは病院に運ばれた Los heridos fueron llevados al hospital. ◆この男を病院に運ばなくては。まだ生きているから。Hay que llevar a este hombre al hospital. Todavía está vivo. ◆彼はまだ病院にいる（＝入院している）Sigue en el hospital. / Todavía está hospitalizado. ◆母の見舞いに病院に行った Fui al hospital a visitar a mi madre. / Visité a mi madre que estaba hospitalizada. ◆すぐに病院に（＝医者の診察を受けに）行った方がいいよ Debes ir enseguida al [a ver al] médico. ◆彼は様子を見るために病院に入れられた Fue internado en el hospital para ser observado.

ひょうおんもじ　表音文字　*m.* fonograma.

＊ひょうか　評価　（証拠・能力などの）*f.* evaluación; （段階をつけること）*f.* valoración; （見積もり）*f.* estimación, *m.* cálculo; （税額の）*f.* tasación; （意見）*f.* opinión. ▶評価額10億円の土地 *f.* finca valorada [tasada] en mil millones de yenes. 《会話》勤務評価の結果はAの評価をもらったよ―どうだった一協調性はAの評価をもらったけど, 能率でCと評価されるなんて思ってもいなかった Acabo de recibir los resultados de mi evaluación. – ¿Y qué tal te fue? – Bueno, han evaluado [valorado] mi actuación como "excelente en cooperación", pero no me esperaba la evaluación de "deficiente en eficacia."

　――　評価する　*v.* evaluar*; valorar; tasar; apreciar, estimar. ▶学生の能力を評価する *v.* evaluar* la capacidad del estudiante. ▶その家を4千万円と評価する *v.* tasar [valorar] la casa en 40 millones de yenes. ◆この作品をどのように評価していますか ¿Cómo valoras tú [Cuál es tu valoración de] esta obra? ◆彼らは君を高く評価している Te valoran mucho. / Tienen una opinión muy buena de ti. ☞格付け, 鑑定, 成績, 点

ひょうが　氷河　*m.* glaciar. ▶氷河時代 *f.* era glacial, *m.* período gracial.

ひょうかい　氷解　▶氷解する *v.* despejar, resolver*; disiparse, quedar disipado. ◆彼の説明で彼女の誤解は氷解した Su explicación despejó su malentendido.

びょうがいちゅう　病害虫　*m.* insecto dañino [nocivo], 《口語》*m.* bicho. ➡害虫.

ひょうき　表記　❶【表記法】*f.* notación. ▶音声表記(法) *f.* notación fonética.

❷【表書き】▶表記の住所 *f.* dirección en el sobre.

ひょうぎ　評議　*f.* consulta, 《フォーマル》*f.* deliberación, 《フォーマル》*f.* conferencia. ▶評議する *v.* deliberar; tener* "una conferencia [consultas]. ▶評議員 *mf.* consejero/ra, *mf.* asesor/sora. ▶評議(員)会 *m.* consejo, *f.* junta.

＊＊びょうき　病気　❶【不健康】*f.* enfermedad, *m.* mal; *f.* dolencia, *m.* trastorno, *m.* desorden, 《フォーマル》*f.* afección.

　1《～病気》▶心の病気 *f.* enfermedad mental. ▶¹軽い [²重い] 病気 *f.* enfermedad ¹leve [²grave]. ▶命取りの病気 *f.* enfermedad fatal [mortal]. ▶心臓の病気 *f.* enfermedad cardíaca [de corazón], *m.* trastorno cardíaco. ▶¹ウィルス性の [²恐ろしい; ³子供がかかる] 病気 *f.* enfermedad ¹vírica [²terrible; ³infantil].

　2《病気(の)＋名詞》*adj.* enfermo, 《口語》*malo*, *indispuesto*. ▶病気休暇をとる *v.* tener* baja [permiso] por enfermedad. ▶病院へ友達の病気見舞いに行く *v.* ir* al hospital a ver* a un/una amigo/ga enfermo/ma, visitar a un/una amigo/ga enfermo/ma hospitalizado/da.

　3《病気が[は]》▶病気が治る *v.* curarse, sanar, recuperarse, restablecerse*, 《口語》ponerse* bueno, curarse de una enfermedad. ◆彼の病気はよくなるどころか悪化した Su enfermedad, en lugar de mejorar, empeoró. / 今までの病気よりも悪くなってきた Se puso peor en vez de mejorar. ◆お子さんの病気はいかがですか ¿Cómo va la enfermedad de su hijo?

4《病気に》▶病気になる v. enfermar, 《フォーマル》contraer* una enfermedad. ▶病気に負ける v. ceder a la enfermedad. ▶重い病気にかかっている v. estar* gravemente enfer*mo*. → 重病. ◆彼は心配のあまり病気になった Se puso enfermo de tantas preocupaciones. / Estaba tan preocupado que acabó enfermando. ◆今までに大きな病気にかかったことがありますか ¿Ha tenido usted alguna enfermedad importante? ◆その葉っぱは病気にかかっている Las hojas están enfermas.

5《病気を》▶病気を治す v. curar una enfermedad. ▶病気を治療する v. tratar una enfermedad. ▶病気をうつされる(=もらう) v. contagiarse de una enfermedad.

6《病気で》▶肺の病気で死ぬ v. morir* de una enfermedad pulmonar. → 死ぬ. ◆病気で寝ている v. estar* "enfer*mo* en cama [enca*mado*]". ◆病気で休むと電話を入れる v. llamar para decir" que se está enfer*mo*. ◆彼は病気で学校を休んだ Faltó [No venía] a clase porque estaba enfermo. / Se ausentó de la escuela debido a enfermedad. ◆彼は2週間病気で寝ていた Llevaba enfermo dos semanas.

❷【悪癖】◆彼は例の病気が始まった Ha vuelto a caer en ese mal.

ひょうきん 剽軽 ▶剽軽な(こっけいな)*adj.* gracio*so*; cómico. ▶ひょうきん者 *m.* tipo gracio*so*, *mf.* bromista. ▶ひょうきんなしぐさ *m.* gesto gracioso.

ひょうけいほうもん 表敬訪問 ▶表敬訪問する v. hacer* una visita de cortesía ⟨a + 人⟩.

ひょうけつ 票決 *f.* decisión 「por votación [a votos]. ▶票決に付す v. someter a votación. ▶票決する v. votar 《sobre》, decidir 「a votos [por votación]. ◆法案は15対3で票決された(=可決された) El proyecto de ley fue aprobado por 15 votos a 3. ◆票決の結果彼の案は不採用となった Votaron en contra de su plan. / Su plan fue rechazado por votación.

ひょうけつ 氷結 ▶氷結する v. congelarse, helarse*. ▶氷結した *adj.* congel*ado*, hel*ado*.

ひょうげん 評言 *m.* comentario. → 批評, 評.

ひょうげん 氷原 *m.* campo de hielo.

*****ひょうげん** 表現 (表明)*f.* expresión, *f.* manifestación; (芸術作品などによる)*f.* representación; (言い回し)*f.* expresión. → 語句. ▶思想の自由な表現 *f.* libre expresión de los pensamientos. ▶表現の自由 *f.* libertad de expresión. ▶表現力 *f.* poder [*f.* fuerza] de expresión. ▶「亡くなる」は「死ぬ」の意の婉(えん)曲的な表現だ "Fallecer" es una expresión eufemística de "morir". ▶芸術は自己表現の一つの形式である El arte es una forma de expresarse.

―― 表現する (人・作品などが)v. expresar, 《フォーマル》manifestar*; (言葉で)v. representar; (感情などを)v. dar* expresión ⟨a los sentimientos, a la ira⟩. ◆自分の考えを1スペイン語で「2上手に」表現する v. expresarse 1en español [2muy bien]. ◆その一節は彼の苦悩を表現している Ese pasaje expresa [da expresión a] su agonía. ◆その時のうれしさは言葉では表現できません「No puedo expresar [Ninguna palabra podría expresar] lo feliz que me sentí entonces. / No puedo decir [expresar] en palabras mi felicidad en ese momento. / (表現しがたい喜びを感じた)Sentí en ese momento una felicidad inexpresable [indescriptible]. ☞ 表[現]わす, 言い表わす, 言う, 写[映]す, 書き表わす, 示す

ひょうげん 病原 *m.* origen de una enfermedad. ▶病原菌 *m.* germen patógeno. ▶病原体 *m.* patógeno.

ひょうご 標語 (うたい文句)*m.* eslogan, *m.* lema; (座右銘)*m.* lema. ▶「安全運転」という交通安全週間の標語 *m.* eslogan "Conducción Segura" de la Semana de Seguridad Vial.

ひょうご 病後 ▶病後療養中の人 *mf.* convaleciente. ▶病後の静養 [回復]期 *f.* convalecencia. ◆彼は病後体が弱くなった Está enfermizo después de la enfermedad.

ひょうこう 標高 *f.* altitud. ◆その山は標高(=海抜)3千メートルある Esa montaña tiene una altitud de 3.000 metros sobre el nivel del mar. ◆山頂のここは標高いくらですか ¿Qué altitud tenemos [A qué altitud estamos] aquí, en la cumbre de la montaña?

ひょうさつ 表札 (戸口の番地札, 名札)*m.* letrero [*f.* placa] de una puerta; (名札)*f.* placa identificativa [con nombre].

ひょうざん 氷山 《英語》*m.* "iceberg" (☆発音は[iθeber(g)]). ◆今回の収賄事件は氷山の一角にすぎない El reciente caso de soborno no es más que la punta del iceberg.

ひょうし 表紙 (本の)*f.* tapa, *f.* cubierta. ▶裏表紙 *f.* tapa posterior. ▶布表紙の本 *m.* libro (encuadernado) en tela. ▶本に表紙をつける v. poner* las cubiertas a un libro.

ひょうし 拍子 ❶【調子】*m.* compás; (リズム)*m.* ritmo. ▶3拍子の *m.* compás triple. ▶4分の3拍子で *adv.* al compás de tres por cuatro. ▶手で拍子をとる v. llevar [marcar*] el compás [ritmo] con las manos.

❷【はずみ】*f.* casualidad. ▶何かの拍子に *adv.* por alguna casualidad. ◆転んだ拍子に脚を折ってしまった Me rompí la pierna 「en el momento de caer [cuando me caí].

《その他の表現》▶拍子抜ける(=当てがはずれる) v. estar* decepcion*ado* ⟨con, al + 不定詞⟩.

ひょうじ 表示 ▶表示する(示す)v. mostrar*; (指し示す)v. indicar*; (言い表わす)v. expresar. → 示す. ◆価格はここに表示されている Aquí se indica [muestra] el precio. / El precio está marcado aquí.

ひょうし 病死 *f.* muerte por enfermedad. ▶病死する v. morir* por enfermedad.

ひょうしき 標識 *f.* señal, *m.* indicador; (文字による)*m.* letrero; (航空・水路の)*m.* faro, *f.* boya, *f.* baliza. ▶交通[道路]標識 *f.* señal de tráfico. ▶「止まれ」の標識 m. indicador [f. señal] de "stop". ▶標識に従って進む v. seguir* la señal. ◆「ペンキ塗りたて」と標識に書いてあった "Recién pintado", decía el letrero.

びょうしつ 病室 m. cuarto del enfermo; (同じ病気の人たちの大部屋) m. pabellón, f. sala.

ひょうしゃ 評者 mf. crítico.

びょうしゃ 描写 f. descripción; (絵・文章での) f. representación. ▶¹心理 [²自然]描写 f. descripción ¹psicológica [²naturalística]. ▶性格描写 f. representación [f. descripción] de los personajes. ▶描写力 m. talento para describir.

—— 描写する (文章で) v. describir*, hacer* una descripción (de); (絵・文章で) v. representar, retratar. ▶人物を描写する v. describir* un personaje. ▶その出来事を¹生き生きと [²簡潔に; ³詳細に]描写する → v. dar* [ofrecer*] una descripción ¹vívida [²concisa; ³minuciosa] del suceso ⇨ 言う, 写[映]す, 書き表わす, 描く

びょうじゃく 病弱 ▶病弱な(=病気がちな)子供 m. niño enfermizo [con mala salud]. ▶病弱な体質である v. tener* una constitución enfermiza [débil].

*ひょうじゅん 標準 m. estándar; (規格) f. norma; (平均) m. promedio, m. término medio, f. media; (専門語) f. norma, (専門語) m. estándar.

1《標準〜》▶標準化 f. estandarización. ▶標準化する v. estandarizar*. ▶標準価格 m. precio estándar. ▶日本標準時 f. Hora Estándar [Oficial] de Japón. ▶標準型 m. tipo estándar. ▶標準サイズのスーツ m. traje de talla estándar. ◆私の体重は標準以上 [以下]だ Mi peso ¹está por encima del [²es inferior a] promedio.

2《標準に[から]》▶標準に¹達する [²しない] v. ¹alcanzar* el [²no llegar* al] promedio, (口語) v. ¹dar* [²no dar*] la talla. ◆君の作品は標準に¹達していない [²達している] Tu trabajo está ¹por debajo de [²a la altura de, ²al nivel de] la media. ◆ヨーロッパ人の標準からすると日本の校則は保守的だ El reglamento de las escuelas japonesas es conservador para los criterios europeos.

—— 標準的な, 標準的に adj. estándar, normal; (平均的な) adj. medio, mediano; (典型的な) adj. típico. ▶標準的な問題 f. pregunta típica. ◆僕は標準的な日本人だ Soy un japonés estándar [medio].

ひょうじゅんご 標準語 f. lengua estándar; (日本の) m. japonés estándar [típico].

ひょうしょう 表彰 ▶表彰式 f. ceremonia de「concesión de honores [galardones]」. ▶表彰状 m. certificado de méritos. ▶表彰台に上がる v. subir al estrado (スポーツの)podio].

—— 表彰する v. conceder una distinción de honor ⟨por⟩; (栄誉を与える) v. honrar, elogiar oficialmente ⟨por⟩; (賞を与える) v. galardonar, premiar. → 賞. ◆彼はおぼれている少年を助けて表彰された Le concedieron una distinción de honor por haber salvado al niño que se ahogaba.

・**ひょうじょう** 表情 (感情の表出) f. expresión; (目・顔の) m. aspecto; (顔の) m. semblante. ▶顔の表情 f. expresión facial. ▶表情の豊かな [²乏しい]顔 f. cara ¹expresiva [²inexpresiva, ³sin expresión]. ◆心配そうな表情で彼を見る v. mirarle con la expresión preocupada. ▶表情を変える v. cambiar de expresión. ◆その知らせを聞いて彼は表情が堅くなった Su semblante se puso tenso al oír la noticia. ◆彼はうれしそうな表情をしている Parece feliz. / Tiene「una expresión risueña [un semblante feliz]. ◆彼女はほっとした表情を見せた Su rostro expresó que estaba aliviada. /「Su expresión era [Mostró una expresión] de alivio. ⇨ 顔, 顔色, 顔つき

びょうしょう 病床 f. cama de (un/una) enfermo/ma, (文語) m. lecho de la enfermedad. → 病気. ◆彼は病床にある先生を見舞った Visitó a su profesor/sora que estaba「enfermo/ma en la cama [[[ラ米]] encamado/da]. ◆彼は長年病床にある Lleva muchos años enfermo en la cama. / Ha estado encamado muchos años.

びょうじょう 病状 (健康状態) m. estado [f. condición] (de la enfermedad). ◆彼の病状は悪化した Su estado empeoró. ◆病人の病状は変化がみられない No hay cambios en el estado del paciente.

びょうしん 病身 ▶(慢性的に)病身の妻 f. esposa enferma [de poca salud]. ◆母は病身だった Mi madre「era enfermiza [tenía una constitución débil].

びょうしん 秒針 m. segundero.

ひょうする 表する v. expresar; ofrecer*, 《フォーマル》presentar. ▶遺憾の意を表する v. expresar [《フォーマル》presentar] disculpas. ▶¹祝意 [²謝意]を表する v. expresar las ¹felicitaciones [²gracias]. ▶弔意を表する v. 《フォーマル》presentar las condolencias. ▶田中氏に¹敬意 [²謝意; ³祝意; ⁴弔意]を表して adv. ¹en honor de [²en agradecimiento al; ³como felicitaciones al; ⁴como condolencias al] Sr. Tanaka.

ひょうする 評する (批判する) v. criticar*; (本・劇などを) v. reseñar; (論評する) v. hacer* un comentario ⟨de, sobre⟩; (評価する) v. evaluar*; valorar; considerar; (呼ぶ) v. llamar, 《フォーマル》denominar. ▶彼を経営の神様と評する v. considerarle un dios de la administración.

ひょうせつ 剽窃 f. copia, 《フォーマル》m. plagio. ▶剽窃する v. copiar, 《フォーマル》plagiar.

ひょうそ(う) 瘭疽 (専門語) m. panadizo, m. uñero.

びょうそう 病巣 m. foco (de una enfermedad). ▶病巣を¹切って止める [²切除する] v. ¹detectar [²extirpar, ²《専門語》resecar*] el foco (de la enfermedad).

びょうそく 秒速 → 速度. ▶秒速5メートルで adv. a (una velocidad de) 5 metros por segundo.

ひょうだい 表[標]題 (書名・劇名など) m. título, *m*. titular; (章や節などの) *m*. encabezamiento. ▶表題音楽 *f*. música「de programa [descriptiva]. ♦その本には「星と祭」の標題がつけられた「El libro se tituló [El título del libro era] "Estrellas y Festivales".

ひょうたん 瓢箪 *f*. calabaza. ♦ひょうたんから駒(こま)が出る(=冗談が本当になった) La broma se ha convertido en realidad. / (思いがけない好結果を生んだ) Inesperadamente todo ha acabado bien.

ひょうちゃく 漂着 ▶漂着する *v*. ser* empujado a la costa. ♦難民の乗った船がその島に漂着した El barco de refugiados estuvo a la deriva hasta ser empujado a la isla.

ひょうてい 評定 (ランク付け) *f*. clasificación; (評価) *f*. evaluación; (評価) *f*. valoración; (評点) *f*. nota, *m*. punto. ▶評定する *v*. clasificar*; evaluar*. ♦勤務評定 *f*. valoración por rendimiento. ▶5段階評定 *m*. sistema clasificatorio de cinco niveles.

ひょうてき 病的 ▶病的な *adj*. enfermizo, 《文語》mórbido. ♦彼は火に対して病的なほど恐怖を持っていた Tenía un miedo enfermizo al fuego.

ひょうてん 氷点 ▶ *m*. punto de congelación. ▶氷点下の気温 *f*. temperatura por debajo del punto de congelación. ♦温度は氷点下(5度)に下がった La temperatura bajó (a cinco grados) bajo cero.

ひょうてん 評点 (評価点) *m*. punto; (試験の点数) *f*. nota, 《フォーマル》*f*. calificación. → 点.

ひょうでん 票田 (有権者) *fpl*. votantes, *m*. electorado; (その支持) *m*. apoyo de los votantes. ▶大票田 *m*. distrito electoral de numerosos votos.

ひょうでん 評伝 *f*. biografía crítica.

ひょうとう 病棟 *m*. pabellón, *f*. sala (de hospital). ▶隔離病棟 *m*. pabellón aislado (de un hospital). ▶¹産科 [²重症患者; ³小児科]病棟 *f*. sala de ¹maternidad [²pacientes graves; ³pediatría]. ♦恵子は外科病棟で働いている Keiko trabaja en la sala de cirugía.

*•**ひょうどう** 平等 (権利・機会などの均等) *f*. igualdad; (公平無私) *f*. imparcialidad, 《教養語》*f*. equidad.

1《平等＋名詞》▶平等主義 *m*. igualitarismo. ▶平等主義者 *mf*. igualitarista.

2《平等の》(同等の) *adj*. igual; (特に数量などが同一の) *adj*. uniforme; (えこひいきのない) *adj*. imparcial. ▶平等の権利 *f*. igualdad de derechos, *mpl*. derechos iguales. ▶平等の分け前をもらう *v*. recibir una parte igual 《de》.

3《平等に》*adv*. con igualdad, por [al] igual, imparcialmente, 《教養語》equitativamente. ▶機会を平等に与える *v*. dar* iguales oportunidades 《a＋人》. ♦彼らにその金を平等に分けてやる *v*. dividir el dinero entre ellos「con igualdad [en partes iguales]. ♦彼女は生徒を平等に扱った Trataba a los alumnos「por igual [con igualdad, equitativamente]. / Era imparcial [《教養語》equitativa] en su trato a los alumnos. / No discriminaba a los alumnos. ♦仕事の量を平等にしよう Vamos a repartir con igualdad el trabajo.

4《平等を》▶人種の平等を主張する *v*. reclamar igualdad racial. ▶男女平等を要求する *v*. pedir* la igualdad entre los dos sexos.

5《平等に》♦人はみな生まれながら平等である Todos los seres humanos nacen iguales.

ひょうにん 病人 *mf*. enfermo/ma; (慢性的な病弱者) *f*. persona enferma; (患者) *mf*. paciente. ▶病人たちの看護をする *v*. cuidar [atender*] a los enfermos.

ひょうはく 漂白 *m*. blanqueo. ▶漂白剤 [スペイン] *f*. lejía, 『メキシコ』『コロンビア』*m*. blanqueador, 『アルゼンチン』*f*. lavandina. ▶ふきんを漂白する *v*. blanquear una toalla de cocina.

*•**ひょうばん** 評判 (世間の評価) *f*. reputación, *f*. fama; (名声) *f*. fama, *m*. renombre, 《文語》*m*. halo; (人気) *f*. popularidad, 《教養語》*f*. celebridad, *f*. notoriedad; (話題) *f*. hablilla, (口語) *f*. comidilla 《de》; (うわさ) *m*. rumor. → 噂(うわさ), 定評, 名声.

1《～評判》♦その映画はすごい前評判だ(=封切られる前に話題になっている) La película「tiene mucho cartel [es ya famosa] aún antes de ser estrenada.

2《評判＋名詞》♦¹彼 [²その劇]は評判倒れだった(=評判はよくなかった) ¹Él no era tan bueno [²La obra no era tan buena] como「se decía [anunciaba su fama].

3《評判が[の]》▶評判が[の]悪い人 *f*. persona con mala fama. ▶評判の店 *f*. tienda de「mucha fama [gran renombre, alto prestigio]. ♦彼は医者として評判がよい Tiene buena fama como médico. / Es un médico famoso. ♦その会社は仕事がお粗末なので評判が悪い Esa empresa「es notoria [tiene mala fama] por su mal trabajo. ♦その映画は若者の間では評判がよい Esa película es popular entre los jóvenes. ♦それ以来彼の評判は¹上がった [²落ちた] Su fama ha ¹crecido [²caído] desde entonces. ♦ベニーテスさんは金のためにその女性と結婚したという評判が立った「Según el rumor [Corría el rumor de que] el Sr. Benítez se había casado con ella por dinero.

4《評判に》♦彼はすぐれた指揮者として評判になった(=名をあげた) Se ha「hecho un nombre [《フォーマル》labrado fama] como excelente director de orquesta. ♦彼女の突然の結婚は町中の評判(=うわさの種)になっている Su repentino matrimonio es la comidilla de la ciudad. / En la ciudad no se habla más que de su matrimonio. ♦その随筆は学生たちの評判になった El ensayo「se hizo popular [ganó fama] entre los estudiantes.

5《評判を》♦彼はこの小説で評判を得た Ganó fama con esta novela. / Esta novela le「hizo famoso [《フォーマル》acarreó fama]. ♦彼はその事件で評判を落とした Perdió「el buen nombre [la reputación, la buena fama] por ese asunto. / Ese asunto le hizo perder su buen nombre.

6《評判だ》♦彼はずば抜けて頭がよいという評判だ

「Tiene la fama de ser [Se dice que es] un hombre excepcionalmente inteligente. / Es célebre por tener una inteligencia excepcional. ♦その劇は今大評判だ(=大変人気がある) La obra es muy popular. ♦(大騒ぎになる)La obra ha「causado sensación [《口語》conseguido un gran cartel].
── 評判の (よく知られた) *adj.* (muy) famoso, (bien) conocido; (人気がある) *adj.* popular; (悪名高い) *adj.* de mala fama [reputación]. → 人気, 悪名. ♦彼女はこの町で評判の美人だ Esa mujer es una famosa belleza de esta ciudad. ☞聞こえ, 信用, 世評, 通り

ひょうひ 表皮 (動物・植物の) *f.* cutícula;《専門語》*f.* epidermis. ▶表皮の *adj.* cuticular; epidérmico. ▶表皮癌 (がん)《専門語》*m.* cáncer epidermal. ▶表皮水泡症《専門語》*f.* epidermólisis ampollar. ▶表皮内癌(がん)《専門語》*m.* carcinoma intraepidérmico.
ひょうひょう 飄々 (気楽な) *adj.* indiferente, despreocupado; (世俗を離れて) *adj.* despreocupado del mundo,《口語》algo bohemio.
びょうぶ 屏風 *m.* biombo.
ひょうへき 氷壁 *f.* pared de hielo.
ひょうへん 豹変 ▶豹変する *v.* cambiar「de repente [《口語》de la noche a la mañana]; (一変する) *v.* dar* [hacer*] un giro de 180 grados.
ひょうぼう 標榜 (賛意を示して主張する)《教養語》*v.* profesar. ▶民主主義を標榜する *v.* profesar la democracia. ▶正義を標榜して *adv.* en pro de la justicia.
ひょうほん 標本 *m.* espécimen; *f.* muestra. ▶チョウの標本 *mpl.* especímenes de mariposas. ▶月の岩石の標本 *mpl.* especímenes de rocas lunares. ▶昆虫を標本にする *v.* hacer* especímenes de insectos.
ひょうめい 表明 ▶表明する(述べる) *v.* expresar; (公式に) *v.* declarar,《フォーマル》manifestar* → 述べる; (宣言する) *v.* declarar, proclamar; (発表する) *v.* anunciar. ▶その提案に反対[賛成]を表明する *v.* expresarse [《フォーマル》manifestarse*]「en contra de [a favor de] la propuesta. ▶辞意を表明する *v.* anunciar la intención de dimitir; (辞表を出す) *v.* presentar la dimisión (a).
びょうめい 病名 *m.* nombre de una enfermedad; (医師の診断による) *m.* diagnóstico.
*****ひょうめん** 表面 ❶[外にあらわれた面] *f.* superficie; (上面) *m.* lado exterior, *f.* capa superior. ▶1月 [2池]の表面 *f.* superficie ¹lunar [²de un estanque]. ▶板の¹滑らかな[²ざらざらした]表面 *f.* ¹lisa [²áspera] superficie de una tabla. ▶表面張力の *f.* tensión superficial. ▶(問題が)表面化する *v.* salir* a la superficie, revelarse; (明るみに出る) *v.* salir* a la luz, manifestarse*. ▶表面がきつね色になるまで肉をあぶる *v.* asar la carne hasta dorar la superficie.
❷[うわべ] *m.* exterior, *f.* superficie; (外見) *f.* apariencia, *m.* aspecto; (見せかけ) *f.* pretensión,《口語》*f.* fachada. ▶表面だけのやさしさ *f.* amabilidad superficial [exterior, de apariencia,《口語》de fachada]. → 上辺(べ). ▶彼のやさしさは表面だけだ Su amabilidad「es sólo superficial [no es más que apariencia,《口語》es pura fachada]. / Sólo pretende [finge] ser amable. ♦彼は表面的には[表面上は]社交的なように見えるが, 内では孤独なのだ Exteriormente parece sociable, pero interiormente se siente solo. ♦人を表面だけで判断するものではない No hay que juzgar a la gente por las apariencias. ☞上, 上っ面, 上辺, 表

びょうよみ 秒読み *f.* cuenta atrás. ♦秒読みまで20分です Son veinte minutos en la cuenta atrás.
ひょうりいったい 表裏一体 ▶表裏一体になっている *v.* estar* íntimamente relacionado (aunque no lo parezca).
びょうりがく 病理学 ▶ *f.* patología. ▶病理学者 *mf.* patólogo/ga.
ひょうりゅう 漂流 *f.* deriva. ▶漂流者(=難破者) *m.* náufrago/ga. ▶漂流船 *m.* barco a la deriva. ▶漂流物(= materia flotante; (遭難船の) *mpl.* restos flotantes (de un naufragio). ▶漂流する *v.* ir* [flotar] a la deriva. → 漂う.
びょうれき 病歴 *m.* historial médico [clínico], *f.* historia clínica. ▶彼の病歴を調べる *v.* comprobar* su historia médica.
ひょうろん 評論 *f.* crítica; (個々の) *m.* ensayo crítico; (新聞・雑誌の) *f.* reseña. → 批評. ▶文芸評論家 *mf.* crítico literario/ria. ▶映画評論家 *mf.* crítico de cine. ▶野球評論家(=解説者) *mf.* comentarista de béisbol. ▶評論する *v.* hacer* un comentario, comentar.
ひよく 肥沃 ▶肥沃な *adj.* fértil,《教養語》feraz; (豊かな) *adj.* rico, abundante; (生産性の高い) *adj.* productivo.
びよく 尾翼 *m.* plano de cola. ▶¹垂直[²水平]尾翼 *m.* estabilizador [*m.* plano de cola] ¹vertical [²horizontal].
ひよけ 日除け ▶ (窓の) *f.* persiana, *m.* estor; (窓・入り口から突き出た) *m.* toldo, *f.* toldilla. ▶日除けを上げる *v.* subir [alzar*, levantar] la persiana. ▶日除けを降ろす *v.* bajar la persiana.

地域差	日除け
[全般的に]	*m.* toldo
[キューバ]	*f.* lona
[メキシコ]	*f.* carpa, *f.* lona
[コロンビア]	*f.* carpa

ひよこ 雛 *m.* pollo,《口語》*m.* pollito. ♦ひよこが先か卵が先か ¿Qué fue primero, el huevo o la gallina?
ぴょこぴょこ ▶ぴょこぴょこ飛ぶ *v.* saltar, dar* [《口語》pegar*] saltos [brincos]. ▶ぴょこぴょこ¹動く [²動かす] *v.* ¹menearse [²menear] (de arriba abajo). → ぴょんぴょん.
ぴょこんと ♦少年はぴょこんと頭を上げた El muchacho alzó la cabeza. ♦少女は私にぴょこんとお辞儀をした La niña me hizo una rápida inclinación. ♦水中からぴょこんと魚が現われた De repente un pez asomó por la superficie del agua.

ひょっこり (思いがけなく) adv. de improviso, inesperadamente; (急に) adv. de repente. ♦ 古い友達がひょっこり訪ねてきた Inesperadamente recibí la visita de un/una viejo/ja amigo/ga. ♦ 雲が切れて、月がひょっこり顔をみせた Las nubes se rasgaron de improviso para dejar ver la luna. ♦ 梅雨にひょっこり一日晴れの日がきた Un día soleado interrumpió la temporada de lluvias.

ひょっとして (もしかして) adv. por casualidad; (もしかすると) adv. posiblemente. → もしか(したら), もしかして.

ひよどり 鵯 m. ruiseñor persa, m. bulbul.

ぴよぴよ ▶ ひよこが巣の中でぴよぴよ鳴いている Los pollitos pían en el nido. ♦ どこか外でぴよぴよという鳴き声がする Se puede oír el piar que llega de algún lugar fuera. □ あるいは、ことによると、多分

ひより 日和 (天気) m. tiempo; (晴天) m. buen tiempo. → 天気. ▶ 小春日和 m. veranillo de「San Martín [San Miguel]; (南半球で) m. veranillo de San Juan. ♦ ピクニックには絶好の日和です Es un día ideal para ir de picnic.

ひよりみ 日和見 ▶ 日和見主義 m. oportunismo. ▶ 日和見主義者 mf. oportunista.

ひょろながい ひょろ長い ▶ ひょろ長い少年 (口語) m. muchacho larguirucho. ▶ ひょろ長い路地 f. calleja larga y estrecha.

ひょろひょろ ❶【不安定に】adv. de modo inseguro [vacilante], inestablemente; (弱々しく) adv. débilmente; (不安定な) adj. inestable, tambaleante, vacilante; (弱い) adj. débil, enclenque; (ぐらつく) adj. tembloroso. ♦ 倒れていた男がひょろひょろ立ち上がった El hombre caído volvió a ponerse en pie tambaleante. / Vacilante, el hombre caído logró levantarse. ♦ その患者はまだ足もとがひょろひょろしている El paciente todavía camina con paso vacilante. / El convaleciente sigue débil después de su enfermedad.

❷【細くてもろそうに】adv. frágil, ralamente; (細く長い) adj. larguirucho, desgarbado; (やせた) adj. flaco. ♦ やせた土地に草がひょろひょろ生えている Las hierbas crecen poco en la tierra yerma. ♦ 彼女はひょろひょろして、何かぎこちない Es una chica desgarbada y torpe. ♦ 早春になると若草がひょろひょろと顔を出した Al principio de la primavera brotaban delgados brotes de hierba.

ひょろり ▶ ひょろりとした (=やせて細長い) 青年 m. joven larguirucho [desgarbado].

ひよわ ひ弱 ▶ ひ弱な adj. débil, enclenque, endeble.

ぴょんと ▶ ぴょんと跳ぶ (人は片足で、カエルなどは両足を使って) v. saltar; (両足で体全部を用いて) v. brincar*. ▶ ぴょんと跳んで adv. de un salto [brinco]. ♦ カエルがぴょんと水に入った Una rana saltó al agua. ♦ 彼はぴょんと跳んで小川を渡った Cruzó el arroyo de un salto. ♦ 彼はぴょんと跳んで攻撃を避けた Esquivó el golpe de un salto.

ぴょんぴょん ▶ ぴょんぴょん跳ぶ v. saltar, brincar*. ▶ たくさんのイナゴが田舎道でぴょんぴょん跳んでいた En el camino rural había muchos saltamontes brincando de un lado a otro. ♦ カエルがぴょんぴょん跳んでいった Una rana se alejó a saltos.

ピョンヤン 平壌 Pyong Yang (☆北朝鮮[朝鮮民主主義人民共和国]の首都).

ビラ (散らし) m. volante, f. octavilla; (2枚以上を綴じた) m. folleto; (ポスター) m. cartel, m. póster,『アルゼンチン』m. afiche. → ポスター. ▶ ビラをまく v. repartir volantes [folletos]. ▶ ビラを張る v. fijar [poner*, colocar*, pegar*] un cartel.

ひらあやまり 平謝り ▶ 平謝りする v. disculparse humildemente [sinceramente], pedir* perdón con humildad.

ひらいしん 避雷針 m. pararrayos.

ひらおよぎ 平泳ぎ f. natación a braza. ▶ 平泳ぎの選手 mf. nadad*or/dora* a braza. ▶ 平泳ぎをする v. nadar a braza.

ひらがな 平仮名 "hiragana",《説明的に》m. silabario fonético del japonés.

ひらき 開き ❶【開くこと】f. apertura. ▶ 海開き f. apertura de una playa a los bañistas. ❷【差】f. diferencia; (大きな相違) f. (gran) diferencia, f. distancia. ▶ 年齢の開き f. diferencia de edad. ▶ 理論と実践の開き (=ずれ) f. distancia entre teoría y práctica. ▶ 彼らの能力の開きは大きい Hay una gran diferencia entre sus capacidades. / La diferencia entre la capacidad de uno y otro es muy grande.

ひらきなおる 開き直る ▶ 彼は開き直って「それがどうした」と言った Se puso desafiante y dijo "¿Y qué?"

ひらく 開く ❶【開ける】v. abrir*; (手紙などの封を) v. abrir*,《フォーマル》desprecintar; (包み・ドアなどを) v. abrir*, deshacer*; (包み・荷物などを) v. desempaquetar, desembalar; (折りたたんだものを) v. abrir*. ▶ 口を大きく開く v. abrir* toda la boca. ▶ 手紙の封を開く v. abrir* una carta. ▶ 包みを開く v. desempaquetar, abrir* [desembalar] un paquete. ▶ 扇子を開く v. abrir* un abanico. ▶ 彼らは(本の)10ページを開いた Abrieron (el libro) por la página 10. ♦ ドアがさっと開いた La puerta se abrió de repente.

❷【咲く】(花などが) v. salir*, abrirse*; (つぼみなどが) v. abrirse*. ♦ 花が開き始めている「Están saliendo [Se están abriendo] las flores. ♦ 桜の花が開いた「Se han abierto [Han salido] las flores de cerezo. / (花盛りだ) Los cerezos están en flor. ♦ つぼみが開いた Los brotes se abrieron.

❸【始める】(店などを) v. abrir*; (開始する) v. abrir* → 始める; (創立する) v. fundar, establecer*. ▶ 銀座に店を開く v. abrir* una tienda en Ginza. ▶ 子供の学校を開く v. fundar [establecer*] una escuela infantil. ♦ 日蓮は日蓮宗を開いた Nichiren fundó [fue el fundador de] la escuela Nichiren-shu.

❹【開催する】(パーティー・会などを) v. dar*, tener*,《フォーマル》celebrar; (議会などを開会する)

ひらける

v. inaugurar. ▶パーティーを開く v. dar* [tener*, celebrar] una fiesta. ▶コンサートを開く v. celebrar un concierto. ▶議会を開く v. inaugurar el congreso [parlamento]. ◆討論会は講堂で10時に開かれた El debate「tuvo lugar [fue, se celebró] en el auditorio a las diez. ◆国会が今開かれている La Dieta está ahora abierta. / Ahora hay sesiones en la Dieta.

❺【開拓する】(道などを) v. abrir*; (森などを) v. desmontar; (土地などを) v. abrir*, roturar. → 切り開く. ▶道を開く v. abrir* [construir*] una carretera. ▶(木を切り倒して)森を開く v. desmontar, cortar un bosque. ▶鉱山を開く v. abrir* [explotar] una mina.

《その他の表現》▶脚を開いて立つ v. ponerse* de pie con las piernas abiertas. ◆彼は駅の近くに食堂を開いている(=経営している) Tiene un restaurante cerca de la estación de tren. ◆図書館は5時まで開いています La biblioteca está abierta hasta las cinco. ◆走者間の距離が開いた Se agrandó「la distancia [el hueco] entre los corredores. / La distancia entre los corredores se ha hecho más grande. ☞空[開]く, 空[開]ける

ひらける 開ける ❶【開化・発展する】(文明化される) v. civilizarse*; (近代化される) v. modernizarse*; (発展する) v. desarrollarse, crecer*. ▶開けた国 m. país civilizado. ◆その町はだんだん開けて大阪で最大のベッドタウンになった Esa ciudad「ha ido creciendo [se ha ido desarrollando] hasta convertirse en una de las mayores ciudades dormitorios de Osaka.

❷【物事が分かる】(分別がある) v. ser* comprensivo《con, hacia》, estar* abierto《a》. ▶開けた人 f. persona abierta [comprensiva]; (人づき合いのよい人) f. persona sociable; (世情に通じている人) f. persona de mundo [sociedad]. ◆あの老人には開けた(=進歩的な)考えを持っている Ese/sa anciano/na tiene ideas progresistas.

❸【開通する】v. abrir*. ◆二国間に新しい航空路が開けた「Se ha abierto [Han abierto] una nueva ruta [línea] aérea entre los dos países.

❹【運がよくなる】◆運が開けてきた La fortuna ha empezado a sonreírme. / La suerte me ha abierto sus brazos.

❺【見晴らしが】(広がる) v. desplegarse*; (展開する) v. abrirse*. ◆すばらしい眺めが眼前に開けた Ante nuestros ojos se abrió una vista espléndida.

ひらしゃいん 平社員 mf. emplead*o/da*「común y corriente [《口語》del montón].

ひらたい 平たい (平らな) adj. llano, plano; (凹凸のない) adj. uniforme, nivelado; (なめらかな) adj. liso, suave → 平ら. (平易な) adj. sencillo, claro. ▶平たいなべ f. sartén plana. ▶平たい表面 m. superficie llana. ▶平たい言葉で[平たく言えば] adv. en palabras llanas, con llaneza, claramente.

ピラニア f. piraña.

ひらひら ▶ひらひらする[させる] (規則的に) v. ondear, agitarse; (不規則に, ねだしたりして) v. revolotear. ◆旗が風にひらひらと Una bandera ondeaba al viento. ◆花びらがひらひらと散った Los pétalos caían revoloteando. ◆チョウがひらひら飛んでいる Una mariposa está revoloteando.

《その他の表現》◆カーテンにひらひらがついている La cortina tiene volantes [《アルゼンチン》volados, 《メキシコ》olanes, vuelos].

ピラフ《仏語》m. (arroz) "pilaf".

ピラミッド f. pirámide. ▶ピラミッド型[状]の adj. piramidal.

ひらめ 平目 f. platija; (大平目) m. halibut; (アカガレイ) f. acedía; (舌平目) m. lenguado.

ひらめき 閃き (考え・光などの) m. destello, f. chispa; m. rayo. → 光. ◆天才のひらめきを示す v. mostrar* destellos de genialidad.

ひらめく 閃く ❶【ひるがえる】v. ondear, agitarse. ◆旗が風にひらめいている Una bandera ondea al viento.

❷【ぱっと光る/浮かぶ】v. destellar, chispear, dar*《フォーマル》emitir] un chispazo. ◆遠くに稲妻がひらめいた A lo lejos destelló [se vio el destello de] un relámpago. ◆うまい考えがひらめいた Se me ocurrió una buena idea. / He tenido el chispazo de una buena idea.

ひらや 平家 f. casa de una sola planta.

ひらり (敏しょうに) adv. ágilmente; (早く) adv. rápidamente; (軽く) adv. ligeramente. ◆彼はひらりと小川を跳び越えた Cruzó el arroyo de un ágil salto. ◆彼はひらりと攻撃をかわした「Se zafó ágilmente del [Esquivó con agilidad el] ataque. ◆彼女はひらりと馬から降りた Desmontó ágilmente del caballo.

びり (成績などの) adj. último, peor. ◆彼はクラスで成績はびりだ Es el peor de la clase. / Está entre los peores de la clase. ◆彼は競走でびり(=最後)だった En la carrera fue el último en llegar.

ピリオド m. punto.

ひりつ 比率 f. proporción《de A a B, entre A y B》, m. ratio; (割合) f. proporción. → 割合. ▶一国の女子に対する男子の比率 f. proporción de hombres con respecto a mujeres en un país.

ぴりっと ◆その料理はぴりっとした味がする Esa comida「es picante [pica mucho, sabe picante,《メキシコ》tiene chile]. ◆このハムはブラックペッパーでぴりっとした味付けがしてある Este jamón está condimentado con pimienta negra. ◆彼の演説はぴりっとした風刺に満ちている Su discurso está lleno de una sátira mordaz.

ひりひり ❶【ひりひりさせる】(刺激する) v. irritar; (うずいて, しみて) v. escocer*; (刺すように) v. picar*. ◆シャツの堅い襟で首がひりひりする El duro cuello de la camisa me irrita el cuello. ◆煙で目がひりひりする Me escuecen los ojos con el humo. / El humo me hace escocer los ojos. ◆ひざの傷がひりひりする Me escuece la herida de la rodilla. ◆海岸で日光浴をしたので皮膚がひりひりした Me picaba la piel tostada por el sol en la playa. ◆風邪で

のどがひりひりする Me duele la garganta por un resfriado.
❷【香辛料で辛い】v. picar* mucho, ser* picante (【メキシコ】picoso); (焼けるように辛い)《メキシコ》v. enchilarse. ♦このカレーはひりひりする(ほど辛い) Este curry「está demasiado picante [pica demasiado, 《口語》hace llorar].

ぴりぴり ❶【ぴりぴり破る[破れる]】v. romper*; (激しい力で) v. desgarrar, rasgar*. ♦彼は怒ってその手紙をぴりぴり破った Furioso, rompió la carta. ♦彼は包みをぴりぴり引きちぎった Rompió la cubierta (de un paquete). ♦彼女は手紙をぴりぴり破って開けた Rasgó el sobre para abrirlo.
❷【小刻みに震える】v. temblar*, estremecerse*; (反響して) v. retumbar, resonar*. ♦地震の余震で家が時折ぴりぴりと揺れた Las casas temblaban de vez en cuando después del terremoto. ♦彼は部屋がぴりぴりするほど音楽のボリュームを上げた Puso la música tan alta que retumbaba en toda la sala.

ぴりぴり ❶【刺激を与える】 (刺すように) v. picar*; (肌などを赤くして) v. irritar. ♦電気がぴりぴりくる Puedo sentir (cómo pasa) la corriente eléctrica. /《口語》Me da calambre. ♦その溶液は肌につけるとぴりぴりする Esa solución es irritante para la piel. ♦その草にふれると肌がぴりぴりする Esa hierba irrita la piel.
❷【味などが辛い】adj. picante, 【メキシコ】picoso. ♦私はぴりぴりするカレーがいい Me gusta el curry picante.
❸【緊張して】adj. tenso. ♦レースの直前はレーサーたちはぴりぴりしている Los corredores están muy tensos antes de la carrera.

ビリヤード m. billar. → 玉突き. ♦ビリヤードをする v. jugar* al billar. ♦ビリヤードを1ゲームする v. jugar* una partida de billar. ♦ビリヤードの球 f. bola de billar.

びりゅうし 微粒子 f. partícula.

ひりょう 肥料 (一般に) m. fertilizante, m. abono; (動物の排泄(!)物) m. estiércol; (たい肥)《英語》m. "compost", m. abono orgánico. ♦天然肥料 m. abono natural. ♦化学肥料 m. fertilizante [m. abono] químico. ♦畑に肥料をやる v. abonar [estercolar] el huerto.

びりょく 微力 ♦微力ながらお役に立たせてください Déjame ayudarte en todo lo que pueda.

***ひる** 昼 ❶【正午】f. mediodía (☆しばしば 昼食の時間を指す). ♦昼ごはん f. hora de [m. descanso para] comer. → 昼休み. ♦彼は昼に戻るでしょう Volverá a [hacia, sobre] mediodía. ♦昼前に宿題を済ませなさい Acaba tus tareas antes de mediodía. ♦どこにお昼(＝昼ご飯)を食べに行きましょうか ¿Dónde vamos a comer?
❷【昼間】m. día; (昼の明かり) f. luz del día. → 昼間. ♦昼の学校 m. externado, m. colegio sin internado. ♦昼間に adv. durante el día, por el día, de día. → 昼. ♦昼のうちは雨が降ったり止んだりした Por el día estuvo lloviendo a ratos. ♦昼が短くなってきている Los días「se van acortando [cada vez son más cortos]. ♦彼は入学試験に通るため、昼も夜も一生懸命勉強した Estudió mucho día y noche para aprobar el examen de ingreso.

ひる 蛭 f. sanguijuela. ♦ひるが脚にくっついていた Me encontré una sanguijuela pegada a mi pierna.

ビル m. edificio, m. bloque; (事務所などがはいった) m. edificio [m. bloque] de oficinas. ♦ビル街 f. calle de [con] grandes edificios. ♦竹中ビル m. Edificio Takenaka.

ピル f. píldora (anticonceptiva). ♦ピルを服用する v. tomar la píldora. ♦ピルを常用し始める [¹している] v. ¹empezar* a tomar [²estar* tomando] la píldora. ♦ピルの常用をやめる v. dejar de tomar la píldora.

ひるいない 比類ない (たぐいまれな) adj. incomparable, inigualable; (ずば抜けている) adj. sin igual, sin par, 《フォーマル》sin parangón. ♦比類ない美しさ f. belleza「sin par [incomparable]」. ☞類まれ, 特殊な

ひるがえす 翻す ❶【決心などを】(変える) v. cambiar de (idea, opinión, parecer*) → 考え直す; (撤回する) v. desdecirse* de (lo dicho), 《口語》echarse para atrás.
❷【旗などを】v. ondear, agitar.
❸【身を】v. esquivar; (向きを変える) v. dar* la vuelta. ♦身を翻して殴打を避ける v. esquivar un golpe. ♦身を翻して逃げる v. dar* la vuelta y echar a correr.

ひるがえって 翻って (さて) ahora, bueno; (…に話を転じて) cambiando de tema 《a》. ♦翻って考えて(＝考え直して)みると adv. pensándolo mejor.

ひるがえる 翻る (空中で揺れる) v. volar*; (波のように揺れる) v. ondear, 《フォーマル》ondular; (はためく) v. revolotear; (はたはたと) v. batir. ♦こいのぼりが風に翻っていた Los banderines en forma de carpa ondeaban al viento.

ひるさがり 昼下がり ♦昼下がりに adv. a primera hora de la tarde, después de mediodía.

ビルディング m. edificio. → ビル.

ビルトイン (作りつけの) adj. incorporado.

ひるね 昼寝 f. siesta. ♦昼寝する v.「echarse a [dormir]」la siesta.

ビルバオ Bilbao (☆スペインの都市).

***ひるま** 昼間 m. día. → 昼. ♦彼女は昼間働いている Trabaja por el día. ♦フクロウは昼間寝て夜えさを捜す Los búhos duermen de [por el] día y cazan de [por la] noche. ♦彼は昼間から酒を飲み始める Empieza a beber a pleno día. ♦彼は昼間(＝午後)ずっと寝ていた Se echó una buena siesta. / Durmió toda la tarde. → 昼.

ビルマ Birmania (☆ミャンマーの旧名. 現在の国名は Myanmar) → ミャンマー. ♦ビルマ語 m. birmano. ♦ビルマ(人[語])の adj. birmano.

ひるむ (恐怖などで思わず身を引く) v. sobresaltarse, retroceder, recular, acobardarse, 《口語》encogerse*; (顔をひきつらせて) v. hacer* un gesto de dolor, estremecerse*; (身を縮ませる) v. encogerse*. ♦大きな物音にひるむ v. estremecerse* ante un gran ruido. ♦猛犬にひるむ v. acobardarse ante un perro feroz. ♦一撃をくらってひるむ v. retroceder por el golpe. ♦海に飛び込もうとしたがひるんでしまった Quise tirarme al mar, pero「me encogí [acobardé]. → ためらう.

ひるめし 昼飯 f. comida (de mediodía),《ラ米》m. almuerzo. → 昼食.

ひるやすみ 昼休み m. descanso para comer, f. hora de la comida. ▶1時間の昼休みをとる v. tener* una hora de descanso para comer. ▶昼休みにテニスをする v. jugar* al tenis en el descanso de mediodía.

ひれ 鰭 f. aleta. ▶ 1しり [2背; 3尾]びれ f. aleta 1anal [2dorsal; 3caudal].

ひれい 比例 (釣り合い) f. proporción《con, entre A y B, de A a B》; (比率) f. razón. →比率. ▶ 1正 [2反]比例 f. proporción 1directa [2inversa]. ▶ (選挙の)比例代表制 f. representación proporcional. ▶比例配分《専門語》f. distribución proporcional. ▶家具の大きさは部屋の大きさに比例すべきです El tamaño de los muebles debe「ser proporcional al [guardar proporción con el] tamaño de la sala. ♦彼の出費は収入に比例していない Sus gastos no tienen [guardan] proporción con [a] sus ingresos. / No hay proporción entre sus gastos y sus ingresos. ♦売り上げが伸びるのに比例して利益が増える Los beneficios aumentan en proporción con (el crecimiento de) las ventas.

ひれつ 卑劣 f. vileza, f. infamia, f. canallada. ▶卑劣な(さもしい) adj. vil, infame,《教養語》abyecto; (軽蔑(ﾍﾞ)すべき) adj. despreciable; (汚い) adj. sucio; (意地の悪い) adj. canalla; (ずるい) adj. tramposo. ▶卑劣な手を使って adv. con sucias trampas, con medios viles, de manera canalla. ♦老人をだまして金を取るのは卑劣だ Es una vileza [canallada] estafar [robar el dinero] a un/una anciano/na. ⌐ 浅ましい, 下等, 汚い

ヒレにく ヒレ肉 m. filete; m. lomo.

ピレネーさんみゃく ピレネー山脈 los Pirineos《☆フランスとスペインの国境の山脈》.

ひれふす ひれ伏す ▶彼の前にひれ伏す v. echarse [arrojarse],《ﾌｫｰﾏﾙ》postrarse「a sus pies [ante él].

ひれん 悲恋 m. amor trágico. ▶悲恋物語 f. historia de un amor trágico. ▶悲恋に泣く v. llorar por un amor trágico.

＊＊ひろい 広い ❶ (幅, 面積, 空間) adj. ancho, amplio; extenso;《ﾌｫｰﾏﾙ》dilatado; espacioso; 広い川 m. río ancho. ▶広い原野 m. campo extenso [grande, espacioso]. ▶広い世界 m. vasto mundo. ▶広い船室 m. camarote amplio [espacioso]. ♦彼は肩幅が広い Tiene hombros anchos. ♦この大学のキャンパスはとても広い El campus de esta universidad es muy amplio [grande]. ♦こんな広い家に住むなんて気持ちがいいでしょうね Tiene que ser agradable vivir en una casa tan grande [amplia] como ésta. ♦広い海が眼前に広がっていた Ante nosotros se extendía el amplio [vasto] océano.

《広い》(幅広く) adv. de par en par, del todo; (広範囲に) adv. extensamente, por todo lo ancho; (遠く広く) adv. a lo lejos y ancho. ▶ドアを広く開ける v. abrir* la puerta de par en par. ♦これらの植物は広く分布している Estas plantas están「muy repartidas [distribuidas extensamente]. ♦彼は世界を広く旅行した Ha viajado a lo largo y ancho del mundo.

❷(抽象的範囲) adj. amplio, extenso. ▶広い意味で adv. en un sentido amplio. ♦彼はその問題について広い知識を持っている Posee extensos conocimientos sobre el tema. ♦私は趣味が広いが, 特に絵に興味がある Tengo intereses amplios, pero sobre todo me interesa la pintura. ♦彼は顔が広い(=多数の知人がいる) Tiene un amplio círculo de conocidos [amistades].

《広く》(広範囲に) adv. ampliamente; (詳細に) adv. extensamente; (一般に) adv. generalmente. ♦彼が偉大な物理学者であることは広く知られている Se le reconoce generalmente [Es ampliamente conocido] como un gran físico. ♦彼は中国文学に広く通じている Es muy leído de literatura china. ♦それは広く受け入れられている事実です Es un hecho generalmente [ampliamente] aceptado.

── 広くする v. ensanchar, ampliar. ▶道路を広くする v. ensanchar la carretera. ▶視野を広くする v. ampliar los conocimientos. ▶ガレージを広くする v. ampliar el garaje. ▶領土を広くする (=拡張する) v. extender* el territorio.

《その他の表現》♦彼は心の広い人だ Es una persona「de gran corazón [《教養語》magnánima].

ひろいあげる 拾い上げる v. recoger*. → 拾う.

ヒロイズム m. heroísmo.

ひろいぬし 拾い主 f. persona que「ha encontrado algo [lo encontró].

ひろいもの 拾い物 (掘り出し物) m. hallazgo; (得な買い物) f. buena compra,《口語》f. ganga. ▶拾い物をする(物を拾う) v. recoger* [encontrar*] algo [un objeto]; (意外な利益を得る) v. hacer* [《ﾌｫｰﾏﾙ》realizar*] un hallazgo afortunado. ♦それはよい拾い物だ(=買い物)だ Es una buena compra.

ひろいよみ 拾い読み ▶拾い読みする v. hojear (un libro); (飛ばし読みする) v. leer* (un libro) saltando (algunas páginas); (1語1語読む) v. leer* (oraciones) palabra por palabra.

ヒロイン f. heroína. → 主人公.

＊ひろう 拾う (拾い上げる) v. recoger*. ▶(集める) (拾い上げて) v. juntar; (見つける) v. encontrar*, hallar. ▶たきぎを拾う v. recoger* leña. ▶活字を拾う v. escoger* los tipos (de imprenta). ♦お前が落としたんだ. 自分で拾え Tú lo has tirado y tú lo recoges. /(落とした人が) Quien lo ha dejado caer que lo recoja. ♦ホテルの前で(車を)私を拾ってください Por favor, recójame enfrente del hotel. ♦道で時計を拾った Me encontré un reloj en la calle. ♦駅前でタクシーを拾おう Vamos a tomar un taxi enfrente de la estación. ♦彼は危ういところで

命を拾った（＝危うく逃れた）　《口語》Le faltó poco para morir. /《口語》Se escapó de la muerte por los pelos.

***ひろう　疲労**　m. cansancio, f. fatiga,《フォーマル》m. agotamiento,《教養語》f. extenuación. → 疲れ.

1《疲労＋名詞》▶疲労感 f. sensación de fatiga [cansancio]. ▶彼は疲労困憊(ぱい)の様子だ Parece agotado [totalmente cansado]. / Su cansancio es visible. /《フォーマル》Muestra señales de extenuación. /《口語》Parece muerto de cansancio. /《口語》Está claro que no puede ni con el alma.

2《疲労が》▶だんだん疲労がたまってきた Cada vez estoy más cansado. / Mi fatiga va en aumento.

3《疲労の》▶彼は疲労の色を見せなかった No parecía nada cansado [fatigado]. / No mostraba ninguna señal de cansancio [fatiga]. ▶疲労のため彼は仕事を休んだ No fue al trabajo por fatiga. / El agotamiento le hizo ausentarse del trabajo.

4《疲労を》▶疲労を回復する v. recuperarse del cansancio. ▶疲労を感じる v. sentir* cansancio, sentirse* cansado [fatigado]; (極度に) v. sentirse* agotado [《フォーマル》exhausto]. → 疲れる.

ひろう　披露（発表）m. anuncio;（紹介）f. introducción. ▶婚約を披露する v. anunciar [hacer* el anuncio de] un compromiso. ▶新製品を披露する v. introducir* un nuevo producto (en el mercado). ▶ホテルで結婚披露宴を催す v. celebrar en un hotel la recepción de una boda.

びろう　鼻漏《専門語》f. rinorrea.

ビロード　m. terciopelo. ▶ビロード製品 mpl. objetos de terciopelo. ▶ビロードのような adj. aterciopelado.

ひろがり　広がり（広さ）f. extensión;（空間・表面の）f. expansión,《フォーマル》f. dilatación;（とぎれのない広がり）f. extensión;（幅の）m. ensanche, m. ensanchamiento. ▶砂漠の広がり以外何も見えなかった No se veía más que el extenso desierto.

ひろがる　広がる v. extenderse, propagarse*;（長さ・範囲が伸びる）v. extenderse*;（大きさ・数量・範囲などの点で）v. expandirse, extenderse*,《フォーマル》dilatarse;（幅が広くなる）v. ensancharse, ampliarse;（幅を広くする）v. circular, correr,《フォーマル》difundirse. ◆がんは彼の体中に広がった El cáncer se extendió por todo su cuerpo. ◆見渡すかぎりブドウ畑が広がっていた Las viñas se extendían al infinito. / No se pudo abarcar con la vista la extensión de las viñas. ◆道路の向こう側には平らな土地が広がっていた Al otro lado de la carretera, 「había una extensa llanura [se extendía una llanura]. ◆その川は流れてゆくにつれて川幅が広がっている El río se 「va ensanchando [ensancha] a medida que corre. ◆そのニュースはすぐに広がった La noticia circuló [se propagó] rápidamente.

ひろげる　広げる v. extender;（長さ・範囲・意味などを伸ばす）v. extender*;（大きさ・数量・範囲などの点で）v. expandir, ampliar;（折った物を）v. abrir*, desplegar*, tender*;（建物・事業などを）v. agrandar,（幅を広くする）v. ensanchar, ampliar;（開く）v. abrir*. ◆地図を広げる v. abrir* [desplegar*, desenrrollar] un mapa. ◆事業を大規模に広げる v. expandir el negocio a gran escala. ▶道を広げる v. ensanchar una carretera. ▶知識を広げる v. ampliar los conocimientos. ▶旅行をして視野を広げる v. ampliar [agrandar, desarrollar] los horizontes por medio del viaje. ▶足を広げて立つ v. ponerse* de pie apartando las piernas. ▶両腕を広げて彼を迎える v. recibirlo[le] con los brazos abiertos. ◆その木は枝を四方に広げていた El árbol extendía sus ramas en todas las direcciones. ◆ワシは飛び立つ前に翼を広げた El águila desplegó [extendió] sus alas antes de remontarse. ◆彼女はナプキンを広げてひざに置いた Extendió la servilleta y la puso sobre sus rodillas. ◆私はトマトを栽培するため菜園を広げた He ampliado el huerto para poder cultivar tomates. ◆彼は桜の木の下で弁当を広げた Abrió su caja de comida debajo del cerezo.　☞拡大する, 敷く, 継ぎ足す

ひろさ　広さ（面積）f. superficie;（広がり）f. extensión, f. amplitud;（幅）f. anchura,《口語》m. ancho. ▶彼の知識の広さ f. extensión [f. amplitud] de sus conocimientos. ◆この農場の広さはどれくらいありますか ¿Qué extensión [superficie, dimensiones] tiene esta finca [granja]? → 面積. ◆あの家は広さは十分だ Esa casa 「es lo bastante amplia [tiene suficiente amplitud].

ピロティー《仏語》m. "pilotis".

ひろば　広場（通りの集まっている４角の）f. plaza;（空き地）m. espacio abierto. ▶広場恐怖《専門語》f. agorafobia.

ひろびろ　広々　→広い. ▶広々とした家 f. casa amplia [espaciosa]. ▶広々とした（＝大きな）キャンパス m. extenso [《強調して》enorme] campus. ▶広々とした（＝開けた）眺め f. vista amplia,《フォーマル》m. extenso panorama.

ひろま　広間　f. sala;（客船などの）m. salón.

ひろまる　広まる v. extenderse*;（うわさなどが）v. divulgarse*, propagarse*, circular, correr,《フォーマル》difundirse. ◆市長が入院しているといううわさが市中に広まった Por la ciudad se extendió [propagó] el rumor de que el/la alcalde/desa había sido hospitalizado. / Circuló [Corrió] el rumor por la ciudad de la hospitalización del, dela alcalde/desa. ◆彼の名声は日本中に広まっている Su fama está extendiéndose [creciendo] por todo Japón. ◆平和を愛する心が世界に広まった El amor a la paz se extendió [difundió] por el mundo. ◆ハイブーツが去年女性の間に広まった Las botas altas se pusieron de moda el año pasado entre las mujeres. ◆その説は科学者の間で広まっている（＝支持を得ていそうである）ようである Esa teoría parece estar extendiéndose entre los científicos.

ひろめる 広める v. extender*; (うわさなどを流布させる) v. divulgar*, circular, hacer* correr; (知識などを普及させる) v. popularizar*. ▶ 悪いうわさを広める v. divulgar* un mal rumor. ▶ 知識を広める v. extender* [difundir] el conocimiento. (自分の) v. ampliar sus conocimientos. ▶ 教義を広める v. propagar* una doctrina.

ひろんてき 非論理的 ▶ 非論理的な adj. ilógico.

ひわ 秘話 m. episodio desconocido.

びわ 枇杷 m. níspero.

ひわい 卑猥 ▶ 卑猥な adj. obsceno, indecente, 《口語》verde, 【メキシコ】《口語》colorado. → わいせつ.

ひん 品 ❶【品格】(細部にまで気を遣った上品さ) f. elegancia, 《口語》f. clase; (内から出る優美さ) f. gracia; (洗練されていること) m. refinamiento; (おもむき) m. gusto. ▶ 品のある adj. elegante, 《口語》con clase, refinado; pulido. ▶ 品のある女性 f. mujer elegante [《口語》con clase]. ▶ 品のない[＝下品な]言葉遣いをする v. usar un lenguaje vulgar. ♦ 彼女にはどこか品がある Hay un toque de distinción [《口語》clase] en ella. / Tiene cierta elegancia. ♦ 彼の冗談は品があった[＾2なかった] Su chiste tenía [era de] ¹buen [²mal] gusto. ❷【品物】(個々の) m. artículo; (商品) fpl. mercancías, mpl. géneros → 品目; (品目) m. ítem; (コース料理の一品) m. plato. ▶ 舶来品 m. artículo importado. ▶ ぜいたく品 mpl. artículos de lujo. ▶ 5品の料理からなる夕食 f. cena de cinco platos. ▶ 一品料理 mpl. platos a la carta.

*****びん 便** m. servicio; (飛行機の) m. vuelo; (郵便) m. correo. ▶ 直行便 m. vuelo directo. ▶ ノンストップ便 m. vuelo sin escalas. ▶ 空港まで ♦ 空港までのバスの便がない No hay servicio de autobuses al aeropuerto. 会話 ローマ行きの便についてお尋ねしたいのですが―承知いたしました，少々お待ちください。(1日)4便ございます Quisiera información sobre vuelos a Roma. – Sí, señor. Un momento, por favor. Hay cuatro vuelos (diarios). ♦ 帰りの便はミラノを17:30に発ち，バルセロナに20:30に到着します El vuelo de regreso sale de Milán a las 17:30 y llega a Barcelona a las 20:30. ♦ 彼はニューヨーク行きの3時の便に乗った Tomó el vuelo de las tres a Nueva York. ♦ 夜の便があればそれに乗りましょう。その方が安いですから Si hay un vuelo nocturno, lo tomamos. Es más barato.

*****びん 瓶** f. botella; (小びん) m. botellín; (ビールなどの大びん)《口語》f. litrona, (特大の) f. garrafa; (マーマレードなどを入れる広口びん) m. tarro; (香水などの小さな) m. frasco; (香水などのごく小さな) m. pomo, f. bujeta. ▶ 空き瓶 f. botella vacía. ▶ ビール瓶 f. botella de cerveza. ▶ ビール一瓶 f. botella de cerveza. ▶ ピーナツバター一瓶 m. tarro de manteca de cacahuete [【ラ米】maní]. ▶ 水を瓶に詰める [入れる] v. embotellar (con [de]) agua. ▶ (ワインを)一瓶いくらで売る v. vender (el vino) por botella.

*****ピン** (ゴルフの) m. banderín; (ボーリングの) m. bolo; (機械の) m. pasador. ▶ ヘアピン f. horquilla, 【メキシコ】m. prendedor. ▶ 安全ピン m. imperdible, 【メキシコ】m. seguro, 【アルゼンチン】m. alfiler de gancho. ▶ ピンカール m. rizo por horquillas. ▶ (広告を)ピンで留める v. prender (un aviso) con alfileres, clavar (un aviso) con un alfiler. ▶ ピンを抜く v. quitar los alfileres.

《その他の表現》♦ 学者にもピンからきりまである Hay eruditos y eruditos. / 《口語》Hay eruditos para todos los gustos.

ひんい 品位 (威厳) f. dignidad; (品性) m. carácter, f. personalidad; (優雅さ) f. elegancia. ▶ 品位のある婦人 f. señora con dignidad [elegancia]. ▶ 品位を ¹落とす [²保つ] v. ¹perder* [²mantener*] la dignidad. ▶ 新聞の品位を高める v. elevar la reputación de un periódico. ▶ うそをついて自分の品位を落とす[汚す] v. rebajarse al mentir*, perder* dignidad por una mentira.

ひんかく 品格 → 品⑴.

びんかん 敏感 ▶ 敏感な adj. sensible. ▶ 敏感な耳(＝聴覚) m. oído sensible. ▶ 暑さや寒さに敏感である v. ser* sensible al frío y al calor. ♦ 政治家はたいてい世論に敏感である La mayor parte de los políticos son sensibles a la opinión pública.

ひんきゃく 賓客 mf. huésped [mf. invitado/da] de honor.

ひんきゅう 貧窮 f. pobreza. ▶ 貧窮する v. tener* apenas para vivir.

ピンク f. rosa. ▶ ピンクの adj. rosa, de color rosa, rosado. ▶ ピンク映画 f. película pornográfica [《口語》porno, 《口語》verde]. ♦ 彼女は色白でピンク色のほほをしている Tiene la piel clara y rosadas las mejillas.

ひんけつ 貧血 (専門語) f. anemia. ▶ 貧血(症)である v. ser* anémico, tener* anemia. ▶ 巨赤芽球性貧血 (専門語) f. anemia megaloblástica. ▶ 再生不良性貧血 (専門語) f. anemia aplástica. ▶ 低色素性貧血 (専門語) f. anemia hipocrómica. ▶ 鉄芽球性貧血 (専門語) f. anemia sideroblástica. ▶ 悪性貧血 (専門語) f. anemia perniciosa. ▶ 溶血性貧血 (専門語) f. anemia hemolítica.

ひんこう 品行 f. conducta; (ふるまい) m. comportamiento → 行ない; (道徳観念) f. moral.

1《品行》♦ 彼の学校でのこの品行はあまりよくない Su conducta en la escuela 「deja que desear [no es muy buena, no es nada ejemplar]. / No se comporta bien en la escuela.

2《品行の》▶ 品行のよい[品行方正な]人 f. persona de「buena conducta [《強調して》moral intachable].

3《品行を》▶ 品行を慎む v. tener* cuidado con la conducta. ▶ 品行を改める v. mejorar [corregir*] la conducta, comportarse [《フォーマル》conducirse*] mejor.

ひんこきゅうしょう 頻呼吸症 (専門語) f. taquipnea.

ひんこん 貧困 f. pobreza, 《フォーマル》f. indigencia, 《強調して》f. miseria. → 貧乏. ▶ 政治

の貧困 f. pobreza de política. ▶貧困家庭 f. familia necesitada [pobre, 《フォーマル》indigente, 《文語》menesterosa]. ▶貧困にあえぐ v. vivir en extrema pobreza, estar* en la miseria. ♦貧困は犯罪の主な要因である La pobreza es el factor principal de la delincuencia.

ひんし 瀕死の adj. moribundo, agonizante; (死に近い) adv. cerca de la muerte; (死の入り口に) adv. a las puertas de la muerte, en la agonía, a punto de morir. ▶瀕死の男 m. moribundo, m. agonizante. ▶瀕死の重傷 f. herida fatal [de muerte]. ▶瀕死の重傷を負っている v. estar* mortalmente herido. → 致命傷. ♦彼は事故で瀕死の状態だった Después del accidente estaba en agonía.

ひんし 品詞 f. parte de la oración.

ひんしつ 品質 f. calidad; f. cualidad. →質. ▶品質管理 m. control de calidad. ▶さまざまな品質の紙 m. papel de varias clases. ▶アルミの品質の優秀さはその軽さにある La gran cualidad del aluminio es su ligereza. ▶その時計は品質のよさで有名だ Ese reloj es famoso por su (buena) calidad.

***ひんじゃく** 貧弱 f. debilidad.

── 貧弱な adj. débil; escaso; pobre; (不十分な) adj. insuficiente. ▶貧弱な(=やせた)男 m. hombre débil [delgado]; (体格が) m. hombre de constitución débil; (服装が) m. hombre pobremente vestido. ♦彼の演説は内容が貧弱でした El contenido de su discurso era débil [escaso]. ♦私の物理の知識は貧弱です Mis conocimientos de física son escasos [débiles].

ひんしゅ 品種 f. especie; f. raza; f. variedad; (動植物の変種)《専門語》f. variedad. ▶豚の新品種 f. nueva variedad porcina. ▶品種改良 f. mejora de la raza. ▶稲の品種を改良する v. mejorar la variedad del arroz.

ひんしゅく 顰蹙 ♦彼のふるまいはひんしゅくを買った Desaprobaban su comportamiento. /《フォーマル》Su conducta era objeto de censura.

ひんしゅつ 頻出 ▶頻出する v. aparecer* con frecuencia,《口語》salir* mucho. ▶頻出する1500語のリスト f. lista de 1.500 palabras que aparecen con frecuencia.

ひんしょう 敏捷 ▶敏捷な adj. rápido, veloz; (軽快な) adj. ágil, vivaz. ▶敏捷に adv. rápidamente, ágilmente, con presteza. ▶敏捷な動作 m. rápido [ágil] movimiento. ▶動きが敏捷である v. ser* de movimientos ágiles, moverse* con agilidad [rapidez].

びんじょう 便乗 ▶便乗値上げ f. subida oportunista del precio. ▶彼の車に便乗する(=乗せてもらう) v. aprovechar su coche. ▶時勢に便乗する(=利用する) v. aprovechar la 「corriente de la época [tendencia de los tiempos].

ヒンズーきょう ヒンズー教 m. hinduismo, f. religión hindú. ▶ヒンズー教徒 mf. hindú, mf. hinduista. ▶ヒンズー教の adj. hindú, hinduista.

ひんする 頻する ▶ ▶絶滅 [倒産]の危機に頻する v. estar* al borde de la ¹extinción [²quiebra].

ピンセット fpl. pinzas.

びんせん 便箋 m. papel de escribir; (一つづりの) m. bloque de papel de escribir, de cartas); (人・会社の名前・住所が入った) m. papel con membrete.

ひんそう 貧相 ▶貧相な(貧乏な) adj. pobre; (みじめな) adj. miserable; (みすぼらしい) adj. desastrado. ♦彼は貧相に見えた Parecía pobre. ♦彼女はいつも貧相な身なりをしていた Siempre iba mal vestida.

びんそく 敏速 ▶敏速な(すばやい) adj. rápido; (きびきびした) adj. ágil; (求めに応じてすぐ)《フォーマル》adv. pronto. ▶敏速に行動する v. actuar* [moverse*] 「con rapidez [con presteza, rápidamente],《口語》andar* [moverse*] ligero.

ビンタ ▶ビンタをくらわす v. dar* (a ＋人) una bofetada.

ピンチ (危機) f. crisis, m. apuro, f. dificultad; (切迫した状態) m. aprieto, f. estrechez. ▶ピンチヒッター mf. bateador/dora de emergencia. ♦彼は私のピンチを救ってくれた Me ayudó 「en una crisis [cuando estaba en un apuro, en un momento difícil].

びんづめ 瓶詰 ▶瓶詰の adj. embotellado; entarrado. ▶瓶詰のジャム f. mermelada entarrada [embotellada]. ▶瓶詰にする v. embotellar.

ビンディング 《スキー》f. fijación.

ヒント f. insinuación, f. alusión,《口語》f. indirecta; (手がかり) f. clave. →暗示. ▶彼にヒントを与える v. insinuarle* [hacerle* una alusión] (a). ▶ヒントを得る v. inspirarse 《en》. ▶実際の事件からヒントを得た映画 f. película inspirada en un hecho real ☞ 暗示, 示唆

ひんど 頻度 f. frecuencia. ▶¹高い [²低い]頻度で adv. con ¹mucha [²poca] frecuencia. ▶使用頻度順に adv. por orden de frecuencia de uso. ▶頻度が¹高く [²低く]なってきている v. estar* ¹aumentando [²disminuyendo] en frecuencia. ♦彼はかなりの頻度でここへやって来る Viene aquí con bastante frecuencia. → 度々. ☞ ¹回数, 度数

ぴんと ❶ [物がきつく張られた様子] (きつく) adv. en [con] tensión, fuerte, apretadamente. ▶ぴんと締める v. tensar, poner* tenso; estirar. ♦テニスコートではネットはぴんと張られていた La red de tenis estaba bien tensa sobre la cancha. ♦彼はロープをぴんと張った Tensó la cuerda. ♦背筋をぴんと伸ばしていなさい Intenta mantener la espalda recta. ♦ウサギが耳をぴんと立てた El conejo estiró las orejas.

❷ [物が勢いよくはね上がっている様子] (きつく) adv. ▶ひげはね上がって(=巻き上がって)いた El bigote del general tenía las puntas onduladas hacia arriba.

❸ [空気・気分などが緊張して] adj. tenso, en tensión, tirante. ▶ぴんと張りつめた雰囲気 m. ambiente tenso. ♦その部屋の空気はぴんと張り

詰めていた El ambiente de la sala estaba tenso. / Había tensión en la sala.
❹〖直感的に物事を感じとる様子〗♦びんとくる v. 《口語》caer* en la cuenta, 《口語》encenderse* una lucecita, 〖思い当たることがある〗v. saber* por intuición; 〖心に思い浮かぶ〗v. ocurrirse, venir* la idea; 〖心に訴える〗v. atraer*.♦彼女が彼の名前を言ったのでびんときた Cuando ella mencionó su nombre「《口語》caí en la cuenta〖《口語》se me encendió una lucecita〗.♦彼がそれをやったのかもしれないとぴんときた Me vino la idea de que tal vez lo hubiera hecho él.♦校長先生の冗談は高級すぎてわれわれにはぴんとこない Los chistes del/de la director/tora de nuestra escuela son demasiado difíciles para nosotros. / No entendemos 〖《スペイン》《口語》cogemos〗los chistes difíciles del director de la escuela.
♦母さんはロックはぴんとこないと言う La madre dice que no le atrae la música rock.

ピント (焦点) m. foco, m. centro; (要点) m. punto (principal). → 焦点.♦〖写真などの〗ピントが「合っている〖²外れている〗v. estar* ¹enfocado 〖¹centrado, ²desenfocado, ²descentrado〗.♦彼の議論はピントが外れている Su argumento「está desenfocado〖se sale del punto, 《口語》es de madre〗.

ひんぱつ 頻発 m. suceso 〖m. incidente〗frecuente.♦その交差点では事故が頻発するEn ese cruce ocurren accidentes con mucha frecuencia.

ピンはね f. comisión, 《口語》m. pellizco.♦ピンはねする v. embolsarse, meterse en el bolsillo.♦手数料の10パーセントをピンはねする v. quedarse [embolsarse, meterse en el bolsillo] un 10 por ciento de comisión.♦彼の賃金からピンはねする v. embolsarse una parte del sueldo de él, 《口語》dar* un pellizco a su sueldo.

ひんぱん 頻繁◆交通の頻繁な通り f. calle animada.♦最近彼とは頻繁に(=何回も)会っている Últimamente me lo encuentro「a menudo 〖muchas veces〗.♦ しばしば.

ひんぴょうかい 品評会 (農・畜産物などの) f. feria; (美術品・製品などの展覧会) f. exposición, f. muestra.♦花の品評会 f. exposición floral.

ぴんぴん ♦ぴんぴんしている(生気がある) adj. animado; (生きている) adj. vivo, 《口語》adv. vivito y coleando; (活力のある) adj. vivaz, brioso.♦あの魚屋ではぴんぴん生きている魚を売っている En la pescadería venden peces vivos.♦彼は(元気で)ぴんぴんしている《口語》Está vivito y coleando. /《口語》Está sano como una rosa.♦あの老作家はぴんぴんして活躍してるよ El viejo escritor sigue vivo y activo. /《口語》El viejo escritor está como un roble.

ひんぷ 貧富 f. riqueza y f. pobreza, (人) mpl. los ricos y los pobres.♦貧富の差 f. diferencia 〖《強調して》m. abismo〗entre los ricos y los pobres.♦貧富を問わず皆働かなくてはならない Ricos o pobres, hay [todos tenemos] que trabajar.

・びんぼう 貧乏 f. pobreza, f. necesidad, 《フォーマル》f. indigencia, 《フォーマル》f. penuria.♦貧乏な人々 mpl. pobres, f. gente pobre, 《フォーマル》mpl. necesitados.♦貧乏暮しをする v. vivir en pobreza.
—— 貧乏な adj. pobre; (お金・生活必需品を欠いた) adj. necesitado, 《フォーマル》indigente, 《文語》menesteroso; (極貧の) adj. pobrísimo, muy pobre, sumido en la pobreza. → 貧しい.♦貧乏になる v. empobrecerse*, hacerse* pobre, caer* en la pobreza 〖《フォーマル》indigencia〗.♦彼は貧乏だったので大学に行けなかった No pudo ir a la universidad por ser pobre. / No tenía recursos [dinero] para ir a la universidad. / La pobreza [necesidad, falta de recursos] le impidió acceder a la universidad.♦彼女は貧乏な家族に食べ物を与えた Daba comida a las familias necesitadas.

〖その他の表現〗♦貧乏ゆすりをするな No muevas las piernas nerviosamente. / Deja de menear las piernas.♦彼はいつも貧乏くじを引いている Él es el que tiene peor suerte. Él es siempre el más infeliz de todos.♦貧乏ひまなし(=貧乏人はひまがない) El pobre nunca puede estar ocioso. / Los pobres no conocen la ociosidad.

ピンぼけ♦この写真はピンぼけだ Esta fotografía está desenfocada.

ピンポン → 卓球.

ひんみゃく 頻脈 〖専門語〗f. taquicardia.♦頻脈性不整脈〖専門語〗f. taquiarritmia.♦洞性頻脈〖専門語〗f. taquicardia sinusal.♦発作性頻脈〖専門語〗f. taquicardia paroxística.

ひんみん 貧民 mpl. pobres.♦貧民街 m. barrio bajo, f. barriada, m. barrio de 〖スペイン〗chabolas 〖ラ米〗conventillos; (地区) f. zona pobre.

ひんもく 品目 m. género, m. artículo.♦それらを品目ごとに並べる v. ordenarlos por género(s).

ひんやり ♦ひんやりする v. sentir* (agradablemente) el fresco.♦ひんやりした adj. fresco; (冷たい) adj. frío; (冷え冷えする) adj. refrescante.♦夏木陰に入るとひんやりする La sombra de un árbol en verano refresca agradablemente.♦石の床は足にひんやりした El suelo de piedra me refrescaba los pies (desnudos).

びんらん 便覧→便覧(べんらん).

びんらん 紊乱 (堕落) f. corrupción; (退廃) f. decadencia. → 退廃.♦当時、ローマ帝国の風紀はびん乱していた En aquel tiempo, la moral pública del Imperio Romano estaba en decadencia.

びんわん 敏腕 (有能) f. habilidad; (潜在的な能力) f. capacidad; (手腕) f. destreza, f. habilidad; (巧妙さ) f. inteligencia.♦敏腕をふるう v. mostrar* capacidad (en).♦敏腕な(=有能な) adj. capaz, competente.♦彼女は敏腕な弁護士だ Es una abogada capaz [competente].

ふ

ふ 府 (行政区) *f.* prefectura, *f.* provincia; (中心) *m.* centro, *f.* sede. ▶府庁 (*f.* sede de) *m.* gobierno prefectural [provincial]. ▶学問の府 *m.* centro de ciencia. ▶大阪府 *f.* Prefectura de Osaka.

ふ 歩 (将棋・チェスの) *m.* peón.

ぶ 分 (パーセント) → パーセント. ▶ 8分の利子で金を借りる *v.* pedir* 「dinero prestado [un préstamo] al 8 por ciento de interés. ▶彼の方に分がある(＝勝ち目がある) Tiene más posibilidades. / (有利な立場にいる) Está en posición ventajosa. / Tiene ventaja.

ぶ 部 ❶【部門】*m.* departamento; *f.* sección, *f.* oficina. ▶会社の営業部 *m.* departamento [*f.* sección] de ventas de una compañía. ▶阿部さん、どこの部にいるのですか Señor Abe, ¿en qué sección está [trabaja] usted?
❷【刊行物の単位】*m.* ejemplar, *f.* copia. ▶その小説を1万部印刷する *v.* imprimir* 10.000 ejemplares de la novela.
❸【部分】*f.* parte. → 部分, 一部. ▶ドンキホーテの第1部 *f.* primera parte de «Don Quijote». ▶その報告書は4部からなっている El informe consta de cuatro partes.
❹【クラブ】*m.* club, *f.* asociación. ▶ラグビー部 *m.* club de rugby. ▶テニス部に入っている *v.* 「pertenecer* al [ser* miembro del] club de tenis.

ファースト (野球); (1塁) *f.* primera base; (1塁手) *mf.* primera base. → 塁.

ファーストフード *f.* comida rápida. ▶ファーストフードの店 *m.* restaurante de comida rápida.

ファーストレディー (大統領夫人) *f.* primera dama.

ファーム(チーム) (二軍)《野球》*m.* equipo subsidiario.

ぶあい 歩合 (率) *m.* porcentaje, *m.* tipo, *f.* tasa; (手数料) *f.* comisión. ▶公定歩合 *m.* tipo de descuento oficial. ▶売り上げの10パーセントの歩合をもらう *v.* ganarse [conseguir*] una comisión del diez por ciento sobre [de] las ventas.

ぶあいそう 無愛想 (交際嫌い) *f.* insociabilidad. ▶無愛想な *adj.* insociable; (よそよそしい) *adj.* poco amistoso; (ぶっきらぼうな) *adj.* seco, áspero; (冷たい) *adj.* frío. ▶無愛想な顔で私を見る *v.* dirigirme* una mirada poco amistosa. ▶無愛想な返事をする *v.*「dar* una respuesta áspera [responder ásperamente]《a ＋ 人》. ▶近所の人は私たちに無愛想だった Nuestros vecinos eran poco amistosos con nosotros.

ファイティングスピリット *m.* espíritu combativo. → ファイト.

ファイト (闘志) *f.* combatividad; (闘う元気) *m.* espíritu [*m.* ánimo] combativo. → 闘志. ▶ファイト満々である *v.* estar* lleno de espíritu combativo. ◆彼のファイトがわいた Se despertó su espíritu combativo.

ファイナリスト (決勝戦出場選手) *mf.* finalista.

ファイナル (決勝戦) *f.* final. → 決勝.

ファイバー *f.* fibra. ▶ファイバーケーブル *m.* cable de fibra. ▶グラスファイバー *f.* fibra de vidrio. ▶ファイバースコープ *m.* fibroscopio. ▶光ファイバー *f.* fibra óptica.

ファイル *m.* archivo, *m.* fichero. ▶ファイル拡張子《専門語》*f.* extensión de archivo. ▶ファイル属性《専門語》*m.* atributo de archivo. ▶ファイル用カード *f.* ficha. ▶ファイル用ホルダー *f.* carpeta. ▶ファイルする *v.* archivar (papeles, documentos), guardar (los papeles) en carpetas. ▶ファイルを1コピーする[2削除する; 3つくる; 4編集する]《専門語》*v.* ¹copiar [²borrar; ³crear; ⁴editar] un archivo. ▶ファイルを1開く [²閉じる; ³印刷する; ⁴保存する]《専門語》*v.* ¹abrir* [²cerrar*; ³imprimir*; ⁴grabar, ⁴guardar] un archivo.

ファインダー *m.* visor.

ファインプレー *m.* buen [bonito, espectacular] juego.

ファクシミリ (通信) *m.* fax, *m.* facsímil. → ファクス.

ファクス *m.* fax. ◆このファクスは細かい字もきれいに送れる Este fax transmite claramente las letras pequeñas. / (細字解像力への切り替え目盛がついている)Este fax tiene una《専門語》resolución. ▶ファクスで送り終えた El fax lo ha aceptado [《口語》cogido].

ファゴット *m.* fagot. ▶ファゴット奏者 *mf.* fagotista.

ファジー ▶ファジーな(像や思考が) *adj.* vago, impreciso, 《専門語》difuso; (意味が) *adj.* ambiguo. ▶ファジーエンジニアリング《専門語》*f.* ingeniería difusa. ▶ファジー¹理論 [²論理]《専門語》¹ *f.* teoría [² *f.* lógica] difusa. ▶ファジー・ロジック《専門語》*f.* lógica borrosa [matizada, difusa].

ファシスト *mf.* fascista.

ファシズム *m.* fascismo.

ファスナー(ー) *f.* cremallera. → チャック. ▶スカートのファスナーを¹締める [²はずす] *v.* ¹cerrar [²abrir*] la cremallera.

|地域差| ファスナー
[スペイン] *f.* cremallera
[キューバ]《英語》*m.* "zipper"(☆発音は [síper])

ファックス

〔メキシコ〕m. "zipper", m. cierre
〔ペルー〕m. cierre, m. cierre relámpago
〔コロンビア〕f. cremallera
〔アルゼンチン〕m. cierre, m. cierre relámpago, f. cremallera

ファックス →ファクス.
ファッショ m. fascismo.
ファッション f. moda. ▶パリの最新ファッション f. última moda de París. ▶ファッションショー m. desfile de modas. ▶パリは世界のファッションの中心地です París es el centro mundial de la moda.
ファド m. fado (☆ポルトガル民謡, 舞踊).
ファナ Juana I [Primera] la Loca ファナ1世 (狂女王) (☆1479-1555, カスティリャの女王).
ファミコン →ファミリー (→ファミリーコンピューター).
ファミリー f. familia. ▶ファミリーコンピューター (=ファミコン) m. ordenador doméstico; (ゲーム) mpl. (jugar con) videojuegos. ▶ファミリーレストラン m. restaurante familiar.
ファラオ m. faraón.
ファリャ (マヌエル・デ～) Manuel de Falla (☆1876-1946, スペインの作曲家).
フアレス (ベニート～) Benito Juárez (☆1806-1872, メキシコの政治家・軍人).
*****ふあん** **不安** (将来への) f. inquietud [por]; (思い悩み) f. preocupación [f. ansiedad] 《por》; (気持ちの落ち着かなさ) f. intranquilidad; (悪い事が起こるのではないかという) m. temor 《de, a》; (社会などの動揺) m. desasosiego. →心配. ▶期待と不安 fpl. esperanzas y mpl. temores. ▶不安そうにたずねる v. preguntar con inquietud. ▶不安発作 《専門語》 m. ataque de pánico.
　1《不安を》 社会不安を引き起こす v. causar inquietud social. ▶彼女は夫が事故にあったのではないかという不安を覚えた Sintió temor de que su marido hubiera tenido un accidente. ◆彼女彼女の将来に非常に不安を抱いていた Estaba muy intranquila por el futuro de ella. ◆彼はその手術に少し不安を感じた Se sintió algo intranquilo por la operación.
　2《不安で》 私は不安で眠れなかった La preocupación no me dejaba dormir. ◆彼女は一人取り残されてなんとなく不安であった Al quedarse sola, tuvo una vaga sensación de desasosiego.
　3《不安な》; (心配な) adj. inquieto; (落ち着かない) adj. intranquilo. ▶彼は山中で一夜を過ごした Pasó una noche inquieta en medio de las montañas.
　☞危惧, 心配, 心痛; 心細い, 心許ない
ファン mf. fan, mf. forofo/fa, mf. hincha; (熱狂者) mf. entusiasta; (愛好者) mf. amante, mf. aficionado/da; (崇拝者) mf. admirador/dora. ▶熱心なサッカーファン 「mf. ferviente entusiasta [mf. aficionado/da, mf. forofo/fa] del fútbol. ▶レアルマドリードのファン 《英語》 mf. "fan". 《スペイン》 mf. hincha del Real Madrid. ▶ビートルズの大ファン「mf. gran fan [mf. admirador/dora] de los Beatles.
▶龍之介ファン mf. admirador/dora de Ryunosuke. ▶音楽ファン mf. amante de la música. ▶スポーツファン mf. entusiasta [mf. forofo/fa] del deporte [de los deportes]. ▶ファンクラブ m. club de "fans". ▶ファンレター f. carta de un/una "fan", f. correspondencia de los "fans". ▶彼のファン層は広い Tiene fans de lo más variado.
ファン・カルロス (1世) Juan Carlos I [Primero] (☆1938-, スペイン国王).
ファンクション ▶ファンクション・キー 《専門語》 f. tecla de función. ▶ファンクション・コール 《専門語》 f. llamada de función.
ファンコニーしょうこうぐん ファンコニー症候群 《専門語》 m. síndrome de Fanconi.
ファンタジー f. fantasía.
ファンダンゴ m. fandango (☆スペインの陽気な舞踊曲).
ふあんてい **不安定** ▶不安定な(=定まらない)天気 m. tiempo inestable [cambiante, incierto]. ▶不安定な(=安定性のない)地位 f. posición inestable. ▶不安定な(=固定しない)1足場 [2仕事] 1 m. punto de apoyo [2 m. empleo] inestable. ▶不安定な(=不安な)気持ち f. sensación de inquietud, m. sentimiento de inseguridad ☞心許ない
ファンデーション (化粧の下地) f. base de maquillaje; f. (crema) base; (婦人用下着) f. prenda de corsetería.
ファンド m. fondo.
ふあんない **不案内** ▶京都はまったく不案内です Soy un/una perfecto/ta extraño/ña [forastero/ra] en Kioto. / (よく知らない) No conozco bien Kioto.
ファンファーレ f. fanfarria. ▶ファンファーレで迎えられる v. ser* saludado「con fanfarria [《口語》a bombo y platillo].
ファン・マヌエル (ドン～) Don Juan Manuel (☆1282-1349?, スペインの作家・政治家・武将.
ふい **不意** (突然の) adj. repentino, 《教養語》 súbito; (思いがけない) adj. imprevisto, inesperado. ▶不意の来客 f. (recibir) visita inesperada. ▶不意打ち m. ataque sorpresa. ▶不意の訪問 f. (hacer) una visita de improviso. ▶不意打ち試験 m. (poner) un examen sorpresa [de improviso]. ▶不意を打つ v. tomarlo[le] [cogerlo[le]*] por sorpresa, sorprenderle. ▶その強盗は不意を打たれた El ladrón fue cogido por sorpresa. / (油断しているところを捕らえられた) El ladrón fue cogido por descuido. ▶われわれは敵の不意を突いた Cogimos al enemigo de [por] sorpresa. / Sorprendimos al enemigo. / Caímos sobre el enemigo de improviso.
── **不意に** (突然) adv. de repente, repentinamente; (思いがけなく) adv. inesperadamente, de improviso; (偶然に) adv. por casualidad; (予告なしに) adv. sin avisar, sin previo aviso. ▶汽車が不意に止まった El tren se paró de repente. / Inesperadamente el tren se detuvo. ▶犬が不意に飛びかかってきた De repente el perro se abalanzó sobre mí. / Se me tiró el perro repentinamente. ◆ブ

ラットホームで旧友に不意に出会った Me encontré en el andén con un viejo amigo por casualidad. / En el andén me encontré inesperadamente con un viejo amigo. / 不意に友達が訪ねてきた Recibí la visita inesperada de un amigo. / Un amigo me visitó sin previo aviso.

ブイ (浮標) f. boya;(救命具) f. boya salvavidas, m. salvavidas.

ブイアイピー → ビップ.

フィアンセ (女性から見た) m. prometido;(男性から見た) f. prometida.

フィート m. pie. ▶3 フィートの長さの棒 m. poste de tres pies. ▶5 フィート7 インチ mpl. cinco pies con siete pulgadas. ◆1 フィートは12 インチです En un pie hay doce pulgadas.

フィードバック 《英語》(専門語) m. "feedback",《専門語》f. realimentación,《専門語》f. retroalimentación.

フィーバー ▶ゴルフフィーバー f. fiebre por el golf. ▶フィーバーしている v. estar* loco《por》.

フィーリング f. (mpl.) sentimiento(s), m. sentir. ▶ 感情. ▶あの人とはフィーリングが合わない No congenio con él.

フィールディング m. fildeo.

フィールド (スポーツ) m. campo. ▶フィールド競技 mpl. deportes de campo, mpl. saltos y lanzamiento;(種目) f. prueba de atletismo.

フィガロ ▶フィガロの結婚(オペラ) Las bodas de Fígaro.

フィギュア(スケート) m. patinaje artístico.

プイグ (マヌエル ～) Manuel Puig (☆1933-1990, アルゼンチンの作家).

フィクション (小説) f. ficción;(作り事) f. (obra de) ficción. ◆このラジオ番組は完全にフィクションです Este programa de radio es totalmente ficticio.

フィジー Fiji;(公式名) f. República de Fiji (☆南太平洋の島国). ▶フィジー諸島 fpl. islas Fiji (☆南太平洋, メラネシアの諸島). ▶フィジー諸島の adj. fijiano.

ふいちょう 吹聴 ▶吹聴する v. divulgar* [decir*] a todo el mundo → 言い触らす;(自慢して) v. jactarse《de》, ufanarse《de, con》.

ふいっち 不一致 (意見などの) m. desacuerdo; (不和) f. discordia;(不調和) f. discordancia. ▶わずかな不一致を解決する v. resolver* un pequeño desacuerdo. ▶(離婚理由としての)性格の不一致 f. incompatibilidad de caracteres.

フィットネスクラブ m. club de 《英語》 "fitness".

ブイティーアール f. videograbadora, m. magnetoscopio. → ビデオ.

ふいに (突如) adv. bruscamente, de repente; (思いがけなく) adv. de improviso, inesperadamente. ◆彼女はふいと顔をそむけた Apartó bruscamente la cabeza. ◆彼はふいと会社を辞めた Dejó la compañía「sin previo aviso [de improviso].

フィナーレ (終曲, 終幕) m. final, f. apoteosis.

フィヨルド m. fiord(o).

ブイヨン m. caldo.

フィラデルフィア Filadelfia (☆アメリカ合衆国の都市).

フィラリアしょう フィラリア症 《専門語》 f. filariasis.

フィリピン Filipinas;(公式名) f. República de Filipinas (☆アジアの国, 首都マニラ Manila). ▶フィリピン人 mf. filipino/na. ▶フィリピン (人)の adj. filipino.

フィルター (カメラ・濾(ろ)) m. filtro;(たばこの) f. boquilla de filtro. ▶フィルター付きのたばこ m. cigarrillo con filtro.

フィルタリング (専門語) m. filtrado.

フィルハーモニー f. (orquesta) filarmónica. ▶ウィーン・フィルハーモニー La (Orquesta) Filarmónica de Viena.

フィルム f. película;(映画) m. film;(巻いた) 《スペイン》 m. carrete,《ラ米》 m. rollo. ▶¹高感度 [²カラー; ³白黒]フィルム f. película ¹alta de [²en color; ³en blanco y negro]. ▶(24 枚撮りのカメラ用)フィルム1 巻 f. película [m. carrete, m. rollo] (de [con] 24 exposiciones). ▶フィルムに収める v. filmar. ▶フィルムを買う v. comprar「un carrete [una película]. ◆このフィルムはあと 5 枚残っている Me quedan cinco exposiciones [tomas] en este carrete.

フィレンツェ Florencia (☆イタリアの都市).

フィン fpl. aletas.

ぶいん 部員 (クラブの) mf. miembro. → 会員, 職員.

フィンガーボール m. aguamanil (de mesa), m. lavafrutas.

フィンランド Finlandia;(公式名) f. República de Finlandia (☆北ヨーロッパの国, 首都ヘルシンキ Helsinki). ▶フィンランド(人[語])の adj. finlandés. ▶フィンランド人 m. finlandés, m. finés. ▶フィンランド人 mf. finlandés/desa.

ふう 封 ▶手紙の封をする v. cerrar* una carta. ▶手紙の封を切る v. abrir* una carta.

ふう 風 ❶【様式, 型】m. estilo;(芸術などの様式) mpl. modales, fpl. maneras;(流行の型) f. moda;(人の型・種類) f. clase, m. tipo. ▶洋風の家 f. casa de estilo occidental, f. casa a la occidental. ▶ロシア風に料理する v. cocinar「al estilo ruso [a la rusa]. ▶ピカソ風の絵 m. cuadro al estilo de Picasso. ▶当世風の結婚式 f. boda a la última moda. ▶商売人風の男 m. hombre con modales de comerciante. ▶現代風の考え方 f. forma moderna de pensar. ▶都会風の若者 m. joven del tipo de ciudad. ◆この建物は東洋風だ Este edificio「es de estilo [tiene un toque] oriental.

❷【やり方】f. forma, f. manera, m. modo. → 方法. ▶こんな風にやりなさい Hazlo de esta forma [esta manera, este modo]. / Hazlo así. ◆どういう風にしてスペイン語を勉強したのですか ¿De qué forma estudiaste español? 《会話》 私だったら彼の言ったことをそんな風に取らないよ—じゃあどういう風に取るの Yo no me tomaría sus palabras de ese modo. – De qué modo te las tomarías, entonces? 《会話》 この仕事にはほど興味はないんだ—そんな風に思ってるんだったら, どうして引き受けたりするの No estoy tan intere-

sado en este trabajo. ‒ Si piensas「de esa manera [así, eso], ¿por qué, entonces, lo aceptas?♦お母さんに向かってそんな風に口をきいてはいけない A tu madre no deberías hablarle de esa forma.
❸【様子】(外観) m. aspecto, f. apariencia, m. aire. → 様子.♦彼は一見学者風だ Tiene aspecto de erudito. / Parece un erudito.♦なんでも知った風な口をきくな No hables como si supieras todo.♦彼はそれにはまったく興味がないといった風だった Daba la impresión de que no tenía ningún interés en ello. → 様子.
❹【風習】fpl. costumbres, fpl. maneras, mpl. modales.▶都会の風に染まる v. recibir un baño de costumbres de la ciudad, adoptar modales de la ciudad.▶土地の風に従う v. observar las costumbres del lugar.

ふうあつ 風圧 f. presión del viento.▶風圧計 m. indicador de la presión del viento.▶激しい風圧を受けて倒れる v. caer* por「la fuerte presión del viento [la fuerza del viento].

ふういん 封印 m. sello, m. precinto.▶封印を¹押す [²破る] v. ¹poner* [²romper*] un sello.▶封印のついた箱 f. caja con sello [precinto], f. caja precintada.

ふうう 風雨 m. viento y f. lluvia; (暴風雨) f. tempestad, m. temporal.▶そのベンチは風雨にさらされていた El banco estaba expuesto al viento y la lluvia.

ふううん 風雲 ▶風雲急を告げている (=社会の大変動期にさしかかっている) Nos acercamos a una época de grandes conmociones sociales.

ふううんじ 風雲児 m. héroe en días turbulentos.

ふうか 風化 f. erosión, m. desgaste.▶風化する v. erosionarse, desgastarse; (記憶などが) v. flaquear (la memoria).

ふうかく 風格 m. aire, m. aspecto. (文芸上の) m. estilo.▶王者の風格 m. aire digno, m. sello de elegancia.▶風格のある文章を書く v. escribir* en [con] un estilo distinguido [elegante].♦彼は風格がある (=威厳がある) Tiene un aire de dignidad. / Su persona respira dignidad.

ふうがわり 風変わり ▶風変わりな →個性, 変.▶風変わりな男 m. hombre raro [singular, excéntrico].▶風変わりな家 f. casa fantástica [rara] ☞ おかしな[い], 滑稽

ふうき 風紀 f. moral pública.▶風紀を¹乱す [²よくする; ³取り締まる] v. ¹corromper [²mejorar; ³controlar] la moral pública.♦このごろは社会の風紀が乱れている Estos días la moral pública está debilitada.♦このような慣習は風紀上好ましくない Estas costumbres dañan la moral pública.

ふうきり 封切り ▶映画の封切り m. estreno de una nueva película.▶封切り映画 f. película recientemente estrenada.▶封切る v. estrenar.

*ふうけい 風景 (景色) m. paisaje, m. panorama; (眺望) f. vista, f. perspectiva, m. paisaje. → 眺め.▶風景画 m. paisaje.▶風景画家 mf. (pintor/tora) paisajista.▶アルプスの風景 m. paisaje de los Alpes.▶街頭風景 f. escena de la calle.♦アルプスは風景の美しいことで有名だ Los Alpes son célebres por la belleza de su paisaje.♦私の部屋から湖の風景が見える Mi habitación tiene una vista al [del] lago. → 見晴らす.

ブーゲンビリア f. buganvilla,『メキシコ』f. bugambilia,『アルゼンチン』f. Santa Rita.

ふうこう 風光 m. paisaje (pintoresco).♦このあたりは風光明媚(ʊ)である Estos lugares son pintorescos.

ふうさ 封鎖 (武力による) m. bloqueo; (資金などの凍結) f. congelación de fondos.▶経済封鎖 m. bloqueo económico.▶港の封鎖を解く v. levantar el bloqueo de un puerto.
—— 封鎖する v. bloquear; (出入りを止める) v. bloquear, obstruir*.▶港を封鎖する v. bloquear un puerto.▶バリケードで通路を封鎖する v. bloquear el paso con una barricada.♦パレードのため通りはすべて封鎖された Las calles estaban bloqueadas por el desfile.

ふうさい 風采 (外見) f. presencia, m. aspecto.▶りっぱな風采の男 m. hombre「de buena presencia [bien parecido].▶風采があがる v. mejorar el aspecto.♦彼は風采があがらない Su presencia [apariencia] no es buena. / Su aspecto no dice nada.

ふうし 風刺 f. sátira.▶風刺(漫)画 f. caricatura.▶風刺小説 f. novela satírica.▶風刺(作)家 mf. escritor/tora satírico/ca.▶風刺する v. satirizar*.▶風刺的に adv. satíricamente.♦その劇は政界を風刺したものだ La obra es una sátira del mundo político. / La obra satiriza la política.♦その物語は風刺にあふれている La historia está llena de sátira.

ふうじこめる 封じ込める (動きなどを) v. bloquear, cerrar*; (国・思想などを) v. contener*; reprimir; (閉じ込める) v. encerrar*, confinar. → 閉じ込める.

ふうしゃ 風車 m. molino (de viento).

ふうしゅう 風習 (習慣) f. costumbre; (しきたり) m. uso, m. hábito, f. convención; (風俗) fpl. maneras, mpl. modos. → 風俗, 習わし.

ふうしょ 封書 f. carta cerrada (sellada).

ふうじる 封じる (黙らせる) v. hacer* callar,《教養語》acallar;「imponer* silencio [《口語》cerrarle* la boca] (a).▶批判を封じる v. reprimir las críticas.♦彼の口を封じるのは難しい Es difícil hacerle[le] callar.

ふうしん 風疹《専門語》f. rubéola [rubeola].

ふうすいがい 風水害 mpl. daños causados por temporales e inundaciones. → 水害.

ブースター (増幅器) m. amplificador.

ふうせつ 風雪 m. viento y f. nieve; (吹雪) m. temporal de nieve; (大吹雪) f. ventisca; (試練) fpl. penalidades.▶人生の幾多の風雪に耐える v. pasar [sufrir] muchas penalidades en la vida.

ふうせん 風船 m. globo,『コロンビア』f. bomba.▶¹ゴム [²紙] 風船 m. globo de ¹goma [²papel].▶風船ガム m. chicle de globo.▶風船玉 m. globo de juguete.▶風船の束を上げる

v. soltar* globos. ▶風船をふくらます *v*. inflar [hinchar] un globo. ◆はぐれた風船が木の先にひっかかってぱんと割れた Un globo extraviado quedó enganchado en un árbol y estalló.

ふうぜんのともしび 風前の灯 ◆あの会社の命運は風前の灯である(＝倒産寸前である) Esa compañía está「al borde de la bancarrota [a punto de quebrar, al borde de la quiebra].

ふうそく 風速 *f*. velocidad del viento. ▶風速計 *m*. anemómetro. ▶最大瞬間風速 *f*. velocidad instantánea máxima del viento. ◆風速は15メートルです El viento está soplando a 15 metros por segundo.

*****ふうぞく** 風俗 (風習) *fpl*. costumbres, *mpl*. usos; (習慣) *f*. costumbre; (風紀) *f*. moral pública. ▶風俗習慣 *mpl*. usos y *fpl*. costumbres. ▶風俗営業 *m*. negocio que afecta la moral pública, *mpl*. negocios de diversión. ▶日本各地の風俗を調べる *v*. investigar* las costumbres de todas las regiones de Japón. ▶風俗を乱す *v*. corromper la moral pública. ◆日本とスペインの間にはとてもたくさんの風俗の違いがある Hay notables [bastantes] diferencias entre las costumbres japonesas y las españolas.

ふうたい 風袋 *f*. tara.

ブータン Bután (☆南アジアの王国, 首都ティンプー Thimbu; (公式名)*m*. Reino de Bután. ▶ブータンの *adj*. butanés. ▶ブータン人 *mf*. butanés/nesa.

ふうち 風致 (自然界の美しさ) *f*. belleza paisajística. ▶風致 (＝自然保存の) 地区 *f*. zona natural protegida; (都市周辺の緑地帯) *m*. cinturón verde. ◆乱開発のためこのあたりの風致がこなわれた La belleza natural de esta zona fue destruida por una urbanización desordenada.

フーチエン 福建 (ピンイン) Fujian (☆中国の省).

ふうちょう 風潮 (傾向) *f*. tendencia, *f*. corriente. → 傾向; (時流) *f*. marea, *f*. oleada, *f*. corriente. ▶軍国主義の風潮 tendencia al militarismo. ▶嘆かわしい社会風潮 *f*. tendencia social deplorable. ▶時代の風潮に「乗る [逆らう] *v*. ¹seguir* [²ir* contra] la corriente [tendencia] de la época. ◆若者が物事を安易に考える風潮が強まっている Hay una tendencia creciente por parte de los jóvenes a tomarse las cosas a la ligera. ◆外国語を学習する風潮が強まっている Hay una tendencia creciente a aprender lenguas extranjeras. ☞ 動き, 大勢

フーチョウ 福州 (ピンイン) Fuzhou (☆中国の都市).

ブーツ *fpl*. botas. → 靴

ふうど 風土 *m*. ambiente, *m*. clima; (自然の特徴) *fpl*. condiciones naturales. ▶日本の精神的風土 *m*. ambiente espiritual de Japón. ▶風土病 *f*. endemia, *f*. enfermedad endémica. ▶土地の風土に慣れる *v*. aclimatarse [acostumbrarse] a la tierra.

フード (頭巾, 覆い) *f*. capucha, *m*. capuchón; (食物) *m*. alimento, *f*. comida. → 食べ物. ▶フードつきのレーンコート *f*. gabardina con capucha.

*****ふうとう** 封筒 *m*. sobre. ▶返信用封筒 *m*. sobre de respuesta. ▶封筒にあて名を書く *v*. escribir* [《口語》poner*] la dirección en un sobre. ▶封筒に手紙を入れる *v*. meter una carta en un sobre. ▶封筒に封をする *v*. cerrar* [sellar] un sobre. ▶封筒に切手を張る *v*. poner* un sello en un sobre.

ブートストラップ 《専門語》*m*. inicio (del funcionamiento de computadora).

ブート・セクター 《専門語》*m*. sector de inicio [arranque].

プードル *m*. (perro) caniche.

フーナン 湖南 Junán, (ピンイン) Hunan (☆中国の省).

ふうび 風靡 ◆そのロックバンドは一世を風靡した Esa banda roquera《口語》barrió [fue muy popular, tuvo un gran éxito] (en otro tiempo).

ふうひょう 風評 (うわさ) *m*. rumor; ((悪い)評価) *f*. (mala) fama [reputación]. → うわさ, 評判.

*****ふうふ** 夫婦 *m*. matrimonio, *f*. pareja casada.

1《～夫婦》 ▶若夫婦 *m*. joven matrimonio. ▶老夫婦 *m*. matrimonio mayor [de edad avanzada]. ▶新婚夫婦 *f*. pareja「recién casada [de recién casados], *m*. matrimonio recién casado. ▶おしどり夫婦 *m*. matrimonio feliz. ◆田中さん夫婦 El Sr. (señor) y la Sra. (señora) Tanaka, los Sres. (señores) Tanaka. ◆彼らは似合いの夫婦だ Hacen un buen matrimonio.

2《夫婦(の)＋名詞》 ▶夫婦愛 *m*. amor conyugal [matrimonial, marital]. ▶夫婦生活 *f*. vida conyugal [matrimonial, marital]. ▶夫婦げんかをする *v*. tener* una pelea conyugal, pelearse con「la mujer [el marido]. ◆彼らは夫婦仲が悪い Ese matrimonio no va [se lleva] bien.

3《夫婦に》 ◆太郎は花子と夫婦になった(＝結婚した) Taro se「ha casado [casó] con Hanako. ◆あの人たちはよい夫婦になりますよ Espero que hagan「un buen matrimonio [una buena pareja].

4《夫婦で》 ◆われわれは夫婦で共働きしている Tanto mi mujer como yo trabajamos. ◆ご夫婦でおいでください Por favor, venga de visita con su esposo/sa.

ふうふう ◆母親が子供のためにスープをふうふう吹いて冷ました La madre sopló sobre la sopa del niño para enfriársela. ◆彼は走った後で息切れして, ふうふういった Estaba sin aliento por la carrera. / Después de correr, estaba sin aliento. / Volvió jadeante por la carrera.

ぶうぶう ❶ 【警報や動物などがうるさい音を立てる】(豚などが) *v*. gruñir*. ◆彼は車の警笛をぶうぶう鳴らした Tocó「la bocina [el claxon, 《口語》 el pito] del coche.
❷ 【しきりに不平を言う】 *v*. quejarse, refunfuñar. ◆私の母はいつも何かぶうぶう言っている Mi madre siempre se está quejando de algo.

ふうぶつ

♦生徒たちは宿題のことでぶうぶう言った Los alumnos [estudiantes] se quejaron de sus tareas [deberes].

ふうぶつ 風物 ▶自然の風物 f. naturaleza, m. estado natural. ▶田園の風物 fpl. escenas rurales. ▶日本の風物 fpl. escenas y cosas japonesas. ♦風鈴は日本の夏の風物詩だ El "furin" nos trae el sabor auténtico del verano japonés.

フーペイ 湖北 Jupei, 《ピンイン》Hubei (☆中国の省).

ふうぼう 風貌 (顔立ち) mpl. rasgos; (顔の表情) m. aspecto, f. apariencia.

ふうみ 風味 (特有の) m. sabor delicado; (味覚) m. gusto, m. sabor. ▶風味を添える v. dar* sabor, sazonar. ♦そのコーヒーにはすばらしい風味がある Ese café tiene un sabor estupendo. ♦缶詰の魚は鮮魚にある風味が欠けている El pescado enlatado no tiene el sabor [gusto] del fresco.

ブーム (にわか景気) m. auge, m. boom; (一時的大流行) f. moda, 《口語》f. manía. ▶建築ブーム m. auge de la construcción. ♦日本語学校(の経営)が今ブームだ Las escuelas para enseñar japonés están en auge. ♦近ごろは海外旅行ブームだ La manía de hoy es viajar al extranjero.

ブーメラン m. bumerán. ▶ブーメラン効果 m. efecto (de) bumerán.

ふうらいぼう 風来坊 mf. vagabundo/da; (気まぐれの人) f. persona antojadiza [caprichosa].

フーリガン 《英語》 m. "hooligan" (☆発音は[húligan]).

ふうりゅう 風流 (優雅) f. elegancia; (よい趣味) m. buen gusto; (上品) m. refinamiento. ▶風流な adj. elegante, de [con] buen gusto, refinado. ▶風流な人 f. persona refinada. ▶風流を解さない人 f. persona prosaica. ▶無風流で sin gusto.

ふうりょく 風力 f. fuerza del viento. → 風速. ▶風力発電所 f. central (energética) eólica.

ふうりん 風鈴 "furin", (説明的に) f. campanilla colgante que tintinea con el viento.

ブール ▶ブール演算《専門語》f. operación booleana. ▶ブール代数《専門語》f. álgebra de Boole.

プール ❶【水泳】f. piscina. ▶室内プール f. piscina cubierta. ▶温水プール f. piscina climatizada. ▶プールサイドで adv.「al lado [en el borde] de la piscina.

地域差 プール
〔全般的に〕 f. piscina
〔メキシコ〕 f. alberca
〔アルゼンチン〕 f. pileta

❷【蓄えること】mpl. fondos comunes. ▶資金をプールする v. hacer* un fondo común 《de》.

ふうん 不運 f. mala suerte; (ひどい) f. desdicha, f. desgracia, 《教養語》 m. infortunio. → 運, 災難. ▶不運な事故 m. desgraciado accidente. ▶再々不運な目にあう v. tener* [sufrir] frecuentes desdichas, ser* perseguido por la mala suerte. ♦最近は不運続きだ Últimamente me persigue la mala suerte. ♦彼は何て不運なのだろう ¡Qué mala suerte tiene! / 《口語》¡Qué suerte tan mala tiene el hombre! ♦不運にも彼は腕を折った Por desgracia, se rompió el brazo. / Tuvo la「mala suerte [desgracia, desdicha] de romperse el brazo.

ぶーん → ぶんぶん

・**ふえ** 笛 (横笛) f. flauta, m. caramillo; (縦笛) f. gaita; (呼び子) m. pito, m. silbato. ▶笛を吹く v. tocar* la flauta; (呼び子) v. tocar* el pito [silbato]. ♦警官は笛を吹いてその車に止まるよう合図した El policía tocó el pito y le hizo señas al coche para que parara.

フェア ❶【公正】▶フェアにやる v. jugar* [actuar*] con limpieza [honradez]. ▶人をフェアに扱う v. tratar*lo[le] con justicia.
❷【博覧会, 見本市】▶住宅フェア f. feria [f. exposición] de viviendas.

フェアプレー v. juego limpio. ▶フェアプレーをする v. jugar* limpiamente [con limpieza].

ふえいせい 不衛生 f. insalubridad. ▶不衛生な adj. insalubre, antihigiénico; (健康に悪い) adj. malsano; (人が衛生に不注意な) adj. despreocupado por la higiene. ▶不衛生な環境 m. ambiente insalubre.

フェイドアウト f. salida disuelta. ▶フェイドアウト¹する [²させる] v. ¹fundirse [²cerrar* en fundido].

フェイドイン f. entrada disuelta. ▶フェイドイン¹する [²させる] v. ¹entrar en fundido [²meter con un fundido].

フェイホ (ベニト・ヘロニモ ~) Benito Jerónimo Feijoo (☆1676-1764, スペインの著作家).

フェイント f. finta. ▶フェイントをかける v. hacer* una finta.

フェーンげんしょう フェーン現象 m. fenómeno (de) Foehn.

フエゴとう フエゴ島 Tierra del Fuego (☆南アメリカ大陸南端の島).

フェザーきゅう フェザー級 m. peso pluma.

フェスティバル m. festival. → 祭り.

ふえて 不得手な (へたな) adj. malo, débil. ♦彼はスペイン語が不得手だ Se le da mal el español.

フェティシズム m. fetichismo.

フェニックス m. fénix.

ブエノスアイレス Buenos Aires (☆アルゼンチンの首都).

フェミニスト mf. feminista; (女性にやさしい男性) m. hombre caballeresco [galante].

フェミニズム (男女同権主義) m. feminismo.

フェリー 《英語》m. "ferry" (☆発音は [férry]), m. transbordador. → 渡し船.

フェリペ (2世) Felipe II [Segundo] (☆スペイン国王, 1527-98).

・**ふえる** 増[殖]える ❶【数・量が増す】v. aumentar, incrementar(se); (重量・能力などを増やす) v. crecer*, ganar. → 増加する, 増す. ¹数 [²量] が増える v. aumentar en ¹número

[²cantidad]. ◆経験が増える v. ganar experiencia. ◆最近海外へ行く学生が増えている Recientemente ha aumentado el número de estudiantes que van al extranjero. / Los estudiantes que van al extranjero se han incrementado últimamente. / Ahora cada vez van al extranjero más estudiantes. ◆体重が5キロ増えた He engordado cinco kilos. / Mi peso ha aumentado (en) cinco kilos. ◆売り上げは1年で12[23]倍増加した En un año las ventas se han ¹duplicado [²triplicado]. ◆妻の病気で彼の心配事が増えた La enfermedad de su esposa aumentó sus preocupaciones.
❷【繁殖する】(動物が) v. reproducirse*, multiplicarse*; (動植物が) v. propagarse*.

プエルタ・デル・ソル Puerta del Sol (☆スペイン, マドリードの都心の広場).
フェルティーしょうこうぐん フェルティー症候群 《専門語》m. síndrome de Felty.
フェルト m. fieltro. ◆フェルト帽 m. sombrero de fieltro.
プエルトリコ (m. Estado Libre Asociado de) Puerto Rico (☆西インド諸島の島, アメリカ合衆国の自治領, 首都サンフアン San Juan). ◆プエルトリコ(人)の adj. puertorriqueño.
フェロモン f. feromona.
ふえん 敷衍 ◆敷衍する v. explicar* con [en] detalle.
フェンシング f. esgrima. ◆フェンシングの練習をする v. practicar* la esgrima. ◆フェンシングの選手 mf. esgrimista, mf. esgrimidor/dora.
フェンス f. valla, f. cerca.
フェンダー m. parachoques, m. paragolpes; (泥よけ) m. guardabarros, 【メキシコ】f. salpicadera, 【チリ・ペルー】m. tapabarros, f. aleta.
ぶえんりょ 無遠慮 ◆無遠慮な(遠慮のない) adj. sin reservas, nada tímido, directo → 遠慮; (ずけずけ言う) adj. abierto, franco; (失礼な) adj. indiscreto; (無作法な) adj. descortés; (厚かましい) adj. descarado, insolente, 《口語》fresco. ◆無遠慮なふるまい m. comportamiento franco [descortés]. ◆無遠慮なことを言う v. hacer* [《教養語》formular] observaciones francas [directas, descorteses]. ◆無遠慮な口のきき方をする(=無遠慮に物を言う) v. hablar「sin miramientos [con descaro, con insolencia].
フォアグラ 《仏語》m. "foie gras" (☆発音は [fuagrás]).
フォアハンド adv. de derecho. ◆フォアハンドストローク m. derechazo, m. golpe de derecha.
フォーカス m. foco. → 焦点.
フォーク (食卓用) m. tenedor; (フォークボール) 《野球》(f. bola de) m. tenedor; (民謡) f. canción folklórica. ◆フォーク歌手 mf. cantante folklórico/ca.
フォークダンス m. baile [f. danza] tradicional [folklórico, regional].
フォークランド Malvinas (☆イギリス領, 南大西洋の諸島).
フォークリフト f. carretilla elevadora (de horquilla).
フォークロア (民間伝承, 民俗学) m. folklore.

ふか 1231
フォーマット 《専門語》m. formato. ◆フォーマットする 《専門語》v. formatear.
フォーマル adj. formal. ◆フォーマル・ウエア m. traje de etiqueta.
フォーム (運動の) f. forma. ◆彼の走るフォームはすばらしい Su forma para correr es excelente. / Está en una forma excelente para correr.
フォームラバー f. espuma de caucho, f. goma espuma. ◆フォームラバーの入っているクッション m. cojín de espuma de caucho.
フォーラム (公開討論会) m. foro. ◆(...を議題として)フォーラムを催す v. celebrar un foro (sobre...).
フォールト (テニス・バレーボールで) f. falta.
フォグライト m. faro antiniebla.
フォト f. foto, f. fotografía. → 写真.
ぶおとこ 醜男 m. hombre feo [mal parecido].
フォリーアス fpl. folías (☆カナリア諸島の歌).
フォルダ(ー) f. carpeta.
フォロースルー f. continuación, m. seguimiento.
フォワード mf. delantero/ra.
ふおん 不穏 ◆不穏な(不安にするような) adj. inquietante, alarmante; (恐ろしい兆候を示す) adj. amenazador, 《口語》feo. ◆不穏な知らせ fpl. noticias inquietantes. ◆不穏な雲行き[情勢] f. situación amenazadora. ◆不穏な空気を感じる v. tener* una sensación de intranquilidad, sentir* inquietud, 《口語》olerse* algo feo. ◆軍部に不穏な動きがある En el ejército「hay cierta agitación [《フォーマル》está sembrada la inquietud].
フォンウィルブランドびょう フォンウィルブランド病 《専門語》f. enfermedad de von Willebrand.
フォンデュー 《仏語》f. "fondue" (☆発音は [fondí]).
フォント (書体) f. fuente.
ふおんとう 不穏当 ◆不穏当な(不適切な) adj. inconveniente. ◆不穏当な発言をする v. hacer* observaciones inconvenientes.
ふか 鱶 m. tiburón.
ふか 不可 (成績の) m. suspenso, m. no apto; (投票の) m. voto en contra, m. no. ◆不可とする(賛成しない) v. desaprobar*. ◆数学で不可をとる v. suspender en matemáticas. ◆可とする者5名に対し不可が2名だった Había cinco votos a favor y dos en contra.
ふか 付加 ◆付加する v. añadir, agregar*. → 付け加える. ◆付加価値 m. valor añadido. ◆付加価値税 m. impuesto del [por el] valor añadido, 【略】IVA.
ふか 孵化 f. incubación. ◆人工ふ化 f. incubación artificial. ◆ふ化するv. salir* del cascarón.
ふか 部下 mf. subalterno/na, mf. subordinado/da; (男の) mpl. hombres 《de》. ◆彼には多くの有能な部下がいる Dispone de muchos y capaces subordinados. / Tiene a su servicio a muchos subalternos capaces. ◆彼女

は私のおじの部下だ Trabaja para mi tío. / Es una subordinada de mi tío.

ふかい 深い ❶【物が垂直・水平に】adj. espeso, hondo, profundo. ▶深い雪 f. espesa capa de nieve. ▶奥深い森 m. bosque denso [espeso, cerrado]. ♦湖はこのあたりが一番深い El lago es más profundo por aquí. ♦ここは泳げるほど深いですか ¿Está aquí el agua lo bastante profunda para nadar?
❷【程度・状態・性質などが】(深遠な) adj. profundo, hondo. ▶深い傷 f. herida profunda [honda]. ▶深いため息 m. suspiro hondo [profundo]. ▶深い絶望 f. profunda desesperación. ▶深い眠りに落ちる v. dormirse* 「en un profundo sueño [profundamente], quedarse profundamente dormido. ▶学問の深い人 f. persona de profunda erudición. ▶深い憎悪を抱く v. tener* [sentir*] un odio profundamente arraigado (hacia, por). ♦彼の方が考えが深い Su idea es 「más profunda [《口語》 de mayor calado]. ♦その映画は私に深い感銘を与えた Esa película me 「impresionó profundamente [causó una profunda impresión]. ♦彼は学識が深い Tiene profundos conocimientos.
❸【濃い】(森・霧などが) adj. denso, espeso. ▶深い霧 f. niebla densa. ▶深い森 m. bosque espeso. ▶深い青色 m. azul intenso [subido].
❹【親密な】adj. íntimo, estrecho. ▶彼女と深い関係にある v. tener* una íntima [estrecha] relación con ella, estar* íntimamente relacionado con ella.

ふかい 不快 (心地が悪いこと) f. molestia, m. malestar; (腹立たしいこと) m. desagrado, m. disgusto. ▶不快指数《専門語》 m. índice de incomodidad; (温湿指数)《専門語》 m. índice de temperatura-humedad.

―― 不快な (不愉快な) adj. incómodo, molesto; (気に食わない) adj. desagradable; (不快感を与える) adj. ofensivo; (むかつくような) adj. repugnante. → 不愉快. ▶不快なにおい m. olor desagradable [repugnante]. ♦人に不快なことを言うべきではない No debes decir cosas desagradables a la gente.

-ぶかい -部会 (部門) f. sección; (クラブの会合) f. reunión. ▶工業部会 f. sección industrial.

ふかいかん 不快感 m. malestar, f. sensación desagradable. ▶不快感を覚える v. sentir* malestar; (気にくわなくて) adj. desagradable; (むかつくような) adj. asqueado, repugnado; (いらいらするような) adj. ofensivo; (心地が悪くて) adj. incómodo, poco confortable. ▶不快感を表明する v. expresar sentimientos de malestar. ♦他人に不快感を与える No provoques en los demás sentimientos de malestar.

ふかいしゃ 部外者 (よそ者) f. persona de fuera. ♦部外者立入禁止【掲示】Privado. ⌐アウトサイダー, 他人

ふがいない 腑甲斐ない (根性のない) adj. sin agallas, cobarde; (失望させるような) adj. decepcionante; (屈辱的な) adj. humillante. ♦3連敗するとはふがいない (=恥ずべき連中だ Debería darles vergüenza haber perdido tres partidos seguidos.

ふかいり 深入り ▶深入りする v. meterse [implicarse*] demasiado (en), ir* demasiado lejos. ▶事件に深入りする v. meterse demasiado en un asunto. ♦私たちはこんなに深入りしてはいけなかったのです No teníamos que habernos metido tanto en esto.

ふかかい 不可解な adj. misterioso; (なぞのような) adj. enigmático, (理解できない) adj. incomprensible. ▶不可解な事 m. misterio, asunto misterioso. ▶不可解な行動 m. comportamiento enigmático. ♦彼の突然の失踪(⁽ᵘ⁾)は不可解だ Su repentina desaparición es un misterio. / No puedo entender que desapareciera de repente.

ふかかち 付加価値 →付加.

ふかく 深く adv. profundamente. → 深い. ▶深くする[なる] v. hacer(se)* más profundo, ahondar(se). ▶深く切る v. hacer* un corte profundo. ▶問題を深く掘り下げる v. meterse a fondo en el tema [asunto]. ▶深くおじぎをする v. hacer* una profunda inclinación. ▶深く悲しむ v. sentir* 「una profunda pena [un profundo dolor]. ▶その映画に深く感動する v. quedar profundamente impresionado por la película. ▶浅い池を深くする v. ahondar un estanque poco profundo. ♦ご親切に深く感謝いたします Estoy profundamente agradecido por [Agradezco profundamente] su amabilidad. ♦ジャングルはしだいに深くなっていった La jungla se hacía cada vez más espesa. ⌐しみじみと, どっぷり

ふかく 不覚 ❶【失敗】m. fracaso; (敗北) f. derrota; (手違い) m. error; (不手際) f. equivocación. ▶不覚をとる v. fallar por descuido, ser* derrotado, cometer un error 《en》.
❷【無意識】▶不覚の (=思わず)涙を流す v. derramar lágrimas sin querer*. ▶前後不覚で眠る v. dormir* profundamente [《口語》 como un tronco]. ▶前後不覚 (=意識不明) になる v. perder* 「el conocimiento [la conciencia].

ふかくじつ 不確実 f. incertidumbre, f. inseguridad. → 確実. ▶不確実な adj. incierto; (信頼できない) adj. que no es de fiar, poco fidedigno; (不安定な) adj. inseguro ⌐あいまいな, 危ない, あやうや

ふかくてい 不確定 ▶不確定な adj. indefinido, indeterminado; (はっきりしない) adj. incierto. ▶不確定な要素 mpl. factores indefinidos.

ふかけつ 不可欠 ▶不可欠な adj. indispensable [imprescindible, esencial]《para》. → 必要な. ♦水はわれわれの生活に不可欠だ El agua es indispensable para nuestra vida.

ふかこうりょく 不可抗力 (天災)《専門語》 f. fuerza mayor. ▶不可抗力の (避けられない) adj. inevitable, ineludible. ♦その事故は不可抗力だった El accidente fue inevitable.

ふかさ 深さ f. profundidad, f. hondura. ▶川の深さを測る v. medir* la profundidad de un río. ▶彼の知恵の深さ f. profundidad de su sabiduría. ▶10メートルの深さに[で] adv. a 10 metros de profundidad. ▶これくらいの深さの所 m. lugar「con esta profundidad aproximada「así de hondo」. ▶プールの深さはどれくらいですか—2メートルです「¿Cómo es de honda la piscina? [¿Qué profundidad tiene la piscina?] – Tiene dos metros de profundidad.

ふかざけ 深酒 ▶深酒をする v. beber [tomar] mucho [en exceso, demasiado].

ふかざら 深皿 m. plato hondo.

ふかしぎ 不可思議 ▶不可思議な(=神秘的な) adj. misterioso; (奇妙な) adj. extraño.

ふかしんじょうやく 不可侵条約 m. pacto [m. tratado] de no agresión. → 条約.

ふかす 吹かす ▶たばこをふかす v. fumar (un cigarrillo). ▶パイプをふかす v. fumar una pipa, echar [soltar*] bocanadas de humo de la pipa. ▶エンジンを吹かす v. calentar* el motor.

ふかす 蒸かす v. echar vapor. → 蒸す.

ぶかつ 部活 f. actividades del club. → クラブ.

ぶかっこう 不格好な (見ばえがしない) adj. mal hecho, feo, deforme; (無器用な) adj. torpe, desmañado. ▶彼のコートは不格好だ Tiene un abrigo desastroso [desastrado]. ▶不格好な手つきで箸(はし)を使う Maneja mal los palillos. / Usa los palillos con torpeza.

ふかっぱつ 不活発 ▶不活発な adj. inactivo; (沈滞した) adj. parado. ▶不活発な市場 m. mercado inactivo [parado].

ふかづめ 深爪を切る v. cortarse una uña hasta la carne.

*ふかのう 不可能 f. imposibilidad.

—— 不可能な adj. imposible; (実行不可能な) adj. impracticable. ▶不可能な仕事 f. tarea imposible. ▶実行不可能な計画 m. plan impracticable. ♦ 彼にとって不可能なことはない Para nada es imposible. ♦ それは不可能に近い Eso es casi imposible. ♦ 彼がその試合に勝つのは不可能だ Es imposible que gane el partido. / No puede ganar el partido. / No es posible que gane el partido. → 不可能. ♦ この単語は翻訳不可能だ Esa palabra「es imposible de traducir [no puede ser traducida, no admite traducción, es intraducible]. 会話 それを今夜までに渡してください—失礼ですが、それはとうてい不可能(=問題外)です Entréguemelos esta noche. – Lo siento, pero eso es absolutamente imposible.

ふかひ 不可避 ▶不可避な adj. inevitable, ineludible.

ふかふか adj. suave; (柔らかい) adj. blando. ▶ふかふかした毛のコート m. abrigo de lana suave. ▶できたてのふかふかしたパン m. pan esponjoso recién hecho. ▶じゅうたんは歩くとふかふかしていた La alfombra se hundía bajo los pies.

ぶかぶか (だぶだぶの) adj. ancho, demasiado grande. ▶この帽子は私にはぶかぶかだ Este sombrero me está demasiado grande. ♦ 彼はぶかぶかのオーバーを着ていた El abrigo le quedaba ancho.

ぷかぷか ▶(たばこなどを)ぷかぷかふかす v. echar bocanadas de humo. ▶(水などに浮かんで)ぷかぷかする v. flotar; (漂う) v. moverse* sin rumbo, ir* a la deriva. ♦ 彼はよく本を読みながらぷかぷかパイプをふかします A menudo suelta bocanadas de humo de su pipa mientras lee. ♦ 魚がぷかぷか口を動かしている El pez resopla por la boca. ♦ 木ぎれが水にぷかぷか浮いている En el agua flota un trozo de madera.

ふかぶか 深々と 深々と adv. profundamente. ▶深々と頭を下げる v. inclinarse profundamente, hacer* una profunda inclinación. ▶深々と肘掛け椅子に座る v. hundirse en una sillón.

ふかぶん 不可分 ▶不可分の(=分割できない) adj. indivisible, (切り離せない) adj. inseparable 《de》. ▶その二つの問題は不可分の関係にある Esos dos temas no se pueden separar.

ふかまる 深まる ▶夜が深まるにつれて寒くなった El frío aumentaba con la noche. / Hacía más frío a medida que avanzaba la noche. ♦ 秋がだいぶ深まっていた El otoño estaba ya bastante avanzado. ♦ 両国の関係は一層深まった Las relaciones entre los dos países se han estrechado aún más.

ふかみ 深み ▶(川の)深み(=深い所)にはまる v. meterse en lo más hondo (de un río); (比喩的に) v. meterse en honduras; (窮地) v. meterse en un「buen lío [gran aprieto]. ▶深みのある研究 m. estudio「a fondo [en profundidad]. ♦ 彼の詩には深みがない Su poesía carece de profundidad.

ふかめる 深める (深くする) v. ahondar, profundizar*; (促進する) v. promover*; (豊かにする) v. enriquecer*; (育成する) v. cultivar. ▶相互理解を深める v. promover* [desarrollar, ahondar] el entendimiento mutuo. ▶友情を深める v. hacerse* muy amigo《de》, estrechar [cultivar más] la amistad《de》. ▶経験を深める v. enriquecer* experiencias.

ブカレスト Bucarest (☆ルーマニアの首都).

ぶかん 武漢 → ウーハン

ふかんしょう 不感症 (性的な) f. frigidez. ▶不感症の adj. frígido. ♦ 彼はいろいろ不感症になっている(=何も思わない) No tiene ningún escrúpulo en dejarse sobornar.

ふかんしょう 不干渉 f. no intervención, f. no interferencia.

ふかんぜん 不完全 (欠けた部分のあること) m. estado incompleto; (完璧(かんぺき)でないこと) f. imperfección; (欠点) m. fallo, m. defecto.

—— 不完全な adj. imperfecto, incompleto, defectuoso, deficiente. ▶フランス語の不完全な知識 m. conocimiento imperfecto del francés. ▶不完全な聴力 f. problema de oído, 《フォーマル》 f. deficiencia auditiva. ♦ それは多くの点で不完全ではあるが価値の高い作品です Aun con sus muchos fallos, es una obra de gran valor. ♦ 私のチョウの収集はまだ不完全だ Mi colección de mariposas sigue incompleta.

ふき 蕗 *m*. petasites. ▶蕗のとう *m*. tallo de petasites.

ふき 付記 *m*. apéndice, *m*. suplemento; (注記) *f*. nota (suplementaria); (追伸) *f*. postdata, 【略】PD.

ふぎ 不義 (不貞) *m*. adulterio. ▶不義を犯す *v*. cometer adulterio.

ぶき 武器 *f*. arma, *m*. armamento. ▶武器弾薬 *fpl*. armas y *fpl*. municiones. ▶「武器よさらば」(書名)《Adiós a las armas». ▶武器を携帯する *v*. llevar [portar] un arma. ▶武器を供給する *v*. proporcionar [dar*] (para). ▶武器を取って敵に立ち向かう *v*.「tomar las armas [levantarse en armas] contra el enemigo. ▶捕虜から武器を取り上げる *v*. desarmar [quitar las armas] a los prisioneros. ▶武器を捨てる *v*. soltar* [《教養語》deponer*] las armas.

ふきあげる 吹き上げる (風が) *v*. arrojar, soltar*; (液体などを勢いよく) *v*. brotar, hacer salir*; hacer* volar*. ▶風が木の葉を吹き上げた El viento hizo volar las hojas. ▶火山は溶岩を空高く吹き上げた El volcán arrojaba lava al cielo.

ふきあれる 吹き荒れる *v*. bramar. ◆風が吹き荒れた El viento bramaba [soplaba con violencia].

ふきかえ 吹き替え (映画などの代役) *mf*. doble; (録音での) *m*. doblaje.

ふきかえす 吹き返す (意識を取り戻す) *v*. volver* en sí, recobrar el sentido. ◆彼女は人工呼吸でまもなく息を吹き返した Poco después de la respiración artificial volvió en sí.

ふきかける 吹きかける (息を) *v*. soplar(se); (たばこの煙などを) *v*. echar (el aliento [humo, vapor]); (スプレーで) *v*. pulverizar*. ▶鏡に息を吹きかける *v*. echar el aliento en el espejo.

ふきけす 吹き消す *v*. apagar* soplando. ◆彼はマッチを吹き消した Apagó soplando una cerilla.

ふきげん 不機嫌 ▶不機嫌な *adj*. de mal humor, malhumorado; (怒ってむっつりした) *adj*. disgustado, huraño, enojado. ▶不機嫌である *v*. estar* 「de mal humor [disgustado]. ◆今日は不機嫌な顔をしていますね Hoy estás de mal humor, ¿no? / Pareces disgustado, ¿eh? / Hoy tienes cara de disgusto, ¿eh? ◆遅刻したからといってその子に不機嫌に当たってはいけない No te enfades con *el/la niño/ña* por haber llegado tarde.

ふきこぼれる 吹きこぼれる *v*. salirse* (por el hervor), rebosar (lo que hierve). ◆台所で何かが吹きこぼれている En la cocina hay algo que se está saliendo.

ふきこむ 吹き込む ❶【風・雪などが】▶戸のすき間から(部屋に)雨が吹き込んだ El viento hacía entrar agua de lluvia (en el cuarto) por un resquicio de la puerta.
❷【息などを入れる】▶風船に息を吹き込む(＝ふくらます) *v*. hinchar [inflar] un globo.
❸【感情・考えなどを】▶生徒たちに学習熱を吹き込む *v*. infundir a los estudiantes el afán del estudio, inculcar* entre los estudiantes el entusiasmo por aprender.
❹【録音する】*v*. grabar. ▶演説をテープに吹き込む *v*. grabar un discurso en una cinta.

ふきさらし 吹きさらし ▶吹きさらしのプラットホーム *m*. andén 「a la intemperie [sin resguardo, al descubierto]. ◆その仏像は長い間吹きさらしになっている La estatua budista ha estado a la intemperie mucho tiempo.

ふきすさぶ 吹きすさぶ *v*. rugir*, bramar, soplar con violencia. ◆嵐は一晩じゅう荒れ狂っていた El viento estuvo bramando toda la noche.

ふきそ 不起訴 *m*. no procesamiento. ▶不起訴にする(人を) *v*. aplicarle* el no procesamiento.

ふきそうじ 拭き掃除 (ふくこと) *m*. fregado, *f*. limpieza; (ごしごし磨くこと) *m*. fregado. ▶床のふき掃除をする *v*. fregar* el suelo; (モップで) *v*. pasar la fregona por el suelo.

ふきそく 不規則 *f*. irregularidad. ▶不規則動詞 *m*. verbo irregular. ▶不規則変化 *f*. conjugación irregular. ▶患者の呼吸は不規則だった La respiración *del, de la* paciente era dificultosa e irregular.

—— **不規則な** *adj*. irregular; (系統的でない) *adj*. sin sistema, desordenado. ▶不規則な間隔をおいて *adv*. a intervalos irregulares. ▶不規則な生活をする *v*. llevar una vida irregular [desordenada], tener* un horario irregular [desordenado].

—— **不規則に** *adv*. irregularmente.

ふきたおす 吹き倒す (風によって) *v*. derribar (por la acción del viento). ▶多くの木を吹き倒す *v*. derribar muchos árboles.

ふきだす 吹き[噴き]出す ❶【液体が】 *v*. brotar, manar, salir* a chorro, chorrear, saltar; emanar, salir*. ▶傷口から血が噴き出した Del corte brotó sangre. ◆煙が噴き出した Empezó a salir humo.
❷【笑い出す】 *v*. echarse a reír*, 《教養語》 prorrumpir en una risa.
❸【風が】 *v*. empezar a soplar.

ふきだまり 吹きだまり ▶雪の吹きだまり *f*. nieve acumulada durante una ventisca, *m*. ventisquero (de nieve). ◆雪が吹きだまりになって積もっていた La nieve se iba amontonando.

ふきちらす 吹き散らす *v*. dispersarse (por el viento), salir* volando. ◆強い風が書類を吹き散らした El fuerte viento dispersó los papeles.

ふきつ 不吉 ▶不吉な(悪い前兆になりそうな) *adj*. de mal agüero [presagio]; (凶事を予感させる) *adj*. siniestro; (縁起の悪い) *adj*. funesto, de mala suerte, desgraciado; (不安な) *adj*. inquieto, intranquilo. ▶不吉な夢 [²予言] ¹*m*. sueño [² *f*. predicción] de mal agüero. ▶不吉な兆し, *f*. señal siniestra, *m*. mal presagio. ▶不吉な感じのする黒雲 *mpl*. unos nubarrones que no presagian nada bueno. ▶不吉な数 *m*. número de mala suerte. ▶失敗するんじゃないかという不吉な予感がする Tengo el presagio de que vamos a fracasar. ◆西洋で

は黒猫が前を横切ると不吉だとされる En Occidente, un gato negro que se cruza en el camino se considera de mal agüero.

ふきつける 吹きつける (風雨が) v. soplar 《contra》, golpear (el viento) 《contra》; (塗料を) v. pulverizar*. ◆風が1窓に [2顔に]強く吹きつけた El viento golpeaba [soplaba] violentamente contra la ¹ventana [²cara].

ぶきっちょ ぶきっちょな adj. torpe. → 不器用.

ふきつのる 吹きつのる (風などが) v. soplar (el viento) con más fuerza.

ふきでもの 吹き出物 (発疹) m. sarpullido, f. erupción; (にきび) m. grano, 《口語》f. espinilla; (はれ物) m. furúnculo, m. forúnculo. ◆(顔に)吹き出物が出る v. tener* granos (en la cara).

ふきとばす 吹き飛ばす (風などが) v. ¹llevarse volando [arrebatar] (el viento). → 飛ばす. ◆あらしで屋根からわらが数枚吹き飛ばされた Varias tejas salieron volando del tejado por la tormenta. / El viento de la tormenta ˹se llevó [arrebató] varias tejas del tejado.

ふきとる 拭き取る v. enjugar*, limpiar. ▶窓の汚れを拭き取る v. limpiar la suciedad de la ventana.

ふきぬけ 吹き抜け (階段の) m. hueco [f. caja] de la escalera.

ふきはつせい 不揮発性 ▶不揮発性メモリー《専門語》f. memoria no volátil.

ふきぶり 吹き降り (風と雨) m. viento y f. lluvia; (横なぐりの雨) f. lluvia torrencial; (暴風雨) m. temporal.

ぶきみ 不気味な adj. misterioso, raro, siniestro, lúgubre, amenazador, inquietante; espeluznante, fantasmal. ▶不気味な物音 m. ruido misterioso [siniestro]; ▶不気味な叫び m. grito amenazador [espeluznante]. ◆暗やみを歩くのは不気味だった Me daba miedo caminar en las tinieblas.

ふきやむ 吹き止む (風が) v. ˹dejar de soplar [calmarse, cesar] (el viento). ◆強風はまもなく吹き止むでしょう El fuerte viento no tardará en calmarse.

ふきゅう 普及 f. divulgación, f. difusión; (大衆化) f. popularización, f. generalización, f. vulgarización. ▶テレビの普及 f. difusión de la televisión. ▶普及版 f. edición divulgativa [popular].
── 普及する (広まる) v. divulgarse*, difundirse, extenderse*; (広める) v. divulgar*, difundir, popularizar*, generalizar*, vulgarizar*. ▶知識を普及する v. divulgar* el conocimiento. ◆今日では教育が非常に普及している Hoy en día la educación está muy extendida. / Hoy la educación se divulga por todos los ámbitos. ◆その機械は全国に普及している Esa máquina está extendida por todo el país. ◆ビデオはますます普及している Las grabadoras de vídeo [『ラ米』 video] se están generalizando cada vez más. / Los aparatos de vídeo son cada vez más populares.

ふきゅう 不朽 ▶不朽の(不滅の) adj. inmortal. ▶不朽の名作 f. inmortal obra maestra. ▶不朽

ふきん 1235

の名声 f. fama inmortal [eterna, 《教養語》 imperecedera].

ふきょう 不況 (深刻で長期的な) f. depresión; (景気の一時的後退) f. recesión, 《口語》m. bajón; (景気の不調) f. caída de los negocios, f. depresión económica; (不況の時勢) mpl. malos años. ▶1930年代の世界的不況 f. depresión mundial de la década de los treinta. ▶不況産業 f. industria deprimida. ▶不況のどん底にある v. estar* en el fondo de la depresión, tocar* fondo. ▶不況から抜け出す v. salir* de la depresión. ◆不況の波が日本に押し寄せた Una ola de depresión (económica) azotó Japón. ◆みな不況になるという点で一致している Todos están de acuerdo en que vendrá una recesión.

ふきょう 布教 (伝道) f. misión; (布教活動) f. labor misional. ▶布教者 mf. misionero/ra. ▶布教団 f. misión. ▶布教する v. predicar*; propagar*.

ふきょう 不興 ▶不興を買う v. ofender; desagradar, cogerle* [tomarle] 《a》 por el lado malo.

ぶきよう 無器用 ▶無器用な adj. torpe, desmañado. ▶手先が無器用だ v. ser* torpe [poco diestro] con las manos, 《口語》《ユーモアで》 tener* unas manos que parecen pies. ◆無器用な手つきで adv. de manera torpe, sin destreza en las manos, con mano torpe.

ふきょうわおん 不協和音 f. discordancia, f. disonancia. ◆彼らの間に不協和音が聞こえる Parece haber entre ellos una nota de discordancia. / No parece que estén en armonía.

ぶきょく 舞曲 f. música de baile.

ぶきょく 部局 m. departamento. → 部.

ふぎり 不義理 (忘恩) f. ingratitud, m. desagradecimiento → 義理; (負債) f. deuda. ▶不義理な(恩知らずの) adj. ingrato, desagradecido. ◆彼にそんなに不義理をすべきではない No deberías ser ˹mostrarte] tan ingrato con él.

ぶきりょう 不器量 ▶不器量な女 f. mujer fea [poco agraciada]. → 醜い.

***ふきん** 付近 f. vecindad, fpl. cercanías, fpl. inmediaciones. → 近所. ◆付近一帯は炎に包まれた Toda la vecindad quedó envuelta en llamas.

1 《付近の》; (隣接した) adj. vecino; (すぐ近くの) adj. muy próximo; (近隣の) adj. de al lado, contiguo, 《教養語》 adyacente. ▶付近の村々 mpl. pueblos vecinos. ▶現場付近の家 fpl. casas "de al lado de la escena [contiguas a la escena].

2 《付近に[を, で]》 adv. cerca 《de》; (...の近くに) prep. al lado 《de》, muy próximo [cercano] 《a》. ▶その家の付近を捜索する v. buscar* cerca de la casa. ◆付近には家は一軒もなかった No había ninguna casa cerca [por los alrededores]. ◆事故はどこかこの付近で起こった El accidente ocurrió en algún lugar ˹por aquí [cerca de aquí, de este barrio].

ふきん 布巾 (食器をふく) m. paño, m. trapo de cocina.
[地域差] ふきん
〔全般的に〕m. trapo [m. paño] de cocina
〔スペイン〕f. bayeta, f. rodilla
〔キューバ〕m. estropajo, m. trapito
〔メキシコ〕m. limpiador, m. magitel, m. secador, m. trapito
〔ペルー〕m. secador, 『商標』m. "wetex"
〔コロンビア〕m. limpiador, m. limpión, m. secador
〔アルゼンチン〕m. repasador, m. trapo de rejilla

ふきんこう 不均衡 m. desequilibrio, f. falta de equilibrio; (不釣り合い) f. desproporción; (不平等) f. desigualdad. ▶不均衡な adj. desequilibrado, desproporcionado, desigual. ▶日米貿易の不均衡 m. desequilibrio comercial entre Japón y Estados Unidos. ▶富の不均衡 fpl. desigualdades de la riqueza. ▶不均衡を是正する v. corregir* el desequilibrio.

ふきんしん 不謹慎 不謹慎な (みだらな, 下品な) adj. indecente, obsceno; (無分別な) adj. indiscreto, imprudente. ▶不謹慎な冗談 m. chiste indecente, 《口語》m. chiste verde. ▶不謹慎なふるまい f. conducta [m. comportamiento] indecente. ♦若い女性もいる席で卑猥(ﾜｲ)な話などしてしまって何とも不謹慎だった Fue bastante indiscreto el haber contado chistes verdes habiendo señoritas entre el público.

＊**ふく 拭く** (表面を軽くこするって) v. enjugar(se)*, secar(se)*. ▶涙をふく v. enjugarse* las lágrimas. ▶体をタオルでふく v. secarse* con una toalla. ▶テーブルをきれいにふく v. pasar el paño por la mesa, limpiar la mesa. ▶窓をふく (=きれいにする) v. limpiar las ventanas. ♦彼女は皿をふいて食器棚へしまった Secó los platos y los puso en el armario [aparador].

＊**ふく 服** f. ropa, m. vestido, f. indumentaria, m. atuendo; m. traje. ▶和服 m. quimono [kimono]. ▶夜会服 m. traje de noche. ▶戦闘服 m. traje de campaña. ▶江戸時代の服 f. indumentaria de la época de Edo. ▶¹紳士 [²婦人]服 f. ropa de ¹caballero [²señora]. ▶宇宙服 m. traje espacial. ▶スキー服 f. ropa de esquí. ▶服を¹着る [²脱ぐ] v. ¹ponerse* [²quitarse] la ropa. ♦まゆみは服をたくさん持っている Mayumi tiene 「mucha ropa [un amplio guardarropa]. ♦この服は彼女によく似合う Este vestido le queda [cae] muy bien. ♦彼女はいい服を着ている Lleva ropa buena. / (りっぱな身なりをしている)Va bien vestido.

＊**ふく 吹く** ❶(風が) v. soplar, hacer* viento. ▶風がひどく吹いている Hace [Hay] mucho viento. ▶強い風が木を吹き倒した El fuerte viento derribó el árbol. ♦風はどちらから吹いていますか ¿De qué dirección viene [sopla] el viento?
❷【人が】(ぷっと吹く) v. soplar; apagar*. ▶食べ物を吹いてさます v. soplar la comida para enfriarla*. ▶ろうそくを吹き消す v. apagar* una vela (soplando). ♦彼は(たばこの)煙を私の顔に吹きかけた Me echó en la cara el humo del tabaco.
❸【吹奏楽器を】(演奏する) v. tocar* (soplando). ▶口笛を吹く v. silbar. ▶¹笛 [²トランペット]を吹く v. tocar* la ¹flauta [²trompeta].

ふく 噴く (煙を) v. echar humo, humear. ▶火を噴く v. arrojar llamas [fuego]; (火山が) v. entrar en erupción, 《教養語》v. erupcionar. ♦三原山が煙を噴いている El Monte Mihara echa humo. / Sale humo del Monte Mihara.

ふく 副 (写し) f. copia, m. duplicado. ▶正副2通の送り状 f. factura por duplicado.

ふく- 副- (代理[次位]の) vice-; (下位の) sub-; (共同の) co-; (補助の) adj. ayudante, asistente; (代理の) adj. delegado, (補充の) adj. suplementario (s), adj. adicional. ▶副社長 [大統領] mf. vicepresidente/ta. → 会社. ▶副議長 [会長] mf. subdirector/tora. → 会社. ▶副操縦士 mf. copiloto. ▶東京の副都心 m. subcentro de Tokio. ▶副支配人 mf. vicegerente, mf. gerente adjunto/ta. ▶副知事 mf. vicegobernador/dora. ▶副読本 m. libro de lectura suplementario. ▶副収入 mpl. ingresos adicionales. ▶副題 m. subtítulo. ▶副業 m. empleo suplementario, (アルバイト) m. trabajo a [de] tiempo parcial.

ふく 河豚 m. pez globo. → 魚. ▶フグ料理 m. plato de pez globo. ▶フグ中毒 m. envenenamiento con pez globo.

ふくあん 腹案 (考え) f. idea; (計画) m. proyecto, m. plan. ♦私にいい腹案がある Tengo una buena idea.

ふくいん 福音 (よい知らせ) f. buena noticia, f. buena nueva; (キリストの教え) m. evangelio, f. palabra de Dios. ▶(四)福音書 《Los cuatro evangelios》 (☆El evangelio de San Mateo, San Marcos, San Lucas y San Juan)

ふぐう 不遇 (非運) f. mala suerte, 《フォーマル》f. adversidad. ▶一生不遇である (=世に認められない) v. pasar la vida sin el reconocimiento público, pasarse la vida viviendo en la oscuridad.

ふくえき 服役 (懲役) f. prisión con trabajo forzado. ▶服役者 m. preso/sa. ▶3年間服役する v. cumplir una condena. ▶3年間服役する v. cumplir tres años de condena. ▶服役中である v. estar* en 「la cárcel [prisión].

ふくがく 復学 ▶復学する v. volver* a la escuela (después de una enfermedad).

ふくがん 複眼 mpl. ojos compuestos.

ふくぎょう 副業 → 副（→副業）.

ふくげん 復元 ▶壁画の復元 f. restauración de una pintura mural. ▶復元図 f. restitución. ▶古代ギリシャの遺跡の一部を復元する v. restituir* [restaurar] una parte de las antiguas ruinas griegas.

ふくこう 腹腔 《専門語》f. cavidad abdominal.

ふくごう 複合 ▶複合物 m. compuesto; f.

amalgama, f. combinación. ▶複合体 m. complejo. ▶複合の adj. compuesto, combinado. ▶複合語 f. palabra compuesta. ▶複合汚染 f. contaminación compuesta.

ふくこうかんしんけい 副交感神経《専門語》m. nervio parasimpático.

ふくこうじょうせん 副甲状腺 ▶副甲状腺機能亢(こう)進症《専門語》m. hiperparatiroidismo. ▶副甲状腺機能低下症《専門語》m. hipoparatiroidismo. ▶偽性副甲状腺機能低下症《専門語》m. seudohipoparatiroidismo.

*__ふくざつ__ 複雑 f. complejidad, f. complicación.
―― **複雑な** adj. complejo, complicado, intrincado, enredado, enmarañado. ▶複雑な装置 m. mecanismo complejo [complicado]. ▶長くて複雑な手順 m. proceso largo y complejo. ♦それは事態をいっそう複雑にするだけだ Eso no hará más que complicar la situación. ♦学生は数学は複雑すぎると思うかもしれない Los estudiantes pueden pensar que las matemáticas son demasiado complicadas. ♦そのことでは複雑な心境だ No sé muy bien qué pensar sobre eso.

ふくさよう 副作用 m. efecto secundario. ♦この薬は副作用があるかもしれない Esta medicina puede tener efectos secundarios [perjudiciales].

ふくさんぶつ 副産物 m. subproducto, m. derivado; (事業・研究などの有益な) m. subproducto, m. (producto) derivado.

ふくし 福祉 m. bienestar. → 幸福. ▶福祉国家 m. estado del bienestar. ▶社会福祉 m. bienestar social. ▶児童 [²老人]福祉 m. bienestar de los ¹niños [²ancianos]. ▶国民の福祉 (= 福利)¹に貢献 [²を増進] する v. ¹contribuir* al [²promover* el] bienestar del pueblo.

ふくし 副詞 m. adverbio. ▶副詞¹句 [²節] ¹f. frase [²f. cláusula] adverbial.

ふくじ 服地 m. tejido, f. tela.

ふくじてき 副次的 **副次的な** adj. secundario, (比較的重要でない) adj. menor; (補助的な) adj. subsidiario. ▶副次的な問題 m. asunto secundario, f. tema menor.

ふくしゃ 複写 (写し、複写物) f. copia, f. fotocopia, m. duplicado → 写し; (正確な複写) m. facsímil; (複製) f. reproducción. ▶複写機 f. fotocopiadora, f. (máquina) copiadora. ▶複写紙 m. papel de copia. ▶その文書を複写する v. [fotocopiar] el documento, hacer* una copia [fotocopia] del documento. ▶写真を複写する v. sacar* copias de una foto [fotografía]. ♦これがその本の複写版です Es una edición facsímil del libro.

ふくしゅう 復習 m. repaso. ▶授業の復習をする v. repasar la lección, dar* un repaso a la lección.

ふくしゅう 復讐 f. venganza, f. (fpl.)represalia(s), m. desquite, f. revancha. ▶復讐の鬼となる v. estar* obsesionado con la venganza. ▶恐ろしい復讐を企てる v. buscar* [perseguir*] una venganza terrible.
―― **復讐(を)する** (被害者自身が) v. vengar(se)*; (被害者に代わって他の人が) v. tomar venganza, tomar represalias, desquitarse, tomarse la revancha. ♦彼は裏切り者に復讐した Se vengó de su traidor/dora. ♦彼は彼らの家を燃やして父親が殺された復讐をした Vengó la muerte de su padre incendiándoles la casa. / Incendió la casa de ellos en venganza [represalia] por la muerte de su padre.

ふくしゅう 福州 →フーチョウ

ふくじゅう 服従 (言うことに従うこと) f. obediencia; (屈服) f. sumisión. ▶服従する (= 言うことに従う) v. obedecer*, someterse (a). ▶王に服従する v. obedecer* al rey. ♦親の言うことには絶対服従しなさい Debes obedecer a tus padres.

ふくじゅそう 福寿草 m. adonis.

ふくしょう 復唱 ▶復唱する v. repetir*.

ふくしょく 服飾 (衣服とアクセサリー) mpl. vestidos y mpl. accesorios. ▶服飾デザイナー mf. diseñador/dora de modas [ropa].

ふくしょく 復職 ▶復職する v. reintegrarse [volver*] al trabajo [puesto].

ふくしょく(ぶつ) 副食(物) m. plato que acompaña al principal, m. acompañamiento. → おかず.

ふくしん 腹心 ▶腹心の部下 m. hombre de confianza, f. mano derecha.

ふくじん 副腎《専門語》f. glándula suprarrenal. ▶副腎急性発症《専門語》f. crisis suprarrenal. ▶副腎髄質《専門語》f. médula suprarrenal. ▶副腎皮質《専門語》f. corteza suprarrenal. ▶副腎不全《専門語》f. insuficiencia suprarrenal. ▶副腎性器症候群《専門語》m. síndrome adrenogenital.

ふくしんけい 副神経《専門語》m. nervio accesorio.

ふくじんはくしついしゅくしょう 副腎白質萎縮症《専門語》f. adrenoleucodistrofia.

ふくすい 覆水 f. agua vertida. ♦覆水盆に返らず《ことわざ》A lo hecho, pecho.

ふくすい 腹水《専門語》f. ascitis.

ふくすう 複数 m. plural. ▶複数形(名詞) m. (nombre) plural. ▶複数形で adv. en plural. ♦おそらくこれは複数の人間の仕業だ Probablemente, esto lo ha hecho más de uno.

ふくする 服する (命令などに) v. obedecer* (una orden); (刑に) v. cumplir (una sentencia); (喪に) v. ponerse* de luto (por).

ふくせい 複製 (芸術作品などの複製品) f. reproducción, f. réplica; (原物どおりの複写) m. facsímil; (まったく同じ物) m. duplicado, f. copia. ▶名画を複製する v. reproducir* [copiar] una pintura famosa.

ふくせん 伏線 (手掛り) f. pista, f. indicación. ♦物語の結末については第1章に伏線が張られている En el primer capítulo se da una pista sobre el final de la historia. / (準備されている)El final de la historia viene preparado en el primer capítulo.

ふくせん 複線 f. vía doble, f. línea de dos vías. ▶複線工事 f. obra de vía doble. ▶複線

ふくそう

にする v. duplicar* la vía.

ふくそう 服装 m. vestido; (衣服) f. ropa, f. vestimenta; (衣服) m. traje. → 服, 衣装. ▶服装を正す v. arreglarse (el vestido). ▶¹りっぱな [²みすぼらしい]服装をしている v. ir [estar*] ¹bien [²mal] vestid*o*. ▶¹仕事にふさわしい [²ヒッピーのような; ³年相応の]服装をしている v. vestirse* ¹para el trabajo [²como un (英語) "hippy" (☆発音は [hípi]); ³según la edad]. ♦彼は服装をかまわない Es descuidado en el vestido. ♦今日の会にはどんな服装で行くべきですか ¿Qué me tengo que poner para la fiesta de hoy? ♦服装は清潔でさっぱりしたものにしなさい Ponte [Vístete con] algo curioso y limpio. ♦服装ご随意『招待状の後書き』"Traje de etiqueta o de calle". / (平服で)"Ropa informal".

ふくそう 輻輳 (専門語) f. congestión.

ふくぞう 腹蔵 ▶腹蔵のない adj. franco, sincero. ▶腹蔵のない意見 f. opinión franca [sincera]. ▶腹蔵なく話す v. hablar 「con franqueza [francamente, sinceramente], (口語) hablar con el corazón en la mano.

ふぐたいてん 不倶戴天 ▶不倶戴天の敵(かたき) mf. enemigo/ga mortal [jurad*o*/d*a*].

ふくだいどうみゃく 腹大動脈 (専門語) f. aorta abdominal.

ふくつ 不屈 ▶不屈の (屈服しない) adj. indómit*o*, indomable; (譲らない) adj. inflexible. ▶不屈の精神 m. espíritu indómito.

ふくつう 腹痛 m. dolor de estómago; (幼児に多い痛みの激しい) m. cólico. ♦腹痛がする Me duele el estómago. ♦ Tengo dolor de estómago. ♦ (慢性的に)Padezco del estómago.

ふくどくじさつ 服毒自殺 ▶服毒自殺をする v. envenenarse, suicidarse con veneno.

ふくどくほん 副読本 m. libro de lectura complementario.

ふくびき 福引き f. rifa, f. tómbola, m. sorteo. ▶福引きをする[引く] v. hacer* una rifa, sortear. ▶福引きで賞品を当てる v. ganar un premio en la rifa [tómbola].

ふくびくうえん 副鼻腔炎 (専門語) f. sinusitis.

ふくぶ 腹部 m. abdomen.

ぶくぶく ▶ぶくぶくと泡だつ液体 m. líquido con burbujas. ♦なべの中に泡がぶくぶく出てきた Dentro de la olla empezaron a subir burbujas. ♦シチューがぶくぶく煮立ってきた El guiso empezó a hervir. ♦彼はぶくぶく太っている Es gordo como una bola.

ふくぶくしい 福々しい ▶彼女は福々しい顔をしている Tiene una cara regordeta y risueña.

ふくふくせん 複々線 f. línea cuádruple. → 複線. ▶複々線の鉄道 m. ferrocarril de cuatro vías.

ふくまくえん 腹膜炎 (専門語) f. peritonitis.

ふくみ 含み (言外の意味い) f. implicación, f. connotación, m. sobreentendido; m. trasfondo. → 意味. ▶含みのある返事 f. respuesta con sobreentendidos. ▶性的な含みのある語 f. palabra con connotaciones sexuales. ▶皮肉な含みに富む論評 m. comentario con trasfondo irónico. ▶含みを残しておく v. dejar campo libre a futuras discusiones. ♦彼は含みの多いものの言い方をする人なので真意が読みとりにくい Es un hombre difícil de comprender porque siempre da a entender más de lo que dice.

【その他の表現】▶含み声 f. voz contenida. ▶含み笑い f. risa contenida. ▶含み資産 m. capital virtual, f. diferencia entre valor contable y de mercado.

ふくむ 含む ❶【含有する】(構成成分として)v. contener, tener, abarcar*; 【包含する】(全体の一部として) v. incluir*, comprender. ♦レモンは多くのビタミンCを含んでいる Los limones contienen mucha vitamina C. / Hay mucha vitamina C en los limones. ♦価格には消費税は含まれていない En el precio no se incluye el impuesto por [de] consumo. ♦スペイン語は必修科目の中に含まれていない El español「está excluido de [no está incluido en]」las asignaturas obligatorias. ♦その飛行機には日本人15人を含む120人の乗客が乗っていた Había 120 pasajeros en el avión incluyendo 15 japoneses.

❷【口に】▶口に食べ物を含んで話してはいけません No hables con la boca llena (de comida). ❸【心に留める】v. recordar*, tener* en mente. ♦このことをよく含んでおいてください Espero que lo recuerdes. ♦私は彼に含むところがある (=恨みを抱いている) Le guardo rencor. ♦彼は含むところがある (=何か考えがある)らしい Parece que tiene algo en mente.

❹【暗に意味する】v. implicar*. ♦彼のほほえみには重要な意味が含まれていた Su sonrisa implicaba algo importante.

☞帯びる, 及ぶ, 在・有る

ふくむ 服務 (公務) m. servicio; (職務) m. cargo, m. oficio; fpl. funciones. → 勤務. ▶服務規定 m. reglamento del servicio.

ふくめる 含める ♦送料を含めて3千円で本を送ってくれるでしょう El libro te[le] será enviado por 3.000 yenes incluyendo el franqueo.
☞入[容]れる, 加味, 加える

ふくめん 覆面 f. máscara; (目だけを覆う) m. antifaz; (変装, 仮装) m. disfraz. ▶覆面をした adj. enmascarado, embozado; disfrazado. ▶覆面を¹かぶっている [²かぶる] v. ¹llevar [²ponerse*] una máscara. ▶覆面パトカー m. coche policía camuflado.

ふくよう 服用 ▶服用する v. tomar (una medicina). ♦これらの錠剤を1日3回食後に服用してください Tome estas pastillas tres veces al día, después de cada comida.

ふくよか (丸々と太った) adj. (口語) regordete, (口語) rellenit*o*, (口語) gordit*o*; (体全体が) adj. (口語) gordinfl*ón*, rechonch*o*, gord*o*; (とくに顔が) adj. mofletud*o*. ▶ふくよかなほほ fpl. mejillas mofletudas.

ふくらしこ ふくらし粉 f. levadura en polvo.

ふくらはぎ f. pantorrilla.

ふくらます 膨らます (膨張させる) v. inflar, hinchar, abultar, dilatar. → 膨れる. ▶予算をふく

らます v. inflar un presupuesto. ▶風船をふくらます v. inflar un globo. ◆イーストがパンをふくらませる La levadura hace subir el pan. ◆彼女は期待で胸をふくらました Su corazón estaba henchido de esperanza.

ふくらみ 膨らみ（膨張してふくれ上がること）f. dilatación, f. expansión; (内圧による) m. bulto; (ふわっとしたふくらみ) m. bulto blando [esponjoso]. → 膨らむ. ▶彼女の胸のふくらみ f. turgencia [f. redondez] de sus senos. ▶ポケットのふくらみ m. bulto en un bolsillo.

****ふくらむ 膨らむ**（中にものが詰まって）v. inflarse, hincharse, dilatarse, abultarse, (教養語) henchirse*. → 膨らむする. ▶小銭でふくらんだポケット m. bolsillo abultado por las monedas. ▶タイヤを膨らませる v. inflar「un neumático [una rueda]」, (口語) poner*「aire a una rueda」. ◆風船が膨らんだ El globo se ha hinchado. ◆つぼみが膨らみ始めた Las yemas han empezado a dilatarse. ◆新入生は皆希望に胸をふくらませていた (=希望にあふれていた) Todos los novatos [estudiantes de primer año] estaban llenos de esperanza.

ふくり 福利 v. bienestar. → 福祉.

ふくり 複利 m. interés compuesto. ▶複利で計算する v. calcular a interés compuesto. ◆利子は複利です El interés es compuesto.

ふくれあがる 膨れ上がる ◆観衆は7千人に膨れ上がった La audiencia se disparó a 7.000 personas. ◆彼の借金はひどく膨れ上がって返済不可能になった Sus deudas aumentaron tanto que no podía pagarlas.

ブクレシュティ → ブカレスト

ふくれっつら 膨れっ面 f. cara de disgusto, m. semblante descontento. ▶膨れっ面をした (=すねたむっつりした) adj. malhumorado, con mala cara, descontento, hosco. ◆彼女は膨れっ面をした男の子をどうしてもなだめることができなかった No podía hallar la forma de aplacar al malhumorado niño.

****ふくれる 膨れる** ❶【膨張する】(水分・空気が入って) v. hincharse, dilatarse; crecer*, aumentar. ◆水分を吸って木が膨れた La madera se ha hinchado con la humedad. ◆観客が千人以上に膨れた La audiencia ha aumentado a más de mil.

❷【不満を示す】(不機嫌になる) v. ponerse* de mal humor, enfurruñarse, disgustarse, (口語) ponerse* de morros, poner* mala cara. ◆彼女はさっきのことでまだ膨れている Todavía está de mal humor por lo de antes.

****ふくろ 袋** f. bolsa; m. saco, f. talega, f. bolsita. ▶買い物袋(紙, ビニール) f. bolsa de la compra. ▶紙袋 f. bolsa de papel. ▶ビニール袋 f. bolsa de plástico. ▶ 1小麦粉 [2ジャガイモ]一袋 m. saco de ¹harina [²patatas]. ◆お菓子を一袋食べてしまう v. comerse toda la bolsa de dulces. ◆彼女は袋から持ち物を取り出した Sacó sus cosas de una bolsa.

〖その他の表現〗▶袋のネズミである v. estar* arrinconado [atrapado] en la red [en el bote].

ふくろう 梟 f. lechuza, 〖メキシコ〗m. tecolote. (大きな) m. búho. (小さな) m. mochuelo. ◆フクロウが鳴いている Una lechuza ulula.

ふける **1239**

ふくろこうじ 袋小路 m. callejón sin salida. ▶袋小路に追い詰められる v. estar*「metido en un callejón sin salida [arrinconado, acorralado]」. ▶袋小路に入る v. llegar* a un callejón sin salida.

ふくろだたき 袋叩き ▶袋だたきにする v. pegar* brutalmente entre todos, dar* una tremenda paliza entre muchos. ◆彼は街の不良グループに袋だたきにされた Fue golpeado por una pandilla callejera.

ふくわじゅつ 腹話術 f. ventriloquia. ▶腹話術師 mf. ventrílocuo/cua.

ふけ 雲脂 f. caspa. ▶ふけのある adj. con caspa, casposo. ▶ふけのある頭 m. pelo [m. cuero cabelludo] con caspa.

ふけい 父兄 mpl. padres. → 父母.

ふけい 婦警 f. mujer policía, f. policía. → 婦人警官.

ふけいき 不景気（厳しい時世）mpl. años malos, mpl. malos tiempos; (長期の不況) f. depresión, f. inactividad económica; (一時的景気後退) f. recesión; (景気不振) f. crisis económica. ◆あの国はひどい不景気に苦しんでいる En ese país están pasando por una grave depresión.

—— **不景気な** ❶【商売などが】(活気のない) adj. inactivo, deprimido; (緩慢な) adj. flojo, débil. ◆このごろは不景気です (口語) Estamos en años malos. / Los negocios marchan mal ahora. ◆彼の店は不景気だ Está pasando una mala racha en el negocio. / (口語) No está yendo bien el negocio.

❷【陰気な】(顔がいつも不景気な顔をしている Siempre anda triste. / Siempre tiene una cara sombría [(口語) de viernes].

ふけいざいな 不経済な（経済的でない）adj. antieconómico, caro, costoso, gravoso, derrochador. ▶不経済な方法 m. método「poco económico [antieconómico]」. ◆安物を買うのはかえって不経済だ Comprar barato puede salir caro. / (安物買いの銭失い) (ことわざ) Lo barato sale caro.

ふけこむ 老け込む v. envejecer*. ◆息子に死なれて彼はずいぶん老け込んだ Ha envejecido desde「la muerte de su hijo [que murió su hijo]」. / La muerte de su hijo lo [le] ha envejecido.

ふけつ 不潔 ▶不潔な (=汚れてきたない) adj. sucio, (強調して) asqueroso, (教養語) inmundo; (きれいでない) adj. desaseado; (不衛生な) adj. antihigiénico. → 汚い. ◆不潔な手でものを食べるな No comas con las manos sucias.

ふける 耽る ❶【熱中する】v. estar* ensimismado [absorto] 《en》, estar* entregado 《a》; (専心する) v. dedicarse* 《a》, embeberse 《en》, entregarse* 《a》; (我を忘れる) v. estar* perdido 《en, por》. ◆昨夜は読書にふけった Anoche estuve absorto en la lectura. ◆彼は(すっかり)物思いにふけっている Está ensimismado en sus pensamientos.

❷【おぼれる】v. abandonarse [entregarse*]

《a)，（思う存分...する) v. permitirse 《＋名詞・不定詞)，dar* 《a＋人)《por＋不定詞); (麻薬などに) v. enviciarse 《con). ◆彼はばくちにふけった Se abandonó al juego. ◆彼は飲酒にふけっている Se envicia con la bebida. / Le da por beber [tomar].

ふける 更ける ◆夜も更けて(＝遅くなって)きた La noche está avanzada. ◆秋も更けて(＝たけなわとなって)めっきり涼しくなった El otoño ya está bien adentrado y hace fresco. ◆夜が更けるにつれて彼は元気が出てきた Se levantó el viento con el paso de la noche. ◆彼は毎日夜が更けるまで勉強した Estuvo estudiando hasta bien avanzada la noche.

ふける 老ける v. hacerse* viejo, envejecer*. ◆彼はずいぶんと老けた Ha envejecido bastante. ◆彼は1年[260歳の年齢]よりは○○老けて見える Aparenta más años de [1]los que tiene [2]su edad de 60 años]. / Parece mayor [más viejo] [1]de lo que es [2]que su edad de 60 años].

ふけんこう 不健康 ◆不健康な体 m. cuerpo poco sano. ◆不健康(そう)な顔色 m. semblante enfermizo. ◆不健康(＝不健全)な遊び fpl. distracciones malsanas.

ふけんしき 不見識 ◆不見識な adj. poco prudente [sensato]; (無分別な) adj. indiscreto; (見識のない) adj. con escaso sentido común, poco juicioso. ◆そのような発言をするとは君も不見識だ No es sensato decir esas cosas. / Ha sido imprudente decir tales cosas.

ふげんじっこう ◆不言実行の人 Un hombre de hechos y no de palabras. ◆不言実行《ことわざ》Obras son amores y no buenas razones. /《言い回し》Vale más una acción que mil palabras. /《言い回し》Predica con el ejemplo.

ふけんぜん 不健全 f. poca salud, f. morbidez, f. insalubridad. ◆不健全な (心身・気候・遊びが) adj. poco sano [saludable]; (気候・環境・習慣が) adj. malsano; (心身が) adj. enfermizo; (行動・感情が) adj. malsano, pernicioso; (健康が) adj. precario. ◆これらの雑誌は少年少女に対して不健全な影響を与える Estas revistas tienen un efecto malsano en los jóvenes. ◆今ից忠告できることは不健全な(＝悪い)仲間との交際を避けることです Lo que ahora puedo aconsejarle es que se aparte de las malas compañías.

*ふこう 不幸 ❶【恵まれない状態】f. infelicidad; (不運) f. desdicha, f. desgracia, f. mala suerte,《教養語》m. infortunio,《教養語》f. desventura. → 不運. ◆いろいろな不幸にあう v. pasar varias desgracias,《教養語》sufrir repetidos infortunios. ◆不幸のどん底にある v. vivir sumido en la infelicidad. ◆自ら不幸を招く v. acarrearse la desgracia. ◆人の幸不幸はその人の行ない次第だ La felicidad y la infelicidad dependen de uno mismo. ◆不幸は続くもの Las desgracias nunca vienen solas. ◆他人の不幸につけこんで金もうけをするのはいけない Es ruin aprovecharse de la desgracia ajena para ganar dinero. /《ことわざ》Del árbol caído todos hacen leña. ◆幸か不幸か彼女には子供がいなかった Por suerte o por desgracia no tuvo hijos. ◆彼女はハンドバッグを失くしたが財布が入っていなかったのは不幸中の幸いだ Perdió el bolso, pero「menos mal que [afortunadamente]」no llevaba la cartera dentro.

❷【近親者の死亡】(死別) f. dolorosa pérdida. ◆彼の家族に不幸があった Ha habido una dolorosa pérdida en la familia. ◆[1]この度の[2]ご子息の]ご不幸をお聞きして大変お気の毒に存じます Siento mucho la noticia de [1]su pesar [2]la dolorosa pérdida de su hijo].

── **不幸な** adj. infeliz; (みじめな) adj. desgraciado, desdichado; (不運な) adj. desafortunado, desventurado. → 運. ◆不幸な人 f. persona infeliz. ◆不幸な事故 m. desgraciado accidente. ◆不幸な幼年時代を送る v. pasar una infancia infeliz. ◆不幸な一生を送る v. llevar una vida infeliz [desdichada].

── **不幸にも** adv. desgraciadamente, por desgracia. → 不運.

ふこう 不孝 f. ingratitud. → 親不孝.

ふごう 符号 ◆f. señal, f. marca; (記号) m. signo; (電信符号) m. código. → 印, 記号. ◆モールス符号 m. código Morse.

ふごう 富豪 f. persona「muy rica [acaudalada]. → 金持ち. ◆大富豪 (百万長者) mf. millonario/ria, (億万長者) mf. billonario/ria.

ふごう 符合 ◆符合する(一致する) v. estar* de acuerdo《con); (偶然に一致する) v. coincidir [concordar*]《con). ◆彼の証言は犯人の自白と符合する Su testimonio coincide con la confesión del, de la delincuente. → 一致.

ふごうかく 不合格 (失敗) m. fracaso. ◆不合格者 mf. candidato/ta rechazado/da [descalificado/da]. ◆不合格品 m. artículo [m. producto] defectuoso. ◆彼は入学試験に不合格だった Fue suspendido [[ラ米]reprobado] en el examen de ingreso. ◆3人がカンニングのため不合格になった(＝はねられた) Rechazaron a tres candidatos/tas por hacer trampa en el examen.

ふこうへい 不公平 (公正でないこと) f. injusticia; (えこひいきすること) f. parcialidad. → 公平. ◆だれに対しても不公平なくふるまう v. actuar* imparcialmente [sin parcialidad] hacia todos.

1《不公平な》adj. injusto, parcial. ◆不公平な裁判 m. juicio injusto [parcial]. ◆不公平な税制 m. sistema tributario [fiscal] injusto. ◆不公平な判断を下す v. formar [hacer*] un juicio injusto [parcial].

2《不公平に》adv. injustamente, con parcialidad. ◆生徒たちを不公平に扱う v. tratar a los estudiantes con injusticia [parcialidad].

3《不公平だ》◆彼に賞を与えないのは不公平だ Es injusto no darle a él el premio.

ふごうり 不合理 (論理的でないこと) f. falta de lógica,《教養語》f. ilogicidad; (理屈に合わないこと) lo「poco razonable [irrazonable]; (無分別) f. irracionalidad. ◆不合理な adj.

ilógico, irrazonable, absurd*o*. ▶不合理な話 f. historia absurda. ◆彼の要求は不合理なようには思えなかった Su petición no parecía irrazonable.

ふこく 布告 (公然と発表すること) f. declaración; (重大なことを広く公にすること) f. proclama, f. proclamación. ▶宣戦を布告する v. hacer* una declaración de guerra 《contra》, declarar [proclamar] la guerra 《a, contra》.

ふこころえ 不心得 ▶不心得な (思慮のない) adj. irreflexivo; (軽率な) adj. imprudente; (無分別な) adj. indiscreto; (無礼な) adj. descortés, maleducado; (侮辱的な) adj. insultante, ofensivo. ▶不心得者 f. persona imprudente [de mala conducta, maleducada].

ぶこつ 無[武]骨 ▶無骨な (頑丈だが洗練されていない) adj. robusto pero tosco.

ふさ 房 (果実の) m. racimo, 《メキシコ》f. penca; (飾り房) f. borla; (玉房) m. pompón; (縁飾り) m. fleco. ▶一房のブドウ m. racimo de uvas. ▶羽毛の房 m. penacho. ▶房のついたカーテン f. cortina con flecos.

ブザー m. timbre, 《口語》f. chicharra. ▶ブザーを押す[鳴らす] v. apretar* [dar*, tocar*] el timbre. ▶ブザーが鳴っている Está sonando el timbre. ◆このコーヒー沸かしはコーヒーができるとブザー (=ビーという音) が鳴ります Esta cafetera tiene un timbre que suena cuando el café está hecho.

ふさい 夫妻 → 夫婦. ▶阿部夫妻 el Sr. (señor) y la Sra. Abe, los Sres. (señores) Abe, el Sr. (señor) Abe y su esposa, los Abe.

ふさい 負債 f. deuda, 《専門語》m. débito. → 借金.

ふざい 不在 f. ausencia. ▶不在者 mf. ausente. ▶不在(者)投票 m. voto por correo.

── 不在である (外出している) v. no estar*, 《フォーマル》no encontrarse*, estar* fuera, estar* ausente. → 留守. ▶支配人は今不在です El gerente no está [se encuentra] en la oficina. ◆彼は出張で2週間不在です Está ausente dos semanas en viaje de negocios.

ぶさいく 不細工 (ぎこちなさ)(仕方・手順の) f. torpeza; (様態の) f. mala presentación; 【無器用】f. torpeza. → 不格好. ▶不細工な adj. torpe, mal hech*o*, mal presentad*o*, poco agraciad*o*, feo. ◆彼の動作はどことなく不細工だ Hay algo torpe en sus movimientos.

*・**ふさがる 塞がる ❶**【通れない】v. estar* bloquead*o* [cerrad*o*], 《教養語》obstruid*o*. ▶塞ぐ. ◆その道は雪で塞がっている La carretera está bloqueada por la nieve.

❷【空いていない】v. estar* ocupad*o*; (時間的に) v. estar* comprometid*o* [ocupad*o*]; (手があいていない) v. estar* ocupad*o* [ataread*o*]. ◆その部屋は塞がっている(現に) La habitación está ocupada. / (予約で)La habitación está reservada. 《会話》ダブルの部屋をお願いします──あいにく全部塞がっています Quisiera una (habitación) doble, por favor. – Lo siento pero está todo lleno [ocupado]. ◆私は金曜日の夜は塞がっている El viernes por la noche

estoy ocupad*o* [tengo un compromiso]. ◆彼女は¹料理で[²来客で]手が塞がっている Está ocupada ¹en la cocina [²con una visita]. ◆私は手が塞がっている Tengo las manos ocupadas. ◆その仕事で午前中が塞がってしまった El trabajo ocupó [se llevó] toda la mañana. / Toda la mañana estuve ocupado con el trabajo. ◆その席は塞がっている Ese asiento está ocupado. ◆その電話(機)は塞がっている Está comunicando. / El teléfono está ocupado. ◆そのポスト (=職) は塞がった El puesto fue cubierto.

❸【閉じる】(ひとりでに) v. cerrar(se)*; (閉ざされる) v. estar* [quedar*] cerrad*o*. ▶彼の目は今にも塞がりそうだ Sus ojos se están cerrando. ◆傷口が塞がって順調に治っている La herida está cerrada y se está cicatrizando bien.

《その他の表現》◆私は開いた口が塞がらなかった Me quedé boquiabiert*o*. → 唖(ぁ)然.

ふさぎこむ 塞ぎ込む (落胆する) v. deprimirse; (元気がない、憂うつである) v. sentirse* abatid*o* [triste, melancólico], estar* desanimad*o*, 《口語》andar* baj*o* de moral. ◆どうしてそんなに塞ぎ込んでいるの? ¿Por qué estás tan deprimido? ◆彼女が死んでから彼は塞ぎ込んでいる Desde la muerte de ella, se encuentra muy abatido. ◆失敗したからといって塞ぎ込むな No te desanimes por el fracaso.

ふさく 不作 f. mala cosecha. → 豊作. ▶不作の年 m. año malo [de mala cosecha]. ◆今年は不作だった Este año la cosecha ha sido mala. ◆今年の文学界は不作だった Este año la cosecha literaria ha sido pobre.

*・**ふさぐ 塞ぐ ❶**【穴などを】(覆って) v. tapar, cubrir*, (通路などを); v. bloquear, 《教養語》obstruir*, (占有する) v. ocupar, tomar(se). ▶板で穴を塞ぐ v. tapar un agujero con una tabla. ▶セメントで割れ目を塞ぐ v. tapar una raja con cemento. ▶手で耳を塞ぐ v. taparse los oídos con las manos. ▶倒れた木が数時間道路を塞いでいた El árbol caído estuvo bloqueando [tapando, obstruyendo] la carretera varias horas. ▶ベッドが部屋の半分を塞いでいる La cama ocupa la mitad de la habitación.

❷【閉じる】v. cerrar*, tapar. → 閉じる. ▶目を塞ぐ v. cerrar* los ojos. ▶傷口を塞ぐ cerrar (se) la herida.

❸【気持ちが】v. deprimirse. → 塞ぎ込む.

*・**ふざける ❶**【冗談で言う・する】(冗談を言う) v. bromear 《con + 人》《sobre + 事》; (悪ふざけをする) v. hacerle* [gastarle] una broma 《a + 人》. ▶冗談を言っただけで彼女を怒らせるつもりはなかった Era sólo una broma, y no tenía la intención de ofenderla. ◆ふざけたことを言うな ¡Déjate de bromas!

❷【遊び騒ぐ】(子供が) v. juguetear, retozar*. ◆子供たちは教室でふざけていて窓ガラスを割った Los niños rompieron el cristal de la ventana por estar jugueteando en la clase. ◆車が動いているときは中でふざけてはいけません(子供に) Deja de juguetear dentro del coche [automóvil] en movimiento.

ぶさた 無沙汰 m. (largo) silencio. → 御無沙汰.

ふさふさ (髪などが豊かにある様子) adj. espeso, denso; (あり余る) adj. abundante. ♦ 彼はふさふさした黒い髪をしている Tiene una espesa mata de cabello negro.

ぶさほう 無作法 (無い行儀) f. falta de educación, f. descortesía, mpl. malos modales, f. grosería. ♦ 無作法な (行儀の悪い) adj. maleducado; (無礼な) adj. descortés, grosero. ♦ 無作法なふるまいをする v. comportarse mal [con descortesía]. ♦ 彼は無作法だ Es maleducado [descortés]. / Tiene malos modales. / Es grosero. ♦ 人を指すのは無作法だ Es「de mala educación [una grosería] señalar a la gente con el dedo.

ぶざま 無様 (ぎこちない) adj. torpe; (無器用な) adj. mal hecho; (不面目な) adj. vergonzoso, humillante; (見苦しい) adj. feo; (だらしない) adj. desaliñado, impresentable. → 見苦しい. ♦ ぶざまな敗戦 f. derrota vergonzosa. ♦ 彼はぶざまな姿をしてパーティーに現われた Apareció en la fiesta con un aspecto impresentable.

*****ふさわしい** (必要を満たした) adj. apropiado [adecuado] (para); (値する) adj. digno 《de》. → 適当, 適切. ♦ 収入にふさわしい生活をする v. vivir de acuerdo con los ingresos. ♦ 彼はその仕事にふさわしい Es la persona adecuada [apropiada] para el trabajo. / Es el hombre idóneo para ese trabajo. / Está bien para esa labor. ♦ このドレスは式にふさわしいでしょうか ¿Será este vestido apropiado para la ceremonia? ♦ その言葉は政治家にはふさわしくない Esas palabras「son impropias [no son dignas] de un estadista. ♦ この靴はテニスにはふさわしくない (=役に立たない) Estos zapatos no「son propios [valen] para el tenis. ☞ 適応, 相当な[の], 適度, 適切.

プサン 釜山 Pusan, Busan (☆大韓民国の都市).

ふさんせい 不賛成 (不承認) f. desaprobación; (意見の不一致) m. desacuerdo. → 反対. ♦ 不賛成だと首を横に振る v. mover* la cabeza en desaprobación. ♦ その提案には不賛成だ Estoy en desacuerdo con la propuesta. ♦ 君の意見には不賛成だ No puedo estar de acuerdo con tu opinión. → 賛成する.

ふし 節 ❶【関節】f. articulación, f. coyuntura. (特に指のつけ根の) m. nudillo. ♦ 体の節々が痛む Me duelen todas las articulaciones. ❷【結節】(木・板の) m. nudo. → 節穴. ♦ この木材は節だらけだ Esta madera「está llena de [tiene muchos] nudos. ❸【旋律】f. melodía. ♦ 詩に美しい節をつけて吟じる v. recitar un poema acompañado con una bonita música. ♦ 節を口笛で吹く v. silbar una melodía. ♦ その歌の節は知っているが歌詞は知らない Me sé la música de la canción, pero no la letra. ❹【箇所】m. punto, f. parte. ♦ 彼の言葉には疑わしい節がある Hay algunos puntos dudosos [sospechosos] en lo que dice.

ふじ 藤 f. glicina. ♦ フジ棚 m. espaldar de glicina. ♦ フジうる m. zarcillo de glicina. ♦ ふじ色 m. color lila. ♦ ふじ色の adj. liláceo, de color lila.

ふじ 不治 ♦ 不治の (治らない) adj. incurable. ♦ 不治の病 f. enfermedad [m. mal] incurable.

ぶし 武士 (《日本語》) m. "samurái"; (戦士) m. guerrero; (家来) m. súbdito militar de un noble. ♦ 武士道 "bushido", 《説明的に》 m. código moral del samurái.

*****ぶじ 無事** (安全) f. seguridad; (平穏) f. paz, f. tranquilidad, f. serenidad; (健康) f. buena salud. ♦ 家族の無事を祈る v. rezar* por la seguridad de la familia.

—— **無事な** adj. seguro; (平穏な) adj. en paz, pacífico, tranquilo, sereno; (健康で) adj. bien. ♦ 太平無事の世の中に住む v. vivir en un mundo en paz. ♦「無事でよかったわ」と彼の母親は叫んだ "Gracias a Dios, estás bien", gritó la madre. ♦ チップしたボールが審判にあたったが幸い彼は無事(=だいじょうぶ)だった La pelota suavemente golpeada le pegó al árbitro, pero afortunadamente no le pasó nada. ♦ どうぞご無事で(旅に出る人に) ¡Buen viaje! / (特に長旅に出る人に) ¡Que tengas [tenga] un buen viaje! / ¡Suerte en tu viaje! / (ごきげんよう) ¡Buena suerte!

—— **無事に** adv. en paz, pacíficamente, tranquilamente, tranquilo; (事件もなく) adv. sin percances, sin novedad. ♦ 無事に暮らす v. llevar una vida en paz, vivir tranquilo [tranquilamente]; (元気で暮らす) v. vivir con salud, marchar bien. ♦ 飛行機は無事に着陸した El avión aterrizó sin novedad. ♦ どうか無事に帰って来てください Espero que vuelvas sano y salvo.

ふしあな 節穴 m. agujero de un nudo en la madera. → 節. ♦ 君の目は節穴か ¿Es que no tienes ojos? / ¿Es que estás ciego?

ふしあわせ 不幸せ f. infelicidad. → 不幸.

*****ふしぎ 不思議** (不思議な物・人・事) f. maravilla, m. portento; (驚嘆すべきこと) m. asombro, f. admiración, f. maravilla; (奇跡) m. milagro. ♦ 世界の七不思議 Las Siete Maravillas del Mundo. ♦ 「不思議の国のアリス」(書名) «Alicia en el País de las Maravillas». ♦ 彼が彼女に腹を立てたのも不思議ではない No es de extrañar que se enfadara [enojara] con ella. / No me extraña que se enfadara [enojara] con ella. / (当然だ) Es natural que se enfadara [enojara] con ella.

—— **不思議な** (奇妙な) adj. raro, extraño, curioso; (驚くべき) adj. maravilloso, portentoso, admirable; (不可解な) adj. misterioso; (奇跡的な) adj. milagroso; (理解できない) adj. incomprensible. ♦ 不思議なものを見る v. ver* cosas extrañas. ♦ 不思議な出来事 m. suceso misterioso. ♦ 彼が会合に出なかったのは不思議だ Es raro que no haya venido a la reunión. ♦ 不思議な(=意外な)ことに彼は試験に失敗した Incomprensiblemente suspendió el examen. ◆ファンとぼくは同じ学校に通っているが、不思議なことにめったに彼に会わない Juan y yo vamos a la misma escuela, pero extrañamente casi nunca lo [le] veo. ◆この薬は風邪に不思議なほどよく効く Esta medicina obra maravillosamente contra el resfriado. / Es una medicina maravillosa para el resfriado. ▭ 怪しい, おかしい[な], 奇妙な

ふしくれだった 節くれ立った *adj.* nudoso, con nudos.

ふしぜん 不自然 ◆彼のふるまいは不自然だった Su comportamiento no pareció nada natural. / Se comportó de una manera poco natural.

ふしだら(な) (だらしない) *adj.* negligente, descuidado; (不道徳な) *adj.* disoluto, inmoral. → だらしない. ▶ふしだらな女 f. mujer disoluta.

ふじちゃく 不時着 ▶島に不時着する v. realizar* [hacer*] un aterrizaje forzoso en la isla.

ふしちょう 不死鳥 *m.* (ave) fénix. → フェニックス.

ぶしつけ 不躾 (無作法) f. descortesía, f. falta de educación, *mpl.* malos modales, f. grosería; (厚かましさ) f. indiscreción, f. insolencia. ▶ぶしつけな (=無作法な) *adj.* descortés; (無礼な) *adj.* grosero, (行儀の悪い) *adj.* maleducado; (厚かましい) *adj.* indiscreto, insolente; (遠慮のない) *adj.* directo, franco. ▶ぶしつけな質問 f. pregunta directa ((口語)) de sopetón]. ▶ぶしつけですが, どちらへ行かれるのですか Perdona mi indiscreción, pero, ¿adónde [¿dónde] va? ◆ちょっとぶしつけなお願いですが, 棚の上の箱を取ってくださいませんか Si no es pedir mucho, ¿no me puede pasar la caja que está arriba en el estante?

ふしぶし 節々 ▶体の節々が痛い Me duelen las articulaciones.

ふしまつ 不始末 (誤った処置) f. mala dirección [administración]; (不品行) f. mala conducta; (不注意) f. negligencia, *m.* descuido.

ふじみ 不死身 ▶不死身の(=不死の) *adj.* inmortal; (タフな) *adj.* duro, fuerte.

ふしめ 伏し目 ▶伏し目になる v. bajar la vista, mirar al suelo. ▶伏し目がちにうなずく v. asentir* mirando al suelo, con la vista baja.

*__**ふじゆう** 不自由__ ❶ (不便) f. inconveniencia, f. incomodidad, *fpl.* molestias. ▶不自由な *adj.* inconveniente, incómodo. ▶テレビのない生活の不自由さ f. incomodidad de vivir sin la televisión. ▶彼に不自由をさせる v. molestarlo[le], causarle molestias. ▶田舎で生活するのは不自由です Es incómodo vivir en el campo. ◆住宅難でたいへん不自由している La falta de vivienda está causándonos muchas inconveniencias.

❷ (窮乏) (貧乏) f. pobreza. ▶不自由な暮らしをする v. vivir en la pobreza, llevar una vida de penalidades; (暮らし向きが悪い) v. pasar apuros [aprietos]. ▶不自由なく暮らす v. vivir con comodidades, llevar una vida cómoda, tener* [llevar] una vida holgada. ◆彼はいつも金に不自由している (=不足している) Siempre anda mal de dinero. ◆あの人は金に不自由はない No le falta dinero. / (金を自由に遣える)Tiene dinero a su disposición. ◆君には不自由はさせない Tendrás todo lo que necesites. / No te faltará nada.

❸【身体が】 ▶目が不自由だ (=目が見えない) v. estar* ciego; (視力が弱い) v. tener* mala vista. ▶¹足 [²手] が不自由だ v. haber* perdido el uso de ¹las piernas [²los brazos]. ◆彼は耳が不自由だ (=よく聞こえない) No oye bien. / Es duro de oído. ◆彼は体が不自由だ (=身体に障害がある) Tiene una minusvalía física. / Está impedido físicamente.

*__**ふじゅうぶん** 不十分__ (必要を満たすに足りないこと) f. insuficiencia; (目的などに十分な条件を欠き不適当) lo inadecuado; (欠乏, 不足) f. falta, f. escasez; (不完全) f. imperfección. ▶証拠不十分で彼を釈放する v. liberarlo[le] por insuficiencia de pruebas, ponerlo[le]* en libertad por falta de pruebas.

—— 不十分な (不足の, 十分でない) *adj.* insuficiente; (不適当な) *adj.* inadecuado; (能力が不十分な) *adj.* incompetente, inepto; (不満足な) *adj.* insatisfact*orio*; (不完全な) *adj.* imperfecto. → 不完全. ◆彼の給料は二人の息子を大学に行かせるには不十分だ Su salario 「es insuficiente [no le llega] para poder enviar a sus dos hijos a la universidad. ◆彼はスペイン語教師として能力が不十分だ Es incompetente para enseñar español. / No da la talla para enseñar español. ◆彼のレポートは不十分だ (=不完全だ) Su informe no es suficiente. / (望むべき点が多い)Su informe deja mucho que desear. / (不満足だ)Su informe es insatisfactorio.

ふしゅび 不首尾 ▶不首尾に終わる v. salir* mal, no tener* éxito.

ふじゅん 不順 ▶不順な (=季節はずれの)天候 *m.* tiempo fuera de estación; (定まらない) *adj.* inestable; (変わりやすい) *adj.* variable.

ふじゅん 不純 f. impureza. ▶不純な *adj.* impuro. ▶不純物 *fpl.* impurezas. ▶不純な (= 不道徳な)動機から *adv.* por motivos impuros; (利己的な) *adj.* egoísta; (私心のある) *adj.* de interés propio.

ふじょ 扶助 (援助) f. ayuda; (救済) *m.* socorro, *m.* auxilio. ▶相互扶助 f. ayuda mutua. ▶¹政府 [²公共] の扶助を受ける v. recibir ayuda [asistencia] ¹del gobierno [²pública].

ふしょ 部署 *m.* puesto, *m.* lugar de trabajo. ▶部署に¹つく [²とどまる] v. ¹ponerse* ²[quedarse] en su puesto.

*__**ふしょう** 負傷__ (事故などによる) f. herida. → 怪我. ▶右肩の負傷 f. herida en el hombro derecho. ▶負傷者 *mf.* herido/da, f. persona herida.

—— 負傷する (事故などで) v. herirse*, ser* [resultar] herido. → 怪我をする. ◆その交通事故で多くの人が負傷した En el accidente de tráfico resultó herida mucha gente. ◆彼はその戦いで足を負傷した En la batalla lo [le] hirieron en una pierna. ◆彼は事故で足を負

傷した Se hirió la pierna en el accidente. / En el accidente resultó herido en la pierna.

ふしょう 不詳 (知られていない) adj. desconocido; (身元不明の) adj. no identificado; (作者不明の) adj. anónimo. ◆氏名不詳 El nombre es desconocido. / Se desconoce el nombre. →不明.

ふしょう 不肖 ▶不肖の(=父親に似ず愚かな)息子 m. hijo indigno del padre. ◆不肖ながら, 私がその仕事をお引き受けいたします(=私にその仕事がやれるかどうか自信はありませんが最善を尽くします[やってみます]) No estoy seguro de poder hacerlo, pero「me esforzaré al máximo [lo haré lo mejor que pueda].

ふじょう 浮上 ▶浮上する (浮かび上がる) v. subir a la superficie, aflorar; (順位などが上がる) v. subir, ascender*, avanzar*.

ふじょう 不浄 (汚れ) f. suciedad; (不純) f. impureza. ▶不浄の adj. impuro. ▶不浄の金 m. dinero sucio [mal adquirido, negro].

ぶしょう 無精 adj. perezoso, holgazán. ▶無精者 mf. holgazán/zana; (薄ぎたない怠け者) mf. vago/ga, 《口語》mf. dejado/da. ▶筆無精 f. persona perezosa para escribir cartas. ▶無精ひげ (短い) f. barba incipiente [descuidada]; (長く伸びた) f. barba de varios días.

ふしょうか 不消化 f. indigestión; (消化不良)《専門語》f. dispepsia. ▶不消化物 m. alimento indigesto.

ふしょうじ 不祥事 (あってはしくない出来事) m. suceso deplorable [lamentable]; (スキャンダル) m. escándalo.

ふしょうじき 不正直 f. falta de honradez, f. deshonestidad, 《教養語》f. improbidad. ▶不正直な adj. deshonesto, 《教養語》adj. anticorrosivo; (さび止め) adj. antioxidante.

ふしょうち 不承知 ▶不承知である (反対である) v. oponerse* (a); (賛成しない) v. estar* en「contra (de) [desacuerdo (sobre)],《教養語》disentir* (de); (是認しない) v. desaprobar*. ◆彼は1その件に [2娘が彼と結婚することに] 不承知である「Se opone a [Desaprueba] 1ese asunto [2que su hija se case con él].

ふしょうぶしょう 不承不承 adv. de muy mala gana, muy a regañadientes.

ふしょうふずい 夫唱婦随 (ことわざ) A la mujer casada el marido le basta. ◆今時夫唱婦随を唱えるのは時代遅れだ「Es anticuado [Está pasado de moda] insistir en que la mujer debe obedecer al marido en todo.

ふじょうり 不条理 m. absurdo. ▶不条理な adj. absurdo; (不合理な) adj. irrazonable. → 不合理.

ふしょく 腐食 f. corrosión; (酸などによる) f. corrosión; (さびによる) m. óxido, f. herrumbre, m. orín. ▶腐食止め adj. anticorrosivo; (さび止め) adj. antioxidante. ▶腐食させる v. corroer*; (さびさせる) v. oxidar. → 腐る. ◆塩分で鉄柱が腐食した La sal corroyó el pilar de hierro.

ぶじょく 侮辱 m. insulto, f. ofensa, 《教養語》f. injuria, 《文語》f. afrenta, m. menosprecio, m. desprecio. ▶法廷侮辱罪に問われる v. ser* acusado de desacato al tribunal. ◆そのような行為は教師に対する侮辱だ Esa conducta es「un insulto [ofensiva] al profesor. ◆彼女は彼に侮辱的な言葉を浴びせた Le dijo palabras insultantes. /《フォーマル》Profirió improperios contra él.

—— **侮辱する** v. insultar, ofender. ◆彼は私を盗みをしたと言って侮辱した Me ofendió acusándome de haber robado. ◆彼女は侮辱されて泣き出した Rompió a llorar al ser insultada.

ふしん 不信 ❶【不信用】m. descrédito, m. desprestigio; (不信頼) f. falta de confianza, f. desconfianza, f. incredulidad. ▶不信を招く v. provocar* el descrédito. ◆彼は政治に不信の念を抱いている Desconfía de la política. / (あまり信用していない) No tiene mucha confianza en la política. ◆目には不信の色が表われていた Sus ojos estaban llenos de desconfianza.

❷【不実】f. deslealtad, f. infidelidad, 《教養語》f. perfidia. ▶不信の行為 m. acto de deslealtad.

ふしん 不審 (疑念) f. duda; (嫌疑) f. sospecha, m. recelo. ▶不審そうに彼を見る v. mirarlo[le] con recelo. ▶不審な人物 m. individuo sospechoso. ◆不審な点があったら, 私どもにお問い合わせください Si「tiene usted [tienen] alguna duda consúltenos [consúltennos], por favor. ◆不審な(=奇妙な)ことがあればすぐ知らせてください Si ves algo sospechoso, avísame enseguida. ◆警察は彼の行動を不審に思った La policía encontraba sus movimientos sospechosos. / A la policía le parecían sospechosos sus movimientos.

ふしん 不振 (不活発) f. inactividad; (不景気) f. depresión; (景気後退) f. recesión, (沈滞) m. estancamiento, f. paralización; (不調)《口語》m. parón. → 不景気. ◆経済不振 f. depresión económica, m. parón económico. ◆石油業界の不振 f. depresión de la industria petrolera. ▶不振である(=不活発だ) v. estar* inactivo [parado, flojo]; (沈滞している) v. estar* estancado [paralizado]. ◆商売が不振だ Los negocios andan [están] flojos [《口語》de capa caída]. ◆その小さな店は売れ行き不振で店を閉めた Esa pequeña tienda cerró por falta de ventas.

ふしん 普請 f. construcción (de una casa). ▶普請する v. construir* (una casa); (自分の家) v. construirse*. ▶安普請の家 f. casa「mal construida [construida por chapuceros].

・ふじん 婦人 f. mujer, f. señora, 《フォーマル》f. dama. → 女. ▶婦人記者 f. periodista. ▶婦人科 f. ginecología. ▶婦人科医 mf. ginecólogo/ga. → 女. ▶婦人会 f. asociación「de mujeres [femenina]. ▶婦人参政権 m. sufragio femenino. ▶婦人雑誌 f. revista「de mujeres [femenina]. ▶婦人帽 m. sombrero de señoras. ▶老婦人 f. señora mayor, f. anciana, 《俗語》f. vieja. ▶婦人警官 →婦人

官. ◆ご婦人方はこちらへ Por aquí, señoras. ◆こちらのご婦人を席にご案内して Acompaña a esta señora a su asiento.

***ふじん** 夫人 f. esposa,《口語》f. mujer,《フォーマル》f. señora. ▶加藤夫人 f. Sra. (señora) Kato. ▶社長夫人 f. esposa [f. señora] del presidente de la compañía. ◆彼は夫人同伴でパーティーに出た Asistió a la fiesta acompañado de su señora.

ふじんかん 不信感 f. falta de confianza, f. desconfianza, m. recelo; (疑念) f. sospecha. ▶...に不信感を抱く v. desconfiar* [recelarse]《de》.

ふじんけいかん 婦人警官 f. (mujer) policía.

ふしんじん 不信心 f. impiedad. ▶不信心な adj. impío.

ふしんせつ 不親切 f. falta de amabilidad. ▶不親切な人 f. persona poco [《強調して》nada] amable. ◆彼女は彼に不親切だった No fue amable con él.

ふしんにん 不信任 f. desconfianza. ▶不信任案 f. moción de censura. ▶不信任[1]決議 [2動議][1] f. resolución [[2] f. moción] de censura. ◆内閣不信任案はわずかの差で否決された La moción de censura contra el gobierno fue derrotada por un estrecho margen.

ふしんばん 不寝番 (行為) f. vigilancia nocturna, f. ronda; (人) mf. vigilante「de noche [nocturno/na]. ▶不寝番をする v. vigilar, montar guardia por la noche.

ぶす f. fea,《口語》f. feúcha,『スペイン』《口語》m. feto,『ラ米』《口語》m. bagre.

ふずい 不随 (麻痺) f. parálisis. → 麻痺. ▶半身不随 f. hemiplejía. ▶下半身不随 f. paraplejía, f. parálisis de cintura para abajo. ▶全身不随 f. parálisis total. ◆不随になる v. estar* paralizado, tener* parálisis. ◆彼は病気で[1]全身 [[2]下半身]不随になった Debido a una enfermedad es [1]paralítico total [[2]parapléjico].

ふずい 付随 ▶付随する (伴って起こる) v. acompañar, ser* inherente《a》. ▶この件に付随する問題 mpl. problemas「inherentes a [que acompañan] este asunto. ◆税率の引き上げに付随して多くの問題が生じている Ha habido un número de problemas inherentes a la subida de la tasa de impuestos. / La subida de la tasa de impuestos ha provocado un número de problemas.

ぶすい 無[不]粋 ▶無粋な(やぼな) adj. insensible, tosco. ◆彼女の気持ちが分からないなんて彼も不粋な男だ Es insensible por su parte no entender los sentimientos de ella.

ぶすう 部数 f. tirada, m. número de copias [ejemplares]; (新聞・書籍などの発行部数) f. circulación. ▶発行部数が多い v. tener* una gran circulación [tirada]. ◆その雑誌は発行部数 20 万だ La revista tiene una tirada de 200.000 ejemplares.

ぶすっと ❶【押し黙まったさま】▶ぶすっとして adv. con「mal humor [disgusto]. ▶ぶすっとした顔 f. cara malhumorada [hosca]. ◆彼女がまたぶすっとしてるよ Otra vez está de mal humor. ◆彼は一日中ぶすっとして働いた Todo el

día estuvo trabajando de mal humor. ❷【何かを強く差し込むさま】◆彼はその男をナイフでぶすっと刺した Apuñaló al hombre con un cuchillo.

ぶすぶす ▶ぶすぶす燃える v. arder「sin llama [lentamente]. ▶ぶすぶす突き刺す v. apuñalar una y otra vez.

ふすま 襖 "fusuma",《説明的に》f. puerta corredera de papel. → 障子.

ぶすりと →ぶすっと

ふする 付する (付け加える) v. añadir《a》; (提出する) v. presentar, someter. ▶不問に付する v. pasar por alto (su error). ▶審議に付する v. someter [llevar] (el asunto) a que sea deliberado. ▶公判に付する v. llevar (el caso) a juicio, presentar (el caso) a la audiencia pública.

***ふせい** 不正 f. injusticia, f. falta de honradez; f. ilegalidad.

1《不正+名詞》▶不正利得 fpl. ganancias ilícitas「mal adquiridas]. ▶列車に不正乗車する (=こっそり乗る) v. viajar sin pagar* en un tren. ◆彼は試験で不正行為をした Hizo trampa en el examen.

2《不正を》◆彼は不正を働いた Fue injusto. / Cometió una injusticia. / Su conducta「fue ilegal [estuvo al margen de la ley]. ◆不正を働いた銀行員は首になった Despidieron al, a la empleado/da bancario por engañar [falta de honradez].

— **不正な** (よくない) adj. injusto; (ごまかしの) adj. deshonesto, corrupto; (違法の) adj. ilegal, ilícito,《文語》inicuo. ◆彼は不正な手段で財を成した Amasó una fortuna「por medios ilícitos. ◆役人がわいろを受け取るのは不正なことだ Es ilegal [deshonesto] que los funcionarios se dejen sobornar. ☞あくどい, 汚い

ふぜい 風情 (魅力) m. gusto, m. encanto; (味わい) m. sabor, m. gusto; (気品, 優雅さ) f. elegancia. ▶風情の1ある [[2]ない] 庭 m. jardín [1]con [[2]sin] gusto [encanto]. ▶ひなびた風情がある v. tener* un sabor rústico. ▶風情を添える v. añadirle gusto. ◆この町は風情がなくなった Esta ciudad ha perdido su encanto.

ふせいかく 不正確 →正確. ▶不正確な (=間違った)答えをする v. dar* una respuesta incorrecta, contestar incorrectamente. ▶計算が不正確だ v. ser* inexacto en「las cifras [los cálculos]. ▶不正確な (=厳密でない)推論 m. razonamiento inexacto.

ふせいこう 不成功 (失敗) m. fracaso. → 失敗. ▶不成功な (うまく行かない) adj. sin éxito, fracasado; (実を結ばない) adj. infructuoso, inútil. ▶不成功に終わる v. terminar en fracaso; (失敗する) v. fracasar, (むだに終わる) v. parar en nada, quedarse en aguas de borrajas. ◆ジェットエンジンに関する彼の実験は不成功に終わった Su experimento con los motores de reacción acabó en fracaso.

ふせいじつ 不誠実 (誠意のなさ) f. falta de sinceridad, f. insinceridad; (不正直) f. falta de honradez, f. deshonestidad. ▶不誠実な

adj. insincero, falso, desleal.

ふせいしゅつ 不世出 (比類のない) *adj.* incomparable, sin parangón.

ふせいせき 不成績 (悪い結果) *mpl.* resultados deficientes [insatisfactorios]; (期待に反する) *mpl.* resultados negativos; (悪い成績) *fpl.* malas notas [calificaciones]. ◆今年のレアルマドリードは不成績に終わった El Real Madrid ha realizado una mala temporada este año.

ふせいみゃく 不整脈 《専門語》*f.* arritmia. ◆洞性不整脈《専門語》*f.* arritmia sinusal.

ふせいりつ 不成立 (失敗) *m.* fracaso. → 成立. ◆交渉は不成立だった (＝失敗に終わった) Las negociaciones acabaron en fracaso. / Las negociaciones fracasaron. ◆議案は不成立だった (＝通らなかった) El proyecto de ley no fue aprobado.

ふせき 布石 ◆布石を打つ (＝必要な準備をする) *v.* realizar* [hacer*] los preparativos necesarios.

***ふせぐ 防ぐ** (予防する) *v.* prevenir*, evitar, impedir*; (用心する) *v.* tomar precauciones (contra), defenderse* [guardarse] (de), protegerse* (contra). ◆事故を防ぐ *v.* prevenir* los accidentes. ◆ポンドの下落を防ぐ *v.* evitar「que caiga el valor [la devaluación] de la libra. ◆敵の攻撃を防ぐ *v.* defenderse* del ataque enemigo. → 食い止める. ◆間違いを防ぐ *v.* evitar los errores. ◆1その医師団 [2その薬] が病気が広がるのを防いだ ¹El equipo de médicos [²La medicina] impidió que se extendiera la enfermedad. ◆手入れをよければ虫歯は防げる La caries dental se puede prevenir teniendo cuidado. ◆私は寒さを防ぐためにオーバーを着た Me puse un abrigo para protegerme del frío. ◆その柵(?)が子供が道路に飛び出すのを防いでいる La valla evita que los niños entren corriendo en la carretera. ⇨ 凌ぐ, 止[留]める

ふせつ 敷設 *f.* construcción, *f.* edificación. ◆敷設する (ガス管などを敷く) *v.* tender*, colocar*; (建設する) *v.* construir*, edificar*. ◆海底電線を敷設する *v.* tender* un cable submarino. ◆鉄道を敷設する *v.* construir* una vía férrea.

ふせっせい 不摂生 (健康に留意しないこと)《口語》*f.* intemperancia, *mpl.* excesos con la salud. ◆不摂生な (＝不健康な)生活をする *v.* llevar una vida poco saludable, cometer excesos con la salud. ◆長年の不摂生がたたって胃がいようになった Tuve una úlcera gástrica [de estómago] porque descuidé la salud muchos años.

ふせる 伏せる ❶【下に向ける】(身を伏せる) *v.* tumbarse, 《口語》echarse; (視線などを) *v.* bajar「la mirada [los ojos], mirar al suelo; (表を下にして) *v.* ponerse* boca abajo, echarse [ponerse*] de bruces; (上部を下にして) *v.* ponerse* boca abajo. ◆地面に身を伏せる *v.* acostarse* boca abajo en el suelo, echarse en el suelo. ◆本を机に伏せる *v.* poner* un libro boca abajo sobre la mesa. ◆彼女はきまりが悪くなって顔 [目] を伏せた Se turbó y miró al suelo.
❷【秘密にする】*v.* guardar en secreto. ◆この事は伏せておいてくれ Guarda en secreto este asunto. / No se lo digas a nadie.
❸【病気などで】◆病気で伏せっている *v.* estar*「enfermo en la cama [encamado]. → 寝る.

ふせん 付箋 *f.* nota autoadhesiva.

ぶぜん 憮然 ◆憮然として (驚いて) *adv.* con sorpresa; (落胆して) *adv.* con desaliento [desánimo]; (嘆息をついて) *adv.* con un suspiro.

ふせんしょう 不戦勝 *f.* victoria por incomparecencia 《de》. ◆不戦勝になる *v.* ganar sin jugar*.

ふせんついまひ 不全対麻痺 《専門語》*f.* paraplejía.

ふせんめい ◆不鮮明な (明らかでない) *adj.* vago, impreciso. ◆この本の印刷は不鮮明だ La impresión de este libro「no es clara [es imprecisa].

ぶそう 武装 *m.* armamento. ◆武装解除 *m.* desarme; (国や地域などの) *f.* desmilitarización; (建物や軍艦などの) *m.* desmantelamiento. ◆(非)武装地帯 *f.* zona (des)militarizada. ◆非武装中立 *f.* neutralidad sin armas. ◆武装警官 *m.* policía armado [con armas]. ◆武装する *v.* armarse, tomar [coger*] un arma; (状態) *v.* estar* [ir*] armado. ◆銃で武装させる *v.* armar 《a ＋ 人》 con un fusil. ◆武装化する *v.* militarizar*.

ふそうおう 不相応 ◆不相応な(ふさわしくない) *adj.* inadecuado [inapropiado]《para》; (不釣り合いな) *adj.* desproporcionado [que no corresponde]《a》; (似合いな(服・髪型などが)) *adj.* poco favorecedor. → 相応. ◆彼は身分不相応な高級車を乗り回している Va por ahí con un coche de lujo que no corresponde a sus ingresos.

***ふそく 不足** ❶【不十分】 *f.* escasez, *f.* insuficiencia; (欠乏) *f.* falta, *f.* carencia; (不足額) *m.* déficit; (差額) *f.* diferencia. ◆石油不足 *f.* falta de petróleo, *f.* escasez en el suministro petrolero. ◆ビタミンCのひどい不足 *f.* grave insuficiencia de vitamina C. ◆歳入の不足(額) *m.* déficit en la renta. ◆今日の労働力の不足 *f.* falta de「mano de obra [trabajadores] de hoy. ◆最近の住宅不足は深刻だ Hoy en día es muy grave la escasez de viviendas. ◆その地域では水不足がしばしば起こる En esa zona「es frecuente la falta de agua [son frecuentes los cortes en el suministro del agua]. ◆彼はまだ経験不足だ Todavía「le falta [carece de] experiencia. ◆最近は運動不足になりがちです Estos días tiendo a no hacer suficiente ejercicio.

1《不足を》◆不足を補う *v.* remediar una carestía, compensar un déficit. → 補う.

2《不足で[のために]》◆睡眠不足のために *adv.* por falta de sueño, por no dormir [haber dormido] bastante. ◆人手不足で困る *v.* sufrir de escasez [《口語》falta] de mano de obra, 《口語》andar* escaso de mano de

obra. ♦情報不足でパニックになった La falta de información produjo el pánico.
❷【不満足】f. insatisfacción, m. descontento; (不平) f. queja. ▶不足そうな顔をする v. parecer* (que está) insatisfecho [descontento]. ▶食べ物に不足を言う v. quejarse [dar* quejas] de la comida. ♦彼なら相手にとって不足はない (＝好敵手だ) Es un digno rival para mí.
❸【困窮】f. necesidad, f. falta. ▶何不足なく暮らす v. vivir en la abundancia, estar* muy bien económicamente.
— 不足する v. estar* acabándose, estar* falto [《口語》corto]《de》; (不足している) v. faltar, carecer* 《de》. →欠く, 足りない. ♦食料が不足している No tenemos comida suficiente. / No hay bastante comida. ♦資金が不足してきた Se están acabando los fondos. / Faltan fondos. ♦足りない, 乏しい

ふそく 不測 ▶不測の（予測できない）adj. inesperado, imprevisto,《教養語》inopinado;（偶然の）adj. accidental;（計画できない）adj. incalculable. ▶不測の災害に備える v. tomar precauciones en contra de un desastre inesperado.

ふそく 付則 (付け加えた規則) f. regla adicional; (補則) f. cláusula suplementaria.

ふそく 付属 ▶東都大学付属高校 f. escuela secundaria anexa a la Universidad Toto. ▶車の付属品 mpl. accesorios del automóvil [coche]. ▶付属する v. estar* anexo 《a》,（属する）v. pertenecer* 《a》 ⇨在・有る, 付く

ぶぞく 部族 f. tribu.

ふぞろい 不揃い →不揃いな;（不均整の）adj. irregular;（平らでない）adj. desigual. ♦これらのリンゴは大きさが不揃いだ El tamaño de estas manzanas es irregular.

ふそん 不遜 ▶不遜な（傲慢な）adj. insolente;（ずうずうしい）adj. descarado;（横柄な）adj. arrogante, altivo;（思い上がった）adj. orgulloso;（人を見下した）adj. desdeñoso.

ふた 蓋 ▶ふた・なべなどの）f. tapa;（大きな）f. tapadera;（びんなどの）m. tapón (de botella), f. tapa (de un lente);（覆い）f. cubierta. ▶ふた付きの adj. tapado, cubierto. ▶ふたのない adj. sin tapa, abierto. ▶ふたをする v. tapar, poner "la tapa [el tapón] (en una botella);（醜聞）v. acallar, tapar (un escándalo). ▶ふたを取る v. destapar, quitar la tapa [tapadera], abrir*;（あける）v. abrir*, destaponar, quitar el tapón;（覆いを）v. destapar, levantar la tapa (de un plato). ♦ふたを（回して）しっかり閉めなさい Cierra bien (dándole vueltas) el tapón.

*ふだ 札 f. etiqueta, m. marbete, f. tarjeta, m. rótulo, m. letrero, m. tíquet. ▶名札 f. tarjeta con el nombre. ▶番号札 f. etiqueta de número. ▶手荷物の預かり札 m. tíquet de equipaje. ▶守り札 m. talismán, m. amuleto. ▶トランプの札 f. carta, m. naipe. → カード. ▶札っきの悪党 m. pícaro. 札を張る→レッテル.

*ぶた 豚 m. cerdo, m. puerco, m. cochino,『ラ米』m. chancho,（雌豚）f. cerda;（豚肉）『スペイン』m. cerdo,『ラ米』m. puerco;（子豚の

ふたえまぶた 1247

肉）)m. lechón, m. cochinillo. ▶食肉用の豚 m. cerdo. ▶豚小屋 f. pocilga, f. cochiquera. ▶豚箱 f. celda (carcelaria). ▶焼き豚 m. cerdo [m. puerco] asado. ▶豚のように太った v. estar* gordo como un cerdo. ▶豚のようにがつがつ食べる v. comer como un cerdo. ▶豚を飼う v. criar* cerdos, dedicarse* a la cría de cerdos. ♦豚がぶうぶう鳴いている El cerdo gruñe.

ふたい 付帯 ▶付帯 (＝補助的) 決議 f. resolución adicional [anexa, suplementaria]. ▶付帯 (＝付随的) 条件 f. condición anexa.

*ぶたい 舞台 ❶【芝居の】m. escenario, f. escena, m. tablado.

1《〜舞台》▶回り舞台 m. escenario giratorio. ▶初舞台 m. debut. → 初舞台.

2《舞台＋名詞》▶舞台裏（＝俳優の控え室）m. camerino. ▶舞台監督（人）mf. director/tora de escena;（事）f. dirección de escena. ▶舞台効果 mpl. efectos escénicos. ▶舞台照明 f. iluminación escénica. ▶舞台装置 m. decorado. ▶舞台中継 f. retransmisión de una obra de teatro. ▶舞台俳優 mf. actor/triz de teatro. ▶舞台負けする（あがる）v. tener* miedo a la escena. ♦彼は舞台度胸がいい No tiene miedo a la escena.

3《舞台に》▶舞台に立つ v. aparecer* en escena, salir* al escenario;（舞台に上がる）v. pisar las tablas. ♦彼女は5年ぶりに舞台にカムバックした Hizo su reaparición en escena después de cinco años.

4《舞台を》▶初めて舞台を踏む v. debutar, hacer* el debut, estrenarse en escena. ▶舞台を退く (俳優が) v. dejar "el teatro [la escena]. ♦ダンサーは活気あふれる舞台（＝演技）を見せてくれた Los bailadores [(フラメンコの)bailaores, (バレエの)bailarines] ofrecieron una actuación viva.

5《舞台で》▶舞台で演じる v. actuar* en la escena.

❷【活動の場】f. escena;（範囲）f. esfera (de actividad);（分野）m. campo de acción. ♦不況が経済改革の舞台を設定した La depresión sirvió de escenario a la reforma económica. ♦彼の活動の舞台は非常に広い Su esfera de actividad es muy amplia.

❸【場面】f. escena. ♦この小説の舞台は京都です La escena de esta novela 「se desarrolla [tiene lugar, es] en Kioto. ♦舞台が変わった Ha cambiado la escena.

《その他の表現》▶独り舞台である（＝人気をひとり占めする）v. acaparar la atención de todos. ▶舞台裏の工作 fpl. maniobras entre bastidores. ▶舞台裏で決定する v. tomar una decisión entre bastidores.

ぶたい 部隊 (軍隊などの) f. unidad;（特別の任務の）m. destacamento, m. cuerpo. ▶医療部隊 f. unidad hospitalaria, m. cuerpo médico.

ふたいてん 不退転 ▶不退転の決意 adv. con una decisión inquebrantable, con una gran firmeza.

ふたえまぶた 二重まぶた mpl. párpados do-

ふたく 付託 ▶議案を委員会に付託する v. someter un proyecto de ley a un comité.

ふたご 双子 (二卵性の) *mfpl.* mellizos/zas; (一卵性の) *mfpl.* gemelos/las, 【メキシコ】 *mpl.* cuates, 【キューバ】 *fpl.* jimaguas. ▶双子の姉[妹] *f.* hermana melliza. ◆彼は双子です Es uno de los mellizos. ∕ Es un mellizo. ◆彼らは双子です Son mellizos.

ふたごころ 二心 ▶二心がある v. ser* infiel. ▶二心がない v. ser* fiel [leal] 《a》.

ふたござ 双子座 Géminis, *mpl.* Gemelos. → 乙女座. ▶双子座(生まれ)の人 *mf.* géminis.

ふたことめには 二言目には ▶二言目には(＝口をきくときには必ず)疲れたと言う(＝いつも) Siempre [Cada vez] que abre la boca es para decir que está cansado. ∕ Nunca habla si no es para decir que está cansado.

ふたしか 不確か ▶不確かな (不確実な) *adj.* incierto, inseguro; (信頼できない) *adj.* poco seguro [fiable]; (漠然とした) *adj.* vago; (不明確な) *adj.* indefinido. ▶不確かな情報 *f.* información incierta. ▶不確かな記憶 *f.* memoria vaga [poco segura]. ▶不確かな返答 *f.* respuesta indefinida.

*__ふたたび 再び__ (二度) *adv.* otra vez, de nuevo, nuevamente, por segunda vez; (もう一度) *adv.* una vez más, otra vez. ▶ふたたび彼はオーケーと言った Nuevamente dijo que sí. ∕ Volvió a decir que sí. ∕ De nuevo asintió. ◆ふたたびそのような誤りをするな No cometas tal error otra vez. ∕ No repitas esa equivocación. ◆彼はふたたび戻って来た Ha vuelto. ∕ Ha venido otra vez. ◆彼女はふたたび挑戦した Lo intentó de nuevo. ∕ Volvió a intentarlo. ◆彼は１時間後ふたたび仕事を始めた Después de una hora prosiguió [reanudó, siguió con, continuó] su trabajo.

*__ふたつ 二つ__ *num.* dos; (半分) *f.* mitad; (両方) los *pron.* dos, *pron.* uno y otro, *pron.* ambos. →-とも. ▶リンゴを二つに切る v. cortar una manzana「por la mitad [en dos mitades]. ▶紙を二つに折る v. doblar el papel por la mitad. ▶一度に二つずつリンゴを取る v. tomar dos manzanas「a la vez [de una vez]. ◆このオレンジを二つください Déme dos naranjas de éstas. ◆彼女はケーキを二つとも食べた Se comió los dos trozos del pastel. ◆それら二つとも欲しくない No quiero ninguno/na (de los/las dos). ∕ No quiero ni uno/na ni otro/tra.

【その他の表現】▶こんな絵は二つと(＝匹敵するものが)ない Esta pintura no tiene igual. ∕ Es una pintura única. ∕ Este cuadro es incomparable. ◆彼は二つ返事で(＝すぐさま)その計画を承諾した Enseguida consintió con el plan.

ふたつき 札付き ▶札付きの悪党 *mf.* maleante infame, *mf.* canalla notorio.

ふたとおり 二通り (二つ) *num.* dos. ▶二通りの解釈ができる v. admitir dos interpretaciones. ▶それには二通りのやり方がある Hay dos maneras de hacerlo. ∕ Se puede hacer de dos modos.

ぶたにく 豚肉 *f.* carne de cerdo [【ラ米】 puerco].

ブダペスト Budapest (☆ハンガリーの首都).

ふたまた 二股 (道・河川などの) *f.* bifurcación; (道具の) *f.* horca, *f.* horqueta; (枝状のもの) *f.* horquilla, *f.* horca. ▶二またの *adj.* ahorquillado. ▶二また道 *m.* camino bifurcado. ▶二またに分かれる v. bifurcarse*, ramificarse*, dividirse en dos. ▶二またをかける v. jugar* con dos barajas. ◆別荘へ行く道がここで二またに分かれる Aquí se bifurca el camino a la villa [quinta].

*__ふたり 二人__ *los/las* dos, *fpl.* dos personas; (両方) *pron.* uno y otro, *pron.* una y otra, ambos/bas; (一組) *f.* pareja, *m.* par; (二人用の) *adj.* doble. ▶二人ずつ *adv.* cada dos, *adv.* de dos en dos. ▶二人一組になって *adv.* en pareja. ▶二人部屋 *f.* habitación doble. ▶二人目の息子 *m.* hijo segundo. ◆自転車に二人乗りする v. montar dos en una bicicleta. ◆私たち二人はここに残ります Nos quedamos los dos. ◆二人のうちで年上はどちらですか ¿Quién de los dos es mayor? ◆彼らは二人とも高校生です Los dos son estudiantes de secundaria. ∕ (高校へ行っている)Los dos van a la escuela secundaria. →とも. ◆彼らは二人ともまだ来ない Todavía no ha venido ninguno (de los dos). ◆彼は母親と二人暮らしです Vive solo con su madre. ∕ Su madre y él viven solos.

ふたん 負担 (過重な義務・責任) *f.* carga; (責任・罪などの重圧) *m.* peso; (責任) *f.* responsabilidad. ▶納税者の税負担 *f.* carga sobre los (contribuyentes) que pagan impuestos. ▶負担をかける v. imponer* una carga. ▶彼の負担を軽く[軽減]する v. aligerar 《a + 人》 la carga, quitar 《a + 人》 peso. ▶来る日も来る日も病人の世話をするのは相当な負担だ Es realmente una carga cuidar a un/una enfermo/ma un día sí y otro también. ◆彼の負担が重すぎる Tiene「demasiada carga [demasiado peso]. ∕ Su carga le pesa demasiado. ◆その仕事をそんなに負担に感じなくてもいい No hace falta que te tomes el trabajo con tanta responsabilidad.

—— 負担する (支払う) v. pagar*; (義務として引き受ける) v. hacerse* responsable 《de》, responder 《por》. ◆だれが君の旅行費用を負担するのですか ¿Quién va a pagar los gastos de su viaje? ◆会社がその事故の損害(賠償金)を負担した La compañía se hizo responsable de los daños del accidente.

*__ふだん 普段__ (通常) *adv.* normalmente, de ordinario; (通常) *adv.* generalmente, por lo general, habitualmente, de costumbre; (常に) *adv.* siempre. →いつも, 通例, 必ず, 普段. ▶普段よくある間違い *m.* error común. ▶普段の出来事(＝日常茶飯事) *f.* cosa de todos los días. ◆私は普段歩いて学校へ行く Normalmente voy a pie a la escuela. ◆私は普段から健康には気を付けている Normalmente cuido bastante. ◆彼は1普段どおり9時に[2普段より早く]家を出た Salió de casa ¹a las nueve como de costumbre [²antes que de costumbre]. ◆ 彼は普段と変わった様子はなかった No había nada raro en él. / No se le notaba nada extraño.

ふだん 不断 ◆ 彼の成功は不断の(=変わらず続く)努力によるものだ Su éxito se debe a su esfuerzo incansable [incesante, constante].

ふだんぎ 普段着 (平常の服装) f. ropa de diario; (正装に対して) m. vestido informal; (軽装) f. ropa informal [de sport]. ◆ 彼は普段着のまま出社した Fue a la oficina en ropa informal [de sport].

*ふち 縁** (端) m. borde → 端; (道・川などの) f. orilla; (紙などの) m. margen; (リボンの) m. ribete, m. reborde; (眼鏡の) m. aro; (刃物の) m. filo; (帽子の) m. ala; (コインの) m. canto. ◆ テーブルの縁 m. borde de la mesa. ◆ 金縁の本 m. libro de bordes dorados. ▶眼鏡の縁 mpl. aros f. montura de 「las gafas [[ラ米] los lentes]. ▶コップの縁 m. borde de la copa. ▶湖の縁に adv. a la orilla del lago. ▶花で縁取った歩道 m. paseo flanqueado de flores. ▶水をグラスの縁まで満たす v. llenar el vaso de agua hasta el borde. ▶金縁の眼鏡をかけている v. llevar 「unas gafas [[ラ米] unos lentes] con la montura de oro. ▶縁なしの眼鏡 fpl. gafas sin aros. ▶縁なしの帽子 m. sombrero sin ala. ▶歩道の縁(石)とは m. bordillo (de la acera). ◆ このテーブルクロスは縁が青い Este mantel tiene los bordes azules.

ふち 不治 ▶不治の(=治らない)病 f. enfermedad incurable [(致命的な)fatal, mortal].

ふち 淵 (川の) m. remanso (en el río); (深い所) m. abismo. ▶絶望の淵に沈んでいる v. estar* sumido en la desesperación. ▶破滅の淵(=瀬戸際)に立つ v. estar* al borde de la ruina.

ふち 斑 fpl. motas, fpl. manchas. → 斑点. ▶ぶちのある adj. moteado, manchado. → 斑(ぶち). ▶ぶちの犬 m. perro moteado. ▶ぶちの猫 m. gato moteado.

ぶちこわし ぶち壊し ◆ 彼の事故でその計画はぶち壊しになった Su accidente estropeó [arruinó, fastidió] el plan.

ぶちこわす ぶち壊す (台なしにする) v. estropear; (めちゃくちゃにする) v. arruinar, echar abajo, destruir*. → ぶち壊し.

ふちどり 縁取り (布の) f. bastilla, m. dobladillo; (衣服や紙の) m. borde. ▶レースの縁取り f. puntilla. ▶黒い縁取りの写真 m. foto con los bordes negros.

ふちどる 縁取る (へり縫いする) v. poner* [hacer*]「una bastilla [un dobladillo]; (房飾りで) v. poner* flecos; (花などで境界をつける) v. bordear; (枠で) v. enmarcar*. ▶レースで縁取ったハンカチ m. pañuelo de encaje. ◆ 彼女はドレスをレースで縁取った Puso encajes en el vestido. ◆ 花壇はチューリップで縁取られていた El jardín estaba bordeado de tulipanes.

ぶちぬき ぶち抜き ▶6段ぶち抜きの大ニュース f. gran noticia a seis columnas.

ぶちぬく ぶち抜く ❶【貫通させる】(弾丸などが) v. penetrar, atravesar*; (人や機械が) v. romper*, atravesar*, abrir* paso por. ▶山にトンネルをぶち抜く v. perforar una montaña para hacer* un túnel. ▶壁をぶち抜いて大きな部屋を作る v. quitar la pared para hacer* una habitación grande.
❷【完遂する】▶三日間のストをぶち抜く v. hacer* una huelga de tres días.

ぶちのめす v. derribar, tumbar; (こてんぱんにやっつける) v. hacer* papilla 《a + 人》.

プチブル (人) mf. pequeño/ña burgués/guesa; (集団) f. pequeña burguesía.

ぶちまける (空にする) v. airear, vaciar*; (怒りなどを) v. desahogar*, dar* desahogo 《a + 人》; (真実などを) v. revelar, confesar*, 《口語》desembuchar. ▶怒りを妻にぶちまける v. desahogar* la cólera en la mujer. ▶ぶちまけたところ adv. hablando francamente, si hay que confesar la verdad.

ふちゃく 付着 ▶付着する v. pegarse* [adherirse*] 《a》. ▶血痕の付着したシャツ f. camisa manchada de sangre.

ふちゅうい 不注意 m. descuido; (怠慢) 《フォーマル》f. negligencia; (無思慮) f. imprudencia. ▶不注意な adj. descuidado 《con, en》, 《フォーマル》negligente 《con》, imprudente, desatento 《con》; (無神経な) adj. insensible 《hacia, con》. ▶不注意な間違いをする v. cometer errores por descuido. ◆ その事故は運転手の不注意によって起きた El accidente ocurrió por descuido [negligencia] del conductor. / La negligencia del conductor causó el accidente. ◆ 彼女は不注意からその花びんを割ってしまった No tuvo cuidado y rompió el jarrón. ◆ 彼の不注意な発言が彼女の感情を害した Sus insensibles [desatentas, imprudentes] observaciones hirieron sus sentimientos. ◆ 彼は不注意な運転で事故を起こした Conducía sin cuidado y tuvo un accidente. ◆ 窓を開けっ放しにしておくとは彼は不注意だった Despistado, dejó la ventana abierta.
☞ 至らない, うかつな, 軽々しい, 軽はずみな, 軽率, 雑, ずさん, 粗忽, 軽々しい, そっかしい, ぞんざいな, 怠慢な, うかうか, うっかり, つい

ふちょう 不調 m. mal estado → 調子; (不成立) m. fracaso. ▶不調である v. estar* [encontrarse*] en mal estado; (運動選手などが) v. estar* en mala [baja] forma, 《スペイン》《口語》estar* en un bajón (de forma). ◆ あのチームは最近不調だ El equipo ha estado en baja forma últimamente. ◆ 交渉は不調に終わった Las negociaciones acabaron en fracaso. ◆ (決裂した)Las negociaciones se rompieron.

ふちょう 婦長 f. enfermera jefe.

ぶちょう 部長 m. director [m. gerente, m. jefe] de división [departamento, sección]. ▶人事部長 mf. jefe/fa de personal.

ふちょうわ 不調和 f. falta de armonía, f. discordancia. → 調子. ▶不調和な adj. sin armonía, 《教養語》inarmónico, discordante. ▶不調和である v. no armonizar* 《con》, no guardar [tener*] armonía 《con》.

ふちん 浮沈 fpl. vicisitudes (de la vida). ◆

彼の人生は浮沈が激しかった Su vida estuvo llena de altibajos.

ふつう 普通(の) adj. común, ordinario, frecuente, corriente, general, universal, usual, medio, promedio, regular, medio, mediano. ▶普通名詞 m. nombre común. ▶普通料金 f. tarifa normal. ▶普通郵便 m. correo ordinario. ▶普通教育 f. educación general. ▶普通選挙 m. sufragio universal. ▶普通の状態に¹戻っている [²戻る] v. ¹haber* vuelto [²volver*] a la normalidad. ▶普通列車 m. tren ordinario. ♦今では女性が結婚後も仕事を続けるのはごく普通のことだ Ahora es bastante corriente que las mujeres sigan trabajando después de [su matrimonio [casarse]. ♦彼はごく普通のサラリーマンだ Es un empleado común y corriente. 会話 歯ブラシをください—電動のですか—いいえ, 普通のでいいんです Un cepillo de dientes, por favor. ¿Lo quiere eléctrico? No, uno normal. ♦指しゃぶりは幼児には普通の[=よくある]ことだ Chuparse el pulgar es corriente entre los niños pequeños. ♦この本は普通の読者向けだ Este libro ⌈se destina al [es para el] público en general. ♦彼のふるまいはとても普通じゃない Su conducta dista mucho de ser normal. / Tiene un comportamiento totalmente anormal. ♦彼の身長は普通以上だ Su altura está por encima ⌈del promedio [de lo normal]. 会話 髪はどのようにカットいたしましょうか—普通[の長さ]でお願いします ¿Cómo desea que le corte el pelo? – Largo normal, por favor.

—— 普通(に) (通例) adv. generalmente, por regla [lo] general; (一般に) adv. normalmente, de ordinario. ▶普通にふるまう v. comportarse con normalidad. ♦彼は普通月曜日にここに来る Generalmente viene aquí los lunes. ♦彼女は普通は朝食を取らない Normalmente no desayuna [toma desayuno]. ♦私は普通11時に寝る Por lo general, me acuesto a las once. ☞ 当たり前の, 在り来たりの, 一般的な, 一般の, 十人並み, 世間, 只

ふつう 不通 ▶不通になる (道路・交通などが閉鎖される) v. quedarse cortado [bloqueado], cortarse, bloquearse; (運行などが一時停止される) v. interrumpirse, suspenderse; (交通などが渋滞する) v. paralizarse*, pararse. ♦土砂崩れのため道路が不通になった La carretera quedó cortada por un derrumbamiento de tierras. ♦列車は不通です Los trenes no corren. /《フォーマル》Está suspendido el servicio ferroviario. ♦台風のため電話が不通となった El servicio telefónico ha sido suspendido por el tifón. ♦その事故のために交通が不通になっている El tráfico ha quedado paralizado [interrumpido] debido al accidente. / El accidente ha interrumpido el tráfico.

ふつか 二日 mpl. dos días. ▶二日間滞在する v. quedarse dos días. ▶5月2日に adv. el 2 de mayo. ▶二日目ごとに adv. un día sí y otro no, cada dos días. ▶二日おきに (=三日目ごとに) adv. cada tres días, cada tercer día. ▶二日酔い →二日酔い.

・**ぶっか 物価** mpl. precios (de artículos). ▶物価指数 (消費者の) m. índice de precios al consumo [consumidor], 〖略〗m. ipecé, IPC. ▶物価政策 f. política de precios. ▶物価¹騰貴 [²下落] ¹f. subida [²f. caída] de los precios. ▶物価を安定させる v. estabilizar* los precios. ♦山口は比較的物価が安い Los precios son relativamente bajos en Yamaguchi (☆文脈があれば Yamaguchi es barato. も可能). ♦石油ショックの直後物価がはね上がった Los precios ⌈se dispararon [《口語》se pusieron por las nubes, saltaron] a raíz de la crisis del petróleo. ♦この3年間は物価が安定していた Ha habido estabilidad en los precios en los últimos tres años. / En los últimos tres años los precios han sido estables.

ぶっかく 仏閣 m. templo (budista).

ふっかける 吹っ掛ける ▶けんかを吹っ掛ける v. buscar* pelea [camorra]. ▶議論を吹っ掛ける v. retar a un debate. ▶難題を吹っ掛ける v. imponer* un problema difícil. ▶途方もない値を吹っ掛ける v. pedir* un precio ⌈muy alto [exorbitante].

ふっかつ 復活 m. resurgimiento, m. renacimiento, f. resurrección. ▶軍国主義の復活 m. resurgimiento del militarismo. ▶キリストの復活 f. Resurrección (de Jesucristo). ▶敗者復活戦 (m. partido [f. carrera] de) f. consolación, f. repesca. ▶復活祭 f. Pascua.

—— 復活する[させる] v. resurgir*, renacer*, resucitar; (流行・人気が戻る) v. volver*, regresar. ♦旧制度が復活した Ha resurgido [vuelto] el viejo sistema.

ふつかよい 二日酔い f. resaca, 〖メキシコ〗 f. cruda, 〖アルゼンチン〗 f. mona. ♦今朝はひどい二日酔いだ Esta mañana tengo [《強調して》 arrastro, 《口語》 ando con] una terrible resaca.

・**ぶつかる** ❶【打ち当たる】v. golpearse [pegarse*]《contra》; (突き当たる)(どんと) v. chocar* [darse*]《contra》; (激しくぶつかり合う) v. colisionar《con, contra》→衝突する (利害などが対立する) v. oponerse* intereses. ▶いすにぶつかってひっくり返す v. tropezar* con una silla y tirarla [derribarla]. ♦彼の車は電柱にぶつかった Su coche [《ラ米》carro] chocó contra un poste telefónico. / Golpeó con el coche un poste del teléfono. ♦彼は車にぶつかった Chocó contra un coche. / (車にはねられた) Fue atropellado por un coche. 会話 ぶつかってごめんなさい—前をよく見たらどうかね Perdón, he chocado con usted. – A ver si mira por dónde va, hombre. ♦車がトラックに激しくぶつかった El coche [auto] chocó contra el camión.

❷【事故・不幸などに出くわす】v. tropezarse*《con, contra》, encontrarse* [toparse]《con》; (立ち向かう) v. enfrentarse (a), encarar. ▶困難にぶつかる[ぶつかっていく] v. trope-

zarse* [encontrarse*] con una dificultad. ▶その難題とぶつかる（＝取り組む）v. enfrentarse al problema difícil. ◆優勝候補と一回戦でぶつかる v. enfrentarse al primer favorito en el primer partido [encuentro]. ◆次の試合で彼らとぶつかる（＝対戦する）v. competir* con ellos en la próxima vuelta.
❸【行事・日時などがかち合う】v. coincidir 《con》, estar* en conflicto 《con》;（ある日に当たる）v. caer* 《en》. ◆彼女の結婚式が私の試験とぶつかった Su boda coincidía con el día de mi examen. ◆二人の意見がぶつかった Entre los dos hombres había un conflicto de opiniones. / Los dos hombres 「tenían opiniones conflictivas [estaban en desacuerdo]. ◆今年の文化の日は日曜とぶつかる Este año el Día de la Cultura cae en domingo.

ふっかん 復刊 ▶復刊する（雑誌などを）v. reeditar;（出版を再開する）v. publicar* de nuevo.

ふっき 復帰 m. regreso;（もとの人気・地位への）f. vuelta,（財産の）《専門語》f. reversión.
── 復帰する v. regresar, volver*, retornar. ▶職場に復帰する v. volver* al trabajo. ◆沖縄は1972年日本に復帰した Okinawa volvió [fue devuelta] a Japón en 1972.

ふつぎ 物議 ▶大いに物議をかもす v. ocasionar una controversia, causar una polémica, promover* un escándalo.

ふっきゅう 復旧 f. restauración, f. restitución, m. restablecimiento. ▶復旧工事 fpl. obras de restauración. ▶復旧する v. restaurar, restablecer*. ◆路線復旧のめどが立たない No es segura la posibilidad de restablecer la línea.

ふっきょう 仏教 m. budismo. ▶仏教徒 mf. budista.

ぶっきらぼう （無愛想な）adj. brusco, seco;（そっけない）adj. cortante. ▶ぶっきらぼうな返事をする v. dar* una respuesta brusca [cortante], responder bruscamente. ◆彼は態度がぶっきらぼうだ Tiene unos modales bruscos [cortantes].

ふっきん 腹筋 mpl. músculos abdominales. ▶腹筋を鍛える v. desarrollar los músculos abdominales.

フック m. gancho. ▶左のフックを打つ v.「golpearle con [darle*] un gancho de izquierda.

ブックエンド m. sujetalibros.

ブックカバー f. sobrecubierta.

ブックマーク 《専門語》f. marca de posición, 《専門語》m. favorito. ▶ブックマークをつける v. marcar* como sitio favorito, agregar* a favoritos.

ふっくら （毛のようにふかふかした）adj. suave;（柔らかい）adj. blando, esponjoso,（体が丸々した）adj. regordete,（ほおが丸々した）adj. mofletudo,（丸い）adj. redondo. ◆彼女はふっくらした毛皮のコートを着ていた Llevaba un suave abrigo de piel. ◆その少女は赤いふっくらしたほほをしている La niña tiene los mofletes rojos.

ブックレビュー f. reseña (bibliográfica). → 書評.

ぶつける （投げつける）v. tirar, arrojar, lanzar*,《口語》echar;（衝突させる）v. dar* 《con》, golpear. → ぶつかる. ▶石をぶつける v. tirar una piedra 《a》. ◆自動車を塀にぶつける v. dar* [chocar*, golpear] con el coche en la pared. ◆木の枝に頭をぶつける v. golpearse [darse* con] la cabeza contra la rama de un árbol. ◆ゆうべだれかが街灯柱に車をぶつけた Anoche alguien se chocó con el coche contra una farola. 〈会話〉車はやられたのかい―もうちょっとでぶつけられてばらばらになるところだったよ ¿Le pasó algo al coche [auto]? -《口語》Estuve a punto de que chocara y se destrozara.

ふっけん 復権 ▶復権する v. recuperar los derechos civiles;（以前の権力を再び握る）v. volver* al poder*, recuperar el poder*.

ふっけん 福建 →フーチェン

ぶっけん 物件 （品物）m. artículo,（物）m. objeto. ▶証拠物件として押収する v. confiscarlo como prueba.

ふっこ 復古 f. restauración. ▶復古調 f. tendencia retrógrada.

ぶっこ 物故 f. muerte. ▶物故者 mpl. difuntos, mpl. muertos. → 死者.

ふっこう 復興 （復旧）f. recuperación;（再建）f. reconstrucción;（古い習慣などの復活）m. resurgimiento, m. restablecimiento. ▶経済復興 f. reconstrucción [f. recuperación] económica. ▶文芸復興 m. Renacimiento. ▶復興する v. reconstruir*, renacer*. ◆町が復興した La ciudad fue reconstruida.

ふつごう 不都合 （不便）f. inconveniencia, m. inconveniente. → 都合. ▶不都合な adj. inconveniente;（悪い）adj. malo;（不適当な）adj. impropio, inadecuado. ▶不都合なことをする v. hacer* algo malo, comportarse mal.

ふっこく 復刻 ▶復刻する v. reimprimir (un libro). ▶復刻版 f. reimpresión, f. edición reimpresa.

ぶっさん 物産 m. producto. ▶滋賀県の物産展 f. exposición de los productos de la Prefectura de Shiga.

ぶっし 物資 （品物）mpl. artículos;（必需品）fpl. necesidades, fpl. artículos indispensables;（供給物）mpl. suministros;（資源）mpl. recursos (naturales);（原料）f. materia prima. ▶生活物資 mpl. artículos de la vida diaria, fpl. subsistencias. ▶物資の不足 f. falta de productos, f. escasez de recursos. ▶彼らに物資を補給する v. suministrarles productos, abastecerlos de mercancías.

ぶっしき 仏式 m. rito [f. liturgia] budista. ▶仏式による葬儀 m. funeral budista.

ぶっしつ 物質 f. su(b)stancia. ▶物質の[的(な)] m. material; m. físico. ▶化学的物質 f. sustancia química. ▶物質界 m. mundo material. ▶物質主義 m. materialismo. ▶物質文明 f. civilización material. ▶物質欲 m. deseo materialista. ▶物質的援助 f.

プッシュホン *m.* teléfono de teclas [botones, tono].

ふっしょく 払拭 ▶払拭する *v.* borrar, eliminar.

ぶっしょく 物色 ▶物色する *v.* buscar*, rebuscar*. → 捜す. ♦泥棒は宝石はないかと店を物色した (=くまなく捜した) El ladrón buscó [rebuscó] joyas en la tienda.

ぶっしん 物心 ▶物心両面において満たされている *v.* estar* satisfecho material y espiritualmente. ▶物心両面において援助する *v.* dar* (a + 人) apoyo material y espiritual.

ぶつぜん 仏前 ▶仏前に (=位牌(ﾊｲ)の前に)果物を供える *v.* hacer* una ofrenda de fruta ante「el altar de los difuntos [la tablilla mortuoria budista].

ぶっそう 物騒 ▶物騒な(危険な) *adj.* peligroso; (不安定な) *adj.* inestable; (騒然とした) *adj.* agitado, revuelto. ♦この辺は夜の一人歩きは物騒だ En este barrio salir solo por la noche es peligroso. ♦物騒な世の中になってきた Los tiempos andan revueltos.

ぶつぞう 仏像 *f.* imagen de Buda.

ぶつだ 仏陀 Buda (☆536?-483? B.C., インドの宗教家, 仏教の開祖).

ぶったい 物体 (知覚されるもの) *m.* objeto. ▶正体不明の飛行物体 *m.* objeto volante no identificado, (略) *m.* OVNI.

ぶつだん 仏壇 *m.* altar familiar budista.

ぶっちょうづら 仏頂面 *m.* semblante antipático, *f.* cara hosca [《口語》larga]. ▶仏頂面をする *v.* poner* mala cara, 《口語》poner* una cara larga [antipática].

ぶっつけほんばん ぶっつけ本番 ▶ぶっつけ本番でスピーチする *v.* improvisar un discurso. ♦そのときになればぶっつけ本番でやるよ Improvisaré en su momento. ♦《口語》Cuando llegue el momento, ya me las arreglaré.

ぶっつづけ ぶっ続け ▶ぶっ続けで *adv.* sin cesar, continuamente. → ぶっ通し.

ふっつり ❶【思いがけなく急に】 *adv.* bruscamente; (突然) *adv.* de repente, repentinamente, de improviso. ♦われわれはふっつり彼の事を聞かなくなった De repente dejamos de tener noticias de él.
❷【きっぱりと】 *adv.* completamente, tajantemente, (この1回限りで) *adv.* de una vez「por todas [para siempre]. ♦彼はふっつり酒をやめた Dejó la bebida completamente. / Cortó tajantemente con el alcohol.

ぶっつり ❶【一気に切れる】 ▶ロープが重さでぶっつり切れた La cuerda se rompió por el peso.
❷【急に(止まったりする)】 → ふっつり

ふってわく 降って湧く ▶降って湧いたような災難 *f.* desgracia absolutamente inesperada. ▶(青天の霹靂(ﾍｷﾚｷ)のように)《口語》acontecimiento inesperado [《口語》como una bomba]. ♦思いもうけ話が降って湧いた Se me presentó de repente la ocasión de hacer dinero.

ふっと ❶【息が吹き出る様子・音】 ▶ふっとローソクを吹き消す *v.* apagar* una vela con un soplo. ♦彼女はふっと安堵(ﾄﾞ)の息をついた Suspiró aliviada. / Respiró con alivio.
❷【急に】 → ふと ♦彼はふっと海を見たくなった De repente quiso ver el mar.

ぶっと ▶ぶっと吹[噴]き出す → 吹[噴]き出す.

ふっとう 沸騰 *f.* ebullición, *m.* hervor. ▶沸騰点 *m.* punto de ebullición.
── 沸騰する *v.* hervir*, bullir*. → 沸く, 沸かす. ▶水を沸騰させる *v.* hervir* el agua. ♦水が沸騰すると水蒸気になる Cuando el agua hierva, se transforma en vapor. ♦水は沸騰してなくなってしまった El agua se ha consumido [evaporado]. ♦その問題をめぐって議論が沸騰した (=激論を戦わせた) Discutimos acaloradamente sobre ese problema.

ぶっとおし ぶっ通し ▶ぶっ通しで (休まずに) *adv.* sin cesar [parar], ininterrumpidamente, (連続して) *adv.* continuamente. ♦昼夜ぶっ通しで練習する *v.* practicar* día y noche sin parar. ♦パーティーは三日間ぶっ通しで開かれた La fiesta no cesó en tres días.

フットサル *m.* fútbol sala.

ふっとぶ 吹っ飛ぶ (風で) *v.* llevarse (el aire), ser* arrebatado por el viento; (なくなる) *v.* desaparecer*; (払いのける) *v.* quitarse de encima, hacer* desvanecer*. → 吹き飛ばす. ♦その事故で私の計画は吹っ飛んでしまった (=台なしになった) El accidente「se llevó [dio al traste con] mi plan.

フットボール (競技) *m.* fútbol americano; (ボール) *f.* balón [*f.* pelota] de fútbol americano. ▶フットボールの選手 *m.* jugador de fútbol americano. ▶フットボール競技場 *m.* campo de fútbol americano. ▶フットボールをする *v.* jugar* al fútbol americano.

フットライト *fpl.* candilejas. → 脚光.

フットワーク *m.* juego de piernas; *f.* habilidad con los pies.

ぶっぴんぜい 物品税 *m.* impuesto de [por] consumo.

ぶつぶつ ❶【意味不明のことや不平などを言う様子】 ▶ぶつぶつ言う(つぶやく) *v.* hablar entre dientes, mascullar; (不平を言う) *v.* quejarse, refunfuñar, rezongar*. ♦彼は何かぶつぶつ言っていた Dijo algo entre dientes. ♦私の母はいつもぶつぶつ言っている Mi madre siempre se está quejando.
❷【音を立てて煮えたり, 沸き出たりする様子】 ▶ぶつぶついう(ぐつぐつ煮える[煮る]) *v.* hervir* a fuego lento. → ぐつぐつ, ぶくぶく.

ぶつぶつ *mpl.* granos, *f.* erupción. ♦彼女の顔にぶつぶつがある Tiene la cara con granos.

ぶつぶつこうかん 物々交換 *m.* trueque. ▶チョコレートとたばこを物々交換する *v.* trocar* tabaco por chocolate.

ぶつめつ 仏滅 "butsumetsu", 《説明的に》 *m.* día funesto que se presenta según el calendario budista.

ぶつもん 仏門 ▶仏門に入る *v.* hacerse* monje /ja budista.

ぶつよく 物欲 ♦彼は物欲が強い Es muy materialista.

ぶつり 物理 (物理学) *f.* física, *f.* ciencia física. ▶応用［理論］物理学 *f.* física ¹aplicada [²teórica]. ▶物理学者 *mf.* físico/ca. ▶物理療法 *f.* fisioterapia. ▶物理アドレス《専門語》*f.* dirección física. ▶物理フォーマット《専門語》*m.* formateo físico.
——**物理的** *adj.* físico. ▶物理的現象 *m.* fenómeno físico. ▶物理的変化 *m.* cambio físico. ▶物理的法則 *f.* ley física.
——**物理的に** *adv.* físicamente, materialmente. ♦そのような計画を実行に移すのは物理的に不可能である Es físicamente imposible llevar a cabo tal plan.

ぶつりあい 不釣り合い ▶不釣り合いの(調和していない) *adj.* discordante, inarmónico; (不均衡の) *adj.* desproporcionado. ▶不釣り合いな夫婦 *m.* matrimonio desigual. ♦彼の支出は収入と不釣り合いだ Sus gastos「son desproporcionados a [no guardan proporción con] sus ingresos. ♦そのブラウスとスカートは不釣り合いだ Esa blusa no va bien con la falda.

ふで 筆 (毛筆) *m.* pincel; (ペン) *f.* pluma.
　1《筆＋名詞》▶筆入れ *m.* estuche de plumas,《仏語》*m.* "plumier". ▶筆立て *m.* plumero. ♦彼は¹筆まめ［²筆無精］だ ¹Le gusta [²No le gusta] escribir cartas.
　2《筆が(の)》♦彼は筆が立つ Escribe bien. / Es un buen escritor. / Es una buena pluma. ♦弘法にも筆の誤り《言い回し》El mejor escribano echa un borrón. /《言い回し》Hasta el bueno de Homero a veces se duerme.
　3《筆を》♦筆を執る *v.* ponerse* a escribir*, coger* [tomar] la pluma. ▶筆を置く *v.* dejar de escribir*, soltar* la pluma. ▶筆を絶つ *v.* dejar definitivamente la pluma. ▶筆を入れる(＝加える)(絵などに) *v.* dar*「una pincelada [un retoque] (a un cuadro); (文章などに) *v.* corregir* [retocar*] (un manuscrito). ♦弘法筆を選ばず《言い回し》El mal carpintero echa la culpa al martillo.

ふてい 不貞 ▶不貞を働く *v.* cometer adulterio, ser* infiel.

ふてい 不定 (不定の) *adj.* indefinido; (不確かな) *adj.* incierto, dudoso; (不安定な) *adj.* inestable, inseguro; (不規則な) *adj.* irregular. ▶不定冠詞 *m.* artículo indefinido. ▶不定詞 *m.* infinitivo. ▶不定の天候 *m.* tiempo inestable [variable]. ▶不定の収入 *mpl.* ingresos irregulares.

ふていき 不定期 ▶不定期の *adj.* irregular. ▶不定期に *adv.* irregularmente. ▶不定期便 *m.* servicio irregular.

ふていさい 不体裁 ▶不体裁な (見苦しい) *adj.* feo, antiestético; (ぶざまな) *adj.* torpe. → 体裁.

ブティック《仏語》*f.* "boutique" (☆発音は[butík]).

ブティファーラ *f.* butifarra (☆カタルーニャ地方のソーセージ).

ふてき 不敵 ▶不敵な (大胆な) *adj.* audaz; (恐れを知らない) *adj.* intrépido; (大胆不敵な) *adj.* atrevido, osado. → 大胆な.

ふてき 不出来 ▶不出来な (失敗した) *adj.* sin éxito, fracasado; (不満足な) *adj.* insatisfactorio; (へたな) *adj.* malo, pobre. ▶不出来な成績 *f.* nota mala [insatisfactoria].

ふてきかく 不適格 ▶不適格な (能力がない) *adj.* inepto, incompetente; (資格がない) *adj.* sin título [licencia]; (不向きな) *adj.* inadecuado. → 適任, 不適任. ♦彼は管理職には不適格だ No「es apto [vale] para el puesto de gerente.

ふてきせつ 不適切 ▶不適切な (条件を満たしていない) *adj.* inadecuado, incompetente; (その場にふさわしくない) *adj.* impropio, inadecuado. → 不適当. ▶不適切な例 *m.* ejemplo inapropiado.

ふてきとう 不適当 ▶不適当な (条件を満たしていない) *adj.* inadecuado, incompetente; (好ましくない) *adj.* no apto, inapropiado; (ふさわしくない) *adj.* impropio. → 不当, ふさわしい. ▶その仕事には不適当な人 *f.* persona inadecuada para ese trabajo. ▶不適当な発言をする *v.* hacer* observaciones inoportunas [desgraciadas]. ♦その本は小学生には不適当だ Ese libro no es adecuado para los alumnos de primaria.

ふてきにん 不適任 *f.* ineptitud; *f.* inadecuación. → 適任. ▶不適任な (不向きな) *adj.* no apto, inapropiado; (不適格な) *adj.* inadecuado; (資格のない) *adj.* sin título, no cualificado. ♦彼女は秘書には不適任である No vale para secretaria. / No tiene aptitud para ser secretaria.

ふてぎわ 不手際 →失敗. ▶とんだ不手際 (＝大失敗) をやらかす *v.* cometer un terrible error,《口語》(強調して) meter la pata hasta el fondo. ♦私どもの不手際でご迷惑をおかけしまして申し訳ございません Sentimos mucho las molestias causadas por nuestra equivocación.

ふてくされる ふて腐れる (すねる) *v.* mostrarse* descontento,《口語》enfurruñarse, poner* mala cara; (やけになる) *v.* desesperarse. ▶ふてくされている *v.* estar*「de mal humor [descontento],《口語》estar* de morros, estar* desesperado.

ふてってい 不徹底 ▶不徹底な (不十分な) *adj.* insuficiente, incompleto; (計画・考えが) *adj.* mal concebido, a medio hacer; (中途半端な) *adj.* a medias, a medio terminar; (一貫性のない) *adj.* incoherente, contradictorio. → 徹底. ▶不徹底な処置 *fpl.* medidas a medias.

ふでばこ 筆箱 *m.* plumero, *m.* estuche de plumas.

ふでぶしょう 筆無精 *adj.* perezoso para escribir (cartas). →筆.

ふてぶてしい (厚かましい) *adj.* descarado. → 図々しい. ▶ふてぶてしい態度 *f.* actitud descarada.

ふと (突然) *adv.* de repente, repentinamente, de improviso; (偶然) *adv.* casualmente, de [por] casualidad, (強調して) por pura casualidad; (思いがけず) *adv.* inesperadamente. ▶ふとしためぐり会い *m.* encuentro ca-

1254 ふとい

sual. ▶ふとした (=何気ない) 話の中で adv. en una conversación casual. ▶ふとした (=つまらない) ことからけんかする v. pelearse por una tontería. ▶ふとした出来心で (=衝動的に) 金を盗む v. robar dinero impulsivamente, robar dinero「por el impulso [en un impulso]. ♦老人はふと立ち止まって振り返った De repente el/la anciano/na se detuvo y miró atrás. ♦ふと旅行をしたくなった De repente me entraron las ganas de viajar. / Me entró el deseo repentino de viajar. ♦ふと街で彼に会った Me encontré de casualidad con él en la calle. / Casualmente me lo encontré en la calle. / Me tropecé con él en la calle. ♦その子はふと姿を消した El niño desapareció de improviso. ♦ふとすばらしい考えが浮かんだ De repente「me vino [se me ocurrió] una idea estupenda. → 思いつく. ♦ふと (=何気なく) この誤りに気がついた Me di cuenta de este error por casualidad. ♦ふと気がつくと (=知らぬ間に) 汽車はトンネルに入っていた Antes de enterarme el tren se había metido en el túnel.

ふとい 太い ❶ [幅・厚みのある] (回りが太い) adj. grueso, (口語) gordo. ▶ 太い¹首 [²柱] ¹ m. cuello [² m. pilar] grueso. ▶ 太い腕 mpl. brazos rollizos. ▶ 太い線 f. línea gruesa. ▶ 太いくぎ m. clavo profundo. ▶ 太い指 m. dedo grueso [(口語) regordete]. ▶ 太い字で名前を書く v. escribir* el nombre con trazos gruesos [vigorosos]. ▶ 太い足 fpl. piernas gordas [robustas]. ▶ 黒い皮の¹太い [²幅の広い] ベルト m. cinturón ¹gordo [²ancho] de cuero negro. ♦アイススケートの選手太くてじょうぶなももをしている Los patinadores tienen muslos fuertes y rollizos. ♦彼はまゆが太い Tiene las cejas espesas.
❷ [声が] ♦彼は太い声をしている Tiene una voz profunda. / Su voz es profunda.
❸ [図太い] (恥知らずの) adj. sin vergüenza; (厚かましい) adj. descarado, (口語) fresco; (大胆な) adj. atrevido. ▶ 肝っ玉の太い男 m. hombre atrevido [audaz]. ♦ 彼はそれをやれるだけの太い神経を持っている Tiene los nervios a toda prueba para poder hacer eso.

ふとう 不当 f. injusticia; (不公平) f. parcialidad, f. desigualdad. → 正当. ▶ 不当な (=うその) 表示 f. indicación falsa. ▶ その判決の不当性に抗議する v. protestar contra la injusticia de la sentencia.
── 不当 adj. injusto; (不合理な) adj. irrazonable; (公平でない) adj. parcial, desigual; (不法な) adj. ilegal. ▶ 不当な差別 f. discriminación injusta. ▶ 不当な (=法外な) 値段 m. precio excesivo [exorbitante]. ▶ 不当な解雇 m. despido improcedente. ▶ 不当な (=むりな) 要求をする v. hacer* [formular] una petición irrazonable. ▶ 不当労働行為 m. acto laboral injusto. ♦ぼくは彼から不当な扱いを受けた Me trató con injusticia. / Fui tratado injustamente por él.
── 不当に adv. injustamente, con injusticia [parcialidad], ilegalmente. ▶ 不当に非難する v. acusar injustamente. ♦ 彼は不当に解雇された Fue injustamente despedido. / Le despidieron con injusticia.

ふとう 埠頭 (突堤) m. embarcadero, m. muelle.

ふどう 不動 ▶ 不動の (=確固たる) 信念 f. fe inquebrantable [firme]. ▶ 不動の (=動かない) 決意をする v. tomar una firme determinación. ▶ 政界に不動の地位を占める v. mantener* una posición inquebrantable en el mundo político.

ぶとう 舞踏 f. danza, m. baile. ▶ 舞踏会 m. baile; (正式で大規模な) m. baile de etiqueta. ▶ 舞踏会を開く v. dar* [ofrecer*] un baile.

ぶどう 葡萄 (果実) f. uva; (木) f. vid, f. parra. ▶ ブドウ一房 m. racimo de uvas. ▶ ぶどう色 m. color vino. ▶ ブドウ園 [畑] f. viña, m. viñedo. ▶ ブドウ栽培家 mf. viticultor/tora. ▶ ぶどう酒 (1赤; 2白; 3ロゼ; 4クラレット) m. vino (¹tinto; ²blanco; ³rosado; ⁴clarete). ▶ ブドウ棚 m. emparrado. ▶ ぶどう糖 f. glucosa. ▶ ブドウの収穫 f. vendimia. ▶ ブドウの種 f. pipa [f. pepita] de uva. ▶ ブドウのつる f. parra. ▶ 干しぶどう f. pasa. ▶ ブドウを作る v. cultivar la vid.

ふとういつ 不統一 (不一致) f. desunión, f. falta de unidad; (不調和) f. falta de armonía, f. discordia. → 統一. ♦ その問題に関して政府には不統一が見られる (=意見が分かれている) El gobierno está dividido al respecto. / Hay desunión en el gobierno sobre ese asunto.

ブドウきゅうきん ブドウ球菌 ▶ブドウ球菌性熱傷様皮膚症候群 (専門語) m. síndrome estafilocócico de piel escaldada.

ふとうこう 不登校 → 登校 (→ 登校拒否).

ふとうこう 不凍港 m. puerto libre de hielo.

ふどうさん 不動産 mpl. bienes raíces, mpl. inmuebles. ▶ 不動産業 f. inmobiliaria. ▶ 不動産業者 mf. agente inmobiliario/ria. ▶ 不動産税 m. impuesto sobre bienes inmuebles.

ふとうしき 不等式 f. desigualdad.

ふどうとく 不道徳 f. inmoralidad. ▶ 不道徳な adj. inmoral.

ふどうひょう 浮動票 m. voto no comprometido [decidido], m. voto indeciso. ▶ 浮動票を獲得する v. atraerse* votos indecisos.

ぶとうびょう 舞踏病 (専門語) f. corea.

ふとうふくつ 不撓不屈 ▶ 不撓不屈の adj. indómito. ▶ 不撓不屈の精神 m. espíritu indómito.

ブドウまくえん ブドウ膜炎 (専門語) f. uveítis.

ふとうめい 不透明 f. opacidad. ▶ 不透明な adj. opaco, oscuro. ♦交渉の先行きは不透明さを増してきている El futuro de la negociación se está poniendo cada vez más oscuro.

ふとく 不徳 f. falta de virtud. ♦それは私の不徳の致すところです Todo ha sido por mi culpa. / Asumo toda la responsabilidad moral.

ふとくい 不得意 m. punto flaco; m. talón de Aquiles. → 不得手. ▶ 不得意な (へたな) adj. malo, torpe; débil, flaco. ♦彼の不得意な科目はフランス語だ Su punto flaco es el francés. /

El francés es su talón de Aquiles. / Se le da mal el francés. ♦ 彼は友達付き合いが不得意です No se le dan bien los amigos. / Las relaciones con sus amigos son su punto flaco.

ふとくてい 不特定 (決まっていない) adj. indefinido. ♦ 不特定多数の人 m. número indefinido de personas.

ふところ 懐 ❶【胸部】(衣服の胸の部分) m. seno, m. pecho; (内ポケット) m. bolsillo interior. ▶ふところに adv. en el seno, en su interior. ♦ 彼は財布を上着のふところ¹から取り出した[²には] ¹Sacó la cartera de [²Metió la cartera en] un bolsillo interior de la chaqueta.

❷【金銭】(財力) fpl. finanzas, mpl. fondos; (金) m. dinero; (ポケットの中の所持金) m. bolsillo. ♦ 商売は繁盛し彼のふところは暖かくなった (口語) Le fue bien en el negocio y se forró (de dinero) los bolsillos. ♦ 彼はふところを肥やした (=不当に金をもうけた) Ha ganado injustamente mucho dinero.

ふとさ 太さ (針金・ロープなどの) m. grosor, f. gordura, m. grueso; (直径) m. diámetro; (声の) f. profundidad, f. hondura. 会話 その木の幹の太さはどのくらいですか−50 センチほどです ¿Cuál es el grosor del [¿Qué grueso tiene el] tronco de ese árbol? – (Tiene) Unos 50 centímetros de diámetro.

ふとした ▶ふとした (=偶然の) 出会い m. encuentro casual [accidental]. ▶ふとしたことから彼と知り合いになる v. conocerlo[le] * por casualidad, acertar* a conocerlo[le] *. → 偶然.

ふとっぱら 太っ腹 ▶太っ腹な (気前のよい) adj. generoso; (心の広い) 《教養語》 adj. magnánimo, de gran corazón.

ふとどき 不届き ▶不届きな (けしからぬ) adj. indignante, escandaloso; (無礼な) adj. descortés, indiscreto.

ふとめ 太目 ▶太目の 《口語》 adj. gordito, un poco gordo. → 太い. ♦ 彼は少し太目だ Es ¹un poquito gordo [algo gordito].

ふともも 太腿 m. muslo.

*ふとる **太る** v. engordar, ponerse* gordo; (体重が増える) v. aumentar de peso. ♦ 彼は年々太った Está engordando de año en año. / Cada año se está poniendo más gordo. ♦ 彼女は少し太ったね Ha engordado un poco. / Se ha puesto algo más gorda. ♦ 私は最近 5 キロ太った Últimamente he engordado cinco kilos. / He aumentado cinco kilos de peso. ♦ 彼女は太りすぎているのでダイエット中です Está a régimen porque se está pasando algo de peso. ♦ ウエストが太ってきた Mi cintura está aumentando. ♦ 君は太なきゃあ、やせすぎだよ Tienes que llenarte un poco. Estás demasiado delgado.

── 太った adj. gordo, grueso, 《フォーマル》 obeso; (肉付きのよい頑丈な) adj. corpulento; (丸々太った) adj. rollizo; (子供の) adj. regordete. ▶太った中年の女性 f. mujer gorda y ya entrada en años. ▶まるまる太った赤ちゃん m. bebé gordito.

地域差 太った

〔全般的に〕adj. gordin*flón*
〔スペイン〕adj. gord*ito*
〔キューバ〕adj. barrig*ón*, gordin*flón*, rechoncho
〔メキシコ〕adj. rechonch*o*, timb*ón*
〔コロンビア〕adj. barrig*ón*, gordin*flón*
〔アルゼンチン〕adj. barrig*ón*, guat*ón*, petac*ón*

プトレマイオス Ptolemeo (☆2 世紀頃のギリシャの天文学者・数学者・地理学者).

*ふとん **布団** "futón", 《説明的に》 m. colchón para acostarse, m. juego de cama japonés; (敷き布団) m. colchón; (掛け布団) m. edredón; (寝具類) (mpl. colchones y)f. ropa de cama. ▶ 布団を敷く (=畳に布団を広げる) v. extender* el colchón sobre el suelo de "tatami", hacer* la cama. ▶ 布団を上げる (たたむ) v. recoger* la ropa de cama. ▶ 布団を干す v. orear la ropa de cama. ▶ 布団を掛ける v. echar un edredón. ▶ 布団をかけて寝る v. dormir* con el edredón.

ふな 鮒 m. carpín.

ぶな 橅 f. haya.

ふなあし 船足 f. velocidad de un buque.

ふなあそび 舟[船]遊び m. paseo en barco [bote]. ▶舟遊びをする v. pasear(se) en barco [bote]. → ボート.

ふなうた 舟歌 f. canción de marinero [barquero, remero]; (ゴンドラこぎの) f. barcarola.

ふなか 不仲 (仲たがい) f. discordia. → 不和. ▶不仲である v. no tener* buena relación 《con》.

ふながいしゃ 船会社 f. compañía marítima [naviera].

ふなだいく 船大工 m. carpintero de barcos.

ふなたび 船旅 (航海の) m. viaje en barco, m. viaje por el mar; (観光の) m. crucero. → 航海. ♦ 世界一周の船旅に出かける予定です Vamos a dar la vuelta al mundo en barco.

ふなちん 船賃 (乗客の) m. pasaje; (貨物の) m. flete. → 運賃.

ふなつきば 船着場 (港) m. puerto; (波止場) m. embarcadero, m. muelle.

ふなで 船出 (出航) f. salida del barco, f. zarpa. → 出航. ▶ 出航する v. zarpar, salir*, hacerse* a la mar. ♦ その観光船は今朝ニューヨークへ向け船出した El barco turístico ha zarpado esta mañana rumbo a Nueva York.

ふなぬし 船主 mf. naviero/ra, mf. armador/dora.

ふなのり 船乗り m. marinero, m. marino. ▶船乗りになる v. hacerse* marinero [marino].

ふなびん 船便 m. correo「por vía marítima [de superficie]. ♦船便で送る v. enviar* por「vía marítima [barco].

ふなよい 船酔い m. mareo (en los viajes por mar). ▶船酔いする v. marearse. → 酔う. ♦ それは船酔いの予防になります Eso ayuda contra el mareo. / Eso previene el mareo.

ふなれ 不慣れ ▶不慣れな adj. desacostumbrado《a》; (なじみの薄い) adj. no familiarizado《con》; (経験の浅い) adj. inexperto《con, en》. ▶その間違いは彼の不慣れのためだ Ese error se debe a su inexperiencia [falta de experiencia]. / 彼は車の運転には不慣れだ Es un conductor「sin experiencia [inexperto]. / No está acostumbrado a conducir [[メキシコ]] manejar]. / 私はこの土地にはまだ不慣れだ Sigo sin conocer bien este lugar. / Todavía no conozco bien este lugar. / Estoy aún desacostumbrado a este sitio.

ぶなん 無難 ▶無難な(安全な) adj. seguro; (容認できる程度の) adj. aceptable. ▶無難な道を選ぶ v. elegir* una forma más segura (容易な) más fácil]. ▶無難な(=まずまずの)演技 f. actuación aceptable. ♦それは言わないでおいた方が無難でしょう Sería más seguro no decir nada de eso.

ふにあい 不似合い ▶不似合いな adj. que no sienta bien, impropio; (値しない) adj. indigno, que no merece; (適さない) adj. inadecuado, inapropiado; (釣り合わない) adj. que no sienta [combina; cae] bien. → 不向きな. ▶紳士には不似合いなふるまい f. conducta indigna [impropia] de un caballero. ▶不似合いな夫婦 m. matrimonio que hace mala pareja.

ふにゃふにゃ ▶ふにゃふにゃの adj. blando,《口語》blanducho; (柔らかい) adj. blando. ▶帽子がぬれて、ふにゃふにゃになった El sombrero se mojó y se puso blando. ♦彼は子供たちに対して態度がふにゃふにゃしすぎる Es demasiado blando [《フォーマル》permisivo] con los niños. / Les consiente demasiado a los niños.

ブニュエル (ルイス 〜) Luis Buñuel (☆1900–1983, スペインの映画監督).

ブニュエロ buñuelo (☆長い揚げパン).

ふにん 赴任 ▶赴任地 m. lugar de designación. ▶単身赴任者 mf. soltero/ra que vive en un lugar diferente por el trabajo. ♦彼は4月に東京へ単身赴任した En abril se fue solo, sin la familia, a Tokio para ocupar su cargo.

ふにん 不妊 f. esterilidad. ▶不妊手術 f. esterilización. ▶不妊症《専門語》f. infecundidad. ▶不妊症の女性 f. mujer estéril. ♦彼女は不妊症で二人には子供はなかった Ella era estéril y no tuvieron hijos.

ふにんき 不人気 f. impopularidad. ▶不人気である v. ser* impopular《con, entre》, no tener* el favor《de》.

ふにんじょう 不人情 ▶不人情な (思いやりのない) adj. inhumano; (冷たい心の) adj. frío; (同情心のない) adj. cruel, poco comprensivo; (無情な) adj. despiadado, cruel.

ふぬけ ふ抜け (意志力のない人) mf. pelele, f. persona sin voluntad; (いくじなし) mf. cobarde, f. persona débil, mf. inútil.

*****ふね** 舟, 船; (一般に) m. barco; (ボート) m. bote; (小船) f. barca; (大きな船) m. buque, m. navío; (汽船) m. vapor. → 汽船.

1《〜船》釣り舟 m. pesquero, f. barca de pesca. ▶東京行きの船 m. barco con destino a Tokio.

2《船は》 ♦その船は処女航海に出た El barco ha zarpado en su viaje inaugural.

3《船を[に, で]》▶船に乗る v. embarcar(se)*, subir a bordo. ▶船で北海道へ行く v. ir* a Hokkaido en barco, embarcarse* para Hokkaido. → バス. ▶船で旅行する v. viajar en barco. ♦私は船に弱い(=船酔いする) Me mareo en el barco. / Me sienta mal viajar por mar.

ふねっしん 不熱心 (怠惰) f. pereza, f. indolencia; (無関心) f. indiferencia, f. falta de interés. ▶不熱心な adj. perezoso, desaplicado, haragán; (興味のない) adv. sin interés, desinteresado; (熱意がない) adj. falto de celo, poco entusiasta.

ふねんせい 不燃性 f. incombustibilidad, f. ininflamabilidad. ▶不燃性の adj. incombustible, ininflamable, ignífugo. ▶不燃性のプラスチック mpl. plásticos ignífugos [no inflamables].

ふのう 不能 ▶不可能, 無能. ♦性的不能 f. impotencia. ♦彼は再起不能だ(健康の面で) No tiene recuperación. / No hay esperanza de recuperación para él. / Su recuperación es imposible.

プノンペン Phnom Penh, Pnom Pen (☆カンボジアの首都).

ふはい 腐敗 (腐ること) f. putrefacción, f. podredumbre, f. descomposición; (堕落) f. corrupción. ▶政治の腐敗 f. corrupción política.

—— 腐敗する ❶【腐る】(細菌作用によって) v. pudrirse; (自然と徐々に) v. descomponerse*; (食物が悪くなる) v. echarse a perder*, estropearse. → 腐る.

❷【堕落する】v. corromperse. ♦市政は汚職で腐敗している Los sobornos han corrompido al ayuntamiento.

—— 腐敗した (腐った) adj. podrido, descompuesto, echado a perder, estropeado; (堕落した) adj. corrupto, corrompido. ▶腐敗した政治家たち mpl. políticos corruptos.

ふばい 不買 m. boicoteo, m. boicot. → ボイコット. ▶不買(同盟)を解く v. levantar un boicoteo. ▶不買運動をする v. boicotear, organizar* un boicoteo.

ふはつ 不発 m. tiro errado, m. fallo en el disparo. ▶不発弾 f. bomba que ha estallado. ▶不発になる v. fallar (en el tiro).

ふばらい 不払い m. impago, f. falta de pago. ▶不払い手形 f. letra impagada.

ふび 不備 (欠陥) m. defecto, 《スペイン》m. fallo; (不完全) f. imperfección. → 欠陥. ▶不備のある adj. defectuoso, deficiente; (不完全な) adj. imperfecto. ▶構造上の不備 m. defecto estructural. ▶不備を修正する v. corregir* un defecto, enmendar* un fallo. ♦現在の教育制度には不備な点がいくつかある En el actual sistema educativo [educacional] hay algunos defectos. 欠陥, 粗

ふひつよう 不必要 ▶不必要な adj. innecesario, superfluo. → 無用, 余計. ▶不必要なも

の *fpl*. cosas innecesarias. → 不用品. ▶不必要な干渉 *f*. interferencia superflua. ▶不必要に騒ぎ立てる *v*. armar un revuelo [《口語》lío] innecesario 《sobre, acerca de》. → 必要以上に.

ふひょう 不評 (不人気) *f*. impopularidad; (受けが悪いこと) *m*. recibimiento 〔*f*. acogida〕 desfavorable; (悪評) *f*. mala fama. ▶不評である → 評判が悪い. ◆彼の演説は出席者の不評を買った(＝受けた) Su discurso fue recibido desfavorablemente por los presentes. ◆彼はその演説で不評を買った Su discurso le trajo mala fama.

ふびょうどう 不平等 *f*. desigualdad. ▶不平等な(等しくない) *adj*. desigual; (公平な) *adj*. parcial, injus*to*. ▶不平等条約 *m*. tratado desigual. ▶男女間の不平等 *f*. desigualdad entre hombres y mujeres. ▶少数派の不平等な扱い *m*. tratamiento desigual a las minorías.

ふびん 不憫 ▶不憫な(かわいそうな) *adj*. pobre (☆名詞の前におく); (哀れな) *adj*. lastimoso, dig*no* de compasión, que da pena. ▶ふびんな子 *mf*. pobre niño/*ña*, *mf*. niño/*ña* que da pena. ◆その孤児をふびんに思った Me daba pena *ese/sa* huérfa*no/na*. / *Ese/sa* huérfa*no/na* me daba lástima. → 哀れむ.

ぶひん 部品 (機械などの) *f*. parte; (構成部分) *m*. componente, *f*. pieza. ▶自動車部品 *fpl*. piezas 〔*mpl*. componentes〕 de un automóvil. ▶予備部品 *fpl*. piezas de repuesto 〔recambio〕. ▶部品を組み立てる *v*. montar 〔ensamblar〕 las piezas (de un coche).

ふひんこう 不品行 (身持ちの悪さ) *m*. libertinaje, *f*. mala conducta; (不道徳な行為) *f*. conducta inmoral. ▶不品行な男 *m*. hombre de mala conducta, *m*. libertino.

ふぶき 吹雪 *f*. tormenta [*m*. temporal] de nieve; (大吹雪) *f*. ventisca. ▶その一行は吹雪の中を目的地に着いた El grupo llegó a su destino en medio de un temporal de nieve.

ふふく 不服 (異議) *f*. objeción; (不満) *m*. descontento, (一時的な) *f*. insatisfacción, *m*. descontento; (不平) *f*. queja. → 不満, 不平. ▶不服を言う *v*. oponerse* 《a》, poner* 〔hacer*〕 objeciones 《a》, (教養語) objetar 《a》; (不平・不満を言う) *v*. quejarse 《de》. ◆彼はその決定に不服を唱えた Puso objeciones a esa decisión. ◆彼の案に不服だった Parecía descontento 〔insatisfecho〕 con el plan.

ふふん *interj*. ja, hombre; (信じない様子) *interj*. ja, hombre; (軽蔑した様子) *interj*. bah, puf → ふん. ▶ふふんと笑う *v*. no tomar en serio, tomar a broma; desdeñar, expresar desdén.

***ぶぶん 部分** *f*. parte, *f*. porción, *f*. pieza, *m*. fragmento, (口語) *m*. cacho, *f*. porción. ▶その本の最初の部分 *f*. primera parte del libro. ▶冷蔵庫の冷凍庫部分 *m*. congelador 〔de la nevera 〔del frigorífico, del refrigerador〕〕. ▶部分的改訂 *f*. revisión parcial (de un libro). ◆個々の部分ではなく全体を見るべきだ Hay que considerar el todo, y no sólo las partes. ◆彼の蔵書の一部分が火事で焼失した Una parte de sus libros quedó reducida a cenizas por un fuego. ◆彼はその土地の一部分を買った Se compró una「parcela de la tierra〔parte del terreno〕.

—— **部分的** *adv*. en parte, parcialmente. ◆壁は部分的にツタでおおわれている La pared está parcialmente cubierta de hiedra. ◆La hiedra cubre parte de la pared. ◆その仕事は部分的に終わっているだけだ(＝未完成だ) La obra está acabada sólo en parte.

ふぶんりつ 不文律 *f*. ley no escrita.

***ふへい 不平** (不満) *m*. descontento, *f*. insatisfacción; (苦情) *f*. queja, *f*. reclamación; (ぐち) *f*. queja. → 不満.

1《不平＋名詞》 ▶不平屋 *mf*. quejica, *mf*. quejoso/sa, (口語) *mf*. protestón/tona. ▶不平分子 *mpl*. elementos descontentos. ▶不平たらたらである *v*. tener* muchas quejas, es*tar* muy descontento.

2《不平が》 ◆それについて何か不平があるのですか ¿Tiene usted algún motivo de descontento sobre eso? / ¿Tiene alguna queja de eso?

3《不平を》 ▶不平を言わずに(＝不平ひとつ言わず) *adv*. sin quejarse. ◆彼はいつも何かにつけてわれわれに不平ばかり言っている Siempre nos está quejando de algo. / Siempre nos anda protestando por todo. ◆彼は部屋が暑すぎると(私に)不平を言った Se quejó (a mí) de que en la habitación hacía demasiado calor. ☞ 言い分, 小言.

ふへん 普遍 (普遍性) *f*. universalidad. ▶普遍的な *adj*. universal; (一般的な) *adj*. general. ▶普遍的に *adv*. universalmente. ▶普遍的に認められる真理 *f*. verdad reconocida universalmente. ▶普遍的な妥当性がある *v*. tener* validez universal ☞ 一般的な, 一般.

ふへん 不変 ▶不変の(変わることのない) *adj*. inmutable, invariable; (永遠の) *adj*. eterno, perpe*tuo*, permanente; (絶えず続く) *adj*. constante. ▶不変の法則 *f*. ley inmutable. ▶不変の真理 *fpl*. verdades eternas 〔inmutables〕. ▶不変の愛を誓う *v*. jurar un amor eterno.

***ふべん 不便** *f*. incomodidad. ▶田舎の生活の不便さ *f*. incomodidad de la vida rural. ◆新聞がなかったら日常生活に大きな不便を感じることだろう Si no hubiera periódicos la vida diaria parecería muy incómoda. ◆外国を旅行する者にとって最も不便なことの一つは言語の違いである Una de las grandes incomodidades de viajar al extranjero consiste en las diferencias de lengua.

—— **不便** *adj*. incóm*odo*. ▶不便な場所 [²家] *m*. lugar [² *f*. casa] inconveniente. ◆この家に応接間がないのは不便です Resulta incómo*do* no disponer en esta casa de un salón. ◆君の家は町に出るには大変不便だ Tu casa es muy inconveniente para ir a la ciudad.

ふべんきょう 不勉強 *f*. pereza. ▶不勉強な *adj*.

perezoso. ♦これまでの不勉強がたたって留年することになった Tengo que repetir curso por haber sido perezoso todo este tiempo. ♦不勉強で知りません Lo siento pero no lo sé.

***ふぼ 父母** *mpl.* padres, el padre y la madre. → 親. ♦父母会に出る *v.* asistir a una reunión de padres y maestros.

ふほう 不法 (違法) *f.* ilegalidad, *f.* ilegitimidad. ♦不法行為 *m.* acto ilegal [en contra de la ley]. ♦不法駐車 *m.* aparcamiento ilegal [prohibido]. ♦不法侵入 *m.* allanamiento de morada. ♦不法入国[滞在]者 *mf.* inmigrante ilegal indocumentado.
—— **不法な** (違法な) *adj.* ilegal, ilegítimo; (法外な) *adj.* irrazonable. ♦不法な要求 *f.* pretensión irrazonable. ♦不法な手段をとる *v.* tomar [adoptar] medidas ilegales 《para》.

ふほう 訃報 *f.* noticia de「un fallecimiento [una muerte]. → 悲報. ♦彼の訃報に接した Me llegó la noticia de su fallecimiento. / Me enteré de su muerte.

ふほんい 不本意 *f.* mala gana, *f.* mala voluntad. ♦不本意ながら計画を断念した Renunciamos al plan「de mala gana [a nuestro pesar]. ♦試験は不本意(=不満足)な出来だった Los resultados del examen fueron insatisfactorios. ☞心ならずも, 渋々

ふまえる 踏まえる ♦実験の結果を踏まえて(=結果に基づいて)理論を展開する *v.* desarrollar una teoría con el resultado del experimento. ♦実態を踏まえて(=よく知った上で)問題を論じる *v.* discutir el problema comprendiendo bien la realidad de la situación. ♦自分の経験を踏まえて(=経験から)話す *v.* hablar a partir de la propia experiencia.

ふまじめ 不真面目 *f.* falta de seriedad. ♦彼はふまじめなやつだ Es un individuo poco serio.

***ふまん 不満** *f.* insatisfacción [*m.* descontento]《con, de, por》; (不平) *f.* queja《de》; (不賛成) *f.* desaprobación. → 不平.
 1《不満が》賃金が低いため労働者の間に不満がつのった Aumentó entre los obreros el descontento por los bajos sueldos.
 2《不満な》*adj.* insatisfecho, descontento; (うれしくない) *adj.* infeliz. ♦だれもが不満な様子だった Todos parecían insatisfechos.
 3《不満を》その計画に不満を表明する *v.* mostrar* [expresar]「la insatisfacción [el descontento] con el plan. ♦食べ物に不満を言うな No te quejes de la comida. / No estés descontento con la comida.
 4《不満で》私は今の仕事に大いに不満である Estoy muy insatisfecho [descontento] con mi trabajo actual. ♦その処置はだれにも不満であった La medida no contentó a nadie. / La medida fue insatisfactoria para todos.

ふまんぞく 不満足 *f.* insatisfacción, *m.* descontento. ♦不満足な *adj.* insatisfecho, descontento; insatisfactorio. ♦私はその結果には不満足だ Estoy insatisfecho del resultado.

ふみいれる 踏み入れる *v.*「poner* los pies [pisar]《en》.

ふみえ 踏み絵 "fumie", 《説明的に》*f.* imagen cristiana utilizada en la época Edo para identificar a los cristianos al obligarles a pisarla.

ふみきり 踏み切り ❶[鉄道の]*m.* paso a nivel, 『メキシコ』*m.* crucero; *f.* barrera (de un tren). ♦踏切番 *mf.* guardabarrera(s). ♦無人踏切を渡る *v.* cruzar* un paso a nivel sin guardabarrera(s). ♦踏切で止まる *v.* detenerse* en un paso a nivel.
 ❷[跳躍の]*m.* despegue. ♦踏切板 *m.* trampolín.
 ❸【決断】♦踏み切り(=踏ん切り)がつかない No puedo decidirme.

ふみきる 踏み切る ❶[跳躍競技で] *v.* despegar*.
 ❷[思い切って〜する]♦結婚に踏み切る(決意する) *v.* dar* el paso y casarse, decidirse a casarse. ♦新しい事業に踏み切る *v.* decidirse a emprender un nuevo negocio, lanzarse* a un nuevo negocio, meterse en un nuevo negocio. ♦ストライキに踏み切る(=突入する) *v.* declararse en huelga. ♦それを防ぐために強硬手段に踏み切る(=取る) *v.* tomar [adoptar] medidas enérgicas para prevenirlo*.

ふみこむ 踏み込む (足を踏み入れる) *v.* entrar [poner* los pies]《en》; (侵入する) *v.* irrumpir [entrar forzadamente]《en》; (警察が急襲する) *v.* hacer* una redada《en》, atacar*. ♦部屋に踏み込む *v.* entrar en la habitación. ♦アクセルを踏み込む *v.* pisar [apretar*] el acelerador.

ふみしめる 踏み締める *v.* pisar firmemente《en》. ♦一歩一歩踏み締めて歩く *v.* caminar con pasos firmes.

ふみだい 踏み台 *m.* escabel, *f.* banqueta para los pies; (目的達成の手段) *m.* trampolín. ♦踏み台に乗る *v.* subirse a「un escabel [una banqueta]. ♦彼を踏み台にする(=出世のために利用する) *v.* usarlo[le] de [como] peldaño [trampolín] para su promoción.

ふみたおす 踏み倒す ♦彼は借金を踏み倒した Dejó sus deudas sin pagar.

ふみだす 踏み出す (前に出る) *v.* avanzar*; (一歩進む) *v.* dar* un paso; (始める) *v.* empezar*, comenzar*. ♦ドアの方に向かって一歩踏み出す *v.* dar* un paso hacia la puerta. ♦彼は実業界に第一歩を踏み出した Ha dado el primer paso en el mundo de los negocios.

ふみつける 踏み付ける (足で) *v.* pisar《en》, dar* un pisotón, 《教養語》hollar*; (踏みつぶす[荒す]) *v.* pisotear. → 踏む. ♦その虫を踏みつける *v.* dar* un pisotón al insecto.

ふみつぶす 踏み潰す *v.* pisar, hollar*, pisotear. → 踏み付ける. ♦その虫を踏みつぶす *v.* pisar al gusano. ♦村人の中には象に踏みつぶされて死ぬ者もあった Algunos lugareños [aldeanos] perecieron pisoteados por los elefantes.

ふみとどまる 踏み止まる (残る) *v.* quedarse, permanecer*; (やめる) *v.* renunciar《a》; (気持ちを抑える) *v.* contenerse*, detenerse*. →

思い止まる. ◆彼にもっと忠告したかったが踏み止まった Deseaba aconsejarlo[le] más, pero me contuve.

ふみならす 踏み鳴らす v. patalear, patear. ◆床を踏み鳴らす v. patalear [dar* patadas] en el suelo. ◆いらいらして足を踏み鳴らす v. dar* patadas de impaciencia.

ふみにじる 踏みにじる (権利・感情などを) v. pisotear, 《教養語》hollar*, pisar. ◆花を踏みにじる v. pisotear (en) las flores. ◆他人の権利を踏みにじる v. pisar [《強調して》pisotear] los derechos de los demás. ◆彼の好意を踏みにじる (＝無視する) v. ignorar su favor.

ふみはずす 踏み外す v. dar* un paso en falso [vacío]; extraviarse*. ◆彼は階段を踏み外して落ちた Dio un paso en falso y se cayó por la escalera. ◆彼は人の道を踏み外した (＝人の守るべき本分からそれた) Se extravió del buen camino.

ふみん 不眠 ◆不眠不休で働く v. trabajar sin dormir* ni descansar; (昼夜働く) v. trabajar día y noche.

ふみんしょう 不眠症 m. insomnio. ◆不眠症の人 f. persona insomne. ◆彼女は不眠症にかかっている Padece de insomnio.

・**ふむ 踏む** ❶【足で】v. pisar 《en, sobre》, dar* un pisotón 《a》, 《教養語》hollar*. ◆アクセルを踏む v. pisar el acelerador. ◆彼は私の足を(誤って)踏んだ Me pisó. / Me dio un pisotón. ◆芝生を踏まないように No pisar el césped. 会話 足を踏んですません―すみません Me está pisando. – ¡Oh, perdón! ❷【訪れる】v. pisar tierra, poner* el pie 《en》, visitar. ◆私は今までフランスの地を踏んだことがない Nunca he pisado suelo francés. / No he visitado nunca Francia. ❸【見積もる】v. calcular, estimar; (価格を) v. valorar. ◆(その人の)年を40すぎと踏む v. calcular [《口語》echar] (a +人) más de 40 años. ◆その時計を1万円と踏む v. valorar el reloj en 10.000 yenes. ❹【手続きなどを】◆手続きを踏む v. pasar [cumplir] los trámites. ◆課程を踏む v. completar un curso.
《その他の表現》◆怒って地団太を踏む v. patalear de rabia. ◆初舞台を踏む v. debutar, hacer* su debut, pisar las tablas por primera vez. ◆場数を踏む (＝多くの[幅広い]経験を積む) 《口語》v. tener* [muchas tablas [mucha experiencia]. ◆ドジを踏む v. 《俗語》meter la pata, 《俗語》《強調して》meterla hasta el fondo, equivocarse*. ◆踏んだりけったりの (＝ひどい目にあう) 《口語》v. pasarlo horrible.

ふむき 不向き ◆不向きな(必要条件を満たしてない) adj. impropio, inadecuado; (資格・能力に欠ける) adj. inepto, incompetente. → ふさわしい, 適切. ◆そのドレスは彼女には不向きだ Ese vestido no le va [queda, sienta] bien. / No está guapa con ese vestido. ◆彼は教師には不向きだ No vale para profesor. / 《フォーマル》No es apto para la enseñanza.

・**ふめい 不明** (無知) f. ignorancia. ◆不明を恥じる v. avergonzarse* de「ser" ignorante [la propia ignorancia].

―― **不明の[な]** (知られていない) adj. desconocido; (不明瞭(りょう)な) adj. oscuro; (身元未確認の) adj. no identificado, 《フォーマル》inidentificado. ◆原因不明の病気 f. enfermedad de origen desconocido. ◆国籍不明の飛行機 m. avión no identificado. ◆彼の生死は不明です No se sabe si está vivo o muerto. ◆作者の意図が不明だ (＝明らかでない) No está claro lo que el/la escritor/tora quiere decir. ◆彼がその女性を殺した動機は不明だ Está oscuro el móvil de su asesinato a la señora. / No se sabe por qué mató a la mujer. ◆その男は身元不明だ No se ha identificado al hombre. ◆息子がゆうべから行方不明だ Desde anoche se ignora el paradero de mi hijo.

ふめいかく 不明確 ◆不明確な (不明瞭な) adj. poco claro; (不確定な) adj. indefinido; (あいまいな) adj. vago, impreciso. → 明確, 不明瞭.

ふめいよ 不名誉 (不面目) f. deshonra; (恥) f. vergüenza; (信用失墜) m. desprestigio, m. descrédito. ◆不名誉な事件 m. incidente deshonroso [vergonzoso]. ◆それは我が家にとって不名誉なことだ Es「una deshonra [un deshonor] para mi familia. ◆我がチームは不名誉な戦績を残した Nuestro equipo dejó un resultado deshonroso. → 汚点, 汚名, 屈辱

ふめいりょう 不明瞭 ◆不明瞭な adj. poco claro; (目・耳・心に) adj. indistinto; (言葉・発音などに) adj. inarticulado. ◆この写真は不明瞭だ Esta fotografía「no está clara [está desenfocada]. ◆彼の声は不明瞭で言葉の意味が分からなかった Su voz era poco clara y no pude entender sus palabras.

ふめいろう 不明朗 ◆不明朗な (＝ごまかしの)会計 f. contabilidad fraudulenta.

ふめつ 不滅 (不死) f. inmortalidad. ◆霊魂の不滅 f. inmortalidad del alma. ◆文学史上の不滅の人 m. literato inmortal. ◆バッハの音楽は不滅だ La música de Bach es inmortal [《教養語》imperecedera]. ◆彼は野球界の不滅の名選手だ Es una de las estrellas inmortales del béisbol.

ふめん 譜面 f. partitura. ◆譜面台 m. atril.

ふもう 不毛 ◆不毛の (作物のとれない) adj. estéril, baldío, yermo; (荒れた) adj. estéril. ◆不毛の[1]土地 [2]議論」[1] f. tierra [2] f. discusión] estéril.

ふもと 麓 (山の下のあたり) m. pie [f. base, f. falda] (de montaña); (一番下の部分) m. fondo; (基の部分) f. base. ◆彼の家は山のふもとにある Su casa está en la falda de la montaña.

ふもん 不問 ◆不問に付す v. dejar (el caso) no interrogado; (見のがす) v. pasar por alto, pasar en silencio.

ふもん 部門 (部類) f. clase, m. tipo; (範ちゅう) f. categoría, m. rango; (企業などの組織上の) f. sección, m. departamento, m. ramo. ◆広報部門 f. sección de relaciones públicas. → 課. ◆彼は年少部門で1等賞をとった Ganó el primer premio de la categoría juvenil [júnior].

ふやける ❶【ふくれる】v. hincharse, inflar-

se; (柔らかくなる) v. ablandarse. ◆プールから上がってみると, 指先がすっかりふやけてしまっていた Al salir de la piscina, tenía hinchadas las yemas de los dedos.
❷【精神的にだらしなくなる】v. hacerse* perezoso [indolente].

ふやす 増[殖]やす (数・量を) v. aumentar, 《フォーマル》incrementar, acrecentar; (hacer* crecer*). ◆人員[人数]を5人から10人へ増やす v. aumentar el personal de cinco a diez. ◆貯金を増やす v. aumentar [hacer* crecer*] los ahorros. ◆知識を増やす v. aumentar los conocimientos; (向上させる) v. mejorar [desarrollar] los conocimientos. ◆借金を増やす v. endeudarse más, aumentar las deudas. ◆支持者を増やす (=獲得する) v. ganar partidarios. ◆スペイン語の語いを増やすことは重要だ Es importante aumentar [ampliar, acrecentar] nuestro vocabulario español. ◆もっと勉強時間を増やしなさい Dedica más horas al estudio. / Aumenta el número de horas de estudio. ◆給料を増やして(=上げて)もらった Nos aumentaron [subieron] el salario.

ふゆ 冬 m. invierno. → 春. ◆冬に adv. en invierno. ◆冬物を出す v. sacar la ropa de invierno. ◆冬を越す v. pasar el invierno; (家畜などが) v. invernar*.
—— 冬の adj. invernal, de invierno. ◆冬の寒さ m. frío del invierno. ◆冬の間中風邪をひかなかった No he 《スペイン》cogido [《ラ米》agarrado] ningún resfriado en todo el invierno.

ふゆう 富裕 ◆富裕な家柄の生まれである v. venir* de una familia rica. ◆彼は富裕な家に生まれた「Viene de [Nació en] una familia rica.

ふゆう 浮遊 ◆浮遊する(浮かぶ) v. flotar, sobrenadar; (漂う) v. flotar, moverse* empujado por la corriente; (飛ぶ) v. volar*. ◆浮遊物 f. sustancia flotante. ◆浮遊生物 m. plancton.

ふゆう 武勇 f. valentía; (戦闘での) m. valor, f. bravura. ◆武勇伝 m. episodio de valor.

*ふゆかい 不愉快 (不快さ) m. desagrado, m. disgusto.
—— 不愉快な (いやな) adj. desagradable; (気にくわない) adj. molesto; (不快感を与える) adj. ofensivo; (むかつくような) adj. repugnante. ◆不愉快な思い出 m. recuerdo desagradable. ◆彼は不愉快な男だ Es un hombre desagradable. ◆パーティーで不愉快な思いをした Me sentí mal en la fiesta. ◆彼の高圧的な態度は非常に不愉快だ Su actitud dominante resulta muy desagradable. ◆彼と話すのは不愉快だ Es desagradable hablar con él. ◆彼は卑怯(きょう)者呼ばわりされて不愉快に思った (=腹を立てた) Se ofendió cuando lo [le] dijeron [llamaron] cobarde. / Le pareció ofensivo que le dijeran [llamaran] cobarde.

ふゆきとどき 不行き届き (不注意な) m. descuido; (うかつなこと) f. falta de cuidado [atención]; (怠慢) f. negligencia. → 怠慢. ◆この重大な誤りは私の不行き届きのせいです Esta grave equivocación es debida a un descuido mío. ◆彼は部下に対する監督不行き届きで非難された La acusaron de negligencia en la supervisión de sus subordinados.

ふゆごもり 冬ごもり ◆冬ごもりをする(冬の間室内に閉じ込められる) v. invernar* [pasar el invierno] encerrad*o* dentro de la casa. ◆冬の間 ¹室内で [²巣の中で] 過ごす v. pasar el invierno ¹dentro de la casa [²en el nido].

ふゆぞら 冬空 m. cielo invernal [de invierno].

ふゆやすみ 冬休み fpl. vacaciones de invierno [Navidad y Año Nuevo].

ふよ 付与 v. conceder, otorgar*, donar. ◆全権を付与する v. otorgarle* plena autoridad.

ふよ 賦与 ◆賦与する v. dotar 《de》, 《教養語》donar, 《フォーマル》otorgar*. ◆彼は生まれつき絵画の才能を賦与されている Está dotado de talento para la pintura. / Posee un don natural para pintar.

ぶよ 蚋 m. jején, m. mosquito pequeño.

ふよう 扶養 m. mantenimiento, m. sustento. ◆家族の扶養 m. mantenimiento [m. sustento] de la familia. ◆扶養控除 f. deducción familiar dependiente. ◆扶養者 m. sostén; (一家のかせぎ手) m. sostén de la familia, m. subsidio [m. plus] familiar. ◆私には扶養家族が15人いる [²多い] Tengo ¹cinco dependientes [²una familia numerosa a la que mantener].
—— 扶養する v. mantener*, sostener*. ◆私には両親を扶養する義務がある Mi obligación es mantener a mis padres. / Tengo el deber de mantener a mis padres.

ふよう 不用[要] ◆不用の (使われていない) adj. desusad*o*; (役に立たない) adj. inútil; (不必要の) adj. innecesario. ◆不用になる v. caer* en desuso. ◆不用の (=不用になった)倉庫 m. almacén (caído) en desuso.

ふよう 浮揚 ◆浮揚する(空中に) v. flotar en el aire; (水上に) v. salir* a la superficie; (潜水艦などが) v. emerger*. ◆浮揚力 f. flotabilidad, f. capacidad de flotar.

ふよう 舞踊 f. danza, m. baile. ◆日本舞踊 f. danza japonesa. ◆民族舞踊 m. baile folklórico. ◆舞踊家 mf. bailarín/rina.

ふようい 不用意 ◆不用意な(準備ができていない) adj. no preparad*o*; (不注意な) adj. descuidad*o*; (軽率な) adj. imprudente; (無分別な) adj. indiscreto. ◆不用意な発言を¹避ける [²控える] v. ¹evitar [²《フォーマル》abstenerse* de] observaciones imprudentes. ◆不用意にそれを口に出す v. decirlo* irreflexivamente [sin pensar].

ふようじょう 不養生 f. falta de cuidado con la salud; (不節制)《教養語》f. intemperancia. ◆医者の不養生 Los médicos a menudo descuidan su propia salud.

ぶようじん 不用心 (用心が悪いこと) f. inseguridad; (用心をしないこと) m. descuido, f. falta de cuidado. → 不注意. ◆戸締まりしないと不用心だ Es peligroso dejar las puertas sin la

ふようど 腐葉土 *m.* mantillo, 《フォーマル》*m.* humus.
ふようひん 不用品 *m.* artículo innecesario. ▶不用品即売会 *f.* venta de artículos usados.
ぶよぶよ *adj.* flácido; blando, 《口語》blanducho, 《口語》fofo. ◆彼の体はぶよぶよしている Tiene el cuerpo flácido. ◆このケーキはぶよぶよしている(=柔らかく形がくずれている)《口語》Este pastel está blanducho. ◆畳が湿気でぶよぶよしている El suelo de "tatami" está blando por la humedad.
フライ ❶【料理で】*f.* comida frita, *m.* frito, 〖スペイン〗《軽蔑的に》〖ラ米〗*f.* fritanga. ▶エビフライ〖ラ米〗*mpl.* camarones fritos, 〖スペイン〗*fpl.* gambas fritas. ▶フライにする *v.* freír*. ❷【野球で】《英語》*m.* "fly" (☆発音は [flai]), *m.* englobado. ▶フライを打つ *v.* hacer* [pegar*] un globo [fly].
プライオリティ 《専門語》*f.* prioridad.
フライきゅう フライ級 *m.* peso mosca. ▶フライ級選手 *m.* (boxeador de peso) mosca.
フライト (飛行機の便) *m.* vuelo. → 便(%). ▶彼は午前10時発のフライトで大阪に行った Se fue a Osaka en el vuelo de las diez de la mañana.
プライド *m.* orgullo; (自尊心) *f.* dignidad. ▶誇り, 自尊心. ▶プライドを傷つける *v.* herir* su orgullo. ◆彼はプライドが高くて言い訳などしない Es demasiado orgulloso para pedir perdón.
フライドチキン *m.* pollo frito.
フライドポテト *fpl.* patatas [〖ラ米〗*fpl.* papas] fritas.
フライトレコーダー *m.* registrador de vuelo, *f.* caja negra.
プライバシー *f.* intimidad, *f.* privacidad. ▶プライバシーを侵害する *v.* invadir [violar] su intimidad. ▶プライバシーの侵害 *f.* invasión de la intimidad. ▶プライバシーに関する事 *fpl.* intimidades. ▶プライバシーの権利 *m.* derecho a la intimidad [privacidad].
フライパン *f.* sartén, *f.* freidora.
プライベート (私的な) *adj.* privado, particular; (個人的な) *adj.* personal. → 個人的.
フライング (salida「en falso [nula]. ▶フライングする *v.* salir* en falso, hacer* una salida en falso.
ブラインド *f.* persiana. ▶ブラインドを¹上げる [²降ろす] *v.* ¹subir [²bajar] la persiana.

地域差	ブラインド
[全般的に]	*f.* persiana
[キューバ]	*f.* cortina veneciana
[メキシコ]	*f.* cortina veneciana
[アルゼンチン]	*f.* cortina [*f.* persiana] americana

ブラインドタッチ *f.* mecanografía al tacto. ▶ブラインドタッチで打てるようになる *v.* aprender a mecanografiar* [teclear] al tacto.
ブラウザ(ー)《専門語》*m.* navegador, 《専門語》*m.* visualizador.
ブラウス *f.* blusa. ▶オーバーブラウス *m.* blusón.
ブラウスする《専門語》*v.* hojear.
ブラウンかん ブラウン管 *m.* tubo de rayos catódicos.
プラカード *f.* pancarta, *m.* cartel. ▶(「戦争反対」と書かれた)プラカードをかかげる *v.* llevar 「una pancarta [un cartel] (que decía: "¡No a la guerra!").
ぶらく 部落 (小村落) *m.* caserío, *f.* aldea pequeña.
プラグ *m.* enchufe. ▶プラグを差し込んで扇風機をつける *v.* enchufar un ventilador.
フラグメント《専門語》*m.* fragmento.
プラザ *f.* plaza. → プラザ.
ぶらさがる ぶら下がる (静止して) *v.* colgar(se)*; (だらりと, ぶらりと) *v.* pender, estar* pendiente; (ゆらゆらと) *v.* suspenderse, quedar(se)* colgado. ▶つり革にぶら下がる *v.* colgar(se)* de una correa. ▶片腕で枝にぶら下がる *v.* pender por el brazo de una rama. ▶ブドウが棚からぶら下がっていた Las uvas colgaban del espaldar. ◆鉄棒に20秒ぶら下がっていられますか ¿Puedes quedarte colgado 20 segundos de una barra?
ぶらさげる ぶら下げる *v.* colgar*, suspender. → ぶら下げる. ▶洗濯物を物干し網にぶら下げる *v.* colgar* la ropa de la cuerda.
ブラシ *m.* cepillo. ▶¹靴 [²洋服]ブラシ *m.* cepillo de ¹calzado [²ropa]. ▶ヘアブラシ *m.* cepillo para el pelo. ▶髪にブラシをかける *v.* cepillarse el pelo, pasarse el cepillo por el pelo. ▶犬にブラシをかけてやる *v.* cepillar el perro. ▶君の上着は ブラシをかけないと(いけない) Tu abrigo necesita un cepillado.
ブラジャー *m.* sujetador, *m.* sostén. ▶ブラジャーをつける *v.* ponerse* el sujetador. ▶ブラジャーをはずす *v.* quitarse el sujetador. ◆彼女はブラジャーをつけない No lleva sujetador.

地域差	ブラジャー
[全般的に]	*m.* sostén
[スペイン]	*m.* sujetador
[ラテンアメリカ]《英語》	*m.* "brassiere" (☆発音は [brasiér])
[キューバ]	*m.* ajustador
[メキシコ]	*m.* brasiel, *m.* corpiño
[コロンビア]	*m.* brasiel
[アルゼンチン]	*m.* corpiño, *m.* portaseno, 《仏語》*m.* "soutien" (☆発音は [sutién])

ブラジリア Brasilia (☆ブラジルの首都).
ブラジル Brasil; (公式名) *f.* República Federativa de Brasil (☆南アメリカの国, 首都ブラジリア Brasilia). ▶ブラジル人 *mf.* brasileño/ña; (集合的に) *m.* pueblo brasileño, los brasileños. ▶ブラジル(人)の *adj.* brasileño.
ふらす 降らす ▶弾丸の雨を降らす *v.* llover* balas (sobre). ◆その温暖前線が近畿地方に大雨を降らした El frente cálido trajo fuertes lluvias al [sobre el] Distrito de Kinki.
プラス ❶【足す】*m.* más. ▶プラス記号 *m.* signo de más [la suma]. ◆2プラス4は6 Dos más cuatro son [hacen, igual a] seis. / Dos y cuatro son seis. ◆夏のボーナスは2か月分プラスアルファーだ La paga extra de verano equivale a dos meses de salario más algunos extras.

1262 フラスコ

❷【利益】f. ventaja, m. positivo. ◆これは会社に大変なプラスになる Esto es una gran ventaja para nuestra compañía.
❸【電気などで】◆磁石にはプラスとマイナスがある Un imán tiene un polo positivo y otro negativo.

フラスコ 《専門語》m. matraz.

ブラスコ・イバーニェス (ビセンテ ～) Vicente Blasco Ibáñez (☆1867-1928, スペインの小説家).

プラスチック m. plástico. ▶プラスチック産業 f. industria del plástico. ▶プラスチック製品 mpl. productos de plástico. ▶プラスチック爆弾 f. bomba [m. explosivo] de plástico.

ブラストミセスしょう ブラストミセス症 《専門語》f. blastomicosis.

フラストレーション f. frustración.

ブラスバンド f. banda de metal, f. charanga.

プラズマ・ディスプレイ f. pantalla de plasma.

プラタナス m. (árbol del) plátano.

フラダンス f. hula-hula. ▶フラダンスを踊る v. bailar el hula-hula.

ブラチスラバ Bratislava (☆スロバキアの首都).

プラチナ m. platino.

ふらつく (めまいがする)v. marearse, sentir* vértigo; (よろよろする)v. tambalearse, andar* con el paso vacilante; (ぶらぶら歩く)v. deambular, vagar*. ▶態度がふらつく v. tomar [adoptar] una actitud incierta 《hacia》. ◆彼は疲れてふらついた Se mareó por el cansancio. ◆彼は通りをふらつきながら歩いていった Iba tambaleándose por la calle. / Caminaba por la calle con el paso vacilante. ◆酒を飲んだので頭がふらついた La cabeza me daba vueltas por el "sake".

ぶらつく ❶【人が】(足の向くままに)v. dar* una vuelta, deambular, caminar sin rumbo; (楽しい気分で)v. pasear; (あてもなく)v. vagar*, dar(se)* una vuelta. → さまよう. ▶町中をぶらつく v. callejear. ▶森をぶらつく v. pasear por el bosque. ▶店の中をぶらつく v. darse* una vuelta por la tienda. ◆公園をぶらつきましょう「Vamos a dar [Demos] una vuelta por el parque. ◆ここは若者が大勢ぶらつくところだ Por aquí es donde pasea mucha gente joven.
❷【物が】v. balancearse, moverse*. → ぶらぶら, 揺れる.

ブラック ▶ブラックコーヒー m. café solo. ▶ブラックペッパー(黒コショウ) f. pimienta negra. ▶ブラックユーモア m. humor negro. ▶ブラックホール m. agujero negro. ▶ブラックボックス 《専門語》f. caja negra. ◆コーヒーはブラックが好きだ Me gusta el café solo.

ブラックリスト f. lista negra. ▶ブラックリストに載っている人 f. persona en la lista negra. ▶ブラックリストを作成する v. hacer* una lista negra. ◆彼をブラックリストに載せる v. ponerlo[le]* en la lista negra.

フラッシュ (装置)《英語》m. "flash", m. flas. ▶フラッシュ付きカメラ f. cámara con "flash" incorporado. ◆フラッシュをたく v. usar [poner*] el "flash".

ふらっと (無意識に)adv. involuntariamente, sin querer; (特に目的なく)adv. al azar, 《口語》al tuntún, a tontas y locas; (思いがけなく)adv. de improviso, inesperadamente. ◆その少年はふらっと果物に手にした El muchacho echó mano a la fruta involuntariamente. ◆私は時たまふらっと旅に出たくなる A veces me dan ganas de salir de viaje sin ningún rumbo. ◆彼女は海辺へ行く気になった Se le antojó ir a la costa. ◆ウイスキーを飲んで頭がふらっときた Después de beber whisky la cabeza me daba vueltas.

フラット (音楽の変記号)《専門語》m. bemol.

ぶらっと →ぶらりと ◆旧友がぶらっとやって来た Un viejo amigo se dejó caer por casa.

プラットホーム m. andén, 『ラ米』f. plataforma. → ホーム.

プラトニックラブ m. amor platónico.

プラトン Platón (☆前 427-347, ギリシャの哲学者).

プラネタリウム m. planetario.

プラハ Praga (☆チェコの首都).

ふらふら ❶【不安定に】adv. de forma tambaleante [vacilante], con titubeos. ▶ふらふらと立ち上がる v. levantarse tambaleándose. ◆彼は酔っ払って、ふらふら歩いた Estaba borracho y「se tambaleaba al andar [《口語》anadaba con tumbos]. ◆彼は酒場からふらふらと出てきた Salió de la taberna tambaleándose.
❷【当てもなく】adv. sin objeto [rumbo], a la deriva, al azar. ◆彼はふらふらと仕事を替えていった Iba por ahí cambiando de trabajo sin objeto.
❸【無意識に】adv. inconscientemente, involuntariamente. ◆彼はふらふらと出ていく列車に乗ってしまった Inconscientemente se subió a un tren que estaba saliendo.

—— **ふらふらする** v. marearse, sentir* vértigo. ◆私は(めまいなどで)ふらふらした Me he mareado. ◆子供たちはぐるぐる回って、ふらふらするのを楽しんでいる A los niños les gusta dar vueltas y vueltas y sentir el vértigo. ◆柳の長い枝もふらふらしていた Las largas ramas del sauce se movían lánguidas.

—— **ふらふらした** ▶ふらふらした(＝しっかりした方針のない)態度 f. actitud incierta. ◆彼はいつもふらふらしして決断ができない Es demasiado indeciso para tomar una decisión.

《その他の表現》 ▶世界をふらふらさまよう v. va-

1～19 番線のプラットホーム
vías 1 a 19 emigración
→プラットホーム

gar* por el mundo.

ぶらぶら ❶【揺れ動く】*v.* balancearse. ◆吹き流しがそよ風にぶらぶら揺れていた Una cinta se balanceaba en la brisa. ◆彼は運動の前に両手をぶらぶらさせた（＝振り動かした）Antes del ejercicio, giró las manos.
❷【人があちこちに行く】*v.* vagar*, 《文語》errar*. ◆彼は若いときヨーロッパをぶらぶらした De joven anduvo vagando por Europa. ◆彼は公園をぶらぶら歩いた Se dio una vuelta por el parque.
❸【仕事などしないで無為でいる】*v.* estar* sin hacer* nada. ◆家でぶらぶらして過ごす *v.* pasar el tiempo「sin hacer* nada［ocioso］en casa. ◆彼は一日中ぶらぶらしている Está todo el día sin hacer nada. / Pasa todo el día ocioso. ◆彼はぶらぶらしている（＝仕事がない）Está sin trabajo. /（目的のない生活をしている）Su vida está sin rumbo. /《口語》Va por la vida dando tumbos.

ブラボー *interj.* bravo.
ブラボがわ ブラボ川 el Bravo（☆メキシコと合衆国の間の川）.
フラミンゴ *m.* flamenco.
プラム *f.* ciruela.
フラメンコ *m.* flamenco. ▶フラメンコを踊る *v.* bailar flamenco.
プラモデル *f.* maqueta de plástico.
ぶらりと ❶【垂れ下がっている様】◆ヒョウタンがたくさん庭にぶらりと下がっていた En el jardín colgaban muchas calabazas.
❷【目的のない様】ぶらりと *adv.* sin objeto, al azar;《怠けて》*adv.* ociosamente. ◆彼はよくぶらりと旅に出ることがある A menudo sale de viaje sin ningún destino. ◆私は一日をぶらりと過ごした Pasé el día sin hacer nada. / Estuve ocioso todo el día.
フラン（通貨）*m.* franco（☆フランスの旧通貨単位）.
プラン *m.* plan, *m.* proyecto. →計画.
ブランク *m.* vacío, *m.* espacio en blanco →空白, 空欄;（途切れ）*m.* vacío. ◆彼の運転歴には 5 年のブランクがある Hay un vacío de cinco años en su experiencia como conductor.
プランクトン *m.* plancton.
フランクフルト Francfort.
フランコ（バモンデ）（フランシスコ～）Francisco Franco Bahamonde（☆1892–1975, スペインの軍人・政治家, 1947年終身統領となる）.
ぶらんこ *m.* columpio,『アルゼンチン』*f.* hamaca;（サーカスの）*m.* trapecio. ▶ぶらんこに乗る（1 人乗る）*v.* columpiarse;（台座に乗る）*v.* montar(se) en el columpio;（遊ぶ）*v.* jugar* en el columpio. ◆うちの娘はぶらんこが好きだ A mi hija le gusta el columpio.
フランシア（ホセ・ガスパール・ロドリゲス・デ ～）José Gaspar Rodríguez de Francia（☆1756–1840, パラグアイの政治家・独裁者, 在任 1814–1840）.
フランス Francia;（公式名）*f.* República Francesa（☆西ヨーロッパの国, 首都パリ París）. ▶フランス人, *mf.* francés/cesa. ▶フランス〔人・語〕の *adj.* francés/cesa. ▶フランス語 *m.* francés. ▶フランス料理 *f.* cocina francesa. ▶フランス料理店 *m.* restaurante francés.
フランスかくめい フランス革命 *f.* Revolución Francesa.
フランスパン（棒状の）*m.* pan［*f.* barra de］francés.

地域差 フランスパン
［スペイン］《仏語》*m.* "baguette"（☆発音は［bagé(t)］）, *f.* pistola, *f.* barra de pan
［ラテンアメリカ］*m.* pan francés
［キューバ］*f.* barra de pan, *m.* pan (de) flauta, *m.* pan largo
［メキシコ］*m.* "baguette", *f.* barra de pan, *m.* birote
［ペルー］*m.* "baguette"
［コロンビア］*m.* pan largo
［アルゼンチン］*m.* "baguette", *m.* pan (de) flauta

プランター *f.* jardinera.
フランダース →フランドル.
ブランチ（専門語）*f.* rama.
フランチャイズ（地域内独占営業権）*f.* franquicia. ▶フランチャイズチェーン *f.* cadena de tiendas de franquicia.
ブランデー《英語》*m.* "brandy";（1杯の）una copa de brandy.
ブランド（銘柄）*f.* marca. ▶ブランド商品 *m.* artículo de marca. ◆有名ブランドの紅茶 *m.* té de [con] marca.
プラント *f.* planta, *f.* fábrica. ▶プラント輸出 *f.* exportación de una planta.
フランドル Flandes（☆現在のベルギー西部からフランス北西端・オランダ西部にかけての地方）.

*ふり 振り ❶【様子】（外見）*f.* apariencia, *m.* aire;（見せかけ）*m.* fingimiento, *f.* simulación;《口語》*m.* teatro. ◆彼はなり振りかまわず働いた Trabajó mucho sin preocuparse de su aspecto. ◆人の振り見て我が振り直せ《ことわざ》El discreto aprende de la locura ajena.
❷【振動】（円状の）*m.* vaivén, *f.* oscilación;（上下前後の）*m.* temblor;（尾の）*m.* coleo. ◆腕の一振りして水に飛び込む *v.* saltar al agua elevando los brazos. ▶びんを一振りする *v.* agitar una botella.

—— 振りをする（実際そうであるかのように偽る）*v.* aparentar, fingir*, simular, hacer* como《que ＋直説法》, afectar. ▶知ったか振りをする *v.* aparentar saber*, hacer* como que se sabe todo. ◆彼はその話を知らない振りをした Hizo como que no conocía la historia. / Aparentó no saber la historia. /《フォーマル》Fingió「desconocimiento de［desconocer］la historia. ◆そんな不正を見て見ぬ振りはできない No puedo taparme los ojos ante tal falta de honradez. / No puedo ignorar［《口語》mirar a otro lado ante］esa falta de honradez.

*ふり 不利 *m.* inconveniente, *f.* desventaja;（障害）*m.* obstáculo. ◆この同盟は日本には非常に不利だ Esta alianza es「muy desfavorable［un gran inconveniente］para Japón.

—— 不利な *adj.* desfavorable, desventajoso. ◆この点では外国人は不利な立場にある En este punto los extranjeros están en una situación desfavorable. / Los extranjeros tienen desventaja en este punto. ♦ 彼は私に不利な証言をした Su testimonio fue desfavorable para mí.

ふり 降り (雨) f. lluvia; (雪) f. nieve. ♦ この降りでは客は来ないだろう Con esta lluvia no vendrán clientes.

ぶり 鰤 m. "buri"; (学名) f. seriola quinqueradiata.

* **-ぶり** -振り ❶【…の後】prep. hace… hacía…, en…, a…, después de…, 《…以来》prep. desde..; (…の期間で初めて) adv. por primera vez. ♦ 私は8年ぶりで彼に会った Hacía ocho años que no le veía. / No le había visto en [desde hacía] ocho años. / Después de ocho años no le había visto. ♦ 登山者は遭難後5日ぶりに救出された Los alpinistas fueron rescatados cinco días después del accidente en la montaña. ♦ 今年は20年ぶりの暖冬です Hace [Hacía] 20 años que no había un invierno tan templado. / Es el invierno más templado en 20 años. ♦ こんなくつろいだ気分になるのは何年ぶりだろう Hace [Hacía] muchos años que no me sentía tan tranquilo.
❷【様子, 仕方】m. modo, f. manera, f. forma. ♦ 仕事ぶりがよい (=よく働く) v. trabajar bien [mucho]. ♦ 生活ぶりはつましい (=質素な生活をする) v. llevar una vida frugal. ♦ 彼の話しぶりが気にくわない No me gusta「su modo de hablar [la manera en que habla]. ♦ 彼らの暮らしぶりからすると相当裕福なようだ Por su forma de vida, parecen bastante ricos. / A juzgar por la manera en que viven, parecen muy ricos.

ふりあげる 振り上げる ▶ 怒ってげんこつを振り上げる v. alzar* el puño con ira. ♦ 彼の頭上に刀を振り上げる v. levantar la espada sobre su cabeza.

フリー ▶ フリーの (自由な) adj. libre; (フリーランスの) adj. por libre, 《英語》"free-lance". ▶ フリーキック (ラグビーの) f. patada libre; (サッカーの) m. tiro libre. ▶ (バスケットボールの) フリースロー → フリースロー. ▶ フリーセックス m. sexo libre. ▶ フリーランサー《英語》m. "free-lancer", mf. trabajador/dora por libre [cuenta propia]. ▶ フリーのカメラマン mf. fotógrafo/fa "free-lance". ▶ フリーで働く v. trabajar「por libre [como "free-lance", por cuenta propia]. ▶ フリーダイヤル f. llamada gratuita. ▶ フリーサイズ f. talla libre.

フリーウェア《専門語》m. software gratuito, 《専門語》mpl. programas「de dominio público [de libre distribución, gratuitos].

フリーザー m. congelador.

フリージア f. fresia.

フリースタイル (レスリングの) f. lucha libre; (水泳の) m. estilo libre.

フリースラント Frisias (☆オランダの地方).

フリースロー (バスケットボールの) m. tiro libre. ▶ フリースローを入れる v. encestar un tiro libre.

フリー・ソフトウェア → フリーウェア

フリーター mf. empleado/da (a tiempo parcial).

プリーツ m. pliegue. ▶ スカートのプリーツ mpl. pliegues [fpl. tablas] de una falda. ▶ プリーツスカート f. falda plisada.

フリートーキング f. conversación (de tema) libre; (自由討論) f. discusión libre.

フリーパス (無料入場[乗車]券) m. pase, f. entrada gratuita.

フリーバッティング f. práctica de bateo.

フリーハンド (器具を使わずに手で描いた) adj. a mano alzada. ▶ フリーハンドで描く v. dibujar a mano alzada.

ブリーフ mpl. calzoncillos. → パンツ.

ブリーフケース《専門語》m. maletín.

フリーマーケット ▶ 蚤(②)の市 m. mercado de artículos usados, m. mercadillo, 『《スペイン》』m. rastro.

フリーランス ▶ フリーランスの [で] adj. [adv.] 《英語》"free-lance", por libre, por cuenta propia. → フリー. ▶ フリーランスのジャーナリスト mf. periodista "free-lance" [por cuenta propia].

ふりえき 不利益 (損) f. pérdida; (不利) f. desventaja. → 不利. ▶ 不利益をこうむる v. sufrir una pérdida. ▶ 不利益な事業 m. negocio desventajoso, 《口語》m. mal negocio.

プリエンプティブ・マルチタスク《専門語》f. multitarea preferente.

ふりおとす 振り落とす v. derribar, tirar al suelo. ♦ 彼は馬から振り落とされた El caballo lo [le] tiró. / Fue derribado por el caballo.

ふりおろす 振り降ろす ▶ 刀を振り降ろす v. bajar una espada.

ふりかえ 振り替え (郵便の) f. transferencia postal. ▶ 振り替えで送金する v. transferir* dinero, hacer* una transferencia. ▶ 振り替え休日 m. día festivo sustituto.

ぶりかえす ぶり返す ▶ 病気がぶり返さないように気をつけてください Cuidado con una recaída. / Ten [Tenga] cuidado con no tener una recaída. ♦ 寒さがぶり返した Ha vuelto el frío.

* **ふりかえる** 振り返る ❶【振り向く】(体の向きを変える) v. dar(se)* la vuelta, 『《メキシコ》』voltear; (目・顔などの向きを変えて見る) v. mirar (para) atrás, volver* la cabeza, volverse*; (見回す) v. mirar alrededor. ♦ 振り返って私を見る v. volverse* para mirarme. ♦ 彼は振り返って私と向かい合った Se dio la vuelta poniéndose delante de mí.
❷【回想・反省する】(回顧する) v. recordar*, echar la vista atrás [al pasado]; (思案・反省する) v. reflexionar 《sobre》. ▶ 幸福な子供時代を振り返る v. recordar* la feliz infancia. ♦ 彼女は過去の生活をじっくりと振り返った Reflexionó sobre su vida pasada.
☞ 思い返す, 回顧, 顧[省]みる

ふりかかる 降り懸かる v. caer* 《en, sobre》; (起こる) v. ocurrir [sobrevenir*] 《a》. ♦ 火の粉が木の枝から振りかかった Cayeron chispas en el árbol. ♦ 不幸が彼女に降りかかった Le ha ocurrido una desgracia.

ふりかける 振り掛ける *v.* echar; (水などを) *v.* rociar*; (粉を) *v.* espolvorear. ▶肉に塩とコショウを振り掛ける *v.* echar sal y pimienta en la carne, ponerle* a la carne sal y pimienta.

ふりかざす 振りかざす (振り上げる) *v.* levantar, alzar* (sobre la cabeza); (権力を行使する) *v.* ejercer* la autoridad.

ふりがな 振り仮名 "furigana",《説明的に》"kana" escrito「al lado [encima] del "kanji"」para indicar cómo se pronuncia.

ふりかぶる 振りかぶる (刀などを) *v.* blandir, esgrimir.

ブリキ *f.* hojalata. ▶ブリキ板 *f.* hojalata, *f.* lata. ▶ブリキ缶 (長方形の) *f.* lata, (円筒形の, 一般に飲料用) *m.* bote. ▶ブリキ屋 *f.* hojalatería.

ふりきる 振り切る (思いきって離れる) *v.* separarse sin vacilación; (追っ手などを振り払う[まく]) *v.* despistar, deshacerse* (de). →振り払う. ◆彼は泣き叫ぶ子供を振り切って家を出た Abandonó su casa separándose de su hijo que lloraba. ◆だれかにあとをつけられていたが, 何とか振り切った Me seguía alguien pero me las arreglé para despistarle[le].

ふりきれる 振り切れる ◆体重計の針が振り切れた El fiel de la balanza pasó el máximo.

ふりこ 振り子 *m.* péndulo. ▶振り子時計 *m.* reloj de péndulo.

ふりこう 不履行 *m.* incumplimiento. ▶契約不履行 *m.* incumplimiento de contrato.

ふりこみ 振り込み ◆(銀行へ)自動振り込みになっている Se realiza la transferencia electrónicamente a la cuenta bancaria.

ふりこむ 振り込む (口座に) *v.* pagar* (el dinero) en (su) cuenta bancaria. ◆彼の給料は銀行に振り込まれた Su salario fue depositado en su cuenta bancaria.

ふりこむ 降り込む (雨・雪が) *v.* meterse (la lluvia, la nieve)(en). ◆開いた窓から雨が降り込んだ La lluvia「se metió [entró] en la habitación por la ventana abierta.

フリジアしょとう フリジア諸島 Islas Frisias (☆ヨーロッパ大陸の北海沿岸の諸島).

ふりしきる 降りしきる (1雨 [2雪]が絶え間なく降る) *v.* ¹llover* [²nevar*] sin parar; (1雨 [2雪]が激しく降る) *v.* ¹llover* [²nevar*] mucho. ▶降りしきる雨の中を出かける *v.* salir* bajo la intensa lluvia. ◆早朝から雨が降りしきっている No ha parado de llover desde esta mañana temprano.

ふりしぼる 振り絞る (声を) *v.* gritar「al máximo [《口語》a voz en cuello」; (力を) *v.* esforzarse*「al máximo [a más no poder*]」. ◆最後の力を振り絞って *adv.* con toda la fuerza posible. ◆彼は石を動かそうとして最後の力を振り絞った Sacó toda la fuerza posible para mover la piedra.

ふりすてる 振り捨てる (きっぱりと捨てる) *v.* abandonar, dejar ⇒ 捨てる; (関係を断ち切る) *v.* romper* una relación, dejar.

プリズム *m.* prisma.

ふりそそぐ 降り注ぐ (雨が) *v.* llover* (en, sobre); (光が) *v.* lucir*, brillar; (さんさんと) *v.* derramarse la luz (sobre, en), bañarse de luz. ◆雨が木の葉にしきりに降り注いでいる Está cayendo la lluvia sobre las hojas con mucha fuerza.

ふりそで 振り袖 "furisode",《説明的に》*m.* "kimono" de mangas largas.

ふりだし 振り出し *m.* punto de partida. ◆もし計画が失敗したら振り出しに戻ってしまう Si el plan fracasa, hay que「volver otra vez al punto de partida [empezar de nuevo, comenzar desde el principio]」.

ふりつけ 振り付け *f.* coreografía. ▶振り付け師 *mf.* coreógrafo/fa. ▶振り付けをする *v.* coreografiar, hacer* [realizar*] la coreografía.

ブリッジ (橋・船橋・歯の・眼鏡の・レスリングの) *m.* puente; (トランプの) 《英語》 *m.* "bridge"(☆発音は [brɪdʒ]); (渡線橋) *m.* paso elevado; 《専門語》 *m.* puente. ▶ブリッジを2, 3勝負する *v.* jugar* dos o tres manos de "bridge".

ふりつもる 降り積る ◆子供たちは降り積った雪をふみしめて学校へ行った Los niños fueron a la escuela caminando sobre la espesa capa de nieve que se había acumulado.

ふりはらう 振り払う *v.* quitar(se), sacudir(se). ◆傘に積った雪を振り払う *v.* agitar el paraguas para sacudir la nieve. ◆彼女は肩に置いた彼の手を振り払って足早やに立ち去った Se quitó de encima la mano que él puso en su hombro, y se alejó apresuradamente.

ぷりぷり ❶【はちきれそうな, 張りがある】(肉づきがよく) *adj.* gordo, relleno; (形や状態が満ちて) *adj.* abundante. ▶ぷりぷりしたお尻 *fpl.* nalgas gordas.

❷【とても怒っている】▶ぷりぷり¹する [²している] *v.* ¹enfurruñarse [²estar* enfurruña*do*].

プリペイドカード *f.* tarjeta prepagada.

ふりほどく 振りほどく *v.* sacudirse, quitarse de encima.

ふりまく 振り撒く ◆愛嬌を振りまく *v.* derramar encanto,《強調し》repartir gracia. ◆だれかれとなく微笑を振りまく *v.* repartir sonrisas a todo el mundo.

プリマドンナ *f.* diva,《イタリア語》*f.* "prima donna", *f.* primadona.

ふりまわす 振り回す (振り動かす) *v.* esgrimir [agitar] (de un lado para otro); (威嚇のため刀などを) *v.* blandir; (乱用する) *v.* abusar (de la autoridad); (見せびらかす) *v.* jactarse, alardear. ▶彼に向かってげんこつを振り回す *v.* amenazarlo[le]* con el puño. ◆彼に振り回された 彼は私を彼のポケットに入れた Me metió en su bolsillo.

ふりみだす 振り乱す *v.* desgreñar, revolver* el pelo. ▶髪を振り乱して *adv.* con el pelo desgreñado [revuelto].

ふりむく 振り向く →振り返る. ◆名前を呼ぶと彼女はすぐに私の方を振り向いた Al llamarla por su nombre, enseguida se volvió hacia mí. / Cuando la llamé, inmediatamente se dio la vuelta hacia mí. ◆振り向くとそこには一匹の子犬が座っていた Cuando me di la vuelta me encontré con un perrito sentado. ◆近ごろの子供は甘いお菓子を振り向き(＝見向き)もしない A los niños de hoy no les interesan las golosinas.

プリモ・デ・リベラ (ミゲル～) Miguel Primo de Rivera (☆1870-1930, スペインの軍人・政治家).

ふりやむ 降り止む v. escampar, dejar de llover*; (徐々に) v. amainar, aflojar. ♦雨が降りやんだ Ha escampado. / Ha dejado de llover.

ブリュージュ Brujas (☆ベルギーの都市).

ブリュッセル Bruselas (☆ベルギーの首都).

ふりょ 不慮 ▶不慮の (予期しない) adj. imprevisto, inesperado; (偶然の) adj. accidental, casual. ▶不慮の事故にあう v. tener* [sufrir] un accidente imprevisto. ▶不慮の死を遂げる v. tener* una muerte accidental.

ふりょ 浮虜 →捕虜.

ふりょう 不良 (非行者) mf. delincuente → 非行; (乱暴者) mf. vándalo/la, mf. gamberro/rra, mf. matón/tona. ▶不良の adj. malo; delincuente, delictivo. ▶不良少年 m. joven delincuente. ▶不良グループ f. banda de gamberros. ▶不良になる v. hacerse* delincuente. ♦あの少女は不良だ Esa joven es una delincuente.

―― 不良の (質の悪いこと) (天候・成績などが) adj. malo, mal (+ 男性単数名詞); (発育・成長などが) adj. deficiente; (製品が) adj. defectuoso. → 欠陥. ▶不良品 m. artículo defectuoso, f. mercancía con defecto, m. producto mal hecho, (強調して) (口語) f. porquería. ▶天候 [²成績]不良のために adv. debido ¹al mal tiempo [²a las malas notas]. ▶¹栄養 [²消化]不良をきたす v. sufrir [padecer*, tener*] ¹desnutrición [²una indigestión]. ♦今年の稲は発育不良だ Este año「tenemos una mala cosecha de arroz [el arroz presenta mal crecimiento].

ふりょう 不猟 f. caza escasa [pobre].

ふりょう 不漁 f. pesca escasa [pobre].

ふりょく 浮力 f. flotabilidad. ▶浮力が大である v. flotar muy bien.

ぶりょく 武力 f. fuerza militar; (武器) fpl. armas, m. armamento. ▶武力介入 f. intervención militar [armada]. ▶武力に訴える v. recurrir a la fuerza de las armas. ▶武力で紛争を解決する v. resolver* un conflicto por la fuerza de las armas.

フリル m. volante. ▶フリルのついたエプロン m. delantal de volantes.

ふりわける 振り分ける (分配する) v. repartir, distribuir* → 分ける, 割り当てる; (仕事を) v. asignar.

ふりん 不倫 (行為) m. adulterio, f. relación extramarital; (浮気) f. aventura amorosa. ▶不倫をする v. cometer adulterio, tener* una relación extramarital, engañar「al marido [a la esposa], (口語) poner* los cuernos (a). 会話 マリアと不倫してたんじゃないの―とんでもない ¿No tuviste una aventura con María? – Claro que no.

プリン m. flan.

ブリンク 《専門語》m. intermitente.

プリンス m. príncipe.

プリンセス f. princesa. → 姫, 妃殿下.

プリンタ(ー) f. impresora. ▶プリンタ・ドライバ《専門語》m. controlador de impresora. ▶プリンタ・バッファ《専門語》m. búfer de impresora. ▶プリンタ・フォント《専門語》f. fuente de impresora. ▶プリンタ・ポート《専門語》m. puerto [「IT」f. puerta] de impresora.

プリント ❶《配布物》m. folleto; f. copia; (謄写版による印刷物) f. copia hecha con el mimeógrafo. ▶プリントを配る v. dar* [repartir] copias (a).

❷《模様》▶花柄のプリント地(衣服の) m. estampado de flores. ▶プリント合版 m. contrachapado [f. tabla contrachapada] con dibujo. ▶プリントの服 m. vestido estampado.

❸《写真》f. copia. ▶そのネガから写真をプリントする v. copiar una foto del negativo.

プリントアウト《専門語》f. salida impresa, f. copia impresa. ▶プリントアウトする《専門語》v. producir* una salida impresa, imprimir*.

*__**ふる**__ 降る v. caer*; (雨が) v. llover*; (しとしとと) v. lloviznar; (雪が) v. nevar*. ♦午後にはひと雨降るかもしれない Puede llover por la tarde. ♦外は雨が¹激しく [²しとしと]降っていた Fuera ¹llovía mucho [²lloviznaba]. ♦まもなく大粒の雨が降ってきた No tardaron en caer gruesas gotas de lluvia. ♦朝から雨が降ったりやんだりしている Desde la mañana ha estado lloviendo a intervalos [ratos]. ♦7月初めから雨はほとんど降らない Desde comienzos de julio ha llovido muy poco. ♦今日東京で初めて雪 (＝初雪)が降った Hoy en Tokio hemos tenido la primera nevada del año. ♦一晩中雪が降り続いた No ha dejado de caer nieve toda la noche.

《その他の表現》▶降ればどしゃ降り《ことわざ》Siempre llueve sobre mojado. /《ことわざ》Las desgracias nunca vienen solas. ♦気の毒に彼は降ってわいたような災難にあった Es una pena que le cayera encima tal catástrofe.

ふる 古 adj. viejo. → お古. ▶古新聞 mpl. periódicos viejos.

*__**ふる**__ 振る v. agitar, menear, sacudir; ondear. ▶薬びんを(よく)振る v. agitar un frasco de medicina. ▶首を横に振る v. mover* negativamente la cabeza, negar* con la cabeza. ▶首を縦に振る v. mover* afirmativamente la cabeza, asentir* con la cabeza. ▶旗を振る v. ondear una bandera. ▶彼女にハンカチを振る v. decirle* adiós con el pañuelo. ▶ボールをねらってバットを振る v. golpear [pegar*] a la pelota con el bate. ▶指揮棒を振る v. marcar* el compás con una batuta. ▶料理に塩を振る v. echar sal en la comida. ▶彼は手を振って私にあちらへ行くよう [²中に入るよう]合図した Me「hizo una señal [indicó] que ¹me alejara [²entrara]. ♦彼女は私にさよならと手を振ったので私も手を振った Me dijo adiós con la mano y yo a ella. ♦彼は手を振ってタクシーに止まるよう合図した Hizo señal a un taxi para que parara. / (大声を出して止める) Llamó un taxi. ♦彼は ¹両手を [²腰を左右に]振って歩いた Caminaba ¹braceando ambos brazos [²moviendo

las caderas de un lado para otro]. ♦犬が尾を振った El perro meneaba el rabo. ♦薬はよく振ってから飲みなさい Agita bien la medicina antes de beberla [tomarla]. ♦彼は2,3回バットを振ってからバッターボックスに入った Hizo dos o tres《英語》"swings" para practicar y luego ocupó su cajón de bateador.
【その他の表現】♦社長のいすを振る v. dimitir como president*e/ta* de la compañía. ♦さいを振る v. echar [tirar] los dados. ♦漢字の横にふるを v. escribir* un "kana" al lado de un "kanji". ♦汚職事件で彼は一生を棒に振った El escándalo destrozó su vida. ♦ぼくは彼女に振られた(=申し込みを断られた) Me rechazó. / Me dejó. /《口語》Me dio calabazas.

フル フルスピードで adv. a toda velocidad [marcha,《スペイン》《口語》pastilla]. ♦時間をフルに活用する v. utilizar* el tiempo al máximo. ♦工場はフル操業している La fábrica está operando al máximo de su capacidad.

(-)ぶる (-)振る (装う) v. afectar ser*,《口語》darse* aires《de》, presumir《de》. ♦学者ぶる v. darse* aires de erudi*to*. ♦偉ぶる v.《口語》darse* aires [presumir] de importancia.

**ふるい 古い ❶【長い時間を経た】(非常に古い) *adj*. viejo, antiguo,《文語》vetus*to*. ♦古い城 *m*. viejo [antiguo] castillo. ♦私の古い(=昔の)友人 *m.f.* viejo [vieja] amigo/ga. ♦古い(=古くからの)慣習 *f*. costumbre ancestral. ♦古いしきたりを破る v. romper* las viejas convenciones. ♦日本は古い歴史のある国です Japón posee una historia antigua. ♦この寺には4百年の古い(=長い)歴史がある Este templo tiene una historia de 400 años de antigüedad.
❷【新鮮でない】(古くなって味がない) *adj*. (estar) pas*ado*, ranc*io*. ♦古いパン *m*. pan rancio. ♦古い魚 *m*. pescado pasado.
❸【時代遅れの】(古めかしい) *adj*. anticu*ado*, pas*ado* de moda; (使い古した) *adj*. gast*ado*, us*ado*; (文句などが陳腐な) *adj*. man*ido*, trill*ado*. ♦古い考え *fpl*. ideas anticuadas. ♦古い表現 *f*. expresión manida. ♦古い上着 *m*. abrigo gastado. ♦古い(=旧式の)ミシン *f*. máquina de coser vieja [anticuada,《口語》《ユーモアで》del año de la pera]. ♦そういう考え方は古い(=時代遅れだ) Tal manera de pensar es anticuada. ♦その服は今ではもう古い(=流行遅れだ) Ese vestido「ya no se lleva [está anticuado].
【その他の表現】♦その手は古い。もうきかないよ Ese truco es viejo. Ya no sirve.

ふるい 篩 (主に料理用の) *m*. cedazo, *m*. tamiz; (大きな) *m*. harnero. ♦ふるいにかける v. tamizar*, cerner*, cernir, pasar por el cedazo; (土・砂などを) v. cribar. ♦小麦粉をふるいにかけてボールに入れる v. tamizar* la harina en un cuenco.

[地域差] ふるい
〔全般的に〕*m*. cedazo
〔スペイン〕*m*. tamiz
〔キューバ〕*m*. colador
〔メキシコ〕*f*. coladera

〔コロンビア〕*f*. coladera, *m*. tamiz
〔アルゼンチン〕*m*. tamiz

ふるい 部類 *m*. grupo; (種類) *f*. clase, *m*. tipo; (範ちゅう) *f*. categoría. ♦同じ部類に属する v. pertenecer* a la misma clase. ♦...の部類に入る v. estar* en la categoría de...

ふるいおこす 奮い起こす ♦勇気を奮い起こす v. armarse de valor《para》.

ふるいおとす ふるい落とす (審査で) v. eliminar, dejar fuera. ♦30名の応募者がふるい落とされた Fueron eliminados 30 solicitantes. / Se dejó fuera a 30 solicitantes.

ふるいたつ 奮い立つ v. animarse《a》. ♦奮い立たせてもう一度挑戦させる v. incitarlo[le] otra vez a un desafío.

ふるう 奮う v. animarse. → 奮い起こす.

ふるう 振るう ❶【振り動かす】v. sacudir, hacer* temblar*, agitar; (振る) v. agitar, hacer* ondear, blandir. ♦着物のほこりをふるい落とす v. sacudirse el polvo del vestido. ♦剣を振るう v. blandir una espada.
❷【行使する】v. usar, ejercer*; (発揮する) v. desplegar*, mostrar*. ♦暴力をふるう v. usar la violencia《contra》. ♦権力をふるう v. ejercer* la autoridad《sobre》. ♦熱弁をふるう v. hacer* [dar*] un discurso apasionado《sobre》. ♦彼は大工として腕をふるった Desplegó su habilidad como carpintero.
❸【元気・勢いがある】♦商売がふるわない El negocio no anda [marcha] bien. ♦彼は成績がふるわない No marcha bien en la escuela. → 不振. ♦あらしが夜通し猛威をふるった La tormenta se prolongó con furia toda la noche.

ブルー *adj*. azul.
ブルーカラー (労働者, 工員) *m*. obrero (manual).

ブルース (ブルース曲)《英語》*m*. "blues"(☆発音は [blús]). ♦ブルース歌手 *m.f.* cantante de "blues". ♦ブルースをひく v. tocar* "blues".

フルーツ *f*. fruta. → 果物. ♦フルーツケーキ *m*. pastel de fruta. ♦フルーツジュース *m*. zumo [ラ米] *m*. jugo de fruta. ♦フルーツサラダ *f*. ensalada de fruta. ♦フルーツパーラー *f*. cafetería. ♦フルーツパンチ *f*. macedonia de frutas. ♦マーケットでフルーツを少し買った He comprado algunas frutas en el mercado.

フルート *f*. flauta. ♦フルート奏者 *m.f.* flautista. ♦フルートを吹く v. tocar* la flauta.

ふるえ 震え *m*. estremecimiento, *m*. temblor, *m*. escalofrío. ♦恐怖の震え *m*. estremecimiento de miedo. ♦恐ろしくて震えが止まらなかった No pude dejar de temblar de miedo.

ふるえあがる 震え上がる (激しく震える) v. temblar*, estremecerse*; (寒さなどで) v. tiritar; (恐怖・嫌悪などで) v. temblar*, estremecerse*, sentir* escalofríos. → 震える. ♦寒さで震え上がる v. tiritar de frío. ♦彼は彼の死体を見て震え上がった Tuvo [Sintió] un escalofrío al ver el cadáver. ♦彼女のこわい顔を見て彼女は震え上がった(=背筋に寒気が走った) Su terrible

semblante le hizo sentir escalofríos por toda la espalda.
***ふるえる** 震える *v.* temblar*, estremecerse*, tiritar, tener* escalofríos. ▶震える手でそれをつかむ *v.* tomarlo con dedos temblorosos. ♦彼の声は怒りのあまり震えていた Su voz temblaba de ira. ♦彼女は興奮して震えていた La emoción la hacía temblar. ♦彼女は寒さで震えた Estaba tiritando de frío. ♦そのことを考えるだけで震えてしまう Me dan escalofríos sólo de pensarlo. / Tiemblo con sólo pensarlo.
プルオーバー 《英語》 *m.* "pullover".
フルカウント 《英語》 *m.* "full count" (de tres y dos) (☆「スリーボール・ツーストライク」という順で言う).
ふるがお 古顔 ▶古顔 *mf.* veterano/na. → 古株.
ふるかぶ 古株 (古い切り株) *m.* viejo tocón; (古参) *mf.* veterano/na; (老練家) *mf.* experto/ta, *m.* veterano/na.
ブルガリア Bulgaria; (公式名) *f.* República de Bulgaria, (☆ヨーロッパの国, 首都ソフィア Sofia). ▶ブルガリア(人・語)の *adj.* búlgaro. ▶ブルガリア人 *mf.* búlgaro/ra. ▶ブルガリア語 *m.* búlgaro.
ふるぎ 古着 *f.* ropa usada; (着古しの) *mpl.* vestidos usados [de segunda mano]. ▶古着屋(店) *f.* tienda de ropa usada.
ふるきず 古傷 (肉体的な) *f.* herida [*f.* llaga] vieja. ▶古傷にさわる *v.* abrir* viejas heridas. ♦古傷をいやす *v.* curar una vieja herida. ♦古傷がまた痛む Me vuelve a doler la vieja herida.
ブルキナ・ファソ Burkina Faso (☆アフリカの国, 首都ワガドゥグー Ouagadougou).
ふるく 古く ▶古くは *adv.* hace muchos años, hace siglos, en la antigüedad.
プルケ *m.* pulque (☆メキシコリュウゼツランの酒).
ブルゴーニュ Borgoña (☆フランスの地方).
プルサーマル *f.* reutilización del pultonio (como combustible).
ふるさと *f.* tierra [*m.* pueblo] natal, *f.* patria. ⇒ 故郷. ▶田舎, お国, 国
ブルジョア (中産階級の人) *mf.* burgués/guesa.
ふるす 古巣 *m.* lugar de trabajo de antes. ▶古巣のチームに帰る *v.* volver* al equipo de antes.
フルスピード ▶フルスピードで運転する *v.* conducir* [[メキシコ] manejar] a velocidad máxima. → フル.
ブルセラしょう ブルセラ症 《専門語》 *f.* brucelosis.
ブルゾン *f.* chaqueta, *f.* cazadora, 【メキシコ】 *f.* chamarra; (女性用) *m.* blusón.
ブルターニュ Bretaña (☆フランスの地方).
フルタイム *adj.* (trabajo) de 「tiempo completo [jornada completa]」.
プルダウン・メニュー 《専門語》 *f.* menú desplegable; (英語) *f.* menú de jalar.
ふるだぬき 古狸 *m.* perro viejo, *m.* viejo zorro, *m.* hombre curtido.

プルタルコス Plutarco (☆46?-120?, ギリシャの伝記作家).
ふるって 奮って (自由に) *adv.* libremente; (進んで) *adv.* de buena gana, con gusto; (自発的に) *adv.* voluntariamente. ▶奮ってご参会ください Siéntanse libres de asistir a la reunión.
ふるて 古手 → 古株.
ふるどうぐ 古道具 (中古品) *m.* artículo 「de segunda mano [usado]」; (古い家具) *mpl.* muebles usados [viejos].
ブルドーザー 《英語》 *m.* "bulldozer" (☆発音は [buldōθer]).
ブルドッグ 《英語》 *m.* "buldog" (☆発音は [buldóg]), *m.* dogo.
プルトニウム *m.* plutonio.
ブルネイ Brunei; (公式名) *m.* Estado de Brunei Darussalam (☆ボルネオ島の国, 首都バンダルスリブガワン Bardar Seri Bugawan). ▶ブルネイの *adj.* de Brunei Darussalam.
ふるびた 古びた *adj.* envejecido, viejo. → 古びる.
ふるびる 古びる *v.* envejecerse*, volverse* viejo [anticuado]. ▶古びた(=すり切れた)上着 *f.* chaqueta muy gastada; (古風な) *f.* chaqueta anticuada. ♦私のかばんはすっかり古びた Mi bolso se ha vuelto muy viejo.
ぶるぶる ▶ぶるぶる震える *v.* temblar*; (激しく) *v.* tiritar, estremecerse*. → 震える. ▶ぶるぶる震えている手 *fpl.* manos temblorosas. ▶ぶるぶる震えている声 *f.* voz temblona [temblorosa]. ♦寒さでぶるぶる震える *v.* tiritar de frío. ♦爆発で家がぶるぶる揺れた Las casas temblaron por la explosión. ♦彼は怖さでぶるぶる震えていた Estaba temblando de miedo.
フルベース ▶フルベースにする *v.* llenar las bases.
ブルペン 《英語》 *m.* "bullpen" (☆発音は [búlpen]), *f.* zona de calentamiento, *m.* calentadero.
ふるぼけた 古ぼけた *adj.* viejo; (歳月を経て古くなった) *adj.* gastado, desgastado; (古風な) *adj.* anticuado, pasado de moda.
ふるほん 古本 (中古本) *m.* libro usado [de segunda mano]. ▶古本屋(店) *f.* librería de viejo [lance]; (人) *mf.* librero/ra de viejo. ▶古本で買う *v.* comprar un libro usado [de segunda mano].
ブルマー *mpl.* pololos.
ふるまい 振る舞い ❶【行ない】 (人に対する) *m.* comportamiento; (道徳面から見た) *f.* conducta. → 行ない. ▶愚かなふるまいをする *v.* comportarse estúpidamente. ♦彼のふるまいは確かに異常だった Su comportamiento fue ciertamente extraordinario. ♦彼のふるまい方は気に入らない No me gusta su modo de comportarse. / Me desagrada su conducta.
❷【もてなし】 *m.* agasajo; (おごり) *m.* banquete, *m.* festín. ▶大盤ぶるまいをする *v.* dar* 「ofrecer*」 《a + 人》 un gran banquete
⇨行動, 素振り, 態度
*****ふるまう** 振る舞う ❶【身を処する】 *v.* portarse, comportarse → 振る舞い; (行動する) *v.* actuar*; obrar. ▶勇敢にふるまう *v.* portarse

con valor. ▶赤ん坊のようにふるまう v. portarse como un bebé. ▶思いどおりにふるまう v. salirse* con la suya. ▶彼は年の老人に対して丁重にふるまった Trató「al anciano [a la anciana]「con respeto [respetuosamente].
❷【もてなす】v. agasajar, (おごる)v. invitar, convidar. ▶彼らに夕食をふるまう v. invitarlos a cenar.

ふるめかしい 古めかしい （建物・表現・考えなどが）adj. pasado de moda, anticuado. → 古い.

ふるわせる 震わせる （上下・左右に動かす）v. sacudir, estremecer*, hacer* temblar*; (寒さでかすかに震える)v. tiritar. → 震える. ♦ガス爆発は町全体を震わせた La explosión de gas sacudió a toda la ciudad. ♦彼は怒って唇を震わせた Sus labios temblaban de rabia. / La rabia le hacía temblar los labios.

ブルンジ Burundi (☆アフリカ中央国, 首都ブジュンブラ Bujumbura).

ふれあい 触れ合い ▶親子の触れ合い m. contacto [f. comunicación] entre padres e hijos. ♦彼は心の触れ合いを求めている Quiere el contacto humano. / Desea la comunicación con la gente.

ふれあう 触れ合う v.「ponerse* en contacto [comunicarse*]《con》. →接触する.

フレアスカート f. falda acampanada [evasé].

ぶれい 無礼 f. mala educación, f. descortesía. ▶無礼な(粗野で侮辱的な) adj. mal educado, descortés. → 失礼. ▶無礼を許す v. disculpar (su) falta de educación. ▶無礼なふるまい f. conducta mal educada. ▶彼に無礼を働く v. portarse con descortesía con él. ▶あんな無礼なやつは初めてだ No había conocido nadie tan mal educado. / Es el individuo peor educado que he conocido. ♦彼は無礼にも私の申し出を断わった Rechazó mi oferta con descortesía. / Tuvo la descortesía de rechazar mi oferta. ☞けしからぬ[ん], 図々しい

ぶれいこう 無礼講 ▶無礼講する(＝堅苦しい形式をはずす) v. dejarse de formalidades,《口語》soltarse*. ▶きのうのパーティーは無礼講で大いに盛り上がったよ《口語》En la fiesta de ayer nos soltamos y disfrutamos a rabiar. / Lo pasamos estupendamente en la fiesta de ayer.

プレー m. juego; f. jugada.

プレーオフ《英語》m. "play off", m. partido de desempate. ▶プレーオフをする v. desempatar.

ブレーカー m. cortacircuitos, m. interruptor.

プレーガイド f. agencia de (venta de) localidades.

ブレーキ m. freno. ▶ブレーキをかける v. frenar. ▶ハンドブレーキをかける v. poner* el freno de mano. ▶ブレーキをかけて車を止める v. frenar y parar el coche [automóvil]. ▶ブレーキを踏む v. pisar el freno. ▶急ブレーキをかける v. frenar bruscamente. ▶物価の上昇にブレーキをかける v. poner* freno a la subida de precios. ♦自転車のブレーキがきかなかった Los frenos de la bicicleta fallaron [no respondieron].

フレーク（燕麦など）mpl. copos. ▶ツナのフレーク fpl. migas de atún.

ブレーク《専門語》f. interrupción. ▶ブレーク・ポイント《専門語》m. punto de ruptura. ▶ブレーク信号《専門語》f. señal de interrupción.

ブレークポイント【テニス】m. punto de "break" (☆発音は [bréik]).

プレート（野球）f. plataforma [m. plato] de lanzamiento [del lanzador].

プレーボーイ《英語》m. "playboy";（女好きの男）m. Don Juan.

プレーボール『号令』♦ ¡Jugando!

フレーム m. marco;《専門語》m. cuadro,《専門語》m. marco. ▶フレーム・リレー《専門語》m.《英語》"relay" de frame.

プレーヤー（競技の）mf. jugador/dora;（レコードの）m. tocadiscos.

ブレーン（知的指導者の）m. cerebro,（強調して）f. lumbrera. ♦彼は大統領のブレーンだ Es el cerebro del presidente.

プレーンテキスト《専門語》m. texto sencillo.

プレオリンピック mpl. Juegos Preolímpicos.

ふれこみ 触れ込み（前宣伝）f. promoción, m. anuncio. ♦あの人は外科医という触れ込みだった Se hizo pasar por cirujano/na.

ブレザー（ブレザーコート）f. chaqueta [f. americana] de "sport".

プレス（プレス機械）f. prensa;（新聞）f. prensa. ▶プレスキャンペーン f. campaña de prensa. ▶プレスハム m. jamón prensado. ▶プレスで百キロ挙げる v. alzar* 100 kilos en la presa (en el levantamiento de pesas). ▶アイロンでワイシャツをプレスする v. planchar camisas.

ブレスト（胸）m. pecho;（平泳ぎ）m. (estilo) pecho [braza].

ブレスレット f. pulsera, m. brazalete,『キューバ』m. pulso.

プレゼント m. regalo,（教養語）m. obsequio,《文語》m. presente. → 贈り物. ▶クリスマスプレゼントをもらう v. recibir un regalo de Navidad. ▶彼は誕生日に何をプレゼントしてくれましたか ¿Qué te dio de regalo de cumpleaños?

プレタポルテ《仏語》"prêt-à-porter" (☆発音は [pretaporté]);（既製服）f. ropa de confección, f. ropa lista para llevarse.

フレックスタイム ▶フレックスタイム制 m. horario flexible. ▶君の会社ではフレックスタイムを導入していますか ¿Tienes un horario flexible?

プレッシャー f. presión. → 圧力. ▶プレッシャーがかかる v.「estar* bajo [soportar] presión. ♦プレッシャーがたまってきた Se ha acumulado presión.

フレッシュ ▶フレッシュな adj. fresco.

フレッシュマン m/f. estudiante de primer año; mf. novato/ta.

プレトリア Pretoria (☆南アフリカ共和国の都市).

プレハブ f. prefabricación. ▶プレハブ住宅 f. casa prefabricada.

プレビュー《専門語》f. vista preliminar.

ふれまわる 触れ回る v. divulgar*, decir* a todo el mundo, ir* por ahí diciendo. → 言い触らす, 吹聴. ▶その話を町中に言い触らす v. divulgar* el chisme por la ciudad.

プレミア m. recargo. ▶10％のプレミア付きで adv. con un recargo del 10 por ciento. ▶プレミア付きで売られる v. venderse a una alta cotización, venderse sumamente bien.

ブレリーアス fpl. bulerías (☆アンダルシア地方の音楽, 舞踊).

プレリュード (前奏曲) m. preludio.

*****ふれる** 触れる ❶【さわる】(手や指などで軽くさわる, 物が接触する) v. tocar*; (手などさわって知る) v. palpar. ▶彼は私の肩に手を触れた Me tocó en el hombro. ▶目の見えない人たちはしばしば物に触れてそれが何であるか分かる Los ciegos a menudo pueden reconocer las cosas palpándolas [por el mero tacto]. ♦警察の現場検証を考えて彼は現場に手を触れなかった Dejó el lugar sin tocar nada pensando en la inspección de la policía. ♦ドアは軽く触れると開きます La puerta se abre tocándola suavemente.
❷【言及する】v. referirse* [aludir] 《a》; (述べる) v. mencionar; (簡単に触れる) v. tocar*. ▶要点に触れる《口語》v. ir* al grano. ♦その件に触れると彼は話題を変えた Cuando me referí a ese asunto, cambió de tema. ♦彼は数分間その話題に触れただけだった Tocó el tema sólo unos minutos. ♦新聞にはその事故のことは何も触れられていない En el periódico no se menciona el accidente. ♦彼の言葉は核心に触れている《口語》Ha puesto el dedo en la llaga. / Ha dicho lo que tenía que decir.
❸【そむく】(法などを破る) v. infringir*, violar; (...に反する) v. oponerse* 《a》, contravenir*. ▶交通法規に触れる v. infringir* el reglamento de tráfico. ♦彼のその行動は法律に触れている Esa conducta de él「va contra la ley [viola la ley].
【その他の表現】♦彼の怒りに触れる(＝彼を怒らせる) v. hacerle* enfadar [enojar]. ♦その薬は子供たちの目に触れないところに置いておきなさい Guarda la medicina donde los niños no puedan encontrarla. ♦この金属は空気に触れるとすぐに腐食する Este metal se corroe rápidamente al aire libre. ☞当たる, 着く

ぶれる ♦シャッターを押す時手がぶれてしまった No pude mantener firme la cámara cuando disparé. ♦この写真はぶれている Esta foto está movida [desenfocada].

フレンチドレッシング f. vinagreta, m. aliño a la francesa.

ブレンド f. mezcla. ▶おいしいブレンドコーヒー f. buena mezcla de café.

*****ふろ** 風呂 m. baño; (浴室) m. cuarto de baño, m. baño; (公共浴場・大浴場) f. sala de baño; (浴槽)【スペイン】f. bañera,【メキシコ】f. tina,【雑談】f. bañera al aire libre. ▶風呂代 m. precio de un baño. ▶風呂屋 mpl. baños (públicos), f. sala de baño(s). ▶風呂加減 → 湯(→湯加減). ▶ゆっくり風呂に入る v. bañarse despacio, darse* un baño tranquilamente. ▶赤ん坊を風呂に入れる v. bañar al bebé. ▶風呂に水(湯)を張る v. llenar la bañera de agua. ▶風呂を立てる v. preparar el baño. ▶風呂をわかす v. calentar* el baño. ♦風呂がわきましたよ El baño está listo. ♦彼は今風呂に入っています Se está bañando. / Está en el baño. ♦夜おそく入る温かい風呂ほどよいものはない No hay nada como un baño caliente tarde por la noche. ♦彼は風呂につかって歌を歌うのが好きです Le gusta cantar cuando está bañándose.

プロ mf. profesional. ▶プロの adj. profesional. ▶プロ野球 m. béisbol profesional. ▶プロのサッカー選手 m. futbolista profesional. ▶プロに転向する v. hacerse* profesional.

フロアショー m. espectáculo (de un cabaret).

ふろう 浮浪 ▶浮浪者 mf. vagabundo/da. ▶浮浪児 mf. niño/ña vagabundo/da, mf. golfo/fa de la calle. ▶浮浪(生活)する v. llevar una vida de vagabundo/da.

プロヴァンス Provenza (☆フランスの地方・また古代の州).

ふろうしょとく 不労所得 mpl. ingresos ganados sin trabajar.

ふろうふし 不老不死 ▶不老不死の(年老いない) adj. eternamente joven; (不死の) adj. inmortal. ▶不老不死の薬 m. elixir de la vida. ▶不老不死を願う v. querer* vivir para siempre.

ブロー m. secado con secador de mano. ▶髪をブローする v. secarse* el pelo.

ブローカー mf. corredor/dora, mf. comisionista.

ブロークン ▶ブロークンな adj. chapurreado. ▶ブロークンスパニッシュ m. español chapurreado.

ふろおけ 風呂桶 f. bañera,【メキシコ】f. tina,【アルゼンチン】f. bañadera.

ブローチ m. prendedor, m. broche. ▶ブローチを¹つけている[²つける] v. ¹llevar [²ponerse*] un prendedor.

フローチャート 《専門語》m. flujograma.

フロート (アイスクリームを浮かべた飲料) m. refresco con helado.

ブロードウェー Broadway.

ブロードキャスト 《専門語》f. difusión general.

ブロードバンド 《専門語》f. banda ancha.

フローリング m. revestimiento para suelos.

プロキシ 《専門語》m. apoderado, 《英語》《専門語》m. "proxy". ▶プロキシ・サーバー → 代理サーバー.

ふろく 付録 (書物・書類・新聞・雑誌などの) m. suplemento; (巻末の) m. apéndice; (余分なおまけ) m. extra; (景品) m. regalo. ▶本の付録 m. suplemento de un libro. ♦今月号には旅行特集の別冊付録がついている La edición de este mes viene con un suplemento de viaje.

プログラマー 《専門語》mf. programador/dora.

プログラミング 《専門語》f. programación. ▶プログラミング言語 《専門語》m. lenguaje de programación.

プログラム *m*. programa, 《英語》《専門語》*m*. software. → 計画, 予定, 番組. ▶プログラム学習 *m*. aprendizaje programado. ▶プログラムの 5 番目(の項目) *m*. punto quinto del programa. ▶そのコンサートのプログラムを買う *v*. comprar un programa del concierto. ▶プログラムに載っている *v*. figurar en el programa. ▶コンピュータのプログラムを組む *v*. escribir* un programa de 《スペイン》ordenador 《ラ米》computadora. ▶プログラムする《専門語》*v*. programar.

プロジェクター *m*. proyector.

プロジェクト *m*. proyecto. ▶プロジェクトチームを組む *v*. organizar* el equipo de un proyecto. ▶プロジェクト管理《専門語》*f*. gestión de proyecto.

ふろしき 風呂敷 *m*. pañuelo para envolver, *f*. tela de envolver. ▶風呂敷包み *m*. atado [*m*. paquete] envuelto en un pañuelo. ▶風呂敷に包む *v*. envolver* en un pañuelo.

《その他の表現》大風呂敷を広げる(=大げさに言う) *v*. fanfarronear.

プロセス *m*. proceso. ▶プロセスチーズ *m*. queso fundido.

プロセッサ → 処理(→処理装置).

プロダクション (製作)*f*. producción; (映画の製作所) *m*. estudio de cine. ▶芸能プロダクション *f*. agencia de teatro.

ブロック (政治・経済上の) *m*. bloque; (建築用の) *m*. bloque (de hormigón); 《専門語》*m*. bloque. ▶ブロック経済 *f*. economía de bloque. ▶ブロックする(スポーツで) *v*. bloquear, hacer* un bloqueo [blocaje].

フロック(コート) *f*. levita.

ブロッコリー *m*. brócoli, *m*. brécol.

プロッタ 《専門語》*m*. trazador (de gráficos).

フロッピー(ディスク) *m*. disquete, *m*. disco flexible,《英語》*m*. "floppy". ▶フロッピーにコピーする *v*. copiar (un archivo) en un disquete. ▶フロッピーをディスクドライブに入れる *v*. meter el floppy en la unidad de disco.

プロテクター *m*. protector.

プロテクト ▶プロテクト・モード《専門語》*m*. modo protegido. ▶プロテクトする《専門語》*v*. proteger*.

プロテスタント (教徒)*mf*. protestante; (教義) *m*. protestantismo.

プロデューサー *mf*. produc*tor/tora*.

プロトコル《専門語》*m*. protocolo.

プロトタイプ (原型, 模範) *m*. prototipo.

プロトポルフィリンしょう プロトポルフィリン症《専門語》*f*. protoporfiria.

プロバイダー《専門語》*m*. proveedor (de Internet).

プロパガンダ *f*. propaganda《de, contra》.

プロパティ《専門語》*f*. propiedad.

プロパン(ガス) *m*. gas propano; (液化石油ガス) *m*. gas de petróleo licuado.

プロファイル《専門語》*m*. perfil.

プロフィール (横顔, 人物評) *m*. perfil, *f*. reseña biográfica. → 横顔. ▶首相のプロフィールを新聞で読む *v*. leer* en el periódico un perfil del primer ministro.

プロフェッショナルな *adj*. profesional. → プロ.

プロペラ *f*. hélice. ▶プロペラ機 *m*. avión de hélices.

プロポーショナル・フォント《専門語》*f*. fuente proporcional.

プロポーション (均整)*fpl*. proporciones. ▶プロポーションのいい女性 *f*. mujer de buenas proporciones.

プロポーズ *f*. propuesta, *f*. proposición. ▶彼女にプロポーズする *v*. proponerle* a ella matrimonio, hacerle* a ella una proposición matrimonial. ▶彼のプロポーズを受ける *v*. aceptar su proposición matrimonial.

ブロマイド (スターなどの写真) *f*. foto (de una estrella de cine).

プロムナード *m*. paseo. ▶プロムナードコンサート *m*. concierto al aire libre.

プロやきゅう プロ野球 *m*. béisbol profesional.

フロリダ Florida 《☆アメリカ合衆国の州》.

プロリンにょうしょう プロリン尿症《専門語》*f*. prolinuria.

プロレス(リング) *f*. lucha libre profesional. ▶プロレスの選手 *mf*. lucha*dor/dora* de lucha libre (profesional).

プロレタリア *mf*. proletar*io/ria*; (集合的) *m*. proletariado. ▶プロレタリア文学 *f*. literatura proletaria.

プロローグ *m*. prólogo.

フロンガス *m*. clorofluorocarbono. ◆フロンガスはオゾン層を破壊するといわれている Se dice que el clorofluorocarbono destruye la capa de ozono.

ブロンズ *m*. bronce. ▶ブロンズ像 *f*. estatua de bronce.

フロンティア (西部開拓時代の辺境) *f*. frontera. ▶フロンティア精神 *m*. espíritu pionero (de la frontera).

フロント (ホテルの)*f*. recepción,《キューバ》*f*. carpeta. ◆ホテルに帰ると彼女はフロントで鍵(⸢⸥)をもらった Al volver al hotel, recogió la llave de la recepción.

ブロンド (金髪)*m*. pelo rubio; (金髪の女性) *f*. rubia. → 金髪.

フロントガラス *m*. parabrisas.

地域差 フロントガラス(自動車の)		
〔全般的に〕*m*. parabrisa(s)		
〔スペイン〕*m*. cristal delantero, *f*. luna delantera		
〔キューバ〕*m*. cristal delantero		
〔コロンビア〕*m*. panorámico, *m*. vidrio delantero		
〔アルゼンチン〕*m*. cristal delantero		

プロンプター *m*. apunta*dor/dora*.

プロンプト《専門語》*m*. indicador.

ふわ 不和 (ごたごた) *m*. problema; (仲たがい) 《フォーマル》*f*. discordia, *f*. desavenencia; (意見・利害の衝突) *m*. conflicto; (摩擦) *m*. roce, (教養語) *f*. fricción. ▶家庭の不和を招く *v*. causar una discordia familiar. ▶グループ内に不和を生じさせる *v*. provocar* desave-

1272 ふわたり

nencias en un grupo. ▶不和である v. 「tener* problemas [llevarse mal]《con》. ◆絶え間ない夫婦間の不和が少年非行のもとになることがある Las discordias conyugales permanentes pueden causar la delincuencia juvenil. ☞ 軋轢, 争い

ふわたり 不渡り 不渡りを出す v. incumplir el pago de una factura, no pagar* una factura. ▶不渡り手形［小切手］ f. factura impagada [《フォーマル》desacreditada]. ◆今日中にこの金額を銀行に預け入れていないと, 当方が今日振り出した小切手はすべて不渡りになります Si no deposita esta cantidad de dinero en el banco antes de que cierre, todos los cheques girados hoy quedarán rechazados.

ふわふわ ❶【軽く空中に浮かんでいる様子】▶ふわふわ浮いている v. flotar [mecerse] en el aire; (漂う)v. vagar* por el aire. ◆羽根が数枚空中にふわふわ浮いていた El aire del cielo mecía suavemente unas plumas.
❷【やわらかく気持ちがよさそうな様子】▶ふわふわした adj. blando, suave. ▶ふわふわした毛のコート m. abrigo de suave piel.
❸【気持ちが浮ついている様子】◆彼は若いころふわふわしていた De joven era frívolo.

ふわらいどう 付和雷同 付和雷同する(盲目的に他に同意する)v. ponerse* ciegamente de acuerdo con los demás, 《口語》bailar al son que le tocan.

ふわりと adv. ligeramente, suavemente. ◆気球がふわりと着地した El globo se posó suavemente en la tierra. ◆彼はいすをふわりと持ち上げた Alzó con suavidad una silla.

***ふん 分** m. minuto. ▶1時間8分4秒 una hora, ocho minutos y cuatro segundos. ▶10分間休憩をする v. descansar [tomar un descanso de] diez minutos. ▶1分間に1キロメートルの速度で adv. a (la velocidad de) un kilómetro por minuto. ◆今4時12分です Son las cuatro y doce (minutos). ◆9時10分前です Son las nueve menos diez. ◆2時 15分 [230分; 315分前]です Son las dos ¹y cuarto [²y media; ³menos cuarto]. ◆1時間は60分です Una hora tiene 60 minutos. / En una hora hay 60 minutos. ◆駅まで歩いて30分です「Se tardan 30 minutos [Se tarda media hora] en ir a pie hasta la estación. ◆彼は一分たがわず到着した Llegó con suma precisión.

ふん (不審, 軽蔑(ミミ)) interj. hum; bah, puf; pues... ◆彼は私の答えを聞いて「ばかにして」ふんと鼻をならした Resopló ante mi respuesta.

ふん 糞 m. excremento,《教養語》mpl. heces,《口語》f. caca,《俗語》f. cagada,《俗語》f. mierda; (家畜の) fpl. boñigas. ▶ネズミ [²羊]の糞 fpl. cagarrutas de ¹ratón [²oveja].

***ぶん 文** f. frase,《フォーマル》f. oración; (学校の作文) f. composición, f. redacción, m. arte de escribir; (文体) m. estilo, f. forma de escribir. → 文章. ▶¹単 [²複; ³重] 文 f. oración ¹simple [²compleja; ³compuesta]. ▶その文を受身の文に書き換える v. cambiar [conver- tir*, transformar] la frase en pasiva. ◆これはなかなかよい文だ Es una buena composición. ◆文は武に勝る (=ペンは剣より強い) (ことわざ) Más puede la pluma que la espada. ◆文は人なり El estilo es el hombre. /《ことわざ》El hombre hace el molde.

***ぶん 分** ❶【分数・部分など】(等分した一部分) f. parte. → 分数. ▶4分の1 m. cuarto, f. cuarta parte. ▶4分の3 mpl. tres cuartos, fpl. tres cuartas partes. ▶5万分の1の地図 m. mapa en la escala 1:50.000. ◆1分は1時間の60分の1です Un minuto es la sexagésima parte de una hora. ◆この市は東京の10分の1の大きさです Esta ciudad es 「un décimo [la décima parte] de la extensión de Tokio. ◆彼はブラインドを4分の3ほど引いた Bajó la persiana tres cuartos [cuartas partes] de la ventana.
❷【割り当て, 分け前】 f. parte, f. porción. ◆そのケーキを3(等)分する v. dividir 「el pastel [《スペイン》la tarta] en tres porciones [partes] (iguales). ◆大盛りのプディング一人分 f. una generosa ración de pudín. ▶10月分の給料をもらう v. cobrar el sueldo de octubre. ◆彼は自分の分をぺろりと食べた Se comió su ración con buen apetito. ◆その利益の私の取り分は百万円だった Mi parte de las ganancias fue de un millón de yenes. ◆これはあなたの分です Tu parte es ésta. / Esto es lo que le [le] toca.
会話 このケーキおいしい！―私の分もとっておいて ¡Qué pastel tan rico [delicioso,《ラ米》sabroso]! - Guárdame un trozo. ◆私は彼の分まで支払わされた Tuve que pagar lo suyo.
❸【分量】(割合, 比率) m. porcentaje. ▶1ユーロ分のバター f. mantequilla por valor de un euro, un euro de mantequilla. ▶二人分の仕事をする v. hacer* el trabajo de dos. ◆このワインはアルコール分が多い Este vino tiene un alto porcentaje de alcohol. ◆彼は¹三日 [²3人]分の食糧を買った Compró comida para tres ¹días [²personas].
❹【資力, 身分, 本分】(資力) mpl. medios, mpl. recursos; (立場) f. posición, m. estado; (運命) f. suerte, m. destino; (義務) m. deber. ▶分相応 [²不相応]に暮らす v. vivir ¹dentro de [²por encima de] sus posibilidades. ◆分を知る v. conocer* la propia situación. ▶分に安んじる v. conformarse con su lote. ◆己の分を尽くす v. cumplir con el deber.
❺【状態】 f. situación, fpl. condiciones, fpl. circunstancias. ◆この分では (=現状では)その事業は失敗に終わりそうだ A juzgar por la situación actual, la empresa acabará mal. ◆この分じゃ彼は成功しないよ En estas circunstancias [condiciones], no lo logrará. ◆この分ではあした雪になりそうだ Parece que mañana va a nevar.

ぶんあん 文案 m. borrador. → 下書き.

ぶんい 文意 m. significado de una frase. → 意味. ◆この文意不明だ No entiendo lo que quiere decir esta frase.

ふんいき 雰囲気 m. ambiente, f. atmósfera. ▶¹暖かい [²家庭的な; ³友好的な; ⁴張りつめた; ⁵気

まずい]雰囲気の中で adv. en un ambiente ¹cordial [²familiar; ³amistoso; ⁴tenso; ⁵incómodo]. ♦雰囲気のよい喫茶店 m. salón de té de agradable ambiente. ♦この部屋は重苦しい雰囲気に包まれていた El ambiente de la habitación era pesado. ☞ 趣, カラー, 情緒, たたずまい

ふんえん 噴煙 m. humo (de un volcán). ♦霧島からもうもうと噴火が上がっていた Del Monte Kirishima salía una espesa columna de humo.

ふんか 噴火 f. erupción. ♦火山の噴火 f. erupción volcánica. ♦噴火口 m. cráter. ♦噴火山 m. volcán activo. ♦噴火1する [²している] v. ¹entrar [²estar*] en erupción.

・ぶんか 文化 f. cultura; (文明) f. civilización.
1《～文化》♦古代ギリシャ文化 f. antigua cultura griega. ♦異文化間の問題を研究する v. estudiar problemas interculturales.
2《文化(の)＋名詞》(文化の[に関する]) adj. cultural; (文化のある) adj. culto, con cultura; (開けた) adj. civilizado. ♦文化遺産 m. patrimonio cultural. ♦文化交流 m. intercambio cultural. ♦文化国家 f. nación civilizada [culta]. ♦文化祭(学校の) m. festival cultural escolar. ♦文化人 f. persona culta [con cultura]. ♦文化人類学 f. antropología cultural. ♦文化水準 m. nivel cultural [de cultura]. ♦文化会館[センター] m. centro cultural (☆日秘文化会館 Centro Cultural Peruano Japonés). ♦文化の日 m. Día de la Cultura.
3《文化を》♦自分たち自身の文化を創造する v. crear una propia cultura. ♦古代ギリシャ人は高い文化を持っていた Los antiguos griegos poseían「un elevado nivel cultural [una avanzada civilización].

ぶんか 文科 (大学の文科系の学問) (mpl. estudios de) f. humanidades, fpl. letras. ♦文科系 f. carrera de letras.

ぶんがい 憤慨 (不正などに対する) f. indignación; m. resentimiento. ☞ 憤り.
―― 憤慨する v. indignarse, enfurecerse*, enfadarse mucho. ♦人を憤慨させる v. indignar, enfurecer*. ♦私は彼の言ったことに憤慨した Me indignaron sus palabras. / Me indigné con [por] lo que dijo. ♦彼女は夫が家事を分担してくれないので憤慨している Indigna que su marido no la ayude en el trabajo doméstico.

・ぶんかい 分解 (要素への) f. resolución; (成分・元素への) f. descomposición.
―― 分解する (構成要素に) v. resolverse* 《en》; (成分・元素に) v. descomponer*; (分析する) v. analizar*; (溶解する) v. disolver*. ♦水を酸素と水素に分解する v. descomponer* el agua en oxígeno e hidrógeno. ♦その時計を分解する v. desmontar el reloj. ♦自動車を分解修理(＝オーバーホール)する v. hacer* una reparación general del coche [automóvil]. ♦それは元素に分解する Se resuelve en sus elementos. ♦プリズムは光を分解する El prisma descompone la luz.

・ぶんがく 文学 f. literatura.

1《～文学》♦児童[²大衆; ³近代]文学 f. literatura ¹infantil [²popular; ³moderna]. ♦スペイン語圏アメリカ文学 f. literatura hispanoamericana. ♦国文学史 f. historia de la literatura japonesa.
2《文学＋名詞》♦文学科 m. departamento de literatura. ♦文学部 f. facultad de Letras [Literatura]. ♦文学界 m. mundo literario. ♦文学作品 f. literatura, fpl. obras literarias. ♦文学雑誌 f. revista literaria. ♦文学士[修士] mf. Licenciado/da en Literatura. ♦文学博士 mf. Doctor/tora en Literatura. ♦文学賞 m. premio [《教養語》m. galardón] literario. ♦文学者→文学者. ♦彼は文学愛好者です(＝文学趣味がある)「Le gusta [Aprecia] la literatura.
―― 文学の, 文学的の《》adj. literario. ♦文学の才能がある v. tener* talento literario.

ぶんがくしゃ 文学者 (作家) mf. escritor/tora; (文学研究者, 作家) m. hombre [f. mujer] de letras.

ぶんかくんしょう 文化勲章 f. Orden [f. Cruz] del Mérito Cultural.

ぶんかけい 文科系 f. carrera de letras [humanidades], mpl. estudios literarios. → 文系.

ぶんかこうろうしゃ 文化功労者 文化功労者選考審査会 m. Consejo para la Selección de Personas de Méritos Culturales.

ぶんかざい 文化財 ♦¹重要 [²無形]文化財 f. propiedad cultural ¹importante [²intangible].

ぶんかつ 分割 f. división. ♦分割する v. dividir. ☞ 分ける. ♦分割払い m. pago「a plazos [en abonos]. ♦車を分割払いで買う v. comprar un coche [automóvil] a plazos. ♦財産を4人の子供に平等に分割する v. dividir la propiedad entre los cuatro hijos. ♦ドイツは第二次大戦後東西に分割された Alemania fue dividida en Este y Oeste después de la Segunda Guerra Mundial. ♦クラスは4, 5人一組の研究グループに分割された La clase fue dividida en grupos de estudio de cuatro o cinco.

ふんき 奮起 ♦奮起する v. animarse. ♦奮起させる v. animar. ♦彼の激励で私たちは奮起した Sus palabras alentadoras nos animaron.

ぶんき 分岐 ♦分岐する v. separarse, divergir*; (2つに) v. bifurcarse*. ♦分岐点(道や川の) f. bifurcación. ♦分岐予測《専門語》f. predicción de saltos.

ふんきゅう 紛糾 (複雑な事態) f. complicación, m. enredo, (口語) m. lío. ♦紛糾する v. complicarse*, enredarse, 《口語》liarse*. ♦事態を紛糾させる v. complicar* [enredar] la situación. ♦会議を紛糾させる v. enredar [embrollar] una reunión.

ぶんぎょう 分業 f. división del trabajo. ♦分業で仕事をする v. dividir el trabajo.

ふんぎり 踏ん切り ♦その計画を断念するかどうか踏ん切りがつかない No sé si abandonar o no el plan.

ぶんけい 文系 f. carrera [mpl. estudios] de letras [humanidades], fpl. ciencias humanas y sociales. → 理系. ◆彼は大学は文系に進むことにしている Va a estudiar [seguir la carrera de] letras en la universidad.

ぶんけい 文型 m. modelo oracional. ▶基本文型 m. modelo oracional básico.

ぶんげい 文芸 (文学) f. literatura; (芸術と文学) mpl. artes y f. literatura. → 文学. ▶文芸作品 f. obra literaria. ▶文芸批評 f. crítica literaria. ▶文芸部(クラブ活動) m. club literario; (会社の) f. sección de literatura. ▶文芸復興 (=ルネサンス) m. Renacimiento. ▶(新聞などの)文芸欄 f. columna literaria.

ぶんけん 文献 (一連の学術的な) f. información, mpl. datos, f. literatura; (書物) m. libro; (記録資料) mpl. documentos. ◆参考文献 fpl. referencias, f. bibliografía. ◆彼はその問題に関して多くの文献を集めた Reunió「mucha información [muchos datos, mucha bibliografía] sobre el tema.

ぶんけん 分権 f. descentralización del poder. ▶地方分権 f. descentralización. ▶(地方)分権化する v. descentralizar*.

ぶんこ 文庫 (図書館, 蔵書, 叢(そう)書) f. biblioteca, m. archivo. ▶大宅文庫 f. biblioteca de Oya. ▶文庫本 m. libro en rústica. ▶文庫本で読む v. leer* (una novela) en rústica.

ぶんご 文語 m. lenguaje literario; (書き言葉) m. lenguaje escrito. → 口語.

ぶんこう 分校 f. escuela afiliada [filial].

ぶんこう 分光 ▶分光器 m. espectroscopio.

ぶんごう 文豪 mf. gran escritor/tora, mf. maestro/tra de la literatura.

ぶんこぼん 文庫本 m. libro en rústica. → 文庫.

ふんさい 粉砕 ▶粉砕する (押しつぶす) v. aplastar; (破片を飛散させて壊す) v.「romper* en [hacer*] añicos; (突然音を立てて打ち砕く) v. romper*, destrozar*.

ぶんさい 文才 → 才能. ▶文才がある v. tener* talento literario.

ぶんざい 分際 ◆彼は学生の分際で外車を乗り回している Aunque no es más que un universitario, va por ahí conduciendo un coche importado.

ぶんさん 分散 (雲・光・群衆などの) f. dispersión; (離散, 崩壊) f. separación, f. desintegración; 《専門語》f. distribución. ▶光の分散 f. dispersión de la luz. ▶分散コンピューティング《専門語》f. computación distribuida. ▶分散処理《専門語》m. procesamiento distribuido. ▶分散データベース《専門語》f. base de datos distribuida.

―― **分散する[させる]** (四方に散る) v. dispersarse, esparcirse*; (四方に散らす) v. dispersar, esparcir* → 散らす; (解散する) v. disolverse*, separarse; (解散させる) v. disolver*, separar; (中央集中の人口・産業などを) v. descentralizar*. ▶群衆を分散(=解散)させる v. dispersar una multitud. ▶国の産業を分散させる v. descentralizar* la industria del país.

***ぶんし 分子** (化学) f. molécula; (数学) m. numerador; (一部の者) m. elemento. ▶分子構造 f. estructura molecular. ▶分子式 f. fórmula molecular. ▶分子物理学 f. física molecular. ▶分子量 m. peso molecular. ▶¹反動 [²不平]分子 mpl. elementos ¹reaccionarios [²descontentos]. ◆党内の腐敗分子を一掃する v. expulsar a los elementos corruptos del partido.

ぶんしつ 紛失 f. pérdida. ◆警察に宝石の紛失届を出す v. informar a la policía de la pérdida de las joyas.

―― **紛失する** (人が) v. perder*, extraviar*; (物が) v. faltar; (消える) v. desaparecer*. ▶紛失した鍵(かぎ) f. llave perdida. ◆私は時計を紛失した Se me ha perdido el reloj. / Me ha desaparecido el reloj. ◆多額の金が紛失している Falta mucho dinero. ◆彼女のハンドバッグは見つからない No aparece su bolso. ◆紛失したと思われる Su bolso [[ラ米] cartera] no aparece; 「tiene que haberse perdido [seguramente se ha extraviado].

ぶんしつ 分室 f. oficina filial.

ふんしゃ 噴射 ▶ガスの噴射 m. chorro de gas. ▶炎を噴射する v. lanzar* una llamarada. ◆水が噴射した Salió un chorro de agua.

ぶんしゅう 文集 (名詩名文選集) f. antología, 《文語》m. florilegio; (雑録) f. miscelánea. ▶ガルシア・ロルカ文集 m. antología de las obras de García Lorca.

ふんしゅつ 噴出 ▶噴出する (液体・炎などが[を]一直線に) v. salir* a chorro, chorrear. ▶石油の噴出 m. chorro de petróleo.

ぶんしょ 文書 (書類) mpl. papeles; (資料・証拠としての) m. documento → 書類; (通信文) f. carta, f. correspondencia; (記録) m. registro; (会議録, 議事録) f. acta; (取引の) f. escritura; (手紙) m. estilo, f. nota. ▶¹公 [²私] 文 書 mpl. documentos ¹oficiales [²privados]. ▶外交文書 f. correspondencia diplomática. ▶文書で回答する v. responder por escrito. ◆その件でわれわれは合意したが, 文書の形では何もない Nos dimos la mano sobre eso, pero no hay nada escrito. ◆契約を文書にしてください Vamos a ponerlo por escrito. / Quiero tener el contrato por escrito. ☞ 証書, 書面

ぶんしょう 文章 (書き物) m. escrito; (一つの文) f. frase; (作文) f. composición, f. redacción; (一節) m. pasaje; (随筆, 小論) m. ensayo; (文体) m. estilo. ▶文章家 mf. escritor/tora, mf. (随筆家) ensayista. ▶文章を書く v. escribir*「una composición [un ensayo]. ▶考えをまとめる v. poner*「reflejar] las ideas por escrito. ◆彼は文章が¹上手 [²へた]だ Es un ¹buen [²mal] escritor. / Escribe ¹bien [²mal]. / Se le da ¹bien [²mal] escribir.

ぶんじょう 分譲 ▶土地の分譲 f. venta de parcelas [solares, lotes de tierra]. ▶分譲地 (全体) mpl. solares en venta; (1区画) f. subdivisión. ▶分譲住宅 f. casa nueva en venta. ▶分譲マンション m. condominio [m. departamento] en venta. ▶その土地を分譲する v.

vender la tierra en parcelas [solares], parcelar la tierra para venderla.

ぶんしょか 文書化 →ドキュメンテーション.

ぶんしん 分針 m. minutero, f. manecilla grande.

ぶんじん 文人 mf. literato/ta; (文学趣味の人) f. persona con gustos literarios.

ぶんすい 噴水 f. fuente (artificial), m. surtidor. ◆噴水が出ている Mira, está saliendo agua de la fuente.

ぶんすいれい 分水嶺 f. (línea) divisoria de aguas.

ぶんすう 分数 f. fracción, m. (número) quebrado. →一分の. ▶帯分数 m. número mixto. ▶分数式 f. expresión fraccionaria.

ふんする 扮する ❶【演じる】弁慶に扮する v. hacer* (el papel) de Benkei, actuar* de Benkei.

❷【変装する】→変装する.

ぶんせき 分析 m. análisis. ▶精神分析 m. psicoanálisis. ▶精神分析医 mf. psicoanalista. ▶分析的な adj. analítico. ▶分析化学 f. química analítica. ◆その水を分析した結果、化学汚染物質を含んでいることが分かった El análisis del agua reveló「el contenido de [que contenía] contaminantes químicos.◆われわれはなぜ失敗したのかを知るために綿密にその計画を分析した Hemos analizado detenidamente el plan para ver dónde estaba el fallo. / Hemos realizado un minucioso análisis del plan para ver por qué ha fracasado.

ぶんせき 文責 ◆この記事の文責は私にある Yo soy el responsable del contenido de este artículo.

ふんせん 奮戦 ▶奮戦する v. luchar desesperadamente.

ふんぜん 憤然 ▶憤然として adv. con indignación; (激怒して) adv. con rabia. ▶憤然として立ち去る v. irse* con indignación [rabia].

ふんせんちゅうしょう 糞線虫症 (専門語) f. estrongiloidiasis.

ふんそう 紛争 (激しい論争) m. conflicto; (もめごと) m. problema; (騒ぎ, 動乱) m. alboroto. ▶大学紛争 mpl. conflictos en las universidades, mpl. alborotos universitarios. ▶国境紛争 m. conflicto fronterizo. ▶労使間の紛争の解決にあたる v. ocuparse de solucionar un conflicto entre patronos y empleados. →争議 ☞事変, 騒動.

ふんそう 扮装 ❶【役者の】m. disfraz, m. maquillaje. ▶オセロの扮装をする v. disfrazarse* de Otelo.

❷【変装】→変装.

ふんぞりかえる ふん反り返る ▶いすにふんぞり返る(=偉そうに座る) v. sentarse* en la silla dándose importancia.

ぶんたい 文体 m. estilo. ▶文体論 f. estilística. ▶¹口語的[²洗練された]文体で書く v. escribir* en un estilo ¹coloquial [²pulido]. ◆漱石の文体をまねて書く v. escribir* en el estilo de Soseki. ◆彼の文体は多少堅苦しいところがある Su estilo es algo duro [formal].

ふんだくる (力ずくで取る) v. arrebatar, arrancar*, sacar*. ◆あのバーでビール1本で1万円もふ んだくられた En ese bar me sacaron 10.000 yenes por una botella de cerveza.

プンタ・デル・エステ Punta del Este (☆ウルグアイの観光市).

ふんだりけったり 踏んだり蹴ったり ▶踏んだり蹴ったりの目にあう v. pasarlo muy mal, pasar muchos apuros.

ふんだん ▶ふんだんな (=豊富な) 資金 mpl. abundantes fondos. ▶ふんだんに (=惜しげもなく) 金を遣う v. gastar el dinero desinteresadamente, 《教養語》ser* pródigo con el dinero. ▶ダイヤモンドをふんだんにあしらった王冠 f. corona profusamente incrustada de diamantes. ◆ふんだんに~する(ある)時間がある Tenemos「tiempo de sobra [mucho tiempo]」.

ぶんたん 分担 (費用・仕事などの負担) f. contribución, f. parte; (計画的に割り当てた仕事) f. asignación, m. encargo; (任意または偶発的な割り当て) f. repartición. ▶分担が決まった仕事 f. tarea encargada [asignada]. ▶自分の分担の仕事をする v. hacer* la parte asignada de un trabajo.

―― **分担する** (分け合う) v. compartir; (分割する) v. dividir; (割り当てる) v. asignar. ▶責任を分担する v. encargarse* de su parte de la responsabilidad. ▶費用を分担する v. compartir los gastos, repartirse los gastos 《entre》. ◆その仕事をわれわれ4人で分担しよう Vamos a compartir [dividirnos] este trabajo entre nosotros cuatro.

ぶんだん 文壇 m. mundo literario, mpl. círculos literarios. ▶文壇で名をなす v.「hacerse* famoso [《教養語》labrarse un nombre]」en el mundo literario.

ぶんちゅう 文中 ◆文中に文法上の間違いはない No hay ningún error gramatical en la frase.

ぶんちょう 文鳥 m. gorrión de Java.

ぶんちん 文鎮 m. pisapapeles.

***ぶんつう** 文通 f. correspondencia, m. intercambio de cartas.

―― **文通する** v. escribirse*, mantener* correspondencia 《con》. ◆私は彼女と何年も文通している Llevo ya años escribiéndome con ella. / Nos escribimos desde hace ya años.

ふんづける 踏み付ける v. pisar, 《教養語》hollar*. →踏み付ける.

ぷんと ◆彼女はぷんと顔をそむけた Apartó airadamente el rostro. ◆その薬品はぷんと鼻をつく Esa medicina「huele mucho [tiene un olor muy fuerte]」.

ふんとう 奮闘 m. esfuerzo enérgico, m. gran esfuerzo; (苦闘) f. lucha dura; (頑張り) m. trabajo duro. →努力, 健闘. ▶奮闘する v. esforzarse* con denuedo [ardor, ahinco]. ▶四苦八苦, 戦[闘]う.

ぶんどき 分度器 m. transportador.

ふんどし 褌 m. taparrabo(s). ▶人のふんどしで相撲を取る (=人の費用で利益を得る)《言い回し》v. sacar* la sardina con mano ajena, aprovecharse del trabajo ajeno. ▶ふんどしを締め

てかかる《口語》v. arremangarse* (y ponerse* a trabajar).

ぶんどる 分捕る (攻略する)v. capturar, apoderarse 《de》. ▶彼らは敵船を分捕った Han capturado un barco enemigo.

ぶんなぐる v. pegar*, sacudir, dar* una paliza [tunda] 《a + 人》,《口語》medir* las costillas 《a + 人》.

-ぶんの -分の prep. (dividido) entre. ▶7分の20 20 entre 7. / 20 séptimas partes. ♦クラスの3分の1は女生徒です「Un tercio [Una tercera parte] de la clase son chicas. → 分数.

ぶんのう 分納 ▶分納する v. pagar* a plazos.

ぶんばい 分売 ▶分売はしない v. no vender por separado.

ぶんぱい 分配 (配ること) f. distribución, f. repartición; (配るために分けること) f. división; 富の分配 f. distribución de la riqueza. ▶分配됨 f. parte.

—— 分配する (配る) v. distribuir* 《entre》; (均一に) v. dividir 《entre》; (分け合う) v. repartir 《entre》. ▶子供たちに食物を分配しよう v. repartir la comida entre los niños. ♦彼の財産は3人の息子に等分に分配された Su propiedad fue repartida [dividida] en partes iguales entre sus tres hijos.

ぶんぱつ 奮発 ▶奮発する (思いきって...を買う) v. darse* [permitirse] el lujo 《de》. ♦彼女は奮発してシルクの服を買った Se dio el lujo de comprarse un vestido de seda.

ぶんばり 踏ん張り ▶もうひと踏ん張りする v. esforzarse* aún más, aguantar más.

ぶんばる 踏ん張る ▶足を踏ん張る v. aguantar con firmeza, sostenerse* bien. ▶最後まで踏ん張る (＝持ち抜く) v. sostenerse* hasta el final. ▶頑張る. ♦敵の執拗な攻撃にもかかわらず彼らは踏ん張った Aguantaron con firmeza el continuo ataque enemigo.

ぶんぴ 分泌 f. secreción, f. segregación. → 分泌(ぴつ).

ぶんぴつ 文筆 (文章を書くこと) el escribir; (著述活動) f. (hacer la) redacción de las obras. ▶文筆業 m. oficio literario, f. profesión de la literatura. ▶文筆家 (作家) mf. escritor/tora; (文人) m. literato/ta.

ぶんぴつ 分泌 (作用) f. secreción, f. segregación. ♦唾(だ)液の分泌 f. secreción de saliva. ▶分泌物 f. secreción. ▶分泌腺 f. glándula secretora. ▶胃液を分泌する v. segregar* jugo gástrico.

ぶんぷ 分布 f. distribución. ▶分布地図 m. mapa de distribución. ♦その昆虫は日本に広く分布している Esos insectos se encuentran ampliamente distribuidos [repartidos] por Japón.

ぶんぶん ❶(羽の音, うなる音) ▶ぶんぶん羽音を立てる (ハエなどが) v. zumbar. ▶エンジンのぶんぶんうなる音 m. zumbido del motor. ♦夏になると食品の周りにハエがぶんぶんする En verano las moscas zumban alrededor de la comida. ♦軽飛行機がぶんぶん飛んで行くのが聞ける Se puede oír el zumbido de las avionetas al volar.
❷ (棒などをうなるほど振り回す様子・音) ▶つえをぶんぶん振り回す v. agitar violentamente un palo.

ぷんぷん ❶【臭う】(においなど) adj. fuerte, 《口語》que apesta, 《強調して》《口語》que echa para atrás; adv. mucho. ♦彼の息は酒のにおいがぷんぷんした Su aliento「olía mucho [《口語》apestaba] a alcohol. ♦海辺は腐った魚のにおいがぷんぷんしていた En la playa「había un fuerte olor [《口語》apestaba, 《教養語》hedía] a pescado podrido. /《口語》En la playa había un olor a pescado podrido que echaba para atrás.
❷ [非常に怒っている] adj. furioso, enfurecido, 《口語》que echa humo. ♦彼は長く待たされてぷんぷん怒っていた Estaba furioso por haber tenido que esperar tanto. ♦彼女はもうぷんぷん怒っていた《口語》Estaba que echaba humo.

ふんべつ 分別 (慎重さ) f. prudencia, f. discreción; (判断力) m. buen juicio [criterio]; (賢明さ) f. sabiduría; (才覚) m. ingenio. ▶分別ある人 f. persona sensata [juiciosa]. ▶侮辱されて分別を失う v. perder「el juicio [la razón] al ser* insultado. ▶分別を働かせる v. usar la prudencia. ♦分別を持ちなさいよ Sé sensato. / Actúa con prudencia [sentido común]. ♦彼は分別のある行動をする Su conducta es sensata. /《フォーマル》Se comporta juiciosamente. ♦分別があれば彼の申し入れを断わるだけの分別があった Tuvo el sentido común de rechazar su oferta. / Obró sensatamente rechazando su oferta. ♦あの馬鹿, いつになったら分別がつくようになるのだろう ¿Cuándo va a tener juicio ese tonto?

ぶんべん 分娩 → 出産. ▶無痛分べん m. parto sin dolor.

ぶんぼ 分母 m. denominador. ▶(最小) 公分母 m. (mínimo) común denominador.

*ぶんぽう 文法 f. gramática. ▶スペイン語文法 f. gramática española. ▶文法書 (m. libro de) f. gramática. ▶文法家 mf. gramático/ca. ▶文法的誤りをおかす v. cometer un error gramatical. ♦その文は文法的に[1正しい [2正しくない] Esa frase es gramaticalmente [1correcta [2incorrecta].

ぶんぼうぐ 文房具 mpl. artículos de papelería [escritorio]; (筆記用具) mpl. objetos [mpl. artículos, mpl. efectos] de escritorio. ▶文房具屋 (店) f. papelería; (人) mf. dueño/ña de papelería, mf. papelero/ra.

ふんまつ 粉末 m. polvo; (細かな) m. polvillo. ▶粉末の adj. en polvo, pulverizado. ▶粉末コーヒー m. café en polvo. ▶粉末にする v. pulverizar*, reducir* a polvo. ▶粉末になる v. hacerse* [volverse*, reducirse*] polvo.

ふんまん 忿懣 (不正行為などに対する) f. indignación; (態度や言葉に表れる) m. resentimiento; (激しい) f. rabia, f. furia. ▶ふんまんやるかたない v. estar* lleno de indignación, reventar* de cólera [ira], estar* indignado [resentido] 《por + 物・事》《contra + 人》.

ぶんみゃく 文脈 m. contexto. ▶この文脈では adv. en este contexto. ▶文脈から単語の意味を知る v. aprender el significado de una palabra a partir de su contexto.

ぶんみん 文民 m. civil. ▶文民統制 m. control civil.

ぶんむき 噴霧器 m. pulverizador, m. vaporizador, m. aerosol. → スプレー.

*__ぶんめい 文明__ f. civilización. → 文化. ▶西洋[1]古代[2]物質]文明 f. civilización occidental [1]antigua [2]materialista]. ▶文明開化 f. civilización e f. ilustración. ▶文明国 m. país civilizado. ▶文明社会 f. sociedad civilizada. ▶文明の利器 (現代の便利な物) f. comodidades de la vida moderna. ♦エジプト文明はナイル川流域に起こったと言われている Se dice que la civilización egipcia se inició en el valle del Nilo. ♦原始人は私たちが思ったよりも文明化していた Los pueblos primitivos eran más civilizados de lo que creíamos.

ぶんめん 文面 (手紙の要旨) m. contenido de una carta. ▶この手紙の文面から察すると、彼はかなり困っているようだ A juzgar por el contenido de esta carta, tiene problemas. /《口語》Por lo que se ve por esta carta, anda con problemas.

ぶんもんしかんしょう 噴門弛緩症 《専門語》f. calasia.

__ぶんや 分野__ (研究などの) m. campo, f. esfera; (活動の) m. ramo, f. área, m. dominio. ▶研究分野 m. campo de investigación. ▶新分野を切り開く v. abrir un nuevo campo. ♦あなたの専門分野は何ですか ¿Cuál es tu especialidad [campo]? → 専門. ♦彼はスポーツの分野でよく知られている Es famoso en la esfera del deporte.

ぶんらく 文楽 "Bunraku", m. teatro japonés de guiñol.

*__ぶんり 分離__ f. separación. ▶政教分離 f. separación de「política y religión [Iglesia y Estado].

—— **分離する** v. separar. ▶石を砂と分離する v. separar las piedras de la arena. ▶クリームはミルクから分離した La crema [《スペイン》nata] se ha separado de la leche.

ぶんりがくぶ 文理学部 f. Facultad de Letras y Ciencias. → 学部.

ぶんりつ 分立 (分離) f. separación; (分割) f. división; (独立) f. independencia. ▶三権分立(行政, 司法, 立法) f. división de los tres poderes (el ejecutivo, el legislativo y el judicial).

—— **分立する** v. separarse (de); (独立する) v. independizarse* 《de》. ▶経済を政治と分立させる v. separar la economía de la política.

ぶんりょう 分量 f. cantidad, m. volumen. → 量; (薬の服用量) f. dosis. ♦ここに十分な分量のミルクがあります Tenemos suficiente cantidad de leche aquí. ♦薬の分量を間違わないように注意しなさい Ten cuidado en no equivocarte con la dosis de la medicina.

*__ぶんるい 分類__ f. clasificación. ▶分類表 f. tabla de clasificación. ▶植物の分類 f. clasificación「de plantas [botánica].

—— **分類する** v. clasificar*, catalogar*; (グループに分ける) v. agrupar. ▶本を1著者別 [2アルファベット順]に分類する v. clasificar* los libros por [1]autores [2]orden alfabético]. ♦それらは題目によって三つの種類に分類できる "Se los puede clasificar [Pueden ser clasificados] en tres clases según el tema. ♦その本は伝記として分類されていますかそれとも小説としてですか ¿Ese libro está clasificado [catalogado] como biografía o ficción? ♦この本はノンフィクションに分類される Este libro está clasificado [catalogado] como "no ficción".

☞ 区分, 区分け, 仕分け; 整理する, 選り分ける

ぶんれつ 分裂 f. división; (仲間割れ) f. escisión. ▶細胞分裂 f. división celular. ▶党の分裂 f. escisión en el partido.

—— **分裂する** (意見などが分かれる) v. dividirse; (政党などが分裂する) v. desunirse, 《教養語》escindirse; (関係が壊れる) v. desunirse, separarse. ♦その問題でわれわれの意見が分裂した Nuestras opiniones estaban divididas al respecto. / No estábamos de acuerdo sobre el tema. ♦その政党は2派 [2右派と左派]に分裂した El partido se escindió en [1]dos facciones [2]la derecha y la izquierda]. ♦消費税問題で党は大きく分裂している El partido se encuentra profundamente dividido [desunido] en el tema del impuesto sobre el consumo.

ふんわり (柔らかく) adv. blandamente; (軽やかに) adv. suavemente, ligeramente. ▶大きな雲がふんわり青空に浮かんでいた Una gran nube flotaba blandamente en el cielo azul. ♦飛行船がふんわりと着陸した「La aeronave [El dirigible] aterrizó suavemente.

【その他の表現】 ▶ふんわりした毛のセーター m. suéter de lana suave. ▶ふんわりしたカーペット f. alfombra blanda.

へ

へ 屁 m. pedo, 《フォーマル》f. ventosidad. → おなら. ◆そんなことは屁とも思わない［口語］Me importa un bledo [pepino]. ◆そんなものは屁のようなものだ（＝取るに足らない） Eso no vale nada.

＊ヘ ❶【方向, 方角】prep. a, hacia, para. →に. ◆成田からローマへたつ v. salir* de Narita a [hacia] Roma. ◆ドアの方へ歩いて行く v. caminar hacia la puerta. ◆ウサギは向こうの林へ走って行った El conejo se fue corriendo hacia aquellos árboles de allá. ◆その一行はロンドンの方へ向かっていた El grupo se dirigía a Londres. ◆私たちは大阪へ向かう列車に乗り込んだ Tomamos un tren para [a] Osaka. ◆3時までに家へ帰って来るんですよ Tienes que llegar a casa antes de las tres. **❷**【相手, 対象】prep. a, para. →に. ◆月に1度故郷の両親へ手紙を書く Escribo a mis padres una vez al mes. ◆これは彼への贈り物です Este regalo es para él. **❸**【中へ, 上へ】prep. en, sobre. →に. ◆荷物はロッカーへしまいなさい Pon tus cosas en el armario. ◆植木ばちはこの棚の上へのせておこう Pondré la maceta sobre este estante. **❹**【事態】（…しているときに）conj. justo cuando, en el momento en que. ◆妹とけんかしているところへ友達がやって来た Un amigo vino justo cuando me estaba peleando con mi hermana.

ヘア m. pelo, 《フォーマル》m. vello; （陰毛）《フォーマル》m. vello púbico [pubiano]. ◆ヘアスタイル m. corte de pelo, m. peinado. ◆ヘアピン f. horquilla, 〚ラ米〛m. pasador. ◆ヘアブラシ m. cepillo para el pelo. ◆ヘア¹スプレー〚²ドライヤー〛¹ f. laca〚² m. secador〛（para el pelo）. ◆ヘアローション f. loción capilar. ◆ヘアトニック m. tónico capilar. ◆ヘアピース （婉曲的）m. postizo; （男性用）m. peluquín, m. tupé.

地域差	ヘアピン
［スペイン］	m. broche, f. horquilla
［キューバ］	m. gancho (de pelo)
［メキシコ］	m. pasador
［ペルー］	m. gancho (de pelo)
［コロンビア］	m. gancho (de pelo)
［アルゼンチン］	〚英語〛m. "clip", f. horquilla

ベア f. subida salarial. → 昇給.

ペア f. pareja. ◆ペアで adv. en pareja. ◆ペアルック（＝そろいの服）を着ているアベック f. pareja「con el mismo vestido [que viste igual], m. dúo con vestidos parejos. ◆テニスで彼とペアを組む v. ser* emparejado con él en el tenis.

ベアリング （軸受け）m. cojinete, m. rodamiento.

へい 塀 f. tapia, m. muro, f. pared; （柵）f. valla, f. cerca. → 壁. ◆れんが塀 m. muro〚f. pared〛de ladrillo. ◆板塀 f. cerca de madera. ◆家に塀をめぐらす v. rodear la casa de una valla [tapia], levantar una valla alrededor de la casa, vallar [tapiar] una casa. ◆塀ごしに見る v. mirar por encima de la valla. ◆泥棒は塀をよじ登って庭に降りた El ladrón saltó la tapia y entró en el jardín.

ベイ 〈専門語〉m. compartimiento de la unidad.

ペイ f. paga, m. salario, m. sueldo. → 給料.

へいあん 平安 f. paz, f. serenidad, f. calma. ◆平安な adj. pacífico, sereno. ◆平安時代 f. Época (de) Heian.

へいい 平易 ◆平易な（平明な）adj. sencillo; （簡単な）adj. simple; （容易な）adj. fácil. ◆平易なスペイン語で書かれた本 m. libro escrito en un español sencillo [fácil]. ◆平易に言えば adv.「por decirlo [hablando] sencillamente. ◆説明を平易にする v. simplificar* una explicación.

へいえき 兵役 m. servicio militar, 《口語》f. mili. ◆兵役に服する v. servir* en 「el ejército [la milicia]. ◆兵役を免除される v. librarse〚〈フォーマル〉eximirse〛del servicio militar.

ペイオフ f. finanza del depósito bancario hasta diez millones de yenes.

へいおん 平穏 （平和）f. paz; （静けさ, 安らかさ）f. tranquilidad; （平静, 落ち着き）f. calma, m. sosiego. ◆平穏な adj. pacífico; tranquilo; sosegado, calmado. ◆平穏無事に暮らす v. vivir [llevar] una vida tranquila [sosegada]. ◆平穏な時代に en "tiempos de paz [una época tranquila]. ◆平穏な土曜の晩 f. tranquila tarde de sábado. ◆その村は昔と同様平穏だった El pueblo estaba tan tranquilo y sosegado como antes.

へいか 陛下 Su Majestad,〚略〛S.M;（両陛下）Sus Majestades,〚略〛S.S. M.M. ◆天皇陛下 Su Majestad el Emperador. ◆皇后陛下 Su Majestad la Emperatriz. ◆女王陛下 Su Majestad la Reina. ◆天皇皇后両陛下 Sus Majestades el Emperador y la Emperatriz.

べいか 米価 m. precio del arroz. ◆¹消費者〚²生産者〛米価 m. precio del arroz para ¹el consumidor〚²el productor〛. ◆米価審議会 m. Consejo Regulador del Precio del Arroz.

へいかい 閉会 f. clausura de una asamblea. ◆閉会する v. clausurar (una asamblea). ◆閉会式 f. ceremonia de clausura. ◆閉会の辞を述べる v. pronunciar un discurso de clausura,《口語》decir* unas palabras「de clausura [finales]. ◆閉会を宣言いたしま

す. 皆様ありがとうございました《フォーマル》Declaro 「clausurada la asamblea [clausurado el Congreso]. Gracias, damas y caballeros. ◆国会は閉会中です En el Parlamento no hay sesión.

へいがい 弊害 ▶害 m. mal efecto, m. efecto nocivo [perjudicial, pernicioso, dañino]《sobre, en》→害; (悪影響) f. mala influencia, f. influencia perjudicial. ◆喫煙は健康にさまざまな弊害をもたらす Fumar tiene malos efectos para la salud.

へいかん 閉館 ▶閉館時間を延長する v. ampliar el horario de apertura. ◆本日閉館《掲示》Cerrado. / Cerrado hoy. ◆図書館は6時に閉館します La biblioteca (se) cierra a las seis.

**へいき 平気 ▶平気な(他の) adj. que le da igual, que no le importa [afecta], 《口語》que le deja frío [indiferente, tranquilo]. ◆彼は父の死の報に接しても平気なふりをした Ante la noticia de la muerte de su padre fingió indiferencia. ◆彼は危機にあっても平気な様子だった En la crisis parecía tranquilo. ◆彼は人が苦しんでいてもまったく平気だ(=無頓(とん)着だ) El sufrimiento de los demás no le importa nada. / Es indiferente ante el sufrimiento ajeno. ◆人が何と言おうと私は平気だ(=気にしない) Me da igual lo que diga la gente. / No me importa lo que digan los demás. ◆暑さなんかまったく平気だ(=いやでない) El calor no me afecta absolutamente nada. / El calor me da exactamente igual. 《会話》(うっかりぶつかって)おっと!ごめん!—だいじょうぶ. 平気だよ(=大したことはない) ¡Oh! ¡Perdón! – No importa. / No pasa nada.

— 平気で[に] adv. con toda tranquilidad, sin importar nada. ◆彼は平気に(=何事もなかったかのように)ふるまっていた Se comportó como si no le hubiera pasado nada. ◆彼は平気でうそをつく(=何とも思わない) Le da igual decir mentiras. /《口語》Miente con toda la tranquilidad del mundo.

へいき 兵器 fpl. armas, m. armamento. ▶兵器工場 f. fábrica de armamentos [armas], m. arsenal. ▶兵器庫 m. arsenal. ▶[1]細菌[2]化学] 兵器 m. arma [1]bacteriol ógica [2]química).

*へいきん 平均 ❶【均すこと】m. promedio, m. término medio.

1《平均+名詞》▶平均寿命 f. esperanza de vida al nacer. ▶平均気温 f. temperatura media. ◆このクラスの平均点は何点ですか ¿Qué nota media tiene esta clase? / ¿Cuál es el promedio de nota de esta clase? ◆少年たちの平均身長は170センチです El promedio de la estatura de los chicos es de un metro setenta. ◆北海道の年間平均降雨量は東京地方の約3倍である El promedio anual de precipitaciones en Hokkaido es aproximadamente tres veces superior al de la zona de Tokio. ◆彼は成績は平均以上[以下]です Su rendimiento escolar está por [1]encima [2]debajo] del promedio.

2《平均は》◆3と5と7の平均は5です La media de 3, 5 y 7 es 5.

3《平均(して)》▶期末試験で平均70点をとる v. conseguir* una media de 70 en el examen trimestral. ◆彼は平均週5日働く Trabaja cinco días a la semana por término medio.

❷【均衡】m. equilibrio. ▶平均台 f. barra de equilibrio. ◆彼は体の平均を失って川に落ちた Perdió el equilibrio y se cayó al río. ◆彼は片足で体の平均を保った Mantuvo [Mantenía] el equilibrio sobre un pie.

へいけものがたり 平家物語(書名) f. «Historia de Heike», m. «Cantar de Heike».

へいげん 平原 f. llanura, m. llano, f. planicie. →平野.

べいご 米語 m. inglés de Estados Unidos.

*へいこう 平行 m. paralelismo. ▶平行線 fpl. líneas paralelas. ▶平行な adj. paralelo a [con]. ▶平行棒(体操) fpl. barras paralelas. ▶段違い平行棒(体操) fpl. barras asimétricas. ◆線Aと平行な線を引きなさい Traza [Haz, Dibuja] una (línea) paralela a la línea A. ◆鉄道は高速道路と平行して走っている La vía férrea corre paralela a [con] la autopista. ◆彼らの話し合いは平行線をたどった(=議論がかみ合わなかった) Sus discusiones no 「llegaron a ningún sitio [condujeron a nada]. / (議論をし続けたが合意に至らなかった) Siguieron discutiendo sin llegar a un acuerdo.

へいこう 並行 ▶並行輸入 fpl. importaciones paralelas. ▶並行する v. ir* a la par; (3人・物が) v. ir* de tres en fondo; (道などが並んで通る) v. correr a la par. ◆彼と並行して走る v. correr a la par con él. ◆二人の容疑者の取り調べは並行して行なわれた Los dos sospechosos fueron interrogados al mismo tiempo. / Las interrogaciones de los dos sospechosos fueron simultáneas.

へいこう 平衡 (釣り合い) m. equilibrio, m. balance. →釣り合い, バランス. ▶平衡感覚 m. sentido del equilibrio. ▶体の平衡を保つ v. mantener* el equilibrio [balance]. ◆スケーターは体の平衡を失って転倒した La patinadora 「se desequilibró [perdió el equilibrio] y se cayó.

へいこう 閉口 ▶閉口する(悩まされる) v. embarazarse*《por》→悩ます; (当惑する) v. turbarse, sentirse* molesto. → 当惑する. ◆この暑さには閉口する(=我慢できない) Este calor me embaraza. / No puedo aguantar [soportar] este calor. ◆彼の講演には閉口した(=うんざりした) Su conferencia era aburridísima. / Estaba harto [aburrido] con su conferencia.

へいごう 併合 ▶併合する(国・領土を) v. anexionar, anexar. → 合併, 吸収. ◆その小国はロシアに力ずくで併合された El pequeño país fue anexionado a la fuerza por Rusia.

*べいこく 米国 Estados Unidos, 〖略〗EE. UU; (公式名) mpl. Estados Unidos de América. → アメリカ. ▶米国の adj. estadounidense, norteamericano. ▶米国人 mf. norteamericano/na. ▶米国政府 m. gobierno de Estados Unidos.

へいさ 閉鎖 (店・工場などの) m. cierre; (労働者の締め出し) m. cierre patronal, 『ラ米』 m. paro patronal. ▶閉鎖的な社会 f. sociedad cerrada. ▶閉鎖症《専門語》f. atresia.
── 閉鎖する (学校・道などを) v. cerrar*. (店・工場など(の業務)を) v. cerrar*, (経営者側が) v. hacer* un cierre patronal. ◆工場はそのうち閉鎖する Van a cerrar pronto la fábrica. ◆空港は霧のため閉鎖された El aeropuerto fue cerrado por la niebla. → 閉まる.

へいさく 米作 (米の栽培) m. cultivo de arroz; (米の収穫) f. cosecha arrocera [de arroz]. ▶米作地帯 f. región arrocera.

へいし 兵士 (陸軍の) mf. soldado; (海軍の) m. marino. → 軍人, 兵隊.

へいじ 平時 mpl. tiempos de paz. ▶平時に adv. en tiempos de paz.

へいじつ 平日 (日曜日(と土曜日)以外の日) m. día entre semana; (仕事の日) m. día laboral [laborable]; (日曜日(と土曜日)以外の 1 週間) f. semana laborable. ▶平日どおり adv. como de costumbre. ◆あの店は平日は開いている Esa tienda está abierta entre semana. 金長 それでは朝食を食べる暇がないじゃないの―そうだよ. 平日はね Entonces no tienes tiempo de tomar el desayuno, ¿no es así? ― Pues no, entre semana no.

へいしゃ 兵舎 m. cuartel, m. barracón.

へいしょ 閉所 m. pequeño lugar cerrado, f. celda. ▶閉所恐怖症《専門語》f. claustrofobia. ▶閉所恐怖症患者《専門語》mf. claustrofóbico/ca.

へいじょう 平常 (標準となるもの) f. normalidad; (平常の状態) fpl. condiciones normales. ▶平常の(標準の) adj. normal, (平素の) adj. habitual; (通常の) adj. ordinario; (毎日の) adj. cotidiano. ▶列車のダイヤは平常に戻った El servicio ferroviario volvió a la normalidad. ◆水位は平常より 15 センチ[1]高い [2]低い] El nivel del agua está 15 centímetros por [1]encima [2]debajo] de lo normal. ◆彼は平常どおり 9 時に [2]平常より 15 分遅れて]店を開けた Abrió la tienda [1]a las nueve como de costumbre [2]quince minutos más tarde que de costumbre].
【その他の表現】▶平常点(教室での) f. calificación [f. nota] por participación en clase. ▶平常心で行動する v. actuar* 「con serenidad [sin perder* la calma].
── 平常に adv. usualmente; normalmente; generalmente. → 普通, 普段, 通例, 通常.

へいしんていとう 平身低頭 ▶平身低頭する v. hacer* una profunda inclinación*; (ひざまずいて) v. ponerse de rodillas, postrarse de rodillas. ▶平身低頭して(=謙虚に)謝る v. pedir* humildemente perdón, disculparse humildemente.

へいせい 平静 (落ち着き) f. tranquilidad, f. calma, (沈着) f. serenidad, f. presencia de ánimo; (平穏) f. paz; (静けさ, 安らかさ) m. silencio, f. quietud. ▶平静な adj. sereno; impasible; plácido. ▶平静な行動 f. conducta tranquila [serena]. ◆心の平静を保つ [2]失う] v. [1]mantener* [2]perder*] la calma [presencia de ánimo]. ◆町はまもなく平穏になった La ciudad no tardó en calmarse. ◆彼は怒りを抑えて平静に答えた Controló su ira y respondió 「con serenidad [calmadamente].
── 静けさ, 沈着

へいせい 平成 Heisei. ◆私は平成元年卒業だ Me gradué en 1989 [el primer año de (la era de) Heisei].

へいぜい 平生 →日頃, 普段, 毎日, 平常.

へいせつ 併設 ▶併設する (付属として B に A を設立する) v. establecer* [colocar*] A como anexo de B; (付属している) v. juntar (a). ◆幼稚園がその大学に併設されている Hay un 「jardín de infancia [kindergarten] a modo de anexo de la universidad. / Han juntado el jardín de infancia y la universidad.

へいぜん 平然 ▶平然とした adj. tranquilo, sereno; impasible, frío. ▶平気. ▶平然と adv. tranquilamente; impasiblemente, fríamente.

へいそ 平素 → 日頃. ◆平素のごぶさた(= 長い間の音信不通)をおわび申し上げます Quiero disculparme por mi largo silencio.

へいたい 兵隊 (陸軍の) mf. soldado; (軍隊の) m. ejército, fpl. tropas → 軍人, 将校; (将校に対して) mf. soldado raso, f. tropa. ▶兵隊ごっこをする v. jugar* a los soldados.

へいたん 平坦 →平ら, 平たい. ▶平坦な小道 m. camino llano [suave].

へいち 平地 m. terreno llano; (平らな地方) f. región llana.

へいてい 閉廷 ▶閉廷する v. levantar la sesión. ◆これより 3 月 15 日まで閉廷とする El tribunal levantará [suspenderá] la sesión hasta el 15 de marzo.

へいてい 平定 ▶平定する(鎮圧する) v. reprimir, sofocar*; (制圧する) v. someter, subyugar*. ▶反乱を平定する v. reprimir una revuelta. ▶全国を平定する v. someter [poner* bajo control] a todo el país.

へいてん 閉店 ▶閉店時間 f. hora de cierre. ◆本日閉店(=休業中)[掲示] Cerrado. ◆閉店時刻でございます(客に) Me temo que es la hora de cerrar.
── 閉店する v. cerrar* una tienda; (廃業する) v. cerrar* una tienda (permanentemente). ◆午後 7 時に閉店します Esta tienda cierra a las siete. / Cerramos a las siete. ◆閉店しました Estamos cerrados.

へいねつ 平熱 f. temperatura normal. ◆薬で平熱になった Con la medicina mi temperatura「ha vuelto a la normalidad [se ha vuelto normal]. ◆平熱より 2 度高かった Mi temperatura estaba dos grados por encima de lo normal.

へいねん 平年 (例年) m. año normal [ordinario]; ◆例年; (閏年でない年)《専門語》m. año común. ▶平年作 f. cosecha normal [ordinaria]. ◆今年の冬の降雪量は平年を[1]上 [2]下]

回った Este invierno ha nevado ¹más [²menos] de lo normal. ♦収穫高は平年並みでしょう La cosecha será más o menos normal.

へいはつ 併発 (余病) *f.* complicación. ♦彼女は流感がもとで肺炎を併発した La gripe se complicó en una neumonía. / (流感が肺炎に進展し)Su gripe se desarrolló en forma de neumonía.

へいふく 平服 (普段着) *f.* ropa de diario; *m.* vestido habitual; (私服) *m.* traje de paisano.

-へいべい -平米 *mpl.* metros cuadrados. ♦2百平米の土地 *m.* terreno de doscientos metros cuadrados.

へいほう 平方 *m.* cuadrado. ♦平方根 *f.* raíz cuadrada. ♦百平方メートルの土地 *m.* terreno de 100 metros cuadrados. ♦3メートル平方のテーブル *f.* mesa de 3 metros cuadrados. ♦5の平方は25である El cuadrado de 5 es 25.

へいぼん 平凡 ♦平凡な (普通に見かける) *adj.* común; (特別でなく普通の) *adj.* ordinario; (ごく普通の) *adj.* corriente, vulgar; (凡庸(ぼんよう)な) *adj.* mediocre, mediano; (特色のない) *adj.* sin nada de particular; (事件のない) *adj.* sin acontecimientos de nota. ♦平凡な経験 *f.* experiencia común. ♦平凡な人間 *mf.* mediocre; (普通の平均的な人) *f.* persona ordinaria [(口語) corriente y moliente]. ♦平凡な顔 *f.* cara corriente [sin nada de particular]. ♦平凡な日々 *mpl.* días [sin novedad (anodinos, grises)]. ♦彼は平凡な作家などではない No es un escritor ordinario [mediocre].

へいまく 閉幕 *m.* telón final. ♦10時閉幕 El telón cae a las diez.

へいみん 平民 (貴族に対して) *f.* gente llana [común y corriente], *m.* pueblo llano; (一人をさす場合) *mf.* plebeyo/ya, *m.* hombre [*f.* mujer] del pueblo.

へいめい 平明 ♦平明な *adj.* claro, llano, sencillo. ♦平明な説明 *f.* explicación clara [sencilla]. ♦平明な (＝平易な) 文章 *f.* frase clara [sencilla].

へいめん 平面 *m.* plano. ♦平面図 (専門語) *f.* planta, *m.* dibujo en planta. ♦家の平面図 *m.* plano de la casa. ♦平面図形 (専門語) *f.* figura plana.

へいや 平野 *f.* llanura, *f.* planicie *m.* llano. ♦大阪平野 *f.* Llanura de Osaka.

へいよう 併用 ♦併用する *v.* usar (conjuntamente) [con al mismo tiempo que]. ♦この薬は他のどの薬とも併用してはいけない No tomes esta medicina con ninguna otra.

へいりょく 兵力 (武力) *fpl.* fuerzas militares, *mpl.* efectivos militares, *f.* fuerza de las armas. → 武力. ♦兵力に訴える *v.* recurrir a las armas. ♦兵力を増強する *v.* reforzar* las fuerzas militares.

ベイルート Beirut (☆レバノンの首都).

へいれつ 並列 *m.* paralelo; (電気) *m.* paralelo. ♦並列の *adj.* paralelo, en paralelo. ♦並列回路 *m.* circuito (en) paralelo. ♦電池を並列につなぐ *v.* montar pilas en paralelo.

へいれつ 並列 ♦並列処理 (専門語) *m.* procesamiento paralelo.

•へいわ 平和 *f.* paz.

1 ♦《〜(の)平和》♦世界平和のために *adv.* por la paz mundial. ♦50年間の平和 *mpl.* cincuenta años de paz, *f.* paz de cincuenta años.

2 ♦《平和＋名詞》♦平和主義者 *mf.* pacifista. ♦平和1条約 [²使節] ¹ *m.* tratado [² *f.* misión] de paz. ♦平和教育 *f.* educación en favor de la paz. ♦平和¹外交 [²共存] ¹ *f.* diplomacia [² *f.* coexistencia] pacífica. ♦平和維持軍 *fpl.* fuerzas para el mantenimiento de la paz, 〖略〗FMP. ♦平和憲法 *f.* Constitución japonesa de la "Paz"

3 ♦《平和(的)な》*adj.* pacífico. ♦平和な¹国 [²世界] ¹ *m.* país [² *m.* mundo] pacífico. ♦平和的手段による *adv.* por medios pacíficos. ♦原子力の平和的利用 *f.* utilización pacífica de la energía nuclear. ♦平和な生活をする *v.* llevar una vida pacífica [apacible], vivir pacíficamente [apaciblemente]. ♦その2国は現在平和的な関係にある Actualmente los dos países están en paz.

4 ♦《平和的に》♦平和的に *adv.* pacíficamente. ♦その紛争を平和的に解決する *v.* resolver* el conflicto pacíficamente.

5 ♦《平和を〜》♦平和を維持する *v.* mantener* [conservar] la paz. ♦その会談が両国に平和をもたらした Las conversaciones trajeron la paz a los dos países. ♦日本人は平和を愛する国民だ El pueblo japonés es amante de la paz. / Los japoneses aman la paz.

6 ♦《平和だ》♦その国は平和である Hay paz en el país.

へえ oh. ♦(おや, まあ) vaya, Dios mío, vaya, por Dios, caramba → まあ. ♦(まさか) atiza, caray, (俗語) ostias, (俗語) joder; no, hombre; no me digas; pero, ¿qué me dices [dice usted]? / ¡Santo cielo! / ¡Bendito sea Dios! ♦へえ(本当なの?)¡Oh, no! / ¡No puede ser! ♣会話♣ 軍隊に入ろうと思ってるんだ ―へえ, なんと. 軍隊にね. それは一大決心だね Me voy a alistar en el ejército. – ¡No me digas! [¿De veras?, (俗語) ¡No jodas!] Es una decisión de las gordas.

ベーカリー *f.* panadería.

ベーコン *m.* beicon. ♦ベーコンエッグ *mpl.* huevos fritos con beicon. ♦ベーコン一切れ *f.* loncha [*f.* tira] de beicon.

•ページ *f.* página, *f.* hoja. ♦50ページの雑誌 *f.* revista de 50 páginas. ♦ページの¹上 [²真ん中; ³下]の方に *adv.* ¹arriba [²en medio; ³abajo] de la página. ♦10ページから15ページまで読む *v.* leer* las páginas de la 10 a la 15. ♦カタログのページをばらぱらとめくる *v.* pasar rápidamente las hojas [páginas] de un catálogo, hojear un catálogo. ♦ページの端を折る *v.* doblar ¹la esquina [el pico] de una página. ♦端を折りたった[²角のあるページ] *f.* página con la esquina doblada. ♦この辞書は2千ページを越す Este diccionario tiene más de dos mil páginas. ♦試験範囲は25ページから50ページま

です El examen cubre [va] de la página 25 a la 50. ♦本の10ページを開きなさい. 今日はここから始めますよ Abran sus libros en la página 10. Hoy empezamos desde aquí. ♦今何ページをやっているの ¿En qué página estamos? ♦その語は3ページの10行目に出ている Encontrarás la palabra en la línea 10 de la página 3. ♦30ページに[30から]続く Continúa ¹en [²desde] la página 30. ♦(書き言葉で)50ページ以降を見よ Ver [Véanse] p. 50 y sigs [siguientes]. ♦それは我が国の歴史に輝かしい1ページとして記憶されるでしょう Será recordado como una página gloriosa en nuestra historia.

ベージュ 《英語》 adj. (color) "beige" (☆発音は [beis]), 《口語》pajizo.

ベース ❶【塁】f. base. ♦1塁 [23塁] ベースコーチ mf. coach en ¹primera [²tercera] base. ▶ベースライン f. línea de base, (テニスの) f. línea de fondo. ♦フルベースになっている Las bases están cargadas [llenas]. ❷【基礎】f. base, m. fundamento; (土台) f. base. ♦その考え方が彼の議論のベースになっていた Esa idea era la base de su argumento. ❸【低音歌手, 低音楽器】m. bajo.

ペース m. ritmo, m. paso. ▶ペースメーカー m. marcapasos; (競技の) f. liebre. ♦彼の仕事のペースは速い(=速いペースで仕事をする) Trabaja a un ritmo rápido. ♦彼のペースについていけなかった No pude seguirlo[le] [aguantar] su ritmo. ♦マイペースでゆきます(=を守る) Iré a mi propio ritmo. ♦午後は仕事のペースが落ちる Por la tarde baja el ritmo de trabajo.

ベースアップ f. subida salarial, m. aumento de sueldo [salario]. ▶ベースアップする v. darle* una subida salarial; (賃金ベースを上げる) v. subir la base salarial. ♦去年は5パーセントのベースアップがあった El año pasado no subieron el sueldo un 5%. / El pasado año tuvimos una subida salarial del 5%.

ベースキャンプ m. campamento base.

ペースト f. pasta. ▶ペースト状の adj. pastoso.

ペーストする v. pegar*.

ベースボール (野球) m. béisbol.

ペースメーカー (競技の) f. liebre; (脈拍調整器) m. marcapasos.

ベースライン 《専門語》 f. línea base.

ペーソス m. patetismo.

ベータ ▶ベータ・テスト 《専門語》 f. prueba beta. ▶ベータ・バージョン 《専門語》 f. versión beta.

ベーチェットびょう ベーチェット病 《専門語》 f. enfermedad de Behchet.

ペーハー (水素イオン濃度指数) m. pH, m. potencial de hidrógeno. ▶ペーハー5.5の酸性雨 f. lluvia ácida con 5.5 de pH.

ペーパー (一般に紙) m. papel; (論文) m. estudio, m. trabajo; (紙やすり) f. ponencia; (紙やすり) f. lija. ▶ペーパータオル f. toalla de papel. ▶ペーパーテスト m. examen escrito. ▶ペーパードライバー mf. conductor/tora nominal. ▶ペーパーナイフ m. abrecartas. ▶ペーパーバック m. libro en rústica.

ベーリング ▶ベーリング海 Mar Bering (☆太平洋の海域). ▶ベーリング海峡 Estrecho de Bering (☆ベーリング海と北極海を結ぶ海峡).

ベール (顔をおおう布) m. velo. ▶ベールを¹かぶる [²上げる; ³取る] v. ¹llevar [²alzar*; ³levantar] un velo. ♦霧のベール m. velo [m. manto] de neblina. ♦なぞのベールに包まれている adj. oculto en un velo de misterio.

ベオグラード Belgrado (☆セルビアの首都).

ベガ (ロペ・デ・～) Lope de Vega (☆1562-1635, スペインの劇作家・詩人).

-べからず (してはいけない) no 《＋不定詞, 命令法》; prohibido 《＋不定詞》. ♦エチケットべからず集 fpl. normas de urbanidad. ♦花をとるべからず 【掲示】"No cortar [corten] flores". ♦ごみ捨てるべからず 【掲示】"Prohibido tirar basura." / "No arrojar basura." ♦芝生に入るべからず 【掲示】"No pisar el césped."

-べき ❶【義務】v. deber, tener* que, hay que. ♦法律には従うべきだ「Hay que [Debemos] obedecer las leyes. ♦君は言いたいことを言うべきだ Debes decir lo que quieres decir. 《会話》彼はまだ学校に来ていません一彼の家に連絡してみるべきだと思う? Todavía no ha llegado a la escuela. — ¿Crees que deberíamos llamar a su casa? ♦二度とそんな危険な場所へ行くべきではない No debes volver a ese lugar tan peligroso. ♦彼にあんな失礼なことをするべきではなかった No ¹tenía que [²debí] haberle hecho esa grosería. ❷【…したらいいのか】♦次に何をすべきか分からない No sé qué hacer después. ♦いかに生きるべきかをもっと真剣に考えなさい Piensa un poco más sobre cómo tiene que ser tu vida.

《その他の表現》 ♦今日すべきことは何もない Hoy no tengo nada que hacer. ♦他に何かやるべきことは? ¿Queda algo más por hacer? ♦出発すべき時間です Ya es hora de partir. / Ha llegado el momento de ponerse en marcha.

へきが 壁画 m. mural, f. pintura mural.

へきち 僻地 m. lugar lejano [remoto, aislado]. ▶へき地教育 f. educación en zonas aisladas.

ペキン 北京 Pekín, 《ピンイン》Beijing (☆中国の首都).

ヘクタール f. hectárea (☆haと略される).

ヘクトパスカル 《専門語》 m. hectopascal. ♦中心気圧は950ヘクトパスカルです La presión barométrica central es de 950 hectopascales.

ベクトル m. vector.

ベケル (グスターボ・アドルフォ ～) Gustavo Adolfo Bécquer (☆1836-70, スペインの詩人・小説家).

へこたれる (落胆する) v. desanimarse, desalentarse*; (意気消沈している) v. estar* deprimido [descorazonado]; (疲れ切る) v. extenuarse*, fatigarse*. ♦一度の失敗くらいでへこたれるな No te desanimes por un solo fracaso. / ¡Que un fracaso no te venza! ♦途中でへこたれずに(=粘り強く)最後までやれ Sigue hasta el final sin desanimarte.

ベゴニア f. begonia.

ぺこぺこ ❶【ひどく空腹な】*adj.* con mucha hambre, muy hambrient*o*. ◆私はお腹がぺこぺこだ Tengo mucha hambre. /《口語》Me estoy muriendo de hambre.
❷【卑屈に何度も頭を下げる】**ぺこぺこする**《口語》*v.* hacer* la pelota, mostrarse* servil, adular. ◆彼は人がぺこぺこするのを見るのが嫌いだ No le gusta ver a la gente adular [《スペイン》《口語》haciendo la pelota].

へこます 凹ます《くぼませる》*v.* abollar, hacer* una abolladura [marca]. → へこむ. ◆洗面器をへこます *v.* abollar un lavamanos. ◆腹をへこます *v.* encoger* el estómago.

へこみ 凹み《物がぶつかってできた》*f.* abolladura, *f.* marca;（凹形の）*f.* concavidad, *m.* hueco;（地面の）*m.* hoyo, *f.* depresión.

へこむ 凹む ◆その事故で車のドアがへこんだ La puerta de mi coche [auto] quedó abollada en el accidente. ◆車のぶつけられてへこんだ所を直してもらえますか ¿Puede usted arreglarme la abolladura que me hicieron? ◆落石で屋根がへこんだ（＝陥没した）Las rocas que se cayeron hundieron el tejado.

ぺこりと 頭をぺこりと下げる *v.* asentir* (con la cabeza);（おじぎをする）*v.* hacer* una inclinación. ◆彼女は歓迎の気持ちを表わして私にぺこりと頭を下げた Me saludó con la cabeza dándome la bienvenida. ◆その少女の歌手は聴衆に身をかがめぺこりと頭を下げた La cantante joven saludó haciendo una reverencia al público.

へさき 舳先 *f.* proa. ◆岸にへさきを向ける *v.* poner* proa a la costa, dirigirse* a la costa.

-べし → べき ◆若者はもっと注意深く運転すべし Los jóvenes deben conducir con más cuidado. ◆明朝7時駅に集合すべし Deben ustedes reunirse en la estación mañana a las siete de la mañana.

ベジェきょくせん ベジェ曲線《専門語》*f.* curva Bezier.

へしおる へし折る *v.* romper*, quebrar*.

ベジタリアン *mf.* vegetarian*o/na*.

ペシミスト *mf.* pesimista.

ペシミズム *m.* pesimismo.

ベジョ《アンドレス ～》Andrés Bello（☆1781–1865, ベネズエラ出身の作家・文法学者・法学者）.

ベスト ❶【最良のもの】lo mejor, *el/la* mejor. ◆ベストセラー《英語》*m.* "best-seller", *m.* libro de mayor venta, *m.* éxito editorial;（最もよく売れる本）*m.* libro que mejor se vende. ◆ベストセラー作家 *mf.* escritor/tora con éxito editorial. ◆ベストコンディションである *v.* estar* en óptimas condiciones. ◆ベストを尽くす *v.* hacer* "todo lo posible [lo mejor posible]. ◆今まで読んだ本の中ではおもしろさにかけてはこの本がベストだ Este libro es el más interesante que he leído. ◆彼女の歌はベストテン入りしている Su canción es una de las diez mejores.
❷【チョッキ】*m.* chaleco. → チョッキ.

ペスト *f.* peste. ◆ペスト菌 *m.* bacilo de la peste.

ベスビオざん ベスビオ山 Monte Vesubio.

ベスプッチ（アメリゴ ～）Américo Vespucio（☆1454–1512, イタリアの航海者）.

ペセタ *f.* peseta（☆スペインの旧通貨単位）.

へそ 臍 *m.* ombligo. ◆へその緒 *m.* cordón umbilical. ◆へそ曲がり（＝変人）*m.* cascarrabias, *f.* persona retorcida. ◆へそを曲げる（＝不機嫌になる）*v.* enfadarse, malhumorarse.

地域差 **へそ**
〔全般的に〕*m.* ombligo
〔アルゼンチン〕*m.* pupo

べそ べそをかく（泣く）*v.* lloriquear, sollozar*, gimotear,（親しい仲で）hacer* pucheros;（泣き出しそうだ）*v.* estar* a punto de llorar. →

ペソ *m.* peso（☆中南米などの通貨単位）.

へそくり（秘密の貯金）*mpl.* ahorros secretos;（隠された小遣い銭［小金］）*f.* sisa, *f.* hucha;（不時に備えた貯金）*mpl.* ahorros, *fpl.* economías. ◆へそくりをする *v.* ahorrar「en secreto [a hurtadillas]. ◆彼女は部屋のどこかにへそくりを隠している En algún lugar de su habitación esconde sus ahorrillos secretos.

***へた** 下手 下手な *adj.* que se le da mal《＋不定詞》, (ser) mal*o*《＋現在分詞》, poco hábil,（熟練していない）*adj.* inexperto [en], no cualificad*o*;（不器用な）*adj.* torpe [desmañad*o*]《con》. ◆下手な職人 *m.* mal artesano, *m.* artesano「poco hábil [inexperto]. ◆彼はドイツ語が下手だ Se le da mal hablar alemán. / Habla mal alemán. / Su alemán es deficiente [malo]. / Su alemán no es bueno. ◆彼は箸（⸌）の使い方が下手だ Se le dan mal los palillos. / Es torpe con los palillos. / No usa bien los palillos. / Usa mal [torpemente] los palillos. ◆下手な言い訳をするな No te busques una excusa tan torpe. ◆テニスは好きだ．すごく下手だけれど Me gusta el tenis, pero「se me da muy mal jugar [soy muy mala jugadora].

《その他の表現》 ◆下手をすると（＝注意しないと）この仕事は1週間で終わらないでしょう「Si no tenemos el cuidado suficiente [En el peor de los casos; Si las cosas salen mal] no habremos terminado este trabajo en una semana. ☞怪しい, 拙（⸌）い

ベターハーフ《口語》《ユーモアで》*f.* otra media naranja.

へだたり 隔たり（距離・時間・身分などの）*f.* distancia;（相違）*f.* diferencia;（大きな相違）*f.* discrepancia, *f.* brecha;（年齢・地位などの不釣り合い）*f.* disparidad. ◆世代の隔たり *f.* brecha generacional. ◆彼らの年齢の隔たり *f.* disparidad de sus edades. ◆彼らの考えは互いに大きな隔たりがある Hay una gran diferencia entre sus ideas. / Sus ideas son muy dispares.

へだたる 隔たる（距離的に）*v.* estar* a ...《de》, estar* distante [alejad*o*]《de》, distar《de》＝距離;（意見などが）*v.* ser* diferente《de》. ◆その村はここから5キロ隔たっている Ese pueblo está a [distante] 5 kilómetros de aquí. ◆彼らの意見はあまりにも隔たっている Sus

べたつく ♦彼の指は砂糖菓子でべたついていた Sus dedos estaban pegajosos de los dulces.

へだてる 隔てる（切り離す）v. separar, apartar; （仕切る）v. dividir [separar] (con un tabique); （疎遠にする）v. apartar, alejar. ♦彼と彼女の仲を隔てる v. apartarlo[le] de ella. ♦その部屋を食堂として使うためにカーテンで隔てる v. dividir la habitación con una cortina para usar parte de ella como comedor. ♦チリはアンデス山脈でアルゼンチンと隔てられている Chile está separado de Argentina por los Andes.

── 隔てて ▶3メートル隔てて（＝おきに）adv. cada [a intervalos de, dejando una separación de] tres metros. ▶山を隔てて向こうにある村 m. pueblo「separado por [al otro lado de,《文語》allende] la montaña. ♦あの人は川を隔てて真向かいに住んでいる Vive al otro lado del río. ♦彼らはテーブルを隔てて座っていた Estaban sentados「con la mesa de por medio [separados por la mesa].

ペタバイト《専門語》《英語》m. "petabyte",《専門語》m. petaocteto.

へたばる（疲れ果てる）v. quedarse exhausto [rendido], cansarse mucho. → 疲れる. ♦重労働でへたばった Me quedé exhausto [rendido] por el duro trabajo.

べたべた ❶【粘りつく】べたべたする adj. pegajoso; （汗で）adj. sudoroso; （油で）adj. grasiento. ♦私の指はキャラメルでべたべたしていた Mis dedos estaban pegajosos por el caramelo. ♦少し歩いても体が汗でべたべたした Con lo poco que anduve estaba sudoroso. / Aunque fue un paseo corto, tenía el cuerpo sudoroso.

❷【甘えてまといつく】▶べたべたする v. pegarse* (a), no separarse《de》. ♦少年は父親が家に戻るとべたべたして離れない Cuando el padre vuelve a casa, el niño está siempre pegado a él.

❸【塗りつけるさま】（厚く）adj. profusamente; （全体に）adv. por todos sitios, totalmente. ♦壁にビラがべたべた張ってある Los carteles cubren totalmente la pared. / Toda la pared está pegada de carteles. ♦彼女はべたべたと化粧していた Estaba profusamente maquillada.

❹【男と女が】▶べたべたする v. coquetear, flirtear. ♦彼はいつも女とべたべたしている Siempre anda coqueteando con las chicas.

ぺたぺた ❶【ぺたぺた音を立てる】v. palmetear, dar* palmetazos. ♦彼はぺたぺたスリッパの音を立てて廊下を歩いた Iba「dando palmetazos con el ruido que las zapatillas producían sobre [chancleteando por] el pasillo.

❷【ぺたぺたつける】v. pegar*, encolar. ♦彼は雑誌からとった絵を壁中にぺたぺた張った Pegó ilustraciones de revistas por toda la pared.

べたほめ ▶べたほめする v. poner* por las nubes, elogiar encarecidamente; （お世辞で）v. adular, halagar*.

へたりこむ v. desplomarse, hundirse. ▶地面にへたりこむ v. dejarse caer* al suelo. ♦疲れいすにへたりこむ v. desplomarse en la silla por el agotamiento.

べたりと →べったり

ペダル m. pedal, 『コロンビア』m. estribo. ▶ペダルを踏む v. pedalear.

ペタンク f. petanca（☆標的に金属球をころがして近さを競う）.

ペチカ f. estufa de estilo ruso.

ペチコート f. enagua(s), 『メキシコ』m. fondo.

へちま 糸瓜 m. estropajo, f. esponja para fregar.

ぺちゃくちゃ ▶ぺちゃくちゃしゃべる v. charlar, parlotear. ♦彼女は友達とぺちゃくちゃしゃべるのが好きだ Le encanta charlar con sus amigas.

べちゃくちゃ →ぺちゃくちゃ.

ぺちゃんこ（平らな）adj. llano, plano. ▶ぺちゃんこにする（押しつぶす）v. aplastar,《口語》apachurrar,《口語》hacer* papilla; （地震が家をぺちゃんこにする）v. aplastar,《口語》hacer* papilla. ♦大きな落石で車はぺちゃんこになった El coche [auto] quedó aplastado por la caída de una gran roca.

＊＊べつ 別 ❶【区別】f. distinción, f. diferenciación; （差別）f. discriminación; （相違）f. diferencia. ▶その資料を項目別に分類する v. clasificar* los datos por tema [materia]. ♦男女「2年齢」の別なくだれでもコンテストに参加できます En el concurso puede participar todo el mundo sin distinción de ¹sexo [²edad].

❷【除外】f. exclusión; （例外）f. excepción,《フォーマル》f. salvedad. ▶…とは別 prep. excepto, menos, fuera de, salvo, aparte de. ♦筋は別としてその本はおもしろかった「Con excepción del [Excepto el, Menos el] argumento, el libro me pareció interesante. / Aparte del argumento he encontrado interesante el libro. ♦冗談は別としてあの男は教職には向いていないよ Bromas aparte, no vale para「la docencia [ser profesor]. ♦彼の論文は少々の不備は別としてよくできている「Fuera de [Salvo] algunas faltas pequeñas, su tesis es buena. → 除く. ♦普段昼食には酒を飲まないが日曜日は別だ Generalmente no bebo [tomo] en la comida, pero el domingo es una excepción.

── 別の（もう一つの）adj. otro; （ほかの）adj. diferente, distinto; （別なの）adj. separado, aparte; （余分の）adj. extra. ♦この時計は気にいりません。別のを見せてください Este reloj no me gusta. Haga el favor de mostrarme [enseñarme] otro. ♦悪いけど今忙しいの、別の時にしてくれない Lo siento pero ahora estoy ocupada. ¿No puedes en otro momento? ♦子供たちにはそれぞれ別の部屋がある Los niños tienen habitaciones distintas [separadas]. / (自分自身の部屋がある)Cada niño tiene su propia habitación. ♦人はそれぞれ別の考え方をする / Es natural que la gente tenga opiniones distintas. ♦言うこととすることは別だ《ことわざ》Una cosa es predicar y otra dar trigo. /《ことわざ》Del dicho al hecho hay un gran trecho. ♦電気代が別だとは知らなかった No sabía que「la luz era aparte [los gastos de luz era aparte]. ♦あら，すみません．別の方だと思っていたものですから ¡Oh, perdón! Creí que era otro.

—— 別に (余分に) *prep.* además de, aparte de, extra; (特に) *adv.* en particular, particularmente, especialmente, en especial. → 特に. ♦私たちが別に食費を払うのは当然です Es natural que tengamos que pagar aparte [como extra] los gastos de comida. ♦別にサービス料を申し受けます El servicio「se paga aparte [es un gasto extra]. ♦定価とは別に消費税を支払わねばならない Además del precio, debemos pagar el impuesto de [por] consumo. ♦午後からは別にすることがない Esta tarde no tengo nada que hacer en particular. ♦彼は別にこれという理由もなく学校を休んだ Faltó a clase sin「ningún motivo en particular [razón especial]. ♦あら太郎，変わりないかい—いや別に ¡Hola, Taro! ¿Qué hay de nuevo? – Nada en especial. 《会話》何か手伝えることはあるかい—いや別にないわ．お気づかいありがとう ¿Hay algo en especial que pueda hacer para ayudarte? – No, nada en especial, de verdad. Gracias por el interés. 《会話》彼はどんな話をしたの—別に(＝特別の話はしなかった) ¿Qué fue lo que dijo? – Nada en especial. ♦負けたって別にいいじゃないか Y, ¿qué importa si perdemos [ganan ellos]?

べっかく 別格 ▶別格の(特別な)*adj.* especial; (異なった)*adj.* distin*to*, diferente; (例外的な) *adj.* excepcional. ▶別格扱いを受ける *v.* recibir un trato especial, ser* tratado de forma especial. ♦彼のスペイン語の運用力は別格だ Tiene un dominio del español excepcionalmente bueno. / Su español es excepcional [《口語》punto y aparte].

べっかん 別館 *m.* anexo (a un hotel).
べっきょ 別居 *f.* separación. ▶別居する(結婚生活が破たんをきたして)*v.* separarse, vivir「por separado [separadamente]; (仕事などの都合で)*v.* vivir aparte《de》. ♦彼女は夫と別居した Se separó de su marido.
べっけんたいほ 別件逮捕 *f.* detención [*m.* arresto] bajo [por] diferente acusación. ▶別件逮捕する *v.* detenerlo[le]* [arrestarlo[le]] por una acusación diferente.
べっこう べっ甲 *m.* carey, *f.* concha (de carey). ▶べっ甲細工 *m.* trabajo [*f.* obra] en carey. ▶べっ甲のくし *m.* peine de carey.
べっさつ 別冊 ▶別冊の *m.* volumen [*m.* tomo] separado; (雑誌の) *m.* ejemplar [*m.* número] extra. → 付録.
べっし 蔑視 → 軽視(ミ). ▶女性蔑視 *m.* machismo, *m.* sexismo. ▶女性を蔑視する *v.* menospreciar a las mujeres.
べっし 別紙 (もう一枚別の紙)*m.* otro papel, *f.* otra hoja; (添付した紙.) *f.* hoja adjunta, *m.* suplemento. ▶別紙参照 Ver [Véase] el suplemento.

べっしつ 別室 ▶別室で *adv.* en「otra habitación [otro cuarto].
べつじょう 別条 → 異状. ♦彼は重傷を負っているが，命に別条はない Está gravemente herido, pero su vida no corre peligro.
べつじん 別人 *mf.* otro/tra, *f.* otra persona. ♦彼は結婚してから別人のようになった Desde que se casó es otro. /(大いに変わった)Ha cambiado mucho desde su matrimonio. ♦彼は私たちが捜している人とは別人だ Es diferente de la persona que estamos buscando. / Buscamos a otro.
べっせかい 別世界 *m.* mundo distinto, *m.* otro mundo; (宇宙) *m.* espacio exterior. ♦クーラーのきいた部屋に入ったら，涼しくてまるで別世界だった Al entrar en la habitación con aire acondicionado, parecía que habíamos entrado en otro mundo.
べっそう 別荘 (避暑地などの小さな) *m.* chalé, *f.* casa de campo, *f.* residencia veraniega; (庭付きで大きな) *f.* villa, *f.* quinta. ▶伊豆の別荘 *m.* chalé en [de] Izu.
ヘッダー《専門語》*m.* encabezamiento,《専門語》*f.* cabecera.
べったり ❶【粘りつく】▶べったりくっつく [2つける] *v.* ¹pegarse* [¹adherir(se)]; ²pegar*, ²adherir*]. ♦ぬれたシャツが体にべったりついている La camisa mojada se me pega al cuerpo. ❷【まとわりつく】♦子供たちは一日中母親にべったりくっついている Los niños están pegados todo el día a su madre.
❸【厚く】*adv.* profusamente.
❹【一面に】*adv.* por todo, por todas partes, totalmente. ♦紙一面に数字がべったり書いてある Por todo el papel hay números escritos.
べつだん 別段 *adv.* en particular.
へっちゃら《会話》先生に見つかったらしかられるよ—へっちゃらさ Si *el/la* profesor/sora te ve, te reprenderá. – No me importa en absoluto. [《口語》Me importa un bledo.]
へ(ッ)ディング《サッカー》*m.* cabezazo. ▶へ(ッ)ディングシュート *m.* remate de cabeza. ▶へ(ッ)ディングする *v.* cabecear el balón, tirar de cabeza. ▶ヘディングシュートを決める *v.* marcar* un「gol de cabeza [cabezazo].
べってんち 別天地 *m.* mundo diferente. → 別世界.
べっと 別途 ♦交通費は別途支給する Los gastos de viaje se pagarán por separado. (これに加えて) *adv.* aparte de esto; (後で) *adv.* más tarde.
***ベッド** *f.* cama, *m.* lecho. → 床(ξ). ▶¹シングル [²ダブル] ベッド *f.* cama ¹individual [²doble]. ▶(四方を囲んだ)ベビーベッド *f.* cuna. ▶¹寝心地のいい [²堅い]ベッド *f.* cama ¹cómoda [²dura]. ▶ベッドルーム *m.* dormitorio, *f.* alcoba, 《メキシコ》*f.* recámara. ▶ベッド¹に入る [²から出る] *v.* ¹meterse en [²levantarse de] la cama. ♦疲れたならベッドで横になりなさい Acuéstate [Échate en la cama] si estás cansa*do*. 《会話》ベッドメーキングは自分でやるの?—う

ん, 毎日ね ¿Te haces tú mis*mo* la cama? – Sí, todos los días.

ペット *m.* animal doméstico, *f.* mascota. ▶ 家の中で飼うペット *m.* animal ˹de casa [doméstico]˺. ◆ペットにリスを飼う *v.* tener* una ardilla en casa.

ベッドカバー *f.* colcha, 『ラ米』 *m.* cubrecama.

地域差	ベッドカバー
〔全般的に〕	*f.* colcha
〔ラテンアメリカ〕	*f.* cubrecama
〔キューバ〕	*f.* sobrecama
〔メキシコ〕	*f.* sobrecama
〔コロンビア〕	*m.* cubrelecho, *f.* sobrecama
〔アルゼンチン〕	*m.* acolchado, *f.* sobrecama

ヘッドコーチ *mf.* entrenad*or/dora* en jefe.
ベッドタウン *f.* zona residencial (de una ciudad grande).
ヘッドホ(ー)ン *mpl.* auriculares, 『スペイン』 *mpl.* cascos, 『ラ米』 *mpl.* audífonos.
ヘッドライト *m.* faro. ▶ヘッドライトを下げる *v.* poner* las luces cortas [de cruce], bajar las luces. ◆霧が出ていたので, どの車もヘッドライトをつけていた Había niebla y todos los coches iban con las luces encendidas.

地域差	ヘッドライト (自動車の)
〔全般的に〕	*mpl.* faros, *mpl.* focos, *mpl.* luces
〔キューバ〕	*mpl.* faroles
〔メキシコ〕	*mpl.* fanales
〔コロンビア〕	*mpl.* farolas, *mpl.* faroles
〔アルゼンチン〕	*mpl.* faroles

べっとり →べったり
べつに 別に *adj.* extra. → 別(→別に).
へっぴりごし ▶へっぴり腰で[腰が引けて] *adv.*《口語》/『ラ米』《俗語》con el culo encogido, en [con] actitud asustada;(恐る恐る)*adv.* con miedo, temerosamente;(ぎこちなく)*adv.* torpemente.
べつびん 別便 (小包を別便で送る) *v.* enviar* un paquete por (correo) separado.
べつべつ 別々 ▶別々の(個別の) *adj.* separado, aparte;(異なった) *adj.* diferente, dist*into*;(めいめいの) *adj.* respectivo. ▶別々の学校に行く *v.* ir* a escuelas diferentes. ◆子供たちは別々の部屋を持っている Cada niño tiene su habitación. / Los niños tienen habitaciones distintas.
—— 別々に *adv.* separadamente, por separado;(離れて) *adv.* aparte;(個別に) *adv.* cada uno lo suyo, individualmente. ▶犬と猫を別々にしておく *v.* mantener* al perro y al gato por separado. ▶贈り物を別々に包む *v.* envolver* los regalos separadamente. ◆彼らは今は別々に住んでいる (= 別居している) Ahora viven por separado. ☞個別, 単独
べつめい 別名 (もう一つの名) *m.* otro nombre, *m.* sobrenombre;(あだ名) *m.* apodo, *m.* mote;(ペンネーム) *m.* seudónimo;(特に犯罪者の) *m.* alias. ▶泥棒の名前はフランシスコだが別名クーロだ El ladrón se llama Francisco, alias "Curro".

べつもんだい 別問題 ▶それは別問題として *adv.* aparte de eso. ◆それは別問題だ Ese es un tema diferente. /《口語》Esa es otra historia.
へつらい (お世辞) *m.* halago, *f.* lisonja. → へつらう, おべっか, お世辞.
へつらう *v.* halagar*, lisonjear*;(取り入ろうとする) *v.* adular;(機嫌をとる) *v.* congraciarse《con》;(おべっかを使う)《口語》 *v.* hacer* la pelota,《俗語》《軽蔑的に》 *v.* lamer el culo. ▶上役にへつらう《口語》 *v.* hacer* la pelota al jefe.
べつり 別離 →別れ. ▶別離の涙を流す *v.* llorar al despedirse*.
ベツレヘム Belén (☆パレスチナの古都, キリストの生誕地).
へて 経て (場所を) *prep.* vía, (pasando) por;(時間を) *adv.* más tarde, después. → 経る.
ペディキュア *f.* pedicura.
ペテネラ *f.* petenera (☆アンダルシア地方の民謡).
ベテラン *mf.* expert*o/ta*;(老練家) *mf.* veter*ano/na*,《口語》 *m.* perro viejo. ▶ベテランの(経験の豊かな) *adj.* con experiencia, experimentado. ▶ベテラン弁護士 *mf.* abogad*o/da* ˹con experiencia [experimentado]˺. ◆彼はベテランのドライバーだ Es un experto en conducir. / Es un experto al volante. ◆この道では彼はベテランだ En este campo es un experto. /《口語》Es un perro viejo en estos asuntos.
ぺてん (策略を用いること) *m.* engaño, *fpl.* artimañas;(金銭の) *f.* estafa;(金銭や書類上の) *m.* fraude;(ゲームの) *f.* trampa;(金品をだまし取ること) *f.* estafa, *m.* timo. ▶ぺてん師 →詐欺師. ▶彼をぺてんにかける *v.* hacerle* una trampa, estafarlo[le], engañarlo[le]《en》. ▶彼をぺてんにかけて金を取る *v.* timarlo[le], darle* un timo. → だます.
へど 反吐 (吐いたもの) *m.* vómito. → 吐き気. ▶へどが出る *v.* vomitar, arrojar, devolver*. ▶へどが出そうな *adj.* asqueroso, que da asco;(不快にさせる) *adj.* repugnante. ◆その光景を思い浮かぶだけでもへどが出そう Sólo verlo me da asco.
べとつく *v.* pegarse*, adherirse*. ◆やにはべとつく La resina es pegajosa.
ベトナム Vietnam;(公式名) *f.* República Socialista de Vietnam (☆アジアの国, 首都ハノイ Hanoi). ▶ベトナム人 *mf.* vietnamita. ▶ベトナム戦争 *f.* guerra de Vietnam.
へとへと (へとへとに疲れる) *v.* agotarse, fatigarse*,《口語》estar* muerto de cansancio,《口語》estar* hecho polvo. ▶(仕事などが)人をへとへとにする *v.* ser* agotad*or* [muy cansad*o*]. ◆一日中歩いて私はへとへとです Después de caminar todo el día estoy exhaus*to* [《口語》hecho polvo].
べとべと(している) (べたつく) *adj.* pegajoso;(ぬれている) *adj.* mojado;(汗で) *adj.* sudoroso. ◆私の手はジャムでべとべとしている Mis manos están pegajosas con la mermelada. ◆雨で彼女の髪はべとべとにぬれた Su pelo estaba chorreando con la lluvia.
へどろ (泥状の沈澱物) *m.* lodo, *m.* fango;(水

底の軟泥】*m.* cieno, *m.* limo. ♦川底にはヘドロがたまっていた El lecho del río estaba cubierto de fango.

ペドロ〘1世残酷王〙Pedro I [Primero el Cruel] (☆1334-1369, カスティーリャ・レオン王, 在位1350-1369).

へなへな ❶【弱々しい様子】*v.* encogerse*, apocarse*, debilitarse. ❷【態度などがしっかりしていない】*adj.* débil, apocado. ♦彼女の夫に対する態度はへなへなだ Su actitud hacia sus hombres es débil.

ベナベンテ (ハシント〜) Jacinto Benavente (☆1866-1954, スペインの劇作家, 1922年ノーベル文学賞受賞).

ペナルティー 〘罰〙〘英語〙*m.* "penalty", *m.* castigo. ♦ペナルティーを科す [科せられる] *v.* [1]imponer* [2]sufrir] un "penalty".

ペナルティーキック (サッカー, ラグビー)〘英語〙*m.* "penalty", *m.* saque de castigo.

ペナント (野球などの優勝旗) *f.* bandera de triunfo. ♦ペナントを争う *v.* competir* por la bandera (de triunfo).

べに 紅 *m.* colorete; (棒状の口紅) *m.* lápiz de labios; (紅色) *m.* carmesí. ♦顔に紅をさす *v.* ponerse* colorete en [la cara [las mejillas].

ペニシリン *f.* penicilina. ♦ペニシリン注射 *f.* inyección de penicilina.

ベニス → ベネチア. ♦ベニスの商人〘書名〙《El Mercader de Venecia》.

ペニス *m.* pene.

ベニヤいた ベニヤ板 *m.* contrachapado.

ベニン Benín (☆アフリカの国, 旧称ダホメー).

ベネズエラ Venezuela; 〘公式名〙*f.* República Bolivariana de Venezuela (☆南アメリカの国, 首都カラカス Caracas). ♦ベネズエラの *adj.* venezolano. ♦ベネズエラ人 *mf.* venezolano/na.

ベネチア Venecia (☆イタリアの都市). → ベニス. ♦ベネチアの *adj.* veneciano.

ベネルックス *m.* Benelux (☆ベルギー Bélgica, オランダ Países Bajos, ルクセンブルク Luxemburgo 3国による経済同盟).

ペパーミント *f.* menta.

へばりつく へばり付く (くっつく) *v.* agarrarse (a); (くっついて離れない) *v.* pegarse* (a). ♦泥が靴にへばりついている El barro se me ha pegado a los zapatos.

へばる *v.* agotarse, cansarse. → へたばる.

へび 蛇 *f.* serpiente, (口語) *f.* culebra. ♦蛇使い *mf.* encantador/dora de serpientes. ♦毒蛇 *f.* serpiente venenosa, *f.* víbora. ♦蛇は1とぐろを巻いた [2枝に巻きついた] La serpiente [1]se enroscó [2]se enroscó alrededor de la rama].

ベビー *mf.* bebé. ♦ベビーサークル *m.* corral infantil, 〘スペイン〙*m.* parque. ♦ベビーだんす *m.* armario para bebé. ♦ベビーフード *mpl.* alimentos「para bebé [infantiles]. ♦ベビー服 *f.* ropa de [para] bebé. ♦ベビーベッド *f.* cuna. ♦ベビー用品 *mpl.* artículos de bebé. ♦ベビーシッターをする *v.* trabajar [hacer*] de niñera (〘口語〙〘スペイン〙*f.* canguro).

ベビーカー (折りたたみ式の) *m.* cochecito (para bebé), 〘メキシコ〙*f.* carreola.

ヘビーきゅう ヘビー級 *f.* categoría de peso pesado. ♦ヘビー級の選手 *m.* peso pesado.

ヘビースモーカー *mf.* fumador/dora empedernido/da.

ベベれけ ♦ベベれけに酔っ払う *v.* coger* [agarrar] una borrachera espantosa, 〘口語〙ponerse* borracho como una cuba. → 泥酔.

へぼ (下手な) *adj.* que se [le] da mal, malo, poco hábil, torpe. ♦へぼ将棋 *m.* mal juego de "shogi". ♦へぼ絵かき *m.* mal pintor.

へま *f.* equivocación, *f.* patochada, 〘口語〙*f.* metedura de pata. ♦へまをやる *v.* equivocarse*; 〘口語〙colarse*, 〘口語〙meter la pata. ♦彼はへまな(=無器用な)男だが悪意はない Se equivoca, pero sin mala intención.

ヘモグロビン *f.* hemoglobina.

ヘモシデリンちんちゃくしょう ヘモシデリン沈着症 〘専門語〙*f.* hemosiderosis.

へや 部屋 *f.* habitación, *m.* cuarto, 〘ラメ〙*f.* pieza, *f.* sala; (特に大きな) *f.* estancia, *m.* aposento; (アパートの1世帯分の) *m.* apartamento, *m.* piso; (相撲の) *m.* club.

1〘〜部屋〙♦ [1]広い [2]狭い]部屋 *f.* habitación [1]grande [2]pequeña]. ♦空き部屋 *f.* habitación libre [desocupada]. ♦勉強部屋 *m.* estudio. ♦貸し部屋 *f.* habitación de alquiler. ♦私は彼と相部屋です Comparto una habitación con él. ♦私たちは3部屋のアパートに住んでいます Vivimos en un piso de tres habitaciones.

2〘部屋+名詞〙♦部屋代 *m.* alquiler (de una habitación). ♦部屋割りをする *v.* asignar habitaciones. ◉会話 ここの部屋代はいくらですか―月8万円です ¿Cuánto es el alquiler de esta habitación? – 80.000 yenes al mes.

3〘部屋が〙♦彼の家には部屋が5つあります Su casa tiene cinco habitaciones.

4〘部屋に〙♦彼がやって来たらすぐに部屋に通してくれ Cuando llegue, hazlo[le] pasar enseguida. ♦彼らはたった二部屋に8人で住んでいた Los ocho「vivían en [ocupaban] sólo dos habitaciones.

5〘部屋を〙♦ホテルにツインの部屋を予約する *v.* reservar una habitación doble en un hotel. ◉会話 いらっしゃいませ一部屋をお願いします―シングルですかダブルですか ¿En qué puedo servirle? – Una habitación, por favor. – ¿La desea individual o doble?

ペヨーテ *m.* peyote (☆幻覚性物質を含む北米の球形のサボテン).

ペラグラ 〘専門語〙*f.* pelagra.

へらす 減らす (数量・価格・速度・程度などを) *v.* reducir*, rebajar; (数量を徐々に) *v.* disminuir*, menguar*, mermar; (消費量・費用などを切り詰める) *v.* recortar. → 減る. ♦学生数を減らす *v.* reducir* el número de estudiantes. ♦体重を3キロ減らす *v.* reducir* [rebajar] tres kilos de peso, adelgazar* tres kilos. ♦税金を10%減らす *v.* reducir* los impuestos en un 10%. ♦出費を減ら

す v. disminuir* los gastos. ♦ウイスキーの量を減らす v.「reducir* el consumo de [beber menos] whisky.

へらずぐち 減らず口 ♦減らず口をたたく(余計なことを言う)v. decir* demasiado. ♦減らず口をたたくな ¡Silencio! / ¡A callar! / ¡Cállate! /《俗語》¡Cierra el pico!

ベラスケス(ディエゴ ～) Diego Velázquez (☆1599-1660, スペインの画家).

べらべら ♦べらべらしゃべる v. charlar, parlotear. ♦べらべらしゃべる人 mf. charlatán/tana, mf. parlanchín/china. ♦秘密をべらべらしゃべってしまう v. revelar indiscretamente un secreto. ♦彼はよくべらべらしゃべる(＝おしゃべりだ) Es muy charlatán.

ぺらぺら ❶【よくしゃべる様】(止まることなく) adv. sin parar, continuamente; (流ちょうに) adv. con soltura [fluidez]. ♦彼女はフランス語がぺらぺらだ Habla francés con soltura. ♦彼女は２時間もぺらぺらしゃべっていた Ha estado hablando dos horas sin parar.
❷【本などを】べらべらめくる】♦彼女は手帳をぺらぺらめくった Hojeó su cuaderno.
❸【薄い】adj. muy delgado; (弱くてすぐだめになる) adj. ligerísimo, muy delgado [fino]. ♦ぺらぺらの服 m. vestido ligerísimo.

べらぼう ♦べらぼうな(極度の) adj. extremo, excesivo; (不合理な) adj. irrazonable; (法外な) adj. exorbitante; (ばかげた) adj. absurdo. → ひどい. ♦べらぼうな暑さ m. calor excesivo [extremo]. ♦あのレストランはよくべらぼうな値段を請求してくる Los precios de ese restaurante a menudo son exorbitantes.

—— べらぼうに (極度に) adv. sumamente, extremadamente, excesivamente; (ひどく) adv. terriblemente, absurdamente. ♦このドレスはべらぼうに値段が高い Este vestido es terriblemente caro.

ペラヨ Pelayo (☆?-737, アストゥリアス王, 在位718-737).

ベラルーシ Bielorrusia (☆ヨーロッパの国, 首都ミンスク Minsk).

ベランダ f. terraza, m. balcón.

へり 縁 m. borde; (物の端) m. margen, m. canto; (川などの) f. orilla; (衣類の) m. dobladillo; (畳やじゅうたんの) m. borde. → 縁(ふち). ♦湖の縁を歩く v. caminar por la orilla de un lago.

ベリーズ Belice (☆公式名も同じ. 中央アメリカの国, 首都ベルモパン Belmopan).

ヘリウム m. helio.

ペリカン m. pelícano.

へりくだる 遜る v. humillarse, mostrarse modesto. → 謙遜(けんそん).

へりくつ 屁理屈 (言い逃れ) f. objeción débil, f. evasiva. ♦へりくつを言う(筋の通らない言葉を遣う) v. poner* objeciones débiles 《a》; (けちをつける) v. poner* reparos 《口語》peros 《a》; (理屈をこねる) v. desafiar* la lógica.

ヘリコプター m. helicóptero.

ベリファイする《専門語》v. verificar*.

へる 減る (数量が減る) v. disminuir, reducirse*; (減少する) v. menguar*, mermar, hacerse* más pequeño; (数が少なくなる) v. bajar, descender*; (量が少なくなる) v. aminorar(se). → 減少する. ♦ [1]数 [2]量が減る v. disminuir* [reducirse*] [1]el número [2]la cantidad]. ♦減ってなくなる v. reducirse* a nada. ♦体重が５キロ減る v. adelgazar* [perder*] 5 kilos. ♦すごく体重が減る v. adelgazar* mucho, perder* mucho peso. ♦近年志願者の数が著しく減ってきた El número de solicitantes ha bajado [descendido] notablemente en los últimos años. ♦今月は売り上げが3％減った Este mes las ventas han disminuido [descendido, caído] en un 3％. / Este mes ha habido「un descenso [una caída] del 3％ de ventas. / Este mes hemos tenido un 3％ menos de ventas. ♦今年は昨年より事故が減った Este año ha habido menos accidentes que el año pasado. / El número de accidentes de este año ha disminuido con respecto al año pasado. / Este año no ha habido tantos accidentes como el año pasado. ♦犯罪は減る傾向にある(＝減少している) La delincuencia está disminuyendo [en baja]. ♦がんの死亡率は減って(＝下がって)きている Está descendiendo el índice de mortalidad por cáncer. ♦そのスキャンダルのせいで彼の支持者が減った Con el escándalo disminuyeron sus seguidores. / El escándalo redujo el número de sus partidarios. /《彼の支持が減った》Su popularidad bajó a causa del escándalo. ♦川の水が減った(＝水位が低くなった) El agua [nivel] del río ha bajado. ♦食料が減って(＝不足して)きた Se nos están acabando los alimentos.

《その他の表現》♦腹が減る v. tener* hambre. ♦タイヤが減った「El neumático [《ラ米》La llanta] se ha desgastado.

へる 経る ❶【経過する】v. pasar; (過ぎて行く) v. transcurrir. → 経つ, 過ぎる. ♦月日を経るに従って adv. a medida que pasan los días. ♦3年を経て彼は故郷に戻った Volvió a casa「al cabo [después] de tres años. ♦彼が家を出てから3年を経ている Han pasado [transcurrido] tres años desde que se fue de casa. /《3年前に》Se fue de casa hace tres años.
❷【通過する】v. pasar [ir*] 《por》, atravesar*. ♦バンクーバーを経て(＝経由して)メキシコシティへ飛ぶ v. volar* a Ciudad de México vía [pasando por] Vancouver. ♦必要な手続きを経る v. pasar por los trámites necesarios. ♦私たちは森を経て湖に来た Llegamos al lago por [atravesando] el bosque.
❸【経験する】v. pasar, experimentar, sufrir. ♦困難を経る v. pasar [experimentar] penalidades.

*ベル f. campana, f. campanilla; (玄関の) m. timbre (de la puerta); (非常用の) m. timbre de emergencia [alarma].

1《ベルが》. ♦電話のベルが鳴った Sonó el teléfono. ♦ベルが鳴っているから出てください ¿Puedes contestar el timbre? / ¿Puedes avisar? Suena el timbre. / Han tocado el timbre. ♦ [1]休み時間 [2]授業の終わり]を知らせるベルが鳴っ

た Sonó el timbre señalando ¹la hora del recreo [²el final de la clase].
　2《ベルを》ベルを鳴らす v. tocar* el timbre. ▶ベルを鳴らして召し使いを呼ぶ v. llamar al sirviente [criado] con una campanilla.

ペルー Perú; (公式名) f. República del Perú (☆南アメリカの国, 首都リマ Lima). ▶ペルーの adj. peruano. ▶ペルー人 mf. peruano/na.

ベルギー Bélgica; (公式名) m. Reino de Bélgica (☆ヨーロッパの立憲君主国, 首都ブリュッセル Bruselas). ▶ベルギーの adj. belga. ▶ベルギー人 mf. belga.

ベルサイユ ▶ベルサイユ宮殿 m. Palacio de Versalles.

ペルシャ Persia (☆1935年に Irán と改称). ▶ペルシャ人 mf. persa. ▶ペルシャ語 m. persa. ▶ペルシャ猫 m. gato persa. ▶ペルシャ湾 m. Golfo Pérsico.

ヘルス f. salud. ▶ヘルスセンター(娯楽施設) m. centro recreativo [de salud]; (保養地) m. lugar para recuperar la salud.

ベルセオ (ゴンサロ・デ～) Gonzalo de Berceo (☆1195頃-1264頃, スペインの詩人).

ヘルツ (英語) m. "hertz", m. hercio. ▶キロヘルツ (英語) m. "kilohertz", m. kilohercio. ▶メガヘルツ (英語) m. "megahertz", m. megahercio, (略記) Hz.

ベルデみさき ベルデ岬 Cabo Verde (☆アフリカ, セネガルの大西洋に突出した岬).

ベルト m. cinturón; (座席の) m. cinturón de seguridad. ▶ベルトつきのレーンコート f. gabardina con cinturón. ▶ベルトコンベヤー f. cinta [f. banda] transportadora. ▶ベルトを締める v. ponerse* [apretarse*, atarse, abrocharse] el cinturón.

ヘルニア (専門語) f. hernia. ▶ヘルニアになる v. herniarse.

ヘルパー (助力者) mf. ayudante/ta; (家政婦) f. ama de llaves; f. asistenta doméstica.

ヘルプ (専門語) f. ayuda.

ベルファスト Belfast.

ヘルペス (専門語) m. herpes. ▶口唇単純ヘルペス (専門語) m. herpes simple labial. ▶外陰部単純ヘルペス (専門語) m. herpes simple genital.

ベルベット m. terciopelo. → ビロード.

ヘルメット m. casco; (オートバイ運転用などの) m. casco (protector); (消防士の) m. casco de bombero; (建設現場用などの) m. casco.

ベルモット m. vermut (☆薬草で味をつけた白ぶどう酒).

ベルリン Berlín (☆ドイツの首都). ▶ベルリンの壁 m. Muro de Berlín.

ベルン Berna (☆スイスの首都).

ベレー ▶ベレー帽 f. boina; f. chapela (☆バスク地方の大きなベレー帽).

ペレス・ガルドス (ベニト～) Benito Pérez Galdós (☆1843-1920, スペインの小説家・劇作家).

ペレス・デ・アヤラ (ラモン～) Ramón Pérez de Ayala (☆1881-1962, スペインの小説家).

ヘロイン f. heroína. ▶ヘロイン常用者 mf. heroinómano/na.

ぺろっと ▶ぺろっと舌を出す v. sacar* la lengua. ▶ぺろっとなめる v. lamer. → ぺろぺろ. ▶ぺろっと (＝あっというまに) 食べる v. comérselo todo [《口語》zamparse] en un santiamén. (皮などが) ぺろっとむける v. pelarse, despegarse*.

ヘロドトス Herodoto (☆前484?-425?, ギリシャの歴史家).

ぺろぺろ ❶【なめるさま】▶ぺろぺろなめる v. lamer(se). ♦少年はアイスクリームでべとついた指をぺろぺろなめた El niño se lamió los dedos pegajosos de helado. ♦猫が皿のミルクをぺろぺろなめていた El gato se bebía a sorbetones la leche del plato.
　❷【酔っ払っているさま】▶ぺろぺろに酔っている v. estar* completamente borracho, 《口語》estar* borracho como una cuba. ♦彼は昨夜ぺろぺろに酔って帰ってきた Anoche「volvió a casa completamente borracho [《口語》volvió como una cuba].

ぺろぺろ ▶ぺろぺろなめる v. lamer. ♦犬が私の顔をぺろぺろなめた El perro me lamió la cara.

ぺろりと ▶ぺろっと.

ペロルシア → ベラルーシ

ペロン (フアン・ドミンゴ～) Juan Domingo Perón (☆1895-1974, アルゼンチンの政治家・大統領).

ぺろんぺろん → ぺろぺろ.

***へん** 変 f. rareza, f. extrañeza, f. singularidad. ♦彼がそんなことを¹する [²した] なんて変だ Es raro que ¹haga [²haya hecho] una cosa así. ♦彼女の態度はほんとに変だ Hay algo extraño [raro] en ella. ♦あんな女と結婚するなんて彼は頭が変だ Está loco por casarse con ella. ♦このラジオは調子が変だ Pasa algo raro con esta radio. ♦今日の君は様子が変だ (＝いつもの君らしくない) Hoy estás raro. / ¿Qué te pasa hoy?

── 変な adj. raro, extraño; peculiar; singular, inexplicable → おかしい, 妙; (怪しげな) adj. sospechoso, dudoso; (調子が悪い) adj. malo. ── 変っ. ♦車のエンジンから変な音がした Del motor del coche salió un ruido extraño. / El motor del coche hizo [produjo] un ruido raro. ♦彼は変な (＝疑わしげな) 目つきで私を見た Me miró sospechosamente.

── 変に ♦それは変に聞こえるかもしれないが事実だ Por extraño que parezca es verdad. / Puede parecer raro pero es cierto. ♦たぶん彼は暑さで頭が変になってしまったんだよ Quizá el calor le ha trastornado. / A lo mejor se ha vuelto loco con el calor.

へん 辺 ❶【多角形の】 m. lado. ▶3角の三つの辺 pl. m. tres lados de un triángulo. ♦この2辺は直角をなす Estos dos lados forman un ángulo recto.
　❷【近辺】→近辺, 辺り, 近所. ♦この辺はまったく初めてです (＝地理が分からない) Soy totalmente forastero por aquí. ♦この辺はよく知っていますConozco bien estos alrededores. ♦その辺のことをもっと知りたい Quiero saber más de eso.
　❸【程度】♦(話・授業などで) 今日はこの辺で終わ

ろう Esto es todo por hoy. / (仕事などを)Por hoy hemos acabado. ◆彼をどの辺まで信じていいものやら No sé hasta qué punto confiar en él.

へん 編 ❶【作品の】▶1編の詩 un poema, una poesía. ▶前編 f. primera parte. ▶続編 f. continuación 《de》.

❷【編集】▶加藤博士編の辞書 m. diccionario editado [compilado] por el Dr. Kato. → 編集.

へん 変 ❶【変化】m. cambio; (移行) f. transición.

❷【変事, 非常事】(事故) m. accidente; (事件) m. incidente; (災害) m. desastre; (非常の場合) f. emergencia. ▶本能寺の変 m. incidente del Templo Honnoji.

*べん 便** ❶【便利】f. comodidad, f. conveniencia; (交通) m. servicio; (設備) f. instalación. → 便利. ▶水の便 f. comodidad del agua corriente. ▶交通の便 mpl. servicios de transporte [comunicaciones], fpl. instalaciones para 「el transporte [las comunicaciones]. ◆この町はバスの便が¹よい [²悪い] Hay un ¹buen [²mal] servicio de autobuses en esta ciudad. / El servicio de autobuses de esta ciudad es ¹bueno [²malo, ²deficiente]. ◆その病院は駅に近くて交通の便がよい El hospital está a una distancia cómoda desde la estación. ◆家を買う前にその場所の交通の便をまず考慮すべきです Antes de comprar una casa hay que pensar primero en la comodidad del acceso.

❷【大便】fpl. heces, mpl. excrementos; (婉曲的) f. deposición; (排泄(はい)作用)《教養語》f. excreción. → 便通. ▶¹堅い [²軟らかい; ³水のような; ⁴血]便をする v. hacer* deposiciones ¹duras [²blandas, ²sueltas; ³acuosas; ⁴con sangre].

べん 弁 ❶【方言】(なまり) m. dialecto, m. acento (regional) → 訛(なまり); (弁舌) m. discurso, m. charla; ▶就任の弁 m. discurso inaugural. ▶九州弁で話す v. hablar 「en el dialecto [con el acento] de Kyushu. ◆彼はなかなか弁が立つ(=話し方がうまい) Habla muy bien. ◆(議論するのがうまい) Sabe discutir.

❷【花弁】m. pétalo; 【機械・臓器の】f. válvula.

*ペン** f. pluma, f. estilográfica.

1〖ペン+名詞〗▶ペン先 f. punta de la pluma. ▶ペン軸 f. portaplumas, 〖ラ米〗m. plumero. ▶ペン習字 f. caligrafía.

2〖ペンは[を, で]〗▶ペンを執る v. tomar la pluma, ponerse* a escribir*. ▶ペンをおく v. soltar* [dejar] la pluma, dejar de escribir*. ▶ペンで書く v. escribir* a [con] pluma. → 書く. ▶ペンとインクで書く v. escribir* con pluma y tinta. ▶ペン(=文筆業)で生計を立てる v. vivir de la pluma. ◆このペンは書きやすい Esta pluma es fácil de usar. / Se escribe bien con esta pluma.

へんあい 偏愛 (かたよった好み) f. parcialidad; (えこひいき) m. favoritismo. ▶偏愛する v. tener* debilidad 《por》, ser* parcial 《a, hacia》.

へんあつき 変圧器 m. transformador.

へんい 変異 (地殻の) m. movimiento de corteza terrestre; (生物) f. variación. ▶突然変異 f. mutación.

*へんか 変化** ❶【変わること】(全面的な変化) m. cambio 《de, en》; (部分的な変化) f. modificación, f. alteración; (変動) f. variación 《de, en》; (変形) f. transformación; (推移) f. transición. ▶天候の変化 m. cambio 「de tiempo [meteorológico]. ▶彼の態度の変化 m. su cambio de actitud. ▶一日の気温の変化 f. variación de temperatura en un día. ▶経済的変化を受ける v. sufrir un cambio económico, experimentar una transformación económica. ▶変化しやすい天気 m. tiempo cambiante [variable]. ◆老人はしばしば変化を恐れる La gente mayor suele temer los cambios. ◆情勢に変化がない No hay cambios en la situación. / La situación sigue igual [sin cambios].

❷【変化に富むこと】f. variedad, f. diversidad. ▶変化に富んだ生活をする v. llevar una vida「llena de cambios y variaciones [variada, (多事多難な) llena de acontecimientos]. ▶学校生活は変化に乏しくて我慢できないほど退屈だった La falta de variedad hizo la vida escolar insoportablemente aburrida. ◆そこでの生活は単調で変化がない Allí la vida es monótona y sin variedad.

❸【文法上の】f. conjugación; (格の) f. declinación. ▶動詞 venir の変化が言えますか ¿Sabes conjugar el verbo "venir"?

— **変化する** v. cambiar, modificarse*, alterarse; (部分的・断続的に) v. variar*. → 変わる. ◆状況は絶えず変化している Las circunstancias están siempre cambiando. ◆戦後東京はずいぶん変化した Tokio ha cambiado muchísimo desde la guerra. ◆車窓の景色は時々刻々変化した Desde la ventanilla del tren el paisaje cambiaba a cada instante.

☞ 動き, 移り変わり, 推移, 転移; 動く, 移り変わる, 移る, 化する, 変わる

へんかい 弁解 (言い訳) m. pretexto, f. excusa, f. disculpa; (説明) f. explicación; (正当化) f. justificación. ◆そのようなミスに弁解の余地はない No hay excusa para una equivocación así. / Un error así no admite disculpas. ◆貧乏はお金を盗んだことの弁解にはならない La pobreza no es justificación para robar dinero.

— **弁解をする** v. poner* un pretexto, presentar [dar*, ofrecer*] una excusa [disculpa], justificar, explicar*. → 言い訳(を)する. ◆彼は遅れて来たことを弁解した Presentó una excusa por llegar tarde. ◆そのようなばかげたふるまいに対してどう弁解するつもりなのですか ¿Qué pretexto vas a poner para explicar esa estúpida conducta? / ¿Cómo vas a justificar tan estúpido comportamiento?

へんかく 変革 (変化) m. cambio; (改革) f. reforma; (革命) f. revolución. ▶思想の大変革 f. revolución de ideas. ▶われわれの生活様式

変革する v. cambiar [reformar] nuestro estilo de vida. ◆労働者は社会変革を求めて世論をかき立てた Los obreros han agitado la opinión pública en favor de reformas sociales.

べんがく 勉学 (勉強) m. estudio; (学業) mpl. estudios. → 勉強. ◆勉学に励む v. estudiar mucho; (研究を進める) v. seguir* con los estudios.

ベンガルわん ベンガル湾 f. Bahía de Bengala.

へんかん 返還 f. devolución, f. restitución. ▶北方領土の返還を要求する v. exigir* la devolución de los Territorios del Norte. ◆沖縄返還(=復帰) f. restitución de Okinawa. ▶優勝旗を返還する v. devolver* la bandera del campeonato.

へんかん 変換 f. transformacíon, f. conversión ▶変換する(変える) v. cambiar; (切り換える) v. modificar*; (転換する) v. convertir*; (数式などを) v. transformar; (図形を) v. transcribir*. → 変える, 切り替える. ▶ひらがなを漢字に変換する v. cambiar caracteres de "hiragana" a "kanji" (en un ordenador).

べんき 便器 f. taza (del cuarto de baño), m. inodoro; (移動式の) m. orinal; (固定式の) m. urinario; (しびん) m. orinal, f. chata, f. perico.

べんぎ 便宜 (都合のよいこと) f. comodidad, f. conveniencia; (便宜をはかる設備) f. facilidad; (利点) f. ventaja.

1《便宜＋名詞》 ▶便宜主義 m. oportunismo. ◆便宜主義者 mf. oportunista.

2《便宜が》 ▶東京ではよい教育を受けられるという便宜がある Tokio tiene la ventaja de ofrecernos una buena educación.

3《便宜を》 ▶公衆の便宜を1図る[2尊重する] v. ¹promover* [²respetar] la conveniencia pública. ▶彼に研究の便宜(=設備)を与えてやる v. proporcionarle facilidades para estudiar. ◆この店では客の便宜をはかって買い物袋が用意されている En esta tienda se proporcionan bolsas de compra para comodidad de los clientes.

4《便宜的な》 adj. oportuno, conveniente. ▶便宜的手段を講じる v. usar un método conveniente; (一時的な手段を) v. tomar [adoptar] medidas provisionales.

5《便宜上》 ▶便宜上それをもとの所に置いておく v. dejarlo donde estaba para mayor comodidad.

＊ペンキ f. pintura (de paredes). ▶ペンキ用のはけ f. brocha. ◆ペンキ屋(店) f. tienda de pinturas; (人) mf. pintor/tora de brocha gorda (de casas). ◆ペンキがはげてきた La pintura se está desconchando. ◆ペンキ塗りたて[揭示] Recién pintado. / Mancha. ◆彼はドアにペンキを塗った Pintó la puerta. / (ペンキで白く塗った) Pintó la puerta de blanco.

へんきゃく 返却 f. devolución, f. restitución; (金銭の) m. reembolso. ▶図書館へ本を返却する v. devolver* los libros a la biblioteca. → 返す.

へんきょう 偏狭 ▶偏狭な(了見の狭い) adj. de mente estrecha, de mentalidad cerrada; (不寛容な) adj. intolerante; (偏見のある) adj. con prejuicios.

へんきょう 辺境 (遠隔地) f. región remota; (国境地方) f. región fronteriza; (西部開拓時代の) f. frontera.

＊＊べんきょう 勉強 (勉学) m. estudio, m. trabajo de clase.

1《～(の)勉強》 ▶学校の勉強 m. trabajo escolar. ◆系統立った勉強 m. estudio sistemático. ◆フランス語の勉強 m. estudio del francés.

2《勉強＋名詞》 ▶勉強部屋 m. estudio, f. sala de estudio. ▶勉強時間 m. tiempo de estudio. ▶勉強家 mf. estudiante aplicado/da [diligente, trabajador/dora].

3《勉強が[の]》 ▶勉強がよく¹できる[²できない] v. dársele*¹ ¹bien [²mal] los estudios, sacar* ¹buenas [²malas] notas [calificaciones]. ◆彼は勉強が大変よくできる(=優秀な生徒だ) Es un estudiante muy bueno. ◆彼は勉強のしすぎで病気になった Se puso malo por estudiar [trabajar] demasiado.

4《勉強を》 ▶勉強をする → 勉強する. ▶勉強を怠る v. descuidar「los estudios [las clases]. ◆私たちは中学校でスペイン語の勉強を始める El español lo empezamos a estudiar en la escuela secundaria. ◆父が勉強を見てくれた Mi padre me ayudó en los estudios.

—— 勉強する v. estudiar, aprender, trabajar. ◆彼はよく勉強する Estudia mucho. / Es un「estudiante trabajador [buen estudiante]. ◆勉強しているときに話しかけないでください Por favor, no me hables cuando estoy estudiando. 〈会話〉どこで勉強しているのですか—バルセロナ大学で ¿Dónde estudias? – En la Universidad de Barcelona. ◆きのうは一日中勉強しないで本を読んでいた Ayer, en lugar de estudiar, estuve leyendo libros todo el día.

1《...を勉強する》 ▶数学をよい本で勉強する v. estudiar matemáticas con buenos libros. ▶生物学を安部教授の下で勉強する v. estudiar biología con el profesor Abe.

2《...のために勉強する》 ▶期末試験のために勉強する v.「estudiar para [preparar] el examen trimestral. ◆われわれは主として自分のために勉強するのだ Generalmente estudiamos para nosotros mismos. ◆彼は医者になるために勉強している Estudia para hacerse médico.

へんきょく 編曲 f. adaptación, m. arreglo. ◆この曲はピアノ用に編曲されている Esta pieza [obra] está adaptada para piano.

へんきん 返金 m. reembolso, f. devolución. ▶返金する v. hacer* [efectuar*] un reembolso, devolver* el dinero, devolverle* su dinero. ▶返金してもらう[を受ける] v. recibir un reembolso de dinero, recuperar el dinero. 〈会話〉この服大きすぎたのです。返金してもらえるかしら—お客様、レシートをお持ちですか—ええ、これです—どうもありがとうございます。これが返金分でございます Lo siento, pero el vestido me está demasiado grande. ¿Puedo devolverlo y recuperar mi dinero? [Quisiera que me reembolsaran mi dinero por este vestido. /¿Pueden reembolsarme mi dinero por el vestido? – ¿Tiene usted el「ticket de compra [recibo], señora? – Sí, aquí está. – Gracias, señora. Aquí tiene usted su reembolso [dinero].

ペンギン m. pingüino.

へんくつ 偏屈▷偏屈な（心のねじけた）adj. retorcido;（風変わりな）adj. excéntrico;（頑固な）adj. terco, testarudo, obstinado;（心の狭い）adj. de mente cerrada, de miras estrechas. ▶偏屈者 m. hombre retorcido [f. mujer retorcida]; (変人) f. persona excéntrica.

へんけい 変形（ねじれ）f. deformación;（別の形への）f. transformación. ▶変形の土地 m. terreno irregular. ▶変形させる v. deformar, transformar. → 変える. ♦熱で表紙が変形した El calor ha deformado la tapa [cubierta] del libro.

へんけん 偏見（偏った考え）m. prejuicio; (先入観による好み) f. parcialidad. ▶根深い人種的偏見 m. prejuicio racista profundamente arraigado. ▶偏見のある態度 f. actitud con prejuicios. ▶偏見のない意見 f. opinión「sin prejuicios [(公平な)imparcial]. ▶偏見がない v. estar* libre de prejuicios, no ser* presa de prejuicios. ▶あらゆる偏見を捨てる v. dejar a un lado todo tipo de prejuicios. ▶偏見なしに adv. sin prejuicios. ♦彼は政治家に対して偏見を持っている Tiene prejuicios contra los políticos.

べんご 弁護（一般にまたは法廷での）f. defensa;（正当化）f. justificación. ▶自己弁護 f. autojustificación, f. autodefensa. ▶弁護依頼人 m. cliente. ▶¹被告 [²原告]側弁護団 m. equipo de abogados de la parte ¹demandada [²demandante]. ▶弁護料 mpl. honorarios de un abogado. ♦彼の行為はまったく弁護の余地がない Su acción「es absolutamente indefendible [no admite ninguna defensa]. /（正当化できない）No hay nada que justifique su acción.

—— **弁護する**【法廷で】v. abogar*, defender*;【一般に】（味方として言う）v. hablar en su defensa, defender*;（人・行為・意見などを正当化する）v. justificar*. ▶自分を弁護する v. defenderse* [hablar por] uno/na mismo/ma. ♦私は自分の弁護をしてくれる有能な弁護士を頼んだ He conseguido un/una buen/buena abogado/da que「me defienda [lleve mi caso].

*__へんこう 変更__（全面的な）m. cambio;（一部修正）f. modificación,《口語》m. retoque. ▶住所の変更を市役所に届け出る v. registrar un cambio de dirección en el ayuntamiento. ♦¹計画 [²時間]は変更になることがあります ¹El plan está sujeto [²La hora está sujeta] a modificación. ♦この法律は多少変更の必要があるEsta ley「necesita alguna modificación [necesita ser modificada en algunos puntos, tiene que ser algo retocada].

—— **変更する** v. cambiar;（修正する）v. modificar*, alterar. ▶住所を変更する v. cambiar de dirección. ▶予定を変更する v. cambiar de horario → 改める, 動かす

へんこう 偏向 f. desviación, f. inclinación. ▶右翼偏向 f. desviación [m. desviacionismo] a [hacia] la derecha. ▶偏向教育 f. educación políticamente tendenciosa. ▶偏向する v. desviarse* 《de》.

べんごし 弁護士 m. abogado/da;（一般に, 法廷・事務弁護士）mf. abogado/da. ▶¹刑事 [²民事] 弁護士 mf. abogado / da ¹criminalista [¹penalista, ²civilista]. ▶顧問弁護士 mf. abogado /da consultor/tora. ▶弁護士会 m. colegio de abogados. ▶弁護士事務所 m. bufete (de abogados). ▶弁護士料金 mpl. honorarios de un/una abogado/da. ▶弁護士になる v. hacerse* abogado/da, dedicarse* al derecho, entrar en el cuerpo de la abogacía. ▶弁護士を(開業)している v. ejercer* de [como] abogado, ejercer* la abogacía. ▶弁護士を頼む v. contratar a un/una abogado/da.

へんさい 返済 f. devolución, f. restitución;（金銭の）m. reembolso, m. reintegro. ▶返済期限 m. plazo de devolución [reembolso]. ▶家のローンの返済 m. reintegro del préstamo de vivienda. ▶借金の返済を迫る v. apremiar《a + 人》a que「devuelva el dinero [salde la deuda].

—— **返済する** v. devolver*, restituir*;（金銭を）v. reembolsar, reintegrar, devolver* el dinero. ▶利子をつけて借金を返済する v. devolver* un préstamo con interés. ▶借金をきれいに返済する v. saldar [liquidar] una deuda.

へんさち 偏差値 m. valor de desviación. ▶偏差値の高い学生 mf. estudiante con un alto valor de desviación.

へんさん 編纂 m. edición. ▶辞書を編纂する v. compilar [editar] un diccionario.

へんし 変死 ▶変死する v. morir* de muerte accidental [violenta, antinatural].

へんじ 返事 f. respuesta, f. contestación; f. réplica.

1《～返事》▶快いよい返事をする v. dar* una respuesta favorable, responder favorablemente. ♦彼は私たちの提案に二つ返事で同意した「Accedió fácilmente [Sin pensarlo dos veces respondió afirmativamente] a nuestra propuesta.

2《返事が》♦1か月前に彼女に手紙を出したがまだ返事がない Le escribí hace un mes pero todavía no he recibido su respuesta. ♦ドアのベルを鳴らしたが返事がなかった Toqué el timbre pero nadie contestó.

3《返事に》♦私は返事に困った No supe qué responder.

4《返事を》♦すぐに手紙の返事をください Por favor, escriba contestándome pronto. / Conteste pronto a mi carta, por favor. ♦彼は彼女が3月10日に日本を立ったと返事をよこした Me contestó diciéndome que se había ido de Japón el 10 de marzo. ♦ご返事を（楽しみに）お待ちしています Espero con ilusión su

respuesta. 会話 彼女返事をくれなかったわ—じゃあもう一度手紙を書きなさいよ No ha contestado. – Pues, vuélvele a escribir. ♦彼は母親に返事をしなかった No「contestó [le dio ninguna respuesta] a su madre. ♦今すぐ返事をしなくてもよい. 考えておいてくれ No hace falta que me contestes enseguida; piénsalo.
—— 返事する v. responder, contestar; replicar*. ♦どうお返事すればよろしいのでしょう. ありがたいお話だとは存じますが… No sé qué decir. Aprecio la oferta, pero...

べんし 弁士 (演説者) mf. conferenciante, mf. orador/dora.

へんしつ 変質 (物の質の変化) m. cambio en [de] la calidad; (質の悪化) m. deterioro, m. empeoramiento. ▶変質者 m. pervertido/da, mf. degenerado/da. ▶夏は肉がすぐ変質する En el verano la carne se corrompe rápidamente. ♦熱はワインを変質させる El calor echa a perder el vino.

へんしゃ 編者 mf. editor/tora, mf. redactor/tora, mf. compilador/dora. → 編集.

へんしゅ 変種 (生物) f. variedad; (突然変異による) f. mutación.

へんしゅう 編集 f. redacción, f. compilación. ▶編集者 mf. redactor/tora, mf. compilador/dora. ▶編集長 mf. redactor/tora jefe. ▶編集局長 mf. director/tora de redacción. ▶編集部員 m. miembro de la redacción, m. cuerpo de redacción. ▶編集室 f. oficina [f. sala] de redacción. ▶編集会議 f. junta [f. reunión] de redactores. ▶編集方針 f. política editorial.
—— 編集する (書物・新聞・放送番組・映画などを) v. redactar, editar; (辞書・選集・資料集などを) v. compilar. ▶テープを編集する v. editar una cinta. ▶手引書を編集する v. redactar una guía. ♦この本は上手に編集されている Este libro está bien editado.

へんしゅうしょう 偏執症《専門語》f. monomanía.

べんじょ 便所 (家庭の) m. cuarto de baño, m. baño, m. servicio, m. wáter;『古風な言い方』m. retrete, m. lavabo, m. excusado; (公共の建物の) (男性用)「m. servicio para [m. baño de] caballeros, 『掲示』Caballeros / Hombres / Señores」(女性用)「m. servicio para [m. baño de] señoras, m. tocador, 『掲示』Damas / Mujeres / Señoras.▶公衆便所 mpl. servicios (públicos). ▶水洗便所 m. cuarto de baño con taza [inodoro para posición de sentado], m. wáter. ▶和式便所 (=便器)《説明的に》m. cuarto「de baño de tipo japonés antiguo [con inodoro para posición en cuclillas]. ▶便所に入っている [²行く] v. ¹estar en el [²ir* al]「cuarto de baño [servicio, baño]. ♦便所はどこですか (家庭の) ¿Dónde está el「cuarto de baño [baño]? / ¿Me puede decir dónde está el servicio, por favor? / ¿El servicio [baño], por favor? / ¿Puedo usar un momento el cuarto de baño? / (公共の場で) ¿Por dónde se va al cuarto de baño, por favor?

べんしょう 弁償 f. compensación, f. indemnización, f. reparación. → 賠償. ▶弁償金 f. compensación (por). ▶弁償する v. compensar 〈a + 人〉 por (su) pérdida, pagar* 〈a + 人〉 una indemnización por lo que ha perdido. ♦君がそれをこわしたんだから弁償しなければならない Lo has roto y tienes que pagarlo.

べんしょうほう 弁証法 f. dialéctica.

へんしょく 変色 m. cambio de color; f. decoloración. ▶変色する v. cambiar de color; (色が悪くなる) v. descolorarse; (色があせる) v. desteñirse*. ▶変色した adj. desteñido, descolorido, con el color cambiado. ♦酸で青い布巾が変色した El ácido ha desteñido la tela azul.

へんしょく 偏食 ▶偏食する v. tener* una dieta [alimentación] desequilibrada.

ペンション f. pensión, f. fonda.

ペンシルベニア Pennsylvania.

へんしん 変身 f. metamorfosis, f. transformación. ♦彼女は魔女に変身した Se transformó en una bruja.

へんしん 返信 f. respuesta, f. contestación. ▶返信用はがき f. tarjeta postal con respuesta pagada. ▶返信用封筒 m. sobre sellado con las señas propias. ▶返信料 m. franqueo para responder. ▶返信を書く v. contestar [responder a] una carta.

へんじん 変人 f. persona excéntrica [rara].

ベンジン f. bencina.

ペンス mpl. peniques.

へんずつう 偏[片]頭痛 f. jaqueca, 《専門語》f. migraña.

へんせい 編成 (組織すること) f. organización; (組織形成すること) f. formación. ♦次の列車は8両編成です (=8両で構成されている) El siguiente tren está formado por ocho vagones. / El siguiente tren tiene [consta de] ocho vagones.
—— 編成する v. organizar*, formar, constituir*. ▶野球チームを編成する v. organizar* [formar] un equipo de béisbol. ▶予算を編成する v. hacer* un presupuesto, presupuestar. ▶番組を編成する v. planear la programación, programar.

へんせつ 変節 (裏切り) f. traición, 《教養語》f. defección. ▶変節する v. traicionar, 『スペイン』《口語》cambiar la [de] chaqueta. ▶変節者 mf. traidor/dora; (宗教的な) mf. apóstata, mf. renegado/da.

べんぜつ 弁舌 (話すこと) f. habla, m. discurso. ▶弁舌の巧みな人 f. persona elocuente. ♦彼は弁舌さわやかだった Hablaba con elocuencia [facilidad, soltura].

へんせん 変遷 (変化) m. cambio; (推移) f. transición; (浮き沈み) mpl. altibajos, 《フォーマル》fpl. vicisitudes. ▶時代の変遷 mpl. cambios de las épocas. ▶封建社会から近代社会への変遷 f. transición de una sociedad feudal a otra moderna.

へんそう 変装 m. disfraz; (仮装) f. máscara.

へんそう 1294

▶変装した人 f. persona disfrazada, mf. enmascarado/da. ▶変装 (= 仮装)する v. disfrazarse* (de marinero). ▶変装で(= 仮装で)つけひげをつける v. usar una barba de disfraz, disfrazarse* con una barba.

へんそう 返送 ▶返送する v. enviar* de vuelta, reexpedir, reenviar*. ➡返事.

へんそうきょく 変奏曲 f. variación.

へんそく 変則 ▶変則的な(正規の方法に従わない) adj. irregular; (正常でない) adj. anómalo; (例外的な) adj. excepcional.

へんそく 変速機[装置] f. caja de cambios [velocidades], f. transmisión. ▶変速レバー f. palanca de cambio(s). ▶5段変速の自動車 m. coche [m. auto] con cinco marchas [cambios].

へんたい 編隊 f. formación. ▶編隊飛行 m. vuelo en formación. ▶編隊飛行をする v. volar* en formación.

へんたい 変態 ❶【動物の】f. metamorfosis. ❷【性өの】f. perversión sexual; (人) mf. pervertido/da (sexual).

ペンタゴン (米国国防総省) m. Pentágono.

べんたつ 鞭撻 f. ánimo, m. estímulo. ▶べんたつする v. animar, estimular. ➡ 励ます.

ペンダント m. colgante, m. collar con medallón.

へんち 辺地 m. lugar remoto.

ベンチ m. banco ➡椅子; (サッカー) m. banquillo. ▶公園のベンチ m. banco de un parque. ▶ベンチウオーマー(= 控え選手) mf. reserva, mf. suplente. ▶ベンチに腰をかける v. sentarse* en un banco.

ペンチ mpl. alicates, fpl. tenazas.

ベンチャービジネス m. negocio arriesgado [de capital riesgo].

へんちょう 偏重 f. excesiva importancia. ▶学歴偏重 f. excesiva importancia「a la carrera realizada [al historial académico]. ▶学歴を偏重する v. conceder demasiada importancia al historial académico.

へんちょう 変調 f. irregularidad; m. cambio de tono; (専門語) m. modulación. ◆最近体に変調をきたしている(= 体の具合がよくない) Últimamente no me siento del todo bien. / Recientemente no me vengo sintiendo como debiera. / Estos días ando un poco raro. ➡ 体調, 気分.

べんつう 便通 f. evacuación intestinal [del vientre, de los intestinos]. ▶便通をよくする v. ayudar a tener* evacuaciones regulares (del vientre). ◆便通は規則的にありますか ¿Tiene usted evacuaciones regulares? ◆日に何回ぐらい便通がありますか ¿Cuántas evacuaciones realiza al día? ◆便通はきちんとあります Mis evacuaciones son regulares. ◆3日間便通がない No he tenido evacuaciones en tres días. / Llevo tres días estreñido.

ペンディング ▶ペンディングの adj. pendiente. ◆その問題はペンディングだ El asunto sigue [todavía está] pendiente.

へんてつ 変哲 ▶何の変哲もない陶器 f. pieza de cerámica común y corriente.

へんてん 変転 (変化) m. cambio; (展開) m. desarrollo. ▶変転する v. cambiar; desarrollar. ◆人生は変転きわまりないものだ En la vida acontecen muchas cosas. / La vida es un cambio incesante.

へんでんしょ 変電所 f. subestación (de transformación).

へんとう 返答 f. respuesta, f. contestación. ➡返事.

へんどう 変動 (変化) m. cambio, f. mutación; (物価・相場などの) f. fluctuación, f. oscilación; (社会的変動) f. conmoción, m. trastorno. ▶株式相場の絶えざる変動 f. constante fluctuación de los precios de las acciones (de la bolsa de valores). ▶変動為替相場制 m. sistema del tipo de cambio flotante. ▶ドルを変動為替相場制にする v. hacer* flotar el dólar. ▶政策の大変動を引き起こす v. provocar* un「gran trastorno [cataclismo] en la política.

―― 変動する v. cambiar, fluctuar*, oscilar. ◆物価は最近変動している Los precios están fluctuando últimamente. ☞ 変わる, 増減.

べんとう 弁当 f. comida preparada en una caja, f.【メキシコ】f. itacate. ▶野外で食べる弁当 f. comida para picnic. ▶ comida en una fiambrera [merendera, caja]. ▶子供の学校へ持っていく弁当 f. comida que llevan los niños a la escuela. ▶弁当箱 f. caja [f. fiambrera, 【メキシコ】f. lonchera] para la comida. ▶弁当代 m. dinero para la comida. ▶弁当を詰める[作る] v. llenar una caja de [con] comida, poner* comida en una caja. ▶弁当を食べる v. tomar「la comida [el almuerzo]. ◆私は毎日工場に弁当を持って行く Todos los días me llevo la comida a la fábrica.

へんとうえん 扁桃炎 (専門語) f. amigdalitis. ◆急性扁桃炎 f. angina.

へんとうせん 扁桃腺 (専門語) f. (fpl.)amígdala(s). ▶扁桃腺炎 f. amigdalitis, (口語) fpl. angina(s).

へんな 変な adj. raro, extraño. ➡ 変.

へんにゅう 編入 (入学許可) f. admisión; (転学) m. cambio de escuela, f. transferencia; (合併) f. incorporación. ▶(小学) 2年生に編入される v. ser* admitido「al segundo curso [como alumno/na de segundo]. ▶村を隣接する市に編入する v. incorporar un pueblo a un municipio próximo. ▶編入試験 m. examen de transferencia [admisión]. ◆彼女は短大から4年制大学に入る編入試験を受けた Hizo un examen para pasar「de una carrera de diplomatura [del colegio universitario] a「otra de licenciatura [la universidad].

ペンネーム m. pseudónimo. ▶オブセルバドールというペンネームで小説を書く v. escribir* novelas con [bajo] el pseudónimo de El Observador.

ペンパル mf. amigo/ga por correspondencia [carta].

へんぴ 辺鄙 ▶辺ぴな村 m. pueblo remoto [perdido].

べんぴ 便秘 *m.* estreñimiento. ▶便秘している *v.* tener* estreñimiento, estar* estreñi*do*. ◆私は旅行するといつも便秘する Cuando viajo siempre estoy [《口語》ando] estreñi*do*.

へんぴん 返品 *f.* mercancía devuelta, *mpl.* géneros devueltos. ▶返品する *v.* devolver*「un artículo [una mercancía, un producto]. ◆この服はバーゲンで買ったから返品はできない Compré este vestido en las rebajas y no puedo devolverlo.

ペンフレンド →ペンパル.

へんぺいじょうひがん 扁平上皮癌(がん) 《専門語》 *m.* carcinoma de células escamosas.

へんぼう 変貌 (変化) *m.* cambio; (変形) *f.* transformación, *f.* transfiguración. → 変化. ▶変貌する *v.* cambiarse [transformarse] 《en》; (変形する) *v.* transformarse [transfigurarse] 《en》. ▶近代的な町に変貌する *v.* transformarse en una moderna ciudad.

へんまがん 片麻岩 *m.* gneis.

べんめい 弁明 (言い訳) *f.* excusa 《por》; (説明) *f.* explicación 《de, por》. →弁解. ▶弁明する *v.* dar* excusas 《por》, justificarse* 《con, de》. ▶彼に弁明を求める *v.* pedirle* una explicación [justificación].

べんもう 鞭毛 《専門語》 *m.* flagelo.

べんらん 便覧 *m.* manual; (特定分野の手引書) *f.* guía.

***べんり 便利** *f.* comodidad, conveniencia.
—— **便利な** (都合のよい) *adj.* conveniente; cómo*do*; (役に立つ) *adj.* útil, provechoso; (手ごろな,手近にある) *adj.* manejable, a mano. ▶便利な道具 *f.* herramienta conveniente [práctica, útil]. ▶会合を開くのに便利な場所 *m.* lugar conveniente [cómodo] para「celebrar la reunión [reunirse]. ▶持ち歩きに便利な辞書 *m.* diccionario cómodo [fácil] de llevar. ◆生活に便利ないろいろの物 *fpl.* diferentes comodidades de la vida.
《**便利が[だ]**》 ◆ピクニックのときは紙の皿が便利だ Los platos de cartón son prácticos [cómodos] en un picnic. ◆私にとってはバスで行くのがとても便利だ Me resulta muy cómo*do* ir en autobús. ◆私の家は駅に近くて便利だ Mi casa es cómoda por estar cerca de la estación. 《会話》 どこで落ち合おうか―そうだね、ぼくの家が一番便利がいいな ¿Dónde nos vemos? – Bueno, lo más cómodo [práctico, fácil] es en mi casa. ☞ 簡便,重宝,手軽な

へんりん 片鱗 (一部) *f.* parte, *f.* faceta, *m.* aspecto. ▶彼の性格の片鱗をうかがい知る *v.* vislumbrar algo [una parte] de su personalidad, ver* un aspecto de su personalidad. ◆彼女には昔の美しさの片鱗(＝名残り)もない De su anterior belleza no le queda nada. ◆彼は子供のときから大器の片鱗をうかがわせた Reveló algún aspecto de su gran talento de [cuando era] niño.

へんれい 返礼 *f.* devolución (de una cortesía). → 礼. ▶返礼として *prep.* a cambio de, en correspondencia [reciprocidad] por.

べんろん 弁論 (演説) *m.* debate público; (証拠提示・論理的説得などによる論争) *f.* discusión, *f.* disputa; (議会・集会・討論会などの賛否討論) *m.* debate; (法廷での) *m.* alegato. → 申し立て, 陳述. (法廷での)口頭弁論 *m.* procedimiento oral. ▶(法廷での)最終弁論 *m.* escrito de conclusiones. ▶弁論大会 *m.* certamen [*m.* concurso] de oratoria. ▶弁論部 *m.* club de oratoria.

ほ

ほ 歩 *m.* paso. ▶3歩¹前へ出る [²後ろにさがる] *v.* dar* tres pasos ¹adelante [²atrás]. ▶歩を速める *v.* apretar* el paso.

ほ 帆 *f.* vela, *m.* velamen. ▶帆を揚げる *v.* izar* [enarbolar] las velas. ▶帆を降ろす *v.* arriar* [amainar] las velas. ▶帆を¹張る [²たたむ] *v.* ¹desplegar* [²plegar*, ²recoger*] una vela. ▶帆を全部張っている *v.* estar* a「toda vela [velas desplegadas].

ほ 穂 (穀物の) *f.* espiga. ▶稲の穂 *f.* espiga de arroz. ▶¹穂が出る [²出ている] *v.* ¹espigar* [²estar*] en cierne [espiga].

ほい 補遺 (付録) *m.* suplemento (a); (追加物) *m.* apéndice.

-ぽい 子供っぽい *adj.* infantil,《フォーマル》pueril. ▶忘れっぽい *adj.* olvidadizo. ▶水っぽい *adj.* acuoso. ▶飽きっぽい → 飽きる.

ほいく 保育 ▶保育する (= 育てる) *v.* educar*. ▶保育所 (託児所)《スペイン》*f.* guardería (infantil), *m.* parvulario,《ラ米》《ドイツ語》*m.* "kindergarten",《アルゼンチン》*m.* jardín infantil; (就学前の教育機関) *f.* enseñanza preescolar. ▶子供を保育所に預ける *v.* dejar al niño en la guardería.

ほいくしょ 保育所 → 保育.

ボイコット (不買同盟)《英語》*m.* "boicot", *m.* boicoteo. ▶日本製品をボイコットする *v.* boicotear [hacer* "boicot" a] productos japoneses.

ボイスレコーダー *f.* caja negra.

ホイッスル *m.* pito, *m.* silbato. ▶ホイッスルを吹く *v.* tocar* el pito [silbato].

ホイップ (泡立てること) *m.* batido. ▶ホイップする *v.* batir,《スペイン》montar. ▶ホイップしたクリーム *f.* crema batida [《スペイン》*f.* montada].

ぽいと ぽいと捨てる *v.* tirar,《ラ米》botar. ▶車の窓から空きびんをぽいと捨てた Tiró una botella vacía por la ventanilla del coche.

ボイラー *f.* caldera (de vapor). ▶ボイラー係 *m.* calderero. ▶ボイラー室 *f.* sala de calderas. ▶ボイラーをたく *v.* encender* [poner* en marcha] una caldera.

ホイル *f.* lámina de metal. ▶アルミホイル *m.* papel de aluminio. ▶魚をホイル焼きにする *v.* asar pescado envuelto en papel de aluminio.

ボイル ▶ボイルする (= ゆでる) *v.* hervir*.

ボイル (薄い綿織物)《仏語》*m.* "voile" (☆発音は [buál]), *f.* gasa.

ぼいん 母音 *f.* vocal. ▶二重母音 *m.* diptongo.

ぼいん 拇印 *f.* huella [*f.* impresión] digital (del pulgar). ▶書類に拇印を押す *v.*「poner* una huella dactilar en [firmar con el pulgar] los documentos.

ポインセチア *f.* flor de Pascua [Navidad],《英語》*f.* "poinsettia".

ポインタ (専門語) *m.* indicador.

ポインター *m.* puntero, *m.* apuntador.

ポイント (得点) *m.* punto; (スポーツで) *m.* tanto; (要点, 活字の大きさ) *m.* punto; (小数点) (*m.* punto) decimal; (鉄道の) *fpl.* agujas. ▶マッチポイント *f.* bola de partido, *m.* punto decisivo. ▶ポイントをあげる *v.* ganar un punto. ▶ポイントを¹述べる [²はずさない] *v.*「ir* al [²no salirse* del] tema. ▶8ポイント活字の本 *m.* libro impreso con caracteres de ocho puntos.

*ほう 方 ❶【方向】(方角, 方面) *f.* dirección,《口語》*m.* lado, *m.* rumbo; (... の方に向かって) *prep.* a, hacia, en dirección a, rumbo a. → 方向, 方角. ▶両方を見る *v.* mirar「a los dos lados [《フォーマル》en ambas direcciones]. ▶そっちの方へ行くと駅に出ますよ Si va en esa dirección, llegará a la estación. ▶彼は図書館の方へ歩いて行った Caminó hacia [en dirección a] la biblioteca. ▶熱海は横浜の西の方にあります Atami está [《口語》cae] al oeste de Yokohama. ▶右の方に大きな建物があります A [Por] la derecha hay un edificio grande. ▶彼は本郷の方に (= あたりに) 住んでいる Vive por Hongo.

❷【方面, 部類】(分野) *m.* campo, *f.* área; (側(⁽⁾)) *m.* lado. ▶あの科学者はその方で先でいる Ese/sa científico/ca es eminente en ese campo. ▶私の方は (= 私としては) その計画に異存はありません Por「lo que a mí respecta [mí, mi parte], no tengo ningún inconveniente a ese plan. ▶彼はいつも負けている方を応援するSiempre está del lado del perdedor. ▶間違いをしたのは秘書の方だ Fue la secretaria quien se equivocó. / (間違いは秘書の側にある) La equivocación fue de la secretaria. ▶君の方から彼に謝る必要はないよ No hace falta que te disculpes ante él.

❸【比較, 対比】▶こっちの方がこの本よりずっとおもしろい Este libro es mucho más interesante que aquél. ▶二つのうちではこちらの方が安い Éste es el más barato de los dos. 会話 紅茶と

保育所 Guardería → 保育所

コーヒーとどちらがよろしいですか―紅茶の方がいいな ¿Qué prefiere, té o café? – Prefiero té. ♦今日は家にいた方がよい Hoy「deberías quedarte [será mejor que te quedes] en casa. ♦少し待った方がいいとは思わないかな ¿No crees que será mejor esperar un poco? ♦どちらかというと彼は物事を楽観する方だ Es más bien optimista. ♦彼は背はまあ高い方かしら Es más bien alto. ♦あんな医者に行くくらいならじっと寝ている方がましだ「Prefiero quedarme [Mejor me quedo] en la cama antes que ir a ver a *un/una* médico así.

ほう 法 ❶【法律】*m.* derecho, *f.* ley; (個々の)*f.* ley; *m.* reglamento; (集合的に) *m.* código. → 法律. ▶国際法 *m.* derecho internacional. ▶法を曲げる *v.* distorsionar la ley. ♦法の下ではだれもが平等である「Todo el mundo es igual [Todos los hombres son iguales] ante la ley. ♦君のやったことは法に反する Lo que has hecho「va en contra de la ley [es ilegal].

❷【方法】(組織的な) *m.* método, *m.* sistema, *f.* metodología; (やり方) *f.* manera, *f.* forma, *m.* modo. ▶スペイン語教授法 「*m.* método de enseñar [《フォーマル》 *f.* metodología didáctica del] español.

❸【道理】*f.* razón. ▶そんな法はない Eso es irracional [absurdo]. / 《口語》Eso no tiene ni pies ni cabeza. ♦君がそれをやらない法はない No hay razón para que no lo hagas. /「Tienes que [Debes] hacerlo.

ほう *interj.* ah, oh, vaya, sí. ▶ほう, そうですか ¿Ah sí? ¿De verdad? ♦ほう, それで ¿Sí? ¿Y luego? ♦ほう, うらやましいないな ¡Vaya! ¡Qué envidia!

*ぼう 棒 (棒切れ) *m.* palo; (丸棒) *m.* poste, *f.* pértiga; (さお) *f.* vara; *m.* bastón, *m.* cayado; (こん棒) *m.* garrote; (横木) *f.* barra; (金属製の) *f.* varilla; (線) *f.* línea; (字の) *f.* raya. ▶カーテンのつり棒 *f.* varilla de cortinas. ▶(文を)棒読みにする *v.* leer* (un pasaje) monótonamente. ▶丸一日を棒に振る *v.* perder* [malgastar] todo el día. ▶一生を棒に振る *v.* arruinar la carrera [vida]. ▶チャンスを棒に振る *v.* desperdiciar una ocasión. ♦棒きれを集めて火をおこした Juntamos unos palos para hacer fuego.

ぼう 某 (知っていても明言せずに) *adj.* cierto; 《軽蔑的に》*mf.* fulano/na; (ある) *adj.* un, una. ▶某所 *m.* un cierto lugar. ▶昨年の5月某日に *adv.* un día de mayo del año pasado.

ぼう− 亡−▶亡夫 *m.* difunto marido.

ほうあん 法案 *m.* proyecto [*f.* proposición] de ley. ▶法案を提出する *v.* presentar un proyecto de ley. ▶法案を[¹可決する [²否決する; ³棚上げにする] *v.* [¹aprobar* [²rechazar*; ³suspender] un proyecto de ley.

ぼうあんき 棒暗記 *m.* aprendizaje maquinal de memoria. ▶棒暗記する *v.* aprender maquinalmente de memoria.

ほうい 包囲 (敵軍の占領目的の) *m.* sitio, *m.* asedio, *m.* cerco. ▶敵の包囲網を破る *v.* romper* el cerco enemigo. ▶城の包囲を解く *v.* levantar el asedio del castillo. ♦敵軍は城を包囲した Las tropas enemigas「cercaron el [pusieron asedio al] castillo.

ほうい 方位 (航海) *f.* demora; (天文・測量で方位角) *m.* azimut; (方角) *f.* dirección, *m.* rumbo, *f.* orientación. ▶方位角 *m.* acimut. ▶方位を¹定める [²確かめる] *v.* ¹orientarse [²tomar una demora]. ♦われわれの船の方位は淡路島の西50度のところであった Nuestro barco tenía una demora de 50 grados al oeste de la isla Awaji.

ほういがく 法医学 *f.* medicina forense [legal], *f.* jurisprudencia médica.

ぼういんぼうしょく 暴飲暴食 *m.* exceso en la comida y bebida. ▶暴飲暴食をする *v.* comer y beber「en exceso [sin moderación].

ほうえい 放映 *f.* transmisión de televisión. ▶放映権 *mpl.* derechos televisivos [de televisión]. ▶放映する *v.* televisar, emitir por televisión. ♦オリンピックは全世界に放映されるだろう Los Juegos Olímpicos serán televisados en todo el mundo.

*ぼうえい 防衛 *f.* defensa, *f.* protección. → 国防.

1《〜(の)防衛》 ▶正当防衛で彼を射殺する *v.* matarlo[le] a tiros en defensa propia. ♦彼はタイトルの防衛に成功した Logró defender su título.

2《防衛＋名詞》 ▶防衛大学校 La Academia Nacional de Defensa. ▶防衛省 *m.* Ministerio de Defensa. ▶防衛大臣 *mf.* Ministro/tra de Defensa. ▶防衛省 *mpl.* gastos (nacionales) de defensa. ▶防衛予算 *m.* presupuesto de defensa. ▶防衛力 *m.* poder defensivo, *f.* capacidad de defensa. ▶国境の防衛力を強化する *v.* reforzar* [consolidar] las defensas en la frontera.

―― 防衛する *v.* defender*; proteger*. → 守る. ♦われわれはその島を防衛するために2個連隊を派遣した Enviamos dos regimientos para defender la isla.

*ぼうえき 貿易 *m.* comercio.

1《〜貿易》 ▶¹外国 [²自由; ³保護]貿易 *m.* comercio ¹exterior [²libre; ³proteccionista]. ▶保護貿易主義 *m.* proteccionismo. ▶¹片 [²²国間]貿易 *m.* comercio ¹unilateral [²bilateral]. ♦日本とラテンアメリカの貿易は近年拡大した El comercio entre Japón y América Latina ha aumentado recientemente.

2《貿易＋名詞》 ▶貿易会社 *f.* compañía de comercio, *f.* empresa comercial. ▶貿易相手国 *m.* país que mantiene relaciones comerciales. ▶(日亜)貿易協定 *m.* acuerdo comercial (entre Japón y Argentina). ▶貿易収支 *f.* balanza [*m.* balance] comercial. ▶貿易外収支 *f.* balanza [*m.* balance] de comercio invisible. ▶貿易業者 *mf.* comerciante con el exterior; (輸入業者) *mf.* exporta*dor/dora*, (輸入業者) *mf.* importa*dor/dora*. ▶貿易不均衡を是正する *v.* corregir* el desequilibrio comercial. ▶日米貿易摩擦 *f.* fricción comercial entre Japón y Estados Unidos. ▶貿易障壁を取り除く *v.* eliminar las

barreras comerciales. ♦日本の対中国貿易黒字は40億ドルに達した El superávit comercial de Japón con China ascendió a 4 mil millones de dólares.
　3《貿易が》♦日本はメキシコとの貿易が盛んです Japón「comercia mucho [mantiene intensas relaciones comerciales] con México. / El comercio japonés-mexicano es muy intenso.
　4《貿易を》♦日本は貿易を自由化するよう求められている A Japón le han pedido que liberalice el comercio. ♦貿易の自由化 f. liberalización del comercio.

ぼうえんきょう 望遠鏡 m. telescopio, m. catalejo. ♦ [1]天体 [2]屈折; [3]反射; [4]電波]望遠鏡 m. telescopio [1astronómico; 2refractor; 3reflector]; [4] m. radiotelescopio. ♦望遠鏡で星を見る v. observar [ver*, mirar] las estrellas「a través de [con] un telescopio.

ぼうえんレンズ 望遠レンズ m. teleobjetivo.

ほうおう 法王 (ローマ法王) m. Papa, 《フォーマル》el Sumo Pontífice, Su Santidad. ♦法王庁 m. Vaticano.

ぼうおん 防音 ♦防音の adj. insonorizado, a prueba de ruidos. ♦防音のしてある部屋 f. sala insonorizada. ♦防音装置 m. equipo insonorizador. ♦防音装置を施す v. insonorizar*.

ほうか 放火 m. incendio premeditado [provocado]. ♦放火犯人 mf. incendiario/ria; (病的な) mf. pirómano/na. ♦放火の容疑で逮捕される v. ser* detenido por incendio premeditado. ♦家に放火する v. incendiar [prender fuego a] una casa.

ほうか 砲火 m. fuego (de artillería). ♦砲火を浴びせる v. abrir* fuego《contra》. ♦敵の砲火にさらされる v. quedar expuesto al fuego del enemigo.

ぼうか 防火 f. prevención de incendios. ♦防火装置 m. equipo contra incendios. ♦防火壁 m. muro cortafuego. ♦防火(地)帯 m. cortafuegos. ♦防火用水 f. agua contra incendios. ♦防火(＝耐火)建築 f. edificación a prueba de incendios. ♦防火(＝消火)訓練を [1実施する [2受ける] v. [1realizar* [2someterse a] un simulacro de incendio.

ほうかい 崩壊 m. derrumbamiento, m. desplome; f. desintegración; (破滅) f. ruina; (没落) f. caída. ♦家庭の崩壊(＝一家の没落) f. ruina [f. caída] de una familia; (離婚などによる) f. desintegración del hogar.

―― 崩壊する[させる] (つぶれる) v. derrumbarse, desplomarse; (つぶす) v. hacer* derrumbar; (ばらばらになる) v. desintegrarse; (ばらばらにする) v. desintegrar; (破滅) v. arruinarse; caer(se)*; (破滅させる) v. arruinar. ♦その建物は崩壊しかかっていた El edificio se estaba derrumbando. / (崩壊寸前だった)El edificio estaba a punto de desplomarse. ♦彼が死んだら家族は崩壊するであろう Su familia se desintegrará cuando muera. / Su muerte será la ruina de la familia. ☞総崩れ, 倒れる

ほうがい 法外 ♦法外な adj. irrazonable; desorbitado; (過度の) adj. excesivo, desmesurado. ♦法外に adv. irrazonablemente, desmesuradamente, en [con] exceso. ♦法外な要求をする v. hacer* una petición irrazonable [desmesurada]. ♦法外な値段を支払う v. pagar* un precio desorbitado.

ぼうがい 妨害 (邪魔) m. obstáculo, m. impedimento, 《フォーマル》f. obstrucción, (干渉) f. intervención, f. interferencia, (中断) f. interrupción; (乱す物[人]) f. molestia. ♦妨害行為 f. conducta obstructiva. ♦公務執行妨害(罪)で逮捕される v. ser* detenido por「obstruir* la ejecución de la función pública [《専門語》obstrucción a la autoridad]. ♦私はすぐ計画を実行し始めるとすぐに妨害にあった Tan pronto como empecé el proyecto, me encontré con obstáculos. ♦車の騒音は私たちの生活の妨害になる El ruido de los coches perturba [molesta] nuestra vida.

―― 妨害する (進行を止める) (完全に) v. bloquear, 《フォーマル》obstaculizar*, 《フォーマル》obstruir*; (かき乱す) v. molestar, perturbar, estorbar; (中断させる) v. interrumpir. ♦計画を妨害する v.「poner* obstáculos a [estorbar, 《フォーマル》obstruir*] un proyecto. ♦議事の進行を妨害する v. obstruir* la deliberación; (長々と議論をして)《専門語》v. practicar* el obstruccionismo. ♦数人の学生が大声で話をして講義を妨害した Varios estudiantes interrumpieron la conferencia hablando en alta voz. ♦安眠を妨害するな No me molestes mientras duermo.
☞遮る, 邪魔になる, 邪魔をする

-ほうがいい ―ほうが(い)い →いい ⑦⑮.

ほうがく 方角 (方向) f. dirección, m. rumbo, f. orientación. ♦方角違いの方へ行く v. equivocarse* de dirección, ir* en dirección equivocada. ♦彼はあちらの方角へ行った Se alejó en aquella dirección. ♦郵便局はここからどっちの方角ですか ¿En qué dirección se encuentra Correos desde aquí? ♦駅は反対の方角にあります La estación de tren está en la otra dirección. ♦ごいっしょの方角なら車にお乗せしましょう Si vas en mi dirección, te llevo en el coche.

ほうがく 法学 m. derecho; (法律学) f. jurisprudencia. ♦法学士 [1博士](学位) [1] mf. licenciado/da [2 mf. doctor/tora] en Derecho. ♦法学部 m. Departamento de Derecho. ♦法学を学ぶ v. estudiar Derecho.

ほうがく 邦楽 f. música clásica japonesa.

ほうかご 放課後 adv. después de la clase. ♦放課後野球をしよう Vamos a jugar al béisbol después de la clase.

ほうかつ 包括 ♦包括的な (総合的な) adj. general, global, integral; (一切を包んだ) adj. completo, 《フォーマル》adj. exhaustivo. ♦包括する v. abarcar*, incluir*, 《フォーマル》comprender. ♦包括的に adv. globalmente, de modo integral, exhaustivamente. ♦中東の包括的平和 f. paz global en el Medio Oriente.

ほうがん 砲丸 f. bala, [《スペイン》] m. peso.

ぼうかん 傍観 ▶傍観者 mf. espectad*or/dora*, 《口語》m. mir*ón/rona*. ▶彼は彼らのけんかをただ傍観しているだけだった Se quedó「de mirón [mirando] mientras ellos se peleaban.

ぼうかん 防寒 ▶防寒服 f. ropa de abrigo. ▶防寒具 f. ropa y mpl. complementos de abrigo. ▶防寒用として adv. como abrigo.

ぼうかん 暴漢 《口語》m. matón, m. rufián. ▶暴漢に襲われる v. ser* atacado por un matón.

ほうがんし 方眼紙 m. papel milimetrado [cuadriculado].

ほうがんなげ 砲丸投げ m. lanzamiento de bala [《スペイン》peso]. ▶砲丸投げの選手 mf. lanzad*or/dora* de bala [《スペイン》peso]. ▶砲丸投げをする v. lanzar* 「la bala [《スペイン》el peso].

ほうき 放棄 (権利・地位・計画などの) m. abandono, f. cese; (権利などの正式の) f. renuncia, f. renunciación. ▶戦争放棄を宣言する v. declarar la renuncia a la guerra.

── 放棄する (あきらめる) v. desistir 《de》; (完全に) v. abandonar; (正式に) v. renunciar 《a》; (権利・自由などをやむをえず譲り渡す) v. entregar*, ceder. ▶計画を放棄する v. dejar [abandonar] el proyecto. ▶燃えている船を放棄する v. abandonar un navío en llamas. ▶《ストライキで》職場を放棄する v. declararse en huelga. ▶彼はその土地の所有権を放棄した Renunció a la propiedad de la tierra. ▶われわれはけっして自由を放棄しないだろう Jamás entregaremos [renunciaremos a] nuestra libertad.

ほうき 蜂起 ▶蜂起する (反乱して立ち上がる) v. levantarse en armas 《contra》, empuñar las armas 《contra》.

ほうき 箒 f. escoba. ▶草[竹]ぼうき m. escobón. ▶ほうきの柄 m. palo de escoba. ▶ほうきで掃く v. barrer con una escoba. ▶ほうき星 m. cometa.

ほうき 法規 (法律と規則) fpl. leyes y fpl. reglas, m. código, m. reglamento. ▶交通法規 m. código de la circulación.

ぼうぎ 謀議 f. conspiración, f. trama, m. complot. ▶謀議をする v. conspirar 《contra》. ▶共同謀議 f. conspiración conjunta, 《フォーマル》f. conjura.

ぼうきゃく 忘却 m. olvido. ▶忘却のかなたに沈む v. caer* en el olvido.

ぼうぎゃく 暴虐 (行為) fpl. atrocidades → 残虐; (暴君による) fpl. tiranías. ▶暴虐の限りを尽くす v. cometer 《フォーマル》perpetrar todo tipo de atrocidades.

ほうきゅう 俸給 f. paga, m. salario; m. sueldo.

ぼうきょ 暴挙 (暴力) f. violencia, f. fuerza; (不法行為) m. acto ilegal. ▶暴挙に出る v. recurrir a la violencia. ▶民主主義に対する暴挙 m. atropello contra la democracia.

ぼうぎょ 防御 f. defensa, f. protección. → 守る. ▶防御する v. defender*, proteger*. ▶国の防御 f. defensa nacional. ▶防御戦 f. guerra defensiva [de defensa]. ▶防御態勢をとる v. tomar una posición defensiva. ▶爆撃から身を防御する v. protegerse* de un bombardeo.

ぼうきょう 望郷 ▶望郷の念 f. nostalgia [f. querencia, f. añoranza] por el 「país natal [hogar]. ▶望郷の念に駆られる v. sentir* 「tener* nostalgia por el hogar, añorar 「el país natal [la patria]. ▶彼の望郷の念は交響曲となって表われた La añoranza por su país natal halló expresión en su sinfonía.

ぼうぎれ 棒切れ m. palo.

ぼうくう 防空 f. defensa antiaérea. ▶防空施設 fpl. instalaciones de defensa antiaérea. ▶防空壕 m. refugio antiaéreo.

ぼうくん 暴君 m. tirano; (専制君主) m. déspota.

ほうけい 包茎 《専門語》f. fimosis.

ぼうけい 傍系 ▶傍系の adj. filial, 《フォーマル》subsidiario; (重要でない) adj. secundario, menor.

ほうげき 砲撃 m. bombardeo, m. cañoneo. ▶砲撃を [開始する [²やめる] v. ¹abrir* [²cesar] el fuego. ▶砲撃する v. bombardear.

ぼうけつ 乏血 《専門語》f. oligohemia.

ほうけん 封建 ▶封建時代 f. época feudal. ▶封建主義 m. feudalismo. ▶封建制度 m. sistema [m. régimen] feudal, m. feudalismo. ▶彼はとても封建的だ Es una persona conservadora [(権威的だ)autoritaria].

ほうげん 方言 m. dialecto. ▶東北方言で話す v. hablar en el dialecto de Tohoku.

ほうげん 放言 ▶放言する (無責任な発言をする) v. hacer* una observación irresponsable [(不適切な) impropia, (遠慮のない) sin reservas].

ぼうけん 冒険 f. aventura, m. riesgo; (危険な賭け) f. apuesta, m. juego.

1 《冒険＋名詞》▶冒険家 mf. aventurer*o/ra*; (冒険好きな人) f. persona aventurera. ▶冒険物語 m. relato de aventuras. ▶冒険的事業 f. empresa arriesgada [que entraña riesgos]; (一か八かの) m. negocio arriesgado. ▶冒険談を聞かせる v. contar* 《a ＋ 人》las aventuras.

2 《冒険に[を]》▶数多くの冒険を¹する [²経験する] v. ¹tener* [²experimentar] muchas aventuras. ▶命がけの冒険をする v. arriesgar* [poner* en peligro] la vida. ▶彼はアマゾンの秘境への冒険に出かけた Se lanzó a la aventura en el ignoto Amazonas.

3 《冒険だ》▶見もしない土地を買うのは冒険 (＝危険) だ Comprar un terreno que no se ha visto nunca es un riesgo.

── 冒険する (危険を覚悟で) v. correr un riesgo; (運にまかせて) v. arriesgarse*, correr un riesgo.

ぼうげん 暴言 ▶暴言 (＝乱暴な言葉) をはく v. emplear un lenguaje violento [abusivo]. ▶彼の暴言 (＝筋の通らない発言) をとがめる v. criticar* su absurda declaración.

ほうこ 宝庫 (宝を入れる倉) m. tesoro, 《比喩的に》f. mina. ▶知識の宝庫 f. mina de conocimientos.

ほうこう 方向 (方角, 方面) *f.* dirección, *f.* orientación, *m.* rumbo, *m.* sentido.

1《方向＋名詞》▶方向感覚 *m.* sentido de orientación. ▶方向指示器(自動車の) *m.* intermitente, *m.* indicador (de dirección). ▶方向探知機 *m.* radiogoniómetro; (電波探知機) *m.* radar. ▶方向転換をする *v.* cambiar de dirección, variar* el rumbo; (主義・政策・態度などの) *v.* cambiar de (opinión, conducta). ♦彼女は方向音痴だ Carece de sentido de la orientación.

2《方向が》▶方向が分からなくなった。ここはどこだい He perdido la orientación. ¿Dónde estoy?

3《方向を》▶方向を誤る（道などの）*v.* equivocarse* de dirección [sentido], tomar una dirección equivocada, ir* por mal camino; (職業の) *v.* equivocarse* de trabajo [carrera]. ▶音のする方向を見る *v.* mirar en dirección [sentido] del sonido. ▶人生の方向を決定する *v.* decidir qué camino seguir* en la vida. ▶船は北の方向に進んだ El barco «puso rumbo al norte [navegaba en dirección norte].

4《方向へ[から, に]》▶反対の方向へ行く *v.* ir* en «sentido contrario [dirección opuesta]. ♦彼はどっちの方向へ行きましたか ¿En qué dirección se fue? / ¿Qué dirección ha seguido? / ¿Por dónde se ha ido? ♦彼は駅の方向へ走って行った Echó a correr hacia [en dirección a] la estación. ♦海の方向から風が吹いて来る El viento sopla del océano. ♦その湖はこの地点から南の方向にある El lago está al sur de este punto. ☞見当, 手

ほうこう 芳香 *m.* aroma, *m.* perfume, 《フォーマル》 *f.* fragancia; (いいにおい) *m.* buen olor. ▶芳香を放つ *v.* dar* [《フォーマル》 exhalar] buen olor, despedir* fragancia. ▶芳香剤 *m.* aromatizante. ♦部屋には何とも言えぬ芳香がただよっている Este cuarto está lleno de un aroma inefablemente agradable.

ほうこう 奉公 *m.* servicio, *m.* trabajo; (徒弟の年季奉公) *m.* aprendizaje. ▶奉公人(召し使い) *mf.* criado/da, *mf.* sirviente/ta; (従業員) *mf.* empleado/da; (徒弟) *mf.* aprendiz/diza. ▶息子を店に奉公に出す *v.* colocar* a un hijo de aprendiz en una tienda. ▶年季奉公をする *v.* trabajar de aprendiz. ♦その奉公人はその家に30年間奉公した El criado trabajó 30 años con esa familia.

ほうこう 放校 *f.* expulsión de la escuela. ▶放校される *v.* ser* expulsado de la escuela.

ほうごう 縫合 《専門語》 *f.* sutura.

ぼうこう 暴行 (暴力行為) *f.* violencia, *m.* maltrato, 《フォーマル》 *m.* atropello, 《専門語》 *m.* lesión; (婦女暴行) *f.* violación; (未成年者に対する性的暴行) *m.* estupro. ▶彼に暴行を加える *v.* «tratarlo [le] con [hacerlo [le]*] violencia, maltratarlo [le]. ▶婦女を暴行する *v.* violar a una mujer.

ぼうこう 膀胱 《専門語》 *f.* vejiga. ▶過敏膀胱 《専門語》 *f.* vejiga neurógena. ▶膀胱炎 《専門語》 *f.* cistitis. ▶膀胱結石 《専門語》 *f.* litiasis vesical.

ほうこく 報告 *m.* informe, *f.* relación; *f.* comunicación, *f.* ponencia; 報告者 *m.* informa*dor/dora*. ▶1中間 [2年次; 3最終] 報告 *m.* informe ¹provisional [²anual; ³final]. ▶委員会の報告(書)を¹提出 [²受理] する *v.* ¹presentar [²recibir] el informe de la junta del comité. ▶¹口頭 [²文書] で報告をする *v.* hacer* «¹informe ¹oral [²escrito]. ▶その事故の詳細な報告書を作成する *v.* redactar un informe detallado del accidente.

—— **報告する** *v.* informar 〈de, sobre〉, hacer* [ofrecer*, presentar]「una relación [un informe] 《de》. ♦その証人は彼をそこで目撃したと報告した El testigo informó「haberlo [le] visto allí [que lo [le] había visto allí]. ♦彼はその自動車事故のことを警察に報告した Informó a la policía del accidente de coche. ☞会報, 答申, 届け

ぼうさい 防災 *f.* prevención de desastres. ▶防災¹設備 [²対策] ¹*fpl.* instalaciones [²*fpl.* medidas] preventivas de desastres. ▶防災都市 *f.* ciudad a prueba de desastres [catástrofes].

ぼうさい 亡妻 *f.* difunta esposa.

ほうさく 豊作 (特定の作物の) *f.* buena [gran] cosecha, 《口語》 *m.* cosechón 〈de〉; (全作物の) *f.* cosecha [《フォーマル》 *f.* recolección] abundante. ▶リンゴの大豊作 *f.* buena [abundante] cosecha de manzanas, 《口語》 *m.* cosechón de manzanas. ▶豊作続き *f.* cadena [*f.* sucesión] de buenas cosechas. ♦今年は米が豊作だった Este año ha habido una buena [gran] cosecha de arroz.

ほうさく 方策 (対策) *fpl.* medidas, *mpl.* remedios; (一連の処置のうちの一つ) *m.* medio. ▶犯罪を防止する方策を講じる *v.* tomar [emprender] medidas contra la delincuencia ☞策, 手段, 処置

ぼうさつ 忙殺 ▶忙殺される (大変忙しい) *v.* estar* muy ocupa*do* 〈con, 現在分詞〉. ▶仕事に忙殺される *v.* estar* abrumado [inundado, agobia*do*] de trabajo, estar* de trabajo hasta 《口語》 la coronilla.

ほうさん 硼酸 *m.* ácido bórico.

ほうし 奉仕 *m.* servicio, 《フォーマル》 *f.* prestación. ▶無料奉仕 *m.* servicio gratuito [no remunerado, voluntario]. ▶社会奉仕 *m.* servicio social de voluntariado. ▶勤労奉仕 *m.* servicio de trabajo gratuito, *f.* mano de obra voluntaria. ▶奉仕活動 *m.* trabajo de voluntariado. ▶奉仕品 *f.* rebaja, *f.* oferta. ▶奉仕価格 *m.* precio de rebaja [saldos]. ▶¹国家 [²社会] に奉仕する *v.* servir* ¹al país [²a la comunidad]. ♦本日は卵を特別奉仕(＝値引き)しています Los huevos hoy están de oferta.

ほうじ 法事 *m.* rito [*f.* ceremonia] budista. ♦きのう亡母の法事を営んだ Ayer celebramos una ceremonia por el aniversario de nuestra difunta madre.

＊ぼうし 帽子 (一般に・縁のある) *m.* sombrero; (縁・ひさしのない) *m.* gorro.

(ひさしのある) f. gorra.

1《～帽子》▶狩猟用帽子 f. gorra de caza. ▶中折れ帽(子) m. sombrero de fieltro. ▶山高帽(子) m. hongo, m. bombín.

2《帽子(の)＋名詞》▶帽子の縁 f. ala de un sombrero. ▶帽子掛け f. percha para sombreros, 《キューバ》f. sombrerera. ▶帽子屋(人) mf. sombrero/ra; (店) f. sombrerería.

3《帽子を[に]》▶帽子をかぶる v. ponerse* el sombrero, cubrirse* (la cabeza). ▶帽子をかぶっている v. ir* ⌈con sombrero [la cabeza cubierta], ▶帽子を斜めにかぶる v. llevar el sombrero ladeado. ▶帽子を深くかぶる v. encasquetarse el sombrero. ▶帽子を脱ぐ v. descubrirse* [quitarse] el sombrero. ◆彼は帽子を上げて私にあいさつした Me saludó descubriéndose. ◆彼女は帽子をかぶって出て行った Salió con el sombrero puesto.

ぼうし 防止 ▶ f. prevención. → 予防. ▶青少年犯罪の防止 f. prevención de la delincuencia juvenil. ▶犯罪を防止する v. prevenir* la delincuencia.

ほうしき 方式 (体系的方法) m. sistema; (方法) m. método, m. modo; (形式) f. fórmula; (手続き) mpl. trámites, fpl. formalidades. ▶デジタル方式 m. sistema digital. ▶所定の方式に従う v. seguir* el sistema [método] normal.

ほうじちゃ 焙じ茶 m. té tostado.

ほうしゃ 放射 (光・熱などの) f. radiación; (光・熱・音・臭気などの) f. emisión. ▶放射線 mpl. rayos radiactivos. ▶放射能 f. radiactividad. → 放射能. ▶スポークは中心から放射状に伸びている Los radios salen en forma radial desde el centro.

―― 放射する v. emitir, radiar. ◆太陽は光と熱を放射する El sol emite [irradia] luz y calor.

ぼうじゃくぶじん 傍若無人 ▶傍若無人な(尊大な) adj. arrogante, jactancioso; (目上の人に対して横柄な) adj. insolente. ▶傍若無人なふるまい f. conducta arrogante [insolente]. ▶傍若無人な態度をとる v. ser* arrogante [insolente], comportarse con arrogancia [insolencia].

ほうしゃせい 放射性 ▶放射性の adj. radiactivo. ▶放射性元素 m. elemento radiactivo. ▶放射性物質 f. sustancia radiactiva. ▶放射性廃棄物 mpl. residuos radiactivos.

ほうしゃせん 放射線 mpl. rayos radiactivos. ▶放射線療法 f. radioterapia. ▶放射線技師 mf. radiólogo/ga. ▶放射線病[障害] f. enfermedad radiactiva.

ほうしゃねつ 放射熱 m. calor radiante.

ほうしゃのう 放射能 f. radiactividad, f. radiación. ▶放射能汚染 f. contaminación radiactiva [de radiactividad]. ▶放射能漏れ f. fuga radiactiva. ▶放射能の影響 mpl. efectos radiactivos. ▶高レベルの放射能 f. radiactividad de alto nivel. ▶放射能に汚染される v. contaminarse por radiactividad. ▶その町の家屋は放射能でひどく汚染されている Las casas de esa ciudad están muy contaminadas por la radiactividad.

ぼうじゅ 傍受 ▶傍受する(放送などを) v. interceptar.

ほうしゅう 報酬 ❶【給料】f. paga,《フォーマル》f. retribución, f. remuneración;（医者など専門職への謝礼）《フォーマル》mpl. honorarios. ▶その仕事に対する報酬 f. paga [《フォーマル》f. remuneración] por ese trabajo. ◆弁護士の報酬は大変高い Los honorarios del abogado son muy elevados. ◆彼は無報酬で働いた Trabajó ⌈sin paga [gratuitamente].
❷【報い】（奉仕や善行に対する）f. recompensa. ▶報酬を¹要求する [²受け取る] v. ¹reclamar [²recibir] una recompensa. ◆彼は功労に対する報酬としてお金をもらった Le dieron dinero como [en] recompensa. / Fue recompensado por sus servicios.

ほうじゅう 放縦 ▶放縦な(だらしない) adj. relajado,《強調して》disoluto,《強調して》inmoral; (気ままな) adj. inmoderado; (ふしだらな)《フォーマル》adj. libertino. ▶放縦な生活を送る v. llevar una vida disoluta [libertina].

ほうしゅう 防臭 f. desodorización. ▶防臭剤 m. desodorante.

ほうしゅつ 放出 ▶放出する(熱や光を) v. emitir; (物資・放射能などを) v. distribuir*; emitir. ▶放出物資 mpl. artículos distribuidos.

ほうじゅん 芳醇 ▶芳醇な(とくにワインが) adj. añejo; (こくのある) adj. de mucho cuerpo.

ほうしょう 法相 (法務大臣) mf. ministro/tra de Justicia.

ほうしょう 傍証 (状況証拠)《専門語》f. prueba [f. evidencia] circunstancial.

ほうじょうきたい 胞状奇胎《専門語》f. mola quística.

ほうしょうきん 報奨金 (10万円の) f. recompensa (de 100.000 yenes). ▶報奨金を出す v. ofrecer* una recompensa.

ほうしょく 飽食 f. saciedad, m. hartazgo. ▶飽食をする v. comer hasta saciarse.

ほうしょく 奉職 ▶奉職する v. trabajar, tener* trabajo. → 勤める.

ほうじる 報じる (報道する) v. informar, comunicar*. → 報道. ◆すべての新聞がその列車事故を報じている Toda la prensa informa del accidente ferroviario. / Todos los periódicos dan información del accidente ferroviario.

ほうしん 方針 (生活・行動などの信条) m. principio, f. norma; (政府・校などの政策) f. política; (行動の方向・やり方) f. línea; (計画) m. plan, m. proyecto. ▶方針を変える v. cambiar de política [línea]. ▶外交 [²教育; ³営業; ⁴施政]方針を立てる v. decidir la propia política ¹exterior [²educativa; ³empresarial; ⁴administrativa]. ▶一定の方針に従う v. seguir* una política definida. ◆私は人には本を貸さない方針です Tengo el principio de no prestar libros a nadie. ◆お手数ですが宿泊者名簿にご記入ください。ホテルの方針ですので Lo [Le] molesto pidiéndole que firme en nuestro registro. Es la norma del hotel.

ほうしん 放心 f. distracción. ▶放心している v. estar* distraído [《口語》en la luna]. ▶放心したような顔つきをしている v. parecer* distraído. ▶放心して adv. distraídamente.

ほうしん 疱疹 《専門語》m. herpes. ▶陰部疱疹《専門語》m. herpes genital. ▶単純疱疹《専門語》m. herpes simple.

ほうじん 法人 (法人団体) f. persona jurídica, f. corporación. ▶法人税 m. impuesto corporativo [sobre una corporación]. ▶法人組織 f. organización corporativa. ▶会社を法人組織にする v. incorporar una empresa. ▶財団法人 f. persona jurídica fundacional. ▶学校法人 f. fundación educacional.

ほうじん 邦人 mf. ciudadano/na japonés/nesa. ▶在留邦人 mpl. japoneses (residentes) en el extranjero.

ぼうず 坊主 m. bonzo, m. monje budista.

ぼうずあたま 坊主頭 f. cabeza rapada [《口語》pelada, 《口語》a lo bonzo] ▶ (聖職者の剃髪) 《フォーマル》 f. cabeza tonsurada. ♦君には坊主頭は似合わないよ Creo que no te va bien la cabeza pelada.

ぼうすい 防水 ▶防水の (水がしみ込まない) adj. impermeable, resistente al agua; (水が入らない) adj. a prueba de agua, impermeable. ▶防水時計 m. reloj sumergible. ▶防水加工したコート m. abrigo impermeabilizado. ▶防水扉 f. puerta a prueba de agua. ▶防水シート f. lámina impermeable. ▶防水(加工)する v. impermeabilizar*.

ほうせい 砲声 m. fragor de la artillería, m. estruendo de los cañonazos. ▶砲声がとどろき渡った Retumbó el fragor de la artillería.

ぼうせい 暴政 f. tiranía. ▶暴政をしく v. imponer* la tiranía《sobre》.

ほうせき 宝石 f. joya; (原石を加工研磨したもの) fpl. joyas; (原石) f. piedra preciosa. ▶きずのない宝石 f. joya limpia. ▶宝石箱 m. joyero. ▶宝石商 mf. joyero/ra. ▶宝石店 f. joyería. ▶宝石泥棒 mf. ladrón/drona de joyas. ▶宝石をちりばめた冠 m. corona engastada de joyas. ▶指輪に宝石をちりばめる v. engastar un anillo de joyas. ♦彼女は高価な宝石を身につけていた Llevaba valiosas joyas. ♦彼女の宝石はみな泥棒に盗まれた Un ladrón le robó todas sus joyas.

ぼうせき 紡績 f. hilandería. ▶紡績する v. hilar. ▶紡績1会社 [2機] 1 f. empresa [2 f. máquina] hiladora. ▶紡績業 f. hilandería, f. industria de hilados.

ぼうせん 防戦 (防御戦) f. defensa; f. guerra defensiva. ▶防戦する v. defenderse*《de》. ♦挑戦者はあごに強烈な一発をくらって防戦一方となった El aspirante se puso a la defensiva tras haber recibido un duro golpe en el mentón.

ぼうせん 傍線 f. línea lateral. ▶傍線を引く v. trazar* una línea lateral. ▶傍線部 f. parte de línea lateral.

ぼうぜん 茫然 ▶茫然とする (物も言えないほど驚く) v. quedarse「mudo de asombro [atónito, boquiabierto,《口語》de piedra,《口語》atontado,《フォーマル》estupefacto]. ♦彼の大胆さに茫然とする v. quedarse mudo de asombro por su atrevimiento. ♦彼は彼女の死の知らせに茫然とした Se quedó atónito con [ante] la noticia de su muerte.

—— **茫然と(して)** ▶茫然として(＝放心状態で)そこに立ちつくす v. quedarse de pie aturdido. ▶茫然と(＝あっけにとられて)彼を見つめる v. mirarlo[le] atónito [en completo asombro], quedarse boquiabierto mirándolo[le].

ほうせんか 鳳仙花 f. balsamina.

ほうせんきんしょう 放線菌症 《専門語》f. actinomicosis.

ほうそ 硼素 m. boro.

•**ほうそう 放送** f. radiodifusión; (放送番組) m. programa, f. emisión.

1《〜放送》▶ラジオ放送《専門語》f. radiodifusión sonora, f. transmisión de radio. ▶テレビ放送《専門語》m. radiodifusión de televisión, f. transmisión de televisión. ▶生放送《専門語》f. transmisión en directo [《ラ米》vivo]. ▶再放送 f. emisión repetida, f. reposición,《専門語》f. retransmisión. ▶深夜放送 m. programa a últimas horas de la noche. ▶国際放送 f. transmisión [f. emisión] internacional. ▶衛星放送 f. transmisión [f. emisión] por (vía) satélite. ▶アナログ放送《専門語》f. transmisión analógica. ▶デジタル放送《専門語》f. transmisión digital. ▶1生 [2中継] 放送 1 f. transmisión en directo [2 f. retransmisión]. ▶音声多重方式による野球の(日英)2か国語放送 m. programa bilingüe (inglés y japonés) de un partido de béisbol en multiplex.

2《放送＋名詞》▶1民間 [2公営; 3地方; 4ラジオ; 5テレビ]放送局 f. emisora 1comercial [2pública; 3local; 4de radio; 5de televisión]. ▶放送劇 m. teatro radiofónico. ▶放送記者 mf. periodista de radio [televisión]. ▶放送網 f. red de radio [televisión]. ▶放送衛星 m. satélite de radiodifusión. ▶放送中《掲示》En antena. ♦この番組の放送時間は午前10時から11時までです El tiempo de antena de este programa es de diez a once de la mañana.

3《放送を》▶NHKの1短波 [2FM] 放送を聞く v. escuchar las emisiones de 1onda corta [2frecuencia modulada, 2《略》FM, 2modulación de frecuencia] de (la) N.H.K.

—— **放送する** (ラジオで) v. transmitir por radio, radiar; (テレビで) v. televisar. ▶1ラジオ [2テレビ]でニュースを放送する v. transmitir [emitir, difundir] las noticias por 1radio [2televisión]. ♦彼の演説はきのうラジオで放送された Su discurso fue「transmitido ayer por radio [radiado ayer]. ♦その野球の試合はテレビの2チャンネルで午後6時から生放送されます El partido de béisbol es televisado en directo por el canal 2 a partir de las seis de la tarde. ♦今3チャンネルでは何が放送されていますか ¿Qué programa transmiten ahora en [por] el canal 3?

ほうそう 包装（包むこと）f. envoltura, m. envoltorio; m. empaquetado. → 包み。▶包装紙 m. papel de envolver. ▶包装する v. envolver*; empaquetar; (進物用に) v. envolver para regalo. ♦これを進物用に包装してください ¿Por favor, me puede envolver esto para regalo?

[地域差] 包装する
〔全般的に〕v. envolver*, embalar
〔スペイン〕v. empaquetar, envolver*
〔キューバ〕v. empaquetar
〔メキシコ〕v. empacar*, empaquetar, flejar
〔ペルー〕v. cinchar
〔アルゼンチン〕v. envolver*

ほうそう 暴走（自動車などの）f. conducción imprudente [《フォーマル》temeraria, 《口語》a lo loco], f. carrera imprudente. ♦彼は車を暴走させた Conducía «con imprudencia [《口語》a lo loco]». ♦彼は暴走族だ Es miembro de una pandilla de moteros.

ほうそうかい 法曹界 mpl. círculos judiciales.

ほうそく 法則（学問・自然科学上の）f. ley; m. principio. ♦自然の法則 f. ley natural. ▶重力の法則 m. principio [f. ley] de la gravedad. ▶需要と供給の法則 f. ley de la oferta y la demanda.

ほうたい 包帯 f. venda; m. vendaje. ▶1巻の包帯 un rollo de vendas. ▶足に包帯を巻く v. vendarse [ponerse* una venda en] el pie. ▶傷の包帯を取る v. quitarse 「la venda [el vendaje] de la herida. ▶けがをした指に包帯をしている v. tener* vendado el dedo lesionado. ♦腕に包帯をしている女の子はだれですか ¿Quién es la joven del brazo vendado?

ほうだい 砲台 f. batería.

-ほうだい -放題 食べ放題食べる (= 好きなだけ食べる) v. comer hasta hartarse [《フォーマル》la saciedad]. ▶言いたい放題のことを言う v. decir* todo lo que a uno le da la gana, hablar sin reserva, no tener* pelos en la lengua. ♦彼は何でもわがままし放題だ (= 思いどおりにする) Hace siempre lo que le da la gana. /《口語》Siempre hace su santa voluntad. / Siempre se sale con la suya.

ぼうだい 膨大 ▶膨大な(数量・額が巨大な) adj. enorme; vasto; colosal, gigantesco; tremendo; inmenso. ▶膨大な金額 m. dineral, f. cantidad colosal [enorme, fabulosa] de dinero.

ぼうたかとび 棒高跳び m. salto con pértiga [《ラ米》garrocha]. ▶棒高跳び選手 mf. saltador/dora de pértiga, mf. pertiguista.

ぼうだち 棒立ち ▶棒立ちになる v. estar* recto [erguido, de pie]. ▶恐怖で棒立ちになる v. quedarse helado de miedo, 《俗語》estar* acojonado.

ほうだん 放談（形式ばらない）f. charla informal [franca]. ▶放談する v. hablar「sin reservas [francamente] 《de, sobre》]. ▶時事放談 f. charla libre sobre temas actuales.

ほうだん 砲弾 m. proyectil, m. misil, f. bomba.

ぼうだん 防弾 ▶防弾の adj. a prueba de balas, antibalas. ▶防弾ガラス m. vidrio a prueba de balas. ▶防弾チョッキ m. chaleco antibalas.

ほうち 放置 ▶放置する v. dejar. ▶駅前に自転車を放置する (= 放っておいて一般の人の迷惑になる) v. dejar la bicicleta frente a la estación molestando a todos. ▶事態を放置する (= そのままにしておく) v. dejar la situación 「tal cual [sin tocar*]」. ♦その農場は放置されていた (= 手入れされていなかった) La finca estaba descuidada.

ほうちこく 法治国 m. estado regido por la ley.

ほうちゅう 忙中 ♦忙中閑あり En medio de la máxima ocupación se hallan ratos libres.

ぼうちゅうざい 防虫剤（虫用）m. repelente (de insectos); (殺虫剤) m. insecticida, m. pesticida; (衣類の) fpl. bolitas antipolilla.

ほうちょう 包丁 m. cuchillo de cocina. ▶肉切り包丁 (食卓用) m. trinchante, f. cuchilla de trinchar; (肉屋の) f. cuchilla de carnicero.

ぼうちょう 膨張 f. dilatación, f. expansión. ▶金属の膨張 f. dilatación de los metales. ▶膨張率 m. coeficiente de dilatación [expansión].

—— 膨張 ¹する [²させる] v. ¹dilatarse [¹expansionar(se); ²dilatar]. → 拡大する。▶急速に膨張する人口 f. población en rápida expansión. ♦鉄は熱で膨張する El hierro se dilata con el calor. / El calor dilata [expande] el hierro. ♦ガスが膨張して気球が破裂した El gas del globo se expandió y explotó.

ぼうちょう 傍聴 f. asistencia 《a》. ▶傍聴席 mpl. asientos para el público; (法廷などの) f. tribuna pública [para el público]. ▶傍聴券 f. entrada, m. tíquet de admisión. ▶傍聴人 mf. oyente; f. audiencia, m. público. ♦(裁判で)一般の傍聴が許された El público fue admitido al juzgado. ♦公判は傍聴禁止で行なわれた El juicio se llevó a cabo a puerta cerrada.

—— 傍聴する v. asistir 《a》. ▶公判を傍聴する v. asistir a un juicio. ▶国会を傍聴する v. asistir a una sesión de 「la Dieta [《スペイン》las Cortes]」.

ほうっておく 放っておく (構わずにおく) v. dejar solo [en paz, tranquilo]. ♦彼は今不機嫌だ。放っておきなさい Ahora está enfadado. Déjalo[le] solo [en paz]. 《会話》またもや彼は約束を破ったのよ—彼がそんなことをしたのを放っておくつもり? Ha vuelto a romper su promesa. – ¿Vas a dejar que se salga con la suya?

ぼうっと ❶【はっきりしないで】adv. débilmente; vagamente; (かすかに) adv. débilmente; (定かでなく) adv. con poca claridad [nitidez]. → ぼんやり。♦暗やみに何かぼうっと人影のようなものを見た En la oscuridad distinguí vagamente una silueta.

❷【放心して】adv. aturdidamente; (うっかりと) adv. distraídamente; (うつろに) adv. con

ぼうっと

la mirada perdida. → ぼんやり. ▶ぼうっと空を眺めよう. mirar distraídamente al cielo. ▶私はぼうっとして自分の駅で降りるのを忘れた Iba distraído y me pasé de [la] estación. ◆彼女は彼に死なれたショックでぼうっとなっているようだった Parecía aturdida por el impacto de su muerte.

❸【火などが】▶ぼうっと火がつく v. prenderse, encenderse*. ▶枯れた草に火がぼうっとついた La hierba seca se prendió.

❹【汽笛の音】→ぼうっと①.

ぼうっと ❶【汽笛の音】▶船が港を出るとき汽笛をぼうっと鳴らした Al salir del puerto, el vapor hizo sonar la sirena. ▶遠くで汽車のぼうっという音が聞こえた A lo lejos oí el pitido del tren.

❷【顔などが】▶ぼうっと赤くなる v. sonrojarse, 《口語》ponerse* colorado, 《フォーマル》ruborizarse*. ◆彼女は当惑して顔がぼうっと赤くなった La vergüenza la hizo sonrojar [《口語》ponerse colorada]. /《フォーマル》Se ruborizó por la turbación.

❸【放心して】◆彼は彼女の美しさにぼうっとなった Se quedó atónito ante su belleza. / Su belleza le arrebató.

ほうてい 法廷（裁判所）m. juzgado, m. tribunal, 《ラ米》f. corte.

1《～法廷》▶小 [大]法廷 f. sala ^{1}pequeña [^{2}grande] (de la Corte Suprema).

2《法廷＋名詞》▶法廷闘争 f. batalla legal; (訴訟) m. pleito, m. proceso, m. litigio. ▶法廷闘争に持ち込む v. apelar a la justicia. ▶法廷侮辱罪 m. desacato a la autoridad del tribunal.

3《法廷は》▶法廷は三日後に開かれる El juicio se celebrará dentro de tres días.

4《法廷に[で]》▶法廷に出頭する v. comparecer* ante el juez. ◆その件は法廷に持ち出さないことにした Se ha decidido negociar una solución al margen de los tribunales. / (示談で解決することにした)Se ha decidido arreglar el asunto extrajudicialmente [entre los interesados]. ▶法廷では真実を言いなさい Tendrás que decir la verdad en el juzgado. ◆彼らは国を相手に損害賠償を求めて法廷で争った Llevaron al gobierno ante los tribunales por perjuicios.

ほうてい 法定 ▶法定の(法律上正当な) adj. legítimo; (法律で決められた) adj. legal. ▶法定貨幣 f. moneda [m. dinero] de curso legal. ▶法定相続人 mf. heredero/ra legal. ▶法定代理人 mf. representante legal. ▶法定伝染病 f. enfermedad declarada contagiosa [infecciosa] por la ley.

ほうていしき 方程式 f. ecuación. ▶1次 [2次]方程式 f. ecuación de ^{1}primer [^{2}segundo] grado. ▶連立方程式 fpl. ecuaciones simultáneas. ▶方程式を^{1}立てる [^{2}解く] v. ^{1}plantear [^{2}resolver*] una ecuación.

ほうてき 法的（法律にかなった）adj. jurídico, legal. ▶法的措置を取る v. emprender acción legal. ◆それは法的には正しいかもしれないが道徳的には間違っていると思う Eso puede ser legal, pero no me parece correcto moralmente.

ほうでん 放電 f. descarga (eléctrica). ▶放電する v. descargar* (electricidad).

ぼうと 暴徒（破壊的で乱暴な群衆）mpl. sediciosos, f. turba. ▶暴徒を^{1}扇動する [^{2}追い払う] v. ^{1}agitar [^{2}dispersar] a la turba.

ほうとう 放蕩（酒にふけること）f. disipación;（金銭の浪費）m. despilfarro,《フォーマル》f. prodigalidad;（女狂い）f. disolución. ▶放蕩者 mf. libertino/na,《フォーマル》f. persona disoluta. ▶放蕩にふける v. darse* [entregarse*] a los placeres de los sentidos.

ほうどう 報道 m. informe 《de, sobre》; (ニュース) f. noticia 《de, sobre》; (放送) fpl. noticias, m. noticiario, (取材) f. recogida de noticias.

1《～報道》▶その事故の報道 m. informe del accidente. ▶その殺人事件について断片的な報道をする v. informar fragmentariamente del asesinato. ▶新聞報道によると adv. según una noticia del periódico.

2《報道(の)＋名詞》▶報道機関 mpl. medios informativos. ▶報道写真 f. foto periodística. ▶報道陣 f. prensa, mfpl. periodistas. ▶報道管制 f. censura de prensa,《口語》f. mordaza a la prensa. ▶報道官【スペイン】mf. portavoz, mf. vocero/ra. ▶報道の自由を脅かす v. amenazar* la libertad de prensa.

—— **報道する** v. informar; (取材して) v. cubrir*. ▶すでに報道したとおり adv. como se informó anteriormente. ▶その事故は新聞ではどのように報道されていますか ¿Cómo se informa del accidente en la prensa? ◆大統領は重病だと報道されている Se ha informado que el/la presidente/ta se encuentra gravemente enfermo/ma. ◆すべての新聞がハイジャック事件を詳しく報道した Todos los periódicos informaron detalladamente del secuestro. / El secuestro fue tratado con detalle en toda la prensa.

ぼうとう 冒頭（初め）m. principio, m. comienzo,《フォーマル》m. inicio; f. introducción, m. encabezamiento. ▶冒頭陳述《専門語》f. exposición inicial. ▶冒頭から adv. desde el principio [comienzo]. ▶演説の冒頭に adv. al comienzo del discurso. ▶手紙の冒頭で adv. en el encabezamiento de la carta. ◆その小説は冒頭に挿し絵がある Al principio de la novela hay una ilustración.

ぼうとう 暴騰 f. subida repentina [aguda]. ▶暴騰する v. subir repentinamente [bruscamente]; dispararse. ◆昨年は物価が暴騰した Los precios $^{\ulcorner}$subieron repentinamente [se dispararon] el año pasado.

ぼうどう 暴動 f. revuelta, m. tumulto; (騒動) m. alboroto, m. disturbio, m. motín; (反乱) f. sublevación, f. insurrección. ▶人種暴動 m. disturbio racial. ▶暴動を起こす v. sublevarse, alzarse*; provocar* una revuelta; crear disturbios. ▶暴動を鎮圧する v. sofocar* una revuelta, reprimir un motín. ♦学生の暴動が起こった Estalló una revuelta estudiantil. ☞騒動, 騒乱

ぼうとく 冒涜 (言葉による) f. blasfemia; (行為による) m. sacrilegio, f. profanación. ▶冒とく的な adj. blasfemo, sacrílego, profanador. ▶冒とくする v. blasfemar; profanar.

ぼうどくマスク 防毒マスク f. máscara [f. careta] antigás.

ほうにち 訪日 f. visita a Japón. ▶訪日する v. visitar Japón.

ぼうにょう 乏尿 (専門語) f. oliguria.

ほうにん 放任 ▶放任主義で子供を育てる v. educar* a los hijos con entera libertad, seguir* el principio de la no intervención en la educación de los hijos.

—— **放任する** (干渉しない) v. no interferir* [intervenir*]; dejar que hagan lo que quieran. ♦彼は子供を放任している Les deja a sus niños hacer lo que quieran. / Permite que sus hijos actúen como les dé la gana.

ほうねん 豊年 m. año (de cosecha) abundante.

ほうねん 放念 ♦そのことはどうかご放念ください Por favor, no piense más en eso.

ぼうねんかい 忘年会 f. fiesta「de fin de [para enterrar las penas con el] año」.

ほうのう 奉納 ▶奉納する v. dedicar* [hacer*] una ofrenda《a》. ♦神社に灯篭を奉納する v. dedicar* una linterna a un santuario.

ぼうはつ 暴発 ▶暴発する(銃が) v. dispararse accidentalmente [solo].

ぼうはてい 防波堤 m. rompeolas, m. malecón.

ぼうはん 防犯 f. prevención de crímenes [la delincuencia]. ▶防犯課 m. departamento de prevención de crímenes. ▶防犯訓練 m. simulacro [f. maniobra] de prevención criminal. ▶防犯週間 f. Semana de Prevención de Crímenes. ▶防犯ベル(盗難報知器) f. alarma antirrobo. ▶防犯カメラ f. cámara de seguridad.

ほうび 褒美 f. recompensa. ▶ほうびに1万円を彼に与える v.「recompensarlo[le] con [darle* una recompensa de]」10.000 yenes (por su ayuda). ♦彼は特別な努力に対してほうびをもらった Sus esfuerzos especiales fueron recompensados.

ぼうび 防備 f. defensa. ▶防備を固める v. fortificar* [reforzar*] la defensa《ante》. ♦われわれは敵の(の攻撃)に対して無防備であった Estábamos indefensos ante el ataque enemigo.

ぼうびき 棒引き ▶彼の借金を棒引きにする v. condonar [cancelar] sus deudas.

ほうふ 豊富 f. abundancia, f. riqueza, 《教養語》 f. opulencia.

1 《豊富な》(あり余るほどの) adj. abundante, rico, 《教養語》 opulento. ▶鉄分の豊富な野菜 fpl. verduras ricas en hierro. ♦この地域は米が作れるほど豊富な雨量がある En esta región abundan las lluvias para el cultivo del arroz.

2 《豊富に》 ▶知識を豊富にする v. enriquecer* [aumentar] los conocimientos. ▶語彙(ʼ)を豊富にする v. enriquecer* [aumentar, ampliar] el vocabulario. ♦食物は豊富にある Tenemos una abundante provisión de alimentos. / Tenemos alimentos en abundancia.

3 《豊富だ》 ♦この土地には鉱物が豊富だ En esta tierra abundan los minerales. / Esta tierra es rica [abundante] en minerales. ♦彼は語彙(ʼ)が豊富だ Tiene un rico vocabulario. / Posee [Dispone de] un amplio vocabulario. ♦彼は教職の経験が豊富だ Tiene mucha experiencia en la enseñanza. / Es un maestro con mucha experiencia.

ほうふ 抱負 (大志) f. ambición, f. aspiración; (計画) m. plan, m. proyecto. ▶抱負を語る v. hablar de las ambiciones, decir* los planes (para el futuro).

ぼうふ 亡夫 m. su difunto esposo.

ぼうふう 暴風 (強風) m. vendaval; m. huracán, f. tempestad. ▶暴風雨 m. temporal, f. borrasca. ▶雷を伴う暴風雨 f. tormenta con truenos. ▶暴風(雨)警報 m. aviso [f. alarma] de tempestad. ▶暴風(雨)圏 f. zona afectada por la tempestad. ♦暴風雨が一日中荒れ狂った La tempestad estuvo azotando todo el día. ♦航海中私たちの船は何度も暴風雨にあった Nuestro barco fue víctima de numerosas tormentas durante el viaje. ☞嵐, 大荒れ

ぼうふうりん 防風林 m. bosque de protección contra el viento.

ほうふく 報復 (個人的な復讐(ʼ)) f. venganza; (仕返し) f. venganza, fpl. represalias; (主に国家間の) fpl. represalias. ▶報復する v. tomar represalias; vengarse*《de》. ▶報復措置をとる v. tomar [emprender] medidas de represalia《contra》.

ほうふくぜっとう 抱腹絶倒 ♦彼はその冗談に抱腹絶倒した Se desternilló [destornilló] de risa con el chiste. ♦《口語》《比喩的に》El chiste lo [le] hizo morirse de risa.

ぼうふざい 防腐剤 (消毒薬) m. antiséptico; (腐敗を防ぐ) m. conservante.

ほうふつ 彷彿 ♦あの子は彼の死んだ父をほうふつさせる(=思い浮かばせる) Ese niño me recuerda a su difunto padre. / Ese niño「se parece mucho a [es la viva estampa de] su difunto padre.

ほうぶつせん 放物線 f. parábola. ▶放物線(状)の adj. parabólico. ▶放物線を描く v. describir* una parábola.

ぼうふら f. larva de mosquito.

ほうへい 砲兵 mf. artillero/ra. ▶砲兵隊 f. artillería.

ほうべん 方便 (急場しのぎの方策) m. recurso, m. expediente; (仕返し) m. medio. ♦彼を納得させる方便を考えなければならない Hay que buscar un medio para convencerle. ♦うそも方便 Una mentira piadosa. / El fin justifica los medios.

**ほうほう 方法 (やり方) m. modo, f. manera, f. forma; (組織的な) m.

ほうほう 方法; (体系立った) *m.* sistema; (扱い方) *m.* planteamiento; (手続き) *m.* procedimiento; (手段) *m.* medio; (対策) *mpl.* medidas; (様式) *m.* estilo.
1《～(の)方法》 ▶スペイン語を教える最善の方法 el mejor método de enseñar español. ▶彼女独特の表現方法で *adv.* con su modo particular de expresarse.
2《方法は》 ▶海外旅行をする最も安上がりな方法は何ですか ¿Cuál es la manera más barata de viajar al extranjero? ▶それしか方法はない Es el único medio a tomar. / No hay otra forma.
3《方法を》 ▶この箱を開ける方法を知っていますか ¿Sabes cómo se abre esta caja? / ¿Sabes la forma de abrir esta caja? ▶彼はその問題に対して分析的な方法をとった Adoptó un planteamiento analítico para la cuestión. ▶彼らは新しい経営方法を導入した Introdujeron un nuevo sistema de administración. ▶彼はその実験の方法を学生に説明した Les explicó a los estudiantes el procedimiento del experimento. ▶その病気を予防するためにあらゆる方法を講じなければならない Hay que tomar todas las medidas posibles para prevenir la enfermedad.
4《方法で》 ▶私と同じ方法でもう一度やってごらん Inténtalo otra vez de la misma manera que yo. ▶君がいちばんいいと思う方法でそれをやりなさい Hazlo del mejor modo que te parezca.
⇨ 具合, 経路, 術, 仕様, 手, 手口, 手立て, 通り

ほうぼう 方々 (いろいろな場所で) *adv.* en diferentes partes [sitios, lugares]; (至る所) *adv.* en todas partes, por todos (los) lados; (あちこち) *adv.* por aquí y por allá. ▶世界の方々から日本に来る *v.* venir* a Japón de diferentes partes del mundo. ▶方々へ移動する *v.* ir* de lugar en lugar. ▶いなくなった犬を方々探した Busqué por todas partes el perro extraviado. ▶その植物は方々にある Esa planta se encuentra「acá y allá [por aquí y por allá].

ぼうぼう ❶【果てしない】*adj.* inmenso, vasto. ▶ぼうぼうたる砂漠がずっと延びていた Ante los ojos se extendía un inmenso desierto.
❷【草などが茂りすぎて】 ▶空き家の庭は草ぼうぼうだった El jardín de la casa deshabitada estaba invadido de malas hierbas. ▶彼の頭髪は手入れもされずにぼうぼうに伸びていた Se dejó el pelo crecido y descuidado.
❸【勢いよく】*adv.* con fuerza; (激しく) *adv.* vivamente, (炎に包まれて) *adv.* en llamas. ▶乾いた木がぼうぼう燃えていた La madera seca ardía vivamente. ▶家がぼうぼう¹燃えていた [²燃え上がった] La casa ¹estaba en llamas [²estalló en llamas].

ほうほうのてい ▶ほうほうの体で(=大あわてで)逃げる *v.* escapar a toda prisa; (命からがら) *adv.* salvarse corriendo [《口語》por las piernas].

ほうぼく 放牧 *m.* pastoreo. ▶放牧地 *m.* pasto, *m.* pastizal. ▶牛を放牧する *v.* hacer* pastar al ganado (vacuno), apacentar* el ganado (vacuno), poner* el ganado (vacuno) a pastar.

ほうまん 放漫 *m.* descuido, *f.* negligencia. ▶放漫経営 *f.* administración descuidada [《口語》floja, 《フォーマル》negligente].

ほうむしょう 法務省 *m.* Ministerio de Justicia.

ほうむだいじん 法務大臣 *mf.* ministro/ra de Justicia.

ほうむる 葬る (埋葬する) *v.* enterrar*, 《フォーマル》sepultar; (忘れ去る) *v.* echar en el olvido, enterrar*; (もみ消す) *v.* tapar; (望みや機会をくじく) *v.* acabar con. ▶その疑獄をやみに葬る *v.* tapar [encubrir*] el escándalo de la corrupción. ▶彼は共同墓地に葬られた Lo [Le] enterraron [《フォーマル》Fue sepultado] en el cementerio. ▶その出来事はやがて過去のこととして葬り去られるだろう El suceso pronto「quedará enterrado [será echado] en el olvido. ▶不幸な事件で彼の野望は葬り去られた Un desgraciado accidente「puso fin a [acabó con] sus ambiciones.

ぼうめい 亡命 (政治的亡命) *m.* asilo político, *m.* exilio; (国から追放されて) *m.* destierro. ▶亡命者 *mf.* refugiado/da político/ca; (亡命人) *mf.* exiliado/da. ▶亡命政府 *m.* gobierno en el exilio. ▶亡命する *v.* buscar* asilo político 《en》; exiliarse 《a, en》; (避難する) *v.* refugiarse. ▶亡命して異国で暮らす *v.* vivir en el exilio, vivir exiliado.

ほうめん 方面 ❶【方向, 地域】 (方向) *f.* dirección; (地域) *f.* zona; (地方) *f.* región. ▶東京方面に行く電車はすべて通勤客で超満員だった Todos los trenes en dirección a Tokio estaban llenos de gente que iba al trabajo. 会話 火事はどこだ―渋谷方面だ ¿Dónde es el fuego? – Está por Shibuya. ▶九州方面は豪雨に見舞われた Una lluvia torrencial azotó la región de Kyushu.
❷【分野】(物・事態などの様相・面) *m.* campo, *f.* área, *m.* aspecto, *f.* faceta, *m.* ángulo. ▶物理学の方面で *adv.* en el campo de la física. ▶あらゆる方面(=職業, 地位)の人 *f.* gente de todas las profesiones y condiciones sociales. ▶お仕事はどういう方面ですか ¿Cuál es su campo? / ¿A qué se dedica? ▶あらゆる方面からその問題を話し合いましょう Vamos a tratar del asunto「en todos sus aspectos [desde todos sus ángulos]. ▶その話は確かな方面(=情報源)から聞いた Me enteré de la noticia de una fuente fidedigna.

ほうめん 放免 ▶放免する *v.* liberar 《a + 人》《de》. ▶仕事から放免される *v.* quedar libre del trabajo. ▶彼は無罪放免となった「Lo[Le] absolvieron [Quedó libre] de la acusación.

ほうもつ 宝物 *m.* tesoro; (家伝の) *f.* reliquia familiar. ▶その寺の宝物は今公開されている Ahora「se muestran [están en exposición] los tesoros del templo.

***ほうもん** 訪問 *f.* visita 《de, a》. ▶訪問着 *m.* "kimono" de gala. ▶訪問客[者] *f.* visita, *mf.* visitante. ▶彼の訪問を受ける *v.* recibir

su visita. ♦首相は中国を訪問中です El primer ministro ahora「está de visita en [se encuentra visitando] China.
── **訪問する** v. visitar, hacer* una visita 《a ＋ 人》. ♦生徒の家庭を次々に訪問する v. visitar una tras otra la casa de los alumnos, visitar a los alumnos uno por uno en su domicilio, hacer* una ronda de visitas a las casas de los alumnos. ♦京都は多くの観光客が訪問する Kioto es visitada por numerosos turistas. /（…する観光客は多い）Son muchos los turistas que visitan Kioto. ♦我が校は総理大臣の訪問を受けたことがある Nuestra escuela「ha recibido la visita del [ha sido visitada por el] primer ministro. ☞ 遊び, 伺い, 出入り, 渡来, 上[揚, 挙]がる, 行く, 訪れる, 赴く, 邪魔になる, 邪魔をする, 出向く

ぼうや 坊や（男の子）m. niño; m. muchacho; m. hijo;【スペイン】《口語》m. chiquillo;【メキシコ】《口語》m. chamaco,【アルゼンチン】《口語》m. pibe. ♦あれがあなたの坊や? ¿Es ése tu hijo?

ほうやく 邦訳 f. traducción japonesa. ♦この小説は邦訳が出ている「Se dispone de [Hay] traducción japonesa de esta novela.

ほうよう 法要 f. ceremonia budista.

ほうよう 抱擁 m. abrazo. ♦ーする v. abrazar*.

ほうようりょく 包容力 ♦包容力のある人 f. persona tolerante [de criterio amplio,《口語》de manga ancha].

ぼうよみ 棒読み ♦棒読みする（一本調子で読む）v. leer* monótonamente [con voz monótona]. ♦彼のスピーチは用意したものを棒読みしているだけでつまらなかった Su discurso fue aburrido pues se limitó a leer lo que había preparado.

ぼうらく 暴落 f. brusca caída,《口語》m. bajón;（株式などの）f. caída repentina. ♦株価が暴落した Los precios de las acciones「se desplomaron [bajaron de repente]. / Ha habido una brusca caída de los precios de las acciones.

ぼうり 暴利 mpl. beneficios excesivos. ♦暴利をむさぼる v. ganar excesivamente, tener* beneficios [ganancias] exorbitantes.

ほうりあげる 放り上げる（ひょいと放る）v. echar [tirar, arrojar] al aire;（投げ上げる）v. lanzar* arriba.

ほうりこむ 放り込む v. echar [tirar]《en》. ♦手紙を開けてある窓から放り込む（場所を特定せずに）v. tirar [arrojar] una carta por la ventana abierta. ♦チョコレートを口に放り込む v. echarse un pedazo de chocolate en la boca.

ほうりだす 放り出す ❶《外へ投げ出す》v. arrojar fuera, echar. ♦引き出しの中の物を放り出す v. sacar* las cosas del cajón. ♦酔っ払いの男を通りに放り出す v. echar a la calle a un borracho.
❷《放棄する》v. dejar, abandonar. ♦仕事を放り出す v. dejar el trabajo. ♦妻子を放り出す（＝見捨てる）v. dejar [abandonar] a la esposa y a los hijos.
❸《解雇する》♦彼は会社から放り出された Lo [Le]《フォーマル》echaron [【ラ米】botaron, despidieron] de la compañía.

*ほうりつ 法律**（法律全般）f. ley, m. derecho;（法学）m.（ciencia del）derecho, f. jurisprudencia.

1《法律＋名詞》♦法律事務所 m. consultorio jurídico;（弁護士事務所）m. despacho de abogados. ♦法律家 m. abogado/da,《フォーマル》mf. jurista. ♦法律用語 m. término jurídico [legal]. ♦法律違反（→4）. ♦彼は法律上不利な立場にある Su posición es jurídicamente desfavorable. / Está en una situación legalmente desfavorable.

2《法律が[は]》♦バスの中での飲酒を禁止する法律¹がある [²はない] ¹Hay una ley que prohíbe [²No hay ley que prohíba] el consumo de bebidas alcohólicas en el autobús. ♦法律は未成年者の喫煙を禁じている La ley prohíbe「el tabaco [fumar] a los menores. ♦週末ごとに家に帰ってはいけないという法律はないでしょう No hay ninguna ley que me prohíba volver a casa todos los fines de semanas, ¿verdad?

3《法律の》♦法律の網をくぐる v. escapar a la ley,（強調して）evitar el brazo de la justicia.

4《法律に[で]》♦法律に照らして処理する v. tramitar（un caso）conforme a [según] la ley. ♦彼は法律に明るい Sabe mucho de leyes. / Es un experto en Derecho. ♦ここで集会を開くと法律に触れる（＝法律違反だ）Va contra la ley celebrar aquí una reunión. ♦あなたの国ではギャンブルは法律で認められていますか ¿Es legal apostar dinero en su país?

5《法律を》♦法律を守る v. observar [respetar, cumplir, seguir*] la ley. ♦法律を破る（＝犯す）v. violar [infringir*,《口語》saltarse a la torera,《フォーマル》transgredir] la ley. ♦法律を学ぶ（学問として）v. estudiar Derecho [《フォーマル》jurisprudencia, las leyes]. ☞ 掟, 法.

ほうりなげる 放り投げる v. tirar, arrojar. → 投げる, 放る.

ぼうりゃく 謀略 f. trama. ☞ 落とし穴, 権謀術数

ほうりゅう 放流（水の）f. salida（de agua）. ♦放流する（水を）v. hacer* salir*（el agua）,（魚を）v. poblar*（de peces）. ♦ダムからの水の放流を調整する v. regular la salida de agua de una presa. ♦川に魚を放流する v. poblar* un río de peces.

ほうりょう 豊漁 f. pesca abundante [copiosa].

*ぼうりょく 暴力** f. violencia;（力ずく）f. fuerza. ♦家庭内暴力 f. violencia doméstica [familiar];（夫や妻への）f. violencia de género. ♦校内暴力 f. violencia escolar. ♦暴力行為 m. acto violento [de violencia]. ♦暴力団 f. pandilla, f. banda（que emplea la violencia）, m. grupo mafioso. ♦暴力に訴える v. recurrir a la violencia. ♦暴力を振るう v. emplear la violencia. ♦暴力で金を奪う v. sacar*《a ＋ 人》dinero con violencia.

ほうる 放る ❶【投げる】v. tirar, arrojar. → 投げる. ▶窓から空き缶を放る v. tirar [〖ラ米〗botar, arrojar] un bote vacío por la ventana.

❷【構わないでおく】v. descuidar (a la familia). ▶庭を(手入れせずに)放っておく v. descuidar un jardín. ▶家族を放って(=見捨てて)出て行く v. dejar [abandonar] a la familia. ▶しばらく彼を放っておく(=一人にしておく) v. dejarlo[le] un rato solo.

❸【せずにおく】v. dejar sin hacer*; (中途でやめる) v. dejar sin acabar; (途中で放棄する) v. dejar, abandonar. ◆宿題を放って彼は野球の試合をしに飛んで行った Dejó sus deberes sin hacer y salió corriendo a jugar al béisbol.

ほうれい 法令 f. ley, f. legislación, 《フォーマル》f. ordenanza.

ぼうれい 亡霊 m. fantasma, 《フォーマル》m. espectro. ◆ハムレットは父の亡霊を見た Hamlet vio al fantasma de su padre.

ほうれんそう 法蓮草 f. espinaca.

ほうろう 放浪する (さまよう) v. vagar*, errar*, vagabundear; (自由に楽しく) v. vagabundear, (口語) andar* a la briba; (さすらう) v. ir* de acá para allá. ▶放浪者 mf. andariego/ga, f. persona errante. ▶浮浪者 mf. vagabundo/da. ▶何か月もヨーロッパを放浪する v. vagabundear varios meses por Europa. ▶放浪生活をする v. llevar una vida de vagabundo/da.

ほうろう 琺瑯 m. esmalte. ▶(歯の)ほうろう質 m. esmalte. ▶ほうろう容器 mpl. utensilios de hierro esmaltado.

ぼうろん 暴論 (不合理な発言) f. opinión extrema [extravagante], m. disparate, m. absurdo. ▶暴論を吐く v. dar* una opinión extrema, decir*「un disparate [《口語》una tontería].

ほうわ 飽和 f. saturación. ▶飽和点 m. punto de saturación. ▶飽和状態になる v.「llegar* al [alcanzar* el] punto de saturación.

ほうわ 法話 ▶法話をする v. dar* 《口語》soltar*」un sermón, 《口語》sermonear.

ほえごえ 吠え声 (犬などの) m. ladrido; m. aullido, m. chillido, m. rugido, m. bramido.

ほえる 吠える (犬が) v. ladrar [dar* ladridos] 《a》; (オオカミが悲しそうに) v. aullar*; (きゃんきゃん) v. chillar; (野生の動物が) v. rugir*; (風が) v. bramar. ◆その犬は私にほえついた Me ha ladrado ese perro. ◆ほえる犬はかまない《ことわざ》Perro ladrador, poco mordedor.

ほお 頬 f. mejilla, m. carrillo; (ふっくらした) m. moflete. ▶リンゴのような[赤い]ほおの少女 f. muchacha「con la cara graciosa como una manzana [de sonrosadas mejillas]. ▶ほおをつねる v. pellizcar la mejilla. ▶彼女のほおにキスをする v. besarla en las mejillas (スペインでは両頬にキスする). ◆興奮で彼のほおは赤くなった Sus mejillas se encendieron por la excitación. ◆病後で彼のほおはこけていた Sus mejillas estaban hundidas después de la enfermedad. ◆彼女はしかられてほおをぷっとふくらませた Hizo resoplar sus mejillas al ser reprendida.

ボー 《専門語》m. baudio. ▶ボー・レート《専門語》f. velocidad en baudios.

ボーイ (少年) m. muchacho; (ホテルの) mpl. botones; (レストランの) m. camarero, m. mozo.

ボーイスカウト 《英語》mpl. "boy scouts" (☆発音は [bóieskáu(t)]); (団員)《英語》m. "boy scout", m. explorador.

ボーイフレンド m. novio, m. amigo.

ポーカー m. póker. ▶ポーカーフェースを保つ v. tener* un rostro「de piedra [inmutable]. ▶ポーカーをする v. jugar* al póker.

ほおかぶり 頬被りする v. atarse [liarse*] a la cabeza una toallita japonesa; もめ事にほおかぶりを決めこむ v. fingir* ignorar un problema, 《口語》hacer* la vista gorda.

ボーカル mf. vocalista. ▶ジャズボーカル mf. vocalista de 《英語》"jazz" (☆発音は [yás]).

ボーク 《野球》《英語》m. "balk" (☆発音は [bók]), m. lanzamiento ilegal. ◆ピッチャーはボークを一つとられた El lanzador fue llamado do por un "balk".

ポーク f. carne de cerdo [〖ラ米〗puerco]. ▶ポークカツ f. empanada de chuleta de cerdo. ▶ポークソテー f. carne de cerdo salteada.

ほおじろ m. pinzón (japonés).

ホース f. manguera. ▶消火用ホース f. manguera de bomberos. ▶ホースで水をかける v. regar* (el jardín) con una manguera. ▶車をホースで水洗いする v. lavar el coche con una manguera.

ポーズ f. pose. ▶単なるポーズ(=見せかけ) f. simple pose, f. sólo una pose. ◆彼女は写真をとってもらうためにポーズをとった Posó para la foto. ◆モデルは休憩後元のポーズをとった La modelo volvió a su pose después del descanso.

ほおずり 頬ずり ▶赤ちゃんにほおずりをする v. frotar la mejilla contra la de un bebé.

ポーター m. maletero.

地域差	ポーター
[スペイン]	m. mozo
[キューバ]	m. portero
[コロンビア]	m. portero
[アルゼンチン]	m. changador

ボーダーライン m. límite, 《比喩的に》f. frontera. ◆彼は合否のボーダーライン上にあった Estaba en el límite entre el aprobado y el suspenso.

ポータブル m. portátil. ▶ポータブルタイプライター f. máquina de escribir portátil.

ホーチミンし ホーチミン市 Ciudad de Ho Chi

ポーター通路 Circulación maleteros →ポーター

Minh.

ほおづえ 頬杖 ▶頬杖をつく *v*. apoyar la mejilla en la mano.

ぼーっと *adv*. débilmente. → ぼうっと.

・**ボート** *m*. bote, *f*. barca; (手こぎの)*m*. bote「a remo [de remos]; (モーターで動く)*f*. lancha a motor, *f*. motora. ▶ボートレース *f*. regata. ▶川にボートをこぎに行く *v*. ir* al río a remar en una barca. ▶ボートを2時間借りる *v*. alquilar dos horas una barca de remos.

ボード (専門語) *f*. placa.

ポート (専門語) *m*. puerto. ▶ポート番号 (専門語) *m*. número de puerto.

ポートレート *m*. retrato. ▶ポートレート・モード (専門語) *m*. modo vertical.

ボーナス *f*. bonificación, *m*. bonus, *f*. paga extra. ▶多額のボーナス *f*. cuantiosa bonificación. ♦冬の(=年末の)ボーナスは50万だった Me dieron una paga extra de fin de año de medio millón de yenes.

ホーナン 河南 Jonan, 《ピンイン》Henan (☆中国の省).

ホーバークラフト *m*. aerodeslizador.

ほおばる ▶食べ物を口一杯にほおばる *v*.「llenarse la boca [tener* la boca llena] de comida. ▶食べ物をほおばったままじゃべる *v*. hablar con la boca llena. ▶彼は食べ物をほおばっていたので私に返事ができなかった Tenía demasiada comida en la boca y no me pudo responder.

ほおひげ 頬ひげ *fpl*. patillas.

ホープ *f*. promesa, *f*. esperanza. ▶日本音楽界のホープ *f*. promesa del mundo musical japonés.

ホーフェイ 合肥 Jefei, 《ピンイン》Hefei (☆中国の都市).

ホーペイ 河北 Jopei, 《ピンイン》Hebei (☆中国の省).

ほおべに 頬紅 *m*. colorete. ▶¹薄く [²厚く] 頬紅を付ける *v*. darse* ¹ligeramente [²mucho] colorete.

ほおぼね 頬骨 *mpl*. pómulos. ▶ほお骨が出ている *v*. tener* los pómulos salientes.

ホーマー *m*. jonrón, *m*. cuadrangular. → ホームラン.

ホーム ❶【プラットホーム】*m*. andén. ▶¹到着 [²到着]ホーム *m*. andén de ¹salida [²llegada]. ▶有楽町のホームで待つ *v*. esperar en el andén de Yurakucho. ▶6番線ホームから出る *v*. salir* del andén 6. ♦2番ホームの列車は20時8分発の東京行きです El tren del andén 2 sale a Tokio a las 20:08.

地域差 ホーム (駅の)
〔全般的に〕*m*. andén
〔ペルー〕*f*. plataforma
〔アルゼンチン〕*f*. plataforma

❷【ホームベース】*f*. base (de) meta, *f*. base del bateador, *m*. plato de bateo, *m*. plato. ▶ホームスチールをする *v*. robar la base meta.
❸【サッカーの】*adv*. en casa.

ホームグラウンド (本拠地) *f*. casa.

ホームコメディー *f*. comedia「de situación [acerca de situaciones de la vida diaria].

ホームシック *f*. añoranza del hogar. ♦彼は大変なホームシックにかかった Echaba mucho de menos su casa.

ホームステイ *f*. estancia en casa. ♦学生時代にスペイン人家庭に1か月ホームステイしたことがある De estudiante me quedé un mes con una familia española.

ホームストレッチ ▶ホームストレッチにかかる *v*. estar* en la recta final de meta.

ホーム・ディレクトリ (専門語) *m*. directorio de inicio.

ホームドクター *mf*. médico/ca de familia.

ホームドラマ (連続メロドラマ) *m*. drama doméstico; *f*. telenovela, (口語) *m*. culebrón, *f*. comedia doméstica.

ホームプレート *f*. base meta.

ホームページ *f*. página (英語) "web", *f*. ciberpágina. ▶ホームページを¹作る [²見る] *v*. ¹crear [²visitar] una página (英語) "web".

ホームベース →ホームプレート

ホームヘルパー *mf*. asistente/ta a domicilio (para personas necesitadas).

ホームラン *m*. jonrón, *m*. cuadrangular, *f*. carrera completa, *m*. palo de vuelta entera, *m*. batazo de vuelta completa. ▶満塁ホームラン *m*. jonrón cargado de bases. ▶ホームラン王〔バッター〕*m*. rey del jonrón. ♦彼は今期50本のホームランを打った Esta temporada ha conseguido cincuenta jonrones.

ホームルーム (教室, 生徒全体) *f*. clase del curso, *m*. período académico, *m*. curso; (時間) *f*. reunión de toda la clase.

ホームレス *f*. persona sin hogar [techo].

ポーランド Polonia; (公式名) *f*. República de Polonia (☆東ヨーロッパの国, 首都ワルシャワ Varsovia). ▶ポーランド(人・語)の *adj*. polaco. ▶ポーランド語 *m*. (idioma) polaco. ▶ポーランド人 *mf*. polaco/ca. ▶ポーランド記法 (専門語) *f*. notación polaca.

ボーリング (ゲームの) *mpl*. bolos, *m*. juego de bolos, *m*. boliche. ▶ボーリング場 *f*. bolera, *m*. boliche. ▶ボーリングをする *v*. jugar* a los bolos. ♦今夜ボーリングをしに行こう Vamos a la bolera esta noche.

地域差 ボーリング(スポーツ)
〔スペイン〕*f*. bolera
〔メキシコ〕*m*. boliche
〔ペルー〕*m*. boliche
〔コロンビア〕*m*. boliche
〔アルゼンチン〕(英語) *m*. "bowling" (☆発音は [bóulin])

ホール ❶【会館, 大広間】*f*. sala, *m*. salón, *m*. paraninfo, *m*. aula magna. ▶¹ダンス [²コ

2番ホーム Andén 2 →ホーム

1310 ボール

ンサート]ホール f. sala de ¹baile [²conciertos].

❷【ゴルフ】▶ホールインワン m. hoyo en un golpe. ♦彼は 7 番ホールでバーディーを取った Consiguió un "birdie" en el séptimo hoyo.

ボール ❶【球】(テニス・ゴルフ・野球などの) f. pelota, (とくに硬い) f. bola; (サッカーやバスケットボールなどの大きな) m. balón. ▶テニスボール f. pelota de tenis. ▶ボール投げをする v. jugar* a atrapar la pelota. ▶ボールを投げる v. arrojar la pelota. ▶ボールを受ける v. atrapar una pelota.

❷【野球の悪球】f. bola; (ストライクゾーンから外れた) f. bola mala.

❸【容器】m. cuenco, m. bol. ▶サラダボール f. ensaladera. ▶ボール 1 杯のイチゴ m. cuenco de fresas.

ボールがみ ボール紙 (厚紙) m. cartón.

ボールド ▶ボールドイタリック体【専門語】f. negrita en cursiva. ▶ボールド体【専門語】f. negrita.

ボールばこ ボール箱 m. cartón, f. caja de cartón.

ボールペン m. bolígrafo.

[地域差] ボールペン
〔全般的に〕m. bolígrafo
〔スペイン〕〔口語〕m. boli
〔キューバ〕f. pluma
〔メキシコ〕f. pluma, f. pluma atómica
〔ペルー〕m. lapicero
〔コロンビア〕m. esfero
〔アルゼンチン〕f. birome, f. lapicera, f. lapicera fuente

ポールポジション f. posición de cabeza en la parrilla de salida, 《英語》f. "pole (position)".

ほおん 保温 ▶保温する v. mantener* 「el calor [la temperatura].

ぼーん ▶ぼーんと鳴る v. sonar* gravemente. ♦お寺の鐘がぼーんと鳴った La campana del templo sonó gravemente.

ほか 外, 他 ❶【他の物・人】los otros; los demás, el resto; (残りの物・人) los demás, los otros, el resto.

1《ほかの》(異なった) adj. otro, distinto, diferente. ▶ほかの人たち los demás; los otros. ▶何かほかの本 mpl. otros libros. ▶彼のほかの二人の友達 sus dos otros amigos. ▶だれかほかの人のペン f. pluma de otro [otra persona]. ♦この帽子は気にいらない，ほかの (= 他の一つ)を見せてください Este sombrero no me gusta. ¿Me puede enseñar otro, por favor? ♦ほかの子供たちは家に帰った Los otros [demás] niños 「se fueron [volvieron]」 a casa. ♦ほかの日に来ませんか ¿No puedes venir otro día? ♦彼女はクラスのほかのだれよりも頭がいい Es más inteligente que cualquier otro alumno de la clase. / Es la más inteligente de la clase. / No hay otro alumno en la clase más inteligente que ella. ♦ほかのことを話しましょう Hablemos de 「otra cosa [algo distinto]」. ♦私の学校には 5 人の外国人の先生がいる．3 人はスペイン人でほかの 2 人はメキシコ人だ En mi escuela hay cinco maestros extranjeros. Tres son de España y los otros dos de México.

2《ほかに》♦ほかに質問はありますか ¿Hay alguna otra pregunta? / ¿Tienen más 「otras」 preguntas? ♦ほかにだれがパーティーに来ますか ¿Quién más viene a la fiesta? / ¿Va a venir 「alguien más [alguna otra persona]」 a la fiesta? ♦ほかにデザートを召し上がりたい方はありませんか ¿「Alguien más [Algún otro, Alguna otra]」 quiere postre? 会話 印象派がすごく気に入ったわ—ほかにはどれが気に入ったの? Me gustan mucho los impresionistas. – ¿Qué otros te gustan? ♦ほかにすることがなかったので午後はずっとテレビを見て過ごした No tenía nada [ninguna otra cosa] que hacer, así que me pasé toda la tarde viendo la televisión. 会話 ほかに何かございますか—これだけにしておきます(店などで) ¿Algo más [¿Alguna otra cosa], señor/ñora? – No, gracias, nada más por ahora. ♦ほかにこんなに安く買えるところはありませんよ No lo encontrarás más barato en ningún otro sitio.

❷【...を除いて】prep. menos, excepto, 《フォーマル》a [con] excepción de, salvo; a no ser, fuera de. ♦あの店は日曜のほかは毎日営業している Esa tienda está abierta todos los días menos [excepto] los domingos. ♦私は 2,3 のすり傷のほかにけがはありません No estoy herido 「a no ser [fuera de]」 unos pocos rasguños. ♦彼のほかにだれもそんなことはしないだろう Nadie haría algo así, excepto él. / Fuera de él, nadie haría algo así. / Una cosa así no la hace nadie más que él. ♦私は家に帰るほかなかった No 「podía hacer nada más [tuve más remedio]」 que volver a casa. / Todo lo que pude hacer fue volver a casa. / 私は彼のほかに親しい友人はいません No tengo amigos íntimos salvo él. / 「Con la excepción [Aparte] de él, no tengo ningún amigo íntimo. / Mi único amigo íntimo es él.

❸【...に加えて】prep. además de, aparte de. ♦山田さんほか 3 名 Tres personas además del Sr. Yamada. / El Sr. Yamada y otros tres. ♦この店はパンのほかにケーキも売っている En esta tienda venden pasteles además de pan. ♦週末にはジョギングのほかにいつも何をしますか ¿Qué más hace usted los fines de semana aparte de correr?

ボカ La Boca (☆アルゼンチン，ブエノスアイレスの地区).

ぽか m. error, f. equivocación, 《口語》f. metedura de pata. ▶ぽかをやる v. cometer un error, equivocarse*, 《口語》meter la pata.

ボカータ f. bocata (☆小型のフランスパンでつくるサンドイッチ).

ほかく 捕獲 ▶捕獲する v. pescar*, capturar. ♦カニの捕獲高 f. pesca de cangrejos.

ぼかす (輪郭などを) v. hacer* borroso, desdibujar; (色を) v. difuminar, degradar; (態度を) v. tomar una actitud imprecisa [ambigua]; (答えを) v. dar* una respuesta ambigua, responder con evasivas. ♦彼は自分の

仕事についてはわざと話をぼかした Fue intencionadamente ambiguo sobre su trabajo.

ボカディージョ m. bocadillo (☆フランスパンでつくるサンドイッチ).

ほかならない 外ならない ♦その(男の)人はきのう通りで出会った人に外ならなかった「No era otro que el [Era el mismo, No era ni más ni menos que el] hombre que yo vi ayer en la calle. ♦その成功は君の絶えざる努力の結果に外ならない(＝まったく君の努力による) El éxito es debido enteramente a tus constantes esfuerzos. / El éxito no se debe más que a la perseverancia de tus esfuerzos.

ほかならぬ ♦ほかならぬ君のことだから[君の頼みだから]その秘密を教えてあげよう Como eres tú quien lo pregunta y no otro, voy a decirte el secreto. ♦後ろから声をかけられた. 振り返ってみるとそれはほかならぬ内田だった Me llamaron por detrás y, cuando me volví, me encontré ni más ni menos que con Uchida.

ほかほか (暖かい)adj. caliente, tibio. ♦このケーキはオーブンから出したばかりでほかほかです Este pastel está calentito recién sacado del horno. ♦ごはんは湯気が立ってほかほかです El arroz cocido al vapor está calentito.

ほかぼか ♦二人の男の子が興奮してぼかぼか殴り合っていた Los dos chicos, excitados, se estaban pegando.

ぽかぽか ❶【暖かさ】♦日が差してぽかぽか暖かい Da gusto sentir la tibieza del sol. / Se está calentito al sol ♦この半島ではほとんど一年を通じてぽかぽかした陽気です En esta península hace un tiempo agradable y soleado casi todo el año.
❷【続けて打つ様子】♦腹を立てた父親は息子の頭をぽかぽか(＝何度も)打った El padre colérico golpeaba una y otra vez a su hijo en la cabeza.

__ほがらか__ 朗らかな (快活な)adj. alegre; (晴れやかな)adj. radiante; (陽気な)adj. jovial. ♦朗らかな性格である v. tener un carácter jovial [alegre]. ♦朗らかな微笑 f. sonrisa radiante. ♦朗らかに笑う v. reírse* alegremente. ♦彼はいつも朗らかだ Siempre está alegre.

ぽかりと ❶【殴る音】♦ぽかりと打つ v. golpear fuertemente, dar* un golpe fuerte, dar* un golpetazo, 《口語》sacudir. ♦父親は息子の頭をこぶしでぽかりと殴って懲らしめた El padre reprendió a su hijo y lo [le] golpeó fuertemente con el puño en la cabeza.
❷【急に割れたり開いたりする様子】♦目の前に洞窟(ぅ)の入り口がぽかりと開いていた Ante nosotros se abría de par en par la entrada de la cueva. ♦道路にぽかりと一つ穴が開いた En el camino se ha formado un socavón. ♦大きな球がぽかりと割れた El balón estalló haciendo ruido.
❸【空中に浮かぶさま】→ぽっかり②.

ほかん 保管【行為, 状態】m. depósito, f. protección; 【状態】(主に警察による) f. custodia; (個人による) f. conservación; (倉庫での) f. almacenamiento. ♦¹金庫に[²子供の手の届かない所に]保管しておく v. guardar(lo) ¹en una caja fuerte [²fuera del alcance de los niños]. ♦倉庫に家具を保管する v. almacenar los muebles. ♦彼に宝石の保管をまかせる v. confiarle* las joyas para que ¹las guarde [ponga a buen recaudo]. ♦その書類は顧問弁護士が保管しています Esos documentos están bajo la custodia de mi abogado asesor. / Mi abogado asesor custodia [guarda] esos documentos.

ぽかんと ❶【ぽかんと打つ】♦彼は私の頭をぽかんと打った Me dio un golpe en la cabeza. ♦強打者はぽかんとホームランを打った El bateador machacó un jonrón.
❷【大きな口を開けて】♦少年は口をぽかんと開けて行列を見ていた El muchacho contemplaba la procesión boquiabierto.
❸【ぼんやりして】adv. distraídamente; (うつろに)adv. con expresión ausente, 《口語》en la luna. ♦彼はそこにぽかんと立っていた Estaba de pie distraídamente allí. ♦彼は非番のときはぽかんとして(＝何もしないで)一日を過ごす Los días libres se los pasa despistadamente [en la luna].

ぼき 簿記 f. contabilidad,『ラ米』f. contaduría, f. teneduría de libros. ♦商業簿記 f. contabilidad comercial. ♦¹単式 [²複式]簿記 f. contabilidad por partida ¹simple [²doble]. ♦簿記係 mf. contable,『ラ米』mf. contador/dora, mf. tenedor/dora de libros. ♦簿記をつける v. llevar la contabilidad.

ボギー 《英語》m. "bogey" (☆発音は [bógi]). ♦ダブルボギー《英語》m. "bogey" doble. ♦(14番ホールで)ボギーをたたく v. hacer* un "bogey" (en el hoyo 14).

ぼきぼき ♦棒がぼきぼきと音を立てて折れた El palo se partió con un chasquido. ♦彼は指の関節をぼきぼき鳴らした Hizo chasquear los nudillos.

ボキャブラリー m. vocabulario, m. léxico. ♦ボキャブラリーが豊富である v. tener*「un vocabulario rico [mucho léxico].

ほきゅう 補給 m. suministro, m. abastecimiento. ♦燃料補給 m. abastecimiento [m. suministro] de combustible, m. repostaje. ♦補給路 f. ruta de abastecimiento. ♦船に燃料を補給する v. abastecer* [suministrar] combustible al barco.

ほきょう 補強 m. refuerzo. ♦補強工事 fpl. obras de refuerzo. ♦補強する v. reforzar*; (強化する) v. fortalecer*. → 強化. ♦その堤防を補強しないといけない Hay que reforzar el dique. / El dique necesita ser reforzado.

ほきん 保菌 ♦保菌者 mf. portador/dora (de bacterias). ♦コレラの保菌者 m. portador de bacilo del cólera.

ぼきん 募金 (一人一人からの) f. colecta, f. recaudación. ♦共同募金 mpl. fondos comunitarios. ♦街頭募金 f. colecta en la calle. ♦募金運動 f. campaña de recaudación de donativos《para》. ♦彼のために百万円の募金を集める v. recaudar [hacer* una colecta de] un millón de yenes para él.

ぼきんと ▶ぼきんと音を立てる v. chasquear, crujir. ▶ぼきんと音を立てて adv. con un chasquido [crujido]. ◆庭師が小枝をぼきんと折った El jardinero rompió la rama con un chasquido. ◆彼女が倒れたとき、腕の骨がぼきんといった Al caerse, le crujió el hueso del brazo. ◆彼はぼきんと棒を折った Partió el palo con un chasquido.

ぼく 僕 pron. yo. → 私(わたし).

ほくい 北緯 f. latitud norte. ▶北緯45度30分にある v. estar* (situado) a 45 grados y 30 minutos de la latitud norte.

ほくおう 北欧 (北ヨーロッパ) f. Escandinavia; f. Europa del Norte, 《フォーマル》 f. Europa septentrional. ▶北欧人 mf. escandinavo/va, mf. nórdico/ca.

ボクサー (拳闘家) mf. boxeador/dora, 《フォーマル》 m. púgil, (犬) m. bóxer.

ぼくさつ 撲殺 ▶撲殺する v. matar a golpes.

*ぼくし** 牧師 m. clérigo, m. pastor protestante, m. ministro protestante, (カトリックの司祭) m. cura. ▶牧師館 f. casa del pastor. ▶牧師になる v. hacerse* pastor, 《口語》 meterse a cura; (牧師の一員になる) 《フォーマル》 v. entrar en el ministerio sacerdotal; (聖職につく) 《フォーマル》 v. recibir las órdenes sagradas; entrar en la Iglesia. ◆彼はこの地域の教会の牧師です Es el pastor de la iglesia local. ◆牧師様、こんにちは ¿Cómo está usted, reverendo?

ほくじょう 北上 ▶北上する v. ir* [dirigirse*] al norte, ir* en dirección norte.

ぼくじょう 牧場 f. granja, 【メキシコ】 m. rancho, 【アルゼンチン】 f. estancia, f. hacienda; 【草草地】(放牧用) mpl. pastos; (干し草用) m. prado, f. pradera. ▶牧場主 mf. ganadero/ra, mf. propietario/ria de una granja, 【メキシコ】 mf. ranchero/ra. ▶牧場を経営する v. dirigir* una granja. ▶牧場で(雇われて)働く v. trabajar en una granja. ◆牛がのんびりと牧場で草を食べている Las vacas están paciendo [pastando] tranquilamente en el prado.

ボクシング m. boxeo, 【ラ米】 (英語) "box" (☆発音は [boks]), 《フォーマル》 m. pugilismo. ▶ボクシングの試合 m. combate de boxeo. ▶ボクシング選手権保持者 m. campeón de boxeo. ▶ボクシングをする v. boxear (con él).

ほぐす (糸などのもつれを) v. desenredar; (緊張などを) v. relajar, suavizar*; (ばらばらにする) v. aflojar, 《フォーマル》 v. distender*. ▶緊張をほぐす v. aflojar [relajar] la tensión.

ほくせい 北西 m. noroeste, 【略】NO. ▶西北西 m. oeste-noroeste, 【略】ONO. ▶北西の風 m. viento del noroeste. ◆今日は風は北西から吹いている Hoy「sopla un [hace, tenemos] viento del noroeste. ◆学校は町の北西にある La escuela está en el noroeste de la ciudad. ◆船は北西へ進んだ El barco navegó al noroeste.

ぼくそう 牧草 f. hierba, m. pasto. ▶(干し草・放牧用の)牧草地 (大きな) f. pradera; (比較的小さな) m. prado; m. pastizal; 【スペイン】 f. dehesa.

ほくそえむ ほくそ笑む (にやりとする) v. reírse* [burlarse] por lo bajo, reír* entre dientes; (喜ぶ) v. regodearse 《de, con》. ◆彼はライバルの失敗にほくそ笑んだ Se regodeó con el fracaso de su rival.

ぼくちく 牧畜 (家畜全般の) f. ganadería, f. cría de ganado. ▶牧畜業者 mf. ganadero/ra.

ほくとう 北東 m. nordeste, m. noreste, 【略】NE.

ぼくどう 牧童 (特に羊の) mf. pastor/tora, mf. ovejero/ra; (牛の) mf. vaquero/ra, mf. boyero/ra; (ヤギの) mf. cabrero/ra.

ほくと(しち)せい 北斗(七)星 Osa Mayor, Carro Mayor.

ぼくとつ 朴訥 ▶朴訥な adj. rústico, (素朴な) adj. sencillo, (実直な) adj. honrado. ▶ぼくとつな青年 m. joven rústico.

ほくぶ 北部 m. norte; (北の地方) f. zona [f. región] norte.

ほくべい 北米 América del Norte. → 北アメリカ. ▶北米の adj. norteamericano.

ほくほく ◆彼女はその知らせを聞いてほくほくした Se llenó de alegría al enterarse de la noticia. /(口語) Se puso feliz como unas pascuas al saberlo.

ほくほくせい 北北西 m. nornoroeste, m. norte por el noroeste, 【略】NNO.

ぼくめつ 撲滅 f. erradicación; f. aniquilación, m. exterminio. ▶撲滅する(有害なものを根こそぎにする) v. erradicar*; aniquilar, exterminar. ▶性犯罪を撲滅する v. erradicar* [exterminar] la delincuencia sexual. ▶伝染病を撲滅する v. erradicar* las enfermedades infecciosas [contagiosas]. ▶害虫を撲滅する v. exterminar insectos dañinos.

ほくよう 北洋 m. mar [m. océano] del norte. ▶北洋漁業 f. pesca del mar del norte.

ほぐれる (ほどける) v. desatarse; (もつれなどが) v. aflojarse; (緊張などが) v. relajarse, aliviarse. ◆筋肉がほぐれた Se me relajaron [aflojaron] los músculos. ◆彼のジョークで室内の緊張がほぐれた Su chiste sirvió para aflojar la tensión de la sala.

ほくろ m. lunar. ▶付けぼくろ m. lunar postizo. ◆私は顔にほくろがある Tengo un lunar en la cara.

ぼけ 呆け ▶老人ぼけ (遠回しに) f. segunda infancia; (痴呆症) 《専門語》 f. demencia senil.

ほげい 捕鯨 f. pesca [f. caza] de ballenas. ▶捕鯨業 f. industria de la pesca de ballenas. ▶捕鯨船 m. ballenero. ▶捕鯨船団 f. flotilla ballenera.

ぼけい 母系 ▶母系の adj. materno, de lado materno. ▶母系社会 f. sociedad matriarcal.

ほけつ 補欠 (代わりの人) mf. sustituto/ta 《de》, 補欠選手 mf. (jugador/dora) suplente; (控えの) mf. reserva. ▶補欠選挙 f. elección parcial. ▶補欠人名簿 f. lista de espera. ▶生徒の補欠募集をする v. reclutar estudiantes para ocupar las vacantes.

ぼけつ 墓穴 f. tumba. ▶墓穴を掘る v. cavar

su propia tumba; acarrearse la propia ruina.

ぽけっと *adv*. distraídamente; (何をする事もなく) *adv*. ociosamente; (うっかり) *adv*. descuidadamente. → ぼんやり. ◆彼はぽけっと戸の前に立っていた Estaba de pie distraídamente frente a la puerta. ◆私は日曜日はぽけっとして過ごします Paso los domingos sin hacer nada. / Los domingos los paso ocioso.

*****ポケット** *m*. bolsillo.

1《～ポケット》▶（上着の）胸［2内；3わき］ポケット *m*. bolsillo ¹de pecho [²interior; ³lateral]. ▶ズボン［2上着］のポケット *m*. bolsillo de ¹pantalón [²chaqueta].

2《ポケット＋名詞》▶（本の）ポケット版 *f*. edición de bolsillo. ▶ポケットブック *m*. libro de bolsillo. ▶ポケ（ット）ベル *m*. buscapersonas, 《口語》 *m*. busca. ▶ポケットマネー *m*. dinero para gastos personales.

3《ポケットの》▶ポケットのないズボン *mpl*. pantalones sin bolsillo. ▶ポケットの中を探る *v*. buscar* (la llave) en el bolsillo. ◆私はいつも時計をズボンのポケットに入れている Siempre llevo el reloj en el bolsillo del pantalón.

4《ポケットに［から］》▶ポケットに入れる *v*. meter(lo) en el bolsillo. ▶ポケットから取り出す *v*. sacar(lo)* del bolsillo. ◆彼はポケットに両手を突っ込んで歩いていた Caminaba con las manos en los bolsillos.

ポケベル *m*. buscapersonas, 《口語》 *m*. busca. → ポケット.

ぼける 呆ける ❶【頭が】*v*. chochear, 《フォーマル》hacerse* senil. ◆祖父は年をとってぼけてきた El abuelo se está volviendo chocho. / Mi abuelo ya chochea.

❷【輪郭が】▶ピントがぼけた写真 *f*. fotografía borrosa. ▶ぼけた写真 *f*. foto desenfocada.

*****ほけん** 保険 *m*. seguro; (保険契約) (*f*. póliza de) *m*. seguro.

1《～保険》▶生命保険 *m*. seguro de vida. ▶¹海上［2災害］保険 *m*. seguro ¹marítimo [²de siniestros]. ▶¹失業［²社会; ³養老; ⁴健康］保険 *m*. seguro ¹de desempleo [²social; ³de ahorro; ⁴de salud]. ▶¹傷害［²自動車］保険 *m*. seguro de ¹accidente [²coche]. ▶¹団体［²終身; ³相互］保険 *m*. seguro ¹colectivo [²de toda la vida; ³de mutualidad]. ▶簡易保険 *m*. seguro postal de vida. ▶¹任意［²強制］保険 *m*. seguro ¹voluntario [²obligatorio]. ▶介護保険 *m*. seguro público para cuidados y tratamientos. ▶雇用保険 *m*. seguro de desempleo. ▶労災保険 *m*. seguro contra accidente laboral. ◆健康保険に入っていますか ¿Tienes seguro de salud?

2《保険＋名詞》▶保険会社 *f*. compañía de seguros, (*f*. compañía) aseguradora. ▶保険勧誘員 *mf*. agente (vended*or/ora*) de seguros. ▶保険金受取人 *mf*. beneficiari*o/ria*. ▶保険業 *f*. industria de seguros. ▶保険業者 *mf*. asegurad*or/ora*. ▶保険契約者 *mf*. tened*or/ora* de la póliza de seguros, *mf*. tomad*or/ora*. (被保険者) *mf*. asegurad*o/da*. ▶保険代理業［店］*f*. agencia de seguros. ▶保険料 *f*. prima (de seguro). ▶保険医 *mf*.

ほご 1313

médic*o/ca* que acepta pacientes asegurados. ▶保険診療 *m*. tratamiento de seguro de salud. ◆保険金を受け取る *v*. recibir el dinero del seguro. ◆自動車の保険料を払う *v*. pagar* el seguro del vehículo. 《会話》 保険証を忘れたのですが....これは保険がきかないんでしょうか—残念ですが....今日は全額を現金でお支払いいただくことになりますが、次回保険証をお持ちください Me he olvidado de traer la tarjeta de seguro sanitario. Esto no lo cubre el seguro, ¿verdad? – Lo siento, tiene que pagar todo en metálico. Pero la próxima vez que venga, presente la tarjeta y se lo devolvemos.

3《保険》◆私の家には5千万円の火災保険がかけてある Tengo la casa asegurada contra incendios por valor de cincuenta millones de yenes.

4《保険に》▶生命保険に加入する *v*. hacerse* un seguro de vida. ◆宝石商は常に十分保険に入っている Los joyeros siempre están suficientemente asegurados.

5《保険を》▶保険を¹申し込む［²解約する; ³更新する］*v*. ¹solicitar [²cancelar; ³renovar*] un seguro. ▶財産に¹火災［²損害; ³盗難］保険をかける *v*. asegurar la propiedad contra ¹incendios [²daños; ³robo]. ◆彼は1千万円の生命保険をかけた Se ha hecho un seguro de vida de diez millones de yenes.

6《保険で》▶その損害は保険で償われる Los daños se cubren por el seguro.

ほけん 保健 *f*. conservación de la salud. ▶世界保健機構 *f*. Organización Mundial de la Salud, 《略》OMS. ▶保健衛生 *f*. sanidad pública. ▶保健所 *m*. centro de salud pública. ▶保健師 *mf*. enferm*ero/ra* de salud pública. ▶保健体育 *f*. educación sanitaria y física. ◆田中先生、ちょっと気分が悪いのですが、保健室へ行っていいですか Profesor/sora Tanaka, no me siento muy bien. ¿Puedo ir a la enfermería?

*****ほご** 保護 *f*. protección; *f*. tutela; (保存) *f*. preservación; (国土・資源の) *f*. conservación; (未成年者に対する) *f*. custodia; (情報の) *f*. protección.

1《～（の）保護》▶文化財の保護 *f*. preservación del patrimonio cultural. ▶¹自然［²環境］保護 *f*. conservación ¹de la naturaleza [²del medio ambiente]. ▶両親の保護のもとで *adv*. bajo la ¹protección [²tutela] paterna. ▶警察の保護を求める *v*. pedir* protección policial. ▶生活保護を受けている *v*. estar* beneficiad*o* de la ayuda social.

2《保護＋名詞》▶保護関税 *m*. arancel proteccionista. ▶保護貿易 *m*. comercio proteccionista; (主義) *m*. proteccionismo. ▶保護区域 *f*. reserva de fauna y flora; *m*. coto [*m*. vedado] de caza; *f*. reserva ornitológica. ▶保護鳥 *f*. ave protegida. ▶保護（＝禁猟）鳥獣 *f*. caza prohibida. ▶保護者 *m*. protect*or/tora*; (両親) *mpl*. padres; (後見人) *mf*. tut*or/tora*. ▶保護色 *f*. coloración pro-

1314 ほご

―― 保護する *v*. proteger*; (風雨などから)*v*. proteger*, dar* protección《a + 人》, dar* refugio《a + 人》→守る; (破壊・腐朽から)*v*. preservar. ▶国内産業を保護する *v*. proteger* [salvaguardar] las industrias nacionales. ▶野生生物を保護する *v*. conservar la fauna y la flora. ▶森林を保護する *v*. conservar los bosques. ▶サングラスは太陽の光から目を保護する Las gafas de sol protegen los ojos de la luz solar. / Las gafas de sol dan protección a los ojos contra los rayos solares. ▶生け垣が風から花を保護している El seto protege a las flores del viento. ▶その家出少女は警察に保護された [2されている] La joven fugitiva ¹fue puesta [²está] bajo custodia de la policía. ☞かくまう, 庇う

ほご 反故《紙屑》*m*. papel de desecho. ▶約束をほごにする (=破る) *v*. romper* una promesa.

ほご 補語 *m*. complemento. ▶¹主格 [²目的格] 補語 *m*. complemento de ¹sujeto [²objeto].

ぼご 母語 *f*. lengua materna [nativa].

ほこう 歩行 *m*. andar. ▶歩行訓練 *mpl*. ejercicios de andar. ▶歩行者 *mf*. peatón/tona, *mf*. viandante. ▶歩行者専用道路 *f*. zona [*f*. calle] peatonal; (歩行者天国) *m*. paseo [*f*. avenida] sin vehículos. ▶歩行運動失調《専門語》*f*. ataxia locomotora. ▶歩行困難である *v*. tener* dificultades para caminar [andar*]. ▶歩行者通行禁止【掲示】Prohibido el paso a peatones. ▶歩行者専用道路には歩行者がいっぱいだった Había mucha gente caminando en la zona peatonal.

―― 歩行する *v*. andar*, caminar; pasear. →歩く.
☞足, 脚

ほこう 補講 *f*. lección [*f*. clase] suplementaria.

ぼこう 母校《ラテン語》*f*. "alma máter".

ぼこく 母国 *m*. país natal. ▶母国語 *f*. lengua materna. →母語.

ほこさき 矛先 *m*. filo. ▶議論の矛先を鈍らせる *v*. romper* el filo de un argumento. ▶彼らは攻撃の矛先を敵の司令部に向けた Dirigieron los ataques contra el cuartel general del enemigo.

ボゴタ Bogotá (☆コロンビアの首都).

ほこらしい 誇らしい *adj*. orgulloso. ▶誇らしげに *adv*. orgullosamente, con orgullo; (勝ち誇ったように) *adv*. con aire de triunfo, triunfalmente. ▶息子を誇らしく眺める *v*. mirar al hijo con orgullo.

ほこり 埃 *m*. polvo; *f*. polvareda. ▶テーブルの上にほこりがたまっていた Había polvo en la mesa. / La mesa estaba cubierta de polvo. / La mesa estaba polvorienta. ▶彼女は家具のほこりを払った Limpió [Sacudió] el polvo de los muebles. ▶車がもうもうとほこりを巻き上げながら通り過ぎて行った Al pasar el coche levantó una polvareda. ▶なんてほこりっぽい道なんだ ¡Qué camino tan polvoriento! / ¡Cuánto polvo hay en este camino!

ほこり 誇り *m*. orgullo; (自尊心) *f*. dignidad; *m*. amor propio, 《フォーマル》*m*. pundonor; (名誉となる人[物]) *f*. honra. →名誉. ▶誇り高い男 *m*. hombre orgulloso. ▶彼の誇りを傷つける *v*. herir* [lastimar] su orgullo. ▶私は日本人であることを誇りに思っている Estoy orgulloso de ser japonés/nesa. / Me enorgullezco de ser japonés/nesa. ▶どんな人にでも誇りはある Todo el mundo tiene su orgullo [dignidad]. ▶質問するなんて彼の誇りが許さない Su orgullo no le permite hacer preguntas. / Es demasiado orgulloso para hacer preguntas.
☞自惚れ, 自負, 自慢

ほこる 誇る *v*. estar* orgulloso《de》, tener* orgullo《de, por》; (自慢する) *v*. jactarse [《フォーマル》enorgullecerse*, 《フォーマル》vanagloriarse*]《de, por》; (評判が良い) *v*. tener*「buena reputación [fama]; (有名である) *v*. ser* conocido [famoso]. ▶君は人に誇れるものがあるか ¿Tienes algo de lo que puedas estar orgulloso? ▶彼は仕事が速いのを誇っている Tiene orgullo por la rapidez con que trabaja. ▶その大学はりっぱな図書館を誇っている Esa universidad presume de una buena biblioteca.

ほころばす 綻ばす (衣服を) *v*. descoser; (口元を) *v*. dibujar una sonrisa.

ほころび 綻び *m*. descosido. ▶ほころびを直す *v*. arreglar un descosido. ▶ほころびができた《口語》Hay un descosido. / La costura se ha roto.

ほころびる 綻びる (縫い目が) *v*. descoserse, deshacerse* una costura; (花が開く) *v*. abrirse*, romper*. ▶ズボンの縫い目がほころびた Los pantalones se han descosido. ▶桜の花がほころび始めた Han empezado a abrirse [romper] las flores del cerezo.

ほさ 補佐 (補佐者) *mf*. ayudante, *mf*. auxiliar. ▶部長補佐 *mf*. subdirector/tora (de la sección). ▶補佐する *v*. ayudar, asistir, auxiliar. ▶議長を補佐する *v*. ayudar al presidente.

ぼさつ 菩薩 *m*. Bodhisatva.

ぼさっと *adv*. distraídamente. →ぼんやり, ぼけっと.

ぼさぼさ ▶彼はいつもぼさぼさの髪をしている Siempre está [tiene el pelo, 《口語》anda] despeinado. ▶ぼさぼさしていると飛行機に乗り遅れるぞ Si andas perdiendo el tiempo, perderás el avión.

ぼさん 墓参 ▶墓参をする *v*. visitar (su) tumba

歩行者の方は横断歩道をお渡り下さい Señor peatón: cruce solo en paso demarcado. →歩行

[sepultura].

ほし 星 ❶【天体】*f.* estrella; *m.* astro. ▶星の *adj.* estelar. ▶星の多い *adj.* estrell*ado*. ▶星明かり *m.* luz de las estrellas, 《專門語》*f.* luz estelar. ▶星くず *m.* polvo de estrellas. ▶星空 *m.* cielo estrellado. ▶星明かりで星の出ている夜 (=星月夜) *f.* noche estrellada [《強調して》cuajada de estrellas]. ▶星の出ていない夜 *f.* noche sin estrellas. ▶星の降るような夜空 *m.* cielo de la noche cuajado de estrellas. ▶望遠鏡で星を観測する *v.* observar las estrellas por un telescopio. ▶星を眺める *v.* mirar las estrellas. ▶空に星が輝いている Brillan las estrellas en el cielo. ▶星が出た Han salido las estrellas. ▶星が流れた Una estrella (fugaz) ha cruzado el cielo. ▶そんな本なら星の数ほどあるよ Hay tantos libros igual a ése como estrellas en el cielo.

❷【運勢】*f.* estrella (*f.* fortuna]《de》. ▶星占い (個々の占い) *m.* horóscopo; (占星術) *f.* astrología. ♦私は幸運な星の下に生まれた Nací con [bajo] buena estrella.

❸【星印】(*) *m.* asterisco. ▶星形の *adj.* estrell*ado*, de forma de estrella. ▶星(印)をつける *v.* indicar*, [marcar*, señalar] con un asterisco.

❹【斑(はん)点】*f.* mácula, *f.* mancha; (牛馬の顔の) *m.* lucero; (目の星) *m.* leucoma. ▶目に星が出る *v.* tener* un leucoma en el ojo.

❺【的の中心】*m.* centro del blanco, *f.* diana.

❻【花形】*f.* estrella. ▶文学界の星 *f.* estrella del mundo literario.

❼【勝利】*f.* victoria, *m.* triunfo. ▶星取り表 *m.* marcador, *m.* tanteador. ▶(白)星をあげる *v.* marcar* [hacer*] un punto. ▶黒星を喫する *v.* perder* un punto.

❽【犯人】*mf.* criminal, *mf.* delincuente, *mf.* autor/tora de crimen; (容疑者) *mf.* sospech*oso/sa*, *mf.* presunt*o/ta* autor/tora. ▶星を挙げる *v.* detener* al criminal. ♦「星の目ぼしはついているのか」と彼は言った ¿Hay algún sospechoso? – preguntó él.

ほじ 保持 ▶保持する *v.* conservar, retener*, mantener*. ▶世界記録保持者 *mf.* posee*dor/dora* del récord mundial. ▶秘密を保持する *v.* guardar el secreto. ▶タイトルを保持する *v.* retener* el título.

ぼし 母子 *f.* madre e *mf.* hijo/ja. ▶母子家庭 *m.* hogar de madre e hijo, *f.* familia sin padre. ▶母子健康手帳(母子手帳) *f.* libreta de maternidad. ▶母子ともに元気だ La madre e h*ijo/ja* están bien.

ほしい 欲しい *v.* querer*; (強調、または丁寧な依頼) *v.* desear, apetecer*; (希望) *v.* esperar. ♦欲しい物を(何でも)あげよう Te daré todo lo que quieras. ♦欲しいだけ取りなさい Toma tanto [tantos] como quieras [desees]. ♦まあ、これ前から欲しかったのよ(プレゼントなどをもらって) iOh, esto es lo que hace tiempo deseaba!

1〈~が[は]欲しい〉♦新車が欲しい Quiero un coche nuevo. 会話 何か欲しいですか――コーヒーがいいです ¿Qué le apetece [gustaría tomar]? – Un café.

2〈~(し)て欲しい〉♦もっと勉強して欲しい Quiero [Deseo] que estudies más. ♦それをあしたまでに準備して欲しい Quiero que esté [lo tenga usted] arreglado para mañana. ♦彼は女店員に指輪を見せて欲しいと言った Dijo a la dependienta que quería [deseaba, le gustaría] ver unos anillos. ♦彼には早く(病気が)よくなって欲しい Espero que mejore pronto. 会話 彼も来るの?――¹来て [²来ないで] 欲しいな ¿Viene él también? – Espero que ¹sí [²no].

ほしいまま 欲しいまま ▶欲しいままにふるまう *v.* salirse* con la suya, hacerlo* a su modo, hacer* lo que le da la gana. ▶権力を欲しいままにする *v.* ejercer* plenamente la autoridad. ▶現代随一の画家として名声を欲しいままにする *v.* disfrutar de la fama de ser* el mejor pintor actual.

ほしうらない 星占い (占星術) *f.* astrología, (個々の占い) *m.* horóscopo. ▶星占いをする *v.* leer* el horóscopo.

ほしがる 欲しがる *v.* querer*, desear. → 欲しい. ♦そのおもちゃを欲しがって泣く *v.* llorar pidiendo el juguete. ♦その子はキャンデーを欲しがった El niño quería dulces. ♦これは君が欲しがっていた参考書だ Este es el libro de referencia que deseabas.

ホジキンびょう ホジキン病《專門語》*f.* enfermedad de Hodgkin.

ほしくさ 干し草 *m.* heno. ▶干し草を作る *v.* hacer* heno.

ポジション *f.* posición, *m.* puesto.

ほしぶどう 干しぶどう *f.* (uva) pasa.

ほしもの 干し物 (洗濯物) *f.* colada, *f.* ropa de lavar. ▶干し物を取りこむ *v.* recoger* la ropa tendida.

ほしゃく 保釈 *f.* libertad「bajo fianza [《專門語》provisoria del procesado bajo la caución]. → 保釈. ▶保釈を認める *v.* conceder la libertad bajo fianza. ▶保釈金 *f.* fianza, *f.* caución. ▶保釈願い *f.* solicitud de libertad bajo fianza. ▶保釈する *v.* poner* en libertad bajo fianza. ▶保釈中である *v.* estar* bajo fianza. ▶保釈金を積む *v.* pagar* la fianza.

ほしゅ 保守 ▶保守的な *adj.* conservador. ▶保守主義 *m.* conservadurismo. ▶保守主義者 *mf.* conservador/dora. ▶保守政権 *m.* gobierno conservador. ▶保守党 *m.* partido conservador. ▶保守的な意見 *f.* opinión conservadora. ♦人は年をとると保守的になりがちだ Las personas cuando son mayores suelen volverse conservadoras. ♦彼女の結婚に対する考えはひどく保守的である Su actitud hacia el matrimonio es muy conservadora.

ほしゅ 捕手 (野球の) *mf.* receptor/tora, 《英語》*mf.* "catcher"〔☆発音は [kátʃer]〕.

ほしゅう 補習 (進学などの) *f.* clase complementaria [extra]. ▶補習を受ける *v.* tomar

ほしゅう *f.* reparación, *m.* arreglo. ▶補修工事 *fpl.* obras de reparación. ▶補修中である *v.* estar* en reparación. ▶補修する *v.* reparar, arreglar.

ほじゅう 補充する (空所を満たす) *v.* llenar; (再び満たす) *v.* volver* a llenar, rellenar; (不足を補う) *v.* proveer*, suplir. ▶補充兵 *mf.* recluta. ▶欠員を補充する *v.* cubrir* [llenar] una vacante. ▶タンクに水を補充する *v.* llenar el depósito de agua. ▶ ¹必要部品 [²不足分] を補充する *v.* proveer* ¹del equipo necesario [²de lo que falta]. ▶軍隊に新兵を補充する *v.* reclutar un ejército.

* **ぼしゅう 募集 ❶**【人の】*m.* reclutamiento. ▶ (新会員の) 募集人員 *m.* número de aspirantes admitidos (al club). ▶募集に応じる *v.* solicitar; (広告を見て) *v.* responder a un anuncio. ♦事務員募集【広告】Se buscan oficinistas.
❷【寄付などの】*f.* recaudación. ▶募集額 *f.* cantidad (de dinero) a recaudar. ▶基金募集を始める *v.* iniciar una recaudación [colecta] [para).

—— **募集する ❶**【社員などを】(求める) *v.* buscar*; (新入者を) *v.* reclutar; (広告で) *v.* poner* un anuncio (para buscar*), hacer* una convocatoria; (志願・投稿などを促す) *v.* invitar. ▶ ¹学生 [²新会員] を募集する *v.* reclutar ¹estudiantes [²nuevos socios]. ▶新聞で教員を募集する *v.* poner* un anuncio en el periódico para buscar* profesores. ▶論文を一般から募集する (=公募する) *v.* invitar a que se hagan contribuciones públicas de ensayos [artículos]. ♦その工場は従業員を募集している En esa fábrica「buscan obreros [se aceptan solicitudes de trabajo].
❷【寄付金などを】*v.* hacer* una colecta; (大規模に) *v.* recaudar (fondos). ▶慈善事業への寄付金を募集する *v.* hacer* una colecta benéfica, recaudar dinero para fines benéficos. ▶新しい学校の建設資金を募集する *v.* recaudar dinero para construir* una nueva escuela. ▶公債を募集する *v.* emitir bonos públicos.

ほしゅうじゅぎょう 補習授業 *f.* clase complementaria. ▶スペイン語の補習授業を受ける *v.* tomar clases complementarias de español.

ほしゅうだん 母集団 *m.* universo, *f.* población.

ほしゅてき 保守的 *adj.* conservador. → 保守.
ほじょ 補助 *f.* ayuda, *m.* apoyo, *f.* asistencia. ▶財政的補助 *m.* apoyo financiero, *f.* ayuda económica. ▶補助員 *m.* asistente, *mf.* ayudante. ▶補助金 *m.* subsidio, *f.* subvención. ▶補助席 *m.* asiento auxiliar [plegable, corredizo]. ▶彼は国の補助を受けて生活している Vive del subsidio social (del Estado).

—— **補助(を)する** *v.* ayudar, apoyar, asistir, auxiliar; (補助金を出す) *v.* prestar [dar*] ayuda [asistencia] financiera, subvencionar, 《フォーマル》conceder un subsidio, subsidiar. ▶ ¹学費 [²生活費] を補助する *v.* costear 《a + 人》 los gastos ¹escolares [²de la vida]. ♦彼女は父親の仕事の補助をしたAyudaba a su padre en el trabajo.

* **ほしょう 保証** (品質・借金などの) *f.* garantía, *m.* aval, *f.* seguridad; (商品の品質などの) *f.* garantía; (借金などの担保) *f.* garantía; (確言, 確約) *f.* promesa definitiva. ▶保証期間 *m.* período [*m.* plazo] de garantía. ▶保証金 *f.* fianza, *f.* caución. ▶カメラの保証書 *f.* garantía de una cámara. ▶ 3年間保証つきの時計 *m.* reloj con「tres años de garantía [una garantía de tres años]. ▶保証人 →保証人. ♦彼が成功するという保証はない No hay garantía de que vaya a tener éxito. ♦このテレビは1年間の保証がついている「Esta televisión [Este televisor] tiene un año de garantía. / Este aparato de televisión está garantizado por un año. ♦保証期間は3年です La garantía「es de [cubre] tres años.

—— **保証する** (商品・事などを) *v.* garantizar*, dar* una garantía, 《ラメ》garantir; asegurar; (確言する) *v.* asegurar, *v.* asegurar; (真実性・人格などを) *v.* avalar, responder (por), salir* fiador (de). ▶この機械の品質を保証する *v.* garantizar* la calidad de esta máquina. ▶商品の破損に対して保証する *v.* garantizar* la mercancía contra roturas. ▶彼にその地位を保証する *v.* garantizarle* el puesto. ♦努力してみますが, うまく行くかどうかは保証できません Lo intentaré, pero no puedo garantizar「el éxito [que resulte bien]. ♦食料の供給を保証します Garantizamos el suministro de comida. ♦彼はそれは純金だと言った Garantizó que era oro puro. / Respondió por la pureza del oro. ♦彼の誠実さは保証します「Respondo por [Garantizo] su sinceridad. / Te doy mi garantía de que es sincero.

ほしょう 補償 *f.* indemnización, *f.* compensación. ▶補償金 *f.* indemnización. ▶ 1 万ユーロの補償を請求する *v.* reclamar diez mil euros de indemnización. ♦会社は彼のけがに対して補償をした La empresa le indemnizó por su lesión.

ほしょう 保障 (安全保障) *f.* seguridad. ▶保障する *v.* garantizar*; (確保する) *v.* asegurar. ▶社会保障 *f.* seguridad social. ▶安全保障理事会(国連の) *m.* Consejo de Seguridad. ▶日米安全保障条約 *m.* Tratado de Seguridad entre Japón y Estados Unidos de América. ▶ ¹平和 [²権利] を保障する *v.* asegurar ¹la paz [²los derechos]. ♦基本的人権は憲法で保障されている La constitución garantiza los derechos humanos fundamentales. / Los derechos humanos fundamentales están garantizados por la constitución.

ほしょう 歩哨 *mf.* centinela. ▶歩哨に¹立つ [²立っている] *v.* ¹hacer* [²estar*] de centinela. ▶歩哨を置く *v.* apostar* a un centinela.

ほしょうにん 保証人 *mf.* fiador/dora, *mf.* garante; (契約・協定などの)《専門語》*mf.* avalista, *mf.* fiador/dora, *mf.* garante;（署名に加わる連帯保証人）*mf.* cosignatario/ria.♦おじにローンの保証人になってくれるよう頼んだ Le pedí a mi tío que「saliera fiador [se declarara responsable; fuera el garante;《フォーマル》fuera el cosignatario] de mi préstamo.

ほしょく 補色 *mpl.* colores complementarios.

ほじる ♦鼻をほじる *v.* hurgarse*「la nariz [las narices].♦耳をほじる *v.* quitarse「el cerumen [《メキシコ》la cerilla].♦彼のプライベートな問題をほじる（＝せんさくする）*v.*《口語》meterse [hurgar*] en sus asuntos personales, meter las narices en sus asuntos personales.

***ほす 干す** ❶【乾かす】*v.* secar*;（つるす）*v.* colgar*（para secar*）;（空気にさらす）*v.* orear.♦洗濯物を外に［ロープに］干す *v.* colgar* la ropa（para que se seque）[1ºfuera de casa [2ºen la cuerda].♦毛布を（外に）干す *v.* orear una manta.♦魚を日なたに干した Sequé [Puse a secar] el pescado al sol.
❷【空にする】*v.* vaciar*;（飲み干す）*v.* beber [apurar] de un trago.

ボス *m.* jefe.♦彼はその町の政治ボスだ Es el「jefe político [《軽蔑的に》cacique] de la ciudad.

ほすう 補数【専門的】*m.* complemento.

ポスター *m.* cartel, *m.* póster,《ラ米》*m.* afiche.♦ポスターカラー *mpl.* colores de cartel.♦ポスターを「貼る [2ºはぎはがす] *v.* 1ºponer* [2ºquitar] un cartel.

ホステス（パーティーなどの）*f.* anfitriona;（バーの）*f.* camarera.

ホスト（パーティーなどの）*m.* anfitrión;（ホストコンピューター）*m.* computador principal.♦ホスト役を務める *v.* hacer* de anfitrión（en una fiesta）.

ポスト ❶【地位，任務】*m.* puesto, *m.* cargo.♦教授のポストにつく *v.* ocupar un puesto de profesor [catedrático].♦ポストがあくのを待つ *v.* esperar una vacante.
❷【郵便の】*m.* buzón.
── ポストする【専門的】*v.* enviar*.

ホストファミリー *f.* familia anfitriona.

ポストモダン ♦ポストモダンな *adj.* posmoderno.

ポストバッグ（旅行用）*f.* bolsa de viaje;（体操服用）*f.* bolsa de deporte.

ボスニア・ヘルツェゴビナ Bosnia-Hercegovina（☆ヨーロッパの国，首都サラエボ Sarajevo）.

ホスピス *f.* residencia para enfermos desahuciados.

ボスポラスかいきょう ボスポラス海峡 Estrecho de Bósforo（☆トルコの海峡）.

ほせい 補正 ♦補正する *v.* revisar.♦補正予算 *m.* presupuesto revisado [suplementario].

ぼせい 母性 *f.* maternidad.♦母性本能 *m.* instinto maternal.♦彼女は彼に母性愛のような感情を持った「Despertaba en ella [Sentía por él] una especie de afecto maternal.♦彼女の母性愛がかき立てられた Fue despertado su afecto maternal.

***ほそい 細い**（物・声などが）*adj.* fino, delgado;（声が）*adj.* tenue, bajo;（道

が）*adj.* angosto, estrecho.♦細い糸 *m.* hilo fino.♦細い声で話す *v.* hablar con la voz baja.♦先の細いペン *f.* pluma de punta fina.♦細い指をしている *v.* tener* los dedos delgados.♦われわれは細い山道を登って行った Subimos por un angosto sendero de la montaña.（会話）その上着はいかがですか──ウエストのところが少し細すぎるようだ ¿Qué te parece la chaqueta? – Me parece un poco estrecha por la cintura.♦彼女の腰のくびれははっきりと細くなっていた Ha adelgazado bastante por la cintura. / Su cintura se ha estrechado bastante.

【その他の表現】♦彼女は食が細い（＝あまり食べない）Come poco.／《口語》Come como un pajarito.

ほそう 舗装 *m.* pavimento, *f.* pavimentación.♦舗装道路 *f.* carretera pavimentada.♦道を（アスファルトで）舗装する *v.* pavimentar la carretera de asfalto, asfaltar una carretera.

ほそうで 細腕 ♦女の細腕でレストランを経営している Ella sola lleva el restaurante.

ほそおもて 細面 *f.* cara delgada.

ほそく 補足 ♦補足する（不足を補って完全にする）*v.* complementar;（付加する）*v.* añadir, agregar*;（十分にするために）*v.* suplementar.♦互いに補足し合う *v.* complementarse.♦それにもう一例補足する *v.* añadir otro ejemplo.♦補足説明をする *v.* dar* [ofrecer*] una explicación complementaria.

ほそく 歩測 ♦歩測する *v.* medir* (la distancia) con los pasos.

ぼそっと ♦ぼそっと言う（低い声で言う）*v.* hablar en voz baja; susurrar, musitar.♦彼は何か言う時いつもぼそっと言う Siempre habla en voz baja.♦彼は自分は彼女が好きだと言った Le susurró que le gustaba.

ほそながい 細長い（周囲の細い）*adj.* largo y delgado [estrecho], alargado.

ほそびき 細引き *m.* cordel de cáñamo.

ほそぼそ 細々 ♦細々と（＝かろうじて）暮らす *v.* ganar「lo justo [escasamente] para vivir.

ぼそぼそ →ぼそっと

ほそめ 細目 ❶【細い方】♦細目のズボン *mpl.* pantalones「ligeramente apretados [ceñidos].♦ドアを細目に開けておく *v.* dejar la puerta entreabierta [entornada].♦細目に切る *v.* cortar「en fino [delgado].♦彼は細目だ Es delgado [《口語》flaco].
❷【細い目】♦細目を開く *v.* entornar los ojos.

ほそめる 細める ♦目を細める（まぶしさ・近視などで）*v.* entrecerrar los ojos.

ほそる 細る（やせる）*v.* adelgazar*;（端のところで次第に細くなる）*v.* rematar《en》.♦最近食が細っている Últimamente he perdido el apetito.♦恥ずかしくて身の細る思いがした Estaba tan avergonzado que quería que me tragara la tierra.

ポソレ *m.* pozole（☆野菜，肉，とうもろこし粉，トウガラシなどを入れたスープ，千切りのレタス，ラディッシュなどをのせる）.

ほぞん 保存（腐敗・破壊などから守ること）f. conservación. ▶史跡の保存 f. conservación de los lugares históricos. ▶保存食（＝保存のきく食物）mpl. alimentos no perecederos, fpl. conservas. ▶この絵は保存状態が[1]よい [2]悪い] Este cuadro se encuentra en (un) [1]buen [2]mal] estado de conservación.
── 保存する（書・破壊などから価値あるものを）v. conservar（取っておく）v. mantener*, guardar;（データをセーブする）v. guardar (los datos). ▶保つ。▶重要文書を保存する v. conservar los documentos importantes. ▶天然資源を保存する v. conservar los recursos naturales. ◆この牛乳は長時間保存できる（＝保存がきく）Esta leche se conserva mucho tiempo. ⟹仕舞う、終う、貯蔵する

ホタ f. jota（☆スペインの民族舞踊）.
ポタージュ m. potaje.
ぼたい 母体 m. cuerpo materno;（基礎）f. base, m. origen. ▶母体保護のために adv. por la salud de la madre. ▶抵抗運動の母体 f. base de la resistencia.
ぼだい 菩提 ▶菩提を弔う v. rezar* por los difuntos. ▶菩提寺 m. templo familiar.
ぼだいじゅ 菩提樹 m. tilo.
ほだされる ▶彼の熱意にほだされる v. conmoverse* por su entusiasmo. ▶彼は情にほだされやすい La compasión lo [le] conmueve [enternece] con facilidad.
ほたてがい 帆立て貝 f. vieira.
ぼたぼた →ぽたぽた
ぽたぽた ▶ぽたぽた落ちる v. gotear, caer* a gotas;（しずくが小さい流れになって）v. chorrear. ◆汗が彼の額からぽたぽた落ちていた Le chorreaba el sudor por la frente.
ぼたやま ぼた山 f. escombrera, m. escorial.
ほたる 螢 f. luciérnaga,《アルゼンチン》m. bicho de luz. ▶螢火 m. resplandor de una luciérnaga.
ぼたん 牡丹 f. peonía (japonesa). ▶ぼたん桜（＝八重桜）m. cerezo de flor doble. ▶ぼたん雪 mpl. grandes copos de nieve.
ボタン（スイッチの）m. botón. ▶押しボタン m. botón. ▶（機械・ベルなどの）ボタンを押す v. apretar* [pulsar] un botón.
***ボタン**（服の）m. botón. ▶三つボタンの服 m. traje de [con] tres botones. ▶ボタン穴 m. ojal. ▶ボタンをかける v. abotonar(se), poner(se)* [abrochar(se)] los botones. ▶ボタンをはずす v. desabotonar(se), quitar(se) [desabrochar(se)] los botones. ▶上着にボタンを縫いつける［つけてもらう］v. coser un botón「de la chaqueta [《ラ米》del saco]. ◆シャツの上のボタンが二つ取れた Se me han quitado [caído] los dos botones de arriba de la camisa.
ぼたんこう 牡丹江 →ムータンチアン
ぼち 墓地 f. tumba, m. cementerio, m. camposanto;（共同の）m. cementerio público. ▶青山墓地 m. Cementerio de Aoyama.

ホチキス《商標》f. grapadora,《ラ米》f. engrapadora. ▶ホチキスの針 f. grapa. ▶ホチキスでとじる v. grapar (unas hojas).

地域差	ホチキス
〔全般的に〕	f. grapadora
〔ラテンアメリカ〕	f. engrapadora
〔キューバ〕	f. presilladora
〔メキシコ〕	f. engrampadora
〔ペルー〕	m. engrampador, f. engrampadora
〔コロンビア〕	f. cosedora
〔アルゼンチン〕	f. abrochadora

地域差	ホチキスの芯
〔全般的に〕	fpl. grapas
〔キューバ〕	fpl. presillas
〔ペルー〕	fpl. grampas
〔コロンビア〕	mpl. ganchos
〔アルゼンチン〕	mpl. broches, mpl. ganchitos, mpl. ganchos

ぼちぼち ❶【なんとか満足できる様子】《会話》お仕事のほうはいかがですか—ぼちぼちってところですね ¿Cómo van los negocios? – 「Más o menos [Ahí vamos].
❷【ゆっくりとした様子】→ぼつぼつ.

ぽちゃぽちゃ ▶ぽちゃぽちゃしている（丸くかわいく）adj. regordete, rollizo,《口語》gordito;（筋肉がたるんだ）adj. flácido, fofo;（でぶ）adj. gordo,《口語》gordito,《フォーマル》obeso. ◆赤ん坊はぽちゃぽちゃした体をしている El bebé está gordito. ◆彼女はぽちゃぽちゃした手をしている Tiene unas manos regordetas.

ぽちゃん（音）m. chapoteo, m. chapaleo. ◆リンゴが川にぽちゃんと落ちた Se cayó una manzana en el río chapoteando. ◆魚がぽちゃんと水中から飛び跳ねた Saltó un pez en el agua chapoteando.

ほちょう 歩調（歩く速度）m. paso. ▶[1]速い [2]ゆっくりした]歩調で adv. a paso [1]rápido [2]lento]. ▶彼女に合わせて歩調を[1]早める [2]ゆるめる] v. [1]apretar* [2]aflojar] el paso para llevar [igualar] el de ella. ▶歩調を合わせて歩く v. llevar [seguir*] el paso 「de). ◆彼は他のみんなとは歩調が合わない No lleva el paso de los demás. / No sigue el ritmo de los otros. ◆私は彼らに歩調を合わせていけなかった（＝仕事などでついていけなかった）No podía llevar su paso. / No podía seguirlos. ⟹足並み、テンポ

ほちょうき 補聴器 m. aparato auditivo.
ぼつ 没 ▶紀元前56年没 Muerto en (el año) 56 A.C. ◆私の随筆は紙面の都合で没になった（＝活字にならなかった）No publicaron mi ensayo por falta de espacio. / La falta de espacio impidió la publicación de mi ensayo.
ほっかい 北海 m. Mar del Norte.
ぼっかてき 牧歌的（田園ふうの）adj. pastoral,《文語》bucólico;（穏やかな）adj. tranquilo,

緑になるまでお待ちください。歩行者はボタンを押して下さい。
Espere verde, peatón pulse.
→ボタン

pacífico. ▶牧歌的な風景 f. escena bucólica [pastoral], m. idilio rural.

ほっかり ❶【幅広く】adj. abierto de par en par; (口を開けた) adj. boquiabierto. ▶ぽっかりと口を開けている穴 m. gran hoyo, m. foso. ◆傷口がぽっかり開いていた La herida estaba abierta en canal. ◆彼はそこに口をぽっかり開けて立っていた Estaba de pie allí boquiabierto. ❷【軽く】adv. ligeramente. ▶雲がぽっかり空に浮かんでいる En el cielo flota ligeramente una nube. ❸【急に】adv. de repente, súbitamente. ◆にじがぽっかり現われた De repente apareció el arco iris.

ほっき 発起 f. propuesta, f. iniciativa. → 提案. ▶市長の発起で adv.「a propuesta [por iniciativa] del alcalde. ▶発起人 (提案者) mf. proponente, mf. proponedor/dora; (会社設立者) mf. promotor/tora.
—— **発起する** v. proponer*, hacer* una propuesta; (事業などを) v. promocionar. ▶一念発起する v. decidirse resueltamente. ▶(して...する) v. decidirse resueltamente (a + 不定詞).

ぼっき 勃起 f. erección. ▶勃起する v. entrar en erección. ▶勃起したペニス m. pene erecto.

ほっきょく 北極 m. Polo Norte [Ártico]. ▶北極の adj. polar, del Ártico. ▶北極点 m. polo norte geográfico. ▶北極圏 m. Círculo (Polar) Ártico. ▶北極帯 f. Zona Ártica. ▶北極地方 m. Ártico, f. región ártica. ▶北極海 Océano Ártico. ▶北極星 f. estrella polar. ▶北極探検(隊) f. expedición al Polo Norte. ▶北極グマ m. oso polar. ▶北極回りの(空路)でパリに行く v. volar* a París por el Polo Norte.

ぽっきり ◆2千円ぽっきりです Sólo [Nada más que] 2.000 yenes.

ホック m. corchete; (一対) mpl. corchetes (macho y hembra). ▶ホックを留める [²はずす] v. ¹abrochar [²desabrochar] (un vestido). ◆スカートはスナップよりホックの方がしっかりとまると思う Creo que unos corchetes sujetarán esta falda mejor que un cierre automático (de presión).

ボックス (電話の) f. cabina, (劇場の) m. palco. ▶電話ボックス f. cabina de teléfono.

ぽっくり adv. de repente, súbitamente; (思いがけなく) adv. inesperadamente, de improviso. ▶ぽっくり死ぬ f. muerte repentina. ◆その青年は外国でぽっくり死んだ El joven murió de repente (estando) en el extranjero.

ホッケー (英語) m. "hockey" (☆発音は [hókei]) sobre hierba [[ラ米]césped]. ▶ホッケーをする v. jugar* al hockey sobre hierba [[ラ米]césped].

ほつご 没後 ▶没後百年祭 m. centenario「de la muerte [《フォーマル》del fallecimiento].

ぼっこう 勃興 m. surgimiento, m. desarrollo rápido. ▶勃興する v. surgir*, desarrollarse rápidamente.

ぼっこうしょう 没交渉 ▶世間と没交渉の生活を送る v. vivir retirado [apartado, aislado] del mundo. ◆彼とはここ2,3年間没交渉になっている En los últimos años he perdido contacto con él. / No hemos mantenido el trato en los últimos años.

ほっさ 発作 (重い) m. ataque;《教養語》m. paroxismo; (咳などの軽い) m. acceso. ◆心臓 [²ぜんそく]の発作に襲われる v. tener* un ataque de ¹corazón [²asma]. ◆彼は絶望のあまり発作的に屋上から飛び降りた En un ataque de desesperación saltó de la azotea [terraza].

ぼっしゅう 没収 (罰・償いとして没収されること) f. confiscación. ▶財産の没収 f. confiscación de (su) propiedad. ▶没収物 m. objeto confiscado. ▶没収試合 m. juego perdido. ◆彼は免許証を没収された La policía le confiscó [retiró] su carné [permiso] de conducir.

ほっしん 発疹 m. sarpullido, 《口語》mpl. granos, 《専門語》 f. erupción.

ほっする 欲する v. querer*, desear. ◆彼はおのれの欲するままに行動する Hace lo que desea [《口語》le da la gana, 《口語》le sale de las narices, 《俗語》le sale de los cojones].

ぼっする 没する ❶【沈む】(太陽などが) v. ponerse*; desaparecer*. ▶(船などが)水中に没する v. hundirse, zozobrar. ▶雪はひざを没するほどの深さだった La nieve llegaba a la rodilla. ❷【死ぬ】v. morir*, perecer*.

ほっそく 発足 f. creación, f. inauguración. ▶発足する(設立する) v. crearse, fundarse, establecerse*,《フォーマル》instituirse*; (始める) v. iniciarse. ▶(特別委員会が)発足した Se ha creado [establecido] un comité especial.

ほっそり ▶ほっそりした adj. esbelto, delgado. ◆黒を着るとほっそり見える El color negro adelgaza.

ほったてごや 掘っ建て小屋 f. cabaña, f. choza.

ポツダム Potsdam. ▶ポツダム宣言 f. Declaración de Potsdam.

ほったらかす (世話をしない) v. desatender*, descuidar; (...しないでおく) v. dejar sin hacer*. ▶ほったらかしの子供 mf. niño/ña desatendido/da. ◆家族をほったらかす v. desatender* a la familia. ◆仕事をほったらかす v. descuidar el trabajo. ◆道路はほったらかしにされてひどい状態だった La carretera estaba en mal estado por negligencia.

ほったん 発端 (起こり) m. origen, m. punto de partida; (始まり) m. principio, m. comienzo, m. inicio. ▶事の発端 m. origen de un asunto. ▶事の発端から adv. desde el comienzo ⇨ 糸口, 原因, 端緒

-ぽっち ◆百円ぽっちしかない Tengo sólo cien yenes. / No tengo más que cien yenes. ◆彼の言うことにはこれっぽっちの真実もない En lo que dice no hay ni un ápice de verdad.

ホッチキス → ホチキス

ぽっちゃり ▶ぽっちゃりした少女 [若い女性]《口語》f. muchacha gordita. ▶ぽっちゃりしたほっぺ mpl. mofletes, fpl. mejillas regordetas.

ぼっちゃん 坊ちゃん (敬称) m. tu [su] hijo; (使用人から、または敬語で) m. señorito, m. niño, m. chico, m. muchacho, m. hijo. ◆彼は坊

ちゃん育ち(＝過保護育ち)なので世間知らずだ《口語》Ha sido criado entre algodones y no sabe nada del mundo.

ほっつきあるく ほっつき歩く *v.* vagabundear, ir* de acá para allá. ♦ こんなおそくまでどこをほっつき歩いてたんだ ¿Dónde has estado hasta tan tarde esta noche?

ぼってり ▶ぼってりした中年女性 *f.* señora rechoncha de edad mediana. ▶ぼってり着込んだ彼の姿 *f.* su figura rechoncha y desaliñada.

ほっと ▶ほっと息をつく *v.* dar* un suspiro, suspirar. ▶ほっとしたことには *adv.* con alivio. ♦ 聴衆はその演技にほっと[賛嘆の]溜(ﾀﾒ)め息をもらした El público dio un suspiro de admiración con su actuación. ♦ 母は息子が無事だと聞いてほっとした La madre respiró [suspiró] aliviada al saber que su hijo se encontraba bien. / Cuando supo que su hijo estaba bien, la madre dio un suspiro de alivio.《会話》あなたの血液検査の結果は陰性ですよ―ああほっとしましたよ Los resultados del análisis de su sangre son negativos. – ¡Qué alivio!

ぽっと ▶ぽっと顔を赤らめる *v.* ponerse* colora*do*, sonrojarse, 《フォーマル》ruborizarse*.

ポット *f.* tetera; (コーヒーの) *f.* cafetera; (魔法瓶) *m.* termo.

ぼっとう 没頭 ▶没頭する(夢中になる) *v.* estar* absor*to* [ensimismado] 《en》; (努力・注意を集中する) *v.* concentrarse 《en》; (捧げる) *v.* dedicarse* [entregarse*, consagrarse*] 《a》; (一心に従事する) *v.* ocuparse 《de》. ▶読書に没頭する *v.* estar* absor*to* en la lectura. ♦ 彼はウイルスの生態研究に没頭した Se entregó a la investigación del comportamiento del virus.

ホット・キー 《専門語》*f.* tecla caliente [de activación].

ホットケーキ *f.* tortita, 『ラ米』*m.* panqueque.

[地域差] ホットケーキ
〔メキシコ〕《英語》*m.* "hot cake" (☆発音は[hót kéik]); *f.* crepa
〔ペルー〕*m.* panqueque
〔コロンビア〕*m.* pancake
〔アルゼンチン〕*m.* panqueque

ホットコーヒー *m.* café caliente.

ホットドッグ 『スペイン』*m.* perrito caliente, 『ラ米』《英語》*m.* "hot-dog".

ホットプレート *m.* plato caliente.

ホットライン *m.* teléfono rojo, *f.* línea de emergencia telefónica.

ぼつにゅう 没入 ▶仕事に没入している(＝夢中になっている) *v.* estar* absor*to* en el trabajo.

ぼっぱつ 勃発. *m.* estallido. ▶勃発する *v.* estallar. ♦ 第一次世界大戦は1914年に勃発した La Primera Guerra Mundial estalló en 1914.

ほっぽうよう 北方洋 (北極海) *m.* Océano Ártico.

ホップ ❶【植物】*m.* lúpulo; (苦み料) *mpl.* frutos desecados del lúpulo.
❷【跳び方】*m.* salto, *m.* brinco. ▶ホップ・ステップ・ジャンプ(＝3段跳び) *m.* salto triple.

ポップアート *m.* arte pop.

ポップアップ・メニュー 《専門語》*m.* menu desplegable.

ポップコーン *fpl.* palomitas (de maíz), *fpl.* rosetas.

[地域差] ポップコーン
〔全般的に〕*fpl.* palomitas (de maíz)
〔スペイン〕*fpl.* cotufas, *fpl.* roscas, *fpl.* rosetas, *mpl.* tostones
〔キューバ〕*f.* rosita de maíz
〔メキシコ〕《英語》*m.* "popcorn", *fpl.* rosetas
〔ペルー〕*f.* cancha, *f.* canchita, *m.* "popcorn", *m.* "popcorn"
〔コロンビア〕*fpl.* crispetas, *m.* maíz pira
〔アルゼンチン〕*mpl.* copos de maíz, *m.* pochoclo, *m.* pororó

ポップス (歌) *f.* música 《英語》"pop"; *f.* canción "pop". ▶ポップスコンサート *m.* concierto "pop".

ほっぺた 頬っぺた *f.* mejilla, *m.* carrillo. ▶ほっぺたが落ちそうなほどおいしい *v.* ser* muy sabroso.

ほっぽう 北方 *m.* Norte. ▶北方の *adj.* del norte, norte*ño*. ▶北方へ *adv.* al [en dirección, rumbo al] norte. ▶北方領土 *mpl.* territorios del norte. ♦ スウェーデンはデンマークの北方にある Suecia está al norte de Dinamarca. ♦ スウェーデンはヨーロッパの北方(＝北部)にある Suecia está en el norte de Europa. ♦ その村は町の北方15キロの所にある Ese pueblo está a quince kilómetros al norte de la ciudad.

ぼつぼつ ❶【ゆっくり】*adv.* despacio, lentamente; (着実に) *adv.* sin parar, constantemente; (のんびりと) *adv.* tranquilamente, sin prisas; (徐々に) *adv.* gradualmente; (少しずつ) *adv.* poco a poco. ♦ ガイドがわれわれにぼつぼつ登るように助言した El guía nos aconsejó que subiéramos despacio [lentamente, sin prisas]. ♦ その店では午前中はぼつぼつ仕事をする En la tienda trabajan a un ritmo lento por la mañana. ♦ ぼつぼつ桜の花が咲き始めた Poco a poco han empezado a florecer los cerezos.
❷【間もなく】*adv.* pronto, a no tardar mucho, 《口語》enseguida. ♦ ぼつぼつ来るんじゃないかな Viene pronto [enseguida]. ♦ ぼつぼつ出かけようか Nos vamos a ir pronto [enseguida].

ぶつぶつ (発疹(ﾎｯｼﾝ)) *m.* sarpullido, *f.* erupción; (斑点) *fpl.* manchas, 《口語》*mpl.* granos; (草かぶれ) *m.* picor, *f.* picazón. ♦ 私は熱が出てぶつぶつができた Tuve fiebre y me salió sarpullido.

ぽつぽつ *m.* sarpullido, 《口語》*mpl.* granos. → ぶつぶつ.

ぽつぽつ ▶ぽつぽつ水が落ちる El agua cae en gotitas. / El agua chispea. ♦ 雨がぽつぽつ降り始めた「Se puso [Empezó] a chispear. ♦ 青い海に小さい島がぽつぽつ(＝点々と)ある El mar azul está punteado de pequeñas islas.

ぽっぽと ▶汽車がぽっぽと走っていった EL tren se alejó echando humo. ♦ ふろから上がると体中がぽっぽとほてった Después del baño en agua

ぼつらく 没落 ▶帝国の没落(＝滅亡) f. caída de un imperio. ♦どうして彼の家族は没落[＝破滅]したのか ¿Qué fue lo que ocasionó la ruina de su familia?

ぽつり ▶雨がぽつりと落ちてきた Cayó una gota de lluvia. ♦彼はぽつりと(＝不意に)自分がやったと言った Inesperadamente dijo que lo había hecho él. ♦彼はぽつりと「はい(＝ひとこと)」ですと言った Dejó escapar un sencillo "sí."

ぽつりぽつり →ぽつぽつ ▶老人は昔の事をぽつりぽつり話した「《口語》Poco a poco [Como quien no quiere la cosa] el anciano empezó a hablar de los viejos tiempos.

ほつれる (髪・ひもなどが) v. aflojarse, desatarse; (衣服・ロープなどが) v. deshilacharse, desgastarse.

ボツワナ Botswana (☆アフリカの国, 首都ガボローネ Gaborone).

ぽつんと ▶ぽつんと木が1本野原に立っている En el campo se yergue un árbol solitario. ♦天井からしずくがぽつんと落ちてきた Del techo cayó una gota de agua.

ポテ m. pote (☆ガリシア地方の煮込み料理).

ボディー m. cuerpo; (車の) f. carrocería. ▶ボディーブロー m. golpe duro.

ボディーガード mf. guardaespaldas. ♦大統領のボディーガードが角に立っていた El guardaespaldas del presidente estaba en la esquina.

ボディーチェック ❶【空港などでの】m. cacheo, m. registro [del cuerpo [corporal]. → 身体(→身体検査). ▶ボディーチェックを受ける v. someterse a un cacheo, ser* cacheado. ❷【アイスホッケー】《英語》m. "body check".

ボディービル m. culturismo, m. fisiculturismo. ▶ボディービルをする人 mf. culturista, mf. fisiculturista. ▶ボディービルをする v. practicar* culturismo.

ボディコン (曲線美を強調する服) f. ropa (femenina) muy ceñida [apretada].

ポテト 《スペン》f. patata.《ラ米》f. papa. ▶フライドポテト f. patata cocida. ♦マッシュポテト m. puré de patatas.

ポテトチップス fpl. patatas fritas.
ポテトフライ fpl. patatas fritas.

ほてる 火照る (紅潮させる) v. ponerse* colorado, sonrojarse; (燃えるように熱く感じる) v. arder, quemarse; (熱く感じる) v. acalorarse. ♦彼女はほてった顔をしていた Estaba colorada por el calor. / Estaba acalorada. ♦日焼けをして顔がほてる Siento calor en la cara por el sol. ♦彼は熱で体がほてった La fiebre le tenía acalorado. / La fiebre le hacía arder. ♦少し走るとほてってきた Después de correr un rato「me sentí acalorado [sentí que el calor me subía] por todo el cuerpo.

・ホテル m. hotel. ♦神戸ホテルに泊まる v. quedarse en el Hotel Kobe. ♦ホテルに部屋を予約する v. reservar [hacer* una reserva de] un cuarto en un hotel. ♦ホテルに着く v. llegar* a un hotel; (記帳をすませる) v. registrarse en un hotel. ♦ホテルを出る v. dejar el hotel; (手続き後) v. pagar* y marcharse de un hotel. ♦どこのホテルに泊まるつもりですか ¿En qué hotel va a quedarse?

ほてん 補塡 ▶補塡する v. compensar, cubrir*. ♦赤字を補塡する v. compensar [cubrir*] el déficit. ♦損失を補塡する v. compensar una pérdida.

＊ほど 程 ❶【比較】(AほどBではない) no como; no 「tan + 形容詞・副詞 [tanto + 名詞] como. ▶私は彼ほど料理はうまくない No puedo cocinar tan bien como él. / No puedo cocinar mejor que él. ♦そのチームで太郎ほど背が高い者はいない Taro es tan alto que cualquier otro compañero del equipo. / Taro es el más alto del equipo. / 「No hay nadie del equipo [Nadie del equipo es] más alto que Taro. ♦それは思ったほど高くなかった No resultó tan caro como esperaba. / No fue más caro de lo que esperaba. / Fue menos caro de lo que yo creía. 《会話》 それ簡単？—君が考えているほど簡単ではないよ ¿Es fácil? – No es tan fácil como crees. / No tanto como crees tú. ♦彼の音楽ほどすばらしいものはない No hay nada「tan maravilloso como [más maravilloso que] su música. / Ninguna música es más maravillosa que la suya. ♦父が死んだときほど悲しいことはなかった Nunca he estado más triste que cuando murió mi padre.

❷【程度】(…なほど〜だ) tan + 形容詞・副詞, tanto + 名詞 que; demasiado... para. ▶部屋は字が読めないほど暗かった El cuarto estaba tan oscuro que no se podía leer. / El cuarto estaba demasiado oscuro para poder leer. ♦それは言葉で表わせないほどすばらしい Es demasiado maravilloso para expresarlo con palabras. / Es indescriptiblemente maravilloso. ♦彼が私にとってどれほど大切かは言葉ではちょっと言い表わせないわ「Me faltan palabras para [Simplemente no puedo] expresar todo lo que él significa para mí. ♦彼はそれを信じるほどばかではない No es tan tonto para creer eso. ♦その子はそれほど(＝あまり)わんぱくではない El muchacho no「es tan malo [tiene tanta maldad]. / Tampoco es tan malo el muchacho (como se piensa, como se dice). ♦私にはすることが山ほど(＝たくさん)ある Tengo muchas [un montón de] cosas que hacer. ♦彼はこれという(＝とりたてていう)ほどの詩は書いていない No escribió poesía de la que valga la pena hablar.

❸【限度】m. límite. ▶我慢にもほどがある(＝我慢の限度にきた) He llegado al límite de mi paciencia. / Mi paciencia ha llegado a su límite. / No puedo aguantar más. /《口語》¡Hasta aquí hemos llegado! ▶冗談にもほどがある(＝冗談が過ぎる) Estás llevando la broma demasiado lejos. /《口語》Te estás pasando con tu broma. ♦あつかましいにもほどがある(＝何というあつかましさだ) ¡Qué fresco! /《スペイン》《口語》¡Vaya cara que tiene!

❹【およそ】(…かそのぐらい) unos, aproximadamente, o así, más o menos. ▶50分ほど歩く

ほどう v. caminar unos [《フォーマル》aproximadamente] cincuenta minutos; andar* cincuenta minutos o así. ▶1週間ほど前 adv. hace una semana「o así [más o menos]. ♦あの人には2回ほどしか会っていない No le he visto más de un par de veces.

❺【すればするほど】cuanto más [mayor, mejor]…, más [mayor, mejor], a más… más. ♦多ければ多いほどよい Cuanto más, mejor. ♦宝石は大きければ大きいほど高い Cuanto mayor es la joya, más cara (es). / A mayor joya, mayor precio. ♦上へ登るほど空気は新鮮になるだろう Cuanto más alto, más fresco es el aire. / A medida que se sube, el aire se hace más fresco.

ほどう 歩道 (車道に対する) f. acera; (散歩道、遊歩道) m. paseo. ▶歩道橋 m. paso [m. puente] elevado [peatonal, para peatones]. ▶横断歩道 m. paso「de cebra [peatonal, de peatones].

〖地域差〗歩道(車道の外側の)
〔全般的に〕f. acera
〔メキシコ〕f. banqueta
〔コロンビア〕m. andén
〔アルゼンチン・ペルー〕f. vereda

ほどう 補導 f. guía, f. tutela. ▶青少年の補導 f. guía y f. protección de la juventud. ♦補導する v. guiar*, tutelar. ♦警察に補導される (=つかまって注意される) v. ser* detenido y amonestado por la policía.

ほどく v. deshacer*; desatar, 《フォーマル》desanudar. → 解く. ▶靴のひもをほどく v. deshacer* el lazo de los zapatos, desatar los zapatos. ♦縫い目をほどく v. descoser, deshacer* una costura. ♦編み物をほどく v. deshacer* el tejido.

ほとけ 仏 m. Buda; (故人)《フォーマル》mf. difunto/ta; (死人) mf. muerto/ta. ▶無縁仏 → 無縁. ♦彼女は仏の慈悲にすがった Se refugió en la misericordia de Buda. ♦知らぬが仏 (=知らなければ傷つくことはない) Es mejor no saberlo. /《言い回し》¡Bendita ignorancia!

ほどける (ひもが) v. desatarse, desanudarse; (もつれた糸・編み物などが) v. desenredar, desenmarañar.

ほどこす 施す ❶【与える】v. dar*. ▶いくらか金を施す v. dar* 《a + 人》algo de dinero. ♦彼に傷の応急手当を施しておいた He prestado primeros auxilios a su herida.

❷【行なう】v. hacer*. ▶人に多くの親切を施す v. prestar muchos servicios a los demás. ♦こうなってはもう手の施しようがない (=できることは何もない) Bajo tales circunstancias, no「se puede hacer nada [hay nada que pueda hacerse].

《その他の表現》 ♦彼女はその仕事で面目を施した Ese trabajo le「dio fama [la《フォーマル》acreditó]. ♦ハンカチには花の刺しゅうが施されてあった El pañuelo estaba [tenía un] bordado de flores.

ほどとおい 程遠い　　adv. lejos 《de》…; v. distar 《de》…

ほととぎす 時鳥 m. cuquillo pequeño.

ほどなく 程なく (間もなく) adv. pronto, en breve, próximamente; (じきに) adv. dentro de poco, en breve.

ほとばしる (噴出する) v. chorrear, salir* a chorro, 《口語》manar a borbotones. ♦血が傷口からほとばしり出た De la herida salió un chorro de sangre. / Manó abundante sangre de la herida.

ほとほと (まったく) adv. totalmente, absolutamente, por completo; (本当に) adv. de verdad, realmente. ♦私はほとほと自分がいやになった Estoy totalmente asqueado de mí mismo. ♦こういう生活がほとほといやになった Estoy「absolutamente cansado [harto] de una vida como ésta. / Esta vida me tiene harto. ♦彼のことではほとほと手を焼いている Estoy por completo indeciso sobre qué hacer con él.

ほどほど 程々 f. moderación. ▶ほどほどに adv. moderadamente, con moderación. ▶ほどほどに酒を飲む(適度に) v. beber [《ラ米》tomar] moderadamente [con moderación]. ♦何事もほどほどに Sé moderado en todo. / No te excedas en nada. / Todo con mesura.

ぽとぽと (しずくとして)が落ちる v. gotear. ▶レーンコートから廊下にぽとぽと水が落ちているよ Tu gabardina está goteando sobre el pasillo.

ほとぼり (熱が) ほとぼりが冷める (人に) v. calmarse la exaltación. ♦事件のほとぼりが冷めるまで (=世間の人々が興味を失うまで) 彼は身を隠していた Estuvo escondido hasta que「la opinión pública perdió interés en el asunto [el tema se enfrió].

ほどよい 程よい (度を越していない) adj. razonable; (最適の) adj. justo, correcto; (適度の) adj. moderado. ▶ほどよい運動量 f. cantidad moderada de ejercicio. ♦学校は駅から程よい距離のところにある La escuela se encuentra a una distancia razonable de la estación. ♦彼は程よい時間に現われた Apareció en el momento justo. ♦この部屋は程よい (=快適な)暖かさだ Este cuarto tiene una temperatura confortable [agradable].

ほとり f. orilla, m. borde. → 河畔, 湖畔. ▶川のほとりに adv. en la orilla del río. ▶湖のほとりを歩く v. pasear por la orilla del lago.

＊＊ほとんど 殆ど ❶【肯定的に】adv. casi, por poco; (およそ) adv. aproximadamente, 《口語》más o menos; (ほとんど…も同然) adv. prácticamente, virtualmente; (大部分は) la mayor parte [la mayoría]《de》, adv. mayoritariamente, mayormente. ▶ほとんど満員の電車 m. tren casi [prácticamente] lleno. ▶ほとんど1年中家にいる v. quedarse en casa casi todo el año, quedarse en casa la「mayor parte [mayoría] del año. ♦ほとんど(すべて)の学生がスペイン語を勉強している Casi todos los alumnos estudian español. / Los alumnos estudian mayormente el español. / (大部分の学生が) La mayor [mayor parte] de los alumnos estudia español. ♦昼間はほとんど(いつも)家にいます Casi todo el día lo paso en casa.

/ Me quedo en casa la mayor parte del día. ◆ 夏休み中はほとんど(ずっと)北海道にいた「Casi todas [La mayor parte de] las vacaciones de verano las pasé en Hokaido. ◆ われわれはそこでほとんど1時間くらい待った Estuvimos esperando casi [prácticamente,《口語》como quien dice] una hora. ◆ それはほとんど夢のようだった Era casi como un sueño. ◆ 図書館はほとんど完成しました La biblioteca está casi [prácticamente] terminada. ◆ それはほとんど不可能です Es casi [prácticamente] imposible. ◆ そのことをほとんど忘れていた Casi lo había olvidado. ◆ 会話 もう終わったの?―ほとんどね ¿Has acabado? / Casi. ◆ 私はあなたと体重がほとんど同じです Peso casi lo mismo que tú. / Tú y yo pesamos「más o menos [casi] lo mismo. ◆ 彼らのほとんどは学生だった「Casi todos eran [La mayoría era] estudiantes. 会話 そこでは何をしたの―ほとんど観光だよ ¿Qué hacías allí? – Pues turismo,「sobre todo [principalmente]. ◆ 彼はほとんど死んだも同然だ Está prácticamente muerto. /《口語》Está más muerto que vivo.

❷《否定的に》(ほとんど…ない) adv. apenas. ◆ 彼はお金をほとんど持っていない Apenas tiene dinero. / Tiene muy poco dinero. / No tiene casi nada de dinero. ◆ 彼にはほとんど会わない Apenas lo [le] veo. / Lo [Le] veo muy poco. / No lo [le] veo casi nunca. ◆ その事件についてはほとんどだれも知らない Casi nadie se ha enterado del incidente. / El incidente ha pasado desapercibido para todo el mundo. ◆ 彼は昨夜ほとんど眠れなかった Anoche apenas pudo dormir. / Anoche no durmió casi nada. / Durmió muy poco anoche. ◆ 彼はほとんど一言もしゃべらなかった Apenas habló [pronunció una palabra]. / No dijo casi ninguna palabra. /《口語》《ユーモアで》ほとんど this boca es mía. 会話 彼にはスペイン語の知識がありますか―ほとんどありません ¿Sabe español? – Apenas. / Muy poco. / Casi nada. 会話 ここにはよく来るの?―ほとんど来ないよ ¿Vienes a menudo por aquí? – Apenas. / Muy poco. / Casi nunca. ❸ ほぼ, 約, 凡そ, かれこれ, すぐ, 大概, だいたい, 大抵, 大部分, 近い, 近く

ポニーテール f. cola de caballo. ◆ 髪をポニーテールにしている v. tener* cola de caballo, llevar el pelo en [a] cola de caballo. ◆ ブラシを使ってポニーテールをまとめる v. peinarse en [a] cola de caballo.

ほにゅう 哺乳 f. lactancia. ◆ 哺乳ビン m. biberón,《メキシコ》f. mamila. ◆ 哺乳¹類 [²動物] ¹ mpl. mamíferos [² m. mamífero].

地域差	哺乳ビン
〔全般的に〕	m. biberón
〔キューバ〕	m. pomo de leche, m. tetero
〔メキシコ〕	f. mamila
〔ペルー〕	f. mamadera
〔コロンビア〕	m. tetero
〔アルゼンチン〕	f. mamadera

ぼにゅう 母乳 f. leche materna. ◆ 赤ん坊を母乳で育てる v. alimentar「con leche materna [a pecho] a un niño, dar* de mamar a un bebé.

*****ほね** 骨 ❶【人間などの】m. hueso, (骨格) f. osamenta; m. esqueleto; (魚の) f. espina; (傘の) f. varilla. ◆ 骨つきの肉 f. carne pegada al hueso. ◆ 骨ごと食べる v. comerse el pescado con espinas. ◆ 彼女は長患いで骨と皮ばかりになっていた《口語》Después de la larga enfermedad se quedó en los huesos. / Se quedó「muy delgada [《強調して》esquelética] tras la larga enfermedad. ◆ くしの中には骨で作られているものもある Hay peines de hueso.

1《骨が》 ◆ この魚は骨が多い Este pescado tiene muchas espinas.

2《骨の》 ◆ 今日は骨の髄(まで寒さがしみる Hoy「tengo frío [se me ha metido el frío] hasta los huesos. /《口語》《比喩的に》Hoy estoy helado.

3《骨を》 ◆ 折れた骨を接ぐ v. reducir* [encasar] un hueso fracturado. ◆ 魚の骨を取る v. quitar las espinas de un pescado. ◆ 右腕の骨を折った Me he roto el [hueso del] brazo derecho.

❷【気骨】(気概) f. firmeza,《口語》fpl. agallas,《俗語》mpl. cojones; m. carácter. ◆ 骨のある人 f. persona con firmeza,《口語》m. tipo con carácter,《俗語》m. tío con los cojones bien puestos. ◆ あの男は骨がない No tiene carácter. /《俗語》Es un mierda.

❸【苦労, 努力】◆ 骨の折れる仕事 m. trabajo laborioso [penoso]. ◆ 骨の折れない(=楽な)仕事 m. trabajo fácil. ◆ ロシア語を覚えるのは骨が折れる El ruso es una lengua trabajosa [difícil] de aprender. ◆ その計画を実行するのに骨が折れた Me resultó difícil llevar a cabo el plan. / Tuve dificultades en realizar el plan. ◆ 彼は君のためにいろいろ骨を折った Se tomó muchas molestias por ti.

【その他の表現】 ◆ 骨(=遺骨)を拾う v. recoger* las cenizas. ◆ 金貸しはその老人から骨までしゃぶった El prestamista le「sacó el último céntimo [《口語》《比喩的に》chupó toda la sangre] al anciano. ◆ 彼は骨の髄まで(=徹頭徹尾)悪人だ《口語》Era un canalla hasta la medula (de sus huesos). /《口語》Era un bribón de tomo y lomo. ◆ 医者は骨を埋める=残りの人生を過ごす)覚悟で離島に行った El médico se fue a la remota isla con la intención de pasar allí el resto de sus días.

ほねおしみ 骨惜しみ ◆ 骨惜しみをする(労を惜しむ) v. escatimar esfuerzos [energías]. ◆ 骨惜しみせず働く v. trabajar sin escatimar esfuerzos. ◆ 彼は重労働をするのに骨惜しみしない No escatima esfuerzos para realizar trabajos pesados.

ほねおり 骨折り (苦労) fpl. fatigas, mpl. dolores; (つらい労働) m. trabajo; (労力) m. esfuerzo; (尽力) m. servicio, mpl. buenos oficios. ◆ 無駄な骨折り fpl. fatigas sin recompensa. ◆ その仕事はきつかったが, 骨折りがいがあった El trabajo ha sido realmente duro,

ほねおる pero mereció [ha valido] la pena. ♦彼たちのためにその切符を手に入れようと大変な骨折りをしてくれた「Se tomó muchas molestias en [《口語》Se partió el pecho para] conseguirnos「los billetes [las entradas]」. ♦大変な骨折りで彼らは車をぬかるみから引き出した Con grandes dificultades pudieron sacar el coche del barro. ♦骨折り損のくたびれもうけ Todos los esfuerzos「en vano [para nada]」. ☞苦労, 尽力, 努力

ほねおる 骨折る v. esforzarse* (por). →骨.

ほねぐみ 骨組み （人・動物の骨格）f. complexión, m. cuerpo; （建築物の）f. estructura, m. armazón; （車・ベッド・ドアなどの）m. bastidor. ♦家の骨組み m. armazón de la casa. ♦がんじょうな骨組みの男性 m. hombre「de complexión fuerte [bien constituido]」. ♦その計画の骨組みが出来上がった Hemos terminado la estructura del proyecto.

ほねぬき 骨抜き ♦骨抜きの(骨を取った) adj. sin espinas; sin hueso. ♦法案を骨抜きする v. mutilar [《口語》aguar*, 《口語》descafeinar] un proyecto de ley.

ほねばった 骨ばった adj. huesudo, angular. ♦彼は骨ばった顔をしている Tiene una cara huesuda [angular].

ほねぶと 骨太 ♦骨太の adj. de grandes huesos; de complexión robusta. ♦骨太の男 m. hombre de complexión robusta [maciza]. ♦骨太の作品（＝男らしい, 力強い, ダイナミックな, 主義主張のはっきりした, 見応えのある, など）f. obra dinámica.

ほねみ 骨身 ♦彼の話は私たちの骨身にこたえた Su relato nos「caló hondo [llegó al alma]」. ♦彼女は家族を養うため骨身を惜しまず働いた Trabajó todo lo que pudo para mantener a su familia.

ほねやすめ 骨休め （くつろぎ）m. descanso, 《フォーマル》m. reposo. ♦骨休めにテレビで野球を見る v. ver* por la televisión un partido de béisbol para descansar. ♦ゆっくり骨休めするため温泉に行く v. ir* a「un balneario [unos baños]」para reposar tranquilamente.

ほのお 炎 （ちらちら燃える）f. llama; （激しく燃え上がる）f. llamarada. ♦燃えるろうそくの炎 f. llama de una vela ardiendo. ♦マッチの炎 f. llama de「una cerilla [un fósforo]」. ♦その建物が炎となって燃え落ちた El edificio se derrumbó en llamas. ♦風が出てきて炎はますます大きくなった Se van formando llamaradas al levantarse el viento. / Las llamas son cada vez más altas a medida que aumenta el viento. ♦「助けて」と叫ぶ声が炎の中からした De las llamas llegó una voz pidiendo auxilio: ¡Socorro!

ほのか ♦ほのかな adj. débil, vago, suave. ♦ほのかな明かり f. luz débil. ♦ほのかにバラの香りがする Hay una vaga [suave] fragancia de rosas.

ほのぐらい ほの暗い adj. débil. →薄暗い.

ほのぼのと （薄暗くぼんやりと）adv. débilmente. ♦ほのぼのとした（＝心暖まる）話 m. relato enternecedor.

ほのめかす 仄めかす （言葉で）v. insinuar*, aludir; （言葉・態度などで）v. sugerir*, dejar entrever*. ♦彼は自殺をほのめかした Dejó entrever la posibilidad de un suicidio. ♦彼の感謝の念は態度にほのめかされていた Su agradecimiento se reflejaba en su actitud.

ホノルル Honolulú.

ほばしら 帆柱 m. mástil, m. palo.

ほばば 歩幅 m. paso; （大きな）f. zancada. ♦「大きな [少さな]歩幅で歩く v. andar* a 「grandes zancadas [pequeños pasos]」.

ほぼん 母斑 《専門語》m. nevo.

ぼひ 墓碑 f. lápida sepulcral. ♦墓碑銘 m. epitafio.

ポピー f. amapola, f. adormidera.

ポピュラーソング f. canción popular.

ぼひょう 墓標 f. lápida sepulcral.

ボブスレー 《英語》m. "bobsleigh" (☆発音は [bo(b)slei(g)]), m. bobsled.

ポプラ m. álamo, m. chopo. ♦ポプラ並木 f. hilera de álamos, f. alameda.

ほへい 歩兵 m. infante, m. soldado de infantería.

ボヘミア Bohemia.

ボヘミアン mf. bohemio/mia.

ほほ 頬 f. mejilla.

ほぼ 保母 （保育所の）f. profesora de guardería infantil. →保育士.

ほぼ 略 （約）adv. aproximadamente, más o menos, en torno a, sobre, 《口語》cosa de; （大ざっぱに）adv. aproximadamente, en números redondos; （ほとんど）adv. casi; （事実上）adv. prácticamente; （大部分）adv. en su mayoría. ♦ほぼ1割 aproximadamente el 10%. ♦仕事はほぼ終わった Mi trabajo está casi [prácticamente] terminado. ♦彼が試合に勝つと言ってほぼ間違いはない Es casi seguro decir que ganará el partido.

ほほえましい 微笑ましい （心暖まる）adj. enternecedor, conmovedor; （楽しくさせる）adj. risueño, agradable. ♦ほほえましい1光景 [2話] 1f. escena [2f. historia] enternecedora. ♦子供が父親と遊んでいるのは見ていてほほえましかった Era enternecedor ver al/a la niño/ña jugar con su padre.

ほほえみ 微笑み f. sonrisa. ♦幸せそうなほほ笑みを浮かべる v. sonreír* felizmente [con felicidad], poner* una cara risueña.

ほほえむ 微笑む v. sonreír* (a). ♦ほほえみ返す v. devolver* la sonrisa 《a》. ♦彼にやさしくほほえみかける v. sonreír*「dar*, obsequiar」《a + 人》con una sonrisa.

ポポカテペトル Popocatépetl (☆メキシコの火山).

ポポテ m. popote (☆メキシコ産の禾(か)本科の植物).

ポマード f. gomina, m. fijador. ♦髪にポマードをつける v. echarse gomina en el pelo, ponerse* fijador para el cabello.

ほまれ 誉れ （名誉）m. honor; f. gloria; f. fama. ♦家門の誉れ m. honor para la familia. ♦彼は秀才の誉れ（＝評判）が高い Tiene fama de ser un alumno brillante.

ほめたたえる 誉め称える（大いにほめる）v. elogiar [alabar] mucho, 《口語》poner* por las nubes; （大いに賞賛する）《フォーマル》v. ensalzar*, 《文語》encomiar, admirar mucho, aplaudir.

ほめちぎる 褒めちぎる →褒める. ♦彼女の勇気ある行動をほめちぎる v. elogiar su valerosa acción, ensalzarla* por el valor de su acción.

・**ほめる** 褒める ❶【高く評価して】v. elogiar, alabar; （強調して）ensalzar*, colmar de alabanzas ［（強調して）elogios］; 《文語》encomiar, 《口語》poner* por las nubes, （感心して）v. admirar, （よく言う）v. hablar favorablemente 《de》. ♦先生は彼を勤勉だと言ってほめた El profesor elogió su diligencia. / Su diligencia fue elogiada [alabada] por el profesor. ♦その作品はすべての批評家に大そうほめられた Esa obra fue unánimemente elogiada por la crítica. / Toda la crítica colmó de elogios [alabanzas] la obra. / Todos los críticos「colmaron de alabanzas [elogiaron sin reparo]」esa obra. ♦彼の行為はいくらほめてもほめきれない《フォーマル》Su hazaña no podrá ensalzarse bastante. /《フォーマル》《教養語》No podemos prodigar suficientes elogios a su hazaña. / Su hazaña está por encima de toda alabanza. ♦それはあまりほめられたことではない（＝賞賛に値しない）No merece ningún elogio. / No es para recibir ningún elogio.

❷【お世辞で】v. hacer* [decir*] un cumplido. → お世辞. ♦彼女の服をほめる v. hacerle* [decirle*] un cumplido por su vestido, felicitarle por su vestido. 《会話》料理がお上手ですね―ほめてくださるなんてうれしいです Usted cocina muy bien. – Gracias por el cumplido. /《フォーマル》Su cumplido me halaga.

ホメロス Homero（☆前 8 世紀頃のギリシャの詩人）.

ホモ（同性愛）f. homosexualidad; （人）m. homosexual, （軽蔑的に）《口語》m. marica, 《俗語》m. maricón, 《メキシコ》《口語》m. joto, 《英語》m. "gay". ▶ホモの adj. homosexual.

ぼや m. pequeño incendio.

ぼやく v.《口語》quejarse [refunfuñar] 《de》.

ぼやける（薄暗さ・遠方のために）v. volverse* borroso, difuminarse; hacerse* vago; （音が）v. debilitarse; （目が）v. nublarse, empañarse. ♦ぼやけた記憶 mpl. recuerdos vagos. ♦涙で視界がぼやけた Las lágrimas me nublaron los ojos. / Mis ojos se empañaron con las lágrimas. ♦この写真は少しぼやけているEsta fotografía está un poco borrosa [desenfocada].

ほやほや（新鮮な）adj. fresco; （できたてで熱い）adj. caliente, （料理などが）できたてのほやほやの adj. recién hecho [sacado] del horno, 《口語》calentito del horno. ♦このクッキーはできたてのほやほやです Estas galletas están recién hechas. ♦彼は結婚ほやほやの新人です Es un recién llegado. / Es nuevo. ♦彼らは新婚ほやほやだ Son recién casados. / Acaban de casarse.

ぼやぼや ▶ぼやぼやしている（注意が足りない）adj. descuidado, negligente; （うっかりしている）adj. distraído, despistado; （怠けている）adj. perezoso, holgazán, （てきぱきしない）adj. lento. ♦ニューヨークでぼやぼやしてると裸に（＝盗難に逢う）されるよ En Nueva York, si vas descuidado, enseguida te roban. ♦ぼやぼやしている生徒はそのクラスではおいてきぼりにされた Los alumnos perezosos se quedaron rezagados en la clase. ♦あの忙しい料理店ではぼやぼやしていると，注文したものが何もれないよ Si te despistas en ese ajetreado restaurante y no haces pronto el pedido,「no comerás lo que desees [te quedas sin comer]」. ♦ぼやぼやするな（＝気を付けろ）¡No te distraigas! / ¡No andes despistado!

ほゆう 保有 v. tener*,《フォーマル》poseer*. ♦核兵器を保有する v. poseer* armas nucleares.

ほよう 保養（休養）m. reposo, m. descanso; （健康維持）m. mantenimiento de la salud; （病後の）f. convalecencia, f. recuperación, m. restablecimiento, （気晴らしの）m. recreo, m. entretenimiento, （骨休め）m. descanso, f. relajación. ▶保養所（病後の人の）f. casa de convalecencia. ▶保養地 f. estación (balnearia). ▶保養する v. reposar, hacer* reposo; recuperarse, restablecerse*, convalecer*. ▶（箱根へ）保養に行く v. ir* (a Hakone) a「hacer* reposo [restablecerse*]」.

ほら 法螺（信じがたい話）f. fanfarronada, f. exageración; （自慢）m. alarde, f. jactancia. ▶ほら吹き mf. fanfarrón/rrona, mf. jactancioso/sa. ▶ほらを吹く v. fanfarronear, jactarse, exagerar.

ほら interj. vaya; anda; fíjate, mira; ¿no? ♦ほらごらん, 向こうに船が見えますよ ¡Fíjate! Allí hay un barco. ♦ほら, 太郎が来たよ ¡Vaya! ¡Aquí está Taro! / ¡Anda, ha venido Taro! ♦ほらあなたの捜していた本よ Mira, aquí está el libro que buscabas. ♦ほら, 鐘が鳴っているよ ¡Anda, el timbre! / ¡Oye! ¡El timbre! ♦ほらね, 言ったとおりでしょう ¡Vaya! ¿No te lo dije? [Te lo había dicho, ¿no?] ♦ほらまた始まった ¡Vaya, otra vez!

ホラー m. terror, m. miedo. ▶ホラー映画 f. película de terror [miedo].

ほらあな 洞穴 f. cueva; （大きくて深い）f. caverna; （野獣の住む）m. cubil, f. madriguera.

ポラロイドカメラ【商標】m. (cámara) "polaroid".

ボランティア（人）mf. voluntario/ria. ▶ボランティア活動をする v. trabajar de voluntario, hacer* la actividad voluntaria.

ほり 堀 m. foso. ♦堀を巡らした城 m. castillo rodeado por un foso. ♦堀を¹掘る [²埋める] v. ¹abrir* [²llenar] un foso.

ほり 彫り（平面・立体的な）f. talla, f. escultura; m. tallado; （石木・金属などに線で書いた）m. grabado. ♦彼女は彫りの深い（＝凹凸のはっきりした）顔をしている Tiene los rasgos「muy

pronunciados [bien definidos].
ほりあてる 掘り当てる ▶石油を掘り当てる v. encontrar* petróleo.
ポリープ m. pólipo. ▶ポリープ症《専門語》f. poliposis.
ポリエステル m. poliéster.
ポリエチレン m. polietileno.
ポリオ 《専門語》f. poliomielitis, 《口語》f. polio.
ほりおこす 掘り起こす v. desenterrar*, sacar*, levantar. ▶¹いていた地面[²木の根]を掘り起こす v. ¹levantar la tierra helada [²desenterrar* un árbol con sus raíces]. ▶野に埋れた人材を掘り起こす v. sacar* [desenterrar*] talentos ocultos.
ほりかえす 掘り返す v. levantar, voltear, desfondar.
ポリグラフ m. polígrafo.
ほりさげる 掘り下げる (下へ掘る) v. ahondar, cavar más hondo, profundizar*; (探求する) v. ahondar《en》. ▶その事件を掘り下げて調べる v. ahondar en el caso.
ポリシー f. política.
ほりだし(もの) 掘り出し(物) (価値のある見つけ物) m. hallazgo; (得な買い物) f. ganga. ◆彼の新しい車はまさに掘り出し物だった Su coche nuevo fue una verdadera ganga.
ほりだす 掘り出す ▶落花生を掘り出す v. desenterrar* cacahuetes. ▶がれきの中から死体を掘り出す v. desenterrar* [sacar*] un cadáver de los escombros.
ポリネシア Polinesia.
ポリバケツ m. cubo de plástico.
ボリバル (シモン〜) Simón Bolívar (☆1783-1830, ベネズエラ出身の独立運動指導者).
ボリビア Bolivia; (公式名) m. Estado Plurinacional de Bolivia (☆南アメリカ中央の国, 首都ラパス La Paz). ▶ボリビア(人) の adj. boliviano.
ポリぶくろ ポリ袋 f. bolsa de plástico.
ぼりぼり ❶【強くかく様子】 ▶ぼりぼりかく v. arañar, rascar(se)*. ◆そんなにぼりぼりかくな No te rasques tan fuerte. ▶隣のベッドでぼりぼりかく音が聞こえた Escuché ruidos de arañazos en la cama de al lado.
❷【堅いものをかむ音】 ▶ぼりぼり食べる v. mordisquear. ◆彼はぼりぼりビスケットをかじった Mordisqueó unas galletas.
ほりもの 彫り物 (金属の) m. grabado; (石・木の) f. talla; (石の) f. escultura; (入れ墨) m. tatuaje.
ほりゅう 保留 (延期) m. aplazamiento; (一時的停止) f. suspensión; (留保) f. reserva. ▶保留する v. aplazar*, diferir*; suspender; reservar. ▶しばらくの間判断を保留する v. aplazarse* momentáneamente el veredicto.
ボリューム ❶【音量】 m. volumen. ▶ステレオのボリュームを ¹上げる [²下げる] v. ¹subir [²bajar] el volumen del estéreo. ▶ボリュームを最大にしてステレオをかける v. poner* el estéreo「a todo volumen [al máximo de volumen].

❷【分量】 ▶ボリュームのある食事 f. comida copiosa [abundante]. ▶ボリュームのある(＝厚い)本 m. libro voluminoso [grueso].
ほりょ 捕虜 mf. prisionero/ra de guerra, mf. cautivo/va. ▶捕虜収容所 m. campamento de prisioneros [detenidos]. ◆兵隊たちは捕虜になった Los soldados fueron tomados [hechos] prisioneros.
・**ほる** 掘る v. cavar, excavar; (溝を) v. hacer* [cavar] trincheras; (鉱石を) v. extraer* [sacar*] de una mina; (油田を) v. perforar; (人が手で・動物が足で) v. escarbar; (動物が鼻で) v. hozar*; ▶芋を掘り出す (＝掘り出す) v. sacar* patatas. ▶石炭を掘る v. sacar* [extraer*] carbón de una mina. ▶地面に穴を掘る v. cavar [hacer*] un hoyo en el suelo. ▶山にトンネルを掘る v. abrir* un túnel en una montaña, perforar una montaña para hacer* un túnel. ▶彼は砂浜を掘って貝を捜した Escarbaba en la playa en busca de conchas.
・**ほる** 彫る (金属に) v. grabar; (木に) v. tallar; (のみで) v. cincelar; esculpir; (名前などを) v. inscribir*. ▶木を彫って仏像を作る v. tallar una imagen de Buda en madera, hacer* una talla de Buda de madera. ▶机に名前を彫る v. grabar [esculpir] el nombre en el pupitre.
ぼる (不当な利益を得る) v. hacer* [realizar*] una ganancia ilegal, cobrar de más, 《口語》timar,【メキシコ】《口語》tranzar*, robar. ◆あのレストランでぼられた Me han「cobrado de más [timado] en ese restaurante.
ポルカ f. polca. ▶ポルカを踊る v. bailar la polca.
ボルシェビキ 《ロシア語》mf. "bolchevique".
ホルダー (紙ばさみ) f. carpeta.
ボルト ❶【電気】 m. voltio, V. ▶100ボルトの電流 f. corriente de 100 voltios.
❷【ねじ】 m. perno. ▶ボルトを締める v. apretar* un perno. ▶ボルトで止める v. apretar* (las ruedas) con un perno.
ボルドー Burdeos (☆フランスの都市).
ポルトープランス Puerto Príncipe (☆ハイチ国の首都).
ポルトガル Portugal; (公式名) f. República Portuguesa (☆ヨーロッパの国, 首都リスボン Lisboa). ▶ポルトガル(人・語)の adj. portugués. ▶ポルトガル人 mf. portugués/guesa. ▶ポルトガル語 m. portugués.
ボルネオ Borneo.
ポルノ f. pornografía. ▶ポルノの adj. pornográfico, 《口語》porno. ▶ポルノ映画 f. película pornográfica. ▶ポルノ俳優 f. estrella del porno.
ボルヘス (ホルヘ・ルイス〜) Jorge Luis Borges (☆1899-1986, アルゼンチンの詩人・小説家).
ポルボロン m. polvorón (☆小麦粉, バターなどで作るクッキー).
ホルマリン m. formol, f. formalina.
ホルムズかいきょう ホルムズ海峡 Estrecho de Ormuz.
ホルモン f. hormona. ▶¹男[²女]性ホルモン f. hormona ¹masculina [²femenina]. ▶ホルモン剤 m. fármaco hormonal. ▶ホルモンの障害に

苦しむ v. padecer* de trastornos hormonales.

ホルン f. trompa. ▶ホルンを吹く(演奏する) v. tocar* la trompa [el cuerno].

ボレー f. volea.

ほれこむ 惚れ込む ♦彼は彼女にほれこんでいる Está loco por ella. ♦社長は彼の才能にほれこんでいる El presidente admira su talento.

ほれぼれ 惚れ惚れする (魅惑的な) adj. fascinante; (魅了される) v. estar* fascinado 《por》.

ほれる 惚れる (愛している) v. amar, querer*; estar* enamorado 《de》; (恋に落ちる) v. enamorarse 《de》; (魅了される) v. estar* cautivado [fascinado, encantado]《por》. ▶一目で彼女に惚れる v. enamorarse de ella a primera vista. ▶彼女にぞっこん惚れている v. estar* enamorado de ella locamente [《口語》de los pies a la cabeza]. ▶彼の人柄に惚れる v. estar* encantado por [de] su personalidad.

ボレロ ❶【婦人用上着】m. bolero. ❷【音楽】m. bolero. ▶ラベルのボレロ m. bolero de Ravel.

ほろ 幌 f. capota. ▶コンバーティブルの車のほろ f. capota de un (auto) descapotable. ▶ほろを¹たたむ [²掛ける] v. ¹bajar [²subir] la capota.

ぼろ ❶【使い古した布きれ】m. trapo, m. harapo, m. andrajo; (ぼろ着) mpl. harapos, mpl. andrajos. ▶ぼろの(使い古した) adj. gastado, muy gastado, desgastado; (衣服など) adj. andrajoso, harapiento; ▶ぼろぼろの シャツ f. camisa andrajosa. ▶ぼろ靴 mpl. zapatos desgastados. ▶ぼろ屋 mf. trapero/ra, mf. ropavejero/ra. ▶ぼろをまとった男 m. hombre harapiento [andrajoso]. ♦ぼろ(切れ)ないかな. 窓をふくにいるんだ ¿No tendrás un trapo? Lo necesito para limpiar las ventanas. ❷【欠点】▶ぼろを出す v. revelar los defectos, 《口語》 mostrar* la hilacha. ▶ぼろを出さぬように(=体裁を保とうと)する v. intentar guardar las apariencias. ♦それは巧妙な作り話だったが結局ぼろが出た Fue una excusa inteligente, pero al final no sirvió de nada.

ぼろい ▶ぼろい(=やたらともうかる)仕事 m. trabajo muy lucrativo, 《口語》f. mina, 『スペイン』《口語》m. chollo.

ホログラフィー f. holografía.

ポロシャツ f. camisa polo, m. polo.

ほろにがい ほろ苦い (少し苦い) adj. ligeramente amargo, 《口語》amarguillo; (甘く苦い) adj. agridulce. ▶ほろ苦い思い出 m. recuerdo agridulce.

ポロネーズ f. polonesa.

***ほろびる** 滅びる【国家・政府などが倒れる】 v. ser* derrocado, decaer*, caer*; 【絶滅する】(生物・種族などが) v. extinguirse*; (習慣などが) v. morir*, caer* en desuso, extinguirse*; 【滅亡される】v. desaparecer*, arruinarse. ▶滅びてゆく文明 f. civilización en decadencia. ♦その政権はいつ滅びましたか ¿Cuándo cayó ese gobierno? / (いつ倒れたのか)¿Cuándo fue derrocado el gobierno? ♦その部族は滅びつつある Esa tribu está al borde de la extinción. ♦古くからの習慣はなかなか滅びない Las viejas tradiciones no se extinguen tan fácilmente. ♦核戦争で人類は滅びるだろう La raza humana será destruida por una guerra nuclear. ♦その文明は突然滅びた(=崩壊した) Esa civilización pereció [se extinguió] de repente.

***ほろぼす** 滅ぼす (破壊する) v. destruir*; (破滅・没落させる) v. arruinar; (政府などを倒す) v. derrocar*, derribar. ▶その都市は敵に滅ぼされた La ciudad fue destruida por el enemigo. / La ciudad cayó ante el enemigo. ♦彼は酒で身を滅ぼした La bebida arruinó su vida. / Su vida fue destruida por la bebida.

ぼろぼろ ❶【衣類などが】▶ぼろぼろの(破れた) adj. andrajoso, harapiento, hecho jirones. ▶ぼろぼろの靴 mpl. zapatos desgastados. ♦ぼろぼろの服を着た見知らぬ人がやって来た Se acercó un desconocido con ropa harapienta. ♦私のコートは何年も着てぼろぼろになった Mi abrigo está raído [deshilachado] por años de uso. ❷【乾燥してばらばらで】▶ぼろぼろの adj. granoso, reseco. ♦このごはんはぼろぼろだ Este arroz está granoso. ♦この古い木はさわるとぼろぼろ崩れる Esta vieja madera se cae al tocarla. ♦パンのくずがぼろぼろテーブルに落ちた Las migas cayeron sobre la mesa.

ぼろぼろ ♦彼女の指の間から豆がぼろぼろ床に落ちた Entre sus dedos se le cayeron al suelo alubias. ♦大粒の涙がぼろぼろ彼女のほおを伝って流れた Por sus mejillas resbalaban lagrimones.

ぼろもうけ ぼろ儲け m. dinero fácil, 『スペイン』《口語》m. pelotazo. ▶土地を売ってぼろ儲けする v. vender terrenos y ganar fácilmente dinero. ▶株でぼろ儲けする v. ganar mucho dinero en la Bolsa.

ほろよい ほろ酔い ▶ほろ酔い気分である v. estar* achispado [un poco borracho].

ほろり ▶(感動的な)話 m. relato conmovedor, f. historia enternecedora. ▶ほろりと酔う v. achisparse, estar* ligeramente [un poco] borracho. ▶涙を一滴ほろりと流す v. derramar una lágrima. ♦その話に私はほろりとした(=感動して涙を流した) Esa historia me conmovió hasta hacerme llorar.

ぼろりと ♦彼女の手から指輪がぼろりと落ちた Se le cayó el anillo de la mano. ♦彼女の目からぼろりと涙が落ちた Una lágrima cayó de sus ojos.

ホワイト ▶ホワイトクリスマス f. Navidad blanca. ▶ホワイトカラー mf. oficinista. ▶ホワイトソース f. salsa blanca.

ホワイトハウス f. Casa Blanca.

***ほん** 本 m. libro; m. volumen, m. tomo; f. obra. **1**《〜(の)本》▶絵本 m. libro ilustrado. ▶¹科学 [²歴史]の本 m. libro de ¹ciencia [²historia]. ▶料理の本 m. libro de cocina.

ほん-

ハードカバーの本 m. libro de tapa dura. ▶ ¹ロース装丁 [²革表紙]の本 m. libro (encuadernado) ¹en tela [²en cuero]. ▶ 3冊で一組の本 f. obra de [en] tres tomos. ▶ 5巻ものの本 f. obra de [en] cinco volúmenes.
2《本(に)は》◆この本はよく売れる Este libro se vende bien. ♦その本は 5 万部売れた Se vendieron cincuenta mil ejemplares (del libro). ♦その本は 3 百ページ以上ある El libro contiene más de 300 páginas. ♦この本は初心者向きだ Este libro está destinado a [es para] principiantes. ♦その本にはどんなことが書いてありますか ¿Qué dice ese libro?
3《本の》◆本の表紙 f. tapa [f. cubierta] de un libro. ♦彼はいわば本の虫だ Es, digamos, un ratón de biblioteca.
4《本を》◆本を書く [²出版する] v. ¹escribir* [²editar] un libro 〈de, sobre〉. ▶マドリードへ本を注文する v. pedir* un libro a Madrid. ♦彼はよく本を読む Lee mucho. / Lee muchos libros. / Es un gran lector. ♦彼は子供たちに毎晩本を読んでやる Todas las noches les lee a sus hijos. ♦中央社から本を出す予定です Tengo el plan de que la editorial Chuo me publique un libro. 🖙一冊, 冊子, 著書

ほん 本- 《主な》adj. principal; central, matriz; 《本当の》adj. verdadero; 《本物の》adj. auténtico; 《正式な》adj. formal, regular; 《この》adj. este; 《現在の》adj. presente, actual. ▶本社 f. casa matriz, f. oficina principal [central]; (当社) f. esta [nuestra] compañía. ▶本名 m. nombre verdadero. ▶本真珠 f. perla auténtica.

-ほん -本 ▶チョーク数本 fpl. varias tizas. ▶ひも 2 本 fpl. dos cuerdas. ▶ビール 5 本 fpl. cinco botellas de cerveza.

ホン m. fon. ◆飛行機の騒音は 70 ホンだった El ruido de los aviones era de 70 fones.

ぼん 盆 f. bandeja, 〖メキシコ〗 f. charola. ♦覆水盆に帰らず No hay que lamentarse por lo irremediable. /〈ことわざ〉Lo pasado, pasado.

ぼん 盆 "Bon", (説明的に) m. festival budista conmemorativo de los difuntos y celebrado del 13 al 15 de agosto. ▶盆踊り m. baile del Festival de "Bon".

ぽん ❶〔ぽんと音がする〕 v. estallar, chasquear, saltar; (ぴしゃりと打つ) v. dar* palmadas; (はじけて) v. chasquear; (肩などを軽くたたいて) v. dar* golpecitos 〈a〉. ♦ウェーターがびんのコルクを抜くと、ぽんと音がした El corcho de la botella saltó al ser descorchado por el camarero. ♦クリが火の中でぽんとはじけた La castaña chasqueó en el fuego. ♦彼が私の肩をぽんとたたいた Me dio unos golpecitos en el hombro.
❷〔ぽんと気前よく〕adv. generosamente, con generosidad, 《口語》como si nada. ♦彼はぽんと全額払った Pagó generosamente [como si nada] toda la cantidad.
〖その他の表現〗▶週刊誌を私にぽんと投げて寄こす v. lanzarme* [tirarme] el semanario.

ほんあん 翻案 f. adaptación. ▶小説を舞台用に翻案する v. adaptar una novela al teatro, dramatizar* una novela.

ほんい 本意 f. intención verdadera. ♦妥協するのは本意ではなかった "Estaba reacio [No estaba muy dispuesto] al compromiso. ♦彼をだますのは本意ではなかった (=だますつもりはなかった) Mi intención no era engañarlo[le].

-ほんい -本位 ◆自己本位の人は他人の面倒はみれないだろう Las personas egoístas no se preocupan de los demás. ♦私たちは品質本位で電気製品を買う Compramos aparatos eléctricos basándonos en el criterio de calidad. ♦若者本位のテレビ番組が増えています Cada vez hay más programas de televisión orientados a los jóvenes.

ほんかいぎ 本会議 ▶衆議院本会議 f. sesión plenaria de la Cámara de Representantes.

ほんかく 本格 ▶本格的な(本物の) adj. verdadero, auténtico; (全面的な) adj. a toda [gran] escala, 《口語》 con todas las de la ley; (定期的に行っている) adj. regular. ▶本格的な登山家 mf. verdadero/ra alpinista; (専門家) mf. alpinista experto/ta, mf. experto/ta en alpinismo. ▶本格的な調査 f. investigación a toda escala. ▶本格的にピアノの勉強をする v. tomarse en serio las clases de piano. ♦彼らは少し殴り合いをしたが本格的なけんかにはならなかった (=避けられた) Intercambiaron algunos golpes, aunque no llegaron a pelearse en serio.
—— **本格化する** v. tomarse en serio.

ほんかん 本管 m. conducto [f. cañería] principal. ▶¹水道の [²ガスの]本管 f. cañería principal de ¹agua [²gas]. ▶ガスの本管を止める v. cerrar* el conducto principal de gas.

ほんき 本気 f. seriedad; f. sinceridad.
—— **本気の** (まじめの) adj. sincero, serio; (真剣の) adj. serio. ♦冗談ではない、本気なのだ No estoy de broma. Hablo en serio. ♦彼女と結婚したいというのは本気なのか ¿Hablas en serio cuando dices que te quieres casar con ella?
—— **本気で[に]** adv. seriamente, con seriedad; sinceramente. ▶本気で勉強する v. estudiar seriamente [con seriedad]. ▶本気で努力する v. hacer* un esfuerzo serio, esforzarse* seriamente. ▶彼の冗談を本気にする v. tomarse su broma en serio. 〈会話〉それをあなたにあげるわ―本気でそう言ってるの Te lo doy. – ¿Hablas [《口語》Vas] en serio?

ほんぎまり 本決まり ♦彼女の昇進は本決まりになった Se ha decidido definitivamente promocionarla. / Su promoción ha sido definitivamente decidida.

ほんきゅう 本給 (基本給) m. salario base [básico].

ほんぎょう 本業 (仕事) f. ocupación principal [regular]. ▶本業に専念する v. entregarse* a la ocupación principal.

ほんきょ(ち) 本拠(地) (根拠地) f. base; (本部) f. oficina central, f. casa matriz; (活動・主義などの拠点) m. baluarte, m. bastión.

ほんけ 本家 (分家に対して) f. rama principal (de una familia); (元祖) mf. fundador/dora; (製造元) m. fabricante original.

ボンゴ m. bongó (☆指でたたく太鼓).

ほんこう 本校 (分校に対して) f. escuela principal; (当校) f. esta escuela.

ほんごく 本国 f. patria, m. país de origen. ♦本国政府 m. gobierno del país de origen. ♦本国に帰る v. volver* a casa. ♦本国に送還される v. ser* devuelto a casa; (亡命者・捕虜などが) v. ser* repatriado.

ほんごし 本腰 ♦本腰を入れて(＝本気で)仕事に取りかかる v. ponerse* a trabajar en serio. ♦その問題に本腰を入れて取り組む v. afrontar en serio el problema.

ぽんこつ chatarra, m. cachivache. ♦ぽんこつ車(廃車) m. cacharro, 【ペルー】f. carcaca.

ホンコン 香港 Honk Kong. 《ピンイン》Xianggang (☆中国の特別行政区).

ぼんさい 盆栽 "bonsai", (説明的に) m. árbol enano en maceta al que se le poda y guía para conseguir un aspecto deseado.

ぼんさい 凡才 (並みの才能) f. capacidad normal [ordinaria]; (並みの才能の人) f. persona normal [de capacidad ordinaria].

ほんざん 本山 "honzan", 《説明的に》f. sede [m. templo principal] de una escuela budista.

ほんしき 本式 →正式. ♦本式の晩さん会 f. cena formal. ♦スペイン語を本式に習う v. tomar regularmente clases de español, estudiar español regularmente [metódicamente]; (系統立てて) v. estudiar español sistemáticamente.

ほんしつ 本質 (真髄) f. esencia; (特質) f. naturaleza. →実質, 核心. ♦民主主義の本質 f. esencia de la democracia. ♦愛の本質 f. naturaleza del amor. ♦本質的な相違 f. diferencia esencial ⟨entre⟩. ♦その2案は本質的に同じです Las dos ideas son「iguales en esencia [esencialmente las mismas]」.

ほんじつ 本日 adv. hoy. → 今日(きょう). ♦本日休業【掲示】Cerrado Hoy.

ほんしゃ 本社 (本店) f. casa matriz, f. oficina principal, f. sede; (当社) f. nuestra empresa, f. empresa. ♦東京に本社のある会社 f. empresa con la casa matriz en Tokio.

ほんしゅう 本州 "Honshu", 《説明的に》f. isla principal del archipiélago japonés.

ホンジュラス Honduras; (公式名) f. República de Honduras (☆中央アメリカの国, 首都テグシガルパ Tegucigalpa). ♦ホンジュラス(人)の adj. hondureño. ♦ホンジュラス人 mf. hondureño/ña.

ほんしょう 本性 →正体. ♦本性を現わす v. revelar el carácter verdadero, mostrar* la verdadera naturaleza →正体, 性, 地

ほんしょく 本職 ❶【本業】f. verdadera profesión; (知的職業) m. trabajo regular; f. profesión; (手仕事) m. oficio, m. trabajo manual. ♦彼の本職は大学の教授です Su profesión es la de「profesor universitario [catedrático]」. ❷【専門家】mf. profesional, mf. experto/ta, mf. especialista. ♦本職の画家 mf. pintor/tora profesional. ♦本職からダンスを教えてもらった Tomé clases de baile de [con] un profesional.

ほんしん 本心 (真の意図) f. verdadera intención. ♦本心を打ち明ける v. confiar* la verdadera intención ⟨a⟩. ♦彼の本心が分からない Desconozco [No sé cuál es] su verdadera intención. / No sé「qué es lo que de verdad busca 《口語》detrás de lo que anda」.

ぼんじん 凡人 (普通の人) f. persona normal [ordinaria], 《軽蔑的に》f. mediocridad. ♦それは私の力には及ばない Está fuera de la capacidad de una persona normal.

ほんすじ 本筋 m. tema [m. argumento, m. propósito] principal. ♦本筋からはずれる v. apartarse [desviarse*] del tema principal. ♦本筋を見失う v. perder* la pista del tema principal, 《口語》perder* el hilo.

ほんせき 本籍 ♦本籍地 m. domicilio legal. ♦彼は本籍を東京から広島に移した Cambió su domicilio legal de Tokio a Hiroshima. ♦彼女の本籍は千葉にある Su domicilio legal está en Chiba.

ほんせん 本線 (鉄道の) f. línea principal; (この線) f. esta línea. ♦山陽本線 f. Línea (Principal) de Sanyo.

ほんそう 奔走 (走り回ること) m. correr por todos lados; (努力) mpl. esfuerzos; (世話) mpl. buenos oficios, f. ayuda. ♦奔走する(努力する) v. esforzarse* ⟨para ＋ 不定詞⟩; estar* ocupado ⟨＋現在分詞⟩. ♦資金集めに奔走する v. esforzarse* para recaudar fondos. ♦恩師の奔走のお陰で彼は留学することができた Fue capaz de estudiar en el extranjero gracias a「la ayuda [los buenos oficios] de su antiguo profesor. ♦駆け回る, 飛び[跳び]回る

ほんぞん 本尊 m. ídolo. ♦この寺のご本尊は観世音菩薩(ぼさつ)である Este templo está consagrado a (la diosa) Kannon.

ほんたい 本体 (機械などの) m. cuerpo (principal); (本質) f. esencia; (真の姿) f. forma verdadera; (正体) m. carácter verdadero.

ほんだい 本題 m. tema principal. ♦本題¹に戻る 「²からそれる」v. ¹volver* al 「²desviarse* del」tema principal.

ぼんたい 凡退 ♦三者凡退となった Los tres bateadores quedaron fácilmente 《英語》"out" [fuera].

ほんたて 本立て m. sujetalibros.

ほんだな 本棚 f. estantería, m. estante.

ぼんち 盆地 f. cuenca; (谷間) m. valle. ♦ナイル盆地 f. cuenca del Nilo.

ポンチョ m. poncho (☆中央に首を通す穴のある外套).

地域差 ポンチョ
〔全般的に〕m. poncho
〔メキシコ〕m. jorongo, f. ruana
〔コロンビア〕f. ruana

ほんちょうし 本調子 (正常の状態) m. estado

ほんてん

normal, f. buena forma. ▶本調子を取り戻す v. recuperar el estado normal. ▶本調子が出ない（＝体調が悪い）Hoy no me encuentro en「buena forma [buen estado]. / Hoy no estoy en mi forma habitual. / Mis condiciones hoy no son las normales. /（最高の調子ではない）Hoy no estoy en mi mejor día.

ほんてん 本店（銀行その他の会社の本社）f. sede, f. casa matriz, f. oficina principal.

ほんでん 本殿 m. santuario principal.

ほんと adv. verdaderamente; realmente.

ほんど 本土 f. tierra firme. ▶日本本土 m. Japón propiamente dicho.

ポンド ❶【重さの単位】f. libra. ▶20 ポンド fpl. 20 libras. ▶ポンド価 f. libra.
❷【貨幣単位】f. libra (esterlina). ◆それは5ポンド10ペンスした Costó cinco libras y diez peniques.

＊＊ほんとう 本当（現実）f. realidad;（真実）f. verdad;（事実）m. hecho.
会話 駅で彼女に会ったんだ—えっ，本当 Me la encontré en la estación. - ¿Ah, sí? ¿De verdad? ◆あなたの夢がかなえばよいと思います Espero que tu sueño「se haga realidad [se realice]. 会話 あなた学生さんですか—はい，神戸大学の学生です—本当ですか（＝まさか），私もそうなんです ¿Es usted estudiante? - Sí, soy de la Universidad de Kobe. - ¿De verdad? Pues yo también. 会話 大学をやめようかと思っています—本当ですか（＝本気でそういっているの）Creo que voy a dejar la universidad. - ¿De verdad? ¿Estás seguro? / ¿Lo dices en serio?◆すぐに成功してみせるよ，本当だよ（＝約束するよ）Pronto tendré éxito.「De verdad [En serio / Te lo prometo]. ▶来週行くわ，本当よ（＝うそじゃないよ）Voy la semana que viene. De verdad [veras]. 会話 明日飛行機で行くのよ．心配でたまらないわ—大丈夫よ．私は長年飛行機で飛んでるけど，びくびくすることなんか何もないよ．本当だよ Mañana voy en avión, así que estoy nerviosa. - No te preocupes. Yo llevo muchos años volando en aviones y la verdad es que no hay razón para estar nervioso.

1《本当は》;（本当のことを言えば）adv. la verdad es que, a decir verdad;（見かけ・予想に反して）adv. en realidad, de hecho,（実際は，本来なら）adv. realmente, verdaderamente. ◆本当は彼女に会いたくないんだ La verdad es que no quiero verla. / A decir verdad, no deseo verla. / Realmente no quiero verla. ◆彼女に会ったが，本当は会いたくなかった La vio, aunque en realidad no quería haberla visto. ◆本当はそんなことを言うべきではない Realmente no debes decir eso.

2《本当の》 adj. real, verdadero, auténtico, genuino. ▶本当の金(ｷﾝ) m. oro auténtico [genuino]. ▶本当の友達 m. amigo「de verdad [verdadero, auténtico]. ◆それは本当の話です Es una historia real [verdadera, cierta]. ◆だれも彼女の本当の年を知らない Nadie sabe「su edad real [cuántos años tiene en realidad]. / Su edad verdadera no la conoce nadie.

3《本当に》**(1)**【実に，まったく】◆本当に幸せです Soy realmente muy feliz. / Verdaderamente soy muy feliz. ◆彼は本当に親切だ Es verdaderamente amable. / Es una persona amable de verdad. /《口語》De veras que es un tío amable. ◆パーティーは本当に楽しかった Me lo he pasado verdaderamente bien en la fiesta. / Lo he pasado muy bien en la fiesta, de verdad. ◆本当にごめんなさい Lo siento「de verdad [mucho, sinceramente]. ◆本当にそうですか ¿Estás realmente seguro? ◆彼のコンサートは本当にすばらしかった Su concierto fue verdaderamente [realmente, ciertamente, en verdad] espléndido.

(2)【実際に】adv. de verdad, realmente, 《口語》verdaderamente. 会話 ごめんなさい，ママ—本当にすまないと思っているの? Lo siento, mamá. - ¿De verdad que lo sientes? ◆彼女には婚約しているんだよ—そんなの信じられないよ Está comprometida, de verdad. - Es increíble. ◆本当にそれが要るんだよ De verdad que lo necesito. / Lo necesito realmente.

(3)【相うちの強調】会話 ほら雨が止んだよ—まあ，本当(にそうだわ)ね ¡Mira! Ha dejado de llover. - ¡Ah! sí, es verdad. 会話 いいお天気ですねー本当(にそう)ですね Bonito día, ¿no? - Es verdad. 会話 この犬は大きくなったね—本当(にそう)だわ ¡Cómo ha crecido este perro! - Verdaderamente.「Es cierto. / Es verdad.」会話 きれいな夕焼けだね—本当ね ¡Qué hermosa puesta de sol! -「Es verdad [De veras que es].

4《...は[が]本当だ》◆彼が今ハワイにいるのは本当だ「Es verdad que [Es cierto que, Verdaderamente] ahora se encuentra en Hawai.

【その他の表現】◆その事についてはお父さんと相談するのが本当だと思う Creo que lo correcto [que debe hacerse] es que hables con tu padre sobre ese asunto. ☞現に，さすが，実，実際，実に，すっかり，ぜひ，それは，だいたい，大変，どうも

ほんどう 本堂 m. templo principal, m. edificio central (de un templo).

ほんにん 本人＝当人，自分，自ら. ◆君本人に話をしたい Quiero hablar contigo personalmente [en persona].

ほんね 本音（真の意図）f. intención verdadera, m. motivo real. ▶本音を吐く v. decir* la intención verdadera, confesar* [revelar] el motivo real. ▶建前と本音を使い分ける v. emplear palabras o motivos reales según la ocasión. ◆今の言葉は本音ですか ¿Hablas en serio? / ¿Estás seguro de lo que acabas de decir?

ボンネット（車の）m. capó;（帽子の一種）f. cofia.

地域差 ボンネット(自動車の)
[全般的に] m. capó
[キューバ] f. tapa

〔メキシコ〕 m. cofre 〔コロンビア〕 f. tapa 〔アルゼンチン〕 f. capota

***ほんの** (単なる) adj. simple; (ささやかな) adj. pequeño; (わずかな) adj. escaso; (ただ…だけ) adv. sólo; (単に) adv. simplemente; (わずかに) adv. ligeramente. ▶ほんのちょっとの間 un momento. 《口語》un momentito. ◆彼の父が死んだとき彼はほんの子供だった Cuando murió su padre, era sólo un niño. / No era más que un niño cuando murió su padre. /《フォーマル》Cuando falleció su padre era un simple niño. ◆ほんのお礼のしるしにこの本を差し上げます Me gustaría entregarle este libro como una pequeña muestra de gratitud. ◆図書館はほんの名ばかりであった Era una biblioteca sólo de nombre. ◆私はほんの1数ユーロ［2少しのお金］しか持っていない No tengo más que ¹unos euros [²un poco de dinero]. ◆この食物はほんの少し辛い Esta comida está「sólo un poco [ligeramente] picante. ☞ 単なる、つい

ほんのう 本能 m. instinto, f. intuición. ▶本能的な adj. instintivo, intuitivo. ▶自己防衛の本能 m. instinto de autoprotección [autodefensa]. ◆彼は本能的に身の危険を感じた Sintió instintivamente [por instinto] que estaba en peligro. / El instinto le dijo que estaba en peligro. ◆動物は本能的に火を恐れる Los animales「temen el fuego por instinto [tienen un temor instintivo al fuego].

ほんのう 煩悩 (世俗的欲望) mpl. deseos mundanos; fpl. bajas pasiones.

ほんのり (わずかに) adv. ligeramente; (かすかに) adv. débilmente. ▶ほんのりとした臭い m. ligero olor. ◆彼は酒を飲むとほんのり桜色になる Se pone ligeramente colorado cuando bebe alcohol. ◆そのお菓子はほんのりレモンの香りがする El pastel huele ligeramente a limón.

ほんば 本場 (原産地, 発祥地) f. procedencia, m. origen; (生産の中心地) m. centro de la producción; (発祥地) f. cuna. ▶本場のシェリー酒 m. jerez auténtico. ◆この市は繊維産業の本場です Esta ciudad es el centro de la industria textil. ◆彼のスペイン語は本場仕込みだ Ha aprendido español en un lugar de prestigio.

ほんばこ 本箱 f. librería. ▶ガラス戸入りの本箱 f. librería con vitrina.

ほんばしょ 本場所 (相撲の) m. torneo regular (de sumo).

ほんばん 本番 f. representación, f. actuación; (テレビ・映画撮影などの) f. toma. ◆今のは試運転だ。本番だ Eso era sólo una prueba, ahora viene la actuación real.

ぽんびき ぽん引き (売春の客引き) m. chulo,『メキシコ』m. padrote,『アルゼンチン』m. cafiche, 《フォーマル》m. proxeneta. ▶ぽん引きをする v. ser* el proxeneta (de).

ほんぶ 本部 f. sede, f. oficina central; (軍の) m. cuartel general; (活動の中心地) m. centro, m. edificio administrativo. ◆ユネスコ本部はパリにある La sede de la UNESCO está en París.

ぼんぷ 凡夫 (普通の人) f. persona normal [común y corriente].

ポンプ f. bomba. ▶蒸気ポンプ f. bomba de vapor. ▶手押しポンプ f. bomba de mano. ▶(消防用ポンプ車) m. camión con bombas a motor. ▶ポンプ室 f. sala de bombas. ◆ポンプで井戸から水を汲み上げた Bombeaba agua de un pozo. ◆船底の水をポンプで排出する v. bombear agua de un barco.

ほんぶり 本降り m. chaparrón,（強調して）f. agua torrencial. ◆まもなく雨が本降りになってきた No tardó en ponerse a llover torrencialmente.

ほんぶん 本分 m. deber, f. obligación. ▶本分を¹尽くす［²怠る］v. ¹cumplir ［²descuidar］el deber. ◆勉強するのが学生の本分だ El deber de un estudiante es estudiar.

ほんぶん 本文 (挿し絵・注などに対して) m. texto, m. cuerpo (principal). ◆この本は本文の部分はそんなに多くない En este libro no hay mucho texto. ◆この情報は注ではなく本文で扱うべきだ Debes tratar esta información en el cuerpo del texto, no en las notas.

ボンベ (円筒形の容器) m. cilindro. ▶(プロパン)ガスボンベ f. cilindro de gas (propano). ▶酸素ボンベ m. cilindro de oxígeno.

ボンベイ Bombay → ムンバイ.

ポンペイ Pompeya (☆イタリアの観光地).

ほんぽう 奔放 ▶奔放な(形式にとらわれない) adj. libre; (抑圧されず気ままな) adj. desenfrenado, sin inhibiciones; (芸術家などが因習にとらわれない) adj. bohemio. ◆時に彼女の自由奔放な態度は無礼に思えることがある Sus modales libres a veces parecen mal educados.

ほんぽう 本邦 (我が国) m. este ［nuestro］país. ▶本邦初演の戯曲 f. obra estrenada en este país.

ほんぽう 本俸 m. sueldo regular.

ぼんぼん ▶薪をぼんぼんくべる v. echar leña al fuego a「toda velocidad [un ritmo frenético]. ◆その古い時計がぼんぼんと鳴った El viejo reloj hizo ding-dong. ◆子供たちが犬に石をぼんぼん投げつけた Los niños lanzaban al perro una piedra tras otra.

ぽんぽん ❶【破裂音, 爆発音】▶ぽんぽんと音を立て adv. con estrépito, atronando. ▶ぽんぽんと鳴る v. hacer* pum pum; atronar*; hacer* un ruido estrepitoso. ◆花火がぽんぽんと上がった Los fuegos artificiales atronaban con sus disparos. ◆クリスマスイブにシャンペンがぽんぽん鳴った En Nochebuena, las botellas de champán [cava] no dejaban de ser descorchadas con estrépito.
❷【無造作に行う様子】◆彼はいつもぽんぽんものを言う Siempre habla sin reserva. /《口語》No tiene nunca pelos en la lengua. / Es directo siempre en sus observaciones.

ほんまつてんとう 本末転倒 ◆それでは本末転倒だ Estás dando prioridad a un tema menos importante. /《口語》Eso es como poner el carro delante del caballo.

ほんまる 本丸 (城の内部のとりで) f. ciudadela (de un castillo).
ほんみょう 本名 m. nombre verdadero.
ほんめい 本命 (競馬や競技などの優勝候補) mf. favorito/ta.
ほんもう 本望 ▶本望を遂げる v. cumplir [satisfacer*] un「viejo deseo [deseo largamente acariciado].
ほんもの 本物 ▶本物の(外見と内容が同じり) adj. real; (正真正銘の) adj. auténtico, 《フォーマル》genuino; (基準に沿う) adj. verdadero; (人工的でない) adj. natural. ▶本物の紳士 m. verdadero [auténtico] caballero. ▶本物の証明書 m. certificado auténtico. ▶この真珠は本物そっくりだ Estas perlas parecen auténticas. ♦彼のピアノ演奏は本物だ(＝専門家のように演奏する) Toca muy bien el piano. ☞純―, 純粋, 正真正銘
ほんや 本屋 (店) f. librería; (人) mf. librero/ra.
***ほんやく 翻訳** f. traducción. ▶自動翻訳 f. traducción automática. ▶翻訳書 f. traducción, 《フォーマル》f. versión. ▶翻訳家 mf. traductor/tora. ▶翻訳権 mpl. derechos de traducción. ▶翻訳業をする v. trabajar de traductor/tora. ▶ヘブライ語からスペイン語への聖書の翻訳 f. traducción de la Biblia del hebreo al español. ▶¹バルザック [²フランスの小説] を翻訳で読む v. leer* ¹a Balzac [²una novela francesa] en traducción. ▶この詩はスペイン語からの翻訳だ Esta poesía es una traducción del original español. ♦彼は翻訳がうまい Es un buen traductor. / Traduce muy bien.
―**翻訳する** v. traducir*, 《文語》verter*. ▶その詩をスペイン語に翻訳する v. traducir* la poesía al español. ▶フランス語へ逐語的に翻訳する v. hacer* una traducción literal al francés. ♦その劇はギリシャ語からスペイン語に忠実に翻訳された La obra había sido traducida fielmente del griego al español. ♦彼女の詩は日本語に翻訳できない Su poesía「no se puede traducir [es intraducible] al japonés.
***ぼんやり** ❶【定かでなく】(かすかに) adv. débilmente, vagamente; (区別がつかず) adv. confusamente, indistintamente. ▶ぼんやりと見える山影 m. vago contorno de una montaña. ▶遠くに山がぼんやり見える A lo lejos se pueden distinguir vagamente [confusamente] las montañas. ♦ずっと遠くにぼんやり人影が現われた A lo lejos apareció una vaga silueta humana.
❷【うっかりと】(うつろに) adv. distraídamente, 《口語》en la luna; con la mirada perdida, abstraídamente. ▶彼はよくぼんやりして傘を忘れてくる Con lo distraído que es, muchas veces se deja el paraguas olvidado. ♦彼は海をぼんやり見るのが好きです Le gusta contemplar el mar con la mirada perdida.
❸【態度や考えがあいまい】(漠然と) adv. vagamente; (あいまいに) adv. de manera confusa; (どちらともとれる) adv. con ambigüedad. ♦私はそのことをぼんやりとしか思い出せない Sólo lo recuerdo vagamente. ♦彼女は何かぼんやりした分からない事を言って人をとまどわせるのが好きです Le gusta expresarse con ambigüedad para desconcertar a la gente. ♦彼の政治的立場はぼんやりしか報じられていなかった Se informó ambiguamente de su posición política.
❹【なす事もなく】adv. ociosamente, sin hacer nada; (目的もなく) adv. sin objeto [rumbo]. ♦私はふつう日曜は一日ぼんやり過ごします Generalmente paso todo el domingo sin hacer nada. ♦私はぼんやりと旅をして回るのが好きです Me gusta viajar sin rumbo.
❺【よく気を配らずに】adv. con descuido; (むとんじゃくに) adv. sin atención. ▶ぼんやり運転していたら, 曲がる所を見過ました Si conduces distraídamente, no verás dónde tienes que girar. ☞うかうか, うっかり
ほんらい 本来 ❶【元来】adv. originalmente; (本質的に) adv. esencialmente; (生来) adv. naturalmente, por naturaleza, de forma innata. ▶本来の adj. original, esencial, natural. ▶人間本来の性質 f. naturaleza humana. ▶その語の本来の意味 m. sentido original de la palabra. ▶この詩は本来ケチュア語で書かれていた Esta poesía fue escrita originalmente en quechua. ♦お金は本来(＝それ自体では)悪いものではない El dinero no es malo en sí.
❷【あるべき規準によれば】♦本来ならば母がお伺いすべきですが… Mi madre es quien debiera visitarlo [la] a usted, pero… / Lo suyo es que mi madre lo [le] visitara, pero… ♦本来ならば(＝厳密に言うと)これは私の仕事ではない Hablando en rigor, éste no es mi trabajo.
ほんりゅう 奔流 (急な流れ) m. rabión, m. rápido; (激流) m. torrente. ▶奔流をなして流れる v. correr「en torrente [torrencialmente].
ほんりゅう 本流 f. corriente principal (de un río). ▶政界の本流からはずれている v. estar* fuera de la corriente dominante de la política.
ほんりょう 本領 (特性) f. propiedad, f. característica; (実力) f. capacidad propia; (専門) f. especialidad. ▶本領を発揮する v. desplegar* su especialidad, mostrar* su talento.
ほんるい 本塁 (野球の) f. base meta, 《メキシコ》m. pentágono. ▶本塁打を打つ v. marcar* un jonrón.
ほんろう 翻弄 ▶翻弄される (波に) v. ser* juguete de las olas; (…のなすがままである) v. estar* a merced 《de》.
ほんろん 本論 (主題) m. tema principal, 《口語》el grano; (主な問題点) m. asunto principal.

ま

*ま 間 ❶【時間】*m.* tiempo; (暇) *m.* tiempo libre; (合間) *m.* intervalo; (休止) *f.* pausa.
　1《間が》♦忙しくてくつろぐ間がない Estoy tan ocupado que no tengo tiempo de relajarme. ♦出発までにまだじゅうぶん間がある Tenemos tiempo de sobra antes de salir. ♦彼は日本に来てまだ間がない Hace poco que ha llegado a Japón.
　2《間の[に, も]》→間(ま)。♦あっという間に *adv.* en un instante, en un abrir y cerrar de ojos, 《口語》en un santiamén. ♦演説は間の取り方が難しい Resulta difícil mantener el ritmo en una conferencia. ♦私が止める間もなく彼はそれを買ってしまった Lo compró antes de que yo pudiera pararlo. ♦知らない間に彼はいなくなっていた Cuando me di cuenta, ya no estaba. ♦救助が間に合わなかったとは残念だ Es una lástima que la ayuda no llegara a tiempo.
　3《間を》♦少し間をおいてから話す *v.* hablar después de una breve pausa. ♦2時間の間をおいて(=2時間間隔で) *adv.* en un intervalo de dos horas; (2時間後に) *adv.* a las dos horas, dos horas después, dos horas más tarde.
　❷【空間】*m.* espacio; (間隔) *m.* intervalo. ♦間をあける *v.* dejar un espacio 《entre》. ♦一定の間をおいて柱を立てる *v.* colocar* postes a intervalos regulares.
　❸【部屋】*f.* habitación. ♦日本間 *f.* habitación de estilo japonés. ♦2間の家 *f.* casa de dos habitaciones. ♦6畳の間 *f.* habitación de seis "tatamis" [esterillas].
　《その他の表現》♦間がいい(=(物事が)タイミングがいい) *v.* ser* oportuno; (運がいい) *v.* tener* suerte。♦間が悪い(=きまりが悪い) *v.* sentirse* incómodo; (運が悪い) *v.* tener* mala suerte. ♦雑談をして間を持たせる *v.* pasar el tiempo charlando, matar el tiempo charlando. ♦そんなことをするとは彼は間が抜けている Es poco inteligente de su parte「que haga [hacer] tal cosa.

ま 魔 (悪魔) *m.* diablo, *m.* demonio. ♦魔よけ *m.* talismán. ♦魔の金曜日 *m.* martes (y) trece. ♦彼女が時計を万引したなんて魔がさしたにちがいない Debe haber sido una tentación del demonio por ella haya robado el reloj.

ま 真 ❶【真実, まじめ】♦真人間 *f.* persona honesta. ♦彼の言葉を真に受けてしまった Tomó sus palabras en serio.
　❷【まさに, ちょうど】♦真新しい車 *m.* coche flamante. ♦橋の真下に *adv.* justo debajo del puente. ♦その町はここから真北にある El pueblo está justo [exactamente] al norte de aquí.

*まあ ❶【ちょっと】*interj.* bueno. ♦まあ考えてもごらん Imagínate. ♦まあおかけください Tome asiento, por favor.
　❷《やや》*adv.* algo; bastante; (いく分) *adv.* algo; (およそ) *adv.* aproximadamente, más o menos, cerca de, a eso de; *adj.* unos; (言ってみれば, 例えば) digamos; por ejemplo; (いわば) *adv.* por「así decirlo [decirlo de alguna manera]; (ひょっとすると) *adv.* tal vez, quizás. ♦まあまあの成績 [regular]. ♦スペイン語の試験はまあまあできたと思う Creo que me salió bien el examen de español. ♦その芝居はまあ失敗だった La obra fue más bien un fracaso. ♦彼女はまあ好きなほうだ Ella es de las que me gustan. ♦値段はまあまあだ Tiene un precio razonable. ♦まあそんなところだ(いくつか例をあげた後で) O algo así, Más o menos. ♦彼は来ますよ, まあ10分もすれば Estará aquí dentro de unos diez minutos. ♦まあ生き字引といったところだ Él es, valga la expresión, un diccionario andante. ♦今夜はまあ雨だろう Esta noche tal vez llueva. ♦彼はまあ紳士と言える人だ Bueno, él es lo que se dice un caballero. ♦彼女はまあ60を越えてるでしょう Yo diría que pasa de los sesenta. 会話 芝居はどうだった―まあまあだった ¿Qué tal fue la obra? - Regular. / Ni bien ni mal. / Nada del otro mundo.
　❸【促し, なだめ】♦まあまあ太郎, 泣かないで Venga hombre, deja ya de llorar, Taro. ♦まあ(=お願い), そんなに怒らないで Bueno, bueno, no te「pongas así [enfades, enojes].
　❹【強意的に】♦まあお座りなさい Bueno, siéntese.

― まあ ❶【驚きなど】*interj.* Oh. ♦まあ, きれいな花だこと ¡Ay, qué flor tan bonita! ♦どうしたの Bueno, ¿y qué pasa? ♦まあ大変, どこへ鍵(を)を置いたのかしら ¡Vaya por Dios! ¿Dónde habré yo puesto las llaves? ♦まあよかった 彼は無事だった Gracias a Dios que está sano y salvo. ♦あらまあ, 箱がからっぽだわ ¡Anda! Si la caja está vacía. ♦私によくもまあそんな口がきけますね ¿Cómo te atreves a decirme una cosa así?
　❷【応答, 反応】会話 花子が結婚するんですって―まあ, 本当なの Me han dicho que se casa Hanako. - ¿De verdad? 会話 君がその花びんを割ったのか―ええ, まあそういうことです ¿Has roto ese jarrón? - Pues, sí, he sido yo. ♦それで Bueno, ¿y entonces? ♦まあ仕方がないさ Bueno, ¡qué le vamos a hacer! ♦まあまあ, それはお気の毒に No sé qué decirte. Lo siento mucho. ♦まあ, それはいい考えだわ Mira, eso es una buena idea.

マーガリン *f.* margarina.

マーガレット f. margarita.

マーク (印)f. marca; (ある内容を表す記号など)m. signo, f. señal; (銘柄)f. marca; (商標)f. marca registrada. ◆クマのマークのスポーツシャツ f. camiseta de deportes con marca de oso. ◆その会社の(トレード)マーク f. marca registrada de esa casa. ◆平和の(シンボル)マーク m. símbolo de la paz. ◆その船には赤十字のマークがついていた El barco llevaba la señal de la Cruz Roja.

マークアップげんご マークアップ言語《専門語》m. lenguaje de maquetación.

マークシート f. tarjeta de marcas. ◆マークシート式のテスト《英語》m. "test" de marcaje informatizado.

マーケット m. mercado. ◆家の近くのマーケットで肉を買う v. comprar carne en un mercado cerca de la casa. ◆新型車のマーケットの開拓をする v. desarrollar un mercado para nuevos modelos de automóviles.

マーケティング《英語》m. "marketing"; f. mercadotecnia. ◆マーケティングリサーチ(多角的市場分析調査)f. investigación de "marketing" [mercadotecnia].

マージする《専門語》v. fusionar.

マーシャルしょとう マーシャル諸島 Islas Marshall (☆オセアニアの国, 首都マジュロ Majuro); (公式名)f. República de las Islas Marshall.

マージャン《中国語》m. "mah-jong". ◆マージャン屋 f. tienda de "mah-jong". ◆マージャンのパイ f. ficha (pieza) de "mah-jong". ◆マージャンをする v. jugar* al "mah-jong".

マージン (利ざや)m. margen (de beneficios). ◆化粧品の商売はマージンが多い[少ない] El negocio de los cosméticos deja un margen ¹amplio [²escaso].

まあたらしい 真新しい adj. flamante, totalmente nuevo. ☞新しい, 新調

マーチ (行進曲)f. marcha.

まあまあ →まあ

マーマレード f. mermelada.

*****まい**–毎– ❶[...ごとに](すべてどの...も)adj. todos; (各...)adj. cada. ◆ほぼ毎日 mpl. casi [prácticamente] todos los días. ◆毎日そこへ行く v. ir* allí [allá] 「todos los días [a diario, diariamente]. ◆その雑誌なら毎号¹持っています[²読んでいます] ¹Tengo [²Me leo] todos los números de esa revista.
❷[...につき]◆毎秒 60 メートルで走る v. correr a 60 metros por segundo.

*****まい** –枚 (紙・ガラスなどの)f. hoja (de); (パンなどの)f. rebanada (de). ◆数枚の紙 fpl. varias hojas de papel. ◆1枚の紙切れ m. trocito de papel. ◆食パン2枚 fpl. dos rebanadas de pan. ◆写真3枚 fpl. tres fotos. ◆80円切手を5枚ください Déme, por favor, cinco sellos de 80 yenes. ◆フィルムはあと何枚残っていますか ¿Cuántas tomas te quedan? ◆このフィルムはあと3枚(=こま)残っている「撮れる」Me quedan tres tomas en「este rollo [esta película].

–**まい** ◆あしたは雨は降るまい No creo que llueva mañana. ◆彼はとうとう試験には受かるまい No es posible que apruebe. / Es imposible que apruebe. ◆彼はけっしてそこへは行くまい Él jamás [nunca] irá allí. ◆いったいどうしてそんな危険を冒したの。警告されなかったわけじゃあるまいし ¿Qué te hizo correr ese riesgo? No sería porque no fuiste avisado.

まいあがる 舞い上がる (鳥などが)v. volar*, remontarse; (風で)v. volarse*; (渦を巻いて)v. arremolinarse; (揺り動かされて)v. levantarse. ◆ワシが空高く舞い上がった El águila voló [se remontó] alto en el cielo. ◆風が吹くたびにほこりが舞い上がった A [Con] cada ráfaga de viento se levantaba polvo.

まいあさ 毎朝 todas las mañanas, cada mañana. ◆毎朝早く起きる v. madrugar* [levantarse temprano] todas las mañanas.

マイアミ Miami.

まいおりる 舞い降りる (さっと降りる)v. descender* rápidamente; (飛んできて降りる)v. posarse. ◆ふわりと舞い降りる v. posarse suavemente [《教養語》grácilmente].

マイカー (個人用)m. coche (de + 人), m. coche (m. automóvil) privado; (家族用)m. coche de familia. ◆マイカー族 mf. conductor /tora propietario/ria. ◆マイカーで通勤する v. ir* al trabajo en su propio coche.

まいかい 毎回 ◆彼は会合には毎回出席する Siempre asiste a la reunión. / Asiste a todas las reuniones. ◆私は試験では毎回ミスをする Cometo algunas faltas en todos los exámenes.

マイク m. micrófono.

マイクロ micro-. ◆マイクロチップ《英語》《専門語》m. "microchip", 《専門語》f. microplaqueta. ◆マイクロバス m. minibús, m. microbús. ◆マイクロフィルム m. microfilm(e). ◆新聞をマイクロフィルムに収める v. microfilmar los periódicos.

マイク(ロホン) m. micrófono, m. micro. ◆ハンド[²つり下げ]マイク m. micrófono ¹de mano [²colgante]. ◆隠しマイク m. micrófono oculto [secreto]. ◆感度のよいマイク m. micrófono sensible. ◆マイクに向かって[を通して]話す v. hablar por el micrófono. ◆入っていますか。マイクは入っていますか ¿Se oye? ¿Está puesto el micrófono?

まいげつ 毎月 (すべての)adv. todos los meses; (それぞれの)m. cada mes.

まいご 迷子 m. niño perdido [extraviado]. ◆その子は森の中で迷子になった El niño se perdió [extravió] en el bosque.

マイコプラズマしょう マイコプラズマ症 《専門語》f. micoplasmosis.

まいこむ 舞い込む (花びらなどが)v. entrar volando (en); (手紙などが)v. recibir (una carta) de improviso.

マイコン m. microordenador.

まいじ 毎時 adv. todas las horas, a cada hora. ◆その列車は毎時 240 キロ(の速さ)で走る El tren corre a 240 kilómetros la [por] hora. ◆列車は毎時10分に発車する A cada hora en punto sale un tren.

まいしゅう 毎週 (すべての)adv. todas las semanas; (それぞれの) f. cada semana. ♦毎週1度の会合 f. reunión [junta] semanal. ♦毎週日曜日にそこへ行く ir allí [allá] 「todos los domingos [cada domingo, los domingos]. ♦彼は毎週電話をくれた Todas las semanas me telefoneaba. ♦毎週火曜日の9時に来られますか ¿Puedes venir a las nueve todos los martes?

まいしん 邁進 ▶¹仕事 [²研究] に邁進する v. seguir* adelante con el ¹trabajo [²estudio].

まいすう 枚数 m. número de hojas. ♦試験が終わったら回収した解答用紙の枚数を確認してください Cuando acaben el examen, hagan el favor de comprobar el número de hojas que han recogido.

まいそう 埋葬 m. entierro, 《教養語》f. inhumación. ▶埋葬する v. enterrar*, 《口語》dar* tierra, 《教養語》inhumar, dar* sepultura, sepultar. ▶彼の埋葬式を営む v. celebrar (su) entierro.

まいぞう 埋蔵金 m. oro enterrado. ♦埋蔵物 (鉱石などの) mpl. yacimientos, mpl. depósitos; (持ち主不明の発掘物) m. tesoro (oculto). ♦埋蔵量 fpl. reservas.

まいちもんじ 真一文字 ▶(矢などが) 真一文字に飛ぶ v. volar* en línea recta. ▶真一文字に突進する v. salir* disparado en línea recta. ▶真一文字に口 (= 唇) を結ぶ v. apretar* firmemente los labios.

まいつき 毎月 (すべての) adv. todos los meses; (それぞれの) m. cada mes. ♦毎月1度の会合 f. reunión [f. junta] mensual. ♦毎月そこへ行く v. ir* allí [allá] todos los meses.

まいど 毎度 adv. todas las veces; (それぞれの) f. cada vez. ♦彼は毎度 (= 毎回) 失敗している Fracasa [Falla] siempre. ♦毎度 (= 度々) お手数をおかけして申し訳ありません Perdón por andarle molestando siempre. / Siento molestarle tantas veces. ♦彼は遅れて来るのが毎度 (= いつも) のことだ Siempre llega tarde.

まいとし 毎年 (すべての) adv. todos los años; (それぞれの) m. cada año.

マイナー ▶マイナーな (= 重要でない) 詩人 m. poeta 「de segundo orden [secundario, menor]. ▶マイナーリーグ f. liga menor.

マイナス ❶【引く】adv. menos. ▶マイナス記号 m. signo de menos, m. menos. ♦6マイナス10は マイナス4 6 menos 10 igual a menos 4. ♦温度はマイナス20度だ La temperatura es de 20 grados bajo cero.
❷【不利】f. desventaja, m. inconveniente. ▶核家族のマイナス面 f. desventaja [m. inconveniente] de una familia nuclear. ♦彼のまじめさがかえってマイナスになった Al final su diligencia resultó ser un inconveniente. 《その他の表現》▶マイナス成長 m. crecimiento económico negativo. ▶マイナス・イメージ f. imagen negativa, f. mala imagen. ▶プラスマイナスゼロになる v. quedarse igual [tal como estaba].

***まいにち 毎日** (すべての) adv. todos los días; (それぞれの) m. cada día. ♦毎日 (= 1日1日) の生活 f. vida cotidiana [de todos los días], el vivir diario. ♦彼は毎日そこへ行く Va allí [allá] 「todos los días [cada día, a diario, diariamente]. ♦彼は毎日のように電話をしてきた Me llamaba casi 「a diario [todos los días]. ♦私は毎日毎日 (= 来る日も来る日も) その仕事をした Trabajaba en ello 「todos los días [diariamente].

***まいねん 毎年** (すべての) adv. todos los años; (それぞれの) m. cada año, adv. anualmente. ♦毎年の行事 m. acto [m. evento] anual. ♦私は1年年 [²毎年夏休みには; ³毎年1回に] 帰省する ¹Todos los años [²Todas las vacaciones de verano; ³Por lo menos una vez al año] vuelvo a casa. ♦毎年今ごろは雨が多い Todos los años por estas fechas 「llueve mucho [tenemos mucha lluvia].

まいばん 毎晩 (すべての) adv. todas las noches; (それぞれの) f. cada noche. ▶毎晩のテレビ番組 mpl. programas nocturnos de televisión. ♦毎晩外出する v. salir* todas las noches.

マイペース ❶【速度】adv. al ritmo [paso] de uno, al propio ritmo.
❷【方法】adv. a la manera de uno, a su manera. ▶マイペースでやる v. hacer* las cosas a su modo [manera].

マイホーム m. hogar, f. casa propia. ▶マイホーム主義 f. vida orientada 「a la familia [al hogar]. ▶マイホーム主義の男 m. hombre hogareño, m. hombre de su casa. ♦彼は東京の郊外にマイホームを持っている Tiene su propia casa en las afueras de Tokio.

まいぼつ 埋没 ▶(雪に) 埋没する v. quedar enterrado (bajo la nieve). ♦仕事に埋没する v. sumergirse* [enfrascarse*] en el trabajo.

まいもどる 舞い戻る ▶犯人は必ず犯行現場に舞い戻るだろう El criminal volverá [regresará] a la escena del crimen.

マイモニデス [イブン・マイムン] Moisés Ben Maimón Maimónides (☆1135?-1204, ユダヤ教徒の医師・哲学者).

まいよ 毎夜 (すべての) adv. todas las noches; (それぞれの) f. cada noche.

まいる 参る ❶【行く】v. ir*; (相手のところへ行く) v. venir*; llegar*. → 行く. ♦ただ今参ります Ya voy. / Voy. / (店員が) Voy enseguida [ahora mismo].
❷【来る】v. venir*; (到着する) v. llegar*. ♦すぐもどって参ります Vuelvo enseguida [en un momento, ahora]. ♦間もなくお車が参ります Su coche estará aquí en un momento.
❸【参詣する】▶¹寺 [²神社] に参る v.「visitar un [ir* a rezar* al] ¹templo [²santuario].
❹【負ける】(耐えられない) v. no poder* soportar [aguantar]; (勝負などで) v. estar* derrotado [vencido]; (あきらめる) v. rendirse*, darse* por vencido. ♦参ったと言う v. reconocer* la derrota, declararse* vencido. ♦この寒さには参った (= 耐えられない) No puedo aguantar este frío. / Este frío es insoportable. ♦どうだ, 参ったか ¿Qué? ¿Te rindes? / ¿Te das por vencido, entonces? ♦こいつは一本参った (= やられた) Me rindo. / Me doy por

マイル

vencido. / Me has ganado.
❺【困る】(困惑する) v. quedar(se) perplejo; (窮地に立っている) v. estar* en un apuro [aprieto]; (疲れはてる) v. estar* agotado 《口語》rendido, 《教養語》exhausto; (苦しむ) v. sufrir; (体調をくずす) v. enfermarse (súbitamente), tener* un colapso. ▶精神的に参る v. estar* emocionalmente agotado. ◆彼のマナーの悪さには参ったよ Me daba vergüenza de 「sus modales [su falta de educación]. ◆彼は徒歩旅行の後すっかり参っていた (= 疲れきっていた) Después de la caminata estaba agotado. ◆彼は風邪で参っている Está sufriendo un resfriado. ◆休暇を取らないと体が参ってしまいますよ Si no te tomas unas vacaciones, vas a agotarte.
❻【ほれこむ】v. enamorarse 《de》. ◆彼はあの娘にすっかり参っている Está locamente [perdidamente] enamorado de esa chica.

マイル f. milla. ▶5マイル半 fpl. cinco millas y media. ▶時速50マイルで走る v. correr a 50 millas por [la] hora.

マインド ▶マインドコントロール m. control mental.

まう 舞う (舞いを) v. bailar, danzar* → 踊る; (チョウ・木の葉などが) v. revolotear, volar*; (回転しながら) v. arremolinarse; (鳥が) v. volar*; (旋回して) v. dar* vueltas; (空高く舞い上がる) v. elevarse. ◆木の葉が風に舞っている Las hojas están volando con el viento.

マウイとう マウイ島 Maui.

まうえ 真上 ▶真上に[の] adv. justo [justamente] encima 《de》, (おおいかぶさるように) adv. justo sobre. ▶月を見に来て真上に出ているよ Ven a ver la una; está justo encima (de nosotros)

まうしろ 真後ろ (すぐ後ろに) adv. justo [justamente, directamente] detrás 《de》. ◆小犬が彼女の真後ろにいた El perrito estaba justo detrás de ella.

マウス ❶【二十日ネズミ, コンピュータのマウス】m. ratón.
❷【口】f. boca. ▶マウスピース (楽器の) f. boquilla, (ボクサーの) m. protector (de dentadura).

マウス・ポインタ 《専門語》m. puntero del ratón.

マウンテンバイク f. bicicleta de montaña.

マウンド (野球の) m. montículo (del lanzador). ▶マウンドに立つ v. estar* en el montículo.

マウントクック Monte Cook.

＊＊まえ 前 ❶【場所】(前部, 前面) f. frente, f. parte delantera.

1《前の》; (正面の, 最前の) adj. delantero, frontal; (前方の) adj. delantero; (順序の前の) adj. anterior, 《教養語》previo. ▶前の席に座る v. sentarse* delante, tomar un asiento delantero. ◆列車の一番前の車両に座席を見つける v. encontrar* un asiento en el 「vagón de lantero [primer vagón] del tren. ▶前のページに adv. en la página anterior. ◆前の席にすわっていいかな。後ろだと酔うんだ ¿Te importa si me siento delante? Es que atrás me mareo.

2《~(の)前の[に, で, を]》; (...の前に) prep. delante de, enfrente de, por delante de; (...の前方に) adv. delante, al frente; (...の面前で) prep. en presencia de. ▶教室の前に座る v. sentarse* al frente de la clase. ▶ハンドルの前に (= 運転席に座る v. sentarse* [ponerse*] al volante. ▶聴衆の前で話す v. hablar ante el público; (話しかける) v. dirigirse* al público. ▶建物の前を通過する v. pasar por delante del edificio. ◆バスの前の方はすいていた La parte「de delante [delantera] del autobús no está llena. ◆駅前の本屋はとても大きい La librería que hay delante de la estación es muy grande. / La librería (que hay) enfrente de la estación es muy grande. ◆私は人の前で侮辱された Me insultaron「delante de los demás [en público]. ▶彼 [2母] の前でそのことを話さないでください No hables de eso [1]en su presencia [[2]en presencia de mi madre]. / No hables de eso cuando esté [1]él [[2]mi madre]. ◆彼は危険を前にしても冷静だった Permaneció tranquilo incluso ante el peligro. ◆彼は私の前を走っている Va corriendo delante de mí.

3《前に[を, へ, から]》; (前方へ) adv. hacia adelante, (前方の位置に) adv. al frente, delante. ▶前に進む v. ir* (hacia) adelante, avanzar*, seguir* adelante. ▶1歩前に出る v. dar* un paso 「al frente [adelante]. ▶前に進み出て握手する v. adelantarse y dar* la mano. ◆前を見ろ Mira delante [enfrente, de frente]. 会話 ごめんなさい―どうして前を見て歩かないんだ ¡Oh, perdone! ― ¿Por qué no miras por dónde vas? ◆この単語は5ページほど前に (= 戻った所に) 初めて出てくる Esta palabra sale por primera vez cinco páginas antes. ◆彼をもっとよく見ようと何列か前に出た Me adelanté varias filas para verlo [verle] mejor. ◆われわれは前から2列目 [2彼より3列前] に座った Nos sentamos [1]en la segunda fila por delante [[2]tres filas delante de él].

❷【時】(以前) adv. antes; (以前に一度) f. una vez; (昔は) adv. anteriormente, antes; (前は...だった) v. soler*, acostumbrar*; (この前) adv. la última vez, la otra vez. ◆その町には前に行ったことがある He visitado antes esa ciudad. Esa ciudad ya la había visitado. ◆彼は前ほど勉強しない No estudia tanto como antes [entonces]. / Antes estudiaba más. ◆この前彼に会ってから2年たつ Hace dos años que no lo [le] veía. / No lo [le] veía desde hacía dos años. ◆この前に電話したときは彼は留守でした「La última vez que lo [le] llamé [Cuando lo [le] llamé la otra vez], no estaba. ◆彼女は前より元気そうだった Tenía mejor aspecto que la última vez.

1《前の》; (時間・順序が) adj. anterior, previo; (時間的にすぐ前の) adj. último; (昔の) adj. precedente, (古い) adj. antiguo, (前頭) ex-. ▶前からの約束 (= 先約) m. compromiso anterior. ◆米国の前の大統領 el ex-presidente [antiguo presidente] de Estados Unidos. ◆田中氏の前の総理大臣 *m.* primer ministro anterior al Sr. Tanaka. ◆二日前の新聞 *m.* periódico de hace dos días. ◆今度の秘書の方が前の秘書よりタイプを打つのが速い La nueva secretaria escribe a máquina más rápido que la de antes. ◆この前の授業に出たかい ¿Has asistido a「la clase anterior [esta última clase]? ◆「前の晩彼に会った」と彼女は言った Dijo que le había visto la noche anterior.

2《〜前に[から, まで]》*adv.* antes 《de, de que ＋ 接続法》; (今より…前に) *prep.* hace; (時刻で, …分前) *adv.* menos; (事前に) *adv.* por adelantado, anticipadamente. ◆7時15分前に *adv.* a las siete menos cuarto (☆a las seis cuarenta y cinco ともいう). ◆15時 [2時かける]ちょっと前にお電話ください Llámeme un poco antes de ¹las cinco [²que salga]. ◆私は発車の10分前に駅に着きました Llegué a la estación 10 minutos antes de salir el tren. 会話 間に合うかしら一時間前に着くと思う ¿Llegaremos a tiempo? – Creo que llegaremos antes. ◆「夫は 3 年前に死んだ」と彼女は言った Dijo: Mi marido murió hace tres años. / Dijo que su marido había muerto「tres años antes [hacía tres años]. ◆松江には何年前に来られましたか ¿Cuántos años hace que vino usted a Matsue? / ¿Cuándo vino a Matsue la última vez? / ¿De cuándo ya 松江にいらっしゃいますか ¿Cuánto tiempo lleva usted en Matsue? ◆切符は三日前に売り出されます Las entradas se ponen en venta tres días antes. ◆家に帰って夕食をとらないときは必ず妻に2・3時間前に知らせておきます Cuando no voy a estar en casa para cenar, siempre aviso a mi esposa un par de horas antes. ◆彼は1週間前から病気です Lleva enfermo una semana. /「Hace una semana que [Desde la semana pasada] está enfermo. ◆われわれはずっと前からの知り合いです Hace mucho que nos conocemos. ◆2,3 年前までここにレストランがあった Hasta hace dos o tres años había aquí un restaurante. ◆少し前に太郎から電話があった Hace poco me llamó Taro. / Taro me ha llamado「un poco [el más reciente] antes. ◆少し前に(＝最近)花子と駅でばったり会った Hace un momento me tropecé con Hanako en la estación.

3《〜より前に》◆6月10日より前に来てください Por favor venga antes del 10 de junio.

❸【人数に相当する数量】(料理の 1 人前) una ración, *f.* comida para uno. ◆4人前の食事の用意をする *v.* preparar comida para cuatro personas, preparar cuatro comidas. ◆3人前働く *v.* hacer* [realizar*] el trabajo de tres hombres. ◆彼は3人前食べた Se comió tres raciones [platos] de fideos.

【その他の表現】◆彼は20歳前の No tiene más de 20 años. ◆この寺院は千年前に建てられた Este templo tiene mil años. / (さかのぼる) Este templo「data de [fue construido] hace mil años.

まえあし 前足(足先・脚部) *f.* pata delantera.

まえうしろ 前後ろ◆帽子を前後ろにかぶっている *v.* llevar la gorra del [al] revés.
まえうり 前売り(切符の) *f.* venta「por anticipado [anticipada]. ◆前売券 *f.* entrada de venta anticipada. ◆前売りする *v.* vender por anticipado.
まえおき 前置き(予備的な) *m.* preámbulo, *f.* observación preliminar; (導入的な) *f.* observación introductoria. ◆少し前置きをする *v.* hacer* algunas observaciones preliminares.
まえかがみ 前屈み◆前かがみで歩く *v.* andar* [caminar] agachado, inclinarse al andar*. ◆少し前かがみになる *v.* inclinarse ligeramente.
まえがき 前書き *m.* prólogo, *m.* prefacio.
まえかけ 前掛け *m.* delantal.
まえがみ 前髪(おかっぱにした) *m.* flequillo,『ラ米』*m.* cerquillo. ◆前髪をおろしている *v.* llevar flequillo.

地域差 **前髪**
〔全般的に〕 *m.* flequillo
〔キューバ〕 *m.* cerquillo
〔メキシコ〕 *m.* copete, *m.* fleco
〔ペルー〕 *m.* cerquillo
〔コロンビア〕 *m.* capul
〔アルゼンチン〕 *m.* cerquillo, *m.* fleco

まえがり 前借り◆給料から2万円前借りする *v.* recibir un anticipo de 20.000 yenes del [sobre el] salario.
まえきん 前金 *m.* anticipo, *m.* pago anticipado.
マエストロ *m.* maestro.
まえだおし 前倒し *f.* ejecución adelantada. ◆公共事業の前倒し *f.* ejecución adelantada de obras públicas.
まえば 前歯 *m.* diente delantero [《専門語》incisivo].
まえばらい 前払い *m.* adelanto, *m.* pago por adelantado. ◆税金を前払いする *v.* pagar* los impuestos por adelantado.
まえぶれ 前触れ(前兆) *f.* señal, *m.* preludio; (吉凶などの) *m.* presagio; (好ましくないことの) *f.* señal; (予告) *m.* aviso (previo). ◆春の前触れ *f.* señal de la primavera. ◆台風の前触れ *f.* señal [*m.* presagio] de un tifón. ◆何の前触れもなく訪れる *v.* visitar sin avisar. ◆何の前触れもなく雨が降り出した Se puso a llover inesperadamente.
まえむき 前向き◆前向きの(＝建設的な)批判 [意見]¹ *f.* crítica [² *f.* opinión] positiva [constructiva]. ◆前向きの(＝積極的な)姿勢を取る *v.* adoptar una postura positiva. ◆その問題に前向きに対処する *v.* tratar el asunto de manera constructiva [positiva]. ◆私が求めていたのは前向きの考えです Todo lo que quiero es una mentalidad constructiva.
まえもって 前もって *adv.* de antemano, con tiempo; (もっと早く) *adv.* antes, más temprano. ◆8月分の仕事を前もってする *v.* hacer* el trabajo de agosto con anticipación. ◆来るのなら前もって知らせておいてくれればよかったのに

Ojalá me hubieras avisado con tiempo de tu llegada. / Ojalá (que) me hubieras dicho de antemano que ibas a venir. ◆遅れるようでしたら前もって電話で連絡してください Llame antes si se retrasa. ◆なぜ前もってそう言わなかったんですか ¿Por qué no lo dijiste antes? ◆前もって決めておいた時間にはだれも来なかった Nadie vino a la hora previamente fijada.

まがいもの まがい物 (模造品) *f.* imitación; (いんちき品) *f.* falsificación; (偽物) *f.* falsificación, *f.* imitación. ▶まがい物のダイヤ *m.* diamante falso [de imitación].

マカオ Macao, 《ピンイン》Aomen (☆中国の特別行政区).

まがお 真顔 ▶真顔で(真剣な顔で) *adv.* con la cara seria. ▶真顔になる *v.* ponerse* *serio.*

マガジン *f.* revista. ▶マガジンラック *m.* revistero.

まかす 負かす (スポーツ・碁などで) *v.* ganar; (戦いなどで) *v.* derrotar, vencer*, (強調して) *dar*「una paliza [《スペイン》《口語》un baño]. ◆彼らは我がチームを3点差で負かした Ganaron a nuestro equipo por tres puntos [tantos]. ◆彼女は議論で私を負かした Ella me ganó en la discusión. ◆彼はその試合でてんてんに負かされてしまった Fue completamente derrotado en el partido. / Le dieron「una paliza [《スペイン》《口語》un baño] en el partido. ☞攻略, 倒す

・**まかせる** 任せる ❶【ゆだねる】 *v.* dejar 《事》(*a* + 人), encargar* 《*a* + 人》《*de* + 事》; (信用して大事なものを委託する) *v.* confiar* (A *a* B). ▶財産管理を彼に任せる *v.* encargarle* (la administración) de la propiedad, confiarle* la propiedad. ▶いっさいを運に任せる *v.* dejar todo「al destino [《口語》a la buena de Dios]. ◆その問題の解決は弁護士に任せた Le he dejado la solución del problema al abogado. / Le he encargado al abogado「la solución del asunto [que solucione ese asunto]. 会話 パーティーにはだれを呼ぼうか――一切君に任せるよ ¿A quién vamos a invitar a la fiesta? – Te lo dejo a ti. ◆子供たちの世話を彼女に任せられるだろうか ¿Podremos confiarle que nos cuide a los niños? / ¿Podemos encargarle a ella el cuidado de nuestros hijos? ◆承知した. 一切任せておいてくれ De acuerdo, dejámelo todo a mí. / Está bien, yo me encargo de todo.

❷【放任する】(…させておく) *v.* dejar; (放っておく) *v.* dejar, abandonar. ▶自然の成り行きに任せる *v.* dejar que (las cosas) sigan su curso. ▶激情に身を任せる (=身をゆだねる) *v.* entregarse* a las pasiones. ◆家のことは妻に任せている Dejo que mi mujer [esposa] lleve la casa. ◆彼は畑を荒れるに任せた Dejó que los campos se volvieran baldíos.

❸【存分に使う】▶力に任せて(=全力で)彼を殴る *v.* golpearle[le] con toda la fuerza. ▶暇に任せて読書する *v.* leer* cuando 《*a* + 人》 le conviene. ◆彼は金に任せて(=費用はお構いなし に)家を建てた Se construyó la casa sin reparar en gastos.

まかない 賄い ▶賄い付きの下宿 *f.* pensión, *f.* pensión completa. ◆ぼくは賄い付きで月10万円払う Pago 100.000 yenes al mes por pensión completa.

まかなう 賄う (食事を) *v.* proveer(le)* de la comida; (費用などを) *v.* cubrir* (los gastos). ◆彼の収入は家計を賄うに十分だ Sus ingresos bastan [son suficientes] para mantenerlo [le] [cubrir sus gastos domésticos].

まがり 間借り ▶間借り人 *mf.* inquilino/*na*. ▶間借り料 *m.* alquiler. ▶間借りする *v.* alquilar una habitación. ▶間借り生活をする *v.* vivir en una habitación alquilada.

まがりかど 曲がり角 (街角) *f.* esquina; (転換期) *m.* momento decisivo [crucial], *f.* fase crítica. ◆学校制度もついに曲がり角にきた El sistema escolar ha entrado por fin en una fase crítica.

まがりくねる 曲がりくねる (川・道などが) *v.* serpentear, hacer* meandros, dar* vueltas. ◆曲がりくねった道 *f.* carretera sinuosa. ◆小道は山腹を曲がりくねって上っている El sendero va serpenteando montaña arriba. ◆小川は谷間の中を曲がりくねって流れている El arroyo va por el valle haciendo meandros.

まかりとおる 罷り通る ◆なぜこんな不法行為がまかり通るのか理解できない No podemos entender por qué se consiente una acción tan ilegal.

まがりなりにも 曲がりなりにも (どうにかこうにか) *adv.* de una forma u otra; al fin y al cabo; (不満足ながら) *adv.* mal que bien, (sea) como sea; (不完全ながら) *adv.* aunque imperfectamente, 《口語》a trancas y barrancas. ◆彼は苦労して曲がりなりにも大学を出た「De una forma u otra [《口語》A trancas y barrancas] logró terminar la universidad. ◆曲がりなりにも彼は原稿を書き終えた Mal que bien acabó de escribir su manuscrito.

まかりまちがう 罷り間違う (最悪の場合には) *adv.* en el peor de los casos; (事態がうまく行かなければ) *adv.* poniéndose en lo peor, lo peor que puede pasar. ◆まかり間違えば命を落とすことになるだろう Lo peor que puede pasarte es que pierdas la vida.

・**まがる** 曲がる ❶【まっすぐでなくなる】(直線の物が力を受けて) *v.* doblarse; (弧を描いて) *v.* curvarse; (向きを変える) *v.* dar* la vuelta, girar, volver*; (曲がりくねる) *v.* serpentear, hacer* meandros; (ねじれる) *v.* torcer*, retorcer*; (まっすぐでない) *adj.* torcido; (よじれて) *adj.* retorcido. ▶曲がった道 *f.* carretera sinuosa [con muchas curvas]. ▶曲がった針金 *m.* alambre torcido [doblado]. ▶道の曲がった所 *f.* curva [*m.* giro] en la carretera. ◆鉛は容易に曲がる El plomo se dobla fácilmente. ◆その道路はそこで左へ曲がっている Allí la carretera gira [dobla] a la izquierda. ◆その川はくねくね曲がって流れている El río va「haciendo meandros [dando vueltas]. ◆ネクタイが曲がっているよ. 直しなさい Tienes [Llevas] la corbata torcida. Ponla derecha.

[地域差] 曲がる(自動車が)
〔全般的に〕v. doblar
〔スペイン〕v. v. girar, torcer
〔キューバ〕v. v. girar, virar, voltear, volver
〔メキシコ〕v. dar* vuelta, voltear
〔ペルー〕v. voltear
〔コロンビア〕v. virar, girar, voltear
〔アルゼンチン〕v. dar* vuelta, girar, virar

❷【かがむ】v. estar* encorvado. ◆彼は老齢で腰が曲がっている Está encorvado por la edad. ◆背中が曲がっているよ. まっすぐに座りなさい ¡No dobles la espalda! ¡Siéntate derecho!
❸【心がねじける】v. estar* torcido, ser* torcido. ◆彼は根性が曲がっている Tiene la mente torcida. / Su mente está torcida. / (物事をすなおに見ない)No puede ver las cosas tal como son.
❹【進行方向を変える】v. girar, doblar, torcer*. ◆その角(½)を曲がったところにある銀行 m. banco que está a la vuelta de la esquina. ◆車は角(½)を右へ曲がった El coche [automóvil] giró [dobló, torció] a la derecha. ◆角(½)を曲がろうとして自転車から落ちた Me caí de la bicicleta al doblar la esquina.
《その他の表現》曲がった(=不正な)ことのきらいな人 f. persona que odia la injusticia. ◆曲がりなりにも →曲がりなりにも.
☞折れる, 撓う, 撓む

マカロニ mpl. macarrones.

まき 巻 (書物区分)m. volumen, m. tomo. ◆巻1 m. primer volumen, m. tomo [m. volumen] primero.

まき 薪 f. leña. ◆暖炉用に薪を割る v. cortar leña a la chimenea. ◆薪をくべる v. echar leña al fuego.

まきあげる 巻き上げる (カーテンなどを) v. enrollar; (風が落ち葉などを) v. arremolinar, levantar (volando); (だまし取る) v. estafar, timar, 《口語》birlar; (暴力・脅迫によって)v. robar 《a + 人》el dinero. ◆突風が街路の落ち葉を巻き上げた Una ráfaga de viento levantó de la calle las hojas caídas. ◆青年はその婦人から5百万円をまんまと巻き上げた El joven consiguió estafar a la mujer 5 millones de yenes.

まきおこす 巻き起こす (引き起こす) v. causar; (生み出す) v. crear. ◆この手紙は政府内にひと騒動巻き起こすだろう Esta carta causará un alboroto en el gobierno.

まきかえし 巻き返し (返り咲き) m. regreso, f. vuelta, f. reaparición; (回復) f. recuperación. ◆巻き返しを図る v. intentar volver*, tratar de regresar, intentar una reaparición. ◆巻き返しに転じる(=勢力を盛り返す) v. recuperar la fuerza.

まきかえす 巻き返す (巻き戻す) v. rebobinar.

まきげ 巻き毛 m. pelo rizado [《教養語》《文語》ensortijado], mpl. rizos; (長く垂れ下がった) m. rizo; (ウェーブのある) m. bucle, (縦ロール) m. tirabuzón.

[地域差] 巻き毛の
〔全般的に〕adj. rizado
〔メキシコ〕adj. chino
〔ペルー〕adj. crespo
〔コロンビア〕adj. crespo, adj. ondulado
〔アルゼンチン〕adj. enrulado

まきこむ 巻き込む ❶【回転物などに】v. quedar [ser*] atrapado, 《口語》pillarse. ◆指をローラーに巻き込む v. pillarse los dedos en un rodillo. ◆ダンプカーに巻き込まれる v. ser* atrapado bajo un volquete. ◆渦に巻き込まれる v. ser* atrapado en una vorágine.
❷【関係に引き入れる】v. estar* [quedar] implicado 《en》, 《口語》estar* revuelto 《en》. ◆犯罪に巻き込まれる v. verse* implicado en un crimen.

まきじた 巻き舌 ◆巻き舌で(=r音をふるわせて)話す v. pronunciar con vibración; hablar haciendo vibrar las erres.

まきじゃく 巻き尺 f. cinta 「de medir [métrica], m. metro, 《ラ米》m. centímetro.

まきぞえをくう 巻き添えを食う v. 「verse* implicado [quedar comprometido]《en》.

まきた 真北 ◆真北に adv. justo al norte, exactamente al norte. ◆駅はここから真北10キロの地点にあります La estación está a 10 kilómetros justo al norte.

まきちらす 撒き散らす (ばらまく) v. derramar, esparcir*; (投げ散らかす) v. desparramar, 《口語》tirar por ahí; (水・粉などを振りかける) v. echar, rociar*; espolvorear; (うわさなどを広める) v. divulgar*, extender*. ◆床に水をまき散らす v. salpicar* agua en el suelo. ◆金をまき散らす (=浪費する) v. derrochar [malgastar] el dinero; (ばかげたむだ遣いをする) v. despilfarrar el dinero ☞掛[架]ける, 散布

まきつく 巻き付く v. enrollarse; (蛇・つるなどが) v. enroscarse*. ◆ツタが木に巻きついている La hiedra se ha enroscado alrededor del árbol.

まきつける 巻き付ける v. enrollar, enroscar*. ◆棒にロープを巻き付ける v. enrollar una cuerda alrededor de un palo. ◆髪の毛をカーラーに巻き付ける v. enroscarse* el pelo en rulos.

まきとる 巻き取る v. enrollar, bobinar. ◆フィルムを巻き取る v. bobinar la película en otro rollo, enrollar la película en otra bobina.

まきば 牧場 (放牧地) f. pradera, m. prado, m. pastizal.

まきもどし 巻き戻し m. rebobinado, m. rebobinaje. → 巻き戻す.

まきもどす 巻き戻す v. rebobinar. ◆テープを巻き戻す v. rebobinar una cinta.

まきもの 巻き物 m. rollo de escritura o ilustraciones. ◆巻き物を広げる v. abrir* un rollo.

マキャベリ (ニッコロ～) Nicolás Maquiavelo (☆1469-1527, イタリアの政治家・思想家).

まぎらす 紛らす (人を) v. distraerse*, entretenerse*; (時間を楽しく) v. pasar agradablemente, entretener* 《+現在分詞》; (悲しみなどを)v. disimular, esconder, ahogar*. ◆話をして気を紛らす v. distraerse* charlando. ◆本を読んで退屈な時間を紛らす v. 「pasar agradablemente [entretener*] las tediosas horas leyendo un libro. ◆悲しみを笑いに紛ら

まぎらわしい

す v. disimular la pena con una sonrisa. ▶悲しみを酒で紛らす v. ahogar* el sufrimiento con el alcohol.

まぎらわしい 紛らわしい (混乱させる) adj. confuso, 《教養語》equívoco, (惑わせる) adj. engañoso, (あいまいな) adj. vago, ambiguo. ◆この二つの単語は大変紛らわしい Estas dos palabras son muy confusas.

まぎれこむ 紛れ込む ▶人込みの中に紛れ込む v. mezclarse con la multitud; (消える) v. perderse* en el gentío. ◆ひょっとして私の本が君の本の中に紛れ込んでいませんか ¿No estará mi libro confundido entre los tuyos?

-まぎれに 紛れに ▶悔しまぎれに (=悔しさに駆り立てられて) adv. empujado por el despecho. ◆彼女は腹立ちまぎれに (=かっとなって) 夫をののしった En un arrebato de ira insultó a su marido. ◆彼は苦しまぎれに (=窮地に追い込まれて) うそをついた Acorralado, dijo una mentira.

まぎれもない 紛れもない (間違えようのない) adj. inconfundible, 《教養語》inequívoco; (見てすぐわかる) adj. evidente, claro, 《教養語》obvio. ◆紛れもない事実 m. hecho indudable; (絶対的真実) f. verdad absoluta; (議論の余地のない事実) m. hecho indiscutible. ◆そのダイヤは紛れもなく (=疑いもなく) 本物だ Ese diamante es indiscutiblemente auténtico.

まぎれる 紛れる (人の気持ちが) v. estar* distraído [entretenido]; (時間が) v. pasarse agradablemente; (混ざり合う) v. mezclarse [confundirse] 《con》. ▶音楽で気が紛れる v. estar* entretenido con la música. ▶人ごみに紛れて逃げる v. mezclarse [confundirse] con la multitud y escapar. ▶やみに紛れる v. estar* perdido en la oscuridad; (やみに乗ずる) v. aprovechar la oscuridad. ▶どさくさに紛れて (=の中で[間に]) 車を盗む v. aprovechar la confusión para robar un coche. ◆彼の話で彼女の悲しみは紛れた Su conversación la distrajo de la pena. ◆忙しさに紛れて, ごぶさたしております Estaba demasiado ocupado para escribirle. ◆彼はどさくさに紛れて (=を利用して) 行方をくらました Desapareció aprovechando la confusión.

まぎわ 間際 ▶閉店間際に adv. justo antes de la hora de cierre. ▶私は出発間際にその手紙を受け取った Estaba a punto de salir cuando me llegó la carta. ◆彼は死ぬ間際まで元気だった Estaba sano justo antes de「su muerte [morirse].

まく 巻く ❶【包む】(巻きつける) v. envolver, cubrir*; (包帯を) v. vendar. ▶マフラーを首に巻く v. abrigarse* [envolverse*] el cuello con una bufanda; ponerse* una bufanda al cuello. ▶指に包帯を巻く v. vendarse el dedo; envolverse* el dedo con una venda.

❷【物を巻く】v. enrollar, arrollar, liar*; (時計のねじを) v. dar* cuerda; (丸める) v. recoger* enrollando; (糸を) v. devanar; (ぐるぐる巻く) v. enroscar*. ▶時計のねじを巻く v. dar* cuerda a un reloj. ▶フィルムを巻く v. enrollar [bobinar] la película [《スペイン》el carrete]. ▶地図を巻く v. enrollar un mapa. ▶釣り糸を巻く v. recoger* el sedal. ▶ロープをぐるぐる巻く v. recoger* una cuerda enrollándola.

まく 撒く ❶【まき散らす】(四方にばらまく) v. esparcir*, desparramar; (液体・粉末などを振りかける) v. rociar*, regar*. ▶道路に砂利をまく v. echar grava en la carretera. ▶街路に水をまく v. regar* la calle. ▶ビラをまく (=配る) v. repartir volantes [octavillas]. ◆節分には豆をまきます En la festividad de "Setsubun", el día anterior del comienzo de la primavera (los japoneses) esparcimos alubias.

❷【尾行などをはぐらかす】▶警官をまく (=追跡の手がかりを失わせる) v. despistar a la policía; (まんまとのがれる)《口語》v. dar* el esquinazo a la poli.

まく 蒔く v. sembrar*. ▶庭にヒマワリの種をまく v. sembrar* semillas de girasol en el jardín. ▶畑に種をまく v. sembrar* en el campo. ▶疑いの種をまく v. sembrar* la sospecha [duda]. ◆まいた種は刈らねばならぬ (=自業自得) 《ことわざ》Quien bien siembra, bien coge.

まく 膜 (薄いもの) f. capa, (動物膜) f. película; (温めたミルクなどにできる膜) f. telilla, f. nata; (膜組織) f. membrana. ▶よどんだ水面に張っている膜 f. capa sobre el agua estancada.

***まく** 幕 ❶【カーテン】f. cortina, (舞台の) m. telón. ▶紅白の幕を張る v. desplegar* [extender*] un telón rojo y blanco. ▶盛んな拍手のうちに幕が降りた Hubo fuertes aplausos「cuando bajó [al bajar] el telón. ▶幕を開ける v. subir [levantar, alzar] el telón; (始まる) v. empezar*. ▶幕を上げる [²降ろす] v. ¹subir [²bajar] el telón.

❷【劇の一幕】m. acto. ▶序幕 m. acto primero [inaugural]. ▶3幕ものの劇 f. obra de 3 [de] tres actos. ▶ドン・フアン・テノリオの第2幕第3場 (en el) Acto II, Escena III de Don Juan Tenorio. ◆この劇は3幕ものです Es una obra de tres actos. / Esta obra tiene tres actos. ◆この劇の一番の見どころは3幕目です Lo mejor de la obra ocurre en el acto tercero.

❸【終わり】▶ついにその不思議な物語も幕となった Y aquí acaba la misteriosa historia. ◆その芝居はハッピーエンドで幕となった Bajó el telón dándose por terminada la obra con un final feliz. / La obra acabó felizmente.

❹【場合】◆ここは君の出る幕ではない (=君の知ったことではない) A ti no te importa nada. / (余計なお世話だ) No es asunto tuyo. / (君と関係がない) No tiene nada que ver contigo. ◆今君の出る幕 (=番) だ Ahora te toca a ti.

まくあい 幕間 m. intermedio, m. entreacto, m. intervalo. ▶幕あいに軽食を取る v. tomar algo en el intermedio. ▶10分の幕あいに adv. en un intermedio de 10 minutos.

まくあけ 幕開け (幕を開けること) f. subida del telón, m. comienzo de la obra. ▶マルチメディア時代の幕開け f. aurora de la era de los multimedios.

まくうち 幕内 (階級) "makuuchi", 《説明的に》 f. división superior en el deporte del "sumo"; (力士) m. luchador de "makuuchi". ▶ 幕内に上がる v. ingresar en la división de "makuuchi".

まくぎれ 幕切れ (結末) m. final, m. fin. ♦ その事件には突然の幕切れだった) El incidente tuvo un brusco final.

まくした 幕下 (階級) "makushita", 《説明的に》 f. división inferior en el deporte del "sumo"; (力士) m. luchador de "makushita". ▶ 彼はまだ幕下だ Sigue en la división de "makushita".

まくしたてる まくし立てる v. hablar sin parar, 《口語》hablar por los codos; (早口にしゃべる) v. 《口語》hablar como una escopeta. ▶ 戦争反対論をまくし立てる v. hablar sin parar en contra de la guerra.

マクシミリアン Maximiliano de Habsburgo (☆ 1832-1867, メキシコ皇帝, 在位 1864-1867).

まぐち 間口 (正面) f. fachada, m. frente; (横幅) f. anchura, m. ancho. ▶ 間口が20メートルの建物 m. edificio con una fachada de 20 metros. ▶ 商売の間口を広げる v. ampliar la esfera de negocios.

マグナカルタ f. Carta Magna.

マグニチュード f. magnitud. ♦マグニチュード5.6の地震があった Hubo un terremoto de 5.6 de magnitud en la escala Richter. ♦阪神淡路大震災はマグニチュード7.2を記録した El Gran Terremoto de Hanshin-Awaji registró una magnitud de 7.2.

マグネシウム m. magnesio.

マグネット m. imán.

まくひき 幕引き ▶ 戦争の幕引きをする (= 終わらせる) v. poner* fin a la guerra.

マグマ m. magma.

まくら 枕 f. almohada; (四角い小さな) m. almohadón. ▶ 枕カバー f. funda de almohada. ▶ 枕をして眠る v. dormir* con la cabeza sobre la almohada. ▶ 枕木 (ラ枕) m. durmiente. ▶ 本を枕にする v. poner* un libro de almohada. ▶ ひじを枕にして横になる v. acostarse* con la cabeza sobre un brazo. ▶ 枕を高くして眠る v. dormir* plácidamente [con la conciencia tranquila, despreocupadamente].

まくらもと 枕元 ▶ 枕元に (ベッドのかたわらに) adv. junto a la cama; (ベッドの頭に) adv. a la cabecera. ▶ 枕元に呼ぶ v. llamar 《a + 人》a la cabecera de la cama. ▶ 彼の枕元には本数冊置いてあった A la cabecera de su cama había unos libros.

まくる ❶ [服などを] (端から丸めて) v. arremangar*, remangar*; (たくし上げる) v. subirse; (すそを持ち上げて) v. levantar, alzar*. ▶ ワイシャツをひじの上までまくる v. arremangar(se)* las mangas de la camisa por encima de los codos. ▶ ズボンのすそをまくり上げる v. subirse los pantalones.
❷ [しきりに〜...盛んに〜...する] ▶ しゃべりまくる v. hablar「sin parar [《口語》por los codos].

まぐれ (あたり) まぐれ (当たり) f. casualidad, 《口語》f. chiripa; (テニス・ゴルフ・玉突きなどの) m. golpe afortunado; (射撃の) m. tiro con suerte. ▶ まぐれ (当たり) で1勝つ [2試験に合格する] v. ¹ganar [²aprobar*]「de pura suerte [por casualidad]. ♦ あれはまったくのまぐれだった Fue pura casualidad. / (幸運だった) Fue sólo pura suerte.

まくれる v. enrollarse, enroscarse*.

マクロ ▶マクロ経済学 f. macroeconomía. ▶マクロアセンブラ《専門語》m. macroensamblador. ▶マクロ言語《専門語》m. macrolenguaje. ▶マクロ命令《専門語》m. macrocomando.

まぐろ 鮪 m. atún. ▶マグロの刺身 mpl. trozos de atún crudo, "sashimi" de atún.

マクログロブリンけっしょう マクログロブリン血症 《専門語》f. macroglobulinemia.

まけ 負け (敗北) f. derrota. ▶ 負けいくさ (= 勝ち目のない戦い) f. batalla desesperada. ▶ 負け犬 (= 敗北者) mf. perdedor/dora. ▶ 負けがこむ (= 勝ちより負けの回数が多くなる) v. sufrir más derrotas que victorias; (貫禄(?)負けする) v. perder* en dignidad; (威圧される) v. quedar sobrecogido por la dignidad de su presencia. ▶ かみそり負けする v. sentir* la piel irritada (después del afeitado). ♦ どうやら君の負けだね Creo que has perdido. ♦ 私の負けだ ¡He perdido!

まけおしみ 負け惜しみ 《口語》fpl. uvas verdes. ▶ 負け惜しみを言う人 mf. mal/mala perdedor/dora. ♦ 彼女は負け惜しみが強い (= 負けを認めない) Se niega a aceptar su derrota. / Es una mala perdedora. ♦ 負け惜しみを言うな No digas que las uvas están verdes.

まけこす 負け越す (負けた回数が勝った回数より多くなる) v. sufrir más derrotas que victorias; (相撲で) v. tener* un récord de derrotas.

まけずおとらず 負けず劣らず (同様に) adv. tan... como, igual 《de, que》; (...に劣らず) adv. no menos 《que》; (等しく) adv. por igual, igualmente. ♦ 彼女は夫に負けず劣らず頑固だ Es tan terca como su marido. / Es igual de terca que su marido. / No es menos terca que su marido. ♦ 彼らは二人とも負けず劣らずよく勉強した Los dos por igual estudiaron mucho.

まけずぎらい 負けず嫌い ▶ 負けず嫌いな (競争心の強い) adj. competitivo; (屈しない) adj. obstinado, terco.

まけっぷり 負けっぷり ▶ 負けっぷりが1良い [2悪い] v. ser* un/una ¹buen/buena [²mal/mala] perdedor/dora.

マケドニア Macedonia (☆ヨーロッパの国, 首都スコピエ Skopie).

**まける 負ける ❶ [敗北する] (勝利を失う) v. perder*; (負かされる) v. ser* derrotado [vencido]. ♦ 試合に負ける v. perder* un partido [juego]. ▶ テニスに負ける v. ser* vencido en el tenis. ♦ 巨人は阪神に「1対2で ［¹21点差で］負けた Los Gigantes perdieron ante los Tigres por ¹1-2 [²una carrera]. ♦ 私は弟とトランプをしていつも負ける Cuando jue-

1342 まげる

go a las cartas con mi hermano siempre pierdo. / Mi hermano siempre me gana a las cartas. ♦総選挙で我が党は反対勢力に負けた Nuestro partido fue derrotado por el partido rival en las elecciones generales. ♦相手チームに3点差で負けている Estamos perdiendo ante el equipo rival por tres puntos [goles, carreras].

❷【屈する】(参る) v. ceder (a), ser* superado [vencido] 《por》; (悲しみなどに打ち負ける) v. estar * embargado [abrumado] 《por》. ♦彼は酒の誘惑に負けた Cedió [Se rindió] a la tentación del alcohol. ♦彼にしつこく金をせがまれてとうとう負けてしまった Me pidió dinero con tanto apremio que al final cedí. ♦彼女は「悲しみ [暑さ]に負けてしまった Estaba abrumada por el ¹dolor [²calor]. ♦病気に負けないように (=耐えるために)体力をつけなさい Debes ponerte fuerte para no dejarte vencer por la enfermedad.

❸【値引きする】(値段を切り下げる) v. rebajar, bajar, reducir*; (割引する) v. hacer* "un descuento [una rebaja]. ♦彼らは1千円 [2千円]に負けてくれた Me rebajaron el precio ¹en [²a] 1.000 yenes. / Me hicieron un descuento ¹de [²a] 1.000 yenes. ♦現金なら2割負けましょう Si paga en metálico le hacemos un descuento del 20%. ♦これ少し負けられませんか ¿No me puede rebajar un poco el precio? / ¿No podría hacerme un pequeño descuento? ♦《口語》¿No me hace una rebajita? / ¿No puede bajar usted un poquito más?

❹【劣る】♦彼女はスペイン語ではだれにも負けない (=劣らない) Nadie la gana en español. / No tiene rival en español. ♦彼は走ることではだれにも負けたくなかった (=越されたくなかった) No quería que le ganara nadie a correr. / No quería ser superado por nadie cuando corría.

《その他の表現》♦私はうるしに負けた (=かぶれた) Me han salido granos por la laca. ♦パチンコで5千円負けた (=失った) He perdido 5.000 yenes en el "pachinko". ♦負けるが勝ち El que se humilla es ensalzado. / Quien pierde sale ganando a la larga.

・**まげる 曲げる** ❶【まっすぐな物・体の部分を】(まっすぐな物を力を加えて) v. doblar, inclinar, arquear, encorvar; (弧を描くように) v. curvar; (ねじる) v. torcer*, retorcer*; (針金を曲げる) v. doblar un alambre. ♦彼はペンを拾い上げようと腰を曲げた「Se inclinó [Dobló la cintura] para recoger la pluma. ♦彼は口をへの字に曲げて不満を示した Torció ¹la boca [el gesto] mostrando su desagrado.

❷【真実・信念・主義などを】(ゆがめる) v. tergiversar, torcer*; (主義などからそれる) v. desviarse* [apartarse] 《de》. ♦アリバイを作るために事実を曲げる v. tergiversar los hechos para buscarse* una coartada. ♦彼は最後まで自分の信条を曲げなかった (=堅持した) Hasta el último momento no se desvió de sus principios. ♦無理なお願いですが、そこを曲げてご承諾ください ¿No sería usted tan amable de aceptar nuestro ruego por difícil que sea?

まけんき 負けん気 ♦負けん気の (競争心の強い) adj. competitivo; (屈しない) adj. indomable, terco. ♦負けん気を起こす v. despertarse* el espíritu competitivo. ♦子供のくせに負けん気だけは人一倍強い Aunque no es más que un /una niño/ña, tiene un espíritu competitivo muy desarrollado.

まご 孫 mpl. nietos; (孫息子) m. nieto; (孫娘) f. nieta. ♦初孫 mf. primer/mera nieto/ta. ♦お孫さんがおありですか ¿Tiene usted nietos? ♦その話は孫子の代 (=後世)まで伝えられるだろう Esa historia 「pasará a la posteridad [será trasmitida a los nietos de los nietos].

まごころ 真心 (誠心誠意) f. cordialidad; (温かさ) f. efusividad; (誠意) f. sinceridad. ♦真心のこもった贈り物 m. regalo 「de corazón [sincero]. ♦真心をこめて来客をもてなす v. agasajar calurosamente [de todo corazón, cordialmente] a los invitados.

まごつく (当惑する) v. aturdirse, estar* [quedarse] confuso [perplejo, 《口語》atontado]; (途方にくれる) v. no saber* qué hacer*, no encontrar* palabras con que expresarse. ♦スペインに行ったとき習慣の違いにたいへんまごついた Estaba muy confuso por las diferentes costumbres cuando fui a España. ♦外国人に話しかけられてまごついた Me aturdí cuando un extranjero se dirigió a mí. ♦彼は返答にまごついた No supo qué responder.

—— まごつかせる v. aturdir, 《口語》atontar, confundir. ♦彼は多くの質問をして私をまごつかせた Me aturdió con tantas preguntas.

☞混乱する, 戸惑う

まこと 誠, 真 ❶【真実】f. verdad. → 本当. ♦まことしやかなうそをつく v. decir* mentiras「que parecen verdad [verosímiles, 《教養語》plausibles]. ♦それはうそかまことか ¿Es verdad o mentira? ♦彼女の話はまことしやかだからたいがいの人はそれを信じるだろう Lo que dice es tan verosímil que casi todo el mundo la creerá.

❷【誠意】(うそを言わない) f. sinceridad; (裏切らない) f. buena fe. ♦誠を尽くす v. obrar de [con] buena fe.

まことに 誠に (本当に) adv. verdaderamente, de verdad, efectivamente; (非常に) adv. muy, mucho [《口語》muchísimo], en gran medida; (心から) adv. sinceramente, de (todo) corazón. ♦彼は誠に有能な男だ Verdaderamente es un hombre capaz. ♦ごめんどうをおかけして誠に申し訳ありません Siento 「de verdad [mucho] el haberlo[la, le] molestado. ♦ご親切誠にありがとう存じます Le estoy sinceramente agradecido por su amabilidad.

マザーボード 《専門語》f. placa madre.

・**まさか** (驚き・疑惑・否定の応答) ¡No! / ¡No me diga(s)! / ¡No puede ser! / ¡No es posible! / ¡Es increíble! / ¡Quién lo diría [hubiera dicho, hubiera pensado]! / ¡Quién iba a pensarlo! / ¡No, hombre!. 会話 彼は90を越えてると思うよーまさか Creo que tiene más de noventa. – ¡No me digas! ♦彼はきのう交通事故で亡くなったよーまさか Se mató ayer en un accidente de tráfico. – ¡No puede ser! / ¡No! / ¡Es imposible! / ¿De veras? / ¡No lo puedo creer! ♦まさかここで君に会えるとは ¡Quién iba a pensarlo [imaginarlo, decirlo]! ¡Encontrarte aquí! / ¡Es increíble, verte aquí! ♦彼がまさかそんなことをしたはずがない Es imposible que él haya hecho una cosa así. / ¡Ni hablar ni va a haber hecho él algo así! (まさか…ではないでしょうね) estoy seguro que…, no me diga(s) que… ♦まさかあんな男を信じてるんじゃないだろうね Estoy seguro que no irás a creer a ese tipo. / No me digas que vas a creer a ése. / No le creerás, ¿verdad? ♦だれのせいですって？まさかフアンじゃないでしょ？ ¿No me irás a decir que Juan tiene la culpa? ♦それはまさか本当の話じゃないでしょうね ¡No me digas que es verdad!

—— まさか (緊急) f. emergencia; (必要) f. necesidad. ♦まさかのときに adv. en caso de emergencia, cuando sea necesario. ♦まさかの場合に備える v. preparara para lo peor. ♦まさかの時の友こそ真の友 (ことわざ) En la necesidad se conoce al amigo.

マザコン m. complejo de madre. ♦マザコンの男の子 m. hijo de su mamá. ♦彼はマザコンだ (=母親からぜんぜん精神的に独立していない) Sigue unido a su madre psicológicamente.

まさしく 正しく ▶(確かに) adv. ciertamente, con certeza, a ciencia cierta; (疑いもなく) adv. indudablemente, sin duda; (本当に) adv. verdaderamente; (正確に) adv. (まったく) adv. exactamente, precisamente, justamente. ♦これはまさしく今までに見た最高の映画だ Es ciertamente la mejor película que he visto (en mi vida). ♦その犯人はまさしく女性に違いない No cabe duda que el asesino es una mujer. ♦彼はまさしくこの家に住んでいた Vivió en「esta misma casa [esta casa ni más ni menos].

まさつ 摩擦 (物理で) (専門語) m. rozamiento, f. fricción; (もめごと) m. roce, f. fricción; (こすること) m. frotamiento, m. frote. ♦2国間の貿易摩擦を¹除く [²避ける; ³引き起こす] v. ¹eliminar [²evitar; ³causar] fricciones en materia comercial entre los dos países. ♦摩擦音 (専門語) f. fricativa.

—— 摩擦(を)する v. frotar, friccionar. ▶¹冷水 [²乾布]摩擦をして皮膚を鍛える v. frotarse con una toalla ¹humedecida de agua fría [²seca] para fortalecer* la piel. ♦木片を摩擦して火をおこす v. hacer* fuego frotando dos trozos de madera.

まさに 正に ❶ (正確に) adv. justo, correctamente, exactamente; (本当に) adv. de verdad, verdaderamente, (まったく) adv. precisamente. ♦それはまさに私の欲しがっていたものだ Eso es exactamente lo que yo quería. ♦彼はまさにこの仕事にうってつけの人だ Es justo [precisamente] la persona idónea para ese trabajo. ♦彼はまさに紳士だ Es verdaderamente un caballero. / Es un caballero

de verdad. ♦まさにそのとおり Exactamente. / Justo. / (口語) Ni más ni menos. 会話 休みはどうでしたかーまさに申し分なしだったよ ¿Qué tal las vacaciones? – Perfectas, ni más ni menos. ♦彼はまさに (=文字どおり)絶望のどん底にあった Estaba exactamente sumido en la desesperación. / (正真正銘の)Estaba en el abismo de la desesperanza.

❷【今にも…しようとしている】v. estar* a punto 《de + 不定詞》, estar* al borde 《de + 名詞》. ♦電話が鳴ったときまさに出かけようとしていた Estaba a punto de salir cuando sonó el teléfono. / Estaba (casi) con un pie fuera cuando sonó el teléfono. ♦その銀行はまさに破産の危機にひんしている El banco está al borde de la bancarrota. ☞ いかにも、すぐ

マサパン m. mazapán (☆アーモンド粉と砂糖を混ぜた練り菓子).

まざまざ ▶まざまざと (鮮やかに) adv. vivamente, con viveza; (はっきりと) adv. vívidamente, nítidamente; (明確に) adv. claramente, con claridad. ♦その光景をまざまざと思い出す v. recordar* la escena vivamente.

まさゆめ 正夢 (予言的な夢) m. sueño profético [(教養語) premonitorio]. ♦きのう見た夢が正夢になった (=夢が本当になった) El sueño de ayer se ha vuelto realidad.

***まさる 勝る** v. ser* mejor 《que》, superar 《a》, aventajar, mejorar. ♦この製品は質の点であればよりずっと勝っている Este producto es mucho mejor que ése en calidad. / La calidad de este producto es muy superior a la de ése. ♦知識の点で彼女に勝る者はいない Nadie la supera [aventaja] en conocimientos. / No hay nadie con más conocimientos que ella. ♦健康は富に勝る Vale más la salud que la riqueza. ♦太郎は兄に勝るとも劣らず利口だ Taro no es superado por su hermano en inteligencia. / Taro no es menos inteligente que su hermano.

《その他の表現》 ♦一日の仕事を終えたあとのよく冷えたビールに勝るものはない No hay nada como [mejor que] una buena cerveza fría después de una jornada de trabajo. ♦彼の妹は聞きしにまさる美人だった Su hermana era mucho más guapa de lo que había oído. / La belleza de su hermana superó mis expectativas. ☞ 追い越す、越[超]す

まざる 混[交]ざる v. mezclarse. → 混[交]じる、混[交]ぜる.

まし 増し ❶ 【増すこと】 m. aumento. ▶賃金の3割増し m. aumento [f. subida] salarial del 30%. ♦休日料金は2割増しの En días festivos cobran un 20% más [extra]. ♦日増しに暖かくなっている De día en día sube la temperatura.

❷【勝ること】 (…よりよい) v. ser* mejor…《que》,「ser* preferible [preferir*]…《a》; (…する方がまし) (口語) v. más vale…《que》, adv. 《口語》 antes…《que》. 会話 あのナイフ全然切れないんだーこれなら少しはましかしら Ese cuchillo no corta nada. – ¿Será éste un poco

まじえる

mejor? ♦もっともなことが言えないのか ¿No puedes decir otra cosa mejor que eso? ♦つまらぬことを言うくらいなら黙っている方がまし Más vale callarse que decir tonterías. ♦親友を裏切るくらいならむしろ死んだ方がまし Prefiero [Es preferible] morir antes que traicionar a mi mejor amigo. / Antes la muerte que traicionar a mi mejor amigo. ♦彼に金を貸すくらいなら捨てた方がまし(=彼に金を貸したも同然だ) Antes tirar el dinero que prestárselo. ♦遅くてもしないよりはまし Más vale tarde que nunca.

まじえる 交える ♦私情を交える v. sacar* los sentimientos personales. ♦敵と砲火を交える v. cruzar* disparos con el enemigo. ♦息子とひざを交えて(=率直に話し合う) v. sostener* una charla franca 《口語》《強調して》a pecho descubierto] con un hijo.

ましかく 真四角 m. cuadrado perfecto [regular]. → 四角. ♦真四角の adj. cuadrado.

ました 真下 ♦真下に[の] adv. justo [exactamente] debajo. ♦橋の真下に adv. justo debajo del puente. ♦線の真下に署名する v. firmar justo debajo de la raya.

マジック (手品, 魔術, 魔法) f. magia; (マジックペン) m. rotulador, 『ラ米』 m. marcador.

マジックテープ 《商標》 m. velcro.

マジックナンバー m. número mágico.

マジックペン m. rotulador, 『ラ米』 m. marcador.

マジックミラー m. espejo de sentido único.

*まして ❶【まして…ない】adv. cuanto menos, mucho menos; (言うまでもなく) adv. por no decir nada, por no mencionar, sin mencionar. ♦その町には美術館がある. まして図書館は当然ある En la ciudad hay un museo, por no mencionar una biblioteca. ♦私はドイツ語を読むことさえできない. まして書いたりできない Ni siquiera sé leer el alemán, cuanto menos escribirlo. ♦彼は人に優しい, まして子供には当然です Es amable con los demás, y más todavía con los niños.

❷【…よりも】conj. que. ♦彼女は以前にもまして美しくなった Está más guapa que antes.

まじない 呪い m. conjuro, f. hechicería; (宗教的な) m. exorcismo; (治療のための) m. ensalmo; (悪意の) m. maleficio. ♦まじないを唱える v. pronunciar un conjuro.

まじまじ ♦まじまじと見つめる v. mirar fijamente [de hito en hito], contemplar, fijarse 《en》. ♦彼はまじまじとこちらを見てやっと私だとわかった Tuvo que mirarme fijamente antes de reconocerme. ♦彼女はあきれたというふうに私の顔をまじまじと見た Se me quedó mirando a la cara como si estuviera estupefacta.

*まじめ 真面目 (本気の) f. seriedad; (真剣) f. sinceridad; (まじめに) adv. en serio, sinceramente.

―― 真面目な adj. serio, sincero, formal, honrado. ♦まじめな学生 mf. estudiante serio /ria [aplicado/da, diligente]. ♦まじめな顔でこっけいな話をする v. poner* la cara seria para contar* un chiste. ♦彼女はいつもまじめな顔をしている Lleva siempre una cara seria. / Siempre va seria. / Está siempre seria. ♦まじめな話だが私のところで働く気はあるか Hablando en serio, ¿quieres trabajar para mí?

―― 真面目に (本気で) adv. seriamente, con seriedad; (真剣に) adv. sinceramente, con sinceridad; (熱心に) adv. en cuerpo y alma. ♦私の質問にまじめに答えなさい Responde a mi pregunta en serio. ♦私は冗談のつもりで言ったが彼はまじめに受けとった Lo dije en broma, pero él se lo tomó en serio. ♦彼は大変まじめにスペイン語を勉強した Estudió español con mucha aplicación [dedicación]. ♦まじめにしろよ ¡Ponte serio! / ¡Compórtate con seriedad! / (遊んでないで)¡Basta ya! / ¡Deja de jugar! 固[硬, 堅]い

まじゅつ 魔術 (魔法, 手品) f. magia, f. brujería, f. hechicería. → 魔法, 手品. ♦魔術師 mf. mago/ga.

マシュマロ m. malvavisco, m. dulce de merengue blando.

まじょ 魔女 f. bruja, f. hechicera. ♦魔女狩り f. caza de brujas. ♦魔女裁判 m. tribunal de brujas.

ましょうめん 真正面 ♦真正面に[の] (…の向かい側に) adv. justo enfrente [delante] 《de》, prep. justo frente a; (…の前に) adv. exactamente delante [enfrente] 《de》. ♦私の家は郵便局の真正面にある Mi casa está justo enfrente de correos. ♦猫がバスの真正面に飛び出して来た De repente apareció un gato justo delante del autobús.

マジョルカとう マジョルカ島 Mallorca (☆スペイン, バレアレス諸島の最大の島).

まじりけ 混じり気 ♦混じり気のない(=純粋な)クローバーのはちみつ f. miel pura de trébol. ♦混じり気のない(=心からの)賞賛 m. elogio sincero.

*まじる 混[交]じる (混じり合う) v. mezclarse [entremezclarse] 《con》. ♦人込みに混じる v. mezclarse con la multitud. ♦悪意が混じった(=を帯びた)ほめ言葉 mpl. cumplidos con un ingrediente de malicia. ♦油は水と混じらない El aceite no se mezcla con el agua. / El aceite y el agua no se mezclan. ♦彼女の黒髪に白髪が交じっていた Tenía el pelo negro mezclado de gris. / Su cabello era negro y gris.

《その他の表現》 ♦彼女にはメキシコ人の血が混じっている(=混血だ) Tiene sangre mexicana. / Tiene mezcla de sangre mexicana. ♦雑草が花に交じって(=花の中に)生えていた Había hierbas entremezcladas con las flores.

まじわり 交わり fpl. relaciones.

まじわる 交わる ❶【物や物と交差する】 v. cruzarse*, entrecruzarse*. ♦二つの通りはここで [²この点で; ³このデパートの前で]交わっている Las dos calles se cruzan ¹aquí [²en este punto; ³frente a estos grandes almacenes]. ♦直線 xy と点 m で交わるように直線 ab を引け Traza la línea ab de manera que se corte con la línea xy en el punto m.

❷【交際する】♦付き合う. ♦よい [²悪い] 友達と交わる v. tratarse con ¹buenas [²malas]

compañías.

ます 増す （数・量が[を]）v. aumentar, incrementar(se); (力・重さなどが[を]) v. ganar, crecer* 《en》; (水かさが) v. subir; (物・事を) v. crecer*. ▶1数 [2量]が増す v. aumentar ¹el número [²la cantidad]. ♦速度を増す v. ganar [aumentar (de), cobrar] velocidad. ♦重要性を増す v. aumentar de [en] importancia, hacerse* más importante. ♦需要が3割増した La demanda aumentó [se incrementó] un 30%. ♦その女優は人気が増してきた Esa actriz [está ganando [ha ganado] popularidad. / La popularidad de esa actriz está creciendo. ♦川の水かさが増した El río ha subido. ♦その本を読んで興味が増した Con ese libro creció mi interés. ♦前にも増して彼が必要だ Lo [Le] necesitamos más que antes. ☞加える, 加わる, 募る

ます 鱒 f. trucha.

ます 升 (計量器) f. medida (de capacidad). ▶升席 m. palco. ▶升売りする v. vender ¹a la [²por] medida.

・まず ❶【第一に】 （何よりも先に）adv. primero, primeramente; (列挙して) adv. en primer lugar, antes que nada, ante todo, para empezar. ▶まずこの仕事を片づけねばならない Primero tengo que acabar este trabajo. / Lo primero que tengo que hacer es terminar este trabajo. ♦まず最初に彼が到着した Fue la primera en llegar. 会話 夏休みにはどこに行ったの一まず箱根に行って、それから下田に行った ¿Dónde fuiste de vacaciones de verano? – Primero a Hakone y luego a Shimoda. ♦それには二つ理由があります。まず、彼はあまり経験がないし、それにまだ結婚していません Hay dos razones.「En primer lugar「Lo primero de todo」, no tiene mucha experiencia.「En segundo lugar [Segundo, Además], todavía no está casado. ♦まず¹この仕事から [²議長を選ぶことから]始めよう Vamos a empezar ¹con este asunto [²eligiendo a alguien como presidente]. / Lo primero de todo será ¹hacer este trabajo [²elegir *el/la* president*e/ta*].
❷【ともかく】 adv. de cualquier manera [forma], de todos modos.
❸【およそ】 adv. aproximadamente, algo así, más o menos; (ほとんど) adv. casi, por poco; (十中八九) adv. probablemente. ▶まずそんなところです Más o menos. / Bueno, sí. / (数字について) Sí, algo así. ♦彼が生きていることはまず間違いない Estoy casi seguro de que está vivo. ♦彼のことだからまず成功するでしょう Probablemente lo conseguirá. / Es casi seguro que lo logre. ♦地図と磁石を持っていれば、道に迷うことはまずないでしょう (=迷うはずがない) Si llevas un mapa y una brújula, es imposible que te pierdas. ♦君が彼を納得させることができればまず間違いない Si lo [le] convences, 「todo saldrá bien [no te equivocarás]. ♦それをやることはまずないだろうな No creo que yo lo haga.

ますい 麻酔 (状態) f. anestesia. ▶麻酔の adj. anestésico. ▶¹全身 [²局部]麻酔 f. anestesia ¹general [²local]. ▶麻酔医 mf. anestesista. ▶麻酔銃 m. fusil sedante. ▶¹全身 [²局部]麻酔をかけられている v. estar* bajo el efecto de la anestesia ¹general [²local]. ♦麻酔が切れてきた「Se está yendo [Está desapareciendo] el efecto de la anestesia. ♦彼は麻酔からさめた Se despertó de la anestesia.
―― 麻酔をかける v. anestesiar.

まずい ❶【味が悪い】 adj. malo, desabrido; (ひどい) adj. horrible, asqueroso. ▶まずいビール f. cerveza insípida [sin sabor]. ▶まずそうな料理 m. plato poco apetecible. ♦この肉はまずい Esta carne「sabe mal [no sabe bien].
❷【へたな】 adj. malo, torpe. ▶まずい弁解をする v. presentar una disculpa torpe. ♦彼女は料理がまずい Es una mala cocinera.
❸【都合が悪い】 （不適当な、思わしくない）adj. malo (☆男性名詞に前置するときは mal), adverso, 《口語》 negro; (立場・時間など具合の悪い) adj. inconveniente; (とくに時間) adj. inoportuno; (好ましくない) adj. desfavorable; (分別のない) adj. imprudente. ▶まずい印象を彼に与える v. darle* una impresión desfavorable. ♦どうもまずい時に来ましたね Has llegado「en un mal momento [a una hora inoportuna]. ♦まずいことになってしまった La situación se ha puesto mal. / 《フォーマル》 La situación se ha vuelto adversa. / 《口語》 Las cosas se han puesto negras. ♦そんなをしてはまずいよ No sería prudente que hicieras eso. / No te conviene hacer eso. / No conviene que hagas eso. ♦まずいことに (=運悪く), 私が訪ねたときには彼は留守だった Por desgracia cuando yo llegué él no estaba. ♦彼はまずいことになったと思った。 彼女の気を悪くさせたくなかったので Se sintió mal y no quiso molestarla.
❹【醜い】 ▶顔のまずい女 f. mujer fea [poco agraciada, 《口語》 feúcha].

マスカット f. uva moscatel, m. moscatel.

マスカラ ▶マスカラをつけている v. llevar puesto rímel.

マスク (ガーゼ・野球の捕手などの) f. mascarilla, f. máscara; (フェンシング選手などの) f. careta; (容貌(ぼう)) mpl. rasgos, f. fisonomía. ▶ガスマスク (=防毒面) f. máscara antigás. ▶デスマスク (=死面) f. mascarilla (mortuoria). ▶流感予防のマスクをかけている v. llevar una mascarilla de gasa contra la gripe. ♦彼はマスクがいい Es guapo.

マスクメロン m. melón americano [de piel escriturada].

マスゲーム f. exhibición gimnástica colectiva.

マスコット f. mascota. ▶マスコットガール f. chica mascota.

マスコミ(ユニケーション) (大衆伝達機関) mpl. medios de comunicación [masas]; (大衆伝達) f. difusión masiva. ▶マスコミの時代 f. era de la difusión masiva, f. era de la 《口語》 de las comunicaciones. ♦その事件はマスコミを大いににぎわした El incidente recibió una gran atención en los medios de comunicación.

まずい 貧しい ❶【貧乏な】adj. pobre;（☆名詞の後におく）;（必需品に困窮した）adj. necesitado,（極度に貧しい）adj. indigente, muy pobre,（教養語）menesteroso;（暮らし向きがよくない）adj.《口語》(estar) apurado. ▶貧しい人 mf. pobre, f. persona pobre, mf. indigente. ♦その老人は貧しい暮しをしている Ese anciano [《口語》viejo] lleva una vida pobre. / Ese anciano vive en la pobreza. ♦彼は貧しい家に生まれた Nació de una familia pobre [《フォーマル》humilde]. / Es de humilde cuna. ♦彼らは貧しくて子供に靴を買ってやれない Como son pobres, no pueden comprar calzado a sus hijos.
❷【貧弱な】ぼくのスペイン語の単語力は貧しい Mi vocabulario de español es bastante pobre. / Ando escaso de vocabulario español. ♦私の貧しい才能では、とてもそんなことはできない No tengo la capacidad suficiente para hacerlo. /《フォーマル》Mi capacidad es insuficiente para hacer tal cosa.

マスター ❶【経営者】mf. patrón/trona;（居酒屋の）mf. tabernero/ra;（店の）mf. tendero/ra;（所有者）mf. dueño/ña. ▶マスターキー f. llave maestra. ▶マスタープラン m. plan maestro.
❷【修士】m. master, f. maestría.
❸【熟達】▶フランス語をマスターする v. dominar el francés.

マスタード f. mostaza.

マスト m. mástil. ▶3本マストの船 m. barco de tres mástiles.

マスプロ(ダクション) f. fabricación en serie, f. producción en masa. ▶マスプロ教育 f. enseñanza en serie. ▶マスプロ大学 f. universidad de enseñanza en serie.

*ますます 益々 （だんだん多く）adv. cada vez más, más y más;（だんだん少なく）adv. cada vez menos, menos y menos;（増加して）adv. de forma creciente;（それだけますます）adv. más aún;（すればするほど…だ）conj. cuanto más... más..;（ずっと、絶えず）adv. todo el tiempo, siempre. ♦ますます多くの人がその町にやって来た Cada vez llegaba más gente a la ciudad. ♦このごろは大学に入るのはますます難しくなってきている Actualmente se está haciendo [poniendo] cada vez más difícil「entrar en [《フォーマル》acceder a] la universidad. ♦ますますその絵が好き [²きらい]になった Cada vez me gustaba ¹más [²menos] el cuadro. ♦事態がますます悪化した Las cosas se estaban poniendo cada vez peor. / La situación iba de mal en peor. ♦彼らを見ると彼はますます怒った Al verlos se puso todavía más furioso. ♦彼は素直な人なのでますます好きになる Me gusta tanto más por「su franqueza [ser tan franco]. /（教養語）Me gusta tanto más cuanto que es franco. （会話）No viene. – Tanto mejor. / Pues mejor. ♦彼は飲めば飲むほどしゃべらなくなる Cuanto más bebe, menos habla. ♦物価はますます上がっていく Los precios no paran de subir. / Los precios suben y suben. ♦ますます（=さらに）困ったことには雪が激しく降り出した Para poner las cosas peor, se puso a nevar con fuerza. /《口語》Y, lo que faltaba, se puso a nevar con fuerza. ☞いよいよ、更に、次第に、だんだん

まずまず adv. así así. ▶まずまずの adj. razonable. ♦3千円ならまずまずの値段だと思うけど、違うかい Creo que 3.000 yenes es un precio bastante razonable, ¿no crees? ♦彼の成績はまずまずだ《口語》Sus notas son así así. （会話）調子はどう―まずまずだ ¿Qué tal va todo? –《口語》Así así. [Más o menos.]

マスメディア mpl. medios de comunicación (de masas).

まずもって (まず第一に) adv. en primer lugar, primeramente;（何よりも）adv. antes de nada, ante todo.

マズルカ f. mazurka. ▶マズルカを踊る v. bailar la mazurka.

まぜあわせる 混[交]ぜ合わせる v. mezclar 《con》.

まぜこぜ 混ぜこぜ m. revoltijo, m. amasijo, f. mezcolanza. ▶まぜこぜにする v. hacer* un revoltijo [una mezcolanza]. ♦使用済み切手と未使用切手が箱の中にまぜこぜに入っていた En la caja había un revoltijo de sellos usados y nuevos.

まぜもの 混ぜ物（混合物）f. mezcla, f. mixtura;（不純物）fpl. impurezas;（食品添加物）m. aditivo. ▶混ぜ物の¹ある [²ない]ミルク f. leche ¹impura [²pura]. ♦混ぜ物をする（不純にする）v. adulterar, hacer* impuro.

マゼラン（フェルナンド〜） Fernando de Magallanes（☆マガリャネス：1480?–1521, ポルトガルの航海者; 太平洋を横断した）. ▶マゼラン海峡 Estrecho de Magallanes（☆南アメリカ大陸南端の海峡）.

ませる ▶ませた（早熟な）adj. precoz, adelantado. ▶ませた（=大人のような口をきく）v. hablar como un adulto. ♦彼女は7歳の女の子にしてはませている Está adelantada para una niña de siete años. ♦その子は年よりませた顔をしている Ese niño parece precoz para su edad.

まぜる 混[交]ぜる（混合する）v. mezclar, hacer una mezcla,《ます》juntar, entremezclar;（薬品などを）v. combinar,（かき回す）v. remover*, batir. ▶セメントと砂を3対1の割合で混ぜる v. mezclar cemento con arena en la proporción de tres a [por] uno. ▶卵に牛乳をよく混ぜる v. mezclar bien la leche con los huevos;（卵と牛乳を）v. mezclar《口語》juntar] leche y huevos. ♦絵の具を混ぜる v. mezclar las pinturas. ♦パンを作るため小麦粉に水を混ぜる Para hacer el pan se mezcla harina y agua. ♦レモンとオレンジを交ぜてはいけません No mezcles los limones con las naranjas. ♦牛乳に水を混ぜることは法で禁じられている Está prohibido por la ley adulterar la leche con agua. ♦シチューは泡が出てくるまで混ぜていないとだめですよ No dejes de remover el guiso hasta que empiece a hervir.

また 又 ❶【同様に】(…も) *adv.* también, igualmente, del mismo modo; (否定の意味で) *adv.* tampoco. ♦彼は泳ぎができるが,彼女もまたできる Él sabe nadar y ella también. ♦彼は泳がなかったし,彼女もまた泳がなかった Él no nadó y ella tampoco. ♦私もまた彼に会ったことがある Yo también lo [le] he visto. ❷【くり返して】(再び) *adv.* otra vez, de nuevo, nuevamente; (もう一度) *adv.* una vez más; (いつの日か) *adv.* otro día, otra vez; (いつかそのうち) *adv.* en otra ocasión; (別の時に) *adv.* en otro momento; (後で) *adv.* después, más tarde, luego; (また…する) *v.* volver* 《+*a* 不定詞》. ♦彼はまた宝くじに当たった Le ha tocado otra vez la lotería. / Ha vuelto a ganar en la lotería. / Ha ganado otro premio en la lotería. ♦傘をなくしてしまったのでまた買わなくてはならない Como he perdido el paraguas, me tengo que comprar otro nuevamente. ♦彼はまた帰ってきた Ha vuelto otra vez. / Ha venido de nuevo. ♦いずれまた遊びに行きます Otro día volveré a visitarle. / Vendré a verte otra vez pronto. ♦その話はまた(の機会)にしよう En otra ocasión hablamos de eso. / Hablaremos de ese asunto en otro momento. ♦またお電話しますTe llamo después. / Volveré a llamarte luego. ♦あしたもまた暑くなりそうだ Mañana también hará calor. / Mañana volverá a hacer calor. ♦ほらまた始まったよ《口語》Otra vez ha vuelto a las andadas. /《口語》Ya está en las mismas. / Ya ha empezado. ❸【その上】♦彼は医者でもあり,また作家でもある Es médico y escritor. / Es médico y también escritor. / No sólo es médico sino también escritor. / (医者である上に作家だ) Además de médico, es (también) escritor. ♦彼は帰りが遅かったし,また〔おまけに〕酔っ払っていた Volvió a casa tarde y borracho. / Volvió tarde a casa y, 「lo que es peor [además]」, borracho. ♦彼は字が読めないし書くこともできない No sabe leer, ni tampoco escribir. / No sabe ni leer ni escribir. ♦私はパーティーに行けなかった,また行きたくもなかった No pude ir a la fiesta; además tampoco 「tenía ganas [quería]」.

《その他の表現》じゃあまた(後で) ¡Hasta luego! / ¡Hasta la vista! / ¡Hasta pronto! / ¡Adiós! /《メキシコ》《口語》¡Ahí nos vemos! ♦木の葉が一枚また一枚と地面に落ちた Las hojas caían una tras otra. ♦食べ物をあまらせる人もあれば,また(=だが一方で)十分にない人もある Unos derrochan la comida y a otros les falta. ♦失敗はしたが,また(=他方)いい経験になったNo me salió, pero por otro lado resultó ser una buena experiencia. ♦君はまた(=いったい)なんでそんなことをしたんだ《口語》¿Por qué demonios lo hiciste? / ¡Dios mío! ¿Pero por qué lo hiciste? ♦彼もまた(=まあそれにしても)何て間抜けなんだ ¡Pero qué tonto!

―― またの日(に) (別の日) *adv.* otro día; (いつかそのうち) *adv.* algún otro día; (翌日) el día siguiente. ♦彼はまたの(=別の)名を「カリオコ」という「Otro nombre suyo es [Lo [Le] llamaban también]」"el Carioco".

また 股, 又 (人体の) *f.* entrepierna; (木の) *f.* horqueta; (もも) *m.* muslo. ♦内股で歩く *v.* caminar con las punteras hacia dentro. ♦股(=脚)を広げていすに座る *v.* sentarse* con las piernas abiertas. ♦彼の股の所をける *v.* darle* una patada en la entrepierna. ♦木の股に座る *v.* sentarse* en la horqueta de un árbol. ♦世界を股にかける *v.* viajar por todo el mundo. ♦二また *m.* camino que se bifurca. ♦三つまたの枝 *m.* tronco con tres ramales. ♦歩くときは外股にならないようにしなさい No saques las punteras hacia afuera al caminar. ♦道はそこで二またに分かれている Allí se bifurca el camino.

まだ ❶【いまだ】*adv.* todavía, aún; (まだ…している) *v.* seguir* 《+現在分詞》.

1《まだ…である》♦まあいやだ, まだ雨が降っている ¡Vaya! Sigue lloviendo. / ¡Qué rabia! Todavía está lloviendo. ♦田中さんはまだ入院している El Sr. Tanaka sigue [todavía está] en el hospital. ♦彼女はまだ京都に住んでいる Aún vive en Kioto. / Sigue viviendo en Kioto. ♦太郎はまだ眠ったままだ Taro sigue durmiendo [dormido]. / Taro todavía duerme [está durmiendo]. ♦外はまだ 1 時間は明るいだろう Durante una hora 「habrá todavía luz fuera [seguirá habiendo luz fuera]」. ♦彼はまだ(=いつかはわからないが)心変わりするかもしれない Todavía puede cambiar de opinión [parecer]. 会話 ところでまだ間違っているよ―まあ!今度はちゃんとうまくやったと思ったのに Te sigues equivocando. ―¡Oh! ¡Y yo que creía que esta vez lo había hecho bien!

2《まだ…ない》*adv.* todavía no, *v.* seguir* sin 《+不定詞》, (一度も…た…ない) *adv.* ninguna vez; *v.* no haber* + 過去分詞. ♦まだ彼は帰宅していない No ha vuelto todavía a casa. 会話 コンサートはもう終わりましたか―いいえ, まだです(=まだ終わっていない) ¿Ha acabado el concierto? –No, todavía no. / Aún no. ♦私はまだ海外へ行ったことがない Todavía no he estado ninguna vez en el extranjero. / Todavía no he ido al extranjero. ♦私はまだその話は聞いていない Todavía no 「he oído [sabía nada de]」 eso [esa historia].

3《まだ…か》*v.* seguir* 《+現在分詞》. ♦年をとってもまだ愛していてくれますか ¿Me seguirás amando cuando sea viejo? ♦まだここにいるのですか. とっくに帰ったと思っていました ¿Sigues estando aquí? Creí que hacía mucho que te habías ido.

❷【わずかに, やっと】*v.* no ser* más que…, sólo [solamente], no más. ♦彼はまだ子供だ Sólo es un niño. ♦まだ 9 時です. 寝るには早すぎる No son más que las nueve. Demasiado pronto para acostarse. ♦ここへ来てまだ 1 か月にしかならない Sólo ha pasado un mes desde 「mi llegada [que vine aquí]」. / No ha pasado más de un mes desde mi llegada. ❸【さらに】(もっと) *adj.* / *adv.* más, *adv.* todavía. ♦この子はまだ背が伸びるだろう Este muchacho tiene que crecer más. / Todavía tiene que crecer este muchacho. ♦まだ寝ていなさい Sigue durmiendo todavía. ♦することがまだたくさんある Tengo todavía mucho que hacer. / Aún me falta mucho más por hacer. ♦まだ[1]もう一つ[2]いくつか]尋ねたいことがある Todavía tengo [1]otra pregunta [2]más preguntas] que hacerle [hacerle a usted]. 〖会話〗たばこまだある(=残っている)?—2, 3 本よ ¿Te queda más tabaco? – Algo. / ¿Todavía tienes algún cigarrillo? – Un par de ellos. ❹【どちらかと言えば】adv. hasta, incluso. → むしろ. ♦これでもまだましな方だ Hasta [Incluso] éste es algo mejor que los otros. ♦彼に頼るくらいなら自分一人でやった方がまだましだ Prefiero hacerlo incluso yo mismo antes que contar con él.

マタイ San Mateo. ♦マタイ受難曲(曲名) «La Pasión según San Mateo».

まいとこ mf. primo/ma segundo/da.

またがし 又貸し (土地・建物などの) m. subarrendamiento, m. subarriendo. ♦部屋を又貸しする v. subarrendar* una habitación. ♦本を又貸しする v. prestar un libro ya prestado.

マダガスカル Madagascar (☆アフリカの国, インド洋の島, 首都アンタナナリボ Antananarivo); (公式名) f. República de Madagascar. ♦マダガスカルの adj. malgache. ♦マダガスカル人 mf. malgache.

またがる ❶【人が】♦馬にまたがる v. cabalgar*, montar; (両足を広げて座る) v. subirse [sentarse*] a horcajadas; (乗って行く) v. montar a caballo.
❷【領土・期間などが】v. extenderse*, cubrir*. ♦2 か国にまたがる v. extenderse* sobre los dos países. ♦10 年にまたがる v. cubrir* diez años. ♦4 年にまたがる計画 m. programa [m. plan] de cuatro años. ♦村は川の両岸にまたがっている La aldea se extiende por los dos lados del río.

またぎき 又聞き f. información「de segunda mano [indirecta]. ♦又聞きする v. oír* de segunda mano.

またぐ 溝をまたいで渡る v. saltar una zanja de「un tranco [una zancada]. ♦敷居をまたぐ v. cruzar* el umbral.

またせる 待たせる (いやおうなしに) v. hacer* esperar; (待たせておく) v. mantener* (a + 人) esperando. ♦長らくお待たせしました Siento haberlo[le] hecho esperar tanto. / Lo [Le] he hecho esperar mucho. / (ごめん, お待たせしたかしら)Perdón por la larga espera. / Perdón por haberte hecho esperar tanto. ♦外に車を待たせてある Tengo un coche「que me espera [esperando] ahí fuera. ♦人を待たせてはいけません No hagas esperar a la gente. / No mantengas esperando a nadie. / (時間は厳守すべきだ)Hay que ser puntual.

またたき 瞬き (目の) m. parpadeo; (星の) m. centelleo.

またたく 瞬く (光・星が明滅する) v. centellear, emitir destellos, 《教会語》titilar, 《文語》cintilar; (きらきら光る) v. brillar. ♦またたく間に(=一瞬に) en un abrir y cerrar de ojos, 《口語》en un santiamén; (すぐに) adv. de inmediato, en un instante, 〖チリ〗al tiro, 〖メキシコ〗luego luego. ♦遠くで明かりがまたたいていた A lo lejos centelleaba una luz. / Una luz trémula se distinguía a lo lejos. ♦星が空にまたたいている En el cielo titilan las estrellas. ♦そのスポーツカーはまたたく間に走り去った En un abrir y cerrar de ojos el coche deportivo desapareció a toda velocidad.

マタドール m. matador (☆闘牛士).

またとない 又とない 又とない(=二度とない)機会 f. excelente oportunidad, f. oportunidad única. ♦又とない(=比類のない)品 m. producto único (en su género), m. artículo incomparable.

マタニティードレス m. vestido de embarazada [〖スペイン〗《口語》premamá, maternidad].

またの 又の adj. otro. → 又(→またの).

＊または 又は (A または B) A o B, o A o B. ♦黒または青のインクで書く v. escribir* en [con] tinta negra o azul, escribir* en negro o en azul. ♦あしたは雨または雪でしょう Mañana va a llover o a nevar. / Mañana o llueve o nieva. ♦山田か田中, または小川がその本を持っている El libro lo tiene o bien Yamada, o bien Tanaka, o bien Ogawa. / Yamada, Tanaka u Ogawa, uno de los tres, tiene el libro. ♦浩または和子がそこに着けば電話をしてくるだろう Cualquiera de los dos que venga, Hiroshi o Kazuko, nos llamará. ♦父または私が行きます Uno de los dos vamos, o mi padre o yo. / O va mi padre o voy yo.

まだまだ (依然として) adv. todavía, aún, v. seguir* 《＋現在分詞》; (なおいっそう) adv. mucho más, todavía más; (まだ…ない) todavía, aún… no, seguir* 《sin ＋不定詞》. ♦当地は 3 月でもまだまだ寒い Por aquí en marzo todavía hace frío. / Aquí sigue haciendo frío en marzo. ♦君はまだまだ勉強しなければならない Tienes que estudiar [trabajar] mucho más. / Debes trabajar todavía más. ♦人間はまだまだ多くの困難を乗り越えなければならないだろう El ser humano tiene que superar todavía muchas más dificultades. ♦彼女はまだまだ若い Todavía es una mujer joven. / Sigue siendo joven.

〖その他の表現〗♦確かに彼は腕を上げたが, 作品の出来栄えはまだまだだ Aunque su capacidad ha mejorado, su obra aún deja mucho que desear. ♦(ほめられた人が謙そんして)私なんかまだまだです Todavía, todavía no me sale. / 《口語》Todavía me falta.

マダム ♦有閑マダム f. dama rica y ociosa.

まだら 斑 (不規則な) f. mancha, f. pinta; (小さな斑(ミ)) f. mota; (光線・毛皮の) f. mancha. ♦まだらのある adj. moteado, pinto, veteado; (馬などの) adj. (caballo) rodado. ♦まだら模様 m. diseño veteado. ♦白黒まだらの犬 m. perro blanco con manchas negras.

マダリアガ〔サルバドル・デ ～〕Salvador de Madariaga（☆1886-1978，スペインの政治家・著作家）．

まだるっこい（のろい）*adj.* lento;（回りくどい）*adj.* indirecto, que da vueltas. ♦年を取るとすることがまだるっこくなる La gente cuando se vuelve vieja hace las cosas despacio. ♦彼女のしゃべり方は腹が立つほどまだるっこい Habla dando tantas vueltas que resulta irritante.

***まち** 町 *f.* ciudad, *m.* pueblo, *f.* población. ▶活気のある町 *f.* ciudad viva [animada]. ♦町はずれに *adv.* a las afueras de la ciudad. ▶町役場 *m.* ayuntamiento, 『ラ米』*f.* municipalidad. ▶町工場 *f.* pequeña industria de la ciudad. → 町中, 町並み. ♦そこは本州の北部にある取るに足りない小さな町だった Era una pequeña ciudad sin importancia al norte de Honshu. ♦そのうわさは町中に広まった El rumor corrió por toda la ciudad. ♦町中の人が私たちを歓迎してくれた Todo el mundo nos dio la bienvenida. ♦彼は山あいの小さな町に住んでいる Vive en un (pequeño) pueblo de la montaña. ♦私は用事でいま町に来ています Ahora estoy en la ciudad por negocios [el trabajo]. ♦母は1町に[2繁華街に]買い物に行った Mi madre fue ¹a la ciudad [²al centro de la ciudad] para hacer compras.

***まち** 街（街路）*f.* calle. ♦街へ行く *v.* ir* al centro (de la ciudad). ♦街で友達に会った Me encontré con *un/una amigo/ga* en la calle. ♦彼は本の代金を払ってマドリードの喧(ﾂ)騒の街グラン・ビアへ出た Pagó el libro y salió a caminar por la concurrida calle madrileña de la Gran Vía.

まちあいしつ 待合室（駅・病院などの）*f.* sala [*m.* salón] de espera, *f.* antesala;（ホテルなどの）*m.* salón, *m.* vestíbulo,《英語》*m.* "hall"（☆発音は[hol]）.

まちあわせる 待ち合わせる →会う, 約束. ♦私は彼女と6時に駅で待ち合わせています He quedado con ella en la estación a las seis.

まちうける 待ち受ける ▶吉報をいまや遅しと待ち受ける *v.* esperar ansiosamente [con impaciencia] buenas noticias.；(楽しみにして待つ) *v.* esperar con ilusión buenas noticias.

まぢか 間近 →間近い. ♦二人の結婚は間近に迫っている Se acerca la fecha de su boda.

***まちがい** 間違い ❶【誤り】*f.* equivocación, *m.* error;（無知によるばかげた）《口語》*m.* error gordo [garrafal],『スペイン』《口語》*f.* metedura,『ラ米』《口語》*f.* metida,『スペイン』《口語》*f.* plancha;（不注意によるばかげた）*m.* error tonto [estúpido];（不注意による軽い）*m.* desliz,『教養語』*m.* yerro;（落ち度, 過失）*f.* falta. ▶テストで間違いをする *v.* ¹cometer una falta [equivocarse*] en un examen. ♦これは何かの間違いでしょう Debe tratarse de un error. ♦彼の答案にはつづりの間違いがたくさんあった Sus respuestas del examen estaban plagadas de faltas ortográficas. ♦また1同じ[2ひどい]間違いをしたんだね Has vuelto a cometer la ¹misma [²terrible] equivocación. ♦私が君と仕事をすると思っていたら大間違いだ『スペイン』《口語》Te cuelas si crees que voy a trabajar contigo. ♦電話番号をお間違いだと思いますよ Se ha equivocado usted de número. ♦だれにだって間違いはあるものです Todo el mundo comete errores. / Cualquiera se equivoca. /《言い回し》Quien tiene boca se equivoca.

❷【失敗】*m.* error, *f.* equivocación, *m.* fallo. ♦彼を信用したのが間違いの元だった（＝彼を信用するという誤りを犯した）Cometí el error de confiar en él. / Me equivoqué al confiar en él. / Fue un error [fallo] confiar en él. ♦その仕事を断わるなんて彼は大きな間違いを犯していると思うよ Creo que comete una gran equivocación al rechazar ese trabajo.

❸【事故】*m.* accidente,（何かの出来事）*m.* tropiezo. ♦彼に途中で何か間違いが起こったのでなければよいが Espero que no haya tenido ningún accidente [tropiezo]. / Espero que no le haya ocurrido nada.

❹【男女間の】▶間違いを起こす *v.* cometer una indiscreción.

❺【不安, 疑念】

1《間違いない》*adv.* sin falta, con seguridad, ciertamente; seguro《que》, no hay [cabe] duda《de que》. ♦彼は当選は間違いない Ganará las elecciones con seguridad. /「No hay duda de [Es indudable] que ganará las elecciones. ♦彼は君の案に同意するだろうか—彼がぼくの案に同意するかだって？そりゃもう間違いなさ ¿Va a estar de acuerdo con tu plan? – ¿Va a estar de acuerdo con mi plan?「De eso no cabe duda. [Seguro que sí.]

2《間違いなく》♦後で間違いなく来てください No dejes de venir después. 《会話》どれが私の？—どれだって？間違いなくあの青いのだよ ¿Cuál es el mío? – ¿Cuál? Sin duda, ése azul, ¿no? ♦週末には天気は間違いなくよくなるでしょう Este fin de semana tiene que mejorar el tiempo. / El tiempo debe mejorar sin falta para este fin de semana.

《その他の表現》《会話》彼はいつやめたんだい—ぼくの記憶に間違いがなければ（＝正確に覚えていれば）去年の春のことだったと思うよ ¿Cuándo lo dejó? – Si no me equivoco, fue la primavera. ♦彼はまだ生きているって, 何かの間違いだろう（＝生きているはずがない）¿Será posible que esté vivo? ♦彼なら間違いない（＝信用できる）Es de fiar. / No cabe dudar de él. /《口語》Es trigo limpio.

***まぢかい** 間近い *v.* estar*「muy cerca [a un paso,《口語》a la vuelta de la esquina];（近づく）*v.* acercarse*, aproximarse. ♦クリスマスも間近い La Navidad está a la vuelta de la esquina. / La Navidad está「muy cerca [a un paso].

***まちがう** 間違う ❶【正しくない結果を出す】*v.* equivocarse*, cometer「un error [una equivocación], engañarse, errar*. → 間違える. ▶間違っている *v.* estar* equivocado

1350 まちがえる

[confundido, engañado, en un error, en una equivocación, andar* errado; (答えなどが) v. estar* mal (☆人ではない). ◆その答えは間違っている Esa respuesta está mal [equivocada]. ◆君はこのことに関してまったく間違っていたよーそう? Estabas completamente equivocado. – ¿Ah, sí? ◆そんなことをするなんて君は間違っている (=道徳的に間違っている) Te equivocas al [por] hacer eso. / (判断・方法などにおいて間違っている)Es un error hacer eso. / Sería una equivocación hacer tal cosa. ◆彼が有罪であると考えるなんて君は間違っている Estás en un error si crees que él es culpable. 会話 あらごめんなさいーまた何を(=か)間違ったの? ¡Oh, perdón! – ¿A ver, en qué te has equivocado esta vez? ◆この手紙は住所が間違っている La dirección de esta carta está equivocada [confundida]. / La dirección de este sobre no está bien puesta. ❷【取り違える】 ◆彼は間違って私のかばんを持って行った Se llevó mi bolso por equivocación. / Se equivocó de bolso y se llevó el mío. ❸【失敗する】 ◆一歩間違えば大事故につながる Un pequeño error puede llevar a un grave accidente.

《その他の表現》 ◆間違っても(=どんな状況下でも)そんなことをするな No debes hacer eso bajo ninguna circunstancia. ◆間違って(=うっかり)機械を作動させてしまった Puse la máquina en marcha por equivocación.

—— 間違った (正確・適切さに欠ける) adj. equivocado, confundido, mal; (事実に反する) adj. falso; (判断を誤った) adj. erróneo, errado. ◆間違った答えをする v. responder incorrectamente, equivocarse* en la respuesta, dar* una respuesta equivocada. ◆間違った評価をする v. tener* una opinión equivocada [falsa]. ◆宗教について間違った観念を持つ v. tener* una idea falsa de la religión, andar* errado en materia religiosa

☞あべこべの, 駄目な; おかどちがい, 違う

まちがえる 間違える ❶【正しくない結果を出す】 v. equivocar, cometer「un error [una equivocación], errar*; (思い違いをする) v. equivocarse*. ◆計算をいくつか間違える v. cometer algunos errores de cálculo. ▶1方向[2道]を間違える v. equivocar* ¹la dirección [²el camino], tomar ¹una dirección equivocada [²un camino equivocado]. ▶来る日を間違える v. venir* un día que no era, confundir el día. ◆私は住所を書き間違えた Equivoqué la dirección al escribirla. / (間違った住所を書いた)Escribí la dirección equivocada. ◆私は日にちを ¹間違えていた [²間違えた] ¹Confundía [²Confundí] la fecha. / Me ¹confundía [²confundí] de fecha. 会話 君, せりふを間違えているよ. 最初からやり直していいわ. 今度は間違えないようにするわ Llevas mal el papel. Vuelve a empezar. – De acuerdo. Voy a intentar「hacerlo bien [no equivocarme] esta vez. ◆彼女は間違えて鏡に千円の値札を付けてしまった Se equivocó pegando en un espejo la etiqueta con el precio de mil yenes. ◆たぶん君が彼が言ったことを間違ってとった(=誤解した)んだよ Quizás no lo [le] entendiste bien. / Tal vez hubo un malentendido entre vosotros. ❷【取り違える】(AをBと) v. tomar A por B; (AをBと混同する) v. confundir A con B. ◆彼は私を押し込み強盗と間違えた Me tomó por un ladrón. ◆あなたの傘と私のとを間違えたようです Me parece que ha confundido usted su paraguas con el mío. 会話 失礼ですがどこかでお目にかかりませんでしたかーいいえ, そんなことはないと思いますよ. きっとどなたか他の人と間違えておられるんですーいや, これはどうも. 私の思い違いでしょう Perdone, pero, ¿no lo [le] conozco yo a usted de algún sitio? – No, creo que no. Debe de haberse usted confundido de persona. – Ah, perdón. Creo que ha sido una confusión. ❸【失敗する】→間違う③. ☞しくじる, とちる

まちかど 街角 ◆街角で adv. en [a] la esquina de la calle. ◆街角(=通り)で彼に会う v. encontrarlo[le]* en la calle ☞角, 辻

まちかねる 待ち兼ねる (待ち切れない) v. apenas poder* esperar; (熱心に[いらいらして]待つ) v. esperar「con impaciencia [impacientemente, ansiosamente], estar* impaciente 《por》. ◆彼女は夏休みを待ちかねている Apenas puede esperar que lleguen las vacaciones de verano. ◆Espera con impaciencia la llegada de las vacaciones de verano. ◆彼がお待ちかねよ Está impaciente por verte. ◆彼は待ちかねて家に帰ってしまった No podía esperar y se fue a casa.

まちかまえる 待ち構える (待つ) v. esperar, aguardar. ◆報道陣は首相が到着するのを今か今かと待ち構えていた Los periodistas esperaban con impaciencia la llegada del primer ministro.

まちぎ 街着 f. ropa de calle.
まちくたびれる 待ちくたびれる v. cansarse de esperar. ◆私はタクシーを待ちくたびれて歩いて帰った Me cansé de esperar el taxi y me fui a casa a pie.
まちじかん 待ち時間 m. tiempo de espera.
まちどおしい 待ち遠しい (楽しみに待つ) v. esperar con ilusión; (待ち切れない) v. estar* deseando, apenas poder* esperar; (いらいら待つ) v. esperar con impaciencia. ◆あなたからの便りが待ち遠しい Espero con mucha ilusión sus noticias. ◆クリスマスが待ち遠しい Estoy deseando que llegue Navidad. ◆彼がやって来るのが待ち遠しい Espero su llegada con impaciencia. ◆お待ち遠さま Siento haberte he-

まだかなぁ ¿Cuándo vendrá?
➔待ち遠しい

cho esperar. / Gracias por haber esperado.

まちなか 町中 (通り)f. calle; (商業地区)m. centro (de la ciudad). ▶町中に住む〔で行く〕v. ¹vivir en el [²ir* al] centro. ♦町中でばったり彼女に会った Me tropecé con ella en la calle.

まちなみ 町並み (通りと家々)fpl. calles y fpl. casas; (家の並び)f. hilera de casas. ▶美しい町並みを保存する v. conservar las calles con hermosas hileras de casas.

マチネー f. matiné.

まちのぞむ 待ち望む (待つ)v. esperar; (楽しみに待つ)v. esperar con ilusión. ♦息子はクリスマスを待ち望んでいる Mi hijo espera con ilusión la Navidad.

まちぶせ 待ち伏せ ♦待ち伏せする(襲うために) v. acechar, estar* al acecho; (隠れて待つ)v. esperar emboscado.

まちぼ(う)け 待ちぼ(う)け ♦きのうは彼女に待ちぼうけを食わされた Ayer me plantó ella.

まちまち ♦まちまち¹の [²に](さまざま¹な [²に])¹adj. diversos [²adv. de forma diversa]; (異なった [²で])¹adj. diferentes [²adv. de manera diferente, ²de manera distinta]. ♦まちまちの服装をしている v. estar* con vestidos diversos. ♦まちまちに評価される v. ser* evaluado de forma diferente.

── まちまちである (多様である)v. variar*; (異なる)v. ser* diferente. ♦箱の大きさは小さいから大きいのまでまちまちだ Las cajas varían en tamaño, de las pequeñas a las grandes. ♦その件について彼らの意見はまちまちだ Sus opiniones varían mucho al respecto. / Hay una gran diversidad de opiniones sobre el tema. / 《フォーマル》Discrepan mucho sobre ese asunto. / (意見は分かれている)Sus opiniones están divididas sobre el tema. ⟨会話⟩彼は何時に仕事に出かけますか—日によってまちまちです ¿A qué hora se va a trabajar? – Depende del día.

マチャード (アントニオ ～) Antonio Machado (☆1875–1939, スペインの詩人).

マチュピチュ Machu Picchu (☆ペルー南部にあるインカ遺跡).

＊＊まつ 待つ ❶ [待ちうける] v. esperar, aguardar; (楽しみに待つ)v. esperar con ilusión, estar* deseando; (予期する)v. esperar. ♦私は自分の順番を待った Esperé mi turno. ♦私は彼を1時間待った Lo [Le] esperé una hora. ♦私は彼の到着を待っています Estoy esperando que llegue. / Espero su llegada. ♦だれを待っているんですか ¿A quién estás esperando? ♦ちょっと待ってください Espere un momento. / ¿Quiere usted esperar? ♦待てど暮らせど彼は現われなかった Estuve esperando mucho rato, pero no se presentó. ⟨会話⟩やっと来たね—ずいぶん待った？ Por fin has llegado. – ¿Te he hecho esperar mucho? ♦あなたのお便りを待っています Estoy deseando saber de ti. / Espero con ilusión tus noticias. / (待ち切れずにうずうずしている)Tengo muchas ganas de saber de ti. ♦あす6時にお待ちしております Lo [Le, La] espero mañana a las seis.

❷ [頼る] v. depender 《de》. ♦問題の解決は今後の研究に待つ La solución del problema depende de nuestras futuras investigaciones.

＊まつ 松 (木)m. pino; (材)f. madera de pino. ▶¹赤 [²黒; ³五葉]松 m. pino ¹rojo [²negral; ³blanco]. ▶松かさ f. piña. ▶松葉 f. hoja de un pino. ▶松林 m. pinar. ▶松やに f. resina (de pino). ▶松の内 mpl. primeros siete días del Año Nuevo.

まっ 真っ →真(ª). ▶真っただ中 prep. en medio de. ▶真っ裸の adj. completamente desnudo, 《口語》en cueros, 《俗語》en pelotas, 〖メキシコ〗encuerado, 〖ペルー〗《口語》calato. →丸裸.

まっか 真っ赤 ▶真っ赤な (鮮明な赤の)adj. rojo brillante, 《口語》rojísimo, muy colorado; (濃い赤の)adj. rojo intenso [subido]; (深紅の)adj. carmesí; (緋(ʰ)色の)adj. escarlata. ▶真っ赤な服 m. vestido carmesí. ▶真っ赤に燃えているストーブ f. estufa al rojo vivo. ▶(当惑して)耳の付け根まで真っ赤になる 《口語》v. ponerse* colorado como un tomate [cangrejo]. ▶怒って真っ赤になる v. ponerse* rojo de rabia [furia], inflamarse de ira, encenderse* de rabia. ▶真っ赤な(＝まったくの)うそをつく《口語》v. mentir* hasta por las orejas, 《口語》decir* una mentira como una casa. ♦彼はぶどう酒を2杯飲むと顔が真っ赤になった Después del segundo vaso de vino se puso como un cangrejo. ♦彼の目は真っ赤で血走っている Sus ojos estaban「inyectados de sangre [enrojecidos].

まっき 末期 (明確な時期区分の)f. fase final, m. final; (病気の)f. fase terminal. ▶明治末期の adv. hacia el fin del período (período) Meiji. ▶末期がん m. cáncer terminal. ▶末期の(がん)患者 m. paciente (de cáncer) terminal.

まっくら 真っ暗 fpl. tinieblas, f. oscuridad total. ▶真っ暗な adj. completamente oscuro; (恐ろしいほどに)adj. oscuro como la boca de un lobo, 《教養語》tenebroso. ▶真っ暗(がり)の中に一人座る v. sentarse* a solas en la oscuridad. ♦その部屋は真っ暗だった En la habitación reinaban las tinieblas. / En la habitación había una completa oscuridad. ♦停電で部屋が真っ暗になった Se fue la luz, y la sala quedó completamente a oscuras. ♦就職できなかったらお先真っ暗だ Veo mi futuro muy negro si no me coloco. / Las cosas se pondrán muy negras si no encuentro trabajo. / (どうしてよいかわからない)No sé qué hacer si no encuentro trabajo.

まっくろ 真っ黒 ▶真っ黒い[な] adj. completamente negro, negro como el carbón. ♦彼の髪は真っ黒だ Su cabello es negro como el azabache. ♦手を見てごらん、真っ黒に汚れてるじゃないの Mírate las manos. Las tienes como el carbón. ♦彼は真っ黒に日焼けした Se ha puesto muy moreno. / Se ha tostado mucho. ◆パンは真っ黒に焦げた El pan se quemó.

まつげ 睫 *f.* pestaña. ◆付けまつげをしている *v.* llevar pestañas postizas.

まっこう 真っ向から（正面から）*adv.* de frente, frontalmente; (きっぱりと) *adv.* rotundamente, categóricamente. ◆労使の真っ向からの対決 *m.* enfrentamiento abierto [frontal] entre ”los obreros y la administración [el sindicato y la patronal]”. ◆彼の申し出を真っ向から拒絶するа *v.* rechazar* rotundamente su propuesta. ◆真っ向から風を受けて走る *v.* correr contra el viento. ◆自動車は真っ向から塀に突っ込んだ El coche [automóvil] (se) chocó frontalmente contra la pared.

まつごのみず 末期の水 ◆父の末期の水をとる *v.* estar* al lado del padre moribundo.

マッサージ *m.* masaje. ◆マッサージをする *v.* dar* un masaje, masajear. ◆マッサージをしてもらう *v.* recibir un masaje. ◆背中をマッサージしてもらう *v.* recibir un masaje en la espalda.

まっさいちゅう 真っ最中 *adv.* en el punto culminante ⟨de⟩, en plena (＋名詞). ◆今選挙運動が真っ最中だ La campaña electoral se encuentra ahora en su punto culminante. / Estamos ahora en plena campaña electoral.

まっさお 真っ青 ◆真っ青な海 *m.* mar de azul intenso. ◆その現場を見て真っ青になった *v.* quedarse más pálido que un muerto al ver* la escena. ◆どこか具合が悪いの?真っ青だよ ¿Te ocurre algo? Te has puesto pálido [blanco]. ◆彼は怒りで真っ青だった Tenía la cara pálida de rabia.

まっさかさま 真っ逆様 ◆真っ逆様に川に落ちる *v.* caer* al río de cabeza, caer* en picado al río.

まっさかり 真っ盛り ◆夏の真っ盛りに *v.* estar* en pleno verano.

まっさき 真っ先に（何よりも先に）*adv.* ante todo, antes que nada, en primer lugar. ◆真っ先に彼に電話をした Le llamé antes que nada. ◆彼は現場に真っ先に駆けつけて来た Corrió a la escena antes que nadie. / Fue el primero en correr a la escena. ◆会議で真っ先に出たのがこの問題でした Fue el primer problema planteado en la reunión.

まっさつする 抹殺する ❶【消去する】→消す④. ❷【殺害する】*v.* matar, eliminar,《口語》liquidar; （計画的に）*v.* asesinar. ◆彼らは反対派を抹殺した Mataron [Eliminaron] a los opositores. ❸【否認する】*v.* negar*; （無視する）*v.* ignorar. ◆彼の意見は抹殺された Su opinión fue completamente ignorada.

まっしぐらに （全速力で）*adv.* a toda velocidad [marcha]. ◆犬は飼い主めがけてまっしぐらに走った El perro corrió hacia su amo a toda velocidad.

マッシュポテト *m.* puré de patatas [《ラ米》papas].

マッシュルーム *m.* hongo (comestible), *m.* champiñón.

まっしょうめん 真っ正面 *adv.* justo enfrente [delante].

まっしろ 真っ白 *adj.* blanquísimo, blanco como la nieve; inmaculadamente blanco. ◆真っ白い[な]ドレス *m.* vestido inmaculadamente blanco. ◆彼の髪は真っ白だ Su cabello es blanco como la nieve.

・まっすぐ(な) 真っ直ぐ ❶【物が】（一直線の）*adj.* derecho, recto; （直立の）*adj.* erguido, erecto, vertical. ◆2点を結ぶ真っ直ぐな線を引きなさい Traza una línea recta entre los dos puntos.
❷【人・性格が】（正直な）*adj.* honrado, honesto, recto, íntegro. ◆彼は真っ直ぐな性格だ Es un hombre honrado. ◆彼は真っ直ぐな人生を送った Llevó una vida honrada.

—— 真っ直ぐ(に) （曲がらずに）*adv.* derecho, en línea recta, recto; （直立して）*adv.* verticalmente, en posición vertical; （他へ寄らずに）*adv.* directamente; （正直に）*adv.* honradamente, honestamente. ◆真っ直ぐ立つ *v.* ponerse* de pie derecho [erguido]. ◆くぎを真っ直ぐに打つ *v.* clavar un clavo sin torcer*. ◆この道を真っ直ぐ百メートル行きなさい Camina cien metros (todo) derecho por esta calle. ◆放課後真っ直ぐ家に帰りなさい Después de la clase vuelve directamente a casa. ◆体を真っ直ぐにしなさい Ponte derecho [recto, erguido]. / Yérguete. ◆彼はくいを真っ直ぐに固定した Enderezó el poste. / Puso el poste derecho. ◆彼は真っ直ぐに医者の所へ行った Fue directamente al médico. ⇨しゃんと, 直立

まっせき 末席 ◆委員の末席を汚す（=委員である名誉を得ている）*v.* tener* el honor de ser* un miembro del comité.

まった 待った →待つ①. ◆待ったをする（囲碁・将棋などで）*v.* retirar una jugada; （すもうで）*v.* dar* la señal de todavía no. ◆ちょっと待った《口語》Sólo un momento. / Un momentito. / Espera un momento. ◆社長はわれわれの企画に待ったをかける（=一時的に停止を命ずる）El/La presidente/ta a veces ordena la interrupción (temporal) de nuestro proyecto. ◆（時間的に）待ったなしで（=今を外せば時がない）O ahora o nunca.

マッターホルン Monte Cervino（☆スイスとイタリアの国境にある高峰）.

＊＊まったく 全く ❶【完全に】*adv.* totalmente, completamente, enteramente, sumamente, absolutamente,《口語》del todo, cien por cien. ◆まったく同感です Estoy totalmente de acuerdo con usted. / （まったく君の言うとおりだ）Tiene usted toda la razón (del mundo). / （まったく同意見だ）Soy de la misma opinión. / Coincido contigo [con usted] en todo. ◆（これ以上は賛成しようがないほどに）Más de acuerdo no podemos estar. ◆彼はまったく疲れきっていた《口語》Estaba que no podía más. /《口語》Estaba muerto de cansancio. ◆それはまったく事実ではない Eso no es totalmente [absolutamente] falso. ◆彼はそれについてはまったく違った意見

を持っている El tiene una opinión「enteramente distinta [completamente diferente]」「al respecto [sobre eso].♦それはまったく偶然の出来事だったんだよ Fue verdaderamente [efectivamente] un accidente.♦あなたの誕生日のことをまったく忘れていた Me había olvidado completamente de tu cumpleaños. / Olvidé por completo que era tu cumpleaños.

❷【少しも…ない】no…「en absoluto [absolutamente], no… nada, de「ninguna manera [ningún modo].♦彼はまったくその状況を知らなかった No conocía en absoluto la situación. / De ningún modo conocía la situación. / No tenía ni idea de la situación.《強調して》No tenía ni la más mínima idea de la situación. / Desconocía [Ignoraba] totalmente la situación. / Su desconocimiento de la situación era perfecto [absoluto]. 会話 疲れましたか—いいえ,まったく ¿Está usted cansado? -「En absoluto. [De ninguna manera. / Nada.]

❸【本当に】adv. verdaderamente, ciertamente, de verdad, en verdad;《実に》adv. realmente; muy;《非常に》adv. muy, mucho. → 本当に.♦まったく暑いですね Verdaderamente hace calor. / Hace mucho calor. /《口語》¡Vaya calor que hace!♦まったく(=実の「正直な」ところ)そのニュースには驚いた La verdad es que la noticia me sorprendió. / La noticia me sorprendió de verdad. 会話 本当に気持ちのいい日ですこと—ねえまったく夏みたいな ¡Verdaderamente qué día tan agradable! – Sí; la verdad es que parece verano. 会話 今は娘たちがあっという間に大人になってしまうのね—まったくだね ¡Hay que ver lo rápido que crecen hoy día las hijas! – ¡Y que lo digas! / ¡Ya lo creo! / Verdaderamente. / ¡Hombre!♦一切, 凡そ, からきし, 極く, 散々, 実, 実に, すべて, 全部, つくづく, 到底, どうも

まったけ 松茸 m. hongo [f. seta] "matsutake".♦松茸ごはん m. arroz cocido con "matsutake".

まっただなか 真っ只中《混în のまっただなかで adv. en medio del alboroto.

まったん 末端《終わり》m. final;《先端》f. punta, m. extremo, m. cabo.♦末端価格《小売価格》f. precio al por menor;《麻薬などの》m. precio en la calle (de drogas ilegales).♦行政機構の末端 fpl. unidades inferiores de una organización.♦末端肥大症《専門語》f. acromegalia.

マッチ ❶【マッチ棒】m. fósforo.♦《はぎ取り式の》紙マッチ m. librito de fósforos.♦マッチ1箱 f. caja de cerillas [fósforos, cerillos].♦マッチ箱 f. caja de fósforos.♦マッチの先 f. cabeza del fósforo.♦マッチの軸 m. palito del fósforo.♦マッチに火をつける v. encender* un fósforo.♦マッチで火をつける v. encender* (una lámpara) con un fósforo.♦マッチ遊びをする v. jugar* con los fósforos.♦すみませんがマッチを貸してもらえませんか Perdone, ¿no tendrá usted fuego?

地域差 マッチ

〔全般的に〕m. fósforo.
〔スペイン〕f. cerilla
〔メキシコ〕m. cerillo

❷【試合】m. partido, m. combate.♦¹タイトル[²リターン]マッチ m. partido ¹por el título [²de vuelta].♦マッチプレイ《英語》m. "match-play".♦マッチポイントを¹つかむ[²切り抜ける] v. ¹tener* [²salvar] la bola de partido.

❸【釣り合い】→調和, 釣り合い.♦マッチさせる v. combinar (el sombrero con el vestido).♦そのネクタイはシャツとよくマッチしている Esa corbata "hace buen juego [combina bien] con la camisa. / Esa corbata va [casa] bien con la camisa.

マッチング《専門語》f. coordinación.

マット《わらなどの植物の》f. estera, f. esterilla;《織物の》f. alfombrilla;《玄関の》m. felpudo.♦ドアマット m. felpudo.♦マット運動 mpl. ejercicios de colchoneta.♦床にマットを敷く v. extender* 「una alfombra [《メキシコ》el tapete] sobre el suelo.♦マットで靴をぬぐう v. limpiarse los zapatos en el felpudo.

マットレス m. colchón.

マッハ m. (número) Mach.♦マッハ2.5で飛ぶ v. volar* a 2.5 Mach.

まっぱだか 真っ裸 f. desnudez completa.♦真っ裸で泳ぐ v. nadar desnudo [en cueros].

まつばづえ 松葉杖 f. muleta.♦一組の松葉杖 m. par de muletas.♦松葉杖をついて歩く v. andar* [ir*] con muletas.

まつび 末尾 m. fin, m. final.♦手紙の末尾に adv. al final de la carta.♦末尾の数字 m. número final.

まっぴら 真っ平♦そこへ行くのは真っ平だ Jamás iré allí. / No iré allí nunca. /《どんな手段を使っても行かない》De ninguna manera iré allí. / No iré allí de ningún modo.♦戦争はもう真っ平だ(=もうたくさんだ)¡Basta de guerras! / Guerras, nunca jamás. 会話 それを私にくれない—真っ平ごめんだ ¿Me lo vas a dar? – Nunca [Jamás].♦彼らに金を貸すだと。真っ平だ ¿Prestarles dinero? ¡Jamás!

まっぴるま 真昼間《=白昼公然と》adv. en pleno día, a plena luz.

まっぷたつ 真っ二つ♦スイカを真っ二つに割る v. cortar una sandía「justo por la mitad [en dos mitades exactas].

まつむし 松虫 m. grillo.

*__まつり__ 祭り《宗教上の, または定期的な行事としての祭り》m. festival, f. festividad, f. fiesta, f. feria.♦京都の時代祭り m. Festival de Jidai de Kioto.♦祭りを催す[祝う] v. celebrar un festival.♦その祭りの呼び物《口語》m. plato fuerte [del] festival.♦秋祭りが¹行なわれている [²近づいている] El festival de otoño se está ¹celebrando [²acercando].♦クリスマスは西洋では大切な祭りだ La Navidad es una importante festividad [fiesta] en Occidente.♦いつまでもお祭り気分でいてはいけない No「se puede [hay que] estar de fiesta siempre.♦もう後の祭りだ Ya es demasiado tarde.

まつりあげる 祭り上げる〔閑職に〕v. ascenderlo [le]* para quitárselo de en medio; 〔…に仕立て上げる〕〔教養語〕v. erigir* 《como》, poner* 《de》. ♦彼はその会社の会長に祭り上げられた Lo [Le] ascendieron a la presidencia de la compañía entre todos. / Fue erigido como presidente de la compañía.

__まつる__ 祭る 〔神社を建てて〕v. deificar, divinizar*; 〔崇拝して〕v. adorar. ♦東照宮は徳川家康を祭ってある El Santuario de Toshogu fue consagrado a Tokugawa Ieyasu. ♦彼は神として祭られている Es deificado. / Se le adora como a un dios.

まつろ 末路 〔最後の日々〕m. fin de la vida, mpl. últimos días. ♦悲劇的な末路を迎える v. tener* un fin trágico. ♦英雄の末路は時として哀れだ Los héroes a veces「tienen destinos miserables [pasan los últimos días de forma miserable].

まつわりつく 纏り付く 〔付きまとう〕v. seguir*, ir* detrás 《de》; 〔女優などを追い回す〕v. andar* alrededor [detrás]; 〔ぴったりくっつく〕v. pegarse* a. ♦大勢のファンがその歌手にまつわりついていた Vi muchos fans alrededor del cantante.

まつわる 纏わる ❶〔関連する〕v. estar* relacionado 《con》. ♦この湖にまつわる悲しい物語がある Hay una triste historia relacionada con este lago.

❷〔付きまとう〕♦彼女は母親にまつわって離れなかった Estaba「alrededor de su madre [colgada de su madre].

*__-まで__ ❶〔時〕prep. hasta, a, para; conj. hasta que《＋接続法》; 〔…までに(は)〕prep. antes de; conj. antes de que《＋接続法》. ♦3時まで彼女を待ったが彼女は来なかった La esperé hasta las tres, pero no vino. ♦夏休みまであと3週間ある Hasta las vacaciones de verano hay tres semanas. / Faltan tres semanas hasta [para] las vacaciones de verano. ♦彼らは6月から9月までヨーロッパを旅行した Viajaron por Europa de [desde] junio a [hasta] septiembre. ♦バスが止まるまで降りてはいけない No「te bajes [se baje] del autobús hasta que pare. 〈会話〉そのショーは何時まで続演で何時まで No hasta las diez más o menos. / ¿A qué hora termina el espectáculo? – Hacia las diez. ♦仕事が済むまでそこを離れられません Hasta que no terminemos el trabajo, no podemos irnos. (☆no terminemosのnoは虚辞) ♦先週までのところ彼からの返事は受け取っていなかった Hasta la semana pasada no había recibido ninguna respuesta de él. ♦月曜日に試験が二つあるのできのうは夜遅くまで勉強した Como el lunes voy a tener dos exámenes, anoche me quedé estudiando hasta「una hora avanzada [〔口語〕tarde]. ♦面会時間は公には8時までです(＝終わる) La hora de visita termina oficialmente a las ocho. ♦明日9時までにここへ来ていただきたいのです Me gustaría que vinieras mañana「antes de [a más tardar a] las nueve de la mañana. ♦いつまでにそれをしてしまわねばならないのですか ¿Para cuándo tiene que terminarlo?

❷〔場所〕prep. hasta. 〈会話〉ここからマドリードまでどのくらい距離がありますか－約100キロです ¿Cuánto hay de aquí a Madrid? – Unos 100 kilómetros. ♦家[²駅]まで送ってやるよ(歩いて) Iré contigo hasta ¹tu casa [²la estación]. /〔車で〕Te llevaré a ¹tu casa [²la estación]. 〈会話〉どこまでドライブしようか－丘の頂上まで行きましょう ¿Hasta dónde vamos a pasearnos en coche? – Hasta que lleguemos a lo alto de la colina. ♦彼は飛行機でパリまで行った Voló hasta París. ♦(乗り物などで)渋谷までが料金はいくらですか ¿Cuánto cuesta hasta Shibuya?

❸〔程度，範囲〕(…に至るまで) prep. a, hasta. ♦最後まで戦うv. luchar hasta el final. ♦水は私たちの首のところまで来た El agua nos llegó al [hasta el] cuello. ♦気温は40度まで上がった La temperatura subió a 40 grados. ♦そのバスは80人まで乗れる Ese autobús puede llevar hasta 80 pasajeros. ♦彼らは歩けるところまで行った Fueron todo lo lejos que pudieron (caminar). ♦彼女は(とりあえず)熱海までの切符を買った Se compró un billete a [hasta, para] Atami. ♦彼はばかまでは言わないがよくつまらぬ質問をする No iré tan lejos como decir que es tonto, pero con frecuencia hace preguntas tontas. ♦一番の生徒までもその難問には答えられなかった Ni siquiera el mejor estudiante pudo responder a esa difícil pregunta. ♦ずうずうしくもそんなことまで期待しているの？ ¿Cómo te atreves a esperar tal cosa?

❹〔…だけ〕(単に) adv. sólo, solamente, tan sólo, simplemente, nada más. ♦念のため彼にたずねようとしたまでだ Para asegurarme, simplemente intenté preguntarle. ♦授業などで)今日はこれまで Nada más por hoy. / Eso es todo por hoy. ♦彼らがその計画に反対するなら強引にそれを押しすすめるまでだ Si se oponen al plan, no tendremos más remedio que seguir adelante a la fuerza.

❺〔必要がない〕♦そんな大雨の中を出かけるまでもない No「hace falta [hay necesidad de] que salgas con esta lluvia. / No tienes que salir con esta lluvia.

マデイラ Archipiélago de Madeira (☆大西洋中東部, ポルトガル領の火山列島).

まてき 魔笛〔曲名〕《La Flauta Mágica》.

マデロ〔フランシスコ・インダレシオ～〕Francisco Indalecio Madero (☆1873-1913, メキシコの政治家).

まてんろう 摩天楼 m. rascacielos.

まと 的 ❶〔弓道・射撃などの標的〕m. blanco; f. diana. ♦(銃で)的をねらう v. apuntar al blanco. ♦鉄砲の弾が的に当たった[²的をはずれた] La bala ¹dio [²no dio] en el blanco.

❷〔対象〕m. objetivo, m. objeto, m. fin, m. propósito, m. centro, m. foco. ♦¹疑惑[²関心; ³賞賛]の的 m. objeto de ¹sospecha [²interés; ³admiración]. ♦注目の的 m. foco de atención. ♦彼女はみんなの¹尊敬[²羨(ﾙﾝ)望]

の的である Ella es el centro de ¹respeto [²envidia] de todos [todo el mundo]. / Todos la ¹respetan [²envidian]. ♦そのような政策は非難の的になりやすい Una política así es un blanco fácil de críticas.
❸【急所】♦彼の提案は的を射ている Su sugerencia es acertada [apropiada]. ♦君の質問は的外れだ Tu pregunta es desacertada [irrelevante]. ♦議論の的を一点に絞った方がよい Será mejor「ir al grano [concentrarse en el asunto].

*まど 窓 f. ventana (船・飛行機の) f. ventanilla; (大きな) m. ventanal; (船の) m. ojo de buey, f. portilla.
 1《～窓》♦開き窓 f. ventana a bisagras. ♦上げ下げ窓 f. ventana de guillotina. ♦引き違い窓 f. ventana corrediza [corredera]. ♦出窓(台形) f. ventana salediza [en saliente]. ♦屋根窓 f. buhardilla. ♦天窓 m. tragaluz, f. claraboya. ♦目は心の窓と言われる Dicen que los ojos son las ventanas del alma.
 2《窓＋名詞》♦窓ガラス m. vidrio [m. cristal] de la ventana. ♦窓枠 m. marco de la ventana. ♦窓側の席(レストランで) m. asiento junto a la ventana. ♦窓側の席(飛行機で) m. asiento junto a la ventanilla. ♦窓ふきをする v. limpiar una ventana. → 窓際, 窓辺.
 3《窓に》♦窓に鉢植えの花を並べる v. colocar* tiestos con flores en la repisa de la ventana. ♦窓にカーテンをつける v. poner* cortinas en una ventana.
 4《窓を》♦窓を開けっ放しておく v. dejar la ventana abierta. ♦窓を1窓開けて [²閉めて] くださいますか ¿Puede ¹abrir [²cerrar] la ventana, por favor?
 5《窓から》♦彼は窓から外を見ていた Estaba mirando por la ventana. ♦列車の窓から富士山が見えた Por la ventanilla del tren se veía el Monte Fuji. ♦列車の窓から顔を出してはいけません No te asomes por la ventanilla del tren. ♦窓からそれを渡してください Pásemelo por la ventanilla, por favor.

まといつく 纏い付く →纏(まと)り付く. ♦つたが木に纏いついていた (=巻きついていた) La hiedra estaba「agarrada al [enrollada alrededor del] árbol.

まとう v. llevar (un abrigo) puesto.

まどぎわ 窓際 ♦窓際に adv.「al lado de [a, junto a] la ventana. ♦(乗り物の)窓際の席 m. asiento junto a la ventanilla. ♦窓際族 mpl. empleados relegados.

まどぐち 窓口 f. ventanilla, f. taquilla; (受け付け先) m. mostrador; (交渉係) f. persona de contacto. ♦切符を売る窓口 f. taquilla. ♦出納窓口 f. caja.

まどべ 窓辺 ♦窓辺に f. cerca de la ventana.

まとまった 纏まった ❶【多くの】(比較的多い) adj. importante, bastante grande, cuantioso; (かなりの額・量の)《口語》adj. bonito. ♦彼はまとまった金を預金からおろした Retiró una importante [《口語》bonita] cantidad de dinero de su cuenta bancaria.
❷【決定的な】adj. definido, claro. ♦その件に関して私はまとまった意見を持っていない No tengo una opinión definida「sobre el tema [al respecto, sobre ese asunto].
❸【結び付きのよい】adj. bien conjuntado, 《口語》adv. como una piña; (よく組織だった) adj. bien organizado. ♦よくまとまった家庭 f. familia bien conjuntada [muy unida, como una piña].

まとまり 纏まり (一貫性) f. coherencia; (統一) f. unidad; (秩序) m. orden; (解決) f. solución, m. acuerdo. ♦まとまりのあるクラス f. clase conjuntada. ♦まとまりに至る (=成果がある) v. llegar* a un acuerdo. ♦まとまりのない (=一貫していない)議論 m. argumento incoherente [sin coherencia]. ♦まとまりのない (=構成のまずい)文章 m. escrito mal estructurado. ♦彼らはまとまりがない No hay unidad entre ellos. ♦5時間も討議したのにまとまりがつかなかった Pese a estar hasta cinco horas discutiendo no llegamos a un acuerdo.

まとまる 纏まる ❶【決着がつく】(意見が一致する) v. acordar, ponerse de acuerdo 《con + 人》《en》; (意見の一致を見る) v. llegar* a un acuerdo 《con + 人》; (問題・紛争などが解決する) v. quedar resuelto, solucionarse; (結論が下される) v. concluirse*; (完成する) v. terminarse, acabarse. ♦まとまった → 纏(まと)った. ♦詳細はまだまとまっていない Los detalles todavía no han sido acordados. / Faltan por acordar [convenir] los detalles. ♦彼の提案を採択することで話がまとまった Hemos acordado adoptar su propuesta. / Convinimos adoptar su propuesta. ♦私たちは意見が違いすぎてまとまらない Estamos demasiado divididos para llegar a un acuerdo. ♦その取り引きはまとまらなかった (=失敗に終わった) Sobre la transacción no se llegó a ningún acuerdo.
❷【集まる, 統一される】(寄せ集める) v. reunirse*, juntarse; (いっしょにする) v. conjuntarse; (団結する) v. unificarse, unirse. → 纏まった. ♦4人ずつまとまって外出する v. salir* agrupados de cuatro en cuatro, salir* en grupos de cuatro. ♦彼の随筆は1冊の本にまとまった. Sus ensayos fueron reunidos en un volumen. ♦彼らは一つにまとまってその問題を解決した Se unieron para hallar una solución al problema. ♦彼らはよくまとまっている (=仲がよい) Están perfectamente unidos.
❸【整う】(よく整理されている) v. estar* bien arreglado; (考えなどが系統立てられている) v. estar* bien organizado [estructurado]; (考えなどが具体化する) v. tomar forma, 《フォーマル》plasmarse; (取り決められる) v. disponerse*, concertarse*. ♦彼の論文はよくまとまっている Su tesis está bien estructurada. ♦私たちの計画はまとまってきている Nuestros planes están empezando a tomar forma. ♦内藤君と岡田さんの間に縁談がまとまった Se dispuso [concertó] el matrimonio entre el Sr. Naito y la Srta. Okada.

まとめ 纏め (要約) m. resumen, m. sumario; (結論) f. conclusión. ♦簡単なまとめをする v.

hacer* un breve resumen.

まとめやく 纏め役 (主催者)*mf.* organiza*dor/dora*; (争いの仲裁者)*mf.* media*dor/dora*, *mf.* árbi*tro/tra*; (特に会社の紛争の)*mf.* concilia*dor/dora*; (特に戦争をおさめる)*mf.* pacifica*dor/dora*; (意見の調整役)*mf.* coordina*dor/dora*; (議長)*mf.* presiden*te/ta*. ◆彼はまとめ役には向かない No vale para el trabajo de coordinador.

*****まとめる 纏める ❶【集める】** (散在している物・人を1か所に集める)*v.* reunir*, juntar; (目的を持って選択して集める)*v.* coleccionar, recoger*, acumular; (いっしょにする)*v.* juntar, reunir*; (グループに[分類して]集める)*v.* agrupar. ▶資料を1冊の本にまとめる *v.* reunir [recoger*, compilar] datos para un libro. ▶荷物をまとめる *v.* recoger* las cosas; (寄せ集める)*v.* juntar las cosas; (荷造りをする)*v.* empacar*, empaquetar; hacer* la maleta. ◆その落ち葉をまとめて焼いてください Recoja por favor las hojas caídas y quémelas. ◆本は主題別にまとめてある Los libros están agrupados por materia.
❷【整える】 (整とんする, 手はずを整える)*v.* ordenar, poner* en orden, arreglar, concertar*; (考え・計画などを具体的なものにする)*v.* dar* forma (cuerpo); (系統立てる)*v.* organizar*, disponer*, acomodar; (編集する)*v.* compilar; (要約する)*v.* resumir, hacer* un resumen, sintetizar*; (考えの違いなどを調整する)*v.* ajustar, fijar, conciliar; (統一する)*v.* unificar*; (合体させる)*v.* unir. ▶縁談をまとめる *v.* concertar* un matrimonio. ▶考えをまとめる *v.* ordenar「los pensamientos [las ideas], poner* las ideas en orden. ▶みんなの意見をまとめる (意見の相違を調整する)*v.* conciliar la discrepancia de opiniones; (みんなを同意させる)*v.* acomodar los pareceres de todos; (要約する)*v.* resumir todas las opiniones. ▶顧客リストをまとめる *v.* compilar una lista de clientes. ▶持ち物をまとめる (=荷造りをする) *v.* empaquetar las cosas. ◆彼は人をまとめるのがうまい Es un buen organizador [líder]. ◆このチームをまとめるのは難しい Es difícil conjuntar al equipo. ◆調査結果は私がまとめます Voy a hacer un resumen de los resultados de la investigación.
❸【決着をつける】 (紛争などを解決する)*v.* solucionar, resolver*; (結末をつける) *v.* concluir*, llevar a buen fin, arreglar; (商談などを取り決める)*v.* concertar*, cerrar*; (調停する)*v.* mediar, 《教養語》dirimir; (完成する) *v.* terminar, acabar. ▶紛争をまとめる *v.* solucionar [mediar] en un conflicto. ▶交渉をまとめる *v.* concluir* las negociaciones; llevar a buen fin [puerto] las negociaciones. ▶商談をまとめる *v.* cerrar* un (buen) trato. ◆卒業論文をまとめる *v.* terminar「una tesis de graduación [una tesina]. ◆この契約を今日中にまとめるようにしよう Vamos a intentar cerrar hoy este trato.

—— **まとめて** (みんないっしょにして)*adv.* todos juntos, conjuntamente, todos a una; (支払いなどを一括して)*adv.* de una vez, de golpe; (同時に)*adv.* todo a la vez. ▶1年分の給料をまとめてもらう *v.* cobrar la paga de un año de una vez. ◆全部まとめていくらですか ¿Cuánto es todo?

まとも ▶**まともに** ▶【正面から】(直接に)*adv.* de frente, de cara; (まっすぐに)*adv.* directamente. ▶【まじめに】(正直に)*adv.* honradamente, honestamente; (本気で)*adv.* en serio, seriamente. ◆ボールがまともに私の顔に当たった La pelota me dio「en toda la cara [de lleno en la cara]. ◆彼女は母の顔をまともに見れない No puede mirar a su madre「de frente [cara a cara]. ◆こんなに朝早くては頭がまともに働かない Soy incapaz de pensar tan temprano por la mañana. ◆釈放のとき彼はまともに暮らすことを誓った Cuando lo [le] liberaron [soltaron] prometió llevar una vida honrada. ◆彼の冗談をそんなにまともに取るな No te tomes su broma tan en serio.

—— **まともな** (正直な)*adj.* honrado, honesto; (まっとうな)*adj.* recto; (本気の)*adj.* serio, sincero; (分別のある)*adj.* sensato; (世間並みの)*adj.* decente; (適切な)*adj.* apropiado. ▶まともな仕事 *m.* trabajo honesto [legal]. ▶まともな意見を述べる *v.* expresar una opinión sensata. ▶まともな暮らしをする *v.* llevar una vida decente. ◆彼はまともなやり方で金を得た Consiguió el dinero honradamente. ◆彼はまともな人間だ Es un hombre recto. ◆そんなことをするとは君はまともじゃないね (=頭がおかしいね) No es sensato por tu parte el hacer tal cosa. /《口語》Hay que ser to*nto* para hacer una cosa así.

マドラス Madrás. → チェンナイ (Chennai).
まどり 間取り ▶家の間取り *m.* plano de una casa, *f.* distribución de las habitaciones (de una casa). ▶彼は間取りのいい家に住んでいる Vive en una casa bien distribuida.
マドリード Madrid (☆スペインの首都).
まどろむ *v.* adormilarse, dormitar, echar [descabezar*] un sueño, dar* una cabezada. ▶気持ちよくまどろむ *v.* dormitar plácidamente, echarse un agradable sueño.
まどわす 惑わす (心を混乱させる)*v.* confundir; (当惑させる)*v.* desconcertar*, dejar perplejo; (誘惑する)*v.* seducir*, tentar*; (だます) *v.* engañar.
マトン *m.* carnero.
マドンナ (聖母) Madonna, *f.* Virgen María, *f.* Nuestra Señora. ▶マドンナ像[の絵] *f.* Virgen.
マナー *mpl.* modales, *f.* educación. → 行儀. ▶テーブルマナー *mpl.* modales en la mesa. ◆彼はマナーが悪い No tiene educación.
まないた 俎 *m.* tajo, *f.* tabla de cortar, *m.* tajador.
マナグア Managua (☆ニカラグアの首都).
まなざし 眼差し *f.* mirada; (一べつ)*f.* ojeada. ▶やさしいまなざしで彼を見る *v.* dirigirle「[《口語》echarle] una mirada tierna, mirarlo[le] con ternura.
まなつ 真夏 ▶真夏に *adv.* en pleno [lo más

caluroso del] verano. ♦「真夏の夜の夢」(戯曲名)《El Sueño de una Noche de Verano》.
まなでし 愛弟子 *mf.* discíp*ulo/la* favorito/ta [predilecto/ta].
＊＊まなぶ 学ぶ ❶【身につける】(教わって)*v.* aprender; (個人教授で)*v.* tomar clase(s); (習得する)*v.* aprender, instruirse*《en》*. ♦訓を学ぶ *v.* aprenderse una lección 《de》. ♦スペイン語を学ぶ *v.* aprender [instruirse*] en español. ♦外国旅行から多くを学んだ Ha aprendido mucho de [con] sus viajes al extranjero.
❷【学科として勉強する】*v.* estudiar; (科目を専攻する)*v.* especializarse*《en》; (課程を履修する)*v.* seguir* un curso 《sobre》; (大学などで教育を受ける)*v.*「hacer* la carrera [estudiar]」《en》. ♦日本では英語を中学校から学び始める En Japón empezamos a estudiar inglés en la escuela secundaria inferior. ♦彼女は大学で心理学を学んだ Hizo un curso de [sobre] psicología en la universidad. / Tomó clases de psicología en la universidad. ♦伊藤教授から法律を学んでいます Estoy estudiando derecho con el Prof. Ito. ♦彼はハーバードで学んだそうだ He oído decir que 「hizo la carrera [estudió] en Harvard.
【その他の表現】♦よく学び、よく遊べ Estudia y diviértete.

マニ Manés, Mani (☆ペルシャの予言者, マニ教の始祖 216?–276?).
マニア *mf.* maniático/ca, *mf.* maníaco/ca, *mf.* entusiasta. ♦彼は切手マニアだ Es un maniático [maníaco] de los sellos. / Es un entusiasta de la filatelia. / Tiene la manía de coleccionar sellos. /《口語》Está loco por los sellos.
＊まにあう 間に合う ❶【時間の上で】(一般に)*v.* llegar* a tiempo; (乗り物に)*v.* coger*,『ラ米』tomar, alcanzar*; (締め切りに間に合う)*v.* entregar* un trabajo dentro del plazo previsto. ♦彼はかろうじてその列車に間に合った《口語》Llegó justo a tiempo para coger el tren. / Cogió el tren por los pelos. ♦彼は夕食に間に合うように帰宅した Llegó a casa a tiempo para la cena. 会話 9時に間に合う(=十分に早めに着く)よね—ゆうゆう間に合うようにそれより早く出た方がいいよ A las nueve será suficiente, ¿verdad? – Mejor salir antes, para que tengas tiempo de sobra. ♦今からではもう間に合わない(=遅すぎる)だろう Ya va a ser demasiado tarde. / Ya no habrá tiempo. ♦手紙じゃ間に合わないよ—それなら彼に電話してみたら Una carta ya no va a llegar a tiempo. – ¿Por qué entonces no lo [le] llamas?
❷【役に立つ】(用が足りる)*v.* servir*, ser* útil, valer*; (分量的に十分である)*v.* bastar, ser* suficiente. ♦ペンは持っていないが、鉛筆で間に合うだろう No tengo pluma, pero「un lápiz servirá [con un lápiz me arreglo]」. ♦これがあれば当座は間に合うだろう De momento con esto basta [es suficiente].
❸【…がなくても済む】*v.* no necesitar,《口語》arreglárselas《sin》, poder* prescindir [pasar]《de》. ♦君に手伝ってもらわなくても間に合う No necesito tu ayuda. / Me las puedo arreglar sin tu ayuda. / Puedo pasar sin tu ayuda.
【その他の表現】♦これは今度の月曜日には間に合わない(=月曜日までに準備できていない)だろう Esto no estará listo para el próximo lunes. 会話 今日は何かご用はありませんか—ええ,間に合っているわ。ごくろうさん ¿Tiene alguna orden para hoy, señora? – No, no hay nada. Gracias. ❷いい, 結構
まにあわせ 間に合わせ (物)*m.* arreglo provisional 〖ラ米〗provisorio, *f.* improvisación; (一時しのぎ)(人)*mf.* sustituto/ta; (物)*m.* recurso [*f.* medida] provisional. ▶間に合わせの処置を取る *v.* tomar [adoptar] medidas provisionales. ▶箱をテーブルの間に合わせにする *v.* usar provisionalmente una caja de mesa, improvisar una caja de mesa ☞ 応急, 仮の
まにあわせる 間に合わせる (用意する)*v.* preparar, tener* listo; (なんとかする)*v.* arreglarse《con》, valer*, servir*; (…で済ます)*v.*「poder* pasar [arreglárselas]《con》. ♦あすまでに間に合わせて(=用意して)ください Téngalo listo para mañana. ♦当分このカメラで間に合わそう(=済ませよう) Con esta cámara me (las) arreglo de momento. / Me vale por ahora esta cámara.
まにうける 真に受ける (本気に取る)*v.* tomar en serio. ♦彼の約束を真に受けてはいけない No debes tomar en serio su promesa.
マニキュア *f.* manicura; *m.* esmalte de uñas. ▶つめにマニキュアをする *v.* esmaltarse las uñas, hacerse* la manicura.
まにし 真西 ▶真西に adv. justo [exactamente] al oeste.
マニャニータス *fpl.* mañanitas (☆誕生日に歌われる).
マニュアル (指導書・手引書)*m.* manual.
マニラ Manila (☆フィリピンの首都).
まぬがれる 免れる ❶【逃れる】(災難などから未然に)*v.* librarse [escapar]《de》; (救われる)*v.* salvarse《de》. ▶地震を免れた建物 *m.* edificio que se libró [ha librado] del terremoto. ♦彼は間一髪のところで死を免れた「Se salvó de la muerte [Salió con vida] por los pelos. / Escapó de la muerte por muy poco. ♦彼はあやうく殺されるところを免れた「No fue asesinado [Se libró del asesinato] por「muy poco [《口語》los pelos]. ♦破損船は沈没を免れた El barco dañado se libró del hundimiento.
❷【避ける】(意識的に)*v.* evitar, zafarse《de》; (策を用いて巧みに)*v.* eludir; (ずるしたりして)*v.* rehuir*, eludir. ♦彼は私の質問に答えずに責任を免れようとしている Está intentando evitar su responsabilidad sin responder a mis preguntas. ♦彼の解雇は免れない Su despido「es inevitable [no se puede evitar, es ineludible].
❸【免除される】*v.* liberarse《de》. ♦彼は兵役を免れた Se libró del servicio militar. / Que-

dó exento del servicio militar.

まぬけ 間抜け (ばかもの) *mf.* tonto/ta, *mf.* imbécil, *mf.* idiota, 【メキシコ】 *mf.* menso/sa, *mf.* necio/cia. ▶間抜けな *adj.* tonto, necio, imbécil, (頭の鈍い) *adj.* lerdo, estúpido. ▶この間抜け ¡Qué tonto eres! / ¡No seas tonto!

・まね ❶【模倣】*f.* imitación; (ものまね)*f.* imitación, *m.* remedo. ▶まねをする *v.* imitar. → まねる. ▶声まね *f.* imitación vocal. ▶まねをして発音の仕方を習う *v.* aprender a pronunciar imitando. ♦彼はゴリラのまねが上手だった Imitaba a los gorilas muy bien. / Era un buen imitador de gorilas. ♦彼のまねをして(=見習って)¹早寝 [²早起き]をしようと思う Voy a seguir su ejemplo ¹acostándome [²levantándome] temprano.

❷【ふり】*m.* fingimiento, *f.* simulación. ▶死んだまねをする *v.* hacerse* *el/la* muerto/ta, fingirse* muerto, simular la muerte. ▶カウボーイのまねをして遊ぶ *v.* jugar* a los vaqueros.

❸【ふるまい】▶ばかなまねをする *v.* hacer* una tontería; (もの笑いになる) *v.* hacer* [caer* en] el ridículo. ▶ばかなまねはよし ¡Vamos! ¡Deja de hacer *el/la* tonto/ta [ya tonterías]! ♦ばかなまねをするな ¡No seas tonto!

《その他の表現》▶サルまねをする人 *mf.* copión/piona, 【メキシコ】【口語】*mf.* imitamonos. ♦料理のまねごとをしているだけだ(=ちょっとかじる程度だ)Sólo estoy enredando en la cocina. /【口語】Estoy haciendo de cocinilla. ♦私のピアノはほんのまねごとです(=未熟だ)No soy más que un principiante en piano. ♦その操作は彼の仕方を見よう見まねで覚えた Aprendí ¹cómo funciona copiando lo que él hacía [²haciendo lo mismo que él].

マネーサプライ *f.* oferta [*f.* masa] monetaria.

マネージャー (店・芸能人などの) *mf.* gerente; (プロボクサーの) *mf.* encargado/da, *mf.* cuidador/dora, *mf.* apoderado/da, (スポーツチームの) *mf.* celador/dora, *mf.* guardián/diana.

まねき 招き *f.* invitación.

マネキン (人形) *m.* maniquí.

・まねく 招く ❶【手招きする】*v.* hacer* una seña 《a + 人》, llamar. ▶彼は中に入るよう手で招いた Me hizo una seña para que entrara.

❷【招待する】*v.* invitarlo[le, la] a, pedirle* que 《+接続法》. ▶家の中へ招き入れる *v.* invitar a entrar, pedir* 《a + 人》 que entre. 会話 彼を今晩食事に招いたらどうーそれはいいですね ¿Por qué no lo [le] invitas a cenar esta noche? – Es una buena idea. ♦お招きいただきありがとうございました Muchas gracias por su amable invitación.

❸【来てもらう】(専門的指示を得るため) *v.* llamar; (雇う) *v.* contratar, emplear. ♦われわれは彼を顧問として招いた Lo [Le] contratamos como [de] asesor.

❹【引き起こす】*v.* causar, provocar*; (結果として至る) *v.* ocasionar, tener* [dar*] como resultado; (よくない事をもたらす) *v.* dar* lugar 《a》, originar. ♦賃金の値上げは物価高を招く Una subida salarial causa [provoca, da lugar a] un aumento de los precios.

・まねる *v.* imitar, hacer* como [lo mismo que]; (そっくりに) *v.* copiar, (強調して)【口語】calcar*; (おどけて) *v.* remedar, (サルをまねる)(軽蔑的に) *v.* ser* un mono de imitación; (手本にする) *v.* seguir* su ejemplo. ♦子供は親のやり方をまねるものだ Los niños ¹imitan a [hacen como] sus padres. ♦その男の子は彼女の声をまねて私たちを笑わせた El niño nos hizo reír remedando su voz. ♦この絵はゴッホをまねたものだ(=偽作だ)Este cuadro es una imitación de Van Gogh. ♦彼女はその写真の髪型をまねて自分の髪を整えた Se arregló el pelo copiándolo de la fotografía.

まのあたり 目の当たり ▶それを目の当たりにする (目の前で見る) *v.* verlo* justo enfrente de los ojos; (¹直接に [²直接に; ³現場で] 見る) *v.* verlo* ¹con los propios ojos [²directamente; ³en la escena].

まのび 間延び ▶間延びした(=退屈な)話 *f.* conversación aburrida [【口語】sosa]. ▶間延びした顔 *f.* cara estúpida.

まばたき 瞬き (無意識の) *m.* parpadeo, *m.* pestañeo, (合図などのための意識的な) *m.* guiño. ▶まばたきもせず私をじっと見る *v.* mirarme fijamente sin pestañear. ▶太陽をまぶしくてまばたきする *v.* parpadear a la luz del sol.

まばたく 瞬く *v.* parpadear, pestañear; guiñar (el ojo).

まばゆい 眩い →眩(まぶ)しい. ▶まばゆいばかりの海原 *m.* deslumbrante mar.

まばら ▶まばらな *adj.* ralo, poco denso; (ちりぢりの) *adj.* disperso, esparcido. ▶まばらに *adv.* de manera poco densa; esporádicamente; (あちこち) *adv.* dispersamente, por aquí y por allá. ▶(薄くなったまばらな髪 *m.* pelo ralo. ▶まばらに生えている数本の木々 *mpl.* árboles repartidos por aquí y por allá. ♦その村には人家がまばらにしかなかった Las casas estaban dispersas [repartidas] por el poblado. ♦その会合の出席者はまばらだった Había poca gente en la reunión. / La asistencia a la reunión fue escasa. / Concurrió poca gente a la reunión.

まひ 麻痺 (専門語) *f.* parálisis; (無感覚) *m.* entumecimiento. ▶周期性麻痺《専門語》*f.* parálisis periódica. ▶小児麻痺 *f.* parálisis infantil, *f.* polio. ▶心臓麻痺で亡くなる *v.* fallecer* [morir*] de ataque cardíaco.

── 麻痺する *v.* paralizarse*, quedarse paralizado; (無感覚になる) *v.* entumecerse*. ♦彼の左腕が麻痺していた Se le ¹quedó paralizado [paralizó] el brazo izquierdo. ♦その病気で彼は腰から下が麻痺した La enfermedad le ha paralizado la cintura para abajo. ♦唇が寒さで麻痺していた Tenía los labios entumecidos por el frío. ♦列車の運行停止で商品の流通が麻痺した Los paros de los trenes han paralizado el flujo de mercancías.

まひがし 真東 ▶真東に *adv.* justo [exactamente] al este.

まびきうんてん 間引き運転 ▶間引き運転をする (=走行間隔を開ける) v. reducir* el tránsito ferroviario [de autobuses].

まびく 間引く (間隔を開ける) v. espaciar; (数を減らす) v. reducir*, disminuir*. ▶タマネギの苗を間引く v. aclarar las plantas de cebolla.

まひる 真昼 (真昼間) f. plena luz (del día); (正午) m. mediodía; (日中) m. día. ▶真昼は adv. a plena luz, en pleno sol, en pleno día.

マフィン 《英語》m. "muffin", m. mollete.

まぶか 目深 ▶帽子を目深にかぶる v. encasquetarse [calarse] el sombrero [gorro]. ▶帽子を目深にかぶっている v. llevar el sombrero [gorro] encasquetado.

まぶしい 眩しい (光がくらむほど強い) adj. deslumbrante, cegador; (ぎらぎらするように強く激しい) adj. refulgente. ▶まぶしいほど美しい女 f. belleza deslumbrante. ▶まぶしい日光 f. deslumbrante luz solar. ▶車のライトがまぶしくて目がくらんだ Los faros del coche [automóvil] me deslumbraron [cegaron]. ▶熱帯の太陽がまぶしく照りつけた El sol tropical nos cegaba. ▶鏡の光の反射がまぶしかった El reflejo de la luz en el espejo era deslumbrante.

まぶた 瞼 m. párpado. ▶ 上 [下下] まぶた m. párpado ¹superior [²inferior]. ▶彼は¹一重 [²二重] まぶただ Tiene ¹una sola raya [²doble raya, ²doble surco, ²doble pliegue] en el párpado. ▶まぶたが重い (=眠い) Me pesan los párpados. / Se me cierran los ojos. / Tengo sueño. ▶まぶたを閉じると両親の面影が浮かんだ Cuando cerré los ojos, vi la figura de mis padres.

まふゆ 真冬 ▶真冬に adv. en pleno invierno, en lo más frío del invierno.

マフラー (襟巻き) f. bufanda; (消音器) m. silenciador, 『米』m. mofle. ▶マフラーを首に巻く v. ponerse* una bufanda en el cuello.

まほう 魔法 f. magia; (呪(じゅ)文による) m. conjuro; (悪事のための) f. brujería, f. hechicería; (悪霊を使った) f. brujería, f. hechicería.

1 《魔法(の)+名詞》 ▶魔法使い m. mago; (魔女) f. bruja, f. hechicera; (男の) m. hechicero, m. brujo. ▶魔法の1つえ [じゅうたん] ¹f. varita [²f. alfombra] mágica. ▶魔法びん → 魔法瓶.

2 《魔法に[を]》 ▶魔法にかかっている v. estar* [quedar] hechizado [encantado]. ▶魔法をかける v. hechizar*, embrujar. ▶魔法をとく v. romper* 「el hechizo [la magia]. ▶魔女は魔法を使い王子をカエルに変えた La bruja convirtió al príncipe en una rana por obra de magia [encantamiento].

まほうびん 魔法瓶 m. termo, f. botella termo.

マホガニー f. caoba. ▶マホガニーのテーブル f. mesa de caoba.

マホメット [ムハンマド] Mahoma (☆568?-632, アラビアの預言者, イスラム教の開祖). ▶マホメット教 →イスラム教.

まぼろし 幻 (幻影) f. visión, f. aparición; (実態のないもの) m. fantasma; (錯覚) f. ilusión. ▶幻の魚 m. pez fantasma. ▶彼女は死んだ我が子

の幻を見た Se le apareció su niño/ña muerto/ta. / Tuvo la visión de su bebé muerto.

***まま** 儘 **❶**《【動作・状態の継続】》...のままである v. dejar como está, mantenerse* [seguir*] igual, permanecer* lo mismo. ▶窓を開けたままにしておく v. dejar la ventana abierta. ▶先生が出ていったあとも生徒たちはしばらく黙ったままでいた Los alumnos [estudiantes] se quedaron [mantuvieron] un rato callados después de 「que se fuera [irse] el/la profesor/sora. ▶医者が来るまで彼女を寝かしたままにしておきなさい Que se quede en la cama hasta que venga el/la médico. / Déjala en la cama hasta que llegue el/la médico. ▶彼は物事をやりかけのままにしておくのを好まない No le gusta dejar las cosas 「sin acabar [a medias]. ▶ただ疲れただけです. しばらくこのままにさせてください Sólo estoy cansado. Déjame así un rato, por favor.

❷《【様態】》

1 《...のとおりに》 conj. (tal) como, según. ▶物事をあるがままに見る v. ver* las cosas tal como son. ▶君の思うままにしてよろしい Puedes hacerlo 「como te parezca [según creas tú]. ▶君の髪型は今のままでいい Me gusta tu pelo tal como está. ▶彼の財力なら何でも思いのままだ Su fortuna le permite hacer lo que desea [le parece].

2 《付帯状況》 ▶口に食物をいっぱい入れたままでしゃべるな No hables con la boca llena. ▶彼は帽子をかぶったままで入ってきた Entró con 「el sombrero puesto [la cabeza cubierta]. ▶彼女はやかんを沸騰させたまま台所から出て行った Salió de la cocina dejando la tetera hirviendo. ▶彼は腕を組んだまま座っていた Estaba sentado con los brazos cruzados.

❸ 《...に従って》 adv. siguiendo, prep. de acuerdo 《con》. ▶父は医者のすすめるままに田舎へ転地した Siguiendo el consejo del médico, mi padre se mudó al campo para cambiar de aires.

《その他の表現》▶彼は出かけたままだ帰っていません Salió de casa y todavía no ha vuelto.

ママ (母) f. mamá, f. mama, 《口語》《親しい仲で》f. mami; (バーの) f. ama, f. dueña.

ままこ 継子 mf. hijastro/tra. ▶まま子いじめをする v. tratar mal a/a la hijastro/tra. ▶まま子扱いをする 《口語》v. tratar 《a + 人》como si fuera la oveja negra, dar* 《a + 人》de lado, marginar.

ままごと 飯事 (ままごとをする) v. jugar* a las casitas.

ままならない ▶人生はままならない (=望むようにはゆかない) La vida no es como uno desea. / En la vida las cosas no salen como desearíamos.

ままはは 継母 f. madrastra.

まみず 真水 f. agua fresca.

まみなみ 真南 ▶真南に adv. justo [exactamente] al sur.

-まみれ -塗れ ▶...塗れる. ▶血まみれの衣服 f. ropa

manchada [con manchas] de sangre. ♦全身にこりをまみれになった Me llené [puse lleno] de polvo. ♦彼の顔は泥まみれだ Su cara está llena de barro.

まみれる 塗れる (覆われている) v. estar* cubier*to* 《de》; (汚れる) v. mancharse [estar* mancha*do*] 《de》. ▶一敗地にまみれる v. sufrir una derrota aplastante [abrumadora]. ▶彼の新しい靴は泥にまみれていた Sus zapatos nuevos estaban llenos [todo manchados] de barro.

まむかい 真向かい ▶駅の真向いの店 f. tienda「justo enfrente [delante] de la estación;(真ん前の) f. tienda exactamente frente a la estación ♦向かい, 対する

まむし 蝮 f. víbora.

__まめ__ 豆 (一般的に) f. legumbre; (大豆) f. soja; (エンドウ) m. guisante. ▶豆まき "mamemaki", (説明的に) f. ceremonia de esparcir granos de soja. ▶煮豆 fpl. alubias cocidas. ▶豆をまく (畑に) v. sembrar alubias (en el campo); (節分で) v. esparcir* granos de soja tostados.

まめ 肉刺 (水ぶくれ) f. ampolla; (うおのめ) m. callo. ▶足の親指にまめができている Tengo un callo en el dedo gordo del pie.

まめ- 豆- (小さい) adj. en miniatura; (小型の) adj. pequeño; (超小型の) adj. enano, diminu*to*. ▶豆本 m. libro miniatura. ▶豆台風 m. tifón pequeño. ▶豆自動車 m. coche miniatura. ▶豆鉄砲 f. tirabala, m. taco.

まめつ 磨滅 m. desgaste. ▶磨滅した adj. desgasta*do*. ▶磨滅する v. desgastarse. ▶磨滅したタイヤ m. neumático gastado [desgasta*do*].

まめ(に) (勤勉に) adv. con diligencia, duramente; (陰日向なく) adv. fielmente. ▶まめにノートをとる v. tomar notas con diligencia.

まめまめしく ▶まめまめしく (=勤勉に)働く v. trabajar mucho [duramente, con diligencia], trabajar como una abeja, (口語) dejarse la piel. ▶まめまめしく (=陰日向なく)主人に仕える v. servir* al amo con lealtad.

*__まもなく__ 間もなく adv. pronto; (ほどなく) adv. dentro de poco [un rato], a no tardar mucho; (じきに) adv. en breve [un rato]; (ほとんど) adv. casi; (しばらくしたら) adv. al poco tiempo, poco después. ▶彼は間もなく帰って来るでしょう Volverá pronto [dentro de un rato]. / No tardará en volver. ▶間もなく彼はその事件を知った Se enteró pronto del incidente. / No tardó en enterarse del incidente. / No pasó mucho antes de enterarse del incidente. ♦彼らは大学を卒業後間もなく結婚した Se casaron poco después de graduarse de la universidad. ♦間もなく夏休みになる Las vacaciones de verano「ya llegan pronto [están a la vuelta de la esquina]. / Ya falta poco para las vacaciones de verano. ♦彼女が死んで間もなく (=ほとんど)10年になる Ya han pasado casi diez años desde que murió. / Ya lleva casi diez años muerta. ☞何れ, 今に, すぐ, そのうち, 近々, 遠からず

まもの 魔物 m. demonio, m. diablo, m. espíritu maligno.

まもり 守り f. defensa. ▶固い守り f. fuerte defensa. ▶空の守りを固める v. reforzar* la defensa aérea.

__まもる__ 守る ❶ 【遵守する】(法・規則を) v. respetar, guardar, obedecer. ▶交通規則をきちんと守る v. guardar estrictamente las leyes de tráfico. ▶速度制限を守る v. obedecer* el límite de velocidad. ▶仏教の教えを忠実に守る v. seguir* [observar, practicar*] las enseñanzas budistas. ▶医者の注意を守る v. seguir* el consejo del/de la médico. ♦親の言いつけを守りなさい Debes obedecer a tus padres. / Debes ser obediente a tus padres. ❷ 【履行する】(約束・秘密などを) v. mantener*; (主義・決心などを頑固に) v. ser* fiel 《a》, cumplir 《con》, observar. ▶主義を守る v. mantener* los principios. ▶約束を守る v. ser* fiel a la palabra, cumplir la promesa. ▶ (医院などで)予約時間を守ってください Por favor,「cumple con [llega a tiempo a] tu cita. / Sé puntual, por favor. ❸ 【防御する】(攻撃・脅威から) v. defender*, guardar; (危険から) v. proteger*; (盾(⑤)のように) v. amparar, custodiar. ▶彼女を危険から守る v. defenderla* [protegerla*, guardarla] del peligro. ▶敵から国を守る v. defender* el país del enemigo. ▶彼の留守宅を守る (=管理する) v. guardar la casa en su ausencia. ▶そんな薄いコートでは寒さから身を守れないだろう Ese abrigo tan fino no te protegerá del frío. ♦その建物が風から彼を守ってくれた El edificio lo [le] protegió [abrigó] del viento. ❹ 【維持する】v. mantener*, guardar. ▶平和を守る v. mantener* la paz. ▶沈黙を守る v. guardar silencio. 《その他の表現》▶ 1塁を守る v. jugar* de primer base. ♦時間を守ることは大切なことだ Es importante ser puntual. / La puntualidad es importante. ♦今のところ彼は一敗を守っている Hasta ahora ha jugado bastante bien, sufriendo sólo una derrota.

まやかし m. engaño; f. falsificación.

まやく 麻薬 f. droga; (鎮痛などの麻酔薬) m. narcótico, m. estupefaciente. ▶麻薬中毒 f. drogadicción, f. toxicomanía. ▶麻薬常習者 mf. drogadic*to/ta*, m. toxicó*mano/na*, 《口語》mf. drogata. ▶麻薬密売人 mf. narcotraficante, mf. traficante de drogas, 《スペイン》《口語》m. camello. ▶麻薬の取り引き m. narcotráfico. ▶麻薬取締法 f. Ley de Control de Narcóticos. ▶麻薬密輸組織 f. red de contrabando de drogas.

まゆ 眉 f. ceja.
❶《～眉, 眉+名詞》▶眉毛 f. ceja. ▶眉墨 m. lápiz de cejas. ▶濃い眉をしている v. tener* las cejas pobladas [espesas], ser* ceju*do*.
❷《眉を》▶眉をかく v. pintarse las cejas. ▶ (その知らせに)眉を上げる v. enarcar* las cejas (ante una noticia). ▶眉をひそめる v. fruncir* las cejas (ante una noticia). ♦彼は彼女の死

の知らせを眉一つ動かさずに（＝表情を変えずに，まばたきもせず)聞いた Escuchó la noticia de su muerte sin pestañear.

まゆ 繭 *m*. capullo. ▶まゆから糸を取る *v*. devanar la seda de los capullos.

まゆげ 眉毛 *f*. ceja.

まゆつばもの 眉唾物 （うさん臭い話）*f*. historia sospechosa [dudosa]，《口語》que huele mal];（疑わしい事)*m*. asunto sospechoso [dudoso]. ▶それは眉唾物だ（＝信じられない)《口語》Eso me suena a cuento chino. / Eso hay que tomarlo con pinzas. / Cuesta trabajo creérselo. /《口語》¡Cualquiera se cree eso!

まよい 迷い （ためらい）*f*. indecisión, *f*. vacilación, *m*. titubeo;（自己不信)*f*. desconfianza propia;（錯覚)*f*. ilusión. ▶迷いが生じる（ためらう)*v*. vacilar [dudar]《en》；（揺れ動く)*v*. vacilar [titubear]《entre》．▶迷いがさめる *v*. desengañarse, desilusionarse,《口語》caerse* del burro,《口語》caérsele《a + 人》la venda de los ojos.

＊**まよう** 迷う ❶【道に迷う】*v*. extraviarse*, desorientarse, perderse*;（はぐれる）*v*. descarriarse*, perder* el camino. ◆彼らは森の中で道に迷った Se perdieron en el bosque.　会話　道に迷っておられるようですが，どうかなさいましたか―ええ，どのバスに乗ったらいいのかちょっと分からなくなってしまいました Parece usted algo perdido. ¿Puedo ayudarlo[le, la]? – Sí, por favor. Estoy buscando el autobús que debo tomar. ◆子犬が私たちの家に迷い込んできた Apareció en casa un perrito extraviado.
❷【当惑する】（途方に暮れる）*v*. no saber* qué hacer*, estar* perd*ido* [《口語》hech*o* un lío];（困惑する)*v*. estar* perpl*ejo*. ◆どうしたらよいか迷った No sabía qué hacer. / Estaba hech*o* un lío.
❸【ためらう】*v*. vacilar [dudar]《en》，（思案する)*v*. pensar* [meditar]《sobre》；（気持ちが揺れる)*v*. vacilar, titubear;（決心がつかない）*v*. estar* indec*iso*. ▶さんざん迷った末 *adv*.「al cabo [después] de muchas vacilaciones. ◆彼はどっちの道を取ろうかまだ迷っている「Todavía está indeciso [Sigue vacilando] sobre qué camino seguir. / 「Aún no tiene claro [Sigue dudando] qué camino tomar. ◆彼はどのセーターを買うかか迷った No sabía qué suéter comprar. ◆彼は決断に迷った Dudaba [Titubeaba] en su decisión.
❹【心を奪われる】《女に迷う（＝魅せられる) *v*. ser* cautiv*ado* [seducido] por una mujer. ▶恋に迷う（夢中になる）*v*. estar* perdidamente enamorado;（盲目的になる）*v*. quedarse ciego de amor.

まよけ 魔除け （魔力のあるもの）*m*. talismán；（お守り）*m*. amuleto. ▶魔除けに *adv*. de amuleto.

まよなか 真夜中 *f*. medianoche, *f*. plena noche. ▶真夜中過ぎまで勉強する *v*. estudiar hasta medianoche. ▶彼は時々真夜中に電話をかけてくる A veces me llama「a medianoche [en plena noche].

まる- 1361

マヨネーズ *f*. mayonesa. ▶マヨネーズをかける *v*. poner* mayonesa, aderezar* (una ensalada) con mayonesa.

マラウィ Malawi (☆アフリカの国，首都リロングエ Lilongwe).

マラガ Málaga (☆スペインの県・県都).

マラカイボこ マラカイボ湖 *m*. lago de Maracaibo (☆油田地帯として有名).

マラカス （楽器）*fpl*. maracas.

マラゲーニャ *f*. malagueña (☆マラガ地方の民謡, 舞踊).

マラソン *m*. maratón. ▶マラソン走者[選手] *mf*. corred*or/dora* de maratón. ▶マラソンをする *v*. correr en una [un] maratón. ◆いつかマドリードマラソンに出たい Espero correr algún día en la [el] maratón de Madrid.

マラッカかいきょう マラッカ海峡 Estrecho de Malaca (☆マレー半島とスマトラ島の間の海峡).

マラニョン （グレゴリオ～）Gregorio Marañón (☆1887-1960, スペインの医師・著作家).

マラボ Malabo (☆赤道ギニア国の首都).

マラリア （専門語）*f*. malaria, *m*. paludismo. ▶マラリア患者 *mf*. enfer*mo/ma* de malaria. ▶マラリアにかかる *v*. caer* enfer*mo* de malaria. ▶マラリアにかかっている *v*. estar* sufriendo de malaria.

まり 鞠 *f*. pelota, *f*. bola. ▶まりをつく *v*. rebotar una pelota.

マリ Malí (☆アフリカの共和国, 首都バマコ Bamako).

マリア ▶聖母マリア Virgen María, *f*. Nuestra Señora.

マリアッチ *m*. mariachi (☆メキシコの民族音楽, その楽隊).

マリア・テレジア María Teresa de Habsburgo (☆1717-1780, ハンガリー・ベーメンの女王，オーストリア大公妃，在位1740-1780).

マリアナかいこう マリアナ海溝 Fosa de las Marianas (☆太平洋の海溝).

マリアナしょとう マリアナ諸島 *fpl*. Islas Marianas.

マリー・アントワネット María Antonieta de Habsburgo (☆1755-1793, フランス王ルイ16世の妃).

マリネ *m*. adobo, *m*. escabeche. ▶サケのマリネ *m*. salmón adobado.

マリファナ *f*. marihuana, *f*. mariguana.

まりょく 魔力 （不思議な力）*f*. magia, *m*. poder mágico;（魅力）*m*. hechizo.

マリンチェ [マリンツィン] Malinche (☆?-1530, メキシコの女性, コルテスの通訳).

マリンバ *f*. marimba (☆木琴).

＊**まる** 丸 （円）*m*. círculo, *m*. redondel. ▶二重丸 *m*. doble círculo. ▶丸を描く *v*. trazar* [dibujar] un círculo. ▶正しい答えに丸（＝丸印)をつける *v*. señalar con un círculo las respuestas correctas. ◆正しいと思う文の番号を丸で囲みなさい「Hagan un círculo en [Rodeen con un círculo] el número de la frase que les parece correcta.

まる- 丸- （十分の）*adj*. entero, to*do* ＋定冠詞＋名詞;（完全な）*adj*. entero, completo. ▶丸

三日間 *adv.* durante tres días enteros [completos], 《口語》durante tres días, durante tres largos días. ♦その仕事を完成するには丸1年かかる Ese trabajo tardará en hacerse un año entero.

まるあんき 丸暗記 ▶その課を丸暗記する *v.* aprenderse toda la lección de memoria.

*__まるい__ 丸[円]い (円形の) *adj.* redondo; (環状の) *adj.* circular; (球形の) *adj.* esférico, redon*do*. ▶円いテーブル *f.* mesa redonda. ▶角の丸いテーブル *f.* mesa con las esquinas matadas [redondeadas]. ♦地球は平らでなく丸い La Tierra no es llana, sino redonda.

—— 丸くなる (物が) *v.* redondearse, hacerse* [ponerse*] redon*do*; (動物・人が寝て) *v.* hacerse* un ovillo, acurrucarse*; (人柄が) *v.* suavizarse*, atemperarse. ▶背中を丸くする (人が) *v.* encorvar los hombros; (猫が) *v.* arquear el lomo. ▶驚いて目を丸くする *v.* saltarse《a + 人》los ojos por la sorpresa. ♦鉛筆の芯《しん》が丸くなった El lapicero no tiene punta. / La punta del lápiz no está afilada.

《その他の表現》▶その件を丸く[¹収める][²収める] *v.* ¹arreglarse [²arreglar] el asunto pacíficamente.

まるがお 丸顔 *f.* cara redonda. ▶丸顔の少女 *f.* muchacha con la cara redonda, *f.* chica carirredonda.

マルガリータ *f.* margarita (☆テキーラにレモンを加えたカクテル酒). ▶「マルガリータ王女」(絵画名) *f.* «Infanta Margarita».

まるき 丸木 *m.* tronco. ▶丸木橋 *m.* puente hecho de un tronco. ▶丸木船 *f.* piragua.

マルキシズム *m.* marxismo.

マルクス Marx. ▶マルクス主義 *m.* marxismo. ▶マルクス主義者 *mf.* marxista. ▶マルクス・レーニン主義 *m.* marxismo-leninismo.

まるくび 丸首 ▶丸首のセーター *m.* suéter de cuello redondo.

|地域差| 丸首(襟)
[全般的に] *m.* cuello redondo
[スペイン] *m.* cuello cerrado
[キューバ] *m.* cuello cerrado
[メキシコ] *m.* cuello cerrado [en "O"]
[コロンビア] *m.* cuello cerrado [de bebé]
[アルゼンチン] *m.* cuello base [cerrado]

まるごと 丸ごと ▶豚を1匹丸ごと焼く *v.* asar un cerdo entero. ▶魚を丸ごと(=骨ごと)食べる *v.* comerse un pescado con espinas y todo. ▶リンゴを丸ごと(=皮ごと)かじる *v.* comerse una manzana con la cáscara y todo; (皮をむかずに) *v.* comerse una manzana sin pelar.

マルコポーロ Marco Polo.

マルセーユ Marsella (☆フランスの都市).

まるぞん 丸損 ▶丸損をする *v.* perder* todo, sufrir una pérdida total.

まるた 丸太 *m.* tronco, *m.* madero, *m.* leño. ▶丸太小屋 *f.* cabaña de troncos.

マルタ Malta (☆地中海中央の島, 国, 首都バレッタ La Valletta).

まるだし 丸出し *adj.* desnu*do*, expuesto; marca*do*. ▶ももを丸出しにして歩く *v.* caminar con los muslos desnudos. ▶方言丸出しで話す *v.* hablar con un marcado dialecto [acento].

マルチ– ▶マルチ商法 *f.* venta piramidal. ▶マルチタスク 《専門語》*f.* multitarea. ▶マルチメディア *adj.* multimedia. ▶マルチユーザー《専門語》*m.* multiusuario. ▶マルチユーザー・システム《専門語》*m.* sistema multiusuario.

まるっきり (少しも…でない) *adv.* de ningún modo, de ninguna manera, en absoluto, absolutamente nada; (完全に) *adv.* del todo, completamente, enteramente, perfectamente. ♦まるっきり分かりません No entiendo absolutamente nada. ♦彼にはそれをする意志などまるっきりない No tiene 「de ningún modo [en absoluto] la intención de hacerlo. ♦そのことに関しては彼はまるっきり素人だ(＝ほとんど経験がない) Tiene muy poca experiencia en eso. ♦ふるさとはまるっきり変わってしまった Mi lugar natal ha cambiado totalmente.

まるつぶれ 丸潰れ ▶夕食の準備に午後が丸潰れになることがある「Me puede llevar [A veces me lleva] toda la tarde preparar la cena.

*__まるで__ ❶[あたかも] *conj.* como, como si《+接続法過去》; (…のような[に]) *adj.* igual《(que)》, parecido《a》.

1《como siが主節の動詞と同じ時をいうとき》♦彼はまるで私を疑っているかのような物の言い方をする(＝どうも疑っているらしい) Habla como si dudara de mí. ♦彼はまるで今にも泣きそうだ(＝今に泣きだすだろう) Da la impresión de que fuera a echarse a llorar. / Parece como si fuera a llorar. ♦寒くもないのに彼はまるで寒いかのように震えていた Temblaba como si tuviera frío aunque no lo hacía. ♦彼らはまるで音楽に魅せられたように座っている Están sentados como arrobados [si estuvieran arrobados] por la música. / Parecen que están sentados encantados por la música. ♦それはまるでお米のような味がした Sabía como a arroz. ♦まるで猿のように見えるが実は岩である Parece un mono, pero es un peñasco. ♦彼女はすぐ人を信じる。まるで子供のようだ(＝子供と言ってもよさそうだ) Es tan confiada como una niña. / Es como si fuera una niña de confiada. / Se diría una niña de lo confiada que es.

2《como siが主節の動詞より前の時をいうとき》♦まるでまったく何事も起こらなかったかのよう¹です[²だった]. ¹Es [²Era] como si no hubiera ocurrido nada.

❷[まったく] *adv.* totalmente, de ningún modo, nada, 《口語》nada de nada. ♦それはまるでだめだ(=よくない) No es bueno de ningún modo. ♦まるで信じられない No puedo creerlo de ningún modo. ♦それではまるで話がちがう Eso es algo totalmente distinto.

マルティ (ホセ ～) José Martí (☆1853–1895, キューバの革命家・詩人).

マルティネーテ *m.* martinete (☆アンダルシアの民謡).

マル・デル・プラタ Mar del Plata (☆アルゼンチンの観光地, 港湾都市).

まるのみ 丸飲み ▶丸飲みにする v. tragar(se)*, engullir*. ▶食べ物を丸飲みにする v. tragarse* la comida. ▶話を丸飲みにする v. tragarse* una historia.

まるはだか 丸裸 ▶丸裸の《口語》adj. en pelotas, completamente desnudo, en cueros, 《口語》como Dios trajo al mundo. ▶丸裸になる v. desnudarse del todo. ▶丸裸にする v. desnudar del todo, quitar [《教養語》despojar de] toda la ropa, dejar en cueros [《俗語》pelota viva]. ▶子供たちは川岸で丸裸で遊んでいた Los niños jugaban en la orilla del río completamente desnudos. ▶株の暴落で丸裸になった (＝全財産を失った) He perdido toda mi propiedad en el《英語》"crack" de la bolsa. / Con el "crack" de la bolsa me he quedado en《口語》pelota [cueros].

まるばつ ○× ▶○×式のテスト《英語》m. "test" de disyuntiva, (多岐選択式の) m. "test" de elección múltiple.

まるぼうず 丸坊主 ▶丸坊主の頭 (できるだけ短く刈った) m. pelo cortado al rape [《口語》cero]. ▶木を丸坊主にする v. cortar todas las ramas pequeñas y algunas grandes.

まるまる 丸まる (丸くなる) v. hacerse* un ovillo.

まるまる 丸々 ❶【丸く太っている】(人・顔などが丸くした) adj. redondo; (子供などが丸ぽちゃの) adj. regordete, mofletudo; (人・体の部分が肉うきのよい) adj. lleno,《口語》llenito. ▶彼の丸々とした顔 f. su cara mofletuda [redonda]. ▶丸々と太った赤ちゃん m. bebé regordete [gordito]. ❷【完全, 全部】(全部) adv. enteramente; (完全に) adv. por completo, completamente; (すべてに) adv. todo. ▶全部. ▶まるまる１万円をなくす《口語》v. perder* 10.000 yenes enteritos. ▶商売でまるまる損をする v. sufrir una derrota total en el negocio, ser* completamente derrotado en el negocio. ▶石油を外国にまる依存する v. depender por completo de los países extranjeros para el suministro del petróleo. ♦金をまるまるひったくられた Me robaron todo [《親しい仲で》《口語》todito] el dinero. / Me limpiaron todo el dinero.

まるみ 丸味 f. redondez. ▶丸味のある adj. redondeado. ▶丸味をつける v. redondear, hacer* redondo; (角などを削って) v. redondear (una esquina).

まるみえ 丸見え ▶君の部屋は外から丸見えだ Desde fuera se puede ver todo en tu habitación.

まるめこむ 丸め込む (口車に乗せる) v. sonsacar*, engatusar,《口語》camelar; (説得する) v. convencer*; (説きふせて購入する) v. ganarse《a》. ▶彼女は父を丸め込んで小遣いをもらった Le sonsacó dinero a su padre. / Engatusó a su padre para que le diera algo de dinero. / Con zalamerías le sacó dinero a su padre. ♦彼は彼女を丸め込んで味方にした Se la ganó. / La cameló para que se pusiera de su parte.

まるめる 丸める (丸くする) v. redondear; (背中を) v. encorvarse; (体を) v. hacerse* un ovi-llo; (巻く) v. enrollar; (紙をもみくちゃにする) v. arrugar*; (紙をボール状にする) v. hacer* una bola. ▶尖った机の角を丸める v. matar las aristas de la mesa. ▶丸めた雑誌で彼をたたく v. golpearlo[le] con una revista enrollada. ▶その母音を発音するときは唇をこのように丸めなさい Al pronunciar esa vocal, hay que redondear los labios así. ♦彼は背中を丸めて入り口を通り抜けた Entró agachándose [encorvando la espalda].

マルメロ m. membrillo. ▶マルメロの木 m. membrillero.

まるもうけ 丸儲け f. ganancia neta.

まるやき 丸焼き ▶豚を丸焼きにする v. asar un cerdo entero. ▶豚の丸焼き m. cerdo asado.

まるやけ 丸焼け →全焼.

*まれ 希・稀 ▶稀な(珍しい) adj. raro, poco común; (めったにない) adj. muy raro, excepcional, insólito; (普通でない) adj. fuera de lo común, extraordinario, original. ▶まれな美 f. mujer de extraordinaria belleza,《文語》f. belleza peregrina. ▶まれな出来事 m. hecho insólito. ♦彼が怒るのはまれな事だ Es rarísimo que se enfade [enoje].

── まれに adv. muy raramente, poquísimas veces, casi nunca. ♦これほど楽しい人はまれにしかいない Muy raramente conoce uno/una a alguien tan encantador [divertido, simpático]. / Es rarísimo encontrarse con una persona tan encantadora. ♦ごくまれにしか, 彼女は図書館に行かない Casi nunca va a la biblioteca. ♦彼はまれにみる (＝例外的な)才能の持ち主 Posee una capacidad extraordinaria. ♦得難い, たまの

マレーシア Malasia (☆公式名も同じ. 東南アジアの国, 首都クアラルンプール Kuala Lumpur). ▶マレーシア(人)の adj. malayo. ▶マレーシア人 mf. malayo/ya.

マレーはんとう マレー半島 f. Península de Malaca (☆東南アジア, タイからインドネシアにいたる半島).

マロニエ (セイヨウトチノキ) m. castaño de Indias.

まろやか まろやかな (練れて口当たりのよい) adj. maduro, suave, redondo. ♦この17年もののワインは実に味がまろやかだ Es un vino de sabor maduro [redondo] gracias a sus 17 años.

まわしよみ 回し読み ▶私たちはその漫画を回し読みした Nos pasamos el libro de historietas para leerlo por turnos.

まわす 回す ❶【回転させる】v. dar vuelta(s), girar, hacer* girar, rotar. ▶エンジンでプロペラを回す v. hacer* girar una hélice con el motor. ▶車のハンドルを右へ回す v. girar el volante a la derecha. ▶棒の先で皿を回す v. dar* vueltas a un plato sobre la punta de un palo. ♦洗濯機を回す (＝つける) v. poner* [encender*] la lavadora; (洗濯をする) v. lavar la ropa. ♦もう3回つまみを回しなさい Da tres vueltas más al botón. ❷【順に送る】v. pasar, circular, hacer* circular; (転送する) v. remitir, reenviar*. ▶杯

を回す v. pasar la copa (de *sake*). ▶回覧を次の人に回す v. pasar un aviso a la siguiente persona. ◆その手紙は¹営業所中に [²営業所を次々と] 回された La carta circuló ¹por la oficina [²de una oficina a otra]. ◆塩を回してください Páseme la sal, por favor.
❸【移す】v. enviar*, hacer* venir*; trasladar. ◆車を玄関に回してくださいますか ¿Puede llamar el coche a la puerta? / ¿Puede hacer que venga el coche hasta la puerta? ◆彼は本店から地方支店に回された Lo [Le] trasladaron de la sede [central, oficina central] a una sucursal. ◆この電話を内線10番へ回していただけますか ¿Puede usted pasarme a la extensión 10, por favor?
まわた 真綿 *f.* seda floja; *f.* guata de algodón. ◆真綿のような *adj.* algodonoso. ◆彼は真綿で首を締めるようなものだ (=じわじわと苦しめるようだ) Parece que lo [la, le] están quemando a fuego lento.
*まわり 回 [周] り【円周】*f.* circunferencia; (周囲の状況) *mpl.* alrededores → 周囲; (環境) *m.* medio ambiente, *m.* ambiente; (近所) *m.* vecindario, *m.* barrio.
　1《周りが[は]》 ◆こんなに周りがやかましくては考えるのも大変だ Es difícil pensar con todo este ruido alrededor. ◆私の周りは住宅地です Mi barrio está en una zona residencial.
　2《周りの》◆周りの建物 *mpl.* edificios de alrededor.
　3《(…の)周りに[は]》*prep.* alrededor de, en torno a. ◆家の周りに広い芝生がある Alrededor de la casa hay grandes extensiones de césped. ◆周りに立っていた人々は疲れた様子だった Toda la gente que estaba de pie alrededor parecía cansada.
　4《周りを》◆地球は太陽の周りを回っている La Tierra gira alrededor del Sol.
❷【巡回】*f.* visita. ◆あいさつ回りをする v. hacer* una visita, ir* de visita. ◆得意先回りをする v. hacer* visitas a los clientes.
❸【経由】(…回りで) *prep.* vía. ◆北極回りで *adv.* por el Polo Norte; vía Polo Norte.
【その他の表現】◆風が強くて火の回りが早かった El fuego se propagó rápidamente con el fuerte viento. ◆この酒は回りが早い Este alcohol ¹actúa rápidamente [tiene un efecto rápido].
まわりくどい 回りくどい *adj.* indirecto, con rodeos. ◆回りくどいことを言うな No hables con rodeos. /(口語) No te andes con rodeos. /(要点に触れよ) Déjate de rodeos. /(口語) Ve(te) al grano. /(口語) Al grano, al grano.
まわりこみ 回り込み 《専門語》*m.* enrollo automático 《☆IT用語》.
まわりまわって 回り回って ◆回り回って(=多くの回り道をして), ようやく駅に着いた Tras muchos rodeos pude llegar por fin a la estación. ◆そのダイヤは回り回って(=何度も持ち主が変わって)彼女の物となった Después de muchas vueltas, el diamante llegó finalmente a sus manos.
まわりみち 回り道 ◆回り道をする v. tomar [hacer*] un rodeo, dar* una vuelta, ir* por un camino indirecto. ◆私は回り道をして学校に行った Tomé un rodeo para ir a la escuela. 【会話】ほかに何か用はない？—郵便局に寄ってくれるかしら ¿Hay algo más en que pueda ayudarte? – ¿Puedes acercarte a Correos o ⌈tendrías que desviarte algo [te queda un poco a trasmano]? ◆ずいぶんと回り道をした(=曲折を経た)がやっと目的を達成できた Hubo bastantes altibajos, pero al final logré mi propósito.
まわりもちで 回り持ちで (順ぐりに) *adv.* en rotación; (交替で) *adv.* por [a] turnos.
*まわる 回る ❶【回転する】*v.* girar, dar* vueltas, revolverse*, rotar. ◆かざぐるまは風に吹かれて¹勢いよく[²くるくる]回った El molinete [molinillo] giraba ¹rápidamente [²dando vueltas y vueltas] con el viento. ◆船は岬を回った El barco ⌈dio la vuelta al [dobló el] cabo. ◆地球は地軸を中心に回り(=自転し)ながら太陽の周りを回って(=公転して)いる La Tierra gira [da vueltas] alrededor del Sol rotando sobre su eje. ◆部屋がぐるぐる回っているような気がした Sentí como si la habitación me diera vueltas. ◆換気扇は電気で回る El ventilador ⌈se mueve [funciona, gira, da vueltas] con [por] electricidad.
❷【巡回する】(見て回る) *v.* ⌈dar* una vuelta [patrullar] 《por》; (仕事などで) *v.* visitar, rondar [hacer* una vuelta] 《por》, recorrer; (旅行者・見学者・芸人などが) *v.* ⌈dar* una vuelta [hacer* una gira] 《por》. ▶本屋を見て回る(何軒も) *v.* darse* una vuelta por las librerías; (1軒の中を) *v.* darse* una vuelta en una librería, echar una ojeada a una librería. ▶¹得意先 [²親戚(⅙)] を回る *v.* visitar ¹clientes [²familiares]. ◆先生は今往診に回っています El médico ⌈está ahora de visitas [ha salido a visitar a sus pacientes]. ◆彼は今北海道を回っている Ahora está de gira por Hokkaido. / Está ⌈dando una vuelta [viajando] por Hokkaido.
❸【迂(ｳ)回する】(回り道をする) *v.* dar* [hacer*, tomar] un rodeo; (…経由で行く) *v.* pasar 《por》, ir* 《por, vía》, ir* pasando 《por》. ▶香港を回ってオーストラリアに行く *v.* ir* a Australia por [vía, pasando por] Hong Kong; (旅の途中で立ち寄る) *v.* ir* a Australia después de parar en Hong Kong. ▶途中で郵便局へ回る *v.* pasarse por Correos. ◆橋が壊れていたので別の道を回った Dimos un rodeo porque el puente estaba roto.
❹【あちこち動く】(町中を歩き回る *v.* andar* [ir*] de acá para allá en la ciudad; dar* vueltas por la ciudad. ◆そこらじゅうを捜し回ったが, 鍵(⅖)は見つからなかった Miré por todas partes, pero no pude encontrar la llave.
【その他の表現】◆勝手口に回ってください Pásate por la cocina, por favor. ◆¹酒 [²毒] が回った(=効いた) El ¹alcohol [²veneno] le hizo efecto. ◆(酒はみんなに回る(だけある)かな ¿Habrá "sake" suficiente para todos? / ¿Les llega-

rá a todos una ronda (de "sake")? ◆忙しくて手が回らない Me faltan manos para atender todo. / Estoy tan ocupado que no puedo atender todo. ◆ぼくの番が回ってきた Me toca. / 'Es mi [Me llegó el] turno. ◆請求書が回ってきた Me ha llegado una factura [cuenta]. ◆5時を回った(=過ぎた)ところで Acaban de dar las cinco. ◆急がば回れ〔ことわざ〕Vísteme despacio que tengo prisa.

まん 満 ▶満5年 mpl. cinco años cumplidos. ▶満18歳である v. tener* 18 años cumplidos. ▶満を持す v. esperar a que「llegue el momento [madure el momento].

まん 万 num. diez mil. ▶百万 m. millón. ▶2万5千 num. veinticinco mil. ▶35万冊の本 mpl. trescientos cincuenta mil libros. ▶¹何万 [²何十万] 冊かの本 fpl. ¹decenas [²centenas, ²centenares] de miles de libros. ▶1万分の3 tres diezmilésimos. ▶5万分の1の地図 m. mapa a la escala de un cincuentamilésimo. ◆彼が成功する可能性は万に一つもない No hay la más mínima posibilidad [esperanza] de que「lo logre [tenga éxito].

-マン ▶銀行マン(行員) m. bancario, m. empleado de banca; (窓口係) m. cajero; (事業家) m. banquero.

*まんいち 万一 conj. en el caso de que《+接続法》, si acaso [por casualidad]《+接続法》(☆実現性の少ないことを仮定するときは接続法過去を用いる). ◆万一君が先にそこへ着いたら外で待っていなさい En el caso de que llegaras antes, espera fuera.

—— まんいち (緊急の場合) f. emergencia; (最悪の場合) adv. en el peor de los casos, lo peor; (まさかの時) adv. por si acaso. ▶万一 (=非常)の場合には adv. en una [caso de] emergencia, en el peor de los casos. ▶万一 (の場合)に備えておかなければならない Hay que estar preparado「para lo peor [por si acaso],《口語》《親しい仲で》por si las moscas]. ▶万一の事が私に起これば, 私のすべての金はあなたのものです Si me ocurriera lo peor, todo mi dinero será tuyo.

まんいん 満員 ▶満員の(込み合った) adj. lleno (de gente), atestado, 《口語》 a más no poder; (いっぱいの) adj. repleto (de gente), completo, abarrotado. ▶満員電車 m. tren lleno [repleto, atestado, completo, a más no poder]. ▶満員の (=収容能力いっぱいの) 聴衆 m. lleno absoluto. ▶超満員である v. estar repleto [lleno, completo, abarrotado,《口語》a tope], no caber* más. ◆バスは学生で満員だった El autobús estaba lleno de estudiantes. / En el autobús no cabían más estudiantes. ◆ホテルは満員(=満室)だった El hotel estaba completo [lleno]. / (予約済みだった)En el hotel no quedaban habitaciones [cuartos]. ◆球場は(野球ファンで)超満員だった El estadio estaba abarrotado [《口語》lleno hasta la bandera] de aficionados al béisbol. ◆満員(劇場など)『掲示』Lleno. / Completo. / (立ち見席以外満員)No quedan asientos. / (満員止め)No hay billetes [entradas, boletos]. / Todo vendido.

まんえん 蔓延 f. propagación, f. difusión. ▶蔓延する v. propagarse*, extenderse*. ▶病気の蔓延を防ぐ v. controlar la propagación de la enfermedad.

*まんが 漫画 (漫画本) m. manga, f. historieta, m. tebeo, f. revista de historietas; (時事風刺) f. caricatura (de la actualidad); (人物風刺) f. caricatura (del personaje); (こま続き) f. tira cómica. ▶漫画的(=こっけい)な adj. cómico, gracioso, divertido. ▶漫画をかく v. dibujar un chiste.

1《〜(の)漫画》▶政治漫画 m. chiste político. ▶新聞の漫画を読む v. leerse* las tiras cómicas del periódico. ▶テレビの漫画(=漫画映画)を見る《口語》v. ver* los dibujos en la tele. ◆少年漫画は実によく売れる Los tebeos (para chicos) se venden muy bien. ◆新聞に高橋首相の風刺漫画が出ている En el periódico sale una caricatura del primer ministro Takahashi.

2《漫画+名詞》▶漫画映画 f. película de 'dibujos animados [《口語》dibujos]. ▶漫画家 mf. dibujante de chistes; (人物風刺家) mf. caricaturista; (アニメの) mf. dibujante de animación.

まんかい 満開 f. plena flor [floración]; (盛り) f. plenitud. ◆桜が満開だ Los cerezos están en plena flor.

まんがいち 万が一 → 万一-. ◆万が一あした雨の場合は行きません Si lloviera mañana, no voy.

マンガン m. manganeso.

まんき 満期 (保険などの) m. vencimiento, f. expiración. ▶満期日 f. fecha de vencimiento. ◆私の生命保険は今年の5月に満期になります Mi póliza de seguro de vida vence「este mayo [en mayo de este año].

まんきつ 満喫 ▶田舎の生活を満喫する v.「disfrutar al máximo [gozar* plenamente] la vida del campo.

マングローブ m. mangle.

まんげつ 満月 f. luna llena, 《教養語》m. plenilunio. ▶満月の夜 f. noche de「luna llena [plenilunio]. ◆今夜は満月だ Esta noche hay luna llena.

マンゴー m. mango.

マンコ・カパク ▶マンコ・カパク1世 Manco Cápac I [Primero] (☆ペルーのインカ帝国の伝説上の創始者). ▶マンコ・カパク2世 Manco Cápac II [Segundo] (☆?-1544, インカ最後の皇帝).

まんさい 満載 (いっぱいの積み荷) f. carga completa. ▶満載する (荷物などを) v. estar* [ir*] completamente cargado, llevar una carga completa, 《口語》ir* a tope; (記事などを) v. estar* lleno《de》. ▶石炭満載のダンプカー m. camión completamente cargado de hulla. ◆船はコーヒー豆を満載していた(=十分積んでいた) El barco estaba 'completamente cargado [al máximo de su capacidad de carga] de café (en grano). ◆「さくら」の最新号は日本の記事を満載している(=いっぱいある) El último número de Sakura está lleno de artículos sobre Japón.

まんざい 漫才 "manzai", *m.* diálogo cómico entre dos humoristas; (早口での掛け合い) *fpl.* réplicas [*m.* intercambio de comentarios] ocurrentes. ♦漫才師 *mf.* humorista, *mf.* cómico/ca.

マンサニージャ *f.* manzanilla (☆カミツレ茶, スペインの辛口のシェリー酒).

まんざら (まったく...というわけではない) *adv.* no del todo, no completamente. ♦それはまんざら捨てたものでもない No es del todo malo. / No está del todo mal. ♦彼は私の提案にまんざらでもない(=かなり興味がある)という顔をした Parecía bastante interesado en mi propuesta.

まんしつ 満室 *adj.* lleno. ♦当ホテルは満室です El hotel está completamente lleno.

まんしゅう 満州 Manchuria (☆中国の東北一帯の俗称).

まんじゅう 饅頭 "manju", 《説明的に》*m.* bollo relleno de alubias azucaradas.

まんじょう 満場 (会場全体) todo el público, toda la sala, todos los asistentes. ♦満場一致 →満場一致. ♦満場をどっとわかせる *v.* enfervorizar* a todo el público. ♦彼の演技は満場をうならせた(=深い感動を与えた) Su actuación impresionó profundamente a toda la sala.

まんじょういっち 満場一致 *f.* unanimidad. ♦満場一致の *adj.* unánime. ♦その提案は満場一致で可決された La propuesta fue adoptada「por unanimidad [unánimemente].

マンション (分譲マンション) *m.* piso, 【メキシコ】*m.* condominio, *m.* apartamento, 【ラ米】*m.* departamento. ♦ワンルームマンション *m.* estudio, *m.* apartamento pequeño.

まんじり ♦昨夜はまんじりともしなかった(=一睡もしなかった)《口語》Anoche no pude pegar un ojo.

まんしん 満身 ♦満身の力を込めて *adv.* con toda la fuerza. ♦彼は満身創痍(ｿｳｲ)だった Tenía todo el cuerpo lleno de heridas. / Estaba herido por todo el cuerpo.

まんせい 慢性 ♦慢性の *adj.* crónico. ♦慢性病 *f.* enfermedad crónica. ♦慢性病患者 *mf.* paciente crónico/ca. ♦頭痛が慢性化してしまった Tengo un dolor de cabeza crónico.

まんせき 満席 【掲示】Lleno. / Ocupado. ♦ホールは満席(=満員)だった (/ 座席はみな占められていた)Todos los asientos de la sala estaban ocupados.

まんぜん 漫然 ♦漫然とした(=散漫な)講演「*m.* discurso lleno [*f.* conferencia llana] de divagaciones. ♦漫然と(=目標もなく)暮らす *v.* vivir sin objeto [norte]; *v.* pasar el tiempo ocioso [sin hacer* nada]; (何かを待ちながら) *v.* pasarse el día sentado sin hacer* nada. ♦漫然と(=手当たりしだい)読書する *v.* leer* al azar.

まんぞく 満足 *f.* satisfacción, *m.* contento; *f.* complacencia. ♦彼はとても満足げにうなずいたAsintió con satisfacción. / (満足した表情で)Asintió con la expresión satisfecha.
 1《満足＋名詞》♦満足感 *f.* sensación de satisfacción.
 2《満足の》♦彼はその報告に満足の意を表わした Expresó su satisfacción con el informe. ♦彼女は私の満足のゆくようにピアノを弾いた Tocó el piano como yo quería.
 3《満足に》♦幸福は満足にある La felicidad consiste en el contento.
 4《満足を》♦満足を感じる[得る, 与える] →満足する.

—— **満足な** *adj.* satisfactorio 《para》; (完全な) *adj.* perfecto; (必要十分な) *adj.* suficiente. ♦五体満足な(=肉体的に異常のない)赤ちゃん *m.* bebé físicamente normal. ♦満足な(=十分な)食べ物 *f.* comida suficiente. ♦彼の仕事は私には満足なものではなかった Su trabajo no fue satisfactorio para mí. ♦彼は満足な(=正規の)教育を受けていない No ha recibido una enseñanza regular.

—— **満足に** (満足のゆくように) *adv.* satisfactoriamente, de manera satisfactoria; (正しく) *adv.* bien, correctamente, como es debido; (完全に) *adv.* perfectamente. ♦彼女は満足に本も読めない Ni siquiera puede leer bien un libro.

—— **満足する** (満足する[している]) *v.* estar* satisfecho 《con》; (満足を感じる) *v.* sentir* satisfacción 《con, por》; (うれしい) *v.* estar* feliz 《con》. ♦満足させる *v.* satisfacer*, contentar. ♦そんな薄給では彼は満足しないだろう Un salario tan bajo no lo[le] satisfacerá. ♦優勝できたので大いに満足した Ha sido una gran satisfacción ganar el campeonato. / (満足を感じた)Sentí una gran satisfacción de [por] ganar el campeonato. / (満足を得た) Ganar el campeonato me dio [produjo] una gran [enorme] satisfacción. ♦私は今の生活に満足している(=甘んじている) Estoy contento [satisfecho] con「mi vida actual [la vida que llevo ahora]. ♦彼女を満足させるのは難しい Es difícil de satisfacerla [contentarla, agradarla].
 ☞ 会心, 得心; 気に入る, 済む, 堪能する

まんタン 満タン ♦タンクを満タンにする *v.* llenar un depósito [tanque]. ♦満タンにしてください Lleno, por favor. / Llénelo, por favor. / Llénemelo, por favor. ♦ガソリンは満タンです El depósito de combustible está lleno. / (ゲージは満タンを示していた)El indicador (del nivel) de combustible indicaba lleno.

マンチェスター Manchester.

まんちょう 満潮 *f.* marea alta, *f.* pleamar, *f.* mar llena. ♦満潮時に *adv.* cuando sube [sube] la marea, a la pleamar. ♦干潮は満潮と満潮の中間に起こる La marea baja se produce entre mareas altas.

マンツーマン ♦マンツーマンの訓練 *f.* formación [*f.* instrucción] individualizada. ♦マンツーマンの守備 *f.* defensa con un marcaje individual. ♦マンツーマンで教える *v.* enseñar de manera individual; (個人教授する) *v.* dar* 《a ＋ 人》 clases particulares.

マンティーリャ *f.* mantilla (☆頭および肩をおおう婦人用のベール).

まんてん 満点 ❶【最高点】*m.* resultado máximo, *f.* calificación [*f.* nota] máxima. ▶満点を取る *v.* sacar* la nota máxima (en un examen de español). ▶200点満点で150点とる *v.* sacar* 150 puntos de un máximo de 200.
❷【申し分がないこと】→申し分がない. ◆その食べ物は栄養価が満点だ La comida es muy nutritiva. ◆君の仕事は満点だ Tu trabajo「es perfecto [es intachable, no deja nada que desear].

マント *f.* capa, *m.* manto.
マンドリン *f.* mandolina.
マントルピース *f.* repisa de chimenea.
*__**まんなか** 真ん中 *f.* centro, *m.* medio, *f.* mitad; (中心部) *m.* corazón, *m.* núcleo. ▶真ん中の息子 *m.* hijo de en medio. ▶髪を真ん中で分ける *v.* hacerse* la raya [el pelo] por medio. ▶道の真ん中に立つ *v.* estar*「de pie [《ラ米》parado] en medio [la mitad] de la calle. ▶ちょうど部屋の真ん中に座る *v.* sentarse* justo en el centro [medio] de la habitación. ◆(写真などを説明して)3人の女の子の真ん中にいるのが私よ Soy la que está en medio de las tres. / De las tres chicas, yo soy la del medio. ◆その硬貨は真ん中に穴があいている La moneda tiene un agujero en el centro. ◆彼はパリの真ん中に住んでいる Vive en el centro de París. ◆これら二つの町の真ん中(＝中間)に小さな村がある A medio camino entre estas dos ciudades hay un pueblecito. / En medio de estas dos ciudades hay una aldea. ☞中央, 中間, 中心

マンネリ(ズム) (型にはまった考え) *m.* estereotipo, *m.* cliché; (文体・画法などの) *m.* amaneramiento, *f.* rutina. ◆われわれの生活がマンネリ化してきている Nuestra vida se está haciendo un estereotipo. / La rutina nos está dominando [comiendo].

まんねんどこ 万年床 ◆彼は万年床だ Hace un siglo que no recoge su "futon".

まんねんひつ 万年筆 *f.* pluma (estilográfica). ◆この万年筆はインクがなくなっている Esta pluma「no tiene tinta [está descargada].

まんねんゆき 万年雪 *fpl.* nieves perpetuas.
まんびき 万引き (行為) *m.* robo en tiendas, *f.* ratería; (人) *mf.* ratero/ra de tiendas, *mf.* mechero/ra. ▶万引きの常習犯 *mf.* ratero/ra habitual. ▶本の万引きで捕まる *v.* ser* sorprendido hurtando [robando] un libro.

まんぴょう 満票 (すべての票数) *m.* cómputo total de votos; (全員一致) *m.* voto unánime.

まんぷく 満腹 ◆もう満腹です. あと一口も入りません「Estoy lleno [Ya he comido bastante]. No「me cabe más [podría comer más]. ◆満腹で走ってはいけません No hay que correr con「el estómago lleno [《口語》la tripa llena]. ▶満腹中枢《専門語》*m.* centro de la saciedad.

まんべんなく 満遍なく ▶さくにまんべんなく(＝全部に)ペンキを塗る *v.* pintar la valla por todas partes. ▶全教科をまんべんなく(＝均等に)勉強する *v.* estudiar todas las asignaturas por igual.

マンボ (音楽・踊り) *m.* mambo (☆ラテンアメリカの音楽・ダンス). ▶マンボを踊る *v.* bailar el mambo.

マンホール *m.* registro (de inspección), *f.* boca de acceso [alcantarilla].

まんぽけい 万歩計 *m.* podómetro.
まんまえ 真ん前 ◆私の家の真ん前にバス停がある Hay una parada de autobús justo delante [enfrente] de mi casa. ◆(通りを隔てた前に) Hay una parada de autobús justo en el otro lado (de la calle) de mi casa. ◆われわれの真ん前に(＝まっすぐ前方に)船が見えた Vimos un barco justo por delante de nosotros.

まんまと (すっかり) *adv.* por completo, totalmente; (首尾よく) *adv.* con éxito, satisfactoriamente. ▶まんまと一杯食わされる *v.* ser* engañado limpiamente [astutamente].

まんまるい 真ん丸い *adj.* completamente redondo. → 丸[円]い. ▶まんまるい月(＝満月) *f.* luna llena, 《教養語》*m.* plenilunio.

まんまん 満々 ◆彼は¹自信[²やる気]満々だ Está lleno de ¹confianza [²energía]. ◆この長雨で川は満々と水をたたえている El río está muy crecido [lleno] debido a esta lluvia continua.

まんめん 満面 ◆満面に笑みを浮かべて彼女を見る *v.* mirarla rebosando de sonrisas. ▶彼は喜色満面だった《口語》Era todo sonrisas. / Sonreía de oreja a oreja.

マンモグラフ *m.* mamógrafo.
マンモス (氷河時代の巨象) *m.* mamut. ▶マンモス¹企業[²大学] ¹*f.* empresa[²*f.* universidad] mamut [gigante]. ▶マンモスタンカー *m.* superpetrolero.

まんゆう 漫遊 (周遊) *f.* excursión, *m.* viaje de placer.

マンリケ (ホルヘ ～) Jorge Manrique (☆1440?-1479, スペインの詩人).

まんりょう 満了 *m.* fin, *f.* expiración. ▶任期満了 *f.* expiración de su cargo (en la empresa). ▶満了する *v.* expirar, acabar, terminar. ◆彼の任期は2007年4月30日に満了する Su cargo en la oficina expira el 30 de abril de 2007.

まんるい 満塁 《野球》*fpl.* bases llenas.

み

み 身 ❶【体】(肉体) *m.* cuerpo. ▶身を乗り出す (前方へ) *v.* asomarse; (窓などから) *v.* asomarse por la ventana. ▶高価な服を身につけているv. llevar "ropa cara [vestidos caros]. ▶彼は身も心もその仕事に打ち込んでいる Está entregado al trabajo en cuerpo y alma. / Se dedica a su trabajo en cuerpo y alma. ◆彼らは岩の後ろに身を隠した Se escondieron detrás de la roca. ◆彼女は身を投げるようにしてベッドに横たわった Se tiró [arrojó] a la cama. ◆電話が鳴ったとき彼は¹何も[²下着しか]身につけていなかった No llevaba ¹nada encima [²más que su ropa interior] cuando sonó el teléfono. ◆警官は勤務中は拳銃を身につけて(=携帯して)いなければならない Los policías deben llevar siempre encima una pistola.

❷【自分自身】*mf.* uno/una mismo/ma. ▶危険から身を守る *v.* protegerse* del peligro. ▶政界に身を投じる *v.* meterse en política. ▶大道芸人に身をやつす *v.* disfrazarse* de actor callejero. ◆彼はばくちで身を滅ぼした Se arruinó con el juego. / El juego lo[le] arruinó.

❸【立場、身分】(立場) *m.* lugar, *m.* sitio; (社会的地位) *f.* posición, *m.* puesto. ▶身の程を知っている *v.* saber* el lugar que le corresponde. ▶私の身にもなってください Ponte en mi lugar, por favor. ▶私たちは患者の身になって考える(=共感する)必要がある Debemos simpatizar con nuestros pacientes.

❹【肉】*f.* carne. ▶¹赤[²脂]身 ¹ *m.* magro [² *m.* gordo] (de la carne). ◆この取りたてのタイの身はとてもおいしい Es exquisita la carne de este besugo recién pescado.

《その他の表現》
1《身が》 ◆勉強に身が入らない(=集中できない) No me puedo concentrar en mis estudios. / (あまり興味を持たない)Me falta interés por mis estudios. ◆睡眠不足で身が持たない Temo que mi salud se resienta por falta de sueño.

2《身の》 ◆身のひきしまるような冷たい風 *m.* viento frío penetrante. ◆恥ずかしくて身の置き場がなかった(=どうしてよいか分からなかった) Me daba tanta vergüenza que no sabía「dónde meterme [qué hacer]. ◆卒業後の身の振り方(=何をするつもりか)決めましたか ¿Has decidido qué vas a hacer cuando te gradúes? ◆先生と今後の身の振り方(=将来)について相談した Hablé con mi profesor/sora sobre mi futuro.

3《身に》 ◆教養を身につける *v.* adquirir* cultura. ▶芸を身につける *v.* dominar un arte (de entretenimiento). ▶外国語は簡単には身につかない No es tan fácil dominar un idioma extranjero. ▶身に余る(=自分にはもったいない) 光栄に存じます No merezco tal honor. ◆身に覚えのないことだ(=何も知らない) No sé nada de eso. / (無実だ)Soy inocente (del crimen). ◆親の意見が身にしみた(=痛切に感じた) Las opiniones de mis padres me tocaron muy de cerca. ◆彼の親切が身にしみた(=深く感謝した)Su amabilidad me conmovió profundamente. ◆友人の死を聞いて身につまされた(=痛切に感じた) La noticia de la muerte de mi amigo me「afectó mucho [tocó muy de cerca].

4《身を》 ◆身を切るような寒さ *m.* frío penetrante. ◆身を切るような北風 *m.* viento del norte cortante. ▶身を焦がすような恋 *m.* amor abrasador. ▶身を粉にして働く *v.* matarse trabajando. ▶文章で身を(=暮らし)を立てる *v.* vivir de la pluma. ▶学長の地位から身を引く(=学長を辞任する)*v.* dimitir de [como] rector. ▶第一線から身を引く(=引退する) *v.* retirarse de la primera línea, pasar a la sombra. ◆身を入れて仕事をしなさい Pon el alma en el trabajo. / (積極的に興味を持って)Entrégate a tu trabajo con interés activo. / (没頭して) Dedícate en cuerpo y alma a tu trabajo. ◆いつ身を固めて家庭を持つつもりだ ¿Cuándo vas a asentarte [sentar cabeza] y tener una familia? ▶私は作家として身を立てたい(=地位を確立したい) Me gustaría hacer carrera como escritor/tora. ◆私は地震の恐ろしさを身をもって(=自分自身で)体験した「Tuve la experiencia personal de [Experimenté personalmente] un terremoto. ◆私はしばらくおじの所に身を寄せた Me quedé un tiempo con mi tío.

5《身から》 ◆それは身から出たさびだ Tú te lo has buscado.

み 実 ❶【果実】m.* fruto → 果物; (堅果) *m.* fruto seco; (イチゴなどの柔らかい) *f.* baya. ▶実が熟す *v.* madurar. ▶実のなっている木 *m.* árbol con fruto. ▶木の実を¹割る[²拾い集める] *v.* ¹partir [²recoger*] un fruto seco. ◆この木は実があまりならない Este árbol no「da mucho fruto [es muy productivo].

❷【実質】*f.* sustancia; (中身) *m.* contenido; (汁物などの具) *m.* ingrediente. ▶実の¹ない[²ある] 演説 *m.* discurso ¹insustancial [²sustancioso].

《その他の表現》 ◆彼の努力は実を結んだ Sus esfuerzos「dieron fruto [tuvieron resultado].

み- 未- *pref.* in-, des-; (まだ…ない) *adv.* todavía, aún no. ▶人跡未踏の *adj.* inexplorado, virgen. ▶未経験の *adj.* inexperto. ◆それは未解決のままだ Todavía no está resuelto. / Eso está por resolver.

-み -味 ▶苦味がある *v.* tener* un sabor amargo. ▶赤味を帯びた空 *m.* cielo teñido de rojo.

♦彼の話にはこっけい味がある Su historia está teñida de humor. / Lo que cuenta tiene pinceladas de humor.

みあい 見合い （見合いをすること）*f*. reunión [*f*. vista] prematrimonial; （両家を交えての）"miai", 《説明的に》*f*. reunión [*f*. cena] en donde son presentados los posibles novios por un tercero; （当人同士の）*m*. primer encuentro en un noviazgo concertado por un intermediario. ♦見合い結婚 → 見合い結婚. ♦私はあすおばの紹介で見合いをする Mañana tengo mi primera reunión prematrimonial organizada por mi tía.

みあいけっこん 見合い結婚 "miaikekkon",《説明的に》*m*. matrimonio concertado por un intermediario. ♦姉は見合い結婚です Mi hermana se casó por concierto. ♦昔は女は見合い結婚と決っていた Antiguamente, las mujeres estaban obligadas a casarse por concierto.

みあう 見合う （つり合う）*v*. ser* proporcional (a, con); （適合する）*v*. ser* apropiado (para), convenir* (a). ♦生活費の上昇に見合った給料 *m*. sueldo proporcional a la subida del coste de vida. ♦年齢に見合った服装をする *v*. llevar ropa apropiada para la edad. ♦収入に見合った生活をする *v*. vivir en proporción con los ingresos.

みあげる 見上げる ❶ ［上を見る］*v*. mirar「hacia arriba [a lo alto]; （視線を上げる）*v*. elevar la mirada 《a》. ♦見上げるばかりの大男 *m*. hombre (de estatura) imponente. ♦彼は空を見上げた Miró al cielo. / Elevó la mirada al cielo.
❷【感心する】（賞賛する）*v*. admirar; （尊敬する）*v*. respetar; （尊敬して仰ぎ見る）*v*. tener* en mucho. ♦君の勇敢な行為はなかなか見上げたものだ Admiro tu valerosa acción. / Tu valerosa acción es admirable.

みあたらない 見当たらない （見つけられない）*v*. no se puede encontrar*; （なくなっている）*v*. estar* perdido [extraviado]. ♦眼鏡が見当たらない No puedo encontrar mis gafas [lentes]. / Se me han extraviado [perdido] las gafas. ♦（どこだろうか）¿Dónde estarán mis gafas? ♦タクシーは1台も見当たらなかった No se veía ni un solo taxi.

みあやまる 見誤る （人を）*v*. confundir 《a》《con》. ♦信号を見誤る *v*. ver* mal la señal.

みあわせる 見合わせる ♦顔を見合わせる（＝互いに見る）*v*. mirarse. ♦試合開始を10時まで見合わせる（＝延期する）*v*. aplazar* [posponer*] el comienzo del juego hasta las diez. ♦雨で遠足を見合わす（＝中止する）*v*. suspender [cancelar] el viaje por la lluvia. ♦その案を見合わす *v*. dejar el [renunciar al] proyecto.

みいだす 見出す *v*. encontrar*. → 見つける.

ミーティング *f*. reunión.

ミートボール *f*. albóndiga.

ミーハーぞく ミーハー族（教養の低い人々）*f*. gente 《スペイン》hortera 《vulgar》.

ミイラ *f*. momia. ♦ミイラ化した遺体 *m*. cuerpo momificado.

みいられる 魅入られる （とりつかれる）*v*. estar* poseído 《por》; （魅了される）*v*. estar* cautivado 《por》［encantado］《por》.

みいる 見入る *v*. contemplar, mirar con fijeza.

みうける 見受ける ❶［見る］*v*. ver*; （出くわす）*v*. encontrarse* 《con》.
❷【…のようだ】♦見受けたところ *adv*. por lo que se ve, al parecer, por lo visto. ♦お見受けしたところ何かお困りのようですね Por lo que se ve, tiene usted problemas.

みうごき 身動き ♦借金で身動きができない *v*. estar* abrumado de deudas, estar* empeñado hasta「las orejas [los ojos]. ♦彼らが行き過ぎるまで彼は茂みに隠れて身動き一つしなかった Se escondió entre los arbustos y no movió ni un músculo hasta que ellos pasaron. ♦満員電車の中で身動き一つできなかった Estaba el tren tan lleno que no podía mover ni「un músculo [los ojos]. / （向きを変えるだけの余地がなかった）El tren estaba tan lleno que no había espacio para cambiar la postura del cuerpo. ♦居間は家具で身動きができないほどだった（＝一杯だった）La sala de estar estaba sobrecargada de muebles. ♦彼女はそこで身動きもせずに立っていた Se quedó allí inmóvil de pie.

みうしなう 見失う *v*. perder* de vista 《a》; （足どりを）*v*. perder* la pista 《de》. ♦人込みで彼女を見失う *v*. perderla* de vista en la multitud.

みうち 身内 （家族）*f*. familia, los míos [tuyos, suyos]; （親類）*mf*. pariente, *mf*. familiar; （子分）*mf*. seguidor/dora. ♦身内の争い *f*. discordia doméstica [en la familia]. ♦うちの身内には医者が多い En nuestra familia hay muchos médicos. ♦身内の者だけで結婚式をすませた A la boda sólo asistieron los parientes próximos.

みえ 見え （見せびらかし）*f*. ostentación; （虚栄心）*f*. vanidad. ♦見え坊 *mf*. presumido/da; （おしゃれな男）*m*. petimetre, *m*. lechuguino. ♦見えで［見えを張って］*adv*. por vanidad [ostentación], para ostentar, （口語）en plan chulo. ♦見えを張る *v*. aparentar, ostentar, alardear; （体面を繕う）*v*. guardar [mantener] las apariencias. ♦見えを切る（＝自信のある態度を装う）*v*. aparentar seguridad. ♦彼は見えでそう言っただけだ. 本心はそうではない Sólo lo dijo para ostentar. No en serio. ♦もう, 見えも外聞もない（＝人が私をどう思おうとかまわない）Bueno, no me importa lo que piensen los demás de mí.

みえかくれ 見え隠れ ♦月が雲間に見え隠れした La luna aparecía y desaparecía por entre las nubes.

みえすく 見え透く ♦見え透いたうそ *f*. mentira transparente [flagrante]. ♦彼の本心は見え透いている Es evidente su verdadera intención. / Puedo ver su verdadera intención.

みえっぱり 見えっ張り *f*. ostentación, *f*. pretensión.

みえみえ 見え見え ▶見え見えである v. ser* demasiado evidente [claro], (見えすいている) v. ser* evidente.

みえる 見える ❶【目に映る】(自然に目に入る) v. ver*, divisar; (現れる) v. aparecer*. ▶物がダブって [2曲がって] 見える v. ver* las cosas ¹dobles [²alabeadas]. ◆空を見たが何も見えなかった Miré al cielo pero no vi nada. ◆その建物からは港がよく見える Desde el edificio se divisa todo el puerto. ◆彼女は彼が見えなくなるまで手を振った Le decía adiós con la mano hasta que lo[le] perdió de vista. 会話 この絵には何が見えますか―コウモリが見えます(心理テストで) ¿Qué ves en este dibujo? – Parece un murciélago. ◆海が見えてきた Apareció el mar. / Se vio el mar. ◆水平線に太陽が見えてきた El sol apareció en el horizonte. ◆スリップが見えています Se te ve la combinación. ◆大部分の星は肉眼では見えない La mayoría de las estrellas no se ven a simple vista. ❷【伺われる】 ◆彼の作文には進歩の跡が見えない En su composición no se ven señales de progreso. ❸【視力がある】▶事故で目が見えなくなる v. perder* la vista en un accidente. ▶目の手術をして見えるようになる v. recuperar la vista después de una operación (ocular). ▶猫は暗くても目が見える Los gatos ven en la oscuridad. ◆このごろ物がよく見えない(=視力が衰えている) Últimamente me está fallando la vista. ◆祖母は白内障でほとんど目が見えない Mi abuela es casi ciega a causa de las cataratas. ◆彼は左目が見えない No ve del [con el] ojo izquierdo. / Está ciego del ojo izquierdo. ❹【思われる】(視覚的印象によって) v. parecer*, representar; (視覚による判断によって) v. parecer*, tener* el aspecto 《de》, dar* la impresión 《de que》. ▶思う. ▶彼女は年の割に若く見える Parece joven para su edad. / Representa menos años. / Da la impresión de ser más joven de lo que es. ◆彼は正直者のように見える Parece una persona honrada. / Tiene el aspecto de ser honrado. / Se diría que es honrado. ◆彼女は心配しているようには見えないねえ No parece estar preocupada. ◆彼は酔っ払っていると言ったがそうは見えなかった Dijo que estaba borracho, pero no lo parecía. ❺【来る】 v. venir*; (到着する) v. llegar*. ▶客が見える前に居間の掃除をする v. limpiar la sala de estar* antes de que lleguen los invitados. ▶今晩お客さんが見えます Esta noche esperamos invitados [huéspedes]. 会話 ご面会の方がお見えですー どなた Hay una visita. [Alguien desea ¹verlo[le] [²verte]. – ¿Quién es? ☞帯びる, 出る

みおくり 見送り ❶【送別】 f. despedida. ▶¹盛大な [²心温まる] 見送りを受ける v. recibir una ¹gran [²calurosa] despedida. ▶兄を見送りに駅へ行く v. ir* a la estación a despedir* a mi hermano mayor. →見送る.
❷【延期, 見逃し】→見送る③.

・**みおくる 見送る** ❶【送別する】 v. despedir*, decir* adiós. ▶子供が学校へ行くのを見送る v. despedir* a los niños que se van a la escuela. ▶客を玄関まで見送る v. salir* hasta la puerta para despedir* una visita. ▶多くの友達が私を駅まで(=で)見送ってくれた Vinieron muchos amigos a la estación para despedirme.
❷【じっと見る】 v. mirar. ▶私は彼の後ろ姿を(=彼が去って行くのを)見送った Miré cómo se iba.
❸【延期する】 v. aplazar*, prorrogar*, posponer*; (棚上げにする) v. archivar, aparcar*; (機会などを逃す) v. dejar pasar, desperdiciar. ▶決定を見送る v. aplazar* una decisión. ▶海外旅行の機会を見送る v. dejar pasar una ocasión para viajar al extranjero. ▶電車を見送る(=次の電車を待つ) v. esperar al siguiente tren. ▶その会社は今年は新規採用を見送るそうだ Dicen que este año la empresa no va a contratar a nuevos empleados. ▶私はまた昇進を見送られた Otra vez me han pasado por encima [aplazaron mi ascenso].

みおさめ 見納め ▶見納めになる (...の最後を見る) v. ver* por última vez; (見る最後の機会である) v. ser* la última ocasión para ver*.

みおとし 見落とし m. descuido, 《教養語》 f. inadvertencia; (うっかりした手抜かり) f. omisión involuntaria. ▶多少の見落としは仕方がない(=避けられない) Algunos descuidos son inevitables. ▶その誤植は校正係の見落としが原因だった La errata fue debida a un descuido del[de la] corrector/tora del[de la] de pruebas).

みおとす 見落とす v. no darse* cuenta 《de》, no advertir*; (うっかり逃す) v. dejar pasar, pasar por alto. ▶要点を見落とす(=つかみそこなう) v. no advertir* el punto. ▶誤りを見落としてしまった No me di cuenta del error.

みおとり 見劣り ▶これはあれより見劣りする Esto no parece tan bueno como aquello.

みおぼえ 見覚え →覚える. ▶そのサインに見覚えがありますか ¿Reconoces la firma? ▶彼の顔には見覚えがあるのだが名前を思い出せない Lo[Le] conozco de vista, pero no recuerdo cómo se llama. / (以前会ったことがある) Lo[Le] he visto antes. / (よく見かける顔である) Me resulta conocido.

みおろす 見下ろす (人・建物・場所を) v. mirar (hacia) abajo, mirar desde lo alto; (建物・場所が場所を見渡す) v. dominar. ▶2階の窓から彼を見下ろす v. mirarlo[le] desde la ventana de arriba. ▶私たちの学校は海を見下ろす丘の上にある Nuestra escuela se asienta sobre una colina dominando el mar.

みかい 未開 ▶未開の (原始的な) adj. primitivo; (文明化されていない) adj. incivilizado; (未開発の) adj. inexplotado. ▶未開社会 f. sociedad primitiva [incivilizada]. ▶未開の土地 f. tierra no explotada, (荒地) f. tierra ¹sin cultivar [incluta]; m. baldío. ▶未開人 (特に野蛮な) mf. salvaje, mf. bárbaro/ra.

みかいけつ 未解決 ▶未解決の adj. sin [por]

みかいたく 未開拓 ▶未開拓(=未耕作)地 m. terreno「no cultivado [sin explotar]. ▶未開拓の=研究されていない分野 m. campo inexplorado.

みかいはつ 未開発 ▶未開発の(開発されていない) adj. inexplotado; (活用されていない) adj. sin explotar, virgen.

みかえす 見返す (見直す)v. repasar, revisar; (振り向いて見る)v. devolver*《a＋人》la mirada; (見た人を見る)v. devolver*《a＋人》la mirada;(最後に打ち負かす)《口語》《比喩的に》v. reír* el último.

みかえり 見返り (報酬(ほう))f. recompensa. ▶見返りの (担保を取っての) adj. con garantía [fianza]. 見返りに prep. a cambio de, como recompensa por. ◆彼に何か頼むと必ず見返りを要求してくる Siempre desea algo a cambio de su ayuda.

みがき 磨き (洗練) m. refinamiento, m. perfeccionamiento. ▶腕に磨きをかける v. perfeccionar su habilidad. ▶演技に磨きをかける v. refinar [pulir] su actuación. ◆私は留学する前にスペイン語に磨きをかけねばならない Tengo que perfeccionar mi español antes de salir al extranjero a estudiar.

みがきこ 磨き粉 m. pulidor.

みかぎる 見限る (見放す)v. dejar, abandonar; (見切りをつける)v. abandonar; (背を向ける)v. volver* la espalda《a》, cejar《en》.

みかく 味覚 m. gusto, m. sabor. ▶味覚(=好み)に合う v. ser* del gusto《de＋人》, agradar el sabor. ▶味覚(=食欲)をそそる v. excitar [estimular] el apetito. ◆彼は風邪で味覚がにぶくなった No puede paladear los sabores por el resfriado.

***みがく 磨く** ❶【物を】(つやが出るように)v. abrillantar, pulir, bruñir*; (ごしごしこすって)v. fregar*, restregar*, (金属を)v. bruñir*; (ガラス・レンズなどを)v. pulir; (靴を)v. limpiar, abrillantar; (歯を)v. cepillar, limpiar. ▶靴を磨く v. limpiar [sacar* brillo a,《ラ米》lustrar,《メキシコ》bolear] los zapatos. ▶床をきれいに磨く v. limpiar [fregar*, abrillantar, encerar] el suelo. ▶なべを磨く v. restregar [fregar*] una olla.
❷【技能を】v. mejorar; (忘れかけた語学を)v. perfeccionar; (文章などを)v. pulir, perfeccionar. ▶腕を磨く v. mejorar la habilidad. ▶文体を磨く v. perfeccionar el estilo.

みかくにゅうとう 味覚乳頭 《専門語》f. papila gustativa.

みかくにん 未確認 ▶未確認情報 f. noticia [f. información] no confirmada. ▶未確認飛行物体 m. objeto volador [volante] no identificado (☆OVNI と略される).

みかくや 味覚野 《専門語》f. área gustativa.

みかけ 見掛け (全体の外観的印象) m. aspecto, f. apariencia; (見せかけ) f. apariencia, f. fachada. ▶見かけは adv. en apariencia. ◆人は見かけによらない No se puede juzgar a la gen-

te por su apariencia. /《言い回し》Las apariencias engañan. ◆彼女は見かけによらず行動力がある En contra de lo que parece [aparenta], es una mujer activa. ◆彼は見かけは利口そうだが実はそうではない Parece listo, pero en realidad no lo es. ◆見かけどおり彼女は行動力がある Es tan activa como parece. ◆彼は見かけほど若くない No es tan joven como aparenta. /(実際より若く見える)Parece más joven de lo que es.

みかげいし 御影石 m. granito.

みかける 見掛ける (目にする)v. ver*; (見つける)v. encontrar*. ◆近ごろはあまりホタルを見かけなくなった Últimamente [Hoy en día] casi no se ven luciérnagas. ◆《会話》きのう駅であなたを見かけたわ. あなたは私に気づかなかったけど—ほんと, 何時ごろ?—8時半ごろ—それは私じゃないわ. だってきのうの8時半には家に帰っていたもの Ayer te vi en la estación, pero tú no te diste cuenta. —¿De veras? ¿Hacia qué hora? —Serían las ocho y media. — Entonces no era yo. Ayer a las ocho y media yo estaba de vuelta en casa. ◆彼が家に入っていくのを見かけた Lo[Le] vi entrar en la casa. ◆あの人はだれ? よく見かける(=見覚えの)顔なんだけど ¿Quién es? Me resulta conocido. / Su cara me suena.

みかた 見方 f. opinión; (観点) m. punto de vista, f. manera de ver; (見地) f. postura, f. posición; (角度) m. ángulo. ▶その事について悲観的な見方をする v. tener* una opinión pesimista de [sobre] ese asunto. ▶経済的な見方をすれば adv. desde el punto de vista económico. ▶別な見方で見れば論じる v. discutirlo desde otro ángulo [punto de vista]. ▶地図の見方 f. guía del mapa. ◆彼と私ではものの見方がまったく違う Él y yo tenemos「puntos de vista [posturas] muy diferentes. ◆この問題は幾通りかの見方ができる Hay varias maneras de ver este problema.

***みかた 味方** m. amigo, m. aliado, mf. partidario/ria; (ペアでする試合の) f. pareja.
　1《〜の味方》▶貧乏人の味方 m. amigo de los pobres. ◆この問題ではいつも君の味方だ Siempre estoy de tu parte en este asunto. ◆彼らはかつてはわれわれの味方だったが, 今は敵だ En un tiempo fueron nuestros amigos, pero ahora son enemigos. ◆いったいだれがどっちの味方だ(試合などで)¿Quién juega del lado de quién en el equipo?
　2《味方に》▶味方に引き入れる v. ganarse《a＋人》, poner*《a＋人》a su lado.
　—— **味方**(をする)v. ponerse*「del lado [de la parte]《de》, estar*《con》, (支持する) v. ser* partidario《de》, apoyar《a》. ◆彼は味方しないでくれ No te pongas de su lado. ◆彼は常にわれわれの味方だ Siempre「nos apoya [está con nosotros]. ⇨肩, 付[点]く

みかづき 三日月 f. luna creciente; (新月) f. luna nueva, 《教養語》f. creciente. ▶三日月形の adv. en forma de cuarto creciente.

みがって 身勝手 (自分本位) m. egoísmo. →わ

がまま.

みかねる 見兼ねる （傍観できない） v. no poder* quedarse cruzado de brazos, no poder* ser* impasible. ◆彼の窮状を見るに見かねて助ける決心をした No pude quedarme cruzado de brazos ante su sufrimiento, por eso decidí ayudarlo[le].

みがまえる 身構える （…の姿勢をとる） v.「ponerse* en [tomar, adoptar una] postura 《para》;（…する準備をする） v. prepararse 《para》;（気を張りつめる） v. mantenerse* alerta. ◆彼と話をするときいつも身構えてしまう Cuando hablo con él,「siempre siento que tengo que estar alerta [nunca me siento libre, me pongo siempre a la defensiva].

みがら 身柄 ◆身柄を拘束する v. detener* [arrestar] 《a》.

みがる 身軽 ◆（軽快な） adj. ligero;（敏捷な） adj. ágil. ◆身軽な服装をしている v. llevar poca ropa, ir* ligero de ropa. ◆身軽に（＝あまり荷物を持たずに）旅をする v. viajar ligero. ◆身軽にさくを乗り越える v. saltar la valla ágilmente.

みがわり 身代わり （人） mf. suplente 《de ＋ 人》,（他人の罪・責任の）m. sustituto/ta;（他人の罪・責任の 〖口語〗）m. chivo expiatorio,〖口語〗 m. cabeza de turco;（行為） f. sustitución. ◆殺人犯の身代わりにさせられる v. ser* convertido en el chivo expiatorio del asesinato cometido por otro. ◆彼は息子の身代わりになって死んだ Murió por su hijo. ／Sacrificó su vida por 《salvar a》su hijo.

***みかん** 蜜柑 f. mandarina, f. clementina, f. tangerina. ◆ミカン一房 m. gajo de la mandarina. ◆ミカン畑 m. campo de mandarinos. ◆ミカンの皮をむく v. pelar una mandarina.

みかん 未完 f. no terminación. → 未完成. ◆未完の大作 f. gran obra inacabada [sin terminar]. ◆未完（書き物の終わりに）Continuará. ◆彼は未完の大器だ Es un diamante en bruto.

みかんせい 未完成 f. no terminación. ◆未完成の（不完全な）adj. incompleto,（出来上がっていない）adj. inacabado. ◆未完成交響曲 m. Sinfonía Inacabada. ◆その詩は未完成だ El poema está inacabado [incompleto]. ☞中途半端, 滞る

みき 幹 m. tronco.

****みぎ** 右 ❶《右[側, 手, 方]》la derecha;（右手・右側・右方の）adj. derecho,（右手・右側・右方の）diestro. → 右側, 右利き, 右手. ◆かしら右 iVista a la derecha! ◆右向け右 iDerecha! ／iA la derecha! ◆回れ右 iMedia vuelta a la derecha!

　　1《右（の）＋名詞》◆右ハンドルの車 m. coche con el volante a la derecha. ◆右マージン m. margen derecho. ◆（印刷の）右寄せ f. justificación derecha. 〖金註〗 写真の右上の男の人はだれ—私の右うしろの人のこと？ ¿Quién es el hombre que está arriba a la derecha en la foto? – ¿El de detrás de mí a la derecha? ◆彼は右投げ左打ちだ Lanza con la mano derecha y batea con la izquierda. ◆右足が痛む Me duele la pierna derecha.

　　2《右に[へ]》adv. a la derecha. ◆彼の右（隣）に座る v. sentarse* a su derecha. ◆彼の右（手）に座る v. sentarse* a [en] su lado derecho. ◆取っ手を右に（＝時計回りに）回す v. girar una manilla a la derecha. ◆その角を右に曲がると銀行があります Doble esa esquina a la derecha y verá el banco. ／Gire a la derecha en esa esquina y ahí está el banco. ◆彼女は廊下を右に歩いて行った Se fue andando por el pasillo a la derecha. ◆右に見えますのは平安神宮です A la derecha pueden ver el Santuario Heian. ◆右へならえ iAlineación a la derecha!

　　3《右を》◆右を向く v. mirar a la derecha.

　　4《右から》◆カードを右から左へ並べる v. colocar* las cartas en fila de derecha a izquierda. ◆右から4人目の人 f. cuarta persona por la derecha.

　❷《右翼, 右派》（個人）mf. derechista;（人々, 集団）f. derecha. ◆右に属する v.「ser* de [pertenecer* a] la derecha. ◆右の集団 m. grupo de derechas [derechista]. ◆右寄りの政党 m. partido「de derechas [derechista]. ◆政治的には彼はずいぶん右寄りだ Políticamente, es bastante de derechas.

　❸《前述》◆右のとおり相違ありません Declaro ser cierta en todos los sentidos la afirmación susodicha.

　〖その他の表現〗◆右の耳から入って左の耳に抜ける Lo que dices (le) entra por un oído y (le) sale por el otro. ◆スキーでは彼の右に出る者はいない（＝だれも彼に匹敵しない）No tiene rival en el esquí. ／No hay quien le iguale esquiando. ◆彼がそれをやると, 他のみんなも右へならえした（＝まねをした）Cuando lo hizo, todos los demás「hicieron lo mismo [siguieron su ejemplo].

みぎうで 右腕 m. brazo derecho. ◆私は右腕の方が左腕よりも力が強い Mi brazo derecho es más fuerte que el izquierdo. ◆彼は社長の右腕だ Es「la mano derecha [el brazo derecho] del/de la presidente/ta.

みぎがわ 右側 m. lado derecho. ◆右側通行 f. circulación por la derecha. ◆右側の引き出し m. cajón de la derecha. ◆道の右側を歩く v. caminar por la derecha de la calle. ◆君の右側に座っていたあの女性はだれですか ¿Quién era la chica sentada a tu derecha? ◆右側通行しなさい Mantenga la derecha.

みきき 見聞き ◆見聞きしたことを全部ノートに書きとめた Anoté en mi cuaderno todo lo「que vi y oí [visto y oído].

みぎきき 右利き （人） mf. diestro/tra, f. persona que usa la mano derecha. ◆右利きの adj. diestro, que usa la mano derecha.

ミキサー （台所用品） f. licuadora, f. batidora;（コンクリートの）f. mezcladora, f. hormigonera;（音量調整装置[係]）mf. mezclador/dora. ◆ミキサー車 m. camión hormigonera.

みぎて 右手 （手） f. mano derecha;（方向, 位置） f. derecha. ◆公園の右手に adv. a la derecha del parque.

みぎひだり 右左 *f.* derecha e *f.* izquierda.
みきり 見切り ▶見切り品 (処分商品) *mpl.* artículos de saldo, *mpl.* saldos; (割引品)《口語》*f.* ganga. ▶見切り発車する *v.* salir* un tren antes de que todos los pasajeros estén a bordo; (早くやり過ぎる) *v.* adelantarse a los acontecimientos, actuar* prematuramente. ▶見切りをつける (断念する) *v.* dejar, abandonar; (手を引く) *v.* lavarse las manos.
みきわめる 見極める (最後まで見る) *v.* verificar* [comprobar*] hasta el final; (確かめる) *v.* asegurarse 《de que》; (真相を究明する) *v.* examinar [investigar*] a fondo.
みくだす 見下す *v.* despreciar, mirar con desdén.
みくびる 見縊る ▶君は彼の実力を見くびっては (=過小評価しては) いけない No debes「tener en menos [subestimar]」su capacidad.
みくらべる 見比べる (A と B を) *v.* comparar 《A y B》.
みぐるしい 見苦しい (醜い) *adj.* feo, de mal aspecto; (下品な) *adj.* indecente; (服装などがみすぼらしい) *adj.* raído, desastrado; (恥ずべき) *adj.* vergonzoso; (不名誉な) *adj.* deshonroso. ▶見苦しい混乱 *m.* desorden feo [de mal aspecto]. ▶見苦しい服装をしている *v.* ir* mal [desastradamente] vestido.
みぐるみ 身ぐるみ (=持っているものすべてを)はぎとられる *v.* ser* robado [despojado] de todo lo que se tiene.
ミクロ ▶ミクロの micro-. ▶ミクロの世界 *m.* mundo microscópico. ▶ミクロ経済学 *f.* microeconomía.
ミクロアルブミンにょうしょう ミクロアルブミン尿症《専門語》*f.* microalbuminuria.
ミクロネシア Micronesia (☆太平洋の地域). ▶ミクロネシア連邦 *mpl.* Estados Federados de Micronesia (☆オセアニアの国, 首都パリキール Palikir).
ミクロン *m.* micrón, *f.* micra.
みけいけん 未経験 ▶未経験の *adj.* inexperto, 《口語》verde. ▶未経験者 *f.* persona inexperta. ▶彼はその仕事はまだ未経験だ「No tiene experiencia [Es nuevo] en el trabajo.
みけつ 未決 ▶未決の (未解決の) *adj.* pendiente; (未決定の) *adj.* no decidido; (判決の下りていない) *adj.* sin condenar. ▶未決囚 *mf.* procesado/da en detención provisional.
みけねこ 三毛猫 *m.* gato atigrado [pardo].
ミケランジェロ (〜・ブオナローティ) Miguel Ángel (Buonarroti) (☆1475-1564, イタリアの彫刻家・画家・建築家・詩人).
みけん 眉間 *m.* entrecejo. ▶眉間にしわを寄せる *v.* fruncir* el entrecejo.
みこ 巫女 "miko", (説明的に) *f.* doncella al servicio de un santuario [templo] sintoísta.
みこし 神輿 "mikoshi", (説明的に) *m.* altar portátil sintoísta. ▶みこしをかつぐ *v.* cargar* un altar portátil [en procesión].
みこす 見越す *v.* prever*. → 予想する
みごたえ 見応え ▶そのテレビドラマは見ごたえがある Merece la pena ver ese drama televisivo.

みこむ 1373

***みごと** 見事 ▶お見事!(=よくやった) ¡Bravo! / ¡Estupendo* / (すばらしい)¡Maravilloso! / ¡Magnífico! / ¡Fantástico! / ¡Formidable!
—— 見事な (すばらしい) *adj.* formidable; (並以上にりっぱな) *adj.* estupendo, (壮麗な) *adj.* magnífico, espléndido, (美しい) *adj.* bello; (優秀な) *adj.* excelente; (驚くべき) *adj.* maravilloso; (あっぱれな) *adj.* admirable; (とびきりすぐれた) *adj.* magnífico, excelente, soberbio. ▶見事な作品 *f.* obra magnífica. ▶見事な菊一鉢 *m.* florero de [con] bellísimos crisantemos. ♦彼の昨夜の演奏は実に見事だった Su interpretación [ejecución] de anoche fue absolutamente formidable. / ¡Qué estupenda actuación la de anoche! ♦彼のふるまいはお見事だった Su comportamiento fue admirable.
—— 見事に (上手に) *adv.* muy bien, hábilmente; (完全に) *adv.* completamente, perfectamente; (美しく) *adv.* maravillosamente, espléndidamente, bellamente. ▶見事に踊る *v.* bailar maravillosamente. ♦彼は試験に見事に (=首尾よく)通った Aprobó con éxito el examen. ♦その試みは見事に成功した La tentativa fue un éxito absoluto. ♦その計画をものの見事にめちゃくちゃにしてくれたね ¡Menudo lío has hecho del proyecto! / Has hecho del plan una perfecta chapuza.

***みこみ** 見込み ❶【望み】*f.* esperanza; (可能性) *f.* probabilidad; *f.* posibilidad; (成功・利益など) *f.* perspectivas; *fpl.* posibilidades. ▶回復の見込みのない患者 *mf.* paciente que no tiene esperanza de recuperación. ▶見込みのある青年 *m.* joven prometedor, *m.* joven con un futuro brillante. ♦彼の回復の見込みはほとんどない Hay pocas esperanzas de que se recupere. / La posibilidad de su recuperación es mínima. ♦ハイキングは取り止めになる見込みだ Es probable que se suspenda la excursión (a pie). / Hay bastantes posibilidades de que se suspenda la excursión. ♦それは不可能ではないが, 見込みは薄い No es imposible, pero casi improbable. ♦彼が勝つ見込みは十分ある Tiene muchas posibilidades de ganar. / Es probable que gane. / Las perspectivas de una victoria suya son bastante buenas.
❷【予想】*f.* previsión, *f.* expectativa. → 予想. ▶それは見込み違いだった (=期待はずれだった) No se han cumplido mis previsiones. / (誤算だった)Me equivoqué. ♦彼女は今年自動車の免許を取る見込みです Es de esperar que consiga「el permiso [la licencia] de conducir este año.
☞ 確率, 期待, 公算, 将来, 前途
みこむ 見込む (予想する) *v.* esperar, prever*, anticipar; (当てにする) *v.* contar* 《con ＋名詞, con que ＋接続法》; (信用する) *v.* confiar* 《en ＋名詞, en que ＋接続法》; (考慮する) *v.* calcular, estimar. ▶昇給を見込んで *adv.* esperando [anticipando] un aumento salarial. ▶昼食に1時間見込んでおく *v.* prever*

una hora para comer. ▶私の見込んだ(=心にかなった)女性 f. mujer de mi gusto y confianza. ▶君を友人と見込んで頼みがあるMi confianza en ti me lleva a pedirte un favor. ▶交通渋滞を見込んで私たちは朝早く出発したEn previsión de retenciones de tráfico, salimos temprano por la mañana. ▶彼は社長に見込まれて(=社長の信任を得て)課長に昇進したSe ganó la confianza *del/de la* presidente*/ta* siendo promovido a jefe de sección.

みごろ 見頃 ▶見ごろだv. estar* en su máximo [mayor] esplendor. ▶桜の花は4月が見ごろだLas flores del cerezo están en su máximo esplendor en el mes de abril.

みごろし 見殺し ▶見殺しにする v. abandonar 《a + 人》a su suerte, 《口語》dejar 《a + 人》en la estacada.

みこん 未婚 (結婚していない)*adj.* soltero, 《教養語》célibe. ▶未婚の女性 f. mujer soltera. ▶未婚の母 f. madre soltera.

ミサ f. misa. ▶ミサ曲 f. misa. ▶ベートーベンの「荘厳ミサ」《ラテン語》f. «Misa Solemnis» de Beethoven. ▶ミサに出る v. oír* misa, ir* a misa. ▶ミサをあげる v. decir* [celebrar] misa.

ミサイル m. misil. ▶巡航ミサイル m. misil de crucero. ▶地対空ミサイル m. misil tierra-aire [de tierra a aire]. ▶ミサイル発射装置 m. lanzamisiles. ▶ミサイルを発射する v. lanzar* [disparar] un misil. ▶ミサイルを迎撃する v. interceptar un misil.

みさかい 見境 (識別)f. distinción, f. discriminación, 《教養語》m. discernimiento; (理性)m. juicio, f. razón. ▶見境がなくなる v. perder* el juicio. ▶見境なくほめる v. elogiar indiscretamente. ▶(前後の)見境もなく(=最初によく考えないで)服を買うな No compres ropa sin antes「pensarlo bien [reflexionar].

みさき 岬 (大きな)m. cabo, (絶壁の)m. promontorio, f. punta. ▶ホーン岬 m. Cabo de Hornos. ▶足摺岬 m. Cabo de Ashizuri.

みさげる 見下げる v. despreciar, menospreciar, desdeñar. ▶君はなんと見下げ果てた人間だEres un ser despreciable.

みさだめる 見定める (確かめる)v. asegurarse 《de》, verificar*, comprobar*. ▶状況を見定める v. asegurarse de cómo van las cosas.

**みじかい 短い (時間が)*adj.* breve; (短く切った)*adj.* corto. ▶短い休暇 *fpl.* vacaciones cortas. ▶(スカートを)短くする v. acortar [recortar] (la falda). ▶短い一生を送る v. vivir una vida corta [breve]. ▶つめを短く切る v. cortarse al ras las uñas. ▶髪を短くしてもらう v. cortarse mucho el pelo; darse* un buen corte de pelo. ▶短い報告をする v. hacer* un informe breve. ▶この上着はそが私には短すぎるLas mangas de esta chaqueta me están cortas. ▶夏になると夜が短くなるEn verano las noches se hacen más cortas. ▶編集者は不要な語を削って記事を短くしたEl editor abrevió el artículo suprimiendo las palabras innecesarias. ☞浅い, 簡単な, 束の間; 省略する, 詰める; 縮まる, 縮む

ミシガン Michigan.

ミシシッピがわ ミシシッピ川 el (río) Misisipí.

みじたく 身支度 ▶支度. ▶彼女は急いで身支度を整えたSe vistió apresuradamente.

みしみし ▶この床はみしみし音がするEste suelo cruje.

みじめ 惨め *adj.* miserable, 《文語》mísero, desgraciado; (不幸な)*adj.* infeliz. ▶みじめな生活をする v. llevar una vida miserable [desgraciada]. ▶空腹でみじめな思いをする v. sentirse* miserable por el hambre. ▶太郎は彼女のことでみじめな気持ちでいたTaro se sentía miserable hacia ella. ☞哀れ, 気の毒な

みじゅく 未熟 f. inexperiencia, f. inmadurez. ▶未熟児 m. bebé prematuro. ▶未熟者 f. persona sin experiencia, *mf.* novato*/ta.*
—— **未熟な** (成熟していない)*adj.* inmaduro; (経験がない)*adj.* inexperto [en], (口語)verde; (熟練していない)*adj.* no cualificado; (へたな)*adj.* malo [en, para]. ▶未熟な労働者 *mf.* trabajador*/dora* no cualificado*/da.* ▶彼の運転技術は未熟だEs un conductor novato. / No tiene experiencia en conducir. / Se le da mal conducir.
☞青臭い, 至らない, 幼い, 稚拙, 拙い

みしらぬ 見知らぬ (見たことのない)*adj.* desconocido, (よく知らない)*adj.* extraño, desconocido. ▶見知らぬ町 f. ciudad desconocida [extraña]. ▶見知らぬ人 *mf.* desconocido*/da.*

みじろぎ 身じろぎ ▶身じろぎもせず(=少しも動かずに)立っている v. no moverse* un ápice [milímetro]; (像のように立つ)v. quedarse inmóvil como una estatua.

ミシン f. máquina de coser. ▶ミシン針 f. aguja de máquina de coser. ▶ミシンでドレスを縫う v. hacer* un vestido con máquina de coser.

みじん 微塵 (断片)m. pedazo; (小片)m. trozo. ▶みじんに砕ける v. romperse* en pedazos. ▶みじん切りにする v. trocear [cortar] en pedazos. ▶彼には彼女をだまそうなんて気はみじんも(=少しも)なかったNo tenía la menor intención de engañarla.

ミス ❶ (未婚女性の姓・姓名につける敬称)f. señorita →~さん; (未婚女性)f. mujer soltera. ▶2003年のミス日本 Miss Japón, 2003.
❷ (間違い) ▶スペルのミス *mpl.* errores de ortografía. ▶ミスをする v. cometer un error, equivocarse*. ▶ちょっとした計算のミスをしたCometí un pequeño error de cálculo.

**みず 水 f. agua.
1 〈~水〉▶水道の[2井戸]水 f. agua ¹del grifo [¹メキシコ]de la llave; ²de pozo. ▶海の水 f. agua ²de mar [marina, salada]. ▶¹井戸 [²川]の水がかれたSe ha secado el ¹pozo [²río].
2 〈水+名詞〉▶水不足 f. escasez de agua. → 水遊び, 水浴び, 水かさ, 水溜れ, 水際, 水煙, 水しぶき, 水辺, 水撒き*
3 〈水の〉▶今朝(蛇口を開けたが)水が出なかったEsta mañana no salía agua 「del grifo. ▶(水道の)水が出しっ放しになっていたEstaba

abierto el grifo. ◆この水は飲める Esta agua es「buena para beber [potable]. ◆夏には水が不足する En verano hay escasez de agua.
4《水に》ひざまで水につかって歩く v. caminar con el agua hasta las rodillas. ▶水に映った自分の姿を見る v. verse* reflej*ado* en el agua.
5《水を》(水道の)水を¹出す [²止める] v. ¹abrir* [¹《口語》dar*; ²cerrar*, ²cortar] el agua. ◆水を1杯 [2杯] ください Déme un ¹vaso [²poco] de agua, por favor. ◆彼女は花に水をやった Echó agua a las flores. / Regó las flores. ◆トイレの水を2度流した Tiré dos veces de la cadena. ◆トイレの水が流れない La cisterna no funciona.
《その他の表現》水も漏らさぬ (=すきのない)警戒をする v. vigilar estrechamente. ▶水をさす(関係などをこわす) v. romper* [destruir*, echar abajo] una relación; (計画などのじゃまをする) v. entrometerse (en su plan); echar un jarro de agua fría 《en, sobre》. ◆二人の間柄は水と油だ Son como el agua y el fuego. /《口語》Hacen malas migas. / No se llevan nada bien. / Son absolutamente incompatibles. ◆水に流そう. もう済んだことだから《言い回し》Borrón y cuenta nueva. /《比喩的》Vamos a pasar la página. ◆法廷は水を打ったように (=ハエの飛ぶ音も聞こえるほど) 静かだった Había tal silencio en el tribunal que se podía oír el vuelo de una mosca. ◆今までの努力が水の泡になった →水の泡.
ミズ Sra. o Srta.
みずあげ 水揚げ ❶【陸上げ】f. descarga. ▶船荷の水揚げをする (=船の荷を降ろす) v. descargar* un barco.
❷【漁獲量など】f. captura (de peces). ▶イワシの水揚量が多い v. hacer* una gran captura de sardinas. ▶タクシーのその日の水揚げ (=売上高) mpl. ingresos del día de un taxi.
❸【切り花の】◆この花は水揚げがよい Esta flor se está conservando bien.
みずあそび 水遊び ▶水遊びをする v. jugar* con agua.
みずあび 水浴び m. baño; (水泳) f. natación. ▶水浴びをする v. bañarse, darse* un baño, nadar.
みすい 未遂 未遂の f. tentativa 《de》, 《教養語》m. conato 《de》. ▶自殺未遂 f. tentativa [m. intento] de suicidio, m. suicidio frustrado. ▶¹強盗 [²殺人] 未遂 m. intento de ¹robo [²homicidio]. ◆テロリストたちは大統領の暗殺を企てたが未遂に終わった Los terroristas intentaron asesinar al presidente, pero fracasaron. / Se frustró el intento de los terroristas de asesinar al presidente.
みずいらず 水入らず ▶きのう家族水入らずで (=自分たちだけで)外食した Ayer mi familia comió fuera en la intimidad. /(いっしょに外食して楽しんだ)Ayer mi familia salió a comer juntos y lo pasó bien.
みずいろ 水色 m. azul claro [pálido].
みずうみ 湖 m. lago.
ミズーリ Missouri.
みずえる 見据える (人を鋭く見つめる) v. mirar「cara a cara [fijamente, de hito en hito] 《a + 人》; (見定める) v. averiguar*, revisar. ▶将来まで見すえる v. fijar la vista en el futuro. ▶現実を見すえる v. revisar la realidad.
みずかき 水掻き (水鳥などの) f. membrana interdigital; (水搔き足) f. pata palmeada. ▶水掻きのある adj. palme*ado*. ▶水掻き足のある adj. palmíp*edo*.
みずかけろん 水掛け論 (不毛の) f. discusión interminable 《con》.
みずかさ 水かさ m. volumen de agua. ◆川の水かさが増した El río ha crecido.
みすかす 見透す v. adivinar (las intenciones), leer* (en el corazón).
みずがめざ 水瓶座 m. Acuario.
みずから 自ら (自分自身で) pron. 「él mismo [ella misma]; (直接に) adv. personalmente, en persona. ▶自らたたき上げた男 m. hombre hecho a sí mismo, 《英語》m. "self-made-man."
みずがれ 水涸れ (かんばつ) f. sequía; (水不足) f. falta de agua.
みずぎ 水着 m. bañador, m. traje de baño, 『アルゼンチン』f. malla 《de》. ◆セパレーツの水着 m. bañador de dos piezas, 『アルゼンチン』m. ambo. ◆彼女は水着美人です Es una belleza en bañador.

地域差 **水着(女性用)**
〔全般的に〕m. traje de baño
〔スペイン〕m. bañador
〔キューバ〕f. trusa
〔ペルー〕f. ropa de baño
〔コロンビア〕m. vestido de baño
〔アルゼンチン〕f. malla

ミスキャスト m. reparto equivocado de papeles.
みずきり 水切り (遊び) v. jugar* a hacer* cabrillas en el agua. ▶(食器の)水切り台 m. escurridero. ▶切りボール m. colador, m. escurridor.
みずぎわ 水際 m. borde del agua; (岸) f. costa, f. orilla.
みずくさ 水草 f. planta acuática.
みずくさい 水臭い adj. reservado, distante, formal. ◆水臭いね Eres reservado, ¿eh? ◆水臭いじゃないか,はっきり言ってくれよ No me hables con「tantos miramientos [tanta formalidad], ¡hombre! ¿Por qué no eres más direct*o* conmigo? ◆時にはよってくれよ, そう水臭いこと言わずに Déjate caer de vez en cuando y no seas tan reservado conmigo.
みずけ 水気 (湿り気) f. humedad; (汁) m. jugo, m. zumo. ◆水気の多い果物 f. fruta jugosa. ▶野菜を洗って水気を完全に切る v. lavar las verduras y escurrirlas bien.
みずけむり 水煙 f. rociada (de agua). ▶水煙を立てる v. soltar* [levantar] una rociada.
みすごす 見過ごす v. no darse* cuenta, no advertir*, pasar por alto. → 見落とす, 見逃す.
みずさきあんない 水先案内 (人) m. práctico [m. piloto] (de puerto); (業務) m. pilotaje.

みずさし 水差し f. jarra, m. jarro.
みずしょうばい 水商売 m. mundo de los bares [locales nocturnos]; m. negocio incierto. ♦彼女は水商売の女だ Es una chica de club. / Trabaja en una barra.
みずしらず 見ず知らず ♦見ず知らずの人（＝まったく知らない人）mf. perfecto/ta desconocido/da.
みずすまし 水澄まし m. girino, m. escribano de agua.
ミスター（男性の姓・姓名につける敬称）Sr. (señor). →～さん.
みずたまもよう 水玉模様 mpl. lunares. ♦水玉模様のスカート f. falda de lunares.
みずたまり 水たまり m. charco; (大きな) f. charca. ♦雨降りでできた水たまり m. charco de agua de lluvia. ♦道路の水たまりにはまる v. resbalar [caerse*] en un charco del camino.
みずっぽい 水っぽい（こくのない）adj. aguado; (水のような) adj. aguoso, acuoso, aguanoso. ♦水っぽいスープ f. sopa aguosa [muy clara].
みずでっぽう 水鉄砲 f. pistola de agua.
ミステリー（神秘）m. misterio, m. arcano; (推理小説) f. novela de misterio [suspense].
みすてる 見捨てる（完全に捨て去る）v. abandonar. ♦祖国を見捨てる v. abandonar el país, 《教養語》expatriarse. ♦彼は有名になると，家族を見捨てた Cuando se hizo famoso abandonó a su familia. ♦このスリラー映画もなかなか「そう」見捨てたものではない（＝かなりよい）Esta película de suspense「es bastante buena [no está mal].
みずとり 水鳥 f. ave acuática,《専門語》fpl. palmípedas.
みずのあわ 水の泡 ❶【水が作る泡】f. burbuja. → 泡.
❷【むだなこと】f. nada,《口語》f. agua de borrajas. ♦これまでの努力がすべて水の泡になったTodos mis esfuerzos se quedaron en「agua de borrajas [nada]. / Todos mis esfuerzos no sirvieron para nada.
みずはけ 水はけ m. desagüe, m. drenaje. ♦この土地は水はけが「いい [悪い] Esta tierra tiene ¹buen [²mal] drenaje.
みずばしら 水柱 f. columna de agua. ♦水柱を立てる v. levantar una columna de agua.
みずびたし 水浸し ♦水浸しになる v. inundarse, quedar sumergido. ♦水道管が破裂して地下室が水浸しになった Se reventó una tubería de agua inundándose [y se inundó] el sótano.
みずぶくれ 水膨れ f. ampolla. ♦水ぶくれができた [²つぶれた] Se ha ¹formado [²reventado] una ampolla.
ミスプリント f. errata [m. error] de imprenta. ♦この本にはミスプリントが多い Este libro「está plagado de [tiene muchas] erratas de imprenta.

みずべ 水辺 ♦水辺で adv. al [en el] borde del agua.
みすぼらしい（着古した，ぼろを着た）adj. pobre, desastrado; (粗末な) adj. miserable. ♦みすぼらしい服 mpl. vestidos pobres. ♦みすぼらしいかっこうをした老人 m. viejo pobremente vestido. ♦みすぼらしい小さな家 f. casita miserable ◻︎ 浅ましい，卑しい，ちゃち
みずまき 水撒き m. riego. ♦水撒きをする v. regar*, echar agua.
みずまし 水増し（帳簿の）m. aumento. ♦(経費などを)水増しする v. aumentar (la cuenta de gastos). ♦水増し入学させる v. admitir más estudiantes que el número fijado.
みすみす（すぐ目の前で）adv. ante sus「propios ojos [《口語》mismas narices]; (不心得に) adv. innecesariamente; (どうしようもなく) adv. sin poder remediarlo. ♦みすみす泥棒に逃げられた《口語》El ladrón escapó ante mis mismas narices.
みずみずしい（新鮮な）adj. fresco; (生き生きして若々しい) adj. lozano. ♦みずみずしい肌 f. piel fresca y lozana.
みずむし 水虫 mpl. hongos, m. pie de atleta.
みずもの 水物 ♦勝負は水物だ（＝かけみたいなものだ）El juego es suerte. / (偶然に支配される) En el juego interviene mucho la suerte.
みずもれ 水漏れ f. fuga de agua; (天井の) f. gotera. ♦このタンクで水漏れがあるようだ Parece que este depósito pierde agua.
みする 魅する v. fascinar, cautivar, encantar.
みずわり 水割り ♦ウィスキーの水割り m. whisky con agua.
・みせ 店 f. tienda, m. comercio.
　1《店＋名詞》♦店先で adv. delante de la tienda.
　2《店は》♦あの店はとても¹安い [²高い] Esa tienda es muy ¹barata [²cara]. ♦あの店は日曜日は ¹休みですか [²開いていますか] ¿¹Cierra [²Abre] esa tienda los domingos? ♦この店は何時に¹開きますか [²閉まりますか] ¿A qué hora ¹abre [²cierra] esta tienda?
　3《店で，に》♦彼は銀座に店を出している Tiene [Lleva] una tienda en Ginza. ♦彼は午前9時に店を開ける Abre la tienda a las nueve de la mañana. ♦彼はその店でかばんを買った Se compró un bolso en esa tienda. ♦あの店でソックスを売っているかしら No sé si venderán calcetines en esa tienda. 《会話》この辺には野菜や果物を買ういいお店はあるかしら―もちろんあるよ．すぐ近くに私がいつも行くいい店があるわ ¿Habrá por aquí cerca alguna tienda de verduras y frutas? ― Claro que sí. Aquí mismo cerca hay una donde [adonde] voy siempre yo.
みせいねん 未成年 m. menor (de edad); (未成年期) f. minoría (de edad). ♦未成年の adj. menor. ♦彼はまだ未成年だ Todavía es un menor. / (成年に達していない) Aún no「tiene edad [es adulto]. ♦未成年者の飲酒は禁じられている Se prohíben las bebidas alcohólicas a los menores.

みせかけ 見せ掛け f. simulación; (装い) f. apariencia, 《口語》 m. teatro; (偽り) f. simulación, 《口語》 m. montaje. ▶ 見せ掛けの (装った) adj. simulado, fingido. ▶ 彼の愛情にだまされていたのだった Su amor era「sólo fingido [《口語》puro teatro]. ♦ 彼の見せかけの友情にだまされてはいけない No te dejes engañar por su apariencia amistosa.　🖙 ごまかし, 付け焼き刃, 衒い

みせかける 見せかける (偽って) v. disimular, fingir*, 《口語》 dárselas 《de》; (巧みに装う) v. aparentar, 《口語》 hacer* teatro. ▶ 勉強しているように見せかける v. disimular que se está estudiando, fingir* estudiar. ▶ 実業家のように見せかける v. dárselas de ejecutivo de una empresa. ▶ 指輪を本物のダイヤのように見せかけて 彼に売りつける v. hacerlo[le]* comprar un anillo dando una falsa apariencia de un diamante verdadero. ♦ 彼は金持ちではない. そう見せかけているだけだ No es rico; sólo finge serlo. / Se las da de rico sin serlo.

みせじまい 店仕舞い ▶ 店仕舞いする (閉店する) v. cerrar*; (一時的に営業を停止する) v. clausurar una tienda; (廃業する) v. cerrar* el negocio. ▶ 店仕舞いセール (f. venta de) f. liquidación.

みせしめ 見せしめ (警告) f. advertencia, m. aviso; (戒め) f. amonestación, m. escarmiento; (教訓) f. lección. ▶ 彼を見せしめとして v. darle* un castigo ejemplar. ▶ 見せしめのために彼を罰する v. castigarlo[le]* para escarmiento de los demás.

ミセス (既婚婦人の姓・姓名につける敬称) Sra. (señora); (女性) f. mujer casada, f. señora. ▶ ヤングミセス f. joven señora.

みせつける 見せつける v. ostentar, exhibir, hacer* público [notorio]. ▶ 仲のよいところを見せつける v. ostentar su amor. ♦ テニスのプロの力量をまざまざと見せつけられた (＝やほど思い知った) Me di perfecta cuenta que con un tenista profesional no se puede uno igualar.

みせどころ 見せ所 → 見せ場. ♦ ここは君の腕の見せ所だ Éste es el lugar para demostrar「lo que sabes [tu habilidad].

みせに 身銭 ▶ 身銭を切って入場券を買う v. comprar una entrada「del propio bolsillo [con el dinero 《de ＋ 人》].

みせば 見せ場 (ショーなどの) m. momento [m. punto] culminante, (クライマックス) m. clímax. ▶ この劇の見せ場 m. clímax de esta obra de teatro. ▶ 見せ場を作る v. crear un「momento culminante [clímax].

みせばん 店番 (店員) mf. dependiente/ta, mf. vendedor / dora. ▶ 店番をする v. cuidar [atender*] una tienda.

みせびらかす 見せびらかす v. exhibir, ostentar, hacer* un alarde 《de》. ▶ 友達に車を見せびらかす (得意げに) v. exhibir el coche ante su amigo/ga.

みせびらき 店開き ▶ 店開きする (新しく開店する) v. inaugurar una tienda nueva. ▶ 駅の近くに新しい百貨店が店開きした Se ha inaugurado un nuevo gran almacén cerca de la estación.

みせもの 見世物 m. espectáculo. ▶ 見世物小屋 f. caseta de espectáculo. ♦ 私は見世物にされた Me convirtieron en (un vergonzoso) espectáculo público. / Fui el objeto de la curiosidad pública.

みせられる 魅せられる ♦ 私は美しい聖堂に魅せられた Me encantó la preciosa catedral.

・みせる 見[診]せる ❶【人に見えるようにする】v. mostrar*, enseñar, dejar ver*, presentar; exhibir, exponer*. ▶ 他の者にいい手本を見せる v. dar* un buen ejemplo a los demás.
会話 (店で)あの指輪を見せてください―はいどうぞ ¿Puedes mostrarme ese anillo, por favor? [Enséñame [Déjame ver] el anillo, por favor.] – Aquí tienes. ♦ それをご両親に見せましたか ¿Se lo has enseñado a tus padres?
会話 新車を買ったんだよ―すごい!見せてよ Me he comprado un coche nuevo. – ¡Estupendo! ¡Enséñamelo! ♦ 指導員がどうすべきか実際に見せてくれた El/La instructor/tora nos「mostró cómo esquiar [hizo una demostración de cómo esquiar]. ♦ 工場をお見せ (＝ご案内)しましょう「Voy a mostrarle [Permítame mostrarle] nuestra fábrica. ♦ インフルエンザは依然衰える気配を見せていない La gripe no presenta señales de remitir.
❷【姿を現わす】v. presentarse, aparecer, personarse. ▶ 会合に姿を見せる v. presentarse en [a] la reunión.
❸【装う】v. aparentar, hacer* ver* (que), fingir*. ▶ こわくないふりをして見せる v. aparentar no tener* miedo, hacer* ver* que no se tiene miedo. ▶ 若く見えるためには な服を着る v. llevar ropa vistosa para「aparentar menos años [parecer* más joven].
❹【診察してもらう】▶ 彼を医者に診せる (＝連れて行く) v. llevarlo[le] al médico. ▶ 君は足を医者に診せた方がいいかもしれませんよ Quizá tendrías que ir al médico para que te viera la pierna.
❺【自信・決意の表示】▶ やつを必ず打ちのめしてみせる A ese tío lo [le] voy a romper la cara. ♦ 必ず1週間で終えてみせます Seguro que termino en una semana; te lo prometo.
🖙 示す, 出す, 提示

みぜん 未然 ▶ 彼のたくらみを未然に防ぐ v. frustrar su trama al comienzo. ♦ 彼の機敏な行動が事故を未然に防いだ Su rápida acción previno un accidente.

みそ 味噌 ❶【調味料】"miso", 《説明的に》 f. pasta de soja fermentada. ▶ 味噌汁 f. (cuenco de) sopa "miso". ▶ 味噌漬けにした大根 mpl. rabanitos conservados en "miso".
❷【特色】▶ それが味噌だ(長所) Eso es lo bueno que tiene. / (コツ)Ahí está el secreto [truco, quid]. / (重要な点, 問題点)Ese es el punto (importante).
《その他の表現》 ▶ 味噌をつける (へまをやる) v. estropearlo, 《口語》 hacer* un lío; (面目を失う) v. perder* el prestigio, quedar mal, 《俗語》 pringarse*, 《メキシコ》 quemarse. ▶ 味噌もくそ

みぞ 溝 ❶【排水路】f. cuneta; (深い) f. zanja; (排水溝) m. sumidero, m. desagüe; (道路沿いの) f. cuneta, f. alcantarilla. ▶溝を掘る v. cavar una zanja.
❷【敷居などの】f. guía, f. ranura; (レコード盤などの) m. surco.
❸【気持ちの】m. hueco, m. vacío; (大きな) m. abismo. ♦彼らの間には溝がある Hay un vacío de sentimientos entre ellos.

みぞおち 鳩尾 m. epigastrio,《口語》m. plexo solar.

みそぎ 禊 f. ablución. ▶みそぎを受ける v. hacer* la ablución.

みそこなう 見損なう ♦私はその映画を見損なった Me perdí esa película. ♦あの男を見損なったよ Lo he juzgado mal. / (失望した)Me ha decepcionado.

みそしき 未組織 ▶未組織の adj. no organizados.

みそっぱ 味噌っ歯 m. diente (de leche)「con caries [cariado].

みそめる 見染める (一目ぼれする) v. enamorarse a primera vista. ♦彼がパーティーで見染めた女の子 f. chica de la que se enamoró en una fiesta.

みぞれ f. aguanieve. ♦外はみぞれが降っている Está cayendo aguanieve fuera.

-みたいだ (見える) v. parecer*, tener* aspecto (de); (教養語) asemejarse (a); (思える) v. ser* como, igual a. →らしい. ♦あの岩は人の顔みたいだ Esa roca parece una cara humana. ♦彼は病気みたいだ Parece enfermo. / Tiene aspecto de enfermo. ♦君はまるで酔っ払っているみたいだ Pareces borracho. / Tienes aspecto de (estar) borracho. ♦まるで彼の話はうそみたいだ No me parece verdad lo que dice.

-みたいな conj. como, igual que.

みだし 見出し (新聞などの) m. titular; (大見出し) m. gran titular; (本の章・節などの) m. encabezamiento; (辞書などの) f. entrada, m. artículo. ♦新聞はほとんど見出ししか読まない Casi nunca leo más allá de los titulares del periódico. ♦この辞書の見出し語は約6万です En este diccionario hay unas 60.000 entradas.

みだしなみ 身嗜み (外見) m. aspecto, f. presentación. ♦彼女はいつも身嗜みがいい Es siempre muy cuidadosa en su aspecto personal. / Se presenta siempre muy aseada. / Siempre cuida mucho su presentación personal.

みたす 満たす ❶【満足させる】v. satisfacer*, saciar; (要求・必要に応ずる) v. satisfacer*, cumplir; (不足を補う) v. suministrar, abastecer*. ♦リンゴで空腹を満たす v. saciar el hambre con una manzana. ♦その本はわれわれの好奇心を満たした El libro satisfizo [colmó] nuestra curiosidad. ♦彼の報告は私の出した条件を満たしていない Su informe no cumple mis requisitos.
❷【いっぱいにする】v. llenar un vaso de agua. ⊐当てはまる, 該当, 注ぐ, 湛える, 詰める, 適合

・みだす 乱す (静かな状態を) v. perturbar; (整とんされたものを) v. desordenar, desarreglar; (混乱させる) v. alborotar, alterar; (交通・通信などを) v. alterar, interrumpir; (髪などを) v. alborotar, despeinar, revolver*; (心を) v. confundir,《口語》liar*. ♦世界の平和を乱す v. perturbar la paz mundial. ♦髪を乱して走る v. correr con el pelo revuelto. ♦風紀を乱す (=堕落させる) v. corromper la moral pública. ♦その攻撃は敵の秩序を乱した El ataque sembró la confusión en el enemigo. ♦列を乱す な(=列外に出るな) No te descoloques [salgas de la línea].

みたて 見立て ❶【診断】m. diagnóstico, f. diagnosis. ▶見立ての確かな医者 mf. médico experto/ta en diagnosticar. ♦見立て違いをする v. equivocarse* de diagnóstico. ♦その医者の見立ては肝臓障害だ El diagnóstico del médico es trastorno hepático [del hígado].
❷【選択】f. elección, f. selección. ▶見立てがうまい v. elegir* bien, hacer* una buena elección 《de》. ♦このネクタイはどなたのお見立てですか ¿Quién le eligió esta corbata?

みたてる 見立てる (選ぶ) v. elegir*, seleccionar; (診断する) v. diagnosticar*, hacer* un diagnóstico.

みため 見た目 ♦彼は見た目ほど悪い子ではない No es un niño tan malo como parece. ♦その車は見た目は大したことないが，私には十分役立っている El coche no parece gran cosa, pero me sirve [resulta bastante útil]. ♦この服は見た目はよくないが機能的である Este vestido no es muy bonito, pero es práctico.

みだらな 淫らな adj. lascivo,《口語》verde; (下品な) adj. indecente; (わいせつな) adj. obsceno; (ふしだらな) adj. promiscuo. ▶みだらな夢を見る v. tener* un sueño erótico. ▶みだらな生活をする v. vivir en la promiscuidad ⊐嫌らしい, 汚い, 下品

みだりに 濫りに (理由なしに) adv. sin razón [motivo],《口語》sin más ni más; (許可なしに) adv. sin permiso [autorización]. ♦みだりに動物の生命を奪うな No quites la vida a ningún animal sin razón. ♦みだりに庭に入るな No entres en el jardín sin permiso.

みだれ 乱れ (混乱) f. confusión; f. turbación; (秩序などの) m. desorden, m. disturbio, m. alboroto. ▶心の乱れを隠す v. ocultar la turbación. ▶社会の乱れ mpl. desórdenes sociales. ▶列車ダイヤの乱れ fpl. irregularidades en el horario ferroviario.

みだれがみ 乱れ髪 m. pelo alborotado.

・みだれる 乱れる ❶【場所・物などが】(順序・秩序などが混乱している) v. estar* en desorden, estar* desorganizado; (混乱する) v. desordenarse; (混沌化) v. estar* en「un desbarajuste [una situación caótica],《口語》estar* manga por hombro; (整とんされたものが乱れる) v. desarreglarse; (交通・通信などが) v. perturbarse, alterarse, estar* interrumpido. ▶乱れた生活をする v. llevar una vida desordenada [corrupta]. ◆部屋の中は乱れていた（＝散らかっていた）La habitación estaba「todo desordenada [《口語》manga por hombro]. ◆その事故で交通が乱れた El accidente perturbó [interrumpió] el tráfico. ◆彼の服装はいつも乱れている（＝だらしない）Va siempre mal vestido. / Siempre se viste con desaliño. ◆彼女の髪は乱れていた Su pelo estaba revuelto [alborotado].

❷《心・風紀など》(気が動転する) v. turbarse, desconcertarse*; (道徳などが腐敗する) v. corromperse, pudrirse. ◆彼はその悲報を聞いて心が乱れた La noticia le turbó. ◆このごろ日本語が少し乱れている La lengua japonesa de hoy está algo corrompida.

**みち 道 ❶[道路] m. camino, (幹線道路) f. carretera; (街路) f. vía; (道筋) f. ruta, (小道) m. paso, m. sendero; (路地) m. callejón, (通路) m. pasaje, m. pasadizo.

1《道》▶ ◆神戸・大阪間の道は混んでいた Las carreteras entre Kobe y Osaka estaban llenas de vehículos. ◆町の中の道は舗装が行き届いている Las calles de la ciudad están bien pavimentadas. ◆道は牧草地を抜けて丘の頂上まで続いていた El sendero subía a la colina por la pradera. ◆夜もこの時間になればあの道はすいているだろう A esta hora de la noche no habrá mucho tráfico en la carretera. ◆すべての道はローマに通ず (ことわざ) Todos los caminos llevan a Roma.

2《道に [で]》▶ ◆道に迷う v. perderse*,《教養語》extraviarse*, perder* el camino.

3《道を》▶ ◆道を1回間違える [2間違える] v. ¹estar* equivocado [²equivocarse*] de camino. ◆来た道を戻る v. desandar* el camino, volver* por donde se había ido. ◆森に道をつける v. hacer* camino por el bosque. 会話 すみませんが, 郵便局への道を教えていただけませんか—あいにく (あまり) 知らないのですいやどうも ¿Por dónde se va [¿Para ir] a Correos, por favor? – Lo siento, pero no「estoy seguro [sé bien]. – Gracias, de todos modos. ◆私たちは最も近い道を通って駅へ行った Tomamos el camino más corto para ir a la estación. ◆この道を行けば元町通りに出られますか / ¿Va esta carretera a Motomachi? / ¿Se va por aquí a Motomachi? / ¿Es éste el camino a Motomachi? ◆私たちは景色の美しい海岸沿いの道を進んだ Tomamos la carretera pintoresca de la costa. ◆ニューヨークを見物していたときにはよく道をたずねられて驚いた Cuando visité Nueva York, me asombré cuando la gente frecuentemente me preguntaba en la calle por direcciones.

❷[途中] ◆私たちは学校へ行く [2から帰る] 道で彼女に出会った Nos la encontramos en el camino ¹a [²de vuelta de] la escuela. ◆彼らは破滅への道をたどっていた「Se deslizaban [Iban] a la ruina.

❸[行く手, 通り道] m. paso, m. camino. ◆道をあける v.「dar* paso [dejar pasar]《a + 人》. ◆後進に道を譲る v. dar* paso a la siguiente generación. ◆パトカーに道を譲る v.「ceder el paso [dejar pasar] al coche de la

みちしるべ 1379

policía. ◆道をふさぐな No te pongas en mi camino. / Déjame pasar. / ¡Paso!

❹[距離] m. trayecto, m. recorrido, f. distancia. ▶ 50キロの道を行く v. recorrer [cubrir*] una distancia de 50 kilómetros. ▶ 道を急ぐ（＝足を速める）v. apretar* [avivar] el paso. ◆¹鹿児島まで [²この先] まだ道は遠い Todavía falta mucho (camino) ¹para [hasta] Kagoshima [²que debemos seguir].

❺[方法, 手段, 進路]（方法）m. modo, f. manera;（手段）m. medio;（進路）m. camino, f. carrera. ▶ 生活の道 m. medio de vida. ▶ 我が道を行く v. seguir* su camino. ▶ 道を誤る（職業選択を）v. equivocarse* de carrera,（判断を）v. equivocarse* en el juicio. ▶ 栄光への道を歩むv. ir* por el camino de la gloria. ◆取るべき道は他になかった No tenía [había] otra salida. ◆それが取るべき正しい道だ"Ese es el camino [Esa es la vía] que debemos seguir.

❻[研究・活動among分野] m. campo;（事柄）m. tema, f. área. ◆彼はその道の達人だ Es un experto en ese campo.

❼[道徳] f. moral, f. moralidad, mpl. principios de conducta. ▶ 人の道を説く v. enseñar《a + 人》la moral [los principios de conducta]. ▶ 人の道を踏みはずす v. desviarse* [descarriarse*] de los principios de conducta.

みち 未知 未知の（＝見知らぬ）土地 f. tierra desconocida [《文語》ignota]. ◆未知の世界に踏み込む v. aventurarse a entrar en un mundo desconocido.

みちあんない 道案内 （事）f. guía; （人）mf. guía. ◆駅まで道案内する v. enseñar(le) el camino a la estación.

みちか 身近 ◆身近な（近い）adj. próximo, cercano;（なじみの）adj. familiar;（一般的な）adj. común. ▶ 彼の身近な人々 fpl. personas cercanas a él. ▶ …を身近に置く v. poner*「a mano [cerca]. ▶ …を身近に感じる v. sentir* cercano [familiar]... ◆テレビのお陰で全世界が身近なものになった La televisión nos ha acercado a todo el mundo.

みちがえる 見違える → 間違える. ◆彼女は見違えるほど変わった Ha cambiado tanto que apenas la reconozco.

みちくさ 道草 ▶ 道草を食う v. entretenerse* en el camino. ◆道草しないで学校からまっすぐ家に帰りなさい Vuelve directamente a casa de la escuela sin entretenerte en el camino.

みちしお 満ち潮 f. pleamar, f. marea alta.

みちじゅん 道順 m. itinerario, m. camino, f. ruta;（道順の説明）fpl. instrucciones sobre cómo llegar. 会話 はい, これが私の住所です—1丁目の1の14ね, 分かった—道順は要らない？—いや, いいよ. 分かると思うよ Aquí está mi domicilio. – 1-14, 1-chome. Entendido. – ¿Necesitas instrucciones sobre cómo llegar? [¿Te hago un itinerario?] – No, no hace falta. Creo que sabré cómo llegar.

みちしるべ 道しるべ （道標）f. señal, m. letre-

みちすじ 道筋 (ある所から別の所までの道) f. ruta, m. camino; (経路) m. itinerario. ▶町に行くいつもの道筋 f. ruta habitual a la ciudad　☞ 経路, 筋, 通り道

みちたりる 満ち足りる (満足する) v. satisfacerse* [contentarse] 《con》. ▶満ち足りた生活 f. vida satisfecha. ▶満ち足りた気持ち m. sentimiento de satisfacción.

みちづれ 道連れ mf. compañero/ra de viaje. ▶道連れになる v. ser* compañeros de viaje.

みちのり 道のり (距離) f. distancia; (旅程) m. viaje; (車での) m. trayecto; (歩いての) m. paseo; (比較的長い) f. caminata. ▶5キロの道のり f. distancia de cinco kilómetros. 会話 ここから京都までの道のりはどれくらいですか—1車で[2歩いて]20分(の道のり)です ¿Cuánto hay de aquí a [¿Qué distancia nos separa de] Kioto? – Es un ¹trayecto [²paseo] de 20 minutos.

みちばた 道端 m. borde [m. lado] de la carretera, f. vera del camino. ▶道端に adv. al lado de la carretera. ▶道端の花 fpl. flores [de la vera del camino [del borde de la carretera].

みちはば 道幅 m. ancho [f. anchura] de la carretera. ▶道幅を広げる v. ensanchar la carretera. ▶車がすれ違うには道幅がない El ancho de la carretera no permite cruzar dos coches.

みちひ 満ち干 m. flujo y m. reflujo.

みちびく 導く ❶【案内する】(同行する) v. guiar*; (先に立って) v. conducir*, dirigir*; (道順を示す) v. enseñar, conducir*. ▶彼らを広間へ導く v. introducirlos en la sala.
❷【指導する】v. dirigir*, guiar*; (教える) v. enseñar. ▶生徒たちを導く v. guiar* a los estudiantes. ▶若者を正しい道に導く v. llevar a los jóvenes por el buen camino. ▶一国を導いて困難を切り抜けさせる v. conducir* (a) un país en medio de dificultades.
❸【ある結果に到らせる】v. conducir*, guiar*. ▶そのチームを優勝へと導く v. conducir* el [al] equipo a la victoria. ▶とばくが彼を破滅へ導いた El juego lo [le] condujo a la ruina.
《その他の表現》▶義務感に導かれる v. ser* guiado por el sentido del deber.
—— **導き** f. guía. ▶導きで adv. guiado por.

みちる 満ちる ❶【いっぱいになる】v. llenarse 《de》; (いっぱいである) v. estar* lleno [repleto, 《教養語》henchido, pletórico] 《de》. ▶水が水槽に満ちた El depósito de agua se llenó de agua. ▶彼の心は喜びに満ちた Su corazón se llenó de alegría. / Tenía el corazón henchido de gozo. ▶彼は自信に満ちている Está lleno de confianza. ▶《強調して》《教養語》Se encuentra pletórico de confianza.
❷【月が】(しだいに満ちる) v. crecer*; (満月である) v. estar* plena; 【潮が】(しだいに満ちる) v. subir, crecer*; (満潮である) v. estar* alta [crecida]. ▶潮が満ちて来た La marea está subiendo.

みつ 蜜 (蜂(は)蜜) f. miel; (花蜜) m. néctar; (糖蜜) f. melaza. ▶ハチが蜜を吸っている Las abejas están chupando el néctar.

みつ 密 (親子の関係を密に(=密接に)する v. estrechar las relaciones entre los padres y los hijos. ▶密に詰める v. empaquetar muy junto. ▶この市は人口が密だ Esta ciudad está densamente poblada.　☞ ぎっしり, 濃い

みつあみ 三つ編み f. trenza. ▶三つ編みにする v. hacer* una trenza con tres ramales. ▶髪を三つ編みにしている少女 f. muchacha con「el cabello trenzado [trenza].

みっか 三日 ▶三日間 adv. (durante) tres días. ▶3月3日に adv. el 3 de marzo. → 二日おきに. ▶三日ごとに adv. cada tres días. ▶三日天下 [三日の支配) m. reinado「de cuatro días [muy corto] (☆cuatro は少ない数を示す). ▶彼は三日坊主 (=何事にもがんばり続けることのできない人)だ No persevera en nada. / Se aburre pronto de todo. ▶彼は3日にあげず(=ほとんど毎日)やってくる Viene「muy a menudo [《口語》casi todos los días, cada dos por tres].

みっかい 密会 f. reunión [f. cita] secreta. ▶彼らと密会する v. verlos「en secreto [a escondidas].

・みつかる 見付かる v. aparecer*, ser* visto; encontrarse*, descubrirse*. → 見付ける. ▶私の財布はまだ見つからない (=まだ見つけていない) Todavía no he encontrado mi cartera. / Mi cartera sigue sin aparecer. / Aún no se ha encontrado mi cartera. ▶気に入ったカーペットが見つからない No puedo encontrar una alfombra que me guste. ▶彼は金を盗んでいるところを見つかった (=現場を押さえられた) Fue descubierto robando dinero. ▶仕事が見つかった He encontrado trabajo.

みつぎ 密議 f. conferencia secreta. ▶密議をこらす v. celebrar una conferencia「en secreto [a puerta cerrada].

みつぐ 貢ぐ ▶金を貢ぐ v. sostenerle* económicamente.

ミックス ▶ミックスする v. mezclar (colores). ▶ミックスジュース m. jugo [m. zumo] mixto. ▶玉子と酢をミックスしたもの f. mezcla de huevos y vinagre. ▶ケーキミックス f. mezcla para hacer pasteles.

みつくろう 見繕う v. elegir* bien; (自分の裁量で…を選ぶ) v. elegir* a su voluntad. ▶ワインを適当に見つくろっておいてほしい Desearía que eligieras a tu voluntad un vino adecuado.

みつげつ 密月 f. luna de miel. ▶彼らの密月の期間は早々と終わった Su luna de miel ya ha terminado.

**みつける 見付ける v. encontrar*; (多数の中から) v. encontrar*, hallar, descubrir*. ▶職を見つける(得る) v. encontrar* un trabajo; (探す) v. buscar* trabajo. ▶未知の惑星を見つける v. descubrir* un planeta desconocido. ▶新しい方法を見つける v. hallar un nuevo método. ▶見つけしだいプレゼントをする v. darle* un regalo cuando lo vea. ◆引き出しを整理しているとき偶然古い写真を見つけた Al ordenar los cajones, me encontré unas viejas fotografías. ◆トマスの帽子を見つけてください Busca, por favor, el gorro de Tomás. ◆彼は死んでいるところを見つけられた (= 彼が死んでいるのが見つかった) Lo [Le] encontraron muerto. ◆私は友達がやぶの中に隠れているのを見つけた Sorprendí a mis amigos escondidos entre los arbustos. ◆彼はとても背が高いので人込みの中ですぐ見つけることができる Es un hombre tan alto que en una multitud se lo [le] puede encontrar fácilmente. ◆私は店で少年が電卓を万引きしているところを見つけた (=現場を押さえた) Sorprendí a un muchacho robando una calculadora de bolsillo en la tienda. ◆彼はスペイン語がとても上手で誤りは見つからない Habla tan bien español que difícilmente se le detectan errores. ⇨ありつく，観測する，拾得，捕らえる

みつご 三つ子 *mfpl*. trillizos/zas; (三歳児) *mf*. niño/ña de tres años. ◆三つ子の魂百まで (ことわざ) / 《ことわざ》 Lo que se aprende de bragas, no se olvida con canas.

みっこう 密航 ◆密航する *v*. viajar clandestinamente [de polizón]. ◆密航者 *m*. polizón. ◆彼は貨物船で神戸に密航した Viajó de polizón a Kobe en un barco de carga.

みっこく 密告 *f*. denuncia, 《教養語》 *f*. delación. ◆密告者 *mf*. delator/tora, 《口語》 *mf*. soplón/plona. ◆警察に密告する *v*. denunciar 《a + 人》 a la policía.

みっし 密使 *mf*. enviado/da secreto/ta, *mf*. emisar*io*/*ria*.

みっしゅう 密集 ◆密集する(人が) *v*. apiñarse, aglomerarse; (虫などが) *v*. pulular, hormiguear; salir* en enjambre. → 群がる. ◆建物密集地帯 *f*. zona muy urbanizada. ◆人口密集地域 *m*. barrio densamente poblado. ◆その地域はアパートが密集している (=接近して建っている) Los bloques están pegados [apiñados] en ese barrio.

みっしょ 密書 *f*. carta confidencial, 《教養語》 *f*. misiva secreta, *m*. mensaje secreto.

ミッション (自動車の変速機, 伝動装置) *f*. transmisión.

ミッションスクール (キリスト教の学校) *f*. escuela cristiana; (布教のための学校) *f*. escuela misionera.

みっせい 密生 ◆密生する *v*. crecer* frondosamente, 《教養語》 tupirse, desarrollarse mucho.

みっせつ 密接 ◆密接な *adj*. estrecho. ◆彼はその事件と密接な関係がある Tiene una relación estrecha con el suceso.

みつぞうしゅ 密造酒 *f*. bebida alcohólica destilada ilegalmente.

みつぞろい 三つ揃い *m*. terno, *m*. traje de tres piezas.

みつだん 密談 ◆密談する *v*. hablar「en secreto [confidencialmente, en confidencia, a puerta cerrada].

みっちゃく 密着 (付着) *f*. adhesión. ◆密着取材

みっぺい 1381

f. cobertura minuciosa. ◆密着する *v*. adherirse* [pegarse*] 《a》. ◆密着させる *v*. adherir* [pegar*] 《a》. ◆日常生活に密着した(=基礎を置く)思想 *f*. filosofía basada en la vida cotidiana.

みっちり (徹底的に) *adv*. a fondo, exhaustivamente, con rigor. ◆彼女はスペインでフラメンコをみっちり研究した Fue a España a estudiar flamenco a fondo.

みっつ 三つ *num*. tres. ◆三つのリンゴ *fpl*. tres manzanas. ◆三つの子供 *mf*. niño/ña de tres años. ◆三つに分ける *v*. dividir en tres. ◆手紙を三つに折る *v*. doblar una carta en tres. ◆三つ目の問題 *f*. tercera pregunta.

ミット (野球の) *m*. guante (de receptor), *f*. manopla (☆ミットはグローブの1種として扱われる).

みつど 密度 *f*. densidad. ◆人口密度 *f*. densidad demográfica. ◆この物質は密度が高い Esta sustancia tiene alta densidad.

ミッドナイト *f*. medianoche.

ミッドフィールダー 《サッカー》 *mf*. centrocampista.

みつどもえ 三つ巴 ◆三つ巴(=三者間での)戦 *m*. combate triangular, 《口語》 *m*. triangular.

みっともない 見っともない (恥ずべき) *adj*. vergonzoso; (不名誉な) *adj*. deshonroso; (上品でない) *adj*. indecente; (その場にふさわしくない) *adj*. impropio, inadecuado; (みすぼらしい) *adj*. miserable, pobre; (似合わない) *adj*. que sienta [cae] mal; (醜い) *adj*. feo. ◆見っともないふるまい *f*. conducta impropia (para la ocasión). ◆見っともない身なりをしている *v*. ir* pobremente vestido. ◆そんなことを言って見っともない(=恥ずかしい)と思いませんか ¿No te da vergüenza de decir eso? ◆食事中に音を立てるのは見っともない(=無作法だ) Es descortés hacer ruido comiendo en la mesa. ◆見っともない(=恥を知れ) ¡Qué vergüenza! / ¿No te da vergüenza?

みつにゅうこく 密入国 (不法入国) *f*. entrada ilegal en un país. ◆密入国者 *mf*. inmigrante ilegal; *f*. persona indocumentada. ◆密入国する *v*. entrar ilegalmente en un país. ◆多くの北アフリカ人をスペインに密入国させる *v*. introducir* ilegalmente numerosos norteafricanos en España.

みつばい 密売 *f*. venta clandestina [ilícita]. ◆密売人 *mf*. vendedor/dora clandestino/na. ◆密売品 *mpl*. productos clandestinos [ilegales]. ◆密売する *v*. vender clandestinamente [ilegalmente].

みつばち 蜜蜂 *f*. abeja. ◆ミツバチの巣 (蜜房) *m*. panal; (巣箱) *f*. colmena. ◆「ミツバチのささやき」(映画名) 《El Espíritu de la Colmena》.

みっぷう 密封 ◆密封する *v*. sellar herméticamente; lacrar*. ◆密封した手紙 *f*. carta sellada [lacada].

みっぺい 密閉 ◆密閉する(おおう) *v*. cerrar* (una caja) herméticamente (con una tapa); (栓をする) *v*. encorchar (una botella); (密閉する) *v*. cerrar* [sellar] un paquete; (空気が入ら

ないようにする)v. hacer* (un recipiente) hermético. ▶密閉した容器 m. envase cerrado herméticamente.

みつぼうえき 密貿易 (密輸) m. contrabando. ▶ヘロインを密貿易する v. pasar heroína de contrabando.

みつめる 見詰める v. mirar fijamente; (動きを目で追う) v. observar, fijarse 《en》. ▶彼女の1目 [2顔]を見つめる (うっとりとして) v. clavar la mirada en ¹sus ojos [²su cara]. (まじまじと) v. mirarla fijamente a ¹los ojos [²la cara]. ▶自分の内面を見つめる v. mirar hacia adentro, mirarse.

みつもり 見積もり f. estimación, m. presupuesto; (評価) f. estimación, f. valoración. ▶概算見積もり f. estimación aproximada. ▶見積書 f. estimación por escrito ☞見当, 推定

みつもる 見積もる v. calcular, hacer* un cálculo, hacer* una estimación, estimar. ▶家の建築を見積もる (=の見積書を作る) v. hacer* una estimación (por escrito) para construir la casa. ▶損失を1過大 [2過小] に見積もる v. ¹sobreestimar [²subestimar] las pérdidas. ▶1少なく [2内輪に] 見積もって adv. calculando ¹por lo bajo [²con moderación]. ◆屋根の修理の費用を2百万円と見積もる Calculo en dos millones de yenes el coste de reparar el tejado. / Mi estimación de la reparación del tejado es de dos millones de yenes.

みつやく 密約 (秘密の約束) f. promesa secreta. ▶密約を結ぶ v. hacer* ¹una promesa secreta [un acuerdo secreto].

みつゆ 密輸 m. contrabando. ▶密輸人 [業者] mf. contrabandista, mf. traficante (de droga). ▶密輸品 mpl. artículos de contrabando. ▶密輸品 m. narcotráfico. ▶ヘロインをモロッコからスペインへ密輸する v. pasar heroína de contrabando de Marruecos a España. ▶税関の目をごまかしてけん銃を密輸する v. hacer* contrabando de pistolas sin que se den cuenta en la aduana.

みつゆにゅう 密輸入 ▶密輸入する v. hacer* [pasar de, meter de] contrabando, contrabandear, matutear. ▶珍しい動物を密輸入する v. hacer* contrabando de animales raros.

みつりょう 密猟 [漁] ▶密¹猟 [²漁] する v. ¹cazar* [²pescar*] furtivamente. ▶密¹猟 [²漁] 者 ¹mf. cazador/dora [² mf. pescador /dora] furtivo/va. ▶密漁船 m. barco de pesca furtiva. ▶ウサギを密猟する v. cazar* liebres furtivamente [ilegalmente].

みつりん 密林 m. bosque cerrado [espeso]; (熱帯の) f. jungla, f. selva.

みてい 未定 (未決定の) adj. indeciso, no decidido; (定まっていない) adj. sin fijar, (不確実な) adj. incierto. ◆会合の日取りはまだ未定です La fecha de la reunión todavía está sin fijar.

ミディアム adj. medio hecho, no muy hecho. → ステーキ.

みてくれ 見てくれ (外観) m. aspecto, 《口語》 f. pinta. ◆このケーキは見てくれはよくないが味はいい Aunque no tiene muy buen aspecto, este pastel está exquisito.

みてとる 見て取る ▶一目で状況を見て取る (=理解する) v. ¹darse* cuenta de [captar] la situación con sólo echar un vistazo. ▶彼の笑いの底[奥] にあるものを見て取る v. adivinar lo que hay detrás de su risa. ◆その瞬間に、彼は自分が歓迎されない客であると見て取った (=気づいた) En ese momento, se dio cuenta de que su visita no era bienvenida.

みとう 未到 ▶未到[踏]の (探究[踏査]されていない) adj. inexplorado; (足を踏み入れていない) adj. 《フォーマル》no hollado, virgen; (未開墾の) adj. virgen. ▶前人未到の領域を研究する v. estudiar un campo inexplorado. ▶人跡未踏の森 m. bosque virgen [《教養語》no hollado].

みとおし 見通し ❶(遠景) f. perspectiva; (視界) f. visibilidad. ◆この部屋からはずっと向こうの湖まで見通しがきく (=見える) Desde esta habitación se puede ver un lago en la lejanía. ◆霧の中では見通しがきかない Con la niebla la visibilidad es muy escasa.

❷【成功・利益などの見込】fpl. perspectivas 《de》; (展望) f. previsión 《de》; (予測) f. predicción, m. pronóstico. ◆将来の見通しは¹明るい [²暗い] Las perspectivas para el futuro son ¹brillantes [¹buenas, ¹halagüeñas; ²negras, ²malas, ²sombrías]. ◆景気回復の見通しは立たない (=望みはない) No se prevé una recuperación económica.

❸(先見の明) f. previsión, (洞察力) f. perspicacia. ▶先の見通しがきく v. ser* previsor; prever* el futuro.

みとおす 見通す (見抜く) v. adivinar, penetrar 《en》; (予測する) v. predecir*, prever*.

みどころ 見所 (注目点) m. punto culminante, f. mejor parte; (将来性) f. promesa, f. cualidad. ◆その試合の見所 m. punto culminante del partido. ◆彼は俳優としてなかなか見所がある Es un actor muy prometedor. / Es una gran promesa como actor.

みとどける 見届ける (確かめる) v. asegurarse 《de, de que》; (最後まで見る) v. comprobar* [verificar*] hasta el final. ▶彼がバスに乗るのを見届けた Me aseguré de que tomó el autobús. ◆彼は長生きして二人の孫が成長し結婚するのを見届けた Vivió para ver a sus dos nietos mayores y casados.

・みとめる 認める ❶【判断力】(事実[正当] と認める) v. reconocer*; (是認する) v. aprobar*, consentir*; (同意する) v. aceptar, ponerse de acuerdo 《en, con》; (しぶしぶ) v. admitir; (自ອの) v. confesar*. ▶彼らは敗北を認めた Reconocieron [Admitieron, Confesaron] su derrota. ◆彼女が偉大なランナーであることはだれでも認めている Todos reconocen una gran corredora. / Está reconocida por todos como una gran corredora. ◆父は私が彼と結婚することを絶対に許してくれないでしょう Mi padre nunca aprobará [consentirá] que me case con él. / (許可しない) Mi padre nunca me dejará [permitirá] casarme con él. ♦ 彼の理論は妥当なものとして広く認められている Su teoría es ampliamente aceptada como válida. ♦ 彼は自分の罪を認めた Se confesó culpable. ♦ 彼は金を盗んだことを認めている Admite [Reconoce]「que robó el dinero [haber robado el dinero]」. ♦ 彼は男の子をひいたことを認めた Confesó「haber atropellado [que había atropellado] al niño」.

❷【許可する】(積極的に禁止はしない) v. dejar; (積極的かつ正式に) v. permitir. ♦ この部屋では喫煙が認められていない No se permite fumar en esta sala. ♦ いつもより早く帰ることをお認めください Por favor, déjeme [permítame] volver a casa antes de lo normal. ♦ 新車を買うなんて絶対に認めませんよ(=聞き入れないよ) No te permitiré que compres un coche nuevo.

❸【目にする】(見える) v. ver*; (気づく) v. darse* cuenta, notar; (発見する) v. encontrar*. ♦ そこには人影は認められなかった Allí no se veía a nadie. ♦ エンジンに異状は認められません No noto nada anormal en el motor. / No se ve nada raro en el motor.

❹【評価する】v. apreciar, reconocer*. ♦ われわれはみんな彼の能力を認めている Todos nosotros apreciamos su capacidad.

*みどり 緑 (緑、緑色) m. (color) verde; (緑の草木) m. verdor, m. verde. ♦ いろいろな緑 f. variedad de verdes. ♦ ドアを緑に塗る v. pintar la puerta de verde. ♦ 緑がかった黄色 m. amarillo verdoso. ♦ 緑(の木々)の中に宮殿のような建物が見えた Se podía ver entre el verdor un edificio como un palacio.

── 緑の adj. verde. ♦ 緑の野原 mpl. campos verdes. ♦ 緑の日(=植樹日) m. Día del Árbol ☞ 青, グリーン

みとりず 見取り図 m. croquis, m. plano de vista exterior; (略図) m. diseño, m. croquis.

ミドルきゅう ミドル級 m. peso medio. ♦ ミドル級の選手 m. peso medio. ♦ ミドル級選手権 m. campeonato de peso medio.

みとれる 見とれる (1魅了されて [2感心して]見る) v. contemplar ¹encant*ado* [¹fascin*ado*; ²con admiración]; (魅了される) v. encantarse [fascinarse] (por, con). ♦ 人形に見とれる v. contemplar fascinado una muñeca. ♦ 彼はしばしその景色の美しさに見とれて立っていた Se quedó un rato contemplando con admiración la belleza del paisaje.

ミトン m. par de manoplas.

*みな 皆 (だれも) pron. todos, todas, 《口語》 todo el mundo; (どれも) adj. todo; (どの…も) adj. cada; (すべての(物)) pron. todos/das, f. totalidad. ♦ 皆疲れていた Todos estaban cansados. / Todo el mundo estaba cansado. 《会話》 彼女が言ったことは皆本当ですか—そうです ¿Es verdad todo lo que dijo?—Sí, es verdad. ♦ 彼らは皆コロンビア出身です Todos son de Colombia. / Son todos ellos de Colombia. ♦ 彼らは皆コロンビア出身ではない No todos (ellos) son de Colombia. ♦ 子供たちは皆寝た Todos los niños se fueron a acostar. ♦ 子供は皆時にいたずらするものだ Todos los niños son traviesos a veces. ♦ 彼は私たち皆を招待した Nos invitó a todos. / Todos fuimos invitados. ♦ 私は皆で6冊の本を買ったEn total compré seis libros.

みなおす 見直す (再び目を通す) v. mirar otra vez, volver* a mirar; (再検討する) v. repasar, revisar, reexaminar; (より高く評価する) v. apreciar más, tener* en más aprecio; (より信頼する) v. reconocer* 《a ＋ 人》 más mérito. ♦ その書類を見直す v. repasar el documento. ♦ 日本家屋のよさを見直す(=再認識する) v. reconocer* el mérito de las viviendas japonesas. ♦ 今教育制度が見直されています Ahora el sistema educativo está siendo reexaminado. ♦ あれ以来彼を見直した Después de eso le tuve en más aprecio.

みなぎる 漲る (満ちている) v. estar* lleno (de), estar* pletórico (de); (あふれるばかりである) v. estar* replet*o* (de); (におい・感情などが全体に広がる) v. invadir, inundar, 《教養語》 permear. ♦ 今朝は力がみなぎっている感じがする Esta mañana me siento pletórico de vitalidad. ♦ 何もかも生気がみなぎっていた Todo rebosaba de vida. / La vida estallaba por todas partes. ♦ 町全体に異様な空気がみなぎっていた Una extraña atmósfera invadía toda la ciudad.

みなげ 身投げ ♦ (川に)身投げする v. arrojarse [suicidarse arrojándose] (a un río).

みなごろし 皆殺し f. masacre; (民族の) m. genocidio. ♦ 彼の家族は皆殺しにされた Masacraron a toda su familia. / Todos los miembros de su familia fueron matados [asesinados].

みなさん 皆さん (男性に) mpl. señores, 《フォーマル》 mpl. caballeros; (女性に) fpl. señoras; (小・中学生に) mpl. niños; (演説などの始めに) fpl. damas y mpl. caballeros, 《口語》 pron. vosotros. ♦ 皆さんお静かに願います ¡Silencio, por favor!

みなす v. tomar (por), considerar 《como》; (考える) v. juzgar* (a) A como B, creer* que A es B. ♦ 彼を英雄とみなす v. considerarlo[le] un héroe. ♦ 彼はその仕事に適任だとみなされている Está considerado apto para ese trabajo. ♦ だまっている人は計画に賛成しているものとみなしていいですか ¿Puedo suponer que los que se callan están a favor del plan?
☞ 思う, 考える, 心得る, 取[捕, 採, 執]る

みなと 港 m. puerto. ♦ 港町 m. ciudad portuaria. ♦ 港町横浜 Yokohama, ciudad portuaria. ♦ 港に立ち寄る v. pasar por el puerto. ♦ 長崎は港町だ Nagasaki es una ciudad portuaria. ♦ 船が港に入った El barco entró en el puerto. ♦ 船はみな港に停泊していた Todos los barcos estaban amarrados [anclados] en el puerto.

*みなみ 南 m. Sur, m. mediodía, 《文語》 m. Austro (☆解説・用例は→東). ♦ 南の adj. sur, meridional, del sur, sureño, 《文語》 austral. ♦ メキシコから南のペルーまで行く v. bajar de México a Perú.

みなみアフリカ

1《南(の)＋名詞》▶南向きの部屋 f. habitación que da al sur. ▶南ヨーロッパ f. Europa del Sur. ▶南十字星 f. Cruz del Sur. ▶南太平洋 m. Pacífico Sur. ▶南シナ海 m. Mar de la China Meridional.
2《南に》(南方に) adv. al sur; (南部に) adv. en el sur; (南側に接して) adv. al (lado) sur.
3《南へ(向かって)》adv. al [hacia el] sur, al mediodía. ▶南へ旅する v. viajar al sur, 《口語》bajar al sur.

みなみアフリカ 南アフリカ Sudáfrica; (公式名) f. República de Sudáfrica (☆アフリカの国, 首都プレトリア Pretoria).

みなみアメリカ 南アメリカ América del Sur, Sudamérica.

みなみかぜ 南風 m. viento del sur, m. sur, m. austro, m. ábrego.

みなみしなかい 南シナ海 Mar de la China Meridional (☆中国南東の海域).

みなもと 源 (出所, 水源) f. fuente; (起源) m. origen; (根源) f. raíz; (初め) m. principio, m. comienzo. ▶そのうわさの源をつきとめる v. rastrear el origen del rumor. ▶利根川は丹後山に源を発している El río Tone nace en el monte Tango. ▶現代文学の源を探ってみたい Quiero buscar las fuentes de la literatura moderna. ▶原産, 出所, 種

みならい 見習い (実習) m. entrenamiento práctico, f. práctica; (徒弟としての修業) m. aprendizaje; (採用側) m. período de prueba; (実習生) mf. aprendiz/diza. ▶見習いの¹店員 [²教員] mf. aprendiz / diza de ¹dependiente [²profesor]. ▶見習いのパン職人として働く v. trabajar de aprendiz de panadero. ▶彼は1か月間見習いだ Está un mes de prueba. ▶彼は大工の見習いをしている Está de aprendiz de carpintero.

みならう 見習う (模範にする) v. seguir* (su) ejemplo; (まねる) v. imitar, 《教養語》emular. ▶友人を見習ってまじめに勉強しなさい Deberías seguir el ejemplo de tu amigo y estudiar más. / Toma el ejemplo de tu amigo y estudia más. / Haz como tu amigo y estudia con dedicación.

みなり 身なり (外見) m. aspecto, f. apariencia; (服装) m. vestido, f. ropa.
1《身なりの[の]》▶身なりのよい [²悪い]人 f. persona ¹bien [²mal] vestida. ▶身なりがよい v. estar* bien vestido. ▶身なりが悪い v. estar* mal vestido.
2《身なりを[で]》▶身なりを構わない v. no cuidarse del aspecto [vestido]. ▶身なりを整える v. vestirse* bien; arreglarse. ▶身なりで人を判断するな No hay que juzgar a la gente por su aspecto.

みなれる 見慣れる ▶見慣れない顔 f. cara desconocida; (見知らぬ人) mf. desconocido/da. ▶こういう光景は子供のときから見慣れている Desde niño/ña estoy acostumbrado/da a ver tales escenas.

ミニ mini. ▶ミニカー (小型自動車) m. minicar, m. mini; (おもちゃ) m. cochecito. ▶ミニバイク f. motocicleta pequeña; (原動機付き自転車) f. bicimoto, m. ciclomotor; (スクーター) m. escúter. ▶ミニスカート f. minifalda, 《口語》f. mini. ▶ミニコン m. miniordenador. ▶ミニミニ f. información [f. comunicación] selectiva. ▶ミニコミ誌 f. revista de tirada reducida.

*****みにくい** 醜い (容ぼうなどが醜い) adj. feo; desagradable; (婉曲に) adj. poco agraciado [atractivo]; (恥ずべき) adj. vergonzoso; (不名誉な) adj. deshonroso; (目ざわりな) adj. desagradable. ▶醜い顔 f. cara fea [《口語》feúcha, poco agraciada]. ▶醜い行動 m. conducta vergonzosa. ▶醜い建物 m. edificio feo [desagradable].

みにくい 見にくい adj. difícil de ver; (字が読み にくい) adj. ilegible, difícil de leer; de difícil lectura; (不鮮明な) adj. poco claro, indistinto. ▶この眼鏡では見にくい (＝よく見えない) No puedo ver bien con estas gafas.

ミニチュア f. miniatura. ▶ミニチュア・カー m. cochecito, m. coche (en) miniatura.

みぬく 見抜く (見透かす) v. adivinar, 《口語》calar; (正体などを見破る) v. descubrir*; (気付く) v. darse* cuenta 《de》, notar; (感知する) v. percibir. ▶彼のうそを見抜く v. adivinar sus mentiras. ▶...を見抜く目を持っている v. tener* un buen ojo [ser* perspicaz] para.. ▶正体を見抜く v. descubrir* [《口語》calar] 《a＋人》. ▶一見してそれが偽札であることを見抜いた De un vistazo me di cuenta de que era un billete falso.

みぬふり 見ぬ振り ▶見ぬ振りをする v. fingir* no ver* [mirar]; (不正などを) v. cerrar* los ojos 《a》; ser* cómplice 《en》. ▶彼女が見ぬ振りをして (＝私に気づかれないようにちらちらと) 私を見ているのに気づいた Me di cuenta de que me miraba a hurtadillas.

みね 峰 (とがった山頂) m. pico; (山頂) f. cima, f. cúspide, f. cumbre; (尾根) f. cresta; (刀の) m. canto.

ミネソタ Minesota.

ミネラル m. mineral. ▶ミネラルウォーター f. agua mineral.

みのう 未納 未納金 mpl. atrasos. ▶彼は授業料が未納だ Tiene atrasado [pendiente] el pago de la matrícula.

みのうえ 身の上 **❶**《境遇》(一身上の問題) m. problema personal; (経済的な生活状態) f. situación financiera. ▶身の上相談欄 (新聞などの) f. sección personal, m. consultorio sentimental. ▶何人かの人が私のところへ身の上相談に来た Algunas personas vinieron a「consultarme sobre [hablarme de] su vida personal. ▶彼は恵まれない身の上だった Estaba en mala situación personal. / Sus circunstancias personales eran adversas.
❷《経歴》(生涯) f. vida; (過去) m. pasado; (履歴) f. historia personal. ▶彼女は身の上話をぽつりぽつりと始めた (自分に起こった一連の不幸な出来事を) Poco a poco empezó a contarme la historia de su vida.

みのがす 見逃す (うっかり逃す) v. dejar escapar, perder*; (見落とす) v. no「darse* cuenta [apercibirse]《de》; (大目に見る) v. pasar por alto,《口語》hacer* la vista gorda,《口語》taparse los ojos. ▶好機を見逃す v.「dejar escapar [perder]」una buena oportunidad. ▶見逃せない芝居 f. obra que no podemos perdernos. ▶好球を見逃す v. dejar irse* [desaprovechar] una buena pelota. ▶私たちはそのテレビの番組の冒頭の部分を見逃してしまった Nos hemos perdido el principio del programa de televisión. ▶予習してこなかったのは今回が最初なので見逃してあげよう No has preparado la clase y esta vez haré la vista gorda por ser la primera vez. ▶《会話》二度とカンニングはしません. お願いです, 今回は見逃してください――それは職員会議で決めることです Nunca más volveré a copiar en un examen. Por favor, perdóneme sólo por esta vez. – Eso tendrá que decidirse en la junta de profesores.

みのけ 身の毛 m. vello (del cuerpo). ▶身の毛のよだつ話 f. historia horripilante [que pone los pelos de punta]. ▶身の毛を1見て [2そえただけで] 身の毛がよだった (=身震いした) [1]Al verlo [[2]Sólo de pensar en ello] se me pusieron los pelos de punta.

みのしろきん 身の代金 m. rescate. ▶(...に対して)百万円の身の代金を要求する v. exigir* un rescate de un millón de yenes《por》.

みのほど 身の程 (地位) m. lugar de uno, f. propia posición; (限界) fpl. propias limitaciones. ▶身の程をわきまえる v. conocerse* (bien) a sí mismo, saber* su lugar. ♦彼は身の程知らずの男だ No conoce「sus limitaciones [su posición].

みのまわり 身の回り 身の回り品 fpl. pertenencias, mpl. efectos personales. ♦彼の身の回りの世話をする v. cuidarlo[le], atender* a sus cosas.

みのむし 蓑虫 f. oruga de bolsón.

みのり 実り (収穫) f. cosecha, f. recolección; (収穫高) f. producción, f. cosecha. ▶実りの多い (=有益な)議論 f. discusión fructífera. ♦実りの秋 (=収穫期) がやって来た Ha llegado el tiempo de la cosecha. ♦今年は米の実りが1よかった [2悪かった] Este año ha habido una [1]buena [[2]mala] cosecha.

みのる 実る (実を結ぶ) v. dar fruto, fructificar*. ♦たいていの果樹は秋に実る La mayoría de los frutales dan fruto en otoño. ♦彼の努力は1実った [2実らなかった] Sus esfuerzos [1]dieron [[2]no dieron] fruto. ♦今年は稲がよく実った (=豊作だから) Este año ha habido una buena cosecha de arroz.

みば 見場 見場がいい v. tener*「buen aspecto [《口語》una buena pinta]. ▶見場が悪い v. tener*「mal aspecto [un aspecto desagradable].

みばえ 見栄え 見栄えのする (すてきに見える) adj. con [de] buen aspecto, que da gusto verlo[la],《口語》de buena pinta; (人をひきつける) adj. atractivo. ▶見栄えのしない adj. de mal aspecto, desagradable; sin ningún atractivo. ♦その赤いスカーフをすると彼女は見栄えがする Está guapa [atractiva] con la bufanda roja.

みはからう 見計らう (適当な...を選ぶ) v. elegir* [escoger*] ... apropiado. ▶贈り物の品を見計らう v. elegir* un regalo apropiado. ♦ころ合いを見計らって彼を訪問した Escogí un buen momento para visitarlo[le]. / (ちょうどよいときに)Lo [Le] visité a una hora oportuna.

みはったつ 未発達 ▶未発達の adj. no desarrollado, inmaduro. ♦彼は心身ともに未発達だ Está inmaduro mental y físicamente. / Ni su mente ni su cuerpo están desarrollados.

みはっぴょう 未発表 adj. inédito, no publicado. ▶未発表の論文 m. estudio inédito.

みはなす 見放す (あきらめる) v. renunciar, abandonar; (見捨てる) v. desahuciar. ♦医師は祖父を見放した Mi abuelo ha sido desahuciado por el médico.

みはらし 見晴らし f. vista. ▶海の見晴らしがよい部屋 m. cuarto con una bonita vista del mar. ▶見晴らし台 m. mirador, f. plataforma de observación.

みはらす 見晴らす ▶この窓から港が見晴らせる (=眺められる) Esta ventana tiene vista al puerto. ♦(見渡す) Esta ventana「da al [domina el] puerto.

みはり 見張り (監視) f. vigilancia, f. custodia; (警護, 警備) f. guardia; (警戒) f. guardia; (人) mf. guardia, mf. vigilante, mf. guarda. ▶見張り所 f. garita, f. atalaya. ▶見張りに立つ v. montar [hacer*] guardia. ▶すべての門に見張りを置く v. colocar* guardas en cada puerta. ▶その容疑者に見張りをつける v. poner* al/a la sospechoso/sa bajo vigilancia ☞警戒, 護衛

みはる 見張る ❶【人・場所・活動などを】v. guardar, vigilar. ▶囚人を見張る v. vigilar atentamente a un/una prisionero/ra; someter a un/una prisionero/ra a una estrecha vigilancia. ▶万引きを見張る (=警戒する) v. someter una tienda a vigilancia para evitar hurtos.

❷【目を】v. maravillarse,《口語》abrir* unos ojos como ventanas. ▶驚きのあまり目を見張ってそれを見る v. verlo* con los ojos como ventanas por el asombro.

みびいき 身びいき (えこひいき) m. nepotismo (con familiares); m. favoritismo. ▶身びいきする v. practicar* el nepotismo; favorecer* a los parientes.

みひらき 見開き f. plana. ▶見開き2ページ f. doble página.

みぶり 身振り 【目を】 (しぐさ) m. gesto, f. gesticulación; (動作) m. ademán. ▶怒った身振りをする v.「hacer* un gesto [gesticular] de rabia. ♦彼は1部屋に入るよう [2座るよう] 身振りで合図した Me hizo el gesto de que [1]entrara en la habitación [[2]me sentara]. / Hizo un ademán invitándome a [1]entrar en la habitación [[2]sentarme]. ♦彼は大げさな1身振りで [2身振り手振りで] そのときの状況を説明した Explicó lo ocurrido con [1]gestos [[2]ademanes] exagerados.　仕種，素振り

みぶるい 身震い（全身の激しい）m. temblor;（小刻みな）m. estremecimiento;（寒さなどによる一時的な）m. escalofrío.

── **身震いする** v. temblar*, estremecerse*. ♦ 目の前の光景に彼は身震いした Tembló al ver la escena delante de sus ojos.

***みぶん 身分** f. posición, m. estado [m. nivel] (social);（社会的階級）f. clase social, f. categoría, m. rango;（身元）f. identidad. ▶身分証明書 m. carné de identidad,【スペイン】m. documento (nacional) de identidad,【略】m. DNI. ▶あらゆる身分の人々 f. gente de todo estado y condición, fpl. personas de cualquier posición.

1《身分が》(社会的に)身分が高い人 f. persona de alta posición. ♦ 彼は¹私より身分が高い[²私とは身分が違う]と思っている Se cree que es de una clase ¹superior a [²diferente de] la mía. / Piensa que pertenece a una clase ¹por encima de [²diferente de] la mía. ♦ 公務員は身分が安定している Se garantiza la posición de los funcionarios públicos. / Los funcionarios públicos tienen una posición estable.

2《身分を》もし私が試合に出て収入を得ればアマチュアの身分を失うことになるだろう Si me pagan por jugar pierdo mi condición de amateur.

【その他の表現】♦ 結構なご身分ですね(＝うらやましい暮らしをしています) Tienes una posición social envidiable. / Tienes suerte en la vida. ♦ 身分相応な(＝収入に合った)生活をしなさい Tienes que vivir de acuerdo con la posición de uno.

みぼうじん 未亡人 f. viuda. ▶戦争未亡人 f. viuda de guerra. ▶岸氏の未亡人 f. viuda del Sr. Kishi, f. esposa del fallecido Sr. Kishi. ▶未亡人になる v. enviudar,《口語》quedarse viuda, perder* a su marido. ▶ ¹戦争で[²交通事故で]未亡人になる v. enviudar por ¹la guerra [²un accidente de tráfico].

***みほん 見本** f. muestra, m. modelo, m. espécimen;（書物・雑誌の見本）f. copia de muestra;（手本）m. modelo, m. ejemplo. ▶この本の現物見本 f. copia de muestra del libro. ▶薬草の見本 mpl. especímenes de hierbas medicinales. ▶見本帳 m. muestrario. ▶見本刷り f. página de muestra. ▶見本市 f. feria de muestras. ▶見本どおりである v. estar* conforme a la muestra. ♦ 見本をいただけますか ¿Me puedo quedar con una muestra? ♦ これは室内楽のよい見本だ Es ¹una buena muestra [un buen ejemplo] de música de cámara. ♦ 彼女は正直の見本のような人だ Es un modelo de honradez.

***みまい 見舞い**（訪問）f. visita;（容体を問うこと）f. visita para interesarse por (su) salud;（見舞いの言葉）f. expresión de simpatía. ▶見舞い客 f. visita, mf. visitante. ▶見舞金 m. regalo [f. ayuda] (de visita) en metálico.

▶見舞状(容体を問う) f. carta para preguntar por el estado de salud;（回復を祈る）f. carta [f. nota] de buenos deseos. ▶見舞いの品 f. carta de consolación. ▶見舞い品(贈り物) m. regalo [m. obsequio] 《a》;（被災者への救援物資）(fpl. mercancías de) m. auxilio [f. ayuda]. ♦ 彼女の火事見舞いに行く v. visitarla para consolarla* por el incendio sufrido. ♦ 私は入院中のおじを見舞いに行った Fui al hospital a visitar a mi tío. / Hice una visita a mi tío en el hospital.

***みまう 見舞う** ❶【見舞いに行く】 v.「hacer* una visita《a + 人》[visitar, ir* a ver*《a + 人》] al hospital;（容体を問う） v. interesarse por (su) salud;（第三者を通じて） v. preguntar《por + 人》, preguntar por su salud.

❷【襲う】♦ 不幸に見舞われる(＝遭遇する) v. ser*「víctima de [visitado por] una desgracia. ♦ この地域は昨夜暴風雨に見舞われた Esta zona fue azotada anoche por un temporal.

みまもる 見守る（見て番をする） v. observar, mirar con atención;（目を離さずに） v. mantener* la vista《en》;（成り行きなどを） v. mirar cómo va《物・事》, estar* atento a la marcha《de + 物・事》. ▶何が起こるか見守る v. mirar a ver* qué pasa. ▶家族に見守られて息をひきとる v. fallecer*「con toda la familia al lado [rodeado de la familia].

みまわす 見回す v. mirar alrededor [en torno, a todos lados]. ▶彼は用心深くあたりを見回した Miró precavidamente a su alrededor. ▶私は空席がないかと教室を見回した Miré a todos lados en la clase en busca de un asiento libre.

みまわり 見回り（巡回） f. vuelta;（警官などの） f. ronda, f. patrulla. ▶見回りの人 mf. patrullero/ra, mf. vigilante, mf. guardia.

みまわる 見回る v. patrullar, ir* de ronda.

みまん 未満 adv. menos《de》, debajo《de》, inferior《a》. ▶5歳未満の子供 mpl. niños de menos de cinco años.（☆5歳以下の子供ならば mpl. niños de cinco años o menos).

****みみ 耳** ❶【器官】(外に見える) f. oreja;（耳の中） m. oído.

1《耳＋名詞》▶耳かき m. bastoncillo, m. palillo limpiaoídos. ▶耳飾り m. pendiente,【メキシコ】m. arete. ▶耳くそ(あか) m. cerumen,《口語》f. cerilla. ▶耳くそを取る v. limpiarse los oídos. → 耳たぶ, 耳元. ♦ 耳鳴りがする Me zumban los oídos.

2《耳が》▶耳が痛い Me duelen los oídos. / Tengo dolor de oídos.

3《耳の》▶耳のうしろに手をあてる v. llevarse la mano a la oreja (para oír* mejor). ▶耳の付け根まで赤くなる v. sonrojarse [ponerse* colorado] hasta las orejas.

4《耳に》▶耳に栓をする v. taponarse los oídos. ▶耳に鉛筆をはさむ v. llevar un lápiz detrás de la oreja. ♦ 変な音を耳にした A mis oídos llegó un extraño ruido. /（ふと耳にした）Oí por casualidad un extraño ruido. ♦ 父の最後の言葉が今も耳に残っている Las últimas palabras de mi padre todavía resuenan en mis oídos.

5《耳を》▶耳をそば立てる *v.* estirar [abrir bien] las orejas. ▶彼の耳を引っ張る *v.* tirarle de la oreja. (☆誕生日を祝ってその人の耳を引っ張る習慣がある.) ▶すさまじい音がしたので思わず耳をふさいだ Como hizo un fuerte ruido, me tapé inconscientemente los oídos.
❷【聞く力】(聴覚) *m.* oído; (聴力) *f.* audición.

1《耳が》▶耳が鋭い *v.* oír* bien, tener* buen oído. ▶耳が遠い *v.* oír* mal, ser* duro de oído, 《口語》《ユーモアで》ser* un poco teniente. ▶彼は耳がよいので言葉を覚えるのが早かった Como tenía buen oído aprendía pronto los idiomas. ▶彼は耳が聞こえなくなった Se volvió sordo. / Se quedó sordo. ▶彼女は音楽を聞く耳が¹ある[²ない] ¹Tiene buen oído [²No tiene oído] para la música.

2《耳を》▶耳をつんざくジェット機の爆音 *m.* ruido ensordecedor del jet. ▶耳をすましたが何も聞こえなかった「Agucé mis oídos [Me quedé escuchando] pero no oí nada. ▶彼らは一心に耳を傾けていた(音楽を)聴いた Eran todo oídos (para la música). / Escuchaban atentamente (la música). ▶私は耳を疑った No podía creer lo que estaba oyendo.

❸【端】*m.* reborde; (パン・チーズなどの切れ端・皮) *f.* corteza. ▶ページの耳を折る *v.* doblar la esquina de la página. ▶サンドイッチ用にパンの耳を切り落とす *v.*「quitar la corteza del pan [descortezar* el pan] para hacer* "sandwiches".

《その他の表現》 ▶君に耳寄りな話(=歓迎すべき知らせ)がある Tengo una buena noticia para ti. ▶それは耳寄りな(=元気づける)話だ Es una historia alentadora. ▶それは耳の痛い話だ(=痛い所にふれる) Es una historia que me toca donde me duele. ▶彼が離婚すると耳にした(=うわさを聞いた) Ha llegado a mis oídos que va a divorciarse. ▶それを彼の耳に入れておこう(=知らせよう) Lo haré llegar a sus oídos. / Haré que llegue a sus oídos. ▶君の耳に入れたいことがある Tengo algo que decirte [decirle]. ▶あの話は耳にタコができるほど聞いた Me duelen los oídos de oír la misma cosa. He oído la misma historia miles de veces. ▶だれが何と言おうと, 彼は耳を貸さなかった[聞く耳は持たなかった] Hizo oídos sordos a todo el mundo. ▶ちょっとお耳を拝借 ¿Me puede escuchar un momento? / ¿Puede acercarse, que quiero decirle una cosa?

みみあたらしい 耳新しい *adj.* nuevo; (新奇な) *adj.* original, novedoso. ▶私には耳新しい話 *f.* novedad para mí.

みみうち 耳打ち ▶彼に何か耳打ちする(=ささやく) *v.*「decirle* al [susurrar a su] oído. ▶彼に¹外へ出るよう[²彼女が来たと]耳打ちした Le digo al oído que ¹se vaya [²ha venido ella].

みみがくもん 耳学問 *mpl.* conocimientos adquiridos de oídas. ▶耳学問で覚える *v.* aprender escuchando [por vía oral].

みみざわり 耳障り ▶耳ざわりな音(大きくて不快な) *m.* sonido desagradable; (不快にさせる) *m.* sonido molesto [chocante]; (ぎしぎしいう) *m.* sonido chirriante. ▶彼の声は耳ざわりだ Tiene una voz chirriante [desagradable]. ▶自動車の警笛は耳ざわりだ El sonido de la bocina de un coche [《ラ米》auto] es molesto.

みみず *f.* lombriz (de tierra).
みみずく *m.* búho (orejudo).
みみたぶ 耳たぶ *m.* lóbulo de la oreja.
みみっちい (けちな) *adj.* tacaño, roñoso, 《口語》rácano; (狭量な) *adj.* mezquino. → けち.
みみなり 耳鳴 *m.* zumbido.
みみもと 耳元 ▶耳元で(=耳のあたりで) *adv.* al oído. ▶耳元で¹ささやく[²どなる] *v.* ¹susurrar [²gritar] al oído.
みむく 見向く ▶彼らは彼の絵には見向きもしなかった(=何の興味も示さなかった) No hicieron ningún caso de su cuadro. / No mostraron ningún interés por su cuadro.
みめい 未明 ▶6日の未明に *adv.*「en la madrugada [antes del amanecer] del día 6.
みもち 身持ち (品行) *f.* conducta moral; *fpl.* costumbres. ▶あの男は身持ちが悪い Vive sin moral. / Lleva una vida disoluta.
*****みもと** 身元 (本人であること) *f.* identidad; (素性) *m.* nacimiento, *m.* origen; *mpl.* antecedentes. ▶身元保証書 *m.* certificado de garantía. ▶身元保証人 *mf.* fiador/dora, *mf.* garante; (照会先) *fpl.* referencias; (親代わりの人) *mf.* tutor/tora. ▶その被害者の身元確認 *f.* identificación de la víctima. ▶身元不明の死体 *m.* cuerpo no identificado. ▶興信所に彼の身元調査を依頼する *v.* pedir* a una agencia privada de detectives que investigue sus antecedentes. ▶被害者の身元はわからない Se desconoce la identidad de la víctima. / La víctima no ha sido identificada. ▶私は身元を証明するものは何も持っていなかった No llevaba nada para identificarme. / No llevaba「ninguna identificación [ningún documento de identidad].

みもの 見物 (見るに値するもの) *pron.* algo「digno de verse [《口語》de ver]; (悪い意味で) *f.* escena. ▶今度の選挙は見物(ホ。)だ, どの党が勝つのかね Creo que estas elecciones son dignas de verse. ¿Qué partido crees que va a ganar? / (好奇心でいっぱいだ)Tengo mucha curiosidad por ver qué partido va a ganar en estas elecciones.

みや 宮 【皇居】*m.* Palacio Imperial; 【皇族】(男性) *m.* príncipe; (女性) *f.* princesa; (神社) *m.* santuario sintoísta. ▶三笠の宮 *m.* príncipe Mikasa.
みゃく 脈 (脈拍) *m.* pulso, *f.* pulsación, *m.* latido. ▶弱い脈 *m.* pulso débil. ▶¹整[²不整]脈 *m.* pulso ¹regular [²irregular]. ▶脈を数える[とる] *v.* tomar el pulso. ▶私の脈は速い[²遅い] Mi pulso es ¹rápido [²lento]. ▶脈が速く打つ El pulso「se acelera [《口語》va a más].

《その他の表現》 ▶まだ脈がある(=いくらか希望が

みゃくかん

残されている) Todavía hay un rayo de esperanza.
みゃくかん 脈管 ▶脈管系（専門語）f. angeítis. ▶脈管障害（専門語）f. vasculopatía.
みゃくはく 脈拍 fpl. pulsaciones;（脈拍数）m. número de pulsaciones. ◆私の平常の脈拍は70です Mi media de pulsaciones en estado de reposo es de 70.
みゃくみゃく 脈々 ▶脈々と（＝何世代も）続いてきた伝統 f. tradición mantenida por generaciones.
みゃくらく 脈絡（論理的一貫性）f. coherencia, f. consistencia,（教養語）f. ilación;（つながり）f. conexión, f. relación. ▶脈絡のない議論 m. argumento incoherente. ◆彼女はよく脈絡のない（＝今まで話していたこととまったく関係のない）話をし始める Con frecuencia se pone a decir cosas sin conexión [relación] con lo que decía un momento antes. ▶脈絡髄膜炎（専門語）f. coriomeningitis. ▶脈絡膜（専門語）f. coroide. ▶脈絡膜炎（専門語）f. coroiditis. ▶脈絡網膜炎（専門語）f. coriorretinitis.
みやげ 土産（旅の記念品）m.(regalo de) recuerdo;（他人への）m. regalo, m. obsequio,《口語》m. detalle. ▶土産物店 f. tienda de regalos [recuerdos]. ▶土産話をする v. contar* [hablar] del viaje. ▶ハワイの土産 m. recuerdo de Hawai. ▶京都(見物)の土産に人形を買う v. comprar una muñeca como recuerdo de (la visita a) Kioto. ▶君に土産を買ってきてやるよ Te traeré [compraré] un regalo de recuerdo. ◆これはいい土産になるだろう Esto será un buen recuerdo.
みやこ 都（首都、中心地）f. capital. ▶音楽の都ウィーン Viena, la capital de la música. ◆奈良は710年から794年まで日本の都だった Nara fue la capital de Japón del año 710 al 794. ◆住めば都 Se toma gusto al lugar en donde se vive.
みやすい 見やすい adj. fácil de ver, muy visible;（活字・筆跡などが）adj. fácil de leer, muy legible, claro. ▶それが見やすい場所 m. lugar donde se puede ver fácilmente.
みやびやか 雅びやか ▶雅びやかな（上品な）adj. elegante, refinado;（優美な）adj. gracioso, elegante.
みやぶる 見破る（正体などを）v. descubrir*, penetrar;（見透かす）v. adivinar,《口語》v. calar.
みやまいり 宮参り "miyamairi"（説明的に）f. primera visita de un/una recién nacido/da a un santuario sintoísta. ▶宮参りに連れて行く v. llevar un hijo al santuario sintoísta.
ミャンマー Myanmar;（公式名）f. Unión de Myanmar（☆東南アジアの国，首都ネピードー Naypyidaw）.
ミュージカル m. musical, f. comedia musical.
ミュンヘン Munich（☆ドイツの都市）.
みよう 見様 f. forma de mirar. ◆あのイノシシ（猪）の絵は見様によってはバク（獏）にも豚にも見えるEseEse dibujo de jabalí puede parecerse a un tapir o un cerdo, según se mire. ◆見よう見まねで魚がおろせるようになった He aprendido a preparar el pescado fijándome en cómo lo hacen los demás.
・**みょう** 妙 ❶【奇妙】lo extraño [raro].
❷【玄妙】(神秘) m. misterio;（奇跡）m. milagro. ◆自然の妙 m. misterio de la naturaleza.
❸【巧妙】（うまさ）f. habilidad, f. destreza;（妙技）m. don. ▶人の操縦を心得ている v. tener* el don de dirigir* a la gente; ser* hábil en llevar a la gente.
── 妙な（奇妙な）adj. extraño, raro;（好奇心をそそる）adj. curioso;（独特に奇妙な）adj. peculiar, singular;（訳の分からない）adj. inexplicable. ▶妙な経験をする v. tener* una extraña experiencia. ▶妙な人（変人）f. persona rara;（不審人物）f. persona sospechosa. ▶妙な顔をする v. poner* una cara rara. ▶妙な癖がある v. tener* hábitos peculiares. ◆妙なことには、彼は結局試験に合格した Por extraño que parezca, aprobó el examen finalmente.
── 妙に adv. extrañamente, inexplicablemente;（極度に）adv. sumamente;（異常に）adv. extraordinariamente. ▶妙にふるまう v. comportarse extrañamente. ▶妙にそのことが気にかかる v. estar* sumamente ansioso por eso. ◆その山は今日は妙に美しかった Hoy la montaña estaba extrañamente hermosa.
みょう- 明- ▶明二十日に adv. mañana, el (día) veinte. ▶明2005年に adv. año siguiente, en 2005. → 明日, 明朝, 明晩, 明年.
みょうあん 妙案 f. buena [magnífica] idea.
みょうぎ 妙技（離れ技）f. proeza;（すばらしい演技）f. actuación soberbia [maravillosa]. ▶妙技を披露する v. actuar* maravillosamente.
みょうごにち 明後日 adv. pasado mañana.
みょうじ 名字 m. apellido, m. nombre de familia. ▶私の名字は上原です Mi apellido es Uehara. /（名字に重点を置いて）Uehara es mi apellido.
みょうじょう 明星 ❶【金星】m. Venus. → 明けの明星, 宵の明星.
❷【花形】f. estrella.
みょうちょう 明朝 ▶明朝に adv. mañana por la mañana.
みょうにち 明日 adv. mañana. → 明日(㊖).
みょうねん 明年 m. año「que viene [próximo].
みょうばん 明晩 ▶明晩に adv. mañana por la noche.
みより 身寄り → 親類. ▶身寄りのない子 mf. huérfano/na.
ミラー m. espejo.
ミラー・サイト《専門語》m. sitio mirror,《専門語》m. sitio réplica.
ミラーボール f. esfera de espejos.
ミラーリング（専門語）f. duplicación,《専門語》f. réplica（☆IT用語）.
・**みらい** 未来 m. futuro, m. porvenir;（人・国などの前途）m. futuro, m. porvenir.

1 《未来(の)＋名詞》▶未来の adj. futuro, venidero; (予想される) adj. futuro, en perspectiva. ▶未来時制 m. tiempo (de) futuro. ▶未来学者 m. futurólogo/ga. ▶未来の総理大臣 mf. futuro primer/mera ministro/tra. ▶未来の出来事 mf. futuros sucesos. ▶未来の妻 f. futura (esposa). ▶未来永劫(ﾞ) adv. eternamente, para siempre.

2 《未来が》◆彼には画家としての洋々たる未来がある Tiene [Le espera] un brillante futuro como pintor. /（前途有望だ）Es un pintor prometedor. /（口語）Es un pintor promesa.

3 《未来に［を］》▶未来を[1]予測 [2]予言する v. [1]pronosticar* [2]predecir*] el futuro. ◆遠い未来に何が起こるかだれにも分からない Nadie puede decir lo que va a ocurrir en el futuro remoto. ▭いつか, 先, 先々, 将来

ミラクル m. milagro.

ミラノ Milán (☆イタリアの都市). ▶ミラノ(人)(の) adj. milanés.

ミリ mili-. ▶ミリメートル m. milímetro (mm). ▶ミリグラム m. miligramo (mg). ▶ミリバール m. milibar (mb). ▶ミリリットル m. mililitro (ml).

ミリオンセラー ミリオンセラーの本《英語》m. "bestseller" = [bes(t)séler]), mpl. libros que se vendieron más de un millón.

みりょう 魅了 ▶魅了する v. encantar, cautivar, fascinar. ◆その劇は観客を魅了した La obra encantó al público.

•みりょく 魅力 (魅了する力) m. encanto, f. fascinación; (訴えること) m. atractivo; (引きつける力) f. atracción. ▶性的魅力 m. atractivo sexual, 《英語》m. "sex-appeal". ◆彼女の魅力のとりこになる v. quedar cautivado [hechizado] por sus encantos. ▶魅力のある申し出 f. oferta tentadora [atractiva]. ◆彼女に魅力を感じる v. sentirse* atraído por ella. ◆今日スペイン語圏の人々は日本の古典文学の魅力を発見している Hoy día el público hispanohablante está descubriendo el atractivo de los clásicos de la literatura japonesa. ◆そのマンションの最大の魅力は交通の便がよいことです El mayor atractivo de esos pisos está en la cómoda proximidad del transporte público.

— **魅力的な** (外見で人を引きつける) adj. atractivo; (うっとりさせる) adj. encantador, fascinante; (かわいらしい) adj. bonito, lindo, guapo. ▶魅力的な青年 m. joven atractivo [encantador]. ◆青い服を着るとあなたはとても魅力的です Estás muy guapo/pa de azul. / Con el azul estás atractivo/va.

▭味, アピール, 趣; 愛嬌のある, 素敵, チャーミング

みりん "mirin",《説明的に》m. condimento de "sake" dulce.

＊＊みる 見[診]る ❶《目で》(目に入る) v. ver*; (見ようとして見る) v. mirar; (観察する) v. observar, v. contemplar, fijarse 《en》, mirar detenidamente; (じっと見る) v. clavar la vista, mirar fijamente [de hito en hito], quedarse mirando; (ちらっと見る) v. echar「un vistazo [una ojeada], echar una mirada rápida; (ちらっと目に

入る) v. llegar* [alcanzar*] a ver*,《教養語》vislumbrar. ▶[1]テレビ [2]野球の試合を見る v. ver* [1]la televisión [2]un partido de béisbol]. ▶サッカーの試合を見に行く v. ir* a ver* un partido de fútbol. ▶[1]映画 [2]劇を見る v. ver* una [1]película [2]obra de teatro]. ▶望遠鏡で見る v. mirar por un telescopio. ▶変な夢を見る v. soñar* algo raro. 《会話》ご注文は何になさいますか—メニューを見たいのですが ¿Quiere usted pedir ya? – ¿Puedo ver el menú, por favor? ◆私は彼が通りを[1]横断する [2]横断している］のを見た Lo [Le] vi [1]cruzar [2]cruzando] la calle. ◆私は彼がいじめられるのを何回も見た He visto cómo se metían con él. ◆パジャマ姿でうろうろしないで. 近所の人に見られたらどうする No puedes ir por ahí en pijama. Imagina lo que dirían los vecinos si te viesen [vieran].《会話》(店で)何にいたしましょうか—いいんです. 今はちょっと見てるだけですから ¿Le puedo ayudar? – Ahora no, gracias. Sólo estoy mirando. ◆彼は[1]空 [2]星を見ていた Estaba mirando [1]el cielo [2]las estrellas]. ◆何を見ているのですか ¿Qué estás mirando? ◆鏡で自分をよく見てみなさい Mírate bien en el espejo. ◆みんな, こちらを見なさい ¡Eh! ¡《スペイン》Mirad [《ラ米》Miren] aquí todos! ◆私は太陽が水平線の下に沈むのを見ていた Vi cómo el sol se ponía en el horizonte. ◆じろじろ人を見てはいけません No mires fijamente a nadie. ◆彼女はじっと優しく彼を見た Le contemplaba amorosamente. ◆彼はまっすぐ彼女の目を見て「愛しています」と言った La miró fijamente a los ojos y dijo: "Te quiero". ◆私はちらっと時計を見た Eché una ojeada al reloj. ◆私はパレードが通ったとき, ちらっと王子を見た Llegué a ver al príncipe cuando pasaba el desfile. ◆彼は警官を見て逃げた Salió corriendo cuando vio a la policía. ◆私は蛇は見るのも嫌だ Me repugna sólo de ver una serpiente. / La sola vista de una serpiente me repugna. ◆ちょっと見て彼は重病だと分かりました Una ojeada me bastó para saber que estaba gravemente enfermo.

❷《見物する》(花・名所などを) v. ver*; (見に訪れる) v. visitar; (見て回る)（店内などを) v. ir*, venir* a ver*; (案内に従って) v. dar* una vuelta. ▶公園に桜を見に行く v. ir* al parque a ver* los cerezos en flor. ◆京都には見る所がたくさんある En Kioto hay「mucho que ver [muchos lugares que visitar]. ◆この博物館を見るのはこれが初めてです Es la primera vez que visito este museo. / Es mi primera visita a este museo. / No había venido a este museo antes.

❸《読む》v. leer*;（ちょっと読む) v. hojear, echar「una ojeada [un vistazo]; (目を通す) v. mirar todo por encima. ▶今日の新聞を見ましたか ¿Has visto [leído] el periódico de hoy? ◆私はその雑誌を医院の待合室でちょっと見ただけです Sólo hojeé un rato la revista mientras estaba en la sala de espera del médico.

❹【確かめる、調べる】(事を) v. ver* 《que》, asegurarse 《de que》; (安全性などを) v. comprobar* 《que》; (単語などを) v. consultar, mirar; (吟味する) v. examinar detenidamente [a fondo], (誤りを正す目的で) v. examinar, inspeccionar. ▶ブレーキを見る v. examinar [《口語》mirar] los frenos. ◆ドアをノックする音がした. (だれなのか)見て来て Alguien llama a la puerta. Ve a ver (quién es). ◆辞書でその単語を見なさい Consulta la palabra en el diccionario. ◆彼は小切手に書かれたサインをよく見た (=確かめた) Miró atentamente [detenidamente] la firma del talón [cheque].

❺【世話をする】 v. cuidar, 《口語》mirar 《por》, hacerse* cargo 《de》; (番をする) v. guardar, vigilar; (手助けする) v. ayudar. ▶彼の宿題をみてやる v. ayudar 《a + 人》「a hacer* (su)[con la] tarea. ◆しばらくの間赤ちゃんを見ていてください Por favor, cuida al bebé un rato.

❻【判断する】v. juzgar*, considerar; (AをBとみなす) v. considerar (a) A como B, tener* (a) A por B; (見こす) v. reservar; prever*; (見つもる) v. calcular. ▶空模様から見て adv. a juzgar por el aspecto del cielo. ◆彼の行動を疑いの目で見る v. considerar sospechosos sus actos; mirar con sospecha sus actos. ◆乗り換えに30分見る v. reservar 30 minutos para el transbordo [cambio de trenes]. ◆彼のことを友達とは見ていない No le considero un amigo. / No le tengo por amigo. ◆私の見るところ(=意見では)その本はまったく駄作だ En mi opinión ese libro es pura porquería. ◆見たところ(=見かけは)彼らは親しい仲のようだ「Por lo que se ve [Al parecer] son íntimos amigos. ◆彼の言うことはどう見ても(=明らかに)間違っている Por cualquier lado que se mire, 「no lleva razón [está equivocado] en lo que dice . ◆まだ来ていないところを見ると,彼はバスに乗り遅れたにちがいない Si no ha venido todavía es que ha perdido el autobús. ◆そう言われてみて(=今そう言うので)思い出した Eso me lo ha hecho recordar.

❼【試みる】v. intentar, tratar 《de》, probar*. ▶もう一度やってみます Intentaré otra vez. / Volveré a intentarlo. / Voy a tratar de nuevo. ◆このケーキを召し上がってみてください Prueba este pastel, por favor.

❽【診察する】◆医者に診てもらう v. ver* [consultar] al médico, ir* al médico. ◆医者に胃を診てもらう v. consultar al médico sobre el estómago. ◆脈を診る v. tomar el pulso. 会話 あんまり気分がよくないんだ—医者に行って診てもらいなさい No me siento bien. – Ve a ver al médico. ◆医者に風邪を診てもらいました ¿Has visto al [¿Te ha visto el] médico a propósito de tu catarro? ◆息子が熱を出しているのですが, 先生診ていただけますか Mi hijo tiene fiebre. ¿Puede usted mirarlo[le], doctor?

《その他の表現》 賛美歌集をみながら歌う v. cantar mirando el「libro de himnos [himnario]. ◆見たことのない車が家の前に止まっているのに気付いた Me di cuenta de que a la puerta de mi casa había un coche que no conocía. ☞拝む, 考える, 御覧, 参照する

みるからに 見るからに ◆彼は見るからに(=どこから見ても)役者だ Tiene todo el aspecto de ser un actor. / (あらゆる点で)Es un actor en todos los sentidos. / (明らかに)Evidentemente, se trata de un actor.

ミルク f. leche. ▶粉ミルク f. leche en polvo. ▶コンデンスミルク f. leche condensada. ▶ミルクチョコレート m. chocolate con leche. ▶ミルクセーキ m. batido de leche. ▶ミルクティー m. té con leche. ▶ミルクで子供を育てる v. criar a un niño con biberón. 会話 コーヒーはどのようになさいますか. ブラックですか, それともミルクを入れますか—ミルクを少しだけお願いします ¿Como desea su café, solo o con leche? – Cortado, por favor.

地域差	ミルク入りコーヒー
[スペイン]	m. cortado
[メキシコ]	m. café con crema
[ペルー]	m. cortado
[コロンビア]	m. pintado, m. perico
[アルゼンチン]	m. cortado

みるみる 見る見る (一瞬のうちに) adv. en un momento [instante]; (非常に早く) adv. en un abrir y cerrar de ojos. ◆船は船員もろとも見る見る沈んでしまった El barco se hundió en un momento con toda su tripulación a bordo. ◆彼は見る見るうちにスペイン語が上達した Su español ha mejorado「en un abrir y cerrar de ojos [muy rápidamente].

みるめ 見る目 ◆人を見る目がある [2ない] v. tener* ¹buena [²mala] psicología, tener* ¹buen [²mal] ojo para la gente. ◆陶器を見る目がある v. tener* buen ojo para la cerámica. ◆君はものを見る目があるね Tú sabes lo que es bueno. / ¡Cómo lo sabes!

みれん 未練 (愛着) m. apego, m. afecto, m. cariño; (残念な気持ち) m. pesar, m. sentimiento. ◆彼女にはまだ未練がある Todavía guardo afecto por ella. ◆(忘れられない) Sigo sintiendo apego por ella. ◆彼は未練を残して故郷を去った Dejó con pesar su ciudad [pueblo] natal.

ミロ ▶ミロ(ガブリエル 〜) Gabriel Miró (☆1879–1930, スペインの小説家). ▶ミロ(ジョアン 〜) Joan Miró (☆1893–1983, スペインの画家).

ミロのビーナス f. Venus de Milo.

ミロンガ f. milonga (☆ラプラタ地方の音楽と踊り).

みわく 魅惑 f. fascinación, f. seducción; (魅力) m. encanto. ▶魅惑する v. fascinar, encantar, seducir*. ◆彼女は魅惑的なほほえみを浮かべて彼を見た Lo [Le] miró con una sonrisa seductora [encantadora]. ◆聴衆は彼のすばらしい奇術に魅惑された El público estaba fascinado por su magia maravillosa. / (とりこになる)El público estaba preso del encanto de su maravillosa magia.

みわけ 見分け (区別) f. distinción. ▶見分けがつく (違いがわかる) v. conocer* la diferencia; (区別できる) v. poder* distinguir*, ser* capaz de diferenciar. ◆私にはラバと馬の見分けがつきます Conozco la diferencia entre una mula y un caballo. ◆その双子はそっくりなのでさっぱり見分けがつかない Esos gemelos [mellizos] son tan iguales que nunca puedo distinguirlos [diferenciarlos].

みわける 見分ける (区別する) v. distinguir [diferenciar] 《A de B》; discernir*; identificar*; reconocer*. ◆見分けがつかない(=見ても分からない)ほど変わる v. cambiar hasta hacerse* irreconocible. ◆群衆の中で彼を見分ける(=見つける) v. distinguirlo[le]* [identificarlo[le]*] en medio de la multitud. ◆やみの中で1人影[2だれなのか](を)(やっと)見分けることができた Pude distinguir ¹una silueta [²quién era] en la oscuridad.

みわたす 見渡す (一望する) v. verse*; (見下ろす) v. dar* 《a》, dominar, abarcar*. ◆聴衆を見渡す v. mirar al público. ◆ホテルの部屋から町全体が見渡せた Desde la habitación del hotel se veía toda la ciudad. / La habitación del hotel ofrecía una vista de toda la ciudad. / La ventana de la habitación del hotel「daba a [dominaba, abarcaba] toda la ciudad. /《強調して》La ciudad se ofrecía a vista de pájaro desde la habitación del hotel. ◆見渡す限り麦畑が広がっていた El trigal se extendía hasta perderse de vista.

みんい 民意 (国民の意思) f. voluntad「del pueblo [popular]; (世論) f. opinión pública. ◆民意を反映する v. reflejar la「voluntad popular [opinión pública].

みんえい 民営 (民間所有) f. propiedad del sector privado. ◆民営化 f. privatización. ◆民営化する v. privatizar*.

みんか 民家 f. casa particular.

みんかん 民間 民間の (公的でない) adj. particular, privado; (軍人・官史に対して一般人の) adj. civil; (民衆の) adj. popular. ◆民間企業 f. empresa privada. ◆民間機 m. avión civil. ◆民間信仰 f. creencia popular. ◆民間伝承 f. tradición, m. folklore. ◆民間(=人々の間)に広まっているうわさ m. rumor extendido entre la gente.

みんかんじん 民間人 (軍人・官史に対して) mf. civil, mf. paisano/na.

ミンク m. visón. ◆ミンクのコート m. abrigo de visón.

みんげいひん 民芸品 f. artesanía popular.

みんじ 民事 mpl. asuntos civiles. ◆民事の adj. civil. ◆民事裁判 m. juicio civil. ◆民事事件 m. caso civil. ◆民事訴訟 m. proceso civil.

*****みんしゅ** 民主 ▶民主的な adj. democrático. ◆民主社会 f. sociedad democrática. ◆民主主義 f. democracia. ◆民主主義者 m. demócrata. ◆民主制 m. sistema democrático. ◆民主政治 m. gobierno democrático. ◆民主化 f. democratización. ◆民主化する v. democratizar*. → 民主国, 民主党. ◆民主主義は古代ギリシャに始まった La democracia se originó en la antigua Grecia. ◆われわれは民主的にその会議を運営した Presidimos la reunión [junta, asamblea] democráticamente. ◆民主国家ではすべての国民は平等の権利を持っている En una democracia todos los ciudadanos tienen los mismos derechos.

みんしゅう 民衆 m. público, f. gente, m. pueblo.

みんしゅく 民宿 f. casa de huéspedes, f. pensión.

みんしゅこく 民主国 m. estado [m. país] democrático. ◆西欧民主諸国 fpl. democracias occidentales.

みんしゅとう 民主党 m. Partido Democrático.

みんせい 民政 f. administración [m. gobierno] civil.

*****みんぞく** 民族 (人種) f. raza, (教養語) f. etnia; (国民) m. pueblo; (歴史・言語などを共有する) f. nación; m. grupo étnico. ◆民族の[的な] adj. racial; étnico; nacional.

　1《～民族》▶異民族 f. raza extranjera. ◆少数民族(個々の) f. raza minoritaria; (少数民族集団) fpl. minorías étnicas. ◆日本民族 m. pueblo japonés. ◆多民族国家 f. nación multiracial. ◆単一民族国家 f. nación racialmente [étnicamente] homogénea.

　2《民族＋名詞》▶民族意識 f. conciencia racial [nacional]. ◆民族衣裳 m. traje étnico, f. indumentaria nacional. ◆民族¹料理 [²音楽]¹ f. comida [² f. música] étnica. ◆民族移動 f. migración racial. ◆民族運動 m. movimiento racial. ◆民族学 f. etnología. ◆民族誌(学) f. etnografía. ◆民族自決 f. autodeterminación (racial, nacional). ◆民族主義 m. nacionalismo. ◆民族主義者 mf. nacionalista. ◆民族性 f. idiosincracia nacional. ◆民族的偏見 m. prejuicio racial.

みんぞくがく 民俗学 m. folklore. ◆民俗学者 mf. folklorista.

ミンダナオとう ミンダナオ島 Mindanao (☆フィリピンの島).

ミンチ f. carne picada [molida].

みんど 民度 (人民の文化水準) m. nivel cultural del pueblo; (道徳的水準) m. nivel moral del pueblo; (生活水準) m. nivel de vida del pueblo.

みんな pron. todos/das,《口語》todo el mundo.

みんぺい 民兵 (軍) f. milicia, (軍人) mf. miliciano/na.

みんぽう 民法 (法律) m. derecho civil; (法典) m. código civil.

みんぽう 民放 f. emisión comercial.

みんよう 民謡 f. canción popular; (伝承的で物語性のある) f. copla. ◆日本の民謡 f. canción popular japonesa.

みんわ 民話 m. cuento popular; (伝説) f. leyenda; (民間伝承) m. folklore.

む

む 無 *f.* nada; (ゼロ) *m.* cero. ▶(努力などが)無になる *v.* reducirse* a nada, quedar en nada. ♦無から有は (=何も)生じない Nada nace de nada. / De la nada no nace algo. ♦私は彼の親切を無にしてしまった No he podido sacar nada de toda su amabilidad. /《口語》He echado en saco roto todo lo que él hizo por mí.

むい 無為 ▶無為に *adv.* ociosamente, en el ocio, en la ociosidad. ▶無為に暮らす *v.* vivir ociosamente, llevar una vida ociosa.

むいか 六日 ▶六日間病気で寝る *v.* estar* seis días enfermo en cama. ▶6月6日に *adv.* el 6 de junio.

むいしき 無意識 ▶無意識の(思わず知らずの) *adj.* involuntar*io*; (意識不明の, 何気ない) *adj.* inconsciente. ▶彼女はその男を見て無意識に叫び声を上げた Dio [《教養語》Profirió] un grito involuntario al ver a ese hombre. ♦彼は三日間無意識状態だ Lleva tres días inconsciente. ♦無意識にそれをした Lo hice「sin querer [involuntariamente].

むいそん 無医村 *m.* pueblo sin médico.

むいちもん 無一文 ▶無一文の *adj.* sin un céntimo [《ラ米》centavo]. → 文無し.

むいみ 無意味 ▶無意味な (=意味のない)議論 *m.* argumento absurdo [sin sentido], *f.* discusión inútil. ▶無意味な(=むだな)抵抗 *f.* resistencia absurda [inútil]. ▶無意味なこと(=わけの分からないこと)を言う *v.* decir* tonterías [disparates].

むいんしょう 無飲症《専門語》*f.* adipsia.

ムース《仏語》*m.* "mousse"(☆発音は[mús]).

ムータンチアン 牡丹江《ピンイン》Mudanjiang(☆中国の都市).

ムード *m.* ambiente; (広がる楽観ムード) *m.* ambiente de creciente optimismo. ▶ムード音楽 *f.* música que crea un ambiente suave. ▶ムードのある人 *f.* persona con sabor. ▶その部屋はなかなかムードがあった La habitación tenía cierto ambiente [sabor].

ムールがい ムール貝 *m.* mejillón.

むえき 無益 *f.* inutilidad, futilidad. ▶無益な *adj.* inútil, vano, 《教養語》fútil. ▶無益な本 *m.* libro inútil. ▶無益な試みをする *v.* hacer* una tentativa inútil, realizar* un vano intento.

むえん 無縁 ▶無縁である(関係がない) *v.* no tener* 「ninguna relación [nada que ver*]《con》; (縁者がない) *v.* no tener* parientes. ▶無縁の墓 *f.* tumba desconocida. ▶《無縁仏 *mf.* difunt*o/ta* sin nadie que cuide de su tumba.

むが 無我 (無私) *m.* desinterés, *f.* abnegación. ▶無我の *adj.* desinteresa*do*, abnegado. ▶無我の境地に達する *v.* alcanzar* un estado espiritual de (perfecta) abnegación.

むかい 向かい ▶向かいの *adj.* opuesto [contrario]《a》. ▶向かいに *adv.* enfrente《a, de》. ▶向かいの家 *f.* casa enfrente a [de] la mía. ▶川の向かい側に住む *v.* vivir「en la otra orilla del río [en la ribera opuesta]. ▶学校は教会の向かいにある La escuela está enfrente [al otro lado] de la iglesia. / Al otro lado de la iglesia está la escuela.

むがい 無害 ▶無害な *adj.* inofensivo, no perjudicial; (薬などが)《教養語》*adj.* inocuo. ▶人畜無害の *adj.* no perjudicial para seres animados. ▶私はもう年だから人畜無害だよ Soy un anciano inofensivo. ♦この薬は無害だ Esta medicina「es《教養語》inocua [no te hará ningún daño].

むかいあう 向かい合う ▶二人は向かい合ってテーブルについた Se sentaron a la mesa「frente a frente [uno enfrente del otro, una enfrente de la otra]. / Se sentaron a la mesa cara a cara. / Se sentaron con la mesa de por medio. ▶彼らはテーブルに向かい合って座っていた Estaban sentados a la mesa frente a frente. ♦彼の家は私の家と向かい合っている Su casa está enfrente de la mía.

むかいあわせ 向かい合わせ ▶向かい合わせの2枚の鏡 *mpl.* dos espejos「frente a frente [mirándose].

むかいかぜ 向かい風 *m.* viento「de frente [contrario];(海事) *m.* viento de proa. ▶向かい風に逆らって進む *v.* ir* contra el viento.

*__**むかう** 向かう ❶【面する】 *v.* dar* 《a》, mirar《hacia》, estar* orienta*do*《hacia》. ▶鏡に向かう(=鏡をのぞく) *v.* mirarse al [en el] espejo. ▶フェンスに向かって立つ *v.* estar* de pie frente a la valla. ▶彼は大群衆に向かって演説を始めた Miró hacia la muchedumbre y empezó a hablar. ▶彼はいつも夜遅くまで机に向かっている Siempre se sienta al escritorio hasta muy tarde por la noche. ▶写真の向かって右から3人めが私のおばです La tercera persona por la derecha en la foto es mi tía. ♦よくも面と向かってそんなことが言えるね ¿Cómo te atreves a decirme「a la cara [delante de mí] tal cosa?
❷【対する・刃向かう】▶風に向かって(=逆らって)走る *v.* correr contra el viento. ▶犬に向かって石を投げる *v.* tirar una piedra al perro. ▶彼女に向かって手を振る *v.* saludarla con la mano. ▶敵が1向かってきた [2四方から] El enemigo [1]avanzó hacia nosotros [[2]nos iba cercando]. ♦彼女はナイフを持って私に向かってきた「Se me acercó [Vino contra mí] con un

cuchillo.
❸ 【目指す】 (出発する) salir 《para, hacia》, partir 《para》; (向かって進む) dirigirse* 《hacia》, ir* 《con rumbo a》. ◆東京へ向かう v. dirigirse* a Tokio. ◆彼はあす成田を立ってパリに向かう Mañana sale de Narita para París. ◆私たちは1南 [2ブエノスアイレス]に向かって進んでいる Nos dirigimos ¹al sur [²a Buenos Aires]. / Vamos en dirección ¹sur [²de Buenos Aires]. ◆彼は急いで学校に向かった Se dirigió a la escuela. 会話 山田はどこ?―今ごろはもう大阪に向かっているはずだよ ¿Dónde está Yamada? – Ahora debe (de) estar (viajando) en dirección a Osaka.
❹ 【方向に傾く】 ◆彼は日ごと快方に向かっている Está mejorando día a día. ◆冬に向かって(=冬が近づくにつれて)風邪をひく人が多くなる Al acercarse el invierno aumenta cada vez más la gente que coge [agarra] resfriados.

むかえ 迎え ◆迎えに寄る(誘いに立ち寄る) v. ir* a buscar*; (車で迎えに行く) v. ir* a recoger*. ◆ホテルに迎えの車を差し向ける v. enviar* un coche para ir* a recoger* 《a + 人》al hotel. ◆彼を駅に迎えに行く [2来る] v. ¹ir* [²venir*] a buscarlo[le]* a la estación; ²recibirlo [le] en la estación; ¹²salir* a (su) encuentro en la estación. ◆彼女は学校へ娘を¹迎えに [²車で迎えに]行った Fue a la escuela para ¹acompañar a su hija a casa ²recoger a su hija].

むかえざけ 迎え酒 ◆二日酔を直すために迎え酒をする v. beber más para quitar la resaca. 《言い回し》sacar* un clavo con otro clavo.

むかえる 迎える ❶ 【出迎える】 (会う) v. recibir, encontrar; [車で迎えに行く] v. ir a recoger* 《a + 人》→迎え; (歓迎する) v. recibir, dar* la bienvenida 《a + 人》. ◆彼は玄関で客を迎えた Acogió [Recibió, Saludó] a su invitado/da en la entrada. ◆その店は客を迎える準備ができている En la tienda están preparados para recibir a los clientes. ◆君を暖かく迎えてやってほしい. ずっと昔からの友だちだからね Quiero que lo recibas bien. Es un viejo amigo mío.
❷ 【来てもらう】 (招待する) v. invitar; (呼ぶ) v. llamar. ◆専門家を迎える v. invitar [llamar] a un especialista. ◆当日彼らは彼を講師に迎えた Lo [Le] invitaron a darles una conferencia ese día.
❸ 【ある時期・状態になる】 (入る) v. entrar [meterse] 《en》; (達する) v. alcanzar*, llegar* 《a》; (巡って来る) v. venir*, presentarse. ◆¹新時代 [²新たな局面]を迎える v. entrar en una nueva ¹era [²fase]. ◆¹老い [²山場]を迎える v. alcanzar* ¹la vejez [²su clímax]. ◆新年を迎える v. celebrar [saludar] el Año Nuevo. ◆彼は20歳の誕生日を迎えた Vino el día que cumplió 20 años.

むがく 無学 f. falta de estudios; (無知) f. ignorancia; (文盲) m. analfabetismo. ◆無学な (無教育の) adj. sin estudios; (無知の) adj. ignorante, 《教養語》indocto; (文盲の) adj. analfabeto. ◆無学だからといって卑屈になることは

ない No hay que sentirse inferior por no tener estudios.

*むかし 昔 (ずっと前に) adv. mucho antes, hace mucho tiempo; (かつて) adv. una vez; (現在または過去のある時より前に) adv. antes; (以前に) adv. anteriormente, antes; (過去に) adv. en el pasado; (大昔に) adv. en la antigüedad remota, muy antiguamente.
1 《昔(の)+名詞》◆昔の adj. viejo; de antes; (大昔の) adj. antiguo; (過去の) adj. pasado. ◆昔なじみの顔 fpl. viejas caras conocidas. ◆昔話(おとぎ話) m. cuento de hadas; (伝説) f. leyenda; (思い出話) f. historia del pasado. ◆昔々 adv. hace mucho, mucho tiempo; érase una vez hace mucho, mucho tiempo; 《口語》en el tiempo de Maricastaña. ◆昔かたぎの大工 m. carpintero de los de antes. ◆それは何年も昔のことだ Hace 《強調して》siglos [muchísimo, mucho] de eso. ◆私たちはいっしょに遊んだ昔の日々を思い出した Recordamos los viejos tiempos cuando jugábamos juntos. ◆その町は昔のままだった La ciudad era exactamente como antes [en el pasado]. ◆彼は今では昔のように暇ではない No está tan libre como antes [lo estaba antes].
2 《昔(は)》◆昔, 京都は日本の首都でした Antiguamente Kioto era la capital de Japón. ◆昔は婦人に選挙権が与えられていなかった En otros tiempos las mujeres no tenían derecho a voto. ◆私は昔京都に住んでいた Antes vivía en Kioto. ◆昔はよく彼女と散歩したものだ Antes paseaba [solía pasear] con ella. 会話 テニスをおやりですか―昔は時々やりましたが最近はやりません ¿Juegas al tenis? – Antes jugaba (a veces); ahora ya no.
3 《昔に[を]》◆昔をしのぶ v. volver* la vista al pasado, mirar atrás. ◆彼らは1500年の昔にそこに住みついた Se asentaron allí ya en el 1500.
4 《昔から》◆昔からの(=昔の)友人 mf. viejo/ja [antiguo/gua] amigo/ga mío/a. ◆昔からの習慣 f. vieja costumbre, f. costumbre de antaño. ◆昔ながらのふるさと m. hogar [m. lugar natal] como antes. ◆彼は昔から(=ずっと)大阪に住んでいる Siempre ha vivido en Osaka. / Ha vivido en Osaka desde siempre. / (子供の頃から)Ha vivido en Osaka desde「que era niño [su infancia]. ◆(ずっと)昔から君を知っているような気がする Siento que te conozco「desde siempre [de toda la vida].

昔の話だけど Eso era antes. →昔

1394 むかつく

むかつく 吐き気がする)v. sentir* náuseas, tener* ganas de vomitar; (吐き気・嫌悪を催す)v. sentir* asco [repugnancia]; (気を悪くする)v. sentirse* ofendido, ofenderse, disgustarse. ♦空腹になると胃がむかつく Cuando tengo hambre, siento náuseas en el estómago. / El estómago se me revuelve cuando tengo hambre.♦彼の態度にむかついた Me dio asco su actitud. / Su actitud me「pareció repugnante [ofendió].

むかっぱら むかっ腹 ♦むかっ腹を立てる(=わけもなく腹を立てる) v. enfadarse sin motivo [razón]; (突然) v. ponerse* rabioso sin razón.

むかで 百足 m. ciempiés, f. escolopendra.

むかむか(する) (吐き気催す)v. sentir* náuseas [asco]; (嫌気がさす)v. estar* asqueado [ofendido]. ♦むかむかして adv. con asco [repugnancia].

むがむちゅう 無我夢中 ♦無我夢中で(=命からがら)逃げる v. escapar como si le [me, te, nos, os, les] fuera la vida en ello, salir* corriendo como si le llevaran todos los diablos. ♦新作に無我夢中で(=忘我の状態)1である[2になる] v. 1estar* metido [2entregarse*]「en cuerpo y alma [profundamente ensimismado] en el nuevo trabajo.

むかりゅうきゅうしょう 無顆粒球症《専門語》f. agranulocitosis.

むかんかく 無感覚 ♦無感覚の (光・刺激などに) adj. insensible, falto de sensibilidad, indiferente; (まひした)adj. entumecido, adormecido.♦痛みに無感覚である v. ser* insensible al dolor. ♦(指などが)寒さで無感覚になる v. entumecerse* por el frío,《口語》《比喩的に》estar* muerto de frío.

むかんけい 無関係 ♦無関係の adj. sin relación 《con》, irrelevante 《a, para》. ♦無関係である v. no tener* relación 《con》, ser* irrelevante 《para》. ♦私はそのことと無関係だ No tengo nada que ver con eso.

むかんしょう 無汗症《専門語》f. anhidrosis.

むかんしん 無関心 f. indiferencia 《a, hacia》, m. desinterés 《por》. ♦彼は政治に無関心だ Es indiferente a la política. / No le interesa la política. / 《口語》Pasa de la política. ▱淡々, 淡泊な

むかんどう 無感動 ♦無感動な adj. impasible. ♦無感動な表情 f. expresión impasible.

むき 無期 ♦無期の adj. indefinido. ♦無期に adv. indefinidamente. ♦無期停学になる v. ser* expulsado de la escuela por un período indefinido. ♦無期懲役に処せられる v. ser* condenado a cadena perpetua [de por vida].

むき 向き ❶[方向, 方角]f. dirección, f. orientación, m. rumbo. ♦アンテナの向きを変える v. cambiar la orientación de la antena. ♦ソファーの向きをくるりと変える v. dar* la vuelta al sofá. ♦風の向きが北に変わった El viento cambió en dirección norte. ♦この家は向きが悪い Esta casa está mal orientada. ♦私の家は東向きだ Mi casa mira [da, está orientada] al este [levante].

❷[適合]《適している》v. ser* adecuado [apropiado]《para》, ir* bien 《a》. ♦子供向きの本 m. libro adecuado para los niños, m. libro「para niños [que les va bien a los niños].

❸[傾向] f. tendencia. ♦彼には他人の問題を軽視する向きがある Tiene la tendencia de「no tomarse en serio [tomarse a la ligera] los problemas ajenos.

❹[・] ♦ご希望の向きにはこの本をお送りします Este libro se lo enviamos a los que lo piden.

むき 無機 ♦無機の adj. inorgánico. ♦無機化学 f. química inorgánica. ♦無機化合物 m. compuesto inorgánico.

むき 向き ♦向きになる(本気になる) v. ponerse* serio; (怒る) v. enfadarse, enojarse; (興奮する) v. excitarse, entusiasmarse. ♦彼はむきになって(=猛烈に)そのうわさを否定した Negó el rumor con vehemencia.

むぎ 麦 (小麦) m. trigo; (大麦) f. cebada; (ライ麦) m. centeno; (カラス麦) f. avena. ♦麦粉 f. harina de trigo. ♦麦作(栽培) m. cultivo de trigo; (作柄) f. cosecha de trigo. ♦麦飯 f. cebada cocida; (米と混ぜた) m. arroz cocido con cebada.

むきあう 向き合う v. estar* frente a frente.

むきげん 無期限 ♦無期限の adj. indefinido, ilimitado. ♦無期限に adv. indefinidamente, por un período indefinido, de manera ilimitada. ♦無期限ストに入る v. declararse en huelga indefinida [ilimitada].

むきず 無傷 ♦無傷の (傷のない) adj. intachable, impecable; (完全な) adj. perfecto; (けがのない) adj. ileso; (無事な) adj. indemne, 《教養語》incólume, sano y salvo. ♦無傷な宝石 f. gema perfecta [sin defectos]. ♦彼は燃えている家から無傷で脱出した Salió sano y salvo de la casa en llamas.

むきだし むき出し ♦むき出しの (=裸の)肩 mpl. hombros desnudos. ♦腕をむき出しにする v. enseñar los brazos desnudos, arremangarse*. ♦腕をむき出しにして adv. con los brazos desnudos. ♦敵意をむき出しにする(=露骨に表わす) v. mostrarse* hostil abiertamente, 《口語》enseñar los dientes. ♦犬は怒って歯をむき出した El perro enfadado [enojado] enseñó los dientes.

むきだす むき出す →むき出し. ♦歯をむきだす v. mostrar* los dientes.

むぎちゃ 麦茶 m. té de cebada [trigo].

むきどう 無軌道 (無規律な) adj. suelto, disoluto; (無節操な) adj. sin principios. ♦無軌道な生活をする v. llevar una vida disoluta [desarreglada].

むきなおる 向き直る v. darse* la vuelta, girar en redondo. ♦向き直って私を見る v. darse* la vuelta y mirarme.

むきはい 無気肺《専門語》f. atelectasia.

むきぶつ 無機物 f. materia [f. sustancia] inorgánica; (鉱物質) m. mineral.

むきめい 無記名 ♦無記名の(署名のない) adj. sin firmar, anónimo. ♦無記名投票 m. voto secreto. ♦アンケートに無記名で答える v. contestar un cuestionario anónimo.

むきゅう 無休 ▶無休で働く v. trabajar sin vacaciones. ♦年中無休《掲示》Abierto todo el año. / Abierto siete días a la semana.

むきゅう 無給 ▶無給の adj. (trabajo) no retribuido [remunerado]. ▶無給の幹事 m. secretario/ria no remunerado/da;《名誉職的に》mf. secretario/ria honorario/ria. ▶無給で働く v. trabajar「sin remuneración [《口語》de balde,《ユーモアで》por amor al arte].

むきょういく 無教育 ▶無教育な(教育のない) adj. sin educación,《教養語》indocto,《軽蔑的に》ignorante; (教養のない) adj. inculto, sin cultura; (無学の) adj. analfabeto.

むきょうよう 無教養 ▶無教養な adj. inculto, sin cultura.

むきりょく 無気力 f. languidez, f. inercia. ▶無気力な (不活発な) adj. inactivo; (ものうげな) adj. lánguido; (元気のない) adj. sin energía.

むぎわら 麦稈 f. paja. ▶麦わら細工 m. trabajo [f. artesanía] de paja. ▶麦わら帽子 m. sombrero de paja.

むきん 無菌 (状態) f. asepsia. ▶無菌の adj. aséptico;(殺菌した) adj. esterilizado. ▶無菌室 f. sala aséptica [esterilizada].

*•**むく 向く** ❶【向きを変える】(体の) v. volverse* [mirar] 《a, hacia》. ▶右を向く v. volverse* [mirar] a la derecha. ▶後ろを向いて彼を見る v. volverse* para mirarlo[le], mirar hacia atrás para verlo[le]*. ♦彼は怒って私の方を向いた Se volvió hacia mí colérico.

❷【面する】(建物・窓などが見えている) v. dar* [mirar]《a》. ▶南を向いた部屋 f. habitación que da [mira] al sur [mediodía]. ♦そのホテルは海に向いている Ese hotel mira al mar. ♦その窓は庭に向いている Esa ventana da al jardín.

❸【適する】v. ser* apto [《教養語》idóneo, apropiado, bueno]《para》; (ふさわしい) v. valer* [servir*]《para》,《口語》tener* madera《para, de》. ▶女性に向いた仕事 m. trabajo apropiado para una mujer. ♦この土壌は野菜の栽培に向いていますか ¿Es apropiado [bueno] ese suelo para el cultivo de verduras? ♦この土地は石が多くて農業には向かない Estas tierras son demasiado pedregosas para el cultivo. / Estas tierras no valen para el cultivo por ser muy pedregosas. ♦彼女は教師に向いていない No es buena para enseñar. ▶あなたは本当にセールスの仕事に向いた性格のように思えますよ La verdad es que vales para vender. ♦《口語》Ciertamente tienes madera de vendedor/dora.

❹【気持ちなどが傾く】(...したい気がする) v. tener* ganas《de ＋不定詞・名詞》. ♦このところ який仕事に気が向かない Estos días no tengo ganas de trabajar. ♦気の向くようにしなさい Haz lo que quieras [《口語》te dé la gana].

【その他の表現】♦ついに彼にも運が向いてきた Por fin la fortuna le sonrió.

むく 剝く (果物・野菜などを) v. pelar [mondar, quitar] la cáscara, descascarar. ▶リンゴの皮をむく v. pelar una manzana. ♦彼女はバナナの皮をむいてくれた Me peló un plátano.

むく 無垢 ▶無垢な(＝純真な)少女 f. muchacha inocente. ▶白無垢の(＝純白の)ドレス m. vestido de blanco inmaculado.

むくい 報い (罰) m. castigo,《文語》f. punición; (天罰) m. castigo (de Dios); (善行の) f. recompensa. ▶悪事の報いを受ける v. recibir castigo por su mala acción. ♦それは当然の報いだ《口語》Te lo tienes merecido. / Dios te ha castigado. / (いい気味だ)Te lo mereces. / Tú te lo has buscado. ♦彼は警告を無視して後で報いを受けた No tomó precauciones y después las pagó.

むくいる 報いる (報酬の) v. recompensar, premiar, pagar*《por》; (行為が) v. corresponder. ▶彼の働きに賞を与えて報いる v. recompensar《a ＋ 人》por su trabajo con un premio. ▶彼の親切にどのように報いたらよいだろう ¿Cómo podré「pagarle por [corresponder a] sus servicios.☞返す, 応える

むくち 無口 adj. taciturno, callado. ♦彼は無口だ(＝あまりしゃべらない) Es taciturno [callado]. / (口数が少ない)Es un hombre de pocas palabras. / No habla mucho.

むくどり 椋鳥 m. estornino.

むくみ 浮腫 (はれ) f. hinchazón. ♦脚にひどいむくみができている Tengo una desagradable hinchazón en la pierna.

むくむ (はれる) v. hincharse, abota(r)garse. ♦彼は糖尿病で脚がむくんでいる Tiene las piernas hinchadas por la diabetes.

むくむく ▶夏の青空に雲がむくむくと出ていた En el cielo azul del verano se amontonaban las nubes. ♦燃えているビルから煙がむくむくっと出た El humo subía en forma de espesa columna desde el edificio en llamas.

むくれる (むっとする) v. enfurruñarse,『アルゼンチン』alunarse, ponerse* de mal humor; (怒る)v. enfadarse, enojarse. ♦彼女はむくれた顔をしている Parece (que está) enfurruñada [alunada, malhumorada]. ♦彼は何でもないことですぐむくれる Se enfurruña [aluna] enseguida por cualquier cosa.

むくわれる 報われる v. ser* [quedar] recompensado [pagado]. ♦彼の努力は十分報われた Sus esfuerzos quedaron bien pagados. ♦正直は必ず報われる La honradez recompensa por sí misma. / Vale la pena ser honrado.

-むけ -向け ▶¹輸出 [²南米]向けの品物 mpl. productos ¹de exportación [²a Sudamérica]. ♦この雑誌は少年向けです Esta revista se destina a los chicos. ♦その番組は中国向けに放送されている Esos programas se transmiten [emiten] para China.

むけい 無形 ▶無形文化財 m. patrimonio cultural intangible. ▶有形無形の援助 f. ayuda moral y material.

むけいかく 無計画 ▶無計画な adj. sin planificar; (無謀な) adj. temerario, osado; (でたらめの) adj. disparatado, al azar,《口語》a la buena de Dios. ▶無計画な住宅政策 f. políti-

ca de vivienda sin planificar.
むけつかくめい 無血革命 *f.* revolución incruenta.
むけに 無下に (きっぱりと) *adv.* rotundamente; (そっけなく) *adv.* categóricamente, 《口語》de plano; (即座に) *adj.* inmediatamente. ▶むげに断る *v.* rechazar* rotundamente, dar*《人＋人》"un no rotundo [una rotunda negativa]". ▶「むげに断わるわけにはいかないからね」と彼はいった Dijo que no podía darle un no rotundo.

***むける** 向ける ❶【向かせる】(顔・視線・背などを) *v.* volver*; (注意などを) *v.* dirigir*; (銃などを) *v.* apuntar. ▶彼に背中を向けるe *v.* volverle* [darle*] la espalda. ▶銃を彼に向ける *v.* apuntarlo[le] con el fusil. ▶背を壁に向けて立つ *v.* quedar con la espalda contra la pared. / こっちに顔を向けなさい Vuélvete para acá. / Vuelve aquí la cabeza. ▶彼は私の忠告に注意を向けようとしなかった No「hizo caso de [prestó atención a] mi consejo. ▶彼らの怒りは私に向けられていた Dirigían su ira contra mí.
❷【差し向ける】 *v.* enviar*. ▶警官を事故現場に向ける *v.* enviar* *un/una* policía al lugar del accidente. ▶お迎えの車を差し向けます Enviaré un coche [automóvil] para que te recoja.
❸【当てる】 *v.* aplicar*, dedicar*. ▶全精力をその仕事に向ける *v.* aplicar* [dedicar*, consagrar*] toda la energía al trabajo. ▶研究に心を向けなさい Aplícate al estudio en cuerpo y alma.

むける 剝ける (皮が) *v.* pelarse [quitarse] la cáscara, pesprenderse, descortezarse*. ▶背中の皮がむけ始めた Me estoy pelando por la espalda. / La piel de mi espalda ha empezado a desprenderse. ▶バナナはすぐ皮がむける Los plátanos se pelan bien.

むげん 無限 *f.* infinidad, *f.* infinitud; (永遠) *f.* eternidad. ▶無限の (計り知れない) *adj.* infinito, ilimitado; (永遠の) *adj.* eterno; (無尽蔵の) *adj.* inagotable, 《教養語》inexhaustible. ▶無限に *adv.* infinitamente, ilimitadamente. ▶無限の可能性 *fpl.* posibilidades infinitas [ilimitadas]. ▶無限の活力 *f.* energía inagotable. ▶われわれの時間は無限ではない No tenemos todo el tiempo del mundo. / Nuestro tiempo es limitado. ▶天然資源は無限というわけではない Los recursos naturales no son inagotables [《教養語》inexhaustibles].

むこ 婿 (娘の夫) *m.* yerno; (花婿) *m.* novio. ▶婿を取る *v.* tomar un marido para la hija. ▶婿(養子)になる[行く] *v.* entrar en la familia de la novia.

むごい (残酷な) *adj.* cruel; (残忍な) *adj.* brutal; (無慈悲な) *adj.* despiadado; (恐ろしい) *adj.* terrible, horrible, horrendo. ▶むごい主人 *m.* amo cruel. ▶むごい死に方をする *v.* tener* una muerte horrible. ▶彼らにむごいことをするな No seas cruel con ellos. / No los trates con crueldad.

***むこう** 向こう ❶【反対側】 *m.* lado opuesto; (もう一方の側) *m.* otro lado. ▶川の向こうに病院があります Hay un hospital「al otro lado [a la otra orilla] del río. ▶彼の車が道路の向こうに止まっている Su coche [automóvil] está「en el otro lado de la calle [enfrente de aquí]. ▶丘の向こうに小さな村がある「Al otro lado de [Detrás de] la colina hay una aldea. ▶彼は運動場の向こうの方へ歩いて行った Se fue a la otra punta del terreno de juego. ▶彼はテーブルの向こうから話しかけてきた Me habló desde el otro lado de la mesa. ▶風は向こう (＝反対方向) から吹いている El viento sopla「de cara [del lado opuesto, en sentido contrario].

❷【あちら】(あそこ[の]) *adv.* allí, allá, por allá. ▶はるか向こうに *adv.* allá en la lejanía, allá lejos. ▶3キロ向こうのガソリンスタンド *f.* gasolinera 3 kilómetros más allá. ▶向こうを向く (＝向きを変える) *v.* dar* la vuelta; (顔をそむける) *v.* volver* la cara. ▶向こうのあの白い建物が見えますか。郵便局はその向こう (＝通り過ぎたところ) です ¿Ve usted aquel edificio blanco allí [allá]? Pues Correos está justo después [a continuación]. ▶庭の向こうの端にクルミの木を植えます Vamos a plantar unos nogales en la otra punta del jardín. ▶彼がはるか向こうからやって来るのが見える Puedo verlo[le] venir allá en la distancia. ▶飛行機は山の向こうへ飛んで行った El avión se alejó sobrevolando la montaña. ▶向こうへ着いたらすぐ手紙を出します Te escribiré tan pronto como llegue allí. ▶向こうへ行け ¡Vete! / ¡Fuera! /《口語》¡Lárgate!

❸【今後, 未来】 ▶むこう1週間の仕事のスケジュールを立てる *v.* planificar* el programa de trabajo de la próxima semana. ▶4月1日から向こう1週間休暇をとります Tomaré una semana de vacaciones a partir del 1 de abril. / El día 1 de abril me voy una semana de vacaciones.

❹【相手】(相手側) *f.* otra parte, *f.* oposición, *mf.* rival. ▶チャンピオンを向こうに回して (＝対抗して) 善戦する *v.* plantearle un buen combate al campeón. ▶世論を向こうに回して (＝反対して) 立ち上がる *v.* levantarse contra [en contra de] la opinión pública. ▶向こうの言い分もよく聞きなさい Escucha bien lo que dice la otra parte. ▶最初に手を出したのは向こう (＝彼, 彼女, 彼ら) だ Fue él [ella, ellos] quien [quienes] me atacó [atacaron] primero. / Fueron ellos los que me atacaron primero.

《その他の表現》▶向こう三軒両隣 *mpl.* vecinos cercanos.

むこう 無効 *f.* nulidad, *f.* invalidez; (無効にすること) *f.* anulación, *f.* invalidación. ▶無効の *adj.* nulo, inválido; (契約などの) *adj.* nulo. ▶無効投票 *m.* voto nulo [inválido]. ▶無効の切符 *m.* billete inválido. ▶無効にする *v.* anular, invalidar. ▶無効になる *v.* quedar nulo [inválido]. ▶その契約は無効だ El contrato es nulo [inválido]. ▶このためにその協定は無効になった Esto anuló [invalidó] el

むこうずね 向こう脛 *f.* espinilla, *f.* tibia, *f.* canilla. ♦向こうずねをいすにぶつけた Me golpeé la espinilla contra la silla.
むこうみず 向こう見ず ▶向こう見ずな *adj.* insensato, imprudente; (大胆な) *adj.* atrevido, audaz. → 無謀 ☞ 大それた, 突飛な
ムコシしつしょう ムコ脂質症 《専門語》*f.* mucolipidosis.
ムコたとうしょう ムコ多糖症 《専門語》*f.* mucopolisacaridosis.
むごたらしい (残酷な) *adj.* cruel. → むごい.
むごん 無言 ▶無言の (黙っている) *adj.* silencioso, callado; (口をきこうとしない) *adj.* mudo, sin palabras. ♦無言の抗議 *f.* protesta silenciosa. ▶無言の了解 = (暗黙の) 了解 *m.* entendimiento tácito [implícito]. ▶無言電話がかかってくる *v.* recibir una llamada telefónica sin palabras. ▶無言で *adv.* silenciosamente, en silencio; (一言も言わないで) *adv.* sin palabras, sin decir nada. ♦彼女はしばらく無言のままだった Se quedó un buen rato callada [en silencio]. ♦近ごろ無言電話がかかって来て気持ちが悪い Recientemente he recibido llamadas por teléfono en las que, al levantar el auricular, no hablaba nadie. ¡Qué desagradable!
むごんしょう 無言症 《専門語》*m.* mutismo.
むざい 無罪 *f.* inocencia, *f.* inculpabilidad. ▶無罪の *adj.* inocente, no culpable. ♦無罪の判決 *m.* fallo [*f.* sentencia] de inculpabilidad [inocencia]. ▶無罪を主張する *v.* insistir en su inocencia, declararse inocente. ♦トーマスは放火罪で起訴されたが無罪になった A Tomás le acusaron de provocar el incendio, pero después fue「declarado inocente [absuelto]」.
むさく 無策 *f.* falta de política. ♦政府は景気対策に無為無策だ El gobierno carece de una política que incentive la economía. / Al gobierno le falta una política de medidas que estimulen la economía.
むさくい 無作為 ▶無作為の *adj.* involuntario; (統計などで) *adj.* al azar. ▶無作為に *adv.* involuntariamente; al azar. ▶無作為標本 [*f.* muestra aleatoria [seleccionada al azar]. ▶無作為抽出法 *m.* método de muestreo aleatorio.
むさくるしい むさ苦しい (汚い) *adj.* sucio, deseado; (乱雑な) *adj.* desordenado, desarreglado. ♦むさ苦しい部屋 *f.* habitación desordenada y sucia, *m.* cuchitril. ♦むさ苦しい所ですが, どうぞお上がりください Nuestra casa está desordenada, pero...
むささび *f.* ardilla voladora.
むさべつ 無差別 *f.* indiscriminación. ▶無差別の *adj.* indiscriminado. ▶無差別爆撃 *m.* bombardeo indiscriminado. ▶無差別級 (スポーツ) (武道) *f.* categoría [*f.* división] abierta. ▶無差別に人を殺す *v.* matar indiscriminadamente.
むさぼりよむ むさぼり読む *v.* devorar (un libro); (熱心に読む) *v.* leer* (un libro)「con avidez [ávidamente]」.

むさぼる (がつがつ食べる) *v.* comerse, comer glotonamente. ♦その子はクッキーを全部むさぼるように食べた El niño se comió vorazmente todas las galletas. ♦私はひその新聞記事をむさぼり読んだ「Leí ávidamente [Devoré] el artículo del periódico. ♦その会社は暴利をむさぼっている Esa compañía está haciendo [realizando] ganancias exorbitantes.
むざむざと (たやすく) *adv.* fácilmente, con facilidad; (惜しげなく) *adv.* sin pesar, generosamente; (抵抗せずに) *adv.* sin ninguna resistencia. ♦彼はむざむざと殺された Lo [Le] mataron fácilmente. ♦むざむざと仕事を辞めるようなことはしない No voy a dejar mi trabajo sin pesar.
むざん 無残 ▶無残な (恐ろしい) *adj.* horrible; (残酷な) *adj.* cruel, despiadado; (悲惨な) *adj.* trágico. ▶無残な光景 *f.* escena horrible [cruel, atroz]. ▶無残な最期を遂げる *v.* morir* trágicamente. ▶無残にも *adv.* cruelmente, sin piedad.
むさんそしょう 無酸素症 《専門語》*f.* anoxia.
・むし 虫 ❶ [昆虫] *m.* insecto, (口語) *m.* bicho; (ミミズ・ウジ虫など) *m.* gusano; (毛虫・イモ虫など) *f.* oruga; (ガなど) *f.* mariposa nocturna; *f.* polilla; (鳴く虫) *m.* grillo; (害虫) *m.* insecto dañino [nocivo]; (寄生虫) *m.* parásito.
  1《虫が》(草木などに) 虫がつく *v.* estar* infestado de insectos. ♦野原で多くの虫が鳴いている Hay muchos insectos cantando en los campos. ♦梅雨の間この溝には虫がわいた Durante la estación de lluvias este sumidero se ha llenado [infestado] de bichos. ♦このクリは虫が入っている Estas castañas están agusanadas.
  2《虫に》虫に刺された Me ha picado un insecto. ♦このセーターはすっかり虫に食われている Este suéter está apolillado totalmente.
❷ [気持ち, 感じ] ▶虫の好かない人 *f.* persona desagradable. ▶虫を殺す (=かんしゃくをこらえる) *v.* controlarse, (口語) no perder* los estribos. ♦虫の居所 (=機嫌) が悪い *v.* estar*「de mal humor [mal humorado]」. ♦彼は虫が好かない No es mi tipo. ♦彼が事故にあうだろうと虫が知らせた Tuve el presentimiento de que él iba a tener un accidente. ♦これくらいでは腹の虫がおさまらない Esto no va a aplacarme.
❸ [熱中する人] ▶本の虫 *m.* ratón de biblioteca. ♦彼は仕事の虫だ (=仕事に夢中だ) Está absorbido por su trabajo. / (仕事中毒だ)Es un「adicto [fanático] del trabajo.
〖その他の表現〗 ▶虫のいい男 *m.* hombre egoísta. ♦娘に悪い虫がつくのではと心配している Me preocupa que mi hija pueda echarse de novio a cualquier indeseable. ♦一寸の虫にも五分の魂〖言い回し〗Todo tiene un límite. ♦たで食う虫も好きずき→それは虫がよすぎる《口語》Te estás pasando (de la raya). / Eso es pasarse de la raya.
むし 無視 ▶無視する (認めるのを拒絶する) *v.* igno-

むし rar, hacer* caso omiso《de》;(熟慮の上で取り上げない)v. desatender*;(注意を払わない)v. no prestar atención;(おろそかにする)v. descuidar;(気にとめない)v. no tener* en cuenta;(公然と)v. desafiar*. ◆少数意見を無視する v. no hacer* caso de la opinión de una minoría. ◆法律を無視する v. desafiar* la ley. ◆彼らが君のことを何と言おうと無視しなさい No hagas caso de lo que digan de ti. ◆彼女にあいさつしたが完全に無視された Yo la saludé, pero ella me ignoró completamente. ◆運転手は赤信号を無視した El conductor 「no hizo caso del [ignoró el; se saltó el] semáforo rojo. ◆彼は危険を無視して燃えている家の中へ飛び込んで行った「Sin prestar atención al peligro [Desafiando el peligro], se lanzó al interior de la casa en llamas. ◆二人のうち片方の人だけを招待したらもう一人は無視された(＝のけ者にされた)と思うことでしょう Si se invita a sólo uno de los dos, el otro se sentirá excluido. ⇨軽んじる, 疎外する, 素知らぬ, そっぽ, 度外視, 取り合う

むし 無私 f. abnegación, m. desinterés. ◆無私の精神 m. espíritu abnegado [desinteresado].

むじ 無地 (模様のない) adj. liso, sin dibujo. ◆赤い無地の布 f. tela roja lisa.

むしあつい 蒸し暑い adj. sofocante;(じめじめする) adj. húmedo;(べとべとする) adj. pegajoso. ◆今日はとても蒸し暑い ¡Qué calor tan bochornoso hace hoy! / ¡Qué bochorno hace hoy!

むしかえす 蒸し返す (料理を) v. cocinar al vapor otra vez;(議論などを) v. repetir*, reiterar;(不愉快な話題などを) v. desenterrar*. ◆彼らはその議論を何度も蒸し返した Una y otra vez tocaron de nuevo la discusión [polémica]. ◆そのことは蒸し返さないでくれ No desentierres ese asunto otra vez. / No vuelvas otra vez con lo mismo.

むしかく 無資格 f. falta de título. ◆無資格の医師 mf. médico 「no titulado [sin licencia].

むしき 蒸し器 f. vaporera, f. olla de vapor.

むしくい 虫食い ◆虫食いだらけの桃 m. melocotón agusanado. ◆虫食いの背広 m. traje apolillado.

むしくだし 虫下し m. vermífugo.

むしけん 無試験 ◆無試験でこの学校に入学した Ingresé en esta escuela sin hacer ningún examen.

むじこ 無事故 ◆私は20年間無事故だ En los últimos veinte años no he tenido ningún accidente.

むしさされ 虫刺され f. picadura de insecto.

むししょう 無肢症《専門語》 f. amelia.

むしず 虫酸 ◆むしずの走るような(＝まったくいやな)奴《俗語》 m. tío asqueroso. ◆あいつのことを考えるだけでむしずが走る Sólo de pensar en él me 「dan náuseas [da asco].

むじつ 無実 f. inocencia. ◆無実の(人が) adj. inocente;(事が偽りの) adj. falso. ◆無実の罪で adv. bajo acusación falsa. ◆彼の無実が証明された Se demostró su inocencia. / Se probó que era inocente.

むしば 虫歯《専門語》 f. caries dental;(悪くなった歯) m. diente picado, f. muela picada, f. muela con caries, f. caries. ◆虫歯を防ぐ v. prevenir* la caries. ◆虫歯を詰めてもらう v. empastar una caries. ◆虫歯が13本ある [2なし] v.[1]tener* tres [2no tener*] caries. ◆虫歯を抜いてもらう v. sacarse* una muela picada.

むしばむ 蝕む ◆蝕む(病気などが冒す) v. consumir, afectar, carcomer;(しだいに損なう) v. minar, socavar;(酸化金属をおかすように) v. corroer*;(弱める) v. debilitar. ◆がんにむしばまれた肉体 m. cuerpo consumido por el cáncer. ◆深夜の仕事で彼の健康がむしばまれ始めた El trabajo a altas horas de la noche empezó a minarle la salud.

むじひ 無慈悲 ◆無慈悲な adj. despiadado;(無情な) adj. sin corazón, desalmado;(残酷な) adj. cruel.

むしぶろ 蒸し風呂 m. baño de vapor, f. sauna. ◆まるで蒸しぶろの中にいるようだ(＝ひどく蒸し暑い) Hace un calor asfixiantemente húmedo.

むしぼし 虫干し (空気・日光に当てること) m. acto de airear [orear]. ◆衣類を虫干しする v. airear [orear] la ropa.

むしむし 蒸し蒸し ◆蒸し蒸しする →蒸し暑い.

むしめがね 虫眼鏡 f. lupa. ◆虫眼鏡で昆虫を見る v. mirar un insecto con [por la] lupa.

むしやき 蒸し焼き m. estofado, m. guisado. ◆蒸し焼きにする v. estofar [asar] en una cazuela.

むじゃき 無邪気 f. inocencia, f. ingenuidad. ◆無邪気な adj. inocente;(子供のように) adj. cándido, sencillo, ingenuo;(悪気のない) adj. sin malicia. ◆彼女は赤ん坊のように無邪気だ Es cándida como un niño. ⇨純真, 天真爛漫; あどけない, いたいけない, うぶ

むしゃくしゃ ◆むしゃくしゃする v. sentir* irritación;(いらいらする) v. estar* irritado;(機嫌が悪い) v. estar* de mal humor. ◆彼むしゃくしゃしているみたい。きっと奥さんとけんかでもしたんだよ Parece de mal humor. Tiene que haberse peleado con su mujer.

むしゃむしゃ ◆ライオンがえさをむしゃむしゃ(＝がつがつ)食べた Un león devoró su comida. ◆彼はサラダをむしゃむしゃ(＝口をもぐもぐさせて)食べた Se comió la ensalada masticándola con ganas.

むしゅう 無臭 ◆無臭の adj. inodoro, sin olor.

むしゅうきょう 無宗教 ◆彼は無宗教だ Es irreligioso.

むじゅうりょく 無重力 f. ingravidez, f. gravedad cero;(無重量の状態) m. estado de ingravidez. ◆無重力飛行 m. vuelo en zona de ingravidez. ◆無重力状態になる v. hacerse* ingrávido, quedarse en estado de ingravidez.

むしゅみ 無趣味 ◆無趣味である(＝これといった趣味がない) v. no tener* 「ningún gusto [ninguna afición] en particular.

むじゅん 無盾 (相反すること) f. contradicción; (首尾一貫しないこと) f. inconsecuencia. ♦この世には多くの矛盾が存在する Vivimos en un mundo lleno de contradicciones. ♦彼の理論は矛盾だらけだ Su teoría contiene numerosas inconsecuencias.

—— **矛盾した[する]** adj. contradictorio《con, con respecto a》, inconsecuente《con》. ♦彼はよく矛盾したことを言う Se contradice a menudo. ♦二人の証人は互いに矛盾する証言をした Los dos testigos ofrecieron testimonios contradictorios.

—— **矛盾する** v. contradecirse*《con》. ♦彼の話はその証拠と矛盾している Lo que afirma「se contradice [es inconsecuente] con」la evidencia [las pruebas].

むしょう 無償 ▶無償の adv. gratis, gratuitamente,《口語》de balde. ▶無償で働く v. trabajar gratis.

むじょう 無常 ▶無常の (変わりやすい) adj. variable, mutable; (つかの間の) adj. transitorio, efímero, fugaz; (一定しない) adj. incierto. ▶無常観 m. sentido de la inestabilidad [transitoriedad] de las cosas de este mundo. ▶人生は無常だ《言い回し》Todo es transitorio. /《言い回し》La vida no es más que un sueño.

むじょう 無情 ▶無情な adj. sin corazón, despiadado; (冷たい心の) adj. frío, insensible; (冷淡な) adj. frío; (冷酷な) adj. cruel; (無慈悲な) adj. despiadado. ▶無情な言葉 fpl. observaciones crueles [duras]. ▶無情にも adv. despiadadamente, cruelmente ⇨邪険, 世知辛い

むじょうけん 無条件 ▶無条件の adj. incondicional. ▶無条件で adv. incondicionalmente. ▶無条件降伏 f. rendición incondicional.

むしょうに 無性に (非常に) adv. muy; (極度に) adv. sumamente, extremadamente; (圧倒されるほど) adv. abrumadoramente. ▶無性に腹が立つ v. enfadarse [enojarse] mucho [con vehemencia]. ▶無性にうれしい [²悲しい] v. estar* muy [sumamente] ¹contento [²afligido]. ▶無性にあの人に会いたい (=会いたくてたまらない) Tengo unas ganas tremendas [《口語》incontenibles] de verlo[le]. /《口語》Me muero por verlo[le]. / Deseo mucho verlo[le].

むしょく 無職 ▶無職の adj. desocupado; (失職した) adj. sin trabajo, desempleado. ▶彼は無職だ (=定職がない) No tiene trabajo fijo. / (失業している) Está「en el paro [sin trabajo]. ♦母は無職です (=働きに行っていない) Mi madre no trabaja fuera de casa.

むしょく 無色 ▶無色透明のガラス m. vidrio [m. cristal] transparente [sin color].

むしょぞく 無所属 ▶無所属の adj. independiente, sin pertenencia. ▶無所属の¹議員 [²候補者] ¹ mf. diputado/da [² mf. candidato/ta] independiente [sin pertenencia]. ▶無所属で立候補する v. presentarse a unas elecciones「como independiente [sin afiliación política].

むしる 毟る ▶鶏の毛をむしる v. desplumar [pelar] un pollo. ▶庭の草をむしる v. quitar las hierbas del jardín, desherbar* el jardín.

***むしろ**

1《AよりむしろB》adv. B más bien que A, antes (bien) B que A. ♦彼女は女優というよりはむしろ歌手だ Es una cantante más bien que actriz. / Es antes cantante que actriz.

2《AするよりむしろBしたい》adv. B mejor [antes] que A; (A より…であればより望む) Prefiero B a [antes que] A. ♦パーティーに行くよりもむしろ家にいたい Antes quedarme en casa que ir a la fiesta. / Prefiero [Preferiría] quedarme en casa a [antes que] ir a la fiesta. ♦むしろそれをすぐにやってほしいのに Preferiría que lo hicieras ahora mismo. / Más vale que lo hagas ahora mismo. / Quisiera que lo hicieras ahora mismo.《会話》しばらくソファーで横になったらどう?—ありがとう, でもむしろこの方がいいよ ¿Por qué no te echas un rato en el sofá? – Gracias, pero mejor no.

❷【いやむしろ】 adv. (o) más bien, (o) mejor. ♦彼は同意した, というよりはむしろ (=もっと正確に言えば) 反対はしなかったのだ Estuvo de acuerdo, o más bien no tuvo inconveniente.

❸【どちらかといえば】 si cabe. ♦彼はむしろ以前より幸せそうだ Si cabe, parece más feliz que antes.

むしろ 筵 f. estera [f. esterilla] de paja. ▶むしろを編む v. hacer* una estera de paja.

むしん 無心 ❶【無邪気】 f. inocencia. ▶無心に遊んでいる v. estar* jugando inocentemente.

❷【ねだること】 f. petición, m. ruego. ▶彼に金の無心をする v. pedirle* dinero.

むしんけい 無神経 ▶無神経な (他人の気持ちなどに) adj. insensible, poco delicado; (非難などに) adj. desconsiderado. ♦彼女が夫の死を悲しんでいるときに, 奥さんのことをのろけるなんて君は無神経だ No es muy delicado por tu parte el hablar con cariño de tu propia esposa a una mujer que está triste por haber perdido a su marido.

むじんぞう 無尽蔵 ▶無尽蔵の adj. inagotable,《教養語》inexhaustible. ♦われわれは天然資源が無尽蔵でないことを忘れがちである Solemos olvidar que los recursos naturales no son inagotables.

むじんとう 無人島 f. isla deshabitada [desierta].

むしんろん 無神論 m. ateísmo. ▶無神論者 mf. ateo/a.

むす 蒸す v. cocer* al vapor. ▶サツマイモを蒸す v. cocer* boniatos [batatas,《ラ米》camotes] al vapor.

むすいしょうたい 無水晶体《専門語》f. afaquia.

むすう 無数 ▶無数の adj. innumerable, incontable. ▶無数の星 m. sinfín [m. sinnúmero] de estrellas. ▶無数の困難に直面する v. enfrentarse a「un sinfín de problemas [innumerables dificultades].

むずかしい

**むずかしい 難しい ❶【困難な】adj. difícil; (骨の折れる) adj. penoso, duro; (やっかいな) adj. molesto; (複雑な) adj. complicado; (重大な) adj. grave, importante; (微妙な) adj. delicado. ▶難しい立場 f. situación difícil. ▶難しい手続き m. procedimiento complicado. ▶難しい病気 f. enfermedad grave [de difícil curación]. ▶(慎重を要する)難しい手術 f. operación delicada. ▶テストはとても難しかった El examen [[英語]"test"] fue verdaderamente difícil [complicado]. ▶彼女にはその問題を解くのは難しい Es un problema difícil de resolver para ella. / Es difícil que ella resuelva el problema. ▶ファンを納得させるのは難しい Es difícil convencer a Juan. / Juan es difícil de convencer. ❷【気難しい】adj. difícil, que tiene mal genio; (怒りっぽい) adj. enojadizo, enfadadizo → 気難しい; (好みが) adj. especial 《para》 うるさい; (顔つきが) adj. hosco, intratable. ▶難しいお客 m. cliente difícil. ▶難しい顔をしている v. tener* una cara hosca [[口語]de pocos amigos].

── **難しく** ▶物事を難しく考える v. tomarse las cosas (demasiado) en serio. ▶難しく (=専門的に)言えば adv. en términos técnicos.

むずかる (赤ん坊が) v. estar* 「de mal humor [quejoso], 《教養語》displicente」. ▶むずかる赤ん坊 m. bebé quejoso.

*むすこ 息子 m. hijo. ▶私には息子が二人と娘が一人いる Tengo dos hijos y una hija. ▶おまえなんか息子じゃない ¡No eres「hijo mío [mi hijo]!

むすび 結び (結末) m. fin, m. final; (結論) f. conclusión. ▶ (相撲の)結びの一番 m. combate final (de "sumo"). ▶結びの言葉 fpl. palabras finales.

むすびつき 結び付き (関係) f. relación, f. conexión; (つながり) mpl. lazos, 《教養語》mpl. vínculos. ▶私どもの家族との結び付きはとても強い Mis lazos con la familia son muy estrechos. ▶他国との結び付きを強めないといけない Debemos fortalecer los lazos con otros países.

むすびつく 結び付く (密接な関係を持つ) v. tener* 「una estrecha relación [estrechas relaciones]《con》, estar* estrechamente vinculado《con, a》. ▶今日の科学技術は軍事戦略に結び付いている La tecnología「de hoy [actual]」「tiene una estrecha relación con [está muy vinculada a] la estrategia militar. ▶彼の実直さとそのような凶悪な犯罪とは結び付かない Su honestidad no concuerda con tal horroroso crimen.

むすびつける 結び付ける ❶【結わえつける】v. atar, unir; (しっかり固定する) v. fijar, sujetar, atar. ▶旗をさおに結びつける v. atar una bandera a un mástil.
❷【関係づける】(関係) ▶AとBを結びつけて(考える)v. unir [vincular] A y [a] B. ▶運命が彼らを結びつけた El destino los unió.

むすびめ 結び目 ▶結び目を解く v. desatar [deshacer*] un nudo.

むすぶ 結ぶ ❶【ひもなどをつなぎ合わせる】v. atar, ligar; (結び目を作る) v. anudar; (縛る) v. atar, liar; amarrar. ▶靴のひもを結ぶ v. atarse los zapatos. ▶包みをひもで結ぶ v. atar un paquete con una cuerda. ▶切れたひもを結び合わせる v. anudar una cuerda rota. ▶その女の子は髪にリボンを結んでいた La muchacha tenía una cinta atada al pelo. ▶彼女は背中で帯を結んだ Se ató la faja (del "kimono") a la espalda. 《会話》きつく結んでいるの─うん、できるだけつくして ¿Te ato muy fuerte el nudo? – Sí, todo lo que puedas.
❷【2点をつなぐ】(連絡物でつなぐ) v. conectar, unir → 繋(つな)ぐ; (密接に連結する) v. unir, enlazar*; (直接結合する) v. juntar, unir. ▶2点間を線で結ぶ v. trazar* una línea entre dos puntos. ▶東京と大阪を結ぶ高速道路 La autopista que une Tokio y [con] Osaka. ▶その二つの島は橋で結ばれている Las dos islas están unidas por un puente. ▶私たちはみんな友情で結ばれている Todos nosotros estamos unidos por la amistad.
❸【関係を結ぶ】v. asociarse [ligarse*]《con》,「formar una [entrar en] relación [liga]《con》;(条約などを締結する)v. concluir*, firmar. ▶彼と交友関係を結ぶ v. hacerse* amigo/ga de él, entrar en una relación de amistad con él. ▶平和条約を結ぶ v. concluir*「firmar」un tratado de paz《con》. ▶その国は戦争中ドイツと同盟を結んでいた Ese país「era aliado de [estaba aliado con]」Alemania durante la guerra. ▶アメリカ軍はイギリス軍と手を結んでドイツとの戦争を戦った El ejército de Estados Unidos se alió con el británico en la guerra contra Alemania.
❹【締めくくる】(終わらせる) v. acabar, concluir*, finalizar*. ▶好きな言葉で演説を結ぶ v. acabar el discurso con [diciendo] las palabras predilectas.
❺【固く閉じる】▶彼は口を固く結んだ Cerró la boca bien. / Apretó los labios.
❻【実を結ぶ】v. dar* [tener*] fruto, fructificar*. ▶彼の研究はついに実を結んだ Por fin sus estudios dieron fruto.
⇨ 閉[締, 絞]める

むずむずする ❶【かゆくて】(人が) v. tener* [sentir*] picor(es); (人・体の部分が) v. picar*. ▶私は背中がむずむずする Me pica la espalda. / Siento [Tengo] picor en la espalda. ▶鼻が少しむずむずする (=くすぐったい) Tengo un ligero picor en la nariz. /《口語》Siento un picorcillo en la nariz.
❷【はやくしたくて・欲しくて】v. tener* muchas ganas《de》; arder en deseos《de》;《口語》morirse* [estar*] loco《por》;《a + 人》apetecer* mucho. ▶彼は外国へ行きたくてむずむずしている「Tiene muchas ganas [Arde en deseos] de ir al extranjero. /《口語》Se muere por ir al extranjero. ▶彼は冷たいビールを飲みたくてむずむずしていた Le apetecía mucho una cerveza fría.

*むすめ 娘 f. hija; (若い未婚の女性) f. niña, f.

muchacha, f. chica, f. joven (☆年齢順に); (成人した) f. señorita. ▶娘時代の友達 f. amiga de la juventud [adolescencia]. ▶娘盛りである v. estar* en「la flor de su [plena] juventud. ◆娘がこの春結婚します Nuestra hija se casa esta primavera. ◆娘は長い間病気をしていた Mi hija ha estado enferma mucho tiempo. ◆彼女は娘時代をパリで過ごした Ella pasó su juventud en París.

むせい 夢精 f. polución nocturna; m. sueño húmedo.

むぜい 無税 ▶無税の adj. sin impuesto(s); (税金のかからない) adj. libre [exento] de impuesto(s); (関税のかからない) adj. libre de derechos. ▶無税で商品を買う v. comprar artículos libres de impuestos.

むせいげん 無制限 ▶無制限の adj. ilimitado, sin límites; (条件を付けない) adj. sin restricciones, libre. ▶無制限の自由 f. libertad ilimitada. ▶無制限に入場を許す v. admitir gente sin límites.

むせいししょう 無精子症 《専門語》 f. azoospermia.

むせいふ 無政府 ▶無政府状態に陥る v.「caer* en la [llegar* a] una situación de anarquía. ▶無政府状態にある v. estar* en un estado de anarquía. ▶無政府主義 m. anarquismo. ▶無政府主義者 mf. anarquista.

むせきつい 無脊椎 ▶無脊椎の adj. invertebrado. ▶無脊椎動物 m. animal invertebrado.

むせきにん 無責任 f. irresponsabilidad, f. falta de responsabilidad. ▶無責任な親 mpl. padres irresponsables. ◆赤ん坊を一人車に残しておくなんて君は無責任だ Has sido un/una irresponsable por dejar al bebé solo en el coche. ☞適当な、でたらめ

むせっそう 無節操 (移り気) f. inconstancia. ▶無節操な奴 m. individuo inconstante; m. tipo sin principios.

むせぶ ▶涙にむせぶ v. ahogarse* en llanto [lágrimas]; (すすり泣く) v. sollozar*.

むせる (息が詰まる) v. ahogarse* (con, por); (息苦しくなる) v. ahogarse* [sofocarse*] (con, por). ◆彼女はたばこの煙にむせた Se ahogó con el humo del tabaco. / El humo del tabaco la ahogaba.

むせん 無線 (無線通信) 《専門語》 f. radiocomunicación, f. radio. ▶無線局 f. estación de radio. ▶無線技師 mf. radiooperador/dora, mf. radiotelegrafista. ▶送受信両用無線機 m. aparato emisor y receptor. ▶無線電信 f. radiotelegrafía. ▶無線電話機 m. radioteléfono; (携帯用の) m. transmisor-receptor portátil. ▶無線 LAN 《専門語》 m. LAN inalámbrica. ▶無線タクシー m. radiotaxi. ▶無線で交信する v. comunicarse* por radio. ▶無線で通信を送る v. enviar* un mensaje por radio.

むせん 無銭 ▶無銭飲食する v. irse* de un restaurante sin pagar*. ▶無銭旅行する v. viajar sin dinero.

むせんそうじゅう 無線操縦 m. control por radio. ▶無線操縦する v. controlar por radio.

むだ 1401

むそう 夢想 (夢) m. sueño; (空想) f. imaginación, f. ilusión; (白日夢) m. ensueño, f. ilusión. ▶夢想する v. soñar* (con), hacerse* ilusiones (sobre). ▶夢想家 mf. soñador/dora, mf. visionario/ria.

むぞうさ(に) 無造作(に) (さりげなく) adv. sin cumplidos [ceremonias], con desenvoltura, libremente; (たやすく) adv. fácilmente, sin dificultad; (すぐに) adv. enseguida; (ぞんざいに) adv. sin cuidado. ▶無造作に問題を解く v. solucionar el problema fácilmente [sin dificultad]. ▶無造作に承諾する v. consentir* enseguida; decir* que sí fácilmente. ◆彼は札束を無造作にかばんに入れた Agarró los fajos de billete sin cumplidos y los metió en el maletín.

****むだ** 無駄 (浪費) m. desperdicio, f. pérdida, m. derroche, m. despilfarro; (無益) f. inutilidad, 《教養語》 f. futilidad. ▶むだを省く v. ahorrar, reducir* pérdidas, evitar el desperdicio. ◆そのような授業はすべて時間のむだだと彼は思った Le pareció que asistir a esas clases era perder [desperdiciar, malgastar] el tiempo. / Le pareció que unas clases así eran una pérdida de tiempo.

—— 無駄(の[な]) (浪費的な) adj. despilfarrador, derrochador, antieconómico, pródigo; (役に立たない) adj. inútil, ineficaz; (結果的に不成功の) adj. vano; (努力などが実りのない) adj. infructuoso; (特定の目的のない) adj. sin objetivo; (不用な) adj. innecesario. ▶資源のむだな使い方「m. uso antieconómico [m. derroche inútil] de los recursos. ▶ f. manera poco económica de utilizar los recursos. ▶むだ話をする v. charlar de cosas insustanciales; perder* el tiempo charlando; hablar en vano. ▶むだ骨を折る v. malgastar el tiempo y el trabajo; hacer* esfuerzos inútiles. ▶むだ飯を食う 《口語》 v. llevar una vida ociosa [inútil], vivir a lo tonto. ◆そんなことを議論してもむだだ No vale la pena discutir de eso. / Discutir de eso es perder [malgastar] el tiempo. /「Es inútil [De nada vale] que discutamos de ello. 《会話》試合を延ばしたらどうだい—そんなことしたってむだだよ ¿Qué tal si posponemos el partido? — ¿Y para qué? No merece la pena. ◆彼を説得しようとしたがむだだった Intenté convencerlo [le], pero「fue en vano [de nada sirvió, resultó inútil]. ◆うそをついてもむだだよ Mentir no te servirá de nada. / Es absurdo que mientas. ◆むだ口をたたくな Deja de decir tonterías. / 《口語》 Basta de cháchara. / No te canses hablando.

—— 無駄になる (無に帰す) v. no servir* de nada, resultar inútil, ser* [resultar] en vano. ◆すべての努力がむだになった Todos mis esfuerzos resultaron inútiles. / Ninguno de mis esfuerzos sirvió de nada. ◆彼に対する忠告はむだになった Los consejos no le「sirvieron de nada [aprovecharon]. / Fue en vano aconsejarle.

むだづかい

━━ 無駄にする (浪費する) *v.* malgastar, desperdiciar, derrochar; (無にする) *v.* volver a la nada, no llegar* a ser* nada, anularse. ♦君はみなかげたことに時間をむだにしてはいけない No debes malgastar [perder] el tiempo con [en] esas tonterías [bobadas]. ♦昇進のチャンスをむだにしてはいけない No deberías desperdiciar una oportunidad de promoción. ♦この週末をむだに過ごしたくはない No quiero malgastar este fin de semana. ♦一刻もむだにすることはできない No hay tiempo que perder.

むだづかい 無駄遣い *m.* despilfarro, *m.* desperdicio. ♦エネルギーのむだ遣い *m.* despilfarro de energía. ♦タクシーに乗るのはお金のむだ遣いだよ Tomar un taxi es tirar [malgastar, despilfarrar] el dinero. ♦彼女は息子にお金をむだ遣いしないように言った Le dijo a su hijo que 「no malgastara el dinero. / (注意して遣うように言った) Le dijo a su hijo que gastara el dinero con cuidado.

むだん 無断 ♦無断で (予告なしに) *adv.* sin aviso. ♦無断で学校を休む *v.* faltar a clase sin aviso; (サボる) [スペイン] *v.* hacer* novillos [pellas], [アルゼンチン] hacerse* la rata [rabona], [メキシコ] irse* de pinta, [コロンビア] capar clase. ♦無断で会社を欠勤する *v.* faltar al trabajo sin permiso.

むだんしゃくよう 無断借用 ♦無断借用する *v.* usar sin (pedir)* permiso.

むち 無知 *f.* ignorancia. ♦無知な人 *mf.* ignorante. ♦無知のために *adv.* por ignorancia [desconocimiento], por no saber. ♦自分の無知を恥じる *v.* tener* vergüenza de ser* ignorante 《de, sobre》, avergonzarse* 「por no saber* [de la propia ignorancia]. ♦法律に関しては無知だ Soy un ignorante en derecho. / No sé nada de derecho.

むち 鞭 *m.* látigo, *f.* tralla, *f.* fusta; (棒の) *f.* vara, *f.* varilla, *f.* palmeta; (藤・竹などの) *f.* caña. ♦むちを惜しめば子供がだめになる (ことわざ) La letra con sangre entra. / 《ことわざ》 Quien bien te quiere te hará llorar. ♦厳しいしつけは愛のむちである La disciplina estricta es una forma de amor.

むちうちしょう 鞭打ち症 *m.* traumatismo cervical. ♦車の事故でむち打ち症になる *v.* sufrir un traumatismo cervical en un accidente de tráfico.

むちうつ 鞭打つ (鞭で打つ) *v.* dar* un latigazo [fustazo, trallazo] 《a》; (特に体罰として) *v.* azotar, 《教養語》flagelar; (罰として) *v.* azotar (a ＋ 人) con la vara [caña], apalear [dar*] (diez) latigazos 《a ＋ 人》. ♦馬をむち打つ *v.* dar* a un caballo con el látigo, darle* un latigazo al caballo. ♦老年にむち打って (＝老齢にもかかわらず) 働く *v.* trabajar pese a ser* viejo.

むちつじょ 無秩序 *m.* desorden, *f.* confusión; (大混乱) *m.* caos. ♦無秩序な *adj.* desordenado, confuso, caótico. ♦軍隊は無秩序状態にある El ejército se encuentra en un estado caótico.

むちゃ ♦むちゃな (道理にかなわない, 値段・要求など) *adj.* irrazonable, excesivo, poco razonable; (理屈・常識に合わない) *adj.* absurdo, extravagante; (ばかげた) *adj.* ridículo; (過度の) *adj.* excesivo, exagerado; (軽率な) *adj.* precipitado, impetuoso; (考えのない) *adj.* insensato, bárbaro; (向こう見ずの) *adj.* atrevido, suicida. ♦むちゃな値段 *m.* precio 「no razonable [disparatado]. ♦むちゃな運動 *m.* ejercicio excesivo [inmoderado]. ♦むちゃな要求 *f.* exigencia disparatada [extravagante]. ♦むちゃな計画 *m.* plan absurdo [disparatado]. ♦むちゃな運転 *f.* manera de conducir atrevida [suicida]. ♦むちゃ(なこと)を言うな No digas cosas absurdas [ridículas]. / No digas tonterías [bobadas]. ♦こんな寒い日に川へ泳ぎに行くなんてむちゃだ Es absurdo [un disparate] irse al río a nadar con el frío que hace hoy.

むちゃくちゃ →むちゃ, めちゃめちゃ. ♦むちゃくちゃな (＝ばかげた)意見 *f.* opinión absurda [ridícula]. ♦今日はむちゃくちゃ (＝ひどく)寒い Hoy hace un frío bárbaro [terrible].

むちゃくりく 無着陸飛行 *m.* vuelo directo [sin escalas]. ♦パリへの無着陸飛行に成功する *v.* conseguir* volar* sin escalas hasta París.

＊むちゅう 夢中 ♦夢中である (我を忘れる) *v.* estar* ensimismado 《en, con》; (熱中する) *v.* estar* 「muy concentrado [《口語》 superconcentrado] 《en》; (仕事などにふける) *v.* estar* absorto [enfrascado] 《en》; ((異性・趣味・スポーツなどに) 無我夢中である) *v.* 《口語》estar* perdido [loco] 《por》; (恋する) *v.* estar* perdidamente [locamente] enamorado 《de》. ♦喜びで夢中になっている *v.* estar* loco de alegría. ♦仕事に夢中である *v.* estar* ensimismado [absorto] en el trabajo. ♦彼女は音楽に夢中だ Está perdida [loca, 《口語》zumbada] por la música. ♦彼は読書に夢中だ Está absorto [enfrascado] en la lectura. ♦彼は金もうけに夢中だ Está entregado al dinero. / (金もうけをしようと決心している) Está dedicado en cuerpo y alma a hacer dinero. ♦彼はあまりに彼女に夢中なので彼女の欠点が見えない Está tan perdido por ella que no puede ver sus faltas.

━━ 夢中で (狂ったように) *adv.* apasionadamente, con pasión, con entusiasmo, perdidamente, con frenesí, frenéticamente, como un/una loco/ca, fuera de sí; (命がけで) *adv.* como si (se) le fuera la vida en ello, con riesgo de su vida; (必死に) *adv.* desesperadamente; (有頂天になって) *adv.* con éxtasis, extáticamente. ♦夢中で逃げる *v.* huir* desesperadamente. ♦夢中で戦う *v.* luchar desesperadamente. ♦彼は大学入学試験のため夢中で勉強した Se entregó al estudio para preparar el examen.

むちんじょうしゃ 無賃乗車 (ただ乗り) *m.* viaje 「sin pagar [de balde]. ♦無賃乗車する *v.* viajar 「sin pagar* [gratuitamente]; (こっそり乗る) *v.* subir secretamente (a un tren). ♦

無賃乗車者 mf. pasajero/ra sin billete.
むつう 無痛 ▶無痛の adj. sin dolor. ▶無痛分娩 m. parto sin dolor.
むっくり ◆彼は寝床からむっくり(＝突然)起き上がってきた Se levantó bruscamente de la cama. / Pegó un salto de la cama. ◆むっくりした体つきの男がやって来た Ha venido un hombre robusto [corpulento].
むっちり ▶むっちりした(堅太りの) adj. rollizo; (赤ん坊などが) adj. regordete, gordito; (肉感的な) adj. voluptuoso. ◆むっちりした乳房 mpl. pechos turgentes.
むつ 六つ num. seis. ▶六つ目の adj. sexto.
むっつり ▶むっつりした (不機嫌な) adj. disgustado, malhumorado; (言葉数が少ない) adj. taciturno, callado. ▶むっつり屋 f. persona「de pocas palabras [taciturna]. ◆彼は一日中むっつりしていた Estuvo disgustado [《親しい仲で》de morros] todo el día. ◆「知らんね」と彼はむっつりして答えた "No lo sé.", contestó con disgusto.
むっと ▶むっとする ❶[腹を立てて] v. disgustarse, ponerse* de mal humor; (感情を害する) v. ofenderse, molestarse. ◆彼女はそのきつい言葉にむっとした Se disgustó por esas ásperas palabras.
❷[熱気などで] むっとする(＝胸が悪くなるような) におい m. olor ofensivo [asqueroso, 《教養語》 fétido]. ◆部屋は熱気でむっとしていた El aire de la habitación estaba cargado y hacía calor asfixiante. / En la habitación hacía un calor asfixiante. / Olía a cerrado y hacía calor en la habitación.
むつまじい 睦まじい (和合した) adj. armonioso, bien avenido《con》; (仲がいい) v.「estar* en buenas relaciones [llevarse bien]《con》. ▶(仲)睦まじい夫婦 f. pareja bien avenida. ▶(仲)睦まじく暮らす v. vivir armoniosamente [en armonía].
むていけん 無定見 (信条のないこと) f. falta de principios. ◆あいつは無定見だ No tiene principios.
むていこう 無抵抗 f. falta de resistencia. ▶無抵抗の adj. no resistente. ▶無抵抗の住民を殺す v. matar a habitantes que no oponen resistencia. ▶無抵抗主義 m. principio de no resistencia. ◆インドはマハトマ・ガンジーの無抵抗主義による諸政策に導かれてついに英国の支配から独立した La India, guiada por la política de Mahatma Gandhi de la「resistencia pasiva [no resistencia], consiguió al fin la independencia del dominio británico.
むてき 無敵 ▶無敵の adj. invencible, (無比の) adj. inigualable, sin igual, sin par. ▶(スペインの)無敵艦隊 f. Armada Invencible.
むてき 霧笛 f. sirena de niebla. ▶霧笛を鳴らす v. tocar* la sirena de niebla.
むてっぽう 無鉄砲 ▶無鉄砲な adj. temerario, imprudente; (人が) adj. impetuoso, precipitado. → 無謀.
むでん 無電 《専門語》f. radio, f. radiocomunicación.
むてんか 無添加 ▶無添加の adj. sin aditivos.
むどうしょう 無動症 《専門語》f. acinesia.

むにゃむにゃ 1403

むとくてん 無得点 ▶無得点の adj. a cero, sin marcar. ◆試合は無得点引き分けに終わった El partido quedó「en empate a cero [empatado a cero]. / No se marcó (ningún tanto) en el partido. ◆その投手は相手チームを無得点に抑えた(＝シャットアウトした) El/La lanzador/dora no permitió que el otro equipo marcara.
むとどけ 無届け ▶無届けで(＝予告なしで)欠席する v. faltar sin avisar. ▶無届けは《当局への事前通知なし》デモ f. manifestación celebrada sin autorización [previo aviso a las autoridades].
むとんちゃく 無頓着 ▶無頓着な(気にしない) adj. descuidado; (無関心な) adj. indiferente, desinteresado. ◆身なりに無頓着だ v. ser* descuidado en la forma de vestir*. ◆彼は何が起ころうと無頓着だ No le importa lo que pasa.
むなぐるしい 胸苦しい (圧迫を感じる) v. sentir* [tener*] opresión en el pecho; (痛みを感じる) v. sentir* [tener*] dolores en el pecho.
むなげ 胸毛 m. pelo [《教養語》m. vello] en el pecho. ▶胸毛のある男 m. hombre con pelo [《教養語》vello] en el pecho, m. hombre con el pecho peludo.
むなさわぎ 胸騒ぎ (不安) f. inquietud, m. desasosiego. ▶胸騒ぎがする v. tener* un presentimiento extraño.
むなざんよう 胸算用 ▶胸算用する(当てにする) v. contar* con; calcular mentalmente. ◆父のお金がすべて手に入るものと胸算用する v. contar* con (tener*) todo el dinero del padre.
むなしい 空しい (空虚な) adj. vacío, hueco; (効果のない) adj. vano, infructuoso; (役に立たない) adj. inútil, 《教養語》fútil. ▶空しい夢 m. sueño vacío. ▶空しい望み f. vana esperanza. ◆彼女の努力はすべて空しかった Todos sus esfuerzos fueron「en vano [inútiles]. / (報われなかった)Ninguno de sus esfuerzos「fue premiado [se vio recompensado].
— 空しく (いたずらに) adv. en vano, inútilmente, para nada; (ぼんやりと) adv. ociosamente, sin hacer nada. ◆われわれは彼の気持ちを変えようとしたが空しく終わった Intentamos「en vano [inútilmente] que cambiara de opinión. ◆空しく時を過ごしてはいけない No pases el tiempo ociosamente [sin hacer nada].
— 空しさ f. vacuidad; f. vanidad. ▶人の欲望の空しさ f. vanidad de los deseos del hombre.
むなもと 胸元 (胸部) m. pecho. ◆彼はナイフを私の胸元につきつけた Me apuntó al pecho con un cuchillo.
むに 無二 ▶無二の親友 el/la mejor amigo/ga. ▶当代無二の詩人 el/la mayor [incomparable] poeta/tisa del momento.
ムニエル ▶シタビラメのムニエル m. lenguado salteado en mantequilla con jugo de limón y perejil picado.
むにゃむにゃ ▶むにゃむにゃ言う(＝分かりにくくつぶ

やく) *v.* musitar. ♦彼女は一人のときよく何かぶにゃにゃ言っている Suele musitar cuando se encuentra sola.

むにょう 無尿 《専門語》*f.* anuria.

むね 胸 ❶【胸部】*m.* pecho; (女性の胸) *m.* busto,《文語》*m.* seno, *mpl.* pechos, *mpl.* senos,《俗語》*fpl.* tetas.

1《～胸》♦大きい(=一幅の広い)胸 *mpl.* pechos muy desarrollados.

2《胸が[は]》♦私が¹痛い[²苦しい] Me ¹duele [²aprieta] el pecho.

3《胸に》♦赤ん坊は彼女の胸に抱かれて眠っていた El bebé dormía abrazado a su pecho. ♦彼女は赤ん坊を胸に抱きしめた Apretó al niño contra su pecho.

4《胸を》♦(得意げに)胸を張る *v.* sacar* [《教養語》expandir] el pecho (con orgullo). ♦きちんと胸を張って¹(体をまっすぐにせよ) ¡Saca el pecho! / (元気を出せ)¡Ánimo! /《会話》ちゃんと「気をつけ」の姿勢になってますか―うんちょっとちがうなあ。胸を張って腹を引っ込めなくちゃ ¿Estoy bien en la posición de "¡Firme!"? – No, no exactamente. Tienes que sacar el pecho y meter el estómago.

5《胸で》♦胸でテープを切る *v.* cruzar* [romper*] la cinta (de llegada).

❷【心臓・肺・胃など】(心臓) *m.* corazón; (肺) *m.* pulmón; (胃) *m.* estómago. ♦胸を病む *v.* tener* problemas「en el pecho [pulmonares]; (結核を) *v.* padecer* tuberculosis, estar* tísico. ♦胸焼け →胸焼け. ♦少し走ったら胸がどきどきした Después de correr un poco, el corazón me latía con fuerza. ♦彼を見るだけで胸が悪くなる Con sólo mirarlo[le] me pongo ma*lo*. / Sólo su vista me asquea [da asco].

❸【心,気持ち】(情緒的な) *m.* corazón; (理性的な) *f.* mente. ♦胸のうち →胸中(ちゅう).

1《胸が》♦胸が張り裂けるような声で *adv.* con una voz desgarradora. ♦あの孤児のことを思うと胸が痛む Ese huérfano me parte el corazón. / Siento una profunda compasión por el huérfano. ♦期待感で胸が高鳴った El corazón me latía de expectación. ♦彼は胸がいっぱいになって言葉が出なかった Estaba demasiado conmovido para hablar. / Las palabras no le salían por la emoción. ♦その手紙を読むうちに彼は胸がいっぱいになった(=胸がつまった) Al leer la carta se le hacía un nudo en la garganta.

2《胸に》♦彼の忠告が私の胸にこたえた Su consejo me llegó al corazón [alma]. / (心をえぐった)Su consejo me hirió en lo más vivo. ♦君の胸に聞きなさい Ponte la mano en el pecho. / Escucha la voz de tu conciencia. ♦彼女はその秘密を胸に秘めていた Guardaba el secreto en su pecho [corazón,《文語》seno].

3《胸を》♦彼の健康のことで胸を痛める(=心配する) *v.* preocuparse por su salud. ♦彼は希望に胸をふくらませ上京した Se fue a Tokio con el corazón henchido de esperanza. / Se fue a Tokio lleno de esperanza [ilusión]. ♦私はその光景に胸を打たれた La escena me conmovió. / (胸のつまる思いがした)La escena me「desgarró el corazón [partió el alma]. ♦彼が無事到着したので胸をなでおろした Respiré aliviado cuando llegó sano y salvo. / (心から重荷を取り除いた)Con su llegada sano y salvo「se me quitó un peso de encima [me sentí descargado].

むね 旨 ❶【内容】♦小包が着いた旨の手紙 *f.* carta diciendo que había llegado el paquete. ♦その旨彼に伝える *v.* decírselo*, comunicárselo* así. ❷【主義】♦我が社は「安全第一」を旨としています Nuestro lema es "Lo Primero, Seguridad".

むね 棟 (屋根の) *m.* caballete; (建物) *f.* casa, *m.* edificio. ♦棟上げ式 *f.* ceremonia de finalización de la estructura de una casa. ♦その火事で2棟が全焼した Ese incendio destruyó dos casas.

むねやけ 胸焼け *m.* ardor de estómago, *f.* acidez (estomacal). ♦食べ過ぎて¹ひどく[²少し]胸焼けがする Comí demasiado y ahora tengo un ¹fuerte [²ligero] ardor de estómago.

むねん 無念 (残念) *m.* pesar, *m.* arrepentimiento; (悔しさ) *m.* despecho; (無想) *f.* liberación de todos los pensamientos, *f.* serenidad mental. ♦無念を晴らす(=復讐(ふくしゅう)する) *v.* vengarse* [resarcirse*]《de》.

むのう 無能 (無能力) *f.* incompetencia; (非能率) *f.* ineficiencia, *f.* ineficacia. ♦無能のため解雇される *v.* ser* despedido「por incompetencia [incompetente]. ♦無能な役人 *mf.* funcion*ario/ria* incompetente. ♦彼は医者として無能だ No es un buen médico. / Es un médico incompetente.

むのうしょう 無脳症 《専門語》*f.* anencefalia.

むのうりょく 無能力 《専門語》*f.* incompetencia.

むはっけつびょう 無白血病 《専門語》*f.* aleucemia.

むひ 無比 ♦無比の(唯一の) *adj.* único; (対抗するものがない) *adj.* sin rival, inigualable.

むひょうじょう 無表情 ♦無表情な *adj.* inexpresivo; (ぼんやりとした) *adj.* vacío, impenetrable. ♦無表情な顔をしている *v.* tener* una cara「de póker [inexpresiva].

むふう 無風 ♦無風の *adj.* sin viento, sereno, en calma. ♦政局は現在無風状態だ La situación política del momento está en calma.

むふんべつ 無分別 *f.* indiscreción; (思慮のないこと) *f.* irreflexión. ♦無分別なことをする *v.* comportarse con indiscreción [imprudencia]. ♦彼は無分別にもそのわいろを受け取った Tuvo la indiscreción de aceptar el soborno. / Fue tan indiscreto que aceptó ser sobornado.

むほう 無法 ♦無法な *adj.* injus*to*,「al margen [fuera] de la ley. ♦無法地帯 *f.* zona donde no rige la ley. ♦無法者 *f.* persona sin「fuera de la] ley, *mf.* forajid*o/da*; (ならず者) *m.* granuja, *m.* pillo.

むぼう 無謀 (むちゃ) f. insensatez, f. temeridad. ▶無謀な adj. insensato, temerario; (人が) adj. alocado, impetuoso. ▶無謀な運転 f. conducción imprudente [temeraria]. ♦この悪天候に飛行機で飛ぶなんて無謀だ Es una insensatez [locura] irse a volar en un tiempo tan malo como éste.

むほうしゅう 無報酬 ▶無報酬の仕事 m. trabajo gratuito [sin paga]; (自発的にする) m. trabajo voluntario. ▶無報酬で働く v. trabajar gratis [sin cobrar, de balde, (口語)《ユーモアで》por amor al arte].

むぼうび 無防備 ▶無防備の adj. indefenso; (都市などの) adj. abierto; sin fortificar. ▶無防備都市 f. ciudad abierta.

むほん 謀反 【反逆】f. traición; 【反乱】(大規模で組織的な) f. rebelión, f. sublevación; (小規模な) f. revuelta, m. alzamiento, f. insurrección. ▶謀反人 mf. rebelde. ▶謀反を起こす v. rebelarse [sublevarse] 《contra》.

むみ 無味 adj. insípido, sin sabor. ▶無味無臭の adj. sin sabor ni olor, 《教養語》insípido e inodoro, que ni sabe ni huele. ▶無味乾燥な adj. insípido, sin gusto [sabor]; (おもしろくない) (口語) adj. soso, insulso; (退屈な) adj. aburrido, sin gracia. ▶無味乾燥な話 f. historia insípida [aburrida].

むみかくしょう 無味覚症 【専門語】f. ageusia.

むめい 無名 ▶無名の (有名でない) adj. desconocido, oscuro; (名前の知れない) adj. anónimo, sin nombre. ▶無名戦士 m. soldado desconocido. ▶無名の作家 mf. escritor/tora desconocido/da. ▶無名の墓 f. tumba anónima. ♦彼は30歳台後半まで芸術家として無名であった Fue un artista desconocido hasta que tuvo treinta y muchos años.

むめんきょ 無免許 (もぐりの) adj. sin permiso [autorización], desautorizado; (免許なしで) adv. sin licencia [permiso]. ▶無免許運転する v. conducir* sin licencia [permiso].

むもうしょう 無毛症 【専門語】f. atriquia.

むやみに 無闇に (向こう見ずに) adv. a la ligera, con imprudencia, (口語) a lo loco; (過度に) adv. en exceso, excesivamente; (不当に) adv. sin razón; (めちゃくちゃに) adv. disparatadamente, (口語) sin ton ni son; (無差別に) adv. sin discriminación, indiscriminadamente. ▶むやみにスピードを出す v. acelerar la velocidad imprudentemente. ▶むやみに酒を飲む v. beber「en exceso [a lo loco]. ▶人をむやみに非難する v. culpar a los demás indiscriminadamente [(口語) sin ton ni son].

むゆうびょう 無遊病 m. sonambulismo. ▶無遊病者 mf. sonámbulo/la.

むよう 無用(の) ❶【役に立たない】adj. inútil, sin valor. ▶無用の長物 pron. algo peor que inútil, f. cosa que no vale para nada; (品物) m. objeto superfluo; (人) mf. inútil.
❷【不必要な】adj. innecesario, superfluo. ▶無用の混乱を招く v. dar* lugar a una confusión innecesaria. ♦心配はご無用(です) No hace falta preocuparse. / No es necesario preocuparse.
❸【用事のない】♦無用の者立入禁止 【掲示】Se prohíbe la entrada al público. / Prohibido pasar.
❹【してはならぬ】adj. prohibido. ♦他言は無用 No se lo diga a nadie. ▶開放無用 【掲示】Cierre la puerta. / No deje la puerta abierta.

むよく 無欲 (無私) m. desinterés. ▶無欲の[な] adj. desinteresado.

むら 村 ❶【行政区画】m. pueblo; (小村) f. aldea. ▶[1]隣 [2]小さな]村 [1] m. pueblo vecino [2] m. pueblecito]. ▶村役場 f. oficina rural, f. alcaldía, m. municipio. ▶村はずれに adv. en las afueras del pueblo.
❷【同業者の】f. colonia. ▶芸術家村 f. colonia de artistas.

むら 斑 ▶斑のある (色や音が) adj. desigual, irregular; (行動や感情が) adj. imprevisible, de humor variable. ▶大きさにむらがある v. variar en「el tamaño [la talla]. ♦彼は気分にむらがある Es inestable. ♦彼の仕事にはむらがある Su obra es irregular.

むらがる 群がる (寄り集まる) v. reunirse*, congregarse*; (大勢の人が集まって混み合う) v. apiñarse, amontonarse; (押し合いながら移動する) v. aglomerarse, confluir*; (動物が群れをなして集まる) v. congregarse*, juntarse en manada; (うようよする) v. pulular, hormiguear. → 集まる. ♦アリが虫の死がいに群がっている Están pululando hormigas alrededor del gusano muerto. ♦記者たちは質問しようと大臣の周りに群がった Los reporteros se agruparon alrededor del ministro para hacerle preguntas. ♦観光客が群がってやって来た Los turistas acudían en masa. ☞ 押し掛ける, 押し寄せる, どっと大勢

むらぎ むら気 (気まぐれ) m. capricho, m. antojo. ▶むら気の娘 f. chica caprichosa; (気むずかしい) f. chica de「mal genio [humor cambiante].

*むらさき 紫 (赤みがかった) m. color púrpura; (青みがかった) m. color violeta [morado]. ♦彼の唇は寒さで紫色だ Tiene los labios amoratados por el frío.

むらはちぶ 村八分 m. ostracismo, m. aislamiento. ▶近所の人から村八分にされる v. ser* condenado al ostracismo por los vecinos.

むらびと 村人 mf. aldeano/na, mf. lugareño/ña. ♦村人たちはみんなその計画に反対していた Toda la gente del pueblo estaba en contra del plan [proyecto].

むらむら ♦怒りがむらむらと私のなかに沸き上がった Sentí que la ira hervía dentro de mí. / El pecho se me iba llenando de ira. ♦彼はそのむらむらとする衝動を抑えることができなかった No pudo reprimir el impulso que surgía dentro de él.

*むり 無理 ❶【道理に合わないこと】lo irrazonable.
1《無理な》; (道理に反した) adj. irrazonable, irracional; (不当な) adj. injustificable; (不自然な) adj. poco natural, antinatural. ▶無理な注文(=要求)をする v. hacer* [《フォーマル》

1406 むりかい

presentar] una petición irrazonable [imposible, excesiva], pedir* lo imposible; (⒈要求 ⒉期待)しすぎる v. ¹pedir* [exigir*] 《a + 人》demasiado [²esperar demasiado 《de + 人》]．無理な(注文)だ Eso es imposible． / Lo que pides es imposible． / Eso es pedir demasiado． /《口語》Eso es pedir peras al olmo． /《口語》Te has pasado pidiendo． ◆夏に雪を期待するなんて無理(な話)だ Es irrazonable [demasiado, antinatural] esperar que nieve en verano．
 2《無理を》◆無理を言うな, 仕事には会えないんだ「No pidas lo imposible [Sé razonable], no puedo verte durante el trabajo．
 3《無理のない》(道理に合った) adj. razonable; (自然な, 当然の) adj. natural, lógico．◆無理のない姿勢 f. postura natural [no forzada]．
 4《無理は[も]ない》◆彼がそれを信じるのも無理はない(＝十分な理由がある) Tiene todas las razones para creérselo． / Lo más lógico es que se lo crea． /(信じて当然だ)Es natural [normal] que se lo crea． / No me extraña que se lo crea． /(信じてもとがめるわけにゆかない) No puedo culparle porque se lo crea． /(理解できる) Comprendo bien que se lo crea．
 ❷【不可能】f. imposibilidad．◆その仕事を全部するなんて無理だ Es imposible para mí hacer todo el trabajo． 会話 これを 6 時までに修理できますか―それは [6 時には]無理ですね ¿Puede usted arreglar esto antes de las seis? – Me temo que va a ser imposible．[Bueno, va a ser algo difícil…]．
 ❸【強制】f. coacción, f. compulsión．
 1《無理＋名詞》◆無理心中 m. doble suicidio．
 2《無理な》(力ずくの) adj. forzado．
 3《無理に》adv. a la fuerza, forzosamente; (意に反して) adv. en contra de la voluntad, muy a pesar 《de》．◆子供に薬を無理に飲ませる v. obligar* al/a la niño/ña a tomarse la medicina, hacer* que el/la niño/ña se tome la medicina．◆無理に笑う(＝作り笑いをする) v. reír* forzadamente; sonreír* muy a pesar．◆無理に(＝力ずくで)ドアを開ける v. abrir* una puerta a [por] la fuerza．◆私は行きたくなかったが, 彼に無理に行かされた Yo no quería ir, pero él me obligó [hizo] ir． / Me hizo ir en contra de mi voluntad．◆彼は無理を押して働き続けた Se forzó a trabajar continuamente．
 ❹【過度】m. exceso, 《口語》m. disparate; (過労) m. agotamiento causado por un exceso de trabajo．◆無理な運動をする v. hacer* ejercicios「sin moderación [excesivos]．
 1《無理を》◆無理をする (働きすぎる) v. trabajar demasiado [en exceso]; (筋肉などを極度に使う) v. agotarse, hacer* un mal movimiento．◆彼は無理をして(＝無理がたたって)病気になった Cayó enfermo por trabajar demasiado． / Se excedió en el trabajo y cayó [se puso] enfermo．◆無理をするな No trabajes tanto [《口語》demasiado]． / No te pases trabajando． /(のんきにやりなさい) Tómatelo con calma． / Tranquilo．
 2《無理だ》◆子供にそんな行動を期待するのは無理だ Es demasiado pedir a los niños que se comporten así．

むりかい 無理解 ◆無理解な(＝思いやりのない) adj. incomprensivo, desconsiderado．

むりからぬ 無理からぬ (もっともな) adj. lógico, razonable; (当然の) adj. natural．◆彼が怒ったのも無理からぬことだ Es lógico que se enfadara． / No es de extrañar que se enfadara [enojara]．

むりじい 無理強い f. coacción．◆無理強いされて adv. a [por] la fuerza, bajo coacción, por obligación．◆無理強いする v. obligar* 《a + 不定詞, a que + 接続法》，《教養語》coaccionar [forzar*] 《a + 不定詞, a [para] que + 接続法》．

むりやり 無理やり (力ずくで) adv. a la fuerza．◆無理やり彼から金を奪う v. quitarle el dinero a la fuerza．◆無理やり彼女を働かす v. obligarla* [coaccionarla, forzarla*] a trabajar [que trabaje], hacerla* trabajar contra su voluntad．

・**むりょう** 無料 ◆無料の adj. gratuito, sin pagar．◆無料で adv. gratis, de balde, 《口語》de gorra．◆無料配達 m. reparto gratuito．◆今夜のコンサートの無料の切符が 2 枚あります Tengo dos entradas gratuitas para el concierto de esta noche．◆このパンフレットは無料です Estos folletos「son gratuitos [no cuestan nada]．◆君には無料で 1 部あげよう Te daré un ejemplar gratuito．◆6 歳未満の子供は無料で入れます(＝入場無料です) Los niños de menos de seis años pueden entrar gratis [sin pagar]．◆このサービスは無料です No se cobra nada por este servicio． / Este servicio es gratis [gratuito]．

むりょく 無力 f. impotencia; (病人・幼児などの) f. debilidad, m. abatimiento; (無能) f. incapacidad; (技量の) f. incompetencia．◆無力な adj. impotente; débil; incapaz; incompetente．◆無力感 m. sentimiento de impotencia．◆群衆を鎮めるには彼は無力だった Fue「impotente para [incapaz de] detener a la multitud．

むりょくしょう 無力症《専門語》f. astenia．

ムリリョ(バルトロメ・エステバン ～) Bartolomé Esteban Murillo (☆1617–1682, スペインの画家)．

むるい 無類 ◆無類の adj. ingualabe, que no tiene igual．

・**むれ** 群れ (集団) m. grupo; (人の) m. gentío, f. multitud, f. muchedumbre (☆順番に人の数が多くなる), 《口語》f. tropa; (獣の) f. manada; (豚の) f. piara; (牛の) f. boyada, f. vacada; (鳥の) f. bandada; (魚・ミツバチの) m. banco, (虫の) m. enjambre; (猟犬・オオカミの) f. jauría．◆移民の群れ m. grupo de inmigrantes．◆人の群れ m. gentío, f. multitud．◆牛 [²象]の群れ f. manada de ¹ganado vacuno [²elefantes]．◆魚の群れ m. banco [m. cardumen] de peces．◆ハトの群れ f. bandada [m. bando] de

palomas. ▶群れをなす *v.* agruparse, reunirse*. ▶群れをなして生息する *v.* vivir gregariamente. ♦羊の群れがやって来た．道をあけよう Viene un rebaño de ovejas. Vamos a dejar que pasen.
ムレータ *f.* muleta (☆闘牛士の棒につけた赤布).
むれる 蒸れる　❶【熱が通る】▶よく蒸れている *adj.* bien coc*ido*.

❷【蒸し暑い】*v.* hacer* bochorno [un calor sofocante]; (体の部分が汗をかく)*v.* sudar. ♦この建物は蒸れて暑い En este edificio hace un calor bochornoso. ♦この靴下は足が蒸れる(=汗でにおう) Los pies me sudan mucho con estos calcetines.
むろん 無論　*adv.* naturalmente, claro (que sí), por supuesto.
むんむん ▶むんむんする (湿度が高くて) *adj.* muy húm*edo*, sofocante; (通風が悪くて) *adj.* (estar) carg*ado* [vici*ado*, enrareci*do*]. ♦その部屋は窓をみんな閉めてあったのでむんむんしていた El aire de la habitación estaba cargado por estar todas las ventanas cerradas. ♦会場は若者の熱気でむんむんしていた La sala vibraba por el entusiasmo de los jóvenes.

め

め 目 ❶【器官】*m.* ojo; (眼球)《専門語》*m.* globo ocular.

1《〜(の)目》▶はれぼったい [²かわいい] 目 *mpl.* ojos ¹hinchados [²bonitos]. ▶¹つり [²たれ] 目 *mpl.* ojos ¹rasgados [²caídos]. ▶黒い目の娘 *f.* chica de ojos negros. ♦彼女は大きくきれいな目をしている Tiene unos hermosos y grandes ojos.

2《目が[は]》♦彼は目が赤い（＝充血している）Sus ojos están inyectados en sangre. ♦彼は目がひどくくぼんでいた Tenía los ojos muy hundidos. ♦目はどこについているんだ（＝よく見ろ）¿Dónde tienes los ojos? / ¿Es que no ves? – Lo tienes delante de tus narices.

3《目の》*adj.* óptico. ▶目の神経 *m.* nervio óptico. ▶目のごみ *f.* mota en el ojo, *m.* objeto [*m.* cuerpo] extraño en el ojo. ♦目の前で交通事故があった Hubo un accidente de tráfico ante [delante de] mis propios ojos. 会話 それはどこにあるの－君の目の前（＝鼻先）だよ ¿Dónde está? – Lo tienes delante de tus narices. ♦展示中の数々の美術品は目の保養になった Las numerosas obras de arte constituían un recreo [deleite] para ⌈los ojos [la vista].

4《目を》♦目を泣きはらす *v.* tener⌈ los ojos hinchados por el llanto. ♦目を細める（まぶしくて・よく見えなくて）*v.* cerrar* apretadamente los ojos; (近視などで) *v.* entrecerrar los ojos; (愛着・笑みなどで) *v.* entornar los ojos. ♦目を閉じる *v.* cerrar* los ojos. ♦その小さい男の子は目を大きく見開いて巨大な象を見た El niño era todo ojos ante el enorme elefante. ♦ブラインドを開けると彼女は目をぎゅっとつむった Al subir la persiana, cerró apretadamente los ojos. ♦彼は戦争で片目を失った En la guerra perdió un ojo. ♦彼は驚いて目をぱちくり[白黒]させた Parpadeó por el asombro. ♦彼はその消えかかった字を読もうと目をこらした ⌈Entrecerró los ojos [Forzó la vista] para leer las confusas letras. ♦彼は封筒を取り上げ郵便局の消印を目を細めて見た Recogió el sobre y entornó los ojos para leer el matasellos.

5《目で》♦彼が歩いているのをこの目で見たのです Lo [Le] vi caminar con mis propios ojos.

❷【視力, 視覚】 (視力) *f.* vista, *f.* visión, *mpl.* ojo(s). ▶目の錯覚 *f.* ilusión óptica. ♦目に見えない細菌 *m.* germen invisible a simple vista. ♦目の届く限り一面 →見渡す. ♦目がよい *v.* tener* buena vista, (口語)tener* una vista de lince, ver* muy bien. ♦彼は目が悪い Tiene la vista débil. / No ve bien. ♦彼は片目が見えない Está tuerto. / No ve con un ojo. ♦彼女は目が見えなくなった Ha perdido la vista. / Se ha vuelto ciega. ♦目がかすみます Veo todo borroso. / Tengo la visión borrosa. ♦彼の目は昨年以来めっきり衰えた Ha perdido mucha vista desde el año pasado. ♦暗やみでも目がきく動物もいる Algunos animales pueden ver en la oscuridad. ♦一瞬自分の目を疑った Por un momento no pude dar crédito a mis ojos. ♦われわれ日本人は食物を味わうだけでなく目でも（＝見て）楽しむのですよ A los japoneses nos gusta apreciar la comida tanto con la vista como con el paladar.

❸【視線】(見ること) *f.* vista, *f.* mirada, *mpl.* ojos. ▶伏し目になる *v.* bajar la vista. ▶目と目を見かわす *v.* cruzar* [intercambiar] miradas《con》. ▶目をそらす *v.*⌈apartar la vista [desviar* los ojos]《de》. ▶書類に目を通す *v.* pasar la vista por los documentos; recorrer los documentos con los ojos. ▶本から目を離す *v.* levantar [alzar*] la vista del libro. ♦彼女と目が合うと私は手を振った Al ⌈encontrarse nuestros ojos [cruzarse nuestras miradas], le hice señales con la mano. ♦あの子は目が離せない No puedo ⌈perder de vista [apartar la vista de] ese niño. / (監視している)Tengo que estar pendiente de ese niño. ♦目のやり場がない No sé dónde ⌈dirigir la mirada [《口語》poner los ojos, para dónde mirar]. ♦私たちはお互いに目を伏せて通り過ぎた Bajamos la vista al cruzarnos. ♦彼は恥じて目を伏せた ⌈Bajó la vista [Miró al suelo] avergonzado. ♦窓の方へ目を向けたが何も見えなかった Miré hacia la ventana, (pero no pude ver nada.

❹《目つき》(目の表情) *f.* mirada, *f.* expresión, *mpl.* ojos. ▶¹落ち着いた [²しっとの]目で私の方を振り向く *v.* volverse* hacia mí con una mirada [expresión] ¹tranquila [²celosa]. ▶¹不信 [²尊敬]の目で人を見る *v.* mirarlo[le] con ¹incredulidad [²respeto, ²admiración]. ♦ゴルフのこととなると彼の目の色が変わる（＝目がきらきら[きらり]と輝く）Al hablar de golf ⌈le brillan los ojos [su mirada se enciende]. ♦彼女はけげんな目をしていた Ponía una expresión desconcertada. ♦父は目をきびしい目で見た Mi padre me ⌈lanzó una mirada severa [miró con severidad]. ♦彼は私に話すなと目で合図した Me guiñó un ojo para que ⌈me callara [no hablara, no dijera nada].

❺《鑑識眼》*m.* ojo; (判断力) *m.* criterio, *m.* juicio, (教養語) *m.* discernimiento, *m.* ojo. ▶目の肥えた聴衆 *m.* público entendido. ♦彼は絵を見る目がある Entiende de pintura. / Tiene buen ojo para la pintura. ♦この詩を鑑賞するには詩人の目がいる Se requiere el juicio de un poeta para apreciar esta poesía.

❻【見方】(観点) m. punto de vista, f. perspectiva, mpl. ojos. ▶法の目から見れば adv. desde el punto de vista del derecho, desde una perspectiva legal. ▶1別の「2公平な」目で情勢を見る v. considerar la situación ¹desde otra perspectiva [²imparcialmente, ²desde una perspectiva imparcial]. ♦私たちは彼の目から見れば赤ん坊だ A sus ojos somos bebés. ♦作家の目から見ると、これらの文学作品は批評に値しない Desde el punto de vista de un/una escritor/tora, estas obras literarias 「están por debajo de la crítica [no merecen una crítica]. ♦これがアメリカ人の目から見た日本観です Este es el Japón「a ojos de los norteamericanos [desde una perspectiva norteamericana]. / Esta es la visión norteamericana de Japón. ♦長い目で見ればその家は今買っておいた方がいいでしょう A「la larga [largo plazo] te conviene comprar ahora la casa.

❼【経験】m. experiencia. ♦アフリカ旅行中何度も恐ろしい目にあった Tuve muchas experiencias espantosas durante mi viaje por África. ♦大雨が降った後ひどい目にあった Lo pasamos 「muy mal [《スペイン》《口語》fatal] después de tanta lluvia.

❽【台風などの】▶台風の目 m. ojo de la tormenta. ▶針の目 m. ojo de una aguja.

❾【ざる・織物・木などの】(網・ざるの目) f. malla; (織り方) f. textura; (木目, 石目) f. veta, m. grano; (チェス盤などのます目) f. casilla, m. escaque; (のこぎり・やすりなどの) m. diente. ▶5センチの目の網 f. red con mallas de cinco centímetros. ▶目の細かい [²荒い] ざる m. colador de malla ¹fina [²abierta]. ▶目のゆるい [²つんだ] 布地 f. tela con la textura ¹abierta [²fina]. ▶目の細かい木材 f. madera con vetas finas. ▶目の細かい石材 f. piedra de grano fino. ▶碁盤の目 f pl. casillas de un tablero del juego del "go". ▶1のこぎり [²やすり] の目 mpl. dientes de una ¹sierra [²lima].

【その他の表現】 ♦駅は家から目と鼻の先です (=非常に近い) La estación está muy cerca de mi casa. / (石を投げると届く距離にある) La estación está a un tiro de piedra de mi casa.

1《目が》 ▶目がくらむようなダイヤモンド m. diamante resplandeciente. ♦彼は金で目がくらんだ El oro le deslumbró [ofuscó]. ♦今朝のどが痛くて目が覚めた Amanecí con la garganta irritada. ♦彼女は甘いものに目がない Le encantan los dulces. / Es muy golosa. ♦運動をやりすぎて目が回った (=めまいがした) La cabeza me daba vueltas por el ejercicio excesivo. / El excesivo ejercicio me dio mareos. ♦今日は目が回るほど (=大変) 忙しい 《口語》Hoy estoy ocupadísimo [atareadísimo]. / 《口語》Hoy estoy más liado que una peonza. / Hoy estoy agobiado de trabajo.

2《目の》 ▶親の目の届かない所で (=いない所で) 悪い事をする v. comportarse mal a espaldas de los padres. ▶目の上のこぶ (=いつもじゃまになるの) m. estorbo continuo 《para》. →目の敵(かたき). 目の前. ♦彼は目の色を変えて (=狂ったように) 勉強している Está estudiando como un loco. ♦私の目の黒いうちは (=私が生きている限り) あなたに不自由はさせません Mientras yo viva no permitiré que pases apuros (económicos).

3《目に(も)》 ▶目に余る (=堪えがたい) 行為 m. comportamiento intolerable [que no se puede tolerar]. ▶目に見えて (=著しく) 進歩する v. hacer* un notable progreso. ▶目にも留まらぬ (=稲妻のような) 速さで adv. con la velocidad del rayo. ♦あの美しいシーンが目に (=心に) 浮かぶ Es como si estuviera viendo con mis ojos [Puedo visualizar perfectamente] aquella hermosa escena. ♦彼女の赤いドレスが私の目に留まった (=注意を引いた) Me llamó la atención su vestido rojo. ♦彼は目に見えて (=急速に) 快方に向かっている Está mejorando a pasos agigantados. ♦その結果はすでに目に見えている (=明らかだ) El resultado es ya evidente.

4《目を》 ▶目を皿のようにして (=非常に注意深く徹底的に) 探す v. buscar*「con los ojos bien abiertos [atentamente]. ▶目を三角にする (=目に怒りの表情を浮かべる) v. poner* una expresión irritada. ▶親の目を盗んで賭けトランプをする v. jugarse* dinero a las cartas「sin que lo sepan [a espaldas de] los padres. ▶先生は彼に目をかけている (=ひいきにする) El/La profesor/sora le favorece. / 《スペイン》《口語》Está enchufado con el/la profesor/sora.

《会話》 ショーはいかがでしたか—あんまりすばらしくて目を見張ったわ ¿Qué te pareció el espectáculo? – Me ha asombrado su calidad. ♦社長は彼の過失に目をつぶった (=大目に見た) 《口語》El jefe hizo la vista gorda. / El patrón pasó por alto su fallo.

5《目も》 ▶私の忠告に目もくれない (=無関心だ) v. hacer* oídos sordos a mi consejo; no hacer* caso de mi consejo. ♦その光景は目も当てられないひどいものだった La escena era demasiado horrorosa para mirarla. / Era una escena insoportable de ver.

*め **芽** (種から出たばかりの) m. plantón, f. plántula; (茎・枝になるべき) m. brote; (葉・花になるべき) f. yema. ▶芽キャベツ →芽キャベツ. ▶レタスの芽 mpl. plantones de lechuga. ♦新芽が出始めた Han empezado a aparecer nuevos brotes. ♦間もなく豆の芽が出て来た No tardaron en salir los brotes de 「las alubias [los frijoles]. ♦ジャガイモは芽が出る前に食べた方がいい Hay que comerse las patatas antes de que empiecen a「echar brotes [germinar].

【その他の表現】▶悪の芽を摘む v. matar el mal cuando brota. ♦彼もやっと芽が出て来た Por fin la suerte empieza a sonreírle.

-**め** -**目** ❶【順序】▶彼女の3番目の子供 m. su tercer hijo. ▶二つ目の角を右に曲がりなさい Gira [Tuerce, Dobla] a la derecha en la segunda esquina. 《会話》青山氏は何代目の社長ですか—父親の後を受けた2代目です ¿Cuán-

tos presidentes ha habido antes del Sr. Aoyama? – Es el segundo presidente después de su padre. 〈会話〉ここから新神戸駅はいくつ目のバス停でしょうか―四つ目です ¿Cuántas paradas hay desde aquí hasta la estación de Shin Kobe? – Tres. ♦彼の家はここから3軒目です Su casa es la tercera puerta desde aquí. ♦郵便局は角から5軒目です Correos es el quinto edificio desde la esquina. ♦母が死んで10年目になる Han pasado 10 años desde「que murió mi madre [la muerte de mi madre]. ♦父は私が生まれてから5年目に死んだ Mi padre murió cinco años「después de que yo naciera [después de mi nacimiento, a los cinco años de yo nacer].
❷ [程度, 傾向](いくぶん) adv. un poco, algo; (少し)〈口語〉 adv. un poquito. ♦彼女はいつもより早目に出かけた Se fue un poco antes de lo normal. ♦彼女はきつめのスカートをはいている Lleva una falda「un poco [algo] ajustada. ♦窓を少し細めに開けてください Por favor, abre un poco [〈口語〉poquito] la ventana. ♦聴衆は少なめにみても3百人は来ている La audiencia es de 300 personas por lo menos.

めあたらしい 目新しい *adj.* nuevo; (新奇な) *adj.* novedoso; (独創的な) *adj.* original. → 新しい.

めあて 目当て ❶ [目的] *m.* objeto, *m.* objetivo; (意図) *m.* propósito, *f.* intención, *m.* fin. ♦君の目当ては何だ ¿Cuál es tu objetivo? / ¿Qué propósito tienes? ♦彼女は金目当てにその老人と結婚した Se casó con el viejo por dinero. / El propósito de casarse con el viejo era el dinero.
❷ [目印] (道しるべ) *f.* guía; (陸標) *m.* mojón. ♦あの高い建物を目当てにして歩いて行きなさい Sigue (andando) teniendo como guía ese edificio alto.

めい 名 ♦数名の人 *fpl.* varias personas. ♦10名の生徒 *mpl.* diez estudiantes.

めい 姪 *f.* sobrina.

めい- 名- (すぐれた) *adj.* excelente; (すぐれてりっぱな) *adj.* estupendo; (偉大な) *adj.* grande; (著名な) *adj.* famoso. ♦名訳 *f.* excelente traducción. ♦名匠 (芸術上の) *mf.* maestro/tra; (すぐれた工芸家) *mf.* maestro/tra artesano/na. ♦名僧 (=有名な僧) *m.* famoso sacerdote. ♦名勝 (=景色の美しい所) *m.* lugar pintoresco.

めいあん 名案 *f.* buena idea. ♦それは名案だ ¡Buena idea! ♦名案が浮かんだ Se me ha ocurrido una buena idea. / ¡Tengo una buena idea! ♦どうしても名案が浮かばないよ No se me ocurre ninguna idea buena. / Ya no sé qué hacer.

めいあん 明暗 *f.* luz y *f.* sombra; (絵画の) *m.* claroscuro. ♦人生の明暗 lo bueno y lo malo de la vida. ♦明暗を分ける (運命を決する) *v.* decidir el destino; (結果を決める) *v.* decidir el resultado「de」.

めいい 名医 *m.* médico ilustre, *m.* buen médico.

めいえん 名演 *f.* actuación maravillosa.

めいおうせい 冥王星 *m.* Plutón.

めいが 名画 [絵の] (すぐれた) *f.* obra [*f.* pintura] maestra; (有名な) *m.* cuadro famoso; [映画の] *f.* película maravillosa; (一流の作品) *m.* clásico del cine.

めいかい 明快 ♦明快な (=はっきりした)答えをする *v.* dar* una respuesta clara.

めいかく 明確 (明瞭(ぷ)) *f.* claridad. ♦明確な説明 *f.* explicación clara [exacta, lúcida]. ♦明確な (=確定的な)答え *f.* respuesta definitiva. ♦その二つを明確に区別する *v.* distinguir* claramente los dos, hacer* una clara distinción entre los dos. ♦その事について自分の態度を明確にする *v.* tomar [adoptar] una postura [posición] clara sobre el asunto [tema] ⌇一定, 確定, 確か

めいがら 銘柄 ♦商標 *f.* marca. ♦銘柄品 *mpl.* artículos de marca. ♦ビールであればどの銘柄でもよい No importa la marca mientras sea cerveza. / Si es cerveza, no me importa la marca.

めいき 明記 ♦明記する (はっきり書く) *v.* escribir* claramente; (具体的に書く) *v.* especificar*. ♦契約書に日付が明記されている En el contrato se especifica la fecha.

めいき 銘記 ♦彼の言葉を心に銘記する *v.* grabar en el corazón sus palabras.

めいぎ 名義 *m.* nombre; *f.* denominación. ♦この土地は妻の名義になっている Esta tierra está registrada a nombre de mi esposa. ♦大部分の土地を妻の名義に変更した He puesto [traspasado] una gran parte de la tierra a nombre de mi esposa.

めいきゅう 迷宮 *m.* laberinto. ♦その事件は迷宮入りの (=秘密に包まれた)ままだ El caso sigue envuelto en el misterio. / El misterio todavía envuelve el caso.

めいきょく 名曲 (よい曲) *f.* buena música; (すぐれた) *f.* excelente pieza musical; (有名な) *f.* célebre melodía; (傑作) *f.* obra maestra de la música.

めいげつ 名月 *f.* luna clara [luminosa]; (満月) *f.* luna llena, 〈教養語〉*m.* plenilunio. ♦中秋の名月 *f.* luna llena de otoño. ♦名月の夜 *f.* noche「de luna [con claro de luna], *f.* noche clara.

めいげん 明言 (はっきり言うこと) *f.* declaración definitiva; (宣言) *f.* declaración. ♦その件に取り組むと明言する *v.* declarar definitivamente que se esforzará por resolver* el asunto.

めいげん 名言 (言い習わし) *m.* dicho, *m.* refrán; (格言) *f.* máxima, *m.* proverbio; (機知に富んだ言葉) *f.* agudeza, *m.* dicho acertado. ♦それは名言だ ¡Bien dicho!

めいさい 明細 (詳細) *mpl.* detalles, *fpl.* especificaciones. ♦明細な adj. detallado, minucioso, especificado. ♦明細書 (勘定などの) *f.* declaración [*f.* cuenta] detallada ⌇内訳, 細目

めいさい 迷彩 ♦迷彩をほどこす *v.* camuflar. ♦迷彩服 *f.* ropa [*m.* uniforme] de camuflaje.

めいさく 名作 (すぐれた作品) *f.* obra excelen-

めいさん 名産 *m.* producto famoso, *f.* especialidad「del lugar [local]. ◆北海道の名産は何ですか ¿Qué producto famoso hay en Hokkaido?

めいし 名刺 (総称的に) *f.* tarjeta;(訪問用の)*f.* tarjeta de visita;(業務用の) *f.* tarjeta de negocios. ▶名刺入れ *m.* tarjetero. ▶名刺を差し出す *v.* dar* [entregar*] la tarjeta (a + 人).◆日本の業界では初対面では名刺の交換がよく行なわれます En el mundo de los negocios de Japón「lo primero que se suele hacer es intercambiar tarjetas [es frecuente intercambiar tarjetas en el primer encuentro].

めいし 名士(著名人)*m.* personaje, *f.* persona famosa [célebre],《口語》*mf.* famoso/sa. ▶土地の名士たち *m.* famosos del lugar. ▶当代一流の名士 *m.* personaje destacado del momento. ▶町の名士の一人 *pron.* uno de los personajes de la ciudad.

めいし 名詞 *m.* nombre,《専門語》*m.* sustantivo.

めいじ 明示 ▶明示する (はっきりと示す・言う)*v.* indicar* claramente, aclarar. ▶会員証を明示する(＝見せる)*v.* mostrar* claramente la tarjeta de socio. ▶理由を明示する(＝十分に説明する) *v.* explicar* claramente「la razón [el motivo],《口語》dejar las cosas bien claras.

めいじ 明治 Meiji. → 平成. ▶明治維新 *f.* Restauración de Meiji.

めいじつともに 名実共に ▶彼は名実ともに偉大な科学者だ Es un gran científico tanto de hecho como de nombre.

めいしゃ 目医者(眼科医)*mf.* oculista,《専門語》*mf.* oftalmólogo/ga.

めいしゅ 名手 *mf.* experto/ta (en). ▶弓の名手 *mf.* arquero/ra experto/ta, *mf.* experto/ta en el tiro al arco.

めいしょ 名所 *m.* lugar famoso [célebre];(観光地)*m.* paraje pintoresco. ▶名所旧跡 *mpl.* lugares pintorescos e históricos. ▶桜の名所 *m.* lugar famoso por sus cerezos en flor. ▶奈良の名所を見物する *v.* visitar los lugares [sitios] famosos de Nara.

めいしょう 名称 *m.* nombre. ▶この会に名称をつける *v.*「dar* un nombre [《口語》bautizar*] a esta asociación.

めいじる 銘じる ▶胆に銘じる →胆②.

めいじる 命じる ❶《命令する》*v.* ordenar, mandar; pedir「decir, dar* instrucciones para」《que + 接続法》.

❷《任命する》*v.* nombrar. → 任命する.

めいしん 迷信 *f.* superstición. ◆4は不吉な数というのは迷信だ[という迷信がある] Hay una superstición de que el número 4 trae mala suerte. ◆私はそんな迷信は信じない No creo en tal superstición. ◆彼は大変迷信深い Es muy supersticioso.

めいじん 名人(大家)*mf.* maestro/tra, *mf.* virtuoso/sa,(専門家)*mf.* experto/ta 《en》. ▶彫刻の名人 *mf.* maestro/tra [《口語》artista] en la escultura [talla]. ▶射撃の名人 *mf.* maestro/tra en el tiro,《口語》*mf.* artista disparando. ▶変装の名人 *mf.* experto/ta en disfraces. ▶チェスの名人 *mf.* maestro/tra de ajedrez, *m.* genio en [para] el ajedrez,《専門語》*m.* gran maestro. ▶名人芸を披露する *v.* ofrecer* una actuación magistral.

めいせい 名声(有名であること)*f.* fama, *m.* renombre;(よい評判)*f.* reputación, *m.* prestigio. ▶名声の高い人 *m.* hombre [*f.* mujer] con [de]「mucha fama [gran prestigio]. ▶名声を得る *v.* ganar [adquirir*] fama. ▶富と名声を追い求める *v.* buscar* fama y riqueza. ◆彼は多くの発明で世界的名声を博した Con sus inventos「se hizo mundialmente famoso [adquirió fama en todo el mundo]. ◆彼の名声が上がった Su reputación se ha acrecentado.

めいせき 明晰 ▶明晰な(頭脳・思考などの)*adj.* claro. ◆彼は頭脳明晰だ Es una persona lúcida [inteligente].

めいそう 瞑想 →思索. ▶瞑想にふける *v.* estar* perdido [ensimismado] en la meditación [contemplación]. ▶過去のことを瞑想する *v.* meditar sobre el pasado.

めいそう 迷走 ▶迷走する(はぐれる)*v.* perderse*, extraviarse*;(さまよう) *v.* vagar*. ▶迷走神経《専門語》*m.* nervio vago, *m.* vago.

めいだい 命題 *f.* proposición.

めいちゅう 命中 ▶矢が的の真ん中に命中した La flecha dio en el centro del blanco.

めいちょ 名著(¹すぐれた [²有名な]本)*m.* libro ¹excelente [²célebre];(傑作)*f.* obra maestra.

めいてんがい 名店街(説明的に)*f.* calle bordeada de famosas tiendas.

めいど 冥土(あの世)*m.* otro mundo, *f.* ultratumba.

メイド →メード.

めいにち 命日 *m.* aniversario de (su) muerte.

めいはく 明白 ▶明白な(はっきりした)*adj.* claro;(画像などが)*adj.* nítido;(単純明快な)*adj.* sencillo, fácil de entender;(疑問の余地のない)*adj.* obvio,《教養語》patente;(証拠から明らかな)*adj.* evidente, manifiesto,《文語》palmario;(推論によって)*adj.* aparente;(言葉など が暗示的でなく明瞭(${}^{\text{りょう}}$)な)*adj.* explícito. ▶明白に述べる *v.* manifestar* claramente [explícitamente].　□あからさまな[に], 決まりきった, 端的

めいふく 冥福 ▶冥福を祈る *v.* rezar* [orar] por el eterno descanso de (su) alma. ◆ご冥福を祈ります ¡Que en paz descanse! (☆亡くなった人に言及したときに使う)

めいぶつ 名物 ❶【名産】*m.* producto especial [famoso], *f.* especialidad del lugar. ◆カキは広島の名物だ Las ostras son「el producto especial [la especialidad] de Hiroshima.

❷【呼び物】*f.* atracción;(特色)*f.* característica, *f.* peculiaridad. ▶名物男(＝人気の

人物) f. figura popular, m. personaje.

めいぶん 名文 f. bella prosa, m. hermoso estilo; (一節) m. bello pasaje (literario). ▶ 名文家 mf. gran escritor/tora, mf. estilista.

めいぶん 明文 (規定, 条項) f. disposición. ♦ 言論の自由は憲法に明文化されている La libertad de expresión está expresada [escrita] claramente en la constitución. / La constitución dispone la libertad de expresión.

めいぼ 名簿 (名前の一覧表) f. lista (de nombres); (公式の登録簿) m. registro; (通例住所も記した) m. directorio; (会社・学級・団体などの) f. nómina, f. lista; (乗客名簿 f. lista de pasajeros. ▶ 会員名簿 m. registro [m. directorio] de socios. ▶学生名簿 f. lista de estudiantes. ▶名簿を作る v. hacer* una lista 《de》. ▶名簿に載っている v. estar* (inscrito) en la lista. ▶彼を名簿から削除する v. quitarle [《口語》borrarle] de la lista.

めいめい 命名 ▶命名する v. poner* [dar*] nombre 《a》, denominar; (人・船などを儀式を伴って) v. bautizar*; (...と呼ぶ) v. llamar. ♦ その船は「ソフィア王妃号」と命名された El barco fue bautizado (con el nombre de) "Reina Sofía".

*__めいめい__ 銘々 pron. cada uno. → それぞれ, 各目. ♦ 学生はめいめい自分の意見を述べた Cada uno de los estudiantes ha expresado su opinión. ♦彼らはめいめい3個ずつリンゴを取った Cada uno tomó tres manzanas. / Tomaron tres manzanas 「cada uno [《口語》per cabeza]. ♦ 私は彼らめいめいと話をした Hablé con cada uno de ellos. / Hablé con ellos individualmente [uno por uno].

── めいめいの adj. respectivo. ♦彼らはめいめいのやり方でそれをした Cada uno lo hizo a su manera.

めいめつ 明滅 ▶明滅する (灯火・星などが点滅する) v. parpadear, emitir destellos intermitentes; (ゆらめく) v. titilar. → 点滅する.

めいもく 名目 ▶名目上の adj. nominal. ▶名目賃金 m. sueldo nominal. ♦彼は名目上のかしらだ Es el jefe nominal. / Es el jefe sólo de nombre. ♦彼は寄付をするという名目で (= 口実で)母の金をだまし取った Con un pretexto de (hacer) un donativo le timó [sacó] el dinero a mi madre.

めいもん 名門 (名家) f. familia ilustre [distinguida, 《教養語》egregia]; (高貴な) f. familia noble [de alto linaje]. ▶名門校 f. escuela famosa [con prestigio, prestigiosa]. ♦母は名門の出だ Viene de una familia distinguida.

めいゆう 名優 (すぐれた) mf. gran actor/triz.
めいゆう 盟友 (誓いあった友) mf. amigo/ga fiel [de lealtad probada]; (苦労を共にする) mf. camarada.

__めいよ__ 名誉 m. honor, f. honra; (評判) f. reputación; (名声) f. fama; (メンツ) f. cara, m. honor; (恩恵) m. privilegio. ▶名誉ある (=光栄ある)死をとげる v. morir con honra, tener* una muerte gloriosa. ▶名誉ある地位を得る v. conseguir* una posición honrosa [honorable].

1《名誉＋名詞》▶名誉1職 [2市民] 1 m. puesto [2 m. ciudadano] honorario. ▶名誉教授 mf. profesor/sora emérito/ta. ▶名誉心 m. deseo de honores. ♦彼は名誉毀(ኢ)損で出版社を訴えた Demandó a la (casa) editorial por 《文語》difamación [manchar su honra].

2《名誉》▶彼らは祖国の名誉のために戦った Lucharon por el honor de su país.

3《名誉》▶それは私の名誉にかかわることです Me va en ello la honra. / Es una cuestión de honor para mí. ♦名誉にかけて勝ってみせる Palabra de honor que ganaré.

4《名誉を》▶彼は名誉を重んじる人だ Es una persona de honor. ♦彼の行為は一家の名誉を汚した Con sus actos deshonró a su familia. / Sus actos han acarreado la deshonra de su familia. ♦私は名誉を挽(紋)回したい Deseo 「rehabilitar mi honor [lavar mi honra]. ♦名誉を守る (=無傷に保つ)ためにできるだけのことはします Haré todo lo que pueda para mantener su honor.

5《名誉》▶彼らは我が校の名誉だ Son 「la honra [el orgullo] de la escuela. ♦私が議長に選出されましたことは大変な名誉であります Es para mí un gran honor el haber sido elegido/da presidente/ta. ☞光栄, 体面

めいりょう 明瞭 ▶明瞭な (はっきりした) adj. claro; (単純明快な) adj. sencillo, fácil; (疑問の余地のない) adj. manifiesto, patente, 《教養語》obvio; (証拠から明らかな) adj. evidente, 《教養語》palmario; (知覚的に) adj. nítido; (発音・言葉などが) adj. lúcido, articulado. ▶明瞭な発音 f. pronunciación clara [articulada]. ▶事実を明瞭にする v. poner* el hecho en claro. ▶明瞭に話す v. hablar 「con claridad [claramente]. ♦彼がうそを言っているのは明瞭だ 「Es evidente [Está claro] que miente.

めいる 滅入る v. desanimarse, deprimirse, ponerse* triste.

__めいれい__ 命令 f. orden, m. mandato; (指図) f. indicaciones, fpl. instrucciones; (指示) fpl. instrucciones. ▶命令文 f. oración imperativa. ▶命令に従う v. seguir [obedecer*] la orden; (指図に) v. seguir* las instrucciones. ▶社長の命令で[に従って] adv. 「por orden [según órdenes] del/de la presidente/ta. ▶命令口調で話す v. hablar 「con voz de mando [en un tono imperativo, 《教養語》en un tono perentorio]. ♦彼は仕事を中止するよう命令を出した Mandó interrumpir [parar] el trabajo. / Dio la orden de que se interrumpiera [parara] el trabajo. / Dio órdenes de que cesara el trabajo. ♦彼らは帰国命令を受けている Tienen la orden de regresar a su país. ♦ 彼は私が命令どおりにしなかったと言って怒った Se enfadó [enojó] conmigo por no haber seguido exactamente sus órdenes [instrucciones]. ♦裁判所からの命令で木曜日に出頭しなければならない Me han ordenado [mandado] comparecer ante el tribunal el jueves.

—— 命令する v. ordenar 《que + 接続法, 不定詞》, dar* la [una] orden 《de + 不定詞》; (公式に) v. mandar 《que + 接続法, 不定詞》, dar* el [un] mandato 《de + 不定詞》; (指図する) v. dar* instrucciones 《a + 人》, decir* [pedir*] 《a + 人》《que + 接続法》. ♦ 隊長は部下に直ちに集合するよう命令した El capitán ordenó a sus subordinados [hombres] que se reunieran de inmediato. / El capitán dio a sus subordinados la orden de reunirse de inmediato.
⇨ 言い付け, 指図, 指令; 言う, 指図する

めいろ 迷路 m. laberinto, 《教養語》m. dédalo. ▶迷路のような狭い通り fpl. estrechas calles de un laberinto. ▶迷路に迷い込む v. estar* perdido en un laberinto.

めいろう 明朗 (陽気) f. jovialidad, f. alegría; (公正) f. honradez. ▶明朗(快活)な子 mf. niño/ña jovial. ▶明朗な会計 f. cuenta limpia.

めいろえん 迷路炎 《専門語》f. laberintitis.

***めいわく 迷惑** (面倒, 手数) f. incomodidad; (腹立たしいこと) f. irritación, m. fastidio; (迷惑をかけるもの・人) m. estorbo, m. trastorno, 《口語》f. lata, f. pesadez, 《スペイン》《口語》m. incordio. ▶迷惑そうな顔をして adv. con una mirada de fastidio. ▶はた迷惑 f. molestia [m. estorbo] para los demás. ♦あのうるさいステレオはまったく近所迷惑だ Ese ruidoso estéreo es verdaderamente [una molestia [un fastidio, 《口語》una lata] para los vecinos. ♦ご迷惑でなければあとお伺いしたいのですが Si no es demasiada molestia, me gustaría visitarlo[le, la] a usted mañana.

迷惑をかける (面倒をかける) v. causar [dar*] molestias 《a + 人》, causar un trastorno; (むっとさせる) v. fastidiar, estorbar, 《教養語》incomodar; (うるさがらせる) v. molestar, 《口語》dar* la lata 《a + 人》, 《スペイン》《口語》incordiar. ▶他人に迷惑をかける v. causar molestias a los demás; (他人の迷惑となる) v. ser* [una molestia [un estorbo] para los demás. ♦ご迷惑をかけてすみませんでした Lamento las molestias que le he causado. 《会話》ご迷惑をかけてすみませんが, 車をお借りしてよろしいでしょうか——迷惑だなんてとんでもない. どうぞどうぞ Perdone la molestia pero, ¿podría usar su coche? – No es ninguna molestia.「Úselo, úselo usted. [Con mucho gusto se lo dejo.]

—— 迷惑する v. ser* molestado 《por, con, a causa de》, molestarse 《por》. ♦毎日バスが遅いので迷惑している Todos los días me molesta la lentitud del servicio de los autobuses. / La lentitud de los autobuses es una molestia diaria. ♦私はあの酔っ払いには大変迷惑した Ese borracho me molestó mucho. / Fui molestado/da mucho por ese borracho.

めうえ 目上 (年上の人) mf. (mi) mayor; (上司) mf. (mi) superior. ▶目上の人に敬意をはらう v. ser* respetuoso con los mayores.

めうし 雌牛 f. vaca.

めかくし **1413**

めうつり 目移り ♦あまりにもたくさん料理が出たので目移りして何から食べてよいやら決めかねました Había tantos platos ante mis ojos, que no sabía por dónde empezar a comer.

メーカー f. compañía fabricante, m. fabricante. ▶メーカー品 m. producto de marca. ♦あなたのパソコンはどこのメーカーのですか ¿De qué marca es tu ordenador [[ラ米] computadora]? ▶自動車メーカー m. fabricante de automóviles.

メーキャップ m. maquillaje. ▶メーキャップをする v. maquillarse. ▶メーキャップを[1落とす [2直す] v. ¹quitarse [²arreglarse] el maquillaje.

メーク ▶メークする v. maquillar(se).

メーター (長さの単位) m. metro; (器具) m. contador, m. medidor, (タクシーの) m. taxímetro. ▶¹水道 [²電気]のメーター m. contador ¹de agua [²eléctrico]. ▶パーキング[駐車]メーター m. parquímetro. ▶メーターを調べる v. leer* el contador.

メーデー m. el primero de mayo, m. Día de Trabajo.

メード f. sirvienta; (家事をする) f. empleada doméstica [del hogar]; (ホテルの) f. camarera.

メードインジャパン adj. de fabricación japonesa, 〖標示〗Hecho [Fabricado] en Japón.

***メートル** (長さの単位) m. metro. ♦それは長さ3メートル, 幅1メートルある Tiene 3 metros de largo y 1 de ancho. ♦日本はメートル法を使っている En Japón usamos el sistema métrico.

メーリングリスト 《専門語》f. lista de correo [distribución], f. lista de direcciones.

メール (郵便) m. correo; (E メール) m. correo electrónico, 《英語》"e-mail" (☆発音は [iméil]), 《口語》m. emilio. ▶E メールを送る v. mandar [enviar*, 《口語》poner*] un correo electrónico. ▶メール爆弾 《専門語》m. bombardeo postal.

メールオーダー m. pedido por correo, f. venta por correo. ▶メールオーダーのカタログ m. catálogo de venta por correo.

メールサーバー 《専門語》m. servidor de correo.

メールボックス m. buzón (de correo).

メーン adj. principal, mayor. ▶メーンイベント f. atracción principal, lo principal; (ボクシングの) m. combate estelar; (一般にスポーツの) m. partido estelar. ▶メーンスタンド f. tribuna principal. ▶メーンストリート f. calle mayor [principal]. ▶メーンディッシュ m. plato principal. ▶メーンテーブル f. mesa de honor. ▶メーンバンク m. banco principal de financiación.

メカ (機械) f. máquina; (機械類) f. maquinaria. ♦ぼくはメカにはまったく弱いんだ. 君は強そうだね Las máquinas se me dan muy mal; a ti, en cambio, parece que se te dan bien.

めかくし 目隠し (目を被う布) f. venda; (窓の) f. persiana. ▶目隠しをする v. vendar los ojos, poner* una venda.

めがける 目掛ける（…を向ける）v. apuntar 《a》. ♦彼はその猫をめがけて石を投げた "Apuntó con [Tiró] la piedra al gato. ♦彼は出口をめがけて突っ走った Se abalanzó hacia la salida.

めがしら 目頭 ▶目頭の熱くなるような光景 f. escena conmovedora. ▶目頭をぬぐう v. enjugarse* [secarse*] las lágrimas. ♦感動して目頭が熱くなった Era tan conmovedor que casi se me salían las lágrimas.

めかす（盛装する）v. ponerse* elegante, vestirse* con esmero,《口語》arreglarse.

めかた 目方 m. peso. → 重量, 体重. ▶目方で売る v. vender al peso.

メガトン（核兵器の爆発力）m. megatón.

メカニズム m. mecanismo. ▶¹ライフル [²脳] のメカニズム m. mecanismo del ¹rifle [²cerebro].

めがしら 眼鏡 ❶〔眼鏡〕fpl. gafas;（鼻眼鏡）mpl. quevedos. ♦彼の眼鏡ではないようだ。たしか次郎のだよ。そんなのを持っているからね Esas gafas no parecen suyas. Deben ser las de Jiro. Tiene unas como esas.

地域差 眼鏡
〔スペイン〕fpl. gafas
〔キューバ〕mpl. espejuelos
〔メキシコ〕fpl. gafas, mpl. anteojos, mpl. lentes
〔コロンビア〕fpl. gafas, mpl. anteojos
〔ペルー〕mpl. lentes, mpl. anteojos
〔アルゼンチン〕mpl. lentes, mpl. anteojos

1《〜眼鏡》▶度が¹弱い [²強い] 眼鏡 fpl. gafas ¹frágiles [²fuertes]. ▶遠近両用眼鏡 fpl. gafas bifocales;（境目のない）fpl. progresivas. ▶¹金縁 [²メタル枠] 眼鏡 fpl. gafas con la montura ¹dorada [²metálica]. ▶近視用眼鏡 fpl. gafas para la miopía. ▶水中眼鏡（水泳用）fpl. gafas de natación;（潜水用）f. máscara (de buceo).

2《眼鏡＋名詞》▶眼鏡屋（店）f. óptica;（人）mf. óptico/ca. ▶眼鏡の¹枠 [²縁, ³つる] ¹f. montura [²m. aro; ³f. patillas]de 「las gafas. ▶眼鏡ケース m. estuche de las gafas. ▶眼鏡越しに見る v. mirar por encima de las gafas.

3《眼鏡が[を]》▶眼鏡をかけて見る v. mirar [ver*] con 「las gafas [los anteojos]. ▶眼鏡をかけた若い男 m. joven de [con] gafas. ▶眼鏡を¹かける [²はずす] v. ¹ponerse* [²quitarse]「las gafas [los anteojos]. ♦彼は眼鏡をかけている Lleva gafas. ♦ゆげで眼鏡が曇った Mis gafas se empañaron por el vapor.

❷〔眼識〕m. juicio. ▶彼の眼鏡にかなう（＝気に入られる）v. ganar [conquistar] su favor. ♦彼は私の眼鏡違いだった《口語》Me he equivocado con él. / No me ha respondido. / No ha dado la talla.

メガビット《英語》《専門語》m. megabit,《専門語》m. megabitio.

メガヘルツ（電波周波数）m. megahertzio, m. megahertz.

メガホン m. megáfono. ♦私は手をメガホンのようにして彼を呼んだ Le llamé haciendo una bocina con las manos.

めがみ 女神 f. diosa.

メガロポリス（超巨大都市圏）f. megalópolis.

めきき 目利き（鑑定）f. apreciación, f. valoración;（鑑定をする人）mf. entendido/da, mf. experto/ta. ▶目利きをする v. apreciar, valorar. ▶浮世絵にかけては大した目利きだ v. ser* muy entendido en "ukiyoe".

メキシコ México;（公式名）mpl. Estados Unidos Mexicanos (☆北アメリカの国; 国名を Méjico, 形容詞を mejicano と書くこともある). ▶メキシコ(人)の adj. mexicano. ▶メキシコ人 f. mexicano/na. ▶メキシコ湾 Golfo de México (☆北アメリカ大陸南東の湾).

メキシコシティー Ciudad de México (☆メキシコの首都).

めきめき ❶【上達などが著しいさま】（著しく）adv. notablemente, considerablemente;（きわだって）adv. visiblemente, a ojos vistas;（速く）adv. rápidamente. ♦その若いピアニストは外国でめきめき腕を上げた El joven pianista realizó un progreso notable en el extranjero.

❷【物が音を立てて壊れるさま】▶大工が木の板をめきめきはいでいった El carpintero iba arrancando activamente las tablas con estrépito.

めキャベツ 芽キャベツ m. coles de Bruselas.

-めく（…のような）prep. como. ♦だいぶ春めいてきた Ya es como primavera.

めくじら 目くじら ♦つまらない事に目くじらを立てるな（＝欠点をほじくり出すな）No critiques defectos por poca cosa.

めぐすり 目薬（洗眼液）m. colirio,《専門語》f. solución oftálmica;（点眼液）fpl. gotas para los ojos. ▶目薬をさす v. aplicar(se)* colirio, ponerse* gotas en los ojos.

めくばせ 目配せ m. guiño. ▶彼に(意味ありげに)目配せをする v. hacerle* un guiño (insinuante). ▶すぐに出発するように彼に目配せをした Le hice un guiño para partir inmediatamente.

めぐまれる 恵まれる v. estar* bendecido 《con》;（才能などに）v. estar* dotado《de》;（資源などに）v. ser* rico《en》, abundar《en》;（天候・事情などに）v. estar* favorecido《con》. ▶音楽的才能に恵まれている v. estar* bendecido「con talento musical [para la música]. ▶美しい自然に恵まれている v. estar* favorecido de una bella naturaleza. ▶地理的に恵まれている v. estar* favorecido geográficamente. ▶恵まれた家庭環境 m. feliz ambiente familiar. ▶彼女は 10 人の子宝に恵まれた（＝を持っている）Ha sido bendecida con 10 hijos. ♦私はこれまでずっと健康に恵まれてきた Toda mi vida he gozado de buena salud.

めぐみ 恵（恩恵）f. bendición, m. beneficio;（施し物）f. limosna;（行為）f. caridad. ▶恵み深い人 f. persona compasiva [caritativa]. ▶恵みの(＝ありがたい)雨 f. lluvia benéfica. ♦健康は私たちにとって大きな恵みだ La buena salud es una gran bendición para nosotros.

めぐむ 恵む（哀れんで施す）v. dar* limosna 《a ＋ 人》. ◆どうか次の食事のために少しお金を恵んで（＝さいて）ください ¿Me puede dar una limosna para comer, por favor?

めぐらす 巡らす ❶【囲いを】v. rodear, cercar*,《教養語》cincundar. ▶庭に垣を巡らす v. cercar* un jardín, rodear un jardín con una valla. ◆彼の家には生け垣が巡らしてある A su casa la rodea un seto. / Su casa está cercada por un seto.
❷【悪事を】（たくらむ）v. conspirar, tramar (su asesinato);【考えを】v. dar* vueltas 《a ＋ 物・事》en la cabeza.
《その他の表現》◆人はしばしば過去のことに思いを巡らす（＝回顧する）El ser humano con frecuencia mira a su pasado.

めぐり 巡り（遍歴）f. gira, f. visita; (循環) f. circulación; (一周) m. vuelta. ▶名所巡りをする v. hacer* una gira por lugares famosos. ◆血の巡りが悪い v. tener* mala circulación sanguínea; (頭が鈍い) v. no ser* inteligente,《口語》ser* duro de mollera.

めぐりあう 巡り合う（思いがけず出会う）v. encontrarse* por casualidad, tropezarse* 《con》; (親子などが再会する) v. volver* a verse* [encontrarse*] 《con》, reencontrarse 《con》. ◆彼は 40 歳まで幸せに巡り合わなかった No se reencontró con la felicidad hasta los 40.

めぐりあわせ 巡り合わせ（運などの思わぬ訪れ）f. suerte; (運命) m. destino. ◆不思議な運命の巡り合わせで adv. por una misteriosa [extraña] casualidad.

めくる（ページなどを）v. pasar, hojear. ▶本をめくる v. pasar las páginas de un libro; (ぱらぱらと) v. hojear un libro. ▶新聞(のページ)をめくる v. pasar la página del periódico. ▶トランプを 1 枚めくる v. poner* [volver*] una carta boca arriba; (1 枚とる) v. coger* una carta. ▶テーブルのクロスをめくる v. quitar el mantel de la mesa. ◆起きなさい，でないと毛布をめくるからね Levántate o "deshago la cama [tiro de la manta]".

めぐる 巡る ▶池を巡る v. rodear un estanque. ▶諸国を巡る v. ir* de gira por el extranjero, recorrer países. ◆季節が巡る Las estaciones van y vienen. ◆またうる年が巡ってきた Ha vuelto el año bisiesto.
《その他の表現》◆金の分配をめぐる争い f. disputa por la distribución del dinero.

めくれる v. ponerse* del [al] revés, darse* la vuelta. ▶彼女のめくれた厚い唇 m. su grueso labio sacado. ◆強風で傘がめくれてしまった Mi paraguas se ha puesto del revés por el fuerte viento.

める（がっかりする）v. desilusionarse, estar* decepcionado; (勇気がそがれる) v. estar* desanimado, desanimarse; (落ち込んでいる) v. estar* deprimido. ▶夏の暑さにもめげず adv.「sin ser afectado por [《教養語》impertérrito ante」el calor del verano. ◆彼は直面した幾多の困難にもめげなかった No se desanimó pese a las numerosas dificultades halladas.

めこぼし 目こぼし (見逃すこと)《教養語》f. connivencia. ▶目こぼしをする (見逃す) v. pasar por alto, actuar* en connivencia 《con》, cerrar* los ojos 《a》,《口語》hacer* la vista gorda 《a》.

メコンがわ メコン川 m. río Mekong.

めさき 目先 ❶【目の前】▶目先の利益にとらわれる v. buscar* el inmediato interés.
❷【現在】▶目先の事ばかり考える v. pensar* sólo en el presente.
❸【先見】▶目先がきく v. tener* visión (de futuro), ser* previsor. ▶目先がきかない v. no tener* visión (de futuro), no ser* previsor.
❹【様子，趣向】▶目先の変わった提案 f. idea novedosa, m. planteamiento diferente. ▶目先を変える v. probar* algo nuevo.

めざす 目指す（目標を）v. aspirar 《a ＋ 不定詞》, pretender, tener como objetivo [meta]; (方向・場所を) v. dirigirse 《a》. ▶…に向かって prep. hacia. ▶…を求めて prep. por. ▶ゴールを目指して走る v. correr hacia la meta. ▶独立を目指して戦う v. luchar por la independencia. ◆彼は医者を目指している Aspira a ser médico. / Su objetivo es ser médico. ◆この飛行機はパリを目指して北上中です Nuestro avión se dirige hacia el norte para París.

めざとい 目敏い ❶【目が速い】adv. con buena vista, de vista aguda. ▶ほんのちょっとの間違いにも目ざとい v. descubrir* el mínimo error de un simple vistazo. ◆書斎に入ると彼女は目ざとく（＝すぐに）机の上に書き置きを見つけた Cuando entró en su estudio,「un vistazo le bastó para darse cuenta de [al instante observó」que había una nota sobre la mesa.
❷【目がさめやすい】adj. de sueño ligero.

めざましい 目覚しい (著しい) adj. notable; (驚くべき) adj. sorprendente, admirable; (すばらしい) adj. magnífico, estupendo; (輝かしい) adj. brillante; (画期的な) adj. que「hace época [marca un hito」. ▶めざましい業績 m. logro notable [admirable, estupendo]. ▶めざましい発達をとげる v. lograr un desarrollo notable [admirable, magnífico]. ▶めざましい発見をする v. realizar* un descubrimiento que hará época. ▶スペイン語がめざましく上達する v. hacer* [realizar*] un notable progreso en el español.

めざまし(どけい) 目覚まし(時計) m. despertador. ▶目覚ましを 8 時にセットする v. poner* el despertador a las ocho. ◆彼は目覚ましが鳴らなかったので寝過ごした Se quedó dormido porque no sonó el despertador.

めざめる 目覚める v. despertarse*. ▶(すっかり)目覚めている v. estar* despierto. ▶[1]長い眠り[2]恐ろしい夢から目覚める v. despertarse* de [1]un largo sueño [2]una pesadilla. ◆兄弟たちの世話をすることになって彼は責任感に目覚めた Al tener que cuidar a sus hermanos, (se) despertó su responsabilidad. ◆彼は 7 時に

目覚めた Se despertó a las siete. ◆目覚めると時計が8時を打っていた Me desperté cuando oí que daban las ocho.

めざわり 目障り *m.* estorbo, *f.* molestia. ◆あの木は目障りだ Ese árbol es「una molestia para la vista [un estorbo para ver el paisaje].

***めし** 飯 **❶**【ご飯】*m.* arroz cocido. ◆飯を食べる *v.* comer [tomar] arroz.
❷【食事】*f.* comida, 《ユーモアで》los garbanzos;（飲物）*f.* alimentación;（朝食）*m.* desayuno;（昼食）*m.* almuerzo, *f.* comida, 《ユーモアで》los garbanzos;（夕食）*f.* cena. ◆彼は三度の飯より芝居が好きだ Lo que más le gusta es el teatro.
❸【生計】*m.* sustento (de vida), *f.* manutención,《口語》el pan de cada día, *m.* medio de vida. ◆作家では飯は食えない Como escri*tor/tora* no「gano para mantenerme [me gano el pan]. ◆そんなことをして見ろ, 飯の食い上げだぞ Haz eso y perderás tu medio de vida. ◆会社は気にいらないが飯の種だから仕方ない No me gusta la compañía, pero es de donde saco mi sustento [pan de cada día].

メシア El Mesías.

めしあがる 召し上がる *v.* comer, tomar. ◆昼食は何を召し上がりますか ¿Qué quiere usted de comer? / ¿Qué toma usted para comer?

めした 目下（年下の人）*m.f.* inferior (en edad), *m.f.* menor;（部下）*m.f.* subordin*ado/da*.

めしつかい 召し使い *m.* sirviente, *m.* criado;（お手伝いさん）*f.* empleada doméstica. ◆召し使いを1置く [2雇う] *v.* 1tener* [2emplear] un sirviente.

めしべ 雌蕊 *m.* pistilo.

メジャー ❶【巻き尺】*f.* cinta métrica.
❷【大きい方の, 主要な】*adj.* mayor, principal. ◆メジャーリーグ（野球）*f.* Grandes Ligas;（アメリカンリーグ）*f.* Liga Americana;（ナショナルリーグ）*f.* Liga Nacional.

めじり 目尻（目の外端）*m.* rabillo del ojo. ◆目尻の上がった女性 *f.* mujer de ojos almendrados. ◆目尻のしわ *f.* patas de gallo. ◆目じりを下げる（うれしそうな顔をする）*v.* parecer* conten*to*;（色目を使う）*v.* irse* los ojos detrás《de ＋ 人・物》.

めじるし 目印（○や×などの）*f.* marca,（標識）*f.* señal;（目印になる建物など）*m.* punto de referencia, *f.* guía. ◆読んでいる箇所の目印として, 本に紙切れをはさむ *v.* poner* un papel entre las páginas del libro como señal. ◆時計台がその大学の目印です La torre del reloj es el punto de referencia (visual) de la universidad.

めじろおし 目白押し ◆劇場前に人々は目白押しに並んだ Delante del teatro se apretó la gente haciendo cola. ◆新しい企画が目白押しだ Estamos desbordados de nuevos proyectos.

めす 召す ◆お年を召したご婦人 *f.* anciana; *f.* señora mayor (☆敬意をこめた言い方). ◆お風邪など召しませんよう Por favor tenga cuidado en no coger [agarrar] un resfriado. ◆コートをお召しください Haga el favor de ponerse el abrigo. ◆京都はお気に召しましたか―ええ, とっても ¿Le gusta Kioto? – Sí, muchísimo.

めす 雌 *f.* hembra. ◆雌の野ウサギ *f.* liebre hembra.

メス（手術用の）*m.* bisturí. ◆その汚職事件にメスを入れるべき時だ Ya es hora de resolver [meter el bisturí en] ese escándalo de corrupción.

メスカル酒 *m.* mezcal (☆リュウゼツランの蒸留酒).

***めずらしい** 珍しい **❶**【まれな】*adj.* raro, extraño,《文語》peregrino;（めったにない）*adj.* poco común, infrecuente, extraordin*ario*;（普通でない）*adj.* fuera de lo corriente [común];（独特で他にない）*adj.* único. ◆珍しい本 *m.* libro raro. ◆珍しい光景 *f.* vista extraña (curiosa). ◆珍しい名前 *m.* nombre raro. ◆珍しい経験 *f.* experiencia「fuera de lo corriente [extraordinaria]. ◆こんな大きなリンゴはこの果樹園では珍しい Una manzana tan grande es rara en este huerto. ◆彼が机に向かっているとは珍しい Es raro que se siente en su despacho [mesa]. / Es raro [extraño] verlo[le] sentado en su mesa. ◆こんなところでお会いするとは珍しい Es muy raro verlo[le, la] a usted por aquí. ◆今朝は珍しく暖かい Hace un tiempo anormalmente cálido esta mañana.
❷【目新しい】（新奇な）*adj.* nuevo, novedoso. ◆珍しい経験 *f.* experiencia nueva. ◆見るもの聞くものすべてが珍しかった Todo lo que vi y oí me resultó completamente nuevo (novedoso).

【その他の表現】◆珍しい（＝予期しない）客 *f.* visita inesperada, *m.* huésped inesperado. ◆百歳以上まで生きる人は珍しい（＝ほとんどない）Son raras las personas que pasan de los cien años. ◆近年では珍しい大雪 [2大地震] だった Fue ¹la mayor nevada [²el mayor terremoto] que hemos tenido en los últimos años.

メソジスト（教徒）*m.f.* metodista. ◆メソジスト教会 *f.* Iglesia Metodista.

メゾソプラノ《イタリア語》*m.* "mezzosoprano" (☆発音は [metsosopráno]);（歌手）*f.* mezzosoprano.

メソポタミア Mesopotamia (☆西アジア, チグリス・ユーフラテス両河の流域).

めそめそ（涙を出して）*adv.* llorando, con lágrimas en los ojos. ◆めそめそする（すすり泣く）*v.* sollozar*, lloriquear. ◆めそめそした声 *adv.* con la voz llorosa. ◆子供がめそめそ母親にしがみついた El niño lloriqueando se colgó de su madre. ◆めそめそするな（＝泣くな）! ¡Deja de lloriquear!

***めだつ** 目立つ *v.* llamar [atraer*] la atención, ser* [resultar] llamativo, resaltar, destacar*, sobresalir*,《フォーマル》ser* prominente. ◆目立つ相違 *f.* diferencia notable. ◆目立つ服 *m.* vestido llamativo. ◆彼

は冗談を言っていつも目立とうとする Siempre intenta llamar la atención con sus bromas [chistes]. ◆彼女は高校時代普通に目立たない生徒でした En la escuela secundaria era una alumna「que no llamaba la atención [común y corriente]. ◆彼女の服のしみは目立たない Las manchas de su vestido no se notan. ◆その家は変わった色をしているので目立つ Esa casa destaca [resulta llamativa] por su color poco común. ◆彼は画家としてひときわ目立つ存在だ Destaca como pintor. / Sobresale entre los otros pintores.

《その他の表現》◆このカーペットの色はほこりが目立たない（＝を示さない）En el color de esta alfombra no se nota el polvo. ◆このごろでは海外で休日を過ごす人が目立ってきている（＝ますます多くの人が海外で休暇を過ごす）Recientemente, un número creciente de personas pasan las vacaciones en el extranjero. ◆彼女は目立ちたがり屋だ（＝注目の的になりたがる）Le gusta「llamar la atención [ser el centro de la atención].

── 目立って *adv.* llamativamente, marcadamente; visiblemente, claramente; notablemente. ▶フランス語が目立って上達する *v.* progresar notablemente en el francés. ▶最近交通事故が目立って増えてきた El número de accidentes de tráfico ha aumentado notablemente [visiblemente]. ☞ 際立つ, 頭角

メタノール *m.* metanol. → メチルアルコール.
メタファー（隠喩(*), 暗喩(*)）*f.* metáfora. ◆メタフォリックな *adj.* metafórico.
めだま 目玉 *m.* globo ocular [del ojo]. ▶目玉をぎょろつかせる *v.* mirar con los ojos desmesurados [como platos]. ▶目玉が飛び出るような値段 *m.* precio「que hace bailar los ojos [exorbitante]. ▶目玉商品 *m.* artículo de reclamo [lanzamiento].
めだまやき 目玉焼き *m.* huevo frito [[ラ米] estrellado]. ◆玉子はどうしましょう。スクランブルですか，目玉焼きですか ¿Como quieres los huevos, revueltos o fritos [estrellados]?
メダリスト *mf.* medallista. ▶ゴールドメダリスト *mf.* medallista de oro.
メタリックな（金属性の）*adj.* metálico.
メダル *f.* medalla. ▶金メダルを取る *v.* ganar「una medalla de oro [《口語》el oro].
メタンガス *m.* gas metanol.
めちゃめちゃ（に） ❶【壊れたり乱雑な様】◆野良犬が花壇をめちゃめちゃにした Unos perros vagabundos destrozaron el arriate [jardín de flores]. ◆花びんが石の床に落ちてめちゃめちゃになった El florero se cayó haciéndose añicos.

❷【道理に合わない様】◆あの男の言っていることはめちゃめちゃだ No tiene nada de sentido lo que dice. ☞ 荒らす, 壊す

メチルアルコール（専門語）*m.* alcohol metílico, *m.* metanol.
メッカ【イスラム教の霊地】La Meca (☆サウジアラビアの都市，モハメッドの生誕地でイスラム教徒の聖地); (中心地, あこがれの地) *f.* meca (de). ▶裕福な人たちのバカンスのメッカ *f.* meca de las vacaciones para los ricos. ◆ブロードウェーは

ミュージカルのメッカだ Broadway es la meca del musical. ◆グラナダはスペイン観光のメッカの一つだ Granada es uno de los grandes centros turísticos de España.

めつき 目つき *f.* mirada. ▶目つきの¹悪い [²鋭い] 男 *m.* hombre de mirada ¹torva [²aguda]. ◆彼はずる賢そうな目つきをしていた Tenía una mirada astuta. ◆彼女は疑わしそうな目つきで私を見た Me lanzó una mirada sospechosa.
めっき *m.* chapado, *m.* enchapado, *m.* baño; (特に金の) *m.* dorado. ▶めっきする *v.* bañar [chapear] 《en》. ▶金めっきする *v.* dorar. ▶銀めっきする *v.* platear. ▶皿を金めっきする *v.* dorar un plato, bañar un plato en oro. ◆この時計は銀めっきがしてある Este reloj está plateado [bañado en plata]. ◆めっきがはがれた Se ha quitado el oro. ◆彼のめっきがすぐにはがれた No tardó en mostrar cómo era realmente. /《スペイン》《口語》Pronto se le vio el plumero.
めっきり（非常に）*adv.* mucho, (かなり) *adv.* considerablemente, bastante; (著しく) *adv.* notablemente, sensiblemente; (きわだって) *adv.* visiblemente, claramente. ◆彼女はめっきり老けこんでしまった Ha envejecido mucho [notablemente, visiblemente]. ◆ここのところめっきり寒くなった El frío ha aumentado mucho estos días.
めっけもの めっけ物（掘り出し物）*m.* hallazgo afortunado. ◆最終戦の入場券を手に入れただけでもめっけものだ（＝幸運だ）Has tenido suerte de conseguir una entrada para「la final [el partido de la final].
めつけやく 目付け役 *m.* superintendente (en la época feudal); (監督者) *mf.* supervisor/sora.
メッシュ *f.* malla. ▶メッシュの(下着の)シャツ *f.* camiseta de malla. ◆この靴は甲の部分がメッシュになっている La pala de estos zapatos está hecha de malla.
メッセージ（声明）*f.* declaración; (あいさつの言葉) *m.* discurso; (伝言) *m.* recado, *m.* mensaje.
メッセンジャー *mf.* recadero/ra, *mf.* mensajero/ra. ▶メッセンジャーボーイ *m.* recadero.
めったうち 滅多打ち（めった打ちにする *v.* pegar*《a ＋ 人》salvajemente [brutalmente],《口語》moler*《a ＋ 人》a golpes, dar*《a ＋ 人》una paliza brutal.
***めったに** *adv.* (muy) pocas [raras] veces, (muy) raramente; apenas, casi nunca. 《会話》彼女はめったに遅刻しないねー ええ，そうですね Raramente llega tarde, ¿verdad? – Sí, es verdad. ◆あのような美しい景色を見たことはない「Muy pocas veces [Casi nunca] he visto un paisaje tan bonito. ◆私はめったに病気はしません Casi nunca me pongo ma*lo* [enfer*mo*]. ◆そんなチャンスはめったにない Las ocasiones como ésas ocurren excepcionalmente [poquísimas veces]. /《言い回し》《口語》Las ocasiones las pintan calvas.
めつぼう 滅亡（没落）*f.* caída, *m.* hundimien-

めっぽう

to; (破滅) f. ruina. ▶¹国家 [²マヤ族]の滅亡 f. caída de ¹una nación [²los mayas]. ▶滅亡する →滅びる. ▶核兵器は人類を滅亡に導きかねない Las armas nucleares podrían conducir al hundimiento de la raza humana.

めっぽう 滅法 ▶滅法強い v. ser* fortísimo, (口語) ser* superfuerte. ▶滅法高い(＝法外な)値段 m. precio exorbitante [fabuloso]. ▶滅法暑い Hace un calor terrible [insoportable, horroroso].

メディア f. media, m. medios (de comunicación). ▶マスメディア m. medios de comunicación de masas. ◆テレビは世論形成に最も影響力のあるメディアです La televisión es el medio de comunicación más poderoso para formar la opinión pública.

めでたい (喜ばしい) adj. feliz, dichoso; (さい先のよい) adj. auspicioso, de buen augurio. ▶めでたい出来事 m. suceso feliz. ▶このめでたい日に adv. en esta ocasión de gozo, en esta feliz ocasión. ◆彼が優勝したって、それはめでたい Estoy feliz de saber que ha ganado (el campeonato). / Me felicito de [Celebro] saber que ha ganado (el campeonato).

—— めでたく adv. felizmente; (教養語) dichosamente, alegremente; gozosamente; (首尾よく) adv. con éxito, bien. ▶彼らはめでたく(＝めでたいことに)ゴールインした Felizmente, se casaron. ◆その話はめでたく終わる La historia tiene un final feliz.

めど 目処 (見通し) f. perspectiva《de》; (可能性) f. posibilidad. ▶7月末をめどに(＝ころまでに) adv. aproximadamente para fines de julio. ◆それはいつ終わるのかめどがつかない No se puede decir cuándo se terminará. / Es impredecible la fecha de terminación. ◆やっと完成のめどがついた(＝見えるところまできた) La finalización está por fin a la vista.

メドレー【混合曲】m. popurrí;【陸上競技・水泳の】f. carrera de relevos combinados. ▶3曲メドレーで歌う v. cantar un popurrí de tres canciones. ▶4百メートル個人メドレー f. carrera individual de los 400 metros combinados.

メドレーリレー m. relevos combinados. → メドレー.

メトロ (マドリードなどの地下鉄) m. metro. ▶メトロで adv. en metro.

メトロノーム m. metrónomo.

メトロポリス f. metrópolis.

メナ (フアン・デ～) Juan de Mena (☆1411-1456, スペインの詩人).

メニエー(ル)びょう メニエー(ル)病 f. enfermedad [m. síndrome] de Ménière.

メニュー m. menú. ▶コース用のメニュー f. carta, f. minuta, m. menú. ◆レストランでestar* en「el menú [la carta]. ▶メニュー・バー(コンピュータ) f. barra de menú. ◆今日のメニューは何ですか ¿Qué hay hoy de menú? ◆メニューを見せますか ¿Me puede pasar el menú, por favor? ◆メニューは驚くほど多かった El menú era sorprendentemente abundante. / Me sorprendió la abundancia del menú.

メヌエット (ダンス) m. minué; (音楽) m. minueto.

めぬきどおり 目抜き通り (都市の大通り) f. calle principal [central, mayor]. ▶目抜き通りにある銀行 m. banco en la calle principal.

メネンデス・ピダル (ラモン ～) Ramón Menéndez Pidal (☆1869-1968, スペインの言語学者・歴史家).

メネンデス・ペラジョ (マルセリノ ～) Marcelino Menéndez Pelayo (☆1856-1912, スペインの文芸評論家・歴史家).

めのう 瑪瑙 f. ágata.

めのかたき 目の敵 ▶目の敵にする v. tratar siempre como un enemigo.

めのたま 目の玉 m. globo ocular.

めのまえ 目の前 ❶【面前】(…の面前で) adv. en presencia de, delante de; (すぐ前で) adv. ante sus mismos [propios] ojos, a la vista, (口語) delante de su nariz; (面と向かって) adv. en su cara. ▶彼を目の前で¹ほめる [²非難する] v. ¹elogiarlo[le] [²censurarlo[le]] en su cara. ▶彼は私の目の前で妻を侮辱した Insultó a mi esposa「delante de mí [en mi presencia]. ◆私たちの目の前で事故が起こった El accidente ocurrió ante nuestros propios ojos.

❷【直前】▶試験は目の前に迫っている El examen está a la vista [vuelta de la esquina].

めばえる 芽生える (芽ぶく) v. brotar, germinar; (成長し始める) v. empezar* a crecer*. ◆二人の間に愛が芽生えた Ha nacido el amor entre ellos.

めはな 目鼻 (目と鼻) los ojos y la nariz; (顔の造作) fpl. facciones, mpl. rasgos. ◆われわれの計画は目鼻がついてきた(＝具体化する) Nuestro plan está empezando a tomar forma.

めばな 雌花 f. flor femenina [pistilada].

めはなだち 目鼻立ち (見かけ) m. aspecto; (顔だち) fpl. facciones, mpl. rasgos. ▶目鼻立ちのいい顔 f. cara de [con] facciones correctas, m. rostro bien formado. ▶目鼻立ちの整った男性 m. hombre「de facciones correctas [atractivo, de buen aspecto].

めばり 目張り m. burlete. ▶窓を目張りする v. poner* burletes en las ventanas, aislar* las ventanas con burletes.

めぶく 芽ぶく v. brotar, germinar, echar nuevas hojas.

めぶんりょう 目分量 ▶目分量で計る v. calcular [medir*] a ojo (口語) de buen cubero).

めべり 目減り (減少) f. disminución; (損失) f. pérdida. ◆インフレで預金が目減りした El valor de mi depósito ha disminuido con [por] la inflación.

めぼし 目星 ◆犯人がだれなのか目星はつくよ Podemos tener una idea precisa sobre la identidad del delincuente.

めぼしい (主要な) adj. principal, importante; (値打ちのある) adj. de valor, valioso. ◆その作家のめぼしい作品 fpl. obras principales de ese/sa escritor/tora. ◆めぼしい(＝貴重な)物は

全部盗まれた Robaron todos los artículos de valor.

めまい 眩暈《専門語》*m*. vértigo, *m*. mareo. ♦ めまいがするような高さ *f*. altura de vértigo. ♦ めまいがする *v*. sentir* vértigo [mareo].

めまぐるしい 目まぐるしい (速い) *adj*. rápido, veloz; (目を回すような) *adj*. vertiginoso, trepidante. ♦ 世の中のめまぐるしい変化 *mpl*. vertiginosos cambios del mundo. ♦ テニスボールはネットをはさんでめまぐるしく飛び交った La pelota de tenis iba vertiginosamente de un lado a otro de la red.

めめしい 女々しい (男らしくない) *adj*. poco viril; (女のような) *adj*. afeminado; (意気地のない) *adj*.《俗語》amariconado. ♦ そんな女々しいことをするな[言うな] No seas tan afeminado.

メモ (簡潔な記録) *f*. nota, (備忘・伝達用の) *m*. apunte, *m*. memorándum. ♦ メモ用紙 *m*. papel de apuntes; (走り書き用) *m*. bloc de apuntes, *m*. cuadernillo de notas. ♦ 彼の講義をメモする *v*. tomar apuntes en su conferencia. ♦ メモを¹見ずに[²なしで]しゃべる *v*. hablar ¹mirando [²sin] apuntes. ♦ 私は彼の名前をノートにメモした Apunté su nombre en el cuadernillo.

めもり 目盛り *f*. escala, *f*. graduación. ♦ 定規の目盛り *f*. graduación de una regla. ♦ 摂氏の目盛りの付いた温度計 *m*. termómetro de escala centígrada [Celsius].

メモリー (記憶, 記憶装置) *f*. memoria. ♦ メモリー・カード *f*. tarjeta de memoria. ♦ メモリー・チップ *f*. plaqueta de almacenamiento de memoria, 《英語》*m*. "chip" de memoria. ♦ メモリー不足 *f*. memoria insuficiente. ♦ このコンピュータはメモリー容量が大きい Este ordenador tiene mucha [una gran] memoria.

めやす 目安 (基準) *f*. idea, *f*. aproximación, *m*. baremo, *f*. norma; (見当) *m*. cálculo, *f*. estimación; (目標) *f*. meta, *m*. objetivo. ♦ だれが勝つかだいたいの目安はつくよ Tengo idea de quién va a ganar. / Más o menos sé 「el que [la que, quien] va a ganar. ♦ これを仕上げる一応の目安 (= 仮の締切日) は月曜日です La fecha límite tentativa para acabar este trabajo es el lunes.

めやに 目脂 *f*. legaña. ♦ 目をこすって目やにをとる *v*. restregarse* los ojos, quitarse las legañas.

メラニン *f*. melanina.

メラネシア Melanesia (☆南太平洋, 180度経線以西の地域).

めらめら ♦ 古い木造の家がめらめら燃えた La vieja casa de madera se cubrió de llamas. ♦ 彼の怒りがめらめらと燃え上がった Montó [Ardió] en cólera.

メリーゴーラ(ウ)ンド *m*. tiovivo, *m*. caballitos,『ラ米』*m*. carrusel.

地域差	メリーゴーラ(ウ)ンド
〔一般的に〕	*m*. carricoche
〔スペイン〕	*mpl*. caballitos, *m*. tiovivo
〔ラテンアメリカ〕	*m*. carrusel
〔キューバ〕	*mpl*. caballitos, *m*. tiovivo
〔メキシコ〕	*mpl*. caballitos, *m*. tiovivo
〔アルゼンチン〕	*mpl*. caballos, *f*. calesita

めん 1419

めりこむ めり込む (沈む) *v*. hundirse (en). ♦ 車が氷の中にめり込んだ El coche [automóvil] 「se hundió [quedó hundido] en el barro.

メリット *f*. ventaja, *m*. mérito. ♦ 今それをしてもメリットはほとんどない Hacerlo ahora tiene pocas ventajas.

めりめり ♦ めりめりっと天井にひびが走った El techo se agrietó con un crujido. ♦ その木造の家はめりめりと音をたてて倒れた La casa de madera se derrumbó en medio de crujidos.

メリヤス *mpl*. géneros de punto. ♦ メリヤス生地 *f*. tela de punto. ♦ メリヤスのシャツ *f*. camiseta de punto.

メルヘン *m*. cuento de hadas.

メルボルン Melbourne.

メルルーサ *f*. merluza (☆タラ科の食用魚).

メレナ ♦ 新生児メレナ《専門語》*f*. melena del neonato.

メレンゲ *m*. merengue (☆卵白を泡立てて砂糖などを混ぜて焼いた菓子).

メレンデス・バルデス (フアン 〜) Juan Meléndez Valdés (☆1754–1817, スペインの詩人).

メロディー *f*. melodía.

メロドラマ (テレビ・ラジオの主婦向け連続ドラマ) *f*. telenovela,《スペイン》《口語》*m*. culebrón; *f*. radionovela.

メロン *m*. melón.

めん 面 ❶《顔》*f*. cara. ♦ 面と向かって言う *v*. decir* a la cara. ♦ 面と向かって座る *v*. sentarse* 「cara a cara [frente a frente). ♦ 困難に面と向かう *v*. 「enfrentarse a [encarar, afrontar] dificultades.
❷《お面》*f*. máscara; (剣道の防具) *m*. protector facial, *f*. careta. ♦ 面をかぶる[つける] *v*. ponerse* un protector facial.
❸《表面》*f*. superficie, *f*. cara; (平面) *m*. plano, (結晶体の小面) *f*. faceta. ♦ その山の北面を登る *v*. subir por la cara norte de la montaña. ♦ 立方体には6面がある El cubo tiene seis caras. ♦ ヨットが湖面を走っている Hay yates navegando en la superficie del lago.
❹《方面》(局面) *m*. aspecto, *f*. situación, *f*. fase; (点) *m*. respecto, *m*. punto; (側面) *m*. lado; (分野) *m*. campo; (ページ) *f*. página, *f*. cara. ♦ あらゆる面 (= 点) で *adv*. en todos los aspectos. ♦ この面 (= 点) では *adv*. a este respecto, en cuanto a esto. ♦ 別の面 (= 角度) から見る *v*. ver* (el asunto) desde otro ángulo; (別の観点から見ると) *adv*. visto desde otro punto de vista. ♦ その問題のあらゆる面を考慮する *v*. tener* en cuenta todos los aspectos [lados] del asunto. ♦ 新聞の経済面 *adv*. en la página financiera del periódico. ♦ その計画の経済的な面をよく考えなさい Ten en cuenta los aspectos económicos del plan. ♦ 成績の面では (=に関しては) 君に言うことは何もない Con respecto a las calificaciones no tengo nada que decirte. ♦ 彼には人並みにやさしい面もある Tiene su lado bueno como los demás.

めん 麺 *mpl*. fideos.

めん 綿 *m*. algodón. ♦ 綿織り物 *f*. tela de algodón;（綿製品）*mpl.* artículos de algodón. ▶綿花 *m.* algodón (en rama). ▶綿100％のシャツ *f.* camisa 100% de (puro) algodón.

めんえき 免疫 *f.* inmunidad. ▶免疫の *adj.* inmune 《a, contra》. ▶はしかに免疫ができる *v.* hacerse* inmune al sarampión. ▶免疫学 *f.* inmunología. ▶免疫体《専門語》*m.* anticuerpo. ▶免疫不全症《専門語》*m.* síndrome de inmunodeficiencia. ◆予防注射をすれば百日ぜきには免疫ができる La vacunación inmuniza contra la tos ferina. ◆彼女は母親の小言には免疫ができている Es inmune a las quejas de su madre. / Las quejas de su madre no la afectan nada.

めんかい 面会 ▶面会時間 *fpl.* horas de visita. ▶面会人 *mf.* visitante, *f.* visita. ▶面会を申し込む *v.* solicitar una entrevista 《con》, pedir* verlo[la, le]. ▶面会謝絶【提示】 No se admiten visitas. ◆田中さんという方が面会に見えています．お通ししましょうか Aquí está el Sr. Tanaka que desea verlo[la, le]. ¿Lo [¿La, ¿Le] hago pasar?《委縮》 面会の方が見えています―どなた? Hay「un caballero [una señora] que quiere verlo[la, le]. – ¿Quién es?

―― 面会する（会って話す）*v.* ver* 《a》, entrevistarse 《con》, tener* una entrevista 《con》;（見舞う）*v.* visitar 《a》

☞ 会[遭]う, 応対

めんきょ 免許 *m.* permiso, 『スペイン』*f.* licencia, 『ラ米』*f.* autorización. ▶免許証（認可証）*f.* licencia;（職業・身分などの証明書）*m.* certificado. ▶運転免許証 *f.* licencia [*m.* permiso, 『スペイン』*m.* carné] de conducir. ▶教員免許状 *m.* certificado de aptitud pedagógica. ▶免許料 *mpl.* derechos [*f.* tarifa, *f.* cuota] de una licencia. ▶免許を取る *v.* sacarse「un permiso [una licencia]. ▶彼に免許を与える *v.* darle* permiso 《para》. ▶免許を 1 ヶ月[取り消す] *v.* 「suspender [²revocarle]」 la licencia. ▶無免許で運転する *v.* conducir* sin permiso. ◆彼は開業医の免許を持っている Tiene la licencia de ejercer la medicina.

めんくい 面食い ◆彼女は面食いだ Le gustan los hombres guapos. / No se resiste a los guapos.

めんくらう 面食らう（まごつく）*v.* aturdirse 《por, ante, con》;（ろうばいする）*v.* desconcertarse*,《教養語》perturbarse. ◆あの個人的な質問には面食らってしまった Las preguntas personales me aturdieron.

めんざい 免罪 ▶（宗教上の）*m.* perdón, *f.* remisión de los pecados. ▶免罪する *v.* absolver*《a + 人》de un delito. ▶免罪となる *v.* quedar absuelto de un delito. ▶免罪符 *f.* indulgencia.

めんしき 面識 *m.* conocimiento. ◆彼とは面識がない No lo [le] conozco. / Él me es desconocido.

めんじょ 免除（義務などの）*f.* exención;（罰・負担などの）*f.* dispensa. ▶

彼の試験を免除する *v.* eximirle del examen. ◆彼ら[それら]は税金を免除されている Están exentos de pagar impuestos. / Tienen exención fiscal.

めんじょう 免状（証明書）*m.* certificado;（許可証）*f.* licencia;（卒業証書）*m.* diploma.

めんしょく 免職 *m.* despido.▶懲戒免職 *m.* despido disciplinario. ◆彼は職務怠慢で免職になった Lo [Le] despidieron por negligencia en el trabajo.

めんじる 免じる →免除. ◆若さに免じて（＝を考慮して）許される *v.* ser* perdonado en atención「a la juventud [a los pocos años]. ◆君のお父さんに免じて（＝のために）過失を大目に見ておこう Pasaré por alto tu falta en atención a tu padre.

めんしん 免震の *adj.* antisísmico. ▶免震構造 *f.* estructura antisísmica.

メンス *f.* menstruación,《口語》*f.* regla,《口語》el mes, el período. ▶メンスになっている *v.*《口語》tener* la regla, menstruar.

めんする 面する（向き合う）*v.* dar* 《a》; estar* enfrente 《de》, estar* frente 《a》;（大胆に立ち向かう）*v.* encararse [enfrentarse] 《a》. →直面する. ▶庭に面した窓 *f.* ventana (que da) al jardín. ◆その建物は海に面している El edificio da [mira] al mar.

めんぜい 免税 *f.* exención de impuestos, *f.* franquicia. ▶免税の[で]（関税の）*adj.* libre de impuestos. ▶免税店 *f.* tienda libre de impuestos. ▶免税品 *m.* artículo libre de impuestos. ▶免税品のウイスキー *m.* whisky libre de impuestos. ◆空港では免税で時計が買える Puedes comprar un reloj sin impuestos en el aeropuerto.

めんせき 面積 *f.* extensión;（床面積）*f.* superficie. ◆この庭の面積は 3 百平方メートルです La superficie de este jardín es de 300 metros cuadrados. / Este jardín tiene una extensión de 300 metros cuadrados.

めんせき 免責（責任の除外）*f.* exención de responsabilidad. ▶免責条項 *f.* cláusula de escape.

めんせつ 面接【面接試験】（一般に）*f.* entrevista;【口頭試問】*m.* examen oral. ▶彼と面接する *v.* tener* una entrevista con él, entrevistarlo[le]. ◆就職の面接ではいつもあがってしまう Siempre me pongo nervioso en las entrevistas de trabajo. / Las entrevistas de trabajo siempre me ponen nervioso.

めんぜん 面前 ▶他人の面前で（＝前）で *adv.* delante de los demás,（いる前で）*adv.* en presencia de otras personas. ▶公衆の面前で *adv.* en público.

メンタルテスト（知能検査）《英語》*m.* "test" de inteligencia.

めんだん 面談 *f.* charla cara a cara;（面接）*f.* entrevista. ▶面談する（相談する）*v.* hablar 《sobre, de ＋ 事》《con ＋ 人》;（面接する）*v.* tener* una entrevista 《con》, entrevistar. ◆委細面談 Los detalles se decidirán caso por caso.

メンツ（面目）*f.* dignidad, *m.* orgullo;（名誉）*m.* honor, *f.* honra. →威信, 体面. ▶メンツを

¹失う [²保つ] v. ¹perder* [²salvar] el honor. ▶メンツにかけても約束を守らないといけない v. cumplir una promesa por dignidad; estar* obligado a cumplir una promesa. ▶メンツにこだわる v. ser* puntilloso en cuestiones de honor [honra].

めんてい 免停 (免許停止処分) f. suspensión de la licencia. ▶(酒酔い運転で)免停を食う v. tener* la licencia suspendida (por conducir* 「en estado de embriaguez [《口語》borracho]).

メンテナンス m. mantenimiento. ▶メンテナンスフリーの[で] adj. [adv.] libre de mantenimiento.

メンデル ▶メンデルの法則 fpl. leyes de Mendel.

***めんどう 面倒** ❶【手数】f. molestia, m. fastidio → 迷惑; (難しさ) m. problema, f. dificultad, f. complicación. ▶面倒をかける v. causar molestias 《a + 人》, molestar, dar* problemas 《a + 人》. ◆それを説明するのは ¹少しも面倒ではありません [²たいへん面倒だ] ¹No es ninguna molestia [²Es una gran molestia] explicarlo. ◆その仕事は少々面倒だった Tuve 「algunos problemas [algunas dificultades] con el trabajo. ◆面倒をおかけしてすみませんでした Siento habérselo [le, la] molestado. ◆ご面倒をおかけしますがこの箇所を説明していただけませんか Perdón por la molestia, pero, ¿no podría explicar este pasaje?
❷【いざこざ, もめごと】m. problema, 《口語》 m. lío. ▶面倒に巻き込む v. meter 《a + 人》 en problemas. ◆あの子はいつも面倒を起こしている Ese niño siempre 「se anda metiendo en problemas [anda con líos].
❸【世話】m. cuidado, f. atención. → 面倒見. ◆自分で面倒をよく見るならその犬を飼ってもいい Puedes quedarte con el perro si lo [le] cuidas bien tú mismo.
—— **面倒な** (やっかいな) adj. molesto, fastidioso; (あきあきする) adj. cansado. ▶面倒な仕事 f. tarea molesta. ◆彼女のぐちを聞くのが面倒くさい Me molesta oír sus quejas. / Es un fastidio oír sus quejas. ◆(うんざりした) Estoy cansado [harto, 〖メキシコ〗《口語》 hasta el gorro, 〖スペイン〗《口語》 hasta la coronilla] de escuchar sus quejas. ◆小口の注文のときは面倒くさがってなかなか応じてくれない No se les puede andar molestando con pedidos pequeños. 〖苦労, 手数; うるさい, 困難な

めんどうみ 面倒見 ▶あいつは面倒見のよい男だ (= 部下の世話をよくする) Cuida bien a sus subordinados [hombres]. / (親切で助けになる) Es muy atento y amable (con sus subordinados).

めんどり 雌鳥 (雌の鳥) m. pájaro hembra; (鶏の) f. gallina.

メンバー (構成員) mf. miembro; (選手) mf. jugador/dora; (出場選手の顔ぶれ) f. alineación. ▶先発メンバーを発表する v. anunciar la alineación inicial. ◆あの人はその ¹委員会 [²チーム]のメンバーです Es miembro del ¹comité [²equipo]. → 委員. ◆彼らはチームのベストメンバーで試合をした Tuvieron un partido con los mejores jugadores del equipo. / Jugaron con la mejor alineación. 〈会話〉 もう(チームの)メンバーはそろったかい―今のところ二人足りないんだ ¿Tenéis [〖ラ米〗 Tienen] el equipo completo? – Hasta ahora nos faltan dos jugadores.

めんぼう 綿棒 m. bastoncillo, m. cotonete.

〖地域差〗 綿棒
〖スペイン〗 m. bastoncillo, m. bastoncito
〖キューバ〗 m. aplicador, m. palillo (con algodón), mpl. palillos para oídos, m. palito de algodón
〖メキシコ〗〖商標〗 m. "Q-tip", m. cotonete, m. hisopo
〖ペルー〗〖商標〗 m. "Q-tip", m. hisopo
〖コロンビア〗 m. copito
〖アルゼンチン〗 m. cotonete, m. hisopo

めんぼく 面目 (メンツ) f. dignidad, m. orgullo; (名誉) m. honor, f. honra; (名声) f. fama, f. reputación; (威信) m. prestigio; (信用) m. crédito, f. confianza. → メンツ. ◆私は面目丸つぶれだった Mi dignidad estaba por los suelos. / Perdí completamente mi honor. ◆彼は試合に勝って面目を保った[ほどこした] Ganó el partido y salvó el honor. ◆こんな間違いをしてまことに面目ない Esta equivocación me ha costado mi honor [honra]. / Me siento avergonzado por este error. ◆そんなことをしては彼の面目にかかわる (= 名声を損なう) Eso le costaría perder su buen nombre. ◆面目にかけても彼女にうんと言わせてみせる Me va a mi honor que diga que sí. 〖意地, 体面

めんみつ 綿密 ▶綿密な (細密な) adj. minucioso; (精密な) adj. preciso; (詳細な) adj. detallado; (注意深い) adj. cuidadoso; (人・物事が念入りな) adj. escrupuloso; (徹底した) adj. exhaustivo. ▶綿密な観察 f. observación minuciosa. ◆綿密な (=詳細な)報告 m. informe minucioso [detallado]. ◆彼は仕事が綿密だ Su trabajo es escrupuloso. / Es escrupuloso en [con] su trabajo.
—— **綿密に** (詳細に) adv. minuciosamente, con detalle. ▶殺人事件を綿密に調査する v. hacer* [realizar*] una investigación minuciosa [detallada, exhaustiva] del asesinato. ▶綿密に計画を練る v. preparar un proyecto minuciosamente 〖厳重, 厳密, 細かい, 丹念, 丁寧な

めんめん 綿々 ▶綿々と語る v. hablar 「sin parar [《口語》 por los codos], [pasar las horas muertas hablando]. ▶綿々たる (=あふれる)情緒 m. torrente de emociones.

めんめん 面々 (一人一人) pron. cada uno/na. ▶出席していた面々 pron. 「cada uno/na de (todos) los presentes.

めんもく 面目 ❶【名誉】m. honor, f. honra. → 面目 (めんぼく).
❷【様子】f. apariencia, m. aspecto. ◆体育館は建て直され面目を一新した El gimnasio fue reconstruido y su aspecto cambió por completo.

めんるい 麺類 mpl. fideos.

も

も 藻 f. alga; (水草) f. planta acuática; (海藻) f. alga (marina).

も 喪 m. luto, m. duelo. ♦喪に¹服する [²喪が明ける] v. ¹ponerse* de [²quitarse el] luto. ♦ 彼女は父が死んだので喪に服していた Estaba de luto por su difunto padre.

**-も ❶【...もまた】adv. también, además; (...もまた...でない) adv. tampoco, ni. ♦彼もひどい風邪を引いている「Él también [También él]「tiene (un) [está] resfriado. ♦私もコーヒーはほしくない「Yo tampoco [Tampoco yo] quiero café. 会話 彼はこの本がうまく読めない―私もだ《口語》No puede leer bien este libro. – 「Yo tampoco (puedo). [Tampoco yo. / Ni yo.] 会話 今日は疲れた―私もだ Hoy estoy cansado – 「Yo también. [También yo. / Y yo.] 会話 楽しい休暇を過ごしてね―あなたもね! ¡Que pases unas buenas vacaciones! – ¡Igualmente! [¡Tú también!]

❷【AもBも】A y B; (A も B も両方とも) tanto A como B; (A のみならず B も) no sólo A, sino también B; (A も B も (...で)ない) ni A ni B. ♦昼も夜も adv. noche y día. ♦ 何キロも何キロも歩く v. caminar kilómetros y kilómetros. ♦何年も何年も adv. años y años. ♦彼は和食も洋食も好きだ Le gusta「la comida japonesa y la occidental [tanto la comida japonesa como la occidental]. ♦彼女は主婦のみならずピアニストでもある No es sólo ama de casa, sino también pianista. / Es ama de casa y pianista. ♦学校へ行くときはバスも自転車も使いません。歩いて行きます No voy a la escuela ni en autobús ni en bicicleta, sino a pie.

❸【中には...も】会話 このリンゴすっぱいじゃないの―おいしいのもあるわよ ¿No están ácidas estas manzanas? – Hay algunas que están buenas. ♦だれもが犬好きなわけではない。好きな人もいればそうでない人もいる No a todo el mundo le gustan los perros; hay a quienes sí y a quienes no.

❹【程度】♦(数・量・時間・距離・回数などが) ...もの多くの adv. tanto [tantos, tantas] como, por lo menos, como mínimo, al menos; (少なくとも) adv. por lo menos, como mínimo, al menos; (数・量が...ほども多くの) adv. nada menos que, no menos de. ♦彼の書斎には３千冊もの本がある En su estudio hay por lo menos tres mil volúmenes. ♦雨の中を５時間も歩かねばならなかった Tuve que caminar bajo la lluvia nada menos que cinco horas. ♦彼は仕事で今年ニューヨークへ10回も行った Este año ha ido a Nueva York de negocios nada menos que diez veces. ♦彼の年収は１千万円にもなる Sus ingresos anuales「son nada menos que [no bajan de] 10 millones de yenes. ♦出発までに10分もない Nos quedan menos de diez minutos para salir.

❺【どちらか、どちらでも】(A でも B でも) conj. A o B; (A か B かどちらか) conj. o (bien) A o (bien) B; (A であろうとなかろうと) sea o no sea A, sea A o no; (A も B も...ない) conj. ni A ni (tampoco) B. ♦君は行っても残ってもいい Puedes irte o quedarte. / Te puedes ir o quedar. ♦今日でもあすでも出かける用意はできています Estoy listo para salir hoy o mañana. ♦君は好きでもきらいでもその本を読まねばならない Debes leer el libro quieras o no (quieras). / Te gruste o no, tienes que leer ese libro. ♦彼はラジオも聞かないしテレビも見ない《口語》Ni oye la radio ni ve la tele.

❻【...すら】(...でさえ) adv. hasta, incluso, aun; (...さえない) adv. ni siquiera. ♦彼女はお茶の一杯も出そうとすらしなかった Ni siquiera me ofreció una taza de té. ♦この機械は簡単で子供でも使える Esta máquina es tan fácil que hasta un niño puede usarla. ♦この国では夏でも涼しい日がある Aun en verano hay días que hace fresco en este país.

❼【たとえ...でも】conj. aunque; (...だけれども) conj. aunque; (...にもかかわらず) conj. pese a (que), a pesar de (que). ♦雨がやまなくても出発しなければならないだろう Tendré que salir aunque no deje de llover. ♦雪が降っていても外は寒くはなかった A pesar de la nieve, fuera no hacía frío.

**もう ❶【すでに】adv. ya; (今ごろは) adv. ahora, por ahora. ♦もう暗くなった Ya es de noche. ♦もう宿題は終わった He acabado mi tarea ya. 会話 先に宿題をしなさい―もうしました Lo primero que hay que hacer es la tarea. – Ya la he hecho. 会話 あなたはもう今日の新聞を読みましたか―¹はい読みました [²いいえまだです] ¿Ha leído ya el periódico de hoy? – ¹Sí, ya lo he leído [²No, todavía no]. ♦彼らはそのことも知ってるの? ¿Lo saben ya? / ¿Ya lo saben? ♦駅に着いたときにはもう電車は出ていた Cuando yo llegué a la estación, el tren ya había salido. ♦彼はもう青森に着いているだろう Ya habrá llegado a Aomori. ♦あいにくもう遅すぎるんだよ Me temo que ya es tarde.

❷【間もなく】adv. pronto, 《口語》enseguida; (ほどなく) adv. a no tardar mucho; (じきに) adv. en breve; (今は) adv. ahora, 『ラ米』《口語》ahorita. ♦彼はもうすぐここに来るでしょう Vendrá pronto. / Ahora [Enseguida] viene. ♦もう冬です Ya es invierno. / El invierno ya está aquí. ♦もうそろそろおいとまします Bueno, es hora de irse. / Me voy ya.

会話 おいとましなくちゃなりません―もうですか Tengo que irme. – ¿Tan pronto? [¿Ya?] ♦ もう大人なんだから大人らしくしなさい Ya eres mayor, así que compórtate como tal. ♦ もう休みは終わったのだから一生懸命勉強しなければならない Ahora que las vacaciones ya se han acabado, debes estudiar mucho.

❸【さらに】(もっと) adv. más; (程度・距離がそれ以上に[の]) adv. más; (もう一つの) adj. otro.

1《もう+名詞》♦ もう何も言うことはない No tengo más que decir. ♦ もう一杯お茶はいかがですか―もう結構です ¿Quieres otra taza de té? – No, gracias. ♦ もう2時間待たなければならなかった Tuve que esperar otras dos horas (más). ♦ 二つのうちの一方は白でもう一方は黒だ De los dos, uno es blanco y el otro negro. 会話 本当にすみません―もういいんです Lo siento muchísimo. – Déjalo. [No te preocupes.]

2《もう一度》; (再び) adv. otra vez, de nuevo, una vez más. ♦ もう一度彼女に会いたい Me gustaría「verla otra vez [volver a verla]. ♦ もう一度おっしゃってください Otra vez, por favor. / Repita, por favor. ♦ 《口語》¿Cómo ha dicho? /《口語》¿Cómo? /《俗語》¿Eh? ♦ もう一度 Otra vez. / Una vez más.

3《もう少し》adv. un poco más, algo más,《口語》un poquito más. 会話 もう少しスープを召し上がりますか―ありがとう，もう十分いただきました ¿Quieres [Quiere] un poco más de sopa? – Gracias, ya he tomado bastante. 会話 さておいとましなくちゃ―まあもう少しいいでしょう Bueno, me tengo que ir. – Oh, vamos, quédate un poquito más. ♦ もう少しで海に落ちるところだった「Por poco [Casi] me caigo al mar. ♦ お湯がもう(少しで)沸騰するよ El agua está a punto de hervir.

4《もう…しない》adv. no... (ya) más, ya no... más. ♦ もうこれ以上食べられない No puedo comer más. / Ya no puedo comer más. ♦ 彼はもうここには住んでいない Ya no vive aquí. / No vive aquí más. 会話 もう持ってられないよ―じゃあ手を放せよ No puedo sujetar [aguantar] más. – Suéltalo, entonces. ♦ 彼女はもうそれ以上歩けない Ya no puede andar [caminar] más. ♦ もうこんなばかげたことは真っ平だ Ya no aguanto más esas tonterías.

【その他の表現】 会話 雨になるだろうと思うよ―もうそんなこと言わないでよ Creo que va a llover. – ¡Vamos! No digas eso. ♦ もううるさいわね ¡Ya está bien!, ¿eh? / ¡Vaya lata! / ¡Qué molestia!

もう ♦ もうと鳴く (牛が穏やかに) v. mugir*; (牛が怒って) v. bramar.

もう- 猛- ❶【猛烈な】→猛烈. ♦ 猛火 m. fuego violento, fpl. llamas devoradoras. ♦ 猛暑 m. calor intenso [furioso]. ♦ 猛反対 f. oposición violenta. ♦ 猛練習 m. entrenamiento intensivo. ♦ 猛毒 m. veneno mortal. → 猛省, 猛勉強, 猛練習.

❷【どう猛な】♦ 猛犬 m. perro feroz. ♦ 猛禽(きん) f. ave「de presa [rapiña, rapaz],《口語》f. rapaz. ♦ 猛獣 f. bestia feroz.

もうい 猛威 (大荒れ) f. furia, f. rabia, (激しさ)

もうける 1423

f. violencia; (はびこり) m. desenfreno, f. proliferación. ♦ 夜通しあらしが猛威を振るった La tormenta azotó con violencia toda la noche. ♦ 昨年インフルエンザが猛威を振るった El año pasado la gripe hizo estragos.

もうがっこう 盲学校 f. escuela de [para] ciegos.

もうかる 儲かる 【物が主語】(利益があがる) v. ser* lucrativo [rentable, gananciosos]; (採算が取れる) v. compensar, rendir*; 【人が主語】(利益をあげる) v. obtener* una ganancia; (利益を得る) v. ganar; (金をもうける) v. hacer* dinero. ♦ 儲かる商売 m. negocio lucrativo. ♦ その取り引きでかなり儲かった El negocio produjo grandes beneficios [ganancias]. ♦ この商売は儲からない Este negocio no「es rentable [rinde]. / No se gana con este negocio. ♦ それで1万円儲かった Gané 10.000 yenes con [en] eso. / Le saqué 10.000 yenes.

もうきん 猛禽 f. rapaz, f. ave de presa.

もうけ 儲け (利益) m. beneficio, fpl. ganancias; (収益) m. rendimiento, mpl. ingresos. ♦ 丸儲けする v. sacar* un beneficio neto ⟨de⟩, hacer* una ganancia líquida ⟨de⟩. ♦ 一儲けする (=一財産作る) v. hacer* una fortuna. ♦ 儲け口 (=金もうけになる仕事) m. trabajo lucrativo. ♦ 彼はその土地を売って大儲けした「Ganó mucho [Hizo mucho dinero, Sacó grandes beneficios,『スペイン』《口語》Se forró] con la venta de terrenos. ♦ 品物を100ユーロで買って110ユーロで売れば10ユーロの儲けになる Si compras un artículo por 100 euros y lo vendes por 110「te ganas [sacas un beneficio de] 10 euros. ♦ 小さなホテルを経営するだけでは儲けにならない Llevar un hotel pequeño sólo no es rentable. ♦ 彼らの儲けは薄利多売によるものだった Sus beneficios se basaban en escaso margen y gran volumen.

もうけもの 儲け物 (思いがけない授かり物) f. ganancia imprevista, (天のたまもの) m. regalo llovido [《口語》caído] del cielo; (買い得品) f. ganga.

もうける 儲ける (利益をあげる) v. obtener* ganancias [beneficios]; (利益を得る) v. ganar; (金もうけする) v. hacer* dinero. ♦ 戦争で儲ける v. sacar* provecho de la guerra. ♦ 彼は株で百万円儲けた Hizo una ganancia de un millón de yenes en la Bolsa. ♦ その会社は儲けている La compañía está haciendo dinero.

【その他の表現】♦ 飛行機で出張したら一日儲けた Gané un día haciendo el viaje por avión.

もうける 設ける ❶【設立する】(設置する) v. establecer*; (組織する) v. formar, organizar*; (規則などを定める) v. establecer*, determinar. ♦ 仙台に支店を設ける v. establecer* una sucursal en Sendai. ♦ (大学の)歴史の講座を設ける v. organizar* un curso de Historia. ♦ 委員会を設ける v. constituir* un comité. ♦ きびしい規則を設ける v. establecer* normas [reglas] rígidas. ♦ 基準を設ける v. establecer*「una norma [un criterio].

❷【用意する】v. preparar;（あらかじめ備える）v. proporcionar. ▶子供用の席を設ける v. preparar asientos para los niños. ▶酒席を設ける（=宴会を催す）v. ofrecer* un banquete.

もうけん 猛犬 m. perro feroz. ♦猛犬注意〖掲示〗Cuidado con el perro. / Atención al perro. / Perro peligroso.

もうこ(じん)しょう 蒙古(人)症 → ダウン症候群

もうさいかん 毛細管 m. tubo capilar. ▶毛(細)管現象[作用] f. acción [m. fenómeno] capilar, f. capilaridad.

もうさいけっかん 毛細血管 《専門語》m. vaso capilar. ▶毛細血管拡張症《専門語》f. telangiectasia. ▶毛細血管瘤《専門語》f. microaneurisma.

もうし 孟子 Mencio, Mengzi, Meng Tse (☆前372?-289, 中国の思想家).

もうしあげる 申し上げる（言う）v. decir*, afirmar, mencionar,《文языке》notificar*. ▶前に申し上げましたとおり adv. como mencioné antes. ♦下記の所へ転居いたしましたからご通知申し上げます Permítanos notificarle el siguiente cambio de dirección.

もうしあわせ 申し合わせ（取り決め）m. convenio, m. arreglo;（合意）f. conformidad, m. acuerdo;（承諾）m. consentimiento, m. asentimiento. ▶申し合わせ事項 mpl. puntos acordados. ▶申し合わせにより adv. de [por] mutuo acuerdo. ♦そのことについて彼と申し合わせが1できている [2できた] 1Estamos de acuerdo [2Llegamos a un acuerdo] con él al respecto.

── 申し合わせる v. convenir*, ponerse* de acuerdo. ▶申し合わせた（=定められた）時間に adv. a la hora convenida. ▶まるで前もって申し合わせたように adv. como se había acordado, tal como se hubo acordado previamente. ▶彼と利益1の分配について [2は等分しようと] 申し合わせた Me puse de acuerdo con él 1sobre la repartición de ganancias [2para dividir las ganancias en partes iguales].

もうしいで 申し出で f. oferta.

もうしいれ 申し入れ（正式な訴え）f. protesta formal 《a+人》《sobre+事》;（提案）f. propuesta 《a, ante》;（申し出）f. oferta 《de》;（要求）f. demanda, f. petición. ▶私たちは新しい橋を建設してほしいと市長に強力な申し入れをした Hicimos una enérgica propuesta al/a la alcalde/desa en favor de la construcción de un nuevo puente.

もうしいれる 申し入れる（要請する）v. pedir* [solicitar] 《a+人》《que+接続法》;（苦情・抗議を）v. protestar, quejarse 《a, ante+人》《de, sobre+事》.

もうしおくる 申し送る ▶その事件を彼に申し送る（=引き継ぐ）v. pasarle el caso.

もうしかねる 申し兼ねる ♦誠に申し兼ねますがをしていただけないでしょうか ¿Podría pedirle que lo hiciera usted mismo? / ¿Sería mucho pedirle que lo hiciera usted? ♦とても彼の字がうまいとは申し兼ねる Es imposible decir que su caligrafía es buena.

もうしこみ 申し込み ❶【申し出】f. oferta [m. ofrecimiento] 《de》;（提案）f. propuesta [f. proposición] 《de, para》;（要求）f. petición [f. solicitud],（強調して）f. súplica, f. demanda 《de》. ▶結婚の申し込みを1受ける [2受け入れる, 3断わる] v. 1recibir [2aceptar, 3rechazar*] una "proposición matrimonial [propuesta de matrimonio].

❷【応募】f. solicitud 《a, ante, de, para》;会員の申し込み f. solicitud de afiliación. ▶申し込み者 mf. aspirante, mf. solicitante. ▶申込書に記入する v. rellenar [completar] "una solicitud [un formulario de solicitud]. ▶申し込みを受けつける v. aceptar solicitudes. ▶1早めに [2早速] 申し込みをする v. presentar una solicitud 1pronto [2inmediatamente]. ♦その職に30人の申し込みがあった Hemos recibido 30 solicitudes para el puesto. ♦彼は空手部に入部の申し込みをした Presentó una solicitud para "entrar en el [afiliarse al] club de karate. ♦見本はお申し込みがあり次第お送りします Enviamos las muestras según vayan llegando las peticiones.

❸【挑戦】m. reto, m. desafío;（参加）f. inscripción. ▶試合の申し込みを受け入れる v. aceptar (su) reto a un partido. ▶マラソン競走の参加申し込みが2百人あった Había 200 inscripciones para competir en el maratón.

❹【予約】f. reserva. ▶ホテルの予約申し込みをする v. hacer* una reserva de hotel

⌕ 応募, 志願, 申請

もうしこむ 申し込む ❶【申し出る】v. proponer, hacer* una propuesta [proposición];（頼む）v. pedir*, demandar, solicitar. ▶彼に借金を申し込む v. pedirle* un préstamo. ▶彼に結婚を申し込まれた Me pidió que me casara con él.

❷【応募する】v. solicitar (un trabajo). ▶あの会社に就職を申し込む v. solicitar trabajo en esa compañía [empresa], presentar una solicitud para trabajar en esa compañía. ♦就職希望者は人事課に申し込むこと Las solicitudes de empleo deben presentarse en la oficina de personal. / Los solicitantes de empleo deben personarse en la oficina de personal.

❸【挑戦する】v. desafiar*, retar;（試合に登録する）v. apuntarse [inscribirse*] 《en》. ▶私たちは彼らにバスケットボールの試合を申し込みました Les desafiamos a un partido de baloncesto. ♦百名の選手がマラソン競走に参加を申し込んでいます Se han apuntado para el maratón 100 participantes.

❹【予約する】v. reservar, hacer* una reserva 《de》. ▶ホテルに部屋の予約を申し込む v. reservar [hacer* una reserva de] una habitación en un hotel ⌕ 応じる, 志願する

もうしたてる 申し立てる（述べる）v. declarar;（抗弁する）v. alegar*;（上告する）v. apelar 《de, contra》, recurrir 《contra》. ♦証人は以前その女を見たと申し立てた El testigo declaró haber visto antes a la mujer. ♦彼は無罪であると申し立てた Se declaró inocente. / Negó la acusación. ◆その判決に不服を申し立てるつもりだ Voy a apelar contra la sentencia. ◆彼はその決定に異議を申し立てた Hizo [Puso, Expresó] su oposición a la decisión.

もうしで 申し出 f. oferta [m. ofrecimiento] 《de》; (要求) f. petición [f. demanda] 《de, para》; (提案) f. propuesta [f. proposición] 《de, para》; (申し込み) f. solicitud 《de, para》. ▶申し出をする v. hacer* una oferta. ▶援助の申し出を1受け入れる [2断わる] v. ¹aceptar [²rechazar*] una oferta de ayuda. ◆数か国から援助の申し出があった Recibimos ofertas de ayuda de varios países.

もうしでる 申し出る v. ofrecer*, presentar una oferta, 『ラ米』 ofertar; (提案する) v. proponer*, hacer* una propuesta, (応募する) v. solicitar (un trabajo); (届け出る) v. informar, 『メキシコ』 reportar; (権利を主張する) v. reclamar, hacer una reclamación. ▶彼の援助を申し出る v. ofrecerle* ayuda. ▶計画を申し出る v. proponer* un plan. ▶奨学金を申し出る v. solicitar una beca. ▶警察に申し出る v. informar a la policía. ◆だれもそれが自分のだと申し出なかった Nadie lo reclamó.

もうしひらき 申し開き (説明) f. explicación; (自己弁護) f. defensa propia, (自己正当化) f. justificación de sí mismo; (自己の正当化) f. autojustificación. ▶申し開きをする v. explicarse*, disculparse, justificarse*.

もうしぶん 申し分 (がない) (よい, 適した) adj. bueno; (完璧の) adj. perfecto, intachable, impecable; (理想的な) adj. ideal; (満足な) adj. satisfactorio. ◆ピクニックには申し分ない日だ Es un día ideal [perfecto] para ir de picnic. ◆彼はその地位に申し分ない人だ Es el hombre perfecto [más adecuado] para el puesto. ◆彼女の演技はまったく申し分がない Su actuación [interpretación] es intachable [impecable]. ☞じっくり, 十分に, 順調, ちゃんと

もうします 申します v. hablar. → 申す, 言う.

もうじゅう 盲従 f. obediencia ciega. ▶上役に盲従する v. obedecer* a su superior ciegamente.

もうじゅう 猛獣 f. bestia feroz; (野獣) m. animal salvaje; (狩猟時の大物) f. caza mayor (de animales salvajes). ▶猛獣狩りをする v. cazar* animales salvajes. ▶猛獣使い mf. domador/dora (de bestias salvajes).

もうしょ 猛暑 (焼けつくような暑さ [2天候]) 1 m. calor [2 m. tiempo] abrasador. ▶猛暑続き m. período de calor abrasador. ◆今日は猛暑だ Hoy hace un calor abrasador.

*__もうしわけ 申し訳__ (弁解) f. disculpa, f. excusa, fpl. explicaciones; (謝罪) f. disculpa, f. excusa; (正当化) f. justificación. ◆この失策については申し訳が立たない No tengo perdón por semejante error. ◆遅くなって申し訳ありません Siento muchísimo haber llegado tarde. / No tengo perdón por esta tardanza. ◆申し訳ございません. 鍵(ぎ)をなくしてしまいました No tengo palabras de excusa por haber perdido la llave. ◆実に申し訳ないこと (=間違い) をしてしまいました He cometido un error imperdonable. ◆ご不便をかけ申し訳ございませんでした No tenemos perdón por las molestias causadas. / Les rogamos que nos perdonen por todas las molestias. ◆これで申し訳が立つ Con eso me justifico. / Y que sirva esto de excusa.

—— **申し訳程度の【名ばかりの】**(金額が) adj. nominal; (行為・事情が) adj. simbólico; (ごく小さい) adj. muy pequeño [escaso]; (ほんの少し) adv. sólo un poco. ▶申し訳程度の料金 m. precio nominal. ▶申し訳程度の昇給 「 m. simbólico aumento [m. pequeño incremento] salarial. ◆それは図書館といっても申し訳程度のものです No es una buena disculpa para una biblioteca. / Es una biblioteca simbólica. ◆息子はほんの申し訳程度に私の手伝いをした Mi hijo se cansó pronto de ayudarme.

もうしん 盲信 f. fe [f. creencia] ciega. ▶盲信する v. 「tener* fe [creer*] ciegamente.

もうじん 盲人 mf. ciego/ga; (視覚障害を持った人たち) fpl. personas con discapacidad visual. ▶盲人用信号機 f. señal de tráfico para ciegos.

もうす 申す v. hablar. → 言う.

もうすこし もう少し pron. algo más.

もうせい 猛省 f. reflexión seria. ◆おかした過ちについて君の猛省を促したい Reflexiona seriamente sobre 「tu falta cometida [la falta que has cometido].

もうぜん ▶**猛然と** (猛烈に) adv. con furor, furiosamente, impetuosamente; (激しく) adv. violentamente, con vehemencia, vehementemente; (断固として) adv. resueltamente; (勇敢に) adv. valientemente; (必死で) adv. desesperadamente. ◆犬が猛然と泥棒に襲いかかった El perro atacó furiosamente al ladrón. ◆彼は猛然とその計画に反対した Se opuso vehementemente al plan. ◆彼らは猛然と敵に立ち向かった Se enfrentaron valientemente al enemigo.

もうそう 妄想 (とんでもない空想) f. manía, f. fantasía; (間違った信念) f. obsesión. ▶被害妄想に陥る v. padecer* 「manía persecutoria [complejo de persecución]. ◆彼は自分が英雄だという妄想を抱いている Tiene la obsesión de que es un héroe.

もうたくとう 毛沢東 Mao Tse Tung, Mao Zedong (☆1893-1976, 中国の政治家).

もうちょう 盲腸 m. intestino ciego; (虫垂) m. apéndice vermiforme; (盲腸炎) f. apendicitis. ▶盲腸を取る v. extirpar el apéndice, operar de apendicitis. ◆彼は盲腸の手術を受けた Le extirparon el apéndice. / Le operaron de apendicitis. ◆あなたは盲腸かもしれません 「Quizás tengas [《口語》A lo mejor tienes, Puedes tener] apendicitis.

もうでる 詣でる →参拝する, 参る③.

もうてん 盲点 (気づかない弱点) m. punto flaco [débil]. ▶税法の盲点をつく (=つけ込む) v. aprovechar un punto flaco en las leyes fiscales.

もうとう

もうとう 毛頭(少しも…でない) *adv.* … en absoluto, de ningún modo, de ninguna manera, en lo más mínimo. ♦そのことについては疑う気は毛頭ありません No lo dudo en absoluto. / No「me cabe [tengo] la menor duda. ♦あなたの生き方にとやかく言うつもりは毛頭ありません Nada más lejos de mi intención que entrometerme en tu vida.

もうどうけん 盲導犬 *m.* perro guía, 《口語》*m.* perro lazarillo.

もうどく 猛毒 *m.* veneno [*f.* ponzoña] 「muy potente [mortal]. ▶猛毒の *adj.* muy venenoso.

もうのう 毛嚢《専門語》*m.* folículo piloso.

もうひつ 毛筆 *m.* pincel (para escribir).

もうひとつ もう一つ (さらに一つ) *pron. otro/tra, uno/na* más. ▶リンゴをもう一つ食べてこいで(se) otra manzana. 会話 ケーキをもう一ついかが—もうけっこう ¿Otro pastel? – No, gracias.

―― **もうひとつ** ❶【さらに一層】♦父は母よりもう一つ厳しかった Mi padre es más riguroso [estricto, severo] todavía que mi madre. ❷【もう少しというところで】♦彼の言葉にはもう一つ(=説得力)がない A sus palabras les falta algo de persuasión. / (十分に)Sus palabras no son lo bastante convincentes [persuasivas]. 会話 体の調子はいかがですか—もう一つ(よくない)です ¿Cómo se siente (usted)? – No muy bien. [《口語》Regular.]

もうふ 毛布 *f.* manta, 《米》*f.* frazada, 電気毛布 *f.* manta eléctrica. ▶毛布にくるまる *v.* abrigarse* [envolverse*] con una manta. ♦彼女は彼に毛布をかけてやった Ella lo [le] tapó [cubrió] con la manta.

地域差 **毛布**
[スペイン] *f.* manta
[ラテンアメリカ] *f.* cobija, *f.* frazada
[メキシコ] *m.* cobertor, *m.* sarape, *f.* cobija
[ペルー] *f.* frazada
[コロンビア] *f.* cobija, *f.* manta
[アルゼンチン] *f.* frazada, *f.* manta

もうべんきょう 猛勉強 ♦スペイン語を猛勉強する *v.* estudiar español intensamente. ♦試験のために猛勉強する(=詰め込み勉強をする) *v.* preparar intensamente el examen.

もうまく 網膜《専門語》*f.* retina. ▶網膜炎《専門語》*f.* retinitis. ▶網膜色素変性症《専門語》*f.* degeneración pigmentaria retinal. ▶網膜血症《専門語》*f.* lipemia retinal. ▶網膜症《専門語》*f.* retinopatía. ▶網膜剥離《専門語》*m.* desprendimiento de la retina.

もうもう(と) ♦車がもうもうと砂埃をあげて走り去った El coche pasó levantando una nube de polvo. ♦その家からもうもうと煙が出ているのが見えた Se veía mucho humo salir de la casa. ♦浴室は湯気がもうもうと満ちていた El vapor llenaba el cuarto de baño. ♦待合室はたばこの煙がもうもうとしていた La sala de espera estaba llena de humo de tabaco.

もうもく 盲目(目が見えないこと) *f.* ceguera. ▶盲目になる *v.* quedarse ciego. ▶盲目の[的な] *adj.* ciego,《教養語》*o* fuscado. ▶盲目的な愛情 *m.* amor ciego. ♦彼は1片目[2左の眼]が盲目だ No ve con ¹un ojo [²el ojo izquierdo]. / Está ciego [tuerto] ¹de un ojo [²el ojo izquierdo]. ♦恋は盲目《ことわざ》El amor es ciego. ♦盲目的にその教えを信じてはいけない No creas ciegamente esa doctrina.

もうようたい 毛様体《専門語》*m.* cuerpo ciliar. ▶毛様体筋麻痺《専門語》*f.* cicloplejía.

もうようたい 網様体《専門語》*f.* formación reticular.

もうら 網羅 ▶網羅的な *adj.* global, exhaustivo.

―― **網羅する**【含む】(中身の全体として) *v.* contener*, abarcar*; (全体の一部分として) *v.* incluir*, comprender; (範囲が…にわたる) *v.* cubrir*. ♦そのリストはその本の単語を全部網羅している La lista contiene todas las palabras que hay en el libro. ♦彼の研究はスペイン文学の全分野を網羅している Sus estudios comprenden todo el campo de la literatura española.

もうれつ 猛烈 ▶猛烈な *adj.* violento; (激しい) *adj.* furioso, feroz; (強烈な) *adj.* vehemente, impetuoso; (強い) *adj.* fuerte, intenso. ▶猛烈社員 *mf.* empleado/da que「se mata trabajando [trabaja como una bestia],《口語》*mf.* bestia trabajando; (仕事中毒者) *mf.* fanático/ca del trabajo, *mf.* trabajoadicto/ta. ▶猛烈なあらし *f.* tempestad violenta. ▶猛烈な暑さ *m.* calor intenso [feroz, salvaje]. ▶猛烈な競争 *f.* competencia feroz [furiosa, salvaje]. ▶猛烈な反対 *f.* oposición violenta. ▶猛烈な速度で《口語》*adv.* a una velocidad salvaje [terrorífica].

―― **猛烈に** *adv.* violentamente, ferozmente, furiosamente, intensamente; (ひどく) *adv.* terriblemente, salvajemente. ▶猛烈に攻撃する *v.* atacar* impetuosamente (al enemigo). ♦猛烈に働く *v.* matarse trabajando, trabajar como una bestia.

もうれんしゅう 猛練習 (集中的な) *m.* entrenamiento intenso [riguroso].

もうろう ▶もうろうとした (おぼろげな) *adj.* confuso, oscuro; (不明瞭な) *adj.* indistinto, poco claro; (漠然とした) *adj.* vago; (気が遠くなって) *adj.* desmayado; (めまいがして) *adj.* mareado; (病気のためにうわごとを言って) *adj.* delirante. ▶記憶がもうろうとしている *v.* tener* un recuerdo confuso《de》. ▶暑さで意識がもうろうとする *v.* sentirse* mareado por el calor. ♦今は頭がもうろうとしている(=はっきりしない) No me siento con la cabeza despejada ahora. / Ahora tengo las ideas confusas. ♦彼は高熱で意識がもうろうとしている La intensa fiebre lo [le] hace delirar.

もうろく ▶もうろく¹する[²している] *v.* ¹volverse* [²estar*] senil [《口語》chocho],《口語》¹chochear. ▶もうろくした老人 *mf.* anciano/na senil [《口語》chocho/cha]. ♦彼はもうろくしてきた Se está volviendo chocho.

もえあがる 燃え上がる *v.* arder; (急に) *v.* incendiarse, llamear. ♦一陣の風に火は燃え上がった Una ráfaga de viento provocó el incen-

もえうつる 燃え移る (火が) v. propagarse* [extenderse*] el fuego; (火がつく) v. prenderse fuego. ♦火がすぐに隣接する建物に燃え移った El fuego no tardó en propagarse a los edificios contiguos.

もえさし 燃えさし m. tizón. ▶燃えさしの薪 m. tronco a medio quemar.

もえつきる 燃え尽きる (火などが) v. quemarse por completo; (精力を使い果たす) v. consumir las energías, gastarse,《口語》quemarse.

もえひろがる 燃え広がる (火が) v. propagarse*, extenderse*. ♦火事は急速に燃え広がった El fuego se propagó rápidamente.

*__もえる__ 燃える ❶【燃焼する】v. arder, quemarse. → 焼く. ▶燃えやすい (=可燃性の) 材料 m. material inflamable. ▶燃えるような夕焼け f. puesta de sol de colores encendidos. ♦その家は燃えていた La casa「estaba en llamas [ardía]. ♦暖炉で「¹火 [²石炭] が燃えている En la chimenea「¹hay ascuas [²la hulla arde]. ♦木造家屋は燃えやすい Las casas de madera「se incendian [arden] fácilmente. ♦木が燃えると炎を出す La madera quemada hace llama. ♦私たちはキャンプファイヤーが燃えているのを見た Vimos las llamas de una hoguera de campamento. ♦山腹は真っ赤なモミジで燃えるようだ La montaña parece encendida por el color rojo brillante de las hojas de arce. ❷【感情が高ぶる】♦彼女は音楽に対して燃えるような情熱をもっていた Tenía una pasión ardiente por la música. ♦彼は¹怒り [²野心] に燃えている Arde ¹en cólera [²de ambición]. ♦彼は名声欲に燃えていた Ardía en deseos de gloria.

モーション (動作) m. movimiento.

モーセ Moisés. ♦モーセの十戒 Los Diez Mandamientos.

モーター (エンジン) m. motor.

モーターショウ m. salón del automóvil.

モーターバイク f. motocicleta, f. moto.

モータープール (駐車場) m. aparcamiento,『ラ米』m. estacionamiento.

モーターボート f. motora; (高速モーターボート) f. lancha motora.

モーテル m. motel.

モード (流行の型) f. moda.

モーニング ❶【朝】f. mañana. ▶モーニングコール f. llamada para despertar. ▶モーニングセット m. menú de desayuno. ♦モーニングコールをご希望でしょうか ¿Desea que lo [la, le] despertemos por la mañana? ❷【服】m. frac, m. chaqué.

モーニングコート (燕尾服) m. frac, m. chaqué.

モーニングサービス f. tarifa reducida por la mañana; m. menú de desayuno. ▶モーニングサービスを食べる v. tomar el menú de desayuno.

モーリシャス Mauricio (☆アフリカ南東部インド洋上の国, 首都ポートルイス Port Louis).

モーリタニア Mauritania (☆アフリカ西部の国, 首都ヌアクショット Nouakchott).

モールス ▶モールス符号 m. código Morse. ▶モールス符号による通信 m. mensaje en el código Morse.

もがく v. forcejear, pugnar; (苦痛のために) v. retorcerse*, contorsionarse. ▶立ち上がろうともがく v. forcejear con dificultad. ▶自由になろうともがく v. forcejear para liberarse.

もぎ 模擬 ▶模擬裁判 m. simulacro de juicio. ▶模擬店 (パーティーなどの) m. bufete; (大学祭などの) m. puesto, m. kiosko. ▶ホットドッグの模擬店 m. puesto de「perritos calientes [『アルゼンチン』panchos]. ▶模擬試験 =模試.

もぎとる もぎ取る (折り取る) v. romper*; (引きちぎる) v. arrebatar; (ねじり取る) v. arrancar*; (果物を) v. coger*. ♦彼の手からナイフをもぎ取る v. arrancarle* el cuchillo de la mano.

もぐ v. recoger*, arrancar*. ▶ブドウを一房もぐ v. coger* un racimo de uvas. ▶もぎたてのリンゴ f. manzana recién cogida de la rama.

もくあみ 木阿彌 ▶元のもくあみである v. perder* todo lo ganado.

もくげき 目撃 ▶目撃者 mf. testigo ocular [presencial]. ▶目撃者の話 m. testimonio de un testigo ocular. ▶事故を目撃する (見る) v.「ver* (con los propios ojos) [presenciar] un accidente; (まのあたりに見る) v. ser* testigo de un accidente. ♦私は男が窓をこじ開けようとしているのを目撃した Vi cómo un hombre intentaba forzar la ventana.

もぐさ f. moxa.

もくざい 木材 f. madera.

もくさつ 黙殺 ▶彼の提案を黙殺する (=無視する) v. ignorar [no hacer* caso de] su propuesta.

もくさん 目算 (おおよその見積もり) m. cálculo aproximado; (見込み) f. expectativa. ▶目算を立てる v. hacer* un cálculo aproximado. ♦それについては私の目算が狂った No era lo que yo esperaba. / Lo calculé mal.

もくじ 目次 m. índice, f. tabla de materias.

もくじゅう 黙従 f. obediencia ciega, f. sumisión,《文語》f. aquiescencia. ▶黙従する v. aceptar sumisamente, obedecer* ciegamente.

もくじろく 黙示録 ▶「地獄の黙示録」(映画名) «Apocalipsis».

もくせい 木製 ▶木製のテーブル f. mesa de madera.

もくせい 木星 m. Júpiter. ▶木星の adj.《文語》joviano.

もくぜん 目前 ❶【場所】▶事故はわれわれの目前で起こった El accidente ocurrió「ante nuestros propios ojos [《口語》delante de nuestras narices]. ❷【時間】▶目前の (差し迫った) adj. inminente. ▶目前の危機 f. crisis inminente. ▶目前の (=当面の) 利益 fpl. ganancias inmediatas. ▶試験を目前に控えて (=間近にして) 必死に勉強する v. estudiar desesperadamente ante un examen inminente. ♦選挙が目前に迫っている Las elecciones「son inminentes [《口語》están a la vuelta de la esquina]. ♦彼女は結婚を目前に控えている Su boda es inminente.

もくぞう 木造 (木製の) adj. de madera. ▶木造の家 f. casa de madera. ▶私の家は木造です Mi casa es de madera.

もくそく 目測で adv. a ojo, 《口語》a ojo de buen cubero. ▶その距離を目測する v. calcular la distancia a ojo. ▶どぶ川の幅の目測を誤る v. calcular mal la anchura de una zanja.

もくたん 木炭 m. carbón (vegetal). ▶木炭画 m. dibujo al carboncillo [carbón].

もくちょう 木彫 m. tallado en madera; f. talla de madera. ▶木彫像 f. escultura en madera, f. talla.

＊もくてき 目的 m. objeto, m. objetivo, m. propósito, f. intención, m. fin, f. finalidad, f. mira, f. meta.

　1《～目的》▶究極 [2本来] の目的 m. objeto [m. objetivo] final [2fundamental].

　2《目的＋名詞》▶目的意識がない v. no tener* sentido de la finalidad. ▶目的格《専門語》m. caso del objeto. ▶目的語《専門語》m. objeto.

　3《目的は》◆彼の目的は湯川博士のような偉大な物理学者になることだった Su propósito [finalidad] era ser un gran físico como el Dr. Yukawa. ◆人生の目的は何か？ ¿Qué objeto tiene vivir? / ¿Cuál es la finalidad de la vida?

　4《目的の》▶目的のない人生 f. vida sin objeto [objetivo, propósito]. ▶彼は目的のためには手段を選ばない「Recurre a cualquier medio [Emplea toda clase de medio] para conseguir sus fines.

　5《目的に [を]》▶目的にかなう v. servir* para su fin. ▶目的を果たす [達する] v. cumplir [realizar*] un objetivo [fin]. ◆彼は人生に確固たる目的を持っていた Tenía una finalidad resuelta en la vida.

　6《目的で》◆彼はそれを買う目的で（＝買うために）そこへ行った Fue allí para comprarlo. / Fue allí「con el objeto [a fin, con la intención] de comprarlo. ◆彼は商売の目的でアメリカへ行った Se fue a Estados Unidos con「fines de negocios [objetivos comerciales].
　☞当て, 意味, 考え, 趣旨, つもり

もくてきち 目的地 m. destino. ▶目的地に着く v. alcanzar* [llegar*] a su destino.

モクテスマ２世 Moctezuma II [Segundo] (☆1466-1520, アステカ王国の王, 1519年エルナン・コルテス Hernán Cortés に敗れた).

もくとう 黙祷 f. oración en silencio. ▶黙とうする v. rezar* [《教義語》orar] en silencio. ▶１分間の黙とうを捧げる v. ofrecer* [guardar, observar, rezar*] un minuto en silencio.

もくどく 黙読 f. lectura silenciosa. ▶黙読する v. leer* en silencio.

もくにん 黙認 m. consentimiento tácito, f. aprobación tácita. ▶黙認する v. aprobar* [admitir, permitir] tácitamente; (罪・誤りなどを大目に見る) v. pasar por alto, cerrar* los ojos, 《口語》hacer* la vista gorda, (寛大に扱う) v. tolerar sin decir* nada.

もくねじ 木ねじ m. tornillo de madera.

もくば 木馬 m. caballo de madera; (小児用の) m. caballito mecedor [de balancín]. ▶回転木馬《口語》mpl. caballitos, m. tiovivo, m. carrusel.

もくはん 木版 (版木) m. bloque de madera; (術) f. xilografía, m. grabado en madera. ▶木版画 f. xilografía, m. grabado en madera.

もくひ 黙秘 ▶黙秘権を行使する v. ejercer* el derecho「a guardar silencio [de permanecer* callado]. ▶その件について黙秘する v. no decir* nada sobre eso; guardar silencio al respecto.

もくひょう 目標 f. meta; (目的) m. objeto; (達成可能で大きな) m. objetivo; (ねらい) m. fin; (達成目標, 標的) m. objetivo, f. meta; (標, blanco; (訪問者の目印) m. punto de referencia. ▶目標を達成する v. alcanzar*「la meta [el objetivo]. ▶人生の目標 f. finalidad) de la vida. ◆1か月１万円貯金することを目標にした Me he propuesto (como meta) ahorrar todos los meses 10.000 yenes. ◆敵の目標は我が国の軍事基地だった El objetivo del enemigo era nuestras bases militares. ◆寄付金は２百万円の目標(額)に達しなかった Las contribuciones no llegaron al objetivo de dos millones de yenes. ◆近くに何か目標になるものがありますか ¿Hay por aquí algún punto de referencia? ☞当て, 志, 対象

もくへん 木片 (大きな) m. bloque de madera; (小さな) m. trozo de madera; (極小の) f. astilla.

もくめ 木目 f. veta, f. vena. ▶木目が「細かい [2粗い] v. tener* una veta「1fina [2basta]. ▶木目にそって adv. en dirección a la veta.

もくもく ▶もくもくと立ちのぼる夏の雲 f. nubes densas de verano que suben al cielo. ▶もくもくと立つ砂あらし f. abultadas columnas de la tormenta de arena. ◆工場の煙突から煙がもくもくと出ていた De la chimenea de la fábrica subía una espesa humareda.

もくもく 黙々 (黙って) adv. en silencio, silenciosamente. ▶もくもくと山を登る v. subir una montaña en silencio. ▶もくもくと（＝話もせずに）食べる v. comer「en silencio [sin decir* nada]. ◆彼はもくもくと働いている（＝仕事に熱中している）v. estar* absorto en su trabajo.

もぐもぐ ▶もぐもぐ食べる v. mascar*, masticar*. ▶もぐもぐ(不明に)何か言う v. hablar entre dientes, mascullar. ◆馬がもぐもぐ草を食べているのを見た Vi un caballo masticando la hierba. ◆もぐもぐ言わずにはっきり言いたい事を言いなさい No hables entre dientes y di lo que piensas.

＊もくよう(び) 木曜(日) m. jueves.

もぐら m. topo. ▶モグラ塚 f. topinera, f. topera.

もぐり 潜り m. buceo. ▶もぐりの (無資格の) adj. no calificado [cualificado]; (無免許の) adj. sin licencia, no autorizado. ▶もぐりの医者 mf. médico sin licencia. ▶もぐりで（＝無許可で）adv. sin permiso [licencia].

もぐりこむ 潜り込む ▶ベッドに潜り込む v. meterse en (el cobertor de) la cama. ▶敵陣に潜り込む(＝潜入する) v. infiltrarse [《口語》colarse*, meterse] en las filas enemigas.

__もぐる__ 潜る ❶【水中に】v. bucear [sumergirse, zambullirse*] 《en》. ▶潜りに行く v. ir* a bucear. ▶アワビを採るため海に約6メートルの深さまで潜る v. bucear en busca de orejas marinas a unos seis metros de profundidad. ♦彼は水中に潜った「Se sumergió [Buceó] en el agua. ♦彼は3分間水に潜っていた Estuvo sumergido tres minutos.
❷【中や下に入り込む】v. meterse 《en》; (はって) v. arrastrarse 《dentro de》; (穴を掘って[掘るように]) v. enterrarse* [cavar] 《en, dentro de》. ▶ベッドに潜る v. meterse en la cama. ▶地中深く潜る v. enterrarse* [cavar] profundo en la tierra.
❸【当局などから逃れて潜伏する】▶地下に潜る v. pasar a la clandestinidad.

もくれい 目礼 m. saludo con la cabeza. ▶彼に目礼をする v. saludarlo[le] con la cabeza. ▶彼女と目礼をかわす v. intercambiar con ella saludos con la cabeza.

もくれん 木蓮 f. magnolia; (木) m. magnolio.

もくろく 目録 (一覧表) f. lista; (体系的な) m. catálogo, m. inventario, m. repertorio, 《教養語》m. elenco. ▶図書[蔵書]目録 m. catálogo bibliográfico. ▶著者目録 m. catálogo de [por] autores. ▶目録に載っている v. estar* en [la lista [el catálogo]]. ▶目録を作る v. hacer* una lista, catalogar*.

もくろみ (計画) m. plan, m. proyecto; (たくらみ) f. trama, f. maquinación. ▶もくろみがはずれた Mi plan ha salido mal. → 計画どおりに.

もくろむ (計画する) v. planear, tener* un plan, proyectar; (陰謀を) v. tramar, maquinar; (うらむなどを) v. 《口語》andar* detrás de, perseguir*; (意図する) v. intentar, pretender; (ひそかに心に抱く) v. tener* la idea 《de》. ▶脱税をもくろむ v. tener* el plan de evadir impuestos; tramar una evasión fiscal. ♦彼らが何をもくろんでいるのか知らない No sé lo que están tramando. / No sé de lo que andan detrás.

__もけい__ 模型 m. modelo, f. maqueta; (小型模型) f. miniatura; (縮尺模型) m. modelo a escala. ▶実物大模型 m. modelo de tamaño natural. ▶模型飛行機 m. aeromodelo. ▶模型地図 m. mapa de [en] relieve. ▶船の模型を作る v. hacer la maqueta de un barco.

もさ 猛者 (腕っぷしの強い男) m. tipo duro.

モザイク (技法) m. mosaico. ▶モザイク細工 m. trabajo de mosaico.

もさく 模索 (暗中)模索する v. buscar* a tientas, tantear.

モサラベ mf. mozárabe (☆イスラム教徒征服後のスペインでキリスト教信仰を保った人々).

モザンビーク Mozambique; (公式名) f. República de Mozambique (☆アフリカの国、首都マプト Maputo).

*__もし__ conj. si. ❶【現在・未来についての仮定を表わす】《直説法現在》. ♦もしあす雨なら行かない Si mañana llueve, no iré. ♦もし3時までにその手紙を書きおえたら私が出してあげましょう Si terminas de escribir la carta antes de las tres, yo te la echo en correos. ♦もし自由時間があればそこへ行くつもりです Si tengo algo de tiempo, iré allí. ♦もしストがなければあす帰ります Estaré de vuelta mañana「si no hay [a menos que haya] huelga.
❷【現在の事実に反する仮定を表わす】《接続法過去》. ♦もし十分な金があればその車を買えるのだが Si tuviera bastante dinero, podría comprarme el coche. ♦もし彼がここにいれば援助してやれるのに Si él estuviera [estuviese] aquí, lo [le] ayudaría. ♦もし忙しくなければごいっしょするのですが「Si no estuviera [De no estar] ocupado,「iría contigo [te acompañaría]. ♦もし空気がなければわれわれは生きていくことができるだろう「Si no fuera por el aire [De no ser por el aire], no podríamos vivir. / Sin el aire, no viviríamos.
❸【実現性の乏しい仮定を表わす】《接続法過去》. ♦もしフアンに出会ったら電話するように伝えてください「Si te tropezaras [En el caso de que te tropezaras] con Juan, dile que me llame. ♦もし私が死ねば家族はどうなるだろう「Si yo muriera [En el caso de que muriera yo], ¿qué「pasaría con [sería de] mi familia?
❹【過去の事実に反する仮定を表わす】《接続法過去完了》. ♦もし君がもっと一生懸命勉強していたら試験に合格したであろう Si hubieras [hubieses] estudiado más, habrías aprobado el examen. ♦もし君の助けがなかったら成功できなかっただろう「Si no hubiera sido [De no haber sido] por tu ayuda, no lo habría logrado. ♦もしその電車に間に合っていたら今ごろはそこで待っているところでしょう Si hubiera tomado ese tren, ahora estaría esperando allí. ♦もしあなたが来ると知っていたら家にいたのに「Si hubiera sabido que ibas a venir [De saber que ibas a venir], me habría quedado en casa.

もし 模試 (模擬試験) m. examen de prueba [práctica].

__もじ__ 文字 (アルファベットの) f. letra (de un alfabeto); (漢字などの) m. carácter. ▶ギリシャ文字 f. letras griegas. ▶小文字で書く v. escribir en [letras] minúsculas. ▶女文字(＝女の筆跡)の手紙 f. carta con [de] escritura femenina. ▶金文字入りの本 m. libro en letras「de oro [doradas]. ▶(時計などの)文字盤 f. esfera. ♦その子はスペイン語のアルファベットの27文字が全部書ける El niño puede escribir todas las 27 letras del alfabeto español. ♦この絵は文字がないころにかかれた Este dibujo se hizo cuando no existían las letras. ♦私は彼の言葉を文字どおりに受け取った Me tomé al pie de la letra lo que dijo.

もしか(したら) adv. quizá(s), tal vez (＋直説法),《口語》a lo mejor (＋直説法). → 多分.

もしかして ♦もしかしてあなたは山田さんですか ¿Es usted, por casualidad, el Sr. [Sra., Srta.]

Yamada? / ¿No será usted el Sr. [Sra., Srta.] Yamada?

もしかすると (ひょっとすると) adv. posiblemente; (おそらく) adv. tal vez, quizá(s). ♦もしかすると彼はそれを知っているかもしれない「Posiblemente lo sabe. / Es posible que lo sepa. / Quizás lo sepa [sabe]. (☆接続法を使うと疑念が強くなる) / Puede saberlo [《口語》que lo sepa]. / A lo mejor lo sabe. ☞あるいは, ことによると

もしくは conj. o, o... o. → または.

もじばけ 文字化け《専門語》m. carácter ilegal.

もしも conj. si. → もし.

*****もしもし ❶**【電話で】interj. diga, dígame, oiga, 【メキシコ】bueno, 【アルゼンチン】aló. 会話 もしもし一もしもし田中さんのお宅ですかーはい そうですが, どちら様でしょうかー阿倍でございます Diga. – Oiga, ¿es la casa del Sr. Tanaka? – Sí. ¿Quién es, por favor? – Soy la Sra. Abe. **❷**【呼びかけ】interj. perdón, perdone, oiga. ♦もしもしハンカチ落としましたよ Perdone, señora, pero se le ha caído el pañuelo.

もじもじ ♦もじもじする(ためらう) v. vacilar, titubear. ♦もじもじと adv. con titubeo(s), indecisamente; (恥ずかしそうに) adv. tímidamente, con timidez; (落ち着かなさそうに) adv. inquietamente, nerviosamente. ♦彼女は入るかどうか決めかねてもじもじしていた Vacilaba entre entrar o no. / No sabía si entrar o no entrar. ♦彼女は彼と初めて出会ったとき, もじもじしてしゃべれなかった Cuando ella lo [le] conoció por primera vez, la vergüenza no la dejaba hablar.

もしや si. → もしかすると.

もしゃ 模写 (写し取ること) f. copia; (模倣) f. imitación, m. remedo; (写し) f. copia; (複製) f. reproducción. ♦絵の模写 f. copia de un cuadro. ♦声帯模写 f. imitación vocal. ♦北斎の絵を模写する v. copiar un cuadro de Hokusai.

もじゃもじゃ ♦彼のまゆ毛はもじゃもじゃしている Tiene las cejas espesas [pobladas]. ♦何かびんの中でもじゃもじゃ動いている Hay algo que se mueve en la botella.

もしゅ 喪主 f. persona que preside el duelo.

もじる v. parodiar, hacer* una parodia 《de》. ♦ドンキホーテをもじる v. hacer* una parodia de Don Quijote.

もず 百舌 m. alcaudón.

モスカテル m. moscatel (☆白ワイン).

モスクワ Moscú (☆ロシアの首都).

もぞう 模造 f. imitación. → 偽. ♦模造真珠 f. perla de imitación. ♦模造品 f. imitación; (にせ物) f. falsificación. ♦模造する v. imitar; (偽造する) v. falsificar*.

もぞもぞ ♦もぞもぞ(=落ち着きなく)動き回る v. moverse* nerviosamente. ♦アリが背中をもぞもぞしているような気がした Sentí como si tuviera hormigas en la espalda.

もだえる (のたうち回る) v. retorcerse*; (ひどく苦しむ) v. pasar una agonía. ♦痛くてもだえる v. retorcerse* del dolor.

もたげる 擡げる ♦頭をもたげる v. levantar la cabeza. ♦国家[民族]主義が頭をもたげ始めた El nacionalismo ha empezado a levantar la cabeza.

もたせかける もたせ掛ける v. apoyar《contra, en》; (安定するように置く) v. descansar, posar. ♦はしごを壁にもたせかけなさい Apoya la escalera contra [en] la pared.

もたせる 持たせる ❶【持つように仕向ける】♦たくさんの荷物を夫にもたせる v. hacer* que el marido lleve muchos paquetes. ♦宝くじは彼に一時の夢を持たせた La lotería lo [le] hizo soñar por un momento. ♦例のご本午後にでも家内にもたせます(=届けさせます) Haré que mi mujer le lleve el libro esta tarde.
❷【現状を保たせる】v. conservar, preservar. ♦氷で魚をもたせる v. mantener* el pescado fresco con el hielo. ♦切りバラをもたせる良い方法 f. buena forma de conservar la frescura de las rosas cortadas. ♦手持ちの金でもう2週間もたせなくてはならない(=食いつながなければならない) Tengo que mantenerme dos semanas más con el dinero que tengo. ♦せめてもう一年はこの自転車をもたせたい Me gustaría seguir usando esta bicicleta por lo menos otro año.
❸【取らせる】(負担させる) v. hacer* que pague, hacer*《a + 人》pagar*. ♦彼に費用の全額をもたせる v. hacerle* pagar* todos los gastos. ♦タクシー代はぼくにもたせて Déjame pagar a mí el taxi. / Deja que pague yo el taxi. ♦妹が来たのでリンゴを持たせた(=持ち帰らせた) Le di unas manzanas a mi hermana cuando vino.
❹【(を)持つように図る】♦論文に一貫性をもたせる v. dar* consistencia al ensayo, hacer* el ensayo consistente. ♦仕事にゆとりをもたせる v. dar*《a + 人》más tiempo para hacer* el trabajo; (計画する) v. hacer* un programa de trabajo tranquilo.

もたつく (時間がかかる) v. tardar, 《口語》llevar (su) tiempo. ♦切符を買うのにずいぶんもたついた Me llevó su tiempo comprar el billete. ♦工事もたついている(=ほとんど進んでいない) Está tardando la construcción.

モダニスト mf. modernista.

モダニズム m. modernismo.

もたもた ♦もたもたするな No te entretengas. / Date prisa.

もたらす (持って来る) v. traer*; (引き起こす) v. causar, provocar*, acarrear; (生み出す) v. producir*, dar*; (利益を) v. rendir*. ♦彼に吉報をもたらす v. traerle* buenas noticias. ♦戦争は彼らの生活に大きな変化をもたらした La guerra provocó grandes cambios en sus vidas. ♦洪水はその地方に大きな被害をもたらした La inundación acarreó grandes daños en la región. ♦その実験はよい結果をもたらした El experimento dio buenos resultados. ♦鉄砲はポルトガル人によって初めて日本へもたらされた Las armas de fuego fueron introducidas en Japón por los portugueses.

もたれかかる もたれ掛かる ▶つえにもたれ掛かる v. apoyarse en el bastón.

もたれる ❶【寄りかかる】v. apoyarse. ▶壁にもたれる v. apoyarse contra la pared. ▶いすにもたれて座る v. recostarse* en la silla. ◆手すりにもたれる No te apoyes en「el pasamanos [la barandilla].
❷【食物が】胃にもたれる v. tener* el estómago pesado; (消化しにくい) v. no ser* de fácil digestión. ▶胃にもたれる食物 f. comida pesada [de difícil digestión].

モダン →新しい. ▶モダンな adj. moderno. ▶モダンジャズ m. jazz moderno.

もち 持ち ❶【耐久性】▶持ちがよい v. ser* duradero [resistente, fuerte]; (衣服・素材などが) v. durar, resistir; (品質・性能が) v. durar mucho; (食べ物が) v. conservarse, mantenerse* bien. ▶持ちのよい衣類 f. ropa duradera [fuerte]. ▶この靴は持ちが悪い Estos zapatos「duran poco [son poco resistentes]. ▶夏は野菜の持ちが悪い Las verduras no se conservan bien en el verano.
❷【負担】◆費用はすべて会社持ちだ Todos los gastos son a cuenta de la compañía. ◆夕食は私持ちだ La cena corre de mi cuenta.

もち 餅 "mochi", 《説明的に》 m. pastel de pasta de arroz. ▶餅を焼く v. tostar* un pastel de arroz. ▶餅をつく (全過程) v. hacer* un pastel de arroz; (ペッたんペッたんと) v. machacar* el arroz cocido.

もちあがる 持ち上がる ❶【上へ上がる】◆この箱重くてぼくでは持ち上がらない Esta caja pesa demasiado para「ser levantada por mí [que yo la pueda levantar].
❷【事が起こる】v. ocurrir, (口語) pasar. ▶何が持ち上がったんだ ¿Qué ocurre [《口語》 pasa]? ◆新しい問題が持ち上がった Surgieron nuevos problemas.
《その他の表現》◆私たちのクラスは山田先生が持ち上がった El/La profesor/sora Yamada sigue de encargado de nuestra clase.

もちあげる 持ち上げる v. levantar, alzar*, elevar. → 上げる. ▶その重い荷物を持ち上げてトラックにのせる v. levantar la pesada caja y ponerla* en el camión. ▶彼を持ち上げて (=おだてて)歌を歌わせる v. halagarlo[le]* para que cante.

もちあじ 持ち味 【人の】(特別な才能) f. capacidad especial, m. talento; (魅力的個性) f. personalidad atractiva; (人が持っているもの) f. propiedad, m. don; 【物の】(特性) f. cualidad especial. ▶絹の持ち味を十分に生かす v. sacar* el máximo partido de las cualidades especiales de la seda. ▶君の持ち味を生かしなさい Explota「tus cualidades [tu talento].

もちあるく 持ち歩く ▶彼はいつも本を持ち歩いている Siempre lleva los libros consigo.

もちあわせ 持ち合わせ ◆今まったく持ち合わせがありません En este momento no llevo dinero por casualidad.

もちあわせる 持ち合わせる (偶然持っている) v. llevar [tener*] por casualidad; (身につけている) v. llevar consigo.

もちいえ 持ち家 f. casa propia.

モチーフ (文芸・音楽の) m. motivo; (テーマ) m. tema.

*****もちいる** 用いる (道具・材料・言葉などを) v. usar. ▶火を用いる v. usar el fuego. ▶旧式なやり方を用いる v. emplear un método antiguo. ◆与えられた語を用いて空所を埋めなさい Complete [Complete] los espacios usando las palabras indicadas. ◆この素材は広く¹用いられている [²用いられるようになった] Este material ¹se usa mucho ahora [²ha entrado en uso extensamente]. ◆この会社は日本式の経営方式を用いている Esta compañía hace uso del sistema japonés de administración empresarial. ◆彼は社内で重く用いられている (=重要な責任[地位]を与えられている) Se le confían [dan] importantes responsabilidades en la compañía.

もちかえり 持ち帰り ▶持ち帰り用の料理 f. comida para llevar.

もちかえる 持ち帰る (持って帰ってくる) v. llevar (se) a casa, llevar; (持って帰って行く) v. llevarse. 《会話》こちらで召しあがりますか. お持ち帰りですか―持ち帰ります ¿Es para aquí o para llevar?–Para llevar. ▶持ち帰るためのピザを二つください Déme dos pizzas para llevar, por favor.

もちかえる 持ち替える ▶その重い荷物を持ち替える v. pasar de mano en mano el equipaje pesado.

もちかける 持ちかける ▶彼に話(=ある提案)を持ちかける v. venirle* con una propuesta, proponer*; (持ち出す) v. presentar 《a + 人》 una propuesta. ▶結婚話を持ちかける (=結婚を申し込む) v. proponer* 《a + 人》 matrimonio, hacer*《a + 人》una proposición matrimonial.

もちかぶがいしゃ 持株会社 《英語》 m. "holding", f. sociedad de cartera.

もちきり 持ち切り ▶町中がその話でもちきりだ Es la comidilla de toda la ciudad. ◆新聞はその事件のことでもちきりだ Los periódicos están llenos de noticias sobre el incidente.

もちきれない 持ち切れない ◆荷物を全部を持ち切れなかった No pude llevar「todas mis pertenencias [todos mis bultos].

もちくずす 持ち崩す ▶身を持ち崩す v. descarriarse*.

もちこす 持ち越す ▶結論を持ち越す (=延期する) v. posponer* [aplazar*] una decisión. ◆その議題は来週まで持ち越された (=途中で延期された) El tema fue aplazado para la próxima semana.

もちこたえる 持ちこたえる (最後までがんばる) v. resistir, aguantar. ▶攻撃に持ちこたえる v. resistir un ataque. ▶床は家具の重さを持ちこたえられなかった El suelo no pudo aguantar el peso de los muebles. ◆この金で今月は持ちこたえられるだろう Con este dinero aguantaré este mes. / Este dinero me durará todo este mes. ◆患者は冬を持ちこたえた El paciente aguantó el invierno. ⇨存続, 耐[堪]える

もちこみ 持ち込み ▶持ち込み(機内への)持ち込み荷物 m. equipaje de mano. ▶持ち込み(=依頼されてない)原稿 m. manuscrito no solicitado. ♦申し訳ございませんがその荷物は機内へのお持ち込みはできません Lo siento, pero ese equipaje no puede ir a bordo del avión. ♦試験場に辞書の持ち込みは自由です Se permite llevar el diccionario a la sala de examen.

もちこむ 持ち込む ❶【持って入る】▶図書館に¹食物を[²機内に爆発物を]持ち込む v. llevar ¹comida a la biblioteca [²explosivos a bordo del avión]. ▶麻薬を国内に持ち込む(=密輸入する) v. meter en un país drogas de contrabando. 《会話》ごめんなさい。靴をはき替えるの忘れちゃった—あなたが持ち込んできたこの泥ちょっと見てごらんなさい Perdón. Me olvidé de cambiarme de zapatos. – ¡Pero mira todo el barro que has traído!
❷【解決を要するものを】▶それを裁判に持ち込む v. llevarlo a juicio [los tribunales]. ▶賃金紛争を調停に持ち込む v. someter a arbitraje un conflicto salarial.
❸【未解決のまま次の状態に】▶試合を引き分け[同点]に持ち込む v. empatar un partido. ▶試合を延長戦に持ち込む v. lograr meter el partido en la entrada extra.

もちさる 持ち去る ▶主人の金を持ち去る(=持ち逃げする) v. irse* [escapar] con el dinero del amo.

もちだし 持ち出し ♦この辞書は図書館の外に持ち出しはできない No se permite sacar este diccionario de la biblioteca. ♦その費用の一部は会社がもってくれますが、残りは持ち出しになります Parte de nuestros gastos son a cuenta de la empresa, pero el resto corre de nuestra cuenta.

もちだす 持ち出す ❶【持って出る】v. llevarse, sacar* fuera. ▶重要書類を金庫から持ち出す v. llevarse unos importantes documentos de la caja fuerte; (話題とする) presentar, plantear; (提案する) v. proponer*, hacer* una propuesta. ▶その問題を今日の会議に持ち出す v. presentar el tema en la reunión de hoy.

もちつき 餅つき f. fabricación de pasteles de arroz.

もちつもたれつ 持ちつ持たれつ ▶持ちつ持たれつの関係 f. relación de「concesiones mutuas [《口語》toma y daca].

もちなおす 持ち直す ❶【もとのよい状態に戻る】v. recuperarse. ♦¹病人[²株式市場]が持ち直した ¹El/La paciente [²La bolsa] se ha recuperado.
❷【持ち換える】♦私は荷物を持ち直した Hice pasar el equipaje de mano en mano.

もちにげ 持ち逃げ v. escaparse [huir*, irse*, 《口語》largarse*] 《con》. ▶会社の収益金を持ち逃げする v. escaparse con el dinero ganado por la compañía.

もちぬし 持ち主 (法的所有者) mf. propietario/ria, mf. dueño/ña; (財産・性質などの)《教養語》mf. poseedor/dora; (会社・ホテルなどの) mf. propietario/ria, mf. dueño/ña. ▶持ち主不明の品物 m. artículo sin dueño conocido, m. artículo no identificado. ▶この土地の持ち主はだれですか ¿Quién es el propietario de este terreno? ▶この家は持ち主が3回変わった Esta casa ha cambiado tres veces de dueño. ▶彼は豊かな才能の持ち主だ Posee un gran talento. ▶この(落とし物の)時計の持ち主はどなたですか ¿Reclamará alguien este reloj?

もちば 持ち場 【受け持ちの場所】(部署) m. puesto; (巡回区) f. ronda. ▶持ち場を¹守る[²離れる; ³捨てる] v. ¹guardar [²dejar; ³abandonar] su puesto. ▶持ち場を回る v. ir* [andar*] de ronda [patrulla], patrullar, rondar.

もちはこび 持ち運び ▶持ち運びができる(便利な) adj. portátil. ▶このノートパソコンは持ち運びに便利だ Este ordenador [《ラ米》Esta computadora] de tipo cuaderno es fácil de llevar [transportar].

もちはこぶ 持ち運ぶ v. llevar, transportar. → 運ぶ.

もちまえ 持ち前 →特徴. ▶持ち前(=生まれつき)の音楽的才能 m. don [m. talento] natural para la música.

もちもの 持ち物 (所持品) fpl. pertenencias, mpl. objetos personales, 《口語》 fpl. cosas; (財産) f. propiedad, f. posesión; (旅行時の手荷物) m. equipaje. ▶これはあなたの持ち物ですか ¿Es esto suyo [de su pertenencia]?

もちゅう 喪中 ▶喪中である v. estar* de luto 《por》.

もちよる 持ち寄る ▶彼らは食べ物を持ち寄ってパーティーを開いた Trajeron comida y dieron una fiesta. / Hicieron una fiesta trayendo cada uno algo de comida.

もちろん adv. por supuesto, claro (que sí), 《口語》¡hombre claro!; (当然) adv. naturalmente, sin duda; (確かに) adv. ciertamente, desde luego. 《会話》あなたの車を借りてくれませんか—もちろんいいですよ ¿Me dejas tu coche? – 「Por supuesto. [Claro que sí. / ¡Pues claro! / Naturalmente. / ¡No faltaba más! /《口語》¡Sí, hombre [mujer]!」 《会話》これ本当にあなたのなの—もちろん ¿De verdad que éste es tuyo? – ¡Pues claro que sí! 《会話》私の誕生パーティーにあなたもいかが—もちろん喜んでうかがうわ ¿Te gustaría venir a mi fiesta de cumpleaños? – Ciertamente. Me encantaría. 《会話》怒ってないだろうね—もちろん ¿No estás enfadado? – ¡Claro que no! ▶君が困っているならもちろん手伝うよ Si tienes problemas, por supuesto que te ayudaré. ▶もちろん我々の提案を断わるだろう Sin duda que rechazará la propuesta. ▶新鮮な空気はもちろん健康によい Ni que decir tiene que el aire fresco es beneficioso para la salud.

《...はもちろんのこと》(...は言うまでもなく) adv. por no「hablar de [decir, mencionar]...,「sin mencionar..., además de... ▶彼は南米へはもちろんのことアフリカへも行ったことがある Ha estado en África, por no hablar de América del Sur. ▶彼はフランス語はもちろんのことスペイン語も話せる No sólo sabe francés, sino también español. / Habla español, sin mencionar el francés. ◆彼が私たちを助けてくれるのはもちろんのことだと思っています Doy por supuesto que va a ayudarnos. ◆彼はスペイン語を話せない, フランス語はもちろんのことだ No puede hablar español, y mucho menos francés. ☞当然, －とも

もつ ❶【手で】(一般に) v. sostener* [sujetar, tener*] en la mano. ◆箸(はし)を正しく持つ v. sostener* bien los palillos. ◆手に本を持った男の子 m. niño con un libro en la mano. ◆このロープの端を持っていなさい Sostén「la punta [el extremo] de esta cuerda. ◆彼は私の手を持った Me tomó [cogió, agarró] de la mano. ◆かばんを一つお持ちしましょう Déjame [Déjeme] llevarte「una maleta [un bolso].
❷【携帯する】(身につけて持っている) v. llevar, tener*. ◆彼はいつもたくさんお金を持っている Siempre lleva (encima) mucho dinero. 会話 スーツケースをお持ちしましょう？－ご親切にありがとうございます ¿Puedo llevar su maleta? [¿Me permite ayudarle con la maleta?] － Gracias, es usted muy amable.
❸【所有する】v. tener*, 《強調して》poseer*, ser* el/la dueño/ña (de). ◆彼女は音楽に全然興味を持っていない No tiene ningún interés en la música. / No está nada interesada en la música. ◆彼女は3人の子供を持っている Tiene tres hijos. ◆私は車を持っていません No tengo coche. ◆この机を10年間持っています Llevo con esta mesa diez años. / Hace diez años que tengo esta mesa. ◆私が持っている本をあなたに見せてあげよう「Voy a enseñarte [Te mostraré] el libro que tengo. ◆彼は私に悪い感情を持って(＝使って)いた Me tenía mala voluntad. ◆彼は¹ばく大な財産 [²豊かな才能]を持っている Tiene [Posee] ¹muchas riquezas [²mucho talento, ²un gran talento]. ◆彼は軽井沢にホテルを持っている Tiene un hotel en Karuizawa. / Posee [Es el dueño de] un hotel en Karuizawa. ◆休みの間その本持っていていいですよ Puedes quedarte con el libro durante las vacaciones. ◆彼は幅跳びの記録を持っている Tiene el récord de salto de longitud.
❹【担当する】▶ 4年生を¹持つ(＝教える)[²持っている] v. ¹enseñar [²tener*] a los de cuarto; (担任する) v. encargarse* de la clase de cuarto (curso).
❺【負担する】▶費用を持つ v. pagar* [hacerse* cargo de] un gasto. ◆これはぼくが持つよ(＝代金はぼくが支払うよ) Esto lo pago yo. / Yo me encargo de esto. / Esto corre de mi cuenta.
❻【開催する】▶会合を持つ v. celebrar una reunión.
❼【持ちこたえる】v. durar, 《教養語》perdurar, resistir, aguantar, mantenerse*, sobrevivir. ◆この天気はどのくらい持つだろう ¿Cuánto tiempo va a durar este tiempo tan bueno? ◆これだけあれば1週間は持つ Con esto aguantamos una semana. / Esto nos va a durar una semana. ◆この靴は長く持つだろう Estos zapatos「duran mucho [son muy resistentes]. / Estos zapatos tendrán una vida larga. ◆彼はあすまで持たないだろう No va a llegar a mañana. / (その夜を持ちこたえないだろう) No「va a pasar de [sobrevivirá] esta noche. ◆この家はもう一度大地震がくれば持たないだろう Esta casa no aguantará otro terremoto grande. ◆この魚はあまり持たない Este pescado「se pasa [se echa a perder] pronto.

《その他の表現》◆この会社は彼でもっている(＝彼が主な支えをしている) Él es el apoyo principal de esta empresa. ◆十分に休養を取らないと体が持たないよ(＝健康を失う) 「Descansa bien [Tómate un buen descanso] si no quieres perder la salud. ▶抱え込む, 抱える, 為る

もつ (内臓) fpl. entrañas, fpl. vísceras; (レバー) m. hígado, (鳥の) mpl. menudillos, mpl. menudos, 《メキシコ》 fpl. menudencias. ▶もつ焼 mpl. menudillos asados.

もっか 目下 adv. en este momento; (今は) adv. ahora. ◆目下経済危機にみまわれている En este momento estamos en una crisis económica. ◆彼女は目下留学中だ Ahora está estudiando en el extranjero. ◆目下の給料で目下のところ(＝当分は)やっていける Por ahora está bien lo que se le paga.

—— **目下の** (現在の) adj. actual, presente. ▶目下の問題 m. problema actual. ▶目下の関心事 m. interés actual. ▶目下の急務 f. prioridad actual. ◆目下の状況ではストライキの早期解決の望みはほとんどない En las circunstancias actuales hay pocas esperanzas de que la huelga se resuelva pronto.

もっかんがっき 木管楽器 m. instrumento (musical) de viento de madera; (オーケストラの木管楽器部) fpl. maderas.

もっきん 木琴 m. xilófono. ▶木琴奏者 mf. xilofonista.

もっこう 木工 (技術) f. carpintería. ▶木工所 f. carpintería. ▶木工職人 mf. carpintero/ra. ▶木工をする v. trabajar de carpintero/ra, trabajar la madera.

もったいない ❶【むだである】v. ser* inútil [en vano]; ser* una pena [lástima]. 会話 あの靴は捨てたよ－なんてもったいない! Esos zapatos los tiré. – ¡Qué pena [lástima]! ◆こんないい天気に家の中にいるなんてもったいない(＝とんでもない) Da rabia [pena] no salir en un día tan bueno como éste. 会話 1時間ほど休憩しないーだめよ, 時間がもったいないわ ¿Por qué no descansas una hora? – No, no se puede desperdiciar el tiempo.
❷【よすぎる】v. no merecer*, ser* demasiado bueno 《para》. ◆この車は私にはもったいない Este coche「no me lo merezco [es demasiado bueno para mí]. ◆これはもったいなくて捨てられない Es una pena tirarlo. / No merece ser tirado. ◆そんなおほめの言葉は私にはもったいない(＝値しない) No merezco tales elogios. ◆あなたはウエートレスにしておくにはもったいない人だ Tú mereces algo más que ser una camarera.

もったいぶる (尊大ぶる) v. darse* importan-

もって 以て ❶ 《道具・身体の一部などを使って》*prep*. con;【手段・方法によって】*prep*. por medio de, por. ▶書面をもって(=手紙で)答える *v*. contestar「con una carta [por escrito]. ▶言葉をもって意志疎通する *v*. comunicarse* por [con] palabras. ♦彼の頭脳をもってすればその計画はきっと成功するだろう Con la cabeza [inteligencia] que él tiene, este plan tiene que salir adelante. ♦私はそれがいかに重要であるかを身をもって(=体験に基づいて)知った Con mi experiencia aprendí lo importante que era.

❷【…の原因・理由で】*prep*. por, a causa de, debido a, por razones [《教養語》motivo] de. ▶老齢(のゆえ)をもって引退する *v*. jubilarse por la edad. ▶花子は美人をもって聞こえていた(=美人で有名だった) Hanako era famosa por su belleza.

❸【区切りに】♦彼は4月1日をもって(=4月1日に)我が社の社長になる A partir del 1 de abril, será presidente de la compañía. ♦これをもって質疑応答は打ち切ります Con esto hemos terminado ya las preguntas y respuestas.

***もっていく 持って行く** (持って歩く)*v*. llevarse, llevar (consigo). ▶皿を¹あっち [²台所]へ持って行く *v*. llevarse los platos ¹allí [²a la cocina]. 会話 ぼくがそのバッグを持って行きますよ―気をつけてかなり重いわよ Déjame que te lleve la bolsa. – Ten cuidado que pesa mucho. ♦雨が降るといけないから傘を持って行きなさい Llévate el paraguas「por si llueve [no sea que llueva]. 会話 パーティーに何を持って行きましょうか―花を持って来てくださる？ ¿Qué llevo a la fiesta? – ¿Podrías traer unas flores? ▷持参する, 届ける

もってうまれた 持って生まれた (天性の)*adj*. natural; (生得の)*adj*. innato; (生来の)*adj*. de nacimiento. ♦持って生まれた才能 *f*. capacidad natural, *m*. don.

***もってくる 持って来る** *v*. traer*; (取って来る)*v*. traer*, ir* a buscar*. ▶私に水を持って来てくれ Dame [Tráeme] agua. ▶私は傘を持って来るのを忘れた Me olvidé de traer el paraguas. ♦私の帽子を持って来てください Tráeme [Ve a por, Ve a traerme] el sombrero, por favor.

もってこい 持って来い 持って来いの(最適の)*adj*. adecuado, que viene「muy bien [《口語》como anillo al dedo], 《教養語》idóneo; (理想的な)*adj*. ideal; (最も必要を満たした) *el*/*la* … más apropiado/da, *los*/*las* + 名詞 más apropiados/das.

もってのほか 以ての外 ▶もっての外の(=ふらちな)ふるまい *f*. conducta absurda [disparatada, escandalosa]. ♦君がそんな要求をするとはもっての外だ(=問題外だ) Es absurdo que pidas eso. ♦無免許運転などもっての外だ(=問題外だ) Ponerse al volante sin tener permiso de conducir es un disparate. ♦私に向かってそんな口答えするなんてもっての外だ ¡Cómo te atreves a replicarme!

もってまわった 持って回った *adj*. con rodeos. → 回りくどい.

もっと *adv*. más, todavía, aún. ▶問題をもっと(=さらに深く)調査する *v*. meterse más en el asunto, profundizar* en el asunto. ▶もっと(たくさん)睡眠をとる *v*. dormir* más. ▶今日はもっとすることがある Hoy tengo「algo más que hacer [otra cosa que hacer]. ♦外へ出て他の子ともっと遊びなさい Deberías salir y jugar más con los otros niños. ♦もっと(もっと)¹本 [²お金]が欲しい Quiero ¹muchos más libros [²mucho más dinero]. 会話 体験するだろうな―もっとって，¹どれ [²いくつ]くらい Necesitaré más. – ¹¿Cuánto [²¿Cuántos] más? ♦彼らはもっと遠くへ旅を続けた Viajaron más lejos. / Siguieron viajando lejos. ♦もっと(長く)ここにいてくださいませんか ¿No「podrías quedarte [podría quedarse] aquí más? ♦もっと(しっかり)スペイン語を勉強しなさい Estudia más español. ♦もっとましなものがないのですか No tienes [tiene usted] algo (un poco) mejor? ♦遅くとも6時までにはそこに行くよ―よかった!もっと遅くなるかと思ってたわ Estaré allí a las seis「a más tardar [lo más tarde]. – Muy bien. Yo creía que vendrías después [más tarde].

モットー *m*. lema, *m*. mote, *m*. principio. ▶モットーにする *v*. hacer* (de)… un lema. ♦「努力」が私のモットーだ Mi lema es "hay que esforzarse" ["esfuerzo"].

***もっとも 尤も** *conj*. pero; (とは言っても…だが)*conj*. sin embargo, aunque. ♦彼は試験に合格したと言った. もっとも後になってそれはうそだと分かった Dijo que había aprobado el examen. Sin embargo, resultó ser falso. ♦彼は利口だ. もっとも彼の兄ほどではないが Es inteligente, pero [aunque] no tanto como su hermano. / Aunque es inteligente, no lo es tanto como su hermano. ♦もっとも(=もちろん)皆がその提案に賛成したわけではないが Claro que no todos estuvieron de acuerdo con esa propuesta.

—— **もっともな** (理にかなった)*adj*. razonable; (当然な)*adj*. lógico, natural, normal; (正当な)*adj*. justo, legítimo; (納得させる)*adj*. convincente. ♦もっともな要求 *f*. reclamación razonable [justa]. ♦もっともな議論 *m*. argumento lógico [convincente]. ♦もっともな事を言う *v*. hablar con lógica. ♦君が自分の息子の自慢をするのももっともだ Es natural que estés orgulloso de tu hijo. ♦彼がそう言うのももっとも(なこと)だ Es normal que lo diga. / No me extraña que diga eso.

—— **もっともらしい** 尤も(らしい)も; (本当のように思わせる)*adj*. verosímil, 《教養語》plausible. ▶もっともらしい弁解をする *v*. presentar una excusa plausible. ♦もっともらしいうそをつく *v*. decir* una mentira「con visos de [que parece] verdad. ▶もっともらしい(=まじめそうな)顔をして *adv*. con la cara seria, dándose un aire serio.

****もっとも** 最も ▶最もよい本 el mejor libro. ▶最も重要な事 lo más importante. ▶最も一生懸命働く v. trabajar al máximo. ▶最も勇敢に戦う v. combatir con el máximo valor. ♦彼は今までで最も偉大な詩人だ Es el poeta más grande que ha existido.

もっともらしい ⇒尤(もっと)も.

もっぱら 専ら (他を排して) adv. exclusivamente; (全面的に) adv. enteramente, completamente, totalmente; (ひとえに) adv. solamente, únicamente, exclusivamente. ▶この週刊誌はもっぱら女性向けだ 「Este semanario [Esta revista semanal] es exclusivamente para mujeres. ♦余暇をもっぱらスポーツに向けた Dedicaba mi tiempo libre exclusivamente al deporte.

モップ f. fregona, f. mopa. ▶モップで床掃除をする v. fregar* el suelo, 『スペイン』pasar el suelo con la fregona.

もつれる (糸・髪などが) v. enredarse, 《口語》liarse*; [事柄などが] (混乱する) v. confundirse, embrollarse, enmarañarse; (複雑になる) v. complicarse*. ▶もつれた髪 m. pelo enredado. ♦足がもつれた (=よろけた) Me he tropezado.

もてあそぶ 玩ぶ v. jugar* 〈con〉; (人・感情などを) v. jugar* 〈con〉. ▶ライターをもてあそぶな No juegues [andes jugando] con el encendedor. ♦彼は私の愛情をもてあそんだ Jugó con mi amor. / Hizo de mi amor un juguete.

もてあます 持て余す ♦彼はこの仕事をもて余していた (=どう処理してよいか分からなかった) Este trabajo excedía sus fuerzas. / No sabía qué hacer con este trabajo. / (余りにも負担だった) Este trabajo era demasiado para él. ♦私は退屈で時間をもて余していた Se me hacía muy largo el tiempo. ♦両親でさえあの子をもて余している (=監督できない) Ni sus padres saben cómo controlar a ese niño.

もてなし (厚遇) f. hospitalidad; (待遇) m. agasajo; (受け入れ) f. recepción; (歓迎) f. acogida. ▶心からのもてなしを受ける v. recibir una cordial acogida [《フォーマル》recepción]. ♦おもてなしにあずかりありがとうございました Gracias por la maravillosa acogida.

☞ 御馳走, 接待

もてなす (歓待する) v. festejar, obsequiar, agasajar; (待遇する) v. tratar. ▶夕食に客を招いてもてなす v. recibir a un/una invitado/da para cenar; obsequiar a un/una invitado/da con una cena. ♦彼らは私たちをあたたかくもてなしてくれた Nos acogieron con 「gran hospitalidad [mucha cordialidad, gran cariño]. / 《フォーマル》Nos dispensaron una cálida [cordial] acogida.

もてはやす (ほめたてる) v. elogiar, alabar → 褒める; (ちやほやする) v. tratar muy bien 〈a〉, 《口語》poner* por las nubes. ▶若者にもてはやされている (=人気がある) v. ser* popular entre los jóvenes.

モデム 《専門語》m. módem. ▶モデム・カード 《専門語》f. tarjeta de módem.

モデラート (音楽の速度用語) m. moderato.

もてる 持てる (人気がある) v. ser* popular 〈entre, con〉; (好かれる) v. gozar* de popularidad 〈entre〉. ♦彼は若い女性にもてる Es popular con las mujeres jóvenes.

モデル m. modelo; (人) mf. modelo. ▶ファッションモデル mf. modelo (de modas), mf. maniquí. ▶写真のモデル mf. modelo de fotografía. ▶モデルガン f. arma modelo. ▶モデルチェンジ m. cambio de modelo. ▶モデルルーム m. piso piloto [modelo]. ▶モデルホーム f. vivienda piloto [modelo]. ♦その小説の主人公のモデル m. modelo del protagonista de esa novela. ♦その小説はある昔話をモデルにして作られた La novela se inspiró en un antiguo cuento. ♦彼女は画家のモデルをしている Trabaja [Posa] de [como] modelo para un pintor.

モデレータ 《専門語》m. moderador.

***もと** 元, 本, 基 **❶**【起こり】(起源) m. origen; (根源) f. raíz; (源) f. fuente; (始め) m. principio, m. inicio, m. comienzo. ♦彼の冗談が口論のもとだった Su broma fue el origen de la discusión. ♦風邪は万病のもとだ Un resfriado es 「la fuente [la causa, el principio] de todas las enfermedades. ♦その時計はもとから (=初めから) 壊れていた Ese reloj no funcionaba desde el principio. ♦ガス漏れのもとは彼の部屋だった La fuga de gas comenzó en su habitación. ♦その詩はもとはフランス語で書かれていた La poesía fue escrita originalmente en francés.

❷【原因】f. causa. ♦彼の心配のもとが何であったかだれも知らない Nadie sabe qué era la causa de su inquietud [preocupación]. ♦大雨がもとで大変な洪水が起こった Las fuertes lluvias causaron graves inundaciones. / La causa de las graves inundaciones estuvo en las fuertes lluvias. ♦彼は過労がもとで死んだ La causa de su muerte fue el exceso de trabajo. / Murió de exceso de trabajo.

❸【土台】m. fundamento, m. cimiento; (基礎) f. base. ♦農業は国の基だ La agricultura es el fundamento de un país. ♦この記事は事実を基にしている Este artículo está basado en hechos [la realidad].

❹【資本】(資本金) m. capital; (原価) m. costo; (出資金) f. inversión. ♦この商売を始めるにはずいぶん元がかかる Para comenzar este negocio se necesita un gran capital. ♦この商売では元が取れない No puedo recuperar el costo de mi inversión en este negocio. / (割に合わない) Este negocio no compensa.

❺【材料】f. materia, m. material; (料理などの) m. ingrediente. ♦この薬は何をもとにして作ってあるのですか ¿De qué (materia) está hecha esta medicina.

《その他の表現》 ♦失敗は成功のもと (ことわざ) El fracaso es la antesala del éxito. ♦小切手といってももとを正せば (=実際は) ただの紙切れだ En realidad un cheque no es más que un trozo de papel. ♦それでは元も子もない (=すべてを失うだろう) Así lo perderás todo.

1436 もと

もと 下 ▶先生の¹指導［²監督］の下に adv. bajo la ¹dirección ［²supervisión］ de un/una profesor/sora. ▶安藤博士の下で物理学の研究をする v. estudiar física con el/la Dr./Dra. Ando. ▶夫の下を去る v. dejar ［abandonar］ al marido. ▶一撃の下に彼を倒す v. tirarlo［le］［derribarlo［le］］ de un golpe.

もどかしい ▶(いらいらさせる) v. estar* impaciente; v. irritar, impacientar. ▶スペイン語が通じないのでもどかしかった Me impacientaba ［irritaba］ el que no me entendieran en español. / No me podía hacer entender en español y eso me「ponía impaciente ［irritaba］. ▶もどかしい思いで私は彼の帰りを待った Esperaba con impaciencia su regreso.

モトクロス 《英語》 m. "motocross".

もどす 戻す ❶【元の場所・状態へ戻す】v. devolver*［volver*,《ラ米》regresar］《a》; (元の場所へ置く) v. poner* donde estaba; (復帰させる) v. reponer*. ▶本を書棚に戻す v. devolver* el libro al estante. ▶それを元のところに戻す v. ponerlo* en su sitio ［lugar］. ▶彼を元の仕事に戻す (=復職させる) v. ponerlo［le］* otra vez en su trabajo de antes. ▶時計は10分戻す v. atrasar el reloj 10 minutos.
❷【吐く】v. vomitar,《口語》devolver*. ▶戻しそうになる v. sentir* ganas de devolver* ［vomitar］. ▶彼は食べたものを戻した Ha devuelto ［vomitado］ lo que comió.
《その他の表現》 ▶彼女とけんかしたがよりを戻したい (=仲直りしたい) Me he peleado con ella, pero quiero「arreglar las cosas ［hacer las paces］. ▶太郎とは別れたんだけど, 彼はよりを戻して (=再び迎え入れて) ほしいと言っているようだ Taro y yo hemos roto, pero él quiere que vuelva con él.

もとづく 基づく ❶【根拠とする】v. basarse ［estar* basado］ 《en》. ▶彼の忠告に基づいて行動する v. actuar* siguiendo sus consejos. ▶この小説は事実に基づいている Esta novela está basada en「un hecho real ［hechos reales］. ▶日本のビジネスは相互信頼に基づいている En Japón las relaciones comerciales se basan en la confianza mutua.
❷【起因する】 (...による) v.「ser* debido ［deberse］《a》; (由来する) v. resultar ［derivarse］《de》; (元は) v. originarse 《de》. ▶彼の成功は努力に基づく Su éxito se debe a sus esfuerzos.

もとで 元手 (資本金) m. capital; (資金) mpl. fondos.

もとどおり 元通り (以前と同じように) adv. como antes; (元あった所に) adv. donde estaba, en su lugar ［sitio］. ▶こわれた城を元通りにする (=修復する) v. restaurar un castillo arruinado. ▶元通り健康になる v. volver* a la salud de antes; ponerse* sano como antes. ▶おもちゃを元通りにしまう v. poner*「los juguetes ［donde estaban en su lugar］.

もとね 元値 (仕入れ値) m. precio de costo. ▶元値で売る v. vender a precio de costo.

もと(の) 元(の) (以前の) adj. anterior, de antes. ▶彼は元首相だ Es el「anterior Primer Ministro ［ex-Primer Ministro］. / (かつて首相だった) Antes era el Primer Ministro. ▶元そこには本屋がありました Antes allí había una librería. ▶その本は元の所に戻しておいてください Por favor, ponga ［coloque］ el libro donde estaba. / (あるべき場所に) Haga el favor de colocar el libro en su sitio ［lugar］. ▶彼女はもうもとの彼女ではない Ya no es lo que era. / No es la de antes ya. ▶彼は元どおりの健康体にはならないでしょう No volverá a tener la salud de antes. / Nunca recuperará su salud anterior. ▶雨が降ってきたのでわれわれはもと来た道を引き返した Como se puso a llover volvimos por donde habíamos venido. / Desandamos el camino porque empezó a llover.
《その他の表現》 ▶彼らは離婚寸前までいったが結局は元のさやにおさまった (=再びいっしょになった) Estuvieron a punto de divorciarse, pero al final se reconciliaron otra vez. ▶今や元のもくあみだった (=出発点に戻った) Hemos「vuelto adonde estábamos ［regresado al punto de partida］.

もとめ 求め →求める.

__もとめる 求める__ ❶【要請する】v. pedir, solicitar;【要求する】(強く) v. exigir*, demandar; (当然の権利として) v. reclamar;【欲する】v. querer*, desear. ▶許可を求める v. pedir* ［《フォーマル》solicitar］ permiso 《para》. ▶彼に着席を求める v. pedirle* que se siente. ▶彼に謝罪を求める v. exigir* que se disculpe. ▶私は彼に助言を求めた 《フォーマル》Solicité su consejo. ▶彼に多くを求めすぎてはいけない No esperes ［pidas］ demasiado de él. ▶政府は経済援助を求めた El gobierno solicitó ayuda económica. ▶彼は心のふれ合いを求めている Quiere contacto humano. ▶求め受付係【広告】Se busca recepcionista. ▶彼女は大声で助けを求めた Gritó pidiendo ayuda. ▶昨今はスペイン語力が大いに求められている Hoy día cada vez hay más demanda de personas que sepan español. ▶公共の場所での禁煙を求める声が高まっている Se está pidiendo a gritos que se prohíba fumar en lugares públicos. ▶彼は握手を求めて手を差し出た Alargó su mano para saludar.
❷【捜す】v. buscar*, ir*［andar*］ a la busca ［búsqueda］《de》; (追い求める) v. perseguir*, ir* detrás 《de》. ▶¹名声［²問題の解決］を求める v. buscar* ¹la fama ［²una solución al problema］. ▶快楽を求める v. perseguir* el placer. ▶金を捜し求めて adv. en busca de oro. ▶今や多くの人が職を求めている Actualmente hay mucha gente que busca empleo. ▶大学は真理を求める所だ La universidad es el lugar para buscar la verdad.
❸【購入する】v. comprar, adquirir*.
── 求め (依頼) f. petición, m. ruego; (要求) f. demanda, f. exigencia; (購入) f. adquisición, f. compra. ▶求めにより adv. a ［previa］ petición 《de》. ▶お求めの本は在庫がありません El libro que usted busca no lo tenemos. ▶どんな色のセーターをお求めですか (店員が客

に) ¿De qué color desea el suéter?
☞ 仰ぐ, 当[充]てる

もともと 元々 ❶【初めから】 adv. desde el principio [comienzo]; (元来) adv. en su origen, originalmente, de por sí; (生来) adv. por naturaleza, de nacimiento. ♦元々彼女は彼女らが好きではなかった A ella no le gustaba desde el principio. ♦人間は元々社会的動物だ El ser humano es un animal social por naturaleza. ♦彼は今ニューヨークに住んでいるよ―元々どこの出身なの Ahora vive en Nueva York. – Originalmente, ¿de dónde es?
❷【損も得もない】 ♦(やってみて)うまくいかなくても元々だ Por probar no se pierde nada.

もとより (始めから) adv. desde el [un] principio; (元来) adv. originalmente; (もちろん) adv. por supuesto, claro, desde luego. ♦もとよりそれは覚悟の上でした Desde el principio estaba preparado para ello. ♦彼女はスペイン語はもとより (=言うまでもなく) 英語も話せる Sabe hablar inglés, por no mencionar el español. / (スペイン語だけではなく) Habla inglés, aparte de español.

__もどる 戻る__ ❶【元の位置・状態に戻る】 v. volver [regresar, tornar] (a); (戻って行く・来る) v. volver, regresar. ♦急いで戻る v. darse* prisa en volver*, volver* apresuradamente. ♦出張から戻る v. volver* de un viaje de negocios. ♦仕事に戻る v. volver* al trabajo. ♦彼は元来た道を戻っていった Ha vuelto por donde había venido. ♦今すぐそれを取りに戻りましょうか ¿Quieres que vuelva a por ello ahora mismo? ♦第6課に戻ろう Volvamos [Vamos a volver, Vamos a retroceder] a la lección sexta. ♦いつ東京に戻られますか ¿Cuándo va a volver [regresar] a Tokio? ♦自分の席に戻りなさい Vuelve a tu asiento. 会話 戻ってきてからどのくらいになるの―そんなにたってないよ ¿Cuánto tiempo hace que volvió? – No hace mucho. ♦失ったさいふが戻ってきた (=私のところに戻された) He recuperado la cartera que había perdido. ♦すぐに戻ります No tardo (mucho) (en volver).
❷【引き返す】 v. dar* la vuelta, volver* (atrás); (船などが港に) v. volver* [regresar] (al puerto). ♦途中で戻る v. volverse* atrás a medio camino. ♦船は港に戻った El barco volvió al puerto.
❸【意識・健康などを取り戻す】 v. volver* en sí; recuperarse [restablecerse*]; (回復される) v. restablecerse*. ♦彼女の意識がすっかり戻った Volvió en sí completamente. / Recuperó el conocimiento totalmente. ♦秩序がすぐに戻った El orden fue rápidamente restablecido.

モナコ Mónaco; (公式名) m. Principado de Mónaco (☆ヨーロッパの公国). ♦モナコの adj. monegasco.

モナリザ (絵画名) «La Gioconda».

モニター ❶【監視装置】 m. monitor, f. consola; (モニターテレビ) m. monitor. ♦モニターする v. 『ラ米』 monitorear, monitorizar*, seguir* ... de cerca.
❷【意見提供者】 (テレビの) mf. televidente de prueba; (ラジオの) mf. oyente de prueba; (商品の) mf. consumidor/dora de prueba.

もぬけのから もぬけの殻 ♦警察が彼の家に踏み込んだときには, もぬけの殻だった (＝空だった) Cuando la policía「hizo una redada en [allanó] su casa, la encontraron vacía [abandonada].

**もの 物 ❶【物体, 物品】 f. cosa; (漠然とものの) f. materia; (しろもの) m. asunto; (物体) m. objeto; (物品) m. artículo, m. objeto; (材料) f. sustancia; (材料) m. material; (何かあるもの) pron. algo; f. alguna cosa; (すべてのもの) pron. todo; todas las cosas; (どれでも) f. cualquier cosa; (何も...ない) pron. nada, f. ninguna cosa. ♦ねばねばする物 f. sustancia pegajosa. ♦書く物 mpl. utensilios para escribir. ♦物に執着する v. estar* apegado a「las cosas [lo material]. ♦家の中の物は残らず燃えた Todo lo que había en la casa se quemó. ♦その店ではいろいろな物を売っている En esa tienda se venden productos variados. ♦私は甘いものがきらいだ No me gusta lo dulce [gustan las cosas dulces]. ♦その橋は板を2,3枚並べただけの粗末な物でした El puente era algo bastante primitivo consistente en dos o tres tablas juntas. ♦私は眼鏡をはずすと遠くの物が見えない Sin gafas [lentes] no puedo ver los objetos lejanos. ♦この粉状の物は何ですか ¿Qué es esta sustancia polvorienta? ♦何か冷たい飲み物をくれませんか ¿Me puede dar algo frío para beber? ♦それは蛇のようなものでした Era algo así como una serpiente. ♦どれでも好きな物を取りなさい 『スペイン』 Coge [Toma] cualquier cosa que te guste. ♦このセーターは気に入りません. [1]もっと安いもの [[2]あの棚にあるもの] を見せてください Este suéter no me gusta. Haga el favor de mostrarme [1]otro más barato [[2]el del estante]. ♦それは私のほしい物ではありません Eso no es lo que quiero.
❷【所有物】 (私のもの) lo mío; (あなたのもの) lo tuyo, 《フォーマル》 lo suyo; (彼のもの) lo suyo, lo de él; (彼女のもの) lo suyo, lo de ella; (彼らのもの) lo suyo, lo de ellos; (所有物) f. propiedad; (身の回り品) fpl. pertenencias, f. cosas. ♦この本は私のものです Este libro es mío. ♦(私に属する) Este libro me pertenece. 会話 これはだれのものですか―田中さんのものです ¿De quién es esto? – Del Sr. Tanaka. ♦この公園は公共のものでだれでも利用できる Este parque es propiedad pública y todo el mundo puede usarlo.
❸【品質】 ♦物がいい [[2]悪い] v. ser* de [1]buena [[2]mala] calidad. ♦物のいい品 mpl. artículos de calidad.
❹【物事】 ♦ものには順序がある Para hacer todo [las cosas] hay un orden. ♦ものは考えようだ Todo depende de cómo lo mires.
❺【事】 ♦一言ものを言わないで adv. sin decir palabra, 《《口語》 oxte ni moxte. ♦彼はものの言い方を知らない No sabe (cómo) hablar.

1438 もの

❻【道理，知識】▶ものの分かった人 f. persona sensata. ▶ものの1分かった [2分からない]ことを言う v. decir* con 1sensatez [2disparates, 2tonterías].

《その他の表現》▶ものにする (習い覚える) v. aprender, (熟達する) v. dominar; (入手する) v. conseguir*, obtener*. ▶スペイン語をものにする v. dominar el español. ▶車の運転をものにする v. aprender a conducir* un coche. ▶将来ものになりそうな (=将来性のある)男 m. hombre prometedor; (大きな可能性のある) m. hombre con grandes posibilidades. ▶金にものを言わせて adv. por 「la fuerza [el poder] del dinero, 《口語》《ユーモアで》gracias a Don Dinero. ▶苦難をものともせず adv. ante las grandes dificultades, (かなり強く) adv. 「pese a [a pesar de] las grandes dificultades, pese a todos los problemas. ▶事故は起こるものだ (傾向) Los accidentes simplemente ocurren. ▶人はだれでもいつか間違いをするものさ (真理) Todos nos equivocamos a veces. ▶彼女に会いたいものだ (希望) Me gustaría verla. ▶親の言うことは聞くものだ (義務) Debes obedecer a tus padres. ▶この川でよく泳いだものだ (習慣) Yo nadaba con frecuencia [solía nadar]. ▶ものは相談だが Vamos a hablar del asunto (y tratamos de llegar a un acuerdo). ▶ものは試しだからってみよう Vamos a intentarlo a ver qué pasa. ▶金がものをいう世の中さ (言い回し) Poderoso caballero es Don Dinero. ▶結局実力がものをいう Al final se impone el que vale. ▶彼女は困難をものともしない (=何とも思わない) No le da importancia a sus problemas.

もの 者 f. persona, 《軽蔑的に》 m. individuo (☆警察などで使う), pron. alguien, pron. alguno/na. ▶君は何者だ ¿Y tú quién eres? / ¿Quién eres tú?

ものいり 物入り (出費) mpl. gastos. → 出費.

ものうい 物憂い (人がけだるい) adj. lánguido, desganado; (時などが) adj. inerte, perezoso. ▶春の日の物憂い気分 f. languidez de un tibio día de primavera. ▶物憂い夏の午後 f. inerte tarde de verano.

ものうり 物売り (人) mf. vendedor/dora.

ものおき 物置 (貯蔵室) m. almacén, m. (cuarto) trastero, f. despensa; (納屋) m. granero, f. troje; (小屋) m. cobertizo, f. cabaña; (押し入れ) m. armario.

ものおじ 物怖じ (内気な性格の) adj. vergonzoso; (怖がり) adj. tímido, 《教養語》pusilánime. ▶彼は人前でものおじしない (=怖がらない) No le da vergüenza el público. / No se intimida [《口語》corta] delante de la gente.

ものおしみ 物惜しみ ▶彼は物惜しみする (=けちだ) Es tacaño (mezquino, 《口語》agarrado, 《口語》《ユーモアで》 de los del puño cerrado). ▶彼は物惜しみしない (=気前がよい) Es generoso.

ものおと 物音 m. ruido.

ものおぼえ 物覚え (記憶力) f. memoria, f. retentiva. ▶彼は物覚えが1いい [2悪い] Tiene 1buena [2mala] memoria. / Tiene 1mucha [2poca] retentiva. / (学ぶのが1早い [2遅い]) Se queda 1con [2《口語》mal] con las cosas. ▶近ごろ物覚えが悪い (=記憶力が衰えてきている) Estos días me falla la memoria.

ものおもい 物思い ▶物思いにふける v. estar* ensimismado [absorto].

ものかげ 物陰 (暗がり) fpl. sombras, fpl. tinieblas. ▶物陰にひそむ v. acechar en las sombras; (隠れる) v. esconderse; (通例悪い事をするために) v. acechar.

ものかげ 物影 (物の姿) f. forma. ▶暗がりの中で物影の動くのが見える v. ver* una forma moviéndose en la oscuridad.

ものがたり 物語 f. historia; (冒険・魔法などが出てくる架空の話) m. cuento, m. relato, f. narración, f. leyenda; (教訓的たとえ話) f. fábula; (超現実的空想小説) m. romance. ▶ウサギとカメの物語 m. cuento de la liebre y la tortuga. ▶伊勢物語 «Cantares de Ise». ▶イソップ物語 «Las Fábulas de Esopo». ▶彼女は子供に1悲しい [2冒険]物語をしてやった Le contó al niño una historia 1triste [2de aventuras]. 小説, ストーリー.

ものがたる 物語る (語る) v. contar*, decir*; (示す) v. indicar*, mostrar*, revelar; (証明する) v. probar*, atestiguar*. ▶砲弾のあとだらけのビルが激しい戦闘を物語っていた Los edificios con impactos de bomba testimoniaban la feroz batalla. ▶その事件は彼の正直さを物語るものだった El incidente 1hablaba de [ilustraba] su honradez. ▶それは彼の無実を物語っている Eso prueba su inocencia.

ものぐさ 物臭 (状態) f. pereza; (人) mf. holgazán/zana, 【メキシコ】 mf. flojo/ja, 【スペイン】 mf. gandul.

モノクロ (白黒の) adj. blanco y negro; (単色の) adj. monocromo.

ものごい 物乞い (事) f. mendicidad; (人) mf. mendigo/ga, 【ラ米】 mf. limosnero/ra. ▶通りすがりの人に物乞いをする v. mendigar* [pedir* limosna] a los transeúntes.

ものごころ 物心 ▶物心がつく (物事を理解し始める) v. alcanzar* a entender*, ir* comprendiendo. ▶物心ついて以来 adv. desde que tuve uso de razón.

ものごし 物腰 (態度) m. ademán. ▶1ていねいな [2気取った]物腰で adv. con 1buenos modales [2modales ostentosos]. ▶彼女は物腰が柔らかい Tiene ademanes dulces. / Sus ademanes 「son dulces [están llenos de dulzura]. / (多く言葉だけをさして) Su forma de hablar es suave.

ものごと 物事 fpl. cosas, mpl. asuntos. ▶彼は物事をまじめに [2安易に]考えすぎる Se toma las cosas demasiado 1en serio [2a la ligera]. ▶あるがままには Ve [Veamos] las cosas tal como son. ▶彼はいつも物事を思いどおりにやりたがる Siempre quiere hacer las cosas a su manera. ▶物事を中途はんぱにするな No dejes las cosas a medio hacer. / No hagas nada a medias. ▶物事にはすべて裏表が

あるものだ Todo tiene dos caras.

ものさし 物差し （定規）f. regla; （測定器）f. medida, m. metro. ▶30センチの物差し f. regla de 30 centímetros. ▶物差しでテーブルの長さを測る v. medir* la mesa con una regla. ▶自分の物差しで人の能力を測る v. medir* a los demás con 「la propia regla [el propio rasero], ser* parcial en el juicio.

ものさびしい 物寂しい （なんとなく寂しい） adj. triste, solitario.

ものしずか 物静か ▶物静かな（口数の少ない）adj. tranquilo; （平静な）adj. apacible; （穏やかな）adj. suave. ♦彼女は物静かな女性 f. señora tranquila. ♦彼は私に物静かに話しかけた Me habló suavemente.

ものしり 物知り （知識豊かな人）f. persona instruida; （特定のことに詳しい人）f. persona bien informada 《sobre》; （学識のある人）f. persona erudita [《教養語》docta]. ▶物知り顔で adv. con expresión [aire] de estar enterado. 《会話》彼は鳥については物知りだ《口語》Es un erudito sobre aves. / Sabe mucho de pájaros.

ものずき 物好き （好奇心）f. curiosidad, m. capricho; （人）mf. curioso/sa, mf. caprichoso/sa. ♦物好きで君を手伝っているのではない No te estoy ayudando por capricho. ♦そんな古い本を買うなんて君も物好きだ ¡Qué caprichoso eres! ¡Haber comprado un libro viejo como ése!

ものすごい 物すごい （恐ろしい）adj. terrible, horrible; （程度が）adj. espantoso, pavoroso; （途方もない）adj. tremendo. ▶ものすごく adv. espantosamente. ▶ものすごい音を立てる v. hacer* un 「ruido terrible [tremendo ruido]. ▶ものすごい暑さの中を歩く m. calor espantoso. ▶ものすごくでかい男 m. hombre 「increíblemente grande [《口語》grandote]. ▶ものすごい（＝恐ろしい）形相で見る v. lanzar* (a ＋ 人) una mirada terrible. ♦外はものすごく寒い Fuera hace un frío espantoso. ♦彼はものすごく食べた Comió muchísimo.

モノセックス ▶モノセックスの adj. monosexual.

ものたりない 物足りない v. no ser* satisfactorio. ♦彼の説明ではものたりない No estoy 「del todo [completamente] satisfecho con su explicación. / Su explicación no me acaba de convencer [satisfacer]. ♦この絵はどこかものたりない Me parece que falta algo en este cuadro.

モノトーン f. monotonía. ▶モノトーンの adj. monótono.

-ものなら ❶【仮定】▶行けるものなら行ってみたい Si pudiera, iría. ♦私をぶてるものならぶってみろ Pégame si te atreves.
❷【想定】[...したら最後]♦ひとたびその歌を聞こうものならけっして忘れないだろう Si oyes una vez la canción, ya no la puedes olvidar.

ものの 物の ♦彼はもののみごとにハムレットを演じた Interpretó maravillosamente a Hamlet.

ものの （ほんの）adv. sólo, solamente; （...以内［以下］で）adv. menos 《que》, inferior 《a》. ▶ものの20分をたたないうちに「20分で」彼はすべての問題に答えた Contestó (a) todas las pre-

guntas en ¹menos de [²sólo] 20 minutos.

-ものの （...けれども）aunque. ♦その申し出を引き受けたもののどうしたらいいか分からなかった Aunque acepté la oferta, no sabía qué hacer. / Acepté la oferta, pero yo no sabía qué hacer.

もののかず 物の数 ♦お前はものの数に入っていない. 黙っていろ Tú no tienes nada que ver, así que cállate. ♦私の苦労なんて君の比べたらもの数ではない（＝何でもない）Mis esfuerzos son insignificantes al lado de los tuyos. / （大したことない）Mi sacrificio es pequeño comparado con el tuyo.

ものほし 物干し ▶物干し綱にかける v. tender* (la ropa) en 「una cuerda [un tendedero].

ものまね 物まね （おどけた）f. imitación, m. remedo; （芸人の）f. imitación; （まね）f. imitación, f. copia. ▶物のまねをする v. imitar, copiar. ♦彼は物まねがうまい Imita [Remeda] bien. / Es un buen imitador.

ものめずらしい 物珍しい adj. curioso. ▶物珍しそうに adv. curiosamente, con curiosidad. ▶物珍しさから adv. por curiosidad. ♦だれも物珍しそうに私を見た Todos me miraron con curiosidad.

ものものしい 物々しい （厳重な）adj. riguroso, severo; （もったいぶった）adj. pomposo, exagerado; （堂々とした）adj. majestuoso, imponente. ▶物々しい態度で adv. de manera pomposa [exagerada]. ▶物々しい警戒をする v. vigilar estrictamente.

ものもらい 物貰い ❶【こじき】mf. mendigo/ga, 『ラ米』mf. limosnero/ra.
❷【麦粒腫】m. orzuelo.

ものやわらか 物柔らか （穏やか）f. suavidad, f. dulzura. ▶物柔らかな adj. suave, dulce. ▶物柔らかに adv. suavemente, dulcemente. ▶物柔らかな態度で adv. con suavidad, de manera suave. ▶物柔らかな話し方をする女性 f. mujer con la forma de hablar dulce.

モノラルの adj. monoaural.

モノレール （単軌鉄道）『スペイン』m. monorraíl, 『ラ米』m. monorriel, m. monocarril; （車両）m. vehículo monorraíl; （列車）m. tren monorraíl. ▶モノレールで adv. en monorraíl.

モノローグ （独白）m. monólogo.

ものわかり 物分かり ▶物分かりのよい（理解のある）adj. comprensivo; （分別のある）adj. sensato; （寛大な）adj. generoso, indulgente. ▶物分かりのよい人 f. persona comprensiva [tolerante]. ▶物分かりのよい返事をする v. dar* una respuesta comprensiva.

ものわかれ 物別れ ▶話し合いは物別れに終わった Se han roto las conversaciones. / No hubo acuerdo entre las dos partes.

ものわすれ 物忘れ v. olvido, f. falta de memoria. ▶年のせいで物忘れがひどい v. estar* muy olvidadizo con la edad.

ものわらい 物笑い m. hazmerreír, m. objeto de risa.

もはや （もはや...ない）adv. ya no, no... más; （今は）adv. ahora; （今ごろは）adv. a estas horas;

(すでに)adv. ya. ◆父はもはやこの世にはいない Mi padre [ya no vive [no vive más]. / Mi padre ya no está en este mundo (con nosotros). ◆あの強盗ももはやこれまでだ Todo ha acabado para ese ladrón.

*もはん 模範 (手本) m. modelo; (例) m. ejemplo.

1《模範＋名詞》▶模範演技 f. representación [f. actuación] ejemplar, f. actuación [f. interpretación] modelo. ▶模範¹解答 [²生] ¹ f. respuesta [² mf. estudiante] modelo.

2《模範に》▶彼は父親を模範にした Siguió el modelo de su padre. / Hizo a su padre un modelo (a seguir). / Tomó a su padre como modelo.

3《模範を》▶彼は皆によい模範を示した Fue un buen ejemplo para todos. / Dio buen ejemplo a todo el mundo.

4《模範で》▶彼の運転はりっぱな運転の模範である Su manera de conducir es un modelo [ejemplo] a imitar [seguir].

5《模範的な》adj. modélico; (よい例になる) adj. ejemplar ☞手本, 典型

モビール (動く彫刻)《口語》m. móvil.

もふく 喪服 f. ropa de luto, m. luto. ◆喪服を着ている v. ir* de luto, estar* vestido de luto. ◆喪服を着る v. ponerse* [vestirse*] de luto, enlutarse. ◆喪服を脱ぐ v. quitarse el luto.

もほう 模倣 f. imitación; (模写) f. copia. ◆模倣する v. imitar, copiar. ◆模倣によってスペイン語の発音を学ぶ v. aprender la pronunciación española imitando.

もまれる 揉まれる (手などで) v. ser* frotado; (群衆に) v. ser* zarandeado (en una multitud); (困難やあらしに) v. ser* empujado [sacudido]. ◆世間の荒波にもまれて (＝もろもろの苦難の末)彼は人間が一回りも二回りも大きくなった Las adversidades le han hecho más maduro.

もみ 籾 (殻のついた米) m. arroz con la cascarilla; (籾殻) f. cascarilla.

もみ 樅 m. abeto.

もみあう 揉み合う (押し合う) v. zarandearse, empujarse; (争う) v. luchar entre sí.

もみあげ 揉み上げ fpl. patillas.

もみくちゃ 揉みくちゃ ▶もみくちゃにする (しわくちゃにする) v. arrugar*. ▶紙をもみくちゃにして丸める v. arrugar* un trozo de papel y hacer* una bolita. ◆満員電車でもみくちゃにされた (＝押しまくられた) Fue empujado y zarandeado en el abarrotado tren.

もみけす もみ消す 【物を】(こすって) v. borrar, quitar; (押しつけて) v. apagar*, 《教養語》extinguir*; (火をおおって) v. sofocar*, apagar*; (悪事などを) v. echar tierra (a), enterrar*, acallar, silenciar. ▶たばこを灰皿にもみ消す v. apagar* el cigarrillo en el cenicero. ▶事件全体をもみ消す v.「echar tierra a [acallar] todo el asunto.

もみじ 紅葉 (カエデ) m. arce japonés; (紅葉(ミジ)) f. hojas encarnadas [carmesíes, enrojecidas] (del arce). ◆きのう日光へ紅葉狩りに行った Ayer fui a Nikko a ver las hojas encarnadas del otoño.

もむ 揉む ❶【人・人の体を】v. masajear, dar* masajes; (筋肉などを) v. masajear, dar* masajes; (こする) v. restregar*. ▶彼の首の筋違いを治す v. quitar la tortícolis de su cuello con un masaje. ◆彼女は私の肩をもんでくれた Me dio un masaje en los hombros. / Me masajeó los hombros.

❷【心配する】v. preocuparse, inquietarse. ◆その件で気をもむな No te preocupes por eso.

もめごと もめ事 (ごたごた) f. discordia, f. desavenencia, m. conflicto. ◆あの家ではもめ事が絶えない En esa familia hay continuas discordias [desavenencias]. ☞ごたごた, 事

もめる (ごたごたする) v. tener* desavenencias [problemas]《con ＋人》《por [sobre] ＋事》; (論争する) v. discutir《con ＋人》《de [sobre] ＋事》, disputar《con ＋人》《sobre [acerca de] ＋事》; (気がもめる) v. estar* preocupado [inquieto]《por》. ◆きょうのできのうの会議はひどくもめた《口語》En la reunión de ayer hubo acaloradas discusiones del asunto. / Tuvimos fuertes desavenencias sobre el problema en la reunión de ayer. / La reunión de ayer se calentó bastante acerca del tema.

もめん 木綿 m. algodón; (綿布) f. tela de algodón; ▶木綿糸 m. hilo [f. hebra] de algodón; (紡績の) f. hilaza [m. hilo] de algodón. ▶木綿製品 mpl. géneros de algodón. ▶木綿のシャツ f. camisa de algodón.

もも 桃 (木) m. melocotonero, m. duraznero; (果実) m. melocotón, m. durazno. ◆桃の花 f. flor del melocotón. ◆桃の節句 El Festival de las Muñecas [Niñas]. ▶桃太郎(童話) «El Niño Melocotón».

[地域差] 桃
〔全般的に〕m. melocotón
〔ラテンアメリカ〕m. durazno

もも 腿 m. muslo.

ももいろ 桃色 m. color rosa, f. rosa, m. rosado. ◆桃色の花 f. flor de color rosa. ▶桃色がかったドレス m. vestido rosa [rosado].

もや 靄 f. neblina; (特に海の) f. bruma. ◆もやに隠れる v. ocultarse en la neblina. ◆その川はよくもやが立ちます Sobre ese río se forman frecuentes neblinas [cejos].

もやし 萌やし (大豆の) mpl. gérmenes [mpl. brotes] de soja. ◆もやしっ子 mf. niño/ña alto/ta, pálido/da y débil.

もやす 燃やす v. quemar; encender; abrasar. ◆情熱を燃やす v. inflamarse de entusiasmo,《強調して》abrasar de entusiasmo. ◆この紙くずを皆燃やしてしまおう Vamos a quemar todos estos papeles.

もやもや ◆この森の空気は何かもやもやしている El aire de este bosque es algo nebuloso. ◆頭がもやもやする Parece que tengo niebla en la cabeza. ◆二人の間にはもやもやした気持ちがあった Había algo vago [raro, confuso] en la relación entre ellos dos.

もよう 模様 ❶【図案】*m.* diseño, *m.* dibujo;(虫や鳥の羽根の)*f.* marca, *f.* señal. ▶幾何学的な模様 *fpl.* figuras geométricas. ▶壁紙の模様 *fpl.* figuras [*mpl.* diseños] del papel de pared. ▶花模様のあるドレス *m.* vestido de flores [con figuras florales]. ▶水玉模様 *mpl.* lunares, *m.* diseño de lunares.
❷【様子】*m.* aspecto, *m.* aire,《口語》*f.* pinta;(兆候, 気配)*m.* indicio, *f.* indicación, *m.* signo;(状況)*f.* situación, *m.* estado. ▶この空模様では *adv.* por el aspecto del cielo. ▶荒れ模様の天気 *m.* tiempo tormentoso. ▶事故の模様を報道する *v.* informar cómo ocurrió el accidente. ▶部屋の模様替え(＝家具の配置替え)をする *v.* cambiar los muebles de lugar en la sala. ♦雨模様です Parece que va a llover. / Tiene aspecto de llover. ♦物価は上がる模様です Hay indicios de una subida en los precios. / Parece que los precios van a subir. ♦この模様では, その法案は否決されそうだ En la situación actual, el proyecto de ley será rechazado. ♦今, 試合の模様はどうですか ¿Y ahora cómo va el partido?

もよおし 催し(集会)*f.* reunión, *f.* junta, *f.* asamblea;(行事)*m.* acto (social);(式典)*f.* ceremonia;(宴会)*f.* fiesta, *m.* banquete;(デパートの)*f.* venta. ▶催しをする *v.* celebrar un acto (social);(余興をする)*v.* dar*「un espectáculo [una atracción]. ▶…の催しで → …の主催で. ▶この雑誌は町の催し(＝町で何が行なわれているのか)を知るのに便利です Esta revista sirve como guía de los actos sociales de la ciudad.

もよおす 催す ❶【会などを開く】*v.* celebrar, dar*, tener*. ▶コンサートを催す *v.* celebrar [dar*] un concierto. ♦彼のために送別会を催した Se celebró una fiesta de despedida en su honor.
❷【気分などを起こす】▶¹眠気 [²寒気]を催す *v.* tener* [sentir*] ¹sueño [²escalofríos]. ♦彼女はその写真を見て吐き気を催した Sintió náuseas al ver la foto. / La foto le dio náuseas. ▶開催する, 執り行なう →

もより 最寄り ▶最寄りの(＝一番近い)駅 la estación más próxima [《口語》cerca, cercana]. ▶最寄りの(＝近所の)スーパーマーケットに買い物に行く *v.* ir* a hacer* la compra al supermercado「del barrio [más cerca].

もらいなき 貰い泣き ▶もらい泣きする *v.* llorar de compasión.

もらいもの もらい物 *m.* regalo《de》.

もらう 貰う ❶【受ける】(得る)*v.* recibir;(賞などを)*v.* ser* concedi*do* [otorga*do*,《教養語》galardona*do*]. ▶許可をもらう *v.* conseguir* permiso. ♦誕生日のプレゼントに時計をもらった "Me han dado [He recibido] un reloj de [como] regalo de cumpleaños. / Para mi cumpleaños me han regalado un reloj. ♦いくらもらったの ¿Cuánto te han dado? ♦水を1杯もらえませんか ¿Puede darme un vaso de agua? ♦部屋代として月3万円もらいます Cobro 30.000 yenes al mes por el alquiler de un cuarto. ♦彼はノーベル平和賞をもらった Le concedieron [otorgaron]

el Premio Nobel de la Paz. / Fue galardonado con el Premio Nobel de la Paz. ♦この前の仕事では月に千5百ドルもらって(＝稼いで)いました En mi último trabajo ganaba [cobraba, me daban] 1.500 dólares al mes. ♦私は数学で優をもらった He sacado un "sobresaliente" ["diez"] en matemáticas.【金話】いくらですか—5百円です—いいでしょう, それにします ¿Cuánto es? — Son 500 yenes. – Muy bien. Lo tomo.
❷【家に迎える】▶養子にもらう *v.* adoptar. ▶嫁をもらう *v.* casarse. ♦彼はおばの養子にもらわれた Le adoptó la familia de su tía. ♦どうして嫁をもらわないのか ¿Por qué no te casas?
❸【…してもらう】(…してほしい)*v.* querer* que lo haga. ♦医者に見てもらう *v.* ir* al médico, ir* a ver* al médico, ir* a que le vea《a＋人》el médico. ♦私はエンジンの調子をみてもらった "Me revisó [Le pedí que me revisara] el motor. ♦この領収証にサインしてもらいたい ¿Puede firmar este recibo, por favor? / Quisiera que firmara este recibo. ♦いつ始めてもらえますか ¿Cuándo puede empezar? ♦給料を上げてもらった Me han subido el salario.

もらす 漏らす ❶【知らせる】(秘密などをこっそりと)*v.* filtrar, descubrir*, destapar;(意図的に)*v.* revelar, divulgar*;(通例何気なく)*v.* dejar salir*,(告げる)*v.* decir*. ▶彼は敵に秘密の計画を漏らした Le descubrió [reveló, pasó] los planes secretos al enemigo. ♦彼はうっかり意中の候補者の名を記者団に漏らしてしまった Accidentalmente dejó escapar ante los periodistas el nombre de un posible candidato.
❷【しそこなう】(捕らえそこなう)*v.* perderse*, omitir. ♦最後の単語を聞き漏らす *v.* perderse* la última palabra.
❸【小便などを】▶小便を漏らす *v.* orinarse,《俗語》mearse,《親しい仲で》hacerse* pis.
《その他の表現》▶彼は仕事のことで不満を漏らしていた(＝言っていた)Se quejaba de su trabajo. ♦彼は後悔のため息を漏らした(＝ついた)Se lamentó con un suspiro.

モラティン ▶モラティン(ニコラス・フェルナンデス・デ～)Nicolás Fernández de Moratín(☆1737–1780, スペインの詩人, 劇作家). ▶モラティン(レアンドロ・フェルナンデス・デ～)Leandro Fernández de Moratín(☆1760–1828, スペインの劇作家, ニコラス・フェルナンデス・デ・モラティンの子).

モラトリアム *f.* moratoria. ▶モラトリアム人間 *mf.* adul*to/ta* mentalmente inmadur*o/ra*.

モラリスト *mf.* moralista.

モラル(道徳)*f.* moral, *f.* ética;(徳性)*f.* moralidad. → 道徳. ▶モラルの問題 *f.* cuestión moral, *m.* problema de ética. ▶モラルがない [に欠ける] *v.* no tener* moral, ser* amoral.

モラレス(ルイス・デ～)Luis de Morales(☆1509–1586, スペインの画家).

もり 森 *m.* bosque, *f.* selva. ▶森の鳥 *fpl.* aves de los bosques. ▶森へ散歩に行く *v.* dar* un paseo por el bosque.

もり 守り ▶赤ん坊の守りをする(世話をする) v. cuidar a un bebé; (親の留守中に雇われて) v.『スペイン』《口語》hacer* de canguro.

もり 銛 m. arpón. ▶もりを打ち込む v. arponear (una ballena).

もりあがる 盛り上がる 【ふくれる】v. hincharse; 【起こる】v. subir; 【催しなどが】(活気づく) v. animarse, avivarse; (最高頂に達する) v. alcanzar* el clímax; 【感情的に】v. entusiasmarse. ◆会場に着いたときパーティーは¹盛り上がり始めていた [²最高に盛り上がっていた] La fiesta ¹empezaba justo a animarse [²estaba alcanzado el clímax] cuando nosotros llegamos.

—— 盛り上げる (積み上げる) v. amontonar, apilar; (活気づける) v. animar, avivar. ◆彼らは歌や踊りでパーティーを盛り上げた Sus canciones y bailes animaron la fiesta.

—— 盛り上がり f. hinchazón; f. subida; (絶頂) m. clímax, m. punto culminante.

もりあわせ 盛り合わせ (すしなどの) f. selección surtida.

もりかえす 盛り返す (勢いを) v. recuperar「la fuerza [el poder*, el ímpetu*];(選手・俳優などが) v. restablecerse*, recobrarse.

もりこむ 盛り込む (取り入れて同化する) v. incorporar; (含む) v. incluir*. ▶みんなの考えをその計画に盛り込む v. incorporar al plan las ideas de todos.

モリスコ mf. morisco/ca (☆キリスト教徒治下のスペインに住んだモロ人).

もりだくさん 盛り沢山 ▶盛りだくさんな(=多彩な)行事 mpl. actos pintorescos [muy variados]. ▶盛りだくさんの(=ぎっしり詰まった)プログラム m. programa completo.

もりもり ▶その若い男はもりもり仕事をした El joven trabajó con energía. ◆彼は元気もりもりだ Está lleno de energía [vigor]. ◆そのレスラーの筋肉はもりもりしている El luchador「tiene los músculos muy abultados [es muy musculoso]. ◆腹をすかせた少年はもりもりご飯を食べた El niño hambriento devoró el cuenco de arroz.

もる 盛る ▶土を盛る(=積む) v. hacer* un montón de tierra, apilar [amontonar] tierra. ▶茶わんにご飯を盛る(食物を出す) v. servir* arroz en un cuenco, (いっぱい盛る) v. llenar un cuenco de arroz. ▶肉料理は大皿に盛って出された Sirvieron la carne en「una fuente [un plato grande].

もる 漏る v. salirse*, gotear. → 漏れる. ◆このバケツは水が漏れる Este cubo se sale.

モルシーリャ f. morcilla (☆ブラッドソーセージ, 豚の血にタマネギ, 香辛料などを入れたソーセージ).

モルジブ Maldivas; (公式名) República de Maldivas (☆インド洋の島国, 首都マレ Malé). ▶モルジブの adj. maldivo.

モルダウ (曲名)《El Moldava》.

モルタル m. mortero, f. argamasa, m. estuco. ▶モルタルを塗る v. argamasar (una casa). ▶モルタル塗りの家 f. casa de argamasa.

モルト f. malta. ▶モルトウイスキー m. whisky de malta.

モルドバ Moldova; (公式名) f. República de Moldova (☆ヨーロッパの国, 首都キシニョフ Chisinau).

モルヒネ f. morfina. ▶モルヒネ中毒 m. morfinismo. ▶モルヒネ中毒患者 mf. morfinómano/na.

モルモット m. conejillo de Indias, f. cobaya, 『ラメ』m. cuy. ◆彼は自分の患者を新薬のモルモットとして利用している Utiliza a sus pacientes como conejillos de Indias para probar nuevas medicinas.

もれ 漏れ (ガスなどの) m. escape, f. fuga; (抜け落ち) f. omisión. ▶ガス漏れ f. fuga de gas. ▶情報の漏れ m. escape de información. ▶名前の漏れ f. omisión de los nombres.

モレ m. mole (☆とうがらしなどを入れたソースで肉を煮込んだもの).

もれきく 漏れ聞く (ふと耳にする) v. oír*「por casualidad [sin querer*].

もれなく 漏れ無く ▶空所を漏れ無く(=すべての空所を)埋める v. rellenar todos los espacios en blanco. ▶漏れ無く(=徹底的に)調査する v. hacer* una investigación a fondo, investigar* exhaustivamente.

・もれる 漏れる ❶【水・ガスなどが】v. salirse*, escaparse, tener* una fuga, rezumar(se). ▶水の漏れるバケツ m. cubo que se sale. ◆こわれたパイプからガスが漏れていた Había una fuga de gas en la tubería rota. / De la tubería rota se escapaba el gas. ◆光がカーテンのすき間から漏れていた Por una rendija de las cortinas se veía luz. ◆窓からは明りが漏れていなかった No se veía luz en las ventanas. ◆彼の口から思わずくすっと笑いが漏れた De sus labios se escapó una risilla involuntaria. ◆おしっこが漏れそう Tengo muchas ganas de orinar. ◆咳(¿)をしたときにお小水が漏れることはないでしょうか Cuando usted tose, ¿no se le escapa algo de orina?
❷【秘密などが】v. trascender*, descubrirse*, revelarse. ◆秘密が漏れた El secreto ha trascendido.
❸【抜け落ちる】(意図的または時にうっかりして) v. omitirse, ser* omitido; (削除される) v. dejar fuera de la lista; (欠けている) v. faltar, no estar*. ◆彼の名前は名簿から漏れていた Omitieron su nombre de la lista. / Faltaba su nombre en la lista. ◆彼は選考に漏れた(=選ばれなかった) No la eligieron. / Faltaba ella.

モロ mf. moro/ra (☆8世紀にイベリ半島に進入し, 15世紀までスペインを支配した民族).

もろい 脆い (壊れやすい) adj. frágil, quebradizo; (弱い) adj. débil. ▶もろい花びん m. jarrón [m. florero] frágil. ▶もろい関係 f. relación frágil. ▶情にもろい v. tener* un corazón tierno.

もろくも 脆くも (容易に) adv. fácilmente, sin dificultad. ▶もろくも敵に敗れる v. ser* fácilmente vencido por el enemigo.

モロッコ Marruecos; (公式名) m. Reino de Marruecos (☆アフリカの王国, 首都ラバト Rabat). ▶モロッコの adj. marroquí.

もろともに 諸共に *adv.* juntos.
もろに (完全に)*adv.* completamente; (まともに)*adv.* de frente, de cara; (真っすぐに)*adv.* recto, derecho. ▶もろに負けるv. quedar completamente derrotado. ▶もろにドアにぶつかる v. chocarse* de frente contra la puerta.

***もん** 門 *f.* puerta; (鉄の)*f.* verja; (庭の)*f.* cancela. ▶正門 *f.* puerta principal. ▶門から¹入る[²出る] *v.* ¹entrar [²salir*] por la puerta. ▶門を引き抜ける *v.* pasar por la puerta. ◆学校の正門は昼間は開いている La puerta principal de la escuela permanece abierta durante el día.

もん 紋 (家紋)*m.* blasón; (紋章)*m.* escudo de armas.

もんえい 門衛 *mf.* portero/ra.

もんかせい 門下生 *mf.* discípulo/la, *mf.* estudiante.

もんがいかん 門外漢 (専門外の人)*mf.* lego/ga, *mf.* profano/na; (部外者)*f.* persona de fuera, *mf.* intruso/sa.

もんがいふしゅつ 門外不出 ▶門外不出の名画 *m.* cuadro célebre celosamente guardado.

もんきりがた 紋切り型 ▶紋切り型(の)(=型にはまった)挨拶 *m.* saludo convencional.

***もんく** 文句 ❶[語句]*fpl.* palabras, *f.* frase; (表現)*f.* expresión; (言葉遣い)*m.* lenguaje. ▶名文句(=有名な引用句)*f.* cita famosa 《de》. ▶それを表現するよい(=ぴったりの)文句を思いつく *v.* "dar* con [encontrar*] la frase exacta para describirlo".

❷[不平]*f.* queja; (ぶつぶつ言う不満)*m.* gruñido; (異議)*f.* objeción. ◆母は私の通知簿に文句たらたらだった Mi madre se quejaba mucho de mi hoja de calificaciones. ◆彼の提案に文句はない No tengo "nada que objetar [ningún inconveniente]" a su propuesta. ◆文句(=疑いもなく)彼がチームで一番の選手です Indiscutiblemente es el mejor jugador del equipo. ◆彼の演奏は文句のつけようがなかった(=完璧(ペキ)だった) Su actuación [interpretación] fue intachable.

── 文句を言う (不満を言う) *v.* quejarse 《de, sobre ＋事》《a, ante ＋人》, criticar*, poner* inconvenientes [objeciones, (口語)pegas]《a ＋人》; (ぶつぶつ言う) *v.* rezongar*, refunfuñar. ▶給料が安いといって雇い主に文句を言う *v.* quejarse al patrón [jefe, empresario] del bajo salario. ◆彼はいつもぼくの作品に文句をつける(=あら探しする) Siempre "se queja [critica, (口語)pone pegas a] mis obras. ◆私には何も文句を言うことはない No tengo ninguna queja. / No tengo nada de qué quejarme. / (まったく満足している) Estoy completamente satisfecho.

もんげん 門限 (寮などの)*m.* toque de queda; (家庭の)*f.* hora de cierre. ▶門限に遅れる *v.* llegar* tarde al toque de queda. ▶門限を守る *v.* respetar el toque de queda. ◆門限は何時ですか ¿A qué hora tienes que volver a casa? / ¿Cuándo es la hora de cierre?

もんこ 門戸 ▶諸外国に門戸を開く *v.* abrir* las puertas a los países extranjeros.

モンゴル Mongolia (☆公式名も同じ. アジアの国, 首都ウランバートル Ulan Bator). ◆モンゴル(人)の *adj.* mongol. ▶モンゴル人 *mf.* mongol/gola. ▶モンゴル語(=蒙古語) *m.* mongol.

もんじゅのちえ 文殊の知恵 ▶三人寄れば文殊の知恵 Del consejo de tres emana la sabiduría. / 《ことわざ》 Cuatro ojos ven más que dos.

もんしょう 紋章 *m.* escudo de armas, *m.* emblema, *m.* blasón. ▶紋章学 *f.* heráldica.

モンスーン 紋章 *m.* monzón.

モンスター *m.* monstruo.

モンセラート Montserrat (☆スペインの山).

もんぜん 門前 ▶門前に *adv.* "delante de [frente a] la puerta". ▶門前町 *f.* ciudad surgida alrededor de un templo, *f.* ciudad templaria [catedralicia]. ▶門前払いをする(面前で戸を閉める) *v.* 《口語》cerrar* (a ＋人) la puerta en las narices; (面会を拒否する) *v.* negarse* a ver* 《a ＋人》. ▶門前払いをくう(=追い返される) *v.* ser* rechazado.

モンタージュ (技法) *m.* montaje; (写真) *m.* fotomontaje, *m.* retrato robot.

***もんだい** 問題 ❶[設問] *f.* pregunta; (数学などの) *m.* problema; (プリントなど全体としての問題) *m.* impreso, *m.* papel. ▶問題用紙 *f.* hoja de preguntas. ▶問題に答える *v.* contestar una pregunta. ▶数学の問題を解く *v.* resolver* [solucionar] un problema de matemáticas. ▶(数学の)練習問題をする *v.* hacer* un ejercicio (de matemáticas). ◆先生は宿題に難しい問題を出した El/La profesor/sora nos puso preguntas difíciles de tarea [deberes]. ◆テストで問題を解くのに約2時間かかった Tardé unas dos horas en "contestar las preguntas [solucionar los problemas]. ◆この種の問題はよく試験に出る Este tipo de preguntas suelen salir en los exámenes.

❷[解決を要する事柄] *f.* cuestión; (困難な) *m.* problema; (政治・経済上の) *m.* asunto; (研究課題, 話題) *m.* tema, *f.* materia; (警察など専門機関の調査を要する) *m.* caso. ▶未解決の問題 *m.* problema sin resolver. ▶社会問題に取り組む *v.* abordar un problema social; (大きな政治問題) *f.* gran cuestión política; (深刻な公害問題) *m.* grave problema de contaminación. ▶領土問題を解決する *v.* zanjar [solucionar] una cuestión [disputa] territorial. ▶興味をそそる問題を論じる *v.* discutir un tema interesante. ◆食糧問題を解決する *v.* solucionar el problema de los alimentos. ◆いかにして労力を省くかという問題が提起された Se planteó la cuestión de cómo ahorrar mano de obra. ◆問題はだれがそれを取り扱うかだ La cuestión es quién se encargará de ello. / (要は) El tema es quién va a encargarse de ello. ◆次の問題(=議題)は校内暴力の問題です El siguiente tema es el problema de la violencia en las escuelas. 《会話》終電車に間に合いそうもないわー それなら問題ない. 車で送ってあげるよ Me temo que no voy a llegar al último tren. – No hay problema. Te llevo en mi coche.

❸【疑問】 *f*. duda. ▶彼の指導力に¹少し問題がある [²まったく問題はない] ¹Hay alguna duda [²No hay ninguna duda] sobre su capacidad de tomar liderazgo.

❹【不都合】 *m*. problema; (やっかいな事) *m*. problema, *f*. complicación. ▶問題児 *mf*. niño/ña problemático/ca. ▶問題を起こす *v*. causar problemas. ♦一番問題なのは資金が不足していることだ El principal problema es「la falta de fondos [que no tenemos fondos].

（会話）この洗剤はウールに使えますか—ウールはだいじょうぶです. 全然問題ありません ¿Se puede usar este detergente con lana? – ¡Claro! Ningún problema con la lana. ♦もしその秘密が漏れたら問題だぞ(=やっかいなことになる) Tendremos problemas si se filtra el secreto. ♦次郎は問題だよ、だって身勝手だからね Jiro es un problema; y la razón es que es un egoísta. ♦彼の教え方に問題がある Hay problemas con su forma de enseñar.

❺【関係する事柄】 *m*. asunto, *f*. cuestión. ▶金銭問題 *mpl*. asuntos de dinero. ▶人道問題 *f*. cuestión humanitaria. ♦それは私の個人的問題だ Eso es asunto mío. ♦良し悪しの問題ではなく好みの問題だ No se trata de una cuestión de si está bien o mal, sino una cuestión de gustos. ♦君のうそがばれるのは時間の問題だ Es cuestión de tiempo que se descubra tu mentira. ♦彼がここへ来るかどうかは(私には)あまり問題ではない No (me) importa mucho que venga aquí.

【その他の表現】▶問題の(=話題になっている)人物 *f*. persona en cuestión. ▶問題意識がある(批判力がある) *v*. tener* una mente crítica; (事情に通じている) *v*. ser* consciente 《de, de que》. ▶問題にしない(大目に見る) *v*. pasar por alto; (無視する) *v*. no hacer* caso, hacer* caso omiso 《de》. ♦君の提案は問題にならない(=論外だ) Tu propuesta es imposible [inaceptable]. ♦彼の発言は問題だと思う Creo que sus observaciones son polémicas. ♦金の面に関しては問題ない(=満足)かい ¿No habrá problemas en el aspecto financiero?

もんちゃく 悶着 (もめごと) *m*. conflicto, *f*. disputa; (口論) *f*. pelea, *f*. discusión. ▶悶着を起こす(人が) *v*. meterse en problemas [líos] 《con》; (人・事が) *v*. causar conflictos.

もんちゅう 門柱 *m*. poste de una puerta.

モンテ・アルバン Monte Albán (☆メキシコ南部、オアハカ州のサポテカ文化の古代遺跡).

モンテーラ *f*. montera (☆闘牛士の帽子).

モンテカルロ Montecarlo (☆モナコ北東部の観光地).

モンテネグロ Montenegro; (公式名) República de Montenegro (☆バルカン半島の国, 首都ポドゴリツァ Podgorica). ▶モンテネグロ人 *mf*. montenegrino/na.

モンテビデオ Montevideo (☆ウルグアイの首都).

もんと 門徒 (門弟) *mf*. discípulo/la; (信奉者) *mf*. seguidor/dora 《de》; (信者) *mf*. creyente 《en》.

もんどう 問答 *fpl*. preguntas y *fpl*. respuestas; (対話) *m*. diálogo. ▶押し問答をする *v*. discutir acaloradamente. ♦問答無用 ¡No discutir! / Mejor no discutir. / No pierdas el tiempo discutiendo.

もんどり ▶もんどり打つ *v*. dar* una voltereta.

モントリオール Montreal (☆カナダの都市).

もんなし 文無し ▶文無しの *adj*. pobre, arruinado, pelado, (口語) *adj*. limpio. ▶文無しで *adv*. sin dinero, sin un céntimo [[ラ米]] centavo], sin blanca. ♦彼はまったくの文無しだ《口語》 Está pelado. No tiene ni un céntimo [[ラ米]] centavo]. / No tiene absolutamente nada de dinero. / Está completamente arruinado. / Está [[メキシコ]] roto [[コロンビア]] en la olla, [[スペイン]] sin un duro]. ♦彼は文無しになった Se ha arruinado.

もんばん 門番 *mf*. portero/ra. ▶門番をする *v*. guardar la puerta. ▶門番小屋 *f*. portería.

もんぶ 文部 ▶文部科学¹省 [²大臣] （日本の） ¹ *m*. Ministerio [² *mf*. Ministro/tra] de Educación, Cultura, Deportes, Ciencia y Tecnología; (スペインの) ¹ *m*. Ministerio [² *mf*. Ministro/tra] de Educación y Ciencia.

モンブラン El Mont Blanc.

もんみゃく 門脈 《専門語》 *f*. vena porta.

もんもん 悶々 ▶悶々として *adv*. con aire de preocupación [[教養語]] zozobra]. ▶悶々とする(=思い悩む) *v*. preocuparse 《por》.

もんよう 紋様 *f*. figura, *m*. dibujo.

や

や 矢 *f*. flecha, *f*. saeta; (投げ矢) *m*. dardo. ▶ 矢のように速い *adj*. veloz como una flecha. ▶ 矢を射る[放つ] *v*. disparar [《口語》tirar] una flecha. ▶ 矢を弓につがえる *v*. encordar* [《口語》poner*] una flecha en el arco. ▶ 彼は矢を的に命中させた Disparó la flecha justo al blanco.
【その他の表現】▶ 質問の矢を放つ *v*. lanzar* [asaetear con] preguntas. ▶ 矢も盾もたまらない *v*. morirse* 《por》, morirse* de ganas 《de》. ▶ 彼は矢のように部屋から出て行った Salió disparado de la habitación. ♦ 彼は私に金を返せと矢の催促をした Me apremió a que devolviera urgentemente el dinero. ♦ その任務は彼に白羽の矢が立った「Le eligieron [Fue seleccionado] para el trabajo. ▶ 矢は放たれた(=さいは投げられた)《教養語》La suerte está echada. (☆ラテン語で alea jacta est. と言われることもある). ♦ 光陰矢のごとし《言い回し》El tiempo vuela.

やあ 『呼びかけ』¡Hola! / ¿Qué hay? / 『メキシコ』¿Qué hubo? ♦ やあ、森君! ¡Hola, Mori!

ヤード *f*. yarda.

-やいなや ーや否や *conj*. tan pronto como, en cuanto.

やいん 夜陰 ▶ 夜陰に乗じて *adv*. bajo el manto de la noche, protegido por la oscuridad.

やえ 八重 ▶ 八重咲きの花 *f*. flor doble. ▶ 八重桜(花)*f*. flor de cerezo doble; (木) *m*. cerezo de flores dobles. ▶ 八重歯 *m*. sobrediente.

やえい 野営 ▶ 野営地 *m*. campamento, 《英語》 *m*. "camping" (☆発音は [kámpin]). ▶ 野営している(=キャンプしている)兵士達 *mpl*. soldados del campamento. ▶ 川のそばで野営する *v*. acampar junto a un río.

やおちょう 八百長 *m*. arreglo, *m*. tongo; (作り事) *m*. trabajo amañado, 《メキシコ》 *m*. tamaleado. ▶ 競馬で八百長を仕組む *v*. amañar una carrera de caballos. ♦ あの野球の試合は八百長だ En ese partido de béisbol hay tongo. ♦ Ese partido de béisbol está amañado.

やおもて 矢面 ▶ 矢面に立つ *v*. llevar la peor parte, ser* el blanco (de「un ataque [una crítica, un interrogatorio]).

やおや 八百屋 (店) *f*. tienda de verduras y frutas, *f*. verdulería, *f*. tienda (de comestibles); (人) *mf*. verdulero/ra.

やおら ▶ やおら(=ゆっくり)立ち上がる *v*. levantarse lentamente.

やかい 夜会 ▶ 夜会を催す *v*. dar* [ofrecer*] una「fiesta nocturna [velada]. ▶ 夜会服 *m*. vestido de noche, *m*. traje de etiqueta.

やがい 野外 *m*. aire libre, *m*. exterior. ▶ 野外[1]演奏会 [2]劇場 [1] *m*. concierto [2] *m*. teatro」al aire libre. ▶ 野外活動 *fpl*. actividades al aire libre. ▶ 野外研究 *m*. trabajo de campo. ▶ 野外料理パーティー *f*. comida (cocinada) al「aire libre [exterior]. ♦ 子供は野外で遊ぶのが好きである A los niños les gusta jugar「al aire libre [fuera].

やがく 夜学 *f*. escuela nocturna. ▶ 夜学の高校に通う *v*. asistir [ir*] a la escuela secundaria nocturna.

やかた 館 (大邸宅) *f*. mansión, *m*. palacio; (城) *m*. castillo, *m*. alcázar.

やかたぶね 屋形船 *f*. barca de recreo con techo.

・やがて ❶【間もなく】*adv*. pronto, enseguida; (ほどなく) *v*. no tardar 《en + 不定詞》; *adv*. a no tardar mucho; (すぐに) *adv*. en breve; (しばらくしたら) *adv*. dentro de un rato [poco], 《口語》al rato; (そのうちに) *adv*. poco después; (十分待ったでば) *adv*. con el tiempo; (いつか) *adv*. algún día; (遅かれ早かれ) *adv*. tarde o temprano. ♦ やがて君はそのことを後悔するでしょう Pronto [Algún día] te arrepentirás de eso. / No tardarás en arrepentirte de eso. ♦ やがて(=しばらくして)みんな家路についた No tardó en irse todo el mundo. / Pronto se fueron todos a casa. ♦ やがて私達は道を間違っていたことに気付いた「No tardamos en darnos [Enseguida nos dimos] cuenta de que nos habíamos equivocado de camino.
❷【ほとんど】*adv*. casi. ♦ 野球の試合が始まってやがて3時間になる Hace ya casi tres horas que empezó el partido de béisbol.
❸【結局】*adv*. al final, finalmente, después de todo. ♦ 彼らはやがてその結論に達した Al final llegaron a la conclusión.

・やかましい ❶【音が】*adj*. ruidoso, estrepitoso, 《俗》chillón. ▶ やかましい[1]車 [2]テレビの宣伝」[1] *m*. automóvil [2] *m*. anuncio de televisión」ruidoso. ▶ やかましい音楽 *f*. música alta [ruidosa, estridente]. ▶ 2階のやかましい話し声 *f*. voces altas del piso de arriba. ♦ この店はやかましい Hay mucho ruido en esta tienda. ♦ こうやかましくしては勉強できない Con todo este ruido no puedo estudiar.
❷【厳しい】(人・物に) *adj*. riguroso, estricto, severo; (人が厳格な) *adj*. severo. ▶ やかましいおやじ *m*. padre riguroso. ▶ やかましい規則 *f*. regla estricta [rigurosa]. ▶ 生徒にやかましい先生 *mf*. profesor/sora riguroso/sa con sus alumnos. ♦ 私の母は行儀作法にやかましい Mi madre es muy rigurosa sobre los modales.
❸【好みなどが】*adj*. especial, delicado 《con, sobre》. ♦ 彼は食べ物にやかましい Es muy especial con la comida.

—— やかましく ❶【音が】*adv.* con ruido, ruidosamente, 《強調して》estrepitosamente. ◆エンジンはやかましく回転した El motor hizo revoluciones ruidosamente. ◆彼はやかましくギターをかき鳴らした Hacía [《口語》Metía] ruido con la guitarra.
❷【厳しく】*adv.* rigurosamente, con rigor, estrictamente. ◆医者は安静にしているようにとやかましく言った El médico me dijo rigurosamente que「estuviera acostado [reposara] tranquilamente.
❸【しつこく】*adv.* una y otra vez, insistentemente, machaconamente, 《口語》pesadamente. ◆彼は金を貸せとやかましく言った Me pidió dinero una y otra vez. / Me pedía dinero insistentemente. ◆彼はやかましく質問してくる《口語》Viene a molestarme con sus preguntas. / ¡Qué pesado con sus preguntas! ☞けたたましい, 騒がしい

やかん 薬缶 *f.* tetera, *m.* hervidor, 『米』*f.* pava. ◆やかんをかける ▶やかんに*poner** la tetera a hervir*. ◆やかんで湯を沸かす *v.* hervir* agua en una tetera.

やかん 夜間 *f.* noche. ▶夜間勤務 *m.* trabajo nocturno [de noche]. ▶夜間試合(=ナイター) *m.* partido nocturno. ▶夜間学校(=夜学) *f.* escuela nocturna [de noche]. ▶夜間に(=夜に) *adv.* por la noche, en la noche. ◆夜間に外出してはいけない No salgas por la noche.

やぎ 山羊 *f.* cabra, *m.* ganado caprino; (雄) *m.* macho cabrío; (雌) *f.* cabra; (子) *m.* chivo, *m.* cabrito. ▶ヤギ皮 *f.* piel de cabra, *f.* cabritilla, *m.* cordobán. ◆ヤギがめえと鳴いた La cabra baló [dijo "baa"].

やきいも 焼き芋 *m.* boniato asado.

やぎざ 山羊座 *m.* Capricornio. ▶山羊座(生まれ)の人 *mf.* capricornio/nia.

やきざかな 焼き魚 *m.* pescado asado.

やきすてる 焼き捨てる ▶古い書類を焼き捨てる *v.* quemar papeles viejos.

やきそば 焼きそば *mpl.* fideos fritos.

やきたて 焼きたて ▶焼きたてのパン *m.* pan recién hecho [sacado del horno].

やきつく 焼き付く (焼き付けられる) *v.* quedar grabado [marcado] 《en》. ◆あの悲惨な光景が心に焼き付いて離れない La trágica escena se me ha quedado grabada en la memoria.

やきつくす 焼き尽くす *v.* incendiar, reducir* a cenizas. ◆火事は市の中心部を焼き尽くした El fuego redujo a cenizas el centro de la ciudad. / Se quemó completamente el centro de la ciudad.

やきつけ 焼き付け *m.* positivado. ▶焼きつける (写真を) *v.* positivar, imprimir* (una foto); (陶器に絵を) *v.* cocer*.

やきとり 焼き鳥 "yakitori", 《説明的に》*m.* pollo asado en brocheta, *mpl.* pinchos de pollo asado.

やきなおし 焼き直し (作品・話などの) *f.* refundición, 《口語》*m.* refrito. ▶焼き直す *v.* hacer* un refrito 《de》. (料理で)焼き直す *v.* recalentar*, refreír*.

やきにく 焼き肉 *f.* carne a la brasa. ▶焼き肉屋 *m.* asador, *m.* restaurante especializado en carnes a la brasa.

やきはらう 焼き払う *v.* incendiar, reducir* a cenizas. ◆川東の街は空襲ですっかり焼き払われてしまった La parte este de la ciudad del río se redujo a cenizas por el ataque aéreo.

やきまし 焼き増し ▶写真の焼き増しをする *v.* imprimir* [sacar*] una copia de una fotografía.

やきもき ▶やきもきする(心配する) *v.* inquietarse [estar* inquieto, preocuparse, 《強調して》atormentarse] 《por》, (いら立つ) *v.* impacientarse 《por》. ▶やきもきして *adv.* con inquietud [(gran) ansiedad]. ◆母は息子(の帰り)をやきもきして待った La madre esperaba a su hijo con inquietud. ◆君はやきもきしすぎる Te inquietas demasiado.

やきもち 焼きもち (嫉妬(しっと)) *mpl.* celos. ▶焼きもち焼き *f.* persona celosa. ▶焼きもちを焼いている *v.* estar* celoso 《de》, tener* [sentir*] celos 《de》.

やきもの 焼き物 (陶器) *f.* pieza de cerámica, 《口語》*m.* cacharro, *f.* cerámica; (磁器) *f.* porcelana; (土器) *m.* barro cocido; *f.* vasija de barro. ▶焼き物師 *mf.* alfarero/ra, (陶芸家) *mf.* ceramista.

***やきゅう** 野球 *m.* béisbol. ▶野球をする *v.* jugar* al béisbol.

1《～野球》▶高校野球 *m.* béisbol de escuela secundaria. ▶¹軟式[²硬式]野球 *m.* béisbol con pelota ¹de goma [²dura]. ▶¹プロ [²ノンプロ]野球 *m.* béisbol ¹profesional [²no profesional, ²aficionado, ²amateur].

2《野球＋名詞》▶野球界 *m.* mundo del béisbol. ▶野球場 *m.* campo [*m.* parque] de béisbol. ▶(観客席のある) *m.* estadio de béisbol. ▶野球選手 *m.* jugador/dora de béisbol, *mf.* pelotero/ra, *mf.* beisbolista. ▶野球記者 *mf.* periodista de béisbol. ▶野球解説者 *mf.* comentarista de béisbol. ▶野球部 *m.* club de béisbol. ▶野球熱 *f.* fiebre del béisbol. ▶野球帽 *f.* gorra de béisbol. ◆阪神と巨人の野球の試合をテレビで見た Vimos por televisión un partido de béisbol entre los Tigres y los Gigantes.

やきん 夜勤 *m.* servicio nocturno; (夜業) *m.* trabajo nocturno; (昼夜交替制の) *m.* turno「de noche [nocturno]. ▶夜勤をする *v.* tener* turno de noche. ▶夜勤手当 *m.* plus [*f.* sobrepaga] por trabajo nocturno. ▶夜勤の労働者 *mf.* trabajador/dora de noche. ◆彼は今夜は夜勤だ Está de servicio esta noche.

やきん 冶金 *f.* metalurgia. ▶冶金技師 *mf.* ingeniero/ra metalúrgico/ca.

***やく** 焼く ❶【物を燃やす】*v.* quemar, hacer* arder. ▶秘密書類を焼く *v.* quemar documentos secretos. ◆きのうの火事で彼は家を焼いた(＝焼かれた) Su casa se「incendió en el fuego de ayer [quemó en el incendio de ayer].
❷【食べ物に火を通す】*v.* asar, asar a la brasa [parrilla], tostar*, cocer*. ▶肉をキツネ色に

焼く v. dorar una carne. ♦焼きたてのパン m. pan recién hecho [sacado del horno]. ♦炭火で焼いたステーキ m. filete a la brasa [parrilla]. ♦オーブンは肉を焼くのに用いられる El horno se usa para asar la carne. ♦今は魚を炭で焼く人はほとんどいない Ahora hay poca gente que ase el pescado a la brasa. ♦彼女はケーキを堅く焼いた Le salió duro el pastel. ♦トーストを焼きすぎて焦がした Se me quemó la tostada.
❸【皮膚を日光に当てて】v. ponerse* moreno, tostarse* al sol. ♦海岸で若者たちが背中を焼いているのをよく見かける A menudo vemos a jóvenes tostándose la espalda en la playa.
❹【焼いて作る】♦炭を焼く v. hacer* carbón (vegetal). ♦陶器を焼く v. hacer* la cochura (para los cacharros). ♦れんがを焼く v. cocer* ladrillos. ♦CD-ROMを焼く v. quemar un cederrón.
❺【写真を】v. imprimir*. ♦このネガを3枚焼いてください ¿Me puede sacar tres copias de este negativo?
《その他の表現》♦彼のいたずらにはほとほと手を焼いている No sé qué hacer con sus travesuras. ♦私の個人的なことによけいな世話を焼かないで(=干渉しないで)ください No te metas en mis asuntos personales.

・やく 約 adv. más o menos, aproximadamente, unos [unas] + 数詞; (ほとんど) adv. casi, o así. ♦約20分待つ v. esperar [unos 20 minutos [20 minutos o así]. ♦約50〜60人の人々 f. unas 50 ó 60 personas. ♦彼は約7時ごろ着いた Llegó hacia [alrededor de] las siete. ⇨凡そ, かれこれ, だいたい, 近い

やく 役 ❶【役割】(分担された) f. parte; (社会的に果たすべき) m. papel, m. rol; (義務) m. deber; (仕事) m. trabajo; (機能, 職務) f. función. ♦自分の役を果たす v. hacer el papel 《de》, 「llevar a cabo [cumplir con] su deber. ♦母親の役を果たす(母親代わりに) v. actuar* [hacer*] de madre. ♦調停役を引き受ける v. asumir el papel de mediación, hacer* de mediador/dora. ♦部屋の掃除は君の役だ Tu deber es limpiar la habitación. / Limpiar la sala es tu función. ♦彼はその計画で重要な役を果たした Desempeñó [Jugó] un importante papel [rol] en el proyecto.
❷【芝居の役柄】m. papel, m. rol; (配役) m. personaje, m. reparto (de papeles). ♦主役 m. papel principal. → 主役, わき役 m. papel secundario. ♦王様の役を演じる v. hacer* [jugar*, desempeñar] el papel de rey, actuar* de rey. ♦リア王の役を演じる v. hacer* de Rey Lear. ♦一人二役を演じる v. hacer* dos papeles, tener* una actuación doble. ♦俳優たちに役を割り当てる v. asignar papeles a los actores, hacer* el reparto de los actores. ♦刑事の役でデビューする v. debutar de detective. ♦うまく自分の役をこなす v. hacer* [desempeñar] bien su papel. ♦自分の役になりきっている²[いない] v. ¹salirse* [²no salirse*] del papel. ♦彼はその劇でどんな役を演じますか ¿De qué va a hacer en la obra? / ¿Qué papel va a tener en la obra? ♦弁慶は彼のはまり役だ El papel de Benkei le queda perfecto. / Desempeña a la perfección el papel de Benkei. ♦彼は殺人犯の役を与えられた Le tocó (hacer) de asesino.
❸【地位】(任命された責任のある地位) m. puesto, m. cargo; (官職) m. oficio. ♦支配人の役を与えられる v. darle* el puesto de gerente. ♦彼はその会社で責任のある役を引き受けている Tiene un puesto [cargo] de responsabilidad en la empresa. ♦政府内で彼はどんな役にありますか ¿Qué puesto ocupa (él) en el gobierno?

— 役に立つ adj. útil, práctico; servicial, amable. ♦役に立つ道具 f. herramienta práctica [útil]. ♦役に立つ人物 f. persona servicial. ♦役に立たない機械 f. máquina inútil [que no sirve]. ♦この本は君の¹旅行の[²スペイン語を勉強するのに]役に立つでしょう Este libro te servirá [será útil] para ¹viajar [²aprender español]. ♦そのコンピューターは大変役に立った El ordenador fue de 「gran servicio [mucha utilidad]. ♦何かお役に立てることがありますか Lo [Le, La] puedo ayudar en algo? / ¿Puedo serle útil en algo? / ¿Me permite ayudarlo[le, la]? 《会話》本当にどうもありがとう—どういたしまして, お役に立ててうれしいです Muchísimas gracias. – De nada. 「Me alegro [Encantado] de haber 「sido útil [podido ayudar]. ♦その経験が難局を乗り切るのに役に立った Esa experiencia me 「resultó útil [sirvió] para superar el problema. ♦そのことを考えても何の役にも立たない No sirve de nada pensar sobre eso. / Es inútil pensar en eso. ♦このデータはどれもこれも¹さっぱり[²あまり]役に立たない ¹Nada de estos datos nos sirve. [²Estos datos apenas nos sirven.] ♦その飾りは実用にも役に立っている Ese adorno también tiene su función [sirve para algo].

やく 訳 (翻訳) f. traducción; (訳文) f. traducción, f. versión. ♦逐語訳 → 直訳. ♦聖書の日本語訳 f. traducción japonesa de la Biblia. ♦日本語訳で読む v. leer(lo)* en versión japonesa. ♦訳する → 訳す. ♦この訳はうまい[²へただ] Es una traducción ¹buena [²mala, ²deficiente].

やく 妬く (嫉妬に) v. tener* envidia 《a》, tener* [sentir*] celos 《de》; (うらやむ) v. envidiar, tener* [sentir*] envidia.

やぐ 夜具 → 寝具.

やくいん 役員 (会などの) mf. directivo/va, mf. dirigente, mf. miembro del comité, mf. comisario/ria; (会社などの取締役) mf. director/tora, mf. ejecutivo/va. ♦役員会(重役会) f. junta directiva; (会議) f. reunión de directores. ♦役員会の決定 f. decisión de la (junta) directiva. ♦役員の選挙を行なう v. celebrar [tener*] una elección de directivos.

やくがい 薬害 m. efecto nocivo [perjudicial] causado por la medicación. ♦薬害エイズ m. SIDA infectado con productos de sangre contaminada con el VIH.

やくがく 薬学 (薬剤学) f. farmacia; (薬理学) f. farmacología. ▶薬学の adj. farmacéutico. ▶薬学者 mf. farmacólogo/ga. ▶薬学博士 m. doctor en farmacia. ▶薬学1部 [2科] [1] f. facultad [[2] m. departamento] de farmacia.

やくご 訳語 (相当語句) m. equivalente, f. palabra equivalente en traducción. ▶日本語の「義理」に正確なスペイン語訳語はありますか ¿Hay un equivalente exacto en español para la palabra japonesa "giri"?

やくざ (1人) mf. "yakuza", mf. mafioso/sa, mf. malhechor/chora, mf. gánster; (暴力団) m. mafia; (ごろつき) m. rufián, mf. matón/tona. ▶やくざ映画 f. película de gánsters. ▶やくざ仲間から足を洗う v.「cortar con [salirse*] de」la mafia.

やくざいし 薬剤師 mf. farmacéutico/ca, mf. boticario/ria.

やくしゃ 役者 (男, 女) mf. actor/triz. ▶喜劇役者 mf. cómico/ca. ▶舞台役者 mf. actor/triz de teatro, mf. comediante/ta, mf. artista. ▶花形役者 f. figura estelar, f. estrella. ▶大根役者 m. mal actor f. mala actriz. ▶役者稼業 f. carrera de actor/triz. ▶役者になる v. hacerse「actor/triz」. ▶役者をやめる v. retirarse「del teatro [口語] de las tablas」.

やくしゃ 訳者 mf. traductor/tora.

*****やくしょ** 役所 f. oficina pública [del gobierno]; (区役所) f. oficina de distrito. ▶市役所 m. ayuntamiento, [ラ米] f. municipalidad. ▶役所に勤める v. trabajar「de funcionario/ria」del gobierno」.

やくしょく 役職 (管理職) m. puesto administrativo. ▶役職につく v. ocupar un puesto administrativo.

やくしん 躍進 ▶日本経済の躍進 m. rápido [notable] progreso de la economía japonesa. ▶躍進する v. avanzar* [progresar] rápidamente, hacer* [realizar*] un progreso [avance, desarrollo] rápido [notable].

*****やくす** 訳す v. traducir*, 《文語》 verter*. ▶訳しにくい語句 f. expresión difícil de traducir. ▶スペイン語の小説を日本語に訳す v. traducir* una novela española al japonés. ▶詩をイタリア語から訳す v. traducir* una poesía del italiano. ▶エゴは日本語では自我と訳される En japonés "ego" se traduce como "jiga".

やくすう 約数 m. divisor, f. parte alícuota.

やくそう 薬草 f. hierba [f. yerba] medicinal, [ペルー][アルゼンチン] m. yuyo. ▶薬草園 m. jardín de hierbas medicinales.

*****やくそく** 約束 f. promesa, m. compromiso, f. palabra; (会う) f. cita, m. compromiso.

1《~(の)約束》▶堅い約束 f. promesa solemne. ▶口約束 f. promesa verbal, f. palabra. ▶援助の約束 f. promesa de ayuda.

2《約束が[は]》▶1他に《その他の》約束がある [1]Tengo otra cita [[2]Ya tengo un compromiso]. ▶歯医者に10時に診てもらう約束があります「Tengo una cita [He quedado]」con el dentista a las diez. ▶人と6時に会う約束がある He quedado con una persona a las seis. / A las seis tengo una cita con alguien. ▶昼食の約束は40分後ですよ Tu cita de almuerzo es dentro de 40 minutos. ▶約束は5時だ「La cita [El compromiso] es a las cinco. ▶約束が違う Eso no es lo que prometiste. / Tu promesa no era ésa. ▶今晩彼と食事の約束がある Tengo una cita para cenar con él esta noche. / Esta noche tengo comprometida la cena con él.

3《約束の》▶彼らは約束の時間に約束の場所にやって来た Se presentaron a la hora y en lugar acordados. / Acudieron puntualmente al lugar convenido. ▶約束の自転車はいつ買ってくれるの ¿Cuándo vas a comprar la bicicleta prometida [que me prometiste]?

4《約束を》▶約束を守る v. mantener* una promesa, guardar la palabra. ▶約束を果たす v. cumplir「la promesa [lo prometido]」. ▶約束を破る v. romper* la promesa, faltar a la palabra. ▶約束を取り消す v. anular una promesa; (婚約) v. romper* un compromiso (matrimonial); (予約) v. cancelar la cita (con el dentista). ▶約束することとそれを守ることとは別問題だ Una cosa es prometer y otra cumplir lo prometido. / 《言い回し》Las promesas no empobrecen.

5《約束で》▶次の日に返すという約束でそのお金を借りた Tomé el dinero prestado con la promesa [condición] de devolverlo al día siguiente.

── **約束する** v. prometer, hacer* una promesa, dar* la palabra, comprometerse 《a》; (日時などを指定する) v. citarse 《con》, quedar 《con》. 《会話》あしたそっちへ行くよ―ああ、約束するよ Mañana voy. – ¿Me lo prometes? [口語] ¿Palabra? – Sí, [口語] te lo prometo. [¡Palabra (de honor)!] ▶彼は約束したとおり8時に駅にやって来た Llegó a la estación a las ocho como había prometido. / (約束を守って) Cumplió su promesa [palabra] y llegó a la estación a las ocho.

1《~を約束する》▶彼は経済的援助を約束した Ha prometido su apoyo financiero. / Ha dado su palabra de que nos ayudaría económicamente.

2《~する(と)約束する》▶母は私に新しいドレスを買ってあげると約束したの Mi madre me ha prometido un vestido nuevo. ▶彼はそこへは行かないと約束した Me prometió no ir allí. / Me dio su palabra de no ir allí. ▶娘は私の手伝いをすると約束した Mi hija prometió ayudarme [que me ayudaría]. ▶《強調して》Mi hija me dio su palabra de que me ayudaría. ▶彼女と1時に喫茶店で会おうと約束した A la una me he citado con ella en una cafetería. / He quedado a la una con ella en una cafetería.

【その他の表現】 ▶彼の将来は約束されている(=有望である) Tiene un futuro muy prometedor. ☞言質, 取り決め

やくだつ 役立つ adj. útil. → 役.

やくだてる 役立てる v. usar, servirse* (bien) 《de》;（うまく利用する）v. hacer* buen uso 《de》. ▶原子力を平和目的に役立てる v. usar la energía atómica con [para] fines pacíficos. ▶経験をその仕事にうまく役立てる v. servirse* de la experiencia para el trabajo.

やくどう 躍動する（活発な）adj. animado;（精力的な）adj. vital, enérgico. ▶体育館で躍動する少女達 fpl. chicas que realizan animados [enérgicos] ejercicios en el gimnasio. ▶青春の血を躍動させる（=かき立てる）v. hacer* vibrar la energía juvenil.

やくとく 役得 f. beneficios extras,《口語》m. extra. ▶役得のある仕事につく v. conseguir un trabajo con [de] beneficios extras.

やくどし 厄年（年齢）f. edad crítica [de mala suerte].

やくにん 役人 mf. funcionario/ria, mf. empleado/da público/ca. ▶役人根性（官僚的）f. burocracia,（形式主義）m. formalismo. ▶役人になる v. hacerse* funcionario. ▶役人をやめる（=公職を去る）v. dejar [dimitir de] un cargo público. ♦彼は文科省の役人だ「Tiene un cargo [Trabaja (de funcionario)] en el Ministerio de Educación y Cultura.

やくば 役場 f. alcaldía, f. casa consistorial, m. ayuntamiento. ▶町役場 m. ayuntamiento, f. municipalidad.

やくひん 薬品（医薬）m. medicamento,《教養語》m. fármaco, f. droga;（化学薬品）mpl. productos químicos.

やくぶつ 薬物 f. medicina, m. medicamento. ▶薬(くすり) ▶薬物アレルギー【専門語】f. alergia a fármacos. ▶薬物治療 f. medicación, m. tratamiento medicinal.

やくほん 訳本 f. traducción, f. versión. ♦「百年の孤独」を日本語の訳本で読む v. leer* la versión japonesa de «Cien años de soledad».

やくまわり 役回り（割り当てられた仕事）m. papel, f. función. ▶いやな役回りを彼にさせる v. darle* [asignarle] un papel desagradable.

やくみ 薬味 f. especia, m. condimento.

やくめ 役目（仕事）m. trabajo, m. cargo;（任務）m. deber, m. oficio;（役割）m. papel;（責任）f. responsabilidad;（機能）f. función. ▶通訳の役目を引き受ける v. hacer el papel de intérprete. ♦子供のしつけは親の役目だ Es deber de los padres disciplinar a sus hijos.

やくよう 薬用 ▶薬用植物 f. hierba medicinal,【ペルー】【アルゼンチン】 m. yuyo. ▶薬用石けん m. jabón medicinal. ♦それは今ではもっぱら薬用です Ahora sólo se usa con fines medicinales.

やくよけ 厄除け（お守り）m. amuleto, m. talismán.

やぐら 櫓（城などの）f. torre;（ずんぐりした）m. torreón;（見張りの）f. atalaya. ▶火の見櫓 f. torre para vigilar incendios.

やぐるまそう 矢車草 m. aciano.

やくわり 役割（仕事の一部）m. papel;（役目）m. papel;（仕事）f. tarea;（機能）f. función. ▶役割を分担する→手分けする. ♦当委員会の役割は新社屋を設計することだ La función de este comité es planear nuestra nueva oficina. ♦このソファはベッドの役割もする（=としても役に立つ）Este sofá puede servir [funcionar] de cama. ♦大気は温室のような役割をする（=働きをする）La atmósfera actúa como un invernadero.

やけ 自棄（すてばち）f. desesperación;（絶望）《教養語》f. desesperanza. ▶やけになって adv. desesperadamente. ▶失敗してやけになる v. desesperarse por el fracaso. ▶やけ酒を飲む（やけになって酒を飲む）v. beber por desesperación;（酒に悲しみを紛らす）v. ahogar* la desesperación en el alcohol. ▶試験に失敗して彼はやけになった（=失敗は彼を絶望に追い込んだ）El fracaso en el examen le llevó a la desesperación.

やけあと 焼け跡 f. ruinas de un incendio;（火事の後の残骸(ざんがい)）mpl. escombros de un incendio. ▶焼け跡に死体を見つける v. encontrar* un cadáver entre los escombros del incendio.

やけい 夜警（行為）f. vigilancia [f. guardia] nocturna;（人）mf. vigilante (de noche, nocturno), m. sereno. ▶夜警をする v. hacer* [montar] guardia nocturna. ▶ビルの夜警をする v. vigilar un edificio por la noche.

やけい 夜景 m. paisaje nocturno, f. escena [f. vista] nocturna.

やけいし 焼け石 ♦一万円では焼け石に水だ Diez mil yenes no es más que una gota en el desierto.

やけおちる 焼け落ちる（全焼する）v. quedar reducido a cenizas por un incendio, quemarse por completo.

やけくそ f. desesperación. →やけ.

やけこげ 焼け焦げ f. quemadura. ▶カーペットの焼け焦げ f. quemadura en la alfombra. ♦君のたばこの火でコートに焼け焦げができた（=焼いて穴ができた）Me has hecho una quemadura en el abrigo con tu cigarrillo.

やけだされる 焼け出される v.「quedarse sin techo [perder* los bienes] por un incendio. ▶焼け出された人々 fpl. víctimas del incendio.

やけつく 焼け付く ♦焼けつくような暑さだ Hace un calor abrasador.

やけど 火傷（火・酸などによる）f. quemadura;（熱湯・油などによる）f. escaldadura. ▶¹軽い[²ひどい]やけど f. quemadura ¹leve [²grave, ²profunda]. ▶やけどのあと f. cicatriz de quemadura. ▶やけどで死ぬ v. morir* de las quemaduras. ▶右足に2か所やけど(のあと)がある v. tener* dos quemaduras en la pierna derecha.

── 火傷(を)する v. quemarse, hacerse* una quemadura; escaldarse, hacerse* una escaldadura. ▶¹酸[²ストーブ;³ライター]で手にやけどする v. quemarse la mano con ¹la [²la estufa; ³el encendedor]. ▶熱い紅茶で舌にやけどする v. quemarse la lengua con el té caliente. ♦ドライアイスでやけどをすることがある

Uno puede quemarse con「el hielo seco [la nieve carbónica]. / El hielo seco puede provocar quemaduras. 《会話》どうしたの。やけどしたのーうん、このとおりさ ¿Qué pasa? ¿Te has quemado? – Sí, eso es.

やけに (ひどく) *adv*. terriblemente, horriblemente. ◆今日はやけに寒い Hoy hace un frío terrible.

やけのこる 焼け残る *v*. escapar del [al] fuego, librarse de las llamas. ◆焼け残った家 *f*. casa que escapó del fuego.

・**やける 焼ける** →焼く. ❶【燃えて灰になる】*v*. quedar reducido a cenizas. ◆彼の原稿はみな火事で焼けてしまった Todos sus manuscritos se quemaron en el fuego. ◆その大火で多くの家が焼けた Numerosas casas quedaron destruidas por el gran incendio. ◆幸いにもその建物は焼け残った Afortunadamente el edificio se libró de las llamas. ❷【食物が】(オーブン・直火で) *v*. asarse, rostizarse; (直火で) *v*. asarse a「la parrilla [las brasas]; (オーブンの中で直火をあてず) *v*. cocerse*. ◆ジャガイモは1時間で焼ける Las patatas [『ラ米』papas] se asan en una hora. ◆肉が焼けた La carne「está asada [se ha asado]. ❸【日に】*v*. quemarse al sol, ponerse* moreno; (日光浴で) *v*. tostarse* (al sol). ◆彼女の皮膚はすぐ日に焼ける Su piel se tuesta fácilmente. ◆暑い日差しで背中が焼けた El calor del sol me ha quemado la espalda. ◆彼はひなたで働くのでよく日に焼けている Como trabaja al sol, se ha puesto bien moreno. ❹【変色ража】(色が悪くなる) *v*. descolorarse; (色があせる) *v*. desteñirse*, perder* color. ◆強い日光に当てても焼けないという保証付きの生地 *m*. tejido garantizado contra la decoloración solar. ◆カーテンは日光に当たって色が褪せた Las cortinas se han descolorido por「la luz solar [el sol]. ❺【空が】*v*. estar* al rojo (vivo). ◆空が夕日で真っ赤に焼けていた El cielo estaba encendido con la puesta de sol. ❻【世話が】*v*. dar* trabajo, causar molestias, 『スペイン』《口語》《比喩的に》dar* guerra. ◆4人の小さな子供は本当に世話が焼ける Cuatro niños pequeños nos causan muchos problemas.

やける 妬ける (うらやむ) *v*. tener* [sentir*] celos [envidia], envidiar. ◆やけるねえ ¡Qué envidia! / Me das envidia.

やこう 夜行 ◆夜行性動物 *m*. animal nocturno. ◆夜行 (列車) で行く *v*. ir* en el tren「de la noche [nocturno].

やごう 屋号 *f*. relación ilícita. ◆野合する *v*. tener* una relación ilícita 《con》.

やこうちゅう 夜光虫 *f*. noctiluca.

・**やさい 野菜** *fpl*. verduras, *fpl*. hortalizas, 『ラ米』*mpl*. vegetales. ◆野菜畑 *m*. huerto. ◆野菜スープ *f*. sopa「de verduras [juliana]. ◆野菜サラダ *f*. ensalada de verduras. ◆野菜¹料理 [2食] 1 *m*. plato [² *f*. dieta] de verduras. ◆野菜を作る *v*. cultivar hortalizas. ◆トマトは野菜か果物か ¿Los tomates son verduras o frutas? ◆取りたての野菜は煮すぎてはいけない No hay que cocer en exceso las verduras frescas. ◆もっと野菜を食べなさい Debes comer más verduras.

やさき 矢先 ◆出かけようとした矢先に彼女が来た Estaba a punto de salir cuando ella llegó.

★★**やさしい 易しい** (容易な) *adj*. fácil; (単純な) *adj*. sencillo; (平易な) *adj*. simple. ◆やさしい問題 *m*. problema fácil (de resolver). ◆この本はやさしいスペイン語で書かれている Este libro está escrito en un español fácil. ◆この問題を解くのは (君には) やさしい Este problema es fácil de resolver (para ti). / Es un problema fácil de resolver (para ti). / Te resulta fácil resolver este problema.
—— 易しく (簡単に) *adv*. simplemente, fácilmente; (平易に) *adv*. sencillamente. ◆やさしく説明する *v*. explicarlo* fácilmente, dar* una explicación fácil, explicarlo* de forma sencilla.

★★**やさしい 優しい** (親切な) *adj*. amable; (温和な) *adj*. suave, 《教養語》gentil; (思いやりのある) *adj*. tierno, cariñoso, afectuoso; (情け深い) *adj*. de buen corazón, compasivo; (性格などが) *adj*. dulce. ◆彼は私にとても優しい Es muy amable conmigo. ◆彼女は大変優しい老婦人だ Es una anciana muy amable. ◆彼女は気立ての優しい人だ Es una mujer de「buen corazón [《強調して》《口語》un corazón de oro]. 《会話》これおじさんからなんだーこんなにすばらしいプレゼントをあなたにくださるなんて何て優しいんでしょうね Esto es de mi tío. – ¡Qué cariñoso por su parte el haberte regalado algo tan bonito!
—— 優しく *adv*. amablemente, con amabilidad, cariñosamente, con dulzura. ◆優しく言う *v*. hablar con dulzura. ◆彼女は私たちを優しく見つめた Nos miró afablemente [con cariño]. ◆彼女は赤ちゃんを優しく抱き上げた Tomó tiernamente al bebé en sus brazos. ◆彼にやさしくしてあげてね。まだこの仕事に慣れていないのだから Sé amable con él. Es que es nuevo en el trabajo.
—— 優しさ *f*. amabilidad; *f*. gentileza; *f*. ternura, *m*. cariño ☞ 穏やかな, 温厚な

やし 椰子 (ヤシ科の木の総称) *f*. palmera, *f*. palma; 【ココヤシ】(木) *m*. cocotero; (実) *m*. coco; 【ナツメヤシ】(木) *f*. palmera datilera; (実) *m*. dátil. ◆ヤシ油 *m*. aceite de coco.

やじ 野次 (行為)(演説での) *fpl*. interrupciones (a un orador); (不満・嫌悪の) *m*. abucheo, *f*. rechifla; 〔声〕(ぶうぶう) *f*. silba, 『ラ米』*f*. silbatina; (ほうほう) *f*. pitada, *m*. silbidos; (嘲)(笑いの声・言葉) *f*. burla. ◆うるさい野次 *m*. abucheo sonoro, *f*. rechifla ruidosa. ◆聴衆の野次を無視する *v*. no hacer* caso de la silba del público. ◆野次を飛ばす *v*. abuchear, rechiflar. → 野次る.

やじうま 野次馬 (見物人) *mf*. mirón/rona, *mf*. curioso/sa, 『スペイン』《口語》《軽蔑的に》*m*. fisgón/gona. ◆事故があるとたいてい野次馬が集まる Generalmente los accidentes atraen a los mirones.

やしき 屋敷 (大邸宅) f. residencia, f. mansión (señorial); (家屋敷) m. local, f. heredad; (敷地) m. terreno. ♦家屋敷を売り払う v. vender la casa y el solar. ♦屋敷内に adv. en el local.

やしなう 養う ❶【扶養する】v. mantener*, sostener*. ♦彼は妻子を養うために一生懸命に働いた Trabajó mucho para mantener [sostener] a su familia. ♦彼の給料は6人家族を養うには不十分だった Su salario no era suficiente para mantener una familia de seis. ❷【養育する】(子供を) v. criar, 《口語》sacar* adelante; educar*. ♦彼はおじに養われた Fue criado por su tío. / Le crió su tío. ❸【養成する】(みがく) v. cultivar, educar*; (形成する) v. formar; (徐々に身につける) v. fomentar; (増進させる) v. desarrollar; (向上させる) v. mejorar. ♦物事に対する批評眼を養う v. educar* un espíritu crítico para las cosas. ♦スペイン語の会話力を養う v. cultivar [mejorar] la capacidad del español hablado. ♦早起きの習慣を養うようにしなさい Tienes que cultivar el hábito de madrugar. ♦病後は体力を養う必要がある Después de la enfermedad tienes que fortalecerte.

やしゅ 野手 (野球) mf. fildeador/dora.

やしゅう 夜襲 m. ataque nocturno. ♦敵に夜襲をかける v. atacar* al enemigo por la noche; (夜陰に乗じて) v. atacar* al enemigo aprovechando la oscuridad de la noche.

やじゅう 野獣 f. fiera, f. bestia, m. animal salvaje.

やじる 野次る【特に選挙候補者を】v. interrumpir para molestar; 【不満・嫌悪などで】(ぶうぶうと) v. abuchear; (ほうほうと) v. silbar 《a》, dar* una pitada 《ラ米》silbatina, rechifla 《a》; (あざける) v. mofarse 《de》. ♦候補者をやじる v. abuchear al/a la candidato/ta. ♦やじり倒す v. hacer* 《a + 人》callar con abucheos. ♦やじって演壇から退場させる v. hacer* 《a + 人》bajar del estrado con abucheos.

やじるし 矢印 f. flecha. ♦矢印にそって進む v. seguir* la flecha. ♦その場所に矢印をつける v. indicar* [señalar] el lugar con una flecha.

やしろ 社 m. santuario (sintoísta).

やしん 野心 (成功・権力などを得ようとする大望) f. ambición; (偉大なものへの強い願望) f. aspiración; (下心)《教養語》m. designio. ♦野心的 m. trabajo ambicioso. ♦大変な野心家 f. persona「muy ambiciosa [con mucha ambición, con muchas ambiciones]; (野心満々の人) f. persona llena de ambición [ambiciones]. ♦野心を実現する v. cumplir la ambición. ♦彼の野心は億万長者になることだ Su ambición es ser multimillonario. / Tiene la ambición de hacerse multimillonario.

⇨ 功名, 大志, 大望

やすあがり 安上がり ♦その国を旅行する最も安上がりな方法を教えてください Por favor, dime la manera más barata [económica] de viajar por el país.

やすい 1451

やすい 易い (容易な) adj. fácil; (簡単な) adj. sencillo, simple. ♦言うはやすく行なうは難し Es más fácil decirlo que hacerlo. /《ことわざ》Del dicho al hecho hay mucho trecho.

〖…しやすい〗(…する傾向がある) v. ser* propenso [inclinado,《口語》dado,《教養語》proclive]《a》; (好ましくないことを身に招く) v. tender* 《a》; (…することがたやすい) v. ser* fácil 《de》; (簡単に…する) 動詞(＋目的語)＋fácilmente. ♦信じやすい (＝すぐに信じる) v. ser* "inclinado a creer* [crédulo]. ♦解きやすい問題 m. problema fácil de resolver. ♦彼は風邪をひきやすい Agarra catarros [resfriados] con facilidad. / Es propenso a los resfriados. / Tiende a agarrar [atrapar] resfriados. ♦彼の字は読みやすい Su letra [escritura] es fácil de leer. ♦ (はっきりと字を書く) Escribe con claridad. ♦ガラスは割れやすい El vidrio es frágil. ♦このペンはそのペンより書きやすい Esta pluma escribe mejor que ésa. / Se escribe mejor con esta pluma que con ésa.

やすい 安い (物が) adj. barato, económico; de bajo precio, de precio bajo, de buen precio. ♦今はリンゴが安い Las manzanas ahora están baratas. / Ahora las manzanas están bien de precio. ♦神戸を東京に比べると物が安い「Las cosas son más baratas [La vida es más barata] en Kobe que en Tokio. / En Kobe los precios son más bajos que en Tokio. ♦あの店は安い Esa tienda「es barata [tiene buenos precios]. / En esa tienda venden barato. ♦安く買う Comprar en esa tienda es económico. ♦ (何でも安く手に入る) En esa tienda puedes comprar todo barato [a buen precio]. ♦あの店で安い時計を買った Me compré un reloj barato en esa tienda. ♦もっと安い机はありませんか ¿No tienen ustedes mesas más baratas? ♦その辞書の中でいちばんいちばん安い De esos diccionarios éste es el más barato [económico]. ♦その値段なら手袋は安い Los guantes son [están] baratos a ese precio. ♦その家具を安い値段で買った Me salieron baratos [《強調して》《口語》por una ganga,《強調して》baratísimos] los muebles. / Compré baratos los muebles. ♦ (安く買った) Fue una buena compra la de los muebles. / Fue una ganga (los muebles). ♦こんな安い給料で生活するのはたいへんだ Es difícil vivir con un salario tan bajo como éste.

〖その他の表現〗♦お安いご用です．喜んでやります No hay problema. Lo haré con gusto.

— **安く** adv. económicamente, (安い値段で) adv. a buen [bajo] precio. ♦車を安く売った Vendí el coche barato. ♦もう少し安くなりませんか (＝値引いてくれませんか) ¿No me puede bajar un poco [《口語》poquito] el precio? / ¿No me lo puede poner un poco más barato? ♦よそではこんなに安くしていませんよ (＝安く買えない) No podrá conseguirlo más barato. / Más barato no podrá encontrarlo en ningún sitio. / No lo hay tan barato en otro sitio. ♦砂糖の値段が安くなった（＝下がった）Ha bajado el precio del azúcar.

やすうけあい 安請け合い ♦安請け合いをする（＝性急に約束する）v. prometer [comprometerse] a la ligera; (すぐさま約束する)v. hacer* promesas fácilmente [irreflexivamente].

やすうり 安売り f. rebaja(s), f. venta de saldo, f. oferta(s). ♦安売り店 f. tienda de saldo. ♦安売りする v. vender artículos de rebaja [saldo, oferta]; (割引価格で)v. vender a bajo precio; liquidar (artículos).

地域差	安売りする
〔全般的に〕	v. liquidar
〔スペイン〕	v. rebajar, v. saldar
〔ラテンアメリカ〕	v. rematar
〔キューバ〕	v. rebajar
〔メキシコ〕	v. rebajar, v. saldar
〔コロンビア〕	v. realizar*, v. rebajar
〔アルゼンチン〕	v. rebajar

やすっぽい 安っぽい *adj.* ordinario, de aspecto barato,《口語》(軽蔑的に)baratillo. ♦安っぽい洋服 [２人間] [1]m. vestido baratillo, [2]f. persona rastrera〕♦自分を安っぽくするまねはするな No te rebajes.

やすね 安値 m. precio asequible [reducido].

やすぶしん ♦安普請(の家) f. casa mal construida,《口語》f. casa chapucera.

やすまる 休まる (体が)v. descansar, reposar; (心が)v. sosegarse*, tranquilizarse*, calmarse. ♦心 [２体]の休まる暇がない No tengo un momento de [1]alivio [2]descanso〕. ♦心の悩みを話してくだされば気が休まるでしょう Te aliviará [dará sosiego] el contarme tus preocupaciones.

** やすみ** 休み ❶【休息, 睡眠】m. descanso, m. reposo. ♦さあ, 一休みしよう Bueno, vamos a descansar. ♦われわれは休み休み山を登った Subimos la montaña descansando de vez en cuando. ♦お父さまはまだお休みですか ¿Sigue tu padre en la cama? ♦昨夜はよくお休みになりましたか ¿Ha descansado [dormido] bien esta noche? / ¿Descansó bien anoche?

❷【休憩時間】m. recreo, m. descanso; (授業間の)m. recreo.

❸【休止】f. pausa, m. intervalo; (中断)f. interrupción. ♦休みなく働く v. trabajar sin descanso [parar]. ♦休みなく雨が降った Llovía sin parar. / No dejaba de llover.

❹【休日】m. día de descanso; (祭日)m. día festivo, f. fiesta; (休暇)fpl. vacaciones; m. permiso; (都合でとる休暇)m. día libre [de permiso]. → 休暇. ♦11日 [２２週間]会社から休みをとる v. tomar 1un día [2dos semanas] de permiso, 「no ir* a trabajar a [ausentarse de] la compañía 1un día [2dos semanas]. ♦休みにはどこへお出かけですか ¿Adónde vas a ir de [en tus] vacaciones? ♦あすは休みだ (休日) Mañana es fiesta. / (個人的に) Mañana libro [no trabajo, no voy al trabajo]. ♦毎週金曜は休みです Los viernes no trabajamos. / Libramos los viernes.

❺【欠席, 欠勤】f. ausencia. ♦彼は今日は休みだ Hoy libra [no viene al trabajo].

❻【休校, 休業】♦あしたは学校が休みです Mañana no hay [tenemos] clase. ♦流感のため学校は２日間休みになった La escuela cerró [estuvo cerrada] dos días por la gripe. ♦その店は月曜が休みだ Esa tienda cierra [está cerrada] los lunes.

やすみやすみ 休み休み →休む. ♦馬鹿も休み休み言え《口語》¡Calla calla! / No digas más tonterías. /《俗語》Corta el rollo.

** やすむ** 休む ❶【休息する】v. descansar, tomar(se) un descanso, reposar. ♦休む暇がない v. no tener* tiempo de descansar. ♦木陰で横になって休む v. tumbarse a descansar debajo de un árbol. ♦仕事をやめて休む v. descansar del trabajo. ♦彼は１時間休んで再び仕事を始めた Descansó una hora y luego 「volvió al [reanudó el] trabajo.

❷【休暇をとる】v. no ir* al trabajo, tomarse (el día) libre. ♦次の月曜は休みます Me tomaré libre el próximo lunes. / El lunes que viene libro [no voy al trabajo]. ♦仕事を二日ばかり休ませてもらってもいいでしょうか ¿Me puedo tomar dos días libres?

❸【欠席・欠勤する】v. estar* ausente《de》, ausentarse《de》, no estar*《en》, faltar《a》. ♦彼はきのうの仕事を休んだ Ayer 「estuvo ausente del [no estuvo en el] trabajo. / Ayer faltó al trabajo. / Ayer no fue al trabajo. ♦彼は１週間学校を休んでいる Lleva una semana ausente de la escuela. / Hace una semana que falta a clase. ♦来週先生の授業を休ませていただきたいのですが Quisiera pedir permiso para 「no venir a [estar ausente de] su clase la semana que viene. ♦今朝電話で病気で休むと(会社に)連絡した Esta mañana llamé para justificar mi ausencia por enfermedad.

❹【さぼる】(学校をずる休みする)v. faltar a clase, hacer* novillos, 〔メキシコ〕irse* de pinta, 〔アルゼンチン〕hacerse* la rata, 〔コロンビア〕capar clase. ♦あの先生の授業は一度も休んだことがない Nunca 「he faltado a las clases [me he perdido ninguna clase] de ese profesor.

❺【眠る】v. dormir*; (就寝する)v. acostarse*. ♦早く休む v. acostarse* pronto. ♦彼はよく休んで(＝ぐっすり眠って)いた Estaba profundamente dormido. ♦父はまだ休んでいる(＝寝ている) Mi padre [《口語》papá] sigue 「en la cama [acostado]. ♦お休みなさい(就寝のあいさつ) Buenas noches. / ¡Que descanses [descanse]! / Hasta mañana.

❻【中止・中断する】(業務を) v. suspender [interrumpir] (el negocio); (遊休している) v. estar* 「sin trabajo [ocioso]. ♦彼はもう10時間も休まずに(＝休憩せずに)働いている Ha venido trabajando diez horas sin descanso [parar]. ♦その農地は休んでいる Las tierras de labranza están sin aprovechar. ♦その機械は

休んでいる La maquinaria está ociosa.
やすめ 休め《号令》¡Descanse(n)!
やすめる 休める (体などを) v. descansar, dar* descanso, dar* reposo, hacer* descansar [reposar]; (心を) v. hacer* descansar la mente, dar* reposo a la mente. ▶体を休める v. descansar. ▶気を休める v. descansar la mente, tranquilizar* el espíritu. ▶¹頭[²目]を休める v. dar* reposo a la ¹mente [²vista]. ▶仕事の手を休める v. descansar del trabajo. ▶機械を休める v. parar la máquina.
やすもの 安物 (安い品物) fpl. cosas baratas [sin valor]. ♦一目見ればその時計が安物かどうかが分かる De un vistazo se ve si el reloj es barato o no. ♦それはそこらの安物のバッグとはちがうよ。ちゃんとしたブランドものだよ No es un bolso barato. Es de una marca prestigiosa.
やすやす ▶やすやすと adv. fácilmente, con facilidad; (難なく) adv. sin problemas [esfuerzo]; (すぐに) adv. inmediatamente, enseguida. ▶やすやすと勝つ v. ganar fácilmente; (大差で) v. ganar por una gran diferencia.
やすやど 安宿 m. hotel barato, 《軽蔑的に》m. hotelucho, 《口語》m. hotel [f. fonda] de mala muerte.
やすらか 安らか (穏やかな) adj. apacible, pacífico; (心配のない落ち着いた) adj. tranquilo; (安心した) adj. en calma, sosegado. ♦家庭で安らかな夜を過ごす v. pasar una tarde tranquila [apacible] en casa. ♦あの人のそばにいると気持ちが安らかになる Me siento en paz cuando estoy a su lado.
── やすらかに adv. en paz, pacíficamente, apaciblemente. ▶安らかに死ぬ v. tener* una muerte apacible [tranquila]. ▶赤ちゃんは母親に抱かれて安らかに眠っていた El bebé dormía apaciblemente en los brazos de su madre.
やすらぎ 安らぎ (心の平静) f. paz del alma. ▶心の安らぎを覚える v. sentir* paz del alma; (気が楽になる) v. sentirse* cómodo. ♦そこは心の安らぎを得るところだ Es un lugar en donde uno puede sentirse en paz.
やすり 鑢 f. lima. ▶紙やすり f. lija, m. papel de lija. ▶やすりをかける v. limar.
やすんじる 安んじる (満足する) v. estar* contento 《con》. ♦彼は現状に安んじている Está contento tal como está.
やせい 野性 f. naturaleza salvaje. ▶野性的な adj. salvaje, (粗暴な) adj. salvaje, bruto, brutal.
やせい 野生 ▶野生の adj. salvaje, silvestre. ▶野生生物 f. vida silvestre. ▶野生(の)動物 m. animal salvaje. ▶野生(の)植物 f. planta silvestre. ♦この花は野生している Es una flor silvestre.
やせおとろえる 痩せ衰える ▶やせ衰えて骨と皮ばかになる v. estar* en los huesos, estar* hecho un esqueleto. ♦彼は長患いでやせ衰えている Con la larga enfermedad está en los huesos.
やせがた 痩せ型 f. figura esbelta, m. tipo delgado. ▶やせ型の若い男 m. joven delgado [flaco]. ▶背が高くやせ型の adj. esbelto.

やせがまん やせ我慢 ♦彼はほんとうは欲しいのにやせ我慢しているんだ (=自尊心が許さない) Su dignidad le impide admitir que lo quiere. / (そうでないふりをしている) Aunque de verdad lo desea, finge que no.
やせこける 痩せこける v. adelgazar* mucho, ponerse* muy delgado. ▶やせこけた adj. demacrado, 《教養語》macilento.
やせち 痩せ地 (不毛の) m. yermo, f. tierra baldía [yerma, estéril].
やせっぽち 痩せっぽち mf. flaco/ca, 《口語》mf. delgaducho/cha.
やせほそる 痩せ細る ▶悩みでやせ細る v. adelgazar* mucho por las preocupaciones.
＊やせる 痩せる ❶【人が】(体重がへる) v. adelgazar*, enflaquecer*, perder* peso; (細くなる) v. ponerse* delgado [flaco]; (減食などをして) v. guardar la línea. ▶10 キロやせる v. adelgazar* [perder*] diez kilos. ♦彼女は病気以来ずいぶんとやせた Ha adelgazado mucho después de la enfermedad. / La enfermedad la ha dejado muy delgada. ♦私は甘いものは食べません。やせようと (=減量しようと) 思っていますから No como nada dulce. Es que estoy intentando adelgazar [guardar la línea]. ♦彼女はとてもやせている Está muy flaca [《口語》flacucha].
❷【土地が】v. ponerse* [hacerse*] estéril [《教養語》infecundo, pobre]. ♦土地がやせている La tierra es estéril [pobre].
── やせた ❶【人が】adj. delgado; (やせて背が高い) adj. esbelto. ▶やせた馬 m. caballo flaco.
❷【土地が】(不毛の) adj. pobre; yermo, estéril, baldío, infecundo. ▶やせた土地 f. tierra pobre [yerma].
やせん 野戦 f. batalla. ▶野戦病院 m. hospital de campaña.
やそう 野草 f. maleza, f. broza.
やそうきょく 夜想曲 m. nocturno.
やたい 屋台 m. puesto, m. kiosko. ▶街角にホットドッグの屋台を出す v. montar [establecer*] un puesto de venta de perritos calientes en la esquina de la calle.
やたいぼね 屋台骨 (土台) mpl. cimientos, f. base; (財産) f. riqueza, f. fortuna. ▶バブル経済の崩壊が会社の屋台骨を揺るがせた El derrumbe de la "economía de la burbuja" sacudió los cimientos de la compañía.
やたらに (過度に) adv. demasiado, en exceso; (無差別に) adv. indiscriminadamente; (手当たり次第に) adv. al azar, a lo loco, 《口

がりがりだ
Está muy chupado.
→やせる

語)al tuntún,《口語》a tontas y a locas,《口語》a la buena de Dios; (惜しげなく) adv. libremente; (ひどく) adv. terriblemente; (向こう見ずに) adv. imprudentemente, de modo temerario. ▶やたらに本を読む v. leer* libros al azar. ▶金をやたらに遣う v. malgastar el dinero, gastar el dinero a lo tonto. ▶やたらに(=次々と)ドレスを新調する v. hacerse* un vestido tras otro, estrenar demasiados vestidos. ▶やたらに働く《口語》trabajar「a lo bestia [como un negro]. ▶やたらに(=盲目的に)信用する v. confiar* ciegamente. ▶今日はやたらに眠い『スペイン』《口語》Hoy tengo un sueño que me lo piso. / Hoy me muero de sueño. ▶その悪者はやたらに発砲した El malhechor se puso a disparar「al tuntún [a la buena de Dios].

やちょう 野鳥 f. ave silvestre. ▶野鳥観察 f. observación de las aves. ▶野鳥観察家 mf. observador/dora de las aves.

やちん 家賃 m. alquiler (de casa), f. renta (de casa). ▶1か月分の家賃を前納する v. pagar* el alquiler de un mes por adelantado. ▶家賃を値上げする v. subir el alquiler. ▶このアパートの家賃は月12万です El alquiler de este apartamento es de 120.000 yenes al mes. ▶家賃はいくら払っているのですか ¿Cuánto pagas de alquiler? ▶毎月高い家賃を払っている Todos los meses pago un alquiler alto. ▶家賃が上がった Ha subido el alquiler. ▶彼は家賃を3か月滞納している(=払っていない) Está atrasado en el pago de alquiler tres meses. / No ha pagado el alquiler de los últimos tres meses.

やつ 奴 ▶いい奴 m. tipo simpático. ▶かわいそうな奴 ¡Pobre hombre! ♦ 何て奴だ ¡Vaya tipo! ♦ きっと手伝ってくれるやつがいるにちがいないぜ Tiene que haber alguien que nos ayude.

やつあたり 八つ当たり ▶彼女は子供たちに八つ当たりした Se desahogó con los niños.

やっか 薬科 ▶薬科大学 f. Facultad de Farmacia.

***やっかい 厄介** ❶【面倒】 f. molestia,《口語》f. lata,《口語》m. lío; (小さな) m. estorbo;【心配】 f. preocupación. ▶やっかいもの(人,物) m. fastidio《para》; (負担) f. carga《para》; (人) mf. alborotador/dora. ▶彼にやっかいをかける v. causarle molestias. ▶やっかいなことを避ける v. evitar molestias [problemas]. ▶警察のやっかいになっている v. 1meterse [2estar* metido] en problemas [《口語》líos] con la policía. ▶やっかいをかけてすみません Perdón por「la molestia [las molestias, haberlo[le, la] molestado]. / Disculpe que le haya causado tantas molestias. / Perdone las molestias causadas.
❷【世話】 m. cuidado; fpl. atenciones. ▶やっかいになる(依存する) v. depender [estar* bajo] el cuidado《de + 人》;(世話になって暮らす) v. vivir a costa [expensas]《de + 人》;(滞在する) v. quedarse (en casa de, con). ♦まだ親のやっかいになっているのですか ¿Todavía dependes de tus padres? / ¿Sigues viviendo a costa de tus padres? / ¿Continúas bajo el cuidado de tus padres? ♦一晩おじのやっかいになった Me quedé por la noche en casa de mi tío.
《その他の表現》♦彼をやっかい払いする v. librarse [deshacerse*] de él. ▶彼がよそへ引っ越した, いいやっかい払いだ Se ha cambiado. ¡Por fin me he librado de él!

── **やっかいな** (面倒な) adj. fastidioso,《口語》lioso; (困難な) adj. difícil. ▶やっかいな仕事 f. tarea difícil [pesada]. ▶やっかいな子供 mf. niño/ña problemático/ca. ▶やっかいなことに機械が動かない「El problema es que [Y encima] la máquina no funciona. /《強調して》¡Vaya fastidio, no funciona la máquina! ▶定刻に着かなかったらやっかいなことになりかねない Si no llegamos a tiempo, tendremos problemas. ▶そんなことをするとやっかいなことになる Si haces eso, se complicarían las cosas. ♦子供は時にやっかいなことがある Los niños pueden ser un fastidio.

やっかみ (せん望) f. envidia; (しっと) mpl. celos. → 妬(ねた)み.

やっき 躍起 ▶躍起になって(=半狂乱になって)助けを求める v. pedir* auxilio [socorro] desesperadamente. ▶試験にパスしようと躍起になる(=必死に努力する) v.「hacer* esfuerzos desesperados [intentar lo imposible,《口語》poner* toda la carne en el asador] para aprobar* el examen. ♦彼はその賞を得ようと躍起になっている Está tratando desesperadamente de ganar el premio.

やつぎばや 矢継ぎ早 ▶矢継ぎ早に質問を浴びせる v. hacer*《a + 人》una pregunta tras otra, hacer*《a + 人》 lluevan preguntas, asaetear《a + 人》con preguntas.

やっきょう 薬莢 m. cartucho (vacío).

やっきょく 薬局 f. farmacia,《口語》f. botica; (病院内の) m. dispensario, f. farmacia.

地域差 薬局	
〔全般的に〕	f. farmacia
〔メキシコ〕	f. botica
〔ペルー〕	f. botica
〔コロンビア〕	f. botica, f. droguería
〔アルゼンチン〕	f. droguería

やった (でかしたぞ) ¡Bien hecho! (おみごと) ¡Estupendo! / ¡Qué bien! (うまいぞ) ¡Bravo! 会話 彼, チャンピオンになったぞー-やったね Ha ganado el campeonato. – ¡Bravo! 会話 みち子, 動物園に連れて行くよ-やったァー! Te llevaré al zoo, Michiko. – ¡Qué bien!

やっつ 八つ ocho. ▶八つ目の adj. octavo.

やっつける (負かす) v. derrotar, vencer*; (こら

薬局, 化粧品店
Droguería, perfumería →薬局

しめる v. dar* 《a ＋ 人》 un escarmiento; （厳しくしかる）v. reprender, reñir*, regañar. ◆敵をやっつける v. derrotar a un enemigo.

やっていく やって行く （暮らしていく）v. arreglárselas [apañárselas, ir* tirando] 《con》; （人と仲よくやっていく）v. llevarse bien 《con ＋ 人》; （事を何とか処理する）v. lograr [poder*] 《＋不定詞》; （…なしで済ます）v. pasar sin, prescindir 《de》. ◆今月は5万円でやっていかなければならない Este mes me las tengo que arreglar con 50.000 yenes. ◆君がいなくても何とかやっていくよ Me las arreglaré sin ti. ◆彼は奥さんとうまくやっていくだろう Se entenderá bien con su mujer. ◆彼は5時間の睡眠時間でやっていける（＝5時間しか睡眠は要らない）Se las arregla con cinco horas de sueño.

やってくる やって来る v. venir* 《a》; （近寄って来る）v. acercarse* 《a》; （回って来る）v. venir*; （会いに来る）v. venir* a ver*; （現われる）v. aparecer* 《en》, presentarse 《en, a》; （訪問する）v. visitar ☞ 来る, 渡来

やってのける やって退ける v. hacer(se)*, realizar*, sacar* adelante. ◆その難事業を見事にやってのける（＝成し遂げる）v. sacar* adelante el difícil proyecto. ◆たくさんの宿題を1時間かそこらでやってのける（＝やってしまう）v. hacerse* un montón de tareas en más o menos una hora.

やってみる （試みる）v. intentar; （一か八か）v. correr un riesgo, arriesgarse*. ◆それはやってみる価値がある Vale la pena intentarlo. 会話 私にはうまくできそうにないわ—でもやってみないと分からないでしょう No creo que pueda. – ¿Cómo lo sabes si no lo has intentado?

***やっと** ❶【ついに】adv. por fin, al fin, finalmente. ◆やっと彼女から手紙が届いた Por fin recibí su carta. 会話 試験が終わったよ—じゃあやっとのんびりできるのね He terminado los exámenes. – Bueno, por fin puedes respirar [descansar], ¿eh? ◆1か月かかってやっとそれをやり終えた Finalmente lo he terminado al cabo de un mes. / He tardado un mes en terminarlo.

❷【かろうじて】adv. a duras penas, apenas, 《口語》 por 「los pelos [un pelo]; （苦労して）adv. con muchos problemas, 《口語》 a trancas y barrancas; （危ういところで）adv. justo, por poco. ◆やっと終電車に間に合う v. llegar* justo [por los pelos] al último tren, coger* el último tren por los pelos. ◆やっと5時までに仕事を終えることができた A duras penas he acabado el trabajo para [antes de] las cinco. ◆家のガレージは車1台がやっとだ En nuestro garaje hay espacio con dificultades para un solo coche. ◆やっとのことで怒りを抑えた A duras penas contuvo su ira. ◆食べてゆくのがやっとだ Tengo lo justo para vivir. / Me mantengo a trancas y barrancas.

やっとこ （針金切り）fpl. tenazas.

やっぱり →やはり

ヤッホー ◆彼は山の頂上からヤッホーと叫んだ Gritó "¡Eeecooo!" desde la cima de la montaña.

やつれた ❶【やせ衰えた】（睡眠不足・心配などで）adj. (ser, estar) macilento, (estar) enflaquecido; （病気などで）adj. (estar) demacrado, extenuado. ◆やつれた¹顔 [²人] ¹ f. cara [² f. persona] macilenta.

❷【見苦しい】◆やつれた身なりをしている v. llevar vestidos pobres y viejos, ir* pobremente vestido.

—— やつれる v. ponerse* [quedarse] demacrado (por la enfermedad).

やど 宿 （泊まる所）m. alojamiento, f. hospedería, m. albergue (ホテル) m. hotel; （古風な）f. posada, m. parador. ▶スキー宿 m. hotel [m. albergue] para esquiadores. ▶宿帳 f. recepción del hotel. 宿賃 f. tarifa del hotel. ◆一夜の宿を求める v. pedir* hospedaje para pasar una noche. ◆宿はすぐに決まった El alojamiento lo decidimos enseguida. ◆彼はその夜ホテルに宿をとった（＝泊まった）Pasó la noche en un hotel. / Se alojó esa noche en un hotel. / Pernoctó en un hotel.

やとい 雇い （雇用）m. empleo; （使用人）mf. empleado/da. ▶臨時雇い m. empleo temporal; （人）mf. empleado/da temporal, m. temporero/ra. ▶雇い人（使用人） mf. empleado/da. ▶雇い主 mf. empleador/dora, mf. patrón/trona.

やといいれる 雇い入れる v. emplear, contratar, dar* empleo 《a ＋ 人》.

やとう 野党 m. partido de la oposición, f. oposición. ▶野党第一党 m. principal partido de la oposición. ▶野党1である [²になる] v. ¹estar* en [²pasar a] la oposición.

***やとう** 雇う v. contratar, emplear. ◆その男はうちでは雇っていない。どこで働いているのかも分からない Aquí no se ha contratado a ese hombre. No sé siquiera dónde trabaja. ◆タクシーを1台雇う v. alquilar [tomar] un taxi. ◆召使いを雇う v. contratar [emplear] a un criado. ◆そのホテルは5人の料理人を雇っている Ese hotel 「da empleo [emplea] a cinco cocineros. / En ese hotel trabajan cinco cocineros. ◆彼女は秘書として雇われている 「Está colocada [Trabaja] de secretaria. ☞ 入[容]れる, 採用する, 使[遣]う, 置く, 登用

やどかり 宿借り m. (cangrejo) ermitaño, m. paguro.

やどなし 宿無し （定住する家のない人）f. persona sin hogar; （ホームレスの人）f. persona sin techo [hogar]; （浮浪者）mf. vagabundo/da.

やどや 宿屋 m. hostal, f. posada, f. fonda; （日本式旅館）f. posada de estilo japonés. ▶宿屋の主人 mf. posadero/ra.

やどりぎ 宿り木 m. muérdago, m. parásito.

やどる 宿る （風雨を避ける）v. albergarse*, abrigarse*; （人が住む）v. habitar, 《文語》 morar. ◆健全な精神が彼の身体に宿っている Una mente fuerte mora en su cuerpo.

やなぎ 柳 m. sauce （☆通例「しだれ柳 (sauce llorón)」をさす）. ▶柳細工 m.pl. artículos de mimbre. ◆柳の下にいつもドジョウはいない（ことわざ）No busques pájaros en los nidos de antaño. /《ことわざ》No hay dicha que cien años dure.

やなみ 家並み f. hilera de casas.

やに 脂 (木の) f. resina; (たばこ) m. alquitrán. ◆目やに f. legaña, f. pitarra, f. pitaña.

やにょうしょう 夜尿症《専門語》f. nocturia.

やにわに adv. de repente, repentinamente, 《教養語》súbitamente, de improviso. ◆彼をやにわに襲う v. atacarlo[le]* [agredirlo[le]] de repente.

やぬし 家主 (男性の) m. casero, m. patrón; (女性の) f. casera, f. patrona; (家の所有者) mf. dueño/ña de una casa.

*◆**やね 屋根** m. tejado, m. techado,《専門語》f. cubierta; (乗り物の) m. techo. ◆屋根板《専門語》f. tabla de ripia. ◆屋根裏部屋 m. ático, f. buhardilla. ◆(競技場の)屋根付き観覧席 f. tribuna con techados. ◆「屋根の上のバイオリン弾き」(映画名) «El Violinista en el Tejado». ◆赤い屋根の家 f. casa con el tejado rojo. ◆屋根伝いに adv. por los tejados, de tejado en tejado. ◆屋根にアンテナを取り付ける v. instalar una antena en el tejado. ◆私の家の屋根は1[2わら]2[ばら]でできている Mi casa tiene la cubierta de ¹tejas [²pajas, ²bálagos]. ◆彼らは3年間同じ屋根の下で暮らした Vivieron bajo el mismo techo tres años. / Compartieron una casa tres años.

やのあさって 明々後日 adv. dentro de tres días.

やばい (危険性の高い) adj. arriesgado,【ラ米】riesgoso.

*◆**やはり ❶【同様に】** adv. también; tampoco, ni. ◆彼もやはりそこにいたのです Él también estaba allí. / Allí estaba igualmente él.
❷【たとえそうでも】 adv. aún así, incluso así, así y todo, 《教養語》adv. todavía; (それにもかかわらず) adv. a pesar de todo. ◆この本にはいくつか間違いがあるが、やはり一読の価値はある Este libro tiene algunos errores; aún así, vale la pena leerlo. ◆彼はかなりごう慢だが、やはり私は彼が好きだ Es bastante arrogante; así y todo, me cae bien.
❸【依然として】 adv. todavía, aún, seguir (+現在分詞). ◆やはり君は間違っていると思う「Todavía creo [Sigo creyendo] que estás equivocado. ◆彼は今でもやはり勉強家です Sigue trabajando tanto como antes.
❹【思ったとおり】 adv. como era de esperar [prever], como se preveía, 《口語》se veía venir, interj. claro,《スペイン》《口語》hombre, claro, naturalmente, por supuesto. ◆やはり彼は来なかった Como era de esperar, no vino. / No vino como yo me temía. 会話 あの人たち別れたんだって―やはりね（＝そうなるんじゃないかと思った。) Han roto. ― Claro. Era de esperar. [¡Si se veía venir!] ◆やはり（＝確かに)新米はおいしよ Por supuesto, el arroz nuevo es el mejor. / ¡Hombre, claro que el arroz nuevo es el mejor!
❺【結局】 adv. después de todo, con todo y con eso, a fin de cuentas. ◆他に約束があったが、やはりパーティーに行くことに決めた Tenía otra cita, pero con todo y con eso decidí ir a la fiesta.

やはん 夜半 adv. medianoche. ◆彼は夜半過ぎまで勉強していた Estudió hasta después de medianoche.

やばん 野蛮 野蛮人 mf. bárbaro/ra, mf. salvaje.
――**野蛮な** adj. salvaje, bárbaro, primitivo; (野蛮人の) adj. bárbaro; (野蛮人のように粗野な) adj. bárbaro, brutal. ◆野蛮な行為 m. acto salvaje [bárbaro].

やひ 野卑 野卑な (下品な) adj. vulgar; (粗野な) adj. rudo; (いやしい) adj. bajo, rastrero.

やぶ 藪 (低木の茂み) f. maleza; (密集した) m. matorral; (草むら) f. mata (de hierba). ◆やぶ医者《口語》《軽蔑的に》mf. matasanos. ◆やぶ蚊 m. mosquito rayado. ◆やぶにらみ f. bizquera, m. estrabismo. ◆やぶから棒に (出し抜けに) adv. bruscamente, repentinamente; (突然) adv. de repente, repentinamente,《教養語》súbitamente; (予告なしに) adv. sin avisar, sin previo aviso, a bocajarro; (思いがけなく) adv. de improviso, de forma imprevista. ◆彼がやぶから棒に現われたので驚いた Me sorprendió su aparición repentina. ◆そいつはやぶ蛇だ(言い回し) Mejor es no menearllo. /(言い回し)Peor será meneallo.

やぶく 破く v. desgarrar. → 破る, 裂く。

やぶける 破ける v. desgarrarse. → 破れる, 裂ける

やぶさかでない (進んで...する) v. estar* dispuesto (a), no tener* inconveniente (en). ◆あやまちを改めるのにやぶさかでない Estoy dispuesto a enmendarme [corregir mis faltas].

*◆**やぶる 破る ❶【紙・布などを裂く】** v. desgarrar, rasgar*; (ばらばらに壊す) v. romper*, destrozar*. ◆ドアを破って開けるv. romper* la puerta para entrar, forzar* la puerta. ◆その手紙の封を破って開ける v. rasgar* el sobre de la carta, romper* el sobre para sacar* la carta. ◆彼はくぎに上着をひっかけて破った Un clavo le rasgó el abrigo. / Se le rasgó [desgarró] el abrigo con un clavo. /(裂いて穴をあけた)Un clavo le hizo un agujero rasgándole el abrigo. / El clavo le abrió un agujero en el abrigo. ◆彼は怒って手紙をずたずたに破った Estaba furioso y rompió la carta en pedazos.
❷【平静状態を乱す】 (断つ) v. romper*,《教養語》quebrantar; (かき乱す) v. alterar, quebrar*; (だめにする) v. estropear, echar a perder*. ◆重苦しい沈黙を破る v. romper* el pesado [opresivo] silencio. ◆調和を破る v. alterar [estropear] la armonía.
❸【限界を越える】 v. batir, romper*. ◆これまでの世界記録を破る v. batir [romper*] el récord mundial existente. ◆牢を破る v. escapar de la cárcel [prisión]. ◆自分の殻を破る v.《口語》《比喩的に》salir* de su concha. ◆警察の警戒網を破って逃げる v. salirse* del cordón policial.
❹【決められた事柄にそむく】 v. quebrantar,

romper*；(違反する)v. violar, infringir；(無視する)v. ignorar. ▶規則を破る v. violar [infringir*] la regla. ▶約束を破る v. 「no cumplir [faltar a] una promesa. ▶伝統を破る v. 「faltar a [romper* con] la tradición □打ち勝つ, 犯す

やぶる 破[敗]る（勝負で人を負かす）v. vencer*, derrotar, ganar. ♦東チームは西チームを10対0で破った El equipo del este venció 10-0 al equipo del oeste.

やぶれ 破れ（裂け目, ほころび）m. desgarrón, m. rasgón, f. rasgadura. ▶服の破れをつくろう v. coser la rasgadura de un vestido. ♦もう破れかぶれだ Estoy desesperado.

・やぶれる 破れる ❶〖破った状態になる〗（壊れる）v. romperse*, quebrarse*, quebrantarse；（裂ける）v. desgarrarse, rasgarse*；（すり切れる）v. desgastarse, gastarse. ▶破れた服 m. vestido roto. ▶破れた靴 mpl. zapatos gastados. ♦冬には水道管がよく破れる La cañería de agua se rompe a menudo en invierno. ♦彼の上着はくぎにひっかかって破れた Su abrigo se desgarró con un clavo. / Un clavo le rasgó el abrigo. ♦彼女のジーンズは破れている「Tiene un desgarrón en [Se le han rasgado] sus (pantalones) vaqueros.

❷〖成功の見込みがなくなる〗▶恋に破れる v. tener* un desengaño amoroso, sufrir un desgarro afectivo. ♦彼の社długasなるという夢は破れた(=砕かれた) Sus esperanzas de ser presidente quedaron destrozadas [〖口語〗por los suelos].

やぶれる 破[敗]れる（試合などで）v. ser* vencido [derrotado, ganado], perder*. ♦東チームは西チームに0対10で敗れた El equipo del este fue vencidos 0-10 por el equipo del oeste. ♦彼女は準々決勝でサンチェスに1-6, 3-6で敗れた En los cuartos de final cayó derrotada ante Sánchez por 1-6 y 3-6.

やぶん 夜分 f. noche. ▶夜分¹こんな「²遅い」時間にお電話してすみません Siento llamarlo[le, la]¹a esta hora de la noche [²tan a deshora por la noche].

やぼ 野暮 ▶野暮な（単純で事情にうとい）adj. tosco, basto；（平凡でつまらない）adj. rancio, trillado；（人の気持ちに鈍感な）adj. insensible, falto de sensibilidad；（作法のあかぬけしない）adj. poco refinado, falto de elegancia, rústico. ♦私はそんなことを言う程やぼじゃない「soy tan insensible que diga [tengo tan poca elegancia como para decir] tal cosa. ♦君は彼女の申し出を断わるなんて野暮な(=ばかな)奴だな Hiciste una tontería「por rechazar [rechazando] su oferta.

やぼう 野望 f. ambición. ▶信長には天下をとりたいという野望があった Nobunaga ambicionaba [tenía la ambición de] conquistar todo el país.

やぼったい 野暮ったい →野暮. ▶野暮ったい男 m. hombre tosco [sin elegancia]. ▶野暮ったい (=粗野な)デザイン m. diseño rústico.

＊やま 山 ❶〖山岳〗m. monte, f. montaña；（小山）m. monte, m. cerro, f. colina, f. loma, m. collado, m. otero. m. alcor, m. montículo；(鉱山) f. mina.

1〖～山〗▶オソルノ山 m. Monte Osorno. ▶樹木でおおわれた山 m. monte boscoso [poblado de árboles]. ▶はげ山 m. monte pelado, f. montaña desnuda [sin vegetación]. ▶雪をいただいた山 f. montaña coronada de nieve.

2〖山＋名詞〗▶山の m. pueblo de montaña. → 山間, 山国, 山奥, 山火事, 山小屋, 山崩れ, 山登り, 山積み, 山開き. ♦山歩きが好きだ Me encanta pasear por el monte.

3〖山が[を, に, で]〗▶山に登る v. subir [ascender*, escalar] una montaña. ▶山を下りる v. bajar [descender*] una montaña. ▶山に行く v. ir(se)* "a la montaña [al monte]. ▶山で夏を過ごす v. pasar el verano en las montañas. ▶山で命を落とす v. perder* la vida en la montaña. ♦海より山が好きだ Me gusta más la montaña que el mar. / Prefiero la montaña al mar. ♦富士山は日本で一番高い山です El Monte Fuji es la montaña más alta de Japón. ♦日本は山が多い Japón 「tiene muchas montañas [es un país montañoso].

❷〖積み上げた物の山〗m. montón, 《口語》m. montoncito, f. pila, 《教養語》《比喩的に》m. cúmulo, m. hatajo,《口語》f. porrada；(商品一組) m. lote, m. montón. ▶ひと山5百円のリンゴ fpl. manzanas vendidas a 500 yenes el montón. ▶ごみの山 m. montón de basura. ▶山積みの(=山と積まれた)丸太 f. pila [m. montón] de troncos. ▶山のような大波 fpl. olas 「como montañas [gigantescas]. ♦彼の机には書類が山のように(=山積みされて)ある Sobre su mesa hay un montón de papeles. ♦山ほど(=山のような)仕事が待っていた Había un montón de trabajo esperándome.

❸〖物の高くなった部分〗▶タイヤの山（=接地面）f. banda de rodamiento de 「〖スペイン〗un neumático [〖米〗una llanta]. ▶ねじの山 f. rosca [m. filete] de un tornillo.

❹〖投機, 推測〗f. especulación；(推測) f. suposición. ▶山をかけて[山を張って]株を買う v. comprar acciones especulando. ▶株で一山当てる v. hacer* una fortuna especulando 「con las acciones [en la Bolsa]. ♦〖試験で〗山が¹当たった [²はずれた] ¹Acerté [²Me equivoqué en] lo que iban a poner en el examen.

❺〖山場〗（事件・物語などの）m. clímax, m. punto culminante；（変動する量・割合などの）m. momento [m. punto] culminante；（危機）m. momento [m. punto] crítico；（終局的）m. final. ♦ここがこの物語の山だ Este es el clímax de la historia. ♦今が景気の山だ Estamos en el momento culminante del negocio. ♦事件の山はもうすぐ見えてくるだろう El final del caso pronto estará a la vista.

やまあい 山間 m. vallejo；（狭い）f. cañada；（切り立つ山にはさまれた）m. barranco, f. quebrada. ▶山間の集落 f. aldea en el vallejo.

やまあらし 山荒し m. puerco espín.

やまい 病 f. enfermedad, m. mal. ◆不治の病 f. enfermedad incurable. ◆病を患う v. padecer* [sufrir con] una enfermedad. ◆病は気から La preocupación excesiva es causa de la enfermedad.

やまいも 山芋 m. ñame.

やまおく 山奥 lo más recóndito de la montaña. ◆彼らは山奥に住んでいる Viven en ⌈lo más recóndito [el fondo] de las montañas.

やまおとこ 山男 (登山家) m. montañero; (本格的な) m. alpinista; (山の住人) m. habitante de montaña.

やまかじ 山火事 m. incendio forestal.

やまかん 山勘 (推量) f. suposición; (当て推量) fpl. conjeturas; (直感) m. presentimiento. ◆山勘で adv. a base de conjeturas. ◆山勘が¹当たった [²はずれた] Mi presentimiento fue ¹cierto [²falso]. / ¹Acerté [²Me equivoqué].

やまくずれ 山崩れ (...) m. derrumbamiento [m. derrumbe, m. desprendimiento] (de montaña); (土石流)《専門語》f. colada de derrubios. ◆山崩れでたくさんの家が埋まった Numerosas casas fueron enterradas por el derrumbamiento.

やまぐに 山国 (国) m. país montañoso; (地方) f. región montañosa [montuosa].

やまけ 山気 (投機心) f. tendencia especulativa, m. espíritu especulativo [especulador]. ◆山気のある person m. hombre especulador [de espíritu especulativo]. ◆株に山気を出す v. especular ⌈en la Bolsa [con las acciones].

やまごや 山小屋 f. cabaña en la montaña; (スキー・狩猟用などの) m. refugio.

やまし 山師 (投機師) mf. especulador/dora; (さぎ師) mf. estafador/dora, mf. timador/dora.

やましい v. remorder* la conciencia《por》, tener* escrúpulos de conciencia《por》. ◆私にやましいところはない Tengo la conciencia tranquila. / No me remuerde nada la conciencia. / No tengo ningún escrúpulo de conciencia.

やまづみ 山積み ◆山積みの本 m. montón [f. pila] de libros. ◆机の上に書類が山積みになっている La mesa está llena de montones de papeles. / Hay montones de papeles en la mesa.

やまて 山手 f. zona residencial.

やまと 大和 Yamato, el antiguo Japón. ◆大和魂 m. espíritu japonés, f. alma japonesa. ◆大和民族 f. raza japonesa.

ヤマネコ m. gato montés.

やまのて 山の手 (山に近い地方) m. distrito de las lomas; (住宅地区) f. zona residencial. ◆山の手線 f. Línea (Circular) Yamanote. ◆東京の山の手に住む v. vivir en el distrito residencial "yamanote" de Tokio.

やまのぼり 山登り m. montañismo, m. alpinismo. → 登山.

やまば 山場 (絶頂) m. clímax; (危機) f. crisis, m. momento crítico; (転換点) m. momento crucial [decisivo].

やまはだ 山肌 f. superficie de una montaña. ◆その山肌はむき出しになっている La superficie de la montaña está pelada.

やまばと 山鳩 (キジバト) f. tórtola.

やまびこ 山彦 m. eco.

やまびらき 山開き m. comienzo [f. apertura] de la estación de montañismo. ◆富士山の山開きは7月1日です El uno [primero] de julio se abre el Monte Fuji para los montañistas.

やまぶき 山吹 (花) f. rosa japonesa; (色) m. amarillo brillante.

やままち 山道 m. sendero, f. trocha, f. pista, m. desfiladero; (車道) f. pista; (狭間の) m. desfiladero.

やまもり 山盛り ◆山盛りのミカン m. montón de naranjas. ◆大さじに山盛り1杯の砂糖 f. cucharada colmada de azúcar. ◆彼の皿に食べ物を山盛りする v. colmarle el plato de comida.

やまやま 山々 ❶【大いに】(本当に) adv. de verdad; (非常に) adv. muchísimo. ◆君と食事に行きたいのは山々なのですが、今晩は約束があります De verdad que me gustaría salir a cenar contigo, pero esta noche tengo un compromiso.
❷【多くの山】◆伊豆の山々 fpl. montañas de la Península de Izu.

やまゆり 山百合 f. azucena (japonesa).

やまわけ 山分けする (...を等分に分ける) v. repartir a partes iguales; (二人で) v. dividir por la mitad. ◆盗んだ金を仲間三人で山分けする v. repartirse a partes iguales entre tres el dinero robado. ◆賞金を山分けする v. dividir por la mitad el dinero del premio.

やみ 闇 ❶【暗いこと】(暗がり) f. oscuridad; (暗い所) f. oscuridad, fpl. tinieblas; (夜の暗闇) f. noche. ◆闇に紛れて部屋に忍び込む v. meterse en una habitación amparado por la oscuridad. ◆明かりがすべて消え、私は闇の中に残された Se apagaron todas las luces y me quedé a oscuras. ◆彼は夜の闇の中へ出て行った Salió a la oscuridad de la noche.
❷【不正取引】◆やみ市場 m. mercado negro. ◆やみ行為 fpl. actividades del mercado negro, fpl. acciones clandestinas. ◆やみ相場 [値] m. precio del mercado negro. ◆やみ取り引き m. comercio clandestino [de estraperlo]. ◆やみ商人 mf. estraperlista. ◆この時計はやみ(市場)で買った Ese reloj lo compré en el mercado negro.
《その他の表現》◆前途は闇だ Tenemos delante un futuro negro. ◆一寸先は闇だ (=だれが将来を予言することができようか) ¿Quién puede leer el futuro? ◆汚職事件は闇から闇へ葬られた (=もみ消された) Acallaron [Taparon, Ocultaron] el escándalo.

やみあがり 病み上がり(の) adj. convaleciente, apenas recuperado (de la enfermedad). ◆彼は病み上がりでまだ体が弱っている Todavía está débil por la convalecencia.

やみくもに 闇雲に (でたらめに)*adv.* al azar; (突然)*adv.* de repente; (出し抜けに)*adv.* de improviso.

やみつき 病みつき *f.* adicción, *m.* vicio. ◆彼はテレビゲームに病みつきになって毎日している「Es adicto a [Tiene el vicio de] estar jugando todos los días con los videojuegos.

やみよ 闇夜 ▷闇夜に *adv.* en una noche cerrada [oscura].

*__やむ__ [雨などが]*v.* cesar, parar, interrumpir; 【風などが】(しだいにおさまる)*v.* calmarse, amainar. ◆雨が止んだ Ha「cesado la lluvia [dejado de llover]. ◆今朝から雨が降ったり止んだりしている Desde esta mañana ha estado lloviendo a ratos. ◆朝にはあらしは止んでいた Por la mañana la tormenta había cesado. ◆赤ん坊は泣き止んだ El bebé dejó [paró, cesó] de llorar.

やむ 病む (病気になる)*v.* ponerse* [caer*] enfermo, enfermar.

やむにやまれぬ →やむをえない.

やむをえない (避けられない)*adj.* inevitable, ineludible; (必要な)*adj.* necesario, indispensable. ◆やむをえない事情のために *adv.* debido a circunstancias inevitables. ◆それはやむをえないことだ No hay remedio. / Es inevitable.

── **やむをえず** *adv.* inevitablemente, ineludiblemente, a la fuerza. ◆彼はやむをえず家を売った (= 売る以外に他の手段はなかった) No tuvo más remedio que vender su casa. / Fue inevitable que vendiera su casa. / (必要にせまられて) Se vio obligado a vender su casa. ◆私はやむをえず (= 余儀なく) 退職した Me「vi obligado a [resultó inevitable] dejar mi trabajo.

*__やめる__ 止める ❶【中止する】*v.* dejar; (一時的に)*v.* suspender; (予定されたことを)*v.* cancelar; (終わらせる)*v.* finalizar*, poner* fin, terminar. ◆バスの運行を(一時)止める *v.* suspender un servicio de autobús. ◆おしゃべりは止めてくれませんか ¡Hagan ustedes el favor de callarse! ◆太郎、やめなさい。いらいらさせないでよ ¡Basta ya, Taro! Me estás atacando los nervios. ◆両国は戦争を止めることに同意した Los dos países acordaron poner fin a la guerra. ◆ノルテ局はいつもの朝の対談番組を止めた La Emisora Norte canceló su programa habitual de entrevistas de la mañana. ◆組合はストライキを止めるよう指示された Al sindicato le ordenaron que suspendiera [desconvocara] la huelga.

❷【断念する】*v.* dejar, abandonar; (誓って)*v.* renunciar 《a》; (縁を切る)*v.* acabar 《[口語] cortar》 (口語). ◆彼は酒を止めた Dejó de beber 《[ラ米] tomar》. / Se abstuvo del alcohol. ◆家を買うのを止めた Renuncié a comprarme una casa. / (買わないことに)Decidí no comprarme una casa. (会話) それ彼に送るよ ―止めろよ Se lo enviaré. ― No lo hagas. / Déjalo. ◆行こうかな、それとも止めようかな ¿Qué hago? / ¿Voy? ¿O mejor no?

❸【廃止する】*v.* abolir, suprimir; (取り除く)*v.* deshacerse* 《de》. ◆死刑を止める *v.* abolir la pena de muerte. ◆悪い習慣を止める *v.* deshacerse* [corregirse*] de una mala costumbre. ◆私たちの学校は制服を止めた Nuestra escuela suprimió el uniforme.

── **止めさせる** ◆彼がそこへ行くのを止めさせる *v.* hacer* que no vaya allí. ◆彼に夜ふかしの習慣を止めさせる *v.* quitarle la costumbre de acostarse* tarde. ◆医者は彼を説得して酒は止めさせた El médico le convenció de que se abstuviera del alcohol. ◆どうして彼らを説得してそれを止めさせなかったの ¿Por qué no les convenciste para que no lo hicieran?

☞中止する, 中断

*__やめる__ 辞める ◆彼がそこへ行くのを【去る】*v.* abandonar, irse* 《de》; 【退職する】(定年などで)*v.* retirarse 《de》; (年金生活に入る)*v.* jubilarse 《役職などを辞職する》*v.* dimitir 《de》. ◆彼は[1]学校 [2]会社, [3]その仕事]を辞めた Dejó [1]la escuela [2]la compañía; [3]el trabajo]. ◆彼は 60 歳で会社を辞めた Se jubiló a los 60. ◆彼は[1]委員 [2]議長]を辞めた Dimitió de [1]miembro [2]presidente] del comité.

── **辞めさせる** ◆社長は彼を辞めさせた (=首にした) El presidente le despidió [cesó, (口語) echó]. ◆彼は窃盗をして学校を辞めさせられた (=退学させられた) Le expulsaron de la escuela por robar.

やもうしょう 夜盲症 〖専門語〗 *f.* ceguera nocturna.

やもめ *mf.* viudo/da. ◆やもめになる *v.* enviudar, quedarse viudo/da. ◆彼女のやもめ暮らしも 3 年ほどになる Hace ahora tres años que se quedó viuda.

やもり *f.* salamanquesa, *m.* geco.

*__やや__ (少し)*adv.* un poco, algo, un tanto; (ある程度まで)*adv.* hasta cierto punto. ◆やや疲れた Estoy「un poco [algo] cansado. ◆彼のスペイン語はやや上達した Su español ha mejorado「un poco [algo]. ◆君はややある政治家と似ている Te pareces un poco a ese político.

ややこしい (複雑な)*adj.* complicado, complejo, intrincado, 《口語》lioso; (難しい)*adj.* difícil, dificultoso; (やっかいな)*adj.* molesto; (頭を混乱させる)*adj.* confuso, desconcertante. ◆話(=事態)をややこしくするな No compliques las cosas.

ややもすれば 【しがちである】(本来的・習慣的に)*v.*「tener* tendencia [tender*] 《a》; (性質的に)*v.*「ser* propenso [estar* inclinado]《a》. ◆若い人はややもすれば誘惑に負けやすい La juventud tiende a ceder ante la tentación. ◆人はややもすれば迷信に陥りやすい La gente es propensa a la superstición.

やゆ 揶揄 (ひやかし)*m.* ridículo, *f.* burla; (攻撃的な)〖教養語〗 *m.* escarnio. ◆その政治家をやゆする *v.* hacer* burla de ese político.

*__やら__ ❶【不確かさを示す】◆彼は何やら言っているよく聞こえない No puedo oírlo[le] bien, aunque está diciendo algo. ◆今日山田さんとやらいう人があなたに会いに来ましたよ Hoy ha venido a verte un tal Sr. Yamada. ◆彼は来るのやら来ないのやらはっきりしない No se sabe con

やらかす

seguridad si vendrá o no.
❷【並べて言う】(または) *conj.* o; (…やら…やらで) *conj.* tanto… como…; … y… ◆第二外国語としてスペイン語やらフランス語やらをとらないといけません Tienes que tomar español o francés como segunda lengua. ◆貧困やら病気やらで彼女は人生に絶望した Perdió toda esperanza de la vida tanto por su pobreza como por su enfermedad.

── ─やら【…かしら】Me pregunto… ◆この橋はいつ完成するのやら Me pregunto cuándo acabarán este puente. / ¡Cuándo acabarán este puente!

やらかす (する) *v.* hacer*. ◆彼は次に何をやらかすかは分からない No sabemos qué va a hacer a continuación. ◆彼はまたとんでもない失敗をやらかした〔口語〕Volvió a cometer un grave error. / Otra vez cometió una equivocación gorda. 会話 白状することがあるんだ ─ まあ何をやらかしたの Quiero confesar algo. ─ Venga, ¿qué es lo que has hecho esta vez?

やらせ ◆このドキュメンタリー映画はやらせだ (＝でっち上げられたものだ) Este documental es un fraude.

やらせる (むりに) *v.* hacer* 《＋不定詞, que ＋接続法》, obligar* 《a ＋不定詞, a que ＋接続法》; (好きなように) *v.* dejar 《＋不定詞》, dejar 《que ＋接続法》. ◆彼女は意に反してそうをされた La obligaron a hacerlo contra su voluntad. / La forzaron a ello. ◆子供たちの好きなようにやらせるつもりだ Dejaré que mis hijos hagan lo que quieran. ◆ちょっとやらせまて Déjame probar [intentarlo].

やられる (被る) *v.* sufrir; (負かされる) *v.* ser* vencido [derrotado]. ◆こてんこてんにやられる *v.* sufrir una terrible derrota. ◆彼はインフルエンザにやられた (＝寝込んでしまった) Ha caído en cama con gripe.

やり 槍 *f.* lanza; (槍投げの) *f.* jabalina. ◆槍を構える *v.* poner* la lanza en ristre, bajar la lanza para atacar*. ◆槍で突く *v.* dar* "un lanzazo [una lanzada] 《a》, alancear.

やりあう やり合う (議論する) *v.* discutir 《con ＋人》; (言い争う) *v.* disputar 《con ＋人》, tener* "un altercado [una disputa] 《con ＋人》; (なぐり合いや戦闘) *v.* pelearse, tener* una pelea 《con ＋人》; (かかわる) *v.* meterse 《con ＋人》. ◆宗教のことであなたとやり合うつもりはない No voy a discutir contigo sobre religión.

やりがい やり甲斐 ◆やり甲斐のある (やる価値のある) *adj.* que vale [merece] la pena; (報いられる) *adj.* remunerador. ◆やりがいのある仕事 *m.* trabajo que vale la pena; (奮起させる) *m.* trabajo que supone un reto [desafío]; (責任の重い) *m.* trabajo de responsabilidad.

やりかえす やり返す (言い返す) *v.* replicar*; (仕返しをする) *v.* vengarse* 《de》. ◆「よけいなお世話よ」と彼女はやり返した "A ti no te importa", replicó.

やりかけ やり掛け ◆やり掛けの (終えていない) *adv.* sin terminar, inacabado; (半分しかしていない) *adv.* a medio hacer. ◆やりかけの仕事がたくさんある Tengo mucho trabajo sin terminar. ◆仕事をやりかけたままにするな No dejes el trabajo a medio hacer.

やりかた やり方 (仕方) *f.* forma, *f.* manera, *m.* modo (de hacer); (手段) *m.* método, *m.* medio. ◆ちゃんとしたやり方 *adv.* de manera correcta. ◆本当にやり方分かってるの? ¿De verdad que sabes cómo se hace? ◆そのやり方で可能だと思いますか ¿Crees que es posible hacerlo de ese modo? ◆彼は自分なりのやり方でそうした Lo hizo a su manera. ◆それはやり方次第だ Eso depende de「la forma de hacerlo [cómo se haga].

やりきれない →堪(た)らない. ◆ああ, こう寒くてはやりきれない (＝耐えられない) ¡Uf! ¡No puedo aguantar este frío! ◆たびたび車の事故が起きてはやりきれない (＝頻繁に起こりすぎる) Los accidentes de tráfico ocurren con demasiada frecuencia.

やりくち やり口 (やり方) *f.* manera (de hacer las cosas). ◆あの男のやり口にはむかむかする Me fastidia la manera que tiene ese tipo de hacer las cosas.

やりくり やり繰り ◆やり繰りする (なんとかやっていく) *v.* arreglárselas, apañárselas, ingeniárselas 《para ＋不定詞》; (暮らしていく) *v.* vivir [tirar, 〔口語〕marchar] 《con》. ◆何とかやり繰りして収入の範囲でやっていく *v.* arreglárselas para no salirse* del presupuesto, no gastar más de lo que se gana. ◆月30万円でやり繰りする *v.* tirar con 300.000 yenes al mes. ◆彼女は家計をやり繰りするのが上手だ Administra bien「el presupuesto [la economía] familiar. / Es una buena administradora del hogar.

やりこなす 遣りこなす (終える) *v.* acabar, terminar. ◆彼はなんなく仕事をやりこなした Acabó el trabajo sin dificultad.

やりこめる やり込める (黙らせる) *v.*「hacer* callar [cerrar* la boca]《a＋人》, silenciar. ◆彼はやりこめられた Lo [Le] hicieron callar.

やりすぎる やり過ぎる ◆それはやり過ぎだ (＝行き過ぎだ) Eso es demasiado. ◆やり過ぎるな No「te excedas [〔口語〕te pases]. / (過度に働く)No trabajes demasiado.

やりすごす やり過ごす (通り過ごさせる) *v.* dejar pasar. ◆追っ手をやり過ごす *v.* dejar pasar a *un/una* perseguidor/*a*.

やりそこなう やり損う (失敗する) *v.* fracasar, fallar. ◆今度やりそこなったらおしまいだ Si fracaso esta vez,「yo he terminado [se acabó todo para mí].

やりだま 槍玉 ◆われわれは彼を槍玉にあげた (＝見せしめに罰した) Le dimos un castigo ejemplar. / Le elegimos como blanco de ataque.

やりっぱなし やりっ放し ◆やりっ放しにする (＝中途半端にしておく) *v.* dejar (el trabajo)「a medias [a medio acabar, a medio hecho].

やりて やり手 (有能な人) *f.* persona capaz; (新進気鋭の人) *f.* persona「joven y prometedora [con mucho futuro]; (積極的な事業家) *f.* persona que se las sabe bien; (精力的

に働く人) f. persona con empuje [energía]. ▶やり手の監督 mf. director/tora capaz.

やりとおす やり通す ▶その計画をやり通す (=成し遂げる) v. llevar el plan a cabo, llevar el plan hasta su conclusión.

やりとげる やり遂げる v. llevar 「a cabo [a término], hacer* hasta el final; (努力の末成就する) v. realizar, lograr; (完了する) v. terminar, acabar. ▶使命をやり遂げる v. llevar a cabo una misión. ▶やり始めたことは最後までやり遂げなさい Debes llevar a término lo que has empezado. / Lo que has empezado tienes que terminarlo.

やりとり やり取り (交換) m. intercambio. ▶¹情報 [²意見] のやりとり m. intercambio de ¹información [²opiniones]. ▶彼とは長いこと手紙のやりとりをしている「Hemos intercambiado cartas [Nos hemos carteado] desde hace mucho tiempo.

やりなおす やり直す (再びする[始める]) v. rehacer*, hacer* 「otra vez [de nuevo], volver* a hacer*; (再出発する) v. volver* a empezar*, empezar* de nuevo; (外国語などを磨き直す) v. refrescar*, poner* a punto; (くり返す) v. repetir*. ▶一からやり直す v. empezar* otra vez desde el principio. ▶同じ学年をもう一度やり直す v. repetir* curso. ▶私はスペイン語をやり直したい Quiero refrescar mi español. ▶間違えたらもう一度やり直さなければいけません Si te equivocas, tendrás que rehacerlo [hacerlo otra vez]. ▶彼女は人生をやり直す決心をした Decidió 「empezar una nueva vida [rehacer su vida].

やりなげ 槍投げ (競技) m. lanzamiento de jabalina. ▶槍投げの選手 mf. lanzador/dora de jabalina. ▶槍投げをする v. lanzar* [arrojar, tirar] una jabalina.

やりにくい ▶(私には)この仕事はやりにくい (=難しい) Este trabajo 「me resulta difícil [es difícil para mí]. ▶彼とは仕事がやりにくい Es [Me resulta] difícil trabajar con él.

やりぬく やり抜く v. llevar a cabo [a término].

やりば やり場 ▶目のやり場に困った No sabía dónde mirar. ▶彼はやり場のない怒りを感じた (=どのように怒りを表わしていいか分からなかった) No sabía cómo desahogar su ira.

*****やる** 遣る ❶【行かせる, 送る】v. mandar, enviar*. ▶子供を学校へやる v. mandar el [al] niño a la escuela. ▶パンを買いに使いをやる v. mandar 《a＋人》 por pan.

❷【他の場所へ移す】 ▶窓の方に目をやる (=顔を向ける) v. volver* la vista a la ventana; (見る) v. mirar a la ventana. ▶私の眼鏡をどこへやった (=置いた) の? ¿Dónde pusiste mis gafas [『ラ米』lentes]?

❸【与える】 v. dar*. ▶犬にえさをやる v. dar* de comer al perro. ▶花に水をやる v. regar* las flores.

❹【する】 v. hacer*. → 為(ﾅ)る. ▶大学で経済学をやる (=勉強する) v. hacer* [estudiar] economía en la universidad. (経済学専攻の学生だ) v. especializarse* en economía. ▶それを¹りっぱに [²さっさと] やってのける v. hacerlo*

¹excelentemente [²rápidamente]. 会話 試験で一番になったよ―よくやったね He sido el primero. – ¡Bravo! ¡Estupendo! 会話 (勝者, 成功者などに)やりましたね―ええやりました ¿Lo has hecho? – Sí, lo he hecho. ▶あの映画館では何をやっていますか (=上映していますか) ¿Qué están poniendo [『スペイン』『口語』echando] en ese cine? ▶一杯やりませんか (=飲みませんか) ¿No se toma una copa?

❺【してあげる】 ▶私は息子に自転車を買ってやった Le he comprado una bicicleta a mi hijo. ▶宿題を手伝ってやろう Te ayudaré con tus deberes [tareas].

やるき やる気 (気力) f. energía, m. ánimo; (動機づけ) f. motivación. ▶やる気満々である v. estar* lleno [『教養語』pletórico] de energía. ▶やる気を起こさせる (=動機づける) v. animar, motivar. ▶やる気がない adj. sin energía; desanimado. ▶彼がなぜ仕事に対してやる気をなくしたのか分からない No comprendo por qué se ha desanimado. ▶その先生は生徒にやる気を起こさせた El/La profesor/sora motivó a los estudiantes.

やるせない (みじめな) adj. desgraciado, miserable; (どうすることもできない) adj. impotente, desesperado; (意のままにならない) adj. frustrado. ▶やるせない思いをする v. sentirse* desgraciado [desconsolado].

ヤルタ Yalta. ▶ヤルタ会談 f. Conferencia de Yalta.

やれやれ 【安心】 interj. bueno, bien, uf, ah; 【失望, 困惑】 interj. oh, uy, Dios mío, vaya, eh, anda; 【励まし】 interj. vamos, ánimo, ¡Venga, hombre [mujer]! ▶やれやれと思う v. respirar [suspirar] 「con alivio [aliviado], dar* un suspiro de alivio. ▶やれやれ, やっと借金を返した Bueno, por fin 「he pagado la deuda [estoy libre de deudas]. ▶やれやれ (=ひゃあ) やっと試験が終わった ¡Uf! Qué bien que se han acabado los exámenes. ▶やれやれ, また遅刻したわ ¡Oh [Dios mío, Vaya], otra vez llego tarde! ▶やれやれ, 助かった ¡Gracias a Dios! / ¡Uy, qué alivio!

*****やわらかい** 柔[軟]らかい (材質が) adj. blando; (肉などが) adj. tierno; (穏やかな) adj. suave, dulce; (温和な) adj. templado. ▶柔らかいまくら f. almohada blanda. ▶柔らかい肉 f. carne tierna. ▶赤ん坊の柔らかい肌 f. piel suave de un bebé. ▶柔らかい声で話す v. hablar 「en un tono suave [con la voz dulce]. ▶絹は感触が柔らかい La seda es suave al tacto. ▶彼の口調は柔らかだったが言葉にはとげがあった Su tono era suave, pero sus palabras fueron hirientes.

やわらぐ 和らぐ (心・態度・怒りなどが) v. ablandarse, enternecerse*, suavizarse*; (痛み・緊張・心配などが) v. calmarse, apaciguarse*, mitigarse*, atenuarse*; (風・あらしなどが) v. amainar, calmarse. ▶彼女に対する心が和らいだ Con ella el corazón se me ablandó. ▶薬を飲むとすぐ頭痛は和らいだ La medicina me calmó inmediatamente el

dolor de cabeza. / El dolor de cabeza se mitigó [me apaciguó] pronto con la medicina. ◆暑さ[²寒さ]が和らいだ El ¹calor [²frío] se ha amainado. / Ya no hace tanto ¹calor [²frío].
やわらげる 和らげる (態度などを) v. ablandar, enternecer*, suavizar*; (調子などを) v. atenuar*, moderar; (衝撃などを吸収して) v. absorber, amortiguar*; (痛みなどを) v. aliviar, calmar, apaciguar*, bajar, mitigar*; (人の気持ちを) v. tranquilizar*, sosegar*. ◆態度を和らげる v. suavizar* su actitud. ◆批判の調子を和らげる v. atenuar* (su) crítica. ◆爆発の衝撃を和らげる v. absorber el golpe de la explosión. ◆痛みを和らげる v. calmar el dolor.
ヤンキー mf. yanqui.
ヤング (若者) mf. joven.
ヤンゴン Yangón (☆ミャンマーの旧首都. 以前は Rangún と呼ばれた).
やんちゃ (腕白) m. mal comportamiento. ◆やんちゃな男の子 m. muchacho travieso.
やんわり (やさしく) adv. suavemente, dulcemente; (静かに) adv. sosegadamente; (穏やかに) adv. tranquilamente. ◆泣いている子にやんわり話しかける v.「dirigir* la palabra [hablar] dulcemente al niño que llora.

ゆ

*ゆ 湯 ❶ {温められた水} f. agua caliente. ◆湯あか m. sarro, mpl. residuos calcáreos. ◆ぬるま湯 f. agua tibia [templada]. ◆沸騰した湯を注ぎなさい Echa agua hirviendo. ◆沸かした湯を飲みなさい Es mejor que bebas agua hervida. ◆お湯とお茶とどちらを先に入れるのですか ¿Qué se pone primero, el agua o el té? ◆お湯を少し出して Que corra un poco el agua tibia, ¿eh?
❷ {ふろ} m. baño; (ふろの湯) m. (el agua en el) baño. ◆湯冷めする v. atrapar un resfriado después del baño. ◆湯船 f. bañera, m. baño, 『メキシコ』 f. tina. ◆彼はゆったり湯につかってSe tomó tranquilamente un baño. / Se bañó tranquilamente. (会話) 湯加減はいかがですか—ちょっと熱すぎます ¿Está bien el baño? – Está un poco demasiado caliente.
ゆあつ 油圧 f. presión「de aceite [hidráulica]. ◆油圧計 m. indicador de la presión de aceite. ◆油圧ブレーキ m. freno hidráulico.
ゆい(い)つ 唯一 ◆唯一の adj. único, solo. ◆唯一無二の adj. único y solo. ◆そのばく大な財産の唯一の相続人 mf. único/ca y solo/la heredero/ra de la gran fortuna. ◆私の唯一の希望 f. mi única esperanza, lo único que yo quiero. ◆彼はそれができる唯一の人だ Él es la única persona que puede hacerlo.
ゆいごん 遺言 f. última voluntad, m. testamento; (口頭の) fpl. últimas palabras. ◆遺言執行者 mf. albacea, mf. testamentario/ria. ◆遺言状を作成する v. hacer* [otorgar*] testamento, 《教養語》 testar. ◆父親の遺言に従って会社を相続した Heredé la compañía de acuerdo con la última voluntad de mi padre. ◆彼は全財産を次男に与えると遺言した Legó toda su propiedad a su segundo hijo. / Dejó toda su propiedad a su segundo hijo en el testamento. ☞遺書, 書き置き
ゆいしょ 由緒 ◆由緒ある (=歴史上重要な) 寺 m. templo histórico. ◆由緒ある (=りっぱな家系の) 一族 f. familia ilustre [linajuda, con abolengo]. ◆彼は由緒ある生まれだ Es de「una familia ilustre [buena cuna].
ゆいしんろん 唯心論 m. espiritualismo; m. idealismo. ◆唯心論者 mf. espiritualista, mf. idealista.
ゆいのう 結納 "yuino", 《説明的に》 m. intercambio de regalos de esponsales. ◆結納品 mpl. regalos de esponsales [《教養語》 esponsalicios]. ◆結納金 m. dinero de esponsales. ◆結納をかわす v. intercambiar regalos de esponsales.
ゆいぶつしかん 唯物史観 m. materialismo histórico.
ゆいぶつろん 唯物論 m. materialismo. ◆唯物論者 mf. materialista.
ゆう 結う (結ぶ) v. recoger(se)* el pelo; (髪を) v. arreglar(se) el pelo [《教養語》 cabello], hacer(se)* un peinado. ◆彼女は日本髪に結ってもらった Tuvo su cabello arreglado「a la japonesa [al estilo japonés]. ◆彼女は髪を結い上げた Se ha hecho un peinado.
ゆう 優 m. sobresaliente. ◆スペイン語で優をとる v. sacar* un sobresaliente en español. ◆全単位優で卒業する v. graduarse* con todos sobresalientes. ◆そのレポートには優をつけた Califiqué el informe con un "sobresaliente".
ゆう 言う v. decir*; hablar. → 言(い)う.
ゆうい 優位 ◆優位な adj. superior (a). ◆優位に「ある [²立つ] v. ¹tener* [²ganar] superioridad [supremacía] 《sobre》; (立っている) v. estar* por encima 《de》, tener* ventaja 《sobre》, llevar ventaja 《a》; (地位が) v. estar* en mejor posición [situación] 《que》.
ゆういぎ 有意義 ◆有意義な (意味のある) adj. significativo, con sentido; (意義深い, 重要な) adj. importante; (役に立つ) adj. útil, valioso. ◆有意義な議論 f. discusión significativa. ◆休日を有意義に過ごす v. pasar unas vacaciones de forma positiva, (うまく利用する) v. hacer* buen uso de las vacaciones. (会話) なんだか時間をむだに使わせてしまったみたいねー—とんでもない. 有意義だったよ Me

parece que te he hecho perder mucho tiempo. – ¡Qué va! Se ha aprovechado muy bien.

ゆういん 誘因 (原因) f. causa; (直接原因) m. motivo inmediato; (刺激) m. incentivo, f. motivación. ♦よい成績をとることが時に一生懸命勉強する誘因となる Sacar buenas notas es a veces un incentivo para [aplicarse en el estudio [estudiar más].

ゆううつ 憂うつ (落胆) f. depresión; (陰気な暗い気持ち) f. melancolía.

1《憂うつな》adj. deprimido, melancólico, triste; (みじめな) adj. miserable. ♦憂うつな天候 m. tiempo deprimente [triste, gris, miserable]. ♦憂うつな音楽 f. música melancólica [triste]. ♦雨の日は憂うつな気分になる [憂うつになる] La lluvia me deprime. / El tiempo lluvioso me pone melancólico. / Me deprimen los días lluviosos.

2《憂うつに》♦憂うつにさせる v. deprimir, poner* melancólico [deprimido, triste]. ♦将来のことを考えると憂うつになった Me deprime [pone triste] pensar en el futuro.

3《憂うつだ》♦憂うつである v. estar* deprimido [melancólico, triste]; (元気がない) v. estar* (《口語》andar*] con la moral baja.

ゆうえい 遊泳 f. natación. ♦遊泳する v. nadar. 遊泳禁止〖掲示〗Prohibido nadar. / Se prohíbe nadar. ♦彼は政界での遊泳術にたけている(＝身を処する方法をよく心得ている) Sabe muy bien nadar en el mar de la política.

ゆうえき 有益 ♦有益な (役に立つ) adj. útil; (ためになる) adj. instructivo, educativo; (有利な) adj. ventajoso, provechoso. ♦有益な情報 f. información útil. ♦君の忠告は彼にとって[問題の解決に]とても有益だった Tu consejo le fue muy útil [para resolver el problema]. ♦この本はおもしろくもあり有益でもある Este libro es a la vez interesante e instructivo. ♦海外旅行は有益な経験です Viajar al extranjero es una experiencia instructiva [provechosa]. ♦良書を読むことは有益です Es instructivo leer buenos libros. / Las buenas lecturas educan.

—— 有益に adv. útilmente; (有利に) adv. provechosamente. ♦私たちはその待ち時間を有益に使った Aprovechamos el tiempo de espera.

ユー・エス・エー USA〖略〗EE. UU.（☆Estados Unidos と読む).《口語》Usa. ＝米国.

ユーエスビー USB（専門語）m. bus serial universal（☆IT 用語).

ゆうえつ 優越 f. superioridad. ♦優越的な態度をとる v. darse* un aire de superioridad, 《口語》dárselas de superior. ♦優越する v. ser* superior 《a》.

ゆうえつかん 優越感 m. sentimiento [m. complejo] de superioridad. ♦(彼に)優越感を抱く v. tener* un sentimiento de superioridad (sobre él), creerse* superior 《a él》.

ユー・エッチ・エフ UHF（超高周波) f. frecuencia ultra-alta,〖略〗UHF (u hache efe).

ゆうえんち 遊園地 m. parque de atracciones [diversiones]; (運動設備のある) f. zona recreativa.

ゆうが 優雅 (優美) f. gracia; (上品) f. elegancia. ♦優雅な adj. elegante,《教養語》grácil, lleno de gracia; (安楽な) adj. fácil, regalado. ♦優雅な生活を送る v. llevar una vida regalada [cómoda, fácil, refinada, elegante]. ♦優雅に踊る v. bailar con elegancia. ♦彼女は身のこなしが優雅だ Tiene un porte elegante.

ゆうかい 誘拐 (特に身代金目当ての) m. secuestro, m. rapto. ♦誘拐罪 m. secuestro, m. rapto. ♦誘拐事件 m. secuestro, m. rapto. 誘拐者 mf. secuestrador/dora, mf. raptor/tora. ♦誘拐する v. secuestrar, raptar. ♦テロリストはその政治家を誘拐して巨額の身代金を要求した Los terroristas secuestraron al político exigiendo un cuantioso rescate.

ゆうがい 有害 ♦有害な adj. nocivo, perjudicial, dañino, dañoso; (悪い) adj. malo. ♦有害な化学薬品 fpl. sustancias químicas nocivas. ♦喫煙は健康に有害である El fumar es perjudicial [nocivo] para la salud. / (害を与える)Fumar perjudica la salud.

ゆうがい 有蓋 ♦有蓋の adj. cubierto, bajo techo. ♦有蓋貨車 m. vagón de carga, m. furgón.

ゆうがいむえき 有害無益 ♦それは有害無益だ No hace bien y hace daño. / Es inútil y dañino.

ゆうがお 夕顔 f. calabaza vinatera.

ゆうかしょうけん 有価証券 mpl. valores, mpl. títulos.

ゆうかぜ 夕風 f. brisa [m. viento] de la tarde.

ゆうがた 夕方 f. tarde; m. atardecer; m. anochecer,《文語》m. crepúsculo. ♦夕方 6 時に adv. a las seis de la tarde. ♦彼が訪ねてきたのは寒い冬の夕方だった Vino a verme en una fría tarde de invierno. ♦夕方私は料理をするのに忙しい Al atardecer estoy ocupado cocinando. ♦5 月 6 日の夕方ガス爆発があった En la tarde del 6 de mayo hubo una explosión de gas. ♦私は彼に昨日の夕方会った Me encontré con él ayer por la tarde.

ユーカリ m. eucalipto.

ゆうかん 夕刊 m. periódico vespertino [de la tarde].

ゆうかん 勇敢 f. valentía, m. valor,《強調して》f. bravura.

—— 勇敢な adj. valiente, valeroso, bravo. ♦勇敢な兵士 mf. soldado valiente.

—— 勇敢に(も) adv. valientemente, con valor [bravura];（思い切って）adv. con osadía, atrevidamente. ♦勇敢に戦って死ぬ v. morir* valerosamente. ♦彼はその子を救うために勇敢にも燃え盛る家に飛び込んだ Tuvo la valentía de meterse en la casa en llamas para rescatar al niño. ☞勇ましい, 雄々しい

ゆうかん 有閑 ♦有閑階級 fpl. clases ociosas [de vida regalada]. ♦有閑マダム f. dama con vida de ocio. ♦有閑地 m. terreno sin construir,〖ラ米〗f. tierra baldía.

ゆうき

***ゆうき 勇気** f. valentía, m. valor; (度胸) m. coraje; (気力) m. ánimo, f. energía.

1《勇気が》◆彼には提案を断る勇気がなかった Le faltó valor para rechazar la oferta. / No tuvo suficiente valentía para decir que no a la oferta. ◆異議を唱えるには勇気がいる「Hay que ser valiente [Se requiere valor] para ir en contra de los demás. ◆私はその知らせに勇気がわいた Las noticias me dieron ánimo. ◆彼に金をくれと言いたいのは山々だが，あえて口に出す勇気がない Me gustaría mucho pedirle dinero, pero 「me falta valor [no me atrevo].

2《勇気を》◆勇気を失う v. desanimarse, desalentarse*, perder* el ánimo. ◆勇気を出す v. cobrar ánimo [valor], (口語) hacer* de tripas corazón, envalentonarse. ◆勇気を出して意見を述べる v. atreverse a dar* una opinión. ◆彼の演説はわれわれに勇気を与えた (=勇気づけた) Sus palabras nos animaron [dieron ánimo]. / Con sus palabras se nos redobló el ánimo. ◆時にはいやと言う勇気を持て Ten [Hay que tener] la valentía de decir a veces "no".

【その他の表現】◆彼の加入で我がチームは勇気百倍だ Su incorporación a nuestro equipo nos dio mucho ánimo.

—— **勇気(の)ある** adj. valiente; (勇敢な) adj. valeroso, bravo. ◆勇気ある発言 fpl. palabras valientes. ◆勇気のある男 m. hombre valiente, m. valiente; (度胸のある人) (口語) m. hombre con ｢agallas bien puestas [(俗語) cojones bien puestos, (俗語) huevos bien puestos]｣. ☞気概, 元気, 根性, 度胸

ゆうき 有機 ◆有機の[的な] adj. orgánico. ◆有機的に adv. orgánicamente. ◆有機化学 f. química orgánica. ◆有機化合物 m. compuesto orgánico. ◆有機体 m. organismo, m. cuerpo orgánico. ◆有機農業 f. agricultura biológica [ecológica, orgánica]. ◆有機物 f. sustancia orgánica.

ゆうぎ 遊戯 (遊び) m. juego; (ルールのある遊び) m. juego (con reglas). ◆遊戯場 (部屋) f. sala de juegos; (戸外) m. patio de recreo [juego]. ◆(幼稚園児などが)遊戯をする v. jugar* y bailar.

ゆうきづける 勇気づける v. animar, dar* ánimo 《a + 人》, alentar*. → 勇気.

ゆうきゅう 遊休 ◆遊休の adj. sin aprovechar. ◆遊休地 m. terreno sin aprovechar, f. tierra baldía.

ゆうきゅうきゅうか 有給休暇 fpl. vacaciones pagadas. ◆五日間の有給休暇を取る v. tomar cinco días de vacaciones pagadas. ◆今有給休暇中だ Estoy de vacaciones pagadas.

ゆうきょう 遊興 (快楽) m. placer, (教養語) m. solaz; (娯楽) f. diversión. ◆遊興にふける v. entregarse* a los placeres. ◆遊興費 mpl. gastos de diversiones.

ゆうぐう 優遇 (よい[親切な]待遇) m. trato de favor, m. tratamiento favorable. ◆医師優遇税制 m. sistema fiscal preferencial para los médicos. ◆彼を優遇する v. tratarlo[le] bien, darle* un trato de favor. ◆この社会では老人は優遇されていない En esta sociedad las personas mayores no reciben trato de favor. ◆この会社では経験者を優遇する (=十分に給料を出す) En esta empresa se paga especialmente bien a los empleados con experiencia.

ユークリッド [エウクレイデス] Euclides (☆前3世紀頃, ギリシャの数学者・物理学者). ◆ユークリッド幾何学 f. geometría euclidiana.

ゆうぐれ 夕暮れ ◆夕暮れに adv. al anochecer.

ゆうげん 有限 ◆有限の adj. limitado. ◆有限会社 f. sociedad (de responsabilidad) limitada, (略) S.L. ◆有限会社田中商会 Tanaka, S.L. ◆有限数 m. número finito.

ゆうけんしゃ 有権者 (投票者) mf. votante; (選挙人) mf. elec*tor/tora*; (選挙民) m. electorado.

*****ゆうこう 有効** f. eficacia, (法的な) f. validez.

1《有効 + 名詞》◆有効桁 m. dígito significativo. ◆有効投票 m. voto válido. ◆有効期限切れの切符 m. billete [(ラ米) m. boleto] caducado [no válido]. ◆その法律の有効期限 m. período de validez de la ley.

2《有効に》◆有効に使う v. utilizar* bien, aprovechar; (効果的に) v. hacer* un uso eficaz 《de》. ◆その法律は先月有効になった (=発効した) La ley entró en vigor [vigencia] el mes pasado.

3《有効な》; (効果のある) adj. eficaz, efectivo; (法的に) adj. válido, vigente; (…の期間通用する) v. valer*, ser* válido (valed*ero*) 《por》. ◆有効なパスポート m. pasaporte válido. ◆有効な方法 f. medida eficaz. ◆4月1日から有効 (=発効する) 規則 f. disposición 「en vigor [efectiva] desde el 「día primero [día uno] de abril, f. regla que entrará en vigor a partir del primero de abril.

4《有効である》◆図書貸出カードは1年間有効で更新もできる La tarjeta de la biblioteca vale un año siendo renovable.

☞当てはまる, 通用する

ゆうこう 友好 f. amistad. ◆友好協定 m. acuerdo amistoso. ◆友好国 m. país amigo. ◆友好条約 m. tratado de amistad. ◆両国間の友好を促進する v. promover* la amistad entre los dos países. ◆アメリカとの友好関係を「維持する [2断つ] v. ¹mantener* [²romper*] ｢las relaciones amistosas [los lazos de amistad] con Estados Unidos.

—— **友好的な** adj. amistoso 《hacia, con》. ◆彼に友好的な態度をとる v. tomar [adoptar] una actitud amistosa hacia él. ◆その問題を友好的に解決する v. arreglar el asunto amistosamente [como amigos].

☞親しみ, 親善; 円満, 穏やかな, 気さくな

ゆうごう 融合 f. fusión; (融和) f. armonía. ◆核融合 f. fusión nuclear. ◆融合する [²させる] v. ¹fusionarse [²fusionar], ¹fundirse [²fundir]. ◆形式と内容の完全な融合 f. fusión total de forma y contenido.

ゆうこうきげん 有効期限 m. período de validez, m. plazo de vigencia. ◆有効期限が満

了した(＝切れた) Ha expirado la validez. / (これはもう有効でない)Ya no es válido. / Ya no vale.

ゆうこく 夕刻 ▶夕刻に adv. por la tarde, al atardecer.

ユーゴスラビア Yugoslavia (☆ヨーロッパの国の旧名).

ユーコンがわ ユーコン川 m. río Yukón.

ユーザー mf. usuario/ria. ▶ユーザー・アカウント《専門語》f. cuenta de usuario. ▶ユーザー・インターフェース《専門語》m. interfaz de usuario. ▶ユーザー・ネーム《専門語》m. nombre de usuario. ▶ユーザーID《専門語》f. identificación de usuario. ▶ユーザー辞書《専門語》m. diccionario de usuario. ▶ユーザー登録《専門語》m. registro de usuario. ▶ユーザーフレンドリ《専門語》adj. amigable con el usuario, fácil de usar.

ゆうざい 有罪 f. culpabilidad, f. condena. ― 無罪. 有罪の adj. culpable. ▶(被告が法廷で)有罪を認める[認めない] v. ¹declararse culpable [²negar* la acusación]. ▶彼は殺人の有罪判決を受けた Lo [Le] condenaron culpable por homicidio.

ゆうさんかいきゅう 有産階級 f. burguesía, f. clase adinerada [burguesa]. ▶有産階級の人 mf. burgués/guesa, (資産家)f. persona adinerada, m. hombre de fortuna.

ゆうし 融資 (資金の供給)f. financiación, f. financiamiento, (貸付金)m. préstamo, m. crédito. ▶その会社への融資を打ち切る v. suspender la financiación a la compañía. ▶銀行に百万円の融資を頼む v. pedir* un préstamo de un millón de yenes al banco. ▶銀行から融資を受ける v. 「ser* financiado por [recibir un préstamo de] un banco.
── 融資する v. financiar. ▶企業に融資する v. financiar una empresa. ▶銀行はその会社に5千万円融資した El banco proporcionó a la compañía 50 millones de yenes.

ゆうし 有史 (歴史)f. historia. ▶有史以前(史)f. prehistoria. ▶有史以前の adj. prehistórico. ▶有史以来 (歴史上)adv. en la historia; (歴史が始まってから)adv. desde los albores de la historia. ▶有史時代 f. época histórica.

ゆうし 有志 (自発的に参加する人)mf. voluntario/ria, (関心のある人)mf. interesado/da. ▶有志による寄贈 fpl. contribuciones voluntarias. ▶その運動に参加する有志を募る v. buscar* voluntarios para la compañía.

ゆうし 雄姿 (堂々とした姿)f. figura grandiosa [airosa, con gracia, majestuosa, con majestad, imponente]. ▶富士山の雄姿 f. vista majestuosa del monte Fuji.

ゆうし 勇士 (勇敢な戦士)m. soldado valiente; (勇者)m. valiente; (英雄)m. héroe.

ゆうじ 有事 ▶有事(＝緊急事態発生)の際は adv. en caso de urgencia [emergencia]. ▶有事立法 f. legislación para emergencias.

ゆうしきしゃ 有識者 (学識のある人)mf. entendido/da, (専門家)mf. especialista, mf. experto/ta.

ゆうしてっせん 有刺鉄線 m. alambre con púas. ▶有刺鉄線の柵(⸍) f. alambrada con púas.

ゆうしゃ 勇者 mf. valiente, mf. guerrero/ra.

＊ゆうしゅう 優秀 f. excelencia; (優越)f. superioridad. ▶最優秀選手 el/la jugador/dora más valioso/sa.
── 優秀な adj. excelente, 《教養語》eminente; (他よりすぐれた)adj. superior, 《教養語》óptimo; (傑出した)adj. sobresaliente, destacado. → 立派な. ▶優秀な学生 mf. estudiante excelente [sobresaliente, adj. destacado/da]. ▶試験で優秀な成績をとる v. sacar* [obtener*] resultados excelentes [óptimos] en el examen. ◆彼は化学が優秀です En química es excelente [brillante]. ◆彼は私より化学が優秀です En química 「es superior a mí [me supera, es mejor que yo]. ☞傑出, 上等

ゆうしゅう 有終 ▶われわれの仕事に有終の美を飾ろう(＝りっぱに仕上げをしよう) Vamos a acabar nuestro trabajo a la perfección. ◆彼は晩年オスカー賞を得て俳優としての生涯に有終の美を飾った「Redondeó con brillantez [Puso el broche de oro a] su carrera de actor ganando un Oscar a una edad tardía.

ゆうじゅうふだん 優柔不断 f. indecisión. ▶優柔不断な adj. indeciso. ◆あの男はすぐれたリーダーになるにはあまりに優柔不断だ Es demasiado indeciso para ser un excelente líder.

＊ゆうしょう 優勝 (勝利)f. victoria, (選手権)m. campeonato. ▶¹団体 [²個人総合]優勝 m. campeonato ¹por equipos [²individual]. ▶優勝旗 f. bandera del campeonato. ▶優勝候補 mf. favorito/ta. ▶優勝者 mf. campeón /ona, mf. triunfador/dora; (勝者)mf. vencedor/dora, mf. ganador/dora. ▶優勝戦 (選手権大会)m. campeonato; (勝ち抜き試合の)m. torneo; (決勝戦)f. final. ▶優勝チーム m. equipo campeón [vencedor]. ▶優勝杯 f. copa [m. trofeo] del campeonato.
── 優勝する (選手権争奪戦に勝つ)v. ganar [conquistar] el campeonato [torneo, título]. ▶弁論大会に優勝する v. ganar un certamen oratorio; (1等賞[1位]を取る)v. llevarse el primer premio en un certamen [concurso] de oratoria. ◆私たちの学校は野球の県大会で初優勝した Nuestra escuela conquistó su primer campeonato del torneo prefectural [provincial] de béisbol.

ゆうじょう 友情 f. amistad. ▶真の[の¹親しい; ³暖かい]友情 f. ¹sincera [²íntima; ³cordial] amistad. ▶友情のきずなを維持する v. mantener* los lazos de amistad. ▶友情を¹はぐくむ [²断つ] v. ¹cultivar [²romper*] la amistad (con). ▶変わらぬ友情を誓い合う v. jurarse amistad eterna. ▶友情から adv. por amistad. ▶友情に厚い人 f. persona amable [amistosa, amigable]. ◆彼と私の友情は長く続いた 「La amistad entre nosotros [Mi amistad con él]「fue muy larga [duró mucho].

ゆうしょく 夕食 f. cena. ▶ローストビーフの夕食 f. cena de [con]「carne (de ternera) asada [rosbif]. ▶夕食に出かける v. salir* a cenar, cenar fuera. ▶簡単な夕食をする v. cenar poco 《教養語》frugalmente. ▶うちの夕食は6時です「En casa cenamos [Nuestra cena es] a las seis. / Tomamos la cena a las seis. ▶夕食ですよ(=夕食ができました)¡La cena! / ¡La cena está lista! 会話 今日の夕食は何ですかーてんぷらです ¿Qué hay hoy de cena? – "Tempura". ▶今晩は私の夕食は用意しなくていいよ Esta noche no me prepares [hagas] cena.

地域差	夕食
〔全般的に〕	f. cena
〔キューバ〕	f. comida
〔メキシコ〕	f. comida
〔ペルー〕	f. comida, f. cena
〔コロンビア〕	f. comida, f. cena
〔アルゼンチン〕	f. comida, f. cena

ゆうしょくじんしゅ 有色人種 f. raza de color.

ゆうじん 友人 mf. amigo/ga.

ゆうしんろん 有神論 m. teísmo. ▶有神論者 mf. teísta.

ゆうすう 有数 ▶有数の (著名な) adj. eminente, notable; (指導的な) adj. destacado; (名高い) adj. ilustre, distinguido. ▶日本有数の科学者の一人 uno de los científicos más eminentes [ilustres] de Japón. ▶日本は世界有数の輸出国だ Japón es uno de los países exportadores más destacados del mundo.

ゆうずう 融通 ▶融通する (貸す) v. prestar; (便宜をはかって供給する) v. facilitar. ▶彼に5万円融通する v. prestarle 50.000 yenes. ▶私は銀行から5百万円融通してもらった El banco me facilitó [proporcionó] un préstamo de cinco millones de yenes.

—— **融通が[の]きく** (柔軟な) adj. flexible; (物事が) adj. elástico; (適応性のある) adj. adaptable, acomodaticio. ▶融通がきく人 f. persona flexible [adaptable]. ▶融通がきく規則 fpl. reglas flexibles [elásticas]. ▶もっと融通をきかせろ Sé más flexible. ▶私のおじは大金の融通がきく (=自由にできる大金を持っている) Mi tío「dispone de [tiene a su disposición] una enorme suma de dinero.

ゆうすずみ 夕涼み ▶土手で夕涼みをした Tomé el fresco del atardecer en la ribera.

ユースホステル m. albergue juvenil [de la juventud].

優先道路 VP. vía preferente
➡優先

ゆうせい 優勢 (力・数などでの優位) m. predominio; (優越) f. superioridad; (勝ち越し) f. ventaja. ▶優勢な adj. superior, predominante. ▶国会では国民党の勢力が優勢だ El Partido Nacional domina [ejerce predominio] en el Parlamento. ▶敵は我が軍より数において優勢だ El enemigo nos supera numéricamente. / El enemigo es superior en número de soldados. ▶現在われわれのチームが優勢だ Nuestro equipo ahora「tiene ventaja [va por delante].

ゆうせい 郵政 m. servicio postal [de correos]. ▶(旧)郵政省 (2大臣) m. 1Ministerio [2 mf. Ministro/tra] de Correos y Telecomunicaciones.

ゆうせい 優性 (専門語) f. dominancia. ▶優性の adj. dominante. ▶優性遺伝 f. herencia dominante. ▶優性形質 m. carácter dominante. ▶優性の法則 f. ley de la dominancia.

ゆうぜい 遊説 f. campaña electoral [para conseguir votos]. ▶遊説する v. ir* de campaña electoral, hacer* un viaje electoral. ▶投票の依頼のために選挙区を遊説する v. hacer* campaña electoral en su distrito para ganar votos. ▶全国を遊説して回る v. hacer* campaña electoral por todo el país, recorrer todo el país de campaña electoral.

ゆうせん 優先 (順序・時間などの) f. prioridad; (順序・重要性などの) 《教養語》 f. precedencia; (選択などの) f. preferencia. ▶最優先事項 f. primera prioridad. ▶優先順位 m. orden de prioridad. ▶この契約では君より私の方に優先権がある En este contrato tengo prioridad sobre ti. ▶憲法は他の一切の法律に優先する La constitución tiene prioridad sobre cualquier otra ley. ▶日本は産業の発展を優先させてきた Japón ha dado prioridad al desarrollo industrial. ▶会員は優先的に切符が手に入る Los socios tienen preferencia en la adquisición de entradas. ▶幹線道路を走っているからこちらに (走行の) 優先権がある Tenemos preferencia porque vamos por una carretera principal. ▶彼は何よりも仕事を優先させた Ponía al trabajo por encima de todo. / Daba preferencia absoluta al trabajo.

ゆうせん 有線 f. cable; m. circuito cerrado. ▶有線テレビ f. televisión por cable; (共同アンテナの) f. televisión con [de] antena comunitaria; (ローカル有線の) f. televisión en circuito cerrado. ▶有線放送 f. emisión por cable.

ゆうぜん 悠然 (平静) f. tranquilidad, f. calma; (沈着) f. compostura. ▶悠然とした adj. tranquilo, sosegado. ▶悠然と adv. tranquilamente, sosegadamente, en calma.

ゆうそう 郵送 ▶郵便. ▶郵送料 m. porte (de correos), m. franqueo postal. ▶郵送する v. mandar [enviar*] por correo. ▶本を彼に郵送する v. mandarle un libro por correo. ▶その本が郵送されてきた (=郵便で届いた) Ese libro llegó por correo. ▶印刷物は安く郵送できる Los impresos pueden mandarse a bajo costo.

ゆうそう 勇壮 ▶勇壮な(英雄的な) adj. heroico; (勇敢な) adj. valiente; (鼓舞する) adj. conmovedor. ▶勇壮な行進曲 f. marcha conmovedora.

ユーターン m. viraje [m. giro] en U, 《口語》 m. giro en redondo. ▶車をユーターンさせる v. girar un coche en redondo [U]. ▶ユーターン禁止 Prohibido「dar la vuelta [girar en redondo, girar en U]」.

ゆうたい 勇退 (自発的退職) f. jubilación voluntaria, m. retiro voluntario; (定年前の退職) f. prejubilación, f. jubilación anticipada. ▶勇退する v. jubilarse [retirarse] antes de tiempo.

ゆうだい 雄大 ▶イグアス瀑布の雄大さ f. grandiosidad de las Cascadas [Cataratas] de Iguazú. ▶アンデスの雄大な眺め f. vista majestuosa [grandiosa, formidable] de los Andes.

ゆうたいけん 優待券 (音楽会などへの招待券) m. billete [m. tíquet] de regalo [obsequio], f. invitación; (銀行・ホテル・クラブなどの優待カード) f. tarjeta de regalo; (割引券) m. billete de descuento.

ゆうたいるい 有袋類 ▶有袋類の adj. marsupial. ▶有袋類の動物 m. marsupial.

ゆうだち 夕立 m. chubasco, m. aguacero; (スコール) m. chaparrón. ▶夕立にあう v. ser* sorprendido por un chaparrón. ▶夕立がありそうだ Parece que va a haber chubascos.

ゆうち 誘致 (勧誘) f. invitación. ▶誘致する (招く) v. invitar (a); (引きつける) v. atraer* (a). ▶観光客を誘致する v. atraer* (a) turistas. ▶我が町にハイテク産業を誘致したいものだ Nos gustaría atraer [invitar] a las industrias de alta tecnología a nuestra ciudad.

ゆうちょう 悠長 ▶悠長な adj. calmoso. → のんびりした, のんきな. ▶悠長に構える v. tomarse las cosas con calma. ▶そんな悠長なことはしていられない No aguanto tanta parsimonia. ▶なんと悠長な話だろう ¡Qué desesperante lentitud!

ゆうづき 夕月 f. luna del anochecer. ▶夕月夜 f. noche de luna vespertina.

ユーティリティー (部屋) m. cuarto utilitario; (コンピュータの) f. herramienta.

ゆうてん 融点 m. punto de fusión.

・**ゆうとう 優等** f. mención honorífica, m. honor, f. distinción. ▶優等賞 m. premio (al galardón) de honor. ▶優等で大学を卒業する v. graduarse* de la universidad con mención honorífica. ♦彼は高校で優等生だった En la escuela secundaria era un estudiante sobresaliente [de matrícula de honor].

ゆうどう 誘導 (案内) f. guía; (指図) fpl. indicaciones, f. instrucciones; (電気) f. inducción. ▶誘導する v. dirigir, guiar*, conducir*; (先導する) v. llevar, guiar*. → 導く. ▶(ミサイルなどの)誘導装置 m. sistema de teledirección. ▶誘導ミサイル m. misil teledirigido. ▶誘導尋問をする v. hacer* una pregunta capciosa. ♦管制官は飛行機を誘導した El controlador aéreo dio instrucciones al avión. ♦船長は巧みに船を港へ誘導した El capitán guió hábilmente el barco al puerto.

ゆうどく 有毒 ▶有毒な adj. venenoso, tóxico, 《文語》deletéreo. ▶有毒(な)ガス m. gas tóxico. ▶有毒廃棄物 mpl. residuos tóxicos.

ユートピア (理想郷) f. utopía. ▶ユートピアの adj. utópico.

ゆうに 優に (十分に) adv. bien; (楽に) adv. fácilmente, holgadamente, cómodamente. ♦彼の財産は優に百億円以上 Sus bienes「ascendían bien a [superaban fácilmente los] 10.000 millones de yenes. ♦そこへ行くのに優に2時間かかった "Se tardó [Tardamos] dos horas largas en llegar allí. ♦彼は彼女より優に頭一つ背が高かった Le sacaba bien la cabeza. ♦この部屋は優に百人収容できる En esta sala caben fácilmente 100 personas.

ゆうのう 有能 ▶有能な秘書 mf. secretario/ria eficiente ☞いっぱし, 出来る

ゆうばえ 夕映え m. resplandor de la puesta de sol, 《文語》 mpl. arreboles「del crepúsculo [crepusculares]. ▶夕映えの空 m. cielo「de la puesta de sol [《文語》crepuscular].

ゆうはつ 誘発 ▶誘発する (他の事を引き起こす) v. provocar*, causar, 《教養語》inducir*; (触発する) v. desencadenar. ♦ショートした火花があの大爆発を誘発した El chispazo de la electricidad del cortocircuito provocó la fuerte explosión. ♦何が戦争を誘発したのか ¿Qué fue lo que desencadenó la guerra?

ゆうはん 夕飯 (一日の主要な食事) f. cena. ▶夕飯に何を食べましたか ¿Qué ha cenado?

ゆうひ 夕日 m.「sol del atardecer [de la tarde]. ▶夕日が西に沈みかけている El sol se pone por「el Oeste [occidente]. ♦彼は背に夕日を浴びて歩いていた Paseaba con el sol de la tarde dándole en la espalda.

ゆうび 優美 f. gracia; (上品) f. elegancia. ▶優美な adj. elegante, gracioso, 《教養語》grácil. ♦富士山は優美な姿をしている El monte Fuji tiene una forma elegante. ☞気品, 上品

・**ゆうびん 郵便** m. correo; correspondencia. ▶郵便の adj. postal, de correo.

1(〜郵便) ▶小包郵便で adv. por (servicio de) paquetes postales. ▶¹外国 [²国内; ³普通]郵便 m. correo ¹internacional [²nacional; ³ordinario]. ▶航空郵便 m. correo aéreo [por avión]. → 航空便. ▶電子郵便 m. correo electrónico. ▶書留郵便 m. correo certificado. → 書留. ♦この手紙を速達郵便でお願いします Quisiera enviar esta carta por「entrega inmediata [correo exprés], por favor.

2(郵便+名詞) ▶郵便配達人 mf. cartero/ra. ▶郵便受け[ポスト] m. buzón. ▶郵便列車 m. tren correo. ▶郵便業務 m. servicio postal [de correos]. ▶郵便制度 m. sistema postal. ▶郵便小包 m. paquete postal. ▶郵便切手 m. sello (postal), 『ラ米』 f. estampilla. ▶郵便料金 m. franqueo, m. porte, f. tarifa postal. ▶郵便為替で1万円を

送る v. enviar* 10.000 yenes por giro postal. ◆郵便局, 郵便貯金, 郵便葉書, 郵便箱, 郵便番号, 郵便物. ◆イタリアへの手紙の航空郵便料金はいくらですか ¿Cuánto「cuesta el franqueo de [cuestan los sellos para] una carta a Italia, por favor?

3《郵便が》◆もう郵便が来ましたか ¿Ya ha venido el cartero? / ¿Ha llegado ya el correo? ◆今日は郵便がたくさん来た Hoy he recibido mucha correspondencia. ◆私あての郵便がありますか ¿Hay correo para mí? / ¿Tengo alguna carta?

4《郵便に[を]》◆郵便にあて名を書く v. escribir* la dirección postal. ◆郵便を仕分ける v. clasificar* el correo. ◆郵便を1配る [²運ぶ; ³転送する] v. ¹repartir [²llevar; ³remitir] el correo. ◆午前中の郵便に1間に合う [²遅れる] v. ¹llegar* a tiempo de [²perderse*] la recogida de correo de la mañana.

5《郵便で》adv. por correo. ◆郵便で送る v. enviar* [mandar] por correo [vía postal]. ◆彼に小包を郵便で送る v. enviarle* un paquete por correo.

ゆうびんきょく 郵便局 m. Correos, f. oficina [f. estafeta] de correos. ◆郵便局長 mf. jefe/fa de la oficina de correos. ◆郵便局員 mf. empleado/da de correos, (集配人) mf. cartero/ra.

ゆうびんちょきん 郵便貯金 m. ahorro postal. ◆郵便貯金をする v. guardar los ahorros en una Caja Postal. ◆10万円の郵便貯金がある Tengo 100.000 yenes ahorrados en la Caja Postal.

*ゆうびんはがき 郵便葉書 f. tarjeta postal. ◆郵便葉書で通知を受ける v. recibir un aviso por (tarjeta) postal.

*ゆうびんばこ 郵便箱 (各家庭の郵便受け) m. buzón.

*ゆうびんばんごう 郵便番号 m. código postal.

ゆうびんぶつ 郵便物 (集合的に個人に届く郵便物全部) f. correspondencia, m. correo, m. material postal. ◆第3種郵便物 m. correo de tercera clase. ◆多くの郵便物を取り扱う v. trabajar con「mucha correspondencia [mucho correo]. ◆郵便物を発送する v. despachar [《教養語》expedir*] correspondencia [correo].

ユーフォー 《略》m. OVNI, m. Objeto Volante No Identificado.

ゆうふく 裕福 ◆裕福な (財産・地位のある) adj. rico, adinerado, 《強調して》acaudalado; (金

持ちの) adj. rico, acomodado, opulento, 《口語》que marcha bien. ◆彼女は裕福な家庭の出です Viene de una familia acomodada [rica, adinerada]. ◆彼らの暮らしぶりからすると相当裕福らしい Por su nivel de vida「parecen ricos [《口語》parece que marchan muy bien]. / A juzgar por su nivel de vida, se diría que son ricos.

ユーフラテスがわ ユーフラテス川 m. río Eufrates [Éufrates] (☆西アジアの大河).

ゆうべ 夕べ **❶**[昨夜] → 昨夜.

❷[夕べ] m. atardecer; (夜会) f. velada. ◆昨日音楽の夕べが公会堂で催された Ayer tuvo lugar una velada musical en el Salón de Actos municipal.

ゆうへい 幽閉 (監禁) m. encierro, 《教養語》m. confinamiento. ◆彼をロンドン塔に幽閉する v. encerrarlo[le]* en la Torre de Londres.

ゆうべん 雄弁 f. elocuencia. ◆雄弁な adj. elocuente. ◆雄弁家 mf. orador/dora elocuente [hábil]. ◆雄弁を振るう v. hablar「con elocuencia [elocuentemente]. ◆それは事実を雄弁に物語っている Es una prueba elocuente del hecho.

ゆうぼう 有望 ◆有望な (将来性のある) adj. prometedor, con (事) futuro [porvenir]; (事態が見込みのある) adj. esperanzador, prometedor. ◆彼は前途有望な若者だ Es un joven prometedor [con futuro, 《口語》con mucho porvenir]. ◆(大きな可能性を秘めている)Es un joven「con muchas posibilidades [que promete mucho]. ꕤ 明るい, 輝かしい

ゆうぼくのたみ 遊牧の民 mpl. nómadas, mpl. pueblos nómadas.

ゆうほどう 遊歩道 m. paseo; (海岸に沿った) m. paseo marítimo, [メキシコ] m. malecón, [アルゼンチン] f. costanera.

*ゆうめい 有名 (名声) f. fama, m. renombre, m. prestigio; (悪名) f. mala reputación [fama].

1《有名＋名詞》◆有名大学 f. universidad con fama [prestigio, renombre]. ◆有名人 (知名人) mf. famoso/sa, m. personaje famoso; (名士) f. celebridad; (大物) m. personaje (de renombre, importante). ◆有名ブランド (商品) mpl. artículos de marca (de prestigio); (会社) f. compañía famosa.

2《有名に》◆彼は歌手として一躍有名になった Se hizo un cantante famoso「de repente [de la noche a la mañana].

3《有名だ》◆有馬は温泉で有名である Arima es un lugar famoso por sus aguas termales. / Arima tiene renombre como balneario. ◆日本はすぐれた車を作ることで有名である Japón tiene buena fama como [de] productor de excelentes automóviles. ◆この地域は犯罪のよく起こることで有名である Esta parte de la ciudad「tiene mala fama [es notoria] por su delincuencia.

—— 有名な (一般によい意味で) adj. célebre, renombrado; (よく知られた) adj. conocido; (名高い) adj. notable, destacado; (悪名高い) adj. eminente, ilustre; (悪名高い) adj. de mala reputación. ◆有名なオーケストラ f. orquesta

郵便箱 Buzón para cartas
→郵便箱

famosa [célebre]. ▶有名な芸術作品 *f.* famosa obra de arte. ▶有名なやくざ *m.* malhechor [*m.* gángster] notorio. ◆彼は有名な作家だ Es un novelista renombrado [ilustre].

ゆうめいむじつ 有名無実 ▶有名無実の(=名目上の)社長 *m.* presidente nominal.

ユーモア *m.* humor; (冗談) *f.* broma, *m.* chiste. ▶ユーモアのある話 *m.* cuento humorístico. ▶ユーモアのある人 *mf.* humorista. ◆彼はユーモアが1分かる[2分からない] ¹Tiene buen [²No tiene] sentido del humor.

ゆうもう 勇猛 ▶勇猛な(勇敢な) *adj.* valiente; (恐れを知らない) *adj.* intrépido, audaz; (大胆な) *adj.* temerario, audaz.

ユーモラス ▶ユーモラスな(ユーモアのある) *adj.* humorístico, cómico, (人を楽しませる) *adj.* divertido, entretenido; (おかしい) *adj.* cómico, gracioso.

ゆうもん 幽門 《専門語》 *m.* píloro.

ゆうやけ 夕焼け *m.* resplandor de la puesta de sol, 《文語》 *m.* arrebol del crepúsculo. ▶夕焼け空 *m.* cielo「a la puesta (de sol) [《教養語》en el ocaso].

ゆうやみ 夕闇 ▶夕闇 *m.* anochecer, 《教養語》 *m.* ocaso; (日没後の薄明かり) 《文語》 *m.* crepúsculo. ▶夕闇が迫るころ *adv.* al anochecer, al ponerse el sol, 《口語》entre dos luces. ◆夕闇が迫っています Está anocheciendo.

ゆうゆう 悠々 ▶悠々とした(落ち着いた) *adj.* tranquilo, sosegado; (悠然とした) *adj.* indiferente, seguro de sí mismo; (泰然な) *adj.* cómodo. ▶悠々とした(=俗世間にわずらわされることなく)余生を送る *v.* pasar el resto de la vida tranquilamente [sin preocupaciones]. ◆彼は退職後ゆうゆう自適の生活をしている(=安楽に暮らしている) Desde que se jubiló ha llevado una vida cómoda [descuidada, tranquila].

—— **悠々(と)** (容易に) *adv.* tranquilamente, fácilmente; (十分な) *adj.* suficiente, holgadamente, (口語) de sobra, sin problemas [dificultad]. ◆あなたならゆうゆうと競走に勝つだろう Puedes ganar la carrera fácilmente [sin dificultad]. ▶金額 列車に間に合うかの?—ゆうゆうさ. あり余るぐらいたっぷり時間があったよ ¿Te dio tiempo de tomar el tren? — De sobra. ◆電車にゆうゆう(と)間に合った(=十分時間があった) Tenía tiempo suficiente [de sobra] para tomar el tren. ◆彼はゆうゆうとビールを飲んでいた Bebía cerveza tranquilamente.

ゆうよ 猶予 (延期) *m.* aplazamiento, *f.* prórroga; (期間の延長) *f.* extensión; (遅延) *m.* demora, *m.* retraso, *m.* atraso; (支払いなど) *f.* gracia. ▶(刑の)執行猶予 *f.* suspensión de la ejecución de una sentencia, (執行延期の判決) *f.* suspensión de una sentencia [condena]; (особенно 死刑の) *m.* aplazamiento (de una pena capital). ◆彼の手術は一刻の猶予も許されない Debe operarse sin demora. ◆一刻の猶予もなかった No hubo un momento que perder. ◆その代金の支払いを5日間猶予してあげよう Te daré una prórroga de cinco días para que me pagues el dinero. ◆彼は

5年間の執行猶予を与えられた Le dieron una suspensión de ejecución de sentencia de cinco años. ◆彼は懲役5年, 執行猶予1年の判決を受けた Fue condenado a cinco años de prisión con suspensión de un año. ◆彼は刑の執行を猶予された Le fue concedido un aplazamiento de la ejecución de la sentencia.

ゆうよう 有用 ▶有用な *adj.* útil; (助けになる) *adj.* provechoso. ◆彼は当社にとって有用な人材です Es un hombre útil para nuestra compañía.

ユーラシア Eurasia (☆ヨーロッパ Europa とアジア Asia). ▶ユーラシア大陸 *m.* continente eurasiático.

ゆうらん 遊覧 ▶遊覧船 *m.* barco de recreo. ▶遊覧バス *m.* autobús turístico.

ゆうり 有利 ▶有利な (好都合な) *adj.* favorable, conveniente, (有益な) *adj.* ventajoso, (利益になる) *adj.* beneficioso, provechoso, lucrativo, rentable. ▶有利な立場 *f.* posición favorable [ventajosa]. ▶有利な商売 *m.* negocio lucrativo [ganancioso]. ◆その状況は彼にとって有利になるだろう La situación será ventajosa [favorable] para él. ◆早くから訓練を積んできたという点で彼は私より有利であった Me llevaba ventaja a causa de haber sido entrenado antes. ◆その証言は彼に有利である El testimonio está en favor suyo. / La atestación te es favorable. ◆都合 está favorable.

ゆうり 遊離 (遠ざかること, 遠ざけられること) *m.* distanciamiento, *m.* alejamiento. ◆彼はクラスでは遊離している Está alejado [distanciado] de sus compañeros de clase. ◆君たちの議論は現実から遊離している(=まったく現実的でない) Vuestro [《ラ米》Su] argumento「dista de ser realista [está lejos de la realidad].

ゆうりょ 憂慮 (将来への不安) *f.* preocupación; (悩み) *f.* inquietud, 《教養語》 *f.* zozobra; (懸念) *f.* ansiedad, 《文語》 *f.* cuita. ▶憂慮すべき(=重大な)事態 *f.* situación seria [muy grave]. ▶憂慮する *v.* inquietarse, preocuparse (por). ◆彼は事態を非常に憂慮していた Estaba muy preocupado por la situación.

ゆうりょう 有料 (料金) *f.* tarifa, *f.* cuota, *m.* pago. ▶有料道路 *f.* carretera de peaje [pago]. ▶有料駐車場 *m.* aparcamiento de pago [cobro]. ▶有料トイレ *m.* cuarto de baño de pago. ◆配達は有料です Se paga por el reparto. / Hay una tarifa por reparto.

ゆうりょう 優良 ▶優良の(質が) *adj.* superior, 《教養語》óptimo; (成績が) *adj.* excelente, espléndido. ▶優良優良児 *mf.* niño/ña de desarrollo óptimo. ▶優良企業 *f.* compañía de primera [primer orden].

ゆうりょく 有力 ▶彼は政界の有力者だ Es un hombre influyente [con poder] en la política.

—— **有力な** (強力な) *adj.* fuerte, (指導的な) *adj.* destacado, importante, (影響力のある) *adj.* influyente, (勢力のある) *adj.* poderoso. ▶日本の有力な五つの新聞(=有力5紙) los cinco periódicos destacados japoneses. ▶有力意見 f. opinión influyente [dominante]. ▶有力な派閥 f. facción poderosa. ▶有力な証拠を握っている v. tener* "poderosas pruebas [pruebas convincentes]. ♦彼はその賞の最も有力な候補者です Es el principal candidato para ganar el premio. / El candidato que ganará con más probabilidad es él.

ゆうれい 幽霊 *m.* fantasma, 《教養語》*m.* espectro, *f.* aparición, *m.* aparecido, *m.* espíritu. ▶幽霊の話 *f.* historia de fantasmas. ▶幽霊会社 *f.* empresa fantasma [falsa]. ▶幽霊船 *m.* barco fantasma. ▶幽霊屋敷 *f.* casa encantada [embrujada]. ♦彼は幽霊を見たかのように真っ青だった Estaba pálido como si hubiera visto un fantasma. ♦その山小屋は幽霊が出ると言われている Dicen [Se dice] que en esa casita de la montaña hay fantasmas.

ゆうれつ 優劣 (差)*f.* diferencia. ▶優劣を競う *v.* disputar por la superioridad. (競争する) *v.* competir* 《con + 人》por la superioridad. ♦われわれはその車の優劣(=長所と短所)を論じた Discutimos sobre las ventajas y desventajas del coche [automóvil]. ♦両者は優劣つけがたい Es difícil decidirse por cuál es mejor. ♦(ほとんど差がない)Apenas hay diferencia entre los dos.

ユーロ (欧州通貨単位)*m.* euro (《略》€); (欧州(連合)の)《接頭辞》euro. ▶ユーロマネー *f.* euro-divisa.

ゆうわ 融和 (親睦(ぼく))*f.* amistad; (友好関係)*f.* relación "de armonía [armoniosa]. ▶両国間の融和をはかる *v.* promover* una relación de armonía entre los dos países.

ゆうわ 宥和 (なだめること)*m.* apaciguamiento. ▶怒れる人達を宥和する *v.* apaciguar* [conciliar] a personas enfadadas [enojadas]. ▶宥和策 *f.* política de apaciguamiento.

ゆうわく 誘惑 *f.* tentación; *f.* seducción. ▶誘惑者 *mf.* tentador/*dora*, *mf.* seductor/*tora*. ▶誘惑に勝つ [2と戦う] *v.* ¹vencer* [²luchar contra] la tentación. ▶酒を飲みたいという誘惑に負ける *v.* ceder a [sucumbir a, dejarse llevar por, caer* en] la tentación de beber. ♦東京は誘惑が多い Tokio está lleno de tentaciones [seducciones].
—— 誘惑する *v.* tentar*; seducir*. ▶女の子を誘惑する *v.* seducir* a una muchacha. ♦彼らはその少年を誘惑して金を盗ませた Tentaron [Incitaron] al niño para [a] que robara el dinero. ▷落とし穴, 誘い; 誘う, 唆す

-ゆえ (...のため)*conj.* como..., 《口語》así que..., porque... →ため. ♦疲れたゆえ家に帰った Como estaba cans*ado*, volví a casa. /《口語》Estaba cans*ado*, así que estaba en casa. / Volví a casa porque estaba cans*ado*.

ゆえに (したがって)*adv.* luego, por (lo) tanto, por consiguiente, en consecuencia, por eso [ello]. ♦我思うゆえに我あり Pienso, luego existo.

ゆえん 油煙 (すす)*m.* hollín. ♦石油ストーブから油煙が出ている La estufa de kerosene hace humo.

ゆえん 所以 (理由)*f.* razón; (根拠)*f.* base. ♦私が君に大いに期待するゆえんはここにあります Esta es la razón por la que espero tanto de ti.

ゆか 床 *m.* suelo, *m.* piso; (板張りの) *m.* entarimado; (寄せ木作りの) *m.* parqué. ▶床板 *f.* tabla de suelo, 〔メキシコ〕*f.* duela. ▶床面積 *m.* espacio de suelo. ▶床¹運動 [²暖房] ¹*m.* ejercicio [² *f.* calefacción] de suelo. ▶床をはがす *v.* romper* el suelo. ▶床に倒れる *v.* caer* al suelo. ▶床を掃く *v.* barrer el suelo. ▶部屋の床を板で張る *v.* entarimar el piso. ♦床が抜けた El suelo se hundió.

・ゆかい 愉快 (楽しさ)*f.* diversión; (喜び) *m.* placer; (楽しみ) *f.* gracia, *m.* interés. ♦愉快だ ¡Qué divertido!
—— 愉快な (人を満足させる)*adj.* agradable; (人を楽しませる)*adj.* divertido, entretenido; (人をおもしろがらせる)*adj.* gracioso, interesante; (人が陽気な)*adj.* alegre, jovial; (事が)*adj.* jubiloso. ▶愉快な話 *f.* historia graciosa. ♦彼といっしょに飲んでとても愉快だった Lo pasé 「muy bien [estupendamente, 《口語》la mar de divertido] bebiendo con él. / 「Me divertí mucho [Fue muy divertido estar] bebiendo con él. ♦今夜は愉快にやろう (=楽しもう) Esta noche vamos a divertirnos [pasarlo bien, 《口語》pasarlo bomba]. ♦彼はとても愉快な人だ Es una persona muy divertida [jovial, alegre]. / Se lo pasa uno muy bien con él.

ゆがく 湯がく ▶ホウレンソウをゆがく *v.* escaldar [dar* un hervor a] las espinacas. ▶じゃがいもをゆがく *v.* dar* un hervor a las patatas 〔ラ米〕papas〕.

ゆかした 床下(で)*adv.* (por) debajo del suelo. ▶床下浸水する *v.* llegar* el agua hasta el suelo.

ゆかた 浴衣 "yukata",《説明的に》*m.* kimono ligero de algodón vestido informalmente en el verano.

ユカタン Yucatán (☆メキシコの州). ▶ユカタン半島 Península de Yucatán,.

ゆがみ 歪み (板などの反り)*m.* alabeo, *m.* pandeo; (よじれ)*f.* torcedura; (ひずみ)*f.* deformación, *f.* distorsión. ▶床の歪み *m.* alabeo del entarimado.

ゆがむ 歪む (板などが反る)*v.* alabearse, pandearse, combarse; (よじれる)*v.* torcerse*, ponerse* torc*ido*, contorsionarse; (ひずむ) *v.* deformarse, desfigurarse. ♦この板は押さえつけるとゆがむ Esta tabla se alabea bajo la presión. ♦彼の顔は苦痛でゆがんだ Su cara se contorsionó por el dolor. ♦彼は何でもゆがんだ物の見方をする Tiene una imagen torcida de todo. / Todo lo ve torcido.

ゆがめる 歪める (顔・事実などを)*v.* desfigurar, deformar, distorsionar; (心・判断などを)*v.* alabear, combar. ▶真実をゆがめる *v.* desfigurar la verdad. ♦彼は激痛に顔をゆがめた El agudo dolor le hizo contorsionar el gesto.

ゆかり (つながり)*f.* relación, *f.* conexión, *f.*

asociación; (関係) f. relación. ▶縁もゆかりもない →縁(えん). ▶セルバンテスゆかりの地 m. lugar recordado por su relación con Cervantes.

ゆき 雪 f. nieve, (降雪) f. nevada, 『アルゼンチン』 m. nevazón, m. nevazo, f. nevasca, f. nevisca; (1片の雪) m. copo de nieve. ♦去年の冬は大雪だった Tuvimos una gran nevada el pasado invierno. ▶エベレスト山の積雪地帯 f. zona de nieves del monte Everest.

1《~雪》深い雪 f. mucha nieve, f. nieve profunda. ▶ぼたん雪 f. nieve en copos gruesos. ▶万年雪 f. nieve perpetua [permanente]. ▶新しく降り積もった雪 f. nieve recién acumulada.

2《雪+名詞》雪景色 m. paisaje nevado. ▶雪靴(=かんじき) fpl. raquetas. ▶雪祭り m. festival de nieve. →雪合戦, 雪国, 雪化粧, 雪だるま, 雪解け. ▶道の雪かきをする v. quitar la nieve [del camino [de la carretera]. ▶雪山 f. montaña nevada. ▶雪つぶて f. bola de nieve.

3《雪[は]》雪が降り出した Se ha puesto [Ha empezado] a nevar. ♦朝降り積もった雪は夕方には解けてしまった La nieve formada por la mañana se deshizo por la tarde. ♦ここは冬でも雪はほとんど降らない Aquí casi nunca nieva en invierno. / Apenas nieva aquí en invierno. ♦雪が3メートル積もっている La nieve tiene un espesor de tres metros.

4《雪の》adj. nevado, de [con] nieve, 《文語》níveo. ▶雪の(降る)日に m. día de nieve. ▶雪の多い冬 [2地方] [1 m. invierno con nieve [2 f. región nevada]. ▶1メートルほど積もった雪の中を歩いて学校へ行った Fui a la escuela caminando con un metro de nieve. ♦子供たちは雪の中で遊ぶのが好きだ A los niños les gusta jugar con la nieve.

5《雪に》雪におおわれた屋根 Los tejados cubiertos de nieve. ♦雨は雪に変わった La lluvia se convirtió en nieve. ♦その村は1週間前から雪に閉じ込められている El pueblo ha estado aislado por nieve desde hace una semana.

6《雪で》車は雪で動けなくなった El coche se quedó atascado en la nieve. ♦大雪で山に登ることができなかった No pudimos subir a la montaña debido a la fuerte nevada. / La gran nevada nos impidió escalar la montaña.

ゆき 行き prep. con destino a, rumbo a, para, a. →行(い)き.

ゆきあう 行き会う (偶然会う) v. dar* 《con》.

ゆきあたりばったり 行き当たりばったり m. azar, f. incoherencia. →行(い)き当たりばったり.

ゆきがかり 行きがかり ♦行きがかり上(もっぱら状況によって) adv. obligado [forzado] por las circunstancias.

ゆきがけ 行き掛け ♦学校へ行き掛けに(=行く途中に) adv. en [de] camino a la escuela.

ゆきかた 行き方 (行く方法) m. modo [f. forma, f. manera] de ir《a》; (接近方法) m. acceso《a》. ♦空港への行き方は三つある Hay tres modos [formas] de ir al aeropuerto. ♦駅への行き方を教えてください Por favor, dígame cómo se llega [va] a la estación.

ゆきがっせん 雪合戦をする v. tener* una pelea con bolas de nieve.

ゆきき 行き来 f. ida y f. vuelta.

ゆきぐに 雪国 (国) m. país de nieve; (地方) f. región en donde nieva mucho.

ゆきげしょう 雪化粧 ♦山々は雪化粧をしていた Las montañas estaban cubiertas [《文語》 coronadas] de nieve. / Las montañas estaban nevadas.

ゆきさき 行き先 (所在) m. paradero; (行く[行った]所) m. destino. ♦彼の行き先は不明です Ignoro [No conozco] su paradero. / No sé dónde se ha ido. ♦Desconozco su destino. ♦われわれの行き先はパリだ Nuestro destino es París. ♦行き先はどちらですか ¿Puedo preguntarle por su destino?

ゆきすぎ 行き過ぎ →行(い)き過ぎ.

ゆきすぎる 行き過ぎる v. sobrepasar(se), pasarse, ir* demasiado lejos.

ゆきずり 行きずり →通りがかり. ▶行きずりの人 mf. transeúnte; (赤の他人) mf. perfecto/ta desconocido/da. ▶行きずりの[1恋 [2縁] 1 m. amor [2 f. relación] pasajero/ra.

ゆきだおれ 行き倒れ →行(い)き倒れ.

ゆきだるま 雪だるま m. muñeco de nieve. ▶雪だるまを作る v. hacer* un muñeco de nieve. ♦彼の借金は雪だるま式に増えた Sus deudas han aumentado rápidamente.

ゆきちがい 行き違い (すれ違い) m. cruce; (誤解) m. malentendido, m. mal entendimiento. ♦彼女の手紙は彼と行き違いになった La carta de ella se cruzó con la de él. / Sus cartas se cruzaron. ♦私と君の間に行き違いがあった Entre nosotros [tú y yo] ha habido cierto malentendido.

ゆきつけ 行きつけ ▶行きつけの (気に入りの) adj. favorito, predilecto. ▶彼の行きつけのバー m. su bar favorito, el bar donde le gusta ir, el bar que frecuenta.

ゆきづまり 行き詰まり (交渉などの)《口語》 m. callejón sin salida, m. punto muerto; (停止, 休止) m. estancamiento, f. parada. ▶行き詰まりを打開する v. salir* del callejón.

ゆきづまる 行き詰まる v. meterse en un callejón sin salida. ▶(交渉などが)行き詰まっている v. estar* en un 「callejón sin salida [punto muerto]. ♦和平交渉は行き詰まった Las conversaciones de paz han llegado a un punto muerto. / Las conversaciones de paz se han roto. ♦彼の商売は行き詰まった Su negocio se ha estancado. ♦その計画は資金不足で行き詰まっている El programa ha quedado paralizado por falta de fondos.

ゆきどけ 雪解け m. deshielo. ▶雪解け水 f. agua de deshielo. ▶雪解け道 f. carretera fangosa por el deshielo. ♦外交関係の雪解け m. deshielo en las relaciones diplomáticas. ▶雪解けする v. deshelar(se)* [derretirse*] la nieve. ♦3月に雪解けした La nieve se deshieló en marzo.

ゆきとどく 行き届く (1サービス [2看護] などが) v.

ゆきどまり

dar* [prestar] un buen ¹servicio [²cuidado]; (掃除などが) *v.* **ser* esmera***do* **[lim***pio***]**; (手入れなどが) *v.* **estar* bien atend***ido* **[cui***dado***]**; (注意などが) *v.* **ser* cuidado***so* **[aten***to***]**. ♦あのホテルはサービスが行き届いている Ese hotel da un buen servicio. / El servicio de ese hotel es esmerado. ♦彼の庭は手入れがよく¹行き届いている [²行き届いていない] Su jardín ¹está bien atendido [²no está bien atendido]. ♦彼は何事にも行き届いた人だ Es muy cuidadoso en todo. ♦準備にいろいろ行き届かなかった点が多かった（＝不満な点が多かった）と思います Me parece que los preparativos dejaron mucho que desear.

ゆきどまり 行き止まり （道が）*m.* **callejón sin salida**. ♦この路地は行き止まりです Esta calleja no tiene salida.

ゆきのした 雪の下 （植物）*f.* **saxífraga**.

ゆきわたる 行き渡る （影響・うわさなどが広がる）*v.* **extenderse*, difundirse**; （普及している）*v.* **dominar, prevalecer***; （分配されるものがみんなに回る）*v.* **llegar* para [circular entre] todos**. ♦そのうわさは町中に行き渡った El rumor se ha extendido por toda la ciudad. ♦当時そういう考えが行き渡っていた En aquel tiempo dominaban tales ideas. ♦みんなに行き渡るだけのケーキがあった No llegan pasteles para todos.

ゆく 行く *v.* **ir***. → 行(い)く.

ゆくえ 行方 （所在）*m.* **paradero**. ♦行方不明の犬 **perro desaparecido**. ♦行方不明の手紙 *f.* **carta perdida**. ♦彼は行方不明です Está desaparecido. / Se ha perdido. ♦彼の行方は分からない Se desconoce su paradero. / No se sabe dónde ha ido. / Ha desaparecido. ♦われわれは彼女の行方を突きとめることはできなかった No pudimos localizarla. ♦ No pudimos dar con su paradero. ♦警察は殺人犯の行方を追っている La policía busca el paradero del asesino. ♦納税者は払った金の行方を知る権利がある El contribuyente tiene derecho a saber dónde va su dinero. ♦彼は家賃を払わずに行方をくらました（＝姿を消した） Desapareció (de su casa) debiendo el alquiler.

ゆくさき 行く先 *m.* **destino**.

ゆくすえ 行く末 ♦子供の行く末（＝将来）を案じる *v.* **inquietarse por el futuro de los hijos**. ♦行く末頼もしい（＝前途有望な）学生 *mf.* **estudiante promete***dor/dora* **[con futuro]**.

ゆくて 行く手 ♦行く手に（＝前方に）灯が見えてきた Por delante de nosotros vimos una luz. ♦行く手は（＝将来は）多難だ Nos esperan muchas dificultades. ♦トラックが行く手をふさいだ（＝じゃました） Un camión nos cerraba el paso. ♦彼が行く手をさえぎったので家に入れなかった Me estaba cerrando el paso y no podía entrar en casa.

ゆくゆく 行く行く （いつか）*adv.* **algún día**; （将来）*adv.* **en el futuro**. ♦ゆくゆくはスペインに旅行するつもりです Algún día haré un viaje a España.

***ゆげ 湯気** *m.* **vapor**, *m.* **humo**, *m.* **vaho**. ♦湯気が立っているごはん *m.* **cuenco de arroz humeante**. ♦スープ皿から湯気が立っていた Salía humo del plato de sopa. ♦やかんがストーブの上で湯気を立てている La tetera está echando humo sobre la estufa. ♦ふろ場の鏡が湯気で曇った El vaho ha empañado el cristal del cuarto de baño.

ゆけつ 輸血 *f.* **transfusión [de sangre [sanguínea]**. ♦輸血する *v.* **hacer* una transfusión (de sangre)**. ♦輸血を受ける *v.* **recibir una transfusión (de sangre)**. ♦その患者に大量の輸血をする *v.* **hacer* una transfusión de mucha sangre** *al/a la* **paciente**.

ゆさぶる 揺さぶる （荒々しく）*v.* **sacudir, dar* una sacudida**; （急激に）*v.* **zarandear**. → 揺する. ♦その汚職事件は政界を根底から揺さぶった El escándalo sacudió el mundo político desde sus cimientos.

ゆざめ 湯冷め ♦湯冷めする *v.* **atrapar un resfriado después de un baño**. ♦パジャマを着ないと湯冷めするよ Si no te pones el pijama, vas a resfriarte.

***ゆしゅつ 輸出** *v.* **exportar**.

1《輸出＋名詞》♦輸出価格 *mpl.* **precios de exportación**. ♦輸出税 *mpl.* **derechos [*mpl.* **impuestos] de exportación**. ♦輸出業 *m.* **comercio [*mpl.* **negocios] de exportación**. ♦輸出業者 *m.* **exportador (de petróleo)**. ♦輸出品 *mpl.* **artículos [*mpl.* **productos] de exportación**. ♦輸出自主規制 *m.* **control voluntario de las exportaciones**. ♦輸出入銀行 *m.* **banco de exportación e importación**. ♦輸出貿易は日本にとっては不可欠である El comercio exportador es fundamental para Japón. ♦車は日本の主要な輸出品である Los automóviles constituyen [son] el principal producto de exportación de Japón. ♦このおもちゃは外国への輸出用に作られる Estos juguetes se fabrican para la exportación al extranjero.

2《輸出が[は]》♦昨年の輸出（額）は輸入（額）を上回った El año pasado el valor de las exportaciones superó el [al] de las importaciones.

3《輸出を》♦政府は金の海外への輸出を禁じた El gobierno ha prohibido la exportación de oro al extranjero.

── **輸出する** *v.* **exportar, realizar* [hacer*] exportaciones**. ♦日本はカメラを世界各国に輸出している Japón exporta cámaras fotográficas a numerosos países del mundo.

ゆず 柚子 *f.* **cidra**, *m.* **cidro**.

ゆすぐ *v.* **enjuagar(se)***. → すすぐ.

ゆすぶる 揺すぶる → 揺さぶる, 揺する.

ゆすり 【行為】（強要）*f.* **extorsión**; （恐喝）*m.* **chantaje**; 【人】*m.* **chantajista**.

-ゆずり —譲り （...から得る）*v.* **heredar**. ♦彼の頑固は父親ゆずりだ Ha heredado de su padre la terquedad.

ゆずりあう 譲り合う → 譲る. ♦譲り合って（＝妥協しあって）問題を解決する *v.* **solucionar un asunto por [mediante] mutuas concesiones**. ♦道を譲り合う *v.* **dejar pasar [ceder el paso] mutuamente**. ♦席を譲り合う *v.* **cederse el asiento**.

ゆずりうける 譲り受ける (財産などを) v. heredar 《de》; (買い取る) v. comprar 《de》; (事業などを) v. tomar, recibir 《de》. ♦父親から財産を譲り受けた v. heredar una fortuna del padre. ♦パソコンを彼から安く譲り受けた Le compré barato「スペイン」un ordenador [米] una computadora].

ゆずりわたす 譲り渡す (財産などを) v. pasar, ceder, transferir*; (権力などを) v. entregar*, traspasar.

ゆする 揺する v. sacudir, agitar, 《口語》menear; (ゆっくりと) v. mecer*; (ぶらんこなどを) v. columpiar, balancear; (左右に大きく) v. oscilar. → 揺れる. ♦木を揺すって果実を落とす v. sacudir un árbol para que caiga el fruto. ♦体を揺すって笑うor v. estremecerse* de risa. ♦赤ちゃんを揺すって寝かす [2抱いて揺する] v. mecer* a un bebé [1para que se duerma [2en los brazos]. ♦揺すって起こす→揺り起こす. ♦音楽に合わせて体を揺する v. moverse* al ritmo de la música. ♦彼は息子の肩を(つかんで)揺すった Sacudió a su hijo por los hombros.

ゆする 強請る 《強請する》; (恐喝する) v. extorsionar, 《口語》 chantajear, hacer* chantaje 《a + 人》. ♦彼から金をゆすり取る v. sacarle* dinero por [con] chantaje, chantajearle para sacarle* dinero.

*‍**ゆずる** 譲る ❶ 《譲渡する》v. pasar [traspasar, ceder] 《a》; (財産などを) v. transferir* 《a》; (権力・責任などを) v. dar* [entregar*] 《a》; (会社などを) v. legar* [transmitir] 《a》; (王位を) v. abdicar* 《en favor de》. ♦野党に政権を譲る v. pasar el poder* al partido de la oposición. ♦これは父から譲ってもらったカメラです Esta es la cámara que me ha traspasado mi padre. ♦彼は一人息子に全財産を譲った Legó toda su propiedad a su único hijo. ♦彼は自分の店を息子に譲った Entregó a su hijo la tienda.
❷ 【与える】v. ofrecer*, ceder, dar*; (売る) v. vender. ♦彼はバスで妊婦に席を譲った Cedió el asiento del autobús a una señora embarazada. ♦彼に車を安く譲った Le vendí barato el coche.
❸ 【あける】(道をあける) v. hacer* sitio [lugar] 《a + 人》, apartarse; (道を譲って先に行かせる) v. ceder el paso 《a + 人》, dar* paso [preferencia] 《a + 人》. ♦後進に道を譲る v. hacer* sitio a los más jóvenes. ♦《走行中の車はすべて救急車には道を譲らないといけない Todo el tráfico debe「dar preferencia [ceder el paso] a las ambulancias.
❹ 【譲歩する】v. hacer* concesiones, ceder, 《教養語》conceder. ♦その点は譲ります En este punto cedo [《教養語》concedo]. ♦彼は脅迫者に一歩も譲らなかった Nunca hizo concesiones al chantajista.
❺ 【先へ延ばす】v. aplazar*, posponer*; (実現するつもりがない) 《口語》 dar* largas 《a》. ♦その件の議論は後日に譲ることにしよう Aplazaremos la discusión del tema hasta otro día.

ゆせい 油性 ▶油性塗料 m. óleo, f. pintura de aceite. ♦油性の adj. oleaginoso, oleoso.

ゆせいかん 輸精管 《専門語》 m. conducto deferente.

*‍**ゆそう** 輸送 m. transporte(s), 《教養語》 f. conducción, m. acarreo. ♦輸送[1船 [2機] 1 m. buque [2 m. avión] de transporte. ♦海上 [2鉄道, 3航空] 輸送 m. transporte [1marítimo [1por barco; 2ferroviario; 3aéreo, 3por avión]. ♦長距離輸送 m. transporte de「larga distancia [largo recorrido]. ♦列車は必要不可欠な輸送機関だ El tren es un medio de transporte esencial.

―― 輸送する (長距離を大がかりに) v. transportar; (車で) v. acarrear, 《教養語》 conducir*; (運ぶ) v. llevar. ♦商品を汽車で輸送する v. transportar mercancías por tren [vía férrea].

*‍**ゆたか** 豊か▶豊かな ❶ 【裕福な】(金持ちの) adj. rico, acaudalado, adinerado, 《教養語》 opulento; (社会・環境などが) adj. próspero; (暮らし向きがよい) adv. próspero, acomodado, holgado. ♦豊かな社会 f. sociedad próspera. ♦彼は豊かな暮らしをしている Vive [Nada] en la abundancia. /《口語》Marcha bien. ♦音楽はわれわれの生活を豊かにする La música enriquece nuestra vida.
❷ 【豊富な】(たくさんある) adj. abundante, rico; (あり余るほど豊かな) adj. abundante, copioso, nutrido; (たっぷりの) adj. copioso, 《教養語》 profuso; (十二分の) adj. suficiente, abundante, copioso. → 豊富. ♦豊かな黒髪 m. abundante cabello negro. ♦豊かな収穫 f. cosecha abundante [rica]. ♦豊かな(=肥沃(ひよく)な)土地 f. tierra fértil. ♦その国は天然資源が豊富である En ese país abundan los recursos naturales. ♦その会社は資本が豊かである La empresa tiene mucho capital.

《その他の表現》 ▶想像力豊かな人 f. persona imaginativa [con la imaginación fértil]. ♦経験豊かな教師 mf. profesor/sora con「mucha experiencia [una experiencia rica]. ♦彼は才能豊かな作家だ Es un escritor con talento.

ゆだねる 委ねる v. dejar encargado, encargar*. → 任せる.

ユダヤ Judea. ▶ユダヤ(人)の adj. judío, 《文語》 judaico. ▶ユダヤ人 mf. judío/a. ▶ユダヤ教 m. judaísmo, f. religión judía. ▶ユダヤ教徒 mf. judío/a, adj. seguidor/dora del judaísmo.

*‍**ゆだん** 油断 (不注意) m. descuido; (怠慢) f. negligencia; (うかつ) f. desatención, f. inadvertencia. ▶人の油断につけこむ v. aprovecharse del descuido 《de + 人》. ♦ちょっとした油断が事故につながる Un pequeño descuido causa un accidente. ♦油断は禁物(= 油断するな) No te distraigas. / Estate alerta [atento]. ♦近ごろ泥棒が多くて油断もすきもならない Últimamente se han dado tantos casos de robo que no hay que descuidarse ni un momento.

―― 油断する (警戒を怠る) v. descuidarse, distraerse*; (不注意である) v. ser* descuidado [negligente, distraído]. ▶人を油断させる v. distraer* (su vigilancia). ♦すりに油断するな

¡Cuidado [《口語》¡Ojo] con los rateros [carteristas]! / Hay que estar alerta con los 《ラ米》bolsistas.

ゆちゃく 癒着 f. adherencia. ◆政財界の癒着 (=腐敗した関係) f. corrupta relación entre los círculos políticos y los financieros.

ユッカ (植物) f. yuca.

・ゆっくり ❶《遅く》◆ adv. despacio, lentamente, con lentitud; (徐々に) adv. gradualmente, poco a poco; (ゆっくりと) adv. sin prisa, (教養語) paulatinamente; (急がずに) adv. sin (darse) prisa, tranquilamente; (着実に) adv. con seguridad, de forma constante. ◆ゆっくり食事をする v. comer tranquilamente [sin prisas]. ◆ゆっくり行け Ve despacio. ◆ (速度を落とせ) ¡Más despacio! ◆体力が落ちていたので彼の病気の回復はゆっくりだった Estaba físicamente tan débil que tardó bastante en mejorar. ◆日曜日には人々は公園をゆっくり歩いている Los domingos se ve a la gente pasear tranquilamente por el parque.

❷《十分に、よく》◆ 彼らはゆっくり飛行機に間に合った Tenían "todo el tiempo del mundo [tiempo de sobra] para tomar el avión. ◆ いつもの忙しい時が過ぎて、彼らはゆっくり休むことができた Después de las horas ajetreadas de siempre, se tomaron un buen descanso. ◆ 最終的に決める前に彼はゆっくりその計画を考えた Antes de tomar la decisión final, pensó sobre el plan. ◆ゆっくり考えてみます Voy a pensarlo despacio [con calma].

【その他の表現】◆これがお部屋の鍵です。どうぞゆっくり (=くつろいでください) Aquí tiene la llave de su habitación. ¡Que descanse usted bien! 《会話》ちょっと失礼します。すぐ戻りますー…どうぞごゆっくり。私は急ぎませんから Perdone un momento. Vengo enseguida. – Tómese su tiempo tranquilamente. No tengo ninguna prisa. ◆彼はゆっくり (=時間をかけて) 風呂に入る Tarda mucho en bañarse. / Se baña con mucha calma. ◆もう少しゆっくりしていってくださればよろしいのに Tenía que haberse quedado un poco más de tiempo.

▷徐々に、じりじり、じわじわ、そろそろ

ゆったり 【ゆとりがある】(空間的に) adv. holgadamente; v. tener* holgura; (心理的に) adv. cómodamente, con toda comodidad. ¡Que descanse usted bien! ◆その家はゆったり間取りがしてある La casa está diseñada para tener holgura. ◆人々は海辺でゆったり時を過ごしている La gente pasa el tiempo cómodamente en la playa.

—— ゆったりした (広々とした) adj. espacioso, amplio, holgado; (くつろいだ) adj. cómodo, confortable; (寛大な) adj. generoso; (衣服が) adj. ancho, suelto. ◆ゆったりした部屋 f. sala espaciosa. ◆ゆったりした服 f. ropa ancha. ◆私はゆったりした人が好きだ Me gusta la gente generosa.

—— ゆったりする (くつろぐ) v. sentirse* cómodo; (気楽にする) v. descansar, no preocuparse, 《口語》tomárselo con calma. ◆やる気の強そうな新人たちはゆったりするように支配人から言われた El gerente dijo a los alborotados recién llegados que se lo tomaran con calma.

ゆでたまご ゆで卵 m. huevo pasado por agua. ◆固ゆで卵 m. huevo duro [bien cocido].

ゆでる v. hervir*, cocer*. ◆卵を固くゆでる v. hervir* bien un huevo. ◆卵を半熟にゆでる v. pasar un huevo por agua.

ゆでん 油田 m. yacimiento [m. campo] petrolífero [de petróleo]. ◆北海油田 mpl. yacimientos petrolíferos del Mar del Norte.

ゆとり →余裕. ◆ゆとりのある教育 f. educación sin presiones.

ユニーク ◆ユニークな (独特で他にない) adj. único. ◆ユニークな作家 mf. escritor/tora único/ca [sin igual, incomparable]. ◆ユニークな (=他の人と違った) 考え方をする Tiene "una manera [un modo, una forma] de pensar diferente de los demás.

ユニオンショップ f. empresa que sólo emplea a trabajadores sindicales.

ユニコード 《英語》m. unicode.

ユニセフ f. Unicef; (国際連合児童基金) m. Fondo de las Naciones Unidas para la Infancia.

ユニット (構成単位) f. unidad.

ユニバーシアード f. Universíada, f. Olimpíada Universitaria.

ユニホーム m. uniforme. ◆野球のユニホーム m. uniforme de béisbol. ◆ユニホームを着た選手 mf. jugador/dora uniformado/da. ◆ユニホーム・リソース・ネーム 《専門語》 m. nombre uniforme de recurso. ◆ユニホーム・リソース・ロケータ 《専門語》「m. localizador uniforme [m. identificador universal] de recursos.

・ゆにゅう 輸入 f. importación.

1《輸入+名詞》◆輸入課徴金 f. sobretasa de importación, m. recargo a la importación. ◆輸入税 mpl. derechos de importación, mpl. impuestos a la importación. ◆輸入の自由化 f. liberalización de las importaciones. ◆輸入超過 (=貿易赤字) m. déficit comercial. ◆輸入品 mpl. productos [mpl. artículos] de importación. ◆輸入割当 f. cuota de importación. ◆原油の輸入価格が上がった Han subido los precios de importación del petróleo crudo. ◆スペインからの輸入物のワインを買った He comprado unos vinos de importación españoles.

2《輸入が》◆輸入 (額) が輸出 (額) を上回っている Las importaciones superan las exportaciones (en valor).

3《輸入を》◆日本は外国からの車の輸入を¹奨励 [²規制] してきた Japón ha ¹promovido [²limitado] la importación de automóviles del extranjero.

—— 輸入する v. importar. ◆日本は中東から多くの原油を輸入している Japón importa una gran cantidad de petróleo crudo del Medio Oriente.

ゆにょうかん 輸尿管 《専門語》m. uréter.

ユネスコ f. UNESCO (☆Organización de las Naciones Unidas para la Educación,

la Ciencia y la Cultura).
ゆのみぢゃわん 湯飲み茶わん *f.* taza (de té).

・**ゆび** 指 （手の）*m.* dedo;（足の）*m.* dedo del pie.

1《〜(の)指》▶薬指 *m.* (dedo) anular. ▶太い指 *m.* dedo gordo [rollizo]. ▶手の親指が痛い Me duele el pulgar de la mano.

2《指＋名詞》▶指先 *f.* punta del dedo. ▶指先が器用だ *v.* ser* habilid*oso* con las manos. ▶指サック *m.* dedil. ▶人形し marioneta (manejada con los dedos). ▶人形劇 *m.* guiñol, *m.* teatro de marionetas.

3《指の[に]》▶指輪を指にはめる [2はめている] *v.* ¹ponerse* [²llevar] un anillo. ▶鉛筆を指にはさむ *v.* sostener* un lápiz entre los dedos. ♦彼の手袋は親指に穴があいている Hay un agujero en el pulgar de su guante.

4《指を》▶指を組み合わせる *v.* cruzar* [entrelazar*] los dedos. ▶指をそろえる *v.* juntar los dedos. ▶指をくわえる *adv.* con un dedo en la boca. ▶指をしゃぶる *v.* chuparse el dedo. ▶指を¹鳴らす [²はじく] *v.* hacer* ¹crujir [²chasquear; ²chascar*; ²castañear] los dedos. ▶指を立てる *v.* elevar [mover*] un dedo. ♦二人は小指をからませて約束した Entrelazaron sus meñiques en señal de promesa.

5《指で》▶指で10まで数える *v.* contar* (hasta) diez con los dedos. ▶豆を指でつまんで食べる *v.* comer alubias [¹frijoles] con los dedos. ♦彼は虫を親指で押さえた Puso el pulgar sobre el insecto. ♦彼は硬貨をぽんと指ではじき上げた Tiró [Lanzó] una moneda al aire.

【その他の表現】♦彼には指一本触れさせない Jamás te permitiré que le toques ni un pelo. ♦彼女はそのダイヤの指輪を指をくわえて（＝うらやましそうに）見ていた Miraba con mucha envidia el anillo de diamante. ♦その子はクリスマスの来るのを首を長くして（＝熱心に［に］）待っていた El niño「se moría de impaciencia [se mordía las uñas] esperando la llegada de la Navidad.

ゆびおり 指折り ▶日本で指折りの作曲家 *mf.* uno/una de los mejores [destacados, eminentes] compositores de Japón, *mf.* composit*or/tora* de primera línea de Japón. ▶指折り数える（＝指を折りながら数える）*v.* contar* con los dedos.

ゆびきり 指切り "yubikiri",（説明的に）*v.* hacerse* una promesa solemne (entrelazándose los dedos meñiques). ♦指切りげんまん、嘘ついたら針千本飲ま iQue me muera ahora mismo si「no es verdad [rompo mi promesa]!

ゆびさす 指差す *v.* señalar [indicar*] con el dedo. ♦彼は写真の男を指差して、「これがぼくだ」と言った Señaló con el dedo a un hombre en la foto diciendo: "Este soy yo". ♦人を指差すのは失礼だ No es de buena educación señalar (a la gente) con el dedo. ♦彼はその建物の方を指差した Señaló el edificio.

・**ゆびわ** 指輪 *m.* anillo;（宝石を載せた）*f.* sortija. ▶結婚指輪 *f.* alianza. ▶¹婚約 [²結婚]指輪 *m.* anillo de ¹compromiso [²boda]. ▶ダイアの指輪 *m.* anillo [*f.* sortija] de diamante. ▶指輪をはめる *v.* ponerse* un anillo. ▶指輪を抜く *v.* quitarse el anillo. ▶結婚式で指輪を交換する *v.* intercambiar las alianzas en la boda. ♦彼女は左の中指に金の指輪をはめている Lleva un anillo de oro en el dedo medio izquierdo.

ゆぶね 湯船 *f.* bañera,【メキシコ】*f.* tina. ▶湯船につかる *v.* meterse en el agua caliente de la bañera.

ゆみ 弓 *m.* arco;（弓術）*m.* tiro con [al] arco. ▶弓の名人 *mf.* maest*ro/tra* arquer*o/ra*. ▶弓で矢を射る *v.* tirar [disparar, lanzar*] una flecha con el arco. ▶弓に矢をつがえる *v.* poner* una flecha en el arco. ▶弓を引く *v.* tensar el arco;（反抗する）*v.* rebelarse《contra》, sublevarse. ♦その鉄の橋は弓形になって川にかかっていた El puente de hierro formaba un arco sobre el río.

ゆみず 湯水（水）*f.* agua. ▶金を湯水のように遣う *v.* tirar [derrochar, malgastar] el dinero.

ゆみや 弓矢 *m.* arco y *fpl.* flechas. ♦彼は弓矢でシカを仕留めた Mató al venado [ciervo] con un arco y una flecha.

・**ゆめ** 夢 ❶《睡眠中の》*m.* sueño,《教養語》*m.* ensueño（☆願望のニュアンスを含む）;（悪夢）*f.* pesadilla, *m.* mal sueño.

1《〜夢》▶¹正 [²逆]夢 *m.* sueño ¹profético [²en que ocurre al revés de la realidad]. ▶¹恐ろしい [²変な; ³楽しい; ⁴不吉な]夢 *m.* sueño ¹terrible [²extraño; ³agradable; ⁴de mal agüero]. ▶こわい夢を見る *v.* tener* una pesadilla.

2《夢＋名詞》▶夢判断をする *v.* leer* [interpretar] un sueño. ▶夢枕に立つ *v.* salir* [aparecer*] en un sueño. ▶夢うつつでベルの鳴るのを聞く *v.* oír* medio dormid*o* [entre sueños] el timbre.

3《夢の》▶夢のような計画 *m.* proyecto de ensueño. ♦夢のように（消える *v.* disiparse como un sueño. ▶夢の中でスペイン語を話す *v.* hablar español en sueños. ♦彼女と再び会えるなんて夢のようだ Volver a verla es como un sueño.

4《夢を》▶夢を見る *v.* tener* un sueño《de》, ver* en sueños. ♦子供のころの夢を見た Soñé「cuando era niño/ña [con mi infancia]. ♦私あなたの夢をずいぶん見るのよ Sueño mucho contigo, ¿sabes? ♦試験に合格した夢を見た Soñé con que aprobaba el examen. ♦まるで夢を見ているような気分だった Parecía que estaba en un sueño. / Era como si estuviera soñando. ♦夢でも見ているんだろう iTú sueñas! / Debes estar soñando. / iDeja de soñar!

5《夢から[で]》▶夢からさめる *v.* despertar* de un sueño. ▶夢でうなされる *v.* asustarse por una pesadilla.

❷【心に描く】*m.* sueño, *m.* ensueño;（大望）*f.* ambición;（幻想）*f.* visión;（とりとめのない空想）*f.* ilusión.

1《〜夢》▶¹途方もない [²漠然とした]夢 *m.* sueño ¹fabuloso [²vago]. ▶大きな夢 *f.* gran

ゆめみる

ambición. ◆海外旅行は私の長年抱き続けた夢です Viajar al extranjero es「mi sueño de hace mucho tiempo [un sueño largamente acariciado].

2《夢～》▶夢の国 m. país de los sueños. ▶夢物語 f. quimera, 〚メキシコ〛m. sueño guajiro. ▶夢多き少女 f. chica de ensueño.

3《夢が[は]》▶私の夢が実現した Mi sueño se ha「hecho realidad [realizado]. ◆私の夢は外交官になることです「Sueño con ser [Mi sueño es hacerme] diplomático/ca. ◆母国へ帰るという彼女の夢はうちなく破れた Se deshizo su sueño de volver a casa.

4《夢に》▶彼は宇宙飛行士になることを夢に描いている「Sueña con [Su sueño es] hacerse [ser] astronauta. ◆あの若者は夢にあふれている Ese joven tiene「muchos sueños [muchas ilusiones].

5《夢を》▶夢を抱く v. tener*「[強調して] acariciar] un sueño. ◆彼の夢を実現させる[かなえてやる] v. realizar*「hacer* realidad, cumplir] su sueño; hacer* su sueño verdad. ◆あなたはどんな夢をもっていますか ¿Cuáles son tus sueños para el futuro? / ¿Con qué sueñas para el futuro?

6《夢にも…ない》▶勉強を怠けようとは夢にも思っていない Ni en sueños voy a descuidar mis estudios. ◆留学するなんて夢にも思っていなかった No se me ha ocurrido estudiar en el extranjero ni en sueños. / Nunca he soñado con estudiar fuera [en el extranjero].

7《夢だ》▶人生は現実であって夢ではない La vida es una realidad y no un sueño.

ゆめみる 夢見る v. soñar*⟨con, sobre⟩. ▶夢見るような表情 f. expresión soñadora. ◆¹栄光 [²外国で働くこと]を夢見る(=夢に描く) v. soñar*⟨con ¹la gloria [²trabajar en el extranjero].

ゆゆしい 由々しい ▶由々しい(=重大な)事態 f. situación grave [seria, crítica].

ゆらい 由来 (起源)m. origen, f. procedencia, f. fuente. ▶その寺の名の由来をたどる v. buscar* el origen del nombre del templo. ▶外国語に由来する日本の言葉 fpl. palabras japonesas de origen extranjero. ◆その建築様式はギリシャに由来する Ese estilo arquitectónico「tiene su origen [se origina] en Grecia.

ゆらぐ 揺らぐ ▶私の信念が揺らいだ Vacilaron mis creencias.

ゆらす 揺らす v. sacudir, mover*, mecer*, balancear.

ゆらめく 揺らめく (炎などが)(ゆらゆらと)v. temblar*; (ちらちらと)v. parpadear, 《文語》titilar.

ゆらゆら ▶ゆらゆら揺れる[揺らす] (大きく左右に) v. balancearse, bambolearse; (つるしたものなどが行き来う) v. columpiarse; (ゆっくりと) v. mecerse*. → 揺れる. ◆波の上で小舟がゆらゆら揺れていた Un pequeño bote se mecía con las olas. ◆母親が大きなかごに入っている赤子をゆらゆらさせた La madre mecía al bebé en un gran

moisés. ◆かげろうがゆらゆら立っていた La calima del calor parecía bailar.

ゆらり ▶ゆらりと揺れる (不安定に) v. tambalearse; (大きく左右に) v. balancearse, bambolearse. ◆弾丸が彼に当たり、ゆらりとして倒れた Al ser alcanzado por una bala, se tambaleó y cayó. ◆ヒョウタンが強風にゆらりゆらり揺れていた Las calabazas se balanceaban con el fuerte viento.

ゆり 百合 f. azucena, m. lirio. ▶¹白 [²黒]ユリ m. lirio ¹blanco [²negro]. ◆姫ユリ m. lirio de Venus. ◆山ユリ m. lirio dorado. ◆鬼ユリ m. lirio tigrado. ◆ユリの根 m. bulbo de lirio. ▶ユリのように白い肌 f. piel blanca como una azucena.

ゆりいす 揺り椅子 f. mecedora.

ゆりうごかす 揺り動かす (揺する) v. agitar, sacudir, (口語) menear; (大きく左右に) v. balancear, bambolear; (影響を与える) v. conmover*. ◆彼の心はその言葉に揺り動かされた Esas palabras le conmovieron.

ゆりおこす 揺り起こす v. sacudir para despertar*. ◆彼女は子供を揺り起こした Sacudió al niño para que se despertara.

ゆりかえし 揺り返し →揺り戻し.

ゆりかご 揺り籠 f. cuna. ▶赤ん坊を揺りかごに入れて揺らす v. mecer* a un bebé en la cuna. ▶揺りかごから墓場まで adv. de la cuna a la sepultura.

ゆりもどし 揺り戻し (余震) f. réplica, m. temblor posterior.

ゆるい 緩い (結び目などが) adj. flojo, suelto; (スピードが) adj. moderado; (斜面が) adj. suave; (地盤が) adj. blando, poco sólido; (規則などが) adj. poco estricto [riguroso], indulgente. ▶緩いスピードで v. a velocidad moderada. ▶緩い坂 f. cuesta suave. ◆この結び目は緩い Este nudo está flojo. ◆この学校の校則は緩い El reglamento de esta escuela no es riguroso.

——— 緩く adv. sin fuerza. ◆2本のロープは緩く結びつけられている Las dos cuerdas están atadas sin fuerza. ◆大雨で地盤が緩くなっている Las fuertes lluvias han dejado blanda la tierra.

ゆるがす 揺がす v. hacer* temblar*, estremecer*. ◆天地を揺がすばかりの大爆発 f. explosión lo bastante grande para hacer temblar el cielo y la tierra. ◆世界を揺がすようなニュース f. noticia de las que estremecen el mundo. ◆長年の赤字続きが会社の基盤を揺がすことになった Las pérdidas acumuladas en años empezaron a hacer temblar los cimientos de nuestra compañía.

ゆるぎない 揺るぎない (堅い) adj. firme; (堅固な) adj. sólido; (しっかりした) adj. seguro; (安定した) adj. estable. ▶揺るぎない信念 f. creencia firme.

ゆるし 許し (権威のある人による積極的な) m. permiso, f. licencia, f. autorización; (罪などの重大な過失に対する) m. perdón, 《教義語》f. remisión; (失敗などを放免すること) m. indulto. ▶それをする許しを彼から得る v. conseguir*「[recibir]「permiso de él [su permiso] para hacerlo*. ◆彼の許しを1得て [2得ないで] 外出する v. salir* ¹con [²sin] su permiso. ◆その罪に対し彼の許しを請う v. pedir* su perdón por el pecado; pedir* que perdone el pecado. ◆だれの許しを得てこの部屋に入ったのか ¿Con el permiso de quién has entrado en esta habitación? / ¿Quién te ha「dado permiso [autorizado] a entrar en esta habitación?

* **ゆるす 許す** ❶【許可する】 v. permitir [dejar] 《a + 人》《+不定詞・名詞, que + 接続法》. ◆天候が許せば v. al tiempo lo permite, si hace buen tiempo, 《口語》si el tiempo nos deja. ◆旅行に行くのを父は許してくれなかったが母は許してくれた (=行かせてくれた) Aunque mi padre no me dejaba irme de viaje, mi madre sí me dejó. ◆ここでは狩猟は許されていない Aquí no se permite cazar. / La caza no está autorizada aquí. ◆門番は門を通り抜けるのを許してくれた El portero me dejó [permitió] pasar [que pasara]. ◆時間が許す限り手伝ってあげよう Si hay tiempo, te ayudaré. ◆おじに金銭上の世話になることは彼のプライドが許さなかった Su orgullo no le permitía [dejaba] aceptar la ayuda económica de su tío. ◆彼はその大学に入学を許された Le admitieron en la universidad. ◆事態は一刻の遅滞も許さない La situación no permite「ningún retraso [ninguna demora, 《教養語》ninguna dilación]. ◆彼は私が彼女と結婚することを許さなかった No consintió [consintió] mi matrimonio con ella. / No aprobó [consintió en] que me casara con ella.

❷【容赦する】 v. perdonar, disculpar, excusar, dispensar; (大目に見る) v. pasar por alto, 《口語》hacer* la vista gorda; (寛容を示す) v. tolerar. ◆彼は彼の無礼を許してやった Ella le perdonó su「mala educación [descortesía]. ◆今度だけは君の失敗を許してやろう Sólo por esta vez te perdono. ◆こんなことを言うのをお許しください Perdón [Pido perdón] por decir eso. ◆本当にごめんなさい。どうかお許し (=謝罪の気持ちを受け取って) ください Lo siento [lamento] mucho. Por favor, acepte mis disculpas. ◆先生は私の遅刻を許してくれた El profesor「disculpó mi retraso [me disculpó por llegar tarde]. ◆どんな理由があるにせよ彼の行為は許されるものではない No importa la razón que tenga; su acción es imperdonable. / Independiente del motivo, su acción no admite disculpa. ◆息子がぶらぶらしているのを許しておくわけにはいかない No puedo permitir que mi hijo esté haciendo el vago. ◆彼は人の失敗を許さない (=不寛容だ) No tolera las faltas ajenas. / No sabe disculpar las faltas de los demás.

❸【心などを許す】 (信用する) v. confiar(se)* 《en》, fiarse* 《de》, poner* la confianza 《en》; (油断している) v. descuidarse. ◆あの男には心を許してはいけない No debes confiar en ese hombre. ◆私には心を許せる (=信頼できる) 友人が何人かいる Tengo varios amigos「de los que me fío [en quien confiarme]. ◆こんなところで油断 (=気を許) しているすきに金を盗まれた Me robaron el dinero「mientras estaba desprevenido [en un momento de descuido].

《その他の表現》◆スペースの許す範囲に記事を縮める v. resumir el artículo para que quepa en el espacio disponible. ◆彼は自他ともに許される (=一般にそう認められている) 古代史の大家だ Se le reconoce como una autoridad en historia antigua. ◆大統領は普通の人ののんびりとした生活を望んだが、それは許されぬものだった (=そうする権利はなかった) El presidente anhelaba la vida descuidada de la gente llana, pero no tenía derecho a ella.

▱大目, 堪忍, 勘弁する

ゆるみ 緩み ◆ロープのゆるみ m. aflojamiento de una cuerda. ◆彼の気のゆるみから火事が出た El incendio estalló porque tuvo un descuido con el fuego.

ゆるむ 緩む (結び目などが) v. aflojar(se), soltar(se)*; disminuir*, ceder; (緊張などが) v. relajarse, descuidarse. ◆緩んだ結び目 m. nudo flojo. ◆彼のロープを握る手が緩んだ Se le aflojó (su agarre de) la cuerda. ◆このねじはよく緩む Este tornillo se afloja con facilidad. ◆気が緩んだ (=油断した) すきに財布をすられた Estaba descuidado cuando me robaron la cartera. ◆近ごろは規律も緩みがちだ Estos días la disciplina está relajada. ◆寒さが緩んできた Está disminuyendo [cediendo] el frío.

ゆるめる 緩める ❶【張力を弱める】 (結び目などを) v. aflojar, soltar*; (力などを) v. reducir*, aflojar. ◆¹ベルト [²ネクタイ] を緩める v. aflojarse ¹el cinturón [²la corbata]. ◆ねじを緩める v. aflojar un tornillo. ◆綱 [弦] を緩める v. aflojar la cuerda. ◆ロープを握る手を緩める v. aflojar「la sujeción [el agarre] de la cuerda.

❷【和らげる】 (緊張などを) v. relajar, aflojar, reducir* (la tensión); (特に規則などを) v. aflojar, relajar; (減じる) v. aliviar, disminuir*. ◆警戒を緩める v. relajar la vigilancia 《contra》. ◆規則を緩める v. suavizar* las reglas. ◆取り締まりを緩める v. relajar el control 《de, sobre》. ◆両国間の緊張を緩める v. reducir* la tensión entre los dos países. ◆テストが終わっていないのだから気を緩めて (=努力を怠って) はだめだ No「te descuides [《口語》bajes la guardia] porque los exámenes no han terminado.

❸【速度を落とす】 v. reducir* [moderar] la velocidad; (減じる) v. disminuir*, reducir*. ◆自動車の速度を緩める v. reducir* [moderar] la velocidad del coche. ◆歩調を緩める v. aflojar el paso. ◆バス (の運転手) は速度を緩めた El conductor del autobús redujo la velocidad.

ゆるやか 緩やか adj. suave; (のろい) adj. lento, manso. ◆ゆるやかな坂 f. pendiente [f. cuesta] suave. ◆ゆるやかな流れ f. corriente mansa [suave, lenta].

ゆれ 揺れ m. temblor, f. sacudida, m. zarandeo; (少しの) m. balanceo. ◆船の揺れ m. balanceo de un barco. ◆車の揺れ mpl. traqueteos de un coche. ◆(小さな) 地震の揺れ m.

temblor sísmico.
* **ゆれる 揺れる** v. temblar*, estremecerse*, agitarse; vibrar. ♦地震で家が揺れた La casa tembló con [por] el terremoto. / El terremoto hizo temblar la casa. ♦木の葉が風で揺れている Las hojas tiemblan con el viento. ♦木々が強風で揺れていた Los árboles se agitaban con [por] el fuerte viento. ♦バスが通ると家が揺れた Cuando pasaba un autobús, la casa se estremecía. ♦振り子が左右に揺れた El péndulo osciló de un lado a otro. ♦船は波に揺れた El barco era mecido por las olas. / Las olas mecían al barco. ♦道が悪くてバスががたがた揺れた El autobús iba dando traqueteos por la mala carretera. ♦(空港で)ぼくのバッグがベルトコンベアの上を小刻みに揺れながら出てきた Mi maleta apareció dando sacudidas en la cinta [banda] transportadora (en el aeropuerto). ♦その申し出を受け入れようか受け入れまいかと彼女の心は揺れた(=迷った) Vacilaba entre aceptar y rechazar la oferta.
⇨ おぼつかない, ぐらつく

ゆわえる 結わえる v. atar, amarrar, hacer* un nudo, anudar, hacer* un lazo, enlazar*.

ゆわかし 湯沸かし m. tetera. ▶ガス[瞬間]湯沸かし器 m. calentador de agua de gas.

ユンナン 雲南 Yunan, 《ピンイン》Yunnan (☆中国の省).

よ

* **よ 世 ❶**【世間, 世の中】m. mundo; (人生)f. vida; (社会)f. sociedad. → 世の中.
  1《世+名詞》▶世慣れた人 m. hombre [f. mujer] de mundo. ▶世直し fpl. reformas sociales. ▶世渡り → 世渡り.
  2《世の》▶世の荒波 mpl. avatares [fpl. embestidas] de la vida. ▶世のためになる v. beneficiar al mundo. ♦それが世の常というものだ Así es la vida. ♦世の(=世間一般の)親たちは何と言うだろう ¿Qué van a decir los padres (en general)?
  3《世に》▶この世に生を受ける(=生まれる) v. venir* al mundo, nacer*. ▶世に名高い万里の長城 La mundialmente famosa Gran Muralla (de China). ♦これが世に言う(=いわゆる)受験地獄だ Esto es lo que se dice un "infierno de examen". ♦彼は歌手として世に出た(=有名になった) Se hizo famoso como cantante.
  4《世を》▶世を捨てる v. renunciar al mundo. ♦彼は昨年この世を去った Falleció el año pasado. ♦彼は世をはかなんで自殺した Perdió toda esperanza y se quitó la vida.
  ❷【時世, 時代】m. (mpl.)tiempo(s), f. época. ▶世の移り変わり f. transición [m. paso] del tiempo. ▶時世に遅れないでついてゆく v. mantenerse* al día, estar* al corriente de la época. ▶世の流れに¹従う[²逆らう] v. ¹nadar [²ir* contra] la corriente.

* **よ 夜** f. noche. ▶夜風 f. brisa nocturna. ▶夜釣り f. pesca nocturna [de noche]. ♦夜が明けた Ha amanecido. / Ya amanece. ♦彼は森で夜を明かした Pasó toda la noche en el bosque. ♦彼女は夜を徹して(=夜通し)夫の看病をした Pasó toda la noche cuidando a su marido.

よ 余 ▶50 余年 50 años y pico [algo].

よあけ 夜明け m. amanecer, f. alba, f. aurora, 《文語》f. alborada. ▶夜明けから日暮れまで adv. del amanecer al anochecer, del alba al ocaso. ♦7 月 3 日の夜明けに山頂に到着した Alcanzamos la cima ⌈el alba [al rayar el alba, en la aurora] del 3 de julio. ♦彼は夜明け前に街を出た Salió de la ciudad antes del amanecer.

よあそび 夜遊び ▶夜遊びする v. gozar* de la vida nocturna. ♦この町には夜遊びするところも大してない En esta ciudad no hay mucha vida nocturna.

* **よい 良【善】い ❶**【好ましい】adj. bueno. ▶いい. ♦お金をもっていてよかった Afortunadamente llevo dinero encima. ♦うそをつくのはよくないことだ No ⌈es bueno [está bien] decir mentiras. ♦あそこの店でスーツをクリーニングしてもらったけどなかなかよかったわよ Me limpiaron el traje allí. ⌈Han hecho [Hicieron] un buen trabajo. 会話 そのコンサートはどうだった—なかなかよかったよ ¿Qué tal el concierto? – Estuvo muy bien. [Fue muy bueno.] ♦その映画はよかったですか—まったくよくなかった(=だめだった)よ ¿Fue buena la película? – No, (no fue) nada buena. [Muy mala. / Malísima.]
  ❷【うれしい】v. alegrarse 《de》, estar* contento [satisfecho] 《con》; (安心する)v. estar* aliviado. ♦みんな無事でよかった ¡Qué bien [alivio] que estamos todos bien! ♦(ありがたいことに) Gracias a Dios todos estamos sanos y salvos. ♦ロンドンに来てよかった Estoy contento de haber venido a Londres. 会話 井上君が昇進したよ—まあよかったこと. そうなると思ってた A Inoue lo [le] han promocionado. – ¡Qué bien! [¡Me alegro!] Estaba segura de ello. 会話 遅くとも 6 時にはそこに行くよ—よかった!もっと遅くなるかと思ってたわ Estaré allí a las seis a más tardar. – Muy bien. [Estupendo.] Pensé que llegarías más tarde.
  ❸【望ましい】▶…であればいいのだが ¡Ojalá + 接続法! ♦よけりゃしゃべらなければよかった(のにしゃべってしまった) ¡Ojalá no le hubieras dicho el secreto! 会話 ご忠告ありがとう.

そうしてみるわ—それがいいよ Gracias por el consejo. A ver si lo sigo. – ¡Ojalá sea así!
【よかったら】♦よかったら（=お望みなら）ケーキを召し上がってください Sírvase algo del pastel si desea. ♦よかったら（=ご迷惑でなければ）それは私がやりましょう Yo lo haré si no le importa. ♦よかったらお金を少し貸していただけませんか ¿Me podría prestar algo de dinero? ♦よかったらその靴どこで買ったのか教えてくださらない? ¿Te importaría decirme dónde has comprado esos zapatos?
❹【許可】v. poder*. 会話 ここでたばこを吸ってもよいですか―ええ結構です ¿Se puede fumar aquí? – Sí, 「está bien [no importa]. ♦私は子供のころはこの川で泳いでもよかった Cuando era niño/ña, se podía nadar en este río. ♦私は1時間だけなら外出してよかった Me habían dejado [permitido] salir sólo una hora.
❺【助言】（…すべきだ）v. deber「tener* que] 《+不定詞》♦もっと分別があってもよさそうなものだ Deberías ser más juicioso. ♦私といっしょに来たらよかったのに Tenías que haber venido conmigo. ♦手紙くらい書いてくれてもよかったのに Me tenías que haber escrito una carta.

よい 酔い ❶【酒による酔い】f. borrachera, 《教養語》f. embriaguez, 《文語》f. ebriedad. ♦酔いが¹回っている [²回る] v. ¹estar* borracho [²emborracharse]. ♦2, 3時間休んだらよいがさめた Dos o tres horas de descanso le 「quitó la borrachera [puso sobrio].
❷【乗り物酔い】m. mareo. ♦酔い止め薬 fpl. pastillas contra el mareo.

よい 宵 fpl. primeras horas de la noche. ♦宵やみ m. anochecer. ♦宵に adv. a primeras horas de la noche. ♦宵の明星 f. estrella de Venus, m. lucero de la tarde. ♦まだ宵の口だ La noche apenas está empezando. / La noche es joven.

よいしょ upa, aúpa, arriba, vamos, ale. ♦彼はよいしょと（=体を重ぞうに）いすから立ち上がった Se levantó de la silla diciendo "¡upa!". ♦私たちは，よいしょ，よいしょと言って，彼が木に登るのを後押ししてやった Lo [Le] ayudamos a trepar al árbol al grito de "¡arriba, arriba!" ♦彼はよいしょ，よいしょと言って岩を動かしていた Mientras movía la roca no cesaba de repetir "¡aúpa, aúpa!" 会話 スーツケースを網棚に上げていただけませんか—いいですよ．どれ…よいしょ ¿No le importaría colocar mi maleta en el portaequipajes? – Claro que no. A ver... ¡Arriba!

よいしれる 酔いしれる ♦成功に酔いしれる（=陶酔する）v. subírsele el éxito a la cabeza, estar* borracho por el triunfo.

よいっぱり 宵っ張り ♦v. quedarse tarde por la noche;（人）f. persona de noche,《親しい仲で》f. ave nocturna. ♦彼は宵っ張りの朝寝坊だ Trasnocha [Se acuesta tarde] y se levanta tarde.

よいつぶれる 酔いつぶれる v. embriagarse* por completo, 《口語》estar* borracho como una cuba;（泥酔して意識を失う）v. desmayarse, perder* el conocimiento.

よいん 余韻（残る音）f. resonancia prolongada;（残響）f. reverberación;（残る感覚）f. sensación que queda. ♦寺の鐘の余韻 f. resonancia de la campana de un templo. ♦第九演奏終了後の余韻にひたる[を楽しむ] v. disfrutar de la agradable sensación que se queda después de oír* la Novena Sinfonía de Beethoven.

よう 葉【専門語】m. lóbulo.

よう 用 ❶【用事】m. asunto, m. quehacer; m. trabajo, m. negocio; m. recado, m. encargo, m. mandado. ♦用を足す（¹仕事をする [²済ませる]）v. ¹hacer* [²terminar] los quehaceres;（使いをする）v. hacer* recados. ♦用を言い付ける（仕事を与える）v. encargar (a + 人) un asunto, dar* (a + 人) una tarea;（あれこれ命じる）v. mandar (a + 人) de aquí para allá. ♦これといった用もなく街をぶらつく v. callejear sin ningún asunto entre manos, andar* ocioso por la calle. ♦あしたは一日中用がある Mañana estaré ocupado todo el día. / Mañana todo el día voy a estar con cosas que hacer. ♦私は今日はもう用がない Por hoy he acabado mi trabajo. ♦彼は用があって名古屋に行った Se fue a Nagoya a un asunto. ♦何の用かね ¿Qué quieres? ♦町に二，三用がある Tengo algunos recados que hacer en la ciudad.
❷【働き，使用】prep. para, de. ♦紳士 [²婦人]用上着 f. chaqueta para [de] ¹caballeros [²señoras]. ♦¹家業 [²業務]用コピー機 f. copiadora para uso ¹doméstico [²profesional]. ♦私はもうこの本には用がない Ya no uso este libro. ♦この車は用をなさない（=役に立たない）Este coche ya no sirve [hace ningún servicio].
❸【用便】♦用を足す v. hacer* (mis, tus, sus) necesidades, ir* al baño.
【その他の表現】♦用があったら電話をください Llámame「cuando me necesites [si necesitas algo]. ♦ちょっと君に用があるんだ—何でしょう Te necesito un momento. – Dime. ♦彼に用があるのですが（=と話したい）Quisiera hablar con él. ♦君にもう用はない（=二度とかかわりを持たない）Mi relación contigo ha terminado. / Hasta nunca, amigo. ♦それなら電話で用が足りる（=処理できる）Eso se arregla con una llamada. ♦フランス語で用が足せますか ¿Puedes expresarte en francés? / ¿Te puedes hacer entender en francés?

よう 洋 ♦洋の東西を問わず adv. en Oriente u Occidente, en cualquier hemisferio; en todas partes, en cualquier sitio [lugar].

よう 要（=要点）を得ている v. ser* lo esencial [más importante]. ♦要は不断の努力だ Lo esencial es que「no dejes de esforzarte [te esfuerces continuamente].

よう 酔う ❶【酒に】v. emborracharse, ponerse* borracho [《教養語》ebrio],《教養語》embriagarse*. ♦ワインで少し酔う v. tomar más vino de la cuenta,《口語》empinar el codo, estar* un poquito borracho con el vino. ♦酔った勢いで adv. por impulso de la

borrachera. ▶酔って帰宅する v. volver* a casa borra*cho*. ▶酔って眠る v. dormirse* borra*cho*. ♦彼は酔って車を運転した Condujo borracho [《フォーマル》bajo la influencia del alcohol].
❷[乗り物に] ▶1船 [2車; 3飛行機]に酔う v. marearse por el 1mar [2coche; 3avión]. ♦彼は船に酔わない Nunca se marea en el barco. ♦彼女はひどく車に酔う Se marea mucho en el coche.
❸[うっとりする] ▶1喜び [2成功]に酔っている v. estar* extasia*do* [embriaga*do*] por 1la alegría [2el éxito].

よう〔呼びかけ〕*interj*. eh, 《俗語》eh, tú.

**-よう 一様 ❶[方法, 仕方] *m*. modo, *f*. manera, *f*. forma; (…のとおりに) *prep*. como, según; cómo. ♦物は考え様だよ Todo depende de「como pienses [la manera de pensar]. ▶三人三様の考え方がある Cada persona tiene su modo de pensar. ♦この機械はどのように操作するのかご存じですか ¿Sabes cómo manejar esta máquina? ♦このようにしなさい Hazlo así [de esta manera]. ♦教えられたように描きなさい Pinta como [como te han enseñado]. 会話 行こうかね。それともやめるかね—お好きなように。決めるのは君なんだから ¿Voy o no voy? – Haz lo que decidas. 会話 彼は辞めるぞって脅したんだよ—知るもんか。彼は彼のやりたいように (＝やりたいことを)すればいいさ Ha amenazado con dimitir. – No me importa. Que haga lo que quiera [le dé la gana]. ♦ごめんなさいって言ったのよ。それ以外言い様がないじゃないの He dicho que lo siento. ¿Qué más puedo decir? 会話 その仕事に君を推挙しましょう—お礼の申し上げようもありません Te recomendaré para ese puesto. – ¿Cómo podré agradecérselo?
❷[様子, 有り様] (思われる) *v*. parecer*, tener* el aspecto 《de》, aparentar; (見たところ) *conj*. como si (＋接続法過去). ♦彼は病気のようだ Parece que está enfermo. / Tiene aspecto de enfermo. / Me parece que está enfermo. ♦彼女はその事を知らなかったようだ Parece que no「lo sabía [se ha enterado]. ♦あの人はばかのようだ Parece ton*to*. 会話 彼は渡米するんですか—そうではないようです ¿Se va a Estados Unidos? – Parece que no. ♦あなたはよく分かっていないようね Me parece que no entiendes bien. / No pareces entenderlo del todo. ♦彼はまるで何でも知っているように話した [2話す] 1Hablaba [2Habla] como si lo supiera [supiese] todo. ♦今夜は雪のようだ Parece que va a nevar esta noche. / 《口語》Tiene pinta de nevar esta noche. ♦あれはフアンの声のようだ Parece la voz de Juan. ♦間違えたようです Parece que me he equivocado.
❸[類似, 例示] (種類) *conj*. como, tal [tales] como, igual que. ▶いつものように *adv*. como de costumbre, como siempre. ▶ご存じのように *adv*. como sabe usted. ▶湯水のように金を遣う *v*. gastar dinero como agua. ▶バナナやパパイアのような熱帯果実 *fpl*. frutas tropi-cales como el plátano y la papaya. ▶このような本 *mpl*. libros「como estos [de esta clase, de este tipo, así]. ♦どのような動物でしたか ¿Qué clase [tipo, especie] de animal era? ♦彼はわれわれを裏切るような男ではない No es el tipo de hombre capaz de traicionarnos. / No es un hombre que nos traicione. ♦料理はカレーのようなものです。ただそれほど辛くない Es como el curry pero「sin picar mucho [no tan picante]. / Es una especie de curry, pero que no pica especialmente. ♦ぼくは彼のような強いボクサーになりたい Quiero ser un boxeador fuerte como él. 会話 私の新しいレインコートいいと思う？—ええ，私もそんなようなのを持ってるわ ¿Te gusta mi gabardina nueva? – Sí; yo tengo una igual [como ésa]. ♦ちょうどミツバチのように蜜を好むようにスペイン人はスペインワインを好む Como a las abejas la miel, igual les gustan sus vinos a los españoles. ♦彼が言ったようにこのことはまだ定説になっていない Como dijo él, esta opinión todavía no「ha sido [es una hipótesis] aceptada. ♦彼らはアリのように働いている Están trabajando como hormigas. ♦彼はウサギのように臆(ぉく)病だった Era tan tímido como un conejo. ♦この本は子供でも읽めるようなやさしいスペイン語で書かれている Este libro está escrito en un español tan fácil que hasta un niño lo puede leer. ♦彼は昔のように強くはない Ya no es tan fuerte como antes. / Antes era más fuerte.
❹[目的] *prep*. para 《＋不定詞》, *conj*. para que 《＋接続法》,「a fin de [con objeto de] 《＋不定詞, de que ＋接続法》, de modo que 《＋接続法》. ♦言う事を理解してもらうよう彼はゆっくり話した Habló despacio para「que le entendieran [ser entendi*do*]. ♦彼に会わないように遠回りをした Di un rodeo para「no verlo [le] [evitar encontrarme con él]. / A fin de no verlo[le], di un rodeo. 会話 見て, ママ. 一番てっぺんよ—落ちないように(気をつけて)ね Mira, mamá; estoy en lo más alto. – Ten cuidado. No te caigas. 会話 どうしてドアをロックしたの—だれにもじゃまされないようにさ ¿Para qué has cerrado la puerta? – Para que no me moleste nadie.
❺[願望] ▶長生きされますように ¡Que viva usted muchos años! ♦彼が無事そこへ到着するよう神に祈った Recé para que llegara allí sano y salvo.
❻[指示・依頼の趣旨] ♦彼に連絡しておくように No dejes de ponerte en contacto con él. ♦母は早寝早起きをするよう言った Mi madre me recomendó acostarme (temprano) y levantarme temprano.
《その他の表現》▶泳げるようになる (＝習得する) *v*. aprender a nadar. ▶それが分かるようになる *v*. llegar* a entenderlo*.

*-よう ❶[意志] *v*. ir* 《a ＋不定詞》; (…しようとする) *v*. intentar. ♦こんど来るときはフランス人形を持って来てあげよう La próxima vez que venga te voy a traer una muñeca francesa. ♦彼に君の手伝いをさせよう Voy a hacer que te ayude. ♦彼はその不快な思い出を忘れよう

とした Intentó olvidar ese desagradable recuerdo.
❷【勧誘】¡Vamos a...!, ¿Qué te [le] parece si...?, ¿Qué tal si...?, ¿Y si...? ◆放課後テニスをしよう Vamos a jugar al tenis después de clase. / ¿Qué tal si jugamos al tenis después de clase? ◆この辺で昼食でもしようか ¿Qué tal si comemos por aquí?
❸【推量】adv. probablemente, quizá(s). ◆あすは晴れよう Probablemente mañana haga bueno.

***ようい 用意** (準備) mpl. preparativos 《para, de》, f. preparación. ◆5人分の夕食の用意 mpl. preparativos para「cinco comensales [cenar cinco personas]. ◆¹朝食 [²おふろ] の用意ができました El ¹desayuno [²baño] está listo [preparado]. ◆あと30分で(出かける)用意ができます En media hora estaré listo [preparado]. ⦅会話⦆では、第一問をしあげますが用意はいいですか――ええ、用意は万全です Bien, ¿está preparado para la primera pregunta? – Sí, totalmente preparado. ◆月曜までにその金を用意しなければならない Tengo que tener preparado el dinero antes del lunes. ◆(あなたに)車の用意(=手配)がしてあります Le tengo preparado un coche. / He preparado un coche para usted. ◆われわれはいつでも質問に答える(心の)用意がある Estamos siempre preparados para contestar las preguntas.
⦅その他の表現⦆ ◆用意周到な(=非常に注意深い)計画を立てる v. tener* un plan bien preparado, hacer* un plan cuidadoso. ◆傘を用意して(=持って)行った[来た]方がいいですね Sería mejor que llevaras el paraguas. / Convendría que llevases el paraguas. ◆(競走で)位置について! 用意! どん! ¡Preparados! ¡Listos! ¡Ya! ☞ 覚悟, 構え, 準備, 手配, 手回し; 作[造]る, 整[調]える

***ようい 容易** adj. fácil; (簡単な) adj. sencillo, simple. ◆容易な仕事 m. trabajo fácil. ◆容易ならぬ(=重大な)事柄 m. asunto「nada fácil [serio, grave]. ◆その試験は容易だった El examen fue fácil. ◆中国語に熟達するのは容易なことではない Dominar el chino no es fácil.
── **容易に** adv. fácilmente, con facilidad; (難なく) adv. sin problemas; (すぐに) adv. enseguida, pronto. ◆君だって容易にその問題には答えられる Podrás contestar fácilmente las preguntas. ◆それで事は容易になった Eso facilitó las cosas. / Eso hizo más fácil el asunto. ◆この窓は容易に(=どうしても)開かない Esta ventana no se abre bien.
☞ 小手先, 手軽な, 手っ取り早い; すぐ, すらすら, すんなり, ちょっと, 手軽に

よういく 養育 f. educación, f. crianza. ◆養育費 mpl. gastos para criar a un hijo. ◆養育する v. educar*, criar*. ◆私はおばに養育された Me crió mi tía.

よういん 要因 m. factor; (原因) f. causa. ◆失敗の主要因 m. factor principal [fundamental] del fracaso.

ようえき 溶液 f. solución.

ようか 八日 ◆八日間 adv. (durante, por espacio de) ocho días. ◆5月8日に adv. el 8 de mayo.

ようが 洋画 (西洋画) f. pintura occidental; (油絵) m. óleo, f. pintura al óleo; (外国映画) f. película occidental.

ようかい 溶解 f. disolución, 《専門語》 f. solución. ◆溶解する (液体の中へ) v. disolver(se)*, diluir(se)*; (熱で) v. derretir(se)*, fundir(se). → 溶ける, 溶かす. ◆塩は水に溶解する La sal se disuelve en agua.

ようかい 妖怪 (幽霊) m. fantasma, f. aparición; (鬼) m. duende; (怪物) m. monstruo.

ようがい 要害 (要さい) m. fuerte; (大きい) f. fortaleza; (とりで) m. bastión. ◆要害堅固な(=強固に要さい化した)城 m. castillo inexpugnable, f. alcazaba.

ようがく 洋楽 f. música occidental.

ようかん 羊羹 "yokan", 《説明的に》 f. jalea dulce de alubias [[ラ米] frijoles].

ようがん 溶岩 f. lava, f. corriente de lava, 《専門語》 f. colada volcánica. ◆火山が溶岩を吐き出した El volcán arrojaba corrientes de lava.

ようき 陽気 (天気) m. tiempo, m. estado atmosférico; (時候) f. estación. ◆春らしい陽気になった「Tenemos un tiempo [El tiempo es] como de primavera. / El tiempo se ha puesto como de primavera. ◆陽気のせいでついこっくりと居眠りしてしまった El aire templado me hizo dormitar.
── **陽気な** adj. alegre; (活気があって) adj. animado; (笑い興じて) adj. jovial, festivo. ◆陽気な人 f. persona jovial. ◆陽気な顔つき m. aspecto jovial. ◆陽気なおしゃべり f. charla animada. ◆激しい労働にもかかわらず人々はとても陽気だ La gente es muy alegre pese al duro trabajo. ◆その楽団は陽気な音楽を演奏した La banda tocó una música alegre.
── **陽気に** adv. alegremente, jovialmente, animadamente. ◆陽気に笑う v. reír* alegremente [jovialmente]. ◆人々はパーティーで陽気に歌っていた La gente cantaba alegremente en la fiesta. ☞ 明るい, 楽しい

ようき 容器 m. envase, m. recipiente.

ようぎ 容疑 f. sospecha. ◆容疑者 mf. sospechoso/sa. ◆殺人容疑者 mf. sospechoso/sa de asesinato. ◆窃盗の容疑で彼を逮捕する v. detenerlo[le]* bajo [por] sospecha de robo. ◆彼に殺人の容疑をかける v. sospechar de él como asesino [autor del asesinato]. ◆彼は盗みの容疑がかかっている Se sospecha que ha robado. / Él es sospechoso de robo. ◆

容器回収 Envase →容器

彼の証言で私の容疑は晴れた Su testimonio me libró de sospecha.

ようきが 用器画 m. dibujo por [con] instrumento.

ようきひ 楊貴妃 Yang Guifei.

__ようきゅう 要求__ f. reclamación, f. reivindicación; (柔らかく) m. requisito, m. requerimiento. ◆賃上げ要求 m. (reclamar) un aumento de sueldo [salario]. ◆彼の要求を¹満たす [²しりぞける] v. ¹atender [²rechazar*] su reclamación. ◆彼に無理な要求をするv. exigirlo[le]* demasiado. ◆それでは私どもの要求にそってきていません Eso no cumple (con) nuestros requisitos.

—— **要求する** v. reclamar; exigir*, demandar, pedir*, requerir*, reivindicar*. ◆(彼に)説明を要求する v. exigirle* una explicación. ◆昇給を要求する v. exigir* una subida de sueldo. ◆お金の返済を彼に要求した Reclamé「la devolución del dinero [que devolviera el dinero]. ◆彼女は会社に5千ドルの損害賠償を要求した Reclamó a la compañía una indemnización de 5.000 dólares (por daños y perjuicios). ◆学校は学生に制服着用を要求した La escuela exigió a los estudiantes que fueran uniformados. ◆われわれの肉体は常に水分を要求する (=必要とする) Nuestro cuerpo siempre requiere [exige] agua. ☞注文する，取[捕，採，執]る

ようぎょ 幼魚 m. pez joven, m. pescadito; (卵からかえったばかりの) m. alevín.

ようぎょう 窯業 f. industria cerámica.

ようぎょく 謡曲 m. canto de (teatro) "Noh".

ようぎょじょう 養魚場 (全体) f. piscifactoría; (池) f. piscina.

ようぐ 用具 (道具) f. herramienta, m. utensilio, m. instrumento; (装備) mpl. útiles, m. instrumental; (装備一式) m. equipo. ◆園芸用具 mpl. útiles de jardinería. ◆農業用具 mpl. aperos, fpl. herramientas agrícolas. ◆スキー用具 m. equipo de esquiar [esquí]. ◆筆記用具 mpl. objetos de escritorio.

ようけい 養鶏 f. avicultura. ◆養鶏家 mf. avicultor/tora. ◆養鶏場 f. granja avícola.

ようけん 用件 m. asunto, m. negocio. → 用. ◆用件に入りましょう Vamos al asunto. ◆留守中に電話が鳴ったら用件(=伝言)を聞いておいてください Si suena el teléfono y no estoy, tome el recado, por favor. ◆ご用件は(店員が客などに) ¿Lo [Le, La] puedo ayudar? / ¿En qué puedo ayudarlo[le, la]? / (戸口に来た人に) ¿Qué desea? / ¿Qué quiere usted? / (電話を取り次ぐときに) ¿De qué se trata? / ¿Cuál es el objeto de su llamada? 金語 お隣の奥さんがお見えです―そう，用件を聞いておいてくれ Es la「señora de al lado [vecina]. – Pregunta a ver qué quiere [la trae por aquí].

ようけん 要件 (必要条件) f. condición esencial; (資格などの) m. requisito; (大事な用事) m. asunto importante. ◆要件を満たす v. cumplir (con)「los requisitos [las condiciones].

ようご 用語 (専門語) m. término, f. terminología; (言葉遣い) m. lenguaje. ◆法律用語 f. terminología jurídica. ◆専門用語 m. términos técnicos. ◆近松の用語 m. lenguaje de Chikamatsu. ◆難しい用語を使う v. emplear「términos difíciles [《口語》palabras raras]. ◆これを医学用語で何と言いますか ¿Cuál es el término médico correspondiente?

ようご 擁護 (防衛) f. defensa; (支持) m. apoyo; (保護) f. protección. ◆彼の意見を擁護する発言をする v. hablar en defensa de su opinión. ◆憲法を擁護する v. defender* la constitución. ◆人権を擁護する v. defender* los derechos humanos.

ようご 養護 (看護) f. enfermería; (世話) f. atención, m. cuidado. ◆養護学校 f. escuela para niños disminuidos. ◆養護施設 m. establecimiento para niños disminuidos, m. centro educativo especial.

ようこう 要項 f. sustancia, m. punto esencial [fundamental]; (指針) fpl. directrices, f. pauta.

ようこう 要綱 (重要事項の大要) m. resumen, f. síntesis; (趣意書) m. prospecto. ◆講演の要綱 m. resumen de un discurso.

ようこうろ 溶鉱炉 m. alto horno.

ようこそ interj. bienvenido. ◆ようこそ日本へ ¡Bienvenido a Japón! ◆ようこそ皆さん ¡Bienvenidos, amigos! ◆ようこそいらっしゃいました Sea usted bienvenido. / Es un gran placer recibirlo[le, la].

ようさい 洋裁 f. costura. ◆洋裁店 f. tienda de costura. ◆洋裁学校 f. escuela [f. academia] de corte y confección. ◆洋裁(=服の縫い方)を教えてくれますか ¿Puedes enseñarme cómo hacer un vestido?

ようさい 要塞 m. fuerte; (大規模な) f. fortaleza; (アラビア様式の) f. alcazaba.

ようざい 溶剤 m. disolvente.

ようさん 養蚕 f. sericultura, f. sericicultura. ◆養蚕をする v. criar* gusanos de seda, dedicarse* a la sericultura. ◆養蚕家 m. sericultor/tora. ◆養蚕業 f. industria sericícola.

ようし 要旨 (要点) m. punto esencial; (骨子) lo más importante; (要約) m. resumen, f. síntesis 《教養語》; (概要) m. resumen, m. compendio. ◆彼の話の要旨を述べる v. indicar* lo más importante de lo que dijo.

ようし 容姿 (容貌) f. presencia, m. aspecto; (姿) m. tipo, f. figura. ◆容姿端麗な女性 f. mujer de [con] buena presencia, f. mujer「con un buen tipo [de buena figura].

ようし 陽子 m. protón.

ようし 養子 mf. niño/ña adoptado/da; (婿養子) m. yerno, m. hijo político. ◆養子縁組み f. adopción, 《教養語》 m. prohijamiento. ◆その男の子を養子にする v. adoptar al niño. ◆その家の養子に行く(子供として) v. ser* adoptado en una familia; (婿として) v. casarse con una heredera.

ようし 用紙 (書式が印刷された) m. impreso, m. formulario. ◆申し込み用紙 f. solicitud, m.

impreso de solicitud. ▶印刷用紙 m. papel 「de impresión [para imprimir]. ▶新聞[印刷]用紙 m. papel para periódico. ▶試験用紙 (問題が印刷されたもの) f. hoja de examen.

***ようじ** 用事 (するべき事) m. asunto, m. quehacer; (仕事) m. negocio. ▶今日は用事がたくさんある v. tener* muchas cosas que hacer hoy. ♦1, 2, 3[²自分の]用事を済ませてくるよ Volveré después de resolver ¹un par de asuntos [²mi asunto]. ▶あなたは京都へ用事で行ったのですか。それとも遊びに行ったのですか ¿Fuiste a Kioto por negocios o por placer?

ようじ 幼児 mf. niño/ña pequeño/ña. ▶幼児服 m. vestido infantil. ▶幼児教育 f. educación preescolar.

ようじ 幼時 f. infancia.

ようじ 楊枝 (つまようじ) m. palillo, m. mondadientes. ▶ようじを使う v. limpiarse los dientes con un palillo.

ようしき 様式 ▶生活様式 (=の仕方) m. estilo [f. forma] de vida, f. manera de vivir. ▶古典的建築様式 mpl. estilos clásicos de arquitectura. ▶様式化する v. estilizar*, dar* estilo ⇨ 型[形], スタイル

ようしき 洋式 m. estilo [f. manera] occidental. ▶洋式の adj. a la occidental. ▶洋式の便所 m. servicio de estilo occidental, 「m. cuarto de baño [m. excusado, m. retrete「a la [de tipo] occidental.

ようしゃ 容赦 ❶【許し】m. perdón, f. disculpa. ▶容赦する (許す) v. perdonar, disculpar; (寛容を示す) v. tolerar; (大目に見る) v. pasar por alto, (《口語》) cruzarse* de brazos 《ante》. ▶その事はもはや容赦できない (=我慢できない) Ya no puedo tolerarlo más. / No puedo seguir tolerándolo. ▶バーゲン商品のお取り替えはご容赦願います No se admiten devoluciones de los artículos rebajados.
❷【手加減】(=慈悲をかけることなく) 彼を罰する v. castigarlo[le]「sin piedad [despiadadamente]. ▶情け容赦のない人 f. persona despiadada [implacable]. ♦彼は敵に容赦しない「Es despiadado [No tiene piedad] con sus enemigos.

ようしゅ 洋酒 fpl. bebidas (alcohólicas) extranjeras.

ようしょ 洋書 (外国の本) m. libro extranjero; (西洋の本) m. libro occidental.

ようしょ 要所 (重要な場所) m. lugar clave; (軍事上の) m. punto estratégico; (重要な点) m. punto clave [fundamental]. ▶要所要所に adv. en los puntos claves. ▶要所を固める v. fortificar* los puntos estratégicos.

ようじょ 養女 f. hija adoptiva.

ようしょう 幼少 (幼年時代) f. infancia, f. niñez. ▶幼少の頃 adv. en la infancia [niñez].

ようしょう 要衝 (重要地点) m. punto importante; (軍事上の) m. lugar [m. punto] de importancia estratégica.

ようじょう 養生 ▶養生する (体を大事にする) v. cuidarse; (病気から回復する) v. recuperarse, recobrar la salud. ▶養生のために adv. por la salud; (病後の保養のために) adv. para recuperarse [recobrar la salud].

ようす 1483

ようしょく 養殖 (魚・カキなどの) m. cultivo, f. cría. ▶カキの養殖 f. cría de ostras, f. ostricultura. ▶真珠の養殖場 m. criadero [m. vivero] de perlas. ▶養殖真珠 f. perla cultivada. ▶養殖する v. cultivar, criar*; (繁殖させる) v. reproducir*.

ようしょく 洋食 f. comida [f. cocina, f. gastronomía] occidental. ▶洋食の食べ方 mpl. modales occidentales en la mesa. ▶洋食店 m. restaurante occidental.

ようしょく 要職 f. posición [m. puesto, m. cargo] importante. ▶その会社の要職にある v. ocupar un puesto importante en la compañía.

ようしん 痒疹 《専門語》m. prurigo.

***ようじん** 用心 (注意) m. cuidado, f. atención; (警戒) f. precaución. ▶用心のために医者に診てもらいなさい v. ver* al médico「por precaución [《口語》por si acaso]. ♦我が家では用心のために犬を飼っています Tenemos un perro por precaución (contra los ladrones).

── 用心を(する) v.「tener* cuidado [ser* prudente] 《con》, estar* atento [vigilante]《a》, estar*「en guardia [alerta] 《contra》; (警戒する) v. tomar precauciones [ser* precavido] 《contra》. ▶火の用心をする v.「tener* cuidado con [tomar precauciones contra] el fuego. ♦用心して通りを渡りなさい Cruza la calle con cuidado [prudencia]. / Estate atento al cruzar la calle. ♦道路が凍っているので転ばないように用心しなさい Las calles resbalan por el hielo, así que ten cuidado. / Cuidado, no te resbales con [por] el hielo de las calles. ♦用心しろ ¡Ten cuidado! / ¡Cuidado! / 《口語》¡Ojo! / 《口語》¡Anda con cuidado (con ojo)! / ¡Estate atento [alerta, en guardia]! / 《口語》¡Anda con los ojos bien abiertos! ♦満員バスの中ではすりに用心しなさい ¡Cuidado [¡Ten cuidado] con los rateros que hay en los autobuses llenos!

── 用心深い adj. precavido, cuidadoso, atento. ▶彼女はとても用心深いので, 寝る前に必ずドアを確かめる Es muy precavida y nunca se olvida de asegurarse de haber cerrado bien la puerta antes de irse a acostar.

── 用心深く adv. precavidamente, cuidadosamente. ▶用心深くその動物に近づく v. acercarse* con cuidado al animal.

🔲 慎重, 注意; 気を付ける, 注意する, 慎む

ようじん 要人 m. personaje, f. personalidad, f. persona importante, 《口語》m. pez gordo.

***ようす** 様子 ❶【外見, 模様】m. aspecto, f. apariencia, f. presencia, f. presentación, 《教養語》m. indicio, m. aire, 《口語》f. pinta, m. cariz, f. catadura. ▶がっかりした様子で adv. con un aire de decepción. ▶その建物の様子から見て adv. por el aspecto del edificio. ▶みすぼらしい様子の男 m. hombre de aspecto pobre. ♦彼は健康がすぐれない様子だ No parece de buena salud. / Tiene mal as-

ようすい

pecto. ♦ 彼は非常に興奮した様子で戻って来た Volvió con el aspecto muy exaltado. 会話 パブロはどんな様子だった—相変わらずだったよ ¿Qué aspecto tenía Pablo? – El de siempre.

❷【状態, 情勢】m. estado, f. situación, f. condición, f. circunstancia; (一般事情) f. situación, 《口語》f. marcha de las cosas. ♦ 様子を探る v. investigar* (sobre) la situación [《口語》marcha de las cosas]. ♦ この様子(=情勢)では当分間題は解決しそうにない En el estado actual [estas circunstancias] no es probable que por ahora se solucione el problema. ♦ 町の様子はどうだ《口語》¿Cómo están las cosas en la ciudad? / ¿En qué situación está la ciudad? ♦ 赤ん坊の様子がおかしい(=具合が悪い) Al bebé le pasa algo raro. / El bebé tiene algo. ♦ 君の様子を見に来たのさ He venido a ver cómo te encuentras. ♦ しばらく様子を見よう(=静観しよう) Vamos a ver lo que pasa「por el [de] momento.

❸【態度】mpl. modales; (ふるまい) f. conducta. ♦ 親しげな様子で adv. con modales amistosos. ♦ このごろ彼は様子が変だ Estos días tiene una conducta rara [extraña].

❹【兆候, 気配】m. indicio. ♦ 少しも恐れる様子はなく adv. sin señales de miedo en absoluto. ♦ その家には人の住んでいる様子はない No hay indicios de que viva nadie en la casa. ♦ 彼は疲れていたがそんな様子は見せなかった Aunque estaba cansado, no lo parecía.

☞ 事情, 姿, 素振り

ようすい 用水 (飲料用) f. agua corriente; (灌漑(かんがい)用) f. agua de riego; (消火用) f. agua para apagar incendios. ♦ 用水路 m. canal de irrigación; (小さな) f. acequia. ♦ 用水池 f. alberca.

ようすこう 揚子江 m. río Yangtse, (長江) (ピンイン) m. río Changjiang.

ようずみ 用済み ♦ 御用済みの本はお返しください Haga el favor de devolver los libros cuando haya acabado. ♦ あの用はもう用済みだ(=必要としない) Ya no lo [le] necesitamos.

ようする 要する ❶【必要とする】v. necesitar, precisar, requerir*. ♦ 生産に要する労力 f. mano de obra requerida para la producción. ♦ その資料は再検討を要する Necesitamos comprobar otra vez esa información. / Esos datos requieren una nueva comprobación. ♦ 彼は健康上少し休養を要する Su salud necesita [exige] algo [un poco de] de descanso. / Debería reposar un poco por el bien de su salud.

❷【時間を】v. tardar; (金を) v. costar*. → 掛(か)る, 要(い)る ☞ 掛[架]ける, 取[捕, 採, 執]る

ようするに 要するに (短く言えば) adv. en breve, en una palabra, 《口語》en dos [cuatro] palabras; (要約すると) adv. resumiendo, en resumen, 《教養語》en síntesis. ♦ 要するに彼はすぐれた経営者なのです En una palabra, es un gerente estupendo. ♦ 要するに(=結局)彼はじゃまされたくなかったのだ En resumen, no quería que le molestaran.

☞ 結局, 差し詰め, つまり

ようせい 養成 (訓練) f. formación, f. capacitación, m. entrenamiento. ♦ 養成所 f. escuela de formación《de》.

—— **養成する** (技術者などを) v. formar, adiestrar; (才能・品性などを) v. cultivar, formar. ♦ 看護婦を養成する v. formar a enfermeros/ras. ♦ 専門的知識を養成する v. cultivar [desarrollar] los conocimientos técnicos.

ようせい 要請 f. petición, f. solicitud, 《教養語》f. instancia. ♦ 1彼女「2社長」の要請で行った Fui allí a petición 1de ella [2del presidente]. ♦ 市民は市長の寄付要請1に応じた[2を拒んだ] Los ciudadanos 1accedieron a [2rechazaron] la petición del/de la alcalde/desa de contribuciones.

—— **要請する** v. pedir* (+名詞, que + 接続法), solicitar. ♦ 救助をくり返し要請する v. pedir* ayuda repetidamente [una y otra vez]. ♦ 彼に市長への立候補を要請した Le pedimos que se presentara (de candidato) a la alcaldía. ♦ イラン政府は日本に経済援助を要請した El gobierno iraní solicitó del gobierno japonés ayuda económica.

☞ 依頼, 頼み, 注文

ようせい 陽性 ♦ 陽性な (性格が) adj. alegre, animado; (反応が) adj. positivo. ♦ 陽性反応 f. reacción positiva. ♦ ツベルクリン反応は陽性だった Su reacción a la tuberculina fue positiva.

ようせい 妖精 f. hada.

ようせき 容積 (容量) f. capacidad, f. cabida; (体積) m. volumen. ♦ この缶は4リットルの容積がある Este bidón tiene una capacidad de 4 litros.

ようせつ 溶接 f. soldadura. ♦ 折れたパイプを溶接する v. soldar* un tubo roto. ♦ 溶接工 mf. soldador/dora.

ようそ 沃素 m. yodo.

ようそ 要素 (構成要素) m. elemento; (要因) m. factor. ♦ 生活を支える3要素 m. tres elementos para vivir. ♦ 彼の成功に不可欠の要素 m. factor imprescindible para su éxito.

ようそう 様相 (物・事の側面) m. cariz, m. aspecto; (進展の段階) f. fase. ♦ 事態はただならぬ様相を帯びている La situación está tomando un cariz grave. ♦ 戦争は違った様相を呈し出した La guerra ha entrado en una fase diferente.

ようそう 洋装 ♦ 洋装する v. vestirse*「a la [al estilo] occidental. ♦ 洋装店 (婦人用) f. tienda de ropa de señora; (紳士用) f. tienda de ropa de caballero.

—**ようだ** → 様(よう)

ようだい 容体 m. estado [f. condición] (de un/una paciente). ♦ 彼の容体は1思わしくない[2今のところ落ちついている] Su estado 1no es bueno [2es ahora estable]. ♦ 彼女の容体は急変した Su estado ha empeorado repentinamente.

ようたし 用足し (用事) m. asunto, m. (mpl.) negocio(s); (人に頼まれた) m. recado, m. encargo;（排泄）→便所.♦用足しに出かける v. salir* a un encargo.

ようだてる 用立てる ♦彼に10万円用立てる（＝貸す）v. prestarle 100.000 yenes;（恩恵を施す）v. hacer* el favor de prestarle 100.000 yenes.

ようち 用地 m. lugar (reservado);（土地）terreno, m. solar.♦新空港の用地 m. terreno para el nuevo aeropuerto.♦建築用地 m. solar.♦農業用地 m. terreno de labor [cultivo].

ようち 幼稚 ♦幼稚な（子供っぽい）adj. infantil, pueril;（未熟な）adj. inmaduro;（原始的な）adj. primitivo;（粗末な）adj. tosco.♦幼稚なふるまい m. conducta infantil [pueril].

ようちえん 幼稚園 m. jardín de infancia [［アルゼンチン］infantes,［ラ米］（ドイツ language）kindergarten,［スペイン］f. guardería.♦幼稚園①児［２教詞］¹ mf. niño/ña [mf. profesor/sora] de jardín de infancia.♦長男は幼稚園へ通っています Mi hijo mayor va a "una guardería [un jardín de infancia].

ようちゅう 幼虫（一般的に）f. larva,（口語）m. gusano;（カブトムシなどの）f. larva,（口語）m. gusano;（チョウなどの）f. oruga.

ようちゅうい 要注意 ♦要注意の人物 f. persona fichada [（口語）en la lista negra].♦医者から肝臓が要注意だと言われた Mi médico me dijo que había que cuidar el hígado.

ようつう 腰痛 m. lumbago;（背中を含めて）m. dolor de espalda,（専門語）m. dolor lumbar.♦腰痛に悩む v. tener* dolores de espalda, padecer* del lumbago.♦加藤先生は腰痛で, きのう学校を休んだ El/La Prof. Kato no fue ayer a clase por dolores lumbares.

ようてん 要点 f. esencia, lo esencial, m. punto esencial;（要旨）m. asunto, lo más importante, m. quid,（口語）la madre del cordero.♦要点をついている v. ir* al asunto [grano].♦要点を外れている v. andarse* por las ramas.♦要点をつかむ v. agarrar [coger*] lo esencial.♦彼の話の要点を聞かせてください Dime, por favor, la esencial de lo que ha dicho.♦要点をはずさないでくれないか ¿Por qué no vas al grano? ⇨核心, 主眼(点), 主旨, 争点, 大意, 大体

ようとん 養豚 f. cría porcina [de puercos].

-ような →様(ぅ).

-ように →様(ぅ).

ようにん 容認 ♦容認する（認める）v. admitir;（受け入れる）v. aceptar;（許す）v. permitir, dejar. → 認める, 許す.

ようねん 幼年（期）f. infancia, f. niñez.♦幼年期に adv. en la infancia.♦幸せな幼年時代を過ごす v. pasar una infancia feliz.

ようは 要は adv. en resumen, en breve.

***ようび** 曜日 m. día de la semana.（会話）今日は何曜日ですか—日曜日です ¿Qué día de la semana es hoy? – Domingo. [Es domingo].

ようひん 用品（台所などの）m. utensilio;（品物）mpl. artículos, mpl. productos;（道具）fpl. útiles;（道具）fpl. herramientas;（装備一式）m. equipo.♦台所用品 mpl. utensilios de cocina.♦スポーツ用品 mpl. artículos de deporte.♦事務用品 mpl. artículos de oficina.♦スキー用品一式 m. equipo de esquiar [esquí].

ようひん 洋品 f. ropa y mpl. accesorios.♦洋品商 mf. vendedor/dora de ropa y accesorios.♦洋品店（男子用服飾品店）f. tienda de ropa y accesorios para caballeros;（衣料品店）f. tienda de ropa y accesorios;（ブティック）（仏語）f. "boutique"（☆発音は［butik］）.

ようふ 養父 m. padre adoptivo,《やや軽蔑的に》m. padrastro.♦養父母 mpl. padres adoptivos.

ようふう 洋風 m. estilo occidental.♦洋風建築 f. arquitectura「de estilo [a la] occidental.

***ようふく** 洋服（衣服）f. ropa, m. vestido;（和服に対して）f. ropa occidental;（ドレス）m. traje, m. traje sastre, m. vestido;（スーツ）m. traje,（コロンビア）m. vestido;（着るもの）f. prendas de vestir.♦洋服掛け f. percha.♦洋服だんす m.（armario）ropero.♦洋服屋（店）f. sastrería, f. tienda de confección;（人）mf. sastre/tra;（高級服の）mf. modisto/ta.♦洋服を着る v. vestirse* [ponerse*] la ropa.♦洋服を脱ぐ v. quitarse la ropa, desnudarse, desvestirse*.♦私は洋服を2着作った（＝作ってもらった）Me hicieron dos trajes.

ようぶん 養分 m. alimento, f. nutriente.

ようぼ 養母 f. madre adoptiva,《やや軽蔑的に》f. madrastra.

ようほう 用法（使用法）fpl. instrucciones, fpl. direcciones de uso;（慣用）m. uso;（用途）m. uso, f. aplicación.♦その薬の用法 fpl. instrucciones de uso de la medicina.♦その語の正しい用法 m. uso correcto de esa palabra.

ようほう 養蜂 f. apicultura.♦養蜂家 mf. apicultor/tora,（口語）mf. colmenero/ra.

ようぼう 要望 f. petición, f. solicitud;（願望）m. deseo.♦要望にこたえる v. acceder a una petición, responder a un deseo.♦彼の要望で［答えて］会議を開く v. celebrar una reunión a petición suya.

ようぼう ♦容貌（見かけ）f. presencia;（顔だち）fpl. facciones, f. fisonomía.♦彼女は美しい容貌をしている Tiene unas bonitas facciones.

ようま 洋間 f. sala [f. habitación, f. estancia] (de estilo) occidental.

ようまく 羊膜（専門語）m. amnios.

ようみゃく 葉脈 fpl. nervaduras (de una hoja).

ようむいん 用務員 mf. conserje, mf. ordenanza,［スペイン］mf. bedel/dela (de universidad).

ようむき 用向き m. asunto, m. negocio. → 用.

ようもう 羊毛 f. lana; m. vellón.♦羊毛(製)の adj. de lana.♦羊毛製品 mpl. productos de lana.♦羊毛を刈る v. esquilar [trasquilar] una oveja.♦羊毛は熱湯で洗うと縮む La lana

ようもうざい

encoge (si se la lava) con agua caliente.
ようもうざい 養毛剤 *m*. tónico capilar.
ようやく 要約 *m*. resumen, 《教養語》*f*. síntesis, 《文語》*m*. epítome; (文学作品などの) *f*. reseña. ▶その記事を百語で要約する *v*. sintetizar*, 《教養語》condensar[［ラ米］] el artículo en 100 palabras. ▶その問題を簡潔に要約する *v*. resumir el asunto en pocas palabras ⇨粗筋, 概説, 概略, 梗概, 締めくくり, 大意, ダイジェスト
*****ようやく** (ついに) *adv*. por [al] fin; (いろいろあって最後に) *adv*. finalmente; (かろうじて) *adv*. por los pelos, difícilmente; (次第に) *adv*. poco a poco, gradualmente. ♦彼はようやく試験に合格した Por fin aprobó los exámenes. ♦彼はようやく列車に間に合った (口語) Cogió [［ラ米］] Agarró] el tren por los pelos. ♦ようやくあたりが明るくなり始めた Poco a poco hay más luz.
ようよう 洋々 ▶洋々たる (=広々とした) 海 *f*. inmensidad del océano. ▶前途洋々たる (将来が明るい) 学生 *mf*. estudiante con un brillante futuro; (前途有望な) *m*. estudiante「que promete (mucho) [prometedor].
ようらん 要覧 (調査概説) *m*. estudio; (概略) *m*. resumen, *m*. compendio. ▶(大学の)学内要覧 *m*. folleto informativo (de una institución académica).
ようりつ 擁立 ▶市長候補に擁立する *v*. apoyar [respaldar] (su) candidatura a la alcaldía.
*****ようりょう** 要領 ❶[要点] *m*. punto esencial [importante]. ♦彼女の説明は簡潔で要領を得ていた Su explicación fue breve y concisa. ♦彼の返答は要領を得ていない (=見当違いだ) Su respuesta「es poco clara [(口語) no va al grano, no es concisa].
❷[こつ] *f*. maña, *m*. truco, *m*. secreto, (口語) *m*. tranquilo. ♦すぐにその機械の操作の要領はわかるよ Pronto le cogerás [［ラ米］agarrarás] el truco al funcionamiento de la máquina.
❸[手際] ♦彼は要領よくその仕事をした Hacía el trabajo con eficacia. / Era eficaz en el trabajo. ♦彼女は何事にも要領が悪い (=不器用だ) Es torpe para todo. ♦彼女は要領のいい [2悪い] やつだ Es un tipo ¹astuto [²torpe].
ようりょう 容量 *f*. capacidad, *f*. cabida. ♦その水槽の容量は百リットルです Ese depósito de agua tiene una capacidad de 100 litros.
ようりょくそ 葉緑素 *f*. clorofila.
ようれい 用例 (典型的な例) *m*. ejemplo; (例文) *f*. oración [*f*. frase]「de ejemplo [ilustrativa]. ▶この辞書は用例が多い Este diccionario contiene numerosos ejemplos.
ようろういん 養老院 *m*. asilo de ancianos.
ヨークハム *m*. jamón york.
ヨーグルト *m*. yogur.
ヨーデル *m*. canto tirolés. ▶ヨーデルを歌う *v*. cantar a la tirolesa.
ヨード *m*. yodo. ▶ヨードチンキ *f*. tintura de yodo.

*****ヨーロッパ** Europa. ⇨ 欧州. ▶ヨーロッパの *adj*. europeo. ▶ヨーロッパ人 *mf*. europeo/a. ▶ヨーロッパ大陸 *m*. Continente Europeo.
よか 余暇 *m*. ocio, *m*. tiempo libre; (あいた時間) *m*. tiempo libre, *mpl*. ratos libres; (自由な時間) *m*. tiempo libre. ▶余暇にする仕事 *m*. trabajo de ratos libres. ▶余暇のある生活をする *v*. llevar una vida de ocio. ▶余暇を上手に活用する *v*. aprovechar bien el tiempo libre. ♦彼女は余暇に花を生ける En sus ratos libres se dedica al arreglo floral. / (余暇を過ごす) Ocupa su「tiempo libre [ocio] arreglando flores en un florero.
よか 予価 *m*. precio probable [previsible]. ▶予価5千円 [表示] Probablemente 5.000 yenes.
ヨガ 余暇 *m*. yoga. ▶ヨガ行者 *m*. yogui. ▶ヨガをする *v*. practicar* (el) yoga.
よかったら ⇨よい③.
よかれあしかれ 善かれ悪しかれ *adv*. para bien o para mal. ♦善かれ悪しかれテレビは子供に大きな影響を与えている Para bien o para mal, la televisión ejerce [tiene] una gran influencia en los niños.
よかん 予感 *m*. presentimiento, 《教養語》*f*. premonición; (悪い) *m*. mal presentimiento. ▶不吉な予感 *m*. presentimiento siniestro. ▶内乱の予感(ダリの画) «Premonición de la Guerra Civil». ▶災害が起こる予感がする. ♦彼が勝つような予感がする Tengo el presentimiento de que va a ganar. ⇨感じ, 第六感
よき 予期 (予想) *f*. expectativa. ▶予期しないエラー *m*. error imprevisto. ▶予期する *v*. prever*, esperar. ▶予期に反して *adv*. en contra de「todos los pronósticos [todas las previsiones]. ♦予期せぬ事がそこで起こった Allí sucedieron cosas inesperadas. ⇨思惑, 期待; 思う, 考える
よき 良き (よい) *adj*. bueno. ▶古きよき時代 *mpl*. viejos tiempos. ▶今日のよき (=めでたい) 日に *adv*. en un día feliz como éste.
よぎ 余技 (趣味) 《英語》*m*. "hobby", *m*. pasatiempo, *f*. afición. ▶余技としての料理 *f*. cocina por afición.
よぎない 余儀ない *adj*. inevitable, forzoso. ⇨やむをえない.
よきにつけあしきにつけ 良きにつけ悪しきにつけ *adv*. bien o mal.
よきょう 余興 *f*. diversión, *m*. entretenimiento. ♦彼は余興に歌を歌った Cantó una canción como entretenimiento.
よぎり 夜霧 *f*. niebla nocturna.
よぎる ▶いろいろな不安が心をよぎった (=心に浮かんだ) Me venían a la mente diferentes preocupaciones.
よきん 預金 *m*. depósito; *m*. ahorro. ▶普通預金 *f*. cuenta de ahorro. ▶積立預金 *m*. depósito a plazos. ▶当座預金 *f*. cuenta corriente. ▶定期預金 *m*. depósito a plazo fijo. ▶預金通帳 *f*. libreta de banco, *f*. libreta [*f*. cartilla] de ahorro. ▶預金者 *m*. depositante. ▶3千円の預金をする *v*. hacer* [realizar*] un depósito de 3.000 yenes (en

un banco). ◆預金を引き出す v. sacar* [retirar] su depósito (de un banco); (口座から現金で1万円を)v. sacar* [retirar] (10.000 yenes de su cuenta). ◆定期預金を「解約する」v. ¹comprar [²cancelar] un depósito a plazo fijo. ◆銀行に預金口座を開く v. abrir* una cuenta en un banco. ◆彼はその銀行に預金がたくさんある Tiene [Guarda] muchos ahorros en el banco. ◆彼女の預金口座に5千円振り込んだ「Le metí en [Transferí a] su cuenta 5.000 yenes. ◆預金残高を教えてくださいませんか ¿Podría decirme el saldo (de mi cuenta)?

よく　良く ❶【十分に, うまく】(上手に, 満足に, 十分に) adv. bien; (まったく) adv. completamente, del todo; (完全に) adv. perfectamente; (徹底的に) adv. a fondo, 《フォーマル》 exhaustivamente; (正確に) adv. exactamente, precisamente; (綿密に) adv. minuciosamente, rigurosamente; (注意して) adv. atentamente, cuidadosamente; (容易に) adv. fácilmente, con facilidad; (一生懸命に) adv. duramente, mucho; (みごとに) adv. admirablemente, maravillosamente; (巧みに) adv. hábilmente, con habilidad. ◆よく訓練された看護師 mf. enfermero/ra bien formado/da. ◆地図をよく見る v. mirar atentamente el mapa. ◆飲み込む前によくかみなさい Mastica bien antes de tragar. 《会話》 彼の経歴を知っていますか—いいえ, よく知りません ¿Conoce sus antecedentes? – Bien, no. [No los conozco bien.] ◆ゆうべはあまりよく眠れなかった Anoche no dormí bien. ◆この話はよくできている Esta historia está bien escrita. ◆おっしゃる意味がよく分かりません No entiendo bien [del todo, exactamente] lo que quiere decir. / No acabo de entender lo que quiere decir. ◆電車がよく止まるまで待ちなさい Espera a que el tren haya parado completamente. ◆彼女はよく怒る Se enfada [enoja]「con facilidad [mucho, a menudo]. ◆うちの赤ん坊はよく食べる Nuestro bebé come bien. ◆彼はクラスで一番よく勉強する Es el que más estudia de la clase. / Es el más estudioso [trabajador] de la clase. ◆よくやりましたね Has hecho un buen trabajo. / Has trabajado bien. / ¡Buen trabajo! / ¡Bien hecho! ◆もう一度よく考えた方がいい Deberías pensarlo bien otra vez.
❷【しばしば】adv. frecuentemente, a menudo. ◆彼はよく土曜の夜は外食します Los sábados por la noche frecuentemente [a menudo] come fuera. ◆この地方はよく地震がある En esta región hay muchos terremotos. 《会話》 彼はよく学校に遅刻するの—ええしょっちゅうよ「¿Llega muchas veces tarde [¿A menudo se retrasa] a clase? – Sí, siempre. ◆あなたのことは田中さんからよく聞いています He oído mucho hablar de usted al Sr. Tanaka. ◆彼はよくあることだが, 今日も学校を休んでいる Como ocurre muchas veces, hoy no ha venido a clase. ◆日曜の朝私たちはよくテニスをしたものだ Los domingos por la mañana jugábamos muchas veces al tenis. ◆よくある間違いです Es un error que cometemos con frecuencia. ◆よくあることですよ Eso pasa mucho. / Son cosas que ocurren. ◆よくある話だ Otra vez「lo mismo [la misma historia].
❸【良好, 好意】(健康な) adj. bien; (親切な) adj. bueno, amable. ◆早くよくなってね Espero que pronto te pongas bien. / Que te mejores pronto, ¿eh? ◆ 彼はよくなってきています (=快方に向かっています) Está mejorando. / Se está poniendo mejor. ◆彼は私に大変よくしてくれる Es muy bueno [amable] conmigo. ◆天気がよくなったら, ピクニックに行きましょう Si mejora el tiempo, iremos de picnic. ◆クラスのみんなが彼のことをよく言わない (=けなす) Todo el mundo de la clase lo [le] critica. / En su clase todos hablan mal de él. ◆ストに参加するのはよくて (=せいぜい) 10人くらいです Unos diez como mucho harán huelga.
❹【驚き, 感嘆】◆あんな狭い部屋でよく3人も生活していますね (=不思議な) ¿Cómo podrán vivir tres personas en una habitación tan pequeña? ◆よくぞご無事で (=無事なのがとてもうれしい) ¡Qué bien que está sano y salvo! / ¡Qué alegría que estás bien! ◆よく来てくださいました Has sido muy amable [bueno] por venir. / Me alegro de que hayas venido. ◆よくも口答えができたもんだね ¿Cómo te atreves a replicar [contestar]? ◆よくそんなことが頼めるね ¿Cómo puedes preguntar eso [tal cosa]? ◆あいつはなんてよくしゃべるんだ ¡Cómo habla ese tipo! 《会話》 君の欠点は怠け者だってことだな—よく言うよ El problema es que eres un/una vago/ga. – ¡Anda que tú! [¿Y tú qué? / ¡Tú no hables!]

*よく　欲 m. deseo, f. codicia, f. avaricia, f. ambición.
1【~欲】◆強い権力欲 m. apetito [f. codicia] por el poder. ◆彼は名誉欲がない No ambiciona la fama. ◆彼女は知識欲が旺（おう）盛だ Tiene「una gran ambición [un gran deseo] de aprender.
2【欲が】◆彼は欲が深い (=欲張りだ) Es codicioso. ◆彼は欲がない No tiene ninguna ambición. / (金もうけに関心がない) No tiene ambiciones de dinero. / 《口語》 No le tira el dinero. / (私利がない) No es un hombre interesado [apegado]. / Es un hombre desinteresado [desapegado].
3【欲の[に]】◆彼は欲のかたまりだ Es pura codicia. / No tiene más que codicia. ◆私は欲に目がくらんだ La codicia me cegó. / Estaba ciego por la avaricia.
4【欲を】◆欲を言えばきりがない Cuanto más se tiene, más se quiere. ◆彼女は美人だが, 欲を言えばもう少しスマートならなおいいのに Verdaderamente es hermosa, pero ojalá fuera un poco más delgada.

よく　翼 (鳥・飛行機などの) m. ala. ◆1水平 [²垂直] 尾翼 f. cola ¹horizontal [²vertical].

よく－翌－ adj. siguiente. ◆翌月 el mes siguiente. ◆翌朝 la mañana siguiente. ◆翌3月10日 el día siguiente, 10 de marzo.

1488 よくあつ

よくあつ 抑圧 *f.* supresión; （政治的な）*f.* opresión; （感情などの）*f.* represión. ▶言論の自由を抑圧する *v.* suprimir la libertad de expresión. ▶抑圧された欲望 *mpl.* deseos reprimidos ☞圧迫する, 抑える

よくし 抑止 *f.* disuasión. ▶犯罪の抑止力 (servir como)「*m.* elemento de disuasión [*f.* fuerza disuasoria] a los crímenes. ▶核の抑止力 *f.* fuerza nuclear disuasiva.

よくしたもので ▶世間はよくしたものでけっして悪は栄えない El mundo no es tan malo y al final los malos no prosperan en él.

よくしつ 浴室 *m.* (cuarto de) baño.

よくじつ 翌日 ▶翌日に *adv.* al día siguiente. ▶彼女はその翌日もう一度やって来た Volvió al día siguiente. ▶大学を卒業した翌日彼は故郷を後にした Dejó su casa el día siguiente a su graduación de la universidad.

よくじょう 欲情 *m.* apetito sexual [carnal], 《教養語》*f.* concupiscencia; （色情）*f.* pasión, *m.* ardor; （激しい欲情）*f.* lujuria. ▶欲情をあおる物語 *f.* historia (sexualmente) excitante.

よくじょう 浴場 *m.* (cuarto de) baño; （ふろ屋）*m.* casa de baños, *m.* baño público.

よくする 浴する ▶恩恵に浴する (=利益を受ける) *v.*「sacar* provecho [beneficiarse]《de》. ▶光栄に浴する (=光栄にも…する) *v.* tener* el honor《de》.

よくせい 抑制 *m.* control; （感情・活動などの）*f.* restricción, *f.* limitación; （抑制）*m.* control, *m.* freno. ▶抑制する *v.* controlar, frenar, limitar, restringir*. ▶感情を抑制する *v.* controlar [frenar, poner* un freno a, contener*] las emociones; （自制する）*v.* controlarse. ▶インフレを抑制する *v.* controlar [frenar] la inflación. ▶彼の活動を抑制する *v.* contener* [restringir*] su actividad. ◆物価高は抑制がきかない La subida de los precios「es incontrolable [es irresistible; no se controla]. ☞拘束, 束縛; 抑える, こらえる, 束縛する

よくぞ ▶よくぞ (=ようこそ) はるばるおいでくださいました Me alegro mucho de que hayas venido. ◆よくぞ言った iEso es! / iExacto!

よくそう 浴槽 *f.* bañera, *m.* baño, 【メキシコ】*f.* tina.

よくとくずく 欲得ずく ▶欲得ずくの（利己的な）*adj.* interesado, egoísta; （金目的の）*adj.* materialista, mercenario. ▶欲得ずくで *adv.* por interés [conveniencia], en propio interés, interesadamente.

よくねん 翌年 ▶翌年に *adv.* al año siguiente. ◆彼女は帰国した翌年結婚した Se casó「al año siguiente [el año después] de volver a su país.

よくばり 欲張り （人）*mf.* avaro/ra, *mf.* tacaño/ña, 《口語》*mf.* agarrado/da; （行為）*f.* avaricia, *f.* codicia.

よくばる 欲張る *v.* ser* avaro [avariento], tener* codicia [avaricia]. ◆そんなに欲張るな No seas tan avariento. / No tengas tanta codicia. ◆その子は欲張ってケーキを全部食べた El niño se comió glotonamente todo el pastel.

よくぶかい 欲深い *adj.* codicioso, avariento, avaro; （けちな）*adj.* miserable, tacaño. → 欲.

よくぼう 欲望 *f.* codicia, 《教養語》*f.* concupiscencia; （野望）*f.* ambición. ▶激しい欲望 *m.* intenso deseo, *m.* fuerte apetito. ▶富と権力に対する欲望 *m.* apetito de riqueza y poder. ▶欲望を[^1]満たす [[^2]抑える] *v.* [^1]satisfacer* [[^2]reprimir, [^2]frenar] el apetito. ◆世界征服の欲望を抱く *v.* tener* la ambición de conquistar el mundo.

よくめ 欲目 （偏見）*m.* prejuicio. ▶欲目で見る (=偏見を抱いている) *v.* tener* prejuicios《contra》.

よくも ▶よくも私にそんなこと言えるね ¿Cómo te atreves a decirme eso? ◆よくもだましたな iAsí que me has engañado!

よくよう 抑揚 *f.* entonación, *f.* modulación. ▶抑揚をつけて話す *v.* hablar「con entonación [moduladamente]. ▶抑揚のない (=単調な) 声で話す *v.* hablar en un tono monótono. ▶抑揚をつけて詩を読む *v.* entonar una poesía.

よくよう 浴用 ▶浴用石けん *m.* jabón de baño. ▶浴用タオル *f.* toalla de baño.

よくよく (非常に) *adv.* muy, 《口語》muy mucho; (注意深く) *adv.* con mucho cuidado, cuidadosamente; (慎重に) *adv.* atentamente, con atención. ▶よくよく金に困っている *v.* andar* muy mal económicamente. ▶その問題をよくよく考える *v.* considerar el asunto atentamente, reflexionar mucho sobre el asunto. ◆交差点を渡るときは車によくよく気をつけないといけませんよ Cuando cruces la calle tienes que mirar pero que muy bien si viene algún coche.

—— よくよくの *adv.* muy; (やむをえない) *adj.* inevitable. ▶よくよくの頑固者 *f.* persona muy obstinada [terca]. ▶よくよく (=まったくの) ばか *mf.* tonto/ta de pies a cabeza. ▶よくよくの事情で *adv.* bajo circunstancias inevitables, por fuerza mayor. ▶よくよく考えた上で *adv.* después de「mucho reflexionar [pensarlo muy bien]. ▶あの人が金を貸してくれと言うのはきっとよくよくのことだ (=他にはどうしようもなかったに違いない) No le debe haber quedado más remedio que pedir dinero.

よくよく- 翌々- ▶翌々年に *adv.* dos años después, al cabo de dos años. ▶私が到着した翌々日に彼が会いに来た Vino a verme「dos días después [a los dos días] de mi llegada.

よくりゅう 抑留 *m.* internamiento; (拘留) *f.* detención. ◆彼はその国で 3 年間抑留生活を送った (=抑留されていた) Quedó tres años detenido [arrestado] en ese país.

・**よけい** 余計 ▶余計な (余分の) *adj.* sobrante, de sobra, (お金・時間などが) *adj.* superfluo, inútil; (不必要な) *adj.* innecesario, 《教養語》fútil; (過多の) *adj.* excesivo, demasiado; (要求されない) *adj.* no requerido. ▶よけいな費用

mpl. gastos de más. ▶よけいなひと言 *f.* observación innecesaria, *f.* palabra de más. ▶よけいな物 lo superfluo, *fpl.* cosas innecesarias. ◆よけいな金は一文もない No puedo prescindir de nada de dinero. / No me sobra dinero. ◆これは一つよけいだ Esto es demasiado. / Esto es pasarse. ◆よけいな心配はするな No te preocupes tanto. / No te lo tomes tan「en serio [《口語》a pecho]. ◆(話のついでに)よけいなことを言ってしまった Hablé más de lo que quería decir. /《口語》Me he ido de la lengua. ◆よけいなことをしてくれたものだ (=そんなことはしてくれなくてもよかったのに)《口語》Te has pasado. / Eso no era necesario. ◆よけいなお世話だ No te metas en lo que no te importa.
—— 余計(に) *adv.* en exceso, de más, extra, demasiado. ▶50円よけいに払う(追加する) *v.* pagar* 50 yenes extra [en exceso]; (払い過ぎる) *v.* pagar* 50 yenes de más. ◆注文より3箱よけいに送ってきた Mandaron tres cajas más de las pedidas. ◆彼は私よりよけいに勉強する Estudia más que yo. ◆ディスコへは行くなと言われてよけいに行きたくなった Al decirme que no fuera a la discoteca, me entraron el doble de ganas de ir. / Cuanto más me decían que no fuera a la discoteca, más quería ir. ◆欠点があるからこそよけいに彼が好きなのです Lo [Le] quiero tanto más por sus faltas.

よける 避ける (すばやく身をかわす) *v.* esquivar; (よける) *v.* evitar, apartar; (意識的に避ける) *v.* eludir, rehuir*, soslayar. ▶彼はすばやくボールを避けた Esquivó ágilmente la pelota. ◆彼は犬を避けようとしてハンドルを右に切った Dio un volantazo a la derecha para evitar al perro.

よけん 予見 *f.* previsión, *m.* pronóstico. ▶予見する (予知する) *v.* prever*; (予言する) *v.* predecir*, pronosticar*.

よげん 予言 (科学的推論による) *f.* predicción; (予言者の) *f.* profecía,《教養語》*m.* vaticinio. ▶予言者 *mf.* profeta, (女の) *f.* profetisa. ◆彼の予言は[1]当たった [2]はずれた] [1]Se cumplió [2]Falló] su profecía.
—— 予言する (一般に) *v.* predecir*, profetizar*,《教養語》vaticinar. ▶未来を予言する *v.* predecir* [vaticinar, adivinar] el futuro. ◆占い師は女王の死を予言した El adivino predijo [profetizó]「la muerte de la reina [que la reina moriría]. ◆一部の学者は世界的な食糧危機が起こると予言している Hay estudiosos que predicen una carestía mundial de alimentos.

***よこ** 横 ❶【左右の長さ・幅】*f.* anchura, *m.* ancho; *m.* costado, *m.* lado. ◆横じま *fpl.* rayas horizontales. 会話 その板の横幅はどのくらいありますか―3メートルです ¿Qué ancho tiene [¿Cuál es la anchura de] esa tabla? – Tiene tres metros (de ancho). ◆この絵は縦80cm横50cmある Este cuadro tiene [mide] 80 centímetros de largo y [por] 50 de ancho. / Este cuadro es de ochenta por cincuenta centímetros.

よこく 1489

1《横の》; (水平の) *adj.* horizontal, de costado. ▶横の線を引く *v.* trazar* una「línea horizontal [raya].
2《横に》; (横切って) *adv.* lateralmente, de lado, de costado, horizontalmente. ▶テーブルを横にして運ぶ *v.* llevar [transportar] una mesa de lado [costado]. ◆帽子を横にかぶっている *v.* llevar el sombrero ladeado. ◆鏡は横にひび割れていた El espejo tenía una raja de lado a lado. ◆私はその入り口を横(向き)になって通らなければならなかった Tuve que entrar de costado por la puerta.

❷【そば, わき】(側面) *m.* lado, *m.* costado. ▶横から見る *v.* mirar de lado. ◆家の横にあるガレージ *m.* garaje「al lado [en el costado] de la casa. ◆あなたの横に座ってもよいですか ¿Me puedo sentar a su lado? ◆彼は横の入り口から入った Entró por un lado de la puerta. ◆彼は入り口の横に立っていた Estaba de pie al lado de la entrada. ◆バスは横倒しになっていた El autobús estaba volcado de costado. ◆横を向かないで正面を向きなさい No mires a los lados, sino de frente. ◆彼女がベンチに座れるよう彼は横に寄った Se movió [《口語》corrió] a un lado para hacerle a ella sitio en el banco. ◆彼らは横 (=わき) へ寄って私を通してくれた Se「echaron a un lado [apartaron] para dejarme pasar.

《その他の表現》 ▶首を横に振る *v.* negar* con la cabeza. ◆彼は夕食後しばらく横になった Después de la cena se acostó [《口語》echó] un rato. ◆横から口を出さ (=干渉し) ないでくれ Métete en tus cosas.

よこうえんしゅう 予行演習 *m.* ensayo; (軍事の) *mpl.* ejercicios preliminares. ▶予行演習をする *v.* ensayar.

よこがお 横顔 *m.* perfil. ▶彼の横顔を描く *v.* dibujarlo[le] de perfil, dibujar su perfil. ◆彼女が横を向いたので横顔が見えた Se volvió y pude verla de perfil.

よこがき 横書き *f.* escritura horizontal. ▶横書きにする *v.* escribir* horizontalmente [de izquierda a derecha].

よこぎる 横切る *v.* atravesar*, cruzar*. ▶通りを[1]走って [2]歩いて]横切る *v.* atravesar* [cruzar*] una calle [1]corriendo [2]andando]. ◆芝生を横切ってガレージの方へ行く *v.* atravesar* el jardín en dirección al garaje. ▶車の流れを横切る *v.* atravesar* la calle en medio「del tráfico [de los coches]. ◆犬が目の前を横切った Se me cruzó un perro.

よこく 予告 (公の) *m.* anuncio previo; (通知) *m.* aviso, *f.* notificación previa; (警告) *f.* advertencia. ▶(映画などの) 予告編 *m.* avance,《アルゼンチン》*f.* cola. ▶3か月前の予告で [2]予告なしに] 解雇される *v.* ser* despedido [1]con tres meses de previo aviso [2]sin aviso].
—— 予告する *v.* avisar [anunciar] previamente, notificar* por anticipado [adelantado]. ▶本の近刊を予告する *v.* anunciar el li-

bro de próxima aparición. ▶ 1か月前に¹解雇 [²退職]を予告する v. avisar (a＋人) un mes antes su ¹despido [²dimisión]. ▶ 彼に立ち退きを予告する v. notificarle* [darle* aviso] que debe irse*.

よこぐるま 横車 ▶ 横車を押す (= 道理に反して自分の思いどおりにする) v. 《口語》salirse* con la suya contra viento y marea.

よこしま ▶ よこしまな (= 悪い) 行ない f. mala conducta, m. comportamiento malvado [perverso]; (悪行) f. fechoría.

よこす 寄越す (送る) v. enviar*, mandar; (こちらに手渡す) v. pasar, entregar*; (与える) v. dar*. ▶ 手紙をよこす v. mandar una carta. ♦ 15分したら車をよこしてください Envíeme un coche dentro de 15 minutos. ♦ お前の財布をこせ Pásame tu cartera. ▶ 彼は遅れるという伝言をよこした Me mandó recado que llegaría tarde.

__よごす__ 汚す v. ensuciar, 《教養語》mancillar, 《文語》《比喩的に》envilecer; (染みをつける) v. manchar; (汚染する) v. contaminar. ▶ 指をインクで汚す v. mancharse los dedos de tinta. ♦ 新しい服を汚してはいけない No ensucies [manches] el vestido nuevo.

よこすべり 横滑り (車の) m. patinazo. ▶ 横滑りしたタイヤの跡 fpl. marcas [fpl. huellas] de patinazo en la carretera. ▶ 横滑りする v. patinar. ♦ 法相は閣内で横滑りするだろう Al ministro de Justicia「le darán otra cartera [lo pasarán a otro ministerio].

__よこたえる__ 横たえる v. tender, tumbar, posar, 《口語》poner*. → 横たわる. ▶ まくらに頭を横たえる v. poner* la cabeza en la almohada. ♦ 彼は疲れ切ってベッドにごろりと身を横たえた Se tumbó exhausto sobre la cama.

よこだおし 横倒し ▶ 車を横倒しにする v. derribar [volcar*] un coche de costado. ♦ バイクが横倒しになった La moto se cayó de costado.

__よこたわる__ 横たわる v. tumbarse, 《口語》echarse, acostarse, tenderse*. ▶ 彼はベッドに大の字になって横たわっていた Estaba「tumbado cuan largo era [tendido a lo largo] en la cama. ♦ 彼はソファに横たわって新聞を読んだ Se tumbó en el sofá y leía el periódico.

よこちょう 横町 (路地) m. callejón, f. calleja.

よこづけ 横付け ▶ 車を横付けにする v. aparcar [ラ米] estacionar] el coche al lado [costado].

よこっつら 横っ面 (ほお) f. mejilla. ▶ 彼の横っ面を張る v. darle* una bofetada, abofetearlo [le].

よこづな 横綱 m. gran campeón (de "sumo"), m. "yokozuna". ▶ 横綱になる v. conquistar [adquirir*] el rango de "yokozuna" [gran campeón de "sumo"].

よこっぱら 横っ腹 ▶ バス [²船]の横っ腹 (= 側面) m. costado [m. lado] de un ¹autobús [²barco]. ▶ 横っ腹が痛い v. tener* dolor en el costado.

よごと 夜ごと adv. todas las noches, cada noche.

よこどり 横取り ▶ 横取りする (盗む) v. robar, 《口語》quitar; (途中で奪う) v. 《教養語》interceptar; (ひったくる) v. arrebatar.

よこながし 横流し ▶ 横流しにする (= 統制品をやみ市場で売る) v. vender (mercancías) en el mercado negro; (違法に売る) v. vender (mercancías) ilegalmente [clandestinamente].

よこなぐり 横殴り ▶ 横なぐりの雨 f. lluvia torrencial. ▶ 横なぐりの雨が降る v. llover* oblicuamente.

よこならび 横並び (横に一列に並ぶこと) adj. al mismo nivel, codo con codo. ▶ 横並びの意識 m. sentimiento de estar al mismo nivel.

よこばい 横這い (カニの) m. movimiento de lado [《口語》costado]. ▶ 横ばいで移動する v. moverse* de lado [costado]. ▶ 売り上げは横ばいである No hay variación en las ventas. / Las ventas siguen igual.

よこぶえ 横笛 f. flauta.

よこみち 横道 (わき道) f. calleja, f. callejuela; (間違った方向) f. dirección equivocada. ▶ 横道にそれる (正しい方向から) v. desviarse* de la dirección correcta, extraviarse*; (話が脱線する) v. salirse* del tema, divagar*.

よこむき 横向き ▶ 横向きに小道を歩く v. andar* de lado por un sendero. ▶ 横向きに (= 横腹を下にして) 寝る v. acostarse* de lado, tumbarse de costado.

よこめ 横目 f. mirada de reojo [soslayo]. ▶ 彼を横目で見る v. mirarlo[le]「de reojo [de soslayo, con el rabillo del ojo], echarle una mirada de reojo.

よこもじ 横文字 (西洋の言語) f. lengua occidental [europea]; (ローマ字) m. alfabeto latino.

よこやり 横やり f. interrupción. ▶ 横やりを入れる (じゃまをする) v. interrumpir; (会話に口をさしはさむ) v. cortar (la conversación).

よこゆれ 横揺れ (船などの) m. balanceo; (地震の) f. vibración lateral, m. movimiento horizontal. ▶ 横揺れする v. balancearse; (船などが) v. mecerse*; (地震が) v. vibrar「a un lado y a otro [lateralmente].

よごれ 汚れ (ほこり・ごみなどの) f. suciedad, f. mugre; (染み) f. mancha, 《口語》m. lamparón. ▶ インクの汚れ fpl. manchas de tinta. ▶ 汚れ物 fpl. cosas sucias; (洗濯物) f. ropa para lavar. ▶ 汚れのない (= ごみのない清潔な) 台所 f. cocina limpia [《強調して》inmaculada]. ▶ シャツの汚れを取る v. quitar las manchas de una camisa; (きれいにする) v. limpiar una camisa. ▶ ほおに¹すす [²インク] の汚れがついている v. tener* una mancha de ¹hollín [²tinta] en la mejilla. ♦ 彼は車の汚れを洗い落とした Limpió la suciedad del coche [automóvil] lavándola. ♦ このカーペットは汚れが目立たない Esta alfombra no muestra la suciedad.

__よごれる__ 汚れる (汚くなる) v. ensuciarse; (染みがつく) v. mancharse; (液体・油などで) v. mancharse; (表面が，わずかに) v. ensuciarse,

mancharse; 《汚染される》v. contaminarse, 《文語》polucionarse. ◆汚れた手で adv. con las manos sucias. ◆血で汚れたシャツ f. camisa manchada de sangre. ◆はいてきたから洗濯しなければならない Mis pantalones han acabado manchados y hay que lavarlos. ◆白い布はすぐ汚れる La ropa blanca se ensucia [mancha] fácilmente. ◆大気はスモッグで汚れている El aire está contaminado por el 《英語》 "smog".

よさ 良[善]さ (よい点) f. ventaja, m. pro; (長所) f. virtud, m. mérito; (質のよさ) f. buena calidad. ◆私には彼のよさが分からない No puedo ver「sus méritos [lo bueno de él]. ◆使ってみてその辞書のよさが分かった Después de usarlo, vi las ventajas del diccionario.

よざい 余罪 mpl. otros delitos. ◆余罪がいくつかあると思われる v. ser* sospechoso de otros delitos.

*__よさん__ 予算 m. presupuesto; (見積り) f. estimación. ◆予算委員会 m. comité presupuestario.

1《～予算》¹補正 [²追加; ³総]予算 m. presupuesto ¹revisado [²suplementario; ³total]. ◆¹家庭 [²国家; ³市]の予算 m. presupuesto ¹familiar [²nacional; ³municipal]. ◆来年度の予算 m. presupuesto del próximo año fiscal. ◆屋根の修理費の予算 m. presupuesto del coste de reparación del tejado.

2《予算(案)は》 ◆予算案は¹否決された [²通過した] El presupuesto fue ¹rechazado [²aprobado]. ◆ご予算はどのくらいでしょうか(店の人が言う)¿Cuánto más o menos se quiere gastar? / (価格の範囲は)¿En qué precio estaba usted pensando?

3《予算の》adj. presupuestario. ◆予算の均衡 m. equilibrio presupuestario. ◆予算の¹作成 [²編成] ¹ f. formulación [² f. compilación] del presupuesto. ◆予算の範囲内で adv.「en el [dentro del] presupuesto.

4《予算(案)を[に]》 ◆予算を立てる v. hacer* un presupuesto de, presupuestar. ◆予算を作成する v. hacer* [formular, elaborar] un presupuesto. ◆予算を切り詰める v. reducir [rebajar] un presupuesto. ◆予算を超過する v.「salirse* del [exceder el] presupuesto. ◆予算案を審議する v. discutir el proyecto del presupuesto. ◆交際費を予算に組む v. presupuestar los gastos sociales.

5《予算で》◆50億円の予算でダムを建設する v. construir*「una presa [un embalse] con un presupuesto de 5.000 millones de yenes.

よし 由 (手段) m. medio, f. forma. ◆彼がどこにいるのか知る由もない No hay medio de saber dónde está. ◆お元気の由(＝と聞いて)何よりです Me alegra mucho saber que está usted bien.

よし interj. muy bien, perfecto.

よしあし 善し悪し (善悪) m. bueno o malo, m. bien o mal. ◆事の善し悪しの区別がつく v. distinguir* [conocer*] lo bueno de lo malo. ◆善し悪しにかかわらずそれをしなければならない「Bueno o malo [Bien o mal], hay que hacerlo.

◆天気の善し悪しにかかわらず出かけよう Vamos a salir, haga「el tiempo que haga [bueno o malo]. ◆素直なのも善し悪しだ(＝いつもよいとは限らない) La obediencia tiene sus pros y sus contras.

よじげん 四次元 f. cuarta dimensión. ◆四次元の空間 m. espacio de [en] cuatro dimensiones.

よじのぼる よじ登る ◆崖によじ登る v. trepar [encaramarse] por un acantilado.

よしみ ◆友達のよしみで(＝友情から)彼に金を貸す v. prestarle dinero por amistad. ◆会議のあと山田君と昔のよしみで(＝旧交を暖めるために)一杯やった Después de la conferencia, tomé algo con el Sr. Yamada para renovar la antigua amistad.

よしゅう 予習 f. preparación. ◆授業の予習をする v. preparar las clases.

よじょう 余剰 m. excedente, m. sobrante; m. superávit. ◆余剰農産物 m. excedente de los productos agrícolas.

よじる 捩る ◆行列を見るために身をよじる(＝ねじる) v.「retorcer* el cuerpo [retorcerse*] para ver* la procesión. ◆苦痛で身をよじる v. retorcerse* de dolor. ◆彼をくすぐったら、体をよじって声を立てて笑った Al hacerle cosquillas, reía retorciéndose.

よしわるし 善し悪し →善し悪(ﾞ)し.

よしん 余震 f. réplica (sísmica), m. temblor secundario. ◆余震が続いている Ha habido una serie de réplicas. ◆数回余震が感じられた Hemos tenido varias réplicas.

*__よす__ 止す (中止する) v. cesar, suspender, dejar 《de》; (取り止める) v. cancelar, anular; (断念する) v. renunciar 《a》, desistir 《de》. ◆おしゃべりは止せ ¡Deja de hablar! / ¡A callar! ◆外出するのは止します He decidido no salir. / He renunciado a la idea de salir.

よせ 寄席 "yose", 《説明的に》 m. teatro de "rakugo" o la narración de cuentos cómicos, (演芸場) f. sala [m. teatro] de variedades.

よせあう 寄せ合う ◆体をぴったり寄せ合う v. apretar* [juntar] los cuerpos. ◆ぼくたちは体を寄せ合って寝たのですぐに暖かくなった Apretamos nuestros cuerpos en la cama y pronto entramos en calor.

よせあつめ 寄せ集め (ごた混ぜ) f. mezcolanza. ◆寄せ集めの軍隊 m. ejército heterogéneo [《口語》 revuelto]. ◆寄せ集めの(＝にわか作りの)チーム m. equipo improvisado. ◆寄せ集めの材木で犬小屋を作る v. hacer* una perrera juntando tablas.

オッケー Perfecto.
→よし

よせあつめる 寄せ集める *v.* juntar; (収集する) *v.* coleccionar, hacer* colección 《de》. ♦葉を寄せ集める *v.* juntar las hojas caídas. ♦彼女は床に散らかっている服を寄せ集めた Juntó los vestidos en el suelo. ♦この博物館は全世界からいろいろと珍しい自動車の模型を寄せ集めている En este museo se han reunido numerosos y raros coches miniatura traídos de todo el mundo. ⇨集める, 掻き集める

よせい 余生 *m.* resto de la vida. ♦余生 (=残りの人生) を社会奉仕にささげる *v.* dedicar* el resto de la vida a servicios sociales. ♦余生 (=残りの年月) を安楽に送る *v.* pasar el resto de la vida desahogadamente [con holgura].

よせがき 寄せ書き *f.* tarjeta de buenos deseos. ♦私たちは彼のために寄せ書きをした Le escribimos entre todos una tarjeta de buenos deseos.

よせぎざいく 寄せ木細工 *f.* marquetería, *f.* taracea; (床などの) *f.* parquetería.

よせなべ 寄せ鍋 *f.* olla guisada en la mesa.

*****よせる** 寄せる ❶【近づける】(移動させる) *v.* mover*; (引き寄せる) *v.* arrimar, acercar*, 《教養語》 aproximar, poner* cerca; (物をわきへ置く) *v.* apartar, poner* a un lado. ♦いすをテーブルの近くに寄せる *v.* arrimar una silla a la mesa. ♦テーブルを少し右に寄せなさい Mueve [Arrima] un poco la mesa a la derecha. ♦自転車をわきへ寄せなさい Aparta la bicicleta. / Quita del medio la bicicleta. ♦あの哲学者はいかめしい風貌で人を寄せつけない感じがする El/La filóso*fo/fa* con cara seria parece inabordable.
❷【手紙などを送る】*v.* enviar*; (寄稿する) *v.* contribuir* 《a, con》. ♦その雑誌に詩を寄せる *v.* contribuir* a la revista con poesías. ♦祝電が全国各地から寄せられた De todas partes del país se enviaron telegramas de felicitación.
❸【身・心などを寄せる】♦食しい人々に同情を寄せる (=同情する) *v.* simpatizar* con [tener* compasión por, compadecer* a] los pobres. ♦信頼を寄せる *v.* confiar*, poner* la confianza 《en》. ♦彼は身を寄せる所がない No tiene dónde ir. / No tiene casa (dónde ir). ♦彼女はしばらくの間姉のところに身を寄せている (=家に泊まっている) Está pasando un tiempo con su hermana. ♦彼女は新任の先生にひそかに思いを寄せている Tiene simpatía por su nuevo profesor en secreto. ♦近いうちに寄せていただきます Iré a visitarle un día de estos.

よせん 予選 (レースなどの) *f.* (prueba) eliminatoria; (競技などの) *f.* eliminatoria; (サッカーなどの) *f.* ronda eliminatoria [clasificatoria]. ♦百メートル競走の2次予選を通過する *v.* pasar [superar] la segunda prueba eliminatoria de los 100 metros lisos 〖『アルゼンチン』 llanos〗.

*****よそ** 余所 (どこか他の場所) *m.* otro sitio [lugar]; (別の場所) *f.* otra parte. ♦どこかよそで遊ぼう Vamos a jugar en otro sitio. ♦よその家でははおとなしくしていなさい Pórtate bien cuando vayas a otra casa. ♦よその人 (=見知らぬ人) から物をもらってはいけません No aceptes regalos de desconocidos. ♦彼は勉強をよそに (=しないで) 遊んでばかりいる En lugar de estudiar está siempre jugando.

*****よそう** 予想 *f.* expectativa, *f.* expectación, (見通し) *f.* previsión, *m.* pronóstico; (推測) *f.* suposición, *f.* presunción; (見積もり) *f.* estimación, *m.* cálculo.
1《〜(の) 予想》♦今年のリンゴの収穫の予想は明るい Las expectativas de la cosecha de manzana para este año son brillantes.
2《予想＋名詞》♦予想額 *f.* cantidad prevista. ♦予想屋 (競馬などの) *mf.* pronostic*ador/dora*. ♦予想外の *adj.* imprevisto. ♦予想外に (予想以上に) *adv.* en contra de las previsiones; (予想に反して) *adv.* contra todo pronóstico. ♦その試験は予想以上に難しかった El examen resultó más difícil de lo「que esperaba [esperado]. ♦予想どおりそのチームが優勝した Como era de prever, el equipo ganó el campeonato. ♦結果は予想以上 [2どおり，3はずれ] だった El resultado [1]superó [[2]cumplió; [3]quedó por debajo de] las expectativas [previsiones].
3《予想が》♦彼の予想が[1]当たった [[2]はずれた] Su pronóstico [1]se cumplió [[2]falló]. / [1]Acertó [[2]Se equivocó en] su pronóstico. ♦何が起こるかまったく予想がつかない No hay forma de prever nada.
4《予想に》♦予想に反して ➡2.
5《予想を》♦予想を上回る *v.* superar sus previsiones. ♦売り上げは予想をはるかに下回った Las ventas quedaron muy por debajo de nuestras previsiones [expectativas].
6《予想では》♦私の予想では彼らは来月結婚するだろう Mi conjetura es que van a casarse el mes que viene. / (思う) Preveo que se van a casar el mes próximo.

—— 予想する (予期する) *v.* prever*, pronosticar*; (推測する) *v.* suponer*, 《教養語》 presumir; (見積もる) *v.* calcular. ♦戦争になると予想して *adv.* previendo [en previsión de] una guerra. ♦今年の夏は非常に暑くなると予想される Los pronósticos apuntan a un verano muy caluroso este año. / Para este verano no se prevé un verano muy caluroso. ♦彼は来週来ると予想している Lo [Le] espero la semana que viene. / Espero que venga la semana próxima.

よそう 装う ❶【食器に盛る】♦スープを (玉じゃくしで) 皿によそう *v.* servir* sopa en un plato (con cucharón). ♦ご飯をよそうのを手伝ってくれる? ¿Puedes ayudarme a servir el arroz?
❷【よそおう】→装う。

よそおい 装い *m.* vestido; *m.* atavío, *m.* adorno. ♦夏の装いをした女性 *f.* señora con vestido de verano. ♦最新流行の装いをしている *v.* 「ir* vestido 〖《口語》vestirse*〗 a la última (moda). ♦その店は装いも新たになった (=改装された) Esta tienda ha sido remodelada completamente.

よそおう 装う ❶【着飾る】(動作) *v.* vestirse*

[engalanarse, 《教養語》ataviarse*]《de, con》.▶はでに装っている v. llevar una ropa muy alegre.▶王衣を身に着ている v. estar* ataviado con las vestiduras reales.
❷【振りをする】v. aparentar, fingir*, hacerse*,《口語》hacer*《que＋直説法》;（悪意なく）v. afectar.▶平気を装う v. aparentar un aire de indiferencia.▶彼は病気を装った Hizo que estaba enfermo. / Se hizo el enfermo. / Aparentó que estaba enfermo. / Fingió la enfermedad.

よそく 予測（科学的根拠に基づく）f. predicción;（予報）m. pronóstico.▶未来を予測する v. predecir* el futuro, hacer* una predicción sobre el futuro.▶彼は地震が起こるだろうと予測した Predijo (que ocurriría) un terremoto.

よそごと よそ事（かかわりのない事）m. asunto ajeno,（関心のない事）m. tema, f. asunto, m. negocio) sin importancia.▶彼らの離婚は私にはよそ事とは思えない（＝大いに関心がある）Su divorcio es un asunto de mucha importancia para mí. / Me afecta mucho su divorcio.

よそみ よそ見▶よそ見しないで歩きなさい Mira por dónde vas.▶彼はよそ見していて電柱にぶつかった Estaba mirando a otro lado y se chocó contra el poste de teléfono.▶事故はドライバーのよそ見（＝不注意）が原因だった El accidente ocurrió por distracción del/de la conductor/tora.

よそもの よそ者 mf. extraño/ña, mf. forastero/ra;（部外者）f. persona「de fuera [ajena].▶よそ者扱いされる v. ser* tratado como un/una extraño/ña.▶そこでは私はよそ者のような気分だった Me sentí como un/una extraño/ña.

よそゆき よそ行き（晴れ着）m. traje de gala, f. ropa del domingo;（正装）m. traje de etiqueta.▶よそ行きの服を着て adv. con sus mejores vestidos.▶よそ行きの（＝改まった）言葉を遣う v. usar (el) lenguaje formal.

よそよそしい（冷淡な）adj. frío,（友好的でない）adj. poco amistoso, seco;（態度などが隔りのある）adj. distante;（形式ばった）adj. formal.▶よそよそしい出迎え f. fría bienvenida.▶よそよそしい態度で adv. de manera distante [fría].▶彼はいつも私によそよそしい Siempre se muestra frío y distante conmigo.▶彼の事業が失敗したとたん、友人たちはよそよそしい態度を取り始めた Tan pronto como le fue mal en los negocios, sus amigos empezaron a tratarlo [le] con frialdad. ☞高踏的, つんつん

よぞら 夜空 m. cielo [m. firmamento] nocturno [de la noche].▶夜空に輝く星 fpl. estrellas que brillan en el firmamento nocturno.

よたもの 与太者 m. matón; m. golfo, m. vándalo.

よたよた▶よたよた歩く（赤ん坊などがあぶなげに）v. andar* con paso vacilante,（けがなどで）v. tambalearse,（重い物を持って、酔っ払って）v. bambolearse, andar* tambaleándose,《口語》andar* haciendo eses.▶赤ん坊がよたよた

よちよち　1493

歩いて母親の方へ行った El niño avanzó hacia su madre con paso vacilante.▶酔っ払いがよたよた歩いて行った Un borracho iba haciendo eses.▶負傷兵がよたよた立ち上がった Un soldado herido se levantó con paso vacilante.

よだれ 涎（唾液）f. baba, f. saliva.▶よだれをたらす v. caerse* la baba, babear.▶よだれ掛け m. babero.▶赤ん坊はよだれを流していた Al bebé se le caía la baba.▶そのケーキを見るとよだれが出た Se me hizo la boca agua con ese pastel.▶この美しい絵はよだれが出るほど欲しい Con ese hermoso cuadro la boca se me queda abierta. /《強調して》Se me cae la baba ante ese bello cuadro.

よだん 余談 f. digresión, f. salida del tema.▶余談になりますが（＝ちょっと話をそらせていただきます）Si se me permite una breve digresión…▶彼の話は余談が多かった Su discurso estaba lleno de digresiones.▶余談はこれくらいにしておきましょう「Basta ya [Ya está bien] de digresiones.

よだん 予断 f. predicción, f. conjetura.▶実際何が起こるかは予断を許さない「No se puede predecir [Nadie puede adivinar] lo que va a ocurrir.

よち 余地（余っている空間）m. sitio, m. lugar, m. espacio;（可能性）f. cabida,（活動などの）f. capacidad, f. posibilidad, m. campo.

1《余地が[も]》▶もう一人はいる余地がある「Hay sitio para [Cabe] uno más.▶会場は満員で立錐(ﾘｯｽｲ)の[足を踏み入れる]余地もなかった Estaba tan lleno en la sala que no había espacio ni para estar de pie.▶その辞書は大いに改善の余地がある Caben muchas mejoras en ese diccionario.▶この問題はまだ議論の余地がある Esta cuestión「da cabida a seguir discutiendo [todavía está abierta a la discusión].▶その仕事には想像力を働かせる余地がない［十分にある］Ese trabajo ¹no da lugar [²da mucho lugar] a la imaginación.▶君がしたのは弁解の余地がない Lo que hiciste no admite disculpa. / Tu conducta no da lugar a ninguna justificación.▶彼の無実は疑う余地もない No hay duda de su inocencia.

2《余地を》▶父は大学進学に関して私自身に選択の余地を与えてくれなかった Mi padre no me dio posibilidad de elegir libremente「mi carrera [lo que yo quería estudiar en la universidad].

よち 予知（知識・経験などに基づく）f. previsión, m. pronóstico;（先見の明）《教養語》f. presciencia, f. previsión.▶予知能力のある人 f. persona「con presciencia [que adivina el futuro].▶地震を予知する v. predecir* [adivinar, pronosticar*] los terremotos.

よちよち▶よちよち歩く v. dar* los primeros pasos,《スペイン》《口語》hacer* pinitos.▶その赤ん坊は¹よちよち歩きを始めた[²よちよち歩いて部屋に入って来た] El bebé ¹ya hace sus primeros pinitos [²entró en la habitación con paso inseguro].

よっか 四日 ▶四日間 *adv.*(durante) cuatro días. ▶4月4日に *adv.* el 4 de abril.

よつかど 四つ角 (十字路) *m.* cruce, *f.* encrucijada; (街角) *f.* esquina. ▶四つ角での交通事故 *mpl.* accidentes de tráfico en el cruce. ▶その四つ角を左に曲がる *v.* girar [doblar, torcer*] a la izquierda en el cruce.

よっきゅう 欲求 *m.* deseo 《de》; (意志) *f.* voluntad. ▶性的欲求 →性欲. ▶知的欲求を満たす *v.* satisfacer* el deseo de aprender. ▶生への欲求 *f.* voluntad de vivir. ▶彼 L'Iよ く欲求不満のはけ口を私に求める Siempre desahoga su frustración conmigo.

よつご 四つ子 (全員) *mpl.* cuatrillizos; (一人) *mf.* cuatrillizo/za.

よっつ 四つ *num.* cuatro. ▶四つ目の *adj.* cuarto.

ヨット *m.* velero, *m.* yate, *m.* balandro. ▶ヨットハーバー *m.* refugio para yates. ▶ヨットレース *f.* regata de yates. ▶ヨット乗りに行く *v.* ir* [salir*] a navegar* en yate. ▶ヨットを走らせる *v.* navegar* un yate. ▶静かな海をヨットが進んでいる Hay un yate navegando en el mar en calma.

よっぱらい 酔っ払い *mf.* borracho/cha, 《フォーマル》 *f.* persona ebria. ▶酔っ払い運転でつかまる *v.* ser* sorprendi*do* conduciendo borracho [《教養語》en estado de embriaguez].

よっぱらう 酔っ払う *v.* emborracharse, 《教養語》embriagarse*.

よつゆ 夜露 *m.* rocío nocturno, *m.* sereno. ▶夜露に当たるな No te expongas al sereno.

よつんばい 四つん這い ▶四つんばいになる *v.* andar* a gatas, gatear. ▶四つんばいになって[¹はい回る [²急な坂をよじ登る] *v.* andar* a gatas [gatear] ¹de un lado a otro [²por una pendiente escarpada].

*****よてい 予定** (一般的な計画) *m.* plan, *m.* proyecto; (時間ごとに区切られた計画) *m.* calendario de trabajo; (活動計画) *m.* horario; (活動計画) *m.* programa.

1《～予定》▶出版予定 *m.* calendario de publicaciones.

2《予定＋名詞》▶予定表 *m.* programa; (時刻単位の) *m.* horario; (個人の1日の) *f.* agenda; (年間の) *m.* calendario. ▶出産予定日→出産. ▶工事が予定どおりに進んでいる La construcción marcha「conforme al [según el] programa. / La obra sigue el plan [programa]. ▶飛行機は予定どおり3時45分に出発いたします El vuelo [avión] sale según el horario previsto, a las 3:45. ▶予定外に（＝予定より）多くの学生がコンサートに集まった Asistieron al concierto más estudiantes de lo previsto.

3《予定が[は]》▶今日は予定がぎっしりつまっている Hoy tengo una agenda muy apretada [ocupada]. ▶それで予定がすっかり狂った Eso alteró toda mi agenda. ▶予定が変更になった Ha habido un cambio en「el programa [la agenda]. 《会話》このあとのご予定はどうなっているの一特に予定はないよ（＝特別何もすることがない）¿Qué plan tienes para después? [¿Tienes algo en especial después? / ¿Qué vas a hacer después?] – No tengo nada en especial.

4《予定に》▶予定に変更がある Hay un cambio en el programa. ▶駅で彼女に会うのは予定に入れていない（＝計画していない）No tengo previsto [el plan de] verla en la estación. / No entra en mi plan verla en la estación.

5《予定を》▶週末の予定を立てましたか ¿Has hecho algún plan para el fin de semana?

6《予定より》▶列車は予定より2時間遅れて到着した El tren llegó「dos horas más tarde del horario previsto [con dos horas de retraso].

7《予定だ》▶新校舎は来月完成の予定です Está previsto que el nuevo edificio de la escuela se termine el mes que viene. ▶彼女と10時に会う予定です Está previsto que la vea a las diez. (☆予定になっている) /「He quedado con ella [Tengo el plan de verla] a la diez. (☆自分でそのような予定にした). ▶列車はあと30分で大阪に到着の予定でございます「Según el [Conforme al] horario el tren llegará a Osaka en 30 minutos. ▶出産は12月の予定です El nacimiento del niño está previsto para diciembre. / Espero al bebé en diciembre.

── **予定の** *adj.* programa*do*; (約束された) *adj.* fija*do*, señala*do*; (計画された) *adj.* planea*do*. ▶彼らは駅に予定どおりの時間に着いた Llegaron a la estación a la hora programada [prevista]. ▶それは私の予定の行動でした Fue una acción planeada por mí. / Fue mi plan.

── **予定する** *v.* programar, (計画する) *v.* estar* previsto [fijado], tener* pensa*do* [decidi*do*] 《＋不定詞, que》. ▶誕生日に友人を招くことを予定している Estoy planeando invitar a mis amigos a mi cumpleaños. ▶会合はあす午後3時に予定されている La reunión está programada para las tres de la tarde.

よとう 与党 *m.* partido「en el poder [del gobierno]. ▶与党の自由民主党 *m.* Partido Liberal Democrático en el poder. ▶与党である [²になる] *v.* ¹estar* en el [²llegar* al] poder*.

よどおし 夜通し (一晩中) *adv.* toda la noche. ▶私は腹痛のため夜通し寝られなかった No pude dormir (en) toda la noche por un dolor de estómago.

よどみなく (流暢(りゅう)に) *adv.* con soltura [fluidez]; (口ごもらずに) *adv.* sin titubeos.

よどむ 淀む *v.* estancarse*, remansarse. ▶よどんだ水 *f.* agua estancada. ▶この川の水はよどんでいる El agua de este río está estancada.

*****よなか 夜中** (漠然と夜中) *f.* noche; (真夜中) *f.* medianoche, (夜中ごろ) *adv.* a altas horas de la noche, muy avanzada la noche. ▶夜中に *adv.* a medianoche; (夜に) *adv.* durante [en] la noche. ▶夜中じゅう雨が降った Estuvo lloviendo toda la noche. ▶夜中に地震があった Hubo un terremoto por la noche.

よなべ 夜なべ *m.* trabajo nocturno [de noche]. ▶夜なべをする *v.* trabajar de [durante la] noche.

よなれた 世慣れた (世才のある) *adj.* de [con] mucho mundo; (世間なれした) *adj.* con mucha experiencia (de la vida). ▶世慣れた人 *f.* persona de mucho mundo. ▶彼は年の割になかなか世慣れている Tiene bastante mundo para su edad.

よにげ 夜逃げ ▶夜逃げする *v.* huir* protegido por la noche, fugarse* de noche.

よにも 世にも ▶世にも不思議な事件 (極度に) *m.* incidente insólito; (今まで聞いた中で最も) *m.* incidente más raro oído hasta ahora. ▶彼女は世にもまれな美人だ Tiene una belleza extraordinaria [《文語》peregrina].

よねつ 余熱 *m.* calor residual.

よねん 余念 ▶読書に余念がない (=夢中だ) *v.* estar* absorto [enfrascado] en la lectura. ▶研究に余念がない (=専念する) *v.* dedicarse* al estudio. ▶仕事に余念がない (=忙しい) *v.* estar* ocupado con el trabajo.

よのなか 世の中 (世間) *m.* mundo; (社会) *f.* sociedad; (人生) *f.* vida; (時勢) *mpl.* tiempos; (時代) *f.* época; (漠然と事態) *fpl.* cosas. ▶世の中そんなに甘くはない El mundo no es tan tolerante como uno esperaría. ▶彼は世の中をよく知っている Sabe mucho de la vida. ▶近ごろは世の中がどんどん変わっている Estos días las cosas cambian rápidamente. ⇨時代, 世間

よは 余波 (災害・戦争などの) *f.* repercusión, *m.* efecto secundario; (なごり) *f.* secuela. ▶戦争の余波 *fpl.* secuelas de la guerra. ▶石油ショックの余波 *fpl.* repercusiones de la crisis del petróleo.

よはく 余白 *m.* espacio; (欄外) *m.* margen. ▶余白を1行残す [¹埋める] *v.* ¹dejar [²completar] un espacio. ▶ページの余白に書き込みをする *v.* escribir* apuntes [notas] en el margen de la página.

ヨハネスブルグ Johanesburgo (☆南アフリカ共和国の都市).

よばれる 呼ばれる ❶【声をかけられる】*v.* ser* nombrado (llamado). ▶名前を呼ばれたら手をあげなさい Alcen la mano cuando se les nombre.
❷ (称される) *v.* llamar, decir*; ser* llamado. ▶私は友人に幸と呼ばれている Mis amigos me dicen [llaman] Sachi.
❸【来られる】*v.* llamar, ser* llamado. ▶彼は職員室に呼ばれた (=呼び出された) Lo [Le] llamaron a la sala de profesores. ▶彼女は重病だったので息子が呼ばれた (=呼び寄せられた) Estaba gravemente enferma y llamaron a su hijo.
❹【招待される】*v.* invitar, ser* invitado. ▶彼の結婚披露宴に呼ばれた Me invitaron a ¹su boda [la recepción ofrecida en su boda]. ▶ぼくはそのパーティーには呼ばれていません No me han invitado a la fiesta.

*・**よび** 予備 (余分) *f.* reserva; (非常用品) *m.* repuesto, *m.* depósito. ▶予備に金をいくらかとっておく *v.* tener* dinero guardado [en reserva].
── 予備(の) (余分の) *adv.* de reserva [depósito]; (準備の) *adj.* preparatorio; (予行の) *adj.* preliminar; (非常用にとっておいた) *adj.* de repuesto [recambio]. ▶予備のタイヤ *m.* neumático [《口語》 *f.* rueda] de repuesto, 《ラ米》 *f.* llanta de recambio. ▶予備知識がある *v.* tener* conocimientos elementales [previos]. ▶予備費がある *v.* tener* un fondo de reserva.

よびおこす 呼び起こす ❶【目を覚まさせる】*v.* despertar* 《a + 人》.
❷【思い出を呼び起こす】*v.* recordar*, traer* a la memoria, 《教養語》evocar*. ▶事故の記憶を呼び起こす *v.* recordar* el accidente.

よびかけ 呼び掛け (訴え) *m.* llamamiento; (要請) *f.* petición; (呼称) *m.* tratamiento. ▶教会の募金の呼び掛けに応じる *v.* atender* el llamamiento de la iglesia en favor de limosnas.

よびかける 呼び掛ける ❶【声をかける】*v.* llamar, dirigirse* [apelar, recurrir] 《a》; (多くの人に) *v.* dirigir* un llamamiento. ▶2階から彼に呼びかけた Lo [Le] llamé de [desde] arriba.
❷【訴える】▶市民に節水を呼びかける *v.* dirigir* un llamamiento a los ciudadanos para「que ahorren [ahorrar] agua.

よびこう 予備校 *f.* escuela [*f.* academia] de preparación para los exámenes de ingreso universitarios; (進学塾) *f.* academia preparatoria (para los aspirantes a la escuela superior).

よびごえ 呼び声 *f.* llamada; (叫び声) *m.* clamor, *m.* grito. ▶荒野の呼び声 *f.* llamada de la selva [naturaleza]. ▶彼は次期社長として呼び声が高い (=評判である) Se rumorea mucho que va a ser el nuevo presidente.

よびこみ 呼び込み (サーカスなどの) *mf.* voceador/dora.

よびこむ 呼び込む ▶私を家に呼び込む (=呼び入れる) *v.* llamarme a casa. ▶客を呼び込む *v.* llamar la atención de los compradores a voces.

よびすて 呼び捨て ▶私を呼び捨てにしないで No me llames por mi nombre a secas.

よびだし 呼び出し ❶【召喚】(呼び出し状=召喚状) *f.* citación, 《メキシコ》 *m.* citatorio. ▶警察からスピード違反で呼び出しを受ける *v.* recibir una citación de la policía por exceso de velocidad. ▶青山様にお呼び出し申し上げます. フロントまでお越しください Aviso para el Sr. Aoyama. Haga el favor de presentarse [personarse] en (la) recepción.
❷【相撲】(呼び出し係) *m.* voceador (de "sumo").

よびだす 呼び出す (呼び寄せる) *v.* llamar; citar, convocar*, 《教養語》《文語》emplazar*, 《専門語》mandar comparecer*; (来いと命令する) *v.* hacer* [pedir*] que venga; (召喚する) *v.* citar (a juicio); (呼び出し放送で) *v.* llamar (por altavoz). ▶彼をその喫茶店に呼び出す *v.*

「citarlo[le] en [pedirlo[le]* que venga] la cafetería. ♦彼を電話口に呼び出す v. comunicarse* con él por teléfono. ♦デパートで母を呼び出してもらった Hice que avisaran a mi madre en la tienda. ♦田中様にお呼び出し申し上げます．フロントまでご連絡くださいませ Aviso al [para el] Sr. Tanaka. Haga el favor de ponerse en contacto con recepción.

よびたてる 呼び立てる ♦こんなに遅くお呼び立てして申し訳ありません Siento haberle hecho venir tan tarde.

よびつける 呼び付ける (呼び出す) v. hacer* comparecer* [venir*]. ♦彼は上級生に呼びつけられた Le hicieron comparecer ante su superior.

よびとめる 呼び止める v. pedir* 《a + 人》que se detenga [pare]. ♦(タクシーを) v. llamar [parar] a un taxi. ♦彼はタクシーを呼び止めた Llamó a un taxi.

よびもどす 呼び戻す v. hacer* [mandar] volver* [regresar]; (命令によって) v. mandar 《a + 人》volver*. ♦父の病気で家に呼び戻される v. ser* llamado a casa por la enfermedad del padre. ♦旅行先から呼び戻される v. hacer* volver* de un viaje. ♦大使はロンドンから呼び戻された (=召還された) Mandaron al/a la embajador/dora volver de Londres a su país.

よびもの 呼び物 (特に人を引きつける物) f. atracción principal; (中心となる出し物) m. número principal. ♦綱渡りがサーカスの呼び物です El número del equilibrista es la principal atracción del circo.

よびょう 余病 (合併症) f. complicación. ♦余病に肺炎を併発した Se complicó con una pulmonía. / Se presentó la complicación de una pulmonía.

よびよせる 呼び寄せる (呼ぶ) v. llamar; (来てもらう) v. hacer* venir*.

よびりん 呼び鈴 m. timbre; (玄関の) m. timbre (de la puerta); (ブザー) m. timbre. ♦ほら，呼び鈴が鳴っている Suena el timbre. / ¡El timbre! / Han llamado.

＊＊よぶ 呼ぶ =呼ばれる. ❶【声をかける】v. llamar. ♦大声で彼の名前を呼ぶ v. llamarlo[le] a gritos por su nombre. ♦助けを呼ぶ (=求める) v. pedir* socorro [auxilio]. ♦あっ，ママが呼んでるわ．じゃあね! ¡Uy! Me está llamando mi madre. ¡Adiós! ♦通りで見知らぬ人が突然私の名前を呼んだ De improviso un extraño me llamó en la calle por mi nombre. ♦彼は通りでタクシーを呼んだ Llamó a un taxi en la calle.

❷【称する】v. llamar, decir*; (敬称で) v. dar* el tratamiento 《de》. ♦私の名前は幸子ですが友人は幸と呼びます Me llamo Sachiko pero mis amigas me llaman [dicen] Sachi. ♦おたくのネコを何と呼んでいるの ¿Cómo se llama tu gato? ♦学生たちは彼を教授と呼んでいる Los alumnos lo [le] llaman [dan tratamiento de] "profesor".

❸【来させる】(通例電話などで) v. llamar; (呼びに行く，呼んで来る) v. mandar por [buscar*], hacer* venir*; (召喚する) v. citar, emplazar*. ♦1救急車 [2警察]を呼ぶ v. llamar 1una ambulancia [2a la policía]. ♦彼は医者を呼んだ (=来るように頼んだ) Llamó a un médico. / (呼びにやった) Mandó a buscar un médico. ♦部長を呼んで来てあげましょう Voy a buscarte al gerente. / Iré a llamar al gerente. ♦タクシーを呼んでください Por favor, llama 《a》un taxi. ♦(山田)社長，お呼びですか ¿Me ha llamado [quería] usted, Sr. Yamada? ♦山田さんがお呼びです Te llama el Sr. Yamada.

❹【招待する】v. invitar, convidar. ♦今夜友達を夕食に呼んでいる He invitado a unos amigos a cenar esta noche.

❺【引き起こす】v. causar, provocar*. ♦彼の小説は大きな反響を呼んだ (=大評判になった) Su novela causó una gran sensación. ♦この映画は大変な人気を呼んだ (=勝ち得た) Esta película gozó de mucha aceptación.

よふかし 夜更かし ♦夜ふかしをする v. quedarse levantado hasta muy tarde por la noche, (口語) trasnochar. ♦読書をして夜ふかしをする v. quedarse leyendo hasta muy tarde.

よふけ 夜更け ♦夜ふけに (=夜遅く) adv. a altas horas de la noche, muy avanzada la noche; (真夜中に) adv. a medianoche.

＊よぶん 余分 m. excedente; (過多) m. exceso; (余剰) m. sobrante. ♦余分の adj. de sobra, de más, en exceso, sobrante. → 余計(に). ♦余分の切符が1枚ある v. tener* una entrada de sobra. ♦余分の時間はない v. no sobrar tiempo, no tener* [disponer* de] tiempo de más. ♦余分に働く v. hacer* trabajo extra, trabajar horas extras.

＊よほう 予報 f. predicción, m. pronóstico. ♦天気予報 f. predicción meteorológica, 《口語》m. pronóstico del tiempo. ♦1長期 [2短期]予報 f. predicción a 1largo [2corto] plazo. ♦天気予報官[係] mf. meteorólogo/ga, 《口語》m. hombre [f. mujer] del tiempo. ♦地震の予報 f. predicción sísmica. ♦ラジオの天気予報を聞く v. oír* por la radio la información del tiempo. ♦最近の(天気)予報は外れる Las recientes predicciones resultan equivocadas. ♦予報ではあしたは雨だ Según el pronóstico del tiempo, mañana va a llover. / El hombre del tiempo ha dicho que mañana va a llover.

＊よぼう 予防 (防止) f. prevención; (用心) f. precaución.

1 《〜の予防》♦1火災 [2病気]の予防 f. prevención de 1incendios [2enfermedades]. ♦彼は盗難の予防(策)として鍵(%)をつけた Instaló una cerradura para prevenir robos.

2 《予防+名詞》♦予防注射 f. inyección preventiva. ♦予防医学 f. medicina preventiva. ♦予防保守 m. mantenimiento preventivo. ♦火災予防週間 f. Semana de Prevención de Incendios. ♦この種の事故に対して予防策を講じる v. tomar medidas preventivas contra los accidentes de este tipo. ♦私は後で非難されないように予防線を張った Tomé el máximo de precauciones para「que no me criticaran [no ser criticad*o/da*]」.

── 予防する (防ぐ) *v.* prevenir*. **→** 防ぐ. ▶ 虫歯を予防する *v.* prevenir* la caries; (保護する) *v.* proteger* la dentadura de la caries.

よぼうせっしゅ　予防接種　(病原菌などの) *f.* vacunación, (専門語) *f.* inoculación,『ラ米』*f.* vacuna. ▶ 彼にその病気の予防接種をする *v.* vacunarle contra la enfermedad. ♦ コレラの予防接種を2回受ける *v.* vacunarse「ser* vacunad*o*」dos veces contra el cólera, ponerse* dos inyecciones contra el cólera.

*よほど　余程　❶【ずいぶん】(非常に) *adv.* muy, mucho. ♦ 今日はよほど気分がよい Hoy me siento mucho mejor. ♦ 彼はその話がよほどおもしろかったようだ La historia parece haberle divertido mucho. / Parece que se ha divertido mucho con la historia. / La historia le resultó muy divertida. ♦ この仕事はよほど(＝十分)注意しないと危険だよ Este trabajo puede ser peligroso, si no pones mucha atención.

❷【思い切って】▶ よほど彼に言ってやろうかと思った(＝言ってやりたい気が大いにあった) Me dieron muchas ganas de decírselo.

よぼよぼ　(気が弱い)(非常に) *adj.* frágil; (老齢で震えたり, 足が乱れたり)(軽蔑的に) *adj.* decrépito,《口語》chocho; (もうろくした) *adj.* senil. ▶ よぼよぼの老婦人 *f.* frágil anciana.

よみ　読み　▶ 棒読みする *v.* leer* en voz monótona. ▶ 読み切り小説 *f.* historia completa. ♦ 彼は読みが深い(＝洞察力がある) Es un hombre muy perspicaz. ♦ この週刊誌は読みが少ない [²ない] ¹Hay [²No hay] mucho que leer en este semanario.

よみあげる　読み上げる　(名前などを大声で) *v.* leer* [pronunciar] en alta voz; (声をあげて読む) *v.* leer* en voz alta. ▶ その一節をはっきりとした声で読み上げる *v.* leer* el pasaje con voz clara. ♦ 彼は合格者の名前を読み上げた Leyó los nombres de los candidatos elegidos.

よみおわる　読み終わる　*v.* acabar [terminar] de leer*. ▶ やっと『ドン·キホーテ』を読み終わった Por fin he acabado de leer «Don Quijote».
(会話)　あの本もう読み終わったの?－読み始めたばっかりよ ¿Has「terminado de leer [acabado con]」ese libro? ‒ Acabo de empezar.

よみかえす　読み返す　*v.* releer*, volver* a leer*, leer*「de nuevo [una ²otra vez]」. ▶ 良書を読み返す *v.* releer un buen libro. ♦ 彼女は恋人からの手紙を何度も読み返した Leyó y releyó la carta de su novio.

よみがえる　蘇る　(生き返る) *v.* revivir, resucitar; (息を吹き返す) *v.* volver* a la vida. ▶ その音楽を聞いたとたん失った記憶がよみがえった Al escuchar esa música, ese recuerdo muerto ha resucitado [vuelto a la vida]. ♦ その情景を見た私の心に20年前の頃がよみがえった Esa escena me hizo revivir los días de 20 años atrás.

よみかき　読み書き　▶ 読み書きができない　*v.* ser* analfabeto, no saber* leer* ni escribir*. ▶ 読み書きそろばんを習う *v.* aprender a leer*, escribir* y contar*.

よむ 1497

よみかた　読み方　▶ 読み方を練習する *v.* practicar* la lectura. ▶ その漢字 [2行] の二通りの読み方 *f.* dos lecturas ¹del ideograma chino [²de la línea].

よみごたえ　読み応え　▶ 読みごたえのある本 (内容豊かな本) *m.* libro「de mucha sustancia [enjundioso]」; (読んでためになる本) *m.* libro que vale「merece」la pena de leer(se).

よみこなす　読みこなす　(よく読める) *v.* leer* bien; (読んで会得する) *v.* leer* asimilando [entendiendo bien]; (理解する) *v.* comprender bien. ♦『源氏物語』を読みこなすのは骨が折れる Es difícil leer entendiéndolo bien «el Romance de Genji».

よみさし　読みさし　▶ 本を読みさしにする　*v.* dejar un libro a medio leer*. ▶ 読みさしの本　*m.* libro a medio leer [terminar].

よみすて　読み捨て　(雑誌を) 読み捨てにする　*v.* tirar (una revista) después de leerla*.

よみせ　夜店　*m.* puesto [*m.* kiosko] nocturno. ▶ 夜店を出す　*v.* abrir* [instalar] un puesto nocturno.

よみち　夜道　▶ 夜道を一人で歩くのは危ない Es peligroso caminar *solo* de noche.

よみちがえる　読み違える　(誤読する · 誤解する) *v.* leer* mal; (判断を誤る) *v.* juzgar* [calcular] mal. ▶ 彼の反応を読み違えた Calculé mal su reacción.

よみとおす　読み通す　*v.* leerse*; leer*「de principio a fin [《口語》de cabo a rabo]」. ♦ その本を読み終わるのに10日間かかった「En diez días me leí todo [Tardé diez días en leerme] el libro.

よみとる　読み取る　(意味 · 人の考え · 感情などを) *v.* leer* entre líneas, percibir; (読んで理解する) *v.* leer* entendiendo. ♦ 彼の顔つき [²言葉] からいらだっていることが読み取れた En ¹su cara [²sus palabras] percibí irritación. ♦ 行間の意味を読み取ることが大切です Es importante leer entre líneas.

よみなおす　読み直す　▶ 答案を読み直す *v.* leer* el examen「otra vez [de nuevo]」.

よみふける　読み耽る　(没頭する) *v.* estar* ensimismado [absor*to*, sumergido] en la lectura. ♦ 彼は本を読みふけっていて母親が呼んだのも聞こえなかった Estaba tan ensimismado leyendo que no oyó como le llamaba su madre.

よみもの　読み物　(新聞 · 雑誌の) (*m.* material de) *f.* lectura. ▶ 軽い読み物 *f.* lectura ligera. ▶ 子供向き読み物 *fpl.* lecturas infantiles; (児童文学) *f.* literatura juvenil.

**よむ　読[詠]む　❶【読んで理解する】*v.* leer*. ▶ カントを読む *v.* leer* a Kant. ▶ グラフを読む *v.* leer* un gráfico. ♦ 本を読んでいると突然電話が鳴った Estaba leyendo y de repente sonó el teléfono. ♦ その新聞は広く読まれている Ese periódico se lee mucho. ♦ 彼が自殺したことを新聞で読んだ Leí en el periódico「que se suicidó [acerca de su suicidio]」. ♦ 彼は日本の詩をよく読んでいる Ha leído mucha poesía japonesa.

❷【声を出して読む】v. leer* en voz alta; (詩を) v. recitar. ♦判決文を読む v. leer* la sentencia. ♦子供に本を読んでやって寝かせた Dormí al niño leyéndole un libro. ♦母は私に聖書を読んでくれた Mi madre me leyó la Biblia. ♦寝る前に本を読んでもらったものだ Antes de dormir solían leerme algo.

❸【推察する】v. adivinar, leer* (el rostro, la cara, los pensamientos). ♦その手紙から彼の手[心]のうちを読み取る v. adivinar ¹sus intenciones [²sus pensamientos, ³su corazón] a través de la carta. ♦彼の顔つきから不満の気持ちを読み取る v. leer* en su cara el descontento.

❹【詩歌を】v. componer*, hacer*. ♦俳句を1句詠む v. componer* un haiku.

── **読める** ❶【読む能力がある】v. poder* [ser* capaz de] leer*, leer*. ♦ドイツ語が読める v. poder* leer* alemán. ♦彼は人の心が読める Puede [Sabe] leer los pensamientos.

❷【読まれる】v. leerse*. ♦この法律の本は簡単に読める Este libro sobre derecho ⌈se lee bien [es fácil de leer]⌉. / Este libro sobre derecho es de fácil lectura. ♦第3条は二通りに読める (=解釈できる) El artículo 3 ⌈se lee de dos maneras [tiene dos lecturas posibles]⌉.

❸【判読できる】v. ser* leíble [legible].

《その他の表現》♦行間を読む (=言外の意味を読み取る) v. leer* entre líneas. ♦読んで字のごとく (に) adv. al pie de la letra, literalmente. ♦1行飛ばして読む v. saltarse una línea. ♦読み流す v. leer* sin hacer* pausas. ♦彼は本を読みさしにして、あわてた部屋の外に行った Se fue apresuradamente de la habitación dejando el libro a medio leer.

よめ 嫁（息子の妻）f. nuera, f. hija política; (妻) f. mujer.

1《嫁(の)＋名詞》♦嫁入り m. matrimonio, m. casamiento. → 嫁入り. ♦嫁入り支度 (道具) m. ajuar de la novia. → 嫁入り. ♦嫁入り. ♦彼女には嫁のもらい手がない No hay nadie que ⌈se case con ella [la tome por esposa]⌉.

2《嫁に》♦息子の嫁にもらう v. recibirla ⌈por hija [como esposa del hijo]⌉. ♦娘を金持ちの嫁にやる v. casar [《教養語》desposar] a la hija con alguien rico. ♦彼女はまだ嫁に行く年ではない Todavía no es [está en edad] casadera.

3《嫁を》♦嫁をいびる v. meterse con la nuera. ♦彼はついに嫁をもらった (=結婚した) Por fin se ha casado.

よめい 余命 mpl. días de vida que quedan. ♦平均余命 fpl. expectativas [f. esperanza] de vida. ♦彼は余命いくばくもない No le queda mucho de vida. / Tiene los días contados.

よめいり 嫁入り（結婚）m. matrimonio; (結婚式) f. boda, m. casamiento. ♦嫁入り衣装 m. traje de novia. ♦嫁入り支度をする v. hacer* los preparativos de boda. ♦嫁入り道具 m. ajuar de novia. ♦嫁入り前の (=婚期に達している) 娘が二人いる v. tener* dos hijas en edad casadera.

よもぎ 蓬 f. artemisa, f. ajea.

よもやまばなし 四方山話 f. charla [f. conversación] trivial.

・**よやく 予約** ❶【ホテル・座席などの】f. reserva. ♦予約金 m. depósito. ♦予約席 m. asiento reservado. ♦全席予約済み《掲示》Todos los asientos están reservados. ♦アルカラホテルの予約がとれない No puedo conseguir una reserva en el Hotel Alcalá. 《会話》テーブルの予約は承っておりますか──はい、田中の名前で3名、午後7時の予約ですが ¿Ha reservado usted mesa? – Sí, a nombre de Tanaka. Para tres y a las siete. ♦レストランに電話して夕食の予約をしよう Llamaré al restaurante para hacer una reserva para cenar. ♦13か月先まで[²来月まで (=今月中は)]予約でいっぱいです Tenemos todo reservado ¹para [en] los próximos tres meses [²hasta el mes que viene].

❷【医院・美容院などの】f. cita, f. hora. ♦あすの予約を¹取り消す[²変更する] v. ¹anular [²cambiar] la cita de mañana. ♦5時に歯医者の予約をしている Tengo una cita con el dentista a las cinco. ♦あの歯医者は予約制だ Ese dentista sólo recibe con cita.

❸【新聞・雑誌の】f. su(b)scripción. ♦雑誌現代の1年間の購読予約をした Me he su(b)scrito un año a la revista Gendai.

── **予約する**（座席・ホテルの部屋などを）v. reservar, hacer* una reserva; (医院などに) v. hacer* una cita, pedir* hora; (雑誌などを予約購読する) v. su(b)scribirse 《a》, hacer* una su(b)scripción 《de》. ♦彼は5月10日の午後パリ行きの便の席を二つ予約した Ha reservado dos asientos en el vuelo para París del 10 de mayo por la tarde. ♦アビラホテルに予約している ⌈He reservado una habitación [Tengo una habitación reservada]⌉ en el Hotel Ávila. 《会話》いつ発ちたいの──予約が取れれば今晩にも ¿Cuándo quieres salir? – Esta noche misma si consigo una reserva. 《会話》二晩予約してあるはずですが(ホテルのフロントで) Creo que tengo una habitación reservada para dos noches. ♦切符を予約しましょうか ¿Quieres que te reserve un billete [boleto]? ♦¹今すぐ[²早目に]予約しなさい. でないとコンサートの切符が手に入りませんよ Haz ¹inmediatamente [²pronto] la reserva o te quedarás sin entrada para el concierto. ♦今晩8時に5人予約したいのですが(レストランに電話で) Quisiera reservar una mesa para ⌈cinco esta tarde a las ocho [esta tarde a las ocho para cinco personas]⌉. 《会話》もしもし、今日の午後3時に(田中先生の診察を)予約したいのですが──はい、お名前をどうぞ Oiga. Quisiera hacer ⌈una cita [que me diera hora]⌉ para esta tarde a las tres (con el Dr. Tanaka). – Muy bien. ¿Me dice su nombre, por favor? 《会話》その小説次に読ませてもらえるかしら──悪いけどだめよ. 息子の方が予約しているの ¿Me puedes dejar esa novela cuando la termines? – No puede ser. Ya me la ha pedido

mi hijo. ◆頼む，取って置く，取[捕，採，執]る
よやくご 予約語《専門語》*f.* palabra reservada.

＊**よゆう** 余裕 ❶【余地】*m.* lugar, *m.* espacio. ◆時間の余裕 *m.* tiempo libre. ◆1金［2体力］の余裕 ¹*m.* dinero［²*f.* energía］de sobra;（余剰）*m.* excedente, *f.* sobra.

1《余裕が[は]》◆その船にはまだ 5 人乗れる余裕がある Ese barco tiene espacio todavía para cinco personas. ◆En ese barco caben aún cinco personas. ◆1時間［2金］の余裕がない No tengo ¹tiempo［²dinero］de más [sobra]. ／Me falta ¹tiempo［²dinero］. ◆旅行する（1金銭的［2時間的］)余裕はない No dispongo de ¹dinero［²tiempo］para viajar. ◆バスにはまだ 30 分の余裕がある（＝30 分残っている）Nos quedan 30 minutos hasta la salida del autobús. ◆私には生活の余裕がほとんどない Apenas tengo para vivir. ／No me sobra nada.

2《余裕の》◆余裕のある生活をする *v.* vivir holgadamente (con desahogo). ◆余裕のない生活をする *v.* pasar apuros, llevar una vida apretada;（その日暮らしをする）*v.* vivir al día, ganar lo justo para vivir.

3《余裕を》◆昼食に 1 時間の余裕を見る *v.* tener* una hora para comer. ◆旅費のための余裕を見ておく *v.* dejar dinero suficiente para los gastos de viaje. ◆交通渋滞のための余裕を見ておく *v.* dejar un margen de tiempo para una retención de tráfico. ◆時間の余裕［考える暇］をください Por favor, dame tiempo para pensarlo. ◆指定の場所に(十分)余裕をもって着くようにしなさい Intenta llegar al lugar fijado con tiempo「de sobra [suficiente]. ❷【気持ち】*f.* compostura, *f.* calma. ◆余裕を失う *v.* perder* la compostura [presencia de ánimo]. ◆彼は余裕しゃくしゃくとしている Es tranquilo y sereno. ◆Sus modales son sosegados. ◆彼は先輩に助言を求めるだけの心の余裕がない（＝心が狭い）Le falta humildad para pedir consejo a sus mayores.

より 縒り（糸のねじれ）*f.* torcedura, *f.* torsión. ◆彼女はお客様のために腕によりをかけて（＝最善を尽くして）ごちそうを作った Se esforzó al máximo en preparar una buena cena para sus invitados. ◆あの二人はよりを戻した（＝仲直りした）《口語》Hicieron las paces. ／Se arreglaron. ／Se reconciliaron.

＊＊**-より** 〈格助詞〉❶【起点】*prep.* de, desde;（時間）*prep.* desde. ◆彼らはローマに向けロンドンより出発した Fueron de Londres a Roma. ／Desde Londres se dirigieron hacia Roma. ◆10 時より開会します La junta empezará a las 10.

❷【比較の基準】(...よりも）*conj.* que. ◆愛より金を大事にする *v.* valorar el dinero más que el amor. ◆彼は私より 3 センチ背が高い Me saca tres centímetros. ◆太郎より花子の方がずっと早く来た Hanako llegó mucho antes que Taro. ◆彼は他の¹だれ［²どの生徒］よりも足が速い Corre más rápido que ¹cualquier [²cualquier otro estudiante]. ◆これはあれよりも質において¹まさって［²劣って］いる Esto es de ¹mejor

[²peor] calidad que eso. ◆私はコーヒーより紅茶の方が好きだ Me gusta más el té que el café. ／Prefiero el té al café. ◆彼女は以前よりきれいになった Está más guapa [bonita] que antes. ◆テニスよりもスペイン語の勉強がしたい Prefiero estudiar español a jugar al tenis. ／Mejor quiero estudiar español que jugar al tenis. ◆前より英語の方が好きだ Antes el español que el tenis. ◆彼は俳優というよりむしろテレビタレントだ No es tanto un actor cuanto una estrella de la televisión. ／Más que un actor es una estrella de la televisión.

❸【限定】*prep.* excepto. ◆三郎よりほかにだれも部屋にいなかった En la sala no había nadie excepto Saburo. ◆そうするより仕方がない No me queda más [otro] remedio que hacerlo.

-より 寄り◆北寄りの風 *m.* viento del norte. ◆あの政治家は少し［²ずいぶん］右寄りだ Ese político es ¹algo [²muy] de derechas. ◆プラットホームの上野寄りのところで待っているよ Te estaré esperando en la parte del andén más cercana a Ueno.

よりあい 寄り合い *f.* reunión;（集まり）*f.* agrupación, *f.* aglomeración. ◆寄り合い所帯のチーム *m.* equipo improvisado. ◆新しい連立政権は数党の寄り合い所帯だ El nuevo gobierno de coalición es una aglomeración de varios partidos.

よりいっそう より一層 ◆より一層の努力を望む *v.* exigir* más esfuerzo. ◆より一層勉強する *v.* estudiar todavía más.

よりかかる 寄り掛かる *v.* apoyarse, reclinarse（en, sobre）. ◆杖に寄りかかる *v.* apoyarse en un bastón. ◆親に寄りかかる（＝頼る）*v.* apoyarse en [depender de] los padres.

よりそう 寄り添う（＝ぴったりくっつく）*v.* arrimarse,《口語》pegarse* a él. ◆彼に寄り添うように（＝近くに）座る *v.* sentarse* junto《口語》pegadito a él.

よりつく 寄り付く →近づく. ◆ほら穴に寄り付くな（＝離れていろ）Aléjate de la cueva.

よりどころ 拠り所（根拠）*f.* base, *f.* fundamento;（典拠）*f.* autoridad;（支え）*m.* apoyo, *m.* sostén. ◆新聞を拠り所にして彼はそう言った Dijo eso basándose en el periódico. ◆キリスト教は彼の心の唯一の拠り所である Su único sostén es el cristianismo. ◆彼は信仰を拠り所とした生活をしている Su vida「se apoya en [tiene el sostén de] la fe.

よりどり 選り取り ◆選り取りする *v.* elegir*, escoger*;（自由に選ぶ）*v.* escoger* al gusto. ◆選り取り(より取り)5 百円. Elija lo que le guste por 500 yenes.

よりによって （すべての...の中で）*adv.* de todos (los lugares), de todo (el mundo), de todo. ◆よりによってこんな所で君に会うとは ¡De todos los lugares, encontrarte aquí! ◆よりによってこの忙しい時に（＝忙しい時に限って）そんなことを頼むないで ¡Y me lo pides ahora cuando más ocupa*d*o estoy!

よりぬき 選り抜き ◆選り抜きの(精選した) *adj.* se-

よりみち 寄り道 ►寄り道する(不意に立ち寄る) v. acercarse* [asomarse] 《a》; (道草を食う) v. entretenerse* en el camino, dar* un rodeo. ♦帰りに彼の家に寄り道した Al volver, me acerqué a su casa. ♦寄り道せずにまっすぐ帰った Volví directamente a casa sin entretenerme.

よりめ 寄り目 ►寄り目の adj. bizco. ♦彼女は少し寄り目だ Es un poco bizca.

よりも que.

よりよい より良い adv. mejor 《que》, superior 《a》.

よりよく 余力 (余った¹力 [²金]) ¹ f. energía [² m. dinero] de sobra [reserva]. ►余力がある v. tener* energía de sobra.

よりわける 選り分ける 【分類する】(選り出す) v. elegir*; (仕分ける) v. seleccionar; (分類する) v. clasificar*;【別々にする】v. separar (A de B). ►書類を選り分ける v. clasificar* los papeles. ♦良いリンゴと悪いのとを選り分ける v. separar las manzanas buenas de las malas.

よる 縒る ►何本かの糸をよって縄を作る v. retorcer* [dar* vueltas (a), trenzar*] varios hilos para formar una cuerda.

***よる 因[拠]る** ❶【次第である】v. depender 《de》. ♦彼の成功は努力いかんによる Su éxito depende de su esfuerzo. ♦それは君が来るかどうかによる Todo depende de que vengas o no. ♦それは事情による Eso depende.
❷【起因する】v. ser* causado [provocado] 《por》. ♦その事故は不注意な運転によるものであった El accidente「fue debido [se debió] a la imprudencia「en la conducción.
❸【基づく】v. basarse 《en》, fundarse, apoyarse 《en》. ♦彼の研究は正確なデータによる Su investigación se basa en datos precisos.
❹【行使する】v. recurrir 《a》, usar. ►武力による v. recurrir a [las armas [la fuerza].
【その他の表現】►ご依頼によって adv. a petición suya. ►彼の援助によって adv.「gracias a [con, mediante] su ayuda. ►医者の勧めによって adv. según [siguiendo] el consejo del médico. ►憲法第9条によって adv.「según el [conforme al, de acuerdo con el] Artículo 9 de la Constitución. ►人を見かけによって判断してはいけない No hay que juzgar a la gente por las apariencias. ♦¹警察(の発表)[²今日の新聞(の報道)]によれば彼は自殺したそうだ Según ¹la policía [²el periódico de hoy] se「ha suicidado [suicidó].

***よる 寄る** ❶【近寄る】(近くに来る) v. acercarse* [aproximarse, arrimarse] 《a》, ponerse* al lado 《de》→近づく; (位置を移動する) v. moverse*,《口語》correrse. ♦もう少し左へ寄ってくださいませ Haga el favor de moverse un poco más a la izquierda. / Córrase un poco más a la izquierda, por favor. ♦わきに寄って彼らを通してやりなさい Apártate [Ponte a un lado] y déjalos[les] pasar. ♦私の学校から少し南に寄ったところに本屋さんがあります Hay una librería un poco al sur de mi escuela.
❷【集まる】(会う) v. encontrarse* [verse*] 《con》; (集合する) v. reunirse*, juntarse. ♦彼らは寄るとさわると近所の人のうわさ話をする Cada vez que se ven es para contar chismes de sus vecinos. ♦年上の少年たちはその年下の少年を寄ってたかっていじめた Los muchachos mayores se juntaron para meterse con los más jóvenes.
❸【立ち寄る】(ちょっと寄る) v. pasar(se) 《por》, acercarse* 《a》, visitar,《口語》asomarse 《a》, parar 《en》. ►彼の事務所に寄る v. visitarlo[le] en su oficina. ♦こんど近くへおいでの節はうちへお寄りください Pásate por casa la próxima vez que venga por aquí. ♦彼は私にちょっと会いに寄るだろうと言いました Me dijo que「se acercaría [(se) pasaría] a verme. 【会話】由美が会社の帰りにちょっと寄ってくれたの—そう。よろしく言っといて De vuelta a casa del trabajo, Yumi se ha「acercado por aquí [asomado un momento]. – Bueno, pues salúdala de mi parte. ♦東京へ行く途中会議に出るために名古屋に寄った De camino a Tokio, paré en Nagoya para asistir a la reunión. ♦シカゴへ行く途中二日間ハワイに寄った Me pasé por Hawai un par de días de camino a Chicago. ♦あす寄っていいかい ¿Me puedo pasar mañana? 【会話】ご注文の本が入りました—分かりました。取りに寄ります Ha llegado el libro que pidió, señor. – Bien, ya me acercaré [pasaré] a por él.

****よる 夜** f. noche. ►夜遅くまで adv. hasta muy entrada [avanzada, tarde por] la noche, hasta altas horas de la noche. ♦彼は昼寝て夜小説を書いている Por el día duerme y por la noche escribe novelas. ♦父はたいてい夜遅く家に帰って来る Generalmente mi padre vuelve a casa muy de noche. ♦朝型の人もいれば夜型の人もいる Hay personas a las que les gusta la mañana y a otras la noche.
1〈~(の)夜〉♦あの夜は蒸し暑かった Esa noche hacía bochorno. ♦私はその夜ホテルに泊まった「Pasé la noche [Hice noche] en un hotel. ♦私たちはあすの夜パーティーを開きます Mañana por la noche tenemos una fiesta. ♦土曜の夜映画に行くつもりです El sábado por la noche vamos al cine.
2〈~(の)+名詞〉♦夜じゅうあらしが吹き荒れた La tormenta estuvo azotando toda la noche.
3〈夜は〉♦天気のいい夜はテントで寝る v. dormir* en tienda de campaña las noches serenas. ♦夜は読書に最適です La noche es cuando mejor se lee. ♦夜はいつも何をなさっていますか ¿Qué hace generalmente [habitualmente] por la noche?
4〈夜に〉♦彼は6月2日の夜に自動車事故にあった La noche del 2 de junio tuvo un accidente de tráfico. ♦夜にならないうちに家に

帰ろう Vamos [Volvamos] a casa antes de que anochezca [sea de noche].

ヨルダン Jordania; (公式名) m. Reino Hachemita de Jordania (☆西アジアの王国, 首都アンマン Amman). ▶ヨルダンの adj. jordano. ▶ヨルダン人 mf. jordano/na.

よるべ 寄る辺 ▶寄る辺のない老人 m. anciano/na desamparado/da.

よれよれ ▶よれよれの (使いくたびれた) adj. gastado, desgastado; (見すぼらしい) adj. miserable; (すり切れている) adj. raído, andrajoso. ▶(服などが)よれよれになる (=しわくちゃになる) v. desgastarse, arrugarse*. ▶よれよれのレーンコートを着た男は刑事だった El hombre de la gabardina desgastada resultó que era un detective.

よろい 鎧 f. armadura, m. arnés. ▶よろいをつける v. ponerse* una armadura. ▶よろいかぶとに身を固めた武士 m. guerrero con armadura.

よろいど 鎧戸 (日よけ・通風用の) f. contraventana, f. persiana, (シャッター) f. persiana.

よろく 余禄 (余分の利益) m. beneficio inesperado.

よろける (つまずく) v. tropezar*; (よろよろ動く) v. tambalearse. → よろめく. ▶石につまずいてよろける v. tropezar(se)* en [con] una piedra.

よろこばしい 喜ばしい (うれしい) adj. alegre, contento; (幸せな) adj. feliz.

よろこばす[せる] 喜ばす[せる] (うれしがらせる) v. agradar, contentar; (満足させる) v. satisfacer, complacer*; (大喜びさせる) v. hacer* muy feliz, 《教養語》deleitar. ♦彼女を喜ばすのは難しい Ella es difícil de agradar. / Resulta difícil contentarla. ♦彼の贈り物が両親を大いに喜ばせた Su regalo「hizo muy feliz [agradó mucho] a sus padres.

*よろこび 喜び m. placer; m. deleite; f. alegría, m. gozo, m. júbilo, m. disfrute, 《教養語》m. alborozo, 《文語》m. regocijo. ▶読書の喜びを体で(=いろいろな身ぶりで)表わした Expresó su alegría con varios gestos. ♦彼女は喜びで顔を輝かせていた Estaba radiante de gozo [placer]. ♦彼らは喜びのあまり跳び上がった Saltaron de alegría. ♦長い間会わなかった親友に会うのは大きな喜びである Es un gran placer verse con un amigo después de mucho tiempo. ♦彼は大喜びでそのプレゼントを受け取った Aceptó el regalo「sumamente complacido [con muchísimo gusto, con verdadero placer]. ♦彼女はその少年たちをからかって大喜びしている Disfruta mucho「gastando bromas a [bromeando con] los chicos. ♦幸せ, 楽しみ

よろこぶ 喜ぶ (うれしく思う) v. alegrarse 《con, de, por; de + 不定詞, (de) que + 接続法》; (満足して喜ぶ) v. estar contento 《satisfecho》《con, de, por, de + 不定詞, (de) que + 接続法》, celebrar 《que + 接続法》; (大いに喜ぶ) v. estar* muy feliz [《教養語》gozoso, 《教養語》alborozado] 《con, de, por [de], (de) que + 接続法》; (喜んでする) v. tener* mucho gusto 《en + 不定詞,

en que + 接続法》. ♦彼はその結果を聞いて大変喜んだ Se「alegró mucho [puso muy contento] con [al saber] los resultados. / Los resultados lo [le]「alegraron mucho [pusieron muy feliz; 《口語》contentaron un montón]. / Recibió「una gran alegría [《口語》un alegrón] con los resultados. ♦あなたが新しい仕事を得たことを大変喜んでいます Me「alegra mucho [alegro mucho de] que tengas un nuevo trabajo. / Celebro tu nuevo trabajo. ♦彼女はこんな贈り物は喜ばないだろう Este regalo no va a alegrarla. / No la agradará este regalo. ♦喜んでお伴します Tendré mucho gusto en acompañarle. / Será un placer ir con usted. 【会話】パーティーにいらっしゃいませんか—喜んでうかがいます ¿Viene usted a la fiesta? - Con mucho gusto. [Será un placer.] 【会話】手伝ってくれる?—喜んで ¿Me puedes ayudar? - Con mucho gusto. [Naturalmente. / Claro que sí.] ♦これは喜ぶべきことだ 《口語》Es un motivo de júbilo. / Esto hay que celebrarlo. ♦彼女からラブレターの返事が来たので彼は跳び上がって喜んだ Saltó de alegría cuando ella respondió a su carta de amor. ♦彼は妻がはでな服を着るのを喜ばない (=好きでない) No「lo [le] hace feliz [le gusta] que su esposa lleve un vestido llamativo.

よろしい ❶【許可】v. poder. 【会話】お電話をお借りしてよろしいですか—ええどうぞ ¿Puedo [¿Podría, ¿Me permitiría] usar el teléfono? - Naturalmente. [《口語》Sí, hombre.] ♦この鉛筆を使ってもよろしいですか ¿Puedo usar este lápiz? 【会話】もう 1つどうぞ—よろしいの Vamos, tómese usted otro/tra. - Con permiso. 【会話】ラジオの音を小さくしてもよろしいですか—ええどうぞ ¿Le importa si bajo el volumen de la radio? - No, claro que no. / ¿Puedo bajar la radio? - Sí, sí, claro. ♦あなたは行かなくてもよろしい (=行く必要がない) No hace falta que vayas. / No tienes obligación de ir. / No tienes por qué ir.

❷【適する, 都合がよい】Está bien. / De acuerdo. / Bueno. /《スペイン》《口語》Vale. /《ラ米》《口語》Okei, O.K; (役立つ, 間に合う) v. estar* bien. ♦それでよろしいですか ¿Está bien así? ♦何時がよろしいですか ¿A qué hora「está bien [le viene bien]? / ¿Qué hora es buena? 【会話】あのいすで間に合うでしょうね—さしあたってはあれでよろしいでしょう Esa silla vale [sirve], ¿verdad? - Sí, está bien de [por el] momento. 【会話】紅茶とコーヒーとどちらがよろしいですか—紅茶の方がいい ¿Qué desea, té o café? - Prefiero té. ♦よろしい. 私が代わりに行きましょう De acuerdo, iré yo en tu lugar. 【会話】絶対に行くと決めているんだ—よろしい. ぼくが君に忠告しなかったなんて言わないでくれよ Estoy decidido a ir. - Bueno, no digas después que no te advertí.

《よろしければ [よかったら]》 ♦よろしければ今夜お会いしたいのですが Me gustaría verlo[le, la] esta noche, si「no le importa [le viene bien]. ♦よろしければ (=ご希望なら) その本をお貸しします Puede tomar 〖スペイン〗 coger] el libro si le agrada. ♦よろしかったら私たちのクラブにお入りになりませんか ¿No le gustaría apuntarse a nuestro club?

よろしく ❶《あいさつ》♦はじめまして，田中です．よろしく Encantado de conocerlo[le, la]. Me llamo Tanaka.
❷【依頼】♦会議の後，部屋の片付けをよろしく (=片付けてください) Después de la reunión, ordena [《フォーマル》ordene] la sala, por favor. 〈会話〉私がそれを買ってきてあげます—そうですか．よろしくお願いします Iré a comprártelo. — Bueno, si es tan amable... Gracias, se lo ruego... ♦この件については1本力添え [2至急ご返事]いただきますようよろしくお願い申し上げます Le suplico su 1amable colaboración en [2inmediata contestación a] este asunto. ♦そちらの方よろしくお願いします (=それをあなたに任せます) Cuento con su colaboración. / Lo dejo a su cuidado.
❸【伝言】v. dar* recuerdos《a + 人》, dar* [《教養語》transmitir] saludos《a + 人》. ♦お母さんによろしく Dele recuerdos a su madre. / Haga el favor de saludar a su madre de mi parte. ♦父からもよろしくとのことです Mi padre le manda saludos. / Muchos recuerdos de parte de mi padre. ♦秀雄によろしくね Saluda a Hideo, ¿vale? ♦今年もよろしくお願いいたします《フォーマル》Le ruego que también este año me honre con su favor. / Mis mejores deseos también para este año. / ¡Feliz Año Nuevo!

よろめく (ふらふらする) v. tambalearse; (つまずいて) v. tropezar*; (今にもころびそうに) v. andar* con paso vacilante [inseguro]; (酔っ払いのように) v. ir* haciendo eses. ♦重い荷を背負ってよろめく v. tambalearse bajo una carga pesada. ♦よろめきながら階段をおりる v. bajar las escaleras con paso vacilante. ♦その一撃で彼はよろめいた El golpe le hizo tambalearse. ♦その酔っ払いの男はよろめきながらドアの方へ行った El borracho caminaba haciendo eses en dirección a la puerta.

よろよろ →よたよた

よろん 輿論 f. opinión pública.

*よわい 弱い (力・精神力・能力が) adj. débil, (強調して) endeble, frágil, flaco, (強調して)《口語》raquítico, (虚弱な) adj. delicado; (酒などが) adj. ligero, suave; (音・光などが) adj. débil, pálido.
1《弱い＋名詞》♦弱い人 mpl. débiles. ♦弱いチーム m. equipo débil [《口語》flojo]. ♦弱いビール f. cerveza floja [suave]. ♦弱いたばこ m. tabaco suave. ♦弱い声で adv. con la voz débil. ♦秋の午後の弱い日差し m. sol pálido de un atardecer de otoño.
2《...が[の]弱い》♦気が弱い v. ser* 「débil de carácter [《教養語》pusilánime], ser* tímido《口語》corto, vergonzoso]. ♦視力が弱い v. tener* la vista débil. ♦頭が弱い adj. torpe, lento de entendimiento;《口語》con pocas entendederas. ♦性格の弱い人 f. persona sin carácter,《口語》m. pelele. ♦彼は体が弱い (健康上) Tiene la salud delicada [frágil, débil]. / (体質上) Su constitución es delicada.
3《...に弱い》♦熱に弱い v. resistir mal el calor. ♦酒に弱い v. emborracharse fácilmente, aguantar mal [poco] el alcohol,《口語》tener* mal vino. ♦1船 [2車]に弱い v. marearse fácilmente en el 1barco [2coche]. ♦風邪に弱い v. resfriarse* fácilmente, (抵抗力がない) v. tener* escasa resistencia a los resfriados. ♦彼は物理に弱い (=物理が不得意だ) Se le da mal la física. / Es flojo en física. ♦彼は酒に弱い Es un mal bebedor [〖ラ米〗tomador]. / Se emborracha fácilmente. ♦それらの植物は寒さに弱い (=耐えられない) Esas plantas aguantan [resisten] mal el frío. / Esas plantas son debiles al frío. ♦私の目は光に弱いのでサングラスをかけています Llevo gafas de sol porque a mi vista le sienta mal la luz.

《その他の表現》♦彼はかわいい子に弱い Tiene debilidad por las guapas [chicas bonitas].

—— **弱くする** v. debilitar, hacer* débil, abatir,《教養語》enervar; (つまみなどをひねって) v. bajar, reducir*, amortiguar*, atenuar*. ♦暖房を弱くする v. bajar la calefacción.

—— **弱くなる** v. ponerse* débil, debilitarse, sentirse* débil; (音・風など) v. apagarse*, debilitarse, atenuarse*, aflojarse. ♦彼の脈はだんだん弱くなった Su pulso se iba debilitando.

よわいものいじめ 弱い者いじめ m. maltrato a los débiles. ♦弱い者いじめをする人[子] mf. bravucón/cona, mf. matón/tona. ♦弱い者いじめをする v. maltratar a los débiles.

よわき 弱気 (弱さ) f. debilidad, f. timidez,《教養語》f. pusilanimidad. ♦弱気な adj. débil, (軽蔑的に) debilucho,《教養語》pusilánime, pelele, tímido, vergonzoso, pesimista. ♦弱気な人 f. persona de carácter débil. ♦弱気を出すな Ten más carácter. / No seas tan tímido. /《俗語》Échale más huevos.

よわごし 弱腰 ♦弱腰である v. ser* débil, tener* debilidad.

よわさ 弱さ (体力・精神力・知力などの) f. debilidad, f. flaqueza. ♦彼の失敗は1性格 [2心]の弱さが原因だ La causa de su fracaso fue la debilidad de su 1carácter [2espíritu].

よわたり 世渡り ♦世渡りする (=何とか無難に暮して行く) v. saber* vivir, manejarse [conducirse*] bien en el mundo. ♦世渡りがうまい (=出世の方法を知っている) v. saber* cómo tener* éxito en el mundo.

よわね 弱音 ♦弱音をはく (泣き言を言う) v. hablar quejumbrosamente,《口語》lloriquear, gimotear, (比喩的に)《口語》llorar; (不平を言う) v. quejarse. ♦弱音をはくな Deja de gimotear. /《口語》Ya está bien de quejarse. ♦「その仕事はできない」と彼は弱音をはいた "No puedo hacer este trabajo", dijo medio llorando.

よわび 弱火 (弱い炎) *m.* fuego lento; (弱い熱) *m.* fuego bajo. ▶弱火にする *v.* bajar el fuego. ▶…を弱火でいためる *v.* freír* … a fuego lento. ♦弱火にして, ふたをして, 10 分ほどとろ火で煮てください Baje el fuego, cubra, deje hervir a fuego lento diez minutos.

よわまる 弱まる *v.* hacerse* débil; (体力などが) *v.* debilitarse; (風が) *v.* amainar; (音が) *v.* bajar; (火などが) *v.* apaciguarse*; (衰える) *v.* declinar. ♦彼の声の調子が弱まった Bajó la voz. ♦風は弱まってきた Está amainando el viento. / El viento amaina.

よわみ 弱味 *f.* debilidad; (弱い立場) *f.* posición débil; (弱腰) *f.* actitud débil. ♦彼の弱味につけ込む *v.* aprovecharse de su「punto flaco [posición débil]. ♦彼女の弱味(=彼女にとって何か不利なこと)を握っている[握る] *v.* tener* bien agarrado su punto flaco.

よわむし 弱虫 (臆(ホン)病な) *m.* cobarde, 《口語》 *m.* gallina; (非力な人) *m.* debilucho, *m.* pelele, 《比喩的に》 *m.* llorón.

よわめる 弱める (勢いを) *v.* debilitar, enervar; (ガス・音量などを) *v.* bajar, reducir*, disminuir*; (速力を) *v.* reducir*, aminorar. ▶¹抵抗力 [²拘束]を弱める *v.* debilitar la ¹resistencia [²unidad].

よわよわしい 弱々しい *adj.* débil, delicado. ▶弱々しい声で *adv.* con voz débil. ▶弱々しく *adv.* débilmente.

よわりめ 弱り目 ♦その一家にとっては弱り目にたたり目だった Las cosas fueron de mal en peor para la familia. ♦弱り目にたたり目(不幸は単独では来ない)《ことわざ》Las desgracias nunca vienen solas. / Del árbol caído todos hacen leña. / A perro flaco todo son pulgas.

よわる 弱る ❶【弱くなる】 *v.* debilitarse, hacerse* [ponerse*] débil, flaquear, languidecer*; (衰える) *v.* declinar, decaer*. ♦彼の体)は日ごとに弱っている Se está debilitando de día en día. / Cada día se pone más débil. / Su salud se está deteriorando por días. ♦彼女は¹空腹で [²手術のあと] 弱っている Está debilitada por ¹el hambre [²la operación]. ♦病気のために彼女の心臓は弱ってしまった Su corazón se debilitó a causa de la enfermedad. / La enfermedad debilitó su corazón.

❷【困る】 *v.* estar* confuso [perplejo], molestarse 《con, por》; estar* preocupado [《口語》en un lío 《por》]; (途方に暮れる) *v.* no saber* qué hacer. ♦どう答えてよいか弱った No supe qué contestar. ♦彼にお世辞を言われて弱った(=困惑した) Me sentí incómodo con sus halagos.

*よん 四 *num.* cuatro; (4 番目の) *adj.* cuarto. → 三.

よんこままんが 四こま漫画 *f.* tira cómica de cuatro viñetas [dibujos].

*よんじゅう 四十 *num.* cuarenta; (40 番目の) *adj.* cuadragésimo.

よんどころない *adj.* inevitable, ineludible. → やむをえない.

よんりんしゃ 四輪車 *m.* vehículo de cuatro ruedas.

ら

-ら → 一達(篗).
ラード *f*. manteca de cerdo.
ラーメン *mpl*. fideos chinos.
らい- 来 (次の)*adj*. próximo; (来たるべき)*adj*. que viene. → 来年, 来月, 来週. ▶彼は来春卒業だ Se gradúa la「próxima primavera [primavera que viene].
らいい 来意 ▶彼に来意(＝訪問の目的)を尋ねる *v*. preguntarle por el objeto de su visita; (何の用かを)*v*. preguntarle lo que quiere.
らいう 雷雨 *f*. tormenta con truenos y lluvia. ▶昨夜はひどい雷雨があった Anoche hubo una terrible tormenta (con truenos y lluvia).
らいうん 雷雲 *m*. nubarrón.
ライオン *m*. león; (雌)*f*. leona; (子)*m*. cachorro de león.
らいきゃく 来客 (訪問者)*f*. visita, *mf*. visitante; (招待客)*mf*. huésped/peda. ▶来客中です Tengo una visita.
らいげつ 来月 el mes que viene, el próximo mes, el mes entrante, el mes venidero. ▶来月の5日に *adv*. el 5 del mes que viene.
らいさん 礼賛 (賞賛)*f*. alabanza; (崇拝)*f*. adoración. ▶神を礼賛する *adv*. en alabanza de Dios. ▶礼賛する *v*. alabar, adorar,《教養語》glorificar*.
らいしゅう 来週 la semana que viene, la próxima semana, la semana entrante, la semana venidera. ▶来週の今日 → 今日. ▶来週の土曜日に *adv*. el sábado de la semana que viene. ▶来週中に *adv*. en la semana que viene. ▶ウィンブルドンのテニス大会は来週ですか ¿El torneo de tenis de Wimbledon es la semana próxima?
らいしゅう 来襲 *m*. ataque.
らいしゅん 来春 la próxima primavera, la primavera que viene.
ライしょうこうぐん ライ症候群《専門語》*m*. síndrome de Reye.
ライス *m*. arroz (cocido).
ライスカレー《英語》*m*. "curry"(☆発音は [kúrri])con arroz.
らいせ 来世 (次の世)el otro mundo, la otra vida; (死後の世)*m*. mundo de ultratumba [más allá]. ▶来世を信じる *v*. creer* en la otra vida.
ライセンス *f*. licencia, *m*. permiso.
ライター ❶【たばこの】*m*. encendedor, *m*. mechero. ▶ガスライター *m*. encendedor de gas. ▶ライターの石 *f*. piedra de encender. ▶ライターをつける *v*. encender* un mechero. ▶ライターでたばこに火をつける *v*. encender* un cigarrillo con un mechero; usar un encendedor para encender* un cigarrillo.
❷【作家】*mf*. escritor/tora. ▶フリーのライター *mf*. escritor/tora independiente [por libre].
ライダー (乗り手)*mf*. motorista, *mf*. motociclista.
らいちょう 雷鳥 *f*. perdiz blanca.
らいてん 来店 ▶またのご来店をお待ちしております Lo[Le, La] esperamos con mucho gusto. / Será un placer volverlo[le, la] a ver por aquí.
ライト ❶【野球の右翼手】*mf*. jardinero/ra derecho/cha, *m*. exterior derecho; (外野手)*mf*. jugador/dora exterior derecho/cha. ▶ライトを守る *v*. jugar* de jardinero/ra derecho/cha. ▶ライトにヒットを放つ *v*. hacer* un "hit" en el jardín derecho.
❷【明かり】*f*. luz, *f*. iluminación; (光)*f*. luz; (灯火)*f*. luz de la lámpara. ▶車のライト *mpl*. faros [*mpl*. focos, *fpl*. luces] de un coche. ▶サーチライト *m*. reflector, *m*. proyector. ▶ライトをあてる *v*. arrojar luz (sobre). ▶ライトをつけている[たままの]自動車 *m*. coche con las luces puestas [encendidas]. ▶すべての車がライトをつけていた Todos los coches tenían [llevaban, iban con] las luces puestas [encendidas,《口語》dadas].
ライトアップ *f*. iluminación con focos. ▶ライトアップする *v*. iluminar con focos [reflectores]. ▶緑の日に東京タワーは緑色にライトアップされた El Día del Árbol iluminaron la Torre de Tokio con focos verdes.
ライトきゅう ライト級 *f*. categoría de peso ligero. ▶ライト級の選手 *m*. (boxeador de) peso ligero.
ライトバン《口語》*f*. ranchera, *m*. familiar,『ラ米』*f*. camioneta,『アルゼンチン』*m*. rural.
ライトブルー *m*. azul claro.
ライト・ペン《専門語》*m*. lápiz óptico.
ライナー (野球)*f*. línea, *m*. batazo de [en] línea, *f*. línea rápida.
らいにち 来日 ▶来日する(日本に来る)*v*. venir* a Japón (de visita). ▶来日中である *v*. estar* en Japón.
らいねん 来年 el año que viene, el próximo año, el año entrante, el año venidero. ▶来年の5月(に)*adv*. en mayo del año「que viene [próximo]. ▶来年の今ごろ *adv*. dentro de un año por este tiempo, por estas fechas del año que viene. ▶来年の計画を立てる *v*. hacer* planes para el año próximo.
らいはい 礼拝 *f*. adoración. → 礼拝(禮).
ライバル *mf*. rival. ▶ライバルの *adj*. rival, competidor. ▶ライバル意識をあおる *v*. estimu-

lar [incitar] la rivalidad (con él, entre ellos). ◆その選挙で彼の最大のライバル(候補)はだれですか ¿Quién es el mayor rival en las elecciones? ◆私たちはクラスの首席を目指すよきライバルであった Éramos buenos rivales en [por] ser el/la primero/ra de la clase.

ライびょう ライ病 →ハンセン病.

らいひん 来賓 *mf.* invitado/da, *f.* visita. ▶来賓席 *mpl.* asientos para invitados.

ライフ (命, 生活, 人生) *f.* vida. ▶ライフスタイル *m.* estilo de vida, *f.* manera de vivir.

ライブ ▶ライブコンサート *m.* concierto en directo [vivo]. ▶ライブハウス *m.* lugar con música en vivo. ▶ライブ盤 *f.* grabación en directo.

ライフサイクル *m.* ciclo vital.

ライフジャケット *m.* chaleco salvavidas.

ライフボート *m.* bote salvavidas.

ライフライン *mpl.* servicios (públicos).

ライブラリー *f.* biblioteca. ▶視聴覚ライブラリー *f.* biblioteca audiovisual.

ライフル *m.* rifle.

ライフワーク *m.* trabajo de toda la vida.

らいほう 来訪 *f.* visita. ▶来訪者 *mf.* visitante, *f.* visita. ◆ご来訪をお待ちしております Lo [Le, La] estamos esperando.

ライむぎ ライ麦 *m.* centeno.

らいめい 雷鳴 *m.* trueno. ◆突然雷鳴がした De repente se oyó un trueno.

ライラック *f.* lila.

ライン *f.* línea, *f.* raya, *f.* fila, *f.* alineación. ▶ラインダンス *f.* danza en línea. ▶ラインプリンタ *f.* impresora de línea. ▶ラインアップを発表する *v.* anunciar la alineación. ◆合格ライン(=水準)に達していない *v.* no llegar* a la línea de aprobado, (口語)no dar* la tala.

ラインがわ ライン川 el Río Rin (☆ヨーロッパの大河).

ラインズマン *m.* juez de línea, *m.* linier.

ラウンジ *m.* salón.

ラウンド ❶【ボウリングやレスリングの回】▶10ラウンドに *adv.* en el décimo 《英語》"round" [asalto].
❷【ゴルフのひと試合】▶ゴルフをワンラウンドやる *v.* jugar* 「una vuelta [un recorrido]」 de golf.
❸【一斉協議】▶東京ラウンド *f.* ronda de Tokio.

ラオス Laos; (公式名)*f.* República Democrática Popular Lao (☆東南アジアの国, 首都ビエンチャン Vientiane). ▶ラオスの *adj.* laosiano. ▶ラオス人 *mf.* laosiano/na.

ラガー ❶【ラグビー】《英語》*m.* "rugby". ▶ラガーメン *mpl.* jugadores de "rugby".
❷【ラガービール】*f.* cerveza rubia.

らがん 裸眼 *f.* simple vista. ◆右目の視力は裸眼で1.0だ La visión de mi simple vista derecha es de 20/20.

* **らく** 楽 ❶【安楽】*f.* comodidad, *m.* confort; (気楽)*f.* tranquilidad; (心配・苦痛などの解放)*m.* alivio. ◆どうぞお楽にしてください Está usted en su casa. / Póngase usted cómodo. ◆ゆったりした服の方が楽だ La ropa ancha es más cómoda de llevar que la ajustada. ◆私は両親に楽をさせてやりたい Quiero hacer que mis padres vivan cómodamente. ◆その薬を飲めば少しは楽になるでしょう Esta medicina te aliviará un poco. ◆以前より暮らしは楽になった(=より良い状態になった) Ahora vivimos con más comodidades que antes. ◆罪を告白したら気持ちが楽になるよ Te sentirás más cómodo si confiesas tu culpabilidad.
❷【容易】*f.* facilidad, lo fácil. ◆飛行機で行くほうが楽だ Viajar por avión es más fácil. ◆あの仕事はぼくには楽だった Ese trabajo me resultaba fácil. ◆雑誌の編集は楽じゃない(=楽な仕事ではない) Editar una revista no es un trabajo fácil.

── 楽な (安楽な, 快適な) *adj.* cómodo, confortable, holgado; (気楽な, 容易な) *adj.* fácil, sencillo. ◆楽な生活を送る *v.* llevar una vida confortable, vivir holgadamente. ◆楽な(=寝心地のよい)ベッド *f.* cama cómoda. ◆もっと楽な姿勢で座りなさい Siéntate en una posición más cómoda. ◆楽な気持ちでやりなさい(かっかせずに) Tómatelo con calma. / (緊張せずに) Tranquilo, tranquilo.

── 楽に (容易に) *adv.* fácilmente; (安楽に) *adv.* cómodamente, confortablemente, 《口語》 holgadamente, (難なく) *adv.* sin ningún problema. ◆この問題は楽に解ける Este problema lo puedo [podré] resolver fácilmente. / (解くのが容易だ) Este problema me resulta fácil de resolver. ◆法案は楽に議会を通過した El proyecto de ley fue aprobado sin ningún problema. ◆この車は楽に5人乗れる(=十分なスペースがある) En este coche caben cómodamente cinco personas. / En este coche pueden estar a sus anchas cinco personas. ◆台所の電化でずいぶん楽になった(=手間が省ける) Los electrodomésticos de la cocina han ahorrado muchas incomodidades.

らくいん 烙印 *m.* estigma, *f.* marca (hecha a fuego). ▶(裏切り者の)烙印を押される *v.* ser* tachado (de traidor).

らくえん 楽園 *m.* paraíso, *m.* edén. ▶地上の楽園 *m.* paraíso terrenal [en la tierra]. ▶野鳥の楽園 *m.* paraíso para las aves salvajes.

らくがき 落書き(壁・公衆便所などの)《イタリア語》 *mpl.* "graffiti" (☆発音は [grafiti]), *f.* pintada; (なぐり書き) *mpl.* garabatos. ▶壁に落書きする *v.* escribir* "graffiti" en la pared, hacer* una pintada en la pared. ◆落書きするな《掲示》 Prohibido escribir.

らくご 落語 "rakugo", 《説明的に》 *f.* narración cómica japonesa. ▶落語家 "rakugo-ka", 《説明的に》 *mf.* narrador/dora de historias cómicas.

らくご 落伍者 (脱落者) *mf.* marginado/da; (失敗者) *mf.* fracasado/da. ◆10人の走者のうち4人が落伍した Cuatro de los diez corredores abandonaron [se retiraron].

らくさ 落差 (高度差) *f.* diferencia de altura;

(ギャップ) f. diferencia, f. discrepancia. ▶落差15メートルの滝 f. cascada de 15 metros (de caída). ▶現実と理想との落差(＝ギャップ)を埋める v. llenar la diferencia entre la realidad y el ideal.

らくさつ 落札 f. adjudicación, f. oferta adjudicada. ▶落札者 mf. adjudicatario/ria. ▶最高入札者 el/la mejor postor/tora. ▶落札値(契約値) m. precio contractual [de contrato]; (最高入札値) el precio del mejor postor. ▶落札する v. lograr la adjudicación (de), ganar la licitación (de). ▶我が社がそのビルの建設の請負契約を落札した Nuestra empresa logró la adjudicación del contrato de construcción del edificio. ▶その骨董(ﾄﾞｳ)のつぼは日本人の大金持ちに落札された(＝競り落とされた) Un multimillonario japonés fue el mejor postor de una antigua vasija. / La subasta de la antigua vasija fue ganada por un multimillonario japonés.

らくしょう 楽勝 f. victoria fácil, 《口語》 m. paseo. ▶その試合は楽勝だった Se ganó con facilidad. / 《口語》 Fue un paseo. / (私たちは楽勝した) Ganamos fácilmente el partido.

らくせい 落成 f. terminación, f. finalización. ▶落成式を行なう v. celebrar la ceremonia de inauguración. ▶新校舎は3月に落成した En marzo finalizó la construcción de un nuevo edificio de la escuela.

らくせき 落石 m. desprendimiento de rocas [piedras]. ▶落石で道がふさがった El desprendimiento de rocas cortó la carretera. ▶落石注意〖掲示〗¡Peligro! ¡Desprendimientos!

らくせん 落選 ▶彼は次の選挙で落選するだろう Perderá [Va a perder] la próximas elecciones. / Será derrotado en las próximas elecciones.

らくだ mf. camello/lla. (ひとこぶラクダ) m. dromedario. ▶ラクダのこぶ f. joroba, f. giba.

らくだい 落第 ❶【留年, 再履修】mf. (alumno/na) repetidor/dora. ▶彼は数学で落第点をとった Lo [Le] suspendieron en matemáticas. / (欠点をとって落とした) Tuvo un suspenso en matemáticas. / 《口語》 Le dieron calabazas en matemáticas.

〖地域差〗落第生
〔スペイン〕 mf. repetidor/dora, mf. suspendido/da, mf. suspenso/sa
〔ラテンアメリカ〕 mf. repitente, mf. reprobado/da
〔キューバ〕 mf. bruto/ta, mf. burro/rra, mf. colgado/da, mf. desaprobado/da, mf. suspendido/da, mf. suspenso/sa
〔メキシコ〕 mf. burro/rra, mf. fósil, mf. huevón/vona, mf. repetidor/dora
〔ペルー〕 mf. desaprobado/da
〔コロンビア〕 mf. aplazado/da
〔アルゼンチン〕 mf. aplazado/da, mf. bruto/ta, mf. burro/rra, mf. desaprobado/da, mf. porro/rra, mf. repetidor/dora

❷【失格】▶彼はセールスマンとしては落第だ Como vendedor es un fracaso.

── 落第する ❶【留年・再履修する】▶彼は落第した(＝進級できなかった) Suspendió. / No pudo pasar al curso siguiente. / (再履修しなければならなかった) Tuvo que repetir curso. ❷【試験に落ちる】 v. suspender, 〘メキシコ〙 reprobar*, 〘スペイン〙《口語》 dar* calabazas; (落とされる) v. ser* suspendido. ▶君は数学に落第したと思うよ Creo que「has suspendido [te han suspendido]. / 《口語》 te han dado calabazas」 en matemáticas.

らくたん 落胆 ▶落胆する v. desanimarse [desalentarse*]《por》; (意気消沈している) v. estar* deprimido [desanimado]《por》. ▶¹の失敗で〔²の結果で〕彼は落胆してしまった El ¹fracaso [²resultado] le desanimó. / Se desanimó por el ¹fracaso [²resultado].

らくちょう 落丁 f. falta de páginas. ▶落丁している v. faltar (páginas).

らくてん 楽天 ▶楽天家 mf. optimista. ▶楽天主義 m. optimismo. ▶楽天的な adj. optimista. → 楽観.

らくに 楽に adv. cómodamente, fácilmente, con facilidad. → 楽.

らくのう 酪農 f. industria lechera. ▶酪農家 mf. lechero/ra. ▶酪農場 f. granja lechera. ▶酪農製品 mpl. productos lácteos.

らくば 落馬 f. caída de un caballo. ▶落馬する v. caerse* de un caballo. ▶落馬して死ぬ v. matarse de una caída de caballo.

らくばん 落盤 (鉱山の) m. derrumbamiento (de una mina).

ラグビー 〘英語〙 m. "rugby". ▶ラグビーをする v. jugar* al rugby.

らくよう 落葉 f. caída de las hojas; (落ち葉) mpl. hojas caídas. ▶落葉樹 m. árbol de hoja caduca. ▶落葉する(木が) v. perder* las hojas, deshojarse; (葉が) v. caer*.

らくよう 洛陽 Luoyang.

らくらい 落雷 f. caída (de un) m. rayo. ▶落雷による被害 mpl. daños por un rayo.

らくらく 楽々 adv. muy cómodamente, con mucha facilidad, sin ningún problema. → 楽(→楽に).

ラグランそで ラグラン袖 f. manga raglán [ranglán].

ラクロス 〘英語〙 m. "lacrosse".

ラケット (テニスなど網状の) f. raqueta; (卓球など板状の) f. paleta. ▶テニスのラケット f. raqueta de tenis.

ラゴス Lagos.

らしい ❶【思われる】 v. tener* "el aspecto [la apariencia]《de》, aparentar; (見える) v. parecer*. ▶今日彼はひどく怒っているらしい Hoy parece (que está) muy enfadado [enojado]. / Parece estar muy enfadado [enojado] hoy. ▶警官らしい背の高い男性に話しかけた Hablé con un hombre alto que parecía (ser) un policía. / Hablé con un hombre alto con el aspecto de policía. ▶彼は帰る途中どこかで時計を落としたらしい「Parece que [Al parecer] ha perdido el reloj en el camino de vuelta. ▶彼女はその事実を知らないらしかった Parecía que no sabía la verdad. / 「《口語》 Por lo visto [Al parecer] no sabía la ver-

dad. / No parecía saber la verdad. / Parecía desconocer [ignorar] la verdad.
❷【言われている】♦彼は近く政界を引退するらしい Parece que pronto va a dejar la política. / Se dice [Corre el rumor de] que pronto dejará la política.
❸【ふさわしい】（ぴったりである）adj. apropiado《para》;（特徴を示している）adv. muy de;（値する）adv. digno de. ▶レディーらしくないふるまい f. conducta impropia de una dama;（レディーに似合わない）f. conducta indigna de una dama. ▶いかにも芸術家らしい（＝その名にふさわしい）芸術家 mf. artista 「digno/na de tal nombre [que se precie de serlo]」. ▶あんなに侮辱的な言葉を遣うなんて君らしくないよ No es digno de ti decir esas palabras ofensivas. / No va contigo el usar ese lenguaje insultante. ♦子供じみた行動はいかにもあの男らしいよ Es muy suyo el comportarse como un niño. / Es propio de él el comportamiento infantil.

ラジウム m. radio. ▶ラジウム温泉 fpl. fuentes termales de radio. ▶ラジウム療法 f. radioterapia.

ラジエーター m. radiador.

*ラジオ (放送) f. radio, f. radiodifusión, f. radiofonía;（受信機）f. radio, m. aparato de radio, m. radiorreceptor. ♦その部屋ではラジオがついていた En la habitación estaba puesta la radio.
1《～ラジオ》▶¹AM [²FM; ³短波] ラジオ f. radio de ¹AM [²FM, ³onda corta]. ▶ポータブルラジオ f. radio portátil. ▶トランジスターラジオ f. radio a transistores, m. transistor.
2《ラジオ＋名詞》▶ラジオスペイン語講座 m. curso de español por radio. ▶ラジオ体操 f. gimnasia por radio. ▶ラジオ聴取者 mf. radioyente, mf. radioescucha;（集合的に）f. audiencia radiofónica, mpl. radioyentes. ▶ラジオドラマ [²コメディー] ¹m. drama radiado [² f. comedia radiada [por radio]]. ▶ラジオニュース f. noticias por [de] la radio, m. radionoticiero, m. boletín de noticias radiado. ▶ラジオ番組 m. programa 「de radio [radiofónico]. ▶ラジオ放送 f. emisión por radio, f. emisión radiofónica. ▶ラジオ放送局 f. emisora de radio. ▶特にラジオ用に書かれた脚本 m. guión escrito especialmente para la radio.
3《ラジオの[に]》▶ラジオのダイヤルを回す v. sintonizar* la radio. ▶ラジオの音を¹大きくする [²しぼる] v. ¹subir [²bajar] la radio. ▶ラジオに出る v. estar* en el aire. ▶ラジオに広告を出す v. poner* un anuncio en la radio.
4《ラジオを》▶ラジオを聞く v. escuchar la radio. ▶ラジオを¹つける [²消す] v. ¹poner* [¹encender*; ²quitar, ²apagar*] la radio. ▶ラジオをつけっ放しにしておく v. dejar la radio puesta [encendida]. ▶ラジオを N 局に合わせる v. poner* [sintonizar*] la N. ♦彼はラジオをつけたままで眠ってしまった Se quedó dormido con la radio puesta.
5《ラジオで》▶ラジオで音楽を聞く v. escuchar música en [por] la radio. ♦鉄道ストがあること

をラジオで聞いた He oído por la radio que va a haber una huelga de trenes. ♦彼の演説はきのうラジオで放送された Su discurso fue radiado [transmitido, difundido por la radio] ayer.

ラジカセ《英語》m. "radiocassette", m. radiocasete.

ラジコン f. teledirección. ▶ラジコン操作の adj. teledirigido, de control remoto.

ラシャ m. paño (de lana).

らしんばん 羅針盤 f. brújula. ☞コンパス, 磁石

ラス・カサス（バルトロメ・デ～）Bartolomé de Las Casas（☆1470-1566，スペインの伝道士・歴史家）.

ラスター《専門語》m. ráster. ▶ラスター・グラフィックス《専門語》mpl. gráficos ráster.

ラスト lo último, el final. ▶ラストシーン f. escena final. ▶ラストスパートをかける（競技で）v. dar* el impulso final;（仕事などで）v. hacer* el esfuerzo definitivo.

ラスベガス Las Vegas.

らせん 螺旋 ▶らせん形の adj. espiral, helicoidal. ▶らせん階段 f. escalera de caracol.

らたい 裸体 m. cuerpo desnudo. ▶裸体画 m. desnudo. ▶画家のため裸体でポーズを取る v. posar desnudo para un pintor.

らち 埒 ▶われわれはそれについて何度も話し合いをしたがらちがあかない Hemos hablado una y otra vez, pero no hemos 「llegado a ningún sitio [avanzado nada]」.

らっか 落下 f. caída, m. descenso.
☞下降, 転落; 落ちる

ラッカー f. laca. ▶ラッカーを塗る v. lacar* (una mesa).

らっかさん 落下傘 m. paracaídas. ▶落下傘部隊 fpl. tropas de paracaidistas. ▶落下傘で降りる v. bajar en paracaídas.

らっかせい 落花生 m. cacahuete,［メキシコ］m. cacahuate,［キューバ］［ペルー］［アルゼンチン］m. maní.

らっかん 楽観 ▶楽観論 [主義] m. optimismo. ▶楽観主義者 mf. optimista. ▶楽観的な adj. optimista;（希望に満ちた）adj. esperanzador, prometedor. ▶楽観する v. ser* optimista《sobre, acerca de》, ver* las cosas 「con optimismo [《口語》de color rosa]」,（物事の明るい面を見る）v. ver* el lado bueno de las cosas. ♦彼の病状は楽観を許さない Su enfermedad no da lugar al optimismo. / No se puede ser optimista acerca de su enfermedad. ☞甘い, いい気

建設工事中，落下物に注意 Precaución, edificio en construcción, caída de objetos. →落下

ラッキー adj. afortunado, con suerte. → 運, 幸運. ▶ séptima entrada (que trae suerte en béisbol).

らっきょう m. chalote, f. chalota; (漬物) m. chalote encurtido.

ラック m. estante, m. portaequipajes, m. perchero, m. engranaje.

地域差 ラック(自動車の上に載せる)
〔スペイン〕 f. baca, f. portaequipaje(s)
〔ラテンアメリカ〕 f. parrilla
〔キューバ〕 f. baca, m. canastilla, m. maletero, m. portaequipaje(s)
〔メキシコ〕 f. canastilla, m. portaequipaje(s)
〔コロンビア〕 m. baúl, f. canasta, m. portaequipaje(s)
〔アルゼンチン〕 m. baúl, m. portaequipaje(s)

らっこ f. nutria marina [de mar].

ラッシュ ▶ ゴールドラッシュ f. fiebre del oro. ▶ 朝のラッシュアワーに adv. en las horas punta de la mañana. ▶ ラッシュアワーの混雑 f. congestión de las horas punta.

地域差 ラッシュアワー
〔全般的に〕 f. hora pico
〔スペイン〕 f. hora punta
〔キューバ〕 f. hora de tráfico
〔メキシコ〕 f. hora de tráfico
〔ペルー〕 f. hora de entrada o salida a los trabajos
〔アルゼンチン〕《英語》 m. "rush hour"

ラッセル《専門語》 m. estertor.

ラッセルしゃ ラッセル車 m. quitanieves.

ラッパ (軍隊) f. corneta, m. clarín; (音楽隊の) f. trompeta. ▶ ラッパを吹く v. tocar* una corneta; (自画自賛する)《口語》 v. darse* bombo, 《口語》《比喩的に》 hinchar el pecho, jactarse, alardear, tocar* la corneta. ▶ ラッパ飲みする v. beber「directamente de la botella [《口語》 a morro].

ラッピング m. envoltura.

ラップ ❶【包装用極薄ビニール】 m. papel plástico [f. membrana] de envolver transparente. ▶ ラップで包む[を掛ける] v. envolver* en papel transparente.
❷【音楽】 f. música《英語》 "rap".

ラップアラウンド → 回り込み.

ラップタイム m. tiempo de una vuelta.

ラテン m. latín. ▶ ラテン語 m. latín, f. lengua latina. ▶ ラテン民族 mpl. pueblos latinos. ▶ ラテン音楽 f. música latinoamericana [latina]. ▶ ラテンアメリカ América Latina, Latinoamérica.

ラトビア Letonia (☆北欧の国, 首都リガ Riga).

らば 騾馬 f. mula.

ラパス La Paz (☆ボリビアの首都, メキシコ西部, バハカリフォルニア州の州都).

ラバト Rabat (☆モロッコの首都).

らふ 裸婦 f. desnudo femenino. ▶ 裸婦画 m. desnudo.

ラフ ▶ ラフプレイ m. juego bronco [reñido]. ▶ ラフな(=略式の)服装で adv. con ropa「de sport [informal].

ラブ ❶【愛情】 m. amor. ▶ ラブレター f. carta de amor.
❷《テニス》無得点 m. cero. ▶ ラブ¹ゲーム [2セット] ¹ m. juego [² m. set]「en blanco [a cero].

ラファエロ (サンティ) Rafael Sancio (☆1483-1520, イタリアの画家・彫刻家・建築家).

ラブシーン f. escena de amor.

ラプラタ La Plata (☆アルゼンチンの都市). ▶ ラプラタ川 Río de la Plata (☆南アメリカ大陸の川).

ラベル f. etiqueta, m. rótulo.

ラベンダー f. lavanda, m. espliego. ▶ ラベンダー香水 f. agua de lavanda.

ラボ m. laboratorio.

ラマーズほう ラマーズ法 m. método de Lamaze. ▶ ラマーズ法の講習を受ける v. tomar [seguir*] un curso de Lamaze.

ラマきょう ラマ教 m. lamaísmo. ▶ ラマ教徒 mf. lamaísta.

ラマンチャ La Mancha (☆スペインの地方).

ラム (子羊) m. cordero; (子羊の肉) (f. carne de) m. cordero.

ラムネ f. limonada, f. gaseosa con sabor a limón.

ラモン・イ・カハル (サンティアゴ〜) Santiago Ramón y Cajal (☆1852-1934, スペインの医学者, 1906年ノーベル生理学医学賞受賞).

ララ (マリアノ・ホセ・デ〜) Mariano José de Larra (☆1809-1837, スペインのジャーナリスト・小説家・劇作家).

ラリー ❶《テニス・卓球などの》 m. peloteo.
❷【自動車の長距離競走】《英語》 m. "rally" (de coches).

ラルゴ・カバリェーロ (フランシスコ〜) Francisco Largo Caballero (☆1869-1946, スペインの政治家).

られつ 羅列 f. enumeración. ▶ 羅列する v. enumerar. ▶ 次に彼女は来なかった理由を羅列し始めた Y entonces se puso a enumerar「los motivos [las razones] de no haber venido.

-られる → れる

ラワン (材) m. lauan.

らん 欄 (囲ったところ) m. espacio; (コラム) f. columna. ▶ 氏名を記入する欄 m. espacio para escribir el nombre. ▶ 新聞のスポーツ欄 f. columnas [f. sección] de deportes de periódico.

ラン LAN (ローカル・エリア・ネットワーク)《専門語》 f. RAL, f. red de área local.

ラン 蘭 f. orquídea.

らんがい 欄外 m. margen. ▶ 37ページの欄外の注 f. nota en el margen de la p. [pág., página] 37. ▶ 欄外に書き込む v. anotar al margen.

らんかいはつ 乱開発 f. explotación indiscriminada. ▶ 鉱山を乱開発する v. explotar las minas indiscriminadamente.

らんかく 乱獲 f. caza [f. pesca] indiscriminada. ▶ 乱獲する v. cazar* [pescar*] indiscriminadamente. ▶ パンダは乱獲のため絶滅の危機にひんしている Los pandas están al borde de la extinción debido a la caza indiscri-

らんかん 欄干 f. barandilla, m. pasamanos; (橋・バルコニーなどの) m. parapeto, f. baranda.

らんかんえん 卵管炎《専門語》f. salpingitis.

らんぎょう 乱行 m. libertinaje. ▶乱行いちじるしい若者 m. joven libertino.

らんきりゅう 乱気流 f. turbulencia (del aire). ▶乱気流に巻き込まれる v. encontrarse* con turbulencias.

ランキング f. clasificación,《英語》m. "ranking". ▶ランキング上位のテニス選手 mf. tenista de alto "ranking".

ランク f. categoría, m. rango. ◆東京は物価の点では世界第1位にランクされている Tokio está clasificada como la ciudad con los precios más altos del mundo. / Tokio tiene el rango de ser la ciudad más cara del mundo.

ラングーン Rangún. → ヤンゴン Yangón.

ランゲージラボラトリー m. laboratorio de idiomas.

らんざつ 乱雑 (順序・配列が乱れている状態) m. desorden; (ごちゃごちゃに混ざり合った状態) f. confusión,《口語》f. casa de locos; (取り散らかした状態) m. lío. ▶床の上に乱雑に散らばった書類 mpl. documentos [mpl. papeles] tirados desordenadamente al suelo. ▶乱雑な部屋 m. cuarto muy desordenado,《口語》f. habitación como un cuarto de monos.

らんし 乱視《専門語》m. astigmatismo. ▶乱視の adj. astigmático.

らんし 卵子 m. óvulo.

ランジェリー (婦人肌着類) f. lencería, f. ropa interior (de mujer).

らんしゃ 乱射 mpl. disparos indiscriminados [sin apuntar,《口語》a lo loco]. ▶ライフルを乱射する v. disparar un rifle sin apuntar [《口語》a lo loco, indiscriminadamente].

らんしゅう 蘭州 → ランチョウ.

らんじゅく 爛熟 adj. pasado, demasiado maduro; (文化などの) adj. maduro; (退廃的な) adj. decadente. ◆その時スペインの文学は爛熟期に達した En esa época la literatura española llegó a su madurez.

らんすう 乱数 ▶乱数の発生《専門語》f. generación de números aleatorios.

らんせい 卵生 m. oviparismo. ▶卵生の adj. ovíparo.

らんせん 乱戦 (混乱した戦い) m. combate reñido; (乱戦) f. refriega, f. revuelta. ◆その野球の試合は大乱戦になった El partido de béisbol estuvo muy reñido con los dos equipos marcando muchas carreras.

らんそう 卵巣 m. ovario. ▶多囊胞性卵巣症候群《専門語》m. síndrome de ovario poliquístico. ▶卵巣ホルモン《専門語》fpl. hormonas ováricas.

ランタイム → 実行時.

ランダム・アクセス《専門語》m. acceso aleatorio. ▶ランダムアクセス・メモリー《英語》《専門語》RAM,《専門語》f. memoria de acceso aleatorio.

ランタン f. linterna.

ランチ ❶【昼食】f. comida,《ラ米》m. almuerzo; (昼の定食) m. menú del día. ▶お子様ランチ m. menú infantil. ▶ランチタイム(に) adv. a la hora de la comida. ▶ランチを食べる v. comer [tomar] el almuerzo.
❷【船】f. lancha, f. motora.

らんちきさわぎ 乱痴気騒ぎ ▶乱痴気騒ぎをやる v. irse* de juerga [parranda].

らんちょう 乱丁 f. descompaginación.

ランチョウ 蘭州 Lanchou,《ピンイン》Lanzhou《☆中国の都市》.

ランデブー f. cita. ▶(宇宙船が)ランデブーする v. encontrarse* (con).

らんとう 乱闘 f. refriega,《口語》m. agarrón; (取っ組み合いの) f. escaramuza. ◆彼らは警官隊と乱闘になった Tuvieron una escaramuza con la policía.

らんどく 乱読 ▶乱読する v. leer* 「al azar [cualquier cosa (que se ponga a tiro), indiscriminadamente, sin orden ni concierto].

ランドクルーザー〖4輪駆動車の商標名〗《英語》m. "land cruiser".

ランドセル f. mochila (escolar).

ランドリー f. lavandería. ▶コインランドリー f. lavandería automática.

ランナー mf. corredor/dora.

らんにゅう 乱入 f. intrusión. ▶乱入者 mf. intruso/sa. ◆デモ隊が大学構内に乱入した Los manifestantes irrumpieron en el campus universitario.

ランニング f. carrera, f. corrida; (軽い) (仏語) m. "footing",《英語》m. "jogging". ▶ランニングシューズ m. calzado para correr, fpl. zapatillas de deporte. ▶ランニングシャツ(下着) f. sudadera, f. camiseta. ▶ランニングする v. correr; (ジョギングをする) v. hacer* "footing" ["jogging"].

地域差 ランニングシャツ
〔スペイン〕f. camiseta deportiva [de deporte]
〔メキシコ〕f. camiseta de tirantes, f. camiseta sin mangas, f. playera sin mangas
〔ペルー〕m. bibidí
〔コロンビア〕f. camiseta manga sisa, f. camisilla, m. esqueleto, f. franela
〔アルゼンチン〕f. camiseta malla, f. camiseta sin mangas, f. musculosa

らんばつ 乱伐 (無謀な森林伐採) f. deforestación, f. tala excesiva. ▶山の木を乱伐する v. deforestar el monte, talar indiscriminadamente los árboles del monte.

らんぱつ 乱発 (紙幣などを) f. emisión excesiva [abultada]. ▶乱発する v. emitir en exceso (billetes de banco).

らんはんしゃ 乱反射 f. reflexión difusa.

らんぴつ 乱筆 (走り書き) m. escritura apresurada. ▶乱筆をお許しください Perdone, por favor, mi escritura apresurada.

らんぶ 乱舞 ▶乱舞する(気が狂ったように踊る) v. bailar como un loco; (歓喜して踊る) v. bailar de alegría.

ランプ ❶【光源としての】 f. lámpara, f. linterna, f. candil. ▶¹石油［²アルコール］ランプ f. lámpara de ¹aceite [²alcohol]. ▶ランプの¹しん [²ほや] ¹f. mecha [²m. tubo] de una lámpara. ▶ランプを1つける [²消す] v. ¹encender* [²apagar*] una lámpara.
❷【高速道路の】m. vía de acceso (a una autopista).

ランブラス ▶ランブラス通り las Ramblas (☆スペイン, バルセロナの中央通り).

らんぼう 乱暴 f. violencia. ▶乱暴者 f. persona violenta [brutal, impetuosa], mf. alborotador/dora, 《口語》mf. camorrista, m. tipo escandaloso [alborotador]. ▶乱暴(を)する v. emplear la violencia 《contra》.
—— 乱暴な (暴力的な) adj. violento, agresivo; (荒々しい) adj. rudo, brusco; (無謀な) adj. temerario, imprudente; (不注意な) adj. descuidado, negligente; (無礼な) adj. descortés, grosero; (不合理な) adj. absurdo, disparatado, irrazonable. ▶乱暴な態度 f. conducta brutal [violenta, agresiva]. 乱暴な (=ずさんな)翻訳 f. traducción「poco esmerada [descuidada]. ▶乱暴な運転手 mf. conductor/tora temerario/ria [imprudente]. ▶乱暴な筆跡 f. letra descuidada. ▶乱暴な要求 f. demanda excesiva. ▶乱暴な言葉遣いをする v. usar un lenguaje grosero. ▶乱暴な手段を用いる v. tomar medidas violentas [agresivas]. ◆乱暴なことはしなくてもその問題は解決できる El problema se puede solucionar sin recurrir a la violencia.
—— 乱暴に adv. con violencia, violentamente, bruscamente, 《口語》a lo loco, sin cuidado. ▶乱暴に彼を押しのける v. empujarle「con violencia [bruscamente, sin miramientos]. ▶機械を乱暴に扱う v. tratar mal una máquina 「荒い, 凶暴, 手荒い

らんま 欄間 "ranma", 《説明的に》m. espacio decorativo de madera encima de las puertas correderas japonesas.

らんみゃく 乱脈 ▶乱脈な(ずさんな) adj. desordenado, caótico. ▶乱脈な経理 f. contabilidad desordenada. ◆市の経理は乱脈を極めていた (=めちゃくちゃだった) La contabilidad municipal era un caos.

らんよう 乱用 ▶特権を乱用する v. abusar de su privilegio.

らんらん 爛々 ▶爛爛たる(=きらきらと輝く)目 mpl. ojos radiantes [brillantes, destellantes], f. mirada chispeante.

らんりつ 乱立 ◆この地域にはスーパーが乱立している En este barrio hay demasiados supermercados.

り

り 理 (道理) f. razón. → 道理. ▶理の当然 → 当然.

り 利 (有利) f. ventaja; (利益) m. provecho, m. beneficio; (利子) m. interés. ▶地の利を得る v. tener* una posición ventajosa. ▶利にさとい v.「ser* un lince [tener* buena vista] para sacar* provecho. ▶利が利を生む Interés llama a interés.

リアクション f. reacción.
リアリスト f. persona realista.
リアリズム m. realismo.
リアリティー f. realidad.
リアル ▶リアルな(真に迫った) adj. real; (写実的な) adj. realista. ▶リアルな描写をする v. dar* [ofrecer*] una descripción realista《de》. ▶リアルタイム(=即時処理)で adv. en tiempo real.

リーガー ▶大リーガー m. jugador de la liga mayor.

リーグ f. liga. ▶¹セントラル [²パシフィック]リーグ f. Liga ¹Central [²del Pacífico]. ▶リーグ戦 m. partido de una liga; fpl. series de una liga. ▶六大学野球リーグ戦 m. Torneo de la Liga de Béisbol de las Seis Universidades Principales. ▶大リーグの野球選手 m. jugador de「la liga mayor [las grandes ligas].

リース m. arriendo, m. arrendamiento, m. alquiler, 《英語》m. "leasing". ▶リース業 m. servicio de alquiler. ▶リース業者 f. compañía de alquiler.

リーダー ❶【指導者】mf. líder, mf. dirigente, mf. jefe/fa. ▶リーダーシップをとる v. asumir el liderazgo, tomar el mando. ◆彼は組合のリーダーだ Es el líder del sindicato.
❷【読本】m. libro de lectura. ▶スペイン語のリーダー m. libro de lectura del español.

リーディングヒッター m. bateador líder.

リード f. ventaja. ▶リードを¹奪う [²奪われる] v. ¹conseguir* [²perder*] ventaja. ▶相手チームを2点リードする v. tener* una ventaja de dos puntos sobre el equipo rival. ▶ランナーは1塁ベースから少しリードした El corredor se alejó un poco de la primera base.

リーフレット m. folleto, m. prospecto.

リール (釣りざおの) m. carrete (de pesca); (巻き枠) f. bobina, m. carrete.

リウマチ → リューマチ

・りえき 利益 ❶【もうけ】mpl. beneficios, fpl. ganancias; (収益) mpl. ingresos, m. rendimiento.
1 《～利益》▶¹相当な [²法外な]利益 mpl. beneficios ¹considerables [²exorbitantes]. ▶不正な利益 fpl. ganancias mal adquiridas. ▶¹純 [²総]利益5百万をあげる v. conseguir*

unos beneficios [1]netos [2]brutos] de cinco millones de yenes.

2《利益＋名詞》▶利益率 *m.* porcentaje de beneficios. ▶利益の分配にあずかる *v.* participar en los beneficios.

3《利益が[は]》▶この商売は利益が[1]大きい [2]小さい】 Este negocio da [1]grandes [2]escasos] beneficios. / (利益を生む) Este negocio rinde [1]mucho [2]poco]. ▶1日の利益はどのぐらいですか ¿Qué beneficios logra al día?

4《利益の》▶利益のあがる商売 *m.* negocio lucrativo. ◆ 彼は利益のためなら何でもするだろう Haría cualquier cosa por interés.

5《利益を》◆ 彼は家を売って1千万の利益を得た Con la venta de su casa ganó [realizó] unos beneficios de diez millones de yenes.

❷《得》*m.* interés; (恩恵) *m.* beneficio; (有利) *f.* ventaja, *fpl.* ganancias; (有益) *f.* utilidad, *m.* provecho.

1《〜利益》▶目先の利益だけを考える *v.* tener* sólo en cuenta el interés inmediato. ▶公共の利益をはかる *v.* promover* "el interés público [la utilidad pública]".

2《利益＋名詞》▶利益団体 *m.* grupo de intereses [gente con un mismo interés].

3《利益が》◆ 数学を勉強して何の利益があるのか 「¿Qué provecho tiene [¿De qué aprovecha] estudiar matemáticas?

4《利益に》▶それは君の利益に反するだろう Eso iría en contra de tus intereses. ◆ 寝る時刻を過ぎても勉強しても何の利益にもならない "No tiene ninguna ventaja [De nada aprovecha] estudiar a altas horas de la noche". ◆ 新しい道路は山間の住民の利益になるだろう La nueva carretera beneficiará a los habitantes que viven en la región montañosa.

5《利益を》◆ 私はその本から大いに利益を得た "He sacado mucho provecho de [Me ha aprovechado mucho] la lectura de ese libro". ☞ 上がり, 営利, 収益, 得

リオグランデ(デルノルテ) Río Grande del Norte (☆メキシコとアメリカ合衆国の国境を流れる川).

リオデジャネイロ Río de Janeiro (☆ブラジルの都市).

リオハ La Rioja (☆アルゼンチンの都市; スペインの地方, 自治州).

リオハ *m.* rioja (☆リオハ地方産のぶどう酒).

りか 理科 ❶【教科】*f.* ciencia, (学問の総称) *fpl.* ciencias naturales.

❷【大学の理科系の部門の総称】*f.* carrera de ciencias. ▶理科大学 *f.* escuela superior de ciencias. ▶理科系に進む *v.* seguir* [tomar] una carrera de ciencias (naturales).

リカーシブ(の)《専門語》*adj.* recursivo.

*　**りかい 理解** (理解力) *m.* entendimiento; *f.* comprensión, (理解すること) *f.* comprensión; (把握) *f.* concepción, (値打ちの理解) *f.* apreciación. ▶理解ある (＝物分かりのよい) 人 *f.* persona de entendimiento, *f.* persona comprensiva. ▶理解を越えている (＝理解できない) *v.* estar* por encima de (su) entendimiento, ser* inconcebible. ▶理解力をテストする試験 *m.* examen [《英語》*m.* "test"] para evaluar la capacidad de entendimiento. ▶国家間の相互理解を深める *v.* promover* la comprensión mutua [recíproca] entre las naciones.

—— **理解する** *v.* entender*, comprender, 『スペイン』《口語》coger*, 《口語》agarrar*, (把握する) *v.* captar, (正しく認識する) *v.* valorar, apreciar. ▶西洋文化を正しく理解する *v.* valorar correctamente [adecuadamente] la cultura occidental. ◆ 彼の言っていることが理解できなかった No pude entender [comprender] lo que dijo. /《口語》No he cogido lo que ha dicho. ◆ 彼女は学校をサボったのかどうも理解できない No 「puedo entender [alcanzo a comprender] por qué 「《口語》hizo novillos [faltó a la clase]. ◆ 彼はこの問題をはっきり理解している Entiende muy bien este asunto. / Su comprensión de este asunto es buena. ◆ 彼の講義は私にはさっぱり理解できない《口語》No 「entiendo [alcanzo a comprender] su conferencia. / Su conferencia se me escapa. ◆ 彼の作品は当時はあまり理解されなかった Sus obras no fueron bien comprendidas en aquella época. ◆ 少年は幼くて母親の死が理解 (＝実感) できなかった El muchacho era demasiado joven para comprender la muerte de su madre.

☞ 察し, 悟り, 摑む, 会得, 取[捕, 採, 執]る

りがい 利害 (利害関係) *m.* interés. ▶利害関係者 *fpl.* partes [*fpl.* personas] interesadas. ▶利得失を論じる *v.* 「tratar de [discutir] las ventajas y desventajas (de). ◆ 私はあの会社に利害関係がある Tengo intereses en esa empresa. ◆ この件では彼らの利害が一致している Tienen intereses comunes en este asunto. ◆ この件では彼らの利害は [1]相反 [2]衝突] している Sus intereses [1]se oponen [2]chocan] en este asunto.

りがく 理学 *fpl.* ciencias. ◆ 理学[1]士 [2]博士] [1] *mf.* licenciado/da [[2] *mf.* doctor/tora] en Ciencias. ▶理学部 *f.* facultad de ciencias. ▶理学療法 *f.* fisioterapia. ▶理学療法士 *mf.* fisioterapeuta.

りかけい 理学系 *f.* carrera de ciencias.

りきえい 力泳 ▶力泳する *v.* nadar a grandes brazadas.

りきがく 力学 *f.* dinámica.

りきさく 力作 *f.* hazaña, 《仏語》*m.* "tour de force"; (傑作) *f.* obra maestra. ▶展覧会の絵はいずれも力作ぞろいだ Todas las pinturas de la exposición son obras maestras.

りきし 力士 *m.* luchador de "sumo".

りきせつ 力説 ▶経済の重要性を力説 (＝強調) する *v.* destacar* [acentuar*; hacer* hincapié en; poner* de relieve] la importancia de la economía. ☞ 言う, 説く

りきそう 力走 ▶力走する *v.* correr a más no poder*.

リキッド *m.* líquido.

りきてん 力点 (重点) *m.* acento, *m.* relieve. ▶力点を置く *v.* poner* de relieve [hacer*

hincapié] (en).

りきとう 力投 ▶力投する ((ボールを)力強く投げる) v. lanzar* [pichear] (la pelota) con toda la fuerza.

りきむ 力む (精一杯努力する) v. hacer* un gran esfuerzo, esforzarse*. ▶いくら力んで (=努力して)みても adv. pese a todos los esfuerzos. ▶力みかえる v. esforzarse* excesivamente, cometer un exceso. ◆彼は重い石を動かそうとして力んだ Se esforzó al máximo para mover la pesada piedra. ▶あんまり力むなよ Tómatelo con calma. / No te esfuerces tanto.

りきゅう 離宮 m. real sitio, m. palacio. ▶桂離宮 El Real Sitio de Katsura.

リキュール m. licor.

りきりょう 力量 (能力) f. capacidad, f. habilidad, f. virtud; (適性, 資格) f. competencia; (受容能力) f. capacidad. ▶力量を発揮する v. mostrar* la habilidad [capacidad] ((en, para)). ◆彼にはその仕事をする力量がある「Tiene la capacidad de [Es capaz de, Es competente para] hacer ese trabajo.

* **りく** 陸 f. tierra; (海岸) f. costa, f. orilla del mar. ▶陸に(たどり)着く v. 「llegar* a [tocar*] tierra. ▶(船を降りて)陸に¹上がる [²上がっている] v. ¹desembarcar* [¹bajar a tierra; ²estar* desembarcado]. ▶船が¹陸を離れた [²陸に接近した] El barco se ¹alejó de [²acercó a] la costa. ◆カエルは陸と水中の両方に住むことができる Las ranas pueden vivir tanto en la tierra como en el agua.

りくあげ 陸上げ f. descarga, m. desembarco. ▶陸上げ港 m. puerto de descarga [desembarco]. ▶陸上げ場 m. desembarcadero, m. lugar de desembarco. ▶マグロを陸揚げする v. descargar* atunes (del barco).

りくうん 陸運 m. transporte「por tierra [terrestre]. ▶陸運会社 f. compañía de transporte terrestre. ▶陸運局 f. Oficina Regional de Transporte Terrestre.

リクエスト f. petición, f. solicitud. ▶歌をリクエストする v. pedir* una canción.

りくぐん 陸軍 m. ejército (de tierra). ▶陸軍人 mf. soldado de Tierra. ▶陸軍将校 mf. oficial del ejército de Tierra. ▶陸軍士官学校 f. Academia Militar.

りくじょう 陸上 f. tierra. ▶陸上競技 m. atletismo, fpl. pruebas de atletismo. ▶陸上競技のコーチ mf. entrenador/dora de atletismo. ▶陸上競技場 m. estadio [f. cancha] de atletismo. ▶陸上競技会 m. encuentro [f. reunión] de atletismo. ▶陸上勤務をする v. tener* [estar* de] servicio de tierra. ▶陸上でも海上でも adv. por mar y tierra. ▶陸上輸送する v. transportar「por tierra [vía terrestre].

りくせいどうぶつ 陸生動物 m. animal terrestre [de tierra].

りくち 陸地 f. tierra. → 陸. ▶陸地を旅行する v. viajar por tierra.

* **りくつ** 理屈 (道理) f. razón, f. lógica; (理論) f. teoría; (論拠) m. razonamiento, m. argumento; (言い訳) f. excusa, m. pretexto; (へ理屈) f. objeción de poca monta ((por)), f. argucia.

1《理屈 + 名詞》▶彼は理屈屋だ (=議論好きだ) Le gusta discutir. / Le gustan los razonamientos. ◆物事は理屈 (=理論)どおりには行かないものだ Las cosas no siempre obedecen a la teoría.

2《理屈は》▶理屈は抜きにして adv. dejando a un lado la lógica. ◆むだに時間を使ってよいという理屈はない No hay razón para perder el tiempo.

3《理屈の》▶理屈のわかった (=分別のある)人 f. persona lógica [razonable]. ▶理屈の上では adv. en teoría, teóricamente.

4《理屈》▶理屈に合う v. ser* razonable [lógico]. ▶理屈に合わない v. ser* irrazonable [ilógico].

5《理屈を》▶理屈を言う[つける, こねる] (論じる) v. discutir, argumentar; (理論を立てる) v. teorizar*; (言い訳をする) v. dar* excusas ((por)); (へ理屈を言う) v. andarse* con nimiedades [sutilezas, objeciones de nada]. (教養語) sofisticar*. ◆何とか理屈をつけて (理由) adv. por una u otra razón; (言い訳) adv. por uno u otro pretexto.

6《理屈だ》◆それは理屈だ (=実践的ではない) Eso es pura lógica. / (言い訳にすぎない) Eso no es más que una excusa. / (理屈に合っている) Eso es lógico. / Eso tiene lógica.
□建て前, 道理

リクライニングシート m. asiento [f. butaca] reclinable.

リクリエーション m. recreo, f. recreación, (教養語) m. solaz. ▶リクリエーションにテニスをする v. jugar* al tenis para recrearse.

リクリャ f. llicila (☆アンデスで, 先住民の女性が着る肩掛け).

リクルーター mf. reclutador/dora, mf. agente de reclutamiento.

リクルート (新人募集) m. reclutamiento; (新入者) mf. socio/cia nuevo/va.

りくろ 陸路 ▶陸路を行く v. ir* por tierra [vía terrestre].

りけい 理系 (f. carrera) de fpl. ciencias. ▶理系の大学生 mf. universitario/ria de ciencias. ▶理系の大学 f. universidad de ciencias, f. facultad [f. escuela superior] de ciencias.

りけん 利権 (特に採掘権) f. concesión; (権益) m. interés; (権利) m. derecho. ▶利権屋 mf. cazador/dora de concesiones. ▶鉱山の利権を与えられる v. concederse una「concesión de minas [explotación minera]. ▶利権をあさる v. buscar* concesiones. ▶事業に利権を持っている v. tener* un derecho en el negocio.

りこう 履行 m. cumplimiento. ▶契約の¹履行 [²不履行] ¹ m. cumplimiento [² m. incumplimiento] de un contrato. ▶約束を履行する v. cumplir una promesa. (守る) v. respetar [observar, guardar] una promesa.

* **りこう** 利口な ❶【聡(そう)明な】adj. inteligen-

te,《しばしば軽蔑的に》listo;（判断の賢明な）adj. juicioso, sensato;（知能の高い）adj. inteligente;（頭のよい）adj. brillante. ◆彼女は利口だ Es una chica inteligente [lista, brillante]. ◆あんな貧しい子供を誘拐するなんて犯人はあまり利口じゃない No es muy inteligente por parte de los secuestradores raptar a un/una niño/ña cuyos padres son tan pobres. ◆彼が即答を避けたのは利口だった Tuvo la inteligencia de no responder rápidamente. / Fue lo bastante listo como para no dar una respuesta inmediata. ◆犬にはとても利口なのがいる Hay perros muy inteligentes. 会話 パパ、ぼく一人で塗ったんだよ―お利口だねえ Papá, lo he pintado solo. – ¡Pero qué listo eres, hijo! ◆彼は利口ぶって（＝知ったかぶりで）政治を論じた Trató de política de modo instruido.

❷（行儀のよい）（特に子供が）adj. bueno. ◆おじさんの家に行ったらお利口にしなさいよ「Pórtate bien [Sé bueno] cuando visitemos a tu tío. ◆お利口さんね Buen chico. / Buena chica.

りこうがくぶ 理工学部 f. facultad de ciencias e ingeniería.

りこうけい 理工系 f. carrera de ciencias e ingeniería.

リコーダー（縦笛）f. flauta dulce. ▶リコーダーを演奏する v. tocar* la flauta dulce.

リコール（政治）f. destitución (de un funcionario del gobierno mediante voto popular);（欠陥商品の回収）f. retirada (del mercado). ▶リコール運動 f. campaña de [en favor de la] destitución. ▶リコールする v. destituir*, retirar.

りこしゅぎ 利己主義（自分勝手）m. egoísmo;（私利中心主義）m. egotismo. ▶利己主義者 mf. egoísta, f. persona egoísta.

りこてき 利己的 ▶利己的な adj. egoísta. ◆利己的に adv. de forma [manera] egoísta. ◆彼は利己的だ Es un egoísta. / Sólo piensa en sí mismo.

りこん 離婚 m. divorcio. ▶離婚する v. divorciarse《de》. ▶協議離婚 m. divorcio por mutuo consentimiento. ▶離婚の届 m. aviso de divorcio. ▶離婚訴訟を起こす v. iniciar los trámites de divorcio. ▶離婚した男性 m. hombre divorciado, m. divorciado. ◆彼は妻と離婚し彼の秘書と結婚した Se divorció y se casó con su secretaria. ◆両親が離婚した時私は5歳でした Yo tenía cinco años cuando mis padres se divorciaron. ◆離婚(件数)がふえている Están aumentando los divorcios. / El divorcio está en alza. ◆彼らの結婚生活は結局離婚に終わった Su vida matrimonial acabó en divorcio. ◆彼女は離婚を申し立てている(裁判所へ) Ella ha presentado una demanda de divorcio. / Ella ha pedido [solicitado] el divorcio.

リサーチ f. investigación. → 調査, 研究.

リザーブ ▶席をリザーブする v. reservar un asiento (en el tren).

りさい 罹災 ▶罹災する(被る)v. sufrir 《de》. ▶罹災者 mf. damnificado/da;（犠牲者）f. víctima. ▶罹災地 f. zona [f. región] afectada [azotada, catastrófica].

リサイクル m. reciclaje. ▶リサイクルショップ（中古品店）f. tienda de artículos de segunda mano. ▶空きびんをリサイクルする v. reciclar botellas vacías.

リサイタル m. recital. ▶ピアノリサイタルを開く v. dar* [ofrecer*] un recital de piano.

りざや 利鞘 m. margen (de beneficio). ▶利ざやを稼ぐ v. sacar* beneficios.

りさん 離散 f. dispersión, f. separación. ◆父の事業の失敗のために一家は離散した Nuestra familia se dispersó tras la bancarrota del negocio de mi padre.

りし 利子 m. interés, m. rédito. ▶（15%の）利子をつけて返す v. devolver* (el dinero) con [a] (un 15% de) interés. ▶ ¹高い ²低い)利子で貸し付けを受ける v. obtener* un préstamo a un interés ¹alto ²bajo. ◆その社債は年6%の利子がつく「Ese bono [Esa obligación] da [produce, rinde] un interés anual del 6%. ◆銀行は預金の利子を支払う Los bancos pagan intereses por los ahorros.

りじ 理事 mf. director/tora, mf. administrador/dora;（会社・大学などの）m. miembro del consejo de administración. ▶理事会 mf. consejo de administración. ▶理事長 mf. presidente/ta del consejo de administración.

りしゅう 履修 ▶履修届 f. matrícula, f. inscripción. ▶履修単位 m. crédito. ▶履修する（単位を得る）v. conseguir* un crédito;（講座を取る）v. tomar un curso;（学科を勉強する）v. estudiar. ◆化学を履修する v. tomar [seguir*] un curso de química. ◆スペイン文学を履修する(＝修める) v. tomar el curso de la literatura española, terminar [acabar] el curso de literatura española.

りじゅん 利潤 m. beneficio, f. ganancia. ▶利潤の追求 f. persecución de ganancias, f. búsqueda del beneficio. ▶利潤を上げる v. sacar* beneficios (en el trato).

りしょく 利殖（金もうけ）f. ganancia de dinero. ▶利殖のために金を買う v. comprar oro para hacer* dinero.

りじんしょう 離人症《専門語》f. despersonalización.

りす 栗鼠 f. ardilla.

リスク m. riesgo.

リスト ❶【目録】f. lista. ▶買いたい本をリストアップする（＝のリストを作る）v. hacer* una lista de los libros que se quiere comprar.
❷【手首】f. muñeca.
❸【IT関連】f. lista. ▶リスト・ボックス《専門語》m. cuadro de lista.

リストラ f. reestructuración;（人員整理）f. reducción de personal [plantilla].

リスニング f. audición. ▶リスニングルーム f. sala de audición.

リスボン Lisboa (☆ポルトガルの首都).

リズミカル リズミカルな adj. rítmico. ▶リズミカルである v. tener* ritmo. ▶リズミカルに動く v. mo-

verse*「con ritmo [rítmicamente].
リズム m. ritmo; (テンポ)《専門語》m. tempo. ▶リズム障害《専門語》f. disritmia. ▶3拍子のリズムで演奏するv. tocar* con [a] ritmo triple. ▶タンゴのリズムにのって踊るv. bailar con [al] ritmo de tango. ▶足でリズムをとる v. seguir* [marcar]「el ritmo con el pie. ♦彼はリズム感が[1]いい [2]悪い」Tiene [1]buen [2]mal」sentido del ritmo.
りせい 理性 f. razón; f. racionalidad; (感情・意志に対する理知) m. raciocinio, m. intelecto. ▶理性に訴えるv. apelar [llamar] a la razón. ▶理性に従って行動するv. actuar* racionalmente [usando la razón]. ▶理性を失うv. perder* la razón. ♦人間には理性がある El ser humano es racional. / La persona tiene la capacidad de razonar. ♦もっと理性を働かせなさい ¿Por qué no usas más la razón? / Sé más razonable.
—— **理性的な** adj. racional, razonable, sensato, juicioso.
リセットする《専門語》v. reinicializar*.
・**りそう** 理想 m. ideal.
　1《理想＋名詞》▶理想化 f. idealización. ▶理想化するv. idealizar*. ▶理想郷 f. utopía. ▶理想主義 m. idealismo. ▶理想主義者[理想家] mf. idealista. ▶理想主義的な adj. idealista. ▶理想像 f. imagen ideal.
　2《理想が》♦彼は理想が高い Tiene altos ideales.
　3《理想の[的な]》adj. ideal. ▶理想の男性 m. hombre ideal. ♦彼はその仕事には理想的な人物だ Es la persona ideal [perfecta] para ese trabajo.
　4《理想を[に]》▶理想を実現するv.「llevar a cabo [realizar*]」el ideal. ▶理想にかなうv. vivir conforme a (sus) ideales.
リソース《専門語》m. recurso. ▶リソース・ファイル《専門語》m. archivo de recurso.
リゾート m. centro turístico, m. lugar de vacaciones. ▶リゾート地 (海辺の) m. centro turístico costero; (山の) m. centro turístico de la montaña. ▶リゾートホテル m. hotel turístico.
りそく 利息 m. interés. → 利子.
リターン・キー《専門語》f. tecla de retorno.
リターンマッチ m. partido de vuelta.
リダイレクト《専門語》f. redirección.
りだつ 離脱 ▶政党を離脱する(＝脱退する) v. dejar [abandonar, separarse de] un partido político.
りち 知性 (知性)m. intelecto. → 知的. ▶理知的な adj. intelectual.
りちぎ 律義 ▶律義な (良心的な) adj. concienzudo, serio; (義務を果たす) adj. consciente de sus deberes.
りちてき 理知的 ▶理知的な adj. intelectual. ▶とても理知的な人 f. persona muy inteligente [intelectual].
リチャード (1世〔獅子心王〕) Ricardo I [Primero] (Corazón de León) (☆1157-1199, イギリス王, 在位 1189-1199).

・**りつ** 率 (比率) f. tasa, m. índice; (割合) f. proporción; (百分率) m. porcentaje. ▶高い [1]出生 [2]死亡]率 f. alta tasa de [1]natalidad [2]mortalidad].
りつあん 立案 f. planificación. ▶立案者 mf. planificador/dora. ▶立案する v. planear, planificar*; (起草する)v. preparar, esbozar*. ♦このパーティーを立案したのはだれですか ¿Quién ha planeado esta fiesta?
りっきゃく 立脚 ▶立脚地点 m. punto de apoyo, f. base; (見方) m. punto de vista, m. ángulo. ♦これらの結論は事実に立脚している(＝基づいている) Estas conclusiones están basadas en hechos.
りっきょう 陸橋 m. paso elevado, 〖メキシコ〗m. paso a desnivel, m. viaducto.
りっけん 立憲 ▶立憲[1]君主 [2]君主国」 [1] m. monarca [2] f. monarquía] constitucional. ▶立憲政治 m. gobierno constitucional.
りっこうほ 立候補 f. candidatura. ▶立候補者 mf. candidato/ta 《a》. ▶立候補を表明する [2]断念する] v. [1]anunciar [2]retirar] la candidatura.
—— **立候補する** v. presentarse como candidato 《a, para》. ▶彼に対抗して市長選に立候補するv. competir* con él por la alcaldía. ♦彼は衆議院に立候補するだろう Va a presentarse como candidato a la Cámara「de Diputados [Baja]」. ♦彼は自民党から立候補している Es un candidato del Partido Liberal Demócrata.
りっしでん 立志伝 (出世物語) f. historia de un éxito; (自力で出世した人の) f. historia de「un triunfador [una triunfadora] por「mérito propio [sus propios esfuerzos]」. ▶立志伝中の人 f. persona que ha triunfado por su propio esfuerzo.
りっしゅう 立秋 m. primer día de otoño.
りっしゅん 立春 m. primer día de primavera.
りっしょう 立証 f. prueba, f. demostración. ▶[1]有罪 [2]無罪」を立証する v. demostrar* [probar*] su [1]culpabilidad [2]inocencia]. ♦立証責任は君にある Tú tienes「el peso [la responsabilidad] de las pruebas.
りっしょく 立食 m. bufé. ▶立食パーティー f. fiesta estilo bufé.
りっしんしゅっせ 立身出世 m. éxito en la vida. ▶立身出世主義 m. culto del éxito. ▶立身出世物語 f. historia de un éxito. ▶立身出世するv. triunfar [tener* éxito] en la vida.
りっすい 立錐 ▶立錐の余地もない(会場などが一杯で)v. (口語) no caber* un alfiler.
りっする 律する ▶自分の基準で他人を律する v. juzgar* a los demás con el propio criterio, aplicar* principios individuales para juzgar* a los demás. ▶自己を律する v. controlarse.
りつぜん 慄然 ♦その光景に慄然とした La visión fue horrorosa [horrenda, horripilante]. / Me quedé horrorizado al verlo.
リッター m. litro. → リットル.
りったい 立体 ▶立体的な(画像などが) adj. tridimensional; (音響が) adj. estéreo, estereo-

fónico. ▶立体映画 f. película tridimensional. ▶立体幾何学 f. geometría tridimensional [de los cuerpos sólidos], f. geometría en el espacio. ▶絵に立体感を出す v. dotar a la pintura de un efecto tridimensional.
《その他の表現》立体駐車場 m. aparcamiento [ラ米] m. estacionamiento de varios pisos. ▶立体交差 m. paso de desnivel.
りっちじょうけん 立地条件 ◆その家は立地条件が ¹よい [²悪い] Esa casa está ¹bien [²mal] situada. / La situación de esa casa es ¹buena [²mala].
りっとう 立冬 m. primer día de invierno.
リットル m. litro.
・**りっぱ 立派な** ❶【すぐれた】 adj. excelente; (よい) adj. muy bueno; (すばらしい) adj. magnífico, admirable; (みごとな) adj. estupendo, formidable; (注目に値する) adj. notable; (輝かしい) adj. espléndido. → 見事な. ▶立派な学者 mf. erudito/ta excelente [distinguido/da]. ▶立派な家具 m. mobiliario magnífico. ▶立派な家柄の男 m. hombre de「muy buena familia [alto linaje]. ▶立派な業績 m. logro estupendo [formidable, sobresaliente]. ◆彼は試験で立派な成績をとった Tuvo excelentes notas [calificaciones, resultados] en el examen. / Salió muy bien en el examen. ◆実に立派な出来だ Has hecho un trabajo espléndido. / ¡Un gran trabajo!
❷【賞賛に値する】 adj. digno de elogio, meritorio; (尊敬すべき) adj. honorable, honroso; (ちゃんとした) adj. respetable, ilustre, digno. ▶立派な行為 f. acción [m. acto] admirable. ▶立派な男 m. caballero honorable; (偉大な男) m. gran hombre. ▶立派な一生を送る v. llevar una vida respetable [virtuosa]. ◆じゃ、たばこをめたのね。それは立派だわ (＝それには感心する) Así que has dejado de fumar… . ¡Eso es estupendo!
❸【十分な】 adj. suficiente, bastante; (正当な) adj. bueno. ▶立派な証拠 fpl. pruebas suficientes. ▶立派な理由 f. razón justificada. ▶立派な言い訳をする v. poner* una buena excusa. ◆彼はもう立派な大人《口語》Se ha hecho todo un hombre.

―― 立派に (うまく) adv. muy bien; (よく) adv. magníficamente, excelentemente; (すばらしく) adv. estupendamente, de manera admirable. ▶立派にふるまう v. portarse muy bien. ◆彼はそれを立派に成し遂げた Lo logró magníficamente [de manera admirable]. ☞一人前, 尊敬すべき, 堂々とした

りっぷく 立腹 ▶立腹する v. enfadarse,【ラ米】enojarse. ◆ご立腹はもっともです Tienes razón [口語] toda la razón del mundo] en enfadarte.
リップサービス ▶リップサービスをする v. hablar de los dientes para fuera, hacer* algo de boquilla,《口語》ser* jarabe de pico.
りっぽう 立方 m. cubo. ▶立方体 m. cubo. ▶立方根 f. raíz cúbica. ◆箱の体積は1立方メートルです El volumen de la caja es de un metro cúbico. / La caja tiene un volumen un metro cúbico.

りっぽう 立法 f. legislación. ▶立法上の adj. legislativo. ▶立法機関 m. órgano [m. cuerpo] legislativo. ▶立法府 f. legislatura. ◆国会が立法権を持っている「El parlamento [El congreso,(日本の)La Dieta] tiene poderes legislativos.
りづめ 理詰め ▶理詰めの(論理的な) adj. lógico; (理論的な) adj. teórico. ▶理詰めで説き伏せる(説得して…させる) v. razonar《con ＋ 人》para que haga…; (説得して…をやめさせる) v. razonar《con ＋ 人》para que deje de…; (議論でやりこめる) v. hacer*《a ＋ 人》callar con razones.
りてきこうい 利敵行為 m. acto que beneficia al enemigo. ◆それは利敵行為だ Eso beneficia [favorece, ayuda] al enemigo.
りてん 利点 f. ventaja; (長所) m. mérito, f. cualidad; (多機能という利点) f. ventaja de ser versátil. ◆その方法には他に比べていくつかの利点がある Ese método tiene más ventajas que otros. ◆テレビがあることの利点は数多くある Hay muchas ventajas en tener una televisión.
リトアニア Lituania (☆北欧の国, 首都ビリニュス Vilna).
りとう 離島 (孤立した) f. isla perdida [remota].
りとう 離党 (脱党) f. separación del partido, f. defección. ▶離党者 mf. desertor/tora. ▶離党する(離反する) v. desertar; (去る) v. abandonar (un partido). ▶その党を離党する v. desertar [abandonar] el partido.
リトグラフ (石版画) f. litografía.
リトマスしけんし リトマス試験紙 ▶リトマス試験紙で調べる v. probar* con papel de tornasol.
リトルリーグ (野球の) f. liga juvenil.
リニアモーター m. motor lineal. ▶リニアモーターカー m. coche con [de] motor lineal.
りにち 離日 ▶離日する v.「irse* de [dejar] Japón.
りにゅう 離乳 ▶離乳する v. destetar. ▶離乳期 m. período de destete. ▶離乳食 f. comida de bebé.
りにん 離任 f. dimisión, f. separación del cargo. ▶離任する v. dimitir.
りねん 理念 (原理) f. filosofía; (考え) f. idea; (観念) f. ideología. ◆彼の政治理念は世界平和を築くことである Su filosofía política es construir la paz mundial.
リネン → リンネル.
リノリウム m. linóleo.
リハーサル m. ensayo. ▶リハーサルする v. ensayar (una obra).
リバーシブル adj. reversible.
リバイバル m. reestreno [f. reposición] (de una película).
りはく 李白 Li Po (☆701?-762, 中国唐代の詩人).
りはつ 理髪 f. peluquería. ▶理髪師(カット・ひげそりをする) mf. barbero/ra; (カット・セット・毛染めなどをする) mf. peluquero/ra, mf. esti-

lista, *mf*. peina*dor/dora*. ▶セビリアの理髪師(オペラ)«El Barbero de Sevilla». ▶理髪店 *f*. peluquería.

リハビリ(テーション) *f*. rehabilitación. ▶リハビリを施す *v*. rehabilitar (a un paciente).

りはん 離反 *f*. separación, *m*. alejamiento. ▶離反する(見捨てる) *v*. separarse 《de》, alejarse 《de》; (運動・団体から敵側へ) *v*. desertar 《de》. ▶人心が離反する *v*. perder* la popularidad.

リビア Libia; (公式名) *f*. República Popular Árabe de Libia (☆アフリカの国，首都トリポリ Trípoli). ▶リビアの *adj*. libio. ▶リビア人 *mf*. libio/bia.

リビエラ Riviera.

リヒテンシュタイン Liechtenstein (☆ヨーロッパの国，首都ファドーツ Vaduz).

リビングルーム *f*. sala de estar, *m*. salón, (英語) *m*. "living".

リフォーム ▶服をリフォームする *v*. rehacer* un vestido; (部分的に) *v*. modificar* [cambiar] un vestido; reformar. ▶台所をリフォームする *v*. modificar* [cambiar] la cocina.

りふじん 理不尽 ▶理不尽な(道理に合わない) *adj*. irrazonable; (不合理な) *adj*. irracional, absur*do*. ▶理不尽な要求 *f*. petición irrazonable.

リフト (スキー場の) *f*. telesilla. ▶リフトで降りる *v*. bajar en telesilla.

リプライする《専門語》 *v*. responder.

リプリント (重版本) *f*. reimpresión, *m*. libro reimpreso. ▶本をリプリント(=重版)する *v*. reimprimir un libro.

リベート ❶[払い戻し] *m*. reembolso, *f*. devolución.
❷[手数料] *f*. comisión; (わいろ) *m*. soborno, [メキシコ] (口語) *f*. mordida. ▶100万円のリベートを受け取る *v*. ser* soborna*do* con 100.000 yenes.

りべつ 離別 *f*. separación. → 別れる，離婚. ▶離別する *v*. separarse.

リベラ (ディエゴ〜) Diego Rivera (☆1886-1957，メキシコの画家).

リベラ (ホセ・デ〜) José de Ribera (☆1588-1652，スペインの画家).

リベラリスト *mf*. liberal, *mf*. liberalista.

リベラル ▶リベラルな *adj*. liberal.

リベリア Liberia; (公式名) *f*. República de Liberia (☆アフリカの国，首都モンロビア Monrovia). ▶リベリアの *adj*. liberiano.

リポート →レポート.

リポたんぱくけっしょう リポ蛋白血症 《専門語》*f*. lipoproteinemia.

リボン *f*. cinta; (帽子の) *m*. lazo; (プリンターの) *f*. cinta (de impresora). ▶彼女はいつも髪にピンクのリボンをつけている Siempre lleva en el pelo una cinta de color rosa. ▶贈り物にはきれいなリボンがかけてあった El regalo estaba atado con bonitas cintas.

リマ Lima (☆ペルーの首都).

りまわり 利回り (利潤) *m*. rendimiento; (利子) *m*. interés. ▶債券の利回り *mpl*. productos de obligaciones. ▶利回りが [1よい [2悪い] *v*. dar* [generar, producir*] [1alto [2bajo] rendimiento. ◆その証券は年6分の利回りになる 'Ese bono [Esa obligación] produce un interés anual del 6%.

リミット *m*. límite.

リムーバブル・ハード・ディスク《専門語》*m*. disco duro extraíble [removible].

リムジン (リムジン車) *f*. limusina.

りめん 裏面 ❶[物の裏側] *m*. dorso，*m*. reverso，*m*. lado opuesto. ◆裏面へ続く Léase al dorso, Pase la página.
❷[表に現われない部分] ▶裏面史 *m*. historia de dentro. ▶[1人生 [2社会]の裏面 *m*. lado sórdido de la [1vida [2sociedad]. ▶裏面工作 *fpl*. maniobras ocultas. ▶裏面で操る *v*. tirar de「las cuerdas [los hilos].

リモート ▶リモート・アクセス《専門語》 *m*. acceso remoto. ▶リモート・ログイン《専門語》 *f*. conexión remota. ▶リモート管理《専門語》 *f*. administración remota. ▶リモート端末《専門語》 *m*. terminal remoto.

リモートコントロール →リモコン.

リモコン *m*. mando a distancia，*m*. control remoto; (テレビの) *m*. telemando，*m*. telecontrol, *m*. zapeador.

[地域差] リモコン
[スペイン] *m*. mando a distancia
[ラテンアメリカ] *m*. control remoto

リャオニン 遼寧 《ピンイン》 Liaoning (☆中国の省).

リヤカー *m*. remolque (para bicicletas).

りゃく 略 *f*. omisión.

りゃくご 略語 *f*. abreviatura 《de》, *f*. sigla 《de》. ▶IVA は Impuesto de Valor Añadido (付加価値税)の略語です IVA es una abreviatura de "Impuesto de Valor Añadido".

りゃくじ 略字 *f*. forma simplificada de un ideograma chino.

りゃくしき 略式 ▶略式の *adj*. informal. ▶略式の服装で *f*. ropa informal. ▶略式裁判 *m*. juicio sumario.

りゃくしょう 略称 (省略形) *f*. abreviatura. ▶国連は国際連合の略称である "Kokuren" es una abreviatura de "Kokusairengo".

●**りゃくす 略す** (省く) *v*. omitir, dejar (fuera); (短縮する) *v*. abreviar, acortar; (語句を) *v*. abreviar; (書物・話を) *v*. simplificar*, resumir. ▶その前置詞を略す *v*. omitir la preposición. ▶ページを p と略す *v*. abreviar "página" como "p". ▶略さずに名前を書く *v*. escribir* el nombre completo [sin abreviar]. ◆山田を略して彼を山と呼んでいます Le llamamos "Yama" como forma abreviada de "Yamada".

りゃくず 略図 *m*. bosquejo，*m*. esbozo; (略地図) *m*. mapa esquemático. ▶略図を書く *v*. esbozar* [trazar*] un mapa esquemático.

りゃくだつ 略奪 *m*. pillaje，*m*. saqueo, *f*. rapiña. ▶略奪品 *m*. botín，*mpl*. productos del saqueo. ▶略奪者 *mf*. saquea*dor/dora*. ▶[1町 [2市民]からめぼしいものをすべて略奪する *v*. [1despojar a la ciudad de [2desvalijar a los

ciudadanos] todos los objetos de valor.
りゃくれき 略歴 f. breve historia personal.
リヤド Riyadh 《☆サウジアラビアの首都》.
リヤマ f. llama 《☆ラクダ科ラマ属》.

***りゆう** 理由 f. razón 《de, para》, m. porqué 《de, para》, f. causa, m. motivo, (根拠) m. fundamento, f. base, (過失などの理由・言い訳) m. pretexto, f. excusa.

1《〜理由》◆ちゃんとした理由もなく学校を休んではいけない No debes faltar a clase sin una buena razón. ◆これという理由もなく彼は私に電話をしてきた Me llamó por teléfono sin ninguna razón en especial.

2《理由が[は]》◆彼には苦情を言うだけの十分な理由がある Tiene por qué quejarse. / Tiene toda la razón para quejarse. ◆それで彼女が来なかった理由が分かった Eso explica「por qué no apareció [la razón por la cual no apareció]. ◆彼が遅刻した理由は電車に乗り遅れたんで「La razón [El motivo] de su tardanza es que perdió el tren. ◆彼を手伝うつもりはないわ。手伝わなくちゃならない理由なんてないもの No voy a ayudarle. ¿Hay alguna razón por la que deba hacerlo? ◆理由はどうあれそこへ行ってはいけません No debes ir allí por ninguna razón. / Bajo ningún motivo debes ir allí.

3《理由に》◆彼は病気を理由にその会議に出席しなかった No asistió a la reunión「bajo el pretexto [con la excusa] de que estaba enfermo. ◆そんなことは遅刻の理由にならない No es「una razón suficiente [una excusa que valga] para llegar tarde.

4《理由を》◆今日ここへ来た理由をおっしゃってください Dígame la razón de haber [que haya] venido hoy aquí. / Dígame por qué ha venido hoy aquí. / ¿Con qué motivo ha venido usted hoy aquí? ◆彼は何かと理由をつけて学校を休んだ Por una u otra razón faltaba a clase.

5《理由で》◆彼は健康上の理由で辞職した Dimitió por razones de salud. ◆どういう理由で彼はそれをしたのですか ¿Por qué razón hizo eso? / ¿Cuál fue「el porqué [el motivo, la causa] de haber hecho tal cosa? / ¿Por qué hizo eso? ◆こういう理由で私は教師を辞めます Por「esta razón [este motivo, esta causa] dejo la enseñanza. / Este es el porqué de dejar yo la enseñanza. ⇨謂れ, 根拠, 筋合い, 大義, 都合

りゅう 竜 m. dragón.

-りゅう -流 ❶【やり方】m. modo, f. manera, f. forma; (方法) m. manera, f. forma, (様式) m. estilo. ◆自己流でやる v. hacer* algo a su manera [estilo].

❷【流派】f. escuela. ◆小笠原流の生け花 El estilo Ogasawara de arreglo floral.

❸【階級】f. clase; (地位) f. categoría, m. rango; (等級) f. clasificación. → top.

りゅうい 留意 ◆留意する v. prestar [dar*, 《教養語》conceder] atención 《a》, atender* 《a》; (気をつける) tener* cuidado 《con》, estar* atento 《a》; (心に留める) v. tener* presente, tener* en cuenta ⇨心掛ける, 注意する

りゅういき 流域 f. cuenca; (大河の) m. valle.

▶淀川流域 f. cuenca del Yodo. ▶ナイル川流域 el valle del Nilo.

りゅういん 溜飲 ◆溜飲が下がる v. sentirse* feliz [contento, satisfecho]. ◆彼の辞職を聞いて溜飲が下がった Me alegré de「oír que había dimitido [conocer su dimisión].

りゅうかい 流会 ◆定数不足のために流会になった La reunión fue anulada por falta de quórum.

***りゅうがく** 留学 ◆留学生 mf. alumno/na que estudia en el extranjero; (海外からの) mf. estudiante extranjero/ra; (海外への) mf. estudiante en el extranjero. ▶コロンビアからの交換留学生 mf. estudiante de intercambio de Colombia. ▶日本の外国人留学生 mf. estudiante extranjero/ra en Japón.

—— 留学する (外国で勉強する) v. estudiar en el extranjero; (勉強のために外国に行く) v. ir* fuera [al extranjero] a estudiar. ◆彼は2年間フランスに留学していた Ha estado dos años estudiando en Francia. ◆私はスペイン文学研究のため来年スペインに留学するつもりです Pienso ir a España a estudiar literatura española el año que viene.

りゅうかん 流感 f. gripe, 『ラ米』f. gripa, f. influenza. ▶流感にかかる v. agarrar [『スペイン』coger], 《口語》pillar] la gripe. ▶流感にかかっている v.「estar* con [tener*] gripe. ◆学校で流感がはやっている En la escuela hay una epidemia de gripe.

りゅうき 隆起 (土地の) m. levantamiento; (樹木のこぶ) f. protuberancia; (道路の) m. bache. ▶隆起する v. levantarse. ▶火山活動で隆起した土地 f. tierra que se levantó debido a la actividad volcánica.

りゅうぎ 流儀 (やり方) m. modo; (独特のやり方) f. manera, (様式) m. estilo; (流派) f. escuela. ▶昔流儀の考え fpl. ideas anticuadas. ◆彼女は何でも自分の流儀でやりたがる Ella quiere hacerlo todo a su modo.

りゅうきゅう 琉球 《fpl. islas de》Ryukyu.

りゅうけつ 流血 m. derramamiento de sangre, 《教養語》f. caso de efusión de sangre. ▶流血事件 m. caso de efusión de sangre. ▶流血を避ける v. prevenir* el derramamiento de sangre. ▶流血にいたる v. llevar al derramamiento de sangre.

りゅうげんひご 流言飛語 ◆流言飛語を放つ (根も葉もない) v. divulgar* [hacer* correr] un rumor infundado.

***りゅうこう** 流行 ❶《服などの》f. moda, f. tendencia, 《口語》f. boga; (流行の型) m. estilo; (一時的大流行) f. locura, 《口語》f. manía, 《口語》el último grito.

1《流行+名詞》◆流行歌 f. canción popular [de moda]. ◆流行語 f. palabra de moda (que se oye mucho, que está pegando [《口語》pisando] fuerte). ▶流行作家 mf. escritor/tora de moda. ▶流行遅れの服 f. ropa「pasada de moda [anticuada].

2《流行は》◆婦人服の流行ははやりすたりがはげしい Las modas femeninas se pasan rápida-

mente. ♦コンピューターゲームの流行は全国に広がった La locura por los juegos de ordenadores barrió en todo el país.
3《流行の》;（服などの）*adj.* de moda, en boga;（人気のある）*adj.* popular, que se lleva (mucho).♦彼女は流行の髪型をしている Lleva un peinado de moda. / Su peinado ⌈se lleva mucho [está de moda].♦彼女は最新流行の服を着ている Va vestida ⌈a la última moda [muy de moda]. /《口語》Lleva una ropa que es el último grito.
4《流行に》♦流行にとらわれる *v.* adaptarse a la moda.♦流行に遅れないようにする *v.* ⌈ir* a [seguir*] la moda.
5《流行を》♦（パンツの）流行を作り出す *v.* imponer* una moda (para los trajes pantalón).♦彼女はいつも流行を追っている Va siempre a la moda. Siempre sigue la moda. /《スペイン》《口語》Es una chica que va siempre al último grito.
6《流行だ》♦これが今年の流行だ Es la moda de este año.♦当時女性はひざまである革のブーツをはくのが流行だった Entonces estaba de moda entre las mujeres llevar botas altas de cuero.
❷【病気などの】*f.* epidemia, *f.* propagación.▶コレラの流行 *f.* propagación de cólera.

── 流行する ❶【服などが】*v.* estar* ⌈de moda [《口語》en boga].♦ロングスカートが流行したのはいつでしたか ¿Cuándo se pusieron de moda las faldas largas? ♦この春はかかとの低い靴が流行しそうです Parece que esta primavera se van a poner de moda los zapatos de tacón bajo.
❷【病気などが】（すぐに広まる）*v.* propagarse* rápidamente;（広まっている）*v.* estar* extendido.♦今風邪が生徒の間で流行している Ahora se están propagando los catarros entre los alumnos.

りゅうこうせいかんぼう 流行性感冒 *f.* gripe, *f.* influenza.
りゅうさん 硫酸 *m.* ácido sulfúrico.▶濃硫酸 *m.* ácido sulfúrico concentrado.▶硫酸アンモニウム [²銅] *m.* sulfato ¹amónico [²de cobre].▶硫酸塩 *m.* sulfato.
りゅうざん 流産《一般》*m.* aborto.▶習慣性流産《専門語》*m.* aborto habitual.▶切迫流産《専門語》*m.* aborto inminente.♦彼女は妊娠3か月で流産した Tuvo un aborto al tercer mes de embarazo.
りゅうし 粒子 *f.* partícula.
りゅうしつ 流失 ▶流失家屋 *fpl.* casas arrastradas por las aguas.▶橋が洪水で流失した El puente fue arrastrado por la inundación.
リュージュ（競技用そり・競技）《仏語》*m.* "luge" (☆発音は [luːʒ, luːs]).
りゅうしゅつ 流出 ▶*f.* fuga, *f.* salida;（財産などの）*f.* evasión, *f.* fuga.▶金（*きん*）の国外流出 *f.* salida [*m.* flujo] de oro del país.▶頭脳流出 *f.* fuga de cerebros.▶流出する *v.* derramarse [salirse*] 《de》.♦溶岩が噴火口から流出を続けた La lava seguía saliéndose del cráter.

りゅうせい 隆盛 *f.* prosperidad.▶隆盛な *adj.* próspero, floreciente.♦彼の事業は当時隆盛をきわめた Entonces su negocio prosperaba [marchaba bien].
りゅうせい 流星 *f.* estrella fugaz, *m.* meteorito, 《比喩的に》 *m.* meteoro.▶流星群 *f.* lluvia de meteoros [estrellas fugaces].
リュウゼツラン 竜舌蘭 *m.* maguey.
りゅうせんけい 流線型 *f.* forma aerodinámica.▶流線型の *adj.* aerodinámico.▶流線型にする *v.* aerodinamizar*, dar* forma aerodinámica.
りゅうち 留置 *f.* detención.▶留置所 *m.* cuarto de detención.▶留置する *v.* detener*.♦数人の過激派が留置されている Están detenidos algunos radicales.
りゅうちょう 流暢 ▶流暢な *adj.* fluido, suelto.▶日本語を流暢に話す *v.* hablar japonés con soltura [fluidez].
りゅうつう 流通 （貨幣の）*f.* circulación;（物資の）*f.* distribución;（空気の）*f.* ventilación. → 換気.▶流通貨幣 *f.* moneda en circulación.▶流通¹機構 [²経路; ³網] ¹ *m.* sistema [² *fpl.* vías; ³ *f.* red] de distribución.▶流通産業 *f.* industria de la distribución.▶流通革命 *f.* revolución en la distribución.

── 流通する *v.* circular.▶流通させる *v.* circular, poner* en circulación.♦百円札は今は流通していない Los billetes de 100 yenes no están en circulación.
リュート *m.* laúd.
りゅうどう 流動 ▶流動体[性]の（気体・液体が）*adj.* líquido, fluido.▶流動的な *adj.* líquido, fluido;（移動しやすい）*adj.* móvil, ambulante;（固定していない）*adj.* inestable, no fijo.▶流動的社会 *f.* sociedad móvil.▶流動体 *m.* fluido;（液状の）*m.* líquido.▶流動食 *f.* dieta líquida, *m.* régimen (a base) de líquidos.♦その問題についてのわれわれの考えは流動的だ Nuestras ideas al respecto no están fijas.
りゅうとうだび 竜頭蛇尾 ♦彼の演説は竜頭蛇尾に終わった（＝初めはよかったが、最後はつまらなかった）Su discurso empezó muy bien pero al final decepcionó.
りゅうにゅう 流入 ▶流入（流れ込むこと）*f.* afluencia, *f.* entrada.▶流入する（流れ込む）*v.* afluir* 《a, en》;（入る）*v.* entrar* 《en》.▶難民の大量流入 *f.* gran afluencia de refugiados.
りゅうにん 留任 ▶留任する *v.* seguir* en su cargo.♦彼に委員長留任をお願いする *v.* pedirle* que siga en el cargo de presidente.
りゅうねん 留年 ▶留年する（進級できない）*v.* no poder* pasar [avanzar*] al siguiente curso;（同じ学年に残る）*v.* repetir* curso.▶留年者（落第生）*mf.* repetidor/dora.
りゅうは 流派 *f.* escuela.▶華道には流派がいろいろある Hay numerosas escuelas de arreglo floral.▶ ─一門, 一派.
りゅうび 柳眉 ▶柳眉を逆立てる（＝怒ってまゆをつり上げる）*v.* alzar* las cejas (enfadado).
りゅうひょう 流氷 *m.* témpano, *m.* hielo a la deriva;（浮氷）*m.* témpano flotante;（浮氷

塊) *mpl*. témpanos de hielo.

りゅうほ 留保 *f*. reserva. → 保留. ▶留保する *v*. reservar. ♦ 本書の翻訳権は留保されている Reservados todos los derechos de traducción de este libro.

りゅうぼく 流木 *f*. madera flotante.

リューマチ 《専門語》*m*. reumatismo, 《口語》*mf*. reúma, 《口語》*mf*. reuma. ▶関節リューマチ *m*. reumatismo articular. ▶リューマチ熱 《専門語》*f*. fiebre reumática. ▶リューマチ患者 *mf*. reumático/ca. ▶リューマチを患う *v*. tener* reúma, 《教養語》《専門語》padecer* reumatismo.

りゅうれい 流麗 ▶流麗な(流れるような) *adj*. fluido; (優雅な) *adj*. elegante; (品格のある) *adj*. refinado. ▶流麗な文章を書く *v*. escribir* con un estilo fluido y elegante.

リュック(サック) *f*. mochila; (兵士用) *m*. macuto; (羊飼いなどの) *m*. morral. ▶リュックサックを背負う *v*. llevar a la espalda una mochila.

リュブリャナ Liubliana (☆スロベニアの首都).

* **りよう** 利用 *m*. uso, *m*. empleo, *f*. utilización.

1《〜利用》▶廃物利用 *m*. reciclaje de objetos de deshecho. ▶原子力の平和的利用 *mpl*. usos pacíficos de la energía atómica.

2《利用＋名詞》▶利用者 *mf*. usuario/ria. ▶利用価値がない *v*. no ser* nada útil, ser* inservible. ▶利用価値が大いにある *v*. ser* muy útil, servir* para mucho. ▶この道具には多くの利用法がある Esta herramienta tiene muchos usos.

—— 利用する ❶【役立たせる】 *v*. usar, utilizar*, emplear, hacer* uso de, servirse 《de》, valerse* 《de》; (うまく) *v*. aprovechar, sacar* provecho [partido] 《de》; (実用的に) *v*. aprovechar, utilizar*. ♦ 勉強するのに図書館を利用する *v*.「hacer* uso de [usar, utilizar*] la biblioteca para estudiar. ♦ 倉庫を実験室として利用する *v*. utilizar* [emplear] el almacén como [de] laboratorio. ♦ 施設を[十分]利用する *v*. usar [1]mejor [2]al máximo] las instalaciones. ♦ 川のエネルギーを動力源として利用する *v*. aprovechar la fuerza del río como fuente de energía. ♦ あらゆる機会を利用してスペイン語の上達をはかる *v*. aprovechar cualquier ocasión para mejorar el español. ♦ 休暇を利用して(＝取って)ハワイに行く *v*. ir* a Hawai de vacaciones. ♦ 余暇を最大限に利用しなさい Haz el mejor uso de tu tiempo libre.

❷【不当に利用する】(自己本位に) *v*. usar; (弱みにつけ込んで) *v*. aprovecharse 《de》, sacar* provecho 《de》; (不正に) *v*. explotar. ▶子供を安い労働力として利用する *v*. usar [explotar] a los niños como mano de obra barata. ♦ 友人を利用する *v*.「usar a [aprovecharse de] los amigos. ♦ 人に利用されるのはいやだ No me gusta que nadie me use.

❸【乗り物を】 *v*. tomar, usar; (乗って行く) *v*. ir* 《en》. ▶よくバスを利用する *v*. tomar mucho el autobús. ♦ 渋谷まで地下鉄を利用する *v*. tomar el metro a Shibuya.

—— 利用できる *adj*. disponible, utilizable, aprovechable. ▶利用できるすべての金 *m*. todo el dinero disponible. ♦ このプールは会員だけが利用できる Esta piscina [《メキシコ》 alberca] sólo es「utilizable para [para uso de] los socios.

りよう 理容 →理髪. ▶理容学校 *f*. escuela de barbería.

* **りょう** 量 *f*. cantidad; (大きな) *m*. volumen. 《会話》 どのくらいの量のミルクが必要ですか—少しでいいです ¿Cuánta [¿Qué cantidad de] leche quieres? – Sólo un poco. ♦ 仕事の量が着実に増えている La cantidad de trabajo va en aumento a un ritmo constante. ♦ 今年はどれくらいの量のスペイン産オレンジが輸入されましたか? ¿Qué cantidad [volumen] de naranjas españolas se ha importado este año? / ¿Cuántas naranjas españolas se han importado este año? ♦ その13倍 [22倍]の量が必要です Necesitamos una cantidad [1]tres [2]dos] veces mayor. ♦ [1]膨大な [[2]相当な; [3]ある程度の; [4]一定の]量のガソリンがこれらのタンクに貯蔵されています Hay una cantidad [1]enorme [[2]considerable; [3]no apreciable; [4]determinada] de gasolina almacenada en estos depósitos. ♦ 今年は雨の量が[1]多かった [[2]少なかった] Este año hemos tenido lluvia [1]abundante [[2]《口語》escasa]. / Este año [1]ha llovido en cantidad [[2]apenas ha llovido]. ♦ こちらのコップの方があちらのより水の量が[1]多い [[2]少ない] En este vaso hay [1]más [[2]menos] (cantidad de) agua que en ése.

りょう 猟 (一般) *f*. caza; (具体的な) *f*. cacería. → 狩猟, 狩り. ▶猟をする *v*. cazar*. ▶猟期 *f*. temporada de caza. ▶猟犬 *m*. perro de presa [caza]. ▶猟場 *m*. terreno de caza, *m*. cazadero. ▶猟に行く *v*. ir*「de caza [a cazar*], salir*「de caza [de cacería.

りょう 漁 (魚採り全般) *f*. pesca; (漁業) *f*. pesquería; (漁獲高) *f*. pesca, *f*. captura. ▶漁をする *v*. pescar*. ▶漁に行く *v*. ir*「de pesca [a pescar*].

りょう 寮 (大学などの) *m*. colegio mayor, *f*. residencia (de estudiantes), *m*. internado; (学生・青年労働者用の) *m*. albergue, *f*. residencia. ▶独身寮 *m*. departamento [《スペイン》 *m*. piso] de soltero. ▶寮生 *mf*. interno/na; (学生) *mf*. (estudiante) interno/na. ▶寮長 *m*. encargado de la residencia. ▶寮母 *f*. encargada de la residencia. ▶寮費 *m*. gastos de residencia. ♦ (申し込んでいた)寮に入れることになりました He conseguido una plaza en la residencia.

りょう 良 (成績の) *m*. Notable, *f*. "B", *m*. 7 u 8.

りょう- 両- ▶両側 *mpl*. ambos lados. ▶両端に *adv*. a ambos lados. ▶両三日 *mpl*. dos o tres días.

-りょう -料 (サービスなどの料金) *m*. precio; (単位当たりの料金) *m*. precio, *f*. tarifa; (授業料) *mpl*. derechos de matrícula; *mpl*. honorarios; (入場料) *f*. (derechos de) entrada; (通行料) *m*. peaje. ▶(1回の)通話料 *f*. tarifa telefónica. ▶劇場の入場料 f. entrada al teatro.

-りょう -領 →領土. ▶アフリカのフランス領 fpl. posesiones 《教養語》fpl. soberanías francesas en África.

りょういき 領域 (研究などの分野) m. campo, f. área, f. especialidad; (活動などの範囲) f. esfera. ▶科学の領域 m. dominio 「m. campo, f. esfera」 de la ciencia. ▶それは私の領域外だ Eso está fuera de mi campo [terreno].

りょういん 両院 fpl. ambas Cámaras. ▶両院議員 mpl. miembros de ambas Cámaras. ▶両院協議会 f. comisión conjunta de las dos Cámaras. ◆法案は両院を通過した El proyecto de ley fue aprobado en ambas Cámaras.

りょうか 良貨 f. moneda buena. ◆悪貨は良貨を駆逐する →悪貨.

りょうが 凌駕 ◆凌駕する v. superar, sobrepasar, exceder.

りょうかい 了解 (理解) m. entendimiento, f. comprensión 《de》; (同意) m. consentimiento [f. aprobación] 《de》, m. acuerdo 《sobre》. ▶了解を得る adv. con 〈su〉 consentimiento. ▶了解を得る [2求める] v. ¹obtener* [²pedir*]〈su〉aprobación [consentimiento]. ▶〈...であるという〉了解のもとに conj. con el acuerdo de que... ▶1口頭 [2文書] での了解 m. consentimiento ¹verbal [²escrito]. ◆だれがわれわれのチームの主将をつとめるかということで彼らと暗黙の了解があった Hubo un acuerdo tácito con ellos sobre quién sería el/la capitán/tana del equipo.

—— v. consentir*, aprobar*, entender*. ◆もう一度やってみるということでみんな了解した Todos estuvimos de acuerdo en volver a intentarlo. / Se acordó entre todos intentarlo una vez más. ◆彼は日曜日に来ると私は了解している Entiendo que viene el domingo.

りょうかい 領海 fpl. aguas territoriales [jurisdiccionales], f. soberanía marítima. ▶領海侵犯 f. violación de「las aguas territoriales [la soberanía marítima]」 ◆その船は日本の領海域から12海里以内にいた El barco estaba dentro del límite de las 12 millas de aguas territoriales japonesas.

りょうがえ 両替 m. cambio. ▶両替機 f. máquina de cambio. ▶円をドルに両替する v. cambiar yenes en [por] dólares. ▶1万円札を両替する (=くずす) v. cambiar un billete de 10.000 yenes. ◆ホテルで両替するとレートが悪い En los hoteles el (tipo de) cambio es malo. ◆両替は空港でもできます Se puede cambiar también en el aeropuerto.

りょうがわ 両側 m. los [ambos] lados. ▶通りの両側に adv. en [a]「los dos [ambos] lados」de la calle.

りょうかん 量感 ▶量感のある adj. masivo, voluminoso.

りょうがん 両岸 ▶川の両岸に adj. en [a]「las dos [ambas] orillas」del río.

りょうがんかくりしょう 両眼隔離症 (専門語) m. hipertelorismo.

りょうき 漁期 f. temporada de pesca. ▶サケの漁期 f. temporada de pesca del salmón.

りょうきょく 両極 mpl. dos polos; (両極端) mpl. dos [ambos] extremos. ▶愛と憎しみの両極端 mpl. extremos del amor y el odio. ◆彼らの意見は両極(端)に立っている Sus opiniones「están en polos opuestos [son diametralmente distintas].

・りょうきん 料金 m. precio, m. coste, f. tarifa, mpl. honorarios, mpl. derechos, f. cuota, m. peaje, f. tasa.

1《～料金》▶公共料金 f. tarifa de servicios públicos. ▶1水道 [2ガス; 3電気] 料金 m. precio [f. tarifa] ¹del agua [²del gas; 3de la electricidad]. ▶1郵便 [²電話] 料金 fpl. tarifas ¹postales [²telefónicas]. ▶バス料金 m. precio del autobús. ▶10 パーセントのサービス料金 m. servicio del 10%.

2《料金＋名詞》▶料金所 (有料道路などの) m. (puesto de) peaje. ▶料金箱 (バスなどの) f. caja del dinero. ▶料金表 f. lista de precios [tarifas].

3《料金は》▶配達の料金はいくらですか ¿Cuánto cobran por「entrega a domicilio [llevarlo a casa]」? ▶博多までの料金はいくらですか ¿Cuánto cuesta [es] a Hakata? / ¿Qué precio tiene hasta Hakata? / ¿Cuánto es el pasaje a Hakata? ◆タクシー料金は¹高い [²来月値上げになる] El precio del taxi ¹es alto [²va a subir el mes que viene].

4《料金を》◆彼はバスに乗ってから料金を払った Subió al autobús y pagó su billete [pasaje,『ラ米』boleto]. ◆その修繕に5千円の料金を請求された Me cobraron 5.000 yenes por la reparación. ◆橋を渡るのに料金を払わなければならなかった Tuvimos que pagar peaje al cruzar el puente.

5《料金で》▶6歳未満の子供は割引料金でバスに乗れる Los niños de menos de seis años pueden viajar en autobús「a precios reducidos [con un billete más barato]」.

りょうくう 領空 m. espacio aéreo (territorial). ▶中国の領空を侵犯する v. violar el espacio aéreo de China.

りょうけ 良家 f. buena familia. ▶良家の子女 mpl. hijos de「una buena familia [alto linaje]」.

りょうけん 猟犬 m. perro de presa [caza].

りょうけん 了見 (考え) f. idea; (意図) f. intención. ▶了見の狭い人 f. persona de ideas [miras] estrechas. ▶悪い了見を起こす v. tener* [concebir*]「malas ideas [mala in-

両替 Cambio de moneda →両替

tención]. ♦勝手に私の部屋を使うとはどういう了見だい¿Por qué tienes que usar mi habitación sin permiso? ♦それは君の了見違いだEstás equivocado. / Te equivocas.

りょうこう 良好 ♦良好な(よい) *adj.* bueno; (りっぱな) *adj.* estupendo; (非常によい) *adj.* excelente; (申し分ない) *adj.* satisfactorio.

りょうさん 量産 *f.* producción en serie [masa]. ♦量産車 *mpl.* automóviles producidos en serie. ♦(自転車を)量産する *v.* producir* en serie [masa] (bicicletas).

りょうし 漁師 *mf.* pescador/dora.

りょうし 猟師 *m.* cazador.

りょうし 量子 *m.* cuanto. ♦量子物理 *f.* física cuántica. ♦量子論 *f.* teoría de los cuantos. ♦量子力学 *f.* mecánica cuántica.

りょうじ 領事 *m.* cónsul. ♦総領事 *mf.* cónsul general. ♦副領事 *mf.* vicecónsul. ♦バルセロナ駐在日本国領事 *m.* Cónsul japonés en Barcelona. ♦(総)領事館 *m.* consulado (general). ♦領事館員 (個人) *m.* funcionario consular; (全体) *m.* personal del consulado.

りょうしき 良識 *m.* sentido común, *f.* sensatez, *m.* buen sentido. ♦良識のある人 *f.* persona de [con] sentido común, *m.* hombre sensato, *f.* mujer sensata. ♦良識のある行動をとる *v.* comportarse [actuar*] con sentido común. ♦そんなことをしないだけの良識はあるTengo el suficiente sentido común para no hacer tal cosa. ♦良識をわきまえられないの?¿Es que no tienes sentido común? ☞常識, 知性

りょうしつ 良質 *f.* buena calidad. ♦良質の *adj.* de buena calidad. ♦良質紙 *m.* papel de (buena) calidad.

りょうしゃ 両者 los dos, *pron.* ambos. → 両方. ♦両者の実力は互角だLos dos tienen un nivel semejante. /「Los dos [Ambos] están igualados.

りょうしゅう 領収 *m.* recibo, *f.* recepción. ♦領収書 *m.* recibo. ♦領収書を書く *v.* extender* [hacer*, escribir*] un recibo (por el dinero). ♦領収する *v.* recibir. ♦領収書をください¿Me puede dar [(教養語)extender] un recibo, por favor? ♦領収済み Recibí. / Recibido con agradecimiento. ♦百万円確かに領収しましたRecibí un millón de yenes. (☆この場合, スペイン語では「確かに」の訳は不要)

りょうじゅう 猟銃 *f.* escopeta, *m.* rifle de caza.

りょうしょう 了承 (承認) *f.* aprobación; (理解) *m.* entendimiento; (同意) *m.* consentimiento. ♦その計画を了承する *v.* aprobar* el plan; (同意する) *v.* acceder al plan, dar* su consentimiento al plan.

***りょうしん** 良心 *f.* conciencia.

1《良心が》♦彼には良心がない No tiene conciencia. ♦そのことでは良心がとがめた Me sentía culpable sobre eso. ♦盗άは彼の良心がどうしても許さなかった Su conciencia no le permitiría robar.

2《良心の》♦それは良心の問題だ Es un asunto de conciencia. ♦良心の呵責(かしゃく)にさいなまれて彼はついに警察に自首した Torturado por la conciencia,「acabó entregándose [por fin se entregó] a la policía. ♦私は彼との約束を破ったことに良心の呵責(かしゃく)を感じた「Sentí remordimientos de conciencia [Me remordía la conciencia] por no haber cumplido la promesa que le hice.

3《良心に》♦良心に従う[2従って行動する] *v.* ¹seguir* [²actuar* de acuerdo con] el dictado de la conciencia. ♦良心に反する命令には従いません Nunca obedeceré una orden que vaya contra mi conciencia. ♦良心に恥じる[やましい]ところがない Tengo la conciencia tranquila [limpia]. ♦私は良心にかけてそんなことはできない En conciencia, no puedo hacer eso. / Mi conciencia no me permite hacer tal cosa.

—— **良心的な** *adj.* concienzudo; (正直な) *adj.* honrado, honesto. ♦良心的な商取引 *mpl.* tratos honrados. ♦彼は良心的な仕事をする人だ Hace su trabajo a conciencia. / (仕事に良心的だ) Es concienzudo en su trabajo. ♦あの店はとても良心的だ En esa tienda son muy honrados.

***りょうしん** 両親 *mpl.* padres, 《教養語》*mpl.* progenitores; (父母) el padre y la madre. ♦私の両親は神戸に住んでいます Mis padres viven en Kobe.

りょうせい 両性 *mpl.* ambos [los dos] sexos. ♦両性の合意 *m.* acuerdo entre los dos sexos. ♦両性花 *f.* flor bisexual, 《専門語》*mf.* hermafrodita.

りょうせい 良性 ♦良性の *adj.* benigno. ♦良性の腫瘍 *m.* tumor benigno.

りょうせいばい 両成敗 ♦けんか両成敗《言い回し》Dos no pelean si uno no quiere.

りょうせいるい 両生類 (両生動物) *m.* anfibio.

りょうせん 稜線 (山の尾根) *f.* cresta de una montaña.

りょうたん 両端 *mpl.* dos [ambos] extremos, *fpl.* dos puntas.

りょうち 領地 *m.* territorio; *m.* señorío.

りょうて 両手 *fpl.* dos [ambas] manos; (両腕) *mpl.* dos [ambos] brazos. ♦両手で人の首に抱きつく *v.* rodear 《a + 人》el cuello con ambos brazos. ♦両手を広げる(手を) *v.* abrir* las manos; (腕を) *v.* extender* los brazos. ♦両手を使って箱を持ち上げる *v.* usar las dos manos para levantar la caja. ♦鳥を両手で包むように持つ *v.* abrigar* a un pájaro con las manos. ♦彼は両手に花だ(=美人の間にいる)Está sentado entre dos bellezas.

りょうてい 料亭 "ryotei", 《説明的に》*m.* restaurante tradicional japonés.

りょうてんびん 両天秤 ♦両天秤にかける(両方を獲得[達成]しようとする) *v.* intentar en ambos sentidos; 《口語》nadar entre dos aguas, 《口語》querer* repicar* y estar* en la procesión. (☆同時にすることを達成しようとする); (正反対の両方から利を得る) *v.* jugar* con dos barajas, 《口語》nadar y guardar la ropa. ♦彼は両天秤をかけて失敗した(=あぶ

ちとらずになった) Fracasó por querer 《口語》 nadar entre dos aguas.

りょうど 領土 （領海を含む） m. territorio; （属領） f. posesión, （王などの） m. dominio, m. señorío (histórico). ▶北方領土 las cuatro islas del Norte. ▶昔のスペインの領土 fpl. anteriores posesiones españolas. ▶領土を保全する v. mantener* la integridad territorial. ♦この島は日本の領土だ Esta isla「es territorio japonés [pertenece a Japón].
—— **領土の** adj. territorial. ▶領土権 mpl. derechos territoriales. ▶領土問題 f. cuestión territorial.

りょうねい 遼寧 →リャオニン

りょうば 漁場 m. caladero, f. pesquera.

りょうひ 良否 （質） f. calidad. ▶油の品質の良否を調べる v. comprobar* la calidad del aceite.

りょうふう 涼風 f. brisa fresca.

りょうぶん 領分 （活動の領域） m. territorio; （分野） m. campo, f. esfera; （範囲） f. competencia, 《フォーマル》 f. incumbencia. ▶人の領分をおかす v. invadir「el territorio [la esfera] de otro. ♦それは私の領分ではない Eso「está fuera de [es ajeno a] mi competencia.

＊＊りょうほう 両方 los dos, pron. ambos （☆ambosは口語ではあまり使われない）.
　1《両方の[とも]》♦その答えは両方とも正しい Las dos respuestas son correctas. ♦彼らの家は両方とも庭付きだ「Las dos casas de ellos [Sus dos casas] tienen jardín. ♦両方とも食べた Me comí los dos. ♦互いに相手をよく知っている Los dos se conocen bien. ♦この間の日曜日に教会で手袋を両方ともなくした El domingo pasado perdí「los dos [mi par de] guantes en la iglesia.
　2《AとBの両方とも…だ(肯定)》 A y B, tanto A como B, los dos (A y B). ♦君とぼくの両方とも行かなくてはならない Tú y yo debemos irnos. / Tenemos que irnos los dos. ♦彼は野球とサッカーの両方とも得意だ Se le da bien el béisbol y el fútbol. / Juega tanto al béisbol como al fútbol.
　3《(AとBの)両方とも…でない》 adj. ninguno; adv. ni A ni B. ♦両方ともよくない Ninguno (de ellos) es bueno. ♦彼と私の両方とも責任はない Ni él ni yo somos responsables. / Ninguno de nosotros dos somos responsables. ♦それらの本は両方とも必要でない No necesito「ninguno de los dos libros [ni un libro ni otro].

りょうほう 療法 ▶風邪の民間療法 m. remedio popular [casero] contra el resfriado. ▶ショック療法 m. tratamiento por electrochoques. ▶温泉療法 f. balneoterapia. ▶食事療法を¹している [²する] v. ¹estar* [²ponerse*] a régimen [dieta].

りょうめん 両面 ▶「los dos [ambos] lados. ▶両面接着テープ f. cinta que pega por los dos lados. ▶物事の両面を見る v. mirar [considerar, tener* en cuenta] los dos lados de las cosas.
　地域差 **両面通行の(道路)**
　　〔スペイン〕 f. calle de doble dirección
　　〔キューバ〕 f. calle de dos sentidos [vías]
　　〔メキシコ〕 f. calle de「doble sentido [dos sentidos]
　　〔コロンビア〕 f. calle de doble vía
　　〔ペルー〕 f. calle de doble sentido [vía]
　　〔アルゼンチン〕 f. calle de「doble mano [dos manos]

りょうやく 良薬 f. buena medicina. ♦良薬は口に苦し Las buenas medicinas son amargas. / 《言い回し》 La verdad duele.

りょうゆう 領有 ▶領有する v. poseer*, estar* en posesión 《de》. ♦日本はこの島を領有する（＝所有）Japón「está en posesión de [posee] esta isla.

りょうよう 療養 （治療） m. tratamiento médico, f. cura; （病後の） f. recuperación. ▶自宅療養 m. tratamiento domiciliario, 《口語》 f. cura en casa. ▶療養所 m. sanatorio. ▶療養する v. recibir [seguir*] tratamiento médico, recuperarse, curarse. ▶(伊豆に)転地療養に行く v. ir* (a Izu) para cambiar de aires.

＊りょうり 料理 【調理すること】 f. cocina, 【料理品】（食べ物） f. comida; （皿に盛った・特定の種類の） m. plato.
　1《～料理》▶家庭料理 f. comida [f. cocina] casera. ▶おいしい料理 m. plato delicioso [sabroso, 《口語》 rico, bueno]. ▶奥さんの手料理 f. comida hecha por la esposa. ▶一皿の¹肉 [²野菜]料理 m. plato de ¹carne [²verdura]. ▶お節料理 f. cocina especial de Año Nuevo. ▶西洋料理を食べる v. tomar comida occidental, comer platos occidentales. ♦若い女性はフランス料理が好きだ A las jóvenes les gusta la comida [cocina] francesa.
　2《料理＋名詞》▶料理学校 f. escuela de cocina [gastronomía]. ▶料理人 mf. cocinero/ra. ▶料理の本 m. libro de cocina, m. recetario. ▶(中華)料理店 m. restaurante chino, 〔ペルー〕 f. chifa. ▶(個々の料理の)料理法 f. receta.
　3《料理が》♦彼女は料理が¹上手 [²へた]だ Es una ¹buena [²mala] cocinera. / Guisa [Cocina] ¹bien [²mal]. / Se le da ¹bien [²mal] la cocina. ♦料理ができた（＝ごはんですよ）La comida está preparada [lista]. ♦この種の魚は料理がしにくい Esta clase de pescado es difícil de cocinar [preparar, 《口語》 hacer]. / No se hace bien este tipo de pescado.
　4《料理を》▶料理をする →料理する. ▶料理を習うう v. aprender a cocinar [guisar], aprender cocina. ♦あの店はうまい料理を出す En ese restaurante dan [tienen] buena comida. / Ahí se come bien.
　—— **料理する** （調理する） v. cocinar, 《口語》 guisar, hacer* [preparar] la comida. ♦魚を料理する v. cocinar pescado. ♦彼女は手際よくその肉を私たちに料理してくれた Nos preparó「muy bien [con mucha habilidad] la car-

りょうりつ 両立 ▶両立する(一致する) v. ser* coherente 《con》;(矛盾しない) v. ser* compatible 《con》. ♦仕事と家庭を両立させる v. compaginar su trabajo doméstico con el de fuera. ♦その二つの考えは¹両立する[²しない] Las dos ideas son ¹compatibles [²incompatibles] (entre sí).

りょかく 旅客(旅行者)mf. viajero/ra;(乗客)mf. pasajero/ra. ♦旅客機[²列車] 1 m. avión [² m. tren] de pasajeros.

*****りょかん 旅館** m. hotel tradicional japonés, f. posada, m. hostal. ♦その夜は増屋旅館に泊まった Pasé la noche en la posada Masuya.

りょくち 緑地 m. espacio arbolado. ♦緑地帯 f. zona verde.

りょくちゃ 緑茶 m. té verde.

りょくないしょう 緑内障〖専門語〗m. glaucoma. ♦緑内障である v. tener* glaucoma.

りょけん 旅券 m. pasaporte. ▶旅券を¹申請する[²とる;³更新する] v. ¹solicitar [²conseguir*; ³renovar*] un pasaporte. ♦旅券を査証してもらう v. recibir「el visado [〖ラ米〗la visa] en el pasaporte.

******りょこう 旅行** m. viaje; f. excursión, f. gira.

1《〜旅行》▶小旅行 m. viaje corto;(日帰りの)f. excursión (de un día). ♦海外旅行 m. viaje al extranjero. ♦修学旅行 f. excursión「de la escuela [escolar]. ♦自転車旅行 f. excursión en bicicleta. ♦団体旅行 m. viaje「en grupo [colectivo]. ♦月旅行 m. viaje a la Luna. ♦私は京都へ1泊のバス旅行に出かけます Voy a hacer un viaje a Kioto con noche en el autobús. ♦私はパック旅行よりむしろ一人旅をしたい Prefiero viajar solo a ir en grupo.

2《旅行＋名詞》▶旅行案内(本)m. libro de viajes;(パンフレット)m. folleto de viajes. ♦旅行案内所 f. oficina de「información al turista [turismo]. ♦旅行かばん f. maleta, f. valija;(1泊旅行向きの)m. bolso de viaje. ♦旅行代理店 f. agencia de viajes. ♦旅行者(観光客)mf. turista;(旅人)mf. viajero/ra.

3《旅行が[は]》▶学生は旅行が好きだ A los estudiantes les gusta viajar. ♦日本への旅行はどうでしたか ¿Qué tal fue [estuvo, te fue] el viaje a Japón? ♦私たちの旅行は1週間半でした Nuestro viaje duró una semana y media.

4《旅行の》♦彼は旅行の経験が豊富だ(＝よく旅行をしている) Ha viajado mucho. / Ha hecho muchos viajes.

5《旅行に》▶ヨーロッパ旅行に彼を連れてゆく v. llevarlo[le] a un viaje por Europa. ▶九州旅行に出かける v. ir* a Kyushu de viaje. ♦彼は今旅行に出て家にいません「Se encuentra [Ahora está] de viaje. ♦母は14日間のヨーロッパ旅行に出かけている Mi madre está haciendo「un viaje [una gira] de 14 días por Europa.

6《旅行を》♦世界一周旅行を計画しています Estoy planeando hacer un viaje alrededor del mundo. ♦どうぞ楽しい旅行を ¡Buen viaje! / ¡Que tenga buen viaje!

7《旅行から[で]》♦彼は旅行でみやげ物をたくさん買った Compró muchos regalos en su viaje. ♦彼はきのう北海道旅行から帰って来た Volvió ayer de su viaje a Hokkaido.

—— **旅行する** v. viajar, hacer* un viaje, ir (se)* [salir*] de viaje. ▶身軽に [²1か月] 旅行する v. viajar ¹con el menor equipaje posible [²un mes]. 〖会話〗♦よく旅行されるのですか — いいえ、お金がないものですから ¿Viaja usted mucho? – Pues no. No tengo dinero para ello.

りょしゅう 旅愁 f. soledad del viaje. ▶旅愁を慰める v. quitarse la soledad del viaje.

りょじゅん 旅順 Lushun.

りょじょう 旅情 ▶旅情をかきたてる v. despertar* el sentimiento del viajero.

りょっか 緑化 ▶緑化する v. plantar árboles (en un área). ♦緑化運動 f. campaña de plantar árboles.

りょてい 旅程(日程)m. itinerario, m. plan de viaje.

りょひ 旅費 mpl. gastos de viaje;(支給される手当)〖スペイン〗fpl. dietas, m. viático. ▶旅費は会社に請求できる Los gastos de viaje「corren de cuenta [son a cuenta] de la empresa.

リラ ❶〖イタリアの旧通貨単位〗f. lira.
❷〖花〗f. lila;〖木〗m. lilo.

リラックス ♦家ではリラックスできる En casa uno puede「ponerse cómodo [relajarse de verdad]. ♦そんなに神経質にならないで、ちょっとリラックスしなさいよ No hay que ponerse nervioso.「Relájate un poco. [Estate tranquilo].

リリーフ〖野球〗▶リリーフ投手 mf. lanzador/dora 〖mf. pitcher〗 suplente [de relevo]. ♦(リリーフ専門の) m. experto en relevo.

りりく 離陸 ▶離陸する v. despegar. ♦離陸時間 f. hora de despegue. ♦飛行機は3時に離陸した El avión despegó a las tres. ♦事故は離陸後10分して起こった El accidente tuvo lugar 20 minutos después del despegue.

りりしい 凛々しい adj. gallardo;(男らしい) adj. viril. ♦りりしい姿 f. figura viril.

りりつ 利率 m. tipo de interés. ▶利率を¹上げる[²下げる] v. ¹subir [²bajar] el tipo de interés. ♦定期預金の利率はいくらですか ¿A qué tipo de interés están los depósitos a plazo fijo?

リレー(f. carrera de) mpl. relevos (de 800 metros). ▶リレーの選手 mf. corredor/dora de relevos. ♦バケツリレーで水を運ぶ v. pasarse cu-

旅行代理店 Agencias de viajes ➡旅行

bos de agua en cadena.
リレーショナル・データベース《専門語》f. base de datos relacional.
りれき 履歴 f. historia personal; (学歴, 職歴) mpl. antecedentes, f. carrera. ▶履歴書 (ラテン語) m. "curriculum (vitae)", m. currículo, 〘コロンビア〙 f. hoja de vida.
リロケータブル(の)《専門語》adj. reubicable.
ろせいぜん 理路整然 ▶理路整然たる (論理的な) adj. lógico; (一貫性のある) adj. (lógicamente) coherente. ◆彼の意見は理路整然としている Su opinión「es lógica [tiene lógica].
・**りろん 理論** f. teoría. ▶理論(上)の[理論的な] adj. teórico. ▶理論上[理論的に] adv. en teoría, teóricamente. ▶理論家 m. teórico. ▶音楽理論 f. teoría「de la música [musical]. ◆彼が展開した理論はどれもいまだにくつがえされていない Todavía no se ha rebatido ninguna de las teorías que él expuso. ◆あなたの案は理論的にはよくできているが, 実行しにくい Tu plan es teóricamente excelente, pero difícil de aplicar.
りん 燐 m. fósforo.
リンカー《専門語》m. enlazador, 《専門語》m. montador, 《専門語》m. editor de enlaces.
りんかい 臨界 ▶臨界の《専門語》adj. crítico. ▶臨界点に達する v.「llegar* al [alcanzar* el] punto crítico.
りんかい 臨海 ▶臨海の adj. costero, litoral. ▶臨海学校 f. escuela (de verano) en la costa. ▶臨海工業地帯 f. región industrial costera.
りんかく 輪郭 【物の外形】m. contorno, m. perfil; 【人の】(シルエット) f. silueta; (物事のあらまし) mpl. grandes rasgos, f. idea general. ▶計画の輪郭を述べる v. describir* un proyecto a grandes rasgos, dar* una idea general del proyecto. ▶顔の輪郭(=目鼻立ち)が整っている v. tener*「rasgos correctos [facciones correctas]. ◆濃霧で塔の輪郭だけしか見えなかった La densa niebla sólo permitía ver el contorno de la torre.
りんかんがっこう 林間学校 f. escuela (de verano) en el campo.
りんきおうへん 臨機応変 ▶臨機応変の処置をとる v. tomar las medidas oportunas 〔〘文語〙 ad hoc〕. ▶臨機応変に処理する v. tratar (un asunto)「de acuerdo con las circunstancias [según la situación requiera].
りんぎょう 林業 f. silvicultura.
リンク ❶【くさりの輪】m. eslabón.
❷【スケートの】f. pista (de patinaje).
❸《専門語》m. enlace.
リング【輪】→輪;【ボクシングなどの】m. cuadrilátero, m. ring. ▶リングサイドの席 m. asiento junto al cuadrilátero.
・**りんご 林檎**(実) f. manzana; (木) m. manzano. ▶リンゴ酒 f. sidra. ▶リンゴのような赤いほお fpl. mejillas sonrosadas. ◆その青いリンゴはまだ熟していない Esa manzana verde todavía no está madura.
りんごく 隣国 m. país vecino.

りんさく 輪作 f. rotación de cultivos. ▶作物を輪作する v. alternar [rotar] los cultivos.
りんしつ 隣室 m. cuarto「f. habitación〕 de al lado, 《教養語》m. cuarto contiguo.
・**りんじ(の) 臨時(の)**(特別の) adj. especial; (一時的な) adj. temporal; (余分の) adj. extra; (通常に加えての) adj. adicional; (当座の) adj. provisional, 〘ラ米〙 provisorio. ▶臨時昇給 m. aumento (salarial) especial. ▶臨時手当 f. paga extraordinaria. ▶臨時収入 mpl. ingresos extras. ▶臨時雇い(事) m. empleo temporal; (人) mf. empleado/da temporal, mf. temporero/ra. ▶臨時国会 f. sesión extraordinaria de la Dieta. ▶臨時[1政府 [2予算] ¹ m. gobierno [² m. presupuesto] provisional. ▶臨時ニュース m. noticiero especial, m. boletín especial de noticias. ▶臨時(=緊急)召集 f. llamada de emergencia. ◆今日は臨時休業します Cierre temporal. ◆台風のため多くの学校が臨時(=一時的に)休校した Numerosas escuelas cerraron temporalmente a causa del tifón.
りんじゅう 臨終 (死の床) m. lecho de muerte; (最後の時) m. momento final, f. hora suprema (de la muerte). ▶臨終の言葉 fpl. últimas palabras. ▶臨終の際 adv. en el lecho de muerte. ▶臨終の席に呼ばれる v. ser* llamado al lecho de muerte. ◆彼は母親の臨終に間に合わなかった Llegó cuando su madre había muerto.
りんしょう 臨床 ▶臨床の adj. clínico. ▶臨床医 mf. clínico/ca. ▶臨床医学 f. medicina clínica. ▶臨床的に診断する v. hacer* un diagnóstico clínico, diagnosticar* clínicamente.
りんしょう 輪唱 (おのおのの声部がくり返し歌われる) m. canon; (次々と後を続けて歌う) m. canto entonado en voces sucesivas. ▶輪唱する v. cantar entonando en voces sucesivas.
りんじょうかん 臨場感 ◆このステレオは生演奏の臨場感を味わってくれる Este estéreo produce [da] la sensación de estar asistiendo a un concierto.
りんじれっしゃ 臨時列車 ▶海水浴客用の臨時(=特別の)列車が数本出ている Hay varios trenes especiales para los nadadores.
りんじん 隣人 mf. vecino/na, f. vecindad. ▶隣人愛 m. amor al prójimo, 《教養語》m. altruismo. ◆彼らのよき隣人になる v. portarse bien con los vecinos. ◆隣人を助けるべきだ Hay que ayudar a los vecinos.
リンス m. acondicionador (del cabello), m. enjuague, m. aclarado. ▶リンスする v. ponerse* acondicionador en el pelo [cabello], aclararse (el cabello), enjuagar*, aclarar.
りんせき 臨席 f. asistencia, f. presencia. ▶市長臨席のもとに adv. con la asistencia del alcalde. ▶ご臨席の栄をたまわりますようお願い申し上げます《文語》Solicitamos el honor de su presencia. / Rogamos se sirva honrarnos con su presencia.
りんせつ 隣接 ▶隣接する国々 mpl. países limítrofes. ▶学校に隣接した公園 m. parque「al lado de [junto a] la escuela. ◆私の家はその

事務所に隣接している Mi casa está al lado de la oficina. ◆その二つの村は隣接している Los dos pueblos son vecinos [colindantes]. ⇨接する, 続く

リンチ m. linchamiento. ▶リンチを受ける v. ser* linchado; (仲間による)v. ser* maltratado [abusado físicamente] por el grupo. ◆彼は態度が生意気だという口実でクラスの者たちからリンチを受けた Sus compañeros le hicieron violencia con el pretexto de haberse mostrado insolente.

りんてんき 輪転機 f. rotativa.

りんどう 林道 (林の中の) m. sendero, f. trocha; (材木運搬の) m. camino para la explotación forestal.

りんどく 輪読 ▶輪読する v. leer* (un libro) por turno. ▶輪読会 (サークル) m. círculo de lectura [lectores]; (会合) f. tertulia para leer.

りんね 輪廻 (仏教で) f. transmigración de las almas, 《教養語》f. metempsícosis, (特にヒンズー教で) f. reencarnación.

リンネル m. lino. ▶リンネル類 mpl. artículos [mpl. géneros] de lino.

リンパ 悪性リンパ腫 《専門語》m. linfoma maligno. ▶リンパ液 f. linfa. ▶リンパ管 《専門語》m. conducto linfático. ▶リンパ球減少症 《専門語》f. linfocitopenia. ▶リンパ球増加症 《専門語》f. linfocitosis. ▶リンパ結節 《専門語》m. nódulo linfático. ▶リンパ節 《専門語》m. ganglio linfático. ▶リンパ節炎 《専門語》f. linfadenitis. ▶リンパ節腫脹 《専門語》f. linfadenopatía. ▶リンパ腺 f. glándula linfática, m. nódulo linfático. ▶リンパ組織 《専門語》f. tejido linfático. ▶リンパ浮腫 《専門語》m. linfedema. ▶高い熱のためリンパ腺をはらす v. desarrollar nódulos linfáticos a causa de la fiebre.

りんばん 輪番 ▶輪番で (順に) adv. por turno(s); (次々に) adv. uno detrás de otro, a turnos. ◆彼らは輪番で通りの見回りをした Patrullaban las calles por turnos.

りんびょう 淋病 《専門語》f. gonorrea, f. blenorragia, f. blenorrea . ▶淋病患者 mf. paciente con gonorrea.

りんり 倫理 f. ética, f. moral. → 道徳. ▶倫理学 f. ética, f. filosofía moral. ▶医者の倫理 f. ética médica. ▶倫理上の問題 m. problema ético [moral], f. cuestión de moral [ética].

りんりつ 林立 ▶林立する煙突 m. bosque [f. gran cantidad] de chimeneas. ◆その港はマストが林立していた (=密集していた) En el puerto se erguía una multitud de mástiles.

りんりん ▶(ベルなどが)りんりん鳴る v. sonar*. ▶(鈴虫などが)りんりん鳴く v. chirriar*. ◆電話がりんりん鳴っている Está sonando el teléfono.

る

ルアー (疑似餌(ｴ)) m. cebo artificial.

ルアンダ Luanda (☆アンゴラの首都).

るい 塁 (ベース) f. base. ▶一塁に残塁する v. quedarse en primera base.

***るい** 類 ❶【種類】f. clase, m. tipo, f. especie; (部類) f. clase, m. orden; (生物学分類上の属) m. género. ▶類に分ける v. clasificar*, dividir en clases [órdenes, tipos]. ◆猫とトラは同じ類です Los gatos y los tigres pertenecen a la misma familia.
❷【比類】▶他に類を見ない (=並ぶものがない)偉業 m. logro inigualable [sin par, sin igual]. ◆きのうこれに類した (=似た)事件が起こった Ayer ocurrió un incidente semejante a éste. ◆この戦いは歴史上類をみないものだ Esta batalla no tiene ejemplo alguno en la historia.
《その他の表現》▶類は友を呼ぶ 《ことわざ》Dios los cría y ellos se juntan. /《ことわざ》Cada oveja con su pareja.

るいぎご 類義語 m. sinónimo. ▶bello は hermoso の類義語だ "Bello" es sinónimo de "hermoso."

るいけい 累計 (合計) m. total. ▶累計で adv. en total. ◆私の借金は累計で百万円になる Mis deudas 「llegan a un total de [totalizan] un millón de yenes.

るいけい 類型 m. tipo. ▶類型的な (=型にはまった)表現 f. expresión estereotipada, 《口語》m. cliché. ▶近代文学の類型的な (=類型を代表する)例 m. ejemplo típico de la literatura moderna. ▶類型化する v. estereotipar.

るいご 類語 m. sinónimo. → 類義語.

るいさんき 累算器 →アキュムレータ.

るいじ 類似 (形・性質などがよく似た) f. semejanza; (特に外観が) m. parecido, 《教養語》f. similitud. ▶類似品 f. imitación. ◆それらの間にはかなり類似したところがある Hay 「una notable semejanza [un fuerte parecido] entre ellos. ◆今のあなたの状況は私のと類似している Tu situación actual es semejante a la mía.

ルイジアナ Luisiana.

るいしょ 類書 mpl. libros parecidos.

るいしょう 類焼 ◆幸いにも彼の家は類焼を免れた 「Por fortuna [Afortunadamente, Gracias a Dios] su casa se libró del incendio.

るいしん 塁審 m. juez [m. árbitro] de base. ▶一塁塁審 m. juez [m. árbitro] de la primera base.

るいじんえん 類人猿 m. antropoide.

るいしんかぜい 累進課税 f. imposición progresiva [graduada].

るいすい 類推 f. analogía, m. razonamiento analógico. ▶類推する v. razonar por analogía. ▶(...の)類推に基づいて adv. por analogía 《con》.

ルイス・デ・アラルコン Juan Ruiz de Alarcón (☆1581?-1639?, メキシコ生まれスペインの劇作家).

るいせき 累積 *f.* acumulación. ◆累積する *v.* acumular. ▶百万円の累積赤字 *m.* déficit acumulado de un millón de yenes.

るいせん 涙腺《専門語》*f.* glándula lagrimal. ▶涙腺炎《専門語》*f.* dacrioadenitis.

るいのう 涙嚢《専門語》*m.* saco lagrimal.

ルーキー *m.* jugador novato de béisbol.

ルージュ *m.* pintalabios. ▶ルージュを塗る *v.* pintarse los labios. → 紅をさす

ルーズ ▶ルーズな生活をする *v.* llevar una vida descuidada (disoluta, relajada). ◆彼は金にルーズだ Es descuidado con el dinero. ◆彼は時間にルーズだ No es puntual.

ルーズリーフ (ノート) *m.* cuaderno de hojas sueltas; (紙) *f.* hoja suelta.

ルーター 《専門語》*m.* enrutador, 《専門語》*m.* encaminador.

ルーチン 《専門語》*f.* rutina.

ルーツ (祖先, 始祖) *fpl.* raíces; (起源) *m.* origen. ▶自分のルーツを探る *v.* buscar* sus raíces.

ルート ❶【数学】(平方根) *f.* raíz cuadrada. ◆ルート36は6です La raíz cuadrada de 36 es 6. ❷(道, 路線) *f.* ruta, *m.* itinerario. ▶観光ルート *f.* ruta turística. ❸(径路) *f.* vía, *m.* canal, *m.* conducto. ▶¹公式 [²秘密; ³外交] のルートを通じてその情報を得る *v.* conseguir* la información por vía ¹oficial [²secreta; ³diplomática].

ルート・ディレクトリ 《専門語》*m.* directorio raíz.

ループ 《専門語》*m.* bucle (☆IT 用語).

ループス 《専門語》*m.* lupus (☆皮膚結核).

ルーブル (パリの美術館) *m.* Louvre; (ロシアの貨幣単位) *m.* rublo.

ルーペ *f.* lupa, *f.* lente de aumento.

ルーベンス Pedro Pablo Rubens.

ルーマニア Rumania (☆ヨーロッパの国, 首都ブカレスト Bucarest). ▶ルーマニアの *adj.* rumano. ▶ルーマニア人 *mf.* rumano/na. ▶ルーマニア語 *m.* rumano.

ルームクーラー *m.* aire acondicionado, *m.* acondicionador de aire.

ルームサービス *m.* servicio de habitaciones. ◆このホテルにはルームサービスがない En este hotel no hay servicio de habitaciones.

ルームチャージ *m.* alquiler de la habitación.

ルームメイト *mf.* compañero/ra de habitación [cuarto].

ルーラー 《専門語》*f.* regla (☆IT 用語).

ルール *m.* regla, *m.* reglamento. ▶野球のルール *fpl.* reglas del béisbol.

ルーレット *f.* ruleta. ▶ルーレットをする *v.* jugar* a la ruleta.

ルクス *m.* lux. → ルックス①.

ルクセンブルク Luxemburgo; (公式名) *m.* Gran Ducado de Luxemburgo (☆ヨーロッパの国, 首都ルクセンブルク Luxemburgo).

るけい 流刑 *m.* exilio, *m.* destierro. ▶流刑に処する *v.* exiliar, enviar* al exilio, desterrar*. ▶その島に流刑になる *v.* ser* desterrado a la isla.

*****るす** 留守 *f.* ausencia. ◆留守である [にする] (家にいない) *v.* no estar* en casa; (外出している) *v.* estar* fuera [ausente]; (どこかへ行って) *v.* haberse* ido [marchado], haber* salido. ▶留守番電話 → 留守電. ◆彼が来てくれた時私は留守にしていた Yo no estaba cuando vino a verme. / Cuando él vino a verme, yo ¹estaba fuera [había salido]. ◆兄は¹東京に出かけて [²旅行に出かけて] 1週間留守にしている Mi hermano está ¹en Tokio [²de viaje] una semana. ◆彼女は買い物に出かけて留守だった「Se había ido [Había salido] de compras」. ◆私は彼に留守番を (=留守の間家の世話を) 頼んだ Le pedí que guardara la casa ¹mientras yo estaba fuera [durante mi ausencia].

【その他の表現】 ◆彼はサッカーに熱中して勉強がすっかりお留守になった Tenía tal manía por el fútbol que descuidó por completo sus estudios.

るすでん 留守電 *m.* contestador (automático). ▶留守電にする *v.* dejar puesto el contestador. ◆彼は留守電に吹き込まれた用件 (=来信) に返事をしたりしない Nunca devolvía las llamadas grabadas en su contestador.

ルソンとう ルソン島 Luzón (☆フィリピンの島).

ルター (マルティン～) Martín Lutero (☆1483-1546, ドイツの宗教改革家).

ルックス ❶【照度の単位】*m.* lux. ❷【容貌(ぼう)】(外見) *m.* aspecto, *f.* presencia; (顔立ち) *mpl.* rasgos, *fpl.* facciones. ◆ルックスがいい Tiene buena presencia.

るつぼ 坩堝 *m.* crisol. ▶人種のるつぼ *m.* crisol de razas. ◆彼が決勝のホームランを打つと場内は興奮のるつぼと化した (=興奮して手がつけられない状態になった) La multitud se volvió presa de la excitación cuando él dio un jonrón con el que acabó el partido.

るてん 流転 (絶えず移り変わること) *m.* cambio constante, *m.* flujo; (人生などの浮沈) *mpl.* altibajos, *fpl.* vicisitudes. ◆運命の流転 *mpl.* altibajos [de la fortuna [del destino]. ◆万物は流転する Todo cambia. / No hay nada que no esté cambiando.

ルネサンス *m.* Renacimiento. ▶ルネサンスの¹芸術 [²画家] ¹ *m.* arte [² *m.* pintor] renacentista.

ルビ ▶ルビを振る (説明的に) *v.* indicar* la pronunciación japonesa al lado de los caracteres chinos.

ルビー *m.* rubí. ▶ルビー色の *adj.* de color rubí. ▶ルビーの指輪 *m.* anillo de rubí.

るふ 流布 *f.* circulación, *f.* propagación. ▶うわさを流布させる *v.* 「hacer* correr [propagar*] un rumor. ▶流布本 *f.* edición popular.

ルポライター *mf.* informador/dora, *mf.* reportero/ra.

ルポ (ルタージュ) (報道, 報告) *m.* informe; (現

地報告》*m.* reportaje;《記録もの》*m.* documental.

ルリオ《ライムンド ～》Raimundo Lulio (☆1235-1315, スペインの哲学者・神学者).

るる 縷々 ▶るる(=詳しく)説明する *v.* explicar* detalladamente, pormenorizar*, extenderse*《en》. ▶るると(=長々と)語る *v.* hablar por extenso《de, sobre》.

ろう 流浪 →放浪. ▶流浪の民 *mpl.* pueblos errantes.

ルワンダ Ruanda (☆アフリカの国, 首都キガリ Kigali).

ルンバ *f.* rumba (☆もとキューバの黒人の踊り・曲).

ルンペン *mf.* vagabun*do/da*.

れ

レア《ステーキなどの生焼けの》*adj.* poco hecho, casi cru*do*. → ステーキ.

れい 礼 ❶【感謝】(言葉)*fpl.* gracias;(気持ち)*m.* agradecimiento, *f.* gratitud,《教養語》*m.* reconocimiento. ▶礼を言う *v.* agradecer*, dar* las gracias《a + 人》. →感謝, ありがとう, お礼. ▶お礼の手紙 *f.* carta de agradecimiento [《教養語》reconocimiento]. ▶心から礼を述べる *v.* agradecer*(le su ayuda) sinceramente. ▶礼の気持ちを表わす *v.* mostrar* el agradecimiento (por su ayuda). ▶礼を言って贈り物を受け取る *v.* aceptar el regalo「con agradecimiento [dando las gracias]. ♦彼女にくれぐれもお礼を言っておいてください Por favor,「agradéceselo sinceramente de mi parte [《口語》dile muchas gracias en mi nombre]. ♦彼は私の親切に礼を言った Me agradeció la amabilidad. / Me dio las gracias por mi amabilidad. ♦お礼の申し上げようもありません No sé cómo agradecérselo. /《フォーマル》Me faltan palabras para expresarle mi gratitud. / Le quedo [estoy] profundamente agradec*ido*. ♦太郎にお礼の電話をした Llamé a Taro para darle las gracias. ♦ご親切に対し深くお礼申し上げます Deseo expresarle mi profunda gratitud por su amabilidad. / Quiero que sepa que le quedo profundamente agradec*ido* por todo. ♦お礼を申し上げなければならないことがたくさんあります Tengo tanto que agradecerle. / Tengo muchos motivos para estarle agradec*ido*.
❷【返礼】 *f.* devolución《por》;【報酬】(金銭の)*f.* remuneración, *f.* gratificación;(金銭以外の)*f.* recompensa;【謝礼】*mpl.* honorarios. ▶彼の好意に対して相応の礼をする *v.* devolverle* el favor. ▶彼の援助に礼をする *v.* recompensarle por su ayuda. ♦彼の骨折りに対する礼として Le envié una remuneración por su trabajo.
❸【礼儀】(礼儀正しい言動)*f.* cortesía, *f.* urbanidad;(行動面で守るべき決まり)*f.* etiqueta. ▶礼にかなった(=礼儀正しい)あいさつ *m.* saludo cortés. ▶礼を尽くして客を待遇する *v.* tratar al invitado con exquisita cortesía. ▶目上の人への礼をわきまえる *v.* saber* guardar el debido respeto a los de más edad, mostrarse* respetuo*so* con los superiores.
❹【お辞儀】 *f.* inclinación, *f.* reverencia. ▶先生に軽く礼をする *v.* hacer* una ligera reverencia al profesor.

れい 零 *m.* cero. ▶0,2 cero coma [con] dos (☆中南米では0.2と表記する). ▶0,025 cero coma [con] cero dos cinco.

れい 霊 *m.* espíritu;(霊魂)*f.* alma, *f.* ánima. ▶聖霊 *m.* Espíritu Santo. ♦彼女は故人の霊に花を捧げた Ofreció flores a las ánimas de los difuntos. ♦彼の霊が安らかでますように Que descanse en paz. / Que su espíritu descanse en paz. ♦あらゆるものに霊がある Hay un espíritu en todo [todas las cosas].

れい 例 ❶【実例】 *m.* ejemplo;(証明・説明のための)*f.* ilustración;(事例)*m.* caso. ▶1具体的 [2典型的]な例 *m.* ejemplo 1concreto [2típico]. ▶例をあげて説明する *v.* explicar* con [dando] ejemplos, ilustrar,《教養語》ejemplificar*. ▶例としてあげる *v.* poner* [dar*] como [de, a modo de] ejemplo, tomar como ejemplo, citar como ejemplo. ♦これはほんの一例にすぎない Esto es sólo un ejemplo. ♦彼がした仕事の例を2,3あげてみよう Vamos a ver dos o tres muestras de su trabajo. ♦これは「早起きは三文の得」という例だ Esto ilustra [Es un ejemplo de] aquello de "Al que madruga Dios le ayuda". ♦彼は自らのヨーロッパでの生活の例を引いた Tomó ejemplos de su propia vida en Europa. ♦同様の例をご存じですか ¿Conoces algún caso parecido?
❷【慣例】(個人的な習慣)*f.* costumbre, *m.* hábito;(社会的な習慣)*m.* uso, *f.* costumbre. ▶彼は夏休みは海辺で過ごすのが例になっている Tiene la costumbre de pasar sus vacaciones de verano en la costa. / Generalmente pasa las vacaciones de verano en la costa. ♦例の道を通って学校へ行くのですか ¿Vas a la escuela por el camino「de siempre [habitual, acostumbrado]? ♦例によって(=いつもそうであるように)彼は1時間遅れてやって来た Llegó como siempre [de costumbre] una hora más tarde. ♦例によって(=いつもの)悪天候に悩まされた Tuvieron los problemas acostumbrados debido al mal tiempo. ♦彼女は近ごろ例によって(=いつになく)明るい Estos días está extrañamente alegre.
❸【先例】 *m.* precedente. ♦そんなストライキは例がない Una huelga así no tiene preceden-

tes. / No hay precedente de una huelga semejante.
【その他の表現】▶人の例(＝模範)にならう v. seguir* (su) ejemplo. ♦例の(＝当該の)問題は来週そのままにしておいてよい El asunto en cuestión puede aplazarse para la semana que viene. ♦美津子の例の(＝あの)微笑にはうんざりしかけているところだ Estamos hartos [cansados] de esa sonrisa forzada que pone Mitsuko. ⇨ 譬え, 手本

レイ 〖英語〗 m. "lei", 《説明的に》f. guirnalda hawaiana de flores. ♦彼にレイをかける v. ponerle* un "lei".

レイアウト f. disposición, f. composición, f. maquetación. ▶新聞のレイアウトをする v. disponer* [componer*] la maqueta del periódico. ▶レイアウトがよい f. buena composición.

レイオフ (一時解雇) m. despido [m. cese] temporal. ▶レイオフする v. despedir* (a + 人) temporalmente.

れいか 冷夏 m. verano fresco.

れいか 零下 ▶温度は零下10度に下がった La temperatura bajó a 10 grados bajo cero.

れいかい 例会 ▶例会を開く v. celebrar una reunión regular. ▶月例会 f. reunión [f. junta] mensual.

れいがい 冷害 mpl. daños en la cosecha causados por el frío. ♦北海道の冷害は深刻だ Los cultivos agrícolas de Hokkaido han sido gravemente dañados a causa 「del frío [de las bajas temperaturas].

れいがい 例外 f. excepción, 《教養語》f. salvedad. ▶例外とする[を認める] v. hacer una excepción. ♦この規則には一つの例外があります Esta regla tiene una sola excepción. ♦彼らは皆例外なく罰せられるだろう Serán castigados todos sin excepción. ♦私たちは毎朝早く起きるが, 日曜日は例外だ Todas las mañanas madrugamos, pero el domingo es una excepción. /（日曜日を除いて毎朝早く起きる）Todos los días nos levantamos temprano a [con] excepción del domingo. ⇨ 異例の, 格別の, 特別の[な]; 格別に, 殊に, 特別に, 飛び切り

れいかん 霊感 f. inspiración. ♦自然から霊感を受けている詩人が多い Han sido muchos los poetas que han sacado su inspiración de la naturaleza.

れいかんしょう 冷感症《専門語》f. frigidez.

れいき 冷気 (寒さ) m. (aire) frío; (冷たさ) m. (aire) fresco. ▶朝の冷気を感じる v. sentir* el fresco de la mañana.

*れいぎ 礼儀 (丁重な言動) f. cortesía; (礼儀作法) f. urbanidad, mpl. buenos modales, mpl. buenos modos, fpl. buenas formas; (行動面の正しいルール) f. etiqueta. ♦礼儀正しい (礼儀作法をわきまえた) adj. cortés; (尊敬に満ちていno) adj. educado, de [con] buenos modales; (失礼にならない程度に) adj. atento, 《文語》urbano, 《文語》civil. ♦彼は私たちに対して礼儀正しい Es cortés [educado] con nosotros. ♦彼は礼儀知らずだ Es 「mal educado [descortés, 《強調して》grosero]. / No tiene modales. ♦スープを音を立てて飲むのは礼儀(作法)にかなっていない Sorber la sopa 「es de mala educación [va contra la urbanidad]. ♦間違い電話をしたときは謝るのが礼儀だ Cuando uno se equivoca de número de teléfono, es de buena educación disculparse.

れいきゃく 冷却 m. enfriamiento; f. refrigeración. ▶冷却装置 m. sistema de refrigeración. ▶冷却期間をおいて adv. después de que 「las cosas se calmen [las aguas vuelvan a su cauce], después de un período de enfriamiento. ▶冷却する v. enfriar*, refrigerar.

レイキャビク Reikiavik (☆アイスランドの首都).

れいきゅうしゃ 霊柩車 m. coche fúnebre.

れいぐう 冷遇 m. tratamiento frío; m. recibimiento frío. ▶彼を冷遇する v. tratarlo[le] 「con frialdad [fríamente]. ♦その客は冷遇された(＝冷ややかな応対を受けた) El invitado fue recibido fríamente.

れいけつかん 冷血漢 f. bestia despiadada.

れいこう 励行 ▶早起きを励行する(＝習慣とする) v. acostumbrarse a madrugar*. ▶校則を励行する(＝厳守する) v. observar estrictamente el reglamento de la escuela.

れいこく 冷酷 f. crueldad, f. sangre fría. ▶冷酷な (血も涙もない) adj. de 「corazón duro [sangre fría], (冷淡な) adj. sin corazón [alma], desalmado; (残酷な) adj. cruel, despiadado. ▶冷酷な殺し屋 m. asesino 「sin corazón [despiadado]. ⇨ 残忍, 邪険

れいこん 霊魂 ♦霊魂は不滅だ El alma es inmortal. ♦死ぬと霊魂は体から離れるのだろうか ¿Abandona el alma al cuerpo cuando éste muere?

れいさい 零歳 ▶零歳児 m. bebé, mf. niño/ña de menos de un año.

れいさい 零細 ▶零細企業 f. pequeña empresa. ▶零細(＝小規模)農家 m. pequeño agricultor.

れいしょう 冷笑 f. risa sardónica [sarcástica]. ▶冷笑する v. reír* despectivamente [sardónicamente].

れいしょう 例証 (絵・実例などによる説明) f. ilustración; (実例) m. ejemplo. ▶例証する v. ilustrar, poner* [dar*] un ejemplo. ▶例証として adv. por ejemplo. ▶その要点を例証する v. ilustrar el punto principal.

れいじょう 令嬢 f. hija. ▶ご令嬢 f. su hija; (さらに丁寧に) la hija de usted. ▶中田氏令嬢 la hija del Sr. Nakata, la Srta. Nakata.

れいじょう 礼状 f. carta [f. tarjeta] de agradecimiento [reconocimiento]; (もてなしに対する) f. carta de agradecimiento por la hospitalidad recibida. ▶彼に礼状を[1]書く[2]送る v. [1]escribirle* [2]enviarle*] una carta de agradecimiento.

れいじょう 令状 f. orden. ▶彼に逮捕令状を出す v. mostrarle* una orden de arresto.

れいすいまさつ 冷水摩擦 ▶冷水摩擦をする v. frotarse con una toalla mojada de agua fría.

れいすいよく 冷水浴 ▶冷水浴をする v.「bañarse con [tomar un baño de] agua fría.
れいせい 冷静 (平静) f. calma, f. tranquilidad, f. sangre fría; (沈着) f. compostura, f. serenidad. ♦彼女は危機に直面しても冷静さを失わなかった No perdió la calma [sangre fría] ante el peligro. /(冷静だった)「Permaneció serena [Mantuvo la calma] frente al peligro.
—— **冷静な** adj. sereno, tranquilo; (落ち着いた) adj. sereno, de [con] sangre fría. ▶冷静な判断を下す v. hacer* un juicio sereno. ♦冷静な態度で危機に対処した Afronté la crisis con la actitud serena.
—— **冷静に** adv. con serenidad, tranquilamente, con sangre fría. ♦彼は危機のとき冷静に行動した Actuó con serenidad en una crisis. ♦少し冷静になれ Tranquilízate. / Calma. / Tranquilo.
れいせつ 礼節 f. cortesía, mpl. buenos modos. → 礼儀.
れいせん 冷戦 f. guerra fría.
れいぜん 霊前 (仏前)adv. ante la tablilla conmemorativa de los difuntos. ▶父の霊前に果物をお供えする v. hacer* una ofrenda de frutos al padre difunto.
れいそう 礼装 (礼服) m. vestido [m. traje] de ceremonia; (正装) m. vestido de etiqueta. ▶礼装ของ靴 m. calzado de ceremonia.
れいぞう 冷蔵 (食物・薬品などの) f. refrigeración, f. conservación en frío. ▶冷蔵庫 m. refrigerador. ▶冷蔵1室 [2倉庫] 1 m. cuarto [2 m. almacén] frigorífico. ▶魚を冷蔵する v. guardar [mantener*] el pescado en refrigeración [la nevera, el frigorífico]. ♦要冷蔵「標示」Manténgase en refrigeración.

地域差 冷蔵庫
〚スペイン〛 m. frigorífico, f. nevera
〚キューバ〛〚商標〛 m. "frigidaire" (☆発音は [friyidér]), m. frío
〚メキシコ〛 m. refrigerador
〚コロンビア〛 m. congelador
〚ペルー〛〚商標〛 m. "frigidaire", f. refrigeradora
〚アルゼンチン〛 f. heladera

れいぞく 隷属 (従属) m. sometimiento, f. sumisión, f. subordinación. ♦ギリシャ人は当時ローマ人に隷属していた Entonces los griegos estuvieron sometidos a los romanos.
れいだい 例題 m. ejercicio. ▶例題5をする v. hacer* el ejercicio 5.
れいたん 冷淡 (冷たさ) f. frialdad; (冷ややかさ) f. frescura; (冷たい心) m. corazón insensible [frío]; (無関心) f. indiferencia, m. desinterés. ▶冷淡な役人 mf. funcionario/ria frío/a. ♦彼はその子を冷淡にあしらった Trató al muchacho fríamente [con frialdad, con indiferencia]. ♦彼は他人の苦しみに冷淡だ Es frío ante el sufrimiento ajeno. / Es indiferente al sufrimiento de los demás. ⇨素っ気ない, 冷たい, つれない
れいだんぼう 冷暖房 f. climatización. ▶冷暖房装置 m. equipo climatizador, m. climatizador, m. acondicionador de aire.
れいちょう 霊長 ▶霊長類 mpl. primates. ♦人間は万物の霊長 (=支配者)である El ser humano es el rey de la creación.
れいてつ 冷徹 ▶冷徹な(冷静な) adj. de [con] la cabeza fría, frío; (現実的な) adj. realista; (情に動かされない) adj. inflexible; adv. como una piedra.
れいてん 零点 ♦試験で零点を取った En el examen me dieron un cero. ♦彼は父親として零点だ(=落第だ) Como padre es una nulidad.
れいど 零度 m. cero; (氷点) m. punto de congelación. ▶気温が零度以下に下がった La temperatura「se puso [descendió, cayó] por debajo de cero.
れいとう 冷凍 f. congelación; (食料品の) f. refrigeración. ▶冷凍機 m. congelador, m. refrigerador, m. frigorífico. ▶冷凍肉 f. carne congelada. ▶冷凍庫 m. congelador. ▶急速冷凍 f. congelación rápida.
—— **冷凍する** v. congelar, helar*. ▶魚を急速に冷凍する v. congelar el pescado rápidamente. ▶肉をかちかちに冷凍しておく v. mantener* [guardar] la carne congelada muy dura.
れいとうほぞん 冷凍保存 ▶(肉を)冷凍保存する v. congelar (la carne).
れいとうれいぞうこ 冷凍冷蔵庫 m. congelador.
れいにく 冷肉 (ハム・ソーセージ類)〚スペイン〛 m. fiambre,〚ラ米〛 f. carnes frías.
れいねん 例年 ▶例年(=年1回の催し) m. suceso [m. evento, m. acontecimiento] anual. ♦例年このころは天気がいい Por esta época del año suele hacer buen tiempo. ♦祭りは例年どおり行なわれた Celebramos el festival「de todos los años (de siempre). ♦彼は例年のように息子をキャンプに連れて行った Se llevó a su hijo de acampada ["camping"] como todos los años. ♦今年の冬は例年になく (=異常に)寒い Este invierno está haciendo más frío que otros años. ♦今年の収穫高は例年1並み [2以上]だ Este año la cosecha es ¹normal [²superior a lo normal].
れいの 例の (いつもの) adj. de siempre, de costumbre; (その・あの) adj. ese, aquel; (問題の) adj. en cuestión.
レイノーびょう レイノー病 〚専門語〛 f. enfermedad de Raynaud.
れいはい 礼拝 m. culto, f. adoración; (教会の) m. oficio (religioso). ▶礼拝する v. rendir* culto 〈a〉, adorar, venerar. ▶早朝礼拝 m. oficio de mañana, m. culto matutino. ▶礼拝所 m. lugar de culto. ▶礼拝堂 f. capilla. ▶礼拝に出る v. asistir a los servicios (religiosos), ser* practicante, practicar* la religión; (教会へ行く) v. ir* a la iglesia. ♦この教会では毎日3回礼拝がある Esta iglesia tiene tres servicios diarios.
れいはい 零敗 ♦我がチームは零敗した Nuestro equipo sufrió una gran derrota. /〚口語〛 A nuestro equipo le dieron una paliza.

1530 れいばい

れいばい 霊媒 *m*. médium, *m*. medio.
れいびょう 霊廟 *m*. mausoleo, *m*. panteón.
レイプ *f*. violación. ▶レイプする *v*. violar.
れいふく 礼服 *m*. traje de ceremonia [etiqueta].
れいぶん 例文 *f*. frase modelo, *f*. frase de ejemplo; (説明用の) *f*. frase ilustrativa, *m*. modelo. ▶例文を挙げる *v*. dar* [poner*] una frase modelo.
れいほう 礼砲 *f*. salva. ▶21発の礼砲を放つ *v*. tirar [dar*] una salva de 21 disparos.
れいぼう 冷房 *m*. aire acondicionado. ▶冷房車 *m*. coche con aire acondicionado. ▶冷房装置 *m*. sistema de aire acondicionado. ▶この部屋は冷房がきき過ぎている El aire acondicionado de esta sala está demasiado fuerte. ▶この建物には冷房装置がある Este edificio está climatizado [provisto de aire acondicionado].
レイヤー 《専門語》 *f*. capa (☆IT用語).
れいらく 零落 ▶零落する(没落する) *v*. ir* a la ruina, hundirse en la ruina.
レーサー *mf*. piloto [*mf*. corredor/dora] (de coches).
レーザー *m*. láser. ▶レーザー光線 *mpl*. rayos láser. ▶レーザーディスク *m*. disco láser. ▶レーザープリンター *f*. impresora láser.
レーシュマニアしょう レーシュマニア症 《専門語》 *f*. leishmaniosis.
レーシングカー *m*. coche de carreras, *m*. bólido.
レース ❶《競走》 *f*. carrera. ▶ペナントレース *f*. partido oficial de béisbol profesional. ▶ボートレース *f*. regata. ▶レースに¹勝つ [²負ける] *v*. ¹ganar [²perder*] una carrera.
❷【レース編み】 *m*. encaje, *f*. puntilla; *f*. blonda. ▶レースのカーテン *f*. cortina de encaje. ▶レース糸 *m*. hilo de encaje. ▶レース編み機 *m*. marco de encaje. ▶レースをつける *v*. adornar (un vestido) con encajes. ▶レースの(縁飾りが)付いたテーブルクロス *m*. mantel con el borde de encaje.
レーズン (干しブドウ) *f*. pasa, *f*. pasa de uva.
レーダー *m*. radar. ▶レーダーに何か映っている Hay algo en la pantalla del radar.
レート (率) *m*. tipo, *m*. índice. ▶為替レート *m*. tipo de cambio. ▶銀行の交換レートはホテルよりもずっといいよ En el banco se consigue un tipo de cambio mucho más favorable que en el hotel.
レーヨン *m*. rayón. ▶レーヨンのワイシャツ *f*. camisa de rayón.
レール (鉄道の) *m*. raíl, *m*. riel; (カーテンの) *m*. raíl de una cortina. ▶レールを敷く *v*. poner* raíles; (お膳立てする) *v*. preparar el camino 《a》.
レーン (車道の) *m*. carril; (飛行機の) *m*. pasillo (aéreo); (ボーリングの) *f*. pista; (陸上競技・トラックの) *f*. calle.
レーンコート *m*. impermeable. ▶レーンコートを¹着る [²着ている] *v*. ¹ponerse* [²llevar] un impermeable.

地域差 レーンコート
[全般的に] *m*. impermeable
[スペイン] *m*. chubasquero
[キューバ] *f*. capa, *f*. capa de agua, *m*. chubasquero
[メキシコ] *f*. gabardina, *m*. rompevientos
[コロンビア] *f*. capa, *f*. gabardina
[アルゼンチン] *f*. capa, *m*. piloto, *m*. rompevientos

レーンシューズ *fpl*. botas de goma.
レオタード *m*. leotardo, *f*. malla.
レオン León (☆スペインの都市; メキシコの都市; ニカラグアの都市).
レオン (フライ・ルイス・デ～) Fray Luis de León (☆1527-1591, スペインの宗教家・詩人).
レガッタ *f*. regata.
レカレド Recaredo (☆516-601, 西ゴート王国の国王, 在位586-601).
-れき -歴 (経験) *f*. experiencia; (記録) *m*. archivo, *m*. registro; (経歴) *f*. carrera, *m*. historial personal. ▶病歴 *m*. historial clínico [médico], *f*. historia clínica. ▶¹教員 [²運転]歴20年 *mpl*. 20 años de experiencia de ¹profesor [²conductor]. ▶職歴 *f*. carrera ocupacional [profesional]. ▶¹犯罪 [²逮捕]歴 *m*. historial ¹criminal [²de detención].

-れきし 歴史 *f*. historia.
1《～(の)歴史》 ▶日本の歴史 *f*. historia「de Japón [japonesa]. ▶古代の歴史 *f*. historia de la Edad Antigua.
2《歴史＋名詞》 ▶歴史家 *mf*. historiador/dora. ▶歴史観 *f*. concepción de la historia. ▶歴史小説 *f*. novela histórica. ▶歴史年表 *f*. tabla cronológica de historia. ▶歴史上重要な出来事 *m*. importante suceso histórico.
3《歴史が[は]》 ▶我が校は90年の歴史がある Nuestra escuela tiene una historia de 90 años. ▶歴史はくり返す La historia se repite.
4《歴史の》 ▶歴史の¹本 [²先生] ¹ *m*. libro [² *mf*. profesor/sora] de historia.
5《歴史に》 ▶彼の名は歴史に残るだろう Su nombre pasará a la historia.
── 歴史的な *adj*. histórico. ▶歴史的な事件 (歴史に残る価値のある) *m*. hecho [*m*. acontecimiento] histórico. ▶大統領は歴史的な演説をした El presidente pronunció un discurso histórico. ▶日本が第二次世界大戦で敗れたことは歴史的な事実である Es una realidad histórica que Japón fue derrotado en la Segunda Guerra Mundial.
── 歴史的に *adv*. históricamente, desde el punto de vista histórico. ▶歴史的に見るとその出来事は大変興味深い Desde el punto de vista histórico, el suceso es muy interesante. ☞謂れ, 伝統

れきし 轢死 ▶轢死する(=電車にひかれて死ぬ) *v*. morir* atropellado por un tren.
れきぜん 歴然 ▶歴然とした(明らかな) *adj*. evidente, claro, (《教養語》) *adj*. obvio, (《文語》) palmario; (決定的な) *adj*. concluyente; (間違えようのない) *adj*. inconfundible, inequívoco. ▶歴然たる事実 *m*. hecho evidente [obvio].

両者の違いは歴然としている La diferencia entre los dos es evidente.

れきだい 歴代 ▶歴代の(連続する)adj. sucesivo. ◆アメリカの歴代大統領 mpl. presidentes sucesivos de Estados Unidos. ◆彼の百メートルの記録は歴代2位だ Su marca de 100 metros es la segunda mejor de la historia.

れきにん 歴任 ▶歴任する(引き続いて占める)v. ocupar sucesivamente. ◆彼女は幾多の要職を歴任した Ha ocupado sucesivamente puestos importantes.

レギュラー (正規の選手) mf. jugador/dora regular. ◆そのクラブのレギュラーメンバー m. miembro permanente del club. ◆彼はこのチームのレギュラーだ Juega regularmente en este equipo.

レクイエム (鎮魂曲) m. réquiem.

レクリエーション m. entretenimiento, m. recreo. ▶レクリエーション施設 fpl. instalaciones recreativas. ◆彼はときどきレクリエーションにゴルフをする A veces juega al golf para entretenerse.

レコーダー (記録係) mf. registrador/dora; (記録装置) f. grabadora, m. grabador, m. magnetófon. ▶タイムレコーダー m. reloj registrador. ▶テープレコーダー m. grabadora, m. grabador, m. magnetófon, 《スペイン》 m. casete.

レコーディング f. grabación. ◆彼女の最新のヒット曲のレコーディングをする v.「hacer* una grabación de [grabar] su último éxito musical.

レコード ❶《音盤》 m. disco. ▶LPレコード m. disco LP [elepé, de larga duración]. ▶レコード音楽 f. música grabada. ▶レコードコンサート m. concierto de discos. ▶レコードプレーヤー m. tocadiscos. ▶レコード店 f. tienda de discos. ▶レコードを作る(=吹き込む) v. hacer* un disco. ▶レコードを出す v. sacar* un disco (a la venta). ◆彼女はモーツァルトの「レクイエム」のレコードをかけていた[聞いていた] Tenía puesto un disco con el Réquiem de Mozart. ◆どのレコードを1かけ[²聞き]ましょうか ¿Qué disco ¹ponemos [²oímos]?
❷《競技などの記録》 m. récord, f. marca, f. plusmarca. ▶レコード保持者 mf. plusmarquista. ▶レコードを¹破る[²作る] v. ¹batir [²establecer*]「un récord [una marca].
❸《専門語》 m. registro.

レザー (かみそり) f. cuchilla (de afeitar), f. navaja (de afeitar); (皮革) m. cuero, f. piel. ▶レザーのコート m. abrigo de piel [cuero].

レジ (金銭登録機) f. caja registradora; (勘定係) mf. cajero/ra; (スーパーなどの精算台) f. caja. ▶レジで品物の代金を支払った Pagué [《教養語》 Aboné] los artículos en (la) caja. ◆会計はレジでお願いします(レストランなどで) Por favor, pague en caja.

レシート m. recibo.

レシーバー (受話器) m. auricular; (サーブを受ける人) mf. receptor/tora.

レシーブ ▶レシーブする v. recibir (una pelota); (リターンする、ボールを打ち返す) v. restar.

レジェス (アルフォンソ ～) Alfonso Reyes (☆

1889–1959, メキシコの詩人・歴史家).

レジオネラびょう レジオネラ病 《専門語》 f. enfermedad del legionario.

レジスタ(ー) f. caja registradora; (コンピュータの) m. registro.

レジスタンス f. resistencia. ▶フランスのレジスタンスの一員 m. miembro de la Resistencia Francesa.

レシピ (調理法) f. receta. ▶パエリャのレシピ f. receta de [para hacer la] paella.

レシピエント 《専門語》 mf. receptor/tora.

レジメ m. resumen. → レジュメ.

レジャー m. ocio, m. recreo; m. tiempo libre. ▶レジャーブーム m. auge, [《英語》 m. "boom"] del ocio. ▶レジャー産業 f. industria del ocio. ▶レジャー施設 fpl. instalaciones recreativas. ▶レジャー用品 mpl. artículos de recreo. ▶レジャーにテニスをする v. jugar* al tenis「por afición [para entretenerse*].

レジュメ m. resumen, m. sumario.

レズ (同性愛の女) f. lesbiana, 《俗語》 f. tortillera; (同性愛) m. lesbianismo.

レストラン m. restaurante. ◆食べ放題のレストラン m. restaurante de tipo bufete. ▶ ¹和風 [²洋風]レストラン m. restaurante ¹japonés [²occidental]. ◆私たちは夕食を食べにレストランに出かけた Salimos a cenar a un restaurante.

レスビアン (女性の同性愛者) f. lesbiana, 《俗語》 f. tortillera.

レスラー mf. luchador/dora.

レスリング f. lucha. ▶レスリング選手 mf. luchador/dora. ▶レスリングの試合をする v. librar「un combate [una lucha], luchar, combatir. ▶彼とレスリングをする v. luchar con él.

レセプション (正式の歓迎会) f. recepción. ▶レセプションを開く v. ofrecer* [dar*]《a + 人》 una recepción.

レソト Lesotho (☆アフリカの王国, 首都マセル Maseru).

レゾンデートル f. razón de ser.

レター f. carta. ▶レターセット m. material de escritorio para cartas.

レタス f. lechuga. ▶レタス2枚 f. dos hojas de lechuga.

***れつ** 列 ❶ f. línea; (木や家などの) f. hilera; (1人ずつの) f. fila; (2人以上の) f. columna; (順番待ちの) f. cola. ▶まっすぐ1列に並んで立つ v. ponerse* en fila. ▶1列に並んでバスを待つ v. hacer* cola para (esperar) el autobús. ▶17列目に[²私の2列前に]座る v. sentarse* en ¹la fila siete [²dos filas delante de mí]. ▶列に割り込む v. colarse*. ◆多くの人が切符を買うため に列を作った Mucha gente formó una larga cola para comprar las entradas. ◆劇場の前には長い列ができていた Había una larga cola [fila] delante del teatro. ◆私は列の¹先頭 [²一番後ろ]だった Yo estaba en la ¹cabeza [²cola] de la fila. ◆机がきちんと3列に並べてあった Los pupitres estaban colocados en tres filas en orden.

れつあく 劣悪 ▶劣悪な(質の悪い) adj. malo, deficiente; (より劣った)*adj.* inferior. ▶劣悪な品質の商品 *mpl.* artículos de mala calidad; *mpl.* productos inferiores.

レッカー(しゃ) レッカー(車) *f.* grúa (de remolque), *m.* camión de remolque.

れっきとした 歴とした【りっぱな】(恥ずかしくない程度の)*adj.* respetable, decente; (十分認められた)*adj.* muy reconocido; (明白な)*adj.* evidente, claro. ▶れっきとした (=論破することができない)証拠 *f.* prueba irrefutable. ♦れっきとした (=十分な)理由があって彼にその賞が与えられた Le concedieron el premio por「buenas razones [motivos reconocidos]. ♦君も今やれっきとした (=資格のある)医者だ Ahora eres un médico calificado [titulado].

れっきょ 列挙 *f.* enumeración. ▶列挙する *v.* enumerar. ▶彼の欠点を列挙する *v.* enumerar sus defectos.

れっきょう 列強 *fpl.* grandes potencias.

れっこく 列国 *fpl.* naciones del mundo.

*****れっしゃ** 列車 *m.* tren.
　1《~列車》▶貨物列車 *m.* tren de mercancías. ▶旅客列車 *m.* tren de pasajeros. ▶コンテナ列車 *m.* tren de contenedores. ▶急行列車 *m.* (tren) expreso. ▶[1普通 [2直通; 3臨時] 列車 *m.* tren [1]local [[2]directo; [3]especial]. ▶東京行きの列車 *m.* tren para [a, con destino a, rumbo a] Tokio.
　2《列車は》▶その列車は6両編成だ「Ese tren tiene [Es un tren con] seis vagones. ▶彼の乗る列車は今夜10時3番ホームから出ます Su tren sale esta noche a las 10.00 del andén número 3.
　3《列車で》▶列車で行く *v.* ir* en [por] tren. ♦私は列車で大阪へ行った Fui a Osaka en tren.
　4《列車に[を]》▶列車[1]に乗る [[2]を降りる] *v.* [1]subir al [[2]bajar del] tren. ▶列車に乗り遅れる *v.* perder* el tren. ▶神戸で列車を乗り換える *v.* cambiar de tren en Kobe.

れっしょう 裂傷《専門語》*f.* laceración, *m.* desgarro, *m.* desgarrón. ▶腕に裂傷を負う *v.* desgarrarse [herirse*] en el brazo.

れっしん 烈震 *m.* terremoto destructor [violento].

レッスン *f.* clase, *f.* lección. ▶ピアノのレッスンを[1]する [[2]受ける] *v.* [1]dar* [[2]tomar] clases de piano.

れっせい 劣性(の) *adj.* recesivo. ▶劣性遺伝 *f.* herencia recesiva. ▶劣性形質 *m.* carácter recesivo.

れっせい 劣勢 (不利)*f.* desventaja. ▶劣勢をい返す *v.* superar una desventaja; (形勢を逆転する)*v.* volver* las tornas 《a + 人》, invertir* la situación. ▶我が軍は敵に比べて数の上で劣勢である Nuestro ejército「es numéricamente inferior al enemigo [tiene la desventaja del número con respecto al enemigo].

れっせき 列席 *f.* presencia; (特に定期的な)*f.* asistencia. ▶列席者 *mpl.* presentes, 《教養語》*f.* concurrencia. ▶列席する *v.* asistir 《a》; (している)*v.* estar* presente 《en》. ▶次の日曜日の式典へのご列席をお願いします Me gustaría que nos honrara con su presencia en la ceremonia del domingo próximo.

レッテル *f.* etiqueta, *m.* rótulo, *m.* marbete. ▶びんに「毒薬」のレッテルを張る *v.* poner* [pegar*, fijar] en una botella la etiqueta de "Veneno". ▶彼はうそつきだというレッテルを張られた「Fue calificado [Le dieron la etiqueta] de mentiroso.

れっとう 劣等 *f.* inferioridad. ▶劣等の *adj.* inferior 《a》. →劣る. ▶劣等生 *mf.* estudiante atrasado/da.

れっとう 列島 *m.* archipiélago, *f.* cadena de islas. ▶千島列島 *fpl.* Islas Kuriles. ▶日本列島 *m.* Archipiélago Japonés.

れっとうかん 劣等感 *m.* complejo de inferioridad. ▶彼は[1]自分の能力に [[2]彼の友人に対して] 劣等感を持っている Tiene complejo de inferioridad [1]sobre su capacidad [[2]con respecto a sus amigos].

レッドカード (サッカー)*f.* tarjeta roja.

れっぷう 烈風 *m.* vendaval, *m.* viento fuerte; (強風)*m.* ventarrón. ▶烈風で屋根が吹き飛ばされた El tejado fue arrancado por un vendaval.

レディー 《フォーマル》*f.* dama, *f.* señora. ▶レディーファースト Primero las damas.

レディーメード ▶レディーメードの背広 *m.* traje hecho [de confección].

レトルト ▶レトルト食品 *mpl.* alimentos asépticos en envase.

レニングラード Leningrado (☆現在のサンクト・ペテルブルグ San Petersburgo).

レバー ❶【てこ】*f.* palanca. ▶レバーを引く *v.* tirar de la palanca. ▶レバーを前に倒す *v.* empujar la palanca hacia adelante.
❷【肝臓】*m.* hígado.

レパートリー *m.* repertorio. ▶レパートリーが広い *v.* tener* un amplio [rico] repertorio. ▶その歌は私のレパートリーにはありません Esa canción no está en mi repertorio.

レバノン Líbano; (公式名) República Libanesa. ▶レバノンの *adj.* libanés. ▶レバノン人 *mf.* libanés/nesa.

レバンテ Levante (☆スペインの東部地方).

レパント Lepanto (☆ギリシャの港町, 現在のNaupacta).

レビュー ❶【評論】*f.* crítica, *mpl.* comentarios.
❷【寄席演芸】*f.* revista.

レファレンス *f.* consulta. ▶レファレンスルーム *f.* sala de consulta. ▶レファレンスサービス *m.* servicio de consulta.

列車に注意 Atención al tren. →列車

レフェリー *mf.* árbitro/*tra*. ▶レフェリーを務める *v.*「hacer*」de árb*itro/tra* en [arbitrar] (un partido).
レフト (野球の左翼) *m.* jardín [*m.* campo] izquierdo, *m.* exterior izquierdo; (野球の左翼手) *mf.* jardinero /*ra* [*mf.* fildea*dor* /*dora*], *mf.* juga*dor*/*dora* exterior izquier*do*/*da*. ▶レフトを守る *v.* jugar* en el jardín [campo] izquierdo. ▶レフトに2塁打を打つ *v.* pegar* un doble al jardín izquierdo.
レフリー *mf.* árbitro/*tra*.
レプリケーション《専門語》*f.* replicación.
レフレックスカメラ *f.* cámara reflex.
レベル *m.* nivel; (基準) *f.* norma. ▶レベルの高い (=ハイレベルの)問題 *f.* pregunta de alto nivel. ▶世界でもトップレベルの設備 *fpl.* instalaciones del más alto nivel del mundo. ♦彼の走り高跳びはプロのレベルに近い Salta de altura a unos niveles casi profesionales. ♦君はスペイン語会話力をもっとレベルアップしなければならない Tienes que subir [mejorar] tu nivel de español hablado. ♦あの学校はレベルが高い Aquella escuela tiene un alto nivel académico.
レポーター (報道記者・報告者) *mf.* informa*dor*/*dora*, *mf.* reportero/*ra*.
レポート (報告書) *m.* informe; (学生の) *m.* trabajo; (学期末の) *m.* trabajo académico [escrito exigido al finalizar el trimestre]; (小論) *m.* artículo, *m.* ensayo. ▶レポートを提出する (報告書を) *v.* presentar un informe; (学生の論文) *v.* entregar* un trabajo.
レホネアドール *m.* rejoneador (☆馬に乗った闘牛士).
レマンこ レマン湖 *m.* Lago Lemán.
レミゼラブル《書名》《Los Miserables》.
レモネード *f.* limonada.
レモン *m.* limón. ▶レモンスカッシュ *f.* limonada con gas, *f.* gaseosa de limón. ▶レモンティー *m.* té con limón.

＊＊－れる ❶《受身》♦怠けて先生にしかられた El profesor me reprendió por (ser) perezo*so*. ♦彼はカニに指をはさまれた Un cangrejo le pellizcó el dedo.
❷【可能】*v.* poder*, ser* capaz (de + 不定詞). ♦5分で駅まで行かれます Se puede llegar a la estación en cinco minutos. ♦それで君は映画を見に行かれなかったのだね Por eso no pudiste ir al cine, ¿eh? ♦このテープレコーダーは遠くの音でもとらえられる Esta grabadora es capaz de grabar hasta los sonidos más lejanos. ♦あのホテルの食事は食べられたかい ¿Era comestible la comida en ese hotel? / ¿Acaso era buena la comida en ese hotel?
❸【自然にそうなる状態を表わす】♦この写真を見ると中学時代のころが思い出される Cuando miro esta foto, siempre me acuerdo de mi época de estudiante de secundaria.
❹【尊敬を表わす】♦総理はあす北京に向け飛び立たれる Mañana vuela el Primer Ministro a Pekín [Beijing].
＊**れんあい** 恋愛 *m.* amor. ▶自由恋愛 *m.* amor libre. ▶精神的な恋愛 *m.* amor platónico [espiritual]. ▶恋愛事件 *m.* romance, *m.* amorío; (情事) *f.* aventura amorosa. ▶恋愛小説 *f.* novela de amor; (空想的な) *m.* romance. ▶恋愛結婚 *m.* matrimonio por amor. ▶恋愛結婚する *v.* casarse por amor. ▶恋愛に陥る *v.* enamorarse (de). ♦彼らは恋愛中だ Están enamorados. / Se aman. / Se quieren. ♦この小説は恋愛問題を扱っている Esta novela trata de temas [problemas, cuestiones] de amor.

れんか 廉価 ▶廉価な (安い) *adj.* barato, económico, (大衆向けの) *adj.* popular. ▶廉価版 *f.* edición popular (de un libro). ▶廉価で適当な品が買えます Es posible comprar「artículos adecuados [cosas apropiadas] a precios populares [módicos].

れんが 煉瓦 *m.* ladrillo, *m.* albañil. ▶煉瓦職人 *m.* albañil. ▶煉瓦¹塀 [²舗道] ¹*m.* muro [²*m.* pavimento] de ladrillo. ▶煉瓦造りの家 *f.* casa de ladrillo. ▶煉瓦を積む *v.* poner* ladrillos. ▶(道路に)煉瓦を敷きつめる *v.* pavimentar (un camino) con ladrillos, enladrillar (una calle).

れんき 連記 (複数の記載) *f.* inscripción plural. ▶無記名連記投票 *m.* voto secreto con más de dos nombres. ▶2名連記する *v.* escribir* dos nombres en una papeleta.

れんきゅう 連休 ♦今週末は3連休だ Este fin de semana hay tres (días) festivos seguidos.

れんぎょう 連翹 《植物名》*f.* forsitia.

れんきんじゅつ 錬金術 *f.* alquimia. ▶錬金術師 *m.* alquimista.

れんけい 連携 (協力) *f.* cooperación, *f.* colaboración. → 協力. ▶プロジェクト遂行のために大学との連携を密にする *v.* cooperar estrechamente con la universidad para llevar a cabo el proyecto, colaborar estrechamente en un proyecto con la universidad.

れんけい 連係 ▶連係プレー *m.* trabajo de equipo; *f.* coordinación. ▶投手と内野手の見事な連係 *f.* buena coordinación entre el lanzador y el「jugador de cuadro [infielder]. ▶みごとな連係プレーで試合に勝つ *v.* ganar el partido gracias a un buen trabajo de equipo.

れんげそう 蓮華草 *m.* astrágalo.

れんけつ 連結 *m.* acoplamiento, *m.* enganche, *f.* conexión. ▶15両連結の列車 *m.* tren de 15 vagones acoplados. ▶連結する *v.* conectar, acoplar, enganchar, unir, juntar. ▶(一組の)電池を連結する *v.* conectar entre sí las células de una batería. ▶寝台車を列車に連結する *v.* acoplar los coches cama a un tren. ♦新幹線は16両連結である El tren bala tiene 16 vagones. ☞繋がる, 繋ぐ

れんこう 連行 ▶容疑者を警察署に連行する *v.* llevar a un sospechoso a la comisaría.

れんごう 連合 (結合) *f.* unión, *f.* asociación; (国家間の同盟) *f.* alianza, *f.* liga; (政治上の提携) *f.* coalición. ▶連合国 (第一次・第二次大戦時の) *fpl.* Potencias Aliadas, *mpl.* Alia-

れんごうや

dos. ▶連合軍 *fpl.* Fuerzas Aliadas. ▶連合政権 *m.* gobierno de coalición.

—— **連合する** *v.* unirse, coaligarse*, ligarse*, aliarse*, asociarse. ▶連合して敵にあたる *v.* unirse contra el enemigo, 「formar una alianza [aliarse*] frente al enemigo. ◆これら三つの国が連合して一つの国になった Estos tres países se unieron en uno solo.

れんごうや 連合野 《専門語》 *f.* área de asociación.

れんこん 蓮根 *m.* rizoma [*f.* raíz] de loto.

れんさ 連鎖 ▶連鎖的(=つながりのある)事件 *f.* cadena [*f.* serie] de sucesos. ▶連鎖反応を引き起こす *v.* desencadenar [provocar*, causar] una reacción en cadena [serie]. ▶連鎖倒産 *f.* bancarrota en cadena. ▶連鎖店 *f.* tienda de una cadena.

れんさい 連載 ▶雑誌の連載小説 *m.* serial en la revista, *f.* novela por entregas. ▶50回完結の連載もの *m.* serial en 50 entregas. ◆この物語は朝日新聞に連載された Esta historia apareció 「en serie [por entregas] en el Asahi.

れんざん 連山 *f.* cordillera, *f.* sierra.

レンジ (電子レンジ) *m.* (horno) microondas.

れんじつ 連日 ▶連日の猛暑 *m.* largo período de tiempo muy caluroso. ▶展示会は連日(=毎日)盛況だった Todos los días había mucha gente en la exposición. ◆連日連夜の雨で堤防が決壊した El río se desbordó debido a las continuas lluvias.

*れんしゅう 練習 *mpl.* ejercicios, *f.* práctica, *m.* ensayo.

1《〜練習》 ▶発音練習 *mpl.* ejercicios [*f.* práctica] de pronunciación. ▶読解練習 *f.* comprensión de lectura. ▶バイオリンの練習 *mpl.* ejercicios [*f.* práctica] de violín.

2《練習+名詞》 ▶練習問題集 *m.* libro de ejercicios. ▶練習船 *m.* buque escuela. ▶練習機 *m.* avión de entrenamiento. ▶練習曲 *m.* estudio; (練習用曲) *f.* pieza para practicar. ▶練習試合 *m.* partido de entrenamiento. ▶スペイン語の練習問題をする *v.* hacer* ejercicios de español. ▶彼は練習不足だ(=練習をしていない) No ha practicado. / Le falta práctica. ◆いい、由美ちゃん。さあぼくを練習台にして「=観客と思って」歌ってごらん Vamos, Yumi. Practica conmigo como si yo fuera un espectador y canta.

3《練習に[を]》 ▶そのレースに備えて猛練習にはいる *v.* 「entrar en [empezar*] el entrenamiento intensivo para esa carrera. ◆テニスが上手になるには大いに練習を積む必要がある Hay que practicar [entrenarse] mucho para 「jugar bien al [ser *un/una buen/buena jugador/dora* de] tenis.

—— **練習する** *v.* practicar*, hacer* ejercicios; entrenar(se), adiestrarse; ensayar. ▶ピアノを練習する *v.* practicar* piano. ▶彼らにその歌を練習させる *v.* hacer* que ensayen [practiquen] la canción. ▶コンテストに備えて猛練習する *v.* practicar* [ensayar] intensa-mente para el concurso. ▶水泳を練習する *v.* practicar* la natación. ◆そのチームはみっちり6時間練習した El equipo tuvo seis horas de intenso entrenamiento.

☞ 演習, 稽古, 実習, ドリル

れんしょ 連署 *f.* firma 「en común [mancomunada]; (副署) *m.* refrendo. ▶われわれの連署のもとに *adv.* bajo nuestras firmas mancomunadas. ▶連署する *v.* refrendar.

れんしょう 連勝 *fpl.* victorias consecutivas, *f.* racha de victorias, (一連の勝利) *f.* racha ganadora. ▶12試合に連勝する *v.* ganar 12 encuentros consecutivos [seguidos, sucesivos]. ◆きのうの敗北で連勝がストップした La derrota de ayer rompió nuestra racha de victorias.

レンズ *f.* lente; (カメラの) *m.* objetivo. ▶[1]凹[2]凸レンズ *f.* lente [1]cóncava [2]convexa. ▶拡大レンズ *f.* lente de aumento. ▶望遠レンズ *m.* teleobjetivo. ▶[1]広角[2]魚眼]レンズ *m.* objetivo [1]gran angular [2]de ojo de pez]. ▶接眼レンズ *m.* ocular. ▶対物レンズ *m.* objetivo. ▶(カメラの)レンズを絞る *v.* reducir* la apertura del diafragma (de un objetivo).

れんせん 連戦 *fpl.* batallas sucesivas [consecutivas], *f.* cadena [*f.* serie] de combates. ▶連戦する *v.* ir* de combate en combate, luchar sucesivamente. ▶連戦[1]連勝[2]連敗の(試合) *v.* [1]lograr victoria sobre victoria [2]ir* de derrota en derrota]; (戦争で) *v.* [1]ganar [2]perder*] batalla tras batalla. ◆5連戦のあと大変疲れた Después de cinco partidos seguidos estábamos muy cansados.

れんそう 連想 *f.* asociación de ideas, *f.* evocación. ▶連想ゲーム *m.* juego de asociaciones. ◆この写真はいつも私の子供時代を連想させる(=この写真から子供時代を連想する) Esta foto siempre me recuerda mi infancia. ◆その旋律はあらしを連想させる(=暗示する) Esa melodía evoca una tormenta.

*れんぞく 連続 *f.* sucesión, *f.* continuación, (同種類のものの一続き) *f.* secuencia, *f.* serie.

1《〜連続, 連続+名詞》 ▶失敗の連続 *f.* sucesión de fracasos, (口語) *m.* fracaso tras otro. ▶連続性 *f.* continuidad. ▶連続テレビドラマ *m.* serial de televisión, *m.* drama en serie de televisión, 《スペイン》《口語》 *m.* culebrón. ▶連続殺人事件 *m.* caso de homicidios sucesivos. ▶連続番号 *mpl.* números seguidos. ◆現代美術に関する5回連続の講義が神戸大学で行なわれた En la Universidad de Kobe se impartió 「un ciclo [una serie] de cinco conferencias sobre arte moderno.

2《連続して[で]》 ▶連続して会議を開く *v.* celebrar una reunión tras otra. ◆三日連続して雨が降り続いている Lleva lloviendo tres días seguidos. / No ha dejado de llover en tres días. ◆火災が連続して(=次々と)起こった Había un incendio tras [detrás de] otro. ◆そのミュージカルは1年間連続で興業された Ese musical estuvo celebrándose un año seguido.

—— **連続する** *v.* continuar*, seguir*. → 続く.

—— 連続的な（途切れのない）adj. continuo, seguido;（間を置かず規則的に続く）adj. consecutivo;（次々と続く）adj. sucesivo.

れんだ 連打 （ボクシング）mpl. puñetazos continuos;（野球）《英語》mpl. "hits" seguidos. ▶チャンピオンに連打を浴びせる v. darle* al campeón una serie de puñetazos. ▶5連打で山田(投手)をノックアウトする v. hacer* que Yamada deje el montículo del lanzador con cinco "hits" seguidos.

れんたい 連帯 （結束）f. solidaridad. ▶強い連帯感 m. fuerte sentido de solidaridad;（仲間意識）m. fuerte sentimiento de amistad [camaradería]. ▶地域住民の連帯感の欠如 f. falta de espíritu comunitario. ▶連帯の adj. solidario, colectivo. ▶連帯して adv. solidariamente, conjuntamente. ▶連帯責任を負う v. asumir la responsabilidad solidaria [corresponsabilizarse*]（por）. ▶連帯保証人になる《法律》v. salir* cofiador/dora [cogarante]《de ＋人》, ser* copartícipador/dora en la fianza《por ＋人》. ▶彼らはこの計画に連帯してあたった "Trabajaron conjuntamente [Colaboraron] en este proyecto.

れんたい 連隊 m. regimiento. ▶連隊長 m. comandante de un regimiento. ▶この連隊の指揮官はだれだ ¿Quién está al mando de este regimiento?

レンタカー m. coche de alquiler. ▶レンタカーを借りる v. alquilar un coche.

レンダリング 《専門語》m. renderizado.

レンタル m. alquiler. ▶レンタルビデオ m. video de alquiler. ♦レンタル料は1日3百円です Se alquila por 300 yenes「al día [diarios].

れんだん 連弾 f. interpretación a cuatro manos. ▶連弾曲 f. pieza para cuatro manos. ▶連弾する v. tocar* (el piano) a cuatro manos.

れんちゅう 連中 気のいい連中 f. buena gente, 【スペイン】《口語》mpl. buenos tíos. ▶金持ち連中 f. gente rica, los ricos. ▶奇妙な連中 f. gente rara. ▶悪い連中のなかまになる v. tener* malas compañías. ▶酔っ払い連中(の一団) m. grupo de borrachos.

れんどう 連動 v. funcionar sincrónicamente; engranar(se), enclavar. ▶連動装置 m. sistema de enclavamiento.

レントゲン （X線写真・検査）f. radiografía, mpl. rayos X. ▶レントゲン技師 mf. radiólogo/ga. ▶レントゲン検査を受ける v. hacerse* una radiografía. ▶レントゲン写真を調べる v. leer* [interpretar] una radiografía. ▶レントゲン検査をする（技師が）v. hacer* [sacar*] una radiografía 《de》. ▶レントゲンを撮ってもらいに病院へ行く v. ir* al hospital a hacerse* una radiografía. ♦頭のレントゲンを撮った Me hicieron una radiografía de la cabeza. ♦レントゲンの結果は異常なかった La radiografía 「era normal [no mostraba nada].

れんぱ 連破 f. victoria tras otra, f. serie [f. sucesión] de triunfos,《口語》f. buena racha. ▶そのチームを3連破する v. ganar a ese equipo tres veces seguidas, derrotarle a ese equipo tres veces consecutivamente.

れんぱい 連敗 f. derrota tras otra, [f. sucesión] de derrotas,《口語》f. mala racha. ▶7連敗を免れる v. romper* una racha de siete derrotas sucesivas. ▶連敗する v. sufrir una derrota tras otra,《口語》tener* una mala racha.

れんぱつ 連発する （銃・質問などを）v. disparar repetidamente;（銃）f. arma de repetición. ♦その警官は殺人犯めがけて銃を連発した El policía disparó repetidamente contra el asesino. ♦彼はあくびを連発した Daba un bostezo tras otro. / No hacía más que bostezar.

れんぽう 連邦 f. federación, f. unión. ▶イギリス連邦 →イギリス. ▶ソビエト連邦 →ソビエト. ▶連邦(政府)の adj. federal. ▶連邦制度 m. sistema f. federalismo. ▶アメリカ連邦政府 m. Gobierno Federal de Estados Unidos. ▶(アメリカ)連邦捜査局 m. F.B.I., la Oficina Federal de Investigación (de Estados Unidos).

れんぽう 連峰 （大きな）f. cordillera;（小さな）f. sierra. ▶ヒマラヤ連峰 f. Cordillera del Himalaya.

れんめい 連盟 f. liga;（団体の連合体）f. federación. ▶高校野球連盟に加入する v. participar en la Liga de Béisbol de la Escuela Secundaria Superior.

れんめい 連名 f. firma conjunta [en común], 《口語》f. firma colectiva. ▶連名で抗議文を出す v. presentar una protesta colectiva [escrita y firmada colectivamente].

***れんらく** 連絡 （交通機関の接続）f. conexión, m. enlace;（接触）m. contacto;（通信）f. comunicación.

1《連絡＋名詞》▶ 連絡切符 m. billete combinado. ▶連絡駅 m. estación de enlace [empalme]. ▶連絡船 m. barco de empalme, 《英語》m. "ferry" (que une A y B). ▶連絡便に間に合う［乗り遅れる］v. 「¹tomar ［²perder*］el enlace. ♦連絡先の電話番号をお教えください ¿En qué teléfono podemos comunicarnos con usted? / ¿Dónde podemos ponernos en contacto con usted?

2《連絡が》▶ 日中はバスと列車との連絡が悪い Durante el día hay mal enlace entre el autobús y los trenes. ♦¹その町との［²A, B両市間の]電話連絡がとだえた Se ha cortado la comunicación telefónica ¹con la ciudad [²entre A y B]. ♦古い友人との連絡がとだえてしまった He perdido el contacto con mi viejo amigo. ♦何度か電話してやっと彼と連絡がとれた Después de llamar varias veces, por fin pude「ponerme en contacto [establecer contacto] con él. ♦彼が死んだという連絡（＝知らせ)があった「Tuvimos información [Nos informaron] de su muerte. / Nos llegó la noticia de su fallecimiento. ♦彼からまもなく連絡がいくと思います Tendrás pronto noticias suyas. / Pronto sabrás de él.

3《連絡を》▶ 連絡をする［とる］v. comunicarse*《con》. ▶ 連絡をもらう v. saber*《de él》, tener* noticias (suyas). ▶連絡を絶つ v. per-der* contacto (con él). 会話 そのうちご連絡を差し上げますーご連絡をお待ちしております Pronto me pondré en contacto con usted. – Lo espero con impaciencia. ▶私は彼と連絡をとり合っている Estoy en contacto [comunicación] con él.

── 連絡する (交通機関が) v. enlazar* [conectar, estar* conectado, conexionar] 《con》; (電話・手紙・無線などで) v. estar* [ponerse*] en contacto [comunicación] 《con ＋ 人》, comunicarse* 《con ＋ 人》; (報告する) v. informar, comunicar*; (知らせる) v. avisar, decir*, hacer* saber*. ▶その島は汽船で本土と連絡している La isla está conectada con el continente por medio de un vapor. ▶この普通列車は静岡駅で急行と連絡している Este tren local enlaza con el expreso en la estación de Shizuoka. ▶その件で彼に電話で連絡した Me puse en contacto con él sobre ese asunto por teléfono. ▶彼は手がかりを見つけたと連絡してきた Me informó que había hallado una pista. ▶あちらに着きしだい連絡します Te avisaré tan pronto llegue allí.

れんりつ 連立 (政治的な提携) f. coalición. ▶三党連立 f. coalición tripartita [de tres partidos]. ▶連立 1内閣 [2政権] ^{1} m. gabinete [^{2} m. gobierno] de coalición. ▶連立方程式 fpl. ecuaciones simultáneas.

ろ

ろ 櫓 m. remo (japonés), f. espadilla. ▶ろをこぐ v. cinglar, remar con espadilla.
ろ 炉 (溶鉱炉) m. alto horno; (原子炉) m. reactor nuclear. ▶炉端で adv. al lado de la chimenea, al amor de la lumbre.
ロアールがわ ロアール川 el (río) Loira.
ろう 瘻 (専門語) f. fístula.
ろう 牢 f. cárcel, f. prisión. ▶牢を破る v. escapar(se) de la cárcel.
ろう 蝋 f. cera. ▶ろう紙 m. papel encerado [de cera]. ▶ろう人形 f. muñeca de cera; (等身大の) f. figura de cera. ▶ろう人形館 m. museo de figuras de cera. ▶ろう細工 m. objeto [f. obra] de cera. ▶ろうを引く v. encerar. ▶ろうそくのろうがたれている La cera de la vela está chorreando.
ろう 労 (手数) f. molestia; (骨折り) mpl. esfuerzos; (労力) m. trabajo; (努力) m. esfuerzo. ▶争いを仲裁する労を取る v. tomarse la molestia de [mediar en [resolver*]] el conflicto. ▶彼の労に報いる [^{2}をねぎらう] v. ^{1}recompensarle por [^{2}agradecerle*] 「su trabajo [sus esfuerzos]. ▶彼は生徒のためならどんな労も惜しまない No escatima esfuerzos por sus estudiantes. ▶彼はいつも労せずに何かを得ようとする Siempre intenta conseguir algo sin esfuerzo.
ろうあしゃ 聾唖者 mf. sordomudo/da.
ろうえい 漏洩 (機密の漏洩) f. filtración de información secreta.
ろうえき 労役 m. trabajo forzado. ▶3 年の労役を宣告される v. ser* condenado a tres años de trabajos forzados.
***ろうか** 廊下 (建物の) m. pasillo, m. corredor; (通路) m. paso, m. pasaje. ▶渡り廊下 m. pasaje abierto. ▶廊下をさらに行くと弁護士の事務所がもう三つある Al fondo del pasillo hay tres oficinas más de abogados. ▶廊下は静かに歩きなさい Camina por los corredores sin hacer ruido. ▶トイレは廊下のつきあたりにあります El cuarto de baño está al final del pasillo.
ろうか 老化 m. envejecimiento; (老衰) f. senilidad, f. decrepitud. ▶老化する v. envejecer*. ▶老化現象 m. síntoma de envejecimiento. ▶頭の老化を防ぐ v. prevenir* el envejecimiento mental.
ろうかい 老獪 ▶老獪な(こうかつな) adj. sagaz, listo; (ずる賢い) adj. astuto, 《文語》taimado; (策略にたけた) adj. mañoso, hábil.
ろうかく 楼閣 f. torre, m. castillo. ▶空中楼閣 m. castillo en el aire. ▶その計画は砂上の楼閣(＝非現実的)だ Ese plan es poco realista.
ろうがん 老眼 (専門語) f. presbicia, f. vista cansada. ▶老眼鏡 mpl. lentes para la vista cansada, fpl. gafas de présbita. ▶老眼の adj. présbita. ▶老眼になってきた Tengo la vista cansada.
ろうきゅう 老朽 ▶老朽化した adj. desgastado, gastado; (古い) adj. viejo, anticuado. ▶老朽化する v. quedar viejo (por el uso). ▶荒れはてた老朽建物 m. ruinoso edificio viejo.
ろうきょう 老境 ▶老境に入る v. llegar* a una edad avanzada, alcanzar* la vejez.
ろうく 労苦 m. esfuerzo, m. trabajo. → 苦労, 骨折り.
ろうご 老後 ▶老後に備える v. preparar(se) para la vejez. ▶老後 (＝引退後の年月) を平和に過ごす v. pasar tranquilamente la vejez, llevar [tener*] una vejez pacífica.
ろうごく 牢獄 f. cárcel, f. prisión.
ろうさい 労災 m. accidente laboral [de trabajo]. ▶労災保険 m. seguro contra accidentes laborales. → 保険. ▶労災保障 f. indemnización por accidentes laborales.
ろうさく 労作 m. trabajo laborioso [pesado]; (力作) f. proeza, m. trabajo extraordinario. ▶彼の超電導に関する論文はなかなかの労作だ Su estudio sobre la superconductividad es un trabajo extraordinario.
ろうし 老視 (専門語) f. presbiopía.
ろうし 老子 Lao-Tse (☆紀元前 6 世紀の中国の思想家).

ろうし 労使 *mpl*. empresarios y *mpl*. empleados, *mpl*. patronos y *mpl*. obreros. ▶労使紛争を調停する *v*. mediar en los conflictos entre patronos y obreros, arbitrar un conflicto laboral. ◆労使交渉が始まった Se han iniciado las negociaciones entre la empresa y los empleados.◆労使関係は改善されつつある Las relaciones entre la empresa y el sindicato están mejorando. / Hay una mejora en las relaciones laborales.

ろうじゃく 老若 *mpl*. jóvenes y *mpl*. viejos.

ろうじょ 老女 *f*. anciana, 《口語》《軽蔑的に》 *f*. vieja.

ろうじょう 籠城 ▶籠城する(＝城を固守する) *v*. mantener* el castillo; (包囲されている) *v*. estar* sitiado [cercado]. ▶籠城軍 *m*. ejército sitiado. ◆ホテルに籠城して(＝閉じこもって)小説を書く *v*. recluirse* en un hotel para escribir* una novela.

*****ろうじん** 老人 ▶ *f*. persona anciana [《口語》 vieja, 《文語》 provecta]; (男性) *m*. anciano, 《口語》 *m*. viejo; (女性) *f*. anciana, 《フォーマル》 *f*. señora mayor; (年金生活者) *mf*. pensionista de la tercera edad.▶老人性痴呆症《専門語》 *f*. demencia senil. ▶老人性難聴《専門語》 *f*. presbiacusia. ▶老人パワー *m*. poder de la tercera edad. ▶老人福祉 *m*. bienestar [*f*. seguridad social] de los ancianos. ▶老人医学 *f*. geriatría. ▶老人になる *v*. hacerse* viejo [mayor], envejecer*. ◆若者は老人を敬わなければならない Los jóvenes deben respetar a los ancianos. ⇨老い, おじいさん, おばあさん, 年寄り

ろうじんホーム 老人ホーム *f*. residencia de ancianos; (看護付き) *m*. asilo de ancianos.

ろうすい 漏水 *f*. fuga de agua. ◆漏水箇所がつきとめられない Es imposible encontrar la fuga de agua.

ろうすい 老衰 *f*. decrepitud, *f*. senilidad. ▶老衰(＝老齢)で死ぬ *v*. morir* de senilidad [vejez, 《口語》 viejo]. ▶老衰する *v*. volverse* [hacerse*] decrépito.

ろうせい 老成 ▶老成した(＝円熟した)人物 *f*. persona madura [con experiencia]. ◆あの青年はいやに老成している Ese joven parece demasiado maduro para su edad.

ろうそ 労組 *m*. sindicato.

ろうそく *f*. vela, *m*. cirio, *f*. candela. ▶ろうそくを立てろうそくを立てる *v*. poner* una vela en 「el candelero [la palmatoria]. ▶ろうそくの明かりで食事をする *v*. cenar 「a la luz de las [con] velas. ▶ろうそくを１つ付け [²消す] *v*. ¹encender* [²apagar*] una vela.

ろうたいか 老大家 ▶スペイン文学の老大家(＝権威者) 「*f*. autoridad veterana [《口語》 *m*. viejo maestro] en literatura española. ▶書道の老大家 「*f*. autoridad veterana [《口語》 *m*. viejo maestro] en caligrafía.

ろうでん 漏電 *f*. fuga eléctrica; (ショート) *m*. cortocircuito.

*****ろうどう** 労働 *m*. trabajo, *f*. labor.
1《～労働》 ▶肉体労働 *m*. trabajo físico. ▶筋肉労働 *m*. trabajo manual. ▶頭脳労働 *m*. trabajo intelectual [mental]. ▶強制労働 *mpl*. trabajos forzados. ▶重労働 *m*. trabajo pesado [duro]. ▶日雇い労働 *m*. jornal. ▶１日８時間労働(＝勤務)をする →勤務する.
2《労働＋名詞》 ▶労働¹時間 [²条件] ¹ *fpl*. horas [² *fpl*. condiciones] de trabajo. ▶労働¹協約 [²運動; ³問題; ⁴災害] ¹ *m*. contrato [² *m*. movimiento; ³ *m*. problema; ⁴ *m*. accidente] laboral. ▶労働争議 *mpl*. conflictos laborales. (スト) *f*. huelga. ▶労働人口 *f*. población activa. → 労働組合, 労働者, 労働法. ◆彼の１日の労働時間は平均８時間です Su jornada laboral al día es de ocho horas por término medio. / ◆彼は１日平均８時間働く Trabaja un promedio de ocho horas al día.

—— 労働する *v*. trabajar. ▶労働省 *m*. Ministerio de Trabajo. → 厚生労働省. ▶労働大臣 *mf*. Ministro/tra de Trabajo. → 厚生労働大臣. ◆労働基準法 *f*. Ley de Normas Laborales. ▶労働基準局 *f*. Dirección de Normas Laborales. ▶労働基準監督署 *f*. Oficina de Inspección de Normas Laborales.

ろうどうくみあい 労働組合 *m*. sindicato, *m*. gremio obrero. ▶労働組合員 *m*. miembro de sindicato, *mf*. sindicalista. ▶労働組合を作る *v*. formar [organizar*] un sindicato.

ろうどうしゃ 労働者 *mf*. trabaja*dor/dora*, (肉体労働者) *mf*. obrero/ra. ▶¹熟練 [²非熟練] 労働者 *mf*. trabaja*dor/dora* ¹cualifica*do/da* [²no cualifica*do/da*]. ▶日雇い労働者 *mf*. jornalero/ra. ▶臨時雇い労働者 *mf*. trabaja*dor/dora* temporal, *mf*. temporero/ra. ▶出稼ぎ労働者 *mf*. trabaja*dor/dora* inmigrante. ▶労働者階級 *f*. clase obrera [trabajadora]. ▶労働者の権利 *mpl*. derechos de los trabajadores. ▶労働者と会社側 (＝労使) *mpl*. patronos y *mpl*. obreros, *f*. empresa y *mpl*. sindicatos.

ろうどうほう 労働法 *m*. derecho laboral, *fpl*. leyes laborales.

ろうどうりょく 労働力 *f*. mano de obra, *f*. población activa. ▶労働力不足 *f*. escasez de mano de obra.

ろうときょう 漏斗胸《専門語》 *m*. tórax en embudo.

ろうどく 朗読 *f*. lectura en voz alta; (公開の) *f*. lectura, *f*. recitación, *f*. declamación, *m*. recital. ▶詩の朗読 *f*. declamación de poesía. ◆自作の詩の朗読をする *v*. dar* un recital de la propia poesía; recitar [declamar] la propia poesía.

ろうにゃくなんにょ 老若男女 *mpl*. hombres y *fpl*. mujeres de cualquier edad, *f*. gente de todo sexo y edad. ◆老若男女を問わず *adv*. sin distinción de edad ni de sexo.

ろうにん 浪人 ▶(主君を持たない武士)"ronin", 《説明的に》"samurai" sin amo [señor]; (入試に失敗し次の受験に備えて勉強している卒業生)"ronin", 《説明的に》 *mf*. estudiante que, tras haber suspendido en el examen de ingreso universitario, se prepara para un nuevo examen.

ろうねん 老年(期) f. vejez, 《教養語》f. ancianidad. ▶老年痴呆《専門語》f. demencia senil. ▶老年期にある v. estar* en la vejez. ▶老年の男 m. hombre de edad avanzada [mayor].

ろうば 老婆 f. anciana, 《口語》f. vieja. ▶老婆心から adv. por exceso de solicitud, con la mejor intención, por pura bondad de corazón.

ろうばい 狼狽 (混乱) m. alboroto, f. confusión; 《狂乱状態》m. pánico. ▶ろうばいする v. alborotarse, perder* la cabeza, aturdirse; ser* preso del pánico. ♦彼は意外な質問にろうばいした La inesperada pregunta lo[le] alborotó [aturdió]. ♦彼はろうばいの色をみせた Su aturdimiento era evidente. ♦ろうばいして逃げた Huí aturdido.

ろうはいぶつ 老廃物 mpl. residuos, mpl. desechos.

ろうひ 浪費 m. desperdicio, m. despilfarro; (乱費, ぜいたく) m. derroche, 《教養語》f. prodigalidad. ▶浪費家 mf. despilfarrador/dora, 《教養語》f. persona pródiga; (金遣いの荒い人)《口語》m. manirroto/ta, f. persona gastosa; (将来のことを考えずに無駄遣いする人) mf. derrochador/dora. ▶浪費癖 f. costumbre derrochadora (antieconómica). ▶妻の浪費 m. despilfarro de su esposa. ♦そうすることは時間の浪費だ Hacerlo es una pérdida de tiempo.

—— **浪費する** v. malgastar [desperdiciar, despilfarrar]《en》; (ばかげたむだ遣いをする) v. tirar, 『ラ米』v. botar. ▶とばくに金を浪費する v. malgastar el dinero en el juego; tirar el dinero jugando. ▶プラモデル作りに時間を浪費する v. perder* el tiempo haciendo modelos de plástico. ▶彼らは資源を浪費している Están malgastando recursos.

ろうほう 朗報 ▶朗報に接する v. recibir la buena noticia 《de》.

ろうむ 労務 m. trabajo. ▶労務課 f. sección [m. departamento] de administración de personal. ▶労務管理 f. administración de personal. ▶労務者 mf. trabajador/dora, mf. obrero/ra; (日雇いの) mf. jornalero/ra.

ろうや 牢屋 f. cárcel, f. prisión.

ろうりょく 労力 (労働) m. trabajo, f. labor; (努力) m. esfuerzo; (骨折り) mpl. trabajos, mpl. esfuerzos; (尽力) mpl. esfuerzos, m. servicio. ▶労力を費やす v. costar* trabajo [esfuerzo]; (努力する) v. hacer* un esfuerzo《para》. ▶労力を提供する v. ofrecer*《a + 人》los servicios. ♦その仕事は大変な労力がいる Ese trabajo requiere [cuesta] mucho trabajo [esfuerzo, sacrificio]. / Es un trabajo muy sacrificado [laborioso]. ♦この機械は労力の節約になる Esta máquina ahorra trabajo. ♦われわれはそれをするためなら労力を惜しみません No escatimaremos [No vamos a ahorrar] esfuerzos para hacerlo. / Nos esforzaremos al máximo para hacerlo.

ろうれい 老齢 f. vejez, 《教養語》f. ancianidad, 《文ண》f. senectud, 《文語》f. vetustez; (婉(えん)曲的に) f. tercera edad. ▶老齢に達する v. llegar* a una edad avanzada. ▶老齢の人 f. persona mayor [de edad avanzada, entrada en años], mf. anciano/na, 《口語》mf. viejo/ja. ▶老齢年金をもらっている v. ser* pensionista (de la tercera edad). ▶彼は老齢のため足腰が弱っている Sus piernas le flaquean por la edad. / Tiene las piernas débiles debido a su avanzada edad.

ろうれん 老練 ▶老練な(経験を積んだ) adj. veterano, experimentado, con experiencia; (熟練した) adj. hábil, diestro; (専門的知識・技術のある) adj. experto. ▶老練な医師 mf. médico/ca experimentado/da.

ろうろうと 朗々と ▶朗々と (=澄んでよく響く声で)詩を朗読する v. declamar una poesía [leer* un poema] con voz sonora.

ローカル (特定の地方の) adj. local. ▶ローカルの《専門語》adj. local. ▶ローカル・エリア・ネットワーク《専門語》f. red de área local. ▶ローカル・ネットワーク《専門語》f. red local. ▶ローカル線(鉄道の) f. línea de ferrocarril local [de cercanías]. ▶ローカルニュース fpl. noticias locales [regionales]. ▶(テレビ・ラジオ)放送にローカルカラーを出す v. dar* [poner*] el color local [localismo] en un programa (de TV, radio).

ローザンヌ Lausana (☆スイスの都市).

ローション f. loción. ▶アフターシェーブ[スキン]ローション f. loción para después del afeitado.

ロージンバッグ f. bolsa de colofonia.

ロース f. carne para asar; (牛の) m. solomillo; (豚の) m. lomo.

ロースト (オーブンなどで焼いた焼き肉) m. asado. ▶ロースト¹チキン [²ビーフ] ¹ m. pollo asado [² f. ternera asada, ² m. rosbif].

ローダー 《専門語》m. cargador.

ロータリー (環状交差点) f. rotonda, f. glorieta, 『ペルー』m. óvalo.

ロータリーエンジン m. motor rotativo.

ロータリークラブ m. Club de Rotarios, m. Club Rotario.

ローティーン ▶ローティーンの少年 m. adolescente de menos de 15 años.

ローテーション m. turno, f. rotación. ▶他の3人の投手とローテーション入りする v. turnarse con los otros tres lanzadores. ▶ローテーションから外される v. quedarse fuera de turno. ▶ローテーションで体育館を使う v. utilizar* el gimnasio por turnos.

ロード ▶ロード・モジュール《専門語》m. módulo de carga. ▶ロードする《専門語》v. cargar*.

ロードゲーム m. partido que se juega fuera (de casa).

ロードショー (初演) m. estreno.

ロードレース (1回の) f. carrera en carretera.

ローヌがわ ローヌ川 m. Río Ródano.

ローヒール mpl. zapatos de tacón bajo.

ロープ f. cuerda, f. soga, f. maroma.

ロープウエー m. teleférico, m. funicular. ▶ロープウエーで山を降りる v. bajar de la montaña en teleférico.

ローマ Roma. ▶ローマの(人) adj. romano. ▶ローマ法王[教皇] m. Papa, 《フォーマル》m. Santo Padre. ▶ローマ帝国 m. Imperio Romano. ▶ローマカトリック教 m. Catolicismo. ▶ローマ数字 mpl. números romanos. ◆ローマは1日にして成らず《ことわざ》Zamora no se gana en una hora.

ローマじ ローマ字 fpl. letras latinas. ▶ローマ字で書く v. escribir*「en letras latinas [con el alfabeto latino]. ▶プラットホームの駅名には、普通ローマ字が添えてある Generalmente los nombres de las estaciones de tren aparecen escritos en los andenes con letras latinas.

ローヤルゼリー f. jalea real.
ローヤルボックス m. palco de honor.
ローラー m. apisonadora, f. aplanadora, m. rodillo.
ローラーコースター f. montaña rusa.
ローラースケート m. patinaje sobre ruedas; (靴) mpl. patines (de ruedas). ▶ローラースケートをする v. patinar (sobre ruedas)《por》.
ロール ▶ロールパン m. bollo, m. panecillo. ▶ロールキャベツ f. col rellena.
ロールプレイ m. juego de roles.
ローン (貸付金) m. préstamo; (信用貸し) m. crédito. ▶銀行ローン m. préstamo bancario. ▶住宅ローン m. préstamo a la construcción de viviendas. ▶20か月ローンでダイヤの指輪を買う v. comprar un anillo de diamante a plazos de 20 meses. ◆ローンが安く借りられると家が買いやすくなる Las hipotecas bajas significan que las casas se compran fácilmente.

ろか 濾過 f. filtración. ▶水を砂で濾過する v. filtrarse el agua en la arena. ▶濾過器 m. filtro, m. filtrador. ▶濾過紙 m. papel (de) filtro.

ろかた 路肩 m. lomo, m. arcén; (舗装していない) m. borde, m. arcén blando. ◆路肩注意【掲示】 Arcenes Blandos.

[地域差] 路肩
〔全般的に〕m. lomo
〔スペイン〕m. arcén
〔コロンビア〕f. breda, f. orilla de la carretera
〔アルゼンチン〕f. banquina

ロカビリー (英語) m. "rockabilly", (説明的に) f. música "rock" con elementos de "country".

*ろく 六 seis; (6番目の) adj. sexto.
ログアウト (専門語) f. desconexión.
ログイン (専門語) m. inicio de sesión. ▶ログインする《専門語》v. iniciar sesión.
ろくおん 録音 f. grabación. ▶録音する v. grabar, registrar; (特にテープに) v. grabar (en cinta). ▶録音機 f. grabadora, m. grabador, m. magnetófono. ▶録音装置 m. sistema de grabación. ▶彼の演説をテープに録音する v. grabar su discurso en una cinta. ◆その録音は野外で行なわれた La grabación se realizó al aire libre.
ろくが 録画 f. grabación en vídeo. [[ラ米]] video). ▶録画する v. grabar (un programa de televisión) en vídeo.

*ろくがつ 六月 m. junio.
*ろくじゅう 六十 num. sesenta; (60番目の) adj. sesenta, sexagésimo.
ろくしょう 緑青 m. verdín, m. cardenillo. ◆パイプの表面に緑青が出ている La superficie del tubo se ha cubierto de verdín.

ろくすっぽ ▶ろくすっぽ考えもしないで adv. sin pensarlo bien, irreflexivamente.

ろくでなし (役立たずの人) mf. inútil, 《口語》f. calamidad; (ぐうたら) mf. vago/ga, (価値のない人)《口語》 m. don nadie. ◆このろくでなし ¡Qué inútil eres! / No vales para nada. / 《俗語》 Eres un/una mierda.

ろくでもない (役立たずの) adj. inútil, que no sirve para nada; (価値のない) adj. sin valor; despreciable. ▶ろくでもないやつ mf. inútil. ▶あれはろくでもない (= 見る価値がない) 番組だ No vale la pena ver aquel programa.

ろくな (よい) adj. bueno; (満足な) adj. satisfactorio; (まともな) adj. digno, decente. ▶ろくな返事をしない v. no dar* una respuesta satisfactoria. ▶ろくな (=これといった) 本を持っていない v. no tener* libros que 「merezcan mencionarse [valgan la pena mencionar]. ◆この町にはろくな本屋が一軒もない En esta ciudad no hay una librería decente. ◆この店にはろくなものは (=つまらないものを除いて何も) ない En esta tienda no hay「nada bueno [《強調して》más que porquerías]. ◆何かにつけてろくなことがなかった (=万事うまく行かなかった) Todo me ha salido mal. / No hay nada que me haya salido bien.

ろくなんこつえん 肋軟骨炎《専門語》f. costocondritis.

ろくに (よく) adv. bien; (ちゃんと) adv. correctamente, precisamente; (十分に) adv. suficientemente, bastante. ▶ろくに眠れない v. dormir* poco. ▶ろくに見もしないで adv. sin mirarlo bien. ▶君とろくに話をする暇もない No tengo suficiente tiempo para hablar contigo. ◆彼は人前ではろくに (=ほとんど) 話さない Apenas habla en público.

ログハウス f. casa (hecha) de troncos.
ろくまく 肋膜 f. pleura. ▶肋膜炎 f. pleuresía, f. pleuritis.
ろくろ (滑車) f. polea; (施盤) m. torno, f. torneadora; (陶工の) m. torno de alfarero. ▶ろくろでこけしを作る v. hacer* una muñeca de "kokeshi" en un torno. ▶ろくろで花びんを作る v. hacer* un florero en un torno de alfarero.

ロープウエー Teleférico ➡ロープウエー

ろくろく *adv.* bien. → ろくに.

ロケ → ロケーション.

ロケーション *mpl.* exteriores. ▶ロケーションに金沢へ行く *v.* ir* a rodar* [filmar] los exteriores a Kanazawa. ◆そのシーンはロケーションで撮影された Esa escena fue rodada en los exteriores.

ロケット ❶【飛行体】*m.* cohete.
　1《～ロケット》▶ 1 3［2多］段式ロケット *m.* cohete ¹trifásico [²multifásico]. ▶月ロケット「*f.* nave espacial [*f.* astronave] lunar. ▶宇宙ロケットを打ち上げる *v.* lanzar* una nave espacial.
　2《ロケット＋名詞》▶ロケットエンジン *m.* motor de cohete. ▶ロケット燃料 *m.* combustible del cohete. ▶ロケット工学 *f.* coheteria, *m.* estudio y *f.* técnica de los cohetes. ▶ロケット¹弾［²砲］¹*f.* bomba propulsada por cohete [² *m.* lanzacohetes]. ▶ロケット発射台 *f.* plataforma de lanzamiento de cohetes. ▶ロケット推進の *adj.* propulsado por cohete.
　❷【装身具】*m.* relicario, *m.* medallón, *m.* guardapelo.

ろけん 露見 →発覚.

ろこつ 露骨 ▶露骨な（＝あからさまな）冗談 *f.* broma cruda [directa]. ▶露骨な¹描写［²言葉］¹*f.* descripción [*f.* observación] explícita [directa]. ◆彼は露骨に物を言う（＝思ったことをはっきり言う）人だ Es muy directo. / Dice las cosas muy a las claras. / No se muerde la lengua. ◆彼は露骨に（＝包み隠さずに）怒りを表わした Mostró claramente su ira [indignación]. ／（隠そうともしなかった）No hizo nada por ocultar su ira [indignación].

ロサス《フアン・マヌエル・デ ～》Juan Manuel de Rosas (☆1793-1877, アルゼンチンの独裁者).

ロザリオ *m.* rosario.

ロサンゼルス Los Ángeles.

ろし 濾紙 *m.* papel de filtro.

ろじ 路地（裏通り）*f.* calleja, *m.* callejón. ▶路地裏に逃げ込む *v.* escapar por una calleja trasera.

ロシア *f.* Rusia;（公式名）*f.* Federación de Rusia. ▶ロシア(人・語)の *adj.* ruso. ▶ロシア人 *mf.* ruso/sa. ▶ロシア語 *m.* ruso. ▶ロシア皇帝 *m.* zar, *f.* zarina.

ろしゅつ 露出 *f.* revelación, *f.* muestra, *f.* exposición, *f.* exhibición. ▶（写真の）露出(時間) *f.* (tiempo de) exposición. ▶露出計 *m.* exposímetro, *m.* medidor de exposición. ▶露出¹不足［²過度］の写真 *f.* fotografía ¹subexpuesta [²sobreexpuesta].

―― 露出する（肌などを）*v.* mostrar*, exponer*, exhibir;（鉱脈などが）*v.* aflorar. ▶肌を露出する *v.* mostrar* la piel;（わざと）*v.* exhibir la piel. ▶彼の露出した胸 *m.* su pecho descubierto [desnudo].

ろじょう 路上 ▶路上（＝車道での）事故 *m.* accidente en la calle. ▶路上（＝通り）で遊ぶ *v.* jugar* en la calle. ▶路上駐車 *m.* aparcamiento [『ラ米』 *m.* estacionamiento] en la calle.

ロス *f.* pérdida. ▶時間のロス *f.* pérdida de tiempo. ▶時間をロスする *v.* perder* el tiempo.

ロス → ロサンゼルス.

ロスタイム《サッカー》*m.* tiempo 「de descuento [perdido].

ロゼワイン *m.* vino rosado.

ろせん 路線 *f.* línea;（道筋）*f.* ruta. ▶¹鉄道［²バス］の赤字路線 *f.* línea [*f.* ruta] deficitaria de ¹ferrocarril [²autobús]. ▶路線バス *m.* autobús de trayecto fijo. ▶党の路線¹に従う［²を変更する］ *v.* ¹seguir* [²modificar*] ²las directrices [la política] del partido. ▶決まった路線を走る *v.* ir* por rutas regulares. ▶独自の路線を歩む *v.* seguir* la propia línea [directriz].

ロッカー *m.* armario,『ラ米』『英語』*m.* "locker", *f.* casilla, *m.* cajón (con llave). ▶コインロッカー *f.* consigna automática;（個々の）*f.* casilla de consigna automática. ▶ロッカー室 *m.* vestuario (con casilleros o armarios).

ろっかく 六角（6角形）*m.* hexágono. ▶6角の *adj.* hexagonal, de seis lados.

ろっかん 肋間 ▶肋間筋『専門語』*m.* músculo intercostal. ▶肋間神経『専門語』*m.* nervio intercostal.

ロッキーさんみゃく ロッキー山脈 *fpl.* Montañas Rocosas.

ロック（音楽）《英語》*m.*（música）"rock";（錠前）*m.* cerradura. ▶ドアの鍵はどのようになっていますか。オートロックですか ¿Cómo se cierra la puerta? ¿Se cierra sola [automáticamente]?

ロックアウト *m.* cierre patronal,《英語》*m.* "lock-out". ▶ロックアウトする *v.* hacer* un "lock-out", cerrar* la fábrica a los obreros.

ロッククライミング *f.* escalada en roca(s). ▶ロッククライミングをする人 *mf.* escalador/dora de rocas. ▶ロッククライミングをする *v.* ir* de escalada en rocas.

ロックンロール《英語》*m.*（música）"rock and roll" (☆発音は [rrokanrról]).

ろっこつ 肋骨（一本）*f.* costilla;（全体）*fpl.* costillas, *m.* costillar.

ロッジ *f.* cabaña [*m.* refugio]（de montaña）.

ロッテルダム Rotterdam.

ろっぽうぜんしょ 六法全書 *m.* Compendio de Leyes.

ろてい 露呈（暴露）*f.* revelación, *m.* descubrimiento. ◆彼の指導力の限界がついに露呈した Se revelaron las limitaciones de su liderazgo. ／ Las limitaciones de su liderazgo quedaron al descubierto.

ロデオ *m.* rodeo.

ろてん 露店 *m.* puesto, *f.* caseta, *m.* quiosco. ▶露店商（人）*mf.* vendedor/dora del puesto,『ラ米』『街頭商人』*mf.* puestero/ra;（街頭商人）*mf.* vendedor/dora callejero/ra. ◆広場には野菜の露店がたくさん出ていた La plaza estaba llena de puestos de verduras.

ろてんぶろ 露天風呂 *m.* baño「a cielo abierto [al aire libre]」.

ロド (ホセ・エンリケ ～) José Enrique Rodó (☆1872–1917, ウルグアイの思想家, 評論家).

ろとう 路頭 ♦ 不況で何千人もの労働者が路頭に迷った (＝失業した) La depresión dejó en la calle a miles de trabajadores.

ろば *mf.* burro/rra, *mf.* asno/na, 《教養語》 *mf.* pollino/na.

ロハス (フェルナンド・デ ～) Fernando de Rojas (☆1475?–1541, スペインの作家,『セレスティーナ』(Celestina) の作者とされる).

ろばた 炉端 *m.* lugar cercano a la chimenea. ♦ 炉端 *adv.* al amor de la lumbre. 炉端のいす *f.* silla al lado de la lumbre.

ロビー *m.* vestíbulo, 《英語》 *m.* "hall" (☆発音は [hól]), *m.* recibidor. ♦ ホテルのロビー *m.* recibidor del hotel. ♦ (空港の)出発ロビー *f.* sala de salidas. ♦ ロビーで待ち合わせる *v.* citarse [encontrarse*] en el recibidor.

ロビング (テニスの) *m.* globo, 《英語》 *m.* "lob".

ロブスター *f.* langosta.

ロペス (カルロス・アントニオ ～) Carlos Antonio López (☆1791–1862, パラグアイの政治家).

ロペス・デ・アヤーラ (ペロ ～) Pero López de Ayala (☆1332–1407, スペインの作家・政治家).

ロボット 《英語》 *m.* "robot". ♦ 産業用ロボット *m.* "robot" industrial. ♦ ロボット工学 *f.* robótica.

ロマン ❶【物語】*f.* novela romántica [de amor];【小説】*f.* novela.
❷【冒険的情熱】♦ ロマンに満ちた冒険 *f.* aventura romántica. ♦ 男のロマン *m.* sueño [*m.* ideal] de un hombre.

ロマンしゅぎ ロマン主義 *m.* romanticismo. ♦ ロマン主義者 *mf.* romántico/ca.

ロマンス (恋愛) *m.* romance; (不倫の情事) *m.* amorío, *f.* aventura amorosa; (恋愛の話) *f.* historia de amor. ♦ すてきな男性とのロマンス *m.* romance con un hombre apuesto. ♦ ロマンスが芽ばえる (＝恋をする) *v.* enamorarse. ♦ ロマンスグレーの(髪の)男性 *m.* hombre maduro de pelo gris. ♦ ロマンスシート (ソファーの) *m.* confidente; (乗り物の) *m.* asiento binario. ♦ ロマンスカー *m.* vehículo con asientos binarios. ♦ ロマンス語 *f.* lengua románica.

ロマンチシズム *m.* romanticismo. → ロマン主義.

ロマンチスト *mf.* romántico/ca, *mf.* soñador/dora.

ロマンチック ♦ 彼女はロマンチックな気分になった La invadió una sensación romántica.

ロマンは ロマン派 *f.* escuela romántica, *mpl.* románticos.

ロミオとジュリエット (作品名) «Romeo y Julieta».

ロム ROM 《専門語》 *f.* memoria de sólo lectura.

ろめん 路面 *f.* superficie de una calle [carretera]. ♦ 路面改修工事 *m.* trabajo [*f.* obra] de repavimentación. ♦ 路面電車 *m.* tranvía. ♦ 路面が^{1}ぬれて [^{2}凍結して]すべりやすくなっているから気をつけなさい Ten cuidado. El pavimento está ^{1}mojado [^{2}helado] y resbala.

ロヨラ (イグナシオ・デ ～) Ignacio de Loyola (☆1491?–1556, イエズス会創立者).

ろれつ 呂律 ♦ ろれつが回らない(言葉を不明瞭(ぁぃまぃ)に発音する) *v.* articular mal, farfullar; arrastrar las palabras. ♦ ろれつの回らない話し方 *f.* forma de hablar arrastrando las palabras. ♦ 彼はアルコールのせいでろれつが回らなくなっていた「La embriaguez [El exceso de alcohol] le impedía articular bien las palabras.

ろん 論 ❶【議論】*f.* discusión, *m.* debate, *f.* polémica; (討論) *f.* discusión, (論争) *f.* disputa; (疑問) *f.* duda. 抽象論 *f.* discusión abstracta. ♦ 彼が正直だということは論をまたない Su honradez está fuera de toda duda [discusión]. / No cabe ninguna duda que es honrado. ♦ 論より証拠 《ことわざ》 Los hechos hablan más que las palabras. / (言い回し) A los hechos me atengo.
❷【評論】(短評, 解説) *m.* comentario; (批評) *f.* crítica; (小論) *m.* ensayo; (意見) *f.* opinión; (理論) *f.* teoría. 進化論 *f.* teoría de la evolución, *m.* evolucionismo. 文学論 *f.* crítica literaria, *m.* comentario sobre literatura, *m.* ensayo de literatura.

ろんがい 論外 ♦ 論外の(問題にならない) *adj.* imposible, fuera de lugar [cuestión]; (我慢のならない) *adj.* intolerable, insufrible; (もってのほかの) *adj.* disparatado, descabellado. ♦ 君の賃上げ要求はまったく論外だ Tu petición de una subida de sueldo「está fuera de lugar [es imposible; es inaceptable]. / Es disparatado [descabellado] que pidas un aumento salarial.

ろんぎ 論議 *f.* discusión, *m.* debate, *f.* polémica. ♦ 論議をよんでいる問題 *m.* tema muy debatido.

ろんきゃく 論客 *mf.* controversista, *mf.* polemista.

ろんきょ 論拠 (しかるべき理由) *f.* causa, *m.* motivo; (基礎) *f.* base, *m.* fundamento; (賛成・反対の理由) *mpl.* argumentos [*fpl.* razones] 《a favor de, en contra de》. ♦ 君の不平には確かな論拠がない No tienes verdadera razón para quejarte. ♦ いったいどんな論拠があってそんなことを言ったのか ¿Con qué base [razón, fundamento] dices una cosa así?

ロングスカート *f.* falda larga.

ロングセラー (息長く売れる商品) *m.* artículo de 《英語》 "best-seller" (☆発音は [bes(t)sélɛr]) [superventas] durante mucho tiempo.

ロングヘア *m.* pelo largo, *f.* melena. ♦ ロングヘアの女の子 *f.* chica de pelo largo. ♦ ロングヘアにする *v.* llevar el pelo largo.

ロングラン *adj.* de larga permanencia. ♦ ロングラン映画 *f.* película「mucho tiempo representada [de larga permanencia en las salas de cine]. ♦ その劇はロングランを続けている La obra ha sido representada mucho tiem-

ろんご 論語 Las Analectas de Confucio.
ろんこうこうしょう 論功行賞 ▶論功行賞を行う v. recompensar por méritos.
ろんこく 論告 f. declaración final del fiscal.
ろんし 論旨 (中心点) m. punto esencial; (要旨) lo esencial, lo fundamental. ♦君の論文の論旨を原稿用紙 2 枚にまとめてください Escriba, por favor, el punto esencial de su artículo en dos papeles de borrador.
ろんじゅつ 論述 f. disertación, f. exposición. ▶論述する v. disertar, exponer*. ▶論述テスト m. examen tipo ensayo.
ろんしょう 論証 f. demostración. ▶論証する v. demostrar*. ▶引力の法則を論証する v. demostrar* la ley de la gravedad.
ろんじる 論じる (de, sobre), comentar 《de》; (取り扱う) tratar 《de, sobre》, 《フォーマル》versar 《de》. ♦彼と政治について論じる v. discutir con él de política, tratar de política con él. ♦その本は政治学を論じている Este libro trata [versa] de política.
ろんじん 論陣 [1賛成 [2反対]の論陣を張る v. abogar* ¹por [²en contra], dar* razones en ¹favor [²contra] 《de》; (断固たる立場を取る)v. tomar una firme postura en ¹favor [²contra] de. ♦堂々の論陣を張る v. presentar [《教養語》aducir*] sólidos [firmes] argumentos.
ろんせつ 論説 【意見文】(小論) m. ensayo, m. artículo, (評論) m. comentario, f. observación; 【社説】 m. editorial, m. artículo de fondo. ▶論説委員 mf. editorialista.
ろんせん 論戦 (討論) m. debate; (論争) f. disputa, f. controversia. ▶論戦の口火を切る v. abrir* un debate.
ろんそう 論争 (理由を上げての) f. discusión; (感情的で激しい) f. disputa; (紙上などでの公式な) f. polémica, f. controversia; (賛否に別かれ公の場で) m. debate. ♦心臓移植はまだ論争中である Los transplantes de corazón siguen 「siendo polémicos [estando discutidos]. ♦その問題は¹広範囲な論争 [²大論争] を呼んだ La cuestión despertó ¹generalizadas discusiones [²una gran polémica].
——論争する v. discutir, tener* una discusión, debatir, disputar, 《教養語》polemizar*. ♦その問題について彼と論争する v. discutir con él sobre esa cuestión. ♦われわれは何をすべきかで何時間も論争した Estuvimos discutiendo horas y horas lo que había que hacer.
☞争い, ごたごた
ロンダ Ronda (☆スペインの町).
ろんだい 論題 m. tema de discusión, m. punto [f. cuestión] de debate.
ろんだん 論壇 (言論界) m. mundo de la crítica; (報道業界) f. prensa.
ろんちょう 論調 m. tono [m. tinte] de un argumento [comentario]. ♦彼は厳しい論調でその小説を批判した Criticó la novela en un tono riguroso.
ろんてん 論点 (中心点) lo esencial, lo más importante, el punto principal. ♦君の話の論点をはっきりさせよ Aclara bien lo esencial de lo que vayas a decir. / Expresa con claridad el punto principal. /《スペイン》《口語》Aclárate.
ロンド m. rondó.
ロンドン Londres. ▶ロンドン子 [市民] mf. londinense. ▶ロンドン塔 f. Torre de Londres.
ろんぱ 論破 f. refutación. ▶論破する (間違いを証明する) v. refutar; (議論で負かす) v. vencer* con razones. ♦彼を論破するのはやさしい Es fácil refutarlo.
ロンパース m. pelele, 【ラ米】m. mameluco.
ろんばく 論駁 (論破) f. refutación, 《文語》f. confutación. ▶陳述を論駁する v. refutar una declaración [alegación].
ろんぴょう 論評 (批評) f. crítica; (簡単な批評・意見) m. comentario 《sobre, acerca de》. ▶論評を加える v. criticar*, comentar
☞言う, 解説する
•**ろんぶん** 論文 (学会・学術誌などで発表される) m. artículo, m. trabajo (académico), m. estudio, (短い) f. redacción; (学術的な) f. disertación, (著書などを含めた正式の学術的論文) m. tratado; (学位取得のための) f. tesis (doctoral); (卒業論文など) f. tesina; (就職試験などの) f. memoria; (特に博士論文) f. tesis doctoral; (文学的小論) m. ensayo; (新聞・雑誌などの論説記事) m. artículo. ▶卒業論文 f. tesina. ▶博士論文 f. tesis (doctoral). ▶修士論文 f. tesis de licenciatura. ▶論文集 mpl. ensayos reunidos, f. antología de ensayos, f. colección de ensayos; (学会などの) f. acta. ▶論文を発表する v. presentar 「una memoria [un trabajo, un estudio]. ♦彼は博士号を得るために肺がんに関する論文を大学に提出した Presentó una tesis sobre el cáncer de pulmón para conseguir el doctorado.
ろんぽう 論法 (論理) f. lógica; (議論の筋道) m. razonamiento. ▶三段論法 m. silogismo. ♦君の論法はめちゃくちゃだ No le veo lógica a lo que dices. / Le falta lógica a tu razonamiento. ♦彼女の論法にはついていけない No puedo seguir su lógica. ♦彼女はいつもの論法で母親を言い負かした Desarmó a su madre con sus razonamientos de siempre.
ろんり 論理 f. lógica. ▶論理演算 f. operación lógica. ▶論理回路 m. circuito lógico. ▶論理学 f. lógica. ▶論理積 m. producto lógico. ▶論理和 f. suma lógica. ▶論理に合わない (=論理的でない) v. ser* ilógico, no ser* lógico. ▶論理的に adv. lógicamente. ♦彼の言うことには論理の飛躍がある Hay un fallo lógico en lo que dice.

わ

わ 和 ❶【合計】*f.* suma, *m.* total. ▶和を求める *v.* encontrar* la suma. ▶6と4の和は10である La suma de 6 y 4 es 10. / Seis y cuatro suman diez. **❷**【協調】*f.* armonía; (まとまり) *f.* unidad. ▶メンバーの間の和を計る *v.* tratar de promover* la armonía entre los miembros. ♦彼はグループの和を乱しがちだ Tiende a romper la armonía del grupo.

わ 輪 (円) *m.* círculo, *m.* redondel; (環) *m.* anillo, *f.* anilla; (鎖の) *m.* eslabón; (綱・ひも・針金など) *m.* lazo; (車輪) *f.* rueda. ▶輪になって座る *v.* sentarse* en corro. ▶輪にする *v.* enrollar. ▶(…の回りに)輪を作る *v.* hacer* un corro [círculo] (a su alrededor), *v.* rodear 《a + 人》. ▶友情の輪を広げる *v.* agrandar un círculo de amistad. ▶輪をかけて言う *v.* exagerar. ♦彼は兄に輪をかけた怠け者だ Es mucho más perezoso que su hermano.

-わ -羽 ▶1羽の鳥 *m.* un pájaro. ▶数十羽のスズメ *fpl.* varias docenas [*f.* bandada] de gorriones.

-わ -把 ▶まき1把 (=1束) *m.* un haz de leña. ▶¹枝豆 [²ホウレンソウ] 2把 *mpl.* dos manojos de ¹sojas verdes [²espinacas].

わあ (歓声) *interj.* ¡eh!, bien, bravo, hurra, estupendo; (驚嘆・歓喜など) eh, vaya, uy, Dios mío. ♦わあ，勝ったぞ ¡Bravo! ¡Hemos ganado! ♦わあ，どれもおいしそうだな ¡Uy, qué rico [sabroso] parece todo!

ワーク *m.* trabajo. ▶フットワーク *m.* juego de piernas [pies]. ▶ワークグループ 《専門語》 *m.* grupo de trabajo. ▶ワークシート 《専門語》 *f.* hoja de trabajo. ▶ワークステーション 《専門語》 *f.* estación de trabajo. ▶ワークフロー *m.* flujo de trabajo.

ワークショップ *f.* taller, 《英語》 *m.* "workshop".

ワークブック *m.* cuaderno de ejercicios.

ワースト ▶ワースト記録 *f.* la peor marca.

ワードプロセッサー →ワープロ.

ワードプロセッシング 《専門語》 *m.* procesamiento de palabras [texto].

ワード・ラップ 《専門語》 *m.* salto de línea automático.

ワードローブ *m.* vestuario, *f.* guardarropa.

ワープロ *m.* procesador de textos [palabras]. ▶日本語ワープロ *m.* procesador de textos de japonés. ▶ワープロでビジネスレターを作成する *v.* escribir* una carta comercial en el procesador de textos.

ワーム 《専門語》 *m.* gusano.

ワールドカップ 《サッカー》 *f.* Copa Mundial.

ワールド・ワイド・ウェブ 《専門語》 *f.* malla [*f.* telaraña] mundial, WWW.

わあわあ ▶わあわあ騒ぐ (陽気に騒ぐ) *v.* divertirse*; (騒がしい人声[音]を大いに立てる) *v.* hacer* ruido, armar [meter] jaleo 《口語》 *v.* hacer* ruido. ▶わあわあうるさい *adj.* ruidoso. ▶わあわあうるさく *adv.* ruidosamente, haciendo mucho ruido. ▶わあわあ文句を言う *v.* quejarse con ruido, hacer* una queja ruidosa.

ワイエムシーエー YMCA Asociación Cristiana de Jóvenes, 【略】ACJ.

わいきょく 歪曲 ▶歪曲する (真意をゆがめる) *v.* deformar, retorcer*; (誤って伝える) *v.* falsear. ▶その事実を歪曲する *v.* falsear [deformar] el hecho.

ワイシャツ *f.* camisa; (礼装用) *f.* camisa de etiqueta. ▶しま柄のワイシャツ *f.* camisa de rayas.

わいせつ 猥褻 *f.* indecencia, *f.* obscenidad; 《口語》 *f.* guarrería, 《口語》 *f.* cochinada. ▶わいせつな映画, *f.* película indecente [obscena]. ▶わいせつな冗談 *m.* chiste indecente [obsceno].

ワイダブリュシーエー YWCA *f.* Asociación de Jóvenes Cristianas, 【略】AJC.

わいだん 猥談 ▶猥談をする *v.* contar* chistes verdes [indecentes].

ワイド ▶ワイドな (幅の広い) *adj.* ancho; (長い) *adj.* largo. ▶ワイド・エリア・ネットワーク 《専門語》 *f.* red de área amplia. ▶ワイドスクリーン *f.* pantalla ancha. ▶¹テレビ [²ラジオ]のワイド (=長時間)番組 *m.* programa largo de ¹TV [²radio].

ワイパー *m.* limpiaparabrisas.

ワイヤ *m.* alambre. ▶ワイヤブラシ *m.* cepillo metálico [de alambre]. ▶ワイヤロープ *m.* cable metálico [de acero].

ワイヤーフレーム・モデル 《専門語》 *m.* modelo de tramas de alambres.

ワイヤレス (無線電信) *adj.* inalámbrico, sin hilo. ▶ワイヤレスマイク *m.* micrófono inalámbrico.

ワイルド ▶ワイルドカード文字 《専門語》 *m.* carácter comodín.

ワイルドピッチ (暴投) 《英語》 *m.* "wild pitch", *m.* lanzamiento descontrolado.

わいろ 賄賂 *m.* soborno, 《教養語》 *m.* cohecho, 【メキシコ】 《口語》 *f.* mordida. ▶わいろを贈る *v.* sobornar, 《口語》 untar la mano, 【メキシコ】《口語》 dar* una mordida. ▶わいろを受け取る *v.* dejarse sobornar, aceptar un soborno. ♦あの事務官にはわいろがきく Ese funcionario「es corrupto [se deja sobornar]. ♦彼は私にわいろを使って秘密文書を提供させた Me sobornó para que le entregara los documentos secretos.

わいわい

賄賂 [地域差]
〔スペイン〕 m. soborno, m. cohecho
〔キューバ〕 f. mordida
〔メキシコ〕 f. mordida, m. soborno, m. cohecho
〔コロンビア〕 m. soborno, f. tajada, m. chanchullo
〔ペルー〕 f. coima, m. soborno
〔アルゼンチン〕 f. coima, m. soborno, f. mordida
☞裏金, 贈賄

わいわい →わあわあ

ワイン m. vino. ▶ワイングラス m. vaso [f. copa] de vino. ▶¹白 [²赤; ³ロゼ]ワイン m. vino ¹blanco [²tinto; ³rosado]. ▶¹甘口 [²辛口]ワイン m. vino ¹dulce [²seco].

ワインドアップ (投球動作) m. movimiento circular del brazo antes de lanzar la pelota. ▶ワインドアップする v. hacer* el movimiento circular del brazo antes de lanzar* la pelota.

わえい 和英 ▶和英両文で adv. en japonés e inglés. ▶和英辞典 m. diccionario japonés-inglés.

わおん 和音 m. acorde.

わか 和歌 (短歌) "waka", 《説明的に》f. estrofa tradicional japonesa de 31 sílabas en versos de 5-7-5-7-7. ▶和歌を一首詠む v. escribir* [componer*] un "waka".

わが 我が (私の) adj. mi; (私たちの) adj. nuestro. ▶我が家 f. mi [nuestra] casa. ▶我が(=自分(自身)の)子 m. mi [nuestro] hijo. ▶我が国 m. nuestro país. (☆自国でいうときは este país が普通) ▶明日は我が身 Eso le pasa a cualquiera.

・**わかい** 若い ❶【年齢が】adj. joven, juvenil; (若々しい) adj. joven, juvenil. ▶若い人 mf. joven; (集合的に) la juventud. ▶若くして死ぬ v. morir* joven. ◆父は若いころ北海道にいた Mi padre estuvo en Hokkaido de [cuando era] joven. / En [Durante] su juventud mi padre estuvo en Hokkaido. ◆彼は私より3歳若い Es tres años más joven que yo. / Le saco [llevo] tres años. ◆彼女のお母さんは年よりずっと若く見える Su madre parece mucho más joven de lo que es. / (年の割にはとても若い) Su madre "parece de verdad joven para su edad [aparenta menos años de los que en realidad tiene]". ◆彼女は40歳になるが, 若いときのままだ Tiene 40 años pero todavía está como cuando era joven. ◆若いときは二度とない La juventud no vuelve. ◆彼は年をとっているが若い Es viejo pero joven de mente [espíritu]. 会話 彼はまだ若いんですよ―若いってどのくらい?はたち? Todavía es joven. – ¿Cómo de joven? ¿Veinte?

❷【未熟な】adj. inmaduro; inexperto, novato, 《口語》verde; (経験が浅くぎまがすい) adj. ingenuo, cándido. ▶そんなことを信じるなんて君もまだ若い Si crees eso es que todavía estás verde [inmaduro].

❸【数が】▶若い番号 m. número bajo. ▶若い番号順に並ぶ v. 「ponerse* en fila [hacer* cola] por orden numérico.

わかい 和解 f. reconciliación 《entre A y B, con A》, f. avenencia; (解決) m. arreglo, m. acuerdo; (妥協) m. compromiso.
——**和解する** v. reconciliarse, 《口語》alcanzar* una reconciliación, hacer* las paces; (妥協する) v. 「llegar* a un acuerdo [avenirse*] 《con + 人》《sobre + 事》. ◆半年に及ぶ調停の末, 両者は和解した Al cabo de medio año de mediaciones, "finalmente se llegó a un compromiso [por fin se avinieron]". ◆和解して損害賠償金を半分ずつ負担しよう Vamos a llegar a un arreglo y que cada uno pague la mitad de los daños.

わかがえり 若返り m. rejuvenecimiento; (若さの回復) f. recuperación de la juventud. ▶経営陣の若返りをはかる v. pretender rejuvenecer* la administración.

わかがえる 若返る ▶かつらをかぶって彼はずいぶん若返ったみたいだ Parece muy rejuvenecido llevando peluca. ▶新しいドレスで10歳は若返って見えますよ Tu vestido nuevo te quita diez años.

わかくさ 若草 f. hierba tierna [fresca]. ▶若草物語(書名) 《Mujercitas》.

わかくさいろ 若草色 m. verde hierba.

わがくに 我が国 m. este [mi, nuestro] país.

わかげ 若気 ▶若気の至りで adv. en un arrebato de ardor juvenil.

わかさ 若さ f. juventud. ▶若さを¹失う [²保つ] v. ¹perder* [²mantener*] la juventud. ◆彼は若さが満ちあふれている Rebosa [Está lleno] de juventud.

わかさぎ 公魚 m. eperlano, m. pez esperinque.

わがし 和菓子 m. dulce japonés.

わかじに 若死に f. muerte prematura. ▶若死にする v. morir* joven [prematuramente], malograrse.

わかしらが 若白髪 fpl. canas prematuras [precoces]. ◆彼女は心配事が多くて若白髪になった Tantas preocupaciones la han encanecido prematuramente. / Le han salido canas demasiado pronto por las muchas preocupaciones.

・**わかす** 沸かす (水などを) v. hervir*; (ふろなどを) v. calentar*. → 沸く. ▶¹コーヒー [²コーヒーポット]を沸かす v. ¹hervir* el café [²hacer* hervir* la cafetera]. ◆(やかんで)コーヒー用のお湯を少し沸かしてください Por favor, hierva un poco de agua para el café. ◆ふろを沸かすのは私の仕事だ Es mi trabajo calentar el agua para el baño. ◆彼女はやかんに水を入れそれをレンジにかけて沸した Llenó una tetera de agua y la puso en la estufa para que hirviera.

わかぞう 若造 m. jovencito, 《やや軽蔑的に》m. jovenzuelo. ◆若造のくせに生意気を言うな ¡No seas insolente, jovencito!

わかだんな 若旦那 m. señorito, m. joven amo [patrón]; (大家の若者) m. caballero joven.

わかちあう 分かち合う v. compartir 《con》. ▶

彼と苦しみを分かち合う（＝共にする）v. compartir con él las penalidades.

わかづくり 若作り （若がえった服を着る）v. ponerse* un vestido juvenil; （若く見えるように化粧する）v. arreglarse [maquillarse] para parecer* joven. ♦彼女は年がだいぶん若作りしているAunque ya tiene sus años, siempre lleva ropa juvenil.

わかて 若手 若手の（若い）adj. joven; （若い方の）adj. más joven. ♦若手の選手 mpl. jugadores jóvenes. ♦若手の国会議員 mf. parlamentario/ria [m. miembro de la Dieta] joven.

わかば 若葉 fpl. hojas tiernas [nuevas, frescas]. ♦若葉がもえ始めた Han empezado a salir las hojas nuevas. / Los árboles han empezado a brotar.

わかふうふ 若夫婦 m. matrimonio [f. pareja] joven.

・**わがまま** 我が儘 （自分本位）m. egoísmo, m. capricho; （頑固）f. terquedad, f. obstinación. ♦彼のわがままには我慢できない No puedo aguantar su egoísmo. ♦彼はいつもわがままを通そうとする Quiere siempre salirse con la suya.
── 我が儘な adj. egoísta, caprichoso, terco, 《口語》de cabeza dura. ♦わがままな子供 mf. niño/ña mimado/da [mal/mala criado/da, 『メキシコ』consentido/da, egoísta]. ♦わがままな性格を直す v. superar una personalidad egoísta. ♦そんなことをするなんて君はわがままだ Es egoísta hacer eso [tal cosa]. / Hacer eso es egoísmo.
── 我が儘に adv. con egoísmo; caprichosamente; obstinadamente.

わかめ 若布 m. "wakame", f. alga comestible.

わかもの 若者 mf. joven. ♦若者文化を創造する v. crear cultura juvenil. ♦今日の若者は多くの機会に恵まれている La juventud de hoy tiene muchas oportunidades. ♦若者の失業率が高い Hay「mucho [un alto índice de] desempleo entre la juventud. ♦路上で乱闘していた若者が警察に逮捕された Los jóvenes que estaban peleándose en la calle fueron detenidos por la policía.

わがものがお 我が物顔 ♦彼はいつも我が物顔にふるまっている Siempre se sale con la suya. / Hace siempre lo que quiere [《口語》le da la gana].

わがや 我が家 f. mi [nuestra] casa; （家族）f. mi familia. ♦楽しい我が家 m. nuestro feliz hogar. ♦我が家にまさるところはない No hay lugar como casa.

わからずや 分からず屋 （頑固者）f. persona obstinada [terca], mf. testarudo/da, mf. cabezota, mf. cabezón/zona; （聞き分けのない人）f. persona irrazonable.

わからない 分からない ♦訳の分からないことを言う v. decir* tonterías [disparates]. ♦（ものの道理が）分からない男だ No tiene buen sentido. / No es sensato. ♦分からないものだ（＝夢にも思わなかった）.あの人が自殺するなんて No podía ni soñar que se pudiera matar. /（意外で信じられない）¿Por qué se mataría? / Me pregunto qué le llevaría al suicidio.

わかり 分かり ▶分かりのよい （賢明な）adj. sensato; （頭の働きのよい）adj. inteligente, （理解がはやい）adj. agudo [rápido] de entendimiento, 《口語》de buenas entendederas, 《口語》que las caza al vuelo.

わかりきった 分かり切った （単純明快な）adj. claro, 《教養語》palmario; （見てすぐわかる）adj. obvio, 《教養語》patente; （自明の）adj. evidente, patente, manifiesto. ♦分かり切った事 m. hecho claro [evidente]. ♦分かり切った道理 f. verdad manifiesta.

わかりにくい 分かりにくい adj. difícil de entender; （はっきりしない）adj. oscuro; （文字が読みにくい）adj. ilegible; （理解できない）adj. ininteligible, incomprensible. ♦分かりにくい説明をする v. dar* una explicación oscura.

わかりやすい 分かり易い （内容が）adj. inteligible, comprensible; fácil de entender; （言葉が）adj. claro, 《口語》clarito, llano, sencillo; （文字が）adj. legible. ♦この論文は分かりやすい Este artículo「es fácil de entender [se entiende bien].

＊＊わかる 分かる ❶【内容を理解する】v. entender*, comprender, 《口語》ver*; （把握する）v. entender*, captar, 《口語》coger*; （言語を）v. saber*. ♦あなたのおっしゃりたいことが分かりません No entiendo lo que dice usted. / No comprendo lo que quiere decir. 〈会話〉分かりましたか─ええ,やっと分かりました ¿Entiendes? [《口語》¿Lo ves?] - Sí. Ahora sí que lo entiendo [《口語》lo veo]. ♦フランス語が分かりますか ¿Sabes [¿Comprendes el] francés? ♦あなたのお気持ちは分かりますが支持するわけにはまいりません Entiendo cómo se siente, pero no puedo apoyarlo[le, la]. ♦彼はなぜそんなばかなことをしたのかさっぱり分からない No me cabe en la cabeza cómo pudo hacer tal tontería. / No concibo cómo se le ocurrió hacer esa estupidez. / No tengo la más mínima idea de por qué cometió una tontería así. ♦スペイン語では自分の考えを分かってもらえなかった No conseguí hacerme comprender en español.

❷【知る】（すでに知っている）v. saber*; （情報・観察・経験などから）v. aprender, enterarse 《de》; （はっきり言い切る）v. decir*; 【発見する】（偶然・経験・試みで）v. encontrar*, descubrir*; （悟る,悟っている）v. darse* cuenta 《de》. ♦駅へ行く道は分かっていますか ¿Sabe usted cómo se va a la estación? ♦どうしたらよい

全く分からない No tengo ni idea. ➡分からない

か分かりません No sé qué hacer. ♦よく分かりません No lo sé bien. ♦住所を申します. 分かりやすい所です Voy a darle la dirección. Es fácil de encontrar. 会話 しっかり勉強するのよ―分かってるよ, 母さん Intenta estudiar mucho, hijo/ja. – Sí, mamá, ya lo sé. ♦彼が正直者であるとは分かっています Sé [Me consta] que es honrado. 会話 すみませんが郵便局はどこでしょうか―申し訳ありませんが分かりません Perdone, ¿no sabrá usted dónde está correos? – Lo siento, pero no lo sé. ♦あれは彼女のせいだったのよ―どうして分かるの Fue culpa de ella. – ¿Cómo lo sabes? ♦君が来ると分かっていれば, 家にいたのに Si hubiera sabido que ibas a venir, me habría quedado en casa. ♦何が起こるかだれにも分からない Nadie sabe lo que pasará. ♦ ¡Cualquiera sabe lo que va a pasar! (☆見せかけの肯定) / No hay forma de descubrir el futuro. 会話 この間のパーティーでちょっとすてきな男性に出会ったのよ. ももう2うこともないでしょう―いや, 分からないよ El otro día conocí a un tipo muy simpático en una fiesta. Pero no creo que vuelva a verlo [le]. – ¿Quién sabe? ♦その本を読んで平和の大切さが分かった Cuando leí ese libro me di cuenta de la importancia de la paz. / Al leer ese libro, comprendí la importancia que es la paz. ♦彼が本当の友であることが分かった Descubrí que era un amigo de verdad. / Me di cuenta de que era un verdadero amigo. ♦彼女の肺にがんがあることが分かった Se descubrió que tenía cáncer de pulmón. ♦アフリカの食糧危機の深刻さは実際にそこに行って初めて分かった No me había dado cuenta de la gravedad de la falta de alimentos en África hasta que fui allí. ♦だれが来ているのか絶対に分からないわよ (=推測できない) Jamás sabrás [adivinarás] quién ha venido. 会話 いつ日本をたつんですか―まだ分かりません (=まだ決めていない) ¿Cuándo partes [te vas] de Japón? – Todavía no lo he decidido.

❸《判明する》v. resultar 《que》, demostrar* 《que》, (証明される) v. descubrirse* 《que》, revelarse 《que》, (身元が) v. ser* identificado. ♦その老人は泥棒であることが分かった Resultó que el anciano era un ladrón. ♦これらの事実から彼が有罪であることが分かる Estos hechos demuestran su culpabilidad. / Estos hechos lo [le] acusan [señalan] como culpable. ♦それで彼女がいかに取り乱していたかが分かる Eso revela lo perturbada que estaba. / Con eso se muestra su perturbación. ♦その乗っ取り犯の男の身元はまだ分かっていない El secuestrador todavía no ha sido identificado. / Sigue sin ser identificado el secuestrador. ♦彼が酔っているかは声で分かった Por su voz se conoció que estaba borracho. / Su voz revelaba「《フォーマル》su embriaguez [que estaba borracho].

❹《認める》(事実として) v. reconocer*, conocer*; (真価を認める) v. apreciar; (判断する) v. juzgar*. ♦あの足音がだれのだか分かりますか ¿Puedes reconocer las pisadas? ♦彼女は近くに来るまで私とは分からなかった No me reconoció hasta que se me acercó. ♦さわってみたら絹だと分かりますよ La seda se conoce [reconoce] por el tacto. / Tocándola se aprecia la seda. ♦私は骨董(とう)品のことはあまりよく分かりません No「sé mucho de [aprecio bien las] antigüedades. / No tengo buen ojo para los objetos antiguos.

❺《区別できる》v. distinguir*, diferenciar, (教義語) discernir*. ♦彼はトラとライオンの違いが分からない No sabe distinguir [diferenciar] entre tigres y leones. / No puede distinguir un tigre de un león.

❻《察する》v. deducir*, sentir*, notar. ♦彼女はその音で彼が何をしているかが分かった Por el sonido dedujo lo que él estaba haciendo. 《その他の表現》 会話 タクシーを呼んでくれませんか―いい分かりました (=承知しました) ¿Puede llamar un taxi, por favor? – Entendido. [Sí, señor/ñora] 会話 映画は何時に終わりますか―6時半です―分かりました (=結構).ありがとう ¿A qué hora acaba la película? – Bien. [Entendido.] Gracias. ♦へえ, 君にも仲間うちの重圧ってのがあるのか. それで(事情が)分かった [分かってきたよ] ¿De veras? ¿Así que tú también tienes presión de tus compañeros? Ahora voy entendiendo.

・**わかれ 別れ** (別れること) f. separación, f. despedida; (別れの言葉) f. despedida, m. adiós.

1《～別れ》♦けんか別れをする v. separarse 《de＋人》 por una riña. ♦家族との別れは悲しかった La separación de mi familia me puso triste. / Me entristeció separarme de mi familia. ♦それが(生อดの)彼との最後の別れになった Ésa fue la última vez que lo [le] vi (vivo). ♦私は両親とは戦争で生き別れになったままです Mis padres y yo nos separamos en la guerra y jamás hemos vuelto a vernos.

2《別れ(の)＋名詞》♦別れ話をする v. hablar de divorcio. ♦彼女の別れの言葉 fpl. sus palabras de despedida. ♦彼らはお別れのキスを交わした Se dieron un beso de despedida. / Se despidieron con un beso.

3《別れを》♦別れを告げる v. decirle* adiós (a), despedirse* (de). ♦彼と別れを惜しむ v. sentir* mucho separarse de él, separarse de él de mala gana.

わかれみち 分かれ道 (枝道) m. ramal; (二またに分かれた) f. bifurcación; (十字路) f. encrucijada, m. cruce. ♦人生の分かれ道 (=岐路) に立つ v. estar* en la encrucijada de la vida.

わかれめ 分かれ目 (転換期) m. momento crucial [decisivo]. ♦人生の分かれ目に立つ → 分かれ道. ♦1戦い [2試合] はここが勝敗の分かれ目だ Es el momento crucial ¹de la batalla [²del partido].

・**わかれる 別れる** (出会ってのちに) v. partir, salir*; (友情・愛情の関係で) v. romper*; (男女の関係で) v. separarse; (夫婦が) v. divorciarse. ♦私は彼と駅で別れた Me despedí de él en la estación. ♦私たちは仲よく別れた Nos separamos como amigos. ♦妻は突然,「あなたと別れます」と言った Mi esposa me dijo inesperadamente: "Me separo (de ti)." ♦その夫婦は別れた El matrimonio se divorció [separó]. ♦私は5歳のとき両親と別れた (=引き離された) A los cinco años me separaron de mis padres. ♦彼は親と別れて暮らしている Vive separado [aparte] de sus padres. ♦私は手を振って彼と別れた Le dije adiós con la mano. ♦彼はあのグループとは別れた (=縁を切った) Rompió con ese grupo.

わかれる 分かれる (分離する) v. dividirse 《en》; (川・道などが分岐する) v. ramificarse* 《en dos》, bifurcarse* 《en dos》; (分裂する) v. desunirse, fraccionarse. ♦川はその方向こうで分かれている El río se ramifica más allá de la ciudad. ♦この鉄道はここで「二つの路線に [2東北線から]分かれる Esta vía férrea aquí se divide ¹en dos líneas [²a partir de la línea Tohoku]. ♦私たちは二つのグループに分かれた Nos dividimos en dos grupos. ♦その問題ではわれわれの意見は分かれた Nos dividimos sobre el asunto. / Ese asunto nos dividió. ♦この本は5章に分かれている [=区分されている] Este libro se divide en cinco capítulos. / (5章から成っている) Este libro consta de cinco capítulos.

わかれわかれ 別れ別れ ▶別れ別れに暮らす v. vivir separados [separadamente, aparte, por separado]. ♦戦争で母と子は別れ別れになった [=引き離した] La guerra separó a la madre de su hijo. ♦彼の家族は別れ別れに(=ちりぢりに)なった Su familia se dispersó.

わかわかしい 若々しい (元気はつらつとした) adj. juvenil; (若い) adj. joven. ♦彼女は若々しい (=若々しく見える) Parece [Se ve] joven. ♦いつまでも若々しい Permanece joven.

わき 脇 ❶【腕の付け根の下側の部分】 (わき腹) m. costado, m. flanco, m. lado. ▶かばんをわきに (=腕の下に)抱えてやって来る v. venir con [llevando] una bolsa debajo del brazo. ♦突然(左の)わき腹が痛くなった De repente me dio un dolor en el costado (izquierdo).

❷【そば・近くに】 (...のそばに[で]) prep. junto a, al lado de, 《口語》a la vera de. ▶こちらに来て私のわきに座りなさい Ven y siéntate「a mi lado [junto a mí]. ♦彼は車を歩道のわきに止めた Aparcó [Estacionó] el coche「al lado de [junto a] la acera. ♦家のすぐわきに公園がある Hay un parque「al lado [muy cerca, 《口語》a la vera] de mi casa.

❸【中心からはずれた方向】 ▶わきを見る v. mirar a un lado, apartar la vista. ♦本をわきに置く v. poner* un libro al lado. ♦彼は彼女を通すためにわきに寄った Se apartó [echó a un lado] para que pasara. ♦君の車をわきに動かしてください Ponga [Mueva] el coche a un lado, por favor. / (じゃまにならない所に持って行く) Quite el coche del [de en] medio. ♦彼は私をわきに連れ出してそっと耳打ちを He llevó aparte y me dijo algo al oído. ♦彼の話はよくわきにそれる Se aparta [sale] con frecuencia del tema principal de la conversación.

わきあいあい 和気藹々 ▶和気あいあいと (仲よく) adv. en armonía [concordia], armoniosamente; (楽しくうちとけて) adv. en feliz armo-

わく 1547

nía; (¹うちとけた [²友好的な]雰囲気で) adv. en un ambiente ¹armonioso [²amistoso]. ♦彼らは和気あいあいとマージャンをしていた Jugaban al "mahjong" en una atmósfera amistosa.

わきおこる 沸き起こる (生じる) v. surgir*. ♦観客から拍手かっさいが沸き起こった Del público surgieron ovaciones y aplausos.

わきが 腋臭 f. sobaquina, m. olor「de la axila [《口語》a sobaco]; (体臭) m. olor corporal.

わきかえる 沸き返る (激しく沸騰する) v. hervir* mucho; (熱狂する) v. excitarse 《con, por》, entusiasmarse 《por, con》; (大騒ぎする) v. estar* en ebullición 《ante, por》, bullir*. ♦その野球チームの優勝で町中が沸き返っていた Toda la ciudad estaba en ebullición ante [por] el campeonato de béisbol del equipo.

わきげ 腋毛 (フォーマル) m. vello axilar, m. pelo「de la axila [《口語》del sobaco].

わきたつ 沸き立つ (湯が) v. hervir*; (人々が) v. estar* alborotado [excitado], estar* en ebullición.

わきでる 湧き出る v. brotar, manar, borbollar, borbot(e)ar.

わきのした 腋の下 f. axila, 《口語》m. sobaco. ▶わきの下をかく v. rascarse「la axila [《口語》el sobaco].

わきまえる (心得る) v. comprender, conocer*, saber*; (見分ける) v. distinguir*; (教養語) v. discernir*; (心にとめる) v. tener* en cuenta, tener* presente. ▶礼儀作法をわきまえている v. ser* educado, tener* buenos modales. ▶善悪をわきまえる[ている] v. distinguir* el bien y el mal, discernir* lo bueno de lo malo.

わきみ 脇見 ▶脇見運転しないで「Mantén la vista en [No apartes los ojos de] la carretera. / (運転に集中しなさい) Concéntrate en la conducción. ♦授業中脇見をしてはいけません No「vuelvas la cabeza [mires a los lados] cuando estás en clase.

わきみず 湧き水 f. agua de manantial.

わきみち 脇道 ❶【横道】 f. desviación, m. desvío, m. camino lateral [secundario]. ▶脇道を通る v. seguir* [tomar] una desviación. ▶脇道に入る v. meterse por un camino secundario; (本道からそれて) v. salirse* 「del camino [de la carretera] principal.

❷【話などの脱線】 ▶先生はよく話が脇道にそれた (=脱線した) Nuestro profesor se desvía [se salía] con frecuencia del tema. / Nuestro profesor divagaba a menudo.

わきめ 脇目 ▶脇目もふらずに (左右を見ずに) adv. (caminar) sin mirar a ningún lado; (必死に) adv. (correr) desesperadamente; (...に全身全霊を打ち込む) v. entregarse* en cuerpo y alma 《a》.

わきやく 脇役 m. papel secundario. ♦脇役を務める[に回る] v. tener* [jugar*, desempeñar] un papel secundario.

わく 沸く v. hervir*, bullir*. ♦やかんの湯が沸い

ている Está hirviendo el agua de la tetera. ◆ふろの湯が沸いている El agua del baño ya está caliente. / (ふろの用意ができている) El baño está listo [preparado].

***わく 湧く**〔わき出る〕(水・涙などが勢いよく流れ出る) *v.* brotar, manar; salir* a chorros [borbotones], borbot(e)ar; (どんどん流れる) *v.* salir*; (急に流れ出る) *v.* surgir*. ◆湧き出る水 *f.* agua que mana de una fuente. ◆彼女の目に涙がわいてきた De sus ojos han salido lágrimas. ◆私の胸に希望がわいてきた En mi corazón ha empezado a surgir la esperanza.
❷【繁殖する】*v.* reproducirse*, nacer*; (ひな・卵がかえる) *v.* nacer* del huevo, salir* del cascarón. ◆ボウフラがわいた Han nacido larvas de mosquito. ◆その犬にはシラミがわいていた (=たかっていた) El perro estaba infectado de piojos. ◆彼は生焼けの豚肉を食べてサナダ虫がわいた Tuvo la solitaria por haber comido carne de cerdo medio cruda.
《その他の表現》◆彼の言葉を聞いて自信がわいた Al oír sus palabras empecé a animarme. ◆歴史にはあまり興味がわかない La historia no「me entusiasma [《口語》hace vibrar」.

わく 枠 *m.* marco; (眼鏡の縁) *f.* montura; (枠組み) *m.* bastidor; (制限の範囲) *m.* límite. ▶窓枠 *m.* marco de la ventana. ▶枠で囲む *v.* enmarcar*, encuadrar. ▶伝統文法の枠内での問題を扱う *v.* tratar el problema dentro del marco de la gramática tradicional. ▶月10万円の枠内で生活する *v.* vivir「dentro de los límites de [con arreglo a」100.000 yenes al mes. ▶枠にはまった考え方 *f.* forma de pensar estereotipada, *f.* mentalidad limitada.

わくせい 惑星 *m.* planeta. ◆小惑星 *m.* asteroide. ▶惑星運動 *m.* movimiento planetario.

ワクチン *f.* vacuna. ▶ワクチン注射[接種] *f.* inyección de vacuna, *f.* vacunación. ▶インフルエンザワクチン *f.* vacuna de la gripe. ▶子供に小児麻痺(º)のワクチン注射をする *v.* vacunar a un niño contra la polio.

わくわく ◆わくわくする *v.* hervir* [vibrar, bullir*] de entusiasmo [emoción]. ◆わくわくさせる *adj.* emocionante, excitante. ◆わくわくして *adv.* con emoción [entusiasmo]. ◆彼女は外国旅行のことを考えるとわくわくした Hervía de emoción al pensar en viajar al extranjero. ◆私は旅行をわくわくして待った Esperaba el viaje con el corazón vibrante (de júbilo).

***わけ 訳**❶【理由】(行動・意見の説明) *f.* razón, *m.* motivo, *f.* causa, *m.* porqué. ◆彼らが離婚したのには深い訳があった Había una buena razón para que se divorciara. ◆どういう訳であなたはそこへ行ったのですか ¿Qué razón tenías para ir allí? / ¿Por qué razón fuiste allí? / ¿Qué te hizo ir allí? / ¿Por qué fuiste allí? ◆そういう訳で彼は来られなかったのです Por esa razón le fue imposible venir. ◆訳あって彼はおじのもとで育てられた Por una u otra razón fue criado por su tío. ◆だからといって彼女が嫌いというわけではないのだ La razón no es que no me guste. / No es porque no me guste. / 《口語》No tiene que ver con que no me guste. ◆私に分かる訳がないでしょう ¿Y cómo lo sé yo?
❷【意味】*m.* significado, *m.* sentido. ◆彼は訳の分からない (=意味のない) 言葉を口走った Pronunció unas palabras sin significado. ◆その文は訳が分からない (=意味をなさない) Esa frase no tiene sentido. / 《口語》Esa frase no tiene pies ni cabeza. / (理解できない) No puedo entender esa frase. ◆だからといってそれが間違っているわけではない「Esto no [No por eso」quiere decir que esté equivocado.
❸【道理】(分別) *m.* sentido (común), *f.* sensatez; (理性) *f.* razón. ◆訳の分かった人 *f.* persona sensata. ◆そんな訳の分からないことを言うものではない ¿Por qué no tienes [usas el] sentido común? / ¿Por qué no te avienes a razones? / Sé razonable.
❹【事情】(実情) *f.* situación, *m.* caso; (周囲の状況) *fpl.* circunstancias. ◆そういう訳ならごいっしょさせてください En tal situación, déjame acompañarte. ◆そういう訳だったのですからもう一晩泊まる決心をしました En esas [tales] circunstancias, decidí quedarme una noche más. ◆そういう訳です (=以上がその事情です) Esa es la situación. ◆訳が違う ▶これとそれとではわけが違う Son cosas diferentes. / Esto es muy distinto de eso. ◆この車は君のとわけが違う (=君のよりずっといい) Este coche es mucho mejor que el tuyo.
❺【当然】◆どうりで彼女が私のことを笑うわけだ No me extraña que se ría de mí. / Es natural que se ría de mí. / Tiene todos los motivos para reírse de mí.
❻【面倒】◆そんなことは私にはわけのないことだ Eso no tiene ningún problema para mí. / Eso a mí me resulta muy fácil.
❼【意図】◆自慢するわけではないがまだ学校を休んだことがない No se trata de alardear de nada, pero todavía no he faltado ningún día a clase.
❽【可能】◆病気の母親を放っておくわけにはいかない No puedo dejar sola a mi madre enferma. 《会話》どうしてワンセットやらなかったの――一人でテニスをするわけがない ¿Por qué no has jugado un "set" de tenis? – ¡Si pudiera jugar solo! [¿Cómo voy a poder jugar yo solo?] ◆彼が今そこにいるわけがない (=はずがない) No es posible que él esté ahora allí. ◆彼の作品を賞賛しないわけにはいかない (=賞賛せざるを得ない) No puedo menos de admirar su obra.
❾【部分否定】(...は除く) *adv.* no todos [todo el mundo]. ◆君たちもすべてがテストに通るわけではない No vais [《ラ米》van] a aprobar el examen todos. ◆だれもが君のように好運だというわけではない No todo el mundo tiene tu suerte. 《会話》物は高くなっているかい――高くなっているのもあるよ．でも全部というわけではないの ¿Están poniéndose las cosas caras? – Hay algunas que sí, pero no todas.

わけても →特に．◆学生はわけても (=なかんずく) 学

問が大事だ Los estudiantes deben, antes que nada, aplicarse al estudio. / Lo más importante para los estudiantes es, ni más ni menos, estudiar.

わけない 訳無い (易しい)*adj.* fácil. ▶わけなく *adv.* fácilmente, sin problemas. ♦わけなく泊るホテルが見つかった Me resultó fácil encontrar el hotel. / No tuve problemas para encontrar el hotel.

わけへだて 分け隔て (差別)*f.* discriminación. ▶すべての人々を分け隔てなく扱う *v.* tratar a la gente「sin discriminación [indiscriminadamente, con imparcialidad]. ♦女子従業員を分け隔てする *v.* discriminar「a las empleadas [al personal femenino].

わけまえ 分け前 (取り分)*f.* parte, *f.* porción, *f.* asignación, *m.* lote. ▶利益の分け前をもらう *v.* tener* una parte de los beneficios. ▶財産の均等の分け前を要求する *v.* exigir* una parte igual de la propiedad.

わけめ 分け目 (髪の)*f.* raya (del pelo), *f.* crencha; (境界線)*f.* línea divisoria. ▶天下分け目の(=決定的な)戦い *f.* batalla crucial [decisiva].

•**わける** 分ける ❶【分割する】*v.* dividir, partir; (頭髪などを) *v.* hacer* una raya (en el pelo). ▶ケーキを均等に三つに分ける *v.* dividir el pastel en tres porciones [partes, trozos] iguales. ▶髪を1真ん中で[2横で; 3左側で]分ける *v.* hacerse* la raya 1en mitad del pelo [2a un lado; 3a la izquierda].

❷【分配する】*v.* dividir; (配る) *v.* repartir, distribuir*, asignar; (分け合う)*v.* compartir. ♦彼らは収益を自分たちで分けた Se dividieron [repartieron] los beneficios. ♦サンドイッチを弟さんにも分けてあげなさい Debes compartir el "sandwich" con tu hermano. ♦砂糖を少々分けてもらえませんか ¿No me puedes dar un poco de azúcar?

❸【分離する】*v.* separar [apartar]《de》. ▶病人と他の人を分ける *v.* separar a los enfermos de los demás. ▶取っ組み合いのけんかをしている生徒を引き分ける *v.* apartar [separar] a los estudiantes peleones [alborotadores]. ♦多摩川は東京と川崎を分けている El río Tama separa a Tokio de Kawasaki.

❹【区分する】*v.* separar; (分類する) *v.* clasificar*; (えり分ける) *v.* ordenar. ▶その本を1題目 [2三つのグループ] に分ける *v.* clasificar* los libros 1por materia [2en tres grupos]. ▶よいリンゴと悪いリンゴを分ける *v.* separar las manzanas buenas de las malas. ♦先生は生徒を4グループに分けた El profesor ordenó a los alumnos en cuatro grupos.

わごう 和合 (調和)*f.* concordia. ▶和合して暮らす *v.* vivir en armonía [paz]. ▶夫婦の和合 *f.* armonía conyugal.

わごむ 輪ゴム (ゴム製の)*f.* anilla de goma [caucho]. ▶書類を輪ゴムでとめる *v.* rodear los papeles con una goma.

[地域差] 輪ゴム
〔全般的に〕*f.* cinta elástica
〔スペイン〕*m.* elástico, *f.* goma, *f.* gomita
〔ラテンアメリカ〕*f.* liga

〔キューバ〕*f.* banda elástica, *f.* goma, *f.* liguita
〔ペルー〕*m.* elástico, *m.* jebe
〔コロンビア〕*m.* caucho
〔アルゼンチン〕*f.* banda elástica, *m.* elástico, *m.* elastiquín, *f.* gomilla, *f.* gomita

ワゴン (ワゴン車)*f.* furgoneta, *f.* ranchera; (車のついた配ぜん台)*m.* carrito (de la comida); (買い物用手押し車)*m.* carrito (de la compra).

わざ 技 →技術. ▶技を磨く *v.* mejorar [pulir] 「un arte [una técnica]. ▶(柔道で)1寝技 [2足技]をかける *v.* utilizar* técnicas 1en posición de suelo [2con la pierna]. ♦(柔道で)技あり! "¡Waza-ari!" / ¡Medio punto!

わざ 業 ▶それは人間業ではなかった(=人間の能力範囲を超えていた) Era algo sobrehumano. / Estaba por encima del poder del hombre. ♦それは容易な業(=仕事)ではない No es una tarea [trabajo] fácil.

わさい 和裁 *f.* confección japonesa [de "kimonos"].

•**わざと** (故意に)*adv.* a [de] propósito, 《口語》 adrede, 《スペイン》a posta; (意図的に) *adv.* intencionadamente, 《口語》queriendo; (熟慮の上で)*adv.* deliberadamente. ▶わざと彼を侮辱する *v.* insultarlo[le] a propósito. ▶それは偶然ではなかった。君がわざとそれをしたのだ No fue un accidente. Lo hiciste intencionadamente [con intención]. 会話 君が窓を割ったんだね — いや、でもわざとじゃないんです ¿Has roto la ventana, verdad? – Sí, pero ha sido sin querer. ♦彼はわざと私にうそをついた Me mintió deliberadamente.

── わざとらしい (不自然な)*adj.* poco [no] natural; (意図的な)*adj.* intencionado; (むりやりの)*adj.* forzado; (影響の)*adj.* afectado. ▶わざとらしい微笑を浮かべる *v.* sonreír* afectadamente, mostrar* una sonrisa poco natural [forzada].

わさび 山葵 "wasabi", 《説明的に》*f.* mostaza verde japonesa, *m.* rábano rallado picante (usado como condimento). ♦ワサビが利き過ぎている Tiene demasiado wasabi.

わざわい 災い (不運, 不幸)*f.* desgracia, *f.* calamidad; (ひどい)*m.* infortunio, *m.* siniestro; (困った事態)*m.* problema, *m.* (災難)*m.* desastre; (破滅の原因)*f.* ruina. ▶さまざまな災いを経験する *v.* padecer* [sufrir] varias desgracias [calamidades]. ♦彼に災いがふりかかった La desgracia cayó sobre él. ♦あらしの最中に登山するとは自ら災いを招くようなものだ Pretender subir la montaña en plena tormenta es llamar a la desgracia a voces. ♦酒が彼の災いとなった La bebida fue su ruina. ♦内気が災いして彼女は友達がなかった Como era tan tímida no tenía amigos. / La timidez le [le] impedía hacer amistades. ♦口は災いのもと《ことわざ》Por la boca muere el pez. / 《ことわざ》Palabra y piedra suelta no tienen vuelta.

わざわざ *adv.* expresamente, a propósito,

1550 わし

《口語》sólo para eso. ◆わざわざ(＝労を取って)お見送りいただくには及びません No hace falta「que vengas expresamente a despedirme [que vengas a decirme adiós sólo para eso]. ◆遠方のところわざわざ(＝はるばる)おいでくださってありがとうございます Has sido muy amable por venir a propósito a verme. 会話 山田からだった－わざわざそれだけでロンドンから電話してきたのか Era Yamada. – ¿Y ha llamado de Londres sólo para eso? 会話 田中がそれを引き受けてくれると思うか－わざわざ彼に頼むほどの事かい ¿Crees que Tanaka se lo va a quedar? – ¿Vale la pena pedírselo sólo por eso?

わし 鷲 f. águila; (ひな) m. aguilucho. ◆鷲座 f. Águila.

わし 和紙 m. papel japonés.

わしき 和式 ◆和式の adj. a la japonesa, de estilo japonés.

わしつ 和室 f. sala「a la japonesa [de estilo japonés].

わしづかみ 鷲掴み ◆鷲づかみにする (不意につかむ) v. agarrar, empuñar; (しっかり握る) v. apresar, 《口語》echar mano. ◆彼は一万円札をわしづかみにして逃げた Agarró los billetes de 10.000 yenes y echó a correr.

わじゅつ 話術 m. arte de「la conversación [hablar]. ◆話術にたけた人 (座談が上手な) mf. buen/buena [hábil] conversador/dora; (雄弁な) mf. buen/buena orador/dora; (口が達者で説得力がある) ◆ f. persona elocuente, 《口語》m. pico de oro.

わしょく 和食 (料理法) f. cocina [f. comida] japonesa, f. gastronomía de Japón.

ワシントン (地名) (州) Washington, (首都) Washington, D.C.

*****わずか** 僅か ◆僅かな(数が少ない) adj. unos pocos, un poco de, (量が少ない) adj. poco, 《口語》poquito, 《口語》f. una pizca de; (量・程度がわずかな) adj. escaso; (数・量・額が小さい) adj. pequeño, 《口語》chico, mínimo, (強調して) diminuto; (金額が少ない) adj. módico; (時間が短い) adj. breve; (距離が短い) adj. corto. ◆わずかな金で手に入れる v. conseguir(lo)* por muy poco dinero. ◆わずかな収入で暮らす v. vivir con pocos [módicos] ingresos. ◆わずか2, 3年のうちに adv. en pocos años, en dos o tres años. ◆スペイン語の本ははんのわずかしか持っていなかった Tenía sólo unos pocos [cuantos] libros españoles. ◆冷蔵庫にチーズがわずかしか残っていなかった En la nevera no había más que un poco de queso. ◆それらにはわずかな違いしかない Hay escasa diferencia entre ellos. / Apenas son diferentes. ◆病院まではんのわずか(距離)です Hay muy poca distancia al hospital. / La distancia es corta hasta el hospital.

—— 僅かに adv. ligeramente, no más de [que]; (ただ…だけ) adv. sólo, solamente, (強調して) tan sólo; (少し) adv. un poco; (かろうじて) adv. apenas. ◆わずか百円 sólo [no más de] 100 yenes. ◆ドアはわずかに開いていた La puerta estaba「ligeramente abierta [entreabierta]. ◆道はそこでわずかに右に折れている Allí en la carretera hay curvas ligeramente a la derecha. ◆微かな, 小さい[な]

わずらい 煩 [患]い (心配) f. preocupación, (病気) f. enfermedad; (体の不調) f. dolencia, f. afección; ◆長患いをする v. padecer* una larga enfermedad.

わずらう 煩 [患]う v. padecer* [sufrir] 《de》.

わずらわしい 煩わしい (面倒な) adj. molesto, (やっかいな) adj. fastidioso; (複雑な) adj. complicado. ◆煩わしい人間関係 fpl. complicadas relaciones humanas. ◆それをするのを煩わしく思う v.「sentir* molestia [sentirse* molesto] en hacerlo*.

わずらわす 煩わす (面倒をかける) v. molestar, fastidiar, 《スペイン》《口語》incordiar. ◆心を煩わす (心配する) v. estar* preocupado [inquieto] 《por》. ◆お手を煩わせて申し訳ありませんが... Perdón por molestarlo [le, la], pero...

わすれがたい 忘れ難い (忘れられない) adj. inolvidable; (記憶すべき) adj. memorable. ◆忘れ難い光景 f. escena inolvidable.

わすれがたみ 忘れ形見 (思い出になるもの) m. recuerdo; (遺児) mf. hijo/ja póstumo/ma.

わすれっぽい 忘れっぽい v. ser* olvidadizo; (記憶力が足りない) v. tener* mala memoria. ◆忘れっぽい人 f. persona olvidadiza. ◆忘れっぽくなる v. volverse* [hacerse*] olvidadizo.

わすれなぐさ 忘れな草 m. nomeolvides.

*****わすれもの** 忘れ物 m. objeto olvidado [perdido]. ◆バスに傘の忘れ物をした Me dejé el paraguas en el autobús. ◆忘れ物はありませんか ¿No te olvidas de nada?

⁂わすれる 忘れる (うっかり・意識して忘れる) v. olvidar, olvidarse 《de》, (置き忘れる) v. dejar olvidado, (怠って…しない) v. descuidar, dejar(se) 《sin + 不定詞》. ◆あ, もう少しで忘れるところだった ¡Ah, casi lo olvidé! / ¡Oh, ya me olvidaba! ◆彼の名前を忘れた No puedo recordar「cómo se llama [su nombre]. ◆今日彼がやってくることを忘れていた Se me pasó que venía hoy. / (彼女はもの忘れるばかりしている) Siempre se olvida de todo. ◆そのことをすっかり忘れていた Me lo había olvidado por completo. / Lo tenía completamente olvidado. ◆済んだことは忘れよう Olvidemos lo ocurrido. / Vamos a olvidar lo que ha pasado. ◆彼女に会ったときのことはけっして忘れません Nunca olvidaré que la vi. ◆忘れずに手紙を出してください Por favor, no te olvides de echar la carta a correos. ◆彼はドアに鍵をかけるのを忘れた Se dejó la puerta sin cerrar. ◆忘れないうちに書きとめておいた方がよい Debes anotarlo「antes que lo olvides [para que no se te olvide]. ◆車のキーを家に忘れてきた Me he dejado [olvidado] la llave del coche en casa. 会話 この傘どなたのですか—あらいけない, 傘を忘れてたわ. それ私のです. ありがとう ¿De quién es este paraguas? – ¡Vaya, me lo había olvidado. Es mío. Gracias. ◆彼女が¹そのことを [²それをするのを] 忘れていたら注意しろよ ¹Recuérdaselo [²Recuérdale que lo haga]. / Adviértela que no ¹lo olvide

[2se olvide de hacerlo].
【その他の表現】♦彼女は寝食を忘れて病気の母の看護をした Se entregó [consagró] a cuidar a su madre enferma. ♦彼女は我を忘れて踊る(=思い切り楽しむ) Cuando se pone a bailar verdaderamente se olvida de「sí misma [todo]. ♦彼女のことがどうしても忘れられないよな一旅行でもしてきたら?そうすれば忘れられるかもしれないわ No me「la puedo sacar de la cabeza [puedo olvidar de ella]. – Bueno, pues haz un viaje. Así te olvidarás de ella. ♦私はその小説を時のたつのをまったく忘れて夢中になって読んだ La lectura de la novela me absorbió tanto que me olvidé por completo del paso del tiempo.

わせ 早稲[生] (稲) f. variedad temprana de arroz; (一般的に) f. variedad temprana. ♦早生の adj. temprano; (早なりの) adj. precoz.

わせい 和声 f. armonía. ♦和声学 f. armonía.

わせい 和製 ♦和製の adj. hecho [fabricado] en Japón.

・わた 綿 m. algodón; (原綿) m. algodón en rama; (詰め綿) f. borra, f. guata; (木) m. algodonero, (f. planta de) m. algodón. ♦綿入れ m. vestido enguatado. ♦綿菓子 m. algodón de azúcar, m. caramelo hilado. ♦綿雲 f. nube algodonosa [aborregada]. ♦綿毛 m. pelillo, f. pelusa; (鳥などの) m. plumón; (植物の) f. lana. ♦綿のような物 mpl. copos de nieve algodonosos. ♦綿を打つ v. tundir el algodón. ♦クッションに綿を詰める v. emborrar [enguatar, rellenar] un cojín con algodón [guata].

わだい 話題 m. tema, m. tópico, f. materia (de conversación); (うわさの種) m. tema de conversación. ♦話題の人 (口語) f. persona en el candelero. ♦別の話題に移る v. pasar a otro tema. ♦車の事故件数が増えたという話題 m. tema del aumento del número de accidentes de automóvil. ♦着る物は女性の大好きな話題の一つだ Hablar de ropa es uno de los temas favoritos de las mujeres. ♦話題を変えよう「Vamos a cambiar [Cambiemos] de tema. /《口語》¡A otro tema! ♦話題が尽きた No teníamos más de que hablar. / Se nos acabaron los temas de conversación. ♦その件は話題にならなかった Ese tema no surgió en nuestra discusión. ⇨題目, 種, テーマ

わだかまり 蟠り (悪感情) f. animosidad, (敵愾語) f. animadversión, (恨み) m. rencor, m. resentimiento. ♦彼のやさしい言葉を聞いてわだかまりがとれた Sus amables palabras disiparon la animosidad que sentía contra él. ♦彼女は私にわだかまりを持っているようだ Parece tener algo contra mí. / Se diría que me guarda rencor por algo.

わだかまる 蟠る ♦心にわだかまっている(=ずっともやもやしている)不満 m. descontento profundamente enraizado.

わたくし 私 pron. yo. → 私(たし). ♦わたくしごと mpl. asuntos personales, fpl. cosas「de uno [mías, tuyas, suyas].

わたし 渡し ❶【渡し場】♦渡し船 f. barca de pasaje, m. transbordador,《英語》m. "ferry", f. barcaza. ♦渡し守り mf. barquero/ra. ♦渡し船で川を渡る v. cruzar* el río en transbordador.
❷【受け渡し】f. entrega. → 受け渡し.

＊＊わたし 私 pron. yo. **1**【主格】♦私は大学生です Soy [Yo soy] un/una estudiante de universidad. (会話) そこにいるのはだれ?―私です ¿Quién está ahí? – Soy yo. ♦悪いのは私です Es a mí a quién hay que echar la culpa. ♦彼は私よりよく勉強する Él estudia más que yo. (会話) ゆうべはよく寝た―私もよ ¡Qué bien he dormido anoche! – Y yo. [Yo también.]
2【所有格:所有・所属を表す場合】♦私の1の[2この]新しいカメラ 1aquella [2esa] nueva cámara mía. ♦私の父は教師です Mi padre es profesor.
3《目的格:動詞・前置詞の目的語になる場合》♦父は私に自転車を買ってくれた Mi padre me compró una bicicleta.
4《所有代名詞》 ♦このカバンだれの―私のです ¿De quién es este bolso? – Es mío.
5《再帰代名詞》♦私は私自身に尋ねてみた Me pregunté a mí mismo. ♦(他の人ではなく)私(自身)が夕食を作りました Yo mismo hice [preparé] la cena. ♦彼と私は同じ学校へ行っています Él y yo vamos a la misma escuela.
【その他の表現】♦私一人で本箱を部屋の中へ運んだ Llevé la estantería a la habitación por mí mismo. (会話) もしもし, 美智子さんいらっしゃいますか―はい, 私です Oiga, ¿está Michiko, por favor? – Soy yo.

わたしたち 私たち (私たちは[が]) pron. nosotros/tras; (私たちの) adj. nuestro; (私たちに[を]) pron. nos; (私たちのもの) lo nuestro; (私たち自身) pron. nosotros/tras mismos/mas. → 私(たし), 家, こちら

わたしぶね 渡し船 f. barca de pasaje, m. transbordador,《英語》m. "ferry". ♦渡し船で川を渡る v. cruzar* [atravesar*] un río en transbordador ["ferry", barcaza].

・わたす 渡す ❶【向こう側へ渡す】(人を運ぶ) v. llevar [transportar] al otro lado, cruzar*; (橋などを造る) v. construir*; (かける) v. tender*, salvar. ♦彼らを船で川の向こう岸へ渡す v. llevarlos[les] en barco a la otra orilla del río, cruzarlos[les] al otro lado del río. ♦水たまりに板を渡す v. tender* una tabla sobre el charco, salvar el charco con una tabla. ♦彼らは川に石橋を渡す Construyeron un puente de piedra sobre el río.
❷【手渡す】(与える) v. entregar*, dar*; (手で

誰?私? ¿Quién? ¿Yo? →私

渡す) v. entregar* en mano; (書類などを提出する) v. presentar; (回す) v. pasar; (フォーマル) hacer* entrega 《de》; (管理をまかせる) v. encargar*; (そっと入れる) v. meter a hurtadillas. ♦彼に本を渡す v. entregarle* un libro. ♦彼にボールを渡す v. pasarle「una pelota [un balón]. ♦上司に辞表を渡す v. presentar su dimisión al jefe. ♦金を彼の手に渡す v. meterle a hurtadillas algo de dinero en su mano. ♦彼女に卒業証書を渡す v. hacerle* entrega de un diploma. ♦妻に給料を渡す v. entregar* el sueldo a la esposa. ♦強盗は彼女に指輪を渡せと言った El ladrón le dijo que le entregara la sortija. 〖会話〗それは土曜日ぐらいに持っていくよ—もう少し早めに渡してもらえないかなあ Te lo traeré más o menos el sábado. – ¿No me lo puedes entregar un poco antes? ♦彼が帰ってくるころには仕事に出ていると思いますが隣の人に鍵(かぎ)を渡して(＝預けて)いきます Cuando llegues estaré en el trabajo, pero「le dejaré una llave a mi vecino para que te la entregue [te dejaré una llave en casa del vecino].
❸【譲り渡す】(権利・所有物を引き渡す) v. entregar*; (財産などを移管する) v. transferir*. ♦泥棒を警察に渡す v. entregar* al ladrón a la policía. ♦財産を息子に(譲り)渡す v. transferir* la propiedad al hijo　▱掛[架]ける、届ける

わだち 轍　(車輪の跡) f. rodada, m. carril. ♦深いわだちのわだちの続く道 m. camino muy surcado.

わたり 渡り　♦渡り労働者(＝季節労働者) m. trabajador itinerante [ambulante]. → 渡り鳥、渡り鳥下. ♦転勤の話しは渡りに船だった(＝時機を得ていた) La oferta de traslado「fue oportuna [llegó en el momento justo].

わたりあう 渡り合う　❶【剣を交える】v.「cruzar* la espada [pelearse, reñir]《con》.
❷【議論する】v. discutir [disputar, tener* un altercado]《con ＋人》《sobre ＋事》. ♦彼は新税の案について首相と激しく渡り合った Discutió acaloradamente con el Primer Ministro sobre el nuevo proyecto de legislación fiscal.

わたりあるく 渡り歩く　(場所を) v. ir* de acá para allá, andar* de un sitio a otro; (仕事を)《口語》v. andar* cambiando de trabajo, cambiar continuamente de empleo. ♦町から町へと渡り歩く v. ir* de ciudad en ciudad.

わたりどり 渡り鳥　f. ave migratoria [de paso].

わたりろうか 渡り廊下　m. pasaje (abierto a los costados y techado, entre dos edificios).

•**わたる** 渡る　❶【横断する】v. cruzar*, atravesar*, pasar; (歩いて水の中を渡る) v. vadear. ♦橋を渡る v. cruzar* [pasar] el puente. ♦小川を歩いて渡る v. atravesar* [vadear] el arroyo. ♦道を渡るときは気をつけてね Ten cuidado al cruzar [pasar] la calle. ♦彼は海峡を「船 [2飛行機]で渡った Cruzó el canal en ¹barco [²avión]. ♦彼は川の対岸まで泳いで渡った Cruzó el río a nado.
❷【移住する】(人が) v. emigrar; (鳥などが定期的に) v. emigrar, migrar; (人が他国から) v. inmigrar. ♦日本から米国へ渡る v. emigrar de Japón a Estados Unidos.
❸【渡来する】(輸入される) v. ser* importado [traído]; (導入される) v. ser* introducido, entrar. ♦ガラスは外国から渡ってきた El vidrio fue importado del extranjero. ♦仏教は中国から日本へ渡ってきた El budismo fue introducido a Japón desde China. / El budismo entró a Japón de China.
❹【移る】(人の手に渡る) v. ser* transmitido, pasar. ♦その家は¹人手 [²彼の息子の手]に渡った Esa casa pasó a ¹otras manos [²su hijo].
【その他の表現】♦どうにか世を渡ってゆく v. ir*《口語》tirando [viviendo]. ♦仕事から仕事へと渡り歩く → 渡り歩く. ♦彼は石橋をたたいて渡る(＝非常に用心深い) Es sumamente cauteloso. / (けっして危険を冒さない) Jamás corre riesgos. ♦寒風が湖面を渡った(＝さっと通過した) El viento frío azotó el lago.

•**わたる** 亘る　❶【範囲に及ぶ】v. oscilar《entre... y ...》, ir*《de... a...》; (広範囲に広がる) v. esparcirse*, extenderse*; (距離・範囲などが伸びる) v. extenderse* → 及ぶ; (両端に伸びる) v. estirarse, alargarse*; (包含する) v. abarcar, comprender. ♦彼らの年齢は6歳から13歳にわたっている Sus edades「oscilan entre seis y diez [van de seis a diez años]. ♦その砂漠は数百キロにわたる El desierto cubre [se extiende por]「unos centenares [varios cientos] de kilómetros. ♦彼の研究は広範囲にわたっている Sus estudios abarcan [cubren] un amplio campo.
❷【期間が】(ある期間に延びる) v. extenderse*; (長期間に広がる) v. extenderse*《por, a lo largo de》; (続く) v. prolongarse*《por》, durar. ♦試験(期間)は2週間にわたる Los exámenes duran dos semanas. ♦その軍事政権は30年間にわたって続いた El gobierno militar se extendió a lo largo de 30 años.

わっ interj. puf, puaj.

ワックス f. cera. ♦ワックスを塗る v. encerar (un suelo).

わっしょい (掛け声) interj. uf, vamos.

わっと (一斉に) adv. de golpe,「a la [de una] vez; (急に) adv. de repente. ♦人々がわっと(われわれの方に)押しかけてきた Toda la gente se echó [abalanzó] sobre nosotros de golpe. ♦聴衆はわっと笑った《口語》Los espectadores prorrumpieron en risas. / El público se echó a reír. ♦彼女はわっと泣き出した De repente rompió「a llorar [en llanto]. /《口語》Se echó a llorar. ♦彼のホームランに場内はわっと歓声が上がった La multitud prorrumpió en ovaciones cuando hizo un jonrón. ♦男の子たちはわっと走り出した Los muchachos echaron a correr.

ワット m. vatio,【略】W. ♦60ワットの電球 f. lámpara [f. bombilla] de 60 W [vatios].

ワッフル m. gofre,《英語》《ラ米》m. "waffle",《スペイン》m. barquillo.

ワッペン〖金属製の〗f. insignia;〖紙の〗f. pegatina;〖布製の〗f. divisa;〖紋章〗m. distintivo, m. emblema.

わな 罠 〖一般に〗f. trampa;〖鉄製の〗m. cepo;〖ひもを使った〗m. lazo;〖かごを使った〗m. armadijo;〖比喩的に〗f. celada, f. asechanza. ▶〖うさぎを〗捕える v. apresar [coger*, cazar*]〘un conejo〙con「una trampa [un cepo]. ▶〖うわぎを〗わなにかける v. poner* [tender*] una trampa〘a un conejo〙. ▶犯罪は警察のわなにはまった El ladrón cayó en la trampa de la policía. ♦われわれは彼にわなをかけて彼女を殺害したことを認めさせた Lo [Le] hicimos caer en la trampa de admitir que él la había asesinado. ☞計略, 術策

わなげ 輪投げ 〖輪投げをする〗v. jugar*「a los aros [al herrón, al tejo]」.

わななく 〖震える〗v. temblar*;〖小刻みに〗v. estremecerse*.

わなわな ▶恐ろしさにわなわな(=がたがた)震える v.「temblar* como un flan [temblequear]」por el miedo.

わに 鰐 〖アフリカなどの大形でどう猛な〗m. cocodrilo;〖米国などの小形で人畜無害の〗m. caimán, m. aligátor.

わび 詫び f. disculpa, f. excusa. ▶おわびの手紙 f. carta de disculpa. ▶わびを入れる v. presentar〘a + 人〙sus disculpas. ▶わびを聞き入れる v. aceptar〘sus〙disculpas.〖会話〗あのう, 君におわびしないといけないんだ―どうして―昨日は映画を見に行くことになってたのに, ころっと忘れてたんだ―それならいいわ. 実は私の方こそおわびしなくっちゃ Esto, creo que te debo una disculpa. – ¿Por qué? – Habíamos quedado en ir al cine ayer, pero me olvidé por completo. – Bueno, no te preocupes. La verdad es que yo soy la que debería disculparme. ♦そのグラスを壊しておわびの申し上げようもございません No sé cómo disculparme por haber roto el vaso.

わびしい 〖みじめな〗adj. desgraciado;〖寂しい〗adj. solitario.

わびる 詫びる v. disculparse〘ante + 人〙〘por + 事〙,〖口語〗pedir* perdón, pedir* [〖フォーマル〗presentar] disculpas [excusas].

わふう 和風 m. estilo japonés. ▶〖純〗和風の家 f. casa「de estilo japonés [a la japonesa]」.

わふく 和服 m. vestido japonés, m. "kimono". ▶和服姿の女性 f. mujer con "kimono".

わぶん 和文 〖日本語〗m. japonés;〖日本語の文章〗f. frase [m. escrito] en japonés. ▶和文英訳 f. traducción del japonés en [al] inglés.

わへい 和平 f. paz. → 平和. ▶和平交渉 fpl. negociaciones de paz. ▶和平会談 f. conferencia de paz. ▶和平工作 m. movimiento en favor de la paz.

わぼく 和睦 〖和解〗f. reconciliación. ▶和睦する〘人と〙v. reconciliarse〘con〙;〘人・国などと〙v. hacer* las paces〘con〙.

わめく 〖大声を出す〗v. gritar, dar* voces;〖金切り声で〗v. chillar, dar* chillidos, dar* alaridos. ▶わめき声 m. grito, m. alarido, m.

chillido.

わやく 和訳 f. traducción al japonés,〖教養語〗f. versión japonesa. ▶西文和訳 f. traducción del español al japonés. ♦次の一節を和訳しなさい Traduzca al japonés el siguiente pasaje.

わよう 和洋 ▶和洋の adj. japonés y occidental [europeo]. ▶和洋折衷 f. mezcla de lo japonés y lo occidental. ▶和洋折衷の家 f. casa de estilo medio japonés y medio occidental.

わら 藁 f. paja. ▶わら細工 f. obra de paja. ▶わら人形 m. muñeco [f. muñeca] de paja. ▶わらぶき屋根 m. tejado de paja, f. cubierta pajiza. ♦おぼれる者はわらをもつかむ〖言い回し〗El que se ahoga se agarra a cualquier cosa. /〖言い回し〗La necesidad hace a la vieja trotar.

•**わらい** 笑い 〖笑うこと・その声〗f. risa;〖ほほえみ〗f. sonrisa;〖含み笑い〗f. risita, f. risa ahogada.

1《笑い+名詞》 ▶笑い顔 f. cara risueña [sonriente]. ▶笑い声 f. risa, f. voz de risa. ▶笑い上戸〖酒の上の〗mf. borracho/cha「de vino alegre [feliz, jovial]」. ▶笑い話〖おもしろい話〗m. chiste. ▶隣の部屋から笑い声が聞こえた Oí risas en la habitación de al lado. ♦とんだお笑い草だ ¡Qué risa!

2《笑いが》 ▶おかしくて笑いがとまらない〖口語〗Me muero de risa. / No puedo aguantar la risa. ♦もうかって笑いがとまらない〖口語〗Me estoy「forrando de dinero [poniendo las botas]」. ▶笑いは最上の薬〖言い回し〗La risa es la mejor medicina.

❸【笑いを】 ▶笑いをこらえる v. aguantar [contener*] la risa. ▶聴衆の笑いをさそう v. hacer* reír* al público,〖フォーマル〗provocar* la hilaridad del público. ▶彼女はうれしそうな笑いを浮かべていた Tenía la sonrisa en los labios. / Llevaba la sonrisa dibujada en la cara. /〖うれしそうに笑っていた〗Se reía de felicidad.

わらいごと 笑い事 f. cosa de risa [broma]. ♦笑い事ではすまされない No es para reír. / No tiene ninguna gracia. / No es ninguna broma.

わらいとばす 笑い飛ばす ▶根も葉もないことと笑い飛ばす v. tomar(lo) a risa como algo infundado.

わらいもの 笑い物 〖物笑いの種〗m. objeto [f. cosa] de risa, m. ridículo/la, m. hazmerreír;〖ばかにされる人〗m. hazmerreír, f. persona ridícula. ▶町中の笑い物になる v. convertirse* en el hazmerreír de la ciudad,「hacer* el ridículo en [quedar en ridículo ante, provocar* la irrisión de] toda la ciudad. ▶彼を笑い物にする v. ponerlo[le]* en ridículo, ridiculizar*;〖嘲(<small>ちょう</small>)笑する〗v. reírse* de él, hacerle* burla, burlarse de él.

***わらう** 笑う ❶【喜び・楽しさなどで】 v. reírse*〘de〙. ▶どっと笑う v. echarse a reír*, prorrumpir en risas. ▶一人静かに笑う v. reírse* por lo bajo. ▶¹彼のこと

わらび

で [²その話を話題にして] 笑う v. reírse* de ¹él [²un comentario]. ▶大笑いする v. soltar* una carcajada, reírse* a mandíbula batiente; (泣くほど) v. reír* hasta más no poder*, 《口語》reventar* de risa, 《俗語》mearse de risa; (体をよじって) v. desternillarse de risa. ▶笑いながら言う v. hablar riendo. ▶失敗を笑ってごまかす [すます] v. disimular ⌈una equivocación [un error]⌉ riéndose [con una risa]. ▶心配を笑って吹き飛ばす v. ⌈olvidarse de [disipar] las preocupaciones riendo. ▶笑って承諾の意を表わす v. aceptar riéndose [con una sonrisa]. ♦私の冗談を聞いて彼は大声で笑った Se rió ruidosamente al escuchar mi chiste. ♦何を笑っているの？De qué te ríes? ♦彼女は子供ににっこと笑った「Sonrió alegremente [Le dirigió una gran sonrisa] al niño. ♦彼の目が笑っていた Tenía los ojos rientes. / Sonreía con los ojos.

❷ [嘲(あざけ)笑する] v. reírse* 《de》, ridiculizar* 《a》; (冷笑する) v. burlarse [hacer* burla] 《de》, mofarse [hacer* mofa] 《de》, 《教養語》escarnecer* [hacer* escarnio] 《de》. ▶¹彼の失敗 [²彼が子供っぽいこと] を笑う v. reírse* de su ⌈¹error [²puerilidad]. ▶¹彼 [²彼の考え] をあざ笑う v. burlarse de ¹él [²sus ideas]; (冷やかに) v. reírse* sardónicamente de ¹él [²sus ideas]. ▶¹面と向かって [²腹の中で] 彼をあざ笑う v. reírse* de él ¹en su cara [²disimuladamente]. ♦その問題が解けなかったら人に笑われるよ Se reirán de ti si no puedes solucionar ese problema.

わらび 蕨 m. helecho.
わらぶき 藁葺き adj. (tejado) de paja. ▶わらぶきの屋根 m. tejado de paja [bálago].
わらべうた 童歌 f. canción infantil tradicional; (童謡) f. canción infantil.
わらわせる 笑わせる v. hacer* reír* 《a + 人》, dar* [mover* a] risa, 《教養語》provocar* la hilaridad. ▶ばかばかしいことをして人を笑わせる v. hacer* reír* con tonterías. ♦彼は冗談を言って私たちを笑わせた Nos hizo reír contándonos chistes. ♦彼が音楽家だって? 笑わせるなよ ¿Que es músico? ¡Vamos, no me ⌈hagas reír [cuentes chistes]! / ¿Él, músico? ¡Ay, qué risa!

・**わり 割** ❶ [割合] m. índice, f. razón; (比率) f. proporción, f. relación, f. razón. ♦1時間に4キロの割で歩いた Caminé a una razón de cuatro kilómetros por hora. ♦世界の人口は毎年どのくらいの割で増加するか知っていますか ¿Sabes a qué proporción [ritmo] aumenta anualmente la población del mundo? / ¿Conoces el índice de aumento demográfico anual que hay en el mundo?

❷ [百分率] m. porcentaje. ♦何割の学生が自転車通学をしていますか—約3割です ¿Qué porcentaje de alumnos va a la escuela en bicicleta? – El 30% de los alumnos. ♦物価は昨年の今ごろに比較すると約2割上がっています En comparación con esta época del año pasado, los precios han aumentado alrededor del 20%.

❸ [利益] mpl. beneficios, fpl. ganancias. ▶割のいい商売 m. negocio rentable [lucrativo]. ♦それは割が合わない No compensa.

❹ [割り当て] f. asignación, f. distribución. ▶作業割 f. asignación de trabajo. ▶利益を頭割にする v. compartir por igual las ganancias.

・**わりあい 割合** (割合) f. proporción; (率) m. índice, f. tasa; (比率) f. proporción, f. relación, f. razón; (百分率) m. porcentaje. ♦そのクラスの男女の割合 f. proporción de alumnos y alumnas de la clase. ♦その工場の事故の割合はかなり高い El índice de accidentes laborales en esa fábrica es bastante alto. ♦在校生の大学進学の割合はどのくらいですか ¿Cuál es ⌈la proporción [el porcentaje] de estudiantes que pasan a la universidad? ♦応募者に対する合格者の割合は6対1です La proporción de candidatos admitidos es de uno por [contra] seis. ♦油と酢は3対2の割合で混ぜるべきです El aceite y el vinagre deben mezclarse en una proporción de tres por dos. ♦4人に1人の割合で眼鏡をかけている Uno de cuatro lleva [usa] gafas [lentes].

—— 割合(に) (比較的) adv. comparativamente, relativamente; (いくぶん) adv. bastante; algo, un poco. ♦スペイン語の試験は割合やさしかった El examen de español fue relativamente fácil. ♦今日は割合暖かだ Hoy hace bastante templado.

わりあて 割り当て (各人に対する仕事・金・時間などの) f. asignación, m. reparto, (IT関連) f. alocación, f. asignación. ▶土地の農民への割り当て m. reparto f. distribución de tierras a los campesinos. ▶衣料品の輸入品割当量 f. cuota de importación en [por] la ropa. ▶割当量をこなす v. ⌈cumplir con [llevar a cabo] la cuota.

わりあてる 割り当てる (仕事・部屋などを) v. asignar; (時間・お金などを) v. repartir, distribuir*. ▶各生徒に一部屋ずつ割り当てる v. asignar una habitación a cada estudiante. ▶割り当てられた仕事をする v. hacer* el trabajo asignado あてがう, 当[充]てる

わりいん 割り印 m. sello ⌈de tarja [partido]. ▶書類に割り印を押す v. poner* el sello de tarja. ▶割り印の押してある (=押印がある) 書類 m. documento con el sello de tarja.

わりかん 割り勘 ▶割り勘にする v. pagar* ⌈a medias [a escote, mitad por mitad, a partes iguales, 『メキシコ』《口語》a la gringa], escotar. ♦彼らは外で食事をするときはいつも割り勘だ Cuando comen fuera, siempre pagan a medias.

わりきる 割り切る ▶割り切った (=理性的な) 見方をする v. tomar un punto de vista racional; (非常に単純に考える) v. ver* las cosas en blanco y negro. ♦彼は何事も割り切っている (=実際的[事務的]である) Tiene una actitud práctica en todo. / (現実的な態度を取る) Trata todo con realismo.

わりきれる 割り切れる ▶割り切れない (数が) v. no

poder* ser* divid*ido*, ser* indivisible; 《事が》v. dejar sin convencer*. ♦16 は 2 で割り切れる 16 puede dividirse [ser dividido] entre 2. ♦彼の説明にはどこか割り切れないところがある Su explicación sigue sin convencerme. / No estoy del todo satisfe*cho* con su explicación. ♦その問題には何か理屈で割り切れないものがある Hay algo en ese asunto que no se puede explicar racionalmente.

わりこみ 割り込み 《専門語》f. interrupción. ▶割り込みハンドラ《専門語》m. gestor de interrupción. ▶割り込み要求《専門語》f. petición de interrupción.

わりこむ 割り込む ❶【人のじゃまをする】《会話などに口をはさむ》v. cortar, interrumpir; entremeterse 《en》;《列に》v.《口語》colarse*,《口語》meterse en la fila [cola];《走行車などの前に》v. ponerse* por delante 《de》;《押し入る》v. hacerse* un hueco, meterse, entrar apretadamente, abrirse* camino con dificultad. ▶満員電車に割り込んで乗る v. hacerse* un hueco en un tren abarrotado [lleno]. ♦人の話に割り込むものではありません No hay que interrumpir las conversaciones ajenas. ♦並んでいる私の前に彼が割り込んだ Se me coló. / Se puso por delante de mí「en la cola [fila].
❷【下回る】♦今年度の売上げは前年度の(売上げ)を大幅に割り込んだ Las ventas de este año han bajado mucho con respecto a las del año pasado.

わりざん 割り算 f. división. ▶割り算をする v. dividir. → 割る.

わりだか 割高《他と比べて高い》adj. relativamente [comparativamente] caro. ♦日本の航空運賃はアメリカに比べると割高になっている En Japón las tarifas aéreas son comparativamente caras en relación con las de Estados Unidos. ♦灯油の値段はだぶつきのわりに割高(=やや高い)感がある El precio del queroseno es un poco caro teniendo en cuenta su abundancia. ♦それでは割高になる(=より費用がかかる) Eso va a costarte más.

わりだす 割り出す《算出する》v. calcular;《推断する》v. deducir*, inferir*;《基づく》v. basarse 《en》. ♦それを…という事実から割り出す v. deducir* de tal hecho que.. ♦この結果はそのアンケートから割り出したものだ Este resultado está basado en la encuesta.

わりつけ 割り付け f. maquetación, m. diseño. ▶割り付ける v. maquetar, hacer* una maquetación. ▶《新聞の》紙面の割り付け f. maquetación [m. diseño] del periódico. ♦このポスターはうまく割り付けられている Este cartel tiene una buena maquetación.

わりに 割に ❶【かなり】adv. mucho;《比較的に》adv. relativamente. ♦きのうは割に疲れた Me cansé bastante ayer. ♦数学の試験は割に簡単だった El examen de matemáticas fue bastante [relativamente] fácil. /《予想したよりも》El examen de matemáticas fue más fácil de lo esperado. ♦あちらは割に涼しいのですってよ Dijeron que hacía bastante fresco allí. ♦割に多くの人がそれを見に来た Vino a verlo bastante gente.
❷【割合に】♦彼は年の割に若く見える Parece joven para [teniendo en cuenta] su edad.
《その他の表現》♦正直は割に合わない《ことわざ》Honra y provecho no caben en un saco.

わりばし 割り箸《使い捨ての木製の箸》mpl. palillos de madera desechables.

*****わりびき** 割引 m. descuento, f. rebaja. ▶団体割引 f. rebaja por grupo. ▶割引券 m. cupón de descuento. ♦その車の値段を 2 割引にする v. reducir* [rebajar] el precio del automóvil un 20%. ♦1 割引で売る v. vender a un 10% de descuento. ▶割引価格で買う v. comprar a precio reducido [rebajado]. ♦学生には割引がありますか ¿Hay descuento para estudiantes? ♦10 人以上まとまれば 2 割の割引になるんですがね Podemos ofrecer un descuento del 20% si hay más de 10 personas. ♦少し割引してください ¿No me puede hacer un descuento? / ¿No me rebaja algo, por favor? ♦全商品 2 割引に致します Todos los artículos están rebajados un 20%.

わりびく 割り引く v. rebajar, descontar*. → 割引. ♦彼の言うことは少し割り引いて聞いた方がよい No hay que creerse todo lo que cuenta. / De lo que dice hay que creerse la mitad.

わりふる 割り振る《割り当てる》v. asignar.

わりまし 割り増し ▶割り増しの(余分の) adj. extra, suplement*ario*;《追加の》adj. adicional. ▶割増金 m. recargo, m. suplemento. ▶割増料金を払う v. pagar*「un suplemento [una tarifa extra]. ♦超過勤務で割増賃金をもらう v. cobrar por horas extras.

わりもどし 割り戻し《払い過ぎの》m. reembolso;《払戻金》f. devolución. ♦年末に割り戻しを受ける v. recibir una devolución fiscal al final del año.

わりやす 割安《他と比べて安い》adj. relativamente bar*ato*《económico》. ♦その服は割安だ Ese vestido es relativamente barato. ♦その品物は今買うと割安になる Comprando esos artículos ahora, salen más baratos.

*****わる** 割る ❶【力を加えて二つ(以上)にする】《粉々に》v. romper*, quebrar*, partir. ▶窓ガラスを割る v. romper*《el cristal de》una ventana. ▶皿を粉々に割る v. romper* un plato en pequeños pedazos, hacer* añicos un plato. ♦卵を割る v. partir un huevo. ♦まきを割る v. cortar leña. ♦彼はバットで花びんを割った Rompió el jarrón con el bate.
❷【分割する】v. dividir, partir《en》. ▶スイカを六つに割る v. dividir [partir] una sandía en seis (partes, trozos).
❸【液体を混ぜて薄くする】v. diluir* [rebajar]《con》;《水で薄める》v. diluir* con agua, aguar*;《混ぜる》v. mezclar《con》. ♦このウイスキーを水で割ってください ¿Me puede rebajar este whisky con agua [¿No me echa un poco de agua en el whisky], por favor?
❹【割り算をする】v. dividir. ▶24 割る 4 は 6 だ

24 dividido entre 4 da [es igual] a 6. / Divide 24 entre 4 y ﾠte da [por el resultado es] 6.▶30割る7は4(と)余り2 30 entre 7 es 4 y sobran [restan] 2.◆20を5で割ると答えはいくらですか¿Cuál es el resultado de dividir 20 entre 5?

❺【以下になる】▶(温度が)零度を割る v. ponerse* [descender*] bajo [por debajo de] cero.◆ドルが100円を割る El dólar se ha puesto por debajo de los 100 yenes.

【その他の表現】▶腹を割って話す v. hablar francamente [sin reservas, sin tapujos].▶口を割る(＝告白する) v. confesar*.

わるあがき 悪あがき▶悪あがきをする(むだな努力をする) v. hacer* esfuerzos inútiles [por]; (むだな抵抗をする) v. ofrecer* [poner*] una resistencia inútil [a].

わるい 悪い ❶【道徳上】adj. incorrecto, malo, equivocado.◆悪い子 mf. niño/ña malo/la.◆うそをつくことは悪いことだ Es malo decir mentiras.◆悪いことを押しつけるなんて君が悪い Haces mal en echarle la culpa. / Te equivocas al culparle a él.◆彼は悪いことをしたので罰を受けた Le castigaron ﾠpor hacer algo malo [porque hizo algo mal].◆彼はまだいいことと悪いことの区別がつかない Todavía no distingue ﾠel bien del mal [lo bueno de lo malo].

❷【品質・天気・評判など】(貧弱な) adj. malo; (病状が) adj. grave; (質が劣った) adj. inferior 《a》; (粗悪な) adj. de mala calidad, tosco; (荒れ模様の) adj. malo, terrible.▶質の悪いワイン m. vino de mala calidad.◆悪い(＝ひどい)風邪をひく v. agarrar [《スペイン》coger*, 《口語》pillar] un grave resfriado.◆あの店では悪い品を高い値段で売っている En esa tienda se venden productos malos [de inferior calidad] a precios altos.◆この¹コニャック[²ブランデー]はそれより味が悪い Este ¹coñac [²brandy] sabe peor que [es inferior a] ése.◆急に天気が悪くなってしまった El tiempo ﾠha empeorado [《口語》se ha revuelto] de repente.◆その先生は生徒の間で評判が悪い Ese profesor ﾠtiene mala fama [es impopular] entre sus estudiantes.

❸【有害な】adj. malo; (害になる) adj. perjudicial, dañino, nocivo, 《教養語》pernicioso.▶夜ふかしをするのは健康に悪い Acostarse tarde es malo para la salud. / 夜ふかしをすることは君にとって悪い] Acostarte tarde perjudica [es perjudicial para] tu salud.

❹【傷んでいる】adj. malo. 【腐っている】(果物が) adj. podrido, (肉が) adj. pasado, (牛乳が) adj. cortado, (チーズなどが) adj. rancio.◆この肉は悪くなっている Esta carne está pasada.◆牛乳は夏にはすぐ悪くなる La leche se corta [estropea, echa a perder] fácilmente en verano.

❺【人・機械などの調子が】adj. (estar) malo; adv. mal; (病気の) adj. indispuesto, enfermo.◆気分が悪い Me siento mal.◆顔色が悪いですね。どこかお悪いのですか Tienes mala cara. ¿Qué te pasa? [¿Te sientes mal? / ¿Estás mal?]◆彼女は心臓が悪い Está mal [Padece] del corazón.◆悪くならないうちに彼を医者に連れて行きますよ Lo [Le] llevaré al médico antes de que se ponga peor.◆事態はさらに悪くなっている Las cosas van de mal en peor.◆この時計はどこか具合が悪い Algo va [funciona] mal en este reloj.◆この機械は調子が悪い Esta máquina ﾠno funciona bien [va mal].

❻【不運な】adj. desgraciado, 《教養語》desafortunado, desventurado.▶悪い前兆 m. mal augurio.◆13は縁起の悪い数字であると言われている Se dice que el número 13 ﾠes de [trae] mala suerte.◆運の悪いことに彼らは留守だった Fue mala suerte que no estaban [estuvieran] en casa. / Por desgracia no estaban.◆私たちはとても疲れていた。そしてさらに悪いことには雨が降り出した Estábamos muy cansados y para ﾠcolmo (de desgracias) [empeorar las cosas] se puso a llover.◆悪いことに(＝運悪く)彼は同じ通りに住んでるんだ Vive en la misma calle, por desgracia.◆悪いことは続くものだ《ことわざ》Las desgracias nunca vienen solas.

❼【責任がある】(道徳的・法的に責任がある) v. ser* culpable, tener* la culpa; (判断などを誤っている) v. estar* equivocado; (責めを負うべきだ) v. tener* la culpa (de); (…の過失だ) v. ser* la culpa de...◆私が悪かった La culpa fue mía. / El culpable he sido yo.◆遅れたのは私が悪いのではない No es culpa mía (el) haber llegado tarde. / Yo no tengo la culpa por llegar tarde.

❽【頭・記憶力などが】(頭の鈍い) adj. lento [tardo] (en comprender); (貧弱な) adj. malo.◆娘は頭がよいが、息子はかなり悪い Mi hija es inteligente, pero mi hijo es bastante lento.◆彼は記憶力が悪い Su memoria es mala. / Tiene una mala memoria.

❾【姿・容貌が】(醜い) adj. feo; (器量の悪い) adj. poco agraciado.◆この建物は見た目がひどく悪い Este edificio tiene un aspecto feo.◆彼女は器量は悪いが性格はよい No es atractiva, pero tiene un buen carácter.

❿【申し訳ない】v. sentir* [temerse] que...◆長く待たせて悪かった Siento [Lamento, Perdón por] haberte hecho esperar tanto.◆おじゃまして悪いんだけど、今何時か教えてくれない Perdone la molestia, pero, ¿no podría decirme la hora?◆悪いけど1時にならないとお昼の用意できないわ Me temo que la comida no estará lista hasta la una.◆悪いんだけど仕事があるのでこれで。Ahora, si no te importa, tengo que trabajar. / Perdona, pero tengo que trabajar ahora. 《会話》君のものを全部借りちゃって悪いねえ―いいんだよ Te pido perdón por haberte pedido que me prestes todas tus cosas. – No importa. 《会話》1日仕事を休んでドライブに連れて行ってあげるよ―そんなの悪いわ(＝迷惑をかけたくない) Voy a librar un día y a llevarte a dar una vuelta en coche. –《口語》¡Uy, tantas molestias por mí! [Eres muy amable.]

【その他の表現】♦彼は暮らし向きが悪い Le va muy mal. ♦彼は口が悪い Es un malhablado. / Tiene un lenguaje indecente. ♦人のことを悪く言うな No hables mal de los demás. / No critiques a los otros. ♦もし彼が来られなくても悪く思わないでください Espero que no te tomes a mal el que no pueda venir. 会話 (けんか・口論のあとの和解として)悪く思わないでよ —もちろん Sin resentimiento [mala voluntad], ¿de acuerdo? – De acuerdo. ♦悪いことは言いません。安いのはおやめになった方が…あとでがっかりなさいますよ(店員が迷っている客に) No le digo ninguna mentira. No compre el barato si no quiere usted arrepentirse después.

わるがしこい 悪賢い (こうかつな) adj. astuto, 《文語》ladino; (ずるい) adj. artero, 《教養語》taimado; (策略にたけた) adj. mañoso, astuto.

わるぎ 悪気 (悪意) f. malicia, f. mala voluntad [intención]. ▶悪気のない (=善意の)人 f. persona "de buena intención [bienintencionada]. ▶悪気のない試み f. tentativa bienintencionada [con buena intención]. ▶すみません,悪気はなかったのです Lo siento, fue sin intención [querer]. / (そういうつもりで言ったのではない) Lo siento, no lo dije con esa intención.

わるくち 悪口 f. maledicencia, f. murmuración, m. insulto; (中傷) f. calumnia, 《教養語》f. difamación. ▶悪口を言う v. hablar mal 《de》; (非難する) v. criticar*, calumniar, 《教養語》difamar.

わるさ 悪さ (いたずら) f. travesura, 《口語》f. diablura; (悪ふざけ) f. broma pesada. ▶いつも何か悪さをしている v. estar* siempre haciendo travesuras [diabluras].

ワルシャワ Varsovia.

わるずれ 悪擦れ ▶あの男は悪擦れしている 《口語》Ese hombre tiene el colmillo retorcido. / 《口語》Ese hombre se las sabe todas.

わるだくみ 悪だくみ (計略) f. trampa, f. treta, 《教養語》m. ardid; (悪計) f. intriga (maliciosa), 《教養語》f. maquinación.

わるぢえ 悪知恵 (こうかつさ) f. astucia, (悪賢さ) f. malicia; (ずるいこと) f. maña. ▶悪知恵のある男 m. hombre astuto [pícaro]. ▶悪知恵を働かせる v. usar la astucia [picardía].

ワルツ m. vals. ▶ワルツを踊る v. bailar un vals, valsar. ▶華麗なるワルツ (=曲名) m. «Vals Brillante».

わるのり 悪乗り ▶悪乗りする(やりすぎる) v. 《口語》pasarse de la raya, excederse; (調子に乗りすぎる) v. propasarse. ▶彼はワイ談を始めると必ず悪乗りする Cada vez que se pone a contar chistes verdes se pasa.

わるびれずに 悪びれずに (おどおどした様子もなく) adv. sin timidez [vergüenza], con aplomo. ▶彼女は悪びれずに「私が花びんを割りました」と言った Sin asomo de vergüenza dijo: "He roto el jarrón."

わるふざけ 悪ふざけ (人を困らせる) f. broma de mal gusto, (悪意のない) f. travesura, f. diablura. ▶悪ふざけをする v. gastar una broma de mal gusto, hacer* una travesura. ▶悪ふざけが過ぎる v. llevar la broma demasiado lejos.

わるもの 悪者 mf. malo/la, mf. malvado/da; mf. pillo/lla, mf. granuja, mf. bribón/bona, mf. canalla. ▶私だけがいつも悪者にされる (=他人の罪を負わされる) 《比喩的に》Siempre soy el cabeza de turco. / El/La malo/la siempre soy yo. /《口語》《ユーモアで》Yo siempre soy el malo de la película.

わるよい 悪酔い ▶悪酔いする(飲んで気持ちが悪くなる) v. tener* resaca [《メキシコ》cruda]. ♦安酒は悪酔いをする Las bebidas baratas enseguida se le suben a uno a la cabeza.

われ 我 (私) pron. yo; (自分自身) pron. uno mismo. ▶我思うゆえに我あり Pienso, luego existo. ▶彼らは興奮して我を忘れた Estaban fuera de sí por el entusiasmo. ♦名前を呼ばれて我に返った Recobré el sentido cuando pronunciaron mi nombre. ♦我を忘れて絵に没頭した Estaba ensimismado en la pintura.

われがちに 我勝ちに ▶我勝ちに列車に乗る v. precipitarse para subir al tren. ♦彼らは我勝ちに外へ出ようとした (=一番に出ようと先を争った) 「Forcejearon [Avanzaron con codazos] por salir primero.

われかんせず 我関せず ♦彼女はまったく我関せずといった様子だった Parecía que no tenía absolutamente nada que ver con eso.

われさきに 我先に →我勝ちに.

われしらず 我知らず ▶我知らず吹き出す v. echarse a reír* involuntariamente.

われながら 我ながら ▶我ながら驚く v. sorprenderse uno mismo (por hacer* algo). ♦我ながら¹恥ずかしい [²あきれる] Estoy ¹avergonzado [²asqueado] de mí mismo. ♦我ながら試験はうまくいった Aunque sea yo mismo/ma el/la lo diga, he hecho bien el examen.

われめ 割れ目 (地面・コップ・壁などの) f. grieta, f. raja; (長細い) f. fisura; (広くて短い) f. brecha; (深い) f. hendidura. ♦壁の大きな割れ目 f. ancha grieta en la pared.

われもの 割れ物 m. objeto frágil. ♦割れ物注意 【表示】Frágil. Manéjese con cuidado.

***われる** 割れる ❶[ものが二つ(以上)に分かれる] v. romperse*, quebrantarse, partirse; (粉々に) v. hacerse* añicos; (ばちんとひびが入る) v. quebrarse*; (ぱちゃんと) v. estrellarse; (縦に裂ける) v. rajarse, partirse. ♦この花びんは割れやすい Este jarrón 「se rompe fácilmente [es frágil]. ♦買った卵のうち 6個割れていた De los huevos que compré seis estaban rotos [cascados]. ♦コップは粉々に割れてタイルに飛び散った El vaso se cayó en las baldosas haciéndose añicos. ♦のこぎりを入れると板は二つに割れた Cuando la estaba serrando, la tabla se partió. ♦窓が割れて (=ひびがはいって)いた Había una raja en la ventana.

❷[分裂する] (意見が分かれる) v. dividirse → 分かれる; (仲間割れする) v. desunirse, disgregarse*. ♦その問題をめぐって党は真っ二つに割れた Ese tema dividió en dos al partido. ♦進歩派と保守派の間で票が割れた (=分割された) Los votos se dividieron entre liberales y conservadores. 《その他の表現》◆脅迫グループの身元が割れた Identificaron a la banda de extorsionistas. ◆聴衆は彼に割れるような拍手を送った El público le aplaudió atronadoramente. ◆今朝は頭が割れるように痛い Esta mañana tengo un dolor de cabeza terrible. / Esta mañana tengo la cabeza que parece que va a estallar de dolor.

われわれ 我々（われわれは［が］）*pron*. nosotros/tras. ▶われわれの *adj*. nuestro. ▶われわれに［を］ *pron*. nos, a nosotros. ▶われわれのもの lo nuestro. ▶われわれ自身 *pron*. nosotros/tras mismos/mas. → 私たち, 私(ぽ)たち.

わん 椀 (われわれは［が］) *m*. cuenco [*m*. tazón, *f*. escudilla] (de madera). ▶吸い物をわんに盛って出す *v*. servir* la sopa en un cuenco (de madera).

わん 湾 *f*. bahía; (大きな) *m*. golfo; (小さな) *f*. ensenada; (入り江) *f*. cala, *f*. caleta; (非常に小さな入り江) *f*. abra. ▶大阪湾 *f*. Bahía de Osaka. ▶メキシコ湾 *m*. Golfo de México.

わんきょく 湾曲 (曲がり) *f*. curva, *f*. comba, *f*. curvatura, *m*. arqueo. ▶道路の湾曲した所 *f*. curva en una carretera. ▶背骨の湾曲 *f*. curvatura de la espina dorsal. ▶湾曲する *v*. curvar, doblar. ▶背骨が湾曲している *v*. tener* la espina dorsal curvada.

ワンサイドゲーム *m*. partido desigual.

わんさと *adv*. mucho; (多数で) *adv*. en gran número; (多人数で) *adv*. multitudinariamente, en tropel; (多量に) *adv*. en abundancia, copiosamente. ▶わんさと...する (大勢押しかける) *v*. acudir en tropel; (人でいっぱいにする) *v*. llenar, abarrotar; (洪水のように一気に満たす) *v*. inundar. ◆子供がわんさと集まって来た Los niños acudieron en tropel. ◆若者が会場にわんさと押しかけた Los jóvenes acudieron en tropel al salón.

わんしょう 腕章 *m*. brazalete, *m*. brazal.

ワンダーフォーゲル *m*. senderismo en grupo.

ワンタッチ ▶ワンタッチ操作 *m*. control con solo tocar un botón. ▶ワンタッチで *adv*. tocando un solo botón. ◆この傘はワンタッチで開く El paraguas se abre tocando [apretando] el botón.

わんぱく 腕白 *f*. travesura, *f*. picardía. ▶腕白な (言うことを聞かない) *adj*. malo, travieso, pícaro; (いたずら好きな) *adj*. travieso; (手に負えない) *adj*. revoltoso, insumiso, desobediente. ▶腕白小僧 *m*. muchacho travieso, *m*. revoltoso. ◆男の子はたいてい腕白だ La mayoría de los muchachos son algo traviesos.

ワンパタ(ー)ン ◆彼の話はいつもワンパターンだ Su discurso siempre sigue una misma pauta.

ワンピース *m*. vestido (de una pieza).

ワンマン ❶【独裁的】◆彼はワンマンだ Es un dictador [hombre autoritario]. ❷【一人だけ】▶ワンマンショーをする *v*. presentar una función [un recital] de un solo artista. ▶ワンマンカー *m*. autobús sin cobrador.

わんりょく 腕力 ❶【力】(腕の力) *f*. fuerza del brazo; (筋力) *f*. fuerza [*f*. potencia] muscular. ◆彼は腕力が強い Tiene mucha fuerza en los brazos. ◆腕力では彼にはかなわない No me puedo comparar con él en fuerza muscular. ❷【暴力】*f*. violencia. → 暴力. ▶腕力を振るう *v*. usar [emplear] la fuerza《con》.

ワンルームマンション *m*. estudio, *m*. piso de una habitación. → マンション.

わんわん ❶【鳴き声】*interj*. guau-guau, *m*. ladrido. ▶わんわんほえる *v*. ladrar. ▶わんわん泣く *v*. llorar a「moco tendido [lágrima viva]. ▶小犬がわんわんほえた Un perrito ladraba. ❷【犬】《口語》 *m*. perrito, (強調して) *m*. guau-guau.

#

-を ❶【動作の対象】▶水を飲む *v*. beber agua. ▶顔を洗う *v*. lavarse la cara. ▶彼の腕をつかむ *v*. sujetarle「el brazo [por el brazo]. ▶音楽を聴く *v*. oír* música. ▶私をあざ笑う *v*. reírse* de mí. ▶彼を待つ *v*. esperarlo[le]. ▶睡眠不足を取り戻す *v*. recuperar el sueño. ▶明かりを1つける [2消す] *v*. ¹encender* [²apagar*] la luz. ❷【動作の起点】▶席を立つ *v*. levantarse del asiento. ▶故郷 [²国]を離れる *v*. dejar la ¹tierra natal [²patria]. ❸【移動を示す】▶角を曲がる *v*. volver* [doblar] la esquina. ▶山道を登る *v*. subir por el sendero de la montaña. ▶川を渡る *v*. cruzar* el río. ❹【場所を示す】▶¹公園 [²川岸]を散歩する *v*. dar* un paseo por ¹el parque [²la orilla del río]. ▶国中を旅する *v*. viajar por todo el país. ❺【経過する時間・通過する場所を示す】▶銀行のそばを通り過ぎる *v*. pasar por [al lado] de un banco. ▶雑誌を読んで半日を過ごす *v*. pasar la mitad del día leyendo revistas. ◆5時を回ったところだ Acaban de dar las cinco.

付　　録

- 数・句読点・書体・その他
- 不規則動詞対応表
- 動詞活用表

数・句読点・書体・その他

■数

●基数
- 基数は名詞としても形容詞としても使われる.
- 1 (uno) と 200 以上の 100 の単位には女性形 (1: una, 200: doscientas, 300: trescientas など) がある.
- 2 百万以上は dos millones, tres millones というように millón の複数形が使われる.

アラビア数字	ローマ数字	スペイン語
0		cero
1	I	uno
2	II	dos
3	III	tres
4	IV	cuatro
5	V	cinco
6	VI	seis
7	VII	siete
8	VIII	ocho
9	IX	nueve
10	X	diez
11	XI	once
12	XII	doce
13	XIII	trece
14	XIV	catorce
15	XV	quince
16	XVI	dieciséis
17	XVII	diecisiete
18	XVIII	dieciocho
19	XIX	diecinueve
20	XX	veinte
21	XXI	veintiuno
22	XXII	veintidós
23	XXIII	veintitrés
24	XXIV	veinticuatro
25	XXV	veinticinco
26	XXVI	veintiséis
27	XXVII	veintisiete
28	XXVIII	veintiocho
29	XXIX	veintinueve
30	XXX	treinta
31	XXXI	treinta y uno
32	XXXII	treinta y dos
40	XL	cuarenta
41	XLI	cuarenta y uno
42	XLII	cuarenta y dos
50	L	cincuenta
60	LX	sesenta
70	LXX	setenta
80	LXXX	ochenta
90	XC	noventa
100	C	cien
101	CI	ciento uno
102	CII	ciento dos
200	CC	doscientos
300	CCC	trescientos
400	CD	cuatrocientos
500	D	quinientos
600	DC	seiscientos
700	DCC	setecientos

800	C	ochocientos
900	M	novecientos
1,000	M	mil
1,001	MI	mil uno
	MII	mil dos
	MM	dos mil
	$\overline{X}$	diez mil
	$\overline{X}\overline{X}$	veinte mil
	$\overline{C}$	cien mil
	$\overline{C}\overline{C}$	doscientos mil
1,000,000	$\overline{M}$	un millón

●序数

(1) 数字で示すときは 1º, 2º, …; 1ª, 2ª, …のように小さな o, a の文字が使われる.
(2) 序数は形容詞として使われるので女性形と複数形がある.
- nuestra primera casa (私たちの最初の家)

(3) 国王, 法王, 世紀はローマ数字が使われる. 序数は 11 以降は基数で代用する.
- Felipe II (Segundo) (フェリペ2世),
  Gregorio XIII (Trece) (グレゴリオ13世),
  Siglo VIII (octavo) (8世紀),
  Siglo XX (veinte) (20世紀).

(4) 国王, 法王, 世紀以外でも序数は 11 以降は基数で代用することが多い.
- XXX (Treinta) Aniversario (30年記念祭)

(5) 序数の primero と tercero は男性単数名詞の前で primer と tercer となる.
- primer tomo (第一巻)

アラビア数字	序数
1º	primero
2º	segundo
3º	tercero
4º	cuarto
5º	quinto
6º	sexto
7º	séptimo
8º	octavo
9º	noveno
10º	décimo
11º	undécimo
12º	duodécimo
13º	decimotercero
14º	decimocuarto
15º	decimoquinto
16º	decimosexto
17º	decimoséptimo
18º	decimoctavo
19º	decimonoveno
20º	vigésimo
21º	vigésimo primero
22º	vigésimo segundo
23º	vigésimo tercero
24º	vigésimo cuarto
25º	vigésimo quinto
26º	vigésimo sexto
27º	vigésimo séptimo
28º	vigésimo octavo
29º	vigésimo noveno
30º	trigésimo
40º	cuadragésimo
50º	quincuagésimo
60º	sexagéximo
70º	septuagésimo
80º	octogésimo
90º	nonagésimo
100º	centésimo
200º	ducentésimo
300º	tricentésimo
400º	cuadringentésimo

数・句読点・書体・その他

500º	quingentésimo
600º	sexcentésimo
700º	septingentésimo
800º	octingentésimo
900º	noningentésimo
1.000º	milésimo
2.000º	dosmilésimo
10.000º	diezmilésimo
20.000º	veintemilésimo
100.000º	cienmilésimo
200.000º	doscientosmilésimo
1.000.000º	millonésimo

＊200番以下はあまり使われない.

●分数と小数
(1) 分数は分子を基数, 分母を序数にする. 基数が2以上の場合は分母の序数を複数形にする.
- 1/4 (un cuarto), 3/4 (tres cuartos)

(2) 1/2と1/3には分母にそれぞれ medio と tercio を使う.
- 1/2 (un medio), 1/3 (un tercio), 2/3 (dos tercios)

(3) 分母が11以上の場合は分母に序数ではなく, 基数に avo がついた形が用いられる.
- 3/11 (tres onceavos)

(4) 小数点はスペインではコンマ (,) を使い, 中南米ではピリオド (.) を使う.
- 36,7 grados (treinta y seis con [coma] siete grados) (36.7度)

1/2	un medio
1/3	un tercio
1/4	un cuarto
1/5	un quinto
1/6	un sexto
1/7	un séptimo
1/8	un octavo
1/9	un noveno
1/10	un décimo
1/11	un onceavo
1/12	un doceavo
1/13	un treceavo
1/14	un catorceavo
1/15	un quinceavo
1/16	un dieciseisavo
1/17	un diecisieteavo
1/18	un dieciochoavo
1/19	un diecinueveavo
1/20	un veinteavo
1/21	un veintiunavo
1/50	un cincuentavo
1/100	un centésimo
1/1.000	un milésimo
1/10.000	un diezmilésimo
1/1.000.000	un millonésimo

■時刻と度量衡
●時刻
(1) 時刻は1時台は単数の女性定冠詞の単数形 la をつけ, 2時以降はその複数形 las を使う. 30分過ぎは普通 menos「…前」を使うが, y「…過ぎ」が使われることもある.
- 9.00h…las nueve (9時)
- 9.05h…las nueve y cinco (9時5分)
- 9.15h…las nueve y cuarto (9時15分)
- 9.30h…las nueve y media (9時半)
- 9.45h…las diez menos cuarto (10時15分前), las nueve y cuarenta y cinco (9時45分)
- 9.55h…las diez menos cinco (10時5分前), las nueve y cincuenta y cinco (9時55分)
ラテンアメリカでは Faltan cinco para las diez のように言う.

＊空港や駅などでは24時間の単位が使われる.
- el tren de las 15.20h (quince y veinte minutos, quince veinte) 15時20分の列車

(2) 年号は3桁や4桁でも数字を分けない. 1000の単位にピリオドやコンマをつけない.
- el año 711…setecientos once (711年)
- el año 1492…mil cuatrocientos noventa y dos (1492年)

(3) 電話番号は2つずつまとめていう. 偶数でないときは最初だけを1つ言う. ゼロは cero という. または数字を1つずつ言うこともある.
- 450-6709…cuatro, cincuenta, sesenta y siete, cero, nueve
- 3450-6789…tres, cuatro, cinco, cero, seis,

siete, ocho, nueve
(4)「％」は por ciento という.
- 15% …quince por ciento
  * 100％は cien por cien という.

●度量衡換算表
スペイン語圏ではアメリカ合衆国の自由連合州であるプエルトリコだけがヤード・ポンド法を用いている．また合衆国で話されるスペイン語でも使われる．他はすべてメートル法である（→1564ページ表）．

■句読点

●ピリオド Punto (.)
(1) 平叙文の末尾
- Ahora estoy en Madrid. (私は今スペインにいます.)

(2) 略語で
- el Sr. López ロペス氏
- EE.UU. 合衆国 (Estados Unidos と読む)
  * 文が略語で終わるときはピリオドは一つだけを書く．
- Nuestro corresponsal informó desde EE. UU. 私たちの駐在員が合衆国から報告した．

(3) 数字の3桁毎の位取り
- Este país tiene 123.000.000 habitantes. (この国の人口は1億2300万である.) * 読み方は ciento veintitrés millones de habitantes.
  * ラテンアメリカの国々では逆に，小数点にピリオド，1000の位取りにコンマが使われる．

(4) 時間を示すとき, 時と分の間におく. (コロン (:) も使われる)
- 14.20h (14時20分, catorce y veinte と読む)

●疑問符 Signos de interrogación (¿...?)
(1) 疑問文は ¿...? という2つの疑問符で囲む
- ¿Cómo está usted? (お元気ですか.)

(2) 文の一部を疑問符で囲むことがある.
- Para conseguir el permiso, ¿qué tenemos que hacer? (その許可を得るためには何をしなければなりませんか.)
- ¿Ahora?, no, no puedo. (今ですか? だめです. できません.)
- Tú eres la hermana de Carlos, ¿verdad? (君がカルロスの妹でしょう?)

●感嘆符 Signos de exclamación (¡...!)
(1) 感嘆文や平叙文の中の感嘆語句は「¡...!」という2つの感嘆符で囲む
- ¡Qué plato más rico! (何ておいしい料理なんだ!)
- Pero, Paco, ¡qué estás haciendo! (ああ, パコ! 何をしているんだ!)

(2) 呼びかけるときなどの大きな声や大きな音を示す
- ¡Eh, camarero! ¡La cuenta, por favor! (ああボーイさん, お勘定お願いします!)
- Le sacó la lengua y dijo "¡bah!" (彼女は彼に向かって舌を出し「べー」と言った)
- ¡Bang! El rifle rugió. ライフルがずどんと鳴った

(3) 強い命令文で
- ¡A trabajar! (さあ仕事だ!)

(4) 文中の言葉を取り出して感嘆符をつけることがある
- He conseguido, ¡por fin!, la beca. (僕はついに!奨学金をもらった)

●コンマ Coma (,)
文の中で意味のまとまりを区切るために使う. 次のような場合がある.

(1) 呼びかけ語や間投詞の後.
- ¡Buenos días, profesor! (先生, おはようございます!)
- ¡Ay, ay, me duele! (ああ, 痛い!)

(2) 主文と従属文や従属句の間.条件節と帰結節, 分詞構文と主文の間. 文中の疑問文や感嘆文のはじまり.
- Si vinieras conmigo, te lo agradecería. (君が一緒に来てくれたら, ありがたいのだが)
- Pero, ¿dónde te has metido? (一体, 君はどこにいたんだ?)

(3) 列挙.コンマで並べて, 最後に 'y' で締めくくるのが普通
- Vengo a la facultad, los lunes, martes y viernes. (僕は学部に月曜日と火曜日と金曜日に来ます.)
  * すべてコンマで並べるとさらに続くものがあることを示す.
- Pues, aquí, cantamos, bailamos, nos divertimos mucho, ... (そう, ここでは歌ったり, 踊ったり, とても楽しんだり...)

(4) 同格構文
- Yo vivo en La Paz, la capital de Bolivia. (私はボリビアの首都のラパスに住んでいます)

(5) 説明的用法の関係節や句
- Uno de ellos era José, de 15 años, quien estudiaba cuarto curso. (彼らの一人がホセで15才, 4年生だった)

(6) 前の文と同じ動詞が省略されるとき
- Yo voy a Madrid y tú, a Barcelona. (私はマドリードに行き, 君はバルセロナに行く.

●セミコロン Punto y coma (;)
(1) 文の意味的なまとまりを区切るために用いる.
- "Hola", dije; pero ella no me contestó. (「こんにちは」と言ったが, 彼女はあいさつを返さなかった)
- No los subestimes; son un buen equipo. (彼らを甘く見るな. いいチームだ)
- La ciegan los prejuicios; por eso, no vale la pena decirle nada. (彼女は思い込みが激しいから何を言ってもむだだ)

(2) とくにコンマで区切られた単位をまとめる働きがある.
- El autor debe presentar todos los datos referentes a la fuente original: título, autor, editorial, año y lugar de publicación, si se trata de un libro; nombre, lugar de la publicación, fecha y página, si se trata de un periódico o revista. (執筆者は原典に関するすべての資料を提出しなければならない. すなわち, 著書に関しては書名, 著者名, 出版社, 発行年, 発行地, 新聞・雑誌に関しては出版物名, 発行地, 年月日, ページである)

●コロン Dos puntos (:)
(1) 前の文について具体的な説明をするとき
- Juan concibió una idea nueva: una especie de submarino. (フアンは新しいアイディアが浮かんだ.それは一種の潜水艦だ)

(2) 直接話法の文の前

長さ

1 センチメートル	centímetro (cm)	1/100 メートル	0.39371 インチ
1 メートル	metro	*	3.28084 フィート
1 キロメートル	kilómetro	1000 メートル	0.62137 マイル
1 海里	milla marina	1852 メートル	1.14824 マイル
1 インチ	pulgada	*	2.5399 センチメートル
1 フィート	pie	12 インチ	30.4794 センチメートル
1 ヤード	yarda	3 フィート	0.9144 メートル
1 マイル	milla	1760 ヤード	1.6093 キロメートル

広さ

1 平方メートル	metro cuadrado	*	10.7639 平方フィート
1 アール	área	100 平方メートル	1076.39 平方フィート
1 ヘクタール	hectárea	100 アール	2.4711 エーカー
1 平方キロメートル	kilómetro cuadrado	100 ヘクタール	247.11 エーカー
1 平方インチ	pulgada cuadrada	*	6.4516 平方センチメートル
1 平方フィート	pie cuadrado	144 平方インチ	929.0304 平方センチメートル
1 平方ヤード	yarda cuadrada	9 平方フィート	0.8361 平方メートル
1 エーカー	acre	4,840 平方ヤード	4046.781 平方メートル
1 平方マイル	milla cuadrada	640 エーカー	2.58999 平方キロメートル

重さ

1 グラム	gramo	*	0.002204 ポンド
1 キログラム	kilogramo	1000 グラム	2.20462 ポンド
1 トン	tonelada	1000 キログラム	*
1 オンス	onza	*	28.34952 グラム
1 ポンド	libra	16 オンス	453.59237 グラム

度量衡換算表

- La madre le preguntó: "¿Puedes ir a hacer la compra?" (母親は彼に尋ねた.「あなた買い物に行ってくれる?」)

(3) 時間を示すとき,時と分の間におく.(ピリオド(.)も使われる)

- 14:20h (14 時 20 分, catorce y veinte と読む)

●ハイフン Guión (-)

(1) 長い単語が行の終わりに入りきらないときは,行末の音節の境界に入れる.

- En mi casa, podemos hablar desenvueltamente con nuestro hijos casi de cualquier cosa.
 (わが家では私たちはどのようなことも息子たちと自由に話ができます)

＊このとき，行末にも次の行の行頭にも母音が1つだけ残るのを避けるべきである．

×..... .... La aparición de la cirugía de invasión mínima constituye un gran progreso de la medicina.

○.... .... La aparición de la cirugía ...

(最小侵襲外科手術の到来は医学の大きな進歩である)

＊音節ではなく接頭辞の切れ目に従うことがある．
- En mi casa, podemos hablar desenvueltamente con nuestros hijos casi de cualquier cosa.

(2) 複合語
- Fiesta de Amistad Colombiano-japonesa. (コロンビア日本親善パーティー)

●ダッシュ Raya (—)
(1) 会話体の文の始まりを示す
- —¿Cómo te llamas? —Me llamo Antonio Moreno. (君の名前は？—アントニオ・モレノです)

(2) 直接話法や引用文と地の文を区別する
- —Bienvenida a mi hogar —me dijo amablemente—, que desde ahora también es el tuyo. (わが家にようこそ，—彼は私に優しく言った—そしてこれから君の家でもあるんだ)

(3) 説明を加える
- La nueva obra —un gran éxito— tuvo un lleno total. (今度の新しい作品は大成功で大入りだった)

●引用符 Comillas ("...", «...», '...')
英語式の"..." (comillas inglesas) とスペイン語式の«...» (comillas españolas) のどちらも使われる．スペイン語式を好む人も多い．またシングル・コーテーション (comillas simples) ('...') も使われる．

(1) 直接話法で
- Dijo: "Basta ya." (彼は「もうたくさんだ」と言った)
- Dirán a todas horas «Feliz Navidad» y tendrán tiempo para la familia y para los niños. (彼らはいつも「メリークリスマス」と言って，家族や子供たちと過ごす時間を持つことだろう)

＊ダッシュだけで直接話法を示し，引用符を用いないこともある．

- ¿Qué posibilidades tiene de sobrevivir? —preguntó Carlos. (生存の可能性はどれだけありますか—とカルロスが聞いた)

(2) 書名，論文名，あだ名や動物の名前など
- Andrea reunió a sus amigas y organizó con ellas un grupo llamado "Club de Azalea". (アンドレアは友人を集って「つつじクラブ」というグループを作った)
- ¿Has leído «Cien Años de Soledad»? (君は『百年の孤独』を読んだ？)

(3) 外国語や俗語，または特別な意味を込めた語や表現
- Hacía "footing" bajo la lluvia. (彼は雨の中をジョギングしていた)
- Con ese "negocio" ganaron muchísimo. (その「事業」で彼らは大儲けをした)

(4) 語句や表現を取り上げるとき
- "Sra." es la abreviatura de "señora". (Sra.は señora の省略形である)

＊イタリック体を用いることも多い．

●省略記号 Puntos suspensivos (...)
(1) 短い休止を示す
- ¿Dónde puedo conseguir naranjas españolas? —Esto..., ese supermercado las tiene recién importadas. (スペインのオレンジはどこで手に入るかな—そうねえ，あのスーパーマーケットには新しい品がおいてあるよ)
- Todos los días lloviendo... ¡qué asco! (こう毎日雨ばかりではいやになる)

(2) さらに続くはずの文の中断
- Pero dijiste que no querías ir... —Bueno, pero ahora sí que quiero ir. (行きたくないってあなた言ったのに...—だけど今になったら行きたいんだ)

(3) 省略を示す
- [...] siempre va muy presumida. (...はいつもつんとすましている)

■大文字と小文字

●大文字 Letras mayúsculas (ABC)
(1) 文の始まりでは大文字で書く．
- ¡Hola! ¿Cómo estás? — Bien, gracias. (やあ，元気？—元気だよ．ありがとう)

(2) 固有名詞は大文字で書く．人名や地名，神や聖人の名，動物の名，書名，略語など．
- Isabel y Pedro イサベルとペドロ
- Japón 日本
- Buda ブッダ
- San Isidro 聖イシドロ
- *La Rebelión de las Masas* (José Ortega y Gasset) 大衆の反逆 (ホセ・オルテガ・イ・ガセット)
- Ud. Vd. あなた．

＊普通名詞が固有名詞化して使われると大文字になる．

- Todos los días voy a la Universidad. (私は毎日大学へ行きます)
- La Luna envidiaba los ojos bonitos de la princesa. (月は王女のきれいな目をうらやましく思った．

(3) 書名の題名には，文頭，名詞，形容詞，動詞，副詞は大文字で書かれる．
- Manuel Puig. *El Beso de la Mujer Araña*. (マヌエル・プイグ．『蜘蛛女のキス』)

＊論文の題名には，文頭と固有名詞だけを大文字で書くのが普通である．

- Fontanella de Weinberg, María Beatriz (1971) "La entonación del español de Córdoba (Argentina)", *Thesaurus* 26, pp.11-21.

(4) 略語
- ONU. (Organización de las Naciones Unidas) 国際連合
- U.E. (Unión Europea) ヨーロッパ連合
- EE.UU. (Estados Unidos) (アメリカ)合衆国

●小文字 Letras minúsculas (abc)
(1) 文頭以外では小文字で書く

- ¿Dónde estuviste de vacaciones el año pasado? (君は去年どこに休暇で出かけたの?)

(2) 固有名詞から派生した形容詞は小文字で表す.
- español スペイン(人・語)の
- cervantino セルバンテスの
  * 英語のように大文字にしない.

(3) 月や週の名前は小文字で表す. 英語のように大文字にしない.
- julio 7月
- lunes 月曜日
- Desde enero de 1994 a septiembre de 1997 se han producido 39 accidentes en esta carretera. (1994年1月から1997年9月までの間このハイウェイで39回の事故が発生した)

■書体

●筆記体 Manuscrito

スペイン語の筆記体は英語とほとんど同じである. ただし, Iの大文字が【図1】のようになり, Tのように見える. そして, Tの大文字は【図2】のようになる. このような文字はたとえば街角の看板などで見られるが, 書き手によってさまざまなのでわかりにくいこともある.

【図1】 I　　　　【図2】 T

* 実際の手紙などで見る手書きの文字の書き方は千差万別で, しばしば読みにくいこともある. 最近ではパソコンで印刷したり, 電子メールで通信するので, 読めないという問題はなくなりつつある.

●イタリック体 (Cursiva)

(1) 書名や雑誌名.
- Quilis, Antonio, 1981, *Fonética Acústica de la Lengua Española*, Madrid, Gredos. (キリス, アントニオ, 1981.『スペイン語の音響音声学』マドリード: グレドス)

(2) スペイン語に入った外来語
- Josefina entró en la tienda de *delicatessen*. (ホセフィーナはデリカテッセンの店に入った)

(3) 語や語句そのものを取り上げて論じる場合
- La palabra *ojalá* viene de la lengua árabe. (オハラという言葉はアラビア語に由来する)
  * 引用符を用いることも多い.

●通貨・時差・ドメイン名 (→下表)
(*: サマータイムに注意)

- スペインは日本時間と比べると-8時間, ラテンアメリカ諸国は-12〜15時間になる. たとえば日本時間の午後10時がスペインの午後2時になる. スペイン, キューバ, ペルー, チリ, パラグアイ, ウルグアイではサマータイムが行われている. 普通, 3月の最終日曜日に1時間を足し, 10月の最終日曜日に1時間を引く. たとえばサマータイム時においてスペインと日本の時差は-7時間になる(日本時間の午後10時がスペインの午後3時).
- 表の最後の列のドメイン名はインターネットのホームページやメールアドレスで用いられている.

国名(日本語)	(スペイン語)	首都	通貨	時差	ドメイン名
アルゼンチン	Argentina	Buenos Aires	peso	−12h	ar
ウルグアイ	Uruguay	Montevideo	peso	−12h*	uy
エクアドル	Ecuador	Quito	dólar	−14h	ec
エルサルバドル	El Salvador	San Salvador	dólar	−15h	sv
キューバ	Cuba	La Habana	peso	−14h*	cu
グアテマラ	Guatemala	Guatemala	quetzal	−15h	gt
コスタリカ	Costa Rica	San José	colón	−15h	cr
コロンビア	Colombia	Bogotá	peso	−14h	co
スペイン	España	Madrid	euro	−8h*	es
赤道ギニア	Guinea Ecuatorial	Malabo	franco	−8h	gq
チリ	Chile	Santiago	peso	−13h*	cl
ドミニカ共和国	República Dominicana	Santo Domingo	peso	−13h	do
ニカラグア	Nicaragua	Managua	córdoba	−15h	ni

国名(日本語)	(スペイン語)	首都	通貨	時差	ドメイン名
パナマ	Panamá	Panamá	balboa	−14h	pa
パラグアイ	Paraguay	Asunción	guaraní	−13h*	py
ベネズエラ	Venezuela	Caracas	bolívar	−13h	ve
ペルー	Perú	Lima	sol	−14h*	pe
ボリビア	Bolivia	La Paz	boliviano	−13h	bo
ホンジュラス	Honduras	Tegucigalpa	lempira	−15h	hn
メキシコ	México	Ciudad de México	peso	−15h	mx

通貨・時差・ドメイン名

不規則動詞対応表

*次の動詞は巻末の動詞活用表の代表形と同じ語尾変化をする.

動詞	コード	代表形	動詞	コード	代表形	動詞	コード	代表形
abnegar	4.4	negar	argüir	11.2	argüir	cerrar	4.1	pensar
abrir	3.1	abrir	arrendar	4.1	pensar	chirriar	1.5	criar
absolver	5.2	mover	arrepentir	7	sentir	ciar	1.5	criar
abstener	10.8	tener	arriar	1.5	criar	circunscribir	3.3	escribir
abstraer	10.4	traer	ascender	4.2	perder	cocer	5.9	cocer
acentuar	1.6	continuar	asentar	4.1	pensar	coercer	2.4	vencer
acertar	4.1	pensar	asentir	7	sentir	cohibir	3.11	prohibir
acordar	5.1	contar	aserrar	4.1	pensar	colar	5.1	contar
acostar	5.1	contar	asir	10.3	asir	colegir	6.2	corregir
acrecentar	4.1	pensar	asolar	5.1	contar	colgar	5.4	rogar
actuar	1.6	continuar	asonar	5.1	contar	comenzar	4.5	empezar
adherir	7	sentir	astreñir	6.5	reñir	competir	6.1	pedir
adquirir	4.7	adquirir	atañer	2.7	tañer	componer	10.7	poner
adscribir	3.3	escribir	ataviar	1.5	criar	comprobar	5.1	contar
aducir	9.3	deducir	atender	4.2	perder	concebir	6.1	pedir
advenir	10.9	venir	atener	10.8	tener	conceptuar	1.6	continuar
advertir	7	sentir	atentar	4.1	pensar	concernir	4.3	discernir
agorar	5.7	agorar	atenuar	1.6	continuar	concertar	4.1	pensar
aguar	1.4	averiguar	aterrar	4.1	pensar	concordar	5.1	contar
ahijar	1.7	aislar	atesar	4.1	pensar	condescender	4.2	perder
ahilar	1.7	aislar	atestar	4.1	pensar	condoler	5.2	mover
ahincar	1.10	ahincar	atestiguar	1.4	averiguar	conducir	9.3	deducir
ahitar	1.7	aislar	atraer	10.4	traer	conferir	7	sentir
ahumar	1.8	aunar	atraillar	1.7	aislar	confesar	4.1	pensar
ahusar	1.8	aunar	atravesar	4.1	pensar	confiar	1.5	criar
airar	1.7	aislar	atronar	5.1	contar	conmover	5.2	mover
aislar	1.7	aislar	aullar	1.8	aunar	conseguir	6.3	seguir
alentar	4.1	pensar	aunar	1.8	aunar	consentir	7	sentir
aliar	1.5	criar	aupar	1.8	aunar	consolar	5.1	contar
almorzar	5.5	forzar	avenir	10.9	venir	consonar	5.1	contar
alongar	5.4	rogar	aventar	4.1	pensar	constreñir	6.5	reñir
amenguar	1.4	averiguar	avergonzar	5.6	avergonzar	contar	5.1	contar
amnistiar	1.5	criar	averiar	1.5	criar	contender	4.2	perder
amoblar	5.1	contar	averiguar	1.4	averiguar	contener	10.8	tener
amohinar	1.7	aislar	aviar	1.5	criar	continuar	1.6	continuar
amolar	5.1	contar	balbucir	9.2	lucir	contradecir	10.11	decir
amortiguar	1.4	averiguar	bendecir	10.12	bendecir	contraer	10.4	traer
andar	20	andar	bruñir	3.10	bruñir	contrahacer	10.10	hacer
ansiar	1.5	criar	bullir	3.9	bullir	contraponer	10.7	poner
anteponer	10.7	poner	caber	18	caber	contrariar	1.5	criar
anticuar	1.6	continuar	caer	10.1	caer	contravenir	10.9	venir
apacentar	4.1	pensar	calentar	4.1	pensar	controvertir	7	sentir
apaciguar	1.4	averiguar	caligrafiar	1.5	criar	convencer	2.4	vencer
apostar	5.1	contar	cegar	4.4	negar	convenir	10.9	venir
apretar	4.1	pensar	ceñir	6.5	reñir	convertir	7	sentir
aprobar	5.1	contar	cerner	4.2	perder	corregir	6.2	corregir

不規則動詞対応表

動詞	コード	代表形	動詞	コード	代表形	動詞	コード	代表形
corroer	10.1	*caer*	deshelar	4.1	*pensar*	encender	4.2	*perder*
costar	5.1	*contar*	desherbar	4.1	*pensar*	encerrar	4.1	*pensar*
creer	2.6	*leer*	desleír	6.6	*reír*	enclocar	5.3	*volcar*
criar	1.5	*criar*	desliar	1.5	*criar*	encomendar	4.1	*pensar*
cubrir	3.2	*cubrir*	deslucir	9.2	*lucir*	encontrar	5.1	*contar*
cumplimentar	4.1	*pensar*	desmedir	6.1	*pedir*	encorar	5.1	*contar*
dar	15	*dar*	desmembrar	4.1	*pensar*	encordar	5.1	*contar*
decaer	10.1	*caer*	desmentir	7	*sentir*	encovar	5.1	*contar*
decir	10.11	*decir*	desoír	10.2	*oír*	encubrir	3.1	*abrir*
deducir	9.3	*deducir*	desolar	5.1	*contar*	endentar	4.1	*pensar*
defender	4.2	*perder*	desoldar	5.1	*contar*	enfriar	1.5	*criar*
deferir	7	*sentir*	desollar	5.1	*contar*	engreír	6.6	*reír*
degollar	5.7	*agorar*	desosar	5.10	*oler*	engrosar	5.1	*contar*
delinquir	3.8	*delinquir*	despedir	6.1	*pedir*	engullir	3.9	*bullir*
demoler	5.2	*mover*	despertar	4.1	*pensar*	enhestar	4.1	*pensar*
demostrar	5.1	*contar*	desplegar	4.4	*negar*	enlucir	9.2	*lucir*
denegar	4.4	*negar*	despoblar	5.1	*contar*	enmelar	4.1	*pensar*
denostar	5.1	*contar*	desposeer	2.6	*leer*	enmendar	4.1	*pensar*
dentar	4.1	*pensar*	desproveer	2.6	*leer*	enraizar	1.11	*enraizar*
deponer	10.7	*poner*	desteñir	6.5	*reñir*	enrocar	5.3	*volcar*
derrengar	4.4	*negar*	desterrar	4.1	*pensar*	ensangrentar	4.1	*pensar*
derretir	6.1	*pedir*	desuncir	3.5	*uncir*	ensoñar	5.1	*contar*
desacertar	4.1	*pensar*	desvariar	1.5	*criar*	entender	4.2	*perder*
desafiar	1.5	*criar*	desvergonzar	5.6	*avergonzar*	enterrar	4.1	*pensar*
desaforar	5.1	*contar*	desvestir	6.1	*pedir*	entreabrir	3.1	*abrir*
desaguar	1.4	*averiguar*	desviar	1.5	*criar*	entreoír	10.2	*oír*
desairar	1.7	*aislar*	desvirtuar	1.6	*continuar*	entretener	10.8	*tener*
desalentar	4.1	*pensar*	detener	10.8	*tener*	entrever	16	*ver*
desandar	20	*andar*	detraer	10.4	*traer*	enviar	1.5	*criar*
desaprobar	5.1	*contar*	devaluar	1.6	*continuar*	envolver	5.2	*mover*
desasir	10.3	*asir*	devenir	10.9	*venir*	equivaler	10.5	*valer*
desasosegar	4.4	*negar*	devolver	5.11	*volver*	erguir	6.3	*seguir*
desatender	4.2	*perder*	diferir	7	*sentir*	errar	4.6	*errar*
desavenir	10.9	*venir*	digerir	7	*sentir*	escabullir	3.9	*bullir*
descarriar	1.5	*criar*	discernir	4.3	*discernir*	escalofriar	1.5	*criar*
desceñir	6.5	*reñir*	discordar	5.1	*contar*	escarmentar	4.1	*pensar*
descender	4.2	*perder*	disentir	7	*sentir*	escocer	5.9	*cocer*
descolgar	5.4	*rogar*	disolver	5.2	*mover*	escribir	3.3	*escribir*
descollar	5.1	*contar*	disonar	5.1	*contar*	esforzar	5.5	*forzar*
descomedir	6.1	*pedir*	disponer	10.7	*poner*	esgrafiar	1.5	*criar*
descomponer	10.7	*poner*	distender	4.2	*perder*	esparcir	3.5	*uncir*
desconcertar	4.1	*pensar*	distinguir	3.7	*distinguir*	espiar	1.5	*criar*
desconfiar	1.5	*criar*	distraer	10.4	*traer*	esquiar	1.5	*criar*
desconsolar	5.1	*contar*	divertir	7	*sentir*	estar	13	*estar*
descontar	5.1	*contar*	doler	5.2	*mover*	estregar	4.4	*negar*
descornar	5.1	*contar*	dormir	8.1	*dormir*	estreñir	6.5	*reñir*
descreer	2.6	*leer*	efectuar	1.6	*continuar*	estriar	1.5	*criar*
describir	3.3	*escribir*	ejercer	2.4	*vencer*	evacuar	1.6	*continuar*
descubrir	3.1	*abrir*	elegir	6.2	*corregir*	evaluar	1.6	*continuar*
desdecir	10.11	*decir*	embaucar	1.9	*embaucar*	exceptuar	1.6	*continuar*
desempedrar	4.1	*pensar*	embaular	1.8	*aunar*	expedir	6.1	*pedir*
desenterrar	4.1	*pensar*	embestir	6.1	*pedir*	expiar	1.5	*criar*
desenvolver	5.2	*mover*	emparentar	4.1	*pensar*	exponer	10.7	*poner*
desgobernar	4.1	*pensar*	empedrar	4.1	*pensar*	extasiar	1.5	*criar*
deshabituar	1.6	*continuar*	empezar	4.5	*empezar*	extender	4.2	*perder*
deshacer	10.10	*hacer*	emporcar	5.3	*volcar*	extenuar	1.6	*continuar*

動詞	コード	代表形	動詞	コード	代表形	動詞	コード	代表形
extinguir	3.7	*distinguir*	jugar	5.8	*jugar*	presentir	7	*sentir*
extraer	10.4	*traer*	leer	2.6	*leer*	presuponer	10.7	*poner*
extraviar	1.5	*criar*	liar	1.5	*criar*	preterir	7	*sentir*
ferrar	4.1	*pensar*	licuar	1.6	*continuar*	prevaler	10.5	*valer*
fiar	1.5	*criar*	litografiar	1.5	*criar*	prevenir	10.9	*venir*
fluctuar	1.6	*continuar*	llover	5.2	*mover*	prever	16	*ver*
follar	5.1	*contar*	lucir	9.2	*lucir*	probar	5.1	*contar*
forzar	5.5	*forzar*	malcriar	1.5	*criar*	producir	9.3	*deducir*
fotografiar	1.5	*criar*	maldecir	10.11	*decir*	proferir	7	*sentir*
fraguar	1.4	*averiguar*	malherir	7	*sentir*	prohibir	3.11	*prohibir*
fregar	4.4	*negar*	malquerer	4.8	*querer*	prohijar	1.7	*aislar*
freír	6.6	*reír*	maltraer	10.4	*traer*	promover	5.2	*mover*
fruncir	3.5	*uncir*	manifestar	4.1	*pensar*	proponer	10.7	*poner*
gañir	3.9	*bullir*	mantener	10.8	*tener*	proscribir	3.3	*escribir*
gemir	6.1	*pedir*	maullar	1.8	*aunar*	proseguir	6.3	*seguir*
gloriar	1.5	*criar*	mecanografiar	1.5	*criar*	proveer	2.6	*leer*
gobernar	4.1	*pensar*	mecer	2.4	*vencer*	provenir	10.9	*venir*
graduar	1.6	*continuar*	medir	6.1	*pedir*	puntuar	1.6	*continuar*
gruñir	3.9	*bullir*	menguar	1.4	*averiguar*	quebrar	4.1	*pensar*
guiar	1.5	*criar*	mentar	4.1	*pensar*	querer	4.8	*querer*
haber	14	*haber*	mentir	7	*sentir*	raer	10.1	*caer*
habituar	1.6	*continuar*	merendar	4.1	*pensar*	rebullir	3.9	*bullir*
hacer	10.10	*hacer*	modernizar	4.1	*pensar*	recaer	10.1	*caer*
hastiar	1.5	*criar*	moler	5.2	*mover*	recalentar	4.1	*pensar*
heder	4.2	*perder*	morder	5.2	*mover*	recocer	5.9	*cocer*
helar	4.1	*pensar*	morir	8.2	*morir*	recomendar	4.1	*pensar*
heñir	6.5	*reñir*	mostrar	5.1	*contar*	recomponer	10.7	*poner*
henchir	6.4	*henchir*	mover	5.2	*mover*	recontar	5.1	*contar*
hender	4.2	*perder*	mullir	3.9	*bullir*	reconvenir	10.9	*venir*
herir	7	*sentir*	muñir	3.10	*bruñir*	reconvertir	7	*sentir*
herrar	4.1	*pensar*	negar	4.4	*negar*	recordar	5.1	*contar*
hervir	7	*sentir*	nevar	4.1	*pensar*	recostar	5.1	*contar*
holgar	5.4	*rogar*	obtener	10.8	*tener*	recriar	1.5	*criar*
hollar	5.1	*contar*	oír	10.2	*oír*	recubrir	3.1	*abrir*
impedir	6.1	*pedir*	oler	5.10	*oler*	redecir	10.11	*decir*
imponer	10.7	*poner*	oponer	10.7	*poner*	redituar	1.6	*continuar*
imprimir	3.4	*imprimir*	pedir	6.1	*pedir*	reducir	9.3	*deducir*
incensar	4.1	*pensar*	pensar	4.1	*pensar*	reelegir	6.2	*corregir*
indisponer	10.7	*poner*	perder	4.2	*perder*	reenviar	1.5	*criar*
inducir	9.3	*deducir*	perseguir	6.3	*seguir*	referir	7	*sentir*
infatuar	1.6	*continuar*	pervertir	7	*sentir*	reforzar	5.5	*forzar*
inferir	7	*sentir*	piar	1.5	*criar*	refregar	4.4	*negar*
infernar	4.1	*pensar*	plañir	3.10	*bruñir*	refreír	6.6	*reír*
ingerir	7	*sentir*	plegar	4.4	*negar*	regar	4.4	*negar*
injerir	7	*sentir*	poblar	5.1	*contar*	regimentar	4.1	*pensar*
inquirir	4.7	*adquirir*	poder	5.12	*poder*	regir	6.2	*corregir*
inscribir	3.3	*escribir*	poner	10.7	*poner*	regoldar	5.7	*agorar*
insinuar	1.6	*continuar*	porfiar	1.5	*criar*	rehacer	10.10	*hacer*
interferir	7	*sentir*	poseer	2.6	*leer*	rehilar	1.7	*aislar*
interponer	10.7	*poner*	posponer	10.7	*poner*	rehusar	1.8	*aunar*
intervenir	10.9	*venir*	precalentar	4.1	*pensar*	reír	6.6	*reír*
introducir	9.3	*deducir*	predecir	10.11	*decir*	remendar	4.1	*pensar*
invernar	4.1	*pensar*	predisponer	10.7	*poner*	remorder	5.2	*mover*
invertir	7	*sentir*	preferir	7	*sentir*	remover	5.2	*mover*
investir	6.1	*pedir*	prender	2.2	*prender*	reñir	6.5	*reñir*
ir	19	*ir*	prescribir	3.3	*escribir*	rendir	6.1	*pedir*

不規則動詞対応表

動詞	コード	代表形	動詞	コード	代表形	動詞	コード	代表形
renegar	4.4	*negar*	salir	10.6	*salir*	temblar	4.1	*pensar*
renovar	5.1	*contar*	salpimentar	4.1	*pensar*	teñir	6.5	*reñir*
repetir	6.1	*pedir*	salpullir	3.9	*bullir*	tender	4.2	*perder*
replegar	4.4	*negar*	santiguar	1.4	*averiguar*	tener	10.8	*tener*
repoblar	5.1	*contar*	satisfacer	10.10	*hacer*	tentar	4.1	*pensar*
reponer	10.7	*poner*	seducir	9.3	*deducir*	torcer	5.9	*cocer*
reprobar	5.1	*contar*	segar	4.4	*negar*	tostar	5.1	*contar*
reproducir	9.3	*deducir*	seguir	6.3	*seguir*	traducir	9.3	*deducir*
requebrar	4.1	*pensar*	sembrar	4.1	*pensar*	traer	10.4	*traer*
requerir	7	*sentir*	sentar	4.1	*pensar*	transcribir	3.3	*escribir*
resarcir	3.5	*uncir*	sentir	7	*sentir*	transferir	7	*sentir*
resentir	7	*sentir*	ser	12	*ser*	transponer	10.7	*poner*
resfriar	1.5	*criar*	serrar	4.1	*pensar*	trascender	4.2	*perder*
resollar	5.1	*contar*	servir	6.1	*pedir*	trasegar	4.4	*negar*
resolver	5.2	*mover*	situar	1.6	*continuar*	traslucir	9.2	*lucir*
resonar	5.1	*contar*	sobreentender	4.2	*perder*	trastrocar	5.3	*volcar*
restregar	4.4	*negar*	sobrehilar	1.7	*aislar*	trasverter	4.2	*perder*
restriñir	3.10	*bruñir*	sobreponer	10.7	*poner*	travestir	6.1	*pedir*
retemblar	4.1	*pensar*	sobresalir	10.6	*salir*	triar	1.5	*criar*
reteñir	6.5	*reñir*	sobreseer	2.6	*leer*	trocar	5.3	*volcar*
retener	10.8	*tener*	sobrevenir	10.9	*venir*	tronar	5.1	*contar*
retiñir	3.10	*bruñir*	sofreír	6.6	*reír*	tropezar	4.5	*empezar*
retorcer	5.9	*cocer*	soldar	5.1	*contar*	tullir	3.9	*bullir*
retraer	10.4	*traer*	soler	5.2	*mover*	uncir	3.5	*uncir*
retrotraer	10.4	*traer*	soltar	5.1	*contar*	usufructuar	1.6	*continuar*
reunir	3.12	*reunir*	soñar	5.1	*contar*	vaciar	1.5	*criar*
revaluar	1.6	*continuar*	sonar	5.1	*contar*	valer	10.5	*valer*
revenir	10.9	*venir*	sonreír	6.6	*reír*	valuar	1.6	*continuar*
reventar	4.1	*pensar*	sosegar	4.4	*negar*	vanagloriar	1.5	*criar*
rever	16	*ver*	sostener	10.8	*tener*	variar	1.5	*criar*
reverter	4.2	*perder*	soterrar	4.1	*pensar*	vencer	2.4	*vencer*
revertir	7	*sentir*	subarrendar	4.1	*pensar*	venir	10.9	*venir*
revestir	6.1	*pedir*	subseguir	6.3	*seguir*	ver	16	*ver*
revolar	5.1	*contar*	subvenir	10.9	*venir*	verter	4.2	*perder*
revolcar	5.3	*volcar*	subvertir	7	*sentir*	vestir	6.1	*pedir*
revolver	5.11	*volver*	sugerir	7	*sentir*	volar	5.1	*contar*
rociar	1.5	*criar*	superponer	10.7	*poner*	volcar	5.3	*volcar*
rodar	5.1	*contar*	suponer	10.7	*poner*	volver	5.11	*volver*
roer	10.1	*caer*	suscribir	3.3	*escribir*	yacer	9.2	*lucir*
rogar	5.4	*rogar*	sustraer	10.4	*traer*	zaherir	7	*sentir*
romper	2.1	*romper*	tañer	2.7	*tañer*	zambullir	3.9	*bullir*
saber	17	*saber*	taquigrafiar	1.5	*criar*	zurcir	3.5	*uncir*
sahumar	1.8	*aunar*	tatuar	1.6	*continuar*			

＊これらの動詞以外で次の語尾をもつものは，右の代表形と同じ語尾変化をする．

語尾：-acer	9.1	*nacer*
語尾：-car	1.1	*tocar*
語尾：-ecer	9.1	*nacer*
語尾：-gar	1.2	*llegar*
語尾：-ger	2.5	*coger*
語尾：-gir	3.6	*fingir*
語尾：-ocer	9.1	*nacer*
語尾：-ucer	9.1	*nacer*
語尾：-uir	11.1	*huir*
語尾：-zar	1.3	*gozar*

動詞活用表

不定詞 現在分詞 過去分詞	命令 2人称単数 2人称複数	直説法・現在	接続法・現在	線過去	点過去
[1] **cant-ar** cant-ando cant-ado	 cant-a cant-ad	cant-o cant-as cant-a cant-amos cant-áis cant-an	cant-e cant-es cant-e cant-emos cant-éis cant-en	cant-aba cant-abas cant-aba cant-ábamos cant-abais cant-aban	cant-é cant-aste cant-ó cant-amos cant-asteis cant-aron
[1.1] **toc-ar** toc-ando toc-ado	 toc-a toc-ad	toc-o toc-as toc-a toc-amos toc-áis toc-an	**toqu-e** **toqu-es** **toqu-e** **toqu-emos** **toqu-éis** **toqu-en**	toc-aba toc-abas toc-aba toc-ábamos toc-abais toc-aban	**toqu-é** toc-aste toc-ó toc-amos toc-asteis toc-aron
[1.2] **lleg-ar** lleg-ando lleg-ado	 lleg-a lleg-ad	lleg-o lleg-as lleg-a lleg-amos lleg-áis lleg-an	**llegu-e** **llegu-es** **llegu-e** **llegu-emos** **llegu-éis** **llegu-en**	lleg-aba lleg-abas lleg-aba lleg-ábamos lleg-abais lleg-aban	**llegu-é** lleg-aste lleg-ó lleg-amos lleg-asteis lleg-aron
[1.3] **goz-ar** goz-ando goz-ado	 goz-a goz-ad	goz-o goz-as goz-a goz-amos goz-áis goz-an	**goc-e** **goc-es** **goc-e** **goc-emos** **goc-éis** **goc-en**	goz-aba goz-abas goz-aba goz-ábamos goz-abais goz-aban	**goc-é** goz-aste goz-ó goz-amos goz-asteis goz-aron
[1.4] **averigu-ar** averigu-ando averigu-ado	 averigu-a averigu-ad	averigu-o averigu-as averigu-a averigu-amos averigu-áis averigu-an	**averigü-e** **averigü-es** **averigü-e** **averigü-emos** **averigü-éis** **averigü-en**	averigu-aba averigu-abas averigu-aba averigu-ábamos averigu-abais averigu-aban	**averigü-é** averigu-aste averigu-ó averigu-amos averigu-asteis averigu-aron
[1.5] **cri-ar** cri-ando cri-ado	 **crí-a** cri-ad	**crí-o** **crí-as** **crí-a** cri-amos cri-áis **crí-an**	**crí-e** **crí-es** **crí-e** cri-emos cri-éis **crí-en**	cri-aba cri-abas cri-aba cri-ábamos cri-abais cri-aban	cri-é cri-aste cri-ó cri-amos cri-asteis cri-aron
[1.6] **continu-ar** continu-ando continu-ado	 **continú-a** continu-ad	**continú-o** **continú-as** **continú-a** continu-amos continu-áis **continú-an**	**continú-e** **continú-es** **continú-e** continu-emos continu-éis **continú-en**	continu-aba continu-abas continu-aba continu-ábamos continu-abais continu-aban	continu-é continu-aste continu-ó continu-amos continu-asteis continu-aron
[1.7] **aisl-ar** aisl-ando aisl-ado	 **aísl-a** aisl-ad	**aísl-o** **aísl-as** **aísl-a** aisl-amos aisl-áis **aísl-an**	**aísl-e** **aísl-es** **aísl-e** aisl-emos aisl-éis **aísl-en**	aisl-aba aisl-abas aisl-aba aisl-ábamos aisl-abais aisl-aban	aisl-é aisl-aste aisl-ó aisl-amos aisl-asteis aisl-aron

接続法・過去 (se 形)	未来 (過去未来)	
cant-ara (-ase) cant-aras (-ases) cant-ara (-ase) cant-áramos (-ásemos) cant-arais (-aseis) cant-aran (-asen)	cant-aré (-aría) cant-arás (-arías) cant-ará (-aría) cant-aremos (-aríamos) cant-aréis (-aríais) cant-arán (-arían)	Ar型規則変化
toc-ara (-ase) toc-aras (-ases) toc-ara (-ase) toc-áramos (-ásemos) toc-arais (-aseis) toc-aran (-asen)	toc-aré (-aría) toc-arás (-arías) toc-ará (-aría) toc-aremos (-aríamos) toc-aréis (-aríais) toc-arán (-arían)	c が e の前で qu になる
lleg-ara (-ase) lleg-aras (-ases) lleg-ara (-ase) lleg-áramos (-ásemos) lleg-arais (-aseis) lleg-aran (-asen)	lleg-aré (-aría) lleg-arás (-arías) lleg-ará (-aría) lleg-aremos (-aríamos) lleg-aréis (-aríais) lleg-arán (-arían)	g が e の前で gu になる
goz-ara (-ase) goz-aras (-ases) goz-ara (-ase) goz-áramos (-ásemos) goz-arais (-aseis) goz-aran (-asen)	goz-aré (-aría) goz-arás (-arías) goz-ará (-aría) goz-aremos (-aríamos) goz-aréis (-aríais) goz-arán (-arían)	z が e の前で c になる
averigu-ara (-ase) averigu-aras (-ases) averigu-ara (-ase) averigu-áramos (-ásemos) averigu-arais (-aseis) averigu-aran (-asen)	averigu-aré (-aría) averigu-arás (-arías) averigu-ará (-aría) averigu-aremos (-aríamos) averigu-aréis (-aríais) averigu-arán (-arían)	gu が e の前で gü になる
cri-ara (-ase) cri-aras (-ases) cri-ara (-ase) cri-áramos (-ásemos) cri-arais (-aseis) cri-aran (-asen)	cri-aré (-aría) cri-arás (-arías) cri-ará (-aría) cri-aremos (-aríamos) cri-aréis (-aríais) cri-arán (-arían)	語尾 -iar のアクセント符号に注意
continu-ara (-ase) continu-aras (-ases) continu-ara (-ase) continu-áramos (-ásemos) continu-arais (-aseis) continu-aran (-asen)	continu-aré (-aría) continu-arás (-arías) continu-ará (-aría) continu-aremos (-aríamos) continu-aréis (-aríais) continu-arán (-arían)	語尾 -uar のアクセント符号に注意
aisl-ara (-ase) aisl-aras (-ases) aisl-ara (-ase) aisl-áramos (-ásemos) aisl-arais (-aseis) aisl-aran (-asen)	aisl-aré (-aría) aisl-arás (-arías) aisl-ará (-aría) aisl-aremos (-aríamos) aisl-aréis (-aríais) aisl-arán (-arían)	アクセント符号に注意

動詞活用表

不定詞 現在分詞 過去分詞	命令 2人称単数 2人称複数	直説法・現在	接続法・現在	線過去	点過去
[1.8] **aun-ar** aun-ando aun-ado	 **aún-a** aun-ad	**aún-o** **aún-as** **aún-a** aun-amos aun-áis **aún-an**	**aún-e** **aún-es** **aún-e** aun-emos aun-éis **aún-en**	aun-aba aun-abas aun-aba aun-ábamos aun-abais aun-aban	aun-é aun-aste aun-ó aun-amos aun-asteis aun-aron
[1.9] **embauc-ar** embauc-ando embauc-ado	 **embaúc-a** embauc-ad	**embaúc-o** **embaúc-as** **embaúc-a** embauc-amos embauc-áis **embaúc-an**	**embaúqu-e** **embaúqu-es** **embaúqu-e** **embauqu-emos** **embauqu-éis** **embaúqu-en**	embauc-aba embauc-abas embauc-aba embauc-ábamos embauc-abais embauc-aban	**embauqu-é** embauc-aste embauc-ó embauc-amos embauc-asteis embauc-aron
[1.10] **ahinc-ar** ahinc-ando ahinc-ado	 **ahínc-a** ahinc-ad	**ahínc-o** **ahínc-as** **ahínc-a** ahinc-amos ahinc-áis **ahínc-an**	**ahínqu-e** **ahínqu-es** **ahínqu-e** **ahinqu-emos** **ahinqu-éis** **ahínqu-en**	ahinc-aba ahinc-abas ahinc-aba ahinc-ábamos ahinc-abais ahinc-aban	**ahinqu-é** ahinc-aste ahinc-ó ahinc-amos ahinc-asteis ahinc-aron
[1.11] **enraiz-ar** enraiz-ando enraiz-ado	 **enraíz-a** enraiz-ad	**enraíz-o** **enraíz-as** **enraíz-a** enraiz-amos enraiz-áis **enraíz-an**	**enraíc-e** **enraíc-es** **enraíc-e** **enraic-emos** **enraic-éis** **enraíc-en**	enraiz-aba enraiz-abas enraiz-aba enraiz-ábamos enraiz-abais enraiz-aban	**enraic-é** enraiz-aste enraiz-ó enraiz-amos enraiz-asteis enraiz-aron
[2] **com-er** com-iendo com-ido	 com-e com-ed	com-o com-es com-e com-emos com-éis com-en	com-a com-as com-a com-amos com-áis com-an	com-ía com-ías com-ía com-íamos com-íais com-ían	com-í com-iste com-ió com-imos com-isteis com-ieron
[2.1] **romp-er** romp-iendo **roto**	 romp-e romp-ed	romp-o romp-es romp-e romp-emos romp-éis romp-en	romp-a romp-as romp-a romp-amos romp-áis romp-an	romp-ía romp-ías romp-ía romp-íamos romp-íais romp-ían	romp-í romp-iste romp-ió romp-imos romp-isteis romp-ieron
[2.2] **prend-er** prend-iendo prendido, **preso**	 prend-e prend-ed	prend-o prend-es prend-e prend-emos prend-éis prend-en	prend-a prend-as prend-a prend-amos prend-áis prend-an	prend-ía prend-ías prend-ía prend-íamos prend-íais prend-ían	prend-í prend-iste prend-ió prend-imos prend-isteis prend-ieron
[2.3] **prove-er** **prove-yendo** **provisto**	 prove-e prove-ed	prove-o prove-es prove-e prove-emos prove-éis prove-en	prove-a prove-as prove-a prove-amos prove-áis prove-an	prove-ía prove-ías prove-ía prove-íamos prove-íais prove-ían	prove-í **prove-íste** **prove-yó** **prove-ímos** **prove-ísteis** **prove-yeron**

接続法・過去(se 形)	未来(過去未来)	
aun-ara (-ase) aun-aras (-ases) aun-ara (-ase) aun-áramos (-ásemos) aun-arais (-aseis) aun-aran (-asen)	aun-aré (-aría) aun-arás (-arías) aun-ará (-aría) aun-aremos (-aríamos) aun-aréis (-aríais) aun-arán (-arían)	アクセント符号に注意
embauc-ara (-ase) embauc-aras (-ases) embauc-ara (-ase) embauc-áramos (-ásemos) embauc-arais (-aseis) embauc-aran (-asen)	embauc-aré (-aría) embauc-arás (-arías) embauc-ará (-aría) embauc-aremos (-aríamos) embauc-aréis (-aríais) embauc-arán (-arían)	アクセント符号に注意 cがeの前でquになる
ahinc-ara (-ase) ahinc-aras (-ases) ahinc-ara (-ase) ahinc-áramos (-ásemos) ahinc-arais (-aseis) ahinc-aran (-asen)	ahinc-aré (-aría) ahinc-arás (-arías) ahinc-ará (-aría) ahinc-aremos (-aríamos) ahinc-aréis (-aríais) ahinc-arán (-arían)	アクセント符号に注意 cがeの前でquになる
enraiz-ara (-ase) enraiz-aras (-ases) enraiz-ara (-ase) enraiz-áramos (-ásemos) enraiz-arais (-aseis) enraiz-aran (-asen)	enraiz-aré (-aría) enraiz-arás (-arías) enraiz-ará (-aría) enraiz-aremos (-aríamos) enraiz-aréis (-aríais) enraiz-arán (-arían)	アクセント符号に注意 zがeの前でcになる
com-iera (-iese) com-ieras (-ieses) com-iera (-iese) com-iéramos (-iésemos) com-ierais (-ieseis) com-ieran (-iesen)	com-eré (-ería) com-erás (-erías) com-erá (-ería) com-eremos (-eríamos) com-eréis (-eríais) com-erán (-erían)	Er型規則変化
romp-iera (-iese) romp-ieras (-ieses) romp-iera (-iese) romp-iéramos (-iésemos) romp-ierais (-ieseis) romp-ieran (-iesen)	romp-eré (-ería) romp-erás (-erías) romp-erá (-ería) romp-eremos (-eríamos) romp-eréis (-eríais) romp-erán (-erían)	過去分詞が不規則
prend-iera (-iese) prend-ieras (-ieses) prend-iera (-iese) prend-iéramos (-iésemos) prend-ierais (-ieseis) prend-ieran (-iesen)	prend-eré (-ería) prend-erás (-erías) prend-erá (-ería) prend-eremos (-eríamos) prend-eréis (-eríais) prend-erán (-erían)	過去分詞が不規則
prove-yera (-yese) **prove-yeras (-yeses)** **prove-yera (-yese)** **prove-yéramos (-yésemos)** **prove-yerais (-yeseis)** **prove-yeran (-yesen)**	prove-eré (-ería) prove-erás (-erías) prove-erá (-ería) prove-eremos (-eríamos) prove-eréis (-eríais) prove-erán (-erían)	過去分詞が不規則 ie, ioが母音の後でye, yoになる アクセント符号に注意

動詞活用表

不定詞 現在分詞 過去分詞	命令 2人称単数 2人称複数	直説法・現在	接続法・現在	線過去	点過去
[2.4] **venc-er** venc-iendo venc-ido	 venc-e venc-ed	**venz-o** venc-es venc-e venc-emos venc-éis venc-en	**venz-a** **venz-as** **venz-a** **venz-amos** **venz-áis** **venz-an**	venc-ía venc-ías venc-ía venc-íamos venc-íais venc-ían	venc-í venc-iste venc-ió venc-imos venc-isteis venc-ieron
[2.5] **cog-er** cog-iendo cog-ido	 cog-e cog-ed	**coj-o** cog-es cog-e cog-emos cog-éis cog-en	**coj-a** **coj-as** **coj-a** **coj-amos** **coj-áis** **coj-an**	cog-ía cog-ías cog-ía cog-íamos cog-íais cog-ían	cog-í cog-iste cog-ió cog-imos cog-isteis cog-ieron
[2.6] **le-er** **le-yendo** **le-ído**	 le-e le-ed	le-o le-es le-e le-emos le-éis le-en	le-a le-as le-a le-amos le-áis le-an	le-ía le-ías le-ía le-íamos le-íais le-ían	le-í **le-íste** **le-yó** **le-ímos** **le-ísteis** **le-yeron**
[2.7] **tañ-er** **tañ-endo** tañ-ido	 tañ-e tañ-ed	tañ-o tañ-es tañ-e tañ-emos tañ-éis tañ-en	tañ-a tañ-as tañ-a tañ-amos tañ-áis tañ-an	tañ-ía tañ-ías tañ-ía tañ-íamos tañ-íais tañ-ían	tañ-í tañ-iste **tañ-ó** tañ-imos tañ-isteis **tañ-eron**
[3] **viv-ir** viv-iendo viv-ido	 viv-e viv-id	viv-o viv-es viv-e viv-imos viv-ís viv-en	viv-a viv-as viv-a viv-amos viv-áis viv-an	viv-ía viv-ías viv-ía viv-íamos viv-íais viv-ían	viv-í viv-iste viv-ió viv-imos viv-isteis viv-ieron
[3.1] **abr-ir** abr-iendo **abierto**	 abr-e abr-id	abr-o abr-es abr-e abr-imos abr-ís abr-en	abr-a abr-as abr-a abr-amos abr-áis abr-an	abr-ía abr-ías abr-ía abr-íamos abr-íais abr-ían	abr-í abr-iste abr-ió abr-imos abr-isteis abr-ieron
[3.2] **cubr-ir** cubr-iendo **cubierto**	 cubr-e cubr-id	cubr-o cubr-es cubr-e cubr-imos cubr-ís cubr-en	cubr-a cubr-as cubr-a cubr-amos cubr-áis cubr-an	cubr-ía cubr-ías cubr-ía cubr-íamos cubr-íais cubr-ían	cubr-í cubr-iste cubr-ió cubr-imos cubr-isteis cubr-ieron
[3.3] **escrib-ir** escrib-iendo **escrito**	 escrib-e escrib-id	escrib-o escrib-es escrib-e escrib-imos escrib-ís escrib-en	escrib-a escrib-as escrib-a escrib-amos escrib-áis escrib-an	escrib-ía escrib-ías escrib-ía escrib-íamos escrib-íais escrib-ían	escrib-í escrib-iste escrib-ió escrib-imos escrib-isteis escrib-ieron

動詞活用表

接続法・過去(se 形)	未来(過去未来)	
venc-iera (-iese)	venc-eré (-ería)	
venc-ieras (-ieses)	venc-erás (-erías)	cがa, oの前でzになる
venc-iera (-iese)	venc-erá (-ería)	
venc-iéramos (-iésemos)	venc-eremos (-eríamos)	
venc-ierais (-ieseis)	venc-eréis (-eríais)	
venc-ieran (-iesen)	venc-erán (-erían)	
cog-iera (-iese)	cog-eré (-ería)	
cog-ieras (-ieses)	cog-erás (-erías)	gがa, oの前でjになる
cog-iera (-iese)	cog-erá (-ería)	
cog-iéramos (-iésemos)	cog-eremos (-eríamos)	
cog-ierais (-ieseis)	cog-eréis (-eríais)	
cog-ieran (-iesen)	cog-erán (-erían)	
le-yera (-yese)	le-eré (-ería)	
le-yeras (-yeses)	le-erás (-erías)	ie, ioが母音の後でye, yoになる
le-yera (-yese)	le-erá (-ería)	アクセント符号に注意
le-yéramos (-yésemos)	le-eremos (-eríamos)	
le-yerais (-yeseis)	le-eréis (-eríais)	
le-yeran (-yesen)	le-erán (-erían)	
tañ-era (-ese)	tañ-eré (-ería)	
tañ-eras (-eses)	tañ-erás (-erías)	ie, ioがñの後でe, oになる
tañ-era (-ese)	tañ-erá (-ería)	
tañ-éramos (-ésemos)	tañ-eremos (-eríamos)	
tañ-erais (-eseis)	tañ-eréis (-eríais)	
tañ-eran (-esen)	tañ-erán (-erían)	
viv-iera (-iese)	viv-iré (-iría)	Ir型規則変化
viv-ieras (-ieses)	viv-irás (-irías)	
viv-iera (-iese)	viv-irá (-iría)	
viv-iéramos (-iésemos)	viv-iremos (-iríamos)	
viv-ierais (-ieseis)	viv-iréis (-iríais)	
viv-ieran (-iesen)	viv-irán (-irían)	
abr-iera (-iese)	abr-iré (-iría)	過去分詞が不規則
abr-ieras (-ieses)	abr-irás (-irías)	
abr-iera (-iese)	abr-irá (-iría)	
abr-iéramos (-iésemos)	abr-iremos (-iríamos)	
abr-ierais (-ieseis)	abr-iréis (-iríais)	
abr-ieran (-iesen)	abr-irán (-irían)	
cubr-iera (-iese)	cubr-iré (-iría)	過去分詞が不規則
cubr-ieras (-ieses)	cubr-irás (-irías)	
cubr-iera (-iese)	cubr-irá (-iría)	
cubr-iéramos (-iésemos)	cubr-iremos (-iríamos)	
cubr-ierais (-ieseis)	cubr-iréis (-iríais)	
cubr-ieran (-iesen)	cubr-irán (-irían)	
escrib-iera (-iese)	escrib-iré (-iría)	過去分詞が不規則
escrib-ieras (-ieses)	escrib-irás (-irías)	
escrib-iera (-iese)	escrib-irá (-iría)	
escrib-iéramos (-iésemos)	escrib-iremos (-iríamos)	
escrib-ierais (-ieseis)	escrib-iréis (-iríais)	
escrib-ieran (-iesen)	escrib-irán (-irían)	

動詞活用表

不定詞 現在分詞 過去分詞	命令 2人称単数 2人称複数	直説法・現在	接続法・現在	線過去	点過去
[3.4] **imprim-ir** imprim-iendo **impreso**, imprimido	 imprim-e imprim-id	imprim-o imprim-es imprim-e imprim-imos imprim-ís imprim-en	imprim-a imprim-as imprim-a imprim-amos imprim-áis imprim-an	imprim-ía imprim-ías imprim-ía imprim-íamos imprim-íais imprim-ían	imprim-í imprim-iste imprim-ió imprim-imos imprim-isteis imprim-ieron
[3.5] **unc-ir** unc-iendo unc-ido	 unc-e unc-id	**unz-o** unc-es unc-e unc-imos unc-ís unc-en	**unz-a** **unz-as** **unz-a** **unz-amos** **unz-áis** **unz-an**	unc-ía unc-ías unc-ía unc-íamos unc-íais unc-ían	unc-í unc-iste unc-ió unc-imos unc-isteis unc-ieron
[3.6] **finj-ir** fing-iendo fing-ido	 fing-e fing-id	**finj-o** fing-es fing-e fing-imos fing-ís fing-en	**finj-a** **finj-as** **finj-a** **finj-amos** **finj-áis** **finj-an**	fing-ía fing-ías fing-ía fing-íamos fing-íais fing-ían	fing-í fing-iste fing-ió fing-imos fing-isteis fing-ieron
[3.7] **distingu-ir** distingu-iendo distingu-ido	 distingu-e distingu-id	**disting-o** distingu-es distingu-e distingu-imos distingu-ís distingu-en	**disting-a** **disting-as** **disting-a** **disting-amos** **disting-áis** **disting-an**	distingu-ía distingu-ías distingu-ía distingu-íamos distingu-íais distingu-ían	distingu-í distingu-iste distingu-ió distingu-imos distingu-isteis distingu-ieron
[3.8] **delinqu-ir** delinqu-iendo delinqu-ido	 delinqu-e delinqu-id	**delinc-o** delinqu-es delinqu-e delinqu-imos delinqu-ís delinqu-en	**delinc-a** **delinc-as** **delinc-a** **delinc-amos** **delinc-áis** **delinc-an**	delinqu-ía delinqu-ías delinqu-ía delinqu-íamos delinqu-íais delinqu-ían	delinqu-í delinqu-iste delinqu-ió delinqu-imos delinqu-isteis delinqu-ieron
[3.9] **bull-ir** **bull-endo** bull-ido	 bull-e bull-id	bull-o bull-es bull-e bull-imos bull-ís bull-en	bull-a bull-as bull-a bull-amos bull-áis bull-an	bull-ía bull-ías bull-ía bull-íamos bull-íais bull-ían	bull-í bull-iste **bull-ó** bull-imos bull-isteis **bull-eron**
[3.10] **bruñ-ir** **bruñ-endo** bruñ-ido	 bruñ-e bruñ-id	bruñ-o bruñ-es bruñ-e bruñ-imos bruñ-ís bruñ-en	bruñ-a bruñ-as bruñ-a bruñ-amos bruñ-áis bruñ-an	bruñ-ía bruñ-ías bruñ-ía bruñ-íamos bruñ-íais bruñ-ían	bruñ-í bruñ-iste **bruñ-ó** bruñ-imos bruñ-isteis **bruñ-eron**
[3.11] **prohib-ir** prohib-iendo prohib-ido	 **prohíb-e** prohib-id	**prohíb-o** **prohíb-es** **prohíb-e** prohib-imos prohib-ís **prohíb-en**	**prohíb-a** **prohíb-as** **prohíb-a** prohib-amos prohib-áis **prohíb-an**	prohib-ía prohib-ías prohib-ía prohib-íamos prohib-íais prohib-ían	prohib-í prohib-iste prohib-ió prohib-imos prohib-isteis prohib-ieron

動詞活用表

接続法・過去(se 形)	未来(過去未来)	
imprim-iera (-iese) imprim-ieras (-ieses) imprim-iera (-iese) imprim-iéramos (-iésemos) imprim-ierais (-ieseis) imprim-ieran (-iesen)	imprim-iré (-iría) imprim-irás (-irías) imprim-irá (-iría) imprim-iremos (-iríamos) imprim-iréis (-iríais) imprim-irán (-irían)	過去分詞が不規則
unc-iera (-iese) unc-ieras (-ieses) unc-iera (-iese) unc-iéramos (-iésemos) unc-ierais (-ieseis) unc-ieran (-iesen)	unc-iré (-iría) unc-irás (-irías) unc-irá (-iría) unc-iremos (-iríamos) unc-iréis (-iríais) unc-irán (-irían)	c が a, o の前で z になる
fing-iera (-iese) fing-ieras (-ieses) fing-iera (-iese) fing-iéramos (-iésemos) fing-ierais (-ieseis) fing-ieran (-iesen)	fing-iré (-iría) fing-irás (-irías) fing-irá (-iría) fing-iremos (-iríamos) fing-iréis (-iríais) fing-irán (-irían)	g が a, o の前で j になる
distingu-iera (-iese) distingu-ieras (-ieses) distingu-iera (-iese) distingu-iéramos (-iésemos) distingu-ierais (-ieseis) distingu-ieran (-iesen)	distingu-iré (-iría) distingu-irás (-irías) distingu-irá (-iría) distingu-iremos (-iríamos) distingu-iréis (-iríais) distingu-irán (-irían)	gu が a, o の前で g になる
delinqu-iera (-iese) delinqu-ieras (-ieses) delinqu-iera (-iese) delinqu-iéramos (-iésemos) delinqu-ierais (-ieseis) delinqu-ieran (-iesen)	delinqu-iré (-iría) delinqu-irás (-irías) delinqu-irá (-iría) delinqu-iremos (-iríamos) delinqu-iréis (-iríais) delinqu-irán (-irían)	qu が a, o の前で c になる
bull-era (-ese) **bull-eras (-eses)** **bull-era (-ese)** **bull-éramos (-ésemos)** **bull-erais (-eseis)** **bull-eran (-esen)**	bull-iré (-iría) bull-irás (-irías) bull-irá (-iría) bull-iremos (-iríamos) bull-iréis (-iríais) bull-irán (-irían)	ie, io が ll の後で e, o になる
bruñ-era (-ese) **bruñ-eras (-eses)** **bruñ-era (-ese)** **bruñ-éramos (-ésemos)** **bruñ-erais (-eseis)** **bruñ-eran (-esen)**	bruñ-iré (-iría) bruñ-irás (-irías) bruñ-irá (-iría) bruñ-iremos (-iríamos) bruñ-iréis (-iríais) bruñ-irán (-irían)	ie, io が ñ の後で e, o になる
prohib-iera (-iese) prohib-ieras (-ieses) prohib-iera (-iese) prohib-iéramos (-iésemos) prohib-ierais (-ieseis) prohib-ieran (-iesen)	prohib-iré (-iría) prohib-irás (-irías) prohib-irá (-iría) prohib-iremos (-iríamos) prohib-iréis (-iríais) prohib-irán (-irían)	アクセント符号に注意

動詞活用表

不定詞 現在分詞 過去分詞	命令 2人称単数 2人称複数	直説法・現在	接続法・現在	線過去	点過去
[3.12] **reun-ir** reun-iendo reun-ido	 **reún-e** reun-id	**reún-o** **reún-es** **reún-e** reun-imos reun-ís **reún-en**	**reún-a** **reún-as** **reún-a** reun-amos reun-áis **reún-an**	reun-ía reun-ías reun-ía reun-íamos reun-íais reun-ían	reun-í reun-iste reun-ió reun-imos reun-isteis reun-ieron
[4.1] **pens-ar** pens-ando pens-ado	 **piens-a** pens-ad	**piens-o** **piens-as** **piens-a** pens-amos pens-áis **piens-an**	**piens-e** **piens-es** **piens-e** pens-emos pens-éis **piens-en**	pens-aba pens-abas pens-aba pens-ábamos pens-abais pens-aban	pens-é pens-aste pens-ó pens-amos pens-asteis pens-aron
[4.2] **perd-er** perd-iendo perd-ido	 **pierd-e** perd-ed	**pierd-o** **pierd-es** **pierd-e** perd-emos perd-éis **pierd-en**	**pierd-a** **pierd-as** **pierd-a** perd-amos perd-áis **pierd-an**	perd-ía perd-ías perd-ía perd-íamos perd-íais perd-ían	perd-í perd-iste perd-ió perd-imos perd-isteis perd-ieron
[4.3] **discern-ir** discern-iendo discern-ido	 **disciern-e** discern-id	**disciern-o** **disciern-es** **disciern-e** discern-imos discern-ís **disciern-en**	**disciern-a** **disciern-as** **disciern-a** discern-amos discern-áis **disciern-an**	discern-ía discern-ías discern-ía discern-íamos discern-íais discern-ían	discern-í discern-iste discern-ió discern-imos discern-isteis discern-ieron
[4.4] **neg-ar** neg-ando neg-ado	 **nieg-a** neg-ad	**nieg-o** **nieg-as** **nieg-a** neg-amos neg-áis **nieg-an**	**niegu-e** **niegu-es** **niegu-e** **negu-emos** **negu-éis** **niegu-en**	neg-aba neg-abas neg-aba neg-ábamos neg-abais neg-aban	**negu-é** neg-aste neg-ó neg-amos neg-asteis neg-aron
[4.5] **empez-ar** empez-ando empez-ado	 **empiez-a** empez-ad	**empiez-o** **empiez-as** **empiez-a** empez-amos empez-áis **empiez-an**	**empiec-e** **empiec-es** **empiec-e** **empec-emos** **empec-éis** **empiec-en**	empez-aba empez-abas empez-aba empez-ábamos empez-abais empez-aban	**empec-é** empez-aste empez-ó empez-amos empez-asteis empez-aron
[4.6] **err-ar** err-ando err-ado	 **yerr-a** err-ad	**yerr-o** **yerr-as** **yerr-a** err-amos err-áis **yerr-an**	**yerr-e** **yerr-es** **yerr-e** err-emos err-éis **yerr-en**	err-aba err-abas err-aba err-ábamos err-abais err-aban	err-é err-aste err-ó err-amos err-asteis err-aron
[4.7] **adquir-ir** adquir-iendo adquir-ido	 **adquier-e** adquir-id	**adquier-o** **adquier-es** **adquier-e** adquir-imos adquir-ís **adquier-en**	**adquier-a** **adquier-as** **adquier-a** adquir-amos adquir-áis **adquier-an**	adquir-ía adquir-ías adquir-ía adquir-íamos adquir-íais adquir-ían	adquir-í adquir-iste adquir-ió adquir-imos adquir-isteis adquir-ieron

動詞活用表

接続法・過去(se 形)	未来(過去未来)	
reun-iera (-iese) reun-ieras (-ieses) reun-iera (-iese) reun-iéramos (-iésemos) reun-ierais (-ieseis) reun-ieran (-iesen)	reun-iré (-iría) reun-irás (-irías) reun-irá (-iría) reun-iremos (-iríamos) reun-iréis (-iríais) reun-irán (-irían)	アクセント符号に注意
pens-ara (-ase) pens-aras (-ases) pens-ara (-ase) pens-áramos (-ásemos) pens-arais (-aseis) pens-aran (-asen)	pens-aré (-aría) pens-arás (-arías) pens-ará (-aría) pens-aremos (-aríamos) pens-aréis (-aríais) pens-arán (-arían)	[e-ie]の交替による不規則変化 eは強勢のある位置でieになる
perd-iera (-iese) perd-ieras (-ieses) perd-iera (-iese) perd-iéramos (-iésemos) perd-ierais (-ieseis) perd-ieran (-iesen)	perd-eré (-ería) perd-erás (-erías) perd-erá (-ería) perd-eremos (-eríamos) perd-eréis (-eríais) perd-erán (-erían)	[e-ie]の交替による不規則変化 eは強勢のある位置でieになる
discern-iera (-iese) discern-ieras (-ieses) discern-iera (-iese) discern-iéramos (-iésemos) discern-ierais (-ieseis) discern-ieran (-iesen)	discern-iré (-iría) discern-irás (-irías) discern-irá (-iría) discern-iremos (-iríamos) discern-iréis (-iríais) discern-irán (-irían)	[e-ie]の交替による不規則変化 eは強勢のある位置でieになる
neg-ara (-ase) neg-aras (-ases) neg-ara (-ase) neg-áramos (-ásemos) neg-arais (-aseis) neg-aran (-asen)	neg-aré (-aría) neg-arás (-arías) neg-ará (-aría) neg-aremos (-aríamos) neg-aréis (-aríais) neg-arán (-arían)	[e-ie]の交替による不規則変化 gがeの前でguになる
empez-ara (-ase) empez-aras (-ases) empez-ara (-ase) empez-áramos (-ásemos) empez-arais (-aseis) empez-aran (-asen)	empez-aré (-aría) empez-arás (-arías) empez-ará (-aría) empez-aremos (-aríamos) empez-aréis (-aríais) empez-arán (-arían)	[e-ie]の交替による不規則変化 zがeの前でcになる
err-ara (-ase) err-aras (-ases) err-ara (-ase) err-áramos (-ásemos) err-arais (-aseis) err-aran (-asen)	err-aré (-aría) err-arás (-arías) err-ará (-aría) err-aremos (-aríamos) err-aréis (-aríais) err-arán (-arían)	[e-ie]の交替による不規則変化 ieが語頭でyeになる
adquir-iera (-iese) adquir-ieras (-ieses) adquir-iera (-iese) adquir-iéramos (-iésemos) adquir-ierais (-ieseis) adquir-ieran (-iesen)	adquir-iré (-iría) adquir-irás (-irías) adquir-irá (-iría) adquir-iremos (-iríamos) adquir-iréis (-iríais) adquir-irán (-irían)	[i-ie]の交替による不規則変化

動詞活用表

不定詞 現在分詞 過去分詞	命令 2人称単数 2人称複数	直説法・現在	接続法・現在	線過去	点過去
[4.8] **quer-er** quer-iendo quer-ido	**quier-e** quer-ed	**quier-o** **quier-es** **quier-e** quer-emos quer-éis **quier-en**	**quier-a** **quier-as** **quier-a** quer-amos quer-áis **quier-an**	quer-ía quer-ías quer-ía quer-íamos quer-íais quer-ían	**quis-e** **quis-iste** **quis-o** **quis-imos** **quis-isteis** **quis-ieron**
[5.1] **cont-ar** cont-ando cont-ado	**cuent-a** cont-ad	**cuent-o** **cuent-as** **cuent-a** cont-amos cont-áis **cuent-an**	**cuent-e** **cuent-es** **cuent-e** cont-emos cont-éis **cuent-en**	cont-aba cont-abas cont-aba cont-ábamos cont-abais cont-aban	cont-é cont-aste cont-ó cont-amos cont-asteis cont-aron
[5.2] **mov-er** mov-iendo mov-ido	**muev-e** mov-ed	**muev-o** **muev-es** **muev-e** mov-emos mov-éis **muev-en**	**muev-a** **muev-as** **muev-a** mov-amos mov-áis **muev-an**	mov-ía mov-ías mov-ía mov-íamos mov-íais mov-ían	mov-í mov-iste mov-ió mov-imos mov-isteis mov-ieron
[5.3] **volc-ar** volc-ando volc-ado	**vuelc-a** volc-ad	**vuelc-o** **vuelc-as** **vuelc-a** volc-amos volc-áis **vuelc-an**	**vuelqu-e** **vuelqu-es** **vuelqu-e** **volqu-emos** **volqu-éis** **vuelqu-en**	volc-aba volc-abas volc-aba volc-ábamos volc-abais volc-aban	**volqu-é** volc-aste volc-ó volc-amos volc-asteis volc-aron
[5.4] **rog-ar** rog-ando rog-ado	**rueg-a** rog-ad	**rueg-o** **rueg-as** **rueg-a** rog-amos rog-áis **rueg-an**	**ruegu-e** **ruegu-es** **ruegu-e** **rogu-emos** **rogu-éis** **ruegu-en**	rog-aba rog-abas rog-aba rog-ábamos rog-abais rog-aban	**rogu-é** rog-aste rog-ó rog-amos rog-asteis rog-aron
[5.5] **forz-ar** forz-ando forz-ado	**fuerz-a** forz-ad	**fuerz-o** **fuerz-as** **fuerz-a** forz-amos forz-áis **fuerz-an**	**fuerc-e** **fuerc-es** **fuerc-e** **forc-emos** **forc-éis** **fuerc-en**	forz-aba forz-abas forz-aba forz-ábamos forz-abais forz-aban	**forc-é** forz-aste forz-ó forz-amos forz-asteis forz-aron
[5.6] **avergonzar** avergonz-ando avergonz-ado	**avergüenz-a** avergonz-ad	**avergüenz-o** **avergüenz-as** **avergüenz-a** avergonz-amos avergonz-áis **avergüenz-an**	**avergüenc-e** **avergüenc-es** **avergüenc-e** **avergonc-emos** **avergonc-éis** **avergüenc-en**	avergonz-aba avergonz-abas avergonz-aba avergonz-ábamos avergonz-abais avergonz-aban	**avergonc-é** avergonz-aste avergonz-ó avergonz-amos avergonz-asteis avergonz-aron
[5.7] **agor-ar** agor-ando agor-ado	**agüer-a** agor-ad	**agüer-o** **agüer-as** **agüer-a** agor-amos agor-áis **agüer-an**	**agüer-e** **agüer-es** **agüer-e** agor-emos agor-éis **agüer-en**	agor-aba agor-abas agor-aba agor-ábamos agor-abais agor-aban	agor-é agor-aste agor-ó agor-amos agor-asteis agor-aron

動詞活用表

接続法・過去(se形)	未来(過去未来)	
quis-iera (-iese) **quis-ieras (-ieses)** **quis-iera (-iese)** **quis-iéramos (-iésemos)** **quis-ierais (-ieseis)** **quis-ieran (-iesen)**	**querr-é (-ía)** **querr-ás (-ías)** **querr-á (-ía)** **querr-emos (-íamos)** **querr-éis (-íais)** **querr-án (-ían)**	[e-ie]の交替による不規則変化 点過去, 接続法過去が強変化の不規則 未来・過去未来が不規則
cont-ara (-ase) cont-aras (-ases) cont-ara (-ase) cont-áramos (-ásemos) cont-arais (-aseis) cont-aran (-asen)	cont-aré (-aría) cont-arás (-arías) cont-ará (-aría) cont-aremos (-aríamos) cont-aréis (-aríais) cont-arán (-arían)	[o-ue]の交替による不規則変化 oが強勢のある位置でueになる
mov-iera (-iese) mov-ieras (-ieses) mov-iera (-iese) mov-iéramos (-iésemos) mov-ierais (-ieseis) mov-ieran (-iesen)	mov-eré (-ería) mov-erás (-erías) mov-erá (-ería) mov-eremos (-eríamos) mov-eréis (-eríais) mov-erán (-erían)	[o-ue]の交替による不規則変化 oが強勢のある位置でueになる
volc-ara (-ase) volc-aras (-ases) volc-ara (-ase) volc-áramos (-ásemos) volc-arais (-aseis) volc-aran (-asen)	volc-aré (-aría) volc-arás (-arías) volc-ará (-aría) volc-aremos (-aríamos) volc-aréis (-aríais) volc-arán (-arían)	[o-ue]の交替による不規則変化 cがeの前でquになる
rog-ara (-ase) rog-aras (-ases) rog-ara (-ase) rog-áramos (-ásemos) rog-arais (-aseis) rog-aran (-asen)	rog-aré (-aría) rog-arás (-arías) rog-ará (-aría) rog-aremos (-aríamos) rog-aréis (-aríais) rog-arán (-arían)	[o-ue]の交替による不規則変化 gがeの前でguになる
forz-ara (-ase) forz-aras (-ases) forz-ara (-ase) forz-áramos (-ásemos) forz-arais (-aseis) forz-aran (-asen)	forz-aré (-aría) forz-arás (-arías) forz-ará (-aría) forz-aremos (-aríamos) forz-aréis (-aríais) forz-arán (-arían)	[o-ue]の交替による不規則変化 zがeの前でcになる
avergonz-ara (-ase) avergonz-aras (-ases) avergonz-ara (-ase) avergonz-áramos (-ásemos) avergonz-arais (-aseis) avergonz-aran (-asen)	avergonz-aré (-aría) avergonz-arás (-arías) avergonz-ará (-aría) avergonz-aremos (-aríamos) avergonz-aréis (-aríais) avergonz-arán (-arían)	[o-ue]の交替による不規則変化 zがeの前でcになる ueがgの後でüeになる
agor-ara (-ase) agor-aras (-ases) agor-ara (-ase) agor-áramos (-ásemos) agor-arais (-aseis) agor-aran (-asen)	agor-aré (-aría) agor-arás (-arías) agor-ará (-aría) agor-aremos (-aríamos) agor-aréis (-aríais) agor-arán (-arían)	[o-ue]の交替による不規則変化 ueがgの後でüeになる

動詞活用表

不定詞 現在分詞 過去分詞	命令 2人称単数 2人称複数	直説法・現在	接続法・現在	線過去	点過去
[5.8] **jug-ar** jug-ando jug-ado	 **jueg-a** jug-ad	**jueg-o** **jueg-as** **jueg-a** jug-amos jug-áis **jueg-an**	**juegu-e** **juegu-es** **juegu-e** **jugu-emos** **jugu-éis** **juegu-en**	jug-aba jug-abas jug-aba jug-ábamos jug-abais jug-aban	**jugu-é** jug-aste jug-ó jug-amos jug-asteis jug-aron
[5.9] **coc-er** coc-iendo coc-ido	 **cuec-e** coc-ed	**cuez-o** **cuec-es** **cuec-e** coc-emos coc-éis **cuec-en**	**cuez-a** **cuez-as** **cuez-a** **coz-amos** **coz-áis** **cuez-an**	coc-ía coc-ías coc-ía coc-íamos coc-íais coc-ían	coc-í coc-iste coc-ió coc-imos coc-isteis coc-ieron
[5.10] **ol-er** ol-iendo ol-ido	 **huel-e** ol-ed	**huel-o** **huel-es** **huel-e** ol-emos ol-éis **huel-en**	**huel-a** **huel-as** **huel-a** ol-amos ol-áis **huel-an**	ol-ía ol-ías ol-ía ol-íamos ol-íais ol-ían	ol-í ol-iste ol-ió ol-imos ol-isteis ol-ieron
[5.11] **volv-er** volv-iendo **vuelto**	 **vuelv-e** volv-ed	**vuelv-o** **vuelv-es** **vuelv-e** volv-emos volv-éis **vuelv-en**	**vuelv-a** **vuelv-as** **vuelv-a** volv-amos volv-áis **vuelv-an**	volv-ía volv-ías volv-ía volv-íamos volv-íais volv-ían	volv-í volv-iste volv-ió volv-imos volv-isteis volv-ieron
[5.12] **pod-er** **pudiendo** pod-ido	 **pued-e** pod-ed	**pued-o** **pued-es** **pued-e** pod-emos pod-éis **pued-en**	**pued-a** **pued-as** **pued-a** pod-amos pod-áis **pued-an**	pod-ía pod-ías pod-ía pod-íamos pod-íais pod-ían	**pud-e** **pud-iste** **pud-o** **pud-imos** **pud-isteis** **pud-ieron**
[6.1] **ped-ir** **pid-iendo** ped-ido	 **pid-e** ped-id	**pid-o** **pid-es** **pid-e** ped-imos ped-ís **pid-en**	**pid-a** **pid-as** **pid-a** **pid-amos** **pid-áis** **pid-an**	ped-ía ped-ías ped-ía ped-íamos ped-íais ped-ían	ped-í ped-iste **pid-ió** ped-imos ped-isteis **pid-ieron**
[6.2] **correg-ir** **corrig-iendo** correg-ido	 **corrig-e** correg-id	**corrij-o** **corrig-es** **corrig-e** correg-imos correg-ís **corrig-en**	**corrij-a** **corrij-as** **corrij-a** **corrij-amos** **corrij-áis** **corrij-an**	correg-ía correg-ías correg-ía correg-íamos correg-íais correg-ían	correg-í correg-iste **corrig-ió** correg-imos correg-isteis **corrig-ieron**
[6.3] **segu-ir** **sigu-iendo** segu-ido	 **sigu-e** segu-id	**sig-o** **sigu-es** **sigu-e** segu-imos segu-ís **sigu-en**	**sig-a** **sig-as** **sig-a** **sig-amos** **sig-áis** **sig-an**	segu-ía segu-ías segu-ía segu-íamos segu-íais segu-ían	segu-í segu-iste **sigu-ió** segu-imos segu-isteis **sigu-ieron**

動詞活用表

接続法・過去(se 形)	未来(過去未来)	
jug-ara (-ase) jug-aras (-ases) jug-ara (-ase) jug-áramos (-ásemos) jug-arais (-aseis) jug-aran (-asen)	jug-aré (-aría) jug-arás (-arías) jug-ará (-aría) jug-aremos (-aríamos) jug-aréis (-aríais) jug-arán (-arían)	[u−ue]の交替による不規則変化 gがeの前でguになる
coc-iera (-iese) coc-ieras (-ieses) coc-iera (-iese) coc-iéramos (-iésemos) coc-ierais (-ieseis) coc-ieran (-iesen)	coc-eré (-ería) coc-erás (-erías) coc-erá (-ería) coc-eremos (-eríamos) coc-eréis (-eríais) coc-erán (-erían)	[o−ue]の交替による不規則変化 cがa, oの前でzになる
ol-iera (-iese) ol-ieras (-ieses) ol-iera (-iese) ol-iéramos (-iésemos) ol-ierais (-ieseis) ol-ieran (-iesen)	ol-eré (-ería) ol-erás (-erías) ol-erá (-ería) ol-eremos (-eríamos) ol-eréis (-eríais) ol-erán (-erían)	[o−ue]の交替による不規則変化 ueが語頭でhueになる
volv-iera (-iese) volv-ieras (-ieses) volv-iera (-iese) volv-iéramos (-iésemos) volv-ierais (-ieseis) volv-ieran (-iesen)	volv-eré (-ería) volv-erás (-erías) volv-erá (-ería) volv-eremos (-eríamos) volv-eréis (-eríais) volv-erán (-erían)	[o−ue]の交替による不規則変化 過去分詞が不規則
pud-iera (-iese) **pud-ieras (-ieses)** **pud-iera (-iese)** **pud-iéramos (-iésemos)** **pud-ierais (-ieseis)** **pud-ieran (-iesen)**	**podr-é (-ía)** **podr-ás (-ías)** **podr-á (-ía)** **podr-emos (-íamos)** **podr-éis (-íais)** **podr-án (-ían)**	[o−ue]の交替による不規則変化 点過去, 接続法過去が強変化の 不規則 未来・過去未来が不規則 現在分詞が不規則
pid-iera (-iese) **pid-ieras (-ieses)** **pid-iera (-iese)** **pid-iéramos (-iésemos)** **pid-ierais (-ieseis)** **pid-ieran (-iesen)**	ped-iré (-iría) ped-irás (-irías) ped-irá (-iría) ped-iremos (-iríamos) ped-iréis (-iríais) ped-irán (-irían)	[e−i]の交替による不規則変化 母音 i (半母音ではない)で始まる語 尾の前でeになる
corrig-iera (-iese) **corrig-ieras (-ieses)** **corrig-iera (-iese)** **corrig-iéramos (-iésemos)** **corrig-ierais (-ieseis)** **corrig-ieran (-iesen)**	correg-iré (-iría) correg-irás (-irías) correg-irá (-iría) correg-iremos (-iríamos) correg-iréis (-iríais) correg-irán (-irían)	[e−i]の交替による不規則変化 gがa, oの前でjになる
sigu-iera (-iese) **sigu-ieras (-ieses)** **sigu-iera (-iese)** **sigu-iéramos (-iésemos)** **sigu-ierais (-ieseis)** **sigu-ieran (-iesen)**	segu-iré (-iría) segu-irás (-irías) segu-irá (-iría) segu-iremos (-iríamos) segu-iréis (-iríais) segu-irán (-irían)	[e−i]の交替による不規則変化 guがa, oの前でgになる

動詞活用表

不定詞 現在分詞 過去分詞	命令 2人称単数 2人称複数	直説法・現在	接続法・現在	線過去	点過去
[6.4] **hench-ir** **hinch-endo** hench-ido	 **hinch-e** hench-id	**hinch-o** **hinch-es** **hinch-e** hench-imos hench-ís **hinch-en**	**hinch-a** **hinch-as** **hinch-a** **hinch-amos** **hinch-áis** **hinch-an**	hench-ía hench-ías hench-ía hench-íamos hench-íais hench-ían	hench-í hench-iste **hinch-ó** hench-imos hench-isteis **hinch-eron**
[6.5] **reñ-ir** **riñ-endo** reñ-ido	 **riñ-e** reñ-id	**riñ-o** **riñ-es** **riñ-e** reñ-imos reñ-ís **riñ-en**	**riñ-a** **riñ-as** **riñ-a** **riñ-amos** **riñ-áis** **riñ-an**	reñ-ía reñ-ías reñ-ía reñ-íamos reñ-íais reñ-ían	reñ-í reñ-iste **riñ-ó** reñ-imos reñ-isteis **riñ-eron**
[6.6] **re-ír** **ri-endo** **re-ído**	 **rí-e** **re-íd**	**rí-o** **rí-es** **rí-e** **re-ímos** re-ís **rí-en**	**rí-a** **rí-as** **rí-a** **ri-amos** **ri-áis** **rí-an**	re-ía re-ías re-ía re-íamos re-íais re-ían	re-í **re-íste** **ri-ó** **re-ímos** **re-ísteis** **ri-eron**
[7] **sent-ir** **sint-iendo** sent-ido	 **sient-e** sent-id	**sient-o** **sient-es** **sient-e** sent-imos sent-ís **sient-en**	**sient-a** **sient-as** **sient-a** **sint-amos** **sint-áis** **sient-an**	sent-ía sent-ías sent-ía sent-íamos sent-íais sent-ían	sent-í sent-iste **sint-ió** sent-imos sent-isteis **sint-ieron**
[8.1] **dorm-ir** **durm-iendo** dorm-ido	 **duerm-e** dorm-id	**duerm-o** **duerm-es** **duerm-e** dorm-imos dorm-ís **duerm-en**	**duerm-a** **duerm-as** **duerm-a** **durm-amos** **durm-áis** **duerm-an**	dorm-ía dorm-ías dorm-ía dorm-íamos dorm-íais dorm-ían	dorm-í dorm-iste **durm-ió** dorm-imos dorm-isteis **durm-ieron**
[8.2] **mor-ir** **mur-iendo** **muerto**	 **muer-e** mor-id	**muer-o** **muer-es** **muer-e** mor-imos mor-ís **muer-en**	**muer-a** **muer-as** **muer-a** **mur-amos** **mur-áis** **muer-an**	mor-ía mor-ías mor-ía mor-íamos mor-íais mor-ían	mor-í mor-iste **mur-ió** mor-imos mor-isteis **mur-ieron**
[9.1] **nac-er** nac-iendo nac-ido	 nac-e nac-ed	**nazc-o** nac-es nac-e nac-emos nac-éis nac-en	**nazc-a** **nazc-as** **nazc-a** **nazc-amos** **nazc-áis** **nazc-an**	nac-ía nac-ías nac-ía nac-íamos nac-íais nac-ían	nac-í nac-iste nac-ió nac-imos nac-isteis nac-ieron
[9.2] **luc-ir** luc-iendo luc-ido	 luc-e luc-id	**luzc-o** luc-es luc-e luc-imos luc-ís luc-en	**luzc-a** **luzc-as** **luzc-a** **luzc-amos** **luzc-áis** **luzc-an**	luc-ía luc-ías luc-ía luc-íamos luc-íais luc-ían	luc-í luc-iste luc-ió luc-imos luc-isteis luc-ieron

動詞活用表

接続法・過去(se 形)	未来(過去未来)	
hinch-era (-ese) **hinch-eras (-eses)** **hinch-era (-ese)** **hinch-éramos (-ésemos)** **hinch-erais (-eseis)** **hinch-eran (-esen)**	hench-iré (-iría) hench-irás (-irías) hench-irá (-iría) hench-iremos (-iríamos) hench-iréis (-iríais) hench-irán (-irían)	[e-i]の交替による不規則変化 ie, io が ch の後で e, o になる
riñ-era (-ese) **riñ-eras (-eses)** **riñ-era (-ese)** **riñ-éramos (-ésemos)** **riñ-erais (-eseis)** **riñ-eran (-esen)**	reñ-iré (-iría) reñ-irás (-irías) reñ-irá (-iría) reñ-iremos (-iríamos) reñ-iréis (-iríais) reñ-irán (-irían)	[e-i]の交替による不規則変化 ie, io が ñ の後で e, o になる
ri-era (-ese) **ri-eras (-eses)** **ri-era (-ese)** **ri-éramos (-ésemos)** **ri-erais (-eseis)** **ri-eran (-esen)**	re-iré (-iría) re-irás (-irías) re-irá (-iría) re-iremos (-iríamos) re-iréis (-iríais) re-irán (-irían)	[e-i]の交替による不規則変化 ie, io が i の後で e, o になる アクセント符号に注意
sint-iera (-iese) **sint-ieras (-ieses)** **sint-iera (-iese)** **sint-iéramos (-iésemos)** **sint-ierais (-ieseis)** **sint-ieran (-iesen)**	sent-iré (-iría) sent-irás (-irías) sent-irá (-iría) sent-iremos (-iríamos) sent-iréis (-iríais) sent-irán (-irían)	[e-ie-i]の交替による不規則変化 母音 i(半母音ではない)で始まる語尾の前では e になる 強勢のある位置で ie, その他は i になる
durm-iera (-iese) **durm-ieras (-ieses)** **durm-iera (-iese)** **durm-iéramos (-iésemos)** **durm-ierais (-ieseis)** **durm-ieran (-iesen)**	dorm-iré (-iría) dorm-irás (-irías) dorm-irá (-iría) dorm-iremos (-iríamos) dorm-iréis (-iríais) dorm-irán (-irían)	[o-ue-u]の交替による不規則変化 母音 i(半母音ではない)で始まる語尾の前では o になる 強勢のある位置で ue, その他は u になる
mur-iera (-iese) **mur-ieras (-ieses)** **mur-iera (-iese)** **mur-iéramos (-iésemos)** **mur-ierais (-ieseis)** **mur-ieran (-iesen)**	mor-iré (-iría) mor-irás (-irías) mor-irá (-iría) mor-iremos (-iríamos) mor-iréis (-iríais) mor-irán (-irían)	[o-ue-u]の交替による不規則変化 母音 i(半母音ではない)で始まる語尾の前では o になる 強勢のある位置で ue, その他は u になる 過去分詞が不規則
nac-iera (-iese) nac-ieras (-ieses) nac-iera (-iese) nac-iéramos (-iésemos) nac-ierais (-ieseis) nac-ieran (-iesen)	nac-eré (-ería) nac-erás (-erías) nac-erá (-ería) nac-eremos (-eríamos) nac-eréis (-eríais) nac-erán (-erían)	[c-zc]の交替による不規則変化 c が a, o の前で zc になる
luc-iera (-iese) luc-ieras (-ieses) luc-iera (-iese) luc-iéramos (-iésemos) luc-ierais (-ieseis) luc-ieran (-iesen)	luc-iré (-iría) luc-irás (-irías) luc-irá (-iría) luc-iremos (-iríamos) luc-iréis (-iríais) luc-irán (-irían)	[c-zc]の交替による不規則変化 c が a, o の後で zc になる

動詞活用表

不定詞 現在分詞 過去分詞	命令 2人称単数 2人称複数	直説法・現在	接続法・現在	線過去	点過去
[9.3] **deduc-ir** deduc-iendo deduc-ido	 deduc-e deduc-id	**deduzc-o** deduc-es deduc-e deduc-imos deduc-ís deduc-en	**deduzc-a** **deduzc-as** **deduzc-a** **deduzc-amos** **deduzc-áis** **deduzc-an**	deduc-ía deduc-ías deduc-ía deduc-íamos deduc-íais deduc-ían	**deduj-e** **deduj-iste** **deduj-o** **deduj-imos** **deduj-isteis** **deduj-eron**
[10.1] **ca-er** **ca-yendo** **ca-ído**	 ca-e ca-ed	**caig-o** ca-es ca-e ca-emos ca-éis ca-en	**caig-a** **caig-as** **caig-a** **caig-amos** **caig-áis** **caig-an**	ca-ía ca-ías ca-ía ca-íamos ca-íais ca-ían	ca-í **ca-íste** **ca-yó** **ca-ímos** **ca-ísteis** **ca-yeron**
[10.2] **o-ír** **o-yendo** **o-ído**	 **oy-e** **o-íd**	**oig-o** oy-es oy-e o-ímos o-ís oy-en	**oig-a** **oig-as** **oig-a** **oig-amos** **oig-áis** **oig-an**	o-ía o-ías o-ía o-íamos o-íais o-ían	o-í **o-íste** **o-yó** **o-ímos** **o-ísteis** **o-yeron**
[10.3] **as-ir** as-iendo as-ido	 as-e as-id	**asg-o** as-es as-e as-imos as-ís as-en	**asg-a** **asg-as** **asg-a** **asg-amos** **asg-áis** **asg-an**	as-ía as-ías as-ía as-íamos as-íais as-ían	as-í as-iste as-ió as-imos as-isteis as-ieron
[10.4] **tra-er** **tra-yendo** **tra-ído**	 tra-e tra-ed	**traig-o** tra-es tra-e tra-emos tra-éis tra-en	**traig-a** **traig-as** **traig-a** **traig-amos** **traig-áis** **traig-an**	tra-ía tra-ías tra-ía tra-íamos tra-íais tra-ían	**traj-e** **traj-iste** **traj-o** **traj-imos** **traj-isteis** **traj-eron**
[10.5] **val-er** val-iendo val-ido	 **val**, vale val-ed	**valg-o** val-es val-e val-emos val-éis val-en	**valg-a** **valg-as** **valg-a** **valg-amos** **valg-áis** **valg-an**	val-ía val-ías val-ía val-íamos val-íais val-ían	val-í val-iste val-ió val-imos val-isteis val-ieron
[10.6] **sal-ir** sal-iendo sal-ido	 **sal** sal-id	**salg-o** sal-es sal-e sal-imos sal-ís sal-en	**salg-a** **salg-as** **salg-a** **salg-amos** **salg-áis** **salg-an**	sal-ía sal-ías sal-ía sal-íamos sal-íais sal-ían	sal-í sal-iste sal-ió sal-imos sal-isteis sal-ieron
[10.7] **pon-er** pon-iendo **puesto**	 **pon** pon-ed	**pong-o** pon-es pon-e pon-emos pon-éis pon-en	**pong-a** **pong-as** **pong-a** **pong-amos** **pong-áis** **pong-an**	pon-ía pon-ías pon-ía pon-íamos pon-íais pon-ían	**pus-e** **pus-iste** **pus-o** **pus-imos** **pus-isteis** **pus-ieron**

動詞活用表

接続法・過去(se 形)	未来(過去未来)	
deduj-era (-ese) **deduj-eras (-eses)** **deduj-era (-ese)** **deduj-éramos (-ésemos)** **deduj-erais (-eseis)** **deduj-eran (-esen)**	deduc-iré (-iría) deduc-irás (-irías) deduc-irá (-iría) deduc-iremos (-iríamos) deduc-iréis (-iríais) deduc-irán (-irían)	[c−zc]の交替による不規則変化 点過去, 接続法過去が強変化の不規則 ieがjの後でeになる
ca-yera (-yese) **ca-yeras (-yeses)** **ca-yera (-yese)** **ca-yéramos (-yésemos)** **ca-yerais (-yeseis)** **ca-yeran (-yesen)**	ca-eré (-ería) ca-erás (-erías) ca-erá (-ería) ca-eremos (-eríamos) ca-eréis (-eríais) ca-erán (-erían)	a, oの前で語根にigがつく不規則変化 ie, ioが母音の後でye, yoになる アクセント符号に注意
o-yera (-yese) **o-yeras (-yeses)** **o-yera (-yese)** **o-yéramos (-yésemos)** **o-yerais (-yeseis)** **o-yeran (-yesen)**	o-iré (-iría) o-irás (-irías) o-irá (-iría) o-iremos (-iríamos) o-iréis (-iríais) o-irán (-irían)	a, oの前で語根にigがつく不規則変化 oとeの間にyが入る ie, ioが母音の後でye, yoになる アクセント符号に注意
as-iera (-iese) as-ieras (-ieses) as-iera (-iese) as-iéramos (-iésemos) as-ierais (-ieseis) as-ieran (-iesen)	as-iré (-iría) as-irás (-irías) as-irá (-iría) as-iremos (-iríamos) as-iréis (-iríais) as-irán (-irían)	a, oの前で語根にgがつく不規則変化
traj-era (-ese) **traj-eras (-eses)** **traj-era (-ese)** **traj-éramos (-ésemos)** **traj-erais (-eseis)** **traj-eran (-esen)**	tra-eré (-ería) tra-erás (-erías) tra-erá (-ería) tra-eremos (-eríamos) tra-eréis (-eríais) tra-erán (-erían)	a, oの前で語根にigがつく不規則変化 点過去, 接続法過去が強変化の不規則 ieがjの後でeになる 現在分詞・過去分詞が不規則
val-iera (-iese) val-ieras (-ieses) val-iera (-iese) val-iéramos (-iésemos) val-ierais (-ieseis) val-ieran (-iesen)	**valdr-é (-ía)** **valdr-ás (-ías)** **valdr-á (-ía)** **valdr-emos (-íamos)** **valdr-éis (-íais)** **valdr-án (-ían)**	a, oの前で語根にgがつく不規則変化 命令が不規則 未来, 過去未来が不規則
sal-iera (-iese) sal-ieras (-ieses) sal-iera (-iese) sal-iéramos (-iésemos) sal-ierais (-ieseis) sal-ieran (-iesen)	**saldr-é (-ía)** **saldr-ás (-ías)** **saldr-á (-ía)** **saldr-emos (-íamos)** **saldr-éis (-íais)** **saldr-án (-ían)**	a, oの前で語根にgがつく不規則変化 命令が不規則 未来, 過去未来が不規則
pus-iera (-iese) **pus-ieras (-ieses)** **pus-iera (-iese)** **pus-iéramos (-iésemos)** **pus-ierais (-ieseis)** **pus-ieran (-iesen)**	**pondr-é (-ía)** **pondr-ás (-ías)** **pondr-á (-ía)** **pondr-emos (-íamos)** **pondr-éis (-íais)** **pondr-án (-ían)**	a, oの前で語根にgがつく不規則変化 過去分詞・命令が不規則 点過去, 接続法過去が強変化 未来, 過去未来が不規則

動詞活用表

不定詞 現在分詞 過去分詞	命令 2人称単数 2人称複数	直説法・現在	接続法・現在	線過去	点過去
[10.8] **ten-er** ten-iendo ten-ido	 ten ten-ed	**teng-o** **tien-es** **tien-e** ten-emos ten-éis **tien-en**	**teng-a** **teng-as** **teng-a** **teng-amos** **teng-áis** **teng-an**	ten-ía ten-ías ten-ía ten-íamos ten-íais ten-ían	**tuv-e** **tuv-iste** **tuv-o** **tuv-imos** **tuv-isteis** **tuv-ieron**
[10.9] **ven-ir** **viniendo** ven-ido	 ven ven-id	**veng-o** **vien-es** **vien-e** ven-imos ven-ís **vien-en**	**veng-a** **veng-as** **veng-a** **veng-amos** **veng-áis** **veng-an**	ven-ía ven-ías ven-ía ven-íamos ven-íais ven-ían	**vin-e** **vin-iste** **vin-o** **vin-imos** **vin-isteis** **vin-ieron**
[10.10] **hac-er** hac-iendo **hecho**	 haz hac-ed	**hag-o** hac-es hac-e hac-emos hac-éis hac-en	**hag-a** **hag-as** **hag-a** **hag-amos** **hag-áis** **hag-an**	hac-ía hac-ías hac-ía hac-íamos hac-íais hac-ían	**hic-e** **hic-iste** **hiz-o** **hic-imos** **hic-isteis** **hic-ieron**
[10.11] **dec-ir** **dic-iendo** **dicho**	 di dec-id	**dig-o** **dic-es** **dic-e** dec-imos dec-ís **dic-en**	**dig-a** **dig-as** **dig-a** **dig-amos** **dig-áis** **dig-an**	dec-ía dec-ías dec-ía dec-íamos dec-íais dec-ían	**dij-e** **dij-iste** **dij-o** **dij-imos** **dij-isteis** **dij-eron**
[10.12] **bendec-ir** **bendic-iendo** bendecido	 bendice bendec-id	**bendig-o** **bendic-es** **bendic-e** bendec-imos bendec-ís **bendic-en**	**bendig-a** **bendig-as** **bendig-a** **bendig-amos** **bendig-áis** **bendig-an**	bendec-ía bendec-ías bendec-ía bendec-íamos bendec-íais bendec-ían	**bendij-e** **bendij-iste** **bendij-o** **bendij-imos** **bendij-isteis** **bendij-eron**
[11.1] **hu-ir** **hu-yendo** hu-ido	 huy-e hu-id	**huy-o** **huy-es** **huy-e** hu-imos hu-ís **huy-en**	**huy-a** **huy-as** **huy-a** **huy-amos** **huy-áis** **huy-an**	hu-ía hu-ías hu-ía hu-íamos hu-íais hu-ían	hu-í hu-iste **hu-yó** hu-imos hu-isteis **hu-yeron**
[11.2] **argü-ir** **argu-yendo** argü-ido	 arguy-e argü-id	**arguy-o** **arguy-es** **arguy-e** argü-imos argü-ís **arguy-en**	**arguy-a** **arguy-as** **arguy-a** **arguy-amos** **arguy-áis** **arguy-an**	argü-ía argü-ías argü-ía argü-íamos argü-íais argü-ían	argü-í argü-iste **argu-yó** argü-imos argü-isteis **argu-yeron**
[12] **s-er** s-iendo s-ido	 sé s-ed	**soy** eres es somos sois son	**se-a** **se-as** **se-a** **se-amos** **se-áis** **se-an**	era eras era éramos erais eran	**fu-i** **fu-iste** **fu-e** **fu-imos** **fu-isteis** **fu-eron**

動詞活用表

接続法・過去(se 形)	未来(過去未来)	
tuv-iera (-iese)	tendr-é (-ía)	a, oの前で語根にgがつく不規則
tuv-ieras (-ieses)	tendr-ás (-ías)	変化
tuv-iera (-iese)	tendr-á (-ía)	直・現在に[e-ie]の交替がある
tuv-iéramos (-iésemos)	tendr-emos (-íamos)	命令が不規則
tuv-ierais (-ieseis)	tendr-éis (-íais)	点過去, 接続法過去が強変化
tuv-ieran (-iesen)	tendr-án (-ían)	未来・過去未来が不規則
vin-iera (-iese)	vendr-é (-ía)	a, oの前で語根にgがつく不規則
vin-ieras (-ieses)	vendr-ás (-ías)	変化
vin-iera (-iese)	vendr-á (-ía)	直・現在に[e-ie-i]の交替がある
vin-iéramos (-iésemos)	vendr-emos (-íamos)	現在分詞・命令が不規則
vin-ierais (-ieseis)	vendr-éis (-íais)	点過去, 接続法過去が強変化
vin-ieran (-iesen)	vendr-án (-ían)	未来・過去未来が不規則
hic-iera (-iese)	har-é (-ía)	a, oの前で語根のcがgになる不規
hic-ieras (-ieses)	har-ás (-ías)	則変化
hic-iera (-iese)	har-á (-ía)	過去分詞・命令が不規則
hic-iéramos (-iésemos)	har-emos (-íamos)	点過去, 接続法過去が強変化
hic-ierais (-ieseis)	har-éis (-íais)	未来・過去未来が不規則
hic-ieran (-iesen)	har-án (-ían)	
dij-era (-ese)	dir-é (-ía)	a, oの前で語根のcがgになる不規則
dij-eras (-eses)	dir-ás (-ías)	変化/直・現在に[e-i]の交替がある/現
dij-era (-ese)	dir-á (-ía)	在分詞・過去分詞・命令が不規則/点
dij-éramos (-ésemos)	dir-emos (-íamos)	過去, 接続法過去が強変化
dij-erais (-eseis)	dir-éis (-íais)	ieがjの後でeになる
dij-eran (-esen)	dir-án (-ían)	未来・過去未来が不規則
bendij-era (-ese)	bendecir-é (-ía)	a, oの前で語根のcがgになる不規則
bendij-eras (-eses)	bendecir-ás (-ías)	変化
bendij-era (-ese)	bendecir-á (-ía)	直・現在に[e-i]の交替がある
bendij-éramos (-ésemos)	bendecir-emos (-íamos)	現在分詞・命令が不規則
bendij-erais (-eseis)	bendecir-éis (-íais)	点過去, 接続法過去が強変化
bendij-eran (-esen)	bendecir-án (-ían)	ieがjの後でeになる
hu-yera (-yese)	hu-iré (-iría)	o, a, eの前でyが現れる
hu-yeras (-yeses)	hu-irás (-irías)	ie, ioが母音の後でye, yoになる
hu-yera (-yese)	hu-irá (-iría)	
hu-yéramos (-yésemos)	hu-iremos (-iríamos)	
hu-yerais (-yeseis)	hu-iréis (-iríais)	
hu-yeran (-yesen)	hu-irán (-irían)	
argu-yera (-yese)	argü-iré (-iría)	o, a, eの前でyが現れる
argu-yeras (-yeses)	argü-irás (-irías)	iの前でgü, その他はguになる
argu-yera (-yese)	argü-irá (-iría)	ie, ioが母音の後でye, yoになる
argu-yéramos (-yésemos)	argü-iremos (-iríamos)	
argu-yerais (-yeseis)	argü-iréis (-iríais)	
argu-yeran (-yesen)	argü-irán (-irían)	
fu-era (-ese)	s-eré (-ería)	命令・2人称単数が不規則
fu-eras (-eses)	s-erás (-erías)	直説法現在が不規則
fu-era (-ese)	s-erá (-ería)	接続法現在が不規則
fu-éramos (-ésemos)	s-eremos (-eríamos)	線過去が不規則
fu-erais (-eseis)	s-eréis (-eríais)	点過去が不規則
fu-eran (-esen)	s-erán (-erían)	接続法過去が不規則

動詞活用表

不定詞 現在分詞 過去分詞	命令 2人称単数 2人称複数	直説法・現在	接続法・現在	線過去	点過去
[13] **est-ar** est-ando est-ado	 est-á est-ad	est-oy est-ás est-á est-amos est-áis est-án	est-é est-és est-é est-emos est-éis est-én	est-aba est-abas est-aba est-ábamos est-abais est-aban	estuv-e estuv-iste estuv-o estuv-imos estuv-isteis estuv-ieron
[14] **hab-er** hab-iendo hab-ido	 he hab-ed	he has ha (hay) hemos habéis han	hay-a hay-as hay-a hay-amos hay-áis hay-an	hab-ía hab-ías hab-ía hab-íamos hab-íais hab-ían	hub-e hub-iste hub-o hub-imos hub-isteis hub-ieron
[15] **d-ar** d-ando d-ado	 d-a d-ad	d-oy d-as d-a d-amos d-ais d-an	d-é d-es d-é d-emos d-eis d-en	d-aba d-abas d-aba d-ábamos d-abais d-aban	d-i d-iste d-io d-imos d-isteis d-ieron
[16] **v-er** v-iendo visto	 v-e v-ed	ve-o v-es v-e v-emos v-eis v-en	ve-a ve-as ve-a ve-amos ve-áis ve-an	ve-ía ve-ías ve-ía ve-íamos ve-íais ve-ían	v-i v-iste v-io v-imos v-isteis v-ieron
[17] **sab-er** sab-iendo sab-ido	 sab-e sab-ed	sé sab-es sab-e sab-emos sab-éis sab-en	sep-a sep-as sep-a sep-amos sep-áis sep-an	sab-ía sab-ías sab-ía sab-íamos sab-íais sab-ían	sup-e sup-iste sup-o sup-imos sup-isteis sup-ieron
[18] **cab-er** cab-iendo cab-ido	 cab-e cab-ed	quep-o cab-es cab-e cab-emos cab-éis cab-en	quep-a quep-as quep-a quep-amos quep-áis quep-an	cab-ía cab-ías cab-ía cab-íamos cab-íais cab-ían	cup-e cup-iste cup-o cup-imos cup-isteis cup-ieron
[19] **ir** yendo ido	 ve id	voy v-as v-a v-amos v-ais v-an	vay-a vay-as vay-a vay-amos vay-áis vay-an	i-ba i-bas i-ba í-bamos i-bais i-ban	fu-i fu-iste fu-e fu-imos fu-isteis fu-eron
[20] **and-ar** and-ando and-ado	 and-a and-ad	and-o and-as and-a and-amos and-áis and-an	and-e and-es and-e and-emos and-éis and-en	and-aba and-abas and-aba and-ábamos and-abais and-aban	anduv-e anduv-iste anduv-o anduv-imos anduv-isteis anduv-ieron

接続法・過去(se 形)	未来(過去未来)	
estuv-iera (-iese)	est-aré (-aría)	命令・2人称単数が不規則
estuv-ieras (-ieses)	est-arás (-arías)	直説法現在が不規則
estuv-iera (-iese)	est-ará (-aría)	接続法現在が不規則
estuv-iéramos (-iésemos)	est-aremos (-aríamos)	点過去が不規則
estuv-ierais (-ieseis)	est-aréis (-aríais)	接続法過去が不規則
estuv-ieran (-iesen)	est-arán (-arían)	
hub-iera (-iese)	**habr-é (-ía)**	命令・2人称単数が不規則
hub-ieras (-ieses)	**habr-ás (-ías)**	直説法現在が不規則
hub-iera (-iese)	**habr-á (-ía)**	接続法現在が不規則
hub-iéramos (-iésemos)	**habr-emos (-íamos)**	点過去が不規則
hub-ierais (-ieseis)	**habr-éis (-íais)**	接続法過去が不規則
hub-ieran (-iesen)	**habr-án (-ían)**	未来・過去未来が不規則
d-iera (-iese)	d-aré (-aría)	直・現在が不規則
d-ieras (-ieses)	d-arás (-arías)	点過去, 接続法過去が不規則
d-iera (-iese)	d-ará (-aría)	アクセントの注意
d-iéramos (-iésemos)	d-aremos (-aríamos)	
d-ierais (-ieseis)	d-aréis (-aríais)	
d-ieran (-iesen)	d-arán (-arían)	
v-iera (-iese)	v-eré (-ería)	過去分詞が不規則
v-ieras (-ieses)	v-erás (-erías)	直・現在と接・現在が不規則
v-iera (-iese)	v-erá (-ería)	線過去が不規則
v-iéramos (-iésemos)	v-eremos (-eríamos)	アクセント符号に注意
v-ierais (-ieseis)	v-eréis (-eríais)	
v-ieran (-iesen)	v-erán (-erían)	
sup-iera (-iese)	**sabr-é (-ía)**	直／接・現在が不規則
sup-ieras (-ieses)	**sabr-ás (-ías)**	点過去, 接続法過去が強変化
sup-iera (-iese)	**sabr-á (-ía)**	未来, 過去未来が不規則
sup-iéramos (-iésemos)	**sabr-emos (-íamos)**	
sup-ierais (-ieseis)	**sabr-éis (-íais)**	
sup-ieran (-iesen)	**sabr-án (-ían)**	
cup-iera (-iese)	**cabr-é (-ía)**	直／接・現在が不規則
cup-ieras (-ieses)	**cabr-ás (-ías)**	点過去, 接続法過去が強変化
cup-iera (-iese)	**cabr-á (-ía)**	未来, 過去未来が不規則
cup-iéramos (-iésemos)	**cabr-emos (-íamos)**	
cup-ierais (-ieseis)	**cabr-éis (-íais)**	
cup-ieran (-iesen)	**cabr-án (-ían)**	
fu-era (-ese)	ir-é (-ía)	直／接・現在が不規則
fu-eras (-eses)	ir-ás (-ías)	命令が不規則
fu-era (-ese)	ir-á (-ía)	線過去が不規則
fu-éramos (-ésemos)	ir-emos (-íamos)	点過去, 接続法過去が不規則
fu-erais (-eseis)	ir-éis (-íais)	
fu-eran (-esen)	ir-án (-ían)	
anduv-iera (-iese)	and-aré (-aría)	点過去, 接続法過去が強変化
anduv-ieras (-ieses)	and-arás (-arías)	
anduv-iera (-iese)	and-ará (-aría)	
anduv-iéramos (-iésemos)	and-aremos (-aríamos)	
anduv-ierais (-ieseis)	and-aréis (-aríais)	
anduv-ieran (-iesen)	and-arán (-arían)	

2004年9月20日 発行

クラウン和西辞典

2013年9月10日 第5刷発行

編　者　Carlos Rubio（カルロス・ルビオ）
　　　　上田博人（うえだ・ひろと）
　　　　Antonio Ruiz Tinoco
　　　　（アントニオ・ルイズ＝ティノコ）
　　　　崎山　昭（さきやま・あきら）
発行者　株式会社三省堂　代表者 北口克彦
印刷者　三省堂印刷株式会社
発行所　株式会社三省堂
　　　　〒101-8371
　　　　東京都千代田区三崎町二丁目22番14号
　　　　　　電話　編集　(03) 3230-9411
　　　　　　　　　営業　(03) 3230-9412
　　　振替口座　00160-5-54300
　　　商標登録番号　663091・663092
　　　http://www.sanseido.co.jp/

〈クラウン和西・1600 pp.〉

落丁本・乱丁本はお取替えいたします

ISBN978-4-385-12195-6

Ⓡ本書の全部または一部を無断で複写複製（コピー）することは、著作権法上での例外を除き、禁じられています。本書からの複写を希望される場合は、日本複製権センター（03-3401-2382）にご連絡ください。

4. 直説法点過去・接続法過去の不規則変化動詞

時制	主語	*saber*		*andar*		*estar*		*haber*		*poder*	
直説法点過去	yo		e		e		e		e		e
	tú		i-ste		i-ste		i-ste		i-ste		i-ste
	él	sup-	o	anduv-	o	estuv-	o	hub-	o	pud-	o
	nosotros		i-mos		i-mos		i-mos		i-mos		i-mos
	vosotros		i-steis		i-steis		i-steis		i-steis		i-steis
	ellos		ie-ron		ie-ron		ie-ron		ie-ron		ie-ron
接続法過去	yo		iera		iera		iera		iera		iera
	tú		iera-s		iera-s		iera-s		iera-s		iera-s
	él	sup-	iera	anduv-	iera	estuv-	iera	hub-	iera	pud-	iera
	nosotros		iéra-mos		iéra-mos		iéra-mos		iéra-mos		iéra-mos
	vosotros		iera-is		iera-is		iera-is		iera-is		iera-is
	ellos		iera-n		iera-n		iera-n		iera-n		iera-n

時制	主語	*poner*		*tener*		*hacer*		*querer*		*venir*	
直説法点過去	yo		e		e		e		e		e
	tú		i-ste		i-ste		i-ste		i-ste		i-ste
	él	pus-	o	tuv-	o	hic-	o (hizo)	quis-	o	vin-	o
	nosotros		i-mos		i-mos		i-mos		i-mos		i-mos
	vosotros		i-steis		i-steis		i-steis		i-steis		i-steis
	ellos		ie-ron		ie-ron		ie-ron		ie-ron		ie-ron
接続法過去	yo		iera		iera		iera		iera		iera
	tú		iera-s		iera-s		iera-s		iera-s		iera-s
	él	pus-	iera	tuv-	iera	hic-	iera	quis-	iera	vin-	iera
	nosotros		iéra-mos		iéra-mos		iéra-mos		iéra-mos		iéra-mos
	vosotros		iera-is		iera-is		iera-is		iera-is		iera-is
	ellos		iera-n		iera-n		iera-n		iera-n		iera-n

時制	主語	*decir*		*traer*		*conducir*		*dar*		*ser, ir*	
直説法点過去	yo		e		e		e		i		i
	tú		i-ste		i-ste		i-ste		i-ste		i-ste
	él	dij-	o	traj-	o	conduj-	o	d-	ió	fu-	e
	nosotros		i-mos		i-mos		i-mos		i-mos		i-mos
	vosotros		i-steis		i-steis		i-steis		i-steis		i-steis
	ellos		e-ron		e-ron		e-ron		ie-ron		e-ron
接続法過去	yo		era		era		era		iera		era
	tú		era-s		era-s		era-s		iera-s		era-s
	él	dij-	era	traj-	era	conduj-	era	d-	iera	fu-	era
	nosotros		éra-mos		éra-mos		éra-mos		iéra-mos		éra-mos
	vosotros		era-is		era-is		era-is		iera-is		era-is
	ellos		era-n		era-n		era-n		iera-n		era-n

5. 直説法未来・過去未来の不規則変化動詞

時制	主語	*saber*		*poder*		*querer*		*poner*		*tener*	
直説法未来	yo		é		é		é		é		é
	tú		á-s		á-s		á-s		á-s		á-s
	él	sabr-	á	podr-	á	querr-	á	pondr-	á	tendr-	á
	nosotros		e-mos		e-mos		e-mos		e-mos		e-mos
	vosotros		é-is		é-is		é-is		é-is		é-is
	ellos		á-n		á-n		á-n		á-n		á-n
直説法過去未来	yo		ía		ía		ía		ía		ía
	tú		ía-s		ía-s		ía-s		ía-s		ía-s
	él	sabr-	ía	podr-	ía	querr-	ía	pondr-	ía	tendr-	ía
	nosotros		ía-mos		ía-mos		ía-mos		ía-mos		ía-mos
	vosotros		ía-is		ía-is		ía-is		ía-is		ía-is
	ellos		ía-n		ía-n		ía-n		ía-n		ía-n